D1796752

Langenscheidt
Fachwörterbücher

Langenscheidt

Dictionary of **Architecture, Building and Civil Engineering** English

English – German
German – English

By Dr.-Ing. Uli Gelbrich

First Edition

Langenscheidt

Berlin · München · Wien · Zürich · New York

Langenscheidt

Fachwörterbuch **Architektur und Bauwesen** Englisch

Englisch – Deutsch
Deutsch – Englisch

Von Dr.-Ing. Uli Gelbrich

Erste Auflage

Langenscheidt

Berlin · München · Wien · Zürich · New York

Das vorliegende Werk basiert auf der dritten Auflage des Langenscheidt-Routledge Fachwörterbuchs „Architektur und Bauwesen“, Englisch-Deutsch und auf der ersten Auflage des Langenscheidt-Routledge Fachwörterbuchs „Architektur und Bauwesen“, Deutsch-Englisch.

In das vorliegende Werk haben auch Einträge der ersten Auflage des Langenscheidt Fachwörterbuchs „Bauwesen“, Deutsch-Englisch und der zweiten Auflage des Langenscheidt Fachwörterbuchs „Bauwesen“, Englisch-Deutsch, Ko-Autor jeweils Herr Dr. phil. G. Reinwaldt, Eingang gefunden.

Bibliografische Information der Deutschen Nationalbibliothek
Die Deutsche Nationalbibliothek verzeichnet diese Publikation in der Deutschen Nationalbibliografie; detaillierte bibliografische Daten sind im Internet über http://dnb.ddb.de abrufbar.

1. Auflage

Printed in Germany
Satz: Hagedorn medien[design]
Druck: CS-Druck CornelsenStürtz, Berlin
ISBN 978-3-86117-304-5

1 2 3 4 5 13 12 11 10 09

Vorwort

Die wissenschaftlich-technische und technologische Entwicklung des Bauwesens und der Architektur mit zahlreichen Neuerungen bringen vielfach neue und kühne Konstruktionen, einschließlich der dazu erforderlichen Technologien mit sich. Der internationale Bauboom der letzten Jahre bestätigt diese progressive Entwicklung in und außerhalb Europas, vor allem in Ländern des asiatischen Raumes und weiteren Entwicklungs- und Schwellenländern. Die spektakulären Projekte und Großbaumaßnahmen werden überwiegend infolge der anspruchsvollen Technologien von großen Baufirmen und Konsortien unter Beteiligung mittelständischer und regionaler Firmen realisiert, die wiederum örtlich verfügbare Arbeitskräfte für die unmittelbare Bauausführung einsetzen. Infolge dieses international verflochtenen Baugeschehens haben sich neben den landessprachlich spezifischen Bauterminologien auch Internationalismen herausgebildet, die vorwiegend auf der englischen Sprache basieren. Damit kommt der englische Fachwortschatz im internationalen Baugeschehen überwiegend als Fachsprache zur Anwendung. Fast alle internationalen Wettbewerbe, Ausschreibungen und Bauprojekte werden in Englisch veröffentlicht und realisiert.

Das neue Fachwörterbuch „Architektur und Bauwesen" baut auf die letzte Auflage der gleichnamigen Langenscheidt Fachwörterbücher (Englisch-Deutsch, 3. Auflage 2002; Deutsch-Englisch, 1. Auflage 2004) auf. Diese nunmehr vorliegende völlig neu bearbeitete und erweiterte Ausgabe 2009 vereinigt beide Sprachrichtungen in einem Band, um dem Nutzer die Handhabung zu erleichtern und sich schnell in der Gegensprachrichtung zu orientieren.

Für das neue Fachwörterbuch war es besonders wichtig, den aktuellsten Fachwortschatz aus den genannten Teilwissensgebieten zu erfassen. Neue Begriffe sind vorrangig infolge der weiter fortschreitenden europäischen Normung (CEN) und der progressiven Entwicklung im Montagebau, Verbund- und Leichtbau im Rahmen der Globalisierung sowie im Verkehrsbau und in der Verkehrstechnik zu verzeichnen. Die erhöhte Aufmerksamkeit an umweltverträglichem Bauen, energiesparenden Bauwerken, energieeffizienten Bauweisen und Heizungstechniken bringen ebenfalls neue Fachbegriffe mit sich. Nicht zuletzt sind im Umweltschutz, in der Umwelttechnik, in den Bauverordnungen und im Bauvertragswesen Weiterentwicklungen festzustellen.

Die Terminologie des Bauwesens im Sinne der europäischen Angleichung und der Globalisierung wird wesentlich vom Eurocode Bauwesen bestimmt. Die Umsetzung der Fachgebiete 0 bis 9 mit insgesamt 58 Eurocodeteilen in die nationalen Vorschriften gestaltet sich teilweise auch infolge einer möglichst unzweideutigen, aber doch einheitlich abgestimmten Terminologie in den Einzelheiten schwierig. Die weitere europäische Normung ist noch ein fortlaufender Prozess.

Auf die spezifische Bauterminologie in den englischsprachigen Ländern und in Deutschland wurde deshalb besonderer Wert gelegt, um in den Anwendungsbereichen von der Ausschreibung bis zur Bauabnahme möglichst eindeutige Fachbegriffe aufzuzeigen. In den Fällen, wo noch keine Euronorm vorhanden ist, wurden deshalb bei den Standardhinweisen die DIN und auch der BS (British Standard) aufgeführt. Um eine enge Baupraxisnähe zu erreichen, wurden möglichst viele umgangssprachliche und baustellenspezifische Fachbegriffe aufgenommen. Die Zielfunktion der ersten Auflage des neuen Langenscheidt Fachwörterbuches in einem Band ist eine möglichst vollständige Erfassung aller Fachbegriffe in den 35 Teilfachgebieten (siehe letzte Umschlagseite). Es kann dabei jedoch nicht der Anspruch erhoben werden, alle nur denkbar möglichen Komposita mit aufgenommen zu haben, da eine fachspezifisch vertretbare Abgrenzung kaum möglich sein wird. Die Fachbegriffsauswahl erfolgte für alle Projekt- und Ausführungsphasen der Bauleistungen:

- für Landesplanung, Raumordnung, Planfeststellung, Baurecht und Grunderwerb spezielle Begriffe der Planungs- und Vorbereitungsprozesse und juristische Begriffe;
- für Projektierung und Entwurf Begriffe aus Statik, Festigkeitslehre, Vermessung, Grundbau und Baustofftechnik;
- für architektonische Gestaltung und Restaurierung Begriffe der Architektur, der Stilelemente, der historischen Baukunst und Kirchenarchitektur;
- für die Bau- und Projektvorbereitung die Fachbegriffe der Kalkulation, des Auftrags- und Vergabewesens, der Leistungserfassung und des Bauvertragswesens;
- für die Baustelle und Montage fachspezifische Begriffe der Bautechnologien, Bauweisen und Baustoffe, des Baustellenmanagements und die Begriffe der Bauhauptgewerke einschließlich der Ausrüstung, der Installation, des Bautenschutzes mit Korrosionsschutz und Beschichtungen, der Klimatechnik und Dämmung;
- für Abnahme und Kontrolle die Fachbegriffe der Laborprüftechnik, des Qualitätsmanagements, der Bauabnahmerichtlinien, der Bewertung und Garantie;
- für alle Fachgebietsbereiche die Begriffe des Umweltschutzes, der Abfallbehandlung und der Umwelttechnik einschließlich der Ersatz- und Ausgleichsmaßnahmen in Landschaft und Natur.

Im Anhang wurde ein sehr umfangreiches Verzeichnis der in der Architektur und im Bauwesen verwendeten Abkürzungen einschließlich aller Abkürzungen auf Bau- und Konstruktionszeichnungen in beiden Sprachrichtungen erarbeitet, das durch 16 Umrechnungstabellen aller gebräuchlichen Einheiten und eine Tabelle des derzeitigen Standes der Umsetzung der Eurocode ergänzt wird.

Der Verlag und der Autor hoffen, dass mit diesem neu zusammengestellten Fachwörterbuch ein weitgehend vollständiges Standardwerk für alle Belange der Architektur, des Bauwesens und der Baustoffe zur Verfügung steht.

Der Autor dankt dem Verlag für die Möglichkeit der Herausgabe dieses neuen Fachwörterbuches und der Redakteurin, Frau Romina Brenna, für die hervorragende Zusammenarbeit bei der Erarbeitung und Zusammenstellung des Werkes.

Autor und Verlag sind an Hinweisen, Anregungen und Verbesserungen für das vorliegende Fachwörterbuch sehr interessiert. Bitte richten Sie diese an Langenscheidt KG, Langenscheidt Fachverlag, Postfach 40 11 20, D-80711 München.

Dr.-Ing. Uli Gelbrich

Preface

Rapid scientific and technological progress in construction and architecture has spawned a constant flow of innovations, paving the way for new, increasingly bold structures and the techniques required to build them. This development has been borne out over the past few years by the international construction boom in and outside Europe, especially in Asia and many other developing and threshold countries.

Given the sophisticated technology required, spectacular projects and schemes are mainly coordinated by large construction companies and consortiums together with smaller local building contractors on the ground. This internationally intertwined approach to building has led to each country's construction terminology being augmented by internationalisms usually rooted in English. Consequently, English terminology has largely been adopted in the global building industry as LSP, with nearly all international competitions, tenders and construction projects being published and carried out in English.

This new Langenscheidt dictionary *Architecture, Building and Civil Engineering* is based on the previous edition of the technical dictionaries with the same title (English–German, 3rd edition 2002; German–English, 1st edition 2004). This fully revised and expanded edition published in 2009 combines both directions in the same volume, making it easier for users to keep tabs on technical vocabulary in both languages.

When compiling this new edition, particular care was taken to include the latest vocabulary from the various fields covered. New terms have primarily been included as a result of advances in European standardisation (CEN) and continuing developments in prefabricated, composite and light-gauge construction in connection with globalisation as well as transport engineering. The growing attention paid to green building, including energy-efficient buildings, construction methods and heating systems, has also engendered new terms. Other new vocabulary has emerged in areas such as environmental protection and technology, building regulations and construction contracts.

Reflecting European harmonisation and globalisation, the terminology of construction is largely determined by the construction Eurocodes. Partly as a result of endeavours to have terminology which is as unambiguous as possible and approved by all sides, the translation of Eurocodes 0–9 containing a total of 58 different sections into national regulations is proving tricky in some respects, the devil as always being in the detail. Further European standardisation is still underway.

Therefore, special attention has been paid to the specific building terminology used in the English-speaking countries and Germany in order to identify technical terms which are as clear as possible in all practical areas ranging from tenders to final acceptance inspection. In those cases not yet covered by a European standard, deference has been paid to DIN and BS (British Standard). In order not to lose touch with the real world, a large amount of slang and other terms chiefly encountered on building sites has been included, too.

The first edition of this new single-volume Langenscheidt dictionary attempts to include all the terms occurring in the thirty-five different areas covered (see the inside back cover). However, this is not to say that every possible compound has been listed as otherwise it would have been hardly possible to allocate each entry to a specific subject field. In an effort to compile extensive vocabulary for all the project and implementation phases of construction management, special consideration was given to the aspects outlined below:

- Terminology from planning and preparatory work as well as legal terms have been included for regional planning, town and country planning, planning approval, building legislation and land acquisition.
- For engineering and planning purposes, terms have above all been incorporated from structural engineering, strength theory, surveying, foundation engineering, and construction material technology.
- Architectural design and restoration are covered by stylistic elements and architectural terms past and present (including church architecture).
- The main terms used in construction and project preparation have been taken from costing, public procurement and contract awards, performance measurements and building contracts.
- As far as site work is concerned, the vocabulary included covers construction technologies, methods and materials, building site management and the main building trades including fitting out, installation, structural preservation (including protection against corrosion and protective coatings), air-conditioning equipment and insulation.
- Terms from laboratory test equipment, quality management, approval guidelines, assessment and guarantees have been featured in connection with acceptance inspection and monitoring.

- The main terms used in environmental protection, waste management and environmental technology including the environmental offsetting measures relevant to construction as a whole are also listed.

The appendix contains a very extensive index of abbreviations employed in architecture and construction in German and English, including all those used in blueprints and plans. They are joined by sixteen conversion tables of all the weights and measures in common use as well as a table showing the progress made so far on the Eurocodes.

The publisher and I both hope that this new dictionary will come to be regarded as a comprehensive standard work for all aspects of architecture, construction and building materials.

I would like to thank Langenscheidt Fachverlag for the opportunity to publish this new dictionary. Moreover, I am indebted to Romina Brenna, the editor, for her outstanding assistance during its drafting and compilation.
Useful comments, ideas and suggested improvements regarding this dictionary are welcomed and should be posted to Langenscheidt KG, Langenscheidt Fachverlag, Postfach 40 11 20, D-80711 München, Germany.

Dr.-Ing. Uli Gelbrich

Hinweise zur Benutzung des Wörterbuches

I. Anordnung und Kennzeichnung der Stichwörter

Die Stichwörter sind streng nach dem Alphabet angeordnet. Die Umlaute werden wie a, o, u eingeordnet; der Buchstabe ß wird wie ss eingeordnet.
Z. B.:

gefalzt beaded, welted *(Blech)*; rebated, rabbet *(Holz)*
Gefängnisgebäude *n (Konst)* prison building
gefärbt *(BT)* coloured
gefasert fibrated *(Baustoffe)*
Gefäßreinigungsanlage *f (BWG, OB)* tank-cleaning plant
gefast bevelled

Zum Wortlaut gehörende Zahlen, Akzente, Apostrophe und Schrägstriche wirken sich auf die Sortierung nicht aus.
Z. B.:

bullnose block Eckstein *m* mit einer Abrundung
bull's eye *(Arch, Konst)* Ochsenauge *n (Gaupe)*
bulwark *(Erdb, Wsb)* Bohlwerk *n*, Bollwerk *n (Hafenbau)*; Bastei *f*
[...]
oilproof rendering *(BM, OB, Umw)* Ölwannenbeschichtung *f*
oil/resin ratio *(BM)* Öllänge *f*, Öl/Harz-Verhältnis *n*
oilstone *(BM)* Ölstein *m*, Abziehstein *m*, Wetzstein *m*

Knierohr *n* bent pipe, pipe bend, quarter bend
90°-Knierohr *n* square bend
Kniestock *m (Konst)* jamb wall

Gleichlautende Stichwörter, die zu unterschiedlichen Wortarten gehören, werden jeweils einzeln aufgenommen. Dabei gilt die Reihenfolge:
Verb
Adjektiv oder Adverb
Substantiv.
Z. B.:

bevel *v* 1. abschrägen, abkanten, abkragen, abfasen; 2. *(Hb)* ausschrägen
bevel schräg *(Kante)*; abgefast; schiefwinklig
bevel *(Hb, St)* Schräge *f*, Abschrägung *f*, Abkragung *f*, Fase *f*; Kante *f*; Gehrung *f* *(nicht rechtwinklig)*; Facette *f*

überdrehen *v* 1. strip *(Gewinde)*; overtighten *(Mutter)*; 2. *(BM, Te)* jigger *(Grobkeramik)*; 3. overspeed *(Motor)*
Überdrehen *n* jiggering *(Grobkeramik)*

Deutsche Fachausdrücke erscheinen im ausgangssprachlichen ebenso wie im zielsprachlichen Teil jeweils mit Angabe ihrer Genuszuteilung (z. B. Kannelierung *f*). Verben werden nur im ausgangssprachlichen Teil verzeichnet. Die entsprechenden Angaben folgen unmittelbar dem jeweiligen Hauptwort und sind auf S. 17 vollständig aufgelistet.
Bei Englisch als Ausgangssprache werden lediglich Verben, nicht jedoch Substantive, Adjektive und Adverbien als solche gekennzeichnet. Präpositionen und präpositionale Ausdrücke erscheinen ebenfalls ohne ausdrückliche Kennzeichnung:

narrow *v* sich verengen, sich verjüngen, enger werden *(z. B. Tunnel)*; einengen; enger machen; bündeln
narrow eng, schmal
narrow *(Bod, Umw, Wsb)* Enge *f*, enge Stelle *f*; Flussenge *f*; Einschnürung *f*; Schlucht *f*

kannelieren *v* 1. channel *(auskehlen, auch Arch)*; 2. *(Hb)* chamfer, groove; 3. *(Arch)* flute
kanneliert channelled, fluted, grooved *(z. B. Ornament)*
kanneliert/nicht unfluted

Kannelierung *f* 1. *(Arch)* channelling; fluting *(am Säulenschaft)*; 2. *(Hb)* grooving *(Herstellung)*; 3. *(Arch)* flute, fluting, channel, channelure; 4. *(Hb)* groove *(Produkt)*
Kannelierung *f***/verstäbte** *(Arch)* cabled fluting, cabling, rudenture

Englische Stichwörter sind unter Beibehaltung der natürlichen Wortfolge alphabetisch geordnet. Dabei erscheinen getrenntgeschriebene oder mit Bindestrich gekoppelte Wörter in einem Wortnest. Daran anschließend folgen die zusammengeschriebenen Begriffe.
Z. B.:

slash *v (LB)* abhauen *(Buschwerk)*; trennen, teilen, spalten *(Baumstämme)*
slash *(AE) (Bod, LB, Umw)* Sumpfgelände *n*
slash and burn mode *(Te) (sl)* Holzhackermethode *f*
slash saw *(BWG, Hb)* Schlitzsäge *f*
slash-sawn *(Hb, Te)* tangential [flach] geschnitten *(zu den Jahresringen, Holz)*
slasher *(Hb)* Schlichter *m*

Mehrwortige deutsche Stichwörter werden unter dem Grundwort aufgeführt und erscheinen in einem Wortnest. Stichwörter, die sich aus einem Adjektiv und einem Nomen zusammensetzen (z. B. *bituminöses Mischgut*), werden grundsätzlich alphabetisch unter dem Nomen einsortiert; das dazugehörige Adjektiv wird mit einem Schrägstrich nachgestellt (z. B. *Mischgut/bituminöses*). Schrägstriche werden dabei wie Leerstellen alphabetisiert. Anschließend an das Nest werden die mit dem Nestwort gebildeten Komposita in alphabetischer Reihenfolge sortiert.
Z. B.:

Mischgut *n* mix, mixture; mixed material, material being mixed, mixed product *(bituminöses Mischgut, Beton)*
Mischgut *n***/bituminöses** bituminous mixture, asphaltic mixture
Mischgut *n* **für Unterhaltungsarbeiten** *(Verk)* maintenance mix *(meist Kaltmischgut)*
Mischgut *n***/lagerfähiges** premixed material *(Straßenreparatur)*
Mischgut *n***/maschinengemischtes bituminöses** plant-mixed bituminous mix
Mischgutart *f* mix type, type of mixture
Mischgutbestandteile *mpl (BM)* components of mixture

Analog werden (deutsche) adverbiale, adjektivische und partizipiale Zusammensetzungen (z. B. *stabil befestigt*) grundsätzlich unter dem (bedeutungstragenden) Adjektiv oder Partizip aufgeführt (hier: *befestigt*).
Z. B.:

befestigt 1. embattled, fortified, walled, strong *(militärisch)*; 2. paved *(z. B. Straßen usw.)*
befestigt/drehbar *(Konst)* fulcrumed
befestigt/gelenkig articulated; hinged
befestigt/stabil *(Konst)* firm

Negativformen sind grundsätzlich unter der jeweiligen adjektivischen Grundform sortiert:

isosceles gleichschenklig
isosceles/not ungleichschenklig

mischbar miscible; compatible *(z. B. Farben)*
mischbar/nicht non-miscible, immiscible

Reflexive Verben sind grundsätzlich unter ihrer Grundform alphabetisiert:

aufheizen *v (HLK, Te)* heat *(z. B. Bindemittel, Zuschlagstoffe)*
aufheizen *v***/sich** *(BM, BT)* heat up

Hilfsverben bilden kein Nest. Mit ihnen gebildete verbale Fachausdrücke werden dem bedeutungstragenden Wort zugeordnet.
Z. B.:

connected/be *(Arch, BT, Konst)* zusammenhängen
interlocked verspannt; verblockt; zusammengeschlossen; zusammengesteckt
• **be interlocked** ineinandergreifen *(Arbeitsgänge)*

Übergewicht haben *v* overweigh
übergewichtig sein *v* overweigh
undicht not tight, laky, leaking; pervious *(Licht)* • **undicht sein** leak, run; drip *(Wasserhahn)*

Englische und deutsche Stichwörter, deren erstes Element ein Artikel, eine Präposition oder Konjunktion ist, werden unter dem jeweiligen Grundwort sortiert. Ist kein Grundwort vorhanden, so werden die o.g. Ausdrücke zu selbstständigen Wortstellen. Die eigentlich voranzustellenden Bestandteile (hinter einem Schrägstrich stehend) werden wie nachgestellte Stichwörter behandelt.
Z. B.:

account *(VR)* (laufende) Rechnung *f* • **for account and risk** *(VR)* für Rechnung und Gefahr • **on one's own account** *(VR)* auf eigene Rechnung
prescribed/as *(Konst, VR)* vorschriftsmäßig

Augenmaß/nach *(Te) (sl)* done by eye
Augenschein/nach visual
Gebäude *n* building; block, house, structure • **ein Gebäude errichten** *(Te)* raise a building • **mit vielen Gebäuden** *(RP)* multibuilding *(Bauabschnitt, Anlage)*

Wortgruppen mit Verben, Adjektiven und (adjektivisch gebrauchten) Partizipien, die entsprechend der Rechtschreibreform (Stand: 1.08.2006) getrennt geschrieben werden, sind unter der jeweiligen Grundform des Verbs oder Partizips sortiert:

belebt/neu rejuvenated *(Landschaftsbau)*
bewegen *v*/**abwärts** descend
gelagert/übereinander *(Bod, BT, Konst)* superimposed
gewölbt/auswärts embowed *(z. B. eine Fenstervertiefung)*

Da in vielen Fällen jedoch die Zusammenschreibung in der Fachsprache bevorzugt wird und der letzte Stand der deutschen Rechtschreibreform es wieder zulässt, empfiehlt es sich beim Nachschlagen von Wortgruppen mit Verben, Adjektiven und (adjektivisch gebrauchten) Partizipien, sowohl unter der jeweiligen Grundform des Verbs oder des Partizips als auch unter dem ersten Bestandteil der eventuellen Zusammensetzung nachzuschlagen.

feingemahlen fine-ground
feinschleifen *v* lap, hone
fertiggestellt completed

II. Reihenfolge und Kennzeichnung der Übersetzungen

Die Übersetzungen sind in der Reihenfolge ihrer Bedeutung angeordnet und gegebenenfalls durch arabische Ziffern gekennzeichnet. Synonyme werden durch Komma getrennt, nicht synonyme Übersetzungen werden durch Semikola getrennt.
Z. B.:

conductor 1. *(El)* Leiter *m*, Stromleiter *m*; 2. *(HLK)* Wärmeableiter *m*; 3. *(San, WVA)* Ableitrohr *n*; Wasserfallrohr *n*; *(AE)* Regenfallrohr *n*

Löffelbohrer *m* 1. spoon auger, shell auger, screw auger, shell bit; pump borer, borer *(Schrotbohrer)*; 2. *(Erdb)* gouge bit; spoon bit *(Baugrunduntersuchung)*

In Fällen, in denen eine nähere Erläuterung nötig erscheint, sind den Übersetzungen in Klammern die Fachgebietsabkürzungen vorangestellt (s. o.) und gegebenenfalls nachfolgend in kursiver Schrift und kursiven Klammern zusätzliche Erläuterungen zu finden.
Z. B.:

rise *v* 1. *(Bod)* sich erheben, emporragen *(z. B. Gelände, Bauwerk)*; 2. *(Bod)* (an)steigen *(Gelände)*; 3. *(HLK, Stat)* (an)steigen, sich erhöhen *(z. B. Temperatur, Werte)*; 4. *(BM)* aufquellen; sich bauchen *(Baustoff)*; 5. *(Wsb)* (an)schwellen, ansteigen *(Wasserlauf)*; 6. *(OB, Umw)* anlaufen *(z. B. Mauer, Gewölbe, Pfeiler)*

Klappe *f* 1. flap; 2. *(EB, Konst)* lid *(Klappdeckel)*; 3. *(Wsb)* gate, trap; stop-plank *(Wehrklappe)*; 4. hatch *(Falltür)*; 5. *(HLK)* register *(Heizungs- oder Lüftungsschieber)*; 6. *(San, WVA)* valve *(Ventilklappe)*

Umschreibungen für nicht vorhandene zielsprachliche Äquivalente werden - zur optischen Unterscheidung von wirklichen Übersetzungen - kursiv formatiert.
Z. B.:

Colonial Revival *Architektur in den USA Ende des 19./Anfang des 20. Jahrhunderts unter Verwendung kolonialer und georgianischer Elemente für Banken, Kirchen und Vorstadtsiedlungen*

Wendungen werden im Eintrag vom jeweiligen Hauptwort einsortiert und stehen (alphabetisch sortiert) grundsätzlich am Ende des Übersetzungsteils. Sie sind durch einen fett formatierten Punkt (**•**) gekennzeichnet:

repair *(RS)* Baureparatur *f*, Reparatur *f*, Instandsetzung *f* **• in a bad (state of) repair** *s.* out of repair **• in good repair** in gutem Zustand **• out of repair** *(RS)* baufällig, in baufälligem Zustand *(Gebäude)*

Gerüst *n* 1. scaffold, (timber) scaffolding *(Baugerüst)*; 2. mason's scaffold, staging, stage *(Bockgerüst)*; 3. *(TK)* structural framework; 4. *(Konst, TK)* framing *(Traggerüst)*; 5. trestle, trestlework, rack *(Gestell, Traggestell)*; 6. falsework *(Schalungsgerüst)*; 7. piling frame *(Rammgerüst)* **• das Gerüst abbauen** *(Te)* unscaffold **• das Gerüst bauen** scaffold **• ein Gerüst aufstellen** raise a scaffold **• ein Gerüst benötigend** scaffold-high *(Gebäude)* **• mit einem Gerüst versehen** *(Te)* scaffold *(z. B. Haus)*

IV. Rechtschreibung

Für das Werk maßgebend waren die britisch-englische Schreibweise und die deutsche Schreibweise nach der Rechtschreibreform (Stand: 1. August 2006).

Bei amerikanischen Begriffen wurde die amerikanische Schreibweise benutzt und explizit als solche gekennzeichnet.
Z. B.:

activated rosin flux *(AE) (BB, BM)* Verflüssigungsmittel *n (auf Harzbasis)*
air-seasoned lumber *(AE) (BM, Hb)* luftgetrocknetes Bauholz *n*

Giebel *m*/**abgewalmter** hip gable, *(AE)* clipped gable
Gittermauerwerk *n* 1. chequer-work, *(AE)* checkerwork *(mit Schachbrettmuster)*; 2. *(Konst)* screen wall *(Abschirmung)*

Using this Dictionary

I. Organisation

Headwords are arranged in strict alphabetical order. The German letters ä, ö and ü are treated like their simple counterparts without umlauts, while ß is equated to ss.
For example:

gefalzt beaded, welted *(Blech)*; rebated, rabbet *(Holz)*
Gefängnisgebäude *n (Konst)* prison building
gefärbt *(BT)* coloured
gefasert fibrated *(Baustoffe)*
Gefäßreinigungsanlage *f (BWG, OB)* tank-cleaning plant
gefast bevelled

Numbers, accents, apostrophes and slashes belonging to words do not affect alphabetical organisation.
For example:

bullnose block Eckstein *m* mit einer Abrundung
bull's eye *(Arch, Konst)* Ochsenauge *n (Gaupe)*
bulwark *(Erdb, Wsb)* Bohlwerk *n*, Bollwerk *n (Hafenbau)*; Bastei *f*
[...]
oilproof rendering *(BM, OB, Umw)* Ölwannenbeschichtung *f*
oil/resin ratio *(BM)* Öllänge *f*, Öl/Harz-Verhältnis *n*
oilstone *(BM)* Ölstein *m*, Abziehstein *m*, Wetzstein *m*

Knierohr *n* bent pipe, pipe bend, quarter bend
90°-Knierohr *n* square bend
Kniestock *m (Konst)* jamb wall

The same headwords representing different parts of speech are listed separately in the following order:
Verb
Adjective or adverb
Noun
For example:

bevel *v* 1. abschrägen, abkanten, abkragen, abfasen; 2. *(Hb)* ausschrägen
bevel schräg *(Kante)*; abgefast; schiefwinklig
bevel *(Hb, St)* Schräge *f*, Abschrägung *f*, Abkragung *f*, Fase *f*; Kante *f*; Gehrung *f* *(nicht rechtwinklig)*; Facette *f*

überdrehen *v* 1. strip *(Gewinde)*; overtighten *(Mutter)*; 2. *(BM, Te)* jigger *(Grobkeramik)*; 3. overspeed *(Motor)*
Überdrehen *n* jiggering *(Grobkeramik)*

I. Classification of headwords

German technical expressions appear in both sections of the dictionary along with their gender (e.g. Kannelierung *f*). Verbs are only marked as such in the German–English section. This information directly follows the headword and is listed in full on page 17.
In the English–German section, only verbs are marked as such, but not nouns, adjectives or adverbs. Prepositions and prepositional phrases are not expressly labelled either:

narrow *v* sich verengen, sich verjüngen, enger werden *(z. B. Tunnel)*; einengen; enger machen; bündeln
narrow eng, schmal
narrow *(Bod, Umw, Wsb)* Enge *f*, enge Stelle *f*; Flussenge *f*; Einschnürung *f*; Schlucht *f*

kannelieren *v* 1. channel *(auskehlen, auch Arch)*; 2. *(Hb)* chamfer, groove; 3. *(Arch)* flute
kanneliert channelled, fluted, grooved *(z. B. Ornament)*
kanneliert/nicht unfluted
Kannelierung *f* 1. *(Arch)* channelling; fluting *(am Säulenschaft)*; 2. *(Hb)* grooving *(Herstellung)*; 3. *(Arch)* flute, fluting, channel, channelure; 4. *(Hb)* groove *(Produkt)*
Kannelierung *f*/**verstäbte** *(Arch)* cabled fluting, cabling, rudenture

English headwords are shown alphabetically while preserving their natural word order. Entries written separately or connected by a hyphen are shown in a word nest followed by words written together. For example:

slash *v (LB)* abhauen *(Buschwerk)*; trennen, teilen, spalten *(Baumstämme)*
slash *(AE) (Bod, LB, Umw)* Sumpfgelände *n*
slash and burn mode *(Te) (sl)* Holzhackermethode *f*
slash saw *(BWG, Hb)* Schlitzsäge *f*
slash-sawn *(Hb, Te)* tangential [flach] geschnitten *(zu den Jahresringen, Holz)*
slasher *(Hb)* Schlichter *m*

German headwords actually made up of more than one word are shown under the root in a word nest. Headwords comprising an adjective and a noun (e.g. *bituminöses Mischgut*) are always listed alphabetically beneath the noun, the adjective being placed postpositively after a slash (e.g. *Mischgut/bituminöses*). Slashes are alphabetised like spaces. Word nests are followed by compounds containing the nest word in alphabetical order. For example:

Mischgut *n* mix, mixture; mixed material, material being mixed, mixed product *(bituminöses Mischgut, Beton)*
Mischgut *n*/**bituminöses** bituminous mixture, asphaltic mixture
Mischgut *n* **für Unterhaltungsarbeiten** *(Verk)* maintenance mix *(meist Kaltmischgut)*
Mischgut *n*/**lagerfähiges** premixed material *(Straßenreparatur)*
Mischgut *n*/**maschinengemischtes bituminöses** plant-mixed bituminous mix
Mischgutart *f* mix type, type of mixture
Mischgutbestandteile *mpl (BM)* components of mixture

Similarly, German adverbial, adjectival and participial compounds (e.g. *stabil befestigt*) are always listed under the main adjective or participle (in this case: *befestigt*). For example:

befestigt 1. embattled, fortified, walled, strong *(militärisch)*; 2. paved *(z. B. Straßen usw.)*
befestigt/drehbar *(Konst)* fulcrumed
befestigt/gelenkig articulated; hinged
befestigt/stabil *(Konst)* firm

Negative forms are always included under the respective basic adjective form.

isosceles gleichschenklig
isosceles/not ungleichschenklig

mischbar miscible; compatible *(z. B. Farben)*
mischbar/nicht non-miscible, immiscible

Reflexive verbs are shown in alphabetical order beneath their basic form.

aufheizen *v (HLK, Te)* heat *(z. B. Bindemittel, Zuschlagstoffe)*
aufheizen *v*/**sich** *(BM, BT)* heat up

Auxiliary verbs do not form word nests. Instead, the technical verbal expressions in which they are used are shown under the main word. For example:

connected/be *(Arch, BT, Konst)* zusammenhängen
interlocked verspannt; verblockt; zusammengeschlossen; zusammengesteckt • **be interlocked** ineinandergreifen *(Arbeitsgänge)*

Übergewicht haben *v* overweigh
übergewichtig sein *v* overweigh
undicht not tight, laky, leaking; pervious *(Licht)* • **undicht sein** leak, run; drip *(Wasserhahn)*

English and German headwords which start with an article, preposition or conjunction are listed under their respective root. In the absence of any such root, they are of course listed as regular separate entries. The elements preceding the main word (shown after a slash) are treated like postpositive headwords. For example:

account *(VR)* (laufende) Rechnung *f* • **for account and risk** *(VR)* für Rechnung und Gefahr • **on one's own account** *(VR)* auf eigene Rechnung
prescribed/as *(Konst, VR)* vorschriftsmäßig

Augenmaß/nach *(Te) (sl)* done by eye
Augenschein/nach visual
Gebäude *n* building; block, house, structure • **ein Gebäude errichten** *(Te)* raise a building • **mit vielen Gebäuden** *(RP)* multibuilding *(Bauabschnitt, Anlage)*

Word groups containing verbs, adjectives and participles functioning as adjectives which are now written separately following the German spelling reform (as amended with effect from 1 August 2006) have been listed under the main form of the verb or participle:

belebt/neu rejuvenated *(Landschaftsbau)*
bewegen *v*/**abwärts** descend
gelagert/übereinander *(Bod, BT, Konst)* superimposed
gewölbt/auswärts embowed *(z. B. eine Fenstervertiefung)*

However, since in many cases such terms still tend to be written together in building terminology (which is now allowed again by the latest version of the spelling reform), it's worth looking up word groups containing verbs, adjectives and participles functioning as adjectives not only under the basic form of the verb or participle but also under the first element of the compound.

feingemahlen fine-ground
feinschleifen *v* lap, hone
fertiggestellt completed

II. Order and classification of translations

Translations are listed in their order of significance and if necessary labelled with Arabic numerals. Synonyms are separated by a comma; non-synonymous translations are separated by a semicolon.
For example:

conductor 1. *(El)* Leiter *m*, Stromleiter *m*; 2. *(HLK)* Wärmeableiter *m*; 3. *(San, WVA)* Ableitrohr *n*; Wasserfallrohr *n*; *(AE)* Regenfallrohr *n*

Löffelbohrer *m* 1. spoon auger, shell auger, screw auger, shell bit; pump borer, borer *(Schrotbohrer)*; 2. *(Erdb)* gouge bit; spoon bit *(Baugrunduntersuchung)*

In cases in which some explanation appears necessary, translations are preceded by the abbreviated subject-area labels in parentheses (see above). If necessary, additional explanations in italics are included afterwards and set inside italic parentheses.

rise *v* 1. *(Bod)* sich erheben, emporragen *(z. B. Gelände, Bauwerk)*; 2. *(Bod)* (an)steigen *(Gelände)*; 3. *(HLK, Stat)* (an)steigen, sich erhöhen *(z. B. Temperatur, Werte)*; 4. *(BM)* aufquellen; sich bauchen *(Baustoff)*; 5. *(Wsb)* (an)schwellen, ansteigen *(Wasserlauf)*; 6. *(OB, Umw)* anlaufen *(z. B. Mauer, Gewölbe, Pfeiler)*

Klappe *f* 1. flap; 2. *(EB, Konst)* lid *(Klappdeckel)*; 3. *(Wsb)* gate, trap; stop-plank *(Wehrklappe)*; 4. hatch *(Falltür)*; 5. *(HLK)* register *(Heizungs- oder Lüftungsschieber)*; 6. *(San, WVA)* valve *(Ventilklappe)*

Descriptions of terms with no equivalent in the target language are given in italics in order to clearly distinguish them from direct translations.
For example:

Colonial Revival *Architektur in den USA Ende des 19./Anfang des 20. Jahrhunderts unter Verwendung kolonialer und georgianischer Elemente für Banken, Kirchen und Vorstadtsiedlungen*

Turns of phrase and other expressions are included under their main headword. Marked by a bold bullet (•), they appear at the end of the translations in alphabetical order.

repair *(RS)* Baureparatur *f*, Reparatur *f*, Instandsetzung *f* • **in a bad (state of) repair** *s.* out of repair • **in good repair** in gutem Zustand • **out of repair** *(RS)* baufällig, in baufälligem Zustand *(Gebäude)*

Gerüst *n* 1. scaffold, (timber) scaffolding *(Baugerüst)*; 2. mason's scaffold, staging, stage *(Bockgerüst)*; 3. *(TK)* structural framework; 4. *(Konst, TK)* framing *(Traggerüst)*; 5. trestle, trestlework, rack *(Gestell, Traggestell)*; 6. falsework *(Schalungsgerüst)*; 7. piling frame *(Rammgerüst)* • **das Gerüst abbauen** *(Te)* unscaffold • **das Gerüst bauen** scaffold • **ein Gerüst aufstellen** raise a scaffold • **ein Gerüst benötigend** scaffold-high *(Gebäude)* • **mit einem Gerüst versehen** *(Te)* scaffold *(z. B. Haus)*

III. Spelling

The dictionary uses British-English spellings and follows the German spelling reform as amended with effect from 1 August 2006.
American spelling has been used for American terms and explicitly marked as such.
For example:

activated rosin flux *(AE) (BB, BM)* Verflüssigungsmittel *n (auf Harzbasis)*
air-seasoned lumber *(AE) (BM, Hb)* luftgetrocknetes Bauholz *n*

Giebel *m***/abgewalmter** hip gable, *(AE)* clipped gable
Gittermauerwerk *n* 1. chequer-work, *(AE)* checkerwork *(mit Schachbrettmuster)*; 2. *(Konst)* screen wall *(Abschirmung)*

Bedeutung der Zeichen • Meaning of Symbols

/ Druck/hydrostatischer = hydrostatischer Druck

[...] shingle roof with half [open, spaced] slating = shingle roof with half slating *or* shingle roof with open slating *or* shingle roof with spaced slating

mit Zwischenraum [Abstand] anordnen = mit Zwischenraum anordnen *oder* mit Abstand anordnen

(...) connection to the (public) sewer = connection to the sewer *or* connection to the public sewer
Niederschlags(einzugs)gebiet = Niederschlagsgebiet *oder* Niederschlagseinzugsgebiet

• kennzeichnet Wendungen
indicates phrases

Abkürzungen • Abbreviations

AE	amerikanisches Englisch / American English
bes.	besonders / especially
f	Femininum / feminine noun
fpl	Femininum Plural / feminine plural noun
Jh.	Jahrhundert / century
m	Maskulinum / masculine noun
mpl	Maskulinum Plural / masculine plural noun
n	Neutrum / neuter noun
npl	Neutrum Plural / neuter plural noun
pl	Plural / plural
s.	siehe / see
s. a.	siehe auch / see also
sl	Slang / slang
usw.	und so weiter / and so on
v	Verb / verb
n. Chr.	nach Christus / AD, Anno Domini
v. Chr.	vor Christus / BC, before Christ
z. B.	zum Beispiel / for example

Fachgebietskürzel • Subject-area Labels

Arch	Architektur, Bauwerke, Architekturelemente, Geometrie / architecture, buildings, architectural elements, geometry
BB	Betonbau, Stahlbeton, Spannbeton / concrete engineering, reinforced concrete, prestressed concrete
BM	Baumaterialien, Baustoffe, Eigenschaften, Baustoffprüftechnik, Bauchemie / building and construction materials, properties, materials testing technique, construction chemistry
Bod	Bodenmechanik, Erdstoffe, Geotechnik, Ingenieurgeologie, Geographie / soil mechanics, soils, geotechnique, engineering geology, geography
Br	Brückenbau / bridge engineering and building
BT	Bauelemente, Bauteile / structural elements, units and members
BWG	Baumaschinen, Werkzeuge, Grundstoffindustrie / construction machinery, tools, basic industry
DIS	Dämmung, Isolierung, Schallschutz, Schall / insulation, soundproofing, sound
EB	Einbauelemente, Einrichtung, Beschläge / built-in elements, fitments, hardware
El	Elektroinstallation, Beleuchtung, Steuerungstechnik / electrical installation, lighting, control mechanism
Erdb	Erd- und Grundbau, Gründungselemente / foundation and underground engineering, foundation elements
Hb	Holzbau, Holzelemente, Zimmerei / timber engineering, joinery, millworks, carpentering
HLK	Heizung, Lüftung, Klimatechnik / heating, ventilation, air conditioning
Konst	Bauentwurf, Konstruktion, Konstruktionselemente, Bauweisen / structural design and engineering, construction, members, building methods
LB	Landschaftsbau / landscape construction
OB	Oberflächen, Beschichtung, Korrosion /surfaces, coating, corrosion
RP	Raumplanung, Landesplanung, Raumordnung, Städtebau / area and development planning, country and regional planning, town development
RS	Rekonstruierung, Sanierung / reconstruction, redevelopment, clearing
San	Sanitärtechnik und Klempnerarbeiten / sanitary engineering and plumbing
SB	Steinbauten (Ziegel, Betonsteine, Natursteine) / stone structures (bricks, precast concrete blocks, natural stones)
St	Stahlbau, Stahlbauelemente / steel construction, steel construction members
Stat	Baustatik, Festigkeitslehre, Dynamik, Berechnungen, Mathematik / structural analysis, mechanics of materials, dynamics, design calculations, mathematics
Te	Bau- und Herstellungstechnologie / construction technique and method, manufacturing process
TK	Tragwerke, Tragkonstruktionen / load-bearing structures, supporting structures, structural frameworks
Tun	Tunnelbau / tunnel engineering
Umw	Umwelttechnik, Umweltthematik / environmental engineering and technology, environmental issues
Verk	Verkehrsbau, Verkehrstechnik / traffic structure engineering, traffic engineering
Verm	Vermessungswesen, Vermessungstechnik / surveying, mensuration technique
VR	Verträge, Baurecht, Grunderwerbsrecht, Organisation / contracts, construction law, land purchase law, organization
Wsb	Wasserbau / hydraulic engineering
WVA	Wasserversorgung, Abwasser, Behälterbau, Säurebau / water supply, waste water treatment, tank construction, acid-resisting construction

Internationale Normung ist weltweit akzeptiert und zielt auf eine Vereinheitlichung bei der Produkterstellung.

Die ISO-Norm 1951(2007) garantiert eine weltweit anerkannte Darstellung der Wörterbuch-Einträge und bürgt für Qualität.

Englisch – Deutsch

A

A-block *(BM)* Hohlblockstein *m*, Betonhohlstein *m*
A-frame *(Konst)* A-Rahmen *m (Dachbinder)*
Aaron's rod *(Arch)* Aaronsstab *m*, Zierleiste *f* mit Blattornamenten
abaca *(BM)* Abaka(hanf) *m*, Manilahanf *m*, Bananenhanf *m*
abaciscus *(Arch)* Mosaikfliese *f*, Mosaikstein *m (im antiken Griechenland)*
abaculus *s.* abaciscus
abacus *(Arch)* Abakus *m*, Kapitell(deck)platte *f (an antiken Säulen)*
abacus column *(Arch)* Abakussäule *f*
abamurus *(Konst, TK)* Versteifungsmauer *f*, Versteifungsmauerwerk *n*; Versteifungspfeiler *m*, Strebepfeiler *m*
abandon *v (Te)* aufgeben
abat-jour *(BT)* Oberlichtfenster *n*
abat-vent 1. *(HLK)* Luftschlitz *m*; 2. *(BT, San)* Schornsteinabdeckung *f (aus Metall)*
abate *v* 1. *(Te)* abhauen, aushauen *(bei Steinmetzarbeiten)*; als Relief ausarbeiten; aussägen, ausschneiden *(Holz)*; 2. *(Stat)* reduzieren, vermindern *(z. B. Spannungen)*
abatement 1. *(Te)* Holzverschnitt *m*, Holzabfall *m*, Späne *mpl (bei Holzbearbeitung)*; 2. *(Stat)* Abnahme *f (von Spannungen)*
abaton *s.* adytum
abattoir *(Arch, RP)* Schlachthaus *n*, Schlachthof *m*
abbey *(Arch)* Abtei *f*
abbey block *(Arch)* Abtei *f*; Abteigebäude *n*
abbot block *(Arch)* Abtsgebäude *n*, Abtshaus *n*
ablation *(Bod)* Ablation *f*, Abtragung *f (des Bodens, z. B. durch Wasser)*
abolish *v (Te, VR)* aufheben
abolition *(VR)* Aufhebung *f*
above-grade *(Konst)* oberirdisch, obererdig; Überflur...
above-grade masonry *(SB)* aufgehende Mauer *f*, aufgehendes Mauerwerk *n*
above-grade masonry work *(SB)* aufgehendes Mauerwerk *n*
above-grade wall *(SB)* aufgehende Wand *f*
above ground *(Konst)* oberirdisch, obererdig
above ground line *(El, WVA)* Überflurleitung *f*, oberirdische Leitung *f*
above ground store *(WVA)* Hochbehälter *m*, oberirdischer Lagerbehälter *m*
above ground wall *(SB)* aufgehende Wand *f*
abradant *s.* abrasive
abrade *v (Te)* abreiben, abschleifen, abschaben; verschleißen *(schleifend)*; abscheuern *(z. B. Gewebe)*
Abram's law *(BM)* Abram'sches Gesetz *n*, Wasser-Zementwert-Gesetz *n*; Wasser-Zement-Verhältnis-Beziehung *f*
Abram's test *(BM)* Ätznatronprüfung *f*
abrasion *(OB, Verk)* Abreiben *n*, Abrieb *m*, Abschaben *n*; (schleifender) Verschleiß *m*
abrasion-proof *(BM, OB)* abriebbeständig, abriebfest; verschleißfest; scheuerbeständig
abrasion resistance *(BM)* Abriebbeständigkeit *f*, Abriebfestigkeit *f*, Verschleißfestigkeit *f (von Stein, Beton)*; Scheuerfestigkeit *f (von Gewebe)*
abrasion-resistant *s.* abrasion-proof
abrasion test *(BM, Te)* Abriebprüfung *f*, Verschleißprüfung *f*
abrasion value *(BM)* Abriebwert *m*
abrasive *(BM)* Schleifmittel *n*; Poliermittel *n*, Abriebmittel *n*
abrasive blasting *(Te)* Strahlen *n*, Abstrahlen *n* mit Schleifmittel *(Oberflächenbehandlung)*
abrasive paper *(BM)* Schleifpapier *n*, Schmirgelpapier *n*
abrasive powder *(BM)* Schleifpulver *n*; Schmirgel *m*
abrasive sand *(BM)* Schleifsand *m*
abrasive wear *(BM, OB, Verk)* Abriebverschleiß *m*
abraum *(BM)* Mahagonibeize *f*
abreuvoir *(BB, Konst, SB)* Mörtelfuge *f*, Mauerwerksfuge *f (noch mit Mörtel zu füllen)*
abrupt angle *(BT)* Biegestück *n*; Absatz *m*
abrupt change of cross section *(Konst)* sprunghafte Querschnittsänderung *f*
absence of moments *(Stat)* Momentenfreiheit *f*
absolute height *(Verm)* absolute Höhe *f*
absolute humidity *(HLK)* absolute Feuchte *f* [Feuchtigkeit *f*]; absolute Luftfeuchtigkeit *f*
absolute pressure *(HLK, Stat, WVA)* absoluter Druck *m*, Absolutdruck *m*
absolute specific gravity *(BM)* echte Reindichte *f*
absorb *v (BM, DIS, HLK, Stat)* absorbieren, aufsaugen, einsaugen *(Flüssigkeiten, Dämpfe, Gase)*; aufnehmen *(z. B. Wärme)*; dämpfen *(z. B. Stoß)*; schlucken *(Schall)*; absorbieren, abbauen *(Kraft, Spannung)*
absorbed moisture *(BM, DIS)* aufgesaugte Feuchte *f*
absorbency *(BM)* Absorptionsvermögen *n*; Saugvermögen *n*
absorbent *(BM, Bod, DIS)* absorbierend, aufsaugend, einsaugend *(Flüssigkeiten, Dämpfe, Gase)*; saugfähig
absorbent 1. *(BM)* Absorptionsmittel *n*, absorbierender [aufsaugender] Stoff *m*, saugfähiges Material *n*; 2. *(BM)* Absorptionsbaustoff *m*, Absorptionsmaterial *n (Schall)*
absorbent base *(Bod)* saugfähiger Untergrund *m*
absorbent shutter *(BT)* Saugschalung *f*
absorber plate *(HLK)* Absorberplatte *f (Solarkollektor)*
absorbing *s.* absorbent
absorbing agent *s.* absorbent
absorbing capacity *(BM, Bod, DIS)* Absorptionsvermögen *n*, Aufsaugvermögen *n*, Saugfähigkeit *f*, Einsaugfähigkeit *f*
absorbing material *s.* absorbent
absorbing well *(Erdb)* Wasserabsenkungsbrunnen *m*, Dränbrunnen *m*, Sickerschacht *m*, Senkgrube *f*
absorptance *(El)* Absorptionsgrad *m (des Lichts)*
absorption *(BM, DIS, Stat)* Absorption *f*, Aufsaugen *n (z. B. von Flüssigkeiten, Gasen)*; Dämpfung *f (von Stößen, dynamischen Bewegungen)*; Aufnahme *f (von Kraft, Wärme)*; Schlucken *n*, Schluckung *f (von Schall)*
absorption bed *(WVA)* Klärbecken *n*, Kläranlage *f*
absorption capacity *s.* absorbency
absorption field *(WVA)* Klärfeld *n*; Kläranlage *f*
absorption loss *(BM, Bod)* Absorptionsverlust *m*; Wasseraufnahmeverlust *m*
absorption of heat radiations *(HLK)* Wärmeeinstrahlung *f*
absorption of sound *(DIS)* Schallschluckung *f*
absorption rate *(BM)* Wasseraufnahmemenge *f*, Wasseraufsaugung *f (z. B. von Ziegeln, in g/min)*
absorption test *(BM)* Wasseraufnahmeprüfung *f*
absorption trench *(Erdb, WVA)* Abwasserversickerungsgraben *m*
absorptive *(BM)* absorbierend, absorptionsfähig, aufsaugend, einsaugend; Absorptions...; dämpfend; schluckend
absorptive surface *(OB)* stark absorbierende Oberfläche *f*
abstraction 1. *(BM, HLK, Konst)* Abführung *f*, Ableitung *f (z. B. von Wärme)*; 2. *(BM)* Entzug *m*, Entziehung *f (z. B. von Wasser)*; Absonderung *f (z. B. von Lösungsmitteln)*
abut *v* 1. *(VR)* anstoßen (an), angrenzen *(z. B. Grundstück)*; 2. *(BT, Konst)* (stumpf) stoßen *(Bauteilenden)*; aneinanderfügen
abutment 1. *(BB, Erdb, Konst)* Erdwiderlager *n*, Druckfundament *n*; 2. *(Konst)* Widerlager *n*; 3. *(BT, TK)* Lager *n*, Endauflager *n*; Kämpfer *m (Bogenkämpfer)*; 4. *(Konst)* Stoß *m*, Anstoß *m*; 5. *(Te)* Stumpfstoßen *n*

abutment check *(BT)* Zapfenschulter *f (Stütze)*
abutment fill *(Erdb, Te)* Widerlagerhinterfüllung *f*
abutment hinge *(BT, TK)* Auflagergelenk *n*
abutment leaf *(BB, BT)* Widerlagerflügel *m*
abutment masonry *(SB)* Widerlagermauerwerk *n*
abutment of corbel *(SB, TK)* Widerlager *n* von Tragkonstruktionen *(aus Stein)*
abutment piece *(AE) (Hb)* Grundholz *n*, Schwelle *f (Fachwerk)*
abutment pier *(BT, TK)* Widerlagerpfeiler *m*; Bogenpfeiler *m*; Stützpfeiler *m*; Strebepfeiler *m*
abutment pressure *(Stat)* Widerlagerdruck *m*
abutment side wall *(BM)* Wange *f*
abutment stone *(SB)* Widerlagerstein *m*
abutment system *(Arch, Konst, TK)* Strebewerk *n*, Strebesystem *n*
abutment wall *(Konst)* Widerlagermauer *f*; Strebemauer *f*
abutting *(Konst)* an(einander)stoßend; angrenzend
abutting end *(Konst)* Stoß *m*, Stoßfläche *f*, Anstoß *m (von Schwellen, Bauteilen)*
abutting joint 1. *(Hb)* gestoßene Holzverbindung *f*; 2. *(St)* Stumpfstoß *m (Schweißverbindung)*
abutting tenon *(BT)* Verbindungszapfen *m*
Abyssinian well *(WVA)* Rammbrunnen *m*
AC, A.C., ac, a.c. 1. *(El)* Wechselstrom *m*; 2. *(HLK)* s. air conditioning
a.c. generator *(El)* Wechselstromgenerator *m*
acacia gum *(BM)* Gummiarabikum *n*; Akaziengummi *n*
academy *(Arch, VR)* Akademie *f*
acanthus *(Arch)* Akanthusblatt *n (Pflanzenmotiv-Ornament)*
acanthus frieze *(Arch)* Akanthusfries *m*
acanthus leaf *(Arch)* Akanthusblatt *n (Pflanzenmotiv-Ornament)*
ACC test *n (BT, Erdb)* Quellvermögen *n*, Bentonitzahl *f*
accelerate *v (BM, Te)* beschleunigen *(z. B. das Abbinden)*; verkürzen *(zeitlich)*
accelerated ageing *(BM)* Schnellalterung *f*, beschleunigtes [künstliches] Altern *n*
accelerated ageing test *(BM)* Schnellalterungsprüfung *f*
accelerated test *(BM)* Kurz(zeit)versuch *m*, Schnellprüfung *f*, Schnellversuch *m*
accelerated weathering *(BM)* Kurz(zeit)bewitterung *f*, künstliche Bewitterung *f (Alterungsprüfung)*
accelerating additive *(BM)* Beschleuniger *m*, Abbindebeschleuniger *m (z. B. für Beton)*; Erhärtungsmittel *n (z. B. für Farben)*
accelerating admixture *(BM)* Abbindebeschleuniger *m*
acceleration *(Te, Verk)* Beschleunigung *f*
acceleration lane *(Verk)* Beschleunigungsspur *f*
acceleration of hardening *(BB, BM)* Abbindebeschleunigung *f*; Erhärtungsbeschleunigung *f*
accelerator *(BB, BM)* Beschleuniger *m*, Abbindebeschleuniger *m*; Erhärtungsmittel *n*
accent lighting *(El)* Anstrahlbeleuchtung *f*
accept *v* 1. *(VR)* abnehmen *(z. B. Bauwerk)*; 2. *(Konst, Stat, TK)* aufnehmen *(z. B. Kraft)*; Last aufnehmen; 3. *(VR)* annehmen *(z. B. ein Angebot)*
accept *v* **the tender** *(VR)* den Zuschlag erteilen; das Angebot akzeptieren
acceptable *(VR)* akzeptabel, annehmbar
acceptance 1. *(VR)* Abnahme *f*, Bauwerksabnahme *f*; 2. *(Konst, TK)* Aufnahme *f (z. B. von Kraft)*
acceptance certificate *(VR)* Abnahmebescheinigung *f*, Abnahmeprotokoll *n*
acceptance committee *(VR)* Abnahmekommission *f*
acceptance documents *(Konst, VR)* Abnahmeunterlagen *fpl*
acceptance drawing *(Konst, VR)* Abnahmezeichnung *f*; Revisionszeichnung *f*
acceptance of products *(VR)* Abnahme *f* der Erzeugnisse, Fertigmaterialienabnahme *f*
acceptance of restrictions *(VR)* Beschränkungsakzeptanz *f*
acceptance of tender *(VR)* Auftragserteilung *f*, Zuschlag *m (z. B. für Bauaufträge)*
acceptance of work *(VR)* Abnahme *f* der Arbeit, Übernahme *f* der Leistung; Bauabnahme *f*
acceptance sampling *(BM, VR)* statistische Qualitätskontrolle *f*
acceptance test 1. *(VR)* Abnahmeprüfung *f*; 2. *(VR)* Zulassungsprüfung *f*
accepted load *(Konst, Stat, TK)* aufgenommene Last *f*
access 1. *(Konst)* Zugang *m*, Zutritt *m*; Einstieg *m*; Zugänglichkeit *f*; 2. *(HLK)* s. access of air
access balcony *(Arch, Konst)* Laubengang *m (eines Wohnhauses)*
access board *(Te)* Laufbohle *f*
access canal *(Wsb)* Zufahrtskanal *m*
access door *(BT)* kleine Zugangstür *f*, Zugangsöffnung *f*, Zwangsöffnung *f (für Unterhaltungsarbeiten an Ausrüstungen)*
access eye *(BT, San, WVA)* Reinigungsöffnung *f*
access flooring system *(EB)* austauschbare Fußbodenkonstruktion *f*, wechselbarer Fußbodenbelag *m*
access for fire services *(Konst, Verk)* Feuerwehrzufahrt *f*
access for wheelchairs *(Konst, Verk)* Rollstuhlzugang *m*
access front *(Arch)* Eingangsseite *f*
access gallery 1. *(Tun)* Zugangsstollen *m*; 2. *(Arch)* Laubengang *m*
access gate *(Arch, BT)* Zufahrtstor *n*
access hole *(BT, San, WVA)* Reinigungsöffnung *f*
access hook *(BT)* Steigeisen *n*, Klettereisen *n*
access junction *(Konst)* Anschluss(knoten)punkt *m*
access ladder *(BT)* Einsteigeleiter *f*, Abstiegleiter *f (Schwimmbecken)*
access lane *(Verk)* Zufahrtsstrecke *f*; Anliegerspur *f*
access of air *(HLK)* Luftzutritt *m*
access panel *(Konst)* Einstiegsöffnung *f*, Blindpaneel *n*
access point 1. *(Verk)* Zugangspunkt *m*; Autobahnanschlussstelle *f*; 2. *(Arch)* Anschlussbauwerk *n*
access ramp *(Verk)* Auffahrt *f*, Auffahrtrampe *f (Autobahn, Brücke)*
access road *(Verk)* Zufahrtsstraße *f*, Zugangsstraße *f*; Einfahrtsweg *m*; Zubringerstraße *f*, Zubringer *m*
access stair *(Konst)* Verbindungstreppe *f*
access to field [site] *(VR)* Baufreiheit *f*
access tunnel *(Tun)* Zugangstunnel *m*
access way *(Konst, Verk)* Einfahrt *f*
accessible *(Konst)* zugänglich, erreichbar *(z. B. Bauteile, Gebäudeflächen)*; besteigbar • **be accessible** *(Konst)* zugänglich sein; begehbar sein
accessories *(EB)* Zubehör *n*, Zubehörteile *npl*; Zusatzeinrichtungen *fpl*; Ausstattung *f*
accessory *(EB)* Zubehörteil *n*
accessory building *(Arch)* Nebengebäude *n*; Seitengebäude *n*
accessory part *(BT, EB)* Zusatzteil *n*, Teil *n*
accident *(Verk, VR)* Unfall *m*
accident blackspot *(Verk)* Unfallschwerpunkt *m*
accident cost rate *(Verk)* Unfallkostenrate *f*
accident events *(Verk)* Unfallgeschehen *n*
accident figure *(Verk, VR)* Unfallsumme *f*, Unfallhöhe *f*
accident frequency *(Verk)* Unfallfrequenz *f*, Unfallhäufigkeit *f*
accident insurance *(VR)* Unfallschutz *m (Versicherung)*
accident insurance damage *(VR)* Unfallversicherungsschaden *m*
accident investigation *(VR)* Unfalluntersuchung *f*

accident load *(Br, Stat)* Sonderlast *f (Brücke)*
accident map *(Verk)* Unfallkarte *f*, Unfallhäufigkeitskarte *f*
accident migration *(Verk)* Unfallwanderung *f (Verschiebung der Unfallschwerpunkte)*
accident notification *(VR)* Unfallmeldung *f*, Unfallanzeige *f*
accident occurrence *(Verk)* Unfallgeschehen *n*
accident occurrence rate *(Verk)* Unfallereignisrate *f*
accident pattern *(Verk, VR)* Unfallmuster *n*, Unfallmodell *n*
accident plot chart *(Verk, VR)* Unfalltypenkarte *f*
accident potential *(Verk, VR)* Unfallpotenzial *n*
accident prevention *(Verk, VR)* Unfallverhütung *f*
accident-prone area *(Verk)* unfallanfällige Zone *f*
accident proneness *(Verk, VR)* Unfallgefährdung *f*, Unfallanfälligkeit *f*
accident-proof *(Verk)* unfallsicher
accident protection *(VR)* Unfallschutz *m*
accident rate *(Verk)* Unfallrate *f*
accident reporting *(Verk, VR)* Unfallbericht *m*
accident research *(Verk, VR)* Unfallforschung *f*
accident severity *(Verk)* Unfallschwere *f*
accident spot *(Verk)* Unfallschwerpunkt *m*
accident trend *(Verk)* Unfallentwicklung *f*
accident ward *(Konst)* Unfallstation *f (im Krankenhaus)*
acclivity *(Erdb)* (steile) Böschung *f*, ansteigender Hang *m*, Neigung *f*, Gefälle *n*
acclivous *(Erdb, Konst)* (steil) ansteigend
accommodate *v* 1. *(VR)* unterbringen, beherbergen *(Personen)*; 2. *(Konst)* anpassen; ausgleichen
accommodation *(VR)* Unterkunft *f*, Wohnunterkunft *f*, Behausung *f*; Quartier *n*; Bauunterkunft *f*; Beherbergung *f*
accommodation density *(VR)* Belegungsdichte *f (Wohnung)*
accommodation trailer *(AE) (BT, Verk)* Wohnwagen *m*; Bauunterkunftswagen *m*
accompanying environmental measurements *(Te, Umw)* Umweltbaubegleitung *f*
accordance *(Konst, VR)* Übereinstimmung *f*
according to contract *(VR)* vertragsgemäß *(z. B. Arbeitsausführung)*
according to regulations *(Konst, VR)* vorschriftsgemäß
according to scale *(Konst, Verm)* maßstäblich, maßstabsgerecht
according to schedule *(VR)* termingemäß
according to specification *(Konst, VR)* vorschriftsgemäß
according to standards *(Konst, VR)* normgerecht
accordion blind *(EB)* Faltrollo *n*, Faltjalousette *f*
accordion door *(BT, EB)* Falttür *f*, Ziehharmonikatür *f*, Harmonikatür *f*
accordion partition *(BT)* Falt(trenn)wand *f*, faltbare Trennwand *f*
account *v* **for** *(VR)* Rechenschaft ablegen
account *(VR)* (laufende) Rechnung *f* • **for account and risk** *(VR)* für Rechnung und Gefahr • **on one's own account** *(VR)* auf eigene Rechnung
accountability *(VR)* Verantwortlichkeit *f*, Verantwortung *f*
accountable *(VR)* rechenschaftspflichtig, verantwortlich
accountancy *(VR)* Buchhaltung *f*
accountant *(VR)* Rechnungsprüfer *m*, Wirtschaftsprüfer *m*
accounting *(VR)* Buchführung *f*, Rechnungswesen *n*, Abrechnung *f*
accouplement *(Arch)* enge Säulenanordnung *f*, dichte Anordnung *f* von Pfeilern
accreditation *(Konst, VR)* Anerkennung *f (Zulassung für eine authentische Leistung)*; Anerkennungsverfahren *n*
accredited laboratory *(BM, VR)* amtlich zugelassenes Prüflabor *n*
accrue *v (Te)* zusammenkommen; auflaufen; sich ansammeln
accrued depreciation *(VR)* aufgelaufene Abschreibung *f*
accumulate *v (Te)* ansammeln; speichern
accumulation of cold *(HLK)* Kältespeicherung *f*
accumulation of lime *(Bod)* Kalkansammlung *f*, Kalkblase *f*
accumulation of mud *(Bod, Erdb)* Verschlammung *f*
accumulation of water *(WVA)* Wasserspeicherung *f*
accuracy of alignment *(Verm)* Fluchtgenauigkeit *f*
accuracy of level *(BT, Konst, Verk, Verm)* Planebenheit *f*, Ebenflächigkeit *f*
accuracy of measurement *(BT)* Messgenauigkeit *f*
accuracy of shape *(BT)* Formgenauigkeit *f*
accurate *(BT, Te)* exakt, genau, präzis
acetone *(BM)* Aceton *n*, Azeton *n (Lösungsmittel)*
acetylene lime *(BM)* Carbidkalk *m*, Karbidkalk *m*
acetylene torch *(BWG, St)* Acetylen(schweiß)brenner *m*, Azetylen(schweiß)brenner *m*
acetylene welding *(St, Te)* Acetylenschweißen *n*, Azetylenschweißen *n*
Achaemenid architecture *(Arch)* Achämenidenarchitektur *f (persische Architektur)*
achieve *v (Te)* ausführen, leisten; erreichen
achievement of targets *(VR)* Zielerreichung *f*
achromatic colour *(Arch)* achromatische [unbunte] Farbe *f*
achromatic light *(El)* weißes Licht *n*
acicular *(BM)* nadelförmig *(z. B. Kristall)*
acid attack *(OB)* Säureangriff *m*
acid content *(BM)* Säuregehalt *m*
acid deposit *(Bod, Umw, WVA)* saure Ablagerung *f*
acid etching *(Te)* Säureätzen *n*, Mattätzen *n (z. B. von Glas)*
acid fallout *(Umw)* saurer Niederschlag *m*, saurer Regen *m*
acid-fast *s.* acid-resistant
acid paint *(BM, OB)* Säureschutzfarbe *f*
acid polishing *(OB, Te)* Säurepolieren *n*
acid polishing of glass *(OB, Te)* Glaspolierung *f* mit Säure
acid-proof *(BT, OB)* säurefest, säurebeständig
acid-proof cement *(BM)* Säurekitt *m*
acid-proof floor tile *(San, WVA)* säurefeste Fliesen *fpl*
acid refractory concrete *(BB, BM, Konst)* säurebeständiger Beton *m*
acid resistance *(BB, BM, San, WVA)* Säurebeständigkeit *f*, Säurefestigkeit *f*
acid-resistant *(BB, BM, San, WVA)* säurebeständig, säurefest, säureecht
acid-resistant brick *(BM, San, WVA)* Säureklinker *m*, säurefester Ziegel *m*
acid-resistant joint *(BT, San, WVA)* Säurefuge *f*
acid-resisting *s.* acid-resistant
acid-sensitive *(BM)* säureempfindlich
acid slurry *(BM, Verk)* kationische Schlämme *f (Bitumen)*
acid soil *(Bod)* saurer Boden *m*
acid stability *s.* acid resistance
acid-stressed *(Bod, Umw)* durch Säure belastet
acid tolerance *(BM, BT)* Säureverträglichkeit *f*, Säurewiderstandsfähigkeit *f*
acid-treated plaster *(OB)* Waschputz *m*
acid-wash *v (OB)* absäuern
acid-washed plaster *(OB)* Waschputz *m*
acid washing *(BB, OB)* Abbeizen *n*, Absäuern *n (Betonwerkstein)*
acidic area *(Bod, Umw)* angesäuerte Bodenfläche *f*
acidic rain *(Umw)* saurer Niederschlag *m*, saurer Regen *m*
acidic rock *(BM)* saures Gestein *n*
acidification *(OB)* Säuern *n*, Ansäuerung *f*
acidify *v (OB, Te)* (an)säuern
aciding 1. *(BM, Bod, OB)* Säuern *n*; 2. *(OB, Te)* Anätzen *n (mit Säuren)*
acidity *(BM)* Säuregehalt *m*
acidity level *(Bod, Umw)* Säuregrad *m*
Ackermann ribbed floor *s.* Ackermann's ceiling

Ackermann's ceiling *(TK)* Ackermanndecke *f*, Massivdecke *f* mit Tonhohlsteinen [Tonhohlplatten]
acknowledged *(VR)* anerkannt, bestätigt *(Ausführung, Leistung)*
aclinal *s.* aclinic
aclinic *(BM, Bod, OB)* aklinisch, söhlig
acoustic *(DIS)* akustisch
acoustic absorption *(DIS)* Schallabsorption *f*, Schallschluckung *f*
acoustic absorption coefficient *(DIS)* Schallabsorptionsgrad *m*
acoustic blanket *(BT, DIS)* Schallschluckmatte *f*, schallabsorbierende Matte *f*
acoustic board *(BT, DIS)* Schallschluckplatte *f*, Schalldämmplatte *f*, schallabsorbierende Platte *f*, Akustikplatte *f*
acoustic building material *(BM, DIS)* Akustikbaustoff *m*
acoustic construction 1. *(DIS)* schallabsorbierende Konstruktion *f*; 2. *(DIS)* baulicher Schallschutz *m*
acoustic current meter *(DIS)* hydrometischer Schallflügel *m*
acoustic damping *(DIS)* Schalldämpfung *f*
acoustic fencing *(DIS, Umw, Verk)* Lärmschutzzaun *m*
acoustic gain *(DIS)* Schallverstärkung *f*
acoustic insulating materials *(BM, DIS)* Schallisolationsmaterial *n*
acoustic investigation *(DIS)* Schall(verhaltens)studie *f*, akustische Aufnahme *f*
acoustic lining *(BT, DIS)* Akustikverkleidung *f*
acoustic method *(BM, Te)* akustisches Verfahren *n* *(Baustoffprüfung)*
acoustic pressure *(DIS)* Schalldruck *m*
acoustic refraction *(DIS)* Schallbrechung *f*
acoustic testing of buildings *(DIS, VR)* bauakustische Prüfung *f*
acoustic transmission line *(DIS)* akustisches Übertragungsmedium *n*
acoustic treatment *(DIS, Konst, Umw)* Lärmvorsorgemaßnahmen *fpl (Lärmschutzplanung)*
acoustic vault *(DIS, Konst)* Schallgewölbe *n*
acoustical *(DIS)* akustisch
acoustical behaviour *(DIS)* akustisches Verhalten *n*
acoustical ceiling *(BT, DIS)* Schallschluckdecke *f*, schallabsorbierende Decke *f*, Schalldämmdecke *f*
acoustical ceiling board *(BT, DIS)* schallabsorbierende Tafel *f* [Deckentafel *f*], Schallschluckplatte *f* für Decken
acoustical ceiling system *(DIS, Konst)* schallabsorbierendes Deckenkonstruktionssystem *n*, Schallabsorptionsdecke *f*
acoustical door *(BT, DIS)* schalldichte Tür *f*
acoustical engineering *s.* architectural acoustics
acoustical insulation *(DIS)* Schalldämmung *f*, Schallisolierung *f*
acoustical insulation board *(BT, DIS)* schalldämmende [schallisolierende] Tafel *f*
acoustical lay-in panel *(AE) (BT, DIS)* schallabsorbierende Deckentafel *f (für eingehängte Decken)*
acoustical material *(BM, DIS)* schallabsorbierender Baustoff *m*, Schallschluck(bau)stoff *m*
acoustical model *(DIS, Konst)* akustisches Raummodell *n*
acoustical pad *(BT, DIS)* Schallschluckmatte *f*
acoustical plaster *(BM, DIS)* schallabsorbierender Putz *m*, Schallschluckputz *m*
acoustical plaster ceiling *(BT, DIS, Konst)* geputzte Schalldecke *f*
acoustical power *(DIS)* Schallenergie *f*
acoustical quality *s.* acoustics
acoustical sprayed-on material *(BM, DIS)* im Spritzverfahren aufgetragener, schallschluckender Baustoff *m*
acoustical tile *(BT, DIS)* Schallschluckplatte *f*, schallabsorbierende Tafel *f (quadratisch, für Decken und Wände)*
acoustical tile ceiling *(BT, DIS, Konst)* Plattenschalldecke *f*
acoustically dead [inactive] *(DIS, Konst)* schalltot
acoustics *(DIS, Konst)* Akustik *f*, akustische Raumeigenschaften *fpl*
acquiescence *(VR)* Grenzeinwilligung *f (Zustimmung zur Bebauungsgrenze)*
acquisition *(VR)* Anschaffung *f*, Beschaffung *f*, Erwerb *m*
acquisition of land *(VR)* Baulandbeschaffung *f*, Grunderwerb *m*
acquisition of property *(VR)* Eigentumserwerb *m*
acquit *v (VR)* entbinden, entlasten
acquittal *(VR)* Entlasten *n*
acquitted *(VR)* entlastet
acreage *(LB, RP)* (landwirtschaftliche) Anbaufläche *f (Flächennutzungsplan)*
acropodium *(BT, Konst)* Sockelplatte *f*, Säulenplatte *f*
acropolis *(Arch)* Akropolis *f*; hochgelegene befestigte Siedlung *f*; Hochburganlage *f* mit Siedlung
acroter(ium) 1. *(Arch)* Akroterion *n*, Giebelzinne *f*; 2. *(Arch)* Bilderstuhl *m (antiker Giebelschmuck)*
acrylate resin *s.* acrylic resin
acrylic concrete *(BB)* Acryl(harz)beton *m*
acrylic paint *(BM)* Acrylfarbe *f*
acrylic resin *(BM)* Acrylharz *n*, Acrylatharz *n*, Polyacrylat *n*
acrylic resin emulsion *(BM)* Acrylharzemulsion *f*
act *v* **in combination** *(Stat)* zusammenwirken *(z. B. Kräfte)*
act *v* **on** 1. *(OB)* einwirken *(z. B. ein Mittel)*; 2. *(Stat)* angreifen *(Kraft)*
acting force *(Stat)* angreifende [wirkende] Kraft *f*
acting level *(AE) (Arch, Konst)* Theaterpodium *n*, Bühne *f*
actinic glass *(BM)* Absorptionsglas *n*
action area *(RP)* Aufbaugebiet *n*
action of building *(Konst, Te)* Bau *m*
action of frost *(BM, Bod, Umw)* Frosteinwirkung *f*
action of light *(BM, El, OB)* Lichteinwirkung *f*
actions on structures *(TK)* Einwirkungen *fpl* auf Tragwerke *(EN 1991-1-1)*
activate *v (Te)* aktivieren, anregen *(z. B. Bindemittel)*; in Betrieb nehmen
activated carbon *(HLK, Te)* Aktivkohle *f*
activated carbon filter *(BT, HLK)* Aktivkohlefilter *n*
activated charcoal *s.* activated carbon
activated mortar *(BB, BM, SB)* aktivierter Mörtel *m*
activated rosin flux *(AE) (BB, BM)* Verflüssigungsmittel *n* *(auf Harzbasis)*
activated sludge plant *(WVA)* Belebtschlammanlage *f*
activated sludge tank *(WVA)* Belüftungsbecken *n*, Belebtschlammbecken *n*
activator *(BB, BM)* Aktivator *m*, Aktivierungsmittel *n*, Anreger *m*
active agent *(BM)* Wirkstoff *m*
active earth pressure *(Erdb)* aktiver Erddruck *m*
active leaf *(BT)* Türflügel *m* mit Öffnungsmechanismus *(einer zweiflügeligen Tür)*
active pressure *(Bod, Erdb, Stat)* aktiver Druck *m*
active Rankine pressure *(Stat)* aktiver Druck *m* nach Rankin
active sludge *(WVA)* Klärschlamm *m*
active soil pressure *s.* active earth pressure
active solar heating *(HLK)* aktive Solarheizung *f*
active solar system *(HLK)* aktives Solarheizsystem *n*
active speed warning signs *(ASWS) (Verk)* Geschwindigkeitswarnanlage *f*, GWA
active thrust of earth *s.* active earth pressure
activity *(Te)* Aktivität *f (Netzwerkplanung)*
activity index *(BB, BM)* Aktivitätsindex *m (Zement)*

actual *(RP)* aktuell, tatsächlich vorhanden *(z. B. Baubestand)*
actual allowance *(BT, Konst)* Istabmaß *n*, wirkliches Abmaß *n*
actual allowance moment *(Stat)* tatsächliches Moment *n*
actual allowance strength *(BB, BM)* (tatsächlich) erreichte Festigkeit *f*
actual construction time *(Te, VR)* tatsächliche Bauzeit *f*
actual deviation *(BT, Konst)* Istabmaß *n*, wirkliches Abmaß *n*
actual dimension *(BT, Konst)* Istmaß *n*, Istabmessung *f*, tatsächliche Größe *f*
actual grading curve *(BB, BM)* Istsieblinie *f (der Zuschlagstoffe)*
actual load *(Konst, Stat, TK)* tatsächliche Belastung *f*
actual moment *(Stat)* Istmoment *n*
actual size *(BT, Konst)* tatsächliche Größe *f*, Istmaß *n*
actual stock *(BM, VR)* tatsächlicher Vorrat *m (z. B. an Baustoffen)*
actual strength *(BB, BM)* (tatsächlich) erreichte Festigkeit *f*
actual value *(HLK, Konst, WVA)* Istwert *m*
actuate *v (Te)* betätigen; beeinflussen; auslösen
actuated signal *(Verk)* gesteuertes Signal *n (Verkehrssteuerung)*
acute 1. *(BT)* spitz, zugespitzt; 2. *(BT) s.* acute-angled
acute angle *(Konst, Verm)* spitzer Winkel *m*
acute-angled *(BT)* spitzwinklig
acute-angled arch *(Arch, Konst)* Spitzbogen *m*
acute arch *(Arch, Konst)* überhöhter Spitzbogen *m*
adamantine drill *(BWG)* Schrotbohrer *m*
adapt *v (BT, Konst, Te)* angleichen, anpassen
adaptation *(BT, Konst, Te)* Anpassung *f*; Angleichung *f*
adapter *(El, HLK, San, WVA)* Anschlussstück *n*, Zwischenstück *n*, Verbindungsstück *n (zur Anpassung, größenveränderlich)*; *(speziell El)* Adapter *m*; Universalrüster *m*; Passstück *n (z. B. für Rohre)*
adapter sleeve *(HLK, San, WVA)* Verbindungsmuffe *f (größenvariabel)*
adapting of (the) ironwork 1. *(St, Te)* Eisenbiegen *n (für Stahlbewehrung)*; 2. *(St, Te)* Eisenvorrichten *n*, Eisenwerkarbeiten *fpl (Stahlbau)*
adapting pipe *(HLK, San, WVA)* Passrohr *n*
adaption *s.* adaptation
adaptive signal control *(Verk)* modellbasierte Lichtsignalsteuerung *f*
add *v (BM, HLK, Konst, Stat, Te)* hinzufügen, hinzusetzen *(auch Kräfte)*; zugeben, zusetzen, beimengen *(Stoffe)*; zuführen *(z. B. Wärme)*; anbauen (an) *(Gebäude)*
add *v* **a storey** *(Konst, Te)* aufstocken, um ein Geschoss erhöhen
add *v* **bricks** *(SB, Te)* aufmauern
add *v* **gypsum** *(BM, Te)* Gips zusetzen
added *(Konst, Te)* eingefügt
added metal *(BM, St)* Auftragsmetall *n*
addendum 1. *(VR)* Nachtragszusatz *m (Teil der vorläufigen Bauvertragsunterlagen vor der Submission)*; 2. *(Konst, VR)* spezifizierte korrigierte Bauunterlagen *fpl (tatsächlich ausgeführt)*
addition 1. *(BM, HLK, Te)* Zusatz *m*, Zugabe *f*, Beimengung *f*; Zuführung *f*, Zufuhr *f (von Wärme)*; 2. *(Konst)* Anbau *m*, Erweiterungsbau *m*; 3. *(Stat)* Zuschlag *m*; 4. *(VR)* Zusatzauftrag *m*; Nachtrag *m (Zusatzleistung nach der Submission)*
addition of cement *(BB, BM)* Zementzusatz *m*
addition of colour *(BM)* Farbzusatz *m*
addition of salt *(BM)* Salzzusatz *m*
addition of sand *(BB, BM)* Sandzugabe *f*, Sandzusatz *m*
addition to a building *(Konst)* Gebäudeerweiterung *f*
addition work *s.* additional work
additional air *(HLK)* Sekundärluft *f*
additional bars *(BM, St)* Zusatzeisen *npl*, Zusatzbewehrung *f*
additional charges *(VR)* Mehrkosten *pl*
additional clause *(VR)* Zusatzklausel *f*
additional expenses *(Konst, VR)* Mehraufwand *m*
additional heating *(HLK)* Zusatzheizung *f*
additional load *(Stat)* Zusatzlast *f*
additional loading *(Stat)* Zusatzbelastung *f*
additional lock *(EB)* Zusatzschloss *n*
additional order *(VR)* Zusatzauftrag *m*
additional pipe *(HLK, San, WVA)* Ansatzrohr *n*
additional reinforcement *(BB, BM, Konst)* Zusatzbewehrung *f*
additional rod *(Konst)* Zusatzstab *m*
additional work *(VR)* zusätzliche Arbeit *f*, Mehrarbeit *f*
additive *(BM)* Zusatzmittel *n*, Zusatz(stoff) *m*; Additiv *n*, Wirkstoff *m*
additive alternate *(VR)* Alternativangebot *n (zusätzlich zum Angebot)*
additive substance *s.* additive
addorsed *(Arch)* Rücken an Rücken, (einander) abgekehrt *(z. B. Tierfiguren)*
adequacy *(Konst, Stat)* Angemessenheit *f (Dimensionierung)*
adhere *v* **(to)** *(BM, OB)* (an)haften; (fest)kleben, hängen bleiben; befolgen, einhalten
adherence *s.* adhesion
adherent *(BM, OB)* (an)haftend, haftfähig, adhäsiv; (an-)klebend; Adhäsions...
adherent particle *(BM)* Haftkorn *n*
adhering force *s.* adhesive force
adhesion 1. *(BM)* Adhäsion *f*, Anhaften *n*, Haftung *f*; 2. *(BM) s.* adhesiveness
adhesion agent *(BM, OB)* Haftmittel *n*, Haftvermittler *m*; Kleber *m*
adhesion behaviour *(BM, OB)* Haftverhalten *n*
adhesion capacity *(BM, OB)* Haftfähigkeit *f*, Haftvermögen *n*
adhesion coefficient *(BM, OB)* Adhäsionsbeiwert *m*, Adhäsionszahl *f*
adhesion force *(BM, OB)* Adhäsionskraft *f*, Bindekraft *f*; Haftspannung *f*; Anhaftungsvermögen *n*
adhesion power *s.* adhesiveness
adhesion-preventing film *(BM)* Trennfilm *m*
adhesion promoting agent *(BM, OB)* Haftfestigkeitsverbesserer *m*
adhesion-type ceramic veneer *(BM, BT, OB)* klebefähiges Keramikfurnier *n*, Fliesenfurnier *n*
adhesive *(BM, OB)* adhäsiv, adhäsionsfähig, (an)haftend, haftfähig; klebfähig, klebend; Adhäsions..., Haft...
adhesive *(BM, OB)* Haftmittel *n*, Haftstoff *m*; Klebemittel *n*, Kleber *m*, Klebstoff *m*, Leim *m*; Bindemittel *n*
adhesive agent *s.* adhesive
adhesive anchor *(BT, Konst)* Klebeanker *m*
adhesive bond *(BT, Konst)* Klebe(ver)bindung *f*; Klebhaftung *f*
adhesive cement *(BM)* Kleb(e)kitt *m*
adhesive failure *(BM, RS)* Ableimen *n*, Ablösen *n*
adhesive for structured assembly *(EN 15274) (BM, Konst)* Klebstoff *m* für strukturelle Klebeverbunden
adhesive force *(BM, OB)* Adhäsionskraft *f*, Haftkraft *f*
adhesive masking tape *(BM, Konst)* Abdeckband *n*
adhesive paste *(BM)* Klebepaste *f*
adhesive power *s.* adhesiveness
adhesive sealing *(BM, DIS)* Klebedichtung *f*
adhesive strength *(BM, OB)* Adhäsionsfestigkeit *f*, Haftfestigkeit *f*; Klebefestigkeit *f*
adhesive stress *(BM, OB)* Adhäsionsspannung *f*, Haftspannung *f*

adhesive tape *(BM, Konst)* Klebeband *n*, Klebestreifen *m*
adhesive tension *(BM)* Adhäsionsspannung *f*
adhesive varnish *(BM, OB)* Klebelack *m*
adhesiveness *(BM, OB)* Adhäsionsvermögen *n*, Haftfähigkeit *f*, Haftvermögen *n*; Klebvermögen *n*, Klebkraft *f*
adiabatic coefficient of bulk compressibility *(BB, HLK, Te)* adiabatische Kompressibilität *f*
adiabatic curing *(BB, Te)* adiabatische Betonnachbehandlung *f*
adiabatic curing line *(BB, Te)* Adiabate *f (Betonnachbehandlung)*
adit 1. *(Tun)* Zugang *m (Stollenzugang)*; 2. *(Tun)* Zugangsstollen *m*
adjacence *(Konst, VR)* Angrenzen *n*; Anstoßen *n*
adjacent *(BT, Konst, VR)* an(einander)grenzend, nebeneinanderliegend, benachbart; Nachbar...
adjacent buildings *(Konst, VR)* angrenzende [zugehörige] Gebäude *npl*, Nachbargebäude *npl*, Nachbarbebauung *f*
adjacent contract section *(Te, VR)* Nachbarbaulos *n*
adjacent house *(Arch, Konst)* Nachbargebäude *n*
adjacent property *(RP, VR)* Nachbargrundstück *n*, Nachbargelände *n*; Anliegergrundstück *n*
adjoin *v* 1. *(RP, VR)* angrenzen, grenzen an; 2. *(Konst, Te)* anfügen
adjoining *(Arch, VR)* angrenzend, benachbart
adjoining buildings *s.* adjacent buildings
adjoining house *(Arch, Konst)* Nachbargebäude *n*
adjoining post *(BT, TK)* Hilfspfeiler *m (Dachstuhl)*
adjoining rock *(Bod)* Nebengestein *n*
adjoining room *(Konst)* Nebenraum *m*
adjunct *(Konst)* Zusatz *m*, Nebenteil *n (Anhängsel)*
adjust *v* 1. *(BT, HLK, Te)* anpassen, angleichen; einpassen, justieren *(z. B. Montagefertigteile)*; einstellen, regeln *(z. B. Temperatur)*; regulieren, (richtig) einstellen *(z. B. Geräte)*; sich einstellen lassen; 2. *(Te)* ausbessern, nachbessern *(z. B. ebene Flächen)*
adjustable *(BT, HLK, Konst)* (ver)stellbar, einstellbar; justierbar; regulierbar
adjustable bar *(BT)* anziehbarer [verstellbarer] Stab *m*
adjustable base anchor *(BT, EB)* verstellbarer Türrahmenhalter *m*
adjustable bearing *(BT)* verstellbares Lager *n*
adjustable doorframe *(BT, EB)* verstellbares Türfutter *n*, verstellbarer Türrahmen *m*
adjustable frame *(BT, Te)* verstellbarer Schalrahmen *m*
adjustable mould *(Te)* verstellbare Form *f (Gießform)*
adjustable parallels *(Konst)* Parallellineal *n*
adjustable prop *(BT, Konst)* verstellbare Spreize *f*
adjustable shelving *(EB)* verstellbare Regalbretter *npl*
adjustable spanner *(BWG)* Universalschraubenschlüssel *m*
adjustable wrench *(BWG)* verstellbarer Schraubenschlüssel *m*, Schraubenschlüssel *m* mit Stellschraube; Rollgabelschlüssel *m*
adjusted building documents *(Konst, VR)* spezifizierte korrigierte Bauunterlagen *fpl*
adjusting *s.* adjustment
adjusting pin *(EB, HLK, Te)* Stellstift *m*
adjusting screw *(BT, Te)* Stellschraube *f*; Klemmschraube *f (Montage)*
adjustment 1. *(BT, Konst, Te)* Einstellung *f*, Ausrichten *n*, Einpassung *f (z. B. von Montagefertigteilen)*; 2. *(Te)* Regelung *f*
admeasure *(VR)* Aufmaß *n*
administration building *(Arch)* Verwaltungsgebäude *n*
administrative agency *(VR)* Verwaltungsstelle *f*
administrative body *(VR)* Verwaltungsorgan *n*
administrative fee *(VR)* Verwaltungsgebühr *f*
administrative tribunal *(VR)* Verwaltungsgericht *n*
admissible *(Stat, VR)* zulässig
admissible load *(Konst, Stat, TK)* (zulässige) Tragfähigkeit *f*
admissible stress *(Stat, TK)* zulässige Beanspruchung *f*
admission *(HLK, WVA)* Aufnahme *f*; Zulauf *m (Flüssigkeit in einer Pumpe)*
admission of light *(El)* Lichtzutritt *m*
admission pressure *(Bod, Stat)* Vordruck *m*
admit *v (VR)* zulassen, anerkennen
admitted for use by the supervising [supervision] authority *(VR)* durch die Bauaufsichtsbehörde zugelassen, bauaufsichtlich zugelassen
admix *v (BM)* zusetzen, beimengen
admixture 1. *(BM, Te)* Beimengung *f*, Beimengen *n*, Zusetzen *n*, Zusatz *m*, Zugabe *f (Vorgang)*; 2. *(BM)* Beimengung *f*, Zusatz(stoff) *m*, Zusatzmittel *n*; Additiv *n*
adobe 1. *(BM)* Adobe *m*, (luftgetrockneter) Lehmziegel *m (in einigen Südstaaten der USA und Mexiko)*; ungebrannter Ziegel *m*; 2. *(Arch) s.* adobe house
adobe-blasting *s.* mud-capping
adobe brick *s.* adobe 1.
adobe construction *(Konst)* Adobebauweise *f (mit ungebrannten luftgetrockneten Ziegeln)*
adobe house *(Arch)* Gebäude *n* aus Adoben, Lehmziegelhaus *n*
adorn *v (Arch)* verzieren, schmücken
adornment 1. *(Arch, BT)* Verzierung *f*, Ausschmückung *f*; 2. *(Arch)* Verzierung *f*, Schmuck *m*
adsorb *v (BM, Bod, Umw)* adsorbieren
adsorbed water *(BM, Bod)* adsorbiertes [oberflächengebundenes] Wasser *n*
adsorbent *(BM)* Adsorbens *n*, Adsorptionsmittel *n*
adsorption *(HLK, Umw)* Adsorption *f*, Anlagerung *f (z. B. eines Gases an der Oberfläche eines festen Stoffs)*
adsorption efficiency *(HLK, Umw)* Adsorptionswirkung *f*
adsorption rate *(HLK, Umw)* Adsorptionsgeschwindigkeit *f*
adsorptive capacity [power] *(Bod, HLK, Umw)* Adsorptionsfähigkeit *f*; Anlagerungsfähigkeit *f*
ADT *s.* average daily traffic
advance *v* 1. *(BB, BM)* beschleunigen *(Zementabbinden)*; 2. *(Tun)* vorstrecken
advance direction sign *(Verk)* Vorwegweiser *m*
advance payment *(VR)* Vorauszahlung *f*
advance slope grouting *(BB, Te)* horizontale Auspressung *f*, Zement(mörtel)injektion *f* in horizontaler Richtung
advance slope method *(BB, Te)* horizontales Betonieren *n*, Treiben *n* des Betons
advanced architecture *(Arch)* höhere Architektur *f*; zukunftsweisende Architektur *f*
advanced signal *(Verk)* Vorsignal *n*
adverse *(Konst, Umw)* ungünstig, nachteilig, widrig
adverse slope *(BT, OB, Verm)* Gegenneigung *f*
advertisement curtain *(BT)* Anzeigenvorhang *m*, Reklamevorhang *m (im Theater)*
advertisement for bids *(VR)* veröffentlichte Ausschreibung *f*, Angebotsaufforderung *f*
advertising sign *(BT)* Reklameschild *n*, Werbetafel *f*
advertising wall *(BT)* Werbewand *f*, Reklamewand *f*
advise *v (VR)* beraten
adviser *(VR)* Berater *m*
advisory sign *(Verk)* empfehlendes Verkehrszeichen *n*
advisory speed *(Verk)* Richtgeschwindigkeit *f*
adyton *s.* adytum
adytum *(Arch)* Adyton *n*, Abaton *n (inneres Heiligtum bei antiken Tempeln)*
adz *v (AE)*, **adze** *v* 1. *(Hb)* behauen; 2. *(Hb)* einblatten, dechseln
adze *(BWG, Hb)* Dechsel *m*, Zimmermannsbeil *n*, Dachsbeil *n*
adze-hewn *(BM, Hb)* bebeilt

adzed work *(BM, Hb)* beilbearbeitetes Holz *n*, bebeilte Holzarbeit *f*
aedicula *(Arch)* Ädikula *f*, Tempeltor *n*
aedicula architecture *(Arch)* Ädikulararchitektur *f*
aerate *v* 1. *(BM, HLK)* belüften, mit Luft versetzen; 2. *(BM)* auflockern; 3. *(BM, HLK)* lüften, der Luft aussetzen
aerated 1. *(BM)* belüftet *(Porenbeton)*; mit Porenbildner versehen; 2. *(BM, HLK)* gelüftet
aerated cement block *(BB, SB)* Porenbetonstein *m*, *(veraltet)* Gasbetonstein *m*
aerated cement screed *(BM, BT)* Porenestrich *m*
aerated concrete *(BM, DIS, SB)* Porenbeton *m*, Zellenbeton *m*, Schaumbeton *m*, *(veraltet)* Gasbeton *m*
aerated concrete masonry unit *(BM, SB)* Porenbetonstein *m*
aerated concrete precision block *(BM, SB)* Porenbetonplanstein *m*
aerated gypsum *(BM)* Porengips *m*, Schaumgips *m*
aerated gypsum board *(BT, DIS)* Porengipsplatte *f*, Gipsleichtbauplatte *f*
aerated lagoon *(WVA)* Oxidationsteich *m*
aerated nappe *(Wsb)* belüfteter Strahl *m* *(Wehr)*
aerated plastic *s.* foamed plastic
aerated sintered aggregate *(BM)* Porensinter *m*, Blähleichtzuschlagstoff *m*
aerated structure *(BM)* Porengefüge *n*
aeration 1. *(Te)* Luftzuführung *f*, Belüftung *f* *(von Porenbeton)*; 2. *(HLK)* Ventilation *f*, Belüftung *f*
aeration method *(HLK, Te)* Belüftungsverfahren *n*
aeration pipe *(BT, HLK)* Belüftungsrohr *n*; Belüftungsleitung *f*
aeration plant *(HLK, Umw)* Belüftungsanlage *f*
aeration tank *(Wsb, WVA)* Belüftungsbecken *n*
aerator *(HLK, WVA)* Belüftungsanlage *f*; Ventilator *m*, Lüfter *m*
aerator fitting *(HLK)* Belüftungsdüse *f*; Einblasrohr *n* *(Ventilation)*
aerial *(Konst)* oberirdisch; Ober...; Luft...; Frei...
aerial *(BT, EB)* Antenne *f*
aerial cableway *(BWG)* Kabelkran *m*
aerial down lead *(EB)* Antennenableitung *f*
aerial ferry *(Br, Verk)* Fährbrücke *f*, Gierfähre *f*
aerial ladder *(BT, EB)* Feuerleiter *f* *(Feuerwehr)*
aerial long-distance line *(El)* Freileitung *f*
aerial map *(Verm)* Luftbildkarte *f*
aerial mast *(BT, EB)* Antennenmast *m*
aerial photograph *(Verm)* Luftaufnahme *f*, Luftbild *n*
aerial photography *(Verm)* Luftbildaufnahme *f*
aerial photomap *(Verm)* Luftbildkarte *f*
aerial photomosaic *(Verm)* zusammengesetzte Luftbildkarte *f* *(einer größeren Erdoberfläche)*
aerial plug-in point *(EB, El)* Antennenanschluss *m* *(in der Wohnung)*
aerial railway *(Verk)* Hochbahn *f*
aerial ropeway *(Verk)* Luftseilbahn *f*, Seilschwebebahn *f*
aerial socket *(EB, El)* Antennensteckdose *f*
aerial survey *(Verm)* Luft(bild)vermessung *f*
aerial tower *(BT, EB)* Antennenmast *m*
aerial view *s.* aerial photograph
aerobic *(Umw, WVA)* aerob
aerobic degradation *(Umw, WVA)* aerober Abbau *m*
aerobic sewage treatment *(Umw, WVA)* Abwasserbehandlung *f* mittels aerober Reinigung
aerobic treatment process *(Umw, WVA)* aerobes Behandlungsverfahren *n*
aerobiosis *(Umw)* Aerobiose *f*
aerocrete *(BM)* Spritzbeton *m*, *(veraltet)* Luftbeton *m*
aerodrome *s.* airport
aerodynamic *(Konst)* aerodynamisch
aerodynamic force *(Stat)* aerodynamische Kraft *f*
aerofilter *(Umw, WVA)* Belüftungsbett *n* *(für die Abwasseroxidation)*
aerograph *(AE)* *(BWG)* Sprühpistole *f*, Spritzpistole *f*
aerophoto *s.* aerial photograph
aerosol paint *(BM, OB)* Sprühfarbe *f*; Sprühdosenlack *m*
aerugo *(AE)* *(BM, OB)* Grünspan *m*
aesthetic appeal *(Arch)* ästhetischer Reiz *m*
aesthetic clause *(VR)* Bestimmungen *fpl* zur ästhetischen Baugestaltung, Baugestaltungsverordnung *f*
aesthetic effect ästhetische Wirkung *f*
aesthetically correct *(Arch)* ästhetisch korrekt
aesthetically pleasing *(Arch)* formschön
aetoma, aetos *(Arch, Konst)* verzierter Giebel *m*
affidavit *(VR)* eidliche Erklärung *f*
affinity *(BM, OB)* Affinität *f*
affix *v* *(BT, Te)* befestigen, anheften, anbringen; anhängen
affluent *(Bod, Wsb)* Nebenfluss *m*, Zufluss *m*
afflux *(Bod, Wsb)* Zustrom *m*, Zufluss *m*
afforestation *(LB)* Aufforstung *f*
affronted *(Arch)* affrontiert, gegenüber angeordnet, einander zugekehrt *(Figuren)*
afterage *v* *(BM)* nachaltern *(Baustoffe)*
afterbake *v* *(BM)* nachhärten *(Kunststoffe)*
aftercontraction *(BB, BM)* Nachschwinden *n*
afterexpansion *(BM)* Nachdehnung *f*; Nachquellen *n*
afterfilter *(Umw, WVA)* Endfilter *m* *(bei Klimaanlagen)*
afterflush *(San)* Nachfluss *m* *(von Wasser bei der WC--Spülung)*; Spülwasserrest *m*
afterglow *(BM)* Nachglühen *n* *(eines Materials nach Feuereinwirkung)*
afterharden *v* *(BB, BM)* nach(er)härten *(Beton, Mörtel)*
afterhardening *(BB, BM)* Nach(er)härtung *f* *(von Beton, Mörtel)*
aftertack *(BM, OB)* Klebrigkeit *f* *(eines Anstrichs infolge langsamen Trocknens oder Abbindens)*
aftertreat *v* *(Te)* nachbehandeln
aftertreatment *(Te)* Nachbehandlung *f* *(z. B. von Baustoffen)*
afteruse *(RS, VR)* Folgenutzung *f*, Nachnutzung *f*
agalma *(Arch)* gottgeweiht
agave fiber *(AE)* *(BM, DIS)* Sisalfaser *f*, Sisal(hanf) *m*
agba *(BM, Hb)* Agba-Holz *n* *(afrikanisches Edelholz)*
age *v* *(BM, St)* altern; ablagern; nachhärten *(Metalle)*
age *v* **artificially** *(BM)* künstlich [beschleunigt] altern
age hardening *(BB, BM)* Nacherhärtung *f*, Festigkeitszunahme *f* *(von Beton)*; Nachhärtung *f* *(von Metallen)*
age-proof *(BM)* alterungsbeständig
age-resisting *(BM)* alterungsbeständig
age softening *(BM)* Festigkeitsverlust *m* *(infolge Alterns)*
ageing *(BM)* Alterung *f*, Altern *n*
ageing strength *(BM)* Alterungsbeständigkeit *f*
ageing test *(BM, Te)* Alterungsprüfung *f*
agency *(VR)* Verwaltung *f*, Behörde *f*, Amt *n*
agency establishment *(VR)* Vermittlungsstelle *f*; Vertretungsbefugnis *f*, Vollmacht *f*, Stellvertretung *f*
agent 1. *(VR)* Bauleiter *m* *(des Unternehmers)*; 2. *(BM)* Mittel *n*, Wirkstoff *m*
agger *(AE)* *(Erdb, Verk)* flacher Straßendamm *m*, Erdkörper *m* *(einer Straße in ebenem Gelände)*
agglomerant *(BM)* Bindemittel *n*
agglomerate *v* *(BM)* agglomerieren, zusammenbacken; sintern; agglomerieren, sich zusammenballen
agglomerate *(BM, DIS)* Agglomerat *n*; Sinterstoff *m*
agglomerated cork block *(BM, DIS)* Backkorkstein *m*
agglomeration 1. *(RP)* Ballungsgebiet *n*, dicht besiedeltes Gebiet *n* *(durch Zusammenwachsen mehrerer Siedlungseinheiten)*; 2. *(BM, RP)* Agglomeration *f*, Anhäufung *f*; 3. *(BM)* Zusammenbacken *n*; Sintern *n*

agglomeration area *(RP)* Agglomerationsraum *m*, Ballungsgebiet *n (Städtebau, Raumordnung)*
agglomporite *(BM, DIS)* Aggloporit *m*, Sinterbims *m (ein Sinter-Leichtzuschlag)*
agglutinant *(BM)* agglutinierend, klebend
agglutinant *(BM)* Bindemittel *n*, Klebemittel *n*
agglutinate *v (BM)* agglutinieren, binden, kleben; sich zusammenballen; verkleben
aggradation 1. *(Bod, Wsb)* Anschwemmung *f*, Auflandung *f*, Aufhöhung *f*; 2. *(Bod, Wsb)* Versandung *f*; 3. *(Erdb) s.* filling-up
aggregate 1. *(BB, BM)* Zuschlag *m*, *(z. B. für Beton, nicht mehr empfohlen)* Zuschlagstoff *m*; 2. *(BWG)* Aggregat *n*, Satz *m (Maschinen)*
aggregate abrasion value *(BM)* Gesteinsabriebwert *m*
aggregate base course *(Verk)* untere Tragschicht *f (Kies, Schotter)*
aggregate batching plant *(BWG, Te)* Zuschlag(stoff)-dosiervorrichtung *f*
aggregate bin *(BWG, Te)* Zuschlag(stoff)silo *n*
aggregate blending *(Te)* Zuschlag(stoff)gattierung *f*
aggregate control points *(BM)* Sieblinienbegrenzungspunkte *mpl*
aggregate cost *(VR)* Gesamt(bau)kosten *pl*
aggregate crushing test *(BM, Te)* Mineralstoff-Zertrümmerungsprüfung *f*
aggregate crushing value *(BM)* Zuschlag(stoff)-druckfestigkeit *f*; Splittdruckfestigkeit *f*
aggregate dimension *(Arch, Konst)* Gesamtabmessung *f*, Gesamtmaß *n*
aggregate drier *(BM, BWG)* Zuschlag(stoff)trockner *m*
aggregate floor space *(Konst, VR)* Gesamtgeschossfläche *f*
aggregate gradation *(BM)* Kornabstufung *f*; Korn(größen)verteilung *f*
aggregate grade *(BM)* Zuschlag(stoff)körnung *f*
aggregate grading *(BM)* Kornabstufung *f*
aggregate grading and washing plant *(BM, BWG)* Zuschlag(stoff)-Waschklassieranlage *f*
aggregate grading curve *(BM)* Siebkurve *f*, Kornverteilungskurve *f*
aggregate grain *(BM)* Zuschlagstoffkorn *n*
aggregate impact test *(BM)* Schlagprüfung *f (Gestein)*
aggregate impact value *(BM)* Schlagfestigkeitswert *m (von Zuschlägen)*; Mineralstoff-Schlagzertrümmerungswert *m*
aggregate interlock *(BM)* Kraftübertragung *f (durch Verzahnung der Zuschlagstoffkörner)*
aggregate mix *(BM)* Mineralstoffgemisch *n*
aggregate number *(BT, Konst, VR)* Gesamtanzahl *f*
aggregate particle *(BM)* Zuschlag(stoff)korn *n*
aggregate particle shape *(BM)* Zuschlagkornform *f*
aggregate product size *(BM)* Lieferkörnung *f*
aggregate seal *(BM, OB)* Absanden *n*, Abgrusen *n (Oberflächenschluss)*
aggregate storage bin *(BM, BWG, Te)* Gesteins(vorrats)silo *n*
aggregate stripping *(BM)* Bindemittelablösung *f (von Zuschlagstoffen)*
aggregate stripping test *(BM)* Haftprüfung *f (Bitumen an Zuschlagstoffen)*
aggregate type *(BM)* Mineralstoffart *f*, Zuschlagstoffart *f*
aggregated *(Konst)* verbunden; zusammengebaut
aggregates for unbound and hydraulic bond materials *(BM)* Gesteinskörnungen *fpl* für ungebundene und hydraulisch gebundene Gemische *(EN 13242)*
aggregation 1. *(BM)* Aggregation *f*, Zusammenballung *f (z. B. von Boden, Füllstoffen)*; Anhäufung *f*; 2. *(RP, Verk)* Verdichtung *f (z. B. des Verkehrsnetzes)*
aggressive matter [substance] *(Umw)* Schadstoff *m*
aggressive to building material *(OB, Umw)* baustoffschädlich
aggressive water *(OB, Umw)* aggressives [angreifendes] Wasser *n*; Schadwasser *n*
agitate *v (BM, Te, WVA)* (durch)rühren, mischen *(durch Rühren)*; bewegen; schütteln; auflockern
agitating lorry *(BB, BWG, Te)* Fahrmischer *m*
agitating speed *(Te)* Rührgeschwindigkeit *f*
agitating truck *(AE) (BB, BWG, Te)* Fahrmischer *m*
agitation *(BM, Te)* Rühren *n*, Aufrühren *n (zur Vermeidung von Entmischung)*; Schütteln *n*
agitator 1. *(BB, BWG, Te)* Rührwerk *n*, Rührapparat *m*; Mischeinrichtung *f (für Beton und Mörtel)*; 2. *(BWG) s.* agitator blade
agitator blade *(BWG)* Rührschaufel *f*, Schaufel *f*
agitator body *(BWG, Te)* Fahrmischertrommel *f*
agitator-type compulsory mixer *(BB, BWG)* Rührwerkszwangsmischer *m (zur Betonwarenherstellung)*
agora *(Arch)* Agora *f*, Marktplatz *m (im antiken Griechenland)*
agree *v (Verk)* zustimmen
agreement *(VR)* Vereinbarung *f*; Vertrag *m*, Bauvertrag *m*
agreement certificate *(VR)* amtliches Prüfzeugnis *n*
agreement form *(VR)* Vertragsformular *n*
agricultural building 1. *(Konst, LB, RP)* Landbauwesen *n*; landwirtschaftliches Bauen *n*; 2. *(Arch)* landwirtschaftliches Gebäude *n*, Wirtschaftsgebäude *n*
agricultural drain pipe *(Erdb, LB, Wsb)* landwirtschaftliche Dränleitung *f*
agricultural service building *(Arch)* Wirtschaftsgebäude *n (landwirtschaftlich)*
agricultural soil *(Bod, LB)* Kulturboden *m*, Ackerboden *m*
aiguille *(Te)* Sprenglochbohrer *m*, Steinbohrer *m*
aileron *(Arch)* Halbgiebel *m (z. B. bei Kirchen)*
aiming position 1. *(BT, Konst, RP, Verm)* Zielposition *f*, gewollte Stellung *f*; 2. *(Arch)* Richtstellung *f*
air *v (HLK)* (be)lüften *(Räume auf natürliche Weise)*; der Luft aussetzen
air actuated *(BWG, Te)* pneumatisch, druckluftbetätigt
air admission *(HLK)* Luftansaugung *f*
air arch *(HLK, Konst)* Luftgewölbe *n*
air bag *(HLK, WVA)* Luftsack *m*
air balance *(HLK)* Lufthaushalt *m (Gebäude, Klimaanlage)*
air-blowing *(BM, Te)* Blasen *n (Bitumen)*
air-blown bitumen *(BM)* geblasenes Bitumen *n*, Blasbitumen *n*
air-blown mortar *(BB, BM)* Spritzmörtel *m*, Spritzbeton *m*
air blowpipe *(Te)* Blasleitung *f*, Luftdüse *f (zur Reinigung)*
air-borne ... *siehe airborne ...*
air-bound lock *(HLK, Konst)* Luftschleuse *f*
air box *(BWG)* Windkessel *m (Kompressor)*
air brick *(HLK, Konst, SB)* Luftöffnungs(bau)stein *m*, Luftziegel *m*, Lüftungsziegel *m*
air brush *(BWG, OB)* kleine Farbspritzpistole *f*; Luftbürstenstreichmaschine *f*
air bubble *(BM, HLK, WVA)* Luftblase *f*
air buffer *(HLK, Te, WVA)* Luftpolster *n*
air caisson system *(Erdb)* Druckluftkammergründung *f*
air chamber *(HLK, Te, WVA)* Luftkammer *f*, Luftkasten *m (z. B. einer Pumpe)*; Windkessel *m (Kompressor)*
air change *(HLK)* Luftwechsel *m*
air channel *(HLK)* Luftkanal *m*, Lüftungskanal *m*
air chimney *(BT, HLK)* Wrasenrohr *n*, Lufteintrittsrohr *n (Wrasenabzug)*
air circulation *(HLK)* Luftzirkulation *f*, Luftumlauf *m*
air classifier *(BM, Te)* Luftklassierer *m*, Luftsortierer *m*, Windsichter *m*
air cleaner *(BM, HLK)* Luftreiniger *m*
air cleaning *(HLK, Te)* Luftreinigung *f*

air cock *(HLK)* Entlüftungshahn *m*
air column *(HLK)* Luftsäule *f*
air compressor *(BWG)* Luftkompressor *m*
air-condition *v (HLK)* konditionieren, klimatisieren
air-conditional ceiling *(HLK)* Lüftungsdecke *f*, Klimadecke *f*
air-conditioned *(HLK)* klimatisiert
air-conditioned ceiling *(HLK)* Lüftungsdecke *f*, Klimadecke *f*
air conditioner *(BWG, HLK)* Klima(tisierungs)gerät *n*, Luftkonditionierer *m*, Klimaanlage *f*; Zimmerklimaanlage *f*; Luftaufbereiter *m (EN 14511)*
air conditioning *(HLK)* Klimatisierung *f*, Klimaregelung *f*
air-conditioning duct *(HLK)* Lüftungskanal *m*, Luftkanal *m*
air-conditioning equipment *(HLK)* Klimaanlage *f*, Klimagerät *n*
air-conditioning grille *(BT, HLK, Konst)* einsteckbares Türgitter *n*, Lüftungs(schutz)gitter *n*
air-conditioning installation [plant] *(HLK)* Klima(tisierungs)anlage *f*, Luftklimatisierungsanlage *f*
air-conditioning power panel *(BT, HLK)* Zuleitungsverteilerplatte *f* für Klimaanlagen
air-conditioning system *(HLK)* Luftklimatisierungsanlage *f*
air-conditioning unit *(HLK)* Klimatruhe *f*, Klimagerät *n*
air content *(BB, BM)* Luftporengehalt *m (in Mörtel oder Beton)*
air-cooled blast-furnace slag *(BM)* luftgekühlte Hochofenschlacke *f*
air cooler *(BWG, Te)* Luftkühler *m*
air curing 1. *(BB, BM, Te)* Lufterhärtung *f*, Erhärten *n* an der Luft, Luftabbinden *n (von Beton)*; 2. *(BM)* *s.* air seasoning
air current *(HLK)* Luftstrom *m*
air current drop *(HLK)* Luftstromfall *m (Klimaanlage)*
air current throw *(HLK)* Luftstromlänge *f* im Raum *(Klimaanlage)*
air curtain *(HLK)* Luftvorhang *m*, Luftschürze *f*
air curtain door *(HLK)* Luftvorhangtür *f*, Luftstromtür *f*, Luftschleiertür *f*
air cushion *(Erdb, Te)* Luftkissen *n*, Luftpolster *n*
air cushion vehicle *(Verk)* Luftkissenfahrzeug *n*
air-detraining agent (admixture) *(BM, Te)* Luftporenreduzierer *m*
air diffuser *(BM, HLK)* Deckenbelüftungsöffnung *f*, Luftdiffusor *m*, Diffusor *m*, Luftverteiler *m*
air-distributing acoustical ceiling *(HLK, Konst)* Schalldecke *f* mit Belüftungsöffnungen
air door *s.* air curtain
air drain *(Erdb)* Luftspalt *m (bei Fundamenten zur Trennung vom Erdreich)*
air-dried *(BM)* luftgetrocknet, lufttrocken
air-dried lumber *(AE) (BM, Hb)* luftgetrocknetes Bauholz *n*
air drill *(BWG)* Druckluftbohrer *m*
air-driven *(BWG)* druckluftbetätigt
air-dry *v (BM, Te)* an der Luft trocknen
air-dry *s.* air-dried
air-drying *(BM)* lufttrocknend
air drying *(BM, Te)* Lufttrocknung *f*, natürliches Trocknen *n*
air duct *(HLK)* Luftkanal *m*; Lüftungskanal *m*
air eddy *(HLK)* Luftwirbel *m*
air eliminator *(HLK, WVA)* Entlüftungshahn *m*
air-entrained concrete *(BM)* Luftporenbeton *m*, LP-Beton *m*
air entraining *(BM, Te)* Luftporenbildung *f*
air-entraining additive *(BM)* luftporenbildendes Zusatzmittel *n*
air-entraining admixture *(BM)* Luftporenbildner *m*
air-entraining agent *(BM)* Luftporenbildner *m*, Betonplastifizierungsmittel *n*, LP-Stoffe *mpl*
air-entraining (hydraulic) cement *(BM)* luftporenbildender Zement *m*, Luftporenzement *m*, LP-Zement *m*
air entrainment 1. *(BM, Te)* Lufteinführung *f (in Frischbeton)*; Belüften *n* von Beton; 2. *(BM)* Luftporenbildung *f*, Luft(poren)einschluss *m (im Beton)*
air entrainment meter *(BM)* Luftporenmessgerät *n*
air-exhaust ventilator *(HLK, Te)* Entlüftungsventilator *m*; Luftansauger *m*
air-exhauster *(HLK)* Luftansauger *m*
air filter *(BT, HLK)* Luftfilter *n*
air float *(BWG)* pneumatische Glättkelle *f*
air floor heating *(HLK)* Luftfußbodenheizung *f*
air flow *(HLK)* Luftstrom *m*
air flow measurement *(HLK)* Luftstrommessung *f*
air flue *(HLK)* Luftkanal *m*, Raumluftkanal *m*; Wrasenabzug *m*
air gap *(EB, WVA)* Luftspalt *m*; Luftzwischenraum *m (z. B. in einem Tank, Boiler)*
air grate [grating] *(BT, HLK)* Luftrost *m*; Lüftungsgitter *n*, Luftgitter *n*
air gun *s.* spray gun
air hall *(Konst)* Traglufthalle *f*
air hammer *(Erdb, Te)* Drucklufthammer *m*
air-handling luminaire *(AE) (El, HLK)* Beleuchtungs- und Belüftungseinheit *f*
air-handling system *(HLK)* Klimaanlage *f (mit spezieller Luftaufbereitung)*
air-handling unit *(HLK)* Luftaufbereitungsanlage *f (einer Klimaanlage)*
air-hardening *(BM)* Lufthärtung *f*, Erhärten *n* [Härten *n*] in Luft
air-hardening lime *(BM)* Luftkalk *m*
air heater *(HLK)* Lufterhitzer *m*, Warmlufterzeuger *m*, Luftheizofen *m*
air heating *(HLK)* Luftheizung *f*
air hoist *(BWG)* Drucklufthebezeug *n*, Druckluftwinde *f*
air hole *(HLK, San, WVA)* Luftsack *m*, Luftloch *n*
air hose *(BT)* Ansaugschlauch *m*
air house *(Konst)* Tragluftgebäude *n*
air humidification *(HLK)* Luftbefeuchtung *f*
air humidifier *(HLK)* Luftbefeuchter *m*
air humidity *(HLK)* Luftfeuchte *f*
air-inflated structure *(Konst)* Tragluftgebäude *n*, Traglufthalle *f*
air inlet *(HLK)* Belüftungsöffnung *f*, Lufteinlass *m*; Luftaustrittsöffnung *f (einer Klimaanlage)*
air inlet pipe *(HLK)* Belüftungsrohr *n*, Lufteinlassrohr *n*
air input *(HLK)* Luftzuführung *f*, Außenluftzuführung *f*, Belüftung *f*
air insulation *(DIS, El)* Luftisolierung *f*
air intake 1. *(HLK)* Lufteinlass *m*, Lufteintritt *m*; Belüftung *f*, Außenluftzuführung *f*, Luftansaugung *f*; 2. *(HLK)* Ansaugstutzen *m*
air lance *(OB, Te)* Luftdüse *f*, Luftbesen *m*
air layer *(HLK)* Luftschicht *f*
air leakage 1. *(Konst)* Luftdurchtritt *m (durch Fenster oder Türen)*; 2. *(Konst)* Luftleck *n*
air level *(BWG)* Wasserwaage *f*, Setzwaage *f*; Libelle *f*
air lift *(BWG)* pneumatischer Förderer *m*, Druckheber *m*
air-lift pump *(BWG, WVA)* Drucklufttheber *m*, Airlift *m*, Mammutpumpe *f*
air-light troffer *(El, HLK)* kombinierte Beleuchtungs- und Belüftungseinheit *f*
air line 1. *(HLK, San)* Luftleitung *f*; Druckluftleitung *f*, Be- und Entlüftungsleitung *f*; 2. *(Verm)* Luftlinie *f*
air load *(Umw)* Luftbelastung *f*
air lock 1. *(HLK, Konst)* Luftschleuse *f*; 2. *(DIS, HLK, WVA)* Luftblase *f*, Luftsack *m (in Leitungssystemen)*; Luftzwischenraum *m (z. B. bei Wärmedämmung)*

air meter *(BM, Te)* Luftporenmessgerät *n*
air-mixing plenum *(HLK)* Mischkammer *f (einer Klimaanlage)*
air moisture *(HLK)* Luftfeuchte *f*
air movement *(HLK)* Luftbewegung *f*
air-moving device *(HLK)* Lüfter *m*
air nozzle *(HLK, Te)* Luftdüse *f*
air opening *(HLK)* Lüftungsöffnung *f*
air-operated *(BWG)* pneumatisch (betätigt), druckluftbetätigt; luftbetrieben
air-operated winch *s.* air hoist
air outlet *(HLK)* Luftaustrittsöffnung *f*, Luftauslass *m*; Belüftungseinheit *f (einer Klimaanlage)*
air pavement breaker *(BWG, Te, Verk)* pneumatischer Aufbruchhammer *m (Straßenbau)*
air permeability test *(BM)* Plaintest *m*, Luftdurchlässigkeitstest *m (z. B. bei Zement, Feinstoffen)*
air-permeable *(BM, BT, Konst)* luftdurchlässig
air pillow *(Erdb)* Luftkissen *n*
air pipe *(HLK, Te)* Luftrohr *n*
air pipes [piping] *(HLK, Te)* Luftleitung *f*; Lüftungsrohr *n*
air-placed concrete *(BB, BM)* Torkret(ier)beton *m*, Spritzbeton *m*, Schrotbeton *m*
air-pneumatic structure *s.* air-supported building [structure]
air pocket *(HLK, San, WVA)* Luftsack *m (in Leitungssystemen)*
air pollutant burden *(Umw)* Luftschadstoffbelastung *f*
air pollutant limiting *(Umw)* Luftschadstoffgrenzwert *m*
air pollution *(Umw)* Luftverschmutzung *f*, Luftverunreinigung *f*
air-powered *s.* air-operated
air preheat coil *(HLK)* Luftvorwärmansatz *m*
air preheater *(HLK)* Luftwärmvorsatz *m*, Luftwärmeaustauscher *m (im Heizungssystem)*
air pressure *(Umw)* Atmosphärendruck *m*, Luftdruck *m*
air-pressure-reducing valve *(San, WVA)* Druckminderer *m*
air-proof *(Konst, San)* luftdicht
air-proof joint *(BT, Konst)* luftdichte Verbindung *f*; luftdichter Abschluss *m*
air-proof varnish *(BM, OB)* Luftlack *m*
air pump 1. *(HLK, Te)* Vakuumpumpe *f*; 2. *(HLK, Te)* Kompressor *m*
air purification *(Umw)* Luftreinigung *f*
air purity *(Umw)* Luftreinheit *f*
air quality *(Umw)* Luftqualität *f*
air quality data *(Umw)* Luftqualitätsdaten *pl*
air-raid shelter *(Konst)* Luftschutzraum *m*, Schutzraum *m*
air rammer *(BWG)* Drucklufttramme *f*, Druckluftstampfer *m*
air-rectified bitumen *s.* air-blown bitumen
air-reducing agent *(BM)* Luftporenminderer *m*
air register *(HLK)* Regulieröffnungsgrill *m (Klimaanlage)*; Luftklappe *f*
air regulator *(HLK)* Luftregulierungsdüse *f*
air relief cock *(HLK, San, WVA)* Entlüftungshahn *m*
air-resistant *(BM, OB)* luftbeständig, atmosphärisch beständig
air return system *(HLK)* Umluftverfahren *n*
air right *(VR)* Nutzungsrecht *n* des Luftraums *(über einem Baugrundstück)*
air-seasoned lumber *(AE) (BM, Hb)* luftgetrocknetes Bauholz *n*
air-seasoning *(BM, Hb)* lufttrocknend *(z. B. Holz)*
air seasoning *(BM)* Lufttrocknung *f*, Trocknen *n* an der Luft
air separation plant *(BWG, Te)* Luftklassierer *m*, Luftsortierer *m*, Windsichter *m*
air separator *(BWG, Te)* Sichter *m*, Luftabscheider *m*

air-set *(BM)* Abbinden *n* unter atmosphärischen Bedingungen, Luftabbinden *n (Beton)*
air-setting *(BB, BM)* luftabbindend *(z. B. Beton)*; lufttrocknend *(z. B. Bindemittel)*
air-shaft *(Tun)* Luftschacht *m*, Lüftungsschacht *m*, Wetterschacht *m*
air shutter *(HLK)* Luft(regel)klappe *f (Klimaanlage)*
air-side face *(Wsb)* Luftseite *f*, Wetterseite *f (einer Talsperre)*
air slaking *(BM, Te)* Kalklöschen *n*, Luftlöschen *n (von Kalk in feuchter Luft)*
air space *(Konst, SB)* Luft(zwischen)raum *m*, Luftschicht *f (Wand)*; leere Zwischenschicht *f*
air space of a cavity wall *(Konst, SB)* Luftzwischenraum *m* einer Schalenwand
air spade *(BWG)* Druckluftspatenhammer *m*
air supply *(HLK, Te)* Luftzufuhr *f*, Belüftung *f*
air supply system *(HLK)* Frischluftsystem *n*, Frischluftanlage *f*, Zuluftanlage *f*
air-supported building [structure] *(Konst)* Tragluftgebäude *n*, Traglufthalle *f*, Drucklufttragehalle *f*, luftgetragene Halle *f*, Lufttragegebäude *n*
air survey *(Verm)* Luft(bild)vermessung *f*, Luftbildaufnahme *f*
air terminal 1. *(BT, El)* Blitzableiterstange *f*; 2. *(Verk)* Terminal *m(n) (Flughafen)*
air termination network *(BT, El)* Blitzschutz(dach)-leitungen *fpl*
air test *(San, WVA)* Druckprüfung *f* mit Luft
air-tight *(DIS, Konst)* luftdicht, luftundurchlässig; hermetisch verschlossen
air-tightness *(BM, BT)* Luftundurchlässigkeit *f*
air-to-air heat-transmission coefficient *(DIS)* Wärmedurchgangszahl *f*, Wärmeübergangszahl *f*
air-to-air pump *(HLK)* Luft-Luft-Wärmepumpe *f*
air-to-air resistance *(DIS)* Wärmewiderstand *m*, Wärmeundurchlässigkeit *f (einer Wand)*
air trap *(San)* Traps *m*, Geruchsverschluss *m*
air treatment *(BM)* Luftbehandlung *f*
air trunk(ing) *(HLK)* Luftkanal *m*
air tube *(HLK, Te)* Luftrohr *n*
air tubes *(HLK, Te)* Luftleitung *f*
air vessel 1. *(HLK, San, WVA)* Luftdruckkammer *f (in Leitungssystemen)*; 2. *(Erdb, Wsb)* Luftpolster *n (gegen Wasserschlag)*; 3. *(Wsb, WVA)* Windkessel *m (einer Pumpe)*
air voids *(BM)* Luftporen *fpl*
air voids content *(BM)* Luftporengehalt *m*
air voids ratio *(BM)* Luftporenanteil *m*
air vortex *(HLK, Te)* Luftwirbel *m*
air washer *(HLK, Te)* Wassersprüher *m (zur Luftreinigung und -befeuchtung)*
air-water jet *(BWG, OB)* Luft-Wasser-Strahl *m (zur Reinigung von Beton und Gesteinsoberflächen)*
air-water storage tank *(San, WVA)* Winddruckwassertank *m*
air well *s.* air-shaft
airborne dust *(BM, Umw)* Flugstaub *m*
airborne insulation margin *(DIS, Umw)* Luftschallschutzmaß *n*
airborne sound *(DIS, Umw)* Luftschall *m*, durch Luft übertragenes Geräusch *n (in einem Gebäude; im Gegensatz zu von Bauteilen übertragenem Schall)*
airborne sound-insulation index *(DIS, Umw)* bewertetes Schalldämmmaß *n*
airborne sound-insulation margin *(DIS, Umw)* Luftschallschutzmaß *n*
airfield *(Verk)* Flugfeld *n*, kleiner Flugplatz *m*, Luftlandeplatz *m*
airing *(HLK, San, WVA)* Lüftung *f*; Belüftung *f*; Entlüftung *f*
airport *(Verk)* Flughafen *m*
airport buildings *(Arch, Verk)* Flughafengebäude *npl*

airport pavements *(Verk)* Flugbetriebsflächen *fpl*
airstrip *(Verk)* Landeplatz *m (befestigt oder unbefestigt)*; *(AE)* Rollbahn *f*, Start- und Landebahn *f*
airtight *s.* air-tight
airway *(HLK, Konst)* Luftzirkulationsraum *m (bei Kaltdächern)*
aisle 1. *(Arch)* Seitenschiff *n*, Abseite *f (einer Kirche)*; 2. *(Arch)* Gang *m (in einem Auditorium oder Saal)*; Längspassage *f (zwischen Sitzreihen)*
aisle bay *(Arch)* Seitenschifffeld *n*, Abseitenjoch *n*
aisle pier *(Wsb)* Schiffpfeiler *m*
aisle roof *(Konst)* Pultdach *n (Abseitendach)*
aisle vault *(Arch)* Seitenschiffgewölbe *n*
aisle way *(Konst)* Gang *m (z. B. in einem Geschäftsgebäude)*; Hauptgang *m (z. B. zwischen Sitzreihen in einem Saal)*; Arbeitsgangbreite *f (in einer Werkhalle)*; Fahrgasse *f (Parkhaus)*
aisled church *(Arch)* Hallenkirche *f*
akroter(ion) *s.* acroter(ium)
alabaster *(BM, Bod)* Alabastergips *m*
alabaster board *(BT, DIS)* Gipskartonplatte *f*
alabaster glass *(BM)* durchscheinender Alabaster *m*
alameda *(AE) (LB)* Schattengang *m (mit Bäumen zu beiden Seiten)*
alarm *(EB, El)* Signalgerät *n*; Alarmanlage *f*
alarm bell *(EB, El)* Alarmglocke *f*
alarm light *(EB, El)* Warnlampe *f*
alarm siren *(EB, El)* Alarmsirene *f*
alarm system *(EB, El)* Alarmanlage *f*
albarium *(BM)* Stuckkalk *m*
albino asphalt *(AE) (BM)* weißes Bitumen *n*
albronze *(BM)* Aluminiumbronze *f*
alburnum *(BM, Hb)* Splintholz *n*
alclad *(BM, OB)* Aluminiumüberzug *m*
alcohol resistance *(BM)* Alkoholbeständigkeit *f*
alcove *(Arch, EB, Konst)* Alkoven *m*, Nebengemach *n*, Bettnische *f*
alder 1. *(LB)* Erle *f*; 2. *(BM, Hb) s.* alder wood
alder wood *(BM, Hb)* Erlenholz *n*
alert platform *(Te, Verk)* Bereitstellungsfläche *f*
alette 1. *(Konst)* Seitenflügel *m (eines Gebäudes)*; 2. *(Arch)* Pfeilerflügel *m*, Wabenpfeiler *m (römische und klassizistische Baukunst)*; 3. *(Arch)* Türpfosten *m (römischer Bogenpfeiler)*
algae growth *(Umw)* Algenwuchs *m*
algicide *(BM, Umw)* Algenvernichtungsmittel *n*
alien structure *(Arch, Konst)* störendes Bauwerk *n*
aliform *(Konst)* flügelförmig
align *v (BT, Te)* (durch)fluchten, (aus)richten, ausfluchten, einfluchten, anpassen
align *v* **axially** *(Verm)* fluchten *(die Achslinie)*
aligning punch *(Verm)* Anreißstift *m*, Anreißnadel *f*
alignment 1. *(Te, Verm)* Ausrichten *n*, Einfluchtung *f*; 2. *(Verm)* Bauflucht(linie) *f*, Flucht(linie) *f*; 3. *(Konst, Verm)* Streckenführung *f (von Bauten)*; Trassierung *f* • **be in alignment** *(Te, Verm)* fluchten • **in alignment** *(Konst, Verm)* fluchtend, in Flucht(linie) • **out of alignment** *(Konst, Verm)* außer Flucht, nicht fluchtend
alinement *s.* alignment
aliphatic *(BM)* aliphatisch
aliphatic compounds *(BM)* aliphatische Verbindungen *fpl*
aliphatic hydrocarbon *(BM)* aliphatischer Kohlenwasserstoff *m*
alite *(BM)* Alit *m (Zementmineral)*
alkali *(BM, RS)* Alkali *n*
alkali ageing *(BB, BM, OB)* Alkalisierung *f (Beton)*
alkali-aggregate reaction *(BB, BM)* basische Reaktion *f* mit den Zuschlägen *(im Beton)*; Alkali-Kieselsäure-Reaktion *f*
alkali basalt *(BM)* Alkalibasalt *m*
alkali expansion *(BB, BM)* Alkalitreiben *n*
alkali fastness *(BB, BM)* Alkalifestigkeit *f*, Alkalibeständigkeit *f*
alkali paint stripper *(BM, OB)* alkalisches Abbeizmittel *n*
alkali-proof *(BM, OB)* laugenbeständig
alkali resistance *(BM)* Alkalibeständigkeit *f*
alkali-resistant *(BM)* alkalibeständig
alkali rock *(BM)* Alkaligestein *n*
alkali soil *(Bod)* Salzboden *m*
alkali-soluble *(BM)* alkalilöslich
alkaline earth *(Bod)* Erdalkali *n*
alkaline paint remover *(BM, OB)* alkalisches Abbeizmittel *n*, alkalischer Ablauger *m*
alkaline reactivity *(BM)* basische Reaktionsfähigkeit *f*
alkaline soil *(Bod)* salzhaltiger Boden *m*, Alkaliboden *m*
alkaline stripper *s.* alkaline paint remover
alkyd *(BM)* Alkydharz *n*
alkyd base *(BM)* Alkydharzgrundlage *f*, Alkydharzbasis *f*
alkyd exterior paint *(BM, OB)* Alkydharzaußenfarbe *f*
alkyd paint *(BM, OB)* Alkydharzfarbe *f*, Alkydharzanstrich *m*
alkyd primer *(BM, OB)* Alkydharzgrundierung *f*, Alkydharzgrundiermittel *n*
alkyd priming *(OB, Te)* Alkydharzgrundierung *f*
alkyd resin *(BM)* Alkydharz *n*
alkyd-resin paint *(BM, OB)* Alkydharzfarbe *f*
alkyd varnish *(BM, OB)* Kunstharzlack *m*, Alkydharzlack *m*
all-aluminium wall element *(Konst, OB, St, Te)* Vollaluminiumwandelement *n*
all-brick *(BM)* Vollziegel *m*, Ganzziegel *m*
all-concrete *(BB, BM, Konst)* Vollbeton..., Ganzbeton...
all-dry cement mill(-plant) *(BWG)* Zementwerk *n* nach dem Trockenverfahren
all-glass construction *(Arch, Konst)* Ganzglaskonstruktion *f*
all-glass door *(BT)* Ganzglastür *f*
all-glass façade *(Konst, OB)* Ganzglasfassade *f*
all-glass wall *(Konst)* Ganzglaswand *f*
all-in aggregate *(BM)* Rohzuschlagstoffe *mpl*, ungesiebte [unklassierte] Zuschläge *mpl*, Mineralstoffgemisch *n*
all-in ballast *(BM)* unklassifizierte Zuschlagstoffe *mpl*
all-in gravel *(BM)* Kies *m*, Wandkies *m (unklassiert)*
all-metal construction *(Konst, St)* Ganzmetallkonstruktion *f*
all-metal construction method *(Konst, St)* Ganzmetallbauweise *f*
all-metal panel *(BT, St)* Ganzmetalltafel *f*
all-metal window *(BT, St)* Ganzmetallfenster *n*
all-paper laminate *(BT)* Schichtstoffplatte *f*
all-plastic board *(BT)* Vollkunststoffplatte *f*, Vollplastikplatte *f*
all-plastic door *(BT)* Vollkunststofftür *f*
all-purpose door *(BT)* Allzwecktür *f*
all-purpose girder *(BT, TK)* Allzweckträger *m*
all-purpose mobile excavator *(BWG)* Universalmobilbagger *m*
all-purpose primer *(BM, OB)* Universalgrundierung *f*, Universalgrundiermittel *n*
all-purpose protective coating *(BM, OB)* Universalschutzanstrichmittel *n*
all-purpose room *(Konst)* Mehrzweckraum *m*
all-round anchorage *(Konst, Stat)* umlaufender Ringanker *m*
all-round visibility *(Arch, Konst)* Rundumsicht *f*
all-rowlock wall *(SB)* Hochkantziegelhohlmauer *f*, Ziegelhohlmauer *f* mit Hochkantziegeln
all-steel design *(St)* Ganzstahlkonstruktion *f*
all-timber door *(BT)* Ganzholztür *f*
all-weather coat *(OB)* Allwetteranstrich *m*

all-wet cement plant *(BWG)* Zementwerk *n* nach dem Nassverfahren
all-wood construction *(Hb)* Ganzholzausführung *f*, Ganzholzbauweise *f*
all-wood construction method *(Hb)* Ganzholzbauweise *f*
all-wood door *(BT)* Ganzholztür *f*, Vollholztür *f*
allée 1. *(Verk)* Allee *f*, baumbestandene Straße *f*; 2. *(Verk)* *s.* avenue
allège *(Arch)* verzierte Wandverjüngung *f (z. B. unter einem Fenster)*
allegory *(Arch)* Allegorie *f*
allette *s.* alette
alley 1. *(Konst, Verk)* Gasse *f*, Seitengasse *f*, Durchgang *m*, Gang *m (zwischen Gebäuden und Gärten)*; Baugang *m*; Stallgang *m (Landbau)*; 2. *(Verk)* Allee *f*
alligation *(BM)* Mischung *f*, Versatz *m (Legierungsherstellung)*; Mischungsregel *f*
alligator *v (OB)* reißen, Risse bilden *(Farbanstrich, Asphalt)*
alligator connector *(BT)* Alligator(zahnring)dübel *m*
alligator hide *(OB)* Alligatorhaut *f*, raue Oberfläche *f (eines Anstrichs)*
alligator shears *(BWG)* Bolzenschneider *m*; Hebelschere *f*
alligator wrench *(BWG)* Rohrzange *f*
alligatoring 1. *(OB)* Rissbildung *f (z. B. eines Anstrichs)*; Elefantenhautbildung *f (einer Asphaltoberfläche)*; 2. *(OB)* Rissigkeit *f*
allocate *v (Konst, VR)* zuweisen, zuteilen; zuordnen
allocated fund *(VR)* bereitgestellte Bausumme *f*
allocation *(VR)* Auftragsvergabe *f*, Vergabe *f* von öffentlichen Arbeiten
allocation of traffic lanes *(Verk)* Fahrbahnstreifenzuweisung *f*
allot *v (Te, VR)* vergeben, zuweisen *(z. B. eine Arbeit)*
allotment 1. *(VR)* Parzelle *f*; Kleingarten *m*; Schrebergarten *m*; 2. *(VR)* Zuweisung *f*
allotment garden *(LB)* Schrebergarten *m*
allover *(Arch)* vollflächig *(z. B. Muster)*
allover *(Arch)* Frontziermuster *n*
allow *v (VR)* zubilligen, zulassen; gewähren
allowable *(Stat, VR)* zulässig
allowable bearing *(Bod, Erdb)* Bodenbelastung *f*, Bodendruck *m*
allowable bearing capacity *s.* allowable soil pressure
allowable bearing pressure *(Erdb)* maximale Nettobelastung *f (eines Erdstoffs)*
allowable bearing value *s.* allowable soil pressure
allowable deviation *(BT, Konst, VR)* zulässige Abweichung *f*, Toleranz *f*
allowable load *(Stat)* maximal erlaubte Belastung *f*, zulässige Last *f*
allowable pile bearing load *(Erdb, Stat)* maximal erlaubte Pfahlbelastung *f*
allowable pressure *(Bod, Erdb, Stat)* zulässiger Druck *m*
allowable soil pressure *(Bod, Erdb, Stat)* zulässige Bodenbelastung *f*, maximal erlaubter Bodendruck *m*, zulässige Tragfähigkeit *f*
allowable stress *(Stat)* erlaubte Beanspruchung *f*, maximal erlaubte Spannung *f*
allowable tolerance *(BT, Konst, Te)* zulässige Abweichung *f*
allowable variation *s.* allowable deviation
allowance *(BT, Konst, Te)* zulässige Abweichung *f*, Toleranz *f*; Maßabweichung *f*, Spielraum *m*
allowance for length of moment *(Konst)* Überdeckungslänge *f*
allowance for the shear(ing) force *(Konst, Stat)* Schubdeckung *f*
alloy *(BM)* Legierung *f*
alloy reinforcing *(BB, BM)* legierter Betonstahl *m*, Legierungsbetonstahl *m*
alloy steel *(BM, St)* legierter Stahl *m*
alloyed *(BM, St)* legiert
alloying addition *(BM, St)* Legierungszusatz *m*
alloying material *(BM, St)* Legierungsstoff *m*
alloying technique *(St, Te)* Legierungstechnik *f*
alluvial deposit *(Bod)* (alluviale) Ablagerung *f*, Schwemmmaterial *n (Geologie)*
alluvial sand *(Bod, Erdb)* Schwemmsand *m*
alluvial soil *(Bod, Erdb)* Schwemmboden *m*
alluvial stone 1. *(BM)* Schwemmstein *m*; 2. *(BM)* *s.* sandstone
alluviation *(Bod, Wsb)* Ablagerung *f*
alluvium *s.* alluvial deposit
almary *s.* ambry
almonry *(Arch)* Opfergabenhaus *n*
alpha gypsum *(BM, Bod)* Alphagips *m*
alpha iron *(BM, St)* Alphaeisen *n*
altar *(Arch)* Altar *m*
altar front *(Arch)* Altar-Antependium *n*
altar piece [screen] *(Arch)* Retabel *n*, Altarretabel *n*, Altaraufsatz *m*
alter *v (Te)* umbauen; umändern, verändern
alteration *(Konst)* Umbau *m*, bauliche Veränderung *f*; Änderung *f*; Umänderung *f*
alteration of cross section *(Konst)* Querschnittsveränderung *f*
alteration work *(Konst, RS, Te)* Umbauarbeiten *fpl*
alterations 1. *(Konst, RS)* Umgestaltung *f*; 2. *(RS, Te)* Umbauarbeiten *fpl*
alterations to the contract *(VR)* Bauvertragsänderung *f*
altered *(Konst)* umgebaut, verändert
altered rock *(BM)* metamorphes Gestein *n*
alternate *v* 1. *(Te)* wechseln *(periodisch)*; 2. *(Konst, Te)* versetzen, versetzt anordnen
alternate bending strength *(BM, Stat, TK)* Biegewechselfestigkeit *f*, Dauerwechselbiegefestigkeit *f*
alternate bid *(VR)* Alternativangebot *n*
alternate course *(SB)* Wechsellage *f (Mauerwerksschicht)*
alternate load *(Stat, TK)* dynamische Belastung *f* [Last *f*]
alternate loading *(Stat, TK)* dynamische Belastung *f*, Wechselbelastung *f*
alternate road *(Verk)* Umgehungsstraße *f*
alternate working *(Te)* unterbrochener Betrieb *m (eines Prozesses)*
alternating band *(Arch)* Schichtenwechsel *m (Wechsel von Mauerschichten aus unregelmäßigen und regelmäßigen Steinen)*
alternating current *(El)* Wechselstrom *m*
alternating impact (bending) stress *(Konst, Stat, Tek)* Schlagbeanspruchung *f* bei wechselnder Belastung
alternating load(ing) *(Stat, TK)* Wechsellast *f*, wechselnde Belastung *f*
alternating stress *(Stat, TK)* Wechselbeanspruchung *f*, wechselnde Beanspruchung *f* [Spannung *f*]
alternative access *(Konst, Verk)* Alternativzugang *m*
alternative direction sign *(Verk)* Wechselwegweiser *m*
alternative entrance *(Konst, Verk)* Alternativeingang *m*
alternative exit *(Konst, Verk)* zusätzlicher Ausgang *m*
alternative plan *(Konst, VR)* Gegenentwurf *m*
alternator *(El)* Wechselstromgenerator *m*, Drehstromgenerator *m*
altimeter *(Verm)* Höhenmesser *m*
altitude 1. *(Verm)* Höhe *f (über dem Boden)*; 2. *(Verm)* Neigungswinkel *m*
altitude above sea level *(Verm)* Höhe *f* über dem Meeresspiegel, Höhe *f* über NN

altitude difference *(Verm)* Höhendifferenz *f*, Niveauunterschied *m*
altitude measurement *(Verm)* Höhenmessung *f*
alto-relievo *(Verm)* Hochrelief *n*
alum *(BM)* Alaun *m*
alum shale *(BM)* Alaunschiefer *m*, Schieferton *m*
alum-stone *(BM, Bod)* Alunit *m*, Alaunstein *m*
alum treatment *(BM, OB)* Alaunisieren *n*
alumina *(BM, Bod)* Tonerde *f*, Aluminiumoxid *n*
alumina cement *(BM)* Tonerde(schmelz)zement *m*
alumina mortar *(BM)* Tonerdemörtel *m*
aluminium *(BM, St)* Aluminium *n*
aluminium absorbent ceiling *(DIS, Konst)* Aluminiumschallschluckdecke *f*
aluminium alloy *(BM)* Aluminiumlegierung *f*
aluminium bronze *(BM, OB)* Aluminiumbronze *f*
aluminium cement *s.* alumina cement
aluminium facing *(OB, St)* Aluminiumverkleidung *f*
aluminium finish *(OB, St)* Aluminiumoberfläche *f*
aluminium foil *(BM)* Aluminiumfolie *f*
aluminium front *(Konst, OB)* Aluminiumfassade *f*
aluminium oxide *(BM, Bod)* Tonerde *f*
aluminium paint *(BM, OB)* Aluminiumfarbe *f*, Alufarbe *f*; Reflexionsfarbe *f*
aluminium roof cladding *(Konst, St)* Aluminiumdach *n*
aluminium roofing sheet *(BT, St)* Aluminiumdachplatte *f*
aluminium tube *(BM)* Aluminiumrohr *n*
aluminium window *(BT)* Aluminiumfenster *n*
aluminize *v (Te)* aluminieren
aluminothermic welding *(St, Te)* Thermitschweißen *n*
aluminous cement *s.* alumina cement
aluminous sand *(BM)* Aluminiumsand *m*
aluminum *(AE) s.* aluminium
alure 1. *(Arch)* Wehrgang *m (veraltet)*; 2. *(Arch)* Gang *m*, Galerie *f*
amber glass *(BM)* Amberglas *n*, Braunglas *n*
amber light *(Verk)* Gelblicht *n (Verkehrsampel)*
ambient *(Konst, RP)* umgebend
ambient air emission standard *(Umw)* Immissionsgrenzwert *m* der Luft
ambient air quality standard *(Umw)* Immissionsgrenzwert *m* der Luft
ambient brightness *(Verk)* Umfeldhelligkeit *f*; Umfeldleuchtdichte *f*
ambient conditions *(RP, Umw)* Umgebungsbedingungen *fpl*
ambient light *(El)* Umgebungslicht *n*; Raumlicht *n*
ambient noise *(DIS, Umw)* Umgebungslärm *m*; Innenlärm *m*
ambient temperature *(HLK)* Umgebungstemperatur *f*; Raumtemperatur *f*
ambo *(Arch)* Ambo *m (in frühchristlichen Kirchen erhöhtes Pult für die Lesung)*
ambry *(Arch)* Ablagenische *f (in Kirchenbauten)*
ambulatory *(Arch)* Umgang *m*, Chorgang *m (einer Kirche)*; Wandelgang *m (im Kloster)*
ambulatory church *(Arch)* Kreuzkuppelkirche *f*
ambulatory vault *(Arch)* Umgangsgewölbe *n*
Ambursen dam *(Wsb)* Ambursen-Wehr *n*, Plattenpfeiler(stau)mauer *f*
ameliorate *v (LB)* meliorieren
amelioration *(LB)* Melioration *f*, Bodenverbesserung *f*
amendment *(Konst, VR)* Änderung *f (z. B. in einer Bauzeichnung)*; Ergänzung *f*, Zusatz *m*
amendment notification *(Konst, VR)* Änderungsmitteilung *f*
amendment procedure *(Konst)* Änderungsdurchführung *f*
amendment proposal *(Konst, VR)* Änderungsantrag *m*
amenities *(EB)* Wohnkomfort *m (Folgeeinrichtungen)*
American basement *(AE) (Konst)* Kellergeschoss *n (etwa zur Hälfte im Erdreich)*; Souterrain *n*
American bond *(SB)* amerikanischer Verband *m (nur jedes fünfte Lager besteht aus Bindern)*
American built-up section of stanchion *(BT, TK)* Stützenquerschnitt *m*
American foundation platform *(Erdb)* amerikanischer Rost *m (Gründung)*
American standard beam *(BT, St, TK)* Doppel-T-Träger *m*, I-Träger *m*
American standard channel *(BT, St, TK)* U-Profilträger *m*
amine formaldehyde resin *(BM)* Amin-Formaldehyd-Harz *n*
amino plastic *(BM)* Aminokunststoff *m*
amino resin *(BM)* Aminoharz *n*
ammonia *(BM, OB, Te)* Ammoniak *n*
ammonium chloride *(BM, OB)* Ammoniumchlorid *n*, Salmiaksalz *n*, Salmiak *m*
ammonium sulphate *(BM)* Ammoniumsulfat *n*
amorphous *(BM)* amorph, nicht kristallin
amosite *(BM, Bod)* Amosit *m*, Hornblendegelbasbest *m*
amount *v (VR)* betragen, sich belaufen auf *(Kosten)*
amount 1. *(VR)* Menge *f*; Größe *f*; 2. *(VR)* in Rechnung gestellter Betrag *m*
amount of bend(ing) *(Stat)* Biegegröße *f*
amount of heat *(HLK)* Wärmemenge *f*
amount of mixing *(BM, Te)* Durchmischungsgrad *m*
amount of shrinkage *(BB, BM, Konst)* Schrumpfmaß *n*, Schwindungsmaß *n*
amount of variation permitted *(BT, Konst)* zulässige Messabweichung *f*
ampacity *(El)* Strombelastbarkeit *(in Ampere)*
amphibole asbestos *(BM, Bod)* Amphibolasbest *m*, Hornblendeasbest *m*
amphibolite 1. *(BM)* Amphibolit *m*, Hornblendegestein *n (metamorphes Gestein)*; 2. *(BM)* Hornblendeasbest *m*
amphistylar *(Arch)* amphistylar, mit kreuzweise [gegenüberstehend] angeordneten Säulen *(klassische Tempel)*
amphistyle *s.* amphistylar
amphitheatre *(Arch)* Amphitheater *n*
amphoteric *(BM)* amphoterisch, amphoter
ample 1. ausgedehnt *(z. B. Anlage)*; weiträumig; 2. reichlich *(z. B. Mittel)*; ausreichend *(Sicherheit)*
amplitude of vibration Schwingstärke *f*, Schwingungsweite *f*
amusement park Vergnügungspark *m*; Rummelplatz *m*
amyl acetate Amylacetat *n*
anaerobic digestion *(Umw, WVA)* anaerobe Faulung *f*, anaerobe Gärung *f*
anaerobic lagoon *(Umw, WVA)* Faulteich *m*, anaerober Teich *m*
analogous analog, ähnlich; entsprechend
analogy Analogie *f*
analyse *v* 1. analysieren, auswerten; 2. statisch berechnen; untersuchen
analysis 1. *(Stat)* Berechnung *f*; Statik *f*; 2. Analyse *f*
analysis of structures *(Stat, TK)* Tragwerksberechnung *f*
analytical design method *(Stat)* analytische Bemessung *f*
anchor *v* verankern, befestigen
anchor 1. *(SB)* Mauer(werks)anker *m*, Anker *m*; 2. *(Erdb)* Ankerklotz *m (im Erdreich)*
anchor bar *(BT)* Ankerstab *m*
anchor block *(AE)* 1. Dübelblock *m*; 2. Holzdübel *m*
anchor bolt Ankerbolzen *m*, Ankerschraube *f*, Verankerungsbolzen *m*
anchor chain Verankerungskabel *n*
anchor chair *(BT, Konst)* Ankerstuhl *m*
anchor heat Ankerkopf *m*
anchor hole Ankerloch *n*

anchor hook Verankerungshaken *m*
anchor log Ankerklotz *m*, Verankerungsfundament *n*
anchor pier *(Br)* Verankerungspfeiler *m (Brücke)*
anchor pile *(Erdb)* Ankerpfahl *m*, Verankerungspfahl *m*
anchor plate *(Konst)* Verankerungsplatte *f*, Ankerplatte *f*, Ankerscheibe *f*
anchor point Abspannpunkt *m*
anchor pulling test Ankerausziehtest *m*
anchor rod Konsole *f*, Halterung *f*
anchor sheeting *(Konst, TK)* Verankerungswand *f*
anchor span *(Br)* Abspannung *f (Brücke)*; Ankerspannseil *n*
anchor tie Verankerung *f*
anchor wall (durchlaufende) Ankerwand *f*
anchorage 1. Verankerung *f*; 2. *(Br)* Ankervorrichtung *f*; Ankerpfeiler *m (Brückenbau)*
anchorage beam Ankerbalken *m*, Verankerungsträger *m*
anchorage bond stress Verankerungsspannung *f*
anchorage by friction Reibungsverankerung *f*
anchorage by pressure Druckverankerung *f*
anchorage deformation *(BB, Te)* Spanngliedverkürzung *f (beim Spannvorgang)*
anchorage device Verankerungsvorrichtung *f*
anchorage loss *s.* anchorage deformation
anchorage slip Ankerschlupf *m*
anchorage zone Verankerungsbereich *m*
anchored bearing *(Br, TK)* verankertes Lager *n*
anchoring Verankerung *f*
anchoring panel Ankerplatte *f (z. B. einer Brücke)*
anchoring rail Ankerschiene *f*, Verankerungsschiene *f*
anchoring system *(Te)* Verankerungsverfahren *n*
ancient monument *(Arch)* Kulturdenkmal *n*
ancillary building *(Arch)* Nebengebäude *n*
ancon 1. Türsturz *m*; Fenstersturz *m*; 2. *(Arch)* Konsole *f*, Kragstein *m*, Tragstein *m*; Türkonsole *f (als Zierelement)*; Fensterzierkonsole *f*; Vorsprung *m*
ancone *s.* ancon
andesit *(Bod)* Andesit *m*
andesitic tuff *(BM, Bod)* Andesittuff *m*
andiron Kaminbock *m*
anechoic schalltot, reflexionsfrei
anechoic room *(DIS, Konst)* schalltoter [echofreier] Raum *m*
anemometer Windgeschwindigkeitsmesser *m*
angle 1. Winkel *m*; 2. Auflagerwinkel *m*; 3. Winkeleisen *n*; 4. *s.* angle iron; 5. Ecke *f*
angle bar *s.* angle iron
angle bead Winkelleiste *f*, Kantenschutzleiste *f*, Eckschutzleiste *f*
angle beam *(BT, TK)* Winkelprofilträger *m*
angle bender *(St)* Stahlbiegemaschine *f*, Biegetisch *m*, Bewehrungsbiegevorrichtung *f*
angle blade *(Verk)* Seitenräumer *m*
angle blasting schräges Sandstrahlen *n*
angle block Eckstein *m*, Winkelstein *m (Eckblock)*; Eckblockstein *m (mit einem offenen Ende)*
angle board *(Hb)* Schrägbrett *n*, Winkellehre *f*
angle bond *(Hb)* Winkelankerbolzen *m*
angle brace 1. *(Hb)* Kopfband *n*, Winkelband *n (Bandholz)*; Winkelstrebe *f*; 2. Bug *m*; Büge *mpl (Zimmerung)*
angle bracket *(Hb, St)* Anschlusswinkel *m*, Befestigungswinkel *m*, Absetzwinkel *m*; Winkelauflage *f*, Winkelstütze *f*
angle brick Winkelziegel *m*, Schräg(winkel)ziegelstein *m*
angle butt strap *(Hb, St)* Winkelverlaschung *f*
angle buttress Winkelstütze *f*
angle capital Winkelkapitell *n*
angle cleat [clip] Winkelklammer *f*, Winkelversteifung *f*, Knagge *f*
angle closer Eckbinder *m*, Eck(form)bundziegel *m*
angle coin Eckstein *m*
angle collar Kniefitting *n*, Muffenkrümmer *m (für Rohre)*
angle dozer *(BWG)* Schwenkschildplanierraupe *f*, Böschungserdhobel *m*, Seitenräumer *m*
angle fillet Winkelfüllleiste *f*, Winkelleiste *f*
angle fishplate Winkellasche *f (Schiene)*
angle float *(SB)* Winkelreibebrett *n*
angle gauge Winkellehre *f*, Winkelmesser *m*
angle grinder *(BWG)* Winkelschleifer *m*
angle guard Winkelschutz *m*
angle hinge Winkelband *n (Bandholz)*
angle iron *(St)* Winkelstahl *m*, Winkelprofil *n*, L-Eisen *n*, Winkeleisen *n*
angle iron stiffener Absteifungswinkel *m*
angle joint *(Hb)* Winkelstoß *m*
angle lacing *(St)* Winkelversteifung *f (Stahlbau)*
angle lever Winkelhebel *m*; Glockenarm *m*
angle-lighting luminaire Schrägstrahler *m*, asymmetrischer Strahler *m*
angle lintel Winkelsturz *m*, Winkeloberschwelle *f*
angle of ascent *(Verm)* Neigungswinkel *m*; Steigungswinkel *m*
angle of contact Umfassungswinkel *m*
angle of contingency *(Stat)* Kontingenzwinkel *m*
angle of deviation *(Te, Verm)* Richtungsänderungswinkel *m*
angle of distortion Drehwinkel *m*
angle of embrace Umfassungswinkel *m*
angle of entry *(Verk)* Kreuzungswinkel *m*, Einbindungswinkel *m*
angle of friction *(BM)* Reibungswinkel *m*
angle of gradient Neigungswinkel *m*
angle of hade *(Bod)* Verwurfswinkel *m (Geologie)*
angle of inclination *(Konst, Verk, Verm)* Neigungswinkel *m*; Steigungswinkel *m*; Kippwinkel *m*
angle of internal friction *(BM)* innerer Reibungswinkel *m*
angle of joints Fugenwinkel *m*
angle of obliquity Schrägheitswinkel *m*
angle of reflection Reflexionswinkel *m*
angle of repose [rest] 1. *(Bod, Erdb)* (natürlicher) Böschungswinkel *m*, Schüttwinkel *m*, Rutschwinkel *m (von Schüttgütern)*; 2. *s.* angle of friction
angle of roof pitch Dachneigungswinkel *m*
angle of rotation Drehwinkel *m*
angle of rupture *(BM, Stat)* Bruchwinkel *m*, Schubwinkel *m*
angle of shear Scherwinkel *m*, Schubwinkel *m*
angle of shearing resistance Reibungswinkel *m*
angle of skew Schrägungswinkel *m*
angle of slope *(Erdb)* Böschungswinkel *m*, Neigungswinkel *m*
angle of torsion [twist] *(Konst, Stat)* Torsionswinkel *m*, Verdrehungswinkel *m*, Drill(ungs)winkel *m*, Flechtwinkel *m*
angle paddle Reibebrettchen *n*, Filzbrett *n*
angle parking *(Verk)* Schrägaufstellparken *n*
angle post Eckpfosten *m*
angle quoin Winkelziegel *m*, Winkelstein *m*, Eckstein *m*; Wandaußenecke *f*
angle rafter *(Hb)* Gratsparren *m*, Gratbalken *m*, Dachschifter *m*
angle rib *(Arch)* Gewölbewinkelrippe *f (gotisches Gewölbe)*
angle ridge *s.* angle rafter
angle section *s.* angle iron
angle shaft *(Arch)* Ecksäule *f (normannische Baukunst)*
angle spur *(Arch)* Eckblatt *n (Ornament in einer gotischen Säule)*
angle staff Putzkantenschützer *m*, Putzkantenschoner *m*, Putz(schutz)leiste *f*; Deckleiste *f*
angle steel *(St)* L-Stahl *m (Profilstahl)*
angle stiffening Winkelaussteifung *f*, Winkelversteifung *f*, Winkelverstärkung *f*

angle stile Viertelstab *m (in Wandecken)*; Winkelleiste *f*
angle stone Eckstein *m*
angle strut *(BT, TK)* Winkeldruckstab *m*
angle tie *s.* angle brace 1.
angle trowel Spachtelkelle *f*, Spachtel *m(f)*
angle valve *(HLK, WVA)* Winkelventil *n (Strömungsregler in Rohren)*
angled winklig
angled stair gewinkelte Treppe *f*
Anglo-Saxon architecture *(Arch)* angelsächsische Architektur *f (449-1066)*
Anglo-Saxon masonry *(Arch, SB)* angelsächsisches Mauerwerk *n*
angular wink(e)lig; spitzwinklig; spitz, eckig; Winkel...
angular aggregate kubischer Zuschlag(stoff) *m*
angular bracket Winkelstütze *f*
angular deformation *(Stat)* Verdrehung *f*, Winkeländerung *f (Schubverformung)*
angular fish *(Hb, St)* Winkelverbindung *f*, Winkellasche *f*
angular grain Spitzkorn *n*, kantiges Korn *n*
angular joint *(St)* Winkelstoß *m (Schweißverbindung)*
angular measure Winkelmaß *n*
angular point Winkelpunkt *m*
angular retaining wall *(Erdb, Konst)* Winkelstützwand *f*, Winkelstützmauer *f*
angular stair gewendelte Stufe *f*, Wendeltreppenstufe *f*
angular welding *(St)* Winkelschweißen *n*
angularity *(BM, BT)* Winkeligkeit *f*; Kantigkeit *f*; Bruchflächigkeit *f*
anhydrite *(BM)* Anhydrit *m*, wasserfreier Gips *m*
anhydrite binder Anhydritbinder *m*
anhydrite mortar Anhydritmörtel *m*
anhydrous calcium sulphate Gipsanhydrid *n*
anhydrous gypsum wasserfreier [gebrannter] Gips *m*
anhydrous gypsum plaster Gipsputz *m*; Stuckgipsputz *m*
anhydrous lime Branntkalk *m*, Ätzkalk *m*
aniline resin Anilinharz *n*
animal adhesive *(BM)* Tierleim *m*
animal black Tierkohlepigment *n*
animal glue Tierleim *m*
animal housing *(LB)* Stallung *f*, Stall *m*, Viehstall *m*
anionic bitumen emulsion *(BM)* anionische Bitumenemulsion *f*
anneal *v* (aus)glühen *(Metalle)*; tempern, spannungsfrei machen *(Glas, Kunststoffe)*
annealed glass vergütetes Glas *n*
annealed (iron) wire (aus)geglühter Eisendraht *m*; Rödeldraht *m*, Bindedraht *m*
annex *v* anbauen an
annex *(Arch, Konst)* Anbau *m*, Erweiterungsbau *m*; Nebengebäude *n*, Seitengebäude *n*
annexe *s.* annex
annual jährlich, Jahres...
annual consumption Jahresverbrauch *m*
annual discharge *(Wsb)* Jahresabflussmenge *f (von Gewässern)*
annual growth ring Jahresring *m (Holz)*
annual rainfall *(Umw, Wsb)* jährlicher Niederschlag *m*
annual ring Jahresring *m (Holz)*
annual storage Jahresspeicher *m*
annual target *(VR)* Jahresplansoll *n*
annular ringförmig; Ring..., Kreis...
annular arch *(Arch)* Kreuzbogen *m*
annular barrel vault *s.* annular vault
annular cell construction method *(Konst)* Ringzellenbauweise *f*
annular cross section Ringquerschnitt *m*
annular saw Bandsäge *f*
annular slab *(BT)* Kreisringplatte *f*
annular strain Ringdehnung *f*
annular vault Ringgewölbe *n*, Tonnengewölbe *n*
annularity Ringförmigkeit *f*
annulet Ringleiste *f*; Schaftring *m*
annulets *(Arch)* Anuli *mpl (schmale Ringe am dorischen Kapitell)*
annunciator Signalanzeige *f*, Melder *m*, Schauzeichen *n*
anode *(OB)* Anode *f*
anode plate *(OB)* Anodenplatte *f (Korrosionsschutzsystem)*
anodic coating anodisch [elektrolytisch] hergestellte Schicht *f*, Oxidschicht *f*; Eloxalschicht *f (bei Aluminium)*
anodic film *(OB)* Eloxalschicht *f*
anodic oxidation *(OB)* anodisches [elektrolytisches] Oxidieren *n*, *(bei Aluminium)* Eloxieren *n*
anodic-oxidation coating *s.* anodic coating
anodic protection *(OB)* anodischer Schutz *m* [Korrosionsschutz *m*]
anodise *v (OB)* anodisieren, anodisch [elektrolytisch] oxidieren, *(bei Aluminium)* eloxieren
anodised *(OB)* eloxiert
anonymous tower block *(Konst, RP)* Wohnsilo *n*
anorthite Anorthit *m*, Kalkfeldspat *m*
ant attack *(OB, Umw)* Ameisenfressschaden *m*, Termitenfraß *m*
anta 1. *(Arch)* Eckpfeiler *m*, Antenpfeiler *m*; 2. *(Arch)* Anta *f (vorspringende Seitenwand des antiken Tempels)*
ante *v* **up** *(AE)* aufbringen *(Geld)*; investieren
antecabinet Vorraum *m*, Vorzimmer *n (zu einem Audienzraum)*
antecedent river *(Wsb)* beständiger Fluss *m*
antechamber 1. Vorzimmer *n*; Vorraum *m*, *(speziell im Theater)* Foyer *n*; Wartezimmer *n*; Vestibül *n*; 2. *(HLK)* Luftschleuse *f*
antechapel *(Arch)* Kapellenvorraum *m*
antechoir *(Arch)* Vorchor *m*
antechurch *(Arch)* Vorkirche *f*
antefix *(Arch)* Antefix(um) *n*, Zierstirnziegel *m*, Stirnziegel *m (Tonzierplatte des Traufgesims antiker Tempel)*
antefix tile *s.* antefix
antemural Schlossmauer *f*
antenna *(EB, El)* Antenne *f*
antepagment Antepagmentum *n*, Türbogenverzierung *f*
antependium *(Arch)* Antependium *n (Verkleidung, z. B. eines Altarunterbaus, einer Kanzel)*
anteport Außentor *n*, Vortür *f*
anteroom Vorraum *m*, Vorzimmer *n*; Wartezimmer *n*
anthemion *(Arch)* Anthemion *n (ein Blumenornament)*
antiabrasion layer *(Verk)* Verschleißschutzschicht *f (Straße)*
anticapillary *(DIS, Erdb)* kapillarbrechend *(Schichten)*
anticapillary course *(Erdb)* kapillarbrechende Schicht *f (Straße)*
anticipate *v* erwarten, vorhersehen *(Belastungen)*
anticipated traffic loading *(Verk)* voraussichtliche Verkehrsbelastung *f*, Prognosebelastung *f (Verkehrsweg)*
anticondensation plaster *(HLK)* Kondenswasser(schutz)putz *m*
anticorrosive paint Korrosionsschutzfarbe *f*
anticorrosive paint coating *(OB)* Korrosionsschutzanstrich *m*
anticorrosive protection Korrosionsschutz *m*
anticrack coating *(OB)* Rissschutzbeschichtung *f*
anticrack reinforcement Rissbewehrung *f*, Rissschutz(stahl)einlagen *fpl*
anticracking layer spannungsabbauende Schicht *f*
antidazzle blendfrei
antidazzle *(El, Verk)* Blendschutz *m*
antidazzle screen Blendschutzeinrichtung *f*, Blendschutzwand *f*

antidrumming agent *(BM, DIS)* Entdröhnungsmittel *n*
antidrumming treatment Antidröhnbehandlung *f*, Entdröhnung *f*
antiflooding gully Rückstauablauf *m*
antiflooding valve *(San, WVA)* Rückstauventil *n*, Rückstauschieber *m*
antifoam *s.* antifoaming agent
antifoaming agent *(BM, Te)* Entschäumungsmittel *n*, Antischaummittel *n*, Schaumdämpfer *m (z. B. bituminöse Bindemittel)*
antifreeze (agent) Frostschutzmittel *n*, Gefrierschutzzusatz *m*
antifreeze layer *(Verk)* Frostschutzschicht *f*
antifriction bearing *(Br)* reibungsarmes Lager *n (Brücke)*
antiglare *(El, Verk)* Blendschutz *m*
antiglare screen *(Verk)* Blendschutzzaun *m*
antimonial lead Hartblei *n*, Antimonblei *n (Legierung)*
antimonial lead pipe Hartbleirohr *n*, Antimonbleirohr *n*, Bleisparrohr *n*
antimony oxide *(BM, OB)* Antimonoxid *n*
antimony white *(BM, OB)* Antimonweiß *n*
antimony yellow Antimongelb *n*, Neapelgelb *n*
antinoise *(DIS)* schalldämmend; geräuschdämpfend
antipanic bolt lock *(EB)* Panikriegelfallenschloss *n*
antique glass Antikglas *n*
antirot fäulnisverhindernd; fäulnisbeständig *(Holz)*
antirust gegen Rost schützend; Rostschutz...; rostbeständig
antirust agent Rostschutzmittel *n*
antirust coat *(OB)* Rostschutzüberzug *m*; Rostschutzanstrich *m*
antirust paint Rostschutzfarbe *f*
antirust primer Rostschutzgrundierung *f*
antiseismic construction *(Konst, Stat)* erdbebensicherer Bau *m*
antishrinkage admixture Schwindschutzzusatz *m*
antisiphonage device *(San, WVA)* Rohrbelüfter *m*
antiskid *(OB)* rutschfest, rutschsicher, gleitsicher; griffig
antiskid paint Gleitschutzanstrich *m*
antiskid tile *s.* antislip tile
antiskinning agent *(OB)* Haut(bildungs)verhinderungsmittel *n (Anstrichstoffe)*
antislip *s.* antiskid
antislip tile gleitsichere [rutschsichere] Fußbodenplatte *f*, griffige Fußbodenfliese *f*
antismudge ring *(HLK)* Schmutzschutzblende *f (an Luftaustrittsöffnungen)*
antispelling agent *(BB)* Antiabschuppungsmittel *n*, Abblätterungsschutzmittel *n (Beton)*
antistatic (agent) Antistatikmittel *n (als Kunststoffzusatz)*
antistress agent Entspanner *m*, Entspannungsmittel *n*
antistripping *(OB)* haftverbessernd
antistripping additive [agent] Haftmittel *n*, Haft(festigkeits)verbesserer *m*, Netzmittel *n*, Haftanreger *m*
antisun glass Sonnenschutzglas *n*
antisun roof *(HLK, Konst, Umw)* Sonnenschutzdach *n*
antisweat type insulation *(DIS)* Schwitzwasserabdichtung *f*
antitorque (moment) Gegendrehmoment *n*
antivacuum device *(San, WVA)* Rohrbelüfter *m*, Rohrentlüfter *m*
antivibration mounting vibrationsfreie Montage *f*
anvil *(BWG, EB)* Amboss *m*
anvil plate *(BWG)* Ambossbahn *f*
anvil stand Ambossstock *m*
anywhere carpet Allzweckteppichboden *m*
apartment 1. Appartement *n*, (komfortable) Kleinwohnung *f*; 2. *(AE)* Etagenwohnung *f*; Zimmerflucht *f*; 3. *s.* apartment house
apartment block *s.* apartment house
apartment building *(AE) (Arch, Konst)* Wohn(ungs)gebäude *n*
apartment construction *(AE)* Wohnblockbau *m*
apartment hotel Appartementhotel *n*, Logierhotel *n*
apartment house *(AE)* Appartementhaus *n*, Mehrfamilien(wohn)haus *n*; Mietshaus *n*; Wohnblock *m*
apartment in a housing project *(AE)* Arbeiterwohnung *f (für Familien mit niedrigem Einkommen)*
apartment story *(AE)* Wohngeschoss *n*
apartment tower *(AE)* Wohnturm *m*
apartments Zimmerflucht *f*; Wohnung *f*
apartments built in terraces on a slope *(AE) (Arch, Konst)* Terrassenmehrfamilienhaus *n*
aperture Öffnung *f*; Mauerwerköffnung *f*
apex 1. Spitze *f*, Scheitelpunkt *m (höchster Gebäudepunkt)*; 2. Anfallpunkt *m (Dach)*
apex hinge Scheitelgelenk *n*
apex hog *(Konst)* Scheitelüberhöhung *f*
apex joint Scheitelfuge *f*
apex mould *(SB)* Scheitelform *f (Formstein)*
apex stone *(SB)* Schlussstein *m*
aphonic schalltot *(Raum)*
apophyge *(Arch)* Apophyge *f*, Säulenkehle *f*
apparatus for mechanical soil analysis *(Erdb)* Sartoriuswaage *f*, Schlämmapparat *m*
apparent density scheinbare Dichte *f*, Schüttdichte *f*, Rohdichte *f*; Schüttgewicht *n*
apparent porosity *(BM)* scheinbare Porosität *f*, Scheinporosität *f*
apparent specific gravity *(BM)* Rohdichte *f*; Rohwichte *f*
appearance Aussehen *n*
append *v* 1. anhängen; befestigen; 2. hinzufügen
appendix *(Konst)* Ergänzung *f*, Zusatz *m*, Anhang *m (z. B. zu einer Zeichnung)*
appentice 1. Anbau *m*; 2. Penthaus *n*
appliance Gerät *n*, Vorrichtung *f*, Einrichtung *f*; Anwendung *f*; Mittel *n*
appliance panel *(El)* Sicherungskasten *m (für Baustellenversorgungsanlagen)*
applicability 1. Anwendbarkeit *f*, Einsetzbarkeit *f*; 2. Aufbringbarkeit *f*, Auftragbarkeit *f (z. B. von Anstrichen)*
applicable 1. anwendbar, einsetzbar; 2. aufbringbar, auftragbar *(z. B. Anstriche)* • **be applicable** anwendbar sein
applicant (proposing to build) *(VR)* Antragsteller *m*, Bauantragsteller *m*
application 1. *(BT, Konst)* Anwendung *f*, Einsatz *m*, Verwendung *f*; 2. *(OB)* Aufbringen *n*, Auftragen *n (auf Oberflächen)*; 3. *(Stat)* Angriff *m (einer Kraft)*
application by brushing Aufstreichen *n*
application density *(BM, OB)* Streudichte *f*
application for payment *(VR)* Zahlungsaufforderung *f*
application guide *(Konst, VR)* Anwendungsrichtlinie *f*; Leitfaden *m*
application method Auftragsverfahren *n*
application of a force *(Stat)* Angreifen *n* einer Kraft, Kraftangriff *m*; Anlegen *n* einer Kraft
application of mortar Mörtelauftrag *m*
application point Angriffspunkt *m*
application rate Auftragsmenge *f*
application specification *(Konst, VR)* Verarbeitungsrichtlinien *fpl*
applied angewandt
applied by spraying aufgespritzt
applied column *(BT, Konst)* eingebundene Säule *f*, Wandsäule *f*
applied hydraulics *(Wsb, WVA)* angewandte Hydraulik *f*
applied load *(Stat)* aufgebrachte Last *f*, Auflast *f*
applied mechanics *(Stat)* angewandte Mechanik *f*

applied method Anwendungsmethode *f*
applied moment *(Stat)* Momentenlast *f*, eingetragenes Moment *n*
applied moulding *(Arch, Konst)* befestigtes Simswerk *n*
applied research Zweckforschung *f*
applied trim Dekorationsleiste *f*
apply *v* 1. *(Konst, Te)* anwenden; anwendbar sein; zur Anwendung kommen; 2. *(OB)* aufbringen, antragen *(Putz)*; auftragen *(z. B. Anstriche)*; 3. *(Stat)* eintragen, anbringen *(Kräfte)*
apply *v* **by brushing** aufstreichen
appointments *(EB)* Ausstattung *f*, Einrichtungsgegenstände *mpl*
appraisal *(VR)* Schätzung *f*, Bewertung *f (z. B. von Land oder Einrichtungen)*; Wertbestimmung *f (eines Gebäudes)*
approach 1. Zugang *m*, Zufahrt *f (für Fahrzeuge)*; 2. *s.* approach road; 3. *(Konst, Stat)* Lösungsansatz *m (theoretischer)*
approach corridor *s.* approach lane [path]
approach lane [path] *(Verk)* Einflugschneise *f (Flugplatz)*
approach ramp *(Verk)* Auffahrt(rampe) *f (z. B. zur Brücke)*; Autobahnauffahrt *f*
approach road *(Verk)* Zufahrtsstraße *f*, Auffahrt *f*, Zugangsstraße *f*
approach zone Zufahrtsbereich *m*
appropriate *v* 1. *(VR)* veranschlagen *(im Budget)*; bereitstellen, bewilligen *(Mittel)*; 2. *(VR)* in Besitz nehmen
appropriate angemessen, geeignet, passend
approval *(VR)* Genehmigung *f*; Bestätigung *f*; Zulassung *f*; Erlaubnis *f*; Anerkennung *f* • **on approval** *(VR)* zur Genehmigung *(Bauunterlagen)*; zur Zulassung *(Baustoffe)*
approval note *(VR)* Freigabevermerk *m*
approval of plans *(VR)* Gutachten *n (Bauvorhaben)*
approve *v (VR)* genehmigen; zulassen; bestätigen
approved *(Konst, VR)* bauartgeprüft
approved body *(VR)* zugelassene Einrichtung *f*, anerkanntes Institut *n*
approved drawings *(Konst, VR)* bestätigte Bauzeichnungen *fpl*
approved equal *(VR)* genehmigt als anwendbar [verwendbar] *(Vertragswesen)*
approved method *(VR)* zugelassenes Verfahren *n*, genehmigte Methode *f*
approved plan *(Konst, RP, VR)* genehmigter Plan *m*
approved product *(VR)* zugelassenes Produkt *n*
approved rule *(Konst, VR)* anerkannte (Bau-)Regel *f*
approved signatory Zeichnungsberechtigter *m*
approximate *v* annähern; sich nähern
approximate ungefähr, annähernd
approximate assumption *(Stat)* Näherungsannahme *f*
approximate cost *(VR)* Kostenschätzung *f*
approximate solution *(Stat)* Näherungslösung *f*
approximate value 1. *(Konst, Stat)* Näherungswert *m*, Annäherungswert *m*; 2. Richtwert *m*, Richtzahl *f*
approximation Annäherung *f*, Approximation *f*; Näherung *f*
approximation method *(Stat)* Näherungsverfahren *n*
appurtenance 1. *(BT, Konst)* Ausbauelement *n*, Ausbauteil *n*; Zubehör *n*; Zusatz *m*; 2. *(SB)* Aussparung *f (Mauerwerk)*
appurtenant structure 1. Aufbau *m*, Gebäudeaufsatz *m*; 2. Nebenbau *m*; Nebengebäude *n (nur für Gebäudetechnik)*
apron 1. *(BWG, Konst, Wsb)* Schild *m*, Schürze *f*, Schutzplatte *f*; 2. *(OB)* *s.* apron flashing; 3. *(OB)* Verkleidung *f (überlappt)*; 4. *(BT, Erdb, Wsb)* Sturzbett *n*, Sohle *f*; Stellplatte *f*; 5. *(BWG)* Planierschild *m*; 6. *(Verk)* Hallenvorfeld *n (z. B. auf Flughafengelände)*
apron feeder Telleraufgeber *m (Baustoffherstellung)*
apron flashing Fugendeckblech *n*; Frontschürze *f*, Frontschürzenblech *n (am Schornstein)*
apron lift *(EB, Te)* Hebebühnenheber *m (für eine Theaterbühne)*
apron moulding *(Hb)* Holzunterlage *f (unter dem Zimmerfußboden)*
apron piece *(Hb)* Holzträger *m (für Holztreppenhäuser)*
apron rail *(EB)* verzierter Schlossriegel *m*
apron stage *(EB, Konst)* verlängerte Vorbühne *f*, vordere Theaterbühne *f (vor dem Vorhang, speziell elisabethanisches Theater)*
apron wall Fensterbrüstung *f*
apse 1. *(Arch)* Apsis *f*, Apside *f*, Koncha *f*, Exedra *f (halbrunde oder vieleckige Raumform als Kirchenabschluss für die Aufnahme des Altars)*; 2. *(Arch)* *s.* apsis 1.
apse aisle *(Arch)* Halbrundabschlussanbau *m*, Apsis *f*
apse arch *(Arch)* Apsisbogen *m*
apsidal *(Arch)* apsiszugehörig; Apsis...
apsidal choir *(Arch)* Apsidenchor *m*
apsidiole *(Arch)* Apsidiola *f*, kleine Apsis *f*
apsis 1. *(Verk, Verm)* Scheitelpunkt *m (einer Kurve)*; 2. *s.* apse 1.
apteral temple *(Arch)* Apteraltempel *m*
aptitude test *(BM)* Eignungsprüfung *f*
aquaplaning accident *(Verk)* Aquaplaningunfall *m*
aquate *v* hydratisieren *(Kalk)*
aquatic acidification Übersäuerung des Wassers *f*
aquatic buildings *(Arch, Konst, Wsb)* Bäderbauten *mpl*
aqueduct *(Arch)* Aquädukt *m (über Brücken geführte Wasserleitung im antiken Rom)*; Wasserhochkanal *m*; Durchlass *m*
aqueous wässrig; Wasser...
aqueous corrosion *(OB, San)* Feuchtigkeitskorrosion *f*
aqueous vapour Wasserdampf *m*
aqueous wood preservative wässriges Holzschutzmittel *n*
aquifer (layer) *(Bod)* Grundwasserleiter *m*
arabesque *(Arch)* Arabeske *f*
arabesque decoration Arabeskendekor *n*
arabesque ornament Arabeske *f*
Arabian architecture *(Arch)* islamische Architektur *f*
Arabic arch *(Arch)* arabischer [maurischer] Bogen *m*, Dreiviertelkreisbogen *m*, Hufeisen(rund)bogen *m*
arable land *(Bod, LB, VR)* Ackerland *n*, bestellbares Land *n*
araeostyle *(Arch)* aräostylos, lichtsäulig
araeostyle *(Arch)* Aräostylos *m (Säulenabstandssystem von 4 oder mehr Säulendurchmessern)*
arbitrary regellos, zufällig; ohne Ordnung
arbitrary assumption *(Stat)* hypothetische [willkürliche] Annahme *f*
arbitration *(VR)* Schiedsverfahren *n*
arbitrator *(VR)* Schlichter *m*
arbor *(AE)* *s.* arbour
arboraceous bewaldet *(Baugelände)*
arboriculture Baumschule *f*
arbour 1. Laube *f*, Gartenlaube *f*, Pergola *f*; 2. Strauchklettergerüst *n*; Baumstützwerk *n*
arc Bogen *m (Geometrie)*
arc-boutant *(Arch, Konst)* Strebebogen *m*
arc cutting *(St)* Lichtbogenschneiden *n*, Brennschneiden *n*
arc doubleau Massivbogen *m*
arc of a circle Kreisbogen *m (Geometrie)*
arc span Kreisbogen *m*
arc weld Lichtbogenschweißen *n*
arc welding *(St)* Lichtbogenschweißen *n*, elektrisches Schweißen *n*
arcade 1. *(Arch)* Arkade *f (aneinandergereihte, auf Säulen ruhende Bogen)*; Bogenreihe *f*; 2. *(Arch)* Arkadengang *m*, Bogengang *m*; Galerie *f*
arcade pier *(Arch, TK)* Arkadenpfeiler *m*
arcade rib Arkadenrippe *f*

arcaded court Arkadenhof *m*
arcaded gallery Arkadenempore *f*, Säulengalerie *f*
arcaded window Arkadenfenster *n*
arcades *s.* arcature
arcading *s.* arcature
arcature 1. *(Arch)* Arkatur *f*, Bogenwerk *n*, Bogenreihe *f*, Bogenstellung *f*; 2. *(Arch)* Arkaden *fpl (Reliefdarstellungen als Wandverzierung)*
arch *v* 1. *(Konst, TK)* überwölben, (mit Bogen) überspannen, einwölben; 2. wölben, krümmen; sich wölben
arch 1. *(Arch)* Bogen *m*, Gewölbe *n*, Gewölbebogen *m*; Fensterbogen *m*; Torbogen *m*; 2. *(Arch)* Gewölbe *n*, überwölbter Gang *m*; 3. *(Arch)* Gewölbe *n*, Feuerraumgewölbe *n*
arch abutment Bogenwiderlager *n*
arch action Bogenwirkung *f*, Gewölbewirkung *f*
arch band 1. *(Br, Konst, TK)* Bogenscheibenstreifen *m*; Doppelbogen *m*; 2. Transversalbogen *m*
arch bar Kamingewölbeeisen *n*; Fensterrahmengewölbeeisen *n*
arch barrel schiefliegendes Gewölbe *n*; schiefes Tonnengewölbe *n*
arch bay *(Br, TK)* Bogenfeld *n*
arch beam Bogenbalken *m*, Bogenträger *m*
arch bearing Bogen(wider)lager *n*
arch bond *(Br, TK)* Bogenverband *m*
arch brick Gewölbestein *m*, Keilstein *m (bei Ziegelgewölbe)*
arch bridge *s.* arched bridge
arch buttress *(Arch, Konst)* Strebebogen *m*, Strebepfeiler *m*, Bogenpfeiler *m*
arch center line *(AE)* Bogenachse *f*
arch centre Bogenlehrgerüst *n*, Bogenschalung *f*, Sprengwerk *n* des Bogens
arch centre line Bogenachse *f*
arch centring *s.* arch centre
arch corner bead Bogengesims *n*, Auflagesims *m* des Bogens
arch covering Gewölbebedeckung *f*
arch curvature Bogenkrümmung *f*
arch dam *(Wsb)* Bogen(stau)damm *m*, Bogen(stau)mauer *f*, Gewölbesperrmauer *f*
arch falsework Bogenschalung *f*, Sprengwerk *n* des Bogens
arch girder *s.* arched girder
arch-gravity dam *(Erdb, Konst)* Bogengewichtsstaumauer *f*
arch impost Bogenkämpfer *m*
arch in trellis work *(Konst, TK)* Fachwerkbogen *m*
arch key Bogenscheitel *m*
arch length Bogenlänge *f*
arch-like bogenförmig
arch load *(Stat)* Bogenlast *f*
arch of a vault Gewölbebogen *m*
arch of bridge *(Br)* Brückenbogen *m*
arch opening *(Br)* Bogenöffnung *f*
arch pass *(Br)* Bogendurchfahrt *f*
arch pier *(Br)* Bogenpfeiler *m*
arch plane Bogenebene *f*
arch rib Bogenrippe *f*
arch ring *(Konst, TK)* Tragebogen *m*, Lastbogen *m*; Bogenring *m*
arch rise Bogenstichhöhe *f*
arch slab *(Br, TK)* Bogenscheibe *f*
arch springer *(SB)* Bogenanfangstein *m*
arch stay Bogenaussteifungselement *n*, Bogenstütze *f*
arch stiffening *(Konst, Te)* Bogenaussteifung *f*
arch stone Bogenstein *m*, Gewölbestein *m*; Bogennaturstein *m*
arch stress Bogenspannung *f*
arch-supported beam *(Br, TK)* Langer'scher Balken *m (Brücke)*
arch system Bogensystem *n*
arch template Bogenlehre *f*
arch thrust *(Stat)* Bogenschub *m*
arch top *(Konst)* Bogenscheitel *m*
arch truss *(Konst, TK)* Bogenfachwerk *n*, Bogen(fachwerk)binder *m*, Bogenfachwerkträger *m*; Bogensprengwerk *n*
arch truss bridge *(Br)* Bogenfachwerkbrücke *f*
arch-voussoir Keilstein *m (bei Gewölbebögen)*
arched 1. *(Arch)* gewölbt *(z. B. Decke)*; überwölbt; 2. *(Arch)* bogig; mit Bogen; 3. *(Arch)* bogenförmig; bogenartig; gekrümmt
arched barrel roof *(Arch, Konst)* Tonnen(schalen)dach *n*
arched beam *(BT, TK)* Bogenträger *m*, aufgewölbter Träger *m*
arched boom Bogengurtung *f*
arched bridge *(Br)* Bogenbrücke *f*; Holzbogenbrücke *f*
arched buttress *(Br)* Bogenpfeiler *m*, Gewölbepfeiler *m*
arched ceiling gewölbte Decke *f*
arched centring Bogenschalung *f*
arched construction *(Br, TK)* Gewölbebau *m*, Bogenbau *m*
arched cover Bogendeckung *f*
arched culvert *(Wsb)* Gewölbedurchlass *m*
arched dam *s.* arch dam
arched falsework *s.* arch falsework
arched floor gewölbte Decke *f*
arched girder *(BT, TK)* Bogenträger *m*, gekrümmter Träger *m*, Bogenbinder *m*
arched girder with diminished horizontal thrust Bogenträger *m* mit vermindertem Horizontalschub
arched girder with intermediate tie Bogenträger *m* mit Durchzug
arched girder with invariable horizontal thrust Bogenträger *m* mit konstantem Horizontalschub
arched girder with polygonal outline Polygonbogenträger *m*, Bogenträger *m* mit gebrochenen Linien
arched head Bogensturz *m*
arched hollow bogenförmige Aussparung *f*
arched lintel Bogensturz *m*
arched mouldings *(Arch)* Bogenfries *m*
arched recess Bogennische *f*
arched rib Bogenrippe *f*
arched roof Bogendach *n*
arched system *(Konst, TK)* Bogensystem *n*
arched trough bridge Bogentrogbrücke *f*
arched truss *s.* arch truss
arched vault *(Konst, TK)* Bogengewölbe *n*
arched window Bogenfenster *n*
arched work *(Arch, Konst)* Bogenbau *m*
arching 1. Überwölbung *f*, Einwölben *n*; 2. Lastpunktverschiebung *f* auf tragfähigem Baugrund; 3. Bogensystem *n*, Gewölbesystem *n*
architect Architekt *m*
architect-engineer Entwurfsingenieur *m* und Bauberater *m*
architect-engineer's office Entwurfs- und Ingenieurbüro *n*, Projektierungsbüro *n*
architect-in-charge bauleitender Architekt *m*
architect on site bauleitender Architekt *m*
architect partnership *(VR)* Architektengemeinschaft *f*
architectonic architektonisch, bautechnisch
architectonic(s) Architektonik *f (Wissenschaft der Architektur)*
architect's approval *(VR)* Bauzustimmung *f* des Entwurfsverfassers
architect's fee *(VR)* Architektengebühr *f*
architect's office Architektenbüro *n*

architect's plan *(Konst)* Bauplan *m*
architect's scale Maßstabslineal *n*, Reißbrettlineal *n*
architects' association Architektenverband *m*
architects' competition Architektenwettbewerb *m*
architects' union Architektenverband *m*
architectural die Architektur betreffend, baukünstlerisch; Architektur...; Bau...
architectural acoustics *(DIS)* Bauakustik *f*; Raumakustik *f*
architectural area *(Konst, RP)* bebaute Fläche *f*; Bruttogrundfläche *f*, Gesamtgrundfläche *f*
architectural assistant *s.* architectural draughtsman
architectural ceiling *(DIS, Konst)* untergehängte [eingehängte, abgehängte] Decke *f*
architectural competition Architektenwettbewerb *m*
architectural concrete 1. Sichtbeton *m*; 2. Konstruktionsbeton *m*
architectural design scheme *(Konst)* Konstruktionskonzept *n*
architectural draftsman *(AE)* *s.* architectural draughtsman
architectural draughtsman Architekturzeichner *m*; Bauzeichner *m*
architectural draughtswoman Architekturzeichnerin *f*; Bauzeichnerin *f*
architectural drawing Architekturzeichnung *f*
architectural education Architekturausbildung *f*
architectural engineering konstruktive Architektur *f*
architectural feature element Gestaltungselement *n*
architectural fountain Kunstbrunnen *m*, Effektenspringbrunnen *m*, Wasserspiel *n*, Wasserkunst *f*
architectural glass Ornamentglas *n*
architectural hygiene *(DIS, San)* Bauhygiene *f*
architectural model Architekturmodell *n*
architectural monument Baudenkmal *n*
architectural projected (steel) window großes Stahlrahmenfenster *n*
architectural style *(Arch)* Baustil *m*; Bauweise *f*
architectural team Architekturgruppe *f*, Entwurfsteam *n*
architectural terra-cotta Bauterrakotta *f*; keramisches Gestaltungselement *n (größer als Ziegel)*
architectural tradition *(Arch, Konst)* Bautradition *f*
architectural training Architekturausbildung *f*
architectural trend Architekturrichtung *f*
architectural trim Architekturprofil *n*
architectural unit Architekturprofil *n*
architectural volume umbauter Raum *m*, Bruttogebäuderaum *m*
architectural work Architektenleistung *f*
architecture 1. Architektur *f*, Baukunst *f*; 2. Architektur *f*, Baustil *m (z. B. einer Epoche)*
architecture symbolism Formensprache *f*
architrave 1. *(Arch)* Architrav *m*, Epistyl *n*, den Oberbau tragender Hauptbalken *m (über Säulen, bes. in antiken Bauten)*; Natursteinsturz *m*; 2. Fugendeckleiste *f*, Fugenverkleidung *f (über Tür und Fenster)*
archives building Archivgebäude *n*
archivolt *(Arch)* Archivolte *f*, Schaubogen *m*
archway 1. Bogengang *m*; 2. Bogendurchgang *m*, Durchfahrt *f*; Torbogen *m*
arctic glass Eisblumenglas *n*
arcual *(Arch)* bogenartig; bogig; Bogen...
arcual construction *(Konst)* Bogenbau *m*
arcual structure *(Arch, Konst)* Bogenbauwerk *n*
arcuate bogenförmig, gebogen, gekrümmt
arcuated 1. *(Arch)* bogentragend, gewölbetragend; 2. *s.* arcuate
arcuated construction Gewölbebau *m*, Bogenbau *m*
arcuation construction Gewölbebau *m*, Bogenbau *m*
Ardand type polygon(al) roof *(Konst, TK)* Ardand'sches Dach *n*, Polygondach *n*, Polygonaldach *n*, Vieleckdach *n*
are Ar *n(m) (metrische Einheit der Fläche)*
area 1. Fläche *f*; Grundfläche *f*; Flächeninhalt *m*; 2. Bruttobelastungsfläche *f (eines Mauerwerks)*; 3. *(RP)* Gebiet *n*, Zone *f*; Geländeabschnitt *m*; 4. *(RP, VR)* Grundstück *n*; 5. *(Konst)* lichter Raum *m (in einem Gebäude)*; Innenhof *m*
area action scheme *(Verk)* Gebietsaktionsprogramm *n*, Flächenaktionsplan *m*
area charging *(Verk)* Mautgebiet *n*, Mautabschnitt *m*
area control *(Verk)* Verkehrssteuerungsgebiet *n*
area coordinator *(Verk)* Gebietskoordinator *m*
area-covering structural element *(TK)* Flächentragwerk *n*
area development *(RP)* Flächenentwicklung *f (Raumplanung)*
area drain *(San, WVA)* Oberflächeneinlauf *m*
area grating *(Erdb, WVA)* Gitterrost *m*, Bodengitter *n*
area grating covering Gitterrostabdeckung *f*
area light Flächenleuchte *f*
area lighting *(El)* Flächenbeleuchtung *f*
area load *(Stat)* Flächenlast *f*
area method (of cost estimation) *(VR)* Kostenschätzung *f* nach umbautem Raum
area moment *(Stat)* Flächenmoment *n*
area of a building Gebäudegrundrissfläche *f*
area of adhesion *(OB)* Haftfläche *f*
area of application Anwendungsbereich *m*
area of cross section Querschnitt(s)fläche *f*
area of depression Absenkungsfläche *f*, Absenkungsbereich *m*
area of glazing Verglasungsfläche *f*
area of loading *(Stat)* Last(verteilungs)fläche *f*
area of moments *(Stat)* Momentenfläche *f*
area of pile head *(Erdb)* Pfahlkopffläche *f*
area of precipitation *(Umw)* Niederschlagsgebiet *n*
area of reinforcement *(Stat)* Bewehrungsquerschnitt *m*
area of safety *(Tun)* Sicherheitsfläche *f*, gesicherter Bereich *m*
area of shearing force Querkraftfläche *f*
area of steel *(Stat)* Stahlquerschnitt *m*
area of support Auflagefläche *f*
area signal control *(Verk)* Bereichssignalsteuerung *f*, Abschnittssignalsteuerung *f*
area traffic control *(Verk)* Gebietsverkehrssteuerung *f*, flächenhafte Verkehrssteuerung *f*
area treatment programme Flächenbearbeitungsprogramm *n (Raumplanung)*
area wall Schutzwand *f (um Lichtöffnungen oder Kellerfenster herum)*
areal Flächen...; Flächeninhalts...
areal moment *(Stat)* Flächenmoment *n*
areaway *(AE)* 1. Lichtöffnung *f (eines unter der Erdoberfläche liegenden Gebäudes)*; 2. Durchgang *m*, Passage *f*
arena *(Arch, Konst)* Arena *f*
arena theatre *(Arch)* Amphitheater *n*
arenaceous sandhaltig, sandig
arenaceous lime Kalksandstein *m*, sandiger Kalkstein *m*
arenaceous shale *(Bod)* Sandschiefer *m*
areostyle *s.* araeostyle
argil 1. Ton *m*; 2. *s.* alumina
argillaceous tonig, tonhaltig; Ton...; lehmig
argillaceous lime toniger Kalkstein *m*
argillaceous marl *(Bod)* Mergelton *m*
argillaceous sand toniger Sandstein *m*, Tonsandstein *m*
argillite *(Bod)* Argillit *m*, Tonschieferfels *m*
arid arid, dürr, trocken *(Land)*
aris *s.* arris

arise *v (Te)* hochwachsen, emporwachsen, entstehen *(Gebäude)*
arisings *(RS)* Altmaterial *n*
ark *(Arch)* ornamentaler Speicher *m (sakral)*
arkose *(BM, Bod)* Arkose *f*, Feldspatsandstein *m*
arkosic grit *(BM)* Arkosesandstein *m*
arm 1. Arm *m*, Hebelarm *m*; Ausleger *m*, Tragarm *m*, Tragbalken *m (Kran)*; 2. *(El)* Abzweigung *f*
arm conveyor *(BWG)* Kratzförderer *m*
arm of an anchor Ankerschenkel *m*, Verankerungsarm *m*
arm of eccentricity *(Stat)* Ausschlag *m*, Außermittigkeit *f*
arm of force *(Konst, Stat)* Hebelarm *m (Kraft)*
armature 1. Bewehrungsglied *n (für Stützen und Kragteile)*; 2. Zubehör *n*; Armatur *f*
armory *(AE) s.* armoury
armour *v (BB, St)* bewehren, armieren; panzern; mit Einlagen versehen
armour door feuerbeständige Tür *f*, Brandschutztür *f*
armour plate Panzerblech *n*
armour plating Blechfutter *n*
armoured cable *(El)* bewehrtes Kabel *n*
armoured concrete bewehrter [armierter] Beton *m*, *(veraltet)* Eisenbeton *m*
armoured conduit Panzerschlauch *m*
armoured (fireproof) door Panzertür *f*
armoured glass Drahtglas *n*
armoured plate Panzerblech *n*
armoured tubular flooring *(Konst, TK)* Zylinderstegdecke *f*
armouring *s.* reinforcement
armourply Metallsperrholz *n (Verbundmaterial)*
armoury 1. *(Arch)* Zeughaus *n*, Arsenal *n*; 2. *s.* arrester 2.
armrest *(EB)* Armauflage *f*
aromatic cedar wood *(AE)* Rotzederholz *n*
aromatic compound *(BM)* aromatische Verbindung *f*
aromatic hydrocarbon *(BM)* aromatischer Kohlenwasserstoff *m*, Benzolkarbonstoff *m*, Benzolcarbonstoff *m*
aromatics *(BM)* aromatische Kohlenwasserstoffe *mpl*
arrange *v* 1. anordnen, zusammenstellen; aufstellen; einbauen; 2. regeln; vereinbaren; 3. zusammenstellen *(z. B. einen Bericht)*
arrange *v* **in layers** *(Te)* aufschichten
arrange *v* **into a line** *(Verm)* fluchten
arrangement 1. Anordnung *f*, Aufstellung *f*, Verteilung *f*; 2. Anordnen *n*, Aufstellen *n*; 3. Regelung *f*; Vereinbarung *f*; 4. Ansatz *m (Mathematik)*
arrangement of beams *(Konst, TK)* Balkenanordnung *f*, Trägerverteilung *f*
arrangement of doors Türfolge *f*, Türflucht *f*
arrangement of light sources *(El)* Lichtquellenanordnung *f*
arrangement of steps Stufenanordnung *f*
arrangement of trusses Binderverteilung *f (Dach)*
arrangement of windows Fensteranordnung *f*
array blanket *(HLK)* Solarzellenlaken *n*
arrest *v* 1. arretieren, sperren; 2. *(El)* ableiten *(Überspannungen)*
arrester 1. *(El)* Ableiter *m*, Blitzschutz *m*; 2. Schornstein(schutz)sieb *n*, Schornstein(schutz)rost *m*
arris ausspringende Ecke *f*; Kante *f (scharfe Ziegel- oder Putzkante)*; Grat *m*, Gratlinie *f*
arris fillet Dreikantdeckleiste *f (am Schornsteinschaft)*
arris gutter hölzerne V-Dachrinne *f*
arris hip tile Firstziegel *m*, Gratziegel *m*, Gratstein *m*
arris protection Kantenschutz *m*
arris rail Dreikantholz *n*; Dreikantpfette *f*
arris tile *s.* arris hip tile
arris-ways *(SB)* diagonal verlegt *(z. B. Ziegel)*; diagonal geschnitten, diagonal gesägt *(Holz)*
arris-wise *s.* arris-ways
arrissing tool Abrundeisen *n*
arrival level *(Verk)* Ankunftsebene *f*
arrival lounge *(Verk)* Ankunftshalle *f*
arrival platform *(Verk)* Ankunftsbahnsteig *m*
arrow *(Te, Verm)* Markierungsstab *m*
arrow diagram *(Konst, Te)* Aktivitätsmarkierung *f (Netzwerkplanung)*
arrow head Maßpfeil *m*
arroyo Trockenflussbett *n (bes. im Süden der USA und in Lateinamerika)*
arsenal *(Arch)* Zeughaus *n*, Arsenal *n*
arsenic yellow *(OB)* Rauschgelb *n*, gelbes Schwefelarsen *n*
art collection Kunstsammlung *f*
art form Kunstform *f*; Kunstrichtung *f*
art museum Kunstmuseum *n*
Art Nouveau *(Arch)* Jugendstil *m*
art of sculpture *(Arch)* Plastik *f*
art school Kunstschule *f*
art work *(Konst)* Vorlage *f (Zeichnung)*
arterial road *(Verk)* Fernverkehrsstraße *f*; Hauptverkehrsader *f*
artesian head *(Bod, Wsb)* artesischer Druck *m*
artesian water *(Bod)* artesisches Wasser *n*
artesian well *(Wsb, WVA)* artesischer Brunnen *m*, Rohrbrunnen *m*
articulate *v (Konst)* gelenkig befestigen, durch Gelenke verbinden
articulated 1. gelenkig; Gelenk...; 2. gegliedert
articulated beam *(BT, TK)* Gelenkträger *m*, Gerberträger *m*, gegliederter Träger(balken) *m*
articulated chute *s.* articulated drop chute
articulated coupling *(Konst, TK)* Gelenkkupplung *f*
articulated drop chute (gelenkiges) Betonfallrohr *n*, Gießrohr *n*
articulated elevation *(OB)* aufgegliederte Fassade *f*
articulated girder *(BT, TK)* gegliederter Träger *m*
articulated joint Gelenkstoß *m*, Gelenkverbindung *f*
articulated lorry *(Te, Verk)* Sattelschlepper *m*
articulated pipe Gelenkrohr *n*
articulated portal *(Konst)* Pendelportal *n*
articulated quadrangle [quadrilateral] Viergelenk *n*, Gelenkviereck *n*
articulated shield *(BWG, Wsb)* Gelenkschild *m*
articulated system *(Konst, Stat)* Gelenksystem *n*, Gelenkwerk *n*
articulation *(Konst)* Gelenk *n*, Gelenkverbindung *f*; Scharnier *n* • **without articulations** *(TK)* eingespannt, gelenklos
artifact Artefakt *n*, gestaltetes Objekt *n*, Kunsterzeugnis *n*
artificial künstlich; Kunst...; synthetisch
artificial ageing künstliche [beschleunigte] Alterung *f*
artificial aggregate *(BM)* künstlicher Zuschlag(stoff) *m (z. B. Sinterstoffe, Keramik)*
artificial asphalt *(BM)* (künstlicher) Asphalt *m*, Erdölasphalt *m*, Erdölbitumen *n*; Teerpech *n*
artificial cementation (of soil) *(Erdb)* Erdstoffstabilisierung *f*, Bodenverfestigung *f*, Baugrundverbesserung *f*
artificial daylight künstliches Tageslicht *n*
artificial dike *(Wsb)* künstlicher Damm *m*
artificial flooring cement Steinholz *n*
artificial foundation *(Erdb, Wsb)* künstliche Gründung *f*
artificial harbour *(Wsb)* künstlicher Hafen *m*
artificial lake *(Wsb)* künstlicher See *m*; Stausee *m*
artificial lighting künstliche Beleuchtung *f*
artificial lowering of the ground-water level *(Erdb)* künstliche Absenkung *f* des Grundwassers
artificial marble Kunstmarmor *m*, Marmorbeton *m*
artificial navigation waterway *(Wsb)* Schifffahrtskanal *m*

artificial resin Kunstharz *n*
artificial river bed *(Wsb)* künstliches Flussbett *n*
artificial sand Kunstsandstein *m*
artificial sky *(Arch)* künstlicher Himmel *m*
artificial step Kunststeinstufe *f*
artificial stone Beton(werk)stein *m*, Kunststein *m*
artificial subgrade aufgeschüttetes Planum *n*
artificial travertine Kunsttravertin *m*
artificial ventilation *(HLK)* künstliche Lüftung *f*
artificial waterway *(Wsb)* Schifffahrtskanal *m*
artificial weathering *(OB)* künstliche Bewitterung *f (Alterungsprüfung)*
artist locksmith's works *(Arch)* Kunstschmiedearbeiten *fpl*
artistic adviser künstlerischer Berater *m*
artistic circle Künstlerkreis *m*
artistic design *(Arch)* künstlerische Gestaltung *f*
artistic expression *(Arch)* künstlerischer Ausdruck *m*
artistic formation Formgebung *f*, Gestaltung *f*
artistic monument Kunstdenkmal *n*
artist's studio Künstleratelier *n*
arts center *(AE)* Kulturzentrum *n*
arts centre *(RP)* Kulturzentrum *n*
as-built drawing *s.* as-completed drawing
as-completed drawing *(Konst, VR)* Bestandszeichnung *f*, Baubestandszeichnung *f*, Bestandsplan *m*, Revisionszeichnung *f*
as-raised gravel Wandkies *m*, ungesiebter und ungewaschener Kies *m*
as-rolled *(St)* in gewalztem Zustand *m (Stahl)*
asbestos *(BM)* Asbest *m*
asbestos article Asbesterzeugnis *n*
asbestos blanket Asbestdämmschicht *f*; Asbestdecke *f*, Feuerschutzdecke *f*
asbestos board Asbestplatte *f*
asbestos cement Asbestzement *m*, Eternit *n*, Asbestbeton *m*
asbestos-cement board Asbestbetonplatte *f*
asbestos-cement cladding Asbestbetonverkleidung *f*
asbestos-cement corrugated roof covering Wellasbestdachbelag *m*
asbestos-cement goods Asbestzementwaren *fpl*
asbestos-cement material *s.* 1. asbestos cement; 2. asbestos lumber roofing
asbestos-cement pipes *(WVA)* Asbestbetonrohre *npl*
asbestos-cement pulp Asbestzementbrei *m*
asbestos-cement sheet Asbestbetonplatte *f*
asbestos cloth Asbestgewebe *n*
asbestos concrete Asbestbeton *m*
asbestos curtain Asbestvorhang *m*
asbestos felt Asbestfilz *m*, Asphaltasbestfilz *m*
asbestos fibre Asbestfaser *f*
asbestos fire(-proof) curtain Asbest(feuerschutz)-vorhang *m*
asbestos joint runner Asbestformstrick *m (zum Rohrmuffenverguss)*
asbestos lumber roofing *(AE)* Asbestbetonwellplatte *f*
asbestos millboard Asbestpappe *f*
asbestos mortar Asbestmörtel *m*
asbestos paint Asbestanstrich *m*
asbestos panel Asbesttafel *f*
asbestos pipe Asbestrohr *n*
asbestos plaster Asbestbentonitsperrstoff *m (gegen Feuer)*
asbestos roof shingle Asbestdachschindel *f*
asbestos roofing Asbestbeton(well)plattendach *n*
asbestos runner *s.* asbestos joint runner
asbestos safety curtain Asbestvorhang *m*
asbestos shingle Asbestzementschiefer *m*
asbestos slate *(Bod)* Asbestschiefer *m*
asbestos wallboard Asbestwandplatte *f*
asbestos wool Asbestwolle *f*
asbolite *(OB)* Kobaltschwärze *f*, Asbolan *n*
ascendable besteigbar; begehbar
ascending force *s.* buoyancy
ascending pipe *(HLK, San, WVA)* Steig(leitungs)rohr *n*
ascending point aufsteigender Punkt *m*
ascent Aufgang *m*; Rampe *f*
aseismatic *(Konst, Stat)* erdbebensicher, den Auswirkungen von Erdbeben widerstehend
aseismatic construction *(Konst, Stat)* erdbebensicherer Bau *m*
aseismic 1. *(Bod)* erdbebenfrei *(Gebiet)*; 2. *s.* aseismatic
ash 1. Asche *f*; 2. *s.* ash wood
ash and combustion residue *(HLK, Te)* Asche- und Verbrennungsrückstand *m*
ash content Aschegehalt *m*
ash pit Aschenfall *m*, Aschengrube *f*
ash silo Aschenbunker *m*
ash veneer *(Hb)* Eschefurnier *n*
ash wood Eschenholz *n*
ashlar 1. *(BT, SB)* Quader(stein) *m*, (geschnittener) Werkstein *m (Naturstein)*; 2. *s.* ashlar masonry
ashlar arch Werksteinbogen *m*
ashlar brick *(AE)* behauener Ziegel *m*
ashlar coping Deckplatte *f* aus Werkstein
ashlar cordon *(SB)* Werksteinreihe *f*
ashlar facing *(OB)* Werksteinverkleidung *f*, Natursteinverkleidung *f*, Verblend(ungs)mauerwerk *n (aus Naturstein)*
ashlar line Fluchtlinie *f* des Werksteinmauerwerks
ashlar masonry Werksteinmauerwerk *n*, Natursteinmauerwerk *n*, hammerrechtes Mauerwerk *n*, Quadermauerwerk *n*
ashlar masonry arch Quadersteingewölbe *n*
ashlar masonry work *(SB, Te)* Werkstein(verblend)arbeit *f*, Naturstein(verlege)arbeit *f*
ashlar piece Dachverschalungsstütze *f*
ashlar pier Werksteinpfeiler *m*
ashlar stonework Quadermauerwerk *n*
ashlar work 1. *(OB)* Natursteinverkleidung *f (Ergebnis)*; 2. *s.* ashlar masonry; 3. *s.* ashlar masonry work
ashlaring 1. *s.* ashlar masonry; 2. Dachverschalungsstützen *fpl*
askarel *(El)* Isolierflüssigkeit *f*, (nicht brennbares) Isolieröl *n*
askew nicht im rechten Winkel; schief, außer Linie
aspect 1. *(RP)* Lage *f (eines Gebäudes)*; Standrichtung *f*; 2. Aspekt *m (Seite, Element)*; Aussehen *n*, Erscheinung *f (Äußeres)*
aspect ratio *(Stat)* Schlankheitsgrad *m*, Schlankheitsverhältnis *n*, Seitenlängenverhältnis *n (Knickfestigkeit)*; Seitenverhältnis *n (z. B. Länge/Breite)*
asphalt *v (Te)* asphaltieren
asphalt *(BM)* Asphalt *m*, Naturasphalt *m*, Erdpech *n*; Erdölasphalt *m*, künstlicher Asphalt *m (Gemisch aus Bitumen und Mineralstoffen)*
asphalt base course *(Verk)* bituminöse Tragschicht *f*
asphalt based bitumenhaltig
asphalt binder course Asphaltbinderschicht *f*, Asphaltbinder *m*
asphalt bitumen Asphaltbitumen *n*
asphalt block Asphaltbrot *n*, Asphaltplatte *f*
asphalt carpet *(Verk)* Asphalt(teppich)belag *m (Straße)*
asphalt cement 1. Bitumenmastix *m*; *(AE)* Straßenbitumen *n*; 2. *(AE)* Asphaltkitt *m*
asphalt-coated gravel Bitumenkies *m*
asphalt coating 1. *(DIS, OB)* Asphaltummantelung *f*, Asphalt(schutz)schicht *f*, Asphaltverputz *m*; 2. *(DIS, Verk)*

Beschichten *n* mit Asphalt; bituminöse Oberflächenbehandlung *f*; 3. Asphaltdeckschicht *f*
asphalt concrete Asphaltbeton *m*, Bitumenbeton *m*
asphalt covering 1. *(Verk)* Asphaltdecke *f*; 2. *(Konst, OB)* Asphaltabdeckung *f*
asphalt crusher Asphaltbrecher *m*
asphalt cutter *(Te, Verk)* Asphalthobel *m*, Asphaltfräse *f*
asphalt design *(BM)* Asphalteignungsprüfung *f*, Eignungsprüfung *f* für Asphalt, Asphaltbemessung *f*
asphalt distributor Bitumenverteiler *m*; Bitumenspritze *f*
asphalt-emulsion slurry Bitumenschlämme *f*
asphalt-emulsion slurry seal *(OB, Verk)* Bitumenschlämmeabsiegelung *f*
asphalt felt Bitumendachpappe *f*, bituminöse Dachpappe *f*
asphalt felt slab Asphaltfilzplatte *f*
asphalt finisher *(BWG)* Schwarzdeckenfertiger *m*
asphalt floor Asphaltfußboden *m*
asphalt fog seal Asphaltabsiegelung *f (ohne Mineralanteil)*
asphalt heater *(BWG)* Asphaltkocher *m*, Bitumenheizkessel *m*
asphalt-impregnated bitumengetränkt
asphalt intermediate course Asphaltbinderschicht *f*
asphalt joint filler *(Verk)* Fugenvergussmasse *f*; Bitumenfugenkitt *m*
asphalt joint sealer *(Verk)* Fugenvergussmasse *f*, Bitumen(fugen)vergussmasse *f*
asphalt kerb Asphalt(hoch)bord *m*
asphalt lamination bituminös gebundenes Pappmaterial *n*
asphalt layer 1. Asphaltleger *m*, Gussasphaltstreicher *m*; 2. Asphaltschicht *f*
asphalt layer bond Asphaltschichtverbund *m*
asphalt levelling course Asphaltausgleichsschicht *f*
asphalt macadam *(BM, Verk)* Asphaltmakadam *m(n)*
asphalt mastic Asphaltmastix *m*, Mastix *m*, Asphaltkitt *m*, Bitumenmastix *m*
asphalt meal *(BM)* Asphaltpulver *n*
asphalt mixing plant Asphalt(misch)werk *n*
asphalt modifier Bindemittelmodifizierungsmittel *n*
asphalt oven *(DIS)* Asphaltofen *m*, Asphaltkocher *m*, Gussasphaltaufbereiter *m*
asphalt overlay *(Verk)* erneuerte Bitumendecke *f (Straße)*; Asphaltverschleißschicht *f (auf alter Deckschicht)*
asphalt paper bituminiertes Papier *n*, Teerpapier *n*
asphalt pavement Asphaltbefestigung *f*, Asphaltoberbau *m*
asphalt pavement recycling 1. Wiederverwendung *f* von Asphaltaufbruch [Altasphalt]; 2. Wiederherstellung *f* von Asphaltbetonstraßendecken *(spezielles In-situ-Verfahren)*
asphalt pavement sealer Oberflächenabsiegelungsmasse *f*
asphalt pavement structure *(Verk)* bituminöse Konstruktion *f*, Asphaltoberbau *m*, Asphaltbefestigung *f (Straßenbau)*
asphalt paver *(BWG)* Asphalt(einbau)fertiger *m*, Fertiger *m (Verkehrsbau)*
asphalt paving Asphaltieren *n*; Asphaltbefestigung *f*
asphalt plant Asphaltmischanlage *f*, Mischanlage *f* für bituminöses Mischgut
asphalt porous concrete *(BM, Verk)* Asphaltdränbeton *m*
asphalt powder Asphaltpulver *n*
asphalt-prepared roofing 1. bitumengetränkte [abgesandete] Dachpappe *f*, Bitumendachpappe *f*; Bitumenglasvlies *n*; 2. Bedachung *f* mit Bitumendachpappe
asphalt prime coat bituminöser Grundanstrich *m*
asphalt primer *(DIS, OB)* bituminöses Grundanstrichmittel *n*; Bitumenanspritzmasse *f*
asphalt recycling Asphaltwiederverwendung *f*
asphalt recycling plant Asphaltwiederaufbereitungsanlage *f*
asphalt-resistant bitumenbeständig
asphalt road Asphaltstraße *f*
asphalt road construction *(Verk)* Asphaltstraßenbau *m*
asphalt rock Asphaltgestein *n*, Bergasphalt *m*
asphalt roofing *s.* asphalt-prepared roofing
asphalt roofing felt Bitumendachbahn *f*
asphalt rubber Gummiasphalt *m*; Gummibitumen *n*
asphalt rubber hot mix gummimodifizierter Heißasphalt *m*, Heißasphalt *m* mit Gummi(granulat)zusatz
asphalt sand carpet Sandasphaltdeckschicht *f*
asphalt-saturated *(BM)* bitumengetränkt
asphalt saturating *(BM, DIS, OB)* Bitumenimprägnieren *n*, Bitumentränken *n*
asphalt seal coat Oberflächenabsiegelungsschicht *f*, bituminöse Oberflächenschutzschicht *f*
asphalt sealing Asphaltdichtung *f*
asphalt sheet *(DIS)* Bitumenschweißbahn *f*
asphalt sheeting Bitumenschweißbahn *f*
asphalt shingles *(AE)* bituminöse Dachschindeln *fpl*, Pappschindeln *fpl*
asphalt slurry *(AE)* Asphaltschlämme *f*, Bitumenschlämme *f*
asphalt soil stabilization *(AE) (Erdb)* bituminöse Erdstoffstabilisierung *f*
asphalt surface coating Bitumendeckschicht *f*; Bitumenüberzug *m*
asphalt surface course bituminöse Deckschicht *f*, Asphaltverschleißschicht *f*
asphalt surfacing Asphaltdeckschicht *f*
asphalt tack coat bituminöse Anspritz(ungs)schicht *f (zum Verkleben bituminöser Schichten)*
asphalt tanking wasserdichte Bitumenisolierung *f* eines Kellergeschosses
asphalt tape Bitumenband *n*, Bitumenbinde *f*
asphalt tile Asphaltplatte *f*
asphalt treatment Oberflächenbehandlung *f* mit Bitumen *(Straßenbau)*
asphalt varnish *(DIS, OB)* Asphaltlack *m*, Asphaltfirnis *m*
asphalt wearing course Asphaltverschleißschicht *f*, Asphaltdeckschicht *f*
asphalt work Asphaltieren *n*, Asphaltierungsarbeiten *fpl*
asphalted asphaltiert, bituminiert; geteert
asphaltene *(BM, Bod)* Hartasphalt *m*
asphaltic *(BM, Bod)* asphaltisch, aus Asphalt; Asphalt...; *(AE)* bituminös, bitumenhaltig
asphaltic adhesive Bitumenklebmasse *f*
asphaltic base course Asphalttragschicht *f*
asphaltic bitumen Asphaltbitumen *n*, Bitumen *n*
asphaltic cardboard Asphaltpappe *f*; Asphaltpapier *n*
asphaltic felt Teerpappe *f*, Bitumendachpappe *f*
asphaltic macadam *(Verk)* asphaltgebundener Makadam *m*
asphaltic mixture bituminöses Mischgut *n*
asphaltic pavement Asphaltbefestigung *f*; Asphaltdecke *f*
asphaltic road binder bituminöses Straßenbaubindemittel *n*, Straßenbaubitumen *n*
asphaltic sand *(BM)* Asphaltsand *m*
asphaltic street pavement *(Verk)* bituminöse Stadtstraßenbefestigung *f*
asphaltic work Asphaltarbeiten *fpl*
asphalting Asphaltieren *n*; Asphaltabdeckung *f*
asphaltite *(BM)* Asphaltit *m*
asphaltum Naturasphalt *m*
aspiration 1. *(HLK, Te, Umw)* Absaugung *f*; 2. *(HLK)* Luftvermischung *f (bei Klimaanlagen an den Lufteinspeisungen)*
aspirator 1. *(HLK)* Sauglüfter *m*; 2. *(HLK)* Mischdiffusor *m*, Ausflussvermischer *m*
assay *(BM)* Metallprobe *f*

assay balance *(BM)* Prüfwaage *f*
assemblage *s.* assembly 1.
assemblage point *(Konst, Stat)* Knoten *m*
assemble *v (Te)* zusammenbauen, montieren, zusammensetzen; verbinden; verlegen *(Rohrleitungen)*; aufrichten
assembling *(Te)* Montieren *n*, Zusammenbau *m*; Einbau *m*
assembling area Montagefläche *f*, Bereitstellungsfläche *f*
assembling bolt Montagebolzen *m*, Montagehalterung *f*
assembling floor Gerüstboden *m*
assembling scaffold *(BT, Te)* Montagegerüst *n*
assembling speed Montagefortschritt *m*
assembling stage Gerüstboden *m*
assembling work *(Te)* Montagearbeiten *fpl (im Fertigteilbau)*
assembly 1. *(Te)* Montage *f*, Zusammenbau *m*; Aufstellung *f*; Verbinden *n*; 2. Montagegruppe *f*, Baueinheit *f*; Aggregat *n*; 3. Maschinenrahmen *m*
assembly hall Versammlungsraum *m*; Aula *f*
assembly key Befestigungskeil *m*
assembly line *(BWG, Te)* Fließband *n*, Fließstraße *f (Fertigung)*; Montageband *n* • **from the assembly line** serienmäßig
assembly place Versammlungsstätte *f*
assembly room Versammlungsraum *m*
assembly schedule *(Konst, Te)* Montageplan *m*
assembly stage *(Te)* Montagephase *f*
assembly steel *(BB)* Montagebewehrung *f (Stahlbetonvorfertigung)*
assembly stress *(Stat)* Montagespannungen *fpl*
assembly work Montagearbeiten *fpl (im Fertigteilbau)*
assembly yard Montageplatz *m*, Montagehof *m*
assess *v (VR)* beurteilen, bewerten; taxieren, einschätzen; veranschlagen
assessed valuation *(VR)* Schätzwert *m*, Zeitwert *m*, Taxwert *m (z. B. eines Gebäudes)*
assessment 1. *(VR)* Wertung *f*; Taxierung *f*, Einschätzung *f*; Nachweis *m*; Bewertung *f*, Beurteilung *f*; 2. Steuerveranlagung *f*
assessment method *(VR)* Bewertungsverfahren *n*
assessment of building *(VR)* Bausubstanzbeurteilung *f*
assessment of pavement condition *(Verk)* Deckenzustandsbewertung *f*, Deckenzustandserfassung *f (Straße)*
assessment of structural condition *(BM, RS)* Bauzustandsbewertung *f*, Bauzustandserfassung *f*
assign *v* 1. *(VR)* bestimmen, festlegen *(z. B. Aufgaben, Termine)*; zuordnen, zuweisen; 2. *(VR)* übertragen, Ansprüche abtreten [zedieren]
assignee *(VR)* Rechtsnachfolger *m*, Zessionar *m*
assigner *s.* assignor
assignment 1. *(VR)* Übertragung *f (z. B. von Aufgaben)*; 2. *(VR)* Abtretung *f (z. B. von Ansprüchen)*; Zession *f*; 3. *(Verk)* Umverlegung *f (Verkehr)*
assignor *(VR)* Abtretender *m*, Zedent *m*
assimilative capacity *(BM, OB)* Selbstreinigungskraft *f*
assize zylindrischer Steinblock *m*, Steineinlage *f (für Säulen)*
association Gesellschaft *f*, Verband *m*, Vereinigung *f*
assommoir *(Arch)* Wehrgang *m*
assort *v* sortieren, zusammenstellen *(in Gruppen)*; klassifizieren; aussondern, auswählen
assorting screen *(BM, Te)* Klassiersieb *n (Zuschlagstoffaufbereitung)*
assortment Sortiment *n*
assume *v (Stat)* annehmen *(Lasten)*
assumed load *(Stat)* Bemessungslast *f*, angenommene Last *f*; Lastannahme *f*, Belastungsannahme *f*
assumption *(Stat)* Annahme *f (von Lasten)*
assumption of load *(Stat)* Lastannahme *f*
assumption of mortgage *(VR)* Hypothekenaufnahme *f*
assurance of quality *(VR)* Qualitätssicherung *f*, Gütesicherung *f*
astable instabil, nicht stabil
astler *(veraltet) s.* ashlar
astragal 1. *(Arch)* Astragal *m (halbrunde Zierleiste)*; Rundstab *m (Schmuckprofil)*; Wulstleiste *f*; 2. Viertelstab *m (Fenster)*; Sprosse *f*
astragal window Sprossenfenster *n*
astreated sternornamentiert
Astroturf longitudinal structuring *(LB)* Kunstrasenlängsstrukturierung *f*
astylar *(Arch, Konst)* säulenlos, ohne Säulen; pfeilerlos
ASWS *s.* active speed warning signs
asymmetric(al) asymmetrisch, unsymmetrisch
at-grade *(Konst, Te, Verm)* höhengleich, höhengerecht, plangleich
at-grade intersection *(Verk)* plangleicher Knotenpunkt *m*
at-site testing Baustellenprüfung *f*
atelier Atelier *n*, Studio *n*
Athens Charter *(Arch)* Charta *f* von Athen *(Städtebau)*
athermanous *(BM, OB)* wärmeunbeständig
atlante(s) *s.* atlas
atlas *(Arch)* Atlant *m*, Gebälkträger *m*, Simsträger *m*, Telamon *m (männliche Karyatide)*
atmospheric condenser Berieselungsverflüssiger *m*
atmospheric conditions *(Umw)* Witterungsverhältnisse *npl*
atmospheric equipment Niederdruckgerät *n*
atmospheric fallout atmosphärischer Niederschlag *m*
atmospheric moisture Luftfeuchtigkeit *f*
atmospheric pollution *(Umw)* Luftverschmutzung *f*
atmospheric pressure Atmosphärendruck *m*
atmospheric(-pressure) steam curing *(BB)* Dampfnachbehandlung *f (von Betonwaren)*
atmospheric system *(HLK)* Niederdrucksystem *n*, Niederdruckanlage *f (Heizung)*
atmospheric water *(Umw, Wsb, WVA)* Niederschlagswasser *n*
atomization *(OB)* Versprühen *n*; Zerstäubung *f (von Feststoffen)*
atomize *v (OB)* versprühen; zerstäuben *(Feststoffe)*
atomizer Sprüher *m*, Sprühgerät *n*; Zerstäuber *m*
atomizing Sprühen *n*, Versprühen *n*, Zerstäuben *n*, Zerstäubung *f*
atomizing application Aufsprühen *n*, Ansprühen *n*, Aufdüsen *n*
atomizing-type humidifier *(HLK)* Luftbefeuchter *m (durch Wasserversprühung)*
atrium 1. *(Arch)* Atrium *n*, Mittelhof *m (eines alten römischen Hauses)*; 2. *(Arch)* Oberlichthof *m (Hotel, Kaufhaus usw.)*
attach *v* anbringen, befestigen; anheften; anschließen; anfügen; aufsetzen; anbauen an; vorsetzen
attach *v* **at the hook** festschlagen
attach *v* **by welding** *(St)* anschweißen
attach *v* **to** haften an; sich anlegen an
attached column *(Konst)* eingebundene Säule *f*, Halbsäule *f*
attached gable Blendgiebel *m*, Ziergiebel *m*
attached garage Anbaugarage *f*, angebaute Garage *f*
attached pier Wandpfeiler *m*
attached welt angesetzter Wulst *m*
attaching plate Anschraubplatte *f*
attachment 1. Befestigung *f*, Anbringung *f*, Anschluss *m*; 2. Ansatz *m*, Aufsatz *m*, Vorsatz *m*, Vorlage *f*; Beiwerk *n*; Zusatzeinrichtung *f*; 3. Zusatzgerät *n*, Anbaugerät *n*
attachment of a butt strap *(Hb, St)* Überlaschen *n (Holzbau, Stahlbau)*
attachment to a masonry wall *(SB)* Mauervorlage *f*
attack *v (OB)* angreifen *(durch chemische Einflüsse)*

attack 1. Angreifen *n (z. B. durch Säuren)*; Korrosionsangriff *m*; 2. Befall *m (biologisch)*
attacking power Angriffsvermögen *n*, Angriffskraft *f (Schadstoffe)*
attend *v* warten, pflegen; bedienen, überwachen *(z. B. Anlagen)*
attendance Wartung *f*; Bedienung *f*
attendant-controlled personengesteuert, personell betreut, mit Bedienungspersonal
attenuate *v (DIS)* dämpfen (ab)schwächen *(Schall)*
attenuation *(DIS)* Schalldämpfung *f*
Atterberg limits *(Bod, Erdb)* Atterberg'sche Zustandsgrenzen *fpl (von Erdstoffen)*
Atterberg test *(Bod)* Plastizitätsprüfung *f (von Erdstoffen)*
attestation of conformity *(Konst, VR)* Konformitätsbescheinigung *f*, Übereinstimmungsnachweis *m*, Identitätszertifikat *n*
attic 1. *(Arch)* Attika *f (Dachbrüstungsmauer an klassischen Gebäuden)*; 2. Dachgeschoss *n*, Mansarde *f*; Bodenraum *m*, Dachraum *m*
attic access hatch Dachbodeneinstiegsluke *f*
Attic base *(Arch)* attische Basis *f*, attischer Säulenfuß *m (attisch-ionischer Säulenfuß)*
attic flat Dachwohnung *f*
attic floor Bodenbalkenlage *f*
attic-gabled dormer window Dacherker *m*, Dachnase *f*
attic order Wandpfeileranordnung *f* im Dachgeschoss
attic room Bodenkammer *f*; Dachstube *f*, Mansarde *f*, Giebelzimmer *n*, Dachetagenzimmer *n*
attic space Dachraum *m*, Bodenraum *m*
attic stairs Bodentreppe *f*
attic ventilator *(HLK)* Dachlüfter *m*, Dachventilator *m*
attic water tank *(San, WVA)* Wasserversorgungstank *m* auf dem Dach
attic window Bodenfenster *n*, Mansardendachfenster *n*
attrition *(OB, Verk)* Abrieb *m*, Abnutzung *f* durch Reibung, Verschleiß *m*
attrition hardness Abriebhärte *f*; Abriebfestigkeit *f*
attrition loss *(OB, Verk)* Abriebverlust *m*
attrition-resistant abriebfest
attrition test Abriebtest *m*; Verschleißprüfung *f*
auction hall Auktionshalle *f*
audibility *(DIS)* Hörbarkeit *f*
audibility range *(DIS, Umw)* Audiometrie *f*, Hörbereich *m*, Hörbarkeitsbereich *m*
audible alarm unit akustisches Alarmgerät *n*
audible signal akustisches Signal *n*
audience hall *(Arch)* Audienzhalle *f*, Empfangssaal *m*
audio-visual aids Vorführausrüstung *f*
auditor *(VR)* Rechnungsprüfer *m*, Wirtschaftsprüfer *m*
auditorium Auditorium *n*, Hörsaal *m*; Zuschauerraum *m*
auditorium seating Saalbestuhlung *f*, Zuschauerraumbestuhlung *f*
auditory ambience [perspective] *(DIS, Konst)* akustische Raumwirkung *f* [Räumlichkeit *f*]
auditory sensation area Hörempfindlichkeitsbereich *m*
audits Audit *n (SAS)*
auger *s.* 1. auger bit; 2. auger drill
auger bit Schneckenbohrer *m*, Holzbohrer *m*, Zimmermannsbohrer *m*; Stangenbohrer *m*
auger drill *(Erdb)* Erdbohrer *m*, Gesteinsbohrer *m*, Meißel *m (Gestein)*; Schraubenbohrer *m*
auger pile *(Erdb)* Bohrpfahl *m (Ortbetonpfahl)*
augite *(Bod)* Augit *m*
augite porphyry Augitporphyr *m*
aula *(Arch)* Aula *f*
aural hörbar
aural conditions *(DIS, Konst)* Hör(barkeits)verhältnisse *npl*
aural impression *(DIS, Konst)* Wahrnehmung *f*, Hörempfinden *n (Raumakustik)*
aural sensation *s.* aural impression
aureole *(Arch)* Heiligenschein *m (bildliche Darstellung)*
aurum foliatum Blattgold *n*
austenitic manganese steel Manganhartstahl *m*
austenitic stainless steel austenitischer Edelstahl *m*
austerity budget *(VR)* Sparhaushalt *m*
austerity measures *(VR)* Sparmaßnahmen *fpl*
authority *(VR)* Amt *n*, Behörde *f*, Dienststelle *f*
authority engineer Amtsingenieur *m*, Projektingenieur *m* der Behörde
authorization *(VR)* Ermächtigung *f*, Bevollmächtigung *f*, Zulassung *f (z. B. zur Bauabnahme)* • **subject to authorization** *(Konst, VR)* genehmigungspflichtig
authorize *v (VR)* bevollmächtigen, ermächtigen; genehmigen, billigen
authorized *(VR)* ermächtigt, bevollmächtigt, (staatlich) zugelassen, (amtlich) bestätigt
authorized institute *(BM, VR)* autorisiertes Prüfinstitut *n*
authorized representative *(VR)* bevollmächtigter Vertreter *m*, Handlungsbefugter *m*
auto court *(AE)* Motel *n*
autoclave *(BB, Te)* Autoklav *m*, Dampf(druck)härtekessel *m*
autoclave concrete Autoklavbeton *m*
autoclave curing *(BB, Te)* Autoklavhärtung *f (von Beton)*
autoclaved autoklavbehandelt, dampfdruckgehärtet
autoclaved aerated concrete Porenbeton *m*, *(veraltet)* Gasbeton *m*
autoclaved aerated concrete masonry unit Porenbetonstein *m*
autoclaved aerated concrete precision block Porenbetonplanstein *m*
autoclaving *(BB, Te)* Autoklavbehandlung *f*, Dampfdruckhärtung *f*
autoclaving cycle *(BB, Te)* Nachbehandlungszyklus *m* im Autoklaven *(Beton)*
autogenous cutting *(St)* Autogenschneiden *n*
autogenous cutting torch *(BWG, St, Te)* Autogenschneidbrenner *m*
autogenous healing *(BB, SB, Te)* natürliche Rissschließung *f*, Selbstheilung *f (in Beton oder Mörtel durch Feuchthalten)*
autogenous volume change Volumenveränderung *f (durch Zementhydratation)*
autogenous welding *(St, Te)* Autogenschweißen *n*
automatic automatisch, selbsttätig
automatic air-conditioning plant *(HLK)* automatische Klimaanlage *f*
automatic batcher funktionsgesteuerte Betonmischanlage *f*
automatic bucket automatischer Greifer *m*
automatic closing device Feuertürschließer *m*
automatic closing gear *(EB)* Schnellverschlussvorrichtung *f*
automatic control automatische Steuerung *f*
automatic control valve *(HLK, San, Te, WVA)* selbststeuerndes Ventil *n*
automatic door selbstöffnende Tür *f*
automatic door bottom *(EB)* selbsttätige Türeinrastung *f*
automatic door closer [seal] *(EB)* selbsttätiger [automatischer] Türschließer *m*
automatic drilling machine Bohrautomat *m*
automatic electric door opener *(BT)* elektrischer Türöffner *m*
automatic entrance gate operator selbsttätige Einfahrtsöffnungsvorrichtung *f*
automatic feeding selbsttätige Zuführung *f*

automatic fire alarm *(BT)* automatische Feuermeldeanlage *f*
automatic fire pump automatische Feuerlöschpumpe *f*, selbsttätige Wasserpumpe *f* für ein Feuerlöschsystem
automatic fire vent automatische Feuerlöschanlage *f* *(durch Brandlüftung)*
automatic flushing system selbsttätiges periodisches Wasserspülsystem *n*
automatic operator *(AE)* selbsttätige Öffnungs- und Schließvorrichtung *f* *(Garagentor)*
automatic ram pile driver Kunstramme *f*, automatisch gesteuerte Ramme *f* *(für Pfähle)*
automatic release mechanism automatischer Auslösemechanismus *m*
automatic screed control *(BWG, Verk)* Bohlennivellierautomatik *f* *(Straßenfertiger)*
automatic self-closing device automatischer Türschließer *m*
automatic smoke detector Rauchmelder *m*
automatic sprinkler system selbsttätiges Wassersprengsystem *n*, Sprinkleranlage *f* *(Feuerlöschanlage)*
automatic threshold closer *s.* automatic door bottom
automatic timer Zeitschaltuhr *f*
automatic timing device Zeitschalter *m*, Zeitschaltautomat *m*
automation Automation *f*, Automatisierung *f*
automatize *v* automatisieren
autosilo *(Verk)* Parkturm *m*, Autosilo *n*
autostacker *s.* autosilo
Auvergne-type transept *(Arch)* Querriegel *m* *(gestaffeltes Querhaus romanischer Kirchen, bes. der Auvergne)*
auxiliary agent Hilfsmittel *n*
auxiliary bearing *(Te)* Hilfsauflager *n*
auxiliary bill of quantities *(VR)* Nachtrag *m* *(Zusatzleistung nach der Submission)*
auxiliary building *(Arch, Konst)* Nebengebäude *n*
auxiliary construction Hilfskonstruktion *f*
auxiliary dam *(Wsb)* Gegensperre *f*
auxiliary equipment Zusatzausrüstung *f*
auxiliary force *(Stat)* Hilfskraft *f*
auxiliary gantry *(Te)* Hilfsgerüst *n* *(z. B. bei einem Kran)*
auxiliary ground connection *(El)* Hilfserder *m*
auxiliary heating system *(HLK)* zusätzliche Heizungsanlage *f*
auxiliary lane *(Verk)* Zusatzspur *f*, zusätzliche Fahrspur *f*; Entlastungsstraße *f*
auxiliary pipe *(HLK, San, WVA)* Zusatzrohr *n*; Hilfsrohr *n*
auxiliary power station Zusatzenergieerzeugungsanlage *f*, Hilfsstromanlage *f*
auxiliary rafter Aussteifsparren *m*, Zusatzsparren *m*, Hilfssparren *m*
auxiliary reinforcement *(BB)* Zusatzspannglied *n*; Hilfsbewehrung *f*, Zusatzeinlage *f*
auxiliary rim lock zusätzliches Kastenschloss *n*
auxiliary safety lock zusätzliches Sicherheitsschloss *n*
auxiliary sash Vorfenster *n*, Doppelfenster *n*
auxiliary section Ausbruch *m*, Teilschnitt *m* *(technische Zeichnung)*
auxiliary structure Hilfsbauwerk *n*, Behelfskonstruktion *f*
auxiliary tensioning tenon *(BB)* Zusatzspannglied *n*
auxiliary value Berichtigungsbeiwert *m*
auxiliary work *(Stat)* Mehrarbeiten *fpl*, Nachtragsarbeit *f*, zusätzliche Leistungen *fpl* *(zum Projekt)*
availability Verfügbarkeit *f*; Angebot *n*; Zugänglichkeit *f*
available zugänglich, benutzbar; verfügbar, vorhanden, erhältlich
available for building *(RP)* bebaubar, baureif *(Baugrundstück)*
available from stock lieferbar ab Lager
available storage capacity nutzbarer Speicherinhalt *m*
avalanche *(Umw)* Lawine *f*
avalanche gallery *(Konst, Verk)* Lawinengalerie *f*
avalanche-proof lawinengeschützt
avalanche protector *(Umw)* Lawinenschutz *m*
avalanche screen Lawinenwehr *f*
avant-corps *(Arch)* (besonders) hervorstehender Gebäudeteil *m*; Fassadenwandvorsprung *m*
avanturine *s.* aventurine
aventurine *(Bod)* Aventurin *m* *(Quarz)*; Goldfluss *m*; Flitterglas *n*
avenue *(Arch, Verk)* Allee *f*, Boulevard *m*, Prachtstraße *f*
average *v* mitteln, das Mittel bilden; durchschnittlich betragen *(rechnerisch)*
average *v* **out** ausgleichen *(rechnerisch)*
average durchschnittlich
average Durchschnitt *m*, Mittel *n*, Mittelwert *m*
average available discharge of water *(Wsb, WVA)* mittlere verfügbare Wassermenge *f*
average bond stress mittlere Haftspannung *f* *(der Bewehrung)*
average consumption Durchschnittsverbrauch *m*
average daily output durchschnittliche Tagesleistung *f*
average daily traffic *(Verk)* durchschnittlicher täglicher Verkehr *m*, DTV
average density (of traffic) *(Verk)* mittlere Verkehrsdichte *f*
average discharge *(WVA)* mittlere Abflussmenge *f*
average strength durchschnittliche Festigkeit *f*
aviation course *(Verk)* Flugfeld *n*, Flugplatz *m*
avodire weißes Mahagoniholz *n*
avoid *v* **shaking** Erschütterungen vermeiden
avoidance of cracking Rissverhütung *f*
avoidance of emissions *(Umw)* Emissionsvermeidung *f*
award *v* **the contract** *(VR)* einen Auftrag vergeben
award *(VR)* Vergabe *f* *(Auftrag)*
award of (the) contract *(VR)* Zuschlag *m*, Auftragsvergabe *f*, Vergabe *f* *(z. B. bei Ausschreibungen)*
award of damages *(VR)* Schadenersatz *m*
awkward 1. unhandlich, schwer handhabbar; 2. *s.* awkwardly designed
awkwardly designed *(Konst, VR)* mangelhaft projektiert
awkwardly shaped *(Konst)* kompliziert gestaltet
awl Ahle *f*, Pfriem *m*
awning Schutzdach *n*, Wetterdach *n*, Sonnendach *n*; Markise *f*
awning blind Fenstersonnenblende *f*
awning window Ausstellfenster *n*, Klapp(flügel)fenster *n*
ax *(AE)* *s.* axe
axe *v* behauen, scharrieren *(Stein)*
axe Axt *f*, Beil *n*; Steinhammer *m*
axed brick zugehauener Ziegel *m*
axed work *(BM, SB)* scharriertes Mauerwerk *n*, scharrierte Steine *mpl*
axhammer *(AE)* Maurerhammer *m*; Steinmetzhammer *m*
axial alignment *(Verm)* Fluchtung *f*, Fluchten *n*
axial compressive force *(Stat)* axiale Druckkraft *f*
axial deformation *(Stat)* axiale Formänderung *f*
axial fan *(HLK)* Axiallüfter *m*
axial force *(Stat)* Axialkraft *f*, Längskraft *f*
axial force diagram Längskraftdiagramm *n*, grafische Darstellung *f* der Axialkräfte
axial hinge axiales Gelenk *n*
axial load *(Stat)* Axiallast *f*, Längslast *f*, zentrische Belastung *f*
axial moment of inertia *(Stat)* axiales Trägheitsmoment *n*
axial pressure *(Stat)* Axialdruck *m*, axialer [mittiger] Druck *m*
axial prestressing *(Konst, Stat)* axiale Vorspannung *f*
axial shear *(Konst, Stat)* Axialschub *m*

axial strain axiale Dehnung *f*
axial stress *(Stat)* Längsspannung *f*, Normalspannung *f*
axial stress and bending *(Stat)* Längskraft *f* mit Biegung
axial stressing *(Konst, Stat)* axiale Vorspannung *f*
axial thrust bearing Axiallager *n*
axially loaded axial [mittig] belastet
axis Achse *f*, Symmetrielinie *f*
axis line of pressure *(Stat)* Drucklinie *f*, Linie *f* der Mittelkraft
axis of abscissas *(Stat)* Abzissenachse *f*
axis of inertia *(Stat)* Trägheitsachse *f*
axis of reference *(Verk, Verm)* Hauptachse *f*
axis of rotation Drehachse *f*, Rotationsachse *f*
axis of symmetry Symmetrieachse *f*
axis of thrust *(Stat)* Schubachse *f*
axis of torsion [twist] Torsionsachse *f*
axis of zero Nulllinie *f*, Neutrale *f*
axle Achse *f*, Welle *f (Maschinenelement)*; Radachse *f*
axle load *(Verk)* Achslast *f*
axle-steel reinforcing bar Bewehrungsstab *m* aus Achsenstahlmaterial
axle weight limit *(Verk)* Achslastgrenze *f*
axonometric cut-away section *(Konst)* axonometrischer Schnitt *m*
axonometric projection *s.* axonometry
axonometry 1. *(Konst)* Axonometrie *f*, Parallelperspektive *f (Darstellung räumlicher Gebilde durch Parallelprojektion auf eine Ebene)*; 2. *(Konst)* Kavalierperspektive *f*
azimuth *(Verm)* Azimut *n(m)*, Richtungswinkel *m* gegen Gitter Nord
azimuth display *(Konst)* Azimutdarstellung *f*
azimuth of attachment *(Verm)* Anschlussazimut *n(m)*
azimuth traverse *(Verm)* Polygonzug *m* mit Richtungswinkel
Aztec architecture *(Arch)* Aztekenarchitektur *f*, Aztekenbaukunst *f*
azulejo spanische Farbmusterfliese *f*
azure-coloured azurblau gefärbt

B

baby-care unit Säuglingsheim *n*; Säuglingstrakt *m (in einem Heim)*
Babylonian architecture *(Arch)* babylonische Architektur *f*, Zikkuratbaukunst *f*
bachelor's hostel Ledigen(wohn)heim *n*
back *v* (unter)stützen; Untergrund [Unterlage] bilden
back *v* **away** nachgeben, ausweichen
back 1. *(BT, SB)* Rückwand *f (Gebäude)*; 2. *(Hb, Konst, St)* Rücken *m*, Oberkante *f (Sparren, Dach, Querträger)*; 3. *(Hb) (AE)* Hauptsparren *m*; 4. *(BT, TK)* unsichtbares tragendes Teil *n (für sichtbare Elemente)*; Putzträger *m*; 5. *(OB)* gute Seite *f*, Sichtfläche *f (Fliese, Schiefer, Kachel)*; 6. *(Konst)* Gewölberückenfläche *f*; 7. *(EB)* Rückenlehne *f (Stuhllehne)*
back arch verdeckter Bogen *m*, Hinterbogen *m*
back bending Zusammenbiegen *n*
back boxing *s.* back lining
back-brush *(OB)* Überstreichen *n* im Gegenstrich
back coat Grundschicht *f*; Unterputz *m*
back counter *(EB)* Arbeitsfläche *f*; Arbeitsraum *m (eines Büfetts)*
back dike *(Wsb)* Schäferdeich *m*
back door Hintertür *f*
back edging Abhacken *n*, Zurechthacken *n (von Keramikrohren)*
back elevation *(Arch)* Hinteransicht *f*, Hinterfront *f*, Hinterseite *f*, Hofseite *f (Hinterfront eines Gebäudes)*
back-fill *v (Erdb)* hinterfüllen, anschütten
back-fill *s.* backfill
back fillet Türanschlag *m*; Fensteranschlag *m*
back flap Rollladenaussparung *f*; Jalousiekasten *m*
back-flap hinge *(EB)* flaches Türband *n (für Fensterläden)*
back fold *s.* back flap
back form *(BB, BT, Te)* Schalenform *f (Betonschalenteile)*
back garden *(LB)* Hausgarten *m*, Hofgarten *m*
back gutter Schornsteindachrinne *f*, Schornsteinschutzblech *n*
back hearth *(HLK)* Ascheraum *m (eines Herdofens)*
back-in parking *(Verk)* Rückwärts(ein)parken *n*
back-in place *(Verk)* Rückwärts(auf)stellplatz *m*
back jamb *s.* back lining
back kitchen Spülküche *f*
back ledge Rückleiste *f*, Stehbord *n*
back lever chamber Klappenkammer *f*
back lining Anschlagleiste *f (Fensterladen)*; Führungsleiste *f (Schiebefenster)*
back lintel hinterer Sturzbalken *m*
back-mop *v* hinterstreichen, bestreichen *(Dachpappenunterseite beim Aufkleben)*
back-nailing Aufnageln *n*, Verdecktnagelung *f (von Dachpappe)*
back nut Gegenmutter *f*
back of dam *s.* back of weir
back of vault *(Arch, Konst)* Gewölberücken *m*, Gewölberückenfläche *f*
back of weir *(Wsb)* Wehrrücken *m*
back patio Hinterterrasse *f*, rückseitige Terrasse *f*
back plate *s.* backplate
back prop *(Hb, Konst, St)* Schrägsteife *f*
back putty Auflagekitt *m*, Hinterkitt *m*
back ripper *(BWG, Erdb, Verk)* Rückwärtsaufreißer *m*
back road Seitenweg *m*
back room Hinterstube *f*, Hinterraum *m*
back-set Klumpenbildung *f (bei Zement)*
back shutter Rollladenaussparung *f*; Jalousiekasten *m*
back side Hinterseite *f*
back siphonage *(Umw, WVA)* rückläufige Heberwirkung *f (Schmutzwasserabheberung)*
back siphonage preventer *(HLK, WVA)* Rohrunterbrecher *m*; Vakuumregelventil *n*
back square Anschlagwinkel *m*, Winkel *m*
back stairs Hintertreppe *f*
back stay *(Konst, St)* Hinterstützungsrohr *n*; *(AE)* Stütze *f*, Verstrebung *f*, Steife *f*
back terrace Hinterterrasse *f*
back-to-back house Reihenhaus *n*
back-up *v (SB, Te)* hintermauern
back-up *s.* backup
back veneer 1. Furnier *n* für Rückseiten; 2. Unterfurnier *n*
back vent *(HLK, Wsb, WVA)* Luftloch *n (in einem Leitungssystem zur Vermeidung von Unterdruck)*
back view Rückansicht *f*, Hinteransicht *f*
back wall Rückwand *f*
back window Hinterfenster *n*
backacter (shovel) *(BWG, Erdb)* Grabenbagger *m*, Tieflöffelbagger *m*
backacting shovel *s.* backacter (shovel)
backband Dichtungsleiste *f*, Deckleiste *f (bei Fenster und Türen)*
backdigger *s.* backhoe 2.
backed-up masonry hintermauertes Mauerwerk *n*

backfaçade Rückseite *f*, Rückansicht *f*, Hinterfront *f*
backfill 1. *(Erdb)* Verfüllmaterial *n*; Schüttung *f*; 2. *(Erdb)* Verfüllung *f*
backfill concrete Hinter(füll)beton *m*, Füllbeton *m*, Auffüllbeton *m*
backfill rammer *(BWG, Erdb)* Grabenramme *f*
backfiller Grabenverfüllgerät *n*, Grabenverfüller *m*
backfilling 1. *(Erdb)* Hinterfüllung *f*, Verfüllung *f*; 2. Hintermauerung *f*; 3. Fachwerkausmauerung *f*
backfilling material *(Erdb)* Verfüllmaterial *n*
backflow *(Wsb, WVA)* Rückfluss *m*; Rückfluten *n*
backflow connection (system) *(San, WVA)* Rückflussleitungssystem *n*
backflow preventer *(San, WVA)* Rückflussschutzventil *n*, Rückflusssicherung *f*
backflow valve *(WVA)* Rückflussschieber *m*
background 1. *(Erdb)* Grundschicht *f*, Untergrund *m*; 2. Hintergrund *m*
background brightness Grundhelligkeit *f*, Hintergrundhelligkeit *f*
background heating *(HLK)* Unterflurheizung *f*, Unterflurheizungssystem *n*
background noise *(DIS)* Grundgeräusch *n*
backhoe 1. Grabenaushubausrüstung *f (eines Baggers)*; 2. Tieflöffelbagger *m*; *(AE)* Grabenbagger *m (ziehend arbeitender Löffelbagger)*; Tieflöffel *m*
backhoe loader *(BWG)* Baggerlader *m*
backing 1. *(Hb)* Gehrung *f (Gratsparren)*; 2. *(Hb)* Passleiste *f*, Futterleiste *f (Fußbodendielung)*; 3. *(Konst, SB)* innerer Teil *m (Hohlwand)*; 4. *(Erdb)* Hinterfüllung *f*; 5. *s.* backup strip; 6. *(SB)* Rauwerk *n (Unterputzschicht)*; 7. *(EB)* Teppichbeschichtung *f (Unterseite)*; 8. *(St)* Schweißunterlagshilfe *f*; 9. *(SB)* Glattschlagen *n (Steinvorlage)*
backing board Gipsformteil *n (Schalldecke)*
backing brick *s.* backup brick
backing coat Grobputzlage *f*, Unterputzschicht *f*, Unterputz *m (innen)*
backing concrete Unterbeton *m*; Hinterbeton *m*
backing material Grundmaterial *n (z. B. für Beschichtungen)*
backing paper Trägerpapier *n (Beschichtung)*
backing plaster Unterputz *m*
backing ring *(St)* Schweißhilfsring *m (als Hinterlage)*
backing sheet Trägerbahn *f*
backing strip *(St)* Schweißunterlagshilfe *f*; Unterlegstreifen *m*
backing-up *(SB)* Hintermauerung *f*, Hintermauern *n*
backjoint *(SB)* glatte Rückfuge *f*
backlash Spielraum *m*, Spiel *n*
backlayer *(Konst, SB)* Rücklage *f*
backlining *s.* back lining
backplastering *(AE)* Fachwerkhinterputz *m*, nicht sichtbarer Putz *m*
backplate Hilfsblech *n*, Unterlagsblech *n*; Schildplatte *f*, Unterplatte *f (Türbeschlag)*; Verbindungslasche *f*
backplate lamp holder Befestigungsunterlage *f (für Lampen an dünnen Deckenkonstruktionen)*
backpressure *(Wsb, WVA)* Gegendruck *m*, Rückstau *m*, Rückstaudruck *m*, Staudruck *m*; Fließwiderstand *m*
backpressure level Rückstauebene *f*
backpressure preventer Rückstauverhinderer *m*
backpressure valve Gegendruckventil *n*, Einwegventil *n*
backscatter(ing) *(El)* Rückstreuung *f (Strahlung)*
backsight *(Verm)* Rücksicht *f*, Rückblick *m*
backsloper Böschungshobel *m*
backsplash (plate) Schutzplatte *f*, Schutztafel *f (zwischen Waschbecken und Wand)*
backstein Gothic *(Arch)* Backsteingotik *f*
backswamps *(Bod, RP)* sumpfiges Hinterland *n*
backup 1. *(BT, Konst, SB)* Hintermauerung *f*; Rücken(träger)schicht *f*, Rücklage *f*, Füllschicht *f*; Unterschicht *f*; 2. *(San, WVA)* Rücklage *f*, Überfluss *m (in einem Leitungssystem)*; 3. *(San, WVA)* Verstopfung *f*; 4. *(AE)* Verkehrsstau *m*
backup block Hintermauerblock *m*
backup brick Hintermauer(ungs)ziegel *m*, Hintermauerstein *m*
backup masonry *(Konst, SB)* Hintermauerung *f*
backup material *(Erdb, Verk)* Unterschicht *f*; Füllmaterial *n*
backup strip Trägerleiste *f*, Nagelleiste *f*
backwater *(Wsb, WVA)* Rückstauwasser *n*, Stauwasser *n*
backwater length *(Wsb, WVA)* Staulänge *f*
backwater slope *(Wsb)* Staukurve *f*
backwater storage *(Wsb, WVA)* Rückstauvolumen *n (z. B. eines Regenrückhaltebeckens)*
backwater valve *(WVA)* Rückflussschieber *m*
backwater zone *(Wsb)* Staugebiet *n*
backyard Hinterhof *m*
bacteria resistance *(BT, OB)* Bakterienfestigkeit *f*
bacterial corrosion *(OB, Umw)* bakterielle Korrosion *f*
bactericidal *(OB)* bakterienabweisend
bactericidal paint *(OB)* bakterienabweisende Farbe *f*, bakterienabweisender Anstrich(stoff) *m*
bacteriological purification *(WVA)* bakteriologische Reinigung *f*
bacteriological treatment *(WVA)* bakteriologische Behandlung *f*
bad bevel *(BM, Hb)* Baumkante *f*, Wahnkante *f (bei Nutzholz)*
bad ground *(Bod, Erdb)* weicher Boden *m*, nicht tragfähiger Erdstoff *m*
bad mortar Magermörtel *m*, schlaffer Mörtel *m*
bad soil *(Bod, Erdb)* weicher Boden *m*, plastischer Erdstoff *m*
bad stretch *(Verk)* schlechte Wegstrecke *f*
bad weld *(St)* schlechte Schweißverbindung *f*
bad workmanship *(VR)* mangelhafte Ausführung *f*
badger 1. Mörtelausschaber *m (aus Rohren)*; 2. *s.* rabbet plane
badigeon Flickmaterial *n*, Füller *m (für Löcher)*
baffle 1. *(BWG, Te, Wsb)* Prallplatte *f*; Leitblech *n*, Leitzunge *f*; 2. *(DIS, Konst)* Zwischenwand *f*; Schallwand *f*; 3. *(Wsb)* Strahlablenker *m*
baffle block *(Verk)* Bremspfeiler *m*, Schikane *f*
baffle board *(BT)* Schutzbrett *n*
baffle plate *(HLK, Wsb, WVA)* Leitblech *n*
baffle wall *(Wsb)* Trennwand *f*; Prallwand *f*, Prallfläche *f*, Prallstrahlablenker *m*
bag *v (BM, Te)* absacken, in Säcke verpacken
bag 1. *(Te, WVA)* Sack *m*; 2. *(HLK)* Schlauchfilter *n*, Filtertasche *f*
bag filter *(BM, HLK, Te)* Tuchfilter *m (Entstaubungsanlage)*
bag moulding *(BM, Te)* Gummisack(-Press)verfahren *n*, Druckformung *f (plastischer Massen)*
bag plug aufblasbarer Stöpsel *m*
bag trap *(San)* S-förmiger Geruchsverschluss *m*
baggage claim *(AE) (Verk)* Gepäckausgabe *f*; Gepäckausgabeband *n (Flugplatz)*
baggage claim area *(Konst, Verk)* Gepäckausgaberaum *m*
baggage-conveyance system Gepäckförderanlage *f*
baggage elevator *(AE)* Gepäckaufzug *m*
baggage facility Gepäckabfertigungsanlage *f*
baggage flow Gepäckdurchlauf *m*
baggage lift Gepäckaufzug *m*
baggage room *(AE)* Gepäckraum *m*
baggage roundabout Gepäckkarussell *n*
baggage shed Gepäckschuppen *m*
baggage shelf Gepäckablage *f*

bagged *(BM)* gesackt
bagged cement abgesackter Zement *m*
bagging *(BM, Te)* Absackung *f*, Abfüllen *n* in Säcke
bagging plant Absackhalle *f*
bagging scale Absackwaage *f*
baghouse *(BM, HLK, Te, Umw)* Tuchfilteranlage *f*
baghouse dust collector *(BM, HLK, Te, Umw)* Tuchfilterentstaubungsanlage *f*
baghouse fines *(BM)* Rückgewinnungsfüller *m*, Eigenfüller *m (Gesteinsaufbereitung)*
bagnio *(Arch)* Bagno *n*, Badehaus *n (historisch)*
baguet *s.* baguette
baguette Halbrundstab *m (Zierleiste)*
bahut *(AE)* 1. *(SB)* abgerundete oberste Schicht *f (einer Brüstungsmauer)*; 2. *(Konst)* Drempelerhöhung *f*
bail *v (Erdb)* (Wasser) ausschöpfen, (aus)sümpfen *(eine Baugrube)*
bailer Schöpfeimer *m*, Schöpflöffel *m*; Sümpfkübel *m*
bailey 1. *(Arch)* äußere Schlosswand *f* [Burgwand *f*] *(Mittelalter)*; 2. *(Arch)* Burghof *m*
Bailey bridge *(Br, St)* Bailey-Behelfsbrücke *f*, Stahlfachwerk-Sektionsbrücke *f*
bake *v* 1. *(BM, Te)* thermisch behandeln, im Ofen trocknen *(z. B. Ziegel)*; brennen, glühen *(Keramik)*; 2. *(OB)* (ein)brennen *(z. B. Farben)*; 3. *(BM)* sintern
bake *v* **bricks** Ziegel brennen
bake *v* **on** aufsintern, aufschmelzen
baked eingebrannt, getrocknet
baked brick gebrannter Ziegel *m*, roter Mauerziegel *m*
baked finish *(OB)* eingebrannter Decklack *m* [Lack *m*]
baking 1. Trocknung *f (von Ziegeln)*; Wärmebehandlung *f (z. B. von Holz)*; 2. Einbrennen *n (von Farben)*; 3. Sinterung *f*
baking oven 1. Trockenofen *m (für Einbrennfarben)*; 2. Backofen *m*
baking paint *(OB)* Einbrennfarbe *f*
baking varnish *(OB)* Einbrennlack *m*, ofentrocknender Lack *m*
balance *v (Stat)* ausgleichen
balance *v* **(the) steps** Stufen ausgleichend verziehen
balance 1. *(Konst)* Gleichgewicht *n*; 2. *(Stat)* Ausgleich *m*; 3. *(Te)* Waage *f*
balance bar [beam] *(Konst)* Gegengewichtsbalken *m*, Ausgleichsbalken *m*
balance bridge *(Br)* Klappbrücke *f*
balance calculation [method] *(Stat)* Ausgleichmethode *f*, Ausgleichrechnung *f*, Ausgleichverfahren *n*
balanced 1. *(Arch, Konst)* im Gleichgewicht, ausgewogen; 2. *(Stat)* entlastet
balanced construction *(OB)* beidseitig beschichtete Sandwichplatte *f*
balanced door Gegengewichtstor *n*
balanced earthworks *(Erdb)* Massenausgleich *m*
balanced flue ausgeglichener Zug *m (Rauchkanal)*
balanced gate (valve) *(Wsb, WVA)* entlasteter Wasserschieber *m*
balanced load 1. *(Stat)* symmetrische Belastung *f (von Stahlbeton; Beton und Stahl erreichen gleichzeitig die Bruchgrenze)*; 2. *(El)* symmetrische Belastung *f (Drehstromquelle)*
balanced reinforcement *(BB, Stat)* optimal dimensionierte Bewehrung *f*
balanced sash Kippflügel *m*
balanced step ausgeglichene Trittstufenfläche *f*
balanced valve with bypass *(HLK, San)* ausgeglichenes [druckentlastetes] Ventil *n* mit Umlaufleitung
balanced weight Gegengewicht *n*
balanced window Schwingflügel *m*
balancing cock *(San, WVA)* Kontrollschieber *m*
balancing gate pit *(WVA)* Ausgleichsschacht *m*
balancing of construction volume Ausgleichen *n* der Baumasse
balancing of masses *(Erdb)* Massenausgleich *m*
balancing plug cock *s.* balancing valve
balancing reservoir *(Wsb)* Ausgleichbecken *n*
balancing valve *(HLK, Wsb, WVA)* Druckausgleichventil *n*, Durchflusskontrollventil *n*, Kontrollschieber *m*
balconet(te) Austrittsfenster *n*
balcony 1. Balkon *m*; 2. Balkon *m*, Galerie *f (im Theater)*; *(AE)* Rang *m*
balcony access apartment Laubengangwohnung *f*
balcony access block Außenganghaus *n*, Laubenganghaus *n*
balcony balustrade Balkonbalustrade *f*, Balkongeländer *n*
balcony beam Balkonträger *m*
balcony door Balkontür *f*
balcony drainage Balkonentwässerung *f*
balcony lifting door Balkonhebetür *f*
balcony outlet Fallrohreinmündungsstück *n* am Balkon
balcony parapet Balkonbrüstung *f*
balcony partition wall Balkontrennwand *f*
balcony plate *s.* balcony slab
balcony railing Geländer *n*
balcony slab Balkonplatte *f*
balcony support Balkonträger *m*
balcony window Balkonfenster *n*
baldachin *(Arch)* Baldachin *m*
baldaquin *s.* baldachin
balection moulding *(Konst, St)* Kehlstoß *m*
balistraria *(Arch)* Schießschartenkreuz *n (in Burgen)*
balk 1. *(Hb)* Balken *m*; Kantholz *n (über 100 mm × 125 mm im Durchmesser)*; 2. *(LB, VR) (AE)* Begrenzungsfurche *f (eines Landgrundstücks)*
ball *v (BM)* zusammenballen; sich ballen *(z. B. Baustoffe)*
ball 1. Kugel *f*; Ball *m*; 2. Luppe *f*
ball-and-line float *(San, WVA)* Tiefenschwimmer *m*
ball-and-socket footing *(Konst, Stat)* Fußgelenk *n (Rahmen, Stütze)*
ball-and-socket joint Kugelgelenk *n*
ball-bearing hinge kugelgelagertes Türband *n*
ball breaker *(AE) (RS)* Fallbirne *f*, Zertrümmerungskugel *f*
ball catch *(EB)* Kugeleinschnapper *m (für Türen)*
ball-check valve Kugelrückflussventil *n*
ball clay *(Erdb, San)* hochplastischer Ton *m*, Lettenton *m*, Tonletten *m*
ball cock *(San)* Kugelventil *n (Hahn)*; Schwimmervorrichtung *f*
ball-flower *(Arch)* Ballblume *f (charakteristisches Ornament der englischen Gotik des 13. Jahrhunderts)*
ball hammer *(BM)* Kugelhammer *m*, Festigkeitstesthammer *m*
ball hardness test Kugelhärteprüfung *f*
ball impact test *(BM)* Kugelschlagprüfung *f*
ball joint *(Konst)* Kugelgelenk *n*
ball-jointed rocker bearing *(Br, Konst, TK)* Kugelzapfenkipplager *n*
ball mill *(BM, BWG, Te)* Kugelmühle *f*
ball-peen hammer *(BWG)* Treibhammer *m*, Kugelhammer *m*
ball pin Kugelbolzen *m*
ball pivot kugelförmiger Zapfen *m (Drehzapfen)*
ball pump *(San, WVA)* Pumpe *f* mit Rückschlagventil, Kugelventilpumpe *f*
ball race Laufring *m*
ball roller *(BWG, Konst)* Rollenlaufwerk *n*
ball tap *(San)* Schwimmerhahn *m*
ball test *(BM)* Kugeldruckprüfung *f*, Kugelschlagprüfung *f*
ball valve Kugelventil *n*
ballast *v* (be)schottern, aufschottern *(Eisenbahnbau)*

ballast 1. *(Verk)* Unterlage *f*, Bettung *f (für Gleise)*; 2. *(Verk)* Kiesschotter *m*, Schotter *m*, Grobschotter *m (für Gleisbau)*; Grobzuschlagstoffe *mpl*, Grobkies *m (für Beton)*; 3. *(Konst)* Ballast *m*; 4. *(El)* Vorschaltgerät *n (für Entladungslampen)*
ballast bed *(Verk)* Schotterbett *n*, Schotterüberschüttung *f*, Schotterablage *f*; Straßenbett *n*
ballast boxing Schotterschüttung *f*
ballast concrete Schotterbeton *m*
ballast covering Überschüttung *f (Schotter)*
ballast filter *(Erdb)* Kiesfilter *n*
ballast material Grobzuschlagstoffe *mpl*
ballast pit [quarry] Schottergrube *f*
ballast road Schotterstraße *f*
ballast tamper Schotterstampfer *m*
ballast truck *(BWG, Verk)* Großkipper *m*
ballast water *(BWG, Konst)* Ballastwasser *n*
ballasting 1. *(Verk)* Beschotterung *f*; 2. *(Verk)* Schotterbett *n (Eisenbahn)*; Gleisbettung *f*
ballasting material Grobzuschlagstoffe *mpl*
ballasting wagon Schotterwagen *m*
ballistic separation *(BM, Te, Umw)* Schleudertrennung *f*
ballistic sorting *(Umw)* ballistische Sortierung *f (von Müll)*
balloon framing *(Hb)* senkrechte Holzverschalung *f (über die volle Höhe)*
balloon hangar *(Hb)* Holzhalle *f (genagelt)*
ballroom Tanzsaal *m*, Ballsaal *m*
balsa (wood) *(BM, Hb)* Balsa(holz) *n*
balteus *(Arch)* Balteus *m*, Kapitellgurtband *n (an ionischen Säulen)*
baluster *(Hb)* Baluster *m*, Docke *f*, Brüstungsstab *m*, Geländerstab *m*, Treppengeländerpfosten *m*, Sprosse *f*
baluster column *(BT)* balusterförmige Säule *f* mit kurzem dicken Schaft
baluster of a staircase *(BT)* Geländerdocke *f*
baluster shaft *s.* baluster column
balustrade Balustrade *f*, Brüstung *f*, (offenes) Geländer *n (Balkon, Treppe, Brücke)*; Brüstungswand *f*
balustrade of a balcony *(BT, Konst)* Balkonbrüstung *f*, Balkongeländer *n*, Balkongitter *n*
band 1. *(Arch)* Band *n (Schmuck an Säulen und als Gesimsglied)*; 2. *(Arch)* Gurt *m (Ornament)*; 3. *(BT)* Bindeschiene *f*; 4. *(EB)* Ring *m (Öse und Schleife)*; 5. *(EB)* Beschlag *m (Behälter)*
band-and-hook hinge *(BT, EB)* Hakengelenkband *n (Torband)*
band chain *(Verk)* Messkette *f*
band clamp *(San)* Fallrohrschelle *f*
band clip *(BT)* Flacheisenreifen *m*
band conveyor *(BM, BWG)* Gurtförderer *m*
band course *(Arch)* Gesimsband *n*, Mauerband *n*; Bandgesims *n*, Brustgesims *n*
band decoration *(Arch)* Banddekoration *f*, Bandmuster *n*, Bandmusterung *f*
band fillet *(EB)* Zierleiste *f*
band iron *(BM)* Bandeisen *n*
band moulding 1. *(Arch)* Bandrippe *f (Gewölberippe der Spätgotik)*; 2. *(EB)* Zierleiste *f*
band post *(BT)* Feldtorpfosten *m*
band saw *(BWG)* Bandsäge *f*
band shell *(Arch)* Musikpavillon *m*, Muschelbühne *f*
band steel *(BM)* Bandstahl *m*
band tape *(Konst)* Bandmaß *n*
bandage *(Konst, TK)* Bandage *f*, Umschnürung *f*
banded *(Konst, OB)* streifig; streifenartig (ausgebildet)
banded architrave *(Arch)* klassischer Architrav *m*
banded column *(Arch)* Kapitellsäule *f*, Ringsäule *f*, Bundsäule *f*
bandelet(te) *(EB)* kleine Leiste *f*; Ringleiste *f*; schmale Flachverzierung *f (z. B. über einer Säule)*
banderol(e) *(Arch)* Banderole *f*, Banderolenzier(ranken)ornament *n*; Spruchband *n*
banding *(Arch, EB)* Abschlussleiste *f*, Deckleiste *f*; Zierleiste *f*
bands *(EB)* Beschläge *mpl (Behälter)*
bandstand *(Arch)* Musikpavillon *m*, Orchesterpavillon *m*
banister 1. *(AE)* Handlauf *m*, Handgeländer *n (Treppe)*; 2. *s.* baluster
banister with handrail Treppengeländer *n*
banisters *(AE) s.* banister 1.
banjo bolt Hohlschraube *f*
bank *v* 1. *(Erdb, Wsb)* aufdämmen; eindämmen, mit einem Wall umgeben; 2. *(Verk)* überhöhen *(Kurven)*
bank *v* **up** *(Erdb, Wsb)* abdämmen, andämmen, stauen, Wasser aufstauen
bank 1. *(Erdb, Wsb)* Damm *m*, Erdaufschüttung *f*; Fahrdamm *m*, befahrbarer Damm *m*; 2. *(Verk)* Böschung *f*; 3. *(Wsb)* Ufer *n (Fluss)*; Uferböschung *f*; Wasserkante *f*; 4. *(Erdb)* Erdstoffbank *f*; 5. *s.* banking; 6. *(Arch)* Bankgebäude *n*
bank approval *(VR)* Bankakzept *n*, Bankgenehmigung *f*
bank block *(Arch)* Bankgebäude *n*
bank building *(Arch)* Bankgebäude *n*
bank defence *s.* bank protection
bank depository *(EB)* Nachttresor *m*
bank-funded *(VR)* bankfinanziert
bank gravel Wandkies *m*, unklassierter Kies *m*
bank guarantee *(VR)* Bankbürgschaft *f*
bank hall *(Konst)* Kassenraum *m*
bank line *(Wsb)* Uferlinie *f (Fluss)*
bank material *(Bod)* anstehender Erdstoff *m (der ausgehoben wird)*; abzutragender Boden *m*
bank measure 1. *(Erdb)* Erdmassenmenge *f*; 2. *(Erdb)* Erdmassenermittlung *f*
bank of bedroom closets *(EB)* Schlafzimmerschrankwand *f*
bank of closets *(EB)* Schrankwand *f*
bank of ditch *(Erdb)* Grabenböschung *f*
bank protection *(Wsb)* Uferschutz *m*, Ufersicherung *f*, Uferverkleidung *f*
bank reinforcement *(Wsb)* Uferbefestigung *f*
bank-run aggregate *(BM)* unklassifizierter Grubenzuschlagstoff *m*
bank-run gravel *s.* bank gravel
bank sand scharfer Flusssand *m*
bank screw Schraubstock *m*
bank slope *(Erdb)* Böschungsschräge *f*, Böschungswinkel *m*
bank sloping *(Erdb)* Abböschen *n*, Böschungsziehen *n*
banked überhöht
banked curve *(Verk)* überhöhte Kurve *f*
banked-up water level *(Wsb)* gestauter Wasserspiegel *m*, Spiegelerhebung *f*
banker 1. Steinmetzwerkbank *f*; 2. Mischunterlage *f (zum Mischen von Mörtel)*
banker-mark Steinmetzzeichen *n*
banking 1. *(Verk)* Überhöhung *f (einer Kurve)*; 2. *(Verk) (AE)* Streckenführung *f*
banking hall *(Konst)* Bankhalle *f*, Kassenraum *m*
bankruptcy *(VR)* Bankrott *m*, Konkurs *m*
bannerol *s.* banderol(e)
bannister *s.* banister
banquet hall Bankettsaal *m*, Festsaal *m*
banquet room *(Arch)* Festsaal *m*, Bankettsaal *m*
banqueting hall *s.* banquet hall
banquette 1. *(Erdb)* Bankett *n*, Absatz *m (Böschungs-, Deichabsatz)*; 2. *(AE)* (befestigter) Gehweg *m*; (erhöhter) Fußweg *m*; 3. *(EB)* gepolsterte Wandbank *f*; Fensterbank *f*, Fenstersitz *m*

baptistery 1. *(Arch)* Baptisterium *n*, Taufkirche *f*; 2. *(Arch)* Taufbecken *n*, Taufstein *m*
bar 1. *(BB, St)* Stab *m*, Stange *f*; Bewehrungsstab *m*, Glied *n (einer Bewehrung)*; Lamelle *f (Stahlbau)*; 2. *(Hb)* Füllungsstab *m*; Schließe *f*, Querholz *n*, Riegel *m (Verschlussstange, z. B. für Tore)*; 3. Bar *f*; Gaststätte *f*; 4. *s.* surf bar
bar bender *(BWG)* Eisenbiegemaschine *f*, Stahlbiegemaschine *f (für Stahlbewehrung)*; Eisenbieger *m (Arbeiter)*
bar bending *(Te)* Eisenbiegen *n*
bar bending machine Bewehrungsbiegemaschine *f*, Stahlbiegemaschine *f*
bar buckling *(Stat)* Gliedknickung *f*, Stabknickung *f*
bar chain *(Stat)* Stabzug *m (Stahlbeton)*
bar chair Abstandhalter *m*, Stabhalterung *f (Stahlbeton)*
bar chart *(Te)* Balkendiagramm *n*, Stabdiagramm *n*
bar clamp Zimmermannsschraubstock *m*
bar connection Stangenverbindung *f*
bar construction *(Konst, Stat, TK)* Stab(werk)konstruktion *f*
bar cropper Bewehrungsschneider *m*, Stabstahlschneidemaschine *f*
bar cross section Gliedquerschnitt *m*, Stabquerschnitt *m*
bar cutter Bolzenschneider *m*, Eisenabschneidevorrichtung *f*
bar field *(Konst, Stat)* Gliedfeld *n*, Stabfeld *n*
bar fixing gang Eisenflechtertrupp *m*, Bewehrungsknüpferkolonne *f*
bar force *(Stat)* Stabkraft *f*
bar frame *(Konst, Stat)* Stabrahmen *m*
bar grate Stabrost *m*
bar iron Stabeisen *n*, Stabstahl *m*
bar joint Stabverbindung *f*
bar joist 1. *(Konst, TK)* Gitterträger *m*; 2. Quereisen *n*, Verteilereisen *n*
bar loading Stabbelastung *f*
bar mark Stahlposition *f*, Eisenposition *f (Stahlliste)*
bar mat Bewehrungsmatte *f*
bar moment *(Stat)* Gliedmoment *n*, Stabmoment *n*
bar of arch Bogenstab *m*
bar of sand Sandbarre *f*, Sandbank *f*
bar rack *(Wsb)* Rechenanlage *f*
bar reinforcement Stab(stahl)bewehrung *f*
bar sash lift Schiebefenstergriff *m*
bar schedule *(BB, St)* Armierungsplan *m*
bar screen *(Wsb, WVA)* Stabsiebrost *m*
bar section Stabquerschnitt *m*
bar sensor Balkensensor *m*
bar shape Stabform *f*
bar-shaped stabförmig
bar spacer *(BB, St)* Abstandhalter *m*, Bewehrungsbock *m*
bar spacing Stababstand *m*, Bewehrungsstahlabstand *m*
bar steel *(St)* Stabstahl *m*
bar strain *(Stat)* Stabspannung *f*
bar strainer *(AE) (Wsb, WVA)* Stabrost *m*, Stabsperre *f (Eingangsschutzvorrichtung bei offenen Rohren)*
bar stress Stabspannung *f*
bar support Stabhalterung *f*, Bewehrungshalter *m*
bar system *(Konst, TK)* Stabsystem *n*
bar tension Stabspannung *f*
bar tracery *(Arch)* Fensterornament *n (eines gotischen Fensters)*
bar-type grating Längsstabrost *m*, Längsstabgitter *n (Gründung)*
barb Widerhaken *m*; Grat *m*
barb bolt Widerhakenbolzen *m*, Widerhakennagel *m*; Steinschraube *f*
barbacan *s.* barbican
barbed wire Stacheldraht *m*
barbed wire fence Stacheldrahtzaun *m*
barbican *(Arch)* Barbakane *f*, Außenwerk *n*; Torzwinger *m*; Wachtturm *m*, Warte *f (an einem Tor oder einer Brücke)*
barbwire *(AE) s.* barbed wire
bare 1. ungeschützt; 2. *(El)* nackt, blank *(Draht)*; 3. unterdimensioniert, unter Maß
barefaced tenon einseitiger Zapfen *m*
barge 1. *(Te)* Schute *f*, Prahm *m*; 2. Außenschornstein *m*
barge board Giebelbrett *n (auch verziert)*; Ortgangbrett *n*
barge couple 1. *(Hb)* Fußbalkenlager *n (eines Giebeldachs)*; 2. *(Hb)* Endsparren *m*
barge course 1. Rollschicht *f*, Abdeck(ungs)schicht *f*, Schlusslage *f (Mauerwerk)*; 2. Abschlussdachziegel *m*, Randziegel *m*
barge lift *(Wsb)* Schiffshebeanlage *f*; Schiffshebewerk *n*
barge rafter Endsparren *m*
barge spike quadratischer Balkennagel *m*
barge stone auskragender Giebelabschlussstein *m*
barite *s.* baryte
barium fluosilicate *(BM, DIS)* Bariumfluat *n*
barium plaster Barium-Gipsputz *m (für Röntgenräume)*
bark *v* entrinden, abschälen *(Holz)*
bark Rinde *f*, Borke *f*
bark pocket Rindeneinschluss *m*
barked timber Schälholz *n*
barkpeel *v s.* bark
barn 1. Scheune *f*; 2. *(AE)* Stallgebäude *n*, Stall *m (Landbau)*
barn-door hanger Schiebetoraufhängung *f*
barn-door stay Laufrad *n (eines Schiebetors)*
barometric draught regulator *(HLK)* automatischer Luftzugregler *m (bei Heizungen)*
Baroque *(Arch)* Barock *m(n)*
baroque architecture *(Arch)* Barockarchitektur *f*, Barockbaukunst *f*
baroque building *(Arch)* Barockgebäude *n*
baroque church *(Arch)* Barockkirche *f*
baroque strapwork *(Arch)* Bandelwerk *n (barockes Ornament)*
barrack Baracke *f*; Bauhütte *f*
barracks 1. Kaserne *f*; 2. Mietskaserne *f*; Bauunterkunft *f*
barracks building Kasernengebäude *n*
barracks construction Kasernenbau *m*
barrage (dam) *(Wsb)* Sperrmauer *f*, Staumauer *f*, Staudamm *m (zur Bewässerung)*; Talsperre *f*
barred-and-braced gate Tor *n* mit diagonaler Stützstrebe, Diagonalriegeltor *n*
barred gate *(Hb)* Querstrebentor *n*, Tor *n* mit Horizontalhölzern
barrel 1. *(BM, WVA)* Fass *n*; 2. *(HLK, St, WVA)* Rohr *n* mit konstanter Bohrung und Wanddicke; Hülse *f*
barrel arch Tonnengewölbe *n*, rundes Bogengewölbe *n*
barrel bolt Torschließbolzen *m*
barrel camber Wölbung *f (tonnenartig)*
barrel ceiling gewölbeförmige Deckenkonstruktion *f*
barrel frame Rohrrahmen *m*
barrel handrail Rohrhandlauf *m*
barrel light Oberlicht *n*, Oberlichtöffnung *f (Dachgaupenfenster)*
barrel mast Rohrmast *m*
barrel mixer Trommelmischer *m*
barrel painting *(OB)* Trommellackieren *n*
barrel polishing *(OB)* Trommelpolieren *n*, Trommeln *n*
barrel pump Abfüllpumpe *f*
barrel purlin(e) Rohr(dach)pfette *f*
barrel road *(Verk)* gewölbte Straße *f*
barrel roof *(Konst)* Tonnendach *n*
barrel shell *(Konst)* Tonnenschale *f (Dach)*
barrel skeleton *(Konst, TK)* Rohrskelett *n*, Rohrgerippe *n*
barrel vault *(Konst, TK, Tun)* Tonnengewölbe *n*, Zylindergewölbe *n*; Tunnelgewölbe *n*

barrel-vaulted tonnengewölbt
barrel vaulting Einwölben *n*
barricade *(Erdb)* Erdaufwurf *m*, Erdwall *m*; Hindernis *n*
barrier 1. Barriere *f*; Sperre *f*; Schlagbaum *m*, Schranke *f*; 2. Dichtungslage *f*
barrier coat *(OB)* Absperranstrich *m*
barrier fence Absperrung *f*
barrier gate Gatter(tor) *n*
barrier layer *(DIS)* Sperrschicht *f*
barrier line *(Verk)* Sperrlinie *f*
barrier material *(BM, DIS)* Sperr(bau)stoff *m*, Sperrmittel *n*
barrier membrane *(BM, DIS)* Abdichtungslage *f*, Sperrschicht *f*, Sperre *f*
barrow 1. *(BWG, Te)* Karren *m*; Schubkarre *f*; 2. *(Arch)* Grabhügel *m (antik oder prähistorisch)*
barrow run [way] *(Te)* Bohlenweg *m*, Laufbrett *n (für Schubkarre)*; Karrbohle *f*
bars Gestänge *n*; Gitter *n*
bartizan *(Arch)* Erkertürmchen *n*, Scharwachturm *m (auf Wehrmauern)*
barway *(AE)* Stangentor *n*
baryte *(BM)* Baryt *m*, Schwerspat *m (Strahlenschutzbetonzuschlag)*
baryte cement Barytzement *m*
baryte concrete Barytbeton *m*
barytes *s.* baryte
barytic cement *(BM)* Barytzement *m*
bas-relief *(Arch)* Basrelief *n*, Flachrelief *n*, halberhabenes Relief *n*
bas-taille *s.* bas-relief
basal an der Basis
basal drainage blanket *(Erdb)* Sohlendränageschicht *f*
basalt *(BM)* Basalt *m*
basalt meal *(BM)* Basaltmehl *n*, Basaltfüller *m*
basalt sett Basaltpflasterstein *m*
basalt tuff *(BM)* Basalttuff *m*, Basalttuffgestein *n*, Trapptuff *m*
basalt wool Basalt(gesteins)wolle *f*
bascule-bolt Baskülverschluss *m*
bascule bridge *(Br)* Klappbrücke *f*
base *v* **on** *(Erdb, Te)* gründen auf
base 1. *(Verk)* Tragschicht *f*, Unterbau *m*, Unterlage *f*, Grundschicht *f (Straße)*; 2. *(Erdb)* Fundament *n*, Gründung *f (Gebäude)*; Sockel *m*, Postament *n*, Untersatz *m*; Säulenbasis *f*, Säulenfuß *m*, Fuß *m*; 3. *(Konst)* Grundlage *f*, Basis *f*; 4. *(OB)* Untergrund *m*, Haftgrund *m (für Farbanstriche)*; 5. *(EB) (AE)* Fußleiste *f (Fußboden)*; Scheuerleiste *f*
base anchor Türrahmenankereisen *n*
base asphalt *(AE)* Ausgangsbitumen *n*, Grundbitumen *n*
base attachment Fußausbildung *f (einer Säule)*
base bid *(VR)* Angebotspreis *m*; Angebotsbaupreis *m*
base bid specifications *(VR)* Angebotsleistungsverzeichnis *n*
base bitumen Ausgangsbitumen *n*, Grundbitumen *n*
base block *(SB)* Grundstein *m (z. B. bei einer Mauer)*
base board *(BT, TK)* Trägerplatte *f*, Basisplatte *f*
base clip Türrahmenankereisen *n*
base coat 1. *(SB)* Unterputz *m*, Unterputzschicht *f*, Rauwerk *n*, Grobputzlage *f*; 2. *(OB)* Grund *m (z. B. Farbgrundierung)*; Grundanstrich *m (Ergebnis)*
base course 1. Planum *n*, Sauberkeitsschicht *f*, Fundamentschicht *f*; 2. Unterbettungsschicht *f*, Unterbau *m*, Gründungsschicht *f*, Tragschicht *f (einer Straße)*
base-court kleiner Arbeitshof *m (eines Gebäudes)*
base elbow Gussrohrbogen *m* mit Auflageflansch
base fabric Trägergewebe *n*
base failure *(Bod, Erdb)* Grundbruch *m*, Geländebruch *m*
base fittings Sockelzubehör *n*
base flashing *(San)* Dachfußblech *n*
base for piledriving *(Erdb)* Rammebene *f*, Rammplanum *n*, Rammpodest *n*
base lacquer *(OB)* Grundlack *m*
base layer *(Verk)* Tragschicht *f*
base level Gründungssohle *f*
base line Grundlinie *f*
base load *(El, Stat)* Grundlast *f*
base map *(RP)* Planungskarte *f*; Erschließungskarte *f (Stadtplanung)*
base material 1. Tragschichtmaterial *n (Straßenbau)*; 2. Grundwerkstoff *m*, Trägerwerkstoff *m*; 3. Ausgangsmaterial *n*
base moulding *(AE)* Deckleiste *f* für Scheuerleisten, Passleiste *f*
base of a foundation *s.* base of foundation
base of balustrade Brüstungsfuß *m*
base of column Sockel *m* einer Säule
base of dam *(Wsb)* Sohlenfläche *f*
base of foundation *(Erdb)* Fundamentsohle *f*, Fundamentabsatz *m*
base plate *(BT, Konst)* Sohlplatte *f*, Fundamentplatte *f*, Lastverteilungsplatte *f (aus Metall)*; Fuß *m (z. B. einer Säule)*; Maschinenunterlagsplatte *f*
base plate plug Plattenwulst *m(f)*
base point Fußpunkt *m*
base pressure *(Erdb)* Sohldruck *m*, Sohlpressung *f*
base program *(Te)* Grundprogramm *n*
base quantity Basisgröße *f*
base screed *(BWG, SB)* Putzriffel *f*
base sealing *(Umw)* Basisabdichtung *f (einer Deponie)*
base sheet erste Lage *f (Bedachung)*
base shoe Gesimsleiste *f (über dem Fußboden)*; *(AE)* Deckleiste *f (Viertelstab)*
base shoe corner Gesimseckstück *n*
base slab *(Erdb, Konst)* Fundamentplatte *f*, Gründungsplatte *f*; Betonfundamentplatte *f*
base surface preparation *(OB)* Untergrundvorbehandlung *f (Anstrich)*
base tile Sockelfliese *f*
base trim *(AE)* Zierleiste *f (Säule)*
base unit 1. Basiseinheit *f*; 2. Unterbau *m*; Unterschrank *m*
base wall Grundmauer *f*
basebead Putzriffel *f*
baseboard Fuß(boden)leiste *f*, Scheuerleiste *f*; Sockelleiste *f*; Wischleiste *f (s. a. scrubboard)*
baseboard heater Sockelleistenheizkörper *m*, Fußbodenkantenheizung *f*
baseboard heating Fußbodenkantenheizung *f*
baseboard radiator (unit) *(HLK)* flacher niedriger Fußbodenradiator *m*
basecoat *s.* base coat 1.
basement 1. Kellergeschoss *n*, Souterrain *n*; 2. Fundament *n (Gründungsmauer, Säule)*; Sockel *m*
basement boiler room *(HLK)* Heizungskeller *m*
basement car park Tiefgarage *f*
basement door Kellertür *f*
basement dwelling (unit) *(AE)* *s.* basement flat
basement flat Souterrainwohnung *f*, Keller(geschoss)-wohnung *f*
basement floor *(TK)* Keller(geschoss)decke *f*
basement foundation Kellergründung *f*
basement garage Tiefgarage *f*, Kellergeschossgarage *f*
basement house *(AE)* ebenerdiges Haus *n*
basement light well Kellergeschosslichtschacht *m*
basement parget(ing) Kellerputz *m*
basement slab *(BB, Konst)* Fundamentplatte *f*
basement soil 1. *(Bod, Erdb)* Untergrund *m*, Baugrund *m*;

2. *(Konst, Verk)* Unterbettungsschicht *f*, Unterbauschicht *f* *(Straße)*; Unterbau *m* *(Eisenbahn)*
basement soil of a ditch *(Erdb)* Grabensohle *f*
basement stairs Kellertreppe *f*
basement storey Kellergeschoss *n*, Untergeschoss *n*
basement wall Keller(geschoss)mauer *f*
basement window Kellerfenster *n*
basement with random-rubble walls *(Konst, SB)* Kellergeschoss *n* in Bruchsteinmauerwerk
basementless ohne Kellergeschoss
basic 1. grundlegend; Grund...; Basis...; 2. *(BM)* alkalisch, basisch
basic assumption *(Stat)* Grundannahme *f*
basic boom *(BWG)* Basisausleger *m*
basic brick basischer Feuerfeststein *m*
basic building material Grundbaustoff *m*
basic capacity *(Te, Verk)* grundlegende Leistungsfähigkeit *f*, maßgebende Kapazität *f*
basic condition *(Stat)* Grundzustand *m*
basic construction services Baubetreuung *f (durch den Entwurfsingenieur)*
basic cost(s) *(VR)* Grundkosten *pl*, Selbstkosten *pl*
basic data *(Konst, Stat)* Ausgangsdaten *pl*, Basiswerte *mpl*
basic design Grundausführung *f*
basic dimension Grundmaß *n*, Nennmaß *n*
basic diorite *(BM)* basischer Diorit
basic equation *(Stat)* Grundgleichung *f*
basic equipment (technische) Grundausstattung *f*
basic load *(El)* Grundlast *f*
basic material Grundmaterial *n*
basic module *(Konst)* Grundmodul *m*; Grundbaustein *m*
basic pattern Grundmuster *n*
basic regulations in design *(Stat)* Bemessungsgrundsätze *mpl*
basic research Grundlagenforschung *f*
basic rock basisches Gestein *n*
basic services *(AE)* Bauberatung *f* und -betreuung *f (durch Architekten in der Leistungsphase 1-7)*
basic size Grundmaß *n*
basic specification *(BM, Konst)* Grundspezifikation *f*
basic square Grundquadrat *n*
basic standard Grundstandard *n*
basic steel basischer Stahl *m*, Thomasstahl *m*
basic stress state *(Stat)* Grundspannungszustand *m*
basic term Grundeinheit *f*; Grundsatz *m*
basic truss Grundfachwerk *n*
basic type Grundtyp *m*
basic wage *(VR)* Grundlohn *m*
basil *s.* bezel
basilica *(Arch)* Basilika *f*
basilica with columns and piers *(Arch)* Stützenwechselbasilika *f*
basilican *(Arch)* basilikal; Basilika...
basilican cross section *(Arch)* basilikales Schema *n*, basilikaler Querschnitt *m*
basilican plan *(Arch)* basilikaler Grundriss *m*
basin 1. *(EB, San)* Becken *n*; Bassin *n*; Handwaschbecken *n*; 2. *(Verk, Wsb)* Hafenbecken *n*, Hafendock *n*
basin floor Behältersohle *f*
basin of groin *(Wsb)* Buhnenkammer *f*
basin-type core barrel Kernrohr *n* mit Kernzieher *(Betonrohr)*
basis 1. Unterlage *f*; Fundament *n*; 2. Grundlage *f*
basis of calculation *(Stat)* Berechnungsgrundlage *f*
basis of design *(Stat)* Bemessungsgrundlage *f*
basket arch *(Arch, Konst)* Korbbogen *m*, gedrückter Bogen *m*
basket bond 1. *(SB)* quadratischer Mauersteinverband *m*; 2. *(EB, Hb)* rechteckiger Parkettverbund *m*
basket capital *(Arch)* Korbkapitell *n*
basket guard Schutzkorb *m (Leuchte)*
basket-handle vault *(Arch)* Korbhenkelgewölbe *n*
basket weave *(SB)* Würfelmuster *n*, Schachbrettmuster *n* *(Ziegelmauerwerk)*
basket work 1. *(Arch)* Flechtwerk *n (Ornament)*; 2. *(LB, Wsb)* Faschinen *fpl*
basswood *(AE)* amerikanisches Lindenholz *n*
bastard von abnormer Größe; unregelmäßig geformt *(Bauelemente)*
bastard ashlar Natursteinverblendung *f (mit wenig behauenen Steinen)*
bastard granite Gneisgestein *n*
bastard joint unsichtbare Fuge *f*
bastard masonry *s.* bastard ashlar
bastard pointing *(SB)* leicht hervorstehende Fuge *f* *(Mauerwerk)*
bastard stucco dreilagiger Putz *m*
bastard tuck pointing *s.* bastard pointing
bastel house *(Arch)* Wehrhaus *n (teilbefestigtes Haus mit Gewölbekeller)*
bastide *(Arch)* Bastide *f*, Wehrsiedlung *f*; Vorwerk *n*; befestigtes Schloss *n (bes. in Frankreich)*
bastion *(Arch)* Bastion *f*, Bastei *f*, Verteidigungsbollwerk *n*; Wall *m*
bastle house *s.* bastel house
baston 1. *(Arch)* Konvexzierelement *n*, rundes Band *n*, Torus *m*; 2. *s.* batten 2.
bat 1. *(BT)* Ankereisen *n*; 2. halber Ziegel *m*; 3. *(Hb, St)* Spreize *f*, Strebe *f*
bat bolt Verbindungsbolzen *m* mit Widerhaken
bat insulation *s.* batt insulation
batardeau *(LB, Wsb)* Fangdamm *m*
batch *v (Te)* dosieren *(z. B. Beton)*; abmessen, zumessen; zuteilen, einsetzen, bemessen *(bestimmte Mengen bei Baustoffaufbereitung)*
batch 1. Charge *f*, Mischung *f (z. B. von Beton)*; 2. Bündel *n*, Posten *m (z. B. von Holz)* • **in batches** chargenweise
batch box Dosierkasten *m*; Messgefäß *n*
batch feeder Dosierapparat *m*
batch heater plant Heißmischwerk *n*, Heißmischanlage *f* *(Chargensystem)*
batch-mix *v* Chargen mischen, chargenweise zugeben
batch mixer Chargenmischer *m*; Betonmischer *m*, Betonmischmaschine *f*, Mörtelmischer *m*
batch number 1. Losnummer *f (Fliesen, Farbe)*; 2. Chargennummer *f*, Partienummer *f*
batch plant *s.* batching plant
batch-type concrete pug mill Chargenbetonzwangsmischer *m*
batched water Dosierwassermenge *f*; Anmachwasser *n* *(für eine Mischung)*
batcher *(BWG, Te)* Dosiervorrichtung *f*, Dosierapparat *m*
batching Dosierung *f*, Zumessung *f*, Bemessung *f*, Dimensionierung *f (Betonmischung)*
batching by conveyor belt Banddosierung *f*
batching by volume Raumdosierung *f*, volumetrische Dosierung *f*
batching device Dosiereinrichtung *f*
batching plant Dosieranlage *f*; Betonmischanlage *f*
batching silo Dosiersilo *n*, Anlagensilo *n*
batching tower Dosierturm *m*; Betonmischturm *m*
batchmeter Mischzeitmesser *m*
bath 1. Bad *n*, Badezimmer *n*; 2. Badewanne *f*, Wanne *f*; 3. *s.* baths
bath accessory *s.* bathroom fittings
bath agitator *(BM, BWG)* Umwälzeinrichtung *f*, Badrührwerk *n*
bath overflow Badüberlauf *m*

bathhouse *(AE)* 1. Badehaus *n*; 2. Umkleidekabinen *fpl (eines Schwimmbades)*
bathroom 1. Badezimmer *n*, Bad *n*; 2. *(AE)* Toilette *f*
bathroom building-block module *(San)* Nasszelle *f*, Nassinstallationszelle *f*, Badezimmer(montage)zelle *f*
bathroom equipment *(EB)* Badausstattung *f*, Badezimmereinrichtung *f*
bathroom fittings *(EB)* Badezimmerarmatur *f*
bathroom heating Badezimmerheizung *f*
bathroom installation Badezimmereinrichtung *f*
bathroom stove Badeofen *m*
bathroom tile Badfliese *f*, Badezimmerfliese *f*
baths Badeanstalt *f*; Badehaus *n*
bathtub Badewanne *f*, Wanne *f*
bato(o)n *s.* batten
batt *(AE) (BT, DIS)* Wärmedämmmatte *f*
batt insulation *(DIS)* Dämmmaterial *n (für Wärme-, Kälte- und Schalldämmung aus Glaswolle, Schlackenwolle, Steinfaserwolle)*
batted work handbehauene Steinoberfläche *f*, scharrierte [scharriert bearbeitete] Oberfläche *f*
batten *v* verkleiden, verschalen *(mit Leisten)*
batten 1. *(Hb)* Latte *f*, Leiste *f*; Holzleiste *f*; Unterkonstruktionsleiste *f*; 2. Zierleiste *f*, Verzierung *f*; 3. Holzbohle *f (ca. 65 mm dick, 150 mm breit)*; 4. Dachlatte *f*; Richtscheit *n*
batten and a half *(Hb)* Zweifellatte *f*
batten board Tischlerplatte *f*, Streifenplatte *f (Sperrholz)*
batten door Lattentür *f*; aufgedoppelte Tür *f*
batten fence Lattenzaun *m*
batten floor(ing) Dielenbelag *m*, Dielenfußboden *m*, Dielung *f*
batten light fitting *(El)* Lichtleiste *f*
batten plate Scherkraftplatte *f*, Verbindungsplatte *f* für tragende Elemente, Bindeblech *n*, Schnalle *f*
batten roof Bohlendach *n*
batten seam Blechumkleidung *f (für Holzelemente)*
batten wall Lattenwand *f*
battenboard *s.* batten board
battened column *(TK)* Doppelstützenpfeiler *m*
battened member Rahmenstab *m*
battening *(Hb)* Holzverlattung *f*
batter *v (Erdb, SB)* anböschen, anschütten, anlaufen lassen, Neigung geben; dossieren, abschrägen; sich verjüngen, nach oben zurücktreten *(eine Mauer)*
batter *(Erdb)* Anlauf *m*, Hang *m (Böschung einer Mauer)*; Neigung *f*, Schräge *f*; Verjüngung *f*; Anzug *m*, Dossierung *f (künstliche Böschung)*
batter boards *(Te)* Schnurbock *m*, Schnurgerüst *n*, Eckgerüst *n*
batter brace *(AE)* diagonaler Abschlussstab *m (Fachwerk)*
batter level *(Verm)* Neigungsmesser *m*
batter of a wall Mauer(schräg)neigung *f*
batter peg *(Verm)* Böschungsbolzen *m*, Höhenbolzen *m*
batter pile schräger Rammpfahl *m*, Schrägpfahl *m*
batter post 1. Anfahrschutzpfosten *m*; 2. *s.* batter brace
batter rule Neigungslehre *f*
batter stick Neigungsmessbrett *n (hängend)*
battered geneigt, schräg; abgeschrägt, dossiert *(Wand)*; verjüngt
battered wall *(BB, SB, Wsb)* anlaufende [nach oben verjüngte] Wand *f*, verjüngte Wand *f*, Wand *f* mit Anlauf, Schrägwand *f*, Schrägmauer *f*
battery casting *(BB, Te)* Vorfertigung *f* in Batterieform
battery mould Batterieform *f*
battery moulding Batterieherstellung *f (Kunststeine)*
battery of filters *(WVA)* Filterbrunnenaggregat *n*
battery of silos *(Te)* Silobatterie *f*
battice Anlauf *m (einer Mauer)*
batting steinmetzmäßige Bearbeitung *f*, Behauen *n (Naturstein)*; Beschlagen *n (Werkstein)*
batting tool Steinmetzmeißel *m*, Scharriereisen *n*, Schlageisen *n*
battle deck (bridge) floor *(Br)* Brückenüberbau *m*; Brückentafel *f*, Brückenplatte *f*
battlement 1. *(Arch)* gezahnte Brüstungsmauer *f*, Mauer *f* mit Zinnen; 2. *(Arch)* Zinnen *fpl*
battlement tower *(Arch)* Zinnenturm *m*
battlement turret *(Arch)* Zinnentürmchen *n*
battlement wall *(Arch)* Befestigungsmauer *f*, Verteidigungsmauer *f (Festung)*
battlemented gekrönt, gezinnt, kreneliert
Baudelot cooler *(HLK)* Baudelot-Kühler *m*, Berieselungskühler *m*
baulk *s.* balk
bauxite *(BM, Bod)* Bauxit *m*
bauxitic cement Bauxitzement *m*
bawn Befestigungsumfriedung *f (meist aus Stein um ein Gehöft)*
bay 1. *(Br, Konst)* Fassadenfeld *n*; Brückenfeld *n*; Pfeilerweite *f*; 2. *(Konst, TK)* Feld *n*, Fach *n (Balkenfeld)*; Kassette *f*; 3. *(Arch)* Joch *n (Gewölbeabschnitt in Sakralbauten)*; 4. *(Konst)* Erker *m*; 5. *(LB)* Alkoven *m*, Laube *f (aus Pflanzen, Büschen und Bäumen)*; 6. *(Arch)* Hallenschiff *n*; 7. *(Bod)* Bucht *f*; 8. *(LB)* Banse *f (Lagerraum, z. B. in einer Scheune)*
bay-and-cantilever system *(Konst)* Raster- und Kragsystem *n*
bay division Feldweite *f*
bay leaf *(Arch)* Lorbeerblattdekoration *f*; Blattverzierung *f (z. B. in der Deckenkassette)*
bay leaf ornament *(Arch)* Lorbeerblattdekoration *f*
bay of a vault Gewölbeabteilung *f*
bay of floor *(TK)* Deckenfeld *n*
bay quoin gebrochene Mauerecke *f*
bay rail Wandriegel *m*
bay span *(Arch)* Joch *n (in der Antike)*
bay system *(Konst)* Rastersystem *n*
bay unit *(Konst)* Flächenraster *n*
bay window 1. Erkerfenster *n*, Ausluchtfenster *n*; Bogenfenster *n*; 2. Erker *m*
bayonet holder *s.* bayonet socket
bayonet joint *(HLK, St, WVA)* Bajonettverschluss *m*, Bajonettverbindung *f*
bayonet socket *(El)* Bajonett(lampen)fassung *f*
bayt *(Arch)* moslemische Wohnung *f (für eine Familieneinheit, z. B. Beduinenzelt, Hütte oder auch Haus)*
BCS *s.* British Calibration Service
B.D. *s.* bulk density
beach *(Bod)* Strand *m*
beach gravel *(BM)* Strandkies *m*
beach sand *(BM)* Strandsand *m*, Küstensand *m*, Seesand *m*
beaching *(Wsb)* Uferbefestigung *f*, Steinpackung *f (Ufersicherung)*
beacon *v* markieren
beacon 1. *(Verm)* Signal *n*; 2. Funkfeuer *n*, Funkbake *f*; 3. Ampel *f*, Bake *f*
beacons Befeuerung *f (Flugverkehr)*
bead 1. Rundstab *m*, Olivenstab *m*, Perlstab *m (Ornament)*; gebogene Deckleiste *f*; Schutzschiene *f (als Zier- und Schutzleiste)*; 2. Sicke *f*, Kehlung *f*; 3. Wulst *m(f) (Blech)*; Blechverfalzung *f (Dach)*; 4. Schweißraupe *f*
bead bend test *(BM)* Aufschweißbiegeversuch *m*
bead flat Flachwulst *f*
bead-jointed *(EB)* mit Zierleisten abgedeckt, stababgedeckt
bead moulding Rundstableiste *f*, Rundstab *m*
bead seat band Wulstband *n*

bead tile Wulstfliese *f*
bead welding *(St)* Raupenschweißen *n*
beaded 1. gebördelt; gefalzt *(Blech)*; 2. perlenförmig, perlschnurförmig
beaded board *(BT)* Rundstabbrett *n*
beaded boarding Stabbrettdecke *f*
beaded iron Geländereisen *n*
beaded tube Bördelrohr *n*
beading 1. *(Arch)* Ornamentstabformung *f*; Perlstabverzierung *f*; (dekorative) Holzleiste *f*; Riemen *m (Fußboden)*; 2. *(Te)* Bördelung *f*; Falzen *n*
beading hammer *(BWG)* Sickenhammer *m*
beadwork *s.* beading
beak moulding schnabelförmige Verzierungsleiste *f*; Zierkante *f* mit Vogelköpfen
beakhead *(Arch)* Tierkopfornament *n*, Schnabelkopfverzierung *f (in Tür- und Torbögen)*
beam 1. *(BT, TK)* Balken *m (aus Holz, Stahl, Stahlbeton oder Spannbeton)*; Tragbalken *m*, Träger *m*; Unterzug *m*; 2. *(BWG, TK)* Ausleger *m*; Leiterbaum *m*, Baum *m (Ausleger)*; 3. *(El)* Strahl *m (Lichtstrahl)*; Strahlenbündel *n*
beam action Balkenwirkung *f*
beam anchor Trägeranker *m*, Balkenankerbügel *m*, Wandanker *m (Zuganker)*; Kopfanker *m*, Stichanker *m*
beam anchorage Balkenverankerung *f*
beam-and-column construction *(Konst)* Ständerbauweise *f*, Ständer(rahmen)bau *m*
beam-and-girder construction *(Konst, TK)* Trägerbalkendeckenkonstruktion *f*, Trägerrost *m*
beam and slab *(BT, TK)* Plattenbalken *m*
beam-and-slab bridge *(Br)* Plattenbalkenbrücke *f*, Rippenplattenbrücke *f*
beam-and-slab floor *(TK)* Plattenbalkendecke *f*, Rippendecke *f*
beam aperture Balkenkammer *f*, Balkentasche *f*, Trägerkammer *f*, Auflagernische *f*
beam-bearing plate Auflageplatte *f*, Trägerunterstützungsplatte *f*
beam blocking Trägereinformung *f*, Trägerverblendung *f*; Trägerimitierung *f*
beam bolster Bewehrungshalter *m (für Stahlbetonträger)*
beam bottom 1. Trägerboden *m*, Balkenunterkante *f*; 2. Balkenunteransicht *f*
beam box *s.* beam aperture
beam brick Sturzverblendungsziegel *m*
beam butt joint Balkenstoß *m*
beam calculation *(Stat)* Balkenberechnung *f*
beam casing *(Konst)* Balkenummantelung *f*
beam ceiling 1. Holzdeckenausbildung *f* mit Trägerimitation; 2. Deckenunterseite *f* mit sichtbaren Trägern
beam-column Träger *m* für axiale und horizontale Belastung, Druckträger *m*
beam cross section Balkenquerschnitt *m*
beam crossing Trägerkreuzung *f*
beam deflection 1. *(Stat, TK)* Balken(träger)durchbiegung *f*; 2. *(El)* Strahlenablenkung *f*
beam depth Trägerhöhe *f*
beam design *(Stat)* Balkenbemessung *f*
beam distance Balkenabstand *m*, Trägerabstand *m*
beam divergence *(El)* Strahldivergenz *f*, Strahlstreuung *f*
beam encasement *(Konst)* Balkenummantelung *f*
beam end Balkenende *n*, Balken(träger)kopf *m*
beam end face Balkenstirnfläche *f*, Trägerstirnfläche *f*
beam fill(ing) Zwischenträgerfüllung *f*, Deckenfüllung *f*
beam fixed at both ends beidseitig eingespannter Träger *m*
beam fixed at one end halb [einseitig] eingespannter Träger *m*
beam flange Trägerflansch *m*, Trägersteg *m*
beam floor *(TK)* Balkendecke *f*, Unterzugdecke *f*
beam form(work) Trägerschalung *f*, Balkenschalung *f*, Trägerform *f (zur Herstellung von Betonträgern)*
beam girder Balkenträger *m*
beam grid [grillage] *(TK)* Balken(träger)rost *m*, Balken(träger)kreuzwerk *n*
beam grille Balkenträgerrost *m*
beam hanger Trägeranker *m*, Trägerhaken *m*, Trägerhänger *m*
beam head Balkenkopf *m*
beam hinge *(Konst)* Balkengelenk *n*, Trägergelenk *n*
beam joint Balkenstoß *m*
beam launching Trägereinlancieren *n*, Trägereinsetzen *n*
beam loading *(Stat)* Balkenbelastung *f*
beam of two spans Zweifeldbalken *m*
beam pocket *s.* beam aperture
beam reinforcement Balkenbewehrung *f*
beam saddle *s.* beam hanger
beam seat Balkenauflage *f*
beam shuttering Balkenschalung *f*
beam side Längsschalungsseite *f (einer Trägerform)*
beam slab *(TK)* Balkenplatte *f*
beam spread *(El)* Streuung *f (eines Scheinwerfers)*
beam support Balkenauflager *n*
beam supported at both ends frei aufliegender Träger *m*
beam system *(TK)* Balkenkonstruktionssystem *n*, Trägersystem *n*
beam test *(BM)* Biegezugprüfung *f* am Balken, Balkenprüfung *f*
beam tie Kopfanker *m*, Balkenanker *m*, Stichanker *m*, Zuganker *m*
beam timber Balkenholz *n*
beam-to-column connection *(BT, TK)* Träger-Stützen-Verbindung *f*
beam-type retaining construction *(Erdb)* Rammträgerverbau *m (Stützmauer)*
beam vibration Balkenschwingung *f*
beam wood Balkenholz *n*
beamed construction *(TK)* Trägerbauwerk *n*
beamless balkenlos, balkenfrei
beams Gebälk *n*
beams and rafters *(TK)* Balkenwerk *n*
beams and stringers *(TK)* Stützbalkentragwerk *n*, Balken *mpl* auf Längsträgern
beams bearer Träger *m (Stütze)*; Treppenpodestträger *m*
beams of a gutter Traufenklotz *m*
bear *v* tragen *(Lasten)*; (unter)stützen; drücken *(Lasten)*; lagern
bear *v* **against** abstützen gegen; sich abstützen gegen, drücken gegen
bear *v* **on** drücken auf, lagern auf; Last übertragen auf
bearer Unterzug *m (Pfette)*; Hauptträger *m*; Podestträger *m*
bearing 1. tragend; belastet; 2. tragfähig *(Baugrund)*
bearing 1. Auflager *n*, Auflagerstuhl *m*, Lager *n*, Lagerung *f*; Auflagepunkt *m*; Lager *n (Maschinenelemente)*; 2. Tragen *n*, Stützung *f*; 3. Tragewinkel *m*, Richtungswinkel *m (horizontaler Winkel eines Bezugspunkts zur Achse des Quadranten)*
bearing area Auflagefläche *f*, tragende Fläche *f*, Tragfläche *f*, Auflager *n*, ruhende Fläche *f*; Gründungsfläche *f*
bearing bar 1. Auflager(flansch)stab *m*, Lagereisen *n*; 2. Roststab *m*; Stützstab *m*
bearing bed *(Erdb, Verk)* Tragschicht *f*, tragende Schicht *f*; Lagerbett *n*
bearing block 1. *(SB)* Kämpferstein *m*, Lagerstuhl *m*, Lagerbock *m (Brückenbau)*; 2. *(Hb)* Knagge *f*
bearing capacity *(Bod, Erdb, TK)* Tragfähigkeit *f*, Tragvermögen *n*
bearing capacity measurement Tragfähigkeitsmessung *f*

bearing chair Lagerstuhl *m*, Lagerbock *m (Hochbau)*
bearing concrete tragender Beton *m*
bearing course *(Verk)* Tragschicht *f*
bearing distance *(Br, TK)* Stützweite *f*, Spannweite *f (z. B. einer Brücke)*
bearing edge Auflage *f*, Auflager *n (Balken, Träger)*; Einspannpunkt *m (fixierter Träger)*
bearing frame Tragrahmen *m*, Aufsetzkranz *m*
bearing friction Lagerreibung *f (Brücke)*
bearing in longitudinal direction längstragend
bearing layer *(Verk)* Tragschicht *f*
bearing length tragende Länge *f*, Nutzlänge *f*
bearing load *(Bod, Erdb)* Bodenpressung *f*, Bodendruck *m (Belastung)*
bearing lock *(Br, TK)* Auflagersperre *f*; Lagerstuhlschleuse *f*
bearing of beam Balkenauflagerung *f*
bearing of bridge Brückenauflager *n*, Auflager *n* einer Brücke
bearing of joists Balkenauflager *n*
bearing out *(TK)* vorkragend
bearing-out masonry *(SB)* auskragendes Mauerwerk *n*
bearing pad Lagerkissen *n*, Auflagerblock *m*, Widerlagerstein *m*
bearing partition tragende Zwischenwand *f*; tragende Trennwand *f*
bearing pile *(Erdb)* Tragpfahl *m*, Druckpfahl *m*; Rostpfahl *m*
bearing pile foundation stehende Pfahlgründung *f*
bearing plate *(TK)* Auflage(r)platte *f*, Grundplatte *f (z. B. für Träger)*; Trägerunterstützungsplatte *f*, Unterlagsplatte *f*, Lastplatte *f*
bearing power *(Bod, Stat, TK)* Tragfähigkeit *f*, Tragvermögen *n*
bearing pressure Auflage(r)druck *m*; Stützkraft *f*; Bodenpressung *f*
bearing pressure of projected area *(St)* Lochleibung *f*
bearing ratio *(Erdb, TK)* Tragfähigkeitsindex *m*
bearing reaction *(Stat)* Anschlusskraft *f*, Auflagerkraft *f*
bearing ring Auflagerring *m*
bearing seat Auflagerbank *f*
bearing stool *s.* bearing chair
bearing stratum *(Bod, Erdb)* tragfähige Erdschicht *f*, tragende Schicht *f*, Tragschicht *f*
bearing stress Auflagerspannung *f*
bearing structure *(TK)* Tragekonstruktion *f*
bearing surface *s.* bearing area
bearing test Tragfähigkeitsversuch *m*
bearing wall tragende Wand *f*, Auflagerwand *f*, Konstruktionswand *f*; balkentragende Mauer *f*
beat *v* klopfen *(z. B. Steine)*; hämmern, hämmernd bearbeiten
beat *v* **down** 1. einrammen *(Straße)*; 2. einschlagen *(Fundament)*
beat *v* **in** einschlagen *(z. B. Nägel)*
beat *v* **mortar** *(BM, Te)* Kalk hauen, Mörtel stampfen
beat *v* **out** *(St)* aushämmern, ausklopfen; ausschmieden; ausbeulen, eine Beule entfernen
beaten cobwork *(AE)* Lehmstampfbau *m*, Stampflehmbau *m*, Piseebau *m*, Kastenwerk *n*
beater Klopfer *m*; Stampfer *m*
beaumontage *(BM)* Spachtelwachs *n*
beaver *v* **away** *(idiom.)* schuften
become *v* **brittle** spröde werden, verspröden
become *v* **constricted** *(BT, San, WVA)* sich verengen
become *v* **covered with moisture** *(DIS, HLK, OB)* mit Feuchtigkeit beschlagen
become *v* **covered with patina** *(OB)* Patina ansetzen
become *v* **damp** *(DIS)* schwitzen *(z. B. Mauern)*
become *v* **darker** *(OB)* nachdunkeln *(z. B. Anstriche)*
become *v* **dilapidated** verfallen *(Gebäude)*
become *v* **moist** *(DIS)* schwitzen *(z. B. Mauern)*
become *v* **rotten** morsch werden
become *v* **stained** sich verfärben
become *v* **stuck** sich verklemmen
become *v* **turbid** sich trüben *(Flüssigkeit)*
become *v* **warped** sich krümmen, sich (ver)wölben, sich verziehen
bed *v* betten, auflegen
bed *v* **in** einbetten
bed *v* **out** *(LB)* auspflanzen
bed 1. *(Erdb, Konst, Verk)* Lagerung *f*, Auflager *n*; Unterlage *f*, Unterbau *m*; 2. *(Konst)* Lager *n*, Lagerfläche *f (eines Auflagers)*; 3. *(Erdb)* Schüttung *f*, Unterfütterung *f*; Mörtelbettung *f*; 4. *(Bod)* Schicht *f (Geologie)*; 5. *(BM, Bod)* Schieferunterseite *f*
bed die *(St, Te)* Matrize *f (Guss)*
bed joint 1. Lagerfuge *f*, Längsfuge *f*, Horizontalmörtelfuge *f (in Mauerwerk)*; Radialfuge *f (in Bögen)*; 2. horizontaler Felsriss *m*
bed joint surface Lagerfugenfläche *f*
bed mortar Bettungsmörtel *m*, Lagermörtel *m*, Verlegemörtel *m*
bed of clay *(Bod)* Tonschicht *f*
bed of fall *(Wsb)* Sturzbett *n*
bed of sand Sandbett *n*
bed pitching *(Erdb, Wsb)* Sohlbefestigung *f*
bed-plate Auflagerplatte *f*, Fußplatte *f*, Sohlplatte *f*, Bodenplatte *f*
bed recess *(EB)* Bettnische *f*
bed-sitter *s.* bed-sitting room
bed-sitting room 1. kombiniertes Schlaf- und Wohnzimmer *n*, Wohnschlafzimmer *n*; 2. Einraumwohnung *f*
bed-sitting room flat Einraumwohnung *f*
bed-stone *(Erdb, SB)* Grundsteinblock *m*
bedded gebettet, eingebettet
bedded rock Schichtgestein *n*, Sedimentgestein *n*
bedding 1. Bettung *f*, Einbettung *f*, Lagerung *f*; 2. Unterbettungsschicht *f*, Mörtelbettung *f*; Glaserkittbett *n*; Schichtung *f (Aufschüttung)*; 3. Schieferung *f (Geologie)*; Schichtung *f (Gestein, Boden)*
bedding cleavage Schieferung *f (Geologie)*
bedding course Bettungsmörtelschicht *f*, Lagerschicht *f*, Mörtellager *n (erste Mörtelschicht)*
bedding dot Putzleiste *f*, Putzlehre *f*
bedding layer *(Erdb, Verk)* Bettungsschicht *f*
bedding material Bettungsmaterial *n (z. B. Kies)*
bedding module *(Erdb)* Bettungsmodul *m*, Bettungsziffer *f*
bedding mortar Bettungsmörtel *m*, Lagermörtel *m*
bedding of track *(Verk)* Gleisbettung *f*
bedding plane Ablagerungsfläche *f*
bedding plants *(LB)* Saisonpflanzen *fpl (Landschaftsgestaltung)*
bedding putty Fensterkitt *m*, Glaserkitt *m*
bedding stone Maßstein *m (für die Ebenheit von Steinmetzarbeiten)*
bedplate *s.* bed-plate
bedrock *(Bod)* Muttergestein *n*, anstehender Fels *m*, Felsboden *m*; Felssohle *f*
bedroom Schlafzimmer *n*, Schlafraum *m*
bedroom closet *(EB)* Schlafzimmer-Einbauschrank *m*
bedroom floor [storey] Schlafzimmergeschoss *n*
bedsit(ter) *s.* bed-sitting room
beech 1. *(LB)* Rotbuche *f*; 2. beechwood
beechwood *(Hb)* Buchenholz *n*
beetle überhängend, vorstehend
beetle großer Holzhammer *m*; Stampfer *m (Hammer für Holzpfähle)*; Steinramme *f*
behave *v* sich verhalten *(z. B. ein Baustoff)*; funktionieren *(z. B. Maschinen)*

behaved wood imprägniertes Holz *n*
behaviour *(BM, BT, Konst)* Verhalten *n*; Betragen *n*
behaviour under fire Brandverhalten *n*
behaviour under heat Wärmeverhalten *n*
behaviour under loading *(Stat)* Belastungsverhalten *n*, Lastverhalten *n*
behaviour under traffic *(Verk)* Verhalten *n* unter Verkehr(sbelastung)
Belfast truss *(Konst, Te)* Lehrgerüstfachwerk *n*, Holzbogenfachwerk *n*
belfry 1. Glockenturm *m*; 2. Glockenstuhl *m*, Glockengestell *n*
Belgian truss belgischer Dachstuhl *m*, Dreieckfachwerkbinder *m*
belite *(BM, Bod)* Belit *m*
belite cement Belitzement *m*
bell *v* aufweiten
bell 1. Muffe *f*, Muffenende *n (Rohr)*; 2. Glocke *f*, Klingel *f*
bell-and-socket joint *s.* bell-and-spigot joint
bell-and-spigot joint *(BB, St, WVA)* Glockenmuffenverbindung *f*, Muffenverbindung *f (Rohrleitung)*
bell-and-spigot pipe Muffenrohr *n*
bell arch Glockenbogen *m*
bell button *(El)* Klingelknopf *m*
bell capital *(Arch)* Glockenkapitell *n*, Kelchkapitell *n*
bell-cast roof Glockendach *n*
bell crank 1. Winkelhebel *m*; 2. Glockenarm *m*
bell deck Glockenflur *m*, Glockenraum *m*
bell frame Glockenstuhl *m*, Glockengestell *n*
bell house *(Arch)* Glockenhaus *n*
bell joint *s.* bell-and-spigot joint
bell pipe Muffenrohr *n*
bell roof Glockendach *n*
bell-rope hand *(Erdb)* Zugramme *f*, Lauframme *f*; Rammbock *m*
bell-shaped glockenförmig
bell-shaped dome Glockenkuppel *f*
bell-shaped valve Glockenventil *n*
bell system *(El)* Klingelanlage *f*
bell tower Glockenturm *m*
bell transformer *(El)* Klingeltransformator *m*
bell trap *(San)* Glockenverschluss *m (Geruchsverschluss)*
bell turret Glockentürmchen *n*
bell wire Klingeldraht *m*
belled caisson *(Erdb)* Kegelfußpfahl *m (Gründung)*
belled excavation *(Erdb)* Fundamentschaftaushub *m*
bellied bauchig, konvex; gewölbt; ausgebaucht
belling 1. Pfahlfußverbreiterung *f (Gründung)*; 2. Aufweiten *n*
bellmouth intake *(Wsb)* Einlauftrompete *f*
bellmouthing trichterförmige Erweiterung *f*
bellow-framed door Harmonikatür *f*
bellows expansion joint Ausdehnungsbogen *m (Rohrleitungen)*; Kompensator *m*
belly *v* **(out)** (auf)schwellen, ausbauchen, bauchig werden
belly-rod truss *(TK)* umgekehrtes Hängewerk *n*
below grade masonry Mauerwerk *n* unter der Geländeoberfläche
below grade work Tiefbauarbeiten *fpl*
below-ground unterirdisch
belowstairs *(AE)* Kellertreppe *f*
belt 1. *(BWG)* Band *n*, Gurt *m*, Gurtband *n*; Förderband *n*, Fördergurt *m*; 2. *(Arch)* Band *n*, Gurtgesims *n (Ornament im Mauerwerk und an Säulen)*; 3. *(BWG)* Antriebsriemen *m*; Scheibe *f (Riemenscheibe)*; 4. *(Bod)* Gürtel *m (Geologie)*
belt canal *(Wsb)* Randkanal *m*
belt conveyor *(BWG, Te)* Bandförderer *m*, Gurtförderer *m*, Transportband *n*, Förderband *n*
belt course *(Arch)* Gurtgesims *n*, Gesimsband *n*, Mauerband *n (Ornament)*
belt drive Bandantrieb *m*, Riemenantrieb *m*
belt feeder *(BWG, Te)* Aufgabeband *n*, Bandaufgeber *m*
belt highway *(AE)* Ringstraße *f*; Umgehungsstraße *f*; Tangente *f*
belt loader *(BWG)* Bandlader *m*, Gurtbandaufnehmer *m*, Auflader *m* mit Gurtband
belt sander Bandholzschleifmaschine *f*
belt saw Bandsäge *f*
belt truck loader *s.* belt loader
belt-type proportioner *(BM, BWG)* Banddosiereinrichtung *f*
beltway *(AE)* Ringstraße *f*, Ringautobahn *f*
beltway route *(Verk, Verm)* Tangentiale *f*, Tangentenlinie *f (Trassierung)*
belvedere Belvedere *n*, Aussichtsturm *m*; Sommerhaus *n* mit Aussichtspunkt
bema *(Arch)* erhobener Altarraum *m*
bench *v (Erdb)* abtreppen, abstufen
bench 1. *(Erdb)* Absatz *m (Vorsprung in einem Erdwall)*; Bankett *n*; 2. *(Verk)* Berme *f*, Straßenschulter *f*; 3. *s.* bench hammer; 4. *(BWG)* Bank *f*, Werkbank *f*; 5. *(Bod, Wsb) (AE)* Flussufer *n*
bench brake Blechbiegemaschine *f*
bench drilling machine Tischbohrmaschine *f*
bench for hydraulic test *(WVA)* hydraulischer Prüfstand *m*
bench gravel Flusskies *m*, Bankkies *m*
bench hammer Bankhammer *m*
bench hook Haltestock *m (einer Zimmermannsbank)*
bench of ground *(Bod, Erdb)* Bank *f (Gründung)*; Erdstoffstufe *f*; Felsbank *f*
bench plane Bankhobel *m*
bench sander Bankschleifmaschine *f*
bench scale test Labormaßstabtest *m*
bench shingle Küstenkies *m*; Rundkies *m*
bench stop *s.* bench hook
bench table innerer Mauervorsprung *m*, Mauerabsatz *m (als Sitzmauer)*
bench test 1. *(BM, Konst)* Benchmarktest *m*; 2. *s.* bench scale test
bench trimmer Bankschneidemaschine *f*
bench-type drilling machine Tischbohrmaschine *f*
benched abgestuft; stufenweise, gestaffelt
benched footing *(Erdb)* abgetrepptes Fundament *n*
benched foundation Stufenfundament *n*, abgestufte [abgetreppte] Gründung *f*
benching 1. *(Erdb)* Abstufen *n*, Abtreppung *f*; 2. *(Verk)* Bankett *n*, Randstreifen *m (Straße)*; 3. *(Erdb)* Betonbedeckung *f (für Böschungen)*; 4. *(BB, Erdb)* seitliche Betonbettung *f (für Rohrleitungen)*
benchmark 1. *(Verm)* Höhenfestpunkt *m*, Höhenmarke *f*, Höhenbezugspunkt *m*, Festpunkt *m (im Gelände)*; 2. *(Te, VR)* Bezugsgröße *f*; Bezugspunkt *m*
benchmarking 1. *(Verm)* Festlegen *n* der Höhenfestpunkte, Höhenfestpunktfixierung *f*; 2. *(Konst, VR)* Festlegen *n* der Leistungskriterien; Bewerten *n* mittels Leistungsdaten
benchwork Werkbankarbeit *f*; Werkstattarbeit *f*
bend *v* biegen; wölben; falzen; sich (durch)biegen; sich wölben *(Blech)*; sich krümmen *(z. B. Straße)*
bend *v* **at right angles** kröpfen
bend *v* **down** abbiegen, aufbiegen *(Betonstahl)*
bend *v* **out of line** verkanten
bend *v* **the iron** Eisen biegen
bend *v* **the reinforcement iron** Bewehrung biegen
bend *v* **up** aufbiegen, abbiegen *(Betonstahl)*
bend 1. *(BB, St)* Biegen *n*; Aufbiegung *f*, Abbiegung *f (Betonstahl)*; 2. *(BT)* Biegung *f*; Krümmung *f*; Windung *f*; Knick *m*; 3. *(Verk)* Kurve *f*, Krümme *f*, Biegung *f*; 4. *(San, WVA)* Krümmer *m*, Bogenrohr *n*
bend correction *(Verk)* Kurvenverbesserung *f (Straße)*

bend entrance *(Verk)* Krümmungsbeginn *m (Straße, Schiene)*
bend exit *(Verk)* Kurvenauslauf *m*, Krümmungsende *n (Straße, Schiene)*
bend marker *(Verk)* Kurvenspiegel *m*; Kurvenleiteinrichtung *f (Straße)*
bend radius *(Verk)* Kurvenradius *m (Straße, Schiene)*
bend reprofiling *(Verk)* Kurvenreprofilierung *f (Straße)*
bend-resistant *(Konst)* biegesteif
bend superelevation *(Verk)* Kurvenüberhöhung *f (Straße)*
bend test Biegeversuch *m*
bendability *(St)* Biegefähigkeit *f*, Biegevermögen *n*, Biegbarkeit *f*
bender Biegeapparat *m*; Biegezange *f*
bendiness *(Verk)* Kurvigkeit *f*
bending 1. Biegen *n*; Umbiegung *f*; Falzen *n*; 2. *(Stat, TK)* Durchbiegung *f*; Krümmung *f*
bending action Biegebeanspruchung *f*
bending allowance Biegetoleranz *f*
bending amount Biegegröße *f*
bending analysis *(Stat)* Biegerandspannungsberechnung *f*, Biegelehre *f*
bending and axial load *(Stat)* Biegung *f* mit Längskraft
bending angle Biegewinkel *m*
bending arm Biegearm *m*, Biegebalken *m*
bending beam *(TK)* Spannbalken *m*
bending beam rheometer *(BM)* Biegebalkenrheometer *m (Bitumenprüfung)*
bending bond failure Verbundbiegebruch *m*, Haftungsbiegebruch *m*
bending capacity Biegbarkeit *f*, Biegevermögen *n*
bending coefficient Biegezahl *f*
bending couple *s.* bending moment
bending crack Biegeriss *m*
bending cycles Biegewechselzahl *f*
bending deformation *(BM, Stat)* Biegeformänderung *f*, Biegeverformung *f*
bending dimension Biegemaß *n (Beton)*
bending distribution Biegeverteilung *f*
bending disturbance Biegestörung *f*
bending elasticity Biegeelastizität *f*
bending endurance *(BM, Stat)* Dauerbiegefestigkeit *f*
bending failure *(Stat)* Biegebruch *m*
bending failure curve *(Stat)* Biegebruchkurve *f*
bending fatigue Biegeermüdung *f*, Biegungsermüdung *f*
bending fatigue strength Biegedauerfestigkeit *f*, Dauerbiegefestigkeit *f*
bending force Biegekraft *f*
bending formula *(Stat)* Biegeformel *f*
bending iron Richteisen *n*, Richtdorn *m*; Biegezange *f*
bending joint Biegeverbindung *f*
bending line *(Stat)* Biegelinie *f*, Biegungslinie *f*, elastische Linie *f*
bending list *(BB, St)* Biegeliste *f*
bending load Biegebeanspruchung *f*, Biegebelastung *f*, Biegelast *f*
bending machine Biegemaschine *f*, Biegeeinrichtung *f*
bending moment *(Stat)* Biegemoment *n*
bending moment diagram *(Stat)* Biegemomentendiagramm *n*, Biegemomentenlinie *f*
bending mould Biegeform *f*
bending plane Biegeebene *f*
bending pliers Biegezange *f*
bending point Biegepunkt *m*
bending rigidity Biegesteifigkeit *f*, Biegesteife *f*, Biegestarrheit *f*
bending schedule *(BB, St)* Bewehrungsplan *m*, Eisenbiegeplan *m*, Biegeliste *f*, Biegezeichnung *f*
bending specifications Biegeangaben *fpl*
bending stiffness Biegesteifigkeit *f*, Biegesteife *f*
bending strain *(Stat)* Biegespannung *f*
bending strength *(Stat)* Biegefestigkeit *f*
bending stress *(Stat)* Biegebeanspruchung *f*, Biegespannung *f*
bending stress fatigue limit *(Stat)* Dauerbiegefestigkeit *f*
bending tensile stress *(Stat)* Biegezugspannung *f*
bending tension Biegezug *m*
bending tension failure Biegezugbruch *m*
bending test Biegeversuch *m*, Biegeprüfung *f*
bending test on notched bar Kerbschlagversuch *m*, Kerbschlagprobe *f*
bending test specimen Biegeprüfkörper *m*, Biegeprüfstück *n*
bending theory *(Stat)* Biegetheorie *f*
bending time Biegedauer *f*
bending-up Aufbiegung *f*, Abbiegung *f (Bewehrung)*
bending yard *(St, Te)* Biegeplatz *m (Bewehrung)*
bendproof biegesteif
beneficiation Veredlung *f (Baustoffe)*
benefit *v (VR)* Nutzen ziehen, nützen
benefit *(VR)* Vorteil *m*
benefit building society *(VR)* Baugenossenschaft *f*
Benkelman beam *(BM, Bod, Erdb, Verk)* Benkelman--Balken *m*
bent gebogen; krumm, gekrümmt
bent 1. *(TK)* Rahmentragwerk *n (zweidimensional)*; Gerüst *n*, Gestell *n (Fachwerk)*; Portalrahmen *m*, biegesteifer Rahmen *m*, Querrahmen *m (Schichtholz)*; 2. *(Br, Erdb, TK)* Joch *n*, Pfahljoch *n*; 3. *s.* bend 2.
bent approach *(Verk)* Schikane *f*, scharfgebogene Zufahrt *f (Autorennstrecke)*
bent bar aufgebogener [abgebogener] Bewehrungsstab *m*, gebogene Verbindungslängsbewehrung *f*; Schrägeisen *n*, Schrägstab *m*; Schubeisen *n*
bent chisel Kreuzmeißel *m*, Steinmeißel *m*
bent ferrule gebogene Rohrreinigungsrute *f*
bent pipe Knierohr *n*, Bogenrohr *n*, Krümmer *m*, Rohrkrümmung *f*
bent plywood gebogenes Sperrholz *n*
bent point [portion] Abbiegestelle *f (Bewehrung)*
bent roof Wölbdach *n*
bent shoe gebogene Deckleiste *f*
bent tile Dachpfanne *f*, Pfanne *f*
bent tube *s.* bent pipe
bent-up *(BB, St)* Aufbiegung *f*, Abbiegung *f*
bent-up bar *s.* bent bar
bentonite *(BM, Erdb)* Bentonit *m*
bentonite slurry *(Erdb)* Bentonitschlämme *f*
bentwood geformtes Holz *n*, Pressholz *n*
benzene *(BM)* Benzol *n*
Berlin black *(OB)* Berliner Schwarz *n*
Berlin blue *(OB)* Berliner Blau *n*
berliner Terrazzo *m (mit langen, dünnen Marmorsplittkörnern)*
berm Absatz *m*, Bankett *n*, Berme *f*, Böschung *f*
Bernoulli assumption *(WVA)* Bernoulli'sche Annahme *f*
Bernoulli equation Bernoulli-Gleichung *f*
berth *(Verk)* Ankerplatz *m*, Liegeplatz *m (Schiff)*; Anlegestelle *f*
besant Scheibenornament *n*, Scheibenverzierung *f*
Bessemer steel Bessemerstahl *m*
best quality erste Wahl *f*
bestiary *(Arch)* Bestiarium *n*, Symbolfigurengruppe *f*, Tierfigurengruppe *f (sakral)*
bestiary frieze Tierfries *m*
bethel *(Arch)* Gebetsplatz *m (in Kapellen)*
beton *s.* béton
béton *(AE)* Kalkbeton *m*

béton brut 1. unbearbeiteter Sichtbeton *m*; 2. *(BB, Te)* Schalungsabdruck *m* (am Beton)
betterment 1. *(VR)* Wertzuwachs *m (z. B. bei Bauland, Grundstücken)*; 2. *(Erdb)* Bodenverbesserung *f*, Melioration *f*
between-season heating period *(HLK)* Übergangsheizperiode *f*
bevel *v* 1. abschrägen, abkanten, abkragen, abfasen; 2. *(Hb)* ausschrägen
bevel schräg *(Kante)*; abgefast; schiefwinklig
bevel *(Hb, St)* Schräge *f*, Abschrägung *f*, Abkragung *f*, Fase *f*; Kante *f*; Gehrung *f (nicht rechtwinklig)*; Facette *f*
bevel angle Schrägwinkel *m (eines Schweißstücks)*
bevel board abgewinkeltes Brett *n*
bevel collar Muffenkrümmer *m*
bevel corner halving *(Hb)* Ecküberblattung *f (mit Gehrung)*
bevel cut Schrägschnitt *m*, schiefwinkliger Schnitt *m*
bevel halving *s.* bevel corner halving
bevel jack *(BWG, Hb)* Gehrungsschneidehalter *m*
bevel joint *s.* bevelled joint
bevel sawing Gehrungssägen *n*
bevel siding *(Hb, OB)* Stülp(ver)schalung *f (Außenwand)*
bevel square Gehrungswinkelmesser *m*
bevel way Schrägmaß *n*, Gehrmaß *n*
bevelled 1. abgeschrägt, schräg *(Kante)*; abgefast, gefast; 2. *(Hb)* gebrochen
bevelled brick Schrägstein *m*
bevelled closer *s.* king closer
bevelled cogging schräger Kamm *m*
bevelled corner halving *(Hb)* Ecküberblattung *f* mit Gehrung
bevelled edge Schrägkante *f*, Fase *f*
bevelled end cogging *(Hb)* schräge Endverkämmung *f*
bevelled glass *(BM)* Facettenglas *n*
bevelled halving *s.* bevelled joint
bevelled joint Schrägfuge *f*, schräger Stoß *m*
bevelled joist oben abgeschrägter Deckenträger *m*
bevelled side *s.* bevelled edge
bevelling 1. *(Hb)* Abschrägen *n*, Abfasen *n*; 2. *(Hb)* Brechen *n*; 3. *(Hb, St)* Fase *f*; Gehrung *f (nicht rechtwinklig)*
bevelling cut *(Hb)* Backenschmiege *f*, Wangenschmiege *f*
bezant *(Arch)* Münzenornament *n*, Scheibenornament *n*
bezel Schärfschräge *f (Axt, Meißel)*
BFW *s.* boiler feed water
bi-vault Doppelgewölbe *n*
bias schräg, quer
bias 1. *(BM, VR)* systematischer Fehler *m*, systematische Abweichung *f*; 2. *(VR)* Vorurteil *n*
bias of measurement method *(BM, VR)* systematischer Prüfverfahrensfehler *m*
bias of test result *(BM, VR)* systematischer Prüffehler *m*
biaxial zweiachsig
bib *s.* bib-cock
bib-cock *(San)* Ausflusshahn *m*, Wasserhahn *m*
bib nozzle *(San)* Ausflusshahn *m*
bib-tab *(San)* Wasserhahn *m*
bib-valve *(San)* Ausflusshahn *m*, Wasserhahn *m (mit horizontaler Wasserzuführung)*
bicable ropeway *(Verk)* Zweiseilbahn *f*
bicoca *(Arch)* Wachtturm *m*; Türmchen *n*
bicycle lane *(Verk)* Radweg *m*; Radfahrspur *f*
bicycle park Fahrradstand *m*
bicycle racks Fahrradstand(platz) *m*
bicycle signal *(Verk)* Radfahrersignal *n*
bicycle track *(Verk)* Radweg *m*
bicycle traffic *(Verk)* Radverkehr *m*
bicycle traffic layout [plan] *(RP, Verk)* Radwegnetz *n*
bicycle traffic planning *(RP, Verk)* Radverkehrsplanung *f*
bicycle-wheel roof *(Konst)* Radialdach *n*, Runddach *n*
bid *v (VR)* ein Angebot machen
bid Bauangebot *n*, Offerte *f*
bid bond Angebotsobligation *f*
bid date Angebotstermin *m*
bid form *(VR)* Angebotsformular *n*
bid guarantee Angebotssicherheit *f*
bid letting [opening] *(VR)* Angebotseröffnung *f*, Ausschreibungseröffnung *f*
bid security Angebotssicherheit *f*
bid time Angebotstermin *m*
bidder *(VR)* Bieter *m*, Anbieter *m*, Bietender *m*; Bewerber *m*
bidding documents Ausschreibungsunterlagen *fpl*
bidding drawing *(Konst)* Ausschreibungszeichnung *f*, Tenderzeichnung *f*
bidding period Angebotszeitraum *m*
bidding phase Angebotsauswahlphase *f*
bidding requirements *(VR)* Angebotsbedingungen *fpl*
bidet Bidet *n*, Sitzwaschbecken *n*
bifid Y-förmig
bifidity Y-Förmigkeit *f*
bifolding door Doppelfalttür *f*
bifurcate *v* sich gabeln, sich gabelförmig teilen
bifurcated pipe gabelförmiges Rohr *n*, Abzweigrohr(stück) *n*
bifurcation *(Verk, Wsb, WVA)* Gabelung *f (z. B. einer Straße)*; Abzweigung *f*
big brick chimney frei stehender Schornstein *m*, Industrieschornstein *m (gemauert)*
biga ornamentales Zweigespann *n*, Doppelgespann *n (Klassik)*
bight *(Bod, Wsb)* (kleine) Bucht *f*; Flussbiegung *f*
bike lane *(Verk)* Radweg *m*; Radfahrspur *f*
bike park Fahrradstand *m*
bike racks Fahrradstand(platz) *m*
bike signal *(Verk)* Radfahrersignal *n*
bike track *(Verk)* Radweg *m*
bike traffic *(Verk)* Radverkehr *m*
bike traffic layout [plan] *(RP, Verk)* Radwegnetz *n*
bike traffic planning *(RP, Verk)* Radverkehrsplanung *f*
bike-wheel roof Radialdach *n*, Runddach *n*
bikeway *(AE)* Radweg *m*
bilection moulding *s.* bolection moulding
bilgeblock Stapelklotz *m (beim Schiffbau)*
bilinear stress-strain relationship *(BM, Stat)* bilineares Druck-Dehnungs-Verhältnis *n*
bill *v* **for quantities** *(VR)* aufmessen, das Aufmaß machen; Leistung auflisten
bill 1. Rechnung *f*; 2. Liste *f*, Verzeichnis *n*
bill of materials 1. Materialliste *f*; 2. (geschätzter) Voranschlag *m*
bill of quantities 1. *(Konst, VR)* Bauleistungsverzeichnis *n*, Leistungsverzeichnis *n*, L. V., Bauleistungsangabe *f*, Bauleistungsbeschreibung *f*, Massenauszug *m (Leistungsverzeichnis)*; Massenermittlung *f*; 2. *(VR)* Voranschlag *m*
billboard *(AE)* Reklametafel *n*
billet 1. Billetornament *n*; 2. Holzklotz *m*, Holzscheit *n*; Bolzen *m*, Barren *m (aus Eisen)*; 3. Eisenunterlagsplatte *f (unter einer Säule zur Lastverteilung)*
billet bar Massivbewehrungsstab *m (Dickstab)*
billing *(VR)* Gesamt(bau)preisermittlung *f*
bimetal strip *(El)* Bimetallstreifen *m*
bin 1. Silo *n(m)*, Silozelle *f*; Bunker *m (Dosiervorrichtung)*; 2. Greiferkübel *m (Bagger)*
bin batcher Bunkerdosierapparat *m*
binary binär, zweiteilig, zweigliedrig, Zweistoff...
bind *v* 1. binden, flechten *(Stahlbetonbewehrung)*; nachziehen; 2. binden, fest [hart] werden; anziehen *(Beton)*
binder 1. Binder(stein) *m*, Strecker *m (Mauerwerk)*; 2. Binder(balken) *m*, Bundbalken *m*; Zwischendeckenbalken *m*;

3. Binderschicht *f*, Asphaltbinderschicht *f*, Binderlage *f* *(Straße)*; 4. Bindemittel *n*, Binder *m*; 5. Bügel *m* *(zur Bewehrung)*
binder aging Bindemittelalterung *f*
binder bleeding *(Verk)* Bindemittelaustritt *m*, Bindemittelbluten *n*
binder content Bindemittelgehalt *m*, Bindemittelanteil *m*
binder content determination Bindemittelgehaltsbestimmung *f*
binder course 1. *(SB)* Mauersteinbinderlage *f*; 2. *(Verk)* Asphaltbinderschicht *f*
binder distributor Spritzbalken *m*, Spritzrampe *f*
binder drainage *(OB)* Bindemittelablauf *m*
binder emulsion *(OB)* Bindemittelemulsion *f* *(Anstriche)*
binder extraction Bindemittelextraktion *f*
binder-filler mixture Bindemittel-Füllergemisch *n*
binder joist Zwischendeckenbalken *m*
binder portion Bindemittelanteil *m*, Bindemittelgehalt *m*
binder recovery *(BM)* Bindemittelrückgewinnung *f*
binder soil *(Bod, Erdb)* bindiger [kohäsiver] Erdstoff *m*
binder sprayer Bindemittelspritze *f*; Bindemittelspritzmaschine *f*, Goudronator *m*
binder suspension *(OB)* Bindemittelsuspension *f*, Dispersionsbindemittel *n* *(Anstriche)*
binder technology Bindemitteltechnologie *f*
binderless bindemittellos, bindemittelfrei, ohne Bindemittel
binders and joists *(TK)* Gebälk *n*, Balkenlage *f*, Holzgebälk *n*
binding 1. Flechten *n*, Rödelung *f* *(Stahlbewehrung)*; 2. Bindung *f* *(des Zements)*; 3. bituminöse Haftung *f*
binding agent Bindemittel *n* *(eines Anstrichs)*
binding beam Bundbalken *m*, Binderbalken *m*; Zange *f*, Streckbalken *m*
binding concrete course [layer] Betonausgleichsschicht *f*, Ausgleichsbetonlage *f*
binding course *s.* binder course 1.
binding force *(BM)* Bindungskraft *f*
binding joist *(TK)* Unterzug *m*, Unterstützungsträger *m* *(aus Holz oder Beton für Decken)*
binding material Bindemittel *n*; Klebstoff *m*
binding matrix Bindemittel *n* *(mechanisch)*
binding piece *(Hb)* Zange *f*, Streckbalken *m*, Koppelbalken *m*
binding rafter *(Hb, St)* Pfette *f*
binding stone *(SB)* Binder(stein) *m*; Ankerstein *m*
binding strength Klemmfestigkeit *f*
binding wire Bindedraht *m*, Rödeldraht *m*, Knüpfdraht *m* *(Stahlbetonbewehrung)*
bing *(Bod)* Berge(gesteins)halde *f*
bing brick Schiefertonziegel *m*
bioaeration *(HLK)* Belüftung *f*
biochemical action *(OB, Umw)* biochemische Wirkung *f*
biochemical tracer *(Umw)* biochemischer Indikator *m*
biodegradability *(Umw)* biologische Abbaubarkeit *f*
biodegradable *(Umw)* biologisch abbaubar
biodeterioration biologischer Verfall *m*
biofiltration *(WVA)* Biofilterung *f*
biogas *(Umw)* Biogas *n*, Faulgas *n*
biogas plant *(Umw)* Biogasgewinnungsanlage *f*
biological attack biologischer Befall *m*
biological clarification plant *(WVA)* biologische Kläranlage *f*
biological corrosion biologische Korrosion *f*
biological degradation biologischer Abbau *m*
biological effectiveness biologische Wirksamkeit *f*
biological energy conversion 1. *(Umw)* biologische Umwandlung *f*; 2. biologische Energiegewinnung *f*
biological equilibrium biologisches Gleichgewicht *n*
biological shielding Strahlenschutz *m*
biological shielding material *(BM)* Strahlenschutzbaustoff *m*
biological treatment *(WVA)* biologische Behandlung *f*
biological waste composting *n* *(WVA)* Biomüllkompostierung *f*
biomass Biomasse *f*
biomass power plant Biomassekraftwerk *n*
biota *(Umw)* Biotop *n*
biotite granite *(BM, Bod)* Biotitgranit *m*
biowaste compost *(Umw)* Biomüllkompost *m*
biparting door zweiflügelige Tür *f*
bipartite church *(Arch)* zweiteilige Kirche *f*
birch 1. Birke *f*; 2. *s.* birch wood
birch wood Birkenholz *n*
bird peck kleiner Fleck *m* *(im Holz)*; kleines Loch *n* *(Schadstelle im Holz)*
bird screen Vogelschutzsieb *n* *(auf Schornsteinen)*
birdbath *(AE)* *(LB, Verk)* kleine Wasserpfütze *f* *(z. B. auf Straßenbelag)*
bird's beak moulding *(Arch)* Schnabel *m*, Schnabelornament *n*
bird's-eye view *(Konst)* Vogelperspektive *f*
bird's-mouth *v* *(Hb)* aufklauen
bird's-mouth 1. *(Hb)* Gabel(schmiege) *f*, Geißfuß *m*; 2. *(Hb)* *s.* bird's-mouth joint
bird's-mouth attachment *(Hb)* Klauenschiftung *f*, Aufschiftung *f*
bird's-mouth joint *(Hb)* Aufklauung *f*, Verklauung *f*; Klaue *f*
bird's-mouth lapped scarf *(Hb)* Überblattung *f* in Herzblattform
bishop *(sl)* Handramme *f*
bismuth blende *(BM)* Wismutblende *f*
bit Bohrer *m*; Meißel *m*; Schneide *f*; Hobeleisen *n*; Bohrerspitze *f*
bit borer *(Erdb)* Löffelbohrer *m* *(Schrotbohrer)*
bit gauge [stop] Bohrlehre *f*, Tiefenlehre *f*
bitch Bauklammer *f* *(dreidimensional)*
bite *v* *(OB)* angreifen, ätzen *(Metalle, Kunststoffe)*; zerstören *(durch Korrosion)*
bite 1. Rahmenfutterbreite *f* *(einer Glasauflage)*; 2. Sägeschnitt *m*
bitumen *(BM)* Bitumen *n* *(EN 13398, EN 13399, EN 13587, EN 13588, EN 13589, EN 13632, EN 13702, EN 13703)*
bitumen-aggregate mix [mixture] *s.* bitumen pavement mix [mixture]
bitumen-based asphalthaltig, auf Bitumen basierend, auf bituminöser Grundlage
bitumen-based mastic sealer Bitumenkitt *m*
bitumen binder bituminöses Bindemittel *n*
bitumen board Bitumenpappe *f*
bitumen-bound bitumengebunden, asphaltgebunden
bitumen-bound aggregate bitumengebundene Zuschlagstoffe *mpl*
bitumen-coated gravel Bitumenkies *m*
bitumen coating Bitumenanstrich *m*
bitumen concrete Bitumenbeton *m*, Asphaltbeton *m*
bitumen cutback Verschnittbitumen *n*
bitumen emulsion Bitumenemulsion *f*
bitumen felt Bitumen(dach)pappe *f*
bitumen filler Bitumenfüllstoff *m*, Füller *m* *(für bituminöse Stoffe)*
bitumen flexible pavement Schwarzdecke *f*
bitumen fog-sealed bitumengesiegelt, schwach bituminiert
bitumen heater and sprayer Gudronator *m*, Goudronator *m*; Bitumenspritzmaschine *f*
bitumen heater distributor truck beheizter Bitumentankspritzwagen *m*

bitumen heating tank Bitumenheiztank *m*, Bitumenerhitzer *m*
bitumen-impregnated bitumengetränkt, bituminiert
bitumen layer Bitumenlage *f*, Bitumenschicht *f*
bitumen lining *(DIS)* Bitumendichtung *f*
bitumen lining paper Bitumenpapier *n*
bitumen macadam Asphaltmakadam *m(n)*
bitumen mopping Bituminieren *n (Dach)*
bitumen mortar *(DIS)* Bitumenmörtel *m*
bitumen paint *s.* bituminous paint
bitumen pavement *(Verk)* Asphaltbefestigung *f (Straßenbau)*
bitumen pavement mix [mixture] Bitumendeckenmischgut *n*, Asphaltdeckenmischgut *n*, Schwarzdeckenmischgut *n*
bitumen plaster *(DIS)* Erdpechputz *m*
bitumen pour coat oberste Bitumenschicht *f*
bitumen protective coating *(DIS)* Bitumenschutzanstrich *m*
bitumen pump Bindemittelpumpe *f*
bitumen sealing sheet *(DIS)* Bitumendichtungsbahn *f*
bitumen spraying machine Bitumenspritzmaschine *f*; Gudronator *m*, Goudronator *m*
bitumen stabilization *(Bod)* Bitumenverfestigung *f*
bitumen stabilized soil *(Erdb)* bituminös verfestigter Erdstoff *m*
bitumen storage tank Bitumenvorratstank *m*
bitumen subsealing *(DIS)* Bitumenunterpressung *f*
bitumen surfacing Asphaltbefestigung *f*
bitumen tack coat *(DIS)* Bitumenhaftanstrich *m*
bitumen waterproofing membrane *(DIS)* Bitumensperrschicht *f*, Bitumensperrlage *f*
bitumen waterproofing sheeting *(DIS)* Bitumendichtungsbahn *f*
bitumen wearing course Asphaltdecke *f*, Asphaltverschleißschicht *f*, Schwarzdecke *f (Straßenbau)*
bituminate *v s.* bituminize
bituminiferous bitumenhaltig
bituminization Bituminieren *n*; Asphaltieren *n*
bituminize *v* bituminieren, mit Bitumen behandeln [imprägnieren]; asphaltieren
bituminized chippings [chips] Bitumensplitt *m*
bituminized fibre pipe Bitumen-Cellulosefaserrohr *n*
bituminous bituminös, bitumenhaltig
bituminous adhesive composition bituminöse Klebemasse *f*
bituminous aggregate Bitumenagglomerat *m*
bituminous base course Asphalttragschicht *f*
bituminous binder bituminöses Bindemittel *n*
bituminous-bound *s.* bitumen-bound
bituminous built-up roof *(DIS)* bituminöser Spachtelbelag *m*
bituminous carpet [carpeting] bituminöse Straßendecke *f*, Bitumenteppich *m*
bituminous cement bituminierter Zement *m*
bituminous coal tar Steinkohlenteer *m*
bituminous coating *(DIS)* bituminöse Beschichtung *f*
bituminous compound bituminöse Masse *f*
bituminous concrete Bitumenbeton *m*, Asphaltbeton *m*
bituminous dampproofing agent *(DIS)* bituminöses Sperrmittel *n*
bituminous emulsion Bitumenemulsion *f*
bituminous emulsion spreader Bitumenemulsionsspritze *f*
bituminous facing Bitumenbetonmembran *f*
bituminous felt Bitumen(dach)pappe *f*, Dachpappe *f*
bituminous finisher *(Verk)* Schwarzdeckenfertiger *m*
bituminous floor cover bituminöser Fußboden *m*
bituminous geomembrane *(DIS)* bituminöse Geomembrane *f*, Asphaltgeomembrane *f*
bituminous grout 1. Fugenvergussmasse *f*; 2. bituminöse Schlämme *f*
bituminous impregnation *(DIS)* bituminöse Tränkung *f*
bituminous joint filler 1. Fugenvergussmasse *f*; 2. bituminöse Schlämme *f*
bituminous layer bituminöse Schicht *f*
bituminous limestone *(BM)* Stinkkalk *m*
bituminous macadam bituminöser Tränkmakadam *m*
bituminous marl Asphaltmergel *m*
bituminous material 1. bituminöser Stoff *m*; 2. *s.* bituminous mixture
bituminous metalling Bitumensteinschlag *m*
bituminous mix *s.* bituminous mixture
bituminous mixing plant *(Verk)* Asphaltmischanlage *f*, Schwarzdeckenmischanlage *f*
bituminous mixture bituminöses Mischgut *n*, Asphalt *m*; Schwarzdeckenmischgut *n*
bituminous mortar bituminöser Mörtel *m*
bituminous paint *(DIS)* Bitumenanstrich *m*, bituminöser Anstrichstoff *m*
bituminous pavement *(Verk)* Asphaltdecke *f*, Schwarzdecke *f*
bituminous paver *(Verk)* Schwarzdeckenfertiger *m*
bituminous primer *(DIS)* bituminöses Grundiermittel *n*
bituminous product bituminöses Erzeugnis *n*
bituminous roofing felt *(DIS)* Teer(dach)pappe *f*, Bitumen(dach)pappe *f*
bituminous saturating composition bituminöses Tränkmaterial *n*
bituminous seal Bitumendichtung *f*
bituminous shale bituminöser Schiefer *m*
bituminous sheeting 1. bituminöse Straßendecke *f*; 2. Bitumenbahn *f*
bituminous slurry seal Bitumenschlämmedichtung *f*
bituminous substance bituminöses Material *n*
bituminous surface *s.* bituminous surfacing 3.
bituminous surface dressing bituminöse Deckenerneuerung *f*
bituminous surfacing 1. *(DIS, Verk)* bituminöse Oberflächenbehandlung *f*; Bitumenbeschichtung *f*; 2. *(Verk)* Asphaltierung *f*; Einbau *m* des Asphaltbetonbelags; 3. *(Verk)* Asphaltdecke *f*, bituminöse Deckschicht *f*; 4. *(Verk)* bituminöse Straßendecke *f*, Schwarzdecke *f*; Asphaltbetonbelag *m*
bituminous tar *(BM)* Asphaltteer *m*
bituminous tar concrete Asphaltteerbeton *m*
bituminous topping bituminöse Straßendecke *f*
bituminous treated base *(OB)* bituminös behandelte Unterlage *f*
bituminous varnish *(OB)* bituminöser Lack *m*
bituminous veneering bituminöse Straßendecke *f*
bituminous waterproof(ing) coat *(DIS)* bituminöser Sperranstrich *m*
black ash mortar Kalkschlackemörtel *m*
black bolt Rohrschraube *f*, schwarze Schraube *f*; Schmiedebolzen *m*
black crayon Schwarzkreide *f*
black deposits Bindemittelanreicherung *f*, Bindemittelüberfettung *f*
black earth *(LB)* Schwarzerde *f*
black hole effect *(Verk)* Tunneleffekt *m*
black ice *(Verk) (sl)* Glatteis *n*
black iron plate Schwarzblech *n*
black japan *(OB)* Asphaltlack *m*, Japanlack *m*
black list *(VR)* schwarze Liste *f (Bieterausschlussliste)*
black mortar Kalkschlackemörtel *m*
black mould *(LB)* Düngererde *f*

black pitch *(BM)* Schwarzpech *n*
black plate Schwarzblech *n*, Mattblech *n* *(Dachdeckung)*
black top *(AE)* Asphaltdecke *f*, Schwarzdecke *f*
black varnish *(OB)* Bitumenanstrich *m*; Teer(lack)anstrich *m*
black vein *(Bod)* schwarze Ader *f* *(Geologie)*
black wood *(Hb)* Palisanderholz *n*
blacken *v* *(OB)* schwärzen, schwarz färben; schwarz [dunkel] werden
blacking up *(Verk)* *(sl)* Schwarzwerden *n*, Bindemittelanreicherung *f* *(bituminöses Bindemittel)*; Bitumenüberfettung *f*
blackish schwärzlich
blackjack *(sl)* bituminöse Dachreparaturmasse *f*
blackout Verdunkeln *n*, Abdunkelung *f*
blackout building fensterloses Gebäude *n*
blackout door Verdunkelungstür *f*
blackout installation Verdunklungsanlage *f*
blackout jalousie Verdunkelungsjalousie *f*
blackout window Verdunklungsfenster *n*
blacksmith Grobschmied *m*
blacksmith's shop Schmiede *f*
blackspot *(Verk, VR)* Unfallschwerpunkt *m*
blackspot programme *(Verk)* Unfallschwerpunktbeseitigungsprogramm *n*
blade 1. *(Hb, St)* Bundsparren *m*, Bindersparren *m* *(Dach)*; 2. *(BWG)* Blatt *n* *(Säge)*; Schneide *f* *(Klinge)*; 3. *(BWG)* Flügel *m*, Schaufel *f* *(Mischer)*; Schaufelblatt *n*; 4. *(BWG)* Planierschild *m*
blade-bearing Schneidelager *n*
blade grader Straßenhobel *m*, Grader *m* *(Baumaschine)*
blade mixer Schaufelmischer *m*
blade of the scutch Maurerhammerschneide *f*
blades *(Hb)* Bindergespärre *n*, Bindersparren *mpl* *(Dach)*
blading *(Erdb)* Planieren *n*, Einplanieren *n* *(Straßenbau)*
blaes Mergellehm *m*
Blaine apparatus *(BM)* Blaine-Gerät *n*
Blaine fineness *(BM)* Feinheit *f* nach Blaine, Blaine-Wert *m*
Blaine test *(BM)* Feinheitsprüfung *f* nach Blaine, Blaine--Verfahren *n* *(Baustoffprüfung)*
blanc fixe *(OB)* Blanc fixe *n*, Barytweiß *n*, Bariumsulfatpigment *n*
blank 1. Rohling *m*; 2. Hüttenglas *n*, Rohglas *n*
blank arcade *(Arch)* Blendarkade *f*, Wandarkade *f*
blank arches *(Arch)* Rundbogenfries *m* *(romanisches Ornament)*
blank cap Endverschluss *m*
blank cover Blinddeckel *m*
blank door Blindtür *f*
blank fenestration Blindbefensterung *f*
blank flange blinder Flansch *m*
blank of data *(VR)* Datenlücke *f*
blank wall ununterbrochene Wand *f*, durchgehendes Mauerwerk *n*
blank window Blindfenster *n*
blanket *v* abdecken; abschirmen
blanket *(DIS)* Dämmmatte *f*; Schallschluckmatte *f*, Dichtungsschürze *f*
blanket insulation Glasfaserbahn *f*
blast *v* 1. *(BM, Bod)* sprengen, schießen; 2. *(OB)* putzstrahlen, putzen *(z. B. Brückenteile)*
blast 1. *(BM, Bod, Te)* Sprengung *f*; Schuss *m*; 2. *(HLK)* Gebläseluft *f*
blast area *(Bod, Te)* Sprengzone *f*
blast chamber *(Br)* Sprengkammer *f* *(Brücke)*
blast-cleaned *(OB)* strahlgereinigt; sandstrahlgereinigt
blast cleaning *(OB)* Strahlreinigen *n*, Putzstrahlen *n*; Sandstrahlen *n*
blast furnace *(BWG, St)* Hochofen *m*
blast-furnace cement Hochofenzement *m*, Hüttenzement *m*
blast-furnace framework *(Konst)* Hochofengestell *n*
blast-furnace jacket *(Konst, OB)* Hochofenumkleidung *f*
blast-furnace shaft Hochofenschacht *m*
blast-furnace slag Hochofenschlacke *f*, Schlacke *f*
blast-furnace slag cement Hochofenzement *m*, Hüttenzement *m*
blast-furnace slag concrete Hochofenschlackenbeton *m*
blast-furnace stove *(HLK)* Winderhitzer *m*
blast-furnace works *(BWG)* Hüttenwerk *n*
blast heater *(HLK)* Luftstromerhitzer *m*
blast-hole Spreng(bohr)loch *n*
blast-resistant door explosionsgeschützte Tür *f*
blast slag Hochofenschlacke *f*
blaster *(Tun, VR)* Sprengmeister *m*, Schießmeister *m*, Sprenger *m*
blasting 1. *(Erdb, Tun)* Sprengen *n*, Sprengung *f*, Schießarbeit *f*; 2. *(OB)* Putzstrahlen *n*
blasting agent *(Tun)* Sprengmittel *n*; Sicherheitssprengstoff *m*
blasting cap *(Tun)* Sprengkapsel *f*
blasting fuse *(Tun)* Zündschnur *f*
blasting mat *(Erdb, Tun)* Sprengschutzbedeckung *f*
blasting operations *(Erdb, Tun)* Sprengarbeiten *fpl*
blasting powder *(Erdb, Tun)* Schwarzpulver *n*, Sprengpulver *n*
blasting work *(Tun)* Schießarbeit *f*
bleach *v* bleichen; entfärben
bleacher seating nicht überdachte Tribünensitzbank *f*
bleaching *(BM, OB)* Bleichen *n*
bleaching agent Bleichstoff *m*
bleaching clay Bleichton *m*, Bleicherde *f*
bleaching earth Bleicherde *f*, Bleichton *m*
bleb Glasbläschen *n*, Gussblase *f*
bleb timber entharztes Holz *n*
bleed *v* 1. auslaufen lassen, anzapfen *(Dampf, Flüssigkeit)*; 2. schwitzen *(Beton)*; 3. *s.* bleed through; 4. *(Verk)* bluten, schwitzen *(Asphaltflächen)*
bleed *v* **through** *(OB)* auslaufen *(z. B. Farbe)*; durchschlagen *(Farbe, Leim)*
bleed of concrete *(OB)* Betonblühen *n*, Betonschwitzen *n*
bleed-through 1. *(OB)* Durchschlagen *n*, Durchdrücken *n* *(Farbanstrich)*; 2. *(OB)* Holzoberflächenentfärbung *f*, Furnierfärbung *f* *(durch durchdrückenden Leim)*
bleed valve Auslassventil *n*, Entlüftungsventil *n*
bleeder Ablasshahn *m*; Entlüftungshahn *m*; Entwässerungsrohr *n*
bleeder pipe Dränsammelrohr *n*
bleeding 1. Ausströmen *n*, Auslaufen *n*; Lecken *n*; Anzapfen *n*; Bluten *n* *(Asphaltstraße)*; 2. Sickerung *f*; 3. Abwässern *n* *(Frischbeton)*; 4. Durchdrücken *n* *(z. B. von Farbe)*
bleeding capacity *(BB, Te)* abgesetzte Wassermenge *f* *(Frischbeton)*
blemish *v* beeinträchtigen; beschädigen; verunstalten
blemish Fehler *m*, Fleck *m* *(in Holz- oder Marmoroberflächen)*; Makel *m*
blend *v* (ver)mischen, vermengen; verschneiden
blend Mischung *f*
blended *(EB)* meliert *(Teppichboden, Textilien)*
blended cement Mischzement *m*, Mischbinder *m*, Schlackenzement *m*
blender 1. Mischer *m*, Mischeinrichtung *f*; 2. *s.* mixer tap; 3. weicher runder Streich- und Tupfpinsel *m*
blending 1. Mischen *n*, Vermengen *n*, Mischung *f*; Verschneiden *n*; 2. Zuschlagstoffdosierung *f*
blending agent *(BM, OB)* Verschnittmittel *n*, Zusatzmittel *n*
blending valve *(San)* Mischhahn *m*, Warmwasserhahn *m*

blight *(RS)* Verfall *m (eines Gebäudes)*; Zerstörung *f (eines Wohnviertels)*
blighted area *(RS)* baufälliges Gebiet *n*, heruntergekommene Bebauung *f*, Slums *pl (heruntergekommenes Wohnviertel)*; Sanierungsgebiet *n (zur Sanierung vorgesehen)*
blind *v* 1. absplitten, Splitt aufbringen, abstumpfen *(Straße)*; 2. zusetzen, verstopfen *(z. B. Siebe, Filter)*; 3. matt werden *(Glas)*
blind 1. blind, verdeckt; nicht durchgehend; 2. matt; glanzlos
blind Abschirmung *f*, Blende *f*; Jalousie *f*, Schattenvorhang *m*
blind abutment *(TK)* blindes Widerlager *n*
blind alley *(Verk)* Sackgasse *f*
blind anchorage Blindverankerung *f*
blind arcade Blendarkade *f*
blind arch Blendbogen *m*, Scheingewölbe *n*
blind area *(SB)* Kellerwandummauerung *f*
blind casing Fensterblendrahmen *m*
blind curve *(Verk)* unübersichtliche Kurve *f*, Kurve *f* ohne Durchsicht
blind door Blindtür *f*
blind dovetail *(Hb)* bedeckter Schwalbenschwanz *m*
blind drain *(Erdb, LB)* unangebundener Drän *m*; Sickerschlitz *m (eines unangebundenen Dräns)*; Rigole *f*, Rigolet *f (Entwässerungsgraben)*
blind flange Blindflansch *m*
blind floor *(AE)* Unterboden *m (unsichtbare tragende Beton- oder Holzdecke)*
blind flue falscher Schornsteinkanal *m*
blind header 1. vorgetäuschte Mauerwerkslänge *f*; 2. gehackter Binderstein *m*
blind hole nicht durchgebohrtes Loch *n*, Sackloch *n*, Blindloch *n*
blind joint unsichtbare Fuge *f*
blind mortise *(Hb)* unsichtbares Zapfenloch *n*
blind nailing *(Hb)* Blindvernagelung *f*, Verdecktnagelung *f*, verdeckte Nagelung *f*
blind niche Blendnische *f*
blind pier *(SB, TK)* Wandpfeiler *m*
blind row einseitig offene Sitzreihe *f*
blind shade Jalousette *f*
blind stop Windschutzleiste *f (am Fensterrahmen)*
blind street Sackgasse *f*
blind tracery *(Konst, OB)* Verblendungsnetzwerk *n*, Blendmaßwerk *n*
blind triforium *(Arch)* Blendtriforium *n*, vorgeblendeter Laufgang *m (gotischer Kathedralen)*
blind vault Scheingewölbe *n*
blind wall *(SB)* geschlossene Wand *f*, durchgehendes Mauerwerk *n*
blind window Blindfenster *n*
blinding 1. *(Verk)* Splittaufbringen *n*; Abstumpfen *n*, Abgrusen *n*; 2. *(Te)* Verstopfen *n (z. B. von Sieben)*; 3. *(OB)* Mattwerden *n*; 4. *(Verk)* Oberflächenabschluss *m (dünne Splitt-, Sand- oder Kiesschicht auf Straßen)*; 5. *(BB, Erdb)* Magerbetonsauberkeitsschicht *f*; Unterbetonausgleichsschicht *f*
blinding chippings Streusplitt *m*, Abstreusplitt *m (Straße)*
blinding concrete Ausgleichsbeton *m*
blindstorey fensterloses Geschoss *n*
blindstory *(AE)* *s.* blindstorey
blink/on the *(sl)* reparaturbedürftig, nicht einwandfrei funktionierend
blinking green *(Verk)* Grünblinken *n*
blister *v (OB)* Blasen bilden, blasig werden
blister *(BM, OB)* Blase *f (an der Oberfläche)*; Gussblase *f*
blistered *(OB)* blasig
blistering 1. *(OB)* Bläschenbildung *f*, Blasenziehen *n (z. B. von Anstrichen)*; Glasurfehlstellenbildung *f*; 2. losgelöste Putzstellen *fpl*, Hohlstellen *fpl*
bloated aufgebläht, blasig aufgetrieben; Bläh...
bloated clay *(BM, DIS)* Blähton *m*, geblähter Ton *m*
bloated slate *(BM, DIS)* Blähschiefer *m*, geblähter Schiefer *m*
bloating Aufblähen *n*
block *v* 1. blockieren, arretieren; verriegeln; 2. *(Verk, VR)* sperren *(Straßen)*; 3. verankern, verkeilen *(Spannbeton)*; 4. verstopfen
block *v* **off** absperren; abdichten, abdämmen
block *v* **out** aussparen *(Betonbau)*
block *v* **up** 1. eine Tür zumauern; 2. verstopfen
block 1. Block *m*, Blockstein *m*, Steinblock *m*; Stein *m (Beton)*; 2. Klotz *m*, Holzklotz *m (Fußboden, Holzpflaster)*; 3. Block *m*, Häuserblock *m*; Häuserviertel *n*; Trakt *m*; 4. (einzelnes) Gebäude *n*; 5. Kloben *m (Flaschenzug)*
block and fall *s.* block and tackle
block and tackle *(BWG, Te)* Flaschenzug *m*
block arch Steinbogen *m*
block beam vorgespannter Blocksteinträger *m*
block bill Breitbeil *n*
block bond *(SB)* Blockverband *m*
block bonding *(SB)* Blocksteineinbindung *f (Eckenstoß)*
block bridging *(AE)* Querholzrafteraussteifung *f*
block buildings *(Arch)* Gebäudekomplex *m*, Blockbauten *mpl*
block capital *(Arch)* Würfelkapitell *n*
block connector Blockdübel *m*
block cracking Blockriss *m*
block entrance Gebäudeeingang *m*
block flooring Holzblockfußboden *m*, Holzpflaster *n*
block format Block(stein)format *n*
block frame *(St, TK)* Gebäuderahmen *m*
block-in-course großer behauener Quaderstein *m*
block-in-course masonry *(SB)* Schichtenmauerwerk *n*
block insulation *(AE) (DIS)* Wärmedämmplatte *f*
block letters Blockschrift *f*
block machine Betonblockmaschine *f*, Betonsteinpresse *f*
block-making Betonblockherstellung *f*
block masonry (work) Blocksteinmauer *f*
block of dwellings Häuserblock *m*
block of flats Mietshaus *n*; Wohnblock *m*, Häuserblock *m*
block of houses *(Arch)* Häuserblock *m*; Häuserviertel *n*
block of rented flats Mietshaus *n*
block pavement *(Verk)* Pflasterbelag *m*, Pflaster *n*, Straßenpflaster *n*
block paving *(Verk)* Pflasterbefestigung *f (Verkehrsfläche)*
block plan *(Konst)* Lageplan *m (mit kleinem Maßstab, der die Gebäudeumrisse zeigt)*; Übersichtslageplan *m*
block plane kleiner Hobel *m*
block roundabout *(Verk)* Blockumfahrung *f (Verkehr)*
blockboard Tischlerplatte *f*
blocked pipe *(WVA)* verstopftes Rohr *n*
blockholing *(LB)* Holzstocksprengen *n*
blockhouse Blockhaus *n*
blocking 1. Holzverkeilung *f*; Holzunterlegen *n*; 2. Pressverleimung *f*; 3. Wandverbindung *f*; 4. Grobspalten *n*; 5. Arretierung *f*; Verriegelung *f*
blocking axe Breitbeil *n*
blocking course *(SB)* Brustgesims *n*, Mauerband *n*
blocking gate *(San, WVA)* Absperrventil *n*
blocking off Absperren *n*
blocking section *(Verk)* blockierter Abschnitt *m*
blocking up *(Erdb)* Auffüllung *f*
blocklaying Blocksteinverlegen *n*, Großblocksteinversetzen *n*; Vermauern *n*
blockout *(BB, Hb, SB)* Aussparung *f*
blockwork *(SB)* Betonblocksteinmauerwerk *n*

blockyard *(BB, Te)* Blocksteinfertigungsfläche *f*
blondin *(BWG, Te) (sl)* Kabelkran *m*
bloom *v* 1. ausblühen *(Ziegel)*; 2. anlaufen, beschlagen *(Lackanstrich)*
bloom 1. Ausblühung *f (Ziegelmauerwerk)*; 2. *(OB)* Flaum *m (auf Farbanstrich)*; Schleierbildung *f (frischer Lackanstriche)*; 3. Vorblock *m (Stahl)*
bloom steel Luppenstahl *m*
blooming 1. *(St)* Vorwalzen *n*; 2. *(OB)* Ausblühen *n*; Beschlagen *n*; Anlaufen *n*
blooming mill Luppenwalzwerk *n*
blooming steel Luppenstahl *m*
blow *v (San, WVA)* (leer)blasen; drücken *(durch Rohrleitungen)*
blow *v* **away** wegblasen *(Sprengarbeit)*
blow *v* **off** leerblasen, abblasen
blow *v* **out** *(Wsb)* platzen, einbrechen *(Befestigung, Damm)*
blow *v* **up** zerplatzen; explodieren; (in die Luft) sprengen; hochbrechen *(Betonfahrbahnplatten)*
blow 1. Blasen *n*; 2. Schlag *m*; 3. Wassereinbruch *m (in einen Fangdamm)*
blow bending test *(BM)* Schlagbiegeversuch *m*, Schlagbiegeprüfung *f*
blow count *(Erdb)* erforderliche Schlagzahl *f (um einen Gegenstand in die Erde zu treiben)*; Rammschläge *mpl* per Längeneinheit
blow-hole Gaseinschluss *m*; Luftblase *f (im Beton)*; Gussblase *f (innen)*
blow of a hammer *(OB)* Hammerschlag *m*
blow-off *(San, WVA)* Ablass *m*
blow-off pipe [tube] *(San, WVA)* Ablassrohr *n*; Abblasrohr *n*
blow-up *(Stat)* Aufwölbung *f*, Ausknickung *f*
blowback *(HLK)* Druckbereich *m (Sicherheitsventil)*
blowdown period *(HLK, WVA)* Druckangleichungsperiode *f*
blower Gebläse *n*; Lüfter *m*
blowing schuppenartig *(fehlerhafter Kalkputz)*
blowing *(BM, Te)* Blasen *n (Bitumen)*
blowing installation *(BM, Te)* Bitumenblasanlage *f*
blowlamp *(St)* Lötlampe *f*; Gebläsebrenner *m*
blown asphalt *(AE)*, **blown bitumen** geblasenes Bitumen *n*, Blasbitumen *n*
blown gasket defekter Dichtungsring *m*
blown joint *(San, WVA)* Rohrverbindung *f (hergestellt mit der Lötlampe)*; Rohrmuffe *f*
blowpipe *(St)* Schweißbrenner *m*
blowtorch *(AE)* *s.* blowlamp
blub kleine Luftblase *f*, Blase *f (im frischen Putz)*
blue brick Blaubranntklinker *m*, Klinkerziegel *m*, Klinkerstein *m*
blue clay *(Bod)* Blauton *m*
blue lias lime Wasserkalk *m*, Blaukalk *m*, Liaskalk *m*
blue metal hartes blaues Felsgestein *n (als Splitt für Makadamdecken)*
blue print *(Konst)* Blaupause *f*, Lichtpause *f*
blue stain *(BM, Hb)* Blaufäule *f*, Blaufleck *m (im Holz)*
blue timber verblautes Holz *n*
blueing 1. *(Hb)* Blaufäule *f (Holz)*; 2. *(OB)* Bläuen *n (einer weißen Farbe)*; 3. *(St)* Bläuung *n (Metall)*
blueprinting *(Konst)* Blaupausen *n*
bluestone *(BM)* Blau(sand)stein *m*
bluff *(Bod)* Steilufer *n*
blunt *v* abstumpfen
blunt stumpf, abgestumpft
blurring *(DIS)* Tonverwischung *f*, Tonverzerrung *f (Raumakustik)*
blush *(OB)* Lösungsmittelschleier *m (in Lacken, Farben)*
blushing *(OB)* Anlaufen *n*, Schleierbildung *f*, Weißwerden *n (von Lacken)*
board *v* verkleiden, verschalen *(mit Brettern)*; täfeln; dielen, Dielen legen
board *v* **up** mit Brettern verschlagen [vernageln]
board 1. Brett *n*; Planke *f*, Bohle *f*; Diele *f*; Platte *f*; 2. Pappe *f*; Karton *m*; 3. Leitung *f (Gremium)*; Direktion *f*
board and batten *(Hb)* Brett-Deckleisten-Verkleidung *f*
board and brace *(Hb)* Federverbindung *f (von Holzteilen)*
board building Direktionsgebäude *n*
board core *(BT)* Plattenkern *m*
board fence Bretterzaun *m*
board finish *(BB)* Schalbrettmuster *n*
board finish concrete *(BB)* Schalbrettmusterbeton *m*
board finish plaster Gipsplattenputz *m*
board foot *(BM, Hb)* Board-Fuß *m*, Brettfuß *m (Volumeneinheit für Bauholz in den USA; 1 bd ft = 2,36 dm^3)*
board form 1. *(BB, Te)* Brettschalform *f*; 2. *s.* board formwork
board forms *(Hb)* Brett(ver)schalung *f*
board formwork *(Hb)* Brett(er)schalung *f*
board insulation Plattendämmung *f*
board-marked schalungsrau
board measure *(AE) (BM, Hb, VR)* Bauholzmengenbestimmung *f* in Board-Fuß
Board of Works *(VR)* Baubehörde *f*
board partition (wall) Bretterwand *f*, Holztrennwand *f*
board room Sitzungszimmer *n*
board sheathing *(Hb)* Dach(ver)schalung *f*
board shuttering Bretterschalung *f*
board way *(AE)* Holzgehweg *m*
boarded verbrettert, gebrettert, mit Brettern versehen
boarded floor Holz(dielen)fußboden *m*, gedielter Fußboden *m*, Bretterboden *m*
boarded parquet floor *(EB)* Tafelparkett *n*
boarded partition *s.* board partition (wall)
boardhouse Pensionshaus *n*
boarding 1. *(Hb)* Verschalung *f*, Schalung *f*, Brettverkleidung *f*, Bretterung *f*; Täfelung *f*; Dielung *f*; Beplankung *f*; Bretterzaun *m*; 2. *(Hb)* Verschalen *n*; Täfeln *n*; Dielen *n*; 3. *(BB, BM)* Schalbretter *npl*
boarding bridge *(Br)* Anlaufbrücke *f*, Brücke *f*
boarding-house Pension *f*, Fremdenheim *n*
boarding-in Annageln *n* einer Brettverkleidung
boarding joist Dielenbalken *m*
boarding school Internatsschule *f*
boardschool Internatsschule *f*, Pensionsschule *f*
boardwalk Holzfußweg *m*, Bohlengang *m*
boast *v (BM, SB)* scharrieren, (grob) behauen, beizen *(Rohstein)*
boasted surface [work] *(OB)* scharrierte Steinoberfläche *f*
boaster *(BWG)* Scharriereisen *n (für Steinmetzarbeiten)*; Beizeisen *n*, Bossiereisen *n*; Breiteisen *n (Meißel, ca. 11 cm breit)*
boasting Scharrieren *n (Rohstein)*
boat basin *(Wsb)* Bootshafen *m*
boat-bridge *(Br, Verk)* Pontonbrücke *f*, Schwimmbrücke *f*
boat elevator *(AE) (Wsb)* Schiffshebewerk *n*
boat scaffold Seilhängegerüst *n*, Hängebaugerüst *n*
boat varnish Bootslack *m*
boathouse Bootshaus *n*
bob 1. *s.* plumb bob; 2. Schwabbelscheibe *f*
bob run *(Konst)* Bobbahn *f*
bobwire Stacheldraht *m*
bobwire fence Stacheldrahtzaun *m*
bodied linseed oil *(BM)* eingedicktes Leinöl *n*
bodied oil *(BM)* Dicköl *n*
body *v (BM, OB)* eindicken, verdicken *(z. B. Anstriche)*; eindicken, dick werden

body *v* **up** *s.* body
body 1. *(Konst)* Körper *m*, Stoff *m*; 2. *(Konst)* Körper *m*, Baukörper *m*; 3. *(BM)* Masse *f*, Fertigmasse *f (keramische Baustoffe)*; Rohfliese *f*; 4. *(BM, OB)* Körper *m*, Konsistenz *f (z. B. von Farben, Ölen)*; 5. *(BM)* Schaft *m (einer Schraube)*; 6. *(Konst)* Kasten *m*; Gehäuse *n*; Wagenkasten *m*; 7. *(Hb)* Dichte *f (Bauholz)*
body coat *(OB)* Oberflächenfilm *m (eines Anstrichs)*
body of lock *(EB)* Schlosskasten *m*
body of masonry Mauerwerkskörper *m*
body of paint *(OB)* Deckungskraft *f*
body of running water *(Wsb)* fließendes Gewässer *n*
body of soil *(Erdb)* Erdmasse *f*
body of wall *(SB)* Mauerblock *m*
body shell *(Konst)* Baukörper *m*
bodying agent Verdickungsmittel *n (für Farben)*
bodying in [up] *(OB)* Schichtenschleiflackierung *f*
bog *(Bod, Umw)* Sumpf *m*, Moor *n*
bog blasting Moorsprengung *f*, Sumpfsprengen *n*
bog lime *(Bod)* Wiesenkalk *m*; Seekreide *f*
bog water *(Bod)* Moorwasser
boggy *(Bod)* sumpfig, moorig; Moor..., Sumpf...
boggy soil *(Bod)* Moorboden *m*, Sumpfboden *m*
bogie Untergestell *n*; Fahrgestell *n*; Drehgestell *n*
boil *v (BM)* kochen, sieden; kochen lassen
boil 1. *(Erdb)* Wassereinsickerung *f (bei Erdarbeiten)*; 2. Bodenfließen *n*
boil hole *(Erdb, Verk)* Frostaufbruch *m*, Frosthebung *f (Baugrund, Straße)*
boiled linseed oil Leinölfirnis *m*
boiled oil *(BM, OB)* Firnis *m*, Ölfirnis *m*, *(speziell)* Leinölfirnis *m*
boiler 1. *(HLK)* Kessel *m*, Boiler *m*; Heizkessel *m*; Dampferzeuger *m*; 2. *(HLK)* Wasserboiler *m*, Wassererhitzer *m*, Boiler *m*; 3. *(HLK)* Warmwasserspeicher *m*, Heißwasserspeicher *m*
boiler brickwork *(SB)* Kesselmauerwerk *n*
boiler compound *(San)* Boilerwasserzusatz *m*
boiler control Kesselregelung *f*, Kesselsteuerung *f*
boiler equipment Kesselausrüstung *f*
boiler feed water *(BFW) (HLK)* Kesselspeisewasser *n*
boiler flue Flammrohr *n*, Kesselzug *m (Schornstein)*
boiler group *(HLK)* Kesselanlage *f (Heizung)*
boiler house Kesselhaus *n*
boiler jacket 1. Kesselverkleidung *f*; 2. Boilerverkleidung *f*; Boilerisolierung *f*
boiler pipe *(HLK)* Siederohr *n*
boiler plant *(HLK)* Kesselanlage *f*
boiler plate Kesselblech *n*
boiler pressure 1. *(HLK)* Kesseldruck *m*; 2. *(HLK)* Boilerdruck *m*
boiler room Kesselraum *m*; Heizraum *m*; Heizungskeller *m*
boiler seatings Kessellagerböcke *mpl*
boiler thermostat *(HLK)* Kesselthermostat *n*
boiler tube Siederohr *n*
boiling of sand *(Erdb)* Schwimmen *n* des Sands *(Baugrund)*
boiling point Siedepunkt *m*
boiling range Siedebereich *m*
boiling test *(BM)* Kochprüfung *f (Zement)*
boilings *(BM)* Abzugsschlacke *f*, Überlaufschlacke *f*
bole *(BM, Hb)* Stamm *m*, Baumstamm *m (industriell verwertbar)*
bolection *(Hb, Konst, St)* Kehlstoß *m*; Stoßverzierung *f*
bolection moulding *(Konst)* Kehlstoß *m*
bollard 1. *(Verk)* Radabweiser *m*, Prellstein *m*; Inselpfosten *m (Straßenbau)*; 2. *(Verk)* Sperrbake *f*, Poller *m (Verkehr)*; 3. *(Wsb)* Poller *m (zur Trossenbefestigung)*
bolster *v* unterbauen, unterfüttern, unterlegen; unterpolstern
bolster 1. *(Hb)* Sattelholz *n*; 2. *(Hb)* Polsterholz *n*; 3. *(BWG, Hb)* Breiteisen *n*, Hackmeißel *m*
bolt *v* anschrauben, verschrauben; festschrauben *(mit Bolzen)*; verbolzen, festklemmen *(mit Bolzen)*; verriegeln, verschließen
bolt *v* **the wales** *(Hb, Te)* Zangen verbolzen
bolt *v* **together** zusammenschrauben
bolt 1. Bolzen *m*, Schraubenbolzen *m*; Schraube *f*, Mutterschraube *f*; Dorn *m*; 2. Riegel *m*, Türriegel *m*; 3. *(OB)* Tapetenrolle *f*
bolt and nut Durchsteckschraube *f*, Mutter *f* und Bolzen *m*, Mutterschraube *f*
bolt chisel Kreuzmeißel *m*, Spitzmeißel *m*
bolt connection *(Konst, St)* Bolzenverbindung *f*
bolt cutter Bolzenschneider *m*
bolt deduction Bolzenschwächung *f*
bolt driving tool Bolzenschlaggerät *n*
bolt pin *(EB)* Schließe *f*
bolt shooting Bolzenschießen *n*, Dübeleinschießen *n*
bolt sleeve Schutzdübel *m*
bolt spanner Bolzenschlüssel *m*
bolt washer Bolzenscheibe *f*
bolted verbolzt, verschraubt
bolted connection Schraub(en)verbindung *f*
bolted connector Einpressdübel *m*
bolted joint *(Konst)* Bolzenverbindung *f*
bolted pipe connection [joint] Rohrverschraubung *f*
boltel *s.* bowtell
bolting Verbolzung *f*; Verschraubung *f*
bolting iron Spitzmeißel *m*
bomb shelter *(BB, Konst)* Bombenschutzraum *m*; Luftschutzraum *m*
bombproof bombensicher
bona fide bid *(AE)* Vertrauensangebot *n*, Angebot *n* auf Treu und Glauben
bond *v* 1. *(SB)* aufschichten, in Verband legen, im Verband mauern *(Steine)*; 2. *(Te)* (ver)kleben, verleimen, verbinden; 3. *(El)* (leitend) verbinden; 4. *(VR)* Baukredite aufnehmen
bond 1. *(SB)* Verbund *m*, Verband *m (Mauerwerk)*; 2. *(BT, Konst)* Verbindungsstück *n*; Lasche *f*; 3. *(Verk)* Schienenverbinder *m*, Brücke *f*; 4. *(Konst)* Verbindungsstelle *f*; Verklebung *f*; 5. *(El)* elektrische Verbindung *f*; Strombrücke *f*; 6. *(OB)* Adhärenz *f*, Haftung *f*; 7. *(BM)* Sinter *m*, Agglomerat *n*; 8. *(VR)* Baufinanzgarantie *f (Bankbürgschaft)*
bond area Haftfläche *f*
bond-beam block Betonhohlstein *m* für Bewehrungsaufnahme
bond between asphalt layers Asphaltschichtverbund *m*
bond breaker [breaking agent] Haftverhinderer *m*, Trennmittel *n (zum Ablösen, chemisch wirkend)*
bond coat *(OB)* Haftanstrich *m*, Haftbrücke *f*
bond course *(OB)* Verbindungslage *f*, Binderschicht *f*; Haftbrücke *f*
bond finish Haftputz *m*
bond-improving haftverbessernd
bond length Einbindelänge *f*, Haftlänge *f (Bewehrung)*
bond of the voussoirs *(SB)* Wölbsteinverband *m*
bond plaster Haftputz *m*
bond prevention Haftverbundvermeidung *f*
bond stone durchgehender Stein *m*
bond strength *(Konst)* Verbundfestigkeit *f*; Haftfestigkeit *f*
bond stress 1. *(Stat)* Scherspannung *f (am Bewehrungseisen)*; 2. *(Konst)* Haftspannung *f*
bond timber Mauerstiel *m*, hölzerner Mauerwerksanker *m*
bonded verbunden; verleimt, verklebt; gefugt *(eine Wand)*; im Verbund
bonded brick *(SB)* Binder *m*, Strecker *m*
bonded masonry *(SB)* im Verbund gemauertes Mauerwerk *n*, verbundenes Mauerwerk *n*

bonded member Spannungsübertragungsteil *n*
bonded posttensioning *(BB)* Vorspannung *f* mit nachträglichem Verbund *(Spannbeton)*
bonded prestressed member Spannungsübertragungsteil *n*
bonded tendon *(BB)* Verbundspannglied *n (Spannbeton)*
bonded wood *(Hb)* Leimholz *n*, verleimtes Holz *n*
bonded wood construction *(Hb)* Holzleimbau *m*
bonder *(SB)* Binder(ziegel) *m*, Strecker *m*
bonding 1. *(SB)* Verbinden *n*; Verklebung *f*; Verleimung *f*; Verzahnen *n (von altem und neuem Mauerwerk)*; 2. *(OB)* Haftfestigkeit *f*; Haftung *f*; 3. *(BM, OB)* Haftverbund *m*; 4. *(El)* Verbindung *f*, Anschluss *m*
bonding agent Haftmittel *n*, Klebemittel *n*, Kleber *m*; Bindemittel *n*
bonding area Haftfläche *f*
bonding brick *s.* bonder
bonding capacity Haftfähigkeit *f*
bonding capacity test *(BM)* Haftfestigkeitsprüfung *f*
bonding cartridge Klebepatrone *f (für Ankerdübel)*
bonding cement Kitt *m*, Kleb(e)kitt *m*
bonding compound Dachkleber *m*
bonding concrete Haft(brücken)beton *m*
bonding course Haftbrücke *f*, Haftschicht *f*
bonding failure *(BB)* Haftungsversagen *n*, Haft(verbund)-verlust *m (Stahlbeton)*
bonding finish Haftputz *m*
bonding interlay Haft(zwischen)schicht *f*, Haftbrücke *f*, Haftlage *f*; Schichtverbund *m*, Haftverbund *m (mittels Verbundschicht)*
bonding jumper *(AE) (El)* Leiterverbinder *m*
bonding layer Mörtelbindeschicht *f*; Haftschicht *f*, Haftlage *f*, Haftbrücke *f*
bonding material *s.* bonding agent
bonding mortar Haft(brücken)mörtel *m*
bonding paste Klebepaste *f*
bonding performance *(OB)* Haftverhalten *n*
bonding plaster Haftgipsputz *m*
bonding pocket *(BB, SB)* Aussparung *f (in einer Mauer)*; Einbindeöffnung *f*
bonding power Haftfähigkeit *f*
bonding sealing *(DIS)* Klebedichtung *f*
bonding strength Bindekraft *f*, Verbundfestigkeit *f*; Klebefestigkeit *f*; Haftfestigkeit *f*
bonding stress Haftspannung *f*
bonding system *(Hb)* Klebekonstruktion *f*
bonding test Klebeprüfung *f*
bondstone *s.* bonder
bone *v (Verm)* ausfluchten, vermarken
bone black *(OB)* Knochenschwarz *n*, Beinschwarz *n*
bone glue *(BM)* Knochenleim *m*
boning *(Verm)* Ausfluchten *n*
boning-in *(Verm)* Nivellieren *n*, Vermarkung *f (Tafeln, Einmessen)*
boning rod *(Verm)* Visiertafel *f*, Fluchttafel *f* Krücke *f*; Fluchtstab *m*, Fluchtstange *f*
bonnet Funkenflugschutznetz *n*; Schornsteinkappe *f*
bonnet hinge Haubenscharnier *n*
bonnet hip Frauenhutwalmziegel *m*, gewölbter Gratziegel *m*
bonnet tile *s.* bonnet hip
bonus-and-penalty clause *(VR)* Pauschalzuschlag- und -abschlagsumme *f* zur Baufertigstellung
bonus for early completion *(VR)* Prämie *f* für vorzeitige Fertigstellung
book closet *(EB)* Büchereinbauschrank *m*, eingebauter Bücherschrank *m*
book matching symmetrisches Furnieren *n*
book tower Bücherturm *m*
booking hall Schalterhalle *f (in Bahnhöfen, auf Flughäfen)*
bookshelf Bücherbrett *n*; Büchergestell *n*
bookshelves *(EB)* Bücherregal *n*
boom 1. *(Hb, St)* Gurt *m*, Gurtung *f*, Flansch *m*; 2. *(BWG, Konst)* Ausleger *m*; 3. *(VR)* Aufschwung *m*, Hochkonjunktur *f*; 4. *(BT, Verk)* Schranke *f* • **with parallel booms** *(BT)* parallelgurtig
boom crane Auslegerkran *m*
boom dragline *s.* dragline
boom hoist Hebewinde *f*
boom in form of a broken line gebrochene Gurtung *f*
boom-lifting winch Hebewinde *f*
boom member *(St)* Gurt(ungs)stab *m*
boom of the open box *(St)* zweiwandige Gurtung *f (Träger)*
boom plate *(St)* Schleppblech *n*, Bindeblech *n*; Gurtplatte *f (für Stahlkonstruktionen)*
boom position Auslegerstellung *f*
boom stiffening *(St)* Gurtungsverstärkung *f*, Flanschaussteifung *f*
boost *v* verstärken
boosted station *(WVA)* Druckerhöhungsanlage *f*
boosted water supply *(WVA)* Druckwasserversorgung *f*, Wasserversorgung *f* mit Druckverstärkung
booster 1. *(HLK, Te)* Verstärker *m*; Druckverstärker *m*, Zusatzgebläse *n*; 2. *(El)* Spannungsverstärker *m*; Zusatzgenerator *m*
booster compressor Parallelkompressor *m*
booster fan *(HLK)* Zusatzgebläse *n*
booster heater *(San)* Zusatzboiler *m (Warmwasserversorgung)*
booster installation *(WVA)* Verstärkungsanlage *f*; Druckerhöhungsanlage *f*
booster pump *(WVA)* Verstärkungspumpe *f*, Druckerhöhungspumpe *f*, Zusatzpumpe *f*
booster station *(WVA)* Druckerhöhungsanlage *f*
boot Dachdurchbruchsflansch *m*; Schutzkappe *f*
boot money *(VR) (sl)* Schmutzzulage *f*
booth 1. Bretterhütte *f*; Marktbude *f*; Stand *m*; Messstand *m*; 2. Zelle *f*, Telefonzelle *f*; Kabine *f (z. B. Wahlkabine)*; 3. *(AE)* feste Tisch-Stuhl-Einheit *f (speziell in Restaurants)*
border *v* 1. (um)bördeln; einfassen *(mit einem Kantenschutz versehen)*; 2. begrenzen; angrenzen
border *v* **in** *(HLK)* einkanten
border *v* **on** grenzen an
border *v* **up** *(HLK)* aufkanten *(Blech)*
border 1. Rand *m*; Kante *f*; Umrandung *f*, Randeinfassung *f*; Lagerfries *m (Fußboden)*; 2. Grenze *f*
border-joist Streckbalken *m*
border-pile *(Erdb)* Bordpfahl *m*
border stone 1. *(VR)* Grenzstein *m*, Begrenzungsstein *m*; 2. Bordstein *m*, Randstein *m (eines Gehwegs)*
border tile Randfliese *f*
border town *(RP)* Grenzstadt *f*; Randstadt *f*
bordering 1. Umbördeln *n*; Einfassen *n*; 2. Einfassung *f*
borderlight *(El)* Beleuchtungskette *f (im Theater)*
bore *v* 1. bohren; 2. *(Hb)* lochen; aushöhlen; abteufen
bore *v* **open** aufbohren
bore *v* **out** ausbohren
bore *v* **through** durchbohren
bore *v* **up** nachbohren
bore 1. Bohrung *f*, Bohrloch *n*; 2. Nennweite *f*, lichter Durchmesser *m*, Innendurchmesser *m (eines Rohres)*
bore bit *(BWG)* Bohrmeißel *m*
bore-hole *s.* borehole
bore rod *(Erdb, Wsb)* Bohrstange *f*
bore well *(Wsb)* Bohrbrunnen *m*
bored caisson *(Erdb)* Bohrpfahl *m*
bored hole vorgebohrter Durchbruch *m*
bored lock Zylinderschloss *n*

bored pile *(Erdb)* Bohrpfahl *m*
bored well *(Erdb)* Bohrloch *n*
borehole Bohrloch *n*, Ausbohrung *f*; Durchbohrung *f*, Loch *n*
borehole tube *(Erdb, Wsb, WVA)* Bohrrohr *n*
borer Bohrer *m*
boring 1. Bohren *n*, Bohrarbeit *f*; 2. *(Hb)* Lochung *f*; 3. Bohrung *f*, Bohrloch *n (zur Bodenentnahme)*
boring by percussion Schlagbohren *n*
boring by percussion with rods *(Erdb, Wsb)* Vollgestängebohren *n*
boring by shot drills *(Erdb)* Schrotbohren *n*
boring core *(BM, Erdb)* Bohrkern *m*
boring crown Bohrkrone *f*
boring equipment for pile foundations *(Erdb)* Bohrausrüstung *f* für Pfahlgründungen
boring method Bohrverfahren *n*
boring of the earth *(Erdb)* Erdbohrung *f*
boring operations *(Erdb, Te, Wsb)* Bohrarbeiten *fpl*
boring-out Ausbohren *n*
boring plan Bohrplan *m*
boring rods *(BWG, Erdb)* Bohrgestänge *n*
boring sludge *(Erdb)* Bohrschlamm *m*, Bohrschmant *m*
boring template Bohrschablone *f*
boring-test Bohrversuch *m*
boring with the jumper Stoßbohren *n*
boring work Bohrarbeiten *fpl*
boron-loaded concrete Schwerstbeton *m*, sehr dichter Beton *m* mit Bor-Additiven
boron steel Borstahl *m*
borosilicate glass Borsilikatglas *n*, Borsilicatglas *n*
borrow 1. *(Erdb)* Seitenentnahme *f*, Massenentnahme *f (von Erdstoffen)*; 2. *(Erdb) s.* borrow material; 3. *(Erdb)* Seitenentnahme *f*
borrow excavation *(Erdb)* Seitenentnahmegrube *f*
borrow material *(Erdb)* Füllmassen *fpl*, Auffüllmaterial *n*
borrow pit *(Erdb)* Entnahmegrube *f*, Seitenentnahmestelle *f*
borrow source 1. *(Erdb)* Gewinnungsgrube *f (für Füllmassen)*; 2. *s.* borrow pit
borrowed light 1. *(El)* Innenraumlicht *n (durch ein Innenfenster)*; 2. Innenfenster *n*
bosket *(LB)* Boskett *n*, Baumgruppe *f*, Gehölzgruppe *f (z. B. in Gärten der Renaissancezeit)*
boss *v* bossieren, bossen, grob behauen *(Steine)*
boss 1. *(BM, SB)* Bosse *f*, Bossenstein *m*, Bossen(quader) *m*, Schlussstein *m*; 2. Bossenornament *n*; 3. strukturierte Metalloberfläche *f*; 4. Lochplatte *f*; 5. Vorarbeiter *m*; Polier *m*
bossage 1. *(SB)* Bossenwerk *n*; 2. *(BM)* bossierter Stein *m*
bossage of the stone *(BM, Te)* Bossieren *n* des Steins
bossed *(BM)* bossiert
bossing 1. Bossieren *n (Stein)*; 2. Bossieren *n*, Weichmetallklopfen *n*, Profilklopfen *n (Metall)*
bossing mallet Holzschlaghammer *m*
bossing stick Bleiklopfer *m*
bottle beer store Flaschenbierlager *n*
bottle brick Hohlziegel *m (für Leitungen oder Armierung)*
bottle cellar Flaschenkeller *m*
bottle jack Flaschenwinde *f*
bottle-neck *(Verk)* Straßenverengung *f*, Einengung *f*
bottle trap Flaschensiphon *m*, Flaschenverschluss *m*
bottling hall Flaschenbierabfüllhalle *f*
bottom *v (Erdb, Verk)* gründen, mit Unterbau versehen *(Straße)*
bottom 1. *(Erdb)* Boden *m*, unterster Teil *m (z. B. einer Bohrung)*; Tiefpunkt *m (Boden)*; Sohle *f*; 2. Boden *m (Behälter)*; 3. Fuß *m (Unterteil)*; Basis *f*
bottom bed *(Erdb, Konst)* untere Lagerfläche *f*
bottom bolt Türfußbodenriegel *m*
bottom boom *(St)* Untergurt *m*, Untergurtung *f*
bottom boom bar [member] Untergurtstab *m (Fachwerkbinder)*
bottom butt joint Balkenstoß *m*
bottom car clearance lichte Höhe *f (eines Fahrkorbs zum Boden)*
bottom chord *s.* bottom boom
bottom dump Bodenentleerung *f*
bottom dump truck *(AE)* Lasttransporter *m* mit Bodenentleerung *(Schüttgüter)*
bottom edge Unterkante *f*
bottom face *(St)* untere Leibungsfläche *f*
bottom-facing machine Bodenverblendmaschine *f*
bottom flange *(St)* Unterflansch *m*; Untergurt *m*
bottom flange of a beam *(St)* Trägerunterflansch *m*
bottom guide untere Führung *f*
bottom-hinged [bottom-hung] sash Kippflügelfenster *n*, drehbares Flügelfenster *n*
bottom layer *(Erdb, Konst)* untere Schicht *f*
bottom member *(St)* Unterflansch *m*
bottom of a ditch Grabensohle *f*
bottom of foundation *(Erdb)* Fundamentsohle *f*
bottom of girder Trägerunterkante *f*
bottom of the bank protection *(Wsb)* Fußpunkt *m* des Uferschutzes
bottom outlet 1. *(Wsb)* Grundablass *m*; 2. *(Wsb, WVA)* Ablassschütz *n*
bottom plate Sohlplatte *f*, Bodenplatte *f*, Fundamentplatte *f*
bottom rail Fußholz *n (Tür, Fenster)*; Querfries *m (Vertikalschiebefenster)*; Schwellholz *n*
bottom side Unterseite *f*
bottom socket Untermuffe *f (Betonrohr)*
bottom stabilization *(Erdb)* Sohlenbefestigung *f*
bottom step Antrittsstufe *f*
bottom stone *(SB)* erster Gewölbestein *m (über dem Kämpfer)*
bottom stratum *(Bod)* untere Schicht *f*
bottom surface Unterseite *f*
bottom view Unteransicht *f*
bottom width Sohlbreite *f*
bottoming *(Verk)* Packlage *f*, Unterbrettung *f (Straße)*
bottomless hole durchgängiges Loch *n*
boulder *(Bod)* Geröllblock *m*, Rollstein *m*, Felsblock *m (< 25 cm ∅)*; *(AE)* Findling *m*
boulder clay *(Bod)* Mergellehm *m*, Geschiebelehm *m*, Geschiebemergel *m*, Geschiebeton *m*
boulder stone Rollstein *m*
boulder stones Steingeröll *n*
boulders *(Bod)* Geröll *n*; Geschiebe *n (Geologie)*
boulet tile Kreuzziegel *m*
boulevard Boulevard *m*, Allee *f*, Prachtstraße *f*
boulevard restaurant Straßenrestaurant *n*
boultine *s.* bowtell
Boulton process *(DIS)* Boulton-Verfahren *n (Holzschutz mit Teeröl)*
bounce *v* (auf)prallen, rückprallen; zurückschnellen
bound *v* begrenzen, abgrenzen; beschränken
bound 1. *(BB, St)* geflochten *(Bewehrung)*; 2. gebunden
bound moisture *(BM)* gebundene Feuchte *f*, gebundenes Wasser *n*
bound reinforcement geflochtene Bewehrung *f*
bound water gebundenes Wasser *n*
boundary *(RP, VR)* Grenze *f*; Begrenzung *f*, Rand *m*
boundary action *(Konst)* Randwirkung *f*
boundary beam *(Konst)* Randträger *m*
boundary condition *(Stat)* Grenzbedingung *f*
boundary conditions *(Konst, Stat)* Grenzwerte *mpl*
boundary determination *(RP, VR)* Grenzenbestimmung *f*
boundary ditch *(RP, VR)* Grenzgraben *m*
boundary fence Umzäunung *f*, Einfriedung *f*

boundary gable frei stehender Grenzgiebel *m*
boundary layer Grenzschicht *f*
boundary line *(Bod, RP)* Begrenzungslinie *f*; Grenze *f*; Markscheide *f*
boundary line of the neighbouring building *(Konst, VR)* Nachbargrenze *f* eines Gebäudes
boundary mark Grenzmarkierung *f*
boundary moment *(Stat)* Randmoment *n*
boundary of the site Baustellenbegrenzung *f*
boundary pole [post] *(VR)* Grenzpfahl *m*, Grenzpfosten *m*
boundary sign Grenzmarkierungszeichen *n (auch Verkehrsleiteinrichtung)*
boundary stone Grenzstein *m*
boundary survey *(Verm)* Grenzvermessung *f*
boundary wall Einfriedungsmauer *f*
boundary zone *(BT, Konst, Stat, TK)* Grenzzone *f*, Randzone *f*
bow *v* 1. bogenförmig verlaufen; bogenförmig gebaut sein; 2. biegen, krümmen *(Holz)*
bow *v* **out** ausbiegen *(Bewehrung, Leitung)*
bow Bogen *m*; Krümmung *f*; Wölbung *f (Bogen einer Straße)*; Stich *m*
bow callipers Bogenmesslehre *f*
bow compass Bogenzirkel *m*, Nullenzirkel *m*
bow drill Drillbogen *m*, Bogenbohrer *m*
bow girder gebogener Träger *m*
bow member Bogenlehre *f*
bow saw Bügelsäge *f*
bow-string arch *s.* bowstring arch
bow window Erkerfenster *n*; (gerundeter) Erker *m*
bower 1. *(Arch)* Landhaus *n*; 2. *(LB)* Baumlaube *f*, Gartenlaube *f (Blattwerk)*; 3. *(Arch)* Kemenate *f*, Frauengemach *n (einer Burg)*
bowing under load Durchbiegung *f* bei Belastung
bowl 1. *(El)* Schale *f*; Leuchtenschale *f*; 2. *(BWG, Erdb)* Schürfkübel *m*; 3. *(San)* Klosettbecken *n*, Toilettenbecken *n*, WC-Becken *n*, Spülbecken *n*
bowl tray Leuchtenschale *f (Straßenbeleuchtung)*
bowling alley Bowlingbahn *f*
bowling centre Bowlinghalle *f*
bowling green *(LB)* Bowlingrasen *m*; Rasen *m* für Spiele
bowstring arch *(TK)* Bogen *m* mit Zugband
bowstring bridge *(Br)* Bogensehnenträger-Brücke *f*
bowstring centring Lehrgerüst *n* als Bogen mit Zugband
bowstring girder *(TK)* Bogensehnenträger *m*
bowstring roof *(Hb)* Bogenbinderdach *n*
bowtell 1. Dreiviertelsäule *f*; 2. Schaft *m* einer Büschelsäule
box *v* einmanteln, einhausen; einkapseln; einpacken *(in Kisten)*
box *v* **off** in Fächer (ab)teilen
box *v* **out** aussparen, ausstemmen
box *v* **up** verkleiden *(mit Holz)*; einrahmen
box 1. Kasten *m*; Kiste *f*; Truhe *f*; Behälter *m*; 2. Gehäuse *n*; Kapsel *f*; 3. Raumzelle *f*, Zelle *f*; 4. Theaterloge *f*
box beam *(BT, TK)* Kastenbalken(träger) *m*, Hohlkasten(-träger) *m*, Hohlbalken(träger) *m*
box beam section Kastenquerschnitt *m (eines Trägers)*
box bolt rechteckiger Verschlussbolzen *m*
box caisson *(Erdb, Wsb)* Caisson *m*
box chisel Nagel(zieh)eisen *n*
box column Hohlkastenstütze *f*, hohle Rechtecksäule *f (aus Stahlprofilen geschweißt)*
box construction type Kastenbauart *f*
box coupling *(HLK, San, WVA)* Muffenverbindung *f*, Vermuffung *f (Rohr)*
box culvert *(Br, Erdb, Verk)* Kastendurchlass *m*, Haubendurchlass *m (für Wasser, z. B. unter Straßen)*
box dam 1. *(Wsb)* Fangdamm *m*, Kastenfangdamm *m*; 2. *(Wsb)* Sicherheitskammer *f*
box drain *(Erdb, WVA)* rechtwinkliger Kanal *m (für Abwasser)*; Kastendrän *m*, Kastenrinne *f*
box footing *(Erdb)* Kastenfundament *n*
box foundation *(Erdb)* Kastenfundament *n*
box frame 1. *(Konst)* Zellkonstruktion *f* mit tragenden Kreuzwänden; 2. Vollstahlbetonkonstruktion *f*; Rahmen *m (Fensterkasten)*
box girder Hohl(kasten)träger *m*, Kastenträger *m*, Hohlbalken *m*
box girder bridge *(Br)* Kastenträgerbrücke *f*
box gutter 1. rechteckige Dachrinne *f*, Kastenrinne *f*; 2. Holzrinne *f*
box-head window Vertikalschiebefenster *n*
box level *(Verm)* Dosenlibelle *f*
box lock *(EB)* Kastenschloss *n*
box office Schalterraum *m*, Kassenraum *m (Theater, Kino)*
box profile Kastenprofil *n*
box roof gutter *(San)* Kastendachrinne *f*
box section *(St, TK)* Kastenprofil *n*, Kastenquerschnitt *m (eines Trägers)*; Hohlkastenquerschnitt *m*
box-section frame construction Hohlkastenrahmenkonstruktion *f*
box shutter Klappladen *m*
box sign *(Verk)* Klappverkehrszeichen *n*
box spanner Steckschlüssel *m*
box stair *(AE)* geschlossene Treppe *f*
box stall *(LB)* Stallbox *f*
box staple *(AE) (EB)* Schlosskasten *m*
box stoop *(AE)* viertelgedrehte Hochtreppe *f (zu einem Hauseingang)*
box strike plate *(EB)* Türbolzenblech *n*; Torbolzenkasten *m*
box-type window Kastenfenster *n*
boxed gemufft
boxed heart Bauholz *n* mit Stammkern
boxed mullion hohler Mittelpfosten *m (Fenster)*
boxed steel column Stahlkastenstütze *f*
boxed steel girder Stahlkastenträger *m*
boxing 1. Formenmaterial *n*; 2. Betonschalungsform *f*; 3. *(AE)* Farbmischen *n* durch Ineinanderschütten *(mit Kannen)*
boxing-in Einbauen *n*, Einschachteln *n*, Einhausen *n*
boxing shutter Faltfensterladen *m*
boxing work Schalungsarbeiten *fpl*
boxroom Abstellkammer *f*; Kammer *f*
boxwood *(BM, Hb)* Buchsbaumholz *n*; Inlayholz *n*
b.p. *s.* boiling point
brace *v (Te, TK)* abstreben, verstreben, versteifen, unterbauen; verschwerten; verspannen
brace 1. *(Konst, TK)* Strebe *f*, Verstrebung *f*; 2. *(TK)* Kopfband *n*; Zange *f*, Zugband *n*; 3. Kreuzlatte *f*; Querlatte *f*; 4. Bohrwinde *f*; 5. Klammer *f*; 6. *(El)* Schelle *f*; 7. Strebenband *n*, Winkelband *n*
brace and counterbrace Lattenkreuz *n*, Kreuzlatte *f*
brace block Trägerfußblock *m*, Stützenfußblock *m*
brace pile *(Erdb)* Schrägpfahl *m*, schräger Rammpfahl *m*
brace plate Bindeblech *n*
brace table Zimmermannswinkel *m* mit Dreieckmaßangaben
braced 1. verstrebt; ausgesteift; verstärkt; 2. gegliedert *(Fachwerk)*
braced arch *(TK)* offener Fachwerkbogen *m*
braced beam *(TK)* Fachwerkbinder *m*, Fachwerkträger *m*
braced box frame Steifrahmen *m*, Rahmen *m (Fensterkasten)*
braced door Rahmentür *f*
braced frame(work) *(TK)* verstrebtes [ausgesteiftes] Fachwerk *n*
braced purlin *(Hb, St)* gegliederte Pfette *f*; aussteifende Pfette *f*
braced steel mast [tower] Gittermast *m*

braced timbering verstrebte Zimmerung *f*
bracing 1. *(Hb, St, TK)* Verstreben *n*; Versteifen *n*; Aussteifen *n*; 2. *(Konst, TK)* Verstrebung *f (von Konstruktionsgliedern)*; Versteifung *f (von Bauelementen)*; Aussteifung *f (eines Feldes, Bogens, Rahmens)*; Verspannung *f*, Versteifung *f*; 3. *(BT, Konst, TK)* Strebe *f*; Steife *f*, Versteifungsglied *n*; Aussteifungsglied *n*; Verstärkungsglied *n*
bracing angle Aussteifwinkel *m*, Versteifungswinkel *m*
bracing masonry *(SB)* Versteifungsmauerwerk *n*
bracing member Steife *f*
bracing pier Versteifungspfeiler *m*
bracing system Füll(ungs)system *n*
bracing wall Versteifungsmauer *f*
bracing wire Spanndraht *m*
brack 1. *(AE)* geringwertiger Ziegel *m*; 2. *s.* break 1.
bracket 1. Ausleger *m (herausragender Stützbalken)*; Konsole *f*, Kragstütze *f*; 2. Strebe *f*; Träger *m*
bracket arm Kragarm *m*, Auslegerarm *m*
bracket baluster Konsolengeländerpfosten *m (im rechten Winkel im Mauerwerk)*
bracket console Konsole *f*, Kragstein *m*, Tragstein *m*
bracket fixing Kragarmbefestigung *f*; Strebenbefestigung *f*
bracket ledge Strebenabsatz *m*
bracket-mounted roof gutter *(San)* vorgehängte Dachrinne *f*
bracket pedestal Wandlager *n*, Konsollager *n*
bracket pile verbundener Pfahl *m*
bracket plate *(Konst)* Befestigungsplatte *f*
bracket saw Laubsäge *f*
bracket scaffold metallstrebengestütztes Gerüst *n*
bracket support Tragstütze *f*
bracket table Konsolentisch *m*
bracketed 1. durch Klammern [Schellen] gehalten; 2. aufgesattelt *(Treppe)*
bracketed stair *(AE)* offene Treppe *f* mit Wangenverzierungen
bracketed string aufgesattelter Treppenbaum *m*
bracketing *(Konst, TK)* Strebensystem *n*, Versteifungswerk *n*, Aussteifungswerk *n*
brad Drahtnagel *m*; Nagelstift *m*, Stift *m (für Dielenbretter)*
brad-awl Stiftahle *f*, Nagelbohrer *m*
brad nail Drahtnagel *m*
brad pusher Stifthalter *m*
braided rope geflochtenes Seil *n*
braking *(Konst, Te)* Bremsung *f*
braking device Hemmvorrichtung *f*
braking distance *(Verk)* Bremsweg *m*
braking incline *(Verk)* Bremsberg *m*
braking test *(BM)* Auslaufversuch *m*
branch *v* **(off)** abzweigen, sich verzweigen, sich teilen *(z. B. Leitungen)*
branch 1. Abzweigung *f*, Zweig *m*, Verzweigung *f (von Leitungen)*; 2. Abzweigrohr *n*; Zulauf *m*, Zulaufrohr *n*; Hausanschluss *m (Wasser)*
branch box 1. *(El)* Abzweigdose *f*; 2. *(El, WVA)* Hausanschlusskasten *m*
branch canal *(Wsb)* Abzweigkanal *m*, Stichkanal *m*
branch cell rechtwinkliger Leitungsabzweig *m (Wasserinstallation)*
branch circuit connection Leitungsanschluss *m*
branch fitting Abzweigfitting *n*, T-Fitting *n*
branch line 1. *(WVA)* Gebäudeanschlussleitung *f*, Zweigleitung *f (Rohrleitung)*; 2. *(Verk)* Nebenbahnlinie *f*; 3. *(El, WVA)* Stichleitung *f*
branch line to a house *(El, WVA)* Hausanschlussleitung *f*
branch of a canal Abzweigung *f* eines Kanals
branch pipe Abzweig(leitungs)rohr *n*, Seitenrohr *n*, Abzweig *m*; Verzweigungsrohr *n*
branch rib *(Konst)* Bogenrippe *f*
branch sewer Nebensammler *m (Abwasserleitung)*
branch track *(Verk)* Zweiggleis *n*
branch tube *s.* branch pipe
branching Abzweigung *f*, Verzweigung *f*
branching point *(El, WVA)* Verzweigungspunkt *m*
brand *v* kennzeichnen
brand Marke *f*; Kennzeichen *n*
brander *v (AE)* Putzträgerkonstruktionen anbringen
brandering *(AE)* Putzträgernagelung *f*
brandrith *(AE)* Rahmenschiene *f (um eine horizontale Öffnung)*
brashy spröde, wenig widerstandsfähig *(Holz)*
brass 1. Messing *n*; 2. Gedenktafel *f (aus Messing oder Bronze)*; 3. *s.* brass statue
brass fitting Messingbeschlag *m*
brass hardware *(EB)* Messingbeschläge *mpl*
brass lining 1. *(OB)* Messingüberzug *m*; 2. *(Erdb, Konst, San, Te, Wsb)* Gleitrohr *n*
brass pipe Messingrohr *n*
brass plate [sheet] Messingblech *n*
brass solder Messinglot *n*
brass statue Messingstatue *f*
brass tube Messingrohr *n*
brattice *(Arch)* Gusserker *m*; mittelalterlicher Holzfestungsturm *m (mit auskragendem Wehrgang)*
braze *v* hartlöten; verlöten
brazed hartgelötet
brazed joint *(St)* Hartlötverbindung *f*, Lötnaht *f*
brazer Hartlot *n*
brazier 1. Kupferschmied *m*; 2. Kokskorb *m*, Feuerkorb *m (für offenes Feuer)*
Brazil wax *(BM)* Karnaubawachs *n*
brazing Hartlötung *f*
brazing lamp Lötlampe *f*
brazing seam Lötfuge *f*
brazing solder Hartlot *n*; Messinglot *n*
brazing tongs Lötzange *f*
BRE *s.* Building Research Establishment
breach *v* durchbrechen
breach 1. *(BB, SB, Wsb)* Durchbruch *m (z. B. in einer Mauer)*; Öffnung *f*; Einbruchstelle *f (Damm)*; 2. *(Bod)* Grundbruch *m*; 3. *(VR)* Verletzung *f*, Bruch *m*, Verstoß *m (Vertrag)*
breach of contract *(VR)* Vertragsbruch *m*
breach of warranty *(VR)* Garantieverletzung *f*
breadth Weite *f (einer Öffnung)*; Breite *f*
break *v* 1. (zer)brechen; (zer)reißen; zertrümmern; mahlen *(Gestein)*; 2. *(El)* unterbrechen *(Kontakt)*; ausschalten; 3. brechen, abbinden *(Bitumenemulsion)*
break *v* **an opening** durchbrechen
break *v* **down** 1. *(RS)* abreißen *(Häuser)*; zusammenstürzen *(Gebäude)*; zusammenbrechen *(z. B. eine Brücke)*; 2. *(El)* zusammenbrechen *(Leitung)*; durchschlagen *(Dielektrikum)*
break *v* **fresh ground** *(RS) (sl)* etwas neu beginnen
break *v* **ground** Boden aufgraben, Erdstoff abbauen
break *v* **open** aufreißen, aufbrechen *(Straße)*
break *v* **through** durchbrechen, durchstoßen
break *v* **up** 1. zerkleinern *(Gestein)*; lockern *(Boden)*; 2. aufbrechen, aufreißen, aufwühlen *(z. B. Wege)*
break 1. *(BM, Bod, Konst)* Bruch *m*, Bruchstelle *f*; Durchbruch *m*; Riss *m*; Öffnung *f*; Lücke *f*; Spalte *f (Geologie)*; 2. Zerbrechen *n*; Brechen *n*; 3. *(El)* Unterbrechung *f*; 4. Brechpunkt *m (Fläche)*; 5. *(BB, SB)* Maueraussparung *f*; Mauervorsprung *m*; 6. Arbeitspause *f*
break-away support Sollbruchstelle *f*
break-in Ziegelaussparung *f (für Holzbalken)*
break joint Sprung *m*, Rücksatz *m (im Mauerwerk)*
break of bank *(Bod, Wsb)* Uferabbruch *m*
break-off load Lastbruch *m*
break switch *(El)* Schutzschalter *m*

break-through *s.* breakthrough
break under vibratory stresses *(Stat, Te)* Schwingungsbruch *m*
break-up Zerfall *m (Anstrich)*
break-water *s.* breakwater
breakable zerbrechlich
breakage 1. Brechen *n*, Zerbrechen *n*; Zerkleinern *n*; 2. Bruch *m*; Riss *m*
breakdown 1. *(Te)* Ausfall *m (z. B. einer Anlage)*; Störung *f*; Zusammenbruch *m*; 2. *(OB)* Zersetzung *f (chemisch)*; 3. *(BM, Te)* Brechen *n*, Entmischen *n (einer Bitumenemulsion)*; 4. *(El)* dielektrischer Durchschlag *m*; 5. *(Bod)* Auflösung *f*, Zerklüftung *f (einer Fläche)*
breakdown lorry Kranwagen *m (zum Abschleppen)*
breakdown voltage *(El)* Durchschlagspannung *f*
breaker 1. Brecher *m (für Steine)*; Aufbruchhammer *m*; 2. *s.* circuit breaker
breaker ball *s.* breaking ball
breaker dust *(BM)* Brechmehl *n*, Gesteinsstaub *m*
breakfast kitchen Frühstücksküche *f*
breakfast nook Frühstücksessecke *f*, Frühstücksnische *f*
breakfast room Frühstücksraum *m*
breaking 1. Brechen *n (Steine)*; 2. Brechen *n*, Abbinden *n (von Bitumenemulsion)*; 3. Bruch *m*
breaking ball *(RS)* Fallbirne *f*, Zertrümmerungskugel *f*
breaking condition *(Stat)* Bruchbedingung *f*
breaking cross section *(Konst, Stat)* Bruchquerschnitt *m*
breaking-down *(Hb)* Gattersägen *n (Baumstämme)*
breaking elongation Bruchdehnung *f (Baustoffe)*
breaking ground Ausschachtungsbeginn *m (Baugrube)*
breaking joint *(Hb)* genutete Holzverbindungsfuge *f (speziell für Holzdielung)*
breaking joints *(Konst)* Fugenversatz *m*
breaking load *(Stat)* Bruchlast *f*, Bruchbelastung *f*
breaking of a dike *(Wsb)* Deichbruch *m*
breaking of an emulsion Emulsionsbrechen *n*, Brechen *n* einer Emulsion
breaking of the joint *s.* break joint
breaking plane *(BM)* Bruchfläche *f*
breaking plant Brechanlage *f*, Mahlanlage *f (für grobes Mahlgut)*
breaking point 1. *(BM, Stat)* Festigkeitsgrenze *f*, Bruchgrenze *f*; 2. *(BM)* Brechpunkt *m (Bitumen)*
breaking strength *(BM, Stat)* Bruchfestigkeit *f*, Endfestigkeit *f*, Bruchwiderstand *m*
breaking stress *(Stat)* Bruchspannung *f*, Bruchbeanspruchung *f*
breaking test *(BM)* Bruchversuch *m*, Brechprüfung *f*
breaking-up Zerkleinerung *f (von Gestein)*
breaking water Wasser *n* des Brechvorganges *(Bitumen- und Farbemulsionen)*
breaking zone *(BM, Konst)* Bruchzone *f*
breakoff Querstrecke *f (Steinbruch)*
breakproof *(BM)* bruchsicher, bruchfest
breakthrough 1. *(Erdb, Tun)* Durchbruch *m*; 2. *(Wsb)* Durchsickerung *f*
breakthrough pitting Lochfraß *m (Korrosion)*
breakwater Strandbuhne *f*; Wellenbrecher *m*; Hafendamm *m (als Schutz)*
breast 1. Fensterbrüstung *f*, Brüstung *f*; Setzstufe *f (in Schottland)*; 2. Unterseite *f (Trägerelement)*; 3. Kaminvorsprung *m*; 4. Abbauwand *f (Steinbruch)*; 5. Planierschild *m*
breast board Aussteifschutzbrett *n*; Verzugsbrett *n*
breast drill Brustleier *f*, Brustbohrmaschine *f*
breast lining *(OB)* Fensterbrüstungsvertäfelung *f*
breast wall 1. *(Erdb)* Stützmauer *f*; 2. brusthohe Brüstungsmauer *f*
breastsummer (langer) Sturzbalken *m*
breastwork 1. Brüstung *f (in Brusthöhe)*; 2. Mauerwerk *n* für Schornsteinbrüstung
breathability *(DIS, SB)* Atmungsaktivität *f (Mauerwerk)*
breather Entlüfter *m*
breathing apparatus *(Te)* Atemschutzgerät *n*
breathing capability *(DIS)* Atmungsvermögen *n*
breathing protection system *(Te)* Atemschutzsystem *n*
breccia *(Bod)* Brekzie *f*, Breccie *f*, Trümmergestein *n*
breeches pipe *(San)* Gabelrohr *n*, Hosenrohr *n*
breeching Rauchgasanschluss *m*, Rauchgasanschlussrohr *n*, Abzugsrohr(stück) *n*
breeching fitting Gabelrohranschluss *m*
breeze Asche *f*; Kohlenschlacke *f*
breeze block Schlacken(asche)betonblock *m*; Leichtbauelement *n*
breeze brick Schlackenmauerstein *m*, Dübelziegel *m*, Eisenschlackenstein *m*, Hüttenstein *m*
breeze concrete *(BM)* Koksaschenbeton *m*, Schlackenbeton *m (mit Sand und Portlandzement)*; Leichtbeton *m* mit Koksaschenzusatz, Bimsbeton *m*
breezeway *(Konst)* überdeckter Zugang *m*, verkleideter Verbindungsgang *m (zwischen zwei Gebäuden)*
bressummer *s.* breastsummer
brick *v* (mit Ziegeln) mauern; mit Ziegeln verblenden
brick *v* **in** *(SB)* einmauern
brick *v* **up** *(SB)* aufmauern; zumauern
brick Ziegel(stein) *m*, Stein *m*, Lehmziegel *m*, beliebiger Mauerstein *m (< 33,7 × 22,5 × 11,3 cm)*; Backstein *m*
brick aggregate concrete Ziegelbeton *m*
brick anchor *(Konst)* Verkleidungsanker *m*, Verbindungsanker *m*
brick-and-a-half wall Eineinhalbziegelwand *f (340 mm oder 13¼ in. dick)*
brick and brick mörtelabgezogenes Ziegelmauerwerk *n (mörtelfreie Stoßfuge)*
brick-and-stud-work Ziegelausfachung *f*
brick arch *(Konst, SB, TK)* Ziegelbogen *m*, Mauerwerkbogen *m*; Backsteingewölbe *n*
brick architecture Backsteinarchitektur *f*
brick axe Maurerhammer *m*
brick backing Ziegelhintermauerung *f*
brick beam Ziegelsturz *m* mit Bewehrung, Ziegelbalken *m*
brick bed joint Ziegellagerfuge *f*
brick bond *(SB)* Ziegelverband *m*, Mauerziegelverband *m*, Backsteinverband *m*; Schornsteinverband *m*
brick breaker Ziegelbrecher *m*
brick building Backsteinbau *m*
brick-built ziegelgemauert
brick burning Ziegelbrennen *n*
brick carcass Ziegelrohbau *m*
brick-casing Backsteinummantelung *f*
brick ceiling Ziegeldecke *f*
brick cement wasserdichtender Zement *m*
brick chippings Ziegelsplitt *m*
brick clay Ziegelton *m*, Ziegelerde *f*
brick construction Ziegelbauweise *f*
brick course Ziegellage *f*
brick culvert pipe gemauerte Röhre *f*
brick dust Ziegelmehl *n*
brick earth Ziegelerde *f*
brick exterior wall Ziegelfassungsmauer *f*
brick facing *(OB)* Steinverkleidung *f*, Ziegelverblendung *f*, Mauerverblendung *f*; Ziegelauskleidung *f*
brick field Ziegelei *f* Ziegelfabrik *f*
brick floor Ziegelfußboden *m*
brick flooring 1. Ziegelfußboden *m*; 2. Fliesenbelag *m (Material)*
brick footing *(Erdb, Konst)* Ziegelfundament *n*
brick for window cill [sill] Fensterbankstein *m*

brick format Ziegelformat *n*
brick foundation Ziegelfundament *n*
brick furnace *(Te)* Ziegelofen *m*, Ziegelbrennofen *m*
brick gauge Normalziegelgröße *f*, Normziegelmaß *n*
brick hammer *s.* bricklayer's hammer
brick infill masonry Ziegelausmauerung *f*
brick kiln *s.* brick furnace
brick-lined mit Ziegeln ausgekleidet, mit Ziegelausmauerung
brick-lined concrete slab Ziegelbetonplatte *f*, Betonplatte *f* mit Ziegelverblendung *f*
brick lining 1. Ziegelauskleidung *f*, Ausmauerung *f*; 2. Ziegelfutter *n*
brick-making clay Ziegelton *m*
brick masonry Ziegelmauerwerk *n*, Backsteinmauerwerk *n*
brick-mill Ziegelpresse *f (Zerkleinerungsanlage)*
brick moulding Fensteröffnungsrandverblendung *f (aus Holz)*
brick moulding machine Ziegelstreichmaschine *f*
brick nogging Fachwerkausmauerung *f*, Ziegelausfachung *f*
brick-on-bed Flachschicht *f*
brick-on-edge hochgestellter Ziegel *m*
brick-on-edge course Hochkantziegelreihe *f*, Rollschicht *f*
brick-on-end Kopfschicht *f*
brick packaging machine *(BWG, Te)* Steinpaketierungsanlage *f*
brick partition (wall) Ziegel(trenn)wand *f*, Zwischenwand *f*
brick pattern 1. Ziegelmuster *n*; 2. Ziegelmauermuster *n*
brick pavement Ziegelpflaster *n*
brick paving *(Verk)* Ziegelpflasterung *f*
brick-pressing machine Ziegelpresse *f*
brick-red ziegelrot
brick rubble Ziegelschotter *m*
brick set 1. Ziegelpolster *n*; 2. mauerwerktragender Sims *m*
brick sewer *(WVA)* Klinkerkanal *m*
brick shape Ziegelform *f*
brick size Ziegelformat *n*
brick slip *(AE)* Riemchen *n*, Ziegelverblender *m*, Ziegel(verblend)imitation *f*
brick structure Ziegelbauwerk *n*, gemauertes Bauteil *n*
brick structures Ziegelbauten *mpl*
brick supplier Ziegellieferant *m*
brick surface Ziegeloberfläche *f*
brick trimmer Ziegelbogen *m (über einem Kamin)*
brick trowel Maurerkelle *f*
brick vault *(SB, TK)* Ziegelgewölbe *n*, Backsteingewölbe *n*
brick veneer *s.* brick facing
brick wall Ziegelmauer *f*, Ziegelwand *f*
bricking Ziegelmauern *n*, Mauern *n* mit Ziegeln; Ausmauerung *f*
bricking-in Einmauerung *f*
bricking-up Ausmauern *n* von Öffnungen
bricklayer Maurer *m*
bricklayer charge hand Maurerpolier *m*
bricklayer's hammer Maurerhammer *m*
bricklayer's line Fluchtschnur *f*, Maurerschnur *f*
bricklayer's scaffold Maurergerüst *n*
bricklayer's trade Maurerhandwerk *n*
bricklaying Mauern *n*, Maurerarbeit *f*
bricklaying craft [trade] Maurerhandwerk *n*
brickwork 1. Ziegelmauerwerk *n*, Ziegelverband *m*; 2. Backsteinbau *m*
brickwork column Ziegelmauerwerkstütze *f*
brickwork cube Ziegelsteinmauerblock *m (Festigkeitsprüfung)*
brickwork expansion joint Mauerwerksdehnfuge *f*
brickwork for rendering zu verputzendes Mauerwerk *n*
brickwork movement joint *(Konst, SB)* Mauerwerksdehnfuge *f*
bricky 1. ziegelgemauert, ziegelgefertigt; 2. ziegelartig; ziegelfarben
bridge *v* 1. *(Br)* überbrücken; eine Brücke errichten; 2. *(El)* in Brücke schalten
bridge 1. *(Br, Wsb)* Brücke *f*; 2. *(Konst)* Fallschutzdach *n*; 3. *(EB)* Bühnenbrücke *f*
bridge abutment Brückenwiderlager *n*
bridge across a large river Strombrücke *f*
bridge across a river Flussbrücke *f*
bridge approach Brückenrampe *f*
bridge arch Brückenbogen *m*
bridge art Brückenbaukunst *f*
bridge beam Brückenträger *m*
bridge bearing Brückenlager *n*
bridge bent Brückenjoch *n*
bridge building Brückenbau *m*
bridge cable Brückenkabel *n*
bridge carriageway Brückenfahrbahn *f*
bridge component Brückenteil *n*
bridge construction Brückenbau *m*
bridge crane Brückenkran *m*
bridge deck Fahrbahnplatte *f*, Brückentafel *f*
bridge deck slab Brückenfahrbahnplatte *f*
bridge deck surfacing Brücken(fahrbahn)belag *m*
bridge design Brückenbauunterlagen *fpl*
bridge design code Brückenentwurfs- und Konstruktionsrichtlinien *fpl*
bridge drainage Brückenentwässerung *f*
bridge engineering Brückenbau *m (Ingenieurtechnik)*
bridge floor Brückenfahrbahn *f*
bridge girder Brückenträger *m*
bridge girder system Brückentragwerk *n*
bridge grade *(AE)* Brückengradiente *f*
bridge head Brückenkopf *m*
bridge heating Brücken(fahrbahn)heizung *f*
bridge height Brückenhöhe *f*
bridge heightening Brückenanhebung *f*, Brückenerhöhung *f*
bridge joint *(Hb)* Klaue *f* mit Zapfen
bridge maintenance Brückenunterhaltung *f*, Brückeninstandhaltung *f*
bridge management *(Te, VR)* Brückenmanagement *n*, Brückenverwaltung *f*, Brückenbewirtschaftung *f*, Bauwerksmanagement-System *n (BMS)*
bridge manager Brückenmanager *m*, Brückenverantwortlicher *m*
bridge model Brückenmodell *n*
bridge monitoring *(VR)* Brückenüberwachung *f*
bridge of air-proof cases Kastenbrücke *f*
bridge opening Brückenöffnung *f*
bridge-over Querträger *m*
bridge parapet Brückengeländer *n*
bridge pier [pillar] Brückenpfeiler *m*
bridge railing Brückengeländer *n*
bridge ramp Brückenrampe *f*
bridge record book Brückenbuch *n*
bridge records Brückenbuch *n*
bridge reinforcement Brückenverstärkung *f*
bridge roadway Brückenfahrbahn *f*
bridge rope Brückenkabel *n (Hängebrücke)*
bridge seat Auflagerbank *f (Brücke)*
bridge seating girder Schleppträger *m*
bridge site Brückenbaustelle *f*
bridge site investigation documents Brückenentwurfsdaten *pl*
bridge span Brückenöffnung *f*, Brückenspannweite *f*
bridge statue Brückenstatue *f*

bridge steel Brückenstahl *m*
bridge stock Brückenfertigteile *npl*, Brückenblock *m*
bridge substructure Brückenunterbau *m*
bridge superstructure Brückenüberbau *m*
bridge tower Brückenturm *m*
bridge traffic control *(Verk)* Brückenverkehrssteuerung *f*
bridge trough Trog *m* einer Brücke, Brückentrog *m*
bridge truss Brückenfachwerkträger *m*
bridge type Brückentyp *m*
bridge vibration *(Konst, Stat, Verk)* Brückenvibration *f*
bridge with an A-frame supporting a horizontal beam Spannwerkbrücke *f*
bridge with arch supported girder *(Br, Konst, Stat)* Langer'sche Balkenbrücke *f*
bridge with continuous beams kontinuierliche Balkenbrücke *f*
bridge with fixed substructure Brücke *f* mit festem Unterbau
bridge with segmental face arch Brücke *f* mit segmentförmigem Frontbogen
bridge with trellis main booms Fachwerkbalkenbrücke *f*
bridge works *(Te)* Brückenarbeiten *fpl*, Brückenbauarbeiten *fpl*
bridgeboard Treppenwange *f (Holztreppe)*
bridged floor Querbalkendecke *f*
bridging 1. *(Konst)* Spreizenwerk *n* zwischen Querbalken; Riegelsystem *n*; 2. *(OB)* Überbrückung *f (von Rissen)*; 3. *(Erdb, Te)* Brückenbildung *f*, Bogenbildung *f*, Gewölbebildung *f (von Schüttgütern)*
bridging floor Decke *f* mit Querbalken ohne Träger
bridging joist *(EB, Hb)* Kinderbalken *m*, Lagerbalkenrost *m (Dielung)*
bridging piece Unterzugbalken *m*
bridle joint *(Hb)* Klaue *f* mit Zapfen im Nest
bridle path Reitweg *m*
bright 1. hell *(Licht)*; hell scheinend; 2. leuchtend, lebhaft *(z. B. Farben)*; glänzend; Glanz...; blank; 3. klar *(z. B. Lacke)*
bright-annealed blankgeglüht
bright dip 1. *(OB, St)* Glanzbrenne *f (bes. für Kupfer)*; Glänzlösung *f*; 2. Glanzbrennen *n*, chemisches Glänzen *n*
bright glaze *(AE) (OB)* Keramikhochglanzglasur *f*
bright steel bars polierter Stabstahl *m*
brighten *v* aufhellen
brightness 1. Glanz *m*; Leuchtkraft *f (z. B. von Anstrichen)*; 2. *(El)* Helligkeit *f*; Leuchtdichte *f*
brightness degree *(El)* Helligkeitsgrad *m*
brightness of daylight Tageslichthelligkeit *f*
brilliancy *(OB)* Farbbrillanz *f*, Leuchtkraft *f (Anstrich)*
brimstone *(BM)* Schwefel *m (Rohschwefel als Handelsprodukt)*
brindled brick braunmatter Blendziegel *m*, gestreifter Ziegel *m*
brine *(OB, Umw)* Salzsole *f*
brine pipe *(Umw, WVA)* Schlammrohr *n (Solerohr)*
brine tank *(Te)* Solebehälter *m*
Brinell hardness *(St)* Brinellhärte *f*
Brinell (hardness) test *(St)* Brinellversuch *m*, Brinellhärteprüfung *f*, Kugeldruckprüfung *f* nach Brinell
bring *v* **flush** bündig machen, gleichmachen
bring *v* **into alignment** *(Verm)* fluchten
bring *v* **up** mauern, hochmauern, aufmauern
bringing up Mauern *n*, Aufmauern *n*, Hochmauern *n*
briquette Zug(festigkeits)prüfkörper *m*, Zugprüfkörper *m (Baustoffprüfung)*
brise-soleil Sonnenblende *f*, Sonnenschutz *m*
bristle brush *(OB)* Naturhaarpinsel *m*
Britannia joint Wickellötstelle *f*
British Calibration Service *(BCS) (VR)* Britische Anstalt *f* für Kalibrierung, BCS
British Standard *(BS) (Konst, VR)* britische Norm *f*, BS
British Standard Section *(St)* britisches Normal(walz)profil *n*
British Standards Institution *(BSI) (VR)* Britisches Institut *n* für Normung, BSI
brittle spröde; brüchig, zerbrechlich; mürbe • **become brittle** spröde werden, verspröden
brittle film spröder Film *m (Anstrich)*
brittle fracture Sprödbruch *m*
brittle point Brechpunkt *m (Bitumen)*
brittle rock *(Bod)* sprödes Gestein *n*, spröder Fels *m*, fauler Fels *m*
brittleheart *(AE)* morsches Herz *n*, brüchiges Kernholz *n*
brittleness *(BM)* Sprödigkeit *f*; Brüchigkeit *f*, Zerbrechlichkeit *f*
broach *v* scharrieren; ausräumen, aufreiben, abspitzen *(Werkstein)*
broach *s.* brotch
broach post *(Hb)* Helmstange *f*, Kaiserstiel *m*
broach roof Zeltdach *n*
broach spire *(Arch)* achteckige Turmspitze *f* auf quadratischem Turm
broached work *(SB)* Scharrierung *f*
broad Schräge *f*; Meißel *m*
broad aisle Mittelgang *m (Kirche)*
broad axe *(Hb)* Breitaxt *f*, Balkenaxt *f*, Zimmeraxt *f*
broad chisel Scharriereisen *n*, Schlageisen *n*
broad-flange beam *(St)* Breitflanschträger *m*
broad-flange-I-section prospect Stützen *fpl* aus Doppel-T-Profilen
broad-flanged breitflanschig
broad-flanged tee-iron breitfüßiges T-Eisen(profil) *n*
broad knife Breitspachtel *m*
broad timbers *(Hb)* Breitschnittholz *n*
broad tool *(SB)* Breiteisen *n*, Scharriereisen *n*
broad veining *(OB)* netzartige Äderung *f (Werkstein)*
broadcasting studio Senderaum *m*
broaden *v* verbreitern
broadening *(Konst, Verk)* Verbreiterung *f (z. B. einer Straße)*
brob Bau(holz)klammer *f*
broken 1. gebrochen *(Mauerwerk)*; zerbrochen; ungeschichtet; 2. unterbrochen
broken aggregate gebrochener Zuschlagstoff *m*
broken arch unterbrochener Bogen *m*
broken-brick concrete Ziegelsplittbeton *m*, Trümmerbeton *m*
broken bricks Ziegeltrümmer *pl*, Ziegelsplitt *m*, Steinschlag *m*
broken concrete Betonschotter *m*, Betonpacklage *f*
broken course *(SB)* Kreuzschicht *f (Mauerwerk)*
broken edge metal aufgesplittetes Flachmetall *n*
broken-flight stair gegenläufige Treppe *f*, Treppe *f* mit vollem Richtungswechsel
broken granite Granitschotter *m*
broken gravel gebrochener Kies *m*
broken-joint tile Falzdachziegel *m*
broken joints *(Konst)* versetzte Fugen *fpl*
broken limestone sand Kalksteinbrechsand *m*
broken line *(Konst)* Strichlinie *f*, gestrichelte Linie *f*
broken material Brechgut *n*, gebrochenes Material *n*
broken product gebrochenes Material *n*
broken rangework *(SB)* hammerrechtes Mauerwerk *n*
broken rock *s.* broken stone
broken sand Brechsand *m*
broken slate Schiefersplitt *m*
broken stone *(BM)* Schotter *m*, Bruchstein *m*; Grobsplitt *m*
broken stone road *(Verk)* Schotterstraße *f*, Steinschlagstraße *f*
broken white *(OB)* getöntes Weiß *n*

broker *(VR)* Grundstücksmakler *m*, Immobilienhändler *m*, Immobilienmakler *m*, Makler *m*
bronze *(BM)* Bronze *f*
bronze connector Bronzedübel *m*
bronze furniture *(EB)* Bronzebeschlag *m*
bronze guide Führungsleiste *f* aus Bronze
bronze hardware *(EB)* Bronze(bau)beschläge *mpl*
bronze paint Bronzefarbe *f*
bronze relief *(Arch)* Bronzerelief *n*
bronze-working Bronzearbeit *f*
bronzing 1. Bronzierung *f*; 2. *s.* browning 1.; 3. Verwittern *n*, Abwittern *n (Farbanstrich)*
brook *(Bod, Wsb)* Bach *m*
brook bridge Bachbrücke *f*
broom 1. *(SB)* Berappen *n (einer Mauer)*; Aufbringen *n* von Rauputz; 2. (drückendes) Aufkleben *n (einer Dachpappe in frisches Bitumen)*; 3. *(Erdb)* Schnüren *n (eines Holzpfahlkopfs)*; 4. Besen *m*
broom closet [cupboard] *(EB)* Besenschrank *m*
broom finish 1. *(OB)* Besenschlagputz *m*; 2. *(BB)* Besenabzug *m*, Besenstrich *m (Betonoberfläche)*
brooming 1. *(BB, Verk)* Fegen *n*, Einfegen *n*, Bearbeitung *f* mit Besen *(frisch gegossene Betonoberflächen)*; 2. *(BB, Verk)* Besenstrich *m (Betonoberfläche)*; 3. *(Erdb)* Aufplatzen *n (von Pfählen beim Einrammen)*; 4. *(SB) s.* broom
brotch *(AE)* U-förmiger Baumast *m (Rieddach)*
brow Überzug *m*
brow post *s.* cross beam
brown coat Unterputz *m*, Zwischenputzlage *f*
brown-out Vorputzen *n*
brown rot *(OB, RS)* Destruktionsfäule *f*
brown staining *(OB)* Braunfleckigkeit *f*
browning 1. *(OB)* Brünieren *n*, Braunbeizen *n*; 2. *s.* brown coat
browning plaster *s.* brown coat
browning rod Putzlatte *f*, Richtlatte *f*
browning salt *(OB)* Brüniersalz *n*
brownstone Braun(sand)stein *m*, arkosischer rotbrauner Sandstein *m*
browpiece Überzugsbalken *m*, Türsturz *m*
browsing room *(AE)* Lesesaal *m (einer Bibliothek)*
Brunswick black *(OB)* Braunschweiger Schwarz *n*, Bitumenfarbe *f*
Brunswick green Braunschweiger Grün *n*, Chromgrün--Eisenblau-Gemisch *n*
brush *v* 1. (an)streichen, anpinseln; 2. bürsten; abbürsten
brush *v* **off** abbürsten
brush 1. Bürste *f*; Pinsel *m*; 2. *(LB)* Reisig *n*; 3. *(LB)* Buschwerk *n*
brush-aerator *(OB)* Bürstenwalze *f*
brush application *(OB)* Aufstreichen *n* (mit dem Pinsel); Streichauftragen *n*
brush applied aufgestrichen
brush-coat *v* (an)streichen
brush coat plaster Pinselputz *m*
brush finish *(OB)* Behandeln *n* mit einer Rotationsdrahtbürste
brush for ceilings Kugelbürste *f*, Deckenbürste *f*
brush graining *(OB)* Holzmaserungsimitation *f* durch Bürstenstrich
brush marks Pinselspuren *fpl*, Pinselstriche *mpl (Anstrichfehler)*
brush-paint *v* (an)streichen
brush paint Streichfarbe *f*
brush painting Anstreichen *n*, Streichen *n*, Pinselauftrag *m*
brush rake *(BWG, Erdb)* Geländeräumschild *m (eines Bulldozers)*
brush sweeper Straßenkehrmaschine *f*
brush treatment *(OB)* Anstrichbehandlung *f (Korrosionsschutz)*
brushability Verstreichbarkeit *f*, Streichfähigkeit *f*
brushable streichfähig
brushable consistence Streichkonsistenz *f*
brushed aufgestrichen
brushed concrete surface Betonoberfläche *f* mit Besenstrich
brushing 1. Streichen *n*, Anstreichen *n*; 2. Abbürsten *n*; 3. *s.* brooming 1.
brushing lacquer Streichlack *m*
brushing of newly laid concrete *(BB, Te, Verk)* Betonbesenstrich-Aufbringen *n*
brushing paint Streichfarbe *f*
brushing quality Streichqualität *f*
brushout Streichprobe *f*; Farbprobe *f*
brushwood *(LB)* Reisig *n*
brutalism *(Arch)* Brutalismus *m (schmuckloser Baustil, gekennzeichnet durch bevorzugte Verwendung von Beton)*
BS *s.* British Standard
BSI *s.* British Standards Institution
bubble *v* 1. *(BM, OB, Te)* Blasen bilden, sprudeln, perlen; aufwallen; 2. *s.* bubble up
bubble *v* **up** *(Umw)* in Blasen aufsteigen
bubble Blase *f*
bubble glass Blasenglas *n*
bubble level *(Verm)* Libelle *f*
bubble tower *(BM, Te)* Fraktionierturm *m*
bubbling *(BM, Umw)* Blasenbildung *f (in Flüssigkeiten)*
buck *v* 1. *(St, Te)* gegenhalten *(beim Nieten)*; 2. ablängen *(Holz)*
buck Türhilfsrahmen *m*
buck frame eingebauter Holztürrahmen *m*
buck opening *(Konst)* Rohbauöffnung *f*; Rohbauöffnungsweite *f*
buck scraper *(Erdb)* Schürfkübelgrader *m*
bucket *(BWG, Erdb)* Schöpfeimer *m (des Eimerkettenbaggers)*; Baggerschaufel *f (des Schaufelradbaggers)*
bucket capacity Schaufelinhalt *f*
bucket chain Baggerkette *f*
bucket conveyor *(BWG)* Becherkettenförderer *m*, Becherwerk *n*
bucket dredger *(BWG, Erdb)* Eimerkettennassbagger *m*, Schaufelbagger *m (zum Nassbaggern)*
bucket elevator Becherwerk *n*, Becherelevator *m*
bucket elevator boom *(BWG, Te)* Elevatorausleger *m*
bucket excavator *(BWG, Erdb)* Eimerkettenbagger *m*
bucket foundation *(Erdb)* Köcherfundament *n*
bucket handle joint *(Stat, TK)* Gerbergelenk *n*
bucket-hook Brunnenhaken *m*
bucket loader Ladeschaufler *m*
bucket pump *(WVA)* Kastenpumpe *f*
bucket sink *(San)* Ausgussbecken *n*
bucket trap *(HLK)* Dampftraps *m*, Dampfverschluss *m*
bucket-wheel excavator *(BWG, Erdb)* Schaufelradbagger *m*
bucking *(Hb)* Ablängen *n (von Baumstämmen)*
buckle *v* (aus)knicken, einknicken; beulen, sich ausbeulen *(z. B. eine Strebe)*; sich werfen *(z. B. Straßenbelag)*
buckled plate *(St, TK)* Buckelplatte *f*, Buckelblech *n*; geknickte Platte *f*
buckled-plate sheet piling *(Erdb)* Spundwand *f* aus Buckelblechen
buckled region *(BT, Stat, TK)* Knickzone *f*, Knickbereich *m*
buckling *(Konst, TK)* Abknicken *n*; Ausknickung *f*; Auswölben *n*; Ausbeulen *n*, Ausbeulung *f (z. B. einer Strebe)*; Knicken *n*
buckling action *(Stat)* Knickbeanspruchung *f*
buckling analysis *(Stat)* Knickberechnung *f*

buckling behaviour Knickverhalten *n*
buckling coefficient *(Stat)* Knickbeiwert *m*, Knickzahl *f*
buckling fatigue Knickermüdung *f*
buckling formula Knickformel *f*
buckling height Knicklänge *f*
buckling instability Knicklabilität *f*
buckling length Knicklänge *f*
buckling load *(Stat)* Knicklast *f*
buckling loading *(Konst, Stat)* Knickbelastung *f*
buckling region Knickbereich *m*
buckling resistance Knickfestigkeit *f*, Knickwiderstand *m*
buckling risk Knickgefahr *f*
buckling safety *(Stat)* Knicksicherheit *f*
buckling stability Knickstabilität *f*, Knickfestigkeit *f*
buckling stiffness Knicksteifigkeit *f*
buckling strength Knickfestigkeit *f*, Knickstabilität *f*; Beulfestigkeit *f*
buckling stress *(Stat)* Knickspannung *f*; Knickbeanspruchung *f*, Knickbelastung *f*
buckling test Knickversuch *m*, Knickprüfung *f*
buckling value Knickwert *m*
buckling work Knickarbeit *f*
bucksaw Zimmermannssäge *f*, Bocksäge *f*
buckstay vertikaler Bewehrungsstab *m (für Seitenwände eines Bogenmauerwerks)*
bucrane (frieze) *(Arch)* Bukranion *n*, Bukranienfries *m (Ornament)*
bucranium *s.* bucrane (frieze)
bud capital *(Arch)* Knollenkapitell *n*
budget *(VR)* Haushalt *m*, Etat *m*, Budget *n*
budget shortfall *(VR)* Haushaltsdefizit *n*
budgeteering *(VR)* Budgetierung *f*, Finanzplanung *f (für einen Ausgabesektor)*
buff *v (OB)* polieren, schleifen, glänzen *(Terrazzo)*; schwabbeln *(Metall)*
buff *(BWG, OB)* Schwabbelscheibe *f*
buff-coloured brick lederfarbener Ziegelstein *m*
buffability Polierbarkeit *f*
buffable polierbar *(z. B. Terrazzo)*
buffer Puffer *m*, Prellvorrichtung *f*; Prellbock *m*
buffer layer *(Konst)* Pufferschicht *f*
buffer stop *(Verk)* Prellbock *m*
buffing *(OB)* Polieren *n*
buffing wheel *(OB)* Schwabbelscheibe *f*
bug holes *(AE)* 1. *(BB)* Luftblasenhohlräume *mpl (in eingebrachtem Beton)*; 2. *(OB)* Fehlstellen *fpl (z. B. in Holzoberflächen, Farbanstrichen usw.)*
buggy *(Te)* Kippkarren *m*, Betonkarren *m*, Japaner *m*
buggying *(BB, Te)* Verteilen *n* mit Japanern *(Beton)*
build *v* bauen; erbauen, errichten, hochziehen *(ein Gebäude)*; eine Mauer ziehen; anlegen, gründen
build *v* **in** einbauen
build *v* **on** anbauen an
build *v* **up** 1. aufbauen *(z. B. Gebäude)*; errichten *(z. B. Anlagen)*; zusammensetzen *(z. B. Aggregate)*; 2. bebauen *(Gelände)*; 3. vermauern; 4. *(St)* auftragschweißen; 5. ablagern
build *v* **with stones** mauern
build 1. Bauart *f (z. B. Typ des Gebäudes)*; Ausführung *f*; 2. Schichtdicke *f*, Dicke *f (eines Anstrichs)*; 3. Stoßfuge *f (vertikale Mauerwerksfuge)* • **have a good build** füllkräftig, füllstark, festkörperreich sein *(Anstrich)*
build-up by welding *(St)* Auftragschweißen *n*
buildability *(Konst, Te)* Baubarkeit *f*
builder 1. Bautechniker *m*, Baufachmann *m*; 2. Bauunternehmer *m*; Baufirma *f*; 3. Erbauer *m*
builder's copper Baukupfer *n*
builder's diary *(VR)* Bautagebuch *n*
builder's elements Montageteile *npl*, Bauteile *npl*
builder's fitting Baubeschläge *mpl*
builder's hardware Baueisenwaren *fpl*; Baubeschläge *mpl*
builder's hoist Bauwinde *f*
builder's jack Gerüsthalter *m (am Fenstersims befestigt)*
builder's level Wasserwaage *f*, Lotwaage *f*; Nivellier(-instrument) *n*
builder's merchant Baustoffhändler *m*
builder's road Baustellenstraße *f*
builder's rubbish Bauschutt *m*
builder's stages [staging] Baugerüst *n*
builder's tape *(Verm)* Vermessungsbandmaß *n*
builder's treat Richtfest *n*
builder's winch Bauwinde *f*
builder's yard Bauhof *m*
building 1. Bauen *n*, Bau *m*, Errichtung *f*; 2. Bauwerk *n*, Bau *m*, Gebäude *n*; Haus *n*; 3. Konstruktion *f*; 4. Bauwesen *n*; 5. *s.* building construction • **"danger - building is unsafe"** "Vorsicht Einsturzgefahr"
building activities *(Te)* Baugeschehen *n*, Bautätigkeiten *fpl*
Building Acts *(VR)* Baugesetze *npl*
building administration *(VR)* Bauverwaltung *f*
building alteration *(RS)* Gebäudeumbau *m*
building and civil engineering Hoch- und Tiefbau *m*
building and construction industry 1. Bauindustrie *f*; 2. Bauwesen *n*
building and construction trade Baugewerbe *n*
building and loan association *(AE) (VR)* Bausparkasse *f*
building approvals 1. *(VR)* Baugenehmigung *f*; 2. *(Konst, VR)* Zulassung *f* von Bauelementen
building area *(RP)* bebaute Fläche *f*
building association *(VR)* Baugesellschaft *f*, Baugenossenschaft *f*, Bauverein *m*
building authority Baubehörde *f*
building block 1. Block *m*, Blockstein *m*, Stein *m*; 2. Baustein *m*
building-block principle *(Konst)* Baukastenprinzip *n*
building bloom *(OB)* Mauerfraß *m*
building board Bauplatte *f*
building board for industrial construction *(DIS)* Industriebauplatte *f* mit Dämmzwischenschicht
building boom *(VR)* Bauhochkonjunktur *f*
building brick Bauziegel *m*, Mauerziegel *m*; Ziegel(stein) *m*
building by industrialized methods *(Konst, Te)* industrielles Bauen *n*
building by-law *(VR)* örtliche Bauordnung *f*, Baugesetz *n*
building campaign Baukampagne *f*
building carcass Gebäuderohbau *m*
building ceramics keramischer Baustoff *m*
building code *(AE) (VR)* Bauordnung *f*, Baugesetz *n*; Baustandardwerk *n*
building code requirements for reinforced concrete *(BB, Konst, VR)* Stahlbetonbestimmungen *fpl*
building codes *(AE) (VR)* Gemeindeordnung *f (örtliche Bauordnung)*
building combined drain [sewer] kombinierte Abwasserleitung *f (Abwasser und Regenwasser)*
building complex Gebäudekomplex *m*
building component Bauelement *n*, Fertigteil *n*
building concrete Hochbaubeton *m*
building construction 1. Baukonstruktion *f*; 2. Hochbau *m*; Hausbau *m*; 3. Bauausführung *f*
building construction and civil engineering *s.* building and civil engineering
building construction work Hochbauarbeiten *fpl*
building contract *(VR)* Bauvertrag *m*
building contractor Baubetrieb *m*, Bauunternehmen *n*; Auftragnehmer *m*; Hochbaufirma *f*, Hochbaubetrieb *m*
building control *(VR)* Bauüberwachung *f*

building control department *(VR)* Bauaufsichtsbehörde *f*, Baupolizei *f*
building conversion *(VR)* Bauveränderung *f*
building cost *(VR)* Baukosten *pl*
building coverage *(RP)* Anteil *m* der bebauten Fläche
building density *(RP)* Baudichte *f*
building department Hochbauabteilung *f*
building dimension *(Konst)* Bauabmessung *f*
building documents *(Konst)* Bauvorlagen *fpl*, Bauunterlagen *fpl*
building drain *(San)* Gebäudeabwasserleitung *f*
building drainage *(WVA)* Grundstücksentwässerung *f*; Hausentwässerung *f*
building-drainage system *(San, WVA)* Grundstücksentwässerungsanlage *f*, Entwässerungssystem *n*
building drawing Bauzeichnung *f*
building elements Bauteile *npl*
building elevator Bauaufzug *m*
building engineer Hochbauingenieur *m*
building engineering Hochbau *m*; Bautechnik *f*
building enterprise Bauunternehmung *f*
building entrance Gebäudeeingang *m*, Hauseingang *m*; Wohnhauseingang *m*
building entrance door Haustür *f*
building equipment Gebäudeausrüstung *f*
building erection system *(Te)* Baumontageverfahren *n*
building estate *(RP, VR)* Baugrundstück *n*
building estimate Baukostenvoranschlag *m*
building experience Bauerfahrung *f*
building expert Bausachverständiger *m*
building extension Hauserweiterung *f*, Gebäudeerweiterung *f*
building failure *(RS)* Hochbauschaden *m*
building field Hochbausektor *m*
building firm Hochbaufirma *f*, Hochbaubetrieb *m*; Baugeschäft *n*
building fit Hochbaupassung *f*
building frame(work) *(Konst)* Gebäuderahmen *m*, Gebäudeskelett *n*
building glass Bauglas *n*; Bauglasplatte *f*
building grade *(Verm)* Gebäudehöhenmarke *f*
building grant Baukostenzuschuss *m*
building gravity drainage system Entwässerungssystem *n* mit natürlichem Gefälle
building ground *(RP, VR)* Baugrund *m*, Terrain *n*; Baugelände *n*, Baustelle *f*
building hardware Bauwerkzeuge *npl*; Baubeschläge *mpl*
building height Bauhöhe *f*, Gebäudehöhe *f*
building height zoning *(VR)* Bauhöhenvorschrift *f*
building improvement Bausubstanzverbesserung *f*
building-in Einbindung *f*; Einbauen *n (z. B. von Möbeln)*
building in series Serienbau *m*
building in steel Stahlbau *m*, Stahlkonstruktion *f*
building in timber [wood] Holzbau *m*, Holzkonstruktion *f*
building index *(VR)* Preisindex *m* im Bauwesen
building industry Bauindustrie *f*, Bauwirtschaft *f*; Baugewerbe *n*; Hochbauindustrie *f*
building information centre Bau(informations)zentrum *n*
building inspection 1. *(VR)* Bauüberwachung *f*; 2. *(VR)* Bauabnahme *f*
building inspector *(VR)* Bauaufsichtsbeamter *m*, Bauaufsichtsbeauftragter *m*, Inspektor *m* der staatlichen Baubehörde, Bauinspektor *m*; Bauleiter *m*
building insulating *(DIS)* Gebäudedämmung *f (gegen Kälte, Wärme und Schall)*
building insulating board *(BT, DIS)* Gebäudedämmplatte *f*
building insulating product *(DIS)* Baudämmstofferzeugnis *n*
building insulating wool *(DIS)* Baudämmwolle *f*
building insulation 1. *(DIS)* Gebäudedämmung *f (z. B. gegen Wärmeverlust)*; 2. Gebäudeisolierung *f*
building insulation material *(DIS)* Baudämmstoff *m*
building insulation wool *(DIS)* Baudämmwolle *f*
building insurance *(VR)* Gebäudeversicherung *f*
building interior Gebäudeinneres *n*
building joiner Bautischler *m*, Tischler *m*
building labourer Bauarbeiter *m*
building lime Baukalk *m*, Luftkalk *m*
building line 1. *(Verm)* Bauflucht(linie) *f*, Baugrenzlinie *f*, Baulinie *f*; 2. *(El)* Gebäudeleitung *f*
building loan contract *(VR)* Bausparvertrag *m*
building lot Baulos *n*
building machinery Baumaschinen *fpl*
building main *(WVA)* Gebäudehauptanschluss *m (Wasser)*
building maintenance Gebäudeunterhaltung *f*; Gebäudeinstandhaltung *f*
building management Baudirektion *f*
building material Baustoff *m*, Baumaterial *n*; Hochbaumaterial *n*
building material demand Baustoffbedarf *m*
building material failure Baustofffehler *m*; Baustoffschaden *m*
building material fault Baustoffhersteller *m*
building material practice Baustofftechnik *f*
building material producer Baustoffhersteller *m*, Baustofferzeuger *m*
building material shortage Baustoffmangel *m*
building material testing Baustoffprüfung *f*
building materials depot Baustofflagerplatz *m*
building materials engineer Baustoffingenieur *m*
building materials engineering Baustofftechnik *f*
building materials industry Baustoffindustrie *f*
building materials practice Baustofftechnik *f*
building materials processing Baustoffaufbereitung *f*
building materials production Baustoffherstellung *f*
building materials quality Baustoffgüte *f*, Qualität *f* der Baustoffe
building materials quality control *(VR)* Baustoffgüteüberwachung *f*
building materials requirement Baustoffbedarf *m*
building materials store Baustofflagerplatz *m*
building materials supplied only *(VR)* Baustoffe nur (an)geliefert
building materials supplier Baustofflieferant *m*, Baustoffversorger *m*
building materials supply Baustoffversorgung *f*
building materials yard Baustofflagerplatz *m*
building method *(Te)* Bauverfahren *n*
building moisture *(DIS)* Baufeuchte *f*
building object Bauobjekt *n*
building occupants Gebäudebelegung *f*
building of dams Talsperrenbau *m*
building of garages Garagenbau *m*
building of historic interest *(Arch)* historisches Gebäude *n*
building office Baubüro *n*
building official *(AE) (VR)* Bauaufsichtsbeamter *m*, Inspektor *m* der staatlichen Aufsichtsbehörde, Bauinspektor *m*
building on a site Baulichkeiten *fpl (auf der Baustelle)*
building orientation Gebäudelage *f*
building owner *(VR)* Bauherr *m*, Bauauftraggeber *m*, Auftraggeber *m*
building panel for industrial construction Industriebauplatte *f* mit Dämmzwischenschicht
building paper Baupappe *f*, nackte Dachpappe *f*; Baupapier *n*, Dichtungspapier *n*
building particulars and drawings Bauvorlagen *fpl*

building permission [permit] *(VR)* Baugenehmigung *f*, Bauerlaubnis *f*
building phase *(Te)* Baustadium *n*, Bauphase *f*
building pit *(Erdb)* Baugrube *f*
building pit lining [sheeting] *(Erdb)* Baugrubenverkleidung *f*, Baugrubenverbau *m*
building plan Bauplan *m*
building planning Bauplanung *f*
building plaster Baugips *m*
building plot *(RP, VR)* Baugrundstück *n*, Bauparzelle *f*
building plumber Bauklempner *m*
building population *(RP)* Bewohneranzahl *f*
building principles *(Konst)* Baugrundsätze *mpl*
building production Bauproduktion *f*
building professional Baufachmann *m*
building progress chart *(VR)* Baufristenplan *m*
building progress stage *(Te)* Baufortschrittsstadium *n*
building project Bauvorhaben *n*
building proposal Bauantrag *m*, Baugesuch *n*
building protecting agents *(OB)* Bautenschutzmittel *npl*
building pump Baupumpe *f*
building record drawing Baubestandszeichnung *f*
building regulation *(VR)* Bauvorschrift *f*
building regulations *(VR)* Bauvorschriften *fpl*, Baubestimmungen *fpl*, Bauordnung *f*; *(AE)* Baugesetz *n*
building regulations approved *(VR)* bauaufsichtlich zugelassen
building repair Baureparatur *f*
building research Bauforschung *f*
Building Research Establishment *(BRE)* Institution *f* für Forschung in Bauwesen, BRE
building restriction *(VR)* Baubeschränkung *f*, Baueinschränkung *f*
building restriction line *(Verm)* Häuserfluchtlinie *f*, Baugrenze *f*
building ruins *(RS)* Gebäudetrümmer *pl*
building sand Maurersand *m*
building sanitary sewer *(WVA)* Abwasserkanal *m (nur für häusliche Abwässer)*
building service chute *(EB)* Entsorgungsschacht *m*
building services *(AE)* technische Gebäudeausrüstung *f* [Gebäudeausstattung *f*], Gebäudeinstallation *f (mit allen Versorgungsleitungen)*
building services channel [shaft] *(EB)* Gebäudeversorgungsschacht *m*
building sewer *(WVA)* Gebäudeabwasserleitung *f*; Abwasserleitung *f (außerhalb eines Gebäudes)*
building shape Gebäudegestalt *f*
building sheet Bauplatte *f*
building silhouette *(Arch)* Gebäudesilhouette *f*
building site 1. Baustelle *f*, Bauplatz *m*, Baugelände *n*; 2. *s.* building plot
building size Baumaß *n*
building skeleton *(Konst)* Gebäudegerippe *n*
building slab Bauplatte *f (Beton)*
building society 1. *(VR)* Baugenossenschaft *f*; 2. *(VR)* Bausparkasse *f*
building society's savings agreement *(VR)* Bausparvertrag *m*
building space requirements *(RP)* Mindestabstandsforderungen *fpl*
building specification Bauausführungsbeschreibung *f*
building specifications *(VR)* Bauvorschriften *fpl*
building staircase Haustreppe *f*
building standard Hochbaunorm *f*
building steel framework Stahlskelettbau *m*
building stone Naturbaustein *m*; Baustein *m*
building storm drain *(Erdb, WVA)* Regenwasserleitung *f*
building storm sewer *(Erdb, WVA)* Regenwassersammler *m*
building subdrain *(WVA)* Abwasserpumpsystem *n*
building subsidy *(VR)* Baukostenzuschuss *m*
building subsystem *(EB, HLK, San)* Gebäudeversorgungssystem *n* mit spezifischer Funktion *(z. B. Klimaanlage)*
building sum *(VR)* Bausumme *f*
building supervision *(VR)* Bauüberwachung *f*, Baukontrolle *f*
building survey *(RS, VR)* Gebäudeaufnahme *f*, Bausubstanzaufnahme *f*
building surveyor Bautechniker *m*
building system 1. Gebäude(gesamt)ausrüstung *f*, Versorgungs- und Ausrüstungssystem *n* eines Gebäudes; 2. Gebäudekonstruktionssystem *n*
building tile Hohlziegel *m*, Langlochziegel *m*
building timber Bauholz *n*, Zimmermannsholz *n*
building tools Baugeräte *npl*
building trade Baufach *n*; Baugewerk *n*; Bauhandwerk *n*, Baugewerbe *n*; Bauwirtschaft *f*
building trade workman Bau(gewerks)handwerker *m*
building tradesman *s.* building trade workman
building trap *(WVA)* Abwassergeruchverschluss *m (eines Gebäudeabwasserkanals)*
building under construction *(Te)* Neubau *m*, im Bau befindliches Gebäude *n*
building unit 1. Bauteil *n*, Baueinheit *f*; 2. Körper *m*
building-up Aufbau *m*
building vibration *(Stat)* Bauwerksschwingung *f*, Gebäudevibration *f*
building volume umbauter Raum *m*
building wall Hauswand *f*
building ware Baumaterial *n*
building work Bauleistung *f*
building worker Bauarbeiter *m*
building workers' hut Bauhütte *f*
building works *(Te)* Bauarbeiten *fpl*, Hochbauarbeiten *fpl*
building yard Bauhof *m*
building zone Bauzone *f*
buildings all ready for occupancy [occupation] bezugsfertige [schlüsselfertige] Gebäude *npl*
buildings and structures bauliche Anlagen *fpl*
buildings ready for occupancy [occupation] bezugsfertige [schlüsselfertige] Gebäude *npl*
built gebaut; erbaut • **not built upon** *(RP)* unbebaut
built beam with keys *(Hb, TK)* verdübelter Balken *m*
built by industrialized methods aus Fertigteilen gebaut
built by standardized methods serienmäßig gebaut
built environment *(RP)* Siedlungsraum *m*
built-in eingebaut; Einbau...
built-in bathtub *(EB)* Einbauwanne *f*
built-in bookcase *(EB)* eingebauter Bücherschrank *m*
built-in cupboard Einbauschrank *m*, eingebauter Schrank *m*, Wandeinbauschrank *m*
built-in furniture Einbaumöbel *npl*
built-in girder (beidseitig) eingespannter Träger *m*, gelenkloser Träger *m*
built-in kitchen Einbauküche *f*
built-in mounting biegesteife Einspannung *f (eines Balkens)*
built-in refrigerator Einbaukühlschrank *m*
built-in storage shelf Hängeboden *m*
built-in units Einbauteile *npl*, Einbauten *mpl*
built-in wardrobe Garderobeneinbauschrank *m*, Einbau(kleider)schrank *m*, Wandeinbauschrank *m*
built-up 1. *(RP)* bebaut *(Gelände)*; 2. zusammengesetzt; montiert

built-up area bebautes Gebiet *n*, bebaute Fläche *f*; Ortschaft *f*
built-up beam [girder] zusammengesetzter Träger *m*, Montageträger *m*
built-up property bebautes Grundstück *n*
built-up roofing Spachtelbedachung *f*, Asphaltdachdeckung *f* mit Kiesabdeckung; Flachdachdichtung *f*
built-up steel girder *(St)* zusammengesetzter Stahlträger *m*
built-up string gewundene Treppenwange *f*
built-up timber *(Hb)* Verbundbauholz *n*; Leimschichten(bau)holz *n*, Schichtenbauholz *n*
bulb 1. Steg *m*, Wulst *m(f)* *(Dichtungsband)*; 2. *(Erdb)* Druckzwiebel *f* *(Verdichtung)*; 3. Lampenkolben *m*
bulb angle [iron] Winkelwulstprofil *n*, Wulstwinkel *m*, Wulsteisen *n*, Bulbeisen *n*
bulb of pressure *s.* bulb 2.
bulb pile *(Erdb)* Fußpfahl *m*, Pfahl *m* mit Fußverbreiterung *(Gründung)*
bulb plate Flachwulststahl *m*, Flachwulstprofil *n*
bulb rail iron *(St)* Wulsteisen *npl* mit Flanschen
bulb section *(St)* Wulstprofil *n*
bulb tee Wulststeg *m*
bulb tube Kugelröhre *f*
bulbiform *(Arch)* zwiebelförmig
bulbous dome Zwiebelkuppel *f*
bulge *v* ausbauchen, ausbeulen *(z. B. eine Wand)*; ausbiegen; sich (aus)bauchen, hervortreten; hervorquellen
bulge 1. Ausbauchung *f*, Ausbuchtung *f*; Beule *f*, Wulst *m(f)*; 2. Ausbeulen *n*
bulged gebaucht
bulging Ausbeulen *n*, Ausbeulung *f* *(einer Wand)*; Ausbauchung *f*; Hervortreten *n*; Herausquellen *n*
bulgy bauchförmig, bauchig hervortretend
bulk 1. Masse *f*, Volumen *n*; 2. *s.* bulk material • **in bulk** lose, als Schüttgut; unverpackt
bulk asphalt Asphaltmasse *f*, Asphaltschüttgut *n*
bulk cement loser Zement *m*, Behälterzement *m*
bulk cement plant Zementsilo *n(m)*
bulk concrete Massenbeton *m*
bulk container Schüttgutbehälter *m*
bulk density 1. Raummasse *f*; 2. Schüttdichte *f* *(von Schüttgütern)*; 3. Rohdichte *f* *(von Holz)*
bulk goods Schüttgut *n*
bulk material Schüttgut *n*; Massengut *n*
bulk oxygen system *(HLK)* Sauerstoffversorgungssystem *n*
bulk sample Sammelprobe *f*
bulk shield Abschirmwand *f* *(gegen Strahlung)*
bulk specific gravity Rohdichte *f*; Raum(schütt)dichte *f*
bulk storage Silolagerung *f*
bulk zoning *(RP, VR)* Baubeschränkung *f*
bulkhead 1. Binderscheibe *f*; Formtrennwand *f* *(Betonform)*; 2. Trennwand *f*, Spundwand *f*, Schott *n* *(z. B. gegen Wassereinbruch)*; 3. *(AE)* äußere Kellerfalltür *f*; 4. Dachaufbau *m* *(für technische Einrichtungen)*
bulkiness Sperrigkeit *f*
bulking Quellvolumen *n* *(eines Massenguts)*
bulking factor Verhältnisfaktor *m* zwischen trockenem und feuchtem Sandvolumen
bulky voluminös; sperrig
bulky waste Sperrmüll *m*
bull capital *(Arch)* Stierkapitell *n*
bull float *(BB, OB, Verk)* Abziehbohle *f*, Betonglätter *m*
bull header Binderstein *m* mit gerundeten Ecken; Binderstein *m* mit sichtbarer Seite
bull-point Steinbohrmeißel *m*
bull stretcher Läufer *m* mit abgerundeter Ecke; Läufer *m* mit sichtbarer Seite
bulldog connector Krallenplatte *f*
bulldoze *v* 1. *(Te)* räumen, einebnen, planieren *(mittels Planierraupe)*; 2. nachsprengen, nachzerkleinern *(Gestein durch Knäpperschießen)*
bulldozer *(Erdb, Verk)* Bulldozer *m*, Fronträumer *m*, Planierraupe *f*, Räumpflug *m*
bullet Kerbe *f*
bullet catch *(EB)* Türkugelhalter *m*, Schnappkugelverschluss *m* *(Tür)*
bullet-resistant kugelsicher, schusssicher
bullet-resisting glass Panzerglas *n*, kugelsicheres Glas *n* *(Verbundglas)*
bulletin board Anschlagtafel *f*
bulletproof *(Konst, OB)* kugelsicher, schusssicher
bulletproof glass Panzerglas *n*, kugelsicheres Glas *n* *(Verbundglas)*
bullhead rivet *(St)* Doppelkopfniete *f*
bullhead tee *(AE)* T-Abzweig *m* mit größerer Abzweigbohrung
bullion *s.* bull's eye glass
bullnose 1. abgerundete Außenecke *f*; 2. runde Eckenschutzschiene *f*
bullnose block Eckstein *m* mit einer Abrundung
bull's eye *(Arch, Konst)* Ochsenauge *n* *(Gaupe)*
bull's eye glass Butzenscheibe *f*
bulwark *(Erdb, Wsb)* Bohlwerk *n*, Bollwerk *n* *(Hafenbau)*; Bastei *f*
bump *v* (an)stoßen; prallen *(gegen)*
bump 1. Bodenwelle *f*; Höcker *m* *(Erhebung in der Straßenoberfläche)*; 2. Stoß *m*, Schlag *m*
bumper *(Verk)* Prellbock *m*; Bremspuffer *m*, Puffer *m*; Stoßstange *f*
bumper bar *(Te)* Schutzstange *f*; Gerüstfußbrett *n*
bumper rail *(Verk)* Stoßschiene *f*, Abweisschiene *f*
bumping post Prellbock *m*
bunch of trunks Leitungsbündel *n*
bunching *(AE)* 1. *(RP)* Ballung *f*; 2. *(Verk)* Kolonnenbildung *(Straßenverkehr)*
bund *(Wsb)* Damm *m*; Abschirmdamm *m* *(z. B. für am Meer gelegene Straßen)*
bundle *v* bündeln, zusammenbinden
bundle Bündel *n*
bundle of brushwood *(LB)* Reisigbündel *n*
bundle pier Bündelpfeiler *m*, Pfeilerbündel *n*
bundled bars *(BB)* Bündelbewehrung *f*, gebündelte Bewehrung *f*
bungalow Bungalow *m*, Sommerhaus *n*
bungalow court [estate] Bungalowsiedlung *f*
bungalow siding *(AE)* breites Stülpschalungsbrett *n*
bungle *v* pfuschen, mangelhaft arbeiten
bungled work *(Te, VR)* Pfuscharbeit *f*
bungler Pfuscher *m*
bunk kleines Einbaubett *n*
bunker 1. Bunker *m*, Silo *n(m)* *(z. B. für Zement)*; 2. Bunker *m*, bombensicherer Unterstand *m*; 3. Eisfach *n*
buoyancy *(Wsb)* hydrostatischer Auftrieb *m*
buoyancy balance Tauchwägungswaage *f*
buoyancy force *(Stat, Wsb)* Auftriebskraft *f*
buoyant force *(Stat, Wsb)* Auftriebskraft *f*
buoyant foundation *(Erdb, Stat)* schwimmendes Fundament *n*, Auftriebsfundament *n*
burden *v* belasten; beschweren
burden 1. *(Stat)* Last *f*, Belastung *f*; Traglast *f*; 2. *(Bod)* Deckgebirge *n*; überlagerndes Gestein *n*; überlagernde Erdschicht *f*
burden of proof *(Stat)* Beweislast *f*
burglar alarm system Einbruchmeldeanlage *f*
burglar-proof *(EB)* einbruchsicher

Burgundian (Gothic) style *(Arch)* burgundischer Stil *m*, burgundische Gotik *f*
burial 1. Eingraben *n*, Vergraben *n*; 2. *(Umw)* Endlagerung *f (z. B. von radioaktiven Abfällen)*
burial monument *(Arch)* Grabmal *n*, Grabaufbau *m*
burial mound Grabhügel *m*
burial site *(Umw)* Endlagerstätte *f*
burial vault *(Arch)* Grabgewölbe *n*, Gruftgewölbe *n*
buried *(El, WVA)* erdverlegt, unterirdisch
buried cable *(El)* Erdkabel *n*
buried duct Unterflurkanal *m*, Bodenkanal *m (im Boden)*
buried in concrete einbetoniert
buried pipework verlegte Rohrleitung *f*
buried tabular conduits *(El)* Unterputzinstallation *f*
buried tank Erdtank *m*
burl 1. *(LB)* Baumauswachsung *f*; 2. *(Hb)* Furnier *n* aus Baumauswachsungen
burlap *(AE)* Jute *f*, Juteleinen *n*, Sackleinen *n*
burn *v* 1. brennen; verbrennen; 2. brennen, kalzinieren; 3. brennen *(Keramikerzeugnisse)*
burn *v* **bricks** Ziegel brennen
burn *v* **gypsum** Gips brennen
burn *v* **lime** Kalk brennen
burn *v* **off** abbrennen, ausbrennen; flammstrahlreinigen
burn *v* **out** 1. ausbrennen *(Gebäude)*; ausglühen; 2. *(El)* durchbrennen
burnability Brennbarkeit *f (Baustofftechnologie)*
burnable brennbar, brenngeeignet *(Baustofftechnologie)*
burned brick gebrannter Ziegel *m*
burned product Brenngut *n*, gebranntes Erzeugnis *n*
burned shale gebrannter Schieferton *m*
burned state gebrannter Zustand *m*
burned wood Holzkohle *f*
burner *(HLK)* Brenner *m*
burner capacity *(HLK)* Brennerleistung *f*
burner fan *(HLK)* Brennergebläse *n*
burner nozzle *(HLK)* Brennerdüse *f*
burning 1. Brennen *n*, Verbrennung *f*; 2. *(St)* Brennschneiden *n*; 3. Brand *m*, Brennen *n (Baustofftechnologie)*
burning-brand test *(AE) (BM)* Feuertest *m* für Dachhäute, Entflammbarkeitsprüfung *f*
burning crack Brennriss *m (Feuerfesterzeugnisse)*
burning installation Brennanlage *f (Baustofftechnologie)*
burning kiln Brennofen *m*
burning of limestone Kalkbrennen *n*
burning of raw material Rohmassebrennen *n*
burning-off Abbrennen *n*, Abflammen *n (alte Anstriche)*
burning plant Brennanlage *f*
burning process Brennvorgang *m (Baustoffe)*
burning rate Brenngeschwindigkeit *f*
burning reinforcement Bewehrungsbrennschneiden *n*
burning to (cement) clinker Klinkerbrennen *n*
burnish *v (OB)* (glanz)schleifen, polieren *(auf Hochglanz)*; glätten
burnishing 1. *(OB)* Polieren *n*, Glätten *n*; 2. Schleifmasse *f*
burnt brick gebrannter Ziegel *m*
burnt clay gebrannter Ton *m*
burnt clay brick gebrannter Ziegel *m* [Stein *m*]
burnt clay hollow block Langlochziegel *m*
burnt clay tile Tonfliese *f*
burnt down niedergebrannt
burnt gypsum gebrannter Gips *m*
burnt lightweight panel Leichtziegelplatte *f*
burnt lime Branntkalk *m*
burnt product Brenngut *n*, gebranntes Gut *n*
burnt wood Holzkohle *f*
burr *v (Hb, St, Te)* abgraten, entgraten
burr *v* **up** *(St, Te)* bördeln
burr 1. Grat *m (z. B. an Schneiden)*; Gussrand *m*, Naht *f*; 2. Schmolzziegel *m (minderwertiger, jedoch noch verwendbarer Ziegel)*; 3. hartes Gestein *n*; Nebengestein *n*; 4. Baumauswachsung *f*
burring *(Hb, St, Te)* Entgraten *n*
burst *v* bersten, (zer)platzen, (zer)springen; explodieren
burst *v* **open** sprengen *(gewaltsam öffnen)*
burst in a pipe Wasserrohrbruch *m*
bursting *(Wsb, WVA)* Bersten *n*, Aufplatzen *n*, Zerspringen *n*; Berstbruch *m*
bursting strength Berstfestigkeit *f*; Spaltzugfestigkeit *f*
burstone *(BM, Bod)* hartes Gestein *n (quarzhaltig)*
bury *v* 1. eingraben; 2. unterirdisch verlegen, in die Erde verlegen *(Leitungen)*
bus(-bar) *(El)* Sammelschiene *f*, Stromschiene *f (Schaltanlage)*
bus bay *(Verk)* Bushaltebucht *f*
bus lane *(Verk)* Busfahrstreifen *m*, Busspur *f*
bus rod *s.* bus(-bar)
bus turnout Busausfädelspur *f*
bush *v (SB, Te)* scharrieren
bush 1. Laufbuchse *f*, Buchse *f*; 2. Futter *n*; Zwischenlage *f*; Muffe *f*
bush chisel Scharriereisen *n*
bush-hammer *v (BB, SB, Te)* stocken, scharrieren
bush hammer Stockhammer *m*, Scharrierhammer *m*
bush hammer finish 1. Bearbeitung *f* mit Stockhammer; 2. gestockte Oberfläche *f*
bush-hammered *(BB, SB)* gestockt *(Oberfläche)*
bush-hammered concrete gestockter [scharrierter, aufgespitzter] Beton *m*
bush hammering Abstocken *n*, Stocken *n*, Scharrieren *n*, Aufspitzen *n*
bush layer 1. *(LB)* Gestrüpplage *f*; 2. *(Erdb, Umw)* Buschwerkableger *m*
bush weir *(Wsb)* Buhne *f*
bush-wood Buschholz *n*
bushing 1. *(BWG, Konst)* Buchse *f*, Büchse *f*; Laufbuchse *f*; 2. Durchführung *f (z. B. für elektrische Kabel)*; Durchführungshülse *f*; Muffe *f*; 3. *(El)* Schutzrohrmuffe *f*
business deal Geschäftsabschluss *m*
business development area Industrieaufbaugebiet *n*, Industrieentwicklungsgebiet *n*
business district *(RP)* Geschäftsgebiet *n*, Geschäftsviertel *n*, Kernzone *f*; Innenstadt *f*
business street *(RP)* Geschäftsstraße *f*, Ladenstraße *f*
business tax *(VR)* Gewerbesteuer *f*
business transaction *s.* business deal
busway *(Verk)* Bus(fahr)spur *f*
butment *s.* abutment
butt *v* aneinanderstoßen; stumpf stoßen [aneinanderfügen]
butt 1. Stoß *m (Verbindungsstelle)*; 2. stumpfes Ende *n*; dickes Ende *n* einer Schindel; 3. *s.* butt hinge
butt and break Versetzanordnung *f* von Stoßleistenverbindungen
butt and butt gerader Stoß *m*
butt chisel Breitflachmeißel *m*
butt end *(Hb)* Stirnfläche *f*, Kopfende *n*
butt-end treatment *(OB)* Holzbalkenfußbehandlung *f (mit Holzschutzmittel)*
butt fusion Stumpfschmelzschweißen *n (z. B. von Kunststoffen)*
butt hinge *(Hb)* Scharnierband *n*, Fischband *n*, Fitschband *n*, Fitsche *f*, Einstemmband *n (Baubeschlag)*
butt-joint *v (Hb)* stumpfstoßen
butt joint *(Konst)* Stumpfstoß *m*, (gerader) Stoß *m*, Stoßverbindung *f (Verbindungsstelle)*
butt-joint riveting *(St)* Laschenvernietung *f*
butt-joint welding *(St)* Stumpfstoßschweißen *n*

butt joint with inlet piece *(Konst)* gerader Stoß *m* mit eingesetztem Stück
butt plate Deckplatte *f*, Verbindungsplatte *f*; Lasche *f*
butt riveting *(St)* Laschenvernietung *f*
butt seam *(St)* (geschweißte) Stumpfnaht *f*, Stoßnaht *f*
butt splice *(Hb)* vernagelter Stumpfstoß *m*
butt strap *(Hb, St)* Stumpfstoßdeckplatte *f*; Stoßlasche *f* *(Nietverbindung)*
butt-type joint *s.* butt joint
butt veneer Wurzelstockfurnier *n*
butt-weld *v (St)* stumpfschweißen
butt weld *(St)* (geschweißte) Stumpfnaht *f*
butt-weld(ed) joint *(St)* Stumpfschweißverbindung *f*
butt welding *(St)* Stumpfschweißen *n*
butt wood Stockholz *n*, Wurzelholz *n*
butte *(Erdb)* Probeschichtung *f*
butted *(Hb, St)* (stumpf) gestoßen
butted bridging joist *(Hb)* Sattelholz *n* mit Stoß
butted (door) frame Türpassrahmen *m*
butted joint Stumpfstoß *m*, stumpfer Stoß *m*
butter *v* 1. verstreichen *(mit Mörtel)*; 2. streichen *(Dachbindemittel)*
butter *v* **with mastic** auskitten
buttercup yellow Chromgelb *n*
butterflies Kalkflecken *mpl (im Putz)*
butterfly (gates) *(Wsb)* Drosselventil *n*
butterfly hinge *(EB)* schmetterlingförmiges Scharnier *n*
butterfly nut Flügelmutter *f*
butterfly roof Flügeldach *n*
butterfly spring selbsttätiger [automatischer] Türschließer *m (mit Metallfeder)*
butterfly valve *(Wsb)* Drosselventil *n*, Drosselklappenventil *n*
butterfly wall tie schwerer 8-förmiger Wandanker *m*
butterfly wedge *(Hb)* Doppelverzapfung *f*
buttering Mörtelaufstreichen *n*
buttering trowel kleine Mörtelkelle *f*
butternut Nussbaumholz *n (nordamerikanischer Walnussbaum)*
buttery 1. Speisen- und Getränkelager *n (Vorratskammer)*; 2. Kantine *f*; 3. Weinkeller *m (Weinausschank in einem englischen College)*
buttery concrete Weichbeton *m*
buttery hatch *(EB)* Durchreiche *f*
butting stumpfstoßend
button 1. Knopf *m*; Fensterknopf *m*; 2. Fenstereisen *n (Bankeisen)*
button-half-round screw Halbrundkopfschraube *f*
button head Nietkopf *m*, Rundkopf *m*; Halbrundkopf *m (z. B. einer Schraube)*
button-head screw Rundkopfschraube *f*
button-headed screw Halbrundkopfschraube *f*
button plate *(St, TK)* Warzenblech *n*, Buckelblech *n*
buttress *v* (durch Strebepfeiler) stützen *(z. B. Mauern)*
buttress *(Konst, SB)* Strebepfeiler *m*, Stützpfeiler *m*, Verstärkungspfeiler *m*, Pfeiler *m*; Strebewerk *n*
buttress bracing strut Versteifungsbalken *m*
buttress dam *(Wsb)* Pfeilerdamm *m*, Pfeilerstaumauer *f*
buttress of pier *(Br, Erdb, Wsb)* Pfeilervorlage *f*
buttress pinnacle *(Arch)* Fiale *f (Kirchenbau)*
buttress spacing Abstand *m* der Strebepfeilerachsen
buttress span Spannweite *f* des Bogens
buttress tower Strebepfeilerturm *m (einen Eingangsbogen flankierend)*
buttress wall *(Erdb, Konst)* Stützwand *f*, Strebewand *f*, Winkelstützwand *f*, Winkelstützmauer *f*
buttress wing Anschlussflügel *m*
buttressed wall *(Konst)* Pfeilermauer *f*
buttressing stützend, verstärkend, aussteifend; Stütz..., Verstärkungs...
buttressing pier *s.* buttress
buttressing wall Aussteifwand *f*
butyl rubber *(BM)* Butylkautschuk *m*
butyl stearate Butylstearat *n (z. B. für Poliermittel, Weichmacher)*
buyer *(VR)* Käufer *m*, Käuferin *f*
buzz saw *(AE)* Kreissäge *f*
by-laws *(VR)* Ortsstatut *n (Bauordnung)*; Gemeindeordnung *f*, Durchführungsverordnung *f*
by-meter *(WVA)* Scheibenzähler *m (Wasserzähler)*
by-product Nebenprodukt *n*
by-street *(Verk)* abgelegene Straße *f*
bye-channel *(Erdb, WVA)* Ablaufrinne *f*
bye-road *(Verk)* Nebenstraße *f*, Seitenstraße *f*
bye-wash *(Erdb, WVA)* Ablaufrinne *f*
bypass *v* umgehen, herumführen *(Straße)*; umleiten *(Verkehr)*
bypass *(Verk)* Umgehungsstraße *f*, Tangente *f*; Seitenweg *m (Umgehungsweg)*; Umleitung *f*
bypass gallery *(Tun)* Umgehungsstollen *m*
bypass motorway *(Verk)* Entlastungsschnellstraße *f*, Umgehungsautobahn *f*
bypass pipe *(Wsb, WVA)* Umleitungsrohr *n*; Überströmrohr *n*
bypass road *(Verk)* Umgehungsstraße *f*, Entlastungsstraße *f*
bypass stop valve Reserveventil *n*, Reserveabgang *m (für Leitungsumleitungen)*
bypassing Umgehung *f*, Umführung *f*; Umleitung *f*
byre *(LB)* Viehstall *m*, Kuhstall *m*
byroad *(Verk)* Nebenstraße *f (Landstraße)*; Querstraße *f*; Seitenstraße *f*, Seitenweg *m*
byway *(Verk)* Seitenweg *m*, Nebenweg *m*
byzant *s.* bezant
Byzantine architecture *(Arch)* byzantinische Architektur *f*, byzantinischer Baustil *m*
Byzantine capital *(Arch)* Trapezkapitell *n*
Byzantine style *(Arch)* byzantinischer Stil *m*

C

°C Grad *m* Celsius, °C
C-clamp C-förmige Schraubzwinge *f*
cab-tyre cable *(El)* kunststoffumhülltes Kabel *n*; schweres [flexibles] Gummikabel *n*
cabin 1. Kabine *f*; Führerhaus *n*; 2. Holzhütte *f*, Hütte *f*; 3. Baubude *f*
cabinet 1. Beratungszimmer *n*, Sitzungszimmer *n*; 2. kleiner Raum *m*, Kabine *f*; 3. Schrank *m*, Wandschrank *m*; 4. Gehäuse *n*
cabinet filler Futterholz *n*, Ausfütterleiste *f*
cabinet finish *(EB)* Hartholzvertäfelung *f*
cabinet jamb Zargentürrahmen *m*; Metalltürrahmen *m*
cabinet lock Federbolzen *m*
cabinet maker Möbeltischler *m*
cabinet-making Kunsttischlerei *f*, Möbeltischlerei *f*
cabinet rasp Tischlerraspel *f*
cabinet saw Tischlersteifsäge *f*
cabinet scraper Ziehklinge *f*
cabinet window ausgekragtes Fenster *n*

cabinet work *(EB)* Feintischlerarbeit *f*
cable *v* mit Kabel [Seil] befestigen
cable 1. Kabel *n*, Drahtseil *n*, Stahlseil *n*, Seil *n*; Tau *n*; 2. *(El)* Kabel *n*, Leitungskabel *n*; Stromleitung *f*
cable action Kabelwirkung *f*, Seilwirkung *f*
cable anchorage *(Konst, TK)* Kabelverankerung *f*
cable assembly Kabelmontage *f*
cable bearer Kabelträger *m*, Kabelhalter *m*, Kabelaufhänger *m*
cable bracing *(Konst, TK)* Seilverspannung *f*
cable branch *(El)* Kabelverzweigung *f*
cable bridge *(Br)* Kabelbrücke *f*, Seilbrücke *f (Hängebrücke)*
cable bushing Kabeldurchführung *f*
cable cantilevering roof *s.* cable-suspended (cantilever) roof
cable car *(Verk)* Seilbahnkabine *f*
cable channel Kabelrinne *f*, Kabelkanal *m*
cable chute Kabelschacht *m*, Kabelhochführ(ungs)schacht *m*
cable clamp 1. Kabelschelle *f*; 2. Seilschloss *n*
cable clip Kabelklemme *f*, Kabelschelle *f*; Kabelhalter *m*
cable compartment Kabelraum *m*
cable compound Kabelvergussmasse *f*, Kabelasphalt *m*
cable conduit Kabelkanal *m*, Kabelrinne *f*; Leitungs(schutz)rohr *n*
cable conduit duct *(El)* Kabelrohr *n*
cable connecting terminal Kabelklemme *f*
cable connection Kabelverbindung *f*
cable core Kabelseele *f*
cable cover Kabel(abdeck)stein *m*; Kabelisolierung *f*
cable crane *(BWG, Te)* Kabelkran *m*
cable cutting machine Drahtseilsägemaschine *f*
cable detector Kabelsuchgerät *n*
cable distribution box *(El)* Kabelverteilerkasten *m*, Kabelschrank *m*
cable drum Kabeltrommel *f*, Kabelrolle *f*
cable duct 1. Kabelkanal *m*; 2. Kabelschutzrohr *n*, Hüllrohr *n*; 3. Gleitkanal *m*, Spann(glied)kanal *m (Spannbeton)*
cable duct tube Stahlpanzerrohr *n*
cable end 1. Kabelstumpf *m*; Seilkopf *m*; 2. Seilschloss *n*, Seilklemme *f*
cable end box Kabelendverschluss *m*
cable entry Kabeleinführung *f*
cable entry slot Kabeleinführungsöffnung *f*
cable ferry *(Verk)* seilgeführte Fähre *f*
cable filling compound Kabelvergussmasse *f*
cable fitting Kabelmuffe *f*
cable geometry *(Stat)* Seilstatik *f*
cable hanger *s.* cable clip
cable housing *(BB)* Kabelhülle *f*, Kabelrohr *n (Spannbeton)*
cable jacket Kabelmantel *m*
cable joint 1. Kabelmuffe *f*; 2. *(El)* Kabelverbindung(sstelle) *f*, Spleißstelle *f*
cable joint box Kabelmuffe *f*
cable ladder Kabelleiter *f*, Kabelsteigtrasse *f*
cable layer Kabelverlegemaschine *f*
cable laying Kabeleinbau *m*, Kabel(ver)legung *f*
cable layout drawing 1. *(BB)* Vorspannungskabelplan *m*; 2. Kabelverlegeplan *m*
cable line *(El)* Kabelführung *f*
cable lug *(El)* Kabelschuh *m*
cable manhole (chimney) Kabelschacht *m*
cable marker *(El)* Kabelmarkierungszeichen *n*
cable marking tape Trassenband *n*
cable moulding *(Arch)* Taustab *m (Ornament)*
cable network Kabelnetz *n*
cable placing Kabel(ver)legung *f*
cable pole [post] Kabelmast *m*
cable protection Kabelschutz *m*
cable protection pipe Kabelschutzrohr *n*
cable protective sheath Kabelschutz *m*, Kabelschutzhülle *f*
cable railway *(Verk)* Drahtseilbahn *f*; Standseilbahn *f*
cable railway at ground level *(Verk)* Standseilbahn *f*
cable reel Kabelrolle *f*, Kabeltrommel *f*
cable roof Seilkragdach *n*, Seilauslegerdach *n*
cable ropeway *(Verk)* Drahtseilschwebebahn *f*
cable route *(El, RP, Verm)* Kabeltrasse *f*
cable routing Kabelführung *f*
cable run 1. *(El)* Leitungsführung *f*, Kabelführung *f (im Gebäude)*; 2. Kabeltrasse *f*
cable running *s.* cable run 1.
cable saddle roof Hängesatteldach *n*
cable sag *(Br)* Seildurchhang *m*, Kabeldurchhang *m (Brücke)*
cable sealing compound Kabelvergussmasse *f*
cable shackle Kabelschelle *f*
cable shaft Kabelschacht *m*
cable sheath Kabelmantel *m*, Kabelschutz *m*
cable sheathing *(El)* Kabelhülle *f*; Kabelummantelung *f*
cable sleeve Kabelmuffe *f*
cable socket Kabelschuh *m*
cable stay *(Konst, TK)* Schrägseil *n*
cable-stayed *(Konst, TK)* seilverankert
cable-stayed bridge Schrägseilbrücke *f*
cable steel *(BM, St, TK)* Kabelstahl *m*
cable store Kabelkeller *m*, Kabellager *n*
cable strand Kabellitze *f*
cable strap *(AE)* Kabelschelle *f*
cable stripping knife *(El)* Kabelmesser *n*
cable subway 1. Kabeltunnel *m*, Kabelstollen *m*; 2. *s.* cable tile
cable support box Kabeltragekasten *m*
cable-supported construction *(Konst, TK)* Seilkonstruktion *f*, kabelgetragene Konstruktion *f*
cable-suspended (cantilever) roof *(Konst, TK)* Kabelkragdach *n*, Seilkragdach *n*
cable suspender Kabelaufhänger *m*
cable suspension bridge *(Br)* Hängebrücke *f*
cable system 1. Seilsystem *n*; 2. *(El)* Kabelsystem *n*
cable terminal Kabelendverschluss *m*
cable terminal box Kabelschrank *m*; Verteilerkasten *m*
cable terminal screw Kabelklemme *f*
cable tie *(Konst, TK)* Seilverankerung *f*; Seilzugglied *n*
cable tile Kabelformstein *m*; Kabelschutzhaube *f*
cable transmission box Kabelübergangskasten *m*
cable tray Kabeltragschiene *f*
cable trench Kabelgraben *m*
cable trough Kabelrinne *f*, Kabelschale *f*
cable trunk *(El)* Kabelbaum *m*
cable trunking Kabelhauptleitung *f*
cable tube Kabelschutzrohr *n*
cable tunnel Kabeltunnel *m*; Kabelkanal *m*
cable vault 1. Kabelbrunnen *m*; 2. unterirdische Kabelweiche *f*
cable warning tape Kabelwarnband *n*
cable wire Kabeldraht *m*, Seildraht *m*
cabled *(Arch)* tauartig verdreht, tauverdrillt
cabled fluting *(Arch)* verstäbte Kannelierung *f*
cablet kleines Kabel *n (mit einem Umfang < 10 Zoll)*
cableway 1. *(BWG, Te)* Kabelkran *m*; 2. *(Verk)* Drahtseilbahn *f*, Schwebebahn *f*, Seilschwebebahn *f*
cabling 1. *(El)* Verkabelung *f*; Kabelverlegung *f*; 2. *(Arch)* verstäbte Kannelierung *f*, Seilornament *n*
cadastral map *(Verm)* Katasterkarte *f*
cadastral survey *(Verm)* Katasteraufnahme *f*, Katastervermessung *f*

C

cadastre *(RP, Verm)* Kataster *m(n)*, Grundstücksverzeichnis *n*
cadmium *(BM)* Kadmium *n*
cadmium coating *(OB)* Kadmiumbeschichtung *f*, Kadmiumüberzug *m*
cadmium finish *(OB)* Kadmiumbeschichtung *f*
cadmium red pigment *(OB)* Kadmiumrotpigment *n*
cadmium yellow *(OB)* Kadmiumgelb *n*
cafeteria Cafeteria *f*, Selbstbedienungsrestaurant *n*
cage 1. *(EB)* Fahrkorb *m (eines Aufzugs)*; 2. *s.* cage of reinforcement; 3. Mantel *m (Einhausung)*
cage beam *(EB)* Fahrbühne *f (eines Aufzugs)*; Fahrkorbträger *m*
cage door contact Fahrkorbtürsicherung *f*
cage of reinforcement *(BB)* Bewehrungskorb *m*
cairn 1. *(Verm)* Steinmarke *f*, Landmarke *f*, Markstein *m (Pyramide aus aufgeschichteten Steinen)*; 2. *(Arch)* Steinhaufengrab *n*
caisson 1. *(Wsb)* Caisson *m*, Senkkasten *m*, Schwimmkasten *m*; 2. Kassette *f*
caisson ceiling Kassettendecke *f*
caisson disease *(Wsb)* Caissonkrankheit *f*
caisson drill Fundamentbohrmaschine *f*
caisson foundation Caissongründung *f*, Senkkastengründung *f*
caisson pile Bohrpfahl *m* mit Mantelrohr, Mantelrohrpfahl *m*; Kegelfußpfahl *m*
caisson slab Kassettenplatte *f*
caisson soffit Kassettenuntersicht *f*
caisson system *(Erdb, Wsb)* Druckluftkammergründung *f*
cake *v* zusammenbacken *(unter Wärme)*; sintern
cake 1. Kuchen *m (Masse)*; Pressling *m*; Pastille *f*; Sinterkörper *m*; 2. *s.* caking 2.
caking 1. Zusammenbacken *n (unter Wärme)*; Sinterung *f*; 2. zusammengebackenes Farbpigment *n*, Pigmentklumpen *m*
caking of paint zusammengebackenes Farbpigment *n*
calathus *(Arch)* Kalathus *m*
calc granite Kalkalkaligranit *m*
calcareous 1. kalkhaltig; 2. kalkartig, kalkig; Kalk...
calcareous cement Kalkzement *m*
calcareous deposit kalkhaltige Ablagerung *f*
calcareous earth Kalkerde *f*
calcareous gravel Kalk(stein)kies *m*
calcareous marl Kalkmergel *m*, mergeliger Kalk *m*
calcareous sandstone Kalksandstein *m*
calcareous sinter Kalksinter *m*
calcareous slate Kalktonschiefer *m*
calcareous tuff Kalktuff *m*, Travertin *m*, Tuffstein *m*
calcic hydrate *s.* calcium hydrate [hydroxide]
calcify *v* verkalken
calcimine *(OB)* Leimfarbe *f*, Weißkalkanstrich *m*, Kalkfarbe *f (Wand- und Deckenfarbe)*
calcination of limestone Kalkbrennen *n*
calcine *v* kalzinieren, brennen, glühen *(z. B. Kalkstein)*
calcine *v* **gypsum** Gips brennen
calcined gypsum Branntgips *m*, Baugips *m*
calcined magnesium oxide kalzinierte [gebrannte] Magnesia *f*
calcite *(BM)* Kalzit *m*, Calcit *m*, Kalkspat *m (Calciumcarbonat)*
calcium *(BM, OB)* Calcium *n*, Kalzium *n*
calcium aluminate cement Aluminiumzement *m*
calcium carbonate Calciumcarbonat *n*, Kalziumkarbonat *n*
calcium chloride *(BM)* Calciumchlorid *n*, Kalziumchlorid *n*
calcium hydrate [hydroxide] Calciumhydroxid *n*, Kalziumhydroxid *n*, gelöschter Kalk *m*, Kalkhydrat *n*
calcium oxide Branntkalk *m*, Calciumoxid *n*, Kalziumoxid *n*
calcium silicate Kalksilikat *n*, Kalksilicat *n*, Calciumsilicat *n*, Kalziumsilikat *n*
calcium silicate brick Calciumsilicatstein *m*, Kalziumsilikatstein *m*, Kalksandstein *m (Baustein)*
calcium silicate insulation *(OB)* glasfaserverstärkte Silicatdämmung *f* [Silikatdämmung *f*]
calcium sulphate cement Sulfathüttenzement *m*
calcium sulphate hemihydrate *(BM)* Gipshalbhydrat *n*
calcspar *s.* calcite
calculable *(Stat)* berechenbar
calculable value *(Stat)* Rechengröße *f*
calculate *v (Stat)* berechnen; ausrechnen
calculate *v* **from** *(Stat)* berechnen [errechnen] aus
calculate *v* **the earthwork** *(Erdb, Konst)* Erdmassen ermitteln
calculated berechnet; rechnerisch ermittelt
calculated live load berechnete Verkehrslast *f*
calculating Berechnung *f*
calculating error Berechnungsfehler *m*
calculating formula Rechenformel *f*, Berechnungsformel *f*
calculating hypothesis *(Stat)* Berechnungsannahme *f*
calculating operation Berechnungsgang *m*
calculating work sheet Kalkulationsformblatt *n*, Berechnungsformblatt *n*
calculation 1. Rechnung *f*, Berechnung *f*; 2. Kalkulation *f*; Voranschlag *m*
calculation assumption *(Stat)* Rechenannahme *f*
calculation basis Berechnungsgrundlage *f*, Rechengrundlage *f*
calculation error Berechnungsfehler *m*
calculation for strength Festigkeitsberechnung *f*
calculation hypothesis Berechnungsannahme *f*
calculation method Berechnungsverfahren *n*; Rechenverfahren *n*
calculation of areas Flächenberechnung *f*
calculation of cost Kostenkalkulation *f*
calculation of earth pressure Erddruckberechnung *f*
calculation of elevations *(Verm)* Höhenberechnung *f*
calculation of heat loss *(DIS)* Wärmeverlustberechnung *f*
calculation of quantities *(Erdb, Konst)* Mengenberechnung *f*
calculation of safe dimensions *(Stat)* Dimensionierung *f*
calculation of storage capacity *(Verk, Wsb)* Stauraumbemessung *f*
calculator 1. Kalkulator *m*; 2. Tischrechner *m*
calculon Ziegel *m (219 × 178 × 66 mm)*
caldarium *(Arch)* Caldarium *n*, Warmbad *n (antiker Thermen)*
calibrate *v* 1. *(VR)* eichen; kalibrieren; einteilen, unterteilen *(Messgeräte)*; 2. normieren *(auf genaues Maß bringen)*
calibrated sand method *(Erdb)* Sandersatzmethode *f*
calibrated watershed *(Wsb, WVA)* geeichtes Wasserrückhaltebecken *n*
calibration *(VR)* Eichung *f*; Kalibrierung *f*; Einteilung *f*, Unterteilung *f (von Messgeräten)*
calibration curve Eichkurve *f*
calibre Kaliber *n*, Innendurchmesser *m (speziell von Rohren)*
caliche toniger Weichkalkstein *m*
caliduct *(AE) (HLK)* Heißwasserheizungsrohr *n*; Heiz(ungs)rohr *n*
California bearing ratio *(Erdb)* CBR-Wert *m*, Tragfähigkeits(verhältnis)wert *m (EN 13268-47)*
caliper *(AE) s.* calliper
calk *v (AE) s.* caulk
calked verstemmt, kalfatert
call bell Alarmglocke *f*
call box Telefonzelle *f*
call loan *(VR)* Abrufdarlehen *n*, Bereitstellungsdarlehen *n*
call system *(EB, EI)* Rufanlage *f*

calling for tenders Ausschreibung *f*
calliper Taster *m*, Tastzirkel *m*, Greifzirkel *m*; Messlehre *f*; Dickenmesser *m*, Dickenmesslehre *f*
calliper gauge *(Verm)* Messkluppe *f*
callout Zeichnungsangabe *f*
callow Schwachbrandziegel *m*
calorific effect *(HLK)* Heizeffekt *m*; Wärmewirkung *f*
calorific requirement *(HLK)* Wärmebedarf *m*
calorific value Heizwert *m*
calorifier *(HLK)* Kessel *m (einer Heizung)*; Heißwassererzeuger *m*
calorimeter *(BM, HLK, Te)* Kalorimeter *n*, Wärmemessgerät *n*
calorimetry *(HLK)* Kalorimetrie *f*, Wärmemengenmessung *f*
calorized kalorisiert, alitiert *(Stahl)*
calotte *(Arch)* Kalotte *f*, Kugelhaube *f*, Kugelmütze *f*, Kugelschnitt *m*
calyon Flintbaustein *m*
calyx *(Erdb)* Sedimentrohr *n*, Schlämmrohr *n*; Sägekranz *m (Tiefbohren)*
cam Schließzylinder *m*
camation *s.* cymatium
camber *v* wölben *(z. B. Bogen)*; Stich geben; krümmen; biegen; sich wölben *(z. B. Straßen)*
camber 1. Bogen *m*; 2. Bogenrundung *f*; Krümmung *f*; Wölbung *f (z. B. der Straßenoberfläche)*; Überhöhung *f*; 3. Stich *m*, Pfeilhöhe *f*
camber arch Flachwölbebogen *m*, Stichbogen *m*, scheitrechter Bogen *m*
camber beam Träger *m* mit Stich
camber diagram Wölblehre *f*
camber of a road Straßenwölbung *f*
camber of an arch *(Konst)* Pfeilhöhe *f*, Bogenstich *m*
camber piece Stichholz *n*; Bogenlehre *f*
camber slip *(Hb)* Krümmling *m*
camber window gewölbtes Fenster *n*
cambered gewölbt, mit Wölbung *(z. B. Holzteile oder Straßenoberfläche)*
cambered roof Bogendach *n*
cambered window 1. gewölbtes Fenster *n*; 2. geschweifte Oberschwelle *f (über der Tür)*
cambered wood ceiling gewölbte Holzdecke *f*
cambering Krümmung *f (von Oberflächen)*; Stichgeben *n*
cambogé durchbrochenes Betonmauerwerk *n (Blendschutzwand, Sonnenschutzwand in Lateinamerika)*
came Rute *f*, Steg *m (H-förmig, für Fenster)*
camelback truss oben gewölbtes Segmentfachwerk *n*
camelhair brush [mop] *(OB)* schmaler Kamelhaarpinsel *m*
camera *(Arch)* Raum *m* mit gewölbter Decke
camouflage coat *(OB)* Tarnanstrich *m*, Tarnaufstrich *m*
camouflage paint *(OB)* Tarnfarbe *f*
campaniform glockenförmig
campanile *(Arch)* Campanile *m*, frei stehender Glockenturm *m*
campus Kampus *m*, Hochschulgelände *n*
Camus system Montagebauweise *f* nach Camus *(Fertigteilbau)*
can *v* kapseln; umhüllen, einmanteln; einhausen, mit Gehäuse versehen
can 1. Radschrapper *m*; 2. Kapsel *f*, Hülle *f*, Mantel *m*; 3. Kanister *m*
canal 1. *(WVA)* Kanal *m*; Abwasserkanal *m*, Rohr *n*; Schacht *m (für Leitungen)*; 2. *(Wsb)* (künstlicher) Kanal *m*, Schifffahrtskanal *m*
canal bank *(Wsb)* Kanaldamm *m*
canal basin Kanalmulde *f*
canal bottom Kanalsohle *f*
canal building [construction] *(Wsb)* Kanalbau *m*
canal cross section Kanalquerschnitt *m*
canal lock *(Wsb)* Schleuse *f*, Kanalschleuse *f*
canal of embankment Dammkanal *m*
canal slope Kanalböschung *f*
canal slope protection *(Erdb, Wsb)* Kanalböschungssicherung *f*
canalis *(Arch)* Kanalis *m (ionisches Kapitell)*
canalization *(Wsb)* Kanalisation *f (von Flüssen)*; Kanalbau *m*
canalize *v (Wsb)* kanalisieren, schiffbar machen *(Flussläufe)*
cancel *v (VR)* absagen, aufheben, stornieren, zurücknehmen
cancellation *(VR)* Absage *f*, Aufhebung *f*, Stornierung *f*, Zurücknahme *f*
cancelled *(VR)* ungültig; storniert *(Auftrag)*
cancelli *(Arch) (historisches Basilikaelement)* Cancelli *f*
candela *(El)* Candela *f*, Cd *(SI-Einheit der Lichtstärke)*
candela per square metre *(El)* Candela *f* je m^2 *(SI-Einheit der Leuchtdichte)*
candelabra *(Arch, El)* Kandelaber *m*
candelabrum *(Arch, El)* Kandelaber *m*
candidate material Konkurrenzmaterial *n*
candle beam Kerzenträgerbalken *m*
candle lighting Kerzenbeleuchtung *f*
candlepower *(El)* Lichtstärke *f (SI-Einheit: Candela)*
candlestick Leuchter *m*
cane *v* mit Schilfrohr versehen *(Dachdeckung, Putzträger)*; mit Ried decken *(Dach)*
cane Rohr *n*, Schilf(rohr) *n*; Zuckerrohr *n (pflanzlicher Baustoff)*
cane bolt *(EB)* Stabbolzenarrester *m*, Türarrester *m*
cane fibre insulation Zuckerrohrfaserdämmung *f*
cane mat Rohrmatte *f*
canephora *(Arch)* Kanephore *f*, Korbträgerin *f*
cannelure Kannelüre *f*, Auskehlung *f*, Rille *f (in Längsrichtung an einer Säule)*
canopy 1. Kragdach *n*, Vordach *n*; Schutzdach *n*; 2. Baldachin *m*; 3. *(Arch)* Wimperg *m*, Wimperge *f (gotischer Ziergiebel über Portalen und Fensteröffnungen)*
cant *v* 1. *(Hb, Konst, St)* abschrägen, verschrägen, abfasen, abkragen; 2. *(Hb)* ausschrägen; 3. kanten, kippen; sich neigen, kippen
cant *v* **off** *(Hb, St)* abfasen
cant 1. Schräge *f*, geneigte Fläche *f*, Abschrägung *f*, Abkragung *f*; 2. *(Verk)* Straßenüberhöhung *f*; 3. *(Konst)* vorspringende Ecke *f*, vorspringende [vorstehende] Kante *f*; 4. *(Hb) (AE)* vierseitig behauener Stamm *m*
cant bay 1. Schrägluke *f (Dach)*; 2. polygonaler Erker *m*
cant-bay window 1. Lukenfenster *n*; 2. Erkerfenster *n*
cant board *(Hb)* Spließ *m*; Aufschiebling *m*
cant brick Schrägziegel *m*, abgeschrägter Ziegel *m*, Konusziegel *m*
cant chisel *(Hb)* Kantbeitel *m*
cant deck *(AE) (Hb)* Kantholzboden *m*; Kantholzdecke *f*
cant strip *(AE)* kantenbrechende Einlegeleiste *f*; Dreikantleiste *f*
cant wall anlaufende Wand *f*
cant window Fenster *n* in einer geneigten Wand; polygonales Erkerfenster *n*
canted 1. abgeschrägt, schräg, abgekantet, abgefast; 2. gekantet, gekippt; überhöht *(geneigt)*; 3. mehreckig *(Pfeiler)*
canteen Kantine *f*, Speiseraum *m*, Mensa *f*, Speisesaal *m (in Universitäten)*
canteen building Kantinengebäude *n*
canteen store Kantinenlager *n*
cantharus *(Arch) (historisch)* Kantharus *m*
cantilever *v (Br, Konst, Te, TK)* auskragen *(Balken)*; vorkragen; frei vorbauen, im Freivorbau errichten [herstellen] *(Brücke)*
cantilever *(TK)* Ausleger *m*, Freiträger *m*, Kragarm *m (Be-*

ton- oder Metallkragbalken); Konsole *f (Kragkörper)*; Auskragung *f*, Vorkragung *f (Balken)*
cantilever arched bridge *(Br)* Auslegerbogenbrücke *f*
cantilever arm *(TK)* Auslegerbalken *m*
cantilever beam *(TK)* Auslegerbalken *m*, Freiträger *m*, Kragbalken *m*, Kragträger *m*, einseitig eingespannter Träger *m*
cantilever beam bridge *(Br)* Brücke *f* mit auskragenden Hauptträgern
cantilever bridge *(BWG, Br)* Auslegerbrücke *f*, Kragbrücke *f (Kran)*
cantilever construction *(Br, Te)* Freivorbau *m*
cantilever diaphragm Kragscheibe *f*
cantilever effect Kragwirkung *f*
cantilever fashion auskragende Bauweise *f*
cantilever footing verbreiterte Fundamentsohle *f*
cantilever for footway *(Br)* Fußwegauskragung *f*
cantilever form *s.* slip-form
cantilever frame *(Konst)* freitragender Rahmen *m*
cantilever girder Auslegerbalken *m*, Auslegerträger *m*, Kragbalken *m*; Konsolbalken *m*
cantilever landing Kragtreppenpodest *n*
cantilever load Kragbelastung *f*, Krag(arm)last *f*
cantilever method *(Br)* Freiträger-Methode *f (Brückenbau)*
cantilever reinforcement Konsolbewehrung *f*
cantilever retaining wall *(Erdb)* Erdauflaststützwand *f*
cantilever roof *s.* cantilevered roof
cantilever scaffold(ing) Auslegergerüst *n*
cantilever steps eingespannte Stufen *fpl*
cantilever wall Erdauflaststützwand *f*, nicht verankerte Wand *f*
cantilevered vorkragend, ausgekragt, ausladend *(Balken)*; freitragend *(Träger)*; frei stehend *(Spundwand)*; im Freivorbau errichtet *(Brücke)*
cantilevered and suspended beam *(Stat, TK)* Gelenkträger *m*; Koppelträger *m*
cantilevered beam Kragträger *m*
cantilevered bracket Kragarm *m*
cantilevered component Auslegerelement *n*, Kragelement *n*, auskragendes Bauteil *n*
cantilevered construction *(Br)* Freivorbau *m*
cantilevered floor Kragdecke *f*, Auslegerdecke *f*, auskragende Decke *f*
cantilevered girder *s.* cantilever girder
cantilevered length Auslegerlänge *f*, Kraglänge *f*
cantilevered load *(Stat)* Kraglast *f*
cantilevered retaining wall *(Erdb)* Winkelstützwand *f*, Winkelstützmauer *f*
cantilevered roof Kragdach *n*, Auslegerdach *n*
cantilevered roof truss Auslegerdachbinder *m*
cantilevered shell *(Konst, TK)* auskragende Schale *f*, Kragschale *f*
cantilevered stair [steps] Kragtreppe *f*, eingespannte Stufen *fpl*, freitragende Treppe *f*
cantilevered wall 1. freitragende Wand *f*; 2. *(Erdb)* Winkelstützwand *f*, Winkelstützmauer *f*
cantilevering Auskragen *n*, Überstehen *n (Kragarm)*; Ausladen *n (Balken)*
cantilevering length Auslegerlänge *f*, Kraglänge *f*
cantilevering roof auskragendes Dach *n*, vorkragendes Dach *n*, Kragdach *n*
cantilevering system *(Konst, Stat)* Kragsystem *n*
canting Abschrägen *n*, Abkragen *n*, Abfasen *n*
canting strip Wassersimsplatte *f*
cantledge *(Erdb)* Zusatzbelastung *f (Senkbrunnen)*
canton *(Arch)* säulendekorierte Gebäudeecke *f*
cantoned pier *(Arch, Konst)* kantonierter Pfeiler *m*
canvas Segeltuch *n*; Zeltstoff *m*; Baumwolljute *f*; Abdeckplane *f*; Zeltplane *f*
canvas covering *(BB, OB)* Segeltuchüberzug *m*
canvas wall geputzte Wand *f* mit Makulaturtuch
canyon effect *(RP)* Schlucht(en)wirkung *f (Städtebau)*
cap *v* bedecken, abdecken, (mit Deckel) verschließen
cap 1. Haube *f*, Kappe *f*, Deckel *m*; 2. Aufsatz *m*; Abdeckung *f (dekorativer Abschluss eines Austrittspfostens einer Treppe)*; Kapitell *n (Schornsteinkappe)*; 3. Kopfplatte *f*; Glocke *f (Dachdeckung)*; 4. Schwellholz *n (Abdeckung)*; 5. *(Erdb)* Magerbetonfundamentunterbettung *f*; 6. *(Bod)* Deckgebirge *n*
cap bolt Kopfschraube *f*
cap flashing oberer Anschluss *m*
cap moulding Sturzformung *f*, Sturzgestaltung *f*
cap plate *(Erdb)* Lastverteilungsplatte *f (bei Raumpfählen)*; Kopfplatte *f*
cap screw Kopfschraube *f*
cap sheet Deckbahn *f*, besandete Dachpappe *f*
cap trim *s.* cap moulding
capability 1. Leistungsvermögen *n*; 2. *(BM)* Eignung *f*; Einsetzbarkeit *f*; 3. Eigenschaft *f*; Fähigkeit *f*
capacitance *(El)* Kapazität *f*
capacity 1. Fassungsvermögen *n*, Kapazität *f*; Inhalt *m (Volumen)*; 2. Leistungsfähigkeit *f*, Leistungsvermögen *n*, Leistung *f*; *(speziell)* Durchlassfähigkeit *f (von Rohrleitungen)*
capacity calculation *(Verk)* Bemessungsverfahren *n*; Kapazitätsermittlung *f*
capacity examination Kapazitätsbetrachtung *f*
capacity index Kapazitätsindex *m*
capacity insulation *(DIS)* Wärmespeicherungsvermögen *n (eines Mauerwerks)*
capacity measure Raummaß *n*
capacity moment *(Stat)* Tragmoment *n*
capacity of discharge *(WVA)* Abflusskapazität *f*, Abführungsvermögen *n*
capacity of shape alteration of concrete Formänderungsvermögen *n* des Betons
capacity-restrained assignment *(Verk)* belastungsabhängige Verkehrsumlegung *f*
capacity-restrained model belastungsabhängiges Modell *n*
capacity restraint Kapazitätsbeschränkung *f*, Belastungseinschränkung *f*
cape chisel Kreuzmeißel *m*
Cape Cod (cottage) *(AE)* *(Arch)* Cape-Cod-Haus *n (rechteckiges, ein- oder eineinhalbgeschossiges Fachwerkhaus mit Schindeldeckung, entstanden im kolonialen Cape Cod, Massachusetts)*
Capilla mayor *(Arch)* Hauptkapelle *f*
capillarity *(BM, OB)* Kapillarität *f*, Kapillarwirkung *f*
capillarity of concrete Betonkapillarität *f*
capillary action *s.* capillarity
capillary attraction Porensaugwirkung *f*, Kapillaranziehung *f*
capillary break *(Erdb)* Kapillarbruch *m*; Kapillarsperre *f*
capillary-breaking *(BM, Erdb)* kapillarbrechend
capillary-breaking layer *(Erdb, Verk)* kapillarbrechende Schicht *f*
capillary crack *(BM, BT, OB)* Haarriss *m*
capillary drainage *(DIS, Erdb)* Kapillardränage *f*, Kapillardränung *f*
capillary elevation *(Erdb)* kapillare Steighöhe *f*
capillary fitting Kapillarfitting *n*
capillary flow *(Erdb)* Kapillarwasserbewegung *f*, Kapillaranstieg *m*
capillary groove *(DIS, Erdb)* Kapillarsperre *f*
capillary head kapillare Druckhöhe *f*
capillary moisture *(BM)* Kapillarwasser *n*, Porensaugwasser *n*

capillary movement Kapillarbewegung *f*
capillary pore Kapillarpore *f*
capillary potential Kapillarpotenzial *n*
capillary pressure *(BM)* Kapillardruck *m*
capillary saturation *(BM)* kapillare Sättigung *f*
capillary space *(BM)* Kapillarraum *m*
capillary water Kapillarwasser *n*, Porensaugwasser *n*
capital 1. *(Arch, BM)* Kapitell *n (Kopf, z. B. einer Säule)*; Kapitäl *n*; 2. *s.* capital city; 3. Kapital *n*
capital carving Kapitellplastik *f*
capital city *(RP)* Hauptstadt *f*
capital costs *(VR)* Investitionskosten *pl*
capital expenditure *(VR)* Kapitalaufwand *m*, Investitionskosten *pl*
capital outlay *s.* capital expenditure
capitol *(AE) (Arch)* Parlamentsgebäude *n*
capped abgedeckt, geschlossen
capped pipe *(San)* Reinigungsdeckelrohr *n*, Abwasserrohr *n* mit Reinigungskappe, Putzdeckelrohr *n*
capped roof Haubendach *n*
capping 1. Abdeckung *f (z. B. für einen wetterfesten Mauerabschluss)*; 2. *(San)* Kappe *f (Rohrkappe)*; 3. *s.* capping beam; 4. *(Bod, Erdb) (AE)* Abraumschicht *f*
capping beam Holm *m (Rostschwelle)*
capping block Abdeckblockstein *m*
capping concrete *(BB, Br)* Kappenbeton *m (Brücke)*
capping layer 1. *(Br, Konst)* verbesserte Unterlage *f (Brücke)*; 2. *(Erdb)* Bodenverbesserung *f* des Planums
capping mass *(Bod, Erdb)* Deckgebirge *n*
capping piece Holm *m*, Schwellholz *n (Rostschwelle)*; Deckholz *n*
capping plane *(Hb)* Abrundhobel *m*
capping stone Deckstein *m*
capstan Seilwinde *f*, Spill *n*
capstan head Spindelstock *m*
capstan screw Kreuzlochschraube *f*
capstan winch *(Hb)* Haspel *f(m)*
capstone Abdeckstein *m (z. B. für Kabel)*; Schlussstein *m (Gewölbe)*
capsule 1. Kapsel *f*; Gehäuse *n*; Hülle *f*; 2. Druck(mess)dose *f*
caption Bildunterschrift *f*, Legende *f*
car 1. Kraftfahrzeug *n*; 2. *(AE)* Fahrkorb *m*, Aufzugskabine *f*; 3. *s.* cart
car annunciator *(EB)* Aufzugsgeschossanzeige *f*
car barn *(AE)* Verkehrshof *m (z. B. für Omnibusse)*
car door contact *(EB)* Fahrkorbtürsicherung *f*
car dump *(RP)* Autofriedhof *m*
car ownership model Motorisierungsprognosemodell *n*
car ownership rate Motorisierungsgrad *m*
car park *(Verk)* Parkplatz *m*; Großgarage *f*, öffentliche Garage *f*
car park signing *(Verk)* Parkplatzbeschilderung *f*
car place Pkw-Stellfläche *f*, Standplatz *m*
car pound Autoabstellplatz *m (für behördlich abgeschleppte Fahrzeuge)*
car ramp Pkw-Rampe *f*
car-reduced *(RP)* autoarm
car stall Pkw-Box *f*
caracole Wendeltreppe *f*, Schneckenstiege *f*
carapa westindisches Mahagoniholz *n*
caravan Wohnwagen *m*
caravansary 1. *(Arch)* Karawanserei *f*; 2. *(AE)* größere Landgaststätte *f*
carbide lime Carbidkalk *m*, Karbidkalk *m*
carbide tip Hartmetallschneide *f*, Karborundspitze *f*
carbio-lime Carbidkalk *m*, Karbidkalk *m*
carbolic acid *(BM)* Carbolsäure *f*, Karbolsäure *f*, Phenol *n*
carbolineum *(BM, OB)* Carbolineum *n*, Karbolineum *n*
carbon Kohle *f*, Kohlenstoff *m*
carbon-arc cutting *(St)* Kohlelichtbogenschneiden *n*
carbon-arc welding *(St)* Kohlelichtbogenschweißen *n*
carbon black Ruß *m*; Kohlenstoffpigment *n*
carbon content *(BM, St)* Kohlenstoffanteil *m*, Kohlenstoffgehalt *m*
carbon dioxide greenhouse effect *(Umw)* Kohlendioxidtreibhauseffekt *m*
carbon filter *(HLK)* Aktivkohlefilter *n*, Kohlefilter *n*
carbon rivet steel Kohlenstoffnietstahl *m*
carbon silicate *(BM, St)* Karborund *n*, Siliciumcarbid *n*, Siliziumkarbid *n*
carbon steel Kohlenstoffstahl *m*, unlegierter Stahl *m*
carbon structural steel Kohlenstoffbaustahl *m*
carbon tetrachloride *(BM, OB)* Tetrachlorkohlenstoff *m*
carbonate *v (BB, OB, RS)* in ein Carbonat [Karbonat] umwandeln, karbonatisieren *(Beton, Kalk)*
carbonate Carbonat *n*, Karbonat *n*
carbonate content Carbonatgehalt *m*, Karbonatgehalt *m*
carbonate of copper Kupfercarbonat *n*, Kupferkarbonat *n*
carbonate of magnesia Magnesit *m*
carbonate pockets Carbonatnester *npl*, Karbonatnester *npl*
carbonate quantification Carbonatgehaltsbestimmung *f*, Karbonatgehaltsbestimmung *f*
carbonated water kohlensäurehaltiges Wasser *n*
carbonation *(BB, OB, RS)* Umwandlung *f* in ein Carbonat [Karbonat], Carbonatisierung *f*, Karbonatisierung *f*
carbonation treatment *(BM)* Carbonatisierung *f*, Karbonatisierung *f (künstlich)*
carbonic acid *(BM, Umw)* Kohlensäure *f*
carboniferous lime Kulmkalk *m*
carboniferous limestone Kohlenkalk *m*, Kulmkalk(stein) *m*
carboniferous sandstone Kohlenkalksandstein *m*
carbonization 1. Umwandlung *f* in Kohlenstoff; 2. Kohlenstoffanreicherung *f*
carbonize *v* verkoken; (ver)kohlen *(z. B. Holz)*
carcase *s.* carcass
carcass 1. *(Konst, TK)* Skelett *n*, Gebäudeskelett *n*, Rahmenwerk *n*; 2. Rohbau *m*, (bauliche) Hülle *f (eines Gebäudes)*
carcass flooring Dielenbalkenlage *f*
carcass work Rohbauarbeiten *fpl*
carcassing 1. Rohbauarbeiten *fpl*, Rohbaufertigstellung *f*; *(AE)* Installation *f (Gas)*; 2. *(Konst, TK) s.* carcass
carcassing material Konstruktionsbaustoff *m*, Rohbaumaterial *n*
carcassing timber Bauholz *n*, Zimmererholz *n*, Konstruktionsholz *n*, Rohbauholz *n*
card frame Rahmen *m* für Türnamensschild
cardboard Pappe *f*; Karton *m*
cardboard basin Werfthafenbecken *n*
cardboard lining Pappeinlage *f*
cardboard roof Pappdach *n*
cardinal point *(RP, Verm)* Himmelsrichtung *f*
care Sorgfalt *f*; Wartung *f*; Pflege *f*
careless work *(Te, VR)* Pfuscharbeit *f*
caretaker Hausmeister *m*, Hauswart *m*
caretaker's flat Hausmeisterwohnung *f*
cargo block Frachtgebäude *n*
cargo boom *(AE)* Ladebaum *m*
cargo handling building Frachtgebäude *n*
cargo handling centre *(RP, Verk)* Güterumschlagzentrum *n*
cargo tank Ladetank *m*
carillon Glockenturm *m*
carline *(Hb)* Dachspriegel *m*
carnarvon arch Sturz *m* auf Konsolen

carnauba wax *(OB)* Karnaubawachs *n*, Holzpolierwachs *n*
carpenter *v* zimmern
carpenter Zimmermann *m*, Zimmerer *m*
carpenter foreman Zimmerpolier *m*
carpentering Zimmereiwesen *n*; Zimmermannsarbeit *f*
carpenter's axe Bundaxt *f*, Zimmer(manns)axt *f*
carpenter's bench Hobelbank *f*
carpenter's brace Bohrwinde *f*
carpenter's bracket scaffold Konsol(en)gerüst *n*
carpenter's finish *(AE) s.* carpenter's work
carpenter's gauge Zollstock *m*
carpenter's hammer Zimmermannshammer *m*
carpenter's level Wasserwaage *f*, Lotwaage *f*
carpenter's nail Balkennagel *m*, Baustift *m*
carpenter's pencil Zimmermannsbleistift *m*
carpenter's shop Zimmer(manns)werkstatt *f*, Zimmerei *f*
carpenter's square Zimmermannswinkel *m*, Anschlagholzwinkel *m*
carpenter's trade Zimmererhandwerk *n*
carpenter's work Zimmererarbeit *f*, Zimmermannsarbeit *f*
carpenter's yard Zimmerei *f*, Zimmer(er)platz *m*
carpentership Zimmereiwesen *n*; Zimmererhandwerk *n*
carpentry 1. Zimmermannsgewerk *n*, Zimmererhandwerk *n*; 2. Zimmererarbeit *f*, Zimmermannsarbeit *f*; 3. Zimmerung *f*; Holzrohbau *m* • **do carpentry** zimmern
carpet 1. *(EB, Konst, Verk)* Teppich *m*; 2. *s.* road carpet
carpet backing *(DIS, EB)* Teppichbeschichtung *f (Unterseite)*
carpet bedding *(LB)* Pflanzeneinlegerabatte *f*
carpet float Filzbrett *n*
carpet strip Teppichhalteleiste *f*
carpet tile Teppichfliese *f*
carpet underlayment Teppichunterlage *f*
carpeting 1. Teppichboden *m*, (textile) Auslegeware *f*; 2. Auslegen *n* mit Teppichboden; 3. *s.* road carpeting
carport Pkw-Unterstand *m*, Wagenunterstand *m*, Wageneinstellplatz *m*, überdachter Autoabstellplatz *m*
carr *(Bod)* Übergangsmoorboden *m*
carragheen *(BM, OB)* Knorpeltang *m*, Karrag(h)een *n (z. B. als Emulgator)*
Carrara marble *(BM, OB, SB)* Carraramarmor *m*
carreau Ornamentglassegment *n*
carrefour *(AE)* 1. *(Verk)* (innerstädtische) Straßenkreuzung *f*; 2. *(RP)* öffentlicher Platz *m*
carrel *(EB)* Büchereiarbeitsplatz *m*, Lesenische *f*
carriage 1. Wagen *m*; Waggon *m*; 2. *(Erdb, Wsb, WVA)* Vorfluter *m (Wasserablauf)*
carriage bolt Schlossschraube *f*, Schaftbolzenschraube *f*
carriage clamp Schraubzwinge *f*, Halteklammer *f*
carriage entrance [gate] Wageneinfahrt *f*, Toreinfahrt *f*, Torweg *m*
carriage house *(Arch)* Remise *f*
carriage porch Zufahrtsschleppdach *n*
carriage road *(Verk)* Fahrstraße *f*, befahrbarer Weg *m*
carriage shed Wagenschuppen *m*
carriageway *(Verk)* Fahrbahn *f*, Fahrdamm *m*
carriageway cover *(WVA)* befahrbare Schachtabdeckung *f*
carriageway marking *(Verk)* Fahrbahnmarkierung *f*
carriageway slab *(Br)* Fahrbahnplatte *f (Brücke)*
carriageway surfacing *(Verk)* Oberflächenbehandlung *f* der Fahrbahn; Belageinbau *m (Straße)*; Fahrbahnbelag *m*
carrier 1. Fahruntersatz *m (Baumaschinentransport)*; 2. hängender Transportkübel *m*
carrier angle *(EB)* Trittstufenstützeisen *n*
carrier bar Trittstufenstützstab *m*; Lagerbalken *m*
carrier beam *(BT, TK)* Träger *m*
carrier medium Trägersubstanz *f*, Trägermedium *n*
carrier roller Tragrolle *f (Seilbahn)*
carry *v* 1. tragen, (unter)stützen, Last aufnehmen; lagern; 2. transportieren, befördern
carry *v* **off** abführen *(z. B. Abwasser)*; ableiten *(Wärme)*
carry *v* **out** *(Te)* ausführen *(den Bau)*; durchführen
carry *v* **out maintenance work** instand halten
carry *v* **out plumbing work** Installationsarbeiten ausführen
carry *v* **up** hochmauern, hochziehen *(eine Mauer)*
carry-over factor *(Stat)* Fortleitungsfaktor *m (Momentenausgleich)*
carry-over moment *(Stat)* Übertragungsmoment *n*
carry-over storage Langzeitspeicher *m*
carryall (scraper) *(BWG, Erdb)* Schürfkübelwagen *m*, Schrapper *m*
carrying cable Tragseil *n (Seilbahn)*
carrying capacity Tragfähigkeit *f*, Tragvermögen *n*
carrying channel Halteeisen *n* für Deckenkonstruktionen, U-Trageprofil *n*
carrying framework Traggestell *n*
carrying-out (of construction) Bauausführung *f*
carrying rope Tragseil *n (Seilbahn)*
carrying scraper Ladeschaufler *m*
cart Karren *m*, Baulore *f*
cart house *(Arch)* Remise *f*, Wagenschuppen *m*
cart load Wagenladung *f*, Fuder *n*
cartage *(Erdb)* Verkarrung *f*, Wagenbeförderung *f (von Erdstoff)*
Cartesian coordinate system *(Verm)* kartesisches Koordinatensystem *n*
Carthusian monastery *(Arch)* Kartause *f*
cartographic instrument *(Verm)* Kartierinstrument *n*
carton pierre Pappmaché *n*, Papiermaché *n*, Leichtstuckformung *f*, Papierstuck *m*
cartoon Wandgemäldeentwurf *m (z. B. auf Papier)*
cartouche *(Arch)* Kartusche *f*, Rolle *f*, Rollwerk *n (Ornament)*
cartridge *(Erdb, Tun)* Patrone *f*, Sprengpatrone *f*
cartridge-firing studder Bolzensetzwerkzeug *n*
cartridge hammer Bolzenschießgerät *n*
cartridge heater *(San)* Patronenheizelement *n*, Heizpatrone *f*
carve *v* schneiden; schnitzen *(Holz)*; aushauen *(Stein)*; skulptieren, skulpturieren
carve *v* **out** (aus)meißeln, aushauen
carved capital *(Arch)* Skulpturkapitell *n*, Plastikkapitell *n (Säule)*
carved ornament *(Arch)* geschnitztes Ornament *n*
carved pattern plastisches Muster *n*, plastische Dekoration *f*
carved veneer Messerfurnier *n*
carved work *(SB, Te)* Steinmetzarbeit *f*
carver 1. Holzschnitzer *m*; 2. Schnitzwerkzeug *n*
carver's bench Schnitzbank *f*
carver's tools Schnitzwerkzeug *n*
carving 1. Natursteinbearbeitung *f*; Meißeln *n (von Stein)*; Schnitzen *n (von Holz)*; 2. Steinmetzarbeit *f*, Bildhauerarbeit *f (aus Stein)*; Schnitzerei *f*, Bildwerk *n (aus Holz)*
caryatid *(Arch)* Karyatide *f*, Kore *f (gebälktragende Frauengestalt)*
cascade *v (Erdb, Wsb)* kaskadenförmig anordnen; Kaskaden anlegen
cascade *(Wsb)* Kaskade *f*, Wasserfall *m*; Kaskadenrinne *f*
cascade culvert *(Verk)* Kaskadendurchlass *m*, abgetreppter Durchlass *m (in einer Straße)*
cascade gutter *(Wsb)* Kaskadenrinne *f*
cascade system 1. *(Wsb)* Kaskadenrinnensystem *n*; 2. *(EB)* Kaskadenmaschine *f (Kühlhaus)*
case *v* verkleiden, vertäfeln; ummanteln; in einem Gehäuse einschließen, einhausen
case 1. Verkleidung *f*; Gehäuse *n*; Kapsel *f*; Hülse *f*; 2. Kasten

m, Kiste f, Behälter m; 3. Zarge f, Einfassung f *(für Türen, Fenster)*
case bay Sparrenzwischenraum m; Balkenfach n
case-hardened 1. einsatzgehärtet *(Stahl)*; 2. übertrocknet, zu schnell getrocknet *(Bauholz)*
case-hardened glass Temperglas n
case-hardened steel einsatzgehärteter Stahl m
case of bending *(Stat)* Biegefall m
case of loading *(Stat)* Belastungsfall m
case of stress *(Stat)* Spannungszustand m
cased beam ummantelter [verkleideter] Träger m
cased column (beton)ummantelte Stahlstütze f, umhüllte Stütze f
cased lock Kastenschloss n
cased opening Türöffnung f ohne Türblatt
cased overlay glass farbiges Schichtglas n
cased pile *(Erdb)* Mantelpfahl m *(Gründung)*
cased post verkleidete Stütze f
casein distemper Kaseinfarbe f
casein glue *(BM, OB)* Kaseinleim m, Caseinleim m, Tischlerleim m
casein paint Kaseinfarbe f, Caseinfarbe f, proteingebundene Farbe f
casemate *(Arch)* Kasematte f, Wallgewölbe n
casement 1. Verbindung f; 2. Fensterflügel m; Drehflügel m; 3. tiefe Hohlkehlung f
casement adjuster Fensterflügelhalter m
casement combination window kombiniertes Fenster n mit einem Fensterflügel
casement door Fenstertür f, französisches Fenster n
casement fastener Einreiber m, Vorreiber m *(Fensterhalter)*; Schiebefensterverschluss m
casement frame Fensterrahmen m
casement hinge Fensterflügelscharnier n
casement stay Fensterfeststeller m, Sturmhaken m, Feststeller m
casement ventilator *(AE)* s. casement window
casement window Flügelfenster n, Dreh(flügel)fenster n
caserne *(Arch)* Kaserne f
cash allowance *(VR)* unvorhergesehene Kosten pl
cash desk *(EB)* Zahltisch m, Kasse f
casing 1. Verkleidung f; Ummantelung f, Mantel m; 2. Gehäuse n, Einhausung f; 3. Einrahmung f *(Fenster, Tür)*; 4. Schutzverrohrung f; Mantelrohr n
casing bead Putzabschlussleiste f
casing-bead doorframe Türrahmen m mit Metallhohlleistenrand *(als Putzhalter)*
casing cutter Rohrschneider m
casing expander Rohrdichter m
casing head *(Erdb, Tun)* Bohrlochkopf m
casing nail Kegelknopfnagel m, Senkkopfnagel m
casing of corrugated iron Schalung f mit Wellblechtafeln
casing of the lock *(EB)* Schließkasten m
casing pipe [tube] Futterrohr n, Mantelrohr n, Schalrohr n *(Bohrtechnik)*
casing with wire netting Rabitzummantelung f
casino *(Arch)* Kasino n, Klubhaus n, Gesellschaftshaus n
cassette ceiling Kassettendecke f
cassette method Batterieverfahren n *(Betonfertigteilproduktion)*
cassette slab Kassettenplatte f
cassette soffit Kassettenuntersicht f, kassettierte Untersicht f
cast v 1. schütten *(Beton)*; betonieren; 2. gießen *(Metall)*
cast v **centrifugally** schleudern *(Beton)*; im Schleuderverfahren herstellen *(Betonrohre)*
cast v **concrete** Beton schütten, betonieren
cast v **in-place [in-situ]** *(BB, Erdb)* in Ortbeton herstellen
cast Abdruck m; Formenfertigteil n *(Beton)*
cast aluminium alloy Aluminiumgusslegierung f
cast asphalt Schmelzasphalt m
cast beam Beton(fertigteil)balken m
cast concrete *(BB)* Schüttbeton m, Gussbeton m
cast curve *(BM)* Summenlinie f
cast-in fixing rails einbetonierte Befestigungsschienen fpl
cast-in-place *(BB, Te)* Herstellung f in Ortbeton, monolithische Herstellung f
cast-in-place concrete *(BB)* Ortbeton m
cast-in-place pile *(Erdb)* Ortbetonpfahl m
cast-in-place pile sheeting *(Erdb)* Ort(beton)pfahlwand f
cast-in-situ *(BB)* ortbetoniert, am Einbauort betoniert, vor Ort betoniert
cast-in-situ concrete *(BB)* Ortbeton m
cast-in-situ wall *(BB)* Gusswand f *(aus Beton)*
cast iron *(St)* Gusseisen n
cast-iron base elbow Gussrohrbogen m mit Auflageflansch
cast-iron bearer *(Konst, TK)* gusseiserner Lagerstuhl m
cast-iron boiler *(San)* gusseiserner Segmentboiler m
cast-iron bridge *(Br)* gusseiserne Brücke f
cast-iron hollow column gusseiserne Hohlsäule f
cast-iron manhole cover gusseiserner Schachtdeckel m
cast-iron pipe Guss(eisen)rohr n
cast-iron radiator Gussradiator m
cast-iron rammer Gussstößel m
cast-iron sill gusseiserne Sohlschwelle f
cast moulding *(BB, BT)* vorgefertigtes Bauelement n; gegossenes Betonteil n *(für spätere Montage)*
cast pipe Gussrohr n
cast steel Gussstahl m
cast stone Beton(werk)stein m, Kunststein m
cast unit Formenfertigteil n *(Beton)*
castability *(BB, Te)* Gießbarkeit f
castable 1. (ver)gießbar *(bes. Metall)*; 2. hydraulisch abbindend *(Feuerfestbindebaustoffe)*
castable refractory feuerfestes Zement-Zuschlagstoff--Gemisch n
castable refractory concrete Feuerfestbeton m
castellated 1. burgartig; mit Türmchen versehen; 2. die äußeren Befestigungen tragend *(einer Burg)*
castellated beam Wabenträger m *(Stahlbau)*
castellated bit gezahnte Bohrkrone f
castellated joint verzahnte Fuge f
castellated nut Kronenmutter f
castellation 1. *(Arch)* Burgenbau m; 2. *(Konst)* Verzahnung f
castellum *(Arch)* Wasserverteilungsbecken n *(am Ende eines Aquädukts)*
casting 1. Gussstück n, Guss m; Formgussteil n; 2. Guss m, Gießen n *(Vorgang)*; Betonieren n
casting bed Betoniersohle f, Betonierbett n
casting defect 1. Gussfehler m; 2. Gießfehler m
casting form Schalungsform f; Gießform f, Gussform f
casting marks Betoniereindrücke mpl
casting mould Schalungsform f; Gießform f, Gussform f
casting of concrete Betonieren n, Betonierung f, Betonierarbeit f
casting plaster Spezialgrundputz m *(mit Additiven)*
casting resin Gießharz n
casting skin *(BB, St)* Gusshaut f; Schlämmehaut f
casting yard Betonierplatz m, Vorfertigungsplatz m; offenes Betonwerk n
castle *(Arch)* Burg f, Schloss n, Kastell n
castle architecture *(Arch)* Burgenbau m
castle construction *(Arch)* Burgenbau m
castrum *(Arch)* Kastell n, Festung f, Befestigungsanlage f
cat ladder Dachleiter f, Leiter f *(für Dachdecker)*
catacomb *(Arch)* Katakombe f

C

catalyst 1. *(BB)* Abbindebeschleuniger *m*; 2. *(BM, Te)* Katalysator *m*
catalytically-blown asphalt *(AE) (BB)* geblasenes Bitumen *n (mithilfe eines Katalysators)*
catalyzer *s.* catalyst
catch *v* einrasten
catch 1. *(EB)* Klinke *f*, Sperrklinke *f*, Klaue *f (Sperrvorrichtung)*; Sperrhaken *m*; Feststellvorrichtung *f*; 2. *(EB)* Schnappschloss *n*; 3. *(LB, WVA)* Wassergraben *m (Bewässerung)*
catch basin *(Erdb, Wsb)* Auffangbecken *n*, Sammelgrube *f (z. B. für Schlamm)*; Senkgrube *f*
catch device Aufsetzvorrichtung *f*
catch drain 1. *(Erdb, LB, Wsb)* Fanggraben *m*; Entwässerungsgraben *m*; 2. *(WVA)* Sammler *m*
catch feeder Bewässerungsgraben *m*
catch pit *s.* catch basin
catch pit gully *(Erdb, Wsb, WVA)* Abzugsgraben *m*
catch-water drain *(Erdb, Wsb)* Sickerdole *f*, Sickerkanal *m (bedeckter Sickergraben)*
catchment area *(WVA)* Einzugsgebiet *n*, Sammelgebiet *n (Wasserwirtschaft)*
catchment of water *(WVA)* Fassen *n* von Wasser
catenary *(Verm)* Kettenlinie *f*, Kettenkurve *f (Absteckung)*
catenary arch *(Verm)* Bogen *m* mit Kettenkurvenform
catenary cable *(El)* Tragseil *n (bei Freileitungen)*
catenary support Fahrleitungsmast *m*
catenated *(Arch)* kettenförmig dekoriert
caterpillar Raupenfahrzeug *n*, Raupenschlepper *m*, Raupenkettentraktor *m*, Gleiskettenfahrzeug *n*
caterpillar chain Gleiskette *f*, Raupenkette *f*
caterpillar crane Drehkran *m* mit Raupenfahrwerk
caterpillar finisher *(Verk)* Raupenfertiger *m*
caterpillar gate Raupenschürze *f*
caterpillar paver *(Verk)* Raupenfertiger *m*
caterpillar tractor Raupe *f*
caterpillar vehicle *s.* caterpillar
catface 1. *(Hb, OB)* Knoten *m (fehlerhafte Stelle im Holz)*; 2. fehlerhafte [raue] Putzstelle *f*
cathead *(Hb, Konst, St)* eingeschnittener Passkeil *m*
cathedral *(Arch)* Kathedrale *f*, Dom *m*
cathedral dome *(Arch)* Domkuppel *f*
cathedral glass *(Arch, BM)* Kathedralglas *n*
Catherine-wheel window *(Arch)* Rosenfenster *n*, Katharinenrad *n*
cathodic protection *(OB)* katodischer [elektrolytischer] Schutz *m*, galvanischer Korrosionsschutz *m*
cationic wetting agent *(OB)* kationisches Netzmittel *n*
cat's eye 1. *(Hb, OB)* Holzmaserungsauge *n*; 2. *(Verk)* Bodenrückstrahler *m*
catshead *(Arch)* Ornamentzierkranz *m* mit Tierkopfabbildungen
cattle barn [building] *(LB)* Rinderstall *m*
cattle exercise yard *(LB)* Viehauslauf *m*
cattle yard *(LB)* Rinderlaufstall *m*
catwalk Laufsteg *m (für Fußgänger)*; Laufgang *m (auf einer Brücke)*
caul Schutz(ein)lage *f*, Zulageblech *n (beim Furnierpressen)*
caulk *v* 1. *(San, WVA)* (ab)dichten, Fugen (ver)stopfen; abdichten, verstemmen *(z. B. genietete Nähte)*; kalfatern *(im Schiffbau, Teer auf Holz aufbringen)*; 2. *(Erdb)* Fugen verfüllen
caulked joint *(San, WVA)* Stopfdichtung *f*, Stemmdichtung *f*
caulking 1. Abdichten *n*, Abdichtung *f*; Stopfen *n*, Verstemmen *n*; 2. *s.* caulking compound
caulking by hand Handstemmung *f*
caulking cartridge flexible Fugenfüllpatrone *f*, Fugenfüllspritze *f*
caulking chisel Stemmeisen *n*
caulking compound Dichtungsmasse *f*, Fugenversiegelungsmasse *f*; Mastixdichtungsmasse *f (mit Silikon und Bitumen)*; Stemmmasse *f*
caulking gun Fugenfüllpistole *f*
caulking hammer Stemmhammer *m*, Meißelhammer *m*
caulking iron Stopfeisen *n*
caulking joint Stemmfuge *f*
caulking mallet Beilhammer *m*
caulking medium Dichtungsmittel *n*
caulking recess Dichtungskehle *f*
caulking ring Abdichtring *m*
caulking seam Abdichtrand *m*
caulking strip Dichtungsstreifen *m*, Dichtungsband *n*
caulking weld Dichtschweißnaht *f*
causeway *(Verk)* Dammstraße *f (in flacher Landschaft)*; angehobene Straße *f (auf geschütteter Böschung)*
causeway of fascines *(LB)* Faschinendamm *m*
caustic dip *(OB)* Beiztauchung *f*
caustic lime Ätzkalk *m*, Branntkalk *m*
cavalier projection Kavalierperspektive *f (Schrägperspektive)*
cave *v* 1. aushöhlen; 2. *s.* cave in
cave *v* **in** zusammenstürzen, zusammenfallen *(z. B. Gebäude)*; zusammenbrechen *(eine Decke)*; einstürzen *(z. B. eine Straße)*; zum Einsturz bringen
cave *(Bod)* Höhle *f*
cave-in *(RS)* Einsturz *m*
cavern *(Bod)* Kaverne *f*, Höhle *f (z. B. im Gestein)*
cavetto 1. *(Arch)* Hohlgesims *n*, konkav gewölbte Gesimskante *f*; Hohlkehle *f (Viertelhohlkehle)*; 2. Cavetto *n*, Ablauf *m (konkav kurvierte Vermittlung)* • **in cavetto** versenkt *(Relief)*
cavetto moulding *(Arch)* Cavetto *n*
cavetto vault *(Arch, Konst)* Spiegelgewölbe *n*
caving 1. *(Bod, Erdb)* Einsturz *m*, Einstürzen *n*; Einbrechen *n (z. B. von Erdmassen)*; 2. *(BM)* Nachlöschen *n (Kalk)*
cavitation *(Wsb)* Kavitation *f*, Hohlraumbildung *f*
cavitation damage *(Wsb)* Kavitationsschaden *m (am Beton)*
cavity Hohlraum *m*, Höhlung *f*, Höhle *f*; Kammer *f*; Loch *n (z. B. in Ziegeln)*; Aussparung *f*
cavity barrier Hohlraumverschluss *m*
cavity batten Mörtelfangholz *n (beim Mauern von Hohlwänden)*
cavity block Hohlblock(stein) *m*, Hohlstein *m*
cavity brick Hohlziegel *m*
cavity concrete wall Betonhohlwand *f*
cavity construction *(BB, Konst, SB, Wsb)* Hohlmauerbau *m*
cavity dam *(Wsb)* Hohlmauer *f*
cavity external masonry wall Außenhohlmauer *f*, zweischalige Außenmauer *f*
cavity fill insulation hohlraumfüllendes Dämmmaterial *n*
cavity filling Hohlraumauffüllung *f*
cavity flashing *(DIS)* Sperrschicht *f* einer Hohlwand
cavity in the concrete Betonnest *n*
cavity insulation *(DIS)* Hohlraumisolierung *f*
cavity panel Hohltafel *f*
cavity slab Hohldiele *f*
cavity wall Hohlmauer *f*, Schalenwand *f*
cavity wall flashing *s.* cavity flashing
cavity wall insulation *(DIS)* Hohlraumisolierung *f*, zweischalige Wand *f*
cavity-walled hohlwandig
cd *s.* candela
cease *v* nachlassen; aufhören
cedar (wood) Zedernholz *n*
ceil *v* 1. eine Decke einziehen; 2. eine Decke verputzen; 3. (eine Decke) verschalen *(Paneelverschalung)*

ceiling 1. Decke *f*, Raumdecke *f*; 2. Deckenunterschicht *f*; Täfelung *f*; 3. Höchstbetrag *m*
ceiling area lighting *(El)* Flächenbeleuchtung *f*, Deckenbeleuchtung *f (der gesamten Decken)*
ceiling beam *(BT, TK)* Deckenträger *m*
ceiling binder *(EB, TK)* Deckenbinder *m*
ceiling board Deckenplatte *f*; Decken(dämm)fliese *f*
ceiling boarding Deckenschalung *f*
ceiling boarding with profilated joint borders Deckenschalung *f* mit profilierten Fugenleisten
ceiling clearance lichte Höhe *f (eines Raumes)*; Deckenhöhe *f*
ceiling coil *(HLK)* Deckenkühler *m*
ceiling construction *(Konst, TK)* Deckenkonstruktion *f*
ceiling diffuser Deckendiffusor *m*, Deckenlufteinspeiser *m*
ceiling enrichment Deckenverzierung *f*
ceiling facing Deckenverkleidung *f*
ceiling fan *(HLK)* Deckenventilator *m*
ceiling floor *(TK)* Deckentragwerk *n (einer eingehängten Decke)*
ceiling grille *(HLK)* Deckeneinlass *m*
ceiling hanger Deckenträger *m*
ceiling illumination Deckenbeleuchtung *f*
ceiling joist deckentragendes Querholz *n*, Deckenrafter *m*, Unterzug *m*
ceiling lath Deckenlatte *f*
ceiling lathes Deckenlattung *f*
ceiling light *(El)* Deckenbeleuchtung *f*
ceiling light fitting *(El)* Deckenleuchte *f*
ceiling lighting *(El)* Deckenbeleuchtung *f*
ceiling lining Deckenverkleidung *f*
ceiling made of [with] bricks Ziegeldecke *f*
ceiling outlet (box) *(El)* Decken(steck)dose *f*
ceiling panel Deckentafel *f*
ceiling panelling Paneeldecke *f*
ceiling plate Gipsdeckenplatte *f*
ceiling plenum *(HLK)* Zwischendeckenraum *m*, Hohlraum *m (als Luftrückflusssammelraum bei Klimaanlagen)*
ceiling reed Deckenrohr *n (Putzträger)*
ceiling register *(HLK)* regelbarer Deckeneinlass *m*, Deckendiffusor *m*
ceiling rosette Deckenrosette *f*
ceiling shape Deckenprofil *n*
ceiling shuttering Deckenschalung *f (Betonbau)*
ceiling sound transmission Schalldurchgang *m (zu Nachbarräumen durch eingehängte Decken)*
ceiling sound transmission class *(DIS)* Schalldurchgangsrate *f*
ceiling strap Deckendeckleiste *f*; Deckentafelbefestigungsleiste *f*
ceiling strip Deckenleiste *f*
ceiling surfacing Deckenverkleidung *f*
ceiling suspension Deckenabhängung *f*
ceiling suspension system Metallrahmentragwerk *n* für eingehängte Decken
ceiling tile Deckenfliese *f*
ceiling ventilator *(HLK)* Deckenlüfter *m*
ceiling void Deckenzwischenraum *m*
celature *(Arch)* gestaltete Metalldekoration *f*, Reliefarbeit *f*
celite Zelit *m (Zementchemie)*
cell 1. Zelle *f*; Kammer *f*; 2. Hohlraum *m*; Pore *f (z. B. in Schaumstoffen)*; 3. Rippenbogensegment *n*; Feld *n*; 4. Gewölbekappe *f*; 5. *(El)* galvanische Zelle *f*, elektrochemisches Element *n*
cell block Zellengebäude *n (Strafvollzug)*
cell building Zellengebäude *n (Strafvollzug)*
cell method *(Stat)* Fächermethode *f*
cella *(Arch)* Cella *f (Hauptraum antiker Tempel)*
cellar Keller *m*; Kellergeschoss *n (für Lagerzwecke)* • **with cellar** *(Konst)* unterkellert
cellar door Kellertür *f*
cellar dwelling Kellerwohnung *f*
cellar excavation 1. Kelleraushub *m*, Kellerausschachtung *f*; 2. *s.* cellar pit
cellar flap *(Erdb)* Kellerfalltür *f (nach unten öffnend)*
cellar floor Keller(geschoss)decke *f*
cellar foundation Kellergründung *f*
cellar hole Kellerbaugrube *f*
cellar pit Keller(bau)grube *f*
cellar recess Kellernische *f*
cellar shelter Schutzkeller *m*
cellar sink Kellerabfluss *m*, Kellerausguss *m*
cellar slab Kellerplatte *f*
cellar stairs Kellertreppe *f*
cellar trapdoor Kellerfalltür *f*
cellar vault Kellergewölbe *n*
cellar wall Kellermauer *f*
cellar window Kellerfenster *n*
cellarless nicht unterkellert, kellerlos
cellophane Zellglas *n*, Cellophan® *n*, Zellophan *n*
cellular zellenförmig; porig, blasig
cellular block Großblockhohlziegel *m*
cellular brick Lochziegel *m*, Zellenziegel *m*
cellular cofferdam *(LB, Wsb)* Zellenfangdamm *m*
cellular concrete Porenbeton *m*; Schaumbeton *m*, Zellenbeton *m*
cellular concrete screed Zellenbetonestrich *m*
cellular construction Zellelementkonstruktion *f*, Zellenbauweise *f*, Wabenbauweise *f*
cellular core Zellkern *m*, Hohlkern *m*
cellular dam *(Wsb)* Zellendamm *m*, Zellensperre *f*
cellular design *(Konst)* Zellenbauweise *f*
cellular expanded concrete *s.* cellular concrete
cellular floor(ing) Zellendecke *f*; Stahlzellendecke *f*
cellular frame *(Konst, TK)* Mehrfeldrahmen *m*
cellular framing *(Konst)* Schottenbauart *f*, Zellkonstruktion *f* mit tragenden Querwänden
cellular glass *(GC) (EN 13167) (BM, DIS)* Schaumglas *n*
cellular material porenhaltiger Baustoff *m*
cellular plasterboard Zellengipsplatte *f*
cellular plastic *(BM, DIS)* Schaum(kunst)stoff *m*
cellular raceway *(El)* Installationskanal *m (für Elektroleitungen)*
cellular rubber Zellgummi *m*, poröser Gummi *m*
cellular section Zellenprofil *n*
cellular steel floor Stahlzellendecke *f*
cellular structure Zellenbau *m*, Zellenstruktur *f*; Netzwerkstruktur *f*
cellular unit Zellenprofil *n*
celluloid Zelluloid *n*, Celluloid *n*, Zellhorn *n*
cellulose *(BM, DIS)* Cellulose *f*, Zellulose *f*; Zellstoff *m*
cellulose acetate Celluloseacetat *n*, Zelluloseazetat *n*
cellulose adhesive Zellleim *m*
cellulose ester Celluloseester *m*
cellulose fibre Cellulosefaser *f*
cellulose film Zellglas *n*
cellulose foil Cellulosefolie *f*
cellulose glue Zellleim *m*, Zellkleister *m*
cellulose nitrate Cellulosenitrat *n*
cellulose nitrate lacquer Nitrolack *m*, Cellulosenitratlack *m*
cellulose paste *s.* cellulose glue
cellulose stopper Nitroausfüller *m*
cellulose wool *(BM, DIS)* Chemiespinnfasern *fpl*, Zellwolle *f*
cellulosic *(BM)* Cellulosederivat *n*; Celluloseerzeugnis *n*
Celtic architecture keltische Architektur *f*, keltische Baukunst *f*

Celtic cross *(Arch)* keltisches Kreuz *n*
cement *v* 1. zementieren; 2. (ver)kitten *(z. B. Fugen)*; zusammenkitten; verkleben, verleimen; 3. zementieren, aufkohlen *(Stahl)*; 4. abbinden; 5. *s.* sinter
cement *v* **down** verkleben mit *(horizontal)*
cement *v* **together** zusammenkitten; verkleben mit
cement 1. Zement *m*, (hydraulisches) Bindemittel *n*; 2. Klebstoff *m*, Kleber *m*; Kitt *m*, Klebkitt *m*; Klebelösung *f* *(z. B. für Gummi)*; Zement *m*
cement adhesive Dünnbettkleber *m*
cement-aggregate ratio *(BB, BM)* Zement-Zuschlag(stoff)-Verhältnis *n*
cement-aggregate reaction Zement-Zuschlagstoff-Reaktion *f*
cement article Zementerzeugnis *n*
cement asbestos *(AE)* Asbestzement *m*
cement-asbestos board *(AE)* Asbestbetonplatte *f*
cement-asphalt *(AE)* *s.* cement-bitumen
cement bacillus *(OB, RS)* Zementbazillus *m*, Ettringit *m*
cement bag Zementsack *m*
cement base Zementbasis *f*, Zementgrundlage *f*
cement-based zementhaltig
cement-based adhesive Dünnbettkleber *m*
cement batching *(BB, Te)* Zementdosierung *f*
cement-bitumen Zement-Bitumenmasse *f*
cement block 1. Betonblock(stein) *m*, Betonstein *m*; 2. Zementfliese *f*
cement-bound zementgebunden
cement-bound granular material hydraulisch gebundener Kies(sand) *m*
cement-bound material hydraulisch gebundener Baustoff *m*
cement brand Zementmarke *f*
cement brick Zementstein *m*, Kunststein *m*
cement burning Zementbrennen *n*
cement cake Zementprüfkuchen *m*
cement chemist Zementchemiker *m*
cement chemistry Zementchemie *f*
cement clinker Zementklinker *m*, Klinker *m*
cement-coated zementumhüllt
cement coating Zementverputz *m*, Zementumhüllung *f*
cement concrete Zementbeton *m*
cement concrete ceiling Zementbetondecke *f*
cement concrete slab Zementbetondiele *f*
cement content Zementgehalt *m*, Zementfaktor *m* • **of low cement content** *(BB)* zementarm
cement coping Zement(beton)abdeckung *f (Tunnel)*
cement distributor *(Erdb, Te, Verk)* Zementverteiler *m*
cement duct Zementrohr *n*
cement dust Zementstaub *f*
cement economiser zementsparender Zusatz(stoff) *m*
cement facing Zement(außen)putz *m*
cement factor *s.* cement
cement fastness Zementechtheit *f*, Zementwiderstandsfähigkeit *f*
cement fibre slab *(BT, DIS)* zementgebundene Faserplatte *f*
cement filler Zementfüller *m*
cement-filler grout Zement-Füllerschlämme *f*, Zement--Füllerschlempe *f*
cement fillet Zementmörteldichtungsrand *m*
cement fineness Zementfeinheit *f*
cement finish 1. Zementputz *m*; 2. Zementestrich *m*
cement fixing method Dünnbettverfahren *n*, Klebeverfahren *n (Fliesenverlegen)*
cement floor 1. Zementestrich *m*; 2. Betondecke *f*
cement floor tile Betonplatte *f (Fußboden)*
cement foam Zementschaum *m*
cement for road und street construction Straßenbauzement *m*
cement gel Zementgel *n*
cement grade Zementgüteklasse *f*
cement grain Zementteilchen *n*, Zementkorn *n*
cement gravel verfestigter Kies *m*
cement gray *(AE)* *s.* cement grey
cement grey zementgrau
cement grinding *(Te)* Zementvermahlung *f*
cement grout Zementbrei *m*, Zementmörtel *m (zum Vergießen)*
cement grouting *(RS, Te)* Zementeinpressen *n*, Zement(schlämme)injektion *f*, Zement(schlämme)verpressung *f* *(z. B. zur Baugrundbefestigung)*
cement gun *(BB, RS, Te)* Torkretierspritze *f*, Mörtelspritze *f*, Torkretkanone *f*
cement gun work *(BB, RS, Te)* Torkrettechnik *f*
cement injection *s.* cement
cement injection pump Zementinjektionspumpe *f*
cement injector Zementmörtelinjektionsrohr *n*
cement kiln Zementofen *m*, Drehrohrofen *m*
cement laitance Zementmilch *f*, Zementschlämme *f*, Zementschlempe *f*
cement layer Zementestrich *m*
cement-less concrete zementfreier Beton *m*
cement-like zementartig
cement-lime mortar Kalkzementmörtel *m*, Zementkalkmörtel *m*, Magermörtel *m*
cement-lined zementausgekleidet, zementverkleidet
cement lining Zementauskleidung *f*
cement mastic *(DIS)* Steinkohlenkitt *m*
cement matrix hydraulisches Bindemittel *n*, Zement *m*
cement mill Zementwerk *n*
cement mortar Zementmörtel *m*
cement paint Zementanstrich *m*, Betonanstrichfarbe *f*; Zementfarbe *f (zum Färben von Zement)*
cement-painted zementgestrichen
cement particle Zementteilchen *n*, Zementkorn *n*
cement paste Zementpaste *f*, Wasser-Zement-Paste *f*, (flüssiger) Zementleim *m*, Zementbrei *m*, Schlämpe *f*
cement pat Zement(prüf)kuchen *m*
cement phase Zementphase *f*
cement pigment Zementfarbstoff *m*, zementechte Farbe *f*
cement plaster Zementmörtel *m*, Zement(ver)putz *m*
cement plaster finish Zementmörtelputz *m*
cement-polyvinyl acetate emulsion concrete PVA--Beton *m*
cement product Zementerzeugnis *n*
cement raw meal Zementrohmehl *n*
cement rendering Zementmörtelbewurf *m*, Zement(außen)putz *m*
cement replacement Zementersatz *m*
cement requirement Zementanspruch *m*, Zementbedarf *m*
cement-rich concrete zementreicher Beton *m*, fetter Beton *m*
cement rock Zementgestein *n*, Kalktongestein *n*
cement roof(ing) tile Zementdachstein *m*
cement-sand grout Zement-Sandschlämme *f*, Zement--Sandschlempe *f*
cement scales Zementwaage *f*
cement screed Zementestrich *m*
cement screw feeder Zementschneckenspeiser *m (Füllgerät)*
cement silo Zementsilo *m(n)*
cement skin Zementschleier *m*
cement slurry Zementmilch *f*, Zementschlämme *f*, Zementschlempe *f (mit Feinzuschlag)*; Zementrohschlamm *m*; Bindemittelbrei *m*

cement slurry coat Zementschlämmeanstrich *m*
cement soundness Zementraumbeständigkeit *f*
cement spreader Zementstreuer *m*
cement-stabilized *(Erdb)* zementverfestigt, durch Zementinjektion verfestigt *(Baugrund)*
cement standard Zementnorm *f*
cement standard specification Zementnorm *f*
cement storage Zement(ein)lagerung *f*
cement store Zementlager *n*, Zementtankstelle *f (für Fertigzement)*
cement strength Zementfestigkeit *f*
cement substitute Zementersatz *m*
cement supply ropeway Zementschwebebahn *f*
cement technology Zementtechnologie *f*
cement temper Zementzusatz *m (zum Kalkputz)*
cement test Zementprobe *f*, Zementprüfung *f*
cement testing sand Normensand *m (Zementprüfung)*
cement tile Zementfliese *f*
cement-treated base zementverfestigte Unterbettung *f*
cement trowel finish Zementglattstrich *m*
cement unit Zementieraggregate *npl*
cement user Zementverbraucher *m*
cement water grout Zementschlämme *f*, Zementschlempe *f*, Zementschlämmmörtel *m*
cement-water ratio Zement-Wasser-Verhältnis *n*
cement waterproofer Zementdichtmittel *n*, Zementsperrpulver *n*
cement weigh-batching unit Zementdosierapparat *m*
cement-wood floor Holzbetonbelag *m*, Sägemehlbetonfußboden *m*
cement works Zementwerk *n*
cementation 1. Zementierung *f*; 2. Verkitten *n*, Kitten *n*; Verklebung *f*; 3. Bodenstabilisierung *f*, Erdstoffverfestigung *f*; 4. Zementieren *n*, Aufkohlen *n (von Stahl)*
cementbased adhesive *s.* cement-based adhesive
cemented 1. zementiert, verkittet; 2. abgebunden *(Beton)*
cemented carbide tip *(BB, BWG, St)* Hartmetallschneide *f*
cemented-carbide tipped tool hartmetallbestücktes Werkzeug *n*
cemented casing zementierte Röhrentour *f*
cemented steel Zementstahl *m (gehärteter Stahl)*
cementing *s.* cementation
cementing accelerator Abbindebeschleuniger *m*
cementing agent Bindemittel *n*, Zement *m*; Dichtungsmittel *n*
cementing compound Kitt *m*, Klebkitt *m*, Klebemittel *n*
cementing material Bindemittel *n*, Binder *m*
cementing paste Klebepaste *f*
cementing system *(Hb)* Klebekonstruktion *f*
cementing technique *(Hb, Konst)* Kleb(e)technik *f (bes. für Kunststoffe)*
cementitious 1. zementartig; 2. verkittend, verklebend
cementitious material Kittstoff *m*, klebefähiges Material *n*
cementitious road binder *(BM, Verk)* hydraulischer Tragschichtbinder *m*
cemetery *(Arch)* Friedhof *m*
cemetery chapel *(Arch)* Friedhofskapelle *f*
cemetery church *(Arch)* Friedhofskirche *f*
CEN *s.* European Committee for Standardisation
cenotaph *(Arch)* Zenotaph *m*, Ehrengrabmal *n*, Leergrab *n*
census *(RP, Verk)* Zählung *f*
census of traffic *(Verk)* Verkehrszählung *f*
center *(AE) s.* centre
centering *(AE) s.* centring
central *(Arch, Konst, Te)* zentral; Zentral...; zentrisch, mittig, auf Mitte; Mittel...
central air-conditioning system *(HLK)* zentrale Klimaanlage *f*; Klimastation *f*
central air-handling unit *(HLK)* zentrale Belüftungsanlage *f*
central aisle *(Konst)* Mitteldurchgang *m (in einem Zuschauerraum)*
central altar *(Arch)* Mittelaltar *m*
central arch *(Arch, Verk)* Mittelbogen *m*
central archway *(Konst)* Mitteldurchgang *m*
central area *(RP)* Zentralgebiet *n*
central atmospheric-pressure boiler station *(HLK)* Niederdruckkesselzentrale *f*
central axis *(Konst, Verm)* Mittelachse *f*, Symmetrieachse *f*
central barrier *(Verk)* Mittelstreifenplanke *f*, Mittelleitplanke *f*
central bay *(Konst, TK)* Mittelfeld *n (z. B. eines Gewölbes)*; Mitteljoch *n*
central block *(Arch)* Zentralbau *m*
central boiler installation *(HLK)* Kesselzentrale *f*
central box girder *(BT)* Hohlkastenmittelträger *m*
central business district *(RP)* zentrales Geschäftsviertel *n*, Kernzone *f*
central city *(RP)* Kernstadt *f*
central conditioning plant [system] *(HLK)* zentrale Klimaanlage *f*; Klimastation *f*
central control *(Verk)* Verkehrsleitzentrale *f*
central control system *(HLK)* Zentralsteuerung *f*
central core *(Konst)* Mittelkern *m*, Zentralkern *m (Säule, Gebäude)*
central core of stability [strength] *(Konst)* Stabilisierungskern *m*
central corridor *(Konst)* Mittelgang *m*
central court(yard) *(Arch, Konst)* Mittelhof *m*, Zentralhof *m*
central cupola *(Arch, Konst)* Mittelkuppel *f*, Zentralkuppel *f*
central district Innenstadt *f*
central emptying *(HLK, San, WVA)* Zentralentleerung *f*
central entrance *(Konst)* Mitteleingang *m*
central fan system *(HLK)* separate Zentralklimaanlage *f*
central feature *(Arch)* zentrale Raumform *f*
central fire *(HLK)* Luftofen *m*
central frame *(Konst, TK)* Mittelrahmen *m*
central gable *(Konst)* Mittelgiebel *m*
central grating *(Erdb)* Trägerrost *m*
central hall *(Konst, Verk)* Schalterhalle *f (in Bahnhöfen, auf Flughäfen)*
central heating *(HLK)* Zentralheizung *f*; Heiz(ungs)anlage *f*
central heating boiler *(HLK)* Zentralheizungskessel *m*; Zentralheizungsofen *m*
central heating plant 1. *(HLK)* Heizzentrale *f*; 2. *(HLK)* Zentralheizungsanlage *f*, Zentralheizungsofen *m*
central heating system *(HLK)* zentrales Heizungssystem *n*, Zentralheizungsanlage *f*, Heiz(ungs)anlage *f*
central hot water preparation plant *(HLK)* zentrale Warmwasseraufbereitungsanlage *f*
central island *(Verk)* Mittelstreifen *m*, Fahrbahnteiler *m*
central joint *(BT, Konst)* Mittelfuge *f*
central library *(RP)* Zentralbücherei *f*
central line *(Konst, Verk, Verm)* Mittellinie *f*, Mittelachse *f*
central loading *(Konst, Stat)* mittige Belastung *f*
central low-pressure boiler station *(HLK)* Niederdruckkesselzentrale *f*
central master key *(EB)* Zentralhauptschlüssel *m*
central mix bituminous plant *(BWG)* Mischanlage *f* für bituminöses Mischgut
central-mix(ed) concrete *(BB, BM)* Fertigbeton *m*, Transportbeton *m*, werksgemischter [stationär gemischter] Beton *m*
central mixer *(BWG)* stationärer Betonmischer *m*
central mixing plant *(BWG)* stationäre Betonmischanlage *f*, zentrale Mischanlage *f* [Mischstation *f*]

C

central moment of inertia *(Stat)* zentrales Trägheitsmoment *n*
central motif *(Arch)* Zentralmotiv *n*
central opening *(Konst)* Mittelöffnung *f*
central pillar *(BT, TK)* Mittelpfeiler *m*
central point load *(Stat)* mittige Punktlast *f*
central position *(Konst)* Mittellage *f*
central post *(BT, TK)* Stuhlsäule *f*
central purlin *(BT)* Zwischenpfette *f*
central railway station *s.* central station
central receiving aerial *(EB)* Gemeinschaftsantenne *f*
central reservation *s.* central reserve
central reserve *(Verk)* Mittelstreifen *m*, Fahrbahnteiler *m*
central reserve gap *(Verk)* Mittelstreifenöffnung *f*; Mittelstreifenzwischenraum *m*
central row of columns *(Konst)* Mittelsäulenreihe *f*
central section *(Konst)* Mittelteil *n*, Bauwerksmittelteil *n*
central span *(Konst)* Mittelfeld *n*
central station *(Verk)* Hauptbahnhof *m*, Zentralbahnhof *m*
central stationary mixer *(BWG)* stationärer Betonmischer *m*
central store *(BM, VR)* Zentrallager *n*
central strip *(Verk)* Mittelstreifen *m (Straße)*
central structure *(Konst)* Mittelbau *m*
central support *(BT, TK)* Mittelstütze *f*
central tube *(BB, BT)* Kernstab *m (Spannbeton)*
central vault *(Konst)* Mittelgewölbe *n*
central water supply *(WVA)* zentrale Wasserversorgung *f*
centralization *(RP)* Zentralisierung *f*; Ballung *f*
centralize *v (Arch, Konst)* ausmitten, mittig anordnen; zentralisieren
centralized building *(Arch)* Zentralbau *m*, zentrale Anlage *f*
centralized construction *(Arch)* Zentralbau *m*
centralized grouping *(Arch, Konst)* zentrale Anordnung *f*
centralized plan *(Arch, Konst)* Zentralgrundriss *m*
centrally heated *(HLK)* zentralbeheizt, zentralgeheizt
centrally loaded *(Stat)* mittig belastet
centrally planned building *(Arch)* Zentralbau *m*
centre *v* 1. *(Te)* zentrieren, ausmitten; zentrieren, zentrierbohren; 2. *(Te)* stanzen *(punzieren)*
centre 1. *(Konst)* Zentrum *n*, Mittelpunkt *m*, Mitte *f*; Kern *m*; 2. *(BT, Te)* Lehrgerüst *n (für Gewölbe- und Bogenbau)*; Leierpunkt *m (Bogen)*; 3. Heim *n* • **in dead centre** genau mittig
centre arch *(Br, Konst)* Hauptbogen *m (einer Brücke)*
centre bay *(Konst)* Mittelfeld *n (z. B. eines Gewölbes)*; Mitteljoch *n*
centre bit *(BWG)* Zentrierbohrer *m*
centre bulb *(BT)* Mittelsteg *m*, Mittelwulst *f (Fugenband)*
centre corridor *(Konst)* Mittelgang *m*
centre-dot and ring punch *(BWG)* Ringkörner *m*
centre flower *(Arch)* Blumenornament *n* in Deckenmitte
centre-hung door *(BT)* mittelhängige Tür *f (nach beiden Seiten öffnend)*
centre-hung sash *(BT)* horizontales Drehkippfenster *n*
centre inlet *(BWG)* mittige Zugabeeinrichtung *f*
centre lane *(Verk)* Mittelspur *f (Straße)*
centre line 1. *(Verm)* Mittellinie *f*, Achse(nlinie) *f*; 2. *(Verk)* Leitlinie *f*
centre-line aligned *(Konst, Verm)* achsenfluchtend
centre line marking *(Verk)* Mittellinienmarkierung *f*
centre line of stairs Ganglinie *f (Treppe)*
centre load *(Stat)* zentral angreifende Last *f*, Einzellast *f* in Feldmitte
centre loading *(Stat)* zentrische [mittige] Belastung *f*
centre nailing Schiefernagelung *f* kurz über der Mittellinie
centre of a crest circle Mittelpunkt *m* der Kronenkurve
centre of a tunnel *(Tun)* Tunnellehrbogen *m*
centre of apex Scheitelmitte *f*
centre of circle Kreismittelpunkt *m*
centre of crown Scheitelmitte *f*
centre of girder Trägermitte *f*
centre of gravity *s.* centre of mass
centre of inflection *(Stat)* Momentennullpunkt *m*
centre of mass *(Stat)* Massenmittelpunkt *m*, Massenschwerpunkt *m*
centre of moment(s) *(Stat)* Momentendrehpunkt *m*, Momentennullpunkt *m*
centre of pressure Drucklinie *f*
centre of rotation Drehpunkt *m*, Drehzentrum *n*
centre of the town Innenstadt *f*, Stadtzentrum *n*
centre of top Scheitelmitte *f*
centre of twist Torsionsmittelpunkt *m*
centre-piece 1. Mittelornament *n (einer Decke)*; 2. Mittelstück *n*
centre pier Mittelpfeiler *m*
centre pivot mittelhängiges Türscharnier *n*
centre-pivoted door mittelhängige Tür *f (nach beiden Seiten öffnend)*
centre plank *(BM, Hb)* Kernbrett *n*
centre punch Anreißkörner *m*, Körner *m*; Kontrollkörner *m (Werkzeug)*
centre purlin Zwischenpfette *f*, Mittelpfette *f*
centre-scaffolding of stones Steinbogengerüst *n*
centre shaft Mittelpfosten *m (einer Drehtür)*
centre spacing Mittenabstand *m*
centre span Mittelträger *m*
centre stringer Mittelträger *m* mittig getragener Stufen *(Treppe)*
centre support Mittelstiel *m (Rahmen)*
centre-to-centre (distance) *(Konst, Verm)* Achsabstand *m*, Systemmaß *n*
centre-to-centre distance of columns *(Arch)* Säulenweite *f (Achsabstand)*
centre-to-centre line Systemlinie *f*
centre vault Mittelgewölbe *n*
centre wall Mittelwand *f*
centre with central hip Lehrgerüst *n* mit mittlerem Abstützpunkt
centred zentriert
centric zentrisch, mittig
centric application of force *(Stat)* zentrischer Kraftangriff *m*
centric load zentrische Belastung *f*
centric transmission of pressure zentrische Druckübertragung *f*
centrifugal zentrifugal
centrifugal cap *(BWG)* Zentrifugenhülse *f*
centrifugal casting *(BB, Te)* Schleudern *n (von Beton)*; Schleuderbetonieren *n*
centrifugal concrete Schleuderbeton *m*
centrifugal fan Schleudergebläse *n*; Kreisellüfter *m*, Zentrifugallüfter *m*
centrifugal force *(Stat, Verk)* Zentrifugalkraft *f*, Fliehkraft *f*
centrifugal interceptor Zentrifugalfang *m*
centrifugal moment *(Stat)* Zentrifugalmoment *n*
centrifugal pump *(BWG, WVA)* Kreiselpumpe *f*, Schleuderpumpe *f*
centrifugal separator Zyklon *m*, Fliehkraftabscheider *m*
centrifugally cast geschleudert; im Schleuderverfahren hergestellt
centrifugally cast concrete Schleuderbeton *m*
centrifugally cast concrete pipe Schleuderbetonrohr *n*
centrifugally casting *(BM, Te)* Schleuderguss *m*
centrifuge extractor Zentrifugen-Extraktionsgerät *n*
centring 1. Zentrierung *f*, Einmitten *n*; 2. Lehrgerüst *n*; Bogenlehre *f*; 3. Bogenrundung *f*
centring drill Zentrierbohrer *m*

centring of arches Bogengerüste *npl*, Rüststange *f* der Bogen
centring of vault Gerüstbogen *m (Schalung)*; Bogenlehre *f*
centrode *(Stat)* Zentrode *f*, Schwerpunktskurve *f*
centroid 1. *(Stat)* Schwerpunkt *m*, Massen(mittel)punkt *m*; Flächenmittelpunkt *m*; 2. *(Verk)* Verkehrsschwerpunkt *m*
centroidal distance Schwerpunktabstand *m*
cephalophorous *(Arch)* Hauptträger *m (griechische Architektur)*
ceramic *(BM)* keramisch; Keramik...
ceramic adhesive *(BM)* metallkeramischer Kleber *m*
ceramic aggregate keramischer Zuschlag(stoff) *m*
ceramic article keramisches Erzeugnis *n*
ceramic bond keramische Bindung *f*
ceramic building material keramischer Baustoff *m*
ceramic building unit keramisches Bauelement *n*, keramisches Montageelement *n*
ceramic ceiling tile Keramikdeckenplatte *f*
ceramic clay keramischer Ton *m*
ceramic coating 1. *(OB)* keramische Schutzschicht *f*, Keramik(schutz)schicht *f*; Emailschicht *f*; 2. *(OB)* Emaillierung *f*; Glasierung *f*
ceramic façade *(Konst, OB)* Keramiksichtfassade *f*
ceramic-faced glass keramisch gefrittetes Glas *n*
ceramic facing Keramikverkleidung *f*
ceramic goods Keramikerzeugnisse *npl*
ceramic material keramischer Werkstoff *m*; keramischer Baustoff *m*
ceramic mosaic Keramikmosaik *n*
ceramic mosaic tile Mosaikfliese *f*, Mosaiksteinchen *n*
ceramic pipe Steinzeugrohr *n*
ceramic tile Keramikfliese *f*; Tonfliese *f*
ceramic veneer Keramiksichtfassade *f*
ceramic wall tile Keramikwandfliese *f*; Keramikwandplatte *f*
ceramics Keramikerzeugnisse *npl*, Keramik *f*
ceresit *(BM)* Ceresit *n*
certificate *(VR)* Gutachten *n*; Abnahmeprotokoll *n*; Zeugnis *n* • **with qualification certificate** bauartgeprüft
certificate for payment *(VR)* bestätigte Bauleistungsabrechnung *f*
certificate of acceptance *(VR)* Bauleistungsabnahmebescheinigung *f*, Abnahmeprotokoll *n*
certificate of approval *(VR)* Zulassungsbescheid *m*
certificate of competence *(VR)* Kompetenzbescheinigung *f*, Zertifikat *n* der Kompetenz
certificate of compliance with the order *(VR)* Werksbescheinigung *f*
certificate of occupancy *(VR)* Gebrauchsabnahmebescheinigung *f*
certificate of qualifications *(VR)* Befähigungsnachweis *m*
certificate of quality *(VR)* Qualitätsnachweis *m*, Gütenachweis *m*
certificated engineer *(VR)* Diplomingenieur *m*
certification *(VR)* Bescheinigung *f*, Zertifikat *n*
certification body *(VR)* Zertifizierungsstelle *f*
certification system *(VR)* Zertifizierungssystem *n*, Verfahren *n* der Konformitätszertifizierung
certified output rating Bruttoleistung *f*
certify *v* bescheinigen, bestätigen, zertifizieren
cessation *(Te, VR)* Beendigung *f*; Stillstand *m (z. B. der Bauarbeiten)*
cession *(VR)* Zession *f*, Abtretung *f*, Übertragung *f (baulicher Rechte und Objekte)*
cesspipe *(San, WVA)* Abflussrohr *n (für Klärgruben)*
cesspit 1. *(WVA)* Senkgrube *f*, Kloake *f*, Abortgrube *f*; 2. *(San)* Regenwassersammelkasten *m (in einer Dachrinnenkonstruktion, von der das Fallrohr abzweigt)*
cesspool Senkgrube *f*, Klärgrube *f*, Absetzgrube *f*, Klärbecken *n*
chad *(BM)* Flusskies *m*; Schotter *m*
chafing corrosion *(OB)* Reibkorrosion *f*
chain *v* 1. anketten, mit Ketten befestigen; 2. *(Verm)* vermessen *(mit Messkette)*
chain 1. Kette *f*; 2. Messkette *f*
chain anchoring Kettenverankerung *f*
chain barrier Kettenabsperrung *f*
chain block *s.* chain hoist
chain bond masonry *(SB)* bewehrungsgebundenes Mauerwerk *n*
chain bridge *(Br)* Kettenbrücke *f*, Hängebrücke *f* mit Ketten
chain conveyor Kettenförderer *m*
chain course *(SB)* geklammerte Steinlage *f*
chain cutter moulding machine *(BWG)* Kettenfräsmaschine *f*
chain dog(s) Ringbolzen *m*
chain door fastener Türkettenfang *m*, Öffnungsbegrenzer *m*
chain fall *s.* chain hoist
chain hoist Ketten(flaschen)zug *m*
chain link fence Metallwebgitterzaun *m*
chain milling machine *(BWG)* Kettenfräsmaschine *f*
chain moulding Kettenornament *n*
chain pipe wrench Kettenrohrzange *f*
chain riveting *(St)* Kettennietung *f*, Parallelnietung *f*
chain saddle *(Br)* Kettenauflager *n (bei Brücken)*
chain saw *(BWG)* Kettensäge *f*
chain scale *(Verm)* Zeichnermaßstab *m*
chain tape Messkette *f*
chain timber Mauerstiel *m*, hölzerner Mauerwerksanker *m*
chain tongs Kettenrohrzange *f*
chain traverse *(Verm)* geknickter Polygonzug *m*, Standlinienzug *m*
chain truck *(Br)* Kettenauflager *n (bei Brücken)*
chaining *(Verm)* Entfernungsmessung *f* mit Kette [Band]
chaining pin *(Verm)* Messnadel *f*, Vermessungsnadel *f*
chainman *(Verm, VR)* Vermessungsgehilfe *m*
chair 1. Bewehrungshalter *m*; 2. Waschbeckenstützrahmen *m*; 3. Sitz *m*
chair for reinforcement Bewehrungshalter *m*
chair lift Sessellift *m*
chair of architecture *(Arch, VR)* Lehrstuhl *m* für Architektur
chair rail Wandstoßleiste *f*, Schutzleiste *f (in Stuhllehnenhöhe)*
chair store Stuhllagerraum *m (Theater, Saal)*
chalcedony *(BM)* Chalzedon *m (fasrige Quarzform)*
chalcography *(Arch)* Kupferstechkunst *f*
chalet 1. Holzhaus *n*, Schweizerhaus *n*; 2. einfaches Häuschen *n*
chalk *v* (ab)kreiden, auskreiden; abfärben *(Kalkanstrich)*
chalk *(BM)* Kreide *f*
chalk containing clay *(BM)* Tonkreide *f*
chalk crack test Kalkmilch(riss)prüfung *f*
chalk drawing *(Arch)* Kreidezeichnung *f*
chalk flint Kieselkreide *f*
chalk line 1. *(Te, Verm)* Kreideschnur *f*, Schlagschnur *f*, Richtschnur *f*; 2. *(Te)* Kreideschnurlinie *f*
chalk line marking *(Te)* Abkreiden *n*, Abschnüren *n*
chalk-proof *s.* chalk-resistant
chalk putty Kalkkitt *m*
chalk resistance *(OB)* Abkreidungsbeständigkeit *f*, Abfärbebeständigkeit *f*, Auskalkbeständigkeit *f*
chalk-resistant *(OB)* abkreidebeständig, abkalkbeständig; abfärbebeständig
chalk stone Kreidegestein *n*
chalked 1. zerbröselt *(glasierte Oberflächen)*; 2. abgekreidet, abgekalkt

chalking Kreiden *n*, Abkreiden *n (von Anstrichen)*; Abkalken *n*; Abpudern *n*
chalking tester Abkreideprüfer *m*, Abfärbeprüfer *m*
chalky 1. kreidig; kreideweiß; 2. kreidehaltig
chalky clay Mergelton *m*
chalky sandstone Kalksandstein *m*
chalky stone Kreidegestein *n*
challenge Herausforderung *f*
chamber 1. Zimmer *n*, Stube *f*, Gemach *n*; 2. Kammer *(z. B. in technischen Öfen)*
chamber door Raumtür *f*
chamber interceptor *(BT, WVA)* Schachtverschluss *m*
chamber lock *(Wsb)* Kammerschleuse *f*
chamber test Feuerausbreittest *m (für Fußböden)*
chamber tomb *(Arch)* Kammergrab *n*
chambered kiln Kammerofen *m*
chamfer *v* 1. abfasen *(meist mit 45°)*; abschrägen, abkanten; 2. *(Hb)* kannelieren, (aus)kehlen
chamfer 1. *(Hb, St, Te)* Fase *f (mit 45°)*; Abfasung *f*, Abschrägung *f*, Schräge *f*, Schmiege *f*; 2. *(Hb)* Auskehlung *f*; Kannelüre *f*
chamfer bit Abfasebohrer *m*
chamfer edge *s.* chamfered edge
chamfer plane *(Hb)* Kantenhobel *m*, Abfasehobel *m*
chamfer shape Abfasungsprofil *n*
chamfer stop Auslaufgestaltung *f* einer Fase
chamfer strip Dreikantleiste *f*
chamfered abgefast *(meist mit 45°)*; abgeschrägt, abgekantet, gebrochen; abgesetzt, verjüngt
chamfered edge abgefaste Kante *f*
chamfered moulding Schmiege *f*, Schräge *f*
chamfering *(Hb, St, Te)* Abfasen *n*, Abschrägen *n*, Abkanten *n (mit 45°)*
chamotte *(BM)* Schamotte *f*
chamotte brick Schamottestein *m*
chamotte concrete Schamottebeton *m*
chamotte facing Schamotteauskleidung *f*, Schamotteverkleidung *f*
chamotte flour Schamottemehl *n*
chamotte lining 1. Schamotteauskleidung *f*, Schamottefutter *n*; 2. Auskleiden *n* mit Schamotte
chamotte mortar Schamottemörtel *m*
chamotte surfacing Schamotteauskleidung *f*, Schamotteverkleidung *f*
chamotte wall tile Schamottewandplatte *f*
champ *(Arch, OB)* Gestaltungsfläche *f (Behauen, Gratieren)*
chance cause zufällige Ursache *f (Statistik)*
chancel *(Arch)* hoher Chor *m (Altarraum)*
chancel aisle *(Arch)* Altarschiff *n*
chancel arch *(Arch)* Triumphbogen *m (in der Basilika)*
chancery *(VR)* Kanzlei *f*
chandelier *(Arch)* mehrarmiger Leuchter *m*, Lüster *m*
change *v* sich verändern, wechseln *(z. B. Farbe)*; sich verwandeln [umwandeln] *(Struktur)*; verändern; umwandeln
change *v* **colour** *(OB)* sich verfärben, die Farbe wechseln
change 1. *(VR)* Änderung *f*; offizielle Änderung *f* der Bauunterlagen; 2. *(BM)* Umwandlung *f (z. B. der Struktur)*; Umsetzung *f (von Baustoffen durch chemische Einflüsse)*
change in colour *(OB)* Farbtonänderung *f*
change in shear force Schubkraftwechsel *m*
change of air *(HLK)* Luftwechsel *m*
change of condition *(BM, Konst)* Zustandsänderung *f*
change of curvature *(Verk, Verm)* Bogenwechsel *m*
change of length Längenänderung *f*
change of levels Höhenwechsel *m*
change of material Materialveränderung *f*
change of ownership *(VR)* Besitzerwechsel *m*
change of signal state *(Verk)* Signalzustandsänderung *f*
change of state Zustandsänderung *f*
change order *(VR)* offizielle Projektänderung *f*, Änderungsmeldung *f (an den Bauauftragnehmer über Bauausführungsänderungen)*
changeable message (sign) *(Verk)* Wechselverkehrszeichen *n*
changeable tendon *(BB, BT)* auswechselbarer Spannstahl *m*
changeover 1. Umrüsten *n (einer Anlage)*; 2. Übergang *m*; 3. *(El)* Umschaltung *f*
changeover point *(HLK, Umw)* Temperaturgleichheit *f* innerhalb und außerhalb eines Gebäudes *(weder Heizung noch Kühlung erforderlich)*
changeover switch *(El, HLK, WVA)* Umschalter *m*
changeover valve Umschaltventil *n*
changes in the law Gesetzesänderungen *fpl*
changes in the work *(VR)* Bauausführungsänderungen *fpl*
changing facility Umkleideeinrichtung *f*
changing load *(Stat)* wechselnde Belastung *f*, Wechsellast *f*
changing room Umkleideraum *m*
channel *v* auskehlen, kannelieren, aussparen; riffeln; nuten; Rinnen bilden
channel 1. *(Hb, Konst, SB)* Vertiefung *f (in Holz oder Mauerwerk)*; Auskehlung *f*, Kannelüre *f*; Kehlrinne *f*; Rille *f*; Säulenrille *f*; 2. *(BM, BT)* U-Profil *n*; U-Stahl *m*; 3. *(WVA)* Kanal *m*, Gerinne *n*; Ablaufrinne *f*; 4. *(Wsb)* Fahrrinne *f*; 5. *(Bod, Wsb)* (natürlicher) Kanal *m*; Flussbett *n*
channel bar *s.* channel iron
channel beam U-Träger *m*
channel black *(BM)* Farbruß *m*
channel block Betonhohlstein *m* mit Bewehrungsaussparung
channel capacity *(San, Wsb, WVA)* Abflusskapazität *f*, Abflussvolumen *n*
channel clip Metallhalteklammer *f* für eingehängte Decken
channel frame shutter door U-Rahmentor *n*
channel glazing auswechselbare Verglasung *f* mit U--Schienen
channel iron U-Eisen *n*, Nuteneisen *n*, U-Stahl *m*
channel kerb *(BT)* Rinnen(bord)stein *m*
channel moulding Kehlung *f*
channel obstruction Kanalverstopfung *f*; Abflussrinnenversatz *m*
channel outlet Kanalauslauf *m*
channel pipe U-förmige Dränleitung *f*
channel profile U-Profil *n*
channel purlin U-Pfette *f*
channel reinforced verstärkt durch U-Profil
channel runner *(BT, TK)* schwerer Querträger *m (in Deckenkonstruktionen)*
channel section U-Profil *n*
channel string U-Profil-Wange *f*
channel system *(Wsb, WVA)* Kanalsystem *n*, Kanalisation *f*
channel tile Rillenstein *m*, Rillenblock *m*
Channel Tunnel *(Arch)* Kanaltunnel *m*
channeling *(AE)* *s.* channelling
channelization *(Verk)* Kanalisierung *f*
channelized intersection [junction] *(Verk)* aufgeweiteter Knotenpunkt *m*
channelled (aus)gekehlt, kanneliert *(z. B. Ornament)*; geriffelt
channelled foil Riffelfolie *f*
channelled plate Riffelblech *n*, geriffeltes Blech *n*
channelled tube gekehltes Rohr *n*
channelling 1. *(Arch)* Kannelierung *f*, Auskehlung *f*; 2. *(Bod)* Kanalbildung *f*
channelling machine *(BWG)* Schrämmaschine *f*
channelure *s.* cannelure
chantlate *(Hb)* Saumlade *f*, Saumlatte *f*; Abtropfleiste *f*

chantry (chapel) *(Arch)* innerkirchliche Kapelle *f (Votivkapelle)*
chap *v* rissig werden, reißen
chapel *(Arch)* Kapelle *f*
chapel arcade *(Arch)* Kapellenarkade *f*
chapel vault *(Arch)* Kapellengewölbe *n*
chapel window Kapellenfenster *n*
chaplet *(Arch)* Kranzornamentierung *f*
chaplethall *(Arch)* Kapitelsaal *m*
chapterhouse *(Arch)* Kapitel(haus) *n*, Stiftshaus *n*, Domkapitel *n*, Ordenshaus *n (spezielle Form des Kapitelsaals englischer Klöster)*
char *v* 1. *(Te)* scharrieren, meißeln *(Stein)*; 2. *(Te)* (ver)kohlen *(Holzkohle)*; ankohlen
char *v* **a pole** *(LB, Te)* einen Pfahl ankohlen
characteristic data *(VR)* Kenndaten *pl*
characteristic diagram *(HLK, Konst, Stat, VR)* Kenndiagramm *n*
characteristic feature Merkmal *n*
characteristic impedance Schallimpedanz *f*, Kennimpedanz *f*
characteristic quality Güteeigenschaft *f*
characteristic value *(HLK, Konst, Stat, VR)* Kennwert *m*
characterize *v* kennzeichnen, charakteristisch sein für
charcoal *(BM, HLK)* Holzkohle *f*
charcoal wood *(BM, HLK)* Meilerholz *n*
charge *v* 1. beladen; beschicken, füllen *(z. B. einen Mischer)*; 2. *(El)* (auf)laden; 3. in Rechnung stellen, Kosten anrechnen
charge *v* **a contractor with the work** *(VR)* einem Baubetrieb die Arbeiten übertragen
charge *v* **with** *(VR)* belasten mit
charge 1. *(BM)* Beschickungsmaterial *n*, Füllgut *n*, Füllung *f (z. B. für einen Mischer)*; 2. *(El)* Ladung *f*; 3. Sprengladung *f*; Schuss *m*; 4. Kosten *pl*, finanzielle Belastung *f*; Gebühr *f*; 5. *s.* charging
charge hand Polier *m*, Meistergehilfe *m*
charge load Charge *f*
charge of explosive Sprengladung *f*
charge scales *(BWG)* Gattierungswaage *f*
chargeable belastbar
charging 1. Beschicken *n*, Füllung *f (z. B. eines Mischers)*; 2. *(El)* Aufladen *n*
charging chute Beschickungsrutsche *f*, Abfallröhre *n*
charging height *(BM)* Schütthöhe *f*
charging hopper Beschickungstrichter *m*, Fülltrichter *m*
charging period Aufladezeit *f*
charging silo for mix Verladesilo *m* für bituminöses Mischgut
charging volume Füllvolumen *n*
charnel house Gebeinhaus *n*, Beinhaus *n*, Knochenhaus *n*
Charpy (impact) test *(BM)* Kerbschlagversuch *m* nach Charpy
chart *v (Verm)* aufzeichnen; kartieren
chart 1. Karte *f*; Plan *m*; Tabelle *f*; 2. Diagramm *n*, grafische Darstellung *f*, Schaubild *n*
chartered civil engineer *(VR)* vom Berufsverband zugelassener Bauingenieur *m*
charterhouse *(Arch)* Kartause *f*, Kartäuserhaus *n*
chase *v* treiben, ziselieren, gestalten *(Metalldekoration an Außenflächen)*
chase *(BT, SB)* Mauerschlitz *m*, Leitungskanal *m (in Wänden, z. B. für Unterputzverlegung)*; Rille *f*, Rinne *f (für Rohrleitungen an und in Wänden)*
chase wedge Bossiereisen *n*
chased work getriebene Arbeit *f*
chassis *(BWG)* Fahrgestell *n*
chastity Schlichtheit *f*
chat *(BM)* Ganggestein *n (als Betonzuschlag für Kältegebiete)*
chat-sawn finish raue Natursteinoberfläche *f* durch Steingattersägen
château 1. Château *n*, französisches Schloss *n*; 2. französischer Landsitz *m*
chattel *(VR)* bewegliches Eigentum *n* [Gut *n*] *(juristisch)*
chatter *v* rattern
chatter mark *(OB)* Schandfleck *m*; Kratzspur *f*
cheapener *(BM, OB)* Farbverlängerer *m*, Farbverdünner *m (mit Additiven)*
check *v* 1. *(Konst, VR)* kontrollieren; (nach)prüfen; nachrechnen; 2. *(Stat)* nachweisen; 3. *(BM)* untersuchen; testen *(z. B. Materialien)*; 4. *(BM, BT, OB)* platzen, reißen *(Holz, Gussteile)*
check *v* **the dimension** nachmessen
check 1. *(Konst, VR)* Kontrolle *f*; Prüfung *f*, Nachprüfen *n*; Überprüfung *f*; 2. *(Stat)* Nachweis *m*; 3. *(VR) (AE)* Rechnung *f (schriftliche Kostenforderung)*; 4. *(BM, BT, OB)* Längsriss *m (z. B. in Holz, Beton)*; *(AE)* Temperaturschwankungsriss *m (beim Holz)*; Haarriss *m (z. B. im Stahl bei schnellem Kühlen)*; 5. *(BT)* Bewegungshemmer *m*, Bewegungsbegrenzer *m*
check action Hemmwirkung *f (Tür)*
check analysis Kontrollanalyse *f (Baustoffe)*
check calculation *(Konst, Stat, VR)* Nachrechnung *f*, Kontrollrechnung *f*, Nachweis *m*
check cracks flache Mörtelrisse *mpl*, flache Betonrisse *mpl (auf der Oberfläche)*; Putzhaarrisse *mpl*
check design Vergleichsentwurf *m*, Vergleichskonstruktion *f*
check fillet Regenwasserleitblech *n*, Regenwasserablenkschiene *f (auf einem Dach)*
check-in area *(Verk)* Abfertigungsraum *m (z. B. auf Flugplätzen)*
check list *(BM, BT, Konst, VR)* Prüfliste *f*, Prüfformular *n*
check lock Zusatzschloss *n*, Kontrollschloss *n (eines großen Hauptschlosses)*
check measurement Kontrollmessung *f*
check nut Kontermutter *f*, Gegenmutter *f*
check of a door Türschließer *m*
check rail 1. *(Verk)* Leitschiene *f*, Zwangsschiene *f*; 2. Fensterschiene *f*
check sample *(BM)* Rückstellprobe *f*
check screw Begrenzungsschraube *f*
check stop Anschlag *m*; Schiebetürraster *m*
check test *(BM, BT)* Kontrollprüfung *f*, Kontrollversuch *m*, Prüfversuch *m*
check throat Wassernasenrinne *f (z. B. eines Fensterbretts)*
check valve *(HLK, San, WVA)* Rückschlagventil *n*, Rückschlagklappe *f*, Einwegventil *n*, Kontrollventil *n*
check version *(Konst)* Vergleichskonstruktion *f*
checked back 1. gefugt; 2. zurücktretend
checker board *(SB)* Schachbrettverband *m*
checker plate *s.* chequered plate
checkered *(AE) s.* chequered
checkered foil *(AE) s.* chequered foil
checkerwork *(AE) s.* chequerwork
checking 1. *(Konst, VR)* Kontrolle *f*; Prüfung *f*; Überwachung *f*; 2. *(Stat)* Nachweis *m*; 3. *(BM, BT, OB)* Rissbildung *f*, Reißen *n (Anstrich)*; 4. *s.* check cracks
checking device Hemmvorrichtung *f*
checking feature Prüfeinrichtung *f*
checking floor hinge Türzapfen *m (mit Mechanismus zur Geschwindigkeitsregelung des Türschließens)*
checking of structural stress *(Stat)* Spannungsnachweis *m*
checkout *(BM)* Kontrolle *f*, Überprüfung *f (von Baustoffen)*
checkroom *(AE)* 1. Garderobe *f (in öffentlichen Gebäuden, im Theater)*; 2. Gepäckaufbewahrung *f*

cheek Seitenfläche *f*, Seitenteil *n*; Wange *f (z. B. einer Gaupe)*
cheek boards Seitenschalung *f*; Betonformseitenteile *npl*
cheek of a groove *(Hb)* Nutwand *f*
cheek of a lucarne Seitenwand *f* eines Dachfensters
cheek sluice *(Wsb)* Schlagtor *n*
cheek stone Bordstein *m*
cheese-head rivet Zylinderkopfniete *f*
cheese-head screw Linsenkopfschraube *f*
cheesy *(OB)* halbtrocken, klebrig *(Farbanstrich)*
chemical chemisch
chemical adhesive chemischer Leim *m*
chemical agent chemischer Wirkstoff *m*
chemical analysis *(BM)* chemische Analyse *f*
chemical attack *(BM, OB, Umw)* chemischer Angriff *m*; Chemikalienangriff *m*
chemical bond 1. chemische Bindung *f*; 2. Kristallhaftverbund *m*
chemical breakdown Zersetzung *f (chemisch)*
chemical change *(BM)* chemische Umsetzung *f*
chemical closet Trockenklosett *n*, chemisches Klosett *n*
chemical constitution chemischer Aufbau *m (Bindemittel)*
chemical construction material Chemiewerkstoff *m*, chemischer Baustoff *m*
chemical dpc *(chemical dampproof course) (DIS)* chemische Feuchtigkeitssperre *f*
chemical durability *(BM, BT, OB, Umw)* chemische Beständigkeit *f*, chemische Widerstandsfähigkeit *f*, Chemikalienbeständigkeit *f*
chemical fastness *s.* chemical durability
chemical flux cutting *(St)* Sauerstoffbrennschneiden *n* mit Flussmittel
chemical grouting chemische Injektion *f*
chemical hardening chemische Härtung *f*
chemical mortar chemischer Mörtel *m*
chemical plant *(BM, Konst, Umw)* Chemiewerk *n*
chemical plaster Edelputz *m*, Patentputz *m*
chemical precipitation *(OB, Umw, WVA)* chemische Ausfällung *f*
chemical preservative for structures and buildings chemischer Bautenschutzstoff *m*, chemisches Bautenschutzmittel *n*
chemical property chemische Eigenschaft *f*
chemical-resistant *(BM, OB)* chemikalienbeständig, chemikalienresistent
chemical soil stabilization *(Erdb)* chemische Bodenverfestigung *f*
chemical staining *(OB, Te)* Beizung *f*
chemical staining of timber chemische Holzbehandlung *f*
chemical structural material Chemiewerkstoff *m*, synthetischer Baustoff *m*, chemisches Baumaterial *n (z. B. Füllschäume, thioplastische Baustoffe)*
chemical surface treatment chemische Oberflächenbehandlung *f*
chemical toilet Trockenklosett *n*
chemical waste *(Te, Umw)* chemische Abfälle *mpl*
chemical weathering chemische Verwitterung *f*, Gesteinszersetzung *f*
chemically acting chemisch wirkend
chemically combined water chemisch gebundenes Wasser *n*
chemically foamed plastic Gasschaum(kunst)stoff *m*
chemistry of cement Zementchemie *f*
cheneau *(AE)* Traufendachrinne *f (meist mit Verzierungen)*
chequered kariert, schachbrettartig
chequered bond Schachbrettverband *m*
chequered foil Riffelfolie *f*
chequered pattern Schachbrettmuster *n*
chequered plate Riffelblech *n*; schachbrettartiges Profilblech *n*
chequerwork 1. *(SB)* Gittermauerwerk *n*; 2. *(Arch)* Würfelfries *m*, Schachbrettfries *m (romanisches Ornament)*; 3. *(OB, SB)* Schachbrettmuster *n*
cherry *s.* cherry wood
cherry picker *(BWG)* freibeweglicher Hubkorb *m*
cherry-red kirschrot
cherry wood Kirschholz *n*
chert Gneiszuschlag(stoff) *m*, Feingranitzuschlag *m (für Sichtbeton)*; Kieselschiefer *m*
chessylite *(BM)* Azurit *m*
chest Truhe *f*
chest-high brusthoch
chest of drawers Kommode *f*
chestnut (wood) Kastanienholz *n*
cheval glass Drehspiegel *m*
chevet *(Arch)* Chorapsis *f*
chevron *(Arch)* Zackenfries *m*, Zickzackornament *n*
chevron slat V-förmiger Gitterschutz *m*
Chicago window Chicago-Fenster *n*
chief arch Hauptbogen *m*
children's bedroom Kinderschlafzimmer *n*
children's home Kinderheim *n*
children's hostel Kinderwohnheim *n*
children's play area Spielfläche *f*
children's playground Kinderspielplatz *m*, Spielplatz *m*
children's pool Kinderbecken *n*, Planschbecken *n*
chill *v* (ab)kühlen; härten *(durch Abschrecken)*; abschrecken; abkühlen, erkalten
chill block *(Arch, Konst)* Kühlhaus *n*
chilled shot-bit *(Bod, BT, Erdb)* Schrotkrone *f (Bohrspitze in der Baugrundbohrtechnik)*
chilling 1. *(BM, Te)* Kühlen *n*; Abschrecken *n*; Härten *n*; 2. *(OB)* Anlaufen *n (Fleckenbildung auf trocknenden Farbanstrichen durch kalten Luftzug)*
chime of bells Glockenspiel *n*
chimes Läutewerk *n*; Glockenspiel *n*
chimney Schornstein *m*, Esse *f*, Schlot *m*, Kamin *m*
chimney anchor Schornsteinanker *m*
chimney apron Schornsteinblech *n*, Schürze *f (am Dachdurchbruch)*
chimney arch Kamingewölbebogen *m*
chimney arrester Schornsteinsiebrost *m*
chimney bar Kamingewölbeeisen *n*
chimney base Schornsteinsockel *m*, Schornsteinfuß *m*
chimney block *(AE)* Radialstein *m*, Schornsteinfertigteil *m*, Schornsteinformstück *n*, Kaminformstein *m*
chimney bond *(SB)* Schornsteinverband *m*
chimney bonnet Schornsteinkappe *f*
chimney breast Kaminvorsprung *m*
chimney brick *(AE)* Radialziegel *m*
chimney brick bond *(SB)* Schornsteinverband *m*
chimney cap Schornsteinkappe *f*, Schornsteinaufsatz *m*; Schornsteinschutzabdeckung *f*
chimney casing Schornsteinmantel *m*
chimney cheeks Kaminöffnungswangen *fpl*
chimney component *(BT)* Schornstein(fertig)element *n*
chimney construction Schornsteinbau *m*
chimney construction scaffold Schornsteingerüst *n (Baugerüst)*
chimney coping Schornsteinkopf *m*
chimney cowl *(BT, San)* Schornsteinhaube *f*, Windhaube *f*
chimney cricket Doppeldach *n* am Schornsteindurchbruch
chimney cross section Schornsteinquerschnitt *m*
chimney damper Schornsteinschieber *m*
chimney design *(Konst)* Schornsteinbemessung *f*
chimney draft *(AE)* *s.* chimney draught

chimney draught Schornsteinzug *m*, Zug *m* [Ziehen *n*] des Schornsteins
chimney duty Schornsteinleistung *f*, Abzugskapazität *f*
chimney effect Schornsteineffekt *m*, Kaminwirkung *f*
chimney fan *(HLK)* Schornsteinventilator *m*
chimney flashing Schornsteineinfassung *f*
chimney flue Schornsteinzug *m*, Rauchgaskanal *m*; Rauchrohr *n*
chimney foundation *(Erdb)* Schornsteingründung *f*
chimney group Schornsteingruppe *f*
chimney head Schornsteinkopf *m*; Schornsteinhaube *f*
chimney hood [jack] Schornsteinhaube *f*, Kaminhaube *f*, Schornsteinaufsatz *m*, Schornsteinkappe *f*; Schornsteinschutzabdeckung *f*
chimney jamb Kaminmauerwerk *n*
chimney junction Schornsteinanschluss *m*
chimney ladder Schornsteinleiter *f*
chimney lining Schornsteinauskleidung *f*
chimney member Schornsteinfertigelement *n*, Kaminformstück *n*
chimney of ore *(Bod)* Erzfall *m*
chimney parget Schornsteininnenputz *m*
chimney piece Kamineinfassung *f*, Kaminvorsprung *m*
chimney pot Schornsteinaufsatzrohr *n*
chimney shaft 1. Schornsteinschaft *m*, Schornsteinsäule *f*; 2. frei stehender Schornstein *m*, Schornsteinschacht *m*
chimney shell Schornsteinmantel *m*
chimney stack *(Konst)* Schornstein *m*, Schlot *m*, Industrieschornstein *m*, Kamin *m*
chimney throat(ing) Schornsteinhals *m*, Kaminhals *m*
chimney top Schornsteinhaube *f*
chimney tray Schornsteineinfassung *f*
chimney umbrella Schornstein(regen)kragen *m*
chimney unit Schornsteinelement *n*, Kaminstein *m*
chimney wall Schornsteinwange *f*
chimney weathering Kehlrinne *f*
chimney wing anlaufender Flügel *m* des Kaminmauerwerks
chimney with bevelled jambs englischer Kamin *m*
chimney with rectangular jambs französischer Kamin *m*
china clay *(BM)* Kaolin *m(n)*, Porzellanerde *f*
china painting *(Arch)* Porzellanmalerei *f*
china (sanitary) ware *(BT, San)* Sanitärporzellan *n*, Sanitärkeramik *f*
China wood oil *(BM)* Tungöl *n*, Chinesisches Holzöl *n*
Chinese architecture *(Arch)* chinesische Architektur *f*, chinesische Baukunst *f*
Chinese blue *(BM)* Chinesischblau *n*, Eisenblau *n*
Chinese lacquer *(BM)* Chinalack *m*
Chinese white *(BM)* Chinesischweiß *n*, Zinkweiß *n (Zinkoxid)*
Chinese wood oil *s.* China wood oil
chink *v* 1. *(OB)* (auf)reißen; sich spalten; 2. *(BT, OB)* Ritzen verschmieren [zuschmieren]; ausfüllen, zustopfen *(einen Riss)*; 3. *(Erdb)* verfüllen
chink Spalt *m*, Riss *m (z. B. im Mauerwerk)*; Ritze *f (z. B. in der Wand)*
chinking 1. *(BM, OB)* Rissfüllstoff *m*; 2. *(Erdb)* Verfüllmaterial *n*
chinky rissig
chinoiserie Chinoiserie *f (chinesische Architekturelemente in Europa im 18. Jh.)*
chip *v* 1. meißeln; behauen; abstoßen *(z. B. alte Anstriche)*; ausbrechen; abplatzen, abblättern *(z. B. Emaillack, Farben)*; 2. abgraten, putzen
chip *v* **off** 1. abstemmen, behauen; abschlagen, abhauen; 2. abbröckeln; abblättern
chip Span *m (Metall, Holz)*; Holzschnitzel *n*, Hackspan *m*; Splitter *m*; zurechtgehauenes Marmorstück *n (für bestimmte Verwendungszwecke)*; Splittkorn *n*; kleines Bruchstück *n*
chip axe Breitbeil *n*, Zuhauaxt *f*
chip carving Holzornamentschnitzerei *f*
chip concrete Splittbeton *m*
chip cracks *(OB)* Putzrisse *mpl (tief, durchgehend)*
chip spreader Splittstreuer *m*
chip surfacing *(BB, Te, Verk)* Splittabstreuung *f*, Besplittung *f*
chipboard *(BT, Hb)* Span(holz)platte *f*, Pressspanplatte *f*, Tischlerplatte *f*
chipper Meißelhammer *m*
chipping 1. Bemeißeln *n (von Betonoberflächen)*; 2. Abplatzen *n*, Abspringen *n*; Absplittern *n*; 3. Splitt *m*
chipping aggregate Splittzuschlagstoff *m*
chipping chisel Flachmeißel *m*
chipping compound splittversetzte Dachklebemasse *f*
chipping concrete *(BB, BM)* Splittbeton *m*
chipping for roughening treatment Aufrausplitt *m*
chipping machine Splittstreuer *m*
chipping precoated with bitumen Bitumensplitt *m*, vorbituminierter Splitt *m*
chipping size Splittkorngröße *f*
chipping surfacing *(BB, Te, Verk)* Splittabstreuung *f*, Besplittung *f*
chippings 1. Splitt *m*, Bruchsteinsplitt *m*; Feinsplitt *m*; 2. Späne *mpl (von Holz)*; Hackschnitzel *npl*
chippings framework *(BM)* Splittgerüst *n*
chippings skeleton structure Splittgerüst *n*
chisel *v* meißeln; stemmen; scharrieren
chisel *v* **off** abmeißeln; abstemmen, behauen; abschalen
chisel *v* **out** ausstemmen
chisel 1. Meißel *m*, Stemmeisen *n*; 2. *(Hb)* Beitel *m*
chisel bar Stemmeisen *n*
chisel bit Flachmeißel *m*
chisel breaker Felsbrecheisen *n*
chisel jumper Meißelbohrer *m*
chiselling Meißelbohrung *f*
chiselly grobkörnig; kiesig; steinig
chloride *(BM, WVA)* Chlorid *n*
chlorinate *v (Te, WVA)* chlorieren, chloren
chlorinated lime *(BM, Umw, WVA)* Chlorkalk *m*
chlorinated rubber Chlorkautschuk *m*
chlorinated rubber coat Chlorkautschukanstrich *m*
chlorinated rubber coating 1. *(OB)* Chlorkautschukanstrichstoff *m*; 2. *s.* chlorinated rubber coat
chlorinated rubber paint Chlorkautschukfarbe *f*
chlorination *(Te, WVA)* Chlorierung *f*, Chlorung *f*
chlorine Chlor *n*
chlorine recorder *(Umw, WVA)* Chlorschreiber *m*
chlorite Chlorit *n*
chlorite schist *(BM)* Chloritschiefer *m*
chlorite slate *(Bod, Erdb)* chloritischer Tonschiefer *m*
chloritic mineral chloritisches Tonmineral *n*
chock *v* verkeilen; auf Holzkeile aufsetzen; verspreizen
chock 1. Keil *m*; Hemmkeil *m*, Sicherungsklotz *m*; 2. Füllstoff *m (Steine)*; 3. Holzbergepfeiler *m*, Holzkasten *m (Innenausbau)*
chocking piece Aufschiebling *m*
choice of mixture Gemischwahl *f*, Wahl *f* des Mischungsverhältnisses
choice of site *(RP, VR)* Baustellenwahl *f*
choir *(Arch)* Chor *m*, Chorraum *m (einer Kirche)*
choir aisle *(Arch)* Chorseitenschiff *n*
choir bay *(Arch)* Chorfeld *n*
choir chapel *(Arch)* Apsidialkapelle *f*, Chorkapelle *f*
choir gallery *s.* choir loft
choir jube *(BT)* Chorgitter *n*

choir loft *(Arch, Konst)* Chorempore *f*, Empore *f*, Chorgalerie *f*
choir screen Chorschranken *fpl*
choir stall Chorstuhl *m*
choir stalls Chorgestühl *n*
choir termination Chorgewölbe *n*
choir tower Chorturm *m*
choke *v* 1. verstopfen; sich verstopfen *(z. B. Rohre)*; 2. (fest)klemmen; hemmen *(anhalten)*; 3. auszwicken *(Hohlräume in Natursteinmauerwerk ausfüllen)*
choke stone Füllsplitt *m (Packlage)*
choked pipe verstopftes Rohr *n*
choking *(San, WVA)* Verstopfung *f*; Selbstdichtung *f*
chop *v* Holz spalten; zerkleinern, zerhacken; schnitzeln
chop hammer Stielhammer *m*
chopped strand mat Glasfaservlies *n*, Glasseidenmatte *f (Dämmmaterial)*
chord 1. Gurt *m (z. B. eines Fachwerkträgers)*; Flansch *m (Tragwerk)*; 2. Spannstange *f*, Zugstange *f*; 3. Sehne *f (Kreissehne)* • **with parallel chords** *(BT)* parallelgurtig
chord member *(Konst, TK)* Gurtstab *m*
chord plate *(Konst, St, TK)* Gurtplatte *f (für Stahlkonstruktionen)*
chord width Flanschbreite *f*, Gurtbreite *f*
choro (alto) *(Arch)* Hochchor *m*
choultry 1. große Dorfhalle *f (in Indien)*; 2. Landgaststätte *f* mit großem Innenhof *(subtropische Länder)*
Christian basilica Basilikakirche *f*
Christian church architecture christliche Kirchenarchitektur *f*, christliche Kirchenbaukunst *f*
chromate *v* chromatieren
chromate Chromat *n*
chromaticity Farbart *f (von Licht)*; Farbqualität *f*, Farbreinheit *f*
chrome *v* verchromen
chrome Chrom *n*
chrome brick Chromitstein *m*, Chromerzstein *m*
chrome coat Chromüberzug *m*
chrome coating *(OB, Te)* Chrombeschichten *n*
chrome finish Chromüberzug *m*
chrome green *(BM, OB)* Chromgrün *n*
chrome magnesite Chrommagnesit *n*
chrome mortar Chrommörtel *m*
chrome ore *(BM)* Chromeisenstein *m*
chrome pigment Chrompigment *n*
chrome-plated verchromt
chrome plating Chrombeschichten *n*
chrome red Chromrot *n*
chrome steel *(BM)* Chromstahl *m*
chrome yellow *(BM, OB)* Chromgelb *n*, Leipziger Gelb *n*
chromium *s.* chrome
chromium-nickel steel Chrom-Nickel-Stahl *m*
chromium plating 1. (galvanische) Verchromung *f*, Verchromen *n*; 2. Chrom(schutz)schicht *f*
chromium steel Chromstahl *m*
chromize *v* inchromieren, diffusionsverchromen *(Metalloberfläche)*
chronic effect chronische Wirkung *f*
chrysotile *(BM) (Asbest)* Chrysotil *m*, Weißasbest *m*
chuff brick Ausschussziegel *m*, Weichziegelstein *m*
chunk sampling *s.* random sampling
church Kirche *f*
church aisle *(Arch)* Kirchenseitenschiff *n*
church architecture Kirchenarchitektur *f*
church building Kirchenbau *m*
church façade Kirchenfassade *f*
church fittings Kircheneinbauten *mpl*
church form Kirchenform *f*
church fresco Kirchenfreske *f*
church house Gemeindehaus *n*, Sozialhaus *n*
church monument Kirchendenkmal *n*, Kirchenmonument *n*
church nave Hauptschiff *n*
church steeple Kirchturmspitze *f*
church tower Kirchturm *m*
church window Kirchenfenster *n*
church with central space sakraler Zentralbau *m*, Zentralkirche *f*
churchyard Kirchhof *m*
churn (drill) *(Bod, Erdb)* Erdbohrer *m*
churn drilling Stoßbohren *n*
Churrigueresque architecture *(Arch)* Churriguerastil *m*, Churriguerismus *m*, spanischer Barockstil *m*
chute *v* 1. rutschfördern, über eine Schurre fördern; 2. rutschen, schurren
chute 1. Rutsche *f*, Schurre *f*, Rinne *f*, Gleitbahn *f*; Abwurfschacht *m (z. B. eines Silos)*; 2. *(Wsb)* Sturzrinne *f*, Schussrinne *f*
chute slope Sturzgefälle *n*
chuted concrete Gussbeton *m*, Flüssigbeton *m*, gießfähiger Beton *m*
chuter Gleitrinne *f*
chymol *s.* gemel
CIB *s.* International Council for Building Research, Studies and Documentation
ciborium *(Arch)* Ciborium *n*, Altarbaldachin *m*, Tabernakel *n(m) (frei stehend, getragen von 4 Säulen)*
cilery Kapitellornament *n*
cill *s.* sill
cillery *s.* cilery
cima Rinnleiste *f*
cimbia *(Arch)* Säulenschaftband *n*
cimeliarch *(Arch)* sakrale Schatzkammer *f*; Zeremoniengutlager *n*
cincfoil *(Arch)* Fünfblatt *n*
cincture *(Arch)* Säulenzierband *n*, Säulenziergesims *n*
cinder *(BM)* Schlacke *f*; *(AE)* Hochofenschlacke *f*
cinder aggregate Schlackenzuschlag(stoff) *m*
cinder block Schlackenbetonstein *m*
cinder chippings Schlackensplitt *m*
cinder concrete Schlackenbeton *m*, Leichtbeton *m*
cinder fibre Schlackenfaser *f*
cinder path *(Konst)* Aschenbahn *f (Sportanlagenbefestigung)*
cinder paving sett *s.* cinder sett
cinder pit *(HLK)* Ascheraum *m*, Ascheloch *n*
cinder sand *(BM)* Hüttensand *m*; *(AE)* Hochofenschlackensand *m*
cinder sett Schlackenpflasterstein *m*
cinder tile Schlackenstein *m*
cinders *(BM, Umw)* Asche *f*; Vulkanasche *f*
cinema Kino *n*, Lichtspieltheater *n*
cinema auditorium Lichtspielsaal *m*
cinema building Kinogebäude *n*
cinema equipment Kinoausstattung *f*
cinnabar Zinnober *m (Farbe)*
Cinquecento architecture *(Arch)* Renaissancearchitektur *f* des 16. Jahrhunderts *(in Italien)*
cinquefoil fünfblättrig, fünfblattförmig
cinquefoil *(Arch)* Fünfblatt(muster) *n (gotisches Maßwerk)*
cinquefoil arch Spitzpunktbogen *m (fünfsegmentig, gotisches Maßwerk)*
cipher *v* 1. verschlüsseln, chiffrieren; 2. *s.* calculate
cipher lock Drucktastenschloss *n*
cippus *(Arch)* Marksteinsäule *f (im antiken Rom)*
circle 1. Kreis *m*; Ring *m*; Kreisfläche *f*; 2. Rang *m*, Balkon *m (Theater)*
circle end halbkreisförmige Auftrittsstufe *f*

circle of hues *(Arch)* Farbkreis *m*, Farbtonkreis *m*
circle of sliding *(Bod, Erdb)* Bruchkreis *m*, Scherkreis *m*
circle of wall plates *(SB)* Mauerlattenkranz *m*
circle-on-circle face *s.* circular-circular (sunk) face
circline *(El)* kreisförmige Leuchtstofflampe *f*
circuit 1. *(El)* Stromkreis *m*; 2. *(HLK, WVA)* Ringleitung *f*; 3. geschlossener Linienzug *m (Mathematik)*
circuit arrangement *(El, HLK)* Schaltung *f*
circuit breaker *(El)* Schalter *m*, Ausschalter *m*, Lastschalter *m*, Strom(kreis)unterbrecher *m*; Leistungsschalter *m*
circuit diagram *(El)* Schaltplan *m*, Schaltbild *n*
circuit layout *(El)* Schaltplan *m*; Schaltkreisanordnung *f*
circuit tester *(El)* Leitungsprüfer *m*
circuit vent *(HLK, San)* Zirkulationsleitung *f*
circuitry Schaltungsanordnung *f*
circular 1. (kreis)rund, kreisförmig; Kreis...; Rund...; 2. umlaufend, zirkulierend
circular abacus *(Arch)* Rundabakus *m*, Rundkapitellplatte *f*
circular arc *(Konst, San)* Kreisbogen *m (Geometrie)*
circular arc method *(Bod)* Grundbruchuntersuchung *f*
circular arch Kreisbogengewölbe *n*, Ringbogen *m*
circular arch girder Kreisbogenträger *m*
circular barrel vault Tonnengewölbe *n*
circular base-line *(Arch)* Fußkreis *m*
circular beam Ringträger *m*
circular blank *(HLK, San, WVA)* Ronde *f (Dichtungsdruckscheibe)*
circular box beam kreisförmiger Kastenbalken *m*
circular building *(Arch)* Rundbau *m*, Rundgebäude *n*
circular capital *(Arch)* Rundkapitell *n*
circular chapel *(Arch)* Rundkapelle *f*
circular chimney Rundschornstein *m*
circular-circular (sunk) face *(Arch, OB)* konkav-sphärisch gearbeitete Sichtfläche *f*
circular column Rundsäule *f*
circular corridor Rundgang *m*
circular cross section Kreisquerschnitt *m*, kreisförmiger Querschnitt *m*, Rundquerschnitt *m*
circular curve Kreiskurve *f*, Kreislinie *f*
circular cutting and waste *(BM, BT)* Verschnittmaterialmenge *f (Rundformenbau)*
circular dome *(Arch)* Kreiskuppel *f*
circular domical vault *(Arch)* Kreuzkappengewölbe *n*
circular face of wall *(SB)* konvex geformtes Mauerwerk *n*
circular flowerbed *(Arch)* Rondell *n*, Rundell *n*
circular folded plate roof Rundfaltdach *n*, Kreisfalt(werk)dach *n*
circular foundation Kreisgründung *f*, Ringgründung *f*
circular function *(Stat)* trigonometrische Funktion *f*
circular gallery *(Arch, Tun, Verk)* Kreisstollen *m*
circular girder Ringträger *m*
circular ground plan kreisförmiger Grundriss *m*
circular head Bogensturz *m*
circular house Rundhaus *n*
circular kiln *(BM)* Ringofen *m*
circular line Kreislinie *f*
circular linear load *(Stat)* Kreislinienlast *f*
circular load Kreislast *f*
circular main Ringleitung *f (Rohrleitung)*
circular manhole Rundschacht *m*
circular manway Rundschacht *m*
circular measure Bogenmaß *n*
circular pier kreisrunder Pfeiler *m*
circular plan runder Grundriss *m*
circular-plan building Rundbau *m*
circular plate runde Platte *f*; Rundblech *n*; Kreisscheibe *f*
circular profile Rundprofil *n*
circular railway Ringbahn *f*
circular raised table *(Arch)* Rundabakus *m*
circular ramp Schraubenrampe *f*, Spiralrampe *f*, Wendelrampe *f*
circular ring-shaped plate Kreisringplatte *f*
circular roof Runddach *n*, Kreisdach *n*
circular saw *(BWG)* Kreissäge *f*
circular section Kreisquerschnitt *m*
circular section of stanchion *(TK)* ringförmiger Stützenquerschnitt *m*
circular shaft Rundschaft *m*
circular-shaped sign *(Verk)* kreisförmiges Verkehrszeichen *n*
circular shed Rundhalle *f (Industriehalle)*; Kreisschuppen *m*
circular shell *(Konst)* Kreisschale *f*, Rundschale *f*
circular silo Rundsilo *n*
circular slate roof Halbrundschieferdach *n*
circular spike 1. *(Hb, SB)* Krallenringdübel *m*; 2. *(Hb)* Rundholzmetallverbindung *f (mit Metallspitzen)*
circular spirit level *(Verm)* Dosenlibelle *f*
circular stair 1. gewendelte Stufe *f*, Wendeltreppenstufe *f*; 2. *s.* circular stairs
circular stairs Wendeltreppe *f* mit offener Spindel, geschwungene Treppe *f*, Rundtreppe *f*
circular sunk face of wall konkav geformtes Mauerwerk *n*
circular test track *(BM, Verk)* Rundlaufteststreifen *m (Fahrbahnbelagsversuchsanlage, Verkehrs- und Fußbodenflächenprüfung)*
circular tower Rundturm *m*
circular tunnel vault *(Arch)* ringförmiges Tonnengewölbe *n*
circular vault *(Arch)* Tonnengewölbe *n*, Fassgewölbe *n*
circular vestibule Drehtürgehäuse *n (Windfang)*
circular window Rundfenster *n*
circulate *v (HLK, WVA)* zirkulieren, kreisen; umlaufen; umlaufen lassen, umwälzen
circulating equipment *(HLK, WVA)* Umlaufanlage *f*, Umwälzanlage *f*
circulating fan *(HLK)* Umwälzlüfter *m*
circulating heating system *(HLK)* Umwälzheizungsanlage *f*
circulating pipe *(HLK)* Zirkulationsrohr *n*
circulating pump *(BWG, HLK, WVA)* Umlaufpumpe *f*, Umwälzpumpe *f*
circulating tank *(HLK, WVA)* Umlaufbehälter *m*, Umwälzbehälter *m*
circulating water pump *(HLK, WVA)* Wasserumwälzpumpe *f*
circulating water system *(HLK)* Kühlwassersystem *n*
circulation 1. *(HLK, San)* Zirkulation *f*, Umlauf *m*, Umwälzung *f*; Kreislauf *m (Gas, Wasser)*; 2. *(Konst)* Verkehrsablaufschema *n (im Gebäude)*
circulation area *(Konst)* Verkehrsfläche *f (in einem Gebäude)*
circulation boiler *(HLK)* Umlaufkessel *m*
circulation channel *(HLK, WVA)* Umströmkanal *m*
circulation heating *(HLK)* Umlaufheizung *f*, Umwälzheizung *f*
circulation line *(HLK, WVA)* Umwälzleitung *f*, Zirkulationsleitung *f*
circulation loss *(HLK)* Umwälzverlust *m*
circulation tank *(HLK, WVA)* Umlaufbehälter *m*, Umwälzbehälter *m*
circumference *(Stat)* Umfangslinie *f*, Kreisumfang *m*, Umfang *m*, Umkreis *m*
circumferential force *(Stat)* Umfangskraft *f*
circumferential prestressing Ringvorspannung *f (Spannbeton)*
circumferential stress *(BB, Stat)* Ringspannung *f (Spannbeton)*
circumscribing *(Konst)* Umrisszeichnen *n*

C

circumvallate *v (Arch, Konst, Te)* umwallen, durch einen Wall schützen
circumvallation *(Arch)* Umwallung *f (Befestigung)*
circus 1. *(Arch, Verk)* runder Platz *m (mit Straßenkreuzungen)*; 2. Arena *f*
cissing 1. *(OB)* Riss- und Blasenbildung *f (z. B. in Farbanstrichen)*; 2. *(OB)* Holzoberflächenstrukturierung *f (durch Schwammanfeuchtung)*
Cistercian architecture *(Arch)* Zisterzienserarchitektur *f*
cistern 1. *(WVA)* Zisterne *f*, Wasserspeicher *m*, Flüssigkeitsbehälter *m*; 2. *(San)* Wassertank *m (für WC)*; Tank *m*; Spülkasten *m*, Wasserkasten *m*; 3. *(San, WVA) (AE)* (unterirdischer) Regenwasserspeicher *m*
cistern clinker *(BM)* Hartbrandklinker *m*
cistern float *(BT, San)* Spülkastenschwimmer *m*
cistern head *(BT, San)* Regenrinnenkasten *m*, Rinnenkessel *m*
cistvaen *(Arch)* Kistvaen *n (keltische Steinflachkammer)*
citadel *(Arch)* Zitadelle *f*, Festung *f*
citizen's hall *(Arch, RP)* Bürgerhaus *n*
city 1. *(Arch, RP)* Großstadt *f*, Stadt *f*; Stadtkreis *m*; 2. *(Arch, RP)* Innenstadt *f*; Stadtkern *m*; Altstadt *f*
city area *(Arch, RP)* Innenstadt *f*; Geschäftsviertel *n*
city block *(AE) (Arch, RP)* Stadtviertel *n*
city borough *(RP)* Stadtkreis *m*
city centre *(Arch, RP)* Stadtzentrum *n*, Stadtkern *m*
city district *(RP, VR)* Stadtbezirk *m (Verwaltungseinheit)*
city garbage *(AE) (Umw)* Stadtmüll *m*
city hall *(AE) (Arch)* Rathaus *n*
city motorway *(Verk)* Stadtautobahn *f*
city plan *(Verm)* maßstabgerechter Stadtplan *m*
city planning *(RP)* Städteplanung *f*, Städtebau *m*
city railroad *(AE) (Verk)* Stadtbahn *f*
city traffic *(Verk)* Stadtverkehr *m*
city water *(WVA)* Leitungswasser *n*
cityscape *(Arch)* Stadtbild *n*, Stadtlandschaft *f*
civic architecture *(Arch)* Profanarchitektur *f*, Profanbaukunst *f*, weltliche Architektur und Baukunst *f*
civic auditorium *(Arch)* Festhalle *f*
civic axis *(RP)* Stadtachse *f*
civic centre *(RP, VR)* Verwaltungszentrum *n (einer Stadt)*; Zentrum *n* kommunaler Einrichtungen; Gemeinschaftszentrum *n*
civic design *(Arch)* Stadtbaukunst *f*, Stadtbauplanung *f*
civic structure *(Arch)* Profangebäude *n*, Profanbauwerk *n*
civic survey map *(Verm)* Katasterkarte *f*
civil and traffic engineering *(Arch, Konst, VR)* Ingenieurtief- und Verkehrsbau *m*
civil architecture Architektur *f*, Baukunst *f*
civil defence *(VR)* Zivilschutz *m*, Bevölkerungsschutz *m*
civil defence construction *(Konst)* Luftschutzbau *m*, Schutzbau *m*, baulicher Luftschutz *m*
civil defence shelter *(Konst, VR)* Zivilschutzraum *m*
civil defence structures for radiation protection *(Konst, Umw, VR)* Strahlungsschutzbauten *mpl*
civil engineer *(Arch, VR)* Bauingenieur *m* für Hoch- und Tiefbau, Tiefbauingenieur *m*
civil engineering 1. *(Arch, VR)* Bauingenieurwesen *n*, Bauwesen *n*; Ingenieurbau *m*; Bautechnik *f*; 2. *(Arch)* Tiefbau *m*
civil engineering contracting firm *(VR)* Tiefbauunternehmen *n*
civil engineering contractor(s) *(VR)* Tiefbauunternehmen *n*
civil engineering materials *(BM)* Ingenieurbaustoffe *mpl*
civil engineering structure Ingenieurbauwerk *n*
clack valve *(BWG, BT, WVA)* Klappenventil *n*, Zungenventil *n (z. B. bei Pumpen)*
clad *v (OB, Te)* verkleiden, umhüllen, ummanteln; plattieren, mit einer Metallschicht überziehen
clad 1. umhüllt; plattiert; 2. verschalt
clad alloy *(BM)* plattierte Legierung *f*
clad material *(BM)* plattierter Werkstoff *m*, Verbundwerkstoff *m*
cladded 1. *(DIS, Hb, OB, Te)* verschalt; 2. *(OB)* plattiert
cladded plate *(BM)* plattiertes Blech *n*
cladded strip *(BM)* plattiertes Band *n*
cladding 1. *(DIS, OB, Te)* Verkleiden *n*; Plattieren *n*; 2. *(DIS, OB)* Verkleidung *f*; Gebäudeverkleidung *f*; Plattierüberzug *m*; Verschalung *f*
cladding element [panel] 1. *(BT, DIS, OB)* Verkleidungstafel *f*, Außenwandtafel *f*, Verblendplatte *f*; 2. *s.* slab
cladding slab *(BT, TK)* Verkleidungsplatte *f (tragend, versteifend)*; Versteifungstafel *f*
cladding wall *(Konst)* Verkleidungsmauer *f*
clagging *(Konst, OB)* Anhaften *n*
claim *v (VR)* Anspruch erheben
claim *v* **back** *(VR)* zurückfordern
claim *(VR)* Anspruch *m*
claim for compensation *(VR)* Schadenersatzanspruch *m*
claim for damages *(VR)* Schadensersatzforderung *f*
claim of ownership *(VR)* Besitzanspruch *m*
claim under guarantee *(VR)* Garantieanspruch *m*; Gewährleistungsanspruch *m*
clamp *v* 1. *(Te)* festklemmen, anklemmen, befestigen; sperren, arretieren; verriegeln; 2. *(Te)* einspannen *(Werkzeuge in Spannfutter)*
clamp 1. *(Hb, St, Te)* Klemmvorrichtung *f*, Klemme *f*; Bauklammer *f*, Klammer *f*, Halteklammer *f*, Halter *m*; Schelle *f*; 2. *(Hb)* Schraubzwinge *f*, Zwinge *f*; 3. *(BM)* Feld(brenn)ofen *m (Ziegelherstellung)*; 4. *(BT)* Bandstahlanker *m (für Zargen)*
clamp brick *(BM)* feldofengebrannter Ziegel *m*; formgebrannter Ziegel *m*
clamp iron *(BT)* Bauklammer *f*, Bankeisen *n*, Schlauder *f*
clamp joint *(Konst)* Klammerverbindung *f*
clamp kiln *(BM, Te)* Feldziegelofen *m*
clamp-on vibrator *(BWG)* Schalungsrüttler *m*
clamp terminal *(BT)* Anschlussklemme *f*
clamping 1. *(Te)* Festklemmen *n*; Verriegelung *f*; 2. *(BT, Konst)* Verankerung *f*; Einspannen *n*
clamping batten *(BT, Konst, TK)* Rahmenschenkel *m*
clamping bolt *(BT)* Klemmbolzen *m*
clamping collar *(BT)* Klemmring *m*
clamping iron *(BT, Te)* Bauklammer *f*
clamping plate *(BT, Hb)* Klemmplatte *f*, Klammerplatte *f*, Verbindungsblech *n (zur Verstärkung von Holzbalkenverbindungen)*
clamping ring *(BT, Hb, St)* Klemmring *m*
clamping screw *(BT)* Klemmschraube *f*
clamping time *(Hb)* Einspannzeit *f (bei Leimverbindungen)*
clamping with boards *(BB, Hb)* Holzverschalung *f*, Schalung *f* aus Holzbrettern
clamshell (bucket) *(BWG)* Greifer *m*, Greiferkorb *m*, Zweischalengreifer *m*
clamshell bucket grab *(BWG)* Zweischalengreifbagger *m*
clamshell grab *s.* clamshell (bucket)
clap sill *(Wsb)* Schleusenschwelle *f*, Schleusendrempel *m*, Drempel *m*
clapboard *(AE)* 1. *(BT, Hb)* Stülp(ver)schalbrett *n*; 2. *(BM, BT)* Schindel *f*
clapboard gage *(AE) (BWG)* Schindelverlegelehre *f (für Wandverkleidung)*
clapboard house *(AE) (Arch)* Fachwerkhaus *n* mit Stülpschalbrettverkleidung
clapper valve *(BT, HLK, WVA)* Klappventil *n*
clare-obscure *(El)* Helldunkel *n*, Hellschatten *m*

clarification *(Konst, OB, VR)* Klarstellung *f*, Reinigung *f*
clarification basin *(Umw, WVA)* Klärbecken *n*
clarification drawing *(Konst)* Ergänzungs- und Berichtigungszeichnung *f*
clarification of sewage *(Umw, WVA)* Abwasserklärung *f*
clarification plant *(Umw, WVA)* Kläranlage *f*, Abwasserreinigungsanlage *f*
clarification tank *(San, Umw, WVA)* Klärbehälter *m*, Klärbecken *n*
clarified water *(WVA)* Klärwasser *n*, geklärtes Wasser *n*
clarify *v (Umw, WVA)* reinigen, läutern; abschlämmen; klären *(Abwässer)*
clarifying basin *(Umw, Wsb, WVA)* Klärbecken *n*, Absetzbecken *n*
clarifying tank *(San, WVA)* Klärbehälter *m*
clarity *(DIS, El)* Klangreinheit *f*
Clarke beam *(AE) (BT, TK)* Schichtenbalken *m*, Scheibenbalken *m*
clasp *v (Te)* zuhaken, einhaken *(mit einer Klammer)*; klammern
clasp Haken *m*; Klammer *f*
clasp nut *(BT, EB)* Schlossmutter *f*
class 1. *(BM, BT, VR)* Klasse *f*, Sorte *f*; 2. *(BM, VR)* Güteklasse *f (z. B. eines Baustoffs)*; Feuerschutzklassifikation *f (von Klasse A bis F)*
class limit *(BM, BT)* Klassengrenze *f*
class midpoint *(BM, BT)* Klassenmitte *f*
class of fit *(BT, VR)* Passungsgüte *f*
class of girder *(BT, TK)* Trägergruppe *f*
class of hardness *(BM, BT)* Härteklasse *f*
class of mortar *(BM)* Mörtelklasse *f*, Mörtelgruppe *f*, Mörtelart *f*
class width *(BM)* Klassenbreite *f*
classic 1. *(Arch)* klassisch, klassizistisch; 2. *(Arch, Konst)* herkömmlich, traditionell, typisch; 3. *(BM)* klassisch; einklassifiziert
classic construction method *(Arch, Konst)* herkömmliche Bauweise *f*
classic restraint *(Arch)* klassizistische Strenge *f*
Classic Revival *(Arch)* Klassizismus *m* (der Goethezeit) *(als Wiederholung der römischen und griechischen Baukunst; 1770-1830)*
classic severity *s.* classicistic severity
classical *(Arch)* klassisch
classical architecture *(Arch)* klassische Architektur *f*, klassischer Baustil *m*
classical building *(Arch)* klassisches Gebäude *n*
classical construction method *(Arch, Konst, Te)* herkömmliche Bauweise *f*
classical form *(Arch, Konst)* klassische Form *f*
classical order *(Arch)* klassische Säulen(an)ordnung *f*
classical purity *(Arch)* klassische Klarheit *f*
classical structure *(Arch)* klassisches Bauwerk *n*
classical theory of architecture *(Arch)* klassische Bauorientierung *f* [Baugesinnung *f*]
classically symmetrical *(Arch, Konst)* klassizistisch-symmetrisch
classicism *(Arch)* Klassizismus *m*, klassizistischer Baustil *m*
classicistic severity *(Arch)* klassizistische Strenge *f*
classicistically symmetrical *(Arch, Konst)* klassizistisch-symmetrisch
classicizing *(Arch)* klassizistisch
classification 1. *(BM, BT)* Klassifizierung *f*, Einteilung *f*; 2. *(BM, BT, VR)* Klassierung *f*, Sortierung *f*, Einstufung *f*; Sichten *n*
classification of bricks *(BM)* Ziegeleinteilung *f*
classification property Klassifizierungseigenschaft *f*
classified road network [system] *(RP, VR)* klassifiziertes Straßennetz *n*
classified rubble filling *(Erdb, Wsb)* sortierte Bruchsteinschüttung *f*
classifier *(BWG)* Klassierapparat *m*, Sichter *m*
classify *v* 1. *(BM, BT, VR)* klassifizieren, einteilen, zuordnen; 2. *(BM, Te)* klassieren, sortieren *(nach Körnungen)*; sichten; sieben
classify *v* **by air** *(BM, Te)* sichten
classifying screen *(BWG)* Klassiersieb *n*
classroom *(Arch, Konst)* Klassenraum *m*, Klassenzimmer *n*
classroom building *(Arch)* Klassenraumgebäude *n*
classroom unit *(Arch, Konst)* Klassenraumtrakt *m*
classroom window *(AE) (BT)* Halbkippfenster *n* doppelter Breite
clastic *(Bod)* klastisch, brüchig *(Geologie)*
clastic eruptive rock *(BM)* klastisches Eruptivgestein *n*
clastic rock *(BM)* klastisches Gestein *n*, Trümmergestein *n*
clause *(VR)* Klausel *f*
clauster *(Arch)* Klausur *f (Teil eines Klosters)*; Mönchszelle *f*
claustral klösterlich; Kloster...
clavel *(BM, SB)* Schlüsselstein *m*, Schlussstein *m*
clavis *(BM, SB)* Schlüsselstein *m*, Schlussstein *m*
claw 1. *(BT, Hb)* Haken *m*, Hakennagel *m*; Kralle *f*, Klaue *f*; Greifdorneisen *n*; 2. Greifer *m (eines Greiferkübels)*
claw bar *(AE) (BWG)* Brechstange *f*, Brecheisen *n*
claw chisel *(BWG)* Steinschneidmeißel *m*
claw hammer *(BWG)* Klauenhammer *m*, Zimmermannshammer *m*
claw hatchet *(BWG)* Klauenbeil *n*
claw plate *(BT, Hb)* Klaueneisen *n (zur Rundholzverbindung)*; Bulldogeisen *n*, Krallenplatte *f*
clay *v (Bod)* verletten *(Baugrund)*
clay *(BM, Bod)* Ton *m*, Lehm *m*
clay aggregate concrete *(BB, BM)* Tonsplittbeton *m*, Ziegelsplittbeton *m*
clay bank *(Bod)* Tonschicht *f*
clay barrier *(Erdb, Wsb)* Lehmwall *m*
clay bed *(Bod)* Tonboden *m*
clay binder *(Bod)* bindiger Erdstoff *m*
clay blanket *(Wsb)* Lehmschürze *f*, Lehmdichtlage *f*; Tonauskleidung *f*
clay-bound *(BM, BT)* tongebunden
clay brick 1. *(BM, BT)* Tonziegel *m*, Lehmziegel *m*; 2. *(BM)* gemahlener Schamottestein *m*
clay brick wall *(SB)* Ziegelwand *f*
clay cable cover *(BT)* Kabelabdeckstein *m*, Kabeldeckziegel *m*
clay core *(Wsb)* Lehmkern *m (Dichtungskern bei Staudämmen)*
clay curved tile roof *(Konst)* Hohlziegeldach *n*
clay filling *(Konst)* Lehmfüllung *f*
clay flap tile *(BM, BT)* Breitziegel *m*, Krampziegel *m*
clay floor Lehmestrich *m*; Lehmanstrich *m (Fußboden)*
clay floor brick *(BM, BT)* Decken(füll)ziegel *m*
clay floor (cover) tile *(BM, BT)* Tonfußbodenfliese *f*, Tonfußbodenplatte *f*
clay grit *(BM)* Sandmergel *m*
clay ground *(Bod)* Lehmboden *m*
clay grout *s.* clay slurry
clay grouting *(Wsb)* Toninjektion *f*
clay lathing *(BM)* Drahtziegelgewebe *n*, Ziegelrabitz *m*
clay layer *(Bod)* Tonschicht *f*
clay-like *(Bod)* tonartig
clay liquefaction *(Bod)* Tonerweichung *f*
clay lump *(Bod, Erdb)* Tonklumpen *m*
clay marl *(Bod)* Tonmergel *m*
clay mineral *(BM)* Tonmineral *n*, Schichtgittersilikat *n*, Schichtgittersilicat *n*
clay mortar *(BM)* Lehmmörtel *m*
clay-mortar mix *(BM)* tonplastifizierter Mörtel *m*

clay mould *(BM, BWG)* Lehmform *f*
clay pantile *(BT)* Pfannenziegel *m*
clay paver *(Verk)* Pflasterziegel *m (EN 1344)*; Pflasterklinker *m (EN 1344)*
clay pipe Tonrohr *n*, Steinzeugrohr *n*
clay pit *(BM, Bod)* Tongrube *f*
clay plain [plane] roofing tile *(BT)* Biberschwanzziegel *m*
clay plant Blähton *m*
clay pot *(BT)* Hourdi *m*, Tonhohlplatte *f*, Tonhohlplatte *f*
clay puddle *(BM)* Lehmmörtel *m*
clay rock *(Bod)* Tongestein *n*
clay schist *(Bod)* Tonschiefer *m*
clay shale *(Bod)* Schieferton *m*
clay slate *(Bod)* Tonschiefer *m*
clay slurry *(BM)* Tonschlämme *f*, Tonschlempe *f*
clay soil *(Bod)* Lehmerde *f*, Tonboden *m*, toniger Erdstoff *m*
clay spade *(BWG)* Lehmaufreißer *m*
clay-stabilized sand *(BM, Erdb, Verk)* ton(mineral)-stabilisierter Sand *m (Verkehrsbau)*
clay stone *(Bod)* Tonstein *m*
clay suspension *(BM, Erdb)* Tonsuspension *f*
clay tile *(BM, BT)* Tonfliese *f*, unglasierte Fußbodenfliese *f*; Keramikfliese *f*
clayed wire mesh *(BM)* Drahtziegelgewebe *n*, Ziegelrabitz *m*
clayey 1. *(BM, Bod)* tonhaltig, tonig; 2. *(Bod)* tonartig, lettenartig
clayey sand *(BM)* toniger Sand *m*
clayey sandstone *(BM, Bod)* Tonsandstein *m*
clayey shale *(BM, Bod)* Tonschiefer *m*
clayey soil *(Bod)* Tonboden *m*
clayish *(BM, Bod)* tonartig, tonig
clayly *(BM, Bod)* tonig
clayware 1. *(BM)* Tonwaren *fpl*; 2. *(BT)* Keramikelemente *npl*
clean *v* 1. *(Te)* reinigen, säubern *(meist ohne Wasser)*; 2. *(Te, WVA)* klären, läutern; 3. *(Hb, Te)* abschlichten; 4. *(Te)* räumen *(z. B. Bohrlöcher)*
clean *v* **off** *(Te)* abschalen
clean *v* **up** 1. *(Te)* reinigen; 2. *(Te)* räumen
clean 1. *(OB)* rein *(z. B. Oberflächen)*; gereinigt, sauber; 2. *(BM)* unvermischt, nicht verunreinigt; 3. *(BM, Hb)* astrein *(Bauholz)*
clean aggregate *(BM)* gewaschener [sauberer] Zuschlag *m*, gewaschener [sauberer] Zuschlagstoff *m*
Clean Air Act *(Umw, VR)* Gesetz *n* zur Reinhaltung der Luft
clean air input *(HLK)* Reinluftzufuhr *f*
clean back *(SB)* sichtbares Kopfende *n (eines Bindersteins)*
clean technology *(Te, Umw)* abfallarme Technologie *f*, saubere Technologie *f*, umweltfreundliche Technologie *f*
clean timber *(BM, Hb)* astreines Bauholz *n*
clean-up *(Te)* Reinigen *n (Arbeits- und Ausrüstungsgeräte)*
clean wood *(BM, Hb)* astreines Holz *n*
cleanability *(OB)* Reinigungsfähigkeit *f (eines Farbanstrichs)*
cleaned *(BT, OB)* gereinigt, gesäubert, rein
cleaned from rust *(BT, RS)* entrostet
cleaner *(BM, OB)* Reinigungsmittel *n*, Reinigungsstoff *m*, Reiniger *m*
cleaning agent *(BM, Te)* Reiniger *m*, Reinigungsmittel *n*
cleaning brush *(BWG)* Reinigungsbürste *f*
cleaning chamber *(HLK)* Reinigungsschacht *m*
cleaning cover *(HLK, San)* Reinigungsdeckel *m*, Putzdeckel *m*
cleaning cradle *(BWG, OB)* Putzwagen *m (für Fenster und Fassaden)*; Fensterreinigungswagen *m*
cleaning eye *(HLK, San)* Reinigungsöffnung *f*, Putzöffnung *f (z. B. in Rohrleitungen)*
cleaning opening *(HLK, San)* Reinigungsöffnung *f*, Putzöffnung *f*
cleaning plate *(HLK, San)* Reinigungsdeckel *m*, Putzdeckel *m*
cleaning sash *(BT)* Reinigungsflügel *m (eines Fensters)*
cleanout *(AE) (San)* Reinigungsöffnung *f (Sanitärleitungen)*
cleanout cover *(HLK, San)* Ausputzdeckel *m*, Putzdeckel *m*, Reinigungsdeckel *m*
cleanout door *(HLK)* Reinigungsöffnungstür *f*
cleanout fitting *(San)* Reinigungsformstück *n*
cleanout opening *(HLK, San)* Reinigungsöffnung *f*, Reinigungsverschluss *m*
cleanout plate *(HLK, San)* Reinigungsdeckel *m*
cleanout tube *(San, WVA)* Reinigungsrohr *n*
cleanse *v (Te)* reinigen, säubern *(z. B. Oberflächen mit Wasser)*; (aus)spülen; klären
cleansing *(Te)* Reinigung *f*
cleansing eye *(HLK, San, WVA)* Reinigungsöffnung *f*
clear *v* 1. *(Te)* reinigen, säubern *(z. B. Oberflächen)*; 2. *(Te)* beräumen *(z. B. Flächen)*; räumen *(Straßen, Gleise)*; freiräumen *(z. B. Baustellen)*; roden, abholzen *(Wald)*; (aus)lichten; 3. aufhellen, hell werden
clear *v* **away** *(Te)* wegräumen; ausräumen
clear *v* **down** *(Te)* abtragen *(Bauwerk, Erdstoff)*
clear 1. *(BM, BT)* klar, hell; durchsichtig; farblos; sauber; 2. *(BT, Konst)* licht *(Abstand)*; berührungsfrei; 3. *(TK)* stützenfrei, stützenlos; 4. *(VR)* eindeutig
clear arch span *(Br, TK)* Bogenweite *f*
clear coat *(OB)* Klarlacküberzug *m*, Decklack *m*
clear coating 1. *(OB)* Klar(lack)anstrich *m*; 2. *s.* clear coat
clear cross section *(Konst, Verk, Wsb, WVA)* lichter Querschnitt *m*
clear dimension *(BT, Konst)* lichtes Maß *n*, lichte Abmessung *f*, Innenmaß *n*
clear distance *(Konst)* lichte Weite *f*
clear-felling *(LB)* Kahlschlag *m (Waldrodung)*
clear glass *(BM)* Klarglas *n*; durchsichtiges Glas *n*, Fensterglas *n*
clear glaze *(OB)* farblose Glasur *f*
clear height *(Konst)* lichte Höhe *f*
clear height of tunnel *(Tun)* lichte Tunnelhöhe *f*
clear lumber *(AE) (BM, Hb)* Bauholz *n*
clear opening dimensions *(Konst)* Rohbaulichtmaß *n*
clear span *(Br, Konst, TK)* freie Spannweite *f*; lichte Weite *f*
clear-span building *(Arch, Konst)* stützenfreies Gebäude *n*
clear varnish *(OB)* Klarlack *m*, farbloser Innenlack *m*
clear visibility 1. *(Verk, VR)* freie Sicht *f*; 2. *(Verk)* lichter Sichtraum *m*
clear-water basin *(WVA)* Reinwasserbehälter *m*
clear width *(HLK, Konst, WVA)* lichte Weite *f*
clear width of tunnel *(Tun)* lichte Tunnelbreite *f*
clear wire glass *(BM)* durchsichtiges Panzerglas *n*
clear wood *(BM, Hb)* astreines Holz *n*
clearage 1. *(BT)* (freier) Abstand *m*, Zwischenraum *m*; Spiel *n*; Luft *f (zwischen Bauteilen)*; 2. *(Te)* Beräumung *f*, Aufräumung *f (Baufeld)*; 3. *(Konst)* Entlastungsfuge *f*
clearage joint *s.* clearance 6.
clearance 1. *(BT)* (freier) Abstand *m*, Zwischenraum *m*; Spiel *n*; Luft *f (zwischen Bauteilen)*; 2. *(Konst, Verk)* lichter Raum *m*, lichte Höhe *f*, Durchgangshöhe *f*, Durchfahrtshöhe *f*, Begrenzung *f*; 3. *(Br, Konst, TK)* Spannweite *f*, lichte Weite *f*; 4. *(Te)* Beräumung *f*, Aufräumung *f (Baufeld)*; Abbruch *m*; 5. *(RS)* Stadtsanierung *f*; Sanierung *f* von Wohngebieten; 6. *(Konst)* Entlastungsfuge *f*
clearance area *(RP, RS)* Abbruchgebiet *n*, Abrissgebiet *n*
clearance gauge *(Verk)* Lichtraumprofil *n (Brücke)*
clearance height *(Konst)* Durchgangshöhe *f*, Durchfahrtshöhe *f*, Kopfhöhe *f*
clearance limit *(Verk)* Durchfahrtsprofil *n*
clearance opening 1. *(Konst)* lichter Querschnitt *m*; 2. *(HLK, WVA)* Durchflussquerschnitt *m*

C

clearance order *(VR)* Abrisserlass *m*, Abbrucherlass *m*
clearance period *(Verk)* Räumphase *f*
clearance site *s.* clearance area
clearance space 1. *(BT)* Spielraum *m*; 2. *(Hb)* Ausnehmung *f*
clearance time *(Verk)* Räumzeit *f*
clearance zone *(RS)* Abrissgebiet *n*, Abbruchgebiet *n*
clearing 1. *(Te)* Beräumung *f*, Räumung *f*, Freimachen *n* *(einer Baustelle)*; Freilegen *n* *(eines Bauwerks)*; Roden *n*; Entfernen *n* *(z. B. von Erdmassen)*; 2. *(OB)* Abschlämmen *n*
clearing basin *(San, WVA)* Klärbehälter *m*
clearing door *(HLK)* Kaminputztür *f*
clearing iron *(BWG, Hb, St)* Austreibeisen *n*
clearing of site *(Te)* Baustellenräumung *f*
clearing operations *(VR)* Schaffung *f* der Baufreiheit
clearness *(BM)* Durchsichtigkeit *f*
clearstory *s.* clerestory
clearway *(Verk)* Straße *f* mit Halteverbot
cleat *v* *(Konst, Te)* mit Hafteisen befestigen *(Metalldach)*
cleat 1. *(St)* Haltelasche *f*; 2. *(Hb)* Knagge *f*; 3. *(BWG, Te)* Klemme *f*, Löthafter *m*; 4. *(El)* Isolierschelle *f*
cleat wiring *(El)* offene Elektroleitungsführung *f*
cleated joint *(Konst, St)* Knaggenanschluss *m*, Laschenanschluss *m*
cleavable *(BM)* spaltbar *(z. B. Minerale, Holz)*
cleavable wood *(BM, Hb)* spaltbares Holz *n*
cleavage 1. *(BM, Bod)* Riss *m* *(bes. in Gestein)*; 2. Spaltung *f* *(von Gestein)*; Aufspaltung *f* *(Keramik)*
cleavage plane *(BM, Bod)* Spaltfläche *f*, Bruchfläche *f*
cleavage strength *(BM)* Spaltfestigkeit *f*
cleave *v* *(Te)* (auf)spalten *(z. B. Klinker)*; schlitzen; sich spalten
cleaved flint *(BM)* gespaltener Flintstein *m* *(für Sichtflächen)*
cleaved glass *(BM)* Spaltglas *n*, gespaltenes Glas *n*
cleaving *(Te)* Aufspalten *n* *(Fliese, Klinker)*
cleaving chisel *(BWG)* Spaltmeißel *m*
cleaving tile *(BM)* Spaltplatte *f*, Spaltfliese *f*, Spaltklinker *m*
cleft *(Bod, Erdb)* Spalt *m*, Riss *m*; Kluft *f*, Erdspalte *f*
cleft timber *(BM)* Spaltholz *n*
cleft weld *(St)* Gabelschweißung *f*, Kehlschweißung *f*
clench *v* 1. *(St)* kaltnieten; stauchen *(Nietköpfe)*; umschlagen *(Nagel)*; 2. *(HLK, WVA)* abdichten *(durch Stauchpressung)*
clench bolt *(St)* Nietbolzen *m*
clenching *(St, Te)* Stauchung *f* *(von Nietköpfen)*
clerestory *(Arch)* Lichtgaden *m*, Obergaden *m*, Fenstergaden *m*, Gaden *m*; Oberlichtfenster *n* *(vertikal)*; Laterne *f*
clerk of (the) works *(VR)* Baukontrolleur *m*, Auftraggebervertreter *m*
clevis *(BT)* Schäkel *m* *(U-förmiger Bügel)*; Gabelkopf *m* *(U-förmig für Bolzenanker)*
click *(EB)* Sperrhaken *m*, Sperrklinke *f*
click-stop device *(EB)* Einrastvorrichtung *f*
client *(VR)* Bauherr *m*, Bauauftraggeber *m*, Auftraggeber *m*
cliff brick *(BT)* Schiefertonziegel *m*
cliffs *(Bod)* Steilküste *f*
climatic fluctuation *(Umw)* Klimaveränderung *f*
climatic strain *(Konst, OB)* klimatische Beanspruchung *f*
climatic test cabinet *(BM)* Klimaprüfschrank *m*
climatic variation *(Umw)* Klimaänderung *f*, klimatische Änderung *f*
climatic zone *(Konst, Umw, VR)* Klimazone *f*
climb *v* *(Te)* klettern; steigen
climbing aperture *(Te)* Deckenausschnittsöffnung *f* *(für Montagekran)*
climbing crane *(BWG)* Kletterkran *m*
climbing forms [formwork] *(BWG)* Kletterschalung *f*
climbing irons *(BWG)* Steigeisen *npl*, Klettereisen *npl*
climbing lane *(Verk)* Kriechspur *f*, Kriechstreifen *m*
climbing shuttering *(BWG, Te)* Kletterschalung *f*
clinch *v* 1. *(Te)* vernieten; 2. *(Te)* umschlagen *(Nagel)*
clinch bolt *(St)* Nietbolzen *m*
clincher-built *(Hb)* gestülpt
clincher-built ceiling boarding *(Hb)* gestülpte Deckenschalung *f*
cling *v* *(BM)* (an)haften, kleben
clinic *(Arch)* Klinik *f*
clink 1. *(BWG)* *(AE)* Straßenaufbruchhammer *m*, Straßenaufbruchmeißel *m*; 2. *(St)* Stahlriss *m*, Innenriss *m* *(durch Spannung verursacht)*
clinker *v* 1. *(BM)* sintern *(Zement)*; 2. *(HLK)* verschlacken *(Asche)*
clinker 1. *(BM, BT)* Klinker *m*, Klinkerziegel *m*, Hartbrandziegel *m*; Zementklinker *m*; 2. *(BM)* Sinterschlacke *f*, Schlacke *f* *(bes. von Kohle)*
clinker block *(BM)* Schlackenblockstein *m*
clinker brick *(BM, BT)* Klinker(stein) *m*, Klinkerziegel *m*
clinker brick facing *(OB)* Klinkerverkleidung *f*
clinker-built *(OB, SB)* geklinkert
clinker cement *(BM)* Schlackenzement *m*
clinker composition *(BM)* Klinkerzusammensetzung *f*
clinker concrete *(BM)* Schlackenbeton *m*
clinker formation *(BM, Te)* Klinkerbildung *f*, Klinkerisierung *f*
clinker grinding *(BM, Te)* Klinkermahlung *f* *(für Zement)*
clinker mineral *(BM)* Klinkermineral *n*
clinker pavement *(Verk)* Klinkerpflaster *n*
clinker phase *(BM, Te)* Klinkerphase *f* *(Zement)*
clinker slab *(BT)* Schlackenbetonplatte *f*, Hohldiele *f* aus Schlackenbeton
clinkstone *(BM)* Phonolith *m*, Klingstein *m*
clinometer *(BM, BWG)* Klinometer *n*, Neigungs(winkel)-messer *m*
clip *v* 1. *(Te)* anklammern, befestigen, (fest)klemmen; 2. *(Te)* beschneiden
clip *v* **the joints** *(SB, Te)* auszwicken *(unregelmäßiges Mauerwerk)*
clip 1. *(BT, EB)* Klammer *f*, Klemme *f*; Krampe *f*; Schelle *f*, Lasche *f*; 2. *(El)* Leitungsschelle *f*; Halter *m*; Gipsleistenhalter *m*; 3. längsgeteiltes Ziegelsteinstück *n*
clip angle *(BT, Konst)* Beiwinkel *m*, Steifewinkel *m*
clip bond *(SB)* Diagonalverband *m* mit abgehackten Diagonalziegelecken
clip header *(SB)* zurückgesetzter Binder *m*
clip joint *(Konst)* Ausgleichsfuge *f*
clipped connection *(Konst)* Klemmverbindung *f*
clipped gable *(AE)* *(Arch)* abgewalmter Giebel *m*, Walmgiebel *m*
clipped header *(SB)* zurückgesetzter Binderstein *m*
clipped lintel *(BT, Konst)* lastübertragend gestützter Sturz *m*, tragwerkverbundener Sturz *m*
clisere *(LB, Umw)* klimatisch bedingte Sukzession *f*
cloaca *(San)* Kloake *f*, Abortgrube *f*; unterirdischer Abwasserkanal *m*
cloak rail *(EB)* WC-Kleiderhakenbrett *n*
cloakroom 1. *(EB)* Garderobe *f*; Kleiderablage *f*; 2. *(EB, VR)* Gepäckaufbewahrung *f*, Gepäckraum *m*; 3. *(San)* Toilette *f*
cloakroom locker *(EB)* Garderobenschrank *m*
clock installation [system] *(EB)* Uhrenanlage *f*
clock tower *(Konst)* Uhrenturm *m*; Glockenturm *m*
clock turret *(Konst)* Uhrentürmchen *n*
clockwise *(Konst, Stat)* im Uhrzeigersinn, uhrzeigersinnmäßig
clockwise polygon *(Verm)* Polygon *n* im Uhrzeigersinn
clod *(Bod)* Klumpen *m*, Erdklumpen *m*; Knollen *m*
cloddy *(BM, Bod)* klumpig, knollig
clog *v* *(San, Te, Wsb, WVA)* verstopfen, versperren; ver-

C

stopfen, sich zusetzen; verschlammen; sich festhaken *(Kreissäge)*
clog *v* **up** *(San, Wsb, WVA)* verstopfen; sich stauen
clogged *(HLK, WVA)* verstopft
clogged-up pipe *(San, WVA)* verstopftes Rohr *n*
cloisonné (work) *(BM)* Zellenschmelz *m*, Email *n* cloisonné, Cloisonné *n*
cloister 1. *(Arch)* Kloster *n*; 2. *(Arch)* Kreuzgang *m (z. B. im Kloster)*; gedeckter Säulengang *m* [Gang *m*] *(um einen Hof)*
cloister garth *(Arch)* Klosterhof *m*
cloister vault *(Arch)* Klostergewölbe *n*, Dominikalgewölbe *n*
cloistered arch [vault] *(Arch, Konst)* Quadratspitzgewölbe *n*
closable *(EB)* verschließbar
close *v* 1. *(San, Verk, Wsb, WVA)* (ver)schließen, abschließen; sperren *(z. B. Straße)*; verstopfen *(z. B. Loch)*; sich schließen; 2. *(St)* stauchen *(Nietköpfe)*
close *v* **a vault** *(SB, Te)* ein Gewölbe schließen
close 1. *(BT, Konst)* geschlossen; eingeschlossen; 2. *(BT, Konst)* nahe, dicht, gedrängt; 3. *(Konst)* eng, beschränkt *(Raum)*
close 1. *(Konst)* geschlossener Zwischenraum *m*; 2. *(Verk)* Sackgasse *f*
close abutment *(Br)* geschlossenes Widerlager *n*
close air *(BM)* eingeschlossene Luft *f*
close-boarded *(Hb, Konst)* verschalt, verplankt
close-boarded battened roofing *(Konst)* Doppeldacheindeckung *f*, Doppelbedachung *f*
close-boarded fence *(BT, LB)* Bretterzaun *m*
close-contact glue *(BM)* Kontaktkleber *m*, Kontaktklebstoff *m*
close-couple roof *(Konst)* Satteldach *n*
close-coupled closet *(San)* Tiefspülklosett *n*
close-coupled tank and bowl 1. *(San)* ansitzender Toilettendruckspülkasten *m*; 2. *(EB, San)* Komplett-WC--Kombination *f (WC-Becken mit Spülkasten)*
close-graded *(BM)* dicht *(Material)*; hohlraumarm, abgestuft, mit stetigem Kornaufbau
close-graded aggregate *(BM)* dichte Mineralmasse *f*, hohlraumarmes Mineralgemisch *n*, gut abgestuftes Zuschlag(stoff)gemenge *n*
close-grained *(BM)* feinkörnig *(z. B. Gestein)*; dicht, engringig *(Holz)*
close mesh grating *(Erdb)* feinmaschiger Rost *m*
close poling board *(BT)* Schalbohle *f*
close-quartered *(Konst)* räumlich beengt
close riveting *(St)* Dichtnietung *f*
close-sheeted *s.* close-boarded
close string *(BT, Konst)* Wange *f* mit eingestemmten Stufen
close-up (view) *(Arch)* Nahansicht *f*
closed *(Konst)* abgeschlossen *(z. B. Raum)*
closed access *(Verk, VR)* geschlossene Zufahrt *f*, gesperrter Zugang *m*
closed area *(Konst)* Zwischenraum *m*, umschlossener Raum *m*; geschlossene Fläche *f*
closed basin *(Wsb)* Flutbecken *n*
closed building block module *(Konst)* geschlossene Raumzelle *f*
closed-conduit spillway *(Wsb)* Schachtüberfall *m*
closed frame *(Br, Konst)* geschlossener Rahmen *m (Brücke)*
closed heating pipe system *(HLK)* geschlossenes Heizungsrohrsystem *n*
closed hydrocarbon concrete *(BM, Verk)* dichter Asphaltbeton *m*
closed lane *(Verk)* gesperrte Spur *f*
closed newel *(SB)* gemauerte Spindel *f (Treppe)*
closed position Schließstellung *f*
closed space 1. *(Konst)* geschlossener Raum *m*; 2. *(Konst)* Zwischenraum *m*
closed stair string *s.* close string
closed string(er) stair *(AE) (BT)* Treppe *f* mit hochgeschlossener Wange
closed system *(HLK)* geschlossenes Heizungsrohrsystem *n*
closed texture *(Verk)* geschlossene Textur *f (Verschleißschicht)*
closed traverse *(Verm)* Ringpolygon *n*
closedown *(VR)* Stilllegung *f*, Schließung *f*
closely built-up district *(RP)* dicht bebautes Gebiet *n*
closely graded *(BM)* engklassiert *(Zuschlagstoff)*
closely ringed *(BM)* engringig, feinjährig *(Holz)*
closely spaced *(Konst, RP)* engstehend, dicht beieinander
closeness *(Arch, RP)* enge Anordnung *f*
closer 1. *(BM, SB)* Schlussziegel *m*, Schließziegel *m (einer horizontalen Lage)*; 2. *(BM)* Dreiviertelziegel *m*; 3. *(BM)* Ziegelviertel *n*; 4. *(EB)* Schließvorrichtung *f*
closer mould Ziegelhackform *f*
closer reinforcement *(EB)* Schließblechverstärkung *f*
closet 1. *(Konst)* kleine Kammer *f*; Kabinett *n*; Nebengelass *n*; *(AE)* Abstellkammer *f*; (eingebauter) Schrank *m*; *(AE)* Kleiderkammer *f*, Kleiderschrank *m*; 2. *(San)* Toilette *f*, Klosett *n*, Abort *m*
closet bank *(EB)* Schrankwand *f*
closet bolt *(EB, San)* Klosettbeckenbefestigungsschraube *f*
closet cistern *(San)* Spül(wasser)kasten *m*
closet door *(EB)* Einbauschranktür *f*
closet facility *(San)* Toilettenanlage *f*
closet flush(ing) *(San)* Toilettenspülung *f*
closet installation *(San)* Toilettenanlage *f*
closet latch *(EB)* Schrankschloss *n*
closet pan *(San)* Toilettenbecken *n*
closet pole *(EB)* Kleiderbügeltragestange *f*
closet room *(Konst, San)* Toilettenraum *m*
closet seat *(San)* Klosettsitz *m*
closet traverse *(Verm)* geschlossener Polygonzug *m*, Ringpolygon *n*
closet valve *(San)* Spülkastenventil *n*
closet waste water *(San, WVA)* Toilettenabwasser *n*
closing action *(EB, Te)* Schließwirkung *f*
closing device *(EB)* Schließvorrichtung *f*
closing edge *(EB)* Schließkante *f*; Zarge *f*
closing force *(EB, Te)* Schließkraft *f*
closing handle *(EB)* Schließgriff *m*
closing head *(EB)* Schließkopf *m*
closing joint of a rebate *(EB, Konst)* Schließnaht *f (Anschlag)*
closing line *(Verm)* Schlusslinie *f*
closing lines *(Verm)* Schlusslinienzug *m*
closing mechanism *(EB)* Schließvorrichtung *f*
closing of the polygon of forces *(Stat)* Schlusslinie *f* des Kräftevielecks
closing order *(VR)* Räumungserlass *m*
closing panel of a vault *(Konst)* Bogenfläche *f*
closing plug of a sewer *(EB, WVA)* Verschlussdeckel *m* der Abwasserleitung
closing pressure *(HLK, Te, Wsb, WVA)* Schließdruck *m*
closing range *(Konst, VR)* Schließbereich *m*
closing rope *(BWG)* Schließseil *n (Greifer)*
closing speed *(BWG)* Schließgeschwindigkeit *f*
closing stile *(BT)* Schlossbohle *f*, Schlossbrett *n (Tür)*
closing system *(EB, El)* Schließanlage *f*
closing tile *(BT)* Verschlussdachziegel *m*
closure 1. *(EB)* Verschluss *m (Vorrichtung)*; Abschluss *m*; 2. *(VR)* Schließung *f*, Sperrung *f*
closure bar *(BT)* Treppenwangenabdichtleiste *f*
closure of lane *(Verk, VR)* Fahrstreifensperrung *f*

closure system *(EB, El, Konst)* Verschlusssystem *n*
closure weld Schließnaht *f*, Schlussnaht *f* *(Schweißen)*
clot *v* (ver)klumpen, Klumpen bilden; gerinnen
clot *(Erdb, San, WVA)* Klumpen *m*; Pfropfen *m*
cloth *(BM)* Gewebe *n*; Gaze *f*
cloth backing Gewebeträgermaterial *n*
cloth base *(BM)* Gewebeträger *m*, Gewebeunterlagsschicht *f*
cloth covering *(EB, OB)* Stoffbespannung *f*, Tuchbespannung *f*
cloth hall *(Arch)* Tuchhalle *f*, Gewandhaus *n*
cloth insert Gewebeeinlage *f*
cloth lath *(BT)* Putzträgergewebe *n*
cloth ply *(BT)* Gewebelage *f*
cloth-reinforced *(BT)* gewebeverstärkt, gewebebewehrt
cloth sheet *(BT)* Gewebebahn *f*
clothes chute *(EB)* Wäscheabwurfanlage *f*, Wäscherutsche *f*
clothes closet *(EB)* Kleidereinbauschrank *m*
clothes ground *(Konst)* Wäschetrockenplatz *m*
clothes-locker room *(EB)* Kleiderspindraum *m*
clothoid *(Konst, Verk)* Klothoide *f*
cloud *v* *(OB)* sich trüben, matt [glanzlos] werden *(Lack)*
cloud point *(BM, OB)* Trübungspunkt *m*
cloudiness *(BM, OB)* Trübung *f* *(von Lacken)*; Glanzlosigkeit *f*
clouding *(OB)* Wolkenbildung *f*, Trübfleckenbildung *f* *(Anstriche)*
cloudy *(BM, OB)* trübe *(Flüssigkeit)*; matt, glanzlos
clout *v* schienen
clout *(EB)* Schiene *f* *(Schutzblech, z. B. für Holz)*; Verschleißblech *n*
clout nail *(BM)* Dachpappe(n)nagel *m*
cloven (auf)gespalten
cloven timber *(BM, Hb)* Spaltholz *n*, Spaltware *f*
cloverleaf (intersection) *(Verk)* Kleeblattkreuzung *f* *(Autobahnkreuzung)*
cloverleaf solution *(Konst, Verk)* Kleeblattlösung *f*
club *v* verkeilen
club block *(Arch, RP)* Klubhaus *n*, Klubgebäude *n*
club building Klubhaus *n*, Klubgebäude *n*
club room Klubraum *m*, Klubzimmer *n*
clump of buildings *(AE)* *(RP)* Häuserkomplex *m*
clump of piers *(Arch, TK)* Bündelpfeiler *m*, Pfeilerbündel *n*
clump of pillars *(Arch, Konst, TK)* gebündelte Freipfeiler *mpl*, Bündelfreipfeiler *m*, gegliederter frei stehender Pfeiler *m*
clunch *(BM)* Verschmierlehm *m*, Kreidemasse *f*
cluster *(Konst, RP)* Haufen *m*, Anhäufung *f*; Gruppe *f* *(z. B. von Häusern)*; Bündel *n*
cluster housing *(RP)* enggruppierte Wohngebäude *npl*
cluster of columns *(Arch, Konst, TK)* Bündelsäule *f*, Säulenbündel *n*
clustered column Bündelsäule *f*, Bündelpfeiler *m*
clustered pier Bündelpfeiler *m* mit Kern(pfeiler)
clutch 1. Haken *m* *(Klaue)*; 2. Kupplung *f*
clutch anchor Ankereisen *n*
coach bolt Vierkantholzschraube *f*, Wagenbauschraube *f*, Schlossschraube *f*
coach house *(Arch)* Wagenschuppen *m* *(Remise)*
coach screw Vierkantkopfschraube *f*, Schienenschraube *f*
coagulant *(BM, WVA)* Fällmittel *n*, Fällungsmittel *n*
coagulation *(BM, WVA)* Ausfällung *f*, Fällung *f*, Koagulation *f*
coagulation basin *(Wsb, WVA)* Ausfällbecken *n* *(Klärwerk)*
coagulation tank Fällungsbecken *n*
coak 1. *(Hb)* Passende *n*, Splintende *n* *(eines Holzstücks)*; 2. *(Hb)* Hartholzdübel *m* *(zur Holzverbindung)*
coal *(HLK)* Kohle *f*, Steinkohle *f*
coal-ash slag *(BM)* Kohlenascheschlacke *f*
coal bunker *(HLK, Konst)* Kohlenbunker *m*, Kohlensilo *n*
coal cellar *(HLK, Konst)* Kohlenkeller *m*
coal chute *(BT, HLK)* Kohlenrutsche *f*
coal-fired stove *(HLK)* Kohleofen *m*
coal firing Kohlenfeuerung *f*
coal manhole cover Kohlenschachtabdeckung *f*
coal-mining town Kohlebergbaustadt *f*
coal powder line marking Abkohlen *n*, Abschnüren *n* mit Kohlepulver
coal storage bin Kohlenbunker *m*
coal storage yard Kohlenlagerplatz *m*
coal store Kohlenlagerplatz *m*
coal tar Steinkohlenteer *m*
coal-tar creosote Phenol *n*, Carbolsäure *f*, Karbolsäure *f*, Steinkohlenteerkreosot *n*
coal-tar impregnated teergetränkt, teerimprägniert
coal-tar oil *(BM)* Steinkohlenteeröl *n*
coal-tar pitch *(BM)* Kohlenteerpech *n*, Steinkohlenteerpech *n*
coalescence *(BM, OB)* Koaleszenz *f*, Zusammenfließen *n*; Filmbildung *f* *(bei Emulsionsfarben)*
coalshed *(HLK, Konst)* Kohlenschuppen *m*
coaming *(San)* aufgebogene Kante *f*, Schwellwulst *f*, überhöhter Öffnungsrand *m* *(Dachöffnung, Deckenöffnung)*
coarse 1. *(BM)* grob, grobkörnig *(z. B. Kies)*; 2. *(OB)* rau *(z. B. Oberflächen)*; unbearbeitet
coarse aggregate *(BM)* Grobzuschlag(stoff) *m*, grober [grobkörniger] Zuschlag *m*
coarse aggregate angularity *(AE)* *(BM, Te)* Bruchflächigkeit *f* der Grobkörnung
coarse asphalt *(BM, Verk)* Asphaltgrobbeton *m*
coarse blended aggregate *(BM)* Grobzuschlagstoffgemenge *n*
coarse-broken stone *(BM)* Grobschotter *m*
coarse canvas *(BM)* Sackleinen *n*
coarse chippings *(BM)* Grobsplitt *m*
coarse cold asphalt *(BM, Verk)* Kaltgrobasphalt *m*
coarse concrete *(BM)* Grobbeton *m*
coarse-crushed aggregate *(BM)* Betonsteinschlag *m*, Grobschotterzuschlag(stoff) *m*
coarse-crushed stone *(BM)* Grobschotter *m*
coarse-crystalline *(BM)* grobkristallin *(z. B. Naturstein)*
coarse-fibrous *(BM)* grobfasrig
coarse filter *(HLK)* Vorfilter *n* *(Klimaanlage)*
coarse fraction *(BM)* Grobfraktion *f*, Grobkorn *n*
coarse-graded asphaltic concrete *(AE)* *(BM, Verk)* Asphaltgrobbeton *m*
coarse grading *(BM)* Grobkornabstufung *f*
coarse grain *(BM)* Grobkorn *n*
coarse-grain mixture *(BM)* grobkörnige Mischung *f*
coarse-grained *(BM)* grobkörnig; grobkristallin
coarse-grained structure *(BM)* Grobkornstruktur *f*, Grobkorngefüge *n*
coarse-grained timber *(BM, Hb)* grobringiges [grobjähriges] Holz *n*
coarse gravel *(BM)* Grobkies *m*
coarse gravel aggregate *(BM)* Grobkieszuschlag(stoff) *m*
coarse material *(BM)* Grobgut *n*
coarse-meshed *(BWG, Te)* weitmaschig *(Siebe)*
coarse-pitched *(BT)* grobverzahnt
coarse plaster *(BM, BT)* Rohputz *m*
coarse plastering *(Te)* Berappen *n*
coarse-pored *(BM)* grobporig
coarse porosity Großporigkeit *f*
coarse sand Grobsand *m*
coarse sand aggregate Betongrobsand *m*

C

coarse sandstone grobkörniger Sandstein *m*, Konglomerat(sand)stein *m*
coarse screening Grobsiebung *f*
coarse silt Grobschluff *m*
coarse stuff Unterputz *m*; Kalksandmörtel *m*
coarse tar concrete Teergrobbeton *m*
coarse-textured grobfaserig *(Holz)*
coarsely crystalline *s.* coarse-crystalline
coarsely dressed grob zugehauen *(Stein)*
coarsely ringed timber *s.* coarse-grained timber
coarsely shaped grob zugehauen *(Stein)*
coarseness 1. Grobkörnigkeit *f*; 2. Rauigkeit *f*, Rauheit *f*
coast Küste *f*, Ufer *n*; Strand *m*
coast protection Küstenschutz *m*, Küstensicherung *f*
coast works Küstenschutzbauten *mpl*, Seebauten *mpl*
coastal area Küstengebiet *n*
coastal defence Küstenschutz *m*
coastal engineering Küstenschutzbau *m*, Küstenwasserbau *m*
coastal protection works Küstenschutzbauten *mpl*, Seeschutzbauten *mpl*
coastal work Seebau *m*
coastal works *s.* coastal protection works
coat *v* 1. beschichten, überziehen; umhüllen; (an)streichen *(mit Farben)*; auftragen; 2. beplanken; 3. benetzen, einhüllen *(z. B. Bindemittel die Materialkörner)*
coat *v* **and wrap** *v* umhüllen, isolieren *(z. B. Rohrleitungen)*
coat *v* **with broken stones** schottern
coat 1. Schicht *f*, Schutzschicht *f*; Überzug *m*; Hülle *f*; Auftrag *m*; Anstrich *m*; 2. *(Verk)* Verschleißdecke *f*, Straßendecke *f*
coat closet Garderobeneinbauschrank *m*
coat defect Anstrichfehler *m*, Anstrichmangel *m*
coat film Anstrichfilm *m*, Anstrichmembran *f*
coat hook Kleiderhaken *m*
coat hook strip Kleiderhakenbrett *n*
coat of paint Anstrich *m*, Anstrichschicht *f*
coat of wax Wachsschicht *f*
coat on concrete Betonbeschichtung *f*, Betonüberzug *m*
coat pit Anstrichfehlstelle *f*
coat rack Flurgarderobe *f*; Kleiderablage *f*, Kleiderständer *m*
coat room Garderobenraum *m*
coat room equipment Garderobenraumeinrichtung *f*
coat stand Kleiderablage *f*, Kleiderständer *m*
coat surface Anstrichoberfläche *f*
coat thickness Beschichtungsdicke *f*, Lagendicke *f*; Anstrichdicke *f*
coatability Benetzbarkeit *f*
coated überzogen, beschichtet, umhüllt; benetzt
coated base felt [sheet] bitumenbestrichene Dachpappenlage *f*
coated chippings [chips] bitumenumhüllter Splitt *m*, Mischsplitt *m*
coated cloth Wachstuch *n*, Gewebe-Kunstleder *n*
coated gravel Mischkies *m (mit Bindemittel)*
coated macadam Mischmakadam *m*
coated on both sides beidseitig beschichtet
coater 1. Beschichtungsanlage *f*; Aufstreichmaschine *f*; 2. *(Verk)* Schichtfertiger *m (Auftragmaschine)*; Asphaltmischgerät *n*
coating 1. Beschichten *n*, Beschichtung *f*; Umhüllen *n*; Verputzen *n*; Anstreichen *n*; Bestreichen *n*; 2. Schutzschicht *f*; Überzug *m*; Deckanstrich *m*; Verputz *m*; Anstrich *m*; 3. Beschichtungsmaterial *n*, Beschichtungs(werk)stoff *m*; Anstrichstoff *m*; Anstrichfarbe *f*
coating action Benetzungswirkung *f*
coating angle Benetzungswinkel *m*, Kontaktwinkel *m (bei Farbanstrichen)*
coating clay Engobeton *m*
coating compound Beschichtungsmasse *f*
coating defect Beschichtungsdefekt *m*, Anstrichfehler *m*
coating material *s.* coating 3.
coating of cement Zementanstrich *m*
coating of red lead Mennigeanstrich *m*
coating plant Mischwerk *n*
coating plastic Beschichtungskunststoff *m*
coating power Benetzungsvermögen *n*
coating property Schichteigenschaft *f*; Anstricheigenschaft *f*
coating resin Beschichtungsharz *n*; Lackharz *n*
coating seal Beschichtungsmasse *f*
coating thickness Schichtdicke *f*
coating varnish Überzuglack *m*; Imprägnierlack *m*
coating with grease Einfetten *n*
coating work Anstrich *m*, Anstricharbeiten *fpl*
coatroom *s.* coat room
coaxial cable Koaxialkabel *n*
cob 1. Lehmziegel *m*; Luftziegel *m (ungebrannter Ziegel mit Stroh)*; 2. Stampflehm *m*, Pisee *m*
cob construction Stampflehmbau *m*, Lehmstampfbau *m*, Piseebau *m*
cob wall Lehmwand *f*, Piseewand *f*
cobalt Kobalt *n*, Cobalt *n*
cobalt aluminate Kobaltaluminat *n*
cobalt blue Kobaltblau *n (Pigment)*
cobalt drier Kobalttrockenstoff *m*
cobalt glass Kobaltglas *n*
cobalt green Kobaltgrün *n*
cobble 1. Kieselstein *m (Rollkiesel)*; 2. *s.* cobblestone
cobble gravel Grobkieszuschlag(stoff) *m*
cobbles Kopfsteinpflaster *n*
cobblestone (runder) Pflasterstein *m*, Kopfstein *m*, Katzenkopf *m*, Feldstein *m*
cobblestone pavement Kopfsteinpflaster *n*, Feldsteinpflaster *n*
cobblestone road Pflasterstraße *f*
cobweb masonry Polygonalmauerwerk *n*
cobweb pattern Spinnwebenmuster *n*
cochlea 1. Wendeltreppenturm *m*; 2. *(BT)* Wendeltreppe *f*
cochlear *(Arch)* spiralförmig
cochleoid *(Konst)* Schraubenkurve *f*
cock *v (Te)* aufrichten, in die Höhe richten
cock 1. *(BT, San)* Hahn *m*; Absperrglied *n*; Hahnventil *n*, Ventil *n*; Entlüftungsventil *n*; Spund *m*; 2. *(BT)* Windfahne *f*; Wetterhahn *m*
cock bead *(Arch)* erhabener Rand *m*, Perlstab *m*
cock loft *(AE) (Konst)* Spitzboden *m*
cockering *(Tun)* Polygonausbau *m*, Vieleckausbau *m*
cocking piece 1. Trauflatte *f*; 2. *(BT, Hb, Konst)* Windrispe *f*, Sturmlatte *f (bei Dächern)*
cockle stair *s.* spiral staircase [stairs]
cockscomb *s.* 1. drag 1.; 2. drag 2.
cockspur fastener *(BT)* Rahmenfensterhalter *m*
cocolite slab *(BM, DIS)* Cocolithplatte *f*
coconut fibre insulation material *(BM, DIS)* Kokosfaserdämmstoff *m*
coconut fibre mat *(BT, DIS)* Kokosfaserdämmmatte *f*
coctile *(BM)* gebrannt *(Baustoffe)*
code *(VR)* Vorschriftenwerk *n*; Standardwerk *n*; Kode *m*; Gesetzesbuch *n*
code number *(BM, BM, Konst, VR)* Kennziffer *f*
code of practice *(VR)* Bauausführungsvorschriftenwerk *n*; Merkblatt *n* für Baunormen, bautechnische Richtlinien *fpl (in England)*
code of quality *(VR)* Gütenorm *f*
codeposition *(Umw)* gemischte Ablagerung *f*
codification *(VR)* Kodifizierung *f*

codify *v (VR)* kodifizieren
coding legend *(Konst, Verm)* Legende *f*
codisposal landfill *(Umw)* Mischdeponie *f*
coefficient of abrasion *(OB, Verk)* Abriebkoeffizient *m (Verschleißschicht)*
coefficient of beam utilization *(El)* Lichtstrahlausnutzungskoeffizient *m*
coefficient of compressibility *(Bod)* Steifezahl *f*, Steifeziffer *f*
coefficient of contraction *(BB, BM)* Kontraktionskoeffizient *m*
coefficient of correction *(Stat)* Berichtigungsbeiwert *m*
coefficient of creep *(BB, BM)* Kriechbeiwert *m*
coefficient of deformation *(BM)* Formänderungskoeffizient *m*
coefficient of discharge *(San, Wsb, WVA)* Durchflusskoeffizient *m*, Ausflusszahl *f*
coefficient of drag *(Stat)* Luftwiderstandsbeiwert *m*, Widerstandsbeiwert *m (DD)*
coefficient of earth pressure *(Erdb)* Erddruckbeiwert *m*
coefficient of earth pressure at rest *(Erdb)* Ruhedruckbeiwert *m*
coefficient of elasticity Elastizitätsmodul *m*, E-Modul *m (von Baustoffen)*
coefficient of elongation *s.* coefficient of linear extension
coefficient of expansion *(BM, BT)* Ausdehnungskoeffizient *m*, Ausdehnungszahl *f*
coefficient of friction *(Verk)* Reibungskoeffizient *m*, Reibungszahl *f*
coefficient of heat transfer *(BM, DIS, HLK)* Wärmeübertragungszahl *f*
coefficient of impact *(Konst, Stat)* Stoßzahl *f*
coefficient of internal friction *(BM)* Koeffizient *m* der inneren Reibung
coefficient of kinetic friction *(Verk)* Gleitreibungsbeiwert *m*, Reibungskoeffizient *m* der Bewegung
coefficient of linear expansion *(BM)* linearer Ausdehnungskoeffizient *m* [Wärmeausdehnungskoeffizient *m*]
coefficient of linear extension *(BM, Stat)* Dehnungskoeffizient *m*, Dehnzahl *f*, Dehnziffer *f*; Elastizitätszahl *f*
coefficient of longitudinal friction *(Verk)* Gleitreibungsgleitwert *m (Straße)*
coefficient of luminous intensity *(El)* Leuchtdichtekoeffizient *m*
coefficient of passive earth pressure *(Erdb)* Erdwiderstandsbeiwert *m*
coefficient of performance *(HLK)* Leistungsziffer *f (bei Klimaanlagen)*; Wärmewirkungsgrad *m*
coefficient of permeability *(Bod, DIS, Erdb, HLK)* Durchlässigkeitskoeffizient *m*, Durchlässigkeitszahl *f*
coefficient of pressure at rest *(Erdb)* Ruhedruckbeiwert *m*
coefficient of reduction Herabsetzungsbeiwert *m*, Minderungsbeiwert *m*
coefficient of rigidity *(Stat)* Steifezahl *f*, Schub(elastizitäts)modul *m*
coefficient of rolling friction Rollreibungszahl *f*
coefficient of roughness *(OB, Verk)* Rauigkeitskoeffizient *m*, Rauigkeitszahl *f*
coefficient of runoff *(WVA)* Abflussbeiwert *m*
coefficient of shear(ing) *(Stat)* Schubzahl *f*, reziproker Schubmodul *m*
coefficient of sliding friction *(Verk)* Gleitreibungszahl *f (Straße)*
coefficient of sound damping *(BM, BM, DIS, Umw)* Schalldämmzahl *f*
coefficient of subgrade reaction *(Bod, Erdb, Verk)* Bettungsziffer *f*
coefficient of swelling *(BM, Bod, Erdb)* Schwellzahl *f*, Schwellziffer *f*
coefficient of thermal expansion *(BM, BT, Konst)* Wärmeausdehnungskoeffizient *m*, Wärmedehnungszahl *f*, Volumen-Temperatur-Koeffizient *m*
coefficient of thermal transmission *(BM, BT, DIS)* Wärmedurchgangszahl *f*, Wärmeübertragungszahl *f*
coefficient of transverse friction *(Verk)* Seitenreibungskoeffizient *m*
coefficient of uniformity *(BM)* Ungleichförmigkeitsgrad *m*
coefficient of utilization 1. *(Konst, Te, VR)* Ausnutzungsgrad *m (reziproker Wert des Sicherheitsbeiwerts)*; 2. *(El)* Belastungsfaktor *m*; Lichtausnutzungsverhältnis *n*, Beleuchtungswirkungsgrad *m*
coefficient of viscosity *(BM)* Viskositätsbeiwert *m*
coefficient of visibility *(Verk)* Sichtweitenkoeffizient *m*
coefficient of water vapour permeability *(BM, HLK)* Wasserdampfdurchlässigkeitskoeffizient *m*
coefficient value *(Stat)* Beiwertgröße *f*
coffee shop *(Arch)* Kaffeestube *f*
coffer *v* 1. *(Konst)* in Kassetten teilen [ausbauen] *(Decke)*; 2. *(Erdb, Wsb)* abdichten, wasserdicht machen
coffer 1. *(Konst)* Kassette *f*, Kassettenfeld *n*, Fach *n (einer Decke)*; 2. *(Wsb)* Schleusenkammer *f*; 3. *(Verk)* Straßenkoffer *m*; 4. Kasten *m*, Kiste *f*
coffer structure *(Verk)* Kofferaufbau *m*
coffer-wall *(BB, Konst)* Füllmauer *f*
cofferdam 1. *(Wsb)* Fang(e)damm *m*, Kastenfangdamm *m*; 2. *(Erdb, Konst, Wsb)* Sicherheitskammer *f*
coffered kassettiert
coffered ceiling *(Konst)* Kassettendecke *f*
coffered flooring slab *(BT)* Deckenkassettenplatte *f*
coffered foundation *(Erdb)* Hohlkörpergründung *f*
coffering 1. *(Konst)* Tiefkassettendeckengestaltung *f*; 2. *(Konst, OB)* Kassettengestaltung *f (von Sichtflächen)*; 3. *(Te, Tun)* wasserdichter Tunnelausbau *m*; Schachtausbau *m*
cog *v* 1. *(Hb)* verkämmen, aufkämmen; 2. *(Tun)* verstempeln, verbauen
cog 1. *(Hb)* Zapfen *m*, Holzzahn *m*; 2. *(BM, BT)* Nase *f (eines Dachziegels)*
cog railway *(Verk)* Zahnradbahn *f*
cogged joint *(Hb)* Zapf(en)verbindung *f*, verzahnte Verbindung *f*
cogging *(Hb)* Verkämmung *f*, Aufkämmung *f*
coherence *(Bod)* Bindigkeit *f (Boden)*
coherent *(BM)* kohärent, zusammenhängend, zusammenhaftend
cohesion 1. *(BM)* Kohäsion *f*; 2. *(Bod)* Bindigkeit *f*
cohesionless soil *(Bod)* kohäsionsloser Erdstoff *m*, nicht bindiger Boden *m*
cohesive failure *(Konst, Stat)* Abreißen *n (einer Klebverbindung)*
cohesive friction *(Verk)* Haftreibung *f (Straße)*
cohesive soil *(Bod)* kohäsiver [bindiger] Boden *m*, tonmineralhaltiger Erdstoff *m*
cohesive strength *(Bod)* Kohäsionsfestigkeit *f*
coign *s.* quoin
coil *v* 1. *(BM, BT)* (auf)wickeln; 2. *(BM, BT)* sich rollen
coil 1. *(HLK)* Heiz(rohr)schlange *f*, Schlangenrohr *n*; 2. *(BM, Te)* Rolle *f (z. B. von Draht)*; 3. *(El)* Wendel *f*; 4. *(BT)* Spule *f*, Spirale *f*
coil coating *(OB, Te)* Walzlackieren *n*
coil spring *(BT)* Spiralfeder *f*
coiled expansion loop *(BT, HLK, WVA)* Ausgleichbogen *m (Rohrleitungen)*
coin 1. *(Konst)* Ecke *f*; Gebäudeecke *f*; 2. *(BT)* Keil *m*
coincide *v* 1. *(Te)* zusammenfallen *(zeitlich)*; 2. *(BT, Konst, Te)* übereinstimmen, sich decken

C

coir building mat *(BT, DIS)* Kokosfaserdämmmatte *f*
coir door mat *(BM, BT)* Kokosmatte *f*
coir insulation material *(BM, DIS)* Kokosfaserdämmstoff *m*
coir mat *(BT, DIS)* Kokosfaserdämmmatte *f*
coir wallboard *(BT, DIS)* Kokoswandplatte *f*
coke *v (HLK, Te)* verkoken
coke-fired *(HLK)* koksgefeuert
coke furnace *(HLK)* Koksfeuerung *f*
coky centre *(BM, St)* Fadenlunker *m*
col *(Bod)* Gebirgspass *m*
colarin *(Arch)* Abazissus *m*, Halsstück *n (z. B. einer dorischen oder ionischen Säule)*
Colcrete *(BM)* Colcretebeton *m*, Prepaktbeton *m*, kolloidaler Beton *m*, Ausgussbeton *m*, Fließbeton *m*
cold application *(OB, Te)* Kaltauftragung *f*, Kaltaufbringung *f*
cold asphalt *(AE) s.* cold bitumen
cold asphaltic cover *(Verk)* Kaltasphaltbelag *m*
cold-bend *v (Te)* kaltbiegen
cold bending *(Te)* Kaltbiegen *n*
cold-bending test *(BM)* Kaltbiegeprüfung *f (Stahl)*
cold bitumen *(BM, Verk)* Kaltbitumen *n*, Kaltasphalt *m*, Kaltmischgut *n (Straßenbau)*
cold bituminous cover *(Verk)* Kaltasphaltbelag *m*
cold-bonding adhesive *s.* cold-setting adhesive
cold bridge *(DIS, HLK)* Kältebrücke *f*
cold-cathode (fluorescent) tube *(El)* Leuchtröhre *f*; Neonröhre *f*
cold cellar *(Konst)* Kartoffelkeller *m*
cold check *(AE) (BM)* Temperaturschwankungsriss *m*, Thermoriss *m*, Wärmeriss *m (Holz)*
cold chisel *(BWG)* Hartmeißel *m*, Kalt(schrot)meißel *m*
cold coat *(BM, OB)* Kaltanstrich *m*
cold colour asphalt *(BM, Verk)* farbiger Kaltasphalt *m*, farbiges Kalt(asphalt)mischgut *n*, Kaltfarbasphalt *m*
cold-curing *(BM, Te)* kalthärtend *(Kunststoffe)*; kaltabbindend
cold-curing bonding agent *s.* cold-setting adhesive
cold-curing paint *(BM)* Reaktionslack *m*, Komponentenlack *m*, kalthärtender Lack *m*
cold-curing resin *(BM)* Reaktionsharz *n*
cold-drawn steel *(BM, St)* kaltgezogener Stahl *m*, Blankstahl *m*
cold-drive *v (St, Te)* kaltschlagen *(Niete)*
cold-driven rivet *(BM, St)* Kaltniet *m*
cold expanding *(BT, Te)* Kaltaufweiten *n (Rohr)*
cold extraction *(BM, Te)* Kaltextraktion *f*
cold feed *(BM, Te)* Kaltzugabe *f (Mischwerk)*
cold-finished bar *(BT, St)* kaltgewalzter Stab *m*
cold flow Materialverformung *f* unter konstanter Spannung
cold forming *(St, Te)* Kaltverformung *f (von Baustahl)*
cold glue *(BM)* Kaltleim *m*
cold glueing *(BM, Te)* Kaltleimung *f*
cold-hardening *(BM)* kalthärtend
cold hardening material *(BM)* Kaltplastikmasse *f*
cold inspection *(VR)* Sichtprüfung *f*, Prüfung *f* nach Augenschein
cold insulant [insulating material] *(BM, DIS)* Kältedämmstoff *m*, Kälteisoliermaterial *n*
cold insulation *(DIS)* Kältedämmung *f*; Kälteschutz *m*
cold joint *(Te)* Frischbetonansatz *m (an erhärtetem Beton)*
cold-laid *(BM, Te)* kaltverlegt
cold-laid asphalt concrete *(BM, Verk)* kalteinbaufähiger Asphaltbeton *m*
cold laying *(Te)* Kaltverlegung *f*
cold light *(El)* kaltes Licht *n*
cold liquid coating *(BM, OB)* Kaltanstrichmittel *n*, Kaltanstrichstoff *m*; kaltverarbeitbares Beschichtungsmittel *n*
cold mastic *(BM, Verk)* Kalt(asphalt)mastix *m*
cold milling *(Te, Verk)* Kaltfräsen *n (Asphalt)*
cold mix *s.* cold mixture
cold-mix asphalt *(BM, Verk)* Asphaltkaltmischgut *n*
cold mixture *(BM)* Kaltmischgut *n*, Asphaltkaltgemisch *n*
cold patch [patching] *(Te, Verk)* Kaltflickung *f*, Kaltmischguteinbau *m (Straßenoberfläche)*
cold pavement *(Konst, Verk)* Kalt(asphalt)belag *m (Verkehrsflächen)*
cold pie *(Te)* Mörtelüberstand *m*
cold plastic marking material *(Verk)* Kaltplastikmarkierung *f*, Kaltplastikmarkierungsstoff *m*
cold-pour *v (BM, Te)* kaltvergießen
cold pourable *(BM, Te)* kaltvergießbar
cold-poured *(BM, Te)* kaltvergossen
cold-press *v (Te)* kaltpressen
cold-process roofing *(Konst, Te)* Bedachung *f* mit Kaltkleber, Dachpappeneindeckung *f* mit bituminösen Kaltbindemitteln
cold recycling construction *(Te, Verk)* Kaltrecyclingbauweise *f*
cold-resistant *(BM)* kältebeständig
cold-resisting property *(BM)* Frostbeständigkeit *f*
cold-rivet *v (St)* kaltnieten
cold riveting *(St)* Kaltnietung *f*
cold-rolled *(BM)* kaltgewalzt
cold-rolled steel *(BM, St)* Kaltwalzstahl *m*, kaltgewalzter Stahl *m*
cold rolling *(Te)* Kaltwalzen *n*
cold roof *(Konst)* Kaltdach *n*
cold room *(DIS, HLK, Konst)* Kaltlagerraum *m*
cold sealing 1. *(OB)* Kaltversiegelung *f (offenporiger Oberflächen)*; 2. *(DIS, OB)* kaltverarbeitbare Sperrung *f (Mauerwerkanstrich)*
cold-setting adhesive *(BM)* Kaltkleber *m*, Reaktions(komponenten)kleber *m*
cold-short *(BM)* kaltbrüchig, kaltspröde *(Metall)*
cold shortness *(BT)* Kaltbrüchigkeit *f*
cold shut 1. *(BB)* Betongussfehlstelle *f (z. B. Einschnürstelle, Falte)*; 2. *(St)* Kaltschweißstelle *f*
cold storage *(BM, Te)* Kaltlagerung *f*, Kühlhausaufbewahrung *f*
cold-storage depot *(Arch, DIS, HLK, Konst)* Kühlhaus *n*
cold-storage door *(BT, DIS, Konst)* Kühlraumtür *f*, gedämmte Tür *f*
cold-storage room *(DIS, HLK, Konst)* Kühlraum *m*
cold store *(Arch, DIS, HLK, Konst)* Kühlhaus *n*; Kühlraum *m*
cold-strained 1. *(BM)* kaltverfestigt; 2. *(BM)* kaltgereckt *(Stahl)*
cold strengthening *(BM, Te)* Kaltverfestigung *f (z. B. von Kleber, Asphalt, Bindemitteln)*
cold surface treating bitumen *(BM, Verk)* Kaltbitumen *n* für Oberflächenbehandlung
cold tar *(BM)* Kaltteer *m*
cold underfoot *(DIS, HLK, Konst)* fußkalt *(Wohnung)*
cold-water line *(HLK, WVA)* Kaltwasserleitung *f*
cold-water paint *(BM)* wasserverdünnbarer Anstrichstoff *m*
cold-water service [supply] *(HLK)* Kaltwasserversorgung *f*
cold weather protection *(DIS, Konst)* Kaltwetterschutz *m*
cold welding *(BM, Te)* Kaltpressschweißen *n*, Kaltschweißen *n*
cold-worked steel *(BM)* kaltverformter Stahl *m*
cold working *(BM, Te)* Kaltverformung *f (von Baustahl)*; Kaltbearbeitung *f*
coldhouse *(Arch, HLK, LB)* niedrigtemperiertes Gewächshaus *n*
coliseum *(Arch)* Sportarena *f*; Kolosseum *m*

collapse *v* 1. *(Stat)* einstürzen, einfallen, zusammenstürzen; zusammenbrechen; versagen; 2. *(Stat)* knicken
collapse 1. *(Stat)* Einsturz *m*; Zusammenbruch *m*; 2. *(Stat, VR)* Versagen *n*
collapse condition *(Stat)* Einsturzbedingung *f*
collapse load *(BM, Stat)* Bruchlast *f*, Einsturzlast *f*; Traglast(grenze) *f*
collapse test *(HLK, WVA)* Druckprüfung *f*, Druckversuch *m* *(Leitungsrohre)*
collapsible *(BT)* zusammenklappbar, zusammenlegbar; Falt...; demontierbar
collapsible funnel *(BT, HLK)* Klappschornstein *m*
collapsible steel shuttering *(Te)* demontierbare Metallschalung *f*
collapsing loading *(Stat)* Knickbelastung *f*
collapsing stress *(Stat)* Knickspannung *f*; Knickbelastung *f*
collar 1. *(BT)* Hals *m*, Wulst *m(f)*, Manschette *f*; 2. *(BT)* Abstandsring *m*, Ring *m*; 3. *s.* collar beam
collar beam *(Hb)* Kehlbalken *m*, Querriegel *m*, Traverse *f*
collar beam roof *(Konst)* Kehlbalkendach *n*
collar brace *(BT, Konst)* Kehlbalkenverstärkungsglied *n*
collar joint *(BT, Konst)* Kehlbalken-Sparren-Verbindung *f*
collar rafter *s.* collar beam
collar roof with strut *s.* collar beam roof
collar tie *(BT)* Kehlbalkenholzanker *m*
collar tie roof *(Konst)* Kehlbalkendach *n*
collaring 1. *(Te)* Verfugen *n* unter überhängenden Platten; 2. *(BT)* Halsglied *n (z. B. bei Säulen)*
collarino *s.* colarin
collateral warranty *(VR)* kollaterale Gewährleistung *f*
collecting basin *(HLK, San, WVA)* Sammelbehälter *m*
collecting flue *(HLK, Konst)* Sammelfuchs *m (Schornstein)*
collecting hopper *(BWG, Te)* Sammeltrichter *m*
collecting line [main] *(El, HLK, San, WVA)* Sammelleitung *f*
collecting pipe *(San)* Sammelrohr *n*
collecting pond *(Erdb, San, Wsb, WVA)* Sammelbecken *n*
collecting receiver [tank] *(HLK, WVA)* Sammelbehälter *m*
collection *(Umw)* Einsammeln *n*, Abfuhr *f*, Abholen *n*
collection tank *(HLK, WVA)* Sammeltank *m*
collective dwellings *(Konst, RP)* Kollektivwohnungsbau *m*
collective grains *(BM)* Körnerkollektiv *n*
collector 1. *(WVA)* Kollektor *m*, Sammler *m*, Sammelkanal *m* *(Abwasser)*; 2. *(HLK)* Abscheider *m*, Entstauber *m*
collector ditch *(Erdb, WVA)* Sammelgraben *m*
collector drain *(WVA)* Hauptsammler *m (Abwasser)*
collector ring *(WVA)* Sammelring *m (Abwassersystem)*
collector road [street] *(Verk)* Zubringerstraße *f*, Zubringer *m*
College of Applied Art *(Arch)* Kunstgewerbeschule *f*
College of Architecture *(Arch)* Architekturhochschule *f*
College of Design *(Arch)* Hochschule *f* für Gestaltung
College of Fine Art *(Arch)* Hochschule *f* für bildende Kunst
collegiate church *(Arch)* Stiftskirche *f*
colliery *(Bod, Konst, RP)* Steinkohlenbergwerk *n*; Kohlengrube *f*
colliery spoil *(BM)* Waschberge *f*, Kohlegrubeabfall *m*
collimate *v (El, Verm)* kollimieren, Strahlen bündeln, Strahlen parallelisieren
collimation line *(Verm)* Durchfluchtungslinie *f*, Sehlinie *f*
collision *(Te, Verk)* Zusammenstoß *m*, Stoß *m*
colloidal kolloidal, kolloid, unlöslich
colloidal clay *(Bod)* kolloider Ton *m*
colloidal concrete *(BM)* Kolloidbeton *m*
colloidal dispersion *(BM)* Kolloidlösung *f*
colloidal emulsion *(BM)* Kolloidemulsion *f*
colloidal grout *(BM)* Kolloidfeinmörtel *m*, Kolloidschlämme *f*
colloidal mixer *(BWG)* Kolloidmörtelmischer *m*
colloidal mortar *(BM)* Kolloidmörtel *m*
colloidal soil *(Bod)* Kolloiderdstoff *m*
colloidal solid substance *(BM)* kolloide Festsubstanz *f*
Cologne colombage *(Arch, Konst)* Halbhölzerkonstruktion *f*
Cologne earth *(AE) (BM)* Ockerbraun *n (aus amerikanischem braunem Ton)*
colonette 1. *(BT, TK)* kleine Säule *f*; 2. *(Arch)* Ziersäulchen *n*, schmale Dekorationssäule *f*
Colonial architecture *(Arch)* Kolonialarchitektur *f (in den USA, 18. Jh.)*
colonial house *(Arch)* Kolonialstilhaus *n*
Colonial Revival *Architektur in den USA Ende des 19./Anfang des 20. Jahrhunderts unter Verwendung kolonialer und georgianischer Elemente für Banken, Kirchen und Vorstadtsiedlungen*
colonial siding *(AE) (Hb)* großflächige Stülpschalung *f*
Colonial style *s.* Colonial architecture
colonnade *(Arch, Konst, TK)* Kolonnade *f*, Säulengang *m*, Arkade *f*
colonnette 1. *(BT, TK)* kleine Säule *f*; 2. *(Arch)* Ziersäulchen *n*, schmale Dekorationssäule *f*
colophony *(BM)* Kolophonium *n*, Spiegelharz *n*, griechisches Pech *n*, Terpentinharz *n*
color *(AE) s.* colour
color cement *(AE) (BM)* Farbzement *m*
colorimeter *(BWG)* Farbmesser *m*
colossal order *(Arch)* Kolossalordnung *f*, Riesenordnung *f* *(über mehrere Geschosse reichende Säulenordnung)*
colossal statue *(Arch)* Riesenstatue *f*, Kolossalfigur *f*
colossal temple *(Arch)* Riesentempel *m*
colosseum *(Arch, RP)* Sportarena *f*; Kolosseum *n*
colour *v (BM)* färben; sich (ver)färben
colour *(BM)* Farbe *f*
colour agglutinant *(BM)* Farbbindemittel *n*
colour-coated steel *(BM)* farbbeschichteter Stahl *m*
colour coding *(BM, VR)* Farbmarkierung *f*
colour condition *(Arch)* farbliche Umfeldgestaltung *f*
colour coordinates *(Arch)* Farbkoordinaten *fpl*
colour fading *(OB)* Farbschwund *m*
colour fastness *(OB)* Farbechtheit *f*, Farbbeständigkeit *f* *(von Materialien)*; Lichtechtheit *f*
colour for limewash *(BM)* Kalkfarbe *f*
colour grinder *(BWG)* Farbmühle *f*
colour marking *(BT, VR)* Farbkennzeichnung *f (von Rohren)*
colour measuring instrument *(BWG)* Farbmessgerät *n*
colour mixing *(BM)* Farbmischung *f*
colour retention 1. *(BT)* Farbhaltung *f*; 2. *s.* colour stability
colour space *(Arch)* Farbraum *m*
colour stability *(OB)* Farb(ton)beständigkeit *f*, Farbechtheit *f*
colour tile *(BT)* Farbfliese *f*
colour undertone *(OB)* Unterton *m (Farbe)*
coloured *(BT)* gefärbt; (mehr)farbig, bunt
coloured aggregate *(BM)* farbiger Zuschlag(stoff) *m*
coloured cement *(BM)* Farbzement *m*, farbpigmentierter Zement *m*
coloured concrete 1. *(BM)* farbpigmentierter Mischbeton *m*; 2. *(BB, OB)* farbig gestrichener Festbeton *m*
coloured finish *(BM)* farbpigmentierter Putzmörtel *m*
coloured glass *(BM)* Farbglas *n*, Buntglas *n*
coloured lake Farblack *m*
coloured laminated glass *(BM)* Farbverbundglas *n*
coloured marble *(BM)* Buntmarmor *m*
coloured pigment *(BM)* Farbpigment *n*
coloured surfacing *(BM)* farbiger Belag *m*
colourfast *(BM, OB)* farbecht, farbbeständig *(Materialien)*; lichtecht
colouring 1. *(BM, Te)* Färben *n*, Färbung *f*; Farbgebung *f*; 2. *s.* colouring matter; 3. *(Arch)* (farbige) Verzierung *f*

C

colouring for cement *(BM)* Farbzusatz *m* zum Zement
colouring material *s.* colouring matter 1.
colouring matter 1. *(BM)* Farbstoff *m*, färbende Substanz *f*, Farbmittel *n*; 2. *(OB)* aufgetragene Farbe *f*
colouring of cement *(BM)* Färbung *f* des Zements
colouring pigment *(BM)* Farbpigment *n*
colourless *(BM)* farblos
colourless glass *(BM)* ungefärbtes Glas *n*, Klarglas *n*
columbarium *(Arch)* Columbarium *n*, Kolumbarium *n*, antikes Urnenhaus *n (Gewölbe oder Nische mit Vertiefungen für Urnen)*
columbary *(Konst)* Taubenhaus *n*
columella *(Arch)* Dekorationssäule *f*
column 1. *(Arch)* Säule *f (mit rundem Querschnitt, bestehend aus Basis, Schaft und Kapitell)*; 2. *(Konst, TK)* Stütze *f*, Pfeiler *m*; Mast *m*; Stiel *m*; 3. *(Konst, Stat)* Stab *m*, Knickstab *m*, Vertikalstab *m*
column analogy *(Arch)* Säulenanalogie *f*
column anchorage *(BT, Konst)* Stützenverankerung *f*
column architecture *(Arch, Konst)* Säulenbaukunst *f*
column bar *(Konst, TK)* Stützenstab *m*
column base plate *(BT, Konst)* Säulengrundplatte *f*, Aufstandsplatte *f*
column basilica *(Arch)* Säulenbasilika *f*
column bent *(Konst)* Stützenquerrahmen *m*
column bracket 1. *(BWG)* Mastausleger *m*; 2. *(BT, Konst)* Stützenkonsole *f*
column cap *(BT)* Stützenkopfplatte *f*
column capital *(Arch, Konst)* Säulenkapitell *n*; Pilzkopf *m*, pilzförmiger Stützenkopf *m*
column clamp *(BT, Te)* Stützenschalungsklammer *f*
column condition *(Stat)* Stützenbedingung *f*
column connection *(BT, Konst)* Stützenanschluss *m*
column construction *(Konst, Te)* Stützenbau *m*
column cross section *(Konst)* Stützenquerschnitt *m*
column design *(Stat)* Stützenbemessung *f*
column drum *(BT, Konst)* Säulentrommel *f*
column end moment *(Stat)* Stützenendmoment *n*
column figure *(Arch)* Säulenfigur *f*
column flange *(BT)* Stützenflansch *m*
column footing *(BT, Erdb, Konst)* Stützenfundament *n*, Einzelfundament *n (unterer Teil der Säule)*
column form *(BT, Te)* Stützenschalung *f*
column foundation *(Erdb)* Säulenfundament *n (in der Erde)*
column-free *(Konst)* stützenfrei
column grid (pattern) *(Konst)* Stützenraster *m*
column head *s.* column capital
column hinge *(BT)* Stützengelenk *n*
column lining *(BT, OB)* Stützenverkleidung *f*
column load *(Stat)* Stützenlast *f*
column movement *(Konst)* Stützenbewegung *f*
column muffle attachment *(BT)* Säulenmuffe *f*
column neck *(BT)* Halsglied *n*
column of a bridge *(Br)* Brückenpfeiler *m*
column of water *(WVA)* Wassersäule *f*
column opening *(Konst)* Stützenöffnung *f*
column pattern *(Konst)* Stützenraster *n*
column pedestal *(Konst)* Sockel *m*, Säulenunterbau *m*
column radiator *(HLK)* Röhrenheizkörper *m*
column reinforcement *(BT, Te)* Säulenbewehrung *f*, Stützenbewehrung *f*
column rigidity *(Stat)* Säulensteifigkeit *f*
column section *(Konst)* Stützenquerschnitt *m*; Stützenanschluss *m*
column shaft *(BT)* Säulenschaft *m*
column shafting *(Arch, Konst)* Säulenschaftanordnung *f*
column shape *(Konst)* Säulenform *f*
column shuttering panel *(BT, Te)* Stützenschalungstafel *f*
column side *(BT, Te)* Stützenschalungstafel *f*, vertikales Element *n* der Stützenschalung
column socle *(BT)* Säulenfuß *m*
column spacing *(Konst)* Stützenabstand *m*
column splice *(Konst)* Säulenstoß *m*
column stiffness *(Stat)* Stützensteifigkeit *f*
column strength *(BM)* Stützenfestigkeit *f*; Knickfestigkeit *f*
column stress *(BM)* Knickspannung *f*
column strip *(BT)* Säulendeckenteil *m*, Säulendeckplatte *f*
column test *(BM)* Knickprüfung *f (Stahl)*
column-to-column joint *(BT, TK)* Stützen-Stützen-Verbindung *f*
column-to-slab connection *(BT, TK)* Stützen-Decken--Verbindung *f*
column width *(BT)* Säulenbreite *f*
column with ball and socket seating *(Konst, TK)* Pendelsäule *f*
column with capital *(Arch, TK)* Kapitellsäule *f*
column with services *(Konst, San)* Installationsstütze *f*
columnar *(Arch)* säulenförmig, säulenartig
columnar basalt *(BM, Bod)* Säulenbasalt *m*
columnar building *(Arch)* Säulengebäude *n*
columnar interior *(Arch)* Säulenhalle *f*, Säulensaal *m*
columnar ornament *(Arch)* Säulenornament *n*
columnar portal *(Arch)* Säulenportal *n*
columnar structure *(BM, Bod)* Säulentextur *f (Stein)*; Stängelstruktur *f (Minerale)*
columnar style *(Arch)* Säulenstil *m*
columned hall *(Arch)* Säulenhalle *f*, Säulenraum *m*
columnless *(Konst)* stützenfrei
comb *v (Te)* kämmen, kammscharrieren *(Naturstein)*
comb 1. *(BT)* Firsthaube *f*, Firstkamm *m*; 2. *(BWG)* Putzkamm *m*, Putzkratzer *m*, Kamm *m*
comb board *(BT, Hb)* gekerbtes Dachsattelbrett *n*
comb cut *(Konst)* Sparrenschnitt *m*
comb plaster *(OB)* Kammputz *m*
comb rendering *(OB)* Kammverputz *m*
comb structures *(OB)* Kammstruktur *f*
combed *(OB)* gekämmt, kammgestrichen, aufgekratzt *(Oberflächen)*
combed-finish tile *(BT)* gerillte Platte *f*
combed joint *(Hb)* Kammverbindung *f*, Kamm *m*
combed stucco *(OB)* Kammputz *m*
combination column *(BT, TK)* Verbundstütze *f*, Verbundsäule *f (Formstahl und Beton)*
combination door *(BT)* Verbundtür *f*
combination faucet *(AE) (San)* Wassermischbatterie *f*, Mischbatterie *f*
combination lock *(EB)* Kombinationsschloss *n*, Zahlenkombinationsschloss *n*, Ziffernschloss *n*
combination plane *(BWG)* Kombinationshobel *m*
combination pliers *(BWG)* Kombizange *f*, Kombinationszange *f*
combination square *(BWG, BT)* Universalwinkel *m*
combination stair *(Konst)* kombinierte Zugangs- und Haupttreppe *f*
combination stopper *(BM)* Kombinationsspachtelmasse *f*
combination window 1. *(BT)* Verbundfenster *n*; 2. *(BT)* auswechselbares Doppelfenster *n*
combinatorial analysis *(Stat)* Kombinatorik *f*
combine *v (Te)* kombinieren, verbinden; zusammensetzen; zusammenbauen; sich verbinden *(mechanisch oder chemisch)*
combined aggregate *(BM)* gemischter Betonzuschlag(-stoff) *m*, Zuschlagstoffgemenge *n*
combined-aggregate grading *(BM)* Zuschlagkorngrößenverteilung *f*, Korngrößenverteilung *f* eines gemischten Zuschlagstoffs [Zuschlags]

combined bending and axial load *(Stat)* Biegung *f* mit Längskraft
combined building sewer kombinierte Regen- und Abwasserleitung *f*, Mischwasserkanal *m*
combined concrete aggregate Betonzuschlagstoffgemenge *n*
combined crushing and screening plant Siebbrecher *m*
combined curve Kurvenzug *m (Straße)*
combined direct and bending stress *(Stat)* Spannungen *fpl* aus Längskraft und Biegung
combined drain *(Konst, Wsb, WVA)* gemeinsamer Durchlass *m*
combined drainage *(WVA)* Mischentwässerung *f*
combined drainage system *(WVA)* Mischkanalisation *f*, Mischsystem *n*
combined footing *(Erdb, Konst)* verbundene Fundamentplatte *f (für mehrere Stützen)*
combined heating and hot water supply system *(HLK, San, WVA)* kombinierte Heizung *f* und Warmwasserversorgung *f*
combined kitchen and living room *(EB)* Wohnküche *f*
combined load *(Stat)* zusammengesetzte Last *f*
combined materials *(BM)* Gemenge *n*, Gemisch *n*
combined paver *(BWG)* Mischerfertiger *m*, Mischfertiger *m* für Straßendecken
combined Rabitz wire cloth and reed lathing *(BT)* Rabitzmatte *f*
combined rail and road transport facilities *(Verk)* Schiene-Straße-Verkehrsanlagen *fpl*
combined service ceiling *(BT, Konst)* Decke *f* mit verdeckten Versorgungsleitungen
combined sewer *(WVA)* Mischwasserkanal *m*, Mischwassersammler *m*, kombinierte Regen- und Abwasserleitung *f*
combined sewerage system *(WVA)* Misch(wasser)-system *n*, Mischkanalisation *f (Entwässerung)*
combined stresses *(Stat)* zusammengesetzte Spannungen *fpl*
combined style *(Arch)* Mischstil *m*
combined system *s.* combined sewerage system
combined transport *(Verk)* kombinierter Verkehr *m*
combined truss and plate bridge *(Br)* Plattenbalkenbrücke *f*
combined ventilation system *(Tun)* Kombientlüftungssystem *n*, kombiniertes Ventilationssystem *n*
combined water *(BM)* chemisch gebundenes Wasser *n*
combing 1. *(Hb, Konst, St)* Firstpfette *f*; 2. *(Hb)* Verkämmen *n (von Dachsparren)*; 3. *(OB)* Kämmen *n (Außenputz)*; Aufbringen *n* von Kammstreifenmustern *(auf frischer Farbe)*; Abglätten *n* einer Werksteinoberfläche
combplate *(EB)* Zahnplatte *f (an einer Rolltreppe)*
combustibility *(BM, BT)* Brennbarkeit *f*
combustibility grading period *(BT, VR)* Brennbarkeitsklasse *f*
combustible *(BM, BT)* (ver)brennbar, verbrennlich; feuergefährlich
combustible material *(BM)* brennbarer Stoff *m*
combustion *(HLK)* Verbrennung *f*
combustion air *(HLK)* Verbrennungsluft *f*
combustion chamber *(HLK)* Verbrennungskammer *f*, Brennkammer *f*, Feuerraum *m*
combustion rammer *(BWG)* Explosionsramme *f*
combustion rate *(BM)* Verbrennungsgeschwindigkeit *f (eines Baustoffs)*
come *v* **through** *(DIS)* durchschlagen *(Feuchtigkeit, Wasser)*
come-along 1. *(BWG)* Betonhandverteiler *m*, Betonverteilschwapper *m*; 2. *(BWG)* Seilzug *m*
comfort chart *(HLK)* Behaglichkeitszonenkarte *f*, Komfortzonenkarte *f*
comfort condition *(HLK)* Behaglichkeitsbedingung *f*
comfort curve *(El)* Behaglichkeitskurve *f (Beleuchtung)*
comfort humidification *(HLK)* Komfortbefeuchtung *f*
comfort index *(HLK)* Behaglichkeitsindex *m*
comfort station *(AE) (Konst, San)* Bedürfnisanstalt *f*, öffentliche Toilette *f*
comfort temperature *(HLK)* Behaglichkeitstemperatur *f*, Komforttemperatur *f*
comfort zone *(HLK)* Behaglichkeitszone *f*
comfortable feeling *(HLK)* Behaglichkeitsgefühl *n*
coming-up to grass *(Erdb)* Ausstreichen *n*, Schichtenausstrich *m*
commemorative arch *(Arch)* Ehrenbogen *m*, Gedenkbogen *m*
commemorative church *(Arch)* Gedächtniskirche *f*
commemorative hall *(Arch)* Memorialhalle *f*, Gedächtnishalle *f*
commemorative stone *(Arch)* Gedenkstein *m*
commemorative structure *(Arch)* Memorialbau *m*, Gedächtnisbau *m*; Gedenkmonument *n*
commencement of setting *(BB, BM)* Erhärtungsbeginn *m*
commercial architecture *(Arch)* kommerzielle Architektur *f*
commercial area *(RP)* Gewerbegebiet *n*
commercial block *(Arch)* Geschäftsgebäude *n*, Geschäftshaus *n*
commercial building *(Arch)* Geschäftsbau *m*, gewerbliches Gebäude *n*
commercial centre *(Arch, RP)* Einkaufs- und Dienstleistungszentrum *n*
commercial form *(VR)* Handelsform *f*
commercial grade *(VR)* Handelsgüte *f*
commercial length *(BM, BT, VR)* Handelslänge *f*
commercial loan *(VR)* Warenkredit *m*
commercial name *(VR)* handelsübliche Bezeichnung *f*
commercial occupancy *(VR)* gewerbliche Nutzung *f*
commercial premises *(VR)* bebautes Geschäftsgrundstück *n*
commercial projected window *(AE) (BT)* Industriefenster *n*
commercial quality *(VR)* Handelsgüte *f*
commercial sewage *(Umw, WVA)* gewerbliche Abwässer *npl*
commercial standard *(VR)* handelsüblicher Standard *m*; technische Güte- und Lieferbestimmung *f*
commercial stone-crushing plant *(BWG)* Schotterwerk *n*
commercial timber *(BM, Hb)* Nutzholz *n*
commercial tolerances *(BT, Te)* Toleranzmaß *n*
commercial tower *(Arch)* Geschäftshochhaus *n*
commercial transport(ation) *(Verk)* Wirtschaftsverkehr *m*
commercial type *(VR)* Handelsform *f*
commercial value *(VR)* Gebäudeertragswert *m*
commercial vehicle *(BWG)* Nutzfahrzeug *n*; Baustellenfahrzeug *n*
commercial waste *(Umw)* gewerblicher Abfall *m*, Industrieabfall *m*
comminute *v (BM, Te)* zerkleinern; zerreiben
comminution plant *(BWG)* Zerkleinerungsanlage *f*
commission *v (VR)* beauftragen; in Auftrag geben
commissioning *(VR)* Inbetriebnahme *f*
commitment *(BT)* Festlegung *f*; Verpflichtung *f*
commode step *(BT)* ausgezogene [ausladende] Antrittsstufe *f*
commode-type toilet *(BT, San)* Sitztoilette *f*
common *(VR)* Gemeindeland *n*, *(historisch)* Allmende *f*

C

common area *(Arch, Konst)* Gemeinschaftsnutzfläche *f (für die Bewohner eines oder mehrerer Häuser)*
common ashlar *(BM, BT)* hammerbehauener Steinblock *m*
common beech *(LB)* Weißbuche *f*
common black pitch *(BM)* Schwarzpech *n*
common bond *(SB)* amerikanischer Verband *m (nur jede fünfte Lage besteht aus Bindern)*
common brick *(BM)* Hintermauerziegel *m*
common carport *(Konst)* Gemeinschaftsstellplatz *m* mit Überdachung
common clay *(BM)* Lehm *m*
common consumer system *(Arch, RP)* Gemeinschaftsanlage *f*
common dovetail *(Hb)* Eckverzinkung *f* mit sichtbarer Holzschnittfläche
common joist *(BT, TK)* Deckenträger *m*, Deckenbalken *m*; Holzdeckenbalken *m*
common lap *(Te)* halbe Schindelüberlappung *f*
common lighting *(El)* Allgemeinbeleuchtung *f*
common lime *(BM)* Luftkalk *m*
common mica *(BM, Bod)* Muskovit *m*, Kaliglimmer *m*
common pitch *(BM)* Schwarzpech *n*
common practice *(Te)* übliches Verfahren *n*
common property *(VR)* Gemeineigentum *n*
common rafter 1. *(BT, TK)* Leersparren *m*, Zwischensparren *m*; 2. *(BT, TK)* Bindersparren *m*, rechtwinkliger Dachsparren *m (durchgehender Sparren vom Dachfuß zum Dachgrat)*
common rock salt *(BM, Bod)* Steinsalz *n*
common room *(Arch, BT, Konst)* Gemeinschaftsraum *m*, Aufenthaltsraum *m*, Tagesraum *m*
common services *(Arch, RP)* Gemeinschaftseinrichtungen *fpl*
common sewer *(WVA)* gemeinsamer Mischwasserkanal *m*
common timbers *(BM, Hb)* Handelshölzer *npl*
common trunk *(El)* gemeinsames Leitungsbündel *n*
common truss frame *(BT, Konst)* Leergebinde *n*
common wall *(BT)* Brandmauer *f*; Wohnungstrennwand *f (zweier angrenzender Häuser)*; Grundstücks(begrenzungs)mauer *f (zwischen zwei angrenzenden Reihenhäusern)*; Markmauer *f*
common washroom *(BT, Konst)* Gemeinschaftswaschraum *m*
commons *(AE) (Arch, VR)* Mensa *f (in Colleges)*
communal building *(Arch)* Kommunalgebäude *n*
communal consumer system *(RP)* Gemeinschaftsanlage *f*
communal kitchen *(EB, Konst)* Gemeinschaftsküche *f*
communal premises *(EB, Konst)* Gemeinschaftsräume *mpl (Innen- und Außenräume)*
communal services *(RP)* Gemeinschaftseinrichtungen *fpl*
commune *(VR)* Gemeinde *f*
communicating frame *(BT)* Doppelanschlagrahmen *m (für zwei Einzelschwingtüren)*
communication system *(BT, EB)* Fernmeldeanlage *f*; Übermittlungsanlage *f*
community *(VR)* Gemeinde *f*; Siedlung *f*; Gemeinwesen *n*
community administration building Gemeindeverwaltungsgebäude *n*
community aerial *(BT)* Gemeinschaftsantenne *f*
community architecture *(Arch)* volksnahe Architektur *f (zweckfunktionell)*
community building *(Arch)* Kommunalgebäude *n*
community building construction *(Arch, RP)* Kommunalbauwesen *n*, Gesellschaftsbau *m*
community centre *(Arch, Konst, RP)* Kultur- und Dienstleistungszentrum *n*, kommunale Dienstleistungs- und Freizeiteinrichtung *f*
community facilities *(Arch, Konst, RP)* kommunale Dienstleistungs- und Freizeiteinrichtungen *fpl*
community-facilities plan *(RP)* Bebauungs- und Funktionsplan *m* für Dienstleistungs- und Freizeiteinrichtungen
community impact assessment *(Umw)* kommunale Wirkungsbewertung *f*
community planning *(RP)* Siedlungsplanung *f*; Gemeindeplanung *f*
community unit *(Arch, RP)* Wohnkomplex *m*
commuter *(RP, Verk)* Einpendler *m*, Pendler *m (Verkehrsplanung)*
commuter traffic *(Verk)* Berufsverkehr *m*; Pendlerverkehr *m*
commuter train *(Verk)* Vorortzug *m*, Nahverkehrszug *m*
compact *v* 1. verdichten, (zusammen)pressen; einstampfen *(z. B. Verfüllung)*; 2. *(Bod)* verfestigen
compact *v* **by tamping** verdichten durch Rammen
compact 1. *(BM)* kompakt, dicht *(Struktur)*; 2. *(Bod)* fest; massiv *(Gestein)*; 3. *(BT, Konst)* massig; gedrungen
compact bars *(BM, Hb)* Derbstangen *fpl*
compact block *(BM)* dichter Klotz *m*
compact building *(Arch, Konst)* Kompaktbau *m*
compact city *(RP)* enge Stadt *f*
compact construction *(Konst)* gedrängte Bauart *f*
compact design *(Arch, Konst)* gedrungene [kompakte] Bauform *f*
compact edge *(San)* geschlossene Kante *f*
compact gypsum *(Bod)* Gipsfels *m (dichter Gips)*
compact limestone *(BM)* dichter Kalkstein *m*, Marmorkalkstein *m*
compact living *(VR)* Wohngemeinschaft *f*
compact tension specimen *(BM, Stat)* Standardprobe *f* der Bruchmechanik
compact wood *(Hb)* Derbholz *n*
compacted *(BM)* verdichtet, verfestigt, kompaktiert
compacted backfill *(Erdb)* verdichtete Hinterfüllung *f*
compacted dry density *(BM)* Rütteldichte *f*
compacted earth fill foundation *(Erdb)* Sandpolstergründung *f*, Kiespolstergründung *f*
compacted fine material *(BM)* verdichtetes Feinmaterial *n*
compacted rock fill *(Wsb)* gewalzte Steinschüttung *f*
compacted volume *(BM, Erdb)* verdichtetes Volumen *n (z. B. eines Erdstoffs)*
compactibility *(Te)* Verdichtbarkeit *f*, Verdichtungsfähigkeit *f (z. B. von Boden)*
compactible *(Te)* verdichtungsfähig *(Boden, Sand)*
compacting *s.* compaction
compacting beam 1. *(BB, BWG)* Stampfbohle *f*; Rüttelbohle *f*; 2. *(BWG, Verk)* Glättbohle *f*
compacting by hand *(Te)* Handverdichtung *f*
compacting by tamping *(Te)* Verdichten *n* durch Rammen
compacting effort *(Te)* Verdichtungsleistung *f*, Verdichtungsaufwand *m*, Verdichtungsarbeit *f*
compacting factor *(BB, Erdb, Te)* Verdichtungsfaktor *m*, Verdichtungsquotient *m (Beton)*
compacting plant *(BWG)* Verdichtungsanlage *f*
compaction Verdichtung *f*; mechanische Erdstoffverfestigung *f*
compaction by vibration *(Te)* Vibrationsverdichtung *f*
compaction degree *(BWG)* Verdichtungsgrad *m*
compaction drum *(BWG)* Verdichtungswalze *f*
compaction factor *(BM, Erdb)* Verdichtungsfaktor *m*
compaction index *(BM, Erdb)* Verdichtungsindex *m*, Verdichtungsgrad *m*
compaction machine *(BWG)* Verdichtungsgerät *n*
compaction moisture content *(Erdb, Te)* Verdichtungswassergehalt *m*, Verdichtungsfeuchtigkeitsgehalt *m*
compaction of concrete *(BB, Te)* Betonverdichtung *f*
compaction pass *(Erdb, Te)* Verdichtungsübergang *m*

compaction pile *(Erdb)* Verdichtungspfahl *m*
compaction rammer *(BM)* Verdichtungshammer *m*, Fallhammer *m* *(Marshall-Verdichtungstest; Proctor-Test)*
compaction rate *(Erdb, Verk)* Verdichtungsgrad *m*
compaction roller *(BWG)* Verdichtungswalze *f*, Straßenwalze *f*, Walze *f*
compaction schedule *(Erdb, Verk)* Verdichtungsschema *n*, Verdichtungs(technologie)plan *m*
compaction state *(Erdb)* Lagerungsdichte *f*
compaction test 1. *(BM, Erdb)* Proctor-Test *m*, Proctor--Verdichtungsversuch *m*; 2. *(Erdb)* Verdichtungsprüfung *f*
compactness *(Erdb)* Lagerungsdichte *f*; Gedrungenheit *f* *(geometrisch)*
compactor 1. *(BWG)* Verdichter *m*, Verdichtungsgerät *n* *(Untergrundverdichtung)*; 2. *s.* compaction roller; 3. *(BM, BWG)* Stampfgerät *n* *(im Labor)*
companion flange *(BT)* passender Flansch *m*, Gegenflansch *m*
company apartment *(AE)* *(RP)* Werkswohnung *f*
company(-owned) flat *(RP)* Werkswohnung *f*
company's administration building *(Arch)* Firmenverwaltungsgebäude *n*
comparative concrete *(BB, BM)* Vergleichsbeton *m*, Probekörperbeton *m*
comparative cost analysis *(VR)* Vergleichskostenanalyse *f*
comparative strength *(BM, BT)* Vergleichsfestigkeit *f*
comparative test *(VR)* Vergleichsprüfung *f*
comparing of colours *(Arch, OB)* Farbvergleich *m*
comparison concrete *s.* comparative concrete
comparison of traffic safety *(Verk, VR)* Verkehrssicherheitsvergleich *m*
comparison stress *(Stat)* Vergleichsspannung *f*
comparison test *s.* comparative test
compartment 1. *(BT, Konst)* Feld *n* *(Gewölbe, Brücke)*; 2. *(Konst)* Gefach *n* *(Fachwerk)*; 3. *(BT, TK)* Zelle *f* *(Hohlkastenträger)*; 4. *(BT, Konst)* Zelle *f* *(Silo)*; Tasche *f* *(Bunker)*; 5. *s.* fire compartment
compartment box *(San, WVA)* Rohrverzweigungskasten *m*
compartment ceiling *(TK)* geteilte Decke *f* *(mit Deckentafeln)*; Großkassettendecke *f*
compartment division masonry wall *(BT, Konst)* durchgehende Brandmauer *f* [Brandschutzmauer *f*]
compartment floor *(BT, TK)* Branddecke *f*
compartment kiln *(BM, Hb)* Holztrockenofen *m* mit Mehrkammersystem
compartment wall *(BT, Konst)* Brandmauer *f*, Brandschutzmauer *f*
compass 1. *(Verm)* Kompass *m*, Bussole *f*; 2. *s.* compasses
compass block *(BM)* Radialstein *m*, Ringblockstein *m*
compass brick *(BM)* Radialziegel *m*, Ringziegel *m*, Keilziegel *m*
compass-headed arch *(Arch, Konst)* Halbbogen *m*
compass plane *(BWG)* Rundhobel *m*, Bogenhobel *m*
compass rafter *(BT, Hb, St)* gekrümmter Sparren *m*, gebogener Sparren *m*
compass roof *(Arch, Konst)* Runddach *n*, Halbbogendach *n*, Tonnendach *n*
compass saw *(BWG)* Stichsäge *f*, Lochsäge *f*, Spitzsäge *f*
compass survey *(Verm)* Kompassvermessung *f*
compass tile *(BM, BT)* Radialsteinplatte *f*, Radialstein *m*
compass timber *(Hb)* Krummholz *n*
compass window *(BT)* rundes Erkerfenster *n*; Bogenfenster *n*
compass work joinery *(EB, Te)* Bautischlerarbeit *f* mit runden Formen
compasses *(Konst)* Zirkel *m*
compatibility *(BT, Konst)* Verträglichkeit *f*, Kompatibilität *f*
compatibility condition *(Stat)* Verträglichkeitsbedingung *f*
compatibility requirement *(Konst, Stat)* Verträglichkeitsforderung *f*
compatible 1. *(BM)* verträglich; 2. *(BT)* austauschbar; 3. *(BM, OB)* mischbar *(z. B. Farben)*; kombinierbar
compatible with zinc white *(BM, OB)* zinkweißverträglich, verträglich mit ZnO
compensation *(VR)* Abfindung *f*, Entschädigungszahlung *f*
compensation device *(BT, Konst)* Kompensator *m*, Dehnungsschleife *f*, Ausdehnungsschleife *f*
compensation joint *(Konst)* Ausgleichsfuge *f*
compensation measure *(Umw)* Kompensationsmaßnahme *f*, Ausgleichsmaßnahme *f* *(bei Eingriffen in Natur und Umwelt)*
compensator jack *(Konst, Stat)* Ausgleichstrebe *f*
compensator reservoir *(HLK)* Ausgleichbehälter *m*
competence *(VR)* Kompetenz *f*, Fähigkeit *f*; Zuständigkeit *f*
competent 1. *(VR)* fachkundig; 2. *(VR)* zuständig; 3. *(BM, Bod)* standfest *(Gestein)*
competent bed (of rock) *(Erdb)* tragfähige Gesteinsschicht *f*
competition *(VR)* Wettbewerb *m*
competition design *(Arch, Konst)* Wettbewerbsarbeit *f*
competition entry *(Arch, Konst)* Wettbewerbsbeitrag *m*
competitive *(VR)* konkurrierend
competitive edge *(VR)* *(sl)* Wettbewerbsvorteil *m*
competitor *(VR)* Konkurrent *m*, Konkurrenzfirma *f*; Mitbietender *m*; Mitbewerber *m*, Wettbewerbsteilnehmer *m*
compile *v* *(Konst, VR)* zusammenstellen *(z. B. Berichte)*
complaint *(VR)* Klage *f*; Beschwerde *f*; Reklamation *f*
complementary angle *(Verm)* Ergänzungswinkel *m*, Komplementärwinkel *m*
complementary colour *(BM, OB)* Komplementärfarbe *f*
complementary load *(Stat)* Zusatzlast *f*
complementary work(s) *(VR)* Zusatzleistung *f* *(Arbeitsleistung)*; Ergänzungsleistung *f*
complete *v* 1. *(Te)* komplettieren, vervollständigen; ausbauen; 2. *(Te, VR)* beenden, fertigstellen *(Bauwerk)*
complete 1. *(VR)* vollständig, komplett; 2. *(VR)* fertiggestellt, vollendet, fertig
complete fill *(Umw)* abgeschlossene Deponie *f*, verfüllte Deponie *f*
complete restraint *(Stat)* vollständige Einspannung *f*
complete separation *(Konst)* vollständige Teilung *f*, komplette Trennung *f*
complete trellis work *(Konst, TK)* vollständige Fachwerkwand *f*
completed draft *(Konst)* fertiger Entwurf *m*
completed structure *(VR)* fertiggestellter Bau *m*
completely peeled *(BM, Hb)* weißgeschält, blankgeschält *(Holz)*
completion 1. *(Te, VR)* Komplettierung *f*; Ausbau *m* *(eines Gebäudes)*; 2. *(VR)* Beendigung *f*; Fertigstellung *f* *(eines Bauwerks)*
completion bond *(VR)* Nachauftragnehmergarantie *f*
completion cycle *(Te)* Bautakt *m*
completion date *(VR)* Fertigstellungstermin *m*
completion list *(VR)* Mängelliste *f*
completion of the interior *(Te)* Innenausbau *m*
completion of work *(Te, VR)* Fertigstellung *f* der Leistungen
completion work *(Te)* Ausbauarbeiten *fpl*
complex 1. *(BT, Konst)* zusammengesetzt; mehrteilig; 2. *(Arch)* vielgestaltig
complex *(Arch, RP)* Anlage *f*, Komplex *m*
complex frame *(BT, TK)* komplexer Rahmen *m*
complex of blocks [houses] Gebäudekomplex *m*
compliance *(VR)* Einhaltung *f* *(z. B. von Terminen)*; Erfüllung *f* *(z. B. von Bauvorschriften)*; Übereinstimmung *f*

compliance test *(VR)* Kontrollprüfung *f*, Prüfung *f* auf Vertragsgemäßheit
complicated section *(Konst)* komplizierter Querschnitt *m*
comply *v* **with the requirements** *(Stat)* den Forderungen genügen
compo 1. *(BM, BT)* Verbundmaterial *n*; 2. *(BM)* Plastikzement *m*, Härtepaste *f*; 3. *s.* compo mortar
compo mortar Kalkzementmörtel *m*, Zementkalkmörtel *m*
component 1. *(BT)* Bauteil *n*, Teil *n*; Glied *n*; 2. *(Stat)* Komponente *f (der Kraft)*; Teilkraft *f*; 3. *(BT, Konst)* Komponente *f*, Bestandteil *m*
component costs *(VR)* Einzelkosten *pl*
component force *(Stat)* Teilkraft *f*
component of deflection *(Konst)* Durchbiegungskomponente *f*
component square *(Arch, BM)* Grundquadrat *n (Mosaik)*
components for slings, self-locking hooks *(BM)* Einzelteile *mpl* für Anschlagmittel; selbstverriegelnde Haken *(EN 1677-3)*
components of mixture *(BM)* Mischgutbestandteile *mpl*; Mischgutkomponenten *fpl*
compose *v (Konst, Te)* zusammensetzen
composite *(BM, BT)* zusammengesetzt; gemischt; Verbund...
composite *(BM, BT)* Verbund(werk)stoff *m*
composite action *(Konst)* Verbundwirkung *f*
composite arch *(Arch, Konst)* gemischter Bogen *m*, Kreuzbogen *m*
composite beam *(BT, TK)* Verbundträger *m*
composite bearing structure *(TK)* Verbundtragwerk *n*, Tragverbundkonstruktion *f*
composite binder *(Verk)* Verbundbinderschicht *f*
composite board *(BT)* Verbundplatte *f*, Sandwichplatte *f*; Dämmplatte *f*
composite board including veneer-faced particle *(BT)* furnierbeplankte Spanplatte *f*
composite bridge *(Br, Konst)* Verbundbrücke *f*
composite building construction *(Konst)* Verbundbauweise *f*, Verbundbau *m*
composite capital *(Arch)* Kompositkapitell *n*, Compositkapitell *n*
composite cement *(BM)* Kompositzement *m*, Compositzement *m*
composite column *(BT, TK)* Verbundstütze *f*, Kompositsäule *f*, Compositsäule *f (Formstahl und Beton)*
composite construction *(Konst)* Verbundbau *m*
composite construction method for roofs and floors *(Konst, TK)* Dach- und Deckenverbundkonstruktion *f*
composite cross section *(Konst)* Verbundquerschnitt *m*
composite door *(BT)* beschichtete Tür *f*
composite drain *(BT, WVA)* zusammengesetzter Drän *m*; Verbundentwässerungsrohr *n*
composite fire door *(BT)* Feuerschutzverbundtür *f*
composite floor panel [slab] *(BT, TK)* Verbunddecke(nplatte) *f*
composite folded slab *(Konst, TK)* Verbundfaltwerk *n*
composite frame *(TK)* Verbundtragwerk *n*
composite framed structure *(TK)* Verbundrahmentragwerk *n*
composite girder *(BT, TK)* Verbundträger *m*, Verbundbalken *m*, Stahl-Beton-Verbundträger *m*
composite girder bridge *(Br)* Verbundbrücke *f*
composite joint *(BT, Konst)* Mehrfachverbindung *f*
composite material *(BM, BT)* Verbundmaterial *n*, Verbundwerkstoff *m*
composite member *s.* composite unit
composite noise *(Umw)* Mischgeräusche *npl*, gemischte Lärmgeräusche *npl*
composite panel *(BT)* Verbund(bau)platte *f*, Verbundtafel *f*
composite pavement *(Verk)* Straßenbefestigung *f* in Gemischtbauweise, halbstarrer Oberbau *m*
composite pile *(Erdb)* zusammengesetzter Pfahl *m*; Verbundpfahl *m*
composite profile 1. *(Erdb)* Anschnitt *m (Anschnitt und Auffüllung)*; 2. *(BT, TK)* Verbundprofil *n (Trägerprofil)*
composite roof truss *(Konst, TK)* Verbunddachbinder *m*, Fachwerkbinder *m* aus Verbundbaustoff
composite sample *(BM)* Mischprobe *f*, Durchschnittsprobe *f*
composite sheet *(BT)* Verbundplatte *f*
composite slab *(BT)* Verbundplatte *f*
composite soil *(Bod)* gemischtkörniger Boden *m*, zusammengesetzter Erdstoff *m*
composite steel and concrete structure *(BB, Konst)* Stahlverbundkonstruktion *f*, (Stahl-Beton-)Verbundbauwerk *n (EN 1994)*
composite structure *(Konst)* Verbundkonstruktion *f (EN 1994)*
composite structures *(Konst)* Verbundtragwerke *npl (EN 1994)*
composite supporting structure *(Konst, TK)* Verbundtragwerk *n*
composite truss *(Hb, Konst, St)* Stahl-Holz-Binder *m*; Verbunddachbinder *m*
composite truss frame *(TK)* zusammengesetztes Hängesprengwerk *n*
composite unit *(BT)* Verbundbauteil *n*
composition 1. *(Stat)* Zusammensetzung *f (z. B. von Kräften)*; 2. *(BM, BT)* Aufbau *m*, Zusammensetzung *f (von Stoffen)*; 3. Gemenge *n (Mischgut)*; 4. Härtepaste *f*
composition board *(BT)* Verbundplatte *f*, Pressholzbrett *n*
composition flooring *(BM, BT)* Verbundbelag *m*, fugenloser Fußbodenbelag *m*, Steinholzestrich *m*
composition material *(BT)* Verbundbaustoff *m*
composition nail *(BM)* Dachnagel *m*, Schiefernagel *m*; Messingnagel *m*
composition of concrete *(BM)* Betonzusammensetzung *f*
composition of mixture *(BM)* Gemischzusammensetzung *f*
composition roofing 1. *(DIS)* Flachdachdichtung *f*; Asphaltdachdeckung *f* mit Kiesabdeckung; *(AE)* Spachtelbedachung *f*; 2. *(BM)* Mehrlagenpappe *f (Dachpappe)*
composition(-roofing) shingle *(BM)* Pappschindel *f*, bituminöse Dachschindel *f*
composition steel beam structure *(St, TK)* Stahlträgerverbundkonstruktion *f*
compositional recipe *(BM)* Rezeptur *f*, Rezepturvorgabe *f (Mischwerk)*
compound *v* 1. *(BM)* mischen, nach Mischungsrezept herstellen; 2. zusammenstellen; zusammensetzen
compound 1. *(BM)* Mischung *f*, Gemisch *n*; 2. *(BM)* (chemische) Verbindung *f*; 3. *(BM)* Kompound *n*, (bituminöse) Vergussmasse *f*; 4. *(RP, VR)* eingefriedetes bebautes Grundstück *n (z. B. Industriegebäude)*
compound arch *(Arch, Konst)* gemischter Bogen *m*
compound beam *(BT, Hb, Konst)* zusammengesetzter Träger *m*, Verbundbalken *m (Holz)*
compound bending *(Stat)* Biegung *f* mit Normalkraft
compound bridge girder and arch *(Br, BT, TK)* verbundener Brückenträger *m*
compound chimney *(BT, Konst)* Verbundschornstein *m*
compound curve *(Arch, BT)* Korbbogen *m*
compound for building purposes *(BM)* Bauklebemasse *f*
compound girder *(BT, TK)* Verbundträger *m*
compound glass *(BM)* Verbundglas *n*, Sicherheitsglas *n*
compound intersection [junction] *(Verk)* komplexer Knotenpunkt *m*
compound load *(Stat)* zusammengesetzte Belastung *f*

compound order *(Arch)* komposite Säulenordnung *f*
compound pier *(Arch, BT)* Büschelsäule *f*, zusammengesetzter Pfeiler *m (mit Kern und ringsherum gruppierten kleinen Pfeilern)*
compound section *(Konst)* zusammengesetzter Querschnitt *m*
compound stress *(Stat)* zusammengesetzte Spannung *f*
compound unit *(BT)* Verbundbauteil *n*, vorgefertigtes Bauteil *n*
compound vault *(Arch, Konst)* zusammengesetztes Gewölbe *n*
compound wall *(BT, Konst)* inhomogene Wand *f*
compregnated wood *(AE) (BM)* Pressholz *n*, Kunst(harzpress)holz *n*; Schichtpressholz *n*
comprehensive advisory services *(VR)* (umfassende) Bauberatung *f*
comprehensive redevelopment *(RS)* komplexe Sanierung *f (größerer Wohnviertel)*
comprehensive services *(Te, VR)* komplette Baudurchführung *f (durch das beauftragte Entwurfsbüro)*
compress *v (Erdb, Stat, Te)* komprimieren, zusammendrücken, zusammenpressen; verdichten
compressed *(Stat)* gedrückt, Druck...
compressed-air caisson *(Erdb, Wsb)* Druckluftcaisson *m*
compressed-air chamber *(HLK, Wsb)* Luftkammer *f*
compressed-air drill *(BWG)* Druckluftbohrer *m*
compressed-air hammer *(BWG)* Drucklufthammer *m*
compressed-air line Druckluftleitung *f*
compressed asbestos-cement panel *(BM, BT)* gepresste Asbestbetonplatte *f*
compressed asphalt *(BM, Verk)* Stampfasphalt *m*
compressed component *(BT)* gedrücktes Bauteil *n*
compressed concrete *(BB, BM)* Stampfbeton *m*
compressed cork slab *(BM, DIS)* Presskorkplatte *f (Dämmplatte)*
compressed diagonal *(Stat, TK)* Druckdiagonale *f*
compressed element *(Stat, TK)* Druckglied *n*, Druckstab *m (Festigkeitslehre)*
compressed fibreboard *(BM, BT)* Hart(faser)platte *f*, Span(holz)platte *f*, Faserpressplatte *f*
compressed flange *(Stat, TK)* Druckgurt *m (Fachwerk)*
compressed member *s.* compressed element
compressed reinforcement *(BM, TK)* Druckbewehrung *f*
compressed rock asphalt *(BM)* Stampfasphalt *m*
compressed rod *(Stat, TK)* Druckglied *n*
compressed straw *(BM)* Pressstroh *n*
compressed wood *(BM)* Kunst(harzpress)holz *n*, kunstharzgetränktes und gepresstes Holz *n*
compressed wood laminate flooring *(BM, BT)* Kunstholzfußboden *m*
compressed zone *(Stat, TK)* Druckzone *f*
compressibility *(BM, Bod, Erdb, Te)* Komprimierbarkeit *f*, Zusammendrückbarkeit *f*; Verdichtbarkeit *f*
compressible *(BM, Bod)* zusammendrückbar; verdichtbar *(Baustoffe, Boden)*
compressible ground *(Bod, Erdb)* zusammendrückbarer Boden *m*
compression 1. *(BM, Erdb, HLK, Te)* Kompression *f*, Zusammendrücken *n*; Pressung *f*; Verdichtung *f*; 2. *(Stat)* Druck *m*
compression and bending test machine *(BM, BT)* Druck- und Biegeprüfpresse *f*
compression area *(BT, Stat)* Druckfläche *f*; Druckquerschnitt *m*
compression bar *(Stat, TK)* Druckstab *m (Festigkeitslehre)*
compression bars *(BM, TK)* Druckbewehrung *f*
compression bearing joint *(BT)* Druckübertragungsverbindung *f*
compression-bending stress *(Stat)* Druckbiegespannung *f*
compression boom *(BT, Konst, Stat, TK)* Druckgurt *m*, äußerer [ausgelegter] Gurt *m*, Druckflansch *m (Fachwerk)*
compression chord *(BT, Konst, Stat, TK)* Druckgurt *m*
compression column *(BT, Konst, Stat, TK)* Druckstütze *f*
compression component *(Stat, TK)* Druckkomponente *f*
compression cross section *(Stat)* Druckquerschnitt *m*
compression curve *(BM, Erdb, Te)* Verdichtungslinie *f*
compression diagonal *(Stat, TK)* Druckdiagonale *f*
compression faucet *(AE) (BT, WVA)* Wasserhahn *m*; Auslassventil *n*
compression fibre *(BT, Stat)* Druckfaser *f (Festigkeitslehre)*
compression flange *(Stat, TK)* Druckgurt *m (Fachwerk)*
compression force Druckkraft *f*
compression index *(BM, Bod, Erdb)* Kompressionsbeiwert *m*
compression joint *(BT, Konst)* Pressfuge *f*
compression member 1. *(BT, TK)* gedrücktes Bauteil *n*; 2. *(Stat, TK)* Druckglied *n (Festigkeitslehre)*
compression moulding *(BT, Te)* Formpressen *n*
compression reinforcement *(BT, Konst)* Druckbewehrung *f*
compression resistance *(BM, BT, Stat, Te)* Druckwiderstand *m*
compression-resistant *(BM, BT, Te)* druckbeständig, druckfest
compression rigidity *(BT, Stat, TK)* Drucksteife *f*
compression riveting machine *(BWG)* Pressnietmaschine *f*
compression rupture *(BM, BT, Stat)* Druckbruch *m*, Bruch *m* durch Druckbelastung
compression seal *(BM, BT)* Pressdichtung *f*
compression set *(Bod, Erdb, Stat)* bleibende [permanente] Setzung *f*
compression strength *(BM, BT, Stat)* Druckfestigkeit *f*
compression strength class *(BM, BT, Konst)* Druckfestigkeitsklasse *f*
compression strength range *(BM, BT, Konst)* Druckfestigkeitsbereich *m*
compression stress *(Stat)* Druckspannung *f*
compression test *(BM, BT)* Druckprüfung *f*, Druckversuch *m*
compression tester *(BM, BWG, BT)* Druckprüfpresse *f*
compression valve *(BT, WVA)* Dichtungsventil *n*, Schraubventil *n (Wasserleitung)*
compression wave *(HLK, Stat, WVA)* Druckwelle *f*
compression with bending *(Stat)* Biegedruck *m*
compression wood *(Hb, Konst, TK)* Druckholz *n*
compression yield point *(BM, BT, Stat)* Stauchgrenze *f*
compression zone *(BT, Erdb, Stat, TK)* Druckzone *f*, gedrückte Zone *f*; Stauchzone *f*
compressive *(Bod, BT, Erdb, Stat)* zusammendrückend, Druck...
compressive cube strength *(BB, BM, Stat)* Würfeldruckfestigkeit *f (Beton)*
compressive fibre *(Stat, TK)* Druckfaser *f (Festigkeitslehre)*
compressive force Druckkraft *f*
compressive load *(Stat)* Drucklast *f*
compressive ratio *(BM, Erdb, Te)* Verdichtungsverhältnis *n*
compressive reinforcement *(BM, BT, Konst, Stat)* Druckbewehrung *f*
compressive strain *(Stat, Te, TK)* Stauchung *f*
compressive strength *(BM, BT, Stat, TK)* Druckfestigkeit *f*; Druckpressung *f*
compressive stress *(Stat, TK)* Druckspannung *f*, Druck *m (durch Längskräfte)*
compressive stress field *(Stat)* Druckspannungsfeld *n*
compressive test *(BM, BT)* Druckprüfung *f*

C

compressive yield point *(BM, BT, Stat)* Quetschgrenze *f (Festigkeitsprüfung)*
compressor *(BWG)* Kompressor *m*, Verdichter *m*; Drucklufterzeuger *m*
compulsory *(VR)* verbindlich, verpflichtend
compulsory mixer *(BWG)* Zwangsmischer *m (Beton)*
computable *(Konst, Stat)* berechenbar
computable value *(Konst, Stat, Verk)* Rechengröße *f*
computation *(Konst, Stat)* Rechentechnik *f*, Berechnung *f*, Berechnung *f*
computation of elevations *(Konst)* Höhenberechnung *f*
computation of heat loss *(DIS, HLK)* Wärmeverlustberechnung *f*
computational *(Konst, Stat)* rechnerisch
computational labour *(Konst, Stat)* Berechnungsarbeit *f*
compute *v (Konst, Stat)* rechnen; berechnen, errechnen
computed maximum load *(Konst, Stat)* rechnerische Höchstlast *f*
computed stress *(BT, Konst, Stat)* rechnerische Spannung *f*
computed tensile stress *(Konst, Stat)* berechnete Zugspannung *f*
computer-aided *(Stat, Te)* rechnergestützt
computer-aided design 1. *(Konst, Stat)* rechnergestütztes Konstruieren *n*, CAD; 2. *(Konst, Stat)* rechnergestützte Konstruktion *f*
computer-aided drawing *(Konst)* Computerzeichnung *f*; geplottete Zeichnung *f*
computer-aided manufacturing *(Te)* rechnergestütztes Fertigen *n*, CAM
computer-aided planning *(Konst, Stat)* rechnergestütztes Planen *n*
computer calculation *(Konst, Stat)* Computerberechnung *f*
computer centre *(Konst, Te, Verk)* Rechenzentrum *n*
computer check *(Stat, TK)* Rechnernachweis *m*
computer-controlled *(Konst, Te, Verk)* rechnergesteuert
computer-integrated manufacturing *s.* computer-aided manufacturing
computer model validation *(Konst, TK)* Computermodellvalidation *f*
computer prediction *(Stat, Verk)* Computervoraussage *f*
computer simulation *(Konst, Verk)* Computersimulation *f*
computerized design *(Konst)* rechnergestützte Konstruktion *f*
computing elevation *(Verm)* Höhenberechnung *f*
computing procedure *(Konst, Stat, Verk)* Berechnungsmethode *f*
concamerate *v (Br, Konst, SB, Te)* einwölben, überwölben; mit Bögen überspannen
concameration *(Arch, Br, Konst, SB)* Gewölbe- und Bogenkonstruktion *f*; Gewölbe *n*; gewölbtes Dach *n*; gewölbte Decke *f*; Bogen *m*
concave *(Arch, BT, Konst)* konkav, hohlgewölbt, schalenförmig
concave joint *(Konst, SB)* konkave Mauerwerksverbindungsfuge *f*, hohlrunde Fuge *f*
concave moulding *(BT)* Hohlkehle *f*
concave plug bit *(BWG)* Hohlbohrkrone *f*
concave tile *(BM, BT)* Nonne *f*, Rinnenziegel *m*, Haken(-stein) *m*
concavity *(Arch, BT)* konkave Form *f*, Rundhöhlung *f*, Hohlform *f*, Austiefung *f*
conceal *v (BT, Konst)* verdecken
concealed 1. *(BT, Konst)* verdeckt; 2. unter Putz; Unterputz...
concealed and embedded conduit [insulating tube] *(BT, El)* eingeputztes Isolierrohr *n*
concealed cable *(El)* Unterputzkabel *n*
concealed cleat *(BT)* verdecktes Metallankerband *n (bei Dachdeckung mit Blechtafeln)*
concealed conduit *(BT)* Unterputzleerrohr *n*; Unterputzleitung *f*
concealed door *(BT)* verdeckte Tür *f*; Tapetentür *f*
concealed door closer *(BT)* verdeckter Türschließer *m*
concealed flashing *(BM, BT)* verdecktes Kehlblech *n*, verdeckter Anschluss *m*
concealed gutter *(AE)* eingebaute Dachrinne *f (in die Traufe)*
concealed heating *(HLK)* unsichtbare Beheizung *f (von Räumen)*
concealed illumination [lighting] *(BT, El)* indirekte Beleuchtung *f*, Indirektbeleuchtung *f*
concealed nailing *(Konst, Te)* verdeckte Nagelung *f*
concealed pipe *(BT)* Unterputzrohr *n*
concealed suspension system *(BT, Konst, Te)* verdeckte Zwischendeckenaufhängung *f*, verdecktes Hängesystem *n*
concealed valley *(BT, Konst)* verdeckte Metallkehle *f (eines Dachs)*
concealed wiring *(El)* Unterputzverlegung *f* (von Leitungen)
concentrate *v* 1. *(BM, DIS, HLK)* konzentrieren, sich sammeln *(an einem Punkt)*; 2. anreichern
concentrated couple *(Stat)* Punktmoment *n*, konzentriertes Moment *n*
concentrated load *(Stat)* Einzellast *f*, Punktlast *f*
concentrated load stress *(Stat)* Punktlastspannung *f*
concentrated loading *(Konst, Stat)* Punktbelastung *f*
concentrated slurry *(WVA)* Dickschlamm *m (Klärwerk)*
concentration *(BM)* Konzentration *f*, Gehalt *m*
concentric *(Arch, Konst)* konzentrisch, mittig, zentriert
concentric beam *(BT, TK)* konzentrischer Balken *m*
concentric load *(Stat)* Axiallast *f*, mittige Last *f*
concentric tendon *(BB, Hb, TK)* axiales Spannglied *n*
concentrical joint *(BT, Konst)* konzentrische Fuge *f*
concentricity test *(BM, Verk)* Rundlaufprüfung *f (Beläge)*
concept *(Konst, Te)* Konzept *n*; Begriff *m*
concept of expressive form *(Arch)* Formwille *m*
concept of form *(Arch, Konst)* Formvorstellung *f*
concept of style *(Arch)* Stilbegriff *m*
concert border *(BT, El)* Bühnenbeleuchtungsleiste *f*
concert hall *(Arch)* Konzerthalle *f*, Tonhalle *f*
concertina door *(BT)* Harmonikatür *f*
concertina partition wall *(BT)* Harmonika(trenn)wand *f*
concession *(VR)* Einräumung *f*; Bewilligung *f*; Zugeständnis *n* nach Realisierung
concha 1. *(Arch)* Konche *f (Kuppelschale einer Apsis)*; 2. *(Arch) s.* apse 1.
conchoidal *(Arch, BM, BT, Konst)* muschelförmig; schnecken(linien)förmig; muschelig *(z. B. gebrochene Gesteinsoberfläche)*
conclude *v (VR)* Vertrag abschließen
conclusion of contract *(VR)* Vertragsabschluss *m*
concordant tendon *(BB, Konst, TK)* zwängungsfreies Spannglied *n*
concourse *(AE)* 1. *(Verk)* Freifläche *f (z. B. an Straßenkreuzungspunkten, in Parkanlagen)*; 2. *(Arch, Verk)* Bahnhofshalle *f*; Eingangshalle *f*; 3. *(Verk)* Einsteigegalerie *f*, Finger *m (Flugsteig)*
concrete *v (BB, BM, Te)* betonieren, Beton einbringen
concrete *v* **in** *(BB, Te)* einbetonieren
concrete *(BM)* Beton *m*, Zementbeton *m*
concrete additive *(BM)* Betonadditiv *n*, Betonzusatzmittel *n*
concrete admix(ture) *(BM)* Betonzusatzmittel *n*, Betonwirkstoff *m*
concrete aerometer *(BM)* Betonaerometer *n*, Betondichtemesser *m*

concrete aggregate *(BM)* Betonzuschlag *m*, Betonzuschlagstoff *m*
concrete aggregate composition *(BM)* Betonzuschlag(stoff)zusammensetzung *f*
concrete agitation *(BB, BM, Te)* Betonrüttelverdichtung *f*
concrete air pump *(BWG)* Betonpumpe *f* mit Pressluft
concrete anchor 1. *(BT, SB)* Mauer(werks)anker *m*; 2. *s.* concrete anchorage
concrete anchorage *(BT, Konst)* (eingegrabener) Betonankerklotz *m*, Betonanker *m*
concrete and pile foundation *(Erdb)* Gründung *f* auf Beton und Pfahlrost
concrete and reinforced concrete work *(BB, Te)* Beton- und Stahlbetonarbeiten *fpl*
concrete antifreezer *(BM)* Betonfrostschutzmittel *n*
concrete apron *(BB, BT)* Betonschürze *f*
concrete area *(BB, BT, Verk)* Betonfläche *f*
concrete ashlar *(BM)* Betonwerkstein *m*
concrete backfilling *(BM, Te)* Betonhinterfüllung *f*
concrete ballast *(BM)* Betonzuschlagstoff *m (Korngröße < 37 mm)*
concrete barrier *(BT, Konst, Verk)* Betonbarriere *f*, Betontrennwand *f*
concrete base *(BB, BT, Erdb)* Betonfundament *n*, Betonsohle *f*
concrete base slab *(BB, BT, Erdb)* Betongrundplatte *f*
concrete batching plant *(BWG)* Betonmischanlage *f*, Frischbetonwerk *n*
concrete bay *(BT, Konst)* Betonplatte *f*, Betonfeld *n*
concrete beam *(BB, BT, Konst, TK)* Betonbalken *m*
concrete bearing system *(BT, Konst, TK)* Betontragwerk *n*
concrete bed *(BT, Erdb, Konst)* Betonsohle *f*, Betonbett *n*
concrete bending stress *(BT, Stat)* Betonbiegespannung *f*
concrete biological shielding *(BM, BT, DIS, Konst, Umw)* Betonabschirmung *f* bei Strahlung
concrete blinding 1. *(BT, Konst)* Unterbeton *m*, Unterbetonlage *f*; 2. *(Arch, Konst)* Modell *n* in Beton
concrete block 1. *(BM)* Betonblock(stein) *m*, Betonformstein *m*; 2. *(Arch)* Wohnsilo *n*
concrete block bar support *(BB, BT)* Betonstababstandhalterung *f*, Betonbewehrungsabstandhalter *m*
concrete block pavement *(Verk)* Pflasterverkehrsfläche *f*
concrete block paving *(BM, Verk)* Betonsteinpflaster *n*, Betonplattenbelag *m*
concrete block road *(Verk)* Betonsteinstraße *f*
concrete bond *(BM)* Haftputz *m*
concrete bracket *(BT, Konst)* Betonkonsole *f*
concrete breaker *(BWG)* Betonaufbruchhammer *m*, Abbauhammer *m*
concrete brick *(BM)* kleiner Betonmauerwerkstein *m*
concrete bridge *(BB, Br)* Betonbrücke *(EN 1992-2)*
concrete buggy *(BWG)* Betonkarren *m*, Kippkarren *m*, Japaner *m*
concrete cable cover *(BM)* Betonkabelabdeckstein *m*
concrete cart *s.* concrete buggy
concrete casing *(BT, Konst)* Betonummantelung *f*
concrete cast-in-situ *(BM)* Ortbeton *m*
concrete ceiling *(BB, Konst, Verk)* Betondecke *f*, Zementbetondecke *f*
concrete centrifugal casting *(Te)* Betonschleuderverfahren *n*
concrete channel *(BT, Konst)* Betonrinne *f*, Betonrinnstein *m*
concrete chimney *(BT, Konst)* Betonkamin *m*; Betonschornstein *m (EN 13084-2)*
concrete class *(BM)* Beton(güte)klasse *f*
concrete code *(BB, BM, Konst, VR)* Betonvorschriftenwerk *n*, Betonbestimmungen *fpl*
concrete collar *(BT, Konst)* Betonring *m (um eine Stütze)*
concrete compactor *(BWG)* Betonverdichter *m*
concrete component *(BT)* Betonfertigteil *n*
concrete composition *(BM)* Betonaufbau *m*
concrete compressive strength *(BM, Konst)* Betondruckfestigkeit *f*
concrete consistency *(BB, BM, Te)* Betonkonsistenz *f*, Betonsteife *f*
concrete construction *(Arch, BB)* Betonbau *m*
concrete construction method *(BB, Konst, Te)* Betonbauweise *f*
concrete coping *(BT, Konst)* Betonabdeckung *f*
concrete coping block *(BM)* Betonabdeckstein *m*
concrete core *(Arch, Konst)* Betonkern *m*, Gebäudekern *m*, Hauskern *m*
concrete corrosion *(BM, OB)* Betonkorrosion *f*
concrete cover(ing) *(BB, Konst, Te)* Betondeckung *f*, Betonüberdeckung *f*
concrete creep *(BB, BM)* Betonkriechen *n*
concrete cube test *(BM)* Betonwürfelprüfung *f*
concrete curb *(BT, Verk)* Betonbordstein *m*
concrete curing *(BB, BM, Te)* Betonnachbehandlung *f*
concrete curing blanket *(BB, BT, Te)* Nachbehandlungsmatte *f*, Nachbehandlungstuch *n*, Abdeckmatte *f (für Beton)*
concrete curing chamber *(BB, BM)* Nachbehandlungsraum *m*
concrete curing compound *(BB, BM)* Betonnachbehandlungsmittel *n*
concrete curing wax agent *(BB, BM)* Betonnachbehandlungsmittel *n* auf Wachsbasis
concrete cylinder compressive strength *(BM, Konst)* (Beton-)Zylinderdruckfestigkeit *f*, Zylinderdruckprobe *f*
concrete dam *(BB, Wsb)* Betonstaumauer *f*
concrete deadman *(BT, Konst)* Betonanker(klotz) *m*, Betonverankerung *f*
concrete densifying agent *(BM)* Betondichtungsmittel *n*
concrete density *(BM, BT)* Betondichte *f*
concrete density control *(BM, BT, DIS, Wsb)* Betondichteprüfung *f*
concrete design criteria *(BB, Konst, Stat)* Betonbemessungsgrundlagen *fpl*
concrete designed mix *(BM)* Betonmischrezeptur *f*
concrete disintegration *(BM, OB)* Betonzersetzung *f*
concrete distributing plant *(BWG)* Betonverteilungsanlage *f*
concrete distributor *(BWG)* Betonverteiler *m*
concrete drill *(BWG)* Betonsteinbohrer *m*
concrete drop chute *(BB, BWG, Te)* Betonschurre *f*, Betonfallrohr *n*
concrete duct *(BWG)* Zementrohr *n*
concrete durability *(BB, BM, OB)* Betonbeständigkeit *f*
concrete efflorescence *(BB, BM, OB)* Betonausblühung *f*
concrete emulsion *(BM)* Betonemulsion *f*
concrete-encased *(BT, Konst)* betonumhüllt, betonummantelt, einbetoniert *(Verbundstütze)*
concrete encasement *(BT, Konst)* Betonummantelung *f (eines Körpers)*; Betonverschalung *f*
concrete engineering *(BB, Te)* Betonbau *m*, Betontechnik *f*
concrete envelope *(BB, BT)* Betonmantel *m (Kernreaktor)*
concrete exposed aggregate finish *(BM)* Waschbeton *m*
concrete extruding machine *(BWG)* Betongleitfertiger *m*
concrete fabrication *(BB, BM, Te)* Betonherstellung *f*
concrete facing *(BB, OB, Te)* Betonverschalung *f (Verkleidung einer Fläche)*; Betonverblendung *f*
concrete factory *(BM, BWG, Te)* Betonwerk *n*
concrete filling *(BB, Te)* Betonschüttung *f*, Betonfüllung *f*
concrete filter pipe *(BT, Wsb, WVA)* Betonbrunnenrohr *n*, Betonfilterrohr *n*

concrete fin *(BT)* Betonnase *f*
concrete finish 1. *(Arch, Konst, OB)* Betonoberflächengestaltung *f*; 2. *(Arch, OB)* (gestaltete) Betonoberfläche *f*
concrete finisher [finishing machine] *(BB, BWG, Verk)* Beton(decken)fertiger *m (Straßenbau)*
concrete fitting *(BT)* Betonformstück *n*
concrete floor *(BB, BT, Verk)* Betondecke *f*, Zementbetondecke *f*
concrete floor hardener *(BM)* Betondeckenoberflächenhärter *m*
concrete floor slab *(BT)* Zementdiele *f*, Betondeckenplatte *f*
concrete floor system *(BB, TK)* Betondeckensystem *n*
concrete for pavement markings *(BM, Verk)* Markierungsbeton *m*
concrete for radiation shielding Strahlenschutzbeton *m*, Abschirmbeton *m*
concrete for X-ray rooms *(BM, Umw)* Röntgen(raum)-schutzbeton *m*
concrete form(s) *s.* concrete formwork
concrete formulation *(BB, BM)* Betonrezept *n*
concrete formwork *(BB, BWG, Te)* Beton(ver)schalung *f*, Schalung *f*
concrete foundation *(BB, Erdb, Konst)* Betonfundament *n*, Betonunterbau *m*
concrete foundation pile *(BT, Erdb)* Stahlbetongrundpfahl *m*
concrete foundation slab *(BB, BT, Erdb)* Betonfundamentplatte *f*
concrete frame construction *(BB, Konst)* Stahlbetonskelettbau *m*
concrete girder *(BB, BT, TK)* Betonträger *m*
concrete goods *(BB, BT)* Betonware *f*
concrete grade *(BM)* Betongüte *f*, Beton(güte)klasse *f*
concrete gravity dam *(Konst, Wsb)* Betonschwergewichtsmauer *f*
concrete-grey *(BM)* betongrau
concrete grillage *(BB, BT, Erdb)* Betonrostplatte *f*
concrete grinder *(BWG)* Betonschleifmaschine *f*
concrete grouter *(BWG)* Betonauspressmaschine *f*
concrete gun *(BWG)* Betonspritzgerät *n*, Betonspritze *f*
concrete hardener *(BB, BM)* Betonhärtungsmittel *n*, Betonhärter *m*
concrete hardening *(BB, BM)* Betonerhärtung *f*, Erhärten *n* des Betons
concrete haunch Betonschenkel *m*
concrete hinge *(BT, Konst)* Betongelenk *n*
concrete hip tile *(BT)* Betongratstein *m*, Betonwalmstein *m* *(Dach)*
concrete hoist *(BWG)* Betonhebewerk *n*
concrete hollow-core slab *(BT)* Zementhohldiele *f*, Stahlbetonhohldiele *f*
concrete hollow filler (block) *(BT)* Betondecken(hohl)-stein *m*, Betondeckenhohlkörper *m*, Deckenfüllblockstein *m*
concrete hollow ware *(BM, BT)* Betonhohlware *f*
concrete improver *(BM)* Betonvergütungsmittel *n*, Betonvergüter *m*
concrete-in-mass *(BB, BM)* Massenbeton *m*
concrete ingredient *(BB, BT)* Betonkomponente *f*, Betonbestandteil *m*
concrete injection *(BB, Te)* Betonverpressung *f*, Einpressung *f* von Beton
concrete insert *(BT)* Dübel *m*
concrete internal vibrocompactor *(BWG)* Innenrüttler *m*
concrete joint *(BT, Konst)* Betonfuge *f*
concrete joint sealing compound *(BM)* Betonfugenvergussmasse *f*
concrete kerb *(BT, Verk)* Betonbordstein *m (EN 1343)*; Betonrundstein *m*
concrete lane finisher *(BWG)* Betonstraßenfertiger *m*
concrete lathing *(BM)* Betondrahtgewebe *n*
concrete layer *(BB, BM)* Betonschüttung *f*, Betonschicht *f*
concrete levelling layer *(BB, BT, Konst)* Betonausgleichsschicht *f*
concrete-lined *(BB, Konst)* betonbelegt
concrete lining 1. *(BB, Konst)* Betonauskleidung *f*, Betonausbau *m*; 2. *(BB, Konst)* Betonmantel *m*
concrete lintel *(BT)* Betonsturz *m*
concrete manhole *(BT)* Betonschacht *m*
concrete manufacture *(BB, BM, Te)* Betonherstellung *f*
concrete masonry *(SB)* Beton(block)steinmauerwerk *n*, Betonmauerwerk *n*
concrete mat *(BB, BT, Erdb)* Betongrundplatte *f*
concrete matrix *(BB, BM)* Betongrundmasse *f*
concrete mattress *(BT, Erdb)* Unterbetonlage *f (auf Gründungssohle)*
concrete mix *(BM)* Betonmischung *f*, Frischbeton *m*, Betongemenge *n*
concrete mixer *(BWG)* Betonmischer *m*, Betonmischmaschine *f*; Kippmischer *m*
concrete mixer on truck 1. *(BWG, Te)* Fahrmischer *m (Wagen und Mischer als feste Einheit)*; 2. *(BWG, Te)* Betonmischer *m* auf Transportgestell
concrete mixer with rotating drum *(BWG)* Trommelmischer *m*
concrete mixing *(BB, BM, Te)* Betonaufbereitung *f*
concrete mixing area *(BB, Te)* Betonaufbereitungsfläche *f*, Betonfertigungsplatz *m*
concrete mixing plant *(BWG)* Betonmischanlage *f*, Betonmischwerk *n*
concrete monolithic construction *(Arch, BB, Konst)* Betonmonolithbau *m*
concrete mortar *(BM)* Betonmörtel *m*
concrete mould *(BB, Te)* Betonform *f*
concrete mould oil *(BM)* Betonformöl *n*
concrete moulding block *(BM, BT)* Betonformstein *m*
concrete nail *(BM)* Stahlkurznagel *m*
concrete overlay 1. *(BB, Konst, Verk)* Betondeckschicht *f*; 2. *(Verk)* Betonüberzug *m (Verkehrsfläche)*
concrete paint *(BM, OB)* Zementanstrich *m*
concrete pantile *(BM, BT)* Betondachpfanne *f*
concrete patching *(BB, RS)* Betonausbesserung *f*, Betonreparatur *f*
concrete pavement *(BB, Verk)* Betondecke *f (Straße)*
concrete paver *(BWG, Verk)* Betondeckenfertiger *m*, Straßendeckenfertiger *m*
concrete paving 1. *(Te, Verk)* Betonieren *n* von Straßen; 2. *(BB, Verk)* Betondecke *f*, Betonlage *f (Straße)*
concrete paving block *(BM, BT)* Betonpflasterstein *m (EN 1338)*
concrete paving flag *(BM, BT)* Betonbelagplatte *f*
concrete paving sett *(BM, BT)* Betonpflasterstein *m (EN 1338)*
concrete pier 1. *(Br, Konst)* Betonbrückenpfeiler *m*; 2. Betonmole *f*
concrete pile *(BB, BT)* Stahlbetonpfahl *m*
concrete pipe *(BT)* Betonrohr *n*, Zementrohr *n*
concrete placement *(BB, Te)* Betonieren *n*, Betonierung *f*, Betoneinbringung *f*, Betonierarbeit *f*
concrete-placement funnel *(BWG)* Betontrichter *m*
concrete placer *(BWG)* Betonförderer *m*
concrete placing *s.* concrete placement
concrete placing sequence *(BB, Te)* Betonierfolge *f*, Betonier(einbau)technologie *f*
concrete plank *(BT)* Betonbohle *f*, Stahlbetonhohldiele *f*, Hohldiele *f*

concrete plant *(BWG, Te)* Betonwerk *n*
concrete platform *(BB, Konst)* Betonplattform *f*
concrete plug *(BT)* Betonpfropfen *m*
concrete pocket *(BM)* Betonnest *n*
concrete pole *(BT)* Betonleitungsmast *m*
concrete precast pile *(BT)* Betonfertigpfahl *m*
concrete preparing equipment [plant] *(BB, BWG, Te)* Betonanlage *f*, Betonmischwerk *n*, Betonmischanlage *f*
concrete prescribed mix *(BM)* Betonsollrezeptur *f*, Betonvorgaberezeptur *f*
concrete preservative *(BM)* Betonschutzmittel *n*
concrete pressure pipe *(BT)* Betondruckrohr *n*
concrete processing equipment *(BB, BWG)* Betonproduktionsanlage *f*
concrete production *(BB, BM, Te)* Betonherstellung *f*
concrete products *(BT)* Betonwaren *fpl*
concrete proportion *(BM)* Betonmischungsverhältnis *n*
concrete protection *(BB, BT, OB)* Beton(über)deckung *f*
concrete protection layer *(BB, BT, OB)* Betonschutzschicht *f*
concrete pump *(BWG)* Betonpumpe *f*
concrete quality *(BM)* Betonqualität *f*, Betongüte *f*
concrete quality control *(BM)* Betongüteüberwachung *f*, Betonqualitätssteuerung *f*
concrete quality grade *(BM)* Betongüteklasse *f*
concrete radiation shielding wall *(BB, BT, Konst)* Betonabschirmwand *f*
concrete raft *(BT, Erdb, Konst)* Großflächenplatte *f (für Fundamente)*
concrete railroad tie *(AE) (BT, Verk)* Betonschienenschwelle *f*
concrete railway sleeper *(BT, Verk)* Betonschienenschwelle *f*
concrete rammer *(BWG)* Betonstampfer *m*
concrete recycling *(BB, San, Te)* Betonwiederverwendung *f*
concrete refuse water pipe *(BT, WVA)* Abwasserbetonrohr *n*, Betonschmutzwasserrohr *n*
concrete reinforcement *(BB, BM, Konst)* Bewehrung *f*, Armierung *f*
concrete reinforcing bars *(BB, BM, Konst)* Bewehrungseisen *npl*
concrete reinforcing cage *(BB, BM, Konst)* Bewehrungskorb *m*
concrete reinforcing steel *s.* concrete steel
concrete reintegration *(BB, San)* Betonreparatur *f*, Betonausbesserung *f*, Betonflickung *f*
concrete repair *(BB, San)* Betonausbesserung *f*, Betonreparatur *f*
concrete reservoir *(BT, Konst)* Betonbehälter *m*
concrete rib(bed) floor *(BB, Konst, TK)* Betonrippendecke *f*
concrete ring *(BT, Wsb)* Betonbrunnenring *m*
concrete road *(Verk)* Betonstraße *f*
concrete road finisher *s.* concrete paver
concrete road form *(BWG, Verk)* Seitenschalung *f (Straßenbau)*
concrete road gully *(BT, Verk)* Betonstraßeneinlauf *m*
concrete road paver *s.* concrete paver
concrete roadbase *(BT, Konst, Verk)* Betontragschicht *f*
concrete rolling technique *(BB, Te)* Walzbetonverfahren *n*
concrete roof tile *(BT)* Zementdachstein *m*, Betondachstein *m*
concrete roofing slab *(BT, Konst)* Betondachelement *n*
concrete roofing tile *s.* concrete roof tile
concrete safety wall *(BT, Verk)* Betonschutzwand *f*, Betonsicherheitsgleitwand *f*
concrete sample *(BM)* Betonprobekörper *m*, Betonprüfwürfel *m*
concrete sand *(BM)* Betonsand *m*
concrete saw *(BWG)* Betonsäge *f*; Fugensäge *f (Straßenbau)*
concrete saw-tooth (roof) shell *(BT, Konst, TK)* Betonshed(dach)schale *f*
concrete scrap *(BM, San)* Betonschutt *m*
concrete screed 1. *(BM)* Betonestrich *m*; 2. *(BWG, BT)* Beton(putz)leiste *f*; Betonierverlegeleiste *f*, Betonabziehhöhenlehre *f*
concrete-screed floating floor *(BM, Konst)* schwimmender Zementestrichbelag *m*
concrete screw spreader *(BB, BWG)* Betonschneckenverteiler *m*
concrete sealing *(BB, Te)* Betonversiegelung *f*
concrete sett *(BM)* Betonpflasterstein *m*
concrete setting *(BM, Te)* Betonabbinden *n*, Betonhärten *n*
concrete setting accelerator *(BM)* Betonabbindebeschleuniger *m*
concrete sewage pipe *(BT, WVA)* Abwasserbetonrohr *n*, Betonschmutzwasserrohr *n*
concrete sewer *(WVA)* Betonabwasserkanal *m*
concrete shell roof *(BB, BT, Konst)* Betonschalendach *n*
concrete shelter *(Arch, BB, Konst)* Betonschutzbunker *m*
concrete shield *(BB, BT, Umw)* Betonschirm *m (gegen Strahlung)*
concrete shooting *(BB, Te)* Betonspritzverfahren *n*
concrete shrinkage *(BM)* Betonschwinden *n*
concrete shuttering *(BWG, OB)* Beton(ver)schalung *f*
concrete silo *(Arch, BB, Konst)* Betonsilo *n*
concrete site sampling *(BM, Te)* örtliche Betonprobenentnahme *f*
concrete skeleton construction *(Arch, BB, Konst, TK)* Betonskelettkonstruktion *f*
concrete slab 1. *(BB, BT)* Betonplatte *f*; 2. *(BB, BM, BT)* Zementbetondiele *f*, Zement(hohl)diele *f*
concrete slab pavement *(BT, Verk)* Betonplattenbefestigung *f*
concrete slab road *(Verk)* Betonplattenstraße *f*
concrete slab track *(Verk)* Betonplattengleis *n*
concrete sleeper *(BT, Verk)* Betonschwelle *f (Eisenbahn)*
concrete slop [sludge] *(BM, San)* Betonabschliffschmant *m*
concrete slump *(BM)* Betonsetzmaß *n*
concrete spacer *(BB, BWG, Te)* Betonabstandhalter *m*, Betondistanzklötzchen *n*
concrete specification *(BB, VR)* Betonvorschrift *f*
concrete spraying *(BB, OB, Te)* Torkretieren *n*, Betonspritzen *n*
concrete spreader *(BWG)* Betonverteiler *m*
concrete steel *(BM, Konst)* Bewehrungsstahl *m*, Betonstahl *m*
concrete strength *(BM)* Betonfestigkeit *f*
concrete strength class *(BM)* Betonfestigkeitsklasse *f*
concrete stress *(BM, Konst, Stat)* Betonspannung *f*
concrete strip foundation *(BB, BT, Erdb)* Betonstreifenfundament *n*
concrete structure *(BB, Konst, TK)* Betontragwerk *n*; Betonkonstruktion *f*; Betonbauwerk *n*
concrete structures, reinforced and prestressed concrete *(DIN 1045-2/A3) (BB, Konst, TK)* Tragwerke *npl* aus Beton, Stahlbeton und Spannbeton
concrete subbase [sub-floor] *(BB, BT, Erdb)* Betonunterlage *f*
concrete subgrade paper *(BB, BM, Verk)* Papierunterlage *f*
concrete support *(BB, BT)* Betonauflager *n*; Betonstütze *f*
concrete supporting framework *(BB, Konst, TK)* Betontragwerk *n*

C

concrete supporting medium *(BB, Erdb, Konst)* Betonunterlage *f*
concrete surcharge *(BB, Stat)* Betonauflast *f*
concrete surface *(BB, OB)* Betonoberfläche *f*; Betonüberdeckung *f*
concrete surface finish *(Arch, OB)* Betonoberflächengestaltung *f*
concrete surfacing *(BB, OB)* Betonauskleidung *f*
concrete tamper *(BWG, Te)* Betonstampfer *m*
concrete technician *(BB, Te)* Betontechniker *m*, Betonbauer *m*
concrete technology *(BB, Konst, Te)* Betontechnik *f*; Betontechnologie *f*
concrete tensile strength *(BM)* Betonzugfestigkeit *f*
concrete test cube *(BM)* Betonprüfwürfel *m*
concrete test cylinder *(BM)* Betonprüfzylinder *m*
concrete test hammer *(BM)* Betonrückprallhammer *m*, Betonprüfhammer *m*
concrete testing lab(oratory) *(BM, VR)* Betonprüflabor(atorium) *n*
concrete texture *(BM)* Betongefüge *n*, Betonstruktur *f*
concrete threshold *(BB, BT)* Betonschwelle *f*
concrete tie *(BT)* Betonanker *m*
concrete topping *(BB, Konst, OB)* Betondeckschicht *f*, Auf(satz)beton *m*
concrete type *(BM)* Betonart *f*
concrete underbed *(BB, Konst)* Unterbeton *m*
concrete underground diaphragm *(BT, Wsb)* Schlitzwand *f*
concrete unit *(BT)* Betonfertigteil *n*
concrete vault *(Arch, BB, Konst)* Betongewölbe *n*
concrete vibrating machine *s.* concrete vibrator
concrete vibration Betonrüttelverdichtung *f*
concrete vibrator *(BWG)* Betonrüttler *m*, Betonrüttelmaschine *f*, Vibrationsverdichter *m*
concrete wall *(BT, Konst)* Betonwand *f*
concrete wall panel *(BT, Konst)* Wand(bau)tafel *f (Beton)*
concrete walling unit *(BM, BT, SB)* Beton(wand)stein *m*
concrete waste pipe *(BT, WVA)* Betonentwässerungsrohr *n*, Abflussbetonrohr *n*
concrete waterproofing agent *(BB, BM)* Betondichtungsmittelzusatz *m*
concrete waterproofing compound *(BB, BM)* Betondichtungsstoff *m*, Betondichtungsmittel *n*
concrete wearing layer *(BB, Konst, Verk)* Betonverschleißschicht *f*
concrete wearing surface *(BB, Konst, Verk)* Betonverschleißoberfläche *f*
concrete wet density *(BM)* Betonfeuchtraumdichte *f*, Raumdichte *f* des Frischbetons
concrete whitetop overlay *(BB, OB)* weißer Betonbelag *m*
concrete with high early stability *(BM)* frühhochfester Beton *m*
concrete with lightweight aggregate *(BM)* Leichtzuschlagbeton *m*
concrete work *(BB, Te)* Betonarbeiten *fpl*
concrete workability *(BB, BM, Te)* Betonverarbeitbarkeit *f*
concrete workability agent *(BM)* Betonverflüssiger *m*, BV-Stoff *m*
concreted *(BB, Te)* betoniert
concreting *(BB, Te)* Betoneinbringung *f*, Betonieren *n*, Betonierarbeit *f*
concreting gang *(BB, Te)* Betonierkolonne *f*
concreting paper *s.* building paper
concreting plant 1. *(BB, BWG, Te)* Betonwerk *n*; 2. *(BB, BWG, Te)* Betonierzug *m*
concreting programme *(BB, Te)* Betonprogramm *n*
concreting site *(BB, Te)* Betonbaustelle *f*
concreting tower *(BB, Te)* Aufzugsturm *m* für Beton
concretor *(BB, Te)* Betonierer *m*, Beton(fach)arbeiter *m*
concurrent 1. *(Konst, Te)* zusammenwirkend; 2. *(Te)* gleichzeitig ablaufend
concurrent forces *(Stat)* zusammenwirkende Kräfte *fpl*
concussion 1. *(Umw, Verk)* Erschütterung *f*; 2. *(WVA)* Druckschlag *m (Wasserleitung)*
condemn *v (San, VR)* abrissreif erklären, abbruchreif erklären, den Abbruch erklären
condemnation 1. *(VR) (AE)* Enteignung *f (von Land)*; Überführen *n* in Gemeinnutz; 2. *(VR)* Unbrauchbarkeitserklärung *f*; 3. *(VR)* Nutzungserklärung *f (für ein Gebäude zur allgemeinen Nutzung)*
condemnation proceedings *(AE) (VR)* Enteignungsverfahren *n*
condemned *(VR)* gesperrt, als ungeeignet für Wohnzwecke erklärt, abrissreif
condensate *(HLK)* Kondensat *n*, Kondenswasser *n*, Schwitzwasser *n*, Tauwasser *n*, Niederschlag *m (z. B. Dampf)*
condensate drainage *(HLK)* Kondenswasserabscheider *m*
condensate drip Kondenswasserablaufrohr *n*
condensate pipework *(HLK)* Kondensatleitungen *fpl*
condensate piping *(HLK)* Kondensatleitung *f*
condensate unit *(HLK)* Kondenswassersammel- und -pumpeinrichtung *f*
condensateless *(HLK)* kondenswasserlos, schwitzwasserfrei
condensation *(HLK, San)* Kondensation *f*, Niederschlagen *n*; *(speziell)* Kondenswasserbildung *f*
condensation channel *(HLK, San)* Schwitzwasserrinne *f*
condensation control *(HLK)* Kondenswasserregelung *f*
condensation damp-proofing *(DIS)* Kondenswassersperrung *f*, Schwitz(wasser)sperrung *f*; Tauwasserisolierung *f*
condensation gutter 1. *(HLK, San)* Schwitzwasserrinne *f*, Schwitzwasserablauf *m*; 2. Feuchtluftabzug *m*
condensation insulating Schwitzwassersperrung *f*
condensation moisture *(HLK, San)* Kondensat *n*; Schwitzwasser *n*
condensation resin *(BM)* Kondensationsharz *n*
condensation temperature *(HLK, San)* Taupunkt *m*
condensation temperature diagram *(HLK, San)* Taupunktdiagramm *n*
condensation trough *s.* condensation gutter
condensation water *(HLK, San)* Kondenswasser *n*, Schwitzwasser *n*
condense *v (HLK, San)* kondensieren
condensed water *(HLK, San)* Kondenswasser *n*, Niederschlagswasser *n*
condenser *(HLK)* Kondensator *m*, Verdichter *m*, Kondensator *m*; Kühler *m*
condenser discharge welding *(St)* Kondensatorimpulsschweißen *n*
condensing coil *(HLK)* Kondenswasserschlange *f*
condition *v* 1. *(BM)* abbinden, härten; 2. *(BM, Te)* zubereiten *(aufbereiten)*; 3. *(HLK)* konditionieren, klimatisieren
condition 1. *(RS, VR)* Zustand *m (z. B. eines Gebäudes)*; Beschaffenheit *f*; 2. Bedingung *f* • **in good condition** in gutem Zustand • **in poor condition** in schlechtem Zustand • **out of condition** in schlechtem Zustand
condition data *(RS, VR)* Zustandsdaten *pl*
condition indicator Zustandsindikator *m*
condition monitoring and evaluation *(VR)* Zustandserfassung *f* und -bewertung *f*
condition of loading *(Stat, TK)* Belastungsfall *m*
condition of static equilibrium *(Stat)* statische Gleichgewichtsbedingung *f*
condition of stiffness *(Stat)* Steifigkeitsbedingung *f*

condition of surface *(OB)* Oberflächenbeschaffenheit *f*
condition of the soil *(Bod, Erdb)* Bodenbeschaffenheit *f*
condition of traffic signal control *(Verk)* Signalisierungsbedingung *f*
condition survey *(Verk)* messtechnische Zustandserfassung *f*
condition value *(VR)* Zustandswert *m*
conditional equation *(Stat, TK)* Bedingungsgleichung *f*
conditioned *(HLK)* klimageregelt, klimatisiert
conditioned air *(HLK)* klimatisierte Luft *f*
conditioned ceiling *s.* air-conditioned ceiling
conditioned space *(HLK)* klimatisierter Raum *m*
conditioner 1. *(BM)* Zusatzmittel *n (zur Verbesserung von Eigenschaften)*; 2. *(HLK)* Klimagerät *n*
conditioning *(HLK)* Klimatisierung *f*, Klimaregelung *f*
conditioning duct *(HLK)* Klimakanal *m*
conditioning equipment room *(Arch, HLK)* Klimaanlagenraum *m*
conditioning waste *(Te, Umw)* Müllaufbereitung *f*
conditioning zone *(Arch, HLK)* klimatisierte Zone *f*, klimatisierter Bereich *m*
conditions at the supports *(Stat)* Auflagerbedingungen *fpl*
conditions of acceptance *(VR)* Abnahmekriterien *npl*, Abnahmebedingungen *fpl*, Übernahmebedingungen *fpl*
conditions of contract *(VR)* Bauausführungsbedingungen *fpl*, Vorschriftenliste *f*, Pflichtenheft *n*
conditions of engagement *(VR)* Verpflichtungsbedingungen *fpl*
conditions of implementation *(VR)* Ausführungsbedingungen *fpl*
conditions of sale *(AE) (VR)* Lieferbedingungen *fpl*
conditions of statics *(Stat)* statische Bedingungen *fpl*
conditions of the bid *(VR)* Ausschreibungsbedingungen *fpl*
conditory *(Arch, Konst)* Untergrundspeicherraum *m*
condo *s.* condominium
condominium *(AE) (Arch, VR)* Kondominium *n*, Mehrfamilienhaus *n* mit Eigentumswohnungen; Etageneigentum *n*, Stockwerkeigentum *n*
condominium apartment *(AE) (Arch, VR)* Eigentumswohnung *f*
conduct *v (BM, DIS, El, San)* leiten *(Wärme, Elektrizität)*
conduction 1. *(BM, DIS, El, HLK, San)* Leitung *f (z. B. von Wärme oder Elektrizität)*; 2. *(El)* Ableitung *f (Blitzschutz)*
conductive flooring *(BM, BT)* ableitfähiger [elektrisch neutraler] Fußbodenbelag *m*
conductive material *(BM, El)* Leitermaterial *n*
conductive rubber *(BM, El)* elektrostatisch ableitender Kohlenstoffgummi *m*
conductivity *(BM, HLK)* Leitfähigkeit *f (für Wärme, Elektrizität)*
conductor 1. *(El)* Leiter *m*, Stromleiter *m*; 2. *(HLK)* Wärmeableiter *m*; 3. *(San, WVA)* Ableitrohr *n*; Wasserfallrohr *n*; *(AE)* Regenfallrohr *n*
conductor head *(AE) (San)* Regenrinnenkasten *m*, Dachrinnenkessel *m*
conductor lead *(El)* Stromzuführung *f*, Zuleitung *f*
conductor line *(El, Verk)* Fahrleitung *f*
conductor-rail bond *(El)* Schienenverbinder *m*
conduit 1. *(Wsb)* Kanal *m*, Leitkanal *m*; Wasserkanal *m (natürlich oder künstlich)*; 2. *(El)* Leerrohr *n*, Leitungsrohr *n*, Kabelrohr *n*, Kabelkanal *m*; 3. *(San, WVA)* Leitungsrohr *n*, Rohr *n*; Wasserleitung *f*; 4. *(San, WVA)* Abzug(skanal) *m*
conduit bend *(BT)* Rohrbogenstück *n*, Krümmer *m*
conduit-bender *(BWG)* Rohrbiegezange *f*, Rohrbieger *m*
conduit box *(El)* Verteilerkasten *m*; Verteilerdose *f*
conduit bushing *(BT, El, San, WVA)* Durchführungshülse *f*
conduit fittings *(BT)* Rohrleitungszubehör *n*
conduit line *(BT, El)* Elektroleerrohrleitung *f*
conduit pipe *(BT, El, San, WVA)* Leitungsrohr *n*
conduit pit *(San, Wsb, WVA)* Abzweigbrunnen *m*; Einsteigschacht *m*, Kontrollschacht *m*
conduit sewer *(Wsb, WVA)* Abwasserkanal *m*
conduit tile *(AE) (BT, El)* Kabelformstein *m*
conduit wiring *(El)* Leitungsführung *f* in Isolierrohren
cone *(BT)* Kegel *m*, Konus *m*
cone anchorage *(BT)* Kegelverankerung *f*, Konusverankerung *f*
cone-bearing tree *(LB)* Konifere *f*
cone crusher *(BM, Te)* Kegelbrecher *m*
cone-cut veneer *(BM, Hb)* Kegelschneidfurnier *n*
cone equivalent *(BM, Te)* Brennkegelfallpunkt *m*
cone foundation *(Erdb)* konische Gründung *f*
cone head rivet *(BT, St)* Kegelkopfniet *m*
cone hip *(Arch)* Kegelwalm *m*
cone index *(Erdb, Stat)* Spitzendruck *m (Pfahlgründung)*
cone of depression *(Bod, Erdb)* Bodendepressionskegel *m*
cone of slope *(Bod, Erdb)* Böschungskegel *m*
cone penetration test *(BM)* Kegeleindringungsversuch *m*
cone penetrometer *(BM)* Konus(prüf)gerät *n*
cone resistance *(BM, Erdb)* Kegelwiderstand *m*
cone shell *(Arch)* konische Schale *f*, Kegelschale *f*
cone test *(BM, Bod, Erdb)* Kegeleindringprüfung *f (s. a. cone penetration test)*
cone tile *(BM, BT)* gewölbter Gratziegel *m* [Walmstein *m*]
cone vault *(Arch)* Kegelgewölbe *n*
confer *v (VR)* übertragen *(z. B. Rechte)*
conference block *(Arch)* Konferenztrakt *m*, Sitzungstrakt *m*
conference building *(Arch)* Tagungsgebäude *n*
conference hall *(Arch)* Konferenzsaal *m*, Sitzungssaal *m*
conference room *(Arch)* Konferenzraum *m*, Besprechungsraum *m*, Sitzungszimmer *n*
conferring of the contract *(VR)* Zuschlag *m*
confessio(n) *(Arch)* Confessio *f*, Konfessio *f (Grabraum unter dem Altar frühchristlicher Kirchen)*
confidence *(BM, Konst, VR)* (statistische) Sicherheit *f*; Vertrauen *n*
confidence interval *(BM, Stat)* Sicherheitsintervall *n (zwischen Vertrauensgrenzen)*
confidence limit *(BM, Stat)* Vertrauensgrenze *f*
confidential *(VR)* vertraulich
confidentiality *(VR)* Vertraulichkeit *f*
configurated glass *(Arch, BM)* Kathedralglas *n*
configuration 1. *(Arch, Konst)* (räumliche) Anordnung *f*, Aufbau *m*, Ausführung *f*, Gestaltung *f*; 2. *(Arch, BM, OB)* Struktur *f*; Gestalt *f*; Strukturschema *n (von Holzpartikeln in Pressholz)*
confined compression test *(Erdb)* Druckprüfung *f* mit behinderter Querdehnung
confined ground water *(Bod, Erdb)* gespanntes Grundwasser *n*, arthesisches Wasser *n*
confined layer *(BM, Bod, Erdb, OB)* nicht zusammenhängende Schicht *f*
confinement *(RP, Verk, VR, WVA)* Einengung *f*, Eingrenzung *f*
conflict matrix *(Verk)* Signalsicherungstabelle *f (Verkehrssteuerung)*
conflict of interest *(VR)* Interessenkonflikt *m*
conflict time matrix *(Te, Verk)* Konfliktzeitmatrix *f (Verkehrssteuerung)*
conform *v* **to the surface** *(BT, OB)* sich an die Oberfläche anschmiegen
conformable strata *(Bod, Erdb)* Parallelschichten *fpl*
conformance *(VR)* Übereinstimmung *f*

C

conformation test *(BM, VR)* Nachweis *m (z. B. eines Stoffes, Elementes)*
conforming to [with] standards *(BM, BT)* normgerecht
conformity *(BM, BT, VR)* Konformität *f*, Übereinstimmung *f*, Anforderungserfüllung *f*, Erfüllung *f* der Anforderungsvorgaben
conformity check *(BM, BT, VR)* Konformitätsüberprüfung *f*
conformity test *(Konst, VR)* Konformitätsprüfung *f (von Projekt- und Produktvorgaben)*
congé 1. *(Arch)* Apophyge *f (Kehle am oberen Ende einer dorischen Säule)*; 2. *(BT, Te)* Hohlkehle *f* zwischen Fußboden und Wand; 3. *(BM, BT)* Fußbodenkehlfliese *f*, Eckselfliese *f*
congestion warning system *(Verk)* Stauwarnanlage *f*
conglomerate *(BM)* Konglomerat *n*, verfestigtes Kieselgeröll *n (Trümmergestein)*
conglomerate sandstone *(BM)* Konglomerat(sand)stein *m*
congruent *(Arch, Konst)* kongruent, deckungsgleich
conical *(Arch, BT)* konisch, kegelförmig
conical bolt *(BT)* Konusbolzen *m*, Bolzen *m* mit Anlauf
conical broach roof *(Arch, Konst)* Kegeldach *n*
conical dome *(Arch, Konst)* Kegelkuppe *f*
conical hip *(Arch, Konst)* Kegelwalm *m (Dach)*
conical retaining wall *(Erdb)* kegelige Böschungsmauer *f*
conical roof *(Arch, Konst)* konisches Dach *n*, Kegeldach *n*
conical socket *(BT)* konisches Ringstück *n*
conical spire *(Arch)* kegelförmige Turmspitze *f*, kegelförmiges Turmdach *n (Kirchturm)*
conical squinch *(Arch)* Trompetengewölbe *n*, (kleines) Trompetentrichtergewölbe *n*
conical vault *(Arch)* Trompengewölbe *n*, Kegelgewölbe *n*, konisches Gewölbe *n*
conical widening *(Arch)* konische Erweiterung *f*
conical wooden plug *(BT)* konischer Holzstöpsel *m*
conifer *(Hb, LB)* Konifere *f*, Nadelbaum *m*
coniferous wood *(BM, Hb)* Nadelholz *n*, Weichholz *n*
conjugate line *(Arch, Stat)* konjugierte [zugeordnete] Gerade *f*
conjugate plane *(Arch, Stat)* konjugierte Ebene *f*, zugeordnete Ebene *f*
conjugate sections *(Bod, Erdb, Konst)* Gleitflächen *fpl*
conjugated structure 1. *(Arch, Konst)* Anschlussbauwerk *n*; 2. *(Arch)* mehrteiliges Gebäude *n*
connect *v* 1. *(Arch, BT, Konst)* verbinden, zusammenfügen; kuppeln; 2. *(El)* anschließen, Kontakt herstellen; anklemmen
connect *v* **to earth** *(El)* erden, an Erde legen
connected/be *(Arch, BT, Konst)* zusammenhängen
connected bed *(BT)* zusammenhängende Betonplatte *f*
connected load *(El)* Anschlusswert *m*
connecting angle *(BT)* Winkelverbindungsstück *n*, Anschlusswinkel *m*
connecting bolt *(BT, St)* Verbindungsbolzen *m*, Verbindungsschraube *f*
connecting box *(El)* Anschlussdose *f*, Klemmdose *f*
connecting building *(Arch, Konst)* Verbindungsbau *m*
connecting clamp Anschlussklemme *f*
connecting corridor *(Arch, Konst)* Verbindungsgang *m*
connecting curve *(Verk)* Übergangsbogen *m*, Übergangskurve *f (Trassierung)*
connecting device *(BT)* Verbindungsmittel *n*, Verbindungselement *n*
connecting joint *(BT)* Anschlussfuge *f*, Verbindungsfuge *f*
connecting link *(BT, St)* Bindeglied *n*, Verbindungsglied *n*, Verbindungsgelenk *n*
connecting passage *(Verk)* Verbindungsweg *m*
connecting piece *(BT, St)* Verbindungsstück *n*, Mittelstück *n*; Stutzen *m*
connecting pipe *(BT, HLK, San, WVA)* Anschlussrohr *n*, Verbindungsrohr *n*
connecting plate *(BT, Konst, St, Stat)* Verbindungsblech *n*, Knotenblech *n*
connecting rivet *(BT, Konst, St)* Anschlussniet *m*
connecting rods *(BT, Konst, St)* Verbindungsgestänge *n*
connecting sleeve *(BT, HLK, San, WVA)* Verbindungsmuffe *f*; Rohrmuffe *f*
connecting surface *(Arch, Konst)* Anschlussfläche *f*, Verbindungsfläche *f*
connecting terminal *(El)* Anschlussklemme *f*
connection 1. *(BT, Hb, HLK, San, St, WVA)* Verbindung *f*, Anschluss *m*; Kupplung *f*; 2. (elektrische) Verbindung *f*, Anschluss *m*
connection anchor *(BT)* Verbundanker *m (z. B. für Schutzplanken)*
connection by welding *(St)* Schweißverbindung *f*
connection curve *(Verk)* Übergangskurve *f (Straße)*
connection diagram *(El, Verk)* Schaltplan *m*
connection dimension *(BT, Konst)* Anschlussmaß *n*, Anschlussabmessung *f*
connection joint *(BT, Konst)* Anschlussfuge *f*
connection line *(BT, HLK, San, Wsb, WVA)* Anschlussleitung *f*, Verbindungsleitung *f*
connection made from mild-steel plate *(St, Stat)* Knotenblech *n* aus Flussstahl
connection piece *(BT, St)* Stutzen *m*, Verbindungsstück *n*, Anschlussstück *n*
connection plate *(BT, St)* Balkenbindeeisen *n*
connection sleeve *(BT, San, St, WVA)* Verbindungsmuffe *f*
connection surface *(Arch, Konst)* Anschlussfläche *f*, Verbindungsfläche *f*
connection to the (public) sewer *(San, WVA)* Kanalisationsanschluss *m*
connection zone *(BT, Konst)* Trennstelle *f*
connector 1. *(BT)* Verbindungsstück *n*; 2. *(El)* Stecker *m*, Verbindungsstecker *m*; Gerätestecker *m*; 3. *(BT)* Dübel *m*, Industriedübel *m*
connector joint *(BT, Konst)* Dübelverbindung *f*
connector unit *(BT, Konst)* Verbindungseinheit *f*
conoidal form *(Arch)* Konoidform *f*
conoidal groin *(Arch, BT)* kegelförmige Stichkappe *f*
conoidal roof *(Arch, Konst)* Konoiddach *n*
conoidal shape *(Arch)* Konoidform *f*
conoidal shell *(Arch, Konst)* Konoidschale *f*
conoidal surface *(Arch)* Konoidfläche *f*, konoidische Oberfläche *f*
conoidal vault *(Arch, Konst)* Fächergewölbe *n*, Trichtergewölbe *n*, konoidisches Gewölbe *n*
consecutive bearings *(Br, BT, Konst, TK)* aufeinanderfolgende Auflager *npl*
consensus *(Arch)* Übereinstimmung *f*
consensus standards *(BM, BT, Konst, Stat, VR)* Normen *fpl*, Standards *mpl*, allgemein verbindliche technische Bestimmungen *fpl*
consent of surety *(VR)* schriftliche Zustimmung *f* zur Angebotsobligationsverlängerung
consent to build *(VR)* Baugenehmigung *f*, Bauerlaubnis *f*
conservancy *(Umw)* Reinhaltung *f (z. B. von Wasser)*
conservation *(RS, Umw)* Erhaltung *f*, Bewahrung *f (z. B. von Kulturbauten)*; Reinerhaltung *f (der Natur)*; Naturschutz *m*, Umweltschutz *m*
conservation area *(Arch, RP, Umw)* geschütztes Gebiet *n*, Flächendenkmal *n*
conservation of energy *(HLK)* Energieerhaltung *f*
conservation of soil *(Bod, Umw)* Bodenerhaltung *f*, Bodenschutz *m*
conservation order *(RS, Umw, VR)* Reinhaltungsbescheid

m, Naturschutzauflage *f*, Denkmalschutzauflage *f*, Umweltschutzbescheid *m*
conservationist *(Umw)* Naturschützer *m*, Umweltschützer *m*
conservative estimate *(Konst, VR)* vorsichtige Schätzung *f*
conservatoire *(Arch)* Konservatorium *n*
conservatory 1. *(Arch, Konst, LB)* Gewächshaus *n*; Wintergarten *m*; öffentliches Gartenschauhaus *n*; 2. *s.* conservatoire
consideration process *(Arch, Konst, RP, VR)* Abwägungsprozess *m*
consistence *s.* consistency
consistency 1. *(BM, Umw)* Konsistenz *f*, Stoffdichte *f*; Formänderungswiderstand *m*; 2. *(Arch, Konst)* Übereinstimmung *f*, Gleichmäßigkeit *f*
consistency coefficient *(BM, Umw)* Konsistenzbeiwert *m*, Steifekoeffizient *m*
consistency degree *(BM, Bod)* Konsistenzgrad *m*
consistency index *(BM, Bod, Erdb, Umw)* Konsistenzzahl *f*
consistency limits *(BM, Bod, Erdb)* Konsistenzgrenzen *fpl*
consistency meter *s.* consistometer
consistency of the mixture *(BM, Te)* Mischungskonsistenz *f*
consistency test *(BB, BM)* Konsistenzprüfung *f*, Setzmaßbestimmung *f*, Setzprüfung *f*, Ausbreitversuch *m* *(Betonprüfung)*
consistent *(Konst, Stat, VR)* logisch, folgerichtig; verträglich, übereinstimmend, vereinbar
consistometer *(BM)* Konsistometer *n*, Konsistenzmesser *m*
console 1. *(BT, Konst)* Kragstein *m*, Tragstein *m*; 2. *(BT)* Wandkonsole *f*, Wandgestell *n*; 3. *(BWG, Te)* Bedienungspult *n*
console cornice *(BT, Konst)* Konsolsims *m*, gestütztes Gesims *n*
console table *(BT, Konst)* Konsolentisch *m*
consolidate *v (Bod)* verdichten, verfestigen; sich verfestigen, fest werden, sich setzen
consolidation *(Bod, Erdb)* Verfestigung *f*, Verdichtung *f*; Setzen *n*, Bodenfestigung *f*; natürliche Setzung *f*, Konsolidierung *f*
consolidation apparatus [device] *(BM, BWG, Te)* Verdichtungsgerät *n*, Verdichtungsapparat *m*
consolidation settlement *(Bod, Erdb)* Konsolidierungssetzung *f (bei Ton)*; Langzeitsetzung *f*
constancy *(BM, OB)* Beständigkeit *f*
constancy of volume *(BM)* Raumbeständigkeit *f*
constant *(BM, BT)* konstant, stetig, unveränderlich; beständig, gleichbleibend, gleichmäßig
constant *(Stat)* Konstante *f*
constant-angle arch dam *(Wsb)* Gleichwinkelbogenmauer *f*
constant error *(BM)* systematischer Fehler *m (Baustoffprüfung)*
constant load *(Konst, Stat)* Dauerlast *f*, Konstantlast *f*, Dauerbelastung *f*
constant of integration *(Konst, Stat)* Integrationskonstante *f*
constant-pressure line *(Bod, Erdb, Stat)* Linie *f* gleichen Drucks
constant section *(BT, Konst, Verk, Wsb, WVA)* konstanter Querschnitt *m*, gleichbleibender Querschnitt *m*
constant-volume *(BM)* raumbeständig
constituent *(BM, BT)* Bestandteil *m*, Anteil *m*, Komponente *f*; Gefügebestandteil *m*
constituent material *(BM, BT)* Bestandteil *n*
constituent member *(BT)* Bauteil *n*
constituent part *s.* constituent
constitution *(Arch, BM, BT, Konst)* Anordnung *f*, Struktur *f*; Beschaffenheit *f*
constitutive law *(BM, Stat)* Formänderungsgesetz *n*
constrain *v (Stat)* einspannen
constrained beam *(BT, Konst, Stat)* eingespannter Träger *m*
constraint 1. *(Konst, Stat)* Einspannung *f (z. B. von Balken)*; 2. *(VR)* Behinderung *f*; Beschränkung *f*
constrict *v (BT, San, Verk, WVA)* einschnüren, verengen
constricted/become *(BT, San, Verk, Wsb, WVA)* sich verengen
constriction *(BT, Konst, Verk, WVA)* Einschnürung *f*, Verengung *f*; Verjüngung *f (z. B. einer Säule)*
construct *v* 1. *(Arch, Konst, Te)* bauen, errichten *(ein Gebäude)*; montieren *(auf der Baustelle)*; ausführen *(Bauarbeiten)*; 2. *(Konst)* konstruieren, entwerfen
constructed *(Te, VR)* gebaut
constructing *(Te)* Bauen *n*; Erdbau *m*
construction 1. *(Te)* Bauen *n*, Bau *m*, Errichtung *f*; 2. *(Arch)* Bauwerk *n*, Bau *m*, Konstruktion *f*, (bauliche) Anlage *f*; 3. *(Arch, Konst)* Bauweise *f*, Konstruktion *f*; 4. *(Konst)* Konstruktion *f*, zeichnerische Darstellung *f*; 5. *s.* construction system • **of box-section construction** von kastenförmiger Bauweise • **under construction** im Bau (befindlich)
construction activity *(Te)* Bautätigkeit *f*
construction administration *(VR)* Baubehörde *f*, Bauverwaltung *f*
construction advisory phase *(Arch, Konst, Te, VR)* Bauberatungsphase *f (während der Bauausführung)*
construction aggregate *(BM)* Zuschlag *m*, Zuschlagstoff *m (z. B. für Beton)*
construction and erection method *(Te)* Bau- und Montageverfahren *n*
construction approved bond *(VR)* Nachauftragnehmergarantie *f (des Hauptauftragnehmers für Fertigstellung aller Arbeiten durch die benannten Nachauftragnehmer)*
construction approved by government [local authorities] *(Konst, VR)* amtlich genehmigte Bauweise *f*
construction bolt *(BT, Te)* Bauschraube *f (nur zur Bauausführung)*
construction branch *(Arch, VR)* Bausektor *m*
construction budget 1. *(VR)* bereitgestellte Bausumme *f*; 2. *(VR)* maximaler akzeptierter Baupreis *m*; 3. *(VR)* Baukostenvoranschlag *m*
construction chemistry *(BM, OB)* Bauchemie *f*
construction class *(Konst, VR)* Feuerschutzklasse *f*
construction company *(VR)* Bauunternehmung *f*
construction concrete *(BB, BM)* Hochbaubeton *m*
construction consultant *(VR)* Bauberater *m*
construction contractor *(VR)* Hochbaufirma *f*
construction control 1. *(VR)* Baubestimmung *f*; 2. *(Te, VR)* Bauüberwachung *f*
construction cost estimate *(VR)* Baukostenvoranschlag *m*, Voranschlag *m*
construction costs *(VR)* Baukosten *pl*
construction department *(VR)* Bauabteilung *f*
construction depth *(Konst, Stat)* Konstruktionshöhe *f*
construction developing zone *(RP, VR)* Bauerschließungsgebiet *n*; Wohnungsbaugebiet *n*
construction diagram *(Te, VR)* Bau(ablauf)plan *m*
construction diary *(Te, VR)* Bautagebuch *n*
construction documents *(Konst, Te, VR)* Bauunterlagen *fpl*
construction documents phase *(Konst, Te, VR)* Bauprojektfertigstellungsphase *f (durch den Entwurfsverfasser)*
construction drawing *(Konst, Te, VR)* Bauzeichnung *f*, Ausführungszeichnung *f*
construction engineer *(VR)* Hochbauingenieur *m*, Stahlbauer *m*

construction engineering *(Arch, Konst)* Hochbau *m*; Bautechnik *f*; Bauwesen *n*
construction equipment Baugeräte *npl*; Baumaschinenausrüstung *f*
construction expense *(BWG)* Bauaufwand *m*
construction expert *(VR)* Bausachverständiger *m*, Baufachmann *m*
construction feature *(Arch, Konst)* Konstruktionsmerkmal *n*
construction field *(VR)* Bausektor *m*
construction firm *(VR)* Bauunternehmung *f*, Baufirma *f*; Hochbaufirma *f*
construction fit *(BT, Konst, Te)* Baupassung *f*
construction fitter Bauschlosser *m*
construction flexibility *(Arch, Konst)* bauliche Anpassungsfähigkeit *f*
construction gang *(Te, VR)* Baukolonne *f*
construction glass *(BM)* Bauglas *n*
construction ground *(RP, VR)* Bauland *n*, Baugelände *n*
construction industry *(VR)* Bauindustrie *f*, Bauwirtschaft *f*
construction inspection *(VR)* Bauaufsicht *f*, Bauaufsichtskontrolle *f*
construction joint *(BT, Konst)* Konstruktionsfuge *f*, Arbeitsfuge *f (Betonbau)*
construction lime *(BM)* Baukalk *m*
construction limits *(VR)* Baugrenze *f*, Randbefestigungsgrenze *f (Straße)*
construction loads *(Konst, Te, VR)* Belastungen *fpl* während der Bauausführung, Bauausführungslasten *fpl*
construction loam *(BM)* Baulehm *m*
construction loan *(VR)* Bauzwischendarlehen *n*; Bauspardarlehen *n*
construction log *(BM, Hb)* Bauholz *n*
construction lumber *(AE) (BM, Hb)* Bauschnittholz *n*
construction machinery Baumaschinen *fpl*
construction management *(VR)* Bauleitung *f*
construction material *(BM)* Baustoff *m*, Baumaterial *n*
construction material fault *(BM, VR)* Baustofffehler *m*
construction material moisture *(BM, Konst, Te)* Baufeuchte *f*
construction materials requirement *(BM, Konst, Te, VR)* Baustoffbedarf *m*
construction member *(BT)* Bauglied *n*
construction method *(Te)* Bauweise *f*, Bau(ausführungs)verfahren *n*, Bautechnologie *f*
construction moisture *(BM, Konst, Te)* Baufeuchte *f*
construction mortar *(BM)* Baumörtel *m*
construction nail *(BT)* Baunagel *m*
construction noise *(Te, Umw)* Baulärm *m*
construction object *(Arch, Konst, RP)* Bauobjekt *n*
construction of a job [work] *(Konst, Te)* Bauausführung *f*
construction office *(Te, VR)* Baubüro *n*
construction panel *(Te, VR)* Bautafel *f*
construction pay *(VR)* Baulohn *m*
construction period *(Te, VR)* Bauzeit *f*
construction phase *(Konst, Te, VR)* Bauberatungsphase *f (während der Bauausführung)*
construction plan *(Konst, Te)* Bauplan *m*
construction planning *(Konst)* Bauplanung *f*
construction price *(VR)* Baupreis *m*
construction priorities *(Arch, Konst, RP, VR)* Ausbaurangfolge *f*
construction process *(Konst, Te)* Bauprozess *m*
construction product *(Arch, BT)* Bauprodukt *n*, Erzeugnis *n* der Bauindustrie
Construction Products Directive *(VR)* Bauproduktenrichtlinie *f*
construction programme *(Konst, Te, VR)* Bauablaufplan *m*, Baubetriebsplan *m*
construction progress chart *(Konst, Te, VR)* Bauablaufplan *m*, Bauablaufzyklogramm *n*
construction project *(Arch, Konst, RP)* Bauprojekt *n*, Bauvorhaben *n*
construction quicklime *(BM)* Baubranntkalk *m*, Calciumoxid *n*, Kalziumoxid *n*, CaO *n*
construction record sheet *(Te, VR)* Bauberichts(form)-blatt *n*
construction regulations *(Konst, VR)* Bauvorschriften *fpl*, Baubestimmungen *fpl*
construction road *(Te, Verk)* Bauzufahrt *f*; Baustraße *f*
construction schedule *(Konst, Te, VR)* Bauablaufplan *m*
construction services *(VR)* komplette Baudurchführung *f (durch das beauftragte Entwurfsbüro)*
construction sheet material *(BM, BT)* Baublech *n*, Konstruktionsfeinblech *n*
construction site *(RP, VR)* Baustelle *f*, Bauplatz *m*
construction site installations *(Te)* Bau(stellen)-einrichtung *f*
construction specifications *(Konst, Te, VR)* Baudaten *pl*
construction speed *(Konst, Te, VR)* Bautempo *n*
construction stage *(Konst, Te)* Bauabschnitt *m*, Baustufe *f*, Baustadium *n*
construction standard *(Konst, VR)* Baunorm *f*
construction standardization *(Konst, VR)* Baunormung *f*
construction sum *(VR)* Bausumme *f*
construction supervising authority *(VR)* Bauaufsichtsamt *n*, Bauaufsicht(sbehörde) *f*, Baupolizei *f*
construction supervision *(Te, VR)* Bauleitung *f*; Bauaufsicht *f*
construction supervision authority *s.* construction supervising authority
construction survey *(RP, Verm)* ingenieurtechnische Landaufnahme *f*
construction system *(Arch, Konst)* Bausystem *n*, Konstruktionssystem *n*
construction technique *(Te)* Bautechnologie *f*, Baumethode *f*
construction technology *(Konst, Te)* Bautechnik *f*, Baumethodik *f*
construction timber *(BM, Hb)* Bauholz *n*
construction time *(Te, VR)* Bauzeit *f*
construction time schedule *(Te, VR)* Bauablaufplan *m*
construction traffic *(Te, Verk)* Baustellenverkehr *m*
construction type *(Konst)* Bauart *f*
construction unit *(BT)* Bauelement *n*, Bauglied *n*
construction wages *(VR)* Baulohn *m*
construction waste *(BM, Umw)* Bauschutt *m*
construction way *(Te, Verk)* Bauzufahrt *f*, Baustraße *f*
construction with logs *(Arch, Konst)* Blockbau *m*
construction work *(Konst, Te)* Bauarbeiten *fpl*; Baumaßnahmen *fpl*
construction work order *(Te, VR)* Bauarbeitsauftrag *m*
construction worker *(VR)* Bauarbeiter *m*
construction zone *(RP)* Aufbaugebiet *n*
constructional *(Arch, Konst)* baulich, bautechnisch, konstruktionstechnisch; Bau..., Konstruktions...
constructional activities *(Te, VR)* Baugeschehen *n*
constructional detail 1. *(BT, Konst)* bauliche Einzelheit *f*; 2. *(BT, Konst)* Konstruktionselement *n*
constructional material *s.* construction material
constructional principle *(Konst, Stat)* konstruktiver Grundsatz *m*
constructional steel Baustahl *m*, Konstruktionsstahl *m*
constructional steelwork *(BM, St)* Stahlbau *m*
constructional work *(Arch)* Kunstbau *m*
constructive art *(Arch)* gestaltende Kunst *f*
constructive arts *(Arch)* Tektonik *f (künstlerisch; s. a. architectonics)*

constructive details *(Arch, BT, Konst)* bauliche Einzelheiten *fpl*, Konstruktionselemente *npl*
constructive work *(Arch)* Kunstbau *m*
Constructivism *(Arch)* Konstruktivismus *m (russischer leicht abstrakter Baustil)*
consulate building *(Arch)* Konsulatsgebäude *n*
consult *v (VR)* konsultieren, sich beraten, um Rat fragen; einsehen
consultancy *(Arch, Konst, VR)* Beratungsbüro *n*
consultant *(Konst, VR)* Bauberater *m*; Beratungsarchitekt *m*
consultation *(VR)* Konsultation *f*, Beratung *f*; Befragung *f*; Konferenz *f*
consultative contract *(VR)* Beratungsvertrag *m*
consulting *(Konst, Te, VR)* Bauberatung *f*
consulting engineer *(VR)* beratender Ingenieur *m*, technischer Berater *m*
consulting engineers centre *(Arch, Konst, VR)* Ingenieurbüro *n*
consulting room *(Arch, VR)* Sprechzimmer *n*
consumer waste *(Umw)* Hausmüll *m*
consumer's cable *(El)* Hausanschlusskabel *n*
consumption point *(El, VR, WVA)* Abnehmerstelle *f*, Verbraucherstelle *f*, Abnehmerübernahmepunkt *m*
consumption residue *(El, VR)* Verbraucherabfall *m*
consumption test *(El)* Leistungsprüfung *f*
contact *v* 1. *(Te)* andrücken; 2. *(El)* Kontakt haben
contact 1. *(Konst)* Kontakt *m*, Berührung *f*; Anlehnung *f*; 2. *(El)* Kontakt *m*, leitende Verbindung *f*; Kontaktstück *n*
contact adhesive *(BM)* Kontaktkleber *m*, Kontaktklebstoff *m*, Haftkleber *m*
contact angle *(BM)* Kontaktwinkel *m (Bitumen)*
contact area *(Konst)* Kontaktfläche *f*, Berührungsfläche *f*; Aufstandsfläche *f*
contact-bonding adhesive *s.* contact adhesive
contact button *(BT, El)* Kontaktknopf *m*
contact ceiling *(BT, Konst)* unmittelbar befestigte Decke *f*
contact corrosion *(BM, OB)* Kontaktkorrosion *f*, Oberflächenberührungskorrosion *f*
contact form area *(Konst, Te)* eingeschalte Fläche *f*, Schalfläche *f*
contact pressure *(Bod, Erdb, Stat)* Sohlpressung *f*
contact rail *(BT, Verk)* Stromschiene *f (für Schienenfahrzeuge)*
contact rock *(BM, Bod)* Kontaktgestein *n*
contact solution *(BT)* Kontaktlösung *f*
contact splice *(BT, Konst, Te)* Bewehrungseisenüberlappungsverbindung *f*
contact surface *(Konst, OB)* Grenzfläche *f*, Kontaktfläche *f*
contact to earth *(El)* Erdschluss *m*
contacting *(BT, Konst, OB)* berührend
contactor *(El)* Schaltschütz *n*, Kontaktgeber *m*
contain *v (BT, HLK, Wsb, WVA)* enthalten; fassen
container terminal *(Verk)* Container-Bahnhof *m*
container terminal facilities *(BWG, Verk)* Containerumschlaganlage *f*
containment *(BB, Konst, Umw)* Sicherheitshülle *f*, Kernkraftwerksschutzhülle *f*
contaminant *(Umw)* Kontaminant *m*, Verunreinigungsstoff *m*; Schadstoff *m*; Umweltgift *n*
contaminate *v (Umw)* kontaminieren, verschmutzen, verunreinigen *(mit Schadstoffen)*; verseuchen *(radioaktiv)*
contamination *(Umw, VR)* Kontamination *f*, Verschmutzung *f*, Verunreinigung *f*, Verseuchung *f*
contamination control *(Umw, VR)* Kontaminationsüberwachung *f*
contamination hazard *(Umw, VR)* Verseuchungsgefahr *f*
contamination of the environment *(Umw, VR)* Umweltverschmutzung *f*
contemporary *(Arch, Konst)* zeitgenössisch
contemporary architecture *(Arch)* zeitgenössische Architektur *f*
content 1. *(BM, BT)* Gehalt *m*, Anteil *m (an Stoffen)*; 2. *(BT, HLK, San, Wsb, WVA)* Fassungsvermögen *n*, Inhalt *m*
contents hazard classification *(Konst, VR)* Gebäudegefährdungsklassifizierung *f*
context-sensitive design *(Arch, Konst, RP)* ganzheitlicher Entwurf *m*
contignation *(Stat, TK)* Trägerrahmenwerk *n (horizontal als Ringanker)*
contiguous *(BT, Konst, VR)* sich berührend, aneinanderliegend; angrenzend, benachbart
continental seating *(Arch)* nicht durch Gänge unterbrochene Bestuhlung *f (eines Theaters)*
contingency *(Te, VR)* Unvorhergesehenes *n*
contingency allowance *(Te, VR)* Summe *f* für Unvorhergesehenes, Pauschalsumme *f* zur Begleichung von Änderungen während der Bauausführung
contingency item *(VR)* Eventualposition *f*
contingency sum *s.* contingency allowance
continuity *(Arch, BT, Konst, Stat, Te)* Kontinuität *f*, Stetigkeit *f*
continuity condition *(Konst, Stat, Te)* Kontinuitätsbedingung *f*
continuity of space Raumkontinuität *f*, Raumstetigkeit *f*
continuity rod *(BT, Konst)* durchlaufender Bewehrungsstab *m*
continuous 1. *(BT, Konst, Stat)* durchgehend, durchlaufend; 2. *(BWG, HLK)* stetig (arbeitend) *(z. B. Anlagen)*; kontinuierlich *(Betrieb)*; 3. *(BT, Konst)* zusammenhängend, geschlossen
continuous acoustical ceiling *(DIS, Konst)* durchgehend angeordnete Schalldecke *f*
continuous aprons *(Arch)* Brüstungsband *n*
continuous arch *(Arch, Br, Konst)* Durchlaufbogen *m*, Mehrfeldbogen *m*
continuous arched girder *(Br, BT, Konst)* durchgehender Bogenträger *m*
continuous attic *(Arch)* fortlaufende Attika *f*
continuous beam *(BT, Konst, Stat)* Durchlaufträger *m*
continuous bending strain [stress] *(BM, BT)* Dauerbiegebeanspruchung *f*
continuous block core *(BT)* schichtgeleimter Türfüllungskern *m*
continuous breasts *(Arch)* Brüstungsband *n*
continuous-bucket conveyor [elevator] *(BWG)* Vollbecherwerk *n*
continuous channel *(Wsb)* nicht unterbrochene Fahrrinne *f*
continuous characteristic *(Arch, Konst)* kontinuierliches Merkmal *n*
continuous concrete footing with reinforcement *(BB, Erdb, Konst)* durchgehendes Betonfundament *n* mit Verstärkung [Bewehrung]
continuous concrete mixer *(BWG)* Durchlaufbetonmischer *m*
continuous conveyor *(BWG)* Stetigförderer *m*
continuous drainage *(Bod, Erdb)* Dauerdränung *f*
continuous floor *(Konst, Stat, TK)* durchgehende [kontinuierliche] Decke *f*, Durchlaufdecke *f*
continuous-flow water heater *(HLK)* Durchlauferhitzer *m*
continuous footing *(BB, Erdb, Konst)* Streifenfundament *n*
continuous foundation *(Erdb, Konst)* ununterbrochene Gründung *f*
continuous frame *(Konst, Stat)* Durchlaufrahmen *m*, Mehrfeldrahmen *m*
continuous girder *(BT, Konst, Stat)* Durchlaufträger *m*, Durchlaufbalken *m*, Mehrfeldträger *m*, durchlaufender Unterzug *m* [Träger *m*]

C

continuous grading *(BM)* kontinuierliche Korngrößenverteilung *f*, stetige Kornabstufung *f*
continuous handrail *(BT, Konst)* kontinuierlicher Handlauf *m (für eine gewinkelte Treppe)*; Durchlaufhandlauf *m*
continuous header *(BT, Hb, Konst)* Holzringankerrahmen *m*
continuous joist *(BT, Konst)* durchlaufender Unterzug *m*
continuous levelling *(Verm)* durchgehende Nivellierung *f*
continuous light *(Arch, Konst)* Fensterband *n*, Langfenster *n*, Bandfenster *n*
continuous line *(Konst)* ausgezogene Linie *f*, Volllinie *f*, geschlossener Linienzug *m*, durchgezogene Linie *f*
continuous load 1. *(Stat)* gleichmäßig verteilte Last *f*; 2. *(Stat)* Dauerlast *f*, Dauerbelastung *f*; 3. *(El)* Dauerlast *f*
continuous mixer *(BWG)* Durchlaufmischer *m*, Stetigmischer *m*
continuous operation *(BWG, HLK)* Dauerbetrieb *m*
continuous ornament *(Arch)* Bandornament *n*
continuous prestressed concrete girder *(BB, BT, Konst, Stat)* Spannbetondurchlaufträger *m*
continuous purlin *(BT, Konst)* Durchlaufpfette *f*
continuous rating *(El)* Nenndauerlast *f*
continuous rod reinforcement *(BB, BT, Konst, Stat)* Durchlaufstabbewehrung *f*
continuous rods *(BT, Konst)* nicht abgestufte Bewehrung *f*
continuous rolling method *(BB, Te)* Betonwalzverfahren *n*
continuous sealing element *(BT)* Dehnbandprofil *n (Fugenband)*
continuous seam welding *(St, Te)* Nahtschweißen *n*
continuous sense of direction *(Stat)* stetige Umfahrung *f (Statik)*
continuous slab *(Konst, Stat)* Durchlaufplatte *f*, Mehrfeldplatte *f*
continuous span *(Konst, Stat)* verbundene Überspannung *f*
continuous storey column *(Konst, VR)* durchgehende Stockwerkstützung *f*
continuous strain [stress] *(Konst, Stat)* Dauerbeanspruchung *f*
continuous suspension girder *(BT, Konst, Stat)* durchlaufender Hängeträger *m*
continuous tooth formation *(Arch, Konst)* fortlaufende Verzahnung *f*
continuous traffic *(Verk)* ununterbrochener Verkehr *m*, kontinuierlicher Verkehr *m*
continuous traffic wear *(BM, Verk)* Dauerverschleiß *m* durch Verkehr
continuous truss *(BT, Konst, Stat, TK)* durchlaufender Fachwerkbinder *m*
continuous two-way slab *(Konst, Stat, TK)* kreuzweise bewehrte Mehrfeldplatte *f*
continuous vent *(HLK, San)* senkrecht durchgehender Abzug *m (als Verlängerung der Erdleitung)*
continuous waste (pipe) *(San)* durchlaufender Abfluss *m (aus zwei oder mehr Waschbecken zu einem Geruchsverschluss)*
continuous window *(Arch, BT, Konst)* durchlaufendes Fenster *n*
continuously loaded *(Konst, Stat)* gleichmäßig (verteilt) belastet
continuum *(BT)* Kontinuum *n*, Idealkörper *m*
continuum mechanics *(Stat)* Kontinuummechanik *f*, Idealkörpermechanik *f*
contort *v (Arch, BT, Konst)* verdrehen, krümmen; sich krümmen
contour 1. *(Arch)* Kontur *f*, Umriss *m*; Profil *n*; Umrisslinie *f*, Umgrenzungslinie *f*, Außenlinie *f*; 2. *s.* contour line
contour basin *(Umw, Wsb, WVA)* Regenwasserauffangbecken *n* mit Überlauf
contour interval *(Verm)* Höhenlinienabstand *m*
contour line *(Verm)* Höhen(schicht)linie *f*
contour map *(RP, Verm)* Höhenlinienkarte *f*
contour sawing *(Te)* Umrisssägen *n*
contra-flow *s.* contraflow
contract *v* 1. *(BM)* sich zusammenziehen; schrumpfen *(z. B. Beton)*; schwinden; 2. *(BT, Wsb, WVA)* einschnüren; sich verengen; 3. *(VR)* Vertrag abschließen; sich vertraglich binden
contract *(VR)* Vertrag *m*, vertragliche Vereinbarung *f* • **according to contract** vertragsgemäß • **not (included) in (the) contract** im Vertrag nicht enthalten *(Baurecht)*
contract administration 1. *(VR)* Vertragsverwaltung *f*; 2. *Rechte und Pflichten des Entwurfsverfassers während der Bauausführung*
contract award *(VR)* Auftragserteilung *f*
contract bond 1. *(VR)* Vertragsbürgschaft *f*; 2. *(VR)* Nachauftragnehmergarantie *f*
contract control *(Te, VR)* Vertragserfüllungssteuerung *f*, Bauablaufsteuerung *f*
contract date *(VR)* Vertragsabschlusstermin *m*
contract deadline *(Te, VR)* Vertragsfristen *fpl*
contract documents *(VR)* Bauvertragsunterlagen *fpl*
contract drawing *(VR)* Vertragszeichnung *f*
contract expiration *(Te, VR)* Vertragsablauf *m*, Vertragsende *n*
contract item *(VR)* Vertragsposition *f*, Leistungsposition *f*
contract letting *(VR)* Auftragserteilung *f*, Vergabe *f*
contract limit *(Te, VR)* Baugrenze *f (Vertrag)*
contract maintenance *(VR)* Vertragsinstandhaltung *f*, vertraglich gebundene Unterhaltung *f*
contract manager *(VR)* Auftragnehmerbauleiter *m*, Betriebsbauleiter *m*, Oberbauleiter *m*
contract of lease *(VR)* Pachtvertrag *m*
contract particulars Bauvertragsunterlagen *fpl*, Vertragsunterlagen *fpl*
contract payment bond *(VR)* Zahlungsbürgschaft *f*
contract penalty *(VR)* Vertragsstrafe *f*
contract performance bond *(VR)* Ausführungsbürgschaft *f*, Vertragserfüllungsbürgschaft *f*
contract period *(VR)* Vertragsdauer *f*, Vertragslaufzeit *f*
contract price *(VR)* Angebotssumme *f*; Vertragspreis *m*
contract requirements *(VR)* Vertragsbedingungen *fpl*
contract section *(Te, VR)* Vertragsabschnitt *m*
contract specifications *(VR)* Pflichtenheft *n*
contract sum *(VR)* Bauvertragssumme *f*
contract time *(VR)* vertragliche Bauzeit *f*
contract value *(VR)* Vertragswert *m*
contracting combine *(VR)* Arbeitsgemeinschaft *f*
contracting company [firm] *(VR)* Baubetrieb *m*, Baufirma *f*
contracting officer *(VR)* Bauherrvertreter *m (bei öffentlichem Auftraggeber)*
contracting out *(Te, VR)* Drittvertragsvereinbarung *f (zu bisherigen eigenen Aufgaben)*
contracting practice *(VR)* Vergabepraxis *f*, Vergabewesen *n*
contracting regulations *(VR)* Verdingungsordnung *f*
contracting regulations for award of public work contracts *(VR)* Verdingungsordnung *f* für Bauleistungen
contraction 1. *(BM, BT)* Kontraktion *f*, Zusammenziehung *f*; Schrumpfen *n (von Material)*; Schwinden *n*, Schwindung *f (von Beton)*; 2. *(BT, Wsb, WVA)* Einschnürung *f*, Verengung *f*
contraction allowance *(BB, BT, Konst)* Schrumpfzugabe *f*
contraction cavity *(BM, Konst)* Schwindungshohlraum *m*
contraction coefficient *(BM, BT, Konst)* Zusammenziehungskoeffizient *m*
contraction crack *(BB, BM, BT, Konst)* Schwindriss *m*, Schrumpfriss *m*

contraction distortion *(BT)* Verzug *m* durch Schwindung
contraction joint *(BM, BT, Konst)* Schwindfuge *f*, Bewegungsfuge *f*; Scheinfuge *f*
contraction of concrete *(BB, BM, Konst)* Schwinden *n* des Betons
contraction strain [stress] *(Konst, Stat)* Schrumpfspannung *f*
contractor 1. *(VR)* Baubetrieb *m*, Bauunternehmen *n*; Hauptauftragnehmer *m*, Auftragnehmer *m*, Bauunternehmer *m*; Bauausführender *m*; 2. *(VR)* Lieferant *m*
contractor site office *(VR)* Auftragnehmerbauleitung *f*
contractor supervisor *(VR)* Baustellenleiter *m*
contractor's affidavit *(VR)* Sicherheitsnachweis *m* des Baubetriebs
contractor's agent *(VR)* Auftragnehmerbauleiter *m*, Firmenbauleiter *m*
contractor's bid Bauangebot *n*
contractor's estimate *(VR)* Kostenvoranschlag *m* des Bauauftragnehmers [Bauunternehmers], Baukostenvoranschlag *m*
contractor's manager *(VR)* Oberbauleiter *m*, Baustellenleiter *m*
contractor's option *(VR)* Optionsklausel *f (Bestimmung in den Projektunterlagen, nach der der Auftragnehmer Ausrüstungen, Materialien und Methoden seiner eigenen Wahl ohne Änderung der Bausumme festlegen kann)*
contractor's proposal *(VR)* Bauangebot *n*, Offerte *f*
contractor's risk *(VR)* Unternehmerrisiko *n*
contractor's supervisor *(VR)* Bauführer *m*
contractor's yard *(Arch, VR)* Bauhof *m*
contractual *(VR)* vertraglich
contractual bond *(VR)* vertragliche Bindung *f*
contractual obligations *(VR)* vertragliche Verpflichtungen *fpl*
contractual penalty *(VR)* Vertragsstrafe *f*
contractual period *(VR)* Vertragszeitraum *m*
contractual time penalty *(VR)* Vertragsstrafe *f* bei Terminüberschreitung
contracture *(Arch, Konst)* Verjüngen *n* einer Säule nach oben
contraflow *(Verk)* (temporärer) Gegenverkehr *m*, Gegenstrom *m*
contraflow traffic *(Verk)* Gegenverkehr *m*
contrariwise *(HLK, Konst, Verk)* entgegengesetzt, in entgegengesetzter Richtung
contre-imbrication *(Arch)* umgekehrtes Schuppenornament *n*, plastische Oberflächenmusterung *f (durch dahinterliegende Elemente)*
contributory cause *(Konst, Te, VR)* beeinflussende Ursache *f*, Mitursache *f*; Nebenursache *f*
control *v* 1. *(VR)* überwachen, kontrollieren; nachprüfen; 2. *(BWG, HLK, Verk, Wsb)* steuern; bedienen; 3. *(HLK)* regeln, regulieren *(z. B. Luftzufuhr)*; 4. *(Umw)* bekämpfen
control 1. *(Te, Verk, VR)* Überwachung *f*, Kontrolle *f*; 2. *(BWG)* Steuerung *f*; Bedienung *f*; 3. *(HLK, Te)* Regelung *f*; 4. *(Umw)* Bekämpfung *f*
control algorithm for rerouting systems *(Verk)* Alternativroutensteuerung *f*
control and operating centre Betriebsleitstelle *f*
control board *(BWG, Verk, WVA)* Schaltbrett *n*; Steuertafel *f*
control box *(El)* Schaltkasten *m*
control building *(El)* Schaltgebäude *n*
control centre 1. *(El, HLK, Wsb, WVA)* Kontroll- und Steuerleitstelle *f*; 2. *(Verk)* Verkehrsleitzentrale *f*
control chart *(BM, BT, Konst, Te)* Qualitätskontrollkarte *f*
control data *(HLK, VR, WVA)* Kontrollgröße *f*
control desk *(BWG, Te)* Aufsichtsplatz *m*
control device *(BWG, El, HLK, Wsb, WVA)* Steuereinrichtung *f*
control factor *(BB, BM)* (Festigkeits-)Kontrollfaktor *m (Verhältnis der Mindestfestigkeit zur Durchschnittsfestigkeit des Betons)*
control joint *(BT, Konst, Te)* Scheinfuge *f*
control-joint grouting *(BM)* Scheinfugenfüllung *f*
control limit *(BM, BT, HLK, VR, Wsb, WVA)* Kontrollgrenze *f*
control mode *(Te, VR)* Steuerungsmodalität *f*
control motor *(BT, HLK, WVA)* Stellmotor *m*
control of access *(Verk, VR)* Zufahrtsbeschränkung *f*
control of cracking *s.* crack width limitation
control of hazardous materials *(Umw, VR)* Gefahrstoffkontrolle *f*
control panel 1. *(BWG, HLK, WVA)* Steuerpult *n*; 2. *(El)* Schaltfeld *n*, Schalttafel *f*
control point adjustment 1. *(BWG, HLK, Te)* Sollwerteinstellung *f*; 2. Sollwertgeber *m*
control room *(BWG, HLK, Tun, WVA)* Betriebszentrale *f*
control sample *(BM, BT)* Überwachungsprobe *f*, Kontrolluntersuchungsprobe *f*
control survey *(Verm)* Kontrollpunktvermessung *f*
control system 1. *(BWG, HLK, WVA)* Regelanlage *f*; 2. *(VR)* Kontrollsystem *n*
control tactics 1. *(HLK, Te, Verk, VR, Wsb, WVA)* Steuerungstaktik *f*, Steuerungsvorgehensweise *f*; 2. *(VR)* Kontrolltaktik *f*
control unit *(BT)* Regler *m*
control valve *(BT)* Regelventil *n*, Steuerschieber *m*
control wiring *(BWG, El, HLK, WVA)* Steuerleitungen *fpl*
controllable ventilation *(HLK)* regelbare Belüftung *f*
controlled dumping *(Te, Umw)* geordnete Deponie *f*, kontrollierte Müllablagerung *f*, kontrolliertes Abladen *n* von Schutt, überwachtes Abladen *n* von Schutt
controlled fill *(Erdb, Te, Umw)* geprüfte Erdstoffauffüllung *f*
controlled intersection *(Verk)* signalgesteuerter Knotenpunkt *m*, lichtzeichengesteuerter Knotenpunkt *m*
controlled junction *(Verk)* signalgesteuerter Knotenpunkt *m*, lichtzeichengesteuerter Knotenpunkt *m*
controlled zone *(HLK)* temperaturgesteuerter Gebäudeteil *m (Klimaanlage)*
controller 1. *(HLK)* Regler *m*; 2. *(El)* Schaltelement *n*; 3. *(HLK)* Prozesssteuerer *m*, Kontrolleur *m*
controller configuration *(HLK, Verk)* Steuergeräteprogramm *n*
controlling *(Konst, Te, VR)* Controlling *n*, Bauablaufsteuerung *f* und -kontrolle *f*, Steuern *n*, Überwachen *n*, Leiten *n*
controlling agent *(BM, Umw)* Bekämpfungsmittel *n*
controlling dimension *(Konst)* Baurichtmaß *n*
controlling equipment *(HLK, WVA)* Regeleinrichtung *f*, Regelung *f*
conurbation *(RP)* (städtischer) Ballungsraum *m*, Ballungszentrum *n* Conurbationsgebiet *n (Raumplanung)*
convalescent home *(Arch)* Sanatorium *n*, Genesungsheim *n*
convected air *(HLK)* Konvektionsluft *f*
convected heat *(HLK)* Konvektionswärme *f*
convected heat loss *(DIS, HLK)* Konvektionswärmeverlust *m*
convection *(HLK)* Konvektion *f*, Wärmeübertragung *f*
convection heating *(HLK)* Konvektionsheizung *f*
convector *(HLK)* Konvektor *m*, Konvektionsheizgerät *n*, Heizkörper *m*
convector radiator *(HLK)* Konvektionsheizer *m*
convenience outlet *(AE) s.* convenience receptacle
convenience receptacle *(El)* Steckdose *f*, Gerätesteckdose *f (Hausgeräte)*
convenient *(Arch, Konst)* bequem, passend, geeignet, angemessen
convent *(Arch)* Kloster *n*; Nonnenkloster *n*
conventional church *(Arch)* Klosterkirche *f*

C

conventional construction method *(Konst, Te)* herkömmliche Bauweise *f*
conventional design Regelausführung *f*
conventional door *(BT)* gewöhnliche Tür *f*
conventional method *(Konst, Te)* konventionelle Bauweise *f*, herkömmliches Verfahren *n*
conventional sign *(VR)* Sinnbild *n*
conventionally reinforced *(BB, Konst)* schlaff bewehrt
conventual building *(Arch)* Klostergebäude *n*
converging mouthpiece *(BT, San, WVA)* verengter Ausflussstutzen *m*
conversion 1. *(Konst, RS)* Umbau *m*, bauliche Veränderung *f*; 2. *(BM, BT, El, HLK, RP)* Umformung *f*; Umwandlung *f*; 3. *(BM, Hb, Te)* Längsschnitt *m* des Rundholzes; Zusammenschneiden *n (Holz)*
conversion chart *(Konst)* Umrechnungsdiagramm *n*, Umrechnungstabelle *f*
conversion coefficient *(Konst)* Umrechnungskoeffizient *m*
conversion work *(Konst, RS, Te)* Umbauarbeiten *fpl*
convert *v* 1. *(RS, Te)* umbauen, umgestalten; 2. *(BM)* umsetzen *(chemisch)*; sich umsetzen; 3. *(Konst)* umrechnen
converted timber *(BM, Hb)* Nutzholz *n (aus Bauholz geschnitten)*
converter [converting] station *(El)* Umformerstation *f*
convex *(Arch, BT)* konvex, nach oben gewölbt, erhaben, gerundet
convex part *(Arch, BT)* konvexes Element *n*
convex tile *(BM, BT)* Mönch(ziegel) *m*, Deckziegel *m (s. a. overtile)*
convey *v (Te)* (be)fördern, transportieren; zuführen; anfahren *(z. B. Erde)*
conveyance 1. *(Te, Verk)* Beförderung *f*, Transport *m*; Zufuhr *f*; 2. *s.* conveyance of ownership
conveyance of ownership *(VR)* Eigentumsüberschreibung *f*, Eigentumsübertragung *f*
conveying belt *(BWG)* Transportband *n*, Förderband *n*
conveying bridge *(BWG)* Förderbrücke *f*
conveyor *(BWG, Te)* Förderanlage *f*; Förderer *m*, Stetigförderer *m*; Zubringer *m*; Laufband *n*
conveyor belt *(BWG, Te)* Förderband *n*, Gurtband *n*
conveyor equipment *(BWG, Te)* Fördereinrichtung *f*, Förderanlage *f*
conveyor screw *(BWG)* Förderschnecke *f*, Transportschnecke *f*
conveyor structure *(BWG)* Förderbandgerüst *n*
conveyor system *(BWG, Te)* Förderanlage *f*, Bandanlage *f*, Bandstraße *f*
cooker *(HLK)* Herd *m*; Küchenherd *m*
cooker hood *(HLK)* Dunstabzughaube *f*
cooking place Kochstelle *f*
cooking stove *(HLK)* Herd *m*, Kochofen *m*
cool *v (HLK)* kühlen, abkühlen
cool *v* **down** *(HLK)* herunterkühlen, abkühlen
cool *(HLK)* kühl
cool air duct *(BT, HLK)* Kaltluftkanal *m*
cool air flow *(HLK)* Kaltluftstrom *m*
cool effect *(HLK)* Kühlwirkung *f*
cool fan *(HLK)* Kühlungsventilator *m*
coolant *(HLK)* Kühlmittel *n*; Wärmeträger *m*
coolant inlet *(HLK)* Kühllufteinlass *m*
coolant outlet *(HLK)* Kühlluftauslass *m*
cooler *(BT, HLK)* Kühler *m*; Kühlvorrichtung *f*
coolhouse 1. *(Arch)* Kühlhaus *n*; 2. *(Arch, LB)* temperiertes Gewächshaus *n*
cooling *(HLK)* kühlend
cooling *(HLK)* Kühlung *f*
cooling chamber *(HLK)* Kühlkammer *f*
cooling fan *(HLK)* Kühlventilator *m*, Lüfter *m*
cooling fin *(HLK)* Kühlrippe *f*
cooling floor *(HLK)* Kühlstockwerk *n*
cooling jacket *(HLK)* Kühlmantel *m*
cooling medium *(HLK)* Kühlmittel *n*
cooling-off *(HLK)* Abkühlung *f*
cooling pipe *(HLK)* Kühlrohr *n*
cooling pipes *(HLK)* Kühlleitung *f*
cooling plant *(HLK)* Kühlanlage *f*, Kälteanlage *f*
cooling pond *(HLK, Umw, WVA)* Kühlteich *m*, Kühlbassin *n*
cooling range *(HLK)* Kühlbereich *m*
cooling shaft *(BT, HLK)* Kühlschacht *m*
cooling surface *(BT, HLK, Konst)* Abkühlungsfläche *f*
cooling tower *(Arch, HLK, Konst, Umw)* Kühlturm *m*, Kühlwerk *n*; Gradierwerk *n*
cooling wall *(BT, HLK, Konst)* Kühlwandung *f*
cooling-water tank *(HLK)* Kühlwasserbehälter *m*
cooperage *(BT, Hb)* Böttcherei *f*
cooperative building society *(VR)* Baugenossenschaft *f*
coopered joint *(BT, Konst)* Fassfuge *f*, gekrümmte Fuge *f*
coordinate *v (Te, VR)* koordinieren, abstimmen *(Bauleistungen)*
coordinate axis *(Verm)* Koordinatenachse *f*
coordinate system *(Verm)* Koordinatensystem *n*, Achsenkreuz *n*
coordination *(Konst, Te, VR)* Koordination *f*, Abstimmung *f*
coordinator *(BT)* Türschließregler *m (Zweiflügeltür)*
cop *(Arch, BT, Konst)* Zinne *f*, Mauerzacke *f*
copal *(BM)* Kopal *m*, Kopalharz *n*
copal stopper *(BM)* Kopalspachtelmasse *f*
copal varnish *(BM)* Kopalfirnis *m*, Kopallack *m*
cope *v* 1. *(SB, Te)* abdecken, bedecken *(Mauer)*; 2. *(SB, Te)* aufmauern *(Mauerkronen)*; 3. *(Konst, Te)* das Gesims anlegen; 4. *(Hb, Te)* das Holzverbindungsende schneiden; 5. *(Te)* ausklinken *(Träger)*; 6. *(Te, VR)* sich messen mit, gewachsen sein
cope 1. *(BT)* Abdeckung *f*, Mauerabdeckung *f*; 2. *s.* copestone
cope chisel *(BWG)* Kreuzmeißel *m*
coped joint *(BT, Konst)* Profilfuge *f*, Formfuge *f*
copestone *(BT, SB)* Abdeckstein *m*, Natursteindeckplatte *f*
coping *(BT, Konst, SB)* Abdeckung *f*; Mauerabdeckung *f*, Krone *f*, Haube *f*, Kappe *f*
coping block *(BM)* Abdeck(block)stein *m*
coping brick *(BM)* Abdeckziegel *m*
coping layer 1. *(BT, SB)* Abdecklage *f*, Abdeckschicht *f*; 2. *(Verk)* Deckschicht *f*
coping of a wall *(BT, SB)* Mauerabdeckung *f*, Mauerkrone *f*
coping of the vault *(Konst, SB)* Abdeckung *f* des Gewölbes
coping saw *(BWG)* Bogensäge *f*, Laubsäge *f*
coping stone *(BT, SB)* Abdeckstein *m*, Deckstein *m*, Natursteindeckplatte *f*
coping vault *(Tun)* Gewölbeabdeckung *f (Tunnel)*
copolymer *(BM)* Copolymer *n*, Mischpolymerisat *n*
copper *v (Te)* verkupfern
copper *(BM)* Kupfer *n*
copper bend *(BT, HLK)* Kupferrohrkrümmer *m*
copper bit *(BWG)* Lötkolben *m*
copper box gutter *(BT)* Kupferkastenrinne *f*
copper bus bar *(El)* Kupfersammelschiene *f*
copper cladding *(BT, El, OB)* Kupfermantel *m*
copper-engraving *(Arch)* Kupferstich *m*
copper fitting *(BT, HLK, OB, San)* Kupferpassung *f*; Kupferformstück *n*, Kupferverbindungsstück *n*
copper flashing *(BT, Konst, San)* Kupferanschluss *m*, Kupferanschlussblech *n*
copper gasket *(BT, HLK, San)* Kupferdichtung *f*
copper lining *(BT, HLK, OB)* Kupferauskleidung *f*, Kupferverkleidung *f*
copper nail *(BM, BT)* Kupfernagel *m*
copper pipe *(BT)* Kupferrohr *n*

copper roof covering *(Arch, BT, Konst, San)* Kupferblechdachdeckung *f*, Kupferabdeckung *f*, Kupferbelag *m*
copper roof sheet *(BT, OB, San)* Kupferdachblech *n*
copper roofing *(Arch, BT, Konst, OB, San)* Kupferdacheindeckung *f*, Kupferbedachung *f*
copper sheet *(BM)* Kupferblech *n*
copper shingle *(BM, BT, OB, San)* Kupferschindel *f*
copper slag *(BM)* Kupferschlacke *f*
copper slag block *(BM)* Kupferschlackenblockstein *m*
copper slag paving stone *(BM)* Kupferschlackenpflasterstein *m*
copper slate *(BT, San)* Rohrdurchführungsdichtung *f (Dach)*
copper spar *(BM, RS)* Kupferspat *m*
copper tube *(BT, HLK, San)* Kupferrohr *n*
copper wire *(BT, El)* Kupferdraht *m*
coppered *(BT)* verkupfert
copperlight glazing *(AE) (BT)* kupferisolierte Feuerfestverglasung *f*, Elektroglas *n*
copperlike *(BM, BT)* kupferartig
coppersmith *(HLK, San)* Kupferschmied *m*
coppice *(LB)* Gehölz *n*; Baumgruppe *f*; Niederwald *m*
Coptic architecture *(Arch)* koptische Architektur *f*
copy *v* 1. *(Konst, Te)* kopieren, vervielfältigen; 2. *(Arch, Konst)* kopieren, nachbilden; nachzeichnen; 3. pausen
copy 1. *(Arch, Konst)* Kopie *f*, Abzug *m*; 2. *(Konst)* Pause *f*
copyright of the plans *(VR)* Urheberrecht *n* an Plänen
coquillage *(Arch)* Seemuschelornamentgestaltung *f*
coquina *(AE) (BM)* Muschelkalkstein *m*
coral aggregate *(BM)* Korallenzuschlag(stoff) *m*
coral mud *(Bod, Erdb)* Korallenschlick *m*
coral sand *(BM)* Korallensand *m*
corbeil *(Arch)* Korbornamentausbildung *f*
corbel *v* 1. *(Konst)* auskragen, vorkragen *(Ziegel, Mauerwerk, Beton)*; 2. *(SB, Te)* einen Schornstein ziehen
corbel *v* **out** *(Te)* aussparen; einen Stein ausstrecken
corbel *(Arch, BT, Konst)* Kragstein *m*, Auskragung *f*, Konsole *f*, Tragstein *m*, Kraftstein *m*, Balkenstein *m*
corbel arch *(Arch)* Kragbogen *m (ohne Bogentrageffekt)*
corbel beam *(Arch, BT, Konst, TK)* Kragträger *m*, Freiträger *m (auf einem Kragstein liegend)*
corbel brick *(BT, SB)* Kragziegel *m*, Auslegerziegel *m*
corbel course *(Konst, SB)* Kraglage *f*, Kragsteinschicht *f (Mauerwerk)*
corbel masonry *(Arch, Konst, SB)* vorkragendes Mauerwerk *n*, Kragmauerwerk *n*
corbel piece *(Hb, Konst)* Balkenauflage *f*; Sattelholz *n*
corbel table 1. *(Arch)* ausgekragtes Bogenornament *n*, Bogenfries *m*; 2. *(Arch, Konst)* Mauervorsprung *m* auf Kragsteinen
corbel vault *(Arch, Konst)* Kraggewölbe *n*
corbelled garderobe *(Arch)* Aborterker *m (in Wehrmauern)*
corbelling 1. *(Konst)* Auskragung *f*, Vorkragung *f*; 2. *(Konst)* auskragende Schicht *f*
corbie gable *(Arch, Konst)* Stufengiebel *m*, Staffelgiebel *m*, Treppengiebel *m*
corbiestep *(Arch, Konst)* Giebelstufe *f*, Stufenende *n* eines Giebels
cord 1. *(BT)* Seil *n*; Strang *m*; Schnur *f*, Strick *m*; Sehne *f*; 2. *(El)* Leitungsschnur *f*, Verbindungsschnur *f*; Litze *f*; 3. *(BM, Hb)* Klafter *n (altes Raummaß für Schichtholz; 1 Klafter = 3,625 m^3)*
cord cloth *(BM)* Kordgewebe *n*
cord fabric *(BM)* Kordgewebe *n*
corded timber *(BM, Hb)* Schichtnutzholz *n*
cordon 1. *(Arch)* Kordonsims *m*, Bandgesims *n*, Gesimsband *n*, Leiste *f (mit kordelförmigem Ornament)*; 2. *(SB)* Werksteinreihe *f*
cordon survey *(Verk)* Kordonzählung *f*
corduroy fabric *(BM)* Tressengewebe *n*
corduroy road *(AE) (Arch)* Knüppelweg *m*, Prügelweg *m*
cordwood *(AE) (BM, Te)* Brennholz *n*
core *v (BM, Te)* kernbohren, einen Kern ausbohren, erbohren, kernen
core *v* **out** *(Te)* aushöhlen
core 1. *(BM, BT)* Kern *m*, Bohrkern *m*; 2. *(BT, Konst)* Kern *m (Stahlbetonkern eines Gebäudes)*; Schalkern *m*; 3. *(El)* Ader *f*, Leiter *m (in einem Kabel)*; 4. *(Hb)* Mittellage *f*; 5. *s.* core hole; 6. *(Bod, Erdb)* ungestörte Bodenprobe *f*
core area 1. *(BM, SB)* Hohlräume *mpl (im Blockstein)*; 2. *(HLK)* Öffnungen *fpl* im Diffusorgrill *(Klimaanlage)*
core barrel *(BWG, BT)* Kernschneidrohr *n*
core bit *(BWG)* Kernbohrer *m*
core box *(BM, BT)* Bohrkernkiste *f*
core concrete *(BM)* Kernbeton *m*; Unterbeton *m*
core cutter *(BWG, Bod, Erdb)* Stechzylinder *m*
core drill *(BWG)* Kernbohrer *m*, Röhrenbohrer *m*
core extraction *(BM, Te)* Bohrkernentnahme *f*
core fill Kernfüllung *f*
core floor slab *(BM)* Deckenhohlplatte *f*
core hole 1. *(SB)* Hohlraum *m*, Kammer *f*, Loch *n (im Ziegel oder Blockstein)*; 2. *(BM, Te)* Kernbohrloch *n*
core mould *(BT, Konst)* Kernform *f*
core of a cable 1. *(BT, El)* Kabelkern *m*; 2. *(El)* Kabelleiter *m*
core of soil *(Bod, Erdb)* Bodenkern *m*
core of stability *(BT, Konst)* Hauskern *m (z. B. eines mehrgeschossigen Hauses)*
core panel *s.* cored panel
core pipe *(BB, BT)* Kernrohr *n (Betonrohr)*
core sample *(BM, Erdb, Verk)* Bohr(kern)probe *f*, Bohrkern *m*
core sampler *(BWG)* Bohrkernentnahmegerät *n*
core shape *(BM, BT)* Kernform *f*
core slab *(BT)* Hohlplatte *f*, Langlochplatte *f (auf Erdniveau verlegt)*
core test Bohrkernprüfung *f*
core trimmer *(BWG)* Bohrkerntrenner *m*, Bohrkernschleifgerät *n*
core wall *(Erdb)* Dichtungskern *m*, Dammkern *m*, Kern(dichtungs)wand *f*
coreboard *(BT)* Tischlerplatte *f*
coreboard door *(BT)* Tischlerplattentür *f*
cored 1. *(BT)* hohl; 2. *(BT)* mit Kern; 3. *(BT)* kassettiert
cored block masonry *(SB)* Lochsteinmauerwerk *n*
cored brick *(BT, SB)* Lochziegel *m*
cored-out floor unit *(BT, Konst)* Kassettendeckenelement *n*
cored panel *(BT)* Hohlplatte *f*, Hohltafel *f*, Langlochplatte *f*, Kerntafel *f*
coring 1. *(BM)* Kernbohrung *f (zur Betonprobengewinnung)*; 2. *(BT, SB)* Lochung *f (Ziegel)*; 3. *(BT, Te)* Kernherstellung *f (Bauplatte)*; 4. *(BT, Konst)* Kassettierung *f (einer Decke)*
coring row *(Konst)* Lochreihe *f*
Corinthian korinthisch
Corinthian capital *(Arch)* korinthisches Kapitell *n*
Corinthian order *(Arch)* korinthische Ordnung *f* [Säulenordnung *f*]
cork 1. *(BM)* Korkrinde *f*; Kork *m*; 2. *(BT, San)* Korken *m*, Stöpsel *m*
cork article *(BM)* Korkerzeugnis *n*
cork backing *(BM, BT)* Korkunterlage *f*
cork-based *(BT)* korkhaltig
cork block *(BM, BT)* Korkstein *m*
cork carpet *(BM)* Korklinoleum *n*
cork crust *(BM)* Korkrinde *f*
cork filling *(BM)* Korkschüttung *f*
cork floor covering *s.* cork flooring
cork flooring *(BT, DIS, Konst)* Korkbodenbelag *m*
cork flour *(BM)* Korkmehl *n*

cork insulation *(DIS, Konst)* Korkdämmung *f*
cork-lagged *(DIS)* korkgedämmt
cork lagging *(DIS)* Korkdämmung *f*
cork sett *(BT)* Korkpflasterstein *m*
cork slab *(BT)* Kork(stein)platte *f*
cork subfloor *(DIS, Konst)* Korkunterboden *m*
cork tile *(BM, BT)* Fußbodenformplatte *f* aus Presskork, Korkplatte *f*, Korkfliese *f*
cork wood *(BM)* Korkholz *n*
corkboard *(BT, DIS)* Kork(dämm)platte *f*
corkscrew staircase *(BT, Konst)* Wendeltreppe *f*
corkscrew stairs *(BT, Konst)* Wendeltreppe *f*
corn loft *(Arch)* Getreidespeicher *m*
corner 1. *(Konst)* Ecke *f (z. B. von Häusern, Straßen)*; Eckpunkt *m*; 2. *(Konst)* Ecke *f*, Winkel *m*
corner and nodal points *(Konst)* Eck- und Knotenpunkte *mpl*
corner angle *(Konst)* Eckwinkel *m*
corner assembling *(BT, Konst)* Winkelverbindung *f*, Winkellasche *f*
corner balcony *(Konst)* Eckbalkon *m*
corner bath *(BT, San)* Eckbadewanne *f*
corner bead 1. *(Arch, BT, Konst)* Ecksimswerk *n*, Eckhohlleiste *f*; 2. *(BT)* Eckschutzleiste *f*, Putzkantenschützer *m*, Putzkantenschoner *m*
corner bench *(BT)* Eckbank *f*
corner board *(BT)* Eckdeckleiste *f*
corner bond *(Hb, Konst, SB)* Eckverband *m*
corner brace *(Hb, Konst)* Ecksteife *f*
corner bracing *(Hb, Konst, SB)* Eckversteifung *f*
corner break *(Konst)* Eckenabbruch *m*, Kantenabbruch *m*
corner brick *(BT, SB)* Eckziegel *m*
corner building *(Arch)* Eckgebäude *n*
corner chisel *(BWG, Hb)* Geißfuß *m (Handwerkzeug für Holzarbeiten)*
corner clamp *(BWG)* Kantenzwinge *f*
corner cogging *(Hb)* Eckverkämmung *f*
corner connection *(Konst)* Eckanschluss *m*
corner cupboard *(BT)* Eckschrank *m*
corner fireplace *(BT, HLK)* Eckkamin *m*
corner flat *(Arch, Konst)* Eckwohnung *f*, Etageneckwohnung *f*
corner force *(Stat)* Eckkraft *f*
corner guard *s.* corner bead 2.
corner header *(BM, SB)* Eckbinder(stein) *m*
corner hinge *(Konst)* Eckgelenk *n*
corner house *(Arch)* Eckhaus *n*
corner joint 1. *(Hb)* Eckverbindung *f*, Eckverband *m*; 2. *(St)* Eckstoß *m (Schweißen)*
corner lath *(BM, Konst)* Eck(putz)bewehrung *f*
corner lead *(AE) (San, SB)* Lotecke *f (Richtmauerwerk)*
corner locking *(Hb)* gerade Zinke *f*
corner moulding *s.* corner bead
corner oriel *(Arch, BT)* Auslugerker *m*
corner piece *(BT, Konst)* Eckstück *n*
corner pillar *(BT, Konst)* Eckständer *m*
corner pin *(BWG)* Winkelstift *m*
corner plate *(BT, Konst)* Eckblech *n*, Eckbeschlag *m*
corner point *(Konst, Verm)* Eckpunkt *m*
corner post *(BT, Konst)* Holzeckpfosten *m*, Eckstütze *f*, Ecksäule *f*
corner radius *(Konst)* Eckenrundung *f*
corner region *(Konst, RP)* Eckbereich *m*
corner reinforcement 1. *(BT, Konst)* Eckputzbewehrung *f*; 2. Eckbewehrung *f* zur Türrahmenhalterung
corner return block *(BM, BT, SB)* Eckblockstein *m*
corner stiffening *(BT, Konst)* Eckversteifung *f*
corner stone 1. *(BM, BT, SB)* Eckstein *m*; 2. *(BM, BT, SB)* Fundamentstein *m*
corner tenon jointing *(Hb)* Eckverzapfung *f*
corner tile *(BM, BT)* Eckfliese *f*; Eckkachel *f*
corner tower *(Arch)* Eckturm *m*
corner trowel *(AE) (BWG)* Eckenformkelle *f*
corner truss *(BT, Konst)* Eckaussteifung *f*
corner turret *(Arch)* Ecktürmchen *n*
corner valve *(HLK, San)* Eckventil *n*
corner weld *(St)* Ecknaht *f*, äußere Kehlnaht *f (Schweißen)*
corner window *(BT)* Eckfenster *n*
cornered *(Konst)* eckig, winklig; kantig
cornice 1. *(Arch, Konst)* Sims *m(n)*, Gesims *n (an Wänden und Gebäuden)*; Obergesims *n*; Karnies *n (an einer Außenwand)*; Kranzgesims *n*; 2. *(Arch)* Kordon *m*; 3. *(BT)* Leiste *f*, Randleiste *f (z. B. an Möbeln)*
cornice boarding Gesims(ver)schalung *f*
cornice bracket *(BT, Konst)* Traufenklotz *m*
cornice level *(Konst)* Gesimshöhe *f*
cornice lighting *(BT)* Lichtgesimsleiste *f*
cornice return *(Konst)* Gesimsweiterführung *f*, Simsverlängerung *f*
cornice stone *(BT)* Simsstein *m*, Gesimsstein *m*
cornice top *(BT, Konst)* Hauptgesims *n*
corona *(Arch, Konst)* Gesimskante *f*, Gesimskranzecke *f*; Hängeplatte *f*
coronarium *(Arch)* Stuckornament *n* des Gesimses
coronet *(Arch)* Türrelief *n (über dem Sturz)*; (kronenartiges) Fensterrelief *n (über dem Sturz)*
corporate *(VR)* gemeinschaftlich, körperschaftlich, korporativ
corporation *(VR)* Körperschaft *f*, Gemeindeverwaltung *f*, Gemeindevertretung *f*, Gesellschaft *f*
corporation cock [stop] *(BT, San, WVA)* Haupthahn *m (am Anschluss zum öffentlichen Versorgungsnetz)*
corpse gate *s.* lych-gate
corrasion *(Bod)* Korrasion *f*, Gesteinsabschleifung *f (durch wind-, wasser- oder gletscherbewegtes Material)*
correct to scale *(Konst, Verm)* maßstabgerecht, maßstäblich
correction *(Konst, VR)* Korrektur *f*, Verbesserung *f*, Berichtigung *f*
correction coefficient *(Konst, Stat)* Berichtigungsbeiwert *m*
correction of a river *(Wsb)* Flussregulierung *f*
correction of deficiencies *(VR)* Mängelbehebung *f*, Mängelbeseitigung *f*
corrective action *(Konst, RS, VR)* Korrekturmaßnahme *f*
correctly sized *(BM)* korngerecht
correlation *(Konst)* Korrelation *f*
corridor *(Arch, Konst)* Korridor *m*, Gang *m*, Flur *m*; Durchgang *m*
corridor control *(Verk)* Korridorsteuerung *f*
corridor duct *(Konst, San, WVA)* Flurkanal *m*
corridor lighting *(El)* Flurbeleuchtung *f*
corridor locker *(BT)* Gangspind *m(n)*
corridor storey *(Arch, Konst)* Korridorgeschoss *n*
corrie *(Bod, Erdb)* Kar *n*
corrode *v (BM, BT, OB)* korrodieren, zerfressen, *(im Anfangsstadium)* anfressen, angreifen *(Metalle)*; rosten *(bei Eisen)*; korrodiert werden, korrodieren
corrodent *(BM, OB)* Korrosionsmittel *n*, korrosives [korrodierendes, angreifendes] Mittel *n*
corrosion *(OB)* Korrosion *f*, Korrosionsvorgang *m*, Anfressung *f*, Angriff *m (von Metallen)*; Rosten *n (bei Eisen)*
corrosion attack *s.* corrosive attack
corrosion control *(OB)* Korrosionsbekämpfung *f*
corrosion damage *(OB)* Korrosionsschaden *m*
corrosion fatigue *(Konst, OB, Stat)* Korrosionsermüdung *f*
corrosion-inhibiting *(BM, OB)* korrosionshemmend
corrosion inhibitor *(BM, OB)* Korrosionshemmstoff *m*

corrosion loss *(Konst, OB)* Korrosionsverlust *m*; Wanddickenverlust *m*
corrosion of mains *(OB, San, WVA)* Rohrnetzkorrosion *f* *(Entwässerung)*
corrosion prevention *(OB)* Korrosionsverhütung *f*
corrosion-preventive coating 1. *(BM, OB)* Korrosionsschutzanstrich *m*; 2. *(BM, OB)* Korrosionsschutzanstrichstoff *m*, Rostschutzanstrichstoff *m* *(bei Eisen)*
corrosion process *(OB)* Korrosionsvorgang *m*
corrosion-promoting *(OB)* korrosionsfördernd
corrosion-proof *(BT, Konst, OB)* korrosionssicher; korrosionsschutzgerecht *(z. B. Konstruktion)*
corrosion protection *(OB)* Korrosionsschutz *m*
corrosion protection mortar *(BM, OB)* Korrosionsschutzmörtel *m*
corrosion protection pigment *(BM, OB)* Korrosionsschutzpigment *n*
corrosion protection tape *(BM, OB)* Korrosionsschutzbinde *f*
corrosion-protective coating *(BM, OB, Te)* Korrosionsschutzanstrich *m*
corrosion-protective paint *(BM, OB)* Korrosionsschutzfarbe *f*
corrosion rate *(OB)* Korrosionsgeschwindigkeit *f*
corrosion resistance *(BT, Konst, OB)* Korrosionsbeständigkeit *f*
corrosion-resistant *(BT, Konst, OB)* korrosionsbeständig, korrosionsfest, korrosionssicher
corrosion-resistant [corrosion-resisting] steel *(BM, OB)* korrosionsbeständiger [nicht rostender] Stahl *m*
corrosion sensitivity *(OB)* Korrosionsempfindlichkeit *f*
corrosion test *(BM, OB)* Korrosionstest *m*
corrosion under stress *(Konst, OB)* Beanspruchungskorrosion *f*
corrosion with crack formation *(Konst, OB)* Korrosion *f* mit Rissbildung
corrosive *(OB)* korrosiv, korrodierend (wirkend)
corrosive *s.* corrodent
corrosive action *(OB)* Korrosionswirkung *f*
corrosive agent *s.* corrodent
corrosive attack *(OB)* Korrosionsangriff *m*, korrosiver Angriff *m*
corrosive effect *(OB)* Korrosionswirkung *f*
corrosive materials *(BM, OB, Umw)* ätzende Stoffe *mpl*
corrosive substance *(BM, OB, Umw)* Ätzstoff *m*
corrugate *v (BT, Te)* riefen, rippen, wellen *(z. B. Bleche)*
corrugated acoustic panel *(BT, DIS)* gewellte Schallschlucktafel *f*, Wellakustiktafel *f*
corrugated aluminium *(BT, St)* Wellaluminium *n*; Aluminiumwellplatte *f*
corrugated asbestos *(BM, BT)* Wellasbest *m*; Asbestzementwelltafel *f*, Asbestwellplatte *f*
corrugated asbestos sheet *(BM, BT)* Asbestzementwelltafel *f*, Asbestbetonwellplatte *f*
corrugated bars *(BB, BM, St)* geriffelter Betonstahl *m*
corrugated bituminous board *(BT)* Bitumenwellplatte *f*
corrugated board *(BM)* Wellpappe *f*
corrugated eternit *(BM)* Welleternit *m*
corrugated fastener *(BM)* Wellkrampe *f*, Welleisenhalter *m*; Wellennagel *m*
corrugated glass *(BM)* Riffelglas *n*
corrugated iron (sheet) *(BM)* Wellblech *n*
corrugated iron sheet-piling *(BT, Erdb)* Wellblechspundwand *f*
corrugated metal *(BM)* Wellblech *n*
corrugated metal pipe *(BM, BT)* Metallriffelrohr *n*
corrugated panel *(BM, BT)* Wellplatte *f*, Well(en)tafel *f*
corrugated paper *(BM)* Wellpappe *f*
corrugated pipe *(BM, BT)* Wellrohr *n*
corrugated plastic *(BM)* Wellkunststoff *m*
corrugated polyester board *(BM, BT)* Polyesterwellplatte *f*
corrugated polyester sheet *(BM, BT)* Polyesterwellplatte *f*
corrugated profile *(BT, Konst)* Wellprofil *n*
corrugated rib *(BT, Konst)* Wellrippe *f*
corrugated ridge covering *(BT)* Wellenfirsthaube *f*
corrugated roofing *(Konst)* Wellplattenbedachung *f*
corrugated sheet *(BM)* Wellblech *n*; Wellplatte *f*, Well(en)tafel *f*
corrugated sheet iron *(BM)* Stahlwellblech *n*
corrugated sheet roofing *(Konst)* Wellbedachung *f*
corrugated sheet steel Stahlwellblech *n*
corrugated steel Wellblech *n*
corrugated trim *(BT, Konst)* Wellprofil *n*
corrugated unit *s.* corrugated trim
corrugated wire glass *(BM)* gewelltes Drahtglas *n*
corrugation *(BT, Konst)* Welligkeit *f*; Riefung *f*, Riffelung *f* *(z. B. in Blechen)*; waschbrettartige Wellen *fpl*
cortile *(Arch)* Palastinnenhof *m*
corundum *(BM, BWG)* Korund *m*
corundum brick *(BM)* Korundstein *m*
corundum powder *(BM)* Korundmehl *n*, Korundpulver *n*
corundum refractory brick *(BM)* Korundstein *m*
Cosmati work *(Arch)* Cosmatiarbeit *f*, Marmormosaikarbeit *f*
cost *v (VR)* kosten
cost *s.* costs
cost accounting *(VR)* Kalkulation *f*, Kostenrechnung *f*
cost allocation *(VR)* Kostenaufteilung *f*
cost benefit analysis *(VR)* Kosten-Nutzen-Analyse *f*
cost benefit calculation *(VR)* Kosten-Nutzen-Berechnung *f*
cost benefit comparison *(VR)* Kostenvergleich *m*
cost benefit ratio *(VR)* Kosten-Nutzen-Verhältnis *n*
cost breakdown *(VR)* Kostenaufschlüsselung *f*, Kostengliederung *f*
cost calculation *(VR)* Kostenberechnung *f*
cost comparison *(VR)* Kostenvergleich *m*
cost component *(VR)* Kostenanteil *m*
cost control *(VR)* Kostenkontrolle *f*, Kostenlenkung *f*, Kostensteuerung *f*
cost department *(VR)* Kalkulationsabteilung *f*
cost distribution *(VR)* Kostenverteilung *f*, Kostenaufteilung *f*
cost-effective 1. *(VR)* kostengünstig, rentabel, wirtschaftlich, kostensparend; 2. *(VR)* kostenwirksam
cost effective examination *(Konst, VR)* Wirtschaftlichkeitsuntersuchung *f*
cost effectiveness 1. *(VR)* Kosteneinsparung *f*, Wirtschaftlichkeit *f*; 2. *(VR)* Kostenwirksamkeit *f*
cost effectiveness assessment *(Konst, VR)* Wirtschaftlichkeitsbewertung *f*
cost estimate [estimation] *(VR)* Kostenschätzung *f*, Kostenvoranschlag *m*, Vorkalkulation *f*
cost estimator *(VR)* Kalkulator *m*
cost investigation *(VR)* Kostenuntersuchung *f*
cost key *(VR)* Kostenkennzahl *f*
cost limit *(VR)* Kostengrenze *f*
cost model *(VR)* Kostenmodell *n*
cost of a project *(VR)* Projektkosten *pl*
cost planning *(VR)* Kostenplanung *f*
cost-plus-fee agreement *(AE) (VR)* Honorarvertrag *m* nach Istkostenabrechnung
cost price *(VR)* Herstellungspreis *m*, Selbstkostenpreis *m*
cost reducing *(VR)* kostensenkend
cost reimbursement contract *(VR)* Rückvergütungsvertrag *m*

C

cost study *(VR)* Kostenstudie *f*
costing *(VR)* Kostenkalkulation *f*, Verpreisung *f*
costing of building *(VR)* Hochbaukosten *pl*
costly 1. *(VR)* kostenaufwendig, teuer; 2. *(VR)* wertvoll
costs *(VR)* Kosten *pl*, Aufwendungen *fpl*; Unkosten *pl*
costs of construction *(VR)* Baukosten *pl*
costs of contract *(VR)* Vertragsgebühren *fpl*
costs of design *(VR)* Entwurfskosten *pl*
costs of noise reduction *(VR)* Lärmminderungskosten *pl*
costs of operation *(VR)* Betriebskosten *pl*
costs of use *(VR)* Nutzungskosten *pl*
cosy *(VR)* wohnlich; behaglich
cot 1. *(BWG)* Ziegelleder *n (Handschutz)*; 2. *(Arch)* Kate *f*, Hütte *f*
cottage *(Arch)* (einfaches) Häuschen *n*, Hütte *f*; kleines Landhaus *n*
cottage community *(RP)* Wohnkolonie *f*, Siedlung *f (mit Einzelhäusern)*
cottage hospital *(Arch)* Kleinstkrankenhaus *n*; Sozialpflegeheim *n*
cottage suburb *(AE) (RP)* Vorstadtsiedlung *f*
cotter *v (Te)* versplinten; verklammern; verkeilen
cotter *(BM)* Splint *m*, Dorn *m*; Querkeil *m*, Keil *m (Stahlkeil)*
cotter bolt *(BT)* Bolzen *m* mit Splint, Schließbolzen *m*
cotter joint *(Hb, Konst, St)* Splintverbindung *f*
cotter pin *(BM)* Splint *m*
cottered *(Konst)* versplintet
cotton-covered insulation *(DIS)* Baumwolldämmung *f*
cotton fabric *(BM)* Baumwollgewebe *n*
cotton mat *(BM, BT)* Baumwollmatte *f*; Betonnachbehandlungsmatte *f*
couldron *(BWG)* Mastixkocher *m (offen)*
coulisse 1. *(Konst) (AE)* Kulisse *f*; 2. *(BT, Konst)* Gleitbahn *f (aus Holz)*
couloir *(Arch)* Wandelgang *m*
council *(VR)* Behörde *f*
council estate *(RP)* städtische Siedlung *f*, Siedlung *f* mit Sozialwohnungen
council flat *(VR)* Sozialwohnung *f*
council housing *(Konst, VR)* sozialer Wohnungsbau *m*
count *v (Verk, VR)* zählen
count *(Verk, VR)* Zählung *f*
counter 1. *(BT)* Arbeitsfläche *f (z. B. einer Küche)*; Anrichte *f*; Ladentisch *m*; Zahltisch *m*; 2. *(BT)* biegsame Strebe *f*; 3. *(BT, El)* Zähler *m*; 4. *(VR)* Entgegnung *f*
counter-balanced window *(BT, Hb)* Gegengewichtshubfenster *n*
counter batten *(BT, Hb)* Dachlatte *f*
counter-current system s. countercurrent system
counter-diagonal *(BT, Konst)* Gegendiagonale *f*
counter flange *(BT, Konst)* Gegenstab *m*
counter flashing *(BT, Konst)* oberer Anschluss *m*
counter floor *(Konst)* Blindfußboden *m*
counter hatching *(Konst)* Kreuzschraffur *f*, Kreuzschraffierung *f*
counter measures *(VR)* Gegenmaßnahmen *fpl*
counteract *v (VR)* entgegenwirken
counteracting force *(Stat)* Gegenkraft *f*
counterbore 1. *(BM)* Nutkopfhöhlung *f*; 2. *(BWG)* Senker *m (Werkzeug)*
counterbrace *(Konst, Stat)* Gegenstrebe *f*, Wechselstab *m (Fachwerk)*
counterbracket *(BT, Konst)* Gerüststütze *f*, Doppelstütze *f*
counterceiling *(Arch, Konst)* eingehängte Decke *f*, abgehängte [untergehängte] Decke *f*
countercurrent boiler *(HLK)* Gegenstromkessel *m*
countercurrent method *(HLK)* Gegenstromverfahren *n (Heizung)*
countercurrent system 1. *(HLK, Te)* s. countercurrent method; 2. *(Te)* Gegenstromsystem *n (Heizung)*
counterflow *(HLK, Te)* Gegenstrom *m*, Gegenfluss *m*
counterflow lane *(Verk)* Gegenfahrbahn *f*, Fahrstreifen *m* des Gegenverkehrs
counterforce *(Stat)* Gegenkraft *f*
counterfort *(Konst)* Strebepfeiler *m*, Mauerversteifung *f*
counterfort wall *(BT, Erdb, Konst)* Winkelstützwand *f*, Winkelstützmauer *f (z. B. bei Dämmen)*
counterlathing *(BT)* Putzleisten *fpl (als Putzträger)*
counterlight *(El, Verk)* Gegenlicht *n*
counternut *(BT)* Gegenmutter *f*
counteroffer *(VR)* Gegenangebot *n*
counterpoise s. counterweight
counterpressure *(Erdb, Stat)* Gegendruck *m*
counterscarp *(Erdb)* äußere Böschung *f*, Gegenböschung *f*
counterscarp wall *(Erdb)* äußere Böschungsmauer *f*
countersink *v (Te)* ansenken, ausreiben, austiefen; versenken
counterslope *(Erdb)* Gegenböschung *f*; Gegenneigung *f*
countersunk bolt *(BM)* Senk(kopf)schraube *f*, versenkter Bolzen *m*
countersunk(-head) rivet *(BM)* Senk(kopf)niet *m*
countervault *(Konst)* verkehrtes Gewölbe *n*, Fundamentgewölbe *n*
counterweight Gegengewicht *n*, Ausgleichgewicht *n*
countess *(AE)* Dachschieferplatte *f*
counting device *(El)* Zähler *m*, Zählwerk *n*
country-house Landhaus *n*; Landsitz *m*
country mansion Landsitz *m*
country planning *(RP)* Gebietsplanung *f*; Landschaftsplanung *f*
country road *(Verk)* Landstraße *f*
country-seat s. country-house
countryside *(RP)* ländliches Gebiet *n*, ländliche Umgebung *f*
Countryside Commission *(VR)* Landschaftsschutzkommission *f (UK)*
countryside park Landschaftspark *m*
counts at a point *(Verk)* Querschnittszählung *f*
county road *(Verk)* Landstraße *f (in einem bestimmten Kreis)*; Kreisstraße *f*, Bezirksstraße *f*
county surveyor Kreisstraßenmeister *m*
couple *v* 1. (an)koppeln, kuppeln, verbinden; 2. *(El)* zusammenschalten
couple 1. *(Hb)* Sparrenpaar *n (Dach)*; 2. *(Stat)* Kräftepaar *n*
couple-close *(Hb)* Dachgebinde *n* mit Kehlbalken *(Satteldach)*
couple roof Satteldach *n*; Sparrendach *n*
couple roof without beams Satteldach *n* ohne Balkenlage
coupled column Doppelsäule *f*
coupled columns Säulenpaar *n*, gekuppelte Säulen *fpl*
coupled pole Kuppelstange *f*
coupled poles Doppelgestänge *n*
coupled roof Satteldach *n* ohne Kehlbalken
coupled windows Zwillingsfenster *n*, Fensterpaar *n*
coupler 1. Verbindungsmuffe *f*; Überschiebmuffe *f*; 2. Gerüstkupplung *f*
coupler socket Gerätesteckdose *f*
coupling 1. Kupplung *f*, Verbindung *f*; 2. Verbindungsstück *n*; Muffe *f*; 3. *(San)* Rohrmuffe *f*
coupling nut Spannschloss *n (Spannmutter)*
cour d'honneur *(Arch)* Ehrenhof *m (monumentaler Vorhof für einen barocken Palast)*
course 1. Schicht *f*, Lage *f*, Reihe *f*, Bahn *f (von Ziegeln)*; Schar *f (Ziegel- oder Schindelreihe)*; Mauerschicht *f*; 2. Kurs *m*, Weg *m*; Verlauf *m*, Richtung *f (z. B. einer Straße)*
course depth Lagenhöhe *f*, Schichthöhe *f (Mauerwerk)*

C

course joint Lagerfuge *f*
course layer *(Konst)* Dämpfungslage *f*
course of a river Flusslauf *m*
course of bricks *(SB)* Ziegelschicht *f*
course of bricks laid on edge Rollschicht *f*
course of diagonal bricks Stromschicht *f*
course of headers Binderschicht *f*
course of stretchers Läuferschicht *f*, Läuferlage *f*
course work *(SB)* geschichtetes Mauerwerk *n*
coursed geschichtet *(Mauerwerk)*
coursed ashlar *(AE)* Natursteinschichtenmauerwerk *n*, Quadermauerwerk *n* in gleichen Schichten
coursed masonry geschichtetes Mauerwerk *n*
coursed pavement Reihenpflaster *n*
coursed rock fill Steinschichtung *f*
coursed rubble hammerrechtes Schichtmauerwerk *n*
coursed squared rubble work Bruchsteinmauerwerk *n*
coursed veneer Furniersteinmauerwerk *n* mit durchgehender horizontaler Fuge
coursing *(SB)* Schichtenanordnung *f (Mauerwerk)*
coursing joint Horizontalmörtelfuge *f*
court 1. Hof *m*, Innenhof *m*; 2. Spielfeld *n*, Spielplatz *m (Tennis)*; 3. *(VR)* Gericht *n*
court architect Hofarchitekt *m*
court chapel *(Arch)* Hofkapelle *f*
court entrance Hofeingang *m*
court garden Gartenhof *m*, Hofgarten *m*, Zierhof *m*
court pavement Hofbefestigung *f*
court stables *(Arch)* Marstall *m*
court theatre *(Arch)* Hoftheater *n*
courthouse Gerichtsgebäude *n*
courtroom Gerichtssaal *m*
courtyard Hof(raum) *m*; Hinterhof *m*
courtyard garden Zierhof *m*, Gartenhof *m*
coussinet Kämpferstein *m*, Gewölbeanfänger *m*
cove 1. Hohlkehle *f (für Decken)*; Hohlstab *m*, ausgerundetes Ecksel *n*; 2. Geruchfang *m*; 3. Wölbung *f*
coved 1. gekehlt; 2. gewölbt
coved base *(Konst)* gewölbter Wandanlauf *m*
coved ceiling *(Konst)* Hohlkehlendecke *f*, Hohlformdecke *f*
coved skirting Sockel *m* mit Hohlkehle, Sockelleiste *f* mit Hohlkehle
coved vault flaches Quadratspitzgewölbe *n*
cover *v* 1. abdecken, bedecken; decken *(Dach)*; zudecken (mit Deckel) schließen; überdachen; ummanteln, umhüllen, bekleiden, überziehen; verdecken, kaschieren; decken, einen Überzug bilden *(z. B. Farbe)*; 2. bedecken *(z. B. eine Fläche)*; umfassen, umschließen, einnehmen *(einen Raum)*; sich erstrecken auf
cover *v* **with reed** mit Schilfrohr decken, berohren
cover 1. *(BT)* Decke *f*, Belag *m*, Schicht *f*; Überzug *m*; Hülle *f*, Mantel *m*, Verkleidung *f*; Deckel *m*, Kappe *f*; Schachtabdeckung *f*; Abdeckplatte *f*; Betondeckung *f*, Deckung *f (Beton über der Bewehrung)*; 2. *s.* roof
cover block Abstandhalter *m (Stahlbeton)*
cover board *(Hb)* Verzugsbrett *n*, Verzugsplatte *f*
cover brick Abdeckstein *m*, Kabelabdeckstein *m*
cover coat *(OB)* Decküberzug *m*; Deckanstrich *m*
cover fillet Abdeckleiste *f*, Fugenleiste *f*, Deckleiste *f*
cover flashing Fugenabdeckblech *n*, Kehlfugenblech *n (Dach)*; Überlappungsgegenblech *n (Schornsteinanschluss)*
cover moulding *s.* cover fillet
cover of reinforcement Betondeckung *f*
cover plants *(LB)* Bodenbedeckungspflanzen *fpl*
cover plate 1. Decklasche *f*; 2. Schleppblech *n*, Bindeblech *n*
cover price Gesamtpreis *m*
cover slab Deckplatte *f*
cover strap Lasche *f*
cover strip Deckleiste *f*
cover woven fabric Deckgewebe *n*, Abdeckgewebe *n*
coverage 1. Umschließen *n*, Umfassen *n*; 2. Bedeckung *f*; Betondeckung *f*; 3. erfasste Fläche *f*; bebaute Fläche *f* [Grundfläche *f*]; 4. Deckkraft *f (von Farben)*; Ergiebigkeit *f (einer Farbmenge pro Flächeneinheit)*
covered gedeckt, abgedeckt, bedacht
covered area überdachte Fläche *f*
covered cable *(El)* umhülltes Kabel *n*
covered floor(ing) cable duct abgedeckter Fußbodenkabelschacht *m*
covered joint überlappte Fuge *f*
covered market Markthalle *f*
covered passage *(Arch)* überdachter Gang *m*
covered railway station *(Arch, Verk)* Hallenbahnhof *m*
covered skating rink *(Arch)* Eislaufhalle *f*
covered spectator's stand Dachtribüne *f*
covered swimming pool Hallenbad *n*
covered timber bridge überdachte Brücke *f*, Dachbrücke *f*, Hausbrücke *f*
covered walk Wandelgang *m*
covered walkway *(Verk)* gedeckter Fußgängerweg *m*
covering Hülle *f*, Umhüllung *f*; Belag *m*; Abdeckung *f*; Schutzdecke *f*
covering board Abdeckbrett *n*
covering capacity *(OB)* Deckfähigkeit *f*, Deckvermögen *n*, Deckkraft *f (von Farben)*
covering coat *s.* cover coat
covering colour *(OB)* Deckfarbe *f*
covering grid Abdeckgitter *n*
covering joint Deckfuge *f*
covering layer *(OB, Verk)* Deckschicht *f*
covering material Deckwerkstoff *m*, Bezugsmaterial *n*
covering of joist Trägerummantelung *f*
covering of step Stufenbelag *m*
covering of the ceiling Deckenbekleidung *f*, Deckenverkleidung *f*
covering of the roadway Fahrbahnbefestigung *f*
covering-over Überdecken *n*, Überdeckung *f*
covering panel *(Konst)* Verkleidungstafel *f*
covering power *s.* covering capacity
covering sill *(Hb)* Hartholzschwelle *f*
covering tile Abdeckziegel *m*
coving 1. Viertelstab *m (zwischen Wand und Decke)*; konkave Formleiste *f*; 2. *s.* cove 1.; 3. *s.* cove 2.
cowl 1. Schornsteinaufsatz *m*, Schornsteinhaube *f*, Drehkappe *f*, Kaminhaube *f*, Kappe *f*; 2. Schachtabdeckung *f*
cowshed Kuhstall *m*, Rinderstall *m*
coyote hole *(AE)* Sprengkammer *f*
crab *(BWG)* Seilwinde *f*, Bockwinde *f*; Laufkatze *f*
crab winch Seilwinde *f*
crack *v* reißen, rissig werden, Risse bilden; springen, (auf)platzen; aufbrechen
crack *v* **and seat** *v* entspannen und festwalzen *(Straßenbefestigung)*
crack *v* **down** *(VR) (sl)* Vorschriften strikt durchsetzen
crack Riss *m*, Sprung *m*, Spalt *m*; Anbruch *m*
crack bridging *(RS)* Rissüberbrückung *f*
crack control Rissbeobachtung *f (Brücke, Tragwerk)*
crack-control reinforcement *(RS)* Rissbewehrung *f*
crack-covering reinforcement tape *(RS)* risseüberbrückendes Armierungsgewebe *n*
crack detection Rissprüfung *f*, Untersuchung *f* auf Risse
crack due to contraction Schwindriss *m*
crack due to expansion Treibriss *m*
crack filler Holzkitt *m*
crack formation Rissbildung *f*
crack gauge Rissbreitenmesser *m*

crack geometry Rissgeometrie *f*
crack index Riss(e)index *m*
crack inducer Risseinlage *f*
crack initiation Rissbildung *f*
crack injection Rissauspressung *f*, Rissverpressung *f*
crack interval Rissabstand *m*
crack-measuring gauge Rissbreitenmesser *m*
crack prevention *(RS)* Rissbildungsschutz *m*, Rissvermeidung *f*
crack-proof risssicher
crack propagation Rissausbreitung *f*
crack-resistant rissfest
crack sealing Rissversiegelung *f*
crack spacing Rissabstand *m*
crack starter Rissanfang *m*
crack water *(Erdb)* Kluftwasser *n*
crack width Rissbreite *f*
crack width limitation *(Stat)* Rissbreitenbeschränkung *f*
cracked gerissen; rissig
cracked concrete gerissener Beton *m*, Beton *m* mit gerissener Zugzone
cracked flexural stiffness *(BM)* Biegesteifigkeit *f* nach Rissbildung
cracked section of concrete Betonreißzone *f*
cracked state Risszustand *m* II *(Stahlbeton)*
cracking Rissbildung *f*, Reißen *n*
cracking in the calculated limits *(Stat)* Risszustand *m* I *(Stahlbeton)*
cracking limit state Rissbildungsgrenzzustand *m*
cracking risk Rissgefahr *f*
cracking strength Rissfestigkeit *f*
crackle *v* 1. bersten *(z. B. Stützbauwerk)*; 2. spratzen *(Gestein)*; 3. reißen *(Anstrich)*; rissig werden
crackle glassware Krokodilglas *n*, krakeliertes Glas *n*
crackle lacquer [varnish] Reißlack *m*
cracky rissig
cradle *v* versteifen *(mittels Lehrbogen)*
cradle Hängebühne *f*, Hängekorb *m (Gerüst)*
cradle machine *(BWG)* Reinigungswagen *m (für Fassaden)*; Fensterputzwagen *m*
cradle vault Tonnengewölbe *n*
cradling 1. Füllungssystem *n*; 2. Stützrahmen *m (aus Holz für Putz und Mauerwerk)*; Versteifung *f (Stützbogen)*; 3. Lehrbogen *m*
craft Handwerk *n*, Gewerk *n*
crafting method *(Te)* handwerkliche Methode *f*
craftsman Handwerker *m*; Facharbeiter *m*
cramp *v* (an)klammern, befestigen; verklammern *(Baugerüst)*
cramp 1. Klammer *f*, Bauklammer *f*, Krampe *f*; Schraubzwinge *f*, Leimklammer *f*; Bügel *m*; 2. Bankeisen *n*
cramp iron Klammer *f*, Bauklammer *f*, Krampe *f*
cramped for space räumlich beengt *(Wohnen)*
crampet Mauerhaken *m*
cramping *(BT)* Haspen *m*
crampon Hebezange *f*
crampoon *(AE)* Hebezange *f*
crandall *(AE) (BWG)* Scharrierhammerwerkzeug *n*
crane *(BWG)* Kran *m*
crane aisle Krangang *m*
crane bay Kranbahnschiff *n*, Kranschiff *n (Werkhalle)*
crane beam Kranbahnträger *m*
crane bridge Kranbrücke *f*
crane crab Laufkatze *f*
crane girder Kranbahnträger *m*
crane hook Lasthaken *m*
crane jib Kranausleger *m*
crane rail Kranbahnschiene *f*
crane runway Kranbahn *f*
crane skip Krankübel *m*
crane structure Kranbauwerk *n*
crane track Krangleis *n*
crane trolley Laufkatze *f*
crane-way Kran(lauf)bahn *f*
crank *v* kröpfen, biegen *(ein Werkstück)*
crank 1. Kurbel *f*; 2. Kröpfung *f*
crank handle Handkurbel *f*, Kurbelschlüssel *m*
crank piece Kropfstück *n*
cranked flat iron gekröpftes Flacheisen *n*
cranked piece Kropfstück *n*
crape *v s.* crepe
crash *v* zusammenstoßen; zerbrechen
crash *(Verk)* Zusammenstoß *m*, Unfall *m*
crash barrier *(Verk)* Leitplanke *f*, Sicherheitsgeländer *n*; Schutzplanke *f*
crash course *(VR)* Intensivkurs *m*
crash cushion *(Verk)* Anpralldämpfer *m*
crash landing strip *(Verk)* Notlandebahn *f*
crash programme Sofortprogramm *n*
crash-resistant concrete rissfester Beton *m*
crash speed Anprallgeschwindigkeit *f*
crate Kasten *m*, Verschlag *m*
crater *v* 1. *(OB)* Krater bilden *(in Anstrichen bei Korrosion)*; 2. *(Wsb)* auskolken
cratering 1. Auskolkung *f (Geologie)*; 2. *(OB)* Kraterbildung *f*, zentrische Rissbildung *f (Anstrich)*; kraterförmiger Lochfraß *m (Korrosion)*
crawl *v* sinken, rutschen, kriechen *(Anstrich)*
crawl space Kontrollgang *m*, Unterhaltungsraum *m (z. B. für Rohrleitungen, Installationen)*
crawler 1. *(BWG)* Raupenfahrzeug *n*, Raupenschlepper *m*; 2. *s.* crawler track
crawler chain Raupenkette *f*
crawler excavator Raupenbagger *m*
crawler lane *(Verk)* Kriechspur *f*
crawler track Gleiskette *f*, Raupenkette *f*
crawler(-type) tractor *(BWG)* Raupenschlepper *m*, Raupenkettentraktor *m*
crawling 1. *(OB)* Sinken *n*, Kriechen *n (von Anstrichen)*; Abrollen *n (Trockenölschäden bei glänzenden Oberflächen)*; 2. Rissbildung *f (Oberflächenglasurfehler bei Fliesen)*
crawling board Trittbrett *n* mit Knagge *(für Dachdeckarbeiten)*
craze *v* reißen, rissig werden, brechen
craze Feinriss *m*, Haarriss *m*
crazing *(OB)* Reißen *n*, Rissbildung *f*; Netzrisse *mpl (Putz, Mörtel)*; Haarrissbildung *f (z. B. bei Beton)*; Brandrisse *mpl (Keramik)*
crease Falte *f*
creased faltig
creasing Wasserableitlage *f (für Sohlbänke)*
creation Erschaffung *f*
creative schöpferisch
creative design material gestalterischer Baustoff *m*
creative thought *(Arch)* bildnerisches Denken *n*
crèche Kinderhort *m*; Kinderkrippe *f*
creek 1. *(Bod)* schmale Meeresbucht *f*; 2. *(AE)* schmaler Fluss *m*, Bach *m*
creep *v* kriechen, fließen *(Stoffe)*
creep 1. Kriechen *n*, Fließen *n*, plastischer Fluss *m (von Stoffen)*; 2. *(El)* Kriechen *n (des Stroms)*
creep behaviour Kriechverhalten *n*
creep coefficient Kriechbeiwert *m*
creep compliance *(BB, BM)* Kriechverhalten *n*; Kriechsteifigkeit *f*
creep crack Kriechriss *m*
creep curve Kriechkurve *f*
creep deformation Kriechformveränderung *f*

creep lane Kriechspur *f*, Kriechfahrstreifen *m*
creep limit Kriechgrenze *f*
creep line *(Erdb, WVA)* Sickerweg *m*, Sickerspur *f*
creep modulus Kriechmodul *m*
creep of concrete *(BB, BM)* Kriechen *n* des Betons
creep process Kriechvorgang *m*
creep rate Kriechgeschwindigkeit *f*
creep-resistant kriechfest
creep rupture strength Kriechbruchfestigkeit *f (z. B. von Beton)*
creep stiffness Kriechsteifigkeit *f*
creep strain Kriechdehnung *f*
creep strength Kriechfestigkeit *f*
creep stress Kriechspannung *f*
creep test Kriechprüfung *f*
creep trench *(Konst)* Kriechgang *m (für Wartungszwecke)*
creep under tensile stress Kriechen *n* unter Zugspannung
creep value *(BB, BM)* Kriechwert *m*
creeper 1. *(SB)* konischer Bogenrandziegel *m*; 2. *(LB)* Kletterpflanze *f (an Mauerwerk)*
creeper tractor *(BWG)* Raupenschlepper *m*
creeping Kriechen *n (Baustoffe)*
creeping rafter *(Hb)* Gratstichbalken *m*, Schiftsparren *m*, Schifter *m*
crematorium Krematorium *n*
Cremona's polygon of forces *(Stat)* Cremona-Plan *m*, Kräfteplan *m* nach Cremona
cremone bolt *(AE)* Fensterschubriegelschließer *m*, Schubriegel *m*
crenel *(Arch)* Schießscharte *f (Zinnenlücke)*; Zinnenfenster *n*
crenellate *v (Arch)* krenelieren, auszacken, mit Zinnen versehen
crenellated moulding *(Arch)* Zinnenkranz *m*, Zinnenbesatz *m*, Nasenleiste *f*, schießschartenverzierte Kante *f*
crenellation Zinnenkranz *m*, Zinnenkrönung *f*
crenelle Zinnenfenster *n*
creosol pitch Kreosolpech *n*
creosote *v* kreosotieren, mit Teeröl tränken
creosote (oil) *(BM)* Imprägnieröl *n*, Kreosotöl *n*, Teeröl *n*
crepe *v* kreppen *(Papier)*
creped gekreppt
creped paper Krepppapier *n*
crepidoma *(Arch)* Krepidoma *n*, Krepsis *m (dorisch)*
creping Kreppen *n*
crescent sichelförmig
crescent roof sichelförmiges Dach *n*
crescent truss *(Konst, TK)* Bogenfachwerkträger *m*
cresol pitch Phenolpech *n*, Carbolpech *n*, Karbolpech *n*
cress tile Ornamentfirstziegel *m*, Schmuckfirstziegel *m*
crest 1. *(Konst)* First *m*, Krone *f*; Dachfirst *m*; 2. Mauerkrone *f*; 3. *(Wsb)* Dammkrone *f*, Kuppe *f*; 4. Kamm *m*, Scheitel *m (eines Bergs)*; 5. Scheitel(wert) *m*, Spitzenwert *m*
crest-control weir *(Wsb)* Überfallwehr *n*
crest level Kronenhöhe *f (Dach)*
crest tile Firstziegel *m*, Gratziegel *m*
crest width Kronenbreite *f (Damm, Deich)*
cresting Firstaufstand *m (auf den Firstziegeln)*
Cretan architecture kretische Architektur *f*
crevasse *(Bod)* Kluft *f (z. B. nach Erdbeben)*; *(AE)* Bruch *m* im Deich
crevice Ritze *f*
crevice corrosion Spaltkorrosion *f*
crew Kolonne *f*, Bauarbeitertrupp *m*
crib *v (Hb)* ausbauen, verzimmern, aussteifen
crib Holzunterbau *m*, Holzunterstützung *f*; Balkenrostwerk *n*
crib test Holzbrechwiderstandstest *m (bei Feuereinwirkung)*
cribbing Holzverschalung *f*, Holzaussteifung *f*
cribwork Holzverschalung *f*, Holzaussteifung *f*
cricket 1. Sternverbindung *f*; 2. Schornsteinsattel *m*
crinkling Runzeln *n*, Kräuseln *n*, Faltenbildung *f (von Anstrichen)*
crippling Ausknicken *n*; Ausbrechen *n*
crippling load Knicklast *f*
criss-cross kreuzweise, kreuz und quer verlaufend; Kreuz...
criss-cross mixing Kreuz- und Quervermengung *f*
criss-crossing kreuzweises Aufeinanderlegen *n*
criterion of failure Bruchkriterium *n*
critical amplitude kritische Schwingungsweite *f*
critical condition kritischer Zustand *m*
critical course kritischer Verlauf *m (Straße)*
critical crack propagation rate Grenzgeschwindigkeit *f* der Rissausbreitung
critical cross section kritischer Querschnitt *m*
critical density optimale Feuchtdichte *f (eines Erdstoffs)*
critical flow kritische Strömung *f*
critical gap *(Verk)* kritische Lücke *f*
critical head *(Wsb)* kritische Druckhöhe *f*, kritisches Gefälle *n*
critical height of soil cutting maximale Bodeneinschnitttiefe *f*
critical length kritische Länge *f*
critical limit Abfallgrenze *f*
critical load kritische Belastung *f*, Grenzlast *f*; Knicklast *f*, Beullast *f*
critical location kritischer Standort *m*
critical path method CPM-Methode *f*, Kritische-Pfad--Methode *f (Netzplantechnik)*
critical section kritischer Querschnitt *m*; kritische Zone *f*, Bruchzone *f*
critical slope maximaler Böschungswinkel *m*
critical stage 1. kritische Baustufe *f*; 2. *(Verk)* kritischer Teilabschnitt *m*, kritische Fahrzone *f*
critical strength Grenzfestigkeit *f*
critical stress Knickspannung *f*, Beulspannung *f*
critical velocity *(Tun)* kritische Geschwindigkeit *f*
critical void ratio Porenziffer *f* bei optimaler Dichte *(eines Erdstoffs)*
critical voltage *(El)* Grenzspannung *f*
crizzling Haarrissbildung *f (z. B. auf Keramikfliesen)*
crockery Steingut *n*; Fayence *f*
crocket *(Arch)* Krabbe *f*, Krappe *f*, Kriechblume *f*, Steinblume *f*, Knolle *f (Ornament der Gotik)*
crocket capital Krabbenkapitell *n*, Steinblumenkapitell *n*, Kriechblumenkapitell *n (Gotik)*
crocketed krappenverziert, steinblumenverziert, kriechblumenverziert
crocking Abreiben *n (Farbanstrich)*
crocodile shears Hebelschere *f*
crocodiling Krokodilhautbildung *f*, Reißen *n (von Anstrichen)*
crook *v* krümmen, biegen; sich krümmen, sich verziehen; sich verwerfen *(Gleis)*
crook 1. Haft *m*, Hafte *f*, Haken *m*; 2. Krümmung *f*; 3. Knieholz *n*
crook rafter Sparren *m* mit nach innen gebogenem Fußende, Dachschifter *m*
crooked krumm, gebogen; schief *(nicht parallel)*; verzogen; nicht schnürig *(Holz)*
crooked timber Krummholz *n*
crop *v* 1. abschneiden, beschneiden; 2. *s.* crop out; 3. bebauen; bepflanzen
crop *v* **out** *(Bod)* ausstreichen, zutage treten *(Erdschicht)*
crope *(Arch)* Kreuzblume *f*, Firstblume *f*, Giebelblume *f*
cropland *(RP)* Ackerland *n (Flächennutzungsplan)*
cropped piece Spaltstück *n*

cross *v* 1. überschreiten; 2. kreuzen, überbrücken; verschränken; sich kreuzen *(z. B. Leitungen)*
cross 1. Kreuz(rohr)stück *n*; 2. Kreuzmaß *n*; 3. Kreuzungspunkt *m*
cross aisle Querhaus *n*, Querschiff *n (Kirchenbau)*
cross arch Kreuzbogen *m*
cross-arched vault *(Arch)* Kreuzbogengewölbe *n*
cross arm 1. Kreuzarm *m (Kirchenbau)*; 2. *s.* cross bar 1.
cross bar 1. *(Hb)* Querholz *n*, Querträger *m*, Querriegel *m*, Traverse *f*; 2. *(Hb)* Kreuzband *n*; 3. Riegel *m (Verschlussstange)*
cross-bar window Kreuzfenster *n*
cross beam *(Hb, Konst)* Querträger *m*, Querbalken *m*, Versteifungsbalken *m*; Holm *m*; Traverse *f*, Zwischentraverse *f*; Kreuzbalken *m*
cross-bedding *(Erdb)* Kreuzschichtung *f*
cross binding Querverbindung *f*
cross bit Kreuzbohrer *m*
cross bond *(SB)* Kreuzverband *m*, flämischer Verband *m (ein Strecker, ein Binder)*
cross brace Querstrebe *f*
cross-braced end frame Endquerrahmen *m*
cross bracing *(Hb)* Queraussteifung *f*, Querverband *m*, Querverstrebung *f*
cross bracket Querriegel *m*
cross-breaking strength Durchbiegefestigkeit *f*, Querbiegefestigkeit *f*; Knickfestigkeit *f*
cross bridging *(AE) (Hb, Konst, St)* paarweise Diagonalaussteifung *f*, Diagonalversteifung *f* von Deckenträgern
cross bubble Kreuzlibelle *f (Wasserwaage)*
cross building Quergebäude *n*
cross cogging *(Hb)* Kreuzkamm *m*
cross-connection Querverbindung *f*
cross connector *(BT)* Kreuzverbinder *m*
cross corking *(Hb)* Kreuzkamm *m*
cross-country road *(Verk)* Überlandstraße *f*
cross current *(HLK, Wsb)* Querstrom *m*, Querströmung *f*; Gegenströmung *f*
cross-cut 1. *(Hb)* Querschnitt *m*, Hirnschnitt *m*; 2. *s.* cross--cut end; 3. Quertunnel *m*
cross-cut chisel Kreuzmeißel *m*
cross-cut end *(Hb)* Hirn(schnitt)fläche *f*, Stirnfläche *f*
cross-cut saw Schrotsäge *f*
cross-cut wood Hirnholz *n*
cross-cutting Quersägen *n*, Querschnitt *m*, Abkürzen *n*
cross-cutting approach Quer(weg)zufahrt *f*
cross dike *(Wsb)* Querdeich *m*, Fangdamm *m*
cross dimensions Querdimensionen *fpl*
cross-domed church *(Arch)* Kreuzkuppelkirche *f*
cross-drain Querrinne *f*, Querschlitz *m*
cross flow Querströmung *f*
cross-folded kreuzgefaltet
cross frame *(Hb)* Querrahmen *m*
cross garnet *(BT)* T-Band *n*, Zungenband *n*, Kegelband *n (Baubeschlag)*
cross girder *(BB, Hb, Konst, St)* Querträger *m*
cross-grain axe Queraxt *f*
cross-grain leaf Hirnholzplatte *f*
cross-grain plane Zwerchhobel *m*
cross-grain veneer Querfurnier *n*
cross-grained *(Hb)* quer zur Faserrichtung
cross-grained float *(BWG)* Reibscheit *n*
cross-grained wood drehwüchsiges Holz *n*
cross hairs *(Verm)* Fadenkreuz *n (Optik)*
cross-hatch *v* kreuzweise schraffieren
cross hatching Kreuzschraffierung *f*, Kreuzschraffur *f*
cross joint 1. *(SB)* Stoßfuge *f (Mauerwerk)*; 2. *(St)* Kreuzstoß *m (Schweißen)*
cross-lap joint überlappte Kreuzverbindung *f*
cross-level Querneigungsmesser *m*
cross line Querlinie *f*
cross-linked 1. gekreuzt, verbunden *(Rohrleitung, Windverband)*; 2. vernetzt, kreuzgittervernetzt *(Polymere)*
cross member 1. *(Konst)* Querstrebe *f*; Querträger *m*; 2. *(Konst)* Riegel *m*
Cross method *(Stat)* Momentenausgleichsverfahren *n* (nach Cross), Cross-Verfahren *n*
cross nailing Überkreuznagelung *f*
cross partition *(Konst)* Quertrennwand *f*
cross pattée *(Arch)* Tatzenkreuz *n*
cross pawl Kreuzlatte *f*, Schwibbe *f (Windkreuzlatte)*
cross peen (hammer) Querschlaghammer *m*
cross piece 1. *(Konst)* Querstrebe *f*; 2. *(HLK, San)* Kreuzstück *n (Rohrstück)*
cross pin 1. *(Konst)* Strebe *f*; 2. *(Hb)* Kreuzzapfen *m*
cross pipe *(HLK, San)* Kreuzrohrstück *n*
cross plate *(Hb, Konst, St)* Joch *n*
cross pole *(Wsb)* Kreuzpfahl *m*
cross product *(Stat)* Vektorprodukt *n*, äußeres Produkt *n*
cross reinforcement *(Konst)* Querbewehrung *f*
cross rib Querrippe *f (eines Kreuzgewölbes)*
cross-ribbed kreuzgerippt
cross-road 1. *(Verk)* Querstraße *f*; 2. *s.* crossroads
cross seam Quernaht *f*
cross section 1. *(Konst)* Querschnitt *m*, Schnitt *m*; Querprofil *n*; 2. *s.* cross-sectional area • **in cross section** im Querschnitt
cross-section area *s.* cross-sectional area
cross section of pile *(BB, Erdb, Wsb)* Pfahlquerschnitt *m*
cross section of the ground Bodenprofil *n*
cross section under tension Zugquerschnitt *m*
cross-sectional area Querschnittsfläche *f*
cross-sectional profile *(BT, Konst)* Querprofil *n*
cross-sectional shape Querschnittsform *f*
cross-shaped column *(Konst)* Kreuzstütze *f*
cross sill Schwelle *f (Gleisbau)*
cross-sleeper 1. Mittelschwelle *f (Gleisbau)*; 2. Querverbindung *f*
cross sleeve *(HLK, San, St)* Kreuzmuffe *f*
cross slope Querneigung *f*
cross-sloping roadway *(Verk)* quergeneigte Straße *f*
cross slot Querschlitz *m (einer Schraube)*
cross springer Diagonalrippe *f (Gewölbe)*
cross stay 1. *(Konst)* Diagonalstrebe *f*, Querversteifung *f*; 2. *(Hb)* Kreuzband *n*; Kreuzverband *m (Stahlbau)*
cross stays *(Hb, Konst, St)* Verschwertung *f*
cross street *(Verk)* Querstraße *f*
cross stud *(Hb, Konst, St)* Verschwertung *f*, Kreuzstrebe *f*
cross support Kreuzstütze *f*
cross-tie 1. Querhalter *m*, Querstrebe *f*; 2. *(AE)* Schwelle *f (Gleisbau)*
cross-timbered truss *(Hb)* Holzfachwerk *n*
cross-town line *(Verk)* Ortsdurchfahrtslinie *f*, Ortsdurchfahrtsstrecke *f*
cross-town link *(Verk, VR)* Ortsdurchfahrt *f*
cross traffic Querverkehr *m*
cross traverse Querträger *m*, Querstück *n (Riegel)*
cross tunnel *(Tun)* Querstollen *m*, Verbindungsstollen *m*
cross vault(ing) *(Arch)* Kreuzgewölbe *n*
cross ventilation Querlüftung *f*
cross-vista Durchblick *m*
cross-wall *s.* crosswall
cross-welted seam Querfalz *m*
cross window Kreuzfenster *n*, Sprossenfenster *n*
cross-wire sight *(Verm)* Fadendiopter *m (Optik)*
cross wires *(Verm)* Fadenkreuz *n (Optik)*
crossband Absperrlage *f*, Sperrfutter *n (Holz)*
crossbanding kreuzweise Absperrung *f (Holz)*

crossbar *s.* cross bar 3.
crossed position *(Hb, Konst, St)* Überkreuzlage *f*
crossfall *(Konst, Verk)* Querneigung *f*, Quergefälle *n (z. B. einer Straße)*
crosshead *(Hb, Konst, St)* Querträger *m*, Traverse *f*, Spanntraverse *f*
crossing 1. *(Verk)* Kreuzung *f (Straße, Eisenbahn)*; Straßenkreuzung *f*; Übergang *m*; Wegübergang *m*; Bahnübergang *m*; 2. *(Arch, Konst)* Vierung *f*, Kreuzbau *m*, Kreuzwerk *n*, Kreuzfeld *n*
crossing arch *(Arch, Konst)* Vierungsbogen *m*
crossing at grade *(Verk)* höhengleiche Kreuzung *f*, höhengleicher Übergang *m*
crossing bar Kreuzsprosse *f*
crossing bay *(Konst)* Vierungsfeld *n*
crossing dome *(Arch)* Vierungskuppel *f*
crossing of junction *(Verk)* Verzweigungsknotenpunkt *m*
crossing of lines *(Verk)* Gleiskreuzung *f*
crossing pier *(Konst)* Eckpfeiler *m*, Vierungspfeiler *m*
crossing point *(Verk, WVA)* Kreuzungspunkt *m*
crossing track Kreuzgleis *n*
crossing vault Vierungsgewölbe *n*
crossing width Vierungsbreite *f*
crossover 1. *(El, San, Wsb, WVA)* Überkreuzung *f* von Leitungen; 2. Gleiskreuzung *f*; 3. *(Verk)* Mittelstreifenüberfahrt *f*, Fußwegüberfahrt *f*
crossplaning Querhobeln *n*
crossroads *(Verk)* Straßenkreuzung *f* • **at a crossroads** 1. an einer Kreuzung; 2. Scheideweg *m*
crosstown link *s.* cross-town link
crosswalk *(AE) (RP, Verk)* Fußgängerüberweg *m*, Fußgängerschutzweg *m*, Übergang *m*
crosswall 1. *(Konst)* Querwand *f*; 2. *(Konst)* Wandscheibe *f*, Scheibe *f*
crosswall construction *(Konst)* Querwandbauweise *f*, Schottenbauweise *f*
crosswall panel Querwandplatte *f*
crossway Querstraße *f*
crosswise quer, in Querrichtung, kreuzweise, gekreuzt, über Kreuz
crosswise planing Querhobeln *n*
crotch *(Hb)* Gabelung *f*
crotch veneer Gabelholzfurnier *n*
crow gable *(Arch, Konst)* Stufengiebel *m*, Staffelgiebel *m*
crow stone *(SB)* Scheitelstein *m*
crowbar Brechstange *f*, Brecheisen *n*
crowd *v* 1. füllen, voll stopfen; 2. sich stauen
crowd shovel *(BWG)* Hochlöffel(bagger) *m*
crowde 1. *s.* crypt; 2. *(Erdb, Verm)* Ausbaggerungsabsteckung *f*
crowding Grabvorgang *m*, Vorschub *m (eines Löffelbaggers)*
crown *v* wölben
crown 1. *(BT, Konst, SB, Wsb)* Krone *f (Mauer, Damm)*; 2. *(Konst)* Scheitel *m*, Scheitelpunkt *m*, Bogenhaupt *n*, Spitze *f (eines Bogens)*; Kappe *f (Gewölbe)*; Schlussstein *m (eines Gewölbes)*
crown bar *(Br, BT, TK)* Deckenanker *m*; Brückenträger *m*; Joch *n (Träger)*
crown block *(SB)* Scheitelstein *m*
crown course Firstkappenlage *f (von Asbestformteilen)*
crown glass 1. Kronglas *n*; 2. Butzenscheibe *f*, gewölbtes Fensterglas *n*
crown hinge *(Hb, Konst, St)* Scheitelgelenk *n*
crown joint Scheitelfuge *f*
crown-like top *(Arch)* Gebäudekrone *f*
crown line Scheitellinie *f*
crown moulding *(Arch)* Gesimsleistenausbildung *f*
crown of a slope Böschungskante *f*
crown of a wall Deckplatte *f*
crown of carriageway *(Verk)* Straßenkrone *f*
crown of the arch *(Konst)* Gewölbescheitel *m*, Bogenscheitel *m*, Bekrönung *f*
crown plate 1. *(BT)* Deckplatte *f (z. B. einer Säule)*; 2. *(Hb)* Sattelholz *n*
crown post *(Hb, Konst, St)* senkrechtes Glied *n* eines Dachfachwerks
crown runner Firstenläufer *m*
crown sag Scheitelsenkung *f*
crown saw Lochsäge *f*
crown section Querschnitt *m* im Scheitel
crown steeple *(Arch)* Turmkrone *f*
crown stone Schlussstein *m (Gewölbe)*
crown tile Firstziegel *m*, Firststein *m*
crown-tile roof *(Arch, Konst)* Ritterdach *n*
crowning 1. *(Arch)* Bekrönung *f*, Krone *f (Ornament)*; 2. Wölbung *f*
crowning feature *(Arch)* krönendes Element *n*
crowning member *s.* crowning feature
crow's feet *(OB)* Krähenfüße *mpl (Fehler auf Anstrichen)*
crowsfooting *(OB)* V-förmige Rissbildung *f*, Krähenfüße *mpl (z. B. bei Anstrichen)*
crucial entscheidend, wichtig, kritisch
crucible steel *(BM)* Tiegelstahl *m*
cruciform kreuzförmig
cruciform building *(Arch, Konst)* Kreuzbau *m*
cruciform church *(Arch)* Kreuzkirche *f*
cruciform column Kreuzsäule *f*
cruciform cross (section) kreuzförmiger Querschnitt *m*
cruciform crypt Kreuzgruft *f*
cruciform-domed church Kreuzkuppelkirche *f*
cruciform effect kreuzförmige Wirkung *f*
cruciform network kreuzförmig gespanntes Netzsystem *n*
cruciform symmetry Kreuzsymmetrie *f*
crude *(BM)* roh; rau; unbearbeitet; Roh...
crude foul water *(San, Umw, WVA)* Rohabwasser *n*
crude masonry work *(SB)* Rohmauerwerk *n*
crude oil *(BM)* Rohöl *n*, Erdöl *n*
crude refuse water Rohabwasser *n*
crude rock *(BM, Bod)* Rohgestein *n*
crude sewage *(Umw, WVA)* unbehandeltes Abwasser *n*
crude steel Rohstahl *m*
crude tar *(BM)* Rohteer *m*
crude waste *(Umw, WVA)* Rohabwasser *n*, unbehandeltes Abwasser *n*
crumble *v (BM, OB)* zerbröckeln, zerkrümeln; zerbröckeln, abbröckeln, zerfallen
crumble *v* **away** zerbröckeln, zerfallen
crumbling rock kiesiges Gestein *n*
crumbly krümelig, bröcklig; zerfallend
crusader architecture *(Arch)* Kreuzfahrerarchitektur *f*
crush *v* brechen, (grob) zerkleinern *(Steine)*; zerdrücken, (zer)quetschen *(Feststoffe)*; mahlen; zerschmettern, zertrümmern
crush resistance *(BM, BT, Stat)* Druckwiderstandsfähigkeit *f*
crush-room 1. *(Arch, Konst)* Foyer *n*; Wandelhalle *f*; 2. *(Konst)* Pufferraum *m*
crushed gebrochen
crushed aggregate *(BM)* gebrochener Zuschlagstoff *m*
crushed blast-furnace slag Schlackenschotter *m*
crushed brick Ziegelsplitt *m*
crushed brick aggregate Ziegelsplittzuschlag *m*
crushed chippings [chips] gebrochener Splitt *m*, Brechsplitt *m*
crushed coarse aggregate zerkleinerter Grobzuschlag(-stoff) *m*

C

crushed dust Brechstaub *m*, Brechmehl *n*, Brecheigenfüller *m*
crushed face Bruchfläche *f*
crushed glass Brechglas *n*
crushed granite *(BM)* zerkleinerter Granit *m*
crushed gravel Brechkies *m*, Betonsplitt *m*
crushed material *(BM)* Brechgut *n*, gebrochenes Material *n*
crushed particle gebrochenes Korn *n*
crushed particle index Bruchflächigkeitsindex *m*
crushed rock gebrochenes Gestein *n*, Schotter *m*; Splitt *m*
crushed rock fine aggregate Brechsand *m*
crushed sand Brechsand *m*
crushed slag Brechschlacke *f*
crushed slag course Schlackenschotter *m*
crushed slate Schiefersplitt *m*
crushed stone *(BM)* Steinschlag *m*, Schotter *m*; Splitt *m*; gebrochenes Gestein *n*
crushed stone base Schotterunterbau *m*
crusher *(BWG)* Brecher *m*, Brechwerk *n*
crusher-run aggregate Brecherprodukt *n*, Brechergekörn *n*, gebrochener unabgesiebter Zuschlagstoff *m*
crusher-run base Mineralbetontragschicht *f*, Tragschicht *f* aus gebrochenem Material *(auch mit Bindemittel)*
crusher-run material *(BM)* gebrochenes und nicht klassiertes Material *n*, Brechrohgut *n*
crusher screenings Brechsand *m*
crusher setting Brechereinstellung *f (Aufbereitung)*
crushing *(BM, Te)* Brechen *n*, Grobzerkleinern *n*, Zerkleinerung *f*; Zertrümmerung *f*
crushing and screening plant *(BWG)* Brech- und Siebanlage *f*
crushing load Bruchlast *f*
crushing mill Brechwalzwerk *n*, Zerkleinerungsmühle *f*
crushing operation *s.* crushing process
crushing plant *(BWG)* Brechanlage *f*; Mahlanlage *f (für grobes Mahlgut)*
crushing point kritische Belastung *f*
crushing process *(Te)* Brechvorgang *m (Aufbereitung)*
crushing strength *(Stat)* Bruchfestigkeit *f*; Druckfestigkeit *f*; Scheiteldruckfestigkeit *f (Rohre)*
crushing stress Bruchspannung *f*
crushing test *(BM, BT)* Druck(festigkeits)prüfung *f*, Druckversuch *m*; Brechprobe *f*, Brechprüfung *f*
crushing yield point Quetschgrenze *f*
crust *v (OB)* verkrusten
crust 1. *(OB)* Kruste *f*; 2. *(BB, Verk)* Straßendecke *f (Zementbetondecke)*
crust of (cement) coating Zementkruste *f*, Zementhaut *f*
crutch *(Hb)* gebogener vertikaler Holzstützenbalken *m*
crutch head *(Hb)* Knebel *m*
crux commissa *(Arch)* Taukreuz *n*, ägyptisches Kreuz *n*, Anthoniuskreuz *n*
crux decussata *(Arch)* Andreaskreuz *n*
crux immissa *(Arch)* lateinisches Kreuz *n*
cry room *(Konst, VR)* Mutter-und-Kind-Raum *m (schalldicht)*
cryogen *(BM, HLK)* Kältemittel *n*
cryogenic process *(HLK)* kälteerzeugender Prozess *m*
cryolite Kryolith *m*, Eisstein *m*
crypt *(Arch)* Krypta *f*, Kirchenkeller *m*, Gruft *f*, Grabgewölbe *n*
crystal glass Kristallglas *n*
crystal palace *(Arch)* Kristallpalast *m*
crystal structure *(BM)* Kristallstruktur *f*, Kristallaufbau *m*
crystalline plutonic rock kristallines Tiefengestein *n*
crystalline rock kristallines Gestein *n*
crystalline schist *(BM)* kristalliner Schiefer *m*
crystallize *v* kristallisieren, Kristalle bilden
cubage 1. *(Konst, Verm)* Kubatur *f*, Volumenberechnung *f*, Rauminhaltsberechnung *f*; 2. *s.* cubage content
cubage content Rauminhalt *m*, Kubikinhalt *m*
cubature *(Arch, Konst, VR)* Kubatur *f*, umbauter Raum *m*
cubby kleiner Lagerraum *m (Kammer)*
cubby-hole Kammer *f (Abstellkammer)*
cube *v* 1. das Volumen ermitteln; 2. pflastern; 3. Würfel herstellen
cube 1. Kubus *m*, Würfel *m*; 2. *(Arch, BM)* Block *m*; Pflasterstein *m*
cube method *(VR)* Kostenermittlung *f* nach Raummaß
cube sett *(BM)* Pflasterstein *m*
cube size Würfelgröße *f*
cube strength *(BM)* Würfeldruckfestigkeit *f (Beton)*
cube test Würfelprüfung *f*
cubic 1. kubisch, würfelförmig; 2. Kubik..., Raum...
cubic capital *(Arch)* Würfelkapitell *n*
cubic content Rauminhalt *m*, Kubikinhalt *m*
cubic contents *(Konst, VR)* umbauter Raum *m*
cubic form kubisches Formbild *n*
cubic measure Raummaß *n*, Kubikmaßeinheit *f*
cubic parabola *(Konst, Stat)* kubische Parabel *f*
cubic test block Würfelprüfkörper *m*
cubic volume *s.* cubic content
cubic yardage umbauter Raum *m*
cubical *s.* cubic
cubical aggregate *(BM)* kubischer Zuschlagstoff *m*
cubical content *(Konst, VR)* umbauter Raum *m*
cubical mass kubische Raummasse *f*
cubical mixing tank *(BWG)* Würfelmischbehälter *m*
cubical product *(BM)* kubisches Endprodukt *n (Brechkorn)*
cubicle *(Arch, Konst)* kleiner (abgeteilter) Raum *m (Nische, Alkoven)*; Lesenische *f (in einer Bibliothek)*; Kabine *f (z. B. zur Anprobe)*; Zelle *f (Kabine)*
cubiculum 1. *(Arch)* Bettzimmer *n (im antiken Raum)*; 2. *(Arch)* Bestattungskammer *f (in einer Wand)*
cubing *(BM)* Steinpaketieren *n*
Cubism *(Arch)* Kubismus *m*
cuboid house Würfelhaus *n*
cul-de-four *(Arch)* viertelteiliges Gewölbe *n*
cul-de-lamp *(Arch)* punktartiges Schlussornament *n* in einem Gewölbe
cul-de-sac *(Verk)* Sackgasse *f*
cull *(AE)* 1. *(BM, Hb)* geringwertiges Bauholz *n*; 2. *(BM, SB)* geringwertiger Ziegel *m*
cull timber *(AE)* Abfallholz *n*
cullet Glasbruch *m*, Bruchglas *n*
cullis *s.* coulisse
Cullmann's method *(Stat)* Cullmann'sche E-Linie *f*, Cullmann-Verfahren *n*
cult statue *(Arch)* Kultstandbild *n*, Kultstatue *f*
cult temple *(Arch)* Kulttempel *m*
cultivate *v (LB, Te)* bearbeiten *(Außenanlagen)*
cultivated soil *(LB)* Kulturboden *m*, Ackerboden *m*
cultivation *(LB)* Kultivierung *f (von Land)*; (landwirtschaftliche) Bebauung *f* • **out of cultivation** *(LB)* verwildert
cultural and commercial zone *(RP, VR)* Kultur- und Geschäftsbereich *m*
cultural centre *(RP)* Kulturzentrum *n*; Kulturhaus *n*
cultural circle *(Arch)* Künstlerkreis *m*
cultural monument *(Arch)* Kulturdenkmal *n*
cultural movement *(Arch, VR)* Kulturbewegung *f*
culvert 1. *(Erdb, Wsb, WVA)* (überwölbter) Abflussgraben *m*, Graben *m*, Wasserdurchlasskanal *m (z. B. unter Straßen)*; Düker *m*, Dole *f*, Durchlass *m*, Durchlassrohr *n*; 2. *(WVA)* Saugheber *m*
culvert design Durchlassdimensionierung *f*
culvert lock Durchlass(rohr)schleuse *f*
culvert pipe *(WVA)* Abzugskanalrohr *n*
culvert syphon *(Wsb, WVA)* Düker *m*, Durchlass *m*, Durchlassrohr *n*

culvertail *(Hb)* Schwalbenschwanz *m*
cumar gum *(AE) (BM)* Kumaronharz *n*
cumulative batching kumulative Messdosierung *f*
cumulative consumption Gesamtverbrauch *m*
cumulative discharge *(WVA)* kumulativer Ausfluss *m*
cumulative frequency curve *(BM, Konst)* Häufigkeitssummenkurve *f*
cuneate keilförmig
cuneiform keilförmig
cup 1. Schale *f (Gefäß)*; 2. *(Arch)* Hohlform *f*, Hohlgefäß *n*
cup base *(St)* Fußhalterung *f* für runde Stahlstützen
cup escutcheon Fingervertiefung *f*, Fingergriff *m (an einer Schiebetür)*
cupboard Schrank *m*; Abstellkammer *f*
cupboard lock Schrankschloss *n*
cupboard unit(s) Schrankwand *f*
cupola *(Arch, Konst)* Kuppel *f*; Haube *f*, Laterne *f (Dachaufsatz)*
cupola bottom Kuppelboden *m*, Domboden *m*
cupola cornice Kuppelsims *m(n)*
cupola dam Kuppelmauer *f*
cupola impost Kuppelkämpfer *m*
cupola vertex Kuppelscheitel *m*
cupreous 1. kupferhaltig; 2. kupferartig
curability Härtbarkeit *f (von Kunststoffen, Anstrichen)*
curable *(BM, OB)* härtbar *(Kunststoffe, Anstriche)*
curative maintenance *(RS, Te)* wiederherstellende Erhaltung *f*, bauliche Unterhaltung *f*
curb 1. *(AE)* Bordstein *m*, Bordschwelle *f*, Schrammschwelle *f*, Schrammbord *m*; Bordeinfassung *f*, Bordkante *f*; Rinnstein *m*; 2. *(Arch, Konst)* Aufsatzkranz *m (Lichtkuppel)*
curb below ground Tiefbord *m*, Tiefbordstein *m*
curb box *(San, WVA)* Schutzrohr *n (für unterirdisches Ventil)*
curb clay tile Dachbruchziegel *m*
curb cock *(AE) (San, WVA)* Hauswasseranschlussventil *n*, Anschlussschieber *m (auf der Straße)*
curb fender *(AE)* Bordschwelle *f*, Schutzschwelle *f*
curb form gebrochene Form *f*, Form *f* mit gebrochener Ecke
curb level *(Verk, Verm)* Straßengradiente *f*
curb rafter *(Hb, St)* gebrochener Sparren *m*, oberer Mansardendachsparren *m*
curb roof *(AE) (Arch, Konst)* Mansardendach *n*, Walmmansardendach *n*, Dachbruch *m*, Dachknick *m*
curb stop *s.* curb cock
curbbeam Saumholz *n*
curbed footway Gehweg *m* mit Bordstein
curbstone *(AE)* Bordstein *m*, Rinnstein *m*, Randstein *m*
cure *v* 1. (aus)härten *(Kunststoffe, Farben)*; abbinden *(Kleber)*; 2. nachbehandeln *(Beton)*; feuchthalten
cure 1. Aushärtung *f (von Kunststoffen, Farben)*; 2. Nachbehandlung *f (von Beton)*
curing 1. Härten *n*, Aushärten *n*; 2. Nachbehandlung *f (von Beton)*
curing agent 1. Härtemittel *n*, Härter *m (für Kunststoffe, Farben)*; 2. Abbindemittel *n*
curing area *(BB, Te)* Abbindeplatz *m (Betonwerk)*
curing blanket *(BB, BT, Te)* Nachbehandlungsmatte *f*, Nachbehandlungstuch *n (für Beton)*; Abdeckmatte *f*
curing capacity *(BM)* Bindefähigkeit *f*, Abbindevermögen *n (Verschnittbitumen)*
curing chamber *(BB, Te)* Dampfkammer *f*, Nachbehandlungsraum *m*, Behandlungskammer *f (Betonsteinherstellung)*
curing compound Abbindemittel *n*, Nachbehandlungsmittel *n*
curing cycle *(BB, BM, BT, Te)* Dampfnachbehandlungszyklus *m*, Härtezyklus *m (Beton)*
curing kiln *(BB, Te)* Dampfkammer *f (Betonnachbehandlung)*
curing mat *s.* curing blanket
curing membrane *(BB, Te)* Nachbehandlungsfilm *m*, Sprayschicht *f (auf Frischbeton)*
curing period 1. Nachbehandlungszeit *f*; 2. Abbindedauer *f*, Bindezeit *f (Verschnittbitumen)*
curing power Abbindevermögen *n*, Abbindefähigkeit *f (Verschnittbitumen)*
curing process Abbindeprozess *m*, Abbindeverlauf *m*
curing rate Abbindegeschwindigkeit *f*
curing room *s.* curing chamber
curing time Abbindedauer *f*, Abbindezeit *f (Verschnittbitumen)*
curing water *(BB, BM)* Nachbehandlungswasser *n*
curing yard *(BB, Te)* Nachbehandlungsplatz *m (Beton)*
curl 1. *(Wsb, WVA)* Rotation *f*, Wirbel *m (Wasserströmung)*; 2. *(BT)* Schlinge *f*
curling *(BM, BT)* Verwindung *f*; Temperaturverformung *f*, Verbiegen *n* durch Temperatureinfluss
current 1. *(Wsb)* Strömung *f*, Strom *m*; 2. *(El)* (elektrischer) Strom *m*
current-carrying stromführend
current-carrying capacity *(El)* Strombelastbarkeit *f*
current conduction *(El)* Stromleitung *f*
current data aktuelle Daten *pl*
current lead *(El)* Stromzuführung *f*
current maintenance *(RS)* laufende Unterhaltung *f*
current meter Stromzähler *m*, Elektroenergie(verbrauchs)zähler *m*
current supply *(El, VR)* Stromversorgung *f*; Stromzuführung *f*
current velocity *(Wsb, WVA)* Strömungsgeschwindigkeit *f*
curstable *(SB)* Gesimssteinlage *f* mit geschnittenen Formen
curtail Abrollform *f (Geländerlauf)*
curtail step geschwungene Antrittsstufe *f*
curtain 1. Vorhang *m*; Gardine *f*; 2. Mittelwall *m (einer Burg)*; 3. Gardine *f*, Läufer *m (Anstrichfehler)*
curtain arch *(Arch)* Gardinenbogen *m*, umgekehrter Spitzbogen *m*, Sternbogen *m*
curtain board Gardinenleiste *f*
curtain coating Schlepptuchanstrich *m*, Schlepptuchbestreichung *f*
curtain grouting Schürzeninjektion *f*
curtain rail Gardinenschiene *f*, Vorhangschiene *f*
curtain rod Gardinenstange *f*
curtain track Gardinenschiene *f*; Gardinenstange *f*
curtain wall 1. *(Konst, OB)* vorgehängte Wand *f*, Blendwand *f*, Vorhangwand *f*; 2. *(Konst, SB)* Umfassungsmauer *f*
curtaining *(OB)* Gardinenbildung *f*, Nasenbildung *f (Lackanstrichfehler)*
curtilage *(AE) (VR)* Hausgrundstück *n (juristischer Begriff)*
curvature Krümmung *f*, Wölbung *f*; Bogenlinie *f*
curvature friction Krümmungsreibung *f (Spannglieder)*
curvature in ground *(Konst, Verm)* Grundrisskrümmung *f*
curvature in line Krümmungslinie *f*
curvature of final set *(BB, Te)* Abbindekurve *f (Beton)*
curvature of hardening Erhärtungskurve *f (Beton)*
curve *v* biegen, krümmen; wölben; sich krümmen, sich biegen; sich wölben
curve Kurve *f*, Krümme *f*; Biegung *f*; Windung *f (z. B. einer Straße)*
curve gauge Kreisbogenlineal *n*
curve inflection Krümmung *f*
curve of intersection *(Konst, Stat, Verm)* Schnittkurve *f*, Schnittlinie *f*
curve to the left Linkskurve *f*
curve to the right Rechtskurve *f*
curved gekrümmt, krumm, gebogen; geschwungen, geschweift; gebaucht, hohlflächig; krummlinig
curved beam *(Konst, TK)* Bogenbalken *m*

curved block Gebäude *n* mit gekrümmtem Grundriss
curved bracket geschwungener Ausleger *m*, gekrümmte Strebe *f*
curved brickwork Bogenmauerwerk *n*
curved channel Muldenrinne *f*
curved curb Bogenstein *m*, gebogener Bordstein *m*
curved gable Rundgiebel *m*, geschweifter Giebel *m*
curved girder *(Konst, TK)* Bogenträger *m*, gekrümmter Träger *m*, Bogenträger *m*
curved member gebogenes Bauteil *n*; gebogener Stab *m*
curved plan gekrümmter Grundriss *m*
curved rafter gebogener Sparren *m*
curved ramp *(Verk)* Bogenrampe *f*
curved roof gewölbtes Dach *n*; gebogener Sparren *m*
curved shell gekrümmte Schale *f*
curved sided triangle *(Arch, Konst)* Bogendreieck *n (Kirchenbau)*
curved slab *(BT, Konst)* gekrümmte Platte *f*, Nase *f*
curved stone Kurvenstein *m*
curved track *(Verk)* Bogengleis *n*, Gleiskurve *f*
curved window grille *(Arch)* Fensterkorb *m (kunstvoll geschmiedetes Gitter vor den Fenstern)*
curved work *(BM, Te)* Natursteinbearbeitung *f*
curvilinear krummlinig; kurvenförmig
Curvilinear style *(Arch)* Stil *m* der englischen Spätgotik, englische Hochgotik *f*
curvilinear tracery *(Arch)* fließendes Maßwerk *n*
curving *(Hb)* Schweifsägen *n*
cushion *v* 1. dämpfen, abfedern *(z. B. Stöße, Schläge)*; 2. polstern
cushion 1. *(Konst, Stat)* Puffer *m*, Dämpfer *m*; 2. *(Erdb, Verk)* Bettungsschicht *f*; 3. *(BT, Konst, TK)* Kissen *n*, Polster *n*, Auflage *f*
cushion block *s.* cushion head
cushion capital *(Arch)* Würfelkapitell *n*
cushion course 1. *(Erdb, Verk)* Bettungsschicht *f*; 2. *s.* torus
cushion head Rammhaube *f (Pfahlgründung)*
cushion piece *s.* cushion 2.
cushion rafter *(Hb, Konst, St)* Aussteifsparren *m*, Hilfssparren *m*, Zusatzsparren *m*
cushioned frieze *(Arch)* konvexer Fries *m*
cushioning *(DIS, Konst)* Dämpfung *f*
cusp 1. *(Arch)* Nase *f (eines gotischen Maßwerks)*; 2. *(Arch)* Spitzpunkt *m (eines gotischen Bogens)*; Bogenschnittpunkt *m*, Bogenschnittpunktfigur *f*, Schnittpunktverzierung *f (bei gotischen Bögen)*
cusped arch *(Arch)* Passwerkbogen *m*, Nasenschwungbogen *m*
cuspidation *(Arch)* Spitzpunktornamentierung *f (gotischer Bogen)*; Nasenverzierung *f*, Nasenbildung *f*
cusping *(Arch)* Nasenbildung *f*, Nasenverzierung *f*
custom-built individuell gebaut, auf Kundenbestellung angefertigt, speziell angefertigt
custom-house *(Arch)* Kaufhaus *n (historisch)*
customary right *(VR)* Gewohnheitsrecht *n*
customer Auftraggeber *m*; Kunde *m*
customer service area Schalterhalle *f*, Kassenraum *m*
customize *v* auf Fertigmaß arbeiten, nach Maß anfertigen
customs clearance area *(Verk)* Zollabfertigungsbereich *m*
customs house *(Arch, Verk)* Zollhaus *n*
cut *v* 1. schneiden, trennen; beschneiden; kürzen, ablängen *(Holz)*; zurichten *(Steine)*; *(AE)* fällen *(Bäume)*; (ein)ritzen; schnitzen; skulpt(ur)ieren; (zer)spanen *(Metall)*; fräsen; schleifen *(Glas)*; 2. *s.* cut through
cut *v* **a ditch** einen Graben ziehen
cut *v* **away** abschneiden, wegschneiden
cut *v* **back** verschneiden, verdünnen *(z. B. Asphalt durch Leichtöle)*
cut *v* **down** 1. verringern, reduzieren; drosseln; 2. zerkleinern, zerschneiden; 3. fällen *(Holz)*; einschlagen
cut *v* **fit** anpassen
cut *v* **in two** halbieren
cut *v* **into length [sections]** ablängen *(Holz)*
cut *v* **off** 1. abschneiden, (ab)kürzen; abhauen; kappen; 2. sperren; trennen, unterbrechen *(Stromzufuhr, Wasserzufuhr)*; ausschalten
cut *v* **off the cant** abkanten, abschrägen
cut *v* **out** 1. ausschneiden; 2. ausschalten
cut *v* **square** rechtwinklig schneiden; vierkantig zuschneiden
cut *v* **steeply** anschneiden *(Straße)*
cut *v* **through** *(Erdb)* durchstechen, durchörtern
cut *v* **to length** ablängen
cut *v* **to size** zuschneiden *(Material)*
cut *v* **up** zerstückeln; absägen
cut 1. *(LB)* Schnitt *m*, Einschneiden *n*; Fällen *n (von Bäumen)*; 2. *(BT, Erdb, Hb)* Schnitt *m*, Einschnitt *m*; Kerbe *f*; 3. *(BT, Erdb, Hb)* Abtrag *m*; Span *m*; 4. *(BT, Hb)* Einschnitttiefe *f*; Spantiefe *f*; 5. *(Erdb)* Einschnitt *m*; Durchstich *m*; 6. *(Br, Wsb)* Stichkanal *m*; Durchlass *m (Brücke)*
cut-and-cover *(Erdb, Tun)* offene Tunnelbauweise *f (U--Bahnbau, Straßenbau)*
cut-and-fill *(Erdb)* Abtragen *n* und Einbauen *n*
cut-back bitumen *s.* cutback (bitumen)
cut edge geschnittene Kante *f*, Schnittkante *f*
cut glass geschliffenes Glas *n*
cut joint Schnittfuge *f*
cut nail *(BM)* Schnittnagel *m*
cut-off unterbrochen *(z. B. Strom)*
cut-off 1. *(Erdb, Hb)* Pfahlabschnittshöhe *f*; 2. *(San, WVA)* Absperrvorrichtung *f (z. B. für Wasser)*; 3. *(El)* Ausschaltvorrichtung *f*; 4. Durchstich *m*; 5. *(El)* Abschirmung *f*
cut-off cock Absperrhahn *m*
cut-off length *(Hb)* Abschnittlänge *f*, Trennlänge *f*
cut-off stop Anschlagschwelle *f*
cut-off trench *(Erdb, Wsb, WVA)* Abdichtungsgraben *m*
cut roof Flachdach *n (abgestumpftes Dach)*; Terrassendach *n*
cut section Querschnitt *m*, Profilschnitt *m*
cut splay Schräghauen *n*, Abschrägen *n (Ziegel)*
cut stone geschnittener Naturstein *m*; Baustein *m*
cut stringer Sattelwange *f (Treppe)*
cut surface Schnittfläche *f*
cut to shape zurechtgeschnitten *(Material)*
cut-up road *(Verk)* Straße *f* im Einschnitt, Durchstichstraße *f*
cutaway view Schnittbild *n*, Schnitt *m*
cutback (bitumen) *(BM)* Verschnittbitumen *n*, Cutback--Bitumen *n*
cutout 1. *(Hb, SB)* Aussparung *f*; Ausklinkung *f*; Öffnung *f*; 2. Schalter *m (z. B. an Maschinen)*; 3. *(El)* Sicherung *f*
cutout box *(El)* Sicherungskasten *m*
cutter 1. Schneidwerkzeug *n*; Hobeleisen *n*; Querschneider *m*; Schneide *f*; 2. *(BM, SB)* Weichziegelstein *m*, spaltbarer Ziegelstein *m*
cutter disc Schneidscheibe *f*
cutters Schere *f (für Draht)*
cutting 1. Schneiden *n*, *(AE)* Fällen *n (von Holz)*; Zuschneiden *n*; Skulpturieren *n (von Stein)*; Ausstemmen *n*; Abtragen *n (z. B. von Erde)*; 2. *(Erdb)* Einschnitt *m*; Durchstich *m*, Aushub *m*; 3. *s.* cuttings
cutting across the grain *(Hb, Te)* Schneiden *n* quer zur Faserrichtung, Querschnitt *m (Holz)*
cutting angle Schnittwinkel *m*
cutting back *(BM)* Verschneiden *n (mit Lösungsmittel)*
cutting blowpipe *(BWG, St)* Schneidbrenner *m*
cutting chisel Stemmeisen *n*
cutting depth Schneidetiefe *f*, Schnitttiefe *f*, Spantiefe *f*

cutting diamond Diamantschneider *m*
cutting edge Schneide *f*, Schneidekante *f*
cutting force *(Stat)* Schnittkraft *f*
cutting gauge einstellbares Schneidmesser *n (Furnierschnitt)*
cutting-in Einstechen *n*, Einstich *m*
cutting knife Schneidmesser *n*
cutting line Schnittlinie *f*
cutting list *(Hb, Te)* Zuschneideliste *f*, Schnittliste *f (für Bauholz)*
cutting machine *(BWG)* Schneidemaschine *f*; Gesteinssäge *f*
cutting of stones Steinschnitt *m*, Steinfugenschnitt *m*
cutting perpendicular to the grain *s.* cutting across the grain
cutting plane Schnittebene *f*
cutting-plane line *(Konst, Te)* Schnittebenenmarkierungslinie *f*
cutting site *(Erdb)* Baustelle *f* im Einschnitt
cutting slope *(Erdb)* angeschnittene Böschung *f*, Einschnittschräge *f*
cutting stock zu schneidende Natursteinblöcke *mpl*
cutting to length Ablängen *n*, Abschneiden *n* auf Länge
cutting tool Schnittwerkzeug *n*
cutting torch *(BWG, St)* Schneidbrenner *m*
cutting with the grain Schneiden *n* in Faserrichtung, Längsschneiden *n*, Längsschnitt *m (Holz)*
cutting work *(Te)* Stemmarbeiten *fpl*
cuttings 1. Späne *mpl*, Schneidspäne *mpl*, Schneideabfälle *mpl*, Schnitzel *npl*; 2. Bohrgut *n*; Bohrkerne *mpl*
cutwater *(Br)* Pfeilerkopf *m (Brücke)*
cycle 1. Kreislauf *m*, Umlauf *m*, Zyklus *m*; 2. Fahrrad *n*
cycle crossing *(Verk)* Radwegkreuzung *f*
cycle lane *(Verk)* Radwegspur *f*, Radverkehrsstreifen *m*
cycle of load *(Stat)* Lastspiel *n*, Lastwechselzyklus *m*
cycle of stress *(Stat)* Lastspiel *n*, Spannungswechselspiel *n*
cycle path *(Verk)* Radfahrweg *m*
cycle racing track *(Konst, RP)* Radrennbahn *f*
cycle room Fahrradabstellraum *m*
cycle route Radweg *m*
cycle signals *(Verk)* Radwegampel *f*
cycle stand Fahrradstand *m*
cycle symbol *(Verk)* Radfahrzeichen *n*
cycle time Unlaufzeit *f*
cycle track Radweg *m*
cycle traffic Radverkehr *m*
cycles of load stressing Lastspielzahl *f*
cycleway Radweg *m*
cyclic deformation Wechselverformung *f*
cyclic loading *(Stat)* Dauerschwing(ungs)beanspruchung *f*; Belastungswechsel *m (Festigkeitslehre)*
cyclic stress *(Stat)* Dauerschwing(ungs)spannung *f*
cyclic stressing *(Stat)* Dauerschwingungsbeanspruchung *f*
cyclic work *(Te)* Taktfertigung *f*, Taktverfahren *n (Montagebauweise)*
cycling planning Radverkehrsplanung *f*
cycling traffic Radverkehr *m*
cyclist pavement *(AE)* (befestigter) Radfahrweg *m*
cycloid *(Konst)* Zykloide *f*, Radkurve *f*, Radlinie *f*, zyklische Rollkurve *f*
cycloidal arch *(Arch)* Zykloidbogen *m*
cycloidal curve *s.* cycloid
cyclone 1. *(Umw, VR)* Zyklon *m*, Wirbelsturm *m (Tropensturm)*; 2. *s.* cyclone collector
cyclone cellar *(AE)* Zyklonschutzraum *m*, Windschutzkeller *m*
cyclone collector *(BWG)* Zyklon(abscheider) *m*
cyclone dust collector Staub(abscheider)zyklon *m*
cyclone separator *(BM, BWG)* Zyklonabscheider *m*
cyclone shelter *(AE)* *s.* cyclone cellar
cyclopean blocks Zyklopenblöcke *mpl*
cyclopean concrete Zyklopenbeton *m*, Massenbeton *m* mit Großblockzuschlägen, Beton *m* mit Steineinlagen [Bruchstein]
cyclopean masonry *(SB)* Zyklopenmauerwerk *n*, Zyklopenmauer *f*, megalithisches Mauerwerk *n*
cyclopean (rustication) wall *s.* cyclopean masonry
cyclopean work *(SB)* Zyklopenmauerwerk *n*, Polygonmauerwerk *n*
cyclostyle *(Arch)* Kreiskolonnade *f* mit freiem Mittelraum
cylinder 1. *(BWG, Konst)* Zylinder *m*, Walze *f*, Trommel *f*; 2. Zylinder *m (Mathematik)*; 3. Kreispfeiler *m*, Rundpfeiler *m*; 4. Druckgasflasche *f*, Flasche *f*; 5. Hülse *f (Gehäuse)*; Mantelrohr *n*, Rohr *n*; 6. Laufbuchse *f*; 7. Schlosszylinder *m*; 8. *(AE)* Großbohrpfahl *m*; 9. Warmwasserspeicher *m*
cylinder cabinet lock Zylindermöbelschloss *n*
cylinder compressive strength *s.* cylinder strength
cylinder extension Zylinderverlängerung *f*
cylinder key Zylinderschlüssel *m*
cylinder lagging *(DIS)* Zylinderverschalung *f*, Zylinderverkleidung *f (Wärmeisolierung)*
cylinder lock Zylinderschloss *n*
cylinder mortise cabinet lock Zylindereinsteckmöbelschloss *n*
cylinder rim latch lock Zylinderkastenfallenschloss *n*
cylinder sanding machine *(BWG, Hb)* Zylinderschleifmaschine *f (für Holz)*
cylinder saw Lochsäge *f*
cylinder screw Zylinderschlosssicherungsschraube *f*
cylinder segment Zylindersegment *n*
cylinder strength *(BM)* Zylinderdruckfestigkeit *f*
cylinder test 1. *(BM)* Betondruckfestigkeitsprüfung *f* an zylindrischen Prüfkörpern; 2. Dreiaxialprüfung *f*
cylinder twist Zylinderverwindung *f*
cylinder weir *(Wsb)* Walzenwehr *n*
cylindrical zylindrisch, walzenförmig
cylindrical building *(Arch, Konst)* Rundbau *m*, Rundgebäude *n*
cylindrical chimney Rundschornstein *m*
cylindrical column Rundstütze *f*
cylindrical fit *(Hb, Konst, St)* Rundpassung *f*
cylindrical groove zylinderförmige Aussparung *f*
cylindrical hip Zylinderwalm *m (am Dach)*
cylindrical manhole Rundschacht *m*
cylindrical pin Zylinderstift *m*, zylindrischer Zapfen *m*
cylindrical steel column *(St)* Rundstahlstütze *f*
cylindrical surface Zylinderfläche *f*
cylindrical tube runde Röhre *f*
cylindrical vault zylindrisches Gewölbe *n*
cyma *(Arch)* Karnies *n (konkav-konvex profiliertes Bauglied, z. B. an Gesimsen)*; Kehlleiste *f*, Sima *f*, Rinnleiste *f*, Traufleiste *f*
cyma recta *(Arch)* Hohlkehle *f*, Hohlleiste *f*, dorische Blattwelle *f (am Säulenkapitell)*
cyma reversa *(Arch)* Kehlleiste *f*, Kehlstoß *m*, Eierstab *m (Ornament)*
cymatium *(Arch)* Kymation *n (Blattwellenfries)*
cymbia *(Arch)* Säulenschaftband *n*
cypress (wood) *(BM, Hb)* Zypressenholz *n*
cyrtostyle *(Arch)* halbkreisförmiger Säulengang *m*, Rundportikus *m*

D

D-crack *(Verk)* Beton(oberflächen)haarriss *m (Betonfahrbahn)*
dab *v* 1. abtupfen, betupfen *(mit Farbe)*; tünchen *(mit dünnem Mörtel bestreichen)*; tüpfeln, tupfen *(Putz)*; 2. leicht abklopfen
dabber weicher Pinsel *m*, Firnispinsel *m*
dabbing Abklopfen *n*, Abspitzen *n (Natursteinoberflächengestaltung)*
dacha *(Arch)* Datscha *f*, Datsche *f*, Sommerhaus *n (vor allem in Russland)*
dacite *(BM, Bod)* Dazit *m (Eruptiva)*
dado 1. *(Arch)* Würfel *m (eines Säulenfußes)*; Sockel *m*, Postament *n*; Sockelschaft *m*, Sockelmittelstück *n*; 2. dekorierter Untersatz *m (Wand)*; untere Wandbekleidung *f*; Sockeltapete *f*
dado base Sockelfuß *m*
dado capping obere Wandsockelleiste *f*, Schutzleiste *f*
dado framing Sockelrahmen *m*; Sockeltäfelung *f*
dado moulding *s.* dado capping
dado rail *s.* dado capping
dado tile Sockelfliese *f*
dagger (ornament) *(Arch)* Schwertornamentdekoration *f*
dagoba *(Arch)* Dagoba *f*, Stupa *m*, Reliquienhügel *m*
daily consumption *(El, VR, WVA)* Tagesverbrauchsmenge *f*
daily cover *(Umw)* tägliche Abdeckung *f*
daily sun path täglicher Sonnenweg *m*
dairy building Molkereigebäude *n*
dais *(Arch, BT, Konst)* Podium *n*, erhöhter Platz *m*; Estrade *f*; Laufsteg *m*
dalan *(Arch)* Veranda *f (indische Architektur)*
dalle Steinplatte *f*, Platte *f (verziert, meist in Sakralbauten)*
dam *v* 1. (ab)sperren; abdämmen; 2. *s.* dam up
dam *v* **in** *(Wsb)* eindeichen
dam *v* **up** 1. *(Wsb)* (an)stauen, aufstauen *(Wasser)*; (zu-)rückstauen; 2. einen Damm aufschütten
dam 1. *(Wsb)* Damm *m*, Staudamm *m*; Staumauer *f*; Talsperre *f*; Wehr *n*; 2. Schlackenstein *m*
dam abutment *(Wsb)* Staumauerwiderlager *n*
dam break Dammbruch *m*
dam crest *(Wsb)* Dammkrone *f*
dam embankment *(Wsb)* Dammkörper *m*
dam failure Dammbruch *m*
dam gradation *(Wsb)* Flussaufschotterung *f*
dam lake *(Wsb)* Stausee *m*
dam location *(Wsb)* Talsperrenstandort *m*
dam site *(Wsb)* Talsperrenbaustelle *f*
dam water *(WVA)* Stauwasser *n*
damage *v* beschädigen; beschädigt werden
damage *(VR)* Schaden *m*, Beschädigung *f*
damage by efflorescence *(RS, SB, Umw)* Salpeterfraß *m*
damage caused by powder-post beetles *(Hb, Umw)* Wurmfraß *m*
damage curve Schadenslinie *f (Festigkeit)*
damage done by worms Wurmfraß *m*
damage due to humidity Feuchtigkeitsschaden *m*
damage due to penetration of moisture Durchfeuchtungsschaden *m*
damage due to subsidence *(Bod, Umw)* Bergschaden *m* durch Bodensenkung
damage fastness Widerstandsfähigkeit *f* gegen Beschädigung, Beschädigungsbeständigkeit *f*
damage model *(OB, RS)* Schadensmuster *n*
damage of a structure *(RS)* Bauschaden *m*, Gebäudeschaden *m*
damage-only accident *(VR)* Unfall *m* mit Sachschaden
damage resistance *s.* damage fastness
damage to buildings *(Bod, Umw, VR)* Schäden *mpl* an Gebäuden *(durch Erdbeben)*
damage to the environment *(Umw)* Umweltbelastung *f*
damaged schadhaft
damaged goods Ausschuss *m*
damages 1. *(VR)* Schadensersatz *m*; 2. Schadenshöhe *f* • **pay damages** Schadensersatz leisten
damages to structures Bauschäden *mpl*
damaging *(RS, VR)* Schädigung *f*; Schadhaftwerden *n*
damaging effect Schadwirkung *f*
Damman (cold) asphaltic concrete Dammanbelag *m*, Asphaltkaltbeton *m*
dammed lake *(Umw, Wsb)* Stausee *m*
dammed-up water *(Wsb, WVA)* Stauwasser *n*
damming 1. *(Wsb)* Absperrung *f*; Eindeichen *n*; Eindämmen *n*, Eindämmung *f*; 2. *(Wsb)* Damm *m*, Sperrmauer *f*; Talsperre *f*
damming-up *(Wsb)* Stauung *f*
damming wetness Staunässe *f*
damp *v* 1. (an)feuchten, befeuchten; benetzen; 2. dämpfen *(Schwingungen)*; (ab)schwächen
damp feucht • **become damp** *(DIS)* schwitzen *(z. B. Mauern)*
damp Feuchtigkeit *f*; Dunst *m*
damp course 1. *(DIS)* Feuchtigkeitssperrschicht *f*, Sperrschicht *f*, wasserdichte Schicht *f*; 2. *s.* damping layer
damp-cure *v* feucht nachbehandeln
damp diffusion *(DIS)* Wasserdampfdiffusion *f*
damp-resistant compound *(DIS)* Sperrstoff *m*; Isoliermasse *f*
damp room *(BM, Konst)* Feuchtraum *m*
damp room installation cable *(El)* Feuchtraumleitung *f*
damp room services *(El)* Feuchtrauminstallation *f*
dampen *v* anfeuchten, befeuchten, benetzen; feucht werden
damper 1. *(DIS)* Dämpfer *m*, Schalldämpfer *m*; 2. *(BT, HLK)* Schieber *m*, Ofenklappe *f*; Zugklappe *f (z. B. am Schornstein)*; Drosselvorrichtung *f*, Drosselklappe *f*; (automatischer) Rauchgasschieber *m*; Schornsteinschieber *m*
damper guide *(BT, HLK)* Schieberführung *f (Ofen)*
damping 1. Anfeuchtung *f*, Befeuchtung *f*; 2. Dämpfung *f*, Dämpfen *n (Schwingungen)*
damping capacity *(DIS, Stat)* Dämpfungsvermögen *n*
damping channel Befeuchtungsrinne *f*
damping course *(DIS, Verk)* Dämpfungslage *f*, Dämpfungsschicht *f*
damping factor Dämpfungsfaktor *m*
damping layer *(DIS, Verk)* Dämpfungslage *f*, Dämpfungsschicht *f*
dampness Feuchte *f*, Feuchtigkeit *f*, Nässe *f*
dampproof *(DIS)* feuchtigkeitsdicht, feuchtigkeitssperrend, feuchtigkeitsisolierend; feuchtigkeitsbeständig
dampproof concrete Dichtbeton *m*, Sperrbeton *m*
dampproof course *s.* damp course
dampproof equipment *(BM, DIS, El)* Feuchtraumausstattung *f*
dampproof fitting *(El)* Feuchtraumarmatur *f*
dampproof lighting fixture *(El)* FR-Leuchte *f*, Feuchtraumleuchte *f*
dampproof material Sperrstoff *m*, Dichtmaterial *n*
dampproof membrane *(DIS, OB)* Dichtungshaut *f*, Feuchtigkeitssperrhaut *f*
dampproof slab *(DIS)* Bodensperrschicht *f*
dampproofing 1. *(DIS, OB)* Sperrung *f*, Abdichtung *f* gegen Feuchtigkeit *(einer Wand)*; Feuchtigkeitsschutz *m (an Bauwerken)*; 2. *(RS)* Trockenlegung *f (Mauerwerk)*
dampproofing addition *(BM, DIS)* Sperrzusatz *m*, Dichtmittelzusatz *m*

dampproofing agent *s.* dampproof material
dampproofing concrete Dichtbeton *m*, Sperrbeton *m*
dampproofing course *s.* damp course
dampproofing material *(DIS)* Feuchtedichtmittel *n*, Sperrstoff *m*
dampproofing product *s.* dampproofing material
dance hall Tanzsaal *m*
dancers *(AE)* Stufen *fpl*
dancing step verzogene Stufe *f*
dancing winder Trittstufenfläche *f (bei gewundenen Treppen)*
danger *(VR)* Gefahr *f* • **"danger - building is unsafe"** "Vorsicht Einsturzgefahr"
danger class *(VR)* Gefahrenklasse *f*
danger of collapse *(RS, VR)* Einsturzgefahr *f*
danger of contamination *(Umw)* Verschmutzungsgefahr *f*
danger of fire Feuergefahr *f*
danger of freezing Frostgefahr *f*
danger of sliding [slipping] Gleitgefahr *f*
danger potential *(VR)* Gefahrenpotenzial *n*
danger sign *(BT, VR)* Warnzeichen *n*, Gefahrenzeichen *n*
danger signal Alarmsignal *n*, Warnsignal *n*
dangerous cross section gefährdeter Querschnitt *m*
dangerous drug cupboard *(Umw, VR)* Giftschrank *m*
dangerous section *s.* dangerous cross section
dangerous structure *(Konst, VR)* gefährliche Konstruktion *f*
dangerous to health *(Umw, VR)* gesundheitsschädlich, gesundheitsgefährdend
dap *v* eine Nut schneiden
dap *(AE)* Nut *f*
dap joint Nutverbindung *f*
dappled fleckig, gefleckt
darby (float) *(BB, BWG, SB)* Kartätsche *f*, Abziehbrett *n (zum Putzverreiben)*; Betonabziehleiste *f*, Abziehlatte *f*
dark *(OB)* dunkel *(Farbanstrich)* • **become darker** *(OB)* nachdunkeln *(z. B. Anstriche)*
dark area *(El)* Dunkelfläche *f*, Dunkelzone *f (Beleuchtung)*
dark blind Verdunkelungsjalousie *f*, Rollo *n*, Rouleau *n*
dark door Verdunklungstür *f*
dark jalousie Verdunklungsjalousie *f*
dark slatted blind Verdunkelungsjalousie *f*, Rollo *n*, Rouleau *n*
dark window Verdunklungsfenster *n*
darken *v* 1. *(OB)* nachdunkeln, sich dunkel färben *(Farbanstrich)*; abdunkeln *(Farben)*; 2. verdunkeln; abblenden
darkening agent *(OB)* Abdunklungsmittel *n (Anstrich)*
darkroom *(Konst)* Dunkel(arbeits)raum *m*; Dunkelkammer *f*
dart *s.* egg and dart moulding
dash and dot line Strichpunktlinie *f*, strichpunktierte Linie *f*
dash-bond coat Zementschlämmeanstrich *m*, Zementschlämmengrundierung *f*
dash-dotted line *s.* dash and dot line
dash line Strichlinie *f*, gestrichelte Linie *f*
dash marking Strichmarkierung *f*
dashed line unterbrochene Linie *f*
dashpot Dämpfer *m*
data Daten *pl*, Ergebnisse *npl*
data acquisition *(Konst, Verk, VR)* Datenerfassung *f*, Datenaufnahme *f*; Datengewinnung *f*
data acquisition system *(Konst, Verk, VR)* Datenerfassungssystem *n*, System *n* der Datenaufnahme
data bank for road network *(Verk)* Straßendatenbank *f*
data base 1. *(Stat)* Datenbank *f*; 2. *(Konst, Stat, Verm)* Eingangsgrößen *fpl*
data characteristics Datenmerkmale *npl*
data collection Datenerfassung *f*
data compression Datenverdichtung *f*
data handling *(VR)* Datenverwaltung *f*
data inquiry Datenerhebung *f*
data preprocessing Datenvorverarbeitung *f*, Datenaufbereitung *f*
data processing Datenverarbeitung *f*
data rate Datenrate *f*
data retrieval Wiedergewinnung *f* von Daten
data source Datenquelle *f*
data storage Datenspeicherung *f*
data transfer Datenübertragung *f*
data transmission system Datenübertragungssystem *n*
date Datum *n*, Termin *m*, Zeitpunkt *m*
date of agreement *(VR)* Vertragsabschlusstermin *m*
date of commencement of the work *(Te, VR)* Baubeginntermin *m*
date of completion *(Te, VR)* Fertigstellungstermin *m*, Zeitpunkt *m* der Fertigstellung
date of receipt *(VR)* Eingangsdatum *n*, Empfangsdatum *n*
date of sampling *(BM, VR)* Probenahmedatum *n*
date of substantial completion *(Te, VR)* Fertigstellungstermin *m*
datum 1. *(Konst)* gegebene Größe *f*, Bezugsgröße *f*; Bezugshöhe *f*; 2. *(Verm)* Festpunkt *m*
datum block Passblock *m*, Passleiste *f*
datum error Messwertfehler *m*
datum level *(Verm)* Bezugshöhe *f*, Höhen(bezugs)punkt *m*, Höhenmarke *f*; Normalnull *n*; Ausgangsebene *f*
datum line *(Verm)* Bezugslinie *f*
datum plane *(Konst, Verm)* Bezugsebene *f*, Bezugsfläche *f*, Bezugsniveau *n*
datum point *(Verm)* Normalfixpunkt *m*, Bezugspunkt *m*, Messmarke *f*; Höhenmarke *f*
daub *v* 1. *(OB, Te)* auftragen *(z. B. Farbe)*; bestreichen, beschmieren *(mit Mörtel)*; 2. mit Putz bewerfen, verputzen
daub Auftrag *m*; Bewurf *m*, Schicht *f*, Putzschicht *f*, Kruste *f (Putzschicht)*
daubing 1. Auftragen *n*; Bestreichen *n*; Bewerfen *n (mit Putz)*; 2. *s.* dabbing
daugh *(sl)* Tonlager *n*
dauk *(sl)* Sandtonboden *m*
day 1. Fensteröffnung *f*, Fensterlicht *n*; 2. Tag *m*
day brick *(SB)* Luftziegel *m*
day-care centre Tagesstätte *f*
day dormer-ventilator opening Klappfenster *n (im Dach)*
day gate Stahlgittertür *f (in einer Bank)*
day home *(Arch, VR)* Tagesheim *n*
day-nursery *(Arch, VR)* Kinderhort *m*
day safe Tagestresor *m*
day visibility Tagessichtbarkeit *f*
daylight 1. Tageslicht *n*; 2. Oberlicht *n*; Oberlichtöffnung *f*; 3. (lichter) Zwischenraum *m*; lichte Höhe *f*; lichte Einbauhöhe *f*
daylight calculation Tageslichtberechnung *f*
daylight factor Tageslichtbeleuchtungsfaktor *m*, Helligkeitsverhältnis *n* Tages- zu Kunstlicht
daylight glass Lampenglas *n* mit Tageslichteffekt
daylight hours Tageslichtstunden *fpl*, Hellstunden *fpl*
daylight illumination *(Konst)* Tageslichtbeleuchtung *f*
daylight-proof *(OB)* lichtbeständig
daylight source Tageslichtquelle *f*
daylight width lichte Höhe *f (für Fenster)*
daylighting Tages(licht)beleuchtung *f*, natürliche Beleuchtung *f*
dayroom Tagesraum *m*, Aufenthaltsraum *m*
daytime visibility Tagessichtbarkeit *f*
daywork accounts *(Te, VR)* Tagesarbeitsbücher *npl*
daywork joint Tagesarbeitsfuge *f (Beton)*
daywork sheets Tagesarbeitsblätter *npl*
dazzle *v* blenden
dazzle Blendung *f*
dazzle-free blendungsfrei

D

dazzle-free glass Blendschutzglas *n*
dazzling light grelles Licht *n*
db *s.* decibel
d.c. Gleichstrom *m*
de-aerate *v (HLK)* entlüften *(z. B. Heizung)*
de-aeration Entlüftung *f*, Entlüften *n*
de-air *v (HLK)* entlüften
de-airing Entlüften *n (mittels Vakuum)*
de-ice *v* enteisen
de-icing chemical chemisches Auftaumittel *n*
de-icing salt Tausalz *n*
de-icing salt solution Tausalzlösung *f*
deactivation *(BM, BT, OB, Te)* Desaktivierung *f (z. B. Entzug von korrosionsfördernden Substanzen)*
dead 1. *(Stat)* ruhend *(Last)*; unbeweglich; 2. *(El)* spannungslos; 3. matt, stumpf *(Farbe)*; 4. schalltot *(Raum)*
dead abutment *(Erdb, Konst)* unterdrücktes Widerlager *n*
dead air *(BM)* eingeschlossene Luft *f*
dead-air space unbelüfteter Zwischenraum *m*
dead bolt *s.* deadbolt
dead-burn *v* totbrennen *(z. B. Gips)*
dead burning Totbrennen *n (Aufbereitung)*
dead burnt totgebrannt *(Baustoffe, Keramik, Mineralien)*
dead burnt magnesia geglühte Magnesia *f*
dead centre *(Arch, Konst)* Totpunkt *m*, Ruhepunkt *m* • **in dead centre** genau mittig • **without dead centre** totpunktfrei
dead door Blindtür *f*, Blendtür *f*
dead earth *(El)* absoluter Erdschluss *m*
dead end 1. totes Rohrende *n*; 2. befestigtes Spanngliedende *n (Beton)*; 3. Sackgasse *f*
dead-end anchorage Spanngliedende *n*
dead-end corridor Sackkorridor *m*
dead end of tendon *(BB)* befestigtes Spanngliedende *n*
dead-end railroad station *(AE) (Verk)* Kopfbahnhof *m*, Sackbahnhof *m*
dead-end (railway) station *(Verk)* Kopfbahnhof *m*, Sackbahnhof *m*
dead-end street *(Verk)* Sackgasse *f*
dead-ended corridor *(Konst)* Sackkorridor *m*
dead floor Blindboden *m*, Fehlboden *m*; schallschluckender Boden *m*
dead-front *(El)* geerdete Oberfläche *f (eines elektrischen Geräts)*
dead knot *(Hb)* loser Astknoten *m*
dead leaf *(Arch)* totes Blattwerk *n*
dead-level niveaueben; bündig
dead level *(Bod, Umw)* Nullpegel *m*; ständiger Wasserstand *m*
dead-level roof Flachdach *n* ohne Wasserabfluss
dead light starres Fenster *n*; festgeschlossenes Oberlicht *n*
dead load 1. *(Stat)* Eigenlast *f*, Totlast *f*, tote [ständige] Last *f*; 2. *(Stat)* ruhende [statische] Last *f*
dead-load deflection *(Stat)* Eigenlastdurchbiegung *f*
dead-lock *s.* deadlock
dead masonry vollflächige Mauer *f*
dead oil *(BM)* Schweröl *n*; Imprägnieröl *n*; Kreosotöl *n*
dead parking *(AE)* Langzeitparken *n*, Kraftfahrzeugstilllegung *f (ohne Nutzung der Fahrzeuge)*
dead point *(AE)* Totpunkt *m*
dead rock Nebengestein *n*
dead room schalltoter [reflexionsfreier] Raum *m*
dead sand *(Erdb, Verk)* verlorene Sandlage *f*, Sandunterbettungsschicht *f*
dead shore 1. Stempel *m*, Unterfangklotz *m*; 2. *s.* dead sand
dead shoring Absteifen *n*, Unterfangen *n*
dead-soft temper Härte *f* des Kupferblechs *(für Dachdeckungen)*
dead space toter Raum *m*, Totraum *m*
dead steel *s.* fully killed steel
dead time *(VR)* Ausfallzeit *f*
dead true haargrau
dead valley *(Bod, Umw)* Trockental *n*
dead wall blinde Mauer *f*, geschlossene Wand *f*
dead water *(Umw)* stehendes Wasser *n*, Stillwasser *n*; Altwasser *n*
dead weight *(Stat)* Eigengewicht *n*, Eigenlast *f (einer Konstruktion)*; Eigenmasse *f*
dead-weight loading *(Stat)* statische Belastung *f*
dead-weight moment Eigengewichtsmoment *n*
dead well Versenkbrunnen *m*
dead window Scheinfenster *n*, vorgetäuschtes Fenster *n*
dead wire *(El)* tote Leitung *f*
deadbolt Schlossriegel *m*; Nachtriegel *m*
deaden *v* 1. *(DIS)* dämpfen *(z. B. Schall)*; abschwächen; 2. *(Konst, Stat)* abfangen, aufnehmen *(Kraft)*; 3. *(OB)* mattieren *(z. B. Oberflächen)*
deadener *(DIS)* Schalldämpfer *m*
deadening 1. *(DIS)* Dämpfung *f*; 2. *(Konst, Stat)* Aufnahme *f (einer Kraft)*; 3. *(OB)* Mattierung *f*, Abstumpfen *n (von Oberflächen)*
deadline *(VR)* letzter Termin *m*, Frist *f*
deadlock klinkenloses Schloss *n*
deadman Betonanker(klotz) *m*, (eingegrabener) Ankerklotz *m*, Erdanker *m*
deadness *(OB)* Mattheit *f (Farbe)*
deadwood *(LB, Umw)* Holz *n* von abgestorbenen Bäumen
deafen *v* 1. *(DIS)* dämpfen *(Schall)*; 2. *(DIS)* schalldicht machen *(z. B. Wände)*; auffüllen, ausfüllen *(mit schallschluckendem Material)*
deafening *(DIS)* Auffüllung *f (mit Dämmstoffen in Zwischenräume)*
deal 1. *(AE)* Diele *f*, Brett *n*, Bohle *f (aus Nadelholz)*; 2. Nadelholz *n*, Weichholz *n*; 3. Vertrag *m*; Abkommen *n*
deal floor *(AE)* Dielenfußboden *m*
deambulatory *(Arch)* rundes Seitenschiff *n (um den Altarraum)*; Seitenschiff *n* um eine Apsis, Chorumgang *m*
deasphalting *(Verk)* Entfernen *n* von Asphalt, Asphaltabtragen *n*
death-watch (beetle) *(Hb, Umw)* Holzwurm *m*, Nagekäfer *m*
debark *v* entrinden, schälen *(Holz)*
debasement *(VR)* Qualitätsminderung *f*
debonding Haftverlust *m*, Ablösen *n*
debriefing *(Te, VR)* Baueinsatzabsprache *f*
debris 1. *(BM, Bod, Erdb)* Trümmer *pl*, Geröll *n*, Gesteinsschutt *m (Geologie)*; Haufwerk *n (Bergbau)*; Bohrschmant *m*; 2. *(BM)* Bauschutt *m*, Schutt *m*
debris basin *(Umw, Wsb, WVA)* Absetzbecken *n (Feststoffe)*
debris cone Schüttkegel *m*
debris utilization Trümmerverwertung *f*
debtor *(VR)* Schuldner *m*
debur(r) entgraten
deburring Entgraten *n*, Abgraten *n*
decagon *(Arch)* Dekagon *n*, Zehneck *n*
decagonal *(Arch)* zehnseitig, zehneckig
decal Druckbild *n*, Abziehbild *n*, Abziehbilddekoration *f (Vordruckdekoraufbringung)*
decalcification Entkalkung *f*
decalcomania Druckbildübertragung *f (auf Glas oder Porzellan)*
decantation Dekantieren *n*, (vorsichtiges) Abgießen *n*; (vorsichtiges) Abfließenlassen *n*; Umfüllen *n*
decantation rate Sinkgeschwindigkeit *f*
decantation tank *(San, WVA)* Dekantierbassin *n*, Scheidetank *m*

decantation test Schlämmanalyse *f*
decanter Abklärgefäß *n*, Absetzgefäß *n*
decanting Schlämmen *n (Tonaufbereitung)*
decarburization Entkohlung *f (von Stahl)*
decastyle 1. *(Arch)* Dekastylon *n*, Zehnsäuler *m (Tempelbau)*; 2. zehnsäulig
decay *v* 1. verfallen, zerfallen; verwittern *(Gestein)*; 2. vermodern, morsch werden, zerfallen *(Holz)*; verfaulen; 3. abnehmen, abklingen *(z. B. Schwingungen)*
decay 1. Verfall *m*, Zerfall *m*; Verwitterung *f (von Gestein)*; 2. Vermoderung *f (von Holz)*; 3. Abnehmen *n*, Abklingen *n (z. B. von Schwingungen)*
decay constant *(DIS)* Abklingkennwert *m*
decay factor *(DIS)* Abklingfaktor *m*
decay of rocks *(BM, Bod)* Gesteinsverwitterung *f*
decay of sound *(DIS)* Schallabnahme *f*
decay period *(DIS)* Abklingzeit *f*
decay process Zersetzungsprozess *m*
decay rate 1. Schallwellendämpfungsrate *f*; 2. Vibrationsabklingrate *f*
decay time *(DIS)* Abklingzeit *f*
decayed rock verwittertes Gestein *n*
decayed wood *(Hb)* morsches [verfaultes] Holz *n*
decelerate *v* verzögern
deceleration Verzögerung *f*; Bremsung *f*
deceleration lane *(Verk)* Verzögerungsspur *f*, Verzögerungsstreifen *m*
decentralization *(RP)* Entballung *f*; Dezentralisierung *f*
decentralize *v (RP)* entballen
dechlorination *(BM, Umw, WVA)* Entchlorung *f*
decibel *(DIS)* Dezibel *n*, dB *(Kennwort für die Schallpegeldifferenz)*
decibel A scale *(DIS)* A-Schallpegelskala *f*
deciduous forest *(Umw)* Laubwald *m*
deciduous tool *(Verk, VR)* Entscheidungshilfe *f*
deciduous tree Laub(holz)baum *m*, Hartholzbaum *m*
deciduous wood Hartholz *n*
decimetric system *(Konst)* Dezimetersystem *n (Maßordnung)*
decision *(VR)* Entscheidung *f*, Beschluss *m*
decision behaviour *(Verk)* Entscheidungsverhalten *n*
decision making *(VR)* Entscheidungsfindung *f*
deck 1. Tafel *f (Fahrbahn, Brücke)*; 2. Fußbodenplatte *f*; 3. Plattform *f (Etage)*; Stockwerk *n*; 4. Flachdachfläche *f*
deck bridge *(Br)* Brücke *f* mit obenliegender Fahrbahn
deck clip 1. Dachschindelklammer *f*, Schindelnagel *m*; 2. H-förmige Deckleiste *f* für Sperrholzverkleidungen; 3. Wärmedämmstoffhalterung *f*
deck curb Flachdacheinfassung *f*
deck drainage *(Verk)* Fahrbahnplattenentwässerung *f*
deck enamel *(OB)* Emaildeckfarbe *f*
deck-on-hip Flachdachüberdeckung *f*
deck paint *(OB)* Emaildeckfarbe *f*
deck plate Deckplatte *f*, Deckblech *n*
deck roof *(AE)* Mansardenflachdach *n*
deck slab *(Br, Verk)* Fahrbahnplatte *f (Brücke)*
deck slab bridge *(Br, Verk)* Deckbrücke *f*, Brücke *f* mit obenliegender Fahrbahn
deck surfacing system *(Verk)* Fahrbahnplattenoberflächensystem *n*, Plattenbeschichtungssystem *n*
deckhead Decke *f (Mansardendach)*
decking 1. *(Konst, OB)* Abdeckung *f*; Deckenschalung *f*, Decklage *f*; Belag *m*; Balkenlage *f*; 2. *(Br, Verk)* Fahrbahntafel *f*; Brückentafel *f*; 3. Flachdach *n*
declination Neigung *f*, Abschüssigkeit *f*
decline *v* 1. sich neigen [senken], abfallen; 2. sinken, fallen, abnehmen *(z. B. esswerte)*
decline Neigung *f*; Senkung *f*; Abhang *m*
declinometer Neigungsmesser *m*
declivate abschüssig
declivitous *(Konst, Verk, Verm)* abschüssig, fallend, geneigt *(Gradiente)*
declivity Abschüssigkeit *f*, Gefälle *n*; Abhang *m*
declivous geneigt, abschüssig, steil
decolour *v* entfärben
decolourization *(OB)* Entfärbung *f*
decolourize *v* entfärben
decolourizer *(BM, OB)* Entfärbemittel *n*, Entfärber *m*
decompose *v (Bod, Erdb, Konst, Umw)* zersetzen, abbauen; sich zersetzen *(chemisch)*; verwittern; zerfallen *(z. B. Gestein)*; verwesen, verfaulen
decompose *v* **forces** *(Stat)* Kräfte abbauen; Kräfte zerlegen
decomposed 1. zersetzt; 2. zerlegt; 3. verwittert
decomposed residuum Verwitterungsrückstand *m*
decomposed rock verwittertes Gestein *n*
decomposition 1. *(BWG, Stat, Umw)* Zersetzung *f*; Zerfall *m*, Abbau *m*; Komponentenzerlegung *f*; 2. *(Hb, Umw)* Verwesung *f*, Fäulnis *f*; 3. *(Bod, Erdb, Umw)* Verwitterung *f*
decomposition of a vector *(Stat)* Vektorzerlegung *f*
decomposition of forces *(Stat)* Kräftezerlegung *f*
decomposition process Verwitterungsprozess *m*
decompression 1. *(Stat)* Druckentlastung *f*, Druckabnahme *f*; 2. *(HLK, Te)* Entspannung *f (von Gasen)*
decompression sickness *(Erdb, VR)* Senkkastenkrankheit *f*
deconsolidation Entfestigung *f*
decontaminate 1. *(Umw)* entseuchen *(Boden)*; 2. *(OB)* reinigen, säubern *(Oberflächen)*
decontaminated *(Umw)* entseucht *(Boden)*
decontaminating installation *(Umw)* Entseuchungsanlage *f*
decontaminating shower *(Umw)* Giftdusche *f*
decontamination *(Umw)* Dekontaminierung *f (von Boden)*
decor 1. *(AE)* Innendekoration *f*; 2. *(Arch)* Verzierung *f*
decorate *v* 1. *(Arch)* schmücken; verzieren; dekorieren; 2. einrichten; 3. renovieren
decorated geschmückt, verziert
decorated arch verzierter Bogen *m*
decorated archivolt *(Arch)* Dekorarchivolte *f*, Ornamentarchivolte *f*, Zierarchivolte *f*
decorated area *(Arch)* Ornamentfläche *f*, Zierfläche *f*, Dekorfläche *f*
decorated ceiling Dekordecke *f*, Schmuckdecke *f*, Ornamentdecke *f*
Decorated style *(Arch)* englische Gotik *f* [Hochgotik *f*] *(13. und 14. Jh.)*
decorated surface *s.* decorated area
decorated tile *s.* decorative tile
decorated vault Netzgewölbe *n*, Sterngewölbe *n*
decorating Dekorieren *n*, Verzieren *n*, Ornamentieren *n*
decorating art dekorative Kunst *f*, Zierkunst *f*, Ornamentkunst *f*
decoration 1. *(Arch)* Ausschmücken *n*, Schmückung *f*; Dekorierung *f*; Renovierung *f*; 2. Schmuck *m*; Verzierung *f*; Dekoration *f*
decorative schmückend, dekorativ; Schmuck...; Zier...
decorative aggregate *(BM)* Zierzuschlagstoff *m*
decorative appearance dekoratives Aussehen *n*
decorative archivolt *s.* decorated archivolt
decorative area Zierfläche *f*
decorative batten Zierleiste *f*
decorative block Betonzierstein *m*
decorative board *(Arch)* Dekorplatte *f*, Sichtplatte *f*, Ornamentplatte *f*
decorative bond Zierverband *m (Mauerwerk)*
decorative brick Dekorziegel *m*, Zierziegel *m*
decorative ceiling *s.* decorated ceiling

D

decorative coat Dekorbeschichtung *f*
decorative coating dekorative Schutzschicht *f*
decorative column Dekostütze *f*, Ziersäule *f*
decorative concrete *(BB, OB)* Sichtbeton *m*
decorative element Schmuckelement *n*
decorative embossment *(Arch)* Ornamentprägung *f*, Zierprägung *f*, Schmuckprägung *f*
decorative finish Dekoration *f*
decorative finishing *(OB)* dekorativer Oberflächenschutz *m*
decorative fittings Zierbeschläge *mpl*
decorative form Ornamentform *f*, Zierform *f*, Dekoform *f*, Schmuckform *f*
decorative gable Ziergiebel *m*, Ziergitter *n*
decorative hardware Zierbeschläge *mpl*, Ornamentbeschläge *mpl*
decorative iron Ziereisen *n*
decorative ironwork Kunstschmiedearbeit *f*
decorative lighting Illumination *f*, Effektbeleuchtung *f*
decorative painting Schmuckmalerei *f*, Verziermalerei *f*, Ziermalerei *f*
decorative pattern Schmuckmuster *n*
decorative pavilion *(Arch)* Zierpavillon *m*, Schmuckpavillon *m*
decorative portal *(Arch)* Zierportal *n*, Schmuckportal *n*
decorative property Dekorationseigenschaft *f*, Dekorationsfähigkeit *f*
decorative rendering Edelputz *m*
decorative rib Gurtrippe *f*
decorative scheme Innendekoration *f*
decorative screen Schautafel *f*
decorative set paving Ornamentpflaster *n*
decorative sheet iron Zierblech *n*
decorative stone Schmuckstein *m*
decorative structural ceramics *(Arch, BM)* Dekobaukeramik *f*, dekorative Baukeramik *f*, Zierbaukeramik *f*
decorative structure *(Arch, SB)* Zierbauwerk *n*
decorative style *(Arch)* Ornamentstil *m*, Zierstil *m*, Schmuckstil *m*
decorative surface Zierfläche *f*
decorative tile Ornamentfliese *f*, Zierfliese *f*, Ornamentplatte *f*
decorative touch dekorativer Anklang *m*
decorative vault *(Arch, Konst)* Ziergewölbe *n*, dekoratives Gewölbe *n*, Schmuckgewölbe *n*
decorative veneer Edelfurnier *n*, Deckfurnier *n*
decorative window Ornamentfenster *n*; Zierfenster *n*
decorative work *(RS)* Dekorationsarbeit *f*; Renovierung *f*
decorator Zimmermaler *m*
decrease *v* abnehmen, sich verringern *(Kräfte, Spannungen, Schwingungen)*; fallen; herabsetzen, vermindern
decrease Abnahme *f*, Verringerung *f*, Verminderung *f*; Fall *m*, Abfall *m*
decrease in load *(Stat)* Belastungsreduzierung *f*
decrease in pressure *(Bod, Erdb, HLK, Stat)* Druckabnahme *f*
decrease of stress *(Stat)* Spannungsabnahme *f*, Spannungsabfall *m (mechanisch)*
decreaser Reduktionsstück *n*
dedicatory inscription Widmungsinschrift *f*
dedusting Entstaubung *f*
deed 1. *(Verm, VR)* Katasterkarte *f*; 2. *s.* contract
deed restriction *(RP, VR)* Baulandnutzungsbeschränkung *f (urkundlich bestätigt)*
deep 1. tief, tiefliegend; 2. dunkel, satt *(Farbanstrich)*
deep basement Tiefkeller *m*, Tiefgeschoss *n*
deep basement construction Tiefgeschosskonstruktion *f*
deep beam hoher Balken(träger) *m*
deep boring *(Erdb)* Tiefbohrung *f*
deep compaction *(Erdb, Te)* Tiefenverdichtung *f*
deep cutting Längstrennen *n*, Gattersägen *n (von Bauholz)*
deep digging Erdfall *m*
deep-drawn tiefgezogen
deep drilling *(Erdb)* Tiefbohrung *f*
deep etching Tiefätze *f (Glas)*
deep foundation Tiefgründung *f*
deep freezer Tiefgefrierraum *m*
deep girder *(BT, TK)* hoher [wandartiger] Träger *m*
deep level (foundation grill) tiefer Pfahlrost *m*
deep-level garage Tiefgarage *f*
deep-level workings *(Erdb)* Tiefbauarbeiten *fpl*
deep-ribbed slab *(BT, TK)* Plattenbalken *m* mit hohem Steg
deep-webbed hochstegig *(Träger)*
deep well *(Erdb, Umw, Wsb, WVA)* Tiefbrunnen *m*
deep-well drilling Tiefbohrung *f (Brunnenbau)*
deep-well pump Tiefbrunnenpumpe *f*
deep-well system *(Erdb, Wsb)* Tiefbrunnenentwässerungsanlage *f*
deep workings *(Erdb, Wsb)* Tiefbau *m*
deepen *v* tiefer machen; austiefen, vertiefen; ausschachten; abteufen *(Schacht, Brunnen)*
deepening *(Erdb, Wsb)* Tiefermachen *n*, Vertiefen *n*; Abteufen *n*
defacement *(VR)* Beschädigung *f*
defecate *v (Umw, WVA)* reinigen, klären *(Flüssigkeiten)*
defect Fehler *m*, Mangel *m*, Materialschaden *m*, Schaden *m*; Nichterfüllen *n* der Anforderungen
defective *(RS, VR)* fehlerhaft, mangelhaft, mängelbehaftet; schadhaft *(Bausubstanz)*
defective wood fehlerhaftes [schadhaftes] Holz *n*
defective work *(Te, VR)* mangelhafte Ausführung *f*
defectively designed *(Konst, VR)* fehlerhaft geplant
defectoscope *(BM)* Defektoskop *n (Gerät zum Erkennen fehlerhafter Materialstruktur; zerstörungsfreie Prüfung)*
defects date *(VR)* Defektdatum *n (Bauablauf)*
defence Einfriedung *f*
defence of dunes *(Wsb)* Dünenschutzwerk *n*
defence parapet *(BT)* Brustwehr *f*
defence wall Einfriedungsmauer *f*
defense *(AE) s.* defence
defensive gateway *(Arch)* Befestigungsstadttor *n*
defensive masonry wall *(Arch)* Befestigungsmauer *f*
defensive tower *(Arch)* Befestigungsturm *m*, Verteidigungsturm *m*
deferrization *(Umw, WVA)* Enteisenung *f*
deficiencies *(VR)* Mängel *mpl*
deficiencies in work *(Te, VR)* mangelhafte Ausführung *f*
deficiency *(Te, VR)* Defizit *n*, Mangel *m*, Fehlmenge *f*, Fehlbedarf *m*; Störung *f*
deficiency of water Wassermangel *m*, Wasserfehlbedarf *m*
deficient framework [truss] *(Stat, TK)* kinematisch unbestimmtes Rahmentragwerk *n*, kinematisch unbestimmtes Skelett *n* [Gerippe *n*]
defile *(Erdb, Umw, Verk)* Talschlucht *f*; Hohlweg *m*; Schlucht *f*
definable bestimmbar
define *v* definieren, bestimmen, abgrenzen
defined genau begrenzt [festgelegt]
definite integral *(Stat)* bestimmtes Integral *n*
deflash *v* entgraten, abgraten *(Kunststoff)*
deflect *v* 1. *(BB, Konst)* durchbiegen, umbiegen; ablenken, anheben *(Spannbeton)*; 2. abweichen von
deflect *v* **laterally** *(Konst)* seitlich ausbiegen [ausweichen] *(Festigkeit)*
deflected area Durchbiegungsfläche *f*, Durchsenkungsfläche *f*

deflected-strand technique *(BB, Te)* Litzenanhebeverfahren *n*, Ablenkverfahren *n (Spannbeton)*
deflected tendons gebogene Spannglieder *npl*
deflecting force *(Stat)* Ablenkungskraft *f*
deflection 1. Durchbiegung *f*, Biegung *f*; 2. Ablenkung *f*; Abbiegung *f*; 3. *(Erdb, Umw, Verk)* Absenkung *f*, Einsenkung *f*
deflection angle Ablenkwinkel *m*
deflection basin *(Bod, Erdb, Verk)* Einsenkungsmulde *f*
deflection curve *(Konst, Stat)* Biegungslinie *f*, Biegelinie *f*
deflection formula *(Stat)* Durchbiegungsformel *f*
deflection indicator Durchbiegungsanzeiger *m*
deflection modulus of the elastic support *(Stat)* Nachgiebigkeitsmodul *m* der elastischen Unterlage
deflection of the plumb line Lotabweichung *f*
deflection point Knickpunkt *m*
deflection test *(BM)* Biegeversuch *m*
deflection theory 1. *(Stat)* Theorie *f*; 2. *(Stat)* Ordnung *f*
deflection transducer Durchbiegungsmesswertaufnehmer *m*
deflective area Durchbiegungsfläche *f*, Durchsenkungsfläche *f*
deflectograph Durchbiegungsmesser *m*, Durchbiegungsprüfgerät *n*
deflectometer *(BM, BWG, Erdb)* Durchbiegungsmesser *m*
deflector *(HLK)* Ablenkplatte *f*, Ablenker *m*, Leitblech *n*, Nase *f (Ablenkblech)*
deflector plate Prallfläche *f*, Prallwand *f*, Prallstrahlablenker *m*
deflexion *s.* deflection
deflocculant Verflüssiger *m*, Verflüssigungsmittel *n (Keramiktechnologie)*
deflocculate *v* verflüssigen, aufschließen *(Keramik)*
deflocculation *(BM)* Verflüssigung *f*, Aufschließung *f*, Aufschluss *m (Keramiktechnologie)*
defoament Antischaummittel *n*, Entschäumer *m*, Schaumverhinderungsmittel *n*
defoamer Antischaummittel *n*, Entschäumer *m*, Schaumverhinderungsmittel *n*
defoaming agent Entschäumer *m (z. B. für Bitumen)*; Schaumstopper *m*
deforest *v (LB, Umw)* abholzen
deform *v* deformieren, verformen; sich deformieren [verformen]; verformt werden
deformability Verformbarkeit *f*, Formänderungsvermögen *n*
deformability due to bending Biegeverformbarkeit *f*
deformable verformbar
deformation Deformation *f*, Deformierung *f*, Verformung *f*, Formänderung *f*, Gestaltänderung *f*
deformation action *(BM, BT, Stat)* Formänderungswirkung *f*, Verformungswirkung *f*, Gestaltänderungswirkung *f*
deformation behaviour Verformungsverhalten *n*
deformation condition Deformationsbedingung *f*, Formänderungsbedingung *f*, Gestaltänderungsbedingung *f*
deformation curve *(BM, Konst, Stat)* Formänderungskurve *f*, Durchbiegungskurve *f*
deformation during burning Brandverzug *m*, Verformen *n* bei Feuereinwirkung
deformation effect Formänderungsauswirkung *f*, Deformationsauswirkung *f*, Gestaltänderungsauswirkung *f*
deformation energy Verformungsenergie *f*
deformation fracture *(BM, BT)* Verformungsbruch *m*
deformation limit state Verformungsgrenzzustand *m*, Grenzzustand *m* bei Formänderung
deformation modulus *(Stat)* Formänderungsmodul *m*, Verformungsmodul *m*
deformation of joints Fugenverschiebung *f*
deformation of river bed *(Wsb)* Flussverlegung *f*
deformation plane Deformationsebene *f*
deformation property Formänderungseigenschaft *f (Baustoffe)*
deformation resistance Verformungswiderstand *m*
deformation state 1. Formänderungszustand *m*, Verformungszustand *m*; Spannungstheorie *f*; 2. Ordnung *f*
deformation structure Verformungsstruktur *f*
deformation under heat Wärmeverformung *f*
deformation under load *(BM, Stat, TK)* Lastformveränderung *f*
deformation without shearing bruchlose Umformung *f*
deformation work Formänderungsarbeit *f*, Verformungsarbeit *f*
deformation workability *(BM, TK)* Formänderungsvermögen *n*
deformed verformt
deformed bar Betonformstahl *m*, Rippenstahl *m*
deformed reinforcement *(BB)* Bewehrung *f* aus Formstahl, Rippenstahlbewehrung *f*
deforming Verformen *n*
deforming action Formänderungswirkung *f*
deformity veränderte Form *f*, Verformung *f*
defray *v* Kosten tragen
defrosting Auftauen *n*
degasification Entgasung *f*
degeneracy *(Arch)* Degenerierung *f*, Entartung *f*
degenerated entartet, verkümmert
degradable *(Umw)* abbaubar
degradation 1. *(Bod)* Abtragung *f*; Verwitterung *f (Geologie)*; 2. *(Umw)* Abbau *m*, Zersetzung *f*
degrade *v* abtragen *(Geologie)*
degraded *(Erdb)* abgeböscht
degraded soil *(Bod)* ausgelaugter Boden *m*
degrease *v* entfetten, entölen
degreasing installation Entfettungsanlage *f*
degree 1. Grad *m (Mathematik)*; 2. Grad *m*, Maß *n*, Ausmaß *n*; Stufe *f*; 3. *s.* step
degree-day *(HLK)* Gradtag *m (Heizenergiebedarf eines Hauses pro Tag)*
degree map *(Verm)* 1:250 000-er Landkarte *f*, Landkarte *f* im Maßstab 1:250 000
degree of accuracy Genauigkeitsgrad *m*
degree of brightness Helligkeitsgrad *m*
degree of clarification Reinigungsgrad *m*
degree of compaction *(BM, Erdb)* Verdichtungsgrad *m*
degree of completion Komplettierungsgrad *m*
degree of consolidation Setzungsgrad *m*; Verdichtungsgrad *m*
degree of corrosion *(OB)* Korrosionsgrad *m*
degree of curvature Krümmungsmaß *n*
degree of deformation Deformationsgrad *m*
degree of dullness Vermattungsgrad *m*
degree of endangering Gefährdungsgrad *m*, Grad *m* der Gefährdung
degree of expansion Expansionsgrad *m*, Treibneigung *f*
degree of exposure *(HLK)* Aussetzungsgrad *m*
degree of fastness *(Stat)* Widerstandsgrad *m*, Beständigkeitsgrad *m*, Festigkeitsgrad *m*
degree of fineness *(BM)* Feinheitsgrad *m*
degree of flatness Ebenheitsgrad *m*
degree of freedom Freiheitsgrad *m*
degree of hardening Härtungsgrad *m*
degree of hardness Härtegrad *m*
degree of humidity Feuchtigkeitsgrad *m*
degree of incline Überhöhung *f (Neigungswinkel)*
degree of indeterminacy *(Stat)* Unbestimmtheitsgrad *m*
degree of occupancy *(Verk)* Belegungsgrad *m (Straße)*
degree of pollution *(Umw)* Verschmutzungsgrad *m*
degree of porosity *(BM)* Porositätsgrad *m*

D

degree of prefabrication Komplettierungsgrad *m*
degree of proof Bewertungsgrad *m*
degree of protection *(El, Konst, VR)* Schutzgrad *m*
degree of purity Reinheitsgrad *m*
degree of resistance *(BM)* Festigkeitsgrad *m*
degree of restraint Einspanngrad *m*
degree of roughing down Bearbeitungsgrad *m*
degree of rusting Rostgrad *m*, Verrostungsgrad *m (von Eisen)*
degree of saturation Sättigungsgrad *m*
degree of slenderness *(Stat)* Schlankheitsgrad *m (einer Säule)*
degree of slope *(Erdb, Verk, Verm)* Gradiente *f*; Böschungsgrad *m*
degree of static indeterminacy *(Stat)* Grad *m* der statischen Unbestimmtheit
degree of strength *(Stat)* Festigkeitsgrad *m*
degree of symmetry Symmetriegrad *m*
degree of tension *(Stat, TK)* Spannungsgrad *m*
degree of torsion Verwindungsgrad *m*
degree of twist(ing) Verwindungsgrad *m*
degree of vibrational freedom Schwingungsfreiheitsgrad *m*
degree of weathering *(BM, Bod, Erdb)* Verwitterungsgrad *m*
dehumidification *(HLK)* Entfeuchtung *f*, Trocknung *f (bes. von Luft)*
dehumidifier 1. *(HLK)* Entfeuchter *m*, Lufttrockner *m (Apparat)*; 2. *(HLK)* Trockenmittel *n*
dehumidify *v* entfeuchten, Feuchtigkeit entziehen, trocknen *(z. B. Luft)*
dehumidifying *s.* dehumidification
dehydrate *v* entwässern, dehydratisieren, dehydrieren
dehydrated entwässert, dehydratisiert, dehydriert
dehydrated rock entwässertes Gestein *n*
dehydrating *s.* dehydration
dehydrating agent *(HLK)* Anhydratisierungsmittel *n*, Entwässerungsmittel *n*, wasserentziehender Stoff *m*
dehydration Entwässerung *f*, Wasserentzug *m*, Dehydratisieren *n*
dehydration of sludge *(Umw)* Schlammentwässerung *f*, Schlammverdickung *f*
dehydration test Entwässerungsprüfung *f (Bitumenemulsion)*
dehydrator Anhydratisierungsmittel *n*
deice *v* enteisen
delaminate *v* aufspalten, in Schichten zerlegen; sich aufspalten, in Schichten zerfallen
delamination *(BM)* Schichtspaltung *f*, Schichttrennung *f*, Ablösung *f* von Schichten, flächiges Abplatzen *n*
delay *v* verzögern
delay *(BB, BM, Te)* Vorlagerung *f (Betondampfhärtung)*
delay period Vorlagerungsdauer *f*, Vorbedampf(ungs)zeit *f (Betonhärtung)*
delay release Zeitschalter *m*
deleterious schädlich; gesundheitsschädlich
deleterious material schädliches Material *n*
deleterious substance *(Umw)* Schadstoff *m*
deleterious water aggressives [angreifendes] Wasser *n*
delft (pottery) Delfter Steinzeug *n*; Delfter Kacheln *fpl*
delftware *s.* delft (pottery)
delime *v* entkalken
deliming *(WVA)* Entkalken *n*
delimit *v* abgrenzen, begrenzen
delimitation Abgrenzung *f*
delineate *v* 1. *(Konst)* skizzieren; zeichnen; 2. anreißen, vorzeichnen
delineator 1. *(Verm)* Absteckpflock *m (Trasse)*; 2. *(Verk)* Leitpfosten *m*, Leitsäule *f*
deliquate *v s.* deliquesce
deliquesce *v* zerfließen
deliquescence Zerfließen *n*; Hydrophilzerfall *m (von Putz aufgrund Feuchtigkeitsabsorption durch Salzgehalt)*
deliquescent salt leicht lösliches Salz *n*
deliver *v* 1. (an)liefern; 2. liefern; fördern *(z. B. Pumpen)*
delivered site *(VR)* frei Baustelle *(Lieferung)*
delivery 1. Anlieferung *f*, Lieferung *f*; Zuführung *f*; Zufluss *m*, Zulauf *m*; 2. Förderung *f (z. B. von Pumpen)*; 3. Fördermenge *f*; 4. *(Wsb, WVA)* Wasserführung *f*, Abflussmenge *f*
delivery area Anliefer(ungs)fläche *f*
delivery at the responsibility *(VR)* Lieferung *f* auf Rechnung und Gefahr
delivery chute Schüttrinne *f*, Zuführungsrinne *f (z. B. für Beton)*
delivery conduit *(HLK, San, Wsb, WVA)* Druckleitung *f*
delivery date *(VR)* Liefertermin *m*
delivery door Lieferantentür *f*
delivery head *(WVA)* Förderhöhe *f*, Druckhöhe *f (Bernoulli'sche Gleichung)*
delivery hose Mörtelpumpenschlauch *m*
delivery inspection *(VR)* Auslieferungsprüfung *f*
delivery note Lieferschein *m*
delivery of a well Brunnenergiebigkeit *f*
delivery of water *(WVA)* Wasserzuleitung *f*
delivery pipe Druckleitung *f*
delivery promise *(VR)* zugesagter Liefertermin *m*
delivery ramp Lieferrampe *f*, Annahmerampe *f*
delivery room Lieferantenraum *m*
delivery slip *(VR)* Lieferschein *m*
delivery term *(VR)* Lieferklausel *f*
delivery terms *(VR)* Lieferbedingungen *fpl*
delivery ticket *(VR)* Lieferschein *m*
delivery tolerances *(BT, VR)* Liefertoleranzen *fpl*
delivery tube *(San, Wsb, WVA)* Ablassrohr *n*
dell 1. Delle *f (in einer Gradiente)*; 2. kleines Tal *n*
delta bay Deltabucht *f*
delta lake Deltasee *m*
delta shape Deltaform *f*
deltaic embankment *(Wsb)* Deltadamm *m*
deluge *v* überschwemmen
deluge *(Umw)* Überschwemmung *f*
demand *v* fordern, nachfragen
demand 1. Bedarf *m*; 2. Anforderung *f*, Forderung *f*; 3. *(El)* Belastung *f*
demand-actuated bedarfsgesteuert, bedarfsorientiert, bedarfsgerecht
demand-actuated development [extension] *(Verk)* bedarfsorientierter Ausbau *m*, bedarfsgerechter Ausbau *m*
demand-dependent call Anforderung *f* zur Freigabezeit *(Verkehrssteuerung)*
demand model *(Verk)* Nachfragemodell *n*
demand point *(El, WVA)* Abnahmestelle *f*, Verbraucherentnahmestelle *f (Energie, Wasser)*
demanded value Sollwert *m*
demarcate *v (Verm)* vermarken
demarcation *(Verm)* Vermarkung *f*, Abmarkung *f*
demerge *v* ausfädeln *(Verkehr)*
demerging lane *(Verk)* Ausfädelspur *f*
demi-bath Sitzbadewanne *f*
demi-column Halbsäule *f*
demineralization *(Umw, WVA)* Entsalzung *f*
demineralization technique *(Umw)* Entsalzungsverfahren *n (Abfall)*
demineralize *v* entsalzen, entmineralisieren
demineralizer Entsalzer *m*, Wasserentsalzungsgerät *n*
demirelief Halbrelief *n*
demographic study *(RP)* Bevölkerungsstudie *f*
demoiselle Erdpyramide *f*

demolish *v (RS, Te)* abreißen, abbrechen, einreißen, abtragen *(Gebäude)*; zerstören
demolishable *(RS)* abbruchreif, abrissreif
demolisher *(RS, VR)* Abbrucharbeiter *m*
demolition *(RS)* Abbruch *m*, Abriss *m (von Gebäuden)*; Sprengung *f*
demolition and deconstruction works *(RS)* Abbruch- und Rückbauarbeiten *fpl (DIN 18459)*
demolition ball *(BWG, RS)* Abrissbirne *f*, Fallbirne *f*
demolition chamber *(Br)* Sprengkammer *f (Brücke)*
demolition charge Sprengladung *f*
demolition contractor *(RS, VR)* Abbruchfirma *f*, Abrissunternehmen *n*
demolition expert Sprengmeister *m*, Sprenger *m*
demolition hammer *(BWG)* Abbruchhammer *m*
demolition permission *(VR)* Abbruchgenehmigung *f*, Abrisserlaubnis *f*
demolition permit *(VR)* Abrisserlaubnis *f*, Abbruchschein *m*
demolition project *(Konst, RS)* Abbruchvorhaben *n*, Abrissprojekt *n*
demolition site *(RS)* Abbruchstelle *f*
demolition timber *(BM, RS)* Abbruchholz *n*
demolition waste *(RS, Umw)* Bauschutt *m*
demolition work *(RS, Te)* Abbrucharbeit *f*
demonstration 1. *(Stat)* Beweis *m*, Beweisführung *f*; 2. *(Arch)* Darstellung *f*; Vorführung *f*
demonstration building *(Arch)* Demonstrationsgebäude *n*, Demonstrationsbau *m*
demonstration kitchen Musterküche *f*
demorphism *(Bod, OB)* Verwitterungsprozess *m*
demould *v (BB, Te)* entschalen, entformen, aus der Form nehmen, ausformen
demoulding Entschalen *n*, Entformung *f*
demoulding agent Formentrennmittel *n*, Entschalungsmittel *n*
demoulding work Entschalungsarbeiten *fpl*
demount *v* demontieren, abbauen, zerlegen; ausbauen *(Teile)*
demountable demontierbar
demountable connection *(BT, St)* lösbare Verbindung *f*
demountable division wall *(Konst)* versetzbare Trennwand *f*, verschiebbare Montagewand *f*
demountable joint lösbare Verbindung *f*
demountable partition *(Konst)* versetzbare Wand *f*, verschiebbare Trennwand *f*
demountable partitioning versetzbare Trennwände *fpl*
demountable structure *(Hb, Konst, St)* demontierbare Konstruktion *f*
demulsibility *(BM)* Entemulgierbarkeit *f*
demulsifier Demulgator *m*
demulsify *v* demulgieren, entmischen, Emulsionen zerstören
den kleines Arbeitszimmer *n*; ungestörter Raum *m*
dendriform baumförmig, verzweigt
dendritic baumförmig, verzweigt, verästelt, dendritisch
dendritic drainage pattern *(Umw, Wsb)* verzweigtes Flussnetz *n*
dendritic texture *(Arch, Konst)* verästelte Struktur *f*, dendritische Struktur *f*
dendrolite *(Bod, Erdb)* versteinertes Holz *n*
dene *(Bod)* Sandstreifen *m*, kleine Düne *f*
dense dicht, kompakt; geschlossen
dense concrete *(BB, BM)* Schwerbeton *m*, dichter Beton *m*
dense-graded geschlossen, hohlraumarm; abgestuft *(Baustoffe)*
dense-graded aggregate gut abgestufter Zuschlag(stoff) *m*; hohlraumarmes Mineralgemisch *n*
dense mineral aggregate hohlraumarmes Mineralgemisch *n*
dense packing dichte Lagerung *f*
dense sand-lime block Hartkalksandstein *m*
dense texture dichtes Gefüge *n (Gestein)*
densely built-up dicht bebaut
densely wooded waldreich
denseness dichtes Gefüge *n*
densified impregnated wood druckgetränktes [druckimprägniertes] Holz *n*
densified plywood Presssperrholz *n*
densified wood Pressvollholz *n*
densifier Dichtungsmittel *n (z. B. für Beton)*
densify *v* verdichten
densitometer *(Bod, Erdb)* Dichtebestimmungsgerät *n (z. B. für Erdstoffe)*
densitometric analysis *(BM, Erdb)* densitometrische Analyse *f*
density 1. *(BM)* Dichte *f*, Massendichte *f*; 2. *(RP)* Bebauungsdichte *f*
density bottle Flaschenpyknometer *n (Dichtebestimmung)*
density contrast *(BM, Erdb)* Dichteunterschied *m*
density control Dichteprüfung *f*; Betondichteprüfung *f*
density difference Dichteunterschied *m*
density in raw state *(BM)* Rohdichte *f*
density logging Dichtemessung *f*
density of building [development] *(RP)* Bebauungsdichte *f*
density of road networks *(RP, Verk)* Straßennetzdichte *f*, Netzdichte *f* klassifizierter Straßen
density of traffic *(Verk)* Verkehrsdichte *f*
density range Dichtebereich *m (verdichteter Baustoffe)*
dent *v* kerben, einbeulen
dentaloid zahnähnlich
dentated *(Arch, BT)* gezahnt, gezähnt
dentated sill Zahnschwelle *f*
dentel *(Arch)* Zahn *m*, Zahnverzierung *f (im ionischen oder korinthischen Säulengesims)*
denticle *(Arch)* Zahn *m (korinthisch)*
denticular gezahnt, feingezahnt
denticular cornice *(Arch)* Zahnsims *m*
denticulated gezahnt, gezähnt
denticulation *(Arch)* Zahnreihe *f (dorischer Sims)*; Verzahnung *f (Mauerwerk)*
denticulation corona Zahnschnittkorona *f*
dentil *(Arch)* Zahn *m*, Zahnverzierung *f (im ionischen oder korinthischen Säulengesims)*
dentil course *(Arch)* Zahnschnitt *m*, Zahnreihe *f*
dentil frieze *(Arch)* Schnittfries *m*, deutsches Band *n*
dentils *s.* dentil frieze
denudation *(Bod)* Denudation *f*, Abtragung *f (geologisch)*
denudation level *(Bod)* Abtragungsebene *f (geologisch)*
denudation plane Abtragungsebene *f (geologisch)*
denudation surface Erosionsfläche *f*
deodorization *(HLK, Umw)* Geruchsbeseitigung *f*
deodorizing Geruchsbeseitigung *f*
deodorizing material Geruchsbeseitigungsmaterial *n*
depart *v* 1. abweichen von; 2. abfahren
department Abteilung *f*, Ministerium *n*
department block [building] Fakultätsgebäude *n*
department of architecture *(Arch)* Architekturabteilung *f*
Department of Architecture, Civil Engineering and Building Construction *(Arch)* Fakultät *f* für Architektur und Bauwesen
Department of Building and Housing *(Arch)* Fakultät *f* für Hochbau und Wohnungswesen
Department of the Environment *(Umw, VR)* Umweltschutzministerium *n*

Department of Transport *(Verk, VR)* Verkehrsministerium *n*
department store Kaufhaus *n*, Warenhaus *n*
departmental construction *(Konst)* Regiebau *m*
departmental store Warenhaus *n (Kaufhaus)*
departure lounge Wartehalle *f*, Abflughalle *f (Flughafen)*
departure roadway *(Verk)* Abfahrtsstraße *f*, Abfahrtsweg *m*
dependency *(Arch)* Nebengebäude *n*, zugehöriges Gebäude *n (zu einem Hauptgebäude)*
dependent building Nebengebäude *n*
depleted erschöpft, beräumt *(abbaumäßig)*
depleted area *(Bod)* erschöpftes Gebiet *n (Bergabbaugebiet)*
depleted soil *(LB)* verarmter Boden *m*
depleted well versiegter Brunnen *m*
depolished glass Mattglas *n*, mattiertes Glas *n*
depolluted water *(WVA)* gereinigtes Wasser *n*
deposit *v* 1. ablagern; abscheiden; sich ablagern; sich abscheiden; 2. auftragen; aufschweißen
deposit 1. Ablagerung *f*, Belag *m*; (aufgetragene) Schicht *f*, Auftrag *m*; Schutzschicht *f*; 2. Lager *n*, Lagerstätte *f (Geologie)*
deposit corrosion *(OB)* Belagskorrosion *f*
deposit for bidding documents *(VR)* Geldhinterlegung *f* für Projektunterlagen
deposit-weld *v (St)* auftragschweißen
deposit welding Auftragschweißen *n*
deposited drawings *(Konst, RP)* eingereichte Baupläne *mpl*, vorgelegte Bauzeichnungen *fpl*
deposition 1. Ablagerung *f*, Abscheidung *f*; 2. *s.* deposit 1.
deposition area *(Bod)* Ablagerungsgebiet *f*
deposition of silt Schlickablagerung *f*
deposition place *(Bod)* Ablagerungsstelle *f*
depositories Ablagerungsplätze *mpl*
depot 1. Depot *n*, Materialdepot *n*, Lager *n*; 2. *(AE)* Bahnhof *m*; Eisenbahnstation *f*
depreciation 1. Abschreibung *f*; 2. Wertminderung *f*
depreciation cost *(VR)* Abschreibungskosten *pl*, abgeschriebener Kostenanteil *m*
depreciation factor Abschreibungssatz *m*
depressed vertieft; gedrückt; gesenkt; abgesenkt; abgeflacht
depressed arch *(Arch, Konst)* gedrückter Bogen *m* [Spitzbogen *m*]
depressed area *(Bod)* Niederung *f*, Senke *f*
depressed road *(Verk)* Tiefstraße *f*, Straße *f* in Tieflage
depressed strand gekrümmtes Spannglied *n*
depression 1. Wanne *f (Tiefbau)*; 2. Senkung *f*, Landsenke *f (Topographie)*; 3. Senkung *f*, Erniedrigung *f (z. B. von Druck)*
depression of ground Bodensenke *f*, Geländemulde *f*
depressuring of reservoirs *(Wsb)* Auflast *f* von Staubecken
depreter Steincheneinlegeputz *m (Wand)*
depth 1. Tiefe *f*; *(speziell Bergbau)* Teufe *f*; 2. Dicke *f*, Stärke *f*; Höhe *f*; Bauhöhe *f*
depth effect Tiefenwirkung *f*
depth gauge Tiefenlehre *f*, Tiefenmesser *m*
depth measurement *(Verm)* Höhenmessung *f*
depth of arch *(Konst)* Bogendicke *f*
depth of beam Trägerhöhe *f*
depth of building Gebäudebreite *f*
depth of cover 1. Überdeckungshöhe *f*, Überschüttungshöhe *f (Tiefbau)*; 2. Betondeckung *f (über Bewehrung)*
depth of cracking Risstiefe *f*
depth of foundation *(Erdb)* Gründungstiefe *f*, Fundamentauflagehöhe *f*
depth of frost penetration Frostgrenze *f*, Frosttiefe *f*
depth of girder Trägerstärke *f*, Trägerbauhöhe *f*
depth of packing *(Erdb)* Schütt(ungs)höhe *f*, Auftragshöhe *f*
depth of penetration Eindringtiefe *f*, Eindrucktiefe *f (z. B. Asphaltprüfung)*
depth of rainfall Niederschlagshöhe *f*
depth of room Raumhöhe *f*
depth of runoff *(Wsb, WVA)* Ausflusshöhe *f*
depth of section Profilhöhe *f*
depth of soil Bodentiefe *f*
depth of strata *(Bod)* Schichtendicke *f*
depth of the work *(Konst)* Bauhöhe *f*
depth of trap *(San)* Verschlusshöhe *f* des Trapses
depth of water Wassertiefe *f*
depth of water seal *(San)* Verschlusshöhe *f* des Trapses *(Wasserstandshöhe)*
depth-to-span ratio *(Konst, TK)* Höhen-Spannweiten--Verhältnis *n (einer Konstruktion)*
derby (float) *(AE) s.* darby (float)
derelict *(RS, VR)* verlassen, aufgegeben *(alte Häuser)*; verfallen *(Bausubstanz)*
derivation Ableitung *f*, Herleitung *f*, Beweis *m*
derivative form abgeleitete Form *f*
derived function *(Stat)* Differenzialquotient *m*
derrick *(BWG)* Derrick(kran) *m*, Mastenkran *m*, Dreifußkran *m*; Ladebaum *m (Schiff)*; Bohrturm *m*
derrick crane *s.* derrick
derrick foundation Derrickunterbau *m*, Mastkranfundament *n*; Bohrturmfundament *n*
derrick kingpost [mast] Derrickhauptmast *m*, Mast *m* des Derricks
derrick platform Bohrbühne *f*
derrick pole *s.* derrick kingpost [mast]
derrick pontoon Derrickponton *m*
derust *v (OB)* entrosten
derusting Entrosten *n*
derusting agent *(BM, OB)* Rostentfernungsmittel *n*, Entrostungsmittel *n*
desalinate *v* entsalzen
desalination *(WVA)* Wasserentsalzung *f*
desalinify *v* entsalzen
desalinization Entsalzung *f*
desalinization of soil *(Umw)* Bodenentsalzung *f*
desalt *v* entsalzen
desalting *(Umw, WVA)* Entsalzung *f*, Wasserentsalzung *f*
desander *(Erdb)* Sandfang *m*
descale *v* 1. entzundern; 2. *(HLK)* Kesselstein entfernen
descaling 1. Entzunderung *f*; 2. *(HLK)* Kesselsteinentfernung *f*
descend *v* 1. *(Bod, Erdb)* sich senken *(z. B. Straße)*; absinken; abfallen; 2. herabfließen; abwärts bewegen
descent *(Bod, Erdb)* Senkung *f*; Abfall *m*; Neigung *f*, Gefälle *n (z. B. im Gelände, einer Straße)*
descent of water *(Bod, Umw)* Wassereinsickern *n (im Gelände)*
description 1. Beschreibung *f*; 2. Bezeichnung *f*
descriptive geometry *(Konst, Stat)* darstellende Geometrie *f*
desert soil *(Bod)* Wüstenboden *m*
desiccant *(BM)* Trockenmittel *n*, Entfeuchtungsmittel *n*
desiccate *v* trocknen, entwässern *(z. B. Materialien)*; austrocknen *(z. B. Boden)*; vertrocknen
desiccated tar entwässerter Teer *m*
desiccation Trocknung *f*, Entwässerung *f*; Heißlufttrocknung *f*, Austrocknung *f (Holz)*
desiccation crack Schrumpfungsriss *m*, Trockenriss *m*, Schwundriss *m*
desiccation fissure Trockenriss *m*
desiccation polygon Trockenrissnetzwerk *n*
desiccator 1. Trockenapparat *m*; 2. Trockenmittel *n*

design *v* 1. *(Konst)* entwerfen, skizzieren; projektieren, planen; konstruieren; 2. *(Stat)* berechnen; bemessen, dimensionieren; 3. *(Arch)* gestalten, formen
design 1. *(Arch, Konst)* Entwurf *m*, Zeichnung *f*, Skizze *f*; Konstruktionszeichnung *f*; 2. *(Stat)* Bemessung *f*, Dimensionierung *f*, Berechnung *f*; 3. *(Konst)* Plan *m*, Projekt *n*; 4. *(Arch, Konst)* Ausführung *f*, Bauweise *f*, Bauart *f*; Formgebung *f*, Gestaltung *f*
design action *(Konst, Stat)* Beanspruchungsansatz *m*, Basiswert *m* der Dimensionierung
design approach *(Konst, Stat)* Bemessungs(lösungs)-ansatz *m*
design approval *(VR)* Bauartgenehmigung *f*, Bauartzulassung *f* • **with design approval** bauartgeprüft
design asphalt content *(AE)* Bindemittelsollgehalt *m (Bitumen)*
design assumptions *(Konst, Stat)* Berechnungsannahmen *fpl*
design basic regulation *(Konst, Stat)* Bemessungsgrundsatz *m*
design basis Entwurfsgrundlage *f*
design bending moment Bemessungsbiegemoment *n*
design bending resistance zulässige Biegetragfähigkeit *f*
design binder content Bindemittelsollgehalt *n*, Bindemittelgehalt *m* gemäß Eignungsprüfung
design calculation *(Stat)* statische Berechnung *f*
design capacity 1. Ausbaugröße *f*; 2. *(Verk)* Entwurfsleistungsfähigkeit *f*
design certificate *(VR)* Bauartgenehmigung *f* • **with design certificate** bauartgeprüft
design chart s. design table
design code *(Konst)* Bemessungsrichtlinie *f*, Entwurfsvorschrift *f*
design criterion Bemessungskriterium *n*
design curve Bemessungskurve *f*
design data Entwurfsdaten *pl*, Entwurfsangaben *fpl*
design development phase Projektierungsphase *f*, Entwurfsbearbeitung *f*
design drawing Entwurfszeichnung *f*
design engineer Statiker *m*; Entwurfsingenieur *m*
design equation Bemessungsgleichung *f*
design error Bemessungsfehler *m*
design factor Bemessungsfaktor *m*
design failure entwurfsbedingter Fehler *m*
design feature Entwurfsmerkmal *n*; Bemessungsmerkmal *n*
design fire Brand(widerstands)bemessung *f*
design formula Bemessungsformel *f*
design fundamental Entwurfsgrundlage *f*
design hypothesis Bemessungsannahme *f*
design latitude Bemessungsspielraum *m*; Entwurfsspielraum *m*
design level Entwurfshöhe *f*, Sollhöhe *f*, planmäßige Höhenlage *f*
design life Bemessungszeitraum *m*
design load Lastannahme *f*, zulässige Last *f*
design method Bemessungsverfahren *n*, Berechnungsverfahren *n*
design mix(ture) Gemisch *n* gemäß Eignungsprüfung, Sollgemisch *n*, Eignungsprüfungsrezeptur *f*
design moment Bemessungsmoment *n*
design objective Entwurfsziel *n*; Bemessungsziel *n*
design occupancy *(Verk)* Entwurfsbelegung *f*
design of a floor system Deckenbemessung *f*
design of beams Balkenbemessung *f*, Trägerbemessung *f*
design office Planungsbüro *n*
design period Bemessungsperiode *f*, Bemessungszeitabschnitt *m*
design plastic shear resistance *(Stat)* zulässige plastische Schubtragfähigkeit *f*
design pressure Bemessungsdruck *m*
design principles Bemessungsgrundsätze *mpl*
design problem Bemessungsaufgabe *f*, Bemessungsproblem *n*
design rainfall Bemessungsniederschlag *m (Entwässerung)*
design resistance Entwurfstragfähigkeit *f*, Entwurfswiderstand *m*
design review Entwurfs(über)prüfung *f*, Überprüfung *f* eines Projektes *f*, Planungsüberprüfung *f*
design rule Entwurfsregel *f*, Bemessungsregel *f*
design scheme Entwurfslösung *f*
design seismic force Bemessungserdbebenkraft *f*
design software Bemessungssoftware *f*, Entwurfsprogramme *npl*
design specifications *(Konst, VR)* Entwurfsrichtlinien *fpl*; Bemessungsrichtlinien *fpl*
design speed *(Konst, Verk)* Entwurfsgeschwindigkeit *f*, Ausbaugeschwindigkeit *f (Straße)*
design stage Projektierungsphase *f*
design standard Entwurfsnorm *f*, Konstruktionsnorm *f*
design storm Bemessungswindlast *f*
design strategy Entwurfsstrategie *f*
design strength zulässige Entwurfsfestigkeit *f*
design stress Bemessungsspannung *f*, zulässige Spannung *f (Festigkeit)*
design system Bemessungssystem *n*
design table Bemessungstabelle *f*, Bemessungstafel *f (z. B. für Stahlbeton)*
design task Entwurfsaufgabe *f*; Bemessungsaufgabe *f*, Bemessungsproblem *n*
design temperature map Klimakarte *f*
design theory Entwurfstheorie *f*
design thickness Bemessungsdicke *f*
design traffic Bemessungsverkehr *m*
design traffic loading *(Verk)* Entwurfsverkehrsbelastung *f*, Bemessungsverkehrsbelastung *f*, maßgebende Verkehrsbelastung *f*
design ultimate load Grenzlastannahme *f*, rechnerische Grenzbelastung *f*
design values Bemessungswerte *mpl*, maßgebende Bemessungsgrundwerte *mpl*
design vehicle Bemessungsfahrzeug *n*
design wind load Bemessungswindlast *f*
designate *v* bezeichnen, kennzeichnen; vorzeichnen; ernennen
designated lane *(Verk)* vormarkierter Fahrstreifen *m*
designation Bezeichnung *f*, Benennung *f*, Kennzeichnung *f*
designation of rock Gesteinsbezeichnung *f*
designed dimensioniert
designed going projektierte Treppenlänge *f*
designed load Entwurfslast *f*, Bemessungslast *f*
designed loading Entwurfsbelastung *f*, Bemessungsbelastung *f*
designed stress-strain diagram rechnerische Spannungsdehnungslinie *f*
designer 1. Entwurfsverfasser *m*, Projektant *m*; Konstrukteur *m*; Zeichner *m*; 2. Gestalter *m*; 3. Statiker *m*
designing 1. Entwerfen *n*; Gestalten *n*; 2. Entwurfstechnik *f*
desilication Entkieselung *f*, Desilifizierung *f*
desilt *v (San)* entschlammen
desilting Entschlammung *f*
desired value Sollwert *m*
desk 1. Pult *n*; Aufsichtsplatz *m*; 2. Rezeptionstisch *m*; 3. *(El, HLK, Verk, WVA)* Schaltpult *n*
desk-type pultförmig
desludge *v (San)* entschlammen, Schlamm austragen

D

desolation *(Bod, Umw)* Verödung *f (Land, Landschaft)*
desquamation *(BM)* Abschuppen *n*, Abschuppung *f*
destabilize *v* entstabilisieren, destabilisieren, instabil machen
destrengthening Entfestigung *f*
destress *v* entspannen
destroy *v* zerstören; zertrümmern, niederreißen *(Gebäude)*
destroyed zerstört
destroyed by fire niedergebrannt
destroying substance Vernichtungsmittel *n (gegen Befall)*
destruction Zerstörung *f*; Zertrümmerung *f*; Destruktion *f*
destruction of buildings Zerstörung *f* an Gebäuden *(durch Erdbewegung)*
destruction of concrete Betonzerstörung *f*
destruction product Zerstörungsprodukt *n*
destructional form Zerstörungsform *f*
destructional work Zerstörungsarbeit *f*
destructive zerstörend
destructive movement zerstörende Bewegung *f*
destructive process zerstörender Vorgang *m*
destructive test zerstörende [nicht zerstörungsfreie] Prüfung *f (von Baustoffen)*
destructor *(Umw)* Müllverbrennungsofen *m*, Abfallverbrenner *m*
desulphurized entschwefelt
detach *v* abbauen, abmontieren; abtrennen; ablösen
detached abgelöst; einzeln, allein stehend *(Haus)*; frei stehend *(nicht angebaut)*
detached dwelling *(RP)* separate Wohneinheit *f (im Zweifamilienhaus)*
detached house Einzelhaus *n*, allein stehendes Haus *n*
detachment *(BT, TK)* Ablösung *f*, Abtrennung *f*, Loslösung *f*; Abscherung *f*; Absonderung *f*
detail Detail *n*, Einzelheit *f*
detail drawing Detailzeichnung *f*, Einzeldarstellung *f*, Teilzeichnung *f*
detail of façade Fassadenausschnitt *m*
detailed detailliert
detailed drawing Detailzeichnung *f*, Ausführungszeichnung *f*
detailed estimate of construction cost *(VR)* genauer Baukostenanschlag *m*, genau ermittelte Baukosten *pl*
detailed geological map geologische Spezialkarte *f*
detailed plans Bestimmung *f*, detaillierte Pläne *mpl*
detailed quantity survey *(Te)* detailliertes Material- und Ausrüstungsverzeichnis *n*
detailing bauliche Durchbildung *f*
detection Nachweis *m*
detection limit Nachweisgrenze *f*
detector *(BM, Umw)* Nachweisgerät *n*; Aufnehmer *m*
detension *v (BB)* entspannen, Pressenkraft wegnehmen *(Spannbeton)*
detensioning Entspannen *n*
detention Aufhaltung *f*
detention basin *(Wsb)* Rückhaltebecken *n*
detention door Panzertür *f*; Gefängnistür *f*
detention reservoir *(Wsb)* Rückhaltebecken *n*
detention storage Rückhaltevolumen *n*
detergency *(OB)* Reinigungsvermögen *n*, Reinigungskraft *f*
detergent Reinigungsmittel *n*, synthetisches Waschmittel *n*
detergent action *(OB)* Reinigungswirkung *f*
detergent resistance Waschmittelbeständigkeit *f*, Waschmittelfestigkeit *f*
detergent solution Reinigungslösung *f*
deteriorate *v* 1. verfallen *(Gebäude)*; verschleißen *(Material)*; 2. sich verschlechtern; an Wert verlieren
deterioration Verfall *m (eines Gebäudes)*; Verschleiß *m (Beton)*
determinant *(Stat)* Determinante *f*
determinate *(Stat)* statisch bestimmt
determination 1. Bestimmen *n*, Festlegung *f*; 2. Ermittlung *f*
determine *v* 1. bestimmen, festlegen; 2. ermitteln
determined bestimmt
determining Bestimmen *n*, Ermitteln *n*, Festlegen *n*
detin *v* entzinnen
detonating rammer *(BWG)* Froschramme *f*, Frosch *m*
detonation Detonation *f*, Explosion *f*, Sprengung *f*
detonator Sprengkapsel *f*, Zündkapsel *f*
detour *(Verk)* Umleitung *f (einer Strecke)*; Umleitungsstraße *f*
detrital detritisch, zertrümmert; verwittert; zerrieben *(Gestein)*
detrital accumulation Schuttablagerung *f*, Trümmerablagerung *f (Gesteinsschutt)*
detrital lime tuff klastischer Kalktuff *m*
detrital material Schuttmaterial *n*, Trümmermaterial *n (Gestein)*
detrital slope Schutthang *m*, Schuttböschung *f*
detritus Geröll *n*, Gesteinsschutt *m*, Schutt *m*, Trümmermasse *f (Geologie)*
detritus chamber *(San, WVA)* Absetzbecken *n*
detritus pit *(WVA)* Kläranlage *f (Klärgrube)*
detritus tank *s.* detritus chamber
deuterogene rock sekundäres Gestein *n*
Deval testing machine *(BM)* Deval-Abriebtrommel *m*
develop *v* 1. erschließen *(Gebiete)*; bebauen; 2. aufschließen *(Gruben)*; 3. entwickeln *(Verfahren, Technologien)*
develop *v* **ground** *(RP)* Gelände erschließen
developable *(RP)* erschließbar; entwickelbar, entwicklungsfähig
developed area *(RP)* erschlossene Fläche *f*, erschlossenes Bauland *n*
developed distance *(HLK)* kürzester Luftbewegungsabstand *m* [Luftweg *m*]
developed length 1. Rohrleitungslänge *f (in der Achse gemessen)*; abgewickelte [gerollte] Länge *f (einer Rohrleitung)*; 2. *(Verk)* abgewickelte Länge *f*
developed property bebautes Grundstück *n*
developed quarter *(RP, VR)* Bauland *n*, baufertige Grundstücke *npl*
developed site *(RP, VR)* erschlossenes Baugelände *n*
developed sites *(RP, VR)* Bauland *n*
developer 1. Entwicklungsingenieur *m*; 2. *(VR)* Bauerschließungsunternehmen *n*; Bauträger *m*
developing area (for construction) *(RP)* Bauerschließungsgebiet *n*
development 1. *(Erdb, RP, VR)* Erschließung *f (Bauland)*; 2. *(RP)* Bauvorhaben *n*, Bebauung *f*; 3. Ausbau *m*, Erweiterung *f*; 4. Abwicklung *f (einer Fläche; Geometrie)*
development area *(RP)* Erschließungsgebiet *n*, Aufbaugebiet *n*; Siedlungsgebiet *n*
development bond stress Verankerungsspannung *f*
development company *(VR)* Bauträger *m*
development district *(RP)* Vorranggebiet *n (Regionalplanung, Raumordnung)*
development engineer Entwicklungsingenieur *m*
development fee *(RP, VR)* Erschließungsplanungskosten *pl*; Erschließungsabgabe *f*
development of strength Festigkeitsentwicklung *f (Beton)*
development of structure Bauerweiterung *f (Vergrößerung, Ausbau)*
development of style *(Arch)* Stilentwicklung *f*
development plan *(RP)* Erschließungsplan *m*; Flächennutzungsplan *m*; Bebauungsplan *m*
development planning *(RP)* Raumplanung *f*
development programme *(RP, VR)* Aufbauprogramm *n*
development right *(VR)* Entwicklungs- und Bebauungsrecht *n*
development scheme *s.* development plan

development site *(RP, VR)* Entwicklungsstandort *m*, Erweiterungsgrundstück *n*
deviate *v* 1. abweichen; 2. die Richtung ändern; umleiten
deviation 1. Abweichung *f*; Maßabweichung *f*; Regelabweichung *f*; 2. Abmaß *n*; 3. Ablenkung *f*; 4. vertragliche Abweichung *f*; 5. *(Verk)* Trassenabweichung *f*, Variante *f* der Linienführung
deviation force Ablenkkraft *f*
deviation moment *(Stat)* Deviationsmoment *n*
deviation of the plumb line Lotabweichung *f*
deviation permit *(Verk)* vorzeitige Sonderfreigabe *f*
deviatoric [deviatory] stress *(Stat)* Deviatorspannung *f*, deviatorischer Spannungszustand *m*
device Vorrichtung *f*, Einrichtung *f*; Gerät *n*
devil *v* aufkratzen, abkratzen *(Putz)*
devil float Kratzbrett *n*
devilling *(SB, Te)* Aufkratzen *n*, Abkratzen *n (von Putz)*
devitrification Entglasung *f*
devitrified glass Glaskeramik *f*
devitrify *v* entglasen
devoid of frei von
devoid of trees baumlos
dew Tau *m*
dew formation Taubildung *f*
dew point *(HLK)* Taupunkt *m (Luftfeuchtigkeit)*
dew point corrosion *(HLK, OB)* Taupunktkorrosion *f*
dew point diagram *(HLK)* Taupunktdiagramm *n*
dewater *v (Bod, Erdb, Umw)* entwässern, trockenlegen
dewatered sludge *(Umw)* entwässerter Schlamm *m*
dewatered waste *(Umw)* entwässerter Abfall *m*
dewatering *(Erdb)* Entwässerung *f*, Trockenlegung *f*; Wasserhaltung *f*
dewatering agent Wasserverdränger *m (Oberflächenbehandlung)*
dewatering conduit Entleerungsleitung *f*; Grundablass *m*
dewatering installation *(Bod)* Grundwasserabsenkungsanlage *f* mit Filterbrunnen
dewatering system *(Bod)* Entwässerungsanlage *f*; Grundwasserabsenkungssystem *n*
dextrin *(BM)* Dextrin *n*, Stärkegummi *n*
dezincify *v (St, Te)* entzinken
diabase *(BM)* Diabas *m*, Grünstein *m*
diabase porphyry Diabasporphyr *m*
diabasic diabasisch
diabasic texture Diabasstruktur *f*
diabasic tuff Diabastuff *m*
diaconicon *(Arch)* Diakonikon *n (Sakristei)*
diagenesis Diagenese *f*
diaglyph Flachrelief *n*; Flachschliff *m (Glas)*
diagnosis Diagnose *f*
diagonal zweiwinklig
diagonal 1. *(Konst, TK)* Diagonale *f*, Schrägstütze *f*, Schräge *f*; 2. Diagonale *f (Mathematik)*
diagonal arch Diagonalbogen *m*, Kreuzbogen *m*, Gratbogen *m*
diagonal bar Diagonalglied *n*, Diagonalstab *m*, Diagonale *f*
diagonal bond Schränkverband *m*, Stromverband *m*, Diagonalverband *m (Mauerwerk)*
diagonal brace Diagonalstrebe *f*
diagonal bracing 1. Dreieckverband *m*, Kreuzverband *m (Mauerwerk)*; Verschwertung *f (Holz- und Stahlbau)*; 2. Schrägverband *m (Stahlkonstruktion)*
diagonal bridging horizontaler Diagonalverband *m*
diagonal cassette ceiling Diagonalkassettendecke *f*
diagonal coffered soffit Diagonalkassettendecke *f*
diagonal compression Diagonaldruck *m*
diagonal compression stress *(Stat, TK)* Diagonaldruckspannung *f*
diagonal course Schränkschicht *f*, Stromschicht *f (Mauerwerk)*
diagonal crack Diagonalriss *m*
diagonal cross brace *s.* diagonal brace
diagonal cross bracing Kreuzverstrebung *f*, Verschwertung *f (Mauerwerk)*
diagonal frame *(Hb)* Diagonalrahmen *m (Holz)*
diagonal grain 1. Diagonalschnitt *m*; 2. Fehlschnitt *m (Konstruktivholz)*
diagonal in compression *(TK)* Druckdiagonale *f*, gedrückte Schräge *f*
diagonal joint *(Hb)* Stoß *m* auf Gehrung
diagonal layer Diagonalverlegung *f*
diagonal laying Diagonalverlegung *f*, Diagonalverlegen *n*
diagonal masonry bond Schränkverband *m*
diagonal member *(TK)* Diagonalglied *n*, Diagonalstrebe *f*, Diagonale *f*, Strebe *f*
diagonal position *(Arch, RP)* Diagonalstellung *f*
diagonal rib Diagonalrippe *f*, Kreuzrippe *f*, Gratrippe *f*
diagonal rod Diagonalstab *m*, Diagonalglied *n*, Diagonale *f*
diagonal sheathing diagonale Holzverkleidung *f*, Schrägholzverkleidung *f*
diagonal slating Diagonalschieferlegung *f*, Diagonallage *f* der Dachschieferplatten
diagonal stay *(TK)* Diagonaldruckstab *m*, Diagonalstrebe *f*, Druckschräge *f*, Querstrebe *f*, Kreuzstrebe *f*
diagonal strut *s.* diagonal stay
diagonal struts *(Hb, St)* Kreuzgebälk *n*, Abkreuzung *f*, Kreuzverband *m*, Kreuzstreben *fpl*
diagonal tensile stress, diagonal tension *(Stat)* Diagonalzug *m*, Diagonalzugspannung *f*, schiefe Hauptzugspannung *f*
diagonal tie *(TK)* Diagonalzugstab *m*, Zugschräge *f*, Zugstrebe *f*
diagonal tieing *(Hb, Konst, SB)* Fachwerkverband *m*, Dreieckverband *m (Mauerwerk)*
diagonal ties *(Hb)* Kreuzgurtung *f*
diagonal tying *(Hb, Konst, SB)* Fachwerkverband *m*, Dreieckverband *m (Mauerwerk)*
diagonal waffle ceiling Diagonalkassettendecke *f*
diagonal web *(Hb, Konst, St)* Ständerfachwerk *n*, Ständerwerk *n*
diagonality Diagonalität *f*
diagonally placed diagonal angeordnet
diagram 1. Diagramm *n*, grafische Darstellung *f*; Schaubild *n*; 2. Schema *n*
diagram of connections Schaltbild *n*
diagram of forces *(Stat)* Kräftediagramm *n*, Kräfteplan *m*
diagram of state *(HLK)* Zustandsdiagramm *n*
diagram of stresses *(Stat)* Spannungsdiagramm *n*
diagrammatic grafisch; schematisch, skizzenhaft
diagrammatic figure *(Konst)* Prinzipskizze *f*, schematische Darstellung *f*
diagrammatic sketch Schaubild *n*
diagrid *(Konst)* Diagonalraster *n*
diamantini Schuppenglas *n*
diameter Durchmesser *m*
diameter class *(Hb)* Dicke(n)klasse *f*
diameter of bar Stabdurchmesser *m*, Stahldurchmesser *m (Bewehrung)*
diametral compression test *(BM)* Spaltzugfestigkeitsprüfung *f*
diametral test Spaltzugprüfung *f*
diamicton *(Arch)* Diamiktonmauer *f*, Füllzellenmauer *f (römische Architektur)*
diamond 1. Raute *f (dekoratives Element)*; 2. Bohrdiamant *m*
diamond cloth Rautengewebe *n*
diamond crossing spitzwinklige Gleiskreuzung *f*

diamond disc *(BWG)* Diamantkreissäge *f*, Diamantfrässcheibe *f*
diamond disc groover grinding *(Te)* Rillenschneiden *n*
diamond drill *(BWG)* Diamantbohrer *m*
diamond fret Diamantschnitt *m*
diamond frieze Rautenfries *m*
diamond girder *(TK)* Rautenfachwerkträger *m*, Rautenfachwerk *n*, Rhombenfachwerkträger *m*, Rhombenfachwerk *n*
diamond interchange *(Verk)* Raute *f (Kreuzungsbau)*
diamond junction *(Arch)* Rautenknoten *m*
diamond matching Vierquadratmuster *n (Furnierverarbeitung)*
diamond-mesh lath Streckmetallleiste *f (als Putzgrund)*
diamond moulding *(Arch)* Würfelfries *m*, Schachbrettverzierung *f*
diamond ornament Nagelkopfverzierung *f*
diamond pattern *(Arch)* Kreuzmuster *n*, Rautenmuster *n*
• **with diamond pattern** *(Arch)* gerautet
diamond-patterned gerautet
diamond pavement Pflaster *n* mit Rautenverband
diamond plate Rautenblech *n*, Kantenblech *n*
diamond-pointed rustication Diamantrustikalmauerwerk *n*
diamond pyramid hardness *(BM)* Vickershärte *f*, HV
diamond-shaped rautenförmig, rhombisch
diamond slate verbrochener Asbestzementschiefer *m (zur Diagonaldeckung)*
diamond vault Zellengewölbe *n*
diamond work *(SB)* Ornamentverband *m*
diaper *(Arch)* Diamantierung *f*, arabeskes Paneel *n*
diaphanous lichtdurchlässig, transparent
diaphragm 1. *(Konst)* Zwischenwand *f (zur Aussteifung)*; Schwingwand *f*; Zwischenboden *m (versteifender Rahmenboden)*; Binderscheibe *f*; Querscheibe *f*, Querwand *f*; 2. Abschlussmauer *f*; 3. *(Wsb, WVA)* Diaphragma *n*, Scheidewand *f*, Membran *f*; 4. *s.* diaphragm beam
diaphragm action *(Stat)* Scheibenwirkung *f*
diaphragm arch *(Arch, Konst)* Schwebebogen *m*, Schwibbogen *m*
diaphragm beam Aussteifungsträger *m*, wandartiger Träger *m*, Querscheibe *f*, Querbalken *m*, Querriegel *m*, Querträger *m (Brücke)*
diaphragm pump *(WVA)* Membranpumpe *f*
diaphragm valve Membranventil *n*
diaphragm wall *(Erdb)* Schlitzwand *f*; Scheibenwand *f*, Schwingwand *f*; Dichtungswand *f*, Kernwand *f*
diaphragm wall component *(Erdb)* Schlitzwandelement *n*
diaphragm wall joint Schlitzwandfuge *f*
diaphragm wall unit Schlitzwandelement *n*
diaspore *(BM)* Diaspor *m*
diaspore refractory product *(BM)* Diasporerzeugnis *n (Tonerdefeuerfesterzeugnis)*
diastyle *(Arch)* weitsäulig *(dreisäuliger Abstand antiker Tempel)*
diastyle *(Arch)* Diastylos *m (weitsäulige Anordnung)*
diathermacy *(DIS)* Wärmedurchlässigkeit *f*
diathermal wärmeundurchlässig
diathermancy *(DIS)* Wärmedurchlässigkeit *f*
diathermanous wärmedurchlässig
diathermic *s.* diathermanous
diatomaceous earth *(BM, WVA)* Diatomeenerde *f*, Kieselgur *f*
diatomite Diatomeenerde *f*, Kieselgur *f*
diazoma *(Arch)* Diazoma *m (Gang im griechischen Theater)*
dicalcium silicate *(BM)* Dicalciumsilicat *n*, Dikalziumsilikat *n*
die *v* **away** sich verdrücken, auskeilen
die 1. Sockelmittelstück *n*; 2. Matrize *f*, Mutterform *f (Gussform)*; Hohlform *f*; 3. Schnittwerkzeug *n*; 4. *s.* die-plate
die-block *(St)* Gesenkblock *m*
die-cast *s.* die-casting 2.
die-casting 1. Druckgießen *n*; 2. Druckgussstück *n*
die-forging 1. Gesenkschmieden *n*; 2. Gesenkschmiedeteil *n*
die-forging die Gesenk *n (Schmieden)*
die-life Standzeit *f (eines Werkzeugs)*
die-plate Schnittplatte *f*, Schnittunterteil *n (Matrize)*
die set *(Arch)* Schnitt *m (Säulenführungsschnitt)*
die-squared timber starkes Bauholz *n*, Kantholz *n (mindestens 100 × 100 mm im Durchmesser)*
die stock Gewindeschneidkluppe *f*
die work *(St, Te)* Gesenkschmieden *n*
diesel hammer *(BWG)* Dieselramme *f*
diesel roller *(BWG)* Dieselstraßenwalze *f*
difference Differenz *f*
difference in colour *(BT, OB)* Farbabweichung *f*
difference in density Dichteunterschied *m*
difference in elevation *(Verm)* Höhenunterschied *m*
difference in settlement *(Bod)* Setzungsunterschied *m*
difference in temperature *(DIS, HLK)* Wärmeunterschied *m*, Temperaturunterschied *f*
difference method Differenzmethode *f*, Differenzverfahren *n (Bindemittelgehaltsbestimmung)*
difference of head Gefälleunterschied *m*
difference of level *(Konst, Verm)* Niveauunterschied *m*
differential calculus Differenzialrechnung *f*
differential equation *(Stat)* Differenzialgleichung *f*
differential force Differenzialdruck *m*, Differenzialkraft *f*
differential global positioning system *(DGPS)* globales Differenzstandort-Bestimmungssystem *n*
differential head *(WVA)* Differenzdruckhöhe *f*
differential levelling *(Verm)* Differenzialhöhenmessung *f*
differential movement Bewegungsunterschied *m*, Differenzialbewegung *f*
differential pressure *(HLK, Stat, WVA)* Differenzdruck *m*
differential pulley block Differenzialflaschenzug *m*
differential quotient *(Stat)* Differenzialquotient *m*
differential settlement *(Erdb, Konst)* ungleichmäßiges Setzen *n*, unterschiedliche Setzung *f*; Setzungsunterschied *m*
differential shrinkage Schwindunterschied *m*
differential tackle Differenzialflaschenzug *m*
differential thermal analysis *(BM)* Differenzialthermoanalyse *f*
differentiation Differenziation *f*, Entmischung *f*
differentiation process *(BM)* Differenziationsvorgang *m*
differentiation product *(BM)* Differenziationsprodukt *n*
difficult to get at schwer zugänglich *(Gebäudeteile, Versorgungsleitungen)*
difficult to reach schwer zugänglich *(Gebäudeteile, Versorgungsleitungen)*
difficult-to-screen material *(BM)* schwer siebbares Gut *n*, schwieriges Siebgut *n*
difficulty soluble schwer löslich
diffraction Diffraktion *f*, Beugung *f*
diffraction of light Lichtbrechung *f*
diffuse field *(DIS)* diffuses Schallfeld *n*
diffuse illumination *(El)* gestreute Beleuchtung *f*
diffuse light *(El)* diffuses [gestreutes] Licht *n*, Streulicht *n*
diffuse-porous wood poriges Hartholz *n*
diffuse sound field *(DIS)* diffuses Schallfeld *n*
diffuser 1. *(HLK)* Diffusor *m*, Luftverteiler *m*; 2. *(El)* Lichtstreukörper *m*
diffusing ceiling *(El)* Leuchtdecke *f*, Lichtdecke *f*
diffusing glass Streuglas *n*; Mattglas *n*; Kathedralglas *n*
diffusing panel Lichtstreutafel *f*

diffusing screen Lichtstreuschirm *m*, Streuscheibe *f* *(Leuchtenabdeckung)*
diffusion *(DIS)* Ausbreitung *f*, Diffusion *f*
diffusion barrier *(DIS)* Diffusionsdampfsperre *f*
diffusion boundary layer Diffusionssperrschicht *f*
diffusion coating 1. Diffusionssperrschicht *f*; 2. Diffusionsbeschichten *n*
diffusion coefficient *(DIS)* Diffusionszahl *f*, Diffusionskonstante *f*
diffusion fastness Diffusionswiderstand *m*, Diffusionsbeständigkeit *f*
diffusion humidity Diffusionsfeuchtigkeit *f*
diffusion moisture *(DIS)* Diffusionsfeuchtigkeit *f*
diffusion of light *(El)* Lichtdiffusion *f*
diffusion process Diffusionsvorgang *m*
diffusion resistance *(DIS)* Diffusionswiderstand *m*
diffusion-tight diffusionsdicht
diffusion well *(Wsb, WVA)* Versickerungsbrunnen *m*
diffusivity *(DIS, Erdb)* Diffusionsvermögen *n*
diffusivity coefficient Diffusionskoeffizient *m*
diffusor *s.* diffuser
dig *v (Erdb, Wsb)* graben; ausschachten, ausheben *(z. B. Gruben)*; ausbaggern; schürfen *(Bergbau)*
dig *v* **for** schürfen *(Bergbau)*
dig *v* **off** abgraben
dig *v* **through** durchstechen
dig *v* **up** umgraben; ausgraben
dig 1. Graben *n*, Grabung *f*; 2. Ausgrabung *f*; 3. Grübchen *n* *(Glasfehler)*
digaway Aushebung *f*
digest *v (Umw, WVA)* biologisch [mikrobiell] abbauen *(Abwasser)*; faulen *(Schlamm)*
digested sludge Faulschlamm *m (Abwasser)*
digester *(Umw, WVA)* Faulbehälter *m*
digester gas *(Umw, WVA)* Faulgas *n*
digesting compartment *(San, WVA)* Schlammfaulraum *m*, Faulraum *m*
digesting sludge *(Umw, WVA)* Faulschlamm *m*
digestion Faulung *f (Abwasser)*
digestion chamber Schlammfaulraum *m*
digestion deposit Rottedeponie *f*
digestion plants Faulanlagen *fpl*
digestion sump Faulbehälter *m*, Faulraum *m*, Schlammfaulbehälter *m*
digestion tank *(San, WVA)* Faulbecken *n*, Faulbehälter *m*
digestion tower *(San, WVA)* Faulturm *m*
digger *(BWG)* Bagger *m*, Löffelbagger *m*
digging Graben *n*; Ausschachten *n*; Ausbaggern *n*
digging cycle *(Te)* Baggerarbeitsspiel *n*
digging height Abtraghöhe *f*
digging-out Bodenaushub *m*, Ausschachtung *f*
digging pit Schürfschacht *m*
digging shovel Schaufel *f*, Schippe *f*
digitate fingerförmig
digitize *v (Stat)* digitalisieren
diglyph zweiseitig ausgekehlter Stab *m*, Zweischlitz *m* *(Zierstab)*
dihedral zweiflächig
dihexagonal *(BM)* dihexagonal
dike *v* eindeichen, eindämmen
dike *v* **in** eindeichen, eindämmen
dike 1. *(Wsb)* Deich *m*, Damm *m*; Trockenmauer *f*, Trockensteindamm *m*; 2. *(Erdb)* Erdwall *m*, erhöhter Fahrdamm *m*; 3. breiter Graben *m*
dike burst Deichbruch *m*
dike drainage ditch Deichgraben *m*
dike failure Deichbruch *m*
dike land Deichland *n*
dike lock Siel *n*
diked eingedeicht
diked land eingedeichte Marsch *f*, Polder *m*, Koog *m*
diked marsh *s.* diked land
diking *(Wsb)* Eindeichen *n*; Eindeichung *f*
dilapidate *v* verfallen
dilapidated *(RS)* baufällig *(Bauwerk)* • **become dilapidated** verfallen *(Gebäude)*
dilapidating Verfallen *(Bauwerk)*
dilapidation Gebäudeverfall *m*, Baufälligkeit *f*
dilapidation of a building Gebäudeverfall *m*
dilatability Dehnbarkeit *f (Baustoffe)*
dilatancy *(BM, BT)* Dilatanz *f (Volumenveränderung durch Schub)*; Ausdehnung *f*, Formänderung *f*, Volumenänderung *f*
dilatation *(BM, BT)* Dehnung *f*, Dilatation *f*, Ausdehnung *f*
dilatation interval [joint] Dehn(ungs)fuge *f*
dilation *s.* dilatation
dilatometer Dehnungsmesser *m*, Dilatometer *n*
diluent *(BM)* Verschnittmittel *n*, Streckmittel *n*; Verdünnungsmittel *n*, Verdünner *m*
dilutability Verdünnbarkeit *f*; Verschneidbarkeit *f*
dilute *v (BM)* verschneiden; verdünnen
diluting agent *s.* diluent
dilution *(BM)* Streckung *f (von Flüssigkeiten)*; Verdünnen *n*, Verdünnung *f*; Auswaschung *f*
diluvial deposit *(Bod)* diluviale Ablagerung *f*
dim trübe *(Beleuchtung)*
dimension *v* 1. *(Konst, Stat)* bemessen, dimensionieren; 2. mit Maßangaben versehen, bemaßen *(Zeichnung)*
dimension 1. Maß *n*, Abmessung *f*; Größe *f*, Ausmaß *n*, Ausdehnung *f*, Umfang *m*; Maß *n*, Baumaß *n*; 2. Dimension *f (einer physikalischen Größe)*; Größenordnung *f* • **of correct dimensions** maßgerecht
dimension drawing *(Konst)* Zeichnung *f* mit Baubemaßung; dimensionsgerechte Zeichnung *f*
dimension figure Maßzahl *f*
dimension in unfinished state Rohbaumaß *n*
dimension line Maßlinie *f*
dimension lumber *(AE) s.* dimension timber
dimension shingles Maßschindeln *fpl*
dimension stock *(BM, Hb)* Dimensionsstockholz *n*
dimension stone *(BM, SB)* Dimensionsnaturstein *m*, baufertig bearbeiteter Naturstein *m*
dimension timber Dimensionsholz *n*
dimension with tolerance toleriertes Maß *n*
dimensional accuracy Maßgenauigkeit *f*
dimensional analysis *(Stat)* Dimensionierung *f*
dimensional change Maßänderung *f*
dimensional consistency Maßhaltigkeit *f*
dimensional coordination Maßordnung *f*
dimensional data Maßangaben *fpl*, Abmessungsangaben *fpl*
dimensional discrepancy Maßhaltigkeitsabweichung *f*, Abmessungsabweichung *f*
dimensional fit Baupassung *f*
dimensional framework Maßsystem *n*, Modulsystem *n*; Baumodul *m*
dimensional limit Grenzmaß *n*
dimensional line Maßlinie *f*
dimensional range Maßbereich *m*
dimensional reference system Maßbezugssystem *n*, Referenzsystem *n*
dimensional relationship Maßbeziehung *f*
dimensional stability Maßbeständigkeit *f*, Maßhaltigkeit *f* *(von Bauteilen)*; Formbeständigkeit *f (von Baustoffen, bes. von Kunststoffen)*
dimensional tolerance *(BT)* Maßtoleranz *f*
dimensional unit Maßeinheit *f*
dimensional variation Maßschwankung *f*

dimensionally accurate maßgerecht
dimensionally rules Bemessungsregeln *fpl*, Dimensionierungsregeln *fpl*
dimensionally stable maßhaltig, größenunveränderlich *(bei Temperatur- und Feuchtigkeitseinwirkung)*
dimensioned drawing Maßzeichnung *f*
dimensioning 1. Dimensionierung *f*, Bemessung *f*; 2. Bemaßung *f*
dimetric 1. *(Arch)* tetragonal; 2. *(Arch)* hexagonal
diminish *v* verkleinern, verringern; vermindern; verjüngen; sich verkleinern; sich verjüngen
diminished arch verkürzter Bogen *m*
diminishing piece Reduzierstück *n*, Passstück *n*
diminishing pipe Rohrreduzierstück *n*
diminution 1. Abnahme *f*, Verminderung *f*; 2. Verjüngung *f*
diminutive tower Ziertürmchen *n*
dimmer *(El)* Helligkeitsregler *m*, Dimmer *m*, Abblendschalter *m*, Verdunkelungswiderstand *m*
dimmer room *(El)* Beleuchtungskontrollraum *m (eines Theaters)*
dimple *v* vertiefen; Vertiefungen bekommen *(Oberflächen)*; versenken *(Niet)*
dimple Vertiefung *f (flach)*; Anbohrung *f*; Sicke *f*
dimple fracture *(BM, BT)* Wabenbruch *m*, ebener Zähbruch *m*
dimple spring Punktquelle *f*
dimpled surface *(OB)* Grübchenoberfläche *f*
dimpling kalottenförmige Riffelung *f*
dinas brick *(BM, BT)* Dinasstein *m*, Silikastein *m*
dinette *(AE)* Essnische *f*, Essecke *f*
dinging *(BB, SB)* Bürstenputz *m*
dingle *(Bod)* enges Tal *n*
dining area Essnische *f*, Essecke *f*
dining hall Speisesaal *m (eines Hotels)*
dining kitchen Wohnküche *f*, Essküche *f*
dining nook Essnische *f*
dining recess Essnische *f*, Essecke *f*
dining room Speiseraum *m*, Speisezimmer *n*, Esszimmer *n*; Speisesaal *m (eines Hotels)*
dining space Essplatz *m*
dining terrace Essterrasse *f*
dining zone Essbereich *m*
dint *v (St)* durchsenken; einbeulen
dint *(St)* Delle *f*, Vertiefung *f*, Beule *f*; Strieme *f*
dioctahedral *(Arch)* dioktaedrisch
diorama Diorama *n (Landschaftsdekorationsdarstellung)*
diorite *(BM)* Diorit *m*, Dioritgranit *m*, Aphanit *m*
dioritic dioritisch
dioritic rock Dioritgestein *n*
dip *v* 1. abfallen, sich neigen *(Gelände)*; 2. einfallen *(geologische Schichten)*; 3. durchhängen; 4. (ein)tauchen
dip *v* **at high angles** *(Bod, Konst)* steil einfallen
dip *v* **at low angles** flach einfallen
dip *v* **steeply** steil einfallen
dip 1. Neigung *f*, Senkung *f*; Einsenkung *f*; 2. Einfallen *n (Geologie)*; 3. Durchhang *m (von Leitungen)*
dip application *(OB)* Tauchauftrag *m (Beschichtung)*
dip coating 1. *(OB)* Tauchbeschichten *n*; 2. *(OB)* Tauchschicht *f*; Tauchanstrich *m*
dip colouring Tauchfärbung *f*
dip of slope *(Bod, Erdb)* Hanggefälle *n*
dip of the stratum *(Bod)* Fallen *n* einer geologischen Schicht
dip paint *(OB)* Tauchanstrich(stoff) *m*, Tauchfarbe *f*
dip pipe Fassungsröhre *f*
dip-primed tauchgrundiert
dip soldering Tauchlötung *f*
dip throat Regenwasserleiste *f*
dipcoat *s.* dip coating 2.
diplomat enclave *(RP)* Diplomatenviertel *n*
dipper *(BWG)* Baggerlöffel *m*, Nassbagger *m*
dipper bucket *(BWG)* Baggerlöffel *m*
dipper dredger Nassbagger *m*, Löffelbagger *m*
dipping einfallend
dipping Eintauchen *n*
dipping engobe *(OB)* Tauchengobe *f*
dipping glazing *(OB)* Tauchglasieren *n*
dipping lacquer *(OB)* Tauchlackfarbe *f*
dipping method *(OB, Te)* Tauchverfahren *n*
dipping weighing Tauchwägung *f*
dipteral 1. *(Arch)* dipteral, doppelsäulenreihig, mit doppelter Säulenreihe; 2. *(Arch)* dipteral, zweiflügelig
dipteral building zweiflügeliges Gebäude *n*
dipteral temple *(Arch)* Dipteraltempel *m*, Tempel *m* mit doppelter Säulenreihe
dipterous *s.* dipteral building
diptych *(Arch)* Diptychon *n*
direct-acting load *(Stat)* direkte Last *f*
direct action direkte Beanspruchung *f*
direct arch *(Arch)* gerader Bogen *m*
direct compression direkter [reiner] Druck *m*
direct current *(El)* Gleichstrom *m*
direct dumping of concrete *(BB, Te)* direktes Betonieren *n (ohne Betontransportmittel)*
direct force Längskraft *f*
direct foundation *(BB, Erdb)* Streifenfundament *n*
direct glare Blendlicht *n*
direct heating Direktheizung *f*
direct heating system *(HLK)* direktes Heizungssystem *n*
direct illumination Direktbeleuchtung *f*, direkte Beleuchtung *f*
direct labour Produktionsarbeiter *m*
direct levelling *(Verm)* direkte Höhenmessung *f*
direct lighting direkte Beleuchtung *f*
direct material Hauptbaustoff *m*
direct moment distribution direkter Momentenausgleich *m*
direct nailing direkte Nagelung *f* [Vernagelung *f*]
direct return system *(HLK)* direktes Rücklaufsystem *n*
direct runoff Oberflächenabfluss *m*, direkter Abfluss *m*
direct shear test *(Erdb)* Druckprüfung *f* mit behinderter Seitenausdehnung; direkte Scherprüfung *f*
direct solar gain *(HLK)* direkter Solargewinn *m*
direct stress *(Stat)* Normalspannung *f*, Längskraft *f* ohne Biegung
direct stress and bending *(Stat)* Längskraft *f* mit Biegung
direct sun rays pralle Sonne *f*
direct support *(Br, TK)* direkte Lagerung *f*
direct system 1. *(HLK)* direktes Heizungssystem *n*; 2. *(HLK)* direktes Kühlsystem *n*
direct tensile stress *(Stat)* Normalzugspannung *f*
direct tensile test *(BM)* (Normal-)Zugspannungsprüfung *f*
direct tension *(Stat)* reiner Zug *m (Zugspannung)*
direct vault gerades Gewölbe *n*
directed labour system *(VR)* geleitetes Arbeitnehmermanagement *n*
directed light gerichtetes [direktes] Licht *n*
directed stress *(Stat)* gerichtete Beanspruchung *f*
directing force *(Stat)* Richtkraft *f*, Direktionskraft *f*
directing point *(Verm)* Fluchtpunkt *m*
direction 1. Richtung *f*; 2. Bauleitung *f*, Baudirektion *f*
direction arrow *(Verk)* Richtungspfeil *m*
direction finding *(Verm)* Peilung *f*
direction lane Richtungsfahrbahn *f*
direction of circulation *(Wsb, WVA)* Strömungsrichtung *f*
direction of deformation Formänderungsrichtung *f*
direction of dip *(Bod)* Einfallrichtung *f (Bodenschichten)*

direction of flow [flowage] Strömungsrichtung *f*, Fließrichtung *f*
direction of force Kraftrichtung *f*
direction of loading Belastungsrichtung *f*
direction of main stress *(Stat)* Hauptspannungsrichtung *f*
direction of movement Bewegungsrichtung *f*
direction of principal stress Hauptspannungsrichtung *f*
direction of span Spannrichtung *f (Decke)*
direction of thrust Schubrichtung *f*
direction of wind Windrichtung *f*
direction signing *(Verk, VR)* Wegweisung *f*
direction to be followed sign *(Verk)* durchgehendes Wegweisungsschild *n*
directional gerichtet, Richtungs...
directional arrow Richtungspfeil *m*
directional control *(Verk)* Richtungsverkehrssteuerung *f*
directional count *(Verk)* Verkehrs(richtungs)stromzählung *f*
directional deviation logging Neigungsmessung *f*
directional island *(Verk)* Leitinsel *f*
directional lighting gerichtete [direkte] Beleuchtung *f*
directional pressure einseitiger Druck *m*
directionless richtungslos
directionless pressure allseitiger Druck *m*
directions Bedienungsanleitung *f*
directions for laying Verlegeanleitung *f*
directly proportional *(Stat)* direkt proportional
Directoire style *(Arch)* klassizistischer Empirestil *m (in Frankreich, 18. Jh.)*
director's block *(Arch)* Direktionsgebäude *n*
directory Bezugsquellennachweis *m*
directrix Direktrix *f*, Leitkurve *f*, Leitlinie *f*
dirt 1. Schmutz *m*; 2. loser Erdboden *m*; 3. Blasenschleier *m (Schlierenglas)*
dirt filter *(HLK)* Schmutzfilter *n*
dirt heap *(Bod, Erdb)* Bergehalde *f*
dirt money *(VR)* Schmutzzulage *f*
dirt moving *(Erdb, Te)* Erdbewegungsarbeiten *fpl*, Erdbewegung *f*
dirt particles *(Umw)* Schmutzteilchen *npl*
dirt penetration Staubeindringung *f*
dirt-repelling schmutzabweisend
dirt retention *(HLK, Umw)* Staubrückhaltung *f*
dirt road *(AE)* Landweg *m*, unbefestigte Straße *f*; Sandweg *m*
dirt screed Lehmestrich *m*
dirt track Sandbahn *f*
dirty schmutzig, Schmutz...
dirty money *(VR)* Schmutzzulage *f*
dirty sandstone toniger Sandstein *m*
dirty water *(WVA)* Schmutzwasser *n*
dirty work allowance Schmutzzulage *f*
disable *v* unwirksam machen
disabled 1. nicht einsatzfähig, nicht betriebsbereit; 2. behindert *(Personen)*; 3. rechtsunfähig, geschäftsunfähig
disabled facilities Einrichtungen *fpl* für Behinderte
disafforest *v (LB, RP)* abholzen, entwalden *(Waldgelände für anderweitige Nutzung frei machen)*
disaggregate *v* zerfallen, zerbröckeln, mechanisch verwittern
disaggregation Zerfall *m*, mechanische Verwitterung *f*
disappearing stair herunterklappbare Stufenleiter *f*
disassemble *v* abbauen, zerlegen, demontieren
disassembly Zerlegung *f*, Abbau *m*, Demontage *f*; Ausbau *m (von Bauteilen)*
disaster flood *(Umw)* Katastrophenhochwasser *n*
disaster prevention *(VR)* Katastrophenverhütung *f*
disaster warning *(VR)* Katastrophenwarnung *f*
disbarked wood geschältes Holz *n*
disc *s.* disk
discard *v* entfernen, beseitigen, abziehen, aussondern
discard *(Bod, Erdb)* Rest *m*, Abfall *m*; Berge *pl (Grubenabraum)*
discharge *v* 1. entleeren *(Gefäße)*; ablassen *(Flüssigkeiten, Gase)*; abfließen, ablaufen, ausströmen; 2. fördern *(Pumpe)*; 3. *(El)* sich entladen
discharge 1. *(HLK, Wsb, WVA)* Entleeren *n*; Ablassen *n*; Abfluss *m*, Ausfluss *m*, Auslaufen *n*, Ausströmen *n*; 2. *(Erdb, WVA)* Förderung *f (von Pumpen)*; 3. *(Erdb, WVA)* Durchflussmenge *f*; Fördermenge *f (von Pumpen)*; Abflussmenge *f*; 4. *(Erdb, Wsb)* Vorfluter *m*, Abzugsgraben *m*; 5. *s.* discharge opening; 6. *(El)* Entladung *f*
discharge area Abflussfläche *f*
discharge capacity Abflussvermögen *n*, Abfluss *m*
discharge channel Abflussrinne *f*, Ablaufrinne *f*
discharge chute Abwurfschurre *f*
discharge coefficient Abflusskoeffizient *m*
discharge conduit *(Wsb, WVA)* Abflusskanal *m*, Abflussrohr *n*
discharge curve Abflusskurve *f*
discharge gate *(Wsb, WVA)* Entleerungsöffnung *f*
discharge gutter Ablaufrinne *f*, Abflussrinne *f*, Wasserrinne *f (Tiefbau)*
discharge head Förderhöhe *f (einer Pumpe)*
discharge hopper Entleerungstrichter *m*, Auslasssilo *n*
discharge hydrograph *(Umw, Wsb)* Abflussmengenkurve *f*
discharge lamp *(El)* Entladungslampe *f*
discharge line Abflussleitung *f*; Entwässerungsleitung *f*
discharge of a well *(WVA)* Brunnenergiebigkeit *f*
discharge of spring *(Bod, WVA)* Quellergiebigkeit *f*
discharge opening Entleerungsöffnung *f*; Ablassöffnung *f*, Auslauf *m*; Abwurfsöffnung *f (z. B. eines Förderers)*
discharge pipe 1. Abflussrohr *n*; Abzugsrohr *n*; 2. *(San)* Abflussleitung *f*, Ableitung *f*
discharge pipeline Abflussleitung *f*
discharge point Abflussstelle *f*, Ablaufstelle *f*
discharge rate 1. Abflussmenge *f*; 2. Ausströmgeschwindigkeit *f*
discharge rating curve Abflussmengenkurve *f*
discharge shoot Abwurfschurre *f*
discharge sluice Entwässerungsschleuse *f*
discharge system *(Wsb, WVA)* Einleitungsanlage *f*
discharge valve Ablassventil *n*, Druckventil *n*
discharge velocity Abflussgeschwindigkeit *f (Entwässerung)*
discharger Entladevorrichtung *f*
discharging arch Überfangbogen *m*, Entlastungsbogen *m (Mauerwerk)*
discharging pipe *(HLK, WVA)* Ausblasrohr *n*
discharging vault *(Konst)* Entlastungsgewölbe *n*; Leibungsbogen *m*
discoidal scheibenförmig
discoloration *(BM, OB)* Verfärbung *f*, Farbveränderung *f*; Entfärbung *f*
discolour *v (BM, OB)* verfärben; sich verfärben; entfärben; sich entfärben
discomfort glare *(El)* grelles Licht *n*, Blendlicht *n*; psychologische Blendung *f*
disconformable ungleichförmig; widersinnig
disconformable contact *(Bod)* ungleichförmige Lagerung *f*, diskordante Lagerung *f*
disconformity *(Bod)* ungleichförmige Lagerung *f*, Diskordanz *f*
disconnect *v* 1. trennen; lösen; 2. *(El)* unterbrechen, trennen *(Kontakt)*; ausschalten
disconnectable 1. lösbar *(Verbindung)*; 2. *(El)* abschaltbar
disconnecting chamber Sammelschacht *m*
disconnector *(El)* Trennschalter *m*

discontinuity *(Arch)* Unstetigkeitsfläche *f*; Diskontinuität *f*
discontinuity surface *(Arch)* Unstetigkeitsfläche *f*
discontinuous beam Einzelbalken *m*, unterbrochener Träger *m*
discontinuous construction (method) *(DIS, Konst)* locker verbundene Bauweise *f*, schallunterbrochene Bauweise *f*
discontinuous impost entgegengesetzt gewölbter Kämpferstein *m (im Gegensatz zum Bogen)*
discontinuously-graded aggregate *(BM)* diskontinuierlich abgestufte Mineralmasse *f*, ungleichmäßig aufgebautes Mineralgemisch *n*, unstetig abgestuftes Mineralgekörn *n*; Ausfallkörnung *f*
discontinuum theory *(BM, Stat)* Diskontinuumtheorie *f*
discordance 1. Abweichung *f*; 2. *(Bod)* Diskordanz *f*, ungleichförmige Lagerung *f*
discount *v* rechnerisch vernachlässigen, abziehen
discount *(VR)* Nachlass *m*, Rabatt *m*, Diskont *m*
discounted cash flow abgezinster Cashflow *m*, diskontierter Cashflow *m*
disengage *v* loslösen, (her)auslösen
dished ballig, konvex
dished plate Buckelblech *n*
dishwasher *(San, WVA)* Geschirrspülmaschine *f*
dishwater *(San)* Spülwasser *n*, Küchenabwasser *n*
disintegrable *(BM, OB)* verwitterungsfähig
disintegrate *v* 1. zerfallen, zerbröckeln; verwittern; verflüssigen; 2. zerkleinern; vermahlen
disintegrated material Trümmergesteinsmaterial *n*
disintegration 1. Zerfall *m (von Beton)*; Auflösung *f*; Aufschluss *m*; 2. Zerkleinerung *f*; Mahlen *n*
disintegration of concrete Betonzersetzung *f*
disintegration product 1. Zerfallsprodukt *n*, Verwitterungsprodukt *n*; 2. Zerkleinerungsprodukt *n*
disinter *v (Bod, Erdb)* ausgraben *(Fundstücke)*
disjoint *v* zerlegen, trennen; zerfallen, auseinanderfallen
disk *(TK)* Scheibe *f (Tragwerk)*; Platte *f*
disk action Scheibenwirkung *f*
disk anchor Telleranker *m (in Beton)*
disk bearing Scheibenlager *n*
disk frieze Scheibenfries *m*
disk meter Scheibenzähler *m*
disk plough Rundkehle *f*
disk sander Teller(schleif)maschine *f (für Holz)*
disk saw *s.* circular saw
dislocate *v* 1. verrücken, verschieben; versetzen, verlagern; 2. *(Bod)* verwerfen
dislocation 1. Verrückung *f*, Verschiebung *f*; Verlagerung *f*; Versatz *m*; 2. *(Bod)* Verwerfung *f*
dislocation of strata *(Bod)* Verwerfung *f*
dislodge *v* verrücken *(Bauwerk)*
dismantle *v* 1. demontieren, zerlegen, niederreißen *(z. B. Gebäude)*; 2. entformen, entschalen, die Schalung entfernen; 3. (aus)räumen *(Häuser)*
dismantling Demontage *f*
dismantling flange Überwurfflansch *m*
dismantling product *(BB, BM)* Ausschalungsmittel *n*
dismember *v (RP, VR)* verstückeln *(Grundstücke)*
dismount *v* demontieren, zerlegen; abmontieren
dismountable demontierbar
dismountable connection lösbare Verbindung *f*
dismountable joint lösbare Verbindung *f*
dismounting Demontage *f*
disparity Disparität *f (Städtebau, Raumordnung)*
dispersal *(RP)* Zersiedelung *f*
disperse *v (BM, OB)* dispergieren, verteilen
dispersibility *(BM, OB)* Dispergierbarkeit *f*
dispersion *(BM, OB)* Dispersion *f*
dispersion hardening Dispersionshärtung *f (Anstrich)*
dispersion in quality Gütestreuung *f*
dispersion property *(BM, OB)* Dispersionseigenschaft *f*
displace *v* verlagern, verschieben, verrücken
displacement 1. Verschiebung *f*, Verrückung *f (einer Lage)*; Verlegung *f*; 2. Fördermenge *f (Pumpe)*; Hubvolumen *n*
displacement-friction pile *(Erdb)* Mantelreibungspfahl *m*
displacement indicator Ablösungskennzeichen *n (Bindemittel-Mineral-Gemisch)*
displacement method *(Konst, Te)* Verrückungsverfahren *n*, Steifigkeitsmatrizenverfahren *n*
displacement of bearings Stützensenkung *f*
displacement of coordinate axis *(Verm)* Koordinatenachsverschiebung *f*
displacement of equilibrium *(Stat)* Gleichgewichtsverschiebung *f*
displacement of stress Spannungsumlagerung *f*
displacement of support Auflagerverschiebung *f*; Stützensenkung *f*
displacement pile *(Erdb)* Rammpfahl *m*; Mantelreibungspfahl *m*
displacement pump Entwässerungspumpe *f*
displacement rupture *(BM)* Verschiebungsbruch *m*
displacement test Ablösungsprüfung *f*, Wasserlagerungsprüfung *f (bituminöse Gemische)*
displacer *(BM, SB)* Zyklopenbetonstein *m*
display case Schaukasten *m*, Vitrine *f*
display house *(Arch)* Ausstellungsbau *m*, Musterhaus *n*
display window Schaufenster *n*, Ladenfenster *n*
disposable house *(Konst)* Wegwerfhaus *n*, Verschleißhaus *n*, Abwohnhaus *n*
disposal 1. *(Umw)* Beseitigung *f*; Entsorgung *f*, Abfallbeseitigung *f*; Abtransport *m*; 2. *(VR) (AE)* Verfügungsgewalt *f*; Anordnung *f*
disposal chute Abwurfschacht *m*, Entsorgungsschacht *m*
disposal field Rieselfeld *n*; Berieselungsgebiet *n*
disposal line *(Umw, WVA)* Entsorgungsleitung *f*
disposal of refuse 1. *(Umw)* Abfallbeseitigung *f*, Müllbeseitigung *f*; 2. *(Verk)* Reiseabfall
disposal plant *(Umw)* Entsorgungsanlage *f*, Abfallbeseitigungsanlage *f*
disposal route Entsorgungsweg *m*
disposal well *(Umw)* Entsorgungsschacht *m*; Versenkungsbrunnen *m*
disposal zone *(Umw)* Endlager *n*, Endlagerungsstätte *f*
dispose *v* anordnen, aufstellen; verteilen
dispose *v* **of** beseitigen; entsorgen *(Abfälle)*
dispose-all *(AE)* Müllschlucker *m*, Abfallschacht *m*
disposer Abwurfschacht *m*
disposition *(Arch)* Anordnung *f*, Aufstellung *f*; Verfügung *f*; Neigung *f*
disposition of a building *(Arch)* Gebäudeeinteilung *f*
disposition of nonconformity *(RS)* Behandlung *f* fehlerhafter Einheiten
disrepair Verfall *m*; Baufälligkeit *f* • **be in (a state of) disrepair** in baufälligem Zustand sein • **fall into disrepair** *(RS)* baufällig werden
disrupt *v* auseinanderbrechen, zerbrechen; sprengen, zertrümmern; zerreißen, auseinanderreißen
disrupted zerbrochen, zertrümmert; zerrissen
disruption *(BM, BT)* Bruch *m*, Riss *m*; Zerbrechung *f*, Zerreißung *f*; Spaltung *f*; Aufreißen *n*
dissected zerschnitten, gegliedert
dissected topography *(RP)* zerschnittenes [bewegtes] Gelände *n*
disseminated eingesprengt *(Gesteinsmineralien)*
dissipate *v* zerstreuen, auflösen
dissipated energy *(HLK)* aufgezehrte Energie *f*
dissipation of the hydration heat *(BB, Te)* Abklingen *n* der Abbindewärme

dissociation degree *(BM, Umw)* Dissoziationsgrad *m (Lösungen)*
dissolution *(BM, Umw)* Auflösung *f*, Lösen *n*, Lösung *f*; Inlösunggehen *n*
dissolve *v* aufschließen, verflüssigen; auflösen
dissolved matter gelöste Stoffe *mpl*
dissolving *(BM)* Aufschließen *n*, Verflüssigen *n*; Auflösen *n*
dissymmetry *(Arch)* Asymmetrie *f*
distance 1. Entfernung *f*, Strecke *f*; Wegstrecke *f*; 2. Abstand *m*; Weite *f*
distance between buildings *(VR)* Bauwich *m*, seitlicher Grenzabstand *m*
distance between girders Trägerabstand *m*
distance between rivets Nietabstand *m*
distance marker *(Verk)* unterbrochene Markierung *f*
distance measurement *(Verm)* Abstandsmessung *f*; Streckenmessung *f*
distance panel *(Verk)* Entfernungstafel *f*
distance piece Abstand(s)halter *m*, Einsatzstück *n*; Entfernungsrahmen *m*
distance separation *(Konst)* Brandmauerabtrennung *f*, Teilung *f* durch Brandmauern [Brandschutzeinrichtungen] *(gereihte Gebäude)*
distant water supply *s.* long-distance water supply
distegia *(Arch)* oberes Bühnengeschoss *n (griechisches Theater)*
distemper *v (OB, Te)* mit Leimfarbe streichen; tünchen
distemper 1. *(BM, OB)* Leimfarbe *f*, Anstrichfarbe *f*, Farbe *f (für Wände, Decken)*; 2. *(Arch)* Temperamalerei *f*
distemper brush Malerbürste *f*
distempering *(OB)* Leimfarbenanstrich *m*
distensibility *(BM)* Dehnbarkeit *f*
distensible dehnbar
distension Streckung *f*, Dehnung *f*, Ausdehnung *f*
distension of the foundation Verbreiterung *f* des Fundaments [Unterbaus]
distichous zweireihig angeordnet
distilled tar *(BM)* destillierter Teer *m*
distinguishing mark *(Verm, VR)* Kennzeichen *n*
distort *v* verdrehen, verbiegen; sich verwerfen
distorted verworfen, verformt; verzerrt
distortion 1. *(BT, TK)* Verformung *f*, Deformation *f*, Verwerfung *f (mechanisch)*; Verbiegung *f*; Verkrümmung *f*; 2. Verzerrung *f (elektrisch, akustisch)*
distortion strength *(Stat)* Verformungsfestigkeit *f*
distortional deformation *(Stat)* Schubverformung *f*
distress *(VR)* Schaden *m*; Gefahr *f*
distress identification *(VR)* Schadensbeschreibung *f*
distress type Schadensart *f*
distribute *v* 1. verteilen; 2. auftragen, aufbringen *(Farbe)*
distributed load *(Stat)* verteilte Last *f*; Streckenlast *f*; Flächenlast *f*
distributed moment *(Stat)* Verschiebungsmoment *n*
distributing board *s.* distribution board
distributing conduit *(El)* Verteilungsleitung *f*
distributing storey *(Arch, Konst)* Verteilergeschoss *n*, Verteilerstockwerk *n*
distribution Verteilung *f*
distribution bar Verteilerstab *m*
distribution-bar reinforcement *(BB, BM)* Verteilereisen *npl*, Querbewehrung *f*
distribution board *(El)* Verteilertafel *f*
distribution box 1. *(El)* Verteilerkasten *m*; 2. Schmutzwasserverteiltank *m (in Sickerleitungen)*
distribution centre Verteilungszentrum *n*
distribution coefficient Verteilungskoeffizient *m*
distribution curve Verteilungskurve *f*
distribution cut-out *(El)* Verteilungsausschalter *m*
distribution duct Verteilungskanal *m*
distribution factor Verteilungsfaktor *m*, Verteilungszahl *f (Momentenausgleich)*
distribution fuse board Verteilersicherungstafel *f*
distribution line 1. Lochrohrlinie *f*; 2. *(El)* Verteilungsleitung *f*
distribution model *(Arch)* Verteilungsmuster *n*
distribution network *(El, WVA)* Verteilungsnetzwerk *n*
distribution of bending Biegeverteilung *f*
distribution of contact pressure *(Erdb)* Sohldruckverteilung *f*
distribution of forces *(Stat)* Kraftverteilung *f*
distribution of gas Gasverteilung *f*
distribution of heat Wärmeverteilung *f*
distribution of load *(Stat)* Lastverteilung *f*; Gewichtsverteilung *f*
distribution of particle size *(BM)* Korngrößenverteilung *f (Sieblinien)*
distribution of pores *(BM)* Porenverteilung *f*
distribution of pressure Druckverteilung *f*
distribution of slip Schlupfverteilung *f*
distribution panel *(El)* Verteilertafel *f*
distribution pattern Verteilungsfigur *f*
distribution plate *(Br, BT)* Schleppplatte *f (Brücke)*
distribution reinforcement *(BB, BM)* Querbewehrung *f*; Verteilereisen *npl*
distribution rod Verteilerstab *m (Bewehrung)*
distribution steel *s.* distribution-bar reinforcement
distribution switchboard *(El)* Verteilungs(schalt)tafel *f*
distribution system Verteilungsnetz *n*, Verteilernetz *n (Versorgungsanlagen)*
distribution tile 1. *(AE)* gelochtes Tonrohr *n*; 2. *(Erdb, WVA)* Sickerleitung *f*
distributor *(VR)* Großhändler *m*
distributor road *(Verk)* Verteilerstraße *f*
district *(RP)* Gebiet *n*; Bezirk *m*, Verwaltungsbezirk *m*
district area *(RP)* Bezirksgebietsfläche *f*
district heat supply *(HLK)* Fernwärmeversorgung *f*
district heating Fernheizung *f*
district heating line Fernheizleitung *f*
district heating plant Fernheizwerk *n*
district road *(Verk)* Landstraße *f*, Kreisstraße *f*
district water supply *(RP, WVA)* Großraumwasserversorgung *f*, Gebietswasserversorgung *f*
disturb *v* stören
disturbance Störung *f*; Dislokation *f*
disturbance of the setting process *(BB, BM)* Störung *f* des Abbindeprozesses, Abbindestörung *f*
disturbed gestört; verworfen
disturbed sample *(Bod)* gestörte Probe *f*, gestörte Bodenprobe *f*
disturbing function *(VR)* Störungsfunktion *f*
distyle *(Arch)* distyl, zweisäulig *(antiker Tempelbau)*
disuse *v* auflassen, nicht mehr benutzen; stilllegen
disuse Nichtgebrauch *m*, Nichtverwendung *f*
ditch *v (Erdb, Te)* einen Graben ausheben [ziehen]
ditch 1. Graben *m*; Straßengraben *m*; 2. Abflussgraben *m*; Wasserhaltungsgraben *m*; 3. Wassergraben *m*
ditch at foot of slope *(Erdb)* unterer Entwässerungsgraben *m*
ditch at top of slope oberer Abfanggraben *m*
ditch cleaner *(BWG)* Grabenräumer *m*
ditch cleaning out *(RS)* Grabenreinigung *f*
ditch digger Grabenbagger *m*; Tieflöffelbagger *m*
ditch for canalization *(Erdb, Wsb, WVA)* Kanalisationsgraben *m*
ditch for conduits Leitungsgraben *m*
ditch of a berm *(Erdb)* Böschungsgraben *m*
ditch of a road Straßengraben *m*
ditch refilling Baugrubenverfüllung *f*

D

D

ditcher *(BWG)* Grabenziehmaschine *f*; Grabenbagger *m*; Tieflöffelbagger *m*
ditching Grabenaushub *m*
ditching machine *s.* ditcher
ditetragonal ditetragonal
ditriglyph *(Arch)* Ditriglyph *m (Teilfläche aus 2 Triglyphen am Fries dorischer Tempel)*
ditrigonal ditrigonal
divan 1. *(Arch)* Rauchzimmer *n (historisch)*; 2. *(Arch)* islamischer Gerichtsraum *m*
divarication Gabelung *f*
divergence of style *(Arch)* stilistische Divergenz *f*
divergency Abweichung *f*
diversion *(Verk)* Umleitung *f (von Verkehr, von Wasser)*
diversion advise *(Verk)* Umleitungsanzeige *f*, Umleitungsankündigung *f*
diversion canal *(Wsb)* Umgehungskanal *m*, Umleitungskanal *m*
diversion channel *(Wsb)* Umgehungskanal *m*, Umleitungskanal *m*
diversion of traffic Verkehrsumleitung *f*
diversion road *(RP, Verk)* Umgehungsstraße *f*
diversion route *(Verk)* Umleitungsstrecke *f*
diversion sign *(Verk)* Umleitungs(verkehrs)zeichen *n*
diversion tunnel *(Wsb)* Umleit(ungs)stollen *m (Talsperre)*
diversion weir *(Wsb)* Überfallbauwerk *n*; Überleitungswehr *n*
divert *v* 1. umleiten *(Verkehr, Wasser)*; 2. ableiten; ablenken
diverted line *s.* diverted track
diverted route *(Verk)* Umleitung(sstrecke) *f (Straße)*
diverted time *(VR)* bezahlte Ausfallzeit *f*
diverted track *(Verk)* abzweigendes Gleis *n*
divide *v* (auf)teilen; zerstückeln
divide *v* **into lots** *(RP, VR)* parzellieren
divide *(AE) (Bod)* Wasserscheide *f*
divided light door *(Arch)* französische Tür *f*, mehrfach geteilte Glastür *f*
divided tenon Doppelspannglied *n*
divider 1. Schottenwand *f*; 2. *s.* dividers
divider strip Terrazzotrennschiene *f*
dividers *(Konst)* Stechzirkel *m*, Spitzzirkel *m*, Teilzirkel *m*
dividing dike *(Wsb)* Trenndamm *m*
dividing island *(Verk)* Trenninsel *f*
dividing line Trennlinie *f*
dividing of the courses *(SB)* Schichtverteilung *f (Mauerwerk)*
dividing strip Trennstreifen *m (Straße)*
dividing wall Trennwand *f*
diving bell *(Wsb)* Taucherglocke *f*; Senkkasten *m*
divining rod *(Bod, WVA)* Wünschelrute *f*
division 1. Teilung *f*, Verteilung *f*, Aufteilung *f*; Abteilung *f*; 2. Trennung *f*; Grenze *f*, Grenzlinie *f*; 3. Teilstrich *m*, Strich *m (einer Skale)*
division element Raumteiler *m*
division line 1. Trennlinie *f*; 2. Skalen(teil)strich *m*, Teilstrich *m*
division masonry wall *(Konst)* durchlaufende Brandmauer *f*
division of the limb Teil *m* des Kreisbogens
division wall *(Konst)* Trennwand *f*, Zwischenwand *f*, Scheidewand *f*; Brandmauer *f*, Brandschott *n*
divorced (ab)getrennt
divorced from reality stilisiert
do-it-yourself house *(Konst)* Selbstbauhaus *n*
do-it-yourself kit *(BWG)* Heimwerkerausrüstung *f*
do-it-yourselfer *(VR)* Heimwerker *m*; Bastler *m*
doat *s.* dote
dobie rohgeformter Stein *m*, Handformstein *m*
dock 1. Dock *n*; 2. Ladeplattform *f*
docks Hafenanlagen *fpl*
dockyard *(Wsb)* Schiffswerft *f*
document deposit *(VR)* Geldhinterlegung *f* für Projektunterlagen
documents for setting the accounts Abrechnungsunterlagen *fpl*
dodecastyle *(Arch)* zwölfsäulig
dodecastyle *(Arch)* Dodekastylos *m*
dog *v* (mit einer Klammer) befestigen
dog 1. Klammer *f (U-förmig, für Balken)*; Bauklammer *f*; 2. *(Hb)* Klaue *f*, Kloben *m*; Knagge *f*; Sperrklinke *f*
dog bars untere vertikale Torschiene *fpl*
dog-ear Faltohr *n*, Faltecke *f*
dog iron Bauklammer *f*
dog-leg chisel *(Hb)* Geißfuß *m (Handwerkzeug)*
dog-leg(ged) staircase *(BT, Konst)* gegenläufige Treppe *f*, Treppe *f* mit vollem Richtungswechsel
dog nail Schlossnagel *m*, Schlossdorn *m*, Wellennagel *m*
dog spike Schienennagel *m*
dog-stays *(Br, TK)* Brückenträger *m*
dog-tooth course *(SB)* Diagonalschicht *f* mit herausstehenden Ziegelecken
dog-tooth ornament *(Arch)* Hundezahnornament *n*
Doges' Palace *(Arch)* Dogenpalast *m*
dogging of a floor Einbinden *n* des Fußbodens
dogleg stairs gegenläufige Treppe *f*
dol *(sl)* Tal *n*
dolerite *(BM)* Dolerit *m*
doleritic texture *(BM, Bod)* doleritische Struktur *f*
doling-out of water *(Bod)* Wasserabgabe *f (Erdstoff)*
dolly *v* gegenhalten, vorhalten *(beim Nieten)*
dolly 1. *(BWG, St)* Gegenhalter *m (beim Nieten)*; 2. *(Erdb)* Pfahlaufsatz *m*, Aufsatz *m (ein Hartholzblock zum Schutz der Rammhaube)*; Pochstempel *m*; 3. *(Erdb)* Grundhalter *m*
dolmen *(Arch)* Steinhügelgrab *n*, Dolmengrab *n*, Megalithgrab *n*
dolomite Dolomit *m*, Dolomitgestein *n*
dolomite brick *(BM)* Dolomitziegel *m*
dolomite marble *(BM)* Dolomitmarmor *m*
dolomite plant Dolomitwerk *n*
dolomite refractory Dolomiterzeugnis *n*
dolomitic cement *(BM)* Dolomitzement *m*
dolomitic hydrate Dolomitkalkhydrat *n*
dolomitic lime Dolomitkalk *m*, Mg-Branntkalk *m*, Graukalk *m*
dolomitic limestone *(BM)* dolomitischer Kalkstein *m*, Dolomitkalkstein *m*
dolomitic marl Dolomitmergel *m*
dolomitic sand Dolomitsand *m*
dolostone *s.* dolomitic limestone
dolphin *(Wsb)* Dalbe *f*, Dalben *m*, Poller *m*
dolphin pile *(BT, Wsb)* Dalbenpfahl *m*
domain *(VR)* Landbesitz *m*; Ländereien *pl*
domain eminent *(AE) (VR)* (staatliches) Enteignungsrecht *n*
domain of definition *(RP, Stat)* Definitionsbereich *m*
domal *(Bod)* domartig *(geologisch)*
dome *v (Konst, Te)* überkuppeln; überwölben
dome *(Arch, Konst)* Kuppel *f*; Kuppeldach *n*
dome dam Kuppelmauer *f*
dome impost Kuppelkämpfer *m*
dome light Licht(einfalls)kuppel *f*, Oberlichtkuppel *f*
dome of rotational symmetry *(Arch, Konst)* Rotationskuppel *f*, Drehkuppel *f (rotationssymmetrisch)*
dome on drum *(Arch)* Tambourkuppel *f*
dome ring Kuppelring *m*
dome roof *(Arch, Konst)* Kuppeldach *n*
dome-shaped kuppelförmig, kuppelartig
dome-shaped form Kuppelform *f*
dome-shaped roof Kuppeldach *n*

dome-shaped shell *(Konst, TK)* Kuppelschale *f*
dome steam pipe *(HLK)* Dampfsammelrohr *n*
dome surface Kuppeloberfläche *f*
dome vault Kuppelgewölbe *n*
dome vertex Kuppelscheitelpunkt *m*
domed 1. gewölbt, kuppelförmig; 2. mit einer Kuppel versehen
domed basilica *(Arch)* Kuppelbasilika *f*
domed chapel *(Arch)* Kuppelkapelle *f*
domed church *(Arch)* Kuppelkirche *f*
domed diminutive tower Kuppeltürmchen *n*
domed roof Kuppeldach *n*
domed roof-light *(Konst)* Lichtkuppel *f*
domed structure Kuppelbauwerk *n*
domelike domartig
domelike shell Kappenschale *f*
domestic häuslich; einheimisch, inländisch
domestic appliance Haushaltsgerät *n*
domestic architecture Wohnhausbau *m*
domestic construction Wohnungsbau *m*
domestic consumption Hausverbrauch *m*
domestic electricity meter *(El)* Hauszähler *m*
domestic engineering Haustechnik *f*, Installationstechnik *f*
domestic fire häusliche Feuerstätte *f*
domestic garden *(LB)* Hausgarten *m*
domestic heating system *(HLK)* Heizungsanlage *f*
domestic hot-water heater *(HLK, San, WVA)* Haushaltsheißwasserbereiter *m*
domestic installation 1. Haus(halts)installation *f*; 2. technische Hausausrüstung *f*; installierte Anlagen *fpl*
domestic installations technische Hausausstattung *f*; installierte Anlagen *fpl*
domestic marble *(BM)* inländischer Marmor *m*, einheimischer Marmor *m*
domestic meter *(El)* Hauszähler *m*
domestic noise *(Umw)* Wohnlärm *m*
domestic quarter *(RP)* Wohnviertel *n*
domestic refuse Haus(halts)müll *m*
domestic service facilities haustechnische Anlagen *fpl*
domestic sewage *(San, WVA)* Haushaltsabwasser *n*, häusliche Abwässer *npl*
domestic terminal building *(Verk)* Inlandsabfertigungsgebäude *n (Flugplatz)*
domestic timber einheimisches Nutzholz *n*
domestic traffic *(Verk)* Binnenverkehr *m*
domestic waste-water s. domestic sewage
domestic wastes *(Umw)* Hausmüll *m*, Hausabfälle *mpl*
domestic water supply plant *(WVA)* Trinkwasserwerk *n*
domestic wood *(BM, LB)* einheimisches Holz *n*
domical *(Arch)* kuppelförmig, kuppelartig
domical groin *(Arch)* kugelförmige Stichkappe *f*, kuppelförmiger Grat *m*
domical mound *(Arch)* Stupa *m*, Tope *f*
domical roof *(Arch)* Kuppeltragwerk *n*, Kuppeldach *n*
domical vault *(Arch)* Kuppelgewölbe *n*, Quadratspitzgewölbe *n*, Domikalgewölbe *n*
domicile *v (RP)* ansiedeln, ansässig machen
domicile 1. *(RP)* Wohnsitz *m*, Wohnort *m*; 2. Wohnung *f*
domiciled *(RP, VR)* ansässig, wohnhaft
domiciliary Haus...; Wohnungs...
dominant estate *(VR)* Gestattungsrecht *n (z. B. Wegerecht auf einem Privatgrundstück)*
doming Wölbung *f (Kuppel)*
Dominican architecture *(Arch)* Dominikanerarchitektur *f*
Dominican monastery *(Arch)* Dominikanerkloster *n*
domus *(Arch)* römisches Privathaus *n*
done by eye *(Te) (sl)* nach Augenmaß
donjon *(Arch)* Donjon *m*, Bergfried *m*, Wehrturm *m (Burg)*
doodlebug *(Umw) (sl)* Wünschelrute *f*
door Tür *f (Wohnung, Haus)*; Tor *n*, Pforte *f*
door accessories Türzubehör *n*
door bar *(EB)* Türstange *f*
door bevel Türanschlagschräge *f*
door bolt *(EB)* Türriegel *m*
door buck Wandhalterahmen *m* für eine Tür; Türhilfsrahmen *m*, Türzarge *f*
door bumper Türpuffer *m*
door buzzer *(EB)* Türöffner *m*
door-case Türgewände *n*, Türeinfassung *f*, Türfutter *n (s. a. door casing)*
door casing *(BT)* Türrahmen *m*, Türzarge *f*; Türfutter *n*
door catch *(EB)* Klinke *f*, Sperrklinke *f*; Klaue *f*; Schnappschloss *n*
door check selbsttätiger [automatischer] Türschließer *m*; Hemmvorrichtung *f (für eine Tür)*
door cheeks *(BT)* Türpfosten *m*
door class Feuerschutzklasse *f* einer Tür
door clearance *(Konst)* Türfreiheit *f (zwischen Fußboden und Türblatt)*
door closer *(EB)* Türschließer *m*
door closing device *(EB, El)* Türschließanlage *f*
door contact elektrischer Türschließer *m*
door coordinator *(EB)* Türschließregler *m (bei doppelten zweiflügeligen Türen)*
door edge moulding Türrandgestaltung *f*
door edge plate Türkantenschoner *m*
door end channel Türendenverstärker *m*
door equipment *(EB)* Türzubehör *n*
door finishing *(EB)* Türverzierung *f*
door fittings *(EB)* Türbeschläge *mpl*
door frame Türrahmen *m*, Türzarge *f*; Türfutter *n*
door frame anchor Türrahmenhalteeisen *n*, Türrahmenhalter *m*, Bankeisen *n*
door framework s. door frame
door front Türvorderseite *f*, Türfrontseite *f*
door furniture *(EB)* Türbeschläge *mpl*
door gasket Türdichtung *f*
door grille Türgrill *m (einer Türöffnung)*
door guide *(Konst)* Türführung *f*
door handle Türgriff *m*, Türklinke *f*
door hanging *(Konst)* Türhänger *m*
door hardware *(EB)* Türbeschläge *mpl*
door head Türoberteil *n*
door hinge Türscharnier *n*, Türband *n*, Türangel *f*
door holder Tür(offen)halter *m*
door hood *(Konst)* Türschutzdach *n*
door indicator button Türsignalknopf *m (Hotel)*
door installation *(EB, El)* Türanlage *f*
door intercom(munication) system *(EB, El)* Türsprechanlage *f*; Wechselsprechanlage *f*
door jamb Türpfosten *m*, Pfosten *m*
door jamb trimmings *(Arch)* Türbogenverzierung *f*
door knob Tür(dreh)knopf *m*
door knocker Türklopfer *m*, Klopfer *m*
door knuckle Türhaspe *f*
door latch *(EB)* Türklinke *f*, Türdrücker *m*; Türverriegelung *f*
door leaf Türflügel *m*, Türblatt *n*
door lifter Türabheber *m*
door lining *(BT, Hb)* Türfutter *n*; Türbekleidung *f*, Türverkleidung *f*
door lintel Türsturz *m*
door lock *(EB)* Türschloss *n*, Schloss *n*
door lock pillar Türschlosssäule *f*
door mullion Türmittelpfosten *m*
door mute eingelassener Türgummi(schall)dämpfer *m*
door niche arch *(Konst)* Türnischenbogen *m*
door opener Türdrücker *m*, Türöffner *m*

D

door opening lichte Türöffnung *f*
door operator *(El)* Türöffnungsanlage *f*
door pan Türbandvertiefung *f*
door panel Türfüllung *f*, Türverkleidung *f*
door pier *(BT)* Torpfeiler *m*
door pocket Schiebetüraufnahmeöffnung *f*, Türschlitz *m*
door post *s.* doorpost
door pull Türgriff *m*
door pull hardware Türöffnerbeschläge *mpl*
door rail 1. *(EB)* Türriegel *m*, Riegel *m*; 2. *s.* doorsill
door rebate Türfalz *m*
door reveal Türleibung *f*
door roller Schiebetürrad *n*
door runner rail Türlaufschiene *f*, Laufschiene *f (für eine Schiebetür)*
door saddle Türschwelle *f*, Schwelle *f*, Grundschwelle *f*; Schwellholz *n*, Sohlbank *f*; Unterzug *m*
door schedule Türspezifikationsliste *f*
door security screen Türschutzgitter *n*
door shape *(Konst)* Türprofil *n*
door skin Türbeplankung *f*, Türhaut *f*
door spring Türfeder *f*
door stop Türanschlag *m*, Türpuffer *m*, Hemmvorrichtung *f*
door strip 1. *(EB)* Türöffnerbegrenzer *m*, Türanschlag *m*; 2. *s.* door saddle
door stud *s.* doorpost
door sweep Bürstendrehstreifen *m (Drehtür)*
door swing Türaufschlag *m*
door switch Türschalter *m*
door system *(EB, El)* Türanlage *f*
door track Torschiene *f (obere)*
door tree *s.* doorpost
door trim 1. Türblendrahmen *m*, Türzierrahmen *m*; Türprofil *n*; 2. Türbeschläge *mpl*
door unit Türelement *n*, komplette Tür *f (mit Rahmen)*
door viewer Spion *m*, Türguckloch *n*
door weather strip Türdichtungsstreifen *m*
door window Türfenster *n*
door with two leaves Flügeltür *f*
door yard *(AE) (LB)* Vorgarten *m*
doorframe *s.* door frame
doorman Portier *m*
doormat Fußabtreter *m*
doornail 1. Türziernagel *m*; 2. Türklopferaufschlag *m*
doorplate Tür(namens)schild *n*
doorpost Pfosten *m*, Türpfosten *m*
doorsill Tür(anschlag)schwelle *f*, Grundschwelle *f*
doorstone Schwellenstein *m*, Türschwellenstufe *f*
doorway 1. Türöffnung *f*; Toreinfahrt *f*, Türeingang *m*; 2. Torweg *m*
dope *v* mit Zusätzen versehen *(z. B. Mörtel)*; Additive zugeben *(z. B. zu bituminösen Bindemitteln, Farben)*
dope 1. *(BM)* Additiv *n*, Zusatzstoff *m*; 2. *(BM)* Abbindeverzögerer *m (Zement)*; 3. *(BM)* Klebelack *m*
doped *(BM, OB)* gedopt
doped binder gedoptes Bindemittel *n*
doping of binders Haftmittelzusatz *m*; Haftfestigkeitsverbesserung *f*
Doric *(Arch)* dorisch
Doric capital *(Arch)* dorisches Kapitell *n*
Doric-columned *(Arch)* mit dorischen Säulen
Doric cyma *(Arch)* dorische Blattwelle *f*
Doric frieze *(Arch)* dorischer Fries *m*
Doric order *(Arch)* dorische Ordnung *f* [Säulenordnung *f*]
Doric style *(Arch)* dorischer Stil *m*
dorm *s.* dormitory
dormant starker Unterzugträger *m*
dormant lock *(EB)* versenktes Schloss *n*
dormant tree *(TK)* starker Unterzugträger *m*
dormer 1. Gaupe *f*, Gaube *f*; Gaupenfenster *n*; Zwerchhaus *n (Dachhäuschen)*; 2. Unterzug *m*, Lagerschwelle *f*
dormer cheek Wange *f* einer Dachgaupe
dormer rafter Reitersparren *m*
dormer roof Gaupendach *n*
dormer ventilator *(DIS)* Lüftergaupe *f*, Lüftergaube *f*
dormer window Gaupenfenster *n*, Gaupe *f*, stehendes Dachfenster *n*
dormitory 1. Schlafsaal *m*; 2. *(AE)* Studentenwohnheim *n*
dormitory block Schlaftrakt *m*
dormitory house Bettenhaus *n*
dormitory suburb [town] *(RP)* Schlafstadt *f*
dorse Kragdach *n (Vordach)*
dosage *(Te)* Dosierung *f*, Zumessung *f (Technologie)*
dose *v (Te)* dosieren, zumessen, zuteilen
dosing and mixing system Mess- und Mischeinrichtung *f*
dosing device Dosiervorrichtung *f*
dosing plant *(BM, Te)* Dosieranlage *f*
dosing tank 1. Dosierbehälter *m*; 2. *(WVA)* Abwassersammeltank *m*
dosseret *(Arch)* Pulvinus *m*, Superkapitell *n*
dot *v* punktieren
dot Punkt *m*; Fleck *m (punktartig)*
dot and dash line *(Konst)* Strichpunktlinie *f*, strichpunktierte Linie *f*
dote *(RS)* Holzfäule *f*, Fäulnis *f*
dotted line punktierte Linie *f*
doty verfault *(Holz)*
double *v* **a course** *s.* double up
double *v* **up** *(Hb)* aufdoppeln *(z. B. Türen, Dachlagen)*
double zweifach
double-acting door Pendeltür *f*, Durchschlagtür *f*, Schwingtür *f* in zwei Richtungen
double-acting frame Schwingtürrahmen *m*
double-acting hammer Oberdruckhammer *m*, Rammhammer *m (für Rammpfähle)*
double-acting hinge Schwingtürscharnier *n*
double-action ... *siehe double-acting ...*
double angle *(St)* Doppelwinkeleisen *n*, Doppel-L-Schiene *f*
double angle section Doppelwinkelprofil *n*
double-arched dam *(Wsb)* Doppelbogenmauer *f*
double-articulated arch *(Konst, TK)* Zweigelenkbogen *m*
double-articulated frame *(Konst, TK)* Zweigelenkbogenrahmen *m*
double articulation arch *(Konst, TK)* Zweigelenkbogen *m*
double-axis symmetry doppelachsige Symmetrie *f*
double-back *s.* double-up
double bay *(San)* Doppelabzweig *m*
double bearing Doppellager *n*
double-bend *v* kröpfen *(Stäbe)*
double bend 1. *(Verk)* Serpentine *f*; 2. *s.* double-bend fitting
double-bend fitting S-Stück *n (einer Rohrleitung)*
double-bevel butt weld K-Naht *f (Schweißen)*
double-biased *(BB)* doppelt vorgespannt *(Spannbeton)*
double bottom Doppelboden *m*
double-box girder Doppelkastenträger *m*
double bracing *(TK)* doppeltes Netzwerk *n (Träger)*
double brick Doppelziegel *m*
double bridging *(Konst, TK)* zweifache Querverstrebung *f*
double-broken chippings *(BM)* doppelt gebrochener Splitt *m*
double bucket collector *(Umw)* Doppelschaufelabscheider *m*
double-cage reinforcement Bewehrungsdoppelkorb *m*
double cantilever girder bridge *(Br, TK)* Gerberträgerbrücke *f*
double channel section *(St)* Doppel-V-Profil *n*
double chipping *(OB, Verk)* doppeltes Absplitten *n*

double chipping surface dressing *(OB, Verk)* doppelte Oberflächenbehandlung *f*
double coat Doppelschicht *f (Farb- und Putzschicht)*
double column Doppelsäule *f*, Doppelstütze *f*
double-corner block Betonblockstein *m* mit zwei Sichtflächen
double course Doppellage *f (z. B. von Schindeln)*; zweifache Verkleidung *f*
double coverage Doppeldeckung *f (Dach)*
double-covered butt joint zweischnittiger Laschenstoß *m*
double cross timber *(Hb)* Doppelsturzriegel *m*
double cross vault(ing) *(Arch)* doppeltes Kreuzgewölbe *n*
double-deck bridge *(Br)* zweistöckige Brücke *f*, Doppelstockbrücke *f*, Etagenbrücke *f*
double deformation doppelte Formänderung *f*
double dome Doppelkuppel *f*
double door *(BT, Konst)* Doppeltür *f*
double-doored doppeltürig
double dwelling *(AE)* Zweispännerwohnung *f*
double dwelling house *(Arch, Konst)* Doppelhaus *n*
double eaves course *s.* double course
double-faced doppelseitig, zweiseitig
double false ceiling *(Konst)* doppelte Zwischendecke *f*
double fillet weld Doppelkehlnaht *f (Schweißen)*
double Flemish bond *(SB)* gotischer Verband *m (Ziegelmauerwerk)*
double-flight staircase [stairs] zweiläufige [doppelläufige] Treppe *f*
double floor Doppelfußboden *m*
double format pavior *(AE) (Verk)* Großpflasterklinker *m*, Pflasterklinker *m (Straßenbau)*
double frame Doppelrahmen *m*
double-framed floor Doppelrahmenfußboden *m*, Fußboden *m* auf Doppel(kreuz)rahmen
double-framed wall doppelte Fachwerkwand *f*
double framing *(Konst, TK)* Doppelrahm(en)werk *n*
double girder Zwillingsträger *m*
double-glazed casement [window] Verbundfenster *n*
double glazing Doppelverglasung *f*, doppelte Verglasung *f*
double gutter tile doppelter Falzziegel *m*
double-halved joint *(Hb)* Kreuzzapfen *m*
double header *(Hb)* doppelter Bindersparren *m*
double-hinged arched frame *(Konst, TK)* Zweigelenkbogenrahmen *m*
double house Doppelhaus *n*
double-hung sash window Doppelschiebefenster *n*
double-hung window Doppelfenster *n*
double incline *(Verk)* Ablaufberg *m*
double-inclined skylight Satteloberlicht *n*
double interlocking doppelte Verfalzung *f*
double jack rafter Doppelschifter *m*
double-joisted floor *(Konst)* Doppelfußboden *m*
double junction plate doppeltes Anschlussblech *n*
double ladder Bockleiter *f*
double-laned roadway *(Verk)* zweispurige Fahrbahn *f*
double lap *(Konst)* Doppelüberlappung *f*
double lath doppeltstarke Latte *f*
double-layer doppelschichtig, zweischichtig
double layer *(Konst)* Doppelschicht *f*
double-layered zweilagig
double-leaf door *(BT, Konst)* Zweiflügeltür *f*
double lean-to roof *(Konst)* V-Dach *n*
double-lock seam Verfalzung *f*
double-lock welt liegender Doppelfalz *m*
double offset *(San, WVA)* doppelte Rohrverwindung *f*
double partition *(DIS)* Hohlmauertrennwand *f*, zweischalige Trennwand *f*; Schallschutzwand *f*
double piece Trauflatte *f*
double-pitched mit Gefälle in zwei Richtungen *(mit zwei Dachstulpen)*
double-pitched roof *(Konst)* abgewalmtes Mansardendach *n*
double plank wall doppelte Bohlenwand *f*
double-pointed drifting pick Spitzhacke *f*
double pole Kuppelstange *f*
double-pole switch *(El)* Schalter *m* für zwei Kreise; zweipoliger Schalter *m*
double pour (coat) *(DIS)* doppelter Bitumendachanstrich *m*
double rabbet Doppelfalz *m*; doppelter Anschlag *m*
double-raised panel erhabene Tafel *f*, mittig erhöhtes Tafelelement *n*
double-reinforced *(BB)* doppelt bewehrt
double rib Doppelrippe *f*
double-riveted doppelreihig genietet
double Roman *(BM)* Doppelfalzziegel *m*
double roofing *(Konst)* Doppeldeckung *f (Dach)*
double room Doppelzimmer *n*, Doppelbettzimmer *n*
double roundabout *(Verk)* doppelter Kreisel *m*
double sampling inspection Doppel-Stichprobenprüfung *f*
double-sash zweiflügelig *(Fenster)*
double-shear *(Konst)* zweischnittig *(Verbindung)*
double shell *(Konst)* Doppelschale *f*
double-side shuttering *(Erdb)* doppelseitige Schalung *f (im Erdreich)*
double-sided doppelseitig, zweiseitig
double-sided safety barrier *(Verk)* doppelseitige Schutzplanke *f*
double-sized brick Doppelformatziegel *m*
double slope channel *(Erdb)* doppelte Böschungsabflussrinne *f*
double-span *(Arch)* zweischiffig
double-squirrel cage Doppelnut *f (Dachklempnerarbeiten)*
double stairs Doppeltreppe *f*
double-strut trussed beam *(TK)* umgekehrtes zweisäuliges Hängewerk *n*
double-sunk doppelt versenkt
double surface dressing *s.* double surface treatment
double surface treatment *(Verk)* doppelte Oberflächenbehandlung *f*
double-swing door *s.* double-acting door
double-T beam *(BT, St)* Doppel-T-Träger *m*, I-Träger *m*
double-T joint *(St)* Doppel-T-Stoß *m (Schweißen)*
double tenons *(Hb)* doppelte Zapfen *mpl*
double test *(BM, St)* Faltversuch *m*, Faltprüfung *f*
double-throw bolt zweistufiger Schließbolzen *m*
double-throw switch *(El)* Umschalter *m*, Wechselschalter *m*
double-tier partition zweigeschossige Trennwand *f*
double towered doppeltürmig, zweitürmig
double-track *(Verk)* zweigleisig
double-track bridge *(Br, Verk)* zweispurige [doppelspurige] Brücke *f*
double trimmer *(Hb)* Doppelstreichbalken *m*
double truss *(TK)* doppeltes Sprengwerk *n*
double-turn lock zweitouriges Schloss *n*
double-twin-box girder Doppelkastenträger *m*
double-up doppelte Grundputzmethode *f*, zweischichtige Unterputzmethode *f*
double vault Doppelgewölbe *n*
double wall *(Konst)* Doppelwand *f*
double-walled doppelwandig; hohlwandig
double-webbed zweistegig, doppelstegig
double-webbed plate girder *(BT, St)* Zweistegblechträger *m*, Doppelstegblechträger *m*
double window Doppelfenster *n*; Vorfenster *n*

D

D

double-wing door zweiflügelige Tür *f*
double-winged building zweiflügeliges Gebäude *n*
doubled-up door aufgedoppelte Tür *f*
doublet Doppelstück *n*; Dublette *f*; Doppellinie *f*
doubling course *s.* double course
doubling piece Trauflatte *f*
doubling test *(BM, St)* Faltversuch *m*, Faltprüfung *f (Stahl)*
doubling-up *(Hb)* Aufdoppeln *n (z. B. Türen, Dachlagen)*
doubly curved *(Arch, Konst)* doppelt gekrümmt
doubly prestressed concrete *(BB)* kreuzweise vorgespannter Beton *m*
doubly reinforced *(Konst)* doppelt bewehrt
doubly reinforced concrete 1. kreuzweise bewehrter Beton *m*; 2. Beton *m* mit Zug- und Druckbewehrung
doughnut Betonring *m*, Betonmanschette *f*
Douglas fir *(LB)* Douglastanne *f*
dovecot *(LB)* Taubenhaus *n*
dovetail *v (Hb)* (ver)zinken, (ein)schwalben
dovetail *(Hb)* Schwalbenschwanz *m*; Schwalbenschwanzzinkung *f*, Zinke *f*; Zinkung *f*
dovetail groove *(Hb)* Schwalbenschwanznut *f*
dovetail halving *(Hb)* Schwalbenschwanzblatt *n*
dovetail joint *(Hb)* Schwalbenschwanzverbindung *f*, Schwalbenschwanzzinkung *f*, Verzinkung *f*, Zinkenverbindung *f*
dovetail lath *(Hb)* Schwalbenschwanznutlatte *f*
dovetail plane *(BWG, Hb)* Federhobel *m*; Grathobel *m*
dovetail saw *(BWG, Hb)* Zinkensäge *f*
dovetail sheeting *(BWG, Hb)* Schwalbenschwanznutlatte *f*
dovetail vaulting *(Hb)* Einwölbung *f* auf Schwalbenschwanz
dovetailed *(Hb)* mit Schwalbenschwanzzinkung; schwalbenschwanzförmig
dovetailed beam *(BT, Hb)* verdübelter Balken *m* mit Schwalbenschwanz
dovetailed board *(BT, Hb)* gezinktes Brett *n*
dovetailed joint *(Hb)* Schwalbenschwanzverbindung *f*
dovetailed merlon *(Hb, St)* Kerbzinne *f*, Schwalbenschwanzzinne *f*
dovetailing *s.* dovetail joint
dowel *v* 1. (ver)dübeln; 2. mit Zapfen versehen; 3. verstiften
dowel 1. *(Hb)* Dübel *m*, Dollen *m*, Dolle *f*; Bolzen *m*; 2. Passstift *m*
dowel-bar reinforcement Dübelverankerungseisen *npl*
dowel basket *(Hb)* Dübeldolle *f*
dowel bit Dübelbohrer *m*
dowel connection *(Hb, Konst)* Dübelverbindung *f*
dowel driver Dübeleinpresser *m*
dowel hole *(Hb)* Dübelloch *n*
dowel joint *(Hb)* Dübelverbindung *f*, Verdübelung *f*
dowel lubricant Dübel(anker)schmiermittel *n*
dowel pin 1. *(Hb)* Zapfen *m*; 2. Passstift *m*
dowelled 1. *(Hb)* gedübelt; 2. verstiftet
dowelled beam *(Hb)* Dübelbalken *m*, verdübelter Balken *m* [Träger *m*]
dowelled connection *(Hb, Konst)* Stabdübelverbindung *f*
dowelled timber beam *(BT, Hb)* Dübelbalken *m*, Dübelbaum *m*
dowelling *(Hb, Te)* Verdübeln *n*
down hinab, abwärts
down drag *(Erdb)* negative Mantelreibung *f*
down lead *(El)* Herabführung *f (eines Kabels)*; Antennenableitung *f*
downdip *(Bod)* bergab
downdraught *(Umw)* fallende Luftströmung *f*, Fallluft *f*, fallende Luftsäule *f (z. B. in Schornsteinen)*
downflow heater *(HLK)* Ventilatorheizung *f*
downgrade *v* abstufen, abwerten
downgrade *(Bod)* bergab
downgrade *(Verk)* Gefällestrecke *f*, Gefälle *n*
downhill bergab
downhill slope Abhang *m*
downlighter *(El)* Spotlicht *n*
downpipe Regenfallrohr *n*, Fallrohr *n (Ableitung vom Dach)*
downpipe connection Fallrohranschluss *m*
downriver flussabwärts
downs *(Bod, LB)* (grasbedecktes) Hügelland *n*
downslide level *(Bod)* Abgleitfläche *f (Böschung)*
downspout *(AE) s.* downpipe
downstand beam [girder] Unterzug *m*
downstream *(Wsb)* stromabwärts, flussabwärts; in Richtung der Strömung
downstream batter *(Wsb)* luftseitiger Anzug *m* [Anlauf *m*]
downstream cofferdam *(Wsb)* unterer Fangdamm *m*
downstream face *(Wsb)* Luftseite *f (einer Talsperre)*
downtime Stillstandszeit *f (Maschinen)*; Ausfallzeit *f*
downtown *(RP)* Stadtzentrum *n*, Innenstadt *f*
downward deflection *(TK)* Durchbiegung *f*, Durchsenken *n*
downwind mit dem Wind, windabwärts, dem Wind abgekehrt
dowser *(Umw, WVA)* Wünschelrutengänger *m*
dowsing rod *(Umw)* Wünschelrute *f*
doze *v (Erdb)* planieren, räumen *(mittels Planierraupe)*
doze *s.* dote
dozer Planierraupe *f*, Fronträumer *m*; Planierschild *m*
dozer blade Planierschild *m*
draft *v (AE)* zeichnen; entwerfen, einen Entwurf fertigen
draft *(AE)* 1. *(Konst)* Zeichnung *f*, Entwurfszeichnung *f*, Skizze *f*, Riss *m*; Plan *m*; Entwurf *m*; Fassung *f*; Konzept *n*; 2. *s.* draught
draft bead *(AE)* Fensterabdichtstreifen *m*, Dichtungslippe *f*
draft stop *(AE)* Brandschutztür *f*
drafting board *(AE) s.* drawing board
drafting machine *(AE)* Zeichenmaschine *f*
drafting room *(AE)* Zeichenraum *m*
draftproof *(AE) (DIS)* zugdicht
draftsman *(AE)* technischer Zeichner *m*, Konstruktionszeichner *m*
draftsmanship *(AE) (Konst)* Zeichenwesen *n*
draftswoman *(AE)* technische Zeichnerin *f*
drafty *(AE)* zugig
drag *v* schleppen, ziehen, schleifen, abziehen; planieren
drag 1. Putzaufkratzblech *n*, Putzkamm *m*; 2. Scharriereisen *n*; 3. *(Erdb)* Planierschleppe *f*; Planierraupe *f*; Schürfkübel *m*, Baggerschaufel *f*
drag bit Blattmeißel *m*; Drehmeißel *m*
drag cable Zugseil *n (eines Förderers)*
drag conveyor Kratzförderer *m*
drag groove Schleifrille *f*
drag-iron *(TK)* Hängeeisen *n*
drag-ring Bördelring *m*
drag scraper *(Erdb, Te)* Schrapper *m*
drag shovel *(BWG, Erdb)* Tieflöffel(bagger) *m*; Schürfkübel *m*; Baggerlöffel *m*
drag slat conveyor *(BM, BWG, Te)* Kratzkettenförderer *m*
dragged raugekratzt
dragging *(Erdb, Te)* Abziehen *n*; Planieren *n*
dragline *(BWG, Erdb)* Schlepplöffelbagger *m*, Schürfkübelbagger *m*, Zugschaufelbagger *m*
dragline bucket Schleppschaufel *f*, Schürfkübel *m*, Zugschaufel *f (eines Baggers)*
dragline dredger *(BWG, Erdb)* Schürfkübelbagger *m*; Seilkübelbagger *m*
dragline excavator *s.* dragline
dragline scraper Schrapper *m*
dragon *s.* dragon beam [piece]

dragon beam [piece] *(Hb, St, TK)* Stichbalken *m*, Diagonalstichbalken *m*
dragon tie *(TK)* Stichbalkenwinkelstütze *f*
drain *v* 1. *(Erdb, LB)* dränieren, dränen, entwässern, trockenlegen *(Boden)*; 2. entleeren; ablaufen lassen; leerlaufen; abtropfen
drain *v* **away** ablassen; ableiten, abziehen; abfließen
drain *v* **down** ablaufen
drain *v* **into** entwässern in
drain *v* **off** *s.* drain away
drain 1. *(Erdb, LB, WVA)* Drän *m*; Drän(age)rohr *n*, Entwässerungsrohr *n*; Abflussrohr *n*; Sickerrohr *n*; 2. *(Erdb)* Abflussgraben *m*, Dole *f*, Entwässerungsgraben *m*, Gerinne *n*; 3. *(Erdb, Wsb)* Graben *m*, Kanal *m*; Rinne *f*; 4. *(WVA)* Entwässerung *f*; Ablass *m*; Abfluss *m*, Ablauf *m*, Ausfluss *m*
drain and sewer system *(WVA)* Entwässerungssystem *n* *(EN 752)*
drain channel Entleerungskanal *m*, Abflusskanal *m*
drain cock *(San)* Abflusshahn *m*, Ablasshahn *m*, Entleerungshahn *m*
drain district *(Wsb)* Einzugsgebiet *n*, Entwässerungsgebiet *n*; Sammelgebiet *n*
drain ditch *(Erdb, WVA)* Drängraben *m*, Entwässerungsgraben *m*
drain elbow Dränrohrbogen *m*
drain field *s.* absorption field
drain hole *(Erdb)* Entwässerungsloch *n*, Sickerloch *n*
drain line 1. *(Erdb, WVA)* Dränageleitung *f*, Entwässerungsleitung *f*; Abflussleitung *f*; 2. *(WVA)* Abwasserleitung *f*
drain pipe *s.* drainpipe
drain pipework *(Erdb, LB)* Dränrohrsystem *n*
drain plug 1. Ablasspfropfen *m*; 2. Ablassschraube *f*, Entleerungsschraube *f*
drain screw *s.* drain plug 2.
drain spacing Dränabstand *m*
drain spout *s.* downpipe
drain tap *(San)* Ablasshahn *m*
drain test Abdrückprüfung *f (Abflussrohre)*
drain tile *(AE)* Drän(age)rohr *n*, Sickerrohr *n*
drain trap *(San)* Geruchsverschluss *m*
drain trench *(Erdb, LB)* Drängraben *m*, Sickergraben *m*; Rigole *f (Entwässerungsgraben)*
drain tube Leckleitung *f*
drain valve *(San, WVA)* Entleerungsventil *n*
drain water *(Erdb, Wsb)* Sickerwasser *n*
drain well *(Erdb, LB)* Entwässerungsbrunnen *m*
drainability Entwässerungsvermögen *n*
drainage 1. *(Erdb, LB)* Drän(ier)ung *f*, Dränage *f*, Bodenentwässerung *f*; Entwässerung *f*, Trockenlegung *f*; Wasserhaltung *f*; 2. *(WVA)* Ablaufen *n*, Abfließen *n*, Abfluss *m*; 3. *s.* drainage ditch
drainage area *(WVA)* Wassereinzugsgebiet *n*, Einzugsgebiet *n*, Niederschlagsgebiet *n*, Entwässerungsgebiet *n* *(eines Flusses)*; Abflussgebiet *n*
drainage articles Entwässerungsbauteile *npl*, Entwässerungserzeugnisse *npl*
drainage basin *(WVA)* Abflussbecken *n*
drainage board 1. *s.* drainage panel; 2. Entwässerungsverband *m*, Organisation *f* für Entwässerung
drainage canal Entwässerungskanal *m*, Ablaufrinne *f*
drainage catchment *(Wsb, WVA)* Wassereinzugsgebiet *n*
drainage channel Abflussrinne *f*
drainage ditch Entwässerungsgraben *m*, Drängraben *m*, Vorfluter *m*
drainage divide *(Bod)* Wasserscheide *f*, Entwässerungsscheide *f*
drainage duct Entwässerungskanal *m*
drainage excavation Entwässerungsaushub *m*, Dränaushub *m*
drainage filter Dränfilter *n*
drainage furrow Entwässerungsrinne *f*
drainage gallery *(Tun)* Entwässerungsstollen *m*
drainage goods Entwässerungsbauteile *npl*, Entwässerungswaren *fpl*
drainage gutter *(Erdb, Wsb)* Entwässerungsrinne *f*, Abflussrinne *f (Tiefbau)*
drainage hole Ablauföffnung *f*
drainage hose Entwässerungsschlauch *m*
drainage large Abflussgröße *f*
drainage layer *(Erdb, LB, Verk)* Dränschicht *f*, Entwässerungsschicht *f*
drainage manhole Dränschacht *m*
drainage meter *(San, WVA)* Abflussmengenmessgerät *n*, Entwässerungsmengenmesser *m*
drainage network *(WVA)* Entwässerungsnetz *n*
drainage of a building *(WVA)* Gebäudeentwässerung *f*
drainage panel Dräntafel *f (Bauwerkshinterfüllung)*
drainage pattern Entwässerungsnetz *n*
drainage pipe Dränagerohr *n*, Entwässerungsrohr *n*
drainage pipe fitting Entwässerungsrohrformstück *n*
drainage pipeline Dränageabflussrohrleitung *f*, Entwässerungsabflussleitung *f*
drainage piping Entwässerungsleitung *f*, Dränagesammelleitung *f*
drainage plant Entwässerungsanlage *f*, Vorflutanlage *f*
drainage shaft *(Erdb, Verk, WVA)* Entwässerungsschacht *m*
drainage shield Entwässerungsabdeckung *f*, Dränabschirmung *f*
drainage slope Entwässerungsgefälle *n*
drainage structure *(Erdb, Verk, WVA)* Entwässerungsbauwerk *n*
drainage system Entwässerungssystem *n*; Grundleitung *f*
drainage test Ablaufprüfung *f*, Ablauftest *m*
drainage trench Entwässerungsgraben *m*, Graben *m*
drainage water *(Erdb)* Sickerwasser *n*
drainage water piping *(Verk)* Sickerwasserleitung *f*
drainage ways Entwässerungskanäle *mpl*, Entwässerungsleitungen *fpl*
drainage work *(Erdb, LB)* Dränarbeiten *fpl*
draindown test Ablaufprüfung *f*, Ablauftest *m*
drained entwässert, dräniert
drained area *(Bod, LB)* dräniertes Gebiet *n*
drained joint *(Konst)* offene Fuge *f (Tafelbauweise)*; entwässerte Fuge *f*, Fuge *f* mit Ablauf
drained (shear) test *(Bod)* entwässerte Scherprüfung *f*, Langsamscherprüfung *f*, D-Versuch *m*
drainer Ablauffläche *f*, Ablaufplatte *f*; Abtropffläche *f*; Abstellfläche *f*; Ableiter *m*
draining 1. *(Bod, Erdb, LB)* Entwässerung *f*, Trockenlegung *f*; 2. *(Erdb)* Wasserhaltung *f*
draining channel Entwässerungsrinne *f*, Abflussrinne *f*
draining course *(Verk)* Dränschicht *f*, Dränlage *f*
draining gutter *s.* drainage gutter
draining material Drän(schicht)material *n*
draining medium Dränmittel *n*, Dränstoff *m*
draining pipe Dränagerohr *n*, Entwässerungsrohr *n*, Abflussrohr *n*
draining shaft Wasserschacht *m*
draining support Abtropfgestell *n*
drainpipe 1. *(WVA)* Abflussrohr *n*, Ablaufrohr *n*; 2. *(Erdb, WVA)* Drän *m*; Drän(age)rohr *n*, Dränleitung *f*, Entwässerungsleitung *f*; Abzugsrohr *n*; Sickerrohr *n (Leitung)*; 3. *(WVA)* Abwasserrohr *n*, Fallrohr *n*
drains Kanalisation *f*, Entwässerung *f*
drape *v* 1. *(BB)* ablenken; aufheben *(Spannbetonlitze)*; 2. *(Arch)* drapieren, einhüllen; in Falten legen
drape point *(BB)* Umlenkstelle *f (Spannbeton)*

draped *(BB)* gekrümmt *(Spannbetonglieder)*; drapiert, eingehüllt
draping 1. *(BB)* Ablenken *n*, Aufhegen *n (Spannbetonlitzen)*; 2. *(Arch)* Drapieren *n*, Einhüllen *n*
draught *v* zeichnen, entwerfen, skizzieren, einen Entwurf fertigen
draught 1. *(HLK)* Zug *m*, Luftzug *m*, Schornsteinzug *m (Abgasführung)*; 2. *(DIS)* Zugluft *f*, Zug *m*, Zugwind *m*
draught air *(HLK)* Zugluft *f*
draught diverter *(HLK)* Zugluftumleiter *m*
draught door Schwingflügeltür *f*, Pendeltür *f*
draught excluder Windfang *m (eines Schornsteins)*
draught fillet Dichtungslatte *f*, Abdichtungsleiste *f*
draught-free zugluftfrei
draught lobby [preventer] Windfang *m (eines Schornsteins)*
draught-proof zugfrei, zugdicht, abgedichtet, zugsicher
draught regulator Zugregler *m*
draught rug Fenstermantel *m*
draught screen Windschirm *m*, Wind(ab)fang *m*
draughting machine *(Konst)* Zeichenmaschine *f*
draughtless zugfrei
draughtsman technischer Zeichner *m*, Konstruktionszeichner *m*
draughtsman's scale Zeichnermaßstab *m*
draughtsmanship Zeichenwesen *n*, Zeichnerei *f*
draw *v* 1. zeichnen; 2. ziehen *(z. B. Linien, Kreise)*; 3. (ab)ziehen; wegziehen; 4. *(El)* entnehmen *(Strom)*; 5. ziehen, Zug haben *(der Schornstein, der Ofen)*; 6. anziehen, ansaugen *(Flüssigkeiten)*
draw *v* **along** fortziehen
draw *v* **off** absaugen, abziehen
draw *v* **on scale** *(Konst)* maßstäblich zeichnen
draw *v* **out** 1. ausziehen *(Zeichnung)*; 2. ausdehnen; strecken, ausschmieden *(Metalle)*
draw *v* **to scale** maßstäblich zeichnen
draw *v* **up** 1. hochziehen; 2. zeichnen
draw Zug *m*, Ziehen *n (von Stahl)*
draw bolt *(BT, Konst)* Spannbolzen *m*; Kuppelbolzen *m*
draw curtain *(EB)* Theatervorhang *m (Zugvorhang)*
draw-in *(Verk)* Haltebucht *f*
draw-in pit *(El)* Kabel(einzug)schacht *m*, Kabelbrunnen *m*
draw-in system *(El)* Kabelverlegung *f* in Kabelschächten
draw-off *(HLK)* Entnahme *f (z. B. von Heizwasser)*
draw-off cock *(San)* Ablasshahn *m*
draw-off pipe Entnahmerohr *n*
draw-off structure *(Erdb)* Entlastungsanlage *f*, Überlauf *m*
draw shutter Schubfensterladen *m*
drawbridge *(Br)* Zugbrücke *f*, Schiebebrücke *f*, Rollbrücke *f*
drawdown *(Erdb)* Grundwasserabsenkungsmaß *n*
drawdown component Absenkungshöhe *f (Grundwasser)*
drawing 1. Zeichnen *n*; 2. Zeichnung *f*, Riss *m*; Skizze *f*
drawing board Reißbrett *n*, Zeichenbrett *n*
drawing callout Zeichnungsangabe *f*
drawing in perspective Perspektivzeichnung *f*
drawing instruments Reißzeug *n*
drawing "issued for construction" baureifer Plan *m*
drawing lines Kämmung *f (Glasfehler)*
drawing-off of water *(Erdb, LB, Wsb)* Wasserableitung *f*
drawing office Zeichenbüro *n*
drawing paper Zeichenpapier *n*
drawing pen Reißfeder *f*, Ziehfeder *f*
drawing pin Reißzwecke *f*
drawing room 1. Empfangszimmer *n*, Empfangsraum *m*, Salon *m (z. B. in einem Herrenhaus)*; 2. Zeichenraum *m*
drawing set Reißzeug *n*
drawing table Zeichentisch *m*
drawing to scale maßstabsgerechte Zeichnung *f*
drawings Bau(ausführungs)zeichnungen *fpl*
drawknife Ziehmesser *n*, Ziehklinge *f*
drawn gezogen
drawn glass Ziehglas *n*, gezogenes Glas *n*
drawn profile [shape] *(BT, St)* gezogenes Profil *n*
drawn steel bar gezogener Stabstahl *m*
drawn to scale maßstäblich gezeichnet
drawn tube gezogenes Rohr *n*
drawn wire gezogener Draht *m*
dredge *v (BM, Te)* nassbaggern, (aus)baggern *(in Wasser)*; räumen
dredge *(BWG)* Nassbagger *m*, Schwimmbagger *m*
dredge-bucket *(BWG)* Eimerbagger *m*; Baggereimer *m*
dredged material Baggergut *n*
dredger *(BWG, Wsb)* Nassbagger *m*, Schwimmbagger *m*
dredging *(Te, Wsb)* Nassbaggerung *f*, Ausbaggern *n (in Wasser)*
dredging craft *s.* dredger
dredging pipe *(Wsb)* Spülrohr *n (beim Nassbaggern)*
dredging pontoon *(Wsb)* Baggerponton *m*
dredging spoil Baggergut *n*
dredgings Baggergut *n (Nassbagger)*
drench *v* durchtränken, durchnässen
drencher system *(AE)* Feuerschutzsprenganlage *f (außerhalb des Gebäudes)*; Außensprinkleranlage *f*
dress *v* 1. bearbeiten; behauen, zuhauen *(z. B. Steine)*; zurichten, abrichten, besäumen *(Holz)*; (be)hobeln; 2. eine Wand verbinden; 3. dekorieren
dress circle Balkon *m*, erster Rang *m (Theater)*
dressed 1. behauen, zugehauen, zugerichtet *(Stein)*; zurechtgeschnitten, abgerichtet, zugerichtet, besäumt *(Holz)*; vorbereitet; 2. vorgespachtelt, verspachtelt *(Dach)*
dressed lumber *(AE) s.* dressed timber
dressed size Einbaugröße *f (von Bauelementen)*
dressed stone behauener Bruchstein *m*
dressed stonework bearbeitete Werksteine *mpl*, zugerichtete Natursteine *mpl*
dressed stuff *s.* dressed timber
dressed timber *(Hb)* Kantholz *n*, besäumtes Bauholz *n*
dresser 1. Nachbearbeitungswerkzeug *n*; Abrichte *f (Holz)*; Rohrabrichte *f (Bleirohr)*; 2. Steinausmesser *m*; 3. Anrichte *f*, Büfett *n*
dressing 1. *(BM, Te)* Natursteinbearbeitung *f*; Behauen *n (Stein)*; Nachbearbeiten *n*, Abrichten *n (Holz)*; 2. Gestalten *n* von Ornamenten und Sichtformen; 3. verzierte Fläche *f*; Sichtmauerwerk *n (an exponierten Punkten)*
dressing composition [compound] (bituminöse) Dachanstrichmasse *f*; Dachspachtelmasse *f*
dressing hammer Zurichthammer *m (Steinmetzwerkzeug)*
dressing locker Kleiderspind *m*
dressing paint Dachfarbe *f*, Dachanstrich *m*
dressing room Umkleideraum *m*
dressings *(Arch)* Fassadenschmuck *m*
dried film Trockenfilm *m (Anstrich)*
dried out ausgetrocknet
dried to touch grifffest (trocken)
dried wood getrocknetes Holz *n*
drier 1. *(Hb, Te)* Trockner *m*; Trockenofen *m*; 2. *(BM, OB)* Trockenmittel *n*; Sikkativ *n (bes. für Ölfarbe)*
drift 1. *(Tun)* (getriebene) Strecke *f*; 2. *(Konst)* Windauslenkung *f* eines Gebäudes; 3. *(Bod)* Geschiebe *n (Geologie)*
drift barrier *(Wsb)* Schwimmstoffsperre *f*
drift hill *(Bod)* Düne *f*
drift index [limitation] *(Konst)* Windauslenkungsindex *m*, Windschwankungsfaktor *m (pro Geschosshöhe)*
drift pin Keiltreiber *m*, Splinttreiber *m*, Durchschlagstift *m*, Durchschlagnadel *f*
drift plug *(San, WVA)* Richtkonus *m*, Richtstab *m (zum Geradestrecken von Weichmetallleitungen)*
drift punch Durchschlageisen *n*, Durchschläger *m*

driftbolt Ausschlagbolzen *m*
drifted snow *(Verk)* Schneeverwehung *f*
drifting of soil *(Bod)* Bodenverlagerung *f*
drifting sand *(Bod)* Flugsand *m*, Treibsand *m*
drill *v* bohren
drill Bohrer *m*, Bohrgerät *n*; Handbohrer *m*; Bohrmaschine *f*; Drillbohrer *m*
drill bit *(Erdb, Tun)* Bohrer *m*, Bohrmeißel *m*; Bohrerspitze *f*
drill core Bohrkern *m*
drill cuttings Bohrgut *n*
drill-hole Bohrloch *n*, Bohrung *f*
drill pipe Bohrgestänge *n*
drill upright *(Erdb)* Bohrständer *m*
drillability Bohrbarkeit *f*
drilled hole Bohrloch *n*; Bohrung *f*
drilled-in caisson *(Erdb)* Bohrpfahl *m*
drilled well *(Wsb)* Bohrbrunnen *m*
driller *(Tun)* Bohrarbeiter *m*; Bohrmeister *m*
drilling Bohrung *f*, Bohren *n*; Bohrarbeiten *fpl*
drilling chart Bohrdiagramm *n*
drilling contractor Bohrunternehmer *m*, Bohrbetrieb *m*
drilling engineering *(Erdb, Tun)* Bohrtechnik *f*
drilling equipment Bohrausrüstung *f*, Bohrgerät *n*
drilling gear Bohrgerät *n*
drilling implement Bohrgerät *n*
drilling mud Bohrschlamm *m*
drilling rig *(Erdb)* Bohrgestell *n*, Bohrturm *m*; Bohranlage *f*
drilling tool Bohrwerkzeug *n*
drilling work Bohrarbeiten *fpl*
drinking fountain *(EB, San)* Trinkbrunnen *m*, Trinkbecken *n* mit senkrechtem Wasserstrahl
drinking water Trinkwasser *n*, Haushaltswasser *n*
drinking water network *(WVA)* Trinkwasserleitungsnetz *n*, Trinkwassersystem *n*
drinking water protection area *(Umw, Wsb, WVA)* Trinkwasserschutzgebiet *n*
drinking water reservoir Trinkwasser(speicher)behälter *m*
drinking water supply Trinkwasserversorgung *f*
drinking water tank Trinkwasserbehälter *m*
drip *v* tropfen, tröpfeln *(Flüssigkeiten)*; tropfen, undicht sein *(Wasserhahn)*
drip *v* **from** heruntertropfen
drip *v* **off** abtropfen
drip *v* **through** durchtropfen
drip 1. Tropfen *n*, Abtropfen *n*; 2. abtropfende Flüssigkeit *f*; Tropfen *m (von Anstrichstoffen)*; 3. Wasserablaufrinne *f (Fenster)*; Abkantung *f (Dachrinne)*; 4. *(HLK)* Kondenswasserabscheider *m*
drip cap Tropfnase *f*, Wassernase *f*, Wasserablauf *m (am Fenster)*
drip channel Wasser(abtropf)rinne *f*, Wasserschenkel *m*; Wassernasenrinne *f*
drip cock *(HLK, San)* Entwässerungshahn *m*
drip edge Ablaufende *n (Metalldach)*
drip line Abtropflinie *f*, Abtropfgrenze *f*
drip mould(ing) Regenrinne *f*, Regenabtropfrinne *f*
drip nose *s.* drip cap
drip nozzle Tropftülle *f (Brückenentwässerung)*
drip-proof *(El)* tropfwassergeschützt, tropfwassersicher
drip sink *(WVA)* Regenwassersammelbecken *n*; Überflussauffangbehälter *m*
drip throat Regenabtropfrinne *f*
drippage Tropfwasserpfütze *f*
dripping tröpfelnd
dripping eaves Traufe *f*, Dachtrauflage *f*
dripping water Tropfwasser *n*; Kondenswasser *n*, Tauwasser *n*
dripstone Wasserabtropfsteinnase *f*, Wasserschenkel *m (aus Stein oder Ziegel über Tür oder Fenster)*; Traufleiste *f*; Wasserschlag *m (schräge Abdachung von Gesimsen, um Wasser abzuweisen)*
dripstone course Trauf(stein)lage *f*, Traufenlage *f*
drive *v* 1. rammen, (ein)treiben *(z. B. Pfähle)*; einschlagen *(Nägel)*; 2. *(Tun)* (vor)treiben, auffahren; 3. antreiben *(Maschinen)*; 4. steuern, fahren *(Fahrzeuge)*; führen *(z. B. einen Kran)*
drive *v* **a heading** *(Erdb, Tun)* durchörtern
drive *v* **cold** *(St)* kaltschlagen *(Niet)*
drive *v* **home** festziehen
drive *v* **in** *(Erdb, Te, Verk)* eintreiben, (ein)rammen, einschlagen *(z. B. Pfähle)*; einpressen *(Buchsen)*; hineinfahren *(Verkehr)*
drive *v* **off** *(BM, Umw)* austreiben *(Kohlendioxid)*
drive *v* **the piles** *(Erdb)* die Pfähle setzen
drive *v* **through** durchtreiben *(z. B. einen Nagel)*
drive Zufahrt *f (zu einem Haus)*; Autovorfahrt *f (spezielle Auffahrt für Autos)*
drive band *(Erdb)* Pfahlkopfband(eisen) *n*
drive block *(Erdb)* Rammklotz *m*, Rammbär *m*, Rammblock *m*
drive entrance Einfahrt *f*
drive-in bank Autobank *f*
drive-in cinema Autokino *n*
drive-in lane Drive-in-Anlage *f*
drive-in parking Vorwärtseinparken *n*
drive pipe *(Erdb, Tun)* Bohrrohr *n*
drive shoe *(Erdb)* Pfahlschuhspitze *f*, Betonspitze *f* eines Rammpfahls
driven pile *(Erdb)* Rammpfahl *m*
driven well *(Erdb, Wsb)* Entwässerungsbohrloch *n (Filterbrunnenentwässerung)*; Rammbrunnen *m*
drivepipe *(AE) (Bod, Erdb)* Schlagsonde *f*, Rohrsonde *f*
driver Fahrer *m*
driver assistance system *(Verk)* Fahrerassistenzsystem *n*
driver error Fahrfehler *m*
driver parking building öffentliches Parkhaus *n*
driver training Fahrsausbildung *f*
driver-training field Verkehrsübungsplatz *m*, Verkehrsgarten *m*
driver's room Kraftfahrerzimmer *n*
driveway Zufahrt *f (zu einem Haus)*; Privateinfahrt *f*
driving 1. *(Tun)* Auffahren *n*; 2. *(Erdb)* Rammen *n*, Einrammen *n (von Pfählen)*
driving band *(Erdb)* Pfahlkopfband(eisen) *n*
driving cap *(Erdb)* Rammhaube *f*
driving formula *(Erdb)* Rammformel *f*
driving machine Aufzugsmotor *m*
driving pipe *(Erdb, Tun)* Bohrrohr *n*
driving pulley Treibrolle *f*; Antriebsrolle *f*
driving rain Schlagregen *m*
driving record *(Erdb)* Rammprotokoll *n*
driving resistance *(Erdb)* Rammwiderstand *m*
driving rig *(Erdb)* Ramme *f*
driving rod *(Bod)* Rammsonde *f*, Schlagsonde *f*
driving support *(Erdb)* Rammträger *m*
driving test 1. *(Bod)* Rammsondierung *f*; 2. Fahrprüfung *f*, Führerscheinprüfung *f*
driving training ground Verkehrsübungsplatz *m*, Verkehrsgarten *m*
driving work *(Erdb)* Rammarbeiten *fpl (in Ausschreibungen)*
dromos *(Arch)* Dromos *m (Gang zu altägyptischen Grabmälern)*
drop *v* 1. (herab)tropfen; lecken; 2. herabfallen; fallen lassen; 3. (ab)fallen, abnehmen, sinken *(z. B. Temperaturen, Druck)*; 4. fällen *(Lot)*
drop *v* **a perpendicular** ein Lot fällen
drop *v* **off** abfallen, absetzen
drop 1. *(El, HLK, WVA)* Fall *m*, Rückgang *m (z. B. von*

Temperaturen); Abfall *m (z. B. von Spannung)*; Luftstromfall *m (in Klimaanlagen)*; 2. *(Arch)* Tropfen *m*; 3. *(HLK)* Fallstrang *m*, Rücklaufrohr *n (Heizung)*; 4. *(Konst)* Säulenkopf *m*, Pilzkopf *m (Pilzdecke)*; 5. *(Wsb)* Gefälle *n (eines Flusses)*; 6. *s.* drop curtain

D

drop apron Abtropfführung *f*, Tropffallleiste *f*
drop arch *(Arch, Konst)* gedrückter Spitzbogen *m*, flacher Spitzbogen *m*
drop ball Fallbirne *f*
drop-ball test Kugelfallprüfung *f*
drop-balling *(RS)* Fallbirnenzerkleinern *n*, Fallbirnenzertrümmerung *f*
drop-bottom seal selbsttätige Türeinrastung *f*
drop box *(El)* Hängesteckdose *f*
drop ceiling *s.* dropped ceiling
drop chute *(BB, Te)* Betonschurre *f*, Betonierrutsche *f*
drop cloth Fußbodenabdeckung *f (vorübergehend, z. B. während Malerarbeiten)*
drop curtain *(EB)* Theatervorhang *m (zum Herunterlassen)*; Fallvorhang *m*, Sichtvorhang *m*
drop hammer *(Erdb)* Fallbär *m*, Rammhammer *m*
drop-in beam Einsetzträger *m*, Einhängeträger *m*
drop-in pin Einrastbolzen *m*, Rastzapfen *m*
drop in pressure Druckabfall *m*
drop in temperature Temperaturabfall *m*
drop key plate Schlüssellochabdeckblech *n*
drop lid Klappdeckel *m*
drop-light Hängelampe *f*
drop manhole *(WVA)* Absturzschacht *m*
drop moulding eingehängte Verkleidung *f*; zurückgesetzte Verkleidungstafel *f*
drop-on material *(OB, Verk)* Nachstreumaterial *n*
drop ornament *(Arch)* Tropfenornament *n*
drop panel einfallende Betondecke *f (z. B. um eine Stütze herum)*; nach unten abfallende Betondeckenverstärkung *f*, Pilzkopfverstärkung *f*
drop-penetration testing *(Bod)* Rammsondierung *f*
drop pile hammer *(Erdb)* Freifallramme *f*
drop point Tropfpunkt *m (bituminöser Baustoffe)*
drop-point slating diagonalgelegte Schieferdeckung *f*
drop ring Schließklinkenring *m*
drop siding *(DIS, Hb)* Tropfbrettverschalung *f*, gespundete Schalung *f (Holzaußenwand)*
drop test Schlagbiegeversuch *m*, Schlagbiegeprüfung *f*
drop vault Flachgewölbe *n*
drop weight *(BM)* Fallgewicht *n*
drop window Fallfenster *n*, Versenkfenster *n*
drop wire *(El)* Freileitungshausanschluss *m*, Einführungsleitung *f*
dropped gesenkt
dropped ceiling Hängedecke *f*, untergehängte [eingehängte, abgehängte] Decke *f*
dropped panel Pilzkopf *m*, Säulenkopf *m (Pilzdecke)*
dropping ball *(BM)* Fallkugel *f*
dropping-ball test *(BM)* Kugelfallprüfung *f*
drops *(Arch)* Tropfen *mpl*, Guttae *fpl (in der dorischen Ordnung)*
dropstone *(Bod)* Tropfstein *m*
dross Abfall *m*, Unrat *m*; wertloses Zeug *n*
drought *(Bod, Umw)* Trockenheit *f*, Dürre *f*
drought resistance *(BM, BT)* Trockenresistenz *f*
drove *v (AE)* scharrieren, abspitzen *(Stein)*
drove *(AE)* 1. Scharriereisen *n*, Meißel *m (Steinmetzwerkzeug)*; 2. Bewässerungskanal *m*
drove(n) work Scharrierung *f*
droving *(AE)* Scharrieren *n*; Schlaganarbeiten *fpl*, Schlageisenbearbeitung *f (Sandstein)*
drum 1. Walzenstein *m*, Säulenstein *m*, Steinscheibe *f*; Säulentrommel *f (Teil eines Säulenschafts)*; 2. *(Arch)* Tambour *m*, Kuppelunterbau *m*; 3. Trommel *f*; Walze *f*
drum mix coater *(BB, BWG)* Trommelmischer *m* mit Zwangsnachmischer
drum mix plant *(BB, BWG)* Trommelmischwerk *n*
drum mixer Trommelmischer *m*
drum panelling gepolsterte Türverkleidung *f*
drum screen Trommelsieb *n*
drum sluice *(Wsb)* zylindrisches Schleusentor *n*
drum trap zylindrischer Geruchsverschluss *m*
drum type concrete mixer *(BB, BWG)* Betontrommelmischer *m*
drum weir *(Wsb)* Trommelwehr *n*
drumminess *(DIS)* Dröhnhaftigkeit *f*, Dröhnneigung *f*
drumming *(DIS)* Dröhnen *n*
druse *(Bod)* Druse *f (Hohlraum im Gestein)*
dry *v* trocknen, Wasser entziehen, entwässern
dry *v* **flat** *(OB)* matt auftrocknen
dry *v* **out** austrocknen *(Holz)*
dry *v* **through well** durchtrocknen
dry *v* **to constant mass** bis zur Gewichtskonstanz trocknen, trocknen bis zur Massenkonstanz
dry *v* **up** eintrocknen, austrocknen
dry 1. trocken; 2. mörtelfrei, mörtellos; 3. roh, nackt *(Straßenbaugestein ohne Bindemittel)*
dry arch *(Bod, Erdb)* Erdbogen *m*
dry area *(Bod)* kapillarbrechende Schicht(fläche) *f*, Drän- und Sauberkeitsschicht *f*
dry batch Trockenmischung *f*, Trockengemisch *n (Beton)*
dry-batch weight Trockenmischungsgewicht *n*
dry-batch weight of aggregates Zuschlag(stoff)-trockengewicht *n*
dry blend Trockenmischung *f*, Trockengemisch *n*
dry-bond adhesive Kontaktkleber *m*, Kontaktklebstoff *m*, Haftkleber *m*
dry-bound macadam *(Verk)* Streumakadam *m(n)*
dry bulk container Trocken(lade)gutcontainer *m*
dry bulk density Trockenraumgewicht *n*
dry-cast method Trockenverfahren *n (Betonrohrtechnologie)*
dry ceiling Gipskartondecke *f*, Gipsplattendecke *f*; Trockenbaudecke *f*
dry chemical fire extinguisher Trockenfeuerlöscher *m*, Pulverlöscher *m*
dry closet *(San)* Trockenklo *n*, Trockenabort *m*
dry-compacted *(Erdb)* trocken festgestampft
dry compaction Trockenverdichtung *f*
dry concrete steifer [schwach plastischer] Beton *m*
dry concrete mix trockene Betonmischung *f*
dry construction Montagebauweise *f*, Trockenbauweise *f (ohne Mörtel)*
dry content Trocken(stoff)gehalt *m*, Gehalt *m* an Trockensubstanz *(z. B. bei Farbe)*
dry course trockene Steinlage *f*, mörtelloses Lager *n (direkt auf der Dachhaut)*
dry curing feuchtlose Nachbehandlung *f*, Trockenaushärtung *f (Beton)*
dry density 1. Trocken(roh)dichte *f*; 2. *(Erdb)* Trockenraumgewicht *n*
dry dock *(Wsb)* Trockendock *n*
dry felt Rohfilzpappe *f*, Rohdachpappe *f*
dry film thickness Trockenfilmdicke *f (Anstrich)*
dry filter *(HLK)* Lufttrockenfilter *n*
dry-fixed trocken verlegt
dry formed trocken geformt, trocken gepresst *(Feuerfesttechnologie)*
dry glazing kittlose Verglasung *f*
dry grinding 1. Trocken(ver)mahlung *f*; 2. Trockenschleifen *n*

dry hydrate Weißfeinkalk *m*, Löschkalk *m*, Kalkhydrat *n*
dry installation Trockeneinbau *m*
dry joint 1. mörtellose Fuge *f*, Knirschfuge *f*; 2. kalte Lötstelle *f*
dry kiln *(BM, Hb)* Trockenkammer *f*, Trockenofen *m (für Holz)*
dry lining Trockenputzen *n (Gipsverputz)*; Trockenausbau *m*
dry lining system Trockenputzsystem *n*
dry loose bulk density *(BM)* Schüttdichte *f*
dry manufacture Trockenverfahren *n*, Trockentechnologie *f (Zementtechnologie)*
dry masonry Trockenmauerwerk *n (ohne Mörtel gebaut)*
dry milling Trocken(ver)mahlung *f*
dry mix Trockenmischung *f*, wasserarme Mischung *f*
dry mix shotcrete *(BB, OB)* Torkretbeton *m*, Trockenspritzbeton *m*
dry mixing Trockenmischung *f (Vorgang)*
dry mortar trockener Mörtel *m*
dry-out *(Erdb)* Austrocknen *n*
dry-pack *v* erdfeuchten Beton stampfen
dry-packed concrete erdfeuchter [wasserarmer] Beton *m*
dry partition wall Trocken(bau)trennwand *f*
dry paving Trockenpflaster *n*
dry penetration surfacing *(Verk)* Einstreudecke *f*
dry-pipe sprinkler system trockenes Sprinklersystem *n*, Feuerschutzanlage *f* mit wasserfreiem Rohrsystem *(bei Nichtgebrauch)*
dry-pitch *(BM)* Hartpech *n*
dry plaster Trockenputz *m*, Gipsplattenputz *m*
dry port Trockenladeluke *f*
dry premix Trockenvormischen *n*
dry-press Ziegeltrockenpressverfahren *n*
dry-press brick Trockenpressziegel *m*
dry-press method Ziegeltrockenpressverfahren *n*
dry product getrocknetes Gut *n*
dry residue Trockenmasse *f*
dry return *(HLK)* Luft-Kondenswasserrückfluss *m (Dampfheizung)*
dry river bed *(AE)* Wadi *n*
dry-rodded volume of aggregates eingerütteltes Zuschlag(stoff)trockenvolumen *n*
dry-rodded weight of aggregates eingerütteltes Zuschlag(stoff)trockengewicht *n*
dry-rodding Trockeneinrütteln *n (von Zuschlagstoffen)*
dry-rolled concrete *(Verk)* gewalzter Magerbeton *m*, Walzmagerbeton *m*
dry roof glazing kittfreie Dachverglasung *f*
dry rot 1. Trockenfäule *f (Holz)*; 2. *s.* dry rot fungus
dry rot fungus Echter Hausschwamm *m*
dry rubble construction Trockenmauerwerk *n*, mörtelloses Bruchsteinmauerwerk *n*
dry rubble fill *(SB, Wsb)* Steinfüllung *f* ohne Bindemittel
dry rubble wall *(Erdb, LB)* Trockenmauer *f*
dry shake Trockentorkretierung *f*
dry sheet ungetränkte Pappe *f*, Dachrohpappe *f*
dry-slake *v* trocken löschen
dry slaking Trockenlöschen *n (Kalk)*
dry-sludge disposal site *(Umw)* Trockenschlammdeponie *f*
dry sprinkler system Trockensprinklersystem *n*
dry stock getrocknetes Holz *n*
dry stone pitching *(Erdb, LB)* Steinpackung *f* für Trockenmauer
dry stone wall Trockenmauer *f*, Trockenwand *f*; Trockenmauerwerk *n*
dry strength Trockenfestigkeit *f (einer Klebverbindung)*; Klebefestigkeit *f*
dry system of construction Trockenbauweise *f*, Trockenbautechnik *f*
dry-tamp process Stampfbetoneinbringung *f*
dry time to recoat *(OB)* Zwischentrocknungsdauer *f (Anstrich)*
dry topping *s.* dry shake
dry treatment Trockenaufbereitung *f (Baustoffe)*
dry valley *(Bod, Umw)* Trockental *n*
dry volume weight *(BM)* Trockenrohdichte *f*, Trockenraumgewicht *n*
dry wall *s.* drywall
dry walling Trockenmauerung *f*
dry-weight Trockengewicht *n (Zuschläge)*; Trocken(substanz)masse *f*
dry well 1. *(Erdb, WVA)* Sickerschacht *m*, Sickerbrunnen *m*; 2. *(WVA)* Senkgrube *f*, Faulgrube *f*
dry wood getrocknetes Holz *n*
dryer Trockner *m*; Trockenstoff *m*, Trockentrommel *f*
dryer balcony Wäschebalkon *m*
dryer cabinet Trockenschrank *m (für Wäsche)*
dryer crack Trocknungsriss *m*
dryer time Austrocknungszeit *f*, Trocknungsdauer *f*
drying Trocknung *f*
drying agent Trockenmittel *n*; Sikkativ *n*
drying alkyd trocknendes Alkydharz *n*
drying apparatus Trockner *m*
drying chamber Trockenkammer *f*
drying conditions Trocknungsbedingungen *fpl*
drying contraction Trockenschwindung *f (z. B. in Keramik)*
drying crack Trockenriss *m (in Keramik)*
drying drum *(BWG, Te)* Trockentrommel *f (Asphaltanlage)*
drying-duct terminal unit *(HLK)* Luftmischkammer *f (Klimaanlage)*
drying frame Trockengestell *n*
drying kiln Trockenofen *m (z. B. für Keramik)*; Holztrockenofen *m*
drying loft Trockenboden *m (Dachboden)*
drying oil paint Ölfarbe *f*, Ölanstrich *m*
drying oil primer Ölgrundfarbe *f*
drying out Austrocknen *n*
drying oven Trockenkammer *f (für Ziegel)*
drying process Trocknungsprozess *m*, Trocknungsvorgang *m*
drying property Trocknungsvermögen *n (Anstrich)*
drying rack Trockengestell *n*
drying room Trockenkammer *f*; Trockenboden *m (Dachboden)*
drying shed *(BM, Te)* Trocknungsschuppen *m*, Freilufttrockenschuppen *m*
drying shrinkage 1. *(Bod)* Schrumpfung *f*, Trocknungsschrumpfung *f*; 2. Trockenschwindung *f (z. B. in Keramik, Beton)*
drying stove Trockenofen *m (z. B. für Keramik)*
drying stress Trocknungsspannung *f*
drying through Durchtrocknen *n*, Durchtrocknung *f*
drying time *(Umw)* Trockenzeit *f*
drying tunnel *(Hb, Te)* Trockendarre *f*, Trockenkanal *m (Holz)*
drying-up *(Wsb, WVA)* Austrocknen *n*, Versiegen *n (Brunnen)*
drystone road *(Verk)* Schotterstraße *f*
drywall 1. Innenwand *f* aus wasserempfindlichen Baustoffen *(Gips, Pappe, Holz)*; 2. Trockenwand *f*, Trockenmauerwerk *n*
drywall construction *(SB)* Trockenwandbauweise *f*, Montagebauweise *f*, Trockenbauweise *f*
drywall finish Trockenputz *m*; Gipskartonwandplatten *fpl*; Sperrholzverkleidung *f*; Trockenwandoberfläche *f*
drywall frame *(Konst)* Trennwandrahmenkonstruktion *f*
drywall installation Trockenwandeinbau *m*
drywall material Trockenwandbaustoff *m*

D

drywall partition Trockenwandabtrennung *f*, Trockenzwischenwand *f*
dual doppelt, dual, dualistisch
dual carriageway road *(Verk)* Straße *f* mit zwei getrennten Fahrbahnsystemen, Autobahn *f*
dual compartment septic tank *(WVA)* Zweikammerklärgrube *f*, Doppelkammer-Hauskläranlage *f*
dual-duct system *(HLK)* Zweikanalsystem *n (Klimaanlage)*
dual-duct terminal unit *(HLK)* Luftmischkammer *f*
dual-fuel system *(HLK)* Zweistoffheizungssystem *n (mit zwei verschiedenen Brennstoffen)*
dual girder *(BT, St)* Zwillingsträger *m*
dual glazing doppelte Verglasung *f*
dual-lane *(Verk)* zweispurig *(Straße)*
dual layer Doppelschicht *f*
dual portal Doppelportal *n*
dub *v (Hb)* dechseln, vierkantig zuschneiden, rechtwinklig kanten
dubbing(-out) *(Te)* Ausfüllen *n (von Löchern)*; Vorbessern *n*, Vorputzen *n*
Ducal Palace *(Arch)* Dogenpalast *m*
duck board *s.* duckboard
duck run Dachlaufbohle *f*; Dachdeckerleiter *f*
duckbill (loader) Entenschnabellader *m*, Stoß(schaufel)-lader *m*
duckboard Bohlengang *m*, Laufsteg *m*, Dachlaufplanke *f*, Dachleiter *f (für Dachdecker)*; Holzfußweg *m (Bretterweg)*
duckfoot bend Fußrohrkrümmer *m*
duct 1. *(HLK, San)* Kanal *m*, Leitungskanal *m*, Schacht *m*; Lüftungsrohr *n*; Luftkanal *m*; 2. *(El)* Kabelkanal *m*; Leitungsrohr *n*
duct construction Kanalbau *m (für Leitungen)*
duct cover Kanaldeckel *m*, Kanalabdeckung *f*
duct design *(Erdb, LB, WVA)* Abzugsschachtbemessung *f*, Kanalbemessung *f*
duct furnace *(HLK)* Lufterhitzer *m* ohne Lüfter *(Klimaanlage)*
duct-generated noise *(HLK)* Kanalgeräusch *n*, kanalerzeugtes Geräusch *n (Klimaanlage)*
duct lining *(DIS, HLK)* Glasfaserdämmung *f* für Klimaluftzüge
duct opening Kanalöffnung *f*
duct riser *(HLK)* Steigkanal *m*
duct sheet *(HLK)* Luftkanalblechmaterial *n*
duct system *(HLK)* Luftkanalsystem *n*
duct trench Kanalgraben *m*
ductile duktil, dehnbar, streckbar *(bes. Metall)*; hämmerbar; geschmeidig; plastisch; bildsam
ductile fracture *(BM, Bod, Stat)* Gleitbruch *m*, Verformungsbruch *m*, zäher Bruch *m*
ductilimeter *s.* ductilometer
ductility Duktilität *f*, Dehnbarkeit *f*, Streckbarkeit *f (z. B. von Bitumen, Metall)*; Plastizität *f*; Verformbarkeit *f*
ductility limit *(BM, Stat)* Dehn(ungs)grenze *f*
ductility test Duktilitätsprüfung *f*, Duktilitätsbestimmung *f*, Streckbarkeitsprüfung *f*
ductilometer Duktilometer *n*, Streckbarkeitsmesser *m*
ducting Kanalführung *f (Installation)*; Rohr(leitungs)netz *n*
ducttube Gummischlauchschalung *f*; Gummischlauchauskleidung *f*
ductwork *(HLK)* Kanalleitung *f*, Kanalsystem *n (Klimaanlage)*
due care *(AE)* Ausführungsgrad *m*, Sorgfältigkeitsklasse *f*, Niveau *n* der Bauausführung
due date *(AE)* Fälligkeitstermin *m*
duff 1. Siebdurchgang *m*; 2. Rohhumus *m*
dug earth *(Erdb)* Abtrag *m*
dug out earth *(Erdb)* Aushub *m*
dug well *(Wsb, WVA)* Wasserrohrbrunnen *m*, Schachtbrunnen *m*, einfacher Wasserbrunnen *m*
dull *v* 1. mattieren, glanzlos machen *(z. B. Oberflächen)*; matt [glanzlos] werden; 2. stumpf werden *(Werkzeug)*
dull 1. *(Verk)* matt, stumpf, glanzlos, trübe *(Farboberfläche)*; 2. stumpf *(Werkzeug)*
dull clear varnish *(OB)* Hartmattlack *m*
dull-edged beam handbehauener Holzbalken *m*, Rohholzbalken *m*; baumkantiger Balken *m*
dull-finish lacquer Schleiflack *m*
dulling 1. Mattwerden *n*, Blindwerden *n*, Glanzverlust *m (Anstrich)*; 2. Mattieren *n*
dulling agent Mattierungsmittel *n*
dullness Mattheit *f*, Stumpfheit *f*, Glanzlosigkeit *f (z. B. Oberflächen)*; Trübung *f (von Farben)*; Vermattung *f*
dumbbell tenement *fünf- bis siebenstöckiges Wohnhaus in New York vor 1901 mit hantelförmigem Grundriss*
dumbwaiter *(EB)* Speisenaufzug *m*, Handaufzug *m (für Speisen)*
dummy unecht, nachgemacht, Schein..., Blind...
dummy *(Verk)* Attrappe *f*, Versuchspuppe *f*, Ponton *m*
dummy cylinder blinder Schließzylinder *m*
dummy funnel blinder Schornstein *m*
dummy joint Scheinfuge *f*
dummy lock *(EB)* Blindschloss *n*, eingelassenes Schloss *n*
dummy plug *(El)* Blindstecker *m*
dummy rafter *(Hb)* Blindsparren *m*
dummy rivet *(St, Te)* Heftniet *m*, Blindniet *m*
dummy specimen Kalibrierstück *n*, Eichprobestück *n*
dump *v* 1. entleeren, entladen; auskippen, ausschütten; 2. *(Umw)* abkippen, verkippen *(Abfälle auf Deponien)*
dump 1. *(Umw)* Abraumhalde *f*, Halde *f*; 2. *(Umw)* Schuttabladeplatz *m*; Abkippplatz *m*, (ungeordnete) Mülldeponie *f*; Kippe *f*
dump ground *(Umw)* Abkippplatz *m*, Kippe *f*; Müllabladeplatz *m*, Mülldeponie *f*, Müllkippe *f*, Müllhalde *f*
dump of overburden *(BM, Te)* Abraumkippe *f (Sandgrube, Steinbruch)*
dump site *(Umw)* Schuttabladeplatz *m*, Abkippplatz *m*
dump skip *(Erdb, Umw)* Abkippförderkorb *m*
dump slip *(Bod)* Haldenrutsch *m*
dump truck *s.* dumper
dumped abgekippt, abgesetzt
dumped fill *(Erdb)* Kippe *f*, abgekippter Erdstoff *m*, Seitenablagerung *f*
dumper *(BWG)* Dumper *m*, Motorkipper *m*, Kipper *m*, Muldenkipper *m*; Frontkipper *m*
dumper truck *s.* dumper
dumping Kippen *n*
dumping angle *(Bod, Erdb)* Schüttwinkel *m*
dumping bucket Kippkübel *m*
dumping fees *(Umw)* Kippgebühr *f*
dumping ground *s.* dump 2.
dumping height Kipphöhle *f*, Schütthöhe *f*
dumping place Lagerplatz *m*; Holzlager *n*
dumping site *(Umw)* Kippengelände *n*, Schutt(ablade)platz *m*, Mülldeponie *f*, Deponiegelände *n*
dumping stones *(Wsb)* Schüttsteinmasse *f*
dumpling *(Erdb)* Aushubrest *m*, unberührte Aushubmasse *f (im Zentrum der Aushubgrube)*; Kern *m (Erdstoff)*
dune *(Bod)* Düne *f*
dune protection *(Umw)* Dünenschutz *m*
dune sand Dünensand *m*
dungeon 1. *s.* donjon; 2. *(Arch)* unterirdisches Verlies *n*
dunite *(BM, Bod)* Dunit *m*, Olivinstein *m*
dunnage 1. Stapelholz *n (Abfallholz)*; 2. Kühlturmstützstreben *fpl*
duodecagon Zwölfeck *n (Geometrie)*
duplex *(AE)* 1. Zweiraumappartement *n*; 2. Zweifamilienhaus *n*

duplex apartment *(AE)* Maisonette-Wohnung *f*, Zweietagenwohnung *f*
duplex bearing Doppellager *n*, Lagerpaar *n*
duplex burner *(HLK)* Zweifachbrenner *m* *(Heizung)*
duplex cable *(El)* Zweileiterkabel *n*
duplex coating Duplexschicht *f* *(Anstrich)*
duplex dwelling *(AE)* Zweispännerwohnung *f*
duplex house *(AE)* Doppelhaus *n*, Zweifamilienhaus *n*
duplex outlet *(El)* Doppelsteckdose *f*
duplex pruning saw Astsäge *f*
duplicate *v* kopieren, vervielfältigen
duplicate 1. Kopie *f*; Abzug *m*; 2. Ersatzteil *n*
duplicate specimen *(BM)* Parallelprobe *f*
duplicate test *(BM)* Gegenprobe *f*, Gegenprüfung *f*
duplicating Kopieren *n*, Pausen *n*
duplicating room Pausraum *m*
durability Haltbarkeit *f*, Beständigkeit *f*; Lebensdauer *f*
durability cracking *(Verk)* Festigkeitsverlustrisse *mpl* *(Betonfahrbahn)*
durability test *(HLK, San)* Zuverlässigkeitsprüfung *f*, Beständigkeitsprüfung *f* *(Anstrich)*
durable haltbar; dauerhaft; alterungsbeständig • **be durable** lange halten, haltbar sein *(z. B. Material)*
durable crumbling soil *(Bod, Erdb)* klumpiger Boden *m*
durables *(EB)* langlebige Konsumgüter *npl* *(z. B. Wohnungsausstattungen)*
dural(umin) *s.* duraluminium
duraluminium Duraluminium *n*, Duralumin *n*
duramen *(BM, Hb)* Kernholz *n*
durometer *(BM)* Härteprüfer *m*, Durometer *n*
dust *v* *(BT, Te, Umw)* abstauben
dust Staub *m*
dust and noise control *(Umw)* Staub- und Lärmschutz *m*
dust binder *(Umw)* Staubbinder *m*
dust board *(Umw)* Staubschutztafel *f* *(über einem Eingang)*
dust catcher Staubabscheider *m*
dust ceiling Staubdecke *f*
dust-collecting equipment Staubabsaugeeinrichtung *f*
dust collector 1. *(HLK)* Entstauber *m*; 2. Staubabscheider *m*, Staubsichter *m*, Staubfang *m* *(Entstaubungsanlage)*
dust concentration *(Umw)* Staubkonzentration *f*, Staubanfall *m*
dust content Staubanteil *m*
dust-dry *(OB)* staubtrocken *(Anstrich)*
dust exhaust *(BWG, HLK, Te)* Staubabsaugung *f*
dust explosion Staubexplosion *f*
dust filter Staubfilter *m*; Filterentstaubung *f*
dust formation Staubbildung *f*
dust-free *s.* dustfree
dust guard Staubschutz *m*
dust impurity *(Umw)* Staubverschmutzung *f*, Staubunreinheit *f*
dust laying Staubbindung *f*
dust-like staubähnlich
dust palliative Staubbinder *m*, niedrigviskoser Staubbindemittelfilm *m*
dust particle Staubteilchen *n*
dust preventer *(Umw)* Staubschutzmittel *n*
dust preventing *(Umw, VR)* Staubschutzmaßnahmen *fpl*
dust prevention *(Umw, VR)* Staubverhütung *f*
dust-producing stauberzeugend, staubend
dust-proof *s.* dustproof
dust proportion *(BM)* Füller-Bindemittel-Verhältnis *n*
dust protection Staubschutz *m*
dust removal *(Umw)* Entstaubung *f*, Staubentfernung *f*
dust road *(LB)* Landweg *m*, Feldweg *m*; Sommerweg *m*
dust screen Staubschutz *m*
dust separator Staubabscheider *m*, Staubfang *m*, Staubsichter *m*
dust-tight *s.* dustproof
dustbin *(San)* Müllbehälter *m*, Mülltonne *f*, Abfallbehälter *m*; Küchenabfallbehälter *m*
dustbin chamber *(EB, San)* Müllkübelschrank *m*
dustfree staubfrei
dusting 1. *(BB, Te)* Abstauben *n*, Absanden *n* *(von Beton)*; 2. *(Umw)* Bestauben *n*; 3. *(Umw)* Staubentfernen *n*, Entstauben *n*
dusting road *(Verk)* Staubstraße *f*; Kiesstraße *f*
dustless staubfrei
dustlike *s.* dust-like
dustproof *v* staubfrei machen
dustproof staubdicht, staubgeschützt, staubsicher, staubundurchlässig
dustproof ceiling *(Konst)* Staubdecke *f*
dustproof strike *(EB)* Staubschutzplättchen *n* *(eines Schlosses)*
dustproofing Staubfreimachung *f*
dustrepelling staubabweisend
dusty staubig, staubend
dusty chalk Kalkerde *f*, Staubkalk *m*
Dutch arch *(Arch)* Scheitelbogen *m*
Dutch barn *(LB)* Offenscheune *f*
Dutch bond *(Konst)* Kreuzverband *m*
Dutch clinker gelber Hartklinker *m*, Pflasterklinker *m*
Dutch door zweiteilige Tür *f* *(horizontal geteilt)*
Dutch lap (of shingles) *(Te)* holländische Schindellegung *f*
Dutch light house *(LB)* aufklappbares Gewächshaus *n*
Dutch Renaissance *(Arch)* holländischer Renaissancestil *m*
Dutch tile Hollandfliese *f*; Kachel *f* *(Ofenkachel)*
Dutch timber holländische Balken *mpl*
Dutch truss *(Hb)* holländischer Dachbinder *m*
Dutch vault Flachgewölbe *n*
dutchman 1. Abdeckleiste *f*, Deckleiste *f* *(z. B. für schlechte Fugen, Fehlstellen)*; 2. Einsatzstück *n*, Flickstück *n*
duty *(VR)* Aufgabe *f*, Pflicht *f* • **on [in] duty** *(VR)* im Dienst, dienstbereit
duty of care *(VR)* Vorsorgepflicht *f* *(Arbeitsschutz)*
duty officer Diensthabender *m*
duty to warn *(VR)* Warnpflicht *f*
dwang 1. *(Hb)* *(AE)* Balkenbindeeisen *n*; 2. Brechstange *f*, Brecheisen *n*
dwarf door Pförtchen *n*, Kleintür *f*; Schaltertür *f*
dwarf partition halbhohe Trennwand *f*
dwarf partitioning halbhohe Raumteilung *f*
dwarf rafter *(Hb)* Schiftsparren *m*, Schifter *m*; Gratschifter *m*
dwarf wall 1. halbhohe Wand *f*, Niedrigmauer *f*; 2. Drempelaufmauerung *f*, Drempelmauer *f*
dwarfing Verkrümmung *f*
dweller Bewohner *m*, Benutzer *m* *(einer Wohnung)*
dweller kitchen Wohnküche *f*, Essküche *f*
dwelling Wohnhaus *n*; Wohnung *f*; Wohneinheit *f*; Wohnort *m*
dwelling building *(Arch)* Wohngebäude *n*, Wohnhaus *n*
dwelling density Wohndichte *f*
dwelling heating Zentralheizung *f*
dwelling heating plant Zentralheizung(sanlage) *f*
dwelling house Wohnhaus *n*
dwelling in a housing scheme Arbeiterwohnung *f*
dwelling premises 1. Wohngelände *n*; 2. Wohneigentum *n*
dwelling unit *(AE)* Wohn(ungs)einheit *f*, Wohnung *f*
dwellings for low-income families *(Arch, RP)* Sozialwohnungen *fpl*
dwindle *v* 1. abnehmen, schwinden; vermindern; 2. auskeilen
dye *v* färben; anfärben; einfärben *(Beton)*
dye *v* **thoroughly** durchfärben *(z. B. Beton)*

dye Farbstoff *m*, Farbe *f*, Färbemittel *n*, Penetrierfarbstoff *m*
dyeing Färben *n*, Einfärben *n*
dyeing wood Farbholz *n*
dyestuff Farbstoff *m*, Färbemittel *n*
dyestuff suspension Farbstoffsuspension *f*
dyewood Farbholz *n*
dyke *s.* dike
dynamic action *(Stat)* dynamische Einwirkung *f (Bauwerke)*
dynamic analysis *(Stat)* dynamische Lastuntersuchung *f*, Belastungsanalyse *f* unter dynamischer Beanspruchung
dynamic balancing *(Stat)* Massenausgleich *m*, dynamische Ausgleichung *f*
dynamic ball-impact test *(BB, BM)* Kugelschlagprüfung *f (Beton)*
dynamic buckling dynamisches Knicken *n*
dynamic compaction *(BB, Erdb, Te)* Vibrationsverdichtung *f*, Rüttelverdichtung *f*
dynamic complex modulus *(AE)* dynamisch-komplexer Steifigkeitsmodul *m*
dynamic driving resistance dynamischer Rammwiderstand *m*
dynamic-elastic behaviour dynamisch-elastisches Verhalten *n*
dynamic enhancement *(Br, Stat)* dynamischer Zuwachs *m (Brücke)*
dynamic factor *(Stat)* dynamischer Beiwert *m*
dynamic force *(Stat)* dynamische Kraft *f*
dynamic friction Gleitreibung *f*
dynamic load 1. *(Stat)* dynamischer Lastwert *m*, dynamische Last *f* [Belastung *f*]; 2. *(Stat)* Nutzlast *f*
dynamic modulus of elasticity *(Stat)* dynamischer Elastizitätsmodul *m*
dynamic parking information *(Verk)* dynamisches Parkinformationssystem *n*
dynamic passenger information *(Verk)* dynamische Passagierinformation *f*
dynamic penetration test *(Bod)* dynamische Rammsondierung *f*
dynamic pile-driving resistance *(Bod)* dynamischer Rammwiderstand *m*
dynamic pile formula *(Erdb)* Rammformel *f*
dynamic pressure *(Stat)* Staudruck *m*, dynamischer Druck *m*
dynamic rigidity dynamische Steifigkeit *f*
dynamic route computation *(Verk)* dynamische Fahrtroutenberechnung *f*
dynamic route information *(Verk)* dynamische Streckeninformation *f*
dynamic shear modulus dynamischer Gleitmodul *m*
dynamic shear rheometer *(BM)* dynamisches Scherrheometer *n*
dynamic similarity dynamische Ähnlichkeit *f*
dynamic stability dynamische Stabilität *f (Industriebau)*
dynamic stiffness dynamische Steifigkeit *f*
dynamic strength *(Stat)* Schwing(ungs)festigkeit *f*, dynamische Festigkeit *f*, Erschütterungsfestigkeit *f*
dynamic stress dynamische Belastung *f*; Schwingspannungen *fpl*
dynamic subgrade reaction *(Erdb)* dynamische Bettungsziffer *f*
dynamic test dynamische Untersuchung *f*
dynamic traffic service *(Verk)* dynamischer Verkehrsdienst *m*
dynamic triaxial test *(Erdb)* dynamischer Triaxialversuch *m*
dynamic viscosity *(BM)* dynamische Zähigkeit *f*, dynamische Viskosität *f*
dynamics *(Stat)* Dynamik *f*
dynamite *v* **off** lossprengen *(Gestein)*
dynamite *(Bod, Erdb, Tun)* Dynamit *n*
dynamiting *(Erdb, Tun)* Dynamitsprengung *f*
dynamometer dynamisches Kraftmessgerät *n*
dyostyle *s.* distyle

E

eagle Ziergiebel *m (griechische Baukunst)*
eagle capital *(Arch)* Adlerkapitell *n*
eaglewood *(BM, Hb)* Calambakholz *n (Tropenholz)*
EAPA *s.* European Asphalt Pavement Association
ear 1. *(BT, Te)* Öse *f*; 2. *(San)* Lasche *f*
earliest event occurrence time *(VR)* frühester Beginn *m (z. B. von Bauabschnitten)*; frühester Termin *m* der Arbeiten *(Netzplantechnik)*
early baroque *(Arch)* Frühbarock *m*
Early Christian architecture *(Arch)* frühchristliche Baukunst *f (sakral)*
early completion bonus *(VR)* Beschleunigungsvergütung *f*, Zuschlagsumme *f* für vorzeitige Fertigstellung *f*
early curing period *(BB)* Frühnachbehandlungszeit *f*
Early English style *(Arch)* englische Frühgotik *f*, frühe englische Gotik *f (etwa 1180-1270)*
early failure *(Te, VR)* Anfangsfehler *m*; Frühausfall *m*
early finish time *(Te, VR)* frühester Endtermin *m (Netzplantechnik)*
Early French Gothic style *(Arch)* französische Frühgotik *f*
Early German baroque *(Arch)* deutscher Frühbarock *m*
Early Gothic *(Arch)* Frühgotik *f*
early green *(Verk)* vorgezogenes Grün *n*, frühes Grün *n*
early high stability *(BB, Te)* Frühhochstandfestigkeit *f*
early life Anfangs...
early life high strength *(BB, Te)* Frühhochfestigkeit *f*
early life skid resistance *(Verk)* Anfangsgriffigkeit *f*
early loading *(Stat, TK)* Anfangsbelastung *f*, Erstbelastung *f*
Early Renaissance *(Arch)* Frührenaissance *f*
Early-Roman *(Arch)* frühromanisch
Early-Romanesque architecture *(Arch)* frühromanische Architektur *f*
early stage *(Te)* Frühstadium *n*
early-stage cracking *(BM)* frühzeitige Rissbildung *f*
early start *(Verk)* schnelles Schalten *n (Lichtzeichenanlage)*
early start time 1. *(Te, VR)* frühester Anfangstermin *m (Netzplantechnik)*; 2. *(Te, VR)* erster planmäßiger Arbeitstag *m* einer Bauaktivität
early stiffening *(BB, Te)* Früherstarrung *f*, vorzeitiges Abbinden *n (von Beton)*
early strength *(BB)* Frühfestigkeit *f*, Anfangsfestigkeit *f*; Dreitagefestigkeit *f (Beton)*
early warning system *(Verk, VR)* Frühwarnsystem *n*
early wood *(BM, Hb)* Früh(jahrs)holz *n*
early work *(Arch)* Frühwerk *n*
earnings 1. *(VR)* Gewinn *m*, Gewinnspanne *f*; 2. *(VR)* Verdienst *m*, Ertrag *m*
earth *v (El)* erden, an Erde legen
earth *v* **up** ausgleichen, ausfüllen; anhäufen
earth 1. Erde *f*, Erdboden *m*, Erdreich *n*, Boden *m*, Grund *m*; Erdstoff *m*; 2. *(El)* Erde *f*, Masse *f*
earth abutment 1. *(Erdb)* Erd(stoff)widerlager *n*; 2. *(Erdb) s.* abutment
earth anchor Erdanker *m*

earth auger *(Erdb)* Erdbohrer *m*, Tellerbohrer *m (meist über 200 mm Durchmesser)*
earth bank Erddamm *m*, Erdwall *m*, Schüttdamm *m*, Wall *m*
earth bar *(El)* Erdungsschiene *f*, Erdungsstab *m*
earth body *(Erdb, Verk)* Erdkörper *m*
earth borer *(Bod)* Erdbohrer *m*, Sondiereisen *n*
earth bus *(El)* Erdsammelleitung *f*
earth busbar *s.* earth bus
earth clamp *(El)* Erdungsschelle *f*, Masseschelle *f*
earth colour Erdfarbe *f*
earth column *(Bod)* Erdpyramide *f*, Erdpfeiler *m*
earth compacting equipment Bodenverdichtungsgerät *n*
earth compaction Erdstoffverdichtung *f*
earth conditions Bodenverhältnisse *npl*
earth conductor *(El)* Erdleiter *m*
earth connection *(El)* Erdleitung *f*, Erdverbindung *f*; Erdung *f*
earth consolidation *(Bod)* Erdstoffsetzung *f*, natürliche Bodenverfestigung *f*
earth construction Erdkonstruktion *f*
earth contact Erdkontakt *m*
earth-continuity conductor *(El)* Erdungsleitung *f*
earth covering Überschüttung *f*, Erdabdeckung *f (Leitungen)*
earth current Erdstrom *m*
earth dam *(Erdb, Verk, Wsb)* Erd(schütt)damm *m*, Erdwall *m*
earth dam embankment Erdkörper *m*
earth densification künstliche Bodenverdichtung *f*
earth depot Seitenablage *f*; Erdlager *n*
earth displacement Erdbewegung *f*, Bodenbewegung *f*; Erdbewegungsarbeiten *fpl*
earth drill *(Bod, Erdb)* Erdspiralbohrer *m*
earth edge geschliffene Kante *f*
earth electrode *(El)* Erder *m*, Erdelektrode *f*
earth fault *(El)* Erdschluss *m*
earth fill Erdaufschüttung *f*
earth fill dam Erd(schütt)damm *m*
earth flow Bodenfließen *n*, Erdfließen *n*
earth heat Erdwärme *f*
earth hummock *(Bod, Verk)* Frosthebung *f*
earth improvement *(Verk)* Baugrundverbesserung *f*
earth-leakage fault *(El)* Erdschluss *m*, Masseschluss *m*
earth-leakage protection *(El)* Erdschlussschutz *m*
earth line Grundleitung *f*
earth load *(AE)* Erddruck *m*
earth mass Erdmasse *f*
earth materials laboratory Erdbaulabor *n*
earth-moist erdfeucht
earth-moist concrete *(BB, Te)* erdfeuchter Beton *m*
earth-moist-used mortar erdfeucht verarbeiteter Mörtel *m*
earth mound barrier *(Erdb)* Erdwall(schutz)barriere *f*
earth movement Erd(stoff)bewegung *f*, Bodenbewegung *f*; Erdbewegungsarbeiten *fpl*, Erdarbeiten *fpl*
earth moving Erd(stoff)bewegung *f*, Bodenbewegung *f*; Erdbewegungsarbeiten *fpl*, Erdarbeiten *fpl*
earth-moving machine Erdbewegungsmaschine *f*
earth-moving plant Erdbewegungsmaschinen *fpl*
earth-moving work *(Erdb)* Erdbewegungsarbeiten *fpl*, Erdbewegung *f*
earth pigment *(OB)* Erd(stoff)pigment *n*; Erdfarbe *f*
earth pillar *(Bod)* Erdpyramide *f*, Erdpfeiler *m*
earth pitch Naturasphalt *m*, Erdpech *n*
earth plate *(El)* Erdungsplatte *f*, Plattenerder *m*
earth pressure Erddruck *m*, Bodendruck *m (horizontal)*
earth pressure at rest Erdruhedruck *m*
earth pressure cell Erddruckmessdose *f*
earth pressure coefficient *(Erdb)* Erddruckkoeffizient *m*
earth pressure line *(Bod)* (Erddruck)-Stellungslinie *f*
earth pyramid *(Bod)* Erdpyramide *f*, Erdpfeiler *m*
earth rammer Erdstampfer *m*
earth resistance *(El)* Erdwiderstand *m*, Bodenwiderstand *m (Erdung)*
earth resistivity *(El)* spezifischer Erdbodenwiderstand *m (Erdung)*
earth-retaining wall (Erd-)Stützmauer *f*
earth road *(Erdb, Verk)* Erdstraße *f*
earth sample Erd(stoff)probe *f*
earth science *(Bod)* Geowissenschaft *f*
earth slide Hangrutsch *m*
earth slip *(Bod, Erdb)* Rutschung *f*, kleiner Erdrutsch *m*; Bergrutsch *m*
earth slope *(Erdb)* Erdböschung *f*
earth solidification *(Erdb, Verk)* Bodenverfestigung *f*
earth stabilization Bodenverfestigung *f*, Erdstoffstabilisierung *f*
earth store Erdstoffablagerung *f*; Seitenablage *f*
earth structure Erdbauwerk *n*
earth subgrade *(Erdb, Verk)* Erdplanum *n*, Untergrund *m*
earth subsidence *(Bod)* Erdfall *m*
earth table Bodenschicht *f*
earth tester *(El)* Erdungsmessgerät *n*
earth track Erdspur *f*
earth wire *(El)* Erdleiter *m*
earth-work *s.* earthwork
earthen mound Erdhügel *m*
earthenware Tonbrennware *f (glasiert oder unglasiert)*; Steingut *n*; Grobkeramik *f*
earthenware cable cover *(BM)* Keramikkabelabdeckstein *m*
earthenware filter pipe *(BM)* Steingutfilterrohr *n*
earthenware mosaic Steingutmosaik *n*
earthenware pipe *(BT, San, WVA)* Tonrohr *n*, Steingutröhre *f*
earthenware tile Tonfliese *f*
earthenware tile pavement Plattenbelag *m* aus Tonfliesen
earthing *(El)* Erdung *f*
earthing conductor *(El)* Erdungsleiter *m*
earthing contact *(El)* Erdungskontakt *m*
earthing field Erdungsfeld *n*
earthing material *(El)* Erdungsmaterial *n*
earthing plate *(El)* Erdungsplatte *f*
earthing resistance *(El)* Ableitungswiderstand *m*, Erdableitwiderstand *m*, Erdungswiderstand *m*, Erdausbreitungswiderstand *m*
earthing rod *(El)* Erdungsstab *m*
earthing system *(El)* Erdungsanlage *f*, Erdungssystem *n*
earthquake Erdbeben *n*
earthquake bracing erdbebensichere Aussteifung *f*
earthquake construction *(Konst, Stat)* erdbebensicheres Bauen *n*
earthquake engineering *(Konst)* Erdbebentechnik *f*
earthquake forces Erdbebenkräfte *fpl*
earthquake load *(Stat)* Erdbebenbelastung *f*, seismische Belastung *f*, Erdbebenbeanspruchung *f*
earthquake observatory Erdbebenwarte *f*
earthquake oscillation Erdbebenerschütterung *f*
earthquake-proof buildings *(Konst)* erdbebensichere Bauten *mpl*
earthquake region *(Bod)* Erdbebengebiet *n*, Erdbebenzone *f*
earthquake resistance Erdbebensicherheit *f*
earthquake-resistant erdbebensicher
earthquake-resistant construction method erdbebensichere Bauweise *f*
earthquake scale Erdbebenskala *f*
earthquake shock Erdbebenstoß *m*

E

earthquake vibration Erdbebenerschütterung *f*
earth's attraction *(Stat)* Erdanziehung *f*
earth's surface *(Bod)* Erdoberfläche *f*
earthwork 1. *(Erdb)* Erdbau *m*, Erd(bau)arbeiten *fpl*; 2. *(Erdb)* Erdwall *m*; 3. *(Verk)* Unterbau *m*
earthwork and foundation engineering conference Erdbau- und Grundbautagung *f*
earthwork and foundations *(Erdb)* Grundbau *m*
earthwork balance *(Erdb, Verk)* Erdmassenausgleich *m*, ausgeglichene Erdmassenbilanz *f*
earthwork construction Erdbau *m*
earthwork dam *(Wsb)* Erdschüttstaudamm *m*
earthworking machinery Erdbaumaschinen *fpl*
earthy 1. erdig, Erd...; 2. erdfarben
earthy lime erdiger Kalk *m*
earthy marl Mergelerde *f*
earthy odour erdiger Geruch *m*, Erdgeruch *m*
earthy turf Erdtorf *m*
ease *v* 1. *(Stat)* entlasten, (er)leichtern; 2. lockern; 3. *(Bod)* lösen; 4. abrunden, ausrunden *(Ecken)*
ease of installation leichtes Verlegen *n*
eased edge leicht abgerundete Ecke *f*
easel-picture *(Arch)* Staffeleigemälde *n*
easement 1. *(VR)* Wohnrecht *n*, Unterkunftsrecht *n*; 2. *(VR)* Grunddienstbarkeit *f*; 3. *s.* easement curve; 4. *(EB)* vertikale Abrundung *f (des Handlaufs)*
easement curve *(Verk)* Übergangskurve *f*
easement on real estate *(VR)* Grunddienstbarkeit *f (juristisch: Belastung eines Grundstücks zugunsten eines anderen)*
easily accessible leicht zugänglich
easily catching fire *(BM)* leicht entzündbar
easily set on fire *(BM)* leicht entzündbar
easily volatilized leichtflüchtig
easily workable leicht bearbeitbar
easing 1. *(Stat)* Entlastung *f*; 2. Lockern *n*; 3. *(Bod)* Lösen *n*; Entfernen *n (z. B. von Material)*; 4. Abrunden *n*
easing of a bend *(Verk)* Abflachung *f* einer Krümmung
easing wedges Schalungskeile *mpl*
east end *(Arch)* Ostseite *f (Kirche)*
east orientation *(Arch)* Ostorientierung *f (Bauwerksstellung)*
eastern chapel *(Arch)* Ostkapelle *f (Sakralbau)*
eastern hemlock Nordamerikanische Hemlocktanne *f*
Eastern method *(AE) (Te)* rationelles [zweihändiges] Mauern *n*
eastern quire *(BM, Hb, LB)* Ostchor *m*
easy-go-lightly building schlechter [schludriger] Bau *m*, mangelhaft ausgeführtes Gebäude *n*
easy stair bequeme Treppe *f*
easy-to-finish loft ausbaufähiges Dachgeschoss *n*, ausbaufähiger Dachraum *m*
easy-to-spread *(OB, Te)* ausstreichbar *(Anstrich)*
eat *v* anfressen, oberflächlich zerstören, angreifen
eat *v* **away** abtragen, fressen; korrodieren
eat *v* **into** sich einfressen
eat *v* **through** *(OB)* durchfressen *(Korrosion)*
eat-in kitchen *(AE)* Essküche *f*
eating away *(OB)* Abtragung *f*, Abtrag *m*, Korrosionsabtrag *m*
eaves Traufe *f*, Dachtraufe *f*, Dachgesims *n*, Dachfuß *m*, Trauffuß *m*, Fuß *m*
eaves board Traufbohle *f*, Traufbrett *n*; Aufschiebling *m*
eaves channel Fußbalkenauflagerinne *f*, Mauerkopfnut *f*
eaves cornice Traufgesims *n (unter der Treppe)*
eaves course Schindelfußreihe *f*, Fußlage *f*, Trauf(stein)lage *f*
eaves fascia Gesimsbrett *n*, Traufkastenschließbrett *n*
eaves flashing Traufendeckblech *n*, Traufen(abschluss)-blech *n*, Traufanschluss *m*
eaves-fronted house Traufen(ansichts)haus *n*, Haus *n* mit Traufe nach vorn
eaves gutter *(San)* vorgehängte Dachrinne *f*; ausgebohrte Holzrinne *f*
eaves height Traufhöhe *f*
eaves lath Saumlade *f*, Saumlatte *f*
eaves moulding Traufkante *f*
eaves overhang Dachüberstand *m*, Dachübersteck *m*
eaves plate *(Hb)* Fußsparrenträger *m*, Fußbalken *m* der Dachsparren; Sparrenschwelle *f*
eaves projection Traufenüberhang *m*
eaves purlin Fußpfette *f*
eaves rainwater gutter (vorgehängte) Dachrinne *f*, Regenrinne *f*
eaves slate *(San)* Traufstein *m*
eaves tile Traufziegel *m*
eaves trough *(San)* Ablaufrinne *f*, (vorgehängte) Dachrinne *f*, Wasserrinne *f*
ebb *(Bod, Umw)* Ebbe *f*
ebb generation *(Umw, Wsb)* Ebbekrafterzeugung *f*
ebb-tide *(Bod, Umw)* Ebbe *f*
ebonite *(BM)* Ebonit *n*, Hartgummi *m*
ebonize *v* schwarz beizen, schwärzen *(Holz)*; ebenholzartig streichen
ebony Ebenholz *n*
EC *s.* Eurocode
eccentric exzentrisch, außermittig, ausmittig
eccentric action of force *(Stat)* außermittige Krafteintragung *f*
eccentric bolt *(EB)* Drehriegel *m*
eccentric load *(Stat)* exzentrische Last *f*
eccentric tendon *(Stat)* trajektorförmiges Spannglied *n*
eccentrical *s.* eccentric
eccentricity 1. *(TK)* Exzentrizität *f*, Außermittigkeit *f*, exzentrische Lage *f*; 2. Außermittemaß *n*; 3. Schlag *m (z. B. eines Seils)*; Rundlauffehler *m*
ecclesiastical building *(Arch)* Sakralgebäude *n*, Sakralbau *m*
échauguette *(Arch)* Scharwachturm *m*
echelon Stufung *f*, Staffelung *f*, Gliederung *f* • **in echelon** gestaffelt
echelon arrangement *(Arch, Konst)* staffelförmige Anordnung *f*
echeloned staffelförmig, stufenförmig
echinus *(Arch)* Echinus *m*, Säulenwulst *m (griechische dorische Ordnung)*
echo *(DIS)* Echo *n*, Widerhall *m*, Nachhall *m*
echo prospecting *(Bod)* Echoschürfung *f*
echogram *(Bod)* Echogramm *n*
eclecticism *(Arch)* Eklektizismus *m (historisches Stilelementgemisch, neuzeitlich angewandt)*
eclogite *(Bod)* Eklogit *m*; Eklogitgestein *n*
eco-label *(Umw)* Umweltzeichen *n*
ecological *(Umw)* ökologisch
ecological architecture *(Arch)* ökologische Architektur *f*
ecological art *(Arch)* ökologische Kunst *f*
ecological balance ökologisches Gleichgewicht *n*
ecological corridor *(Umw)* ökologischer Korridor *m*, ökologischer Verbund *m*
ecological damage ökologischer Schaden *m*, Umweltschaden *m*
ecological factor Umweltfaktor *m*, ökologischer Faktor *m*
ecological map *(LB, Umw)* Vegetationskarte *f*
ecological menace Umweltgefahr *f*
ecological planning *(RP, Umw)* Umweltplanung *f*
ecological relief Umweltentlastung *f*
ecological system Ökosystem *n*

ecologically beneficial umweltfreundlich
ecologically desirable umweltfreundlich
ecologically harmful umweltfeindlich
ecologically undesirable umweltfeindlich
ecology Ökologie *f*
economic ökonomisch, wirtschaftlich
economic batch size *(Te, VR)* ökonomische Losgröße *f (eines Bauloses)*
economic capacity *(VR)* wirtschaftliche Leistungsfähigkeit *f*
economic efficiency *(VR)* Wirtschaftlichkeit *f*
economic feasibility study Wirtschaftlichkeitsuntersuchung *f*
economic height wirtschaftliche Höhe *f*
economic policy *(VR)* Wirtschaftspolitik *f*
economic rent kostendeckende Vermietung *f (auch für alle anfallenden Unterhaltungskosten)*
economic viability Wirtschaftlichkeit *f*, Rentabilität *f*
economical wirtschaftlich, sparsam
economical contemplation Wirtschaftlichkeitsberechnung *f*
economical geology *(Bod)* angewandte Geologie *f*, Wirtschaftsgeologie *f*
economical of space raumsparend
economically justifiable wirtschaftlich vertretbar
economics Volkswirtschaft *f*
economics calculation Wirtschaftlichkeitsberechnung *f*
economics of transportation Verkehrswirtschaft *f*
economizer *(HLK)* Abgasvorwärmer *m*, Ekonomiser *m*, abgasbeheizter Speisewasservorwärmer *m*; Luftvorwärmansatz *m*
economy Wirtschaft *f*; Wirtschaftlichkeit *f*, Sparsamkeit *f*
economy brick *(AE) (BM, SB)* Ziegel *m (100 × 100 × 200 mm)*
economy of materials *(VR)* Materialeinsparung *f*
economy price *(VR)* Sparpreis *m*
economy wall *(AE) (SB)* 100 mm-Wand *f* mit Wandpfeiler *(als Tragewand)*
ecosystem *(LB, RP)* Ökosystem *n*, ökologisches System *n (Landschaftsplanung)*
ecotone *(RP, Umw)* Ökoton *m*, Randbiotop *m*, Saumbiotop *m (Grenzbereich zwischen zwei Landschaften)*
eddy *v* wirbeln, strudeln
eddy *v* **out** *(Erdb, Wsb)* auskolken
eddy 1. Wirbel *m*, Strudel *m*; 2. *(Wsb)* Kolkwirbel *m*
eddy current Wirbelströmung *f*
eddy current method Wirbelstromverfahren *n (Anstrichschichtdickenbestimmung)*
eddy flow Wirbelströmung *f*
eddy wind *(San)* Fallwind *m*, Fallluft *f*
eddying Wirbelung *f*
edge *v* 1. (ab)kanten, eine Kante abschrägen, beschneiden; besäumen *(Holz)*; bestoßen; 2. bördeln *(Bleche)*; 3. einfassen, einsäumen
edge Kante *f*, Rand *m*; Körperkante *f*; Schneide *f* • **on edge** hochkant • **with round edges** rundkantig • **with sharp edges** scharfkantig
edge action *(Stat)* Kantenwirkung *f*
edge angle Kantenwinkel *m*
edge beam Randbalken *m*, Randträger *m*
edge-bedded *(SB)* senkrecht zur Schichtung gesetzt *(Naturstein)*
edge-bend *v (Hb, St, Te)* abkanten
edge break Kantenabbruch *m*
edge camber Kantenwölbung *f*
edge clearance Rahmenfreiheit *f (einer Füllung)*
edge compression *(Stat)* Randpressung *f*
edge condition *(Stat)* Randbedingung *f*
edge course Rollschicht *f*, hochkantige Ziegellage *f*, Hochkantschicht *f (eines Mauerwerks)*
edge coverage Kantendeckung *f*
edge crack Kantenriss *m*, Querriss *m (von der Kante her einreißend)*; Randriss *m*
edge depression drop-off *(Verk)* Setzungsstufenbildung *f* am Fahrbahnrand
edge design Randausbildung *f*
edge distance Randabstand *m*
edge drop-off *(Verk)* Stufenbildung *f* am Fahrbahnrand
edge effect *(Stat)* Randeffekt *m*, Kanteneffekt *m*, Randwirkung *f*
edge element *(Stat)* Randglied *n*, Randelement *n (Statik)*
edge fastness Kantenfestigkeit *f*
edge force *(Stat)* Randkraft *f*
edge form Kantenformteil *n*, Randform *f*
edge girder Randträger *m*
edge-glued core schichtgeleimter Türfüllungskern *m*
edge-grained schräg geschnitten *(Holz)*
edge horizontal member Randriegel *m*
edge joint 1. Parallelstoß *m*, Längsmaserungsstoß *m*; 2. Randfuge *f*; 3. Stirnstoß *m (Schweißen)*
edge jointing of veneer Furnierfügen *n*
edge jointing veneer Passfurnier *n*
edge lattice beam Randgitterträger *m*
edge line Randlinie *f (s. a. edge marking)*
edge load Randlast *f*
edge loaded randbelastet, kantenbelastet
edge locking *(Stat)* Randabsperrung *f*
edge marking *(Verk)* Seitenmarkierung *f*, Randmarkierung *f*, Randlinie *f*
edge moulding Kantenformung *f*, Kantenkehlung *f*, Randverzierung *f*; Türrandgestaltung *f*
edge nailing verdeckte Nagelung *f* [Dielennagelung *f*]
edge of embankment *(Erdb, Verk, Wsb)* Dammkante *f*, Böschungskante *f*
edge of wall Mauerkante *f*
edge perturbation *(Stat)* Randstörung *f*
edge plate Türkantenschoner *m*
edge pressure Kantenpressung *f*
edge protection Kantenschutz *m*
edge protection guard Kantenschutzleiste *f*, Eckschutzleiste *f*
edge pull *(EB)* Zuggriff *m (Schiebetür)*
edge purlin Randpfette *f*
edge radiusing Kantenverrunden *n*
edge rafter *(Hb)* Freisparren *m*, Randsparren *m*
edge region Randbereich *m*
edge reinforcement Randbewehrung *f*
edge restraint Rückenstütze *f (z. B. Bord)*
edge sealing Randabdichtung *f*, Kantendichtung *f*
edge section Randabschnitt *m*
edge settlement *(Erdb, Verk)* Randabsenkung *f*
edge-shot plan an der Kante; gerade (geschnitten) *(Holz)*
edge-stiffened *(Konst)* randversteift, randverstärkt
edge stiffening Randaussteifung *f*, Randversteifung *f*
edge stone Kantstein *m*, Randstein *m*
edge stress *(Stat)* Randspannung *f*, Kantenspannung *f*
edge strip 1. *(Verk)* Randstreifen *m*; 2. Umleimer *m (Holz)*
edge subsidence *(Erdb, Verk)* Randabsenkung *f*
edge thrust *(Stat)* Kantenruck *m*; Randschubkraft *f*
edge tool Schnittwerkzeug *n*
edge trim Randprofil *n*, Kantenprofil *n*, Einfassungsprofil *n*, Abschlussprofil *n*
edge trimmer Kantenhobel *m*
edge unit *s.* edge trim
edge vent Entlüftungsöffnung *f*; Entwässerungsöffnung *f (Dach)*

edger 1. Betonkantenformer *m*, Kantenformkelle *f*; 2. *(Hb)* Kantenhobel *m*
edgewise hochkant
edgewise placing *(BT, SB)* Hochkantstellen *n*
edging 1. Randeinfassung *f*; Kantenschutzleiste *f*; Randverzierung *f*; 2. Beschneiden *n (von Kanten)*; Kantenformung *f*, Kantenbehandlung *f*, Kantenabrundung *f (Beton)*; Besäumen *n (von Holz)*; 3. Abrunden *n*; 4. Wegeinfassung *f*; Abschluss *m*; 5. Aufbringen *n* eines Kantenschutzanstriches
edging board Blende *f*, Dachabschlussblende *f*, Dachrandprofil *n*, Dachblendleiste *f*
edging strip Kantenschutzleiste *f*; Fußblech *n*
edging trowel *s.* edger 1.
edicula *s.* aedicula
edifice *(Arch)* Großgebäude *n*, *(speziell)* imposantes Bauwerk *n*, Monumentalbau *m*
edify *v* (auf)bauen, errichten, montieren *(Großelemente)*
edition Ausgabe *f*
educational building Ausbildungsgebäude *n*
educational occupancy Nutzung *f* für Bildungszwecke
educt *(OB, RS)* Zersetzungsprodukt *n (Baustoffe)*
eduction *(HLK, San)* Abzug *m (z. B. für Dampf)*
eduction pipe Abzugsrohr *n*, Auslassrohr *n*
eelgrass *(DIS)* Seegras *n (für Dämmzwecke)*
eelladder *(Umw, Wsb)* Aalleiter *f*
effect *v* bewirken, Auswirkung haben
effect Wirkung *f*, Auswirkung *f*
effect of actions Einwirkungseffekt *m*
effect of continuity *(Stat)* Durchlaufwirkung *f*
effect of creep *(BB)* Kriecheinwirkung *f*
effect of frost *(BM, Bod)* Frosteinwirkung *f*
effect of gravity Schwerkraftwirkung *f*
effect of light Lichteinwirkung *f*
effect of shrinkage Schwindeinfluss *m*
effective 1. wirksam; gültig; 2. effektiv, nutzbar; mittragend; 3. effektiv, tatsächlich
effective arch span *(Konst, TK)* Bogenstützweite *f*
effective area Nutzfläche *f*, wirksame Fläche *f*
effective area of reinforcement effektiver Bewehrungsquerschnitt *m*, Nutzquerschnitt *m*
effective bond Mauerverband *m* mit Schlussstein
effective capacity *(El)* Nutzleistung *f*
effective cross section *(Stat)* wirksamer Querschnitt *m*
effective depth *(BB, Stat)* Wirkungshöhe *f*, Nutzhöhe *f* *(Stahlbeton)*
effective depth of slab wirksame Plattenhöhe *f*
effective direction Wirkungsrichtung *f*
effective fraction *(El, Te)* Nutzanteil *m*
effective grain size wirksame Korngröße *f*
effective green (time) *(Verk)* effektive Grünphase *f*
effective head *(Wsb, WVA)* Druckhöhe *f*, nutzbares Gefälle *n*
effective height 1. Schornsteinoptimalhöhe *f (Zugwirkung)*; 2. Knicklänge *f*
effective height of a column *(Stat)* Säulenknicklänge *f* *(Stütze)*
effective lane occupancy grundlegende Spurenbelegung *f (Straße)*
effective length *(Stat)* effektive Strebenlänge *f*, Knicklänge *f*
effective opening effektiver Mindestdurchflussquerschnitt *m*
effective overburden pressure *(Bod)* effektiver Belastungsdruck *m (überlagernder Schichten)*
effective pore volume wirksamer Porenraum *m*, auffüllbarer Porenanteil *m*
effective porosity offener Porenraum *m*, wirksamer Porenraum *m*, offene Porosität *f*
effective pressure Nutzdruck *m*
effective prestress *(BB, Te)* tatsächliche [wirksame] Vorspannung *f (Stahlbeton)*
effective reinforcement *(BB, Stat)* tatsächlich beanspruchte Bewehrung *f*
effective section wirksamer Querschnitt *m*
effective separating size Trennkorngröße *f*
effective slab width *(Stat, TK)* mitwirkende Plattenbreite *f*
effective sound pressure effektiver Schalldruck *m*
effective span *(Stat)* Auflagermittelpunktsabstand *m*, rechnerische Spannweite *f* [Stützweite *f*]
effective span-length ratio *(Konst, TK)* Stützweitenverhältnis *n*
effective stress 1. *(BB, Konst, Stat)* wirksame Spannung *f* *(der Spannglieder)*; 2. Berührungsdruck *m*, Kontaktdruck *m*
effective temperature *(HLK)* Wahrnehmungstemperatur *f*, spürbare Temperatur *f (meist ungleich der gemessenen)*
effective width mittragende Breite *f*, wirksame Breite *f* *(Stahlbeton)*
effectiveness Effektivität *f*, Wirksamkeit *f*
effectiveness of inhibition *(OB)* Inhibitorwirksamkeit *f* *(Korrosion)*
effervesce *v* schäumen, aufwallen *(Bindemittel)*
effervescence Schäumen *n*, Aufwallen *n (Bindemittel)*
efficacy Wirksamkeit *f*
efficiency Wirksamkeit *f*, Nutzeffekt *m*; Wirkungsgrad *m*; Leistungsfähigkeit *f*, Leistungsvermögen *n*; Fähigkeit *f*, Tüchtigkeit *f*
efficiency apartment *(AE)* Kleinappartement *n*, Kleinwohnung *f*, *(meist)* Einraumwohnung *f*
efficiency factor Wirkungsgrad *m*
efficiency of action Wirkungsgrad *m*
efficient height Nutzhöhe *f*
effigy *(Arch)* Bildnis *n (Skulpturarbeit)*
effloresce *v (BB, OB, RS, SB)* ausblühen, aussalzen, ausschlagen, auskristallisieren; auswittern *(Mauerwerk, Beton)*
efflorescence *(BB, OB, RS, SB)* Effloreszenz *f*, Ausblühung *f (Mauerwerk, Beton)*; Auswitterung *f*, Mauerfraß *m*, Salpeterfraß *m*
efflorescence of gypsum Gipsausblühung *f*
efflorescence of salt Salzausblühen *n*, Auskristallisieren *n*, Aussalzen *n*
efflorescence resistance Ausblühbeständigkeit *f*, Auskristallisationsbeständigkeit *f*
efflorescence test Ausblühprüfung *f*, Auskristallisationsprüfung *f*, Auswitterungsprüfung *f*
efflorescent effloreszierend, ausblühend; ausblühfähig
efflorescent-proof ausblühsicher, ausblühbeständig, auskristallisationsbeständig
efflorescent salt Ausblühsalz *n*
effluence 1. Ausfließen *n*, Ausströmen *n*, Abfluss *m*; 2. *s.* effluent
effluent 1. Abfluss *m*, ablaufende [abfließende] Flüssigkeit *f*, Ausfluss *m*; 2. abzuleitendes Abwasser *n*
effluent channel *(Wsb, WVA)* Abflussgraben *m*, Ablaufkanal *m*
effluent charge *(San, WVA)* Abwasserabgabe *f (in den Kanal, in die Kläranlage)*
effluent disposal *(WVA)* Abwasserbeseitigung *f*
effluent monitor Emissionsüberwachungsgerät *n* für Abwasser
effluent sewer Abwasserkanal *m*, Abflusskanal *m*
effluent sludge Abwasserschlamm *m*
effluent slurry Abwasserschlamm *m*
effluent standard Einleitungsstandard *m*, Einleitungsnorm *f*
effluent treatment *(Umw)* Abwasserbehandlung *f*
effluent (waste-)water Abwasser *n*, Klärwasser *n*

effluent weir *(Wsb)* Überlaufwehr *n*
efflux Ausfluss *m*, Abfluss *m*; Ausflussmenge *f*, Abflussmenge *f*
effort 1. Beanspruchung *f*, Inanspruchnahme *f*; 2. Aufwand *m*
effusive *(Bod)* effusiv
effusive rock *(BM)* Ergussgestein *n*, Effusivgestein *n*
egg and dart *(Arch)* Eierstab *m (Ornament)*
egg and dart moulding *(Arch)* Eierstabornament *n*, Ei- und Zungenverzierung *f*
egg and tongue *s.* egg and dart
egg-shaped eiförmig
egg-shaped concrete pipe Betoneiprofilrohr *n*, Betonrohr *n* mit Eiprofil, Eiprofilbetonrohr *n*
egg-shaped cross section eiförmiger Querschnitt *m*
egg-shaped pipe *(BT, WVA)* Eiprofilrohr *n*
egg-shaped profile *(BT, WVA)* Eiprofil *n*
egg-shaped section *s.* egg-shaped cross section
eggcrate diffuser *(El)* eierwabenförmiger Lichtstreuvorsatz *m*, Eierwabenvorsatz *m (in Leuchten)*
eggcrate louvre *(HLK)* Luftschlitzöffnung *f* mit Eierwabenausbildung
eggshell mattglänzend
eggshell Mattglasur *f*; Eierschalentextur *f*
eggshell gloss Eierschalen(matt)glanz *m*, halbglänzender Anstrich *m*, mattglänzender Farbanstrich *m*
eggshell paint Eierschalanstrich *m*
eggshelling Putzrisse *mpl*
egress Ausgang *m (aus einem Gebäude)*
egress channel *(Wsb)* Ausfahrtsrinne *f (Hafen)*
egress of heat Wärmeaustritt *m*
Egyptian architecture *(Arch)* ägyptische Architektur *f*, ägyptische Baukunst *f*
Egyptian gorge *(Arch)* ägyptische Hohlkehlenausbildung *f*
eiconagon *s.* eicosagon
eicosagon *(Arch)* Zwanzigeck *n*, Eikosanoid *n*
eigenstress *(BM, BT)* Eigenspannung *f*
eight columned *(Arch)* achtsäulig
eight-pointed *(Arch)* achtzackig
eight-sided achtseitig
eight-sided building *(Arch)* Achteckgebäude *n*, achteckiges Gebäude *n*
eight-sided ground plan Achteckgrundriss *m*
eject *v* 1. auswerfen, ausschleudern, ausstoßen; 2. hinauswerfen, zwangsräumen *(Pächter, Mieter)*; 3. entlassen, entfernen *(Personal)*
ejectment *(VR)* (zwangsweise) Räumung *f*
ejector *(WVA)* Druckwasserstrahlpumpe *f*, Saugstrahlpumpe *f*, Sumpfpumpe *f*; Abwasserhebepumpe *f*
ejector grille *(HLK)* Ausströmgrill *m*, Austrittsgrill *m (Klimaanlage)*
ekistics Siedlungswesen *n*
elaborate *v* detailliert ausarbeiten, sorgfältig vervollkommnen
elaborate *(Arch)* kunstvoll ausgeführt, in allen Einzelheiten vollendet
elaborately *(Arch)* sorgfältig, bis ins Einzelne, mit Genauigkeit
elaeothesium *(Arch)* Salbraum *m (eines römischen Bades)*
elastic 1. *(BM, BT)* elastisch, elastisch verformbar; dehnbar; 2. elastisch, federnd • **be elastic** *(Hb)* federn
elastic after-effect *(BM)* Elastizitätshysterese *f*, elastische Nachwirkung *f*
elastic analysis *(Stat)* elastische Tragwerksberechnung *f*, Schnittkraftberechnung *f* mittels Elastizitätstheorie
elastic arch elastischer Bogen *m (entworfen nach der Elastizitätstheorie)*
elastic bearing federnde Auflagerung *f*; elastisches Auflager *n*
elastic bending elastische Durchbiegung *f*, Biegung *f* im elastischen Bereich
elastic body elastischer Körper *m*
elastic buckling elastisches Knicken *n*
elastic centre method *(Stat)* elastisches Schwerpunktverfahren *n*
elastic compound elastische Masse *f*
elastic compression elastischer Druckbereich *m*
elastic constant Elastizitätskonstante *f*
elastic cracking strain elastische Rissdehnung *f*
elastic curve *(Stat)* Elastizitätslinie *f*, Biegelinie *f*
elastic deflection elastische Durchbiegung *f*
elastic deformation *(BM, Stat)* elastische Deformation *f* [Formänderung *f*]
elastic design *s.* elastic analysis
elastic end-restraint elastische Einspannung *f*
elastic frame *(TK)* elastischer Rahmen *m*
elastic impact elastischer Stoß *m*
elastic joint sealing compound elastische Fugen(dicht)masse *f*
elastic limit *(BM)* Elastizitätsgrenze *f*
elastic limit for compression Druckelastizitätsgrenze *f*
elastic limit for tension Zugelastizitätsgrenze *f*, Elastizitätsgrenze *f* gegenüber Zug
elastic line *(Konst, Stat)* elastische Linie *f*
elastic line method *(Stat)* Biegelinienverfahren *n (Statik)*
elastic loss Vorspannungsverlust *m* durch elastische Verformung
elastic mass elastische Masse *f*, elastisches Material *n*
elastic method Schnittkraftermittlung *f* nach der Elastizitätstheorie *(Statik)*
elastic modulus 1. *(BM)* Elastizitätsmodul *m*, E-Modul *m*, Young'scher Modul *m*; 2. *(Stat)* Widerstandsmoment *n*, Moment *n* dritten Grades
elastic-modulus method *n*-Verfahren *n (Stahlbeton)*
elastic-perfectly-plastic elastisch-perfekt-plastisch
elastic-plastic boundary Elastizitätsgrenze *f*
elastic-plastic deformation *(BM)* elastoplastische Verformung *f*
elastic-plastic method *(Stat)* elastisch-plastische Methode *f*
elastic plate elastische Platte *f*
elastic properties elastische Eigenschaften *fpl*
elastic rebound elastische Rückbildung *f*, elastische Rückverformung *f*
elastic recovery *(BM)* elastische Rückverformung *f* [Erholung *f*], elastische Rückstellung *f*, Rückdehnung *f* *(Baustoffbeanspruchung)*
elastic resistance elastische Tragfähigkeit *f*
elastic response elastische Reaktion *f*
elastic sealing Elastikdichtung *f*
elastic section elastischer Querschnitt *m*
elastic shortening elastische Längenverkürzung *f* [Zusammendrückung *f*] *(Beton)*
elastic stability elastische Stabilität *f*, elastisch-räumliche Steifigkeit *f*
elastic state elastischer Zustand *m*
elastic strain elastische Dehnung *f*
elastic support elastische Bettung *f* [Lagerung *f*]
elastic supports *(Konst)* elastische Stützung *f*
elastic system *(Konst)* elastische Konstruktion *f*, elastische Bauweise *f*
elastic tensile strain elastische Zugdehnung *f*
elastic theory Elastizitätstheorie *f*
elastic vibration elastische Schwingung *f*
elastic zone elastischer Bereich *m*
elastically bedded elastisch gebettet
elastically fixed *(Konst)* elastisch eingespannt
elastically restraint *s.* elastically fixed

elasticity 1. Elastizität *f*, Dehnbarkeit *f*; 2. Federkraft *f*
elasticity condition *(Stat)* Elastizitätsbedingung *f*
elasticity equation Elastizitätsgleichung *f*
elasticity in shear Scherelastizität *f*, Schubelastizität *f*
elasticity limit Elastizitätsgrenze *f*
elasticity modulus Elastizitätsmodul *m*, Dehnungsmodul *m*
elasticity of bending Biegeelastizität *f*
elasticity of compression Druckelastizität *f*
elasticity of shearing *s.* elasticity in shear
elasticity theory *(BM)* Elastizitätstheorie *f*
elasticity to the shear stress *s.* elasticity in shear
elasticity to the torsion stress Drehspannungselastizität *f*
elastomer Elastomer(e) *n*
elastomer mass Elastomermaterial *n*
elastomer paste Elastomerpaste *f*
elastomer support *(Br, TK)* Elastomerlager *n*
elastomeric elastomer; gummiartig
elastomeric bearing Gummiauflagerung *f*, Hartgummilager *n*
elastomeric plastic elastomerer [gummiartiger] Kunststoff *m*
elastoplastic elastoplastisch
elastoplastic beam *(BT, TK)* elastisch-plastischer Balken *m*
elastoplastic bending elastisch-plastische Biegung *f*
elastoplastic deformation *(BM)* elastisch-plastische Verformung *f*
elbow Winkelstück *n*, Krümmer *m*, Winkelrohr *n*; Knie *n*, Rohrknie *n*, Bogenstück *n*, Rohrbogen *m*
elbow board *(EB)* Armauflagebrett *n*
elbow catch Schnappschlosseinrichtung *f*
elbow joint *(Rohr)* Kniestück *n*
elbow piece Kniestück *n*, Eckstück *n (eines Rohres)*
elbow pipe Bogenrohr *n*, Schenkelröhre *f*
elbow rail *(EB)* Armauflagebrett *n*
elbow union Winkelverschraubung *f*, Winkelüberwurf *m*
elbowed abgewinkelt
ele *(Arch)* Abseite *f*, Seitenschiff *n (Basilika)*
electoral castle *(Arch)* kurfürstliches Schloss *n (in Deutschland)*
electric elektrisch
electric advertising sign *(Verk)* elektrische Anzeigetafel *f*
electric alarm system *(El)* elektrische Alarmanlage *f*
electric arc gun Lichtbogenspritzpistole *f*
electric arc spraying *(St)* Lichtbogenspritzen *n*
electric arc welding *(St)* Lichtbogenschweißen *n*
electric bell Läutewerk *n*
electric blanket *(EB, HLK)* Heizmatte *f (Fußboden)*
electric blower *(HLK)* Elektrogebläse *n*
electric boiler *(HLK)* Elektroheizkessel *m*
electric cable (protection) pipe Kabelschutzrohr *n*
electric cement Elektroschmelzzement *m*
electric circuit Stromkreis *m*
electric conductance elektrische Leitfähigkeit *f*, Leitwert *m*
electric conductivity elektrische Leitfähigkeit *f*
electric conductor Stromleiter *m*
electric convector *(HLK)* Elektrokonvektor *m*
electric cooker *(EB)* Elektroherd *m*
electric curing elektrothermale Nachbehandlung *f (von Beton)*
electric current (elektrischer) Strom *m*
electric current consumer Stromabnehmer *m*, Stromkunde *m*
electric drill *(Bod, Erdb, Tun)* Elektrobohrgerät *n*
electric driver *(Erdb)* Elektroramme *f*
electric energy elektrische Energie *f*, Elektroenergie *f*
electric eye Photozelle *f*
electric fixture Elektroleuchte *f*
electric heater Elektroheizgerät *n*, elektrischer Heizkörper *m*
electric heating Elektroheizung *f*, elektrische Heizung *f*
electric heating appliance *s.* electric heater
electric heating ceiling Elektrofußbodenheizung *f*
electric heating element *s.* electric heater
electric heating fabric Elektroheizgewebe *n*; Heizmatte *f (Fußbodenheizung)*
electric illumination elektrische Beleuchtung *f*, Elektrobeleuchtung *f*
electric insulator Elektroisolator *m*
electric lighting system Elektrolichtanlage *f*, elektrische Beleuchtungsanlage *f*
electric lock *(EB)* elektromagnetischer Sperrriegel *m*
electric mains Hauptleitung *f*; Leitungsnetz *n*
electric meter *s.* electric supply meter
electric motor Elektromotor *m*
electric operator Elektroschließeinrichtung *f (z. B. für Fenster, Deckel, Klappen)*
electric panel heater elektrische Flächenheizung *f*, elektrischer Flächenheizkörper *m*
electric potential elektrisches Potenzial *n*
electric potential gradient Potenzialgefälle *n*
electric power requirement Strombedarf *m*, Elektroenergiebedarf *m*
electric radiant heater Elektroradiator *m*, Elektrostrahler *m*
electric rammer Elektrostampfer *m*
electric range Elektroherd *m*
electric riveting elektrisches Nieten *n*
electric screw jack elektrischer Schraubentreiber *m*
electric shock elektrischer Schlag *m*
electric soldering iron Lötkolben *m*
electric space heating elektrische Raumheizung *f*
electric steel Elektrostahl *m*
electric storage water heater *(San)* Elektroheißwasserspeicher *m*
electric structure *(Arch)* elektrisches Bauwerk *n*, Elektrogebäude *n*
electric supply line elektrische Anschlussleitung *f* [Versorgungsleitung *f*]
electric supply meter Strom(verbrauchs)zähler *m*, Energieverbrauchszähler *m*
electric underfloor heating system Fußbodenheizung *f*, Fußbodenheizanlage *f*
electric water heater Elektroheißwasserbereiter *m*
electric welding Elektroschweißen *n*, E-Schweißen *n*
electric wiring Elektroverdrahtung *f*
electrical Elektro..., Elektrizitäts...
electrical central heating *(HLK)* Elektrozentralheizung *f*
electrical conductivity elektrische Leitfähigkeit *f*
electrical conductivity measurement Leitfähigkeitsmessung *f*
electrical control elektrische Steuerung *f*, elektrische Bedienung *f*
electrical control board Schaltbrett *n*
electrical design Elektroinstallationsplanung *f*
electrical drainage 1. Elektroosmoseentwässerung *f (von Mauerwerk)*; Entwässerung *f* [Entfeuchtung *f*] durch Elektroosmose; 2. Streustromableitung *f*
electrical earthing system Erdungssystem *n*
electrical equipment elektrische Ausrüstung *f* [Einrichtung *f*]; Elektrogeräte *npl*
electrical fireplace *(HLK)* Elektrokamin *m*
electrical fitter Elektroinstallateur *m*
electrical heating *(HLK)* Elektroheizung *f*
electrical installation Elektroanlage *f*, Elektroinstallation *f*

electrical insulation *(El)* Elektroisolierung *f*, Isolierung *f* *(durch nicht leitendes Material)*
electrical insulator Elektroisolator *m*
electrical layout Elektroinstallationsplan *m*, Anordnung *f* der Elektroanlage
electrical light gauge *(Verm)* Lichtlot *n*
electrical load Anschlussbelastung *f*
electrical loading Anschlusswert *m*
electrical metallic tubing Kabelschutzrohrbauweise *f*
electrical network Elektronetz *n*, elektrisches Netzwerk *n*
electrical output Stromabgabe *f*
electrical porcelain Isolierporzellan *n*, Elektrokeramik *f*
electrical precipitator *(HLK)* Elektrofilter *m*
electrical prestressing *(BB, Te)* Elektrovorspannung *f*
electrical sounding elektrische Sondierung *f*
electrical storage heater *(San)* Elektrospeicherheizgerät *n*
electrical supply main Elektrohauptleitung *f*, Elektrizitätshauptanschluss *m*
electrical system Elektroanlage *f*, Elt-Installation *f*
electrical wiring Verlegen *n* von Leitungen
electrically elektrisch
electrically conducting elektrisch leitend
electrically driven elektrisch betrieben
electrically heated *(HLK)* elektrisch beheizt
electrically lit elektrisch beleuchtet
electrically resistance method Widerstandsmessmethode *f*
electrician Elektriker *m*, Elektroinstallateur *m*
electricity Elektrizität *f*
electricity cable duct Energiekanal *m*
electricity failure Stromausfall *m*
electricity meter *s.* electric supply meter
electricity supply Stromversorgung *f*, Elektrizitätsversorgung *f*
electricity tariff Energietarif *m*, Stromtarif *m*
electro-coating *s.* electrocoating
electro-copper glass method kupferisolierte Feuerfestverglasung *f*
electro tin-plate galvanisch verzinntes Blech *n*
electro zinc-plated galvanisch verzinkt
electroacoustics *(DIS)* Elektroakustik *f*
electrochemical elektrochemisch
electrochemical corrosion elektrochemische [elektrolytische] Korrosion *f*, Lokalelementbildung *f*
electrochemical reaction elektrochemische Reaktion *f*
electrochemical strengthening elektrochemische Bodenstabilisierung *f* [Verfestigung *f*]
electrocoating 1. Elektrotauchlackierung *f*, Elektro(phorese)beschichtung *f*; 2. Elektrotauchlackschicht *f*
electrocoating paint film *(OB)* Elektrotauchlackfilm *m*
electrocoating process *(OB)* Elektrotauchlackierverfahren *n*
electrocorrosion *(BM, OB)* Korrosion *f* durch Streuströme
electrode Elektrode *f*; Schweißelektrode *f*
electrodeposit *v (OB, Te)* galvanisch abscheiden
electrodeposited paint film *(OB)* Elektrotauchlackierungsfilm *m*
electrodeposition *(OB, Te)* Galvanisierung *f*, galvanisches [elektrochemisches] Abscheiden *n*
electrodeposition primer coat *(OB, Te)* Elektrotauchgrundierung *f*
electrodrill Elektrobohrer *m*
electrogalvanizing *(OB)* galvanisches Verzinken *n*
electrohydraulic elektrohydraulisch
electroless coating *(OB)* chemisches Metallbeschichten *n*, chemisches Metallisieren *n*
electroless deposit *(OB)* chemisch hergestellte Schutzschicht *f*
electroless plate *(OB)* chemisch hergestellte Metallschutzschicht *f*
electrolier *(AE) (EB, El)* Leuchtenhalter *m*; Kronleuchter *m*
electrolyte *(BM)* Elektrolyt *m*
electrolytic *(BM, OB)* elektrolytisch
electrolytic cleaner *(OB)* Reinigungselektrolyt *m(n)*
electrolytic method *(OB)* Elektrolyseverfahren *n*
electrolytic protection *(OB)* elektrolytischer [katodischer] Schutz *m*, galvanischer Korrosionsschutz *m*
electrolytic tin-plate *(OB)* galvanisch verzinntes Blech *n*
electromagnetic railway *(Verk)* Magnetschwebebahn *f*
electromotive force elektromotorische Kraft *f*
electron probe *(BM)* Elektronensonde *f (Prüftechnik)*
electronic elektronisch, Elektronen...
electronic beam-curing Elektronenstrahlhärtung *f*, Elektronenstrahltrocknung *f (Anstrich)*
electronic control system elektronisches Überwachungssystem *n*
electronic device elektronisch gesteuertes Gerät *n*, elektronische Einrichtung *f*, elektronisch betätigte Vorrichtung *f*
electronic door elektronisch gesteuerte Tür *f*
electronic policeman *(Verk)* elektronische Verkehrsvergehenerfassung *f*, elektronische Verkehrsdeliktaufzeichnung *f*
electronic toll ring payment *(Verk)* elektronisches Vignettenerfassungssystem *n* eines Autobahnringes
electronic traffic surveillance *(Verk)* elektronische Verkehrsüberwachung *f*
electroosmosis *(Te)* Elektroosmose *f*
electroosmotic method *(Te)* Elektro-Osmose-Verfahren *n*
electroosmotic solidification *(Erdb)* elektroosmotische Baugrundverbesserung *f*
electropaint *v (OB)* elektrotauchlackieren
electropaint *(OB)* Elektrotauchanstrich *m*
electrophoresis *(Te)* Elektrophorese *f*
electrophoretic paint application *(OB)* elektrophoretischer Anstrichauftrag *m*
electrophosphating *(OB)* Elektrophosphatierung *f (Korrosionsschutz)*
electroplate *v (OB)* galvanisieren, galvanisch [elektrochemisch] beschichten
electroplated coating *(OB)* elektrolytische Beschichtung *f*, galvanisierter Überzug *m*
electroplating *(OB)* Galvanisierung *f*, Elektroplattieren *n*
electropolish *v (OB, Te)* elektrolytisch polieren, elektropolieren
electropolishing *(OB, Te)* Elektropolieren *n*
electrostatic *(Te)* elektrostatisch
electrostatic air cleaner *s.* electrostatic precipitator
electrostatic application *(OB, Te)* elektrostatisches Auftragen *n (Anstrich)*
electrostatic painting *(OB, Te)* elektrostatisches Lackieren *n*
electrostatic precipitator *(HLK)* Elektrofilter *n*, Elektro(staub)abscheider *m*, elektrostatischer Luftreiniger *m*
electrostatic spray painting *(OB)* elektrostatisches Spritzlackieren *n*
electrothermal curing *(BB, Te)* elektrische Nachbehandlung *f (Beton)*
electrothermal pretensioning *(BB, Te)* elektrothermisches Vorspannen *n (Spannstahl)*
electrothermal relay Thermorelais *n*
electrothermic tensioning *(BB, Te)* elektrothermisches Vorspannen *n*
element Element *n*, Glied *n*, Gitterstab *m*, Trägerstab *m*; Füllstab *m*
element buckling *(Konst, Stat)* Gliedknickung *f*, Stabknickung *f*
element connection Stabanschluss *m*, Gliedanschluss *m*

E

element cross section Stabquerschnitt *m*, Gliedquerschnitt *m*
element field *(Konst, Stat)* Stabfeld *n*, Gliedfeld *n*
element moment *(Stat)* Stabmoment *n*, Gliedmoment *n*
element of symmetry Symmetrieelement *n*
element size Stabgröße *f*, Gliedgröße *f*
element slope *(Konst, Stat)* Stabablenkung *f*, Gliedablenkung *f*
element stress *(Konst, Stat)* Stabspannung *f*, Gliedspannung *f*
elemental wesentlich
elemental cost analysis *(VR)* wesentliche Kostenanalyse *f*
elementary Elementar..., Anfangs...
elementary bearing structure Elementartragwerk *n*
elementary statics of shells elementare Schalenstatik *f*
elementary structure *(TK)* Elementartragwerk *n*
elemi (resin) Elemi(harz) *n*
elephant trunk chute *(BB, Te)* große Betonierschurre *f* [Betonrutsche *f*]
elevate *v* 1. (an)heben; emporheben; erheben; 2. erhöhen *(z. B. Temperatur)*; 3. beleben
elevated hoch; erhaben
elevated foundation grill hochliegender Pfahlrost *m*
elevated frame Hochrahmen *m*
elevated freeway *(AE) (Verk)* aufgeständerte Autobahn *f*, Hochstraße *f (kreuzungsfrei)*
elevated heliport *(Verk)* Hubschrauber-Dachlandeplatz *m*
elevated highway *(AE) (Verk)* Hochstraße *f*
elevated pile Stelze *f*, Stelzenstütze *f*
elevated pile foundation *(Erdb, Konst)* Stelzenfundament *n*
elevated railroad *(AE) s.* elevated railway
elevated railway *(Verk)* Hochbahn *f*, Stadthochbahn *f*
elevated reservoir *(Wsb)* Hochbecken *n*, Hochspeicher *m (Wasserkraftanlage)*
elevated road *(Verk)* Hochstraße *f*
elevated road crossings *(Verk)* Brücken *fpl* und Hochstraßen *fpl*; kreuzungsfreier Knoten *m (Straße)*
elevated roadway *s.* elevated road
elevated shore face terrace *(Bod)* Strandterrasse *f (Geländeform)*
elevated steel roads *(St, Verk)* Stahlhochstraßen *fpl*
elevated tableland *(Bod)* Hochebene *f*
elevated tank *(WVA)* Hochbehälter *m*, Hochreservoir *n*
elevated water storage tank *(WVA)* Wasserspeicherhochbehälter *m*
elevated water tank *(WVA)* Wasserhochbehälter *m*
elevating 1. Heben *n*, Anheben *n*; 2. Baggerarmhub *m*; 3. *s.* elevation 3.; 4. *s.* elevation 4.
elevating equipment Hebezeug *n*
elevating grader *(BWG, LB)* Pflugbagger *m*
elevating mechanism Hebevorrichtung *f*
elevating platform Hubplattform *f*
elevation 1. *(Konst)* Aufriss *m*, Riss *m*, Ansicht *f*; 2. *(Te)* Anhebung *f*, Hochhub *m*; 3. *(HLK)* Erhöhung *f (z. B. der Temperatur)*; 4. *(Bod)* Erhebung *f*, Bodenerhebung *f*; Hügel *m*; 5. *(Verm)* Kote *f*; 6. *(Verm)* Höhe *f* über NN
elevation above sea level *(Verm)* Höhe *f* über dem Meeresspiegel, Höhe *f* über NN
elevation angle *(Verm)* Neigungswinkel *m*; Erhebungswinkel *m*, Höhenwinkel *m*
elevation correction *(Verm)* Höhenkorrektur *f*, Korrektur *f* auf Bezugsniveau
elevation head 1. *(Verm)* Lagehöhe *f*, Ortshöhe *f*; 2. *(WVA)* Druckhöhe *f*
elevation of ground water Bodenwasseranstieg *m* durch Kapillarwirkung
elevation of temperature *(HLK)* Temperaturerhöhung *f*
elevational design *(Konst)* Aufrissentwurf *m*
elevational presentation Darstellung *f* im Aufriss
elevational treatment *(OB)* Fassadenbehandlung *f*, Fassadenbearbeitung *f*
elevator *(AE)* 1. *(BWG, Te)* Elevator *m*, Höhenförderer *m*, Hebewerk *n*; 2. *(EB) (AE)* Aufzug *m*, Lift *m*, Fahrstuhl *m*; 3. *(LB) (AE)* Getreidespeicher *m*
elevator cage *(AE)* Fördergestell *n*; Förderkorb *m*
elevator car *(AE)* Förderkorb *m*; *(AE)* Aufzugskorb *m*
elevator car door contact *(AE)* Fahrkorbtürsicherung *f*
elevator door *(AE)* Aufzugstür *f*
elevator dredger *(AE)* Eimerkettenbagger *m*
elevator hoist Kübelaufzug *m (Mischer)*
elevator hoistway Aufzugsschacht *m*
elevator machine beam Aufzugswindenträger *m*
elevator pit *(AE)* Aufzugsschachtgrube *f*
elevator shaft *(AE)* Aufzugsschacht *m*, Fahr(stuhl)schacht *m*
elevator sling Aufzugstragerahmen *m*
elevator tower *(BB, Te)* Gießturm *m (für Beton)*
elevator well *(AE) s.* elevator shaft
elevatoring equipment *(AE)* Fahrstuhlausrüstung *f*
Elgin gravel *(AE) (BM)* Elginkies *m (Normalkies in USA für Baustoffprüfung)*
Elgin sand *(AE) (BM)* Elginsand *m (Normalsand in USA für Baustoffprüfungen)*
eliminate *v* 1. *(VR)* beheben *(Schaden)*; beseitigen *(Fehler)*; 2. *(Stat)* eliminieren, aussondern *(bes. mathematisch)*
eliminating determinant *(Stat)* Eliminationsdeterminante *f*
elimination *(Stat)* Eliminierung *f (bes. mathematisch)*
elimination of defects *(Te, VR)* Schadensbehebung *f*; Fehlerbeseitigung *f*
elimination test Auswahlprüfung *f*
eling *(Arch)* Abseite *f*, Seitenschiff *n (Basilika)*
ell 1. *(AE)* rechtwinkliger Seitenflügel *m*; 2. Rohrbogen *m*; 3. *s.* elbow
ell-beam L-förmiger Balken *m*, einseitiger Plattenbalken *m*
ellipse Ellipse *f*
ellipse of inertia *(Stat)* Trägheitsellipse *f*
ellipsoid of inertia *(Stat)* Trägheitsellipsoid *n*
ellipsoid of rotation *(Stat)* Rotationsellipsoid *n*
ellipsoid vault ellipsoidisches Gewölbe *n*
ellipsoidal ellipsoidisch
ellipsoidal basalt Kugelbasalt *m*
ellipsoidal lava Kugellavaablagerung *f*, Pillowlavaablagerung *f (Gestein)*
ellipsoidal shell *(Konst, TK)* Ellipsoidschale *f*
ellipsometric ellipsometrisch
ellipsometry Ellipsometrie *f (Oberflächenuntersuchung)*
elliptical elliptisch, Ellipsen...
elliptical arch Ellipsenbogen *m*
elliptical column Ellipsensäule *f*, elliptische Säule *f*
elliptical concrete pipe elliptisches Betonrohr *n*
elliptical cross section Ellipsenquerschnitt *m*, elliptischer Querschnitt *m*
elliptical curvature elliptische Krümmung *f*
elliptical dome *(Arch, Konst)* Kuppelgewölbe *n* über elliptischem Raum
elliptical function elliptische Funktion *f*, Ellipsenfunktion *f*
elliptical roof Ellipsendach *n*
elliptical stair elliptisch gewendelte Treppe *f*
elliptical vault Ellipsengewölbe *n*
elm 1. *(BM, Hb, LB)* Bergrüster *f*, Ulme *f*; 2. *s.* elm wood
elm wood *(BM, Hb)* Rüsterholz *n*
elongate *v* verlängern, (aus)dehnen, strecken; sich verlängern
elongate länglich, lang und dünn, in die Länge gezogen
elongated verlängert, ausgedehnt, gestreckt; lang
elongated aggregate grain *s.* elongated piece
elongated hole Langloch *n*

elongated piece *(BM)* spießiges Zuschlagstoffkorn *n*
elongation 1. *(BM)* Streckung *f*, Dehnung *f*, Längung *f*, Längenzunahme *f*, Verlängerung *f*; 2. Bruchdehnung *f*
elongation at break *(BM)* Bruchdehnung *f*
elongation at failure *(BM)* Bruchdehnung *f*
elongation at rupture *(BM)* Bruchdehnung *f*
elongation due to pull [tension] *(BM, Stat)* Längenänderung *f* durch Zug
elongation limit *(BM)* Dehnungsgrenze *f*
elongation line *(BM, Stat)* Dehnungslinie *f*
elongation modulus *(BM)* Elastizitätsmodul *m*, E-Modul *m*
elongation of cracks Rissausweitung *f*
elongation rupture *(BM)* Bruchdehnung *f*
elongation strain Längsdehnung *f*
elongation test Zugprüfung *f*
eluate values *(BM, Umw, WVA)* Eluatwert *m*
elucidate *v* erläutern, erklären
eluent *(BM, Umw, WVA)* Eluat *n (herausgelöste Substanz)*
elution 1. *(Umw)* Elution *f*, Eluieren *n*, Herauswaschen *n*; Auslaugung *f*; 2. *s.* elution analysis
elution analysis *(BM)* Elutionsanalyse *f*, Auswaschprüfung *f (von Baustoffen)*
elutriate *v* herausschlämmen, abschlämmen, ausschlämmen *(Feinstoffe)*
elutriation 1. Abschlämmen *n*, Ausspülen *n*, Auswaschen *n*; 2. *(Erdb)* Schlammspülverfahren *n*; 3. Luftstrahltrennung *f*; Wasserstrahltrennung *f (von Gekörn)*
elutriation analysis *(BM)* Schlämmanalyse *f*, Sedimentationsanalyse *f*; Luftstrahlsiebung *f*
elutriation test *s.* elutriation analysis
eluvial eluvial, ausgewaschen, ausgeschwemmt
eluvial deposit *(Bod)* eluviale Lagerstätte *f (Sand, Kies)*
eluvial loam *(Bod)* Verwitterungslehm *m*
eluviation *(Bod)* Auswaschung *f*, Auslaugung *f (Erdstoffe)*
eluvium *(Bod)* Verwitterungsboden *m*
elvan *(BM)* Quarzporphyr *m*
emanate *v* ausströmen *(Gas, Luft)*; ausstrahlen *(Licht)*
embank *v (Wsb)* aufdämmen, anschütten; abdämmen; eindeichen
embanked road *(Verk)* Straße *f* im Dammbereich
embankment 1. *(Erdb, Verk)* Damm *m*, Erddamm *m*, Schüttdamm *m*; Straßendamm *m*; 2. *(Wsb)* Kanaldamm *m*; Uferbefestigung *f*; Böschung *f*, Deich *m (bes. bei Flüssen)*; Wall *m*; 3. *(Erdb, Wsb)* Aufschüttung *f*; Auftrag *m*; Eindeichung *f*
embankment material Dammschüttmaterial *n*; Deicherdstoff *m*
embankment pipeline Böschungs(fuß)entwässerungsleitung *f*
embankment road Uferstraße *f*
embankment slope Dammböschung *f*
embankment structure *(Wsb)* Dammbauwerk *n*; Deichanlage *f*
embattled 1. mit Zinnen versehen; 2. befestigt
embattled molding *(AE) (Arch)* Zinnenkranz *m*, Zinnenbesatz *m*, Nasenleiste *f (Ornament)*
embattled parapet Zinnenbrüstung *f*
embattlement *s.* battlement
embattlemented *s.* embattled
embayed gebuchtet
embayment Einbuchtung *f*
embed *v* einbetten; einlassen *(z. B. in Mauerwerk)*; einfügen; einschließen, umhüllen
embed *v* **in concrete** einbetonieren, in Beton einlegen
embedded eingebettet, eingelagert
embedded column halbeingebaute Säule *f (in eine Wand)*
embedded electric heating system *(HLK)* Fußbodenheizungsanlage *f*
embedded in cement mortar im Mörtelbett
embedded in concrete einbetoniert
embedded loop *(Verk)* eingebaute Schleife *f*
embedded reinforcement *(BB, Te)* Bewehrung *f*, Armierung *f*, Verstärkung *f*; Stahleinlagen *fpl*
embedding Einbettung *f*
embedment Einbindung *f*; Eindrücken *n (z. B. von Splitt in eine Unterlage)*; Einlagerung *f (im Material, Baustoff usw.)*
embedment length bewehrte Länge *f*; Einbindelänge *f (Bewehrung)*
embellish *v* schmücken, verschönern; renovieren
embellishment *(Arch)* Schmückung *f*, Verschönerung *f*; Renovierung *f*
embellishment work *(RS)* Verschönerungsarbeiten *fpl*
emblem Emblem *n*
emblemata Emblemarbeit *f*, Einlegearbeit *f (Mosaikornament im Fußboden)*
embodiment 1. Darstellung *f*, Gestaltung *f*; 2. Durchführung *f*, Ausführung *f*, Realisierung *f*
emboss *v (Arch)* bossieren, hohlschlagen, punzen, punzieren, treiben; prägen, ausprägen *(Schmuckelemente)*
embossed geprägt, bossiert, getrieben, punziert
embossed design Prägemuster *n*
embossed map Reliefkarte *f*
embossed panel Prägetafel *f*
embossed pattern Prägemuster *n*
embossed plate *(BT, St)* Buckelblech *n*, Buckelplatte *f*
embossed texture Prägestruktur *f*
embossed wallpaper Strukturtapete *f*
embosser *(SB)* Bossierer *m (Natursteinbearbeitung)*
embossing 1. Relief *n*, Prägung *f*, Prägearbeit *f*; 2. Bossieren *n*; Prägen *n*
embossing hammer Bossierhammer *m*
embossment *(EB, OB)* Prägearbeit *f*, Reliefarbeiten *fpl*; Struktur *f (Tapetenprägung)*
embouchure *(Bod, Wsb)* Mündung *f*, Einmündung *f*, Flussmündung *f*
embow *v* einen Bogen einschalen
embowed auswärts gewölbt, nach außen gewölbt *(z. B. eine Fenstervertiefung)*
embranchment Gabelung *f*, Abzweigung *f*
embrasure 1. *(Arch)* Schießscharte *f*, Schießschartenstand *m*; 2. *(EB)* nach innen abgeschrägte Türleibung *f*; nach innen abgeschrägte Fensterleibung *f*; 3. *(BB, SB)* Aussparung *f*
embrittle *v* spröde werden, verspröden; spröde machen; brüchig machen; spröde werden
embrittlement *(BM)* Versprödung *f*, Sprödewerden *n*; Brüchigwerden *n*
embrittlement tendency *(BM)* Versprödungsneigung *f*
embrittling tendency *(BM)* Versprödungsneigung *f*
embryonic soil *(Bod)* ursprünglicher Boden *m*, jungfräulicher Boden *m*
emerald green smaragdgrün
emerged aufgetaucht, gehoben, an die Wasseroberfläche gekommen
emerged bog *(Bod, Umw)* Hochmoor *n*
emerged land *(Bod)* Festland *n*
emergency Notfall *m*; unerwartetes Ereignis *n*
emergency accommodation Notunterkunft *f*, Wohnnotunterkunft *f*
emergency and accident department Notaufnahmestation *f*, Unfallstation *f*
emergency bridge *(Br, Verk)* Notbrücke *f*
emergency call box *(El)* Notrufeinrichtung *f*
emergency call system *(El)* Notrufanlage *f*
emergency call telephone *(El)* Notruftelefon *n*, Notrufsäule *f*
emergency door Nottür *f*, Notausgang *m*; Brandtür *f*
emergency duties Notdienst *m*, Bereitschaftsdienst *m*

emergency dwelling Behelfswohnung *f*
emergency escape ramp *(Verk)* Notfallspur *f*, Lkw--Notspur *f* mit Bremsbett
emergency exit Notausgang *m*
emergency-exit lighting *(El)* Notausgangsbeleuchtung *f*
emergency-exit window Notausstiegfenster *n*
emergency gate *(Wsb)* Notabschluss *m*; Dammbalkenverschluss *m*
emergency generator *(El)* Notstromgenerator *m*
emergency illumination *(El)* Sicherheitsbeleuchtung *f*
emergency intervention *(Verk)* Notfalleingriff *m*
emergency key Notschlüssel *m*
emergency ladder Feuerleiter *f*, Fluchtleiter *f*, Notleiter *f*
emergency lane *(Verk)* Nothaltespur *f*
emergency lighting Notbeleuchtung *f*, Hilfsbeleuchtung *f*
emergency-lighting switch Notbeleuchtungsschalter *m*
emergency management *(Tun)* Notfallmanagement *n*, Rettungsleitung *f*
emergency plan *(VR)* Rettungsplan *m*
emergency power generating set Notstromaggregat *n*
emergency power supply *(El)* Notstromversorgung *f*
emergency release Notfallöffner *m*, Notausgangstürschloss *n*
emergency route Fluchtweg *m*, Notweg *m*; Rückzugsweg *m*
emergency services recess *(Tun)* Notfallnische *f*
emergency shower Branddusche *f*
emergency stair(case) Nottreppe *f*, Fluchttreppe *f*
emergency stop Notschalter *m*
emergency stopping lane *(Verk)* Haltespur *f*, Nothaltestreifen *m*
emergency telephone *(El)* Notrufanlage *f*
emergency valve *(WVA)* Notabsperrventil *n*, Sicherheitsventil *n*
emergency vehicle routing *(Verk)* Rettungsfahrzeugstreckenführung *f*, Rettungsfahrweg *m*
emergency ward Unfallstation *f (im Krankenhaus)*
emergency water supply *(WVA)* Notwasserversorgung *f*
emery *v* schmirgeln, abschmirgeln, schleifen, abschleifen
emery Schmirgel *m*, Amarillstein *m*
emery aggregate Schmirgelzuschlagstoff *m*
emery bob *(OB)* schmirgelbelegte Schleifscheibe *f*
emery cloth Schmirgelleinwand *f*
emery paper Schmirgelpapier *n*
emery polishing paper Schmirgelpapier *n*
emery powder *(OB, Te)* Schmirgelpulver *n*
emery rock Schmirgel *m*, Schmirgelgestein *n*
emery wheel Schmirgelscheibe *f*
eminence *(Bod)* Anhöhe *f*, Bodenerhebung *f*, Aufragung *f (im Gelände)*
eminent domain *(VR)* staatliches Vornutzungsrecht *n*, Enteignungsrecht *n*
eminent domain proceedings *(VR)* Enteignungsverfahren *n*
eminently hydraulic lime hochhydraulischer Kalk *m*, Zementkalk *m*
emission *(Umw)* Emission *f*, Ausstrahlung *f*; Ausstoß *m (z. B. von Schadstoffen)*
emission data *(Umw)* Emissionsdaten *pl*
emission limit *(Umw)* Emissionsgrenze *f*
emission limit value *(Umw)* Immissionsgrenzwert *m*
emission management *(Umw)* Emissionsmanagement *n*, Emissionsüberwachung *f*
emission of gas Entgasung *f*
emission of smoke *(Umw)* Rauchemission *f*, Rauchausstoß *m*
emission point *(Umw)* Emissionsort *m*
emission source *(Umw)* Emissionsquelle *f*
emission spectrum *(Umw)* Emissionsspektrum *n (Strahlung)*
emission standard *(DIS, Umw)* Emissionsstandard *m*, Emissionsnorm *f (Schall, Abluft)*
emissivity Emissionsvermögen *n*; Wärmeabgabevermögen *n*; Abstrahlungsvermögen *n*
emissivity factor Emissionsverhältnis *n*
emit *v* emittieren, abstrahlen, ausstrahlen
emit *v* **heat** *(HLK)* Wärme abstrahlen *(Strahlungsheizung)*
emit *v* **light** leuchten
emit *v* **sound** Schall aussenden
emittance Emittanz *f*
emitter Strahler *m*
emollient Erweichungsmittel *n*, Weichmacher *m (für Bitumen, Kunststoffe)*
Empire style *(Arch)* Empirestil *m (Schlussphase des Klassizismus zwischen 1804 und 1830 in Frankreich)*
empirical empirisch, erfahrungsgemäß
empirical formula empirische Formel *f*
empirical value Erfahrungswert *m*
emplacement 1. Einbringung *f (Beton)*; 2. Bettung *f*; 3. Aufstellung *f*
emplecton *(Arch)* griechisches Festungsmauerwerk *n (innen mit Bruchsteinen gefüllt)*
employ *v* 1. anwenden, gebrauchen; 2. beschäftigen *(Personen)*
employable anwendbar, brauchbar
employee *(VR)* Angestellter *m*, Arbeitnehmer *m*
employer *(VR)* Bauherr *m*; Auftraggeber *m*; Arbeitgeber *m*
employment district *(Te)* Baustellengebiet *n*, Arbeitsreichweite *f (eines Bauunternehmens)*
empty *v* 1. (ent)leeren; ausschütten; 2. räumen *(ein Haus)*; ausräumen *(Wohnung)*
empty 1. leer; 2. leer(stehend), unbelegt, frei stehend *(z. B. Wohnungen)*
empty-cell process *(Hb)* Druckspartränkverfahren *n*
empty weight Leergewicht *n*
emptying cock *(San)* Entleerungshahn *m*
Emscher tank *(Erdb, WVA)* Emscherbrunnen *m (Abwasser)*
emulsibility Emulgierbarkeit *f*
emulsifiable emulgierbar
emulsification *(BM)* Emulgierung *f*
emulsification properties emulgierende Eigenschaften *fpl*
emulsification water Emulsionswasser *n*
emulsified emulgiert
emulsified asphalt *(BM)* Bitumenemulsion *f*
emulsified binder emulgiertes Bindemittel *n*
emulsifier *(BM)* Emulgator *m*, Emulgierzusatz *m*
emulsifier layer Emulgatorschicht *f*
emulsify *v* emulgieren
emulsifying agent *(BM)* Emulgator *m*, Emulgierzusatz *m*
emulsion Emulsion *f*
emulsion base Emulsionsbasis *f*, Emulsionsgrundlage *f*
emulsion binder Emulsionsbindemittel *n*
emulsion-bound aggregate emulsionsgebundenes Granulat *n*
emulsion chemistry *(BM)* Emulsionschemie *f*
emulsion cleaner Emulsionsreiniger *m*
emulsion cleaning Emulsionsreinigen *n*
emulsion for road construction Straßenbauemulsion *f*
emulsion injection *(Erdb)* Erdstoffstabilisierung *f*, chemische Verfestigung *f (mit Bitumen, Chemikalien)*
emulsion membrane Emulsionshaut *f*
emulsion paint Emulsionsfarbe *f*
emulsion product *(BM)* Emulsionserzeugnis *n*
emulsion slurry Emulsionsschlämme *f*
emulsion stabilizing agent Stabilisator *m*, Emulgator *m*

emulsion-type water paint *(BM, OB)* Dispersionsfarbe *f*, Emulsions(binder)farbe *f*
emulsion vehicle Dispersionsbindemittel *n*
emulsion water Emulsionswasser *n*
emulsive emulgierend, emulsionsbildend
enable *v (Stat)* befähigen *(bes. mathematisch)*
enacted compensation *(VR)* gesetzlich geforderte Kompensation *f*
enamel *v* 1. *(OB, Te)* emaillieren; 2. *(OB, Te)* lackieren *(mit Emaillelack)*
enamel 1. Email *n*, Emaille *f*; Glasur *f (auf Metall)*; 2. *s.* enamel paint
enamel adhesion 1. Emailhaftung *f*; 2. Lackhaftung *f*
enamel coating *(OB)* Emailschutzschicht *f*; Lackschutzschicht *f*
enamel glazed finish Emaille *f*, Emailglasur *f*, opake Glasur *f*
enamel glazing Emaillierung *f*, Emailbeglasung *f*, opake Beglasung *f*
enamel paint Email(lack)farbe *f*, Emaillack *m*, Lackfarbe *f*
enamel undercoating *(OB)* Vorlack *m*
enamel varnish Emaillack *m*
enamel vehicle Lackbindemittel *n*
enamelled brick Glasurstein *m*, Glasurziegel *m*; farbiger Verblender *m*
enamelled hardboard Lackplatte *f*
enamelled profiled sheet iron emailliertes Formblech *n*
enamelling 1. *(OB, Te)* Emaillierung *f*; 2. *(OB, Te)* Lackieren *n*
encallowing *(Erdb)* Abraumabtragen *n (Steinbruch, Sandgrube)*
encarpa *s.* encarpus
encarpus *(Arch)* Enkarpus *n*, Gehänge *n*, Gewinde *n*, Girlande *f (Blumenornament an einem Fries oder Kapitell)*
encase *v* ummanteln, umhüllen; einschalen; kapseln; einhausen
encase *v* **with concrete** in Beton einhüllen
encased umhüllt, eingehüllt, ummantelt, eingeschalt; gekapselt; eingehaust
encased beam (in Beton) eingehüllter Träger *m*
encased knot *(BM, Hb)* eingewachsener Ast *m*
encased steelwork betonummantelte Stahlbauteile *npl*
encasement Mantel *m*, Hülle *f*, Ummantelung *f*; Gehäuse *n*
encasing Ummantlung *f*, Umhüllung *f*, Kapselung *f*; Einhausung *f*
encasing of girders Trägerummantelung *f*
encasing tube Hüllrohr *n*
encastré *(TK)* eingespannt *(Träger)*; eingebaut *(in Stützen eines Balkons)*
encastré bending moment *(Stat)* Einspannbiegemoment *n*
encastré condition *(Stat)* Einspannbedingung *f*
encastré length *(Stat)* Einspannlänge *f*
encatchment area *(Wsb)* Einzugsgebiet *n*
encaustic *(OB)* eingebrannt *(Farbe in Enkaustik-Technik)*; eingeätzt
encaustic painting *(Arch)* Enkaustik *f*; Wachsmalerei *f*
encaustic tile Fliese *f* mit eingebranntem Dekor
enceinte 1. *(Arch)* Stadtmauer *f* mit Befestigungen; Schlossmauer *f (befestigt)*; 2. *(Arch)* Stadtmauerareal *n*, von der Befestigungsmauer umgebenes Gebiet *n*
enchanted island *(AE)* Grüninsel *f*, Innengarten *m (in Gebäuden)*
enchased hammergetrieben, ausgehämmert *(Metalloberfläche)*
encircle *v* einkreisen; umfassen
encircle *v* **with sheet piles** *(Erdb)* umspunden
encircling dam *(Wsb)* Ringdamm *m*, Ringdeich *m*
enclave *v (RP)* ein Gebiet einschließen, umgeben
enclave Enklave *f*, Einschluss *m*
enclose *v* einschließen, umschließen, (ein)kapseln; einzäunen; umbauen
enclosed eingeschlossen, umschlossen, eingekapselt; eingezäunt; umbaut
enclosed building umbautes Gebäude *n*, eingebautes Gebäude *n*; mit Mauern umschlossenes Bauwerk *n*
enclosed fire exit umschlossener Notausgang *m*
enclosed platform teilweise umschlossenes Podest *n*; halbumschlossene Bühne *f*
enclosed see *(Bod)* Binnenmeer *n*
enclosed space umbauter Raum *m (Maß)*
enclosed stair geschlossene Treppe *f*
enclosed type construction geschlossene Bauart *f*
enclosing design function *(Arch)* raumabschließende Wirkung *f*
enclosing wall 1. *(Arch)* Umfassungsmauer *f*, Einfriedungsmauer *f*; Ringmauer *f (Verteidigungsmauer um eine Burg)*; 2. nicht tragende Außenwand *f*
enclosure 1. Umbauung *f*, umbauter Raum *m*; 2. Einfriedung *f*, Umfriedung *f*; Umzäunung *f*, Einzäunung *f*; Gehege *n*; 3. Hülle *f*, Umhüllung *f*; Kapsel *f*
enclosure of a shop Ladenfront *f*
enclosure of space 1. Raumhülle *f*; 2. Raumabschluss *m*
enclosure wall 1. Umfassungsmauer *f*, Umfriedungsmauer *f*, Grenzmauer *f*; Mauerzaun *m*; Brüstungsmauer *f*; nicht tragende Außenwand *f*; 2. Drehtürumkleidung *f*
encode *v* verschlüsseln
encoding Verschlüsselung *f*
encroach *v (Erdb)* eindringen, vordringen *(Wasser in Schichten)*
encroach *v* **on** *(RP)* vordringen in *(Bebauungsgebiete)*
encroachment 1. *(VR)* Grenzüberbauung *f (nicht erlaubte)*; 2. *(Erdb)* Wassereindringung *f (in Erdstoffschichten und -spalten)*
encroachment by sand *(Bod)* Versandung *f*
encrust *v* verkrusten, eine Kruste bilden
encrustation 1. *(HLK)* Verkrustung *f*; Kesselsteinbildung *f*; 2. *(HLK)* Kruste *f*, Belag *m*; Kesselstein *m*
encrusted überkrustet, überzogen
encumbrance *(VR)* Hypothekenbelastung *f*, Grundstücksbelastung *f*, Schuldenlast *f (auf Gebäuden, Grundstücken)*
end *v* beenden, zu Ende bringen, aufhören
end 1. Stirnfläche *f*, Stirn *f*, Stirnseite *f*; 2. Ende *n*; Spitze *f*
end abutment *(Br)* Landpfeiler *m (Brücke)*
end acroter(ion) *s.* end akroter(ion)
end akroter(ion) *(Arch)* Eckakroterion *n*
end anchorage *(BB, Te)* Endverankerung *f (Spannglied)*
end-anchored endverankert
end bearing 1. *(TK)* Auflager *n*; 2. *(Erdb)* Spitzendruck *m (eines Pfahls)*
end-bearing capacity *(Erdb)* Spitzentragfähigkeit *f (Pfahlgründung)*
end-bearing pile *(Erdb)* Spitzendruckpfahl *m*, Aufstandspfahl *m*
end-bearing support *(TK)* Endlager *n*
end block 1. Auflage(r)verbreiterung *f*, Querschnittsvergrößerung *f* am Ende, Endpunktsverdichtung *f (eines tragenden Elements)*; 2. Endmaß *n (in Balken)*
end brick Schließziegel *m*
end bulb Randsteg *m*, Randwulst *m (Dichtung, Fugenband)*
end butt joint *(Konst)* Stoßfuge *f*
end-centred basis-flächenzentriert
end channel *(EB)* Türendenverstärker *m*
end clamp Kopfriegel *m*
end cogging *(Hb)* Endverkämmung *f*
end column Endstütze *f*
end condition Randbedingung *f*

end connection *(Konst, St)* Endknotenpunkt *m*, Endknotenverbindung *f*
end-construction tile Querloch(block)stein *m*
end degree *(Stat, TK)* Einspannungsgrad *m*
end diagonal *(St)* Endschräge *f*, Enddiagonale *f (Stahlbau)*
end distance *(Hb)* freies Ende *n*, Endabstand *m (Holzbalken)*
end door Stirntür *f*
end façade Stirnfassade *f*, Giebelfassade *f*
end filler Endvorkopf *m*, Rinnenboden *m*
end-fixed *(Stat)* eingespannt *(Balken)*
end fixing *(Stat)* Endeinspannung *f (Balken)*; Fußeinfassung *f (Säulen)*
end frame *(Konst)* Endrahmen *m*; Stirnrahmen *m*
end grain Querschnitt *m*, Hirnschnitt *m*, Querschnittsmaserung *f*; Hirnholz *n (Holzstruktur)*
end-grain block Hirnholzklotz *m*
end-grain core *s.* end-grain wood
end-grain core block *(BM, Hb)* Hirnholzklotz *m*
end-grain cutting *(Hb)* Querschnitt *m*, Hirnschnitt *m*
end-grain nailing *(Hb)* Längsfasernagelung *f*
end-grain surface Hirnschnittfläche *f*, Hirn(holz)fläche *f*
end-grain wood Hirnholz *n*; Stirnholz *n*
end-grain wood block Hirnholzklotz *m*
end hook Endhaken *m (Bewehrung)*
end joint 1. Stoßfuge *f*; 2. Endknoten *m*
end lap *(Hb)* Endüberlappung *f*, Endverlappung *f*
end lap joint *(Hb)* Winkelüberlappungsverbindung *f*
end load Axialbelastung *f*
end masonry wall Stirnmauer *f*; Seitenmauer *f*
end-matched *(Hb)* endverzapft, verzinkt
end moment *(Stat)* Einspannmoment *n*, Endmoment *n*
end moraine *(Bod)* Endmoräne *f*
end of prohibition sign *(Verk)* Verbotszeichenende *n*
end of restriction sign *(Verk)* Verkehrszeichen *n* für Aufhebung von Einschränkungen, Aufhebungszeichen *n*
end of sleeper Schwellenkopf *m*
end phase *(Te, VR)* Endphase *f*
end pier Endpfeiler *m (Brücke)*
end plane Abschlussfläche *f*, Endfläche *f*
end plate Endtafel *f*, Schlussplatte *f*
end point *(Stat)* Randpunkt *m (mathematisch)*
end post Eckstütze *f*, Fachwerkendglied *n*
end pressure Axialdruck *m*
end rafter *(Hb, Konst, St)* Endpfette *f*
end restraint *s.* end fixing
end ridge tile Walmkappe *f*, Endfirstziegel *m*
end scarf *(Hb)* Laschenverbindung *f*
end seal Endverschluss *m*
end span Endfeld *n*
end stiffener *(Hb)* Balkenkopfverstärkung *f*, Kopfplatte *f*
end support *(TK)* Endauflager *n*
end thrust Axialschub *m*, Längsschub *m*
end-thrust bearing Axiallager *n*
end tile Schlussziegel *m*, Schließziegel *m (Dachdeckung)*; Randfliese *f*, Randkachel *f*
end-to-end-grain joints Hirnholzverbindung *f*
end-to-end joint *(Konst)* Stumpffuge *f*
end use Endeinsatz *m (Baustoffe)*
end view Seitenansicht *f*
end wall Kopfwand *f*, Stirnwand *f*; Giebelwand *f*
end window Stirnfenster *n*
end zone *(BB, Te)* Endverankerungsbereich *m (Bewehrung)*
endanger *v* gefährden
endeavour *v* sich bemühen, anstrengen; versuchen
endeavour Bemühung *f*, Anstrengung *f*
endecagon *(Arch)* Elfeck *n*
endless saw Bandsäge *f*
endlong thrust *s.* end thrust
endoergic endotherm
endorheic basin *(Bod)* abflussloses Binnenbecken *n (Gelände)*
endorheic drainage area *(Wsb)* abflussloses Einzugsgebiet *n*
endoscope Innensehgerät *n*, Endoskop *n (für unzugängliche Innenräume)*
endoscopy *(VR)* Inneninspektion *f (für unzugängliche Innenräume)*
endothermic endotherm
ends Sparrholz *n*, Ablängreste *mpl (Bauholzreste)*
endurance 1. Beständigkeit *f*, Haltbarkeit *f*; 2. Lastspielzahl *f*
endurance action *(Stat)* Ermüdungsbeanspruchung *f*
endurance bending failure Dauerbiegebruch *m*
endurance characteristic Ermüdungsmerkmal *n*
endurance crack Ermüdungsriss *m*
endurance degree Ermüdungsgrad *m*
endurance failure [fracture] Dauerbruch *m*
endurance limit *(Stat)* Dauer(schwing)festigkeit *f*, Ermüdungsfestigkeit *f*
endurance phenomenon Ermüdungserscheinung *f*
endurance tensile strength Dauerzugfestigkeit *f*
endurance test *(BM)* Dauerversuch *m*, Dauerfestigkeitsprüfung *f*
endways 1. axial, in Achsrichtung, gerade; 2. zu den Enden [Endseiten]; 3. mit den Enden nach vorn [oben]; 4. aufrecht
endwise 1. axial, in Achsrichtung, gerade; 2. zu den Enden [Endseiten]; 3. mit den Enden nach vorn [oben]; 4. aufrecht
energetics Energetik *f*
energize *v* kräftigen, mit Energie füllen
energy 1. Energie *f*; elektrische Energie *f*; 2. Arbeit *f*, Arbeitsvermögen *n*
energy absorption *(HLK)* Energieaufnahme *f*
energy approach *(HLK)* Energieansatz *m*
energy balance *(HLK)* Energiebilanz *f*
energy budget *(HLK)* Energiehaushalt *m*
energy coefficient *(HLK)* Energiekoeffizient *m*
energy consumer *(HLK)* Energieverbraucher *m*
energy consumption *(HLK)* Energieverbrauch *m*
energy density of sound *(DIS)* Schall(energie)dichte *f*
energy extraction *(HLK)* Energiegewinnung *f*
energy loss *(DIS, HLK)* Energieverlust *m*
energy meter *(El)* Energieverbrauchszähler *m*, Stromverbrauchszähler *m*, Elektrozähler *m*
energy method Energieverfahren *n*
energy of hardening *(BB, St)* Härtungsenergie *f*
energy recovery Energierückgewinnung *f*, energetische Verwertung *f*
energy requirement Energiebedarf *m*
energy resources Energieressourcen *fpl*
energy-rich energiereich
energy-saving *(HLK)* energiesparend
energy saving(s) *(HLK)* Energieeinsparung *f*
energy source Energiequelle *f*
energy state Energiezustand *m*
energy supply *(El)* Energiezufuhr *f*, Energieversorgung *f*
energy theorem *(HLK)* Energiesatz *m*
energy well *(HLK)* Energiequelle *f*
enfilade Türflucht *f*, Türfolge *f*
enframed umrahmt
enframing arcades *(Arch)* Arkadensystem *n*
engage *v* 1. kuppeln, einrücken; ineinandergreifen; 2. einlassen, einfügen
engaged 1. halbeingeschlossen *(z. B. eine Säule)*; teilweise eingebaut; eingelassen; 2. eingerückt, im Eingriff; eingerastet
engaged bollard *(Verk)* Schutzpfosten *m*, Rammpfosten *m*
engaged column halbeingebaute Säule *f (in eine Wand)*

engaged pillar *(Arch)* Dienst *m (gotische Kirchen)*
engagement *(VR)* Verbindlichkeit *f*
engagements *(VR)* Zahlungsverpflichtung *f*
engaging lever Einrückhebel *m*, Rasthebel *m*
engine base plate Maschinenunterlagsplatte *f*
engine room Maschinenraum *m*
engine room layout Maschinenraumanordnung *f*
engine shed *(Verk)* Lokomotivschuppen *m*
engineer *v* 1. bauen, errichten *(Gebäude, Brücken)*; anlegen *(Straßen)*; technisch ausführen; konstruieren; 2. als Ingenieur tätig sein
Engineer *(VR)* Bauleitung *f (Auftraggeber)*
engineer for erection Montageingenieur *m*
engineered brick *(AE)* Standardziegel *m (20,36 × 10,16 × 8,13 cm)*
engineering Technik *f*, Ingenieurwesen *n*, Technik *f*, technische Planung *f*
engineering and construction of complete plants Anlagenbau *m*
engineering brick [clinker] Mauerklinker *m*, Hartbrandklinker *m*, Hartbrandziegel *m*, Hartbrandstein *m (Ziegel mit hoher Bruchfestigkeit)*
engineering construction Ingenieurbau *m*
engineering consultancy firm *(Konst, VR)* technisches Büro *n*, Ingenieurbüro *n*
engineering consultation service technischer Beratungsdienst *m*
engineering corrosion *(OB)* konstruktiv bedingte Korrosion *f*
engineering department Technikabteilung *f*
engineering draughtsman technischer Zeichner *m*
engineering draughtswoman technische Zeichnerin *f*
engineering drawing technische Zeichnung *f*, Maschinenzeichnung *f*
engineering facing brick *(BM, OB)* Verblendklinker *m*, Fassadenklinker *m*
engineering geology technische Geologie *f*, Ingenieurgeologie *f*, Baugrundingenieurwesen *n*
engineering geophysics *(Bod)* Ingenieurgeophysik *f*
engineering project technisches Projekt *n*
engineering property technische Eigenschaft *f*
engineering room Technikraum *m*
engineering structure Bauwerk *n*, Ingenieurbauwerk *n*
engineering survey *(Verm)* ingenieurtechnische Landaufnahme *f*
engineer's chain *(Verm)* Messkette *f*
engineer's level *(Verm)* Baunivellier *n*, Nivellier(instrument) *n*
engineer's office Projektierungsbüro *n*
engineer's scale Zeichnermaßstab *m*
engineer's square Anschlagwinkel *m*
English basement *(AE)* Wohnhauskellergeschoss *n*, Sockelgeschoss *n*
English bond *(SB)* Blockverband *m*; Kreuzverband *m*; Gotikverband *m*
English cross bond *(SB)* Kreuzverband *m*
English culvert *(WVA)* englischer Durchlass *m*
English degree *(Umw)* englischer Härtegrad *m (Wasserhärte)*
English dinas kalkgebundener Dinasstein *m*
English garden *(LB)* Landschaftsgarten *m*
English garden-wall bond *(SB)* amerikanischer Mauerwerkverband *m*
English Gothic architecture *(Arch)* englische Gotik *f*
English imperial measures *s.* English system
English landscape garden *(LB)* englischer Landschaftsgarten *m*
English Romanesque *(Arch)* englische Romantik *f*, englisch-romanische Architektur *f*
English style of bed joints englischer Fugenschnitt *m*
English system Englisches Maßsystem *n* [Einheitensystem *n*], Foot-Pound-Sekunde-System *n*, fps-System *n*
English tile glatter Falzranddachziegel *m*
English truss englischer Dachstuhl *m*
engobe *v* engobieren, Engobe aufstreichen
engobe Engobe *f*, Aufgussmasse *f*, Aufstreichmasse *f*, Angussfarbe *f (z. B. für Dachziegel)*
engrailed eingebogt
engrain lining paper Raufasermakulatur *f*
engrain wallpaper Raufasertapete *f*
engrave *v* (ein)gravieren; schneiden *(in Holz, Stein, Stahl)*
engraving 1. Gravieren *n*; 2. Stich *m*
engulfment *(Erdb)* Überfluten *n*; Verschlucken *n (Wasser im Baugrund)*
enhance *v* verbessern; erhöhen, steigern
enlarge *v* erweitern; vergrößern
enlarged foundation slab vergrößerte Gründungsplatte *f*, über die Mauern hinausgehende Fundamentplatte *f*
enlarged scale Vergrößerungsmaßstab *m*, vergrößerter Maßstab *m*
enlargement 1. Erweiterung *f*; Vergrößerung *f*; 2. Wulst *m(f)*
enlargement of the canal *(Wsb)* Verbreiterung *f* des Kanals
enlargement ratio Vergrößerungsmaßstab *m*
enlarging bit Aufbohrer *m*, Erweiterungs(bohr)meißel *m*
enneastyle 1. *(Arch)* neunsäulige Ansichtsfront *f (z. B. Tempelfassade)*; 2. *(Arch)* neunsäulig
enrich *v* 1. anreichern *(Stoffe)*; 2. *(Arch)* (aus)schmücken, (mit Ornamenten) verzieren
enriched geziert, verziert, geschmückt
enrichment *(Arch)* Verzierung *f*, Zierelement *n*, Zierglied *n*, Schmuckelement *n*, Dekorelement *n*, Ornament *n*
enrockment *(Wsb)* Steinauflage *f (Deich)*; Steinschüttung *f*, Packwerk *n*
entablature 1. *(Arch)* Gebälk *n*, Simswerk *n (Säulenverbindung der klassischen Architektur)*; 2. Mauergesims *n (Säulen-Gebälk-Konstruktion)*
entablement *s.* entablature
entail *v* schmücken, mit Schnitzereien schmücken; mit Einlegearbeiten verzieren
entail 1. eingravierte Arbeit *f*; 2. Einlegearbeit *f*
entasis Entasis *f*, Schwellung *f (einer Säule)*
enter *v (Stat, Verk)* eingeben *(Daten)*
enter *v* **a hole** in ein Loch einrasten
enterclose *(AE)* Durchgang *m*, Verbindungsgang *m (zwischen zwei Räumen eines Gebäudes)*
enthalpy *(BB, HLK, Te)* Enthalpie *f*
entire arch Bogengewölbe *n*
entrain *v* 1. einführen *(Luft in breiige Baustoffe)*; hineinbringen; 2. eindringen, einwandern *(Wasser)*
entrained air Luftporen *fpl (im Beton)*
entraining station *(Verk)* Verladebahnhof *m*
entrainment Eindringung *f*, Einwanderung *f (Wasser)*
entrainment of air Belüften *n*, Lufteinführen *n*; Lufteinschluss *m (bei mörtelartigen Baustoffen zur Luftporenbildung)*
entrance Eingang *m*, Zugang *m*; Zufahrt *f*
entrance arch Eingangsbogen *m*
entrance corridor Eingangsflur *m*
entrance door Eingangstür *f*
entrance front Eingangsfront *f*
entrance gate Einfahrtstor *n*, Toreinfahrt *f*; Torweg *m*
entrance hall *(Arch)* Eingangshalle *f*, Vorhalle *f*, Halle *f*; Foyer *n (im Hotel)*; Hausflur *m*, Flur *m*
entrance hatch Einstiegsluke *f*
entrance installation *(El)* Eingangsanlage *f*
entrance level *(Konst)* Eingangsebene *f*
entrance lock Einfahrtsschleuse *f*

entrance piazza Vorplatz *m*
entrance portal Eingangsportal *n*
entrance ramp Einfahrtsrampe *f*
entrance side Zugangsseite *f*
entrance stair Aufgangstreppe *f*, Eingangstreppe *f*
entrance to a building Gebäudeeingang *m*
entrap *v* einschließen
entrapment Einschließen *n*, Einschluss *m*
entrapped *(Bod, WVA)* gespannt *(Grundwasser)*
entrapped air eingeschlossene Luft *f*, Lufteinschluss *m* *(Beton)*
entrapped humidity [moisture] eingeschlossene Feuchte *f*
entresol *s.* mezzanine 1.
entrochal limestone *(BM)* Brekzienkalkstein *m*, Breccienkalkstein *m*
entropy Entropie *f*
entry 1. kleine Vorhalle *f*, Vorraum *m*, Eingangsraum *m*; 2. Zutritt *m*, Zugangstür *f*; 3. Meldung *f*, Wettbewerbsmeldung *f*; 4. Durchgang *m (Passage)*; 5. Eindringen *n*, Eindringung *f (Feinstoffe, Farbe, Schmutz)*; 6. Eintrag *m (mathematisch)*
entry and exit control unit *(Verk)* Abfertigungssystem *n*
entry phone *(EB, El)* Gegensprechanlage *f*, Eingangssprechanlage *f*
entry slip road Einfahrtsrampe *f*, Zufahrtsrampe *f*
entryway Zugang *m*, Zufahrt *f*, Eingangspassage *f*; Einfahrt *f*
enumerate *v* aufzählen; spezifizieren
ENV *s.* European Prestandard
envelop *v* umhüllen, einhüllen; einwickeln, einschlagen
envelope 1. Gebäudehülle *f*; Hülle *f*, Ummantelung *f*, Mantel *m*; Verkleidung *f*; 2. Hüllkurve *f*, Umhüllende *f*, Umrisshülle *f (eines Gebäudes)*; 3. Dachpappenüberlagerung *f* über die Mauerkrone
envelope wall Ummantlungswand *f (Anlagenbau)*
envenomation *(OB)* Schädigung *f* einer Kunststoffoberfläche, Kontaktschädigung *f*, Oberflächenberührungszersetzung *f (bei Kunststoffen)*
environ-saving *(Umw)* umweltschonend
environment Umwelt *f*; Umgebung *f*; Milieu *n*
environment pollution Umweltverschmutzung *f*
environmental die Umwelt betreffend, Umwelt...; Umgebungs...
environmental acceptability Umweltverträglichkeit *f*
environmental analysis Umweltanalyse *f*
environmental architecture *(Arch)* landschaftsgebundene Architektur *f*
environmental assessment Umwelteinschätzung *f*
environmental audit *(VR)* Umweltaudit *n*
environmental awareness Umweltbewusstsein *n*
environmental chamber Klimaprüfkammer *f*
environmental change Umweltveränderung *f*
environmental compatibility Umweltverträglichkeit *f*
environmental compatibility assessment *(RP)* Umweltverträglichkeitsprüfung *f*
environmental concerns Umweltbelange *mpl*
environmental conditioning system *(AE)* klimagesteuertes Prüfsystem *n*, klimagesteuertes Verfahren *n*
environmental conditions *(RP)* Standortverhältnisse *npl*; Umweltbedingungen *fpl*
environmental consideration Umweltbeachtung *f*, Berücksichtigung *f* der Umwelt
environmental constraint Umweltbeschränkung *f*, Beeinträchtigung *f* der Umwelt
environmental control chamber temperaturgesteuerte Prüfkammer *f*
environmental costs Umweltaufwendungen *fpl*
environmental dependence Umweltabhängigkeit *f*
environmental design *(LB, RP)* Umweltplanung *f*; Umweltgestaltung *f*
environmental design professional Umweltgestalter *m*
environmental development *(LB)* Umweltvorhaben *n*
environmental disaster Umweltkatastrophe *f*
environmental effect Umwelteinfluss *m*
environmental engineering Umwelt(schutz)technik *f (technischer Zweig)*
environmental facility zone Umweltanlagenbereich *m*
environmental factor Umweltfaktor *m*
environmental forecasting Umweltprognose *f*
environmental geology *(Bod)* Umweltgeologie *f*
environmental harm Umweltschaden *m*, Umweltnachteil *m*
environmental impact (schädigender) Umwelteinfluss *m*, Umweltbelastung *f*
environmental impact analysis *(RP)* Umweltverträglichkeitsanalyse *f*
environmental impact and compatibility Umweltverträglichkeit *f*
environmental impact assessment *(RP)* Umweltverträglichkeitsstudie *f*
environmental impact statement *(AE)* Umweltbelastungsplan *m*, Umweltverträglichkeitsstudie *f*
environmental indicator Umweltindikator *m*
environmental influence Umwelteinfluss *m*
environmental law Umwelt(schutz)gesetz *n*
environmental loading Umweltbelastung *f*
environmental management Umweltmanagement *n*
environmental monitoring *(VR)* Umweltüberwachung *f*
environmental nuisance Umweltmissstand *m*
environmental outcome Umweltresultat *n*, Umweltfolge *f*
environmental planner Umweltplaner *m*
environmental planning *(RP)* Umweltplanung *f*; Raumordnung *f*
environmental pollution Umweltverschmutzung *f*
environmental precautions Umweltschutzmaßnahmen *fpl*
environmental protection Umweltschutz *m*
environmental protection agency Umweltschutzbehörde *f*
environmental quality standards Umweltqualitätsnormen *fpl*, Umweltqualitätsstandards *mpl*
environmental release Umweltabgabe *f*
environmental requirements Naturschutzanforderungen *fpl*, Umweltanforderungen *fpl*
environmental stress Umweltbelastung *f*
environmental study Umweltstudie *f*
environmental target Umweltziel *n*
environmental technology Umwelttechnik *f*
environmental terms Umweltbedingungen *fpl*, Umweltverhältnisse *npl*
environmental test Klimaprüfung *f (eines Baustoffes, Anstriches usw.)*
environmental test chamber Klimakammer *f*
environmental testing Umweltprüfung *f*
environmentalism Umweltschutz *m*
environmentally aware umweltbewusst
environmentally compatible umweltverträglich
environmentally conscious umweltbewusst
environmentally unacceptable umweltschädlich
environmentally unfriendly umweltunfreundlich
environments *(Bod, RP)* Umweltverhältnisse *npl*
EOTA *s.* European Organisation for Technical Approvals
EOTC *s.* European Organisation for Testing and Certification
épi *(AE)* Dachspitzenaufsatz *m*, Dachzinne *f*
epicentre *(Bod)* Epizentrum *n*
epicrantis *(Arch)* Epikrantis *n*, Innenkarnies *n*, Mauerabschlusszierkante *f*

epicycloid *(Arch)* Epizyklode *f*
epidosite *(BM, Bod)* Epidosit *m*, Epidositgestein *n*
episode Gefahrensituation *f*
epistle side *(Arch)* Südseite *f*, Epistelseite *f (Kirche)*
epistyle *s.* architrave 1.
epistylium *s.* architrave 1.
epitaph *(Arch)* Epitaph *n*, Gedenktafel *f* für Verstorbene *(z. B. an Kirchenwänden, Pfeilern)*
epithedes *(Arch)* Epithedes *n*, Oberglied *n (Ornament)*
epoch-making epochemachend
epoch of style Stilepoche *f*
epoxide *(BM)* Epoxid *n*
epoxidized alkyd *(BM)* Epoxidalkydharz *n*, epoxidharzmodifiziertes Alkydharz *n*
epoxy amine paint *(BM, OB)* Epoxidaminanstrichstoff *m*
epoxy-bitumen material Epoxidharz *n* mit Bitumen, Epoxidharzbitumenbindemittel *n*
epoxy coated epoxidbeschichtet, mit Epoxid beschichtet
epoxy coating 1. Epoxidharzanstrich *m*; 2. Epoxidharzanstrichstoff *m*
epoxy coating resin Epoxidbeschichtungsharz *n*
epoxy ester paint Epoxidharzesteranstrichstoff *m*
epoxy face joint Sichtfuge *f* mit Epoxidharz
epoxy joint Kunstharzfuge *f*; Sichtfuge *f* mit Epoxidharz
epoxy membrane Epoxid(harz)haut *f*
epoxy paint *(OB)* Epoxidharzanstrichstoff *m*
epoxy pitch Epoxidpech *n*
epoxy resin Epoxidharz *n*
epoxy resin adhesive Epoxidharzklebstoff *m*
epoxy resin mortar Epoxidharzmörtel *m*
epoxy resin paint Epoxidharzanstrichfarbe *f*
epoxy resin paste Epoxidharzpaste *f*
epoxy resin powder Epoxidharzpulver *n*
epoxy resin system Epoxidharzsystem *n*
epoxy weld *(SB, Te)* Werksteinklebeverbindung *f*
épure 1:1-Darstellung *f*, Detailzeichnung *f* im wahren Maßstab
épuré gereinigter Naturasphalt *m*
equal *(Stat)* gleich
equal and opposite forces *(Stat)* entgegengesetzt gleiche Kräfte *fpl*
equal angle (section) gleichschenkliges Winkelprofil *n*
equal-area projection flächentreue Abbildung *f*
equal noise contour *(DIS)* Isophone *f*
equal settlement *(Erdb)* gleichmäßige Setzung *f*
equal spans *(Konst)* gleich große Spannweiten *fpl*
equal treatment gleiche Behandlung *f*, Gleichbehandlung *f*
equal webs gleichschenklige Flansche *mpl*
equalization line *(HLK, San)* Ausgleichleitung *f*
equalizing pipe *(HLK, San)* Ausgleich(rohr)leitung *f*
equalizing reservoir *(Wsb)* Wasser(druck)ausgleichbecken *n*
equalizing ring Ausgleichsring *m*
equally spaced in gleichem Abstand verteilt *(Bewehrungseisen)*
equating the moments *(Stat)* Momentengleichsetzen *n*
equation of compatibility *(Stat)* Verträglichkeitsgleichung *f*
equation of condition *(Stat)* Bedingungsgleichung *f*
equation of forces *(Stat)* Kräftegleichung *f*
equation of state Zustandsgleichung *f*
equations of equilibrium *(Stat)* Gleichgewichtsbedingungen *fpl*
equestrian monument *(Arch)* Reiterdenkmal *n*
equiareal projection flächentreue Projektion *f*
equiaxed gleichachsig
equidistant äquidistant, abstandsgleich, abstandstreu, gleich weit entfernt
equidistant projection abstandstreue Projektion *f*
equigranular *(BM)* gleichkörnig, von gleicher Korngröße *(Zuschlagstoff)*
equilateral (pointed) arch gleichseitiger Spitzbogen *m*
equilateral roof Giebeldach *n* mit 60° Dachneigung
equilibrate *v* ins Gleichgewicht bringen
equilibration Gewichtsausgleich *m*
equilibrium Gleichgewicht *n*; Ruhelage *f*
equilibrium approach *(Stat)* Gleichgewichtslösungsansatz *m*
equilibrium conditions *(Stat)* Gleichgewichtsbedingungen *fpl*
equilibrium diagram *(HLK)* Zustandsdiagramm *n*
equilibrium equation *(Stat)* Gleichgewichtsgleichung *f*
equilibrium limit Gleichgewichtsgrenze *f*
equilibrium method *(Stat)* Deformationsmethode *f*
equilibrium of forces *(Stat)* Kräftegleichgewicht *n*
equilibrium phase diagram *(Stat)* Zustandsdiagramm *n*, Gleichgewichtsdiagramm *n*
equilibrium polygon *(Stat)* Gleichgewichtspolygon *n*
equilibrium position *(Stat)* Gleichgewichtslage *f*; Ruhelage *f*
equilibrium pressure *(WVA)* Gleichgewichtsdruck *m*
equilibrium requirement *(Stat)* Gleichgewichtsforderung *f*
equilibrium state Gleichgewichtszustand *m*
equilibrium tide *(Bod, Umw, Wsb)* Gleichgewichtszustand *m* des Gezeitenwechsels
equip *v* ausrüsten, ausstatten; einrichten
equipment Ausrüstung *f*, Ausstattung *f*; Einrichtung *f*; Zubehör *n*; Baustellenausrüstung *f*; Anlage *f*
equipment cupboard *(EB)* Geräteschrank *m*
equipment earth conductor *(El)* Geräteerdungsleitung *f*
equipment fleet *(BWG)* Baumaschinenpark *m*, Gerätepark *m*, Geräteausstattung *f*
equipment floor Anlagenetage *f*, Anlagengeschoss *n*; Ausrüstungsstockwerk *n*
equipment ground *(AE) (El)* Geräteerdungsleitung *f*
equipment set *(BWG)* Gerätesatz *m*
equipment storey Anlagengeschoss *n*, Anlagenetage *f*
equipotential bonding *(El)* Potenzialausgleich *m*
equipotential busbar *(El)* Potenzialausgleichsschiene *f*
equivalence projection flächentreue Projektion *f*
equivalent gleichwertig
equivalent beam method *(Bod)* Ersatzbalkenverfahren *n*
equivalent embedment length äquivalente Eisenlänge *f (verglichen mit einem Haken)*
equivalent force Ersatzkraft *f*
equivalent length Äquivalentlänge *f*
equivalent load Vergleichslast *f*, Ersatzlast *f*
equivalent number of standard axles *(Verk)* äquivalente Standardachszahl *f*
equivalent pressure äquivalenter Druck *m*
equivalent resistance beam Träger *m* gleicher Festigkeit
equivalent round äquivalenter Umfang *m (verglichen mit dem Kreisumfang)*
equivalent single axle load *(AE) (Verk)* äquivalente Einzellast *f*
equiviscous äquiviskos
equiviscous temperature *(BM)* Äquiviskositätstemperatur *f*
Erechtheion *(Arch)* Erechtheion *n*
erect *v* (er)bauen; errichten, hochziehen *(ein Gebäude)*; eine Mauer (hoch)ziehen; aufrichten *(Konstruktion, Bauwerk)*; aufbauen, montieren, aufstellen *(am Ort)*
erect *v* **a scaffold** *(Te)* einrüsten
erect *v* **formwork** *(Te)* einschalen
erect gerade *(aufrecht)*
erecting crane *s.* erection crane
erecting deck *(Te)* Arbeitsbühne *f*, Montagebühne *f*
erecting derrick Montagederrick *m*

E

erecting platform *s.* erecting deck
erecting pontoon stage *(Wsb)* Prahmgerüst *n*
erecting scaffold Aufstellungsgerüst *n*
erecting technique *(Te)* Montagetechnik *f*
erection Bauen *n*, Errichtung *f*; Aufstellung *f*, Aufbau *m*, Montage *f (im Fertigteilbau)*
erection aid Montagehilfe *f*
erection bar Montageeisen *n*
erection bolt Montagebolzen *m*
erection bracing Hilfsstützen *fpl*, Montagestützwerk *n*; Montagegerüst *n*
erection column Montagestütze *f*
erection contract Montagevertrag *m*
erection crane *(BWG, Te)* Montagekran *m*, Bahnkran *m*
erection crew Montagekolonne *f*
erection derrick Montagederrick *m*
erection device Montagevorrichtung *f*
erection drawing Montagezeichnung *f*
erection gang Montagekolonne *f*
erection joint Montagestoß *m*
erection mark Montagekennzeichen *n*
erection of steelwork Stahlbaumontage *f*
erection party Montagekolonne *f*
erection plant Baustelleneinrichtung *f*
erection procedure Montagevorgang *m*
erection reinforcement *(BB, Te)* Montagebewehrung *f (Stahlbetonvorfertigung)*
erection ropeway Bauseilbahn *f*, Montageseilbahn *f*
erection scaffold Montagegerüst *n*, Montagerüstung *f*
erection schedule Montage(ablauf)plan *m*
erection sequence Montageablauf *m*, Montagefolge *f*
erection shop *(St, Te)* Montagehalle *f (Stahlbau)*
erection site Stahlbaustelle *f*
erection stage Montagephase *f*
erection state Montagezustand *m*
erection strength Montagefestigkeit *f*
erection stress Montagebelastung *f*, Montagespannungen *fpl*
erection tolerance Montagetoleranz *f*
erection tower Montageaufzug *m*, Montageaufzugsgerüst *n*
erection welding *(St, Te)* Montageschweißen *n*
erection without scaffolding *(Br)* Freivorbau *m (Brückenbau)*
erection work Montagearbeiten *fpl (im Fertigteilbau)*
erector Montage(bau)arbeiter *m*
erg *(Bod, Umw)* Sandwüste *f*
ergonomic design *(HLK, Umw)* ergonomisches Design *n*
erode *v* 1. erodieren, abtragen, auswaschen *(Gestein)*; 2. *(Wsb)* auskolken
erodibility Erodierbarkeit *f*
erodibility of soil *(Bod)* Bodenerosionsgrad *m*
erodible material auskolkbarer Boden *m*
erosion Erosion *f*, Abtragung *f*
erosion attack Erosionsangriff *m (mechanisch)*; Erosionskorrosion *f*
erosion control *(Wsb)* Erosionsschutz *m*; Kolkschutz *m*
erosion corrosion Erosionskorrosion *f*
erosion of a bank *(Wsb)* Uferabbruch *m*
erosion protection *(Wsb)* Erosionsschutz *m*
erosion-resistant erosionsbeständig
erosional cavity *(Wsb)* Kolk *m*
erosional rate Erosionsgeschwindigkeit *f*
erosional terrace ausgewaschene Uferbank *f*, Erosionsterrasse *f*
erosive erosiv, erodierend, Erosions...
erosive action Erosionstätigkeit *f*
erosive capacity Erosionsvermögen *n*
erosive effect erodierende Wirkung *f*
erosive work Erosionstätigkeit *f*
erratic block *(BM, Bod, SB)* Findling *m*, Feld(bau)stein *m*
erratic subsoil *(Bod)* erratische Bodenverhältnisse *npl*
erroneous irrtümlich
error Fehler *m*, Fehlverhalten *n*
error of estimation Schätzfehler *m*
error of measurement Messfehler *m*; Maßabweichung *f*
error of result *(Stat)* Ergebnisfehler *m*; Ergebnisabweichung *f*
error propagation *(Stat)* Fehlerfortpflanzung *f*
error theory *(Stat)* Fehlertheorie *f*
errors in implementation Umsetzungsfehler *mpl*
eruptive rock Eruptivgestein *n*, vulkanisches Gestein *n*, Erstarrungsgestein *n*
escalade Sturmleiter *f*
escalator *(AE)* Fahrtreppe *f*, Rolltreppe *f*
escalator driving machine Rolltreppenantrieb *m*
escape *v (HLK, Umw)* entweichen *(z. B. von Gasen)*; ausfließen
escape 1. Anlaufen *n (einer Säule)*; 2. *s.* escape route
escape clause *(VR)* Öffnungsklausel *f*, Befreiungsklausel *f*
escape corridor Fluchtkorridor *m*, Notkorridor *m*
escape lane *(Verk)* Nothaltespur *f*
escape lighting *(El)* Notbeleuchtung *f*
escape pipe *(HLK, WVA)* Überlaufrohr *n*
escape road *(Verk)* Notfallstreifen *m*
escape route *(VR)* Fluchtweg *m*
escape stair *(VR)* Fluchttreppe *f*, Nottreppe *f*; Notleiter *f*
escape valve *(HLK)* Sicherheitsventil *n*
escape way Fluchtweg *m*
escape window *(VR)* Fluchtfenster *n*, Notfenster *n*
escarp Steilböschung *f*, Steilhang *m*
escarpment 1. Abdachung *f (von steilen Böschungen, Vorgang)*; 2. Steilhang *m*, Böschung *f*; Steilküste *f*
escheat *(AE) (VR)* Besitzheimfall *m* an den Staat *(wenn keine Erben vorhanden)*; Staatsübereignung *f (z. B. benötigten Baulands)*
escutcheon 1. *(EB)* Schlüssellochdeckel *m*, Schlüssellochabdeckblech *n*; Schlossblech *n*; 2. Schutzrohr *n*, Öffnungshüllrohr *n (z. B. für Türschlösser)*; 3. Wappenschild *n*
escutcheon pin Schlossblechnagel *m*, Schlossziernagel *m*
espagnolette bolt Espagnolettenverschluss *m*, Drehstangenverschluss *m*
espalier Spalier *n*
espalier lath Spalierlatte *f*
esplanade 1. *(RP)* Esplanade *f*, freier Platz *m*; 2. *(Arch, RP)* Promenade *f*, Esplanadenweg *m*, Aussichtsweg *m*
esquisse Rohskizze *f*, Feldskizze *f*
establish *v* 1. herstellen *(z. B. ein Gleichgewicht)*; 2. ansiedeln *(Industrie in einem Gebiet)*; 3. festlegen *(Vorschriften, Auflagen)*; 4. einrichten, gründen *(Unternehmen)*; 5. begründen, aufstellen, nachweisen, feststellen *(mathematisch)*
establish *v* **cost estimates** Kostenanschläge aufstellen
establish *v* **lines of direction** *(Verm)* die Bauflucht richten
established right *(VR)* Gewohnheitsrecht *n*
establishment 1. Herstellung *f*, Einstellung *f (z. B. eines Gleichgewichts)*; 2. Einrichtung *f*, Gründung *f (von Unternehmen)*; Errichtung *f (einer Fabrik)*; 3. fester Wohnsitz *m*
establishment charges *(VR)* Gemeinkosten *pl*, Grundeinrichtungs- und Ausstattungskosten *pl*
estate 1. *(RP, VR)* (großes) Grundstück *n*; Landgut *n*; Grundeigentum *n*, Liegenschaft *f*; 2. *(Bod)* Baugrund *m*; 3. Wohnsiedlung *f*; Wohnkolonie *f*
estate agent *(VR)* Grundstücksmakler *m*; Häusermakler *m*
estate area *(RP)* Siedlungsgebiet *n*
estate drainage *(WVA)* Grundstücksentwässerung *f*
estate fee simple unbeschränkt veräußerliches Grundeigentum *n*

estate house Siedlungshaus *n*
estate layout *(RP)* Geländeplan *m*; Lageplan *m*
estate planning *(RP)* Siedlungsplanung *f*
estate property *(VR)* Grundeigentum *n*
estate register *(VR)* Grundbuch *n*
estate road 1. *(Verk)* Siedlungsstraße *f*; Erschließungsstraße *f*; 2. *(LB)* Feldweg *m*
ester *(BM)* Ester *m*
ester gum Harzester *m*
esterification Veresterung *f*
esterified verestert
esterified natural resin Esterharz *n*
esterified natural resin varnish *(BM, OB)* Esterharzklarlack *m*
esthetic ... *siehe aesthetic ...*
esthetically ... *siehe aesthetically ...*
estimate *v* veranschlagen, überschlagen, schätzen
estimate *(VR)* Überschlag *m*, Voranschlag *m*; Kostenanschlag *m*
estimate calculation Überschlagrechnung *f*
estimate of construction costs *(VR)* Baukostenanschlag *m*
estimate of loading *(Stat)* Lastvorgabe *f*; Lastannahme *f*, Belastungsannahme *f*
estimated design load *(HLK)* Heizleitungsentwurf *m*, Wärmeberechnung *f (eines Heizungssystems)*
estimated maximum (heat) load *(HLK)* maximale entworfene Wärmeabgabe *f (eines Heizungssystems)*
estimated value *(VR)* Schätzwert *m (z. B. eines Grundstückes)*
estimating Veranschlagen *n*
estimating costs *(VR)* veranschlagte Kosten *pl*
estimating of cost Kostenschätzung *f*, Kostenanschlag *m*
estimation 1. Schätzung *f*, Bewertung *f*; 2. Veranschlagung *f*, Veranschlagen *n*; 3. *s.* estimate
estimator Kalkulator *m*, Kostenplaner *m*; Materialplaner *m*
esto-bitumen *(BM)* Estobitumen *n*
estrade Estrade *f*; Podium *n*
estuarine deposit(ion) Flussmündungssand *m*, Deltasediment *n*
estuarine water *(Bod, Wsb)* Brackwasser *n*
estuary *(Bod, Wsb)* Ästuar(ium) *n*, trichterförmige Flussmündung *f (den Gezeiten ausgesetzt)*
estuary harbour *(Wsb)* Flussmündungshafen *m*
ETA *s.* European Technical Approval
etch *v* 1. *(OB, Te)* ätzen; anätzen, beizen *(z. B. Glas)*; 2. *(OB, Te)* absäuern *(Beton, Naturstein)*; 3. *(OB, Te)* chemisch aufrauen
etch *v* **away** *(OB, Te)* wegätzen
etch pattern Ätzmuster *n*
etch pitting Anätzen *n (Prüftechnik)*
etch primer *(BM, OB)* Washprimer *m*, Reaktionsgrundiermittel *n*
etchant Ätzmittel *n*
etched abgesäuert; geätzt
etched glass Ätzglas *n*
etching Ätzen *n*, Ätzung *f*
etching action Ätzwirkung *f*
etching primer Haftgrund *m*, Haftgrundierung *f*; Aktivgrund *m*
etching solution Ätzlösung *f*
etching varnish *(OB)* Ätzgrund *m*
eternit *(BM)* Eternit® *n*, Asbestbeton *m*, Asbestzement *m*
ethoxylene resin *s.* epoxy resin
ethyl silicate Ethylsilicat *n*, Ethylsilikat *n*, Äthylsilikat *n*
etiolated gebleicht
Etruscan architecture *(Arch)* etruskische Architektur *f*, etruskischer Baustil *m*
ettringite Ettringit *m (Zementbeton)*

EU-guideline EU-Richtlinie *f*
Eulerian buckling stress *(Stat)* Euler'sche Knickspannung *f*
Eulerian solution *(Stat)* Euler'sche Lösung *f*
Euler's crippling load *(Stat)* Euler'sche Knicklast *f*
Euler's critical tension *(Stat)* Euler'sche Knickspannung *f*
Euler's formulae for columns *(Stat)* Euler'sche Knickformeln *fpl*
Eurocode *(EC) (VR)* Eurocode *m*, EC
Euronorm *(Konst, VR)* Euronorm *f*
European Asphalt Pavement Association *(EAPA)* Europäischer Asphaltverband *m*
European beech *(LB)* Rotbuche *f*
European Committee for Standardisation *(CEN)* Europäisches Komitee *n* für Normung
European initial standard Europäische Vornorm *f (ENV)*
European Organisation for Technical Approvals *(EOTA)* Europäische Organisation *f* für Technische Zulassung
European Organisation for Testing and Certification *(EOTC)* Europäische Organisation *f* für Prüfung und Normung
European Prestandard *(ENV)* Europäische Vornorm *f*
European Standard Europäische Norm *f*
European Technical Approval *(ETA)* Europäische technische Zulassung *f*
European Technical Specifications Europäische Technische Vorschriften *fpl*
European tentative standard Europäische Vornorm *f (ENV)*
eustatic movement eustatische Bewegung *f*
eustyle *(Arch)* eustylisch, schönsäulig *(mit Säulenabstand von 2¼ Durchmessern)*
eutectic *(St, Te)* eutektisch
eutectic alloy *(St)* eutektische Legierung *f*
eutectic system *(St, Te)* Eutektikum *n*
euthynteria *(Arch)* Euthynterie *f (griechischer Tempelbau)*
evacuate *v* 1. entleeren; evakuieren, auspumpen; 2. *(VR)* räumen *(z. B. Häuser)*; evakuieren *(Personen)*
evacuation *(VR)* Räumung *f (wegen Gefahr)*
evacuation lift Evakuierungsaufzug *m*
evacuation of infiltration water *(Verk)* Sickerwasserableitung *f*
evacuation time *(Verk)* Räum(ungs)zeit *f*
evacuation way *s.* escape route
evaluate *v* 1. bewerten; auswerten; 2. berechnen, veranschlagen; ermitteln; einschätzen; beurteilen
evaluation Wertung *f*; Auswertung *f*, Bewertung *f*; Einschätzung *f*; Beurteilung *f*
evaluation of conformity *(VR)* Konformitätsbewertung *f*, Anforderungserfüllungs-Untersuchung *f*
evaluation test Auswahlprüfung *f*
evaporability Verdampfbarkeit *f*; Verdunstungsfähigkeit *f*
evaporable verdampfbar; verdunstbar
evaporable water *(BB, Te)* Verdunstungswasser *n*, Porenwasser *n (Beton)*
evaporate *v* evaporieren, verdampfen, verdunsten, verflüchtigen
evaporating capacity Verdunstungsvermögen *n*
evaporation Verdunstung *f*, Verdampfung *f*, Verflüchtigung *f*; Entgasung *f*
evaporation loss *(LB, Umw, Wsb)* Verdunstungsverlust *m*
evaporation pressure *(HLK)* Dampfdruck *m*
evaporation rate *(HLK)* Verdunstungsgeschwindigkeit *f*
evaporative cooling *(HLK)* Verdunstungskühlung *f*, Verdampfungskühlung *f*
evaporator *(HLK)* Verdampfer *m*
evaporator coil *(HLK)* Verdampferschlange *f*
evaporimeter Verdunstungsmesser *m*

evasé 1. aufgefächert; 2. diffusorförmig; 3. geflammt
evasé stack *(Tun)* Entlüftungssteigrohr *n*
even *v* ebnen; glätten; abgleichen, egalisieren
even *v* **out** ausgleichen
even *v* **up** ebnen
even 1. *(Erdb)* eben *(z. B. Gelände)*; glatt; gerade *(z. B. Fläche)*; 2. gleichmäßig, regelmäßig
even-bedded *(Bod)* gleichmäßig geschichtet
even fracture ebener Bruch *m*
even-grained gleichmäßig gekörnt, gleichkörnig
even-granular gleichkörnig
even-textured gleichmäßig gemasert *(Holz)*
even with the ground ebenerdig
evenly bedded *(Bod)* gleichmäßig geschichtet
evenly graded gleichmäßig gekörnt
evenly laminated *(Bod)* ebengeschichtet
evenly shared load *(Stat)* (gleichmäßig verteilte) Last *f*
evenly spaced abstandsgleich
evenly surfaced ebenflächig
evenness Ebenheit *f*, Ebenflächigkeit *f*, Planebenheit *f*; Glattheit *f*, Glätte *f (einer Fläche)*
evenness test *(Verk)* Ebenheitsprüfung *f*
event Baubeginnsaktivität *f (Netzplantechnik)*
everglade *(AE) (Bod, Umw)* sumpfige Steppe *f*, Küstensumpf *m*
everyday architecture Alltagsarchitektur *f*
everyday traffic *(Verk)* Alltagsverkehr *m*
eviction *(AE) (VR)* Enteignung *f*, Grundstücksinanspruchnahme *f (gerichtlich verfügt)*; Räumung *f*
eviction order *(VR)* Räumungserlass *m*
evidence *(Stat)* Beweis *m*, Nachweis *m*
evolute *(Arch)* Evolute *f*
evolution of heat Wärmeentwicklung *f*
eversion *(Wsb)* Auskolkung *f*, Ausstrudelung *f*
ex-mould finish *(OB)* schalungsraue Oberfläche *f (Beton)*
exacerbate *v* verschärfen *(Zustand, Schadenswirkung)*
exact genau
exact height *(Verm)* Genauhöhe *f*
exact width Genaubreite *f*
exaggerated überhöht *(Maßstab)*
exaggeration of heights Überhöhung *f (Profil)*
exaggeration of the vertical scale *(Konst)* Maßstabüberhöhung *f*
examination Untersuchung *f*, Überprüfung *f*, Prüfung *f*
examination of building materials Baustoffuntersuchung *f*
examination of materials Werkstoffprüfung *f*
examination of soil *(Bod)* Bodenuntersuchung *f*
examination of subsoil *(Bod)* Baugrunduntersuchung *f*
examine *v* untersuchen, testen; (über)prüfen, sichten
examiner Prüfer *m*; Baustoffprüfer *m*
example of application Anwendungsbeispiel *n*
exarate *v (Wsb)* auskolken
excavate *v (Erdb)* ausschachten, (Boden) ausheben; graben; (aus)baggern *(trocken)*; auskoffern *(z. B. im Straßenbau)*
excavate *v* **a pit** *(Erdb)* eine Baugrube ausheben
excavate *v* **a trench** einen Graben ausheben
excavate *v* **soil true to profile** Boden profilgerecht lösen
excavate *v* **the trenches** *(Erdb)* die Fundamentstreifen ausschachten
excavated area *(Erdb)* Aushubfläche *f*
excavated earth *(Erdb)* Abhub *m*; Erdaushub *m*
excavated material Aushub *m*, ausgehobenes Gut *n*
excavated pit Baggergrube *f*
excavated soil Bodenaushub *m*
excavated spoil Baggergut *n (Trockenbagger)*
excavating bucket Greif(er)kübel *m*
excavating by hand *(Erdb)* Handschachten *n*
excavating point Aushubstelle *f*
excavation 1. *(Erdb)* Ausschachtung *f*, Bodenaushub *m*, Erdaushub *m*; Ausbaggerung *f*; 2. *(Erdb)* Bodenabtrag *m*, Abtragung *f*, Abtrag *m*; 3. *(Erdb)* Grube *f*; Baugrube *f*; Einschnitt *m*; 4. *(Tun)* Ausbruch *m*; 5. *(Umw)* Ausbruch *m*
excavation-blasting *(Erdb)* Aushubsprengung *f*
excavation class Bodenklasse *f*, Gewinnungsklasse *f (Erdstoff)*
excavation depth Aushubtiefe *f*
excavation of earth Erd(stoff)aushub *m*
excavation pit Baugrube *f*
excavation site Entnahmestelle *f*, Seitenentnahme *f*
excavation work *(Erdb)* Ausschachtungsarbeiten *fpl*
excavator 1. Bagger *m*, Trockenbagger *m*; Löffelbagger *m*, Greifbagger *m*; Kratzer *m (Baumaschine)*; 2. *(AE)* Erdarbeiter *m*
excavator bucket Baggereimer *m*
excavator crane Baggerkran *m*
excavator grab Baggergreifer *m*, Greifer *m*
excavator-loader Ladebagger *m*
excavator on caterpillars Raupenbagger *m*
excavator on wheels Radbagger *m*
excavator track level Baggerplanum *n*
exceed *v* überschreiten, übersteigen *(Maße, Kosten, Zeit)*
excelsior 1. *(BM, DIS)* Holzwolle *f*; 2. oberster Abschnitt *m (Turm)*
excelsior building slab Holzwollebauplatte *f*
excelsior concrete Holzwollebeton *m*
excelsior insulation Holzwolledämmung *f*
except ausgenommen
exception 1. Ausnahme *f*; 2. *(VR) (AE)* Einspruch *m*, Beschwerde *f*
excess Überschuss *m*
excess air Luftüberschuss *m*
excess condemnation *(RP)* übermäßige Baulandinanspruchnahme *f (für gemeinnützige Zwecke)*
excess figure (finanzieller) Mehraufwand *m*
excess heat *(HLK)* Wärmeüberschuss *m*
excess hydrostatic pressure *(WVA)* hydrostatischer Überdruck *m*
excess length Überstand *m*, Übermaß *n (von Langholz)*
excess load Überlast *f*, Überladung *f*
excess of binder Bindemittelüberschuss *m*
excess of filler Füllerüberschuss *m* • **with excess of filler** überfüllert
excess of heat Wärmeüberschuss *m*
excess pigment dispersion *(OB)* Pigmentüberschuss *m*
excess pressure Überdruck *m*
excess rainfall Niederschlagswasserüberschreitung *f (Entwässerung)*
excess water in concrete Wasserüberschuss *m* im Beton
excessive grain growth Kornvergröberung *f*
excessive stress Überbeanspruchung *f*
exchange *v* auswechseln, austauschen; ersetzen
exchange *v* **contracts** *(VR)* die Verträge unterzeichnen
exchangeability Austauschbarkeit *f*, Auswechselbarkeit *f*
exchangeable austauschbar, auswechselbar
exchanger *(HLK)* Austauscher *m*; Wärmeaustauscher *m*
exciter Anreger *m (Bindemittel)*
exclusion *(VR)* Ausschluss *m*
exclusion of draught Zugluftabdichten *n*
exclusive ausschließlich
exclusive lane *(Verk)* Spezialspur *f*, Sonderfahrspur *f*
exclusive right of sale *(VR)* alleiniges Verkaufsrecht *n*
exclusive right of way *(Verk, VR)* ausschließliches Fahrrecht *n*
exclusive selling right *(VR)* alleiniges Verkaufsrecht *n*
execute *v* ausführen, durchführen
execute *v* **the work in economy** in eigener Regie bauen

execution *(Te, VR)* Ausführung *f (z. B. eines Bauvertrags)*; Erfüllung *f*; Durchführung *f (z. B. von Arbeiten)*
execution of a job Bauausführung *f*
execution of the order Bauauftragsausführung *f*, Auftragsdurchführung *f*
execution of work(s) Bauarbeiten *fpl*
executive exekutiv, geschäftsführend
executive director Geschäftsführer *m*
executive orders *(VR)* Verordnung *f*, Erlass *m*
executive program *(Konst)* Ausführungsprojekt *n*
exedra *(Arch)* Exedra *f (rückwärtiger Saal eines antiken Wohnhauses)*; (halbrunde) Nische *f (im antiken Griechenland und Rom)*
exedra arch *(Arch)* Apsisbogen *m*
exemption *(VR)* Befreiung *f (von Auflagen)*
exercise yard *(LB)* Auslaufhof *m (Landbau)*
exfiltration Luftaustritt *m (durch Fugen und Wände)*
exfoliate *v* abblättern *(z. B. Schiefer)*; abplatzen; sich abschälen *(z. B. Deckschichten unter Wettereinflüssen)*
exfoliated vermiculite *(BM, DIS)* Blähvermiculit *m*, Blähglimmer *m*
exfoliated vermiculite aggregate Blähglimmerzuschlagstoff *m*
exfoliation *(OB)* Abblättern *n (einer Oberfläche)*; Abplatzen *n*
exfoliation corrosion *(OB)* schichtenförmige Korrosion *f*, Schichtkorrosion *f*
exfoliation of vermiculite *(BM, DIS)* Vermiculitaufblättern *n*, Glimmerblähen *n*
exfoliation susceptibility *(OB)* Schichtkorrosionsanfälligkeit *f*
exhaust *v* absaugen; abpumpen
exhaust 1. *(HLK)* Absaugung *f*; Entlüftung *f*; 2. *s.* exhauster
exhaust air *(HLK)* Abluft *f*
exhaust air damper Abluftklappe *f*, Fortluftklappe *f*
exhaust duct *(Tun)* Abluftkanal *m*
exhaust ducting *(HLK, Tun)* Absaugleitung *f*
exhaust fan *s.* exhauster
exhaust fume hood *(Tun)* Abgassammel(filter)kammer *f*
exhaust gas Abgas *n*
exhaust grille *(HLK)* Luftaustrittsgitter *n (Klimaanlage)*
exhaust hood *(HLK)* Abzugshaube *f*
exhaust pipe *(HLK)* Abzugsrohr *n*, Entlüftungsrohr *n*
exhaust plant *(HLK, Umw)* Absauganlage *f*
exhaust shaft *(HLK)* Entlüftungsschacht *m*, Abluftkanal *m*; Abgasaustrittsschacht *m*
exhaust temperature *(HLK)* Abgastemperatur *f*
exhaust ventilation *(HLK)* Zwangsentlüftung *f*
exhaust ventilator *(HLK)* Sauglüfter *m*
exhausted soil *(Bod, LB)* erschöpfter Boden *m*
exhauster *(HLK)* Exhaustor *m*, Saug(zug)lüfter *m*, Entlüfter *m*, Sauggebläse *n*
exhausting device *(HLK)* Absaugvorrichtung *f*
exhibition Ausstellung *f*; Messe *f*; Ausstellungsfläche *f*
exhibition architecture *(Arch)* Ausstellungsarchitektur *f*, Ausstellungsbaukunst *f*
exhibition area Ausstellungsfläche *f*, Ausstellungsgelände *n*
exhibition building Ausstellungsgebäude *n*
exhibition ground Ausstellungsgelände *n*
exhibition hall Ausstellungshalle *f*, Pavillon *m*; Messehalle *f*
exhibition room Ausstellungsraum *m*, Kabinett *n*
exist *v* bestehen
existing bestehend, Ist...
existing building bestehendes Gebäude *n*
existing infrastructure stock *(RP)* Infrastrukturbestand *m*
existing situation Ist-Zustand *m*, bestehende Situation *f*
exit 1. Ausgang *m*; 2. *(Verk)* Ausfahrt *f*; 3. Austritt *m*, Auslauf *m*; 4. Ausströmöffnung *f*; 5. *(Verk)* Autobahnausfahrt *f*
exit access Ausgangszugang *m*, Ausgangskorridor *m*, Ausgangsweg *m*
exit air *(HLK)* Abluft *f*, Fortluft *f*
exit channel *(Wsb)* Ausfahrtsrinne *f (Hafen)*
exit corridor Straßenausgangspassage *f*; Ausgangstorweg *m*
exit court Torhof *m*
exit discharge 1. Ausgangshöhe *f*, Austrittshöhe *f (zwischen Austrittstür und Bodenhöhe)*; 2. Ausmündung *f*
exit door Ausgangstür *f*
exit holes Ausgangsöffnungen *fpl*
exit illumination Ausgangsbeleuchtung *f*
exit lane *(Verk)* Ausfahrstreifen *m*
exit light Ausgangsbeleuchtung *f*
exit lighting Ausgangsbeleuchtung *f*
exit opening Ausstiegsöffnung *f*, Dachausstieg *m*, Dachausstiegsluke *f*
exit passageway Ausgangspassage *f*; Torweg *m*
exit portal *(Tun)* Ausgangsportal *n*
exit ramp *(Verk)* Abfuhrrampe *f*; Ausfahr(ts)rampe *f*
exit road *(RP, Verk)* Ausfallstraße *f*
exit sign *(Verk)* Ausgangs(hinweis)schild *n*
exit slip road *(Verk)* Ausfahrtsrampe *f*
exit speed *(Verk)* Ausfahrtgeschwindigkeit *f*
exit taper *(Verk)* Ausfahrtzwickel *m (Straße)*
exit zone Ausfahrtsbereich *m*
exocyclic irregulär
exonarthex *(Arch)* Eingangsvorraum *m (Kirche)*
exothermic reaction exotherme Reaktion *f (z. B. Zementhydratation)*
expand *v* 1. ausdehnen, expandieren, erweitern; sich ausdehnen; sich strecken; wachsen *(z. B. eine Stadt)*; 2. auftreiben *(Loch)*; aufweiten, aufbördeln *(Rohre)*; spreizen; sich spreizen; 3. blähen, quellen *(Beton)*; treiben *(Zement)*; 4. verschäumen, aufschäumen *(Kunststoffe)*
expanded entspannt; erweitert
expanded bit gespreizter Holzbohrer *m*
expanded blast-furnace slag *(BB, BM, DIS)* Hüttenbims *m*
expanded cement Quellzement *m*
expanded cinder *(BM)* Hochofenschaumschlacke *f*
expanded cinder concrete Bimsbeton *m*
expanded clay Blähton *m*, geblähter Ton *m*, Porensinter *m*
expanded clay aggregate *(BB, BM, DIS)* Blähtonzuschlagstoff *m*
expanded concrete Gasbeton *m*
expanded cork sheet *(BM, DIS)* expandierte Korkplatte *f*
expanded energy Arbeitsaufwand *m*
expanded glass *(BM, DIS)* Schaumglas *n*
expanded in-situ compatibility *(DIS, Te)* Aufschäumbarkeit *f* vor Ort
expanded mesh Streckmetall *n*
expanded metal Streckmetall *n*
expanded metal ceiling Decke *f* aus Streckmetall
expanded metal mesh Streckmetall *n*
expanded metal partition geputzte Streckmetalltrennwand *f*
expanded natural rubber Zellgummi *m*, Zellkautschuk *m*, Schaumgummi *m*
expanded perlite *(BB, BM, DIS)* Naturbims *m*, Vulkanasche *f*
expanded plastic *(BM, DIS)* Schaum(kunst)stoff *m*
expanded plastic film Schaumstoffschicht *f*
expanded polystyrene Schaumpolystyrol *n*
expanded pulley Spannrolle *f*
expanded pumice concrete Bimsgasbeton *m*, Bimsblähbeton *m*
expanded reinforcement Streckmetallbewehrung *f*
expanded rubber Schaumgummi *m*, Zellgummi *m*

E

expanded shale Blähschiefer(ton) *m*, Blähtonschiefer *m*, geblähter Schiefer *m*; Aggloporit *m*
expanded slag *(BB, BM, DIS)* Hüttenbims *m*
expanded slate *s.* expanded shale
expanded steel *(St)* Streckstahl *m*
expanded tube eingewalztes Rohr *n*
expanded vault *(Arch, Konst)* Kegelgewölbe *n*, Trompetengewölbe *n*
expanding agent Treibmittel *n*, Quellmittel *n*
expanding anchor Spreizanker *m*
expanding bolt Spreizdübel *m*
expanding chemical Schaumbildner *m*, Treibmittel *n*
expanding foam Bauschaum *m*
expansibility Ausdehnbarkeit *f*, Dehnbarkeit *f*; Schwellvermögen *n*
expansion 1. Ausdehnung *f*, Expansion *f*, Erweiterung *f*; Dehnung *f*; Ausweitung *f*; Blähen *n*, Aufblähen *n*, Quellen *n*, Treiben *n*, Treibneigung *f (von Beton)*; 2. Schäumen *n*, Verschäumen *n (von Kunststoffen)*; 3. Ausbau *m (von Gebäuden)*
expansion anchor Spreizdübel *m*
expansion attic ausbaufähiges Dachgeschoss *n*
expansion bearing *(Br, TK)* bewegliches Auflager *n*, Ausdehnungslager *n*
expansion bend Ausgleichbogen *m*, Dehnungsschlaufe *f*, Dehnungsschleife *f (Rohrleitungen)*
expansion bit spreizbarer Holzbohrer *m*
expansion bolt Spreizdübel *m*
expansion cap Dehnungsdübel *m*
expansion coefficient Ausdehnungskoeffizient *m*
expansion coil *(HLK)* Verdampferschlange *f*
expansion crack Dehnungsriss *m*; Wärmedehnungsriss *m*; Sprengriss *m*
expansion distance Dehnweg *m*
expansion fastener Spreizdübel *m*
expansion force Ausdehnungskraft *f*
expansion joint *(Konst)* Dehn(ungs)fuge *f*, Ausdehnungsfuge *f*, Bewegungsfuge *f*, Ausdehnungsstoß *m*; Raumfuge *f*, Trennfuge *f*
expansion joint cover Dehnungsfugendeckband *n*
expansion joint failure Fugenschaden *m*
expansion joint filler Raumfugeneinlage *f*
expansion joint mastic Dehnungsfugenkitt *m*
expansion joint sealing Dehnungsfugenabdichtung *f*
expansion joint waterstop Raumfugenband *n*
expansion loop *s.* expansion bend
expansion measuring strip Dehnungsmessstreifen *m*
expansion of building *(Konst)* Bauerweiterung *f*
expansion pipe Dehnungsrohr *n*, Ausgleicher *m*, Kompensationsrohr *n*
expansion profile Dehnprofil *n (von Fugen)*
expansion rollers *(Br)* Rollenlagerwalzen *fpl (an beweglichen Brückenauflagern)*
expansion shell Spreizhülse *f*
expansion shield Spreizdübel *m*
expansion sleeve Rohrmuffe *f* mit Spiel
expansion strip Fugenband *n*, Dehnungsfugenfüllstoff *m*
expansion tank *(HLK)* Ausdehngefäß *n*, Dehnungsgefäß *n (Heizung)*
expansion valve *(HLK)* Expansionsventil *n*, Entspannungsventil *n*
expansion vessel *(HLK)* Ausdehnungsgefäß *n*
expansion work Erweiterungsarbeiten *fpl*
expansion zone *(Konst)* Dehnungszone *f*
expansive agent Quellwirkstoff *m*, Quellzusatzmittel *n*
expansive cement Quellzement *m*
expansive-cement concrete Quellbeton *m*
expansive force Ausdehnungskraft *f*
expansive soil *(Bod)* Quellboden *m*, Schwellboden *m*
expansive stress innere Druckspannung *f*, Druckeigenspannung *f*
expansivity Dehnungsverhalten *n*
expected construction costs *(VR)* erwartete Baukosten *pl*
expenditure *(VR)* Kostenaufwand *m*
expenditure-optimized aufwandsoptimiert
expenditures Ausgaben *fpl*
expense(s) Unkosten *pl*; Aufwand *m*
experience Erfahrung *f*
experience record *(VR)* Befähigungsnachweis *m*
experiment Experiment *n*, Versuch *m*
experimental experimentell, versuchsweise; Versuchs...
experimental area *(RP)* Versuchsgelände *n*, Versuchsfeld *n*
experimental building Versuchsbau *m*, Experimentalbau *m*
experimental drilling Probebohrung *f*
experimental estate *(RP)* Versuchssiedlung *f*
experimental house Versuchshaus *n*, Experimentalhaus *n*
experimental period Versuchsdauer *f*
experimental plant Versuchsanlage *f*
experimental result Versuchsergebnis *n*, Prüfungsergebnis *n*
experimental road *(Verk)* Versuchsstraße *f*, Versuchsstrecke *f*
experimental run *(Te)* Probelauf *m*
experimental set-up Versuchsanordnung *f*, Versuchsaufbau *m*
experimental stretch of road *(Verk)* Straßenversuchsabschnitt *m*
experimentation Versuchsdurchführung *f*, Erprobung *f*
expert sachkundig, fachkundig
expert *(VR)* Experte *m*, Spezialist *m*, Bausachverständiger *m*
expert witness *(VR)* Expertenurteil *n*, Sachverständigenaussage *f*
expertise *(VR)* Expertise *f*, Fachkunde *f*, Fachkenntnis *f*, Fachbeurteilung *f*
expert's opinion [report, survey] *(VR)* Sachverständigengutachten *n*, Gutachten *n*
expire *v (VR) (Garantie, Angebot)* ungültig werden, *(finanzielle Mittel)* verfallen, *(Garantie)* ablaufen
expired cost *(VR)* abgeschriebener Kostenanteil *m*
explain *v* erklären, begründen; auslegen; erläutern
explain *v* **geometrically** geometrisch deuten
explanation Erklärung *f*
explanatory erläuternd
explanatory drawing *(Konst)* Erläuterungszeichnung *f*
explanatory note Erläuterung *f*, Anmerkung *f*
explanatory report Erläuterungsbericht *m (z. B. zu Bauunterlagen)*
expletive *(AE) (SB)* Füllstück *n*, Ausstopfkeil *m (Stein zum Ausfüllen einer Vertiefung im Mauerwerk)*
explode *v* explodieren, platzen, bersten
exploded isometric auseinandergezogen-isometrisch
exploded view auseinandergezogene Darstellung *f*
exploit *v (Bod)* ausbeuten *(Rohstoff)*
exploitation *(Bod)* Ausbeutung *f*, Exploitation *f*
exploitation of geothermal energy *(Bod, HLK)* Ausbeutung *f* der geothermalen Energie
exploration *(Bod)* Bodenuntersuchung *f*; Bodenschürfung *f*
exploration drilling *(Bod)* Aufschlussbohren *n*, Probebohrung *f*, Untersuchungsbohrung *f*
exploration expenses Aufschlusskosten *pl*, Untersuchungskosten *pl (Baugrund)*
exploration well Aufschlussbohrung *f*, Erkundungsbohrung *f*, Untersuchungsbohrung *f (Baugrund)*

exploration work *(Bod)* Aufschlussarbeiten *fpl*, Erkundungsarbeiten *fpl (Baugrund)*
exploratory boring *s.* exploration drilling
exploratory dig *(Bod)* Bodenschürfung *f*
exploratory drilling *(Bod)* Suchbohrung *f*
exploratory excavation *(Bod)* Schurf *m*
exploratory heading *(Tun)* Erkundungsstollen *m*
exploratory well *(Bod)* Suchbohrung *f (Bohrloch)*
exploratory work *(Bod)* Aufschlussarbeiten *fpl*, Erkundungsarbeiten *fpl*
explosion *(Erdb, Tun)* Explosion *f*, Sprengung *f*
explosion pressure *(Erdb, Tun)* Explosionsdruck *m*
explosion-proof *(El)* explosionsgeschützt, exgeschützt, explosionssicher
explosion-proof design *(El)* explosionssichere Ausführung *f*
explosion rivet Sprengniet *m*
explosive *(Erdb, Tun)* Sprengstoff *m*
explosive-actuated gun Bolzenschießgerät *n*
explosive-cartridge fastening tool Bolzenschießgerät *n*
explosive charge Sprengladung *f*
explosive effect *(Erdb, Tun)* Sprengwirkung *f*
explosive fixing *(Te)* Einschießbefestigung *f*
explosive force Sprengkraft *f*
explosive materials Explosivstoffe *mpl*
explosive pile foot enlarging *(Erdb)* Sprengfußherstellung *f* eines Bohrpfahls
explosive power *(Erdb, Tun)* Sprengkraft *f*
explosive welding *(St)* Explosionsschweißen *n*, Sprengschweißen *n*
exponential function *(Stat)* Exponentialfunktion *f*
expose *v* 1. freilegen; 2. exponieren, aussetzen *(einer Einwirkung)*
expose *v* **on the surface** *(El)* auf Putz verlegen *(Leitung)*
expose *v* **to the atmosphere** der Atmosphäre aussetzen
exposed *(El)* ungeschützt; freigelegt, offen *(z. B. Bauteile, Leitungen)*
exposed acoustical suspension system *(DIS, TK)* unverkleidete Schalldeckenkonstruktion *f*
exposed aggregate concrete *(BB, OB)* Waschbeton *m*
exposed aggregate concrete surface *(BB, OB)* Waschbetonoberfläche *f*
exposed aggregate finish *(BB, OB)* freigelegte Betonoberfläche *f* mit Zuschlagstoffen
exposed brickwork *(OB, SB)* Sichtziegelmauerwerk *n*
exposed concrete *(BB, OB)* Sichtbeton *m*, Architekturbeton *m*
exposed concrete formwork Sichtschalung *f*, Sichtbetonschalung *f*, Sichtbetonschalung *f*, Sichtschalung *f*
exposed concrete wall Sichtwand *f*
exposed face Sichtfläche *f*
exposed finish *(OB)* sichtbare Oberflächenausbildung *f*, Sichtabschluss *m*, Sichtausführung *f*
exposed finish tile Sichtkachel *f*, Blendkachel *f*
exposed masonry ungeputztes Mauerwerk *n*; Sichtmauerwerk *n*
exposed nailing sichtbare Vernagelung *f*
exposed outdoors ungeschützt positioniert, frei exponiert
exposed position *(RP)* ungeschützte Lage *f*, freie Lage *f*
exposed positioned [situated] frei stehend *(Gebäude im Gelände)*
exposed steel framing Sichtstahlrahmen *m*, Stahlsichtrahmen *m*
exposed strata *(Erdb)* ausstreichende Schichten *fpl*
exposed suspension system *(DIS, Konst)* unverkleidete Schalldeckenkonstruktion *f*
exposed to weather der Witterung ausgesetzt
exposed wiring *(El)* Aufputzinstallation *f*, Verlegung *f* auf Putz
exposition Ausstellung *f*
exposure Ausgesetztsein *n*, Aussetzen *n (einer Einwirkung)*; Aufschluss *m*
exposure conditions Beanspruchungsbedingungen *fpl*
exposure cycle Beanspruchungszyklus *m*
exposure environment *(Konst, RP, Umw)* Beanspruchungsumgebung *f*, Beanspruchungsmilieu *n*
exposure hazard of a building feuergefährdeter Standort *m* eines Gebäudes
exposure period Beanspruchungsdauer *f*
exposure test Beanspruchungsprüfung *f*
exposure to moisture Feuchtigkeitsbeanspruchung *f*
express elevator *(AE)* Schnellaufzug *m*
express highway *(Verk)* Autobahn *f*
express lift Schnellaufzug *m*
express traffic *(Verk)* Straßenschnellverkehr *m*
expression of style *(Arch)* Stiläußerung *f*
Expressionism *(Arch)* Expressionismus *m*
expressive content *(Arch)* Ausdrucksgehalt *m*
expressiveness *(Arch)* Ausdruckskraft *f*, Ausdrucksgehalt *m*, Aussagekraft *f*
expressway *(AE) (Verk)* Autobahn *f*, Schnell(verkehrs)straße *f*
expropriate *v (VR)* enteignen
expropriating order *(VR)* Enteignungsbeschluss *m*
expropriating proceedings *(VR)* Enteignungsverfahren *n*
expropriation *(VR)* Enteignung *f*
exsiccate *v* austrocknen
exsiccation Austrocknung *f*, Trocknung *f*, Vertrocknung *f*
exsolution *(BB, BM)* Entmischung *f*
extend *v* 1. ausdehnen, strecken *(mechanisch)*; längen; verlängern *(Straße)*; sich ausdehnen; 2. erweitern; anbauen *(ein Gebäude)*; 3. sich erstrecken, sich ausdehnen, reichen; 4. strecken *(Substanzen durch Zusatzstoffe)*
extend *v* **over** sich erstrecken über
extendable erweiterbar *(Gebäude)*
extended gestreckt; ausgedehnt; ausgezogen
extended-care facility medizinisches Pflegeheim *n*
extended surface *(HLK)* vergrößerte [berippte] Fläche *f*; vergrößerte Wärmeabstrahlfläche *f*
extended-time test *(BM, Konst)* Langzeitversuch *m*
extender Streckmittel *n*, Füllmittel *n (bes. für Farben)*; Farbverlängerer *m*
extending filler *s.* extender
extending ladder ausfahrbare Leiter *f*
extending part of scaffold auskragendes Gerüstteil *n*
extensibility *(BM)* Dehnbarkeit *f*, Streckbarkeit *f (von Materialien)*; Rissfestigkeit *f*
extensible 1. dehnbar, streckbar *(Material)*; 2. ausbaufähig
extension 1. *(BM)* Dehnung *f*, Längung *f*, Verlängerung *f*, Streckung *f (mechanisch)*; 2. *(Arch)* Ausdehnung *f*; Erweiterung *f (eines Gebäudes)*; 3. *(Arch)* Erweiterungsbau *m*, Anbau *m*; 4. *(El)* Nebenanschluss *m (Telefon)*
extension bar Verlängerungsschiene *f*, Verlängerungsstab *m*
extension bellows *(HLK, WVA) (Rohr)* Dehnungsausgleicher *m*
extension bolt *s.* extension flush bolt
extension building Anbau *m*, Erweiterungsbau *m*
extension-compensating member *(HLK, WVA) (Rohr)* Dehnungsausgleicher *m*
extension crack Dehnungsriss *m*
extension flush bolt *(EB)* Schubriegelstabbolzen *m*
extension joint filler Fugeneinlage *f*
extension ladder ausfahrbare Leiter *f*
extension of given (construction) time *(VR)* Bauzeitverlängerung *f*
extension of time claim *(VR)* Anspruch *m* bei Zeitverlängerung

extension period *(Verk)* verlängerte Schaltperiode *f* *(Lichtzeichenanlage)*
extension piece Verlängerungsstück *n*
extension pipe Aufsatzrohr *n*
extension plan *(RP)* Erweiterungsplan *m*
extension stage *(RP)* Erweiterungsabschnitt *m*
extensometer *(BM, BT)* Dehnungsmesser *m*
extent 1. Ausdehnung *f*, Ausmaß *n*, Umfang *m*; Größe *f*; 2. Bereich *m*
extent of damage *(VR)* Schadensausmaß *n*, Schadensumfang *m*
exterior 1. Außenansicht *f*; 2. Außenseite *f*; Außenwand *f*
exterior appearance Außenansicht *f*
exterior application Außenverwendung *f*, Außeneinsatz *m*, Außenanwendung *f*
exterior balcony herausgezogene Veranda *f*, Freibalkon *m*
exterior bending moment *(Stat)* äußeres Biegemoment *n*
exterior coat *(OB)* Außenanstrich(film) *m*
exterior coating *(OB)* Außenbeschichtung *f*; Außenschutzschicht *f*
exterior corridor *(Arch)* offener Gang *m*, Laubengang *m*
exterior cupola Schutzkuppel *f*
exterior durability *(OB)* Außenbeständigkeit *f*, Wetterbeständigkeit *f*
exterior enamel *(OB)* Lackfarbe *f* für Außenanstriche
exterior exposure testing *(BM)* Freibewitterungsprüfung *f*
exterior face *(Arch, OB)* Bundseite *f*
exterior finish 1. Außenputz *m*, Gebäudeaußenhaut *f* *(Putz)*; 2. Außenanstrich *m*
exterior girder Außenträger *m*, außenliegender Träger *m*
exterior-glazed von außen verglast
exterior insulation *(DIS)* Außendämmung *f*
exterior lacquer *(OB)* Lackfarbe *f* für außen [Außenanstrich]
exterior leaf *(OB)* Außenschale *f* *(Wandausbildung)*
exterior lighting *(El)* Außenbeleuchtung *f*
exterior lining *(OB)* Außenverkleidung *f*
exterior masonry Außenmauerwerk *n*
exterior paint *(OB)* Außenanstrichfarbe *f*, Anstrichstoff *m* für außen
exterior panel *(Konst, OB)* Platte *f* mit Außenrand, Außenwandplatte *f*
exterior plaster Außenputz *m*, Außenverputz *m*, Außenwandputz *m*
exterior render Außenputz *m*, Außenverputz *m*
exterior ring earth connection *(El)* äußerer Ringerder *m* *(Blitzschutz)*
exterior sealing *(DIS)* Außenabdichtung *f*, äußere Dichtung *f*
exterior separation Außenabstand *m* *(eines Gebäudes zum bezogenen Fluchtpunkt)*
exterior sheeting board Verkleidungsplatte *f* an der Außenseite
exterior shutter Fensterladen *m*, Klappladen *m*
exterior stair Außentreppe *f*
exterior surface *(Konst, OB)* Außenfläche *f*, Außenseite *f*
exterior tieback *(Hb, Konst)* freiliegendes Zugband *n*, sichtbares Zugband *n*
exterior trim *(AE)* Zierbesatz *m* für Außenwände
exterior view Außenansicht *f*
exterior wall Außenmauer *f*, Außenwand *f*; Umfassungsmauer *f*
exterior wall skin *(Konst, OB)* Außenwandhaut *f*, Außenwandverkleidung *f*
exterior weathering resistance Witterungsbeständigkeit *f*, Wetterfestigkeit *f*
exterior work Außenarbeiten *fpl*, Rohbauarbeiten *fpl* *(an der Bauhülle)*
external extern, äußerlich, Außen...
external angle äußere Ecke *f*
external cavity wall äußere Schale *f*
external coat *(OB)* Außenanstrich *m*
external coating 1. *(OB)* Außenbeschichtung *f*; 2. Außen(schutz)schicht *f*, Außenüberzug *m*
external dimension *(Konst)* Außenmaß *n*
external door Außentür *f*
external dormer Gaupenfenster *n*
external envelope *(Konst)* Gebäudehülle *f*
external features *(LB)* Außenanlagen *fpl*
external force äußere Kraft *f*
external hydrant *(Brandbekämpfung)* Außenhydrant *m*
external illumination sign *(Verk)* von außen beleuchtetes Verkehrszeichen *n*
external loading äußere Belastung *f*
external moment *(Stat)* äußeres Moment *n*
external noise *(DIS)* Außengeräusch *n*
external paint coating *(OB)* Außenschutzanstrich *m*
external painting *(LB)* Außenanstricharbeiten *fpl*
external plaster Außenputz *m*
external pressure *(DIS, Stat)* Außendruck *m*
external protection *(OB)* Außenschutz *m*; Außenkorrosionsschutz *m*
external rendering Außenputz *m*
external reveal Außenleibung *f*
external sill *s.* external window cill [sill]
external sill of sheet metal äußeres Fensterblech *n*
external staircase tower *(Konst)* Treppenhausturm *m*, Treppenhausvorbau *m*
external stress Außenspannung *f*
external string *(Treppe)* Außenwange *f*, Treppenlochwange *f*, Öffnungswange *f*
external two-coat plaster *(OB)* zweilagiger Außenputz *m*
external vibration *(BB, Te)* Außenrüttlung *f*, Schalungsrüttelverdichtung *f*
external vibrator *(BB, BWG)* Außenrüttler *m*, Schalungsrüttler *m*
external wall Außenmauer *f*, Außenwand *f*
external wall component [member] *(Konst)* Außenwandelement *n*
external window cill [sill] Sohlbank *f*, äußere Fensterbank *f*
external works Außenarbeiten *fpl*
externally finned pipe *(HLK)* Heizungsrippenrohr *n*
externally plastered außen verputzt
externally rendered mit Außenbewurf; außen verputzt
externally ribbed pipe *(HLK)* Heizungsrippenrohr *n*
externally ribbed tube *(HLK)* Radiatorrohr *n*, Rohr *n* mit Außenrippen
extinguish *v* löschen *(z. B. Feuer)*
extinguisher Löscher *m*
extinguishing agent Löschmittel *n*
extinguishing device Löschgerät *n*
extinguishing installation Löscheinrichtung *f*
extinguishing line *(HLK, San)* Feuerlöschleitung *f*
extinguishing run *(HLK, San)* Feuerlöschleitung *f*
extinguishing system *(HLK, San)* Feuerlöschanlage *f*, Feuerlöschsystem *n*
extra appreciation *(VR)* Aufpreis *m*
extra-bright *(OB)* hochglanzpoliert
extra charge *(VR)* Zulage *f*
extra cost *(VR)* Zusatzkosten *pl*
extra-counting *(Verk)* Subzählung *f*, Zweigzählung *f*
extra expenses Mehraufwand *m*
extra-heavy überschwer
extra lane width *(Verk)* überbreite Fahrspur *f*
extra-large übergroß
extra quantities *(VR)* zusätzliche Bauleistung *f*
extra-rapid-hardening cement *(BB, BM)* Blitzzement *m*

extra-strong *(Bod)* besonders fest, extrastark
extra time allowance *(VR)* Zeitzugabe *f*, Bauzeitverlängerung *f* infolge Zusatzarbeit
extra water *(BB, BM, WVA)* Zuschusswasser *n*
extra work *(VR)* Mehrarbeit *f*, Zusatzarbeit *f*
extract *v* extrahieren, gewinnen, herausziehen, herausholen
extract *v* **a core** *(BM)* einen Kern ziehen
extract *v* **a pile** *(Erdb)* einen Pfahl ziehen
extract *v* **stumps** stockroden
extract fan *(HLK)* Saugzugventilator *m*
extract ventilation *(HLK)* Entlüftung *f*
extract ventilation unit Entlüfter *m*
extracted *(HLK)* extrahiert, herausgezogen
extracted asphalt *(AE) (BM)* Extraktbitumen *n*, extrahiertes Bitumen *n*
extracted bitumen *s.* extracted asphalt
extraction of dust *(HLK, Umw)* Entstaubung *f*
extraction resistance *(Konst, Stat)* Ausziehwiderstand *m*
extraction system *(HLK)* Sauglüftung *f*
extractor *(BWG)* Auszieher *m*, Entnahmegerät *n*, Herausheber *m*
extractor cowl *(HLK)* Absaughaube *f*
extractor fan *(HLK)* Entlüfter *m*
extractor hood *(HLK)* Dachhaube *f*, Ablufthaube *f*
extrados *(BB, Konst, SB)* Bogenrücken *m*, Gewölberücken *m*, äußere Rückenlinie *f*; Gewölbefläche *f*
extraneous traffic *(Verk)* Durchgangsverkehr *m*
extraneous ventilation *(HLK)* Fremdbelüftung *f*
extras *(VR)* Unvorhergesehenes *n*, zusätzliche Bauleistungen *fpl*
extreme arch Randbogen *m*
extreme fibre stress *(Stat)* Randspannung *f*
extreme pressure Höchstdruck *m*
extreme span Endfeld *n*
extrication Befreiung *f*, Bergung *f*
extrude *v* *(BM)* strangpressen *(bes. Metall)*; extrudieren, spritzen *(Kunststoffe)*; ausformen; auspressen; ausstoßen
extruded stranggepresst
extruded asphalt kerb Asphalthochbord *m*
extruded clay roof tile Strangdachziegel *m*
extruded concrete Strangpressbeton *m*
extruded interlocking tile Strangfalzziegel *m*
extruded polystyrene foam *(XPS) (EN 13164) (BM, DIS)* Polystyrol-Extruderschaum *m*
extruded profile Strangpresserzeugnis *n*, Strangpressprofil *n*
extruded rigid foam *(BM, DIS)* extrudierter Hartschaum *m*
extruder Strangpresse *f*; Austreiber *m*; Probenauspressgerät *n*
extruder particle board stranggepresste Spanplatte *f*
extrusion 1. Strangpressen *n (Metall)*; Spritzen *n (Kunststoff)*; 2. Strangpressprofil *n*
extrusion auger *(BWG)* Schneckenpresse *f*
extrusion coating 1. *(Konst, OB)* Harzspritzmantel *m*; 2. *(Konst, OB)* Spritzbemantelung *f*, Beschichten *n* mit Extruder
extrusion concrete Strangpressbeton *m*, Pressolit *m*
extrusion jack Probenauspressvorrichtung *f*
extrusion method *(BM, Te)* Strangfertigungsverfahren *n*, Strangpresstechnologie *f*
extrusion plant Strangpressanlage *f*
extrusive rock *(BM, Bod)* Ergussgestein *n*
exudation *(DIS)* Ausschwitzung *f*; Ausblühung *f*
exude *v* ausschwitzen
eye Öse *f*, Öhr *n*, Auge *n*
eye-ball interpretation visuelle Auswertung *f*
eye bolt Ösenbolzen *m*, Ringbolzen *m*
eye-catcher *(Arch, Konst)* Blickfang *m*
eye gneiss *(BM, Bod)* Augengneis *m*
eye level *(Konst)* Augenhöhe *f*
eye-pleasing *(Arch, Konst)* gefällig *(Entwurf)*
eye protection equipment *(VR)* Augenschutzausrüstung *f*
eye-sight Schauloch *n*
eyebar *(Arch, BB, BT)* Ösenstab *m*, Augenstab *m (Stahlbeton)*
eyebrow 1. Regenverdeckleiste *f*; 2. Simswerk *n (über einem Fenster)*
eyehole Schauloch *n*
eyelet 1. Lichtloch *n*, Wandloch *n*, Luftloch *n*, Durchziehloch *n*; 2. Öse *f*
eyepiece Ablesevorrichtung *f*
eyot *(Bod, Wsb)* kleine Flussinsel *f*, kleine Seeinsel *f*

F

fabric 1. *(Konst)* Skelett *n*, Rahmenwerk *n (Tragwerk eines Gebäudes)*; Rohbau *m*; Bausubstanz *f*; 2. *(BM)* Gewebe *n*; Stoff *m*; Einlage *f (z. B. Dachpappe)*; 3. *(BM)* Aufbau *m (einer Mischung)*; 4. *(BM)* Gefüge *n (petrographisch)*
fabric building *(Konst)* Zeltkonstruktion *f*, Zeltbau *m*, Zeltkonstruktionsbau *m*
fabric coating *(BM, OB)* Gewebebeschichtung *f (z. B. mit Epoxidharz)*
fabric covering 1. Stoffbespannung *f*; 2. Bespanngewebe *n*
fabric filter *(HLK, Te)* Tuchfilter *n*, Staubfilter *n*, Stofffilter *n*, Gewebefilter *n*
fabric for roofing Rohdachpappe *f*
fabric lath(ing) Putzträgergewebe *n*
fabric reinforcement 1. *(BB, BM)* Mattenbewehrung *f*; Bewehrungsmatte *f*; Streckmetallbewehrung *f*; 2. *(Konst)* Gewebeverstärkung *f*
fabric roof Stoffdach *n*, Segeltuchüberspannung *f*
fabric tape Textilgewebebinde *f*
fabric work *(Konst, Te)* Skelettmontage *f*; Rohbauarbeiten *fpl*
fabricability Verarbeitbarkeit *f (von Baustoffen)*
fabricate *v* 1. montieren, vorfertigen *(Stahlbau)*; 2. fertigen, herstellen
fabricated gefertigt, hergestellt
fabricated steel-plate design *(BT, St)* geschweißte Stahlblechkonstruktion *f*
fabricated steel structure geschweißte Stahlkonstruktion *f*
fabricated structural parts Hochbauelemente *npl*
fabricating Herstellen *n*, Fertigen *n*, Produzieren *n*
fabricating costs *(VR)* Herstellungskosten *pl*, Fertigungskosten *pl*, Produktionskosten *pl*
fabricating drawing *(Konst)* Ausführungszeichnung *f*, Herstellungszeichnung *f*, Fertigungsvorlage(zeichnung) *f*
fabricating method *(Te)* Herstellungsverfahren *n*, Fertigungsmethode *f*, Produktionsmethode *f*
fabricating technique *(Te)* Herstellungstechnik *f*, Fertigungstechnik *f*, Produktionstechnik *f*
fabricating technology *(Te)* Herstellungstechnologie *f*, Fertigungstechnologie *f*, Produktionstechnologie *f*
fabrication 1. *(St, Te)* Montage *f*, Vorfertigung *f (Stahlbau)*; 2. *(Te)* Fertigung *f*, Herstellung *f*; Herstellen *n*; 3. *(BM, Te)* Aufbereiten *n (Mischen der Baustoffe)*
fabrication bay Produktionsabteilung *f*

fabrication code *(VR)* Lieferstandard *m*, Beschaffenheitsstandard *m*
fabrication costs *(VR)* Herstellungskosten *pl*, Fertigungskosten *pl*, Produktionskosten *pl*
fabrication defect Herstellungsfehler *m*
fabrication primer Grundanstrichstoff *m*, Fertigungsanstrichstoff *m*; Fertigungsanstrich *m*
fabrication standard Lieferstandard *m*, Beschaffenheitsstandard *m*
fabricator 1. Stahlbaufirma *f*; 2. Stahlbauer *m*
fabricator's test *(VR)* Werksprüfung *f*, Herstellerprüfung *f*
façade *(Arch, Konst)* Fassade *f*, Vorderfront *f*, Vorderansicht *f*, Front *f*
façade articulation Fassadengliederung *f*
façade building unit Fassadenelement *n*
façade cleaning *(OB)* Fassadenreinigung *f*
façade coat *(OB)* Fassadenbeschichtung *f*
façade division *(Arch, Konst)* Fassadengliederung *f*
façade lining Fassadenverkleidung *f*, Fassadenbekleidung *f*
façade panel *(BT)* Fassadenplatte *f*, Fassadentafel *f*
façade rendering *(OB)* Fassadenputz *m*
façade scaffolding Fassadengerüst *n*
façade surfacing Fassadenbekleidung *f*
façade wall Fassadenmauer *f*, Fassadenwand *f*, Frontmauer *f*
face *v* 1. verkleiden, verblenden *(z. B. Vorderfront mit Werksteinen)*; bekleiden *(Mauerwerk)*; verputzen; belegen, beplanken; 2. verschalen, abschalen; 3. sich stellen
face 1. Oberfläche *f*, Fläche *f*; Außenfläche *f*, Stirn *f*; Haupt *n* *(Außenseite einer Mauer)*; Sichtfläche *f*; Seitenfläche *f*; 2. *s.* façade; 3. Decklage *f*, Stirnseite *f (Holz)*; 4. *(Erdb)* Wand *f*; 5. *(Tun)* Stoß *m*; Ortsbrust *f*
face advance *(Tun)* Vortriebsfortschritt *m*
face arch Stirnbogen *m*
face ashlar Stirnquader *m*
face-bedded *(St, Te)* senkrecht zur Schichtung gesetzt *(Naturstein)*
face brick *s.* facing brick
face clearance *(Konst, OB)* lichter Verkleidungsabstand *m*
face coat obere Putzschicht *f*
face concrete *(BB, OB)* Vorsatzbeton *m*, Sichtbeton *m*
face concrete mix Sichtbetonmischung *f*, Vorsatzbetonmischung *f*
face concrete panel Außenwandelement *n* mit Vorsatz
face edge bearbeitetes Maß *n (Holz)*; Anlegekante *f*
face glazing Außenverglasung *f*, Verglasung *f* im Winkel- oder Nutrahmen
face guard Stoßschutzstreifen *m*, Abstoßschutzband *n*
face hammer *s.* facing hammer
face joint Sichtfuge *f*, sichtbare Fuge *f*; Fassadenfuge *f*
face-lift(ing) *(OB, RS)* Fassadenerneuerung *f*, Renovierung *f (meistens Fassadenanstrich)*; Modernisierung *f (von Fassaden)*
face loader *s.* front-end loader
face mark *(Te)* Vorderseitenmarkierung *f*
face mix *s.* face concrete mix
face mould *(SB)* Messschablone *f*, Schablone *f (für Maurerarbeiten)*
face nailing *(Hb)* senkrechte Sichtflächennagelung *f*, direkte Vernagelung *f* [Nagelung *f*]
face of ashlar *(BM, SB)* Stirn(seite) *f* eines Quaders
face of joint *(Konst)* Dichtungsleiste *f*
face of sand *(Tun)* Sandstoß *m*
face of well *(Tun)* Bohrlochsohle *f*
face panel Außenwandelement *n* mit Vorsatz; furnierbezogene Sperrholztafel *f*
face piece *(Erdb)* Stirnspreize *f*, Endspreize *f*
face plan *(Arch, Konst)* Hauptansicht *f*
face plaster Putzschicht *f*
face plate 1. Frontplatte *f*, Stirnblech *n*; 2. Klemmplatte *f*
face putty Sichtkitt *m*, Außenkittstreifen *m*
face shell Seitenfläche *f* eines Hohlblocksteins
face shovel *(BWG)* Hochlöffel(bagger) *m*
face side Vorderseite *f*
face string *(BT, Hb)* sichtbare Treppenwange *f*, Freiwange *f*, Lichtwange *f*
face stringer *(AE) s.* face string
face support *(Tun)* Strebausbau *m*
face veneer *(OB)* Oberflächenfurnier *n*, Deckfurnier *n*
face waling *s.* face piece
face wall *(Erdb, Konst)* Stirnmauer *f*; Stützmauer *f*; Verblendmauer *f*
face width Sichtseitenbreite *f (Holz)*
face working space *(Tun)* Ausbruchraum *m*; Abbauraum *m* *(auch Steinbruch)*
faced beschichtet, verkleidet, verblendet
faced brickwork *(OB, SB)* Verblendmauerwerk *n*
faced concrete panel Außenwandelement *n* mit Vorsatz
faced façade Blendfassade *f*
faced wall *(OB, SB)* Vorblendwand *f*, Vorblendmauer *f*
facelift *v* renovieren
facestone Sichtstein *m*
facet *v* facettieren
facet Facette *f* • **with facets** *(Arch)* facettiert
facework 1. *(OB, SB)* bündige Mauerseite *f*, Verblendmauerwerk *n*, Sichtmauerwerk *n*; 2. Sichtfläche *f*; 3. Verblendung *f*, Verkleidung *f*; Putzlage *f*; Schutzschicht *f*; 4. *(Konst, OB)* Auskleidung *f*; Überziehen *n*
facia Flachelement *n*; Ziergurt *m (z. B. bei ionischen Säulen)*
facies *(Bod)* Fazies *f*, Ansichtsbild *n (von Sedimentgestein)*
facility Anlage *f*, Ausrüstung *f (maschinell)*; Einrichtung *f*, Anlage *f (z. B. Hafen, Flugplatz)*; Wohnanlage *f*
facility management *(VR)* Objektmanagement *n*, Gebäude- und Anlagenmanagement *n*, Facility-Management *n*
facility register *(EB)* Einrichtungsverzeichnis *n*
facing *(Arch, Konst)* gegenüberliegend, gegenüberstehend; einander zugekehrt
facing 1. *(Konst, OB)* Verkleidung *f*, Verblendung *f (z. B. einer Vorderfront)*; Gebäudeverkleidung *f*; Bekleidung *f (Mauerwerk)*; Putzschicht *f*, Putzlage *f*; Schutzschicht *f*; Sichtfläche *f*; 2. *(Tun)* Stoß *m*, Ort *n*
facing aggregate Vorsatzzuschlagstoff *m*
facing block Fassadenstein *m*, Blendstein *m*, Vorsatzstein *m*
facing board Verkleidungsplatte *f*; Verblendbrett *n*, Blendholz *n*
facing bond *(SB)* Läuferverband *m*
facing brick *(OB, SB)* Verblender *m*, Verblendstein *m*, Blendziegel *m*, Formziegelstein *m*; Vormauerziegel *m*
facing concrete *s.* face concrete
facing framework *(Konst, OB)* Fassadentragwerk *n*
facing hammer *(AE) (BWG, SB)* Scharrierhammer *m*, Kraushammer *m*, Steinmetzfeinhammer *m*
facing layer Vorsatzlage *f*, Vorsatzschicht *f*, Blendschicht *f*
facing masonry Verblendmauerwerk *n*, Blendmauer *f*
facing masonry wall *(Konst, OB)* Blendmauer *f*, Vorsatzmauer *f*
facing masonwork Verblendmauerwerk *n*, Blendmauer *f*
facing metal *(OB)* Überzugsmetall *n*, Auflagemetall *n*
facing method Blendsystem *n*, Vorsatzverfahren *n*, Verblendungsverfahren *n*
facing panel *(BT, OB)* Verkleidungsplatte *f*
facing plaster Fassadenputz *m*
facing plate Verkleidungsblech *n*; Verblendungsplatte *f*
facing rail *(Konst)* Anlaufschiene *f*
facing slab Verkleidungsplatte *f*, Verkleidungstafel *f (tragend, versteifend)*

facing stone Fassadenstein *m*; Natursteinplatte *f* für Wandverkleidungen
facing stoneware Verkleidungssteinzeug *n*, Verblendungssteinzeug *n*
facing tile Verblendungsfliese *f*, Verblendungskachel *f*, Verkleidungsplatte *f*, Vorsatzplatte *f*
facing unit Verblender *m*; Verkleidungselement *n*; Auskleidungselement *n*
facing wall *(Erdb, Konst)* Stirnmauer *f*
facing work *s.* facework
factitious unecht, künstlich, nachgemacht
factor *(Stat)* Faktor *m*, Koeffizient *m*, Beiwert *m*, Zahl *f*
factor for impact *(Stat)* Stoßfaktor *m*, Stoßzuschlag *m*
factor of concentration *(BM, Umw)* Konzentrationsgrad *m*
factor of outflow variation *(Wsb, WVA)* Abflussschwankungskoeffizient *m*
factor of safety *(Stat)* Sicherheitsfaktor *m*, Sicherheitsbeiwert *m (der Konstruktion)*
factor of utilization Ausnutzungsgrad *m (reziproker Wert des Sicherheitsbeiwerts)*
factored load *(Stat)* Grenzlastannahme *f*, rechnerische Grenzbelastung *f (Belastung mal Lastfaktor)*
factorial faktoriell
factorial design *(Konst)* faktorielle Versuchsplanung *f*
factory Fabrik *f*, Werk *n*
factory acceptance test *(VR)* Werksabnahmeprüfung *f (Montageteile)*
factory application *(OB, Te)* Werkbeschichtung *f*; Fertigungsanstrich *m*
factory block Fabrikgebäude *n*, Fabrikhalle *f*
factory building 1. Industriebau *m*; 2. Industriehalle *f*, Fabrikgebäude *n*, Werkhalle *f*
factory-built *(BT, Te)* vorgefertigt; serienmäßig gebaut
factory-built chimney Fertig(teil)schornstein *m*
factory-built door element Fertigtürelement *n*
factory-built girder Montageträger *m*
factory-built house Fertighaus *n*, industriell gefertigtes Haus *n*
factory-built partition Montagetrennwand *f*, Fertigtrennwand *f*
factory canteen Werkkantine *f*
factory casting *(Te)* Vorfertigung *f (von Bauelementen)*
factory chimney Industrieschornstein *m*, Fabrikschornstein *m*
factory-coated *(OB, Te)* werksbeschichtet, mit Fertigungsanstrich
factory coating Werksbeschichtung *f*; Werksanstrich *m*
factory construction Fabrikbau *m*
factory control *(VR)* Eigenüberwachung *f*, Güteeigenüberwachung *f*
factory cost Herstellungskosten *pl*; Selbstkosten *pl*
factory-finished *(Te)* vorgefertigt *(im Betrieb)*
factory for precast concrete houses Häuserfabrik *f*, Häuser-Vorfertigungsbetrieb *m*
factory fraction Anteil *m* der Vorfertigung, Prozentsatz *m* der Vorfertigung
factory hall Werkhalle *f*
factory hygiene *(VR)* Arbeitshygiene *f*
factory lab *(BM)* Werkslabor *n*, Betriebslabor *n*
factory length Herstellungslänge *f*, Lieferlänge *f (z. B. von Rohren)*
factory lumber *(AE)* vorgefertigtes Bauholz *n*, Holz *n* nach Stückliste
factory-made fabrikgefertigt; serienmäßig gebaut
factory-mounted werkseitig eingebaut *(Verteiler)*
factory-painted werkgestrichen
factory precasting *(BB, Te)* Betonvorfertigung *f*, Vorfertigung *f* im Betonwerk
factory premises *(RP)* Werkgelände *n*
factory priming *(OB, Te)* Werksgrundierung *f*
factory production *(Te)* Serienbau *m*
factory production control werkseigene Produktionskontrolle *f*, Fertigungseigenüberwachung *f*
factory-sheathed *(Te)* mit Werksumhüllung
factory shed *(Arch)* Fabrikhalle *f*, Werkhalle *f*
factory shop Werkstatt *f*
factory site Fabrikgelände *n*
factory stack *s.* factory chimney
factory window Industriefenster *n*
fade *v (OB)* verblassen, ausbleichen, verbleichen, verschießen *(Farbe)*; sich verfärben
fade *(OB)* Abschwächung *f (Brillanz)*
fade resistance *(OB)* Farbechtheit *f*, Lichtechtheit *f*
fade-resistant *(OB)* farbecht, lichtecht
faded verblichen, verblasst
fadeless *(BM, OB)* lichtecht
fadeometer *(BWG, OB)* Fadeometer *n*, Farbechtheitsmessgerät *n (z. B. für Kunstharz, Beschichtungen)*
fading 1. *(BM, OB)* Farbschwund *m*, Verblassen *n*; Verschießen *n (Anstrich, Farbe)*; 2. *(BM, OB)* Abnutzen *n*, Abnutzung *f (Kunstharze, Beschichtungsstoffe)*
fag *s.* faggot
faggot *(LB, Wsb)* Reisigbündel *n*, Faschine *f*
faggot steel Bundstahl *m*
faggot wire *(LB, Wsb)* Faschinendraht *m*
faggotting *(LB, Wsb)* Faschinenbau *m*, Faschinenverbau *m*, Faschinenpackwerk *n*
fagot *(AE) s.* faggot
faience *(BM, San)* Fayence *f (Tonware)*; Steingut *n*
faience mosaics Steingutmosaik *n*; Fayencekleinfliesen *fpl*
faience tile Fayencefliese *f*, handgefertigte Dekorationsfliese *f*
faikes *(BM, Bod) (sl)* schiefriger Sandstein *m*
fail *v* 1. versagen; einstürzen; aussetzen; unbrauchbar werden; zerstört werden; 2. nicht ausreichen *(z. B. Materialvorrat)*
fail *v* **by buckling** *(Konst, Stat)* ausknicken, zu Bruch gehen
fail *v* **to meet requirements** *(Konst, VR)* den Forderungen nicht genügen
fail *v* **to pass** *(VR)* nicht abgenommen werden, den Anforderungen nicht genügen
fail-safe ausfallsicher; bruchsicher
failed *(BT, Konst, VR)* versagt; ausgefallen; misslungen; gebrochen; eingestürzt; nicht erfüllt
failing load *(Stat)* Bruchlast *f*
failing of dike *(Wsb)* Deichbruch *m*
failing strain *(BM, Stat)* Bruchdehnung *f*
failing stress *(Stat)* Bruchspannung *f*
failings *(VR)* Mängel *mpl*
failure 1. Versagen *n*, Ausfall *m (z. B. von Maschinen)*; Störung *f*; Fehler *m (z. B. eines Werkstoffs)*; 2. plastische Verformung *f*; Bruch *m*; 3. *(Bod)* Grundbruch *m*
failure bending angle Bruchbiegewinkel *m*
failure by rupture *(Bod)* Grundbruch *m*; Scherbruch *m*
failure by spreading *(Erdb)* Böschungsrutschung *f*
failure circle *(Bod)* Bruchkreis *m*
failure condition *(Stat)* Bruchbedingung *f*
failure criterion *(Stat)* Ausfallkriterium *n*; Bruchkriterium *n*
failure curve *(Bod, Erdb)* Bruchkurve *f*
failure due instability *(Konst)* Labilitätseinsturz *m*
failure envelope *(BM)* Bruchlinie *f*
failure hypothesis *(Stat)* Bruchhypothese *f*
failure limit *(BM)* Versagensgrenze *f*; Bruchgrenze *f*
failure load *(BM, Stat)* Bruchlast *f*
failure loading *(BM, Stat)* Bruchbelastung *f*
failure management *(VR)* Störungsmanagement *n*
failure mechanism Einsturzmechanismus *m*

F

failure mode Schadensart *f*, Fehlerzustand *m*, Störungszustand *m*
failure point Schwachstelle *f*
failure rate *(Konst, VR)* Ausfallrate *f*
failure recovery *(Te)* Fehlerbeseitigung *f*
failure stand-by mode *(Te)* Betriebsbereitschaft *f (bei Ausfall)*
failure strain *(BM)* Bruchdehnung *f*
failure strength *(BM)* Bruchfestigkeit *f*; Einsturzfestigkeit *f*
failure stress *(BM, Stat)* Bruchspannung *f*
failure surface Bruchfläche
failure test Bruchprüfung *f*, Bruchversuch *m*
failure time *(VR)* Lebensdauer *f*; Standzeit *f*
failure warning light *(El)* Ausfallwarnleuchte *f*
failure zone Bruchzone *f*
fair bündig *(Mauerwerk)*
fair building *(RP)* Messegebäude *n*
fair concrete *(Arch, Konst, OB)* Sichtbeton *m*, Architekturbeton *m*, Ornamentbeton *m*, Dekorbeton *m*
fair face Sichtfläche *f*
fair-faced bündig; glatt, eben *(Mauerwerk)*
fair-faced brickwork bündiges Mauerwerk *n*
fair-faced concrete (oberflächen)glatter Beton *m*
fair-faced in-situ concrete *(BB, OB)* Ort-Sichtbeton *m*
fair-faced lightweight concrete Sichtleichtbeton *m*
fair-faced masonry *(OB, SB)* Sichtmauerwerk *n*
fair-faced plaster Glattputz *m*
fair-faced site-placed concrete Ort-Sichtbeton *m*
fair finish Sichtausführung *f*
fair grounds *(RP)* Messegelände *n*
fair pavilion *(Arch)* Messehalle *f*
fair-raking cutting Schrägschneiden *n* der Giebelrandziegel *(entsprechend der Dachneigung bei Verblendmauerwerk)*
fair reinforced concrete Sichtstahlbeton *m*
fair work *(Arch, Konst)* Sichtausführung *f*
fairway arch [span] *(Br, Wsb)* Schifffahrtsdurchfahrt *f*, Durchfahrtsöffnung *f (Brücke)*
fairy-tale Gothic style *(Arch)* Märchengotik *f*
fall *v* 1. fallen, stürzen *(Körper)*; 2. abfallen, sich senken *(Land)*; 3. abnehmen, abfallen, sinken *(z. B. Werte)*; 4. hereinbrechen
fall *v* **apart** *(BM)* zerfallen, auseinanderfallen
fall *v* **back** *(Konst, Te)* zurückgreifen; zurückweichen
fall *v* **behind** *(Konst, Te)* zurückbleiben
fall *v* **down** *(Konst, RS)* herunterfallen, zusammenstürzen, zusammenbrechen
fall *v* **in** *(Konst, RS)* einfallen, einstürzen
fall *v* **into crumbs** *(BM)* zerbröckeln, zerfallen *(Gestein)*
fall *v* **into ruin** *(BM)* zerfallen
fall *v* **off** *(Konst, Stat)* nachlassen
fall *v* **out** *(Te)* ausfallen
fall *v* **through** *(BM, Konst, VR)* durchfallen
fall *v* **to ruin** *(Arch, RS)* verfallen
fall 1. Fall *m (von Körpern)*; 2. *(Bod, Verm)* Neigung *f*, Gefälle *n (z. B. von Gelände)*; Wassergefälle *n*; 3. *(VR)* Abnahme *f*, Abfall *m (z. B. von Werten)*
fall back plan Rückfallplan *m*
fall block Hakenflasche *f*, Flasche *f (eines Flaschenzugs)*
fall hammer *(Erdb)* Fallbär *m*
fall in temperature Temperaturabfall *m*
fall of earth *(BM)* Erdeinsturz *m*, Erdfall *m*
fall of ground *(Bod, Verm)* Geländeneigung *f*, Geländegefälle *n*
fall pipe *(San)* Regenfallrohr *n*, Fallrohr *n*
fall step *(Wsb)* Gefällestufe *f*, Wasserspiegelunterschied *m*
fallback Erweichungspunkterhöhung *f (Bitumen)*
falling ball test Kugelfallprüfung *f*
falling gradient Gefälle *n*, Neigung *f*
falling mould *(Hb)* Kontrollschablone *f* für Handläufe
falling-off in strength *(BM, Konst)* Festigkeitsabfall *m*, Festigkeitsabnahme *f*, Festigkeitsminderung *f*
falling stones *(Erdb, Verk)* Steinfall *m*
falling stones sign *(Verk)* Steinfallachtungszeichen *n*
falling track *(Verk)* Ablaufgleis *n*
falling weight *(Erdb)* Fallbär *m*
falling weight deflectometer *(Bod)* Fallgewichtsgerät *n*, Fallgewichts-Einsenkungsmessgerät *n*, Fallplatte *f*
fallout shelter *(Konst, Umw)* Atombunker *m*, Schutzraum *m* gegen radioaktiven Niederschlag
fallow ground *(RP)* Brachland *n*
fallow land *s.* fallow ground
fallow soil *s.* fallow ground
falls 1. *(San)* Fallrohre *npl*; 2. *(Bod, Wsb)* Wasserfall *m*
false air *(HLK)* Falschluft *f*
false alarm rate Fehlalarmrate *f*
false arch imitierter Bogen *m*
false attic Dachuntersatz *m*
false-bearing *(Konst)* nicht satt [zentrisch] aufliegend
false-body *(BM, OB)* scheinbar hochviskos, thixotrop *(Farbe)*
false bottom Zwischenboden *m*, Doppelboden *m*
false ceiling *(Konst)* Scheindecke *f*, eingehängte [abgehängte] Decke *f*, Hängedecke *f*, Einschubdecke *f*
false door Blindtür *f*, Blendtür *f*, Scheintür *f*
false edge Aufdoppelung *f (Kante)*
false ellipse *(Arch, Konst, Stat)* mehrelementiger Ellipsenbogen *m*
false fenestration Blindbefensterung *f*
false floor Blindboden *m*, Zwischendecke *f*
false front 1. überzogene Vorderfront *f*, Kulissenfrontmauer *f*; 2. falscher Giebel *m*
false gable *(Arch)* Blendgiebel *m (Kirchenbau)*
false header 1. zurückgesetzter Binder(stein) *m*; 2. halber Ziegel *m*
false hip roof *(Hb, Konst)* Krüppelwalmdach *n*
false joint Blindfuge *f*, Scheinfuge *f*
false portal Portalüberdachung *f*
false rafter *(Hb)* offenes Auflageholz *n*
false roof *(Konst)* dachgeformte Decke *f*
false set *(BB)* vorzeitiges [falsches] Abbinden *n*, Früherstarrung *f*
false tenon *(Hb)* eingelegter Hartholzzapfen *m*
false vaulting *(Konst)* falsche Wölbung *f*, Kragsteinbogen *m*
false water table artesisch gespannter Grundwasserspiegel *m*
false window Blindfenster *n*
falsework 1. Schal(ungs)gerüst *n (z. B. für Bögen)*; Lehrgerüst *n*, Schalung *f (Abstützung)*; 2. zeitweiliges Sprengwerk *n (bes. für Brücken)*
falsework dismantling *(Te)* Schalungsabnahme *f*; Gerüstabbau *m*
falsework stripping Schalungsabnahme *f*, Schalungsabbau *m*
falsework structure Lehrgerüst *n*
family Baustoffgruppe *f*; Gruppe *f*
family dwelling Familienwohnung *f*
family dwelling unit *(AE)* Familienwohnung *f*
family of cables *(Konst)* Seilschar *f*
family room Mehrzweckraum *m*
famp verwitterter Kalkstein *m*
fan *v* 1. *(BB, Te)* aufspleißen *(Besenverankerung)*; 2. *(HLK)* fächeln
fan 1. *(HLK)* Ventilator *m*, Lüfter *m*; Gebläse *n*; 2. *(HLK)* Fächer *m*; 3. *(Erdb, Te)* Schuttkegel *m (Abraum)*
fan anchorage *(BB, Te)* Besenverankerung *f*, Spannstahlfächerverankerung *f (Spannbeton)*

fan-coil unit *(HLK)* Klimaanlagenheiz- und Kühlelement *n* mit Filter und Gebläse
fan drift *(HLK)* Lüfterkanal *m*, Absaugkanal *m*
fan groining *s.* fan vault
fan guard 1. *(Te)* Auslegergerüst *n*, Auslegerrüstung *f*; 2. *(HLK)* Lüfterhaube *f*
fan noise *(HLK)* Lüftungsgeräusch *n*
fan-shaped fächerförmig, fächerartig
fan-shaped gate Fächergitter *n*
fan-shaped window Fächerfenster *n*
fan silencer *(DIS, HLK)* Ventilatorschalldämpfer *m*
fan sound damper *(DIS, HLK)* Ventilatorschalldämpfer *m*
fan tracery *(Arch)* ornamentale Fächergewölbeausbildung *f*; Strahlengewölbe *n*; angelsächsisches Gewölbe *n*
fan truss *(Konst)* radiales Fachwerk *n*
fan vault 1. Fächergewölbe *n*, Strahlengewölbe *n*; 2. *(Arch)* Trichterrippengewölbe *n*
fan vaulted fächerüberwölbt
fan vaulting *s.* fan vault
fan window *s.* fanlight
fancy glass Zierglas *n*
fancy marble bunter Marmor *m*
fancy sheet metal Dessinblech *n*
fancy veneer Maserfurnier *n*
fang 1. Zapfen *m (Türangelzapfen)*; 2. eingemauertes Ende *n (Mauerwerk)*; 3. Angel *f (einer Feile)*
fang bolt Bolzen *m*
fanlight *(Konst)* (fächerförmiges) Oberlicht *n*, Türoberlicht *n*, Oberlichtöffnung *f*, Fächerfenster *n (halbrundes Fenster über Türen)*; Fensterrose *f*; Kippflügel *m (Oberlicht über einer Tür)*
fanlight catch *(EB)* Klappfensterschnappverschluss *m*
fanlike fächerartig
fanlike ornament *(Arch)* Fächerornament *n*
fantail *(Arch)* Strebenrüstbogen *m*, Radialstrebebogen *m*; Fächergerüst *n*
fantastic architecture *(Arch)* Phantasiearchitektur *f*, Phantasiebaukunst *f*
far face gegenüberliegende Seite *f*
farm Gehöft *n*, Bauernhof *m*; Farm *f*
farm building landwirtschaftliches Gebäude *n*, Wirtschaftsgebäude *n*
farm-building construction landwirtschaftliches Bauen *n*
farm buildings landwirtschaftliche Gebäude *npl*
farm land *(LB, RP)* Ackerland *n*, Agrarland *n*, landwirtschaftliche Nutzfläche *f*
farm offices landwirtschaftliche Gebäude *npl*
farm stock fence Viehzaun *m*
farmhouse Bauernhaus *n*; Farmhaus *n*
farmstead Gehöft *n*
farmyard Bauernhof *m*, Wirtschaftshof *m*
fascia 1. *(Arch)* Ziergurt *m*, Gurt *m*, Gurtsims *m*; Leiste *f (an der Dachtraufe)*; Faszie *f (Bauglied an ionischen Säulen)*; 2. *(Arch)* säulengestütztes Flachelement *n*
fascia board Gesimsbrett *n*, Simsbrett *n*, Stirnbrett *n*, Traufbohle *f*, Traufbrett *n*
fasciate combination *(Arch)* Säulenleistenkombination *f*
fasciated bands zusammengesetzte Gurtstreifen *mpl*
fascine 1. *(LB, Wsb)* Faschine *f*, Reisigbündel *n*; 2. *(Wsb)* Buhne *f*
fascine barrier wall *(LB, Wsb)* Faschinendamm *m*
fascine dam *(LB)* Faschinenwand *f*, Faschinenpackung *f*
fascine filling *(LB, Wsb)* Packwerk *n*
fascine foundation *(LB, Wsb)* Faschinengründung *f*
fascine mattress *(LB)* Faschinenmatte *f*, Faschinenpackwerk *n*, Faschinenpack *m*
fascine roadway *(LB, Verk, Wsb)* Faschinenfahrbahn *f*
fascine to be sunk *(LB, Wsb)* Senkfaschine *f*
fascine wood *(BM, LB)* Faschinenholz *n*, Reisholz *n*
fascine work 1. *(LB, Wsb)* Faschinenbau *m*; 2. *(BT, LB)* Faschinen(pack)werk *n*
fascines *(BT, LB)* Faschinenpackung *f*
fast 1. schnell; schnellwirkend; 2. fest(sitzend), unbeweglich; 3. beständig, widerstandsfähig; haltbar *(z. B. Anstriche)*; (licht)echt *(Farbe)*
fast-breaking emulsion *(BM)* schnellbrechende (Bitumen-)Emulsion *f*
fast-curing *(BM, OB)* schnellhärtend *(z. B. Kunstharz, Anstrich)*
fast-drying schnell trocknend *(z. B. Farben)*
fast flange *(Konst, St)* fester Flansch *m*
fast-food restaurant Schnellrestaurant *n*
fast-joint butt *(EB, Konst)* Scharnier *n*
fast lane *(Verk)* Pkw-Streifen *m*, Schnellspur *f*; Überholspur *f (Autobahn)*
fast mechanical fracture *(Konst, RS, Stat)* Gewaltbruch *m*
fast paint beständige [echte] Farbe *f*
fast-pin hinge *(EB)* Scharnier *n*, Festscharnier *n*; Fensterscharnier *n*
fast pulley Festscheibe *f*, Lastscheibe *f*, (feste) Riemenscheibe *f*
fast sheet Festfenster *n*
fast solvent leichtflüchtiges Lösungsmittel *n*
fast to acid *(BM)* säurebeständig, säureecht
fast to alkali *(BM)* alkalibeständig, alkalifest *(z. B. Beton)*
fast to cement zementbeständig, zementfest
fast to light *(BM, OB)* lichtbeständig, lichtecht *(Farbe)*
fast to lime kalkecht *(Farben)*
fast to water wasserecht
fast to weather *(BM, OB)* witterungsbeständig
fast-track concrete *(Verk)* Spurreparaturbeton *m*
fast-track wearing *s.* fast tracking
fast tracking *(Verk)* hoher Spurverschleiß *m*, schneller Spurabrieb *m*
fast-travel excavator *(BWG)* Lastwagen(aufbau)bagger *m*, Aufbaubagger *m*
fast window sheet feststehender Fensterrahmen *m*
fasten *v* befestigen, festmachen, anbringen; anschlagen; heften; verspannen; anziehen *(eine Schraube)*
fasten *v* **with a lock** *(Konst)* anschließen
fasten *v* **with a peg** *(EB)* dübeln
fasten *v* **with a rivet** *(St)* annieten
fasten *v* **with bolts** *(Konst)* verschrauben, verbolzen
fastener Verbindungselement *n*; Verbindungsklemme *f*, Halter *m*; Sicherung *f*
fastening 1. Befestigung *f*; Verspannung *f (mittels lösbarer Bolzen)*; 2. Verbindungselement *n*; Verschluss *m*, Schluss *m*
fastening bolt Befestigungsbolzen *m*
fastening by keys [wedges] *(Te)* Verkeilung *f*
fastening clamp *(BT, Te)* Befestigungsklemme *f*
fastening device Befestigungsvorrichtung *f*; Verbindungselement *n*
fastening hardware Befestigungszubehör *n*, Befestigungszeug *n*
fastening nail Haftnagel *m*, Heftnagel *m*
fastening point Befestigungsstelle *f*
fastening rail Befestigungsschiene *f*
fastening screw Befestigungsschraube *f*
fastening structure Befestigungskonstruktion *f*
fastness Beständigkeit *f*, Widerstandsfähigkeit *f*; Festigkeit *f*, Haltbarkeit *f*; Echtheit *f (von Farbe)*
fastness degree Festigkeitsgrad *m*
fastness property *(BM)* Beständigkeitseigenschaft *f*
fastness to alkali *(BM)* Alkalienbeständigkeit *f*, Alkalienfestigkeit *f*
fastness to cement *(OB)* Zementbeständigkeit *f*, Zementechtheit *f*

F

fastness to cold *(BM)* Kältebeständigkeit *f*, Kältefestigkeit *f*
fastness to light Lichtbeständigkeit *f*
fastness to lime *(OB)* Kalkbeständigkeit *f*, Kalkechtheit *f*
fat 1. *(BM, Te)* fett, geschmeidig, klebrig *(Mörtel, Beton, Ton)*; 2. *(BM)* fetthaltig; ölig
fat area *s.* fat spot
fat board Mörtelleiste *f*
fat clay *(Bod, Te)* fetter Ton *m*, Fettton *m*, hochplastischer Ton *m* [Lehm *m*]
fat concrete *(BB, Te)* fetter Beton *m*, zementreicher [sandreicher] Beton *m*, fette Betonmischung *f*
fat edge *(OB)* Farbnase *f*, Randwulst *f*, Fettkante *f (herabgelaufener Farbanstrich)*
fat lime Fettkalk *m*, Weißkalk *m*
fat lute *(BM)* Ölkitt *m*
fat mix(ture) fette [starke] Mischung *f*
fat mortar fetter Mörtel *m*, bindemittelreicher [feinstoffreicher] Mörtel *m*, Fettmörtel *m*
fat soil fetter Boden *m*
fat spot *(Verk)* bindemittelüberfüllter Fleck *m*, fette Stelle *f (Bitumenstraßendecke)*
fatal accident *(VR)* tödliche Unfall *m*
fatigue *v* 1. *(BM, Konst)* ermüden, dynamisch beanspruchen; 2. *(BM)* altern
fatigue 1. Ermüdung *f (von Material)*; 2. Ermüdungserscheinung *f*
fatigue action *(Konst)* Ermüdungsbeanspruchung *f*
fatigue analysis Ermüdungsursachenuntersuchung *f*
fatigue behaviour Ermüdungsverhalten *n*; Dauerschwingverhalten *n*
fatigue bending failure *(BM, BT)* Dauerbiegebruch *m*
fatigue bending test Dauerbiegeversuch *m*
fatigue break *(Stat)* Ermüdungsbruch *m*, Dauerbruch *m*
fatigue calculation *(Br, Stat)* Ermüdungsberechnung *f (Brücke)*
fatigue characteristic Ermüdungsmerkmal *n*
fatigue crack Ermüdungsriss *m*, Dauerriss *m*
fatigue cycle *(Stat)* Lastspiel *n*; Schwingspiel *n*
fatigue damage Ermüdungsschaden *m*, Ermüdungsschädigung *f*
fatigue deformation Ermüdungsverformung *f*
fatigue degree Ermüdungsgrad *m*
fatigue endurance Dauerstandfestigkeit *f (dynamische Belastung)*
fatigue failure Ermüdungsbruch *m*, Dauerbruch *m*; Ermüdungsversagen *n*
fatigue fracture Ermüdungsbruch *m*, Dauerbruch *m*
fatigue law Ermüdungsgesetz *n (dynamische Beanspruchung)*
fatigue life Lebensdauer *f*, Ermüdungslebensdauer *f*
fatigue limit Dauer(schwing)festigkeit *f*, Ermüdungsgrenze *f*
fatigue load *(Stat)* Ermüdungslast *f*
fatigue loading *(Stat)* Dauerschwing(ungs)beanspruchung *f*, Dauerbelastung *f*
fatigue performance Ermüdungsleistungsfähigkeit *f*
fatigue precrack Ermüdungsanriss *m*, Dauerbruchanriss *m*
fatigue process Ermüdungsprozess *m*
fatigue resistance Dauer(biege)festigkeit *f*, Ermüdungswiderstand *m*
fatigue rupture Ermüdungsbruch *m*, Dauerbruch *m*
fatigue strength Dauerstandfestigkeit *f*; Dauerschwingfestigkeit *f*
fatigue stressing Dauerschwing(ungs)beanspruchung *f*
fatigue test Dauerschwingversuch *m*, Ermüdungsversuch *m*, Dauerfestigkeitsprüfung *f*
fatigue test track Ermüdungsversuchsstrecke *f*
fatigue testing Ermüdungsprüfung *f*; Schwingprüfung *f*
fatigue yield limit Dauerdehngrenze *f*
fatness of concrete *(BB, Te)* Fettheit *f* des Betons
fatten *v* eindicken, dickflüssig werden *(z. B. während der Lagerung)*
fattening 1. *(BM, OB)* Eindicken *n (von Anstrichstoffen)*; 2. *(OB)* Aufbauchung *f*, Anstrichaufwölbung *f*
fatting-up *(BM, Verk)* Bluten *n (Überschussbindemittel an Schwarzdecken)*; Bindemittelanreicherung *f*, Überfettung *f*
fatty paint eingedickte [verdickte] Farbe *f*
fauces *(Arch)* Gang *m (römisch)*
faucet 1. *(San) (AE)* Wasserhahn *m*, Hahn *m*; Absperrglied *n*; Zapfhahn *m*; 2. *(BT)* Spund *m*
faucet ear *(AE)* Rohrhalter *m* an einer Rohrverbindung
faucet joint kurzes Verbindungsstück *n*
fault *v* **(down)** sich verwerfen *(Erdschichten)*
fault 1. *(BM)* Fehler *m*, Defekt *m*; Mangel *m*; Störung *f*; 2. *(Bod)* Verwerfung *f*, Sprung *m*; 3. *(El)* Isolationsfehlstelle *f*; 4. *(Verk)* Verwerfung *f*, Stufe *f*
fault current *(El)* Erdschlussstrom *m*
fault detection *(Verk)* Störungsermittlung *f*
fault in material Materialfehler *m*
fault line *(Bod)* Verwerfungslinie *f*, Bruchlinie *f*
fault location Störungslokalisierung *f*
fault monitoring *(Verk)* Störungsüberwachung *f*
fault reporting *(VR)* Störungsbericht *m*
fault throw *(Bod)* Sprunghöhe *f*
fault zone *(Bod)* Verwehrungszone *f*
faulting Plattensprungbildung *f*, Stufenbildung *f (von Betonplatten)*
faulty fehlerhaft, mangelhaft, schadhaft
faulty design *(Konst)* Fehlkonstruktion *f*, Fehlentwurf *m*
faulty material Materialfehler *m*
faulty mounting *(San)* Einbaufehler *m*
faulty wiring *(El)* Verdrahtungsfehler *m*
fay *v* (genau) einpassen; passgerecht machen
fayence *s.* faience
faying satt anliegend
faying surface *(Konst, TK)* Passfläche *f*
FCD *s.* floating car data
fdn *s.* foundation
feasibility *(Te)* Durchführbarkeit *f*
feasibility conditions *(Konst, Te)* Ausführbarkeitsbedingungen *fpl*
feasibility planning *s.* feasibility study
feasibility study *(RP)* Durchführbarkeitsstudie *f*; Bebauungsstudie *f*
feasible durchführbar, machbar
feather *v* 1. *(Hb)* mit Federn versehen, einbinden, verbinden; 2. einbinden *(z. B. neue in alte Baustoffe)*
feather *(Hb)* Feder *f*
feather boarding *(Hb)* Keillappung *f*, Falzüberlappung *f*
feather-compass brick Keilziegel *m*
feather crotch gabelförmig gemustertes Furnier *n*
feather edge 1. scharfe Kante *f*, Spitzkante *f*; 2. Falzung *f*
feather-edge board *(Hb)* Keilbrett *n*, Brett *n* mit keilförmiger Überlappungskante
feather-edge brick *(SB)* Keilziegel *m*
feather-edged scharfkantig, keilartig
feather-edged coping schräge Mauerabdeckung *f*, Pultabdeckung *f*
feather joint *(Hb)* Federfuge *f*, gefederte Verbindung *f*
feather joint tongue *(Hb)* Federkeil *m*
feather slip tongue *(BT, Hb, Konst)* Deckenelementfeder *f (abgehängte Decke)*
feather-splayed coping schräge Mauerabdeckung *f*
feather tongue *(Hb)* Federkeil *m*
featherplane *(Hb)* Federhobel *m*
feathers Blasenbildung *f (Glas)*
feature Merkmal *n (eines Bauwerks)*; Charakteristikum *n*, Kennzeichen *n*

feculence 1. *(Te, WVA)* Bodensatz *m*; Schlammablagerung *f*; 2. *(BM)* Schlammigkeit *f*
feculency *s.* feculence
federal *(VR)* zum Bund gehörig, Bundes...
federal highway *(Verk)* Bundesstraße *f*
Federal Highway Administration *(AE) (Verk, VR)* Bundesstraßenverwaltung *f*
Federal Law for the Protection of Nature *(Umw, VR)* Bundesnaturschutzgesetz *n*
Federal Road Research Laboratory *(VR)* Bundesanstalt *f* für Straßenwesen, BASt
Federal States Working Group on Waste *(VR) (in Deutschland)* Länderarbeitsgemeinschaft *f* für Abfall, LAGA
federal traffic interstructure plan *(RP, Verk) (in Deutschland)* Bundesverkehrswegeplan *m*
federal trunk road *(Verk)* Bundesstraße *f*
fee 1. *(VR)* Projektierungsgebühr *f*, Gebühr *f*, Planungsgebühr *f*; Bearbeitungshonorar *n*; 2. Eigentumsrecht *n*
feebly coloured schwach angefärbt, farbschwach
feebly hydraulic lime *(BM)* schwach hydraulischer Kalk *m*
feebly plastic schwach plastisch
feed *v* zuführen *(z. B. Material)*; einfüllen; beschicken *(Anlagen)*; zuleiten; einspeisen *(Wasser, Strom)*
feed 1. Zuführen *n*, Zufuhr *f*, Einfüllen *n*; Beschicken *n*; Einspeisen *n*; 2. Beschickungsmaterial *n*, Füllmaterial *n*, Einfüllgut *n*, Aufgabegut *n*; Haufwerk *n*
feed canal Zuführungsrohrleitung *f (Entwässerung)*
feed chute *(Te)* Schüttrutsche *f*, Aufgaberutsche *f*, Förderrinne *f*
feed ditch *(LB)* Bewässerungsrinne *f*
feed funnel Einlauftrichter *m (Bauwerksentwässerung)*
feed hopper *(Te)* Schütttrichter *m*, Aufgabetrichter *m*
feed-in *(El, San)* Einspeisung *f*
feed inlet Zulauf *m*
feed line *(El, WVA)* Zu(führungs)leitung *f*; Speiseleitung *f*
feed material *s.* feed 2.
feed pipe *(HLK, WVA)* Zulaufrohr *n*, Zulauf *m*; Zuleitung *f*, Speiseleitung *f*
feed-through *(El)* Durchführung *f*
feed water *(HLK)* Speisewasser *n (Heizkessel)*
feedback *v* zurückkoppeln, zurückleiten
feedback Rückkopplung *f*
feeder 1. *(Te)* Zuführeinrichtung *f*, Beschickungsvorrichtung *f (Technologie)*; 2. *(El)* Speiseleitung *f*, Versorgungsleitung *f*; 3. *(El)* Hauptleitung *(an Kraftwerken)*; 4. *(Wsb)* Wassergraben *m*; Vorfluter *m*; 5. *(Verk)* Zubringer *m*
feeder basin *(HLK, San)* Speisebassin *n*
feeder junction *(Verk)* Zubringerknoten *m*
feeder line *(El)* Speiseleitung *f*, Versorgungsleitung *f*
feeder road *(Verk)* Zubringerstraße *f*, Zubringer *m*
feeder transport *(Verk)* Zubringerverkehr *m*
feeding 1. *s.* feed 1.; 2. Gelieren *n*, Verdicken *n*, Verdickung *f (flüssiger Farben, Anstriche usw.)*
feeding cable *(El)* Zuleitungskabel *n*
feeding device Zuführeinrichtung *f*, Beschickungsvorrichtung *f*
feeding ground *(Wsb, WVA)* Einzugsgebiet *n (Wasser)*
feeding hopper Fülltrichter *m*
feeding passage *(LB)* Futtergang *m (Stall)*
feeding volume Füllvolumen *n*
feedstock Zugabematerial *n*, Vorratsmaterial *n*
feeler Messdorn *m*, Taststift *m*
feeler gauge Blechlehre *f*, Dickenlehre *f*
feeler wire Tasterdraht *m (z. B. am Straßenfertiger)*
feeling of comfort *(HLK)* Behaglichkeitsgefühl *n*
feint Kehlblechknick *m*
feldspar Feldspat *m*
feldspathic *(BM)* feldspathaltig *(Gestein)*
feldspathic sandstone *(BM)* Arkose *f*, Arkosesandstein *m*, Feldspatsandstein *m*
fell *v (LB)* fällen, einschlagen *(Holz)*
felling *(LB)* Holzeinschlag *m*, Holzfällen *n*
felling notch *(Te)* Fallkerb *m*
felsite *(BM)* Felsit *m*, Felsophyr *m*, Felsitfels *m (Quarzporphyr)*
felspar *s.* feldspar
felt *v (OB, Te)* verfilzen, filzen
felt *v* **down** *(OB, Te)* mit Filz mattschleifen *(Anstriche)*
felt 1. Filz *m*; 2. Baupappe *f*; Rohpappe *f*
felt-and-gravel roofing Spachtelbedachung *f*, Asphaltdachdeckung *f* mit Kiesabdeckung; Flachdachdichtung *f*
felt back Pappunterlage *f*
felt insert Filzeinlage *f*
felt insulation *(DIS)* Filzdämmung *f*
felt mat Filzmatte *f*
felt nail Dachpappennagel *m*
felt paper Baupappe *f*
felt roof(ing) Pappdach *n*
felt rubbing board Filzbrett *n*
felt seal *(DIS)* Filzdichtung *f*
felt strip Filzband *n*
felt-treat *v (OB, Te)* abfilzen, den Putz abfilzen
felt with cork Korkfilz *m*
felted gefilzt *(Putz)*
felted fabric Filz *m*
felted jute Jutefilz *m*
felting-down *(OB, Te)* Abfilzen *n* eines Anstrichs, Mattschleifen *n* mit Filz
felting material Verfilzungsstoff *m*, Verfilzungsmaterial *n*
felty filzig
female changing Frauenumkleideraum *m*
female coupling Innengewindekupplung *f*
female pivot Zapfenloch *n (Zapfenaufnahmeteil einer Zapfenverbindung)*
female room Damenzimmer *n*
female thread Innengewinde *n*
female thread fitting Innengewindefitting *n(m)*
female toilette Damentoilette *f*
femerell *(HLK)* Rauchabzugsventilator *m (Dachaufbau über Küchen)*
fen *(Bod, Umw)* Fenn *n*, Niederungsmoor *n*
fence *v* **(in)** einzäunen, umzäunen, abzäunen, begrenzen, einfrieden
fence *v* **off [out]** abzäunen; absperren
fence *v* **round** *(LB, Te)* umzäunen
fence 1. *(LB)* Zaun *m*, Umzäunung *f*, Einfriedung *f*; 2. Schutzgitter *n*, Gitter *n*
fence bar Gittereisen *n (Zaun)*
fence effect *(Verk)* Begrenzungseffekt *m*, Zauneffekt *m*
fence material Zaunmaterial *n*, Einzäunungsmaterial *n*
fence of boards Bretterzaun *m*, Zaunplanke *f*
fence of pales Einpfählung *f*
fence panel Zaunpaneel *n*
fence post Zaunpfahl *m*, Zaunpfosten *m*
fence stake Zaunpfahl *m*, Zaunpfosten *m*
fence wall *s.* fencing wall
fence wire matting Zahndrahtgeflecht *n*
fenced-in area *(LB)* eingezäunte Fläche *f*; Gehege *n*
fencerow Zaunhecke *f*
fencing Einzäunung *f*, Umzäunung *f*, Umfriedung *f*; Gehege *n*
fencing wall Umfassungsmauer *f*, Umfriedungsmauer *f*, Zaunmauer *f*
fencing wire Zaundraht *m*, Maschendraht *m*
fender 1. *(Wsb)* Fender *m*; 2. *(Verk, Wsb)* Prellpfahl *m*; 3. *(Verk)* Schwelle *f*, Schutzschwelle *f (Bordschwelle)*; 4. *(HLK)* Kamingitter *n*

fender beam 1. *(Verk)* Prellbalken *m*, Prellbock *m*; 2. *(OB, Te)* Reibholz *n*
fender pile 1. *(Verk, Wsb)* Prellpfahl *m*, Reibepfahl *m*, Schutzpfahl *m*; 2. *(Wsb)* Dalbe *f*, Dalben *m* *(Anlegepfahl)*
fender post *(Verk)* Radabweiser *m*
fender wall kleine Herdsteinmauer *f* *(im Keller unter dem Kaminplatz)*
fenestella *(Arch)* Fensternische *f* *(ornamentiert, in Kirchen)*
fenestral 1. kleines Fenster *n*, kleine Maueröffnung *f*; 2. Blindfenster *n* *(mit Tuch oder Pergament verschlossenes Fenster)*
fenestral in a door Türfenster *n*
fenestration 1. *(Arch, Konst)* Fensterwerk *n*; Fensteranordnung *f*, Fenstergruppierung *f*, Fensteraufteilung *f* *(in der Fassade)*; 2. Öffnung *f* zur Zuführung von Tageslicht; 3. Befensterung *f*
fengite *(Arch)* durchscheinender Alabaster *m* *(bei Fenstern in historischen Gebäuden)*
fenland *(Bod, Umw)* Moorboden *m*, Sumpfland *n*, Wiesenmoor *n*, Ried *n*
fenny *(Bod, Umw)* sumpfig, moorig
fenny soil *s.* fenland
feretory *(Arch)* Reliquienraum *m* *(in Kirchenbauten)*
fermentation gas *(Umw)* Biogas *n*, Faulgas *n*, Faulgas *n*
Ferrari cement *(BB, BM)* Ferrarizement *m*, Erzzement *m*
ferric oxide *(BM)* Roteisenstein *m*, Hämatit *m*
ferriferous eisenhaltig, eisenschüssig *(Naturbaustein)*
ferrite *(BM)* Ferrit *m*
ferrite steel *(BM, St)* Ferritstahl *m*, ferritischer Stahl *m*
ferritizing ferritisierend
ferrocement Armozement *m*, Ferrozement *m*
ferroconcrete Stahlbeton *m*, Eisenbeton *m*, bewehrter [armierter] Beton *m*
ferrous eisenhaltig
ferrous article Eisenartikel *mpl*, Eisengegenstand *mpl*
ferrous product Eisenprodukt *n*
ferruginous 1. *s.* ferriferous; 2. rostfarben
ferruginous cement *(BM, OB)* Eisenoxidzement *m*
ferrule 1. Kontrollklappe *f*, Kontrolldeckel *m* *(einer Stahlrohrleitung)*; 2. Eisenband *n*, Ring *m*, Endring *m*; Zwinge *f*; 3. Muffenverbindung *f*
ferry *(Verk)* Fähre *f*; Trajekt *m(n)*
ferry bridge 1. *(Wsb)* Fährbrücke *f*, fliegende Brücke *f*, Landungsbrücke *f*, Anlegeponton *m*; 2. *(Verk)* Trajekt *m(n)*
ferry terminal *(Verk, Wsb)* Fährhafen *m*
festival hall *(Arch)* Festhalle *f*, Banketthalle *f*
festival room Festsaal *m*, Bankettsaal *m*
festival theatre Festspielhaus *n*
festoon *(Arch)* Feston *n*, bogenförmige Hängegirlande *f* [Girlande *f*], Blumenschnur *f*, Fruchtschnur *f* *(Ornament)*
festoon lamp *(El)* Soffittenlampe *f*, Röhrenlampe *f*
festoon leaf *(Arch)* Gehängeblatt *n*, Girlandenblatt *n*, Festonblatt *n*
festoon lighting *(El)* Soffittenbeleuchtung *f*; Lichterkette *f*
festooned *(Arch)* geschlängelt
fettle *v* 1. nacharbeiten, entgraten *(z. B. Keramikerzeugnisse)*; 2. ausbessern, flicken *(Feuerfestbau)*
FHWA *s.* Federal Highway Administration
fiber *(AE)* Faser *f*; Gewebe *n*
fibered plaster *(AE) s.* fibrous plaster
fibrated faserhaltig, Fasern enthaltend, faserig; faserarmiert *(Baustoff)*
fibrated compound Fasermasse *f*
fibrated concrete Faserbeton *m*
fibrated concrete slab *(BT, DIS)* Faserbetonplatte *f*
fibrated dampproofing *(BM, DIS)* Feuchtigkeitsisoliermaterial *n*
fibre Faser *f*
fibre addition *(Te)* Faserzugabe *f* *(Asphalt, Beton)*
fibre base Faserunterlage *f*, Faserträgerschicht *f*
fibre building board [slab] Leichtbauplatte *f*
fibre glass 1. Glasfaserstoff *m*, Faserglas *n*; 2. Glasfaser *f*
fibre hardboard Faserhartplatte *f*
fibre in compression Druckfaser *f*
fibre in tension Zugfaser *f*
fibre insulating board *(BT, DIS)* Faserdämmplatte *f*
fibre insulating material *(BM, DIS)* Faserdämmstoff *m*
fibre insulation layer Faserdämmschicht *f*
fibre mat Faserfilzplatte *f*, Faserfilz *m*
fibre netting Fasergeflecht *n*
fibre-optic sensor *(El)* Sensor *m* aus optischen Fasern
fibre paper Vulkanfiber *f*
fibre-reinforced faserverstärkt
fibre-reinforced concrete *(BB)* faserbewehrter Beton *m*
fibre-reinforced plastic faserverstärkter Kunststoff *m*
fibre-reinforced silicate insulation glasfaserverstärkter Silicatdämmstoff *m* [Silikatdämmstoff *m*]
fibre reinforcement Faserverstärkung *f*; Faserbewehrung *f*, Faserarmierung *f*
fibre rope Faserstrick *m*
fibre slab Faserplatte *f*, Leichtbauplatte *f*
fibre stress Faserspannung *f*
fibreboard Faserplatte *f*, Holzfaserplatte *f*, Pressspanplatte *f*, Span(holz)platte *f*
fibred plaster *s.* fibrous plaster
fibreglass-reinforced laminate *(BM, BT)* Glasfaserschichtstoff *m*
fibreglass-reinforced plastics *(BT)* glasfaserverstärkte Kunststoffe *mpl*
fibrous asbestos *(BM)* Faserasbest *m*
fibrous composite *(BM)* Faserverbundbaustoff *m*
fibrous concrete faserbewehrter Beton *m*; Glasfaserbeton *m*, Asbestbeton *m*
fibrous fracture fasriger Bruch *m*
fibrous glass *s.* fibre glass
fibrous gypsum Fasergips *m*
fibrous insulant *(BM, DIS)* Faserdämmstoff *m*
fibrous jointing material Fasereinlage *f*, fasrige Fugeneinlage *f*
fibrous limestone Faserkalk *m*
fibrous material Faser(bau)stoff *m*
fibrous peat *(BM, DIS)* faserhaltiger Torf *m*
fibrous plaster faserbewehrter Gipsputz *m*
fibrous plaster sheet Gipsfaserwandplatte *f*
fibrous structure fasrige Textur *f*; Faserstruktur *f*
fictitious bar *(Konst, Stat)* Ersatzstab *m*
fictitious force *(Stat)* Scheinkraft *f*
fictitious load *(Stat)* fiktive Traglast *f*, Scheinbelastung *f*
fiddle drill Bogenbohrer *m*, Fiedelbohrer *m*, Drillbogen *m*
fiducial mark *(Verm)* Bezugspunkt *m*; Festpunkt *m*
fiducial point *(Verm)* Festpunkt *m* *(am Vermessungsgerät)*
field 1. *(LB, RP)* Gelände *n*; Flur *f*; Feld *n*; 2. *(Te)* Baustelle *f*; Baustrecke *f* *(Leitungsbau)*; 3. *(SB)* Ausmauerfeld *n*; 4. *(El)* Feld *n*; 5. *(RP)* Spielfeld *n*; 6. *(Konst, RP)* Feld *n*, Sektor *m*, Teilgebiet *n*; 7. *(Konst, Te)* Anwendungsbereich *m*
field application *(OB, Te)* Baustellenbeschichtung *f*, Baustellenanstrich *m*
field bending Eisenbiegen *n* auf der Baustelle
field bolt Montageschraube *f*
field book *(Verm)* Feldbuch *n*
field checking *(LB, RP)* Geländebegehung *f*, Geländekontrolle *f*
field church *(Arch)* Feldkirche *f*
field compaction *(Te)* Baustellenverdichtung *f*
field concrete Baustellenbeton *m*
field conditions Freilandbedingungen *fpl*, Baustellenbedingungen *fpl*
field connection *(Te)* Montageverbindung *f*

field corrosion test *(DIS)* Naturkorrosionsprüfung *f*, Freilandrostprüfung *f*
field cube test Baustellenwürfelprüfung *f*
field-cured test cylinders vor Ort gelagerte Betonprüfzylinder *mpl*
field data *(Konst, Verm)* Freilandwerte *mpl*
field drain *(LB)* Abflussgraben *m*, Drän *m*, Entwässerungsgraben *m*
field drain pipe Dränrohr *n*
field elm *(Hb)* Feldrüster *f*
field engineer Baustelleningenieur *m (des Auftraggebers)*; staatlicher Bauleiter *m*
field erection Baustellenmontage *f*
field exposure Freilandbewitterung *f*, Freiluftauslagerung *f*
field for lining *(SB)* Ausmauerfeld *n*
field forge *(BWG)* Feldschmiede *f*
field geological works geologische Feldarbeiten *fpl*
field hand Baustellen(hilfs)arbeiter *m*
field laboratory *(BM)* Baustellenlabor *n*
field line construction *(El)* Feldleitungsbau *m*
field maple *(LB)* Feldahorn *m*
field measurement *(Verm)* Feldmessung *f*
field moisture equivalent *(Bod)* natürlicher Sättigungsgrad *m (Erdstoff)*
field moment *(Stat)* Feldmoment *n*
field-moulded sealant an Ort und Stelle geformte Abdichtung *f*
field of a wall Mauerfeld *n*
field of activity Arbeitsgebiet *n*
field of application Anwendungsgebiet *n*
field of forces 1. Kräftefeld *n*; 2. *(El)* Kraftlinienfeld *n*
field of source *(Bod, WVA)* Quellgebiet *n*
field of uses *(Konst)* Anwendungsgebiet *n*
field of view *(Verk, Verm)* Blickfeld *n*
field of vision *s.* field of view
field of work Arbeitsgebiet *n*
field office Bau(stellen)büro *n*
field order *(VR)* Änderungsanweisung *f* während der Bauausführung
field-paint *v* auf der Baustelle streichen
field painting Baustellenanstrich *m (nach Montageabschluss)*
field panel test *(BM)* Freilandprüfung *f* mit Probeplatten
field pitch *(RP)* Spielplatz *m*, Spielfeld *n*
field rail Feldbahnschiene *f*
field record *(Verm)* Feldbuch *n*
field representative *(VR)* Auftraggebervertreter *m*, Auftraggeberbauleiter *m*; örtlicher Bauleiter *m*; Projektingenieur *m*
field rivet Montageniet *m*
field supervision *(VR)* Baustellenkontrolle *f*
field survey Standortvermessung *f*
field test Baustellenversuch *m*, Vorortprüfung *f*, Feldprüfung *f*, Feldversuch *m*
field-test specimen Bewitterungsprobe *f*
field-tested *(BM)* im Feldversuch geprüft
field testing Bewitterungsprüfung *f*, Naturbewitterungsprüfung *f*
field trail Feldversuch *m*, Feldprüfung *f*
field tripod *(Verm)* Feldstativ *n*
field-welded *(St, Te)* baustellengeschweißt
field welding *(St)* Baustellenschweißen *n*, Montageschweißen *n*
field work 1. Baustellenarbeit *f*; 2. *(Verm)* Feldarbeit *f*
fieldstone *(AE) (BM, SB)* Feldstein *m (als Baustein)*
figural figürlich
figurative character Figuratives *n*
figurative element Figuratives *n*
figure *v* 1. zeichnerisch darstellen, zeichnen; 2. *s.* figure out
figure *v* **out** 1. *(Stat, VR)* ausrechnen; 2. *(Stat)* berechnen
figure 1. *(Konst)* Zeichnung *f*, Darstellung *f*; 2. *(Arch)* Form *f*, Gestalt *f*; Figur *f*; 3. *(Hb)* Maserung *f*, Zeichnung *f (im Holz)*
figure sculpture *(Arch)* Figurenplastik *f*, Figurenskulptur *f*
figured glass Ornamentglas *n*, Profilglas *n*
figured iron *(St)* Profileisen *n*
figured veneer gemasertes Furnier *n*
figured wire glass Drahtornamentglas *n*
figuring 1. *(Arch)* Formgebung *f*; 2. *(Te)* Bezifferung *f*
filament 1. Balkenfaser *f*, Einzelfaser *f*; 2. *(El)* Wendel *f*
filament lamp *(El)* Glühlampe *f*
filamentary fadenartig
filamentous fadenförmig
file *v* 1. feilen; 2. einordnen; archivieren *(Bauakten)*
file 1. Feile *f*; 2. Akte *f*, Aktenordner *m*, Datei *f*
filiform texture fadenförmiges Gefüge *f (Gestein, Baustoffe)*
filigrane rib floor *(Konst)* Filigranrippendecke *f*
filigree effect Filigranwirkung *f*
filigree enrichment Filigranornament *n*, Filigranverzierung *f*
filigree floor *(Konst)* Filigrandecke *f*
filigree ornament Filigranornament *n*
filing 1. Feilen *n*, Feilarbeit *f*; 2. Archivieren *n*, Ablegen *n* *(Akten)*
filings Feilspäne *mpl*
fill *v* 1. füllen; 2. *(Erdb)* hinterfüllen, verfüllen; aufschütten; 3. spachteln
fill *v* **in** 1. *(Erdb)* hinterfüllen; verfüllen, zuschütten; 2. *(Erdb)* ausfachen; ausfüllen
fill *v* **in chinks** *(OB, Te)* Ritzen verschmieren [zuschmieren]
fill *v* **up** 1. ausfüllen; zuschütten; 2. (aus)stopfen; verschließen *(z. B. Risse)*; 3. nachfüllen
fill *v* **with concrete** ausbetonieren
fill *v* **with light** ausleuchten
fill *v* **with mortar** ausmörteln
fill 1. Füllmaterial *n*; 2. *(Erdb)* Füllboden *m*; Schüttmaterial *n*; Aufschüttung *f*, Schüttung *f*; Anschüttung *f*; Auftrag *m*; 3. *(BB, Te)* Betonschutzschicht *f*
fill aggregate *(BM)* Füller *m*, Füllkorn *n*, Fremdfüller *m*
fill chippings [chips] Füllsplitt *m (als Zuschlag)*
fill grain(s) *(BM)* Füllkorn *n*
fill height *(Te)* Füllhöhe *f*
fill insulation 1. *(DIS)* Wärmedämmung *f* von Montagehohlräumen; 2. *(BM, DIS)* hohlraumfüllendes Dämmmaterial *n*
fill mass Deponiegut *n*, Lagergut *n*
fill material *(Erdb, Wsb)* Schüttmaterial *n*
fill section *(Erdb)* Schüttbereich *m*, Aufschüttabschnitt *m*
filled ausgefüllt, gefüllt, ausgespachtelt, aufgetragen, ausgespachtelt, gefüllt, verspachtelt
filled bitumen *(BM)* gefüllertes Bitumen *n*, Bitumen *n* mit Mineralmehl
filled board Mehrlagenpappe *f*
filled cavity ausgefüllter Hohlraum *m*
filled ground Aufschüttung *f*, aufgeschütteter Boden *m*, Bodenauftrag *m*, Auftrag *m*, aufgefülltes Gelände *n*
filled jetty *(Erdb, LB, Wsb)* Kofferleitdamm *m*
filled sand Sandauffüllung *f*
filled-up joint versetzte Fuge *f*
filler 1. *(BM)* Füllstoff *m*, Füller *m (z. B. für Asphaltbeton)*; Zuschlag(stoff) *m (für Baustoffe)*; Porenfüller *m*; Spachtelmasse *f*, Harzträger *m (bes. bei Kunststoffen)*; *(bei Farben)* Streckmittel *n*, Verschnittmittel *n*; 2. *(Hb)* Füllholz *n*, Futterstück *n*; Einlage *f*; 3. *(BB) s.* filler block
filler activity Füllerwirkung *f*
filler adding Füllerzusatz *m*
filler aggregate *s.* filler 1.
filler beam einbetonierter Träger *m*

filler beam bridge Brücke *f* mit Walzträgern in Beton, Betonwalzträgerbrücke *f*
filler block 1. *(BB)* Füllkörper *m*, Hohlkörper *m (Stahlbeton)*; 2. *(BB, TK)* Deckenstein *m*, Füllkörper *m*
filler block floor *(Konst, TK)* Füllkörperdecke *f*
filler board Fugenbrett *n*, Einlagenbrett *n*
filler brick Füllziegel *m*, Fülldeckenziegel *m*
filler coat Grundanstrichschicht *f*; Spachtelschicht *f*
filler concrete panel *(BT, Konst)* Ausfachungsbetontafel *f*
filler concrete slab Füllkörperdecke *f*
filler content Füllergehalt *m*
filler course *(Erdb, Konst, Verk)* Ausgleichsschicht *f*; Profilierschicht *f*
filler for brush application Streichspachtel *m*
filler gypsum *(OB)* Spachtelgips *m*
filler joist *(Hb)* Stichbalken *m*
filler-joist floor *(TK)* Stahlträgerdecke *f* mit Steinausfachung
filler metal *(St)* Aufschweißmetall *n*
filler panel *(BT, Konst)* Füllungstafel *f (Ausfachung)*
filler plate Füllerplatte *f*
filler powder Spachtelpulver *n*, Ausfüllerpulver *n*
filler rod Schweißstab *m*, Zusatzstab *m*
filler screw (conveyor) Füllerschnecke *f (Mischwerk)*
filler seal *(DIS)* Spachteldichtung *f*
filler silo Füllersilo *n*
filler slab Deckenfüllplatte *f*
filler strip Einlagestreifen *m*
filler tile *s.* filler block
filler wall 1. Ausfachung *f*, Ausfüllung *f*; 2. Tafelwand *f*
fillerise *v* füllern, mit Füller versehen *(Bitumen)*
fillerised *(BM)* gefüllert, mit Fremdfüller
fillerising *(BM)* Füllern *n*, Fülleranreicherung *f*, Füllerzugabe *f*
fillet *v (Te)* auskehlen; ausrunden
fillet 1. *(Arch, BT)* Kehle *f*, Hohlkehle *f*; Ausrundung *f*, Schaftausrundung *f*; 2. *(BT)* Leiste *f*, Saumleiste *f*, Saum *m*; Kehlleiste *f*; Zierleiste *f*; Band *n*, Riemen *m*; Plättchen *n (auch an klassischen Säulen)*; Wandanschlussprofil *n*; 3. *(St) s.* fillet weld
fillet chisel Steinmetzfeinmeißel *m*
fillet gauge Radienschablone *f*, Radienlineal *n*, Radiuslehre *f*
fillet gutter kleine Schornsteinblechrinne *f (zwischen Schornstein und Dachschräge)*
fillet moulding machine *(BWG, Hb)* Leistenhobelmaschine *f*
fillet of plaster Gipsbett *n (Stuckarbeiten)*
fillet plane *(Hb)* Filethobel *m*
fillet profile Wandanschlussprofil *n*
fillet section Wandanschlussprofil *n*
fillet strip Kehlleiste *f*
fillet weld Kehlnaht *f (Schweißnaht)*
fillet welding Kehlnahtschweißung *f*
filleting Ausrundung *f*
filling 1. Füllen *n*, Füllung *f*; Versetzen *n* mit Zuschlägen; Füllern *n (von Bitumen, Farbe)*; 2. *(Erdb)* Schüttung *f*, Aufschüttung *f*; Schüttboden *m*; Füllboden *m*; 3. *s.* filler; 4. Fugenverfüllen *n*, Ausfugen *n*; Fugendichten *n*; 5. *(Wsb)* Einstau *m (Talsperre)*
filling boarding *(BB, Te, Wsb)* Schüttschalung *f*, Aufschüttschalung *f*
filling brick Füllstein *m*
filling chips Füllsplitt *m (als Zuschlag)*
filling compound Füllmasse *f*, Vergussmasse *f*; Spachtelmasse *f*
filling grain(s) *(BM)* Füllkorn *n*
filling height Füllhöhe *f*, Schütthöhe *f*
filling-in material Zusatzwerkstoff *m (Schweißen)*
filling-in piece Füllholzbalkenstück *n*
filling-in work *(SB)* Füllmauerwerk *n*
filling knife Spachtelmesser *n*, Spachtel *m(f)*
filling level Füllhöhe *f*, Füllstand *m*
filling material Füllmaterial *n*, Füllstoff *m*
filling of joints Ausfüllen *n* der Fugen
filling panel *(BT, Konst)* Ausfachungstafel *f*
filling piece Ausfüllstück *n*
filling plate Futterblech *n*
filling powder Füllpulver *n*
filling putty Spachtelkitt *m*
filling rod Futterleiste *f*
filling station *(Konst)* Tankstelle *f*
filling trowel Fugenkelle *f*
filling-up 1. Aufhöhung *f*; 2. Auffüller *m*, Schiefergrau *n*, Schiefergraumasse *f (Ölspachtel)*
filling volume Füllvolumen *n*
filling with concrete *(BB, Te)* Ausbetonieren *n*
filling with mud *(Bod)* Verschlammung *f (Boden)*
fillister 1. Kittfalz *m (Fenster)*; 2. Grathobel *m*
fillister-head screw Linsenkopfschraube *f*
film *v* mit einem Film bedecken *(Korrosionsschutz)*
film 1. Film *m*, dünne Schicht *f*; Haut *f*; dünne Schutzschicht *f*, dünner Überzug *m*; Anstrichfilm *m*; 2. Folie *f (aus Kunststoff)*
film build Schichtdicke *f*
film-building filmbildend
film defect *(OB)* Anstrichschaden *m*, Anstrichmangel *n*
film fault *(OB)* Anstrichschaden *m*, Anstrichmangel *m*
film forces Grenzflächenkräfte *fpl (Flüssigkeiten)*
film formation Filmbildung *f*
film former Filmbildner *m*
film-forming *(BM, OB)* filmbildend *(Anstriche)*
film-forming component [substance] Filmbildner *m*
film glue thermoplastimprägnierte Feintrennfolie *f (Furnierarbeiten)*
film medium Filmbildner *m*, filmbildender Stoff *m*
film of moisture Feuchtigkeitsfilm *m*
film piece Filmspanstück *n (DIN 53155)*
film-proof filmbeständig
film roof(ing) *(Konst)* Foliendach *n*
film rupture Anstrichfilmreißen *n*
film rust *(OB)* Flugrost *m*
film thickness Filmdicke *f*; Schichtdicke *f*
film thickness gauge *(OB, Te)* Filmdickenmesser *m*, Schichtdickenmessgerät *n*
filmy trübe, verschleiert *(Anstrich, Glas)*
filter *v (WVA)* filtrieren, filtern; sich filtrieren lassen; durchsickern
filter *v* **in** *(Erdb)* einsickern
filter 1. *(WVA)* Filter *m*; 2. *(Verk)* grüner Abbiegepfeil *m*
filter arrow *(Verk)* grüner Abbiegepfeil *m*
filter bed *(Erdb, Wsb, WVA)* Filterlage *f*, Filterschicht *f*, Sickerfilter *n*, Sandfilterlage *f*, Sandfilterschicht *f*
filter block Filterstein *m*
filter block of a cesspit *(BT, San, WVA)* Klärgrubenbetonrohrfilter *n*
filter cake Filterkuchen *m*
filter drain Filterrohr *n*, Sickerrohr *n*, Sickerleitung *f*
filter fabric Filtergewebe *n*
filter gravel Filterkies *m*
filter layer *s.* filter bed
filter material Filtermaterial *n*; Filterkies *m*, Filtersand *m*
filter paper Filterpapier *n*
filter pipe *(WVA)* Filterrohr *n (für Brunnen)*
filter sand Filtersand *m*
filter screen Filtersieb *n*
filter sediment Filtersediment *n*
filter slag Filterschlacke *f*

filter slot Sickerschlitz *m*
filter stage *(Verk)* Grünpfeilschaltstufe *f*
filter well *(WVA)* Filterbrunnen *m*, Schachtbrunnen *m*
filterability Filtrierbarkeit *f*
filterable filtrierbar
filtered water filtriertes Wasser *n*
filtering Filtern *n*, Filtrieren *n*
filtering medium Filtermaterial *n*
filthy water *(WVA)* Schmutzwasser *n*
filtrate *v s.* filter
filtration Filtration *f*, Filtrieren *n*, Filterung *f*
filtration plant *(WVA)* Filtrationsanlage *f*
filtration spring Sickerquelle *f*
filtros Filtrosplatte *f*
fin *v* mit Rippen versehen, rippen
fin 1. *(HLK)* Rippe *f*, Heiz(körper)rippe *f*, Radiatorrippe *f*; Kühlrippe *f*; 2. *(BB, Te)* Betonnase *f*; Formgrat *m*; 3. *(Erdb)* Stahlspundwand *f (vom Hauptkofferdamm auskragend)*; 4. *(BT)* Aluminiumfensterhaltestrebe *f*; 5. *(BWG)* Schaufel *f*, Flosse *f*, Mischwerkzeug *n (Mischer)*
fin drain *(Verk, WVA)* Rippenentwässerungsrinne *f*, Randentwässerungsrinne *f*
fin-type radiator *(HLK)* Rippenheizkörper *m*
final endgültig, letzte, letzter
final acceptance *(VR)* Schlussabnahme *f*, Gebrauchsabnahme *f*
final account *(VR)* Schlussrechnung *f*
final approval *s.* final acceptance
final assembly *(Te)* Endmontage *f*
final cleaning Feinreinigung *f*, Nachreinigung *f*
final coat 1. obere Putzschicht *f*; 2. *(Verk)* Deckschicht *f*; Schlussanstrich *m*
final coat of paint *(OB)* Schlussanstrich *m*, Deckanstrich *m*
final coat plaster Feinputz *m*
final complete stage *(Te)* Endausbaustufe *f*, Fertigausbauabschnitt *m*
final completion *(Te)* Endfertigstellung *f*, Baukomplettierung *f*
final cover *(Erdb, OB)* Endabdeckung *f*; Oberflächenversiegelung *f*
final design *(Konst)* Ausführungsunterlagen *fpl*, endgültiger Entwurf *m*, Ausführungsentwurf *m*
final drawing *(Konst)* Ausführungszeichnung *f*
final erection *(Te)* Endmontage *f*
final examination *(VR)* Abnahmekontrolle *f*, Endkontrolle *f*
final float for road surfacing Glättbohle *f* für Oberbeton [Deckenschluss]
final grade *(Erdb)* Feinplanum *n*, Fundamentsohle *f*
final grading Feinplanierung *f*
final grind Betonabschleifen *n*; Terrazzo(glanz)polieren *n*
final grinding 1. Abziehen *n*; 2. Feinmalung *f*, Feinmalen *n*
final individual coat Endaufstrichschicht *f*, Schlussaufstrichlage *f*
final inspection Bauabnahme *f*, Schlussabnahme *f*, Abnahmekontrolle *f*, Endprüfung *f*, Endkontrolle *f*
final invoice *(VR)* Endrechnung *f (Angebot, Vergabe)*
final load *(Stat)* endgültige Last *f*
final measurement *(Verm, VR)* Abnahmemessung *f*
final moment *(Stat)* endgültiges Moment *n*
final payment *(VR)* Abschlusszahlung *f* der Bausumme
final plan *(Konst, Te)* Ausführungsplan *m*
final planning *(Konst, Te)* Ausführungsplanung *f*
final planning documents Ausführungsunterlagen *fpl*
final plaster obere Putzschicht *f*
final polishing Nachpolieren *n*
final pressure *(OB)* Enddruck *m*
final prestress [prestressing force] *(BB, Te)* Endvorspannung *f*, Endvorspannkraft *f*, vollständige Vorspannkrafteinbringung *f*
final project Ausführungsprojekt *n*
final rendering Deckputz *m*, Oberputz *m*; Feinputzschicht *f*
final rendering stuff Feinputzmörtel *m*
final scheme *(Konst, Te)* Ausführungsprojekt *n*
final set Abbindeende *n*, Erstarrungsende *n*
final setting *(BB, BM)* Erstarrung *f*, Härtung *f (Beton, Mörtel)*
final setting time Abbindezeit *f*, Zeitdauer *f* bis zum Erstarrungsende, Erhärtungszeit *f*
final settlement Endabrechnung *f (Bauleistung)*
final settling tank *(Umw, WVA)* Nachklärbecken *n*
final shape Endform *f*, Endgestalt *f*
final storage Endlagerung *f*
final strength *(BB)* Endfestigkeit *f*; Bruchfestigkeit *f*
final stress 1. *(Stat)* Endspannung *f (nach vollständiger Belastung)*; 2. *(BB, St)* Endvorspannkraft *f*, Endvorspannung *f*
final tangent point *(Verk)* Krümmungsanfangspunkt *m (Straße)*
final test *(VR)* Abnahmeprüfung *f*, Endkontrolle *f*
final treatment Schlussbehandlung *f*
final varnishing *(OB)* Schlusslackierung *f*
final welding *(St)* Fertigschweißen *n*, Vollschweißen *n*
finding Erkenntnis *f (wissenschaftlich empirische)*
fine 1. fein(körnig); 2. dünn *(z. B. Folie)*; klein; 3. rein
fine *(VR)* Geldstrafe *f*, Geldbuße *f*
fine aggregate Feinzuschlag(stoff) *m*, Feinkorn *n*, feiner [feinkörniger] Zuschlag *m*
fine aggregate angularity *(AE)* Bruchflächigkeit *f* des Sandes
fine asphalt Asphaltfeinbeton *m*
fine asphaltic concrete *(AE)* Asphaltfeinbeton *m*
fine-bedded feingeschichtet
fine broken rock Feinschotter *m*
fine chipboard Feinspanplatte *f*
fine chippings Feinsplitt *m*
fine cold asphalt Asphaltkaltbeton *m*, Kaltasphaltfeinbeton *m*
fine concrete Feinbeton *m*, sandreicher Beton *m*
fine crack Haarriss *m*
fine crushing *(Te)* Feinbrechen *n*, Nachbrechen *n*
fine-crystalline feinkristallin *(Gestein)*
fine dust *(HLK, Umw)* feiner Staub *m*, Flugstaub *m (z. B. in Feuerungen)*
fine-fibrous feinfasrig
fine filler *(OB)* Feinausfüller *m*, Feinspachtel *m*
fine grading Feinplanieren *n*, Feinplanierung *f*
fine grain *(BM)* Feinkorn *n*, Mehlkorn *n*
fine grain mixture Feinkornmischung *f*
fine-grained feinkörnig *(Zuschlagstoff)*
fine-grained concrete Feinbeton *m*
fine-grained gravel Feinkies *m*
fine grains Feinmaterial *n*
fine gravel Feinkies *m*
fine grinding Feinschleifen *n*
fine-ground feingemahlen
fine levelling *(Erdb)* Feinabgleichen *n*, Feinausgleichen *n*, Feinegalisieren *n*; Feinnivellieren *n*
fine manufactured sand Feinbrechsand *m*
fine material kostbarer Baustoff *m*
fine mortar Feinmörtel *m*
fine plane Putzhobel *m*
fine polishing *(OB)* Feinpolieren *n*
fine-pored feinporig
fine rubble Feinschotter *m*
fine sand Feinsand *m*
fine-sandy feinsandig
fine screen Feinsieb *n*
fine silt Feinschluff *m*
fine-size grading *(BM)* Feinkornabstufung *f*

fine-size range Feinkornbereich *m*
fine slip Feingleitung *f*
fine soil Feinkornboden *m*, Schlämmkorn *n*
fine steel Eselstahl *m*
fine stopper *(OB)* Feinausfüller *m*, Feinspachtelmasse *f*
fine stopping Feinspachtel *m*
fine-stratified *(Erdb)* feingeschichtet
fine stuff Feinputzmörtel *m*, Feinkalkmörtel *m*, Tünchsandputz *m*
fine stuff surface Kalkputzoberfläche *f*
fine talc *(BM)* Talkpulver *n*, Talkum *n*
fine tar concrete Teerfeinbeton *m*
fine texture Feintextur *f*
fine-textured feinmaserig; feinkörnig
finely crushed basalt chippings *(BM, OB)* Pigmentfeinheit *f*
finely crystalline feinkristallin *(Gestein, Naturstein)*
finely dispersed feindispers
finely divided feinverteilt
finely granular feinkörnig
fineness degree Feinheitsgrad *m*
fineness determination Feinheitsbestimmung *f*
fineness limit Feinheitsgrenze *f*
fineness modulus Feinheitsmodul *m*, Feinheitszahl *f*, Körnungsmodul *m*
fineness of grind Mahlfeinheit *f (Zement, Pigment)*
fines Feinstoffe *mpl*, Feinmaterial *n*, Feines *n*; Siebfeines *n*; Feinanteile *mpl*; Steinmehl *n*; Füller *m (für Beton)*; Schluff *m (Erdstoff)*
finest fraction allerfeinste Fraktion *f*
finest grain Feinstkorn *n*
finest sizes *(BM)* Allerfeinstes *n*, letzter Siebdurchgang *m*
finger 1. *(EB, Hb)* Parkettlamelle *f*; 2. *(BWG, HLK)* Zeiger *m*; 3. *(Konst, Verk)* Verbindungsgang *m*, Finger *m*, Fingerflugzeugzugang *m*, Fingerflugsteig *m*
finger guard *(EB)* Fingerschutzstreifen *m (Tür)*
finger head *(Konst, Verk)* Finger(flugsteig)kopf *m*
finger joint *(Hb)* Kammverbindung *f*
finger layout *(Konst, Verk)* Finger(flugsteig)form *f*
finger plate *(EB)* Schlossschutzblech *n*
finger plates *(Br)* Fingerplatten *fpl (Brückenübergangselement)*
finger post *(Verk)* Wegweiser *m*
finger system *(Verk)* Fingersystem *n (Flugsteiganordnung)*
fingerlike structure stängelförmige Struktur *f*
fingernail test *(BM)* Fingernagelprüfung *f*
fingers Lamellenparkett *n*, Kleinparkett *n*, Mosaikparkett *n*
finial *(Arch)* Spitzenornament *n*, Kreuzblume *f*; gotischer Knauf *m*
fining *(BM, Te)* Läuterung *f (Glas)*
fining coat Feinputz *m*, Oberputz *m*, obere Putzschicht *f*
finish *v* 1. *(Te)* fertigstellen; 2. *(Te)* ausbauen; 3. *(OB)* die Oberfläche behandeln; mit Deckanstrich versehen; (ver)putzen; 4. *(OB)* schlichten *(eben machen)*; 5. *(Te)* nach(be)arbeiten; 6. *(Verk)* eine Straßendecke aufziehen
finish *v* **off** fertigstellen, beenden
finish 1. *(OB)* Oberflächenbeschaffenheit *f*, Oberflächengüte *f*, Aussehen *n (einer Oberfläche)*; 2. *(SB)* Putz *m*, Wandbewurf *m*; 3. *(OB)* Deckanstrichstoff *m*, Deckfarbe *f*; Imprägnierung *f*; 4. *(Te)* Ausbau *m*; 5. *(Te) s.* finishing
finish and services work *(AE) (Te)* Ausbauarbeiten *fpl*
finish builder's hardware *s.* finish hardware
finish casing *(Konst, OB)* Deckschicht *f* der Ummantelung
finish coat 1. Oberputz *m*, Feinputz *m*, obere Putzschicht *f*; 2. Schlussanstrich *m*; Lacküberzug *m*; Endbeschichtung *f*
finish-fair *v (OB, Te)* abziehen, glätten
finish floor(ing) Fußboden(ab)deckschicht *f*; Fußbodenabschluss *m*
finish grade *(Erdb)* Oberflächenplanierung *f*, Feinplanieren *n*
finish grinding *(Te)* Feinmahlung *f*, Feinmahlen *n (Zement)*
finish hardware Baubeschläge *mpl*, Baukleineisenwaren *fpl*
finish layer *(OB, Verk)* Deckschicht *f*, Decklage *f*
finish lime Feinkalk *m*, Putzkalk *m*
finish nail Senkkopf(nagel) *m*
finish paint *(OB)* Deckfarbe *f*, Deckanstrichstoff *m*
finish plaster *s.* finish coat 1.
finish rolling *(Verk)* Feinwalzen *n*, Auswalzen *n (Straße)*
finish size Fertigmaß *n*
finish-smooth *v s.* finish-fair
finish (stair) string *(EB, Hb)* Treppenwange *f*, Freiwange *f*
finish tile Verkleidungsfliese *f*, Deckfliese *f*
finish varnishing Fertiglackierung *f*
finish vehicle Bindemittellösung *f*, Anstrichbindemittel *n*
finished *(Te)* fertig, vollendet, vollkommen
finished floor *s.* finish floor(ing)
finished goods Fertigerzeugnisse *npl*
finished size Fertigmaß *n*
finished water *(WVA)* aufbereitetes Wasser *n*
finisher *(Verk)* Fertiger *m*, Deckenfertiger *m*, Straßendeckenfertiger *m*; Glätter *m*
finishing 1. *(Te)* Fertigstellung *f*; Endbearbeitung *f*; Verarbeitung *f*; 2. *(OB, Te)* Oberflächenbehandlung *f*; Abziehen *n*, Glätten *n*; Fertigreiben *n (Putz)*; 3. *(OB)* Deckanstrich *m*, Aufstreichen *n* einer Deckschicht; 4. *(Verk)* Profilherstellung *f*, Planieren *n*
finishing and completion [servicing] *(Te)* Ausbau *m*
finishing beam Glättbohle *f*
finishing brush Putzpinsel *m*, Putzbürste *f*
finishing coat *(Tun)* Oberflächenschale *f*, Deckmantel *m*
finishing cover *(OB, Verk)* Deckschicht *f*
finishing enamel Decklack *m*
finishing layer obere Schicht *f*; Verschleißschicht *f*
finishing lime Putzkalk *m*
finishing line *(Te)* Fertigungsbahn *f*; Fertigerspur *f*
finishing machine *s.* finisher
finishing material Deckwerkstoff *m*, Deckschichtmaterial *n*
finishing nail Verkleidungsnagel *m*
finishing off *(OB, Te)* Fertigstellung *f* der Arbeiten *(speziell Oberflächenabschlüsse)*; Oberflächenabschluss *m*
finishing paint *s.* finish paint
finishing plaster *s.* finish coat 1.
finishing point Endpunkt *m*
finishing screed *(BWG, Te)* Glättbohle *f*, Abziehbohle *f*
finishing system *(OB)* Anstrichsystem *n*, Anstrichaufbau *m*, Decklackierung *f*
finishing tool Putzkelle *f*, Abziehkelle *f*; Putzbrettchen *n*
finishing trades Ausbaugewerke *npl*
finishing trowel Glättkelle *f*, Glätter *m*
finishing varnish *(OB)* Überzuglack *m*; Siegellack *m*, Parkettabsiegelung *f*, Lacküberzug *m*
finishing work 1. *s.* finishing; 2. Nacharbeiten *n*
finishings Ausbau *m*; Ausstattung *f*
finite endlich
finite bending *(Stat)* endliche Biegung *f*
finite deformation *(Stat)* endliche Formänderung *f*
finite element method *(Stat)* Methode *f* der finiten Elemente
Fink truss Fink-Binder *m*, Dreieckfachwerkbinder *m*, französischer Binder *m*
finned gerippt, mit Rippen versehen; mit Lamellen
finned absorber plate *(HLK)* gerippte Absorberplatte *f*
finned heating tube *(HLK)* Rippenheizrohr *n*, Lamellenheizrohr *n*
finned pipe *(HLK)* Rippenrohr *n*; Lamellenrohr *n*

finned radiator *(HLK)* Lamellenheizkörper *m*, Konvektor *m*, Rippenheizkörper *m*
finned tube *(HLK)* Rippenrohr *n*; Lamellenrohr *n*
fir 1. *(LB)* Tanne *f*; 2. *s.* fir wood
fir wood *(Hb)* Tannenholz *n*
fire *v* 1. *(HLK, Te)* feuern, beheizen *(Kesselanlagen)*; heizen *(Öfen)*; 2. *(Te)* brennen *(Keramik)*; 3. *(Erdb, Te, Tun)* zünden *(Sprengstoff)*; 4. *(Erdb, Tun)* schießen, sprengen; 5. *(OB, Te)* einbrennen *(Emaille, Einbrennlack)*
fire *v* **bricks** *(Te)* Ziegel brennen
fire *v* **on** *(Te)* einbrennen *(keramische Werkstoffe)*
fire 1. Feuer *n*; Brand *m*; 2. Feuerstätte *f*, Feuerung *f*
fire action Feuereinwirkung *f*
fire alarm 1. Feueralarm *m*; 2. Feuermeldeanlage *f*
fire-alarm box *(El)* Feuermelder *m*
fire-alarm system *(El)* Feueralarmanlage *f*; Feuermelder *m*
fire area von Brandmauern eingegrenzte Gebäudefläche *f*, feuergeschützter Raum *m*; Feuerschutzzone *f*
fire assembly Feuerschutzausbauteile *npl*
fire attack Feuerangriff *m*
fire barrier Brandblende *f*, Brandsperre *f*
fire bat Brandschutzbauplatte *f*
fire blanket Feuer(schutz)decke *f*
fire brigade Feuerwehr *f*
fire cabinet Feuerlöschkasten *m*
fire canopy Brandgesims *n*
fire cement feuerbeständiger Zement *m*, Aluminiumzement *m*
fire check door *s.* fire door
fire classification *(BT)* Brandklasse *f*, Feuerwiderstandsklasse *f*
fire compartment *(Konst)* Brandabschnitt *m*
fire control Feuerüberwachung *f*
fire-control damper *(El)* automatischer Feuerzugschließer *m (Steuerungsgerät)*
fire crack Brennriss *m*, Glasurhaarriss *m (Keramik)*
fire curtain *(EB, Konst)* Asbestvorhang *m*
fire cut *(Konst)* Feuerfuge *f*
fire dam *(Erdb, Konst)* Feuerschutzdamm *m*, Branddamm *m*
fire damage *(VR)* Feuerschaden *m*
fire-damaged building feuerbeschädigtes Gebäude *n*
fire damper *(El)* automatischer Abzugskanalschieber *m (bei Feuerausbruch)*
fire department *(VR)* Feuerwehr *f*
fire department connection *(AE) (El)* Feuermeldeleitung *f*
fire detection device *(El)* Branddetektor *m*
fire-detection system *(El)* Feueralarmanlage *f*
fire devil *(HLK)* Kokskorb *m*
fire-division wall *(Konst)* Brandmauer *f*
fire door 1. Feuerschutztür *f*, Brandtür *f*; 2. Ofentür *f*, Feuertür *f*, Heiztür *f*
fire door closing device Feuertürschließer *m*
fire-door rating *(AE) (BT, VR)* Feuerwiderstandsgrad *m* einer Tür, Brandtürklassifikation *f*
fire durability Brandhaltbarkeit *f*, Feuerbeständigkeit *f*
fire endurance Feuerwiderstandszeit *f (einer Konstruktion)*
fire escape 1. Feuertreppe *f*, Brandfluchttreppe *f*; Feuerleiter *f*, Notleiter *f (an Gebäuden)*; 2. Notausgang *m*
fire escape window Notausstiegfenster *n*
fire exit *(Konst)* Notausgang *m (Gebäude)*
fire-exit bolt Notausgangsverriegelung *f*
fire exposure *(BM, BT)* Feueraussetzung *f*, Hitzeaussetzung *f (Bauelement)*
fire extinguisher Feuerlöscher *m*, Feuerlöschgerät *n*
fire-extinguishing system automatische Feuerlöschanlage *f*
fire fighter Feuerwehrmann *m*
fire-fighter's ladder Feuerleiter *f*
fire-fighting Feuerbekämpfung *f*
fire-fighting appliance Feuerlöschgerät *n*
fire-fighting equipment Feuerlöschausrüstung *f*
fire-fighting foam Feuerlöschschaum *m*
fire-fighting stair feuergeschütztes Treppenhaus *n*
fire finish *(OB)* Feuerblankheit *f*
fire finished *(OB)* feuerblank
fire foam Löschschaum *m*
fire gable Brandgiebel *m*
fire grading 1. *(BT, VR)* Feuerschutzklasse *f*; 2. *s.* fire grading period
fire grading class *(VR)* Feuerschutzklassifikation *f*
fire grading period Feuerwiderstandszeit *f*
fire grate *(HLK)* Feuergitter *n (Kamin)*
fire growth rate *(Tun)* Feuerausbreitgeschwindigkeit *f*
fire-gutted ausgebrannt, abgebrannt, niedergebrannt
fire-gutted structure *(RS)* Brandruine *f*
fire hazard *(VR)* Feuergefahr *f*
fire-hazard classification Feuergefährlichkeitsklassifizierung *f*
fire heat release rate Feuerhitzeabklinggeschwindigkeit *f*
fire hose Feuerwehrschlauch *m*
fire-hose cabinet Feuerwehrschlauchlagerraum *m (Schrank)*
fire hydrant *(WVA)* Hydrant *m*
fire installation Feuerungsanlage *f*
fire insurance Feuerversicherung *f*
fire ladder Feuerleiter *f*
fire legislation Brandschutzgesetzgebung *f*
fire limits Feuerschutzzonengrenze *f*
fire line *(WVA)* Löschwasserrohrsystem *n*
fire load Brandbelastung *f*, Brandlast *f*
fire lobby *(Konst)* Brandabschnitt *m*
fire loss Brandschaden *m*
fire mains *(WVA)* Wasserversorgung *f* für Feuerbekämpfung
fire notice Feueranweisung *f*
fire outbreak Brandausbruch *m*, Feuerausbruch *m*
fire partition *(Konst)* Brandmauer *f*, feuergeschützte Wand *f (zwei Stunden Feuerwiderstand)*
fire penetration Brandübergriff *m*, Feuerübergriff *m*
fire-plug *(AE) (WVA)* Hydrant *m*, Feuerhahn *m*
fire point Brennpunkt *m (z. B. von Baustoffen)*
fire policy Feuerrichtlinie *f*
fire pond *(Umw, Wsb, WVA)* Löschwasserteich *m*, Feuerlöschteich *m*
fire precautions *(VR)* Brandschutzmaßnahmen *fpl*, Brandsicherheitsmaßnahmen *fpl*
fire prevention *(VR)* Brandverhütung *f*
fire-proof feuerbeständig, feuerfest; feuersicher, brandfest
fire-proof brick Feuerfeststein *m*, feuerfester Ziegel *m*
fire-proof coat *(OB)* Feuerschutzanstrich *m*
fire-proof curtain Asbestvorhang *m*
fire-proof floor *(TK)* Massivdecke *f*
fire-proof wall Brandmauer *f*
fire-proofing 1. Feuerfestmachen *n*; 2. *s.* fire-proofing agent
fire-proofing admixture brandhemmendes Additiv *n*
fire-proofing agent Feuerschutzmittel *n*, Flamm(en)-schutzmittel *n*
fire-proofing component Feuerschutzelement *n*
fire-proofing tile Feuerschutzfliese *f*
fire-proofness *(BM, BT, Konst)* Feuerbeständigkeit *f*
fire propagation Feuerfortpflanzung *f*, Brandfortpflanzung *f*
fire protection Brandschutz *m*; Brandschutzvorkehrungen *fpl*
fire protection encasement Brandschutzummantelung *f*
fire-protection equipment cabinet Feuerlöschgeräteschrank *m*
fire-protection measure Brandschutzmaßnahme *f*

fire-protection rating Brandschutzklassifikation *f*
fire-protection sprinkler system *(San)* automatische Wassersprenganlage *f*, Sprinkler-Anlage *f*
fire-rated door Brandklassifikationstür *f*, Tür *f* nach Brandklassifikation
fire rating *(VR)* Brandklassenwert *m*
fire rating class *(BT, VR)* Feuerschutzklassifikation *f*
fire regulations *(VR)* Brandschutzbestimmungen *fpl*, Feuerschutzbestimmungen *fpl*
fire research Feuerforschung *f (Brandforschung)*; Brandschutzforschung *f*
fire resistance Feuerbeständigkeit *f*
fire-resistance grading *(BT, VR)* Brandklasseneinteilung *f*
fire-resistance period *(BT, VR)* Feuerwiderstandsklasse *f*
fire-resistance rating Feuerwiderstandsklasse *f*
fire-resistance test Brandprüfung *f*, Brandprobe *f*; *(EN 15080)* Feuerwiderstandsprüfung *f*
fire-resistant feuerbeständig
fire-resistant construction feuerbeständige Tragkonstruktion *f*; feuerbeständiges Bauen *n*
fire-resistant door *(Konst)* Brandschutztür *f*
fire-resisting finish Feuerschutzfarbe *f*
fire-resisting floor *(TK)* feuerhemmende Decke *f (für eine Stunde)*
fire-resisting wall *s.* fire wall
fire-resistive *s.* fire-resistant
fire response Wahrnehmung *f* des Feuerausbruches; Feuerbekämpfungsreaktion *f*
fire-retardant feuerhemmend
fire-retardant Feuerhemmstoff *m*, Feuerschutzmittel *n*, Flamm(en)schutzmittel *n*, Brennbarkeitsverzögerer *m*
fire-retardant agent [chemical] *s.* fire-retardant
fire-retardant coating *(OB)* Feuerschutzüberzug *m*; Feuerschutzanstrich *m*
fire-retardant construction feuerhemmendes Bausystem *n*, feuerhemmende Konstruktion *f*
fire-retardant finish Feuerschutzfarbe *f*
fire-retardant impregnating agent feuerhemmendes Imprägniermittel *n*
fire-retardant material *s.* fire-retardant
fire-retardant paint *(OB)* Brandschutzfarbe *f*, feuerhemmender Anstrichstoff *m*
fire-retardant timber *(BM, Hb)* feuerschutzimprägniertes Bauholz *n*
fire-retardant treatment feuerhemmende Behandlung *f*
fire-retarding *s.* fire-retardant
fire-retarding component *(BT)* feuerhemmendes Bauteil *n*
fire-retarding glazing feuerhemmende Drahtverglasung *f*
fire-retarding wall feuerhemmende Wand *f*
fire risk Brandgefahr *f*
fire room *(HLK)* Feuerungsraum *m*, Feuerstättenraum *m*
fire route *(Konst, VR)* Fluchtweg *m*, Rückzugsweg *m*
fire safety Brandsicherheit *f*
fire screen Kamingitter *n*
fire separation feuergeschützter Gebäudeteil *m*
fire-shielding *s.* fire-retardant
fire shutter 1. Metallladen *m (z. B. für Fenster und Türen)*; 2. Feuerschutzladen *m*
fire spread Feuerausweitung *f*
fire sprinkler (system) Sprenganlage *f*, Feuerschutzberieselungsanlage *f*, Sprinkler(feuerlösch)anlage *f*
fire staircase *(Konst)* Feuertreppe *f*
fire station *(VR)* Feuerwache *f*
fire stop feuerhemmendes Bauteil *n*, Brandblende *f*; feuerdämmendes Element *n*
fire-stopping feuerhemmend
fire suppression Feuerabschwächung *f*, Feuerunterdrückung *f*
fire technology Brandtechnologie *f*
fire temperature Brandtemperatur *f*
fire test *(BM, Te)* Brandprüfung *f*, Feuerbeständigkeitsprüfung *f*
fire tower *(Konst)* Feuertreppenschacht *m*, Notausgangstreppenhaus *n (feuergeschützt)*
fire tube *(HLK)* Flammrohr *n*, Heizrohr *n*
fire-tube boiler Heizrohrkessel *m*, Rauchrohrkessel *m*
fire ventilation *(HLK, Konst)* Brandlüftung *f*
fire ventilator *(HLK)* Rauchgas(absaug)ventilator *m*
fire wall Brandmauer *f*; Brandschott *n*
fire warning device *(El)* Brandmelder *m*
fire welding *(St)* Feuerschweißen *n*
fire window feuerhemmendes Fenster *n*, Brandschutzfenster *n*; Notfenster *n*
firebreak *(RP)* Feuerschutzstreifen *m*, Brandschutzschneise *f*
firebrick Schamotteziegel *m*
firebrick lining *(HLK, Konst)* Schamottesteinverkleidung *f*
fireclay Feuerton *m*, feuerfester Ton *m*, Schamotteton *m*
fireclay brick Schamottestein *m*
fireclay lining Schamotteauskleidung *f*
fireclay mortar Schamottemörtel *m*
fireclay ware Feuertonartikel *mpl*; Schamotteartikel *mpl*; Feuertonerzeugnisse *npl*
fired brick gebrannter Ziegel *m*
fired clay brick gebrannter Stein *m*
fired glaze *(OB)* gebrannte Glasur *f*
fired lime Branntkalk *m*, gebrannter Kalk *m*
fired-on eingebrannt
fireguard 1. *(HLK)* Kamin(schutz)gitter *n*; 2. *(VR)* Brandwache *f*
fireman 1. Feuerwehrmann *m*; 2. Sicherheitsinspektor *m*
fireplace *(HLK)* Feuerstelle *f*; offener Kamin *m*
fireplace throat Kaminhals *m*
fireproof *s.* fire-proof
firer Schießmeister *m*, Sprengmeister *m*
fireside *(AE) (HLK)* Kaminherd *m*, Kaminplatz *m*
firestone 1. Feuerstein *m*, Flint *m*; 2. Quarzschiefer *m*
firewater Löschwasser *n*
firewater pond *(LB, Wsb, WVA)* Feuerlöschteich *m*
firewood Brennholz *n*
firing 1. Befeuerung *f (von Kesselanlagen)*; Koksfeuerung *f*; Feuerung *f*; 2. Brennen *n (Keramik)*
firing crack Brennriss *m*, Brandriss *m*
firing equipment Brennausrüstung *f*, Brennausrüstungssatz *m*
firing installation Brennanlage *f*
firing process Brennprozess *m*, Brennvorgang *m*
firing range Brennbereich *m*
firing shrinkage *(BM)* Brennschwindung *f*
firing tape *(Erdb, Tun)* Zündschnur *f*
firing to (cement) clinker Klinkerbrennen *n*
firing up *(BT, Te)* Tempern *n*
firm *v (BM, Te)* verdichten, fest werden
firm 1. *(Konst)* stabil befestigt, fest; 2. *(Bod)* fest, stabil; 3. dauerhaft • **be firm** stabil sein
firm *(VR)* Firma *f*
firm clay harter Ton *m*, Lettenton *m*
firm contract *(VR)* Festpreisvertrag *m*
firm ground *(Bod, Erdb)* fester Boden *m* [Grund *m*]
firm line *(Konst)* Volllinie *f*
firm of specialists *(VR)* Spezialfirma *f*, Spezialunternehmen *n*
firm offer *(VR)* Fest(preis)angebot *n*
firm price *(VR)* Festpreis *m*; Pauschal(bau)preis *m*
firm-price bid *(AE) (VR)* Pauschalpreisangebot *n*
firm-price contract *(VR)* Festpreisvertrag *m*, Pauschalpreisvertrag *m*

firm-price offer *(VR)* Pauschalpreisangebot *n*
firm-price proposal *(AE) (VR)* Festpreisangebot *n*, Pauschalpreisangebot *n*
firm-price tender *(VR)* Pauschalpreisangebot *n*
firmary *(Arch)* Klosterkrankenhaus *n*
firmer chisel *(Hb)* Stechbeitel *m*
firmer gouge *(Hb)* Hohlbeitel *m*
firmly secured *(BT, Konst)* fest eingespannt
firmly wired *(El)* fest verdrahtet
firmness (mechanische) Festigkeit *f*, Stabilität *f*; Beständigkeit *f*
firm's dwelling unit *(AE)* Werkswohnung *f*
firring *(Hb)* Unterfütterung *f*, Verbretterung *f (mit Futterholz)*; Unterschalung *f (für Putz)*; Futterholz *n*; Aufschiebling *m (Dach)*
first erste, erster; erstklassisch, vorzüglich; hauptsächlich
first-aid post *(VR)* Unfallstation *f (erste Hilfe)*
first-aid room Erste-Hilfe-Raum *m*, Sanitätszimmer *n*
first-aid station *(VR)* Unfallstation *f*
first-class vorzüglich
first class erste Klasse *f*
first-class performance *(Te)* Hochleistung *f*
first coat 1. erste Lage *f*, erste Schicht *f (Putzschicht)*; Unterputz *m*; 2. Grundierung *f*
first cost *(VR)* Gestehungskosten *pl (Arbeit und Material)*; Selbstkosten *pl*
first fixings Halteklötzchen *npl*, Dübelklötzer *mpl*
first floor 1. erstes Geschoss *n*, erste Etage *f*; 2. *(AE)* Erdgeschoss *n*, Parterre *n*
first-floor plan *(AE) (Konst)* Erdgeschossplan *m*, Grundriss *m*
first gallery erster Rang *m*
first layer *(St)* Wurzellage *f*, erste Schweißlage *f*
first moment (of area) *(Stat)* statisches Moment *n*
first order equation *(Stat)* lineare Gleichung *f*, Gleichung *f* ersten Grades
first order theory *(Stat)* Theorie *f* I. Ordnung
first paint *(OB)* Grundanstrichfarbe *f*, Grund(ier)farbe *f*
first step Antrittsstufe *f*
first storey *(AE)* erste Etage *f*, erstes Stockwerk *n*
first-surface coating *(OB)* Außenbeschichtung *f*
first undercoat erste Unterputzlage *f*, erste Unterputzschicht *f*
first-year rate of return *(VR)* Anfangsrendite *f*
firsting *(BB, Te)* erste Mischung *f (Beton)*
fiscal *(VR)* fiskalisch
fish(-plate) *v (Konst, Te)* verlaschen
fish (bar) Lasche *f*
fish beam *(TK)* Fischbauchträger *m*, Linsenträger *m (Fachwerkträger)*
fish-bellied fischbauchig
fish-bellied girder *s.* fish beam
fish-belly *(TK)* Fischbauch *m (Trägerform)*
fish-belly girder *s.* fish beam
fish glue *(BM)* Fischleim *m*
fish grid Fischrechen *m*
fish joint Laschenstoß *m*, Verlaschung *f*; Klammerlaschenstoß *m*
fish mouth Dachpappenfalte *f*, Pappennase *f (auf einer Dacheindeckung)*
fish pass *(Wsb)* Fischgerinne *n*, Fischgraben *m*, Fischleiter *f*
fish plating Verlaschung *f*
fish screen Fischzaun *m*
fish-tail *(Wsb)* aufgebogene Enden *npl*, auseinandergebogene Endelemente *npl (Mauerwerk)*; Anker *m*
fish-tail bolt Ankerschraube *f*
fish tape *(San)* Reinigungsdraht *m*
fished beam Balken *m* mit seitlicher Laschenverstärkung
fished joint *s.* fish joint
fishing *(Konst, Te)* Verlaschung *f*, Verlaschen *n*, Anlaschen *n*
fishing plate *s.* fishplate
fishplate 1. *(Konst)* Lasche *f*, Klammerlasche *f (Metallverbindungsstück für Balken)*; Stoßlasche *f*; Knotenverbindung *f*; Zuglasche *f*; 2. *(Verk)* Schienenverbindungslasche *f*, Klammerlasche *f*
fissile teilbar, spaltbar *(Baustoff, Gestein)*; schiefrigschuppig, blättrig *(Gestein)*
fissile material Spaltmaterial *n*
fissility Teilbarkeit *f*, Spaltbarkeit *f (Baustoffe, Gestein)*; Schiefrigkeit *f (Gestein)*
fission Aufspaltung *f*, Spaltung *f (von Gestein)*
fissuration 1. *(Bod)* Zerklüftung *f (Geologie)*; 2. Rissbildung *f*
fissure *v* rissig werden
fissure 1. Riss *m*, Spalt *m (z. B. in einer Mauer)*; Spalte *f*; 2. Kluft *f*, Riss *m (tektonisch)*
fissured zerklüftet, rissig *(z. B. Gestein)*
fissuring of rock *(Bod)* Gesteinszerklüftung *f*
fistuca *(Erdb)* Pfahlramme *f*
fistula *(Arch)* römisches Wasserleitungsrohr *n (antikes Rom)*
fit *v* 1. aufstellen, montieren; anbringen, einbauen; einrichten; 2. einpassen; passend machen; justieren; 3. ausrüsten, ausstatten; einrichten
fit *v* **in** einbauen, installieren; einpassen
fit *v* **out** einrichten, ausstatten
fit *v* **to** anbauen an; anschließen an
fit *v* **together** zusammenfügen, ineinanderpassen
fit *v* **up** aufstellen, zusammenbauen
fit *v* **with glass** einglasen
fit passend, geeignet
fit Passung *f*; Sitz *m*; Anpassung *f*
fit for demolition abbruchreif
fit for traffic befahrbar
fit to live in bewohnbar
fit to live in/not *(RP, Umw)* unbewohnbar
fit-up 1. Montage *f*, Zusammenbau *m*; 2. wiederverwendbare Fertigungsschalung *f*, Schalungstafel *f (mehrfach verwendbar)*
fitch 1. *s.* fitch brush; 2. dünnes Holz *n*; 3. Brett *n* eines Laschenbalkens
fitch brush schmaler Malerpinsel *m*
fitchering *(Te)* Kantenziehen *n (Mörtel, Beton)*
fitment *(EB)* Einbaumöbel *pl(n)*
fitments *(EB)* Einrichtungsgegenstände *mpl*
fitness for purpose Zweckfähigkeit *f*
fitted eingebaut; eingerichtet; eingepasst; ausgerüstet
fitted assembly Einlegemontage *f*
fitted carpet *(EB)* Teppichboden *m*
fitted cupboard *(EB)* Einbauschrank *m*, eingebauter Schrank *m*, Wandeinbauschrank *m*
fitted furniture *(EB)* Einbaumöbel *npl*
fitted kitchen *(El)* Einbauküche *f*
fitted with ausgestattet mit
fitter Monteur *m*; Installateur *m*; Schlosser *m*
fitter for heating installation *(HLK, Te)* Heizungsmonteur *m*
fitter in the building trade Bauschlosser *m*
fitter's shop Schlosserei *f*
fitting 1. *(Te)* Installation *f*, Montage *f*, Aufbau *m*; Aufstellen *n*; Aufstellung *f*; Anpassen *n*; Anbringen *n*; Bearbeitung *f*; 2. *(BT, San)* Bauteil *n*, Zubehörteil *n*; Beschlag *m*; Einbaugegenstand *m*; Armatur *f*; Fitting *n(m)*; Rohrverbindungsstück *n*, Formstück *n (Rohr)*; 3. *(El)* Leuchte *f*
fitting arrangement Leuchtenanordnung *f*
fitting column *(Konst, Stat)* eingespannter Rahmenstiel *m*
fitting dimensions Anschlagmaße *npl*
fitting-in Einbau *m*, Installation *f*; Einpassen *n*
fitting instructions Anschlaganleitung *f*

fitting into the landscape *(LB, RP, Umw)* Einpassen *n* in die Landschaft
fitting into the site *(LB, RP, Umw)* Einfügen *n* in das Gelände
fitting load *(Konst, Te)* Montagebeanspruchung *f*, Montagebelastung *f*
fitting member Passstück *n*
fitting-out Ausrüstung *f*
fitting procedure Montagevorgang *m*, Aufstellungsablauf *m*
fitting sequence *(Te)* Montagefolge *f*, Aufbaufolge *f*
fitting shop Montagehalle *f*
fitting sleeve Montagehülse *f*
fitting-up *(Te)* Vormontage *f*, provisorischer Montageablauf *m*, Zusammenbau *m (ohne endgültige Verbindung)*
fitting-up bolt Montagebolzen *m*, Montagehilfsschraube *f*
fittings 1. Einbauteile *npl*; Ausstattung *f*; Beschläge *mpl*; Garnitur *f*; 2. *(San)* Armaturen *fpl*, Fittings *npl(mpl)*
five-bay *(TK)* fünfjochig
five-centred arch *(Konst)* Fünfzentrenbogen *m*, fünfpunktiger Korbbogen *m*, Korbbogen *m* mit fünf Leierpunkten
five-coat system Fünfschichtensystem *n*
five-lobe tracery *(Arch)* Fünfpass *m*
five-ply fünflagig *(Dach)*
five-pointed fünfzackig
five-sided fünfseitig
fix *v* 1. *(Te)* befestigen; anbringen; anschlagen; verankern; knüpfen; 2. *(Stat)* einspannen; 3. *(VR)* festlegen, bestimmen
fix *v* **by a rivet** *(St)* nieten
fix *v* **in** *(Hb)* einbinden *(Mauerwerk)*
fix *v* **in mortar** *(SB)* vermörteln
fix *v* **together** *(Konst, Te)* zusammenfügen, zusammensetzen
fixation 1. Befestigung *f*; Einspannung *f*; 2. Einspannungsgrad *m*
fixed 1. *(Stat)* eingespannt, gelenklos; 2. fest, feststehend, fixiert, unverschieblich; verankert
fixed action *(Br, Stat)* Festeinwirkung *f*, Dauereinwirkung *f (Brücke)*
fixed arch *(Konst, Stat)* eingespannter Bogen *m*
fixed-bar grille *(HLK)* Schutzgitter *n* an Klimaanlagenschächten und -öffnungen
fixed beam *(Konst, Stat, TK)* (zweiseitig) eingespannter Balken *m* [Träger *m*]
fixed bearing *(TK)* festes Auflager *n*
fixed bed *(Erdb)* ruhende [statische] Schüttung *f*
fixed column *(Konst, Stat, TK)* eingespannte Säule *f*
fixed condition Einspannungsbedingung *f*
fixed cycle operation *(Te)* Festzeitzyklenbetrieb *m*
fixed datum *(Verm)* Festpunkt *m*, Richtpunkt *m*
fixed dune *(Erdb, Wsb)* befestigte Düne *f*
fixed element *(Verm)* Fixpunkt *m*
fixed end *(Konst, Stat, TK)* eingespanntes Trägerende *n*
• **with fixed ends** *(Konst)* eingespannt
fixed-end arch eingespannter Bogen *m*
fixed-end beam *s.* fixed-end girder
fixed-end bending moment *(Stat)* Einspannbiegemoment *n*
fixed-end condition *(Stat)* Einspannbedingung *f*
fixed-end degree *(Stat)* Einspannungsgrad *m*
fixed-end girder *(Konst, Stat, TK)* zweiseitig eingespannter Balken *m*, eingespannter Träger *m*
fixed-end moment *(Stat)* Einspann(ungs)moment *n*
fixed equipment circuit *(El)* Kraftstromleitung *f*
fixed fixity *(Stat)* feste Endeinspannung *f*
fixed flange Festflansch *m*
fixed formwork Standschalung *f*
fixed frame eingespannter Rahmen *m*
fixed girder *(Konst, Stat, TK)* (zweiseitig) eingespannter Träger *m*
fixed glazing Festverglasung *f*
fixed ground water *(BM, Bod)* Kapillarwasser *n*, Porenwasser *n*
fixed hinge *(Stat)* festes Gelenk *n*
fixed joint *(Konst, Stat)* biegesteifer Knoten(punkt) *m*
fixed light *s.* fixed sash
fixed limit of construction cost *(VR)* Bausummenlimit *n*
fixed load 1. konstante Last *f* [Belastung *f*], (orts)feste Last *f*; 2. *(Stat)* Eigenlast *f*, Eigenmasse *f*
fixed message sign festes Informationszeichen *n*
fixed monitoring *(Verk)* fest installierte Überwachung *f*
fixed mooring *(Wsb)* Hafenankerstein *m*, Anker(platz)stein *m*, Ankerbalken *m*
fixed point *(Verm)* Festpunkt *m*, Fixpunkt *m*
fixed pole [post] Standmast *m*
fixed-price *(VR)* Festpreis *m*, Pauschalpreis *m*
fixed-price bid *(VR)* Pauschalpreisangebot *n*
fixed-price contract *(VR)* Festpreisvertrag *m*, Pauschalpreisvertrag *m*
fixed-price tender *s.* fixed-price bid
fixed retaining wall *(Erdb)* gestützte [verankerte] Stützmauer *f*
fixed roller sluice gate *(Wsb)* fixiertes Walzenwehr *n*
fixed sash Festfenster *n*, festes Fenster *n*, rahmenloses Fenster *n*
fixed screed height laying fixierte Estrichlagenverlegung *f*
fixed shuttering *s.* fixed formwork
fixed simple frame *(Konst, Stat)* einfach eingespannter Rahmen *m*
fixed sleeve cell *(Bod)* Triaxialgerät *n* mit fest angeordneter Gummihülle
fixed support *(Konst, Stat)* völlige Einspannung *f*
fixed time Festzeit *f*
fixed time control system *(Verk)* Festzeitsteuerungssystem *n*
fixed time intersection signal control *(Verk)* Knotenpunktsteuerung *f* mit Festzeitsignalen, Festzeitsignalsteuerung *f* des Knotens
fixed time method of control *(Verk)* Festzeitsteuerung *f*
fixed time operation *(Verk)* Festzeitbetrieb *m*
fixed time signals *(Verk)* Festzeitsignale *npl*
fixed transom *(Hb, St)* feste Kämpferplatte *f (fester Querriegel)*
fixed water *(BM)* chemisch gebundenes Wasser *n*
fixed window *s.* fixed sash
fixer (mason) Fliesenleger *m*, Plattenleger *m*
fixing Befestigung *f*; Einspannen *n*
fixing accessories Befestigungsmittel *npl*
fixing base nagelbare Unterlage *f*
fixing block *(EB)* Dübelstein *m*; Holzziegel *m*
fixing bolt Befestigungsschraube *f*, Befestigungsriegel *m*
fixing bracket Montagebügel *m*
fixing brick Dübelstein *m*
fixing channel Befestigungsschiene *f*
fixing clip Befestigungsschelle *f*, Halteklammer *f*
fixing degree *(Konst, Stat)* Einspannungsgrad *m*
fixing device Spannkopf *m (Spannbeton)*
fixing drain *(San)* Installationsableitung *f (z. B. von einem Geruchsverschluss)*
fixing fillet Dübelleiste *f*
fixing flange Befestigungsflansch *m*
fixing foot Befestigungsfuß *m*
fixing frame Befestigungsrahmen *m*
fixing hole Befestigungsloch *n*
fixing hook Befestigungshaken *n*
fixing in Einbinden *n*, Einbindung *f*
fixing length Einspannlänge *f*

fixing link Befestigungslasche *f*
fixing lock Spannschloss *n (Spannbeton)*
fixing material Befestigungsmaterial *n*
fixing means Befestigungsmittel *n(pl)*
fixing media Befestigungsmittel *npl*
fixing method Befestigungsweise *f*
fixing moment *(Stat)* Einspannmoment *n*
fixing of cladding sheets Einbau *m* der Wandverkleidung
fixing piece Befestigungsstück *n*
fixing plate Befestigungsplatte *f*
fixing point Befestigungsstelle *f*
fixing profile Befestigungsprofil *n*, Halteprofil *n*
fixing screw Befestigungsschraube *f*
fixing slip Dübelleiste *f*, Dübelholz *n*
fixing stirrup Befestigungsbügel *m*
fixing strip Trägerleiste *f*, Unterleiste *f (Verschalung)*
fixing system Befestigungssystem *n*
fixing technique Befestigungsweise *f*
fixing trim *s.* fixing profile
fixing unit *s.* fixing profile
fixing work *(Te)* Befestigungsarbeiten *fpl*
fixings *(Te)* Befestigungspunkte *mpl*
fixity 1. *(Stat)* Einspannung *f*; 2. *(Konst)* Unverschieblichkeit *f*
fixture 1. Haltevorrichtung *f*, Installationshalterung *f*, Befestigung *f*; Lampenhalter *m*; 2. unbewegliches Eigentum *n*
fixture branch Installationsverbindungsleitung *f*
fixture drain Installationsleitung *f*, Abflussleitung *f*, Abfluss *m (z. B. von einem Traps)*
fixture supply *(San)* Zuwasserleitungsstück *n*, Ventilanschlussleitung *f*
fixture unit *(San)* Abflusskapazität *f (einer Abflusssammelleitung)*; Entwässerungsleistungsgröße *f (in Liter pro Sekunde)*
fixture vent *(WVA)* Entlüftungsleitung *f (vom Abwassersystem)*
fixtures Installationselemente *npl*; Einrichtungsgegenstände *mpl*
fixtures and fittings Installationsobjekte *npl (technische Gebäudeausrüstung)*; nicht bewegliche Wohnungseinrichtungsgegenstände *mpl*
flabby schlaff
flabelliform *(Arch)* palmenblattartig, fächerartig *(Ornament)*
flag *v* fliesen, mit Fliesen belegen *(z. B. Wege)*; pflastern *(mit Platten)*; mit Steinplatten belegen
flag Fliese *f*; Steinplatte *f*, Gehwegplatte *f (bes. aus Naturstein)*
flagged path Plattenweg *m*
flagged roadway *(Verk)* Spurplattenstraße *f*, Rollbahn(-straße) *f*, Gleisstraße *f*
flagging 1. Plattenbelag *m*; 2. Platten(ver)legen *n*; 3. Platte *f*, Fußbodenplatte *f (für Gehwege)*
flaggy plattig, fliesenartig
flagpole Fahnenstange *f*
flags *(BM, Bod)* plattiger Sandstein *m*
flagstaff Fahnenmast *m*
flagstone Platte *f*, Natursteinplatte *f*, Plattenstein *m*; Terrassenplatte *f*; Gehwegplatte *f (bes. aus Naturstein)*
flagstone covering Plattenabdeckung *f*
flagstone of the furnace *(BWG, Te)* Ofengrundstein *m*, Bodenstein *m (Hüttenwesen)*
flagstone pavement Gehwegplattenbelag *m*
flake *v* abblättern, abplatzen, abschuppen
flake *v* **off** abschiefern, abblättern, abspringen *(Naturstein)*
flake Flocke *f*; Schuppe *f*; dünne Schicht *f*; Holzschnitzel *n (Spanplatte)*
flake board *s.* flaxboard
flake glass Flitterglas *n*
flake mica *(BM)* Schuppenglimmer *m*, blättchenförmiger Glimmer *m*
flake pigment *(BM, OB)* Schuppenpigment *n*
flake white Bleiweiß *n*
flaked flockig; schuppig
flakes schalenförmige Ablösung *f*
flakiness index *(BM)* Plattkornindex *m*, Scherbenindex *m (von Kiessand)*
flaking *(BM, OB)* Abblättern *n*, Abplatzen *n (z. B. von Putz, Farbe)*; Abschälen *n*, Schuppenbildung *f*
flaky schuppig, schuppenförmig, plattig, scherbig; schiefrig
flaky grain plattiges Korn *n*, scherbiges Korn *n*
flambé glaze *(OB)* schillernde Kupferglasur *f (auf Keramik)*
flamboyant arch Flammenbogen *m*
flamboyant finish *(OB)* Flamboyantüberzug *m*, geflammter Überzug *m*
flamboyant tracery *(Arch)* Flamboyantmaßwerk *n*
flame *v* entflammen
flame-clean *v* flammstrahlreinigen, flammstrahlen
flame cleaning *(OB)* Flammstrahlreinigen *n*, Flammstrahlen *n*; Flammstrahlentrosten *n*
flame cut brenngeschnitten
flame cutter *(St)* Schneidbrenner *m*
flame-deposit *v (DIS, Te)* im Flammspritzverfahren auftragen *(z. B. Isoliermasse)*
flame descaling Flammstrahlentrosten *n*, Flammstrahlen *n*
flame hardening Flammhärten *n*
flame metal spraying *(OB)* Metallflammenspritzen *n*, Flammen(metall)spritzen *n*
flame photometry Flammenphotometrie *f*
flame-proof flammsicher, nicht entflammbar; schwer entflammbar
flame-proofing paint *(OB)* Feuerschutzfarbe *f*
flame resistance *(BM)* Flammbeständigkeit *f*
flame-retardant flammenhemmend; feuerhemmend
flame scouring Warmfräsen *n (Oberflächen)*
flame soldering Flammenlötung *f*
flame-sprayed flammengespritzt
flame spread Oberflächenentflammbarkeit *f (von Baustoffen)*
flame tube *(HLK)* Flammrohr *n*
flamesprayed zinc coating Flammspritzverzinkung *f*
flammability *(BM)* Entflammbarkeit *f*, Entzündbarkeit *f*; Brennbarkeit *f*
flammable entflammbar, entzündbar; brennbar
flange *v* flanschen; abkanten
flange *v* **up** zuflanschen
flange 1. Flansch *m*; Steg *m*; Schenkel *m*; Wulst *m(f)*; 2. Trägerflansch *m*
flange angle 1. *(Konst)* Flanschwinkel *m*; 2. *(BT, Konst)* Gurtwinkel *m*, Gurtblech *n*
flange beam Flanschträger *m*
flange bolt Flanschbolzen *m*
flange-connect *v* anflanschen, verflanschen
flange cut Flanscheinschnitt *m*
flange joint *(Konst)* Flanschverbindung *f*
flange member Gurtungsstange *f*, Gurtstab *m*
flange-mount *v* anflanschen
flange mounted angeflanscht
flange-mounting Anflanschen *n*
flange of girder Gurtung *f*
flange plate Schleppblech *n*, Bindeblech *n*; Gurtungsblech *n*
flange splice Spleißen *n* des Trägerflansches
flange union *(Konst)* Flansch-Flansch-Verbindung *f*, Verflanschung *f*
flange weld *(St)* Bördelnaht *f (Schweißen)*
flange width Flanschbreite *f*, Gurtbreite *f*
flanged adapter Flanschpassstück *n*
flanged connection Flanschverbindung *f*, Verflanschung *f*
flanged end Flanschanschluss *m*

F

flanged gasket Flanschdichtung *f*
flanged girder I-Träger *m*, Doppel-T-Träger *m*
flanged joint *(Konst)* Flanschverbindung *f*, Verflanschung *f*
flanged pipe Flanschrohr *n*
flanged plate Bördelblech *n*, Krempblech *n*
flanged rail Breitflanschschiene *f*, Breitfußschiene *f*
flanged socket Flanschmuffe *f*, E-Stück *n*
flanged spring *(BT, Konst)* Flanschkniestück *n*
flank 1. Seitenfläche *f*; Gebäudeseite *f*; Giebelseite *f*; 2. Bankett *n (Straße)*; 3. Bogenschenkel *m*; Gewölbeschenkel *m*; 4. Freifläche *f*; Flanke *f*
flank front Giebelfront *f*, Seitenfront *f*; Straßenfront *f*
flank masonry wall Stirnmauer *f*; Seitenmauer *f*
flank of a building Gebäudeseite *f*
flank of a hill *(Bod, Erdb)* Böschung *f*, Hang *m*
flank of an arch Bogenachse *f*, Bogenhälfte *f*, Bogenschenkel *m*
flank wall Giebelwand *f*, Seitenwand *f*
flanked flankiert
flanking tower *(Arch)* Flankenturm *m (seitlicher Befestigungsbau eines bewehrten Tores)*
flanking transmission of noise *(DIS)* Lärmübertragung *f* außerhalb der Brandmauer *(z. B. bei Reihenhäusern)*
flanking window 1. Seitenöffnung *f (Fenster, Tür)*; 2. *(El)* eingebaute indirekte Beleuchtung *f (natürlich)*
flanning 1. Leibung *f*, Laibung *f*, Gewändeleibung *f*, Gewände *n (Tür)*; 2. *(AE)* Anschlag *m* einer Fensterbank
flap 1. Krempe *f*, Kremper *m (Dachstein)*; 2. Klappe *f*
flap bridge *(Br)* Klappbrücke *f*
flap door Falltür *f*
flap hinge Klappenscharnier *n*; Scharnierband *n*
flap table Klapptisch *m*
flap tile Krempziegel *m*, flämischer Stein *m (Dachstein)*
flap valve *(HLK, WVA)* Klapp(en)ventil *n*; Verschlussklappe *f*
flare *v* 1. aufweiten *(konisch, z. B. Rohre)*; ausbauchen; 2. flackern *(z. B. Licht)*
flare 1. Aufweitung *f*; Ausbauchung *f*; 2. Rauchmantel *m (Kamin)*; 3. Fahrbahnaufweitung *f*; keilförmige Verbreiterung *f*
flare fitting Stülpverbindung *f*
flare header geflammter Binderziegel *m*
flare light *(El, Verk)* Reflexionslicht *n*
flare path *(Verk)* befeuerte Landebahn *f (Flugplatz)*
flare-shaped konisch erweitert
flare wall Stirnflügel *m*, Flügelmauer *f*
flared column head *(Konst)* Pilzkopf *m*, Stützenkopf *m*
flared haunch Pilzkopf *m*
flared head Pilzkopf *m*, Stützenkopf *m*
flared joint Bördelverbindung *f*
flaring *(San, WVA)* Kelchung *f*, Enderweiterung *f (eines Rohres)*
flash *v* 1. *(San)* einfassen, mit Anschlussblech versehen *(Dachschornstein)*; 2. *(OB)* entflammen; aufflammen, aufblitzen
flash *v* **off** *(OB)* abdunsten, ablüften *(Anstriche)*
flash 1. Brüstung *f (Dach)*; Sperre *f (am Schornstein)*; Saum *m*; 2. Grat *m*; 3. Aufflammen *n*; 4. geflammte Ziegeloberfläche *f*
flash beacon *(Verk)* blinkende Ampel *f*, aufblitzende Bake *f*
flash butt welding *(St)* Abbrennstumpfschweißen *n*
flash cement *(BB, BM)* Blitzzement *m*, sofort abbindender Zement *m*
flash coat *(BB, OB)* dünne Torkretbetonschicht *f*
flash drying Wärmetrocknung *f (Anstriche)*
flash frost *(Verk)* Blitzeis *n*
flash metallic coating *(OB)* Metallschutzdünnschicht *f*
flash point Flammpunkt *m*, Entflamm(ungs)punkt *m*
flash set Sofortabbinden *n*, Schnellabbinden *n (Zement)*
flash-setting agent Stopfbinder *m*, Schnellbinder *m (z. B. Gips)*
flash wall Flammenschutzwand *f*
flash welding *(St)* Abbrennschweißen *n*
flashing 1. *(St)* Kehlblech *n*, Abdeckblech *n*, Schürze *f (am Schornstein)*; Schornstein(schutz)blech *n (am Dachdurchbruch)*; Abweisblech *n*, Spritzblech *n (Dach)*; Dachanschluss *m*; Schossrinne *f*; Verwahrung *f*; 2. *(Te)* Abdecken *n*; 3. *(El)* Blinken *n*
flashing block Schlitzstein *m (zum Abdeckblecheinschub)*
flashing board Anschlussträgerbrett *n*, Abdeckblechhaltebohle *f (z. B. an Schornsteinen)*
flashing cement *(BM)* Bitumenkitt *m*
flashing method Anschlussverfahren *n*, Anschlussmethode *f*
flashing piece Wandanschlussblech *n*
flashing red stop signal *(Verk)* blinkendes Rothaltesignal *n*
flashing ring Rohrschutzwulstring *m (Durchführungsschutz)*
flashing sheet *(San)* Wandanschlussblech *n*
flashing sign *(El, Verk)* Blinkzeichen *n*
flashing signal *(El)* Blinklicht *n*
flashing strip Anschlussstreifen *m*
flashing warning device blinkende Warneinrichtung *f*
flashing yellow *(Verk)* blinkendes Gelb *n*
flat *v* 1. *(Te)* glätten, schlichten; ebnen; 2. mattieren *(Anstriche)*; 3. *s.* flat up
flat *v* **up** schwitzen *(Schwarzdecke)*
flat 1. flach, eben; gefällelos; scheitrecht; 2. matt, stumpf, glanzlos *(Farben)*; 3. horizontal, flach *(geologisch)*
flat 1. Fläche *f*, Ebene *f*; 2. Wohnung *f*; Etagenwohnung *f*; 3. Flachprofil *n*
flat aggregate piece *(BM)* plattiges Zuschlagstoffkorn *n*
flat arch Flachbogen *m*, scheitrechter Bogen *m*
flat background sign *(Verk)* Verkehrszeichen *n* mit mattem Grund
flat bar Flacheisen *n*, Flachstab *m*, Flachstahl *m*; Universaleisen *n*
flat block *s.* flat building
flat bottom Flachboden *m*
flat-bottom(ed) rail Breitflanschschiene *f*
flat brush Flachpinsel *m*
flat building *(Arch, Konst)* Flachbau *m*, Flachgebäude *n*
flat bulb iron Flachwulststahl *m*
flat cardboard roof ebenes Pappdach *n*
flat ceiling Flachdecke *f*
flat charge Pauschalsumme *f*
flat chisel Flachmeißel *m*
flat clay roof tile Flachziegel *m*, Dachplattenziegel *m*, Plattenziegel *m*
flat clay roofing tile Flachdachpfanne *f*, Flachziegel *m*
flat coat *(OB)* Grundanstrich *m (bes. für Holz)*
flat concrete roof Betonflachdach *n*
flat concrete slab Flachplatte *f* aus Beton
flat construction Wohnblockbau *m*
flat cost *(VR)* Gestehungskosten *pl*
flat country *(Bod, RP)* Flachland *n*
flat course Flachschicht *f*
flat course of bricks *(SB)* Läuferschicht *f*, Ziegelflachschicht *f*, Flachschicht *f*
flat-cut gemessert, vermessert *(Furniere)*
flat cutting Flachschneiden *n*
flat dome Flachkuppel *f*
flat dormer Flachgaupe *f*
flat-drawn sheet glass *s.* flat glass
flat enamel *(OB)* Mattlackfarbe *f*
flat enamel brush Lackierflachpinsel *m*
flat façade Flachfassade *f*, ebene Fassade *f*
flat finish *(BM, OB)* Mattlack *m*, mattes Aussehen *n*

flat floor space Etagenwohnungsfläche *f*, Wohnungswohnfläche *f*
flat flute flache Hohlkehle *f*
flat footing [foundation] *(Erdb)* Flachgründung *f*
flat frame *(Konst)* ebener Rahmen *m*
flat glass Fensterglas *n*, Flachglas *n*
flat gloss Mattglanz *m*
flat-grain(ed) *(AE) s.* flat-sawn
flat graver *(Hb)* Flachstichel *m*
flat ground *(Bod, RP, Umw)* Flachland *n*
flat-head rivet *(St)* Flachkopfniet *m*
flat-head screw Flachkopfschraube *f*
flat hinge *(BT, Konst)* Flachgelenk *n*
flat house Flachhaus *n*
flat in a new building Neubauwohnung *f*
flat iron Flacheisen *n*
flat jack *(BB, Te)* Flachpresse *f (Spannbeton)*
flat joint bündige Mauerwerksfuge *f*
flat jointed bündig verfugt, vollfugig
flat land *(Bod, RP, Umw)* Flachland *n*
flat layer *(SB)* Flachschicht *f*
flat-lying flachliegend
flat metal Metallflachstück *n*, Flachmetall *n*
flat ornament *(Arch)* Flächenornament *n*
flat paint Mattfarbe *f*; Grund(anstrich)farbe *f*, Grundierfarbe *f*
flat panel 1. *(Konst)* Plantafel *f*; 2. *(OB)* Probeplatte *f*, Versuchstafel *f*, Prüfplatte *f (Anstriche, Beschichtungen)*
flat pick Kreuzhacke *f*, Spitzhacke *f*
flat piece plattiges Zuschlagstoffkorn *n*
flat plate ununterbrochene Betonplatte *f*
flat plate solar collector *(El, San)* Flachsolarkollektor *m*
flat pointing *(SB)* bündige Verfugung *f*; Ausfugen *n* der Mauerfugen
flat rail Flachschiene *f*
flat rate *(VR)* Verrechnungssatz *m*
flat rate settlement *(VR)* Pauschalierung *f*
flat relief *(Arch)* flaches Relief *n*
flat roof Flachdach *n*, flaches Dach *n*
flat roof annexe Flachdachanbau *m*
flat roof drainage Flachdachentwässerung *f*
flat roof house *(Arch)* Flachdachhaus *n*
flat roof system *(Konst)* Flachdachaufbau *m (Konstruktionssystem)*
flat-roofed mit Flachdach; mit flache Decke
flat-roofed building Flachdachgebäude *n*
flat-roofed structure Flachdachbauwerk *n*
flat-run panel Plantafel *f*
flat-sawn *(Hb)* tangential [flach] geschnitten *(Holz)*
flat seam flacher Falzsaum *m*
flat section Flachprofil *n*
flat sheet covering *(Konst, OB)* Flachblechbeplankung *f*
flat skylight flaches Oberlichtfenster *n (in der Decke)*
flat slab *(BB, TK)* kreuzweise bewehrte [selbsttragende] Betondecke *f*, Pilzdeckenplatte *f*
flat-slab construction Pilzdeckenbau *m*
flat-slab deck dam Plattenpfeilermauer *f*
flat-slab floor *(Konst, TK)* Pilzdecke *f*
flat slat Flachlamelle *f*
flat spade flache Schaufel *f*
flat spherical shell flache Kugelschale *f*, schwach gekrümmte Kugelschale *f*
flat spiral spring Schlossfeder *f*
flat spot Glanzfehlstelle *f (Lackanstrich)*
flat steel Flachstahl *m*
flat surface *(Bod)* ebene Fläche *f*
flat tail Biber(schwanz) *m (Dachziegel)*
flat tile Flach(dach)ziegel *m*, Biberschwanz *m*
flat top road hump *(Verk)* abgeflachter Straßenhöcker *m*
flat-topped abgeflacht; Flach...
flat-topped building *(Arch)* Flachdachgebäude *n*
flat-topped unit Flachdachtrakt *m*
flat trowel Spachteleisen *n*, Spachtel *m(f)*
flat truss 1. Parallelfachwerkbinder *m*, parallelgurtiger Fachwerkbinder *m*; 2. Parallelfachwerk *n*
flat upland area *(Bod)* flache Hochfläche *f*
flat varnish Mattlack *m*
flatlet Kleinstetagenwohnung *f*
flatness 1. Flachheit *f*, Ebenheit *f*; Abplattung *f*; 2. *(OB)* Mattheit *f*, Glanzlosigkeit *f (von Farbe)*
flats Flachstahl *m*
flats-and-offices block *(Arch)* Wohn- und Bürohaus *n*
flatten *v* 1. *(Te)* glätten; ebnen, planieren; richten *(z. B. Blech)*; 2. *(Te)* abflachen, abplatten, flachdrücken; 3. *(OB, Te)* abstumpfen *(Anstrich)*
flatten *v* **out** einebnen *(Unterlage)*
flattened abgeflacht, gerichtet, geebnet, geglättet
flattened expanded mesh Flachstreckmetall *n*
flattening 1. Glätten *n*; Ebnen *n*; 2. Abflachung *f*; 3. Abstumpfen *n*; 4. *(Erdb)* Einebnung *f*, Planierung *f*; Abböschen *n*, Abflachen *n*
flattening-out Verflachen *n*
flattening test *(BM)* Ausbreitprobe *f (Beton)*
flattile *s.* flat tile
flatting 1. *(OB)* Mattschleifen *n*; 2. *(Hb, Te) (AE)* Bretterschneiden *n*; Flachschneiden *n (von Holz)*
flatting agent *(OB)* Mattierungsmittel *n (Farbe)*
flatting down *(AE)* Mattreiben *n*, Mattschleifen *n*
flatting oil Mattierungsöl *n (Farbe)*
flatting putty Spachtellack *m*, Mattlack *m*
flattish abgeplattet, einigermaßen flach
flaunch *v* geneigt [mit Gefälle] abdecken *(einen Schornstein)*
flaunching Schornsteinwangenabdeckung *f*, Betonabdeckung *f (am Schornstein)*
Flavian architecture *(Arch)* flavische Architektur *f*, flavische Baukunst *f*
flaw *(BM, St)* Fehler *m*; Defekt *m*; Materialfehler *m*; Einriss *m (Betonstahl)*
flaw depth Risstiefe *f*
flaw in material Materialfehler *m*
flawed mangelhaft
flawless einwandfrei, fehlerfrei; rissfrei
flax Flachs *m*, Leinpflanze *f*
flax felt *(BT, DIS)* Flachsplatte *f*
flax hessian Flachssackleinen *n*
flax-seed oil Leinöl *n (Anstrich)*
flax shive board *(BT, DIS)* Flachsspanplatte *f*
flaxboard Flachsspanplatte *f*, Flachs(schäben)platte *f (aus Flachsstroh)*
flèche *(Arch)* Helmdach *n (schlanker Kirchturm)*; Zinne *f*; *(AE)* Lufttürmchen *n (zur Lüftung)*; Spitzturm *m*
fleck Holzfleck *m (durch unregelmäßige Maserung)*
flection 1. Biegen *n*, Biegung *f*, Krümmen *n*; 2. Krümmung *f*, Durchbiegung *f*, gebogener Teil *m*
flectional strength *(BM)* Biegefestigkeit *f*
Flemish bond *(SB)* Kreuzverband *m*, holländischer Verband *m*
Flemish cross bond *(SB)* Doppelkreuzverband *m*
flerry gespalten, zerteilt *(Gestein)*
fletton *(BM, SB)* Fletton-Ziegel *m*, englischer Hintermauerziegel *m (aus rosabrennendem Oxfordton)*
fleur-de-lis *(Arch)* Wappenlilie *f*, Lilie *f (bourbonisch)*
fleuron *(Arch)* Fleuron *m*, schmales Blumenkantenornament *n*, Blumenkronenkante *f (an Säulen)*
flex *v* biegen, durchbiegen; sich biegen
flex *(El)* Litze *f*, flexible Leitungsschnur *f*, Anschlussschnur *f*
flexed gebogen

flexibility Flexibilität *f*, Biegsamkeit *f*, Biegbarkeit *f*, Elastizität *f*
flexibility number Biegsamkeitszahl *f*
flexibility of planning *(Konst)* Vielfalt *f* der Planung
flexible flexibel, biegsam, biegbar, geschmeidig, elastisch; durchbiegend
flexible asphalt elastischer Asphalt *m*
flexible cable 1. *(El, St)* biegsames Kabel *n*; 2. *(El)* Anschlussschnur *f*
flexible conductor *(El)* biegsamer Leiter *m*
flexible connection *(Konst)* elastische Verbindung *f*
flexible connector 1. *(Konst)* flexibles Verbindungselement *n*; flexibler Verbindungsschlauch *m*; 2. *(El)* flexibler Anschluss *m*
flexible cord *(El)* Leitungsschnur *f*; Anschlussschnur *f*
flexible door Falttür *f*, Harmonikatür *f*
flexible floor biegeweiche Decke *f*
flexible foam weicher Schaumstoff *m*
flexible foamed plastic *(BM, DIS)* Weichkunststoffschaum *m*
flexible foundation *(Erdb)* flexibles Fundament *n*
flexible foundation beam Zerrbalken *m*
flexible glass fibre blanket insulation *(BM, DIS)* flexibler Glasfaserdämmstoff *m*
flexible handling of space *(Arch)* Freiheit *f* der Raumgestaltung
flexible lead *(El)* Anschlussschnur *f*, Anschlusskabel *n*
flexible marker post elastische Leitsäule *f*, flexibler Leitpfosten *m*
flexible metal conduit *(El)* biegsame Hülsenrohrleitung *f*
flexible metal hose Metallschlauch *m*
flexible metal roofing Flachmetalldachdeckung *f*, Metalldachbelag *m*
flexible mounting elastisches Maschinenfundament *n*
flexible non-metallic tubing *(El)* flexibles Plastikhülsenrohr *n*, nicht metallisches Rohr *n (zur Leitungsverlegung)*
flexible pavement *(Verk)* elastische Straßendecke *f*, flexible Fahrbahnbefestigung *f*, Schwarzdecke *f*
flexible pipe elastisches Entwässerungsrohr *n*, flexibles Leitungsrohr *n*
flexible polyethylene *(BM)* Weichpolyethylen *n*, Weichpolyäthylen *n*
flexible polythene *(BM)* Weichpolyethylen *n*, Weichpolyäthylen *n*
flexible PVC film *(BM)* Weichpolychloridfolie *f*, PVC--Weichfolie *f*
flexible PVC floor cover Polyvinylchlorid-Fußbodenbelag *m*, PVC-Bodenbelag *m*
flexible rule Bandmaß *n*
flexible steel rule Stahlbandmaß *n*
flexible surfacing flexibler Deckschichtbelag *m*
flexible tube Schlauch *m*
flexible tubing biegsame Leitungen *fpl*
fleximer flooring Spachtelfußboden *m*
flexing Biegung *f*, Durchbiegung *f*
flexing curve *(Stat)* Durchbiegungskurve *f*
flexing life *(Stat)* Dauerbiegefestigkeit *f*
flexion Biegung *f*, Krümmung *f*
flexuous gewunden, kurvenreich; sich schlängelnd, sich windend
flexural durch Biegung, biegefähig
flexural action *(Stat)* Biegewirkung *f*
flexural beam *(Konst, TK)* Biegebalken *m*
flexural bond Spanngliedhaftspannung *f*
flexural buckling Biegeknickung *f*
flexural compressive failure *(Stat)* Biegedruckbruch *m*
flexural cracking Biegerissbildung *f*
flexural creep *(BB)* Biegebeanspruchungskriechen *n*, Kriechen *n* unter Biegebeanspruchung
flexural creep compliance *(Stat)* Biegesteifigkeit *f*
flexural creep stiffness Biegekriechfestigkeit *f*
flexural equation *(Stat)* Biegegleichung *f*
flexural fatigue limit *(BM)* Biegeermüdungsgrenze *f*
flexural fatigue resistance Biegedauerfestigkeit *f*, Biegeermüdungsfestigkeit *f*
flexural gliding *(BM)* Biegegleitung *f*
flexural load Biegebeanspruchung *f*
flexural loading *(Stat)* Biegebelastung *f*
flexural member Biegeglied *n*, Biegestab *m*
flexural moment *(Stat)* Biegemoment *n*
flexural oscillation Biegeschwingung *f*
flexural oscillation failure *(BM)* Biegeschwingungsbruch *m*
flexural oscillation test *(BM)* Biegeschwingungsprüfung *f*
flexural rigidity [stiffness] *(BM, Stat)* Biegesteifigkeit *f*, Biegewiderstand *m*
flexural strength *(BM)* Biegefestigkeit *f*
flexural strength test Biegezugfestigkeitsprüfung *f*
flexural stress Biegespannung *f*
flexural tensile failure Biegezugbruch *m*
flexural tensile strength *(BM)* Biegezugfestigkeit *f*
flexural tensile stress *(Stat)* Biegezugspannung *f*
flexural tensile test Biegeschwingungsprüfung *f*
flexural test *(BM)* Biegeprüfung *f (Stahl)*
flexurally rigid biegesteif, biegefest, biegungssteif
flexure *(Stat)* Biegung *f*, Durchbiegung *f*, Verbiegung *f*, Durchsenkung *f*; Biegungskurve *f*
flexure curve *(Stat)* Durchbiegungskurve *f*
flexure formula Biegeformel *f*
flexure load Biegelast *f*
flexure modulus *(Stat)* Biegemodul *m*
flexure test beam *(Konst, TK)* Biegebalken *m*
flexure theory *(Stat)* Biegetheorie *f* für Stäbe
flier 1. Treppenstufe *f*, gerade Stufe *f*; 2. *s.* flying shore
flier arch *(Konst)* Strebebogen *m*
fliers Treppenlauf *m (bei gerader Treppe)*; Außentreppe *f*, Freitreppe *f*
flight Treppenlauf *m*, Lauf *m*, Treppenarm *m*
flight header Treppenwangenauflage *f*, Treppenauflageholz *n*
flight of front stairs Freitreppe *f*
flight of stairs *s.* flight
flight rise Treppenhöhe *f*
flight strip Flugpiste *f*, Start- und Landebahn *f*
flight width Laufbreite *f (Treppenbreite)*
flint 1. *(BM, Bod)* Flint(stein) *m*, Feuerstein *m*, amorpher Kieselstein *m*; 2. Weißglas *n*, weißes Hohlglas *n*
flint brick *(BM)* Silikastein *m (aus Flint)*
flint clay *(Bod)* Flintton *m*, Hartton *m*
flint glass Flintglas *n*, Weißglas *n*, weißes Hohlglas *n*; Kristallglas *n*
flint pebble *(Bod)* Flintsteinknollen *m*
flint rubble Flintbruchstein *m*, Feuerstein-Bruchstein *m*
flinty feuersteinartig; feuersteinhaltig; kieselig, kieselartig
flinty earth *(Bod)* Kieselerde *f*
flinty fracture muscheliger Bruch *m*
flinty ground *(Bod)* Kiesboden *m*, kiesiger Boden *m*
flinty shale [slate] *(BM, Bod)* Kieselschiefer *m*
flip-over bucket loader *(BWG)* Überkopflader *m*
flitch *v (Hb)* furniertäfeln; in Stücke schneiden
flitch 1. *(Hb)* Balkenbrett *n*, Dübelbalkenelement *n*; 2. *(AE)* Furniertafeln *fpl*, Furnier *n*; 3. *(Hb)* geschnittener Balkenstamm *m*; 4. *(Hb)* Planke *f*; Schwarte *f*; Trumm(stück) *n*
flitch beam *(Hb)* Dübelbalken *m*, verdübelter Balken *m*; Sandwichbalken *m*, Verbundträger *m*
flitch plate 1. *(Konst)* Sandwichplatte *f*; 2. *(TK)* Lasche *f (Stahlverstärkung für Balken)*
flitch veneer Flitschfurnier *n*

flitched beam *s.* flitch beam
flitches *(Hb)* Zwalpen *pl*, Balken *mpl* ohne Herzholz
float *v* 1. verstreichen; glätten; aufspachteln; 2. (auf-) schwimmen; flotieren; 3. flößen
float *v* **off** abschwemmen
float 1. *(SB)* Aufziehbrett *n*; Reibebrett *n*, Glättbrett *n*; Gipserscheibe *f (für Gipsputz)*; 2. *(San)* Schwimmer *m*, Schwimmkörper *m (z. B. eines Ventils)*
float and set *(SB)* dreilagiger Putz *m*, Reibeputz *m*
float coat *(SB)* aufgezogener Putz *m*; aufgezogene Zementschicht *f*; Glättschicht *f*
float control *(San)* Schwimmerregelung *f*
float finish abgezogene Oberfläche *f*; abgezogener Beton *m*; Reibeputz *m*
float glass *(BM)* Floatglas *n*
float scaffold Seilhängegerüst *n*
float stone Glättstein *m*, Ziegelreibestein *m*
float switch *(El)* Schwimmerschalter *m*, Schwimmkontaktschalter *m*
float test *(AE)* Bitumen-Erweichungspunktprüfung *f*; Bitumen-Schwimmprüfung *f*
float valve *(San)* Schwimmerventil *n*
float vibrator *(BWG, Te)* Plattenvibrator *m*
floated coat Glättschicht *f*, Ziehschicht *f*
floated filler Glättspachtel *m*, Ziehspachtelmasse *f*
floated screed abgezogener Estrich *m*
floated timber *(BM)* Floßholz *n*
floater *(San)* Schwimmkörper *m*, Schwimmer *m*
floating 1. freibeweglich; schwimmend; pendelnd; 2. *(Verk)* schwimmend, im Verkehr mitfahrend; 3. *(El)* ungeerdet
floating 1. Glattreiben *n*; Glätten *n*; 2. mittlere Putzschicht *f (beim dreilagigen Putz)*; 3. Schwimmen *n*; 4. Ausschwimmen *n (Pigmentmischung von Farben)*; Streifenbildung *f (Anstrich)*
floating block *(BWG)* lose Rollbrücke *f*, Flaschenzugblock *m*
floating box *(Erdb)* Schwimmkasten *m*
floating bridge *(Br)* Schwimmbrücke *f*, Pontonbrücke *f*
floating caisson *(Erdb)* Schwimmkasten *m*
floating caisson foundation *(Erdb)* Schwimmkastengründung *f*
floating car *(Verk)* im Verkehr mitfahrendes Messfahrzeug *n*
floating car data *(FCD) (Verk)* Einzelfahrzeugdaten *pl*
floating car data collection *(Verk)* Verkehrsdatenerfassung *f* mittels im Verkehr mitschwimmenden Fahrzeuges
floating ceiling *(Konst, TK)* Schwebedecke *f*
floating coat Zwischenputzlage *f (Dreilagenputz)*
floating concrete layer [screed] schwimmender Betonestrich *m*
floating crane *(BWG, Wsb)* Schwimmkran *m*, Pontonkran *m*
floating derrick *(BWG, Wsb)* Bohrinsel *f*
floating dredger *(BWG, Wsb)* Schwimmbagger *m*, Nassbagger *m*
floating element *(Stat)* Element *n* mit Freiheitsgraden; variables Element *n*
floating floor schwimmender Estrich *m*
floating foundation *(Erdb)* schwimmende Gründung *f*
floating hostel schwimmendes Wohnheim *n*
floating layer schwimmender Estrich *m*
floating pile *(Erdb)* schwebender Pfahl *m*
floating pile driver *(BWG, Wsb)* Schwimmramme *f*
floating pipeline schwimmende Rohrleitung *f*
floating reinforced concrete box *(Erdb)* Stahlbetonschwimmkasten *m*
floating rule Richtlatte *f*, Richtscheit *n*
floating screed *s.* floating floor
floating structure *(Arch, Wsb)* schwimmendes Bauwerk *n*
floating support 1. Pendelstütze *f*; 2. *(Br, Wsb)* Brückenfloß *n*, Brückenprahm *m*
flocculant Ausflockungsmittel *n*
flocculate *v* ausflocken, sich zusammenballen
flocculating agent Ausflockungsmittel *n*
flocculation *(OB)* Flockung *f*, Ausflockung *f*; Koagulation *f (Anstrichstoffe)*
flocculent gypsum *(BM, DIS)* Flockengips *m (Isolierung)*
flock paper Velourtapete *f*, Samttapete *f*
flog *v* 1. abziehen *(Fußboden)*; 2. zuhauen *(Holz)*
flood *v* 1. überfluten; überschwemmen; 2. fluten, unter Wasser setzen; 3. ausschwimmen *(Farbe)*
flood *v* **in** hineinströmen
flood *(Umw)* Hochwasser *n*, Überschwemmung *f*, Flut *f*
flood area *(RP, Umw, Wsb)* Überschwemmungsgebiet *n*, Hochwasserbereich *m*
flood bank *(Wsb)* Hochwasserschutzdamm *m*, Deich *m*
flood bed *(Wsb)* Hochwasserbett *n*
flood bridge *(Br)* Flutbrücke *f*
flood coat 1. Oberflächenbitumendachguss *m*, Bitumenaufstrich *m*; Einbettmasse *f (für Dachkies)*; 2. Tauchanstrich *m*; 3. Flutlackieranstrich
flood control *(Wsb)* Hochwasserschutz *m*; Hochwasserregulierung *f*
flood-control levee *(Wsb)* Hochwasserschutzdeich *m*
flood control storage *(Wsb)* Hochwasserspeicherung *f*
flood control structures *(Wsb)* Hochwasserschutzbauten *mpl*
flood dam *(Wsb)* Rückstaudamm *m*, Hochwasserschutztalsperre *f*
flood damage *(Umw, VR)* Hochwasserschaden *m*
flood district *(RP, Umw)* Überschwemmungsgebiet *n*
flood frequency *(Umw, Wsb)* Hochwasserhäufigkeit *f*
flood ground *(RP, Umw)* Überflutungsebene *f*, Inundationsfläche *f*
flood land *(RP, Umw)* Überschwemmungsgebiet *n*
flood levee *(Wsb)* Hochwasserschutzdeich *m*
flood level 1. *(Umw)* Hochwasserstand *m*; 2. *(San)* Überlaufhöhe *f*, Überlaufrand *m (z. B. Waschbecken)*
flood level mark *(Wsb)* Hochwassermarke *f*
flood-level rim *(San)* Überlaufrand *m*
flood peak *(Umw)* Hochwasserspitze *f*
flood plane *(RP, Umw)* Überschwemmungsgebiet *n*
flood pool *(Wsb)* Hochwasserbecken *n*
flood protection *(Wsb)* Hochwasserschutz *m*
flood protection structures *(Wsb)* Hochwasserschutzbauten *mpl*
flood relief *(Wsb)* Hochwasserabführung *f*
flood retention basin *(Wsb)* Rückhaltebecken *n*
flood span *(Wsb)* Flutöffnung *f*
flood water level *(Umw, Wsb)* Hochwasserstand *m*
floodable *(Umw)* überschwemmungsbedroht
floodable pavement *(Verk, Wsb)* überflutbare Befestigung *f*
flooded überflutet, überschwemmt
flooded area *(RP, Umw)* Überschwemmungsgebiet *n*
floodgate 1. *(Wsb)* Schleusentor *n*, Schütz *n*; 2. *(Wsb)* Flutschleuse *f*, Schleuse *f*
flooding *(Umw)* Überflutung *f*, Überschwemmung *f*
flooding soil *(Bod)* Schwemmlandboden *m*
flooding zone *s.* floodplain
floodlight *v* *(El)* anstrahlen
floodlight 1. *(El)* Flutlicht *n*, Scheinwerferlicht *n*; 2. *(El)* Scheinwerfer *m (Flutlichtanlage)*
floodlight installation *(El)* Flutlichtanlage *f*
floodlight projector *(El)* Flutlichtscheinwerfer *m*, Scheinwerfer *m*
floodlighting *(El)* Flutlichtbeleuchtung *f*, Scheinwerferbeleuchtung *f*, Anstrahlen *n*, Anstrahlung *f*

floodlighting equipment *(El)* Flutlichtanlage *f*
floodlighting system *(El)* Flutlichtanlage *f*
floodlit *(El)* angestrahlt, im Scheinwerferlicht
floodplain *(RP, Umw)* Überschwemmungsgebiet *n*; Talaue *f*
floor *v* 1. mit einem Boden versehen; dielen, Dielen legen; Fußboden legen; 2. pflastern
floor 1. Geschoss *n*, Etage *f*, Stockwerk *n*, Hausetage *f*; 2. Fußboden *m*, Boden *m*; Diele *f*; 3. Geschossdecke *f*, Decke *f*; 4. Sturzbett *n*; 5. Tunnelsohle *f*; 6. Diskussionsraum *m*; Rednertribüne *f*
floor anchor *(EB)* Türrahmenankereisen *n*
floor arch 1. trägergetragene flache Betondecke *f*; 2. scheitrechter Bogen *m*; 3. *(Tun)* Sohlenbogen *m*
floor area 1. Grundfläche *f*, Bodenfläche *f*; Nutzfläche *f (eines Gebäudes)*; Wohnfläche *f*; 2. Geschossfläche *f*, Deckenfläche *f*
floor batten *(Hb)* Lagerholz *n*
floor bay *(Konst)* Deckenfeld *n*, Deckenfach *n*
floor beam *(Hb, TK)* Fußbodenbalken *m*; Hauptbalken *m*; Deckenbalken *m*, Deckenträger *m*
floor binder Deckenbinder *m*
floor board *s.* floorboard
floor boarding Fußbodendielung *f*, Dielung *f*
floor box *(AE) (El)* Fußbodensteckdose *f*
floor branch *(El, WVA)* Etagenleitung *f*, Stockwerkleitung *f*
floor breakthrough Deckendurchbruch *m*
floor brick *(BM, Verk)* Pflasterklinker *m*, Fußbodenklinker *m*; Fußbodenfliese *f*
floor channel *(San)* Bodenkanal *m*
floor clamp Dielenklammer *f*
floor clearance Türfreiheit *f*, Fußboden-Tür-Höhe *f*, lichte Höhe *f* zwischen Fußboden und Türblatt
floor clip Schwellenbalkenklammer *f*
floor construction *(Konst, Te, TK)* Decken(ein)bau *m*, Deckenkonstruktion *f*
floor contact *(El)* Fußbodenkontakt *m*
floor contactor *(El)* Fußbodenschalter *m*
floor covering Fußbodenbelag *m*; Fußbodenausbildung *f*
floor cross section Deckenquerschnitt *m*
floor decking Fußbodenbelag *m (aus Bohlen oder Planken)*; Fußbodenschwerbelag *m*
floor depth Deckendicke *f*
floor disk Deckenscheibe *f*
floor dog Dielenklammer *f*
floor drain Fußbodeneinlauf *m*, Bodenablauf *m*, Deckenablauf *m*, Deckenabfluss *m*
floor drainage Bodenentwässerung *f*
floor duct *(San)* Fußbodenkanal *m*
floor filling Deckenauffüllung *f*
floor filling material Deckenfüllstoff *m*
floor finish Fußbodenbelag *m*
floor formwork Deckenschalung *f*
floor framing *(Hb)* Dielenbalkensystem *n*, Fußbodenbalkenlage *f*
floor furring Fußbodenabstandsleisten *fpl*, Abstandshölzer *npl (für Leitungszwischenraum)*
floor girder *(Hb)* Deckenträger *m*
floor grating Bodenrost *m*
floor grid *(BT)* Fahrbahnrost *m (Brücke)*
floor ground frame Fußbodenauflagerrahmen *m*
floor guide *(EB)* (untere) Schiebetürführung *f*
floor gully Bodenablauf *m*
floor-heated *(HLK)* fußbodenbeheizt
floor heating *(HLK)* Fußbodenheizung *f*
floor height Stockwerkshöhe *f*, Geschosshöhe *f*; Deckenhöhe *f*
floor hole Fußbodenöffnung *f (zur Installation)*
floor hydrant *(WVA)* Unterflurhydrant *m*
floor impact sound Trittschall *m (Fußboden)*
floor inlet Ablauf *m*, Bodenablauf *m*, Ablauf *m*
floor insulation *(DIS)* Bodendämmung *f*, Fußbodenisolierung *f*, Deckenisolierung *f*
floor joist *(Hb)* Dielenbalken *m*; Deckenbalken *m*
floor joists *(Hb)* Gebälk *n*, Deckenbalkenlage *f*
floor lamp *(El)* Stehlampe *f*
floor landing Stockwerkabsatz *m*, Stockwerkpodest *n*, Etagenabsatz *m*, Etagenpodest *n*, Geschosspodest *n*
floor level Geschossebene *f*, Stockwerkebene *f*
floor light *(Konst)* Glasdeckenöffnung *f*, begehbares Oberlicht *n*, begehbare Lichtöffnung *f (in der Decke)*
floor line Fußbodenhöhenmarkierung *f*
floor live load Deckenverkehrslast *f*
floor load Deckenbelastung *f*
floor-load allowance *(Bod, Erdb)* (zulässige) Bodenbelastbarkeit *f*
floor made of bricks *(SB, TK)* Ziegeldecke *f*
floor mosaic Fußbodenmosaik *n*
floor opening Deckendurchsteigöffnung *f*
floor outlet 1. *(EB, WVA)* Bodenablauf *m*; 2. *(El)* Fußbodensteckdose *f*
floor panel Deckenplatte *f*, Deckentafel *f*
floor pavement Fliesenbelag *m*; Estrich *m*
floor paving Fußbodenplattenbelag *m (Fliesenbelag)*
floor pit Fußbodenaussparung *f*
floor plan *(Konst)* Geschossgrundriss *m*, Etagengrundriss *m*, Raumanordnung *f*
floor plaster Estrichgips *m*
floor plate 1. *(Konst)* Fußbodenankerplatte *f*, Befestigungsplatte *f*, Grundplatte *f (Geschoss)*; 2. *(Br)* Fahrbahnplatte *f (Brücke)*
floor plug connector *(El)* Fußbodensteckdose *f*
floor pressure arch *(Tun)* Sohlengewölbe *n*
floor pugging *(DIS)* Trittschalldämmung *f (durch Einschütten von Dämmstoffen jeder Art)*
floor receptacle *(El)* Fußbodensteckdose *f*
floor recess Bodenaussparung *f*, Fußbodenvertiefung *f*
floor reinforcement Deckenbewehrung *f*
floor rib Deckenrippe *f*
floor sander Fußbodenschleifmaschine *f*
floor screed Estrich *m*, Fußbodenestrich *m*
floor screed work Estricharbeiten *fpl*
floor sealer Fußbodenabsiegler *m*, Siegellack *m*
floor sheen Fußbodenabsiegelungsmittel *n*, Fußbodenversiegelungsmittel *n*
floor skeleton 1. *(Konst, TK)* Fußbodenträgersystem *n*, Fußbodentrageskelett *n*; 2. *s.* floor grid
floor slab Bodenplatte *f*, Grundplatte *f (eines Geschosses)*; Kassettengeschossplatte *f*, Stahlbetongeschossplatte *f*; Deckenplatte *f*; Fußbodenplatte *f*
floor sleeve Deckenhülsenrohr *n*, Schutzrohr *n (Deckendurchbruch)*
floor socket *(El)* Fußbodensteckdose *f*
floor space Grundfläche *f*, Nutzfläche *f (eines Gebäudes)*; Geschossfläche *f*
floor space efficiency Flächennutzungsgrad *m*
floor space index Geschossflächenziffer *f*, Stockwerkflächenziffer *f*
floor space ratio *(FSR)* Geschossflächenzahl *f*, Geschossflächenindex *m*
floor span Deckenweite *f*
floor stilt Türrahmenhöhenhalter *m*
floor stop Türschwelle *f*; Türanschlag *m*, Türstopper *m*
floor structural system *(Konst, TK)* Deckenkonstruktion *f*, Deckensystem *n*
floor structure Deckenkonstruktion *f*
floor surfacing Fußbodenbelag *m*
floor system 1. *(Konst, TK)* Deckensystem *n*; 2. Brückenrost *m*

floor system of framed bridge Brückenrost *m*
floor thickness Deckendicke *f*
floor tile 1. Fußbodenfliese *f*, Bodenfliese *f*; Fußbodenplatte *f*; 2. Deckenblockstein *m*, Deckenbaustein *m*
floor tiler Plattenleger *m*
floor timber *(Hb)* Fußbodenholz *n*
floor-to-floor carpet *(EB)* Auslegeware *f*, Auslegeteppich *m*
floor-to-floor height Geschosshöhe *f*, Deckenhöhe *f*
floor topping Fußbodenbelag *m*
floor ventilation Fußbodenbelüftung *f*
floor void Deckenzwischenraum *m*
floor work Fußbodenarbeiten *fpl*
floorage Geschossfläche *f*
floorboard Diele *f*, Dielenbrett *n*, Fußbodenbrett *n*
floored *(Bod)* schichtig *(geologisch)*
flooring 1. Fußbodenbelag *m*, Bodenbelag *m*, Fußbodenmaterial *n*; 2. Fußbodenherstellung *f*
flooring cement Steinholz *n*
flooring layout *(Konst)* Deckenauslegung *f*
flooring light *s.* floor light
flooring material Fußbodenmaterial *n*
flooring materials Bodenbeläge *mpl*
flooring sleeper *(Hb)* Dielenlager(holz) *n*
flooring strips Lattendielung *f*
flooring subbase Fußbodenunterlage *f*
flooring tile *s.* floor tile
flooring tiling Fußbodenfliesenbelag *m*, Bodenplattenbelag *m*
flooring work *(Te)* Fußbodenarbeiten *fpl*
floors *(Konst)* Nutzfläche *f*, Gebäudenutzfläche *f*
floral band *(Arch)* Blumenkantenmotiv *n*
floral ornament *(Arch)* Blumenornament *n*
floral pattern *(Arch)* Ranken *fpl*; Rankwerk *n*
floral scroll *(Arch)* Blumenranke *f*
floreated *s.* floriated
Florentine blind *(Konst)* Sonnendach *n*
Florentine mosaic *(Arch)* Blumenornamentmosaik *n* mit schwarzem und weißem Marmor
floriated *(Arch)* blumenverziert, mit Blumenmuster
florid 1. *(Arch)* überdekoriert, überladen, sehr reich verziert; 2. blumenreich
florid architecture *(Arch)* Ornamentarchitektur *f*
flour sand *(BM)* Staubsand *m*, Mehl(korn)sand *m* *(Zuschlagstoff)*
flow *v* 1. *(HLK, San, Wsb, WVA)* fließen, strömen; hindurchströmen; 2. *(OB)* fließen, verlaufen *(Anstrich)*
flow *v* **off** abfließen
flow *v* **out** 1. ausfließen, ausströmen; 2. verlaufen *(Anstrich)*
flow *v* **through** hindurchströmen, durchlaufen
flow 1. *(HLK, San, Wsb, WVA)* Fließen *n*, Fluss *m* *(einer Flüssigkeit)*; Strömung *f*, Strom *m*; 2. *(HLK, Wsb)* Durchfluss *m*, Durchsatz *m* *(Flüssigkeitsmenge je Zeiteinheit)*; Vorlauf *m* *(Heizung)*; 3. Verlauf *m* *(von Anstrichen)*; 4. *(Wsb, WVA)* Strahl *m* *(Wasserstrahl)*; 5. *(BM)* Verformung *f* *(plastisches Verhalten)*
flow behaviour Fließverhalten *n*, Fließeigenschaft *f*
flow capacity Durchlassfähigkeit *f*
flow chart *(Te)* Flussdiagramm *n*, Fließbild *n*, Ablaufschema *n*
flow chart form *(Te)* Fließschema *n*
flow coat Tauchanstrich *m*; Flutlack *m*
flow coating *(OB)* Flutlackieren *n*
flow coefficient Durchflusskoeffizient *m*
flow cone *(BM)* Ausflussviskosimeter *n*, Ausflussmesser *m* *(für Fließmörtel)*
flow cross section *(Wsb, WVA)* Abflussquerschnitt *m*
flow cup *(BM)* Auslaufbecher *m* *(Viskositätsprüfung)*
flow delta *(St)* Flusstal *n*
flow depth Abflusshöhe *f*
flow diagram *(Te)* Flussdiagramm *n*, Schemenbild *n*
flow heater *(San)* Durchlauferhitzer *m*
flow line 1. *(HLK)* Vorlauf(heiz)leitung *f*; 2. *(Te)* Fließlinie *f* *(Fertigung)*; 3. *(Verk)* Stromlinie *f*
flow-line construction *(Te)* Fließfertigung *f*
flow map *(Te, Verk)* Fließbild *n*, Verkehrsstrombild *n*
flow measurement *(Wsb, WVA)* Durchflussmessung *f*
flow mixer Durchlaufmischer *m* *(Beton)*
flow of forces *(Stat)* Kräftefluss *m*
flow of ground water *(Bod)* Grundwasserstrom *m*
flow of heat *(HLK)* Wärmestrom *m*; Wärmeleitung *f*
flow of traffic *(Verk)* Verkehrsfluss *m*
flow pipe *(HLK)* Vorlauf(heiz)rohr *n*, Heizungsvorlaufrohr *n*
flow point *(BM)* Fließpunkt *m* *(Bitumen, Asphalt usw.)*
flow pressure *(San, WVA)* Leitungsdruck *m*; Fließdruck *m*
flow profile Durchlassprofil *n*
flow property Fließeigenschaft *f*
flow rate Durchsatz *m*, Durchflussmenge *f*
flow rutting *(Verk)* Spurrinnenbildung *f* durch Fließen
flow section Durchflussquerschnitt *m*
flow state *(St)* Fließzustand *m* *(Baustahl)*
flow stress Fließspannung *f*
flow-table test *(BB, BM)* Ausbreitprüfung *f* *(Beton)*
flow temperature *(HLK)* Vorlauftemperatur *f*
flow time *(Wsb, WVA)* Abflusszeit *f*
flow-type calorifier *(San)* Durchlauferhitzer *m*
flow-type water heater *(San)* Durchlauferhitzer *m*
flow value *(BM)* Fließwert *m* *(Marshallprüfung für Baustoffe)*
flow velocity *(Wsb, WVA)* Fließgeschwindigkeit *f*; Durchflussgeschwindigkeit *f*
flow velocity meter Durchflussgeschwindigkeitsmesser *m*
flow volume Durchflussmenge *f*
flowability Fließfähigkeit *f* *(von Flüssigkeiten)*; Rieselfähigkeit *f* *(von Schüttgütern)*
flower bowl *(Arch, LB)* Blumenschale *f*
flower box *(Arch, LB)* Blumenkasten *m*
flower motive *(Arch)* Blumenmotiv *n*
flower of salt *(DIS)* Salzausblühung *f* *(Mauerwerk)*
flower-shaped ornament *(Arch)* Kreuzblume *f*, Firstblume *f*, Giebelblume *f*, Endblume *f*
flower trough *(LB)* Blumentrog *m*
flower window *(EB, Konst)* Blumenfenster *n*
flower work *(Arch)* Blumengehänge *n*, Blumengewinde *n*, Blumengirlande *f*, Blumenfeston *n*
flowing colour Flussfarbe *f* *(Steingut)*
flowing contours *(Arch)* fließende Konturen *fpl*; Linienspiel *n*
flowing lines fließende Konturen *fpl*; Linienspiel *n*
flowing-off Abfließen *n*, Abfluss *m*
flowing-out Ausfluss *m*
flowing plan form *(Arch)* fließende Raumdisposition *f*
flowing tracery *(Arch)* fließendes Maßwerk *n*
flowing water fließendes Wasser *n*
flowmeter 1. *(Wsb, WVA)* Durchfluss(mengen)messer *m*; 2. *(HLK, San)* *(AE)* Gasdurchflusszähler *m*
fluate *(DIS)* Fluatierungsmittel *n*
fluate coat *(DIS, OB)* Fluatanstrich *m*
fluate treatment *(DIS, OB, Stat, Te)* Fluatieren *n*
fluctuating load Dauerschwingbeanspruchung *f*
fluctuation of load *(Stat, Verk)* Lastwechsel *m*
flue 1. *(HLK)* Zug *m*, Schornsteinzug *m*, Rauchrohr *n*; Fuchs *m*, Rauch(gas)kanal *m* *(eines Schornsteins)*; Abzug(skanal) *m*; Flammrohr *n*; 2. *(Konst)* Schornstein *m*, Esse *f*; 3. *(HLK)* Zug *m*, Luftkanal *m* *(z. B. für Heizung, Belüftung)*; 4. *(HLK)* Kaminschacht *m*
flue area *(Konst)* Zugfläche *f*, Zugquerschnitt *m*
flue ash *(HLK)* Flugasche *f*

flue block *(Konst)* Schornsteinelement *n*, Schornstein(fertig)teil *n*
flue bridge Fuchsbrücke *f*
flue conditions Zugverhältnisse *npl*
flue connection Zuganschluss *m*
flue connection to stack Fuchskanal *m*
flue dust Flugstaub *m (in Feuerungen)*
flue effect Schornsteineffekt *m*
flue end Fuchsende *n (des Ofens)*
flue gas desulphurization Rauchgasentschwefelung *f*
flue gas test Rauchgasprüfung *f*
flue-gas-tight rauchgasdicht
flue gathering Übergangsquerschnitt *m*; Rauchkanal *m* zum Fuchs; Schornsteinquerschnittsveränderung *f*
flue grouping mehrröhriger Schornstein *m*, Schornstein *m* mit mehreren Zügen
flue liner Zugfutter *n*
flue lining Zugfutter *n*, Fuchsauskleidung *f*, Schornsteinfutter *n*
flue loss Fuchsverlust *m*
flue of a producer *s.* flue 1.
flue opening Zugöffnung *f*
flue pipe 1. *(HLK, Konst)* Rauchabzugsrohr *n*, Zugrohr *n*, Abzugskanal *m (Schornstein)*; 2. Wrasenrohr *n*
flue surface *(San)* Heizrohroberfläche *f (Boiler)*
flue tile Zugstein *m*
flue tube *(HLK)* Rauchrohr *n (am Kamin oder Ofen)*
flue uptake Schornsteinschacht *m*
flue with downward draught absteigender Zug *m*
flue with upward draught aufsteigender Zug *m*
flueway lichter Rauchabzugsquerschnitt *m*
fluid flüssig
fluid Flüssigkeit *f*
fluid concrete *(BB, Te)* Flüssigbeton *m*
fluid dynamics *(HLK, Konst)* Strömungslehre *f*
fluid-filled column *(HLK)* flüssigkeitsgefüllte Stahlhohlsäule *f (als Überhitzungsschutz)*
fluid flow Strömung *f*
fluid mechanics *(HLK, Konst)* Strömungslehre *f*; Hydromechanik *f*
fluid ounce Flüssigkeitsunze *f (28,41 ml)*
fluid pressure *(DIS, WVA)* Flüssigkeitsdruck *m*
fluid redistribution *(BM, DIS)* Flüssigkeitsmigration *f*
fluid separator *(Te, Umw, WVA)* Flüssigkeitsabscheider *m*
fluidifier *(BB, BM)* Verflüssiger *m (Beton)*
fluidify *v* verflüssigen, flüssig machen
fluidity 1. Fließfähigkeit *f*, Fluidität *f*; 2. Fluidität *f (Größe, Kehrwert der Viskosität)*
fluing *(AE)* Fensterschmiege *f*
fluing arch Kegelgewölbe *n*
flume 1. *(BB, Te)* Betongleitblech *n*, Betonrutsche *f*, Rutschkanal *m*; 2. *(Wsb)* (künstliches) Gerinne *n*, Kanal *m*; Bewässerungskanal *m*; Ablaufkanal *m*
fluor spar *(BM, Bod)* Flussspat *m*
fluorescence *(OB)* Fluoreszenz *f*
fluorescent 1. *(BM, OB)* fluoreszierend; 2. *(BM, OB)* Leuchtstoff...
fluorescent circling lamp *(El)* kreisförmige Leuchtstoffröhre *f*
fluorescent compound *(El)* Leuchtmasse *f*
fluorescent lamp *(El)* Leuchtstofflampe *f*, Leucht(stoff)röhre *f*
fluorescent lighting fixture *(El)* komplette Leuchtstofflampe *f*
fluorescent paint *(OB)* Leuchtfarbe *f*, Fluoreszenzfarbe *f*
fluorescent pigments *(OB)* Fluoreszenzpigmente *npl*
fluorescent reflector lamp Leuchtstoffreflektorlampe *f*, Reflexionsleuchtstoffröhre *f*
fluorescent strip Leuchtstofflampenleiste *f*
fluorescent tube *(AE)* *s.* fluorescent lamp
fluorite Flussspat *m*, Fluorit *n*
fluorosilicate *s.* fluosilicate
fluosilicate *(BB, BM)* Fluorosilicat *n*, Fluorosilikat *n (Oberflächenhärtesalz für Beton)*
fluosilicate coat *(DIS, OB)* Fluatanstrich *m*, Fluataufstrich *m*
fluosilicate treatment *(DIS, OB)* Fluatieren *n*, Fluatierung *f*
flush *v* 1. *(San, Wsb)* spülen, ausspülen, durchspülen; 2. *(Erdb, Tun)* einspülen, einschlämmen *(Bohrtechnik)*; 3. überschwemmen, unter Wasser setzen; 4. *(Verm)* ebnen, nivellieren, glätten; einebnen; einfluchten, bündig werden *(mit der Oberfläche)*; 5. *(Konst, Te)* ausfüllen *(Fugen)*
flush *v* **away** wegspülen, ausspülen
flush *v* **out** *(Erdb, Wsb)* auskolken, ausspülen, herausschwemmen
flush 1. glatt, eben; 2. abgeglichen, in gleicher Höhe; fluchteben, (flächen)bündig; 3. eingelassen; unter Putz
flush *(San)* Spüler *m*
flush arrangement of joints *(Konst)* Bündigkeit *f* von Stößen
flush basin *(San)* Spülbecken *n*, WC-Becken *n*
flush bead *(Arch)* Hohlkehlperlstab *m*, Perlstab *m* mit Nutrand
flush beam Deckenflachbalken *m*
flush bolt Kantenriegel *m (mit Decklasche)*
flush bolt backset Türriegelrandabstand *m*, Schlosskeilversatz *m*
flush box *(San)* Spülkasten *m*, Wasserkasten *m*
flush bracket *(Konst, TK)* Flachstütze *f*
flush bushing Innenbuchse *f*, Flachmuffe *f (Installation)*
flush-cup pull eingelassener Zuggriff *m*
flush door Tür *f* mit glattem Blatt, Flächentür *f*; Sperrtür *f*
flush-down WC *(San)* Tiefspülklosett *n*
flush drilling *(Erdb, Tun)* Spühlbohren *n*
flush-encased lock *(EB)* eingelassenes Schloss *n*
flush fixing Einstemmen *n*
flush glazing eingesetzte Verglasung *f*
flush-head rivet Senk(kopf)niet *m*
flush joint bündige Fuge *f*, Vollfuge *f*
flush jointed bündig verfugt, vollfugig
flush kerb Tiefbordstein *m*, Flachbord *m*
flush metal threshold Flachmetallleiste *f*; Blechabdeckung *f*
flush moulding *(Arch)* eingearbeitetes Formwerk *n*
flush-mounted *(El, HLK, Konst, Te)* eingebaut, eingelassen, versenkt; Einbau...; bündig
flush mounting *(El)* Unterputzinstallation *f*, Unterputzeinbau *m (von Schaltern, Steckdosen)*
flush-mounting frame Einputzrahmen *m*, Mauereinputzrahmen *m*
flush panel bündige Verkleidungsplatte *f*, Flächentafel *f*
flush-panelled door Tür *f* mit bündigem Türblatt
flush pipe *(San)* Spülrohr *n*
flush plate *(El)* Unterputzdosendeckel *m*
flush ring eingelassener Türöffnungszugring *m*
flush rivet *(St)* Senkniet *m (Stahlbau)*
flush shoulder *(Verk)* bündiges Bankett *n*, höhengleicher Randstreifen *m*; ausgespültes Bankett *n*
flush side Bundseite *f*
flush socket *(El)* Unterputz(steck)dose *f*
flush soffit 1. glatte Treppenunterseite *f*; 2. bündige Unterdecke *f*; ebene Untersicht *f*
flush surface glatte Oberfläche *f*
flush switch *(El)* Einbauschalter *m*; Unterputzschalter *m*
flush tank *(San)* Spülkasten *m*
flush toilet *(San)* Spülklosett *n*, Wasserklosett *n*
flush-type switch *s.* flush switch

flush valve 1. *(San)* Druckspüler *m*; 2. *(San)* Spülkastenventil *n*
flush wall box *(El, HLK)* eingebaute Anschlussdose *f* [Verteilerdose *f*]
flush weir *(Wsb)* Grundwehr *n*
flush weld *(St)* Flachnaht *f* *(Schweißen)*
flush with bündig mit
flush with the adjacent areas flächenbündig
flush with the wall in Wandhöhe
flusher 1. *(San)* Spüler *m*; 2. Straßensprengwagen *m*
flushing 1. Einspülen *n*, Einschlämmen *n*; 2. *(San)* Spülung *f*, Wasserspülung *f*; Druckspülen *n*; 3. Bindemittelanreicherung *f* *(bituminöse Gemische)*
flushing box *(San)* Spülkasten *m*
flushing dredger *(BWG, Wsb)* Spülbagger *m*, Saugbagger *m*; Schwimmbagger *m*
flushing manhole *(Erdb, Tun)* Spülschacht *m*
flushing-out with water *(San)* selbsttätige Wasserspülung *f*
flushing pump *(Erdb, San, Te)* Spülpumpe *f*
flushing system *(San)* Wasserspülung *f*
flushing tank *(San)* Wasserkasten *m*; Spülkasten *m*
flushing valve *s.* flush valve
flushing water Spülwasser *n*
flushwork Flintsteineinlegemauerwerk *n*
flute *v* 1. *(OB, Te)* riefen *(senkrecht furchen)*; riffeln, rippen; 2. *(Hb)* nuten, (aus)kehlen; 3. *(Arch)* kannelieren
flute 1. *(Konst)* Riefe *f*, Rille *f*; 2. *(Hb)* Nut *f*, Einkehlung *f*; 3. *(Arch)* Kannelüre *f*, Säulenrille *f* *(in Längsrichtung)*
fluted gerieft, riefig, gerippt, gekehlt, kanneliert
fluted bar (iron) Hohlkanteneisen *n*
fluted column *(Arch, TK)* geriffelte Säule *f*
fluted drainer gerillter Ablauf *m*
fluted rolled glass geriffeltes Flachglas *n*
fluted sheet geriffeltes Glas *n*, kanneliertes Glas *n*
fluting *(OB)* Kannelierung *f*, Längsriefelung *f* *(am Säulenschaft)*; Riffelung *f* *(z. B. an Säulen)*
fluting plane *(Hb, St)* Kehlhobel *m*, Nut(en)hobel *m*
fluting steel Riffelstahl *m*
flutter echo *(DIS)* Flatterecho *n* *(Raumakustik)*
fluvial fluvial, Fluss...
fluvial clay *(BM, Bod)* Flusston *m*
fluvial deposit *(BM, Bod, Wsb)* Flussablagerung *f*
fluvial erosion *(Umw, Wsb)* Flusserosion *f*
fluvial gravel *(BM, Wsb)* Flusskies *m*
fluvial sand Flusssand *m*
fluvial sediment *(Bod, Umw, Wsb)* Flussablagerung *f*
fluvial terrace Flussterrasse *f*
fluviatile Fluss...
fluviatile detritus Flussablagerung *f*
flux *v* 1. schmelzen, flüssig machen, verflüssigen; 2. fluxen, Flussmittel zugeben *(Keramik, Metall)*; 3. fluxen, verschneiden *(Erdölfraktionen)*; 4. erweichen, plastifizieren *(Kunststoffe)*
flux 1. Fließen *n*, Fluss *m*; 2. *s.* fluxing agent; 3. *s.* flux oil
flux addition *(BM, Te)* Flussmittelzusatz *m*
flux oil Fluxmittel *n*, Verschnittmittel *n* *(für Bitumen)*
flux paste *(St, Te)* Flussmittel *n*, Lötpaste *f*
fluxed gefluxt, verschnitten
fluxed asphalt *(AE)* gefluxtes Bitumen *n*
fluxed bitumen *(BM)* Fluxbitumen *n*, gefluxtes Bitumen *n*, Verschnittbitumen *n*
fluxing Fluxen *n*, Verschneiden *n*
fluxing agent *(St, Te)* Flussmittel *n*, Fluss *m*, Schmelzmittel *n* *(Schweißen)*
fly ash Flugasche *f*
fly ash aggregate Flugaschenzuschlag(stoff) *m* *(Beton)*
fly ash-lime block Kalkflugaschenstein *m*
fly bridge *(EB, El)* Beleuchtungsbrücke *f* *(Theater)*
fly curtain Hochziehvorhang *m* *(Theater)*
fly floor [gallery] Bühnenbalkon *m* *(Theater)*
fly loft Bühnenüberraum *m* *(Theater)*
fly-proof screen *(EB)* Fliegen(schutz)gitter *n*, Fliegenfenster *n*
fly-proofing Fliegenschutz *m*
fly rafter *(Hb, Konst)* über den Giebel gezogene Dachsparrenlage *f*
fly screen Fliegengitter *n*
fly-under (junction) Straßenunterführung *f*, Unterführung *f*, Tunnel *m*; Eisenbahnunterführung *f*
fly wire *(EB)* Fliegen(maschen)draht *m*
flyer Blockstufe *f*, Massivstufe *f*, Klotzstufe *f*
flyers Außentreppe *f*, freitragende Treppe *f*
flying arch *(Konst, TK)* Strebebogen *m*
flying boat base *(Verk, Wsb)* Wasserflughafen *m*
flying bond *(SB)* märkischer Verband *m*, Läuferverband *m* mit gelegentlichem Binder
flying bridge *(Br)* (temporäre) Verbindungsbrücke *f*, fliegende Brücke *f*
flying buttress *(Arch, Konst)* Schwibbogen *m*, Strebebogen *m*, (gotische) Stützstrebe *f*, Strebepfeiler *m*, Bogenpfeiler *m*
flying buttresses *(Arch)* Strebewerk *n* *(im gotischen Kirchenbau)*
flying façade front 1. *(Konst, OB)* Kulissenfrontmauer *f*; überzogene Vorderfront *f*; 2. *(Arch)* falscher Giebel *m*, Blendgiebel *m*
flying scaffold *(Te)* Hängegerüst *n*, hängendes Gerüst *n*, Seilhängegerüst *n*
flying shelf *(HLK)* Kaminhaube *f* *(kleine)*; Kaminsimsplatte *f* *(auskragend)*
flying shore temporäre Wandstrebe *f*; Horizontalstrebe *f*
flyover (junction) *(Verk)* Straßenüberführung *f*; Hochstraße *f*; Eisenbahnüberführung *f*; plankreuzungsfreie Kreuzung *f*; Kreuzungsbauwerk *n*, Überführungsbauwerk *n*, Überführung *f*; Überwerfung *f*
flywheel *(Te)* Schwungrad *n*
foam *v* *(DIS, Te)* schäumen, Schaum bilden; schäumen, verschäumen *(Kunststoffe, z. B. als Dämmung)*
foam *v* **into place** *(DIS, Te)* einschäumen *(Dämmmaterial)*
foam Schaum *m*
foam ash-silicate concrete *(BB, DIS)* Aschensilikatschaumbeton *m*, Aschensilicatschaumbeton *m*
foam concrete *s.* foamed concrete
foam concrete agent *(BM, DIS, Te)* Schaumregulierer *m*, Schaumregulierungsmittel *n*
foam glass Schaumglas *n*
foam-in-place material *(BM, DIS)* Ortschaumstoff *m*
foam-in-place moulding *(DIS, Te)* Ortverschäumung *f*, In-situ-Verschäumung *f* *(von Dämmmaterial)*
foam layer Schaumlage *f*, Schaumschicht *f*
foam rubber Schaumgummi *m*
foam-silicate *(BM, DIS)* Schaumsilikat *n*, Schaumsilicat *n*
foam-silicate concrete *(BB, DIS)* Schaumsilikatbeton *m*, Schaumsilicatbeton *m*
foamclay Schaumton *m*, Blähton *m* *(Leichtzuschlagstoff)*
foamed geschäumt; porig; aufgeschäumt
foamed adhesive geschäumter Klebstoff *m*
foamed bitumen *(BM, DIS, Verk)* Schaumbitumen *n*, geschäumtes Bitumen *n*
foamed blast-furnace slag Schaumschlacke *f*
foamed cement concrete *(BB, DIS)* Zementschaumbeton *m*
foamed concrete *(BB, DIS)* Porenleichtbeton *m*, Schaumbeton *m*
foamed glass Schaumglas *n*
foamed-in-place insulation *(DIS, Te)* Ortverschäumung *f* für Dämmung

F

F

foamed insulation Schaumdämmung *f*; Schaumisolierung *f*
foamed latex Latexschaum(gummi) *m*
foamed lava *(BB, BM)* Lavaschlacke *f*
foamed lava concrete *(BB)* Lavabeton *m*
foamed plastic Schaum(kunst)stoff *m*
foamed polystyrene *(BM, DIS)* Schaumpolystyrol *n*
foamed polyurethane Polyurethanschaum *m*, PUR-Schaum *m*
foamed slag Hüttenbims *m*, Schaumschlacke *f*
foaming Schaumbildung *f*, Schäumen *n*, Aufschäumen *n*
foaming agent Schaumbildner *m*, Schäummittel *n*, Treibmittel *n*
foaming in-situ *(DIS, Te)* Schaumbildung *f* an Ort und Stelle
foamy schaumig, schäumend, schaumbedeckt
focal centre (point) *(RP)* städtischer Mittelpunkt *m*
focal point *(Arch)* Blickfang *m*, Dominante *f*, Fokalpunkt *m*
fodder tower *(LB)* Futterhochsilo *n(m)*
fog *v* schwitzen, beschlagen *(Fensterscheiben)*
fog *(LB, Umw)* Nebel *m*; grobes Gras *n*, Wintergras *n (ungemäht)*
fog curing *(BB)* Feuchtkammernachbehandlung *f*
fog detector *(Verk)* Nebeldetektor *m*, Nebelmelder *m*
fog potential index *(Umw)* Nebelwahrscheinlichkeitsindex *m*
fog room Feuchtkammer *f*
fog seal *(AE) (DIS, Verk)* Anspritzfilm *m (bituminös)*; Bindemittelfilm-Oberflächenschluss *m*
fog-sealed dünn asphaltiert, schwach bituminiert, bitumengesiegelt
fog warning system *(Verk)* Nebelwarnsystem *n*
fogged angelaufen, beschlagen; blind geworden, erblindet
fogger Sprühgerät *n*
fogging Anlaufen *n*, Beschlagen *n*; Blindwerden *n*, Erblinden *n*
foil 1. *(Arch)* Blatt *n*, Blättchen *n (Ornament)*; Kleeblattbogen *m*; Maßwerk *n (bes. Gotik)*; Pass *m*, Zirkelschlag *m*; 2. Folie *f*, Blättchen *n (Metall)*
foil arch *(Arch)* Kleeblattbogen *m*, Passwerkbogen *m*
foil-backed gypsum board einseitig mit Aluminiumfolie belegte [beschichtete] Gipsplatte *f*
foil covering *(DIS)* Folienabdeckung *f*
foil insert *(BT)* Folieneinlage *f*
foil insulation *(DIS)* Folienisolierung *f*
foil sheet Folienbahn *f*
foil strain gauge *(BM, Konst)* Foliendehn(ungs)-messstreifen *m*
foil surface isolation Folienoberflächenisolierung *f*
foiled kleeblattdekoriert, kleeblattförmig
foiled arch *(Arch)* Passwerkbogen *m*, Nasenschwungbogen *m (gotischer Bogen)*
fold *v* falten, doppeln; sich falten; falzen *(Papier)*; knicken; abkanten, biegen *(Blech)*
fold *v* **down** abkanten, nach unten umlegen
fold *v* **in** *(Hb)* einfalzen
fold *v* **upwards** aufkanten
fold 1. *(Bod)* Falte *f (geologisch)*; 2. Falte *f*, Quetschfalte *f (Fehler)*; Abkantung *f (Bleche)*; 3. Glied *n (Gliedermaßstab)*
folded abgekantet; gefaltet
folded area *(Konst)* Faltenfläche *f (Faltwerkdach)*
folded beds *(Bod)* gefaltete Schichten *fpl (geologisch)*
folded concrete Faltwerkbeton *m*
folded plate *(Konst)* Faltwerk *n*
folded-plate construction *(Konst, TK)* Faltwerkkonstruktion *f*
folded-plate dome Faltwerkkuppel *f*
folded-plate roof Falt(werk)dach *n*, Dachfaltwerk *n*, Paneelfaltdach *n*
folded-plate structure *(Konst, TK)* Faltwerkkonstruktion *f*, Plattenfaltwerk *n*
folded shutter Klappladen *m (Fensterladen)*
folded-slab roof Plattenfaltdach *n*
folded-slab structure *s.* folded-plate structure
folding zusammenklappbar, zusammenlegbar; Klapp...; Falt...
folding Faltung *f*
folding altar *(Arch)* Flügelaltar *m*
folding bed *(EB)* Klappbett *n*
folding bridge *(Verk)* Klappbrücke *f*
folding casement 1. Faltfenster *n*; 2. Flügelfenster(paar) *n*; 3. *s.* folding door 2.
folding door 1. Harmonikatür *f*, Falttür *f*; 2. Flügeltür *f*, Schlagtür *f*
folding dormer window Dachklappe *f*
folding ladder 1. *(EB)* Einschiebeleiter *f*, Schiebeleiter *f*; 2. *s.* folding stair
folding of drawings *(Konst)* Zeichnungsfalten *n*
folding partition (wall) Harmonika(trenn)wand *f*, Falt(trenn)wand *f*
folding press Abkantpresse *f*
folding rule *(BWG)* Gliedermaßstab *m*
folding seat Klappsitz *m*
folding shutter Klapp(fenster)laden *m*
folding sign *(Verk)* klappbares Verkehrszeichen *n*
folding sliding door Schiebefalttür *f*, Faltschiebetür *f*
folding stair *(EB)* Einschiebetreppe *f*, Schiebetreppe *f*, hochschiebbare Treppe *f*, Ziehtreppe *f (bes. zum Dachgeschoss)*
folding test *(BM, St)* Faltprüfung *f*, Faltversuch *m*
folding wall *s.* folding partition (wall)
folding window Faltfenster *n*
foliaceous blättrig, Blatt...; schieferschuppig
foliaceous structure *(Arch)* Blattstruktur *f*
foliage *(Arch)* Blattwerk *n (Ornament)*
foliage capital *(Arch)* Blattwerkkapitell *n*
foliage frieze *(Arch)* Blattwerkfries *n*, Laubwerkfries *n*
foliage scroll *(Arch)* Ranke *f*
foliate *v* (mit Blattornament) belegen
foliated 1. *(Bod)* blättrig, schiefrig *(z. B. Gestein)*; schuppig; 2. *(Arch)* blattverziert, laubwerkverziert, blattförmig ornamentiert
foliated capital *(Arch, Bod)* Blattkapitell *n*
foliated clay *(Bod)* Blätterton *m*
foliated frieze *(Arch)* Blattfries *m*
foliated joint *(Hb)* überblattete Verbindung *f*, Überlappungsverbindung *f*
foliated rock *(BM, Bod)* geschiefertes Gestein *n*
foliated sandstone *(BM, Bod)* Blättersandstein *m*
foliation 1. *(Arch)* Blattdekoration *f*, blattförmige Verzierung *f*, Passverzierung *f*; 2. *(Arch)* gotische Fensterrippung *f*; 3. *(Bod)* Bänderung *f*, Blätterung *f*; Schieferung *f*; 4. Abblättern *n*; Aufblättern *n (Schutzschicht)*
follow *v (Konst, VR)* einhalten, befolgen *(z. B. Spezifikation)*
follow spot(light) *(El)* mitlaufender Scheinwerfer *m*
follow-up time gap *(Verk)* Folgezeitlücke *f*
follower *(Erdb)* Verlängerungsstößel *m (Pfahlgründung)*
folly *(LB)* funktionsloser Blickfang *m*, nutzloses Bauwerk *n (Landschaftsgestaltung)*
fondu *(BB, BM)* Hochaluminiumzement *m*
font *(Arch)* Taufbecken *n*, Taufstein *m*
food cupboard *(EB)* Speiseschrank *m*
food display counter *(EB)* beheizter Speisenausgabetisch *m*; beheizte Speisenauslage *f*
food elevator *(AE) (EB)* Speisenaufzug *m*
food lift *(EB)* Speisenaufzug *m*
food processing plant *(Konst)* Nahrungsmittelbetrieb *m*

food tray rail *(EB)* Tablettführungsschiene *f (Selbstbedienungsgaststätte)*
fool-proof absolut sicher, betriebssicher
foot *v* begleichen, bezahlen
foot 1. *(Erdb, Wsb)* Fuß *m (Böschung, Stützmauer, Damm)*; 2. *(Stat)* Fuß *m (SI-fremde Einheit der Länge; 1 ft = 30,48 cm)*; 3. *(Konst)* Unterteil *n*, Sockel *m*; Sohle *f*
foot base Sockelbankverzierung *f*
foot-bath Fußwaschbecken *n*
foot beam *(BT, TK)* Hauptbalken *m*, Zugbalken *m*
foot block Säulenfundament *n*, Stützenfundament *n*
foot board Schutzbrett *n*
foot bolt Türfußhaltebolzen *m*, fußbetätigter Türhalter *m*
foot-bridge *(Verk)* Fußgängerbrücke *f*, Fußsteg *m*, Steg *m*; Straßenüberführung *f*
foot-bridge between platforms *(Verk)* Bahnsteigüberführung *f*
foot-candle *(El)* Footcandle *f (englische Einheit der Beleuchtungsstärke; 1 foot-candle = 10,76 Lux)*
foot cut Sparrenauflagerschnittfläche *f*; *(AE)* Einklauung *f*
foot depth *(Erdb, Konst)* Fundamenttiefe *f*
foot iron Steigeisen *n*, Klettereisen *n*
foot-measure *(Konst)* Fußmaß *n*
foot moment *(Stat)* Fußmoment *n*
foot of bearing Lagerfuß *m*
foot piece 1. *(HLK)* Luftrichtungsweiser *m (Klimaanlage)*; 2. *(Hb)* Unterschiebling *m*, Aufschiebling *m (Dach)*; 3. *(Hb)* Fußbalken *m*
foot-plate *(Hb)* Lastverteilungsholz *n*, Schwellholz *n*, Grundschwelle *f*; Fußbalken *m*, Fußholz *n (einer Dachkonstruktion)*
foot-road *(Verk)* Fußgängerstraße *f*
foot-run 1. *(Stat, Verm)* laufende Länge *f* in Fuß; 2. *(Hb, Konst)* Bauholzmaß *n* in Kubikfuß *(Stützenaufstand)*
foot scraper mat Fußabstreifmatte *f*
footbridge *s.* foot-bridge
footfall sound *(DIS)* Trittschall *m*
footfall sound insulation *(Bod, DIS)* Trittschalldämmung *f*
foothill *(Bod)* Vorgebirge *n*, Randgebirge *n*
foothold Auftrittsbreite *f (Treppe)*
footing 1. *(Erdb, Konst)* Fundament *n*, Gründung *f*; Einzelfundament *n*, Sockel *m (eines Gebäudes)*; 2. *(Erdb)* Untergrund *m*, Bettungsschicht *f*, Unterbau *m*; 3. *(Konst, TK)* Auflagerverteilung *f*; 4. *(BM, OB)* Entschleimung *f (Lackfarbe)*
footing anchorage *(Erdb, Konst)* Fundamentverankerung *f*
footing beam *(Hb, Stat)* Spannbalken *m*, Zugbalken *m*, Zange *f*, Querriegel *m*; doppeltes Hahnholz *n*
footing block Fundamentblock *m*
footing brick masonry *(SB)* Fundamentziegelmauerwerk *n*
footing concrete *(BB, BM)* Fundamentbeton *m*
footing course *(SB)* Fundamentmauerwerkslage *f*
footing drawing Fundamentzeichnung *f*
footing form Fundamentabsatz *m*
footing grid plane *(Konst, Verm)* Fundamentrasterebene *f*
footing piece 1. Gerüststrebe *f*, Baugerüstelement *n*; 2. *s.* foot piece 2.
footing pier *(Erdb, Konst)* Fundamentpfeiler *m*
footing pressure *(Bod, Erdb, Stat)* Fundamentdruck *m*
footing stone Gründungsstein *m*
footing stop Tagesfugenbrett *n*, Arbeitsfugenbrett *n*, Holzeinlage *f (in Betonierfuge)*
footing trench Fundamentgraben *m*
footing vault Fundamentgewölbe *n*
footpath 1. *(LB, Verk)* Fußweg *m*, Gehweg *m*, Spazierweg *m*, Fußgängerweg *m (abseits jeder Straße)*; 2. *(Verk) (AE)* Bürgersteig *m*
footpiece *s.* foot piece
foots *(BM, OB)* Schleimstoffe *mpl (Lackfarbe)*
foots scraper Fußabstreicher *m*, Schuhabstreicher *m*, Fußkratzer *m*
footstall Sockel *m*, Postament *n*
footstep sound *(DIS)* Trittschall *m*
footstep sound insulation *(DIS)* Trittschalldämmung *f*
footstep sound intensity *(DIS)* Trittschallstärke *f*
footstep switch *(El)* Fußschalter *m*
footstep traffic *(RP, Verk)* Fußverkehr *m*, fußläufiger Verkehr *m*
footstone *(AE)* Schrägstein *m*; Keilziegel *m*
footwall *(Tun)* Liegendes *n*, Sohle *f*
footway *s.* footpath
footway cantilever bracket *(Br)* Fußwegkragträger *m (Brücke)*
forbidden zone *(Umw, VR)* Sperrfläche *f*; Sperrgebiet *n*
force *v* 1. (an)treiben; 2. drücken, pressen; 3. zwingen, erzwingen; 4. aufbrechen
force *v* **in** *(Tun)* treiben; hineintreiben
force *v* **on** *(Te)* aufpressen
force *v* **through** 1. *(Te)* durchpressen, durchdrücken; 2. *(Tun)* durchörtern
force *v* **together** zusammenpressen
force *v* **up** *(OB)* aufwölben *(z. B. Oberflächenschutzschichten)*
force 1. *(Stat)* Kraft *f (physikalisch)*; 2. *(Stat)* Stärke *f*
force account *(VR)* Istabrechnung *f*, Bauleistungsberechnung *f (ohne vorher kalkuliertes Angebot)*
force account works *(VR)* Aufmaßabrechnungsarbeiten *fpl*, Bauleistungen *fpl* nach Istleistung
force application *(Stat)* Kraftanbringung *f*; Kraftangriff *m*
force arm Kraftarm *m*
force at right angles *(Stat)* Normalkraft *f*
force component Kraftkomponente *f*
force-deformation diagram Kräfteverteilungsdiagramm *n*, Kräfte-Formänderungsdiagramm *n*
force diagram *(Stat)* Kräftediagramm *n*
force direction *(Stat)* Kraftrichtung *f*
force distribution *(Stat)* Kräfteverteilung *f*
force ductility method *(BM)* Kraft-Duktilitätsprüfung *f*
force equilibrium *(Stat)* Gleichgewicht *n* der Kräfte, Kräftegleichgewicht *n*
force-feed circulation *(HLK)* Zwangszirkulation *f*
force method Kraftgrößenverfahren *n*
force moment Kraftmoment *n*
force-moment diagram *(Stat)* Kraftmomentdiagramm *n*
force of gravity Schwerkraft *f*
force of inertia Trägheitskraft *f*
force parallelogram Kräfteparallelogramm *n*
force polygon *(Stat)* Kraftpolygon *n*, Kräftevieleck *n*, Krafteck *n*
force triangle Kraftdreieck *n*
force vector *(Stat)* Kraftvektor *m*
forced-air circulation *(HLK)* Warmluftzwangsumlauf *m*
forced-air furnace *(HLK)* Warmluft(zwangs)umlaufofen *m*, Umlaufofen *m*
forced-air ventilation *(HLK)* Zwangsentlüftung *f*
forced circulation *(HLK)* Zwang(s)umlauf *m*
forced-circulation central heating *(HLK)* Zwangsumlaufheizung *f*
forced convection *(HLK)* Zwangskonvektion *f*, Heizträgerzwangsumlauf *m*
forced draught *(HLK)* künstlicher Zug *m (Luft)*
forced-draught blower *(HLK)* Druckzuggebläse *n*
forced-draught furnace *(HLK)* Unterwindfeuerung *f*
forced-draught oven *(HLK)* Umluftofen *m*
forced fit *(St, Te)* Presspassung *f*
forced heating (system) *(HLK)* Heizungsanlage *f* mit Zwangsumlauf

forced rupture *(Stat)* Gewaltbruch *m*
forced ventilation *(HLK)* Zwangsentlüftung *f*, Zwangsbelüftung *f*
forces compensating one other *(Stat)* zwei sich aufhebende Kräfte *fpl*
forces in plane *(Stat)* Kräfte *fpl* in der Ebene
forcing *(Tun)* Führung *f*; *(Tunnelbau)* Vortreiben *n*; Vortrieb *m*
forcing pump *(WVA)* Druckpumpe *f*
ford *(Wsb)* Furt *f*
ford cup *(BM)* Fordbecher *m (Viskositätsmessung)*
fore-arch Vorbogen *m*
forebay *(Wsb)* Einlaufbecken *n (Kraftwerk)*
forebreast *(Erdb)* Arbeitsort *m*
forebuilding Vorbau *m*, vorspringender Bau *m*
forecast *(RP, Te, Verk)* Vorhersage *f*, Prognose *f*
forecast for traffic *(Verk)* Verkehrsprognose *f*
forecast period *(RP)* Prognosezeitraum *m (Bauplanung)*
forecast road occupancy *(Verk)* Prognosebelegung *f*
forechurch *(Arch)* Vorkirchenraum *m*
foreclosure *(VR)* Hypothekenkündigung *f*
foreclosure sale *(VR)* Grundstückszwangsverkauf *m*; Hauszwangsversteigerung *f*
forecourt *(Arch)* Vorhof *m*, Vorplatz *m*
foreign matter *(BM)* Fremdkörper *m*; Verunreinigung *f (in Materialien)*
foreign water *(Bod)* Schichtenwasser *n*
foreland *(Bod)* Vorgebirgsland *n*
foreman Polier *m*, Bauführer *m*; Meister *m*
forend *(EB)* sichtbare Schlossfläche *f (eines eingebauten Türschlosses)*
forepart 1. Vorderteil *n*; 2. *s.* forebuilding
foreshore *(Bod)* Küstenvorland *n*; Außendeichland *n*
foreshorten *v (Arch, Konst)* die Perspektive verkürzen; überhöht einzeichnen
forest Wald *m*; Forst *m*
forest clearing *(Umw)* Durchforstung *f*
forest fire *(Umw, Verk)* Waldbrand *m*
forest land *(LB, Umw)* Waldland *n*; Waldbestand *m*
forest path *(LB)* Waldweg *m*
forest road *(LB)* befestigter Waldweg *m*
forest shelter-belt *(LB)* Waldschutzstreifen *m*
forest soil *(Bod)* Waldboden *m*
forest stand *(LB, Umw)* Waldbestand *m*
forestage *(EB)* Vorbühne *f (Theater)*
forestation Aufforsten *n*, Aufforstung *f*
forested *(LB)* bewaldet
forested area *(Umw)* Waldregion *f*
forestry research *(LB)* Forstwirtschaftsforschung *f*
forge *v (St, Te)* schmieden, hämmern, stauchen
forge *(BWG, St)* Schmiede *f*
forge steel *(BM, St)* Schmiedestahl *m*
forge welding *(St, Te)* Feuerschweißen *n*
forgeability *(BM, St)* Schmiedbarkeit *f (Metall)*
forgeable schmiedbar
forged bit geschmiedeter Meißel *m*
forged piece [work] Schmiedestück *n*, Schmiedearbeit *f*
forging 1. Schmieden *n*, Schmiedearbeit *f*; 2. Schmiedestück *n*, Schmiedearbeit *f*
forging die *(St, Te)* Gesenk *n*
forging steel *(BM, St)* Schmiedestahl *m*
fork *v (Konst)* gabeln, teilen; sich gabeln, sich teilen *(z. B. Straßen)*; sich verzweigen *(z. B. Leitungen)*
fork 1. *(El, HLK, Konst, San, Verk, WVA)* Gabelung *f*, Abzweigung *f (z. B. einer Straße)*; Verzweigung *f (z. B. von Leitungen)*; 2. *(TK)* Gabelstütze *f*
fork junction *(Verk)* Straßengabelung *f*
fork-lift truck Gabelstapler *m*, Hubstapler *m*
fork test *(OB)* Gabelprüfung *f (Korrosionsprüfung)*
forked gabelförmig, Y-förmig
forked bolt Gabelbolzen *m*
forked clamp Klammer *f*
forked mortise and tenon joint *(Hb)* Scherenzapfen *m*, Gabelzapfen *m*
forked pipe *(San, WVA)* Gabelrohr *n*
forked strap Gabelband *n*
forked strut *(Konst, TK)* Y-Stiel *m*
forked tendon *(BB, Konst, Te)* aufgegabeltes [gefächertes] Spannglied *n*
forked tenon *(Hb)* Gabelzapfen *m*
forked tie Gabelanker *m*
forked wood *(Hb)* Gabelholz *n*
forking *s.* fork 1.
form *v* 1. formen, bilden, gestalten; 2. einschalen *(Beton)*
form *v* **horizontally** liegend herstellen *(Betonelemente)*
form 1. Form *f*, Gestalt *f*, Gestaltung *f*; Profil *n*; 2. Schalung *f*, Schalungsform *f (z. B. für Beton)*; Schablone *f*; 3. Bank *f* ohne Lehne
form-active structure system *(Konst, TK)* formaktives Tragwerk *n*
form anchor Schalungsklammer *f*
form board *(BM, Erdb)* Schalbrett *n (z. B. für Baugruben)*
form dismantling *(Erdb, Te)* Ausschalung *f*
form gauge *(Hb)* Formlehre *f*
form hanger Schalungsaufhänger *m*
form insulation *(BB, Te)* Schalungsdämmung *f (zur Erhaltung der Hydratationswärme)*
form liner Schalungseinlage *f (Sichtbeton)*
form lining Schalungsauskleidung *f (Sichtbeton)*
form of agreement *(VR)* Vereinbarungsform *f*
form of arch Bogenform *f*
form of corrosion *(OB)* Korrosionsart *f*, Korrosionsform *f*, Korrosionstyp *m*
form oil *(BB, Te)* Schalungsöl *n*
form release agent *(BB, Te)* Schalungstrennmittel *n*; Formtrennmittel *n*, Trennmittel *n (Schalung)*
form removal Ausschalung *f*
form-retentive formbeständig
form retentiveness *(BM, BT)* Formbeständigkeit *f*
form scabbing 1. *(BB, Te)* Betonabriss *m (beim Ausschalen)*; 2. Betonoberflächenräudigkeit *f*
form-set Schalungssatz *m*
form stop 1. Tagesabschlussstopp *m (beim Betonieren)*; 2. Arbeitsfugenbrett *n*
form stripping *(BB, Te)* Ausschalen *n*, Entschalen *n (Beton)*
form tie Formzuganker *m*
form-vibrated concrete Rüttelbeton *m (durch Schalungsrüttler)*
form vibrator Schalungsrüttler *m*
forma *(Arch)* Wasserrinne *f (Aquädukt)*
formability Formbarkeit *f*
formable formbar
formal and spatial concept *(Arch)* Raum- und Formansprache *f*
formal garden *(Arch)* französischer Park *m (Barock)*
formaldehyde resin *(BM)* Formaldehydharz *n*
formalism *(Arch)* Formalismus *m*
formalize *v (Arch)* stilisieren
formalized *(Arch)* stilisiert
format 1. *(AE)* Standardunterlagen *fpl (zur Angebotsplanung)*; 2. Format *n*, Größe *f*
format symbol *(BM, VR)* Formatkurzzeichen *n*
formation 1. *(Verk)* Planum *n*, Feinplanum *n*, eingeebnete Untergrundfläche *f*; 2. *(Konst)* Anordnung *f*, Struktur *f*; Zusammensetzung *f (Baugruppen)*; 3. *(Te)* Bildung *f*, Entstehung *f*, Formung *f (Bauelemente)*
formation level *(Erdb, Verm)* Feinplanumshöhe *f*; Gründungssohle *f*, Fundamentauflagehöhe *f*

formation of a neck *(Erdb)* Einschnürung *f (Bohrpfahlgründung)*
formation of blisters *(OB)* Blasenbildung *f*
formation of condensate *(DIS, HLK)* Kondenswasserentstehung *f*
formation of cracks Rissbildung *f*
formation of fissures Rissbildung *f*
formation of ice Eisbildung *f*
formation of pockets *(BB, Te)* Nesterbildung *f (Beton)*
formation of rust *(OB)* Rostbildung *f*
formation water *(Erdb)* Schichtwasser *n*
formed part Formteil *n*
formed plywood profiliertes Sperrholz *n*
formed product Formstück *n*
formed sheet Profilfeinblech
former plate 1. *(Konst)* Schablone *f*, Kopierschablone *f*; 2. Profilgrobblech *n*
former strip *(Hb)* Formatleiste *f*
formeret *(Konst)* Gewölberippe *f*; Schildbogen *m*
forming 1. Formung *f*, Gestaltung *f*; Formgebung *f*; 2. Schalungsbau *m*, Einschalen *n*
forming crew Schalungskolonne *f*, Schaltrupp *m*
forming of blocks *(BM, Te)* Steinherstellung *f*, Blocksteinfertigung *f*
forming pressure Formgebungsdruck *m*
forms agent Entschalungsmittel *n*
forms lining Schalungsauskleidung *f*
forms of stress *(Stat)* Spannungsarten *fpl*
forms removal *(BB, Te)* Entschalen *n*, Ausschalen *n*, Ausschalung *f*
forms sealer *(BB, BM)* Ausschalmittel *n*, Entschalungsmittel *n*
forms sheeting Schalungsfolie *f*
forms tie Schalungsanker *m*
formulate *v* 1. rezeptieren *(Baustoffmischungen)*; 2. nach Rezeptur arbeiten, rezepturgemäß zusammensetzen
formulation *(BM, Te)* Rezeptur *f*, Mischrezept *n*; Zusammensetzung *f*
formwork Schalung *f*, Schalungsform *f*, Form *f*; Schalungsgerüst *n*
formwork board Schalungsbrett *n*
formwork construction Schalungsbau *m*
formwork dismantling *(VR)* Schalungsabnahme *f*
formwork hanger Schalungsaufhänger *m*
formwork lining *(BB, Te)* Schalungsauskleidung *f*
formwork panel Schal(ungs)tafel *f*
formwork removal *(BB, Te)* Ausschalen *n*
formwork stripping Schalungsabnahme *f*
formwork tie Schalungsanker *m*
formworkless schalungsfrei, schalungslos
forniciform *(Konst)* wölbdeckenförmig, wölbedachförmig
forsterite Forsterit *m*, Magnesiumolivin *m*
fort *(Arch)* Fort *n*, Festung *f*, Feste *f*, Festungswerk *n*
forticale *(Arch)* Vorwerk *n*, Veste *f*
fortifiable befestigungsfähig
fortification *(Konst)* Befestigung *f (militärisch)*
fortified befestigt
fortified church *(Arch)* Wehrkirche *f*
fortified house *(Arch)* Wehrhaus *n*
fortified residence *(Konst)* befestigte Wohnanlage *f*
fortified structure *(Arch)* Wohnbau *m*, Wohnbauwerk *n*
fortified tower *(Arch)* Wehrturm *m*
fortified town *(Arch)* befestigte Stadt *f*
fortify *v* 1. *(Konst, Te)* verstärken *(z. B. eine Konstruktion)*; 2. *(Konst, Te)* befestigen *(militärisch)*
fortifying Befestigen *n*
fortilage *(Arch)* Vorwerk *n*, Feste *f*
fortress *v* befestigen
fortress *s.* fort
fortress castle *(Arch)* Burg *f*
fortress castle-church *(Arch)* Burgkirche *f*
fortress castle-ditch *(Arch)* Burggraben *m*, Halsgraben *m*
fortress castle-wall *(Arch)* Burgmauer *f*
fortress-like festungshaft
fortress town *(Arch)* Festungsstadt *f*, befestigte Stadt *f*
fortress wall *(Arch)* Festungsmauer *f*
forum *(Arch)* Forum *n (Marktplatz im alten Rom)*
forward lap *(Konst)* Längsüberdeckung *f*
forward-looking *(Arch)* zukunftsweisend
forward shovel Hochlöffelbagger *m*
foss *s.* fosse
fosse *(Wsb)* Kanal *m*; Rinne *f*, Graben *m*; Befestigungsgraben *m*
foul *v* 1. blockieren; verstopfen; 2. verschmutzen, verunreinigen, verpesten
foul *(RS, Umw)* faulig, schlecht, stinkend
foul air 1. Abluft *f*, Schlechtluft *f*; 2. Kanalgas *n*
foul-bottomed sediment *(WVA)* Faulschlammsediment *n*
foul drain *(WVA)* Drän(age)ableitung *f*
foul water *(WVA)* Abwasser *n*, Schmutzwasser *n*
foul water line *(WVA)* Abwasserleitung *f*
foul water sewer *(WVA)* Schmutzwasserkanal *m*
fouling *(OB, Umw)* Oberflächenbewuchs *m (Pilze, Algen usw.)*
found *v* 1. *(Erdb)* gründen, Fundament legen, fund(ament)ieren; unterbauen *(z. B. Straßen, Gleise)*; 2. *(Erdb)* unterfangen; 3. den Bau beginnen; 4. gießen *(Metalle)*
foundation 1. Fundament *n*, Gründung *f*; Unterlage *f*; Sockel *m*; 2. (natürlicher) Baugrund *m*; Unterbau(körper) *m (z. B. für Straßen, Gleise)*
foundation anchorage Gründungsverankerung *f*
foundation area Fundamentfläche *f*
foundation base Fundamentsockel *m*; Gründungssohle *f*
foundation base level *(Erdb)* Gründungssohle *f*
foundation beam Fundamentträger *m*
foundation block Einzelfundament *n*, Säulenfundament *n*, Stützenfundament *n*, Fundamentblock *m*
foundation bolt Fundamentschraube *f*, Ankerschraube *f*, Ankerbolzen *m*, Fundamentbolzen *m*
foundation bolt hole Ankerloch *n*
foundation brickwork *(Erdb)* Grundmauerwerk *n*
foundation by caissons *(Erdb, Wsb)* Senkkastengründung *f*
foundation by means of freezing Gefriergründung *f*
foundation by pit sinking *(Erdb, Tun)* Gründung *f* mittels Schachtabteufung
foundation ceremony Grundsteinlegung *f*
foundation course 1. *(Erdb)* Planum *n*, Sauberkeitsschicht *f*, Fundamentschicht *f (Gebäude)*; 2. *(Erdb, Konst)* Planum *n*, Unterbau *m*, Unterbettungsschicht *f*, Gründungsschicht *f (Straße)*
foundation cylinder *(Erdb)* Zylinderpfahl *m*
foundation depth Fundamenttiefe *f*
foundation drain *(Erdb)* Fundamentdrän *m*
foundation drainage tile Fundamentdränleitung *f (Rohr)*
foundation drawing *(Erdb, Konst)* Fundamentplan *m*, Gründungszeichnung *f*
foundation earthing *(El)* Fundamenterder *m*
foundation engineering Grundbau *m*
foundation engineering and soil mechanics *(Bod, Erdb)* Grundbau *m* und Bodenmechanik *f*
foundation excavation Fundamentaushub *m*, Ausheben *n* der Baugrube
foundation failure ungleichmäßiges Setzen *n*, unterschiedliche Setzung *f*
foundation girder Fundamentträger *m*
foundation grid plan Gründungsrasterebene *f*
foundation holding(-down) bolt *s.* foundation bolt

foundation in rock Felsgründung *f*
foundation in the dry Trockengründung *f*
foundation layer *(Verk)* Fundamentationsschicht *f*, untere Tragschicht *f*, Konstruktionsschicht *f*
foundation level Fundamentsohle *f*; Gründungssohle *f*, Unterbausohle *f*
foundation masonry *(SB)* Grundmauerwerk *n*
foundation mat Fundamentrost *m*
foundation on caissons *(Erdb, Wsb)* Senkkastengründung *f*
foundation pad Blockfundament *n*, Einzelfundament *n*
foundation pier *(Erdb)* Gründungspfeiler *m*
foundation pile *(Erdb)* Gründungspfahl *m*, Grundpfahl *m*
foundation pit Baugrube *f*, Fundamentgrube *f*
foundation pit base Baugrubensohle *f*
foundation plan Fundamentplan *m*, Fundamentzeichnung *f*
foundation plate Fundamentplatte *f*, Gründungsplatte *f*
foundation practice Grundbau *m*
foundation pressure *(Bod, Erdb)* Bodendruck *m*, Bodenpressung *f (der Gründung)*
foundation raft Fundamentplatte *f*, Gründungsplatte *f*, Grundplatte *f*; Plattenfundament *n*
foundation shell Gründungsschale *f*
foundation sill Grundschwelle *f (bei Gründungen)*
foundation slab *s.* foundation raft
foundation soil *(Bod)* Baugrund *m*, tragende Erdstoffschicht *f*
foundation stone 1. Grundstein *m (eines Fundaments)*; 2. Grundsteinlage *f*
foundation stratum *(Bod)* Gründungsschicht *f (im Erdreich)*
foundation strip Fundamentstreifen *m*
foundation tank *(Erdb)* Gründungswanne *f*
foundation test boring *(BM, Bod)* Baugrunduntersuchungsbohrung *f*
foundation testing Baugrunduntersuchung *f*, Untergrunderkundung *f*, Bodenuntersuchung *f*
foundation theory *(Bod, Erdb)* Grundbauwissenschaft *f*
foundation toe Fundamentauskragung *f*, Fundamentbankett *n*
foundation trench Fundamentgraben *m*
foundation type Gründungsart *f*
foundation wall Grundmauer *f*, Fundamentmauer *f*; Keller(geschoss)mauer *f*
foundation water pressure *(Bod)* Sohlenwasserdruck *m*
foundation well *(Erdb)* Gründungsbrunnen *m*, Gründungsschacht *m*
foundation width Fundamentbreite *f*
foundation work Gründungsarbeiten *fpl*
founder *v (Bod)* einfallen, absacken *(Boden)*
founder *(VR)* Gründer *m*, Stifter *m*
founder-member *(VR)* Gründungsmitglied *n*
founderous road *(Bod, Verk)* abgesackte [zerstörte] Straße *f*
foundry *(BWG, St)* Gießerei *f*
foundry slag *(BB, BM)* Gießereischlacke *f (Zuschlagstoff)*
fountain *(Arch, Wsb)* Fontäne *f*, Springbrunnen *m*, Brunnen *m*; Brunnenbauwerk *n*
fountain design *(Arch, LB, Wsb)* Wasserkunst *f*
fountain house *(Arch)* Tonsur *f (Brunnenkapelle an einem Kreuzgang)*
fountain pipe Brunnenrohr *n*
fountain plaza Brunnenmarkt *m*
fountain structure *(Wsb)* Brunnenbauwerk *n*
fountain water *(WVA)* Brunnenwasser *n*
four-bay *(Br, Konst, TK)* vierjochig; vierschiffig
four-centred arch *(Arch)* Kielbogen *m*, gevierter Bogen *m*, Tudorbogen *m*
four-centred pointed arch *(Arch, Konst)* Spreizbogen *m* mit vier Radien
four-columned hall *(Arch, Konst)* Viersäulenhalle *f*
four-cornered viereckig, vierseitig, vierkantig
four-cornered column Viereckstütze *f*
four-cornered slab Viereckplatte *f*
four-cornered steel Vierkantstahl *m*
four-horsed chariot *(Arch)* Quadriga *f (Klassizismus)*
four-lane road *(Verk)* vierspurige Straße *f*, vierstreifige Straße *f*
four-leaved vierflügelig *(Fenster)*
four-leaved flower *(Arch)* vierblättriges Blumenornament *n*
four-leaved tracery *(Arch)* Vierblatt *n (Gotik)*
four-mesh wire netting Viereckdrahtgeflecht *n*, viereckiges Drahtgeflecht *n (Bewehrung)*
four-moment equation *(Stat)* Viermomentengleichung *f (für einen Balken)*
four-moment(s) theorem *(Stat)* Viermomentensatz *m*
four-part tracery *(Arch)* vierteiliges Maßwerk *n*
four-part vault vierteiliges Gewölbe *n*
four-point bearing *(TK)* Vierpunktlagerung *f*
four-point loading *(Stat, TK)* Vierpunktbelastung *f*
four-sided vierseitig
four-span *(Arch)* vierschiffig
four-way reinforcement *(BB)* doppelte kreuzweise Bewehrung *f*
four-wheel drive *(Te, Verk)* Allradantrieb *m*
fourteen-inch wall *s.* brick-and-a-half wall
fourth-order theory *(Stat)* Spannungstheorie *f* vierter Ordnung
fowl-house *(LB)* Hühnerstall *m*
fox bolt *(Hb, St)* Splintlochbolzen *m*
foxtail (wedge) Splintsicherungskeil *m*
foxy timber *(Hb, RS)* verstocktes Bauholz *n*
foyer *(Arch, Konst)* Foyer *n*, Wandelgang *m (Hotel, Theater)*
Fraas breaking point Brechpunkt *m* nach Fraas *(Bitumen)*
fractables gestufte Giebelmauerabdeckung *f*
fraction 1. Kornfraktion *f*, Kornklasse *f*, Korngröße *f*; 2. Fraktion *f (Destillation)*
fraction nonconforming Fehleranteil *m*, Anteil *m* fehlerhafter Einheiten
fraction weight *(BM)* Kornanteil *m*; Gewichtsanteil *m*
fractional sampling *(BM)* Haufwerksprobenahme *f (Zuschlagstoffe)*
fractionate *v (BM)* fraktionieren, in Fraktionen zerlegen
fractionating column *(BM, Te)* Fraktionieraufsatz *m*
fractionating tower *(BM, Te)* Fraktionierturm *m*
fracture *v* zerbrechen, zerschlagen; brechen, zu Bruch gehen, zersplittern; reißen *(z. B. Mauerwerk)*
fracture 1. Bruch *m*, Riss *m*; Anbruch *m*; 2. Bruchfläche *f*
fracture appearance *(BM)* Bruchgefüge *n*
fracture area Bruchfläche *f*
fracture edge Bruchkante *f*
fracture face Bruchfläche *f*, Bruchbild *n*
fracture facet *(BM)* Bruchfläche *f*
fracture limit *(BM, Stat)* Bruchgrenze *f*
fracture line *(Stat)* Bruchlinie *f*
fracture load *(Stat)* Bruchlast *f*; Bruchbelastung *f*
fracture mechanics *(Stat)* Bruchmechanik *f*
fracture pattern Bruchbild *n*, Rissbild *n*
fracture plane Bruchfläche *f*, Bruchebene *f*
fracture-proof bruchsicher
fracture strain *(BM, Stat)* Bruchdehnung *f*
fracture strength *(BM, Stat)* Bruchfestigkeit *f*
fracture stress Bruchspannung *f*
fracture surface Bruch(ober)fläche *f*
fracture temperature Bruchtemperatur *f*
fracture toughness Bruchzähigkeit *f*, Risszähigkeit *f*
fractured gebrochen

fragile *(BM)* zerbrechlich; brüchig; spröde
fragility Zerbrechlichkeit *f*; Brüchigkeit *f*; Sprödigkeit *f*
fragment *v (BM, BT)* zerfallen
fragment *(BM)* Bruchstück *n*, Spaltstück *n*; Splitter *m*; Scherbe *f*; Überrest *m*
fragmental *(BM)* bruchstückartig
fragmental material *(BM)* Trümmergesteinsmaterial *n*
fragmentary rocks *(BM)* Trümmergestein *n*
fragmentary view *(Arch)* Teilansicht *f*
fragmentate *v (BM)* zertrümmern *(in Einzelstücke)*
fragmentation Stückigkeit *f*; Zertrümmerung *f*; Zerfall *m*
fragmented zermürbt
fragments *(BM, RS)* Trümmer *pl*; Bruchstücke *npl*
frame *v* 1. *(Te, TK)* ein Tragwerk montieren; 2. *(Hb)* einrahmen; verrahmen; einspannen; verzimmern
frame 1. *(Konst, TK)* Skelett *n*, Stabwerk *n*, Tragwerk *n*; Fachwerk *n*; 2. Zarge *f*, Rahmen *m (z. B. einer Tür)*; 3. Gehäuse *n*; Aufsatz *m*
frame action *(Stat)* Rahmenwirkung *f*
frame analysis Rahmenstatik *f*; Rahmenberechnung *f*
frame anchor *(EB)* Zargenanker *m*, Türrahmenhalter *m*
frame and panel construction Fertigteilbauweise *f* mit Skelett und Ausfachungsplatten
frame axis *(Verm)* Rahmenachse *f*
frame bar *(Konst, Stat)* Rahmenstab *m*, Rahmenglied *n*
frame bay *(Konst)* Rahmenschiff *n*
frame beam *(BT, Konst)* Rahmenbalken *m*
frame board *(Hb)* Friesbrett *n*
frame bridge *(Br)* Fachwerkbrücke *f*
frame building *s.* framed building
frame column Rahmenpfosten *m*, Rahmenstütze *f*; Stiel *m*
frame constant Rahmenkonstante *f*
frame construction *(Konst)* Skelettbauweise *f*, Rahmenkonstruktion *f*, Rahmenbau *m*
frame crippling Rahmenverbiegung *f*
frame diagram *(Stat)* Rahmendiagramm *n*
frame diaphragm Windausfachung *f*
frame distortion Rahmenverzerrung *f*
frame gasket *(DIS, EB)* Türdichtungsstreifen *m*
frame girder Rahmenbalken *m*, Fachwerkträger *m*
frame-high sturzhoch *(lichte Höhe bei Fenstern, Türen)*
frame hinge *(Konst, Stat)* Rahmengelenk *n*
frame house Fachwerkhaus *n*, Fachwerkbau *m*
frame leg *(Konst)* Rahmenschenkel *m*; Rahmenpfosten *m*, Rahmenstütze *f*
frame level *(BWG)* Setzwaage *f*, Wasserwaage *f*
frame-like (load-)bearing structure rahmenartiges Tragwerk *n*
frame-like supporting structure *(Konst)* rahmenartiges Bauwerk *n*
frame load-bearing structure Rahmentragwerk *n*
frame member *(Konst, TK)* Fachwerkstab *m*, Fachwerkstrebe *f*, Rahmenstab *m*, Rahmenglied *n*
frame of joists Balkenlage *f*
frame of manhole *(Erdb, Wsb, WVA)* Schachtrahmen *m*
frame piece Rahmenschenkel *m*
frame post *(BT, Konst)* Rahmenpfosten *m*, Rahmenstütze *f*; Stiel *m*
frame profile Rahmenprofil *n*
frame pulley *(BT)* Fensterrahmenseilzug *m (Schiebefenster)*
frame rail Rahmenschiene *f*
frame rigidity Rahmensteifigkeit *f*
frame saw *(BWG, Hb)* Gattersäge(maschine) *f*, Spannsäge *f*
frame section Rahmenprofil *n*
frame shape Rahmenform *f*, Rahmengestalt *f*
frame side bar *(Konst)* Längsträger *m*, Rahmenholm *m*
frame span *(Konst)* Rahmenstützweite *f*
frame system *(Konst, TK)* Rahmenkonstruktion *f*, Rahmensystem *n*
frame type of construction Fachwerkbauart *f*
frame wall Fachwerkwand *f*
frame window Rahmenfenster *n*
framed and ledged door ausgefachte Rahmentür *f*
framed beam *(TK)* Fachwerkbinder *m*
framed building 1. *(Konst, TK)* Skelettbau *m*, Tragrahmenbau *m*, Fachwerkrahmenbau *m*, Rahmengebäude *n*; 2. *s.* framed construction
framed cellular floor Rahmenzellendecke *f*
framed construction *(Konst)* Skelettbauweise *f*
framed dado Rahmensockel *m*
framed door Rahmentür *f*
framed floor Doppelfußboden *m*, gedoppelter Fußboden *m*
framed floor covering Friesfußboden *m*
framed flooring Friesboden *m*
framed grounds 1. eingebaute Zargenhaltehölzer *npl*; 2. Kastenrahmen *m* für Innentür
framed joist *(BT, Konst, TK)* Rahmenquerträger *m*
framed on *(Konst)* aufgeständert
framed partition Fachwerktrennwand *f*, Riegelfachwerkwand *f*
framed rod Rahmenstab *m*
framed roof Fachwerkdach *n*, Rahmendach *n*
framed structure *(Konst)* Skelettbau *m*, Rahmenbauwerk *n*
framed supporting structure *(Konst, TK)* Rahmentragwerk *n*
framed wall Riegelfachwerkwand *f (tragend)*; Ausriegelung *f*
frameless rahmenlos
frameless construction *(Konst)* Scheibenbauart *f*
framework 1. *(Konst, TK)* Skelett *n*, Stabwerk *n*, Tragwerk *n* *(aus Holz, Beton, Stahl)*; Gerippe *n (aus Holz)*; Fachwerk *n*, Grundgerüst *n*; Holzfachwerk *n*, Balkenwerk *n*, Rahmenwerk *n*; grundlegende Struktur *f*; 2. *(Konst)* Rahmen *m*; Gestell *n*
framework agreement *(VR)* Rahmenvereinbarung *f*
framework analogy Fachwerkanalogie *f*
framework bay *s.* framework panel
framework calculation *(Stat)* Fachwerkberechnung *f*
framework construction Fachwerkbau *m*
framework construction method Fachwerkbauart *f*
framework house Fachwerkhaus *n*
framework joint *(Konst, Stat)* Fachwerkknoten *m*
framework panel Fachwerkfeld *n*
framework panel length Fachwerkfeldlänge *f*
framework rail Riegel *m (Fachwerk)*
framework wall *(Konst)* Riegelwand *f*
framing 1. *(Konst, TK)* Skelett *n*, Gerüst *n*, Gerippe *n*; Rahmensystem *n*, Rahm(en)werk *n*, Stabwerk *n*; Fachwerk *n*; 2. *(EB, Konst)* Einrahmung *f*; Einfassung *f*; Umrahmung *f*; 3. *(Hb)* Zusammenbau *m*; Bauen *n*; Auswechseln *n (Bauelemente)*
framing anchor *(Hb)* leichter Holzbalkenanker *m*
framing column Pfosten *m*, Stiel *m*, Stütze *f*, Rahmenstiel *m*
framing leg *s.* framing column
framing of joists Balkenlage *f*
framing of timber *(Hb)* Holzkonstruktion *f*
framing plan Trägerplan *m*, Plan *m* der tragenden Elemente
framing post *s.* frame post
framing square Zimmermannswinkel *m*, Anschlagholzwinkel *m*
framing structure *(Konst)* Rahmenkonstruktion *f*
framing system *(Konst)* Rahmenkonstruktion *f*
framing table Sparrenzuschneidetisch *m*
framing timber 1. *(Hb)* Konstruktionsholz *n*, Verbandholz *n*; 2. Zimmerwerk *n*
frangibility *(BM)* Brüchigkeit *f*, Sprödigkeit *f*
frangible brüchig, spröde

F

frank *v* eine Gehrungsverbindung in einem Schieberahmen herstellen
Franki pile *(Erdb)* Franki-Pfahl *m*
frass *(Hb, OB, RS)* Fraßmehl *n*, Holzwurmmehl *n*
frater *(Arch)* Speisesaal *m (eines Klosters)*
freckled gesprenkelt
free action *(Br, TK)* freie Einwirkung *f (Brücke)*
free alkalinity *(BB, BM, OB)* freie Alkalität *f*
free approach speed *(Verk)* freie Einfahrtsgeschwindigkeit *f*
free area *(HLK)* Nettoöffnungsquerschnitt *m (einer Luftöffnung)*
free beam freier Träger *m*
free bearing 1. freie Auflagerung *f*, frei stehende Stütze *f*; 2. Bolzenkipplager *n*
free bend test *(BM, St)* Freibiegeversuch *m (Schweißnaht)*
free bending moment diagram *(Stat)* freies Biegemomentdiagramm *n*
free-body diagram *(Stat)* Kräftediagramm *n*, Kräfteplan *m*
free-cantilevered construction *(Br, Te)* Freivorbau *m (Brücke)*
free competition *(VR)* freier Wettbewerb *m*
free convection *(HLK)* freie Konvektion *f*
free-cutting steel Automatenstahl *m*
free delivery *(VR)* Lieferung *f* frei Verwendungsstelle
free delivery-type (ventilation) unit *(HLK)* direkte Belüftungsanlage *f (ohne Zuluftkanal)*
free development *(RP)* offene Bebauung *f*; Zersiedelung *f*
free-drop ram *(Erdb)* Freifallramme *f*
free edge freier Rand *m*
free fall 1. freier Fall *m (z. B. des Betons in die Form)*; 2. freie Fallhöhe *f (des Betons)*
free-fall boring *(Erdb, Tun)* Freifallbohrung *f*
free-fall mixer *(BB, BWG, Te)* Freifallmischer *m*
free-field room *(DIS)* echofreier [schalltoter] Raum *m*
free flow *(Verk)* Fließverkehr *m*, freier Verkehrsfluss *m*
free from corrosion *(OB)* korrosionsfrei
free from cracking [cracks] rissefrei, rissfrei
free from porosity porenfrei
free from rust *(BM, OB)* rostfrei
free from stress *(BM, BT)* spannungslos *(Bauelement)*
free ground water *(Bod)* ungespanntes Grundwasser *n*
free-hand drawing *(Arch, Konst)* Freihandskizze *f*, Freihandzeichnung *f*, Faustskizze *f*
free haul *(Erdb, VR)* maximaler Erdstoffaushub *m (ohne Mehrpreis nach Leistungsverzeichnis)*
free-lance architect freischaffender Architekt *m*
free length of column *(Stat)* Knicklänge *f*
free lime *(BM)* freier Kalk *m*
free moisture freies [ungebundenes] Wasser *n*
free moment *(Stat)* freies Moment *n*
free of cavities hohlraumfrei
free of moments *(Stat)* momentenfrei
free passage freier Raum *m*, lichter Durchgangsquerschnitt *m*
free pore-water *(BM, Bod)* freies Porenwasser *n*
free road sections *(Verk)* freie Strecke *f (Straße)*
free roller sluice gate *(Wsb)* freies Walzenwehr *n*
free site *(VR)* freie Baustelle *f*; freier Raum *m*
free space *(LB, RP)* Freifläche *f*
free span *(Konst)* Spannweite *f*
free-span and cantilever system *(Br, Te)* Freivorbau *m*, Freivorbausystem *n*, Freispann- und Kragsystem *n (Brückenbau)*
free-span system *(Konst)* Freispannsystem *n*
free speed *(Verk)* freie Geschwindigkeit *f*
free-standing frei stehend *(z. B. Bauwerk)*; unabgestützt
free-standing bell tower *(Arch)* Campanile *m*
free-standing building frei stehendes Gebäude *n*, Einzelgebäude *n*
free-standing concrete chimneys *(Arch, BT)* frei stehende Betonschornsteine *mpl (EN 13084-2)*
free stuff rissefreies Kernholz *n*
free support *(TK)* freies Auflager *n*
free supporting *(Stat, TK)* freie Auflagerung *f*
free surface water *(Bod)* Oberflächensickerwasser *n*
free to move freibeweglich
free to slide verschiebbar
free wall frei stehende Mauer *f*, frei stehende Stütze *f*
free water freies Wasser *n*, sickerndes Grundwasser *n*
freedom from porosity Porenfreiheit *f*
freedom from toxicity *(BM, Umw)* Ungiftigkeit *f*
freedom of movement *(Stat)* Bewegungsfreiheit *f*
freedom to rock *(Stat)* Kippfreiheit *f (Auflager)*
freehand sketch *(Arch)* Freihandzeichnung *f*, freihändige Zeichnung *f*, Faustskizze *f*
freehand sketching *(Arch)* freihändiges Zeichnen *n*, Darstellung *f* durch Freihandskizzieren
freehold *(VR)* freies Grundeigentum *n*
freehold flat *(VR)* Stockwerkeigentum *n*
freehold property *(VR)* freies Grundeigentum *n*, Grundbesitz *m*
freeholder *(VR)* Grundeigentümer *m*
freeing from ruins *(RS)* Trümmerbeseitigung *f*, Aufräumarbeiten *fpl*
freely corroding *(BM, OB)* korrosionsempfindlich, leicht korrodierend
freely movable bearing *(Konst, Stat, TK)* freibewegliches Lager *n*
freely soluble leicht löslich
freely supported frei aufliegend
freestone Werkstein *m*, Haustein *m (meist Kalk- oder Sandstein)*
freeway *(AE) (Verk)* kreuzungsfreie Schnellstraße *f*; Autobahn *f*
freeze *v* 1. gefrieren; tiefkühlen; 2. erstarren *(Schmelze)*; erhärten; 3. festkleben, haften *(Beton)*
freeze-thaw-cycling (test) *s.* freezing and thawing test
freeze-thaw durability *(BM)* Frost-Tauhaltbarkeit *f*
freeze-thaw effect Frost-Tau-Wirkung *f*
freeze-thaw resistance *(BM)* Frost-Tauwiderstand *m*
freeze-thaw test Frost-Tauwechselprüfung *f*
freezer 1. *(EB)* Gefrieranlage *f*; Gefrierschrank *m*; 2. *s.* freezer room
freezer plant Tiefkühlanlage *f*, Gefrieranlage *f*
freezer room Tiefgefrierraum *m*
freezer storage room Tiefkühllagerraum *m*
freezing 1. Gefrieren *n*; 2. Erstarren *n*; 3. Festkleben *n (des Betons)*
freezing agent Gefriermittel *n*
freezing and thawing test *(BM)* Frost-Tau-Prüfung *f*, Frost-Tau-Versuch *m*, Frost-Tau-Wechselprüfung *f*
freezing plant Gefrieranlage *f*
freezing point Gefrierpunkt *m*
freezing resistance *(BM)* Frostfestigkeit *f*
freight car scales *(AE) (Verk)* Gleiswaage *f*
freight depot *(AE) (Verk)* Güterbahnhof *m*
freight elevator [lift] Lastenaufzug *m*
freight platform *(Verk)* Frachtumschlagplatz *m*; Güterverladerampe *f*
freight station *(Verk)* Güterbahnhof *m*
freight traffic *(Verk)* Güterverkehr *m*, Gütertransport *m*
French arch *(Konst)* Scheitelbogen *m*
French casement *s.* French door
French classicism *(Arch)* französischer Klassizismus *m*
French curve(s) *(Konst)* Kurvenlineal *n*
French door Fenstertür *f*, französisches Fenster *n*

French drain *(Erdb, Verk)* Schottersicker *m*, Sickerdrän *m*
French embossing *(Arch)* Glasätzung *f* zur Verzierung
French flier dreiviertel gedrehte Treppe *f* mit offenem Treppenhaus
French Gothic *(Arch)* französische Gotik *f*
French joint *(Hb)* schräges Hakenblatt *n*
French polish Möbelpolitur *f*
French Renaissance *(Arch)* französische Renaissance *f*
French Romanesque style *(Arch)* französische Romanik *f*, französisch-romanische Architektur *f*
French roof *(Konst)* Mansardenwalmdach *n*
French stucco Steinimitation *f*, mit Putz imitierter Stein *m*
French tile französischer Falzziegel *m*
French truss Dreieckfachwerkbinder *m*, ständerloses Fachwerk *n*, Polonceauträger *m*
French white *(OB)* Silberweiß *n*; Bleiweiß *n*
French window *s.* French door
frequency *(DIS)* Frequenz *f*, Häufigkeit *f*, Schwingung *f* pro Sekunde
frequency curve *(BM, DIS)* Frequenzkurve *f*, Häufigkeitskurve *f*
frequency density *(BM)* Häufigkeitsdichte *f*
frequency diagram *(BM)* Häufigkeitsdiagramm *n*
frequency distribution Häufigkeitsverteilung *f*
frequency distribution curve *(BM)* Häufigkeits(verteilungs)kurve *f (statistische Qualitätskontrolle)*
frequency meter *(DIS, Verk)* Frequenzmesser *m*, Häufigkeitsmesser *m*
frequency of oscillation Schwingungsfrequenz *f*
frequency of resonance *(DIS)* Resonanzfrequenz *f*
frequency range *(DIS)* Frequenzbereich *m*
frequency sweep test *(BM)* Belastungsprüfung *f* mit unterschiedlichen Frequenzen
fresco 1. *(Arch)* Freske *f*, Fresko *n*; 2. *s.* fresco painting
fresco of griffins *(Arch)* Greifenfresko *n*
fresco painting *(Arch)* Freskenmalerei *f*, Wandmalerei *f* auf feuchtem Putz
fresco plaster Freskoputz *m*, Freskenputz *m*
fresco secco *(Arch)* Seccomalerei *f*, Freskenmalerei *f* auf trockenem Putz
frescoed *(Arch)* freskenbemalt, freskobemalt
frescoed decoration *(Arch)* Freskoschmuck *m*, Freskenschmuck *m*
fresh air *(HLK)* Frischluft *f*, Zuluft *f*
fresh-air calculation *(Tun)* Frischluftberechnung *f*
fresh-air duct *(HLK, Tun)* Frischluftkanal *m*
fresh-air heating *(HLK)* Frischluftheizung *f*
fresh-air inlet [intake] *(HLK, Tun)* Frischluftkanal *m*
fresh-air operation *(HLK, Tun)* Frischluftbetrieb *m*
fresh concrete *(BB, Te)* Frischbeton *m*
fresh concrete density Frischbetonrohdichte *f*
fresh mixture of concrete *(BB, Te)* Frischbeton *m*
fresh mortar Frischmörtel *m*
fresh sludge *(WVA)* Frischschlamm *m*
fresh state *(BM, Hb)* frischer Zustand *m*, grüner Zustand *m*
fresh water 1. *(HLK, WVA)* Frischwasser *n*; 2. *(Bod, WVA)* Süßwasser *n*
freshen *v (OB)* auffrischen; übermalen
freshly mixed concrete *(BB, Te)* Frischbeton *m*
freshwater lens *(Bod, WVA)* Süßwasserlinse *f*
freshwater line *(WVA)* Frischwasserleitung *f*
freshwater supply *(WVA)* Frischwasserversorgung *f*
fret *v* 1. durchbrochen [gitterartig] verzieren; durch Schnitzen verzieren; 2. bunt machen; 3. (auf)fressen *(z. B. durch Korrosion)*; sich abreiben, sich abnutzen
fret *(Arch)* (gebrochener) Mäander *m*, durchbrochene [verflochtene] Verzierung *f*, rechtwinklig gebrochenes Band *n*
fretsaw *(BWG, Hb)* Frettsäge *f*, Schweifsäge *f*, Laubsäge *f*
fretted zerfressen
fretting 1. *(Bod, Erdb)* Grundbruch *m (einer Straße)*; Abgang *m*; 2. *(OB, Verk)* Reibverschleiß *m*; Substanzverlust *m*, Splittverlust *m*
fretting corrosion *(OB)* Reibkorrosion *f*
fretting fatigue *(BM)* Ermüdungsverschleiß *m*
fretwork 1. *s.* fret; 2. Durchbruch *m*, Durchbrucharbeit *f*
friability Mürbheit *f*, Bröckligkeit *f*; Brüchigkeit *f*; Zerreibbarkeit *f*
friability Mürbheit *f*
friable *(BM)* mürbe, bröck(e)lig; zerreibbar, abreibbar *(Zuschlagstoff)*
friable road *(Verk)* ungebundene Straße *f*
friable rock *(BM)* mürbes Gestein *n*
friable soil *(Bod, LB)* Lockerboden *m*
friction *(Konst)* Reibung *f*
friction action *(Erdb, Konst)* Reibwirkung *f*, Mantelreibung *f (Pfahlgründung)*
friction bond *(Konst)* Reibungsverbund *m*
friction catch *(BT, Konst)* Klemmschließer *m*
friction-caused wear *(BM, Konst)* Reibungsverschleiß *m*
friction circle *(Bod, Erdb)* Gleitkreis *m*
friction coefficient Reibungskoeffizient *m*, Reibungszahl *f*
friction connection *(Konst, Te)* Reibungsverbund *m*; Reibverbindung *f*
friction constant *(Verk)* Reibungskennwert *m*
friction course *(Verk)* Raubelag *m*, offenporige Deckschicht *f*; *(AE)* Deckschicht *f*
friction factor *(Konst, Verk)* Reibungsfaktor *m*
friction force *(Konst)* Reibungskraft *f*
friction grip *(Verk)* Haftreibung *f*, Reibungsschluss *m*
friction grip-bolt *(Konst, St)* gleitfeste [hochfest vorgespannte] Schraube *f*
friction grip-bolt connection *(Konst, St)* gleitfeste Schraubverbindung *f*, hochfest vorgespannte Schraubverbindung *f*, HV-Schraubenverbindung *f*
friction grip-bolting *(Konst, St)* gleitfeste [hochfest vorgespannte] Schraubenverbindung *f (s. a. friction grip-bolt connection)*
friction head loss *(Konst, St)* Leitungsreibungs(druck)-verlust *m*, Verlusthöhe *f* durch Reibung
friction hinge Reibungsscharnier *n (zur Positionshaltung)*
friction latch Klemmschließer *m*
friction loss Reibungsverlust *m*
friction measurement *(Verk)* Griffigkeitsmessung *f*
friction pile *(Erdb)* Reibungspfahl *m*
friction resistance *(Konst, Verk)* Reibungswiderstand *m*
friction surface Reibungsfläche *f*
friction tape *(AE) (El)* Isolierband *n*
friction tester *(Verk)* Griffigkeitsmessgerät *n*
friction-type anchorage [anchoring] *(Konst, St)* Reibungsverankerung *f*
friction wear *(Verk)* Reibungsabnutzung *f*
frictional binding *(Verk)* Haftreibung *f*
frictional drag *(Stat)* Reibungszugkraft *f (Windkraft)*
frictional force *(Stat)* Reibungskraft *f*
frictional grip *(BT, Konst)* Reibschluss *m (Bolzenverbindung)*
frictional loss Reibungsverlust *m*
frictional resistance *(Konst, Verk)* Reibungswiderstand *m*
frictional stress *(Konst)* Reibungsspannung *f*
frictionless reibungslos
fridge *s.* refrigerator
frieze *(Arch)* Fries *m*
frieze-like *(Arch)* friesähnlich
frieze panel oberste Türfüllung *f*
frieze rail Querriegel *m* unter der obersten Türfüllung
frieze with inscription *(Arch)* Schriftfries *m*
frigidarium *(Arch)* Frigidarium *n*
fringe area *(Konst, RP)* Randgebiet *n*, Randzone *f*

fringe benefits *(VR)* Nebenleistungen *fpl*, Sozialleistungen *fpl*
fringe condition *(Stat)* Randbedingung *f*
fringe torque moment *(Stat)* Randtorsionsmoment *n*
fringe water *(BM, Bod)* Kapillarwasser *n*
Frisian brick *(BM, SB)* friesischer Ziegel(stein) *m*
frit *v (BM, Te)* fritten; sintern *(Glas)*
frit *(BM)* Fritte *f*
fritted glass *(BM)* Sinterglas *n*, gefrittetes Glas *n*
fritted glaze *(OB)* gefrittete Glasur *f*
fritted rock *(BM, Bod)* gefrittetes Gestein *n*
fritting *(BM, Te)* Frittieren *n*
frog 1. *(BM)* Vertiefung *f*, Aushöhlung *f*, Mulde *f (auf einem Ziegelstein)*; 2. ausgehöhlter Ziegel *m*, Ziegelstein *m* mit ausgetieften Seitenflächen; 3. Herzstück *n*, Kreuzungsstück *n (Schiene)*
frog rammer *(BWG, Erdb)* Explosionsramme *f*, Rammfrosch *m*
front 1. *s.* front face; 2. *s.* front of a lock; 3. Vorderteil *n*
front abutment pressure *(Tun)* vorderer Kämpferdruck *m*
front balcony Vorderbalkon *m*
front building Vorderhaus *n*
front column Frontsäule *f*
front curtain wall *(Konst, OB)* vorgehängte Wand *f* auf der Vorderseite, Frontvorhangwand *f*
front door Haupteingang *m*, Straßeneingang *m (eines Gebäudes)*; Haustür *f*
front door telephone *(El)* Haustürtelefon *n*; Haustürsprechanlage *f*
front edge Vorderkante *f*
front elevation *(Arch)* Vorderansicht *f*; Stirnansicht *f*, Straßenseite *f (eines Gebäudes)*
front-end loader *(BWG)* Front(schaufel)lader *m*, Schaufellader *m*
front face 1. *(Arch)* Front *f*, Vorderseite *f (eines Gebäudes)*; Fassade *f*; 2. Stirnseite *f*, vorderes Ende *n*; 3. *(Tun)* Brust *f*
front gate *(Konst, Verk)* Haupteinfahrt *f*
front grille *(HLK)* Frontgitter *n*
front layer Vorlage *f*
front lighting 1. *(El)* Fassadenbeleuchtung *f*; 2. *(El)* im Publikumsraum montierte Bühnenbeleuchtung *f*
front lintel Vordersturz *m*, Außensturz *m*, Sichtsturz *m*
front-loading truck *s.* front-end loader
front masonry wall Fassadenwand *f*
front of a lock Schließkeilfläche *f* eines Schlosses
front of building *(Arch)* Gebäudefront *f*
front plot line *(Verm, VR)* Grundstücks(vorder)grenze *f*
front portion *(Tun)* Brust *f*
front property line *(Verm, VR)* vordere Grundstücksgrenze *f*
front putty Sichtkitt *m*, Außenkittstreifen *m*
front row Vorderreihe *f*
front row of piles *(EB)* vordere Stützenreihe *f*
front side *s.* front face
front stage *(EB)* Vorbühne *f*, vorderster Bühnenteil *m (Theater)*
front stairs *(Konst)* Freitreppe *f*
front view 1. *(Konst)* Aufriss *m (Zeichnung)*; 2. Vorderansicht *f*, Frontansicht *f*, Stirnansicht *f*
front view of the organ *(Arch)* Orgelprospekt *m*
front wall *(Arch, OB)* Frontwand *f*; Stirnwand *f*; Blendwand *f*
front yard Vorderhof *m*; Vorhof *m (zur Straße)*
frontage *(Arch, Verm)* Straßenfront *f*, Vorderfront *f*, Front *f*; Fassade *f*; Fluchtlinie *f*
frontage line *(Verm)* Bau(flucht)linie *f*, Fluchtlinie *f*; Gebäudeflucht *f*
frontage resident *(VR)* Anlieger *m*
frontage road *(Verk)* Anliegerstraße *f*
frontage street *(Verk)* Anliegerstraße *f*; *(AE)* Parallelstraße *f*
frontager *(AE) (VR)* Anlieger *m*
frontager traffic *(Verk)* Anliegerverkehr *m*
frontal *(Arch)* Fassade *f*
frontal area *s.* front face
frontal plane Frontalebene *f*
frontal system *(Verk)* Betriebsplatzsystem *n* vor den Flugabfertigungsgebäude
frontispiece 1. *(Arch)* Frontispiz *n*, Giebeldreieck *n (über einem Mittelrisalit)*; 2. *(Arch)* Vorderfront *f*, Giebelseite *f*; 3. *(Arch)* Fassadengestaltung *f* über Tür und Fenster
fronton *(Arch)* Fronton *m*, Ziergiebel *m*, Giebel *m (über Türen und Fenstern)*
frost *v* 1. mattieren, mattätzen *(z. B. Glas)*; 2. frieren; sich mit Eis überziehen; 3. eisblumenartig auftrocknen *(Anstrich)*
frost 1. *(Umw)* Frost *m*; Reif *m*; 2. *(BM)* Flitterglas *n*, Schuppenglas *n*
frost action *(BM)* Frosteinfluss *m*, Frost(ein)wirkung *f*
frost attack Frostangriff *m*
frost blanket *(Erdb, Verk)* Frostschutzschicht *f (Straße)*
frost blanket course Frostschutzschichtlage *f*
frost blanket gravel Frostschutzkies *m*
frost boil 1. Frostbeule *f*, Frostschadstelle *f (Beton)*; 2. Frostaufbruch *m*, Frosthebung *f (z. B. auf Straßen)*; 3. weiche Bodenstelle *f* nach Frosteinwirkung
frost-broken vom Frost losgelöst
frost crack Frostriss *m*, Frostspalte *f*
frost damage Frostschaden *m*
frost effect *(BM, Bod, Erdb, OB)* Frosteinfluss *m*; Frost-Tau--Wirkung *f*
frost-free depth frostfreie Tiefe *f*
frost heave *(Bod, Erdb, Verk)* Frostaufbruch *m*, Frosthebung *f*
frost heaving Frosthebung *f*, Frostbeule *f*, Auffrieren *n*
frost hollow Kaltluftsenke *f*, Frostloch *n*
frost index *(Bod, Umw)* Frostindex *m*
frost-induced cracking *(BM)* Abfrieren *n (von Mauerwerk)*
frost layer *(Verk)* Frostschutzschicht *f*, kapillarbrechende Schicht *f*, Wärmedämmschicht *f*
frost level [line] Frosttiefe *f*, Frostgrenze *f (im Boden)*
frost penetration depth *(Bod)* Frosteindringtiefe *f (im Boden)*
frost precaution *(Te)* Frostschutzmaßnahme *f*
frost-proof *s.* 1. frost-resistant; 2. frostproof
frost-protected frostsicher, frostfrei *(Fundament, Rohr)*
frost protection Frostschutz *m*
frost resistance *(BM)* Frostbeständigkeit *f*
frost-resistant frostbeständig *(Material)*; frostsicher
frost-resistant layer *(Erdb, Verk)* Frostschutzschicht *f*
frost-resistant masonry [masonwork] *(SB)* Vormauerung *f*
frost-resistant pavement *(Erdb, Verk)* frostsichere Befestigung *f*, frostsicherer Kofferaufbau *m*
frost-save depth frostsichere Tiefe *f*
frost scaling *(BM)* Frostabblätterung *f*
frost splitting Frostsprengung *f (von Material)*
frost susceptibility Frostempfindlichkeit *f*
frost-susceptible frostempfindlich
frost-susceptible soil frostempfindlicher Erdstoff *m*
frost-susceptible soil class *(Bod, Erdb)* Frostempfindlichkeitsklasse *f*
frost-susceptible test *(BM)* Frostbeständigkeitsprüfung *f*
frost weathering Frostverwitterung *f*, Frostsprengung *f (von Material)*
frosted matt, mattiert, mattscheinend; mit Eisblumeneffekt; mit matter rauer Oberfläche; bereift; glasiert
frosted dried film *(OB)* eisblumenartiger Trockenfilm *m (Anstrich)*
frosted finish *(BM, OB)* Eisblumenlack *m*
frosted glass Mattglas *n*, mattiertes Glas *n*; Eisglas *n*

frosted lamp *(El)* Mattglaslampe *f*
frosted varnish Eisblumenlack *m*
frosted work *(Arch, OB)* Oberflächengestaltung *f* mit Eisblumeneffekt
frosting 1. Mattätzen *n*; Mattschliff *m*; 2. Eisblumenbildung *f (bei Anstrichen)*
frostproof 1. *s.* frost-resistant; 2. frostsicher, nicht frostgefährdet *(z. B. Lage)*
frostproof closet *(San)* WC-Becken *n* mit frostsicherer Wasserhaltung
frostproof engineering brick *(SB)* Vormauerklinker *m*
frostproof solid brick *(SB)* Vormauervollziegel *m*
froth *v* 1. *(BM, Te)* (auf)schäumen *(eine Flüssigkeit)*; Schaum bilden; 2. *(DIS, Te)* schäumen, verschäumen *(z. B. Kunststoffe als Dämmung)*
froth formation Schaumbildung *f*
froth in-situ *(DIS, Te)* Vorortverschäumen *n*, Schaumbildung *f* an Ort und Stelle
frothed glass Blähglas *n*, geblähtes Glas *n*
frothing *(DIS, Te)* Schäumen *n*, Verschäumen *n (Dämmschaum)*
frothing in-situ Vorortverschäumung *f*
frowzy timber muffiges Holz *n*
frozen gefroren
frozen concrete 1. *(BB, Te)* Gefrierbeton *m*; 2. *(BB, Te)* angebackener Beton *m*
frozen earth *(Bod)* Frostboden *m*
frozen food store Gefrierlagerhaus *n*
frozen ground *(Bod)* Frostboden *m*
frozen soil gefrorener Boden *m*
fruchtschiefer *(BM)* Fruchtschiefer *m (Werkstein)*
fruit festoon *s.* fruit work
fruit garden *(LB)* Obstgarten *m*
fruit work *(Arch)* Fruchtgirlande *f*, Fruchtfeston *n*, Fruchtgewinde *n*
frustum *(Arch, Konst)* Stumpf *m*
frustum of a cone Kegelstumpf *m*
FSR *s.* floor space ratio
fuel *v (HLK, Te)* mit Brennstoff versehen; befeuern
fuel *(HLK)* Brennstoff *m*, Brennmaterial *n*, Feuerung *f*
fuel bunker *(HLK)* Brennstofftank *m*
fuel consumption *(HLK)* Brennstoffverbrauch *m*
fuel-heated *(HLK)* ölbeheizt
fuel heating *(HLK)* Ölheizung *f*
fuel oil interceptor *(Umw, WVA)* Heizölabscheider *m*
fuel-resistant *(BM)* treibstoffbeständig *(Beton, Fußbodenbelag)*
fuel-resistant joint sealing compound *(BM)* treibstoffbeständige Fugenvergussmasse *f*
fuel separator *(Umw, WVA)* Benzinabscheider *m*
fuel store *(HLK)* Brennstofflager *n*
fuel tank *(HLK)* Brennstofftank *m*; Heizöltank *m*
fuelwood *(HLK)* Brennholz *n*
fugitive 1. *(OB)* Farbwechsel *m*; 2. *(OB)* unechte Farbe *f*
fugitive colour unechte Farbe *f*
fulcrum *(Konst, Stat)* Drehpunkt *m*, Gelenkpunkt *m*, Drehachse *f*
fulcrum bracket *(Konst, Stat)* Hebelträger *m*
fulcrum of moment *(Stat)* Momentendrehpunkt *m*
fulcrumed *(Konst)* drehbar befestigt
full voll, ganz, weit, reichlich, vollständig, vollkommen; reif, ausgereift; ausführlich, ausreichend
full ageing *(BM, RS)* vollständige Alterung *f*
full bearing *(Konst, TK)* sattes Auflager *n*, satte Auflagerung *f*
full bond *(SB)* Binderverband *m (Mauerwerk)*
full brick Vollziegel *m*, Vollquartier *m*, ganzer Stein *m*
full brightness *(OB)* Hochglanz *m*
full-cantilever *(TK)* voll freitragend
full-cell process *(Hb)* Vollimprägnierung *f*, Vollimprägnierverfahren *n (Holz)*
full-centered *(AE) s.* full-centred
full-centred vollkreisförmig
full-centred arch *(Arch)* voller Bogen *m*, Rundbogen *m*; römischer Bogen *m*
full coat 1. *(OB)* optimale Farbanstrichdicke *f*; 2. *(OB)* erste Lage *f (Farbschicht)*
full curve *(Konst)* ausgezogene Kurve *f*
full-depth asphalt construction *s.* full-depth bituminous pavement
full-depth bituminous pavement *(Verk)* Asphaltvollausbau *m*, vollbituminöser Oberbau *m*
full-face tunnelling machine *(Tun)* Vollfronttunnelbohrmaschine *f*
full fillet weld *(St)* Vollkehlnaht *f (Schweißen)*
full fixity *(Konst, Stat)* volle Einspannung *f*
full floor *(Konst)* Vollgeschoss *n*, Volletage *f*, Vollstockwerk *n*
full-flush door Metallrahmentür *f* mit vollkommener Metallbeplankung
full frame *(Konst)* verstrebtes Fachwerk *n*
full glass door Vollglastür *f*, Glastür *f*
full gloss *(OB)* Vollglanz *m*, Hochglanz *m*
full-gloss finish *(OB)* Vollglanzdeckschicht *f*
full-gloss paint *(OB)* Hochglanzfarbe *f*
full hardening *(BB, BM, St)* Durchhärtung *f*, Aushärtung *f*
full heat protection *(DIS)* Vollwärmeschutz *m*
full height atrium *(Arch)* Atrium *n* in ganzer Höhe
full loading *(Stat, TK)* Vollbelastung *f*
full-louvered door ganzflächig durchbrochene Tür *f (mit ganzflächiger Jalousie)*
full pedestrian stage *(Verk)* ausreichende Fußgängerschaltstufe *f*
full pipe flow *(WVA)* gesättigter Rohrdurchfluss *m*
full protection of wood *(Hb)* Holzvollschutz *m*
full relief *(Arch)* Hochrelief *n*
full scale *(Konst)* natürliche Größe *f*, Maßstab *m* 1:1
full-scale conditions *(BM, BT)* Einsatzbedingungen *fpl*, Praxisbedingungen *fpl*
full-scale pavement test *(Verk)* Fahrbahnbefestigungsversuch *m* im Maßstab 1 : 1, Oberbauprüfung *f* im Maßstab 1 : 1
full-scale test *(BM)* 1:1-Maßstabtest *m*
full shear connection voller Schubanschluss *m*, vollständige Verdübelung *f (Verbundträger)*
full size *(Konst)* Originalgröße *f*; Vollmaß *n*
full-size drawing *(Konst)* Zeichnung *f* im natürlichen Maßstab, 1:1-Zeichnung *f*
full-size pattern Muster *n* in Originalgröße
full storey Vollgeschoss *n*
full strength colour Volltonfarbe *f*
full support *(Konst, TK)* sattes Auflager *n*, satte Auflagerung *f*
full-surface hinge *(EB)* Scharnier *n* für planebene Aufhängung
full-way valve *(HLK, WVA)* Absperrschieber *m*, Absperrventil *n*; Durchgangsschieber *m*
fuller *v* abdichten, verstemmen, kalfatern
fullered verstemmt, kalfatert
fullered compound Stemmmasse *f*
Fuller's curve *(BB, BM)* Fullerkurve *f*, Fullerlinie *f (Sieblinie für Zuschlagstoffe)*
fuller's earth *(BM, Bod)* Fullererde *f (Tonart)*
Fuller's parabola [parabole] *s.* Fuller's curve
Fuller's rule *(BM)* Fullerregel *f*
fully air-conditioned *(HLK)* vollklimatisiert
fully bright *(OB)* hochglänzend
fully developed *(Konst, VR)* baureif
fully encased vollständig einbetoniert

F

fully exposed outdoors freibewittert, außenbewittert
fully fixed volleingespannt
fully glazed vollverglast, ganzverglast
fully glazed door Ganzglastür *f*
fully insulated wiring *(El)* berührungssichere Verdrahtung *f*
fully killed steel beruhigter Stahl *m* *(Bewehrung)*
fully protective voll geschützt, Vollschutz gewährend
fully restrained *(Stat)* voll eingespannt, beid(er)seitig eingespannt
fully reversed loading *(Stat)* reine Wechselbeanspruchung *f*
fully rigid framing Vollsteifrahmen *m*
fully system of sewerage *(RP, WVA)* Vollkanalisation *f*, Vollsystem *n*, Vollentwässerung *f*
fully tiled vollverfliest, vollgefliest
fully traffic-actuated control *(Verk)* vollkommen verkehrsabhängige Steuerung *f*
fume hood *(HLK)* Rauchabzugshaube *f*
fume pipe *(HLK)* Abzugsrohr *n*; Gasabzugsrohr *n*
fumed oak (wood) *(Arch, Hb)* angerauchtes Eichenholz *n*, Eichenholz *n* mit Räuchereffekt
fumes *(HLK, Umw)* Rauch *m*, Rauchgas *n*, Rauchgase *npl*
fun fair *(RP)* Vergnügungspark *m*
function Funktion *f*, Tätigkeit *f*
function controlling support Funktionskontrolle *f*
functional funktional, funktionsfähig, zweckmäßig; funktionsbestimmend
functional addition *(BM)* Additiv *n*, Vergütungsmittel *n* *(Zement)*
functional analysis Funktionsanalyse *f*
functional building *(Arch)* Zweckbau *m*
functional capability funktionsgerechte Leistungsfähigkeit *f*
functional characteristic funktionsbestimmende Eigenschaft *f*
functional condition *(Verk)* verkehrsgerechter Zustand *m*
functional construction contract *(VR)* Funktionsbauvertrag *m*
functional determination Funktionsbestimmung *f*
functional form *(Arch, Konst)* funktionelle Form *f*, Nutzform *f*
functional indicator funktionsbestimmendes Merkmal *n*
functional life *(VR)* Nutzungsdauer *f*, Gebrauchsdauer *f*, funktionsmäßige Lebensdauer *f*
functional property Gebrauchseigenschaft *f*, funktionelle Eigenschaft *f*
functional quality funktionstüchtige Qualität *f*
functional requirement *(VR)* Funktionsanforderung *f*, Gebrauchsanforderung *f*
functional safety *(VR)* Funktionssicherheit *f*
functional specifications *(Konst, VR)* funktionsbestimmende Bauvorschriften *fpl*
functional structure *(Arch)* Zweckbau *m*
functionalism *(Arch)* Funktionalismus *m*
functionalistic architecture *(Arch)* funktionelle Architektur *f*, funktionelle Baukunst *f*
functionally obsolete *(Te)* funktionell veraltet
fundamental *(Konst)* fundamental, grundlegend
fundamental characteristics grundlegende Eigenschaften *fpl*, Grundlagen *fpl*
fundamental properties *(BM, BT)* Grundeigenschaften *fpl*
fundamentals *(Konst)* Grundlagen *fpl*; Haupteigenschaften *fpl*
funding of projects *(VR)* Projektfinanzierung *f*
funeral art *(Arch)* Grabmalsbaukunst *f*
funeral church *(Arch)* Friedhofskirche *f*
funerary monument *(Arch)* Grabdenkmal *n*
funerary slab *(Arch)* Grabplatte *f*
fungal activity *(OB, RS)* Pilzaktivität *f* *(Zerstörung durch Pilzbefall)*
fungal attack *(Hb, OB)* Pilzbefall *m*
fungal resistance *(BM, Hb)* Pilzwiderstandsfähigkeit *f*
fungicidal *(BM)* fungizid, pilzwiderstandsfähig, pilzabweisend
fungicidal paint *(OB)* Fungizidanstrich *m*
fungicide Fungizid *n*, Pilzkonservierungs- und -bekämpfungsmittel *n*
fungitoxic fungitoxisch
fungus attack *(Hb)* Pilzbefall *m*, Hausschwammbefall *m*
fungus growth *(Hb, OB)* Pilzbewuchs *m*
fungus infestation *(Hb, OB)* Pilzbefall *m*
fungus repellent *(BM, Hb)* Fungizid *n*
funicular arch *(TK)* Stützbogen *m*
funicular curve *(Arch)* Gewölbelinie *f*
funicular diagram *(Stat)* Seildiagramm *n*
funicular force *(Stat)* Seilkraft *f*
funicular line Seillinie *f*, Seilstrahl *m*, Seilkurve *f*; Pollinie *f*, Polstrahl *m*
funicular polygon *(Stat)* Seilpolygon *n*, Seileck *n*, Seilplan *m*, Seilzug *m*
funicular pressure line *(Stat)* Drucklinie *f*, Stützlinie *f*, Mittelkraftlinie *f*
funicular railway *(Verk)* Standseilbahn *f*, Seilbahn *f*
funicular tension line Hängelinie *f*
funnel 1. Trichter *m*, Einfülltrichter *m*; 2. Schlot *m*, Kamin *m*; Rauchabzugsrohr *n*; Schornstein *m*, Lüftungsschacht *m*, Abzug *m*
funnel opening Schornsteinluke *f*; Schachtöffnung *f*
funnel shaft *(HLK, Konst)* Schornsteinschacht *m*; Abzugsschacht *m*
funnel-shaped trichterförmig
funnel-shaped roof *(Konst)* Trichterdach *n*
funnelled tube trichterförmiges Rohr *n*
funnellike trichterförmig
fur *v* *(HLK)* Kesselstein ansetzen
fur *v* **up** verkalken
fur Kesselstein *m*
furan(e) resin *(BM)* Furanharz *n*
furcate *v* sich gabeln
furcate *(Konst)* gabelförmig, gegabelt
furcation *(Konst, Verk, WVA)* Gabelung *f*
furnace 1. *(BWG)* Ofen *m*, Industrieofen *m*; 2. Feuerung *f*, Feuerraum *m*, Brandraum *m*
furnace arch *(HLK, Konst)* Feuerungsgewölbe *n*
furnace brazing Ofenhartlötung *f*
furnace brick lining Ofenausmauerung *f*
furnace chamber Feuerraum *m*, Feuerung *f*
furnace clinker *(BB, BM)* Ofenschlacke *f* *(Betonzuschlagstoff)*
furnace construction Ofenbau *m*
furnace crown Ofengewölbe *n*
furnace designer Ofenbauer *m*
furnace draught *(DIS, HLK)* Zug *m* *(Luftzug)*
furnace flue Ofen(abzugs)kanal *m*
furnace hard soldering *(St)* Ofenhartlötung *f*
furnace installation Feuerungsanlage *f*, Feuerstättenanlage *f*
furnace patenting *(Te, VR)* Durchlaufpatentieren *n*
furnace residue Feuerungsrückstand *m*
furnace room Heizungskeller *m*
furnace shaft Ofenschacht *m*, Ofenschaft *m*
furnace test Brandofenprüfung *f*
furnish *v* ausrüsten, ausstatten; einrichten *(Räume)*; möblieren
furnish *v* **and install** *v* *(VR)* liefern und einbauen *(Leistungsbeschreibung)*

furnishing *(EB)* Ausrüstung *f*, Ausstattung *f*; Einrichtung *f* *(einer Wohnung)*
furnishing programme *(EB)* Ausstattungsprogramm *n*
furnishings *(EB)* Ausstattungsgegenstände *mpl*, Ausstattung *f (z. B. eines Hauses)*; Einrichtungsgegenstände *mpl*, Mobiliar *n*
furniture 1. *(EB)* Zubehör *n*; Beschläge *mpl*; 2. Mobiliar *n*, Einrichtung *f*, bewegliches Einrichtungsgut *n*
furniture beetle [borer] *(Hb)* Holzwurm *m*
furniture varnish Möbellack *m*
furred 1. *(HLK)* mit Kesselstein besetzt; 2. *(Hb, OB)* verbrettert; 3. mit Putzabstandsleisten versehen
furring 1. Unterschalung *f*, Unterfütterung *f*, Verbretterung *f* *(mit Futterholz)*; Unterkonstruktion *f (für Putz)*; Futterholz *n*; 2. Gipsputzunterlage *f* aus Streckmetall, Putzabstandshalter *m*; 3. isolierte Putzaufbringung *f*; 4. *(HLK, San)* Kesselsteinansatz *m*
furring brick *(DIS, SB)* Verblenddämmflachziegel *m* mit Hohlkehlen, Tonhohlziegel *m*, Riemenstein *m*, Riemchen *n*
furring channel Stahlhohlschiene *f (als Putzabstandshalter und Streckmetallträger)*
furring clip Metallhalteklammer *f* für eingehängte Decken
furring nail Putzträgernagel *m*
furring piece *(Hb)* Futterholz *n*
furring strip Putzträger(abstands)leiste *f*
furring tile Verblendkehlfliese *f (als Putzträger)*; Wandplatte *f* *(Fliesenbelag)*
furrow *v* zerfurchen; riefen, auskehlen
furrow 1. Furche *f*, Rinne *f*; Rille *f*; 2. *(Hb)* Hohlkehle *f*; 3. Wasserhaltungsgraben *m*
furrowed furchig, zerfurcht, gefurcht, rinnenförmig, gerillt
furrowing Mörtelkehlen *n* mit der Kelle, Mörtelfurchen *n*
fusarole *(Arch)* konvexes Formteil *n (an Säulenkapitellen)*
fuse 1. *(El)* Sicherung *f*; Schmelzeinsatz *m*; 2. Zünder *m*; Zündschnur *f*
fuse box *(El)* Sicherungskasten *m*
fuse link *(El)* Sicherungseinsatz *m*
fuse switch *(El)* Sicherungsschalter *m*
fused *(El)* elektrisch gesichert
fused quartz Quarzglas *n*, Kieselglas *n*
fused silica (unreines) Quarzglas *n*
fusibility Schmelzbarkeit *f*
fusible schmelzbar
fusible alloy leicht schmelzende Legierung *f*
fusible link *(St)* Schmelzverbindung *f (von niedrigschmelzenden Metallen)*; Schmelzpatrone *f*
fusible member Schmelzelement *n*
fusible metal Metall *n* mit niedrigem Schmelzpunkt *(Feuerschutztechnik)*
fusible plug 1. *(HLK)* Wassermangelsicherung *f (Kessel)*; 2. *(El)* Schmelzstift *m (Sicherung)*
fusiform spindelförmig
fusing *(St)* Schweißen *n*, Verschmelzen *n*
fusing point Schmelzpunkt *m*
fusing temperature Schmelztemperatur *f*
fusion-coated aufgeschmolzen
fusion cone *(BM, Te)* Schmelzkegel *m*, Segerkegel *m*
fusion weld *(St)* Schmelzschweißnaht *f*
fusion-welded joint *(St)* Schmelzschweißverbindung *f*
fusion welding *(St)* Schmelzschweißen *n*
fusion welding technique *(St)* Schmelzschweißtechnik *f*
fusoid *(Arch)* spindelförmig
fust *(Arch, BT)* Schaft *m (einer Säule)*
fusty stockig
Futurism *(Arch)* Futurismus *m*
Futurist(ic) architecture *(Arch)* futuristische Architektur *f* *(Anfang des 20. Jahrhunderts)*
fuzzy texture fehlerhafte Glasoberfläche *f (mit geschlossenen und geplatzten Bläschen)*

G

G-cramp große Schraubzwinge *f*
gabbard scaffold Kantholzgerüst *n*, Baugerüst *n (regionale Bezeichnung in Schottland)*
gabbro *(BM)* Gabbro(granit) *m*
gabbro diorite *(BM)* Gabbrodiorit *m*
gabbroic *(BM, Bod)* gabbroid, gabbroartig
gabers scaffold *s.* gabbard scaffold
gabion Gabione *f*, Stein(verbau)kasten *m (aus Draht)*; Drahtschotterkasten *m*
gabionnade *(Wsb)* Gabionenbau *m*, Drahtkastenverbau *m*
gable Giebel *m*
gable and eaves edges Giebel- und Traufkanten *fpl*
gable board *(Hb)* Windbrett *n*, Windfeder *f*
gable coping Giebel(mauer)abdeckung *f*
gable cross *(Hb, Konst)* Giebelkreuz *n*
gable end Giebelwand *f*, Giebelseite *f*, Brandgiebel *m*; Giebel *m*
gable end wall Giebelwand *f*
gable-ended roof Giebeldach *n*, Satteldach *n*, sichtbares Dachwerk *n*
gable frame *(Hb, Konst)* Giebelrahmen *m*
gable-fronted house Giebel(front)haus *n*
gable-like giebelig
gable masonry wall *(SB)* Giebelmauer *f*
gable painting *(Arch)* Giebelmalerei *f*
gable peak Giebelspitze *f*
gable post *(Hb)* Giebelstreckholz *n*, Giebelblendbrettträger *m*
gable roof Giebeldach *n*, Satteldach *n*
gable shoulder Giebelfuß *m*, Giebelfußmauerwerk *n*
gable slate *(SB)* Giebelstein *m*, Ortstein *m (Dach)*
gable springer *(SB)* Giebelfußstein *m (keilförmig)*
gable tower *(Arch)* Giebelturm *m*
gable tracery *(Arch)* Giebelmaßwerk *n*
gable-type roof *s.* gable roof
gable wall Giebelwand *f*
gable window 1. Giebelfenster *n*; 2. giebelförmiges Fenster *n*
gabled *(Konst)* gegiebelt; giebelig; Giebel...
gabled dormer Giebelgaupe *f*, Dachgiebelgaupe *f*, Gaupe *f*
gabled dormer window Dacherker *m*
gabled hip *(Konst)* Giebelwalm *m*
gabled tower Giebelturm *m*, Turm *m* mit Giebeldach
gabled window Dacherker *m*
gablet Zwerggiebel *m*, kleiner Ziergiebel *m (über einer Nische oder einem Stützpfeiler)*
gadroon *(Arch, SB)* Bossenwerkornament *n (von eiförmigen Bossen)*
gaffer Vorarbeiter *m*
gag *v (Te, Verk)* richten *(Eisenbahnschienen mittels eines Ballhammers)*
gage *v (AE) s.* gauge
gage *(AE) s.* gauge
gain *v* 1. *(Hb)* nuten, Nuten schneiden; 2. zunehmen *(z. B. an Höhe)*; gewinnen
gain 1. *(Hb)* Kehle *f*, Nut *f*, Rille *f*; Fuge *f*, Aussparung *f*; 2. *(Hb)* Überlappung *f*; Schrägung *f*; 3. *(Tun)* Durchhieb *m*, Querschlag *m*; 4. *(VR)* Gewinn *m*
gain in energy *(HLK)* Energiegewinn *m*
gain in space Raumgewinn *m*
gain in weight *(Te, VR)* Massezunahme *f*
gaine *(Arch)* dekoratives Piedestal *n*, Ziersockel *m (Säule)*
gainer *(Hb)* Nutschneider *m*, Nutmaschine *f*
gaize *(BM)* Gaize *f*, Pseudokieselgur *m*
gaize cement *(BM)* Gaizezement *m*

gall *v* 1. abreiben; scheuern; 2. sich festfressen; verklemmen
galleried church *(Arch)* Emporenhalle *f (Kirchenarchitektur)*
galleried upper storey *(Arch)* Emporenstockwerk *n*
gallery 1. *(Konst)* Galerie *f*, Laufgang *m (Korridor)*; Gang *m*; 2. *(Arch)* Altan *m*; Empore *f*, Galerie *f*; (höchster) Rang *m (im Theater)*; 3. *(Bod, Erdb, Konst)* Gang *m (unter der Erde)*; 4. *(Tun)* Strecke *f*; Druckstollen *m (Bergbau)*; 5. *(El)* (begehbarer) Kabelsammler *m*, Kabeltunnel *m*; 6. *(Te)* Bandbrücke *f (mit Laufsteg)*; 7. *(Arch)* Galerie *f*, Kabinett *n (Ausstellungen)*
gallery apartment house *(AE) s.* gallery block
gallery arcade *(Arch)* Emporenarkade *f*
gallery block *(Konst)* Außenganghaus *n*, Laubenganghaus *n*
gallery grave *(Arch)* Galeriegrabstätte *f*, Ganggrab *n*
gallery level *(Tun)* Streckensohle *f*
gallery roof *(Arch)* Emporendach *n*
gallery vault *(Arch)* Emporengewölbe *n*
gallet Steinsplitter *m*
galleting 1. Fugenfüllen *n* mit Steinsplittern; 2. Fliesenbettung *f* mit Fliesenstückchen für Ecken
galliard Hartsandstein *m*, glatter harter Sandstein *m*
galling 1. Reiben *n*, Scheuern *n (gleitender Teile)*; 2. Festfressen *n (Stahl)*; 3. Kratzriss *m*
gallon *(BM, HLK, Stat)* Gallone *f (4,546 l; AE 3,7854 l)*
gallows bracket *(Konst, TK)* Galgenstütze *f*
galt harter Mergel *m*, Hartmergel *m*
galvanic coating *(HLK, OB)* Opfermetallschicht *f*, anodisch wirksame Schutzschicht *f*
galvanic corrosion *(OB)* elektrochemische Korrosion *f*, Kontaktkorrosion *f*, Lokalelementbildung *f*
galvanic protection katodischer Schutz *m*, katodischer Schutz *m* durch Opferanoden
galvanically protected *(HLK)* geschützt durch Opferanoden
galvanise *v (OB)* galvanisieren, verzinken
galvanization *(OB, Te)* Verzinken *n*, Feuerverzinken *n*
galvanize *v* verzinken, feuerverzinken, galvanisieren
galvanized verzinkt, galvanisiert
galvanized coating *(OB)* Zinküberzug *m*, Zinkschutzschicht *f*
galvanized iron verzinktes Eisenblech *n*, Zinkblech *n*
galvanized nail verzinkter Nagel *m*
galvanized pipe verzinktes Rohr *n*
galvanizing Verzinkung *f*, Feuerverzinkung *f*
galvanizing installation *(BWG, OB)* Verzinkungsanlage *f*
gambrel roof gebrochenes Satteldach *n*; Mansardendach *n*; Schopfwalmdach *n*, Krüppelwalmdach *n*
gambril roof *s.* gambrel roof
game 1. *(Umw)* Wild *n*; 2. *(Te)* Spiel *n*, Runde *f*
game fence *(LB)* Wildschutzzaun *m*
game room Freizeitraum *m*
games area *(RP)* Spielplatz *m*
gamma probe *(Umw)* Gammasonde *f*
gang *(Te)* Arbeitsschicht *f*; Baukolonne *f*, Baubrigade *f*, Bautrupp *m*, Kolonne *f*, Rotte *f*
gang-board Laufplanke *f*
gang-boarding Laufbohlensteg *m*; Laufplanken *fpl*
gang foreman Bautruppführer *m*, Baukolonnenführer *m*, Polier *m*
gang mould Reihenform *f*
gang nail Zinkenplatte *f*
gang of wells *(WVA)* Brunnengalerie *f*
gang of workmen *s.* gang
gang saw Gattersäge *f*
gang showers Reihendusche *f*
gangboards Laufplanken *fpl*
ganged stuff *(AE)* Kalkgipsputz *m*
ganger *s.* gang foreman

gangway 1. *(Konst)* Laufgang *m*, Bedienungsgang *m*, Laufsteg *m (für Wartungszwecke)*; 2. Durchgang *m*
ganil spröder brüchiger Kalkstein *m*
ganister *(BM, Bod)* Ganister *m (feinkörniger Quarzit)*; eingekieselter Feinsandstein *m*
ganister brick *(BM, HLK)* Silikastein *m*, Dinasstein *m (Feuerfestmaterial)*
gannister brick *(AE) s.* ganister brick
gantry 1. *(BWG, Te)* Portal *n*, Krangerüst *n*; 2. *(AE)* Baugerüst *n*; 3. *(Verk)* Schilderbrücke *f*, Signalbrücke *f*; Peitschenmast *m*
gantry crane *(BWG, Te)* Portalkran *m*, Torkran *m*, Bockkran *m*
gantry post *(Konst, TK)* Pendelstütze *f*, Pendelsäule *f*, Pendelpfeiler *m (Montagederrick)*
gap 1. *(Konst)* Spalt *m*, Öffnung *f*; Zwischenraum *m*; Lücke *f*; Fuge *f*; Hohlraum *m*; Durchbruch *m*; 2. *(Bod)* Kluft *f*, Spalte *f (Geologie)*; 3. *(Verk)* Nettozeitlücke *f*
gap-filled joint harte Fuge *f*, Hartfuge *f*
gap-filling adhesive [glue] Fugenfüllkitt *m*, Klebefugenkitt *m*
gap-graded *(BM)* mit Ausfallkörnung, unkontinuierlich aufgebaut
gap-graded aggregate *(BM)* Gekörn *n* mit fehlender Zwischenkorngröße, Ausfallgekörn *n (Zuschlagstoffgemisch)*
gap-graded concrete Beton *m* mit Ausfallkörnung, diskontinuierlich aufgebauter Beton *m*
gap-graded material *s.* gap-graded aggregate
gap grading *(BM)* Ausfallkornverteilung *f*, Ausfallkörnung *f*
gap of the joint *(Konst)* Stoßfugenzwischenraum *m*
gap site *(RP)* Baulücke *f*
gaped *(SB)* gerissen, rissig *(z. B. Mauerwerk)*
gaping klaffend *(Riss, Fuge)*
gaping hole klaffende Öffnung *f*
gaping of a joint Klaffen *n* einer Fuge, Fugenriss *m*
garage 1. *(Arch)* Garage *f*, Wagenhalle *f*; 2. Autoreparaturwerkstatt *f*
garage compound Sammelgarage *f*
garage construction Garagenbau *m*
garage door Garagentor *n*
garage drive Garageneinfahrt *f*, Garagenzufahrt *f*
garage driveway Garagenauffahrt *f*
garage service station Reparaturwerkstatt *f (bes. für Autos)*
garage yard *(Verk)* Garagenhof *m*
garaging facility *(Verk)* Garagenanlage *f*
garbage *(AE)* 1. *(Umw)* Müll *m*, Abfall *m*; Schmutz *m*; 2. *(RS)* Bauschutt *m*
garbage can *(AE) (EB, Umw)* Abfallbehälter *m*, Müllbehälter *m*
garbage chute *(AE) (Konst)* Müllschluckerschacht *m*
garbage collection *(AE) (Umw)* Müllabfuhr *f*, Hausmüllsammlung *f*
garbage container *(AE) (Umw)* Müllbehälter *m*; Küchenabfallbehälter *m*
garbage disposal *(AE) (Umw)* Müllbeseitigung *f*, Abfallentsorgung *f*; Küchenabfallbeseitigung *f*
garbage-disposal plant *(AE) (BWG, Umw)* Abfallentsorgungsanlage *f*; Müllverbrennungsanlage *f*
garbage-disposal unit *(AE) (EB)* Küchenabfallzerkleinerer *m (zur Abfallentfernung mit Abwässern)*
garbage dump *(AE) (RP, Umw)* Müllabladeplatz *m*, Abfallhalde *f*
garbage incineration *(AE) (Umw)* Müllverbrennung *f*
garbage incineration plant *(AE) (BWG, Umw)* Müllverbrennungsanlage *f*
garbage incinerator *(AE) (BWG, Umw)* Müllverbrenner *m*, Müllverbrennungseinrichtung *f*, Müllverbrennungsanlage *f*

garbage management conception *(AE) (BWG, RP)* Abfallentsorgungskonzept *n*
garbage press *(AE) (BWG, Umw)* Müllpresse *f*
garbage removal *(AE) (Umw)* Müllbeseitigung *f*
garbage truck *(AE) (Umw, Verk)* Mülltransporter *m*, Müllsammelfahrzeug *n*
garden *(LB)* Garten *m*; Gartenanlage *f*
garden apartment 1. Flachbauappartement *n* mit Garten; 2. Erdgeschosswohnung *f* mit Gartennutzung
garden architect *(Arch, LB)* Gartenarchitekt *m*
garden architecture *(Arch, LB)* Gartenarchitektur *f*, Gartenbaukunst *f*
garden bench *(LB)* Gartenbank *f*
garden city *(RP)* Gartenstadt *f*
garden colony *(LB, RP)* Gartensiedlung *f*
garden court *(Arch, LB)* Gartenhof *m*, Zierhof *m*
garden estate *(LB, RP)* Gartensiedlung *f*
garden fence *(LB)* Gartenzaun *m*
garden front Gartenfront *f*
garden gate Gartentor *n*
garden ground *(LB)* Gartenland *n*
garden house Gartenhaus *n*, Laubenhaus *n*, Wohnlaube *f*
garden housing estate *(RP)* Gartenwohnkolonie *f*
garden making *(LB)* Gartengestaltung *f*, Gartenbau *m* *(Errichtung)*; Gartenanlagenbau *m*
garden nesting *(RP)* Gartenwohnkolonie *f*
garden path *(LB)* Gartenweg *m*
garden pavilion *(LB)* Gartenpavillon *m*, Pavillon *m*
garden restaurant *(Arch, LB)* Gartenrestaurant *n*
garden seat Gartenbank *f*
garden shed Gartenschuppen *m*, Gartenhaus *n (für Gartengeräte)*
garden suburb *(RP)* Gartenvorstadt *f*
garden tile *(BM)* Gartenkeramik *f*
garden town *(RP)* Gartenstadt *f*
garden wall *(LB)* Gartenmauer *f*
garden-wall bond *(SB)* Gartenmauerverband *m*
gardening *(LB)* Gartenbau *m*
gardens *(LB)* Gartenanlage *f*
gargoyle *(Arch, San)* Wasserspeier *m*
garish *(OB)* grell *(Farbanstrich)*
garland *(Arch)* Girlande *f*, Gehänge *n*, Blumengehänge *n*, Gewinde *n*, Feston *n (Schmuckelement)*
garnet *(Bod)* Granat *m (Mineral)*
garnet hinge *(EB)* Türangel *f*
garnet paper Feinschmirgelpapier *n*
garnet rock *(BM, Bod, Umw)* Granatfels *m*
garnish *(Arch)* Zierelement *n*, Ornament *n*
garret *v* 1. mit Steinsplittern ausfüllen; 2. verblenden
garret 1. Dachboden *m*, Boden *m*, Spitzboden *m*; Hängeboden *m*; Speicher *m*; 2. *(AE)* Dachstube *f*, Dachkammer *f*
garret beam *(Hb)* Bodenbalken *m*
garret floor *(Hb)* Bodenbalkenlage *f*
garret room Bodenkammer *f*, Dachkammer *f*
garret stairs Bodentreppe *f*
garret window Bodenfenster *n*, Dachliegefenster *n*
garreting *(AE)* Fugenfüllen *n* mit Steinsplittern
garrison church *(Arch)* Garnison(s)kirche *f*
garrison house *(Arch)* Garnison(s)haus *n*; Kolonialhaus *n*, Holzrahmenhaus *n* der Kolonialzeit *(befestigtes Blockhaus der nordamerikanischen Siedler)*
garth *(Arch)* Innenhofgarten *m (eines Klosters)*
gas *v* mit Gas versorgen
gas-ash concrete *(BB)* Gasaschenbeton *m*
gas bottle Gasflasche *f*
gas bubble Gasbläschen *n*, Gaseinschluss *m*
gas burner *(HLK)* Gasbrenner *m*
gas calorific value *(HLK)* Gasheizwert *m*
gas central heating *(HLK)* Gaszentralheizung *f*
gas checking Runzelbildung *f (bei verschiedenen Lacken durch Ofentrocknung mittels Leuchtgas)*
gas chromatography *(BM)* Gaschromatographie *f*
gas cock *(San)* Gashahn *m*
gas concrete *(BB, BM)* Porenbeton *m*, Schaumbeton *m*, *(veraltet)* Gasbeton *m*, Blähbeton *m*
gas concrete block Gasbetonstein *m*, Gasbetonblockstein *m*, Blähbetonstein *m*
gas concrete slab Gasbetonplatte *f*
gas conduit *(HLK, San)* Gasleitung *f*
gas connection *(HLK, San)* Gasversorgungsleitung *f*
gas consumption Gasverbrauch *m*
gas convector *(HLK)* Gaskonvektor *m*, Gasheizkörper *m*
gas cooker *(EB)* Gasherd *m*
gas cutting *(St)* Brennschneiden *n*, Autogenschneiden *n*
gas cylinder *(St)* Gasflasche *f*
gas detector system *(HLK, Tun)* Gasspüranlage *f*
gas discharge lamp *(BWG, El)* Gasentladungslampe *f*
gas distribution installation *(HLK, San)* Gasverteilungsanlage *f*
gas-filled incandescent lamp gasgefüllte Glühlampe *f*
gas-filled lamp *(El)* gasgefüllte Lampe *f*
gas-fired *(HLK)* gasbeheizt; mit Gasheizung
gas-fired boiler *(HLK)* gasbeheizter Kessel *m*
gas-fired central heating *(HLK)* Gaszentralheizung *f*
gas-fired heating Gasheizung *f*
gas-fired water heater Gasbadeofen *m*
gas firing Gasfeuerung *f*
gas fitter Installateur *m*, Gasinstallateur *m*
gas fitting *(San)* Gasarmatur *f*
gas-flow counter *(HLK, San)* Gasdurchflusszähler *m*
gas-forming gasbildend, gasentwickelnd
gas furnace Gasofen *m (Industrie)*
gas generator ash Gasgeneratorasche *f*, Generatorasche *f*
gas geyser Gasdurchlauferhitzer *m*
gas grid Gas(versorgungs)netz *n*
gas-heated *(HLK)* gasbeheizt
gas heater Gasheizkörper *m*
gas heating system Gasheizung *f*
gas holder *(San)* Gasbehälter *m*, Gasometer *m*
gas hollow block *s.* gas concrete block
gas illumination Gasbeleuchtung *f*
gas installation *(San)* Gasinstallation *f*
gas lighting Gasbeleuchtung *f*
gas lime Gaskalk *m*
gas line Gasleitung *f (in Gebäuden)* • **lay a gas line** eine Gasleitung legen
gas main Gashaupt(versorgungs)leitung *f*; Gashausanschlussleitung *f*
gas metal arc welding Schutzgaslichtbogenschweißen *n*
gas meter Gaszähler *m*, Gasuhr *f*
gas oil Gasöl *n*, Dieselöl *n*
gas outlet *(San)* Gasanschluss *m*
gas oven Gasherd *m*
gas pipe Gasleitung *f*, Gasleitungsrohr *n (in Gebäuden)*
gas-pipe wrench Rohrzange *f*
gas piping *(HLK, San)* Gasleitung *f*, Gasrohrleitung *f*
gas pliers Gasrohrzange *f*
gas pocket *(BB, BM)* Luftblase *f (im Beton)*
gas pressure Gasdruck *m*
gas producer *(BWG, HLK)* Gasgenerator *m*
gas-proof *s.* gasproof
gas pumice concrete Naturbims(gas)beton *m*, Bimsblähbeton *m*
gas radiant heater Gasstrahlungsheizgerät *n*, Gasstrahler *m*
gas range Gasherd *m*
gas recirculation *(HLK)* Gasrückfluss *m*

G

gas recovery Gasrückgewinnung *f*
gas seal Gasdichtung *f*
gas shut-off valve Gasabsperrschieber *m*
gas silicate *(BM)* Gassilikat *n*, Gassilicat *n*
gas-silicate concrete *(BM, DIS)* Silikatgasbeton *m*, Silicatgasbeton *m*
gas-slag concrete Schlackengasbeton *m*
gas-sprayed *(OB)* flammgespritzt
gas station *(AE) (HLK)* Tankstelle *f*
gas stove *(HLK)* Gasofen *m*
gas supply *(HLK, San)* Gasanschluss *m*, Gaszuführung *f*, Gasversorgung *f*
gas supply company Gasversorgungsgesellschaft *f*
gas supply pipe Gasversorgungsleitung *f*
gas supply system Gasversorgungsanlage *f*
gas tap Gashahn *m*
gas-tight *s.* gastight
gas transmission line Ferngasleitung *f*, Gasfernleitung *f*
gas tube Gasröhre *f*
gas vent pipe *(HLK)* Gasab(zugs)rohr *n*
gas-warmed gasbeheizt, gaserwärmt
gas, water and sewage installation work *(HLK, San)* Gas-, Wasser- und Abwasserinstallationsarbeiten *fpl*
gas-weld *v* gasschweißen, autogenschweißen
gas welding Gas(schmelz)schweißen *n*, Autogenschweißen *n*
gas wrench Rohrzange *f*
gaseous gasförmig
gaseous heating fuel gasförmiges Heizmittel *n*
gasholder *s.* gas holder
gashouse *(AE)* Gaswerk *n*
gasket *(BM, BT)* Dichtung *f*; Dichtungsprofil *n*; Runddichtung *f*, Scheibe *f*, Dichtungsscheibe *f*; Ventildichtung *f*, Manschette *f*
gasket corrosion *(OB)* Spaltkorrosion *f*
gasket glazing Profilverglasung *f*, Einglasung *f* mit Dichtungsprofilen
gasket seal Flachabdichtung *f*, Manschettendichtung *f*, starre Dichtung *f*
gasketed abgedichtet
gasketed pipe Rohr *n* mit Dichtungsprofil, Rohr *n* mit Selbstdichtung
gaskin *(San)* Dichtungsstrick *m*, Hanfseil *n*
gasoline-proof *(AE) (BM, Verk)* benzinfest
gasoline resistance *(AE)* Benzinbeständigkeit *f*, Benzinfestigkeit *f*
gasoline-resistant *(AE)* benzinbeständig, benzinfest
gasoline separator *(AE) (Umw, WVA)* Benzinabscheider *m*, Leichtflüssigkeitsabscheider *m*
gasometer *s.* gas holder
gasproof benzinfest
gastight gasdicht
gastightness Gasdichtigkeit *f*
gasworks *(BWG, HLK)* Gaswerk *n*, Gasanstalt *f*
gatch *(Arch)* persischer Dekorationsputz *m*
gate 1. *(Arch, Konst, Verk)* Tor *n*, Pforte *f*, Eingangstür *f*, Tür *f*; Flugsteig *m*; 2. *(Wsb)* Schütz *n*, Wehrverschluss *m*; Klappe *f*; Schieber *m*; Schleusentor *n*; 3. *(LB)* Gitter *n (Zaun)*; 4. *(Konst, Verk)* Flugsteig *m*; 5. *(Bod)* Gebirgspass *m*
gate arm Segmentarm *m*
gate beams *(Konst, TK)* Versteifungsbalken *mpl*
gate closer Türschließer *m*
gate dock *(Wsb)* Hafendock *n*
gate door Pforte *f*, Straßentor *n*
gate effect *(Verk)* Toreffekt *m*
gate hanging rail Torhängeschiene *f*
gate hook Metallbolzen *m (für ein Tor)*
gate latch Torriegel *m*
gate meeting post äußerer Torflügelpfosten *m*
gate occupancy time *(Verk)* Belegungsdauer *f*, Flugsteigstandzeit *f (Flugplatz)*
Gate of lions *(Arch)* Löwentor *n (Mykene)*
gate operator *(El)* elektromechanischer Toröffner *m*
gate pier Torpfeiler *m*, steinerne Torsäule *f*
gate ramp *(Verk)* Fährrampe *f*
gate shaft *(Wsb)* Schützenschacht *m*
gate shutting shoe Torankerplatte *f*, Torankerstein *m*, Torflügelankerklotz *m*
gate structure *(Wsb)* Verschlussbauwerk *n*
gate valve *(WVA)* Hilfsschieber *m*, Absperrschieber *m*
gatehouse Torhaus *n*; Pförtnerhaus *n*
gatepost Torpfosten *m*
gateway 1. *(Konst, Verk)* Torweg *m*, Tor *n*, Pforte *f*; Einfahrt *f*, Tordurchfahrt *f*; Ausfahrt *f*; 2. *(Arch)* Torbau *m*, Portalbau *m*, Pylon *m*, Pylone *f (massiver turmartiger Baukörper an Eingangstoren, z. B. antiker Tempel)*
gateway of triumph *(Arch)* Triumphtor *n*
gateway tower *(Arch)* Torturm *m*
gathering Übergangsquerschnitt *m*, Schornsteinquerschnittsveränderung *f (beim Übergang vom Fuchs zum Schornstein)*
gathering ground *(Bod, WVA)* Einzugsgebiet *n (von Wasser)*
gathering of water *(WVA)* Wasserfassung *f*
gauge *v* 1. (ab)messen, ausmessen; kalibrieren; eichen; 2. zumessen *(Baustoffaufbereitung)*; zuwiegen *(bei Dosierung)*; dosieren; 3. zurichten *(Ziegel)*; 4. beurteilen
gauge 1. Eichmaß *n*, Bezugsmaß *n*; Richtmaß *n*; 2. Messer *m*; Pegel *m*; Lehre *f*; Schablone *f*; 3. Spurweite *f (Eisenbahn)*; 4. *(Wsb)* Pegel *m*, Grundwasserbeobachtungsrohr *n*
gauge board *s.* gauging board
gauge box *s.* gauging box
gauge cock *(San)* Wasserstandshahn *m*
gauge factor *(BM)* Dehnungsfaktor *m*, K-Faktor *m (Dehnungsmessung)*
gauge glass *(WVA)* Wasserstandsrohr *n*, Standrohr *n*
gauge height *(Wsb)* Pegelhöhe *f*
gauge lath *(Verk)* Dammlattenprofil *n*
gauge line Nietrisslinie *f*
gauge-No. Lehrennummer *f*
gauge piece *(San, St)* Passstück *n*
gauge pipe Messrohr *n*
gauge pressure 1. *(Umw)* Atmosphärenüberdruck *m*; 2. *(Wsb)* Pegeldruck
gauge reading *(Wsb)* Pegelablesung *f*
gauge rod *(SB)* Mauerwerkslehre *f*, Planlatte *f*
gauge setting device *(Verk)* Schienenrichtgerät *n*
gauge station *(Wsb)* Pegelstation *f*
gauge stuff *s.* gauging plaster
gauge system Lehre *f (Blech)*
gauge tube *(Bod, Erdb, Wsb)* Standrohr *n*, Pitot-Rohr *n*; Grundwasserbeobachtungsrohr *n*
gauge warning *(Umw, Wsb)* Pegelwarnung *f*
gauge well *(Erdb)* Pegelbrunnen *m*
gauge work Stuckputzwerk *n* mit Normputz
gauged 1. geeicht; 2. vorgegeben
gauged arch *(Konst, SB)* scheitrechter Bogen *m*, Wölbziegelbogen *m*
gauged brick 1. genormter Ziegel *m*; 2. Bogenziegel(stein) *m*, Keilziegel *m*
gauged brickwork *(SB)* Maßmauerwerk *n*
gauged mortar Zementkalkmörtel *m* nach festem Mischungsverhältnis
gauged mortar plaster Kalkgipsputz *m*
gauged skim coat aufgespachtelter Normputzmörtel *m*
gauged stuff Kalkgipsputz *m*
gauging 1. *(VR)* Eichen *n*; Maßprüfung *f*; 2. *(BM)* Messung *f*; 3. *(BM)* Kitt- und Kalkputz *m (zur Beschleunigung des*

Abbindens); 4. *(BM, Te)* Einsumpfen *n*; 5. *(Erdb, Wsb)* Pegelmessung *f*
gauging basin Eichbehälter *m*
gauging board 1. Mörtelmischplatte *f*, Mischbrett *n*; 2. Mischpodest *n*
gauging box *(BB, Te)* Abmesskasten *m*, Maßkasten *m*, Zumesskiste *f (Betonherstellung)*
gauging by measuring *(Wsb)* Überfallabflussmessung *f*
gauging device *(BM, BWG, Te)* Dosiervorrichtung *f*
gauging period Einsumpfzeit *f*, Kalksumpfdauer *f*
gauging plaster Gips-Kalk(kitt)deckputz *m*, Kalkgipsputz *m*
gauging platform Mischpodest *n*
gauging station *(Wsb)* Messstelle *f*, Messstation *f*; Abflussmessstelle *f*, Pegelstation *f*
gauging time *(BM, Te)* Einsumpfdauer *f*, Einsumpfzeit *f* *(Kalk)*
gauging trowel Verputzkelle *f*
gauging water *(BB, BM, Te)* Dosierwasser *n*, Mischwasser *n*, Anmachwasser *n (zum Betonanmachen)*
gaul *(AE)* hohle Putzstelle *f*
Gauss error distribution curve *(BM, Stat)* Gauß'sche Fehler(verteilungs)kurve *f*
Gaussian curvature *(Stat)* Gauß'sche Krümmung *f*
Gaussian distribution *(Stat)* Gauß-Verteilung *f*, Gauß'sche Verteilung *f*, Normalverteilung *f (Messwertsummenkurve)*
gauze 1. Gaze *f*, Drahtgaze *f*; 2. Siebgewebe *n*; Netz *n*; 3. Mull *m*
gay in colors *(AE)* farbenprächtig, farbenfreudig
gazebo 1. *(Arch, LB)* Sommerhaus *n*, Gartenlaube *f*; 2. *(Arch)* Aussichtspavillon *m*; Aussichtsturm *m*
gazump *v (VR)* beim Grundbesitzankauf übervorteilen
gear rack *(BWG, BT)* Zahnstange *f*
geared pulley block Zahnradflaschenzug *m*
geest 1. anstehende Gesteinszerfallprodukte *npl (Baugrund)*; 2. *(Bod)* alluviale Ablagerung *f*
geison *s.* cornice 1.
gel *v* gelieren *(Zement)*; in den Gelzustand übergehen; sich verdicken; erstarren, fest werden
gel Gel *n*
gel coat *(BM)* Gel(harz)überzug *m (Baustoff)*
gel compound gelartige Verbindung *f*
gel condition *(BB, Te)* Gelzustand *m (Zement)*
gel-like gelartig, vergelt
gel particle Gelteilchen *n*
gel pore Gelpore *f*
gel time *(OB)* Filmgelierdauer *f (Anstrich)*
gel water *(BB, Te)* Gelwasser *n*
gelatination *(BB, Te)* Gelbildung *f*
gelatine mould *(BM, OB)* Gelatineputzform *f*, Stuckform *f* aus Gelatine
gelatinization Gelieren *n*
gelatinous gallertartig, gelatinös
gelation Gelieren *n*, Gelierung *f*
geliflucti on *s.* gelifluxion
gelifluxion *(Bod, Erdb)* Taubodenabrutschung *f* auf Frostuntergrund, Gelifluxion *f*
gelling *(BM)* Gel(atin)ieren *n*, Gelbildung *f*; Farbgelierung *f*; Quellung *f*
gelling agent Geliermittel *n*
gemel *(AE)* zwillingsgleich
gemel arch Zwillingsbogen *m*
gemel window Zwillingsfenster *n*, zweiteiliges Fenster *n*
geminate paarweise; Zwillings...
geminated gekoppelt, verbunden
gemmy fibre *s.* jute fibre
general acceptance *(VR)* Gesamtabnahme *f*, Schlussabnahme *f*
general acceptance criterion *(Konst, VR)* allgemeines Abnahmemerkmal *n*, generelles Abnahmekriterium *n*
general arrangement *(Br, Te)* Schalungszeichnung *f* *(Brücke)*
general assembly drawing *(Br, Konst, Te)* Montagezeichnung *f*, Zusammenstellungszeichnung *f*, Übersichtszeichnung *f*
general attack *(OB)* Allgemeinangriff *m*, Gesamtangriff *m*, flächenartiger Angriff *m (Korrosion)*
general conditions of the contract *(VR)* allgemeine Bauvertragsbedingungen *fpl*
general construction contract *(VR)* Generalbauvertrag *m*, allgemeiner Bauauftrag *m*
general contract *(VR)* Bauhauptvertrag *m*
general contractor *(VR)* Hauptauftragnehmer *m*, Bauhauptauftragnehmer *m*, Generalauftragnehmer *m*, Gesamtauftragnehmer *m*
general contractor order *(VR)* Generalunternehmerauftrag *m*
general corrosion *(OB)* Flächenkorrosion *f*, Flächenfraß *m*
general damage to buildings *(Bod, RS, Umw)* allgemeiner Gebäudeschaden *m (Stärke 9 der Erdbebenskala)*
general destruction to buildings *(Bod, RS, Umw)* allgemeine Gebäudezerstörungen *fpl (Stärke 10 der Erdbebenskala)*
general development plan *(RP)* Bauleitplan *m*, Gesamtbebauungsplan *m*
general diffuse lighting *(El)* gleichförmige [gleichmäßige] Beleuchtung *f (40-60 % nach unten, der Rest nach oben)*
general drawing *(Konst)* Übersichtszeichnung *f*, Einzel(gesamt)plan *m*
general expenses *(VR)* Gemeinkosten *pl*
general foreman Polier *m*, Bauführer *m*; Bauvorarbeiter *m*; Oberpolier *m*
general geology *(Bod)* allgemeine Geologie *f*
general geophysics *(Bod)* allgemeine Geophysik *f*
general hospital allgemeines Krankenhaus *n*, Allgemeinklinik *f*
general hospital for the district Bezirkskrankenhaus *n*
general instructions *(Te, VR)* allgemeine Anweisungen *fpl*
general layout *s.* general plan
general lighting *(El)* Gesamtbeleuchtung *f*
general map *s.* general plan
general method of design *(Stat)* allgemeines Bemessungsverfahren *n*, allgemeine Bemessungsmethode *f*
general noise level *(DIS)* üblicher Geräuschpegel *m*, allgemeine Geräuschstärke *f*
general operating cost *(VR)* Betriebsgemeinkosten *pl*
general plan *(Konst)* Übersichtsplan *m*, Gesamtübersicht *f*
General Post Office Hauptpostamt *n*
general practitioner Betriebsdienstpraktiker *m*
general public room Gesellschaftssaal *m*, Gesellschaftsraum *m (Hotel)*
general pump Haus(versorgungs)pumpe *f*
general-purpose vehicle Mehrzweckfahrzeug *n*
general requirements allgemeine Baubedingungen *fpl*
general service water *(WVA)* Brauchwasser *n*, Fabrikwasser *n*
general sketch *(Konst)* Übersichtsskizze *f*
general specifications *(Konst, Te)* allgemeine Ausführungsgrundsätze *mpl*
general state of strain *(BM)* räumliche Formänderung *f*
general state of stress *(Stat)* räumlicher Spannungszustand *m*
general superintendent Bauführer *m*, Bauwart *m*
General technical specifications for building works *(VR)* Allgemeine Technische Vertragsbedingungen *fpl* für Bauleistungen *(ATV)*
general traffic plan *(RP)* Generalverkehrsplan *m*

general-use building paper Baupappe *f*, Bitumenbaupappe *f*, Teerpappe *f*
general view *(Arch, Konst)* Gesamtansicht *f*, Übersichtsdarstellung *f*; Übersichtsbild *n*
generalization *(VR)* Verallgemeinerung *f*
generalized geological map *(Bod)* geologische Übersichtskarte *f*
generate *v* erzeugen, hervorbringen, verursachen
generated traffic *(Verk)* Verkehrsaufkommen *n*
generating station *(Arch, El)* Kraftwerk *n*, Elektrizitätswerk *n*
generation Erzeugung *f*, Verursachung *f*; Hervorbringung *f*
generation of heat Wärmeentwicklung *f*
generator 1. Generator *m*, Stromerzeuger *m*; 2. Dampferzeuger *m*; 3. Erzeugende *f*, erzeugende Linie *f*
generator ash Generatorasche *f*
generator building *(Arch)* Generatorgebäude *n*
generator floor Maschinengeschoss *n*, Maschinenflur *m*
generator room Generatorraum *m*
generatrix *(Stat)* Erzeugende *f*, erzeugende Linie *f*
generic eine Art betreffend
generic term Gattungsbegriff *m*, Oberbegriff *m*
generous flowing lines *(Arch)* großzügig fließende Linien *fpl*
gentle river bank *(Bod, Wsb)* flaches Flussufer *n*
gentle slope sanfter Abhang *m*
gentle-sloped talus *(Bod, Erdb)* sanft geneigte Böschung *f*
gently modulated lines *(Arch)* elastische Linienführung *f*
gentrification *(RP)* Innenstadtbesiedlung *f* durch Wohlhabende
geobiology *(Bod, Umw)* Geobiologie *f*
geochemistry *(Bod, Umw)* Geochemie *f*
geode *(BM, Bod)* Geode *f*, Mandel *f*
geodesic dome *(Verm)* geodätische Kuppel *f*
geodesic structure *(Verm)* geodätisches Bauwerk *n*
geodesics *(Stat, TK)* Raumtragwerke *npl*, räumliche Tragwerke *npl*
geodesy Geodäsie *f*, Erdvermessung *f (Lehre)*
geodetic *(Verm)* geodätisch
geodetic engineer *(Verm)* Vermessungsingenieur *m*
geodetic mapping *(Verm)* geodätische Abbildung *f*
geodetic monument *(Verm)* geodätischer Festpunkt *m*, amtlicher Festpunkt *m*, Vermarkung *f*
geodetic station *(VR)* Vermessungsamt *n*
geodetic survey(ing) *(Verm)* geodätische Landvermessung *f (größerer Gebiete)*
geographic information system *(RP)* Geo-Informationssystem *n (Landesplanung)*
geographic location *(RP, Verm)* geographische Lage *f*
geographic variation *(Verm)* geographische Abweichung *f*
geographical latitude *(Verm)* geographische Breite *f*
geographical longitude *(Verm)* geographische Länge *f*
geography as applied to human settlement *(RP)* Siedlungsgeographie *f*
geogrid(s) *(Erdb)* Geogitter *n*, Bodengitter *n (EN 13249 - 13265, EN 13438)*
geohydrological *(Bod, WVA)* geohydrologisch
geohydrology *(Bod, WVA)* Hydrogeologie *f*
geological *(Bod)* geologisch
geological atlas geologischer Atlas *m*
geological column *(Bod)* geologisches Profil *n*, Schichtenfolge *f*
geological conditions *(BM, Bod, Tun)* Lagerungsverhältnisse *npl (geologisch)*
geological cross section geologisches Querprofil *n*
geological map geologische Karte *f*
geological profile *(Bod, Tun)* geologisches Profil *n*
geological prospecting *(Bod, Erdb, Tun)* geologische Untersuchungsarbeiten *fpl*
geological set-up geologischer Untergrund *m*
geological survey *(Bod, Verm)* geologische Aufnahme *f (eines Geländes)*
geological target geologische Aufgabenstellung *f*
geologist Geologe *m*
geologist's compass *(Bod, Verm)* Geologenkompass *m*
geologist's hammer Geologenhammer *m*
geologize *v (Bod, Verm)* geologisch untersuchen [aufnehmen]
geology Geologie *f*
geomechanics *(Bod, Erdb, Tun)* Geomechanik *f*
geomembrane *(DIS)* Geomembran *f*
geomembrane liner *(DIS)* Geomembranverkleidung *f*
geometric geometrisch
geometric characteristic geometrisches Merkmal *n*
geometric design *(Konst)* geometrische Bemessung *f*, Entwurfsberechnung *f*
geometric design standard *(Verk)* Entwurfsrichtlinie *f (Straße)*
geometric mean geometrischer Mittelwert *m*
geometric pattern *(Arch)* geometrisches [regelmäßiges] Muster *n*
geometric standard *(Konst, Stat)* geometrische Entwurfsrichtlinie *f*
Geometric style englische Gotik *f* [Hochgotik *f*] *(13. und 14. Jh.)*; geometrischer Dekorationsstil *m*
geometric tracery *(Arch)* geometrisches Maßwerk *n*; gotische Fensterverzierung *f*
geometric treatment *(Verk)* geometrisches Reparaturbild *n (Straße)*
geometrical geometrisch
geometrical accuracy Formgenauigkeit *f*, geometrische Genauigkeit *f*
geometrical drawing geometrische Zeichnung *f*
geometrical funicular form *(Stat)* geometrische Seillinienform *f*
Geometrical Gothic *(Arch)* geometrische Gotik *f*
geometrical locus geometrischer Ort *m*
geometrical moment *(Stat)* axiales Flächenträgheitsmoment *n*
geometrical motif *(Arch)* geometrisches Motiv *n*
geometrical ornament *(Arch)* geometrisches Ornament *n*
geometrical pattern *(Arch)* mathematische Figur *f*, geometrisches Muster *n*
geometrical shape geometrische Form *f*
geometrical stair gewendelte Treppe *f*, Treppe *f* mit Treppenauge
geometrically progressing series *(BM)* geometrisch gestufte Siebreihe *f*
geometrically similar geometrisch ähnlich
geometrician *(Verm)* Landvermesser *m*, Geodät *m*, Vermessungsingenieur *m*
geometry of cables *(Stat)* Seilstatik *f*
geometry of forces *(Stat)* Geometrie *f* der Kräfte
geometry of shells Schalengeometrie *f*
geomorphology *(Bod)* Morphologie *f*
geophone *(Bod, Tun)* Geophon *n*
geophysical *(Bod, Tun)* geophysikalisch
geophysical field study *(Bod)* geophysikalische Baugrunduntersuchung *f*
geophysical investigation geophysikalische Untersuchung *f*
geophysics *(Bod)* Geophysik *f*
Georgian architecture *(Arch)* georgianischer Stil *m (Baustil des 18. Jahrhunderts in England und Nordamerika; Gemisch aus klassischer, Renaissance- und Barockarchitektur)*
Georgian glass starkes Drahtglas *n*
geosynthetic liner *(OB)* geosynthetische Verkleidung *f*

geotechnical *(Bod)* geotechnisch
geotechnical field test *(Bod)* geotechnische Felduntersuchung *f*
geotechnology for causeways *(Erdb)* Dammschüttung *f*, Dammbautechnologie *f*
geotextile *(ISO EN 110320, EN 13438, EN 13738) (BM, Erdb)* Geotextil *n*
geotextile laboratory Labor *n* für Geotextilien
geotextile membrane Geotextilmatte *f*, Dränmatte *f*, Trennmatte *f*
geotextile(s) properties *(ISO 13249 - 13265)* Geotextil *n*
geothermal *(Bod, HLK)* geothermal, geothermisch, mit Erdwärme
geothermal drilling equipment *(Erdb)* geothermische Bohrausrüstung *f*
geothermal energy geothermische Energie *f*
geothermal field geothermisches Feld *n*
geothermal gradient geothermische Tiefenstufe *f*
geothermal plant *(HLK)* geothermische Anlage *f (s. a. geothermal power station)*
geothermal power station *(BWG, HLK)* Erdwärmekraftwerk *n*, geothermisches Kraftwerk *n*
geothermal resources *(Bod, WVA)* geothermische Quellen *fpl*
geothermal step *(Bod)* geothermische Tiefenstufe *f (s. a. geothermal gradient)*
geothermal water heating (system) *(HLK)* Erdwärmeheizung *f*
Gerber girder *(Stat, TK)* Gelenkträger *m*
Gerber hinge [joint] *(TK)* Gerbergelenk *n*
Gerber's diagram of moments *(Stat)* Gerber'sche Momentenfläche *f*
germ-free *(Umw)* keimfrei, steril
German Baroque *(Arch)* deutscher Barock *m*
German construction contract procedures *(VR)* Vergabe- und Vertragsordnung *f* für Bauleistungen *(VOB)*
German Construction Industry Association *(VR)* Deutscher Bauindustrie-Hauptverband *m*, Hauptverband *m* der Deutschen Bauindustrie
German degree *(WVA)* deutscher Härtegrad *m (Wasser)*
German Industrial Standard *(DIN®) (Konst, VR)* Deutsche Industrie-Norm *f*, DIN®
German jack plane *(Hb)* Doppelhobel *m*
German regulations for contracts and execution of construction works *(VR)* Verdingungsordnung *f* für die Vergabe von Bauleistungen, VOB
German Renaissance *(Arch)* deutsche Renaissance *f*
German siding *(Hb)* Nutverschalung *f*
German Standard *(Konst, VR)* DIN-Normen *fpl*
germicidal keimtötend
gesso Gemisch *n* aus Gipsputz, Leim und Weißfarbe *(Spachtelmasse für Basreliefs)*
get *v (BM, Te)* abbauen, gewinnen *(Gestein)*
get *v* **filled with mud** verschlammen *(Rohrleitungen)*
get *v* **jammed** eingeklemmt werden; sich festklemmen
get *v* **loose** nachlassen, erschlaffen
get *v* **musty** *(OB)* anlaufen *(Metalloberfläche)*
get *v* **stuck** blockiert werden; festgeklemmt werden
geyser *(HLK, San)* Durchlauferhitzer *m*; Gasbadeofen *m*, Badeofen *m*
geyserite *(BM)* Kieselsinter *m*
ghost island *(Verk)* Sperrfläche *f*, markierte Verkehrsinsel *f*
ghost marking *(HLK, OB)* Schmutzspur *f*, Schmutzfahne *f (z. B. an Wänden über Heizungen durch Luftkonvektion)*
giant Druckstrahlbagger *m*
giant arbor vitae *(BM, Hb)* Rotzedernholz *n*
giant cantilever Hammerkran *m*
giant dredge *(Erdb, Wsb)* Druckstrahlbagger *m*
giant order *(Arch)* Kolossalordnung *f*, große Ordnung *f (Säulen)*
giant silo [store] Großsilo *n*
gib Führungsleiste *f*, Leiste *f*, Halteleiste *f*
gib and cotter *(EB)* Keilschloss *n*
gib-and-cotter joint *(Hb)* Spannbandverbindung *f*, Stahlleistenverbindung *f*
gib door Geheimtür *f*, Tapetentür *f*
gib strip Keilleiste *f*
gibbed mit Leiste
gibbosity Wölbung *f*; Buckel *m*, Höcker *m*; Buckligkeit *f*
gibbous gewölbt, ausgebaucht
gibbsite *(BM)* Gibbsit *m*, Hydrargillit *n*
gibbsite refractory *(BM)* Gibbsiterzeugnis *n (Feuerfestmaterial)*
gig stick Putz(ring)formlehre *f*, Putzerzirkel *m*
gigantomachy *(Arch)* Gigantomachie *f (Pergamon)*
giglio *(Arch)* Blumenverzierung *f (florentinisches Ornament)*
gild *v* vergolden
gilded vergoldet
gilding 1. *(OB)* Vergoldung *f*, Vergolden *n*; 2. *s.* gold leaf
gilding metal *(BM, OB)* unechtes Blattgold *n (Legierung aus 95 % Kupfer und 5 % Zink)*
gill *(HLK)* Heiz(körper)rippe *f*, Radiatorrippe *f*, Rippe *f*
gilled heater *(HLK)* Rippenheizkörper *m*
gilled pipe *(HLK)* Lamellenrohr *n*, Rippenrohr *n*
gilled radiator *(HLK)* Rippenheizkörper *m*
gilled tube *s.* gilled pipe
Gillmore [gillmore] needles *(BB, Te)* Gillmorenadeln *fpl (zur Betonerstarrungsprüfung)*
gilsonite *(BM)* Gilsonit *m*, Gilsonitasphalt *m*, Naturasphaltgestein *n*
gimlet kleiner Holzbohrer *m*, Nagelbohrer *m*
gin Bock *m*, Bockkran *m*, einfaches Hebegerät *n*, Aufzug *m (zum Heben schwerer Gegenstände)*; Dreifuß *m*, Dreibein *n*; Göpel *m*, Winde *f*
gin block *(BWG, Te)* Baurolle *f*, Rolle *f (an einer Bauwinde)*; einfaches Hebegerät *n*
gin wheel Baurolle *f*
girandole *(El)* mehrarmige Leuchte *f (verzierter Kandelaber)*
gird *v* umschließen, umgeben; umfassen
girder *(BT, TK)* Träger *m (aus Beton oder Stahl)*; Tragbalken *m (meist aus Holz)*; Balken *m*; Binder *m (Tragkonstruktion)*
girder action *(Stat)* Trägerwirkung *f*
girder anchor Trägeranker *m*
girder beam Trägerbalken *m*; Gitterbalken *m*
girder bearing *(Konst, TK)* Trägerlager *n*
girder bearing plate Trägerunterstützungsplatte *f*
girder boom *(BT, Konst)* Trägergurtung *f*, Trägerflansch *m*
girder bottom boom Trägeruntergurt *m*, Trägerunterflansch *m*
girder bridge *(Br)* Balkenbrücke *f*, Trägerbrücke *f*
girder casing Trägerummantelung *f*
girder chord Trägergurtung *f*, Trägerflansch *m*
girder connection Trägeranschluss *m*
girder construction *(Konst)* Trägerbauwerk *n*
girder cross section Trägerquerschnitt *m*
girder depth Trägerhöhe *f*, Balkenhöhe *f*
girder design formula Trägermessungsformel *f*
girder element Trägerelement *n*
girder flange *(St)* Trägerflansch *m*
girder floor Trägerdecke *f*, Plattendecke *f* zwischen Trägern
girder forms Trägerschalung *f*
girder grid *(Konst)* Trägerraster *m*
girder grillage *(TK)* Trägerrost *m*
girder grille Kreuzwerk *n*, Trägerrost *m*
girder iron *(BT, St)* Stahlträger *mpl*
girder joint Trägerstoß *m*
girder loading Trägerbelastung *f*

G

girder material *(BM)* Trägerwerkstoff *m*
girder mould Trägerkasten *m*
girder pole Gittersäule *f*, Gitterbalken *m*
girder post Trägerpfosten *m*, Trägerunterstützungssäule *f*
girder rail *(AE) (St, Verk)* Breitflanschschiene *f*, Breitfußschiene *f*
girder roof Trägerdach *n*
girder section Trägerprofil *n*
girder spacing *(Konst, TK)* Trägerabstand *m*
girder span Trägerfeld *n*, Trägeröffnung *f*
girder stem Trägersteg *m*
girder structure Verbundtragwerk *n*
girder support Trägerauflager *n*
girder top boom Trägerobergurt *m*, Trägeroberflansch *m*
girder wall Trägerwand *f*
girder with rigid and movable bearings *(Konst)* Träger *m* mit festen und beweglichen Auflagern
girder with two statically indeterminate members *(Stat)* zweifach statisch unbestimmter Träger *m*
girderless trägerlos
girdle *v* (um)gürten
girdle *(Arch)* Säulenzierband *n*, Säulenziergesims *n*, Säulengürtel *m*, Gurtband *n*
girt 1. horizontaler Rahmenstab *m*; 2. tragendes Querholz *n*, Gurt *m (für Stahlkonstruktionen)*; 3. kleiner schwerer Träger *m*; 4. *(Hb)* Saumschwelle *f*, Brustschwelle *f*, Sattelschwelle *f (Balken)*; 5. Umfang *m (z. B. von Rundbalken)*; 6. Untergurt *m*
girt strip Riegelbrett *n*, Zaunriegel *m*; Streckbaum *m*; *(AE)* Netzriegel *m (Gerüstbau)*
girth *s.* 1. girt 2.; 2. girt 4.
give *v* **a cut with the saw** *(Hb)* einsägen
give *v* **a decorative finish** *(Arch)* mustern, ornamentieren
give *v* **a guarantee** *(VR)* Garantie geben, garantieren
give *v* **advice** *(Konst, VR)* beraten
give *v* **shelter** *(VR)* beherbergen
give *v* **way** 1. *(Bod, Erdb, Konst)* (ab)sacken; nachgeben; sich setzen; 2. *(Verk)* Vorfahrt gewähren
glacial *(Bod)* glazial, eiszeitlich
glacial-borne debris *(Bod)* Gletscherschutt *m*
glacial boulder *(BM, Bod)* eiszeitlicher Findling *m*
glacial clay *(Bod, Erdb)* Geschiebelehm *m*, glazialer Bänderton *m*
glacial debris *s.* glacial-borne debris
glacial deposit *(BM, Bod)* glaziales Sediment *n*, Gletscherablagerung *f*
glacial drift *(BM, Bod)* Glazialgeschiebe *n*, Gletscherschutt *m*
glacial gravel *(BM, Bod)* Glazialkies *m*, Gletscherkies *m*
glacial lake *(Bod, Umw)* Moränesee *m*, Gletschersee *m*
glacial sand *(BM, Bod)* Geschiebesand *m*, Schmelzwassersand *m*
glacial till *(BM, Bod)* Geschiebelehm *m*, Geschiebemergel *m*
glacier accumulation *(BM, Bod)* Gletscherablagerung *f*
glacier drift *(BM, Bod)* Gletscherschutt *m*
glacis *(Arch, Erdb)* Böschung *f (speziell vor einer Befestigung)*
glance pitch *(BM)* Glanzpech *n*, Maniak *n*, reiner Asphalt *m*
gland packing *(San, WVA)* Dichtungspackung *f*, Packungsstopfbuchse *f*, Stopfbuchsenpackung *f*
gland seal Stopfbuchse *f*
glare *(El)* Blendlicht *m*; Blendung *f*
glare-free blend(ungs)frei
glare glass *(El)* Blendschutzgas *n*
glare-reducing glass Blendschutzglas *n*
glare screen *(Verk)* Blendschutzwand *f*
glareless light *(El)* blendungsfreies Licht *n*
glaring grell
glaring colour *(OB)* grelle Farbe *f*
glaring light *(El)* grelles Licht *n*
glascrete *(BB)* Glasbeton *m*
glass *v (EB, Te)* verglasen, mit Glas versehen
glass *v* **in** *(EB, Te)* einglasen, verglasen
glass *(BM)* Glas *n*
glass aggregate Glaszuschlagstoff *m*
glass-and-metal-style *(Arch)* Glas- und Metallstil *m*
glass architecture *(Arch)* Glasarchitektur *f*, Glasbaukunst *f*
glass area Lichtfläche *f (Fenster)*
glass bar 1. Sprosse *f*, Fenstersprosse *f*, Glasdachsprosse *f*; 2. Glasstab *m*, Glasstange *f*
glass beads 1. *(OB, Verk)* Markierungsglasperlen *fpl (Straßenmarkierungsmaterial)*; 2. Glaskugeln *fpl*, Glasperlen *fpl (Abstrahlmittel)*
glass beads dispenser *(BWG, Verk)* Glasperlenstreugerät *n (Straßenmarkierung)*
glass block Glas(bau)stein *m*
glass-block floor *(Konst)* Glasbausteindecke *f*
glass-block masonry *(SB)* Glasbausteinmauerwerk *n*
glass brick Glas(bau)stein *m*
glass bubble Glasbläschen *n*
glass ceiling Glasdecke *f*
glass cell *(BM)* Glaszelle *f*
glass cement Glasklebekitt *m*
glass ceramic Glaskeramik *f*, glaskeramischer Stoff *m*
glass chip *(BT)* bearbeitetes Glasstück *n (für Einbauzwecke)*
glass-clad *(BT)* umglast, eingeglast
glass cloth *(BM)* Glasfasergewebe *n*
glass cloth laminate Glasgewebeschichtstoff *m*
glass-coated *(OB)* glasbeschichtet
glass coating *(OB)* Glasschutzschicht *f*; Emailleschicht *f*; lasierter Anstrich *m*
glass concrete 1. Glas(stahl)beton *m*; 2. Stahlbetondecke *f* mit eingegossenen Glaslichtöffnungen
glass construction *(Arch, Konst)* Glaskonstruktion *f*
glass core Glaskassette *f*
glass corridor Glasgang *m*
glass counter ceiling Glasunterdecke *f*
glass cupola Glaskuppel *f*
glass-cutter Glasschneider *m*
glass dome *(Konst)* Glaskuppel *f*
glass domed roof-light *(Konst)* Glaslichtkuppel *f*
glass door *(EB)* Vollglastür *f*
glass enamel *(OB)* Glasemail *n*
glass-enclosed verglast
glass fabric Glasfasergewebe *n*
glass façade Glasfassade *f*
glass-façade block [building] *(Arch, Konst)* Glasfassadengebäude *n*
glass face work Glasverblendung *f*
glass felt *(BM)* Glasvlies *n*
glass fiber *(AE) s.* glass fibre
glass fibre *(BM, El)* Glasfaser *f*
glass fibre blanket insulation *(BM, DIS)* flexibles Glasfaserdämmmaterial *n*, Glasfaserbahn *f*
glass-fibre fabric Glasfasergewebe *n*
glass-fibre felt Glasvlies *n*
glass-fibre formwork Glasfaserschalung *f*
glass-fibre laminate Glasfaserschichtstoff *m*
glass-fibre mat Glasvlies *n*
glass-fibre reinforced *(BM)* glasfaserverstärkt, glasfaserbewehrt
glass-fibre reinforced mortar *(BM)* Glasfasermörtel *m*
glass-fibre reinforced plastic glasfaserverstärkter Kunststoff *m*
glass-fibre reinforced silicate insulation *(DIS)* glasfaserverstärkte Silicatdämmung *f* [Silikatdämmung *f*]

glass-fibre roving [strand] *(BM, Te)* Glasseiden-Roving *m*
glass-fibre tissue *(BM)* Glasfasergewebe *n*
glass-fibre veil *(BM)* Glasfaservlies *n*
glass-fibred plaster Glasfaserputz *m*
glass-forming glasbildend
glass-house 1. *(LB)* Gewächshaus *n*, Treibhaus *n*; 2. *s.* glassworks
glass insert Glaseinsatz *m*
glass jar *(BM)* Probenglasgefäß *n*
glass light cupola *(Konst)* Lichtkuppel *f*
glass-like glasartig
glass-lined *(OB)* glasausgekleidet; emailliert
glass-lined pipe glasausgekleidetes Rohr *n*
glass lookout area Glasaussichtsfläche *f*
glass mat Glasvlies *n*
glass mosaics Glasmosaik *n*
glass opening verglaste Öffnung *f*
glass pane Glasscheibe *f*, Glastafel *f*
glass panel *(EB)* Glasfüllung *f (z. B. einer Tür)*; Glaskassette *f*
glass paper feines Glas(sand)papier *n*
glass partition wall Glastrennwand *f*
glass pipe *(WVA)* Glasrohr *n*
glass pipeline *(WVA)* Glasrohrleitung *f*
glass plate Glasplatte *f*
glass recycling *(Umw)* Glaswiederverwertung *f*, Altglasrecycling *n*
glass-reinforced glasfaserverstärkt
glass-reinforced laminate *(BM)* Glasfaserkunststoff *m*, glasfaserverstärkter Kunststoff *m*
glass roof Glasdach *n*
glass roof cladding Glasbedachung *f*
glass-roofed mit Glasdach
glass-roofed inner court *(Arch)* Lichthof *m*
glass roofing Glaseindeckung *f*
glass roofing tile Glasdachstein *m*
glass roundel *(BM)* Butzenscheibe *f*
glass sand Glassand *m*, Schmelzsand *m*
glass screen *(BT, Konst)* Glastrennwand *f*
glass sheet *(BM)* Glastafel *n*; Glasscheibe *f*, Fensterglas *n*
glass silk Glasseide *f*
glass skylight *(Konst)* Glas(dach)raupe *f*, Oberlicht *n*
glass slab Glasplatte *f*
glass slate *(BM)* Glasdachstein *m*, Glasdachziegel *m*
glass sliding door *(EB)* Glasschiebetür *f*
glass stop Glasscheibenhalter *m*; Scheibenauflagerand *m*
glass swing door Glaspendeltür *f*, Glasschwingflügeltür *f*
glass system *(Konst)* Glaskonstruktion *f*
glass technology *(BM, Te)* Glastechnologie *f*
glass terrace Glasterrasse *f*
glass tile Glas(belag)platte *f*, Glasfliese *f*, Glasziegel *m*
glass timber door verglaste Holztür *f*
glass-to-metal seal *(Konst)* dichte Glas-Metall-Verbindung *f*
glass veranda *(Konst)* Glasveranda *f*
glass wadding *(BM)* Glaswatte *f*
glass wall Glaswand *f*
glass wall building unit *s.* glass wall unit
glass wall panel *(BT, EB)* Glaswandtafel *f*
glass wall unit Glaswand(bau)element *n*, Wandglasbauelement *n*
glass window *(Konst)* Glasfenster *n*
glass with reflective coating *(BM)* beschichtetes Glas *n*
glass wool *(BM, DIS)* Glaswolle *f*
glass-wool insulation [lagging] *(DIS)* Glaswolledämmung *f*, Glaswolleisolierung *f*
glass-wool mat *(BM, DIS)* Glaswolle(bau)matte *f*
glass-wool slab *(BM, DIS)* Glaswolleplatte *f*
glassed-in eingeglast, verglast
glassed-in area eingeglaste Fläche *f*, verglaste Fläche *f*
glassed timber door verglaste Holztür *f*
glassware etching Glasätzung *f*
glassworks *(BM, BWG)* Glaswerk *n*, Glashütte *f*
glassy glasartig; glasig; amorph *(petrographisch)*
glauconite *(Bod)* Glaukonit *n*
glauconitic clay *(BM, Bod)* Glaukonitton *m*
glauconitic limestone *(BM)* Glaukonitkalk *m*
glauconitic sandstone *(BM)* Glaukonitsandstein *m*
glaze *v* 1. verglasen, mit Glasscheiben versehen; 2. glasieren, mit Glasur überziehen *(z. B. Keramik)*; lasieren *(farbig)*; engobieren; 3. polieren
glaze *v* **in** einglasen, verglasen
glaze 1. *(OB)* Glasur *f*; Lasur *f*; 2. *(OB)* glasige Oberfläche *f*, Feuerblänke *f*, Feuerblankheit *f*
glaze coat glatte Bitumendachdeckschicht *f*
glaze coating Glasurschicht *f*
glaze craze Glasumriss *m*
glaze crazing Glasumrissbildung *f*
glazed area eingeglaste Fläche *f*, verglaste Fläche *f*
glazed brick Glasurstein *m*, Glasurziegel *m*, glasierter Ziegel *m*; farbiger Verblender *m*
glazed ceramic tile glasierte Keramikfliese *f*; glasierte Keramikplatte *f*
glazed concrete *(BB, OB)* Glasurbeton *m*
glazed door verglaste Tür *f*, Fenstertür *f*
glazed earthenware wall tile glasierte Steingutwandplatte *f*
glazed finish *(OB)* Glasur *f (auf Keramik)*; glasierte Oberfläche *f*; Beglasung *f*
glazed frost *(Verk)* Glatteis *n*
glazed interior tile glasierte Innenfliese *f*
glazed leaf door Glasflügeltür *f*
glazed partition (wall) Glastrennwand *f*, verglaste Trennwand *f*
glazed reinforced concrete *s.* glass concrete 1.
glazed roof *(Konst)* Glasdach *n*
glazed roofing tile Glasurdachziegel *m*
glazed stoneware glasiertes Steinzeug *n*, Glasursteinzeug *n*
glazed surface glasige Oberfläche *f*
glazed tile glasierte Fliese *f*
glazed veranda Glasveranda *f*
glazed ware glasiertes Steinzeug *n*
glazed work *(OB, SB)* Mauerwerk *n* aus glasierten Ziegeln
glazement *(DIS, OB)* Wasserglasanstrich *m*, Silikatwandanstrich *m*, Silicatwandanstrich *m*
glazier Glaser *m*
glazier's diamond Glasschneider *m*
glazier's point Fenster(ecken)stift *m (zum Verglasen)*
glazier's putty Glaserkitt *m*, Fensterkitt *m*
glazier's shop Glaserei *f*
glazier's work Glaserarbeiten *fpl*, Verglasungsarbeiten *fpl*
glazing 1. *(EB)* Verglasung *f*, Einglasen *n*, Einglasung *f*; Beglasen *n*, Glaserarbeiten *fpl*; 2. *(EB)* Fensterscheiben *fpl*; 3. *(OB)* Glasierung *f*, Glasieren *n*, Beglasen *n*; 4. *(OB)* Glasur *f*; Lasur *f (farbig)*; 5. *(OB, Te)* Vorpolieren *n*, Polieren *n*; 6. *(Verk)* Bindemittelglätte *f*, Bindemittelüberschuss *m (in der Deckschicht)*
glazing bar 1. Fenstersprosse *f*, Sprosse *f*, Scheibenleiste *f*; 2. Falzleiste *f*, Kittfalz *m*, Schiene *f (kittlose Verglasung)*
glazing bead Glasauflagerand *m (zur Verglasung)*; Glasscheibenhalter *m*; Glasdeckleiste *f*
glazing clip Scheibenklemmblättchen *n*, Glasscheibenhalteklammer(feder) *f*
glazing dimension Einglasungsmaß *n*
glazing fillet Glasscheibenhalteleiste *f*
glazing gasket Scheibengummi *m*, Profildichtungsstreifen *m* für Verglasungen, Einglasungsselbstdichtung *f*
glazing glass Einglasungsglas *n*, Verglasungsglas *n*

G

glazing material Einglasungsmaterial *n*, Verglasungsmaterial *n*
glazing method *(Te)* Glasurverfahren *n*, Glasierungsverfahren *n*
glazing moulding Falzkehlleiste *f*, Halteleistennut *f (für Fensterscheiben)*
glazing product *(BT)* Einglasungserzeugnis *n*
glazing purlin Einglasungspfette *f*
glazing putty *(BM)* Fensterkitt *m*
glazing size Einglasungsgröße *f*
glazing spacer block Glasscheibenhalter *m (im Rahmen)*
glazing sprig Glasernagel *m*, Fensterstift *m*, kopfloser Nagel *m*
glazing stop Glasscheibenhalter *m*, Scheibenauflagerand *m*
glazing tape Scheibeneinklebeband *n*
glazing technique *(Konst)* Verglasungstechnik *f*
glazing trade Glaserhandwerk *n*
glazing unit Verglasungselement *n*, Einglasungselement *n*
glazing varnish Glanzlack *m*, Glanzfirnis *m*
glazing work *(EB, Te)* Glaserarbeiten *fpl*, Verglasungsarbeiten *fpl*
glazy glasig
gleam *(El)* Schein *m*, Schimmer *m*
glen *(Bod)* Talschlucht *f*, Bergschlucht *f*, Schlucht *f*
glide *v* gleiten, schlüpfen; rutschen
glide angle *(Bod)* Gleitwinkel *m*, Abrutschwinkel *m*
glide circle [curve] *(Bod, Erdb)* Gleitkurve *f*, Gleitkreis *m*
glide-over door Kipptor *n*
glide plane *(Bod)* Gleitebene *f*, Rutschfläche *f*
gliding *(Bod)* Gleiten *n*, Gleitung *f*
gliding channel Gleitschiene *f*, Laufschiene *f*
gliding movement *(Bod)* Gleitbewegung *f*
gliding price clause *(VR)* Preisgleitklausel *f*, Gleitpreisklausel *f (Bauvertrag)*
gliding wages clause *(VR)* Lohngleitklausel *f (Bauvertrag)*
gliding window *(EB)* Schiebefenster *n*
glist *(BM, Bod) (sl)* Glimmer *m*
glistening glänzend, glitzernd
global positioning system *(GPS) (Verk, Verm)* satellitengestütztes Messsystem *n*
globe 1. *(Arch, Konst)* Kugel *f*; 2. *(El)* Lampenglocke *f*, Leuchtenglocke *f*
globe housing Kugelgehäuse *n*
globe valve *(HLK, San, WVA)* Kugelventil *n*
globular kugelförmig
gloss *(OB)* Glanz *m*, Oberflächenglanz *m*, glänzendes Aussehen *n*
gloss coat *(OB)* Glanzanstrich *m*, Glanzaufstrich *m*
gloss enamel *(OB)* Glanzemaillelack *m*
gloss measurement Glanzmessung *f*, Glanzbestimmung *f*
gloss paint Glanzlack *m*
gloss reducer *(BM, OB)* Mattierungsmittel *n*, Mattine *f*
gloss retention Glanzhaltung *f*, Glanzbeständigkeit *f*
gloss value Glanzwert *m*
gloss varnish *(BM, OB)* Glanz(klar)lack *m*
glossiness Glanz *m*
glossing up Glänzendwerden *n*
glossproof glanzbeständig, glanzecht
glossy glänzend, blank; glatt
glossy glazed coat Glanzglasur *f*
glossy glazing Glanzglasur *f*, Glanzbeglasung *f*
glow *v (El)* glühen, glimmen; leuchten
glow *v* **out** *(St)* ausglühen
glow *(El)* Leuchten *n*, Schein *m*
glow lamp *(El)* Glimmlampe *f*
glu-lams *(Hb)* geleimte Holztragelemente *npl (für Dachkonstruktion)*
gluability Leimbarkeit *f*, Leimvermögen *n*
glue *v (Hb, Te)* (ver)leimen, verkleben, anleimen, ankleben
glue *v* **down** *(Te)* verkleben
glue *v* **on** *(Te)* aufleimen
glue Leim *m*; Klebstoff *m*, Klebemittel *n*
glue block *(Hb)* verleimter Block *m*
glue brush Leimbürste *f*
glue-etched glass Eisblumenglas *n*
glue-etching Eisblumieren *n (Glas)*
glue fixing method *(SB, Te)* Dünnbettverfahren *n*, Klebeverfahren *n (Fliesenlegen)*
glue joint *(Hb, Konst)* Leimfuge *f*, Leimverbindung *f*; Kleb(e)verbindung *f*
glue-laminated *(Hb)* lamellenverleimt, schichtverleimt; brettverleimt
glue layer Leimschicht *f*
glue line 1. Leimfuge *f*; 2. Kleb(e)fläche *f*; 3. Leimschicht *f*
glue-nail joint *(Hb, Konst)* Leim-Nagel-Verbindung *f*
glue powder Leimpulver *n*
glue press *(BWG, Hb)* Leimklammer *f*, Zwinge *f*
glue putty Leimkitt *m*
glue setting time *(Hb, Te)* Leimabbindezeit *f*
glue spreading Leimauftragung *f*
glued verleimt
glued assembly *(Hb, Konst)* Leimverbindung *f*
glued board verleimtes Brett *n*
glued boarding verleimte Bretter *npl*
glued joint *s.* glue joint
glued laminate Schichtpressstoff *m*
glued laminated *(AE) (BT, Hb)* lamellenverleimt, schichtverleimt; brettverleimt
glued laminated bridge *(Br, Hb)* Schichtholzbrücke *f*, Holzbrücke *f* mit geleimten Trägern
glued laminated construction *(Hb, Konst)* verleimte Schichtkonstruktion *f*
glued laminated frame *(Hb, Konst, TK)* Schichtholzrahmen *m*, Lamellenrahmen *m*
glued laminated rafter *(BT, Hb)* Schichtholzsparren *m*
glued laminated timber verleimtes Schichttrageholz *n*, Pressschichtholz *n*, Brettschichtholz *n*, Schichtholz *n*, Leimholz *n*
glued laminated timber construction *(Hb, Konst, TK)* Leimholzkonstruktion *f*
glued laminated timber frame *s.* glued laminated frame
glued laminated timber girder *(BT, Hb, TK)* Lamellenträger *m*
glued laminated timber shell roof Lamellenschalendach *n*
glued laminated timber truss *(BT, Hb, TK)* Schichtfachwerkträger *m*
glued-on aufgeleimt
glued plywood system geleimte Sperrholzkonstruktion *f*
glued slab flooring *(EB, Hb)* Dielung *f* aus geleimten Tafeln
glued together zusammengeleimt
glued truss *(BT, Hb, TK)* Leim(dach)binder *m*
glued wood construction *(Hb, Konst)* Holzleimbau *m*, verleimte Holzkonstruktion *f*
glueing *(Te)* Leimung *f*, Verleimung *f*, Verklebung *f*
glueing-on *(Te)* Aufkleben *n*
gluey klebrig; zähflüssig
gluiness Klebrigkeit *f*
gluing *s.* glueing
glulam *(glue-laminated) (BT, Hb)* brettverleimt, schichtverleimt
glulam *(BM, Hb)* Schichtenholz *n*, lamelliertes Holz *n*
glulam bridge *s.* glued laminated bridge
glulam timber Leimholz *n*, Schichtpressholz *n*, lamelliertes Holz *n*
glut kleiner Ziegelstein *m*
glutinate *v* verkleben, verkleistern

glycol *(HLK, OB)* Glykol *n*
glyph 1. *(Arch)* Glyphe *f*, Zierrille *f*, vertikaler Schlitz *m*; 2. *(Arch)* eingehauenes Ornament *n (in Stein)*
glyphic *(Arch, OB)* glyphisch
glyptal resin Glyptalharz *n*
glyptic *(Arch)* in Stein eingeschnitten, eingehauen, eingeschlagen *(durch Meißeln oder Gravieren)*
glyptotheca *(Arch)* Glyptothek *f*, Skulpturengalerie *f*
gneiss *(BM)* Gneis *m*, Gneisgestein *n*
gneissic gneisartig
gnomon *(Arch)* Sonnenzeiger *m*
go *v* **across** überschreiten; überqueren
go *v* **dry** *(Bod, LB, WVA)* versiegen
go *v* **into solution** sich lösen, in Lösung gehen
go *v* **slack** schlaff werden, erschlaffen *(Bewehrung)*
go Stufen(auf)tritt *m*
go-devil *(San, WVA)* Rohrreiniger *m*, Molch *m*, wassergetriebene Reinigungsbürste *f*
gobbet Gesteinsblock *m*
going 1. Stufenbreite *f*; 2. (projektierte) Treppenlänge *f*; 3. Treppenauftritt *m*
going rod Stufenauslegelatte *f*, Stufenverlegeleiste *f*
gold bronze *(BM, OB)* Goldbronze *f*
gold-coated vergoldet, mit Gold überzogen
gold foil *(BM, OB)* Goldfolie *f*; Blattgold *n*
gold leaf Blattgold *n*
gold plate vergoldetes Blech *n*
gold plating *(BM, OB, Te)* Vergolden *n*
gold size Goldleim *m*, Anlegeöl *n*, Goldgrundöl *n*
gold stoving varnish Goldeinbrennlack *m*
gold-work Goldarbeit *f*
Golden Gateway *(Arch)* Goldene Pforte *f (Spaleto)*
golden section *(Arch)* Goldener Schnitt *m*
goliath crane *(BWG, Te)* Schwerlastkran *m*
goniometer *(Verm)* Goniometer *n*, Winkelmesser *m*, Winkelspiegel *m*
goniometry *(Verm)* Goniometrie *f*, Winkelmessung *f*
good bearing soil *(Bod, Erdb)* tragfähiger Boden *m*, tragfähiger Naturgrund *m*
good concrete fetter Beton *m*
good practice *(Te, VR)* berufliche Sorgfalt *f*
goods *(BM, EB)* Gut *n*, Waren *fpl*, Erzeugnisse *npl*, Gegenstände *mpl*, Güter *npl*; Fracht *f*
goods and chattels *(EB, VR)* bewegliches Eigentum *n*
goods elevator *(AE)* *s.* goods lift
goods entrance *(Konst)* Lieferanteneingang *m (Hotel)*
goods hoist Warenaufzug *m*
goods lift Lastenaufzug *m*, Materialaufzug *m*
goods ramp *(Verk)* Güterverladerampe *f*
goods station *(Verk)* Güterbahnhof *m*
goods terminal *(Verk)* Güterterminal *m*
goods traffic *(Verk)* Güterverkehr *m*, Gütertransport *m*, Lastverkehr *m*
goods train *(Verk)* Güterzug *m*
goose-neck *(HLK, San, WVA)* S-Bogen *m*, Schwanenhals *m (Rohr)*; Kröpfung *f*; Sprungrohr *n*, U-Bogen *m*
goose-neck claw bar Nagel(zieh)eisen *n*
goose-necked S-förmig, gekröpft
gopura *(Arch)* Gopura *m (Tempeleingangstor in Indien)*
gore *(Arch, Konst)* (spitzes) Gewölbefeld *n*, Lunette *f (halbkreisförmiger Aufsatz über einer Tür bzw. einem Fenster)*; Keilstück *n*
gore area *(Verk)* Fahrbahnteiler *m*, Fahrbahnteilerspitze *f*
gorge 1. *(Arch)* schmales Säulenkopfband *n*; 2. *(Konst) (AE)* Hohlkehle *f (am Säulenschaft)*; 3. *(EB)* Wassernase *f (z. B. am Fenster)*; Rinne *f*; 4. *(Arch) s.* cavetto 1.; 5. *(Arch)* enger Festungseingang *m*; 6. *(Bod)* Schlucht *f*, Engpass *m (Geologie)*
gorgerin *s.* hypotrachelium
Gospel side *(Arch)* Kirchennordseite *f*, Evangelienseite *f*, Gospelseite *f*
Gothic *(Arch)* gotisch
Gothic *(Arch)* Gotik *f*
Gothic abacus *(Arch)* gotische Säulendeckplatte *f*, gotische Kapitellplatte *f*
Gothic arch *(Arch)* gotischer Spitzbogen *m*
Gothic architecture *(Arch)* gotische Architektur *f*, gotischer Baustil *m*, Spitzbogenstil *m*
Gothic church *(Arch)* gotische Kirche *f*
Gothic cross vault *(Arch, Konst)* gotisches Kreuzgewölbe *n*
Gothic decoration art *(Arch)* gotische Ornamentik *f*
Gothic gable *(Arch)* Wimperg *m*, Wimperge *f (Ziergiebel über Portalen und Fensteröffnungen)*
Gothic pillar *(Arch, Konst)* gotischer Pfeiler *m (frei stehend)*
Gothic Revival *(Arch)* Neugotik *f*, Neogotik *f*
Gothic style *(Arch)* gotischer Stil *m*, Gotik *f*
Gothic survival *(Arch)* gotische Restelemente *npl*
Gothic tracery *(Arch)* gotisches Maßwerk *n*
Gothic vault *(Arch, Konst)* Spitzgewölbe *n*
Gothic window *(Konst)* Spitzbogenfenster *n*
Gothicized *(Arch, Konst)* gotisiert
gouache 1. *(Arch, OB)* Guaschmalerei *f*, Gouache *f (mit gummigemischten Wasserfarben)*; 2. *(OB)* deckender Wasserfarbenanstrich *m*
goudron *(BM)* Goudron *m*, Mauerteer *m (Asphalt mit Erdölrückständen)*
gouge *v* ausmeißeln *(Holz, Mauerwerk)*; aushöhlen; fugenhobeln
gouge Hohlmeißel *m*, Hohleisen *n*; Hohlbeitel *m*, Kehlbeitel *m*
gouge bit *(Erdb)* Löffelbohrer *m*, Erdbohrer *m*
government anchor Stahlwandanker *m* für wandtragende Träger
government block [building] *(Arch)* Regierungsgebäude *n*; Behördengebäude *n*
government construction project *(VR)* Staatsbauvorhaben *n*
government house *s.* government block [building]
governor *(El, HLK, San, WVA)* Regler *m*, Mengenregler *m*; Drehzahlregler *m*
GPO cable Fernmeldekabel *n*
GPR *s.* ground penetration radar
GPS *s.* global positioning system
GPS-based *(Verk, Verm)* GPS-unterstützt
grab *v* greifen; aufnehmen
grab Greifer *m*; Greifkorb *m*, Baggerkorb *m*
grab bar Stangengriff *m*, Griffstange *f*; Handgriff *m*, Haltegriff *m*, Handlauf *m (speziell an einer Dusche)*
grab bucket *(BWG)* Greiferkorb *m*, Greif(er)kübel *m (z. B. eines Baggers)*
grab capacity Greifer(schaufel)volumen *n*
grab crane Greiferkran *m*
grab dredger Greif(schwimm)bagger *m*, Greiferbagger *m (für Baggerarbeiten unter Wasser)*
grab set *(BB, Te)* Verdursten *n*, vorzeitiges Abbinden *n (Beton)*
grab trolley Greiferlaufkatze *f*
grabbing bridge crane Greiferbrückenkran *m*
grabbing bucket *s.* grab bucket
grabbing crane *(BWG, Erdb)* Greifbagger *m*
graceful sweep *(Arch)* zierliche Rundung *f*
gradation *(BM)* Kornabstufung *f*, Abstufung *f*, Kornverteilung *f*; Übergang *m*
gradation limit Grenzsieblinie *f*, Siebkennlinie *f*
grade *v* 1. *(BM, Te)* klassieren, sortieren, trennen *(z. B. Zuschläge nach Korngrößen, Qualität)*; 2. *(Te)* einstufen,

abstufen, einteilen *(nach bestimmten Merkmalen)*; 3. *(Erdb)* planieren, einebnen
grade *v* **up** *(BM, Konst, VR)* aufwerten
grade 1. *(BM)* Korngröße *f*, Körnung *f*; Siebfeinheit *f*; 2. *(VR)* Qualitätsstufe *f*, Güteklasse *f*, Klasse *f*; 3. *(Bod)* Gefälle *n*, Neigung *f*; Steigung *f*; 4. *(Erdb, Verm)* Niveau *n*, Geländehöhe *f*; *(AE)* Feinplanum *n* • **at grade** *(Erdb, Verm)* auf planiertem Grund, auf geebneter Fläche; plangleich, niveaugleich, eben • **below grade** *(Erdb)* unter Planum • **on grade** *(Erdb)* ebenerdig, bodengleich
grade beam *(Erdb)* Fundamentträger *m*, Gründungsbalken *m*, Gründungsschwelle *f*, bewehrte Betonstreifenfundamentmauer *f*
grade-builder *(BWG, Erdb)* Planierraupe *f*; Schürfkübel *m*
grade course *(SB)* Bettungsschicht *f*, erste Schicht *f (eines Mauerwerks)*
grade crossing *(AE)* *(Verk)* höhengleicher [schienengleicher] Bahnübergang *m*, höhengleiche Schienenkreuzung *f*
grade depression *(Erdb, Verk, Verm)* Gradientenabweichung *f (Straße)*; kleine Setzung *f*, Oberflächenverdrückung *f*
grade description Güteklassenbeschreibung *f*
grade level 1. *(Erdb, Verm)* Geländehöhe *f*, Terrainhöhe *f (Straßenniveau)*; 2. *(Erdb, Verm)* *(AE)* Feinplanumshöhe *f*; *(AE)* Gründungssohle *f (Erdschicht)*
grade line *(Verm)* Höhenabsteckungslinie *f*
grade marked *(VR)* Güteklasse gekennzeichnet
grade of cement Zementgüteklasse *f*
grade of concrete *(BB)* Betongüte *f*
grade of protection *(OB, VR)* Schutzgrad *m (Korrosionsschutz)*
grade on *(Erdb)* bodengleich, auf dem Erdboden
grade scale *(BM)* Kornklasseneinteilung *f*
grade-separated *(Verk)* planfrei
grade-separated fork junction *(Verk)* planfreie Gabelung *f*; planfreie Anschlussstelle *f*
grade-separated intersection *(Verk)* planfreier Knotenpunkt *m*
grade-separated junction *(Verk)* planfreier Knotenpunkt *m*, höhenungleiche Kreuzung *f*
grade-separated streams *(Verk)* planfreier Verkehrsfluss *m*
grade separation *(Verk)* Straßenüberführung *f* über Schienenwege, Bahnübergang *m* in getrennten Ebenen
grade slab *(AE)* *(BB, Erdb, Konst)* Gründungsplatte *f*
grade stake *(Verm)* Höhenpfahl *m*
grade strip *(BB, Te)* Betonierhöhenmarkierungsleiste *f*, Richtlatte *f (beim Betonieren)*
graded 1. güteklassiert, klassifiziert; sortiert; eingestuft; 2. abgestuft, größenabgestuft
graded aggregate *(BM)* abgestufter Zuschlag(stoff) *m*
graded gravel *(BM)* abgestufter [gesiebter] Kies *m*
graded material 1. klassifiziertes Material *n*; 2. kornabgestuftes Material *n*
graded sand (gleichmäßig) abgestufter Sand *m*
graded sand mix Siebsandgemenge *n*, Siebsandmischung *f*
graded sediments *(BM)* klassierte Sedimente *npl*
graded slope *(Verm)* gleichsinniges Gefälle *n*
graded standard sand Normensand *m*, Normalsand *m (Zementprüfung)*
graded well gut abgestuft *(Gekörn)*
grader 1. *(Erdb)* Grader *m*, Planiergerät *n*; Erdhobel *m*, Straßenhobel *m*; 2. *(BM)* Sortiermaschine *f*
grader roller *(Verk)* Planierwalze *f*
grader scraper *(BWG, Erdb)* Anbauschürfkübel *m*
gradient 1. *(Bod)* Neigung *f*, Gefälle *n*; Steigung *f (Gelände)*; 2. *(Erdb, Verm)* Böschungsverhältnis *n*; 3. *(HLK)* Gradient *m*, Gefälle *n (z. B. von Druck, Temperatur)*; 4. *(Verk)* Gradiente *f*, Gefällelinie *f (Höhenverlauf einer Straße im Aufriss)*
gradient angle *(Verm)* Steigungswinkel *m*
gradient curve Absenkungskurve *f*
gradient diagram *(Verk, Verm)* Höhenplan *m*
gradient of track *(Verk)* Gleissteigung *f*
gradient slope *(Erdb, Verm)* Böschungswinkel *m*
gradin(e) 1. *(EB)* Stufe *f*, Sitzreihe *f (von mehreren übereinander angeordneten)*; 2. *(Arch)* Altarsims *m*
grading 1. *(BM)* Klassierung *f*, Sortierung *f*, Trennung *f*, Sortieren *n*; Korngrößentrennung *f (z. B. von Zuschlagstoffen)*; 2. *(BM)* Abstufung *f*; Kornabstufung *f*, Stufung *f*; Korngrößenverteilung *f*; 3. *(Erdb)* Planieren *n*; 4. *(BM)* Körnungslehre *f*
grading analysis Siebanalyse *f*
grading chart *(BM)* Siebliniendiagramm *n*
grading coefficient Körnungsziffer *f*
grading curve *(BM)* Siebkurve *f*, Sieb(kenn)linie *f*
grading curve log-diagram logarithmische Siebliniendarstellung *f*
grading curve representation in normal scale Siebliniendarstellung *f* im gewöhnlichen Maßstab
grading envelope *(BM)* Siebbereich *m*, Siebfläche *f (im Diagramm)*
grading factor Kornzusammensetzungsfaktor *m*
grading fraction Kornfraktion *f*, Kornklasse *f*
grading limit Grenzsieblinie *f*
grading plan *(Verm)* Höhenplan *m*
grading range Körnung *f*, Korngrößenbereich *m*
grading test Siebprobe *f*, Siebtest *m*, Prüfsiebung *f*
grading work *(Verm)* Nivellierungsarbeiten *fpl*, Ausgleicharbeiten *fpl*, Planierarbeiten *fpl*
gradiometer *(Verm)* Gradientenmesser *m*, Gradiometer *n*
gradually applied load *(Konst)* allmählich aufgebrachte Last *f*
graduate *v* 1. *(Arch, Konst)* staffeln; 2. *(Erdb)* sich abstufen; 3. *(Stat)* graduieren, in Grade einteilen
graduate engineer *(Arch, Konst, St)* Diplomingenieur *m*
graduated arc *(Verm)* Gradbogen *m*; Kreisbogen *m*
graduated circle *(Verm)* Teilkreis *m*
graduated course *(Konst)* verjüngte Schieferlage *f*; Schieferlage *f* einer Schiefergröße
graduated cylinder Messzylinder *m*
graduated receiver Messvorlage *f*
graduated rod *(Verm)* Messlatte *f*, Nivellierlatte *f*
graduated slate course *s.* graduated course
graduation 1. *(BM)* Graduierung *f*, Abstufung *f*; 2. *(Stat)* Graduierung *f*, Gradeinteilung *f*; 3. *(BWG)* Teilstrich *m (auf Skalen)*
Graeco-Roman Corinthian column *(Arch)* griechisch--römisch korinthische Säule *f*
Graeco-Roman façade *(Arch)* griechisch-römische Fassade *f*
graffito *(OB)* Inschrift *f (in eine Wand eingeritzt)*
graft *v* **(up)** *(Hb)* aufpfropfen, anschiften, anschaften; zusammenblatten
grail Feinkies *m*; Sand *m*
grain *v* 1. granulieren, körnig machen; 2. masern, ädern
grain 1. *(BM)* Korn *n*; Sandkorn *n*; Gesteinskorn *n*; Zuschlag(stoff)korn *n*; 2. *(BM)* körnige Beschaffenheit *f*; Gefüge *n (von Gestein)*; 3. *(BM)* Faserstruktur *f (von Holz)*; Maserung *f*, Zeichnung *f*
grain arrangement Kornanordnung *f*
grain bond Kornbindung *f*
grain boundary *(BM)* Kornbegrenzung *f*
grain character Kornbeschaffenheit *f*
grain classification *(BM)* Korngrößeneinteilung *f*
grain coarsening Kornvergröberung *f*
grain-cut timber Hirnholz *n*

grain determination *(BM)* Korngrößenbestimmung *f*
grain diameter Korndurchmesser *m*
grain direction Maserrichtung *f (Furnier)*
grain distribution Kornaufbau *m*, Korngrößenzusammensetzung *f*, Kornverteilung *f*
grain distribution curve *(BM)* Sieblinie *f*, Siebkurve *f*, Kornverteilungskurve *f*, Körnungslinie *f*
grain distribution diagram Körnungsnetz *n*
grain dropping Ausbröckelung *f*, Kornausbruch *m (Oberflächen)*
grain elevator *(AE)* *s.* grain silo
grain face Kornfläche *f*
grain fineness Kornfeinheit *f*
grain hardness *(BM)* Kornhärte *f*
grain limit Korngrenze *f*, Kornklassengrenze *f*
grain mixture Kornmischung *f*, Körnungsgemisch *n*
grain of the aggregate Zuschlag(stoff)korn *n*
grain of wood Zeichnung *f*, Maserung *f*, Faserverlauf *m*
grain porosity Korn(eigen)porigkeit *f*
grain refinement Kornverfeinerung *f*
grain shape Kornform *f*
grain silo *(Konst, LB)* Getreidesilo *n*, Getreidespeicher *m*
grain size Korngröße *f (z. B. von Zuschlägen)*
grain-size analysis Korngrößenanalyse *f*
grain-size content Korngrößenanteil *m*
grain-size determination *(BM)* Korngrößenbestimmung *f*
grain-size distribution Korngrößenverteilung *f*
grain-size distribution curve Siebkurve *f*, Sieblinie *f*
grain-size fraction Kornfraktion *f*
grain-size range Korngrößenklasse *f*, Kornfraktion *f*
grain skeleton Korngerüst *n*
grain slope *(Hb)* Winkel *m* der Holzfaser zur Schnittkante *(Bauholz)*
grain storage bin *s.* grain silo
grain strength *(BM)* Kornfestigkeit *f*
grain structure *(BM)* Kornaufbau *m*; Korngefüge *n*
grain surface Kornoberfläche *f*
grained 1. granuliert, körnig, gekörnt; 2. gemasert *(z. B. Holz)*
grained rock körniges Gestein *m*
graininess *(BM)* Körnigkeit *f*
graining Masern *n (Holzmalerei)*
grains *(BM)* Gekörn *n*, Körner *npl*
grains in bulk Kornschüttung *f*
grains of equal size gleichkörniges Gekörn *n*, gleichkörniges Gut *n*, einkörniges Gut *n*, Einkorngut *n*
grainy *s.* grained
granary *(Konst, LB)* Getreidespeicher *m*
grand groß, wichtig; eindrucksvoll, prächtig, erhaben
grand chamber *(Arch)* Bankettsaal *m*, Festsaal *m*
grand hall *(Arch)* Banketthalle *f*, Festhalle *f*
grand order *(Arch)* Kolossalordnung *f*, große Ordnung *f (Säulen)*
grand staircase *s.* grand stairway
grand stairway Prunktreppe *f*, Prachttreppe *f*
grand tier *(EB)* erste Rangsitzreihe *f (Theater)*
grandmaster key Generalhauptschlüssel *m*
grandmaster keyed system *(EB)* Hauptschlüsselanlage *f*
grandstand *(Konst)* Tribünenbau *m*; Haupttribüne *f*, (überdachte) Tribüne *f*
grange *(Arch, LB)* Bauernhof *m*, kleiner Gutshof *m*; Farm *f*
graniform kornartig
granite *(BM)* Granit *m*
granite-block paving Granitplattenpflaster *n*
granite boulder *(BM)* Granitblock *m*
granite chippings [chips] Granitsplitt *m*
granite cube Granitwürfel *m*
granite curb(stone) *(AE)* Granitbordstein *m*
granite finish *(OB)* Granitverputz *m*
granite flagstone Granitfußbodenstein *m*
granite floor slab Granitfußbodenstein *m*
granite-gneiss *(BM)* Granitgneis *m*
granite kerb(-stone) Granitbordstein *m*
granite-like granitartig
granite masonry work *(SB)* Granitmauerwerk *n*
granite paving sett *(BM, Verk)* Granitpflasterstein *m*
granite sand Granitsand *m*
granite sett *(BM, Verk)* Granitpflasterstein *m*
granite slab Granitplatte *f*
granite slab floor Granitplatten(fuß)boden *m*
granite step Granitstufe *f*
granite surfacing *(OB, SB)* Granitverkleidung *f*, Granitauskleidung *f (z. B. von Oberflächen)*
granitelle feinkörniger Granit *m*
graniteware *(EB)* Eisenwaren *fpl* mit buntkörnig gescheckte Emailüberzug
granitic granitartig, granitisch, Granit...
granitic boulder Granitblock *m*
granitic finish 1. *(BB, OB)* Terrazzoauflage *f* mit granitischer Struktur; 2. Betongranit *m*
granitic texture granitische Struktur *f*
granitite *(BM)* Biotitgranit *m*
granitoid granitartig
granoblastic texture granoblastische Struktur *f*
granodiorite Granodiorit *m (granitähnliches Gestein)*
granolith *(BB, OB, SB)* Terrazzo *m*
granolithic concrete 1. Terrazzobeton *m*; 2. Hartbeton *m*, Beton *m* mit granitischen Zuschlägen
granolithic concrete floor Hartboden *m (Fußboden)*
granolithic finish *(BB, OB, SB)* Terrazzobetonauflage *f*
granophyre Granophyr *m*, Granitporphyr *m*
grant 1. Konzessionserteilung *f (z. B. für eine Kiesgrube)*; 2. Gewährung *f (von Krediten)*; Subvention *f*
granular körnig, granuliert, gekörnt; geraut, genarbt
granular cover material Abstreugranulat *n*, Bestreusplitt *m*, Abstreumineralstoff *m (Dachpappe)*
granular-crystalline *(BM)* grobkristallin
granular dust Füller *m (Zuschlagstoff)*
granular-fill insulation *(DIS)* lose Wärmedämmschüttung *f (z. B. Schaumstoffflocken)*
granular fraction körniger Anteil *m*
granular insulating material *(DIS)* körniger Dämmstoff *m*
granular limestone körniger Kalkstein *m*
granular material 1. Granulat *n*, körniges Material *n*, rolliges Material *n*; 2. *(Bod)* körniger Erdstoff *m*
granular product körniges Material *n*, körniges Gut *n*
granular skeleton *(BM)* Korngerüst *n*
granular soil *(Bod, Erdb)* kohäsionsloser Erdstoff *m*, nicht bindiger Boden *m*; körniger Erdstoff *m*
granular stabilization Erdstoffstabilisierung *f* durch Körnungszusatz, mechanische Stabilisierung *f*
granular subbase *(Verk)* Sauberkeitsschicht *f*
granular surface structure körnige Oberflächenstruktur *f*
granular texture *(BM, OB)* körnige Textur *f*; körnige Struktur *f*
granularity Körnigkeit *f*; körnige Beschaffenheit *f*
granulate *v* 1. granulieren, körnig machen; zerkleinern; 2. stocken, abspitzen, scharrieren
granulated granuliert, gekörnt; gestockt
granulated blast-furnace slag *(BM)* granulierte Hochofenschlacke *f*, Schlackensand *m*
granulated cinder *s.* granulated slag
granulated cork gekörnter Kork *m*, Korkschrot *m*, Korkmehl *n*
granulated finish 1. *(BM, OB, SB)* gestockte Oberfläche *f*; 2. *(OB, SB)* gestockte Oberflächenbehandlung *f*
granulated glass Glasgrieß *m*, Krösel *m*
granulated plaster gestockter Putz *m*

G

G

granulated slag granulierte Hochofenschlacke *f*, Hüttensand *m*
granulated slate surfacing *(BM)* Schiefersplittabstreuung *f*, Schieferbestreuung *f*
granulating 1. Granulieren *n*; Zerkleinern *n*; 2. Stocken *n*
granulating hammer *(BWG, SB)* Stockhammer *m*, Kraushammer *m*
granulation 1. Granulation *f*, Granulieren *n*, Granulierung *f*, Körnen *n*; 2. Körnung *f*, Körnigkeit *f*
granulation curve Körnungskurve *f*
granulator *(BM, BWG)* Granulator *m*, Splittfeinbrecher *m*
granule Körnchen *n*, Korn *n*
granule hopper Streuer *m (Dachpappe)*
granule roundstone feiner Kies *m*
granules *(BM)* Granulat *n*
granulite *(BM)* Granulit *m*
granulitic granulitisch
granulometric analysis *(BM)* Korngrößenanalyse *f*, Siebanalyse *f*
granulometric composition Kornaufbau *m*, Kornzusammensetzung *f*
granulometric criterion *(BM)* Kornverteilungskennwert *m*
granulometric curve Korn(größen)verteilungskurve *f*
granulometric gauge Korngrößenmessgerät *n*
granulometric gradation Kornabstufung *f*
granulometric range Körnungsbereich *m*, Körnung *f*, Korngrößenbereich *m*
granulometry *(BM)* Granulometrie *f*, Korngrößenmessung *f*
granulose *s.* granulous
granulous körnig
grape-shaped *(Arch)* traubig, traubenförmig
grapelike *(Arch)* traubenartig
graph *v (Konst)* grafisch darstellen
graph *(Konst)* grafische Darstellung *f*, Grafik *f*; Schaubild *n*; Diagramm *n*; Kurvendiagramm *n*
graph of flow *(Te)* Flussdiagramm *n*, Ablaufdiagramm *n*
graphic 1. *(Konst)* grafisch, zeichnerisch; 2. Schreib...; Schrift...
graphic construction *(Stat)* zeichnerische Bestimmung *f*, grafisches Verfahren *n*
graphic designer *(Konst)* grafischer Entwurfsverfasser *m*, Konstrukteur *m* mit grafischer Methode
graphic determination *s.* graphical calculation
graphic granite *(BM)* Schriftgranit *m*
graphic representation *(Konst)* grafische Darstellung *f*
graphical grafisch, zeichnerisch
graphical analysis grafische Analyse *f*
graphical arch analysis *(Stat)* grafische Bogenstatik *f*, zeichnerische Bogenstatik *f*
graphical calculation *(Stat)* grafische Berechnung *f*, zeichnerische Ermittlung *f*
graphical check *(Stat)* grafischer Nachweis *m*
graphical construction *(Stat)* grafisches Verfahren *n*, zeichnerisches Verfahren *n*
graphical integration *(Stat)* grafische Integration *f*, zeichnerische Integration *f*
graphical investigation *(Konst)* grafische Untersuchung *f*, zeichnerische Untersuchung *f*
graphical method *(Stat)* grafische Methode *f*
graphical representation *(Konst)* Diagramm *n*, grafische Darstellung *f*, bildliche Darstellung *f*
graphical solution *(Stat)* zeichnerische Lösung *f*, grafische Ermittlung *f*
graphical statics *(Stat)* grafische Statik *f*, zeichnerische Baustatik *f*, Graphostatik *f*
graphical structural analysis *s.* graphical statics
graphics *(Stat)* grafisches Verfahren *n*
graphite *(BM)* Graphit *m*
graphite paint *(BM, OB)* Graphitfarbe *f*; graphithaltiger Korrosionsschutzanstrich *m*
graphitic graphitisch
grapholite *(BM)* Griffelschiefer *m*, Tafelschiefer *m*
grapholith *(BM)* Griffelschiefer *m*, Tafelschiefer *m*
graphostatics *s.* graphical statics
grapple *v* 1. verankern, festmachen, verklammern; 2. greifen
grapple *(BWG)* Mehrbackengreifer *m*
grappled vault *(Konst)* verankertes Gewölbe *n*
grappler Gerüstankereisen *n*
grappling *(Konst)* Verankerung *f*
grappling of arch *(Konst)* Bogenverankerung *f*
grasp *v* fassen, greifen; umfassen, umspannen
grasp Handgriff *m*
grass *v (LB)* mit Rasen bedecken; Gras einsäen; begrünen
grass 1. *(Bod, LB)* Rasen *m*, Wiese *f*; 2. *(LB)* Gras *n*
grass clearance *(LB)* Unkrautbeseitigung *f*
grass cover *(Bod, LB)* Grasnarbe *f*
grass-covered *(Bod)* grasbewachsen, benarbt
grass grid concrete slab *(LB)* Rasengitterplatte *f*
grass paver *(LB)* Rasengitterstein *m*, Rasenstein *m*
grass planting *(LB)* Begrünung *f*
grass playground *(LB)* Spielwiese *f*
grass plot *(LB)* Rasenplatz *m*
grass roots scheme *(RP)* Projekt *n* auf der grünen Wiese
grass seed *(LB)* Rasensäen *n*, Rasenansaat *f*
grass slope *(LB)* Grasböschung *f*
grass sowing *(LB)* Gras(aus)saat *f*
grass strip *(LB)* Grasstreifen *m*
grass table *(Bod, LB)* Bodenschicht *f*
grassed area *(LB)* Grünfläche *f*
grassland *(LB)* Grünland *n*, Grasland *n*
grate *v* 1. *(Te)* vergittern; 2. *(Te)* mit einem Rost versehen; 3. *(Hb, St, Te)* grob reiben, raspeln
grate 1. *(BT)* Gitter *n*; 2. *(HLK)* Rost *m (Feuerung)*; 3. *(BWG)* Siebrost *m*
grate bar [rod] Roststab *m*
grate step *(Konst, St)* Rosttreppe *f*
grater *(BWG)* Raspel *f*
graticule 1. *(Verm)* Netz *n*, Kartennetz *n*; 2. *(Verm)* Fadenkreuz *n*, Strichkreuzplatte *f*
grating 1. *(Te)* Vergittern *n*; 2. *(BT)* Vergitterung *f*, Gitterwerk *n*; Gitterrost *m*, Gitter *n (im Fußboden, in der Straßendecke)*; 3. *(BT)* Fundamentrost *m*, Rostfundament *n*, Gründungsrost *m (aus Holzbalken)*; Schwellenrost *m*; Lastverteilungsrost *m (Gründungsrost)*
grating beam *s.* grillage beam
grating of timbers *(Erdb, TK)* Balkenrost *m*
grave slab *(Arch)* Grabplatte *f*
grave surround *(Arch)* Grabeinfassung *f*
gravel *v* (be)kiesen, mit Kies bestreuen, (be)schottern, absplitten; besanden
gravel *(BM)* Kies *m*, Schotter *m*, Feinsplitt *m*; Geröll *n (Geologie)*
gravel aggregate Kieszuschlag(stoff) *m*
gravel and sand Kiessand *m*
gravel asphalt Bitumenkies *m*, Asphaltkies *m*, Bitumenkiesmischgut *n*
gravel backfill Kieshinterfüllung *f*, Kiesauffüllung *f*
gravel-ballast course *(Erdb, Verk)* Kiesbettung *f*
gravel bank *s.* gravel bench
gravel bed Kiesbett *n*; Kiesschicht *f*
gravel bench *(Bod, Wsb)* Kiesbank *f (im Flussbett)*
gravel blanket Kiesschicht *f*
gravel board Holzzaunfußbrett *n*, Sockelbrett *n*
gravel boxing *(Verk, Wsb)* Schotterschüttung *f*
gravel catchment *(Erdb, Wsb, WVA)* Kiesfang *m (Entwässerung)*

gravel chippings [chips] Kiessplitt *m*
gravel concrete Kiesbeton *m*
gravel concrete slab Kiesbetonplatte *f*
gravel covering Kiesdecke *f*, Schotterdecke *f*
gravel deposit *(Bod)* Kieslagerstätte *f*, Kiesablagerung *f*, Kiesvorkommen *n*
gravel drain *(Erdb, LB, Wsb)* Kiesdrain *m*
gravel dredger Kiesnassbagger *m*
gravel dressing Kiesaufbereitung *f*
gravel extraction Kiesgewinnung *f*, Auskiesung *f*
gravel extraction and preparation Kiesgewinnung *f* und -aufbereitung *f*
gravel fill Kiesverfüllung *f*
gravel-filled drain trench Rigole *f*
gravel fillet Kiesleiste *f*, Kiesstreifen *m*, Flachdachrand *m*
gravel filling Kiesschüttung *f*
gravel filter (layer) *(Erdb, LB, Verk)* Kiesfilterschicht *f*, Kies(filter)packung *f*
gravel flood coat Kieseinbettmasse *f (Dachbekiesung)*
gravel fraction Kiesfraktion *f*, Kieskörnung *f*
gravel layer Kiesschicht *f*
gravel packing *(Erdb, LB, Verk)* Kiesfüllung *f*, Kiespacklage *f*, Kiesschüttung *f*
gravel pit Kiesgrube *f*, Sandgrube *f*
gravel plank Sockelbrett *n*
gravel plant Kiesaufbereitungsanlage *f*
gravel pocket Kiesnest *n*
gravel preparation Kiesaufbereitung *f*
gravel production Kiesgewinnung *f* und -aufbereitung *f*
gravel road *(LB, Verk)* Kiesstraße *f*, Kies-Wasser-gebundene Straße *f*
gravel roofing Kies(schütt)flachdach *n*; abgekiestes Dach *n*
gravel sand Kiessand *m*
gravel-sand deposit [formation] *(Bod)* Kiessandvorkommen *n*
gravel-sand mixture Kies-Sand-Mischung *f*
gravel screen Kiessieb *n*
gravel screening Kiessiebung *f*, Kiesabsiebung *f*
gravel size Kieskorngröße *f*
gravel stop [strip] Kiesbremsstreifen *m*, Kiesleiste *f*, Kiesfang *m (Halteleiste am Flachdach)*
gravel substructure Kiesunterbau *m*
gravel-surfaced bekiest
gravel-surfaced road *(Verk)* Kiesstraße *f*
gravel surfacing 1. *(LB, Verk)* Bekiesung *f*, Abkiesung *f*, Beschotterung *f*; 2. *(LB, Verk)* Kiesdecke *f*
gravel working *s.* gravel pit
gravelled area Kiesfläche *f*
gravelling Abkiesung *f*, Beschotterung *f*
gravellous sand Kiessand *m*
gravelly 1. kiesartig, kiesig; 2. kieshaltig, kieselhaltig
gravelly loam *(Bod)* kieshaltiger Lehm *m*
gravelly soil Kiesboden *m*
gravelstone Kieselstein *m*
graveyard *(Arch)* Friedhof *m*
gravimetric batching *(Te)* gravimetrische [gewichtsmäßige] Dosierung *f*, Massedosierung *f*
graving dock Trockendock *n*
gravitational force Erdanziehungskraft *f*
gravitational water sickerndes Grundwasser *n*
gravity *(Stat)* Gravitation *f*, Schwerkraft *f*
gravity abutment *(Br, Erdb)* Gewichtswiderlager *n*
gravity action Schwerkraftwirkung *f*
gravity air heating Schwerkraftluftheizung *f*
gravity chute Schrägrutsche *f (für Schutt)*
gravity circulation *(HLK)* Schwerkraftumlauf *m (Wasser)*
gravity dam *(Wsb)* Schwergewichtsmauer *f*, Gewichtsstaumauer *f*, Hohlmauer *f*
gravity drainage *(WVA)* Schwerkraftentwässerung *f*
gravity drainage system *(WVA)* Entwässerungssystem *n* mit natürlichem Gefälle
gravity effect *(Stat)* Schwerewirkung *f*
gravity fall *s.* natural fall
gravity filter Schwerkraftfilter *n*, offenes Filter *n*
gravity flow *(Wsb, WVA)* Schwerkraftströmung *f*
gravity force Schwerkraft *f*
gravity furnace *(HLK)* Feuerung *f* mit Schwerkraft
gravity heating *(HLK)* Schwerkraftheizung *f*
gravity incline *(Verk)* Ablauframpe *f (Eisenbahn)*
gravity interceptor *(Umw, WVA)* Schwerkraftabscheider *m*
gravity load Schwergewichtslast *f*
gravity masonry wall *s.* gravity wall
gravity mixer *(BWG, Te)* Freifallmischer *m*
gravity retaining wall *s.* gravity wall
gravity shunting incline *(Verk)* Wagenablaufberg *m*
gravity spillway dam *(Wsb)* Gewichtsmauer *f* mit Überfall
gravity spring *(Bod, WVA)* Schichtquelle *f*
gravity supply *(WVA)* Wasserversorgungssystem *n* mit natürlichem Druckgefälle
gravity system *(HLK)* Schwerkraftsystem *n*
gravity ventilation *(HLK)* Schwerkraftlüftung *f*
gravity wall *(Erdb, LB)* Gewichts(stütz)mauer *f*, Schwergewichtsmauer *f*
gravity water supply *(WVA)* Wasserversorgungssystem *n* mit natürlichem Druckgefälle
gray *(AE) s.* grey
graze Kratzer *m*, Schramme *f (Glas)*
gre *s.* grees(e)
grease *v* abschmieren; ausschmieren *(mit Fett)*; einfetten
grease bearing waste *(Umw, WVA)* fetthaltiges Abwasser *n*
grease extractor Küchenluftabsauger *m* mit Fettabscheidung
grease film Fettfilm *m*
grease filter *(EB, HLK)* Fettfilter *n (Dunstabzugshaube)*
grease interceptor *s.* grease trap
grease paint Fettfluid *n*
grease polluted fettverschmutzt
grease residue *(Umw, WVA)* Fettrückstand *m (Abwasser)*
grease resistance Fettbeständigkeit *f*
grease-resistant fettbeständig
grease seal Fettdichtung *f*
grease separator *s.* grease trap
grease solvent Fettlösungsmittel *n*
grease stripper *(OB)* Entfettungsmittel *n*
grease trap *(WVA)* Fettfang *m*, Fettabscheider *m*, Schwerkraftfettfänger *m (Abwasserbehandlung)*
greasiness Fettigkeit *f (Oberfläche)*
greasing pit *(BWG)* Abschmiergrube *f*
great altar *(Arch)* Altar(groß)bau *m*, großer Altar *m*, Riesenaltar *m (Pergamon)*
Great Pyramid of Cheops *(Arch)* Cheopspyramide *f*
Great Wall of China *(Arch)* Chinesische Mauer *f*
greatest *(Wsb)* höchster Zufluss *m (Talsperre)*
Grecian architecture *s.* Greek architecture
Greek architecture *(Arch)* griechische [hellenische] Architektur *f*
Greek building style *(Arch)* griechischer Baustil *m*
Greek cross *(Arch)* griechisches Kreuz *n*
Greek Doric capital griechisch-dorisches Kapitell *n*
Greek Doric order griechisch-dorische Säulenordnung *f*
Greek fret rechtwinklig gebrochener Mäander *m*, rechtwinklig gebrochenes Mäanderelement *n*
Greek masonry *(Arch, SB)* Quadermauerwerk *n*, Quaderverband *m*
Greek order griechische Ordnung *f* [Säulenordnung *f*]
Greek Revival griechischer Neoklassizismus *m*
Greek theatre griechisches Theater *n*

green grün; frisch; feucht; ungebrannt, roh
green *(LB, Umw)* Grünfläche *f*, Rasen *m*
green area *(LB, RP)* Grünfläche *f*, Grünzone *f (eines Gebiets)*; Grünanlagen *fpl*
green arrow *(Verk)* Grünpfeil *m*
green belt *(RP)* Grüngürtel *m*, Grünzone *f (Stadtplanung)*
green block *(BM)* Rohling *m*, Steinfrischling *m*
green brick Ziegelrohling *m*
green clay Magerton *m*
green concrete Frischbeton *m*
green earth *(Bod)* Grünerde *f*, Chlorit *m*
green earth pigment *(BM, OB)* Grünerdepigment *n*
green extension *(Verk)* Freigabezeitverlängerung *f*
green filter arrow *(Verk)* Grünpfeilfilter *m*
green glass Grünglas *n*
green ground *(LB, RP)* Grüngelände *n*
green landscaping *(LB)* Landschaftsbegrünung *f*
green lumber *(AE) (BM, Hb)* grünes [frisches] Bauholz *n*
green man symbol *(Verk)* Fußgängergrünsymbol *n*
green marble Serpentin(marmor) *m (für Dekorationszwecke)*
green mortar Frischmörtel *m*
green network *(LB, RP)* Grünverbund *m*, Grünnetz *n (Stadtgrünbereiche)*
green oil *(BM)* Anthrazenöl *n*
green organic pigment *(BM, OB)* grünes organisches Pigment *n*
green panel Tafelfrischling *m*, Tafelrohling *m*, frisch geformte Platte *f*
green period *(Verk)* Grünzeit *f (Ampel)*
green pigment Grünpigment *n*
green product frisches Formstück *n*, Rohling *m*, Frischprodukt *n*
green room *(EB)* Künstlerzimmer *n*, Aufenthaltsraum *m* für Schauspieler *(Theater)*
green rust grüner Rost *m*
green sandstone *(BM)* Grünsandstein *m*
green schist Grünschiefer *m*
green seal Grünsiegel *n (Betondichter)*
green space *(LB, RP)* Grünanlage *f*, Grünfläche *f*
green space development *(RP, Umw)* Grünflächenentwicklung *f*
green stability Frischstabilität *f*, Rohlingsfestigkeit *f*
green state frischer Zustand *m*, frisch geformtes Produkt *n*
green strength Nassfeuchtigkeit *f (Werkstein)*
green strip *(LB, Verk)* Grünstreifen *m*
green tile *(BM, Te)* Formling *m*, Rohling *m*, Steinfrischling *m*, Grünling *m*
green time distribution *(Verk)* Grünzeitverteilung *f*
green time transfer *(Verk)* Grünzeitverschiebung *f*
green vitriol *(BM, OB, WVA)* Eisenvitriol *n*
green wave *(Verk)* grüne Welle *f*
green wood grünes [frisches] Holz *n*
greenbelt town *(AE) (RP)* Wohnvorstadt *f (offene Einfamilienhausbesiedlung)*
greenheart Grünholz *n*, Greenheart-Holz *n (tropisches Hartholz)*
greenhouse *(LB)* Gewächshaus *n*, Treibhaus *n*
greenhouse glass Gewächshausglas *n*
greens *(LB, RP)* Rasenplatz *m*
greenstick *s.* greenheart
greenstone *(BM)* Grünstein *m*, Diabas *m*; Schalstein *m (Diabastuff)*
greenstone tuff *(BM)* diabasischer Tuff *m*, Diabasbims *m*
greensward ebene Rasenfläche *f*, Rasen *m*
grees(e) *(Arch)* mittelalterliche Treppe *f*
grey grau
grey bands Grausandstein *m*
grey blast *(OB)* metallisch rein
grey board Graupappe *f*
grey cast iron Grauguss *m (Material)*
grey granite grauer Granit *m*
grey lime Graukalk *m*
grey post *(BM) (sl)* grauer Sandstein *m*
grey stone Graustein *m*, Granitstein *m*
grey stone lime Graukalk *m*, hydraulischer Kalk *m*, Schwarzkalk *m*
greyness *(BM, OB)* Orangeschalenschein *(Glasfehler)*
greywacke *(BM)* Grauwacke *f (Gestein)*
greywacke limestone Grauwackenkalk *m*
greywacke schist schiefrige Grauwacke *f*, Übergangsgrauwacke *f*
greywacke slate Grauwackenschiefer *m*
grid 1. *(Verm)* Gitter *n*, Kartengitter *n*, Netz *n*; 2. *(Konst)* Systemliniengitter *n*, Systemliniennetz *n (Maßordnung)*; 3. *(Konst)* Raster *m*; 4. *(HLK)* Rost *m*; Gitter(werk) *n*; 5. *(El, HLK)* Fernversorgungsnetz *n (Gas, Strom)*
grid action *(Erdb, Konst, TK)* Rost(trage)wirkung *f*
grid beam Rostbalken *m*
grid bearing *(Verm)* Projektionswinkel *m* einer Linie gegen Gitter Nord
grid cantilever footing *(Erdb, TK)* Kragrostfundament *n*
grid ceiling *(Konst, TK)* Gitterwerkdecke *f*, Rasterdecke *f*
grid construction *(RS)* Rost(konstruktions)system *n*
grid dimension *(Konst)* Rastermaß *n*
grid façade Rasterfassade *f*
grid footing Rostfundament *n*
grid formation Rasteranordnung *f*
grid foundation *(Erdb)* Gründungsrost *m*, Gründungsrostplatte *f*
grid frame *(Konst)* Raumfachwerk *n*
grid gas line *(HLK)* Ferngasleitung *f*
grid iron *s.* gridiron
grid line Rasterlinie *f*; Systemlinie *f*
grid network *(Konst, Verm)* Rastersystem *n*
grid pattern *(Arch)* Schachbrettmuster *n*
grid-pattern building *(Arch, Konst)* Rastergebäude *n*
grid-pattern façade *(Arch, Konst)* Rasterfassade *f*
grid pipe *(HLK)* Registerrohr *n*
grid plan *(Konst, Verm)* Rasternetz *n*
grid plane Rasterebene *f*
grid plate Rasterplatte *f*, Gitterplatte *f*
grid position Rasterlage *f*
grid roller Rostwalze *f*, Gitterrostwalze *f*
grid sheet system *(Erdb)* Baugrubenaussteifungswerk *n* mit Stützen und Platten
grid spacing *(Konst, Verm)* Rasterteilung *f*
grid spreader *(BWG)* Kiesstreuer *m*
grid structure *(Konst, TK)* Raumfachwerk *n*
grid suspension system Rasterdeckensystem *n*
grid system 1. *(Konst)* Rastersystem *n*; 2. *(El)* Verbundnetz *n*
grid town *(RP)* Rasterstadt *f*, Stadt *f* mit Rastergrundriss
gridded map *(Verm)* Gitternetzkarte *f*
gridiron 1. *(HLK, Konst)* Gitterrost *m*, Rost *m*, Balkenrost *m*; 2. Netz *n (Rohre, Straßen, Schienen)*
gridiron drainage *(Erdb, WVA)* Dränage *f* in Rechteckform
gridlike gitterartig
gridwork *(BM, BWG, Te)* Rechenanlage *f (Aufbereitung)*
grief stem Vierkantstange *f*, Mitnehmerstange *f (Bohrtechnik)*
griff *(Bod)* steile Bergschlucht *f*
griffe *(Arch)* Klaue *f*
griffin fresco *(Arch)* Greifenfreske *f*
grill *s.* grille
grill room *(EB)* Grillbratküche *f*, Grillraum *m*
grillage 1. *(Erdb)* Fundamentrost *m*, Rostfundament *n*, Gründungsrost *m*, Schwellenrost *m*; 2. Lastverteilungsrost *m*

grillage beam *(TK)* Trägerrost *m*, Rostschwelle *f*, Rostträger *m*
grillage footing [foundation] *s.* grillage 1.
grille 1. (schmiedeeisernes) Gitter *n*, Ziergitter *n*; 2. *(HLK)* Luftgitter *n*; Öffnungsgitter *n*; 3. *(BT, Konst)* Rost *m*, Gitterrost *m*
grille block Gitter(block)stein *m*
grille foundation pile *(Erdb)* Rostpfahl *m*
grilled heater *(HLK)* Rippenheizkörper *m*, Lamellenheizkörper *m*
grilled tube *(HLK)* Rippenrohr *n*, Lamellenrohr *n*
grillwork *(BT, Konst)* Gitterbauelement *n*, Rostmaterial *n*
grime fest haftender Schmutz *m*
griminess Schmutzablage *f*, Schmutzigkeit *f*
grimy schmutzig, rußig
grin *v* **open** auseinanderklaffen
grind *v* 1. schleifen *(z. B. Glas)*; abreiben; 2. schleifen, schärfen *(Schneiden)*; 3. zerkleinern; (zer)mahlen, zerreiben, pulverisieren *(z. B. Füller)*
grind *v* **across the grain** querschleifen
grind *v* **with emery** abschmirgeln
grindability *(BM)* Mahlbarkeit *f*
grindable schleifbar
grinder *(BWG)* Schleifmaschine *f*, Schleifer *m*
grinding Schleifen *n*; Abreiben *n*
grinding abrasive Schleifmittel *n*
grinding fineness *(BM)* Mahlfeinheit *f*
grinding fineness of cement Zementmahlfeinheit *f*
grinding machine *(BWG)* Schleifmaschine *f*
grinding mill *(BWG)* Mahlzerkleinerer *m*
grinding plant *(BWG)* Mahlanlage *f*
grinding stock Mahlgut *n (zum Vermahlen)*
grinding stone *s.* grindstone
grindstone 1. Schleifstein *m*; Abziehstein *m*; 2. Mühlstein *m*, Mahlstein *m*
grinning(-through) Durchscheinen *n (z. B. von Mauerwerk durch Putzrisse)*
grip *v* 1. greifen *(z. B. mit Zangen)*; 2. klemmen; einspannen *(in ein Spannfutter)*
grip 1. Heft *n*, Griff *m*; 2. Haltegriff *m*; 3. Rüststange *f*; 4. Reibschluss *m (Bolzenverbindung)*; 5. Klemmlänge *f (z. B. bei Nieten)*; 6. Wasserhaltungsgraben *m (Dialektwort)*; 7. Haftvermögen *n*
grip bar *(BB, Te)* Betonformstahl *m*, Rippenstahl *m (Bewehrung)*
grip length 1. *(BB, Te)* Anhaftungslänge *f*, Haftlänge *f (Bewehrung)*; 2. Klemmlänge *f (z. B. bei Nieten)*
grip on the ground Anhaftung *f*
grip value *(Verk)* Griffigkeitswert *m*
grip value, before and after polishing *(OB, Verk)* Griffigkeitsbeiwert *m*, vor und nach Polieren *(EN 12633)*
grip wrench Blitzrohrzange *f*
gripping *(BB, Te)* Haftung *f*, Haftverbund *m*, Haftfestigkeit *f*, Haftvermögen *n (Stahlbeton)*
gripping groove Haftrille *f*, Verbundrille *f*
gripping stress Haftspannung *f (bei Bewehrung)*
griptester *(Verk)* Griffigkeitsmessgerät *n*
grisaille *(OB)* Grau-in-Grau-Anstrich *m (Dekorativanstrich)*
grist *(BM)* Mahlgut *n (Gestein)*
grit *v* bekiesen, mit Kies bestreuen, abschottern, absplitten, absanden, Splitt streuen
grit 1. Kies *m (grobkörnig)*; Grobsand *m*, (schwerer) Sand *m*; Flusssand *m*; Splitt *m*; 2. Streugut *n*; Abstumpfungskörnung *f*; 3. Körnung *f (Schleifpapierkörnung)*
grit basin *s.* grit chamber
grit-blast *v (OB, Te)* mit Kies (ab)strahlen, mit Sand strahlen
grit blasting *(OB, Te)* Sandstrahlen *n*, Sanden *n*
grit box *(WVA)* Schlammfangeimer *m*
grit chamber *(WVA)* Schlammfang *m*, Schlammfänger *m*, Sandfang *m (Abwasserklärung)*
grit layer Splittbewurf *m*
gritstone Grobsandstein *m*, Kristallsandstein *m*, Quarzit *m*
gritter *(Verk)* Splittstreuer *m*, Splittverteiler *m*, Schotterverteiler *m*, Sandstreuer *m*
grittiness kiesartige [körnige] Beschaffenheit *f*, Sandigkeit *f*
gritting *(Verk)* Abstreuen *n*; Absplitten *n (Straße)*
gritting agent Streumittel *n*, Abstreustoff *m*
gritting machine Splittstreuer *m*
gritting material Abstreumaterial *n*, Streugut *n*
gritty 1. kiesig; sandig; körnig, grießig; 2. kieshaltig; sandhaltig
grizzle minderwertiger Ziegel *m (grau, ungebrannt)*
grizzly *(BWG, Te)* Stabrost *m*, Stangenrost *m*, Stabsieb *n (z. B. für Gestein)*
grizzly bar Roststab *m*, Sieb(rost)stab *m*
grizzly screen Siebrost *m*
grog 1. gemahlene Schamotte *f*, Ziegelmehl *n*; 2. Schamottebrocken *m*, Schamottebruch *m*
grog mortar Schamottemörtel *m*
groin 1. *(Arch)* Stichkappe *f*, Gewölbegrat *m*; Verschneidungslinie *f*; Grat *m*, Rippe *f*; 2. *s.* groyne
groin arch *(Arch, Konst)* Gratbogen *m*, gekreuzter Bogen *m*; Kreuzgewölbe *n*
groin centering *(AE)* Bogenlehrgerüst *n*, Bogenstützschalung *f*
groin rib Gratrippe *f*
groined kehlig; mit Rippen, rippig *(Gewölbe)*
groined rib *(Arch, Konst)* Kreuzgewölberippe *f*
groined vault *(Arch)* Kreuzgewölbe *n*, Klostergewölbe *n*
groining Quergewölbeausbildung *f (zu einem Bezugsgewölbe)*
grommet 1. (isolierte) Durchführungshülse *f*; 2. Dichtungsring *m*, Gummidichtungsring *m*; 3. Unterlegscheibe *f*
groove *v (Hb)* nuten, (aus)kehlen, riefen, riffeln, kannelieren; einschneiden
groove *v* **out** 1. *(Hb)* ausfugen; 2. *(Wsb)* auskolken
groove 1. *(Hb)* Nut *f*, Kehle *f*, Riefe *f*, Riefelung *f*; Furche *f*; Kerbe *f*, Rinne *f*; Kannelüre *f*, Kannelierung *f*; Hohlkehle *f (in Längsrichtung an Säulen)*; 2. Fuge *f (Schweißen)*; 3. *(Verk)* Spurrinne *f*
groove and tongue *(Hb)* Nut *f* und Feder *f*; Spund *m*
groove angle *(St)* Fugenwinkel *m*, Öffnungswinkel *m (Schweißnaht)*
groove channelling *(Hb)* Riffelung *f*
groove joint *(Hb)* Feder-Nut-Verbindung *f*
groove-toothed kerbzähnig
grooved gerillt, genutet, geriffelt, kanneliert
grooved and tongued flooring *(Hb)* gespundete Dielung *f*
grooved concrete geriffelter Beton *m*, Riffelbeton *m*
grooved dowel gerillter Dübel *m*
grooved match ceiling boarding *(Hb)* genutete Deckenschalung *f*
grooved pile kannelierter Pfahl *m*
grooved pipe *(Wsb, WVA)* Endrillenrohr *n*
grooved seam Falzsaum *m*
grooved tile Rillenfliese *f*, geriffelte Fußbodenplatte *f*
groover Nutenschneider *m*, Nutenfräser *m*; Falzmeißel *m*
grooving 1. *(Hb)* Nutung *f*, Auskehlen *n*, Auskehlung *f*, Riefung *f*; 2. Rinnenfraß *m*, Furchenbildung *f (Erosion)*; 3. *(Verk)* Spurrinnenbildung *f*
grooving and tonguing *(Erdb)* Spunden *n*, Spundung *f*
grooving cutter *s.* groover
grooving iron *(BWG, SB, Te)* Kröseleisen *n*
grooving plane *(BWG, Hb)* Nut(en)hobel *m*, Spundhobel *m*
gross area Bruttofläche *f*
gross cross section Gesamtquerschnitt *m*

G

gross cross-sectional area *(Stat)* Gesamtquerschnittsfläche *f*, Bruttoquerschnittsfläche *f*
gross floor area *(Arch)* Bruttogeschossfläche *f*, Bruttogrundfläche *f*, Gesamtgrundfläche *f*
gross load 1. Bruttolast *f*; 2. Bruttowärmeleistung *f (Heizsystem)*
gross load area Bruttobelastungsfläche *f*
gross moment of inertia *(Stat)* Bruttoträgheitsmoment *n*
gross output *(San)* Bruttoleistung *f (z. B. Wasserboiler)*
gross porosity Gesamtporosität *f*
gross production Bruttoproduktion *f*, Gesamtproduktion *f*
gross section *s.* gross cross section
gross sectional area *s.* gross cross-sectional area
gross storey area Bruttogeschossfläche *f*
gross volume *(Arch)* Bruttovolumen *n*; Bruttomischervolumen *n*
grotesque *(Arch)* Groteskenornament *n*, Grillenwerk *n*
grotto Grotte *f*
grotto work *(Arch)* Grottenwerk *n (Ausgestaltung der Heiligtumsgrotten)*
grouan Grus *m*, Kleinkies *m*
ground *v* 1. *(El) (AE)* erden, an Erde legen; 2. *(OB)* grundieren
ground *v* **dry** *(BM, Te)* trocken mahlen
ground 1. gemahlen; 2. geschliffen; 3. treibend *(Kalk)*
ground 1. *(Bod, Erdb)* Grund *m*, Boden *m*, Erdboden *m*; Terrain *n*, Gelände *n*; 2. Untergrund *m*; 3. Grund(ier)schicht *f*; Anstrichträger *m*; Anstrichuntergrund *m*; 4. *(El) (AE)* Erde *f*, Masse *f*; 5. *(EB, Konst)* Dübelleiste *f* • **above ground** *(Konst)* oberirdisch, obererdig • **below ground** unter Planum • **develop ground** Gelände erschließen
ground anchor Bodenanker *m*, Erdanker *m*, Verpressanker *m*
ground anchorage Bodenverankerung *f*
ground auger *(Erdb)* Erdbohrer *m*
ground basic slag *(BM)* Schlackenmehl *n*, Thomasmehl *n*
ground beam Bodenschwelle *f*, Fußbalken *m*; Fußholz *n*, Grundbalken *m*
ground-breaking *(Erdb, Te)* erster Spatenstich *m*
ground brush *(BWG, OB)* Grundiermalerbürste *f*
ground clearance *(VR)* Baufreiheit *f*
ground coat Grundanstrich *m*, Grundierung(sschicht) *f*, erste Lage *f (Farbschicht)*
ground-coat enamelling *(OB)* Grundemaillierung *f*
ground column Erdgeschossstütze *f*
ground compaction *(Erdb, Te)* Bodenverdichtung *f (künstlich)*
ground conditions Bodenbeschaffenheit *f*, Bodenverhältnisse *npl*
ground connection *(El)* Erdanschluss *m*
ground consolidation Bodensetzung *f*, Bodenkonsolidierung *f (natürlich)*
ground cork Korkmehl *n*
ground course *(SB)* Fußlage *f*, Lage *f*, erste Schicht *f (eines Mauerwerks)*
ground cover 1. *(LB)* Bodenbedeckungspflanzung *f*; 2. *(Erdb)* Bodenabsiegelungsfilm *m*; 3. *(LB)* Bodenbedeckung *f*
ground coverage *(Umw)* Bodenabdeckung *f*
ground damp *(Bod)* Bodenfeuchtigkeit *f*
ground density Bodendichte *f*
ground distance Horizontalabstand *m*
ground draining *(Erdb, LB)* Untergrundentwässerung *f*, Untergrunddränage *f*
ground dwelling Erdgeschosswohnung *f*
ground dwelling unit *(AE)* Erdgeschosswohnung *f*
ground entrance Erdgeschosseingang *m*
ground equipment *(BWG)* Gerätegrundausstattung *f*
ground exploration *(Bod)* Bodenerkundung *f*
ground failure *(Bod)* Grundbruch *m*
ground floor Erdgeschoss *n*, Parterre *n* • **on the ground floor** im Erdgeschoss
ground-floor dwelling [flat] Erdgeschosswohnung *f*, Parterrewohnung *f*
ground-floor floor Erdgeschossdecke *f*
ground-floor plan *(Arch, Konst)* Erdgeschossplan *m*, Grundriss *m*
ground-floor slab Erdgeschossplatte *f*
ground frame Fußbodenauflagerrahmen *m*
ground friction *(Erdb, Verk)* Bodenreibung *f*
ground frost Bodenfrost *m*
ground glass geschliffenes Glas *n*
ground glass joint *(EB, San, WVA)* Glasschliffverbindung *f*
ground granulated blast-furnace slag hydraulisches Hochofenschlackenmehl *n*
ground gypsum Gipsmehl *n*, gemahlener Gips *m*
ground heat *(Bod, HLK)* Erdwärme *f*
ground heave *(Bod, Erdb)* Bodenauftrieb *m*, Bodenhebung *f*, Sohlhebung *f*
ground height Erdgeschosshöhe *f*
ground humidity Bodenfeuchtigkeit *f*
ground improvement *(Erdb)* Baugrundverbesserung *f*
ground investigation *(Bod)* Bodenuntersuchung *f*, Bodenerkundung *f*
ground joint 1. Mauerwerkspassfuge *f*; 2. eingeschliffene Verbindung *f*, Schliff *m*
ground joist Schwellholz *n*
ground-key valve *(HLK, San)* Drehregelventil *n*
ground knives *(Erdb, Wsb)* Grundwerk *n*
ground level *(Verm)* Geländehöhe *f*, Terrainhöhe *f*, Niveau *n* • **above ground level** *(Konst)* über Erde • **at ground level** *(Konst)* ebenerdig
ground level car park *(Verk)* ebenerdiger Parkplatz *m*
ground lime gemahlener Branntkalk *m*
ground line 1. *(Verm)* Grundlinie *f*; 2. *(El)* Grundleitung *f*
ground mass Grundmasse *f*, Einbettmasse *f*, Matrix *f*
ground moisture Bodenfeuchtigkeit *f*
ground moraine *(Bod)* Grundmoräne *f*
ground mould Sohlenform *f*
ground niche Nische *f* in Fußbodenhöhe
ground oscillation Bodenerschütterung *f*; Untergrundschwingung *f*
ground penetration radar *(GPR) (Bod)* Schichtdickenmessradar *n*; Radar *n* zur Fahrbahnschichtdickenmessung
ground plan *(Arch, Konst)* Grundriss *m*, Horizontalprojektion *f*
ground-plan area Grundrissfläche *f*
ground-plan geometry *(Arch)* Grundrissgeometrie *f*
ground-plan shape Grundrissform *f*
ground-plan type Grundrissart *f*
ground plane 1. *(BWG, Hb)* Grundhobel *m*; 2. *(Verm)* Horizontalebene *f*
ground plate 1. *(Hb)* Bodenschwelle *f*, Schwelle *f*, Grundschwelle *f (Grundbalken bei Holzkonstruktionen)*; Fußbalken *m*, Fußholz *n*, Sohlbalken *m (Unterlagen für Holzrahmentragwerk)*; 2. *(El) s.* earth plate; 3. *(El)* Erdungsplatte *f*
ground pressure *(Bod, Erdb, Stat)* Bodendruck *m*, Bodenpressung *f*, Flächenpressung *f (vertikal)*
ground projection plane Grundrissebene *f*
ground prop *(Erdb)* Steife *f*, Stempel *m*, Stütze *f*
ground rent *(VR)* Pacht *f*
ground resistance *(Bod, Erdb)* Erdwiderstand *m*, Bodenwiderstand *m*
ground rock Gesteinsmehl *n*, Gesteinsfüller *m*
ground seepage *(Bod)* hydraulischer Grundbruch *m*
ground settlement Bodensetzung *f*, Bodensenkung *f*
ground sill Schwelle *f*, Grundschwelle *f (Grundbalken bei*

Holzkonstruktionen); Fußbalken *m*, Fußholz *n*, Sohlbalken *m*
ground slide *(Bod, Erdb)* Bodenrutschung *f*, Erdbodengleiten *n*
ground stock *(BM, Te)* Mahlgut *n (Mahlprodukt)*
ground storey *s.* ground floor
ground strip Bodenstreifen *m*
ground-structure interaction *(Erdb, Stat)* Boden-Bauwerks-Interaktion *f*
ground submergence Bodensenkung *f*
ground subsidence Bodensenkung *f*
ground-supported in-situ concrete floors erdgelagerte Ortbetonböden *mpl*
ground surface Geländeoberfläche *f*
ground survey *(Bod, Verm)* Geländeaufnahme *f*, Terrainaufnahme *f*, Bodenvermessung *f*
ground table *(Bod, Erdb)* Bodenschicht *f* über der Gründung
ground tank *(WVA)* Tiefbehälter *m*
ground timber *(Hb)* Längsschwelle *f*, Grundbalken *m*
ground transport *(Verk)* bodengebundener Verkehr *m*
ground Trinidad épuré with rock flour *(BM)* Trinidadpulver *n*, gemahlener Trinidadasphalt *m (mit Kalkmehlzusatz)*
ground varnish *(OB)* Grundierlack *m*
ground vegetation *(LB)* Bodenvegetation *f*
ground vibration *(Bod)* Bodenerschütterung *f*
ground wall *(Erdb)* Fundamentmauer *f*, Gründungswand *f*
ground wallpaper Fondtapete *f*
ground water *(Bod, WVA)* Grundwasser *n*
ground-water artery *(Bod)* Grundwasserader *f*
ground-water balance *(Bod, Umw)* Grundwasserhaushalt *m*
ground-water basin *(Bod, WVA)* Grundwassereinzugsgebiet *n*
ground-water bottom *(Bod, WVA)* Grundwassersohle *f*
ground-water captation *(WVA)* Grundwasserfassung *f*
ground-water check borehole Grundwasserbeobachtungsrohr *n*, Grundwasserpegelrohr *n*
ground-water contamination Grundwasserverschmutzung *f*, Verunreinigung *f* des Grundwassers
ground-water control *(Erdb)* Wassererhaltung *f*; Grundwasserabsenkung *f*
ground-water current *(Bod)* Grundwasserströmung *f*, Grundwasserstrom *m*
ground-water discharge *(Bod)* Grundwasserabfluss *m*
ground-water exploration *(Bod, WVA)* Grundwassererkundung *f*
ground-water flow Grundwasserströmung *f*
ground-water inrush *(Erdb, Tun)* Grundwasserzutritt *m*, Grundwassereinbruch *m*
ground-water layer Grundwasserschicht *f*
ground-water level *(Bod, Erdb)* Grundwasserspiegel *m*; Grundwasserstand *m*
ground-water lowering *(Erdb)* Grundwasserabsenkung *f*
ground-water lowering installation *(Erdb)* Grundwasserabsenkungsanlage *f*
ground-water lowering system *(Erdb)* Grundwasserabsenkungsanlage *f*
ground-water lowering work *(Erdb, Tun)* Wasserhaltungsarbeiten *fpl*
ground-water measuring point *(WVA)* Grundwassermessstelle *f*
ground-water observation well *(Erdb, Tun)* Grundwasserbeobachtungsbrunnen *m*
ground-water packing *(Erdb, Tun)* Grundwasserabdichtung *f*
ground-water percent saturation *(Bod)* Bodenwassergehalt *m (in Prozent)*
ground-water pollution Grundwasserverunreinigung *f*
ground-water protection *(Umw)* Grundwasserschutz *m*
ground-water protection area *(Umw)* Grundwasserschutzzone *f*, Grundwasserschutzgebiet *n*
ground-water quality Grundwassergüte *f*
ground-water resources *(Bod, Umw, WVA)* Grundwasserressourcen *fpl*, Grundwasservorräte *mpl*
ground-water runoff *(Tun)* Grundwasserabfluss *m*
ground-water saturation line *(Bod, Erdb, Tun)* Grundwasserlinie *f*
ground-water storage *(WVA)* Grundwasserspeicherung *f*
ground-water swell *(Bod, Erdb, Tun)* Grundwasserstau *m*
ground-water table *(Bod, Erdb, Tun)* Grundwasserspiegel *m*
ground-water table fluctuation Grundwasserspiegelschwankung *f*
ground-water waterproofing material *(DIS, Erdb)* druckwasserhaltendes Material *n*, Grundwasserdichtungsstoff *m*
ground-work *s.* groundwork
ground zero *(Bod, Verm)* Bodennullebene *f*, Bodennullpunkt *m (speziell nach Katastrophen, Einstürzen)*
grounded work fußbodenberührende Tischlerarbeit *f (z. B. Fußhalteholz)*
grounding 1. *(El) (AE)* Erdung *f*; 2. *(OB)* Grundierung *f*
grounding field *(AE) (El)* Erdungsfeld *n*
grounding resistance *(AE) (El)* Ableitungswiderstand *m*, Erdableitwiderstand *m*, Erdungswiderstand *m*
grounding strip *(AE) (El)* Banderder *m*
grounding system *(AE) (El)* Erdungsanlage *f*
grounds *(Bod, LB, RP)* Gelände *n*
groundwater *s.* ground water
groundwork 1. *(Erdb)* Erdarbeiten *fpl*, Erdbauarbeiten *fpl*; Gründungsarbeiten *fpl*; 2. *(Erdb, Konst)* Fundament *n*, Unterbau *m*
group *v* in Gruppen anordnen; zusammenstellen
group analysis test Ringversuch *m (Baustofflaborvergleichstest)*
group connection *(El)* Gruppenschaltung *f*
group house *(Arch)* Reihenhaus *n*
group index Gruppenindex *m*
group of buildings *(Arch)* Gebäudeblock *m*, Gebäudekomplex *m*
group of chimneys Schornsteingruppe *f*
group of houses Häuserkomplex *m*
group of loads *(Stat)* Lastgruppe *f*, Lastengruppe *f*
group of traffic signals *(Verk)* Verkehrssignalgruppe *f*
group of trees *(LB)* Baumgruppe *f (Gartenarchitektur)*
group relamping kompletter Glühlampenaustausch *m (eines Beleuchtungssystems)*
group timer *(Verk)* Gruppenzeitschalter *m*
group vent *(San)* Gruppenentlüfter *m*
grouped cables *(BB, BT)* Spanngliederbündel *n*
grouped columns Säulengruppe *f*
grouped pilasters Wandpfeilergruppe *f*
grouping *(Konst)* Gruppierung *f*, (gruppenweise) Anordnung *f*
grout *v* 1. injizieren, einpressen; verfestigen *(Boden)*; 2. mit Gussmörtel vergießen; ausgießen, untergießen; (aus)spachteln *(z. B. Fugen)*
grout *v* **in** *(BB, Te)* einpressen, verpressen, injizieren; tränken *(Mörtel, Beton)*
grout *v* **under pressure** einpressen, injizieren *(Zementierungsmittel)*
grout *v* **up** *(BB, Te)* auspressen *(Spannbeton)*; vermörteln
grout 1. *(BM, RS)* Injektionsmittel *n*, Einpressmittel *n*; Zementierungsmittel *n*, Gussmörtel *m*, Vergussmörtel *m*, Auspressmörtel *m*, Einpressmörtel *m*; 2. *(BM)* feiner Mörtel

m, Schlempe f; Zementbrei m; Zementmilch f; 3. *(BM, Erdb)* Erdstoffverfestiger m
grout anchor Injektionsanker m
grout box Vergussankerplatte f
grout curtain *(BB, RS)* Injektionsschleier m, Injektionsschürze f
grout hole Mörtelinjektionsloch n; Mörtelauspressloch n
grout injection *(RS)* Mörtelinjektion f, Mörteleinpressung f; Mörtelauspressung f
grout injection quantity Mörtelinjektionsmenge f
grout jointing Fugendichtung f
grout length *(BB, RS)* Einpresslänge f, Verpresslänge f
grout packer *(BWG, RS)* Mörteleinpresser m
grout seal *(OB)* Schlämmeabsiegelung f, Schlämmeüberzug m
grout void *(RS)* Einpresshohlraum m, Verpresshohlraum m, Auspresshohlraum m
grouted-aggregate concrete Injektionsbeton m, Kolloidbeton m, injiziertes Zuschlagstoffgemenge n
grouted bolt eingemörtelte Schraube f
grouted cut-off wall *(Erdb)* Dichtungsschleier m
grouted duct ausgepresstes Leitungsrohr n, verpresster Kanal m
grouted frame ausgemauerter Türrahmen m
grouted joint verfüllte Mauerfuge f
grouted macadam *(Verk)* Mörtelmakadam m, mörtelverfüllter Makadam m
grouted masonry ausgegossenes Mauerwerk n, Schalsteinmauerwerk n
grouting 1. *(Erdb)* Injektion f, Zementierung f *(Bodenverfestigung)*; Erdstoffvermörtelung f; Mörtelinjektion f, Mörteleinpressung f, Vermörtelung f, Einpressen n *(von Zementmörtel)*; 2. s. grout
grouting cement Injektionszement m, Auspresszement m
grouting compound Spachtelmasse f *(Terrazzo)*; Vergussmasse f
grouting gallery *(Erdb, Tun)* Injektionsgang m, Einpressstollen m *(Felssicherung, Tunnelbau)*
grouting gun Injektionspistole f, Auspressspritze f
grouting hole Einpressloch n, Injizieröffnung f, Injektionsmörtelloch n
grouting machine *(BWG, Erdb, RS, Tun)* Injektionsgerät n; Auspresspumpe f
grouting material Injektionsgut n
grouting of bearings Vergießen n der Lager [Auflager]
grouting pipe Injektionsleitung f
grouting pump *(BWG, RS, Tun)* Mörtelinjektionspumpe f, Einpresspumpe f
grouting sand Einpressmörtelsand m *(Korngröße < 0,8 mm)*
grouting suspension Auspresssuspension f, Einpresssuspension f, Injektionssuspension f
grouting technique Einpressverfahren n, Auspressverfahren n, Injektionstechnik f
grouting with asphalt *(RS)* Bitumeninjektion f
grouting work *(RS, Te, Tun)* Injektionsarbeiten fpl, Einpressarbeiten fpl, Verpressarbeiten fpl, Auspressarbeiten fpl
groutnick Schlämmespalt m, Einpressöffnung f
grow v 1. wachsen, sich ausdehnen *(z. B. eine Stadt)*; 2. (an)wachsen; ansteigen *(z. B. Werte)*
grow v **damp** beschlagen; feucht werden
grow v **rusty** *(RS)* einrosten
growing season *(LB)* Wachstumsperiode f *(Landschaftsbau)*
growth 1. Anwachsen n, Zunahme f; 2. Wachsen n; 3. Aufwuchs m
growth defect Wuchsfehler m *(bei Holz)*
growth of fungi *(BM, Hb)* Pilzwuchs m, Pilzbefall m
growth rate Wachstumsrate f
groyne v *(Wsb)* Buhnen bauen
groyne *(Wsb)* Buhne f, Wellenbrecher m
groyne head *(Wsb)* Buhnenkopf m
groyning 1. *(Wsb)* Buhnenbau m; 2. s. groining
grub v *(LB)* beroden *(Baustelle)*; roden *(Wurzeln und Baumstümpfe entfernen)*; graben • **grub up!** *(sl)* lang zu!
grub v **out** ausgraben
grub v **up** roden, ausgraben
grub screw Madenschraube f
grubbing *(LB)* Beroden n *(einer Baustelle)*; Roden n *(von Baumstümpfen)*
grubbing up *(LB)* Roden n
grubstone mortar Grundmörtel m
grummet (washer) Unterlegscheibe f, Dichtungsscheibe f
gryse s. grees(e)
GTM s. gyratory testing machine
guarantee v *(VR)* Garantie geben, garantieren, gewährleisten
guarantee 1. *(VR)* Garantie f; Gewährleistung f; 2. *(VR)* Bürgschaft f; 3. *(VR)* Bürge m *(Rechtswesen)*; 4. *(VR)* Garantiezeitraum m
guarantee limitation period *(VR)* Garantieverjährungsfrist f
guarantee terms *(VR)* Garantiebedingungen fpl
guaranteed maximum cost *(VR)* garantierte maximale Baukostensumme f
guaranteed maximum prices *(VR)* garantierte Höchstpreise mpl
guarantor *(VR)* Bürge m
guaranty s. guarantee
guard v schützen, sichern; mit Schutzvorrichtung versehen
guard *(Konst)* Schutzvorrichtung f; Schutzgitter n *(vor einem Kamin)*; Sicherheitsvorrichtung f
guard bar Schutzstange f; Gerüstfußbrett n
guard bead Führungsschiene f
guard board Schutzbrett n, Fußbrett n
guard fence *(Konst)* Schutzgeländer n *(z. B. einer Brücke)*
guard grille Schutzgitter n *(vor Fenstern)*
guard post *(Verk)* Abweispfosten m, Radabweiser m
guard room Wachraum m, Wache f
guardhouse Wachhäuschen n
guardrail 1. *(Konst)* Geländer n, Schutzgeländer n *(z. B. einer Brücke)*; 2. *(Verk)* Leitplanke f; 3. *(Verk)* Schutzschiene f, Leitschiene f, Radlenker m *(Gleisbau)*
guardstone Tor(eck)stein m, Abweisstein m
gudgeon Bolzenstift m; Stift m, Metallverbindungsbolzen m
guest bedroom Bettenzimmer n, Schlafraum m *(Hotel)*
guest bedroom building Bettengebäude n, Bettenhaus n *(Hotel)*
guest drive Gästevorfahrt f, Gästeauffahrt f *(Hotel)*
guest-house *(Arch)* Fremdenheim n, Pension f, Gästehaus n
guest-room Gästezimmer n, Fremdenzimmer n *(privat oder Hotel)*
guglia *(Arch)* verlängerte Kreuzblume f, verlängertes Spitzenornament n
guhr Kieselgur f
guidance Führung f; Lenkung f; Leitsystem n
guidance figure Leitgröße f
guide Führung f; Führungsschaft m; Führungszapfen m
guide bar Führungsschiene f, Gleitschiene f
guide bead innerer Fensteranschlag m
guide board *(Verk)* Richtungsschild n
guide book Leitfaden m, Handbuch n
guide coat *(OB)* Markierungsfarbschicht f, Abnutzungsmarkierschicht f, Kontrollschicht f *(für Farbanstriche)*
guide fillet Führungsleiste f
guide frame *(Konst, Te)* Leitrahmen m

guide gib *s.* gib
guide groove Führungsnut *f*
guide island *(Verk)* Leitinsel *f*, Verkehrsinsel *f*
guide marker *(Verk)* Leitpfosten *m*
guide mast *(Verk)* Führungsmast *m*
guide note Richtlinie *f*, Hinweis *m*
guide opening Rahmenfenster *n*
guide passage *(HLK, Wsb, WVA)* Leitkanal *m*
guide pile 1. Richtpfahl *m*; 2. Verankerungspfahl *m*
guide-post *(Verk)* Wegweiser *m*; Leitpfosten *m*
guide rail Führungsschiene *f*, Leitschiene *f* *(z. B. für Türanlage)*; Laufschiene *f*
guide rod Führungsstange *f*
guide sign *(AE)* *(Verk)* Leiteinrichtung *f*; Wegweiser *m*
guide track Führungsbahn *f*
guide tube *(Erdb)* Futterrohr *n* *(Bohrtechnik)*
guide wall *(Wsb)* Leitmauer *f*, Leitwand *f* *(für Flussströmung)*
guide wire Führungsdraht *m*
guideline Richtlinie *f*
guideline specification Richtlinie *f*
guidelines *(Konst, VR)* Leitlinien *fpl*, Richtlinien *fpl*, Leitfaden *m*
guideway *(Verk)* Fahrweg *m* mit Spurführung *f*
guiding centre distance Richtmaß *n*
guiding rafter Lehrsparren *m*
guiding rod *(Verm)* Richtlatte *f*
guiding rule Ziehlatte *f*
guildhall *(Arch)* Gildehaus *n*, Vereinshaus *n*
guilloche *(Arch)* Bandornament *n*, Guillochierung *f*
guillotine window Fallfenster *n*
gulch *(AE)* *(Bod)* tiefe Schlucht *f*
gullet *(Erdb)* Wasser(schlitz)graben *m* *(Baugrubenentwässerung)*
gulley *s.* gully
gully *v* *(Te)* mit Einläufen [Abläufen] versehen [ausstatten]
gully 1. *(WVA)* Gully *m*, Straßeneinlauf *m*, Wasserablauf *m*, Regenwasserabflussschacht *m*, Einlauf(schacht) *m*; Ablauf *m*, Absturzschacht *m*, Bodenablauf *m* *(DIN 4052)*; 2. *(Bod)* Rinne *f*, eingeschnittener Wasserlauf *m* *(im Gelände)*
gully cover *(BT, WVA)* Gullydeckel *m*
gully grate *(BT, WVA)* Einlaufrost *m*
gully hole *(WVA)* Schlammfang *m*; Senkloch *n*
gully-hole *s.* gully 1.
gully opening Einlauföffnung *f*, Ablauföffnung *f*
gully shaft *(WVA)* Einlaufschacht *m*
gully sucker Gullysaugrohr *n*
gully surround Einlaufeinfassung *f*, Ablaufeinfassung *f*
gully trap 1. *(LB, Wsb, WVA)* Sinkkasten *m* *(Fangkasten)*; Schlammeimer *m* *(Kanalisation)*; 2. *(WVA)* Geruchsverschluss *m*
gum *v* 1. gummieren; 2. verharzen *(z. B. Öl)*
gum 1. Klebstoff *m*; 2. *(BM)* Pflanzengummi *n*
gum arabic *(BM)* Gummiarabikum *n*
gum bloom Lackglanzverlust *m*
gum resin Gummiharz *n*
gum tree hardwood Gummibaumhartholz *n*
gum turpentine *(BM, OB)* Terpentin *n*
gum-up *v* 1. abreiben *(für neue Oberflächenschicht)*; 2. *(Konst, VR)* über den Haufen werfen *(Projekt)*
gumbo *(AE)* hochplastischer zäher Ton *m* *(im zentralen Teil der USA vorkommend)*
gummy klebrig *(Anstrich)*
gumwood *(BM, Hb)* Eukalyptusholz *n*
gun *v* *(BB, OB, Te)* torkretieren
gun 1. *(BWG, OB)* Spritzpistole *f* *(z. B. für Farbauftrag)*; 2. *s.* gunite gun; 3. Schweißpistole *f*
gun-applied pistolenaufgespritzt *(z. B. Farben)*
gun-applied concrete *(BB, OB)* Spritzbeton *m*, Torkretbeton *m*
gun-cotton Schießbaumwolle *f*
gun finish Torkretbetonschicht *f*, Torkretputz *m*
gun-grade spritzfähig, spritzbar
gun-grade asphalt *(BM)* Spritzasphalt *m*
gun-grade cement Spritzpistolenkitt *m*
gun-grade mastic Spritzmastix *m*
gun mortar *(BB, BM, OB)* Torkretmörtel *m*, pneumatisch aufgespritzter Mörtel *m*
gun pattern Torkretputz-Oberflächenform *f*
gunite *v* torkretieren
gunite 1. Spritzbeton *m*, Torkretbeton *m*, Torkretierbeton *m*; 2. *s.* gunite finish
gunite base Torkretierunterlage *f*
gunite coating Torkretschicht *f*
gunite finish Torkretputz *m*
gunite gun Torkretierspritze *f*, Torkretkanone *f*
gunite jacket *(BB, OB)* Torkretmantel *m*
gunite mortar Torkretmörtel *m*
guniting *(BB, OB, Te)* Torkretieren *n*; Torkrettechnik *f*
gunnable spritzbar
gunned pistolenaufgetragen, pistolengespritzt
gunned coat Spritzfilm *m*
gunned compound Spritzmasse *f*
gunned concrete Torkretbeton *m*, Torkretierbeton *m*, Spritzbeton *m*
gunned film *(OB)* Spritzfilm *m*
gunned material Spritzmasse *f*
gunned paint coat *(OB)* Spritzfarbanstrich *m*
gunned plastic Spritzkunststoff *m*
gunning *(AE)* *(BB, OB, Te)* Torkretieren *n*
gunning method [technique] Torkrettechnik *f*
gunny (cloth) Sackleinwand *f*, Juteleinen *n*
gunpowder *(Erdb, Te, Tun)* Schwarzpulver *n*
gurgoyle *s.* gargoyle
gurlet Dachdeckerhammer *m* *(für Schieferdeckung)*
gusset *(Konst, St)* Fachwerkknoten(punkt) *m* *(Stahlbau)*
gusset plate *(Konst, St)* Knotenblech *n*; Stützblech *n*
gusseted connection *(Konst, St)* Knotenblechverbindung *f*
gust loading factor *(Stat)* Böigkeitsbeiwert *m*
gusty wind speed Böenwindgeschwindigkeit *f*
gutta *(Arch)* Tropfen *m* *(dorisch)*
gutted ausgebrannt, niedergebrannt, abgebrannt
gutted structure *(RS)* Brandruine *f*
gutter *v* schlitzfräsen
gutter 1. Wasserablaufrinne *f*, Dachrinne *f*, Sattelkehle *f*; 2. Wasserrinne *f*, Ablaufrinne *f*, Rinne *f*; Straßenrinne *f*, Pflasterrinne *f*; Rinnstein *m*, Gosse *f*; 3. Böschungsmulde *f*, Mulde *f*
gutter angle Rinnenwinkel *m*
gutter bearer *(San)* Rinnenträger *m*, Dachrinnenhalter *m*
gutter bed *(San)* Traufblech *n*, Dachrinnenleitblech *n*
gutter block *(SB)* Schalenstein *m*
gutter board *(Hb)* Traufbohle *f*, Traufbrett *n*
gutter bracket *(BT, San)* Dachrinnenhalter *m*, Rinnhaken *m*, Rinnenhaken *m*, Rinnenhalter *m*
gutter channel Rinnstein *m*, Straßenrinne *f*, Gosse *f*, Gerinne *n*
gutter clamp *(BT, San)* Dachrinnenhalter *m*, Rinnenhalter *m*
gutter hanger Rinneneisen *n*, Dachrinnenhalter *m*
gutter hook Rinnenhaken *m*
gutter outlet Rinnenstutzen *m*
gutter paving sett *(Verk, WVA)* Rinnenstein *m* *(Straße)*
gutter pipe Fallrohr *n*
gutter plate *(BT, San)* Dachrinnenunterstützungsträger *m*
gutter sett *(Verk, WVA)* Rinnstein *m*
gutter sheet Rinnenblech *n*
gutter stone *(WVA)* Rinnstein *m*, Traufstein *m*
gutter stop end *(BT, San)* Dachrinnenendstück *n*

gutter support Rinneneisen *n*, Rinnenhaken *m*
gutter tile Falzziegel *m*
guttering Ablaufrinne *f*, Regenrinne *f*; Dachrinne *f*
guy *v* abspannen, verspannen, festspannen, verankern *(mit Seilen)*
guy 1. *(Konst)* Abspannseil *n*, Spannseil *n*, Ankerseil *n*, Abspannung *f*; Halteseil *n*, Seil *n*, Trosse *f*; 2. *(AE)* Mastanker *m*
guy anchor Abspannseilanker *m*, Seilanker *m*
guy cable *s.* guy 1.
guy derrick *(BWG, Te)* abgespannter Derrickkran *m*
guy line Abspannseil *n*
guy rope *s.* guy 1.
guyed bridge *(Br)* Seilspannbrücke *f*, abgespannte Brücke *f*, Schrägseilbrücke *f*
guyed chimney *(Konst)* abgespannter Schornstein *m*
guying Verspannung *f*, Seilverspannung *f*, Abspannen *n (mit Seilen)*
gym *s.* gymnasium
gymnasium *(Arch)* Turnhalle *f*, Sporthalle *f*
gypseous 1. gipshaltig; 2. gipsähnlich; 3. aus Gips (bestehend)
gypseous marl *(Bod)* Gipsmergel *m*
gypseous spar Marienglas *n*
gypsiferous *(Bod)* gipshaltig, gipsführend
gypsite Gipsit *m*, Gipsmergel *m*
gypsitic gipsartig
gypsolith *(BM)* Gipsgestein *n*
gypsstone gipsreiches Gestein *n*
gypsum 1. *(Bod)* Gips *m (Mineral)*; 2. *s.* gypsum plasterboard 1.
gypsum backerboard *(BT, DIS)* Gipshinterbauplatte *f*, Gipsgrundplatte *f*; Gipskartonplatte *f*
gypsum backing board *(BT, DIS)* Gipsformteil *n (Schalldecke)*
gypsum base coat plaster harter Gipsunterputz *m*
gypsum-based gipshaltig
gypsum block Gipsblockstein *m*
gypsum board 1. *s.* gypsum plasterboard 1.; 2. Stuckplatte *f*
gypsum cement *s.* gypsum plaster
gypsum concrete Gipsbeton *m*
gypsum deposit *(Bod)* Gipslager *n (geologisch)*
gypsum fibre concrete *(BB, BM)* faserbewehrter Gipsbeton *m*
gypsum finish Gipsputz *m*
gypsum floor [flooring coat] Gipsestrich *m*
gypsum insulation *(DIS)* Gipsflockendämmfüllung *f*
gypsum lath Gips(fugendeck)streifen *m (als Putzträger)*
gypsum-lime mortar Gipskalkmörtel *m*
gypsum mortar Gipsmörtel *m*
gypsum panel Gipswandplatte *f*
gypsum paste Gipsbrei *m*
gypsum plank *(BT, Konst)* Gipsdiele *f*; Gipskerndachplatte *f*
gypsum plaster Gipsputz *m*; Gipsunterputz *m*
gypsum plaster slab Gipsbauplatte *f*
gypsum plasterboard 1. *(BT, DIS)* Gips(karton)platte *f*, Gipsbauplatte *f*; 2. Gipsdiele *f*
gypsum rock Rohgips *m*
gypsum sheathing Gipskernwandplatte *f*
gypsum slab Gipsdiele *f*
gypsum slag cement Gipsschlackenzement *m*, Sulfathüttenzement *m*
gypsum stuff Gips(putz)mörtel *m*
gypsum tile 1. Gipsblockstein *m*; 2. Gipsplatte *f*
gypsum trowel finish Gipsdeckputz *m*
gypsum veneer plaster Gipsdeckputz *m*, Gipsglattputz *m*
gypsum vermiculite plaster Gipsunterputz *m* mit Vermiculitzuschlag
gypsum wallboard *(BT, Konst)* Gips(faser)wandplatte *f*, Wandbauplatte *f* aus Gips
gypsum wood fibred plaster Holzfasergipsputz *m*
gyration Drehung *f*
gyratory (breaker) *(BM, BWG, Te)* Kreiselbrecher *m*
gyratory compactor Kreiselverdichter *m*, Gyrator *m*
gyratory crusher Kreiselbrecher *m*
gyratory shear compactor *(BWG, Te)* Kreiselscherverdichter *m*, Gyrator *m*
gyratory testing machine *(GTM)* Gyratorprüfgerät *n*
gyratory traffic *(Verk)* Kreisverkehr *m*
gyro(-axis) mixer Kreiselmischer *m*

H

H-beam *(BT, St)* Breitflanschträger *m*, H-Träger *m*, Doppel-T-Träger *m*
H-beam section *(BT, St)* Doppel-T-Stahl *m*
H-column H-Stütze *f*
H-frame H-Rahmen *m*
H-girder *(BT, St)* Breitflanschträger *m*
H-hinge *(EB)* Breitflanschscharnierband *n*, H-Band *n*
H-pile *(BT, Erdb, St)* H-Stahlrammpfahl *m*, Stahlträgerpfahl *m*
H-runner Stahlblechleichtträger *m*, Hohldeckenleichtträger *m*
H-section H-Querschnitt *m*, Breitflanschprofil *n*
H-section steel Doppel-T-Stahl *m*
H-shaped column H-Stütze *f*
H-steel Doppel-T-Stahl *m*
ha-ha *(AE)* versenkter Zaun *m (zur Einzäunung einer Weide)*
habitability *(VR)* Bewohnbarkeit *f*
habitable *(VR)* bewohnbar; beziehbar
habitable/not unbewohnbar
habitable room bewohnbarer Raum *m*; Wohnraum *m*
habitableness Bewohnbarkeit *f*
habitacle 1. *(Arch)* Statuennische *f*; 2. Wohnsitz *m*; Wohnung *f*
habitat *(Umw)* Habitat *n*, Lebensraum *m*; Standort *m*
habitation Behausung *f*; Wohnort *m*
hachure *v* schraffieren
hachure 1. *(Konst)* Schraffe *f*, Schraffurlinie *f*; 2. Schraffierung *f*, Schraffur *f*; Schattierung *f*
hacienda *(Arch, LB)* Landgut *n (in spanischsprechenden Ländern)*
hack *v* 1. hacken, zerhacken; 2. behauen, scharrieren, aufrauen *(Stein)*; Ziegel abputzen; 3. *(AE)* Ziegel setzen [mauern, aufschichten] *(in unregelmäßige Höhe)*
hack *v* **out** aushacken
hack 1. *(BWG, Tun)* Hacke *f*, Haue *f*; 2. Ziegeltrockengerüst *n*, Trockengestell *n*
hacked *(OB)* aufgeraut, rau
hacked soffit aufgeraute Unterschicht *f*
hacking 1. *(SB, Te)* Scharrieren *n*, Aufhauen *n (Stein)*; 2. *(SB)* Bruchsteinmauerwerk *n*, unregelmäßiges Schichtenmauerwerk *n*; 3. Ziegelverlegen *n* mit der Unterseite als Sichtfläche; 4. Aufrauen *n (den Putzgrund)*; 5. *(Tun)* mildes Gebirge *n*; 6. *(Erdb)* Hackboden *m*
hacking knife Kittentfernungsmesser *n*
hackly fracture *(BM, RS)* splittriger Bruch *m*
hacksaw Bügelsäge *f*
hade *v (Bod)* einfallen *(Geologie)*

hading einfallend; geneigt
hafner ware bleiglasierte Fliesen *fpl*
haft Heft *n*, Griff *m (Messer)*; Stiel *m*; Hammerstiel *m*
Hagia Sophia at Constantinople *(Arch)* Sophienkirche *f* zu Konstantinopel
hagioscope *(Arch)* Hagioskop *n*
hail *(Umw)* Hagel *m*
hair beater Haarentferner *m (vom Putz)*
hair catcher *(San)* Haarfang *m*
hair check *(OB)* Haarriss *m (z. B. in Beton oder Farbe)*
hair checking Haarrissbildung *f*
hair compasses Haarzirkel *m*
hair crack *(OB)* Haarriss *m*
hair cracking *(OB)* Haarrissbildung *f*
hair cracking resistance Haarrissfestigkeit *f*
hair felt Haarfilz *m*, Filz *m*
hair felted fabric *s.* hair felt
hair-fibred mortar *s.* hair mortar
hair hook Haar(faser)einmischgerät *n (für Mörtel)*
hair joint *(BM)* haarfeine Fuge *f*
hair mortar Haar(kalk)mörtel *m*
hair net *(EB)* Haarnetz *n*, Verbleiung *f (Fenster)*
hair sieve Haarsieb *n*
haired cement mortar Haarzementmörtel *m*
haired gypsum Haargips *m*, Fasergips *m*
haired mortar Haar(kalk)mörtel *m*
hairline crack *(OB)* Haarriss *m*
hairline cracking Haarrissbildung *f*
hairline joint haarfeine Fuge *f*
hairpin 1. Feinbiegeeisen *n*; 2. Haarnadelanker *m (in Frischbeton)*
hairpin bend [curve] *(Verk)* Haarnadelkurve *f (Straßenbau)*
half-a-brick wall Halbsteinwand *f*
half-arch Halbbogen *m*, Bogenschenkel *m*
half-back lighting *(El)* Seitenbeleuchtung *f*
half-balk *(BM, Hb)* Halbholz *n*
half baluster Halbgeländerstab *m*
half bat halber Stein *m* [Ziegel *m*]; Kopf *m*
half bat wall *(SB)* Halbsteinmauer *f*
half bath *(AE) (San)* Toilette *f* mit Handwaschbecken
half batten leichte Latte *f*
half-baulk Halbholz *n*
half beam *(Hb)* Halbholzbalken *m*
half-bed *(Verk)* Steinsetzen *n (im Sandbett)*
half-blind dovetail *(Hb)* verdeckter Schwalbenschwanz *m*
half block Halbstein *m*, Halbblockstein *m*
half-brick Halbziegel *m*
half-brick-thick halbsteinstark
half-brick wall *(SB)* Halbsteinwand *f*, Mauer *f* aus halben Steinen
half-broken halbgebrochen
half-chinaware *(BM, San)* Halbporzellan *n*
half-cloverleaf junction *(Verk)* Halbkleeblattkreuzung *f*, halbes Kleeblatt *n*
half column Halbsäule *f*, Wandsäule *f*
half cross section Halbquerschnitt *m*
half-crushed *(BM)* halbgebrochen *(Brechgut)*
half-cupola *(Arch)* Halbkuppel *f*
half-dome Halbkuppel *f*
half-ellipse Halbellipse *f*
half-finished halbfertig
half flat halbflach
half flight Halblauf *m (bei Treppen)*
half-frame 1. *(Konst)* Halbrahmen *m*, einhüftiger Rahmen *m*; 2. *(Arch)* Halbportikus *m*
half-glass door *(EB)* halbverglaste [obenverglaste] Tür *f*, Glasfüllungstür *f*
half groove 1. Falz *m*, halber Spund *m*; 2. Halbschlitz *m (Triglyphe am dorischen Fries)*
half header Halbkopfstein *m*; Schichtenschließer *m*
half hip *(Hb, Konst)* Krüppelwalm *m*, Schopfwalm *m*, halber Walm *m (Dach)*
half-hipped roof *(Hb, Konst)* Krüppelwalmdach *n*, Schopfwalmdach *n*
half joint *(Hb)* (gerades) Blatt *n*, Blattung *f*, gerade Blattverbindung *f*, Überblattung *f*
half-landing Zwischenpodest *n*
half-lap joint *s.* half joint
half-lattice girder *(BT, Hb)* Warren-Träger *m*
half-log *(AE) (Hb)* Halbholz *n*
half-matt halbmatt
half-moon (siding) *(Hb, OB)* raue Halbholzaußenverkleidung *f*
half-open vault halbgeschlossenes Gewölbe *n*
half pace (landing) *s.* halfpace
half-pier Halbpfeiler *m*
half-plane Halbebene *f*
half-portal *(Arch)* Halbportal *n*
half-portico Halbportikus *m*
half-prestressed beam [girder] *(BT, TK)* halbvorgespannter Balken *m*, Träger *m* mit halber Vorspannung
half principal *(Hb)* unterbrochener Dachsparren *m*, halber Bindersparren *m*, halber Bundsparren *m*
half principal rafter halber Bundsparren *m*
half roofing tile Schnittling *m (halber Dachziegel)*
half-round halbrund
half-round Halbrundprofil *n*
half-round arch *(Arch)* Halbkreisbogen *m*, Rundbogen *m*, römischer Bogen *m*
half-round bar Halbrundstahl *m*, Halbeisen *n*; Segmenteisen *n*
half-round ceiling Halbkreisdecke *f*
half-round cross-vault *(Arch, Konst)* halbrundes Kreuzgewölbe *n*
half-round cylindrical roof *(Konst)* Zylinderdach *n*
half-round exedra *(Arch)* Halbkreisapsis *f*, Halbkreisexedra *f*, Halbkreiskonche *f*
half-round fillet Rundeck *n (Leiste)*
half-round iron Halbrundeisen *n*
half-round moulding Halbrundsimswerk *n*; Halbrundprofil *n*
half-round niche Halbkreisnische *f*
half-round nosing Rundkant *n(m)*
half-round profile Halbkreisprofil *n*, Halbkreisschnitt *m*
half-round rib Halbkreisrippe *f*
half-round rivet Halbrundniet *m*
half-round section Halbkreisprofil *n*, Halbkreisschnitt *m*
half-round steel *(St)* Halbrundstahl *m*
half-round stretcher *(Hb)* Halbrundläufer *m*
half-round termination *(San)* halbrunder Abschluss *m*
half-round tower Schalenturm *m*, Mauereinbindturm *m*, Halbkreisturm *m*
half-round transverse arch Halbrundquerbogen *m*, Halbkreisquerbogen *m*
half-round window Halbrundfenster *n*, Halbkreisfenster *n*
half-round wood Halbholz *n*, Breitholz *n*
half rounds Halbeisen *npl*
half S-trap *(San)* U-förmiger Geruchsverschluss *m*
half-scoop Greiferkorb *m*
half skylight Seitenoberlicht *n*
half slating Schieferdeckung *f*
half-space landing *s.* halfpace
half-space stair *s.* halfpace stair
half-span roof *(Konst)* Sheddach *n*, Pultdach *n*, Halbdach *n*, einseitiges Dach *n*
half-spherical head rivet Halbrundniet *m*
half splice *s.* half joint
half split pipe *(WVA)* Halbrohrschale *f*, halbiertes Rohr *n*

half storey Zwischengeschoss *n*
half-sunk halbversenkt
half-sunk roadway *(Verk)* abgesenkte Fahrbahn *f*
half tile *s.* half block
half-timber Halbholz *n*; Halbholzbalken *m*
half-timber beam *(Hb, TK)* Halbholzbalken *m*
half-timbered 1. blockhausartig; 2. mit engräumigen Fachwerkfeldern
half-timbered house Fachwerkhaus *n*
half-timbered loam wall Wellerwand *f*
half truss Halbbinder *m*
half tunnel vault *(Konst)* Halbtonnengewölbe *n*, Viertelkreistonne *f*
half-turn halbgedreht, halbgewendelt *(Treppe)*
half-turn stair halbgewendelte Treppe *f*
half-window Mezzaninfenster *n*, Bastardfenster *n*
halfpace 1. Treppenabsatz *m*, Treppenpodest *n*, Zwischenpodest *n*; Podest *n(m)*; 2. Estrade *f*, Auftritt *m*, Zimmerpodest *n*
halfpace stair halbgedrehte Treppe *f* mit Zwischenpodest
halide lamp *(El)* Halogen(metalldampf)lampe *f*
halite *(Bod, Erdb)* Halit *m*, Steinsalz *n*, Salzgestein *n*
hall 1. *(Arch, Konst)* Diele *f*, Flur *m*, Vorhalle *f*; Gang *m*, Korridor *m*; 2. *(Arch, Konst)* Halle *f*, Saal *m*; 3. *(Arch, Konst)* Vorlesungssaal *m*; Universitätsgebäude *n*; 4. *(Arch, Konst)* Mensa *f (speziell in englischen Colleges)*; 5. *(Arch)* Hallenraum *m (Kirche)*
hall bedroom Schlafzimmer *n* am Dielenende
hall building Saalbau *m*
hall church *(Arch)* Hallenkirche *f*; Saalkirche *f*
hall construction Hallenbau *m*
hall construction system *(Konst)* Hallenbausystem *n*
hall cupola Hallenkuppel *f*
hall dome Hallenkuppel *f*
hall door Korridortür *f*; Wohnungstür *f*
hall exhibition space überdachte Ausstellungsfläche *f*
hall for audience Audienzhalle *f*, Audienzsaal *m*
hall-form Hallenform *f*
hall ground area Hallenfläche *f*
hall-keep Wohnturm *m*, Bergfried *m* mit Wohnung
hall-nave *(Arch)* Hallenschiff *n (Kirche)*
hall of columns *(Arch)* Säulenraum *m*, Säulensaal *m*
Hall of Fame *(Arch)* Ruhmeshalle *f*, Walhalla *f*, Valhalla *f*
hall of residence *(Arch)* Studentenwohnheim *n*, Wohnheim *n*
Hall of the Hundred Columns *(Arch)* Hundertsäulenhalle *f (Persepolis)*
hall-quire *(Arch)* Hallenchor *m*
hall roof Hallendach *n*
hall space Ausstellungsfläche *f*
hall-transept Hallenquerhaus *n*
hall-type block *s.* hall-type building
hall-type building *(Arch, Konst)* Gebäude *n* in Hallenbauweise, Hallengebäude *n*
halloysite *(Bod)* Halloysit *m (Tonmineral)*
hallway Korridor *m*, Hausgang *m*, Gang *m*
halogen-containing *(BM, Bod)* halogenhaltig
haloid *(Bod)* salzähnlich
halter *(Hb, St)* Kopfverbundbügel *m*
halve *v* 1. *(Hb)* anblatten, verblatten, zusammenblatten, überblatten; 2. halbieren
halved 1. *(Hb)* zusammengeblattet; 2. halbiert
halved joint *s.* half joint
halved scarf with saddle-back ends *(Hb)* Verzapfung *f* mit Grat
halved splice *s.* half joint
halving 1. *(Hb)* Blattung *f*, Verblattung *f*, Anblatten *n*, Einblatten *n*; 2. Blatt *n*, Überblattung *f*, Plattung *f*
halving joint *s.* half joint
hamlet *(RP)* Dörfchen *n*, Weiler *m*
hammam *(Arch)* türkischer Baderaum *m*
hammer *v* hämmern, (aus)schmieden
hammer *v* **in** einschlagen *(z. B. einen Nagel)*
hammer *v* **into** hineinschlagen *(z. B. in die Wand)*
hammer 1. Hammer *m*; Fäustel *m*; 2. Pfahlramme *f*, Bär *m*
hammer beam *(Hb)* Dachstuhlstichbalken *m*, Sattelholz *n*
hammer-beam roof *(Konst)* Polygondach *n*, Polygonaldach *n*, Dachstuhl *m* mit Stichbalken
hammer-beam truss Polygondachbinder *m*, Vieleckbinder *m*
hammer brace *(Hb, TK)* Stichbalkenträger *m*
hammer crasher Hammermühle *f*
hammer-dressed *(BM, SB)* hammerbehauen *(Stein)*
hammer-dressed ashlar masonry hammerrechtes Schichtenmauerwerk *n*
hammer drill Hammerbohrmaschine *f*
hammer drilling *(Te, Tun)* Schlagbohren *n*, Stoßbohren *n*
hammer face Hammerfläche *f*
hammer finish *(OB)* Hammerschlaglackanstrich *m*
hammer-head(ed) chisel Hartmeißel *m*
hammer mill *(BM, BWG)* Hammermühle *f*
hammer peening *(OB)* Oberflächenhämmerung *f (Oberflächenverfestigung)*
hammer post Stichbalkenträgerpfosten *m*
hammer rock drill Handbohrhammer *m*
hammer scale *(BM)* Hammerschlag *m (Eisenoxid)*
hammer-tighten *v (San, WVA)* verstemmen
hammer-type roof *s.* hammer-beam roof
hammer-weld *v* hammerschweißen
hammer-welded pipe *(St)* hammergeschweißtes Rohr *n*
hammer welding *(St)* Hammerschweißung *f*
hammered gehämmert
hammered glass Glas *n* mit Metallflitterbeschichtung
hammered steel geschmiedeter Stahl *m*
hammering *(WVA)* Schlagen *n (in der Wasserleitung)*; Hämmern *n*
hammering away Abhämmern *n*
hammertone Hammerschlag *m*
hammertone enamel *(OB)* Hammerschlaglack *m*
hammertone finish Hammerschlaglackierung *f*
hance Bogenschenkel *m*
hand *v* **(over)** *(VR)* übergeben *(z. B. fertiggestellten Bau)*
hand 1. Seite *f*, Richtung *f*; Drehrichtung *f (Treppe)*; 2. Klinkenseite *f (Tür)*; 3. Zeiger *m (z. B. eines Messgeräts)* • **at hand** zugänglich, nahe
hand application *(Te)* Handauftrag *m*
hand auger Handspiralbohrer *m*
hand bar Handlauf *m*, Handgeländer *n (Treppe)*
hand barrow *(BWG, Te)* Schubkarre *f*, Handkarren *m*
hand blast gun Handstrahlpistole *f*
hand brace *(BWG)* Handbohrer *m*, Bohrwinde *f*; archimedischer Bohrer *m*
hand-broken metal *(BM, Verk, Wsb)* Krotzen *fpl*, Schlagsteine *mpl*
hand-broken stone *(AE) s.* hand-broken metal
hand brushing *(OB)* Streichen *n*
hand bucket Baueimer *m*
hand cable winch Handwindeeinrichtung *f*
hand chisel Handmeißel *m*, Beitel *m*
hand cleaning Handreinigung *f*; Handentrostung *f*
hand-cleft shingle handgespaltene Schindel *f*
hand concrete cart *(BB, BWG)* Betonkippkarre *f*
hand crab Bockwinde *f*
hand dolly *(St)* Gegenhalter *m (beim Nieten)*
hand drill Handbohrmaschine *f*
hand drilling Handbohren *n*
hand-driven winch pile driver *(LB)* Handramme *f (für Pfähle)*

hand-finish concrete *(BB)* handabgezogener Beton *m*
hand finisher *(BWG, Verk)* Handfertiger *m (für Straßenbau)*
hand fire extinguisher Handfeuerlöscher *m*
hand fitting *(Te)* Handmontage *f*, Einbau *m* von Hand
hand float Aufziehbrett *n* für Unterputz, Handputzaufbringer *m*
hand-forged ironwork *(St)* handgeschmiedete Eisenarbeit *f*, Schmiedehandarbeit *f*
hand-formed brick *s.* hand-made brick
hand-formed joint Handfuge *f*, handgeformte Fuge *f*
hand guard Handschutz *m (an Maschinen)*
hand gun Handspritzpistole *f*, Handspritze *f*
hand-held sign *(Verk)* handgeführtes Verkehrszeichen *n*
hand hoist Handaufzug *m (für Material)*
hand iron Steigeisen *n*
hand lead *(Verm)* Lot *n*, Bleigewicht *n*
hand level *(Verm)* handgehaltenes Nivellierinstrument *n*
hand lever Handhebel *m*
hand-made brick Handstrichziegel *m*, Handformstein *m*
hand-made rivet head *(St)* gehämmerter Nietkopf *m*
hand method Handspaltung *f (Schieferherstellung)*
hand-mixed *(BM)* handgemischt
hand mixing *(BM)* Handmischung *f*
hand-moulded handgeformt
hand-moulded brick handgestrichener Ziegel *m*
hand moulding Handformen *n*, Handformgebung *f*; Handformerei *f*
hand moulding shop Handformerei *f*
hand-operated handbetrieben; handbetätigt
hand-packed hardcore [rubble] *(Verk, Wsb)* Setzpacke *f*, Setzpacklage *f*, handgesetzte Packlage *f*
hand-packed stone Setzpacklagestein *m*, Vorlagestein *m*
hand-painted handbemalt, handgemalt
hand painting 1. Streichen *n*; 2. Handgemälde *n*
hand-pitched stone *(Verk, Wsb)* Setzpacklagegestein *n*, Stückstein *m*
hand placement [placing] Handeinbringung *f*, Handeinbau *m (z. B. von Beton, Mörtel)*; Handverlegung *f*
hand plane *(BWG, Hb)* Handhobel *m*
hand plastering Handverputzen *n*, Handputzen *n*
hand plate Schlossschutzblech *n*
hand polishing Handpolieren *n*
hand-power winch Bau(hand)winde *f*
hand printing Handdruck *m (Tapete usw.)*
hand protection Handschutz *m (z. B. Handschuhe)*
hand-railing iron Handschieneneisen *n*
hand ram [rammer] *(Erdb, Verk)* Handramme *f*, Ramme *f (Straßenbau)*
hand rejector Handabweiser *m (Schutzeinrichtung)*
hand rendering Handverputzen *n*, Handputzen *n (außen)*
hand rest Handauflage *f*
hand riveting *(St)* Handnietung *f*
hand riveting machine Handniethammer *m*
hand roughing stamp Handraueisen *n*
hand-rubbed von Hand verrieben
hand sample *(Bod)* Handprobe *f*, Handstück *n (Gesteinsprobe)*
hand scraper Handschrapper *m*; Kratzeisen *n*
hand shovel Handschaufel *f*
hand shower *(San)* Handbrause *f*, Schlauchbrause *f*
hand sieving Handsiebung *f (Prüfsiebung)*
hand sketch *(Arch, Konst)* Freihandskizze *f*, Faustskizze *f*
hand sketching *(Arch, Konst)* Freihandskizzierung *f*
hand specimen *(Bod)* Handprobe *f*
hand spray *s.* hand shower
hand sprayer Handspritzgerät *n*
hand spraying Handspritzen *n*, Spritzen *n* von Hand
hand spreading Handeinbau *m (z. B. Beton, Mörtel)*
hand tamper Handstampfer *m*, Handramme *f*
hand test sieving *(BM)* Handprüfsiebung *f*
hand wheelbarrow Schubkarre *f*
hand winch Handwinde *f*
hand-wipe *v* von Hand abreiben
handbasin *(San)* Waschbecken *n*, Handwaschbecken *n*
handhold Handgriff *m*
handicapped persons centre Behindertenstätte *f*
handicraft Handarbeit *f*, Kunsthandwerk *n*; Handwerk *n*
handing over *(VR)* Übergabe *f*
handing-over date *(VR)* Übergabetermin *m (für fertiggestellte Bauten)*
handiwork Handarbeit *f*
handle *v* 1. handhaben *(z. B. Werkzeuge)*; bedienen *(Geräte)*; 2. befördern, transportieren; umschlagen *(Güter)*; 3. behandeln; bearbeiten
handle 1. *(EB)* Handgriff *m*, Stiel *m*, Schaft *m (z. B. eines Werkzeugs)*; Hammerstiel *m*; Haltegriff *m (an Geräten)*; Henkel *m*; 2. *(EB)* Klinke *f (Tür)*; Olive *f*, Drehknauf *m*, Drehknopf *m*
handle of a plane Hobelnase *f*
handling 1. Handhabung *f*; Bedienung *f*; Wartung *f*; 2. Förderung *f*, Beförderung *f*, Transport *m*; 3. Behandlung *f*; Bearbeitung *f*
handling device Grifföffnung *f*, Griffloch *n*; Griffhilfe *f*
handling equipment *(BM, BWG, Te)* Förderanlage *f*, Fördereinrichtung *f*; Fördermittel *npl*; Zuführeinrichtung *f (Umschlags- und Fördereinrichtung)*
handling hook Transporthaken *m*, Transportbügel *m*, Hebeschlaufe *f*
handling plant Förderanlage *f*; Transportanlage *f*
handling reinforcement *(BB, Te)* Montagebewehrung *f*, Transportbewehrung *f*
handling slot Griffschlitz *m*
handling strength *(BB)* Transportfestigkeit *f*
handmade handgemacht
handmade shingle handgefertigte Schindel *f*
handover *(VR)* Übergabe *f (fertiggestellter Bauten)*
handrail 1. *(EB)* Handlauf *m*, Handgeländer *n*, Geländer *n (z. B. einer Galerie)*; Treppengeländer *n*, Treppenhandlauf *m*; 2. *(EB)* Haltestange *f*, Haltegriff *m (z. B. an Badewannen)*
handrail bolt Handlaufschraube *f*, Einsenkschraubenbolzen *m*
handrail of stairs Treppengeländer *n* mit Handlauf
handrail scroll *(EB)* Handlaufspirale *f*
handrinse basin *(San)* Handwaschbecken *n*
hands-on *(sl)* praktisch veranlagt
handsaw Fuchsschwanz *m*, Handsäge *f*
handwheel Handrad *n*
hang *v* 1. aufhängen; einhängen *(z. B. Türen)*; abhängen *(z. B. Decken)*; hängen, aufgehängt sein; herabhängen; eingehängt sein; 2. tapezieren, Tapeten ankleben
hang *v* **in** einhängen
hang *v* **up** aufhängen; einhängen
hang *v* **wallpaper** *s.* hang 2.
hangar *(Arch, Konst, Verk)* Hangar *m*, Flugzeughalle *f*
hangar apron *(Verk)* Hangarvorfeld *n*, Flugzeughallenvorfläche *f*
hanger 1. *(Br, Konst, TK)* Aufhängevorrichtung *f*; Hängeseil *n*, Hänger *m (z. B. einer Brücke)*; 2. *(Hb, Konst)* Hängestab *m (Dachstuhl)*; 3. *(TK)* Hängelager *n*, Lagerträger *m*; Hängeeisen *n*
hanger bar Montageeisen *n*
hanger bolt Holzbalkenbolzen *m*, Holzbalkenbolzenschraube *f*
hanger rod Hängestange *f*
hanger wire Aufhängedraht *m*
hanging 1. Aufhängen *n*; 2. Aufhängung *f*, Hängeeisen *n*; Scharnier *n*; 3. Tapete *f*; Wandbehang *m*
hanging brace *(Hb, St, Te)* Hängezange *f*

H

hanging bridge s. suspension bridge
hanging buttress *(Arch)* gotischer Strebepfeilerbogen *m*
hanging floor *(BT, EB)* Hängeboden *m (in einer Wohnung)*
Hanging Garden *(Arch, LB)* Hängende Gärten *mpl (Babylon)*
hanging gutter *(San)* aufgehängte Dachrinne *f*, Hängerinne *f*, Vorhängedachrinne *f*
hanging ladder Hängeleiter *f*, Hängegerüst *n*
hanging ornaments Gehänge *n*
hanging-over *(Konst)* Ausladung *f*, Überkragung *f*
hanging post hängender Torpfosten *m*
hanging rail Torhängeschiene *f*
hanging roof gutter *(San)* Vorhängedachrinne *f*
hanging sash *(EB)* Gegengewichtshubfenster *n*, Gegengewichtshubfensterflügel *m*, Schiebefenster *n (vertikal)*
hanging scaffold Hängegerüst *n*, Hängerüstung *f*, Hängebühne *f*
hanging shelf *(EB)* Hängeregal *n*
hanging shingling senkrechte Schindeleindeckung *f*, Wandschindelverkleidung *f*
hanging stage fliegendes Gerüst *n*
hanging stairs Kragtreppe *f*, freitragende Treppe *f*, einseitig eingespannte Stufen *fpl*
hanging steps Kragstufen *fpl*, auskragende Stufen *fpl*, Freiträger *pl*
hanging stile 1. *(EB)* Türzapfen *m*; 2. *(EB, Hb)* Türrahmenhandpfosten *m*
hanging stormwater gutter *(San)* Hängerinne *f*
hanging tie Hängeband *n*
hanging truss *(Hb, St, TK)* Hängewerk *n*
hanging truss bridge *(Br)* Hängewerkbrücke *f*
hanging truss roof *(Konst)* Hängewerkdach *n*
hanging vault Hängegewölbe *n*
hanging wall *(Bod)* Hängendes *n (Geologie)*
hanging water *(BM)* Haftwasser *n*
hangings Tapeten *fpl*; Wandbekleidung *f*
hanse arch *(Arch)* norddeutscher Backsteinbogen *m*
haphazard building *(RP, VR)* wildes Bauen *n*, regellose Bebauung *f*
haram *(Arch)* Betsaal *m (Moschee)*
harbour *(Wsb)* Seehafen *m*, Hafen *m*
harbour bar *(Wsb)* Hafendamm *m*
harbour basin *(Wsb)* Hafenbecken *n*
harbour crane *(BWG, Te)* Hafenkran *m*
harbour engineering *(Wsb)* Hafenbau *m*
harbour facilities *(Wsb)* Hafenanlagen *fpl*
harbour jetty *(Wsb)* Hafenpier *m*
harbour lock *(Wsb)* Hafenschleuse *f*
harbour mole *(Wsb)* Hafenmole *f*
harbour structure *(Arch, Konst)* Hafengebäude *n*
harbour terminal *(Verk)* Hafenterminal *m*
hard hart, fest; schwierig
hard aggregate *(BB, BM)* Hartzuschlag *m*
hard and stony material steiniges Material *n*
hard asphalt *(BM)* Hartasphalt *m*, Asphalt *m* mit Destillationsbitumen
hard-board s. hardboard
hard brick s. hard-burnt stock brick
hard-burnt hartgebrannt
hard-burnt brick Vormauerziegel *m*
hard-burnt stock brick Hartbrandstein *m*, Hartbrandziegel *m*
hard calcareous slate Schiefermarmor *m*
hard chalk *(BM)* Hartkreide *f*
hard-chromed hartverchromt
hard compact soil dichtgelagerter Erdstoff *m*
hard concrete Hartbeton *m*, harter Beton *m*
hard copal *(BM)* Hartkopal *m*, fossiles Kopalharz *n*
hard core s. hardcore
hard-dry ausgehärtet, hartgetrocknet *(Anstrich)*
hard-dry oil additive härtender Lackzusatz *m*
hard-face *v* 1. *(St)* auftragschweißen; 2. *(St)* verstählen, panzern
hard-face welding *(St, Te)* Auftragschweißen *n*
hard-facing 1. Auftragschweißen *n*; 2. Hartmetallbesatz *m (Bohrkrone)*; 3. Stahlplattenoberflächenverstärkung *f*; Beschichtung *f*
hard fibre Hartfaser *f*
hard fibreboard s. hardboard
hard finish Kalkgips-Hartputz *m*
hard-fired *(BM)* hartgebrannt
hard-fired brick *(BM, SB)* Hartbrandstein *m*, Hartbrandziegel *m*
hard floor covering Fußbodenhartbelag *m*, Hartbelag *m*
hard glass Hartglas *n (1. hitze- und chemikalienbeständiges Glas; 2. Glas mit hohem Schmelzpunkt)*
hard glazed coat *(OB)* Hartglasur *f*
hard gloss *(OB)* Hartglanz *m*
hard-gloss paint *(OB)* Kunstharzlackfarbe *f*, Emaillelackfarbe *f*
hard grade bitumen *(BM)* Hochvakuumbitumen *n*
hard ground *(Bod, Erdb)* tragfähiger Baugrund *m*
hard gypsum plaster Hartputzgips *m*
hard hat Schutzhelm *m*
hard landscaping *(Umw)* schwierige Landschaftsgestaltung *f*
hard lead Hartblei *n*, Antimonblei *n*
hard lead joint Antimonbleifuge *f*
hard limestone Hartkalkstein *m*
hard mastic asphalt Hartgussasphaltestrich *m*, Hartasphalt *m*
hard mortar Hartmörtel *m*
hard oil additive härtender Lackzusatz *m*
hard paper Hartpapier *n*
hard paraffin *(BM)* Hartparaffin *n*
hard particle board s. hardboard
hard pitch Hartpech *n*
hard plaster Hartputz *m*, Stuckgips *m*, Stucco *m*
hard resin *(BM)* Hartharz *n*
hard resistant engineering brick *(BM, SB)* Hartklinker *m*
hard rock Hartgestein *n*, hartes Gestein *n*, Festgestein *n*; Hartstein *m*
hard rubber *(BM)* Hartgummi *m*, Ebonit *n*
hard rubber-lined mit Hartgummi ausgekleidet
hard sandstone Hartsandstein *m*
hard schist Hardschiefer *m*
hard shoulder *(Verk)* Standspur *f (Autobahn)*; befestigter Randstreifen *m*
hard shoulders use *(Verk)* Seitenstreifennutzung *f*
hard soil schwerer Boden *m*
hard soil layer *(Bod, Erdb)* harte Bodenschicht *f*
hard-solder *v* hartlöten
hard solder Hartlot *n*
hard-soldered joint *(St)* Hartlötverbindung *f*
hard soldering Hartlöten *n*; Messinglötung *f*
hard stock Hartbrandstein *m*, Hartbrandziegel *m*
hard stone Hartgestein *n*
hard stony ground *(Bod, Erdb)* fester steiniger Boden *m*
hard stopping *(BM, OB)* Hartspachtelmasse *f*, Expressspachtel *m*
hard strip *(Verk)* (befestigtes) Bankett *n*
hard surface Hartoberfläche *f*
hard surfacing *(St)* Auftragschweißen *n*
hard-textured chipped wood concrete *(BB, DIS)* Hartholzfaserbeton *m*
hard-to-reach schwer zugänglich
hard-top *(Verk)* widerstandsfähige Straßenoberfläche *f*
hard water *(Bod, WVA)* hartes [kalkhaltiges] Wasser *n*

hardboard 1. Hartfaserplatte *f*, Holzfaser(hart)platte *f*, Holzspanplatte *f*, Faserpressplatte *f*; 2. Hartpappe *f*
hardboard-faced plywood hartfaserplattenbeplanktes Sperrholz *n*
hardboard finish Faserhartplattenbelag *m*, Hartplattenbelag *m*
hardboard flooring Hartplattenbodenbelag *m*
hardboard-type particle board sehr harte Spanplatte *f*
hardcore 1. *(Verk)* Packlage *f*, Schüttlage *f*; 2. *(Verk)* Bettung *f (Schienen)*; 3. *(Verk)* Packmaterial *n*; Kleinschlag *m*
hardcore bed *(Verk, Wsb)* Schotterbett *n*
hardcore filling Füllbeton *m*
hardcore layer *(Verk, Wsb)* Schotterlage *f*, Packlageschicht *f*
harden *v* 1. abbinden *(Bindemittel)*; 2. erhärten, hart [fest] werden *(z. B. Farben)*; aushärten *(bes. Kunststoffe)*; verhärten; härten *(z. B. Metalle)*
hardenability Härtbarkeit *f (z. B. von Metall)*
hardenable härtbar
hardened erhärtet
hardened concrete Festbeton *m*, erhärteter Beton *m*
hardened filler *(BM)* Härtestofffüller *m*, Härtungsmittelfüllstoff *m*
hardened horizon *(Bod, Erdb)* Verdichtungshorizont *m*
hardened lead Hartblei *n*
hardened neat cement paste erhärteter Zementleim *m*, Zementstein *m*
hardened shoulder *s.* hard shoulder
hardened verge *(Verk)* erhärteter Seitenstreifen *m*
hardener *(BM)* Härter *m*, Härtemittel *n (z. B. für Beton, Farben)*; Reaktionsbeschleuniger *m*
hardening *(BM, Te)* Abbinden *n (Bindemittel)*; Erhärtung *f*, Hartwerden *n*; Härtung *f (von Metall)*
hardening acceleration *(Te)* Abbindebeschleunigung *f*, Erhärtungsbeschleunigung *f*
hardening accelerator Härtungsbeschleuniger *m*, Erhärtungsbeschleuniger *m*
hardening additive Härtezusatz *m*
hardening agent *s.* hardener
hardening behaviour Erhärtungsverhalten *n*
hardening chamber *(BB, Te)* Härtekammer *f*
hardening coat *(OB)* härtender Anstrich *m*
hardening compound Härter *m*, Härtemittel *n*; Abbindebeschleuniger *m*
hardening curve *(BB, Te)* Erhärtungskurve *f*
hardening degree Erhärtungsgrad *m*
hardening graph Härtungskurve *f*
hardening of concrete *(BB, Te)* Erhärten *n* des Betons
hardening of material Stoffverfestigung *f*
hardening oil Härtemittel *n*, Härter *m (für Farben und Lacke)*
hardening power Härtungsvermögen *n*
hardening process *(BB, Te)* Härteverlauf *m*, Erhärtungsprozess *m*
hardening rate Erhärtungsgeschwindigkeit *f*
hardening sealer Hartsiegel *m (Beton)*
hardening stress Erhärtungsspannung *f*
hardening temperature Erhärtungstemperatur *f*, Härttemperatur *f*
hardening test Erhärtungsprüfung *f*, Härtungsversuch *m*
hardening time *(BB, Te)* Erhärtungszeit *f*, Aushärtungsdauer *f*, Härtezeit *f*
hardening treatment Härtung *f*, Härtungsverfahren *n*
hardly inflammable schwer entflammbar, schwer entzündlich
hardness Härte *f*, Härtegrad *m*
hardness class Härteklasse *f*
hardness crack Härteriss *m*
hardness degree Härtegrad *m*
hardness determination *(BM)* Härtebestimmung *f*, Härteermittlung *f*
hardness loss Härteverlust *m*
hardness number Härtezahl *f*
hardness of water *(WVA)* Wasserhärte *f*
hardness range Härtebereich *m*
hardness scale *(BM)* Härteskala *f*
hardness test *(BM)* Härteprüfung *f*, Härtetest *m*
hardness tester *(BM)* Härteprüfer *m*
hardness testing Härteprüfung *f*, Härteprüfverfahren *n*
hardpan *(Bod, Erdb, Tun)* harte Bodenschicht *f*, gut tragfähige Schicht *f*; Bodenverdichtungshorizont *m*; Ortstein *m*
hardpressed fibreboard hartverpresste Faserplatte *f*
hardstand befestigte Standfläche *f*, befestigte Parkfläche *f*; Betonabstellplatz *m*
hardwall (plaster) Gipsunterputz *m*, Hartputz *m* aus Gips
hardware 1. *(EB)* Kleineisenzeug *n*, Kleineisenbauelemente *npl*, Eisenwaren *fpl*; Beschläge *mpl*; 2. *(BWG)* Bauwerkzeuge *npl*; 3. *(EB)* Haushaltswaren *pl*; 4. *(El)* Hardware *f (Computer)*
hardware cloth *(St, Te)* Stahlgitter(sieb)gewebe *n*, Stahlgewebeabschirmung *f*
hardware work *(EB)* Beschlagsarbeiten *fpl*, Baubeschlagsarbeiten *fpl*
hardwearing verschleißfest
hardwood Hartholz *n*, Laubholz *n*
hardwood fibre slab Hartholzfaserplatte *f*
hardwood strip flooring *(Hb)* Lattendielung *f*
hardwood tree *(LB)* Laub(holz)baum *m*
Hardy Cross method *(Stat)* Cross-Verfahren *n*
harem *(Arch)* Harem *m*, Frauengemächer *npl*
harm *(VR)* Schaden *m*, Nachteil *m*
harm done to concrete Betonschädigung *f*
harmful schädlich
harmful components schädliche Bestandteile *mpl*
harmful substance *(Umw)* Schadstoff *m*
harmful to the environment *(Umw)* umweltschädlich
harmless *(BM)* unschädlich
harmonic motion *(DIS, Stat)* harmonische Schwingung *f*, harmonische Bewegung *f*
harmonic oscillation *(DIS, Stat)* harmonische Schwingung *f*
harmonic proportion *(Arch)* harmonische Proportion *f*
harmonic vibration *s.* harmonic motion
harmonize *v* harmonisieren, angleichen, anpassen, harmonisch gestalten
harmonized standard *(VR)* harmonisierte Norm *f*
harp mesh screen *(BM, BWG, Te)* Harfensieb *n*
harped tendons gebogene Spannglieder *npl*
harsh 1. erdfeucht, steif *(Beton)*; 2. grell *(z. B. Licht)*; 3. grell, hart *(Farbanstrich)*
harsh concrete erdfeuchter [wasserarmer] Beton *m*
harsh (concrete) mixture steife Betonmischung *f*
hasp *(EB)* Haspe *f*
hasp and staple *(EB)* Haspe *f* mit Krampe *(z. B. für Vorhängeschlösser an Türen)*
hatch *v (Konst)* schraffieren
hatch 1. Luke *f*, Aussteigluke *f*; Deckenluke *f*, Deckenöffnung *f*; Klappe *f*; Falltür *f*; 2. Durchreiche *f*, Durchreichefenster *n*; 3. Schraffe *f*, Schraffierlinie *f*
hatch cover Lukendeckel *m*, Lukentür *f*
hatch opening Durchreicheöffnung *f*
hatched schraffiert
hatched area *(Konst)* schraffierte Fläche *f*, Schraffurfläche *f*
hatches Schraffur *f*
hatchet Handbeil *n*, Beil *n*
hatchet iron Lötkolben *m*
hatching Schraffierung *f*, Schraffur *f*

hatchway Luke *f*, Deckenluke *f*, Deckenöffnung *f*; Ausstieg *m*
Hathor column *(Arch)* Hathorsäule *f*, Sistrumsäule *f*
Hathor-headed capital *(Arch)* Hathorkapitell *n*
Hathor temple *(Arch)* Hathortempel *m*
haul *v* 1. befördern, transportieren; schleppen, ziehen; 2. fördern *(natürliche Baustoffe)*
haulage 1. *(Verk)* Beförderung *f*, Transport *m*; Gütertransport *m*; 2. *s.* haulage drift
haulage cable Zugseil *n (eines Förderers)*
haulage drift Förderstrecke *f (Erdstoff)*
haulage of prefabricated building units Elemente-transport *m*
haulage rope Zugseil *n*, Förderseil *n*
hauling plant *(BWG, Erdb)* Fördermaschine *f*, Förderplanierraupe *f*
hauling vehicle *(Verk)* Transportfahrzeug *n*
haunch *v* seitlich stützen
haunch 1. *(Konst)* Gewölbeschenkel *m*, Bogenschenkel *m*, Schenkel *m*, Schenkelteil *n*, Bogenanfänger *m*, Leibung *f*, Laibung *f*; 2. *(Arch, Konst)* Auflagerschräge *f*, Voute *f*, Schräge *f*; 3. *(Verk)* Bankett *n (Straße)*
haunch arch *(Arch)* norddeutscher Backsteinbogen *m*
haunch board Schalungsseitenbrett *n* für einen Träger *(Dach)*
haunch of a beam Abschrägung *f*
haunch of vault Gewölbeschenkel *m*
haunched betonummantelt, betoneingehüllt
haunched beam Träger *m* mit Auflagerschrägen, Voutenbalken *m*
haunched mortise-and-tenon joint *(Hb)* Holzbalkenzugankerverbindung *f*
haunched tenon *(Hb)* verjüngtes Holzbalkenverbindungsglied *n*, Balkenzuganker *m*
haunching Betonummantelung *f*
haunching concrete Mantelbeton *m*
Häusler roofing Holzzementdach *n*
having dentils *(Arch)* feingezahnt
having zero moment *(Stat)* momentenfrei, momentenlos
haw-haw *(AE)* versenkter Zaun *m*
hawk Auftragebrett *n*, Aufziehbrett *n*, Mörtelbrett *n*, Reibebrett *n*
hawkbill *(St)* Lötzange *f*
hay-band Grobseil *n*
hay-loft *(LB)* Heuboden *m*
hay shed *(LB)* Heuschuppen *m*
haydite *(AE)* Blähton *m*, Blähschiefer *m (als Zuschlag)*
haywired wild verlegt *(Kabel, Leitungen)*
hazard bonus *(VR)* Gefahrenzulage *f*
hazard warning lights Warnlicht *n*, Warnblinklicht *n*
hazardous gefährlich
hazardous area Lagerraum *m* mit feuer- und explosionsgefährlichen Stoffen; explosionsgefährdeter Raum *m*
hazardous location explosionsgefährdeter Betriebsraum *m*
hazardous material *(Umw)* gefährliche Stoffe *mpl*
hazardous room explosionsgefährdeter Raum *m*
hazardous substance *(Umw)* gefährlicher Stoff *m*
hazardous waste *(Umw)* Sondermüll *m*, gefährliche Abfälle *mpl*
hazardous waste landfill *(Umw)* Sondermülldeponie *f*
haze Schleier *m*, Trübung *f (Anstrich)*; Dunst *m*
hazing *(OB)* Hauchbildung *f*, Schleierbildung *f (Anstrich)*
hazy matt, stumpf
hazy light dunstiges Licht *n*
HE-tower *(BWG, HLK, Konst)* Wärmeübertragungsturm *m*
head *v* 1. *(St)* anstauchen *(Niet)*; 2. *(Te)* steuern, lenken
head *v* **up** *(LB)* ausästen, die unteren Äste entfernen
head 1. Kopf *m*, Kopfstück *n*, Kopfende *n*; 2. *(Arch)* Säulenkopf *m*, Kopf *m*; 3. *(Wsb)* Druckhöhe *f (des Wassers)*; Gefälle *n*; Fallhöhe *f*; Förderhöhe *f (einer Pumpe)*; 4. *(Konst)* Sturz *m*; 5. *(Hb)* Rähm *m*; 6. *(Stat, Te)* Volllast *f*; 7. *(BM) (AE)* Firstziegel *m*; 8. *(Bod)* Quellgebiet *n (Fluss)*; 9. *(BM, Te)* Aufgabegut *n*; Siebgut *n*; Haufwerk *n*
head attachment Kopfausbildung *f (Säule)*
head bay *(Wsb)* Oberkammer *f*, Oberwasser *n (Schleuse)*
head beam Oberholm *m*
head block Vorlagestück *n*, Ankerblock *m*
head casing obere Verkleidungsleiste *f*
head clearance lichte Höhe *f (im Gebäude)*; Kopfraum *m*
head construction Kopfausbildung *f (Säule)*
head control *(HLK)* Temperaturregelung *f*
head cup *(St)* Gegenhalter *m (beim Nieten)*
head-end Kopfende *n*
head erosion fortschreitende Erosion *f*
head flashing Abweisblech *n* über einer Türöffnung [Fensteröffnung]
head frame mast Kopfrahmenmast *m*
head gate *(Wsb)* Obertor *n*, oberes Schleusentor *n*
head groove Kopffalz *m*
head jamb oberes Türholz *n*, oberer Türriegel *m*
head joint *(Konst)* Stoßfuge *f*
head lap *s.* headlap
head loss *(HLK, San, WVA)* Druckverlust *m*, Druckabfall *m (in Rohrleitungen)*
head mason Polier *m*, Kapo *m*
head mast Oberpfahl *m*
head meter *(Wsb, WVA)* Zuflussmesser *m*
head moment *(Stat)* Kopfmoment *n*
head of a pile *(Erdb)* Pfahlkopf *m*
head of a river *(Bod, WVA)* Quellgebiet *n*
head of column Säulenkopf *m*
head of drain *(LB, WVA)* Dränscheitel *m*, Hochpunkt *m* des Dränsystems
head of pressure *(WVA)* Druckhöhe *f*
head of rail Schienenkopf *m*
head of water *(Wsb, WVA)* Wassersäule *f*, hydrostatische Höhe *f*
head of water over weir *(Wsb)* Überströmungshöhe *f*
head-office building *(Arch)* Hauptverwaltungsgebäude *n*
head-on frontal, mit dem Kopf zuerst
head-on collision *(Verk)* Frontalzusammenstoß *m*
head-on view Kopfansicht *f*; Seitenansicht *f*
head packing *(Erdb)* Rammhaube *f (Pfahlgründung)*
head piece *s.* head rail
head plate *s.* 1. head rail; 2. wall plate
head pressure Verdichtungsdruck *m*
head race *(Wsb)* Wehrkanal *m*, Oberkanal *m*
head rail Rähm *m*, Oberschwelle *f*, Rahmenholz *n*, Bundbalken *m*
head rest Kopfstütze *f*
head runner [shaft] *s.* head rail
head slab Kopfplatte *f (Säule)*
head slope *(Erdb)* obere Böschung *f*
head stone *(Arch)* Eckstein *m*; Grabdenkmal *n*
head tank *(WVA)* Hochbehälter *m (Wasserversorgung)*
head-to-head *(Konst)* affrontiert
head tree *(Hb)* Sattelholz *n*
head turf *(LB)* Kopfrasen *m*
head wall 1. *(Br)* Flügelmauer *f (Brücke)*; 2. *(Br, Wsb)* Stirnmauer *f (Durchlass)*
header 1. *(SB)* Binder(stein) *m*, Strecker *m*, Kopfstein *m (Mauerwerk)*; 2. Sturz(stein) *m (Fenster, Tür)*; 3. *(WVA)* Verteilerhauptleitung *f*; Kollektor *m*; 4. Oberschwelle *f*, Haupt *n (Balken)*; Anlegeholz *n*; Schlüsselbalken *m*
header binder *s.* header 1.
header block Betonblock(stein) *m* mit Öffnung

header bond *(SB)* Binderverband *m*, Streckerverband *m* *(Mauerwerk)*
header course *(Hb)* Binderlage *f*, Streckerschicht *f*
header-high bis zur ersten Binderlage hoch
header joist Oberschwelle *f*, Rähm *m*, Rahmenholz *n*, Bundbalken *m*
header plank Wechseldiele *f*
header plate Rohrboden *m*, Rohrwand *f*
header tile Fliese *f* mit Aussparung
heading 1. *(Tun)* Vortrieb *m*, Ortsbrust *f*, Stollen *m*; 2. Anstauchen *n (Nieten)*
heading blast *(Tun)* Firstsprengung *f*
heading bond *s.* header bond
heading course *s.* header course
heading face *(Tun)* Ortsbrust *f*, Ortsstoß *m*
heading joint 1. *(SB)* Mauerwerksstoßfuge *f*; 2. *(Hb)* glatte Holzbalkenstoßverbindung *f*; 3. *(Hb, St)* Stumpffuge *f*
heading set *(St)* Nietkopfsetzer *m*
heading-through *(Erdb, Tun)* Durchörterung *f*
heading tool Kopfstauchwerkzeug *n*
headland *(Bod)* Vorgebirge *n*
headlap Endüberlappung *f*
headless pin Madenschraube *f*
headless rivet kopfloser Niet *m*
headroom lichte Höhe *f*, Durchgangshöhe *f*; Kopfhöhe *f* *(z. B. unter Treppen, Gewölben)*
headstock Glockenträgerbalken *m*
headwater region *(Bod, WVA)* Quellgebiet *n*
headway 1. *s.* headroom; 2. Stollen *m*; 3. *(Verk)* Fahrzeugfolgezeit *f*, Zeitlücke *f*, Zugfolge *f*, Bruttozeitlücke *f*
headwork 1. *(Tun)* Vortrieb *m*; 2. *(Arch, SB)* Bogenschlusssteinornamente *npl*
headworks *(Wsb)* Regulierungsbauwerk *n*
healing stone Dachschiefer *m*, Dachziegel *m*
Health and Safety at Work Act *(VR)* Unfallverhütungsvorschrift *f* an der Arbeitsstelle
health physics equipment *(Umw, VR)* Strahlenschutzausrüstung *f*
health resort *(RP)* Kurort *m*
health resort garden *(LB)* Kurpark *m*, Kurgarten *m*
health resort hotel *(Arch)* Kurhotel *n*
health resort park *s.* health resort garden
health resort promenade *(LB)* Kurpromenade *f*
heap *v* **(up)** (auf)schütten, aufschichten, aufhäufen; aufhalden; ansammeln
heap *(Bod, Erdb, Tun)* Haufen *m*; Stoß *m*; Halde *f*; Berghalde *f*
heap of debris *(Erdb, Tun)* Haufwerk *n*; Schuttkegel *m*
heap of granular material Kornschüttung *f*
heap of sand Sandhaufen *m*
heapable goods Schüttgut *n*
heaped concrete *(BB, Te)* Schüttbeton *m*
heaping Aufschüttung *f*, Schüttung *f*
heart 1. Herz *n*, Holzkern *m*, Kern *m*; 2. Kernholz *n*, Kern *m* *(Holz)*
heart and dart (moulding) *(Arch)* Eierstabornament *n*
heart bond *(SB)* diagonalzentrischer Formverband *m*
heart check *s.* heart shake
heart-cut *(BM, OB)* Herzschnitt *m (Destillation)*
heart-face board *(BM, Hb)* randholzfreies Brett *n*
heart-leaves *(Arch)* Herzlaub *n*
heart of the city *(RP)* Stadtkern *m*
heart plank *(BM, Hb)* Kernbrett *n*, Herzbrett *n*
heart rot Kernfäule *f*
heart shake Kernriss *m (Holz)*
heart-shaken wood kernrissiges Holz *n*
heart-shaped herzförmig
hearth 1. *(BWG, HLK)* Feuerstelle *f*; Herd *m (eines Industrieofens)*; Kaminfläche *f*; 2. feuerfester Fußboden *m* rings um einen Kamin
hearth chamber Herdraum *m*
hearth margin Herdgitter *n*, Kamingitter *n*
hearth stone *(HLK)* Herd(bau)stein *m*, Kaminbaustein *m*, Kaminflächenstein *m*, Kaminplatte *f*
hearth tile Herdplatte *f*
hearth trimmer Formkachel *f*, Spezialformfliese *f*
hearthstone Kieselkalkstein *m*
hearting 1. Ausfüllen *n (einer Mauer)*; Kernfüllung *f*; 2. Füllmauerwerk *n (Inneres der Mauer)*
heartwood Kernholz *n*
heat *v (HLK, Te)* (be)heizen *(z. B. Räume)*; erwärmen, aufheizen *(z. B. Bindemittel, Zuschlagstoffe)*; warm werden, sich erwärmen
heat *v* **glue** Leim kochen
heat *v* **up** 1. *(BM, Te)* anwärmen *(Bindemittel, Zuschlagstoffe)*; 2. *(HLK)* anfahren *(eine Heizung)*; 3. *(BM, BT)* sich erwärmen, sich aufheizen
heat *(HLK)* Wärme *f (Energieform)*; Hitze *f*
heat-absorbing glass wärmeschluckendes Glas *n*, Wärmeschutzglas *n*, wärmeabweisendes Glas *n*
heat absorption *(BM, HLK)* Wärmeaufnahme *f*, Wärmeabsorption *f*, Wärmebindung *f*
heat accumulation *(HLK)* Wärmespeicherung *f*
heat accumulator Wärmespeicher *m*
heat-activated adhesive thermoplastischer Klebstoff *m*
heat-affected wärmebeeinflusst
heat balance *(HLK)* Wärmebilanz *f*, Wärmehaushalt *m*
heat balancer *(HLK)* Wärmemengenmesser *m*
heat barrier *(DIS)* Wärmesperre *f*
heat bridge *(DIS, Konst)* Wärmebrücke *f*
heat budget *(HLK)* Wärmehaushalt *m*
heat build-up 1. Wärmeentwicklung *f*; 2. Wärmebrücke *f*
heat carrier Wärmeträger *m*, Wärmeträgermedium *n*
heat circulation *(HLK)* Wärmeumlauf *m*
heat conduction Wärmeleitung *f*, Wärmeübertragung *f*
heat conductivity *(BM, DIS)* Wärmeleitfähigkeit *f*, Wärmeleitvermögen *n*
heat conductor Wärmeleiter *m*, Wärmeableiter *m*
heat content *(BB, HLK, Te)* Wärmemenge *f*, Enthalpie *f*
heat control *(HLK)* Temperaturregelung *f*; Temperatursteuerung *f*
heat convection Wärmeströmung *f*
heat-cure *v (BB, OB, Te)* mit Heißluft nachbehandeln
heat-curing heißhärtend, hitzehärtend *(Anstrich)*
heat demand Wärmebedarf *m*
heat detector Wärmefühler *m*
heat distribution *(HLK)* Wärmeverteilung *f*
heat economising wärmesparend
heat economy *(HLK)* Wärmehaushalt *m*
heat effect Wärmewirkung *f*
heat efficiency *(HLK)* Wärmeausnutzung *f*, Wärmewirkungsgrad *m*
heat emission Wärmeabgabe *f*, Wärmeabstrahlung *f*
heat emissivity Wärmeabstrahlvermögen *n*, Wärmeausstrahlungsvermögen *n*
heat emitting apparatus Wärmeverbraucher *m*, Wärmeverbrauchsstelle *f*
heat energy Wärmeenergie *f*
heat engineering *(HLK)* Wärmetechnik *f*
heat exchange *(DIS, HLK)* Wärmeaustausch *m*, Wärmeübertragung *f*
heat exchanger Wärme(aus)tauscher *m*, Wärmeübertrager *m*
heat-exchanging medium Wärmeträger *m*
heat excluding glass wärmeabweisendes Glas *n*
heat expansion *(BM)* Wärme(aus)dehnung *f*, thermische Dehnung *f*

heat fastness 1. *(BM)* Hitzebeständigkeit *f*, Hitzefestigkeit *f*, Hitzewiderstand *m*; 2. *(BM, BT)* Wärmebeständigkeit *f*, Wärmefestigkeit *f*, Wärmewiderstand *m*
heat flow *(HLK)* Wärmeströmung *f*, Wärmefluss *m*
heat gain Temperaturerhöhung *f (eines Raums)*; Wärmezuwachs *m*
heat generated by equipment Anlagenwärme *f*
heat generating device *(HLK)* Wärmeerzeuger *m*
heat gradient Wärmegradiente *f*, Wärmegefälle *n*, Wärmeunterschied *m*
heat influence Wärmeeinfluss *m*
heat input *(BB, HLK, Te)* Wärmezufuhr *f*, Wärmeeinspeisung *f*
heat-insulated *(DIS)* wärmegeschützt, wärmegedämmt, mit Wärmedämmung
heat-insulating *(DIS)* wärmedämmend
heat-insulating board *(BT, DIS)* Wärmedämmplatte *f*
heat-insulating capacity *(DIS)* Wärmedämmvermögen *n*, Wärmedämmkapazität *f*, Wärmeschutzvermögen *n*
heat-insulating concrete *(BM, DIS)* Wärmedämmbeton *m*
heat-insulating course *(BT, DIS)* Wärmedämmlage *f*, Wärmedämmschicht *f*
heat-insulating hanging *(DIS, EB)* Wärmedämmtapete *f*
heat-insulating layer *(BT, DIS)* Wärmedämmlage *f*, Wärmedämmschicht *f*
heat-insulating material *(BM, DIS)* Wärmedämmstoff *m*, wärmedämmender Baustoff *m*; Wärmeschutzmittel *n*
heat-insulating power *(DIS)* Wärmedämmvermögen *n*, Wärmedämmfähigkeit *f*, Wärmedämmeigenschaft *f*
heat-insulating property *(BM, DIS)* Wärmedämmeigenschaft *f*
heat-insulating quality *(DIS)* Wärmedämmvermögen *n*
heat-insulating sheet *(BT, DIS)* Wärmedämmplatte *f*
heat-insulating wallpaper *(DIS, EB)* Wärmedämmtapete *f*
heat insulation *(DIS)* Wärmedämmung *f*; Wärmeschutz *m*
heat insulation bat(t) *(AE) (BT, DIS)* Wärmedämmmatte *f*
heat insulation blanket *(BT, DIS)* Wärmedämmmatte *f*
heat insulation compound *(BM, DIS)* Wärmedämmmasse *f*
heat insulation efficiency *(DIS)* Wärmedämmwirkung *f*
heat insulation requirement *(DIS)* Wärmedämmforderung *f*
heat insulation test *(DIS)* Wärmeschutzprüfung *f*, Wärmedämmprüfung *f*, wärmeschutztechnische Prüfung *f*
heat insulation value *(DIS)* Wärmedämmwert *m*
heat insulation work *(DIS, Te)* Wärmedämmungsarbeiten *fpl*
heat leak *(DIS, Konst)* Wärmebrücke *f (Außenwand)*
heat load *(BM, BT)* Wärmebelastung *f*, Wärmebeanspruchung *f*
heat loss *(DIS)* Wärmeverlust *m*
heat loss calculation *(DIS, HLK)* Wärmeverlustberechnung *f*
heat meter *(HLK)* Wärmezähler *m*
heat movement *(HLK)* Wärmebewegung *f*
heat nuisance Hitzebelästigung *f*
heat of adsorption *(BM, Konst)* Adsorptionswärme *f*
heat of condensation *(HLK)* Kondensationswärme *f*
heat of hydration 1. *(BB, Te)* Hydratationswärme *f*; 2. *s.* heat of setting
heat of initial set *s.* heat of setting
heat of reaction *(BB, Te)* Reaktionswärme *f*
heat of setting *(BB, Te)* Abbindewärme *f (Beton)*
heat of solution *(BM)* Lösungswärme *f*
heat output *(HLK)* Wärmeabgabe *f*, (abgegebene) Wärmeleistung *f*
heat pipeline *(HLK)* Fernheizungsleitung *f*
heat polymerisation *(BM)* Wärmepolymerisation *f*
heat pre-control *(HLK)* Wärmevorregelung *f*
heat-proofness *(BM, BT)* Wärmebeständigkeit *f*, Hitzebeständigkeit *f*
heat protection 1. *(DIS)* Wärmeschutz *m*; 2. *(Konst)* Temperaturschutzeinrichtung *f*
heat protection glass Wärmeschutzglas *n*
heat pump *(HLK)* Wärmepumpe *f*
heat radiance Wärmestrahlung *f*
heat radiation Wärmestrahlung *f*, Temperaturstrahlung *f*
heat-reactive resin wärmehärtbares Harz *n*
heat reclamation system *(HLK)* Wärmerückgewinnungsanlage *f*
heat recovery Wärmerückgewinnung *f*; Abwärmeverwertung *f*
heat recovery system *(HLK)* Wärmerückgewinnungsanlage *f*
heat-reflective glass Reflexionsglas *n*, hitzeabweisendes Glas *n*
heat-rejecting glass *s.* heat-reflective glass
heat release Wärmeabgabe *f*
heat-repelling hitzeabweisend, hitzeabwehrend
heat requirement *(HLK)* Wärmebedarf *m*
heat requirement calculation *(HLK)* Wärmebedarfs(be)rechnung *f*
heat resistance 1. *(BM, BT)* Wärmebeständigkeit *f*, Wärmefestigkeit *f*, Hitzebeständigkeit *f*; 2. *(DIS)* Wärmeübergangswiderstand *m*
heat-resistant wärmebeständig, wärmefest, hitzebeständig
heat-resistant concrete *(BB)* hitzebeständiger Beton *m*, Feuerfestbeton *m*
heat-resistant paint wärmebeständige Farbe *f*
heat-resisting *s.* heat-resistant
heat-resisting glass feuerfestes Glas *n*
heat-resisting paint wärmebeständige Farbe *f*
heat retention *(HLK)* Wärmehaltung *f*, Wärmespeicherung *f*
heat-saving wärmesparend
heat sealing *(St)* Heißverschweißen *n*, Heißverkleben *n (von Kunststoffen)*
heat-sensitive wärmeempfindlich, hitzeempfindlich
heat shock *(HLK)* Wärmestoß *m*
heat sink 1. Wärmeableiter *m*; 2. *(AE)* Heizmedium *n (Luft, Wasser, Öl usw.)*
heat source Wärmequelle *f*
heat stability *(BM, BT)* Wärmebeständigkeit *f*, Hitzebeständigkeit *f*
heat storage *(HLK)* Wärmespeicherung *f*
heat storage capacity *(BM)* Wärmespeicherungsvermögen *n*
heat stress Wärmespannung *f*
heat supply *(HLK)* Wärmeversorgung *f*, Wärmezufuhr *f*, Wärmeeinspeisung *f*
heat temperature *(BM, HLK)* Wärmezustand *m*
heat tensioning *(BB, Te)* thermisches Vorspannen *n*
heat transfer *s.* heat transmission
heat transfer area *(HLK)* Wärmeaustauschfläche *f*
heat-transfer coefficient *(BM, BT)* Wärmeübergangszahl *f*
heat transfer medium Wärmeträger *m*
heat transference *(HLK)* Wärmeübertragung *f*
heat transmissibility Wärmedurchlässigkeit *f*
heat transmission Wärmeübertragung *f*, Wärmetransport *m*, Wärmeabfluss *m*; Wärmedurchgang *m*
heat-transmission coefficient Wärmedurchgangszahl *f*; Wärmeübergangszahl *f*
heat transmission resistance Wärmeübergangswiderstand *m*
heat-treat *v* wärmebehandeln, warmbehandeln
heat-treatable warm aushärtbar; wärmebehandelbar, warmbehandelbar

heat-treatable steel Vergütungsstahl *m*
heat-treated wärmebehandelt
heat treatment *(BB, BM, Te)* Warmbehandlung *f*, Wärmebehandlung *f*
heat unit Wärmeeinheit *f (z. B. Kilowatt, Joule)*
heat utilization *(HLK)* Wärmeausnutzung *f*, Wärmewirkungsgrad *m*
heatable unit *(AE)* beheizbare Wohnung *f*
heated air Heißluft *f*
heated air output *(HLK)* Warmluftleistung *f*
heated floor *(HLK)* beheizter Fußboden *m*
heated roller *(BWG, Te, Verk)* erwärmte Straßenwalze *f*
heater *(HLK)* Heizkörper *m*; (elektrisches) Heizgerät *n*; Erhitzer *m*
heater fan *(HLK)* Heizgebläse *n*
heater mat Heizmatte *f*
heater surface *(HLK)* Heizfläche *f*
heath *(Bod, LB, RP)* Heideland *n*
heath sand *(BM, Bod)* Heidesand *m*
heath soil *(Bod, LB)* Heideboden *m*
heathland *(Bod, LB)* Heideland *n*
heating 1. *(HLK)* Heizung *f*, Heizen *n*, Beheizung *f*; 2. Erwärmung *f*, Erhitzung *f*
heating accessories Heizungszubehör *m*
heating air Heizungsluft *f*
heating and cooling system *(HLK)* Klimaanlage *f*
heating and planing *(BM, OB)* Aufheizen *n* und Einebnen *n*
heating and refrigerating engineering *(HLK)* Wärme- und Kältetechnik *f*
heating and ventilation system *(HLK)* Heizungs- und Lüftungsanlage *f*
heating appliance Heizungsgerät *n*
heating area of boiler *(HLK)* Kesselheizfläche *f*, Heizkesselfläche *f*
heating basement *(Konst)* Heizungskellergeschoss *n*
heating boiler Heiz(ungs)kessel *m*
heating by circulating air *(HLK)* Umluftheizung *f*
heating by gas *(HLK)* Gasheizung *f*
heating by infrared radiation Infrarotstrahlungsheizung *f*
heating by waste heat Abwärmeheizung *f*
heating calculation *(HLK)* Heizungsberechnung *f*
heating capacity Heizleistung *f*
heating cellar *(Konst)* Heizungskeller *m*
heating chamber Herdraum *m*
heating circuit Heizungsumlauf *m*, Heizkreis *m*
heating circulating pump *(HLK)* Heizungsumwälzpumpe *f*
heating coil Heiz(rohr)schlange *f*
heating contractor *(VR)* Heizungsbauunternehmer *m*
heating convector Konvektor *m*, Konvektionsheizgerät *n*
heating curve *(HLK)* Aufheizkurve *f*
heating duct *(Konst)* Heizkanal *m*
heating effect *(HLK)* Heizeffekt *m*
heating element *(El)* Heizelement *n*; (elektrischer) Heizkörper *m*
heating engineering *(HLK)* Heizungstechnik *f*
heating equipment Heizanlage *f*, Heizausrüstung *f*
heating expert Heizungsfachmann *m*
heating floor beheizter Fußboden *m*
heating for building operations Baustellenheizung *f*
heating fuel Heizstoff *m*
heating grid 1. *(HLK)* Heizregister *n (Kessel)*; 2. *(BT, HLK)* Heizgitter *n*
heating heat Heizungswärme *f*
heating heat capacity *(HLK)* Heizungswärmemenge *f*
heating installation Heiz(ungs)anlage *f*
heating jacket Heizmantel *m*
heating line Heizleitung *f*, Heizungsleitung *f*
heating load Heizlast *f*
heating mantle *(HLK)* Heizmantel *m*
heating medium Heizmittel *n*, Heizmedium *n*
heating net load Heizungsnettoleistung *f*
heating oil *(BM, HLK)* Heizöl *n*
heating oil barrier *(Konst, Umw)* Heizölsperre *f*
heating oil-fired central heating *(HLK)* Öl-Zentralheizung *f*
heating oil-resistant *(BM)* heizölfest, heizölbeständig
heating oil store *(Konst, Umw)* Heizöllagerraum *m*
heating oil tank *(HLK, Konst)* Heizöltank *m*
heating oil-tight heizöldicht, öldicht, heizölundurchlässig, ölundurchlässig
heating output Heizleistung *f*
heating panel Heizplatte *f*, Heiztafel *f*; Plattenheizkörper *m*
heating period between seasons Übergangsheizperiode *f*
heating pipe Heiz(ungs)rohr *n*
heating plant *(BWG, HLK)* zentrale Heiz(ungs)anlage *f (auch für eine Gebäudegruppe)*; Heizzentrale *f*; Heizwerk *n*
heating plant room *(Konst)* Heizungsraum *m*
heating pump Heizungspumpe *f*, Umlaufpumpe *f*
heating rate Aufheizgeschwindigkeit *f*
heating register Heizregister *n*
heating season Heizsaison *f*
heating section Heizstrang *m*
heating station 1. *(BWG, HLK) s.* heating plant; 2. *(BWG, HLK)* Fernheizwerk *n*
heating surface Heizfläche *f*, Heizungsfläche *f*
heating system *(HLK)* Heiz(ungs)anlage *f*, Heizung *f (EN 15316)*
heating technician Heizungstechniker *m*
heating unit *(HLK)* Heizgerät *n*; Heizelement *n*
heating up 1. Anheizen *n*, Anfahren *n* einer Heizung; 2. Auftempern *n (Glas)*
heating-up loss Anheizverlust *m*
heating-up period Aufladezeit *f*, Wärmeaufladungszeit *f (Speicherheizgeräte)*
heating-up time *s.* heating-up period
heating value Heizwert *m*
heating water Heizungswasser *n*
heating wire Heizdraht *m*
heating with recirculated air *(HLK)* Umluftheizung *f*
heatproof *(BM, BT)* hitzefest, wärmebeständig, hitzebeständig
heave *v* 1. heben *(z. B. Lasten)*; anheben, hochheben; 2. sich heben *(bei Entlastung)*; 3. sich heben, sich werfen *(z. B. Straße bei Frosteinwirkung)*; 4. *(Bod)* heben, quellen
heave *(Bod, Erdb)* Hebung *f*, Auftrieb *m*, Bodenhub *m*
heave-off hinge *(EB)* aushängbares Scharnier *n*
heaved gehoben, verworfen
heaver *(BWG)* Lasthebebaum *m*
heavily developed area *(RP)* dichtes [dicht besiedeltes] Wohngebiet *n*
heavily loaded *(TK, Verk)* stark belastet
heavily polished *(OB)* hochglänzend, auf Hochglanz poliert
heavily populated area *(RP)* dichtes [dicht besiedeltes] Wohngebiet *n*
heavily stressed stark belastet
heavily trafficked *(Verk)* mit hoher Verkehrsbelastung, schwer belastet
heaving 1. *(Bod, Erdb, Tun)* Bodenhebung *f*; 2. Quellen *n (eines Belags)*
heaving bottom *(Bod)* schwellender Boden *m*
heaving sands *(Bod)* Flugsand *m*
heaving soil frostgefährdeter Boden *m*; schwerer [quellfähiger, wasserbindender] Erdstoff *m*
heavy schwer, schwer beladen; grob, dick; pappig, teigig
heavy-aggregate concrete Schwerbeton *m*, Schwerstbeton *m*

heavy-aggregate shield *(BB, Konst, Umw)* Schwerbetonabschirmung *f (Reaktorbau)*
heavy-bodied paint hochviskose [zähflüssige] Farbe *f*
heavy ceramics Grobkeramik *f*; Baukeramik *f*
heavy clay *(BM, Bod)* fetter Ton *m*
heavy clay article Baukeramikerzeugnisse *npl*, baukeramischer Artikel *m*, Grobkeramikerzeugnis *n*
heavy clay product [ware] Grobkeramik *f*
heavy coating *(OB)* dicke Schutzschicht *f*
heavy concrete Schwerbeton *m*
heavy conditions *(Te, VR)* erschwerte Baubedingungen *fpl*
heavy-duty hochbeanspruchbar; Hochleistungs...; schwer belastbar
heavy-duty cable *(El)* Starkstromkabel *n*
heavy-duty coating Anstrich *m* für schwere Beanspruchung
heavy-duty industrial covering schwerer Betriebsfußboden *m*, Industriefußbodenbelag *m*
heavy-duty scaffold schweres Baugerüst *n*
heavy-duty traffic *(Verk)* Schwerlastverkehr *m*
heavy element *(BT)* Schwerelement *n*
heavy fuel oil mittelviskoses Heizöl *n*
heavy grading *(Erdb)* Erdstoffmassenaushub *m*
heavy-handed *(sl)* ungeschickt, kräftig zuschlagend
heavy industrial landscape *(RP)* Schwerindustrielandschaft *f*
heavy joist *(BT, Hb)* starker Holzbalken *m (mindestens 200 mm breit)*
heavy load capacity Hochbelastbarkeit *f*
heavy loam *(BM, Bod)* fetter Lehm *m*
heavy magnesia *(BM)* geglühte Magnesia *f*
heavy metal *(Umw)* Schwermetall *n*
heavy metal plate Grobblech *n*
heavy metal plate girder *(St, TK)* Blechträger *m*
heavy metal transport *(Umw)* Schwermetallwanderung *f*, Schwermetalltransport *m*
heavy oil *(BM, HLK)* Schweröl *n*
heavy panel *(BT)* Massenwiderstandstafel *f*, schweres Tafelelement *n*
heavy paper Karton *m*
heavy pelting rain *(Umw)* schwerer Schlagregen *m*
heavy plate Grobblech *n*
heavy profile *(St)* Schwerprofil *n*
heavy road *(Verk)* ausgefahrene Straße *f*
heavy Romanesque style *(Arch)* schwere Romanik *f*
heavy sand bindiger Sand *m*
heavy sections *(St)* schwerer Formstahl *m*
heavy soil *(Bod)* schwerer Boden *m*, tonmineralreicher [plastischer] Erdstoff *m*
heavy-solid massiv
heavy steel sections schwerer Formstahl *m*
heavy stratification *(Bod, Erdb)* mächtige Schichtung *f (geologisch)*
heavy-timber construction *(Hb)* Starkholz(bau)-konstruktion *f*
heavy traffic *(Verk)* Schwerverkehr *m*, Schwerstverkehr *m*
heavy trim *(St)* Schwerprofil *n*
heavy-wall(ed) dickwandig
heavy-weight aggregate Schwerzuschlag *m*, Schwerstzuschlag(stoff) *m*
heavy-weight coating 1. *(OB)* Dickbeschichten *n*; 2. *(OB)* Dickschicht *f*
heavy-weight concrete Schwerbeton *m*, Schwerstbeton *m*
hecatonstylon *(Arch)* Gebäude *n* mit hundert Säulen *(antiker Tempelbau)*; Hundertsäulengebäude *n*
heck 1. Tür *f* mit zwei unabhängig übereinanderhängenden Flügeln; 2. *(AE)* Lattentür *f*
hectastyle *(Arch)* sechssäulig
hedge *v (LB)* einfrieden; umzäunen
hedge 1. *(LB)* Heckenzaun *m*, Zaun *m* mit Busch- und Baumhinterpflanzung, Hecke *f*; 2. Absperrung *f*
hedgerow *(LB)* Hecke *f (am Wege)*; Zaunhecke *f*
heel 1. Fußkantholz *n*, Sockelholz *n*; 2. Stützmauerabsatz *m*
heel damage *(OB)* Schuhabsatzschaden *m*, Beschädigung *f* durch Schuhabsätze
heel mark *(OB)* Absatzeindruck *m*
heel piece *(Konst, TK)* Gegenlagerstück *n (Abstützung)*
heel post Torpfosten *m (für die Türangel)*; Stallpfosten *m*
heel stone Torpfostenauflagerstein *m*, Pfostenfundamentstein *m*
heel strap Dachsparrenankereisen *n*
heel tenon Fußzapfen *m (eines Mastes)*
height 1. *(Arch)* Höhe *f (z. B. eines Bauwerks)*; 2. *(Verm)* Höhe *f*, Höhenlage *f*; 3. *(Konst, Te)* Stand *m*, Niveau *n*; 4. *(Konst)* Höhe *f* des Scheitelpunktes, Stichhöhe *f*, Pfeilhöhe *f*
height above sea level *(Verm)* Höhe *f* über dem Meeresspiegel, Höhe *f* über NN
height above zero level *(Verm)* Kote *f* über Normalnull, Kote *f* über NN
height adjustable höhenverstellbar
height board Stufenhöhenlehre *f (Treppenbau)*
height clearance freie Höhe *f*
height dimension Höhenabmessung *f*
height finder *(Verm)* Höhenmesser *m*
height gauge Höhenmaßstab *m*
height indication Höhenkote *f*
height marker *(Verm)* Höhenzielmarke *f*
height measurement Höhenmessung *f*
height money *(VR)* Höhenzulage *f*
height notation *(Verm)* Kote *f*
height of building Gebäudehöhe *f*
height of damming *(Wsb)* Stauhöhe *f*
height of fall Fallhöhe *f (eines Körpers)*
height of fill *(Erdb)* Auffüllungshöhe *f*
height of overfall *(Wsb)* Überfallhöhe *f*
height of parapet Brüstungshöhe *f*
height of profile Profiltiefe *f*
height of rise *(Wsb)* Stauhöhe *f*
height of step Stufenhöhe *f*
height of suspension Abhängehöhe *f*
height of the day lichte Höhe *f*
height of water *(Tun, Wsb, WVA)* Druckhöhe *f* des Wassers
height of weir *(Wsb)* Höhe *f* der Dammkrone; Wehrhöhe *f*
height regulations *(VR)* Bauhöhenvorschrift *f*
height restriction Höhenbeschränkung *f*
height-to-width ratio Höhen-Breitenverhältnis *n*
height zoning *(VR)* Bauhöhenvorschrift *f*
heighten *v* erhöhen *(z. B. eine Mauer)*; aufstocken *(ein Gebäude)*
heightened block [building] *(Arch, Konst)* aufgestocktes Gebäude *n*
heightening 1. Aufstocken *n*, Erhöhen *n (Gebäude)*; 2. *(Erdb)* Aufwölbung *f*
heightening of a dam *(Erdb)* Dammerhebung *f*
held water 1. Porensaugwasser *n*, Kapillarwasser *n*; 2. *(Bod)* Schichtwasser *n*
helical spiralförmig, schraubenförmig, schneckenförmig
helical auger *(BWG, Erdb)* Schraubenbohrer *m*, Erdbohrer *m*
helical barrel vault Schneckengewölbe *n*, Spindelgewölbe *n*
helical binding *s.* helical reinforcement
helical chute *(BWG, Te)* Wendelrutsche *f*
helical conveyor Schneckenförderer *m*, Schraubenförderer *m*
helical curve *(Arch)* Schraubenlinie *f*
helical hinge Pendeltürband *n*, Federband *n*

helical line Schneckenlinie *f*
helical reinforcement *(BB, St)* Spiralbewehrung *f (für Stützen)*; schraubenförmige Säulenumschnürung *f*
helical rib Schrägrippe *f*
helical shell Schraubenflächenschale *f*
helical spring *(BT, Hb, St)* Kernspirale *f*, Wendel *f*
helical stair(case) Wendeltreppe *f* mit offener Spindel, geschwungene Treppe *f*
helical vault gewundenes Gewölbe *n*, Schneckengewölbe *n*
helically reinforced column spiralbewehrte Stütze *f*
helicline *(Konst, Verk)* Wendelrampe *f*, Spiralrampe *f*, Schraubenrampe *f*
helicoid spiralig, spiralförmig
helicoid Helikoide *f*, Schraubenfläche *f*
helicoid spiral schneckenartige Spirale *f*
helicoidal spiralig, spiralförmig
helicoidal bond schraubenförmiger Verband *m*
helicoidal ramp *s.* helicline
helicoidal shell Schraubenflächenschale *f*
helicopter deck *(Verk)* Hubschrauberlandedeck *n*
helicopter ground *(Verk)* Hubschrauberplatz *m*, Hubschrauberlandeplatz *m*
heliodon *(El)* Modelllichtquelle *f*; Architekturmodellleuchte *f*
helipad *(Verk)* Hubschrauberlandeplatz *m*
heliport Hubschrauberflugplatz *m*, Heliport *m*
helistop *(Verk)* Heliport *m*, Hubschrauberlandeplatz *m*
helium light *(El)* Heliumleuchte *f*
helix 1. *(Arch)* Helix *f*, Schraubenlinie *f*; Wendel *f*; 2. *(Arch)* Spirale *f*, Spiralornament *n*, Schnörkel *m*; Volute *f (ionisches Kapitell)*; 3. *(Arch)* Spiralbewehrung *f*
Hellenic architecture *(Arch)* hellenische [griechische] Architektur *f (480-323 v. Chr.)*
Hellenistic architecture *s.* Hellenistic style
Hellenistic Baroque *(Arch)* hellenistischer Barock *m*
Hellenistic style *(Arch)* hellenistischer Baustil *m (nach 323 v. Chr.)*
helm roof *(Konst)* vierflächiges Spitzdach *n*, Helmdach *n*, Rautendach *n*, Rhombendach *n*
helmet 1. *(Erdb)* Schlaghaube *f (für Rammpfähle)*; 2. *(VR)* Helm *m*, Schutzhelm *m*
help Handlanger *m*, Hilfsarbeiter *m*
helper Handlanger *m*, Hilfsarbeiter *m*
helve Axtstiel *m*
helying Bedachung *f*, Dachdeckung *f*, Dacheindecken *n*
hem *v* einfassen, säumen
hem *(Arch)* vorspringende Volute *f (ionisches Kapitell)*
hematite *(BM, OB)* Hämatit *m*
hemicycle *(Arch, Konst)* Halbkreisbau *m*; Halbkreisnische *f*
hemihydrate Gipshalbhydrat *n*
hemihydrate plaster *(BM)* kalzinierter Gips *m*, Stuckgips *m*, Stucco *m*, Stukko *m*
hemisphere Halbkugel *f*
hemispherical halbkugelförmig
hemispherical stupa *(Arch)* halbkugelförmige Stupa *f*
hemlock *(BM, Hb)* Schierlingstannenholz *n*
hemp Hanf *m*
hemp cord Hanfschnur *f*
hemp core Hanfeinlage *f*, Hanfkern *m*
hemp packing *(San, WVA)* Hanfdichtung *f*, Hanfpackung *f*
hemp rope Hanfseil *n*
hemp sacking Hanfgrobgewebe *n*
hemp tow *(San)* Hanfwerg *n*
hench Schornstein(gruppen)schmalseite *f*
hendecagon *(Arch)* Elfeck *n*
Henneberg's method *(Konst, Stat)* Henneberg'sches Ersatzverfahren *n*
henostyle einsäulig
heptagon *(Arch)* Heptagon *n*, Siebeneck *n*
heptagonal *(Arch)* siebeneckig
heptahedral *(Arch)* heptaedrisch, siebenflächig
heptastyle *(Arch)* Heptastylos *m*, siebensäuliges Portal *n (antike Baukunst)*
heptastyle temple *(Arch)* Heptastylostempel *m*, siebensäuliger Tempel *m*
heraeum *(Arch)* Heraion *n*, Hera-Tempel *m*
Heraion at Olympia *(Arch)* olympisches Heraion *n*
Heraklith insulating board *(BT, DIS)* Heraklithplatte *f*
herbaceous border *(LB)* Staudenrabatte *f*; Begrenzung *f* mit immergrünen Pflanzen
herbicide *(LB, Umw)* Herbizid *n*
hercynite *(Bod)* Hercynit *m*, Eisen-Tonerde-Spinell *m*
herdsman's hut *(LB)* Schäferhütte *f*
herm *(Arch)* Herme *f*, Hermessäule *f (Bauplastik)*
hermatolith *(BM, Bod)* Riffgestein *n*
hermetic *(DIS, Konst)* hermetisch (verschlossen); luftdicht
hermetical *s.* hermetic
hermetically sealed hermetisch (verschlossen), dicht abgeschlossen; abgedichtet
heroum *(Arch)* Heroon *n (Heldengrabskulptur)*
herringbone bond *(SB)* Fischgrätenverband *m*, Diagonalverband *m*, Schränkschichtverband *m (Mauerwerk)*; Festungsverband *m*
herringbone drainage *(Erdb, LB)* Fischgrätendränungssystem *n*
herringbone matching *(Hb)* Fischgrätenspundung *f*; Fischgrätenmuster *n*
herringbone parquet Fischgrätenparkett *n*
herringbone pattern Fischgrätenmuster *n*
herringbone paving *(Verk)* Fischgrätenklinkerpflaster *n*
herringbone strut Kreuzstake *f*
herringbone strutting *(Konst, TK)* Diagonalversteifung *f* von Deckenträgern
herringbone work *(SB)* Fischgrätenverband *m*, Gratverband *m (Mauerwerk)*
hesitation setting *(BB)* falsches Erstarren *n* [Abbinden *n*] *(Beton)*
hessian (canvas) Sackleinen *n*
heterochromatic verschiedenfarbig
heterogeneity *(BM)* Inhomogenität *f*
heterotactous *(VR)* irregulär
hew *v* 1. *(SB, Te)* behauen, zuhauen, zurichten, bearbeiten, schlagen *(Stein)*; 2. *(Arch)* skulptieren, skulpturieren; 3. *(LB) s.* hew down
hew *v* **down** *(LB)* fällen, umhauen *(Bäume)*
hewer's workbench *(SB, Te)* Steinzuhautisch *m*
hewing 1. Behauen *n*, Zurichten *n*; 2. *(Arch)* Skulptieren *n*
hewn bearbeitet, behauen, zugerichtet *(Stein)*
hewn foliage *(Arch)* skulpturiertes Blattwerk *n*, plastisch gestaltetes Laubwerk *n*
hewn sandstone Werksandstein *m*, behauener Bausandstein *m*
hewn-squared timber *(Hb)* auf Vierkant behauenes Holz *n*
hewn stone Quader(stein) *m*, geschnittener Werkstein *m*
hewn stone facing *(OB, SB)* Steinverblendung *f*
hewn stone masonry *(SB)* Werksteinmauerwerk *n*
hewn stone structure *(SB)* Werksteinbauwerk *n*, Natursteinbauwerk *n*
hewn stonework behauene Werksteine *mpl*
hexagon *(Arch)* Sechseck *n*
hexagon bar steel *(St)* Sechskantstahl *m*, Sechskantprofil *n*
hexagon nut Sechskantmutter *f*
hexagonal *(Arch)* sechseckig, sechskantig
hexagonal bolt Sechskantbolzen *m*, Sechskantschraube *f*
hexagonal ground-plan *(Arch)* sechseckiger Grundriss *m*
hexagonal mosaic tile Sechseckmosaikfliese *f*
hexagonal profile Sechskantprofil *n*, Sechseckprofil *n*

hexagonal shape Sechseckprofil *n*, Sechseckumriss *m*
hexagonal template slate sechseckiger Schablonenschiefer *m*
hexagonal tile Sechseckfliese *f*, Sechseckplatte *f*
hexagonal trim *s.* hexagonal profile
hexagonal turret *(Arch)* Sechsecktürmchen *n*
hexahedral sechsflächig
hexahedron *(Arch)* Sechsflächner *m*
hexastyle *(Arch)* Hexastylos *m (Tempelbau)*
hexastyle porch *(Arch)* Hexastylosvorhalle *f*, sechssäulige Vorhalle *f*
hexastyle portico *(Arch)* Hexastylosportikus *m*, sechssäuliger Portikus *m*
hexastyle temple *(Arch)* Hexastylostempel *m*, sechssäuliger Tempel *m*
Hi-boy *(AE)* Warmluftheizung *f* mit tiefliegendem [unterem] Luftaustritt
hiatus *(Konst)* Wärmedehnungsfuge *f (Ofen)*
Hiberno-Romanesque style *(Arch)* irisch-romanischer Stil *m*
hick joint *(SB)* einfache Mauersetzfuge *f (mit Hochkantziegeln)*
hickey *(AE)* Rohrbiegezange *f*, Rohrbieger *m*
hickory (wood) *(BM, Hb)* Hickoryholz *n*
hidden verdeckt
hidden cable *(El)* Unterputzkabel *n*
hidden door Geheimtür *f*
hidden dovetail *(Hb)* verdeckter Schwalbenschwanz *m*
hidden edge *(Konst)* unsichtbare Körperkante *f (technische Zeichnung)*
hidden installation *(El)* Unterputzinstallation *f*
hidden line *(Konst)* verdeckte Linie *f (technische Zeichnung)*
hidden pipe *(El)* Unterputzrohr *n*
hidden wiring *(El)* Unterputzverdrahtung *f*
hide *v* verdecken, überdecken
hiding power *(OB)* Deckfähigkeit *f*, Deckkraft *f*, Deckvermögen *n (von Farben)*
high hoch; hochentwickelt; hochgradig
high-active hochaktiv *(Haftkraft)*
high-alloyed *(St)* hochlegiert
high altar *(Arch)* Hochaltar *m*, Hauptaltar *m*
high-alumina cement Tonerde(schmelz)zement *m*
high-aluminium *(BM)* aluminiumreich
high-aluminous *(BM)* tonerdereich
high amenity district Wohnkomplex *m* mit guten Folgeeinrichtungen
high apartment *(AE)* Hochhauswohnung *f*
high-bank *(Bod, Wsb)* Steilufer *n*
high-bay lighting *(AE) (El)* Breitstrahlbeleuchtung *f*
high-bay warehouse *(EB)* Hochregallager *n*
high bog *(Bod)* Hochmoor *n*
high-bond action starke Verbindung *f*
high-bond bars Betonformstahl *m*, Rippenstahl *m*
high-bonded reinforcement Rippenstahlbewehrung *f*, Formstahlbewehrung *f*
high brass *(St)* Gelbguss *m*
high-build coating *(OB)* Dickschichtanstrich *m*, dünner Spachtelfilm *m*
high-build coating system *(OB)* dickschichtiges Anstrichsystem *n*, Dickschichtanstrichsystem *n*
high-calcium lime Fettkalk *m*, fetter Kalk *m*, Weißkalk *m*
high chair *(BB, Te)* Bewehrungshalter *m*, Stabhalterung *f (Stahlbeton)*
high-class apartment *(AE)* Luxuswohnung *f*
high-class residential area *(RP)* Villengebiet *n*, Villenzone *f*
high-class workmanship *(VR)* Wertarbeit *f*
high clay tonerdereicher Ton *m*
high-compacted hochverdichtet *(z. B. Baustoffe, Untergrund)*
high-compacting power Hochverdichtungsleistung *f*
high-containment barrier *(Konst, VR)* Hochsicherheitsabsperrung *f*
High Cross *(Arch)* Hochkreuz *n*
high dam *(Erdb, Wsb)* Hochdamm *m*
high-density concrete Schwerstbeton *m*
high-density housing hochintensiver Wohnungsbau *m*
high-density overlay Schalungstafelhartbeschichtung *f*
high-density plywood Presssperrholz *n*, kunstharzverpresstes Sperrholz *n*
high-early-strength frühhochfest *(Zement)*
high early strength *(BB)* Frühhochfestigkeit *f*
high-early-strength cement frühhochfester Zement *m*
high-early-strength concrete frühhochfester Beton *m*
high-efficiency fluorescent lamp *(El)* Hochleistungsleuchtstofflampe *f*
high-expansion cement Quellzement *m*
high-expansion concrete Quellbeton *m*
high-fire-risk hochfeuergefährlich
high-flat Hochhauswohnung *f*
high flood *(Umw, Wsb)* Hochwasserstand *m*; Hochwasser *n*
high flush toilet *s.* high-level flush toilet
high format Hochformat *n*
high format brick Hochformatziegel *m*
high format coring block Hochformathochlochblockstein *m*
high-frequency compaction *(BB, Te, Verk)* Hochfrequenzverdichtung *f*
high-frequency finisher *(BWG, Te, Verk)* Hochfrequenzfertiger *m*
high-frequency sound insulation *(DIS)* Hochfrequenz-Schallschutz *m*
high-frequency vibrated concrete hochfrequenzgerüttelter Beton *m*
high-gloss hochglänzend
high gloss Hochglanz *m*
high-gloss enamel *(OB)* hochglänzende Lackschicht *f*
high-gloss finish 1. Hochglanzlack *m*; 2. Hochglanzlackierung *f*
high-grade hochhaltig, hochwertig
high-grade chippings Edelsplitt *m*
high-grade clay *(BM, Bod)* hochwertiger Ton *m*, Edelton *m*
high-grade concrete hochwertiger Beton *m*
high-grade steel Qualitätsstahl *m*, Edelstahl *m*
high-grade timber Edelholz *n*
high ground hochliegendes Gelände *n*
high-hazard contents *(Umw)* gefährliches Lagergut *n (in einem Gebäude)*
high-head plant *(Wsb)* Speicherwerk *n*
high-head water power plant *(Wsb)* Hochdruckwasserkraftwerk *n*
high humidity and condensation test *(BB, BM)* Feuchtlagerprüfung *f*
high-intensity discharge lamp *(El)* Hochleistungsleuchtstofflampe *f*
high-intensity sheet *(Verk)* hochreflektierende Folie *f*
high-joint pointing Überstandsfugenformung *f*
high-kerbed island *(Verk)* Hochbord(verkehrs)insel *f*, Insel *f* mit Hochbord
high-level flush toilet *(San)* Wasserklosett *n* [WC *n*] mit Hochspülkasten
high-level flushing cistern [tank] *(San)* Hochspülkasten *m*
high-level railroad *(AE) (Verk)* Hochbahn *f*
high-level railway *(Verk)* Hochbahn *f*
high-level reservoir *(Wsb, WVA)* Hochspeicherbecken *n*
high-level road *(Verk)* Hochstraße *f*

high-level tank *(Wsb, WVA)* Hochbehälter *m*; Hochspeicherbecken *n*
high-level water tank *(Wsb, WVA)* Wasserhochbehälter *m*
high-lift grouting *(Te)* Hochdruckfugenverfüllung *f*
high light Profilspitze *f*, Rauigkeitsspitze *f*, Erhebung *f* *(Oberflächenmikroprofil)*
high-light window Oberlichtfenster *n*; Laterne *f*
high living unit *(AE)* Hochhauswohnung *f*
high-loaded traffic area *(Verk)* stark beanspruchte Verkehrsfläche *f*
high-lustre polishing *(OB)* Hochglanzpolieren *n*
high-lying hochliegend
high magnesium magnesiumreich *(Bindemittel, Gestein)*
high magnesium lime Dolomitkalk *m*
high-mark gauge *(Wsb)* Hochwasserstandsmesser *m*
high-mast lighting *(El)* Hochmastbeleuchtung *f*
high-melting-point asphalt Bitumendachanstrich *m* aus geblasenem Bitumen
high-modulus asphalt *(BM)* Asphalt *m* mit hohem E--Modul, verformungssteifer Asphalt *m*
high moor Hochmoor *m*
high-occupancy vehicle *(HOV) (AE) (Verk)* Personenfahrzeug *n* mit Mindestbesatzung
high-occupancy vehicle lane *(AE) (Verk)* Sonderfahrstreifen *m* für Fahrzeuge mit mehreren Passagieren
high-output fluorescent lamp *(El)* Hochleistungsleuchtstofflampe *f*
high parking building *(Konst, Verk)* Parkhochhaus *n*
high partition hohe Trennwand *f*
high-peaked roof Steildach *n*
high-performance Hochleistung *f*
high-performance concrete Hochleistungsbeton *m*
high-performance material Hochleistungsbaustoff *m*
high-performance network *(El, RP, Verk, WVA)* Hochleistungsnetz *n*
high-performance road network *(RP, Verk)* Straßenhochleistungsnetz *n*
high-performance traffic route *(Verk)* Hochleistungsstrecke *f*
high-pitched roof Ritterdach *n*, Steildach *n*
high plane *(Bod)* Hochebene *f*
high point *(Verm)* Hochpunkt *m*
high-porosity concrete Porenbeton *m*
high-precision measurement *(BM, Verm)* Präzisionsmessung *f*
high-pressure druckstark
high-pressure boiler *(HLK)* Hochdruckkessel *m*
high-pressure grouting *(Te)* Hochdruckfugenverfüllung *f*
high-pressure heating *(HLK)* Hochdruckheizung *f*
high-pressure hose Hochdruckschlauch *m*
high-pressure installation *(HLK)* Hochdruckanlage *f* *(Heizung)*
high-pressure mercury lamp *(El)* Quecksilberhochdrucklampe *f*
high-pressure overlay kunstharzverpresste Oberflächenschicht *f*
high-pressure pipeline *(San, WVA)* Hochdruckleitung *f*
high-pressure pump Hochdruckpumpe *f*
high-pressure steam curing *(BB, Te)* Hochdruckdampferhärtung *f*, Dampfdruckhärtung *f*, Autoklavhärtung *f* *(des Betons)*
high-pressure steam heating system *(HLK)* Hochdruckdampfheizungssystem *n*
high-pressure system *(HLK, San, WVA)* Hochdruckanlage *f*
high-pressure tank *(WVA)* Hochdruckbehälter *m*
high-pressure washer Wasserhochdruckreiniger *m*
high-pressure water main [pipe] *(WVA)* Hochdruckwasserleitung *f*
high-pressure well *(Erdb, Tun)* Hochdruckbohrung *f*
high-quality hochwertig
high-quality grade hochwertige Sorte *f*
high-quality steel Edelstahl *m*
high-quality window Qualitätsfenster *n*
high-quality workmanship *(VR)* Wertarbeit *f*
high-refractory hochfeuerfest
high relief *(Arch)* Hochrelief *n*
High Renaissance *(Arch)* Hochrenaissance *f*, römische Renaissance *f*
high-rise vielgeschossig
high-rise block *(Arch)* Hochhaus *n*, Wohnhochhaus *n*
high-rise building Hochhaus *n*
high-rise building erected by industrialized methods Montagehochhaus *n*
high-rise parking building *(Verk, VR)* Parkhochhaus *n*
high-rise slab block Scheibenhochhaus *n*
high-riser *(Arch) (sl)* Hochhaus *n*
high-rising structures *(Arch)* Hochbauten *mpl*
high-risk area *(Verk)* Risikobereich *m*, kritischer Abschnitt *m*
high-river *(Wsb)* Hochwasserbett *n*, Hochwasserlauf *m*
High Romanesque *(Arch)* Hochromanik *f*
high-silicon *(BM)* siliciumreich, siliziumreich; hochsiliziert
high-silicon iron Siliciumeisen *n*, Siliziumeisen *n*; Ferrosilicium *n*, Ferrosilizium *n*
high-slump concrete Weichbeton *m*, plastischer Beton *m*
high-solid paint lösungsmittelarmer Anstrichstoff *m*
high-speed building hoist *(EB)* Schnellbauaufzug *m* *(für Materialien)*
high-speed (passenger) lift *(EB)* Schnellaufzug *m*, Personenaufzug *m*
high-speed planer Schnellhobelmaschine *f*
high-speed road *(Verk)* Schnellverkehrsstraße *f*
high-speed track *(Verk)* Hochgeschwindigkeitsspur *f* *(Eisenbahn)*
high-speed traffic *(Verk)* Schnellverkehr *m* *(Straße)*
high-speed train *(Verk)* Hochgeschwindigkeitszug *m*
high-speed WIM *(Verk)* Wiegen *n* im Fließverkehr
high-strength hochfest
high strength Hochfestigkeit *f*
high-strength bolt *s.* high-tensile bolt
high-strength cement hochfester Zement *m*
high-strength concrete hochfester Beton *m*, Beton *m* hoher Güteklasse
high-strength friction grip *(Konst, St)* HV-Schraubenverbindung *f*, hochfest verschraubte Verbindung *f*, HV--Verbindung *f*
high-strength friction-grip bolt *s.* high-tensile bolt
high-strength screw hochfeste Schraube *f*
high-strength steel hochfester Stahl *m*
high-sulphide *(BM, St)* sulfidreich, hochsulfidhaltig
high-sulphur schwefelreich, hochschwefelhaltig
high technology *(Te)* Hochtechnologie *f*
high-temperature brazed joint *(HLK, San)* gasdichte Hartlötverbindung *f*
high-temperature coating *(OB)* Hochtemperaturschutzanstrich *m*
high-temperature concrete Hochtemperaturbeton *m*, hitzebeständiger Beton *m*
high-temperature durability Hochtemperaturbeständigkeit *f*
high-temperature embrittlement *(BM)* Hochtemperaturversprödung *f*
high-temperature insulant *(BM, DIS)* Hochtemperaturdämmstoff *m*
high-temperature material Hochtemperaturmaterial *n*
high-temperature resistance *(BM, BT)* Hochtemperaturbeständigkeit *f*, Hochhitzebeständigkeit *f*

H

high-temperature resistant hochtemperaturbeständig, hochhitzebeständig
high-temperature service Einsatz *m* bei hohen Temperaturen
high-temperature stability Hochtemperaturbeständigkeit *f*
high-temperature strength Warmfestigkeit *f*
high-temperature testing *(BM)* Hochtemperaturprüfung *f*
high-tensile hochzugfest; hochfest vorgespannt; HV-...
high-tensile bolt hochfeste [hochfest vorgespannte] Schraube *f*, HV-Schraube *f*
high-tensile bolted structural joint *(Konst, St)* hochfeste Schraubenverbindung *f*, hochfest verschraubte Verbindung *f*
high-tensile bolting *(Konst, St)* gleitfeste Schraubenverbindung *f*
high-tensile construction steel hochzugfester Baustahl *m*
high-tensile grip [prestressed] bolt *s.* high-tensile bolt
high-tensile quality hochzugfeste Güte *f*
high-tensile reinforcement *(BB, BM, St)* hochzugfeste Stahlbewehrung *f*
high-tensile steel *(St)* hochzugfester Stahl *m (hochwertiger Baustahl)*
high-tensile strength *(HTS) (BM, St)* Hochzugfestigkeit *f*
high-tensile structural steel hochfester Baustahl *m*
high-tensile wire hochzugfester Draht *m*
high-tension (grip) bolt *s.* high-tensile bolt
high-tension overhead transmissions line *(El)* Hochspannungsfreileitung *f*
high tide *s.* high water
high tide mark *(Umw, Wsb)* Hochwassermarke *f*
high tomb *(Arch)* Hochgrab *n*
high-vacuum asphalt *(AE)* Hochvakuumbitumen *n*, Hartbitumen *n*
high vault Hochgewölbe *n*
high-vaulted hochgewölbt
high-viscosity *(BM, OB)* hochviskos
high-viscosity asphalt cutback *(AE)* hochviskoses Verschnittbitumen *n*
high-voltage current *(El)* Starkstrom *m*
high-voltage transmission line *(El)* Hochspannungs(fern)leitung *f*
high-voltage transmission tower Hochspannungsmast *m*
high-volume road *(Verk)* hochbelastete Straße *f*
high water *(Umw, Wsb)* Hochwasser *n*, hoher Wasserstand *m*
high-water arch *(Wsb)* Flutöffnung *f*
high-water basin *(Wsb)* Hochwasserrückhaltebecken *n*
high-water bed *(Umw, Wsb)* Hochwasserbett *n*, Überschwemmungsbett *n*
high-water channel *(Umw, Wsb)* Hochwasserbett *n*
high-water level *(Wsb)* Hochwasserstand *m*
high-water mark *(Wsb)* Hochwassermarke *f*, Flutpegel *m*, Flutlinie *f*
high-water ordinary spring tide *(HWOST) (Umw)* normale Springzeitflut *f*
high-water peak *(Umw)* Hochwasserspitze *f*
high-water regulation *(Wsb)* Hochwasserregulierung *f*
high-water section [span] *(Wsb)* Hochwasserdurchlass *m*
high-webbed tee-iron *(St)* hochstegiges T-Eisenprofil *n*
high-yield-point steel *(St)* hochfester Stahl *m*
high-yield stress steel *(St)* hochbelastbarer Stahl *m*
high-zinc zinkreich, hochzinkhaltig
highboy *(AE)* hohe Kommode *f (aus Ober- und Unterteil bestehend)*
higher extent of standardization *(VR)* stärkere Standardisierung *f*
highest bid *(VR)* Höchstgebot *n (Submission)*
highest bidder *(VR)* Höchstbietender *m*, Meistbietender *m*
highest load *(Stat)* Höchstbelastung *f*
highest offer *(VR)* Höchstgebot *n*
highest permissible temperature zulässige Höchsttemperatur *f*
highest point of the middle third *(Stat)* oberer Drittelpunkt *m*
highest proposal *(VR)* Höchstgebot *n*
highest stress *(Stat)* Höchstbeanspruchung *f*
highest tender *(VR)* Höchstgebot *n*
highest water line *(WVA)* höchste Wasserstandslinie *f (Zisterne)*
highland *(Bod)* Hochland *n*
highly abrasion-proof hochabriebfest
highly active 1. hochaktiv *(Haftkraft)*; 2. sehr unedel, hochunedel *(Metall, Korrosionsanfälligkeit)*
highly alkaline *(BM)* hochalkalisch, hochbasisch
highly alloyed *(St)* hochlegiert
highly compressed hochverdichtet
highly corrosion-proof *(OB)* hochkorrosionsfest
highly corrosive *(OB)* hochkorrosiv
highly decorated *(Arch)* reich geschmückt, reich verziert
highly effective hocheffektiv
highly elastic *(BM, Konst)* hochelastisch
highly fire-resistant hochfeuerbeständig
highly impact-resistant hochschlagfest *(Kunststoff)*
highly inflammable feuergefährlich
highly lustrous hochglänzend
highly ornamented *(Arch)* reich verziert, reich geschmückt
highly pigmented *(OB)* hochpigmentiert
highly plastic hochplastisch, hochbildsam
highly polishable hochpolierbar
highly porous hochporös
highly pressed hochverdichtet
highly refractory brick hochfeuerfester Ziegel *m*
highly resinous wood harzreiches Holz *n*
highly resistant *(BM, OB)* hochresistent
highly sensitive hochempfindlich
highly shock resistant hochschlagfest
highly stressed hochbeansprucht
highly susceptible hochempfindlich
highly viscous hochviskos
highly wear-resistant hochverschleißfest
highroad *(Verk)* Hauptstraße *f*; Landstraße *f*, Chaussee *f*; *(AE)* Fernverkehrsstraße *f*
highwall *(Tun)* Abbaustoß *m*, Ortsstoß *m (mit angeschnittenem Hangenden)*
highway 1. *(BE)* öffentliche Straße *f*; 2. *(besonders AE)* Autobahn *f*; Schnellstraße *f*, Fernverkehrsstraße *f*; Chaussee *f*, Landstraße *f*; Fahrbahn *f*
highway act 1. *(Verk)* Landstraßenmaßnahme *f*; 2. *(VR)* Widmung *f* einer Landstraße
highway administration *(Verk, VR)* Straßenverwaltung *f*, Straßenbauverwaltung *f*
highway approach *(Verk)* Autobahnanschlussstelle *f*; Autobahnauffahrt *f*
highway authority *(Verk, VR)* Straßen(bau)verwaltung *f*, Straßenbaubehörde *f*, Straßenbauamt *n*
highway binder Straßenbaubindemittel *n*
highway bridge *(Br)* Straßenbrücke *f*; Autobahnbrücke *f*
highway capacity manual *(Konst, VR)* Handbuch *n* für die Bemessung von Straßenverkehrsanlagen
highway chippings Straßenbausplitt
highway code 1. *(VR)* Straßenverkehrsordnung *f*; 2. *(VR)* Straßengesetz *n (Verwaltungsgesetz)*
highway concrete *(BB, BM)* Straßenbeton *m*

highway construction *(Verk)* Straßenbau *m*
highway cross section Autobahnquerschnitt *m*; Straßenquerschnitt *m*
highway department *(AE) (Verk, VR)* Straßenbauamt *n*
highway design Straßenentwurf *m*, Straßenplanung *f*
highway drainage *(Verk, WVA)* Straßenentwässerung *f* *(Außerortsstraße)*
highway emulsion Straßenbauemulsion *f*
highway engineer Straßenbauingenieur *m*
highway engineering *(Verk)* Straßenbau *m*, Straßenbautechnik *f*
highway entrance *s.* highway approach
highway material Straßenbaustoffe *mpl*
highway network *(RP, Verk)* Autobahnnetz *n*; Schnellstraßennetz *n*; Straßennetz *n*
Highway Private Financing Law *(VR)* Fernstraßenbaufinanzierungsgesetz *n*
highway railroad grade crossing *(AE) (Verk)* schienengleicher Übergang *m*
highway ramp *(AE)* Autobahnauffahrt *f*
highway safety *(VR)* Straßenverkehrssicherheit *f*
highway shoulder *(Verk)* Standspur *f*; Randstreifen *m*
highway striping Straßenmarkierung *f*; Leitlinie *f*
highway structure *(Verk)* Straßenbauwerk *n*; Kunstbauwerk *n* *(im Straßenkörper)*
highway surveillance centre *(Verk)* Autobahnmeisterei *f*
highway traffic safety *(VR)* Straßenverkehrssicherheit *f*
highway's department *s.* highway department
hill *(Bod)* Hügel *m*, Berg *m*
hill-city *(RP)* Hügelstadt *f*
hillock *(Bod)* Hügel *m*
hillside *(Bod)* Berghang *m*
hillside architecture *(Arch)* Hangarchitektur *f*
hillside slope *(Bod, Erdb)* Hangböschung *f*
hilltop Kuppe *f*, Bergkuppe *f*
hilly *(Bod)* hügelig, bergig
hilly country *(Bod, Umw)* Hügelland *n*
hilly ground [terrain] *(Bod, Umw)* Gebirgsgelände *n*, Hügelland *n*
Hindoo architecture *(Arch)* hinduistische Architektur *f*
Hindoo temple *(Arch)* Hindutempel *m*
hinge *v* 1. *(EB)* mit Scharnier befestigen, gelenkig aufhängen; einhängen; 2. schwenken *(z. B. eine Tür)*
hinge 1. Gelenk *n*, Gelenkpunkt *m*; 2. Scharnier *n*; Angel *f*, Türangel *f*, Schlinge *f*; Band *n* *(Baubeschlag für Türen und Fenster)*
hinge backset Scharnierabstand *m* *(vom Türrand)*
hinge band *(EB)* Scharnierband *n*
hinge bar *(Konst)* Gelenkstab *m*
hinge beam *s.* hinged girder
hinge bearing *(Konst, TK)* Gelenklager *n*
hinge block Gelenkstück *n*
hinge bolt Gelenkbolzen *m*; Scharnierstift *m*
hinge column *(Konst, TK)* Pendelstütze *f*
hinge eye Halseisen *n*
hinge fitting Gelenkbefestigung *f*; Scharnier *n*
hinge frame *(Konst, TK)* Gelenkrahmen *m*
hinge girder *s.* hinged girder
hinge hasp Scharnierriegel *m*
hinge hole Gelenkloch *n*
hinge jamb Angelpfosten *m* *(Tür)*
hinge joint *(EB)* Gelenkverbindung *f*; Scharnier(gelenk) *n*
hinge pin Scharnierstift *m*, Lagerstift *m*, Drehstift *m*, Hänge *f*
hinge pivot Türangel *f*
hinge plate *(EB)* Türband *n*; Fensterband *n*, Fitsche *f*
hinge plug Scharnierstift *m*
hinge point *(Konst)* Gelenkpunkt *m*
hinge post hängender Torpfosten *m*
hinge reinforcement Scharnierunterlageplatte *f*, Scharnierplattenverstärkung *f*
hinge spindle *(EB)* Dorn *m*, Scharnierstift *m*
hinge strap *(EB)* Schippenband *n*, (verziertes) Türband *n*, Türbandeisen *n*
hinge wire *s.* hinge spindle
hinged drehbar, schwenkbar; gelenkig (befestigt); kippbar; aufgehängt, eingehängt; Hänge...
hinged arch *(Konst, TK)* Hängebogen *m*
hinged beam *s.* hinged girder
hinged bearing *(Br, TK)* Kipplager *n*
hinged bulkhead door *s.* hinged door
hinged cantilever girder bridge *(Konst, TK)* Gerberträgerbrücke *f*
hinged column Pendelstütze *f*
hinged connection *(Konst)* gelenkiger Stabanschluss *m* *(Stahlbau)*
hinged cover Scharnierverkleidung *f*
hinged door Klapptür *f*, Hängetür *f*
hinged frame *(Konst)* Gelenkrahmen *m*
hinged gate Drehtor *n*
hinged girder *(Konst, TK)* Gelenkträger *m*
hinged girder system *(Konst, TK)* Gerberträger *m*
hinged grating Klapprost *m*
hinged hatch Klappluke *f*
hinged joint *(Konst)* Gelenkverbindung *f*, Gelenk *n*
hinged lid Klappdeckel *m*
hinged lighting column *(El)* Hängelichtmast *m*, Lichtmast *m* mit Hängeleuchten
hinged loading ramp Schwingbühne *f* *(zum Verladen)*
hinged mechanism Gelenkmechanismus *m*
hinged pier *(Br)* Pendelpfeiler *m* *(Brücke)*; Pendelstütze *f*; Gelenkpfahl *m*
hinged pin *(EB)* Scharnierstift *m*
hinged plate Drehplatte *f*
hinged point *(Konst)* Gelenkpunkt *m*
hinged ridge purlin *(Konst, TK)* Gerberpfette *f*
hinged sash window Klappfenster *n*
hinged shutter Schlagladen *m*
hinged side umklappbare Seitenwand *f*
hinged support *(Konst, TK)* gelenkige Auflagerung *f*
hinged system Gelenkwerk *n*
hinged truss *(Konst, TK)* Gelenkbinder *m*
hinged window Klappfenster *n*
hinged window shutter Anschlagfensterladen *m*
hingeless eingespannt
hinging post *(EB)* Zargeanschlagpfosten *m* *(Tür)*
hip *v* *(Konst)* abwalmen
hip Walm *m*, Gratbalken *m* *(Dach)*; Dachgrat *m*
hip-and-gable roof *(Hb, Konst)* Gratsparrendach *n*
hip and valley roof eingeschnittenes Walmdach *n*
hip bath *(San)* Sitzbadewanne *f*
hip bevel Walmneigung *f*, Walmschräge *f*
hip board Gratbrett *n*
hip cap Walmkappe *f*
hip capping *(Hb)* Walmfirstlage *f*, Gratsparrenabdeckung *f*
hip gable Walm(giebel) *m*; abgewalmter Giebel *m*, abgewalmtes Ende *n*, Krüppelwalm *m*
hip hook [iron] Gratdachziegelhalter *m*
hip jack (rafter) *(Hb)* Walmschifter *m*, Gratschifter *m*
hip joint Gratverbindung *f*
hip knob Walmverzierung *f*, Gratformwerk *n*
hip moulding *(Hb)* Gratsparrenformwerk *n*
hip of a roof *(Hb, Konst)* Walm *m*, Gratbalken *m*
hip rafter *(Hb)* Gratsparren *m*, Gratbalken *m*, Dachgratsparren *m*, Dachschifter *m*, Walmsparren *m*
hip rafters *(Hb)* Anfallgebinde *n*, Anfallgespärre *n* *(Dachrahmen)*
hip ridge Anfallpunkt *m*

hip roof Walmdach *n*
hip roof tile s. hip tile
hip slate *(SB)* Kehlstein *m*
hip starting tile Walmanfänger *m*, Gratanfänger *m*
hip stone Kehlstein *m*, Schwenkstein *m*
hip support Gratbrett *n*
hip tile *(SB)* Walmziegel *m*, Gratziegel *m*, Gratstein *m*, Firstziegel *m*
hip truss Gratbinder *m*, Trapez(fachwerk)binder *m*
hipped *(Konst)* abgewalmt
hipped end Gratfußende *n*
hipped gable s. hip gable
hipped mansard roof *(Konst)* Mansardenwalmdach *n*
hipped plate abgewalmtes Faltwerk *n*
hipped-plate construction *(Konst, TK)* Faltwerk *n*, Faltwerkkonstruktion *f*
hipped-plate roof Dachfaltwerk *n*
hipped roof Walmdach *n*
hipped slab roof *(Konst)* abgewalmtes Faltwerkdach *n*
hippodrome Hippodrom *m*
hiring 1. *(VR)* Mietung *f*; 2. *(VR)* Arbeitskräfteeinstellung *f*
hiring-out *(VR)* Vermieten *n*, Vermietung *f*
hirst *(Bod, Wsb)* Flusssandbank *f*
Hispano-Moresque architecture *(Arch)* spanisch-maurische Architektur *f*
histogram *(Stat)* Histogramm *n*, Säulenschaubild *n*
historiated capital *(Arch)* Kapitell *n* mit historischen Figuren
historic building *(Arch)* historisches Gebäude *n*
historic heritage *(Arch)* historisches Erbe *n*
historic landmark *(Arch)* Kulturdenkmal *n*
historic preservation *(Arch, Te)* Denkmalpflege *f*
history of architecture *(Arch)* Architekturgeschichte *f*, Geschichte *f* der Baukunst
hitch *v* einhaken, festmachen; sich festhaken
hitch Haken *m (Zughaken an Fahrzeugen)*; Schnellkupplung *f*
hoarding 1. *(LB, Te)* Bauzaun *m*, Bretterzaun *m*; 2. Reklamewand *f*
hoarding roof Dachdoppeldeckung *f*, doppelt gedecktes Dach *n*
hoarfrost *(Umw, Verk)* Raureif *m*
hoarstone *(Verm)* Landmarke *f*, Grenzmarkierung *f*
hob *(HLK)* Kaminablage *f*; Ablageplatte *f*
hobby room Hobbyraum *m*, Freizeitraum *m*, Bastlerwerkstatt *f*
hod *(BWG, Te)* Bautragemulde *f*, Mörtel- und Ziegeltragekasten *m*, Trog *m*
hodman Handlanger *m*
hoe *v* (auf)hacken
hoe attachment *(BWG)* Tieflöffelausrüstung *f (für einen Bagger)*
hoe shovel *(BWG)* Tieflöffelbagger *m*, Schleppschaufelbagger *m*
hog *v* sich aufwölben, sich nach oben krümmen *(Bauteil)*; rundbiegen
hog *(Konst)* Stich *m*, Überhöhung *f*, Aufwölbung *f*
hog-backed Kammern [Kammerräume] enthaltend, mit Kammern (versehen)
hog-backed girder Halbparabelträger *m*
hog bristle brush Borstenpinsel *m*
hog deformation *(Bod, Stat)* Aufwölbungsverformung *f*
hog hair brush *(OB)* Borstenpinsel *m*
hogbacked bridge *(Br)* Halbparabelbrücke *f*
hoggin *(BM)* tonhaltiger Kiessand *m*, bindiges Kiessandgemisch *n*
hogging Durchbiegung *f (nach oben)*; Hochbiegung *f*, Aufwölbung *f*, Überhöhung *f*, Stich *m*
hogging bend Hochbiegen *n*
hogging bending moment *(Stat)* negatives Biegemoment *n*
hogging deformation Aufwölbungsverformung *f*
hogging girder *(TK)* Bogenträger *m (oben gewölbt)*
hog's-back tile fast halbrunder Dachziegel *m*
hoist *v* (an)heben; (hoch)winden, hochziehen; fördern
hoist *(BWG, Te)* Bauaufzug *m*; Hebewinde *f*, Winde *f*, Haspelwinde *f*
hoist line Hubseil *n*
hoist shaft s. hoistway
hoist tower *(BWG, Te)* Aufzugsgerüst *n*, Förderturm *m*
hoisting cable s. hoisting rope
hoisting cage Aufzugskorb *m*
hoisting crane *(BWG)* Hebekran *m*
hoisting equipment Hebezeug *n*
hoisting height Förderhöhe *f (z. B. eines Krans)*
hoisting platform Hubbühne *f*
hoisting rope Hubseil *n*, Förderseil *n*, Lastseil *n*
hoisting speed Hubgeschwindigkeit *f*
hoisting tackle Flaschenzug *m*
hoistway Aufzugsschacht *m*, Fahr(stuhl)schacht *m*
hoistway door Aufzugs(schacht)tür *f*, Fahrstuhlschachttür *f*
hold *v* 1. fassen, aufnehmen *(ein bestimmtes Volumen)*; 2. halten, stützen; 3. *(Erdb)* abfangen *(Träger, Balken)*; 4. einhalten *(z. B. Toleranzen)*; 5. halten *(einen Zustand)*
hold *v* **on** gegenhalten, vorhalten *(beim Nieten)*
hold *v* **size** maßhaltig bleiben
hold *v* **up** s. hold on
hold-back carrier Rückhalteträger *m*
hold-down bolt Ankerbolzen *m*, Ankerschraube *f*
hold-down clip Aufhängeklammer *f*, Halterung *f*, Halteklammer *f*, Hängeanker *m*
hold-on s. holder-on
hold tank *(Wsb, WVA)* Vorratsbehälter *m*, Speicherbecken *n*
holder Halter *m*, Halterung *f*; Klemme *f*; Haltevorrichtung *f*
holder-on *(St)* Gegenhalter *m*, Vorhalter *m*, Setzkopfeisen *n (beim Nieten)*
holder-up s. holder-on
holderbat *(San)* Halsrohrschelle *f*, Rohrschelle *f*
holdfast Klammer *f*, Klemme *f*, Zwinge *f*
holding 1. *(Konst, Wsb)* Abfangen *n*; 2. *(BB, Te)* Vorlagerung *f (bei Betondampfbehandlung)*; 3. *(VR)* Holding *f*, Konzernleitung *f*
holding bolt s. holding-down bolt
holding device Haltevorrichtung *f*, Halteeinrichtung *f*
holding-down bolt Fundamentschraube *f*; Befestigungsschraube *f*; Fundamentbolzen *m*
holding-down rod Ankerstange *f*
holding force Haltekraft *f*
holding girder Abfangträger *m*, Sturzträger *m*
holding moment *(Stat)* Festhaltemoment *n*
holding period *(BB, Te)* Dampfbehandlungswartezeit *f*
holding primer 1. *(OB)* Vorkonservierungsanstrich *m*; 2. *(OB)* Anstrichstoff *m* für Vorkonservierung
holding-up hammer s. holder-on
hole *v* 1. durchbohren, stechen *(Löcher)*; durchbrechen; (vor)bohren *(Schiefer)*; 2. *(Erdb, Tun)* durchörtern
hole *v* **through** s. hole 2.
hole 1. Loch *n*; Durchbruch *m*; Höhle *f*; 2. Kerbe *f*, Fuge *f*
hole diameter Lochdurchmesser *m*
hole footing *(Erdb)* Köcherfundament *n*
hole in the ozone layer *(Umw)* Ozonloch *n*
hole pattern Sieblochung *f*
hole screen Lochblechsieb *n*
holiday freigelassene [übersehene] Stelle *f (auf gestrichenen Flächen)*
holiday camp *(Arch, RP)* Ferienlager *n*
holiday detector Porensuchgerät *n*, Porenprüfgerät *n (Anstriche)*

holiday dwelling Ferienwohnung *f*
holiday home *(Arch, LB)* Sommerhaus *n*
holiday hostel Ferienwohnheim *n*, Ferienhotel *n*
holiday hotel Ferienhotel *n*
holiday house Ferienhaus *n*
holing 1. Vorbohren *n*, Bohren *n (Schiefer)*; 2. *(Erdb, Tun)* Durchörterung *f*
holing pincers *(BWG)* Lochzange *f*
Hollocast floor *(Konst, TK)* Hollocast-Decke *f*, Streckmetallbewehrungsdecke *f*
hollow *v* 1. aushöhlen; 2. *(Hb)* auskehlen; hohl werden
hollow *v* **out** 1. aushöhlen; 2. *(Hb)* auskehlen
hollow hohl; Hohl...
hollow 1. Höhlung *f*, Vertiefung *f*, Aushöhlung *f*; Mulde *f*; Rinne *f*; 2. *(Hb)* Hohlkehle *f*; Hohlstelle *f*
hollow abutment *(Br, Erdb)* aufgelöstes Widerlager *n*
hollow article Hohlartikel *m*; hohlraumenthaltendes Material *n*
hollow-backed rückseitig hohl *(Holz, Stein)*; ausgekehlt
hollow beam *(Hb, St, TK)* Kastenbalken(träger) *m*, Hohlkastenträger *m*, Hohlbalken *m*
hollow bed *(SB)* Randmörtelbett *n* mit mörtelfreier Kernzone
hollow block 1. Hohl(block)stein *m*, Hohlblock *m*, Großblocklochziegel *m*; 2. Füllkörper *m*, Hohlkörper *m*
hollow-block floor *(BB, TK)* Stahlbetonrippendecke *f*, Hohlsteindecke *f*
hollow brick Hohlziegel *m*, Lochziegel *m*
hollow brick ceiling *(TK)* Hohlsteindecke *f*
hollow building block *s.* hollow block 1.
hollow building member [unit] Hohlkörper *m (Baukörper)*
hollow cassette plank *(Konst, TK)* Stegkassettenplatte *f*
hollow chamfer Hohlkante *f*, gekehlte Fase *f*
hollow chisel Hohlmeißel *m*
hollow clay block Tonhohlkörper *m (Platte)*; Ziegelhohlstein *m*
hollow clay block floor *(Konst, TK)* Tonhohlplattendecke *f*
hollow clay brick *(SB)* Tonhohlziegel *m*
hollow clinker block Schlackenbetonhohlstein *m*
hollow composite slab *(BT)* Hohlverbundplatte *f*, Verbundhohlplatte *f*
hollow concrete haufwerksporiger Beton *m*, Beton *m* mit Ausfallkörnung
hollow concrete beam *(BB, BT, TK)* Betonhohlbalken *m*
hollow concrete block Hohlblock(stein) *m*
hollow concrete floor Hohlkörperdecke *f*, Betonhohldecke *f*
hollow concrete slab *(BB, BT)* Stahlbetonhohldiele *f*, Betonstegplatte *f*
hollow-core construction (unit) Leichtkernelement *n*
hollow-core door Zellkerntür *f*, Hohlkerntür *f*
hollow-core floor slab Hohldiele *f*
hollow-core plank Stegkassettenplatte *f*, Stegdiele *f*, Hohldiele *f*
hollow dam *(Wsb)* Hohlmauer *f*
hollow-expanded brick Deckenhohlziegel *m*
hollow-expanded cinder concrete block Hüttenbimshohlblock(stein) *m*
hollow-extruded section stranggepresstes Hohlprofil *n*
hollow filler brick Deckenhohlziegel *m*
hollow floor slab *(Konst, TK)* Hohlraumdeckenplatte *f*, Deckenhohlplatte *f*, Hohlsteindecke *f*
hollow form Hohlform *f*
hollow foundation pile *(Erdb)* Hohl(gründungs)pfahl *m*
hollow frame section Hohlrahmenprofil *n*
hollow-gauged brick *(SB)* Tonhohlkörper *m*, hohler Gewölbestein *m*, Hourdis *m*
hollow girder Hohlbalken(träger) *m*, Hohlträger *m*
hollow glass Hohlglas *n*
hollow glass block Glasbau(hohl)stein *m*
hollow grinding Hohlschliff *m*
hollow gypsum block Gipshohlblock(stein) *m*
hollow joint 1. offene Fuge *f*; 2. versenkte Fuge *f*, Hohlfuge *f*
hollow lintel Hohlsturz *m*
hollow masonry unit Hohlblockstein *m*
hollow masonry wall *(Konst, SB)* Hohlmauerwand *f*, Zweischalenwand *f*
hollow member Hohlkörper *m (Baukörper)*
hollow-metal door Metallrahmentür *f* mit Blechbeplankung beiderseits, Metallhohltür *f*
hollow-metal fire door *(EB)* Metallrahmenhohltür *f* mit Sperrkern
hollow mould Hohlform *f (Gussform)*
hollow moulding Hohlwürfelmuster *n*; Viertelkugelkehlplatte *f*; Hohlkehle *f*, Hohlstab *m*
hollow newel (stair) 1. gewundene Treppe *f* mit hohlen Mittelschaftpfosten; 2. gewendelte Treppe *f* mit offenem Auge
hollow panel plank *(Konst, TK)* Stegkassettenplatte *f*
hollow partition tile Leichtlanglochziegel *m (für nicht tragende Wände)*
hollow party wall Brandhohlmauer *f*
hollow pile *(Erdb)* Hohlpfahl *m*
hollow pillar *(Br, TK)* Hohlpfeiler *m*
hollow pin Hohlbolzen *m*
hollow plane Kehlhobel *m*, Nut(en)hobel *m*
hollow plank Hohldiele *f*, Zementstegdiele *f*
hollow pole Hohlmast *m*
hollow porous brick poriger Hohlstein *m (Ziegel)*
hollow punch Locheisen *n*
hollow relief *(Arch)* eingearbeitetes Relief *n*
hollow rivet *(St)* Hohlniet *m*
hollow roll Hohlumschlag *m*, Hohlumschlagsfuge *f (Metallbedachung)*
hollow section *(BT)* Hohlprofil *n*
hollow section girder *(BT, TK)* Hohlprofilträger *m*
hollow sheet Hohlplatte *f*
hollow slab Hohlplatte *f*, Stahlbetonhohlplatte *f*
hollow square moulding Hohlpyramidenmuster *n*, Hohlpyramidenmusterleiste *f*
hollow stanchion 1. Hohlstütze *f*; 2. Hohlsäule *f*
hollow structural floor unit *(BT)* Deckenhohlkörper *m*
hollow structural section *(BT, St)* Konstruktionshohlprofil *n*
hollow tile Hohlziegel *m*; Decken(ziegel)stein *m*; Füllkörper *m*
hollow-tile floor *(TK)* Füllkörperdecke *f*, Hohlsteindecke *f*
hollow-tile floor slab *s.* hollow-tile floor
hollow unit *(Konst)* Hohlkörper *m (Baukörper)*
hollow vault aufgelöstes Gewölbe *n*, Spargewölbe *n*, Hohlgewölbe *n*
hollow waffle plank *(Konst, TK)* Stegkassettenplatte *f*
hollow wall Hohlmauer *f*
hollow wall box Hohlwanddose *f*
hollow wall panel Wandhohltafel *f*
hollow-walled hohlwandig
hollow-web girder *(BT, TK)* Hohlträger *m*, Kastenträger *m*
hollow weld Hohlkehlnaht *f (Schweißen)*
hollowing 1. Aushöhlen *n*; 2. *(Hb)* Auskehlung *f*
hollowness Hohlheit *f*
holocrystalline holokristallin, ganzkristallin
holohedral *(Arch, Konst)* holoedrisch, vollflächig
Holy Cross church *(Arch)* Heiligkreuzkirche *f*
Holy Grail *(Arch)* Heiliger Gral *m*
holystone *(AE)* Vibrationsschleifer *m*
home 1. *(AE)* Haus *n*, Eigenheim *n*, Wohnhaus *n*; 2. Heim *n*; Wohnheim *n*; Seniorenwohnheim *n*
home building *(AE)* Wohnungsbau *m*

home for babies Säuglingsheim *n*
home for the aged [elderly] *(Arch)* Seniorenwohnheim *n*
home for the homeless *(Arch)* Obdachlosenheim *n*
home-grown timber einheimisches Holz *n*
home roofing slab *(BT)* Hausbedachungselement *n*
home sauna *(EB)* Heimsauna *f*
home scrap Rücklaufschrott *m*
home sewage *(WVA)* Hausabwässer *npl*
home-to-work trip *(VR)* Weg *m* zur Arbeitsstelle
home water softener *(BM, WVA)* Hauswasserenthärter *m*
homely wohnlich
homestall *s.* homestead
homestead *(Arch)* Eigenheim *n* mit Garten; *(AE)* Eigenheimgrundstück *n*
homogeneity Homogenität *f*, Gleichmäßigkeit *f*, Gleichartigkeit *f*; Einschichtigkeit *f*
homogeneity bug [defect] Homogenitätsfehler *m*
homogeneous 1. gleichartig zusammengesetzt; 2. einschalig *(Bauteil)*; 3. homogen
homogeneous covering Einschichtbelag *m*
homogeneous dam *(Erdb)* gleichförmiger Erddamm *m*
homogeneous deformation *(BM)* homogene Formänderung *f*
homogeneous lining verbundfeste Auskleidung *f*, Verbundauskleidung *f*
homogeneous member einschaliges Bauteil *n*
homogeneous state of stress *(BM, Stat)* homogener Spannungszustand *m*
homogeneous unit einschaliges Bauteil *n*
homologous homolog, spiegelbildlich
homomorphism *(Arch)* Formähnlichkeit *f*
homothetic *(Arch)* ähnlich und ähnlich liegend *(geometrische Figuren)*
hone *v (OB)* honen, feinschleifen, abziehen, ziehschleifen
hone Schleifstein *m*, Abziehstein *m*, Wetzstein *m*
honed finish *(OB)* sehr glatte Steinoberfläche *f*, polierte Oberfläche *f*
honeycomb *v* mit einem Gitterwerk auskleiden
honeycomb wabenförmig
honeycomb 1. *(BT)* wabenförmiges Element *n*; Wabe *f*; 2. *(Arch, Konst)* Wabenstruktur *f*; 3. *(BB, Te)* Betonnest *n*, Betonfehlstelle *f*; 4. *(St)* Riss *m (wabenförmig, z. B. im Gussblock)*; Gussblase *f*
honeycomb block Wabenblockstein *m*
honeycomb brick Hochlochziegel *m*, Wabenziegel *m*
honeycomb coffering *(Konst)* Wabenkassettierung *f*
honeycomb core Wabenkern *m*
honeycomb corrosion wabenförmige Korrosion *f*
honeycomb element Wabenelement *n*
honeycomb insulating board *(DIS)* Wabendämmplatte *f*
honeycomb laminate *s.* honeycomb sandwich material
honeycomb masonry *(SB)* durchbrochenes Mauerwerk *n*
honeycomb panel *(BT)* Verbundplatte *f* mit Wabenkern
honeycomb paper Wabenpappe *f*
honeycomb sandwich material *(BM)* Verbundwerkstoff *m* [Schichtbaustoff *m*] mit Wabenkern
honeycomb slating Diagonalschieferdeckung *f* mit gebrochener Schieferspitze
honeycomb structure 1. Wabenstruktur *f*, Wabenbauweise *f*, Wabenkonstruktion *f*; 2. wabenförmiger Erdstoff *m*
honeycomb wall *(SB)* Mauerpfeilerwand *f*
honeycomb weathering wabenartige Verwitterung *f*, Wabenverwitterung *f*
honeycombed wabenförmig
honeycombing wabenförmige Rissbildung *f*, Wabenbildung *f*
honing *(Te)* Schleifen *n*, Abziehen *n*
honorarium code for architects and engineers *(VR)* Honorarordnung *f* für Architekten und Ingenieure *(HOAI)*
hood 1. *(HLK)* Abzugshaube *f*, Dunsthaube *f*; 2. *(HLK)* Rauchmantel *m*, Kaminhaube *f*; Schornsteinaufsatz *m*, Kappe *f*; Abdachung *f*, Mauerhut *m*, Mauerkappe *f*; 3. *(Konst)* Wetterdach *n (Schutzdach)*
hood mould *(Konst)* Wasserschlag *m*, Kappengesims *n*, Verdachung *f (für Tür oder Fenster)*
hook *v* 1. anhaken, einhaken; zuhaken; 2. (ab)biegen; sich biegen
hook *v* **on** anhaken
hook Haken *m*; Lasthaken *m*
hook allowance Hakentoleranz *f*
hook-and butt joint *(Hb)* Verzahnungsverbindung *f*
hook and eye *(EB)* Sturmhaken *m*, Haken *m* und Öse *f*
hook-and-eye fastener *(EB)* Haken-Schlaufen-Halterung *f*
hook bending Hakenbiegen *n*
hook bolt Hakenbolzen *m*, Hakenschraube *f*
hook-like halving *s.* hooklike halving
hook lock *(EB)* Hakenverriegelung *f*, Hakenschloss *n*
hook-nail *(EB)* Hakennagel *m*
hook of rod *(BB, St)* Endhaken *m (Bewehrungsstab)*
hook screw Hakenschraube *f*
hook-shaped hakenartig
hooked 1. hakenartig, gebogen; 2. mit einem Haken versehen
hooked bar *(BB, St)* Hakenbewehrungseisen *n*
hooked lath nail Rabitzhaken *m*
hooked nail Hakenstift *m*
Hooke's law *(BM, Stat)* Hooke'sches Gesetz *n*, Elastizitätsgesetz *n*
hooklike corner halving *(Hb)* hakenförmige Ecküberblattung *f*
hooklike halving *(Hb)* Hakenblatt *n*
hoop *v* umschnüren, umwickeln *(Bewehrung)*
hoop Bügel *m*; Bewehrungsbügel *m*; Ring *m*; Reifen *m*; Bandeisen *n*
hoop deflexion Ringverformung *f*
hoop force *(Stat)* Ringkraft *f*
hoop iron Bandeisen *n*, Ankerband *n*, Stahlband *n*
hoop-iron bond Mauergurtung *f*
hoop of a pile *(Erdb)* Pfahl(kopf)ring *m*
hoop reinforcement Bügelbewehrung *f*
hoop steel Bandstahl *m*
hoop stress Ringspannung *f (Spannbeton)*
hoop tension Ringzugspannung *f*
hooped column bügelbewehrte [verbügelte] Säule *f*
hooped concrete block *(BM)* Sinterbetonstein *m*
hooping Umschnürung(sbewehrung) *f*
hoops 1. *(BB, St)* Bandeiseneinlagen *fpl*; 2. Ringbewehrung *f*
hopper 1. Bunker *m*, Silo *n(m)* mit Bodenentleerung; 2. Beschickungstrichter *m*, Trichter *m*; 3. *s.* hopper chute; 4. Füllkasten *m (Beton)*; 5. *(AE)* Spülkasten *m*
hopper chute *(BWG)* Schurre *f*, Rutsche *f*
hopper frame Fensterrahmen *m* für obenöffnendes Klappfenster
hopper light nach innen aufgehender Kippflügel *m*; unterer Lüftungsflügel *m*
hopper sash Kippflügel *m*
hopper vent *s.* hopper light
hopper window horizontales Kippfenster *n*, Kippflügelfenster *n*
horizon 1. Horizont *m*, Bodenschicht *f*; 2. Horizont *m* • **on a level with the horizon** söhlig
horizon cloth *(Arch)* Horizontvorhang *m*, gemalter Horizont *m*
horizon lighting *(El)* horizontilluminierende Beleuchtung *f*
horizontal horizontal, waagerecht, söhlig
horizontal Horizontale *f*, Waagerechte *f*

horizontal alignment *(Verk)* Linienführung *f* im Lageplan
horizontal anchorage Horizontalverankerung *f*
horizontal and straight *(SB)* scheitrecht
horizontal and vertical alignment *(Verk)* Trassierung *f*
horizontal angle *(Verm)* Horizontalwinkel *m*
horizontal arch buttress *(Arch, TK)* Schwebebogen *m*
horizontal assembly Horizontalmontage *f*
horizontal-axis mixer Betonhorizontalmischer *m*, Betonmischer *m* mit horizontal rotierender Trommel
horizontal barrel Horizontaltrommel *f*, horizontal gelagerte Trommel *f (Baustoffaufbereitung)*
horizontal beam Horizontalbalken *m*
horizontal boom angle iron Streckgurtwinkeleisen *n*
horizontal bracing *(Konst)* Horizontalverstrebung *f*; Horizontalvergitterung *f*; waagerechte Aussteifung *f*
horizontal branch *(WVA)* Horizontalabzweigung *f*; Horizontalabwassersammelleitung *f*
horizontal bridging 1. *(Konst)* Horizontalüberbrückung *f*; 2. *(Hb)* Querholzverbindung *f*
horizontal cell tile Leichtlanglochziegel *m*
horizontal centre-hung window Schwingflügelfenster *n*
horizontal circle *(Verm)* waagerechter Teilkreis *m (Theodolit)*
horizontal clearance lichte Breite *f*
horizontal component *(Stat)* Horizontalkomponente *f*, waagerechte Teilkraft *f*
horizontal core Langloch *n (Baustein)*
horizontal core slab Langlochplatte *f*
horizontal coring block *(BT, SB)* Leichtlanglochstein *m*
horizontal coring brick Leichtlanglochziegel *m*
horizontal curvature *(Arch, Konst)* horizontale Bogenlinie *f*
horizontal curve *(Verk)* Kurve *f* im Grundriss, Bogen *m* im Lageplan
horizontal damp-proof course *(DIS)* horizontale Sperrung *f*, waagerechte Absperrung *f* [Feuchtigkeitssperre *f*]
horizontal diaphragm waagerechter Querträger *m*
horizontal displacement horizontale Verschiebung *f*, horizontale Verrückung *f*
horizontal division Horizontalgliederung *f*
horizontal drainage *(Verk, WVA)* Längsentwässerung *f*
horizontal erection Horizontalzusammenbau *m*, Horizontalmontage *f*
horizontal exit *(Konst)* Gebäudeverbindungsgang *m*, Verbindungspassage *f*; Übergangsbrücke *f (zwischen Gebäuden)*
horizontal force *(Stat)* Horizontalkraft *f*
horizontal framed member [rod] *(Konst)* horizontaler Rahmenstab *m*
horizontal grate Planrost *m*
horizontal grillage Schwellenrostunterbau *m*
horizontal joint 1. Lagerfuge *f (Mauerwerk)*; 2. Horizontalverband *m*
horizontal lagging *(OB)* Horizontalverkleidung *f*
horizontal lamination *(SB)* waagerechte Schichtung *f*
horizontal line 1. *s.* horizontal; 2. liegende Leitung *f*
horizontal load *(Stat)* Horizontallast *f*; Horizontalkraft *f*
horizontal loading *(Stat)* Horizontalbelastung *f*
horizontal member *(Hb, St)* Rahmenriegel *m*, Riegel *m*; Querstück *n*, Horizontalelement *n*
horizontal movement Horizontalbewegung *f*
horizontal pan-type mixer Betonzwangsmischer *m*
horizontal panel waagerechte Verkleidungsplatte *f*
horizontal plane *(Konst, Stat)* Horizontalebene *f*, Waagerechte *f*
horizontal projection *(Konst)* Horizontalprojektion *f*, Draufsicht *f*, Grundriss *m*
horizontal property *(Konst, VR)* Wohneigentum *n*, Wohnungseigentum *n*
horizontal reinforcing waagerechte Absteifung *f*, horizontale Verstärkung *f*
horizontal road marking *(Verk)* horizontale Leiteinrichtung *f*; Fährbahnmarkierung *f*
horizontal searchlight beam waagerechter Scheinwerferstrahl *m*
horizontal section Längsschnitt *m*, Horizontalschnitt *m*
horizontal shear *(Stat)* Schubkraft *f*, Schubspannung *f*; horizontaler Schub *m*, horizontales Scheren *n*
horizontal sheeting *(Erdb)* waagerechte Baugrubenaussteifelemente *npl*
horizontal shore 1. waagerechte Schalungssteife *f*, Horizontalstrebe *f*; 2. temporäre Wandstrebe *f*
horizontal shoring 1. *(Konst)* Horizontalabsteifung *f*; 2. *s.* horizontal shoring members [timbers]
horizontal shoring members [timbers] Horizontalabstützungselemente *npl*
horizontal shuttering support Schalungsträger *m*
horizontal slider *s.* horizontal sliding window
horizontal sliding door *(EB)* Horizontalschiebetür *f*, seitliche Schiebetür *f*
horizontal sliding window horizontales Schiebefenster *n*, Horizontalschiebefenster *n*
horizontal spring hinge *(EB)* waagerechtes Springscharnier *n (verzapft in einer Fußschiene)*
horizontal stiffener Horizontalsteife *f*
horizontal stiffening Horizontalaussteifung *f*, waagerechte Absteifung *f*
horizontal stratification *(Erdb)* waagerechte Schichtung *f*, waagerechte Lagerung *f (geologisch)*
horizontal strut *(Konst)* Horizontalstrebe *f*
horizontal thrust *(Stat)* Horizontalschub *m*
horizontal thrust due to temperature Horizontalschub *m* durch Wärmedehnung
horizontal tieback Zugband *n*
horizontal timber *(Hb)* Zange *f*
horizontal translation *(Konst)* Horizontalverschiebung *f*
horizontal wall slab horizontale Wandplatte *f*
horizontal welding *(St)* Horizontalschweißen *n*, Waagerechtschweißen *n*
horizontal wind bracing Horizontalverband *m*, waagerechter Windverband *m*
horizontality horizontale Lage *f*
horizontally perforated block Langlochstein *m*, Langlochplatte *f*
horizontally pivoted sash *(EB)* Schwingflügel *m*
horizontally pivoted sash window *(EB)* Schwingflügel *m*
horizontally sliding sash *(EB)* Horizontalschiebefensterrahmen *m*
horn 1. überstehendes Holzrahmenende *n*; 2. Schiebefenstergleitschienenbegrenzer *m*, Gleitschienenbegrenzer *m* für Schiebefenster; 3. Fensterbrettüberstand *m (seitlich)*
horn aerial *(El)* Hornantenne *f*
horn arrester *(El)* Hörnerblitzableiter *m*
horn stake *(San)* Klempnersperrhaken *m*
hornbeam 1. *(LB)* Weißbuche *f*; 2. *(BM, Hb)* Weißbuchenholz *n*
hornblende *(BM)* Hornblende *f*, Amphibol *m*
hornblende diorite hornblendereicher Diorit *m*
hornblende granite *(BM)* Hornblendegranit *m*
hornblende schist Hornblendeschiefer *m*
hornblendic porphyry Hornblendeporphyr *m*
horned nut Kronenmutter *f*
hornfels Hornfelsgestein *n*
hornwork *(Arch)* Sternschanze *f (Festungsbauwerk)*
horse 1. Bock *m*, Gerüstbock *m*, Stützgestell *n*; 2. Holm *m*, Treppenbaum *m*
horse block *(EB)* Pferdesteigplatte *f (meist an einem Tor)*
horse mould Zierkantenrolle *f*, Musterrolle *f (Putz)*

H

horse scaffold Bockgerüst *n*
horse stable *(LB)* Pferdestall *m*
horseman frieze *(Arch)* Reiterfries *m*
horsepower *(HP) (Stat)* englische Pferdestärke *f (SI-fremde, englische Einheit der Leistung; 1 hp = 745,7 W)*
horseshoe apsis *(Arch)* Hufeisenapsis *f*
horseshoe arch *(Arch)* Hufeisen(bogen)gewölbe *n*, Hufeisenbogen *m*, maurischer Bogen *m*
horseshoe profile [section] *(Tun)* Hufeisenprofil *n*
horsetail structure *(Arch)* Pferdeschwanzstruktur *f*
horsing-up Putzzierleistenformung *f*
horticultural building *(LB)* Gärtnereigebäude *n*
horticultural glass *(BM)* Gartenrohglas *n*, Gärtnereiglas *n*
horticultural sheet glass Blankglas *n*, Gartenklarglas *n*
hortisol *(Bod, LB)* Gartenboden *m*
hose *v* abspritzen *(mit einem Schlauch)*
hose 1. Schlauch *m*; 2. Muffe *f*
hose bib *s.* hose cock
hose building *(Arch)* Schlauchhaus *n (Feuerwehr)*
hose clamp [clip] Schlauchklemme *f*
hose cock Außen(wand)wasserhahn *m*
hose connection Schlauchanschluss *m*, Schlauchverbindung *f*
hose level gauge Schlauchwasserwaage *f*
hose levelling instrument Schlauch(wasser)waage *f*
hose nozzle Schlauchtülle *f*
hose reel Schlauchtrommel *f*
hose tap *(San)* Schlauchanschlusshahn *m*
hospice *(Arch)* Hospiz *n*, Fremdenheim *n*
hospital *(Arch)* Krankenhaus *n*, Hospital *n*, Klinik *f*
hospital arm pull *(EB)* Krankenhaustüröffner *m (ohne Gebrauch der Hände)*
hospital block Krankenhausgebäude *n*
hospital building Krankenhausgebäude *n*
hospital construction Krankenhausbau *m*
hospital door breite Krankenhaustür *f*
hospital grounds [premises] *(RP)* Krankenhausgelände *n*
hospital sash horizontales Kippfenster *n*
hospital service system Krankenhausbetriebsanlage *f*
hospital stop Fensterarretierung *f*; Türöffnungsbegrenzer *m*
hospital switch *(El)* Notbeleuchtungsschalter *m*
hospital window horizontales Kippfenster *n*
hostel *(Arch)* Heim *n*; Wohnheim *n*; Herberge *f*; Jugendherberge *f*; Jugendhotel *n*
hostel building Heimbau *m*
hostel for single people Ledigenwohnheim *n*
hostel for the elderly *(Arch)* Altenwohnheim *n*
hostel residence Wohnheimunterkunft *f*
hostelry Herberge *f*
hostry *(Arch)* Gaststätte *f*
hot adhesive compound *(BM)* Heißklebemasse *f*
hot air Heißluft *f*, Warmluft *f*
hot-air blower *(HLK)* Heißluftgebläse *n*
hot-air drying Heißlufttrocknung *f*
hot-air duct *(HLK)* Heißluftkanal *m*
hot-air furnace Heißluftofen *m*
hot-air heating *(HLK)* Heißluftheizung *f*, Luftheizung *f*
hot-air seasoned *(BM, Hb)* ofengetrocknet, künstlich getrocknet *(Holz)*
hot-air spraying *(OB)* Heißspritzen *n*
hot-air stove *(HLK)* Heißluftkachelofen *m*
hot-air treatment *(BB, Te)* Heißluftbehandlung *f (von Beton)*
hot alkaline cleaning Abkochentfettung *f (Oberflächen)*
hot asphalt Heißasphalt *n (EN 12697)*; *(AE)* Heißbitumen *n*
hot asphalt-coated gravel *(AE) (BM, Verk)* Heißbitumenkies *m*
hot asphalt concrete *(AE)* Heißasphaltbeton *m*, Asphaltheißbeton *m*
hot bending Heißbiegen *n*
hot-bending test *(BM, St)* Warmbiegeversuch *m*
hot binder Heißbindemittel *n*
hot bitumen Heißbitumen *n*
hot bitumen concrete *(Verk)* Asphaltheißbeton *m*
hot bitumen heater *(BM, Te)* Destillationsbitumenerhitzer *m*
hot bonding *(DIS, Te)* Heißverkleben *n*, Heißklebung *f*
hot brittleness Warmbrüchigkeit *f*
hot cement Schmelzkitt *m*
hot-coated material *(BM)* Heißmischgut *n (Asphalt, Polymergemische)*
hot coating *(Verk)* Heißdeckenbau *m (Straße)*
hot corrosion Hochtemperaturkorrosion *f*
hot corrosion resistance Beständigkeit *f* gegen Hochtemperaturkorrosion
hot cracking Warmrissbildung *f*
hot cupboard Wärmeschrank *m*
hot-dip *v (OB)* heißtauchen *(zum Aufbringen von Schichten)*
hot-dip aluminizing *(OB)* Feueraluminieren *n*
hot-dip coated *(OB)* feuermetallisiert, schmelztauchbeschichtet
hot-dip coating 1. *(OB)* Schmelztauch(schutz)schicht *f*, Heißtauchschicht *f*; 2. Heißtauchen *n*, Schmelztauchen *n*
hot-dip galvanized *(OB)* feuerverzinkt
hot-dip galvanizing Feuerverzinkung *f*, Tauchverzinkung *f*
hot-dip tinned feuerverzinnt
hot-dip tinning Feuerverzinnung *f*, Tauchverzinnen *n*
hot-dipped *(OB)* feuermetallisch, schmelzgetaucht
hot-dipped aluminium coating *(OB)* Feueraluminiumschutzschicht *f*
hot-dipped coating Feuermetallschutzschicht *f*, Schmelztauchschutzschicht *f*
hot-dipped galvanized steel *(St)* feuerverzinkter Stahl *m*
hot-dipped zinc coating Feuerzinkschutzschicht *f*
hot dipping *(OB)* Feuermetallisierung *f*
hot-dog stall [stand] Imbissstand *m*
hot dressing compound *(BM)* Heißklebemasse *f*, Heißdachklebemasse *f*, Heißdachspachtelmasse *f*
hot-driven rivet *(St)* Heißniet *m*
hot embrittlement Warmversprödung *f*
hot finished heiß eingebaut
hot floor Darre *f*, Trockenboden *m (z. B. für Keramik)*
hot food table *(EB)* Speisewarmhaltetisch *m*
hot forming Warmformgebung *f*, Warmumformung *f*
hot-galvanize *v* feuerverzinken, schmelzflüssig verzinken
hot glue *(BM)* Warmleim *m*, Heißkleber *m*
hot glu(e)ing Heißleimen *n*
hot hardness Warmhärte *f*
hot joint pouring compound *(EN 13880) (BM)* Heißfugenvergussmasse *f*
hot-laid coarse tar concrete Teergrobbetonschicht *f (Straße)*
hot-laid mixture Heißbaustoffgemisch *n*, Heiß(einbau)-mischgut *n*
hot-laid rolled asphalt Heißwalzasphalt *m*
hot-laid surfacing *(Verk)* Heißeinbaudecke *f (Straße)*
hot-laying *(Verk)* Heißeinbau *m*
hot-melt coating Heißtauchmasse *f*
hot-metal spraying *(OB)* Metallheißspritzen *n*
hot mix *(BM, Verk)* Heiß(einbau)mischgut *n*, Heißmischung *f*
hot-mix recycling Heißmischrecycling *n (Asphalt)*
hot-mixed macadam *(BM, Verk)* heißgemischter Makadam *m*
hot mixture *s.* hot mix
hot phosphatizing *(OB)* Heißphosphatieren *n (Oberflächen, Passivieren)*

hot plant mixing *(Te)* Heißmischverfahren *n*
hot pouring Heißvergießen *n*, Heißverguss *m*
hot-pouring compound Heißvergussmasse *f*, Heißgießmasse *f*
hot-pressing *(Hb, Te)* Heißpress(leim)verfahren *n (Holz)*
hot-riveted *(St)* warmgenietet
hot riveting *(St)* Warmnieten *n*
hot-rolled warmgewalzt
hot-rolled asphalt *(EN 12697) (BM, Verk)* Heiß(walz)asphalt *m*
hot-rolled finish *(Verk)* Warmwalzoberfläche *f*, Warmwalzoberflächenbelag *m*, Heißasphaltdeckschicht *f*
hot rolling Warmwalzen *n*, Heißeinbau *m (Asphalt)*
hot room *(Arch)* Caldarium *n (römisches Bad)*
hot sealing *(DIS)* Heißklebung *f*, Heißversiegelung *f*
hot-setting adhesive *(DIS)* heißabbindender [heißhärtender] Kleber *m*, Heißkleber *m*
hot shortness Warmbrüchigkeit *f*
hot-solder *v* heißlöten
hot spot Überwärmungszone *f*, Überhitzungszone *f*
hot-sprayed marking *(Verk)* Heiß(spritz)markierung *f*
hot spraying *(OB)* Heißspritzen *n (von Anstrichen)*
hot spring *(Bod)* Thermalquelle *f*, Therme *f*
hot-strain *v* warmrecken *(Metall)*
hot strength Warmfestigkeit *f*
hot surface 1. hochalkalische Oberfläche *f (Bauchemie)*; 2. *(OB)* stark absorbierende Oberfläche *f (Anstrich)*; 3. heiße Oberfläche *f (Heizungsinstallation)*
hot surface treating Oberflächenbehandlung *f* mit Heißbindemittel
hot tar *(BM)* Heißteer *m*
hot tarring *(OB, Te)* Heißteerung *f*
hot test Warmversuch *m*
hot-tinned coating *(OB)* Feuerzinnschutzschicht *f*
hot-water central heating *(HLK)* Warmwasserzentralheizung *f*
hot-water circulation *(HLK, San)* Warmwasserumlauf *m*
hot-water flow *(San)* Warmwasservorlauf *m*
hot-water generator *(San)* Warmwassererzeuger *m*
hot-water heater *(San)* Warmwasserheizgerät *n*; Wassererhitzer *m*, Heißwasserbereiter *m*
hot-water heating *(HLK)* Warmwasserheizung *f*
hot-water heating system *(HLK)* Warmwasserheizungsanlage *f*
hot-water line Warmwasserleitung *f*
hot-water network *(San)* Warmwassernetz *n*
hot-water pipe *(HLK, San)* Warmwasserleitung *f*
hot-water pipeline *(HLK, San)* Warmwasserleitung *f*
hot-water reservoir *(San)* Heißwasserspeicher *m*
hot-water return *(HLK, San)* Warmwasserrücklauf *m*
hot-water service *(San)* Warmwasserversorgung *f*
hot-water storage tank *(San)* Warmwasserspeicher *m*
hot-water supply *(HLK, San)* Warmwasserversorgung *f*
hot-water supply pipe *(HLK, San)* Warmwasserleitung *f*
hot-water tank *(San)* Heißwasserbehälter *m*
hot-water tap *(San)* Warmwasserhahn *m*
hot-water test *(BM)* Heißwasserprüfung *f (Porosität)*
hot well *(San) (sl)* Heißwassererzeuger *m*, Warmwasserspeicher *m*
hot wetting *(Verk)* Heißdeckenbau *m (Straße)*
hot working *(Te)* Warmformgebung *f*
hotel Hotel *n*
hotel building *(Arch)* Hotelgebäude *n*
hotel construction Hotelbau *m*
hotel foyer Hotelhalle *f*; Foyer *n*
hotel lobby Hotelhalle *f*
hotel restaurant Hotelrestaurant *n*
hotel swimming pool Hotelschwimmbad *n*
hothouse *(LB)* Gewächshaus *n*, Treibhaus *n*
hourly consumption Stundenverbrauch *m (Wasser, Baustoffe)*
hourly output Stundenleistung *f (z. B. eines Mischers)*
hourly solar radiation *(HLK)* stündliche Solarstrahlung *f*
hourly traffic flow *(Verk)* stündliche Verkehrsmenge *f*
hours of work *(VR)* Arbeitsstunden *fpl*
house *v* 1. einbauen; einhausen, in ein Gehäuse einbauen; aufnehmen *(z. B. Geräte)*; 2. unterbringen *(in einer Wohnung)*; beherbergen
house 1. *(Arch)* Haus *n*, Gebäude *n*; 2. *(Arch)* Wohnhaus *n*; Einfamilienhaus *n*
house agency *(VR)* Hausmakleragentur *f*, Immobilienagentur *f*
house agent *(VR)* Hausmakler *m*, Grundstücksmakler *m*
house alteration(s) *(RS)* Hausumbau *m*, Gebäudeumbau *m*
house breaking 1. *(RS)* Hausabbruch *m*; 2. *(VR)* Hauseinbruch *m*
house-builders' scheme *(VR)* Bauherrenmodell *n*
house-building 1. Wohnungsbau *m*; 2. Hausbau *m*; 3. Bebauung *f*, Wohnbebauung *f*
house-building programme *(VR)* Wohnungsbauprogramm *n*
house built in terraces on a slope *(AE)* Terrassenmehrfamilienhaus *n*
house cable *(El)* Telefonanschlussleitung *f* im Haus
house clearance *(VR)* Wohnungsauflösung *f*, Haushaltsauflösung *f*
house complex *(Arch)* Häusergruppe *f*, Häuserkomplex *m*
house connection 1. *(El, WVA)* Gebäudeanschlussleitung *f*, Hausanschluss *m (an eine Ver- oder Entsorgung)*; 2. *(El)* Telefonhausanschluss *m*
house connection box *(El)* Hausanschlusskasten *m*
house connection line *(El)* Hausanschlussleitung *f*, Hausanschluss *m*
house construction Hausbau *m*
house decorator *(Arch)* Raumgestalter *m*, Innenarchitekt *m*
house door Haustür *f*
house drain *(WVA)* Grund(abfluss)leitung *f*
house drainage *(WVA)* Hausentwässerung *f*
house dweller Einzelhausbewohner *m*
house entrance Hauseingang *m*
house estate road *s.* house estating road
house estating road *(Verk)* Wohngebietsstraße *f*, Siedlungsstraße *f*
house frame Gebäuderahmen *m*, Hausrahmen *m*
house fungus *(Konst)* Hausschwamm *m*, Schwamm *m (Pilz)*
house mains *(El) (AE)* Installationsnetz *n*
house orientation *(RP)* Hauslage *f*, Gebäudelage *f*, Himmelslage *f*
house paint Bautenanstrichfarbe *f*, Fassadenfarbe *f*
house painter Anstreicher *m*
house pole *(El)* Abspannstange *f*
house raising *(VR)* Eigenheimbau *m* in Nachbarschaftshilfe
house refuse *(Umw)* Hausmüll *m*, Haushaltsabfälle *mpl*
house sewage *(WVA)* Haushaltsabwasser *n*
house silhouette *(Arch)* Haussilhouette *f*, Gebäudesilhouette *f*
house slant *(WVA)* Hausentwässerungsanschluss *m*, Hausentwässerungsleitung *f*; T-förmiges Entwässerungsleitungsverbindungsstück *n*
house tank *(WVA)* Hauswasserbehälter *m*
house telephone *(El)* Haustelefon *n*
house trap *s.* building trap
house wiring *(El)* Hausinstallation *f*
housed eingehaust; eingebaut; eingepasst; eingemufft; umschlossen

H

housed joint *(Hb)* (rechteckige) Einarmzapfverbindung *f*
housed stair *(EB, Hb)* geschlossene Treppe *f*
housed string Wange *f* mit eingestemmten Stufen
housedemolishing *(RS)* Hausabbruch *m*
household interview *(VR)* Haushaltsbefragung *f (für Verkehrserhebungen)*
household refuse *(Umw)* Hausmüll *m*
household rubbish *(AE) (Umw)* Hausmüll *m*
household store room Abstellraum *m*, Hausgeräteraum *m*
household survey *(VR)* Haushaltsbefragung *f*
household waste *s.* household refuse
housing 1. Wohn(ungs)bauten *mpl*; 2. Wohnungswesen *n*; 3. Unterbringung *f*, Beherbergung *f*; 4. Gehäuse *n (von Geräten)*; 5. Geräteständer *m*; Stütze *f*; 6. *(Hb)* Zapfenaussparung *f*; 7. *(AE)* Nische *f (meist für Statuen)*; 8. *s.* animal housing
housing act *(VR)* Wohnungsbaugesetz *n*
housing area *(RP)* Wohngebiet *n*; Siedlungsgebiet *n*
housing association *(VR)* Wohnungsbaugesellschaft *f*
housing authority 1. *(VR)* Wohnungsbaubehörde *f*; 2. *(VR)* Wohnungsverwaltung *f*
housing barrack Wohnbaracke *f*
housing betterment *(VR)* Wohnverbesserung *f*, Verbesserung *f* der Wohnverhältnisse
housing block type *(Arch)* Wohnblocktyp *m*
housing colony Wohnkolonie *f*, Siedlung *f*
housing complex *(RP)* Wohnanlage *f*
housing conditions Wohnverhältnisse *npl*
housing construction Wohnungsbau *m*
housing construction area *(RP)* Wohnungsbaugebiet *n*
housing demand *(VR)* Wohnungsbedarf *m*
housing density *(RP)* Wohndichte *f*
housing development *s.* housing project
housing development area *(RP)* Wohnungsbaugebiet *n*
housing development conception *(RP)* Siedlungskonzept *n*
housing estate *(RP)* Wohnviertel *n*; Wohnsiedlung *f*, Wohnkolonie *f*, Siedlung *f (innerhalb einer Ortschaft)*; Wohnkomplex *m*
housing estate with high-standard public amenities *(RP)* Wohnkomplex *m* mit guten Folgeeinrichtungen
housing factory *(BWG)* Häuserfabrik *f*
housing financing *(VR)* Wohnungsbaufinanzierung *f*
housing joint *(Hb)* Schlitzzapfen *m*, Zapfenkerbe *f*
housing market *(VR)* Wohnungsmarkt *m*
housing need Wohnungsbedarf *m*
housing needs Wohnbedürfnisse *npl*
housing of staff Personalwohnbaracke *f*
housing office *(VR)* Wohnungsamt *n*
housing policy Wohnungspolitik *f*
housing programme *(VR)* Wohnungsbauprogramm *n*
housing project *(RP)* Wohnungsbauprojekt *n*, Wohnungsbauvorhaben *n*
housing requirement Wohnungsbedarf *m*
housing scheme *s.* housing project
housing shortage Wohnungsmangel *m*
housing space Wohnraum *m*, bewohnbarer Raum *m (eines Hauses)*
housing square Wohnblock *m*; Häuserquadrat *n*
housing stock Wohnungsbestand *m*, Wohnungsbausubstanz *f*
housing survey *(VR)* Wohnungsuntersuchung *f (Erhebung)*
housing system *(VR)* Wohnungsbauverfahren *n*
housing tradition *(Arch)* Wohnkultur *f*
housing undertaking Wohnungsbauunternehmen *n*
housing unit Wohn(ungs)einheit *f*
housing work Wohnungsbau *m*
HOV *s.* high-occupancy vehicle
hovel *(LB)* Schuppen *m (armselige Hütte)*
hovelling Schornstein *m* mit seitlichem Abzug und überdachter Spitze
hover ground *(LB)* Lockerboden *m*
Howe truss N-Binder *m (ein Dachbinder)*; Howe'scher Träger *m*, englischer Dachbinderträger *m*
Hoyer beam *(TK)* Hoyer-Balken *m*
Hoyer concrete *(BB)* Stahlsaiten(spann)beton *m*, Saitenbeton *m*
Hoyer effect *(BB, Te)* Stahlsaitenspannprinzip *n*
HP *s.* horsepower
HTS *s.* high-tensile strength
hub 1. *(Konst, Stat)* Stabilisierungskern *m (eines Gebäudes)*; Treppenhausröhre *f*; 2. *(EB)* Türschlossbuchse *f*; 3. *(Verm)* Nivellierlatte *f (fester Vermessungspunkt)*; 4. *(St)* Muffenende *n*; 5. *(Konst)* Knotenverbindung *f*, Knoten *m (Stabwerk)*
Hubbard Field test *(Verk)* Hubbard-Field-Asphaltprüfung *f*
hue *(OB)* Ton *m*, Farbton *m*
human comfort *(Arch)* Behaglichkeit *f*
human thermal comfort Behaglichkeitsgefühl *n*, thermischer Komfort *m*
humates *(BM, LB)* Huminstoffe *mpl*
humic *(Bod, LB)* humos
humic acid *(Bod)* Humussäure *f*
humic layer *(Bod, LB)* Humusschicht *f*
humic soil *(Bod, LB)* Humusboden *m*
humic substance Humusstoff *m*
humid feucht
humid atmospheric corrosion *(OB)* Korrosion *f* in feuchter Atmosphäre
humid room Feuchtraum *m*
humid room damp proofing *(DIS)* Feuchtraumabdichtung *f*
humid room luminaire *(El)* Feuchtraumleuchte *f*
humid waste *(Umw)* Feuchtmüll *m*, Feuchtabfall *m*
humid weight *(BM)* Feuchtgewicht *n*
humidification *(Te)* Befeuchtung *f*, Anfeuchtung *f*
humidifier *(HLK)* Befeuchter *m*, Anfeuchter *m*, Luftbefeuchter *m*
humidify *v* befeuchten, anfeuchten
humidifying *(HLK)* Anfeuchten *n*, Befeuchten *n*, Luftbefeuchten *n*
humidifying agent *(BM, HLK)* Anfeuchtungsstoff *m*, Anfeuchtungsmittel *n*, Befeuchtungsstoff *m*, Befeuchtungsmittel *n*
humidistat *(HLK)* Feuchtefühler *m*
humidity Feuchte *f*, Feuchtigkeit *f*; Luftfeuchte *f*
humidity absorption *(BM)* Feuchtigkeitsaufnahme *f*
humidity barrier *(DIS)* Feuchtigkeitssperrschicht *f*
humidity cabinet *(BB, Te)* Feuchtraumkammer *f*
humidity condensation test *(DIS)* Schwitzwassertest *m*
humidity content Feuchtigkeitsgehalt *m*
humidity control *(HLK)* Feuchtigkeitsregelung *f*
humidity cover Feuchtigkeitsbelag *m*
humidity insulation *(DIS)* Feuchtigkeitssperrung *f*
humidity limit Feuchtegrenze *f*, Feuchtigkeitsgrenze *f*
humidity migration *(DIS)* Feuchtewanderung *f*, Feuchtigkeitswanderung *f*
humidity of air Luftfeuchtigkeit *f*
humidity protection *(DIS)* Feuchtigkeitsschutz *m*
humidity quantity Feuchtigkeitsmenge *f*
humidity ratio *(BM)* Feuchtegehalt *m*
humidity removal from roofs *(Te)* Dachentfeuchtung *f*
humidity resistance *(BM)* Feuchtigkeitsbeständigkeit *f*, Feuchtebeständigkeit *f*
humidity-resistant feuchtigkeitsbeständig, feuchtebeständig
humidity seal [stop] *(DIS)* Feuchtesperre *f*, Feuchtigkeitssperre *f*, Feuchtigkeitssperrschicht *f*

humidity test *(BM)* Feuchtlagerversuch *m*
humidity testing Feuchtigkeitsprüfung *f*
humiture *(HLK)* kombinierte Feuchtigkeits- und Temperaturmessung *f*
hummocky *(Bod, Verk)* höckerig
humous *(Bod)* humos
humous sand *(Bod, LB)* humoser Sand *m*
hump *v* sich wölben
hump *v* **up** *(Bod, BT)* aufbuckeln
hump 1. *(Verk)* Buckel *m*, Straßenbuckel *m*, Fahrbahnschwelle *f*, Bodenschwelle *f*, Höcker *m*; 2. *(Bod)* kleiner Hügel *m*; 3. *(Verk)* Wagenablaufberg *m (Rangierbetrieb)*
hump track *(Verk)* Ablaufgleis *n*
hump yard *(Verk)* Ablaufrangieranlage *f*
humus 1. *(Bod, LB)* Humus *m*; 2. *s.* humus soil
humus earth *(Bod, LB)* Humuserde *f*
humus soil *(Bod, LB)* Humuserde *f*, Humusboden *m*
hung ceiling *(Konst)* Hängedecke *f*, eingehängte [untergehängte] Decke *f*
hung glazing Hängeverglasung *f*, hängende Einglasung *f*
hung gutter *(San)* Hängerinne *f*
hung plaster ceiling Hängeputzdecke *f*, Putzhängedecke *f*, abgehängte Putzdecke *f*
hung sash Gegengewichtshubfenster *n (vertikal)*; Schiebefenster *n* (mit Gewichtsausgleich); Gegengewichtshubfensterflügel *m (vertikal)*
hung scaffold Hängegerüst *n*, Hängerüstung *f*
hung shell *(Konst)* Hängeschale *f (Deckenkonstruktion)*
hung slating 1. Wandschiefereindeckung *f*, Schieferwandverkleidung *f*; 2. abgehängte Schieferverkleidung *f*
hung tiling Wandplattenbelag *m*
hung window *s.* hung sash
hungry *(OB)* fehlfleckig, stellenweise durchsichtig *(Farbanstrich)*
hungry joint ausgemörtelte Fuge *f*, ausgehungerte Fuge *f*
hungry spot *(OB)* Betonoberflächenfehler *m*
hunting lodge *(Arch)* Jagdhaus *n*
hurdle 1. *(LB, Wsb)* Faschine *f*, Reisigbündel *n*; 2. *(LB)* Geflecht *n*
hurdle fence *(LB)* Flechtzaun *m*, Hürdenzaun *m*
hurdle work *(Arch, LB)* Flechtwerk *n*
hurdles Hürdengalerie *f*
hurricane test Orkanprüfung *f (z. B. für Fenster)*
husbanding *(Bod)* sparsamer Umgang *m (mit Naturressourcen)*
husbandry *(LB)* Landwirtschaft *f*
hut 1. Hütte *f*; Baracke *f*; Blockhaus *n*; Kate *f*; 2. Soldatenbaracke *f (temporär)*
hut camp Barackenlager *n*
hutch Mulde *f*, Trog *m*; Kasten *m*
hutments Barackenlager *n*
HWOST *s.* high-water ordinary spring tide
hyaline *(Bod)* hyalin, glasig, glasartig *(Geologie)*
hybrid beam gemischter [zusammengesetzter] Träger *m*, Träger *m* mit unterschiedlicher Stahlgüte für Flansch und Steg
hybrid concrete construction *(BB, Konst, St)* Hybrid--Betonkonstruktion *f*
hybrid rock Mischgestein *n*
hydralime *s.* hydrated lime
hydrant *(WVA)* Hydrant *m*
hydrargillite *(BM, Bod)* Hydrargillit *m*, Gibbsit *m*
hydrate *v* 1. hydratisieren, löschen *(Kalk)*; 2. abbinden *(Zement)*
hydrate *(BM)* Hydrat *n*; Kalkhydrat *n*
hydrated hydratisiert, abgebunden
hydrated calcium silicate *(BM)* Kalksilikathydrat *n*, Kalksilicathydrat *n*
hydrated cement abgebundener Zement *m*, Zementstein *m (erhärteter Zementleim)*; hydratisierter Zement *m*
hydrated dolomitic lime Dolomitkalkhydrat *n*
hydrated hydraulic lime *(BM)* Wasserkalkhydrat *n*
hydrated lime Löschkalk *m*, gelöschter Kalk *m*, Kalkhydrat *n*
hydrated lime putty Carbidkalkteig *m*, Karbidkalkteig *m*
hydrated magnesium lime *(BM)* Dolomitkalkhydrat *n*
hydrating 1. *(BM, Te)* Löschen *n*, Nasslöschen *n (Kalk)*; 2. Abbinden *n (Zement)*
hydration 1. Hydra(ta)tion *f*, Hydratisierung *f*, Wasseranlagerung *f*; 2. Abbinden *n (von Zement)*
hydration degree Hydratationsgrad *m*
hydration heat Hydratationswärme *f*; Abbindewärme *f*
hydration process *(BB, Te)* Hydratationsprozess *m*
hydration rate Hydratationsgeschwindigkeit *f*
hydration sheath *(BM)* Hydrathülle *f*
hydration state Hydratationszustand *m*
hydration temperature Hydratationstemperatur *f*
hydration water Hydratwasser *n*, Hydratationswasser *n*
hydrator *(BM, Te)* Löschmaschine *f*, Löschschnecke *f*
hydraulic 1. *(BM)* hydraulisch, wasserbindend, unter Wasser abbindend [erhärtend]; 2. *(BWG)* hydraulisch (betrieben), mit Flüssigkeitsdruck arbeitend
hydraulic additive hydraulisches [wasserbindendes] Zusatzmittel *n*
hydraulic architecture *(Arch, Wsb)* Wasserbaukunst *f*
hydraulic backfill *(Br, Erdb)* hydraulisch wirksame Hinterfüllung *f*
hydraulic binder hydraulisches Bindemittel *n*, Mischbinder *m*; hydraulischer Kitt *m*
hydraulic binder material hydraulisches Bindemittel *n*, Mörtelbildner *m*
hydraulic bound construction method hydraulisch gebundene Verlegung *f*
hydraulic capsule *(HLK, Wsb)* Flüssigkeitsdruckmessdose *f*
hydraulic cement 1. hydraulischer Zement *m*, Wasserzement *m*; 2. *s.* hydraulic binder
hydraulic classification Nassklassieren *n (Baustoffaufbereitung)*
hydraulic compaction hydraulische Verdichtung *f*
hydraulic conductivity *(BM, Bod)* Durchlässigkeitsbeiwert *m*; Wasserdurchlässigkeit *f*
hydraulic construction *(Wsb)* Wasserbau *m*
hydraulic construction(al) project *(Wsb)* Wasserbauprojekt *n*
hydraulic dredge(r) *(BWG, Wsb)* Saugbagger *m*
hydraulic drilling *(Erdb, Tun)* hydraulisches Bohren *n*
hydraulic efficiency hydraulischer Wirkungsgrad *m*
hydraulic engineer Wasserbauingenieur *m*
hydraulic engineering *(Wsb)* Wasserbau *m*; Hydrotechnik *f*; Wasserwirtschaftswesen *n*
hydraulic engineering project *(Wsb)* Wasserbauprojekt *n*
hydraulic excavator *(BWG)* hydraulischer Bagger *m*
hydraulic feed *(Tun)* hydraulischer Vortrieb *m*
hydraulic fill 1. *(Erdb)* eingespülte Füllung *f*, eingeschlämmte Erdmassen *fpl*; 2. *(Erdb, Tun)* Spülkippe *f*
hydraulic-fill dam *(Wsb)* Staudamm *m* mit Einschlämmung, gespülter Erddamm *m*
hydraulic-fill earth dam *(Erdb)* aufgespülter Erddamm *m*, Spüldamm *m*
hydraulic-fill pipeline *(Erdb, Te)* Spülleitung *f*
hydraulic filling Aufspülen *n*, Sandeinspülung *f*, Spülschüttung *f*
hydraulic finish hydraulischer Putz *m*, hydraulischer Verputz *m*
hydraulic fracturing hydraulische Rissbildung *f*
hydraulic friction *(Wsb, WVA)* Fließreibung *f*

H

hydraulic glue wasserfester Kleber *m*
hydraulic gradient 1. hydraulisches Gefälle *n*, Druckgefälle *n*; 2. Grundwasserspiegellinie *f*
hydraulic ground heave *(Bod, Erdb)* hydraulischer Grundbruch *m*
hydraulic gun *(Erdb, Tun)* Wasserkanone *f*
hydraulic hammer drilling hydraulisches Schlagbohren *n*
hydraulic head 1. *(Wsb, WVA)* Höhe *f* der Wasserspiegellinie; 2. *(WVA)* Druckhöhe *f*, Wassersäulendruck *m*
hydraulic hydrated lime *s.* hydraulic lime
hydraulic jack 1. *(BB, Te)* hydraulische Spannpresse *f (Spannbeton)*; 2. *(BWG, WVA)* Hydraulikdruckheber *m*; 3. *(BWG)* Öldruckpresse *f*
hydraulic jetting *(Erdb, Tun)* Spülverfahren *n*
hydraulic jump *(Umw, Wsb)* hydraulische Stufe *f*
hydraulic lift hydraulische Hebebühne *f*
hydraulic lime hydraulischer Kalk *m*, Wasserkalk *m*
hydraulic limestone Zementkalkstein *m*
hydraulic line Hydraulikleitung *f*
hydraulic load cell *(San, WVA)* Flüssigkeitsdruckmessdose *f*
hydraulic manlift hydraulischer Steiger *m*
hydraulic mixture hydraulische Mischung *f*, hydraulisches Gemisch *n*
hydraulic model hydraulisches Modell *n*
hydraulic model test *(Wsb)* hydraulischer Modellversuch *m*
hydraulic modulus *(Wsb, WVA)* hydraulischer Modul *m*
hydraulic monitor *(Erdb, Tun)* Wasserkanone *f*
hydraulic mortar hydraulischer Kalkmörtel *m*, Wassermörtel *m*
hydraulic pile driving *(Erdb)* Spülpfahlabsenkung *f*
hydraulic pressure *(San, WVA)* Flüssigkeitsdruck *m*; Wasserdruck *m*
hydraulic property hydraulische Eigenschaft *f*, hydraulisches Verhalten *n (Bindebaustoff)*
hydraulic quicklime Wasserstückkalk *m*
hydraulic radius *(Wsb, WVA)* Durchflussradius *m*, Profilradius *m*
hydraulic ram *(WVA)* Stoßheber *m*, hydraulischer Widder *m*
hydraulic refractory cement hydraulischer Feuerfestmörtel *m*
hydraulic roughness *(Wsb, WVA)* hydraulische Rauheit *f*
hydraulic splitter hydraulischer Steinbrecher *m*; hydraulischer Keil *m*
hydraulic spraying Drucksprühen *n*
hydraulic steel construction *(St, Wsb)* Stahlwasserbau *m*
hydraulic structure *(Wsb)* Wasserbauwerk *n*, Wasserbau *m*
hydraulic test *(San, WVA)* Abdrücken *n*, Wasser(druck)-versuch *m (Prüfung auf Undurchlässigkeit von Leitungen und Kesseln)*
hydraulic thrust Wasserdruck *m*, hydrostatischer Druck *m*
hydraulically actuated hydraulisch betätigt
hydraulically bound mixture *(EN 14227) (BM)* hydraulisch gebundenes Gemisch *n*
hydraulically pressed hydraulisch gepresst
hydraulicity Hydraulizität *f*
hydraulicking *(Erdb)* hydraulischer Abbau *m (z. B. von Sand, Kies)*
hydraulics Hydraulik *f*
hydraulics engineer Wasserbauingenieur *m*
hydroblasting *(OB)* Nassstrahlen *n*, Nasssandstrahlen *n*, nasses Sandstrahlen *n*
hydrocarbon *(BM)* Kohlenwasserstoff *m*
hydrocarbon binder bituminöses Bindemittel *n*
hydrocarbon compound Kohlenwasserstoffverbindung *f*
hydrocarbon pavement *(Verk)* Schwarzdecke *f*, bituminöse Befestigung *f*
hydrocarbon pavement mixture Schwarzdeckenmischgut *n*, bituminöses Straßenbaumischgut *n*
hydrocarbon resin Kohlenwasserstoffharz *n*
hydrocarbon soluble kohlenwasserstofflöslich
hydrocarbon solvent Kohlenwasserstofflösungsmittel *n*
hydrocarbonaceous kohlenwasserstoffhaltig
hydrochloric acid Salzsäure *f*
hydrodynamics *(Wsb, WVA)* Hydrodynamik *f*
hydroelectric power plant [station] *(BWG, Wsb)* Wasserkraftwerk *n*
hydrofluoric acid *(BM)* Flusssäure *f*
hydrofluosilicic acid *(BM)* Fluorokieselsäure *f*
hydrogeology *(Bod)* Hydrogeologie *f*
hydrographic area *(Umw, Wsb)* Abflussgebiet *n*
hydrography *(Bod)* Gewässerkunde *f*, Hydrographie *f*
hydrologic *s.* hydrological
hydrological hydrologisch
hydrological budget *(Bod, WVA)* Wasserhaushalt *m*
hydrological cycle *(Bod, WVA)* Wasserkreislauf *m*
hydrological regime *(Bod)* Wasserhaushalt *m*
hydrologist Hydrologe *m*
hydrology Hydrologie *f*, Wasserkunde *f*
hydrolyzability Hydrolisierbarkeit *f*
hydrolyze *v (BM, RS)* hydrolysieren; der Hydrolyse unterliegen *(Baustoffe, Anstriche usw.)*
hydrolyzing tank *(WVA)* Abwasserfaulraum *m*
hydromechanics *(Wsb, WVA)* Hydromechanik *f*
Hydroment Hydroment *n (Mischbinderart)*
hydrometer Aräometer *n*
hydrometer analysis *(BM)* Schlämmanalyse *f (Erdstoffprüfung)*
hydronics *(AE) (HLK)* Warmwasserheizung *f*
hydrophibic *(BM)* hydrophib, wasseranziehend, wasserfreundlich
hydrophile *s.* hydrophilic
hydrophilic *(BM)* hydrophil, wasseraufnehmend, wasseranziehend
hydrophily *(BM)* Hydrophilie *f*, Wasserfreundlichkeit *f*
hydrophobe *s.* hydrophobic
hydrophobic *(BM)* hydrophob, wasserabstoßend, wasserabweisend
hydrophobic agent *(BM)* Hydrophobier(ungs)mittel *n*
hydrophobic cement hydrophober Zement *m*, Sperrzement *m*
hydrophobic treatment of masonry *(DIS)* Mauerwerkshydrophobierung *f*
hydrophobicity Hydrophobie *f*, Wasserfeindlichkeit *f*
hydrophobing agent *(BM)* Hydrophobiermittel *n*, hydrophobierendes Mittel *n*
hydroplaning *(Verk)* Aquaplaning *n*, Wassergleiten *n*
hydroplant *(Wsb)* Wasserkraftanlage *f*
hydropower *(El, Wsb)* Wasserkraft *f*
hydroscience *(Bod, WVA)* Hydrowissenschaft *f*
hydroseeding *(LB)* Grünverbau *m*
hydrosol Hydrosol *n*
hydrostatic *(Stat)* hydrostatisch
hydrostatic drive *(Stat)* hydrostatischer Auftrieb *m*
hydrostatic head hydrostatische Höhe *f*, Auftriebshöhe *f*
hydrostatic level *(Stat, Wsb)* hydrostatisches Niveau *n*
hydrostatic pressure hydrostatischer Druck *m*, Flüssigkeitsdruck *m*, Druck *m* der Wassersäule
hydrostatic test *s.* hydraulic test
hydrostatic tube balance *(Verm)* Schlauchwaage *f*
hydrostatic uplift *(Stat)* hydrostatischer Auftrieb *m*
hydrostatics *(Stat)* Hydrostatik *f*
hydrothermal vents hydrothermale Schlote *mpl*
hydrous wasserhaltig, wässrig
hydrous calcium silicate *(BM)* Calciumsilicathydrat *n*, Kalziumsilikathydrat *n*

hydroxide Hydroxid *n*
hygrometer *(HLK)* Hygrometer *n*, Feuchtemesser *m*; Luftfeuchtigkeitsmesser *m*, Luftfeuchtemesser *m*
hygroscopic *(BM)* hygroskopisch, wasseranziehend; feuchtigkeitsempfindlich
hygroscopic moisture *s.* hygroscopic water
hygroscopic soil water *(Bod)* hygroskopisches Bodenwasser *n*
hygroscopic water *(BM, Bod)* hygroskopisches [hygroskopisch gebundenes] Wasser *n*
hygroscopicity *(BM)* Hygroskopizität *f*, Wasseranlagerung *f*
hypaethral *(Arch)* halbüberdacht, mit offenem Zentralraum
hypaethron 1. *(Arch)* teilweise überdachtes Gebäude *n (antiker Tempelbau)*; 2. *(Arch)* offener Innenhof *m (eines antiken Tempels)*
hypar 1. *(Konst, Stat)* hyperbolische Paraboloidschale *f*, hyperbolisches Paraboloiddach *n*; 2. *(Stat)* Hyperbelparaboloid *n*
hypar roof *(Konst)* Paraboloiddach *n*
hypar shell *(Konst)* Paraboloidschale *f*
hyperbola *(Stat)* Hyperbel *f*
hyperbolic curvature *(Stat)* hyperbolische Krümmung *f*
hyperbolic paraboloid 1. *(Konst)* hyperbolische Paraboloidschale *f*, hyperbolisches Paraboloiddach *n*; 2. *(Konst)* hyperbolisches Paraboloid *n*, Hyperbelparaboloid *n*
hyperbolic paraboloid conoid *(Stat)* hyperbolisches Paraboloidkonoid *n*
hyperbolic shell roof *(Konst)* hyperbolisches Schalendach *n*
hyperboloid *(Konst, Stat)* Hyperboloid *n*
hyperboloid of one sheet *(Konst)* einschaliges Hyperboloid *n*
hyperboloid rotational symmetry *(Stat)* Rotationshyperboloid *n*
hyperboloidal shell *(Konst)* Hyperboloidschale *f*
hyperoon *(Arch)* Hyperoon *n (Obergeschoss eines altgriechischen Wohnhauses)*
hyperstatic *(Stat)* statisch unbestimmt
hyperstatic frame *(Konst, Stat)* statisch unbestimmter Rahmen *m*
hyperstatic to the first degree *(Stat)* unbestimmt ersten Grades
hyperstatic truss *(Konst, Stat)* statisch unbestimmtes Fachwerk *n*
hyperthyrum *(Arch)* Türsturzfries *m*, Türbekrönung *f*, Supraporte *f*, Portalkrönung *f*
hypobasis *(Erdb, Verk)* unterste Lage *f*, untere Tragschicht *f*
hypocaust *(Arch)* Hypokaustum *n*, römische Fußbodenluftheizung *f* [Luftfußbodenheizung *f*]
hypogeum *(Arch)* Untergrund(kammer)gewölbe *n (Grabkammer eines antiken Bauwerks)*
hypophyge *(Arch)* Hypophyge *f*, Kapitellhohlformausbildung *f (z. B. unter einem dorischen Kapitell)*
hypopodium *s.* hypobasis
hypostyle (hall) 1. *(Arch)* Hypostylos *m*, Säulenhalle *f*; 2. *(Arch)* Gebäude *n* mit unterschiedlicher Dachhöhe *(Antike)*
hypothesis *(Stat)* Hypothese *f*, Abnahme *f*
hypothesis of strength of materials *(Stat)* Festigkeitshypothese *f*
hypotrachelium *(Arch)* Hypotrachelion *n*, Säulenhals *m*; Säulenkapitellrundkerbung *f*, Halskerbfuge *f*
hypsometric map *(Verm)* Reliefkarte *f*; Höhenschichtenkarte *f*
hysteresis *(BM)* Hysterese *f*, Nachwirkung *f*

I

I-bar *(BT, St)* I-förmiger Stahlstab *m*
I-beam *(BT, ST, TK)* I-Träger *m*, Doppel-T-Träger *m*
I-bracket I-Stütze *f*
I-girder *s.* I-beam
I-pin I-Stütze *f*
I-section *(BT, St, TK)* I-Profil *n*, Doppel-T-Profil *n*
ice accretion Eisansatz *m*
ice-age *(Bod)* Eiszeit *f*
ice-aged deposits *(Bod)* eiszeitliche Ablagerungen *fpl*
ice apron *(Br, Wsb)* Eisbrecher *m (Brücke)*
ice cellar *(Konst)* Eiskeller *m*
ice clearing *(Umw)* Eisbeseitigung *f*, Glatteisbeseitigung *f*
ice concrete Eisbeton *m*, Schmelzbeton *m*
ice control *(Verk)* Glatteisbekämpfung *f*
ice cover *(Bod, Umw)* Eisdecke *f*
ice-crushing machine Eiszerkleinerungsmaschine *f (für Beton)*
ice dam 1. *(San)* Eis- und Schneeschwelle *f (an der Traufe)*; 2. *(Umw, Wsb)* Eisstau *m*
ice detection system *(Umw, Verk, Wsb)* Eismeldeanlage *f*
ice detector *(Umw, Verk, Wsb)* Eismelder *m*
ice formation Eisbildung *f*
ice guard *(Br, Wsb)* Eisbrecher *m (Brücke)*
ice layer Eisschicht *f*
ice lens *(Erdb)* Eislinse *f*
ice load *(Stat)* Eislast *f*
ice-melting salt *(Verk)* Auftausalz *n*
ice-obstructing *(BM)* eishemmend
ice palace *(Arch)* Eislaufhalle *f*, Eisstadion *n*, Eispalast *m*
ice pressure *(Stat)* Eisdruck *m*
ice protection Eisschutz *m*
ice road *(Verk)* vereiste Straße *f*
ice-road ferry *(Verk)* Eislückenfähre *f*
ice wall *(Konst)* Frostschürze *f*, Frostschutzmauer *f*
ice warning system *(Verk)* Glatteiswarnanlage *f*
iced glass Eisglas *n*
icehouse Eislagerhaus *n*
ichnography *(Konst)* Grundrissdarstellung *f*, Grundriss *m*; Grundrissmarkierung *f*
icing *(Umw)* Vereisung *f*, Eisbildung *f*
icing condition *(Umw, Verk)* Vereisungszustand *m*
icing up *(Umw, Verk)* Glättebildung *f*, Reifglätte *f*
icon *(Arch)* Ikone *f*
iconography *(Arch)* Ikonographie *f*
iconostasis *(Arch)* Ikonostas *m*, Ikonostase *f (Bilderwand in orthodoxen Kirchen)*
icosahedral *(Arch)* zwanzigflächig
icosahedron *(Arch)* Ikosaeder *n*, Zwanzigflächner *m*
icositetrahedral vierundzwanzigflächig
icy eisig, vereist, eisartig
icy patches *(Verk)* vereiste Stelle *f*, punktuelle Vereisung *f*
icy stretches *(Verk)* stellenweise Glättebildung *f*; vereister Abschnitt *m*
iddingsite *(Bod)* Iddingsit *m*
idea of style *(Arch)* Stilbegriff *m*, Stilkonzeption *f*
ideal building *(Arch)* Idealgebäude *n*
ideal cupola [dome] *(Arch)* Idealkuppel *f*
ideal framework *(Stat)* ideales Fachwerk *n*
ideal grading curve *(BM)* Idealsiebkurve *f*, Idealsieblinie *f*; Sollkornabstufung *f*
ideal grain size Sollkorngröße *f*, nominelle Korngröße *f*
ideal ground-plan *(Arch)* Idealgrundriss *m*
ideal main stress *(Stat)* ideale Hauptspannung *f*
ideal mechanical advantage ideale [theoretische] Hebelübersetzung *f*, ideale Kraftverstärkung *f*

ideal member idealgerader Stab *m*
ideal particle size Sollkorngröße *f*, nominelle Korngröße *f*
ideal plastic theory *(Stat)* idealplastische Theorie *f*
ideal plasticity *(BM)* ideale Plastizität *f*
ideal principal stress *(Stat)* ideale Hauptspannung *f*
ideal section *(Arch)* Idealschnitt *m*
ideal stress *(Stat)* Idealspannung *f*
idealization Idealisierung *f*; Vereinfachung *f*
idealized idealisiert
ideas competition *(VR)* Ideenwettbewerb *m*, freier Wettbewerb *m*
identification *(VR)* Identifizierung *f*, Kennzeichnung *f*
identification colour Kennfarbe *f*
identification mark *(VR)* Kennzeichen *n*, Kennzeichnung *f* *(Baustoff, Werkstoff, Bauelement)*
identification of soils *(Bod)* Bodenkennzeichnung *f*
identification system *(VR)* Bezeichnungssystem *n* *(z. B. für Türen, Fenster)*
identified resources *(Bod)* identifizierte Quellen *fpl*
idiom of form *(Arch)* Formenkanon *m*
idle machine time *(Te)* Maschinenstillstandszeit *f*, Verlustzeit *f*
idle period *(Te)* Stillstandszeit *f*, Ablaufstillstand *m*
idle running Leerlauf *m*
idle time Totzeit *f*, unproduktive Zeit *f*
idler (pulley) *(BWG)* Spannrolle *f*, Laufrolle *f*, Umlenkrolle *f*
igloo Iglu *m(n)*, Eskimohaus *n*
igneous rock *(BM)* Ergussgestein *n*, Eruptivgestein *n*
ignescent stone *(BM)* Feuerstein *m*
ignitable entzündbar
ignite *v (OB)* entzünden; zünden *(z. B. Gas)*; sich entzünden
igniter cord *(Erdb, Tun)* Zündschnur *f*
ignition Entzündung *f*, Entzünden *n*; Zünden *n*; Brennen *n*
ignition loss *(BM)* Glühverlust *m*
ignition method Verbrennungsverfahren *n*, Thermoverfahren *n* *(Baustoffprüfung)*
ignition point *s.* ignition temperature
ignition temperature *(BM)* Entflammungstemperatur *f*
ill-defined composition schwankende Zusammensetzung *f* *(Baustoffe)*
ill-designed unzureichend entworfen, mangelhaft durchkonstruiert; unzweckmäßig konstruiert
ill-lit *(El)* schlecht beleuchtet
illite *(BM)* Illit *m*, Glimmerton *m*
illuminance *(El)* Beleuchtungsstärke *f*
illuminant *(El)* Leuchtkörper *m*, Lichtquelle *n*, Leuchtmittel *n*
illuminate *v* beleuchten *(auch festlich)*; ausleuchten
illuminated area *(El)* beleuchtete Fläche *f*
illuminated caisson *(Verk)* beleuchtete Kassette *f*
illuminated ceiling Leuchtdecke *f*, Lichtdecke *f*
illuminated road *(Verk)* beleuchtete Straße *f*
illuminated sign *(Verk)* beleuchtetes Verkehrszeichen *n*
illuminated system *(El)* Lichtsystem *n*
illuminated wall Lichtwand *f*, Leuchtwand *f*
illuminating device Beleuchtungsgerät *n*
illuminating power *(El)* Leuchtkraft *f*
illumination 1. *(El)* Beleuchtung *f*; Ausleuchtung *f*; festliche Beleuchtung *f*; 2. *(El)* Beleuchtungsstärke *f* *(SI-Einheit: Lux)*
illumination calculation *(El)* Beleuchtungsberechnung *f*
illumination control Beleuchtungsregelung *f*
illumination direction Beleuchtungsrichtung *f*
illumination engineering 1. *(El)* Beleuchtungstechnik *f*; 2. *(El)* Lichttechnik *f*
illumination installation *(El)* Beleuchtungsanlage *f*
illumination (photo)meter *s.* illuminometer
illumination situation *(El)* Beleuchtungssituation *f*
illumination system *(El)* Beleuchtungsinstallation *f*, Beleuchtungssystem *n*
illuminations *(El)* festliche Beleuchtung *f*
illuminometer *(El)* Beleuchtungs(stärke)messer *m*
illusionism *(Arch)* Scheinarchitektur *f* *(vorgetäuschte Architektur an Wänden oder Decken)*
illustration *(Arch)* Abbildung *f*, Bild *n*; Ansicht *f*
ilmenite *(BM, Bod)* Ilmenit *m*, Titaneisen *n* *(Eisenmineral)*
ilmenite aggregate *(BM)* Ilmenitzuschlag(stoff) *m*
ilmenite black *(OB)* Ilmenitschwarz *n*
image *(Arch)* Bild(nis) *n*, bildliche Darstellung *f*; Abbild *n*
image analysis *(Verm)* Bildauswertung *f*
image interpretation *(Verm)* Bildauswertung *f*
image of saint *(Arch)* Heiligenbild *n*
image scale *(Konst)* Abbildungsmaßstab *m*
imagery Bildmaterial *n*
imaginary design load *(Stat)* fiktive Traglast *f*
imaginary prestressing *(Stat)* fiktive Vorspannung *f*
imaging system *(Verm)* Bildaufnahmegerät *n*
imbedded eingebettet
imbibe *v* einsaugen, aufsaugen; (durch)tränken; imprägnieren
imbibition *(BM)* Flüssigkeitsaufnahme *f*; Durchtränkung *f*, Tränkung *f*; Imprägnierung *f*
imbow *v s.* embow
imbrex Halbkreisdachziegel *m*, Fächerdachziegel *m*, Regenziegel *m* *(konvexer Hohlziegel zum Überdecken einer Fuge zwischen zwei Flachziegeln)*; Segmentstein *m*
imbricate *v* 1. auf Fuge legen, überlappen *(Dachziegel)*; 2. schuppenartig verzieren
imbricate structure Schuppengefüge *n*, Schuppenstruktur *f*, Dachziegellagerung *f* *(als Strukturmuster)*
imbricated dachziegelartig (angeordnet), schuppenartig
imbricated ornament *(Arch)* schuppenartige Verzierung *f*
imbricated plate Schuppenblech *n*
imbricated roof schuppenartig gedecktes Dach *n*
imbricating dachziegelartig übereinanderliegend
imbrication 1. Überlappungs(dach)abdeckung *f*; 2. Überlappungsornament *n*, Schuppenornament *n*, Schuppenmuster *n*
Imhoff cone *(BM)* Absetzglas *n*, Imhoff-Trichter *m*, Sedimentierglas *n* nach Imhoff
Imhoff tank *(WVA)* Imhoff-Brunnen *m*, Emscherbrunnen *m* *(Abwasser)*
imitated construction nachgeahmte Bauweise *f*
imitation marble Kunstmarmor *m*, Marmorbeton *m*
imitation of style *(Arch)* Stilimitierung *f*, Stilnachahmung *f*
imitation travertine *(BM)* Kunsttravertin *m*
immature *(Arch)* unausgereift
immature form *(Arch)* unreife Form *f*, unausgereifte Form *f*
immature weathering frische Verwitterung *f*
immediate settlement *(Erdb)* Sofortsetzung *f*
immerse *v* eintauchen, untertauchen
immersed corrosion *(OB)* Wasserkorrosion *f*, Korrosion *f* in Wasser
immersed tunnelling *(Tun)* offene Tunnelbauweise *f*
immersion Eintauchen *n*, Untertauchen *n*
immersion cleaning *(OB)* Tauchreinigung *f*
immersion compression test *(BM)* Wasserbaddruckprüfung *f*, Tauchdruckprüfung *f* *(bituminöse Baustoffprüfung)*
immersion exposure Tauchlagerung *f*
immersion heater *(San)* Boilerheizschlange *f*
immersion in water Wasserlagerung *f*
immersion pickling *(OB)* Tauchbeizen *n*
immersion pump Tauchpumpe *f*
immersion test Wasserlagerungsprüfung *f* *(von Baustoffen)*
immersion vibrator *(BB, BWG)* Innenrüttler *m*, Eintauchrüttler *m*; Rüttlerflasche *f*
immiscibility Unmischbarkeit *f*, Nichtmischbarkeit *f* *(Bindemittel, Baustoffe, Anstrichstoffe usw.)*

immiscible unvermischbar, nicht mischbar
immission *(Umw)* Immission *f*
immix *v* mischen mit, zusammenmischen; sich vermischen
immobilize *v* festsetzen; festklemmen; blockieren
immovability *(Konst)* Unverschieblichkeit *f*
immovable *(Konst)* unverschiebbar, unverrückbar, unveränderlich, unnachgiebig, fest
immovable end fixity *(Konst)* unverschiebbare Endeinspannung *f*, feste Einspannung *f (Träger, Balken)*
immovable fixture *(VR)* unbewegliches Eigentum *n*
immovable restraint *(Konst, TK)* feste Endeinspannung *f*, unverschiebbare Endeinspannung *f*
immune unempfindlich, beständig
immune to attack unangreifbar *(Oberflächen, Schutzschichten)*
immune to corrosion *(OB)* korrosionsbeständig
immunity to corrosion *(OB)* Korrosionsbeständigkeit *f*
immunize *v (OB)* passivieren *(Metalloberflächen)*
immunizing *(OB)* passivierend
immunizing coat *(OB)* Passivierungsanstrich *m*
immure *v (SB)* einmauern
impact *v* festkeilen, festpressen; zusammenzwingen
impact *v* **gravel** Kies verdichten
impact *(Stat)* Schlag *m*, Stoß *m*; Prall *m*, Anprall *m*, Aufprall *m (auf eine Oberfläche)*; Schlagenergie *f*
impact allowance *(Stat)* Stoßzuschlag *m*, Stoßfaktor *m*
impact angle *(Verk)* Anprallwinkelschiene *f*
impact assessment *(Umw)* Belastungseinschätzung *f*, Auswirkungsbewertung *f*
impact attenuator *(Verk)* Anpralldämpfer *m*
impact bending strength Schlagbiegefestigkeit *f*
impact bending test *(St)* Schlagbiegeversuch *m*, Schlagbiegeprüfung *f*
impact compaction *(Erdb)* Prall(schlag)bodenverdichtung *f*
impact compactor Schlagverdichter *m*
impact crusher *(BM, BWG)* Prallbrecher *m*, Schlagbrecher *m*
impact crushing strength *(BM)* Schlagzertrümmerungsfestigkeit *f*
impact damage Stoßschaden *m*
impact drill Schlagbohrer *m*, Schlagbohrmaschine *f*
impact factor *(Stat)* Stoßfaktor *m*, Stoßzahl *f*, Stoßzuschlag *m*
impact force *(Stat)* Stoßkraft *f*; Anprallkraft *f*
impact hardness *(BM)* Schlaghärte *f*
impact insulation *s.* impact sound insulation
impact load(ing) *(Stat)* Schlagbeanspruchung *f*, Stoßbeanspruchung *f*, Stoßbelastung *f*
impact machine Schlagprüfgerät *n*
impact noise 1. *s.* impact sound; 2. *(DIS)* Impulsschall *m*; Impulslärm *m*
impact-noise rating *(DIS)* Trittschalldämpfungsrate *f*; Körperschalldämpfungsfaktor *m*
impact of soil *(Bod, Erdb)* Bodenbelastung *f*
impact of water *(WVA)* Wasserstoß *m*
impact on ground water *(Bod, Erdb, Tun)* Grundwasserbelastung *f*
impact pressure Aufpralldruck *m*
impact resistance Schlagfestigkeit *f*, Stoßwiderstandsfähigkeit *f*; Kerbzähigkeit *f*
impact resistance test Schlagfestigkeitsprüfung *f*
impact-resistant schlagfest, stoßfest, zäh
impact-resisting schlagfest, stoßfest, zäh
impact riveting *(St)* Hammernieten *n*
impact sledge Schlaghammer *m*
impact sound 1. *(DIS)* Trittschall *m (Fußboden)*; 2. *(DIS)* Körperschall *m*
impact sound insulation *(DIS)* Trittschalldämmung *f*; Körperschalldämmung *f*
impact sound intensity *(DIS)* Körperschallstärke *f*
impact strength 1. *(BM)* Schlagfestigkeit *f*, Stoßfestigkeit *f*; 2. *(St)* Kerbschlagfestigkeit *f*, Kerbzähigkeit *f*
impact stress Schlagbeanspruchung *f*, Stoßbeanspruchung *f*
impact study Wirkungsstudie *f*, Untersuchung *f* der Auswirkungen, Auswirkungsstudie *f*
impact surface Schlagfläche *f*
impact test Schlagprüfung *f (Stahl)*; Kerbschlagversuch *m*, Kerbschlagprobe *f*; Stoßversuch *m*
impact tester *(BB, BM)* Schlagprüfgerät *n*
impact tool Schlaggerät *n*
impact value *(St)* Kerbschlagwert *m*, Schlagwert *m (Materialprüfung)*
impact velocity Aufprallgeschwindigkeit *f*
impact wrench Schlagschrauber *m*
impaction *(Stat)* Aufschlag *m*, Impaktion *f*
impair *v* beeinträchtigen; mindern
impaired beeinträchtigt
impairing factor *(Stat)* Minderungsfaktor *m*
impassable *(Verk)* unpassierbar, unbefahrbar *(z. B. Straße)*
impastation *(OB)* Impastierung *f*, dicker Farbauftrag *m*
impasto *(AE)* dicke Pigmentschicht *f (Anstrich)*
impedance 1. *(DIS)* Impedanz *f (Akustik)*; 2. *(Stat)* Scheinwiderstand *m*
impedance measurement *(DIS)* Impedanzmessung *f (Prüfung)*
impediment Behinderung *f*, Erschwernis *f*
impeding action Hemmwirkung *f*
impeller *(HLK)* Laufrad *n (Ventilator)*
impending slough optimale Torkretbetonkonsistenz *f*
impenetrability Undurchlässigkeit *f*, Undurchdringlichkeit *f*
impenetrable undurchlässig
impenetrable paint *(DIS, OB)* Sperrfarbe *f (wasserabweisend)*
imperfect arch verkürzter Bogen *m*
imperfection of the scale *(Konst)* Maßstabfehler *m*
imperial basilica *(Arch)* heidnisch-römische Basilika *f*, Zivilbasilika *f*
imperial cathedral *(Arch)* Kaiserdom *m*
imperial dome *(Arch, Konst)* Zwiebelkuppel *f*
imperial measures englisches [nicht metrisches] Maßsystem *n*
imperial palace *(Arch)* Kaiserpalast *m*, Kaiserschloss *n*
Imperial Roman style *(Arch)* römischer Kaiserzeitstil *m*
imperial roof *(Arch)* Zwiebeldach *n*; Kaiserdach *n*
Imperial Style *(Arch)* Empire-Stil *m*
imperial system of measures englisches [nicht metrisches] Maßsystem *n*
imperishable unzerstörbar; haltbar
impermeability *(BM, DIS)* Undurchlässigkeit *f*, Undurchdringlichkeit *f*, Dichtheit *f*
impermeability of concrete Betondichtheit *f*, Betondichtigkeit *f*, Betonundurchlässigkeit *f*
impermeability of joints Fugendichtheit *f*, Fugendichtigkeit *f*, Fugenundurchlässigkeit *f*
impermeability of the soil *(Bod)* Bodenundurchlässigkeit *f*
impermeability to chemicals Chemikalkiendichtheit *f*
impermeability to rain *(DIS)* Regendichtheit *f*, Regendichtigkeit *f*, Regenundurchlässigkeit *f*
impermeability to water *(BM, DIS)* Wasserundurchlässigkeit *f*
impermeable undurchlässig, undurchdringlich
impermeable earthenware Tonzeug *n*; dichtgebrannte Tonwaren *fpl*
impermeable ground *(BB, DIS)* wasserundurchlässiger Boden *m*

impermeable membrane *(DIS)* Dichtungslage *f*
impermeable soil *(Bod)* undurchlässiger Boden *m*
impermeable to chemicals *(BM, DIS)* chemikalienundurchlässig, chemikaliendicht
impermeable to sound *(DIS)* schalldicht, schallundurchlässig
impermeable to water *(DIS)* wasserundurchlässig, wasserdicht
impervious dicht, undurchlässig, undurchdringlich
impervious blanket *(DIS)* Abdichtungsschürze *f*, Abdichtungsteppich *m*, Dichtungsschicht *f*
impervious course *(DIS)* Sperrlage *f*, Sperrschicht *f*, Dichtungslage *f*
impervious soil *(Bod)* wasserundurchlässiger Boden *m*; Tonschicht *f*
impervious to (water) vapour *(DIS)* wasserdampfundurchlässig
imperviousness *(BM, DIS)* Undurchlässigkeit *f*, Undurchdringlichkeit *f*, Dichtheit *f*
impetuous *(Stat)* stoßartig, heftig *(Belastung)*
impinge *v* aufprallen, aufstoßen, auftreffen
impingement resistance *(Stat)* Stoßfestigkeit *f*
implacement Eindringung *f (z. B. in eine Auflage, in Baugrund)*
implement *v* 1. ausrüsten; 2. durchführen, realisieren, verwirklichen, durchsetzen, in die Praxis umsetzen
implement shed *(LB)* Geräteschuppen *m (Landwirtschaft)*
implementation 1. Ausrüstung *f*, Gerätetechnik *f*; 2. Verwirklichung *f*, Realisierung *f*, Ausführung *f*; Anwendung *f*
implementation error *(VR)* Umsetzungsfehler *m*
implementation of normative documents *(VR)* Anwendung *f* normativer Dokumente
implementing phase *(Te)* Ausführungsphase *f*, Realisierungsphase *f*
implementing regulations *(VR)* Ausführungsbestimmungen *fpl*
implements *(BWG)* Gerätschaften *fpl*, Handwerkzeug *n*, Arbeitsgerät *n*
implication *(VR)* Auswirkung *f*
implied agreement implizierte Übereinkunft *f*
impluvium *(Arch)* Impluvium *n*, Regenbecken *n*, Regenbehälter *m (römischer Hauswassertank)*
imporous nicht porös
import fill *(Erdb)* Fremdfüllmaterial *n*, Verfüllerdstoff *m (von einer Seitenentnahme)*
impose *v* 1. aufbringen *(Kraft)*; 2. einprägen *(Spannung)*
imposed deformation *(BM)* Zwangsverformung *f*
imposed floor load *(Konst)* Deckenverkehrslast *f*
imposed load *(Stat)* Auflast *f*, aufgebrachte Last *f*, Nutzlast *f*; Funktionalbelastung *f*, variable Belastung *f*
impost *(Arch)* Kämpfer(stein) *m*, Anfänger *m (eines Gewölbes)*
impost block *(SB)* Kämpfersockel(stein) *m*, Pulvinus *m*
impost capital *(Arch, SB)* Kämpferkapitell *n*
impost joint *(SB)* Kämpferfuge *f*
impost level Kämpferebene *f*, Kämpferhöhe *f*
impost moulding Kämpferleiste *f*
impost section *(SB)* Kämpferschnitt *m*
impound *v (Wsb)* stauen, anstauen, aufstauen
impound water *(Bod, Erdb, Tun)* Stauwasser *n*
impoundage *(Wsb)* Stau *m*, Anstau *m*, Aufstauung *f*
impounded lake *(Wsb)* Stausee *m*
impounded reservoir *(Wsb)* Staubecken *n*, Talsperrenbecken *n*, Speicherbecken *n*
impounded water *(Bod, Wsb)* aufgestautes Wasser *n*
impounded water pressure *(Wsb)* Stauwasserdruck *m*
impounding area *(Wsb)* Staufläche *f*, Staugebiet *n (Talsperre)*

I

impounding basin *(Wsb)* Staubecken *n*, Talsperrenbecken *n*
impounding dam *(Wsb)* Talsperre *f*, Staumauer *f*
impounding reservoir *(Wsb)* Staubecken *n*, Speicherbecken *n*
impoverish *v* aushagern, erschöpfen, auslaugen *(Boden)*
impoverished soil magerer Boden *m*
impreg *(AE)* kunstharzverpresstes Holz *n*, Pressschichtholz *n*
impregnability *(BM)* Imprägnierbarkeit *f*, Tränkbarkeit *f*
impregnable imprägnierbar, tränkbar
impregnant *(BM, OB)* Imprägnier(ungs)mittel *n*, Tränkmittel *n*, Tränkmasse *f*
impregnate *v* imprägnieren, tränken
impregnated imprägniert, getränkt
impregnated cloth imprägniertes Gewebe *n*
impregnated insulating material *(DIS)* imprägniertes Dämmmaterial *n*
impregnated wood imprägniertes Holz *n*
impregnating *(Te)* Imprägnieren *n*, Tränken *n*
impregnating agent *s.* impregnant
impregnating asphalt Tränkbitumen *n*
impregnating bath Tränkbad *n*
impregnating composition Imprägniermittel *n*, Tränkmasse *f*, Tränkmittel *n*
impregnating material *s.* impregnant
impregnating mixture Imprägniermischung *f*, Tränkmischung *f*
impregnating plant Imprägnieranlage *f*
impregnating primer *(OB)* Einlassgrund *m*
impregnating resin *(BM)* Imprägnierharz *n*, Tränkharz *n*
impregnating scumble *(OB)* Imprägnierungslasur *f*, Tränklasur *f*
impregnating varnish *(OB)* Tränklack *m*
impregnation Imprägnierung *f*, Tränkung *f*, Durchtränken *n*, Versiegelung *f*
impregnation compound *s.* impregnant
impregnation degree Imprägnierungsgrad *m*, Tränkungsgrad *m*
impregnation of wood *(BM, Hb)* Holzimprägnierung *f*, Holztränkung *f*, Holzversiegelung *f*
impregnation period Imprägnierzeit *f*, Tränkungszeit *f*
impregnation test *(BM)* Imprägnierungsprüfung *f*, Tränkversuch *m*
impress *v* eindrücken, einprägen; abdrücken
impressed-current *(El)* fremdstromgespeist, mit Fremdstrom gespeist
impression 1. Eindruck *m*, Vertiefung *f*; 2. Eindrücken *n*
improper ungeeignet, untauglich, unangemessen, falsch
improvable verbesserungsfähig
improve *v* 1. verbessern, vergüten; verfestigen; 2. ausbessern; 3. verschönern
improved 1. verbessert, vergütet; verfestigt; 2. ausgebessert
improved land *(RP)* aufgeschlossenes Bauland *n*, erschlossene Fläche *f*
improved macadam *(Verk)* verfestigte Makadamschicht *f*
improved soil *(Bod, Erdb)* verbesserter Boden *m*, verfestigter Boden *m*
improved solid wood *(BM, Hb)* vergütetes Massivholz *n*
improved subgrade verbesserter Untergrund *m*, verbessertes Planum *n*, verbesserter Unterbau *m*
improved wood kunstharzgetränktes und verpresstes Holz *n*
improvement *(RS)* Verbesserung *f*; Bausubstanzverbesserung *f*; Verschönerung *f*
improvement in quality Qualitätsverbesserung *f*, Qualitätserhöhung *f*

improvement line *(Verk)* Ausbaulinie *f*; Ausbaubegrenzungslinie *f*
improvement maintenance bauliche Unterhaltung *f*, Unterhaltungsmaßnahme *f* mit Substanzverbesserung
improvement of land *(Erdb, LB)* Bodenmelioration *f*; Bodenverbesserung *f*
improvement of local amenities *(RP)* Stadtverschönerung *f*
improvement of soil 1. *(Erdb)* Bodenverbesserung *f*, Bodenstabilisierung *f*; 2. *(LB)* Bodenmelioration *f*
improvement of the environment *(Umw)* Umweltaufwertung *f*, Umweltverbesserungsmaßnahme *f*
improvement of the river channel *(Wsb)* Flussregulierung *f*
improver Vergütungsmittel *n*, Verfestigungsmittel *n*
improvised exit *(Verk)* Behelfsausfahrt *f (Autobahn)*
impsonite *(BM)* Impsonit *n (asphaltisches Pyrobitumen)*
impulse *(Stat)* Impuls *m (Kraft × Zeit)*
impulse loading *s.* impulsive loading
impulsive load *(Stat)* Stoßlast *f*
impulsive loading *(Stat)* dynamische Belastung *f* [Beanspruchung *f*], Stoßbelastung *f*
impulsive test Stoßuntersuchung *f*, Stoßprüfung *f*
impure unrein, verunreinigt
impurify *v (BM)* verunreinigen *(Materialien)*; verschmutzen
impurity Verunreinigung *f*, Fremdbestandteil *m*, (schädliche) Beimengung *f (z. B. in Wasser, in Erdstoffen)*
imputrescible fäulnisbeständig, verrottungsbeständig
in-and-out bond *(SB)* Läufer-Binder-Wechselverband *m (Mauerwerk)*
in antis *(Arch)* Portalsäulen *fpl*, Portikussäulen *fpl*
in-built *(EB)* eingebaut
in-built kitchen *(EB)* Einbauküche *f*
in-built units *(EB)* Einbauteile *npl*, Einbauten *mpl*
in-built wardrobe *(EB)* Einbaukleiderschrank *m*
in cavetto *(Arch)* Reliefabdruck *m*, Reliefnegativ *n*
in-fill building Lückenbau *m*
in-fill masonry [masonwork] *(SB)* Mauerwerkausfachung *f*
in-glaze decoration eingeschmolzene Keramikmuster *npl*; Glasurornamentierung *f*
in-house coating *(OB)* Werkstattbeschichtung *f*, Beschichtung *f* in der Werkstatt
in-layers board Dachrinnentragbrett *n*
in-line *(Verm)* fluchtend, in Flucht
in-line blending *(Te)* "in-line"-Mischung *f*, Mischen *n* in der Pumpleitung
in-line centrifugal fan Zentrifugallüfter *m* mit höhengleichem Zu- und Abgang
in-place an Ort und Stelle
in-place compaction *(Te)* anstehende Verdichtung *f*
in-place construction Ortbau *m*
in-place method Ortbauverfahren *n*
in-plane eben, in gleicher Ebene, plangleich
in-plant test Betriebsversuch *m*, Prüfung *f* unter Betriebsbedingungen
in powder pulverförmig, gepulvert, pulverisiert
in ramp *(Verk)* Einfahrtrampe *f*
in-service carbonation Karbonatisierung *f* [Carbonatisierung *f*] im eingebauten Zustand
in-situ an Ort und Stelle, vor Ort
in-situ bridge *(Br)* Ortbetonbrücke *f*
in-situ-cast ortbetoniert
in-situ concrete Ortbeton *m*, monolithischer Beton *m*
in-situ concrete pile *(Erdb)* Ortbetonpfahl *m*
in-situ concrete structure Ortbetonbauwerk *n*
in-situ construction method Ortbauverfahren *n*
in-situ density anstehende (Erdstoff-)Dichte *f*
in-situ foam *(DIS)* Ortschaum *m*
in-situ material *(Erdb)* anstehendes Material *n (auch Wandkies, Rohsand, Gestein usw.)*
in-situ measurement *(Verm)* Feldmessung *f*
in-situ precasting Baustellenvorfertigung *f*
in-situ recycling *(Te, Umw)* Vorortrecycling *n*
in-situ soil *(Bod)* anstehender Boden *m*
in-situ test Vor-Ort-Prüfung *f*, Versuch *m* im Gelände
in-swinging nach innen schlagend, nach innen öffnend
in-swinging window Einwärtsfenster *n*
inaccessibility Unzugänglichkeit *f (bauliche Hohlräume)*
inaccessible 1. unzugänglich *(z. B. Hohlraum, Kanal)*; 2. gesperrt
inaccessible corner *(Verk)* toter Winkel *m*
inaccuracy Ungenauigkeit *f*
inaccuracy of erection *(Te)* Montageungenauigkeit *f*
inactive inaktiv, neutral
inactive leaf Türflügel *m* ohne Schloss
inactive pigment *(OB)* passives Pigment *n*, Inertpigment *n*
inactive solvent inaktives Lösungsmittel *n*, Lösungsmittelverlängerungsmittel *n*
inactivity Trägheit *f*
inapplicable nicht anwendbar, unverwendbar
inbark Rindeneinschluss *m*
inbond durchgehender [vollwandiger] Verband *m*
inbound traffic *(Verk)* innerstädtischer Verkehr *m*, Stadtinnenverkehr *m*; stadteinwärtsfahrender Verkehr *m*, einstrahlender Verkehr *m*
Inca architecture *(Arch)* Inkaarchitektur *f (12.-16. Jh.)*
incandescent daylight lamp *(El)* Glühlampe *f* mit blaugrünem Glas
incandescent lamp *(El)* Glühlampe *f*
incase *v* ummanteln; einhausen
incasement Einschluss *m (Baustoff, Werkstoff)*
incavo eingeätzter Innenteil *m* eines Tiefreliefs
incentive Anreiz *m*; Zulage *f*
incentive award [bonus] *(VR)* Leistungszulage *f*
inception of cracks Rissbildung *f*, Rissansatzzeichen *n*
inch *(Stat)* Zoll *m (1 in = 25,4 mm)*
inch rule *(Stat)* Zollmaß *n (Maßstab)*
inch stuff Bauelemente *npl* mit einem Zoll Nominalstärke
incidence Auftreten *n*, Eintreten *n*, Häufigkeit *f*
incidence wire Verspanndraht *m*, Drahtverspannung *f*
incident *(Te, VR)* Störfall *m*
incident detection Störfallentdeckung *f*, Störfallfindung *f*
incident light *(El)* einfallendes Licht *n*, Auflicht *n*
incidental load *(Stat)* Nutzlast *f*
incidentals Kleinmaterial *n (Installation)*
incineration *(Umw)* Müllverbrennung *f*, Abfallverbrennung *f*
incineration plant *(Umw)* Müllverbrennungsanlage *f*
incineration residue Verbrennungsrückstand *m*
incineration slag *(BM)* Verbrennungsschlacke *f*
incineration train thermisches Verbrennungsverfahren *n*
incinerator *(Umw)* Müllverbrennungsofen *m*, Müllverbrenner *m*
incipient crack Anriss *m (Baustahl)*
incipient decay beginnende Holzfäule *f*
incipient failure beginnender Bruch *m (Stahl, Holz, Beton)*
incise *v* 1. (ein)schnitzen, einschneiden; gravieren; 2. aufrauen *(Stein)*; 3. treiben *(Metall)*
incised decoration *(Arch)* Schnitzarbeit *f*; Gravierarbeit *f*; Treibarbeit *f*
incision Schnitt *m*, Einschnitt *m*; Kerbe *f*
inclination 1. *(Bod, Verm)* Neigung *f*, Gefälle *n*; Steigung *f*, Schräge *f*, Schiefe *f*; 2. *(Verk)* Gradiente *f*, Neigungslinie *f*, Gefällelinie *f*
inclination angle *(Bod, Verm)* Neigungswinkel *m*
incline *v* sich (schräg) neigen, abfallen; einfallen, geneigt sein *(geologische Schichten)*; schräg stellen

I

incline 1. geneigte Fläche *f*; schiefe Ebene *f*; 2. *s.* inclination 2.
inclined geneigt, in Schräglage, schräg; abschüssig *(z. B. Gelände)*; schief *(Mathematik)*
inclined arch fallender Bogen *m*
inclined-axis mixer *(BB, Te)* Fahrmischer *m*
inclined bar Schrägstab *m*; aufgebogener Stab *m*
inclined barrel vault schiefes Tonnengewölbe *n*
inclined brace Schrägsteife *f*
inclined elevator Schrägaufzug *m*
inclined end post *(Konst)* schräger Endstab *m*, Fachwerkendstab *m*
inclined haunch Voute *f*, Schräge *f*, Schenkelschräge *f*; Voutenbalken *m*
inclined haunched beam Voutenbalken *m*, Voute *f*
inclined hoist Schrägaufzug *m*
inclined joint Schrägfuge *f*; Schrägverbindung *f*; schräger Schlitz *m*
inclined-leg portal *(Br, TK)* Berechnungsgrundlage *f* *(Brücke)*
inclined load Schräglast *f*
inclined plane schiefe Ebene *f*
inclined polygonal grate bar *(Konst)* Schrägpolygonroststab *m*
inclined position Schräganordnung *f*
inclined roof Schrägdach *n*
inclined screen *(WVA)* Schrägrechen *m* *(Kläranlage)*
inclined shore Abstützbohle *f*, Spreize *f*
inclined stirrup Schrägbügel *m*
inclined support Schrägstütze *f*
inclined surface geneigte Fläche *f*
inclined tension rope loop Schrägzugseilschlaufe *f*
inclined tie rod Schrägzuganker *m*
inclined web geneigter Steg *m*
inclinometer *(Verm)* Neigungs(winkel)messer *m*, Inklinationsmesser *m*, Klinometer *n*
inclosing rock *(BM)* Nebengestein *n* *(Steingewinnung)*
inclosure *s.* enclosure
include *v* umfassen, einschließen, umschließen; enthalten
included air *(BM)* Lufteinschluss *m*
included angle Öffnungswinkel *m* *(Schweißnaht)*; eingeschlossener Winkel *m*
included angle of crest Öffnungswinkel *m* *(Dachkonstruktion)*
included angle of vault Bogenöffnung *f*
included sapwood *(BM, Hb)* Mondring *m*; eingeschlossenes Splintholz *n*
inclusion 1. Einschluss *m* *(von Gasen oder Festkörpern in einem Material)*; Einlagerung *f*; 2. Fremdkörper *m*, Einschluss *m*
incoherent *(Bod)* inkohärent, nicht bindig *(Erdstoff, Boden)*
incoherent material loses Material *n*
incombustibility Nichtbrennbarkeit *f*
incombustible nicht brennbar, un(ver)brennbar
incombustible constituent unbrennbarer Bestandteil *m*
incombustible lining board feuerbeständige Verschalungsplatte *f*
incompatibility Unverträglichkeit *f*, Inkompatibilität *f*
incompatible unverträglich, inkompatibel
incomplete unvollständig, mangelhaft
incomplete fusion *(St)* mangelhafte Bindung *f* *(beim Schweißen)*
incomplete overfall *(Wsb)* Grundwehr *n*
incomplete trellis work *(Konst)* unvollständige Fachwerkwand *f*
incompressibility Inkompressibilität *f*, Nichtkomprimierbarkeit *f*
incompressibility modulus *(BM)* Elastizitätsmodul *m*
incompressible inkompressibel, nicht komprimierbar, nicht zusammendrückbar
incompressible ground nicht zusammendrückbarer Boden *m*
inconsistent nicht folgerichtig, unlogisch
inconstancy of volume *(BM)* Raumunbeständigkeit *f*
incorporate *v* einbinden; einbauen; einlagern
incorporated eingebunden; eingebaut
incorporation 1. Einbau *m*; Einarbeiten *n*; Hineinmischen *n*; 2. *(VR)* Eingemeindung *f*
incorrodible *(OB)* korrosionsbeständig, korrosionsfest, nicht korrodierbar
increase *v* vergrößern, steigern; erhöhen, aufstocken; erweitern, zunehmen, steigen, sich erhöhen
increase Erhöhung *f* *(z. B. einer Größe)*; Zunahme *f*; Steigerung *f*
increase in elongation Ausdehnungszunahme *f*, Verlängerung *f*
increase in speed *(Verk)* Beschleunigung *f*
increase in strength *(BB, BM)* Festigkeitsanstieg *m*, Festigkeitszunahme *f*, Festigkeitssteigerung *f*, Verfestigung *f*
increase in value *(VR)* Wertsteigerung *f*
increase in volume Volumenzunahme *f*, Raumzunahme *f*; Treiben *n*
increase in weight Massezunahme *f*, Gewichtszunahme *f*
increase of cross section Querschnittsvergrößerung *f*
increase of loading *(Stat)* Belastungserhöhung *f*, Belastungszunahme *f*
increase of pressure *(San, WVA)* Druckerhöhung *f*
increase of temperature Temperaturanstieg *m*, Temperaturerhöhung *f*
increaser Erweiterungsstück *n*, Reduzierstück *n* *(Rohrverbindung)*
increasing corrosion *(OB)* Korrosionsbeschleunigung *f*, Korrosionszunahme *f*, Korrosionsverstärkung *f*
increasing strength ansteigende Festigkeit *f*
increment 1. Zunahme *f*, Zuwachs *m* *(z. B. einer Größe)*; Wertzuwachs *m*; 2. Maßsprung *m*; Laststufe *f*; 3. Teil *m*, Teilprobe *f*, Einzelprobe *f*
increment method *(BM)* Verjüngungsmethode *f*, Einengungsmethode *f* *(Probenahme und Vorbereitung)*
increment of load *(Stat)* Lastzunahme *f*
increment of value *(VR)* Wertsteigerung *f*
incremental schrittweise, stufenweise; zusätzlich
incremental application of load *(Stat)* stufenweiser Lastangriff *m*
incremental area Teilfläche *f*; Zusatzfläche *f*
incremental heating zunehmende Erwärmung *f*
incremental pressure *(San, WVA)* Steigdruck *m*
incrust *v* verkrusten, eine Kruste bilden; mit einer Kruste überziehen
incrustation 1. Inkrustation *f*, Verkrustung *f* *(z. B. von Rohrleitungen)*; Krustenbildung *f*; Belagbildung *f*; 2. *(HLK, WVA)* Kruste *f*, Belag *m*; Kesselstein *m*; 3. *(OB)* Außenhautbeschichtung *f* *(eines Gebäudes)*; Verblendung *f*; 4. *(Arch)* Einlegearbeit *f*, eingelegte Verzierung *f*
incursion *(Erdb)* Einströmen *n* von Wasser, Wassereindringung *f*
incursion of the sea *(Wsb)* Einbrechen *n* des Meeres
incurve *v* einwärts krümmen, nach innen biegen
indecomposable unzerlegbar, nicht zersetzbar *(chemisch)*
indefinite unbestimmt
indefinite integral unbestimmtes Integral *n*
indeflagrable unverbrennlich *(z. B. Kunststoffbaustoffe)*
indemnification *(VR)* Bauvertragsgarantie *f* durch eine dritte Person
indemnity 1. *(VR)* Schadenersatz *m*, Entschädigung *f*, Abfindung *f*; 2. *(VR)* Sicherstellung *f*

indent *v* 1. (ein)kerben, (aus)zacken, mit Zacken versehen; 2. verzahnen
indent *(SB)* Auszackung *f*; Einkerbung *f*, Einschnitt *m*, Einbindungsöffnung *f (Mauerwerk)*
indentation Rille *f*, Einschnitt *m*, Vertiefung *f*; Eindrückung *f*, Einbuchtung *f*; Eindruck *m (zu Prüfzwecken)*; Eindrücken *n (in Oberflächen)*; Auszackung *f*, Auszahnung *f*
indentation hardness testing Eindringhärteprüfung *f*
indentation of the coast *(Bod)* Küstengliederung *f*
indentation test Eindruckversuch *m*, Eindruckprüfung *f (Schutzschichthaftfestigkeit)*; Eindringprüfung *f*
indented bar Nockenstab *m (Bewehrung)*
indented bolt Zahnbolzen *m*
indented chisel Zahneisen *n*
indented frieze Zahnfries *m (aus Backsteinen; Deutsches Band)*
indented joint *(Hb)* Verzahnung *f*
indented moulding *(Arch)* Zahnform *f*, gezahntes Muster *n*
indented ornament *(Arch)* Zackenornament *n*
indented wire Riffeldraht *m*, Bewehrungsdraht *m*
indenter Eindruckstempel *m (Asphalt)*
indenting Verzahnung *f*
indenting course *(SB)* Zahnschicht *f*, Zahnlage *f*
independent getrennt, einzeln, separat; frei stehend *(Gebäude)*
independent architect freischaffender Architekt *m*
independent chimney *(Konst)* frei stehender Schornstein *m*
independent footing [foundation] *(Erdb)* Einzelfundament *n*, Einzelgründung *f*
indestructibility Unzerstörbarkeit *f*
indestructible unzerstörbar
indeterminable *(Stat)* unbestimmbar
indeterminacy *(Stat)* Unbestimmtheit *f*
indeterminate statisch unbestimmt
indeterminate hyperstatic problem *(Stat)* statisch unbestimmtes Problem *n*
indeterminate over-rigid [redundant] problem *s.* indeterminate hyperstatic problem
indeterminate truss *(Stat)* statisch unbestimmtes Fachwerk *n*
indetermined *(Stat)* unbestimmt
index Index *m*, Anzeiger *m*; Ablesemarke *f*; Katalog *m*; Verzeichnis *n*
index bolt *(EB)* Rastbolzen *m*, Schaltbolzen *m*
index grating *(Konst)* Strichgitter *n*
index of acidity *(BM)* Säureindex *m*
index of activity Aktivitätsindex *m (Zement)*
index of friction *(Verk)* Reibungskoeffizient *m*
index of key words *(VR)* Bauvertragsbegriffsdefinition *f*
index of plasticity *(BM, Bod)* Plastizitätsindex *m (z. B. von Erdstoffen)*
index property *(VR)* Klassifizierungseigenschaft *f*
Indian oak *(BM)* Teakholz *n*, Tiekholz *n*
Indian red pigment *(OB)* Indischrotpigment *n*
indicate *v* 1. kennzeichnen; 2. anzeigen
indicating dimensions Bemaßung *f*
indicating label Hinweisschild *n*
indication 1. Bezeichnung *f*, Kennzeichnung *f*; 2. Anzeige *f*, Angabe *f*
indication error Anzeigefehler *m*
indication of suitability *(BM, BT)* Eignungsnachweis *m*
indication of weight Gewichtsangabe *f*
indication range Anzeigebereich *m*
indication sign *(Verk, VR)* Hinweiszeichen *n*
indicator Indikator *m*
indicator bolt *(EB)* Türschloss *n* mit Besetztanzeige *(an WC-Türen)*
indicator button Türsignalknopf *m (Hotel)*
indicator colouring Indikatorfärbung *f*
indicator light *(El)* Signallampe *f*; Kontrolllampe *f*
indicator of condition Zustandsindikator *m*
indicator panel *(El)* Anzeigetafel *f*; Leuchtfeld *n*
indicator sign post *(Verk)* Straßenleitpfosten *m*
indigenous wood *(BM)* einheimisches Holz *n*
indigestible *(OB)* fäulnisbeständig
indigo Indigo *n*
indigo-blue *(OB)* Indigoblau *n*
indirect action Zwangsbeanspruchung *f*
indirect artificial lighting *(El)* indirekte künstliche Beleuchtung *f*
indirect cost(s) Gemeinkosten *pl*
indirect drain pipe *s.* indirect waste pipe
indirect expenses *(VR)* Gemeinkosten *pl*
indirect footlight *(El)* indirektes Rampenlicht *n (Theater)*
indirect gain *(VR)* indirekter Gewinn *m*
indirect heating system *(HLK)* indirektes Heizungssystem *n*
indirect illumination *s.* indirect lighting
indirect light *(El)* indirektes Licht *n*
indirect lighting *(El)* indirekte Beleuchtung *f*, Indirektbeleuchtung *f*
indirect lighting fitting indirekte Leuchte *f*
indirect material Bauhilfsstoff *m*, Hilfsbaumaterial *n*
indirect noise transmission *(DIS)* indirekte Lärmübertragung *f*
indirect stress Zwängungsspannung *f*
indirect support indirekte Lagerung *f*
indirect system *(HLK)* indirektes Heizungssystem *n*
indirect tensile test *(BM)* Spaltzugprüfung *f*
indirect waste pipe *(WVA)* freier Abfluss *m*, offene Abflussleitung *f*
individual central heating *(HLK)* Etagenheizung *f*
individual coat Anstrichschicht *f*, Einzelanstrichschicht *f*, Einzelschicht *f*
individual fabrication Einzelanfertigung *f*, Einzelherstellung *f*
individual footing *(Erdb)* Einzelfundament *n*, Säulenfundament *n*
individual form of art *(Arch)* Individualistenkunst *f*
individual heating *(HLK)* Einzelheizung *f*
individual load *(Stat)* Einzellast *f*
individual manufacture *s.* individual fabrication
individual mounting Einzelanordnung *f*
individual paint coat Einzelanstrich *m*, Farbschicht *f*
individual sewage-disposal system individuelle Kläranlage *f*, Einzelhauskläargrube *f*
individual spot speed *(HLK, Verk, Wsb)* Momentgeschwindigkeit *f*, Augenblickgeschwindigkeit *f*
individual supply Einzelversorgung *f*
individual value of benefit *(VR)* individueller Nutzen *m*
individual vent *(San)* Entlüftungsrohr *n* eines Einzelabflusses
individual water supply *(WVA)* Hauswasserversorgung *f*
indoor Innen...; Innenraum..., Raum..., Zimmer...; Haus...
indoor air *(HLK)* Raumluft *f*
indoor air quality Raumluftqualität *f*
indoor arena *(Arch)* Hallenstadion *n*
indoor atmosphere *(Arch)* Raumatmosphäre *f*, Innenraumatmosphäre *f*
indoor climate *(HLK)* Raumklima *n*, Innenklima *n*
indoor decor *(Arch)* Innengestaltung *f*
indoor decoration *(EB)* Innenausstattung *f*
indoor design temperature *(HLK)* Bemessungsraumtemperatur *f*
indoor environment *(HLK)* Innenraumklima *n*
indoor exposure Innenraumbeanspruchung *f*, Innenexponierung *f*

indoor finish 1. Innenanstrich *m*; 2. Innenanstrichstoff *m*
indoor humidity *(HLK)* Raumfeuchte *f*
indoor illumination *s.* indoor lighting
indoor installation *(El, HLK, San)* Hausinstallation *f*, Gebäudeinstallation *f (Anlage)*
indoor installation work *(El, HLK, San, Te)* Hausinstallation *f*, Gebäudeinstallation *f (Tätigkeit)*
indoor lacquer Innenlackfarbe *f*
indoor light Innenraumlicht *n*
indoor lighting *(El)* Innen(raum)beleuchtung *f*, Raumbeleuchtung *f*
indoor marble Innenmarmor *m*, Marmor *m* für Innenanwendung
indoor moisture *(HLK)* Raumfeuchte *f*
indoor noise *(DIS)* Innenlärm *m*, Gebäudelärm *m*
indoor paint Innenanstrichfarbe *f*
indoor protection Innenraumschutz *m*
indoor service Inneneinsatz *m*
indoor silo Unterdachsilo *n*
indoor storage Innenraumlagerung *f*, Lagerung *f* in geschlossenen Räumen
indoor swimming bath [pool] *(Konst, Wsb)* Hallenbad *n*, Schwimmbad *n*
indoor temperature control *(HLK)* Raumtemperatursteuerung *f*
indoor varnish farbloser Innenlack *m*, Innenklarlack *m*
indoor wiring *(El)* Hausinstallation *f*, Inneninstallation *f*
indraught *(HLK)* Einströmung *f (Luft)*
induced draft *(AE) s.* induced draught
induced draught *(HLK)* Saugzug *m*
induced draught fan *(HLK)* Saugzugventilator *m*
induced ventilation *(HLK)* Zwangsbelüftung *f*
inducing flow induzierender Durchfluss *m*
induction *(HLK)* Ansaugung *f*, Einlass *m*; Frischluftzufuhr *f (Klimaanlage)*
induction brazing *(St)* Induktions(hart)löten *n*
induction hardening *(St)* Induktionshärtung *f*
induction heating *(El, HLK)* Induktionsheizung *f*, induktive Heizung *f*
induction loop *(El)* Induktionsschleife *f (Ampelschaltung)*
induction pipe *(HLK)* Ansaugrohr *n*, Einlassrohr *n*
induction pressure Ansaugdruck *m*
induction soldering *(St)* Induktionslöten *n*
induction unit Hochdruckinduktionsgerät *n*
induction welding *(St)* Induktionsschweißen *n*
indurate *v* härten, sich verhärten, hart werden
induration *(Bod)* Erhärtung *f*, Verfestigung *f*
induration process *(BB)* Erhärtungsprozess *m*
industrial 1. handelsüblich; 2. Industrie...
industrial access road *(Verk)* Industriegebietsanschlussstraße *f*, Betriebszufahrt *f*
industrial acid Industriesäure *f*
industrial agglomeration *(RP)* Industrieballungsgebiet *n*
industrial architecture *(Arch)* Industriearchitektur *f*, Industriebaukunst *f*
industrial area *(RP)* Industriegebiet *n*
industrial block *(Arch)* Industriegebäude *n*, Werkgebäude *n*, Fabrikgebäude *n*
industrial building 1. *(Arch)* Industriegebäude *n*, Werkgebäude *n*, Fabrikgebäude *n*; 2. Fertigteilhochbau *m*
industrial building method industrielle Bauweise *f*
industrial buildings and structures Industriebauten *mpl*
industrial by-product industrielles Nebenprodukt *n*, Industrienebenprodukt *n*
industrial centralisation *(RP)* Industrieballung *f*
industrial cleaner Industriereiniger *m*
industrial coating *(OB)* Industrieanstrichstoff *m*
industrial complex *(RP)* Industriekomplex *m*
industrial construction Industriebau *m*
industrial construction site Industriebaustelle *f*
industrial decentralisation Industrieentballung *f*
industrial dereliction Fabrikstilllegung *f*, industrieller Abbau *m*
industrial design *(Arch)* Industriedesign *n*, industrielle Formgestaltung *f*
industrial detergent Industriereiniger *m*
industrial development area *(RP)* Industrieaufbaugebiet *n*, Industrieentwicklungsgebiet *n*, Industrieansiedlungsgebiet *n*
industrial dust *(Umw)* Industriestaub *m*
industrial effluent *(Umw, WVA)* gewerbliches Abwasser *n*
industrial environment *(Umw)* Industriemilieu *n*, Industrieklima *n*
industrial erection site Industriebaustelle *f*
industrial estate *(RP)* Industriegebiet *n*
industrial extraction unit Industrieentlüfter *m*
industrial finish Industrielackierung *f*
industrial flooring Industrie(fuß)boden *m*, Industriebodenbelag *m*
industrial frame(d) building *(Konst)* Rahmenhalle *f*
industrial fumes *(Umw)* Industrieabgase *npl*
industrial furnace Industrieofen *m*
industrial geology *(Bod)* Wirtschaftsgeologie *f*
industrial glass Industrieglas *n*
industrial glazing Industrieverglasung *f*
industrial ground *(RP)* Industriegelände *n*, Werksgelände *n*, Fabrikgelände *n*
industrial hygiene *(VR)* Industriehygiene *f (Arbeitshygiene)*
industrial kitchen Werkküche *f*
industrial landfill *(Umw)* Industriemülldeponie *f*
industrial loft building *(Arch, Konst)* Industriegebäude *n* mit ungeteilter Bodenraumfläche
industrial luminaire *(El)* Industrieleuchte *f*, Fabrikleuchte *f*
industrial material (technischer) Werkstoff *m*
industrial noise *(Umw)* Industrielärm *m*
industrial occupancy industrielle Gebäudenutzung *f*
industrial paint *(OB)* Industrieanstrichstoff *m*
industrial plant Industrieanlage *f*
industrial port *(Wsb)* Industriehafen *m*
industrial premises *(RP)* bebautes Industriegrundstück *n*, Industriegelände *n*
industrial property bebautes Industriegrundstück *n*
industrial quarter *(RP)* Industrieviertel *n*; Industriestadt *f*
industrial railway *(Verk)* Industriebahn *f*; Werkbahn *f*
industrial refuse *(Umw)* Industrieabfälle *mpl*
industrial region *(RP)* Industriegebiet *n*
industrial roof Industriedach *n*
industrial sewage *(Umw, WVA)* Industrieabwässer *npl*
industrial shed structures *(Konst)* Hallenbauten *mpl*
industrial site *(RP)* Industriestandort *m*
industrial solid waste *(Umw)* Industriemüll *m*
industrial storeyed block Industriegeschossgebäude *n*
industrial stoving paint Industrieeinbrennanstrichstoff *m*
industrial structure *(Arch)* Industriegebäude *n*, Werkgebäude *n*
industrial tubular door Industrie-Rohrrahmentür *f*
industrial vapours *(Umw)* Industrieatmosphäre *f*, Industrieluft *f*
industrial waste *(Umw)* Industrieabfälle *mpl*
industrial waste-water *(Umw, WVA)* Industrieabwässer *npl*
industrial water *(WVA)* Nutzwasser *n*, Brauchwasser *n*
industrial window Industriefenster *n*
industrialization of building Industrialisierung *f* des Bauwesens
industrialized industrialisiert
industrialized building *(Te)* industrielles Bauen *n*, Montagebau *m*, Bauen *n* mit Fertigteilen

industrialized building [construction] method *(Konst)* industrielle Bauweise *f*, Montagebauweise *f*
industrialized domestic construction industrieller Wohnungsbau *m*, Montagewohnungsbau *m*
industrialized façade Fertigfassade *f*, Montagefassade *f*
industrialized housing construction industrieller Wohnungsbau *m*, Montagewohnungsbau *m*
industrialized residential building Fertigteil(wohn)bau *m*, Fertigteilgebäude *n*
industrialized structure *(Te)* Fertigteilbauwerk *n*, Montagebau *m*, Montagebauwerk *n*
industrially-built structure Fertigteilgebäude *n*, Gebäude *n* in Montagebauweise
industry of building materials *(BWG)* Baustoffindustrie *f*
industry track *(Verk)* Anschlussgleis *n*
inelastic unelastisch, nicht elastisch, plastisch
inelastic behaviour *(BM)* unelastisches Verhalten *n*, Nichtelastizität *f*
inelastic deflexion *(BM)* plastische Durchbiegung *f*, Kriechdurchbiegung *f*
inelastic deformation *(BM)* plastische Verformung *f*, Kriechformänderung *f*
inelastic range unelastischer Bereich *m*, plastischer Bereich *m*
inelastic strain plastische [bleibende] Dehnung *f*, Kriechdehnung *f*
inelastic system nicht konservatives System *n*
inelasticity *(BM)* unelastisches Verhalten *n*
inequal 1. *(BT)* uneben; 2. *(Arch, Konst)* ungleich
inequilateral ungleichseitig, mit ungleichen Seiten
inert *(BM)* inert; träge
inert base passiver Farbträger *m* *(Anstrich)*
inert filler Füller *m*, Füllstoff *m*
inert gas *(Umw)* Edelgas *n*
inert-gas-shielded arc welding *(St)* Schutzgas(lichtbogen)schweißen *n*
inert material 1. *(BM)* inertes Material *n*; 2. Ballastmaterial *n*
inert pigment reaktionsträges [passives] Farbpigment *n*
inert waste *(Umw)* inerter Abfall *m*
inertia Trägheit *f*, Beharrungsvermögen *n*
inertia block *(Erdb)* isoliertes Maschinenfundament *n*, isolierter Fundamentblock *m*
inertia effect *(Stat)* Beharrungswirkung *f*; Trägheitsmoment *n*
inertia force *(Stat)* Trägheitskraft *f*
inertia modulus *(Stat)* Trägheitsmodul *m*
inertia moment *(Stat)* Trägheitsmoment *n*
inertia resistance *(Stat)* Trägheitswiderstand *m*
inertial force *(Stat)* Trägheitskraft *f*
inexpensive *(VR)* kostengünstig, preiswert; wenig aufwendig
inextensible *(BM)* nicht dehnbar
inferior 1. geringwertig, minderwertig; 2. tieferstehend, niedriger, unten
inferior concrete Magerbeton *m*, Unterbeton *m* *(minderwertig)*
inferior purlin *(Hb)* Fußpfette *f*
inferior quality minderwertige Qualität *f*
inferior rafter *(Hb)* Sparrenschwelle *f*
infestation *(RS)* Befall *m* *(durch tierische oder pflanzliche Schädlinge)*
infestation by termites *(RS)* Termitenbefall *m*
infill *v* einfüllen, auffüllen
infill *(Erdb)* Hinterfüllung *f*; Füllmaterial *n*
infill block Füllkörper *m* *(Decke)*
infill brickwork *(SB)* Ausmauerung *f*
infiller block 1. *(Hb)* Futterholz *n*; 2. *(Konst)* Ausfachungsblock *m*, Füllkörper *m* *(Decke)*
infiller masonry *(SB)* Ausmauerung *f*
infiller panel *(BT, Konst)* Ausfachungstafel *f*, Fülltafel *f*
infiller slab Ausfachungsplatte *f*, Füllplatte *f*
infiller wall Ausfachung *f*, Ausfüllung *f*
infilling Ausfachung *f*, Ausfachen *n*, Ausfüllung *f*, Füllung *f* *(von Fachwerk)*; Ausstopfen *n*
infilling concrete Füllbeton *m*
infilling masonry *(SB)* Ausfachungsmauerwerk *n*, Füllmauerwerk *n*
infilling material Ausfachungsbaustoff *m*, Füllbaustoff *m*
infilling wall *(Konst)* Ausfachung *f*
infiltrate *v* einsickern, versickern, infiltrieren
infiltration *(Bod)* Einsickerung *f*, Versickerung *f*, Infiltration *f*
infiltration basin *(WVA)* Anreicherungsbecken *n*, Sickerbecken *n*
infiltration capacity *(Bod)* Infiltrationskapazität *f*, Aufnahmevermögen *n* *(Boden)*
infiltration coefficient *(Bod)* Infiltrationsbeiwert *m*
infiltration field *(Umw, WVA)* Sickerfeld *n*
infiltration routing Sickerweg *m*
infiltration water Sickerwasser *n*
infinite number unendliche Zahl *f*
infinite plate *(Stat)* unendliche Platte *f*
infinite slab *(Stat)* unendliche Platte *f*
infinite strip unendlicher Streifen *m*
infinitely unendlich, bei Weitem
infinitely small resultant *(Stat)* unendlich kleine Mittelkraft *f*
infinitesimal deformation *(BM)* infinitesimale Formänderung *f*
infinitesimal displacement unendliche Verdrückung *f*
infirmary 1. Pflegekrankenhaus *n*; 2. Krankenstation *f*; 3. Krankenzimmer *n*
inflame *v* entflammen, entzünden; entflammen, sich entzünden
inflammability *(BM)* Entflammbarkeit *f*, Entzündbarkeit *f*
inflammable entflammbar, entzündbar, brennbar; feuergefährlich
inflatable aufblasbar
inflatable building *(Konst)* Traglufthalle *f*, Drucklufttragehalle *f*, luftgetragene Halle *f*, Lufttragegebäude *n*
inflatable gasket aufblasbarer Dichtungsring *m*
inflatable structure *s.* inflatable building
inflate *v* aufblasen
inflated aufgeblasen; aufgebläht
inflated-roof greenhouse *(Konst, LB)* Tragluftdachgewächshaus *n*, Gewächshaus *n* mit Tragluftdach
inflation Aufblasen *n*
inflect *v* (nach innen) biegen, krümmen
inflected arch *(Erdb)* verkehrtes Gewölbe *n*, Fundamentgewölbe *n*, Sohlgewölbe *n*; Erdgewölbe *n*; Gegenbogen *m*
inflection *(AE)* Wendekrümmung *f*; Biegung *f*, Krümmung *f*
inflection point 1. *(Stat)* Momentennullpunkt *m*; 2. *(Verk)* Wendepunkt *m* *(Kurve)*
inflectional tangent *(Verk)* Wendetangente *f* *(Trassierung)*
inflexible (biege)steif, starr, unbiegsam
inflexion *(Arch, Verk)* Wendekrümmung *f*
inflow 1. *(Erdb, Wsb, WVA)* Zufluss *m*, Zufließen *n*, Einlaufen *n*, Einfluss *m*; 2. zulaufende Flüssigkeit *f*, Zufluss *m*
inflow of water Wasserzufluss *m*
influence Einfluss *m*
influence area Einflussfläche *f*, Einflussfeld *n*
influence coefficient Einflussbeiwert *m*, Einflusszahl *f*
influence diagram *(Stat)* Einflussdiagramm *n*
influence factor *(Stat)* Einflussfaktor *m*
influence line *(Stat)* Einflusslinie *f*
influence quantity Einflussgröße *f*
influence surface *(Stat)* Einflussfläche *f*
influence value *(Stat)* Einflusswert *m*, Einflussgröße *f*
influence zone Einflussbereich *m*, Einflusszone *f*
influent einfließend, einströmend; Zulauf..., Zufluss...

I

influent seepage *(Bod, Erdb, Wsb)* Infiltration *f*, Versickerung *f*
influx *s.* inflow 1.
information counter Informationsstand *m*
information sheet *(VR)* Merkblatt *n*
information sign *(Verk)* Hinweiszeichen *n*
informatory informatorisch, hinweisend
informatory sign *(Verk)* Hinweiszeichen *n*
infrared infrarot; Infrarot...
infrared barrier *(El)* Infrarotschranke *f*
infrared drying *(OB)* Infrarottrocknung *f*
infrared emitter *(El)* Infrarotstrahler *m*
infrared heating *(El, HLK)* Infrarotheizung *f*
infrared lamp *(El)* Infrarotlampe *f*
infrared radiation *(El)* Infrarotstrahlung *f*
infrared radiator *(El, HLK)* Infrarotstrahler *m*
infrared spectroscopy *(BM)* Infrarotspektroskopie *f (Untersuchung auf Organisches)*
infrared stoving Infrarothärtung *f (Anstriche)*
infrastructure 1. *(RP)* Infrastruktur *f (Grundeinrichtung eines Territoriums)*; 2. Zwischenbau *m*
infusibility Unschmelzbarkeit *f*
infusible unschmelzbar, nicht schmelzbar
infusorial earth Infusorienerde *f*
ingle Kaminfeuer *n*, Kamin *m (Schottland)*
ingle nook *(EB)* Kamin(sitz)ecke *f*
ingoing Gewändesäule *f*, Gewändepfosten *m*
ingoing air *(HLK)* Zuluft *f*
ingoing footing *(EB)* Gewändeaufstand *m*
ingoing post *(EB)* Gewändepfosten *m*
ingoings *(EB, Hb)* Gewände *n*, Einfassung *f (von Türen, Fenstern)*
ingot *(St)* Gussblock *m*, Rohblock *m*
ingot iron Betonstahl *m*; Flussstahl *m*
ingot steel *(St)* Flussstahl *m (0,15-0,25 % C)*
ingrain lining paper Raufasermakulatur *f*
ingrain covering Raufasertapete *f*
ingrain wallpaper Raufasertapete *f*
ingrain wallpaper coat Raufaseraufstrich *m*
ingredients Inhaltsstoffe *mpl*, Bestandteile *mpl*
ingress Eindringen *n*, Einströmen *n*; Zutritt *m*
ingress of dirt Schmutzeintritt *m*
ingress of ground water *(Erdb, Tun)* Grundwasserzutritt *m*
ingrown bark Rindeneinschluss *m*
inhabitable bewohnbar
inhabitant *(VR)* Bewohner *m (Haus)*; Einwohner *m (Stadt)*
inhaul cable Zugseil *n (Kabelbagger)*
inherent colour *(OB)* Eigenfarbe *f*
inherent concrete heat Betoneigenwärme *f*
inherent moisture Eigenfeuchtigkeit *f*
inherent moisture of aggregates Zuschlagstoffeigenfeuchte *f*
inherent oscillation Eigenschwingung *f*
inherent rigidity *(Stat)* Eigenstarrheit *f*, Eigensteifigkeit *f*
inherent settlement Eigensetzung *f*
inherent stability [strength] *(BM)* Eigenfestigkeit *f*, Eigenstabilität *f*
inherent tension *(BM, BT)* Eigenspannung *f*
inherent vibration Eigenschwingung *f*
inherently safe eigensicher
inhibit *v* verzögern *(z. B. Reaktionen)*; inhibieren, hemmen *(Korrosion)*
inhibiting pigment *(OB)* Rostschutzpigment *n (Farbe)*
inhibitive *(OB)* inhibierend, hemmend
inhibitive action *(OB)* Hemmwirkung *f*, Inhibitionswirkung *f*
inhibitive pigment *(OB)* Korrosionsschutzpigment *n*
inhibitive primer *(OB)* Korrosionsgrundanstrichstoff *m*
inhibitive properties *(OB)* Korrosionsschutzeigenschaften *fpl*
inhibitor 1. *(BM, OB)* Inhibitor *m*, Hemmstoff *m*; Passivator *m*; 2. *(BM, OB)* Beizzusatz *m*
inhibitor effect Inhibitorwirkung *f*, Hemmstoffeffekt *m*
inhomogeneity *(BM)* Inhomogenität *f*
inhomogeneous inhomogen, verschiedenartig (zusammengesetzt); ungleichförmig, uneinheitlich *(Baustoffe)*
initial acceptance *(VR)* vorläufige Abnahme *f*
initial bending Anfangsbiegung *f*
initial bond *(BB, Te)* Anfangsverbund *m*, Frühverbund *m (Spannbeton)*
initial buckling Knickbeginn *m*
initial compaction *(Erdb)* Anfangsverdichtung *f*; Vorverdichtung *f*
initial compressive strength Anfangsdruckfestigkeit *f*
initial conditions Ausgangsbedingungen *fpl*
initial cost *(VR)* Anlagekosten *pl*, Gestehungskosten *pl (Arbeit und Material)*
initial cracking Anriss *m*
initial creep *(BB)* Anfangskriechen *m*
initial curvature ursprüngliche Krümmung *f*
initial displacement Anfangsverschiebung *f*, Anfangsverrückung *f*
initial drying shrinkage *(BB, BM)* Anfangsschwinden *n*, Trockenschwindung *f (Beton)*
initial equation *(Stat)* Ausgangsgleichung *f*
initial exposure Anfangsbeanspruchung *f*
initial hardening Anfangserhärtung *f*, Anziehen *n (von Beton, Kristallisationsphase)*; Erstarrungsbeginn *m*
initial load Anfangslast *f*
initial loading *(Stat)* Anfangsbelastung *f*; Vorlast *f*
initial paint coating *(OB)* Erstanstrich *m*
initial period *(Te)* Anfangsphase *f*
initial point Ausgangspunkt *m*
initial prefabrication primer Grundanstrich *m*, Fertigungsanstrich *m*
initial pressure Anfangsdruck *m*
initial prestress *(BB, Te)* Anfangsvorspannung *f (Spannbeton)*
initial profile *(Verk)* Ausgangsprofil *n*
initial protective coating *(OB)* Erstanstrich *m*
initial rusting *(OB)* Anrosten *n*, Anrostung *f*
initial set *(BB, Te)* Abbindebeginn *m*, Bindungsanfang *m (aus der Gelphase bei Beton)*
initial set process Erstarrungsverlauf *m*, Erstarrungsvorgang *m*
initial set rate *(BB, Te)* Erstarrungsgeschwindigkeit *f*
initial set reaction Erstarrungsreaktion *f*
initial set test Erstarrungsprüfung *f*
initial setting time Zeitdauer *f* bis zum Abbindebeginn
initial settlement *(Erdb)* Initialsetzung *f*, Anfangssetzung *f*
initial shrinkage Trockenschwinden *n*
initial stage Anfangsstadium *n*
initial standard *(VR)* Vornorm *f*
initial state Anfangszustand *m*
initial strength Anfangsfestigkeit *f*
initial stress Anfangsvorspannung *f*, Vorspannung *f* ohne Spannungsverluste *(Spannbeton)*
initial suitability test Eignungsnachweis *m*, Eignungserstnachweis *m*
initial tangent point *(Verk)* Krümmungsendpunkt *m (Straße)*
initial tearing resistance Einreißfestigkeit *f*
initial tension Vorspannung *f*
initial type testing *(BM)* Eignungserstprüfung *f*, Bauerstprüfung *f*
initial void ratio *(Bod)* Anfangsporenziffer *f*
initially slow-setting langsam erstarrend *(Zement)*
initiate *v* zünden *(Sprengstoff)*; anregen, einleiten

initiate *v* **corrosion** Korrosion auslösen
initiating explosive *(Erdb, Tun)* Initialsprengstoff *m*
initiation stage Anfangsstadium *n*
inject *v* injizieren, (ein)spritzen *(z. B. Zementmörtel)*; einpressen, verpressen *(Beton, Zement)*
inject concrete *(BM, RS)* Einpressbeton *m*
injecting device *(BWG)* Injiziergerät *n*
injection Injektion *f*, Einspritzung *f*; Einpressung *f*
injection concrete *(BM, RS)* Einpressbeton *m*
injection fluid Einpressflüssigkeit *f*, Injektionsflüssigkeit *f*
injection gun Injizierspritze *f*, Einpressspritzpistole *f*
injection hole *(RS)* Injektionsloch *n*, Einpressöffnung *f*
injection lance Handinjektionsrohr *n*
injection material Injektionsgut *n*, Verpressgut *n*
injection method *(RS)* Verpressverfahren *n*
injection moulding 1. Spritzgießen *n (von Kunststoffen)*; Spritzgussverfahren *n*; 2. Spritzgussteil *n*
injection pipe Einpressrohr *n*
injection pressure *(RS)* Einpressdruck *m*
injection pump *(BWG, RS)* Zementinjektionspumpe *f*, Einpresspumpe *f*
injection resin Injektionsharz *n*
injection well Einpressloch *n*
injunction *(VR)* einstweilige Verfügung *f*
injure *v* beeinträchtigen; beschädigen
injurious substance *(Umw)* Schadstoff *m*
injury *(VR)* Verletzung *f*, Körperverletzung *f*
injury accident *(VR)* Unfall *m* mit Personenschaden
ink *v (Konst)* mit Tusche ausziehen *(Zeichnung)*
inker *(BWG, OB)* Farbauftragswalze *f*
inlaid border eingelegte Kante *f*
inlaid floor Parkettfußboden *m*, Parkett *n*
inlaid lino Inlaidlinoleum *n*
inlaid strip floor Riem(ch)enfußboden *m*, Bandparkett *n*
inlaid work *s.* inlay 1.
inland canal *(Wsb)* Binnenkanal *m*
inland harbour *(Wsb)* Binnenhafen *m*
inland lake *(Bod)* Binnensee *m*
inland traffic *(Verk)* Inlandsverkehr *m*
inland waters *(Bod)* Binnengewässer *n*
inlay *v* 1. einlegen, furnieren; verzieren; 2. parkettieren, mit Parkett auslegen, Parkett legen
inlay *v* **with parquetry** *s.* inlay 2.
inlay 1. *(Arch)* Intarsie *f*, Einlegearbeit *f*; 2. Einlegematerial *n (Holz, Stein, Metall)*; 3. Inkrustation *f (Gestein)*
inlay work Einlegearbeit *f*
inlay work in wood Holzeinlegearbeit *f*
inlaying 1. Einlegen *n*; 2. *s.* inlay 1.
inlet 1. *(WVA)* Einlass *m*, Einlauf *m*; Einführungsöffnung *f*; Regenwasserabflussschacht *m*; Sinkkasten *m*, Gully *m*; 2. *(Te)* Zugabeeinrichtung *f*
inlet air *(HLK)* Zuluft *f*, Frischluft *f*
inlet channel *(Erdb, Wsb)* Einlaufkanal *m*, Einlaufrinne *f*, Zulaufrinne *f*
inlet compartment Einlaufkammer *f*
inlet connector Einfüllstutzen *m*
inlet grate Einlaufrost *m*, Sinkkastenrost *m*
inlet grille Zuluftgitter *n*
inlet hydrograph *(San, Umw, Wsb)* Einlaufmesser *m*
inlet opening *(WVA)* Einlauföffnung *f*, Ablauföffnung *f*
inlet pipe Einlassrohr *n*, Zuleitung *f*, Zuleitungsrohr *n*, Zulaufrohr *n*
inlet port Eintrittsöffnung *f*, Einlauföffnung *f*
inlet reservoir *(Wsb)* Einlaufbecken *n*
inlet shaft *(WVA)* Einlaufschacht *m*
inlet strainer Einlaufsieb *n*
inlet structure *(WVA)* Einlaufbauwerk *n*
inlet surround Einlaufeinfassung *f*, Ablaufeinfassung *f*
inlet well *(Erdb, Tun)* Einpressbohrung *f*
inlet works *(WVA)* Einlaufbauwerk *n*
inn *(Arch)* Gasthaus *n*, Gasthof *m*; Herberge *f*; Wirtshaus *n*; Hotel *n*; Hospiz *n*
innage Füllhöhe *f*
inner inner, inwendig; licht
inner air *(HLK)* Raumluft *f*, Zimmerluft *f*
inner aisle *(Arch)* inneres Seitenschiff *n*, innere Abseite *f*
inner arch Innenbogen *m*
inner basin Innenbecken *n*
inner bead innerer Fensteranschlag *m*
inner casing innere Füllungshalteleiste *f*
inner city revitalization Innenstadtwiederbelebung *f*, Innenstadtreaktivierung *f*
inner coat *(OB)* Innenanstrich *m*
inner coating Innenbeschichtung *f*; Innenschutzschicht *f*
inner core Innenkern *m*
inner corner Innenecke *f*
inner court(yard) Innenhof *m*; Gebäudeinnenhof *m*, Lichthof *m*
inner decoration Innengestaltung *f*
inner dike *(Wsb)* Hinterdeich *m*
inner dimension Innendurchmesser *m*
inner door Innentür *f*
inner fixtures *(EB)* (fertiger) Innenausbau *m*; Innenausbauten *mpl*
inner gallery Innenlaubengang *m*
inner garden *(LB)* Innengarten *m*
inner harbour *s.* inland harbour
inner hearth Ascheraum *m*
inner isolation *(DIS)* Innendämmung *f*
inner leaf innere Schale *f (Hohlwand)*
inner lining Innenauskleidung *f*, Innenverkleidung *f*
inner marble Innenmarmor *m*, Marmor *m* für innen
inner noise *(DIS)* Innenlärm *m*, Gebäudelärm *m*
inner paint Innen(anstrich)farbe *f*
inner primer Innengrundierung *f*, Innengrundieranstrich *m*
inner product *(Stat)* Skalarprodukt *n*
inner redecoration Innenrenovierung *f*
inner relative moisture *(HLK)* Raumluftfeuchtigkeit *f*
inner reveal Innenleibung *f*
inner ring road *(Verk)* Innenringstraße *f*, innere Ringstraße *f*
inner skin Innenhaut *f*
inner slatted blind Innenjalousie *f*
inner slope *(Wsb)* Binnenböschung *f (Deich)*
inner span Innenweite *f*
inner string (board) Innenwange *f (Treppe)*
inner stud *(Konst)* Innenpfosten *m (Fachwerkwand)*
inner surface innere Oberfläche *f*, Innenfläche *f*
inner temperature control *(HLK)* Raumtemperatursteuerung *f*
inner urban development *(RP)* Innenentwicklung *f (Städtebau)*
inner urban major road *(Verk)* innerstädtische Hauptverkehrsstraße *f*
inner window Innenfenster *n (beim Doppelfenster)*
innermost part *(Arch)* Allerheiligstes *n (Altarplatz)*
innings *(Erdb)* Aufspülland *n*, aufgespültes Neuland *n*; Anschwemmland *n*, Deichland *n*
innocuous unschädlich
innovative innovativ, neuartig
innovative proposal *(VR)* innovatives Angebot *n*, Innovationsvorschlag *m*, Nebenangebot *n*
inodorous geruchlos, geruchfrei
inoffensive nicht angreifend *(Baustoffe)*
inordinate ungeordnet, regellos
inorganic *(BM)* anorganisch
inorganic aggregate *(BM)* anorganischer Zuschlagstoff *m*, Zuschlagstoff *m* frei von organischen Verunreinigungen

inorganic insulation material anorganischer Dämmstoff *m*, anorganisches Dämmmaterial *n*
inorganic material anorganisches Material *n*
inorganic pigment anorganisches Pigment *n*, Mineralpigment *n*
inorganic silt *(BM, Bod)* Schluff *m*, Silt *m*; Feinstsand *m*, Schwemmsand *m*
inorganic soil anorganischer Boden *m*
inpaint *v* auffrischen *(Anstriche)*; durch Überstreichen erneuern
inpouring *(Wsb)* Einströmen *n*, Hineinströmen *n (Wasser)*
input 1. *(El)* Eingangsleistung *f*, aufgenommene Leistung *f*, Leistungsaufnahme *f*; 2. Zufuhr *f*, Eintrag *m (von Wärme beim Schweißen)*; 3. Arbeitsaufwand *m*, Einsatz *m*
inquiry Erkundigung *f*, Nachfrage *f*, Untersuchung *f*, Nachforschung *f*
inrush of water *(Erdb, Tun)* Wassereinbruch *m*, Grundwasserzutritt *m (z. B. in Baugruben)*
inscribe *v* 1. beschriften; markieren; 2. einhauen; eingravieren
inscription 1. Beschriftung *f*, Aufschrift *f*; 2. Inschrift *f*
insect attack Insektenbefall *m*
insect cloth Fliegengaze *f*, Fliegennetz *n*
insect outbreak *(Hb)* Insektenbefall *m*
insect proof *(BM)* insektenbeständig, insektenfest
insect screen Fliegenfenster *n*, Gaze(schutz)fenster *n*
insect (wire) screening *s.* insect screen
insecticide for timber *(Hb, Umw)* insektenwidrige Holzschutzmittel *npl*
insensitive unempfindlich
insert *v* einsetzen, einfügen; einbauen; einlegen; ineinanderstecken
insert Einsatz *m*, Einsatzstück *n*; Einlage *f (z. B. eine Furniereinlage)*; Holzfehlstelleneinlage *f*; Trägerstoff *m*
insert tube Einschubrohr *n*
inserted ceiling *(Konst)* Zwischendecke *f*, untergehängte [eingehängte] Decke *f*
inserted grille einsteckbares Türgitter *n*
inserted joint Steckverbindung *f*, eingelassene Verbindung *f*
inserted tenon *(Hb)* eingelegter Hartholzzapfen *m*
inserting Einfügen *n*
insertion 1. Einsetzen *n*; Einbauen *n*; 2. Einsatz *m*
insertion of cardboard Pappeinlage *f*
insertion of struts *s.* bracing 1.
insertion of wood *(Hb)* Holzeinlage *f*
insertions *(EB)* Einbauten *mpl*
inset *v* einfügen, einpassen, einschieben; einsetzen
inset Einsatz *m*
inshore *(Bod)* an der Küste (liegend); Küsten...
inside innen, innerhalb, im Innern; Innen...
inside 1. Inneres *n (z. B. eines Gebäudes)*; 2. Innenseite *f*
inside air *(HLK)* Raumluft *f*
inside-angle float *(SB)* Eckenreibebrett *n*
inside-angle tool *(SB)* Eckenreibebrett *n*; Ickselkelle *f*
inside callipers Innentaster *m*, Lochtaster *m (Tastzirkel)*
inside casing innere Füllungshalteleiste *f (Tür)*
inside climate *(HLK)* Raumklima *n*, Innenklima *n*
inside coat Innenanstrich *m*
inside core *(Konst)* Innenkern *m*
inside corner moulding Eckenfüllleiste *f*, Kunststoffeckendeckstreifen *m*
inside decor Innengestaltung *f*
inside diameter lichte Weite *f*; Innendurchmesser *m (z. B. von Rohren)*
inside dimension Innendurchmesser *m*, lichter Durchmesser *m*
inside door Innentür *f*
inside door lock *(EB)* Türschloss *n* mit Klinke nur an der Innenseite
inside door panel Türinnenblech *n*
inside face Innenfläche *f*
inside finish *s.* interior trim 1.
inside fixtures *(Arch, EB)* Innenausbau *m*, Innenausbauten *mpl*
inside glazing von innen eingesetzte Außenverglasung *f*
inside height lichte Höhe *f*
inside insulation *(DIS)* Innendämmung *f*
inside joinery *(EB, Hb)* Innenholzeinbauten *mpl*, Holzeinbauten *mpl*
inside lead lining Bleieinlage *f*
inside lining *s.* inside casing
inside noise *(DIS)* Innenlärm *m*
inside of the pavement Häuserseite *f* des Bürgersteigs
inside painting Innenanstrich *m*
inside pipe size Rohrinnenmaß *n*
inside radius Innenradius *m*
inside redecoration *(RS)* Innenrenovierung *f*
inside reveal Innenleibung *f*
inside stop innerer Anschlag *m*; innerer Fensteranschlag *m*
inside stud *(Konst)* Innenpfosten *m (Fachwerkwand)*
inside trim 1. Innenverkleidung *f (Holz- und Metallverzierungen)*; Innenseitenverblendung *f (Tür, Fenster)*; 2. Abdeckungsverkleidung *f*; Türrandabdeckung *f*; Fensterrahmenabdeckung *f*
inside wall Innenwand *f*
inside width lichte Weite *f*; Innenmaß *n (Rohrinnendurchmesser)*
inside width of a frame *(Konst)* lichte Rahmenweite *f*
inside window Innenfenster *n (beim Doppelfenster)*
insolation Sonneneinfall *m*, Sonneneinstrahlung *f*, einfallende Sonnenstrahlung *f*
insolubility Unlöslichkeit *f*
insolubility in water Unlöslichkeit *f* in Wasser
insoluble nicht löslich, unlöslich
insoluble binder *(BM)* unlösliches Bindemittel *n*
insoluble content *(BM)* Gehalt *m* an Unlöslichem
insoluble in water wasserunlöslich
insoluble matter Unlösliches *n*
insoluble organic dyestuff *(OB)* unlöslicher organischer Farbstoff *m*
insoluble residue unaufgeschlossener Rückstand *m*, Unlösliches *n*
inspect *v* 1. kontrollieren; überprüfen; 2. überwachen; beaufsichtigen; untersuchen
inspection 1. *(BM, VR)* Gütekontrolle *f*, Kontrolle *f*; Materialüberwachung *f*; 2. *(VR)* Inspektion *f*, Besichtigung *f*; Prüfung *f*; Bauaufsichtskontrolle *f*, Auftragsüberwachung *f*; Augenscheinnahme *f*, Begehung *f*
inspection and test plan *(VR)* Begutachtungs- und Prüfplan *m (Angebotsprüfung)*
inspection area Kontrollfläche *f (Oberflächen, Korrosionsschutz)*
inspection body *(VR)* Überwachungsinstitut *n*, Überwachungsstelle *f*, Fremdüberwacher *m*
inspection certificate *(VR)* Prüfbescheinigung *f*, Prüfprotokoll *n (Bauüberwachung)*
inspection chamber *(WVA)* Reinigungsschacht *m*
inspection cover *(WVA)* Reinigungsdeckel *m*
inspection directorate *(BM)* Zentralprüfstand *m*
inspection door Kontrollöffnung *f*; Einstieg *m*
inspection eye Kontrollöffnung *f*
inspection fitting *(San)* Revisionsstück *n*, Reinigungsformstück *n*
inspection gallery Kontrollgang *m (Gebäudeteil)*
inspection gangway Besichtigungssteg *m*
inspection gauge Abnahmelehre *f*

inspection glass Schauglas *n*
inspection hole Schauloch *n*, Schauöffnung *f*
inspection junction Reinigungsöffnung *f*
inspection lamp *(El)* Handleuchte *f*
inspection list *(VR)* Mängelliste *f*
inspection manhole *(San, WVA)* Kontrollschacht *m*, Revisionsschacht *m*
inspection opening *(San, WVA)* Kontrollöffnung *f*
inspection pipe Rohr *n* mit Putzöffnung
inspection pit Arbeitsgrube *f (für Wartungsarbeiten)*
inspection platform Inspektionsbühne *f*
inspection plug Reinigungsstopfen *m*, Reinigungsschraube *f*
inspection protocol *(VR)* Prüfanweisung *f*, Überwachungsanweisung *f*
inspection record Prüfbericht *m*
inspection report *(VR)* Prüfbericht *m*, Abnahmeprüfprotokoll *n*, Überwachungsbericht *m*
inspection schedule *(VR)* Prüfplan *m*, Prüfablaufplan *m*, Überwachungsplan *m*
inspection screw Reinigungsschraube *f*
inspection sheet *(VR)* Prüfprotokoll *n*
inspection specification *(VR)* Prüfvorschrift *f*, Überwachungsvorschrift *f*
inspection subway Untergrundkontrollgang *m*
inspection testing *(VR)* Sichtprüfung *f*
inspection tube *(San, WVA)* Reinigungsrohr *n*
inspector *(VR)* Bauaufsichtsbeamter *m*; örtlicher Bauüberwacher *m* des Auftraggebers; Bauaufseher *m*; Gütekontrolleur *m*
instability 1. *(Stat)* Instabilität *f*, Labilität *f*; 2. Unbeständigkeit *f*
instability due to sliding *(Stat)* Instabilität *f* durch Gleiten
instability effect Instabilitätswirkung *f*, Labilitätswirkung *f*
instable 1. *(Stat)* instabil, labil, nicht standsicher; 2. unbeständig
instable equilibrium *(Stat)* instabiles Gleichgewicht *n*
instable frame *(Konst)* bewegliches Fachwerk *n*, labiles Netz *n*
install *v (El, HLK, San, Te)* installieren, einbauen; montieren; aufstellen, errichten; anbringen; (ver)legen *(Leitungen)*; einrichten *(z. B. Gebäude)*
install *v* **a line [main]** *(El)* eine Leitung legen
install *v* **a pipe(line)** *(San)* eine Leitung [Rohrleitung] verlegen
installation 1. *(El, HLK, San, Te)* Installation *f*, Installierung *f*, Einbau *m*; Verlegung *f (z. B. von Versorgungsleitungen)*; 2. (fertige) Anlage *f*; Einrichtung *f*, Ausrüstung *f*
installation depth Einbautiefe *f*
installation dimensions Anschlussmaße *npl*
installation drawing *(Konst)* Installationszeichnung *f*; Einbauplan *m*, Verlegeplan *m*
installation engineering Installationstechnik *f*
installation equipment Installationsgeräte *npl*
installation height Einbauhöhe *f*, Montagehöhe *f*
installation parts Installationselemente *npl*
installation pipe Installationsrohr *n*
installation plan 1. Aufstellungsplan *m*; 2. *(Verk)* Signallageplan *m*
installation services Installation *f*
installation site Einbaustelle *f*, Montageort *m*
installation vault begehbarer Installationsgang *m*
installation work Installationsarbeiten *fpl*, Installierung *f*
installations 1. *(El, HLK, San, WVA)* Haustechnik *f*; 2. *(San)* Sanitäranlage *f*
installed capacity [power] installierte Leistung *f*
installer *(AE)* Installateur *m*; Monteur *m*, Anlagenersteller *m*
installer for heating installations Heizungsmonteur *m*, Heizungsinstallateur *m*
instantaneous concentration Grundkonzentration *f*
instantaneous loading *(Stat)* Stoßbelastung *f*
instantaneous strain *(BM)* Sofortdehnung *f*
instantaneous warm water *(HLK, San)* Durchlaufwarmwasser *n*
instantaneous water heater *(San)* Durchlauferhitzer *m*, Warmwasserspender *m*
institution *(VR)* Anstalt *f*; Heim *n*; Institution *f*
instruct *v* anweisen, anleiten, unterrichten
instruction Anleitung *f*, Anweisung *f*
instruction book Gebrauchsanleitung *f*, Betriebsanweisung *f*
instruction for erection *(Te)* Montageanweisung *f*
instruction of staff *(VR)* Einweisung *f* von Personal
instructions Behandlungsvorschrift *f*; Bedienungsanleitung *f*
instructor Einweiser *m*, Ausbilder *m*
instrument of expression *(Arch)* Ausdrucksmittel *n*
insufficiently polished schlecht poliert
insula *(Arch)* Insula *f (antiker römischer Mietshausblock)*
insulance *(DIS)* Isolierwert *m*
insulant *s.* insulating material
insulate *v* 1. *(DIS)* dämmen *(gegen Kälte, Schall)*; *(nicht mehr empfohlen)* isolieren; 2. *(DIS)* sperren *(gegen Feuchtigkeit, Wasser, Feuer)*; 3. *(El)* isolieren
insulated cable *(El)* isoliertes Kabel *n*
insulated door *(BT, DIS, EB)* Dämmtür *f*, isolierte Tür *f*
insulated lorry Thermowagen *m*, wärmeisolierter Lastkraftwagen *m*
insulating asphalt felting Bitumenpappe *f*, Asphaltsperrpappe *f*
insulating back-up material *(BM, DIS)* Außendämmstoff *m*
insulating bed *(DIS)* Dämmschicht *f*; Sperrschicht *f*
insulating blanket *(BT, DIS)* Dämmmatte *f*
insulating board *(DIS)* Dämm(stoff)platte *f*, Dämmtafel *f*
insulating board for industrial construction Industriebauplatte *f* mit Dämmzwischenschicht
insulating brick Dämmziegel *m*, Dämmstein *m*
insulating cardboard Dämmpappe *f*, Dämmkarton *m*
insulating cement 1. Sperrkitt *m*, Isolierkitt *m*; 2. abbindende Füllmasse *f*
insulating coat *(DIS)* Sperranstrich *m*
insulating compound *(El)* Isoliermasse *f*, Vergussmasse *f*
insulating concrete *(BB, DIS)* Wärmedämmbeton *m*, Beton *m* mit Leichtzuschlägen
insulating construction material *(BM, DIS)* Baudämmmaterial *n*; Sperrmaterial *n*
insulating corkboard Korkdämmplatte *f*, Dämmplatte *f* aus Kork
insulating course 1. *(DIS)* Dämmschicht *f (Wärme, Schall)*; Dämmlage *f*; Isolierschicht *f*; 2. Sperrschicht *f (Feuchtigkeit)*
insulating door Dämmtür *f*
insulating felt Sperrpappe *f*
insulating fibreboard Faserdämmplatte *f*, Mineralfaserdämmplatte *f*
insulating firebrick feuerfester Dämmziegel *m*
insulating foam *(BM, DIS)* Dämmschaumstoff *m*
insulating foam board Schaumstoffdämmplatte *f*
insulating foil *(DIS)* Sperrfolie *f*
insulating form board Dämmformplatte *f*, Plattenformelement *n* zur Dämmung
insulating glass Verbundfensterglas *n*; Wärmeschutzglas *n*
insulating glass unit Verbundfensterglasscheibe *f*
insulating insert *(DIS)* Dämmeinlage *f*
insulating intermediate layer Dämmzwischenlage *f*; sperrende Zwischenlage *f*
insulating jacket *(DIS)* Isoliermantel *m*

insulating laminated glass Dämmverbundglas *n (Wärmeschutz)*
insulating layer *s.* insulating course
insulating layer of asphalt *(DIS)* Asphaltsperrschicht *f*
insulating mat Dämmmatte *f*, Isoliermatte *f*; Isolierteppich *m*
insulating material 1. *(BM, DIS)* Dämmstoff *m*, Dämmmaterial *n (gegen Wärme, Schall)*; 2. Sperrstoff *m (gegen Feuchtigkeit)*; 3. *(El)* Isoliermaterial *n*, Isolierstoff *m*
insulating paint *(BM, DIS, OB)* Sperrfarbe *f*, Abdichtfarbe *f*
insulating panel *s.* insulating board
insulating paper 1. Dämmpapier *n*; 2. getränktes Papier *n (Absperrmittel)*; 3. *(El)* Isolierpapier *n*
insulating plasterboard 1. Dämmgipsplatte *f*; 2. einseitig mit Alu-Folie belegte Gipsverkleidungsplatte *f*
insulating property 1. *(DIS)* Dämmeigenschaft *f*, Dämmvermögen *n*, Dämmfähigkeit *f (gegen Kälte, Schall)*; 2. *(DIS)* Sperrfähigkeit *f (gegen Feuchtigkeit)*; 3. *(El)* Isoliervermögen *n*
insulating quilt *s.* insulating mat
insulating roof fill Dachdämmschüttung *f*
insulating roof material *(BM, DIS)* Dachdämmstoff *m*
insulating screed Dämmestrich *m*
insulating slab Dämmplatte *f*
insulating strip Fugenband *n*, Dehnungsfugenfüllstoff *m*
insulating tape *(El)* Isolierband *n*
insulating tubing *(El)* Isolierschlauch *m*
insulating varnish *(El)* Isolierlack *m*
insulating wallboard Dämmwandplatte *f*
insulating wool *(BM, DIS)* Dämmwolle *f*
insulation 1. *(DIS)* Dämmung *f (gegen Schall, Wärme)*; *(nicht mehr empfohlen)* Isolierung *f*; 2. *(DIS)* Sperrung *f (gegen Feuchtigkeit, Wasser, Feuer)*; 3. *(El)* Isolierung *f (durch nicht leitendes Material)*
insulation against vibrations *(DIS)* Schwingungsschutz *m*
insulation base Isolieruntergrund *m*
insulation bat(t) *(AE)* Dämmmatte *f*
insulation capacity Dämmfähigkeit *f*, Dämmvermögen *n*
insulation coating Dämmbeschichtung *f*
insulation contractor Dämm- und Isolierspezialbetrieb *m*
insulation cork *(BM, DIS)* Dämmkork *m*
insulation efficiency Dämmwirkung *f*
insulation fault *(El)* Isolationsfehlstelle *f*
insulation felt Dämmfilz *m*
insulation floor *(DIS, Konst)* Dämmdecke *f*
insulation for cold Kältedämmung *f*
insulation from sound *(DIS)* Schalldämmung *f*
insulation glazing Dämmverglasung *f*, Doppelscheibeneinglasung *f*
insulation in bag Sackdämmung *f*
insulation insertion Isoliereinlage *f*
insulation installation *(DIS, Te)* Dämmarbeiten *fpl*
insulation jacket Dämmbinde *f*
insulation layer 1. Dämmlage *f*, Dämmschicht *f*; 2. Sperrlage *f*, Isolierschicht *f*
insulation lining Dämmauskleidung *f*, Dämmverkleidung *f*
insulation masonry *(DIS, SB)* Dämmmauerwerk *n*
insulation mat Dämmmatte *f*
insulation of the wall *(DIS)* Wanddämmung *f*; Mauerdämmung *f*
insulation panel Dämmtafel *f*
insulation partition wall Dämmtrennwand *f*
insulation peat Dämmtorf *m*
insulation plank Dämmdiele *f*
insulation powder Dämmfähigkeit *f*, Dämmvermögen *n*
insulation property Dämmfähigkeit *f*, Dämmvermögen *n*
insulation pumice Dämmbims *m*
insulation quality Dämmfähigkeit *f*, Dämmvermögen *n*
insulation refractory Isolierstein
insulation resistance *(DIS)* Isolierwert *m*
insulation sheet Dämmplatte *f*
insulation sheeting Dämmbahn *f*
insulation skin Isolierhaut *f*
insulation sleeving Isolierschlauch *m*
insulation strawboard Strohdämmplatte *f*
insulation system *(DIS, Konst)* Dämmkonstruktion *f*
insulation thickness Isolierdicke *f*
insulation value *(DIS)* Dämmwert *m*
insulation wall Dämmwand *f*
insulator 1. *(El)* Isolator *m*, Isolierkörper *m*; 2. *s.* insulating material
insurance against loss or damage to works *(VR)* Bauschäden- und Verlustversicherung *f*
insusceptibility Unempfindlichkeit *f*
insusceptible to moisture feuchtigkeitsunempfindlich, feuchteunempfindlich
intact clay *(Bod)* ungestörter Ton *m*
intaglio *v* einätzen, eingravieren
intaglio 1. geätzte Eingravierung *f*; 2. Schnitzwerk *n*, Gemme *f* mit vertieften Figuren
intake 1. Einlauföffnung *f*, Einlauf *m*, Einlass *m*; Wassereinlauf *m*; 2. Einlaufen *n*, Einlauf *m*; 3. Einlaufmenge *f*; 4. Ansaugen *n*; 5. Versickerung *f*
intake area 1. *(Bod, WVA)* Wassereinzugsgebiet *n*; 2. *(Bod, WVA)* Versickerungsfläche *f*
intake basin *(WVA)* Einlaufbecken *n (Kläranlage)*
intake belt course *(SB)* Verjüngungsschicht *f (Mauerwerk)*
intake canal *(Wsb)* Oberwasserkanal *m*
intake channel *(Wsb)* Wasserentnahmekanal *m*
intake construction *s.* intake structure
intake grille *(HLK)* Ansauggitter *n*
intake louvre *(HLK)* Ansauggitter *n*
intake of water *(BM)* Wasseraufnahme *f (z. B. von Baustoffen)*
intake place *(Wsb, WVA)* Wassernährgebiet *n*
intake screen *(WVA)* Einlaufrost *m*
intake structure *(Wsb)* Einlaufbauwerk *n*
intake tower *(Wsb)* Einlassturm *m*
intake well *(WVA)* Einlassschacht *m*
intake works *s.* intake structure
intarsia *(Arch)* Intarsie *f*, Intarsienarbeit *f*, Einlegearbeit *f (dekorative Einlage mit Holzstücken oder Elfenbein)*
integral doorframe Türrahmen *m* aus einem Stück
integral floor hardener Betonhärtungsmittel *n (für Fußböden)*
integral frame Integraltürrahmen *m*, Türrahmen *m* aus einem Stück
integral hardener *(BM)* Zusatzhärter *m*
integral lock *(EB)* in die Klinke eingebauter Schließzylinder *m*
integral process Wirkstoffzusatz *m* zum Abbinden
integral proofer Zusatzschutzmittel *n*
integral waterproofing *(DIS)* Sperrung *f (im Bauteil)*; eingeschlossene Dichtung *f*
integrally cast einteilig betoniert; aus einem Stück, in einem Stück gegossen
integrally coloured durchgefärbt, eingefärbt
integrated integriert, ganzheitlich
integrated ceiling *(Konst)* eingehängte Decke *f* mit voller Installation *(Licht, Klimaanlage, Lautsprecher)*
integrated survey *(Bod)* Komplexerkundung *f (Baugrund, Lagerstätten)*
integrated traffic management *(Verk)* integriertes Verkehrssystemmanagement *n*
integration Zusammenbau *m*, Einbau *m*
integration constant Integrationskonstante *f*

intelligent building *(EB, El)* intelligentes Gebäude *n (mit Hightech ausgerüstet)*
intensity spezifische Kraft *f (auf Flächengröße, z. B. N/mm²)*; Beanspruchungsgrad *m*, Intensität *f*
intensity of illumination *(El)* Beleuchtungsstärke *f*
intensity of load *(Stat)* Laststärke *f*
intensity of noise *(DIS)* Lärmstärke *f*
intensity of oscillation Schwingungsstärke *f*, Erschütterungsstärke *f*
intensity of shearing *(Stat)* Scherungsstärke *f*
intensity of stress Spannungsintensität *f*
intensity of torsional strain [stress] *(Stat)* Torsionsspannung *f*
intensity of traffic *(Verk)* Verkehrsdichte *f*
intensively cohesive *(Bod)* stark bindig
intentionally vorsätzlich
interact *v* zusammenwirken; austauschen
interacting arches *(Arch)* verschränkte Bögen *mpl*
interaction gegenseitige Beeinflussung *f*, Wechselwirkung *f*; Rückwirkung *f*
interbedded eingebettet, zwischengelagert
interbedding Einlagerung *f*, Einbettung *f*, Zwischenlagerung *f*
intercepted matter Abscheidungsstoff *m*, abgeschiedener Stoff *m*
intercepting chamber *(WVA)* Fangschacht *m*, Abscheideschacht *m*
intercepting ditch *(Erdb, LB, WVA)* Abfanggraben *m*
intercepting drain *(Erdb, LB)* Sammler *m*, Fangdrän *m*
intercepting sewer *(WVA)* Abwassersammler *m*, Sammelabwasserkanal *m*
intercepting trap *(San)* Geruchsverschluss *m*, Fang *m*
interceptor 1. *(WVA)* Abscheider *m*, Flüssigkeitsabscheider *m (für Leichtflüssigkeiten)*; 2. *(San)* Fang *m*, Separator *m*, Abwasserklärer *m*; 3. *(San)* Geruchsverschluss *m (außerhalb des Gebäudes befindlich)*
interchange 1. *(Verk)* Kreuzungsbauwerk *n*; Autobahnkreuz *n*; Autobahndreieck *n*, Autobahnknoten *m*; 2. *(Verk)* Umsteigepunkt *m*
interchange facility *(Verk)* Knoten(punkt)ausstattung *f (Fußgänger)*
interchange loop *(Verk)* Knotenpunktschleife *f*; Knotenpunktring *m*
interchange name *(Verk)* Kreuzungspunktbezeichnung *f*
interchange number *(Verk)* Knotennummer *f*
interchange of heat *(HLK)* Wärmeaustausch *m*
interchangeability Austauschbarkeit *f*
interchangeable austauschbar, vertauschbar, auswechselbar
intercoastal longitudinal girder *(Stat, TK)* Längsträger *m* zweiter Ordnung
intercoat Zwischenanstrich *m*, Voranstrich *m*, Zwischenschicht *f*
intercoat adhesion Zwischenschichthaftfestigkeit *f (Anstrich)*
intercolumnal screen Brüstungsmauer *f* zwischen den Säulen
intercolumniation *(Arch)* Interkolumnium *n*, Säulen(zwischen)abstand *m*
intercom(munication system) *(El)* Gegensprechanlage *f*, Sprechanlage *f*, Wechselsprechanlage *f*
interconnect *v* (miteinander) verbinden
interconnected untereinander verbunden
interconnected bridge girders *(St, TK)* Solidarblechträger *mpl*
interconnected controller koordinierter Prozesssteuerer *m*
interconnected mode *(St)* koordinierter Zustand *m*, koordinierter Modus *m (Steuerung)*
interconnected signals *(Verk)* koordinierte Lichtzeichensignalisierung *f*
interconnected spans untereinander verbundene Felder *npl (Brücke)*
interconnected traffic signals *(Verk)* koordinierte Lichtzeichensignalisierung *f*
interconnected voids *(BB, BM)* offener Porenraum *m (Betone)*
interconnecting bar Verbindungsstab *m*
interconnecting duct *(Wsb, WVA)* Verbindungsleitung *f*
interconnecting system *(RP)* Verbundnetz *n (Energie, Wasser)*
interconnection 1. Zwischenglied *n*, Zwischenverbindung *f (von Leitungssystemen)*; 2. Querverbindung *f*; 3. *(El)* Verbindungsleitung *f*
intercrystalline fracture Korngrenzenbruch *m*
intercupola *(Arch)* Kuppelzwischenraum *m*, Zwischenraum *m* zwischen den Kuppelgewölben
interdigitate *v (Konst, LB)* ineinandergreifen; verflechten; verzahnen; verflochten sein
interdigitation Verzahnung *f*; Verflechtung *f*
interduce *(Hb)* Fensterquerstrebe *f*, Zwischensprosse *f*; Sturzriegel *m*
interface *(BM, BT)* Grenzfläche *f*, Berührungsfläche *f*; Grenzschicht *f*
interfacial activity Grenzflächenwirkung *f*
interfacial tension *(BM)* Grenzflächenspannung *f*
interfenestration Fensterzwischenabstand *m*, Fensterpfeilerbreite *f*
interfere *v* stören, interferieren
interference colour *(OB)* Interferenzfarbe *f*
interference fit *(Te)* Presspassung *f*
interfering sich kreuzend
interfingering wechselseitige Verzahnung *f (Strukturen)*
interfloor stair Geschosstreppe *f*, Stockwerktreppe *f*
interfloor traffic Etagenverkehr *m*, Geschossverkehr *m*, Stockwerkverkehr *m*
interfluve *(Bod)* Wasserscheide *f (geologisch)*
intergranular fracture Korngrenzenbruch *m*
intergreen *(Verk)* Grünzwischenzeit *f (Verkehrsampel)*
intergrind *v (BM)* vermahlen, zumahlen
intergrinding *(BM, Te)* Vermahlung *f*, Zumahlung *f*
interground *v* vermahlen, zumahlen
intergrown knot verwachsener Astknoten *m*
interim development [expansion] Zwischenausbau *m (Gebäude)*
interim pavement *(Verk)* Zwischenausbau *m (Straße)*
interim payment *(VR)* Abschlagzahlung *f*, Zwischenzahlung *f*
interior 1. Inneres *n (z. B. eines Gebäudes)*; 2. Innenraum *m*
interior air *(HLK)* Raumluft *f*
interior casing innere Füllungshalteleiste *f*
interior climate *(HLK)* Raumklima *n*
interior coating Innenbeschichtung *f*, Innenschutzanstrich *m*
interior column Innensäule *f*
interior-corridor (type) building *(Arch)* Innenganghaus *n*
interior decorating *(Arch)* innenarchitektonisch
interior decorating *(Arch)* Innenarchitektur *f*, Innenarchitekturarbeiten *fpl*
interior decoration 1. *(Arch)* Innendekoration *f*; 2. *(Arch)* Innengestaltung *f*, innenarchitektonische Gestaltung *f*, Innenarchitektur *f (eines Raumes)*; 3. *s.* interior design
interior design Innenarchitektur *f*, Raumgestaltung *f*
interior designer Innenarchitekt *m*
interior door Innentür *f*
interior emulsion paint *(OB)* Dispersionsanstrichstoff *m* für innen
interior enamel Lackfarbe *f* für innen

interior face Klebeseite *f (Dach)*
interior finish 1. Innenputz *m*; 2. Innenverkleidung *f*; 3. Innenwandgestaltung *f*; 4. Innenanstrich *m*
interior finish board Innenwand(verkleidungs)platte *f*, Platte *f* zur Innenwandgestaltung
interior finishing coat Innendeckanstrich *m*
interior fittings Inneneinrichtung *f (eines Gebäudes)*
interior fixtures *(EB)* Innenausbauten *mpl*, innerer Ausbau *m*
interior force Spannkraft *f (einer Feder)*
interior furnishings Innenausstattung *f*
interior gallery apartment building *(AE)* Innenlaubenganghaus *n*
interior glazing Verglasung *f* von der Innenseite
interior hung scaffold deckenhängiges Gerüst *n*
interior lacquer *(OB)* Lackfarbe *f* für innen
interior latex paint Latexfarbe *f* für innen
interior layout *(Arch)* Innenraumaufteilung *f*
interior lighting Innenbeleuchtung *f*
interior paint *(OB)* Innenanstrichfarbe *f*
interior painting Innenanstrich *m*
interior partitioning *(Konst)* Raumeinteilung *f*
interior perspective Innenperspektive *f*
interior plaster(ing) Innenputz *m*
interior primer *(OB)* Innengrundierung *f*, Innengrundieranstrich *m*
interior reveal Innenleibung *f*
interior seal *(DIS)* Innenabdichtung *f*
interior skin Innenhaut *f*
interior space Innenraum *m*
interior span Mittelfeld *n*
interior strain innere Spannung *f*
interior support *(Konst, TK)* Zwischenauflager *n*, Zwischenauflagerung *f*
interior trim Innenseitenverblendung *f (Tür, Fenster)*
interior-type plywood Sperrholz *n* für innen, Zierfurnier *n*
interior view *(Arch)* Innenansicht *f*, Innenperspektive *f*
interior wall Innenwand *f*; Mittelwand *f*, Zwischenwand *f*
interior water *(Bod)* Binnengewässer *n*
interior wood *(EB, Hb)* Innenausbauholz *n*
interior work Innenausbau *m*, Ausbau *m*
interior work ratio Ausbauverhältnis *n*
interior zone *(Tun)* Innenstrecke *f*
interjacent dazwischenliegend
interjoist *(Konst)* Querträgerzwischenraum *m*, Unterzugfeld *n (Decken)*
interlaboratory study *(BM)* Ringanalyse *f (Baustoffprüfung)*
interlaboratory test comparisons *(BM)* Vergleichsprüfungstest *m* zwischen Labors
interlace *v* (ver)flechten, vernetzen; verschachteln
interlace gewundene Verzierung *f*; Entrelacs *n (Ornament)*
interlaced arcade *s.* interlacing arcade
interlaced fencing *(LB)* Latten(streifen)kreuzgitterzaun *m*
interlacing Flechten *n*; Verschachteln *n*; Verflechten *n*
interlacing arcade *(Arch, LB)* Bogengang *m* mit überschnittenen Bögen
interlayer Zwischenlage *f*, Zwischenschicht *f*; Trennschicht *f*
interlayered bedding *(Erdb)* Wechselschichtung *f*
interlock *v* 1. (ineinander) verspannen; verblocken; verzahnen; verzwicken; ineinandergreifen; 2. blockieren; sperren
interlock *(Erdb)* Verzahnung *f*; Spundwandschloss *n*
interlocked verspannt; verblockt; zusammengeschlossen; zusammengesteckt • **be interlocked** ineinandergreifen *(Arbeitsgänge)*
interlocked pile wall *(Erdb)* schlossverzahnte Spundwand *f*
interlocking 1. Verspannung *f*, Ineinandergreifen *n (von Montageelementen)*; 2. Verzwicken *n (von Schüttmaterialtragschichten)*
interlocking blocks Verbundpflastersteine *mpl*
interlocking clay roof tile Dachfalzziegel *m*, Muldenfalzziegel *m*
interlocking concrete pipe Betonrohr *n* mit Falzverbindung
interlocking cone *(BB, Te)* Spannkegel *m*, Spannkonus *m (Spannbeton)*
interlocking joint ineinandergreifende Verbindung *f*; verankerte Fuge *f*; gefalzte Fuge *f*
interlocking paver *(Verk)* Verbundstein *m*, Verbundpflasterstein *m*
interlocking paving *(BM)* Verbundpflaster *n*
interlocking tile Falzziegel *m*
intermediate dazwischenliegend, zwischen...
intermediate Zwischenstück *n*, Zwischenglied *n*
intermediate aggregate *(SB)* Keilsplitt *m*, Füllsplitt *m*
intermediate anchoring Zwischenverankerung *f*
intermediate arch Zwischenbogen *m*
intermediate beam Zwischenträger *m*
intermediate bearing Zwischenlager *n*
intermediate bottom *(Konst)* Zwischenboden *m*
intermediate building Zwischenbau *m*
intermediate ceiling *(Konst)* Zwischendecke *f*, Einschubdecke *f*
intermediate coat *(OB)* Zwischenanstrich *m*
intermediate column *(BT, TK)* Zwischenstütze *f*
intermediate controlling dimension Einzelmaß *n*
intermediate course 1. Zwischenschicht *f*; 2. *(Verk)* Asphaltbinderschicht *f*; 3. Mauersteinbinderlage *f*
intermediate fibreboard Halbhartfaserplatte *f*
intermediate film Zwischenfüllung *f*
intermediate floor *(Konst, TK)* Geschossdecke *f*, Etagendecke *f*
intermediate foam layer *(DIS)* Schaumzwischenlage *f*, Schaumzwischenschicht *f*
intermediate girder Zwischenträger *m*
intermediate igneous rock *(BM)* Erstarrungsgestein *n*
intermediate jack rafter *(Hb)* Mittelschifter *m (Dachkonstruktion)*
intermediate landing Zwischenpodest *n*
intermediate lane *(Verk)* Mittelfahrbahn *f*
intermediate layer Zwischenlage *f*, Zwischenschicht *f*
intermediate link Zwischenglied *n*
intermediate member *(Konst)* Zwischenträger *m*, Zwischenglied *n*; Zwischenstück *n*
intermediate pier [pillar] Zwischenpfeiler *m*
intermediate post *(Konst)* Zwischensäule *f*, Zwischenpfosten *m*
intermediate principal stress *(Stat)* mittlere Hauptspannung *f*
intermediate rafter *(Hb)* Zwischensparren *m*, Leersparren *m*, Leergebinde *n*
intermediate rib Gewölbezwischenrippe *f*
intermediate road *(Verk)* Querverbindungsstraße *f*
intermediate shaft *(Tun)* Querschlag *m*
intermediate size Zwischengröße *f*; Zwischenkörnung *f*
intermediate sleeper *(Hb)* Mittelschwelle *f*
intermediate stiffener Zwischenaussteifung *f*
intermediate stockyard Zwischenlager *n*
intermediate stone 1. *(SB)* Füllsplitt *m*, Keilsplitt *m*; 2. *(SB)* Zwickelstein *m*
intermediate storage Zwischenlagerung *f*
intermediate storey Zwischengeschoss *n*
intermediate straight line *(Verk)* Zwischengerade *f (Trassierung)*

intermediate support *(Konst, TK)* Zwischenstütze *f*, Zwischenauflager *n*
intermediate-temperature-setting adhesive bei mittlerer Temperatur abbindender Klebstoff *m*
intermediate track *(Verk)* Mittelfahrbahn *f*
intermediate truss *(Konst)* mittleres Fachwerkfeld *n*, Leergebinde *n*
intermediate value Zwischenwert *m*
intermediate wall *(Konst)* Zwischenwand *f*
intermit *v* intermittieren, unterbrechen, aussetzen
intermittency (zeitweilige) Unterbrechung *f*, Aussetzen *n*
intermittent 1. unterbrochen; 2. gestrichelt *(Zeichnung)*
intermittent light *(El)* periodisches Licht *n*
intermittent line *s.* broken line
intermittent mixing plant *(BWG)* Chargenmischanlage *f*
intermittent spring *(Bod)* periodische Quelle *f*
intermittent weld *(St)* unterbrochene Schweißnaht *f*
intermix *v* vermischen, vermengen, durchmischen; sich vermischen
intermixable *(BM)* vermischbar
intermixing Vermischen *n*, Vermischung *f*, Zumischung *f*
intermodal terminal *(Verk)* intermodaler Frachtterminal *m*
intermodal transfer terminal *(Verk)* Integrationsbahnhof *m*, Bahnhof *m* bei Verkehrsträgerwechsel
intermodal transport *(Verk)* kombinierter Transport *m*
intermount floor *(Bod)* Gebirgsflussebene *f*
intern architect Jungarchitekt *m*, (noch) nicht zugelassener Architekt *m*
internal action of concrete Arbeiten *n* des Betons
internal audit *(VR)* internes Audit *n*
internal bending moment *(VR)* inneres Biegemoment *n*
internal cable method *(BB, Te)* Innenkabelverfahren *n* *(Spannbeton)*
internal carcass Innengerippe *n*
internal cavity wall innere Schale *f*
internal climate *(HLK)* Raumklima *n*
internal coat Innenanstrich *m*
internal combustion rammer *(BWG, Erdb)* Explosionsramme *f*
internal constitution innerer Aufbau *m* *(Baustoffe)*
internal core *(Konst)* Innenkern *m*
internal cost *(VR)* Selbstkosten *pl*
internal crack Innenriss *m*
internal decorating *(Arch)* Innengestaltung *f*, Innengestalten *n*
internal design einheimisches Projekt *n*
internal diameter lichter Durchmesser *m*
internal dimension Innendurchmesser *m*, Innenmaß *n*
internal dormer (window) integriertes Gaupenfenster *n*
internal finish *(Arch)* Innenausbau *m*
internal finishing *(Arch)* Innenausbau *m*, Innenausbauarbeiten *fpl*
internal fittings *(EB)* Wohnungszubehör *n*
internal fixtures Innenausbauelemente *npl*, Innenausbauteile *npl*
internal force *(Stat)* innere Kraft *f*; Schnittkraft *f*
internal force distribution *(Stat)* Schnittkraftverlauf *m*
internal forces *(Stat)* Schnittkräfte *fpl*
internal friction innere Reibung *f*, Eigenreibung *f* *(in Festkörpern)*
internal gas installation work *(San)* Gasinstallationsarbeiten *fpl*
internal glazing Innenverglasung *f*; Zwischenwandverglasung *f*
internal groove Auskehlung *f*
internal hardening stress Härtungsspannung *f*, Härtespannung *f*
internal illumination *(El)* Innenbeleuchtung *f*
internal installation *(San)* Gasinstallation *f*
internal installation work *(San)* Gasinstallationsarbeiten *fpl*
internal insulation *(DIS)* Innendämmung *f*; Innenisolierung *f*
internal joinery *(EB)* Holzeinbauten *mpl*
internal layout *(Arch, Konst)* Innen(raum)aufteilung *f*
internal leaf Innenschale *f* *(Hohlwand)*
internal lining innere Verkleidung *f*
internal moment *(Stat)* inneres Moment *n*, Moment *n* der inneren Kräfte, Innenmoment *n*
internal noise *(DIS)* Innenlärm *m*
internal paint Innen(anstrich)farbe *f*
internal part of building *(Arch)* Gebäudeinnenbauteil *m*, Innenbauteil *m* eines Gebäudes
internal-partition trap *(San)* Geruchsverschluss *m* mit innerer Trennwand, Geruchsverschluss *m* mit innerem Trennblech
internal plaster Innenputz *m*
internal plastering 1. Innenputz *m*; 2. Innen(ver)putzarbeit *f*
internal plumbing *(San)* sanitäre Gebäudeinstallation *f*, Haussanitärinstallation *f*, Sanitäranlage *f*, Sanitäreinrichtungen *fpl*
internal porosity of aggregate particles *(BM)* Haufwerksporigkeit *f*
internal pressure Innendruck *m*
internal prestress interne Vorspannung *f*
internal-quality block *(SB)* Füllmauerstein *m*; Hintermauerblock *m*
internal-quality brick *(SB)* Füllmauerziegel *m*; Hintermauer(ungs)ziegel *m*
internal rate of return *(VR)* interne Rendite *f*
internal redecoration *(RS)* Innenrenovierung *f*
internal resilience elastische Verformungsenergie *f*
internal sill innere Sohlbank *f*
internal size Innenmaß *n*
internal source *(VR)* Inlandsquelle *f*
internal stress *(BM, Konst)* Innenspannung *f*, bleibende [innere] Spannung *f*; Eigenspannung *f*
internal structure *(BM)* Innenstruktur *f* *(Baustoffe, Bauelemente)*
internal telephone *(El)* Haustelefon *n*
internal temperature control *(HLK)* Raumtemperatursteuerung *f*
internal tension *(BM)* Eigenspannung *f*
internal thread Innengewinde *n*, Muttergewinde *n*
internal tracery *(Arch)* Innenmaßwerk *n*
internal traffic 1. *(Verk)* innerbetrieblicher Verkehr *m*, Innenverkehr *m*; 2. Binnenverkehr *m*
internal treatment 1. *(San)* Wasseraufbereitung *f* innerhalb des Boilers; 2. Innenschutz *m*, Innenbehandlung *f* *(Behälter)*
internal vibration *(BB, Te)* Innenrüttlung *f*
internal vibrator *(BB, BWG)* Innenrüttler *m*, Tauchrüttler *m*; Flaschenrüttler *m*
internal vibrocompactor Innenrüttler *m*
internal wall Innenwand *f*, Zwischenwand *f*
internal water treatment *(San)* Wasseraufbereitung *f* innerhalb des Boilers
internally fired boiler *(San)* Boiler *m* mit Innenfeuerung
International Council for Building Research, Studies and Documentation *(CIB)* *(VR)* Internationaler Rat *m* für Forschung, Studium und Dokumentation des Bauwesens, CIB
international friction index *(Verk)* internationaler Griffigkeitsindex *m* *(Straße)*
International Organization for Standardization *(ISO)* Internationale Organisation *f* für Standardisierung, ISO
international roughness index *(Verk)* internationaler Ebenheitsindex *m*

International style *(Arch)* internationale Funktionalarchitektur *f (entwickelt in den 20er-Jahren unseres Jahrhunderts in den USA und Westeuropa und weltweit angewendet)*
international terminal building *(Verk)* Abfertigungsgebäude *n* für internationale Flüge, Auslandsflugabfertigungsgebäude *n*
interoffice traffic *(VR)* Bürozwischenverkehr *m*
interpenetrate *v (Konst)* sich gegenseitig durchdringen
interpenetration *(Konst)* gegenseitige Durchdringung *f*
interpenetration of spaces *(Arch, Konst)* Raumdurchdringung *f*
interphone *(El)* Haussprechanlage *f*, Gegensprechanlage *f*
interphone set Haussprechanlage *f (Apparat)*
interpier sheeting *(Konst, Te)* Zwischenpfeilerschalung *f*
interpit sheeting Unterfangungsschalung *f*
interplant bridge *(AE) (Verk)* Werkverbindungsbrücke *f*
interplay *(Stat)* Wechselspiel *n*, Beziehungsspiel *n*
interplay of forces *(Stat)* Kräftespiel *n*
interpolation *(Stat)* Interpolation *f*
interpolation formula Interpolationsformel *f*
interpose *v* zwischenschalten
interposed vault *(Arch, Konst)* Zwischengewölbe *n*
interpret *v* **geometrically** geometrisch deuten
interpretation *(Stat)* Interpretation *f*, Beurteilung *f*
interpretation equipment Auswertegerät *n*, Auswertegeräte *npl*
interpretation technique Auswertetechnik *f (Untersuchungs- und Prüftechnik)*
interrupt *v* 1. unterbrechen; 2. *(El)* abschalten
interrupted acoustical ceiling *(DIS)* unterbrochene Schall(zwischen)decke *f*
interrupted arch *(Arch)* Zierbogen *m* mit Ornamentzwischenstück
interrupted arch moulding normannische Zierbogenform *f* mit Zwischenornamenten
interrupted cycle *(Te)* unterbrochener Zyklus *m*
interrupted row *(El)* aufgelockertes Lichtband *n*
interruption 1. Unterbrechung *f*; 2. *(El)* Abschaltung *f*
intersect *v (Verm)* durchdringen; sich überschneiden; sich schneiden, kreuzen *(Linien)*
intersecting *(Arch, Konst)* Verschneidung *f (zweier Gewölbe)*
intersecting angle *(Verm)* Schnittwinkel *m*, Kreuzungswinkel *m*
intersecting arcade Bogengang *m* mit einander durchdringenden Bögen
intersecting barrel *(Arch)* Kreuzkappe *f*
intersecting roof *(Arch, Konst)* Kehlendach *n*
intersecting surfaces *(Stat)* einander durchschneidende Flächen *fpl*
intersecting tracery *(Arch, Konst, Stat)* durchdringendes Maßwerk *n*
intersecting vaulting *(Arch, Konst)* Kreuzkappenwölbung *f*
intersection 1. *(Stat)* Schneiden *n*, Schnitt *m (einer Linie)*; 2. Überschneidung *f*; 3. *(Verm)* Durchdringung *f*; Verschneidung *f (zweier Gewölbe)*; 4. *(Stat)* Schnittpunkt *m*; Durchdringungslinie *f*; 5. *(Verk) (AE)* Kreuzung *f*; Straßenkreuzung *f*, Straßenknoten *m*
intersection access road *(Verk)* Knotenpunktzufahrtsstraße *f*
intersection approach *(Verk)* Kreuzungszufahrt *f*
intersection count (for traffic) *(RP, Verk)* Knotenpunktzählung *f (Verkehrszählung)*
intersection leg *(Verk)* Abzweigung *f*, Anschlussarm *m*
intersection line *(Stat)* Schnittlinie *f*
intersection point *(Verk)* Schnittpunkt *m*, Tangentenschnittpunkt *m*
intersection signal control *(AE) (Verk)* Lichtzeichensteuerung *f* einer Kreuzung
intersection traffic control *(AE) (Verk)* Knotenpunktsteuerung *f*
interspace *(Konst)* Zwischenraum *m*
interspersed *(BM)* eingesprenkelt, durchsetzt *(Naturstein, Werkstein)*
interspersion *(BM)* Einsprenkelung *f*, Durchsetzung *f (Mineralien in Naturstein)*
interstate überörtlich, zwischen den Bundesländern
interstate freeway *(AE)* Autobahn *f*
interstate highway *(AE)* Bundesfernstraße *f*
interstates *(AE)* Fernstraßennetz *n*
interstice 1. Zwischenraum *m*, Spalt *m*; Fuge *f*; Riss *m*, Sprung *m (z. B. in einer Wand)*; Hohlraum *m*; 2. Pore *f*, Hohlraum *m (Gemischbaustoff)*
interstitial *(Konst)* mit Zwischenräumen
interstitial filling *(BM)* Porenfüllung *f*
interstitial water *(BM)* Porenwasser *n*
interstitium *(Arch)* Kreuzungsraum *m (Kirche mit Querschiff)*
interstratification *(Bod)* Einlagerung *f*, Zwischenlagerung *f (Geologie)*
interstratified *(Bod)* zwischengelagert *(geologische Schichten)*
interstratified bed *(Bod)* Zwischenlagerschicht *f*, Einlagerung *f*
interstream area *(Bod)* Wasserscheide *f*
intertie *(Hb)* Fensterquerstrebe *f*, Zwischensprosse *f*; Sturzriegel *m*
intertie beam Sturzriegel *m*
intertongued verzahnt *(meist geologisch)*
intertwine *v* sich verflechten
intertwinement *(Konst)* Verflechtung *f*
interval *(Konst)* Zwischenweite *f*
interval between rivets *(St)* Nietabstand *m*
interveined *(BM)* geadert *(Naturstein)*
interwedged *(Arch, Konst)* verzahnt
interwind *v* (sich) verflechten
interwoven verschlungen
interwoven fencing *(LB)* Lattenstreifenkreuzgitterzaun *m*
intimate 1. innig (vermischt) *(Baustoffe)*; 2. eng *(Kontakt)*
intimately disseminated feinverteilt
intonaco *(BM)* Marmorstaubfeinputz *m (für Freskenmalerei)*
intrados *(Arch)* Bogenleibung *f*, Gewölbeleibung *f*, Leibung *f*, innere Wölbungsfläche *f*; Unterseite *f*, Untersicht *f (Gewölbe)*
intrados surface *(Arch, Konst)* Leibungsfläche *f (eines Bogens)*
intrados width Bogentiefe *f (Wölbung)*
intrapersonal *(Verk)* intrapersonell
intricate section *(Konst)* komplizierter Querschnitt *m*
intrinsic brightness *s.* luminance
intrinsic curve *(Bod)* Mohr'sche Umhüllungskurve *f (Bruchmechanik)*
intrinsic pressure *(Bod)* Kohäsionsdruck *m*
intrinsic rupture curve *(Stat)* Brucheigenlinie *f*
intrinsic safety *(VR)* Eigensicherheit *f*
introduce *v* einsetzen, einbauen, einlegen; einbringen; zugeben; einführen
introduction 1. *(Konst, Te)* Einsatz *m*, Einsetzen *n*, Einlegen *n*; Einbringen *n*, Zugabe *f*; Einleitung *f*, Einführung *f*; 2. Einlass *m*, Einströmungsöffnung *f*
intrude *v (Bod)* intrudieren *(in Gestein)*; eindringen
intruded rock *(BM, Bod)* Intrusivgestein *n*
intruder alarm *(El)* Einbruchsmeldeanlage *f*
intruder-proof einbruchsicher
intruder protection *(EB)* Aufsperrsicherung *f (Schloss)*
intrusion detection system *(EB)* Einbruchmeldeanlage *f*

I

intrusion grout [mortar] *(RS)* Einpressmörtel *m*, Injektionsmörtel *m*
intrusion of water *(Erdb)* Wassereinbruch *m*
intrusive rock *(BM, Bod)* Intrusivgestein *n*, Tiefengestein *n*, Plutonit *m*
intumescence Anschwellen *n*
intumescent paint *(DIS, OB)* Schaum(schicht)anstrich *m*, dämmschichtbildender Anstrichstoff *m*
intumescent strip anschwellende Dichtung *f*
inundate *v (Umw, Wsb)* überfluten, überschwemmen
inundated area *(Umw, Wsb)* Überschwemmungsgebiet *n*
inundated sand Schwemmsand *m*
inundation *(Umw, Wsb)* Überflutung *f*, Überschwemmung *f*, Hochwasser *n*
inundation bridge *(Wsb)* Flutbrücke *f*
inundation canal *(Wsb)* Entlastungs(flut)graben *m*, Flutkanal *m*
inundation limit *(Umw, Wsb)* Hochwasserbett *n*, Hochwasserbegrenzung *f*
inundation protection *(Umw, Wsb)* Hochwasserschutz *m*
invalid *(VR)* rechtsungültig
invariant of stress *(Stat)* Invariante *f* des Spannungstensors [Spannungszustands], Spannungs(tensor)invariante *f*
invariant of stretching *(Stat)* Invariante *f* des Streckungstensors, Streckungs(tensor)invariante *f*
inventiveness *(Konst, VR)* Erfindungskraft *f*
inventory *v* inventarisieren, den Bestand aufnehmen
inventory 1. *(VR)* Inventar *n*; Lagerbestand *m*; 2. Inventarverzeichnis *n*; Lagerliste *f*
inverse relationship spiegelbildliches Verhältnis *n*
inverse square law *(Stat)* quadratisches Abstandsgesetz *n*
inversion *(BM, Bod)* schnelle Umwandlung *f (z. B. Kristall)*
inversion point *(BM, Bod)* Umwandlungstemperatur *f*
invert 1. Sohlplatte *f*, Grundplatte *f*, Sohle *f (z. B. von Kanälen, Tunneln)*; Kanalsohle *f*; 2. Herdmauer *f*
invert level Sohlenhöhe *f*
invert wall *(Wsb)* Umlenkwand *f*, Sturzbeckenfläche *f*
inverted *(Konst)* umgekehrt; kopfstehend
inverted arch *(Arch, Erdb, Konst)* verkehrtes Gewölbe *n*, Gegenbogen *m*; Fundamentgewölbe *n*
inverted arch foundation *(Erdb)* Fundamentgewölbe *n*
inverted bow-and-chain girder *(TK)* Fischbauchträger *m*, Pauliträger *m*
inverted cavetto Anlauf *m (konkav kurvierte Vermittlung zwischen einem vorspringenden unteren und einem zurücktretenden oberen Bauelement)*
inverted composite pavement *(Verk)* wechselnd komponierte Befestigung *f*
inverted double dressing *(BM)* umgekehrte Doppelumhüllung *f (Mischgut, Isolierung, Dämmung)*
inverted flat slab foundation *(Konst)* Pilzgrundplatte *f*
inverted joint *(San, St, WVA)* Umkehrfitting *n*
inverted kerb Tiefbordstein *m*
inverted king truss *(TK)* umgekehrtes einfaches Hängewerk *n*
inverted pavement *(Verk)* wechselnder Kofferaufbau *m*
inverted pyramid umgekehrte Pyramide *f*
inverted siphon *(Wsb)* Düker *m*
inverted suspension *(Konst, TK)* umgekehrte Aufhängung *f*
inverted vault *(Arch, Konst)* umgekehrtes Gewölbe *n*, Kontergewölbe *n*; Erdgewölbe *n*, Grundgewölbe *n*, Sohlengewölbe *n*
investigate *v* untersuchen; erforschen
investigation *(VR)* Untersuchung *f*; Erforschung *f*
investigation into buckling Beuluntersuchung *f*
investigation of building materials *(BM)* Baustoffuntersuchung *f*
investigation of deficiencies Bestandsaufnahme *f* der Mängel
investigation of foundation *(Bod)* Baugrundforschung *f*
investigation of foundation conditions *(Bod)* Baugrunduntersuchung *f*
investigation of soil *(Bod)* Bodenuntersuchung *f*
investigator Untersuchender *m*, Forscher *m*, Forschungsnehmer *m*
investigatory untersuchend; erforschend
investigatory level *(Verk)* Warnwert *m*, Zustandswert *m* für Untersuchungserfordernisse
investment 1. *(BWG)* Anlage *f*; 2. *(VR)* Investition *f*; Ausstattung *f*
investment cost *(VR)* Investitionskosten *pl*
invisible unsichtbar, verdeckt
invisible frame Blindrahmen *m*
invisible hinge *(EB)* unsichtbare Türangel *f*, verdecktes Türscharnier *n*
invisible radiation unsichtbare Strahlung *f*
invitation to bid [tender] *(VR)* Ausschreibung *f*
invited bidders *(VR)* infrage kommende Baufirmen *fpl*
inviting (of) builders' estimates *(VR)* Kostenvoranschlagsabforderung *f*, Einholung *f* von Kostenvoranschlägen; Ausschreibung *f*
invoice Rechnung *f*, Warenrechnung *f*
involute *(Arch)* evolventenförmig (gekrümmt)
involute *(Arch)* Evolvente *f*, Involute *f*, Abwicklungskurve *f*
involute whorl *(Arch)* involute Windung *f*
involutometry *(Arch)* Evolventengeometrie *f*
inwall Hochofenfutter(mauerwerk) *n*, Schachtmauerwerk *n*
inwall brick Hochofenmauerstein *m*
inward batter Verjüngung *f*
inward bulging *(BT, Konst)* Einbauchung *f*
inward diffusion *(DIS)* Eindiffundieren *n*
inward-opening door einwärts öffnende Tür *f*
inward penetration *(DIS)* Eindringen *n*, Eindiffundieren *n*
inward-swinging nach innen öffnend, einwärts schlagend
inwrought (hin)eingearbeitet; eng verflochten
ion detector *(BM)* Ionensonde *f (Prüftechnik)*
ion exchange *(BM)* Ionenaustausch *m*
ion exchanger *(BM, Te)* Ionenaustauscher *m*
Ionian *s.* Ionic
Ionic *(Arch)* ionisch
Ionic architecture *(Arch)* ionische Architektur *f*
Ionic capital *(Arch)* ionisches Kapitell *n*
Ionic column *(Arch)* ionische Säule *f*
Ionic cyma *(Arch)* ionisches Kyma *n*, Eierstab *m*
Ionic order (of architecture) *(Arch)* ionische Ordnung *f* [Säulenordnung *f*]
Ionic style *(Arch)* ionischer Stil *m*
iridescence *(OB)* Irisglanz *m*
iridize *v (OB)* schillern *(in Regenbogenfarben)*
Irish architecture *(Arch)* irische Architektur *f*, irische Baukunst *f*
Irish moss *(DIS)* irisches Moos *n*, Perlmoos *n*
iroko *(BM, Hb)* Irokoholz *n (afrikanisches Nutzholz)*
iron *v* (mit Eisen) beschlagen
iron aggregates *(BM)* Eisenzuschläge *mpl*, Eisenzuschlagstoffe *mpl*
iron-alumina ratio *(BM)* Tonerdemodul *m (Zement)*
iron-arch bridge *(Br)* eiserne Bogenbrücke *f*
iron architecture Eisenarchitektur *f*
iron article Eisenartikel *m*, Eisengegenstand *m*, Eisenerzeugnis *n*
iron bar Stabeisen *n*
iron bar cutter *(BWG, Te)* Betonstahlschere *f*
iron-base *(BM)* auf Eisenbasis
iron-base material Eisenwerkstoff *m*
iron beam Eisenbalken *m*, Eisenträger *m*

iron blast-furnace slag *(BM)* Hochofenschlacke *f*
iron blast-furnace slag aggregate Hochofenschlackenzuschlag(stoff) *m*
iron blue *(OB)* Eisenblau *n*, Berliner Blau *n (Farbstoff)*
iron brick Schlackenstein *m*
iron bridge *(Br)* Stahlbrücke *f*, eiserne Brücke *f*
iron caisson *(Erdb)* eiserner Senkkasten *m*
iron casting *(St)* Eisengussstück *n*
iron cement Eisenkitt *m*, Rostkitt *m*
iron cinder Hochofenschlacke *f (als Zuschlag)*
iron column eiserne Säule *f*
iron-containing eisenhaltig
iron core Eisenkernbewehrung *f*
iron corrosion *(OB)* Eisenkorrosion *f*
iron cross section Eisenquerschnitt *m*
iron cutters Eisenschere *f*
iron dog Eisenklammer *f*, Baukrempe *f*
iron dowel Eisendollen *m*, Eisendübel *m*
iron dust *(BM)* Eisenmehl *n*
iron elimination *(WVA)* Enteisenung *f (Wasser)*
iron foil dünnes Eisenblech *n*
iron for making joints Fugeneisen *n*
iron forms *(BB, Te)* Eisenschalung *f*
iron formwork Eisenschalung *f*
iron gate Eisentor *n*
iron girder *(BT, TK)* Eisenträger *m*
iron handrail eisernes Treppengeländer *n*
iron hinge eisernes Gelenk *n*
iron lintel Eisensturz *m*
iron ochre *(OB)* Berggelb *n*, Eisenocker *m*
iron-ore aggregate Eisenerzzuschlagstoff *m*
iron-ore cement Eisenerzzement *m*, Ferrarizement *m*
iron oxide Eisenoxid *n*, Ferrioxid *n*
iron oxide red *(OB)* Eisenoxidrot *n*
iron pin Eisendübel *m*
iron pipe Eisenrohr *n*
iron-pipe size Eisenrohrdimension *f*
iron pipeline Eisenrohrleitung *f*
iron plate chimney Blechschornstein *m*
iron Portland cement Eisenportlandzement *m*
iron putty Eisenoxidkitt *m*
iron removal *(WVA)* Enteisenung *f (Wasser)*
iron ribbon Stahlband *n*
iron ridging Stahlfirsthaube *f*, Stahlfirstkappe *f*
iron rust Eisenrost *m*
iron-rust cement Graphitzement *m*, Eisenkitt *m*, Metallkitt *m*
iron sandstone Eisensandstein *m*, eisenschüssiger Sandstein *m*
iron sash bar Sprosseneisen *n (Fenster)*
iron section *(Stat)* Eisenprofil *n*, Formeisen *n*, Profileisen *n*
iron sheet Stahlfeinblech *n*
iron sheetpile *(Erdb)* Eisenspundbohle *f*
iron-shod eisenbereift
iron shot Eisenschrot *m*
iron shot concrete Eisenschrotbeton *m*
iron slag aggregate Hochofenschlackenzuschlag(stoff) *m*
iron stained eisenfleckig
iron stove *(BWG)* Eisenofen *m*
iron structural framework construction *(Konst, St)* Eisenskelettbau *m*, Eisentraggerippebau *m*
iron tie *(TK)* Kopfanker *m*, Schlauder *m*, Deckenbinder *m*
iron wire Eisendraht *m*
iron wood *(BM, Hb)* Eisenholz
iron yellow Eisengelbpigment *n*
ironlike eisenartig
ironmongery *(EB)* Kleineisenzeug *n*, Kleineisenbauelemente *npl*, Eisenwaren *fpl*; Beschläge *mpl*
ironware *(EB)* Eisenbeschläge *mpl*, Kleineisenzeug *n*
ironwork 1. Schmiedearbeit *f*, Eisenarbeit *f*; Kunstschmiedearbeit *f*; 2. Eisenkonstruktion *f*
irony eisenhaltig
irradiated plastic bestrahlter Kunststoff *m*
irradiation Bestrahlung *f*
irradiation by solar rays Sonnenbestrahlung *f*
irreconcilable *(VR)* unvereinbar
irregular uneben, unregelmäßig
irregular-coursed rubble (wall) *(SB)* unregelmäßiges Schichtenmauerwerk *n*
irregular paving set Wildpflasterstein *m*, Schrottenpflasterstein *m*
irregular settlement *(Bod, Konst)* ungleichmäßige Setzung *f*
irregularity 1. *(BM)* Ungleichförmigkeit *f*; Unregelmäßigkeit *f*; 2. Unebenheit *f*, Abweichung *f (Oberfläche)*
irregularly spaced *(Konst)* mit ungleichen Abständen; ungleichmäßig geteilt
irreversible nicht umkehrbar, bleibend
irreversible deformation *(BM, Konst)* bleibende Formänderung *f* [Verformung *f*]
irrigate *v (LB)* bewässern, berieseln, besprengen
irrigated area *(LB)* Bewässerungsfläche *f*
irrigated field *s.* irrigation field
irrigated surface *(LB, Umw, WVA)* Rieselfläche *f*
irrigating ditch *s.* irrigation ditch
irrigation *(LB)* Bewässerung *f*, Berieselung *f*
irrigation agriculture *(LB, WVA)* Bewässerungswirtschaft *f*
irrigation by water *(LB, WVA)* Wasserberieselung *f*
irrigation canal (float) *(Wsb, WVA)* Bewässerungskanal *m*
irrigation cooler *(HLK)* Berieselungskühler *m*
irrigation design *(LB, Wsb, WVA)* Bewässerungsanlagenberechnung *f*
irrigation district *(Umw, WVA)* Rieselfeld *n (Klärfeld)*
irrigation ditch *(LB, Wsb)* Bewässerungsgraben *m*, Wasserkanal *m*
irrigation engineering *(LB, Wsb)* Bewässerungstechnik *f*
irrigation field *(Umw, WVA)* Rieselfeld *n (Klärfeld)*
irrigation furrow Rieselfurche *f*
irrigation line *(Wsb)* Bewässerungsleitung *f*
irrigation lock *(Wsb)* Bewässerungsschleuse *f*
irrigation method *(LB)* Bewässerungsmethode *f*
irrigation net *(LB, Wsb)* Bewässerungsnetz *n*, Berieselungsnetz *n*
irrigation pipe *(Wsb)* Bewässerungsrohr *n*
irrigation plant *(Wsb)* Bewässerungsanlage *f*
irrigation storage *(Wsb, WVA)* Bewässerungsspeicherung *f*
irrigation structures *(Wsb)* Bewässerungsanlagen *fpl (Bauwerk)*
irrigation system *(Wsb, WVA)* Bewässerungssystem *n*
irrigation tower *(WVA)* Berieselungsturm *m*
irrigation water *(LB)* Rieselwasser *n*; Beregnungswasser *n*
irrigation works *(LB, Wsb)* Bewässerungsanlage *f*, Berieselungsanlage *f*
irrotational wave *(DIS)* Dehnwelle *f (Festkörperschall)*
irruption Eindringen *n*, Einbruch *m*, Durchbruch *m (Wasser)*
Islamic architecture *(Arch)* islamische Architektur *f (entwickelt vom 7.-16. Jahrhundert in Vorderasien, Indien, Nordafrika und Spanien)*
island *(Verk)* Verkehrsinsel *f*
island-base kitchen cabinet *(EB)* frei stehende Küche *f (Anrichte)*
ISO *s.* International Organization for Standardization
isobarism *(Umw)* Druckgleichheit *f (Luftdruck)*
isodomum of blocks *(Arch)* Quadermauerwerk *n*, Quaderverband *m*
isogonality Winkeltreue *f (einer Darstellung)*
isolate *v (El)* trennen *(vom Stromkreis)*; abschalten

isolated 1. *(Konst)* einzeln stehend, frei stehend, vereinzelt; 2. *(El)* getrennt; isoliert
isolated building frei stehendes Gebäude *n*
isolated chimney frei stehender Schornstein *m*
isolated column Vollsäule *f*, frei stehende Säule *f*, Freisäule *f*
isolated footing *(Erdb)* Einzelfundament *n*
isolated foundation *(Erdb)* Einzelfundament *n*
isolated motif *(Arch)* Einzelmotiv *n*
isolated support Freistütze *f*, Vollstütze *f*, frei stehende Stütze *f*
isolated tube *(San)* frei stehende Badewanne *f*, Freistehwanne *f*
isolation joint Trennfuge *f*
isolation of noise *(DIS)* Geräuschdämmung *f*
isolation switch *(El)* Trennschalter *m*
isolation valve *(San, WVA)* Rohrbruchsicherung *f*, Selbstschlussventil *n*
isolator *(DIS)* Schwingungsdämpfer *m*, Erschütterungsdämpfer *m*
isometric drawing *(Konst)* maßgerechte Zeichnung *f*; isometrische Darstellung *f*; dreidimensionale Darstellung *f*
isometric projection *(Konst)* isometrische Projektion *f* [Darstellung *f*], dreidimensionale Projektion *f*
isometric system kubisches System *n*
isometry *(Konst, Stat)* Isometrie *f*, Längengleichheit *f*; Höhengleichheit *f*
isosceles gleichschenklig
isosceles/not ungleichschenklig
isostasy *(Stat)* Isostasie *f*
isostatic *(Stat)* statisch bestimmt, isostatisch
isostatic balance *(Stat)* isostatisches Gleichgewicht *n*
isostatic frame *(Stat)* perfekter Rahmen *m*
isostatic line *(Stat)* Isostate *f*, Hauptspannungslinie *f*, Hauptspannungstrajektorie *f*
isostatic net *(Stat)* isostatisches Netz *n*
isostatic structure *(Stat)* statisch bestimmtes Bauwerk *n*
isotherm *(DIS, Umw)* Isotherme *f*
isothermal *(DIS, Umw)* isotherm, isothermisch
isotope room *(Konst)* Isotopenraum *m*
isotropic isotrop, richtungsunabhängig *(Eigenschaften)*
isotropic body *(BM)* isotroper Körper *m*
isotropic hardening isotrope Stoffverfestigung *f*
isotropic material isotroper Werkstoff *m*
isotropic plate *(BT, Konst, Stat)* isotrope Platte *f*
isotropic slab *(Br, Konst, Stat)* isotrope Platte *f (Brücke)*
isotropic texture *(Verk)* isotrope Textur *f*, isotrope Rauheit *f*
issue 1. Austritt *m*; Ausfluss *m*; 2. Austrittsöffnung *f*; Mündung *f*
issued for construction *(Konst, VR)* baureif *(Bauzeichnungen)*
Italian Art Nouveau *(Arch)* italienischer Jugendstil *m*
Italian Renaissance *(Arch)* italienische Renaissance *f*
Italian Romanesque *(Arch)* italienische Romanik *f*
Italian roof *(Konst)* Walmdach *n*, abgewalmtes Dach *n*
Italian tiling Konkav-Konvex-Dachziegel *m*
item *(VR)* Position *f (z. B. in einem Leistungsverzeichnis)*; Gegenstand *m*, Artikel *m*; Einzellos *n*; Einheit *f*
item list *(Konst, VR)* Artikelliste *f*, Positionsliste *f*, Stückliste *f*
itemize *v* detaillieren, spezifizieren, einzeln aufführen
itemized cost(s) *(VR)* Einzel(positions)kosten *pl*
iteration method *(Stat)* Iterationsverfahren *n*, Verfahren *n* der schrittweisen Näherung *(Mathematik)*
iteration process *(Stat)* Iterationsvorschrift *f*
iteration sequence *(Stat)* Iterationsfolge *f*
iteration solution *(Stat)* Iterationslösung *f*
iterative method *(Stat)* Iterationsverfahren *n*, Verfahren *n* der schrittweisen Näherung *(Mathematik)*
iterative sequence *(Stat)* Iterationsfolge *f*
ivory black *(OB)* Elfenbeinschwarz *n*
ivory-coloured elfenbeinfarbig
ivory glazing *(OB)* Elfenbeinglasur *f*
ivory pigment Elfenbeinschwarz *n*
ivory work *(Arch)* Elfenbeinbildwerk *n*
ivy-leaf moulding *(Arch)* Efeublattschmuckprofil *n*
iwan *(Arch)* Iwan *m*, einseitig offene Hofhalle *f (eines parthischen Hauses)*
Izod impact test *(St)* Pendelschlagversuch *m* nach Izod

J

jacaranda (wood) *(BM, Hb)* Palisanderholz *n*
jack *v* (an)heben; (ver)rücken *(mit Hebevorrichtung)*
jack *v* **down** *(Hb, Te)* abhobeln *(mit einem Schlichthobel)*
jack *v* **up** 1. aufbocken, heben *(mit Hebebock)*; (hoch)winden; 2. *(Hb)* abstoßen *(mit dem Hobel)*
jack 1. *(BWG)* Hebebock *m*, Stützbock *m*; Heber *m*; Winde *f (Hebevorrichtung)*; 2. Spannpresse *f*
jack arch *(Konst)* Flachbogen *m*, scheitrechter Bogen *m*; Stichbogen *m*; Segmentbogen *m*
jack hammer *(BWG)* Presslufthammer *m*, leichter Bohrhammer *m*
jack plane *(BWG, Hb)* Schlichthobel *m*, Schrupphobel *m*
jack rafter *(Hb)* Schiftsparren *m*, Schifter *m*; Gratschifter *m*
jack rib Kurzrippe *f (für ein Gewölbe)*
jack rod *(BT, Te)* Kletterstange *f*, Gleitstange *f (Gleitschalung)*
jack tensioning *(BB, Te)* Vorspannen *n* mittels Spannpresse *(Spannbeton)*
jack up *(Erdb, Wsb)* Hubinsel *f*
jack vault *(Konst)* scheitrechtes Gewölbe *n*; *(AE)* Flachgewölbe *n*
jacket *v* ummanteln, verkleiden, umhüllen
jacket Mantel *m*, Ummantelung *f*, Verkleidung *f*, Umhüllung *f*
jacket pipe *(Konst, OB)* Mantelrohr *n*, Heizmantelrohr *n*
jacketed pipe *(Konst, OB)* Mantelrohr *n*, Heizmantelrohr *n*
jacketed wall Doppelwandung *f*
jacking 1. Heben *n*; Verrücken *n*; Verrückung *f*; 2. *(BB, Te)* Spannen *n (Spannbeton)*
jacking anchorage Spannverankerung *f (Spannbeton)*
jacking block *(BB, Te)* Spannblock *m (für Spannbeton)*
jacking device for prestressed concrete *(BB, BWG)* Spann(beton)presse *f*
jacking force *(BB, Stat)* Spannpresskraft *f (Spannbeton)*
jacking pipe *(Erdb, Tun)* Vortriebsrohr *n*
jacking rod *s.* jack rod
jacking stiffener Spannversteifung *f*, Spannsteife *f*
jacking stress Pressenspannung *f (Spannbeton)*
jackknife drilling mast *(BWG, Erdb)* Klappbohrmast *m*, Faltbohrmast *m*
jade *(BM, Bod)* Jade *m(f) (von Jadeit oder Nephrit stammender Edelstein)*
jadeite Jadeit *m*
jag *v* 1. (ein)kerben; ausblatten; 2. einzapfen *(Holz)*
jag 1. *(Bod)* Felszacken *m*; 2. Einschnitt *m*, Kerbe *f*, Anschnitt *m*
jagged *(Arch)* gezackt *(z. B. Konturen von Hochhäusern)*
jagged terrain *(Bod)* zerklüftetes Gelände *n*
jail cell Gefängniszelle *f*
jalopy alter Karren *m (Baustellentransport)*

jalousette *(EB)* Jalousette *f (mit Kunststofflamellen, meist innen)*
jalousie *(EB)* Jalousie *f*, Zugjalousie *f (mit Holzstäben, meist außen)*
jalousie door Jalousietür *f*
jam *v* (fest)klemmen, sich verklemmen
jam development *(Verk)* Stauentwicklung *f*
jamb 1. Gewände *n*, Einfassung *f (Tür, Fenster)*; Laibung *f*, Leibung *f*; Pfosten *m*, Gewändepfosten *m*; Türpfosten *m*; 2. *(Verk)* Stau *m*
jamb block Betongewändestein *m*
jamb footing Gewändeaufstand *m*
jamb lining Türfutter *n*, Holzleibung *f*
jamb of a chimney *(Konst)* Schornsteinwange *f*
jamb post *(Hb)* Gewändepfosten *m*
jamb trimmings *(Arch)* Türbogenverzierung *f*
jamb wall *(Konst)* Drempel *m*, Kniestock *m*, Kniestockwand *f*
jambs Gewände *n*
jambs and sills Platten *fpl* mit eingebauten Fenstern
jambstone *(Konst, SB)* Gewände *n*, Gewändestein *m*; Eckpfeiler *m*
jammed home festgeklemmt, eingeklemmt
japan *v (OB)* lackieren *(mit Hitzehärtung)*
japan (lacquer) *s.* Japanese lacquer
Japanese architecture *(Arch)* japanische Architektur *f*, japanische Baukunst *f*
Japanese lacquer *(OB)* Japanlack *m*; Einbrennlack *m*
japanner Lackierer *m*
jar *v (BB, Erdb, Te)* rüttelverdichten; vibrieren
jarrah *(BM, Hb)* Jarrahholz *n*, australisches Mahagoni *n*
jarring Rütteln *n*; Erschütterung *f*
jarring plate *(BB, BWG, Te)* Rütteltisch *m (Beton)*
jaspé lino *(BM, EB)* Jaspé *n*, Jaspélinoleum *n*
Jasper ware *(EB)* Jasperware *f*
jaspure *(BM)* marmoriert
jaw breaker [crusher] *(BM, BWG)* Backenbrecher *m*
jellous gelartig, gallertartig
jemmy Brecheisen *n*, kurze Brechstange *f*
jenny *(BWG)* Laufkran *m*, Laufkatze *f*
jerk motion *(Stat)* ruckartige Bewegung *f (Kinematik)*
jerry schlecht gebaut
jerry-builder 1. *(VR)* Pfuscher *m*; 2. Bauspekulant *m*
jerry-building *(Konst, VR)* unsolide Bauweise *f*; Pfuschbau *m*
jerry-built schlecht gebaut
jerry-built house Bruchbude *f*; Pfuschbau *m*
jet *v (Bod, Erdb, Tun)* druckwasserspülen; einspülen, spülen *(mit Druck)*; spülbohren
jet 1. Strahl *m*; 2. schwarzer Marmor *m*
jet cement *(BM)* Blitzzement *m*, superfrühhochfester Zement *m*
jet drilling *(Te)* Wasserstrahlbohren *n*
jet pipe nozzle Strahlrohrmundstück *n*
jet pump *(Erdb, WVA)* Strahlpumpe *f*, Jetpumpe *f*
jet regulator Strahlregler *m*
jet screen *(BWG)* Schüttelsieb *n*
jet shower *(San)* Strahldusche *f*
jetcrete Spritzbeton *m*, Torkret(ier)beton *m*, Schrotbeton *m*, Torkretputz *m*
jetted well *(Bod, Erdb)* Spülbohrung *f*
jetting *(Erdb)* Spülbohren *n*
jetting lance *(Erdb)* Spüllanze *f*
jetting of piles *(Erdb)* Einspülen *n* der Pfähle
jetty 1. *(Wsb)* Hafendamm *m*, Mole *f*, Buhne *f*; Wellenbrecher *m*; 2. *(BT, TK)* Kragelement *n (überhängendes Teil)*; vorspringendes Bauteil *n*
jetty head *(Wsb)* Flutbrecher *m*
jetway *(Verk)* Start- und Landebahn *f*
Jewish bema *(Arch)* Bema *n (Synagogenkanzel)*
Jew's pitch *(BM)* Judenpech *n*
jib Ausleger *m*; Auslegerarm *m*, Kranausleger *m*, Kranarm *m*, Kragarm *m*
jib assembly Aufrichten *n* des Kranauslegers
jib barrow Schubkarre *f*
jib crane *(BWG)* Auslegerkran *m*
jib door Geheimtür *f*, Tapetentür *f*
jig 1. Lehre *f (Bohrlehre)*; 2. *(Erdb)* Setzkasten *m*; 3. *(BM, Te)* Vorklassiersieb *n (Zuschlagstoffaufbereitung)*
jigback ropeway *(Konst, Verk)* Pendelseilbahn *f*
jigger *v (BM, Te)* überdrehen *(Grobkeramik)*
jiggering Überdrehen *n*, Drehen *n (Grobkeramik)*
jigging and vibrating screen Schwing- und Vibrationssieb *n*
jigging conveyor Schaukelförderer *m*, Schüttelförderer *m*
jigging washer *(BM, BWG)* Schwingwascher *m*
jigsaw Wippsäge *f*
jim-crow Brecheisen *n*, Brechstange *f*
jimmy *s.* jemmy
job *(AE) s.* job site
job engineering *(Te)* Arbeitsvorbereitung *f*, Ausführungstechnologie *f*; technologische Vorbereitung *f*
job-mix(ed) concrete *(BB)* Baustellenbeton *m*
job plan *(Te, VR)* Bauarbeitsplan *m*
job record *(Te, VR)* Bautagebuch *n*, Baubericht *m*
job report *(VR)* Baubericht *m*
job site *(AE) (RP, Te)* Baustelle *f*, Bauplatz *m*
job-site installations *(AE)* Bau(stellen)einrichtung *f*
job-site mobilization *(AE)* Baustelleneinrichtung *f (Tätigkeit)*
job-site mobilization plan *(AE) (Te)* Baustelleneinrichtungsplan *m*
job-site office Bau(stellen)büro *n*
job size *(Te)* kleine Losgröße *n*
job specifications *(VR)* (besondere) Ausführungsbedingungen *fpl*, Pflichtenheft *n*
job superintendent 1. Baustellenkoordinator *m (bei Projektsteuerung)*; 2. *(AE)* Oberbauleiter *m*
jobber Reparaturhochbauarbeiter *m*
jobbing sheath Mittelblech *n*
jog *v* rütteln; stoßen
jog 1. *(Konst)* Sprung *m*, Absatz *m (jede Unregelmäßigkeit in Richtung und Oberfläche eines Gebäudes)*; *(AE)* Unregelmäßigkeit *f (Oberflächen)*; 2. *(Konst, Te)* Ausklinkung *f*
joggle *v* 1. kröpfen; verzahnen; 2. rütteln
joggle 1. Verklammerung *f*, Verschränkung *f*; Verzahnung *f*; 2. Nut *f*; Dübel *m (für Ziegelverbindungen)*
joggle beam *(BT, TK)* verzahnter Balken *m*
joggle joint *(Konst)* verklammerter Stoß *m*
joggle jointing Verklammern *n*
joggle lintel Hakensturz *m*
joggled butt joint *(Konst)* verklammerte Stoßfuge *f*
join *v* 1. verbinden, abbinden, zusammenfügen, aneinanderfügen, anschließen; 2. *(Hb)* (ein)fügen, einblatten; ineinanderpassen; stoßen
join *v* **by adhesive** kleben, verkleben
join *v* **by cogging** *(Hb)* verkämmen
join *v* **by grooves** *(Hb)* spunden
join *v* **by prestressing** *(BT, Te)* zusammenspannen *(mittels Vorspannen)*
join *v* **by rabbets** *(Hb)* einfalzen
join *v* **by welding** *(St)* verbindungsschweißen
join *v* **with rivets** *(St)* vernieten
joined *(Hb)* abgebunden *(Bauholz)* • **be joined** zusammenhängen
joined lath *(Hb)* Bindelatte *f*
joiner *(Hb)* Bautischler *m*, Bauschreiner *m*, Tischler *m*
joiner's adhesive *(BM)* Tischlerleim *m*
joiner's art Tischlerei *f*

joiner's bench *(BWG, Hb)* Hobelbank *f*
joiner's clamp *(BWG, Hb)* Schraubzwinge *f*
joiner's glue Tischlerleim *m*
joiner's timber Tischlerholz *n*
joiner's trade *(BWG, Hb)* Tischlerei *f*, Schreinerei *f*
joiner's unit Bautischlerelement *n*, Bautischlerteil *n*
joiner's wood Tischlerholz *n*
joiner's work Tischlerarbeit *f*
joiner's workshop *(BWG, Hb)* Tischlerei *f*, Schreinerei *f*
joinery 1. *(BWG, Hb)* Bautischlerei *f*, Bauschreinerei *f*; 2. Bautischlerarbeit *f*, Tischlerarbeit *f*; 3. Holzbauteile *npl*, Holzbauelemente *npl*
joinery component [unit] Holzbauteil *n*, Bautischlerelement *n*, Bautischlerprodukt *n*
joinery work Bautischlerarbeit *f*
joining 1. Abbund *m*, Abbinden *n*; Verbinden *n*, Fügen *n*; 2. *(Hb)* Einfalzen *n*, Einfügen *n*, Einblatten *n*
joining balk [beam] *(Hb)* Bundbalken *m*, Verzug *m*
joining construction *(Hb, Konst)* Verband *m*
joining element *(Konst)* Verbindungselement *n*
joining metal Zusatzwerkstoff *m (Schweißen)*
joining piece Anschlussstück *n*, Verbindungsstück *n*
joining pipe Anschlussrohr *n*, Rohrstutzen *n*
joining plate *(San)* Anschlussblech *n*
joining point *(Konst)* Klebstelle *f*
joining shop *(BWG, Hb)* Abbundhalle *f*
joining socket Anschlussrohr *n*, Anschlussstutzen *n*
joining yard *(Hb)* Abbundplatz *m*
joint *v* 1. ausfugen, verfugen, nacharbeiten *(Mörtelfugen)*; 2. verbinden *(über Knoten)*; verlaschen; 3. *(Hb)* zusammenfügen, stoßen
joint *v* **a wall** *(SB)* eine Mauer verfugen
joint *v* **boards** *(Hb)* hochkanthobeln
joint *v* **flat** flach ausfugen *(Mauerwerk)*
joint *(Konst)* Knoten(punkt) *m*; Verbindung *f (Knoten)*; Anschluss *m*, Verbindungsstelle *f*; Fuge *f (Stoßfuge)*; Stoß *m*, Naht *f (Verbindung, Fügung)*; Schweißstelle *f*, Klebstelle *f*; Gelenk *n*
joint allowance *(Konst, Te)* Fugentoleranz *f*
joint angle Anschlusswinkel *m*, Beiwinkel *m*
joint architect Miterbauer *m*
joint beam *(Hb, Konst, St)* Wechselbalken *m*
joint bolt Schließbolzen *m*, Gelenkbolzen *m*
joint bond Verbinder *m*
joint bonding *(Te)* Nahtverklebung *f*
joint box *(El)* Abzweigdose *f*; Anschlussdose *f*
joint bridging *(Konst)* Fugenüberbrückung *f*
joint cement Vergussmasse *f*, Fugenkitt *m*
joint centre Fugenmittenabstand *m*
joint clearance *(Verk)* Dehnungsfuge *f*; Stoßdicke *f (Schiene)*
joint concrete Fugenbeton *m*, Verbindungsbeton *m*, Anschlussbeton *m*
joint configuration *(Konst)* Fugenausbildung *f*; Stoßgestaltung *f*
joint connection *(Konst, St, TK)* Knoten(punkt)verbindung *f (in einem Fachwerk)*; Knotenverbindung *f (Stahlbau)*
joint cover(ing) Fugenüberdeckung *f*
joint crack Fugenriss *m*, Kantenriss *m*
joint cutter *(Verk)* Fugenschneider *m*
joint cutting Fugenschnitt *m*
joint depth Fugentiefe *f*
joint design *(Konst)* Fugendimensionierung *f*; Fugenausbildung *f*
joint displacement *(Konst, TK)* Knotenverrückung *f*
joint distance Fugenspalt *m*
joint dowel Fugendübel *m*
joint equation *(Stat)* Knotengleichung *f*
joint fastener Wellennagel *m*
joint filler *(EN 14840) (DIS)* Sperreinlage *f*, Fugeneinlage *f*
joint filler extrusion s. joint sealant extrusion
joint filler strip *(BM, Konst)* Fugenfüllstreifen *m*
joint filling Fugenverfüllen *n*, Fugendichten *n*
joint filling compound *(EN 14840) (BM, DIS)* Fugenvergussmasse *f*, Fugenkitt *m*, Füllmasse *f*
joint finishing *(Konst)* Fugenausbildung *f (Grundbau, Tiefbau)*
joint fixing Fugenbefestigung *f*
joint flooring Fußbodenbelag *m* mit Fugen
joint for allowance *(Konst)* Überdeckungsstoß *m*
joint for movements *(Verk)* Bewegungsfuge *f (Betonstraße)*
joint formation *(Konst, St)* Stoßausbildung *f (Stahlbau)*
joint gap Fugenspalt *m*
joint grid *(Konst)* Fugennetz *n*, Fugenwerk *n*
joint hinge *(EB)* Scharnierband *n*, Gelenkband *n*
joint holding moment Knotenfesthaltemoment *n*
joint lapping Nahtüberlappung *f*, Nahtüberdeckung *f*
joint lining Fugeneinlage *f*
joint load *(Stat)* Knotenlast *f (Fachwerk)*
joint loading *(Stat)* Knoten(punkt)belastung *f*
joint masking tape Fugendeckband *n*
joint measurement *(VR)* gemeinsames Aufmaß *n*
joint mechanism *(Stat)* Knotenmechanismus *m*
joint milling Fugenausfräsen *n*
joint mobility *(Konst, TK)* Knotenverschieblichkeit *f*
joint moment *(Stat)* Knotenmoment *n*
joint mortar *(BM)* Fugenmörtel *m*
joint movement *(Konst)* Fugenbewegung *f*; Knotenbewegung *f*
joint of retreat *(Bod)* Schrumpfungsriss *m (geologisch)*
joint of rupture Bruchfuge *f*
joint opening Fugenöffnung *f*
joint packing Fugendichtung *f*
joint pattern *(Konst)* Fugeneinteilung *f*
joint permeability *(Konst)* Fugendurchlässigkeit *f*
joint permeability coefficient Fugendurchlasskoeffizient *m*
joint piece Verbindungsstück *n*; Lasche *f*
joint pin *(EB)* Schließe *f*
joint plaster Fugengips *m*
joint plate *(BT, Konst, St)* Knotenblech *n*, Knotenplatte *f*, Verbindungsplatte *f*
joint pouring Fugenverguss *m*
joint pouring compound *(BM)* Fugenvergussmasse *f*
joint profile Fugenprofil *n*, Fugeneinlage *f*
joint raker *(BWG, Verk)* Fugen(auf)reißer *m*
joint ring Ringdübel *m*
joint rotation *(Konst)* Knotendrehung *f*
joint rule Fugenschablone *f*
joint sawing Fugenschneiden *n*, Fugenaussägen *n*
joint sealant *(BM)* Fugenabdichtungsmittel *n*, Fugenversieglungsmasse *f (s. a. joint sealer)*
joint sealant extrusion 1. Fugenmasseneinpressen *n*, Fugenfüllereinspritzen *n*; 2. Abdichtungsschaden *m*
joint sealer Fugenmasse *f*
joint sealing *(Te)* Fugenversiegeln *n*, Fugenverguss *m*
joint sealing compound Fugenvergussmasse *f*
joint sealing machine *(Verk)* Fugenfüllmaschine *f*, Fugenvergussmaschine *f*
joint sealing strip Fugeneinlage *f*, Fugenstreifen *m*
joint sleeper *(Verk)* Stoßschwelle *f*
joint slip *(Konst)* Verbindungsschlupf *m*
joint spacing *(Konst)* Fugenabstand *m*; Fugenzwischenraum *m*
joint strength Fugenfestigkeit *f*
joint stripping Fugenauskratzen *n*
joint strut *(Konst, TK)* Gelenkstrebe *f*

J

joint tape Fugenband *n*
joint-tight fugendicht
joint tongue *(Hb)* Feder *f (Holzverbindung)*
joint trajectory *(Konst, Stat)* Knotenweg *m*
joint translation *(Konst, Stat)* Knotenverschiebung *f*
joint tringle *s.* joint tongue
joint urban development *(RP)* Stadtverbindungsentwicklung *f*, Stadtverschmelzungsprozess *m*
joint velocity *(Konst)* Knotengeschwindigkeit *f*
joint venture *(VR)* Joint Venture *n*, Gemeinschaftsunternehmen *n*
joint venture work *(VR)* Joint-Venture-Arbeit *f*, Gemeinschaftsarbeit *f*
joint water *(Bod)* Kluftwasser *n*, Spaltwasser *n*
joint width Fugenbreite *f*
joint zone Fugenbereich *m*
jointed 1. verbunden; 2. *(Hb)* zusammengefügt *(mit Fugen)*; 3. *(Konst)* gelenkig, gegliedert
jointed coupling *(BT, Konst)* Gelenkkupplung *f*
jointer Fugeisen *n*
jointing verbindend
jointing 1. *(Te)* Ausfugen *n*, Verfugen *n*, Fugenverfüllen *n*; Fugenfüllung *f*; 2. *(Konst)* Verbindung *f*; Verbinden *n*
jointing compound *(BM)* Vergussmasse *f*, Fugendicht(ungs)masse *f*
jointing iron Fugeneisen *n*
jointing material Fugenmaterial *n*, Fugendichtstoff *m*, Vergussmaterial *n*
jointing method *(Konst)* Verbindungssystem *n*, Verbindungsverfahren *n*
jointing mortar Fugenmörtel *m*, Verfugungsmörtel *m*
jointing piece *(BT, Konst)* Anschlussstab *m*, Verbindungsstück *n*
jointing rivet *(St)* Anschlussniet *m*, Verbindungsniet *m*
jointing rule *(BWG)* Fugenrichtscheit *n*, Ausfuglehre *f*
jointing section Fugenprofil *n*, Dichtungsprofil *n*
jointing spoon Fugenkelle *f*, Ausfugeisen *n*
jointing strip Fugeneinlage *f*, Fugenstreifen *m*
jointing system *(Hb, Konst, St)* Verbindungssystem *n*, Verbindungsverfahren *n (Holz, Metall)*
jointless fugenlos
jointless floor(ing) Verbundbelag *m*, fugenloser Fußboden *m*
jointy klüftig
joist *v (Konst, Te)* mit Querbalken versehen, Querbalken legen
joist *(Hb, TK)* Querbalken *m (Deckenbalken aus Holz)*; Unterzug(balken) *m*, Balken *m*; Deckenträger *m*; Deckenunterzug *m*
joist anchor Deckenanker *m*
joist bearing *(BT, TK)* Balkenauflager *n*
joist ceiling 1. *(Hb, TK)* Balkendecke *f (Decke mit sichtbaren Balken)*; Unterzugdecke *f*; 2. Stahlsteindecke *f*
joist connector *(BT, Hb)* Holzbalkenverbindungseisen *n*
joist end Balkenkopf *m*
joist floor *s.* joist ceiling
joist grillage *(Konst, TK)* Unterzugsystem *n*, Unterzugrost *m*
joist hanger Balkenschuh *m*
joisted floor Balkendecke *f*, Unterzugdecke *f*
joists *(Hb, TK)* Balkenlage *f*, Holzgebälk *n*
joists of a floor *(Hb, TK)* Gebälk *n*, Balkenlage *f*
joists of a landing Podestträger *m*
jolt *v (BB, Te)* rüttelverdichten; stoßen; schocken
jolt moulding *(BB, Te)* schockende Rüttelformung *f*
jolt table *(BB, BWG)* Stoßrütteltisch *m (Betonsteinherstellung)*
joltcrete *s.* jolted concrete
jolted concrete Rüttelbeton *m*
jolting *(BB, Te)* Rüttelverdichten *n*; Stoßen *n*; Schocken *n*, schockende Rüttelung *f*
journal Zapfen *m (Achse, Welle)*
journey to work *(Verk)* Berufsverkehr *m*
journeyman Geselle *m*
journeyman carpenter Zimmergeselle *m*
jube *(Arch)* Chorgitter *n*, Lettnerempore *f*
judas *(EB)* Türspion *m*
judas hole *(EB)* Türgucker *m*
jumbo Wagengerüst *n*, fahrbares Gerüst *n*, verschiebbares Tunnelgerüst *n*, Schalwagen *m*
jumbo brick Großziegel(stein) *m (größer als Normalformat)*
jump *v* 1. (hoch)springen; (über)springen; 2. (an)stauchen *(Niet)*; 3. Bohrlöcher schlagen *(Naturstein)*
jump 1. Mauerwerkstufe *f*, Sprung *m*; 2. Unstetigkeit *f*
jump in a façade Vorsprung *m*
jump-join(t) *v (Hb, Konst, St)* stumpfstoßen
jump-weld *v (St)* stumpfschweißen
jumper 1. Binder *m*; 2. Bohrmeißel *m*
jumping frog *(BWG, Erdb)* Froschramme *f*, Frosch *m*, Verdichtungsfrosch *m*
jumping vault *(Arch, Konst)* Springgewölbe *n*
junction 1. Verzweigung *f*, Abzweig *m (Rohrsystem)*; 2. *(Verk)* Straßenkreuzung *f*, Straßenabzweigung *f*; 3. *(Konst)* Verbindungsstelle *f*, Stoßstelle *f*; 4. *(Bod, Wsb)* Zusammenfluss *m (Flussläufe)*
junction access *(Verk)* Knotenpunktzufahrt *f*
junction access road *(Verk)* Knotenpunktzufahrtsstraße *f*
junction arm *(Verk)* Knotenpunktschenkel *m*, Spange *f*
junction at grade *(Verk)* plangleicher Knotenpunkt *m*
junction box *(El)* Verteilerdose *f*, Abzweigdose *f*, Anschlussdose *f*
junction canal *(Wsb)* Stichkanal *m*, Seitenkanal *m*, Anschlusskanal *m*
junction capacity *(Verk)* Knotenpunktkapazität *f*, Knotenpunktleistungsfähigkeit *f*
junction clearing *(Verk)* Kreuzungsräumen *n*, Kreuzungsräumphase *f*
junction controller *(Verk)* Verkehrsknotensteuergerät *n*, Kreuzungssteuergerät *n*
junction curve *(Verk)* Übergangsbogen *m (Trassierung)*
junction design *(Verk)* Knotenpunktgestaltung *f*, Knotenpunktentwurf *m*
junction entry *(Verk)* Knotenpunkteinfahrt *f*
junction exit *(Verk)* Knotenpunktausfahrt *f*
junction geometry *(Verk)* Knotenpunktform *f*
junction line *(Verk)* Verbindungsbahn(linie) *f*
junction load *(Verk)* Knotenpunktsbelastung *f*
junction marker *(Verk)* Knotenpunktmarkierung *f*
junction mirror *(Verk)* Verkehrsspiegel *m*
junction of masonry walls *(SB)* Maueranschluss *m*
junction of scaffold members Gerüststabverbindungspunkt *m*
junction of single carriageways *(Verk)* Einzelfahrstreifenknoten *m*, Knotenpunkt *m* mit Einzelfahrstreifen
junction offset *(Verk)* Knoten(punkt)versatz *m*
junction operation *(Verk)* Knotenpunktbetriebsweise *f*
junction plate *(Konst, St)* Knotenblech *n*
junction point 1. *(Verk)* Verkehrsknotenpunkt *m*; 2. *(Verm)* Anschlusspunkt *m*
junction signal cycle *(Verk)* Kreuzungsschaltzyklus *m*
junction station *(Verk)* Knoten(punkt)bahnhof *m*
junction traffic control *(Verk)* Knotenpunkt(verkehrs)steuerung *f*
junction walls *(Konst, SB)* Verbindungsmauern *fpl*
juncture (point) *(Konst)* Verbindungspunkt *m*; Vereinigungspunkt *m*; Berührungsfläche *f*
jungle *(Bod)* tropischer Urwald *m*
junk *(Umw)* Abfall *m*, Abfallstoff *m*

junk iron Eisenschrott *m*
junk pipe nicht genormtes Rohr *n*
junkyard Schrottplatz *m*
Jura(ssic) limestone *(BM, Bod)* Jurakalkstein *m*
justification *(VR)* Effektivitätsnachweis *m*
jut *v* hervorstehen, vorkragen; ausbauchen
jut *(Konst)* Vorsprung *m*, Auskragung *f*
jute *(BM)* Jute *f*
jute backing Juteunterlage *f*
jute board *(BT)* Gewebebauplatte *f*
jute fibre Jute(faser) *f*
jute lamination Jutekaschierung *f*
jutting piece vorkragendes Teil *n*, überstehendes Geschoss *n*
jutting window hervorstehendes Fenster *n*
jutty *(Konst)* Vorsprung *m*; Auskragung *f*; Erker *m*; Anbau *m*
jutty window Erkerfenster *n*
juxtapose *v* nebeneinanderstellen
juxtaposition Nebeneinanderstellung *f*

K

K-factor *(Bod, Stat)* K-Faktor *m*, K-Zahl *f*
K-truss *(Konst)* K-Fachwerk *n*
K-value *(DIS)* Wärmedurchgangszahl *f (Wärmeleitfähigkeit)*
kalamein door Tür *f* in gemischter Bauweise *(meist mit Holzkernfüllung und Stahlbeplankung)*
kalamein fire door *(AE)* metallbeschlagene Feuerschutztür *f*
kallar *(BM)* Salzausblühung *f*
kaolin *(BM)* Kaolin *m(n)*
kaolin sand Kaolinsand *m*
kaolinic kaolinhaltig, kaolinitisch
kaolinisation *(BM, Bod)* Kaolinisierung *f*
kaolinite *(BM, Bod)* Kaolinit *m*
kaolinitic clay kaolinitischer Ton *m*
karst *(Bod)* Karstlandschaft *f*, Karst *m*
karst landscape *(Bod)* Karstlandschaft *f*
karst topography *(BT)* Karstrelief *n*
kasr *(Arch)* arabischer Palast *m*, arabisches Schloss *n*
keel *(Arch)* Kiel *m*, Kielende *n (Verzierung, Formkante)*
keel arch *(Arch)* Kielbogen *m*, persischer [zwiebelförmiger] Bogen *m*
keel moulding *(Arch)* Kielbogenformkanten *fpl*
keen scharf, schneidend *(Werkzeug)*
keen edge *(Konst)* scharfe Kante *f*
Keene's cement *(BM)* Gipszement *m*, Weißzement *m*; doppelt gebrannter Gips *m*
Keene's plaster doppelt gebrannter Gips *m*
keep *v* 1. *(VR)* halten, einhalten *(Liefertermin)*; 2. lagern, aufbewahren
keep *v* **dry** trocken aufbewahren
keep *v* **in good repair** *(RS)* instand halten
keep *v* **in order [shape]** *(RS)* instand halten, erhalten *(z. B. ein Haus)*
keep *v* **moist** feucht halten
keep *v* **taut** *(Te)* straff halten *(z. B. Seile)*
keep *v* **under water** *(BM)* unter Wasser lagern
keep *v* **up** *(RS)* erhalten
keep *(Arch)* Festungsturm *m*, Bergfried *m*, Donjon *m*
keeper *(EB)* Halter *m*, Halterung *f*, Schließblech *n*
keeping power *(BM)* Lagerfähigkeit *f (Bindemittel, Anstrichstoffe)*
keeping room *(AE)* Wohnzimmer *n*
kelasa *(Arch)* Kelasa *m (Indien)*
kennel 1. Rinnstein *m*, Gossenstein *m*; 2. Hundehütte *f*
kentledge *(Erdb)* Zusatzbelastung *f*
Keramzite *(BM)* Keramsit *n (künstlicher Leichtzuschlag- und Dämmstoff, z. B. aus Mineralwolle, Blähton)*
Keramzite concrete *(BM)* Keramsitbeton *m (Leichtbeton in Russland)*
keratin *(BM)* Keratin *n*, organischer Abbindeverzögerer *m (für Gipsmörtel)*
keratophyre Keratophyr *m*
kerb Bordstein *m*; Bordkante *f*, Bordschwelle *f*, Hochbord *m*, Bordeinfassung *f*, Rinnstein *m*, Schrammschwelle *f*, Schrammbord *m*
kerb clamp Bordsteinklammer *f*, Bordschwellenanker *m*
kerb inlet *(Verk, WVA)* Bordsteineinlauf *m*, Bordsteinaussparung *f*
kerb loading zone *(Verk)* Haltestreifen *m (parallel zum Bord)*
kerb marking Bordschwellenmarkierung *f*, Bordkennzeichnung *f*
kerb ramp Schrägbordsteinkante *f*, Bordsteinabschrägung *f*
kerb roof *(Konst)* Mansard(en)dach *n*
kerbed footway *(Verk)* Fußweg *m* mit Bordstein
kerbstone Bordstein *m*, Randstein *m*, Rinnstein *m*
kerf *v* 1. einschneiden; 2. *(Hb)* nuten
kerf *(Te)* Sägeschnitt *m*, Sägenut *f*, Schnittfuge *f*
kerfing *(Te)* Schlitzschneiden *n*, Parallelschlitzsägen *n*
kern *(Stat)* Querschnittkern *m*, Kernfläche *f (Normalkraftfläche)*
kern concrete Kernbeton *m (bewehrte Säule)*
kern cross section Kernquerschnitt *m*
kern limit Kerngrenze *f*
kern line *(Konst)* Kernquerschnitt *m*
kern point moment Kernmoment *n*
kern strength Kernfestigkeit *f*
kernel *v (SB, Te)* aufrauen, aufstocken, kröneln *(Stein)*
kerosine *(AE)* Erdölparaffinöl *n*
ketone *(BM)* Keton *n*
ketone resin *(BM)* Ketonharz *n*
Keuper marl *(Bod)* Keupermergel *m*
Keuper sandstone *(BM)* Keupersandstein *m*
kevel 1. Steinmetzflachaxt *f*; 2. *(Hb)* eingebolzter Balken *m*
kevil *s.* kevel
key *v* 1. *(Konst)* verdübeln; verkeilen; verzahnen; 2. *(OB)* aufrauen *(Haftgrund)*
key *v* **up** spannen *(Bogen)*
key 1. *(Konst)* Verdübelung *f*; 2. *(Hb)* Keil *m*; 3. *(Hb)* Schlüssel *m*; Feder *f*, Längskeil *m*; 4. *(Hb)* Führungsdielenbrett *n*; 5. *(BT, Hb)* Furnierunterseite *f*; 6. *(BM)* Fliesenrückseite *f*, raue Fliesenseite *f*; 7. *(SB)* in den Putzträger eingedrückter Putz *m*; 8. *(Konst)* Nutkerbe *f*; Keilnut *f*; 9. *(Konst, Verm)* Legende *f*; 10. *(SB) s.* keystone 1.; 11. *(OB)* Hafteigenschaft *f*
key bit Schlüsselbart *m*
key block *(SB)* Schlussstein *m (Gewölbe)*
key board Führungsdielenbrett *n*
key bolt Keilbolzen *m*
key brick *(SB)* Bogenschlussziegel(stein) *m*, Keilziegel *m*
key console *(SB)* Konsolenschlussstein *m*
key course Schlusssteinschicht *f*, Schlusssteinlage *f (Mauerwerk)*
key drop *(EB)* Schlüssellochdeckplättchen *n*, Schlüssellochabdeckscheibe *f*
key escutcheon *s.* key plate
key file *(BWG)* Schlüsselfeile *f*
key function *(VR)* Schlüsselfunktion *f*

key groove Keilnut *f*
key hinge *(Konst, TK)* Scheitelgelenk *n*
key joint 1. Dübelverbindung *f*; 2. *(Hb)* Keilverbindung *f*
key joint pointing Hohlkehlverfugung *f*
key material Grundmaterial *n*, Basismaterial *n*
key note *(VR)* Leitgedanke *m*
key of plywood Furnierunterseite *f*
key pattern *(Arch)* rechtwinklig gebrochener Mäander *m*
key plan *(Konst, Verm)* Übersichtsplan *m*
key plate 1. Schlossblech *n*; 2. Keilplatte *f*
key point *(Verk)* wichtiger Verkehrspunkt *m*
key saw Lochsäge *f*
key switch *(El)* Schlossschalter *m*
key valve schlüsselbetätigtes Ventil *n*
keyed 1. *(Konst)* verdübelt; verkeilt; verzahnt; 2. *(BM)* lang genutet, gerillt; 3. *(SB)* aufgeraut, rau *(Putzunterlage)*
keyed-alike cylinders schlüsselgleiche Schließzylinder *mpl*
keyed beam *(BT, Hb)* verdübelter Balken *m*
keyed brick Nutenziegel *m*, Schlossziegel *m*
keyed dowel gerillter Stabdübel *m*
keyed girder *(BT, TK)* zusammengesetzter Träger *m*
keyed joint verdübelte Verbindung *f*, Keilverbindung *f*; Hohlfuge *f*
keyed pointing Hohlkehlverfugung *f*
keyed surface aufgeraute Oberfläche *f (Putz, Anstrich)*; Haftgrundierung *f*
keyhole Schlüsselloch *n*
keyhole plate *(EB)* Schlüssellochabdeckblech *n*, Schlüssellochdeckel *m*
keyhole saw *(BWG)* Lochsäge *f*, Stichsäge *f*
keying 1. *(Konst)* Verzahnung *f*; Verkeilung *f*, Keilverbindung *f*; 2. *(SB, Te)* Aufrauen *n (Putzunterlage)*
keying surface *(OB)* Haftgrund *m*, Haftgrundlage *f*, Haftoberfläche *f*, Verankerungsgrund *m (Putz, Beschichtung, Anstrich)*
keystone 1. *(SB)* Schlussstein *m*, Bogenschlussstein *m (eines Gewölbes)*; 2. Feinsplitt *m*, Verspannungssplitt *m (Schwarzdecke)*
keystone layer *(SB)* Schlusssteinschicht *f*, Schlusssteinlage *f (Mauerwerk)*
keyway *v (Hb)* nuten *(Keilnuten fräsen)*; Nuten ziehen
keyway *(SB)* Keil(längs)nut *f*; Aussparungsnut *f (Mauerwerk)*
keyway (wall) chase *(SB)* Mauerschlitz *m (für Rohrleitungen an und in Wänden)*
khan *(Arch)* Karawanserei *f*, Konak *m*, Chan *m*
kick leichte Ziegelauskehlung *f (als Mörtellager)*
kick plate *(SB)* Fußleiste *f (Geländer)*; Anschlagplatte *f*, Schutzplatte *f (Tür)*
kick rail Trittleiste *f*, Gegentretschiene *f (Tür)*
kick strip *(EB)* Trittleiste *f*; Stoßleiste *f (Tür)*
kicker 1. Schalungsfuß *m*; 2. Schub(verbindungs)holz *n*
kicker plate *(EB, Hb)* Treppenfußanker(holz)platte *f*
kicking piece Schwellenschubholz *n (zur Verstrebung)*; Verstrebungsfestholz *n*
kicking plate *s.* kick plate
kickout *(Konst)* Ausknickung *f (einer Strebe)*
kickpipe *(El)* Schutzrohr *n*
kid *(Wsb)* Faschinenbuhne *f*
kieselguhr *(BT)* Kieselgur *f*, Diatomeenerde *f*
kieselguhr brick Kieselgurziegel *m*
kieselguhr concrete *(BB)* Kieselgurbeton *m*
kieselguhr slab Kieselgurplatte *f*
kill *v (BM, Te)* totbrennen *(Kalk, Ziegel)*
killas Tonschiefer *m (in Cornwall, England)*
killed steel *(St)* beruhigter Stahl *m*
killing substance *(Umw)* Vernichtungsmittel *n (gegen Schädlinge usw.)*
kiln Brennofen *m*; Darrofen *m*; Trockenkammer *f*
kiln-brick feuerfester Stein *m*, Ofenbaustein *m*
kiln brown stain *(Hb, Te)* braune Holzoberfläche *f* nach Ofentrocknung
kiln-dried künstlich getrocknet, ofengetrocknet
kiln drying künstliche Holztrocknung *f*, Kammertrocknung *f (von Bauholz)*
kiln drying of lumber [timber] *(Hb, Te)* Trockenraumtrocknung *f* von Bauholz
kiln insulation *(DIS)* Ofendämmung *f*
kiln-run unsortierte Ofenbrennprodukte *npl*
kiln scum *(Te)* Ofenschaum *m*
kiln white weißer Überzug *m* auf Brennprodukten
kilned gebrannt
kilning *(Hb, Te)* Holztrocknung *f (Ofentrocknung)*
kilometre post *(Verk)* Kilometerstein *m*, Kilometerpfosten *m*
kind of surface Oberflächenart *f*, Oberflächenbeschaffenheit *f*
kind of test Prüfmethode *f*
kindergarten *(Arch)* Kindergarten *m*
kinematic *(Stat)* kinematisch
kinematic chain *(Stat)* kinematische Kette *f*
kinematic indeterminacy *(Stat)* kinematische Unbestimmtheit *f*
kinematic similarity *(Stat)* kinematische Ähnlichkeit *f*
kinematic theorem *(Stat)* kinematischer Satz *m*
kinematic theory of framework *(Stat)* kinematische Fachwerktheorie *f*
kinematic viscosity *(BM)* kinematische Viskosität *f*
kinematically determinate *(Stat)* kinematisch bestimmt
kinematically determinate truss *(Stat)* kinematisch bestimmtes Fachwerk *n*, stabiles Fachwerk *n*
kinematically indeterminate structure *(Stat)* kinematisch unbestimmtes Bauwerk *n*
kinematically overdefined [overdetermined] truss *(Stat)* kinematisch überbestimmtes Fachwerk *n*
kinematically underdefined [underdetermined] truss *(Stat)* kinematisch unterbestimmtes Fachwerk *n*
kinematically unstable truss *(Stat)* kinematisch unbestimmtes Fachwerk *n*, labiles Fachwerk *n*
kinematics *(Stat)* Kinematik *f*
kinetic coefficient of friction *(Verk)* Gleitreibungsbeiwert *m*, Reibungskoeffizient *m* der Bewegung
kinetic energy kinetische Energie *f*
kinetic friction *(Konst, Verk)* Bewegungsreibung *f*
kinetics Kinetik *f*
king bolt *(Hb)* Mittelzapfen *m*, Hänge(werkstrag)zapfen *m (Dachstuhl)*
king closer Dreiviertelziegel *m*; Ziegel *m* mit einer abgeplatteten Ecke
king pin *(Hb)* Königszapfen *m*, Mittelzapfen *m*
king post 1. *(Hb)* Firstpfosten *m*; Hängesäule *f*; 2. *(Hb, Konst)* einfach stehender Dachstuhl *m*
king-post truss einfaches Hängebalkenwerk *n*, einfacher Hängebock *m*
king-post truss bridge *(Br)* Hängewerkbrücke *f*
king rod *s.* king bolt
king valve *(HLK)* Hauptventil *n*
kink *(Konst, Stat)* Knick *m*, Abknickung *f (in Draht)*; Biegung *f*, Knickung *f*
kinked plate *(Konst, Stat)* geknickte Platte *f*
kinky *(BT, OB)* faltig; wellig
kiosk Kiosk *m*, Verkaufsstand *m*; Telefonzelle *f*; Pavillon *m*
kip *(AE)* Kilopond *n (453,59 kp)*
kiss mark *(AE)* Ziegelbrennmuster *n*
kit *(EB)* Ausstattung *f*, Ausrüstung *f*; Bausatz *m*
kitchen *(EB, Konst)* Küche *f*
kitchen cabinet *(EB)* Küchenschrank *m*

K

kitchen combination fixture Küchenspül- und Waschkombinationsteil *n*
kitchen-cum-livingroom *(Konst)* Wohnküche *f*
kitchen cupboard *(EB)* Küchenschrank *m*
kitchen fitments Kücheneinbaumöbel *npl*; Küchenausstattung *f*
kitchen fittings *(EB)* Küchenausstattung *f*
kitchen floor Küchenetage *f*, Küchenstockwerk *n*
kitchen furniture Küchenmöbel *n*
kitchen garden Gemüsegarten *m*, Küchengarten *m*
kitchen installation *(EB, El, San)* Kücheninstallation *f*, Kücheneinrichtung *f*
kitchen oven [range] Küchenherd *m*
kitchen sink *(San)* Spülbecken *n*, Spüle *f*
kitchen system *(EB, El, San)* Kücheneinrichtung *f*, Kücheninstallation *f*, Küchenanlage *f*
kitchen waste *(Umw)* Küchenmüll *m*
kitchenette Kochnische *f*; Kleinküche *f*; Teeküche *f*
kite winder dreieckige verzogene Stufe *f*, Wendelstufe *f*
Kleine floor *s.* Kleine's ceiling
Kleine's ceiling *(TK)* Kleine'sche Decke *f*, Stahlsteindecke *f*
klinker (brick) *(BM, BT)* Klinker(stein) *m*, Klinkerziegel *m*
kloof *(Bod)* tiefe Schlucht *f*
knacky *(VR)* geschickt
knag *(BM, Hb)* Astknoten *m*, Knoten *m*
knap *v (SB, Te)* spalten *(Stein)*
knapped *(SB)* gespalten *(Stein)*
knapped flint gespaltener Flintstein *m (für Sichtflächen)*
knapping hammer Spalthammer *m (Stein)*
knead *v (Te)* kneten
kneadable *(BM)* knetfähig, knetbar
kneading compaction *(Te)* Knetverdichtung *f*
kneading compactor *(Te)* Knetverdichter *m*
kneading test *(BM)* Knettest *m*
knee 1. Knie(stück) *n (Rohr)*; Winkelstück *n (z. B. bei Rohren)*; 2. *(Hb)* Knieholz *n*; gebogenes Holz *n*
knee brace 1. *(Hb)* Kopfband *n*; 2. *(BT, Konst)* Winkellasche *f*; Winkelaussteifung *f*, Eckverstrebung *f*
knee bracket plate *(Konst)* Knoten(punkt)verbindung *f (in einem Fachwerk)*
knee piece 1. *s.* knee rafter; 2. *(Hb)* Winkelholz *n (Dach)*
knee pipe Kniestück *n (Rohr)*
knee rafter *(Hb)* Sparren *m* mit nach innen gebogenem Fußende, Dachschifter *m*
knee roof *(Konst)* Mansardendach *n*, Walmmansardendach *n*
knee timber *(Hb)* Knieholz *n*
knee wall Sparrenstützwand *f*
kneed gekröpft; rechtwinklig
kneeler *(Konst, SB)* Giebelfußstein *m (dreieckförmig)*
kneeling figure *(Arch)* Beterstandbild *n*
kneestone *(Konst, SB)* Giebelfußstein *m (dreieckförmig)*
kneewood gebogenes Holz *n*
knife Messer *n*; Schälmesser *n (Furnier)*
knife application *(Te)* Auftragen *n* mit Messer, Messerauftrag *m*
knife-cut gemessert *(Furnier)*
knife-cut veneer *(Hb)* Messerfurnier *n*
knife-edge filling Spachtelziehen *n (zum Unebenheitsausgleich von Oberflächen)*
knife-edge load(ing) *(Stat)* Linienlast *f*, Streckenlast *f*
knife filling Spachtelziehen *n (zum Unebenheitsausgleich von Oberflächen)*
knife veneer Messerfurnier *n*
knifing *(OB, Te)* Aufspachteln *n*, Aufziehen *n*
knifing filler Ziehspachtelmasse *f*, Messerspachtelmasse *f*
knitting layer Verbundschicht *f*, Verbundlage *f (Zement)*
knob 1. *(EB)* Tür(dreh)knopf *m*, Drehknopf *m*, Drehknauf *m*, Kugelgriff *m*; 2. *(Bod)* Höcker *m*, Anhöhe *f*
knob bolt Kugelbolzenrastschloss *n*
knob (door) fitting *(EB)* Knopfbeschlag *m*
knob lock Türschloss *n* mit Springbolzen und Knöpfen
knob rose *(Hb)* Knopfbolzenhalteplatte *f*
knob top Kugelgriff *m*
knobbing *(SB, Te)* Rohbearbeitung *f (Naturstein, Werkstein)*
knobboss Zapfenknauf *m*, Knauf *m*
knobby knotig
knoblike buckelförmig
knock *v* klopfen
knock *v* **down** *(RS, Te)* abreißen; demontieren, zerlegen
knock *v* **in** *(Te)* einschlagen
knock *v* **into** *(Te)* hineinschlagen in
knock *v* **through** *(Te)* durchschlagen *(z. B. Nägel)*
knock-out *(El)* entfernbare Abdeckung *f (Anschlussdose)*
knocked-down *(Konst, Te)* vorgefertigt und nicht fertig montiert, in Einzelteilen vorgefertigt; zerlegt
knocked-down (door)frame vorgefertigter Türrahmen *m* in drei oder mehr Einzelteilen
knocker *(EB)* Türklopfer *m*, Klopfer *m*
knockings abgeschlagener Steinsplitt *m*, Steinklein *n*
knoll *(Bod)* Erdhügel *m*, Kuppe *f*
knot 1. Ast *m*, Knorren *m*; Knoten *m (im Holz)*; 2. knotige Oberfläche *f*; 3. Schlussstein *m*, kleiner Gewölbeschlussstein *m*
knot brush Knotenpinsel *m*
knot-cluster Astbündel *n*, Knorrenbüschel *n (Holz)*
knot garden *(LB)* Kleinziergarten *m* mit enger Holzgruppenpflanzung *(meist stark beschnitten)*
knothole Astloch *n*
knotless astlos, astfrei
knotted knorrig, knotig
knotted pillar *(Arch, TK)* Säule *f* mit Knotenornament, verknotete Säule *f*
knotted schist *(Bod)* Knotenschiefer *m*
knotten sandstone Knottensandstein *m*
knotting *(AE) (Hb)* Spachtelmasse *f (für Holz)*
knotty knotig
knotty dolomite Knottendolomit *m*
knotty pine Knorrmusterholz *n* der Fichte
knotty surface knotige Oberfläche *f*
knotwork *(Arch)* Knotenornament *n*, Knotenverzierung *f*
knuckle 1. *(EB)* Scharniergelenk *n*; Fensterhaspen *m*; 2. *(St)* Sicke *f*
knuckle bend 1. *(Verk)* Krümmung *f* mit engem Radius; 2. *(San)* Anschlusswinkel *m*
knuckle joint 1. *(Konst)* Gabelgelenk *n*; 2. *(Hb)* Kniegelenk *n*
knulling *s.* knurling
knur(l) Knorren *m*, Knoten *m (im Holz)*
knurling 1. *(OB)* Riffelmuster *n (gerillte Fläche)*; Riffelung *f*; Kordelrand *m*; konvex gerundete Zierkante *f* mit leicht hervorstehenden und unterbrochenen Elementen; 2. *(OB)* Riffeln *n*; Rändeln *n*
korina *(BM)* Korinaholz *n*
korina wood *(BM)* Limbaholz *n (westafrikanischer Baum)*
kraft board [paper] schweres getränktes Baupapier *n*, Isolierpapier *n (als Absperrmittel)*; Hartpapier *n*, Kraftpapier *n*
Kühl cement Kühlzement *m*
kyanize *v (OB)* kyanisieren *(Holz konservieren durch Tränken mit Quecksilberchloridlösung)*

L

L-beam *(TK)* L-Träger *m*, L-Balken *m*, Winkelträger *m*
L-iron *(St)* Winkelstahl *m*, L-Eisen *n*, Winkeleisen *n*
LA-value *(BM, Verk)* Los Angeles Abriebwert *m*
lab *s.* laboratory
label *v* etikettieren, mit Aufkleber versehen
label 1. *(VR)* Marke *f*, Markierung *f*; 2. *(Arch, BT)* Wasserschenkel *m (rechtwinklig, aus Stein oder Ziegel)*; Kranzleiste *f*, Kappgesims *n (Ornament über einer Tür oder einem Fenster)*; 3. *(Arch)* Spruchband *n*, Schriftband *n*; 4. *(Arch)* Türportal *n (Gotik)*
label moulding 1. *(Arch)* Spruchband *n*; 2. *(Arch)* Türportal *n (Gotik)*
label stop *(SB)* Fußstein *m* eines Rinngewölbes, Türgewölbeanfangsstein *m (verziert)*
labelled *(BT, VR)* gekennzeichnet, markiert
labelled door gütegekennzeichnete Feuerschutztür *f*
labelled window Qualitätsfenster *n* mit garantiertem Feuerwiderstand
labelling *(VR)* Markierung *f*, Kennzeichnung *f*, Etikettierung *f*
labile *(Konst, Stat)* labil, instabil, unstabil
lability *(Stat)* Labilität *f*, Instabilität *f*
lability coefficient *(Stat)* Labilitätszahl *f*
lability due to sliding Labilität *f* durch Gleiten
lability effect Labilitätswirkung *f*
laboratory *(BM)* Labor(atorium) *n*
laboratory accreditation *(VR)* Akkreditierung *f* eines Prüflabors, amtliche Prüflaboranerkennung *f*
laboratory assessment *(VR)* Prüflaborbegutachtung *f*, Begutachtung *f* eines Prüflabors
laboratory bench tile Labortischfliese *f*
laboratory compaction test *(Erdb)* Standardverdichtungsversuch *m*, Proctor-Test *m*, Proctor-Verdichtungsversuch *m*
laboratory examination *(BM)* Laboruntersuchung *f*
laboratory fume hood *(HLK, Umw)* Laborabzug *m*
laboratory investigation *(BM)* Laboruntersuchung *f*
laboratory measurement Labormessung *f*
laboratory mixer Labormischer *m*
laboratory result *(VR)* Laborresultat *n*
laboratory sample *(BM)* Laborprobe *f*
laboratory test Laborversuch *m*, Kleinversuch *m*
labour and material payment bond *(VR)* Bürgschaft *f* des Auftragnehmers zur Zahlung von Arbeitsleistungen und Baumaterial
labour charges *(VR)* Arbeitskosten *pl*
labour-consuming *(Te)* arbeitsaufwendig *(Handarbeit)*
labour-consuming trades *(Te)* arbeitsaufwendige Gewerke *npl*
labour cost *(VR)* Lohnkosten *pl*
labour force Arbeitskräftezahl *f*, Belegschaft *f*
labour force on the site Baustellenbesetzung *f*
labour foreman Schachtmeister *m*, Polier *m*
labour-intensive *(Te)* arbeitsaufwendig *(Handarbeit)*
labour-safety regulations *(VR)* Arbeitsschutzanordnungen *fpl*
labourer Handlanger *m*
labyrinth *(Arch, LB)* Labyrinth *n*, Irrgarten *m*
labyrinth fret *(Arch)* Labyrinthornament *n*, Schnitzwerk *n* mit verschlungenen Formen
labyrinth path *(Arch, Konst)* Labyrinthgang *m*
labyrinth pattern *(Arch)* Labyrinthmuster *n*
labyrinth waterstop *(DIS, Konst)* Labyrinthfugenband *n*
lac Schellack *m*, Lack *m (pflanzlicher oder tierischer Herkunft)*
lace Litze *f*
laced column *(Konst, TK)* Verbundstütze *f*, Verbundsäule *f (durch Umschnürung)*
laced member Gitterstab *m*
laced valley *(Konst)* eingebundene Kehle *f (Dach)*
lacework *(Arch)* Posamentierarbeit *f*, Netzwerk *n*
lacing 1. *(Konst)* Verlängerungsverbindung *f (Träger)*; 2. *(Konst)* Vergitterung *f*; Diagonalen *fpl (der Vergitterung)*; Unterstützungsstütze *f*; 3. *(Konst)* Verteilung *f (z. B. von Bewehrung)*; 4. *(BT)* Fugendeckleisten *fpl*; 5. *s.* lacing course
lacing board *(BT)* Kabelformbrett *n*
lacing bond *(Hb)* Schränkverband *m*, Verschränkung *f*
lacing course *(SB)* Ziegelverbindungsschicht *f*
lacing wire Versteifungsdraht *m*
lack *v* benötigen, fehlen
lack *(VR)* Fehler *m*, Mangel *m*
lack of adhesion *(OB)* mangelnde Haftfestigkeit *f (Anstriche)*
lack of maintenance *(RS)* Unterhaltungsmangel *m*; Unterhaltungsdefizit *n*
lack of moisture *(BM, Te)* Feuchtigkeitsmangel *m*
lack of room [space] *(Konst)* Platzmangel *m*; Raummangel *m*
lack of style *(Arch)* Stillosigkeit *f*
lack of uniformity *(Arch)* Ungleichmäßigkeit *f (architektonischer Formen)*
lack of water *(Umw, Wsb, WVA)* Wassermangel *m*
lacklustre *(OB)* matt *(Anstrich)*
laconicum *(Arch)* römischer Schwitzraum *m*
lacquer *v (OB, Te)* lackieren *(mit physikalisch trocknendem Lack)*
lacquer *(OB)* Lack *m*, Lackfarbe *f (physikalisch trocknend)*
lacquer coat(ing) Lackanstrich *m*
lacquer curtain coating Lackgießen *n*; Gießlackieren *n*, Lackgießverfahren *n*
lacquer droplet Lacktröpfchen *n*
lacquer enamel Farblack *m*, pigmentierter Lack *m*
lacquer film *(OB)* Lackfilm *m*
lacquer finish *(OB)* Lackierung *f*, Farblacküberzug *m*
lacquer for building construction purposes Bautenlackfarbe *f*
lacquer-grade resin Lackharz *n*
lacquer remover Lackentferner *m*
lacquer resin Lackharz *n*
lacquer solution Lackfarbenlösung *f*
lacquer thinner Lackverdünnungsmittel *n*, Nitroverdünner *m*
lacquer vehicle Lackbindemittel *n*
lacquerer Lackierer *m*
lacquering *(OB)* Lackierung *f*, Lackieren *n (mit physikalisch trocknendem Lack)*
lacunar 1. *(Arch)* Kassettendecke *f*; 2. *(Arch)* Kassette *f*, vertieftes Feld *n*, Lacunarie *f (einer Kassettendecke)*
lacustrine *(Bod, Umw)* lakustrisch
lacustrine clay *(BM)* Seeton
lacustrine deposit Seesediment *n*, Süßwasserablagerung *f*
lacustrine dwellings *(Arch)* Pfahlbauten *mpl*
lacustrine gravel Seekies *m*
lacustrine limestone *(BM)* Muschelkalk *m*; Süßwasserkalk *m*
lacustrine water *(Bod, OB)* Seewasser *n*
ladder Leiter *f*, Steigeleiter *f*
ladder access Leiter(auf)gang *m*
ladder beam *(BT)* Leiterbaum *m*, Holm *m*
ladder core *(DIS, EB)* Zellendämmkern *m (Tür)*
ladder dredge(r) *(BWG)* Eimerkettenbagger *m*
ladder hook *(San)* Leiterhaken *m (Dach)*
ladder jack scaffold *(Te)* Leitergerüst *n*

ladder lode Leitergang *m*
ladder scaffold(ing) *(Te)* Leitergerüst *n*
ladder step Leitersprosse *f*; Treppenstufe *f (einer Trittleiter)*
ladder stringer Längsträger *m*
ladder trencher *(BWG)* Eimerkettengrabenbagger *m*
ladder well *(WVA)* Entwässerungsschacht *m*
lade *(Erdb, LB, WVA)* Wassergraben *m*, Graben *m*
laden belastet, behaftet
Ladies *(AE) (Konst, San)* Damentoilette *f*
ladies' changing room *(Konst)* Damenumkleideraum *m*, Frauenumkleideraum *m*
ladies' room *(AE) (Konst)* Damentoilette *f*
ladies' toilet *(Konst, San)* Damentoilette *f*
ladle *(BM, BWG, Te)* Gießlöffel *m*, Mörtellöffel *m*
ladle clay *(BM)* Gießton *m*
Lady Chapel *(Arch)* Marienkapelle *f*, Scheitelkapelle *f*
lag *v (DIS)* mit Dämmstoff isolieren, verkleiden, ummanteln *(mit Dämmstoffen)*; verschalen
lag 1. *(DIS)* Verkleidung *f (mit Dämmstoffen)*; 2. leichte Latte *f*; 3. *(Verk)* Verzögerung *f*, Zeitlücke *f*; Zeitverschiebung *f*
lag bolt [screw] *(BT)* Ankerschraube *f*, Ankerbolzen *m (mit quadratischem Kopf)*; Fundamentschraube *f (mit quadratischem Kopf)*
lagged *(DIS)* verkleidet, ummantelt; mit Dämmstoff belegt
lagged pipe *(BT, DIS)* wärmeisoliertes Rohr *n*
lagging 1. *(DIS)* Dämmung *f*, Isolierung *f* mit Dämmstoffen, Wärmedämmung *f*, Wärmeschutzverkleidung *f (für Rohrleitungen)*; 2. *(Te)* Lehrgerüstschalung *f* eines Bogens; 3. *(Tun)* Verschalung *f*, Verzug *m (Ausbau)*; 4. *(Bod, Erdb)* Baugrubensicherung *f*
lagging of centring *s.* lagging 2.
lagging of pipes *s.* lagging 1.
lagging section *(BT, DIS)* Dämmschale *f*, Schalenelement *n (für Rohrisolierung)*
laid-dry *(BM)* trockenverlegt, trockengemauert
laid in ducts *(El)* schutzrohrverlegt *(Kabel)*
laid-on moulding *(Arch)* aufgesetzte Verzierung *f*
laid-on stop Anschlag *m*, Absatz *m*
laid road *(Verk)* Straße *f* mit Unterbau
laid to falls *(Konst, Te)* mit Gefälle verlegt
laitance Zementschlämme(schicht) *f*; Zementmilch *f*, Zementschlempe *f*
lake 1. *(OB)* organisches Pigment *n*; 2. *(Bod)* See *m*, Binnensee *m*
lake asphalt *(BM)* Seeasphalt *m*, Naturasphalt *m*
lake deposit *(Bod)* Seeablagerung *f*
lake district *(Bod, RP)* Seengebiet *n*
lake-dwellings *(Arch)* Pfahlbauten *mpl*
lake dye *(OB)* Lackfarbe *f (Farbstoff)*
lake filling *(Bod, Umw)* Seeverlandung *f*
lake pigment Lackfarbe *f (Farbstoff)*
lake pitch *s.* lake asphalt
lake sand *(BM)* Seesand *m*
lake shore *(Bod, RP)* Seeufer *n*
lake-village *(Arch)* Pfahldorf *n*
lamb's-tongue (of a handrail) zungenförmiges Handlaufende *n*
lamella 1. Blättchen *n*, Lamelle *f*, Schicht *f*; 2. Lamellenelement *n* eines Gewölbes
lamella cupola Lamellenkuppel *f*
lamella dome *(Konst)* Lamellenkuppel *f*
lamella met *(BM, DIS)* Steinwollmatte *f*
lamella roof Lamellenfaltdach *n*
lamella system Lamellensystem *n*
lamellar lamellar, lamellenartig, blättrig, blättchenförmig, streifenförmig, geschichtet
lamellar corrosion *(OB)* Schichtkorrosion *f*, schichtförmige Korrosion *f*
lamellar structure *(BM)* lamellare Struktur *f*, Lamellenstruktur *f (Baustoffe)*
lamelliferous blätterartig
lamelliform blättchenartig
lamellous *(BM)* plättchenförmig, blättchenförmig
lamina Furnierblatt *n*, dünne Holzlage *f*
lamina flow *(Wsb)* laminare Strömung *f*
laminate *v* 1. *(OB)* laminieren, beschichten; schichtpressen; 2. *(OB)* kaschieren
laminate Schicht(press)stoff *m*; Schichtplatte *f*; Verbundmaterial *n*; geschichteter Werkstoff *m*
laminated 1. mehrlagig, mehrschichtig, geschichtet *(in Platten, z. B. Holz, Glas, Gips)*; 2. blättrig; 3. kaschiert
laminated arch *(Hb)* laminierter Holzbogen *m*
laminated article Schichtstoffartikel *m*, Schichtstofferzeugnis *n*, Schichtstoffgegenstand *m*
laminated basalt *(BM)* Plattenbasalt *m*
laminated beam *(BT, Hb)* schichtverleimter Holzträger *m*, Brettschichtholzträger *m*
laminated board Schichtstoffplattenelement *n*, Mehrschichtenplatte *f*, Schichtplatte *f*; Tischlerplatte *f*
laminated curved beam gebogener Schichtholzbalken *m*
laminated fiber wallboard *(AE) (BT)* Schichtenwandfaserplatte *f*
laminated formwork board *(BT)* Mehrschicht(en)-schalplatte *f*
laminated glass *(BM)* Verbundglas *n*, Schichtglas *n*, Mehrschichtenglas *n*, Sicherheitsglas *n (EN 14449, EN ISO 12543-2)*
laminated insulating board *(BT, DIS)* Mehrschicht(en)-dämmplatte *f*
laminated insulating glass *(BT, DIS)* Mehrscheibenisolierglas *n*
laminated insulating glazing *(DIS, Konst)* Mehrscheibenisolierverglasung *f*
laminated insulation-grade board *(BT, DIS)* Mehrschicht(en)dämmplatte *f*
laminated joint *(Hb)* Kammverbindung *f*
laminated light(weight) building slab Mehrschicht(en)-leichtbauplatte *f*
laminated limestone *(BM, Bod)* Plattenkalk *m*
laminated lumber *(AE)* Schichtholz *n*, Brettschichtholz *n*
laminated material Schicht(press)stoff *m*, geschichteter Werkstoff *m*
laminated paper Hartpapier *n*
laminated plastic Schichtpress(kunst)stoff *m*
laminated plastic board *(BT)* Schichtpressstoffplatte *f*
laminated polyvinyl chloride covering *(Konst)* Polyvinylchloridmehrschicht(en)belag *m*
laminated product Schichtstoffartikel *m*, Schichtstofferzeugnis *n*
laminated PVC covering *(Konst)* Mehrschicht(en)-PVC--Belag *m*, PVC-Mehrschicht(en)belag *m*
laminated rafter *(Hb)* Lamellensparren *m*, Brettschichtholzsparren *m*
laminated rubber bearing *(Br, TK)* Elastomerschichtlager *n (Brücke)*
laminated safety glass *(BM)* Sicherheitsverbundglas *n*, Verbundsicherheitsglas *n (VS-Glas, EN 14449, EN ISO 12543-2)*
laminated sheet Schichtplatte *f*
laminated soil *(Bod)* Bändererdstoff *m*, laminierter Boden *m*
laminated structure *(BM, BT)* schichtartige Struktur *f*, Schichtenstruktur *f*
laminated system mehrlagige Konstruktion *f*, mehrschichtige Konstruktion *f*
laminated timber *(Hb)* Schichtholz *n*, (schicht)verleimtes Holz *n*

laminated timber construction *(Hb)* Leimholzkonstruktion *f*
laminated timber girder *(Hb)* Schichtholzträger *m*, Brettschichtholzträger *m*
laminated timber rafter *(Hb)* Lamellensparren *m*, Brettschichtholzsparren *m*
laminated topping *(OB)* Mehrschichtenüberzug *m*
laminated wall component [panel] *(BT, Konst)* Mehrschichtenwandelement *n*
laminated wire glass Drahtverbundglas *n*
laminated wood *(BM, Hb)* Schichtholz *n*, verleimtes Holz *n*, Brettschichtholz *n*
laminating *(Hb, Te)* Schichtverleimen *n*; Abschälen *n*; Kaschieren *n*
laminating composition Kaschiermasse *f*
laminating film *(BM)* Schichtfolie *f*
laminating sheeting *(BM)* Schichtfolie *f*
lamination 1. *(BM, OB)* Schicht(ung) *f*; Schichtenbildung *f*; Blättrigkeit *f*; Lamellargefüge *n*; Lamination *f*; 2. *(OB)* Kaschierung *f*; 3. *(Konst)* Doppelung *f*
lamp *v (BM)* mit UV-Lampe untersuchen *(Erdstoffe, Gestein)*
lamp *(El)* Lampe *f*, Leuchtmittel *n*
lamp base *s.* lamp cap
lamp-black *(OB)* Ruß *m (Pigment)*
lamp bowl *(El)* Leuchtenschale *f*
lamp bracket Lampenhalter *m*, Lampenträger *m*
lamp bulb Lampenkolben *m*
lamp cap Leuchtenfuß *m*, Lampensockel *m*
lamp compartment Lampenraum *m*
lamp cord *(AE) (El)* Anschlussschnur *f*, Geräteschnur *f*
lamp depreciation Leuchtkraftschwund *m (Glühlampe)*
lamp dimmer Lichtregler *m*
lamp for traffic signals *(Verk)* Verkehrsampelleuchtmittel *n*, Leuchtmittel *n* für Lichtzeichenanlagen
lamp globe Leuchtenglocke *f*, Lampenglocke *f*
lamp holder Lampenfassung *f*, Fassung *f*
lamp hood Leuchtenschirm *m*, Lampenschirm *m*
lamp jacket äußerer Lampenkolben *m*
lamp pole [post] *(BT, El)* Beleuchtungsmast *m*, Lichtmast *m*, Leuchtenmast *m*, Lampenmast *m*, Laternenpfahl *m*
lamp shade *s.* lampshade
lamp socket Lampenfassung *f*
lamp spectrum *(El)* Lampenspektrum *n*
lamp voltage *(El)* Leuchtmittelspannung *f*, Glühbirnenspannung *f*
lamphole *(RS)* Lichtschacht *m*, Inspektionsschacht *m*
lamprophyre *(BM, Bod)* Lamprophyr *m*
lamproschist *(BM)* metamorpher Lamprophyr *m*
lampshade Leuchtenschirm *m*, Lampenschirm *m*
lanai *(Arch)* halboffener Wohnraum *m (verandaartiger Wohnraum auf Hawaii)*
lance-shaped lanzenförmig
lancet *s.* lancet window
lancet arch *(Arch)* Lanzettbogen *m*, (überhöhter) Spitzbogen *m*
lancet window *(Arch, Konst)* Spitzbogenfenster *n*
lanceted *(Arch)* mit überhöhtem Spitzbogen
lanciform lanzenförmig
land 1. *(Bod)* Festland *n*, Land *n*; Boden *m*, Acker *m*; Gelände *n*, Grund *m (Baugelände)*; 2. *(Konst)* tragende Fläche *f (einer Nut)*; 3. *(Bod)* Heide *f*, Marschheide *f*
land acquisition *(VR)* Grunderwerb *m*
land agent *(VR)* Grundstücksmakler *m*
land amelioration *(Erdb, LB)* Bodenmelioration *f*
land asphalt minderwertiger Asphalt *m*, Landasphalt *m (Trinidad)*
land availability *(RP, VR)* Landverfügbarkeit *f*, Grundstücksverfügbarkeit *f*
land bank *(VR)* Bodenkreditanstalt *f*
land boundary *(Verm)* Grundstücksgrenze *f*
land burial *(Umw)* Vergraben *n (von Müll)*
land chain *(Verm)* Messkette *f*
land clearing *(Te, Umw)* Baustellensäuberung *f*; Flächenberäumung *f*
land conservation *(RP, Umw)* Landespflege *f*
land consolidation *(RP, VR)* Flurbereinigung *f*
land degradation *(Umw, VR)* Devastierung *f*
land development *(RP, Te)* Erschließung *f* von Baugelände
land development fees *(VR)* Erschließungskosten *pl*
land disturbance *(Umw, VR)* Devastierung *f*
land drain *(Erdb, LB)* Dränleitung *f*
land drainage *(Erdb, LB)* Landentwässerung *f*
land evaluation *(VR)* Bodenbewertung *f*
land for housing construction *(RP)* Wohnbauland *n*
land holder 1. *(VR)* Grundbesitzer *m*, Grundeigentümer *m*, Landeigentümer *m (s. a. land proprietor)*; 2. *(VR) (AE)* Grund(stücks)pächter *m*
land holding *(RP, VR)* Liegenschaft *f*
land hydrology *(Bod, Umw)* Gewässerkunde *f*
land improvement *(Erdb, LB)* Bodenmelioration *f*
land jobber *(VR)* Grundstücksspekulant *m*
land law *(VR)* Grundstücksrecht *n*
land leveller *(Verk)* Nivelliergerät *n*
land levelling *(Erdb)* Geländeplanierung *f*
land line *(El)* Überlandleitung *f*
land management *(VR)* Grundstücksmanagement *n*
land mark *s.* landmark
land office *(VR)* Grundbuchamt *n (s. a. land registry)*
land ownership *(VR)* Grundbesitz *m*, Grundeigentum *n*
land parcel *(RP, VR)* Parzelle *f*
land pier *(Verm)* Landpfeiler *m*
land pitch Landasphalt *m (Trinidad)*
land planning *(RP)* Baulandplanung *f*
land policy *(RP, VR)* Grundstückspolitik *f*
land pollutant *(Umw)* bodenverunreinigender Stoff *m*
land pollution *(Bod, Umw)* Bodenverunreinigung *f*
land potential *(Umw)* Landnutzungspotenzial *n*
land property *(VR)* Grundbesitz *m*, Landbesitz *m*, Grundeigentum *n*
land proprietor *(VR)* Grundbesitzer *m*, Landeigentümer *m*
land purchase *(VR)* Baulandbeschaffung *f*, Grunderwerb *m*
land reallocation *(RP, VR)* Landneuverteilung *f*
land reallotment *(RP, VR)* Baulandumlegung *f*
land reclamation *(Bod, Erdb, LB, RP)* Landwiedergewinnung *f*; Bodenmelioration *f*
land reform *(VR)* Bodenreform *f*
land register *(VR)* Kataster *m(n)*; Grundbuch *n*
land registry *(VR)* Grundbuchamt *n*
land registry entry *(VR)* Grundbucheintragung *f*
land registry search *(VR)* Grundbuchüberprüfung *f*
land reservation *(RP)* Landvorbehalt *m*, Vorbehaltsfläche *f*
land restoration *(RS, Umw)* Rekultivieren *n*, Rekultivierung *f*
land set aside for building *(RP, VR)* Bauerwartungsland *n (Baugesetz)*
land speculation *(VR)* Bodenspekulation *f*
land subsidence *(Bod)* Bodensetzung *f*
land survey *(Verm)* topographische Landaufnahme *f*, Terrainaufnahme *f*
land surveying *(Verm)* Landvermessung *f*, Terrainaufnahme *f*
land surveyor *(Verm)* Vermessungsingenieur *m*
land tax *(VR)* Grundsteuer *f*
land tie *(Erdb, Konst)* Erdanker *m*; Stützmaueranker *m*
land ties Pfahlwand *f*
land tile *(Erdb, LB)* perforiertes Tondränagerohr *n*
land treatment 1. *(WVA)* Abwasserlandbehandlung *f (Verrieseln)*; 2. *(LB)* Bodenbearbeitung *f*

land upheaval *(Bod)* Bodenhebung *f*
land uplift *(Bod, Erdb)* Bodenhebung *f*
land use *(LB)* Landnutzung *f*
land-use act *(VR)* Baunutzungsordnung *f*
land-use analysis *(RP)* Geländenutzungsanalyse *f*
land-use plan *(RP)* Flächennutzungsplan *m*
land-use planning *(RP)* Planung *f* der Bodennutzung; Flächennutzungsplanung *f*
land-use transportation survey *(RP)* Generalverkehrsübersicht *f*, Generalverkehrsplan *m*
land-use zoning *s.* land consolidation
land valuation survey *(RS)* Grundstückswertermittlung *f*
land value *(Bod, RS)* Bodenwert *m*
land wash *(Umw, Wsb)* Flutgrenze *f*
land water *(Erdb, Wsb, WVA)* Oberflächenwasser *n*
land with access to all services *(RP, VR)* erschlossenes Grundstück *n*, (voll) erschlossenes Bauland *n*
landfall *(Bod, Erdb)* Erdrutsch *m*; Erdfall *m*
landfill *(Umw)* Deponie *f*, Mülldeponie *f*; Kippe *f*; Ablagerung *f*; Auffülle *f*
landfill cell *(Wsb)* Kassette *f*, Polder *m*
landfill compactor *(BWG, Umw)* Kompaktor *m*, Müllverdichter *m*, Verdichtungsanlage *f*, Kompaktor *m*
landfill design *(Umw)* Deponietyp *m*
landfill lining *(Umw)* Deponieabdichtung *f*
landfill site *(Umw)* Deponiestandort *m*
landfill type *(Umw)* Deponietyp *m*
landfilling geordnetes Ablagern *n*
landing Podest *n(m)*; Treppenabsatz *m*, Treppenpodest *n*
landing area *(Verk)* Landeplatz *m*
landing base Podestplatte *f*
landing bridge *(Verk)* Landungsbrücke *f*
landing depth Einbautiefe *f (Rohrverlegung)*
landing field *(Verk)* Flugfeld *n*, Rollbahn *f*; Landeplatz *m (für Flugzeuge)*
landing light *(Verk)* Landestreifenfeuer *n (Flugplatz)*
landing newel Treppenpodestpfosten *m*
landing opening *(Konst)* Aufzugöffnung *f*
landing path *(LB, Verk)* Einflugschneise *f*
landing pier *(Verk, Wsb)* Landungsbrücke *f*, Anlegebrücke *f*
landing place *(Verk, Wsb)* Schiffsanlegestelle *f*
landing runway *(Verk)* Start- und Landebahn *f*
landing stage *(Wsb)* Anlaufbrücke *f*, Landungsbrücke *f*; Schiffsanlegestelle *f*
landing strip *(Verk)* Start- und Landebahn *f*, Landeplatz *m*
landing switch *(El)* Treppenschalter *m (Treppenhausautomat)*
landing tread Podeststufenplatte *f*
landing trimmer *(Hb)* Podestwechselbalken *m*
landline *s.* land line
landlord *(VR)* Vermieter *m (Hauswirt)*; Hausbesitzer *m*
landmark 1. *(Arch, Umw)* Landschaftscharakterbauwerk *n*; charakteristisches Bauwerk *n*; 2. *(Verm)* Grenzstein *m*, Grenzmarkierung *f*, Landmarke *f*
landowner *(VR)* Grundeigentümer *m*
landreformer *(VR)* Bodenreformer *m*
landscape *v (LB)* eine Landschaft gestalten; landschaftlich gestalten
landscape *(Bod)* Landschaft *f*
landscape analysis *(Umw)* Landschaftsanalyse *f*, Umweltanalyse *f*
landscape architect *(Arch, LB)* Landschaftsarchitekt *m*, Landschaftsplaner *m*
landscape architecture *(Arch, LB)* Landschaftsarchitektur *f*, Landschaftsgestaltung *f*, Freiflächenplanung *f*
landscape conservancy *(LB)* Landschaftspflege *f*
landscape conservation *(LB, Umw)* Landschaftsschutz *m*, Landschaftspflege *f*; Landschaftserhaltung *f*; Umweltschutz *m*
landscape conservation support plan *(LB, RP, Umw)* landschaftspflegerischer Begleitplan *m*
landscape design 1. *s.* landscape architecture; 2. *(LB)* Landschaftsgestaltung *f*, Landgestaltung *f*
landscape ecology *(Umw)* Landschaftsökologie *f*
landscape garden *(LB)* Landschaftsgarten *m*
landscape gardener *(LB)* Landschaftsgärtner *m*
landscape gardening *(LB)* Landschaftsgartenbau *m*
landscape park Landschaftspark *m*
landscape permeability *(Umw)* Landschaftsdurchdringung *f*
landscape planning *(LB, RP)* Landschaftsplanung *f*, Landschaftsgestaltung *f*; Landschaftsarchitektur *f*
landscape preservation *(LB, RS)* Landschaftspflege *f*
landscape protection *(LB, Umw)* Landschaftsschutz *m*
landscape protection area *(Umw)* Landschaftsschutzgebiet *n*
landscape strip *(Verk)* Grünstreifen *m*, Rasentrennstreifen *m*
landscape study *(Umw)* Landschaftsstudie *f*, Umweltstudie *f*
landscape treatment *(Umw)* Landschaftsbearbeitung *f*
landscape work *(LB)* landschaftsgärtnerische Arbeiten *fpl*, Landschaftsbauarbeiten *fpl*, Landschaftsgestaltungsarbeiten *fpl*
landscaped area 1. *(RP)* Wohnlandschaft *f*; 2. *(LB, RP)* landschaftsgestaltetes Gebiet *n*
landscaped interior *s.* landscaped area 1.
landscaped office room *(Konst)* Großraumbüro *n*; Bürogroßraum *m*
landscaped terrace *(Konst)* Grünterrasse *f*
landscaped town *(RP)* Parkstadt *f*, Grünstadt *f*
landscaper *(LB)* Landschaftsgärtner *m*, Landschaftsgärtnerin *f*
landscaping *(LB, RP)* Freiflächenplanung *f*, Landschaftsgestaltung *f*
landscaping works *(LB)* Landschaftsbauarbeiten *fpl*, landschaftsgärtnerische Arbeiten *fpl*, Landschaftsgestaltungsarbeiten *fpl*
landslide *(Bod, Erdb)* Erdrutsch *m*, Bergrutsch *m*
landslip *(Bod, Erdb)* Erdrutsch *m*, Bergrutsch *m*
lane 1. *(Verk)* Gasse *f*; 2. *(Verk)* Fahrspur *f*, Fahrbahn *f*, Fahrstreifen *m*, Fahrbahnstreifen *m (Straße)*
lane arrow *(Verk)* Spurpfeil *m*
lane capacity *(Verk)* Fahrspurenkapazität *f*, Spurleistungsfähigkeit *f*
lane-changing *(Verk)* Spurwechsel *m*
lane closure *(Verk)* Sperrung *f* eines Fahrbahnstreifens, Fahrspuraufhebung *f*; Fahrbahnverengung *f*
lane closure fence *(Verk)* Fahrspursperrgitter *n*
lane control *(Verk)* Fahrstreifensignalregelung *f*
lane control signing *(Verk)* Fahrspursteuerungsbeschilderung *f*
lane delineation *(Verk)* Fahrspuranzeichnung *f*
lane designation *(Verk)* Fahrspurenkennzeichnung *f*
lane designation sign *(Verk)* Fahrstreifenschild *n*
lane divider *(Verk)* Fahrspurtrennstreifen *m*
lane division *(Verk)* Fahrstreifen(auf)teilung *f*
lane flow *(Verk)* Fahrstreifendurchflussmenge *f*
lane for opposing traffic flow *(Verk)* Gegenfahrbahn *f*
lane gain *(Verk)* Fahrspurzunahme *f*
lane indicator *(Verk)* horizontale Leiteinrichtung *f*
lane joint *(Konst, SB)* Längsfuge *f (Mauerwerk)*
lane keeping *(Verk)* Fahrspurbeibehaltung *f*
lane line *(Verk)* Fahrspurlinie *f*; Seitenlinie *f (Fahrbahnoberfläche)*
lane marker [marking] *(Verk)* Fahrbahnmarkierung *f*, Straßenmarkierung *f*

lane reduction *(Verk)* Spurreduzierung *f*, Spur(en)-verminderung *f*
lane rental *(Verk, VR)* Fahrstreifenverpachtung *f*
lane restriction *s.* lane use restriction
lane use restriction *(Verk, VR)* Fahrstreifennutzungsbeschränkung *f*
lane width *(Verk)* Fahrstreifenbreite *f*, Fahrspurbreite *f*
lantern 1. *(El)* Laterne *f*, Leuchte *f*, Lampe *f*; 2. *(Hb)* Dachaufsatz *m*, Haube *f*, Dachlaterne *f*
lantern girder *(El)* Laternenträger *m*
lantern light (roof) Dachreiter *m*, Laternendach *n*
lantern roof *(Konst)* Laternendach *n*
lantern tower *s.* lantern 2.
lap *v* 1. überlappen, umwickeln; 2. *(Hb)* überblatten; 3. überdecken *(Dachziegel)*; 4. feinschleifen, läppen
lap Überlappung *f*, Überdeckung *f*; Falte *f (Überlappung)*
lap cement Haftkleber *m*, Asphaltklebemasse *f*
lap dovetail verdeckter Schwalbenschwanz *m*
lap joint *(Konst)* Überlappungsverbindung *f*, Überlappungsstoß *m*, Überdeckungsstoß *m*, Überlappungsklebung *f*, Nahtüberlappung *f*, Nahtüberdeckung *f*; Laschenverbindung *f*
lap-joint riveting *(Konst, St, Te)* Überlappungsnietung *f*
lap-joint sheeting *(Hb)* Stülpwand *f*, Stülpverkleidung *f*
lap of reinforcement Bewehrungsüberlappung *f*, Bewehrungsüberschneidung *f*
lap pulp Zellstoffpappe *f*
lap-rivet *v (St, Te)* überlappt nieten
lap-riveted seam *(Konst, St)* überlappte Nietnaht *f*
lap scarf *(San)* Holzdachrinnenverbindung *f*
lap seam *(SB)* überlappte Metall(saum)verbindung *f*
lap siding *(AE) (BT, Hb)* Stülp(ver)schalbrett *n*; *(AE)* Schindel *f (Wandverkleidung)*; Stülpschalung *f*
lap splice Betonstahlüberlappungsverbindung *f*, verbundene Bewehrungsüberlappung *f*
lap tendons *(BB, BT, Konst)* überlappte Spannglieder *npl*
lap-time *(OB)* Anzugszeit *f*, Lacktrocknungszeit *f (Anstrich)*
lap-weld *v (St, Te)* überlappt schweißen
lap welding *(St, Te)* Überlappungsschweißen *n*
lap width Überdeckungsbreite *f (Dachziegel)*
lapillus Steinchen *n*
lapped connection *(Konst)* Stoßüberdeckung *f*, Stoßüberlappung *f*
lapped dovetail verdeckter Schwalbenschwanz *m*
lapped flange Losflansch *m (z. B. bei Ankerbolzen)*
lapped scarf *(Konst)* überlappte Verbindung *f*
lapped splice Überdeckungsstoß *m*
lapping 1. Überdeckung *f*, Überlappung *f (Bewehrungsstahl)*; 2. geschlagene Mennige *f*; 3. *(OB, Te)* Feinschleifen *n*, Läppen *n*
lapping abrasive Läppmittel *n*
lapping compound *(BM, OB)* Läppmittel *n*, Läppgemisch *n*
lapping wheel *(BWG, OB)* Läppscheibe *f*
lapse rate Temperaturgradient *m*, Temperaturgefälle *n*
laptop *(BWG, Stat)* Laptop *m*, Handcomputer *m*
laquear *s.* lacunar 2.
larch 1. *(LB)* Lärche *f*; 2. *(BM)* Lärchenholz *n*
larch shingle Lärchenschindel *f*
larch wood *(BM)* Lärchenholz *n*
lard stone *(BM, Bod)* Speckstein *m*, Steatit *m*
larder Speisekammer *f*
large groß, dick; weit; beträchtlich
large-batch production *(Te)* Großserienfertigung *f*
large block *(Arch, BM)* Großblock *m (1. Baustein; 2. Wohngebäude)*
large-block construction [method, system] *(Te)* Großblockbauweise *f*
large blockhouse *(Arch)* Großblock *m (Wohngebäude)*
large bored pile *(Erdb)* Großrohrpfahl *m*
large-bulk bunker Großraumbunker *m*
large-capacity garage Großgarage *f*
large-diameter hole *(Erdb)* Großbohrloch *n*
large exhaust shaft *(Tun)* Großentlüftungsschacht *m*, weiter Entlüftungskanal *m*
large format *(BM, SB)* Großformat *n*, Dickformat *n (Mauerstein)* • **of large format** großformatig
large format board großformatige Platte *f*, Großformatplatte *f*
large format sheet *s.* large format board
large-grained grobkörnig
large hole *(Erdb)* Großbohrloch *n*
large housing estate *(RP)* Großsiedlung *f*, Großflächensiedlungsanlage *f*
large in pieces großstückig
large knot Astknoten *m*, Astloch *n (> 38 mm)*
large panel Großplatte *f*, Platte *f*
large-panel building *(Arch)* Großplattenbau *m*
large-panel construction *(Te)* Großplattenbauweise *f*, Großtafelbauweise *f*, Plattenbauweise *f*, Plattenbau *m*
large-panel housing construction *(RP, Te)* Wohnungsbau *m* in Großplattenbauweise
large-panel method [system] *s.* large-panel construction
large-panel wall Großtafelwand *f*
large-panelled *(Te)* aus Großtafeln montiert
large-panelled structure *(BWG)* Großplattenbauwerk *n*, Großtafelbauwerk *n*
large paving sett Großpflasterstein *m*
large praying chamber *(Arch)* Gebetshalle *f*
large reservoir *(Wsb)* Großspeicher *m*
large rubble *(Erdb)* Bruchsteinschüttung *f*
large-scale project *(Arch, RP)* Großprojekt *n*
large-scale test(ing) Großversuch *m*, Prüfung *f* in großem Maßstab
large-scaled roof Großraumdach *n*
large sett Großpflasterstein *m*; Großpflaster *n*
large sett paving *(Verk)* Großpflasterdecke *f*
large-sized block construction *(Te)* Großblockbauweise *f*
large-sized brickblock Ziegelgroßblock *m*
large-sized panel Großplatte *f*, Großtafel *f*
large slab Großplatte *f*
large-span beam *(BT, TK)* Weitspannbalken *m*
large-span bearing system *(TK)* Weitspanntragwerk *n*
large-span floor slab *(BT, TK)* Weitspanndeckenplatte *f*
large-span precast concrete beam *(BT, TK)* Weitspannfertigbalken *m*, Weitspannfertigteil-Betonträger *m*
large-span rib Weitspannrippe *f*
large-span roof *(Konst, TK)* Weitspanndach *n*
large-span shell *(Konst, TK)* Weitspannschale *f*
large-span shell vault Weitspannschalengewölbe *n*
large-span truss(ed) girder roof *(TK)* Weitspannfachwerkbinderdach *n*
large stone Steinblock *m*
larger than life size *(Arch)* überlebensgroß
larmier 1. *(BT, Konst)* Gesimskante *f*, Gesimskranzecke *f*; Hängeplatte *f (Geison)*; 2. *(San)* horizontale Regenabtropfkante *f*
larnite *(BM)* Larnit *m*, Portlandzementmineral *n*
larry *v* **(up)** *(Te)* Kalk [Mörtel] mischen
larry 1. Mörtelmischspaten *m*; Weichmacherspaten *m*; 2. *(AE)* Gussmörtel *m*; 3. Weichmacher *m (für Beton)*
Larssen sheet pile *(BT, Erdb, St)* Larssenbohle *f*
laser beam levelling *(Verm)* Lasernivellierung *f*
laser distance measuring unit *(Verm)* Laser-Entfernungsmesser *m*
laser range finding *(Verm)* Laserentfernungsmessung *f*
laser ranging *(Verm)* Laserentfernungsmessung *f*

laser-scan *v (Verm)* mit Laserstrahl erfassen [abtasten] *(Bauvermessung)*
laser spirit level *(Verm)* Laser-Wasserwaage *f*
laser technology *(El, Verm)* Laser-Technik *f*
laser theodolite *(Verm)* Laser-Theodolit *m*
lash *v (Te)* rödeln, festbinden *(Bewehrung)*
lashing Lasche *f (Seilschlinge, z. B. beim Kran)*
lashing wire Rödeldraht *m*, Bindedraht *m (Bewehrung)*
last *v* aushalten, bestehen, halten
last coating of paint *(OB)* Fertiganstrich *m*
last step Auftrittsstufe *f*, Podeststufe *f*
lasting beständig, dauerhaft
lasting properties *(OB)* Beständigkeit *f*, Echtheit *f (Anstrich)*
lasting quality *(RS)* Haltbarkeit *f*, Bestand *m*
latch *v* 1. *(Hb)* einkerben; 2. einhaken, einklinken, zuklinken
latch *(EB)* Riegel *m*; Türriegel *m*; Klinke *f*; Türklinke *f*; Drücker *m (Schloss)*; Türdrücker *m*, Lasche *f*; Sperrhaken *m (Schloss)*; Schnapper *m*
latch bolt *(EB)* Fallriegel *m*
latch head Fallenkopf *m*
latch lever *(Hb)* Wechsel *m*
latch lock *(EB)* Schnappschloss *n*, Fallenschloss *n*
latch pin *(EB)* Raststift *m*
latch spring Fallenfeder *f*
latching Einrasten *n*, Verriegeln *n*
late Baroque *(Arch)* Spätbarock *m*
late geometrical *(Arch)* spätgeometrisch *(englisches Maßwerk)*
late Gothic *(Arch)* Spätgotik *f*
late-mediaeval *(Arch)* spätmittelalterlich
late-mediaeval architecture *(Arch)* spätmittelalterliche Architektur *f*, spätmittelalterliche Baukunst *f*
Late Modern Style *(Arch)* später Jugendstil *m*
late opus *(Arch)* Spätwerk *n*
Late Pointed Style *(Arch)* Spätphase *f* der englischen Gotik
Late Renaissance architecture *(Arch)* Spätrenaissancearchitektur *f*, Spätrenaissancebaukunst *f*
Late Roman *(Arch)* spätromanisch
Late Romanesque style *(Arch)* Spätromanik *f*
late strength *(BB)* Spätfestigkeit *f (Beton)*
latent *(BM, Konst, Te, VR)* versteckt, latent
latent defect *(RS, VR)* versteckter [verborgener] Mangel *m*
latent defect clause *(VR)* Vertragsklausel *f* über versteckte Mängel
latent heat *(BM, HLK)* latente Wärme *f*, gebundene Wärme *f*
latent heat of evaporation *(HLK)* Verdampfungswärme *f*
latent hydraulic binder *(BM)* latent hydraulisches Bindemittel *n*
latent solvent latentes Lösungsmittel *n*
latent stress *(Stat)* latente Spannung *f*
lateral seitlich, Seiten...; quer
lateral *(BT)* Abzweigstück *n*
lateral arch Seitenbogen *m*
lateral bracing *(Konst, Stat)* Windverband *m*
lateral buckling *(Konst)* Seitenausknickung *f*, seitliche Ausbiegung *f*
lateral canal *(Wsb)* Seitenkanal *m (Flussbau)*
lateral chapel *(Arch)* Seitenkapelle *f*
lateral check dam *(Wsb)* Nebensperrmauer *f*, Nebensperre *f*
lateral clearance lichter Seitenraum *m*
lateral colonnade *(Arch)* Seitenkolonnade *f*
lateral compression *(BM, BT)* Querzusammendrückung *f*
lateral confinement Seitengrenzen *fpl*
lateral contraction *(BM, BT)* Querkontraktion *f*
lateral dam *s.* lateral check dam
lateral deflection seitliches Ausweichen *n (Träger)*
lateral deformation *(BT)* seitliche Formänderung *f*, Querverformung *f*
lateral dimension Querabmessung *f*, Seitenabmessung *f*
lateral direction Querrichtung *f*
lateral distance *(Konst)* Seitenabstand *m*
lateral edge Seitenkante *f*
lateral entrance *(Konst)* Seiteneingang *m*
lateral escape *(BM, BT)* Verdrückung *f*
lateral expansion [extension] Querdehnung *f*, Ausbauchung *f*
lateral extent *(BM, EB)* seitliche Ausdehnung *f*
lateral façade *(Arch)* Seitenfassade *f*
lateral force *(Stat)* Querkraft *f*
lateral force component *(Stat)* Seitenkraftkomponente *f*
lateral force resistance *(Stat)* Querkrafttragfähigkeit *f*
lateral friction Querreibung *f*
lateral inclination *(Verk)* Querneigung *f*
lateral load 1. *(Stat)* Windlast *f*; 2. *(Stat)* Seitenschub *m*, seitliche Belastung *f*, Querlast *f*, Horizontalbelastung *f*; 3. Erdbebenbelastung *f*
lateral loading *(Stat)* Querbelastung *f*
lateral masonry wall *(Konst)* Seitenwand *f*, Stirnwand *f*
lateral moment *(Stat)* Quermoment *n*
lateral movement *(BT)* Seitenbewegung *f*
lateral pressure *(Stat)* Seitendruck *m*, Querdruck *m*
lateral rain penetration *(DIS)* Regendurchfeuchtung *f*
lateral reinforcement Querbewehrung *f*, Ringbewehrung *f*
lateral reinforcing structure *(Konst)* Seitenversteifung *f*
lateral restraint seitliche Halterung *f*, seitliche Einspannung *f*
lateral rigidity *(Konst, Stat)* Seitensteifigkeit *f*, Biegesteifheit *f*
lateral scroll *(Arch, EB, Konst)* Teil *m* eines Handlaufabschlusses *(gerollt)*
lateral section Querschnitt *m*, Profil *n*, Querprofil *n*
lateral sewer *(WVA)* Einspeisungsentwässerungsleitung *f*, Zweigabwasserleitung *f* zu einer Nebenleitung
lateral shift *(BT, Stat)* seitliche Verschiebung *f*
lateral shoving *(Stat)* Seitenschub *m*
lateral side *(Konst)* Seitenfläche *f*
lateral slide *(Bod)* Gleitflächenbruch *m*
lateral stability *(Konst, Stat)* seitliche Stabilität *f*, Seitenstabilität *f*, Seitenstandsicherheit *f*, Seitenstandfestigkeit *f*
lateral stiffness *(BT, Stat)* Knickfestigkeit *f*, Seitensteifigkeit *f*
lateral strain Seitendehnung *f*, Querdehnung *f*
lateral strength *(Stat)* Querbiegefestigkeit *f*
lateral support *(Konst, Stat)* horizontale Abstützung *f* [Versteifung *f*], Seitenabstützung *f*
lateral thrust *(Stat)* Seitenschub *m (Gewölbe)*
lateral torsional buckling *(Konst, Stat)* Biegedrillknicken *n*
lateral view *(Konst)* Seitenansicht *f*
lateral wall *(Konst)* Seitenwand *f*
lateral wind load *(Stat)* Seitenwindlast *f*
lateral wind pressure *(Stat)* Seitenwinddruck *m*
laterally loaded *(Stat)* mit Querbelastung, querbelastet
laterally movable *(Konst, Stat)* in Querrichtung beweglich
laterally restrained *(Konst)* seitlich festgehalten
laterally stable *(Konst)* seitlich stabil
laterite chips *(BM)* Lateritsplitt *m*
laterite gravel *(BM)* Lateritkies *m*
laterite road *(LB, Verk)* Lateritstraße *f*
latest event occurrence time *(Te, VR)* spätester Zwischentermin *m (Netzplan)*; spätester Gewerkabschluss *m*
latest finish date *(Te, VR)* spätester Baufertigstellungstermin *m (dem Projekt entsprechend)*
latest start date *(Te, VR)* späteste Baubeginnsaktivität *f (um das Projekt vertragsgerecht abzuschließen)*
latewood Spätholz *n*

L

latex *(BM)* Latex *m*
latex binder Latexbindemittel *n*, Dispersionsbindemittel *n*
latex cement Latexkleber *m*
latex-cement sealing compound Latex-Zement-Vergussmasse *f*
latex coat *(OB)* Latexanstrich *m*
latex coating Latexanstrichstoff *m*, Dispersionsanstrichstoff *m*
latex emulsion Latexemulsion *f*
latex flooring Latexfußbodenbelag *m*
latex foam (rubber) *(DIS)* Latexschaumgummi *m*
latex glue Latexleim *m*
latex mastic compound *(BM)* Latexmastix *m*
latex paint Latexfarbe *f*, latexgebundene Farbe *f*, Dispersionsanstrichstoff *m*
lath *v (LB, Te)* belatten, mit Latten benageln; Maschendraht annageln; spalieren
lath *v* **a wall** belatten, verschalen
lath 1. Latte *f*, Leiste *f*; Stakete *f*; 2. Lamelle *f*; 3. Rohrgeflecht *n*, Bautafel *f (als Putzträger)*; 4. Stambha *m (indischer Monumentalpfeiler)*
lath and plaster einlagiger Putz *m* auf Putzträgergewebe
lath ceiling *(Konst)* Putzträgerdecke *f*
lath fence *(LB)* Lattenzaun *m*
lath floor Rostfußboden *m*, Lattenrost *m*
lath grating [grid] *(Hb)* Lattenrost *m*
lath hammer *(BWG, Hb)* Zimmermannshammer *m*; Gipserbeil *n*
lath-house *(LB)* Spalierhaus *n*, Lattengerüsthütte *f (zum Überwachsen mit Pflanzen)*; Laubenhaus *n*
lath insulating mat *(BT, DIS)* Putzträgerdämmplatte *f*
lath laid-and-set *(AE) (SB)* Zweischichtputz *m (mit aufgerautem Unterputz)*
lath mesh Streckmetallmatte *f*; Putzträgergeflecht *n*; Putzträgermatte *f*
lath nail Lattenstift *m*, Gipsdielenstift *m*
lath-partition *(Hb)* Lattenverschlag *m*
lath screen *(EB)* Lamellenjalousie *f*
lath shutter Lamellenfensterladen *m*
lathe-check Schälriss *m (Holzfurnier)*
lathed and plastered ceiling *(Arch, SB)* Stuckdecke *f*, Gipsputzdecke *f*
lathed partition [space] *(Hb)* Lattenverschlag *m*
lathing 1. Holzverlattung *f*, Annageln *n* von Latten; Lattung *f*; 2. Putzträger *m*; 3. Latten *fpl*
lathing board Nagelleiste *f*, Trägerleiste *f*
lathing for stucco Stuckaturverschalung *f*
lathing hammer [hatchet] Zimmermannshammer *m*, Gipserbeil *n*
lathwood Lattenholz *n*
lathwork *(SB)* Lattenwerk *n*, Putzträger *m*, Putzträgergitter *n*
Latin cross *(Arch)* Passionskreuz *n*, lateinisches Kreuz *n*
latitude 1. *(Verm)* geographische Breite *f*; 2. *(Konst, RP)* Spielraum *m*, Variationsbreite *f*; Ausdehnung *f*
latrine *(San)* Latrine *f*; Trockenklosett *n*; Aborterker *m* in Wehrmauern
latrobe *(AE) (HLK)* Heißluftofenanlage *f*
latten brass Messingblech *n*
lattice *v* flechten; vergittern
lattice 1. *(Hb, LB)* Latten(zier)werk *n*, Gitterwerk *n*; Flechtwerk *n (Flechtornament in Holz)*; Spalier *n (Lattengerüst)*; Gitter *n (Fenster)*; 2. Fachwerk *n*
lattice arch *(TK)* Fachwerkbogen *m*
lattice bar *(BT, St)* Gitterstab *m*, Diagonalglied *n*, Diagonalstab *m*, Diagonale *f (Stahlbau)*
lattice beam *s.* lattice girder
lattice boom *(BWG)* Gitterausleger *m (Bagger)*
lattice bracing *(Konst, St)* Netzverband *m (Stahlbau)*
lattice bridge *(Br)* Fachwerkbrücke *f*, Gitterträgerbrücke *f*
lattice column *(TK)* Gitterstütze *f*
lattice cupola *(Arch, Konst)* Lamellenkuppel *f*
lattice fence *(LB)* Lattenzaun *m*; Spalierzaun *m*
lattice-form mast *(Konst, TK)* Gittermast *m*
lattice-form steel mast *(Konst, St, TK)* Stahlgittermast *m*
lattice gate Gittertür *f*
lattice girder *(BT, TK)* Gitterträger *m*; Gitterfachwerk *n*
lattice-like gitterartig
lattice mast *(Konst, St, TK)* Gittermast *m*, Stahlgittermast *m*
lattice member *s.* lattice bar
lattice moulding Lattenzierleiste *f*
lattice plate *(Konst, TK)* Raumfachwerk *n*, räumliches Fachwerk *n*
lattice purlin *(BT)* Fachwerkpfette *f*, Gitterpfette *f*
lattice shell Gittergerüst *n*; Gitterschale *f*
lattice steel column [girder] *(Konst, St, TK)* Stahlgitterstütze *f*
lattice steeple *(BT, Konst)* Pyramidenflechtwerk *n*
lattice structure *(Konst)* Gitterwerk *n*, Gitterstruktur *f*
lattice suspension bridge *(Br)* Fachwerkhängebrücke *f*
lattice tower *(Konst, St, TK)* Gittermast *m*, Stahlgittermast *m*
lattice truss *(TK)* Kreuzfachwerkbinder *m*, Fachwerkbinder *m*; Gitterträger *m*
lattice wall Lattenwand *f*
lattice web Gittersteg *m (eines Trägers)*
lattice window 1. Gitterfenster *n*; 2. Butzenscheibenfenster *n*
lattice-work *s.* latticework
latticed gitterartig
latticed bar *(BT, Konst)* Gitterstab *m*
latticed column *(Konst, TK)* Gitterstütze *f*
latticed cupola *(Arch, Konst)* Lamellenkuppel *f*
latticed girder *(Konst)* Gitterfachwerk *n*, Gitterträger *m*
latticed girder construction *(Konst, TK)* Gitterwerk *n (Tragelement)*
latticed member *(BT, Konst)* Gitterstab *m*
latticed purlin *(BT, Konst)* Fachwerkpfette *f*, Gitterpfette *f*
latticed steel column [girder] *(Konst, St, TK)* Stahlgitterstütze *f*
latticework 1. *(TK)* Gitterfachwerk *n*, Gitterwerk *n*, Kreuzfachwerk *n*; Raumfachwerk *n*; Fachwerk *n*; 2. *(BT)* Lattengerüst *n*
latticework in space *(Br, TK)* räumliches Fachwerk *n (Brücken)*
launder *(WVA)* Rinne *f (zur Entwässerung)*
laundry Waschhaus *n*
laundry chute Schmutzwäscherutsche *f*, Wäscherutsche *f*, Wäscheschacht *m (Hotel)*
laundry club *(EB)* Gemeinschaftswäscherei *f*
laundry room Waschraum *m*, Waschhaus *n (zum Wäschewaschen)*
laundry tray *(BT, San)* Wäschewaschbecken *n*
laundry wastes *(Umw, WVA)* Wäschereiabwasser *n*
laurel leaf *(Arch)* Lorbeerblatt *n*
laurel-leaf swag *(Arch)* Lorbeerblattgirlande *f*, Lorbeerblattgewinde *n*, Lorbeerblattfeston *n*
lava flow *(BM)* Ergussgestein *n*, Eruptivgestein *n*
lava pumice Bimssteinlava *f*
lavabo *(Arch)* Tonsur *f (Brunnenkapelle an einem Kreuzgang)*
lavatory 1. Toilette *f*; Wasserklosett *n*, Klosett *n*; 2. WC-Raum *m* mit Waschbecken; 3. Waschbecken *n*
lavatory basin *(AE) (San)* Waschbecken *n*
lavatory equipment Waschraumausstattung *f*
lavatory flush(ing) *(San)* Toilettenspülung *f*
lavatory pan *(San)* Klosettbecken *n*
lavatory seat *(San)* Toilettensitz *m*, Klosettsitz *m*
lavishly gilt *(Arch)* überreich vergoldet

lavishly ornamented *(Arch)* überreich geschmückt
law *(VR)* Gesetz *n*, Regel *f*, Vorschrift *f*
law department *(VR)* Rechtsabteilung *f*
law enforcement Gesetzesvollzug *m*, Durchsetzen *n* von Vorschriften
law of compatibility *(Stat)* Verträglichkeitsgesetz *n*
law of conservation of energy *(HLK)* Energieerhaltungssatz *m*
law of continuity *(Stat)* Stetigkeitsgesetz *n*
law of elasticity *(BM)* Elastizitätsgesetz *n*, Hooke'sches Gesetz *n*
law of elongation *(Stat)* Dehnungsgesetz *n*
law of particle size distribution *(BM)* Exponentialgesetz *n* der Kornverteilung
law of proportionality *(Stat)* Proportionalitätsgesetz *n*
law of refraction *(El, Stat)* Brechungsgesetz *n*, Reflexionsgesetz *n*
law of shear stress *(Stat)* Schubspannungsgesetz *n*
law of superimposed stress *(Stat)* Überlagerungsprinzip *n*
law of superposition *(Stat)* Superpositionsgesetz *n*, Superpositionsgleichung *f*
law of the contract *(VR)* Vertragsgesetz *n*
law of the lever Hebelgesetz *n*
law of virtual displacements *(Arch, Stat)* Prinzip *n* der virtuellen Verrückung
law violation *(VR)* Rechtsverletzung *f*, Rechtszuwiderhandlung *f*
lawn 1. *(LB)* gepflegte Rasenfläche *f*, Rasen *m*, Rasenplatz *m*; 2. *(AE)* Gaze *f*
lawn and planting *(LB)* Grünanlagen *fpl*
lawn sprinkler system *(LB)* Rasensprengsystem *n*
laws of space and colour *(Arch)* Gesetze *npl* von Raum und Farbe
lay *v* 1. legen, verlegen *(Kabel, Rohre)*; 2. setzen, stellen; 3. (ver)mauern *(Ziegel)*
lay *v* **a bridge** *(Te)* eine Brücke bauen
lay *v* **a cable** ein Kabel ziehen
lay *v* **a floor** dielen *(einen Raum)*; Dielen legen
lay *v* **a pipe(line)** *(El, Te, WVA)* eine Leitung verlegen
lay *v* **bare** freilegen, bloßlegen
lay *v* **bricks** *(SB, Te)* (ver)mauern
lay *v* **bricks overhand** *(SB, Te)* über die Hand mauern
lay *v* **down** einbauen; ablagern
lay *v* **edgewise** hochkant verlegen
lay *v* **foundations** *(Erdb, Te)* gründen, ein Fundament legen, fundamentieren
lay *v* **in** einlegen
lay *v* **mortar** *(SB, Te)* Mörtel ausbreiten
lay *v* **on** antragen
lay *v* **on gas** *(San, Te)* eine Gasleitung legen
lay *v* **out** 1. *(Verm)* abstecken; trassieren *(z. B. Straßen)*; 2. auslegen *(Platten)*; verlegen *(Kabel, Rohre)*; 3. entwerfen, planen
lay *v* **out green spaces** *(LB, Te)* Grünflächen anlegen
lay *v* **pavement** *(Te, Verk)* pflastern
lay *v* **the ashlar** *(SB, Te)* Werkstein versetzen
lay *v* **the foundation** *s.* lay foundations
lay *v* **the foundation stone** *(Erdb, Te)* den Grundstein legen
lay *v* **underground** *(Erdb, Te)* verlegen
lay *v* **with joints rebated** überfalzen
lay bar horizontale Fenstersprosse *f*
lay board Sparrenfußbohle *f*
lay-by 1. *(Verk)* Haltespur *f*, Standspur *f*, Parkstreifen *m*; 2. *(Verk)* Ausweichgleis *n*; 3. Schiffsanlegestelle *f*
lay down *s.* laydown
lay-in ceiling Einlegedecke *f*
lay-in connector Einlassdübel *m*
lay-in panel Einlegetafel *f*
lay-in shape Einlassprofil *n*
lay-in timber connector *(Hb)* Einlassdübel *m*
lay-in wood connector *(Hb)* Einlassdübel *m*
lay light Deckenoberlicht *n*, Oberlicht *n*, Oberlichtöffnung *f*
lay-off *(VR)* Arbeitseinstellung *f*
lay-off in winter Winterpause *f (Bauausführung)*
lay-on grading aufgelegter Gitterrost *m*
lay-out *s.* layout
lay-up 1. *(Konst)* Kunststoffbewehrung *f*; 2. Furnierverleimung *f (zu Sperrholz)*
laydown *(Te)* Einbau *m* in einer Lage
laydown and compaction *(Te)* Einbau *m* und Verdichtung *f*
laydown machine *(BWG)* Einbaufertiger *m*
laydown site Einbaustelle *f*
layer 1. *(SB)* Schicht *f*, Lage *f*; Reihe *f (Mauerwerk)*; 2. *(Bod)* Schichtung *f (Baugrund)*; 3. *(Verk)* Schicht *f*, Lage *f*, Konstruktionsschicht *f (Straße)*; 4. Wandschale *f* • **in layers** geschichtet, schichtweise
layer adhesion *(SB)* Schichtenverbund *m*
layer board Trennpappe *f*
layer-cake form of elevation *(Arch, Konst)* Horizontalgliederung *f*
layer construction *(Konst, Te)* Schichtenbauweise *f*
layer-corrosion *(OB)* Schichtkorrosion *f*, schichtförmige Korrosion *f*
layer destroying capillary action *(Erdb, Verk)* kapillarbrechende Schicht *f*
layer height Belagshöhe *f (Gehfläche)*
layer in layers *(OB, Te)* schichtweise *(Beschichtungstechnik)*
layer-like schichtähnlich
layer of bitumen felt Bitumenpappenschicht *f*
layer of concrete *(BB, Konst)* Betonschicht *f*, Aufbeton *m*
layer of discontinuity *(Bod)* Sprungschicht *f (meist geologisch)*
layer of earth *s.* layer of the earth
layer of foam *(DIS)* Schaumlage *f*, Schaumschicht *f*
layer of gravel *(LB)* Kiesdecke *f*
layer of grit *(Verk)* Splitt(oberflächen)schicht *f*
layer of insulation *(DIS)* Dämmschicht *f*
layer of iron pan *(Konst)* Ortsteinschicht *f*, Ortsteinhorizont *m*
layer of the earth *(Bod, Erdb)* Bodenschicht *f*, Erdschicht *f*
layer of varnish *(OB)* Lackschicht *f*
layer of wire Drahteinlage *f*
layer of wood Sperrholzschicht *f*
layer thickness 1. *(OB)* Schichtdicke *f*; 2. *(Verk)* Lagendicke *f*
layer water *(Erdb)* Schichtwasser *n*
layered geschichtet
layered rock *(Bod)* geschichtetes Gestein *n*
layered structure Lagentextur *f*
layering Schichtung *f*
laying *(Te)* Verlegearbeiten *fpl*, Verlegung *f*
laying and finishing machine *(Verk)* Einbaufertiger *m*
laying bare Freilegung *f*
laying course *(Verk)* Pflasterbett *n*
laying course material *(Erdb, Verk)* Bettungsmaterial *n*
laying-down *(Bod)* Ablagerung *f (geologisch)*
laying drawing *(Konst, Te)* Verlegezeichnung *f*, Verlegeplan *m*
laying equipment *(Verk)* Einbauausrüstung *f*, Einbauzug *m*
laying length Verlegelänge *f*; Baulänge *f*
laying machine *(Verk)* Fertiger *m*
laying material Verlegematerial *n*
laying method Verlegeart *f*, Einbaumethode *f*
laying of blocks *(SB)* Verlegen *n* von Blocksteinen
laying of cables *(El)* Kabeleinbau *m*, Kabelverlegung *f*

L

laying of fundament stone *(Erdb, SB)* Grundsteinlegung *f*
laying of pipes Rohrverlegung *f*
laying of the foundation stone *(Erdb, SB)* Grundsteinlegung *f*
laying-off Verschlichten *n*, gleichmäßiges Verteilen *n (Beschichtungen, Anstriche usw.)*
laying on *(Arch)* Reliefauftragen *n (auf Porzellan)*
laying out 1. *(Verm)* Abstecken *n*; 2. *(Verk)* Trassieren *n*; 3. Auslegen *n*, Verlegen *n*, Verlegung *f (Kabel, Rohr)*; 4. *(AE)* Anreißen *n*
laying pattern *(Konst)* Verlegemuster *n*, Verband *m*
laying plant *(BWG)* Verlegungsanlage *f*, Verlegeeinrichtung *f (Leitungen)*
laying requirement *(VR)* Einbauanforderung *f*
laying tiles *(SB)* Vermauern *n (Blocksteine)*
laying trowel Maurerkelle *f*
laying-up basin *(Wsb)* Sammelbecken *n*, Rückhaltebecken *n*
laying work Versetzarbeiten *fpl*
layland *(LB, RP, Umw)* Brachland *n*
layout 1. *(Konst, Verm)* Plan *m*, Lageplan *m*, Grundrissplan *m*; Skizze *f*, Entwurf *m*; Bauplan *m*; Trassierplan *m*, Übersichtszeichnung *f*, Absteckplan *m*; 2. *(Konst)* Anordnung *f*, Gruppierung *f*; 3. *(BWG)* Auslegung *f*; Ausrüstung *f*, Ausstattung *f*, Aufbau *m (einer Anlage)*
layout chart *(Verm)* Lagekarte *f*
layout drawing *(Konst, Verm)* Grundrisszeichnung *f*; Lageplan *m*
layout grid 1. Verlegeraster *n (Fliesen)*; 2. Rohbauraster *n*
layout line *(AE)* Risslinie *f*, Anrisslinie *f*
layout man Entwurfsverfasser *m*, Zeichner *m*
layout of a design *(Arch, Konst)* Entwurfsgestaltung *f*
layout of buildings *(Arch)* Gebäudeanordnung *f*
layout of forms Schalungsplan *m*
layout of islands *(Verk)* Anordnung *f* der Verkehrsinseln, Verkehrsinsellageplan *m*
layout of reinforcement *(Konst)* Bewehrungsanordnung *f*, Bewehrungsführung *f*
layout of rooms *(Arch, Konst)* Raumaufteilung *f*, Raumverteilung *f*
layout office Arbeitsvorbereitungsbüro *n*
layout plan *(Konst)* Lageplan *m*, Übersichtsplan *m*, Grundrissanordnung *f*, Gesamtübersicht *f*
layout punch *(AE)* Anreißkörner *m*
lazy susan *(AE) (EB)* rundes drehbares Küchenabstellregal *n*
LCA *s.* life cycle analysis
LDPE *s.* low-density polyethylene
lea *(AE) (LB, RP, Umw)* Brachland *n*; Grasland *n*; Wiese *f*
leach *v* 1. *(Wsb)* auskolken, auswaschen; auslaugen; 2. *(Bod, Erdb, LB)* einsickern, versickern, durchsickern
leach *v* **out** (selektiv) auflösen
leachability *(BM, Bod)* Auslaugbarkeit *f*
leachate detection layer *(Umw, WVA)* Auslaugkontrollschicht *f*
leached ausgelaugt
leached soil *(Bod)* ausgelaugter Boden *m*
leached zone *(Erdb)* Auslaugungszone *f (geologisch)*
leaching *(Bod, Erdb, LB, Wsb)* Auswaschung *f*, Auskolkung *f*; Auslaugen *n*
leaching agent Laugungsmittel *n*
leaching basin *(WVA)* Abwasser(ver)sickerbrunnen *m*, Sickerschacht *m*
leaching behaviour *(BM, Bod)* Auslaugverhalten *n*
leaching cavity *(Erdb)* Auslaugungshohlraum *m*, Laughöhle *f*
leaching cesspool *(WVA)* Versickerungsklärgrube *f*
leaching field *(AE) (Umw, WVA)* Klärfeld *n*
leaching pit *(WVA)* Sickerloch *n*, Abwassersickerschacht *m*, Klärgrube *f* mit Versickerung des Flüssiganteils
leaching property *(Te)* Auslaugverfahren *n*
leaching test *(BM)* Auslaugtest *m*, Elutionsversuch *m*
leaching water Auslaugungswasser *n*
leaching well *s.* leaching pit
lead *v (Aussprache: li:d)* leiten, zuleiten, führen *(z. B. Medien)*
lead *v* **through** durchführen *(z. B. Kabel)*
lead *v* **up** überleiten
lead *(Aussprache: li:d)* 1. *(SB)* Lotecke *f*, Richtmauerwerk *n*; 2. *(El)* Zuleitung *f*, Stromleitung *f*; Leitungskabel *n*; Ader *f*; 3. Gewindesteigung *f*; 4. *(Erdb)* Leithorizont *m (geologisch)*
lead hole *(AE)* Durchbohrung *f*
lead-in *(El)* Zuleitung *f*
lead-in cable *(El)* Zuführungskabel *n*
lead-in wire *(El)* Zuleitung *f*
lead masonry Führungsmauerwerk *n*
lead of a thread Gewindesteigung *f*
lead-through Durchführung *f*
lead time *(Te)* Ausführungszeit *f*, Auslaufzeit *f*
lead wire *(El)* Zuführungsleitung *f*, Anschlussleitung *f*
lead *v (Aussprache: led)* 1. verbleien, mit Blei auskleiden; 2. ausloten
lead *(Aussprache: led)* 1. Blei *n*; 2. Senkblei *n*, Lot *n*
lead alloy Bleilegierung *f*
lead basic sulphate *(OB)* Sulfatbleiweiß *n*
lead bat *(San)* Bleikeil *m (Kehlblechhalterung)*
lead biological shield Bleischirm *m (gegen Strahlung)*
lead biological shielding wall *(Konst, Umw)* Bleiabschirmwand *f (gegen Strahlung)*
lead caulked *(San, WVA)* bleiverstemmt, bleigedichtet
lead caulking *(San, WVA)* Bleiverstemmung *f*, Bleidichtung *f*
lead chromate *(OB)* Bleichromat *n*
lead-clad *(OB)* bleiplattiert
lead-coat *v (Stat, Te)* verbleien
lead coating Bleimantel *m*, Verbleiung *f*
lead-containing pigments *(OB)* bleihaltige Pigmente *npl*
lead covered cable Bleimantelkabel *n*
lead dampcourse Bleifeuchtesperrschicht *f*, Bleifeuchtigkeitssperrschicht *f*
lead dowel Bleidübel *m*
lead draining pipe *(WVA)* Bleiabflussrohr *n*, Bleientwässerungsrohr *n*
lead drier Bleisikkativ *n*
lead facing Bleiverkleidung *f*, Bleiauskleidung *f*
lead filler Bleieinlage *f*, Bleizwischenlage *f*
lead flat roof *(AE)* bleiblechgedecktes Flachdach *n*, Flachdach *n* mit Bleitafeldeckung
lead-free bleifrei
lead glass Bleiglas *n*, Bleikristall *n*
lead glass window Bleiglasfenster *n*
lead glazing *(Arch, Konst)* bleiverglastes Fenster *n*; Bleiverglasung *f*
lead head nail Bleikopfnagel *m*, Metalldachnagel *m*, Dichtungsnagel *m*
lead insulation *(DIS)* Bleiisolierung *f*
lead joint *(San, WVA)* Bleivergussmuffung *f*; Bleimuffe *f*; Bleidichtung *f (s. a. lead caulking)*
lead jointing *s.* lead joint
lead line *(St)* Bleilot *n*, Senkblei *n*, Bleisenklot *n*
lead-lined mit Blei ausgekleidet
lead-lined door *(Konst, Umw)* Bleitafeltür *f*, bleibeplankte Tür *f*; Strahlenschutztür *f*
lead-lined frame bleiblechverkleideter Türrahmen *m*
lead lining *(OB)* Bleiverkleidung *f*, Bleiauskleidung *f*, Bleibeschichtung *f*
lead monoxide Blei(mon)oxid *n*, Bleiglätte *f*

lead oxide red *(OB)* Bleimennige *f*, Mennige *f (Rostschutzanstrich)*
lead packing *(San, WVA)* Bleidichtung *f*
lead paint Blei(weiß)farbe *f*
lead pigment *(OB)* Bleipigment *n*
lead-pigmented *(OB)* bleipigmentiert
lead pipe *(San, WVA)* Blei(leitungs)rohr *n*
lead pipe soldering Bleirohrlötung *f*
lead pipe work Bleirohrarbeiten *fpl*
lead plate Bleiplatte *f*
lead plug 1. Bleidübel *m (Mauerwerk)*; 2. Steinklammer *f* aus gegossenem Blei
lead pressure pipe *(San, WVA)* Bleidruckrohr *n*
lead primer *(BM, OB)* Bleimennige *f*
lead radiation shield *(Konst, Umw)* Bleischirm *m (gegen Strahlung)*
lead roof Blei(flach)dach *n*
lead roof cladding Bleidachdeckung *f*, Bleibedachung *f*
lead roofing Bleidach *n*
lead rope *(San, WVA)* Bleischnur *f*
lead saddle Bleiauflager *n*
lead sheath Bleimantel *m*
lead-sheathed bleiummantelt
lead-sheathed cable *(DIS, El)* Bleikabel *n*
lead sheathing Bleiummantelung *f*
lead sheet Bleitafel *f*, Walzblei *n*
lead shield *(Konst, Umw)* Bleischirm *m (Strahlenschutz)*
lead shielding wall *(Konst, Umw)* Bleiabschirmwand *f (Strahlenschutz)*
lead shot Bleischrot *m*
lead slag Bleihochofenschlacke *f*
lead slate [sleeve] Rohrdurchführungsdichtung *f*, Bleimanschettendichtung *f (Dach)*
lead soaker Bleianschlussstreifen *m*
lead soldering Bleilöten *n*
lead surfacing Bleiverkleidung *f*, Bleiauskleidung *f*
lead tack Bleihafter *m*
lead trap *(San)* Bleitraps *m*
lead tray *(San)* Bleieinfassung *f (Schornsteineinfassung)*
lead wedge Bleikeil *m*
lead wire *(San, WVA)* Bleidraht *m*
lead wool Bleidichtungswolle *f*
leaded gebleit; verbleit
leaded light *(Arch, Konst)* Bleiglasfenster *n*, bleiverglastes Fenster *n*, Butzenscheibenfenster *n*
leader *(AE) (San, WVA)* Fallrohr *n*
leader drain *(Erdb, LB, WVA)* Hauptdrän *m*
leader head(er) Fallrohreinlauftrichter *m (Dachentwässerung)*
leading abutment pressure voreilender Kämpferdruck *m*
leading edge Türblattvorderkante *f*
leading edge of a window Fensterflügelvorderkante *f*
leading end Vorderende *n*, Vorderseite *f*
leadlike bleiartig
leadwork *(St, Te)* Bleiarbeiten *fpl*
leady bleiartig
leaf 1. *(Hb)* Türflügel *m*, Türblatt *n*, Blatt *n*; 2. *(Hb)* Fensterflügel *m*; 3. Wandfläche *f* einer Hohlwand, Wandschale *f*, Schale *f*; 4. *(Br)* Brückenflügel *m*, Widerlagerflügel *m*
leaf and dart moulding *(Arch)* griechischer Eierstab *m*
leaf and square Blattmeißel *m*
leaf-bearing tree *(LB)* Laubbaum *m*
leaf clay *(Bod)* Bänderton *m*
leaf collector *(WVA)* Laubfang(korb) *m (Entwässerung)*
leaf decoration *(Arch)* Blattornament *n*
leaf door *(Hb)* Flügeltür *f*
leaf-gilding *(Arch)* Blattvergoldung *f*
leaf-like blättchenförmig, blättrig
leaf-like decoration *(Arch)* Blattverzierung *f*, Blattdekoration *f*
leaf of a gate *(Hb)* Torflügel *m*
leaf of blocks Blocksteinschale *f (Hohlwand)*
leaf ornament *(Arch)* Blattornament *n*, Blattverzierung *f*
leaf pattern *(Arch)* Blattmuster *n*
leaf shale *(BM)* Blätterschiefer *m*
leaf-shaped curve *(Arch)* Blatt *n (gotisches Maßwerk)*
leaf trap *(WVA)* Laubfang *m*
leaf tree *(LB)* Laubholzbaum *m*
leaf wood *(Hb)* Laubholz *n*, Laubbaumholz *n*
leaf work *s.* leafwork
leafage *(Arch)* Blattwerk *n*
leafwork *(Arch)* Blattgirlande *f*, Blattgewinde *n*, Blattfeston *n*
leafy blättrig
leafy frieze *(Arch)* Blattfries *m*, Laub(werk)fries *m*
leak *v (San, WVA)* lecken, undicht sein, tropfen, sickern, durchsickern; ausfließen
leak *v* **downward** *(DIS, Erdb)* durchsickern
leak *v* **out** ausfließen
leak 1. *(San, WVA)* Leckstelle *f*, undichte Stelle *f*; 2. *(San, WVA)* Undichtigkeit *f*
leak detection *(San, WVA)* Leckbestimmung *f*
leak detector Leckanzeigegerät *n*, Lecksucher *m*
leak plugging *(San, WVA)* Leckstellenabdichtung *f*
leak rate *(Wsb, WVA)* Sickerverlustmenge *f*, Sickerverlust *m (Wasserbau)*
leakage 1. Ausfließen *n*, Abfließen *n*; Schwund *m*, Sickerverlust *m*; Versickerung *f*; 2. Leckstelle *f*
leakage current *(El)* Leckstrom *m*, Streustrom *m*, Erdstrom *m*, Schleichstrom *m*
leakage detector Abhorchgerät *n*
leakage loss Leckverlust *m*
leakage point *(Tun)* Durchbruchspunkt *m*
leakage protective system *(El)* Erdschlussschutzsystem *n*
leakage water *(Bod, Erdb, Tun)* Sickerwasser *n*
leakage water outlet Leckwasserablauf *m*
leakiness Undichtigkeit *f*, Undichtheit *f*
leakless *(BT, Konst)* lecksicher
leakproof dicht, abgedichtet
leaky leck, undicht
lean *v* sich stützen; sich neigen
lean *v* **on** 1. aufliegen; sich stützen auf; 2. sich neigen, schräg hängen, schief stehen
lean mager, wenig ergiebig, dürftig, arm *(Baustoffe)*
lean clay *(BM, Bod)* Magerton *m*, sandiger Ton *m*
lean concrete *(BB, BM)* Magerbeton *m*, Sparbeton *m*
lean lime Magerkalk *m*, steifer Kalk *m*
lean mix magere Mischung *f*; magerer Putzmörtel *m*
lean-mixed concrete *s.* lean concrete
lean-mixed mortar *s.* lean mortar
lean mixture *(BB, BM)* Spargemisch *n*
lean mortar magerer Mörtel *m*, Magermörtel *m*, Füllmörtel *m*
lean quicklime Magerkalk *m*
lean rolled concrete Magerwalzbeton *m*, Walzmagerbeton *m*
lean strut *(Konst, St)* Bockstütze *f*, Biese *f*, Vorstoß *m (Stahlbau)*
lean-to *(Konst)* kleiner Anbau *m* mit Pultdach, Pultanbau *m*
lean-to mansard roof Mansardenpultdach *n*
lean-to roof *(Konst)* Pultdach *n*, Sheddach *n*, Halbdach *n*
lean-to roof purlin Bockpfette *f*
lean-to roof (trussed) strut *(Hb, Konst)* Bocksäule *f*, Bockstütze *f (Dach)*
leaning schief *(z. B. ein Turm)*
leaning Neigung *f (gegen die Senkrechte)*

leaning place *(EB)* Armstütze *f*, Armlehne *f*
leaning tower schiefer Turm *m*
leap *(Erdb)* Schichtenstörung *f*, Sprung *m (geologisch)*
leaping frog *(Erdb)* Froschramme *f*, Frosch *m*
leaping weir *(Wsb)* Überlaufwehr *n*
lear board Dachrinnentragbrett *n*, Sparrenfußbrett *n* mit Dachrinneneisenbefestigung
lease *(VR)* Verpachtung *f*, Gebäudevermietung *f*; Pachtvertrag *m*, Mietvertrag *m*; Erbbaurecht *n*
lease for a term of year *(VR)* Pacht *f* auf Zeit
lease, improve and operation concession *(VR)* Pacht-, Erschließungs- und Betreiberkonzession *f*
lease peg [pin] Kreuznagel *m*, Schranknagel *m*
lease tank *(BWG)* Feldtank *m*
leasehold *(VR)* Pachtbesitz *m*, Pachtland *n*; Mietgrundstück *n*
leasehold agreement [deed] *(VR)* Pachtvertrag *m*, Grundstückspachtvertrag *m*; Mietvertrag *m*
leasehold improvements *(VR)* Werterhöhung *f* des Pachtbesitzes
leasehold property *s.* leasehold
leaseholder *(VR)* Pächter *m*
least common denominator *(Stat)* kleinster gemeinsamer Nenner *m*
least dimension *(BT)* Mindestabmessung *f*, Mindestmaß *n*
least dimension on plan *(Konst)* Grundrissabmessung *f*
least distance Mindestabstand *m*, kleinster Abstand *m*
least grain size *(BM)* Kleinstkorn *n*, Mindestkorn *n*
least load *(Stat)* Mindestlast *f*
least moment *(Stat)* Mindestmoment *n*, Kleinstmoment *n*
least square method *(Stat)* Methode *f* der kleinste Quadrate
least-work theorem *(Stat)* Satz *m* vom Minimum der Formänderungsarbeit
leat *(Wsb)* Obergraben *m*, Wasserzuführung *f*; Mühlgraben *m*
leather *(BM)* Leder *n*
leather diaphragm *(San, WVA)* Ledermembran *f*
leather door Ledertür *f*
leather hanging Ledertapete *f*
leather-hardness Lederhärte *f (Steinzeug)*
leather-like lederähnlich
leather packing *(BWG, San, WVA)* Ledermanschette *f*
leather sealing ring *(San)* Lederdichtung *f*
leather sealing strip Dichtungsleder *n*
leather washer *(San)* Lederdichtung *f*
leathering Ledermanschette *f*, Lederdichtung *f*
leave *v (VR)* räumen *(Gebäude)*
leave *v* **open** *(Konst, Te)* aussparen
leave *(VR)* Urlaub *m*
leave door *s.* leaf door
leaved blätterig, laminar
leaves catch [trap] *(WVA)* Laubfang *m (Entwässerungssystem)*
leaving air *(HLK)* Abluft *f*
leaving lane *(Verk)* Ausfädelspur *f*
leck toniger Schiefer *m*
lectern Lesepult *n*, Chorpult *n*
lecture hall Hörsaal *m*, Vorlesungssaal *m*, Auditorium *n*
lecture room *(Konst)* Vorlesungsraum *m*, Vortragsraum *m*
lecture theatre Hörsaal *m*, Vorlesungssaal *m*, Auditorium *n*
ledge 1. Absatz *m*; Gesims *n*, Sims *m(n)*; 2. Berme *f*; 3. Riegelbrett *n*, Leiste *f*, Querleiste *f*; 4. *(Erdb)* Felsbank *f*, anstehender Fels *m*
ledge room *(Konst)* Unterrichtsraum *m*
ledged-and-braced door *(Hb)* Brettertür *f* mit Quer- und Diagonalriegel
ledged door *(Hb)* Brettertür *f*
ledgement horizontale Ziegelzierschicht *f* [Verzierungssteinlage *f*]
ledgement table *(SB)* Kellergesimsschicht *f*
ledger Längsstange *f*, Streichstange *f (Holzgerüst)*
ledger beam *(Hb)* Riegelholz *n*, Riegel *m*
ledger beam runner *(Hb)* Gurtholz *n*
ledger board *(Hb)* Riegelbrett *n*, Zaunriegel *m*; Streckbaum *m*, Netzriegel *m*
ledger plate 1. *(Hb)* Querholzunterstützungshölzer *npl* am Hauptbalken; 2. *(Hb)* eingelassenes Querträgerstützholz *n (an den Jochsäulen)*
ledger runner *(Hb)* Gurtholz *n*
ledger strip *s.* ledger plate
ledgy slope *(Erdb, LB)* terrassierter Hang *m*
lee side *(Bod)* Leeseite *f*
leeward *(Bod, Umw)* dem Wind abgekehrt
left bearing linkes Auflager *n*
left-hand bend *(Verk)* Linkskrümme *f*, Linkskurve *f*
left-hand door *(Hb, Konst)* Linkstür *f*, links aufschlagende Tür *f*
left-hand lane *(Verk)* Linksspur *f*, linke Spur *f*
left-hand lock *(EB)* Schloss *n* für eine Linkstür
left-hand reverse door linksgehängte Tür *f (entgegenschlagend)*
left-hand side tile Linksziegel *m*
left-hand stairway *(Konst)* Treppe *f* mit linkem Handlauf
left-hand traffic *(Verk)* Linksverkehr *m*
left-handed moment *(Stat)* linksdrehendes Moment *n*
left-luggage office [room] Gepäckaufbewahrung *f*
left-side view linke Seitenansicht *f*
left-turn lane *(Verk)* Linksabbiege(r)spur *f*
left-turning stream *(Verk)* Linksabbiegeverkehr(sstrom) *m*
leftover Rest *m*, Übriggebliebenes *n*
leftward skew slab linksschiefe Platte *f*
leg 1. *(St)* Schenkel *m (Winkelstahl)*; 2. *(Konst)* Pfosten *m*, Ständer *m*, Säule *f (Stiel beim Fachwerk)*; 3. *(Konst)* Zunge *f (Hubdecke)*
legal action *(VR)* gerichtliches Vorgehen *n*
legal address *(VR)* Wohnsitz *m*
legal adviser *(VR)* Rechtsberater *m*
legal charge *(VR)* Grundschuld *f*
legal claim *(VR)* Rechtsanspruch *m*, gesetzlicher Anspruch *m*
legal decision *(VR)* gerichtliche Entscheidung *f*
legal disability *(VR)* Geschäftsunfähigkeit *f*
legal executive *(VR)* sachkundiger Anwaltsmitarbeiter *m*
legal expert *(VR)* juristischer Sachverständiger *m*
legal provision *(VR)* gesetzliche Bestimmung *f*
legal succession *(VR)* Rechtsnachfolge *f*
legal successor *(VR)* Rechtsnachfolger *m*
legal technical standards *(Konst, VR)* gesetzliche bautechnische Standards *mpl*, bautechnische Vorschriften *fpl*
legal tender *(VR)* gesetzliches Zahlungsmittel *n*
legal title *s.* legal claim
legally binding *(VR)* rechtsverbindlich
legally capable geschäftsfähig
legally responsible authority Rechtsträger *m*, Baulastträger *m*; Träger *m* öffentlicher Belange
legally valid rechtskräftig
legend *(Konst)* Legende *f*, Zeichenerklärung *f*; Beschriftung *f*; Bildunterschrift *f*
legibility Lesbarkeit *f*
legibility distance *(Verk)* Lesbarkeitsentfernung *f*
legislation *(VR)* Gesetzgebung *f*
Leicester free style *(Arch)* freie Richtung *f*, freier Stil *m*
Leipzig yellow *(OB)* Leipziger Gelb *n*, Chromgelb *n*
leisure area *(LB, RP)* Freizeitfläche *f*; Erholungsgebiet *n*
leisure centre *(RP)* Freizeitzentrum *n*, Erholungszentrum *n*
leisure facilities *(LB, RP)* Freizeitanlagen *fpl*

L

lemon spline zitronenförmige Passfeder *f*
lend *v (VR)* Darlehen (ver)geben
lender Darlehensgeber *m*, Geldgeber *m*
length Länge *f*
length change *(BM, BT)* Längenänderung *f*
length dimension Längenmaß *n*
length margin *(Verk)* Längsseitenstreifen *m*
length measurement *(Verm)* Längenmessung *f*
length of channel *(Wsb)* Kanallänge *f*
length of dam *(Wsb)* Schützenbreite *f*, Wehrbreite *f*
length of each bar Länge *f* der Position *(Bewehrungsliste)*
length of exposition Expositionsdauer *f*, Prüfdauer *f* *(Baustoffe)*
length of flange *(Konst)* Schenkellänge *f*
length of life *(VR)* Lebensdauer *f*, Haltbarkeitsdauer *f*
length of shoulder Schaftlänge *f*
length of span *(TK)* Stützweite *f*
length of step Stufenbreite *f*
length of structure Baulänge *f*
length of weir *(Wsb)* Wehrbreite *f*
length panel Längsplanke *f*
length shrinkage *(BM, BT)* Längenschrumpfung *f*
length subjected to bending Biegelänge *f*
lengthen *v* verlängern, ausdehnen; längen; anstücken; strecken
lengthening *(BM, BT)* Verlängerung *f*; Streckung *f*; Längung *f*; Längenzunahme *f*
lengthening joint *(Hb)* Verlängerungsverbindung *f*
lengthening of timber *(Hb)* Holzverlängerung *f*
lengthsman *(Verk)* Straßenwärter *m*
lengthways *s.* lengthwise
lengthwise in Längsrichtung
lengthwise of the grain *(Hb)* in Faserrichtung
lens 1. *(El)* optische Linse *f*; 2. *(Bod)* Gesteinslinse *f*
lens-shaped linsenförmig
lenslike linsenförmig
lenticular *(Bod)* linsenförmig *(auch für Oberflächenerscheinungen)*
lenticular bedding *(Erdb, Tun)* Linsenschichtung *f*, linsenförmige Lagerung *f*
lentil *(Bod)* Gesteinslinse *f*
lesena *(SB)* Pilasterstreifen *m*, Lisene *f*, Lesene *f* *(hervortretender Mauerstreifen)*; Mauerhalbsäule *f*
lesene *s.* lesena
lessee *(VR)* Mieter *m*; Pächter *m*; Erbberechtigter *m*
lessen *v (VR)* vermindern, verringern
lessor *(VR)* Vermieter *m*; Verpächter *m*; Grundbesitzer *m*
let *v (VR)* vermieten; verpachten
let *v* **in** *(Hb)* einbetten *(Holz)*; einlassen *(Zapfen)*
let *v* **into concrete** *(BB)* einbetonieren
let *v* **pass** *(Verk, Wsb)* durchlassen
let *v* **the ironwork overlap** die Bewehrung übergreifen lassen, die Stahleinlagen überlappen lassen
let *v* **through** *(Verk, Wsb)* durchlassen
let-in brace eingelassene Strebe *f*
let-in flap Fitschenband *n*, Fitschenlappen *m*
lethal concentration *(Umw)* tödliche Konzentration *f*
lethal effect *(Umw)* tödliche Wirkung *f*
lettable *(VR)* vermietbar
letter *v* beschriften *(Bauzeichnung)*
letter box *(EB)* Briefkasten *m*
letter-box plate Briefschlitzklappe *f (an einer Tür)*
letter decoration *(Arch)* Buchstabenornament *n*, Buchstabenverzierung *f*
letter enrichment *s.* letter decoration
letter of intent *(VR)* Vertragsabsichtserklärung *f*
letter plate Briefschlitzklappe *f (an einer Tür)*
lettering Schrift *f*
letting-in flush *(San, WVA)* Einstemmen *n (Stemmband)*
letting of bids *(VR)* Angebotseröffnung *f*, Ausschreibungseröffnung *f*
letting of contract *(VR)* Auftragserteilung *f*
leucite *(BM, Bod)* Leucit *m*, Leuzit *m*
leucite-basalt *(BM)* Leucitbasalt *m*, Leuzitbasalt *m*
leucitic tuff Leucittuff *m*, Leuzittuff *m*
levecel *s.* appentice
levee *v (Wsb)* eindeichen *(Flüsse)*
levee 1. *(Erdb, Wsb)* Damm *m*, Deich *m*, Uferdamm *m*, Hochwasserdamm *m*; 2. *(AE)* Anlegestelle *f*
level *v* 1. *(Te)* abwägen, auswiegen; nivellieren, abgleichen, in Waage bringen; horizontieren; 2. *(Te)* abziehen; (ein)ebnen, ausgleichen, planieren; glätten
level *v* **off** abgleichen; abflachen
level *v* **out** 1. *(OB)* ausspachteln; 2. *(Erdb)* einebnen
level *v* **the layer** *(Erdb)* die Schicht (ein)ebnen, planieren
level *v* **up** 1. ausrichten; 2. nach oben abrunden
level *(Te)* in Waage, eben, horizontal; flach, bündig
level 1. *(Verm)* Höhe *f*, Geländehöhe *f*, Niveau *n*; Stand *m*, Stufe *f*; Pegel *m*, Spiegel *m*; Kote *f*; 2. *(Verm)* Nivellierinstrument *n*; Richtwaage *f*, Richtlatte *f*, Richtscheit *n* • **at level** *(Verm)* höhengleich, höhengerecht
level adjustment *(Verm)* Höheneinstellung *f*, Höhenjustierung *f*
level-bedded strata *(Erdb, Tun)* horizontalgelagerte Schichten *fpl*
level collar *(WVA)* Kniefitting *n (Rohr)*
level control 1. *(Verm)* Höhenmarkenserie *f*, Höhenvermarkung *f* am Bauwerk; 2. *(Wsb)* Pegelkontrolle *f*
level country *(Bod)* Flachland *n*
level course Abgleichschicht *f*; Abgleichung *f*, Ausgleichung *f*
level crossing *(Verk)* höhengleicher [niveaugleicher, schienengleicher] Bahnübergang *m*; Wegübergang *m (in gleicher Höhe)*
level crossing gate *(Verk)* Schrankenanlage *f*
level crossing half-gate *(Verk)* Halbschrankenanlage *f*
level crossing marker *(Verk)* Überwegmarkierung *f*; Bahnübergangsmarkierung *f*
level crossing signals *(Verk)* Bahnübergangshinweiszeichen *n*, Wegeübergangszeichen *n*
level fluctuation *(Wsb)* Niveauschwankung *f*
level glass *(Verm)* Libelle *f*
level indicator 1. *(San, WVA)* Füllstandsanzeiger *m*, Füllstandsmesser *m*; 2. *(Verm)* Dosenlibelle *f*
level intersection *(Verk)* Niveaukreuzung *f*
level light Streiflicht *n*
level line *(Verm)* Höhenlinie *f*
level-luffing crane Wippdrehkran *m*
level map *(Konst, Verm)* Niveauliniendarstellung *f*
level meter Füllstandsanzeiger *m*, Füllstandsmesser *m*
level metering device *(Verm)* Peilvorrichtung *f*
level of amenities Wohnwert *m*, Wohnungsgebrauchswert *m*
level of background noises *(DIS)* Geräuschstörpegel *m*
level of characteristics Merkmalsniveau *n*
level of compaction *(BM, Bod)* Lagerungsdichte *f*
level of condition *(Verk)* Zustandsnote *f (z. B. von Straßen)*
level of confidence *(Stat)* statistische Sicherheit *f*
level of corrosion *(OB)* Korrosionsgrad *m*
level of expectation *(VR)* Erwartungshaltung *f*, Erwartungshorizont *m*
level of floor Oberkante *f*
level of foundation *(Erdb)* Fundamentauflagehöhe *f*, Gründungshöhe *f*, Gründungssohle *f*
level of ground *(Verm)* Geländehöhe *f*, Niveau *n*
level of lighting *(LB)* Beleuchtungsniveau *n*
level of overloading *(Verk)* Grad *m* der Überbelastung *(Straße)*

level of quality Qualitätsniveau *n*
level of reference *(Verm)* Bezugsniveau *n*
level of reflection *(El)* Reflexionsgrad *m*
level of risk Gefahrengrad *m*, Risikostufe *f*
level of saturation *(Verk)* Belegungssättigungsniveau *n*
level of service Leistungsqualität *f*; Angebotsqualität *f*; Verkehrsgüte *f*, Verkehrskomfort *m*, Verkehrsqualität *f*
level of standardization Normungsebene *f*
level of the water gauge *(Wsb)* Pegelhöhe *f*
level of underground water *(Bod, Erdb)* Grundwasserspiegel *m*
level of upper pond Stauniveau *n*
level railway crossing *s.* level crossing
level reach *(Wsb)* Staustrecke *f*
level road *(Verk)* ebene Straße *f*
level rod *(Verm)* Nivellierlatte *f*
level rule Schmiege *f (Schmiegmaß)*
level section *(Verk)* ebener Streckenabschnitt *m*
level square Winkelsetzwaage *f*
level stretch *(Verk)* waagerechter Straßenabschnitt *m*
level switch *(El, San, Wsb)* Niveauschalter *m*
level terrain ebenes Gelände *n*
level to flush bündig, niveaueben
level water *(Bod, Erdb, Tun, WVA)* Grundwasser *n*
level with *(Verm)* auf gleicher Höhe mit, höhengerecht
level with the floor fußbodenbündig
level with the pavement belagsbündig
leveling *(AE) s.* levelling
levelled *(Verm)* ausnivelliert, abgeglichen, in Waage
levelled ground *(Erdb, LB)* Planum *n*
levelled surface of embankment eben abgeglichener Erdkörper *m*

L

leveller 1. *(Verm)* Nivellierinstrument *n*, Nivellier *n*; 2. *(BWG, Erdb)* Planierstange *f*, Planiereinrichtung *f*
levelling 1. *(Verm)* Höhenaufnahme *f*, Höhenbestimmung *f*, Höhenmessung *f*, Nivellement *n*, Nivellieren *n*, Nivellierung *f*; 2. *(Erdb)* Planieren *n*, Abgleichen *n*, Ausgleichen *n*, Einebnen *n*, höhenmäßiges Angleichen *n*; Auffüllen *n*
levelling alidade *(Stat)* Kippregel *f*
levelling beam Abstreichbohle *f*
levelling board *(Verm)* Nivellierlatte *f*; Abziehlatte *f*
levelling coat Putzausgleichsschicht *f*
levelling composition Ausgleichmasse *f*, Ausgleichsspachtel *m (Fußboden)*
levelling concrete Ausgleichbeton *m*
levelling course *(Erdb, Konst, SB)* Ausgleichsschicht *f*; Ausgleichslage *f*; Nivellierlage *f*
levelling device 1. *(BWG, Erdb)* Planiereinrichtung *f*; 2. *(EB)* Aufzugshöhenabgleichung *f*
levelling instrument *(Verm)* Nivellierinstrument *n*, Nivellier *n*
levelling layer *s.* levelling course
levelling machine *(BWG, Erdb)* Planiermaschine *f*
levelling net *(Verm)* Nivelliernetz *n*
levelling of surface *(Verm)* Flächennivellement *n*
levelling off *(Erdb, Verm)* Ebnen *n*, Egalisieren *n*, Nivellieren *n*, Einebnen *n*; Ausgleichen *n*
levelling point *(Verm)* Nivellierpunkt *m*
levelling pole *(Verm)* Nivellierlatte *f*
levelling ring Ausgleichring *m (Straßendeckel)*
levelling rod *(Verm)* Nivellierlatte *f*
levelling rule *(SB)* Putzrichtscheit *n*
levelling screed (material) Ausgleichsestrich *m*, Nivellierestrich *m*
levelling screw Höhenjustierschraube *f*
levelling spring *(EB)* Stiftfeder *f*
levelling staff *(Verm)* Nivellierlatte *f*
levelling stave *(Verm)* Nivellierlatte *f*
levelling surface *(Arch, Verm)* exakt planparallele Fläche *f*, Richtfläche *f*
levelling survey *(Verm)* Nivellement *n*, Höhenmessung *f (im Gelände)*
levelling tube *(HLK, San, WVA)* Niveaurohr *n*
levelling underlay Ausgleichsschicht *f*, Nivellierlage *f (Mauerwerk)*
levelling work *(SB)* Ausgleichsarbeiten *fpl*, Nivellier(ungs-)arbeiten *fpl*
levelness *(Bod, Verm)* Ebenheit *f (topographisch)*
lever Hebel *m*; Zuhaltemechanismus *m*, Zuhaltung *f (Türschloss)*
lever action *(Stat)* Hebelwirkung *f*
lever arm Hebelarm *m*
lever board *s.* louvre board
lever drawbridge *(Br)* Hebelarmzugbrücke *f*
lever handle Hebelgriff *m*; Schlossschiebegriff *m*
lever jack *(BWG)* Hebelwinde *f*, Lastwinde *f*
lever operated mit Hebelbedienung, mit Hebelantrieb
lever principle *(Stat)* Hebelgesetz *n*
lever shears *(BWG, St)* Tafelschere *f*, Fußhebelblechschere *f*, Hebelschere *f*
lever weir *(Wsb)* Klappenwehr *n*
leverage *(Stat)* Hebelwirkung *f*, Hebelkraft *f*
levigated feingeschlämmt
levigation *(Umw, WVA)* Abschlämmen *n*, Dekantieren *n*
lewis Keilklaue *f*, Steinheber *m*, Steinwolf *m*
lewis bolt Steinschraube *f*
lewis hole *(Hb)* Schwalbenschwanzaussparung *f* für Steinankerschrauben
liability 1. Verbindlichkeit *f*, Haftpflicht *f*; Schuld *f*; Verantwortlichkeit *f*; 2. Neigung *f*
liability clause *(VR)* Haftungsklausel *f*
liability for defects *(VR)* Mängelhaftung *f*
liability insurance *(VR)* Haftpflichtversicherung *f*
liability period *(VR)* Haftungszeitraum *m*
liability to efflorescence *(DIS, OB)* Ausblühungsneigung *f*
liability to indemnification *(VR)* Entschädigungsverpflichtung *f*
liability to pay *(VR)* Zahlungsverpflichtung *f*
liability to recourse *(VR)* Regresspflicht *f*
liability to rust *(BM, OB)* Rostanfälligkeit *f*
liable *(VR)* verantwortlich, haftbar • **be (held) liable** *(VR)* haften *(rechtlich verantwortlich sein)* • **be liable (for)** *(VR)* für Mängel haften
liable to be attacked *(OB)* angreifbar *(Korrosion)*
liable to be undermined *(Wsb)* auskolkbar, nicht kolksicher
liable to rust *(BM)* rostempfindlich
licence for the construction *(VR)* Baulizenz *f*
licence holder *(VR)* Lizenzinhaber *m*
licensed zugelassen *(beruflich)*
licensed contractor *(VR)* registrierter Baubetrieb *m*, zugelassene Baufirma *f*
licensed engineer *(VR)* lizenzierter Diplomingenieur *m*
licensee *(VR)* Lizenzinhaber *m*, Konzessionsinhaber *m*
lich-gate *(Konst)* Torüberdachung *f*, überdachtes Wegetor *n (an Friedhöfen)*
lid *(EB, Konst)* Klappe *f (Klappdeckel)*; Verschlussdeckel *m*; Haube *f (Deckel)*
lid of stack *(HLK)* Schornsteinhaube *f*, Windkappe *f (Schornstein)*
lie *v* liegen, aufliegen
lie Lage *f*
lie of the ground Baustelle *f*, Bauplatz *m*, Baugelände *n*
lien waiver *(VR)* Gläubigerverzicht *m*
lierne (rib) *(Arch)* Gewölbezwischenrippe *f*, schmale Zwischenrippe *f*, (gotische) Rippe *f*, Lierne *f*

lierne vault(ing) *(Arch, Konst)* Sterngewölbe *n*, Liernengewölbe *n*, Gewölbe *n* mit schmalen Zwischenrippen
life cycle *(VR)* Lebensdauer *f*, Nutzungsdauer *f*
life cycle analysis *(LCA)* Funktionszyklusanalyse *f*
life cycle assessment *(VR)* Lebenszyklusbewertung *f*
life cycle costing *(VR)* Lebenszykluskostenberechnung *f*
life district *(RP, Umw)* Lebensraum *m*
life expectancy *(Konst, VR)* Lebenserwartung *f*, normative Nutzungsdauer *f*
life-size *(Arch)* lebensgroß
lifetime *(Konst, VR)* Lebensdauer *f*, Nutzungsdauer *f*
lift *v* 1. hochheben, hochziehen, anheben; 2. freilegen, herausheben; 3. fördern *(Pumpe)*; 4. abheben, hochziehen *(eine alte Farbschicht)*
lift *v* **by jack** hochwinden
lift *v* **up** in die Höhe richten, hochheben *(Lasten)*
lift 1. *(EB)* Aufzug *m*, Fahrstuhl *m*, Lift *m*, Personenaufzug *m*; 2. *(Stat)* Auftrieb *m*; Hub *m*; Sogkraft *f*; Saughöhe *f*; 3. *(BB, Te)* Einbauschicht *f*, Einbaulage *f*, Lage *f*; Betonierschicht *f* *(Betonbau)*; 4. *(EB)* Hubfenstergriff *m*; 5. *(Te)* Gerüstetage *f*, Gerüstebene *f*; 6. *(RS)* Mörtelinjektionsmenge *f*
lift bridge *(Br)* Hebebrücke *f*, Hubbrücke *f*
lift cage Fahrkorb *m*
lift capacity Tragfähigkeit *f* *(Baukran)*
lift car Fahrkorb *m*, Aufzugskorb *m*
lift car annunciator Aufzugsgeschossanzeige *f*
lift car platform Fahrkorbbodenfläche *f*, Aufzugsfußboden *m*
lift coefficient *(Stat)* Auftriebsbeiwert *m*
lift component *(Erdb, Stat)* Auftriebskraft *f* *(Gründungen, Fundamente)*
lift control *(El)* Aufzugsteuerung *f*
lift door *(EB)* Aufzugstür *f*, Fahrstuhltür *f*
lift door operator Aufzugstüröffner *m*
lift entrance Aufzugeingang *m*
lift force *(Stat)* Auftriebskraft *f*
lift frame *(EB)* Aufzugsgerüst *n*, Fahrstuhlgerüst *n*; Förderturm *m*
lift gate Hubtor *n* *(Schleuse)*
lift guide Aufzugführungsschiene *f*
lift hall Aufzughalle *f*
lift jack Heber *m*; Hubpresse *f*
lift joint *(BB, Konst, Te)* Betonierfuge *f*, Einbauschichtfuge *f*
lift landing Aufzugpodest *n*, Aufzugtreppenabsatz *m*
lift latch *(AE)* *(EB)* Hubklinke *f*, Hubklinkenriegel *m*
lift layer *(Verk)* Sauberkeitsschicht *f* *(Straße)*
lift lock *(Wsb)* Schleuse *f* *(für Schiffe)*; Schiffshebewerk *n*, Schiffshebeanlage *f*
lift machine room *(BWG)* Aufzugmaschinenraum *m*
lift maker *(BWG)* Aufzughersteller *m*
lift-off Ausheben *n*
lift-off hinge *(EB)* aushängbares Scharnier *n*
lift-plate floor Hubplattendecke *f*
lift platform Aufzugsfußboden *m*
lift pump *(Erdb, WVA)* Saugpumpe *f*
lift shaft Aufzugsschacht *m*, Fahr(stuhl)schacht *m*
lift slab 1. Hub(decken)platte *f*; 2. Palette *f*
lift-slab collar Deckenkragen *m*
lift-slab column *(TK)* Hubdeckenstütze *f*
lift-slab concrete floor *(BB, TK)* Hubdecke *f* *(Beton)*
lift-slab construction *(BB, Te)* Hubplattenverfahren *n*, Hubplattenbauweise *f*, Deckenhebeverfahren *n*, Lift-Slab--Verfahren *n*
lift-slab floor *(TK)* Hubplattendecke *f*
lift-slab method *s.* lift-slab construction
lift-slab roof Hubdach *n*
lift-slab structure *(Arch, Konst)* Hubdeckenbauwerk *n*
lift subpost Aufzugskorb *m* mit Funktionselementen unter dem Rahmen
lift thickness Einbaudicke *f*
lift-to-drag ratio *(WVA)* Verhältnis *n* zwischen Förderhöhe und Widerstand
lift-type car park *(Konst)* Aufzuggarage *f*
lift well *s.* 1. lift shaft; 2. lift well facility
lift well facility Fahrstuhlschachtanlage *f*
lifter Wuchtbaum *m*, Druckbaum *m*
lifting 1. Abheben *n*, Quellen *n* *(eines Anstrichfilmes)*; 2. Hochheben *n*, Anheben *n* *(Last)*; 3. Abheben *n* *(Brückenüberbau)*
lifting appliance *(BWG)* Hebevorrichtung *f*, Hebezeug *n*
lifting barrier Schlagbaum *m*, Schlagbaumschranke *f*
lifting block(s) Flaschenzug *m*
lifting construction technique *(Te)* Hubtechnik *f* *(Hubdeckenverfahren)*
lifting crane *(BWG)* Hebekran *m*
lifting device *(BWG)* Hebevorrichtung *f*
lifting dock *(Wsb)* Hebedock *n*
lifting door *(Hb)* Hebetür *f*
lifting door fitting *(EB)* Hebetürbeschlag *m*
lifting effect *(Stat)* Auftrieb *m*
lifting equipment Hebezeug *n*
lifting eye Huböse *f*
lifting force *(Stat)* Auftrieb *m*
lifting gear Hebezeug *n*
lifting height *(BWG)* Förderhöhe *f* *(z. B. eines Krans)*
lifting hook Lasthaken *m*, Transporthaken *m*
lifting insert Hubeinlage *f*
lifting into an arch *(Erdb, Tun)* Aufwölbung *f*
lifting key *(BWG, WVA)* Aushebeschlüssel *m* *(für Schachtdeckel)*
lifting mechanism Hebemechanismus *m*
lifting platform *(BWG, Te)* Hebebühne *f*, Hubplattform *f*
lifting rod Hubstange *f* *(Hubdeckenmethode)*
lifting sliding door *(Hb)* Hebeschiebetür *f*
lifting tackle Hebezeug *n* *(Flaschenzug)*
lifting tong Lasthaken *m*, Lasthebezange *f*
lifting window *(Hb)* Hebefenster *n*
lifting window fittings *(EB)* Hebefensterbeschläge *mpl*
ligger *(AE)* 1. horizontales Gerüst(stütz)holz *n*, horizontale Steife *f*; 2. Mörtel(aufzieh)brett *n*; 3. Einfassungsbrett *n* *(um ein Strohdach)*; 4. Holzsteg *m* *(über einem Graben)*
light *v* 1. *(El)* (be)leuchten; 2. *(El, Verk)* befeuern
light 1. leicht(gewichtig); leicht *(Erdstoff mit wenig Lehm und Ton)*; 2. schwach, gering *(mit wenig Substanz, z. B. Bindemittel, Pigment usw.)*; 3. hell (scheinend)
light 1. *(El)* Licht *n*; Lichtschein *m*; 2. *(Hb)* Fenster *n*, Lichtfenster *n*; 3. Fensterfeld *n* *(Oberlicht)*
light absorption *(El)* Lichtabsorption *f*, Lichtaufsaugung *f*
light-admitting *(Konst)* lichtdurchlässig
light-admitting board Lichtplatte *f*
light-admitting grill Lichtgitter *n*
light-admitting plastic material organisches Glas *n*, Kunststoffglas *n*, Plexiglas® *n*
light-admitting sheet *(El)* Lichtplatte *f*
light-admitting sheet plastic *(El)* Kunststofflichtbahn *f*
light aggregate *(BM)* Leichtzuschlagstoff *m*
light alloy Leichtmetalllegierung *f*; Aluminiumlegierung *f*
light arrow *(Verk)* Leuchtpfeil *m*
light barrier *(El)* Lichtschranke *f*
light beacon *(Verk)* Leuchtbake *f*
light beam *(El)* Lichtstrahlbündel *n*
light beam divergence [spread] Lichtstrahlwinkel *m* *(eines Strahlenbündels)*
light bridge *(EB, El)* Beleuchtungsbrücke *f* *(Theater)*
light building board [sheet] Leichtbauplatte *f*
light centre length *(El)* Lichtquellenabstand *m* *(von einem Fixpunkt)*
light-coloured hellfarbig

light concrete *(BB)* Leichtbeton *m (haufwerksporig)*
light conditions *(El)* Lichtverhältnisse *npl*
light construction *(Konst)* Leichtbaukonstruktion *f*, Leichtbau *m*
light construction method *(Konst)* Leichtbauweise *f*
light court Außenmaueraussparung *f* für Lichtzutritt
light cover *(Tun)* Lichthülle *f*
light cupola *(Konst)* Lichtkuppel *f*
light demolition work *(RS)* leichte Abbrucharbeiten *fpl*
light diffusing ceiling *(El)* Leuchtdecke *f*, Lichtdecke *f*
light-diffusing ceiling system Leuchtdeckenkonstruktion *f*, Lichtdeckenkonstruktion *f*
light-diffusing glass Lichtstreuglas *n*, lichtstreuendes Glas *n*
light-diffusing panel *(BT, El)* Lichtstreutafel *f*, lichtstreuende Tafel *f*
light-diffusing surface lichtstreuende Oberfläche *f*
light-diffusing unit Lichtstreuelement *n*, lichtstreuendes Element *n*
light diffusion *(El)* Lichtstreuung *f*
light-directing lichtlenkend, lichtrichtend
light distribution Lichtverteilung *f*, Ausleuchtung *f*
light-duty driver *(Erdb)* Leichtpfahlramme *f*
light efficiency Lichtausbeute *f*
light emitter *(El)* Strahler *m*
light-expanded clay aggregate mitteldichter Blähton *m*
light filter Lichtfilter *n*
light fitting Beleuchtungskörper *m*, Beleuchtungseinrichtung *f*
light fixture *(El)* Beleuchtungskörper *m*
light gap Lichtspalt *m*
light-gauge steel construction *(Konst, St)* Stahlleichtbau *m*
light installation *(El)* Lichtanlage *f*
light intensity Helligkeit *f*
light load *(El)* Lichtlast *f*, Beleuchtungslast *f*
light loss Lichtverlust *m*
light metal *(BM, St)* Leichtmetall *n*
light-metal alloy *(BM, St)* Leichtmetalllegierung *f*
light-metal blind slat Leichtmetalllamelle *f*
light-metal builder's furniture *(EB)* Leichtmetallbaubeschlag *m*
light-metal construction Leichtmetallbau *m*
light-metal construction section *(BM, St)* Leichtmetallbauprofil *n*
light-metal door *(BT, St)* Leichtmetalltür *f*
light-metal frame *(BT, St)* Leichtmetallrahmen *m*
light-metal latticed girder *(St, TK)* Leichtmetallträger *m*
light-metal plain web beam *(St, TK)* Leichtmetall-Vollwandbalkenträger *m*
light-metal roof cladding Leichtmetalldachdeckung *f*, Leichtmetallbedachung *f*
light-metal roof truss *(BT, TK)* Leichtmetallfachwerkbinder *m*
light-metal slatted bind Leichtmetalljalousie *f*
light-metal space bearing structure *(TK)* Leichtmetallraumtragwerk *n*
light-metal structural engineering *(Konst, St)* Leichtmetallbautechnik *f*
light-metal trussed girder *(TK)* Leichtmetallfachwerkträger *m*
light-metal window *(BT, St)* Leichtmetallfenster *n*
light-metal work Leichtmetallbauarbeiten *fpl*
light meter *(El)* Lichtmesser *m*
light opening Lichtöffnung *f*
light output ratio of a fitting *(El)* Leuchtenwirkungsgrad *m*
light-painted hell gestrichen
light-passing lichteinlassend, lichtdurchlässig
light-passing opening (grill) Lichtöffnung *f*
light-passing plastic *(BM)* organisches Glas *n*, Kunststoffglas *n*, Plexiglas® *n*
light-passing sheet *(El)* Lichtplatte *f*
light path *(El)* Lichtspur *f*, Leuchtleitspur *f*
light pattern (construction) leichte Bauart *f*
light penetration Lichteintritt *m*
light permeability *(BM)* Lichtdurchlässigkeit *f*
light plant *(El)* Lichtanlage *f*
light plate *(BM, St)* Mittelblech *n*
light-proof *s.* lightproof
light-proofness *s.* lightproofness
light radiation Lichtstrahlung *f*
light rail Feldbahnschiene *f*
light rail section Feldbahnschienenprofil *n*
light railway *(Verk)* Schmalspurbahn *f*; Feldbahn *f*
light reflection value *(El)* Lichtreflexionswert *m*
light resistance Lichtbeständigkeit *f (Kunststoff, Farbe)*
light-resistant lichtbeständig, lichtecht
light sensitive device Lichtfühler *m*
light shaft Lichtschacht *m*
light signal *(Verk)* Lichtsignalanlage *f*
light-signal device *s.* light signal
light signalling *(Verk)* Lichtsignalisierung *f*
light silt *(BM, Bod)* Feinlehm *m*
light socket *(El)* Steckdose *f* für eine Leuchte
light source *(El)* Lichtquelle *f*
light steel construction *(Konst, St, Te)* Stahlleichtbau *m*, Stahlleichtbauweise *f*
light switch *(El)* Lichtschalter *m*
light-tight lichtdicht
light-tight blind Verdunklungsblende *f*, Verdunklungsrollo *n*
light-tight door *(EB, Hb)* Verdunklungstür *f*
light-tight jalousie *(EB)* Verdunklungsjalousie *f*
light-tight window Verdunklungsfenster *n*
light tower hoist leichter Schachtaufzug *m*
light-traffic bridge *(Verk)* Brücke *f* für leichten Verkehr
light transmission *(BM)* Lichtdurchlässigkeit *f*
light transmittance efficiency *(BM, El)* Lichtdurchlässigkeitsgrad *m*
light vehicle *(Verk)* Leichtfahrzeug *n*
light-walled dünnwandig
light-weight ... *siehe: lightweight ...*
light well Lichtschacht *m*
light yield *(El)* Lichtausbeute *f (Lichtquelle)*
lighten *v* 1. leichter machen, entlasten; 2. aufhellen *(Anstrich)*
lightening *(OB)* Aufhellen *n (Anstrich)*
lightfast *(BM, OB)* lichtbeständig, lichtecht
lightfastness *(BM, OB)* Lichtechtheit *f*, Lichtbeständigkeit *f*
lighthouse Leuchtturm *m*, Feuerturm *m*
lighting *(El)* Beleuchtung *f*
lighting bowl Leuchtenschale *f*
lighting by roof light *(El)* Oberlichtbeleuchtung *f*
lighting calculation *(El)* Beleuchtungsberechnung *f*
lighting chain *(El)* Beleuchtungskette *f*
lighting circuit *(El)* Leuchtstromkreis *m*
lighting column *(TK, Verk)* Lichtmast *m (Straße)*
lighting component Beleuchtungsanteil *m*
lighting current *(El)* Lichtstrom *m*
lighting device Beleuchtungsgerät *n*
lighting diffusor lichtstreuendes Element *n*
lighting engineering *(El)* Beleuchtungstechnik *f*, Lichttechnik *f*
lighting equipment *s.* lighting installation
lighting fitting [fixture] *(El)* Beleuchtungskörper *m*, Leuchte *f*
lighting furniture *s.* lighting installation
lighting holder Beleuchtungshalter *m*

lighting installation *(El)* Beleuchtungsanlage *f*; Lichtanlage *f*
lighting instrument transportable Beleuchtungsquelle *f*
lighting line Lichtleitung *f (innen)*
lighting load Beleuchtungslast *f*
lighting mains *(El)* Lichtleitungen *fpl*
lighting mast *(El, TK)* Beleuchtungsmast *m*, Leuchtenmast *m*, Lichtmast *m*
lighting mast with arm *(El, TK)* Auslegerleuchtenmast *m*, Auslegerlichtmast *m*
lighting of streets *(El, Verk)* Straßenbeleuchtung *f*
lighting outlet *(El)* Deckendose *f (für Leuchte)*
lighting panel 1. *(El)* Beleuchtungsschalttafel *f*, Schalterbrett *n*; 2. *(El)* Lichtstreutafel *f*
lighting plant *(El)* Beleuchtungsanlage *f*
lighting pole *s.* lighting column
lighting pylon *(El, TK)* Beleuchtungsmast *m*; Lichtmast *m*
lighting row *(El)* Lichtband *n*
lighting set Lichtanlage *f*
lighting system *s.* lighting installation
lighting technician Beleuchtungstechniker *m*
lighting unit *(El)* Leuchte *f*, Beleuchtungskörper *m*
lighting-up time *(Verk)* (vorgeschriebene) Straßenbeleuchtungseinschaltzeit *f*
lightly coated dünn beschichtet
lightness 1. *(OB)* Helligkeit *f (Anstrich)*; 2. *(BM, OB)* Leichtheit *f*, Leichtgewichtigkeit *f*
lightning arrester *(El)* Überspannungsableiter *m*; *(AE)* Blitzschutz *m*
lightning conductor *(El)* Blitzableiter *m*
lightning damage *(VR)* Blitzschaden *m*
lightning down conductor *s.* lightning conductor
lightning protection *(El)* Blitzschutz *m*
lightning protective system *(El)* Blitzschutzanlage *f*
lightning rod *(El)* Blitzableiter *m*
lightning shake *(BM)* Blitzriss *m (im Holz)*
lightproof *(OB)* lichtbeständig, lichtecht
lightproof blind *(EB)* völlig schließbare Lichtjalousette *f*
lightproofness Lichtbeständigkeit *f*, Lichtechtheit *f*
lightweight leicht *(Gewicht)*
lightweight Leichtgewichtigkeit *f*
lightweight aggregate *(BM)* Leichtzuschlag(stoff) *m*
lightweight aggregate concrete *(BB)* Leichtzuschlag(stoff)beton *m*
lightweight beam *(TK)* Leichtbalken *m*, Leichtträger *m*
lightweight block *(BM, SB)* Leichtblockstein *m*, Leichtstein *m*
lightweight block masonry *(SB)* Leichtsteinmauerwerk *n*
lightweight block partition *(SB)* Leichtblocksteinwand *f*
lightweight brick Leichtziegel *m*
lightweight building board *(BT)* Leichtbauplatte *f*
lightweight building component *(BT)* Leichtbauelement *n*
lightweight building material Leichtbaustoff *m*
lightweight building sheet Leichtbauplatte *f*
lightweight building unit *(BT)* Leichtbauelement *n*
lightweight chamotte brick Schamotteleichtstein *m*
lightweight clay brick Leichtziegel *m*
lightweight coating *(OB)* Dünnbeschichtung *f*
lightweight concrete Leichtbeton *m (haufwerksporig)*
lightweight concrete aggregate *(BM)* Betonleichtzuschlag(stoff) *m*
lightweight concrete building block Leichtbetonblockstein *m*
lightweight concrete floor slab *(BT, Konst)* Leichtbetondeckenplatte *f*
lightweight concrete girder *(TK)* Leichtbetonträger *m*
lightweight concrete hollow block Leichtbeton-Hohlblockstein *m*
lightweight concrete screed Leichtbetonestrich *m*
lightweight concrete slab *(BT)* Leichtbauplatte *f*
lightweight construction *(Konst)* Leichtbau *m*
lightweight construction method *(Konst, Te)* Leichtbauweise *f*
lightweight expanded clay (aggregate) Blähton *m*, Porensinter *m*
lightweight façade *(OB, St)* Leichtfassade *f*, Leichtmetallfassade *f*
lightweight floor *(TK)* Leichtträgerdecke *f*, Leichtdecke *f*
lightweight girder *(TK)* Leichtbauträger *m*
lightweight insulating concrete *(DIS)* Leichtdämmbeton *m*
lightweight insulation board *(DIS)* Leichtdämmplatte *f*
lightweight lime concrete Kalkleichtbeton *m*
lightweight loading *(Stat)* Leichtbelastung *f*
lightweight masonry *(SB)* Leichtmauerwerk *n*
lightweight metal Leichtmetall *n*
lightweight metal construction Metallleichtbau *m*
lightweight metal façade Leichtmetallfassade *f*
lightweight metal partition *(Konst)* Leichtmetalltrennwand *f*
lightweight metal shutter door Leichtmetalltor *n*
lightweight metal slatted roller blind *(EB)* Leichtmetallrolljalousie *f*, Leichtmetallrollladen *m*
lightweight mineral aggregate mineralischer Leichtzuschlagstoff *m*
lightweight pipe Leichtrohr *n*
lightweight plaster Leichtverputz *m*
lightweight precast concrete panel *(BT)* Leichtbaufertigplatte *f*
lightweight prefabricated brick panel Leichtziegelplatte *f*
lightweight roof *(Konst)* Leichtbaudach *n*
lightweight screed Leichtestrich *m*
lightweight section Leichtprofil *n*
lightweight slag schaumige Hochofenschlacke *f*, Hochofenschaumschlacke *f*
lightweight steel beam *(TK)* Stahlleichtbalken *m*, Stahlleichtträger *m*
lightweight steel construction *(Konst, St)* Stahlleichtbau *m*
lightweight steel structures *(Konst, St)* Stahlleichtbauten *mpl*
lightweight structural clay product keramisches Leichtbauerzeugnis *n*, keramischer Leichtbaugegenstand *m*
lightweight structural concrete *(BB, Konst)* Konstruktionsleichtbeton *m*
lightweight tile Leichtstein *m*, Leichtblock *m*
lightweight timber truss *(Hb)* leichter Holzbinder *m*
lightweight trussed girder *(TK)* Leichtbaufachwerkträger *m*
lightweight vault Leichtgewölbe *n*
lightweight wall *(Konst)* Leichtbauwand *f*
ligneous holz(art)ig, lignitartig
ligneous asbestos Holzasbest *m*
ligneous fibre Holzfaser *f*
lignin Lignin *n*, Holzstoff *m*
lignite *(BM)* Lignit *m*
lignivorous holzfressend
like-grained gleichkörnig *(Zuschlag)*
like-grained concrete *(BB)* Einkornbeton *m*
like-grained mortar *(BM)* Einkornmörtel *m*
like gravel Einkornkies *m*, einkörniger Kies *m*, gleichkörniger Kies *m*
liking *(BM)* Affinität *f (z. B. Bitumen zu Gestein, Wasser zu Zuschlägen oder Baustoffen)*
limb 1. *(Verm)* Gradbogen *m (Winkelmessgerät)*; Schenkel *m*

(Manometer); 2. *(Arch)* Seitengebäude *n*, Nebengebäude *n*, Seitenflügel *m*, Gebäudeflügel *m*
limb of cross Kreuzarm *m*
limba (wood) *(BM, Hb)* Limbaholz *n*
lime *v* kalken *(Erdstoffstabilisierung)*
lime 1. Kalk *m*; 2. *(BM, Hb)* Lindenholz *n*
lime addition Kalkzugabe *f*, Kalkbeigabe *f*
lime-and-cement mortar *(SB)* Kalkzementmörtel *m*, Zementkalkmörtel *m*
lime base Kalkbasis *f*, Kalkgrundlage *f*
lime base coat Kalkunterschicht *f*
lime-based *(BM)* kalkhaltig
lime-bearing kalkhaltig
lime bloom *(OB, RS)* Kalkausblühung *f (am Beton)*
lime blowing *(BM, RS)* Kalktreiben *n*
lime blue *(OB)* Kalkblau *n*
lime-bound *(BM)* kalkgebunden
lime-bound aerated concrete Kalkleichtbeton *m*
lime burning *(Te)* Kalkbrennen *n*
lime burning plant *(BWG)* Kalkwerk *n*
lime cement hydraulischer Kalk *m*, Zementkalk *m*, Kalkzement *m*
lime-cement exterior plaster Kalkzementaußenputz *m*
lime-cement finish Kalkzementverputz *m*
lime-cement mixed subplaster Kalkzementverputz *m*
lime-cement mortar Kalk-Zementmörtel *m*
lime-cement plaster *(SB)* Kalkzementputz *m*, Zementkalkputz *m*
lime-cement stucco *(AE)* Kalkzementaußenputz *m*
lime cemented sandstone kalkhaltiger Sandstein *m*
lime clay *(BM)* Kalkton *m*
lime compatibility *(BM)* Kalkverträglichkeit *f*
lime concrete *(BB)* Kalkbeton *m*
lime-containing kalkhaltig
lime content Kalkgehalt *m*
lime crusher *(BWG)* Kalkmühle *f*
lime-depositing kalkablagernd
lime disintegration Kalkzerfall *m*
lime emulsion Kalkemulsion *f*
lime-encrusted mit Kalkansatz, verkalkt
lime external rendering *(OB, SB)* Kalkaußenverputz *m*
lime-fast kalkecht
lime-fast cement pigment *(OB)* Kalkfarbe *f (Zementfarbe)*
lime-fast pigment *(OB)* kalkechte Farbe *f*
lime fastness *(BM, RS)* Kalkbeständigkeit *f*, Kalkechtheit *f (von Farben)*
lime feldspar Kalkfeldspat *m*
lime finish Kalkverputz *m*, Kalkputzoberfläche *f*
lime floor Kalkestrich *m*
lime-free kalkfrei
lime gauging *(BM, Te)* Kalksumpfen *n*
lime gauging period Kalksumpfdauer *f*
lime grain Kalkkorn *n*, Kalkteilchen *n*
lime gravel *(Bod)* Sandmergel *m*
lime green Kalkgrün *n*
lime-gypsum mortar Kalkgipsmörtel *m*
lime hydrating machine *(BWG)* Kalklöschmaschine *f*
lime hydration *s.* lime slaking
lime-improved subsoil *(Erdb)* kalkbehandeltes Planum *n*
lime-incrustation remover Entkalkungsmittel *n*, Entkalker *m*
lime kiln *(BWG)* Kalkofen *m*
lime lump Kalkstück *n*
lime marl *(Bod)* Kalkmergel *m*
lime mastic Kalkkitt *m*
lime mortar *(SB)* Kalkmörtel *m*
lime mortar floor Kalkestrich *m*
lime paint *(OB)* Weißkalktünche *f*, Tünchkalk *m*
lime paste Kalkpaste *f*, Kalkkitt *m*; Kalkbrei *m*, Kalkteig *m*, Schlämpe *f*
lime pit *(BM, Te)* Sumpfgrube *f*
lime plant *(BM, BWG)* Kalkwerk *n*
lime plaster *(SB)* Kalkputz *m*
lime pocket Kalkeinschluss *m*
lime popping Kalktreiben *n*
lime powder Staubkalk *m*
lime product Kalkerzeugnis *n*
lime-proof *(BM, OB)* kalkbeständig, kalkfest
lime putty hydraulischer Kalkbrei *m*; fetter Kalkputzmörtel *m*
lime raker Kalkrührer *m*
lime removal *(Bod)* Entkalkung *f*
lime resistance Kalkbeständigkeit *f*, Kalkechtheit *f*
lime-rich kalkreich
lime rock Kalkgestein *n*
lime sand Kalksand *m*
lime-sand brick Kalksandstein(ziegel) *m*
lime-sand facing brick *(SB)* Kalksandverblender *m*, Kalksandverblendstein *m*
lime sandstone Kalksandstein *m*
lime-saturated *(Bod, LB)* kalkgesättigt
lime saturation *(Bod, LB)* Kalksättigung *f*
lime saturation degree *(Bod, LB)* Kalksättigungsgrad *m*
lime shale Kalkschiefer *m*
lime silicate rock Kalksilikatfels *m*, Kalksilicatfels *m*
lime silo *(BWG)* Kalksilo *n*
lime slaking Kalklöschen *n*
lime slaking box Kalklöschkasten *m*
lime slaking drum *(BWG)* Kalklöschtrommel *f*
lime slaking process *(Te)* Kalklöschvorgang *m*
lime spar *(Bod)* Kalkspat *m*
lime spreader *(Erdb, LB)* Kalkstreuer *m*
lime-stabilized *(Bod)* kalkstabilisiert
lime-stabilized soil *(Erdb)* kalkverfestigter Boden *m*, kalkstabilisierter Erdstoff *m*, Bodenverfestigung *f* mit Kalk
lime stuff *(SB)* Kalkmörtelputz *m*
lime-tallow wash *(BM, OB)* Kalktalgtünche *f*
lime-trass mortar *(BM)* Kalktrassmörtel *m*
lime type *(BM)* Kalkart *f*
lime water Kalkwasser *n*
lime wood *(BM, Hb)* Lindenholz *n*
lime works *(BWG)* Kalkwerk *n*
limer Kalktüncher *m*
limestone *(BM)* Kalkstein *m*
limestone addition [aggregate] Kalksteinzuschlag(stoff) *m*, Kalksteinzusatz *m*
limestone bank *(Bod)* Kalksteinbank *f*
limestone block Kalksteinblock *m*
limestone concrete *(BB)* Kalksteinbeton *m*
limestone dust *(BM)* Kalksteinmehl *n*
limestone-filled concrete Beton *m* mit Kalksteinzuschlag
limestone filler *(BM)* Kalksteinfüller *m*
limestone gravel Kalksteinkies *m*
limestone marble Kalkmarmor *m*, kristalliner Kalkstein *m*
limestone masonry *(SB)* Kalksteinmauerwerk *n*
limestone mastic Kalksteinmastix *m*
limestone panel Kalksteintafel *f*
limestone phyllite *(BM, Bod)* Kalkphyllit *m*
limestone powder Kalksteinmehl *n*
limestone quarry *(BWG)* Kalksteinbruch *m*
limestone rock fester Kalksteinfels *m*
limestone rubble *(BM)* Kalkbruchstein *m*, Kalksteinbruchstein *m*
limestone shale Kalkschiefer *m*
limestone slate Kalksteinschiefer *m*
limestone tarmacadam *(Verk)* Kalksteinteermakadam *m*
limestone whiting Weißkalk *m (gemahlener Naturkalkstein)*

limewash *v (OB, Te)* kalken, mit Kalk streichen, tünchen, weißen
limewash *(OB)* Kalktünche *f*, Tünche *f*; Kalkmilch *f*, Kalkbrühe *f*
limewash coat *(OB)* Kalkanstrich *m*
limewashing Kalken *n*, Tünchen *n*, Weißen *n*
limewhite *v (OB, Te)* kalken, tünchen, weißen
limewhiting *(OB)* Kalken *n*, Tünchen *n*, Weißen *n*, Kalkanstrich *m*
limewhiting coat *(OB)* Kalkanstrich *m*, Kalkmilchanstrich *m*
limey kalkartig, kalkhaltig, kalkig
liming *(OB, Te)* Kalken *n*, Schlämmen *n*, Tünchen *n*
liming-up Verkalken *n*
limit *v (Konst, Stat, VR)* begrenzen *(beschränken)*
limit 1. Grenze *f*, Begrenzung *f*; 2. Grenzmaß *n*, Toleranz *f*; Toleranzmaß *n*
limit angle *(Verm)* Grenzwinkel *m*
limit control 1. *(HLK)* Grenzwertüberwachung *f*; 2. Maximum-Minimum-Schalter *m*
limit deformation Grenzformänderung *f*
limit depth *(Bod)* Grenztiefe *f*
limit design Bruchgrenzenberechnung *f*, Traglastverfahren *n*
limit gauge Maßlehre *f*
limit indicator *(El)* Grenzwertgeber *m*
limit line *(Verm)* Begrenzungslinie *f*, Grenzlinie *f*
limit load *(Stat)* Grenzbeanspruchung *f*, Grenzlast *f*, Traglast *f*; Grenzbelastung *f*; Grenzkraft *f*
limit-load approach *(Stat)* Ansatz *m* nach dem Traglastverfahren
limit-load design *(Stat)* Traglastverfahren *n*
limit loading *(Stat)* Bruchbelastung *f*, Grenzbelastung *f*
limit mark *(Verm)* Grenzmarkierung *f*
limit method *(Stat)* Traglastverfahren *n*
limit of accuracy Maßgenauigkeitsgrenze *f*, Toleranzgrenze *f*
limit of backwater *(Wsb)* Staugrenze *f*
limit of camber Grenze *f* der Wölbung
limit of creep *(BB)* Kriechgrenze *f*
limit of elasticity *(BM)* Elastizitätsgrenze *f*
limit of endurance *(BM)* Ermüdungsgrenze *f (Dauerbeanspruchung)*
limit of fatigue in tension *(BM)* Zugermüdungsgrenze *f*
limit of forest growth *(Bod, LB, Umw)* Waldgrenze *f (höhenlagemäßig)*
limit of implementation *(Konst)* Anwendungsgrenze *f*
limit of liability *(VR)* Haftpflichtgrenze *f*
limit of proportionality *(Stat)* Proportionalitätsgrenze *f*, Gleichmaßgrenze *f*
limit of resistance *(Stat)* Festigkeitsgrenze *f*
limit of safety *(Stat, VR)* Sicherheitsgrenze *f*
limit of stability *(Stat)* Stabilitätsgrenze *f*, Standfestigkeitsgrenze *f*
limit of stress *(Stat)* Spannungsgrenze *f*
limit of the ultimate strength Bruchgrenze *f*
limit of tolerance Toleranzgrenze *f*
limit of trees *(Bod, LB, Umw)* Baumgrenze *f*
limit plane Grenzfläche *f*
limit screen size Grenzkorn *n*
limit state *(Stat)* Grenzzustand *m*
limit state of cracking Rissbildungsgrenzzustand *m*
limit stop Anschlag *m (Kran)*
limit stress *(BM, Stat)* Grenzspannung *f*
limit switch *(El)* Endschalter *m*, Anschlagschalter *m*, Begrenzungsschalter *m*
limit theorem *(Stat)* Traglastsatz *m*
limit value Grenzwert *m*
limit value indicator *(El)* Grenzwertgeber *m*
limitation *(VR)* Begrenzung *f*; Beschränkung *f*
limitation of access *(Verk, VR)* Zufahrtsbeschränkung *f*
limitation of cracks Rissebeschränkung *f*
limitation of damages *(VR)* Schadensbegrenzung *f*
limitation period Begrenzungszeit *f*; Verjährungsfrist *f*
limited begrenzt, beschränkt, limitiert
limited access road *(Verk, VR)* Straße *f* mit Zufahrtsbeschränkung; anbaufreie Straße *f*
limited-accessible *(Konst)* schwer zugänglich
limited liability *(VR)* beschränkte Haftung *f*
limited submission *(VR)* begrenzte Ausschreibung *f (Architekturwettbewerb)*
limiting angle *(Verm)* Grenzwinkel *m*
limiting case *(Stat)* Grenzfall *m*
limiting concentration *(Umw)* Grenzkonzentration *f*
limiting deviation *(Verm)* Grenzabweichung *f*
limiting dimension oberes Grenzmaß *n*; Grenzabmessung *f*
limiting equation *(Stat)* Grenzgleichung *f*
limiting equilibrium *(Stat)* Grenzgleichgewicht *n*
limiting grading curve *(BM)* Grenzsieblinie *f*
limiting height Grenzhöhe *f*
limiting layer Grenzschicht *f*
limiting pressure Grenzdruck *m*
limiting screen aperture Korngrenzöffnung *f*
limiting size oberes Grenzmaß *n*
limiting slenderness *(BT, Stat)* Grenzschlankheit *f (von Bauelementen)*
limiting span *(Stat, TK)* Stützweitengrenzwert *m*
limiting state *(Stat)* Grenzzustand *m*
limiting stress *(Stat)* Grenzspannung *f*, maximal zulässige Spannung *f (im Elastizitätsbereich)*
limiting value Grenzwert *m*
limitless unbegrenzt
limnigraph *(Wsb)* Schreibpegel *m*
limnimetrical station *(Wsb)* Pegelstation *f*
limnoquartzite *(Bod)* Süßwasserquarzit *m*
limnous schlammig
limonite *(BM)* Limonit *m*, Brauneisenerz *n (als Schwerzuschlag für Strahlenschutzbeton)*
limy kalk(halt)ig; kalkartig; gekalkt
limy bed Kalkschicht *f*
limy gravel Kalkkies *m*
limy soil *(Bod)* Kalkboden *m*
linchpin Pflöckchen *n*
linden Lindenholz *n*
line *v* 1. ausfüttern, auskleiden; ausmauern; 2. umkleiden, verkleiden, bekleiden; schalen, verschalen; 3. lini(i)eren
line *v* **a road** *(Verk)* einfassen
line *v* **out** *(Verm)* abfluchten, durchfluchten; anreißen
line *v* **up** *(Verm)* abfluchten, ausfluchten, (in Linie) ausrichten; aufstellen
line *v* **with boards** *(Hb)* verkleiden, mit Brettern verschalen
line *v* **with (wooden) panels** *(Hb)* täfeln
line 1. *(Stat)* Linie *f*; Strecke *f (Mathematik)*; Strich *m (einer Zeichnung)*; 2. *(SB)* Mauerschnur *f*, Schnur *f*, Leine *f*; *(AE)* Flucht *f*; 3. *(HLK, San, WVA)* Rohrleitung *f*, Strang *m*; 4. *(El)* Leitung *f*; 5. *(Arch, Konst)* Reihe *f (z. B. von Häusern)*; 6. *(Verk)* Bahnlinie *f*; Bahngleis *n*, Strecke *f*; 7. *(Verm)* Trasse *f*; Trassenführung *f*; 8. *(Bod)* Profillinie *f*, Profil *n (geologisch)* • **in line** *(Verm)* fluchtend, in Flucht
line bar *(El)* Leitungsschiene *f*
line bearings *(Konst, TK)* Linienlager *n*
line crossing *(Verk)* Wegübergang *m*
line drawing Strichzeichnung *f*
line drop *(El)* Spannungsabfall *m* durch Leitungswiderstand
line entry *(El, San, WVA)* Einspeisung *f*
line installed in plaster *(El)* Unterputzleitung *f*
line integral *(Stat)* Linienintegral *n (Vektor)*
line intersection method *(Stat)* Linienschnittverfahren *n*

line level Schnurwasserwaage *f*
line load *(Stat)* Linienlast *f*, Streckenlast *f*
line loading *(Stat)* Linienbelastung *f*, Streckenbelastung *f*
line marker *(Verk)* Straßenmarkierungsmaschine *f*
line marking paint *(BM, Verk)* Markierungsfarbe *f*, Signierfarbe *f*
line modulation Linienanpassung *f*
line of action Wirkungslinie *f*
line of arch *(Arch)* Bogenlinie *f*, Bogenprofil *n*, Wölbung *f*
line of collimation *s.* line of sight
line of equal shear *(Stat)* Linie *f* gleicher Scherspannung
line of force *(Stat)* Kraftlinie *f*
line of fracture *(BM, Stat)* Bruchlinie *f*
line of influence *(Stat)* Einflusslinie *f*
line of intersection *(Stat)* Schnittlinie *f*
line of least pressure *(Stat, WVA)* Mindestdrucklinie *f*
line of levels *(Verm)* Höhenlinie *f (vermessen)*; Höhenzug *m*, Gradientenzug *m*
line of load *(Stat)* Belastungslinie *f*, Lastlinie *f*
line of maximum shearing stress *(Stat)* Hauptschublinie *f*, Schubspannungslinie *f*
line of maximum slope *(Bod, Verm)* Linie *f* des maximalen Gefälles
line of piles *(Erdb)* Pfahllinie *f*, Pfahlreihe *f*
line of pressure *(Stat)* Drucklinie *f*
line of principal curvature Hauptkrümmungslinie *f*
line of resistance *(Stat)* Stützlinie *f*
line of road *(Verk, Wsb, WVA)* Trasse *f*
line of saturation *(BM, Bod, Erdb)* Sättigungskurve *f*
line of seepage *(Wsb)* Oberströmungslinie *f*
line of sight *(Verm)* Blicklinie *f*, Sichtlinie *f*, Durchfluchtungslinie *f*, Visierlinie *f*
line of slide Risslinie *f*, Gleitlinie *f*
line of space *(Arch)* Raumgerade *f*
line of supports *(Konst, TK)* Stützenreihe *f*
line of the road *(Verk, WVA)* Trasse *f*
line of thrust *(Stat)* Stützlinie *f*
line of wells *(Wsb)* Brunnenlinie *f*
line ornament *(Arch)* Linienornament *n*
line pin *(SB)* Schnurnagel *m (Mauerwerk)*
line pipe *(San, WVA)* Leitungsrohr *n*
line pole *(El, TK)* Leitungsmast *m*
line protection breaker *(El)* Leitungsschutzschalter *m*
line repairs *(Verk)* Gleisarbeiten *fpl*
line route Leitungsstraße *f*
line supported *(BT, TK)* liniengelagert
line system *(El)* Leitungssystem *n*
line terminal *(El)* Leitungsanschluss *m*
line voltage *(El)* Netzspannung *f*
line welding Rollennahtschweißen *n*
linear air distribution *(HLK)* lineare Luftverteilung *f*
linear approach Längszufahrt *f*
linear arch *(TK)* Stützbogen *m*
linear bending theory *(Stat)* lineare Biegetheorie *f*
linear building *(Konst)* Zellenbau *m*
linear contraction lineare Kontraktion *f*
linear deformation Längenänderung *f*
linear diffuser *(HLK)* Schlitzauslass *m (Klimaanlage)*
linear dilatation *(BM, BT)* lineare Dehnung *f*, Längendehnung *f*
linear dimension Längenmaß *n*
linear displacement lineare Verrückung *f*
linear distribution *(Konst)* lineare Verteilung *f*
linear elasticity lineare Elastizität *f*
linear expansion *(RP)* Linearausdehnung *f*
linear expansion coefficient *(BM)* linearer Ausdehnungskoeffizient *m*
linear extension Längenausdehnung *f*
linear function *(Stat)* lineare Funktion *f*
linear interpolation lineare Interpolation *f*
linear light source *(El)* Leuchtenleiste *f*, Beleuchtungsleiste *f*
linear loading lineare Belastung *f*, Linearbelastung *f*, Linienbelastung *f*
linear measurement *(Verm)* Längenmessung *f*; Streckenmessung *f*
linear moment of inertia *(Stat)* lineares Trägheitsmoment *n*
linear pattern Linienmuster *n*
linear plastic theory *(Stat)* Theorie *f* erster Ordnung
linear prestressing *(BB, Te)* lineare Vorspannung *f*
linear progression of stresses *(Stat)* linearer Verlauf *m* der Kräfte
linear projection *(Konst, Verm)* Linearprojektion *f*
linear relation *(Stat)* lineare Abhängigkeit *f* [Beziehung *f*]
linear shell theory *(Stat)* lineare Schalentheorie *f*
linear shrinkage *(BM)* lineare Schwindung *f*
linear state of stress einachsiger Spannungszustand *m*
linear strain Längsdehnung *f*
linear stress *(Stat)* Linearspannung *f*
linear structural [structure] system *(TK)* lineares Tragsystem *n*
linear thermal expansion *(BM, BT)* lineare Wärmeausdehnung *f*
linear town *(Arch)* lineare Stadt *f*, Bandstadt *f*
linear translation lineare Verschiebung *f*
linear variable differential transducer *(BM, TK)* Wegaufnehmer *m*, Feindehnungsmesswertgeber *m*
linear viscoelastic *(BM)* linear viskoelastisch
linearity Linearität *f*
linearly elastic linear elastisch
linearly varying strain *(BM, Stat)* linear veränderliche Dehnung *f*
lined 1. ausgekleidet; verblendet, verschalt; verkleidet; 2. lini(i)ert
lined-up *(Konst)* ausgerichtet, in (einer) Linie angeordnet
linen closet *(EB)* Wäscheeinbauschrank *m*, Wäschewandschrank *m*
linen cupboard Wäscheschrank *m*
linen room Wäschekammer *f*
liner 1. Auskleidung *f*, Ummantelung *f*; Futterholz *n*; Futter *n*; Zylinderlaufbuchse *f*; Büchse *f*; 2. Abklebung *f*
liner plate versteifende Flanschplatte *f*
liner sheet *(DIS)* Dichtungsbahn *f*
lines Lini(i)erung *f*
linhay *(LB)* (vorn) offener Schuppen *m (Dialektwort)*
lining 1. *(Konst, OB)* Auskleidung *f*, Ausfütterung *f*, Futter *n (z. B. von Rohren)*; Bekleidung *f*; Ausmauerung *f*; 2. Abdeckung(sverkleidung) *f*; 3. *(Konst, OB)* Außenwandverkleidung *f*; Verkleidung *f (Verschalung)*; 4. *(Erdb)* Verbau *m (Grabenbau)*; 5. *(Konst)* Lini(i)eren
lining board *(BT)* Auskleidungsplatte *f*; Verkleidungsplatte *f*, Verkleidungstafel *f*
lining brick Futter(ziegel)stein *m*, Ausmauerstein *m*
lining concrete Auskleidungsbeton *m*, Verkleidungsbeton *m*
lining felt *(DIS)* Rohrdämmfilz *m*
lining material Auskleidungsmaterial *n*; Verkleidungsmaterial *n*
lining of boards Gerüstschale *f (aus Brettern)*
lining of channel *(Wsb)* Grabenabdichtung *f*
lining of door casing Türfutter *n*
lining of the bearing Lagerdichtung *f*
lining out Anreißen *n (Holz)*
lining out by chalk line Schnurschlag *m*
lining panel *(Konst)* Versteifungstafel *f (Außenwand)*
lining paper getränktes Dichtungspapier *n*; Makulatur *f (zum Tapezieren)*

lining peg *(Verm)* Fluchtstab *m*
lining pipe *(San)* Futterrohr *n*; Mantelrohr *n*
lining plate Randfutter(blech) *n* *(Metalltafeldachdeckung)*
lining profile Auskleidungsprofil *n*, Verkleidungsprofil *n*
lining section *s.* lining profile
lining slab *(Konst)* Verkleidungsplatte *f* *(tragend, versteifend)*
lining tool *(BWG, OB)* Strichziehgerät *n* *(Anstrich)*
lining turf *(LB)* Sodenrasen *m*, Plaggenrasen *m*
lining unit Verkleidungselement *n*, Verkleidungsplatte *f*
lining wall Futtermauer *f*, Schalmauer *f*
lining ware Auskleidungssteinzeug *n*, Verkleidungssteinzeug *n*
link *v* verbinden, aneinanderfügen, aneinander befestigen; anschließen; vernetzen
link 1. Krampe *f*; Verbindungsglied *n*; Glied *n* *(z. B. einer Kette)*; 2. Bügel *m* *(zur Bewehrung)*; 3. *(RP, Verk)* Verbindung *f*, Straßenverbindung *f*; freie Strecke *f* *(Straße)*
link accident Unfall *m* auf freier Strecke
link dormer Verbindungsdachnase *f*
link joint *(Konst)* Gelenkverbindung *f*
link polygon *(Stat)* Seilpolygon *n*, Seilzug *m*, Seileck *n*
link road *(Verk)* Verbindungsstraße *f*, Ortsverbindungsstraße *f*, Nebenstraße *f*
link section *(Verk)* freier Streckenabschnitt *m* *(Straße)*
link treatment *(Verk)* Oberflächenbehandlung *f* der freien Strecke
link unit *s.* linking block
linked/be zusammenhängen
linked-in with *(El)* angeschlossen an
linked signals [traffic lights] *(Verk)* koordinierte Lichtsignalregelung *f*
linking block *(Arch, Konst)* Verbindungsbau *m*, Verbindungstrakt *m*
linkway *(Konst)* Verbindungsgang *m*
lino *s.* linoleum
linoleate *(BM)* Linoleat *n*
linoleum Linoleum *n*
linoleum bonding adhesive Linoleumkleber *m*, Linoleumklebstoff *m*
linoleum cover Linoleumbelag *m*
linoleum floor covering *(EB)* Linoleumfußbodenbelag *m*
linoleum-laying Linoleumverlegung *f*
linoleum tiles Linoleumfliesen *fpl*
linoleum work *(EB)* Linoleumarbeiten *fpl*
linseed alkyd *(BM, OB)* Leinölalkydharz *n*
linseed oil *(BM)* Lein(samen)öl *n*
linseed oil base Leinölbasis *f*, Leinölgrundlage *f*
linseed oil-bearing leinölhaltig
linseed oil-drying *(Hb, OB)* Leinöltrocknung *f*
linseed oil paint *(OB)* Ölfarbe *f*, Ölanstrichstoff *m*
linseed oil putty Leinölkitt *m*
linseed oil wood oil stand oil Leinöl-Holzöl-Standöl *n*
linsey tonhaltiges Gestein *n*
lintel *(Hb, TK)* Sturz(balken) *m*; Fenstersturz *m*, Türsturz *m*, Sturzriegel *m*; Oberschwelle *f*; Sturzträger *m*
lintel beam *(TK)* durchlaufender Sturzbalken *m*
lintel block U-förmiger Sturzträger *m*, offener Betonsturz *m*; Sturzformziegel *m*
lintel course Sturzschicht *f*, Sturzlage *f*
lintel reinforcement Sturzbewehrung *f*
lion frieze *(Arch)* Löwenfries *m*
Lion Gate *(Arch)* Löwentor *n* *(Mykene)*
lip *(Konst)* überhängender Rand *m*, Schnauze *f*, Lippe *f*; Leiste *f* *(für Deckenziegel)*; Überlaufkante *f*, Ausguss *m*
lip curb *(Konst)* Flachrand *m*
lip kerb *(Verk)* Flachschrägbordstein *m*
lip sealing *(HLK, San, WVA)* Lippendichtung *f*
lip sealing ring Lippendichtungsring *m*
lip strike Schließblechanschlagkante *f*
lipped floor brick Deckstein *m* mit Leiste
lipping Kante *f* *(Türanschlagkante)*
liquefaction *(Bod)* (thixotrope) Bodenverflüssigung *f*
liquefaction failure *(Erdb)* Rutschung *f* durch Verflüssigung
liquefaction of air Luftverflüssigung *f*
liquefaction of the soil *(Bod)* (thixotrope) Bodenverflüssigung *f*
liquefied resin Flüssigharz *n*
liquefy *v* verflüssigen
liquid Flüssig..., flüssig
liquid adhesive *(BM)* Flüssigkleber *m*, Klebeflüssigkeit *f*
liquid admixture flüssiges Betonzusatzmittel *n*
liquid asphaltic material *(BM)* Flüssigbitumen *n*; Verschnittbitumen *n*, Straßenöl *n*
liquid binder flüssiger Binder *m*
liquid blasting *(OB, Te)* Nassstrahlen *n*, Nasssandstrahlen *n*, nasses Sandstrahlen *n*
liquid coating material Anstrichmittel *n*, Anstrichstoff *m*, flüssiges Beschichtungsmittel *n*
liquid concrete floor hardener Betonhärteflüssigkeit *f*, flüssiges Betonhärtemittel *n*
liquid drier *(BM, OB)* Sikkativ *n*, Trockenstoff *m* in Flüssigform
liquid environment flüssiges Medium *n*
liquid film Flüssigkeitsfilm *m*
liquid hardener flüssiges Härtungsmittel *n*, flüssiger Härter *m*
liquid level gauge *(HLK, San, WVA)* Flüssigkeitsstandmesser *m*
liquid level switch *(San, WVA)* Schwimmerschalter *m*
liquid limit 1. größter Wassergehalt *m*, Wassergehalt *m* an der Fließgrenze; 2. *(Bod)* Fließgrenze *f*
liquid-limit device *(Bod)* Fließgrenzengerät *n*
liquid-limit test *(Bod)* Fließgrenzenbestimmung *f*
liquid manure pit *(Umw, WVA)* Güllegrube *f*, Jauchegrube *f*
liquid manure store Güllebehälter *m*
liquid measure Hohlmaß *n*
liquid-membrane curing *(BB, Te)* Nachbehandlung *f* mit Dichtungsmittel
liquid-membrane curing compound Formensiegelmasse *f* *(Beton)*; Betonnachbehandlungsmittel *n*
liquid mortar densifier flüssiger Mörteldichter *m*, flüssiges Mörteldichtmittel *n*, flüssiges Mörtelsperrmittel *n*
liquid plasticizing aid *(BB, Te)* flüssige Verarbeitungshilfe *f* *(Beton)*
liquid polishing compound Polieremulsion *f*
liquid polymer Flüssigpolymer *n*
liquid pot life *(BM, OB, Te)* Topfzeit *f* *(von Reaktionsanstrichstoffen)*
liquid pressure *(Bod, Erdb)* Bodendruck *m* *(durch Grundwasserüberstand)*
liquid resin Flüssigharz *n*
liquid roofing Gussasphaltdachdeckung *f*, Mastixbedachung *f* *(Dachdeckung)*
liquid separator *(WVA)* Flüssigkeitsabscheider *m*
liquid siccative Flüssigsikkativ *n*
liquid sludge *(WVA)* Flüssigschlamm *m*, Nassschlamm *m*
liquid soap dispenser *(EB)* Flüssigseifenspender *m*, Seifencremespender *m*
liquid surface waterproofing agent flüssiges Oberflächensperrmittel *n*, flüssiger Oberflächensperrstoff *m*
liquid-tight flüssigkeitsdicht
liquid waste *(WVA)* fäkalfreies Abwasser *n*, Oberflächen(ab)wasser *n*
liquid waterproofing agent Sperrflüssigkeit *f*
liquidated damages *(VR)* bezifferter Schadenersatz *m*; Schadenersatzklausel *f* *(bei Vertragsverletzung)*
liquidus line Liquiduslinie *f*

liquidus temperature Liquidustemperatur *f*
liquor Lauge *f (Lösungsmittel)*
lisena *s.* lesena
lisene *s.* lesena
list *v* 1. auflisten; 2. Kanten beschneiden
list of architects Architektenverzeichnis *n*, Architektenliste *f*
list of constructions *(RP, VR)* Bauwerksliste *f*, Bauwerksverzeichnis *n*
list of defects *(VR)* Mängelliste *f*, Mängelverzeichnis *n (Abnahme)*
list of deficiencies *(VR)* Mängelliste *f*
list of monuments *(Arch)* Denkmalsliste *f*
list of parts *(Br, Te)* Positionsliste *f (Brücke)*
list of standard specifications Normenverzeichnis *n*
list of structures *(RP, VR)* Bauwerksverzeichnis *n*, Bauwerksliste *f*
list price *(VR)* Listenpreis *m*
listed buildings *(Arch)* denkmalgeschützte Gebäude *npl*
listel 1. *(Arch)* Riemen *m (an Säulen)*; 2. *(Arch)* rechteckige Deckleiste *f*; Riemchen *n*
listing Saumholz *n*
lists of specifications *(VR)* Vertragspflichtenheft *n*
lit beleuchtet
litharge *(BM, OB)* Bleiglätte *f*, gelbes Bleimonoxidpigment *n (Farbe)*; Königsgelb *n*
lithify *v (Bod)* sich verfestigen, erhärten, sich verhärten; versteinern *(Geologie)*
lithograph stone Lithographenkalk *m*, Lithographenstein *m*
lithoidal steinig; gesteinsartig
lithol red *(OB)* Litholrot *n*
lithol yellow *(OB)* Litholgelb *n*
lithologic properties Gesteinseigenschaften *fpl*
lithology *(BM, Bod)* Gesteinskunde *f*
lithopone Lithopone *f (Farbe)*
lithosol *(Bod)* Steinboden *m*, Gesteinsboden *m*, Felsboden *m*
litigation *(VR)* Rechtsstreit *m*, Prozessieren *n*
litmus Lackmus *n(m)*
litmus (test) paper Lackmuspapier *n*
litter *v (Umw)* verunreinigen, vermüllen, die Umwelt verschmutzen
litter Abfall *m*; Verschnitt *m*, Reste *mpl*, Gerümpel *n*
little figure *(Arch)* kleine Statue *f*
littoral zone *(Bod)* Küstengebiet *n*
liturgical watervessels *(San)* doppelte Waschbecken *npl*
livable bewohnbar, beziehbar
live 1. *(El)* spannungsführend, stromführend, unter Spannung; 2. gering schallschluckend; 3. gebrannt *(Kalk)*
live edge frischer Farbrand *m*, streichfähiger Farbanschluss *m*
live fence *(LB)* lebender Zaun *m*, Hecke *f*
live knot verwachsener Astknoten *m*
live load 1. *(Stat)* Nutzlast *f*; 2. *(Stat, Verk)* Verkehrslast *f (Brücke)*
live load moment *(Stat)* Verkehrslastmoment *n*
live part *(El)* spannungsführendes Teil *n*
live room *(DIS)* Raum *m* mit hohem Echopegel
live steam *(HLK, Te)* Frischdampf *m*, heißer Kesseldampf *m*
live storage bin *(BM, BWG)* Abziehsilo *n(m)*
live test Dauerversuch *m*, Langzeitprüfung *f*, Alterungsprüfung *f*
live wire *(El)* stromführender Leiter *m*
live wood grünes Holz *n*
lived in *(VR)* bewohnt
lively design lebendiger Entwurf *m*
liver *v* gelieren, sich verdicken *(bes. Farben)*
livering 1. *(BM, OB)* Gelieren *n*, Verdicken *n*; 2. Stocken *n (Anstrichtechnik)*
living allowance Auslösung *f*
living area *(RP)* Wohngebiet *n*
living climate *(HLK, Umw)* Wohnklima *n*
living closet *(EB)* Wohnzimmereinbauschrank *m*
living conditions Wohnverhältnisse *npl (einer Familie)*
living density *(RP)* Wohndichte *f*
living floor space Wohnfläche *f*
living hut Wohnbaracke *f*
living level Wohnebene *f*
living quarters Wohnunterkunft *f*
living requirements *(VR)* Wohnbedürfnisse *npl*
living room Wohnzimmer *n*
living space *(Konst)* Wohnfläche *f*, Wohnraum *m*
living terrace Wohnterrasse *f*
living unit Wohneinheit *f*
living zone *(Konst)* Wohnbereich *m*
lixivial *(BM, Bod, WVA)* laugenartig, alkalisch
lixiviate *v (Bod)* auslaugen
lixiviation *(Bod)* Auslaugung *f*
load *v* 1. beladen, (auf)laden; 2. *(Stat)* belasten, Last aufbringen [auflegen], beanspruchen; 3. füllen, beschweren *(mit Füllstoffen oder Zusätzen)*
load 1. *(Verk)* Beladung *f*, Ladung *f*, Last *f*; 2. *(Stat)* Last *f*; Beanspruchung *f*, Belastung *f*; 3. *(BM)* Füllmaterial *n*, Füllung *f*; Zuschlagstoff *m*; 4. *(El)* Belastung *f*
load action Lasteinwirkung *f*
load application *(Stat)* Lastaufbringung *f*, Lastangriff *m*; Belastung *f*
load applied *(Te)* aufgebrachte Last *f*
load arm Lastarm *m (eines Hebels)*
load arrangement *(Konst)* Lastanordnung *f*
load at elastic limit Elastizitätsgrenze *f*
load at rupture *(Stat)* Bruchlast *f*
load-bearing tragend; belastet; konstruktiv
load-bearing capacity *(Stat, TK)* Tragfähigkeit *f*, Tragkraft *f*, Tragvermögen *n*; Belastbarkeit *f*
load-bearing capacity of the soil Baugrundtragfähigkeit *f*
load-bearing concrete tragender Beton *m*
load-bearing construction *(Te, TK)* Bau *m* von Tragkonstruktionen, Bau *m* von Konstruktionsteilen
load-bearing diaphragm *(TK)* lasttragende Scheibe *f*
load-bearing facing masonry tragendes Verblendmauerwerk *n*, tragende Verblendung *f*
load-bearing frame *(TK)* Tragrahmen *m*
load-bearing in longitudinal direction längstragend, längsbelastend
load-bearing in transverse direction quertragend, querbelastet
load-bearing layer *(Verk)* tragende Schicht *f*, Lastverteilungsschicht *f*
load-bearing masonry *(SB)* Tragmauerwerk *n*, tragendes Mauerwerk *n*; Auflagermauerwerk *n*
load-bearing mechanism Tragmechanismus *m*
load-bearing member *(BT, TK)* (last)tragendes Element *n*, Träger *m*
load-bearing partition Trennwand *f* [Zwischenwand *f*]
load-bearing pile *(Erdb)* Tragpfahl *m*
load-bearing plane Tragebene *f*
load-bearing rib *(Konst)* Konstruktionsrippe *f*, Tragrippe *f*, Auflagerrippe *f*
load-bearing skeleton Skelett *n*
load-bearing structure *(Konst, TK)* Tragkonstruktion *f*, tragende Konstruktion *f*, lasttragendes Bauwerk *n*, Tragwerk *n*, Stützkonstruktion *f*
load-bearing stud tragender Ständer *m*, tragende Bundsäule *f*

load-bearing system *(TK)* Tragsystem *n*
load-bearing tile mittragende Fliese *f*
load-bearing wall *(Konst, TK)* (last)tragende Wand *f*
load boom Lastgurt *m*
load buckling *(Stat)* Knicken *n* unter Belastung
load capability *(Stat)* Lastaufnahmevermögen *n*
load capacity *(Stat)* Tragfähigkeit *f*
load-carrying tragend; belastet *(Baugrund, Brücken)*
load-carrying bond Tafeltrageleiste *f*
load-carrying capacity Tragkraft *f*, Tragfähigkeit *f*
load-carrying concrete tragender Beton *m*
load-carrying frame *(Konst, TK)* Tragrahmen *m*
load-carrying in longitudinal direction längstragend
load-carrying in transverse direction quertragend
load-carrying mechanism *(Stat, TK)* Tragmechanismus *m*
load-carrying rib *(Konst)* Konstruktionsrippe *f*, tragende Rippe *f*, Auflagerippe *f*
load-carrying wall *(SB, TK)* tragende Wand *f*, Tragwand *f*, Auflagerwand *f*, Konstruktionswand *f*
load case *(Stat)* Belastungsfall *m*, Lastfall *m*
load category *(Verk)* Belastungsklasse *f (Straße)*; Laststufe *f*
load cell *(BM)* Druckmessdose *f*, Kraftaufnehmer *m*, Kraftmesswertgeber *m*; Spannungsaufnehmer *m*
load chord *(Konst)* Lastgurt *m*
load classification number *(Verk)* Tragfähigkeitszahl *f*; (zulässiger) Rollbahnbelastungswert *m (Flugplatz)*
load coefficient *(Stat)* Lastbeiwert *m*, Lastzahl *f*
load compensation Lastausgleichung *f*
load compilation Lastzusammenstellung *f*
load component *(Stat)* Lastkomponente *f*
load condition *(Stat)* Lastbedingung *f*
load curve Lastkurve *f*, Belastungskurve *f*
load cycle Lastspiel *n*
load-deflection curve *(Stat)* Lastverformungsdiagramm *n*, Last-Dehnungskurve *f*
load-deflection diagram Lastdurchbiegungsdiagramm *n*
load-deformation curve Lastverformungskurve *f*, Lastformänderungskurve *f*
load-deformation diagram *(Stat)* Lastdiagramm *n*, Lastverformungsdiagramm *n*, Lastformänderungsdiagramm *n*
load-deformation relation *(Stat)* Lastverformungsbeziehung *f*, Lastformänderungsbeziehung *f*
load determination *(Stat)* Lastermittlung *f*
load distributed over a certain length Streckenlast *f*
load-distributing lastverteilend
load-distributing ability *(Stat)* Lastverteilungsvermögen *n*
load-distributing curve *(Stat)* Lastverteilungskurve *f*
load distribution Lastverteilung *f*; Belastungsverteilung *f*
load-distribution ability *(TK)* Lastverteilungsvermögen *n*
load-distribution concept *(Konst, Stat)* Lastverteilungsprinzip *n*
load-distribution curve *(Stat)* Lastverteilungskurve *f*
load drop Lastabfall *m*
load due to wind pressure *(Stat)* Winddrucklast *f*
load duration Lastdauer *f*
load equivalent *(Stat)* Lastäquivalent *n*, Lastgleichwert *m*
load estimating Lastschätzung *f*
load factor *(Stat)* Belastungsfaktor *m*, Lastfaktor *m*; Sicherheitsbeiwert *m*; Auslastungsfaktor *m*
load-factor design [method] n-freies Bemessungsverfahren *n*, n-freie Bemessung *f*, Traglastverfahren *n (Stahlbetontheorie)*
load-factor stress *(Stat)* Tragspannung *f*
load hook Lasthaken *m*, Hebehaken *m*
load inclination *(Bod)* Lastneigung *f*
load increase *(Stat)* Lastzunahme *f*
load increment Lastzunahme *f*, Laststufe *f*
load intensity Laststärke *f*
load intensity diagram *(Stat)* Laststärkediagramm *n*
load limit *(BM)* Belastungsgrenze *f*; Grenzbelastung *f*; Lastgrenzwert *m*
load loss Lastverlust *m*
load magnitude Lastgröße *f*
load moment *(Stat)* Lastmoment *n*
load mould Belastungsmarke *f*
load over the entire area Plattenvolllast *f*
load partition (wall) *(TK)* tragende Trennwand *f*
load plate *(Erdb, Verk)* Lastplatte *f*
load position Laststellung *f*
load-producing bending moment *(Stat)* Biegebelastung *f*
load range Lastbereich *m*, Belastungsbereich *m*
load reduction Lastminderung *f*; Gewichtsbeschränkung *f*; Verkehrsbeschränkung *f*
load removal Lastwegnahme *f*
load reversal Lastwechsel *m*
load ring Kraftmessring *m*, Druckmessring *m*
load scheme *(Stat)* Lastfall *m*, Belastungsfall *m*
load separation point Lastscheide *f*
load-settlement curve *(Bod, Erdb, Verk)* Lastsetzungskurve *f*
load-settlement diagram *(Bod, Erdb, Verk)* Lastsetzungsdiagramm *n*
load-sharing concept Lastverteilungsprinzip *n*
load shock Belastungsstoß *m*
load-span-factor Spannweiten-Lastfaktor *m*
load-spreading lastverteilend
load-spreading *(Konst, Stat)* Lastverteilung *f*
load-spreading ability *(Stat, TK)* Lastverteilungsvermögen *n*
load-spreading curve *(Stat)* Lastverteilungskurve *f*
load stage Laststufe *f*
load stage diagram Laststufendarstellung *f*, Laststufendiagramm *n*
load state Lastzustand *m*
load-strain curve *(BM, Stat)* Lastdehnungskurve *f*
load stress Lastbeanspruchung *f*; Lastspannung *f*; Tragspannung *f*
load strip Laststreifen *m*
load surface Belastungsfläche *f*
load-swelling diagram *(Stat)* Lastschwellungsdiagramm *n*
load system Lastsystem *n*
load table Lasttafel *f*
load-tensioning Gewichtsspannung *f (Spannbeton)*
load term Lastglied *n*, Belastungsglied *n*
load test Belastungsprüfung *f*, Belastungsversuch *m*, Probebelastung *f*
load transfer *(TK)* Lastübertragung *f*
load-transfer assembly Baugerüstdübeltragsystem *n*, temporäres Stützsystem *n*
load transfer at joints Lastübertragung *f* in den Fugen
load-transfer system Lastübertragungssystem *n*
load transmission Lastübertragung *f*
load triangle *(Stat)* Lastdreieck *n*
load variation Lastschwankung *f*
load vector *(Stat)* Lastvektor *m*
load yield recorder Lastsenkungsschreiber *m*
load zone Lastzone *f*
loadability *(BM, Bod, BT, Erdb)* Belastbarkeit *f*
loadable belastbar
loaded belastet, beansprucht
loaded area Lastfläche *f*, belastete Fläche *f*
loaded concrete Schwerstbeton *m*, Strahlenschutzbeton *m*
loaded length Belastungslänge *f*
loaded mechanism Tragmechanismus *m*
loaded plane Tragebene *f*

loaded wall tragende Wand *f*, beanspruchte Mauer *f*
loaded weight Belastungsmasse *f*, Belastungsgewicht *n*
loader *(BWG)* Lader *m*, Ladegerät *n*
loading 1. *(Stat)* Belastung *f*, Beanspruchung *f*; Auflast *f*; aufgebrachte Last *f*; 2. *(Te)* Beladen *n*, Laden *n*, Aufladen *n*; 3. *(BM)* Füllmaterial *n*, Beschwerungsmaterial *n*; Zuschlag *m (z. B. von Füllstoffen)*
loading and unloading ramp *(Verk)* Verladerampe *f*, Laderampe *f*
loading area 1. Belastungsfläche *f*; 2. Ladefläche *f*, Beladungsbereich *m*
loading arrangement *(Konst)* Belastungsanordnung *f*
loading assumption *(Stat)* Lastannahme *f*
loading bay *(Verk)* Ladeplatz *m*, Be- und Entladerampe *f*; Ladebucht *f*
loading bridge Ladebrücke *f*, Verladebrücke *f*
loading calculation *(Stat)* Belastungsberechnung *f*
loading case Lastfall *m*, Belastungsfall *m*
loading condition *(Stat)* Belastungsbedingung *f*, Lastfall *m*
loading conditions Belastungsverhältnisse *npl*; Belastungsbedingungen *fpl*; Lastfälle *mpl*
loading control Belastungskontrolle *f*
loading curve *(Stat)* Belastungskurve *f*
loading cycle Lastspiel *n*, Belastungsspiel *n*, Belastungszyklus *m*
loading data *(Stat)* Belastungsangaben *fpl*
loading deck *(Konst, Verk)* Ladebrücke *f*
loading degree Belastungsgrad *m*
loading density *(Stat)* Lastenanordnung *f*, Lastenschema *n*
loading device Belastungsvorrichtung *f*
loading distribution Belastungsverteilung *f*
loading dock *(Konst, Verk)* Ladeplattform *f*
loading dock leveller *(Konst, Verk)* Hubladeplattform *f*
loading dock shelter Ladeplattformschutzdach *n*
loading equation *(Stat)* Belastungsgleichung *f*
loading frame *(Konst, TK)* Belastungsrahmen *m*
loading frequency Belastungsfrequenz *f*
loading function *(Stat)* Belastungsfunktion *f*
loading gauge Belastungsrichtmaß *n*
loading history Belastungsgeschichte *f*
loading hopper *(EB, Umw)* Mülleinfülltrichter *m*
loading intensity *(Stat)* Belastungsintensität *f*
loading line *(Stat)* Belastungslinie *f*
loading material *(BM)* Füllstoff *m*, Füllmaterial *n*; Beschwerungsmaterial *n*; Zuschlag(stoff) *m*
loading mechanism Beschickungseinrichtung *f*
loading moment *(Stat)* Belastungsmoment *n*
loading on part of area Teilbelastung *f*, Plattenteilbelastung *f*
loading over the entire area Plattenvollbelastung *f*
loading pattern *(Stat)* Belastungsschema *n*
loading period Belastungszeit *f*, Belastungsdauer *f*
loading pigment Pigmentfüllstoff *m*
loading place Ladeplatz *m*
loading plane Belastungsebene *f*
loading plant *(Konst, Verk)* Verladeanlage *f*, Umschlaganlage *f*
loading plate 1. *(Erdb, Verk)* Belastungsplatte *f*; 2. *(Erdb, Verk)* Lastplatte *f (Tragfähigkeitsprüfung)*
loading platform Ladeplattform *f*, Laderampe *f*; Verladebrücke *f*
loading points *(Stat)* Lastangriffspunkte *mpl*
loading ramp *(Konst, Verk)* Laderampe *f*, Ladebühne *f*
loading rate Belastungsgeschwindigkeit *f*
loading restriction *(Verk)* Lastbeschränkung *f*, Belastungseinschränkung *f*
loading shaft Belastungsstab *m*
loading shed überdeckter Ladeplatz *m*
loading shock *(Konst)* Belastungsstoß *m*
loading shovel Front(schaufel)lader *m*, Schaufellader *m*
loading siding *(Verk)* Ladegleis *n*
loading state *(Stat, TK)* Belastungszustand *m*
loading station Ladestelle *f*, Beladestelle *f*
loading system *(TK)* Belastungssystem *n*
loading term Belastungsglied *n*, Lastglied *n*
loading test *(Stat, TK)* (statischer) Belastungsversuch *m*, Belastungsprüfung *f*
loading type Belastungsart *f*
loading unit Belastungseinheit *f*, Ladeeinheit *f*
loading weight Belastungsgewicht *n*, Ballastgewicht *n*
loafing barn [shed] *(LB)* Laufstall *m*
loam Lehm *m*; Ziegelton *m*, Tonmergel *m*, Letten(ton) *m*
loam brick Lehmziegel *m*, Luftziegel *m*, ungebrannter Ziegel *m*
loam concrete Lehmzementboden *m*, Lehmbeton *m*
loam construction *(Konst, LB)* Lehmbau *m*
loam core Lehmkern *m*
loam filling Lehmauffüllung *f*
loam flooring Lehmestrich *m*
loam ground *(Bod)* Lehmboden *m*
loam layer *(Bod, Erdb)* Lehmschicht *f*
loam mortar *(BM, SB)* Lehmmörtel *m*
loam pit *(BM, Bod)* Lehmgrube *f*, Tongrube *f*
loam rendering *(SB)* Lehmputz *m (Außenputz)*
loam structures *(Arch, Konst)* Lehmbauten *mpl*
loam wall Lehmwand *f*
loam walling (work) *(Konst)* Lehmbau *m*
loam watery clay Schluff *m*
loamy lehmig; lettig
loamy coarse sand lehmiger Grobsand *m*
loamy fine sand *(Bod)* schluffiger Feinsand *m*
loamy fine soil schluffiger Feinsandboden *m*
loamy gravel Lehmkies *m*
loamy ground *(Bod, LB)* Lehmboden *m*
loamy marl *(BM)* Lehmmergel *m*
loamy sand lehmiger Sand *m*, Sandlehm *m*
loamy soil *(Bod, LB)* Lehmboden *m*
lobby *(Arch)* Eingangshalle *f*, Vorhalle *f (z. B. Parlament)*; Diele *f*; Wandelgang *m*; Foyer *n (z. B. Theater)*
lobe *(Arch)* Pass *m*; Kreissegment *n*, Zirkelschlag *m (Verzierungswerk)*
lobed *(Konst)* lappig, gelappt
lobed arch *(Arch)* Passwerkbogen *m*, Nasenschwungbogen *m (gotischer Bogen)*
local access *(Verk)* Wohnhauszufahrt *f*; Ortszufahrt *f*
local action *(OB)* örtliche Korrosion *f*
local administration unit *(VR)* örtliche Verwaltungseinheit *f*
local authorities [authority] *(VR)* Ortsbehörde *f*, Kommunalbehörde *f*
local authority estate *(RP)* Sozial(wohn)siedlung *f*
local authority house-building *(VR)* öffentlich geförderter Wohnungsbau *m*, Sozialwohnungsbau *m*
local buckling *(BT, Stat, TK)* örtliches Knicken *n*, örtliche Knickung *f*
local centre *(RP)* Ortszentrum *n*
local climate *(Umw)* Kleinklima *n*
local conditions *(RP)* Standortverhältnisse *npl*, örtliche Gegebenheiten *fpl*
local corrosion *(OB)* örtliche Korrosion *f*
local deformation örtliche Verformung *f*
local distribution road *(Verk)* Zubringerstraße *f*
local district heating *(HLK)* örtliche Fernheizung *f*
local electrolytic corrosion lokale Elektrolytkorrosion *f*
local failure örtlicher Bruch *m*
local gas network *(RP)* Gasortsnetz *n*
local heating *(HLK)* Einzelheizung *f*

L

local highway authority *(Verk)* Gebietsstraßen(bau)-verwaltung *f*, kommunale Straßen(bau)verwaltung *f*
local level *(VR)* örtliches Niveau *n*
local lighting örtliche Beleuchtung *f*, begrenzte Ausleuchtung *f*; Platzbeleuchtung *f*
local material örtliches Material *n*; örtlicher Baustoff *m*
local railway *(Verk)* Kleinbahn *f*, Lokalbahn *f*
local repair punktuelle Reparatur *f*, punktuelle Instandsetzung *f*
local resident *(VR)* Anlieger *m*
local road *(Verk)* Wohn(haus)weg *m*, Wohnstraße *f*, kommunale Straße *f*
local search *(VR)* örtliche behördliche Überprüfung *f*
local sewerage system *(WVA)* Ortsentwässerung *f*
local street *(Verk)* Wohnstraße *f*
local stress *(BM, Stat)* örtliche Spannung *f*
local style *(Arch)* Heimatstil *m*
local traffic *(Verk)* Ortsverkehr *m*
local vent *(HLK)* Lüftungskanal *m*
locality *(RP)* Ort *m*
localized corrosion *(OB)* Lochfraß *m*, örtliche Korrosion *f*
localized electrolytic corrosion lokale Elektrolytkorrosion *f*
locate *v* 1. anordnen, platzieren, in Lage [Position] bringen; festlegen; einpeilen; 2. trassieren *(z. B. eine Straße)*
locate *v* **centrally** zentrieren
locating place *(Te)* Einbaustelle *f*, Einbaupunkt *m*
locating surface Passfläche *f*
location 1. *(RP)* Standort *m*, Lage *f*, Ort *m*, Platz *m*; Gebäudestellung *f*; 2. *(Verm)* Trassierung *f*, Trassenabsteckung *f*, Vermarkung *f (Abstecken)*
location characteristics 1. *(RP)* Standortmerkmale *npl*; 2. *(Verk)* Trassierungsmerkmale *npl*
location line *(Verk)* Trassierung *f*
location line of the cable *(El)* Kabeltrasse *f*
location of a building *(Arch, Konst)* Einfügung *f (z. B. eines Gebäudes)*
location of corrosion Korrosionsstelle *f*
location of the line *(Verk)* Trassierung *f (Eisenbahn)*
location of the sun Sonnenstand *m*
location on a slope *(Bod)* Hanglage *f*
location plan *(Konst)* Lageplan *m*
location sketch *(Konst, Verm)* Lageskizze *f*
location survey 1. Absteckung *f*; 2. *(Verm)* Lagevermessung *f*, Standortaufnahme(messung) *f*, Kartierungsmessung *f*
location utility *(RP)* Standortumgebung *f*
lock *v* 1. (ab)schließen, verschließen *(z. B. Türen)*; verriegeln; sichern; 2. hemmen, sperren, blockieren; festklemmen, feststellen; (ver)klemmen, hängen bleiben, blockieren; 3. *(Wsb)* mit Schleusen ausrüsten *(z. B. Kanäle)*
lock *v* **in** einschließen
lock *v* **in position** *(EB)* verriegeln; einrasten, blockieren *(Raststellung)*; festklemmen, feststellen
lock 1. *(EB)* Schloss *n*, Sperre *f*; Verschluss *m*; 2. *(Wsb)* Schleuse *f*
lock backset Schlossabstand *m* vom Türrand
lock block Schlosshülsenblock *m*
lock bolt Schlossriegel *m*, Sperrriegel *m*, Verriegelungsbolzen *m*
lock bush Steckbuchse *f*, Überwurf *m*
lock canal *(Wsb)* Schleusenkanal *m*
lock case *(EB)* Schlosskasten *m*
lock chamber *(Wsb)* Schleusenkammer *f*
lock channel *s.* lock canal
lock clip Schlossfeder *f*
lock cylinder Schlosszylinder *m*
lock edge *(EB)* Türblattvorderkante *f*; Fensterflügelvorderkante *f*
lock face sichtbare Fläche *f* eines Einsteckschlosses
lock faceplate *(EB)* Schlossblech *n*, Schließblech *n*, Schlossstulp *m*
lock fitted verschließbar
lock fitting Schließbeschlag *m*
lock fore-end *s.* lock faceplate
lock forend *s.* lock faceplate
lock front *(AE) s.* lock faceplate
lock function Schlossfunktion *f*
lock gate *(Wsb)* Schleusentor *n (Schiffsschleuse)*
lock hub Türschlossbuchse *f*
lock jamb *(EB)* Schließblechpfosten *m*
lock joint Saumverbindung *f* von Dachmetalltafeln
lock keeper Schließbolzenöffnung *f*, Schließkeilloch *n*
lock knob *(EB)* Einrastknopf *m*
lock manufacture Schlossbau *m*, Schlossherstellung *f*
lock mitre Gehrungsverbindung *f* mit ineinandergreifenden Enden
lock-nut Gegenmutter *f*, Kontermutter *f*
lock-out *(VR)* Absperrung *f*; Sperrabschaltung *f*
lock pin Zuhaltestift *m*
lock plate Sicherungsblech *n*, Sicherungsplatte *f*, Schließblech *n*
lock rail *(Hb)* mittleres Querrahmenstück *n (Tür)*; Türquerriegel *m* in Schlosshöhe
lock reinforcement Schlossverstärkungsblech *n*
lock reinforcing unit Metalltürenverstärkung *f*
lock-saw *(BWG)* Lochsäge *f*
lock seam Saumverbindung *f* von Dachmetalltafeln
lock seam door Metalltür *f* mit gesäumter Metalltürbeplankung
lock staple *(EB)* Verriegelungseinrichtung *f*
lock stile Schlossbohle *f*, Schlossbrett *n (Tür)*
lock strike *(EB)* Schließblech *n*, Schlossblech *n*
lock-strip gasket Sprengringdruckdichtung *f*
lock-up *(RP)* Lückenbau *m*
lock washer Federring *m*, Sprengring *m*; Sicherungsblech *n*
lockable verriegelbar; verschließbar; feststellbar
locked verriegelt; verschlossen; festgestellt, arretiert
locked position verriegelte Stellung *f*
locker Gardarobenschrank *m*, Spind *m*; Schließfach *n*
locker room *(EB, Konst)* Spindraum *m*, Umkleideraum *m*, Kabine *f*
lockfast verschließbar
locking Sperrung *f*, Verriegelung *f*; Festklemmen *n*
locking bolt *(EB)* Riegel *m*
locking device Sperre *f*; Feststellvorrichtung *f*
locking handle Knebelgriff *m*
locking hook *(EB)* Schließhaken *m*
locking mechanism Schließvorrichtung *f*, Verschluss *m*
locking pin Sicherungsstift *m*
locking plant *(Verk)* Stellwerksanlage *f (Eisenbahn)*
locking plate Sicherungsblech *n*
locking ring Klemmring *m*
locking screw Klemmschraube *f*
locking spring Haltering *m*, Sicherungsring *m*
locking system *(EB)* Schließanlage *f*; Verrieglungssystem *n*
lockmaking *(BWG)* Schlossbau *m*, Schlossherstellung *f*
lockset *(AE)* komplettes Türschloss *n*, Schlossgarnitur *f*
locksmith Schlosser *m*
locksmith's shop Schlosserei *f*
lockspit *(AE)* Markierungsrinne *f*
locomotive shed *(Verk)* Lokomotivschuppen *m*
locus of centres *(Arch)* Linie *f* der Mittelpunkte *(Geometrie)*
locutory *(Arch, Konst)* Sprechsaal *m*
lode *(Wsb)* Wasser(ab)lauf *m*, Deich *m*
lodge 1. Pförtnerhaus *n*; 2. Forsthütte *f*; 3. Sumpf *m*; Wasserreservoir *n (geologisch)*

lodge-book *(VR)* Bauhüttenbuch *n*
lodging Quartier *n (Unterkunft)*
lodging house Herberge *f*, Beherbergungshaus *n*, Logierhaus *n*
loess *(Bod)* Löss *m*
loess clay *(Bod)* Lösslehm *m*
loess loam *(Bod)* Lösslehm *m*
loess soil *(Bod)* Lössboden *m*
loft *(AE) (Konst)* Boden(raum) *m*, Dachboden *m*; Speicher *m*; Hängeboden *m*
loft building *(AE) (Arch)* Speichergebäude *n*, Gebäude *n* mit ungeteiltem Raum
loft ladder *(AE) (Hb)* Schiebetreppe *f*, hochschiebbare Treppe *f (Dachboden)*
loft room *(AE) (Konst)* Dachetagenzimmer *n*, Giebelzimmer *n (s. a. attic room)*
loft stair *(AE)* Bodentreppe *f*, Schiebetreppe *f*, Einschiebetreppe *f*
lofty schlank, hochaufragend
lofty timber hochstämmiges Holz *n*
log *v* 1. *(LB) (AE)* fällen; 2. *(Verm)* vermessen, aufnehmen *(geologisch)*
log 1. *(BM, Hb)* Baumstamm *m (gefällter Stamm)*; unbearbeiteter Stamm *m*, Stammholz *n*; Kloben *m (Holzkloben)*; 2. *(VR)* Logbuch *n*, Berichtsbuch *n*; Logarithmus *m*
log book *(VR)* Berichtsbuch *n*, Protokollbuch *n*
log cabin *(AE)* Blockhaus *n*, Blockhütte *f*
log-cabin siding *(AE) (Hb)* Halbstammaußenwandverkleidung *f*, Halbholzverkleidung *f*
log causeway *(LB)* Knüppelweg *m*, Prügelweg *m*
log construction *(Konst)* Blockbau *m*
log-diagram *(BM, Stat)* logarithmische Sieblinienendarstellung *f*
log frame saw Sägegatter *n*
log grading curve *(BM, Stat)* logarithmische Sieblinienendarstellung *f*
log house [hut] *s.* log cabin
log road *(LB)* Knüppeldamm *m*
log scale *(Stat)* logarithmische Darstellung *f*
log wall Blockwand *f*
log-walled sauna hut *(EB, Konst)* Blockhaussauna *f*
loge *(EB)* Theaterloge *f*
logeion *(Arch)* Logeion *n (griechische Theaterbaukunst)*
loggia 1. *(Arch)* Arkadenbau *m*; Kolonnadengebäude *n*; 2. *(Konst)* Loggia *f*; Hauslaube *f*; 3. *(Arch)* Kolonnade *f (im Innenhof eines Gebäudes)*
loggia building *(Arch)* Kolonnadengebäude *n*
loggia parapet Loggiabrüstung *f*
logging 1. *(LB)* Holzeinschlag *m*; 2. *(Konst, Stat, VR)* Datenerfassung *f*, Datenzusammenstellung *f*
logistics of disposal Entsorgungslogistik *f*
long-and-short technique *(Arch)* Lang- und Kurzwerk *n*
long-and-short work *(SB)* Lang- und Kurzwerk *n*, Bruchsteinmauerwerk *n* mit Längs- und Querquadern an den Ecken
long church *(Arch)* Langhauskirche *f*
long clay *(Bod)* hochplastischer Ton *m*
long column überschlanke Säule *f*
long-continued load *(Stat)* Langzeitlast *f*
long-continued loading *(Stat)* Langzeitbelastung *f*, langfristige Belastung *f*
long-continued strength *(Konst)* Langzeitbefestigung *f*
long cross garnet *(Hb)* Langband *n*, Haspenband *n*
long culvert *(Erdb, Wsb, WVA)* Entwässerungskanal *m*; Umlaufkanal *m (Düker)*
long-cut wood *(BM, Hb)* Langholz *n*
long-distance fern
long-distance conveyor *(BWG)* Langstreckenfördergerät *n*
long-distance conveyor belt Bandanlage *f* für Langstreckenförderung
long-distance gas grid *(RP)* Ferngasnetz *n*
long-distance gas main *(RP)* Gasfernleitung *f*
long-distance goods traffic *(Verk)* Güterfernverkehr *m*
long-distance haulage *(Verk)* Güterfernverkehr *m*; Überlandtransport *m*
long-distance heat *(RP)* Fernwärme *f*
long-distance heat intake Übergabestation *f* für Fernwärme
long-distance heat supply *(RP)* Fernwärmeversorgung *f*
long-distance heat supply pipeline Fernwärmerohrleitung *f*
long-distance heating line *(Konst, RP)* Fernheizleitung *f*
long-distance line *(AE) (El)* Fernleitung *f (Telefon)*
long-distance power transmission line *(El)* Überlandleitung *f*
long-distance road haulage *(Verk)* Fernlastverkehr *m*
long-distance road transport *(Verk)* Straßenfernverkehr *m*, Überlandtransport *m*
long-distance steam heating Dampffernheizung *f*
long-distance traffic *(Verk)* Überlandverkehr *m*
long-distance train station *(Verk)* Fernbahnhof *m*
long-distance transmission line *(El)* Überlandleitung *f*
long-distance travel *(Verk)* Fernreiseverkehr *m*
long-distance water supply *(RP, WVA)* Fernwasserversorgung *f*
long-distance water supply pipeline *(RP, WVA)* Fernwasserrohrleitung *f*
long-duration static test Dauerstandprüfung *f*
long face *(SB)* Längsseite *f (eines Läufers)*
long fibred langfasrig
long float *(SB)* Kartätsche *f (Brett zum Verreiben des Putzes)*
long-handle float Stielglätter *m (Putzen)*
long-handle spreader Stielglätter *m (Putzen)*
long-haul traffic *(Verk)* Güterfernverkehr *m*
long header Vollbinder *m (Mauerwerk)*
long-lasting *(BM, BT, EB)* langlebig, dauerhaft, haltbar
long lay Gleichschlag *m (eines Seils)*
long-line method *(BB, Te)* Spannbetonfertigung *f*, Spannbettverfahren *n*
long logs Langholz *n*
long oil *(OB)* fett *(Anstrich)*
long-oil alkyd (resin) fettes [ölreiches] Alkydharz *n*
long-oil varnish *(OB)* fetter Öllack *m*
long-period test *(BM)* Langzeitprüfung *f*, Langzeitversuch *m*
long-radius elbow Rohrbogen *m* mit großem Radius
long shell lange Schale *f*
long side *(SB)* lange Seite *f (Stein)*
long-span *(TK)* weitgespannt, mit großer Spannweite
long-span arch *(TK)* Weitspannbogen *m*
long-span beam *(TK)* Weitspannbalken *m*, Weitspannträger *m*
long-span construction *(TK)* Weitspannkonstruktion *f*
long-span cupola Weitspannkuppel *f*
long-span floor slab Weitspanndeckenplatte *f*
long-span frame *(Konst, TK)* Weitspannrahmen *m*
long-span load-bearing system *(TK)* Weitspanntragwerk *n*, Weitspanntragsystem *n*
long-span prestressed concrete unit Weitspann-Spannbetonelement *n*
long-span rib Weitspannrippe *f*
long-span roof *(Konst, TK)* Weitspanndach *n*
long-span shell Weitspannschale *f*
long-span shell vault Weitspannschalengewölbe *n*
long-span trussed girder *(TK)* Weitspannfachwerkträger *m*

long structure *(Arch)* Langbauwerk *n*, Langbau *m*, Longitudinalbauwerk *n*
long tee hinge Haspenband *n*, Langband *n*
long-term langfristig
long-term ageing *(BM)* Langzeitalterung *f (Baustoffe)*
long-term atmospheric exposure *(BM, Umw)* Langzeitbewitterung *f*
long-term behaviour Langzeitverhalten *n*
long-term car park *(Verk)* Dauerparkplatz *m*; Langzeitparkhaus *n*; Dauerparkgarage *f*
long-term effect Langzeiteffekt *m*, Langzeitwirkung *f*
long-term exposure *(Stat)* Langzeitbeanspruchung *f*
long-term load Langzeitlast *f*
long-term loading *(Stat)* Langzeitbelastung *f*, längerfristige Belastung *f*
long-term modulus of elasticity *(BM)* dauernder Elastizitätsmodul *m*
long-term performance Langzeitgebrauchsverhalten *n*
long-term protection *(OB)* Langzeitschutz *m*, Dauerschutz *m (Korrosionsschutz)*
long-term store Langzeitspeicher *m*
long-term strength Langzeitfestigkeit *f*
long-term test Dauerversuch *m*
long-term testing Langzeitprüfung *f*
long timber *(Hb)* Langnutzholz *n*
long-time ageing Langzeitalterung *f (Baustoffe)*
long-time atmospheric exposure *(BM)* Langzeitbewitterung *f*
long-time behaviour Langzeitverhalten *n*
long-time effect *(Konst, VR)* Langzeiteffekt *m*, Langzeitwirkung *f*
long-time exposure *(Stat)* Langzeitbeanspruchung *f*
long-time load Langzeitlast *f*
long-time loading Langzeitbelastung *f*, längerfristige Belastung *f*
long-time modulus of elasticity *(BM)* dauernder Elastizitätsmodul *m*
long-time performance Langzeitgebrauchsverhalten *n*
long-time protection *(OB)* Langzeitschutz *m*, Dauerschutz *m (Korrosionsschutz)*
long-time store Langzeitspeicher *m*
long-time strength *(BM)* Langzeitfestigkeit *f*
long-time test Langzeitversuch *m*
long-time testing *(BM)* Langzeitprüfung *f*
long ton *(Stat)* englische Tonne *f (SI-fremde Einheit der Masse; 1 ltn = 1016 kg)*
long varnish fetter Öllack *m*
long-welded *(St)* durchgehend geschweißt *(Schiene)*
longer side Langseite *f*
longevity *(VR)* Langlebigkeit *f*
longish länglich
longitude *(Verm)* geographische Länge *f*
longitudinal längslaufend, in Längsrichtung
longitudinal action *(Stat)* Längswirkung *f*
longitudinal airflow *(Tun)* Längsluftstrom *m*
longitudinal axis *(Konst, Verm)* Längsachse *f*
longitudinal bar Bewehrungslängseisen *n*, Längsstab *m*
longitudinal beam Längsbalken *m*, Längsträger *m*
longitudinal bending Längsbiegung *f*
longitudinal bending moment *(Stat)* Längsbiegemoment *n*
longitudinal bending strength *(BM)* Längsbiegefestigkeit *f*
longitudinal bending stress Längsbiegespannung *f*
longitudinal bond Längsverband *m*, Läuferverband *m (Mauerwerk)*
longitudinal bracing *(Br, TK)* Längsverband *m (Brückenbau)*
longitudinal cavity Längshohlraum *m*
longitudinal centre joint *(Verk)* Mittellängsfuge *f*, Längsmittelfuge *f (Straße)*
longitudinal church *(Arch)* Langhauskirche *f*
longitudinal compression *(Stat)* Längsdruck *m*
longitudinal construction joint Längsbetonierfuge *f*
longitudinal control *(Verk)* Längsrichtungs(verkehrs)-steuerung *f*
longitudinal crack Längsriss *m*
longitudinal culvert *(Erdb, WVA)* Längsentwässerungsgraben *m (überdeckt)*; Längsdurchlass *m (Straße)*; Umlaufgraben *m (Gebäude)*
longitudinal dead limit Längenbegrenzung *f*
longitudinal deck beam *(TK)* Deckenunterzug *m*
longitudinal deformation *(BM)* Längsverformung *f*
longitudinal direction Längsrichtung *f* • **in longitudinal direction** in Längsrichtung
longitudinal distribution Längsverteilung *f*
longitudinal edge Längsrand *m*
longitudinal edge section *(Konst)* Randlängsschnitt *m*
longitudinal evenness 1. *(BT)* Längsebenheit *f*; 2. *(Verk)* Straßenlängsebenheit *f*
longitudinal extension *(BM, BT)* Längenausdehnung *f*
longitudinal extension per unit length relative Streckung *f*
longitudinal fold Längsfalz *m*
longitudinal force *(Stat)* Längskraft *f*
longitudinal frame *(Konst, TK)* Längsrahmen *m*
longitudinal friction *(Stat)* Längshaftreibung *f*, Haftreibung *f* in Längsrichtung
longitudinal girder *(TK)* Längsträger *m* (erster Ordnung)
longitudinal gradient *(Verk)* Längsneigung *f*
longitudinal groove Längsnut *f*
longitudinal interval Längsabstand *m (Bewehrung)*
longitudinal jack rafter *(Hb)* Langseitenschifter *m*
longitudinal joint Längsfuge *f*
longitudinal joint distress *(RS)* Längsfugenschaden *m*
longitudinal load Belastung *f* in Richtung der Längsachse, Längslast *f*
longitudinal marking *(Verk)* Längsmarkierung *f (Straße)*
longitudinal member *(TK)* Längsträger *m*
longitudinal membrane action *(Erdb, Stat)* Membran--Längswirkung *f*
longitudinal moment *(Stat)* Längsmoment *n*
longitudinal opening Längsöffnung *f*
longitudinal overlap Längsüberdeckung *f*, Längsüberlappung *f*
longitudinal pressure *(Stat)* Längsdruck *m*
longitudinal prestressing Längsvorspannung *f*
longitudinal profile Längsprofil *n*
longitudinal profile analyser *(Verk)* Längsprofilauswerter *m*; Längsunebenheitsmesser *m*
longitudinal reinforcement Längsbewehrung *f*, Längseinlagen *fpl*
longitudinal rib *(Konst)* Längsrippe *f*
longitudinal ridge *(Konst)* Längsscheitel *m (Gewölbe)*
longitudinal rigidity *(BT, Stat, TK)* Längssteifigkeit *f*, Längsstarrheit *f*
longitudinal road evenness *(Verk)* Straßenlängsebenheit *f*
longitudinal road profile *(Verk)* Straßenlängsprofil *n*
longitudinal rod Bewehrungslängseisen *n*, Längsstab *m*
longitudinal running girder *(TK)* Längslaufträger *m*
longitudinal seal Längsdichtung *f*
longitudinal seam Längsnaht *f*
longitudinal section *(Konst, Verm)* Längsschnitt *m*; Höhenplan *m (in Längsachse)*
longitudinal shear force *(Stat)* Schubkraft *f*
longitudinal shrinkage Längsschwindung *f*
longitudinal slip Längsschlupf *m*

longitudinal spacing *(BB, Konst)* Längsabstand *m*; Längsverteilung *f (Bewehrung)*
longitudinal splitting Längsrissbildung *f*
longitudinal stability *(Stat)* Längsstabilität *f*
longitudinal stiffener Längsaussteifungsträger *m*, Längssteife *f*
longitudinal stiffening *(Konst)* Längsabsteifung *f*, Längsaussteifung *f*
longitudinal stiffness *(Konst)* Längssteifigkeit *f*
longitudinal stop Längsanschlag *m*
longitudinal stress *(Stat)* Längsspannung *f*, Schubspannung *f*
longitudinal tendon Längsspannglied *n*
longitudinal tension stress *(Stat)* Längszugspannung *f*
longitudinal unevenness *(Verk)* Längsunebenheit *f (Straße)*
longitudinal ventilation *(Tun)* Längslüftung *f*
longitudinal wall Längswand *f*
longitudinal weld *(St)* Längsschweißnaht *f*
longitudinally corrugated längsgewellt
longitudinally-panned church *(Arch)* Längskirche *f*
longitudinally stiffened längsausgesteift, längsverstärkt
look-out *(Hb, Konst)* überstehender Sparren *m*
look-out gallery *(Arch, Konst)* Aussichtsgang *m*
look-out rafter *(Hb, Konst)* überstehender Sparren *m*
look-out room Aussichtsraum *m*
look-out tower *(Arch)* Aussichtsturm *m*, Belvedere *n*
lookum *(Konst)* Penthaus *n*, Dachaufbau *m (für Aufzugswinden und Dachkrane)*
loom flexibler nicht metallischer Isolierschlauch *m*
loop Schleife *f*, Schlinge *f*, Schlaufe *f*; Öse *f*; Ring *m*
loop anchorage Schlaufenverankerung *f*
loop connector s. loop tail
loop count *(Verk)* Induktionsschleifen(verkehrs)zählung *f*
loop detection *(Verk)* Induktionsschleifenerfassung *f*
loop detector *(Verk)* Schleifendetektor *m (Verkehrssteuerung)*
loop joint Schlaufenstoß *m*
loop-line 1. *(Verk)* Gleisschleife *f*; 2. *(El)* Ringleitung *f*
loop plane Schleifenebene *f*
loop road *(Verk)* Ringstraße *f*; Umleitungsstraße *f*
loop sensor *(Verk)* Induktionsschleifenaufnehmer *m*
loop signature *(Verk)* Induktionsschleifenkennzeichnung *f*
loop system *(WVA)* Ringleitung *f*
loop tail *(Verk)* Anschlusskabel *n*, Verbindungskabel *n (Induktionsschleife)*
loop-test bar Schlaufenversuch *m (Korrosionstest)*
loop window Sehschlitz *m (in einer Mauer)*
looped fabric Schlingengewebe *n*, Schlingenware *f*
looped line *(El, WVA)* Doppelleitung *f*
loophole *(Arch)* Schießscharte *f*; Sehschlitz *m*
loose 1. locker, lose; 2. schlaff; 3. nicht haftend
loose bulk density Schüttdichte *f*
loose chippings *(Verk)* Rollsplitt *m*
loose core entmischter Grobzuschlagstoff *m*
loose fill 1. *(DIS)* Trockenschüttung *f (Dämmstoffe)*; 2. *(Konst)* Beschüttung *f (Deckenhohlräume)*
loose-fill insulation *(Erdb)* Dämmschüttmaterial *n*, hohlraumfüllendes Dämmmaterial *n*, Schüttdämmung *f*, Flockendämmstoff *m*
loose grain soil *(Bod)* strukturloser Boden *m*
loose gravel sign *(Verk)* Rollsplitt(verkehrs)zeichen *n*
loose ground lockerer Boden *m*, loses Material *n (Erdstoffe)*
loose-housing shed Freilaufstall *m*, Auslaufstall *m*
loose insulation s. loose-fill insulation
loose-joint hinge *(EB)* aushängbares Scharnier *n*
loose knot Durchfallast *m*, herausgefallener Ast *m*
loose lintel lose aufgelegter Sturz *m*, frei aufgelagerter Sturz *m*, Schwergewichtssturz *m*
loose main diagonal *(Konst, TK)* schlaffe Hauptdiagonale *f*, schlaffe Hauptschräge *f*
loose masses *(BM, Erdb)* Lockermassen *fpl*
loose material *(BM, Wsb)* Steinschüttgut *n*, Steinhaufwerk *n*; Schüttgut *n*
loose moulding austauschbare Zierleiste *f*
loose-packed locker gelagert
loose paint loser Anstrich *m*
loose perlite Schüttperlit *m*
loose-pin hinge *(EB)* Scharnier *n* mit lösbaren Scharnierbolzen
loose principal diagonal s. loose main diagonal
loose pulley Leerrolle *f*
loose rock *(Bod)* Lockergestein *n*
loose soil *(Erdb)* loser Erdstoff *m*, gelöster Boden *m*
loose tongue *(Hb)* Einsteckfeder *f*
loose-tongue mitre *(Hb)* Gehrungsfugenfeder *f*
loosely adherent locker haftend *(Bindemittel, Anstrich usw.)*
loosen *v* 1. lösen, lockern; abschrauben; 2. sich lockern, auflockern
loosened locker
loosened rock *(BM)* gelöstes Gestein *n*
loosened soil lockere Erde *f*
looseness *(BT, Konst)* Schlaffheit *f*
loosening Lösen *n*, Lockern *n*; Abschrauben *n*
lopsided pultförmig, nach einer Seite hängend, schief
lorication *(SB)* Bewurf *m*
lorry 1. Last(kraft)wagen *m*; 2. Lore *f*
lorry ban *(Verk)* Lkw-Fahrverbot *n*, Lastfahrzeugsperrung *f*
lorry exit *(Verk)* Lkw-Ausfahrt *f*, Lastfahrzeugabfahrt *f*
lorry-load *(Verk)* Wagenladung *f*
lorry mixer *(BB, BWG, Te)* Betonfahrmischer *m*, Transportmischer *m*
lorry nuisance *(Umw, Verk)* Lastfahrzeugbelästigung *f*
lorry terminal *(Verk)* Fernlastenbahnhof *m*, Lkw-Bahnhof *m*; Frachtterminal *m*
Los Angeles abrasion value *(BM)* Los-Angeles-Abriebwert *m*
loss 1. Schwund *m (Verlust)*; 2. *(VR)* Schaden *m (finanziell)*; 3. *(BM, VR)* Streu- und Bruchverlust *m*
loss by evaporation *(HLK, WVA)* Verdunstungsverlust *m*
loss by percolation *(WVA)* Versickerungsverlust *m*
loss due to creep *(BB)* Kriechverlust *m*
loss in cleaning *(Te)* Aufbereitungsverlust *m*
loss in strength Festigkeitsverlust *m*, Festigkeitsabfall *m*
loss in weight Gewichtsverlust *m*
loss of adhesion *(BM)* Haft(ungs)verlust *m*
loss of alignment *(Verm)* Verlust *m* der Einfluchtung
loss of brightness *(OB)* Glanzverlust *m*, Mattwerden *n*
loss of cohesion *(BM)* Haftverlust *m*, Kohäsionsverlust *m*, Haftungsschwund *m*
loss of gloss *(OB)* Glanzverlust *m*, Mattwerden *n*
loss of grip *(Verk)* Haftvermögensverlust *m*, Haftreibungsschwund *m*
loss of hardness Härteverlust *m*
loss of head *(WVA)* Druckverlust *m*, Druckhöhenverlust *m*, Gefälleverlust *m*
loss of heat *(HLK)* Wärmeverlust *m*
loss of heating *(BM)* Erhitzungsverlust *m*
loss of lustre Glanzverlust *m*, Mattwerden *n*
loss of pressure Druckabfall *m*, Druckverlust *m*
loss of prestress *(BB, Te)* Vorspannungsabfall *m*, Vorspannungsverlust *m (Spannbeton)*
loss of profit *(VR)* entgangener Gewinn *m*
loss of stiffness Steifigkeitsverlust *m*

loss of stress *(BB, Te)* Spannungsverlust *m*, Spannungsschwund *m*
loss of surface aggregates *(Verk)* Oberflächenabrieb *m*, Oberflächenausmagerung *f*
loss of voltage *(El)* Spannungsabfall *m*
loss of volume Volumenverlust *m*
loss of water *(HLK, San, WVA)* Wasserverlust *m*
loss of watertightness *(HLK, San, WVA)* Wasserdichtheitsverlust *m*, Wasserdichtheitsschaden *m*
loss of weight *(BM)* Gewichtsverlust *m*
loss on ignition *(BM)* Glühverlust *m*; Brennverlust *m*
loss or expense *(VR)* Verlust *m* oder Kosten *pl*
lost ground fließender Erdstoff *m*, rutschender Boden *m*, Schwimmsand *m*
lost head nail gestauchter Nagel *m*
lost shuttering verlorene Tafelschalung *f*
lot *v (RP)* parzellieren
lot 1. *(RP, VR)* Grundstück *n*; Landstück *n*; Parzelle *f*; 2. *(VR)* Baulos *n*, Los *n*
lot line Parzellengrenze *f*
lot-line wall *(AE)* Grundstücksbegrenzungsmauer *f*, Grenzmauer *f*
lot planning *(RP)* Katasterparzellenplanung *f*
lot size *(VR)* Baulosgröße *f*, Losgröße *f*, Baulosumfang *m*
lotus blossom capital *(Arch)* Lotosblütenkapitell *n*
lotus bud capital *(Arch)* Lotosknospenkapitell *n*
lotus leaf *(Arch)* Lotosblatt *n*
lotus ornament *(Arch)* Lotosornament *n*
loudness 1. *(DIS)* Lautheit *f (z. B. eines Raumes)*; Schallempfindung *f*; 2. *(DIS)* Lautstärke *f*
loudness level *(DIS)* Lautstärke *f*
loudness level meter Lautstärkemesser *m*
loudness measurement Lautstärkemessung *f*
lounge Vorhalle *f (z. B. Theater, Foyer)*; Aufenthaltshalle *f*, Sitzhalle *f (Hotel)*
louver *(AE) s.* louvre
louvered *(AE) s.* louvred
louvers *(AE)* Jalousie *f*
louvre 1. *(HLK)* Lüftungslamelle *f*; Jalousette *f*; Lichtblende *f*; 2. *(HLK)* Luft(öffnungs)schlitz *m*; 3. Dachöffnungsreiter *m*; Rauchöffnung *f* im Dach
louvre board *(EB)* Lamellenbrett *n (für eine Jalousie)*; Jalousiebrett *n*, Fensterladenschlitzbrett *n*
louvre door Tür *f* mit Luftschlitzfüllung, Schindeltür *f*, Lamellentür *f*
louvre slat *(EB)* Jalousielamelle *f*
louvre window Fenster *n* mit Luftschlitzlamellen, Jalousiefenster *n*
louvred geteilt; mit Luftschlitzen
low flach, niedrig *(Gebäude)*
low-alkali cement *(BM)* alkaliarmer Zement *m*
low-alloy steel niedriglegierter Stahl *m*
low-bid *(VR)* billigstes Angebot *n (Ausschreibung)*
low block Flachgebäude *n*
low building *(Konst)* Flachbau *m*, Flachgebäude *n*
low-carbon steel Flussstahl *m (0,15-0,25 % C)*
low-ceiling niedrig *(Zimmer)*
low-consumption fluorescent tube *(El)* Niedrigverbrauch-Leuchtstoffröhre *f*, Leuchtstoffröhre *f* mit geringem Verbrauch
low-cost *(VR)* kostengünstig, billig
low-cost assembly kostengünstige Montage *f*
low-cost house-building *(RP)* sozialer Wohnungsbau *m*
low-cost housing Sozialwohnung *f*
low-cost lining billige Verkleidung *f*
low-cost municipal house-building *s.* low-cost house-building
low-cost road *(Verk)* Straße *f* mit niedrigen Kosten
low cycle fatigue *(BM)* Ermüdung *f* bei geringem Lastwechsel
low-density area *(RP)* dünn besiedeltes Gebiet *n*
low-density polyethylene *(LDPE) (BM)* Polyethylen *n* niedriger Dichte *(PE weich)*
low down closet Niederspülklosett *n*, Flachspülklosett *n*
low-energy building Niedrigenergiehaus *n*
low-energy consumption house *(HLK, VR)* Haus *n* mit niedrigem Energieverbrauch
low-floor wagon *(Verk)* Niederflurwaggon *m*
low-friction operation reibungsarmer Betrieb *m*
low-grade *(BM)* minderwertig, geringwertig
low-grade clay gewöhnlicher Ton *m*
low-grade lime *(BM)* Bastardkalk *m*
low-grade slag wool *(BM, DIS)* Bauwolle *f*
low-gradient flachgeneigt
low grounds *(Bod)* Niederung *f*, Mulde *f (topographisch)*
low hall *(Konst)* Flachhalle *f*
low-hazard contents building *(Konst)* Gebäude *n* mit nicht entflammbaren Elementen und Lagergut
low-heat cement Zement *m* mit geringer Abbindewärme
low house *(Konst)* Flachhaus *n*
low-impact method *(Umw)* Niedrigbelastungsmethode *f*
low-income block Sozialwohngebäude *n*
low-income building Sozialwohngebäude *n*
low-income residences *(RP)* Sozialwohnbauten *mpl*
low insulation *(DIS)* schlechte Dämmung *f*
low-iron eisenarm
low-kerbed island *(Verk)* Flachbordinsel *f*
low lateral bracing *(Konst, TK)* untere Querverstrebung *f (Fachwerk)*
low-laying stretch of land *(Bod, RP)* niedrigliegendes Grundstück *n*
low-level flush toilet *(San)* Wasserklosett *n* [Spülklosett *n*] mit Tiefspülkasten
low-level flushing cistern *(San)* Tiefspülkasten *m*
low-level noise *(DIS)* niedriger Lärmpegel *m*
low-level tank *(WVA)* Tiefbehälter *m*
low lustre *(OB)* Mattglanz *m*
low-lying tiefliegend *(Gebäude)*
low-lying roadway *(Verk)* untenliegende Fahrbahn *f*
low-maintenance wartungsarm
low-melting alloy leicht schmelzende Legierung *f*
low-noise *(DIS)* geräuscharm
low-noise asphalt *(Verk)* Flüsterasphalt *m*
low-pitch gable roof niedriges Giebeldach *n*
low-pitch roof flachgeneigtes Dach *n*
low point *(Verk)* Wanne *f*
low point of the slope *(Verm)* tiefster Gefällepunkt *m*
low-polluting umweltfreundlich
low-position Tieflage *f (Gebäude)*
low-pressure equipment Niederdruckgerät *n*
low-pressure grouting Niederdruckverpressung *f (von Fugen)*
low-pressure heating *(HLK)* Niederdruckheizung *f*
low-pressure mercury lamp *(El)* Quecksilberniederdrucklampe *f*
low-pressure piping *(San, WVA)* Niederdruck(rohr)leitung *f*
low-pressure spraying *(OB, Te)* Niederdruckspritzen *n*
low-pressure steam curing *(BB, Te)* Niederdruckdampfbehandlung *f (von Beton)*
low-pressure steam heating system *(HLK)* Niederdruckdampfheizung *f*
low-pressure system *(HLK)* Niederdruckanlage *f (Heizung)*
low-pressure washer Niederdruckreiniger *m*
low-productive soil *(Bod, LB)* armer Boden *m*
low-rate timber *(BM, Hb)* minderwertiges Holz *n*
low-reflectivity reflexionsarm

L

low relief *(Arch)* Flachrelief *n*, Basrelief *n*
low-rent block *(Arch)* Sozialwohngebäude *n*
low-rent building *(Arch)* Sozialwohngebäude *n*
low-rent house building *(RP)* Sozialwohnungsbau *m*, öffentlich geförderter Wohnungsbau *m*
low-rise 1. *(Konst)* ein- und zweigeschossig; 2. *(Konst)* niedrig
low-rise building Gebäude *n* [Haus *n*] mit geringer Geschosszahl
low-rise housing erdgeschossiger Wohnungsbau *m*
low-rise shell *(Konst)* Flachschale *f*, flachgekrümmte Schale *f*
low-rise spherical shell *(Konst)* flache Kugelschale *f*
low-roofed *(Konst)* niedrig *(Gebäude)*
low-shrink schwindarm
low-silicon siliciumarm, siliziumarm
low-site *(RP)* Tieflage *f (Baustelle, Stadt)*
low-slope roof *s.* low-pitch roof
low-slump concrete *(BB, Te)* erdfeuchter [wasserarmer, steifer, schwach plastischer] Beton *m*
low-speed WIM *(Verk)* Wiegen *n* bei Langsamfahrt
low steel *(St)* weicher Stahl *m*
low-stressed *(St)* spannungsarm
low-suction backing *(Bod)* schwach saugender Untergrund *m*
low-sulphur *(St)* schwefelarm
low temperature Tieftemperatur *f*
low-temperature chimney Kaltschornstein *m*
low-temperature construction *(DIS, Konst)* Kühl- und Gefrierhausbau *m*
low-temperature insulation *(DIS)* Kältedämmung *f*
low-temperature resistance *(BM)* Kältebeständigkeit *f*
low-temperature technology Kältetechnik *f*
low-temperature water heating *(HLK)* Warmwasserheizung *f*
low-temperature water heating system *(HLK)* Warmwasserheizungsanlage *f*
low tender *(VR)* Niedrigangebot *n*
low-tension main distribution station *(El)* Niederspannungs-Hauptverteilung *f*
low tide *(Bod, Umw)* Ebbe *f*
low-viscosity dünnflüssig, niedrigviskos
low voltage *(El)* Niederspannung *f*
low-voltage current *(El)* Schwachstrom *m*
low-voltage lighting control *(El)* Niederspannungsrelaisschaltung *f*
low-voltage system *(El)* Niederspannungssystem *n*
low-volume road *(Verk)* Straße *f* mit geringem Verkehr, niedrigbelastete Straße *f*
low wall 1. niedrige Wand *f*; 2. *(Verk)* flache Schutzmauer *f*
low-waste technology *(Te, Umw)* abfallarme Technologie *f*
low water *(Bod)* Niedrigwasser *n*, Ebbe *f*; niedrigster Wasserstand *m*
low water alarm *(San)* Wassermangelsicherung *f*
low-water cutoff *(San)* Niedrigwasserabschalter *m (Wasserboiler)*
low W/C mix Mischung *f* mit niedrigem Wasser-Zement--Wert [W/Z-Wert]
lowboy *(AE) (BWG, Verk)* Tieflader *m*
lower *v* 1. senken, absenken *(Grundwasser)*; 2. reduzieren, verringern, abmindern; 3. absetzen, herunterlassen
lower *v* **a bridge** *(Br, Te)* eine Brücke absenken
lower niedriger, tiefer
lower basement Kellergeschoss *n*, Tiefkellergeschoss *n*
lower bed 1. Unterlage *f*, Unterbettung *f*; 2. untere Lagerfläche *f*, unteres Lager *n*, hartes Lager *n (Werkstein)*
lower bond theorem *(Stat)* statischer Satz *m*
lower boom *s.* lower chord
lower border Unterkante *f*
lower chord 1. *(Konst, TK)* Untergurt *m*; Untergurtung *f (Fachwerk)*; 2. *(BT, TK)* Untergurtstab *m*
lower chord bar *(BT, TK)* Untergurtstab *m*
lower chord longitudinal bar Untergurtlängsstab *m*
lower deck *(Verk)* untere Fahrbahntafel *f*; untere Plattform *f (Brücke)*
lower flange *(Verk)* Untergurt *m (Seitenwand)*; Unterkante *f*, untere Fläche *f (Stahlbau)*
lower floor unteres Stockwerk *n* [Geschoss *n*]
lower guide untere Führung *f*
lower layer *(Verk)* Unterlage *f*, Unter(bettungs)schicht *f*
lower limiting value Mindestwert *m*
lower part Unterteil *n*
lower rail unteres Querrahmenholz *n*; unterer Querfries *m*
lower reservoir *(Wsb)* Unterbecken *n*
lower slab *(BT)* untere Tafel *f (Kastenträger)*
lower specification limit Mindestwert *m*
lower storey unteres Stockwerk *n* [Geschoss *n*]
lower stratum *s.* lower layer
lower torus Säulenplatte *f (Rundplatte)*
Lower Triassic sandstone *(BM, Bod)* Buntsandstein *m*
lower yield point *(St)* untere Streckgrenze *f*
lowerator (rack) Senkgerüst *n*
lowering 1. Rückgang *m*, Abnahme *f*, Abfall *m*; 2. Senken *n*, Senkung *f*, Fallen *n*
lowering of ground-water level [table] *s.* lowering of subsoil water
lowering of subsoil water *(Erdb)* Grundwasserabsenkung *f*
lowering of the table water *(Erdb)* Grundwasserspiegelabsenkung *f*
lowering of viscosity *(BM)* Viskositätsrückgang *m*, Viskositätsabfall *m*
lowering of water level *(Erdb)* Wasserabsenkung *f*
lowering platform *(BT, EB)* Senkbühne *f*
lowest level *(Umw, Wsb, WVA)* niedrigster Wasserstand *m*
lowest line of structure Konstruktionsunterkante *f (Stahlbau)*
lowest permissible temperature zulässige Tiefsttemperatur *f*
lowest point Tiefpunkt *m*
lowest responsible bidder *(VR)* Bieter *m* mit niedrigstem Angebot und voller fachlicher Kompetenz *(Bauvertragsausschreibung)*
lowest water level *(Umw, Wsb, WVA)* niedrigster Wasserstand *m*
lowland *(Bod)* Niederung *f*, Tiefland *n*, Tiefebene *f*
lowland plane *(Bod)* Tiefebene *f*
lozenge 1. *(Arch)* Rhombenmuster *n*; 2. *(Arch)* Rautenfensteröffnung *f*, Raute *f*
lozenge cloth Rautenmaschengewebe *n*, Rautengewebe *n*
lozenge expanded metal *(BM)* Rautenstreckmetall *n*
lozenge fret *(Arch)* Rhombenzierkante *f*, Rautenstab *m*
lozenge frieze *(Arch)* Rautenfries *m (romanisches Ornament)*
lozenge glass Rautenglas *n*, rautenförmig gemustertes Glas *n*
lozenge mash *(BM)* Rautenmasche *f*
lozenge motif *(Arch)* Rautenmotiv *n*
lozenge moulding *s.* lozenge fret
lozenge network *(Arch)* Rautennetzwerk *n*
lozenge pattern *(Arch)* Rautenmuster *n*
lozenge plate *(St)* Rautengrobblech *n*
lozenge riveted joint *(St)* verjüngte Nietverbindung *f*
lozenge-shaped *(Arch)* rautenförmig
lozenge-shaped ground plan rautenförmiger Grundriss *m*
lozenge window Rautenfensteröffnung *f*
lubricant Schmiermittel *n*

lubricate *v* schmieren, fetten, ölen
lubricating device *(BWG)* Schmiervorrichtung *f*
lubricating film *(BWG)* Schmiermittelfilm *m*
lubricating grease Schmierfett *n*
lubricating power *(BWG)* Schmierfähigkeit *f*
lubricating property Schmiereigenschaft *f*
lubrication layer *(BWG)* Schmierschicht *f*
lubricity Schlüpfrigkeit *f*
lucarne *(Konst)* Lukarne *f (Dacherker)*
lucullite schwarzer Marmor *m* für römische Bauten
luffer board Schall(dach)brett *n*, Schirmbrett *n*
luffing crane *(BWG)* Wippkran *m*, Hebekran *m (mit veränderlichem Radius)*
lug 1. Nase *f*, Ansatz *m*; Auge *n*, Zapfen *m (einer Sohlbank aus Holz)*; 2. *(El)* Kabelschuh *m*, Öse *f*
lug angle *(BT, Konst)* Beiwinkel *m*, Steifewinkel *m*
lug bolt Zapfen *m* an einem Flacheisen
lug sill überlanger Fenstersims *m (in das Mauerwerk hineinreichend)*
luggage elevator *(AE)* Gepäckaufzug *m*
luggage hold *(Konst)* Gepäckraum *m*
luggage lift *(EB)* Gepäckaufzug *m*
luggage room Gepäckraum *m*
luggage roundabout *(EB, Verk)* Gepäckkarussell *n*
luggage store Kofferraum *m*
lumber *v (AE)* zuschneiden, zurichten, aufarbeiten *(Holz)*; versperren
lumber *(AE) (BM, Hb)* Bauholz *n*, Schnittholz *n*
lumber core *(AE)* Kernholz *n* für Furnierschnitt
lumber-core plywood Tischlerplatte *f*
lumber mill *(AE) (BWG)* Sägewerk *n*
lumber preserving plant *(AE)* Holzimprägnieranlage *f*
lumber-room *(Konst)* Abstellraum *m*
lumber yard *(Hb, Te)* Holzlagerplatz *m*, Holzstapelplatz *m*
lumbering *(AE) (LB)* Holzeinschlag *m*, Holzfällen *n*
luminaire *(El)* Leuchte *f*, Beleuchtungskörper *m*; *(AE)* Beleuchtungseinheit *f*
luminaire efficiency Leuchtenwirkungsgrad *m*
luminaire fixture *(AE) (El)* Beleuchtungskörper *m*, Leuchte *f*
luminaire grid suspension ceiling *(El, Konst)* Lichtrasterdecke *f*
luminance Leuchtdichte *f*; *(veraltet)* Flächenhelle *f*
luminance coefficient Leuchtdichtefaktor *m*
luminance factor *(El)* Leuchtdichtefaktor *m*
luminance meter Leuchtdichtemesser *m*
luminescent lumineszierend, leuchtend
luminescent ceiling *(El, Konst)* Leuchtdecke *f*, Lichtdecke *f*
luminescent foil Leuchtfolie *f*
luminescent glass leuchtendes Glas *n*, Leuchtglas *n*
luminescent momentary-contact push button Leuchttastschalter *m*, Lichttastschalter *m*
luminescent paint *(BM, OB)* Leuchtfarbe *f*, Lumineszenzfarbe *f*, selbstleuchtende Farbe *f*
luminescent pigment *(BM, OB)* Leuchtpigment *n*
luminescent tube *(El)* Leucht(stoff)röhre *f*
luminescent wall *(El, Konst)* Leuchtwand *f*, Lichtwand *f*
luminosity Helligkeit *f*; Leuchtstärke *f*
luminous leuchtend, hell
luminous advertisement *(El)* Lichtreklame *f*, Leuchtreklame *f*
luminous ceiling *(El, Konst)* Leuchtdecke *f*, Lichtdecke *f*, Decke *f* mit lichtdurchlässiger Verblendung
luminous coverage *(AE)* Flächenausleuchtung *f*
luminous efficacy *(AE)* Lichteffektivitätsgrad *m*, Lichtausbeute *f (Lumen per Watt)*
luminous efficiency Lichtausbeute *f*
luminous element *(El)* Leuchtkörper *m (Glühlampe)*
luminous emittance Lichtausstrahlung *f*
luminous energy Lichtenergie *f*, Lichtmenge *f*
luminous exposure Lichtaussetzung *f*
luminous flow Lichtströmung *f*, Lichtfluss *m*
luminous flux Lichtstrom *m (SI-Einheit: Lumen)*
luminous intensity Lichtstärke *f (SI-Einheit: Candela)*
luminous paint *(BM, OB)* Leuchtfarbe *f*, Fluoreszenzfarbe *f*, selbstleuchtende Farbe *f*
luminous pigment *(BM, OB)* Leuchtpigment *n*
luminous power *(El)* Leuchtkraft *f*
luminous row Leuchtband *n*, Lichtband *n*
luminous source *(El)* Lichtquelle *f*
lump *v (BM)* zusammenballen, Klumpen bilden, klumpig werden *(Anstriche, Bindebaustoffe)*
lump *(BM, Bod)* klumpig, verklumpt; pauschal
lump Klumpen *m (Baustoffe)*; Knollen *m*
lump cinder *(AE) (BM)* Hochofenstückschlacke *f*
lump formation *(BM)* Klumpenbildung *f*
lump free *(BM)* klumpenfrei
lump gypsum Stückgips *m*
lump hammer *(BWG)* Schlegel *m*
lump lime Stückkalk *m*
lump of earth *(Bod)* Erdklumpen *m*, Erdstoffknolle *f*
lump payment *(VR)* Pauschalzahlung *f*
lump price Pauschalpreis *m*
lump slag *(BM)* Hochofen(stück)schlacke *f*, Klotzenschlacke *f*
lump-sum *(VR)* Pauschalsumme *f*, Pauschalbetrag *m*
lump-sum agreement *(VR)* Bauvertrag *m* mit Garantiehinterlegung *(Pauschalsumme der Leistung)*
lump-sum contract *(VR)* Pauschalauftrag *m*
lump-sum price *(VR)* Pauschalpreis *m*
lump-sum purchase *(VR)* Pauschaleinkauf *m*
lump-sum settlement *(VR)* Pauschalabfindung *f*
lump-sum tender *(VR)* Pauschalpreisangebot *n*
lump-sum user fee *(VR)* Pauschalnutzergebühr *f*
lumpiness *(BM)* Stückigkeit *f*
lumps of marble Marmorbruch *m*
lumpy *(BM, Bod)* klumpig; knollig; stückig
lumpy soil *(Bod)* klumpige Erde *f*
lunar halbmondförmig
lunding beam *(AE) (BT, Hb, TK)* Spannbalken *m*, Zugbalken *m*; Zange *f*
lune *(Arch, Konst)* Mondsichelform *f*, Zweieck *n (Kugelzweieck)*
lunette 1. *(Arch)* Halbmondöffnung *f*, Halbmondformelement *n*; Stichkappe *f*, Lunette *f*, Lichtloch *n (Gewölbeöffnung)*; Sehloch *n*; 2. *(Arch)* Lichtraum *m*
lunette vault *(Arch, Konst)* Lichtraumgewölbe *n*, Ohrengewölbe *n*
luster *(AE)* *s.* lustre
lustre 1. *(OB)* irisierende Oberfläche *f*, Glasur *f (Glanzüberzug)*; 2. *(OB)* Oberflächenglanz *m*, Schimmer *m*, Glanz *m (z. B. von Materialien)*; Lüster *m (Glanzüberzug)*; 3. *(El)* Leuchter *m (Kronleuchter)*
lustre finish *s.* lustre
lustre loss *(OB)* Glanzverlust *m*, Mattwerden *n*
lustreless glanzlos, matt, stumpf *(Anstrich)*
lustrous glänzend; strahlend
lustrous coating *(OB)* Glanzschicht *f*
lustrous schist *(BM)* Glanzschiefer *m*
lute *v* (ver)kitten, dichten *(Rohrverbindungen)*; verschmieren
lute 1. Betonabstreichklinge *f*, Betonziehklinge *f*, Betonabstreicher *m (für plastischen Beton)*; 2. Ziegelabstreichklinge *f*; 3. Kitt *m (Dichtungsmasse, Füllkitt)*; 4. klebriger Lehm *m*
luthern Gaupenfenster *n*
luting *(BM, San, WVA)* Dichtungskitt *m*
lutose tonbedeckt
lux *(El)* Lux *n*, lx *(SI-Einheit der Beleuchtungsstärke)*
luxury flat *(Konst)* Luxusetagenwohnung *f*

luxury hotel *(Arch)* Luxushotel *n*
luxury wood *(BM, Hb)* Edelholz *n*
lych-gate *(Arch)* überdachtes Wegetor *n*, Torüberdachung *f* *(an Friedhöfen)*
lyctus-susceptible wood *(Hb)* splint-holzkäferanfälliges Holz *n*
lye *(BM, WVA)* Lauge *f*
lye-proof *(BM)* laugenbeständig, alkalibeständig
lying panel 1. Holzplatte *f* mit horizontaler Faserung; 2. liegendes [horizontal angebrachtes] Paneel *n*
lying window liegendes Fenster *n*, Querfenster *n*
lyophile *(BM)* lyophil, lösungsmittelanziehend
lyophile colloid lyophiles Kolloid *n*
lyophobe lyophob, lösungsmittelabstoßend
lyophobe colloid *(BM)* lyophobes Kolloid *n*

M

m-design *(modular-ratio-method) (Stat)* n-Verfahren *n (E--Modul-Verhältnis-Verfahren)*
m-method *s.* m-design
m-problem *(Stat)* n-Problem *n*
M-roof *(Konst)* doppeltes Satteldach *n*
m. s. plate *(BT, St)* Flussstahlplatte *f*
m-times *(Stat)* n-fach
mac *s.* macadam
macadam 1. *(Verk)* Makadam *m(n)*, gebrochener Naturstein *m*, Schotter *m (für Makadamstraßendecke)*; 2. *s.* macadam construction method; 3. *s.* macadam road
macadam aggregate *(BM)* Makadamzuschlag(stoff) *m*, gebrochenes Gekörn *n*
macadam base *(Verk)* Schottertragschicht *f*
macadam construction method *(Verk)* Makadambauweise *f*
macadam foundation *(Verk)* Schotterunterbau *m*
macadam road *(Verk)* Makadamstraße *f*; sandgebundene Schotterstraße *f*; hohlraumreiche (bituminöse) Deckschicht *f (nach dem Makadamprinzip als Tränk-, Einstreu- oder Mischmakadam)*
macadam roadbase *(Verk)* Makadamtragschicht *f*, Schottertragschicht *f*
macadam surface [surfacing] *(Verk)* Makadamdecke *f*, sandgeschlämmte Schotterdecke *f*, Mischmakadamdecke *f*
macadamize *v (Verk)* (be)schottern, absplitten *(Straßenbau)*; eine Makadamdecke aufbringen
macerate *v (BM)* einweichen; aufweichen
maceration Einweichen *n*; Aufweichen *n*
macerator Einweichanlage *f*
machicolation *(Arch)* Maschikuli *m*, Pechnase *f*, Gusserker *m (Wehrburg)*
machicolations *(Arch)* Maschikulis *mpl*, Pechnasenkranz *m*
machinable *(BM)* maschinell bearbeitbar, bearbeitbar
machine *v* (maschinell) bearbeiten; verarbeiten
machine-applied plaster *(SB)* maschinell aufgetragener Putz *m*, Maschinenputz *m*, Spritzputz *m*
machine assembly *(BWG, Konst)* Maschinenrahmen *m*
machine base *(Erdb, Konst)* Maschinenfundament *n*
machine bolt Maschinenschraube *f*, Maschinenbolzen *m*
machine burn dunkle Überhitzungsstelle *f (in geschnittenem Material)*
machine casting (of asphalt) *(Te)* maschinelle Gussasphaltverlegung *f*
machine for letting in mounts *(BWG, EB)* Beschlageinlassmaschine *f*
machine foundation *(Erdb, Konst)* Maschinenfundament *n*
machine-laid maschinell eingebaut
machine-made *(Te)* maschinengefertigt, maschinell gefertigt
machine-made mortar *(SB)* Mischermörtel *m*, maschinell gemischter Mörtel *m*
machine-made plaster *(SB)* maschinell gemischter Putz *m*
machine-mixed concrete Mischerbeton *m*, maschinell gemischter Beton *m*
machine pouring of asphalt *(Te)* maschinelle Gussasphaltverlegung *f*
machine riveting *(St, Te)* mechanische Nietung *f*
machine room Maschinenraum *m*
machine shop *(Arch, Konst)* Produktionshalle *f*, Werkhalle *f*
machine-straightened sheet maschinell gerichtetes Blech *n*
machine train *(BWG)* Maschinenausstattung *f*, Maschinenpark *m*
machined *(BM, BT)* bearbeitet
machinery *(BWG)* Maschinenpark *m*
machinery and equipment for road maintenance *(BWG, RS, Verk)* Maschinen *fpl* und Geräte *npl* für die Straßeninstandhaltung
machinery and equipment for winter *(BWG, Verk)* Winterdienstmaschinen *fpl* und Winterdienstgeräte *npl*
machinery base *(Erdb, Konst)* Maschinengründung *f*
machinery building Maschinenhalle *f*
machinery foundation *(Erdb, Konst)* Maschinengründung *f*
machinery hall *(Arch, Konst)* Maschinenhalle *f*
machinery noise *(DIS)* Maschinenlärm *m*
machinery room *(HLK, Konst)* Installationsraum *m (für Heizung und Lüftung)*; Raum *m* für Heizungs- und Lüftungsgeräte *(in einem Gebäude)*
machinery station Maschinenzentrale *f*
machinery vibration *(DIS, Konst)* Erschütterung *f* durch Maschinenbetrieb
machining allowance *(BT)* Bearbeitungstoleranz *f*
macroconstituent Makrobestandteil *m*, Makrokomponente *f*
macrocrack Makroriss *m (mit dem Auge gut erkennbar)*
macroenvironmental *(Umw)* die weitere Umwelt betreffend
macropore *(BM)* Makropore *f*
macrorange Makrobereich *m*
macrostructure *(BM)* Grobgefüge *n*
macrotexture Makrotextur *f*, Grobgefüge *n*
maculose rock *(Bod)* Fleckschiefer *m*
madder lake Krapplack *m*
madder plant *(BM, OB)* Krapp *m*, Färberröte *f*
made ground *s.* made-up ground
made of brick ziegelgefertigt
made to fit abgepasst
made to scale maßgerecht hergestellt
made-up *(Erdb)* aufgeschüttet *(Erdstoffe)*
made-up ground *(Erdb)* aufgefüllter Boden *m*, Aufschüttung *f*; Auffüllung *f*; aufgeschüttetes Gelände *n*
madrasah *(Arch)* Medersa *f*, Madrasa *f*, Moscheehochschule *f*, Tempelschule *f*
madre *(Bod, Wsb)* Flussbett *n*
magazine Magazin *n*, Warenlager *n*, Speicher *m (z. B. für Werkzeuge)*
magic formula *(sl)* Patentrezept *n*
magmatic rock *(BM, Bod)* Eruptivgestein *n*

magnesia *(BM)* Magnesia *f*, Magnesiumoxid *n*
magnesia brick *s.* magnesite brick
magnesia cement *(BM)* Magnesiabinder *m*, Magnesiazement *m (hydraulische Magnesia)*
magnesia hardness Magnesiahärte *f*
magnesia insulation Magnesiadämmstoff *m*
magnesia white *(OB)* Magnesiaweiß *n (Farbe)*
magnesian magnesiumhaltig
magnesian lime *(BM)* Dolomitkalk *m*, Magerkalk *m*, Graukalk *m*
magnesian marble Dolomitmarmor *m*
magnesite Magnesit *m*
magnesite board *(BT)* Magnesitbauplatte *f*
magnesite brick Magnesitziegel *m*, Magnesitstein *m*
magnesite cement *s.* magnesia cement
magnesite-chrome refractory *(BM)* Magnesit-Chromerzeugnis *n (Feuerfestmaterial)*
magnesite compound *(BM)* Steinholz *n*
magnesite floor Steinholzfußboden *m*, Magnesitfußboden *m*
magnesite floor tile *(BT)* Steinholzplatte *f*
magnesite flooring *s.* magnesite floor
magnesite flooring tile *s.* magnesite floor tile
magnesite refractory *(BM)* Magnesiterzeugnis *n*
magnesite rock Magnesitstein *m*
magnesite slab Magnesiaplatte *f*
magnesium Magnesium *n*
magnesium alloy Magnesiumlegierung *f*
magnesium carbonate Magnesiumcarbonat *n*, Magnesiumkarbonat *n*
magnesium chloride Magnesiumchlorid *n*
magnesium hydroxide *(BM)* Magnesiumhydroxid *n*; Putzmagnesia *f*
magnesium lime dolomitischer Kalk *m*
magnesium oxide Magnesiumoxid *n*
magnesium oxychloride cement *(BM)* Magnesiabinder *m*
magnesium oxychloride composition *(Konst)* Magnesiaestrich *m*, Steinholzestrich *m*, magnesiagebundener Estrich *m*
magnesium oxychloride flooring *(Konst)* Magnesiaestrich *m*
magnesium oxychloride screed *(als verlegte Schicht)* Steinholzestrich *m*, Magnesiaestrich *m*, Magnesiaestrichschicht *f*
magnesium oxychloride subfloor Steinholzunterschicht *f*, Steinholzunterlage *f*
magnesium silicate Magnesiumsilikat *n*, Magnesiumsilicat *n*
magnesium silicate pigment *(BM, OB)* Magnesiumsilikatpigment *n*, Magnesiumsilicatpigment *n*
magnetic catch *(EB)* Magnetverschluss *m*
magnetic cushion railway *(Verk)* Magnetkissenbahn *f*
magnetic lock *s.* magnetic catch
magnetic separation *(Te)* Magnetabscheidung *f*, Magnetsortierung *f (von Müll)*
magnetic separator *(Te)* Magnetabscheider *m*
magnetic suspension railway *(Verk)* Magnetschwebebahn *f*, Magnetkissenbahn *f*
magnetic switch *(El)* Magnetschalter *m*
magnetic thickness tester magnetisches Schichtdickenmessgerät *n (meist für Anstriche)*
magnetite aggregate Magnetitzuschlag(stoff) *m*, Magneteisensteinzuschlag *m (Schwerstbeton)*
magnetite concrete *(BB)* Magnetitbeton *m*, Schwerstbeton *m* mit Magnetitzuschlag
magnification factor *(Stat, Verk)* Stoßzahl *f (aus Verkehrsbelastung)*
magnitude Größenordnung *f*
magnitude of creep *(BB)* Kriechgröße *f*, Kriechmaß *n*
magnitude of stress *(Konst, Stat)* Spannungsgröße *f*
magnitude of the bending stress *(BM, Stat)* Biegespannungsgröße *f*
mahlstick *(AE) s.* maulstick
mahogany *(BM, Hb)* Mahagoni(holz) *n*
mahogany brown *(OB)* Mahagonibraun *n*
mahogany-faced mahagoniverkleidet, mahagoniausgekleidet
Mahometan architecture *s.* Muslim architecture
maid's room *(Konst)* Hausmädchenzimmer *n*
mail sorting room *(Konst)* Briefverteilerraum *m*
mailing facilities *(Konst, VR)* Poststelle *f (einer Firma usw.)*
main 1. *(WVA)* Haupt(rohr)strang *m (eines Leitungssystems)*; Hauptrohr *n*; Steig(rohr)leitung *f*; 2. *(El)* Hauptleitung *f*, Hauptstrang *m*
main access *(Konst)* Hauptzugang *m*
main altar *(Arch)* Hauptaltar *m*
main appointed date *(Te, VR)* Ecktermin *m (Bauablauf)*
main approach *(Konst)* Haupteingang *m*, Hauptzufahrt *f*
main apse *(Arch)* Hauptapsis *f*
main arch of a vault *(Konst)* Gurtbogen *m*
main archway Durchgang *m*, Durchfahrt *f (z. B. Stadttor)*
main assembly hall *(Konst)* Plenarsaal *m*
main axis line *(Verm)* Hauptachse *f*
main axis of inertia *(Stat)* Hauptträgheitsachse *f*
main bar Hauptstab *m*, Längsstab *m (Stahlbewehrung)*
main bars Hauptbewehrung *f*, Längsbewehrung *f*, Längseinlagen *fpl*, Längseisen *npl (Bewehrung)*
main beam *(BT, TK)* Hauptbalken *m*; Zugbalken *m*, Unterzug *m*; Spannbalken *m*
main bearing *(Br, TK)* Hauptlager *n (Brücke)*
main bearing member *(TK)* Haupttragglied *n*
main block 1. Hauptgebäude *n*; 2. *(Arch)* Langhaus *n (Kirchenhalle)*
main block vault *(Arch)* Langhausgewölbe *n*
main bottom *(Bod)* gewachsenes Gestein *n*, Felsuntergrund *m*
main building *(Arch, Konst)* Hauptgebäude *n*, Hauptbau *m*
main building trades Bauhauptgewerke *npl*
main cable 1. *(BT, TK, Verk)* Tragseil *n (Kabelkran, Seilbahn)*; 2. *(El)* Hauptkabel *n*, Speisekabel *n*
main carriageway *(Verk)* Hauptfahrbahn *f*
main catenary suspension wire *(Verk)* Oberleitungstragseil *n*
main centre Hauptzentrum *n*
main chapel *(Arch)* Hauptkapelle *f*
main circuit *(El)* Hauptstromkreis *m*
main cock *(San, WVA)* Haupthahn *m*
main collector *(WVA)* Hauptsammler *m*, Sammelkanal *m*
main column *(TK)* Hauptstütze *f*
main compression stress *(Stat)* Hauptdruckspannung *f*
main constituent Hauptbestandteil *m*
main contractor *(VR)* Generalauftragnehmer *m*, Hauptauftragnehmer *m*, Bauhauptauftragnehmer *m*, Gesamtauftragnehmer *m*, federführende Baufirma *f*; Hauptunternehmer *m*
main controlling dimension Ausbaumaß *n (Deckenhöhen)*
main couple *(Hb, TK)* Haupttragegebinde *n (Dach)*
main curvature Hauptkrümmung *f*
main dam *(Wsb)* Winterdeich *m*
main data *(Stat)* Hauptdaten *pl*
main deformation Hauptverformung *f*
main diagonal *(Konst, TK)* durchgängiger Fachwerkdiagonalstab *m*, Hauptdiagonale *f*, Hauptschräge *f*
main diagonal rib *(Konst)* Hauptdiagonalrippe *f*
main dike *(Wsb)* Winterdeich *m*
main dimensions Hauptabmessungen *fpl*

main direction Hauptrichtung *f*
main distribution panel *(El)* Hauptverteiler *m*
main dome *(Konst)* Hauptkuppel *f*
main door Außentür *f*
main drain 1. *(Erdb, WVA)* Hauptdrän *m*, Hauptsammelkanal *m*, Hauptsammler *m*; 2. *(Wsb)* Vorflutdrän *m*
main drain pipe *(WVA)* Hauptabwasserrohr *n*
main entrance *(Konst)* Haupteingang *m*
main entrance hall *(Konst)* Haupteingangshalle *f*
main façade *(Arch)* Hauptfassade *f*
main-failure set *(AE)* *(El)* Notstromaggregat *n*
main floor Hauptgeschoss *n*
main flue *(HLK)* Fuchskanal *m*, Hauptabzugskanal *m* *(Feuerung)*
main frame *(Konst, TK)* Hauptrahmen *m*
main fuse *(El)* Hauptsicherung *f*
main gable Mittelgiebel *m*
main gate Haupteinfahrt *f*
main girder *(Br, TK)* Hauptträger *m*, Längsträger *m* *(Brückenbau)*
main grid *(Konst, Verm)* Hauptraster *m*
main hall Schalterhalle *f* *(z. B. in Bahnhöfen)*
main highway *(Verk)* Hauptverkehrsstraße *f*
main input *(Verk)* Haupteingangsgröße *f*
main inspection chamber *(RS, WVA)* Hauptrevisionsschacht *m*
main lighting *(El)* Hauptbeleuchtung *f*
main line 1. *(Verk)* Hauptlinie *f* *(Eisenbahn und Telefonfernleitung)*; 2. *s.* main pipe; 3. *s.* main sewer
main load *(Stat)* Hauptlast *f*
main load-bearing structure *(TK)* Haupttragwerk *n*
main loading case *(Stat)* Hauptlastfall *m*
main longitudinal force Hauptlängskraft *f*
main moment *(Stat)* Hauptmoment *n*
main moment of inertia *(Stat)* Hauptträgheitsmoment *n*
main motif *(Arch)* Leitmotiv *n*
main normal *(Stat)* Hauptnormale *f*
main outgoing road *(Verk)* Ausfallstraße *f*
main pedestrian zone *(RP, Verk)* Hauptfußgängerbereich *m*
main pier *(TK)* Hauptpfeiler *m*
main pipe Haupt(leitungs)rohr *n* *(Gas und Wasser)*
main plane *(Stat)* Hauptebene *f*
main portal Hauptportal *n*
main rafter *(Hb)* Hauptsparren *m*, Bundsparren *m*
main rafters *(Hb)* Bindersparren *mpl*, Bundgespärre *n*, Bindergespärre *n*
main reinforcement Hauptbewehrung *f*, Längsbewehrung *f*
main reinforcement bars Längseisen *npl*, Längseinlagen *fpl*, Hauptbewehrung *f*
main riser *(WVA)* Hauptsteigleitung *f*
main road *(Verk)* Hauptverkehrsstraße *f*; Fernverkehrsstraße *f*, Landstraße *f*
main road network *(Verk)* Hauptstraßennetz *n*
main runner *(Hb)* Hauptunterzug(sbalken) *m* *(einer abgehängten Decke)*
main services *(RP)* Haupterschließung *f* *(Bauland)*
main settling basin *(WVA)* Hauptklärbecken *n*
main sewage drain pipe *(WVA)* Haupt(abwasser)rohr *n*
main sewer *(WVA)* Hauptentwässerungsleitung *f*, Haupt(abwasser)kanal *m*, Hauptsammelkanal *m*, Hauptsammler *m*
main shearing stress *(Stat)* Hauptschubspannung *f*
main shut-off valve *(San, WVA)* Hauptabsperrung *f*
main sluice valve *(WVA)* Hauptschieber *m*
main span *(Konst)* Mittelöffnung *f*, Brückenhauptöffnung *f*, Hauptfeld *n*
main stack *(WVA)* Hauptentlüftungsrohr *n* *(Entwässerung)*
main staircase [stairs] *(Konst)* Haupttreppe *f*
main station *(Verk)* Hauptbahnhof *m*
main storage yard Hauptlagerplatz *m*
main storey Hauptgeschoss *n*
main stream (of traffic) *(Verk)* Hauptverkehrsstrom *m*
main street *(Verk)* (städtische) Hauptverkehrsstraße *f*, Hauptstraße *f*
main structure *(Konst)* Hauptgebäude *n*, Hauptbau *m*
main supply 1. *(El, WVA)* Hauptversorgungsleitungen *fpl*; 2. *(El)* Hauptnetz *n*
main switch *(El)* Hauptschalter *m*; Haushauptschalter *m*
main symbol *(Stat)* Hauptzeichen *n*
main tapping 1. Hauptabzweigung *f*; 2. Hauptwasserzufluss *m*
main tenant Hauptmieter *m*
main tender *(VR)* Hauptangebot *n*
main tensile reinforcement Hauptzugbewehrung *f*
main thoroughfare *s.* main street
main tie Gebindefußbalken *m*, Gebindeschließbalken *m*
main track *(Verk)* Hauptgleis *n*
main transept *(Arch)* Hauptquerschiff *n*, Hauptquerhaus *n*
main truss *(Hb)* Dachbinder *m*, Hauptbinder *m*, Binder *m*; Dachstuhl *m*
main tunnel *(Tun)* Tunnelröhre *f*
main valley Haupt(dach)kehle *f*
main valve *(WVA)* Hauptventil *n*
main vault *(Konst)* Hauptgewölbe *n*
main wall *(SB, TK)* tragende Wand *f*
main walls Rohbau *m*
main web *(Br, TK)* Längsträger *m* *(Brückenbau)*
main wind direction *(Umw)* Hauptwindrichtung *f*
main window Hauptfenster *n*
main works *(Te)* Rohbauarbeiten *fpl*
mainland *(Bod)* Festland *n*
mains 1. *(El)* Versorgungsnetz *n*, Stromverteilungsnetz *n*, Netz *n*; Leitungsnetz *n*; 2. *(RP, WVA)* Rohrnetz *n*, Rohrleitungsanlage *f*, Hauptleitungsnetz *n* *(Gas, Wasser)*; 3. *(Erdb, Konst)* Straßenleitungen *fpl* *(im unterirdischen Raum)*
mains cable *(El)* Netzkabel *n*
mains cock *(San, WVA)* Haupthahn *m*
mains connection *(El, WVA)* Netzanschluss *m*
mains current supply *(El)* Netzstromversorgung *f*
mains-failure set *(El, WVA)* Notstromaggregat *n* *(bei Netzausfall)*
mains noise Netzgeräusch *n*, Netzbrummen *n*
mains-operated netzbetrieben, netzabhängig, für Netzanschluss (ausgelegt)
mains pressure *(WVA)* Netzdruck *m* *(Wasser, Gas)*
mains subway *(Konst)* Betriebskanal *m*, Leitungskanal *m*
mains supply *(El, WVA)* Netzversorgung *f*
mains water *(WVA)* Leitungswasser *n*
maintain *v* 1. instand halten, warten, pflegen *(z. B. Maschinen)*; unterhalten; 2. aufrechterhalten, halten *(z. B. einen Zustand)*
maintenance *(RS)* Instandhaltung *f*, Gebäudeinstandhaltung *f*, Erhaltung *f*; Wartung *f*, Pflege *f*; Unterhaltung *f*
maintenance and operating centre *(BWG)* Unterhaltungs- und Betriebsdienstzentrale *f*
maintenance budget *(VR)* Unterhaltungsbudget *n*, Erhaltungsmittel *npl*
maintenance budgeting *(VR)* Unterhaltungs- und Erhaltungsbudgetierung *f*
maintenance centre Unterhaltungshauptniederlassung *f*, Erhaltungszentralmeisterei *f*
maintenance charges *(VR)* Instandhaltungskosten *pl*, Wartungskosten *pl*; Unterhaltungskosten *pl*
maintenance clause Unterhaltungsklausel *f*, Instandhaltungsklausel *f*
maintenance coat *(OB)* Instandhaltungsanstrich *m*

M

maintenance coating 1. *(BM, OB)* Instandhaltungsanstrichstoff *m*; 2. *(OB)* Instandhaltungsanstrich *m*
maintenance constraints *(RS)* Unterhaltungszwangspunkte *f*
maintenance contract *(RS, VR)* Unterhaltungsvertrag *m*, Servicevertrag *m*, Erhaltungsvertrag *m*
maintenance costs *(VR)* Unterhaltungskosten *pl*, Instandhaltungskosten *pl*; Wartungskosten *pl*
maintenance cradle Instandhaltungshängebühne *f*
maintenance depot *(Verk)* Straßenmeisterei *f*
maintenance equipment yard *(BWG)* Unterhaltungsgerätehof *m*
maintenance execution Durchführung *f* der Unterhaltung
maintenance expenditure *(VR)* Unterhaltungs- und Erhaltungsaufwand *m*, Ausgaben *fpl* für Unterhaltung und Erhaltung
maintenance facilities Instandhaltungseinrichtungen *fpl*
maintenance finish (schwerer) dicker Ölfarbenaußenanstrich *m (für Industriegebäude)*
maintenance-free *(BWG, Konst)* wartungsfrei
maintenance gang Instandhaltungskolonne *f*
maintenance hangar *(Verk)* Flugzeugwartungshalle *f*, Flugwerfthalle *f*
maintenance impact Unterhaltungsbelastung *f*
maintenance index Unterhaltungsindex *m*
maintenance instructions *(Verk, VR)* Unterhaltungsanweisungen *fpl*, Wartungsanweisungen *fpl (Straße)*
maintenance management Wartungsmanagement *n*
maintenance management system Management *n* für Straßenerhaltung; Straßenerhaltungsmanagement *n*
maintenance manhole Wartungsschacht *m*
maintenance mix *(Verk)* Mischgut *n* für Unterhaltungsarbeiten, Flickmischgut *n (meist Kaltmischgut)*
maintenance obligation *(RS)* Instandhaltungspflicht *f (Gebäude, Straße)*
maintenance operation Unterhaltungs- und Erhaltungsbetrieb *m (Tätigkeit)*
maintenance paint *(BM, OB)* Instandhaltungsanstrichstoff *m*
maintenance paint system Instandhaltungsanstrichsystem *n*
maintenance painting (work) Unterhaltungsanstreicharbeiten *fpl*, Instandhaltungsmalerarbeiten *fpl*
maintenance performance Unterhaltungs- und Erhaltungsausführung *f*, Unterhaltungsleistungsfähigkeit *f*
maintenance period *(VR)* Unterhaltungsfrist *f*; Garantiezeitraum *m*, vertraglicher Unterhaltungszeitraum *m*
maintenance personnel Unterhaltungspersonal *n*, Instandhaltungspersonal *n*
maintenance pit Montagegrube *f*
maintenance planning *(RS)* Erhaltungsplanung *f*, Planung *f* der Unterhaltungs- und Erhaltungsmaßnahmen
maintenance policy *(RS, VR)* Unterhaltungspolitik *f*
maintenance prioritization *(RS)* Unterhaltungsprioritätenfestlegung *f*
maintenance procedures *(RS)* Instandhaltungsmaßnahmen *fpl*, Erhaltungsmaßnahmen *fpl*
maintenance process *(RS)* Unterhaltungs- und Erhaltungsablauf *m*
maintenance programming *(RS)* Unterhaltungs- und Erhaltungsprogrammaufstellung *f*
maintenance requirement *(RS, VR)* Unterhaltungsaufwand *m*, Instandhaltungsaufwand *m*
maintenance schedule *(RS, VR)* Wartungsplan *m*
maintenance staff Unterhaltungspersonal *n*, Instandhaltungspersonal *n*
maintenance standard Unterhaltungs- und Erhaltungsstandard *m*
maintenance strategy *(RS, VR)* Erhaltungsstrategie *f*
maintenance technique *(BWG, RS)* Unterhaltungs- und Erhaltungstechnik *f*
maintenance undertaking Unterhaltungsbetrieb *m*
maintenance works Instandhaltungsarbeiten *fpl*; Unterhaltungsarbeiten *fpl*
maintenance workshop Instandhaltungsbetrieb *m*
maisonette 1. *(Konst)* Maisonette-Wohnung *f*, Zweietagenwohnung *f* im Mehrgeschosser; 2. *(Arch, Konst)* Außenganghaus *n*
majolica 1. *(EB)* Majolika(arbeit) *f*; 2. *s.* majolica ware
majolica glazed coat *(OB)* Majolikaglasur *f*
majolica mosaic Majolikamosaik *n*
majolica wall tile *(EB)* Majolikawandfliese *f*
majolica ware Majolika *f (Töpferware)*
major fire Großbrand *m*
major load transfer *(TK)* Hauptlastabtragung *f*
major maintenance *(RS)* Hauptinstandsetzung *f*
major non-conformance *(VR)* großer Fehler *m*, Hauptfehler *m*
major road *(Verk)* Hauptverkehrsstraße *f*
major roads turning right or left *(Verk)* abknickende Vorfahrt *f*
major source Hauptquelle *f*
major street *(Verk)* städtische Hauptverkehrsstraße *f*
make *v (Te)* machen, herstellen, tun
make *v* **a bid** *(VR)* ein Angebot machen
make *v* **a hole** lochen
make *v* **a mixture** *(Te)* gattieren
make *v* **a repair** ausbessern
make *v* **an inventory** inventarisieren
make *v* **an opening** durchbrechen
make *v* **borings** *(Bod, Erdb)* Bohrungen durchführen; Bohrproben gewinnen
make *v* **dull** abstumpfen
make *v* **flush** *(Te)* (Flächen) bündig machen
make *v* **good** ausbessern, nachbessern
make *v* **level** abgleichen, planieren
make *v* **one's claim (to property)** *(VR)* Besitzanspruch anmelden
make *v* **recessed** absetzen, einziehen
make *v* **recesses** aussparen, freiarbeiten
make *v* **slanting** abschrägen
make *v* **stable** *(Erdb)* stabilisieren
make *v* **tight** *(DIS)* dichten
make *v* **up** zubereiten
make *v* **wet** nässen, befeuchten
make *v* **wider** vergrößern, verbreitern
make 1. *(Konst)* Ausführung *f*, Bauart *f*; 2. *(VR)* Marke *f*, Fabrikat *n*
make contact *(EB)* Schließkontakt *m*
make-up Zusammensetzung *f*, Aufbau *m (z. B. von Mischgut)*
make-up material Nachfüllmaterial *n*
make-up tank *(HLK)* Ausgleichbehälter *m*
maker Erzeuger *m*, Hersteller *m*
maker's certificate *(VR)* Herstellerzertifikat *n*, Herstellerzeugnis *n*
maker's instructions Herstelleranwendungshinweise *f*
maker's mark *(VR)* Herstellerkennzeichnung *f*, Erzeugerkennzeichen *n*
maker's test *(VR)* Werksprüfung *f*, Erzeugerqualitätsprüfung *f*
makeshift behelfsmäßig, provisorisch
making cost(s) *(VR)* Fertigungskosten *pl*
making cycle *(Te)* Fertigungszyklus *m*, Herstellungszyklus *f*
making fullest use of available space *(Arch, Konst)* Raumaufteilungsoptimierung *f*, Optimieren *n* der Raumaufteilung *f*

making good *(RS)* Ausbessern *n*, Reparieren *n*, Instandsetzen *n*; Reparatur *f*, Instandsetzung *f*
making-up piece Passrohr *n*, Formstück *n (an Maschinen)*
malachite *(BM, Bod)* Malachit *m*, Kupferspat *m*
male pivot Zapfen *m (erhabener Teil einer Zapfenverbindung)*
male plug *(El)* Einsteckstift *m*, Stecker *m*
male thread Außengewinde *n*, Bolzengewinde *n*
male toilet *(Konst, San)* Herrentoilette *f*, Männertoilette *f*
malformed verformt
malfunction Versagen *n*
mall *v* 1. schlägeln, klöpfeln *(Gestein)*; 2. *s.* mall a downtown
mall *v* **a downtown** in eine Fußgängerzone umwandeln *(Teile der Innenstadt)*
mall 1. *(RP) (AE)* Fußgängerbereich *m*; Einkaufsstraße *f*, Einkaufsstraßen *fpl*; Fußgängerzone *f (mit Grünanlagen)*; Fußwegesystem *n* mit Baumbestand; Promenade *f*; 2. *(Verk)* Grünstreifen *m*, bepflanzter Mittelstreifen *m (Straße)*; 3. *(BWG)* (schwerer) Holzhammer *m*; Schlegel *m*; 4. *(BWG, Erdb, Verk)* Ramme *f*, Handramme *f*, Pflasterramme *f (Straße)*
mall of a shopping centre *(Konst)* Mittelgang *m* [Hauptgang *m*] eines Einkaufszentrums [Kaufparks]
malleability *(BM, St)* Verformbarkeit *f (durch Druck)*; Schmiedbarkeit *f*
malleable 1. dehnbar, streckbar; verformbar; schmiedbar; hämmerbar; 2. geschmeidig
malleable cast *(St)* Temperguss *m*
malleable iron *(BM, St)* Schmiedeeisen *n*; Schweißeisen *n*; schmiedbarer Guss *m*
mallet Fäustel *m*, Hammer *m*, *(speziell)* Holzhammer *m*, Schlegel *m*
mallet-headed chisel 1. runder Steinmetzmeißel *m*; 2. Brecheisen *n*
malm 1. *(Bod)* Malm *m (Kalktonboden)*; 2. *s.* marl; 3. *s.* malm brick; 4. künstliche Mergelziegelrohmasse *f*
malm brick Mergelziegel *m*
malm rubber *(BM)* weicher Mergelziegel *m (in jede Form reibbar)*
malmstone Kieselkalkstein *m*
Maltese cross *(Arch)* Malteserkreuz *n (Architekturelement)*
maltha *(BM)* (flüssiger) Naturasphalt *m*, flüssiges Bitumen *n*, Erdpech *n*
mammoth pump *(Erdb, WVA)* Mammutpumpe *f*, Druckluftheber *m*
man *v (Te, VR)* mit Arbeitskräften besetzen [ausstatten]
man-carrying platform Arbeitsbühne *f*
man-day *(Te, VR)* Arbeitstag *m*, Tagewerk *n*
man-headed winged bull *(Arch)* Flügelstier *m* mit Menschenkopf
man-hour Arbeitsstunde *f*
man lock *(AE) (Erdb)* Luftschleuse *f*, Personenschleuse *f (z. B. eines Caissons)*
man-made 1. künstlich; synthetisch (hergestellt); 2. nachgeahmt
man-made building material Industriebaustoff *m*, Kunstbaustoff *m*
man-made coarse aggregate künstlicher Grobzuschlagstoff *m*
man-made construction material *s.* man-made building material
man-made fibre Kunstfaser *f*, Chemiefaser *f*
man-made fibre fabric *(BM)* Kunstfasergewebe *n*
man-made marble *(BM)* Kunstmarmor *m*
man-made resin Kunstharz *n*, künstliches Harz *n*
man-made slope *(Erdb)* künstlich hergestellte Neigung *f*
man-made structural material *s.* man-made building material
man-made travertine *(BM)* Kunsttravertin *m*
man-of-war pillar *(Tun)* Hilfspfeiler *m (Bergbau)*
man-size(d) begehbar *(Schacht, Gang)*; innen besteigbar *(Schornstein)*
manage *v* 1. handhaben; bedienen; 2. bewirtschaften; 3. leiten, führen
managed forest *(LB)* (bewirtschafteter) Forst *m*
management Betriebsführung *f*; Ausführungsleitung *f*; Verwaltung *f*; Leitung *f*
management of works *(Te, VR)* Bauleitung *f*, Baumanagement *n*
manager Geschäftsführer *m*
managing director Geschäftsführer *m*; Generaldirektor *m*
mandapam *(Arch)* Mandapa *m (indischer Tempelpavillon)*
mandarah *(Arch)* Mandara *m (altägyptische Empfangshalle)*
mandate *(VR)* Mandat *n*, Vollmacht *f*, Auftrag *m*
mandatory *(VR)* rechtverbindlich, obligatorisch, verbindlich, erforderlich, Soll...
mandatory cycle lane *(Verk)* Radwegegebot *n*, Radspurzwang *m*
mandatory injunction *(VR)* einstweilige Verfügung *f*
mandatory property verbindliche Eigenschaft *f*, Soll-Eigenschaft *f*
mandatory requirement *(Konst, VR)* verbindliche Anforderung *f*, Soll-Anforderung *f*, verbindliche Forderung *f*
mandatory sign *(Verk)* Gebotszeichen *n (Straße)*
mandatory standard verbindlicher [gesetzlicher] Standard *m*
mandorla *(Arch)* Mandorla *f*, Heiligenschein *m*
mandrel 1. *(Erdb)* Pfahlrammkappe *f*; 2. Dorn *m*; Ziehdorn *m*; Locheisen *n (Dorn zum Aufweiten)*; Profilkörper *m*
mandrel bending test *(BM, St)* Dornbiegeprüfung *f*
mandrel pressure roll Gegendruckrolle *f (Dachpappentechnologie)*
manganese black *(OB)* Manganschwarz *n*
manganese blue *(OB)* Manganblau *n*
manganese cement *(BM)* Manganzement *m*
manganese drier *(BM, OB)* Mangantrockenstoff *m (in Anstrichen, Manganacetat)*
manganese phosphating Manganphosphatierung *f*
manganese steel *(St)* Manganstahl *m*
manganous manganhaltig
manger Futtertrog *m*; Futterkrippe *f*
manger lath Raufenlatte *f*, Raufe *f*
mangling Richten *n (von Platten, Blech usw.)*
manhole *(Konst, RS, WVA)* Mannloch *n*, Einsteigschacht *m*, Schacht *m*, Einstiegsöffnung *f*, Einstieg *m*
manhole bottom Schachtsohle *f*
manhole chimney *(Konst)* Arbeitsschacht *m*; Kabelschacht *m*
manhole cover Mannlochdeckel *m*, Schachtdeckel *m*, Kanaldeckel *m*; Schachtabdeckung *f*
manhole covering *(Konst, WVA)* Schachtabdeckung *f*
manhole dog Mannlochbügel *m*, Schachtdeckelgriff *m*
manhole door Schachttür *f*
manhole frame *(Konst)* Mannlochrahmen *m*, Schachtrahmen *m*
manhole grid Mannlochrost *m*, Schachtrost *m*
manhole grille *s.* manhole grid
manhole head *(Konst, WVA)* Schachtabdeckung *f (Deckel mit Rahmen)*
manhole junction box *(Konst)* begehbarer Kabelschachtkreuzungspunkt *m*
manhole masonry *(SB)* Schachtmauerung *f*
manhole ring Mannlochring *m*
manhole section *(Konst)* Schachtring *m*
manhole subsidence *(RS)* Schachtabsenkung *f*
manhole top Schachtdeckel *m*, Schachtabdeckung *f*
manhole top ring Auflagering *m*
manifold 1. *(BT, WVA)* Rohrverteiler *m*, Verteilungsrohr *n*;

Rohrverzweigungsleitung *f*; 2. *(WVA)* Sammelleitung *f* *(Rohrleitung)*
Manila fibre [hemp] *(BM)* Abaka(hanf) *m*, Manilahanf *m*, Bananenhanf *m*
Manila rope *(BM)* Hanfseil *n*
manipulation *(Te)* Handhabung *f*; Bearbeitung *f*, Behandlung *f*
manlid *(BWG)* Mannlochdeckel *m*, Schachtdeckel *m*
manlift *(BWG)* Steiger *m*
manner of loading *(Stat)* Belastungsfall *m*
mannered *(Arch)* manieriert
Mannerism *(Arch)* Manierismus *m* *(Spätrenaissance)*
Mannerist device *(Arch)* manieristisches Element *n*
manometer *(HLK, WVA)* Manometer *n*, Druckmesser *m*
manor *(LB)* Landgut *n*
manor castle *(LB)* Landsitz *m*
manor house *(Arch)* Landherrenhaus *n*, Herrenhaus *n*; Rittergutshaus *n*
manpower 1. Arbeitskraft *f*; 2. verfügbare Arbeitskräfte *fpl*; Personalbestand *m*
manpower planning *(Te, VR)* Arbeitskräfteplanung *f*
mansard Mansarde *f*, halbschräger Dachraum *m*
mansard dormer window Mansardendachfenster *n*
mansard flat roof *(Konst)* Mansardenflachdach *n*
mansard roof Mansard(en)dach *n*
mansard roof with king post resting on tie beam *(Konst)* Mansardendach *n* mit durchgehender Firstsäule
mansard truss *(Hb)* Mansardenbinder *m*
mansion 1. *(Konst)* große Luxuswohnung *f*; 2. großes Wohnhaus *n*; Villa *f*; Herrenhaus *n*; 3. *(LB)* Landsitz *m*
mantel *s.* mantle
mantle 1. Kaminsturz *m*, Kaminöffnungsbogen *m*; 2. *(HLK)* Kaminummauerung *f*, Kaminumkleidung *f*; 3. *(HLK)* Wandverkleidung *f (an einem Kamin)*; 4. *(Bod)* Schwemmland *n*, Aufschüttung *f*, Überlagerung *f (geologisch)*
mantle of vegetation *(LB, Umw)* Vegetationsdecke *f*
mantle register *(BT, HLK)* gusseiserner Kamineinsatz *m*
mantle rock *(Bod, LB)* Lockerboden *m*
mantlepiece Kaminrahmen *m*, gestaltete Kamineinfassung *f*; Kaminsims *m*
mantleshelf *(EB)* Kaminsims *m*, Kaminablagebank *f*
mantletree Kaminsturz *m*, Kaminöffnungsbogen *m*
manual manuell, von Hand, Hand...
manual *(VR)* Handbuch *n*, Leitfaden *m*
manual backup Handsteuerung *f*, manuelle Steuerung *f*
manual barrier handbediente Schranke *f*
manual batcher handbedienter Mischer *m*
manual control Handbedienung *f*; Handsteuerung *f*
manual control panel *(BWG)* Handsteuerpult *n*
manual count *(Verk)* handschriftliche Zählung *f*
manual cycling control *(BWG)* Handsteuerung *f* des Mischprozesses
manual electric arc welding *(St)* Lichtbogenauftragsschweißen *n*
manual element Griffelement *n*
manual emergency call *(El)* handbediente Notrufanlage *f*
manual forklift *(BWG)* handgeführter Gabelstapler *m*
manual gas shut-off valve *(BT, WVA)* Handgasabsperrschieber *m*
manual labour Handarbeit *f*
manual mode *(Te)* handgesteuerte Methode *f*
manual operation Handbetrieb *m*
manual plastering *(SB)* Handverputz *m (innen)*
manual polishing Handpolieren *n*
manual proportioning control Handdosierung *f*, Handsteuerung *f* der Mischgutzusammensetzung
manual rendering *(SB)* Handverputz *m (außen)*
manual riveting *(St, Te)* Handnietung *f*
manual spraying Handspritzen *n*
manually guided drag skip Handschrapper *m*
manually operated handbetätigt; handbetrieben, handgesteuert
manufacture *v (Te)* herstellen, fertigen, erzeugen; verarbeiten
manufacture Bauproduktion *f*
manufacture of bricks *(Te)* Ziegelherstellung *f*
manufactured (clay) brick chips Trümmersplitt *m*, Ziegelsplitt *m*
manufactured constructional product künstlicher Baustoff *m*, synthetischer Baustoff *m*, synthetisches Baumaterial *n*
manufactured marble *(BM)* Kunstmarmor *m*
manufactured sand aufbereiteter Sand *m*, Brechsand *m*, Schlackensand *m*; Steinsand *m*
manufactured sheet *(Verk)* Fertigschildertafel *f*
manufactured travertine *(BM)* Kunsttravertin *m*
manufacturer Hersteller *m*, Erzeuger *m*
manufacturer's certificate *(VR)* Herstellerzertifikat *n*, Erzeugerqualitätsnachweis *m*
manufacturer's instructions *(VR)* Herstelleranwendungshinweise *mpl*
manufacturer's test *(VR)* Werksprüfung *f*, Herstellerprüfung *f*
manufacturing allowance *(BB)* Schwundzugabe *f (Betonfertigung)*
manufacturing bay *(Te)* Produktionsabteilung *f*
manufacturing cost(s) *(VR)* Fertigungskosten *pl*
manufacturing defect *s.* manufacturing fault
manufacturing dimension Herstellungsabmessung *f*, Fertigungsmaß *n*
manufacturing drawing *(Konst)* Herstellungszeichnung *f*, Fertigungszeichnung *f*
manufacturing fault Herstellungsfehler *m*, Fertigungsfehler *m*
manufacturing method *(Te)* Herstellungsverfahren *n*
manufacturing plant *(BWG)* Fabrikanlage *f*
manufacturing process *(Te)* Herstellungsverfahren *n*, Fertigungsverfahren *n*
manufacturing regulations *(VR)* Herstellungsbestimmungen *fpl*
manufacturing technique *(Te)* Herstellungstechnik *f*, Herstellungsverfahren *n*
manufacturing technology *(Te)* Herstellungstechnik *f*, Verfahrenstechnik *f*, Technik *f* der Fertigung
manufacturing unit Fertigungseinheit *f*
manure *(LB)* Dung *m*
manure pit *(WVA)* Jauchegrube *f*, Güllegrube *f*
manuring *(LB)* Düngung *f*, Düngen *n*
manway *s.* manhole
many-columned *(Arch, Konst)* säulenreich
many-gabled style *(Arch)* Mehrgiebelstil *m*, Vielgiebelstil *m*
many-membered *(BT)* vielgliedrig, mehrgliedrig
many-sided vielseitig
map *v* 1. *(Verm)* aufnehmen, aufzeichnen; kartieren, auf einer Karte eintragen; 2. abbilden *(Mathematik)*; 3. trassieren
map 1. *(Verm)* Karte *f*, Geländekarte *f*; Landkarte *f*; 2. *(Konst)* Plan *m*
map cracking feine Rissbildung *f (z. B. im Mörtel)*; Landkartenrisse *mpl (einer Betondecke)*
map of sewers *(WVA)* Kanalisationskarte *f*
map updating *(Verk)* Kartenaktualisierung *f*
maple *(BM, Hb)* Ahornholz *n*
mapper *(Verm)* Kartierer *m (Vermessung)*
mapping 1. *(Verm)* Kartierung *f*; Geländeaufnahme *f*; 2. Abbildung *f (Mathematik)*
mapping instrument *(Verm)* Kartiergerät *n*
mapping of soil *(Bod, Verm)* Bodenkartierung *f*

mapping out *(Verm)* Aufnahme *f*, Kartierung *f*
mar *v* 1. beschädigen, zerkratzen *(Baustoffe)*; 2. *(Umw)* zerstören *(Umwelt)*; 3. *(RS, Umw)* verunstalten, verschandeln *(Landschaftsbild)*
mar resistance 1. *(BM)* Kratzfestigkeit *f*; 2. *(BM)* Nagelfestigkeit *f*
mar-resistant nagelfest
marble *v (OB, Te)* marmorieren, sprenkeln, ädern; marmorartig bemalen
marble 1. Marmor *m*; 2. polierbares Hartgestein *n*; 3. Marmorfigur *f*
marble aggregate *(BM)* Marmorzuschlagstoff *m*
marble column Marmorsäule *f*
marble cutter Marmorhauer *m*
marble decorative finish Marmorverzierung *f*, Marmorschmuck *m*
marble dressing *(Te)* Marmorbearbeitung *f*
marble façade *(BM, Konst)* Marmorfassade *f*
marble facing Marmorverkleidung *f*
marble fireplace Marmorkamin *m*
marble flag pavement Marmorplattenpflaster *n*, Marmorbelag *m (für Fußböden)*
marble floor Marmorbodenbelag *m*
marble gravel Marmorsplitt *m*, Marmoragglomerat *n*
marble inlay *(Arch)* Marmoreinlegearbeit *f*
marble lime Marmorkalk *m*
marble mosaic Marmormosaik *n*
marble ornament *(Arch)* Marmorornament *n*
marble plate *(BT)* Marmorplatte *f*
marble quarry Marmorbruch *m*
marble relief *(Arch)* Marmorrelief *n*
marble setter Marmor(ver)leger *m*
marble slab Marmorplatte *f*
marble statue *(Arch)* Marmorstatue *f*
marble structure *(Arch, Konst)* Marmorbauwerk *n*
marble stucco Stuckmarmor *m*, Marmorstuck(putz) *m*, Stuccolustro *m*
marble tile Marmorplatte *f*, Marmorfliese *f*
marble window cill [sill] *(EB)* Marmorfensterbank *f*
marble work Marmorarbeiten *fpl*
marbled 1. marmorn, aus Marmor; mit Marmor verkleidet; 2. marmoriert, gemasert *(Farbanstrich)*; gesprenkelt
marbled effect *(BM)* Marmorierung *f*, Marmormusterung *f*
marbled pattern *s.* marbled effect
marbled texture Marmorierung *f*
marbleize *v (AE) s.* marble
marbleized jaspiert, marmoriert
marblelike marmorartig
marbling *(OB)* Marmorieren *n*, Marmorisierung *f*
marezzo künstlicher Marmor *m*, Kunstmarmor *m*
margin *v* 1. mit einem Rand versehen; 2. Randstreifen anlegen
margin 1. Rand *m (Begrenzung)*; Seitenende *n*; 2. *(Konst)* sichtbarer Rahmensteg *m*, sichtbare Rahmenkante *f*; 3. Fase *f*, Führungsfase *f*; 4. *s.* marginal strip; 5. *(BT, VR)* (zulässige) Maßabweichung *f*, Toleranz *f*, Genauigkeitsgrad *m*, Abmaß *n*
margin draft glattbehauene Kanten *fpl* eines Werksteins
margin light 1. Seitenöffnung *f (Fenster, Tür)*; 2. *(El)* eingebaute indirekte Beleuchtung *f*
margin of safety 1. *(VR)* Sicherheitsspanne *f (Ökonomie)*; 2. *s.* factor of safety
margin-pointed trowel *(BWG)* Spachtelkelle *f*
margin strip 1. Randdiele *f*, Randholz *n*; 2. *s.* marginal strip
margin tile 1. Bordstein *m (Weg, Straße)*; 2. Traufstein *m*, Randziegel *m (Dach)*
margin trowel Spachtelkelle *f*
marginal am Rande; geringfügig; Rand...
marginal area *(RP)* Randgebiet *n*, Randzone *f*
marginal bar Fensterrandsprosse *f*, Seitensprosse *f*
marginal clay tile Saumziegel *m*, Kantendachziegel *m*, Bord(dach)ziegel *m*
marginal condition *(Stat)* Rand(wert)bedingung *f*
marginal cost *(VR)* geringfügige Kosten *pl*
marginal effect *(Stat)* Randwirkung *f*
marginal material minderwertiger Baustoff *m*, geringwertiges Material *n*
marginal plank Bordschwelle *f*
marginal property *(RP, VR)* Anliegergrundstück *n*
marginal strip *(Verk)* Bankett *n*, (unbefestigter) Randstreifen *m*, Seitenstreifen *m (Straße)*
marginal tile *s.* marginal clay tile
marginal torque moment *(Stat)* Randtorsionsmoment *n*, Randverwindungsmoment *n*, Randdrillmoment *n*
marginal torsion moment *(Stat)* Randtorsionsmoment *n*, Randverwindungsmoment *n*, Randdrillmoment *n*
marginal twist moment *(Stat)* Randtorsionsmoment *n*, Randverwindungsmoment *n*, Randdrillmoment *n*
marginal value Grenzwert *m*
margode *(BM, Bod)* Mergelschiefer *m*
marigold window *(Arch)* Rosenfenster *n*, Rose *f*, Rosette *f*
marigraph *(Umw, Wsb)* Flutschreiber *m*
marine antifouling paint *(BM, OB)* bewuchsverhindernde Farbe *f*
marine clay Meer(es)ton *m*
marine climate *(Umw)* Küstenklima *n*
marine concrete *(Wsb)* Wasserbaubeton *m*, Seebaubeton *m*
marine construction *(Wsb)* Seebau *m*, Küstenbau *m*
marine corrosion *(OB)* Meereswasserkorrosion *f*
marine deposit *(Bod)* marine Ablagerung *f*
marine dredging *(BWG)* Seebaggerung *f*
marine-drilling rig *(Bod)* Unterwasserbohranlage *f*
marine glue wasserfester Leim *m*
marine gravel *(BM)* Meer(es)kies *m*
marine marsh *(Bod, Umw)* Küstensumpf *m*
marine paint *(BM, OB)* wasserresistente Farbe *f*, meerwasserbeständiger Anstrichstoff *m*
marine pile *(Erdb, Wsb)* Rammpfahl *m* in der See
marine pollution *(Umw)* Meeresverschmutzung *f*
marine salt Meersalz *n*
marine sand Meeressand *m*
marine sediment *(Bod)* marine Ablagerung *f*
marine sewage disposal *(Umw, WVA)* Abwassereinleitung *f* ins Meer
marine structures *(Wsb)* Küstenbauten *mpl*
marine terminus building *(Arch, Konst)* Schifffahrtsgebäude *n*
marine welding *(St)* Unterwasserschweißen *n*
marine works *(Wsb)* Küstenbauten *mpl*
maritime canal *(Wsb)* Seekanal *m*
maritime construction *s.* marine construction
maritime town *(RP)* Seehafenstadt *f*
mark *v* 1. markieren, kennzeichnen; 2. markieren, anzeichnen *(z. B. zur Fußbodenbelagverlegung)*; anreißen; ankörnen
mark *v* **by chalk line** abkreiden, abschnüren
mark *v* **by pales** *(Verm)* verpflocken
mark *v* **off** *(Verm)* abgrenzen, markieren
mark *v* **out** 1. anzeichnen, Schnitt vorzeichnen *(z. B. für Fußbodenbelagverlegung)*; 2. *(Verm)* abstecken *(Trasse)*
mark *v* **out with a line** *(Te, Verm)* (ab)schnüren *(Schnurböden)*
mark *v* **with lights** *(Verk)* befeuern *(Flugverkehr)*
mark 1. *(VR)* Marke *f*, Kennzeichen *n (z. B. von Baustoffen)*; Merkmal *n*; 2. *(Verm)* Marke *f*, Zeichen *n*; 3. Riefe *f*, Kerbe *f*; Eindruck *m*; Anriss *m*; Ankörnung *f*
mark of approval Prüfzeichen *n*, Prüfmarke *f*

mark of conformity *(VR)* Konformitätszeichen *n*
mark-out line of grade *(Verm)* Höhenabsteckungslinie *f*
marked 1. markiert; gekennzeichnet; 2. riefig
marked arrow Markierungspfeil *m*
marked bay *(Verk)* markierte Parkbucht *f*
marked face *(BM)* Sichtfläche *f*, Kopfende *n (Bauholz)*
marked grade *(VR)* bezeichnete [vermerkte] Güteklasse *f*
marked lane *(Verk)* markierte Spur *f*
marked levelling staff *(Verm)* Nivellierlatte *f*
marked-out route *(Erdb)* Trasse *f*
marker *(Verk)* Straßenmarkierung *f*, Markierzeichen *n*
marker line *(BM)* Markierungslinie *f*
marker post *(Verk)* Leitpfosten *m*
markerpost *s.* marker post
market building *(Konst, RP)* Marktgebäude *n*
market hall Markthalle *f*
market leader *(VR)* Marktführer *m*, Branchenführer *m*
market place *(RP)* Marktplatz *m*
market-square *s.* market place
market stall Marktbude *f*
market town *(RP)* Marktstadt *f*
market value *(VR)* Zeitwert *m*
marketing *(VR)* Vermarktung *f*, Vertrieb *m*, Absatz *m*
marketplace *s.* market place
marking 1. *(VR)* Markierung *f*, Kennzeichnung *f*; 2. *(Verk)* Markierung *f*, Bezeichnung *f*; Anzeichnung *f (Straße)*; 3. *(Konst, Te)* Anriss *m*; Ankörnung *f*
marking chalk Signierkreide *f*
marking coat *(OB)* Markierungsanstrich *m*
marking crayon Markierstift *m*
marking gauge Parallelreißer *m*
marking machine *(BWG, Verk)* Markierungsmaschine *f (Straße)*
marking material *(OB)* Markierungsstoff *m*
marking of points *(Verm)* Punktevermarkung *f*
marking-off Anreißen *n*
marking-out *(Verk)* Abstecken *n (Trasse)*
marking-out dimension Anreißmaß *n*, Anrissmaß *n*, Anzeichnungsmaß *n*
marking-out of axis line *(Verm)* Achsabsteckung *f*
marking paint *(BM, Verk)* Straßenmarkierungsfarbe *f*
marking set in road surface *(Verk)* eingelegte Markierung *f*
marking strip *(VR)* Markierungsstreifen *m*, markierter Streifen *m*
marking system *(VR)* Kennzeichnungssystem *n*
marking tool *(Verm)* Reißnadel *f*
markings Straßenmarkierung *f*
marl *(Bod)* Mergel *m*; Steinmergel *m*
marl brick Mergel(hartbrand)ziegel *m*
marl clay Mergelton *m*, mergeliger Ton *m*
marl earth *(Bod)* Mergelboden *m*
marl loam *(BM, Bod)* mergeliger Lehm *m*
marl pit *(Bod)* Mergelgrube *f*
marl shale *s.* marlslate
marlaceous *(Bod)* mergelig
marlaceous lime Mergelkalk *m*
marlslate Mergelschiefer *m*, schiefriger Mergel *m*
marlstone Mergelstein *m*, mergeliger Sandstein *m*
marly clay *(Bod)* Mergelton *m*, Mergellehm *m*
marly limestone *(BM)* mergeliger Kalkstein *m*
marly sandstone Mergelsandstein *m*
marly silt *(Bod)* Mergelschlamm *m*
marly soil *(Bod)* Mergelboden *m*
marouflage *(Arch, Te)* Leinwandkleben *n*, Wandleinenkleben *n*
marquee 1. *(Konst)* Eingangsüberdachung *f*, Vordach *n (über einer Tür)*; 2. *(Te)* Zeltbau *m (Festzelt)*
marquetry Einlegearbeit *f*; Holzeinlegearbeit *f (z. B. in Möbeln)*
married quarters Familienunterkünfte *fpl*
marsh *(Bod)* Marsch *f*, Marschland *n*, Sumpfland *n*, Sumpf *m*
marsh drainage *(Bod, Erdb, Umw)* Moorentwässerung *f*
marsh marl Moormergel *m*
Marshall cylindrical test-head *(BM, BWG)* Marshallprüfpresse *f*
Marshall flow value *(BM)* Marshallfließwert *m*
Marshall press *(BM, BWG)* Marshall(prüf)presse *f*
Marshall stability *(BM)* Marshall-Stabilität *f*
Marshall (stability) test *(BM)* Marshall-Prüfung *f*, Marshall--Stabilitätsversuch *m*
Marshall test specimen *(BM)* Marshall-Prüfkörper *m*
Marshall voids Hohlraumgehalt *m* am Marshallkörper
marshalling area Bereitstellungsfläche *f (Montagebau)*
marshalling yard *(Verk)* Rangierbahnhof *m*
marshiness *(Bod)* sumpfige Beschaffenheit *f*
marshland *(Bod, Umw)* Marschland *n*, Sumpfboden *m*, Moorboden *m*
marshy *(Bod, Umw)* sumpfig, morastig
marshy area *(Bod, Umw)* Sumpfgebiet *n*
marshy district *(Bod, Umw)* Sumpfgebiet *n*
marshy ground [soil] *(Bod, Umw)* Moorboden *m*, Sumpfboden *m*, Marschboden *m*
martensitic component *(BM)* martensitischer Bestandteil *m*
martensitic stainless steel *(BM, St)* martensitischer (rostfreier) Edelstahl *m*
martensitic steel *(BM, St)* martensitischer Stahl *m*
martensitic structure *(BM, St)* martensitisches Gefüge *n*
Martin's cement *(AE)* schnell abbindender Zement *m*
Martyrium *(Arch)* Gedächtniskirche *f*, Denkmalkirche *f*, Martyria *f*, Coemitralkirche *f*
mascaron *(Arch)* Maskenornament *n*
mash (hammer) *(BWG, SB)* Steinmetzfäustel *m* mit rundem Kopf, Schlegel *m*
mask *v* abdecken; verdecken, verblenden
mask 1. Schablone *f*; Abdeckblech *n*; Abdeckblende *f*; 2. *(Arch)* Maskenornament *n*
masking Schablonenabdeckung *f (Anstrich)*; Abdeckung *f*
masking compound *(OB)* Abdeckmasse *f (Beschichtung)*
masking film Deckfolie *f*, Abdeckfolie *f*
masking frame Manschette *f (für Aufputzeinbauten)*
masking material Abdeckmaterial *n*, Abdeckstoff *m*, Abdeckmittel *n*
masking of noise *(Umw)* Lärmabschirmung *f*
masking paint *(OB)* Abdeckanstrich(stoff) *m*, Abdeckfarbe *f*
masking sheeting *(OB)* Deckfolie *f*, Abdeckfolie *f*
masking tape Schablonenaufklebeband *n*
mason *v (SB)* mauern; aus Stein errichten; vermauern; aufmauern
mason *v* **up** *(SB)* aufmauern
mason *(SB)* Steinmetz *m*; Maurer *m (bes. für Natursteinmauerwerk)*
mason architect *(Arch)* Baumeister *m (im Mittelalter)*
masoned cast stone *(BM, SB)* Betonwerkstein *m (mit Sichtbetonfläche)*
masonite (board) *(AE)* Holzfaserplatte *f*
masonry 1. *(SB)* Mauerwerk *n (aller Art, DIN 1053)*; 2. *(SB)* Maurerarbeit *f*; Steinmetzarbeit *f*; 3. *(SB)* Maurerhandwerk *n*
masonry anchor *(BT, SB)* Maueranker *m*, Wandanker *m*
masonry anchorage *(BT)* Mauerwerkverankerung *f*
masonry arch *(Konst)* Mauerwerksgewölbe *n*, Mauerwerkbogen *m*
masonry backup *(SB)* Hintermauerung *f*

masonry block *(BM)* Mauer(werksbau)stein *m*
masonry bond *(SB)* Mauerwerk(s)verband *m*, Mauerverband *m*, Ziegelverband *m*
masonry brick Mauerziegel *m*, Mauerstein *m*
masonry bridge *(Br)* gemauerte Brücke *f*; Mauerwerkbogenbrücke *f*
masonry cavity tie *(BT)* Mauerwerkanker *m*, Mauerhaken *m*, Anker *m*
masonry cavity wall *(SB)* Hohlmauerwerk *n*
masonry cement Mauer(mörtel)zement *m*, Puzzolanzement *m*, (hoch)hydraulischer Kalk *m*
masonry chimney *(SB)* gemauerter Schornstein *m*, Mauerwerksschornstein *m*
masonry conduit-type sewer *(WVA)* gemauerter Abwasserkanal *m*, Mauerwerkabwasserkanal *m*
masonry construction *(SB)* Mauerwerkbau *m*
masonry corbel gemauerte Konsole *f*, Mauerwerkskonsole *f*
masonry dam 1. *(Wsb)* Staumauer *f*, Mauerdamm *m*; 2. *(SB)* Natursteinstaumauer *f*
masonry dowel Mauerwerkdübel *m*, Steindübel *m*
masonry drill Mauerbohrer *m*, Steinbohrer *m*
masonry facing material [stones] *(BM, SB)* Mauerwerksverblender *mpl*
masonry-filled ausgefacht, mit Mauerwerk ausgefüllt, ausgemauert
masonry filler unit *(SB)* Schalungsmauerwerk *n* zwischen Trägern
masonry foundation wall *(Erdb)* Grundmauer *f*, Gründungswand *f*
masonry joint *(Konst, SB)* Mauerwerksfuge *f*
masonry lime (hoch)hydraulischer Kalk *m*
masonry lining material *s.* masonry facing material [stones]
masonry moisture sealing agent *(BM)* Mauerwerkimprägniermittel *n*
masonry mortar Mauermörtel *m*, Baumörtel *m*
masonry nail Mauernagel *m*, Steinnagel *m*
masonry of the abutment *(Br, Erdb, Konst, SB)* Widerlagermauerwerk *n*
masonry opening Mauerwerköffnung *f*
masonry paint Steinfarbe *f*, Maueranstrichstoff *m*
masonry panel *(BT)* (vorgefertigtes) Wandelement *n*, Mauerwerkstafel *f*
masonry partition *(SB)* gemauerte Wand *f*, Steinwand *f*
masonry pier *(SB, TK)* gemauerter Pfeiler *m*, Mauerwerkspfeiler *m*
masonry podium *(Arch)* hoher Unterbau *m*, Podium *n* *(Antike)*
masonry principle *(SB)* Mauerregel *f*
masonry reinforcement *s.* reinforcement
masonry sand Maurersand *m*, Mörtelsand *m*
masonry screen *(SB)* gemauerte Sichtblende *f*, Mauerwerksichtblende *f*
masonry structure *(SB)* gemauertes Bauwerk *n*, Mauerwerkbau *m* *(EN 1996)*
masonry structures *(SB)* Mauerwerksbauten *mpl* *(EN 1996)*
masonry style *(Arch, SB)* Mauerwerkstil *m*
masonry tie Maueranker *m*, Mauerklammer *f*, Wandklammer *f*
masonry treatment *(SB)* Mauerwerkbehandlung *f*
masonry trimstone Mauerwerkssichtstein *m*
masonry type Mauerwerkart *f*
masonry unit *(BM, SB)* Mauerwerksbaustein *m*, Baustein *m* mit Modulmaß, Mauerstein *m*
masonry vault Mauerwerksgewölbe *n*
masonry veneer Mauerverblendung *f*, Verblendmauer *f*
masonry wall *(SB)* Mauer *f*
masonry work 1. *(SB)* Maurerarbeit *f*; 2. *(SB)* Mauerwerk *n*
mason's adjustable multiple-point suspension scaffold heb- und senkbares Maurergerüst *n*
mason's axe Steinmetzhammer *m*
mason's board *(SB)* Maurerscheibe *f*
mason's chisel spitzer Steinmeißel *m*
mason's float *(BWG, SB)* Reibebrett *n*
mason's hammer Maurerhammer *m*, Steinspalthammer *m*; Abputzhammer *m*
mason's hod Trog *m*, Mörtel- und Ziegeltragekasten *m*
mason's joint *(SB)* V-förmige Mörtellage *f*
mason's labourer Handlanger *m* *(beim Mauern)*
mason's lead Senkblei *n*
mason's level *(SB, Verm)* Maurerwaage *f*, Setzwaage *f*
mason's lime Baukalk *m*, Luftkalk *m*
mason's line Maurerschnur *f*
mason's lodge 1. *s.* site hut; 2. Bauhütte *f* *(Gemeinschaft der Bauleute am mittelalterlichen Kirchenbau)*
mason's mark Steinmetzzeichen *n*
mason's mitre *(SB)* Gehrungsstein *m*
mason's profile Maurerlehre *f*
mason's putty Mörtelpaste *f*
mason's scaffold Maurergerüst *n*, Gerüst *n*
mason's stop *(SB)* Gehrungsstein *m*
mason's V-joint pointing V-förmige Mörtellage *f*
mason's work/do *(SB, Te)* mauern
masonwork *(SB)* Mauerwerk *n* *(aller Art)*
mass *v* sich anhäufen; sich stauen
mass 1. Masse *f* *(physikalisch)*; 2. Masse *f*, Gemisch *n* *(Baustoffe)*; 3. Anhäufung *f*, Menge *f*, Ansammlung *f*
mass colour *s.* masstone
mass concrete *(BB)* Massenbeton *m*; unbewehrter Beton *m*
mass curing *(BB, Te)* adiabatische Nachbehandlung *f*
mass flow *(Erdb)* Massenüberschuss *m*
mass forces *(Stat)* Massenkräfte *fpl*
mass foundation *(Erdb)* Massenfundament *n*, übergroßes Fundament *n*
mass haul *(Erdb)* Massenbewegung *f* *(Erdstoffe)*; Erdstoffmassenförderung *f*
mass-haul diagram *(Verk)* Massenausgleichsdiagramm *n*
mass housing *(Konst, RP)* Volkswohnungen *fpl*
mass law Massengesetz *n*
mass loss *(BM)* Massenverlust *m*, Gewichtsverlust *m*
mass lost rate Massenverlustrate *f*
mass moment *(Stat)* statisches Moment *n*
mass moment of inertia *(Stat)* Massenträgheitsmoment *n*
mass movement *(Bod)* Massenbewegung *f*
mass of coating *(DIS, OB)* Beschichtungsmenge *f* *(Dämmung)*
mass of water Wassermenge *f*
mass point *(Stat)* Massenpunkt *m*
mass-produced serienmäßig gefertigt
mass retaining wall *(Erdb, Konst)* Schwergewichtsstützmauer *f*
mass transfer Massenübergang *m*, Stoffübergang *m*
mass transit *(AE)* *(Verk)* Massenverkehrsmittel *n*; öffentliches Verkehrsmittel *n*
mass transportation Massen(gut)transport *m*
mass wasting *(Bod)* Bodenverlagerung *f*
massage room Massageraum *m*
massicot *(BM, OB)* Massicot *m*, Bleigelb *n* *(Farbe)*
massif *(Bod)* Gebirgsmassiv *n*
massing Baumasse *f*
massive 1. massiv; vollwandig; 2. *(Bod, Erdb)* massiv, ungeschichtet, ungegliedert, massig
massive arch *(Konst)* Massivbogen *m*
massive concrete *(BB)* Massenbeton *m*

massive concrete dam *(Wsb)* Betonsperrmauer *f*, Massivbetonmauer *f*
massive limestone *(BM)* Massenkalk(stein) *m*, massiger Kalkstein *m*
massive masonry wall *(SB)* wuchtige Mauer *f*
massive pier *(Konst)* ungegliederter Pfeiler *m*
massive rise *(Konst)* Setzstufe *f (einer Treppe)*
massive rock Massengestein *n*, massiges Gestein *n*
massive tread Blockstufe *f*, Klotzstufe *f (einer Treppe)*
massive type of construction *(Arch, Konst)* Massivbau *m*
massive wall wuchtige Wand *f*
massively bedded *(Erdb)* dickbankig geschichtet *(geologisch)*
massiveness Massigkeit *f*
masstone *(BM, OB)* absolut deckende Farbe *f*, Deckpigmentfarbe *f*; voller Farbton *m (eines Pigments)*
massy massig
mast 1. Mast *m*; Mastbaum *m (Stahlbau, Derrick)*; 2. *(El)* Leitungsmast *m*; Antennenmast *m*
mast anchor(age) Mastanker *m*
mast arm *(TK)* Mastausleger *m (Beleuchtungsmast)*
mast arm sign *(Verk)* Verkehrszeichen *n* am Mastausleger
mast assembly Hubgerüst *n*
mast base Mastfuß *m*
mast extension *(Konst)* Mastverlängerung *f*
mast foundation *(Erdb)* Mastfundament *n*
mastaba *(Arch)* Mastaba *f*, Mastabagrab *n (ägyptisches Massivgrab)*
master 1. *(BWG)* Abnahmelehre *f*, Prüflehre *f*; Normale *f*; 2. Kopierschablone *f*; 3. Meister *m*
master bathroom *(AE) (Konst)* Hauptbadezimmer *n (in einem Haus)*
master bedroom *(AE) (Konst)* Hauptschlafzimmer *n (in einem Haus)*; Elternschlafzimmer *n*
master bricklayer *(SB)* Maurermeister *m*
master builder *(Arch, Konst, VR)* Baumeister *m*
master carpenter *(Hb, VR)* Zimmermeister *m*
master control valve *(WVA)* Hauptkontrollschieber *m*
master controller *(Verk)* Hauptsteuergerät *n*
master copy Urschrift *f*, Original *n*, Reinschrift *f*
master curve Sollsieblinie *f*
master designer *(Arch)* Formmeister *m*
master form *(Konst)* Lehrenform *f (Modell)*
master gate *(WVA)* Haupt(absperr)schieber *m (Wasser)*
master gauge *(BWG)* Abnahmelehre *f*, Prüflehre *f*
master joiner Tischlermeister *m*
master key *(EB)* Generalschlüssel *m*; Hauptschlüssel *m*
master key system Hauptschlüsselanlage *f*
master-keyed system *(EB)* Schließanlage *f*
master mason Maurermeister *m*
master mastic Gussmastix *m*
master mould Mutterform *f (Ziegel)*
master-piece Meisterstück *n*
master plan 1. *(RP)* Generalbebauungsplan *m*, Bebauungsplan *m*; Flächennutzungsplan *m*; 2. *s.* master traffic plan
master plan for appointed dates *(Te, VR)* Hauptablaufplan *m (Bauausführung)*; Baufristengeneralplan *m*
master plate Schablone *f*; Kopierschablone *f*
master square *(BWG)* Prüfwinkel *m*, Kontrollwinkel *m*
master station *(Umw)* Aufnahme- und Aufzeichnungsstation *f (Wetterdaten)*
master suite Erwachsenenräume *mpl*
master switch *(El)* Hauptschalter *m*
master system *(OB)* Gesamt(korrosions)schutzsystem *n*, Gesamtanstrichaufbau *m*
master traffic plan *(RP)* Generalverkehrsplan *m*
master valve *s.* master gate
masterbatch Farbkonzentrat *n*
mastic 1. Mastix *m*, Stopfkitt *m*; 2. *s.* mastic asphalt
mastic asphalt 1. *(Verk)* Splittmastixasphalt *m*; 2. *(BM)* Asphaltmastix *m*; 3. *(BM)* Gussasphalt *m*
mastic asphalt carpet [layer] *(Verk)* Splittmastixdeckschicht *f*
mastic asphalt pug mill *(BWG)* Gussasphaltkollermühle *f*
mastic block Gussasphaltbrot *n*, Asphaltbrot *n*, Mastixbrot *n*, Blockmastix *m*
mastic cement Mastixzement *m*
mastic cooker *(BWG)* Mastixkocher *m*; Gussasphaltkocher *m*
mastic filler Mastixvergussmasse *f*
mastic flooring Asphaltfußbodenbelag *m*, Gussasphalt *m*
mastic for flattening of the prime coat Streichkitt *m*
mastic joint *(Konst)* Mastixfuge *f*
mastic membrane *(DIS)* Mastixmembran *f*, Mastixhaut *f*
mastic pitch *(BM)* Pechharz *n*
mastic pointing Mastixfugenausfüllung *f*, Mastixausfugung *f*
mastic sealing Mastixabsiegelung *f*, Mastixversiegelung *f*
mastix *s.* mastic
mat *v* 1. *(OB, Te)* mattieren, (matt)schleifen; 2. mit Matten belegen, verflechten; verfilzen
mat matt, mattiert, glanzlos
mat 1. *(BT)* Matte *f*; Bewehrungsmatte *f*; Baumatte *f*; Dämmmatte *f*; 2. *(Erdb)* Fundamentrost *m*; Stabplatte *f*; 3. *(OB)* mattierte Fläche *f*, mattierter Grund *m*; 4. *(Verk)* Straßenbelag *m*; 5. *s.* mat of fibres
mat dike *(Wsb)* Mattendeich *m*
mat foundation *(Erdb)* Betonfundamentplatte *f*; Plattengründung *f*
mat of fibres Faserfilz *m*, Faserfilzplatte *f*, Vlies *n*
mat of grass *(LB)* Grasnarbe *f*
mat of turf *(LB)* Rasennarbe *f*
mat-pattern *(Arch)* Flechtwerk *n (Verzierung)*
mat revetment *(Erdb, LB)* Mattenbekleidung *f*, Mattenverkleidung *f (Böschungen, Ufer)*
mat sink Fußbodenabstreichvertiefung *f*
mat thickness *(Verk)* Einbaudicke *f (Straßendecken)*
mat well *s.* mat sink
match *v (Hb)* nuten und spunden; angleichen; zusammenpassen
match *v* **boards** einfalzen, fügen *(in Kerbe)*
match *v* **colours** Farben abstimmen
match *v* **up with** *(Te)* zusammenpassen mit
match-cast *v (BB, Te)* anbetonieren, aneinander betonieren
match joint *(Hb)* Spundung *f*, Verzinkung *f*
match plane Nut(en)hobel *m*, Spundhobel *m*
match splint *(Hb)* Feder *f*
matchboard *v* 1. *(Hb)* nuten und spunden; 2. anpassen, zusammenpassen
matchboard *(BT, Hb)* Spundbrett *n*, gespundetes Holz(-brett) *n*; Nut- und Federholz *n*; Spundbohle *f*; Profilbrett *n*
matchboarding 1. *(BT, Hb)* Spundbretter *npl*, Spundbohlen *fpl*; 2. *(Hb, Te)* Nuten *n* und Spunden *n*
matched board *s.* matchboard
matched joint *(Hb)* Spundung *f*, Verzinkung *f*
matched lumber *(AE)* Spundbretter *npl*, Spundbohlen *fpl*
matched roof boards *(Hb)* gespundete Dachverschalung *f*
matched siding *(Hb)* gespundete Schalung *f (Holzaußenwand)*
matched subfloor gespundeter Unterboden *m*, Spundunterboden *m*
matched timber genutetes und gespundetes Holz *n*
matched veneer Furnierbild *m*
matched wood genutetes und gespundetes Holz *n*
matching 1. *(Hb, Te)* Nuten *n* und Spunden *n*; 2. Zusammensetzen *n (z. B. von Furnieren)*; 3. Spundung *f*, Nut *f* und Feder *f*; Spundholzlage *f*

matching machine *(BWG, Hb)* Spund- und Nutmaschine *f*
matching plane *(BWG, Hb)* Spundhobel *m*
matchlining Spundtafeln *fpl*
mate *v* fügen *(Passung)*
mate Gehilfe *m*
material *(BM)* Material *n*; Baustoff *m*, Werkstoff *m*; Stoff *m*, Substanz *f*; Gut *n*
material acceptance *(VR)* Baustoffabnahme *f*, Anerkennung *f* des Baustoffs *(Qualität)*
material behaviour Materialverhalten *n*; Werkstoffverhalten *n*
material being crushed Brechgut *n*; gebrochene Zuschläge *mpl* [Zuschlagstoffe *mpl*]
material being mixed *(BM, Verk)* Mischgut *n (Straßenbau)*
material being screened [sized] Siebgut *n*, Klassiergut *n*; klassierter Baustoff *m*
material being tested Versuchsmaterial *n*, Prüfmaterial *n (während des Tests)*
material characteristics Materialkennwerte *mpl*
material constant Materialkennwert *m*
material consumption Materialverbrauch *m*
material damage *(RS)* Materialschaden *m*, Materialbeschädigung *f*
material defect Materialfehler *m*; Werkstofffehler *m*
material designation Materialbezeichnung *f*, Werkstoffbezeichnung *f*
material flaw *s.* material defect
material fluctuation clause [variation] *(VR)* Materialgleitklausel *f*
material for electrical installations *(El)* Installationsmaterial *n*
material for interior work *(BM, EB, Te)* Ausbaumaterial *n*
material for services Installationsmaterial *n*
material for the permanent way *(Verk)* Oberbaumaterial *n*, Oberbau-Baustoff *m (Gleisbau)*
material-handling equipment Umschlageinrichtung *f*; Umschlaggeräte *npl*
material hoist Lastenaufzug *m*, Güteraufzug *m*
material hose Mörtelpumpschlauch *m*
material in suspension suspendiertes Material *n*
material inspection *(VR)* Materialüberwachung *f*
material list *s.* materials list
material of limited combustibility Materialien *npl* mit begrenzter Brennbarkeit
material property Werkstoffeigenschaft *f*, Materialeigenschaft *f*
material quantity Materialmenge *f*, Stoffmenge *f*
material recovery Materialrückgewinnung *f*
material requirement *s.* materials requirement
material safety data sheet *(VR)* Materialsicherheitsdatenblatt *n*
material selection Materialauswahl *f*
material separation operation Stofftrennprozess *m*
material shortage *s.* materials shortage
material specification *(VR)* Baustoffgütevorschrift *f*
material specifications Materialkennwert *m*
material stock Materiallager *n*
material strength *(BM, Stat)* Stofffestigkeit *f*
material-test specification *(VR)* Baustoffprüf(verfahrens)vorschriften *fpl*
material testing laboratory *(BM)* Baustoffprüflabor *n*; Werkstoffuntersuchungslaboratorium *n*
material to be graded Siebgut *n*, zu siebendes Gut *n*
material to be handled zu behandelndes Gut *n*
material to be screened Siebgut *n*, zu siebendes Gut *n*
material to be tested Versuchsmaterial *n (vor dem Versuch)*; Prüfmaterial *n*
material under investigation Versuchsmaterial *n*, in der Untersuchung befindlicher Werkstoff *m*
material unit price *(VR)* Materialeinheitspreis *m*
material utilization Baustoffausnutzung *f*; Material(aus)nutzung *f*
materials 1. Baustoffe *mpl*; Werkstoffe *mpl*; 2. *s.* materials supplying
materials and laying Materialliefern *n* und Verlegen *n*
materials consumption Materialverbrauch *m*
materials damage Werkstoffschädigung *f*, Baustoffschädigung *f*
materials engineering Werkstofftechnik *f*; Baustofftechnik *f*
materials fluctuation clause *(VR)* Materialpreisgleitklausel *f*
materials handling *(Te)* Baustofftransport *m*; Förderung *f*
materials list Materialliste *f*, Stoffliste *f*
materials preparation *(BM, BWG, Te)* Stoffaufbereitung *f*, Materialaufbereitung *f*, Werkstoffaufbereitung *f*
materials quantity *s.* material quantity
materials requirement Materialbedarf *m*, Baustoffbedarf *m*, Werkstoffbedarf *m*
materials science *(BM)* Werkstoffkunde *f*, Baustoffkunde *f*; Werkstoffwissenschaft *f*, Baustoffwissenschaft *f*
materials selection criterion Materialauswahlkriterium *n*
materials shortage Materialknappheit *f*, Materialverknappung *f*, Stoffverknappung *f*
materials supplying *(VR)* Materialversorgung *f*, Baustoffversorgung *f*
materials testing *(BM)* Werkstoffprüfung *f*; Baustoffprüfung *f*; Materialprüfung *f*
materials testing institute *(BM, VR)* Materialprüfanstalt *f*, Baustoffprüfanstalt *f*
materials testing laboratory *(BM, VR)* Materialprüfstelle *f*, Baustoffprüfstelle *f*, Werkstoffuntersuchungslaboratorium *n*
materials variation clause Stoffpreisgleitklausel *f*, Materialpreisgleitklausel *f*
materiology zerstörungsfreie Baustoffprüfung *f*
maternity unit *(Konst)* Endbindungsstation *f*, Entbindungsabteilung *f*
mathematical calculation *(Stat)* rechnerische Ermittlung *f*
mathematical equation *(Stat)* mathematische Gleichung *f*
mathematical model *(Stat)* Rechenmodell *n*
mathematical procedure *(Stat)* Rechengang *m*, Lösungsweg *m*
mathematical proof *(Stat)* rechnerischer Beweis *m*
mathematical theory of elasticity *(Stat)* mathematischer Elastizitätsmodul *m*
mating dimensions Anschlussmaße *npl (Montagepasselemente)*
mating flange Gegenflansch *m*
matrix 1. Matrix *f*; 2. Bindemittellage *f*, Einbettungsmasse *f*, Grundmasse *f*, Mörtellage *f*; Bindemittel *n*, Binder *m (z. B. für Farbe)*; 3. Zementstein(grund)gefüge *n*, Grundgefüge *n*
matrix algebra *(Stat)* Matrizenrechnung *f*
matrix method *(Stat)* Matrizenmethode *f*, Matrizenverfahren *n*
matsu wood japanisches Kiefernholz *n*
matt matt, glanzlos, stumpf; mattiert
matt finish 1. Mattglanz *m*; 2. matte Schicht *f*
matt-finished matt
matt reinforcement *(BB, BT)* Mattenbewehrung *f*, Bewehrungsnetz *n*
matt surface matte Oberfläche *f*
matt-surfaced glass Mattglas *n*
matt varnish *(BM, OB)* Mattlack *m*
matte *s.* matt
matter Stoff *m*, Substanz *f*; Mittel *n (z. B. Bauhilfsmittel, Bauhilfsstoffe)*
matting 1. Mattenbelag *m*; 2. Geflecht *n (Bewehrung)*

matting agent Mattierungsstoff *m*
matting process *(OB, Te)* Mattierungsverfahren *n*
mattness Mattheit *f*, Glanzlosigkeit *f*, Stumpfheit *f*
mattock Breithaue *f*, Breithacke *f*
mattock man Abbrucharbeiter *m*
mattress 1. *(BB, Erdb)* Unterbetonlage *f*, Betongrundplatte *f* *(auf Gründungssohle)*; 2. Bewehrungsmatte *f*; 3. *(Wsb)* Senkfaschine *f*, Senklage *f*
maturation lagoon *(WVA)* Reifungsbecken *n* *(Kläranlage)*
mature *v* 1. nacherhärten, (aus)härten *(Beton, Mörtel)*; 2. altern *(Bitumen, Anstrich)*; 3. gar brennen *(Ziegel)*
matured abgelagert
matured timber *(BM, Hb)* Altbestandsholz *n*
maturing 1. Nacherhärtung *f*, Aushärtung *f* *(von Beton, Mörtel)*; 2. Alterung *f* *(von Bitumen, Anstrich)*; 3. Garbrand *m* *(Ziegel)*
maturing of concrete *(BB)* Beton(nach)erhärtung *f*, Betonreifeprozess *m*
maul 1. schwerer Holzhammer *m*; Zurichthammer *m*; 2. Ramme *f*, Handramme *f* *(Tiefbau)*
maulstick Stützstock *m* *(für Maler)*
mausoleum *(Arch)* Mausoleum *n*
max. M *s.* maximum bending moment
maximal crack width Größtrissbreite *f*, Höchstrissbreite *f*
maximize *v* maximieren
maximum admissible strain *(Stat)* (zulässige) Grenzbeanspruchung *f*
maximum aggregate size Größtkorn *n*, Zuschlagstoffgrößtkorn *n*; Gröbstkorn *n*
maximum allowable concentration *(Umw, VR)* maximale Arbeitsplatzkonzentration *f*, MAK-Wert *m* *(von gas- und staubförmigen Schadstoffen)*
maximum axial thrust *(Stat)* maximaler Axialdruck *m*
maximum bending moment *(Stat)* maximales Biegemoment *n*, max. M
maximum clearance of cars Durchfahrtsprofil *n*
maximum daylight lichte Höhe *f* *(für Fenster)*
maximum deflection *(BM, Stat)* maximale Durchbiegung *f*, größte Trägerdurchbiegung *f*
maximum demand 1. *(Stat)* höchste Belastung *f*; 2. *s.* maximum water demand; 3. *(El)* Maximalbelastung *f*
maximum density Maximaldichte *f*, Höchstdichte *f*
maximum deviation *(BT, Stat)* größte Ausbiegung *f*; maximale Abweichung *f*
maximum dimension Maximalmaß *n*, Höchstmaß *n*, Größtmaß *n*, Maximalabmessung *f*, Höchstabmessung *f*, Größtabmessung *f*
maximum discharge *(Wsb)* Höchstwassermenge *f*, Spitzenabfluss *m*
maximum distance Höchstabstand *m*, Maximalabstand *m*, Größtabstand *m*
maximum elongation *(BM)* Bruchdehnung *f*
maximum flow *(Verk)* maximaler Verkehrsdurchfluss *m*
maximum grain Größtkorn *n*
maximum green (time) *(Verk)* maximale Freigabezeit *f*
maximum hogging moment *(Stat)* maximales Aufwölbungsmoment *n*
maximum immission concentration *(Umw)* maximale Immissionskonzentration *f*
maximum level *(Wsb)* höchster Wasserstand *m*
maximum limit Größtmaß *n*; Höchstgrenze *f*
maximum load 1. *(Stat)* Höchstlast *f*, Höchstbelastung *f*; Maximallast *f*; 2. *(Stat, TK)* Tragfähigkeit *f*, maximale Lastaufnahme *f*; 3. *(El)* Spitzenlast *f*
maximum load-bearing capacity *(Bod, Stat)* höchste Bodenbelastung *f*, maximale Bodenpressung *f*
maximum moment *(Stat)* Größtmoment *n*, maximales Moment *n*, Maximalmoment *n*
maximum moment region *(Stat)* Maximalmomentenbereich *m*
maximum occupancy *(Verk)* höchste (praktische) Durchlassfähigkeit *f* *(Straße)*
maximum permissible concentration *s.* maximum allowable concentration
maximum permissible level *(Stat, Wsb)* höchstzulässiges Niveau *n*
maximum permissible load *(Stat)* zulässige Höchstlast *f* [Maximalbelastung *f*]
maximum permissible stress *(Stat)* höchstzulässige Beanspruchung *f*
maximum pressure maximaler Druck *m*
maximum pressure line *(Stat)* Maximaldrucklinie *f*, Höchstdrucklinie *f*, Größtdrucklinie *f*
maximum principle *(Stat)* Maximumprinzip *n*
maximum rafter distance *(Konst)* Maximalsparrenabstand *m*, Höchstsparrenabstand *m*, Größtsparrenabstand *m*
maximum rated (scaffold) load *(Konst)* maximale Gerüstbelastung *f*, Höchstnennlast *f* für Gerüste
maximum safety load *s.* maximum permissible load
maximum safety stress *s.* maximum permissible stress
maximum size of aggregate *(BM)* maximal zulässiges Größtkorn *n*
maximum spacing *(Konst)* Maximalabstand *m*, Höchstabstand *m*, Größtabstand *m*
maximum strain theory *(Stat)* Hypothese *f* der maximalen Dehnung *(Festigkeit)*
maximum strength Maximalfestigkeit *f*, Höchstfestigkeit *f*, Größtfestigkeit *f*
maximum stress *(Stat)* Höchstbeanspruchung *f*
maximum temperature period *(BB, Te)* Haltezeit *f* der höchsten Temperatur *(im Autoklaven)*
maximum tensile load *(Stat)* Reißlast *f*
maximum thickness Maximaldicke *f*, Höchstdicke *f*, Größtdicke *f*
maximum total load *(Stat)* maximale Gesamtbelastung *f*
maximum value Maximalwert *m*, Höchstwert *m*, Größtwert *m*
maximum water demand maximaler Wasserbedarf *m*, maximale Wasserumlaufmenge *f* *(eines Gebäudes oder Stadtteils)*
Maxwell diagram *(Stat)* Maxwell'scher Kräfteplan *m*
Maxwell polygon of forces *(Stat)* Maxwell'scher Kräfteplan *m*
Maxwell theorem Maxwell'scher Satz *m*
Maya(n) arch *(Arch)* Maya-Spitzbogen *m*
Maya(n) architecture *(Arch)* Maya-Architektur *f*; Maya-Baukunst *f*
maze *(LB)* Labyrinth *n*, Irrgarten *m*, Heckensystem *n*
MC asphalt *s.* medium-curing asphalt [cutback]
meadow *(LB)* Wiese *f*; Grünlandfläche *f* *(Landschaftsbau)*
meadow bog soil *(Bod, Umw)* Wiesenmoorboden *m*
meadow chalk *(Bod)* Wiesenkalk *m*
meadow loam *(Bod)* Auenlehm *m*
meadow peat *(Bod)* Wiesentorf *m*
meadow soil *(Bod)* Aue(n)boden *m*, Wiesenboden *m*
meadowland *(LB)* Grünland *n*
meagre clay magerer Ton *m*
meagre lime Magerkalk *m*
meal Gesteinsmehl *n*, Staub *m*
mealy sand Mehlsand *m*
mean mittlere, mittlerer, mittleres, Mittel...
mean Durchschnitt *m*, Mittelwert *m*
mean annual discharge *(Wsb)* jährliche mittlere Wasserführung *f*, jährliche Mittelwasserführung *f*
mean annual flood *(Wsb)* mittleres jährliches Hochwasser *n*

mean annual water level *(Wsb)* mittlerer Jahreswasserstand *m*
mean average 1. durchschnittlich; 2. Mittel *n*
mean axis of inertia *(Stat)* mittlere Trägheitsachse *f*
mean compression strength *(BB, BM)* mittlere Druckfestigkeit *f*
mean grain diameter mittlerer Korndurchmesser *m*
mean high-water level mittlerer Hochwasserstand *m*
mean particle diameter mittlerer Korndurchmesser *m*
mean radiant temperature *(HLK)* Durchschnittsstrahlungstemperatur *f*
mean radius *(Verk)* mittlerer Radius *m*
mean range *(Bod, Erdb, Wsb)* mittlere Reichweite *f* *(Grundwasserabsenkung)*
mean sea level 1. *(Verm)* mittlerer Meeresspiegel *m*, mittlere Seehöhe *f*, Normalnull *n*, NN *(Meereshöhe)*; 2. mittlerer Wasserstand *m*
mean segment depth mittlere Lamellentiefe *f*, durchschnittliche Bogenstückprofiltiefe *f*
mean square deviation *(BM)* mittlere quadratische Abweichung *f*, Standardabweichung *f (Qualitätskontrolle, Baustoffprüfung)*
mean strength mittlere Festigkeit *f*
mean tensile strength *(BM)* mittlere Zugfestigkeit *f*, durchschnittliche Zugfestigkeit *f*
mean texture depth mittlere Rautiefe *f*
mean thickness mittlere Dicke *f*
mean tidal range *(Wsb)* mittlerer Tidehub *m*, Mittelwasser *n*
mean tide *(Wsb)* Mittelwasser *n*
mean value Mittelwert *m*, Durchschnitt *m*, Durchschnittswert *m*
mean water *(Wsb)* mittlerer Wasserstand *m*, Mittelwasser *n*
mean water bed *(Wsb)* Normalbett *n*
mean water channel *(Wsb)* Normalbett *n*
mean water level *(Wsb)* mittlerer Wasserstand *m*
meander *v* 1. *(Bod, Wsb)* mäandern, mäandrieren, sich schlängeln, in Mäandern fließen *(Flusslauf)*; 2. *(Arch)* mäandern *(ornamentieren)*
meander 1. *(Arch)* Mäander *m*, Labyrinthornament *n*, Schnitzwerk *n* mit verschlungenen Formen *(griechische Antike, Klassizismus)*; 2. Windung *f (eines Flusses)*
meander cut-off *(Bod, Wsb)* Mäanderdurchbruch *m*
meander scrolls lake *(Wsb)* Altwassersee *m*
meandering 1. *(Bod)* schlängelnd *(Wasserfluss)*; 2. mäandrisch *(Ornament)*
meandering *(Bod, Wsb)* Mäanderbildung *f (Flusslauf)*
meandering channel pattern *(Arch)* Rinnenmuster *n*
meandering cracks *(Bod, Verk)* Setzungsanpassungsrisse *mpl*; Elephantenhautrisse *mpl*
meandering valley *(Bod)* Mäandertal *n*
means Mittel *n*, Möglichkeit *f*
means of control *(BWG, El)* Überwachungs- und Steuerungseinrichtungen *fpl*
means of egress *(AE)* kürzester Ausgangsweg *m (im Gebäude)*; Fluchtweg *m*
means of erection Montagemittel *npl*
means of escape *(Verm)* Fluchtmöglichkeiten *fpl*; Ausgangsweg *m (von einem Gebäudepunkt nach außen)*
means of fastening Befestigungsmittel *n*
means of locomotion Fortbewegungsmittel *npl*
means of mass transportation *(Verk)* Massenverkehrsmittel *npl*
means of preservation *(OB)* Konservierungsmittel *n*
means of transport *(Verk)* Verkehrsmittel *npl*
means of ventilation *(HLK)* Belüftungsmöglichkeiten *fpl*
measurable messbar
measurand Messgröße *f*
measure *v* 1. messen; ausmessen, vermessen; aufmessen; 2. abmessen, dosieren
measure *v* **by resetting** *(Verm)* im Anschlussverfahren messen
measure *v* **flat overall** *(Verm)* flach übermessen
measure *v* **out** *(BM, Te)* dosieren *(Baustoff)*
measure *v* **overall** *(Verm)* übermessen
measure 1. Maß *n*, Maßangabe *f*; 2. Maßstab *m*; 3. Maß *n*, Maßeinheit *f*; 4. Maßnahme *f*
measure of altitude *(Verm)* Höhenmaß *n*, Maß *n* der Erhebung
measure of capacity Hohlmaß *n*, Raummaß *n*
measure of contraction *(BB, BT)* Schwindmaß *n*, Schrumpfmaß *n*
measure of effectiveness Effektivitätsmaßstab *m*
measure of length Längenmaß *n*
measure of redevelopment *(RS)* Sanierungsmaßnahme *f*
measure of shrinkage Schwindmaß *n*
measure realization *(Te, VR)* Maßnahmeumsetzung *f*
measured 1. gemessen; 2. richtig bemessen
measured breaking load *(BM, Stat)* gemessene [tatsächliche] Bruchlast *f*
measured drawing *(Konst, Verm)* maßstabgerechte Bauaufnahmezeichnung *f*
measured in the interior *s.* measured inside
measured inside im Lichten gemessen, das lichte Maß genommen
measured level *(Wsb)* Pegel *m*
measured work *(VR)* Aufmaß *n*
measurement *(Verm)* Messung *f*, Messen *n*, Ausmessen *n*; Vermessen *n*, Vermessung *f*, Aufmaß *n*, Aufmessen *n*, Aufnahme *f* von Maßen
measurement accuracy Messgenauigkeit *f*
measurement and payment *(VR)* Aufmaß *n* und Abrechnung *f*
measurement bolt *(Wsb)* Messanker *m*
measurement by planimeter *(Konst)* Flächenmessung *f*, Planimetrie *f*
measurement chain *(Verm)* Messkette *f*
measurement condition Messbedingung *f*
measurement contract *(VR)* Einheitspreisvertrag *m*
measurement data *(Verm)* Messdaten *pl*
measurement error Messfehler *m*
measurement item *(VR)* Aufmaßposition *f*
measurement of angles Winkelmessung *f*
measurement of consistency Konsistenzbestimmung *f*, Steifebestimmung *f*
measurement of earthworks *(Erdb, Verm)* Erdmassenermittlung *f*
measurement of finished work Aufmessen *n*
measurement of standing timber Holzmassenaufnahme *f*
measurement of the index Indexmessung *f*
measurement of ultrasonics *(BM)* Ultraschallmessung *f*
measurement period Messzeitraum *m*
measurement procedure Messverfahren *n*
measurement process Messvorgang *m*
measurement range Messbereich *m*
measurement signal Messsignal *n*
measurement technique Messtechnik *f*
measurement technology Messtechnologie *f*
measurement transducer Messfühler *m*
measurements of heat capacities Kalorimetrie *f*, Wärmemengenmessungen *fpl*
measuring Messen *n*; Maßnehmen *n*; Aufmessen *n*; Messung *f*
measuring accuracy Messgenauigkeit *f*
measuring and control equipment MSR-Einrichtungen *fpl*, Mess-, Steuerungs- und Regeleinrichtungen *fpl*

measuring area Messfläche *f*
measuring bolt *(Verm)* Messbolzen *m (Höhenbolzen)*
measuring booth Messstand *m*
measuring box *(BM, Te)* Dosierkasten *m*, Messkasten *m (Baustoffmischung)*
measuring chain *(Verm)* Messkette *f*
measuring condition Messbedingung *f*
measuring device Messvorrichtung *f*
measuring flume *(Wsb)* Messkanal *m*
measuring frame *(BM, Te)* Dosierkasten *m*, Messgefäß *n (z. B. für Beton)*
measuring installation Messanlage *f*
measuring instrument Messgerät *n*
measuring plane Messebene *f*
measuring plug *(Verm)* Messdübel *m*, Messpflock *m*
measuring point *(Verm)* Messpunkt *m*
measuring profile *(Verm)* Messprofil *n*
measuring range Messbereich *m*
measuring rod *(Verm)* Messlatte *f*, Messstab *m*
measuring sill Messschwelle *f (fließende Flüssigkeit)*
measuring staff *(Verm)* Messlatte *f*, Richtlatte *f*
measuring system Messeinrichtung *f*
measuring tank Messbehälter *m (Beton)*
measuring tape Bandmaß *n*, Messband *n*
measuring weir *(Wsb)* Messwehr *n*
meat-earth *(Wsb)* Dammerde *f*
mechanic Maschinist *m*, Schlosser *m*, Mechaniker *m*
mechanic of continua *(Stat)* Kontinuum(s)mechanik *f*
mechanical action mechanische Wirkung *f*
mechanical analysis Siebanalyse *f*, Korn(größen)analyse *f*; kombinierte Sieb- und Schlämmanalyse *f*
mechanical anchorage *(BT, Konst)* mechanische Verankerung *f (Verkleidungen, Auskleidungen)*
mechanical application (of mortar) *(SB)* maschinelles Mörtellegen *n*; maschinelles Putzen *n*, Torkretputzen *n*
mechanical behaviour *(BM)* mechanisches Verhalten *n*
mechanical bond mechanischer Verband *m (mit Bewehrung)*
mechanical car park *(Verk)* mechanisierter Parkplatz *m*
mechanical cipher lock mechanisches Drucktastenschloss *n*
mechanical clamping mechanische Verklemmung *f (Verankerungsverfahren)*
mechanical classification mechanische Korntrennung *f*
mechanical cleaning mechanische Reinigung *f*
mechanical collector *(BM, Te, WVA)* mechanischer Abscheider *m*
mechanical compaction mechanische Verdichtung *f*
mechanical composting *(LB, Umw)* Schnellkompostierung *f*, beschleunigte Kompostierung *f*, geschlossene Kompostierung *f*
mechanical connection *(Konst)* mechanischer Verbund *m*
mechanical core Installationskern *m*
mechanical corrosion mechanische Korrosion *f*
mechanical cutting of trenches *(Erdb, LB)* Grabenbaggerung *f*
mechanical design *(Konst)* ingenieurtechnischer Entwurf *m*
mechanical dowel and tie bar installer Dübelmaschine *f*
mechanical drawing Maschinenzeichnung *f*, Reißbrettzeichnung *f*, exakte Zeichnung *f*
mechanical efficiency mechanischer Wirkungsgrad *m*
mechanical equipment *(BWG)* maschinelle Ausrüstung *f*
mechanical equipment room *(HLK, Konst)* Raum *m* für Heizungs- und Klimageräte *(in einem Gebäude)*; Installationsraum *m*
mechanical extractor *(HLK)* mechanischer Entlüfter *m*
mechanical failure *(BM)* mechanisches Versagen *n*
mechanical fastener mechanisches Befestigungsmittel *n*
mechanical float Motorglätter *m*
mechanical floor Installationsgeschoss *n*, Betriebsgeschoss *n*, technisches Geschoss *n*
mechanical grain analysis Korngrößenanalyse *f*
mechanical interlock *(Erdb)* mechanisches Spundwandschloss *n*
mechanical joint *(BT)* gas- und wasserdichte Flanschverbindung *f*
mechanical keying mechanisches Aufrauen *n (Putzunterlage)*
mechanical levelling *(Erdb)* mechanisches Planieren *n*
mechanical lift *(Wsb)* Hebewerk *n*; Schiffshebewerk *n*
mechanical linkage mechanische Verbindung *f*
mechanical loading *(Stat)* mechanische Belastung *f*
mechanical lock mechanische Verriegelung *f*
mechanical mixing maschinelles Mischen *n*
mechanical navvy *(AE) (BWG)* Löffelbagger *m*
mechanical plastering maschinelles Putzen *n*, Torkretputzen *n*, Spritzputzen *n*
mechanical platform Bauaufzug *m*
mechanical plating *(OB, Te)* Plattieren *n*
mechanical polishing mechanisches Polieren *n*
mechanical property mechanische Eigenschaft *f (von Baustoffen, z. B. Festigkeit)*
mechanical reaming maschinelles Aufrauen *n*
mechanical refuse grinder *(Umw)* Abfallzerkleinerer *m*, Müllwolf *m*
mechanical resistance mechanischer Widerstand *m*
mechanical roof extractor *(HLK)* mechanischer Dachentlüfter *m*
mechanical saw Bandsäge *f*; Kreissäge *f*; Gattersäge *f*
mechanical separation *(Umw)* automatische Müllsortierung *f*, mechanische Sortierung *f*, mechanische Trennung *f*
mechanical service *(El, WVA)* Versorgungsleitung *f*
mechanical service room *(Konst)* Technikraum *m*
mechanical services Haustechnik *f*, technische Gebäudeausstattung *f*
mechanical shovel *(BWG)* Löffelbagger *m*
mechanical sign *(Verk)* mechanisch verstellbares Verkehrsschild *n*
mechanical (soil) stabilization *(Erdb)* mechanische Bodenstabilisierung *f*
mechanical strain amplifier mechanischer Dehnungsaufnahmeverstärker *m*
mechanical strength mechanische Festigkeit *f*
mechanical testing *(BM)* mechanisches Prüfverfahren *n*
mechanical trade mechanisches Gewerk *n*
mechanical treatment mechanische Behandlung *f*, maschinelle Bearbeitung *f (Betonsichtflächen)*
mechanical trowel *(BWG, SB)* mechanisches Putzgerät *n*
mechanical ventilation *(HLK)* künstliche Raumbelüftung *f*
mechanical wear mechanische Abnutzung *f*
mechanical weathering mechanische Verwitterung *f*
mechanical window operator Fensteröffnungsmechanismus *m*
mechanically laid maschinell verlegt [eingebaut]
mechanically ventilated *(HLK)* mechanisch belüftet
mechanic's level Wasserwaage *f*
mechanic's lien *(AE) (VR)* Pfandbürgschaft *f* für Material und Leistung *(des Gläubigers an Haus und Grund)*
mechanics Mechanik *f*
mechanics of liquids *(WVA)* Hydromechanik *f*
mechanics of materials *(Stat)* Festigkeitslehre *f*
mechanism Mechanismus *m*
mechanism for closing *(EB)* Schließvorrichtung *f*, Schließer *m*, Verschluss *m*
mechanism of action Wirkungsmechanismus *m*
mechanism of creep Kriechmechanismus *m*
mechanism of damages Schädigungsmechanismen *mpl*

mechanism of hardening Härtungsmechanismus *m*
mechanize *v* mechanisieren
mechano-like system of unit construction *(Konst, Te)* Baukastensystem *n*
medallion moulding *(Arch)* Medaillonornamentierung *f*, Rundbildfries *m*
median 1. *(Arch, Konst)* Mittellinie *f*; 2. *(Stat)* statischer Medienwert *m*; 3. *s.* median strip
median barrier *(Verk)* Mittelschutzplanke *f*
median lane *(Verk)* Mittelspur *f*
median plane Mittelebene *f*
median strip *(Verk)* Mittelstreifen *m*, Trennstreifen *m*; Schutzstreifen *m*
medical treatment building *(Arch)* Behandlungsgebäude *n*
medicinal spring *(Bod)* Heilquelle *f*
medieval *(Arch)* mittelalterlich
Medieval architecture *(Arch)* Architektur *f* des Mittelalters, mittelalterliche Architektur *f (in Europa)*
Mediterranean architecture *(Arch)* Architektur *f* des Mittelmeerraumes, Baukunst *f* des Mittelmeerraumes, mediterrane Architektur *f*
medium 1. Lösungsmittel *n*; Bindemittellösung *f (im Anstrichstoff)*; 2. Mittel *n*, Träger *m*, Trägersubstanz *f*, Trägermedium *n (z. B. für Farben)*
medium-baked brick Mittelbrandziegel *m*
medium-breaking halbstabil, mittelschnell brechend *(Bitumenemulsion)*
medium carbon steel *(St)* Kohlenstoffstahl *m (0,3-0,6 % C)*
medium course asphalt mittelgrober Asphalt *m*
medium-curing asphalt [cutback] mittelschnell abbindendes Verschnittbitumen *n*, Flüssigbitumen *n* mittlerer Viskosität
medium-dense *(Bod)* mitteldicht; mittelschwer
medium-density fibreboard mittelschwere Faserplatte *f*
medium-density overlay mittleres Harzpresspapier *n*, mittelschweres Oberflächenbeschichtungspapier *n* für Spanplatten
medium-density particle board mittelschwere Spanplatte *f*
medium dimension *(Stat)* Mittelabmessung *f*, Mitteldimension *f*, Mittelmaß *n*
medium dispersion Bindemitteldispersion *f*; Farbendispersion *f*
medium-duty scaffold mittelschweres Gerüst *n (250 kg/m²)*
medium emulsion Bindemittelemulsion *f*, Anstrichemulsion *f*, Farbemulsion *f*
medium-frequency (concrete) finisher *(BWG, Verk)* Mittelfrequenzbetonfertiger *m (Straße)*
medium-frequency sound insulation Mittelfrequenzschallschutz *m*
medium grain Mittelkorn *n*
medium-grained mittelkörnig
medium-grained gravel *(BM)* Mittelkies *m*
medium-grained material Mittelkorn *n*
medium-grained sand Mittelsand *m*
medium-grained sandstone mittelkörniger Sandstein *m*
medium gravel Mittelkies *m (ca. 5-18 mm)*
medium-hard ground *(Bod)* mittelharter Boden *m*
medium hardboard Halbhartplatte *f*, halbharte Holzfaserplatte *f*
medium-oil varnish Lack *m* mit mittlerem Ölgehalt, halbfetter Lack *m*; Lackfarbe *f* für innen
medium plate Mittelblech *n*
medium pressure Mitteldruck *m*
medium-pressure boiler *(HLK)* Mitteldruckdampfkessel *m*
medium-rise mehrgeschossig; mittelhoch
medium-rise building *(Arch, Konst)* Mehrgeschosser *m*, mehrgeschossiges Gebäude *n*
medium sand Mittelsand *m (ca. 0,25-0,5 mm)*
medium-scale site Baustelle *f* mittlerer Größe
medium-setting mittelschnell abbindend, mittelschnell-abbindend *(Beton)*; halbstabil *(Bitumenemulsion)*
medium silt *(Bod)* Mittelschluff *m*, toniger Lehm *m*
medium-sized chips Mittelsplitt *m*
medium-sized town *(RP)* mittelgroße Stadt *f*
medium steel mittelharter Stahl *m (0,25-0,5 % C)*
medium-weight load Mittellast *f*
medressa *s.* madrasah
medullary ray Markstrahl *m*, Spiegelfaser(ung) *f (Holzfurnier)*
meermolm *(Bod)* Torfschlamm *m*
meet *v* 1. *(Konst, Verk)* zusammenstoßen, sich berühren *(Bauelemente)*; sich begegnen *(Verkehr)*; 2. *(Konst, VR)* nachkommen, entsprechen *(Forderungen, Standards)*; einhalten *(Abmessungen, Toleranzen)*
meet *v* **the conditions [requirements]** *(Konst, VR)* die Anforderungen [Bedingungen] erfüllen, den Forderungen genügen
meeting 1. Fuge *f*, Stoß *m*; 2. Sitzung *f*, Besprechung *f*, Versammlung *f*
meeting faces Berührungsflächen *fpl*
meeting hall *(Arch, Konst)* Versammlungshalle *f*, (großer) Versammlungsraum *m*
meeting post äußerer Torflügelpfosten *m (im geschlossenen Zustand in Tormitte)*
meeting rail *(Arch)* Querfries *m (Vertikalschiebefenster)*
meeting room Sitzungsraum *m*, Sitzungssaal *m*
meeting stile Schließlängsholz *n (Tür, Fenster)*
meeting traffic *(LB, WVA)* Begegnungsverkehr *m*
megalith *(Arch, Bod)* Megalith *m*, Riesenstein *m*
megalithic aus Steinblöcken gebaut
megalithic masonry *(SB)* Megalithmauerwerk *n*, Großstein(block)mauerwerk *n*
megalithic monument *(Arch)* Megalithbauwerk *n*
megalopolis *(RP)* Megalopolis *f*, Städtezusammenballung *f (z. B. in den USA Boston und Washington)*; Vorstadtballung *f*
megapolis *s.* megalopolis
megaron *(Arch)* Megaron *n (Hauptraum eines antiken griechischen Hauses)*; Herrenhaus *n (Troja, Tyrins, antikes Griechenland)*
megascopic mit dem bloßen Auge sichtbar
megilp Leinöl-Terpentin-Farbverdünnungsmittel *n*
melamine adhesive *(BM)* Melaminleim *m*
melamine-alkyd resin Melamin-Alkydharz *n*
melamine (formaldehyde) resin *(BM)* Melamin-(formaldehyd)harz *n*
melamine resin coated melaminharzbeschichtet
melamine varnish resin *(BM)* Melaminlackharz *n*
melamine/urea formaldehyde Melamin/Urea-Formaldehyd *n*
melaphyre *(BM)* Melaphyr *m*, schwarzer Porphyr *m*
melilite *(BM, Bod)* Melinit *m*, Honigstein *m*
meliorate *v (Erdb, LB)* meliorieren, Boden verbessern; ent- und bewässern
melioration *(Erdb, LB)* Melioration *f (Kulturland)*
mellow *v* auflockern; zermürben *(Erdstoffe)*
mellow locker, weich *(Erdstoffe)*
mellow loam *(Bod)* lockerer Lehm *m*
mellowing Auflockern *n*; Zermürben *n (Erdstoffe)*
melt *v* schmelzen
meltability Schmelzbarkeit *f*
meltable schmelzbar
melted cement *(BM)* Schmelzzement *m*
melted mastic asphalt Gussasphalt *m*

M

melting heat Schmelzwärme *f*
melting time *(Verk)* Tauwirksamkeit *f*, Auftauzeit *f (Winterdienstsalz)*
melting viscosity Schmelzviskosität *f*
melting water *(Bod)* Schmelzwasser *n*
melting water gravels and sands Schmelzwasserkiese *mpl* und -sande *mpl (alluvial)*
member 1. Bauteil *n*, Bauelement *n*; 2. Stab *m*, Stabelement *n*, Element *n*; Glied *n*, Zwischenglied *n (Bewehrungsglied)*; Rahmenstiel *m*; Ausfachungsstab *m*
member buckling *(Stat)* Stabknickung *f*
member connection *(TK)* Stabanschluss *m*, Gliedanschluss *m (Stabwerk)*
member cross section Stabquerschnitt *m*, Gliedquerschnitt *m*
member field *(TK)* Stabfeld *n*, Gliedfeld *n*
member force *(Stat, TK)* Stabkraft *f*
member-force analysis *(Stat)* Kräfteermittlung *f*
member in compression *(St, TK)* Druckstab *m*, Druckglied *n (Stahlbau)*
member in tension *(TK)* Zugstab *m (Stahlbau)*
member length Stablänge *f*, Gliedlänge *f*
member loading *(Stat)* Stabbelastung *f*, Gliedbelastung *f*
member moment *(Stat)* Stabmoment *n*, Gliedmoment *n*
member shape *(Konst)* Stabform *f*, Gliedform *f*
member slope *(Konst)* Stabablenkung *f*, Gliedablenkung *f*
member stress *(Stat)* Stabspannung *f*
member subject to buckling Knickstab *m*
member system *(Konst, TK)* Stabwerk *n*, Stabsystem *n*
membrane 1. *(Konst)* Membran *f*, Zugkraftmembran *f*; 2. (dünne) Haut *f*; Dachhaut *f*; kontinuierliche Asphaltbedachung *f*; 3. *(Stat)* Scheibe *f*; 4. *(Erdb)* Scheidewand *f*, Diaphragma *n*
membrane action *(Stat)* Membranwirkung *f*
membrane analysis *(Konst, Stat)* Membranberechnung *f*
membrane curing Nachbehandlung *f* unter einer Schutzschicht [Schutzfolie]
membrane fireproofing Feuerschutzmembran *f (geputztes Lattengerüst)*
membrane force *(Stat)* Membrankraft *f (Zugkraft)*
membrane protection Membranschutz *m*
membrane rib *(Konst)* Membranrippe *f*, Scheibenrippe *f*
membrane roofing *s.* membrane 2.
membrane shearing force *(Stat)* Membranschubkraft *f*
membrane shell *(Konst)* Membranschale *f (dünne Schale)*
membrane state of stress *(Stat)* Membranspannungszustand *m*
membrane structure *(Konst)* Folienkonstruktion *f*
membrane tension *(Stat)* Membrankraft *f*
membrane theory *(Stat)* Membrantheorie *f (Schalenwerkberechnung)*
membrane thrust Membranschub *m*
membrane waterproofing *(DIS, Erdb)* Feuchtigkeitsabdichtung *f* mit Folien
memo *(VR)* Baubesprechungsniederschrift *f*, Baubesprechungsprotokoll *n*
memorandum Baubesprechungsprotokoll *n*
memorial *(Arch)* Denkmal *n*, Mahnmal *n*
memorial arch *(Arch)* Triumphbogen *m*, Gedächtnisbogen *m*
memorial chapel *(Arch)* Totenkapelle *f*
memorial church *(Arch)* Gedächtniskirche *f*, Denkmalkirche *f*, Martyria *f*, Coemetrialkirche *f*
memorial cross *(Arch)* Gedenkkreuz *n*, Ehrenkreuz *n*, Memorialkreuz *n*
memorial figure *(Arch)* Gedenkfigur *f*
memorial hall *(Arch)* Gedächtnishalle *f*, Memorialhalle *f*, Totenhalle *f*
memorial monument *(Arch)* Gedächtnismonument *n*, Gedenkmonument *n*, Ehrenmonument *n*
memorial stone *(Arch)* Gedenkstein *m*, Gedächtnisstein *m*, Ehrenstein *m*
memorial tablet *(Arch)* Epitaph *n*, Gedenktafel *f*
mend *v (RS, Te)* reparieren, ausbessern; nachbessern; flicken
mend *v* **the painting** übermalen, aufmalen
mender 1. Blech *n* zweiter Wahl; 2. Ausbesserer *m*
mendicant order church *(Arch)* Bettelordenkirche *f*
mending plate Verstärkungsblech *n* für Holzverbindungen
menhir *(Arch)* Menhir *m*, prähistorische Steinsäule *f (Monolith)*
men's changing room *(Konst)* Herrenumkleideraum *m*, Männerumkleideraum *m*
men's toilet *(San)* Herrentoilette *f*, Männertoilette *f*
mensa *(Arch)* Altarsteinplatte *f*
mensao *s.* menhir
mensole *(SB)* Bogenschlussstein *m*
mensuration 1. *(Verm, VR)* Messung *f*, Vermessung *f*; Aufmaß *n*; 2. *(Stat)* Flächenberechnung *f*; Körperberechnung *f*; Massenberechnung *f*
mensuration instrument *(Verm)* Vermessungsgerät *n*
mensuration technique *(Verm)* Vermessungstechnik *f*, Messtechnik *f*
mental image *(Arch)* Gedankenbild *n*
mental institution Heil- und Pflegeanstalt *f*
mercantile occupancy *(AE)* gewerbliche Nutzung *f (Räume, Gebäude, Flächen)*
merchant bar iron handelsübliches Bewehrungseisen *n*, Stabeisen *n*, Stabstahl *m*
merchant pipe Leichtrohr(eisen) *n*
merchantable timber *(AE) (BM, Hb)* (handelsübliches) Bauholz *n*, Bauholz(handels)ware *f*
mercurial quecksilberhaltig
mercury Quecksilber *n*
mercury switch *(El)* Quecksilberschalter *m*, Quecksilberschaltröhre *f*
mercury-vapour lamp *(El)* Quecksilberdampflampe *f*
mere *(Bod)* kleiner See *m*
merge *v* 1. *(Te)* mischen, einmischen, mengen *(Anstriche, Baustoffe)*; 2. *(Verk)* sich einordnen, einfädeln, einmünden; 3. zusammenkommen, zusammenlaufen, fusionieren; 4. *(Bod, Umw)* zusammenfließen *(Gewässer)*
merge *v* **into** übergehen in
merging *(Verk)* Zusammenfließen *n*
merging lane *(Verk)* Einfädelspur *f*, Entflechtungsspur *f*
merging traffic *(AE)* 1. *(Verk)* Verkehrseinmündung *f (Verkehrsschildaufschrift)*; 2. *(Verk)* Einfädelverkehr *m*, verflechtender Verkehr *m*
meridian *(Verm)* Meridian *m*, Längskreis *m*
meridian rib Meridianrippe *f*
meridian stress *(Stat)* Meridianspannung *f*
meridional bending Meridianbiegung *f*
meridional cable Meridianseil *n*
meridional force *(Stat)* Meridiankraft *f*
meristic segmentiert, in Segmente geteilt
meristic Segmentat *n*
merlon *(Arch)* Zinnenzahn *m*, Mauerzacke *f*, Schießschartenzwischenmauer *f (in einer Burgmauer)*
merry-go-round *(BWG)* Bewehrungswickelgerät *n*, Umspannungswickler *m (Spannbeton)*; Behälterwickelmaschine *f*
merry-go-round for baggage Gepäckkarussell *n*
mesa *(AE) (Bod)* Tafelland *n*, Bergebene *f*, flaches Hochland *n*
mesh 1. *(BB, BT, Te)* Maschenbewehrung *f*; Drahtgeflecht *n*, Gitter *n (als Verstärkungseinlage)*; 2. Maschenzahl *f (eines Siebs, pro Zoll linear)*

mesh analysis *(BM)* Siebanalyse *f*
mesh bottom Prüfsiebeinsatz *m*
mesh density Maschendichte *f*
mesh fence *(LB)* Maschendrahtzaun *m*
mesh gage *(AE)* Siebreihe *f*, Siebfolge *f (Zuschlagstoffe)*
mesh lath Gittergewebe *n*, Gittergewebematte *f*
mesh of network *(Verk)* Netzmasche *f*
mesh partition *(Konst, LB)* Maschendrahtabtrennung *f*, Maschendrahttrennwand *f*
mesh-reinforced mattenbewehrt, netzbewehrt
mesh reinforcement Bewehrung *f* mit Drahtgeflecht, Mattenbewehrung *f*, Netzarmierung *f (Betonbewehrung)*
mesh scale Siebfolge *f*, Siebreihe *f*
mesh size 1. Maschenweite *f (Korngrößenweite)*; 2. Siebnummer *f*
mesh wire *(BM)* Maschendraht *m*
mesh wire fence *(LB)* Maschendrahtzaun *m*
meshes *(Arch, Konst)* Rippenwerk *n (Netzgewölbe)*
meshrbiyeh *s.* moucharaby
meshrebeeyeh *s.* moucharaby
Mesopotamian architecture *(Arch)* mesopotamische Architektur *f*
messenger calling system *(El)* Botenrufsystem *n*, Kurierrufanlage *f*
messenger wire *(BT, TK)* Luftkabeltragseil *n*
messuage *(Arch)* Wohnsitz *m* mit Nebengebäuden und Gartenland, Anwesen *n (juristisch)*
meta *(Arch)* Wendepunktmarkierungssäule *f* einer Wettkampfbahn *(römische Arena)*
metabolic waste *(Umw)* Stoffwechselschlacken *fpl*
metal *v (Verk)* beschottern
metal 1. Metall *n*; 2. Schotter *m*
metal adhesive Metallkleber *m*, Metallklebstoff *m*
metal angle bead Kantenschutzwinkel *m* (aus Metall), Metallkantenschoner *m*
metal base flashing unterer Metallanschluss *m (am Schornstein)*
metal base-relief *(Arch)* Metallflachrelief *n*
metal batten Metallfugendeckleiste *f*
metal bead *(San)* Metallverfalzung *f*; Metallführungsleiste *f*
metal-bearing metallhaltig
metal bolt Metallbolzen *m*
metal bonding Metallkleben *n*
metal building material *(BM, St)* Metallbaumaterial *n*
metal cap flashing oberer Metallanschluss *m (am Schornstein)*
metal capping Hohlfugeneisen *n*
metal chimney *(Konst)* Metallschornstein *m*
metal-clad fire door *(Konst, St)* metallbeschlagene Feuerschutztür *f*
metal cladding 1. Plattieren *n*; 2. Metallüberzug *m*, Plattierung *f*
metal cleaner Metallreiniger *m*
metal cloth Drahtgewebe *n*
metal coating 1. *(OB, St)* Metallbeschichtung *f*, metallische Schutzschicht *f*; Metallüberzug *m*; 2. Beschichtungsstoff *m* für Metalle
metal collar Metallmanschette *f*
metal column *(St, TK)* Metallstütze *f*
metal connector Metall(verbindungs)dübel *m (für Holz)*
metal construction *(Konst, St)* Metallbau *m*, Metallbauweise *f*
metal construction work *(St, Te)* Metallbauarbeiten *fpl*
metal counter ceiling Metallunterdecke *f*
metal cover strip Metalldeckleiste *f*
metal-covered door metallbeschlagene Tür *f*
metal cramp Metallklammer *f*
metal curtain wall *(Konst, OB)* Metallvorhangwand *f*, Metallrahmenaußenwand *f*, Metallvorhang *m*
metal curtain wall panel Metallvorhangwandtafel *f*
metal decking Metallabdeckung *f*
metal deposit *(OB)* metallische Schutzschicht *f*
metal duct *(HLK)* Metallkanal *m*, Metallluftkanal *m*
metal edge protection strip *(EB)* Kantenschutzeisen *n*
metal-edge-sealed glazing unit Verglasungseinheit *f* mit Metallverbundrand
metal-enclosed metallgekapselt
metal endurance *(St)* Metallermüdung *f*
metal fabric Metallgewebe *n*, Drahtgewebe *n*
metal façade *(Konst)* Metallfassade *f*
metal faced *(OB)* metallüberzogen
metal-faced hardboard Hartfaserplatte *f* mit Metallbeplankung
metal facing *(OB)* Metallkaschierung *f*
metal fatigue Metallermüdung *f*
metal finish *(OB)* Metallbeschichtung *f*, Metallüberzugsschicht *f*
metal finishing *(OB)* Metalloberflächenveredlung *f*
metal fittings *(EB)* Beschläge *mpl*
metal flashing Metallanschluss *m*, Blechanschluss *m (Schornstein)*
metal floor decking Buckelblechdecke *f*
metal foil Metallfolie *f*
metal foil insertion Metallfolieneinlage *f*
metal forms Metallschalung *f (Betonelementherstellung)*
metal formwork Metallschalung *f*, Stahlschalung *f (konstruktiver Betonbau)*
metal frame Metall(blend)rahmen *m (Tür, Fenster)*
metal frieze *(Arch)* Metallfries *n*
metal grating Metallgitterfußbodenabdeckung *f*, Gitterrostabdeckung *f (über Öffnungen und Schächten)*
metal halide lamp *(El)* Metallhalogenlampe *f*, Halogen(metalldampf)lampe *f*
metal handle *(EB)* Metallgriff *m*
metal inert gas welding *(DIS, Te)* Metallinertgasschweißen *n*
metal insertion Metalleinlage *f*
metal jacket Blechmantel *m*
metal lathing Metall(gewebe)putzträger *m*, Metallgewebe *n*
metal lattice Metallgitter *n*
metal leaf Blattmetall *n*
metal-like *s.* metallike
metal lining *(Konst, OB)* Metallauskleidung *f*, Metallverkleidung *f*, Metallbelag *m*
metal load bearing system *(Konst, TK)* Metalltragwerk *n*, Metalltragsystem *n*
metal louver *(Konst)* Metallraster *n*
metal low relief *(Arch)* Metallflachrelief *n*
metal moulding 1. Metallform *f*; 2. *s.* surface metal raceway
metal overthrow (verzierte) Metallüberspannung *f (über einem Metalltor)*
metal oxidation Metalloxidation *f*
metal packing *(San, WVA)* Metalldichtung *f*
metal paint *(BM, OB)* Metallic-Lack *m*
metal painting Bronzieren *n*
metal pan *(DIS, Konst)* durchbrochene Metallträgerauflage *f (Schalldecke)*
metal panel Metall(bau)tafel *f*; Metall(decken)kassette *f*
metal pier *(TK)* Stahlpfeiler *m*, Metallpfeiler *m*
metal pigment *(BM, OB)* metallisches Pigment *n*, Metallpigment *n*
metal pigmented paint Metallpigmentanstrichstoff *m*, metallpigmentierter Anstrichstoff *m*
metal pipe Metallrohr *n*
metal plate roofing Blechbedachung *f*
metal-plus-paint system *(OB)* Duplex(anstrich)system *n*
metal pole Metallpfosten *m*

metal primer *(OB)* Metallgrundierung *f*, Grundanstrich(stoff) *m* einer Metalloberfläche
metal protection *(OB)* Metallschutz *m*
metal protective paint Metallschutzlack *m*
metal protective undercoat Metallvoranstrichstoff *m*
metal rail Metallschiene *f*
metal railing *(Konst)* Metallgeländer *n*
metal-reinforced ready roofing blechverstärkte Dachpappe *f*, Dachpappe *f* mit Blecheinlage
metal ribbon rail Metallhandlauf *m (für Treppen)*
metal ridge roll runde Metallfirstabdeckung *f*
metal rung Metallsprosse *f*
metal sandwich wall *(Konst)* Metall(drei)schichtenwand *f*, Metalldreilagenwand *f*
metal sash Metallfensterflügel *m*
metal section *(BT)* Metallprofil *n*, Metallbauprofil *n*
metal-shears Blechschere *f*
metal-sheathe *v (Konst, Te)* panzern
metal sheathed cable Metallmantelkabel *n*, Panzerkabel *n*
metal sheathing Blechspannkanal *m (Spannbeton)*
metal sheet Blech *n*
metal sheet covering Blechabdeckung *f*
metal sheet panel Blechtafel *f*
metal sheet roofing *(Konst)* Blechdach *n*
metal sheeting 1. *(Konst, OB)* Blechbeplankung *f*, Metallpanzerung *f*; 2. Blechhüllrohr *n*, Blechspannkanal *m (Spannbeton)*
metal shingle Metallschindel *f*
metal shuttering *(BB, Te)* Metallschalung *f (Beton)*
metal siding Metall(wetter)verschalung *f*, Außenwandverschalung *f* mit Metallplatten
metal silo *(WVA)* Metallsilo *n*
metal skirting Metallscheuerleiste *f*, Metallfußleiste *f*
metal-sprayed *(OB)* metallgespritzt, spritzmetallisiert
metal-sprayed coating *(OB)* Spritzmetallschutzschicht *f*
metal-sprayed deposit *(OB)* Spritzmetallschutzschicht *f (Korrosionsschutz)*
metal spraying *(OB, Te)* Metallspritzverfahren *n*; Spritzmetallisierung *f*, Metallspritzbeschichten *n*
metal spraying process Metallspritzverfahren *n*
metal stone sandiger Schieferton *m*
metal strap Metalllasche *f*
metal strip Metallstreifen *m*
metal structural cladding 1. *(Konst, OB)* nicht belastete Metallverkleidung *f*, Metallaußenwandverkleidung *f*; 2. Blechbedachung *f*
metal structure Metallbau *m (als fertiger Bau)*
metal stud *(Konst, TK)* Metallbundsäule *f*, Metallbundstiel *m*, Metallbundpfosten *m*
metal stud partition *(Konst)* Metallskelettwand *f*
metal stud wall *(Konst, TK)* Metallskelettwand *f*
metal studs *(Konst, TK)* Metallgerippe *n*, Metallskelett *n*
metal substrate Metalluntergrund *m*
metal support *(Erdb)* Metallverbau *m*
metal surface Metalloberfläche *f*
metal tie Metallanker *m*
metal timber connector *(BT)* Holzmetallverbindung *f*
metal-to-wood laminating Metall-Holz-Laminierung *f*
metal-tying Metallanker-Verankerung *f*
metal valley *(Konst)* Metalldachkehle *f*
metal wall anchor Metallmaueranker *m*
metal waterstop Metallfugenband *n*
metal welding *(St, Te)* Metallschweißen *n*
metal window (frame) Metallfensterrahmen *m*, Metallfenster *n*
metal wool Metallwolle *f*
metal work Metallbauarbeiten *fpl*
metalled road *(Verk)* Schotterstraße *f*
metallic metallisch
metallic abrasive metallisches Strahlmittel *n*
metallic aggregate Stahlbetonhärtemittel *n*
metallic-aggregate covering *(BB, Verk)* Stahl(zuschlag)betonbelag *m*, Betonestrich *m* mit Stahlschrottzuschlag
metallic-coated mit metallischer Schutzschicht
metallic constituent *(BB, BM)* metallischer Bestandteil *m (Betonzuschlag)*
metallic corrosion Metallkorrosion *f*
metallic finish *(OB)* Metalleffektlackierung *f*
metallic jacket Blechmantel *m*
metallic lead paint *(BM)* Bleipulveranstrichstoff *m*
metallic lead primer *(OB)* Bleipulvergrundanstrich *m*
metallic lustre Metallglanz *m*
metallic material metallischer Baustoff *m*, metallischer Werkstoff *m*
metallic oxide *(BM)* Metalloxid *n*
metallic paint Metallpigmentanstrichstoff *m*
metallic pigment *(BM, OB)* metallisches Pigment *n*, Metallpigment *n*
metallic rail *(BT, Verk)* Metallschutzschiene *f*, Stahlschutzplanke *f*
metallic-splendent metallglänzend
metallic-splendent lustre Metallglanz *m*
metallic support *(TK)* Metallstütze *f*
metallic surface Metalloberfläche *f*
metallic zinc paint Zinkstaubanstrichstoff *m*
metalliform metallartig
metallike metallähnlich
metalline metallähnlich
metalling *(Verk)* Beschotterung *f*, Beschottern *n*
metallization *(OB)* Metallbelag *m*
metallize *v* metallisieren, mit Metall überziehen; spritzmetallisieren
metallizing *(OB, Te)* Metallspritzen *n*, Spritzmetallisieren *n*
metallographic metallographisch, metallkundlich
metalloid Halbmetall *n*
metallurgical cement Eisenportlandzement *m*, Hochofenzement *m*, Hüttenzement *m*
metallurgy *(BWG)* Metallurgie *f*, Hüttenkunde *f*, Hüttenwesen *n*
metals *(BM, Verk)* Eisenbahnschienen *fpl*
metamorphic *(BM)* metamorph, umgewandelt
metamorphic rock *(BM)* metamorphes Gestein *n*, Umwandlungsgestein *n*
meteorological conditions *(Umw)* Wetterlage *f*
meteorological service Wetterdienst *m*
meteorological station meteorologische Station *f*, Wetterwarte *f*
meter *v* dosieren, zumessen *(z. B. Baustoffe)*; zuteilen
meter Messgerät *n*, Messer *m*; Zähler *m (Gas, Strom)*
meter arrangement *(El)* Zähleranordnung *f*
meter board *(El)* Zählertafel *f*
meter box Zählerkasten *m*
meter enclosure Zählernische *f*
meter niche *(El, Konst)* Zählernische *f*
meter room Zählerraum *m*
meter station Zählerstation *f*
meter stop *(WVA)* Hausanschlussschieber *m (Wasserleitung)*
metering Dosierung *f*, Zumessung *f*, Dimensionierung *f*
metering belt *(BWG, Te)* Förderband *n* mit Messeinrichtung
metering pump *(BWG, Te)* Dosierpumpe *f*
metering pump sprayer Dosierspritzmaschine *f*
metering roll Dosierwalze *f*
metes and bounds (survey) *(Verm)* Grundstücksvermessung *f*, Liegenschaftsvermessung *f (nach Koordinaten und Winkeln)*
methane gas Methan *n*

M

methanol Methanol *n*, Methylalkohol *m*
method *(Te)* Methode *f*, Verfahren *n*
method for correcting the winders of a stair *(Hb, Stat, Te)* Quadratverfahren *n* für Stufenverziehung
method of anchoring *(Konst, TK)* Verankerungssystem *n*
method of application Anwendungsverfahren *n*; Verarbeitungsverfahren *n*; Auftragsverfahren *n*
method of calculation *(Stat)* Berechnungsverfahren *n*; Bemessungsverfahren *n*
method of construction *(Te)* Bauverfahren *n*, Baumethode *f*
method of design *(Konst, Stat)* Entwurfsverfahren *n*; Bemessungsverfahren *n*
method of finite differences *(Stat)* Differenzverfahren *n*
method of freezing *(Te)* Gefrierverfahren *n (Baugrundverfestigung)*
method of heating Beheizungsart *f*
method of jointing *(BT)* Verbindungssystem *n (Holz, Metall)*
method of joints *(Stat)* Rundschnitt(berechnungs)-verfahren *n*, Knotenpunktverfahren *n*, Knotenverfahren *n*
method of laying Verlegeart *f*, Verlegeweise *f*
method of manufacture *(Te)* Herstellungsverfahren *n*, Fertigungsverfahren *n*
method of measurement Messverfahren *n*
method of moment distribution *(Stat)* Momentenausgleichsverfahren *n*, Cross-Verfahren *n*
method of presentation *(Konst)* Darstellungsmethode *f*
method of protection *(OB)* Schutzverfahren *n*; Korrosionsschutzverfahren *n*
method of sections *(Stat)* (Ritter'sches) Schnittverfahren *n*, Schnittkraftverfahren *n*
method of taking samples Probenahmeverfahren *n*
method of testing Prüfverfahren *n*
method of virtual work Verfahren *n* der virtuellen Arbeit
methyl alcohol Methylalkohol *m*, Methanol *n*
methyl cellulose Methylcellulose *f (Farbbasis)*
methyl ethyl ketone Methylethylenketon *n (Farblösungsmittel)*
methyl orange *(BM, OB)* Methylorange *n*
methyl red *(BM, OB)* Methylrot *n*
methylated solvent Alkohollösungsmittel *n (Farbe)*
methylated spirit vergällter Alkohol *m (z. B. als Lösungsmittel)*
meticulous inspection genaue Überprüfung *f*
metope *(Arch)* Metope *f*, Triglyphenzwischenplatte *f (im Fries einer dorischen Säule)*
metre module Metermodul *n*
metre rule Metermaß *n*
metric measures *s.* metric system
metric modular unit Dezimeterziegel *m*, Ziegelstein *m* in 10 cm Intervalldimensionen
metric series metrische Reihe *f*
metric system metrisches Maßsystem *n* [Einheitensystem *n*]
metric thread metrisches Gewinde *n*
metric ton *(Stat)* (metrische) Tonne *f (SI-fremde Einheit der Masse; 1 t = 1000 kg)*
metrication metrische Umrechnung *f*
metropolis *(RP)* Weltstadt *f*; Großstadt *f*; Hauptstadt *f*
metropolitan area *(RP)* Großstadtgebiet *n*, Stadtregion *f*
metropolitan railroad *(AE) s.* metropolitan railway
metropolitan railway *(Verk)* S-Bahn *f*, Schnellbahn *f*, Stadtbahn *f*
metroum *(Arch)* Metroon *n (Olympia)*
mezzanine 1. *(Arch)* Zwischengeschoss *n*, Mezzanin(geschoss) *n*, Halbgeschoss *n*; 2. *(AE)* erster Balkon *m (Theater)*
mezzanine floor *(Konst)* Zwischengeschossdecke *f*
mezzanine room *(Konst)* eingeschobenes Zimmer *n (im Zwischengeschoss)*
mezzo-relievo Halbrelief *n*, halbhoch hervorstehendes Relief *n*
mezzo-rilievo *s.* mezzo-relievo
mica Glimmer *m*
mica clay *(Bod)* Glimmerton *m*
mica cleavage Glimmerspaltung *f*
mica covering *(DIS)* Glimmerisolierung *f*
mica flakes Glimmerschuppen *fpl*
mica in sheets *(BM, Bod)* Spaltglimmer *m*, Plattenglimmer *m*
mica paint *(OB)* Glimmeranstrich *m*, Glimmerfarbe *f*
mica powder Glimmerschiefermehl *n (für Bitumenschindeln und als Füller)*
mica sandstone *s.* micaceous sandstone
mica schist *(BM, Bod)* Glimmerschiefer *m*
mica slate Glimmerschiefer *m*
micaceous glimmerhaltig, glimmerführend
micaceous iron oxide paint Eisenglimmerfarbe *f*
micaceous porphyry *(BM)* Glimmerporphyr *m*
micaceous sand Glimmersand *m*
micaceous sandstone Mikasandstein *m*, Glimmersandstein *m*, glimmerhaltiger Sandstein *m*
micaceous schist *(BM, Bod)* Glimmerschiefer *m*
micaceous shale glimmerführender Ton *m*
micanite *(BM)* Mikanit *m*, Marienglas *n*
micaphyre Glimmerporphyr *m*
micro-surfacing Dünnschichtbelag *m*
microbiological corrosion *(OB)* Biokorrosion *f*, mikrobielle Korrosion *f*
microclimate *(Umw)* Mikroklima *n*
microconcrete Mikrobeton *m*
microcrack *(BM, OB)* Mikroriss *m*
microcracked mikrorissig
microcracking *(OB)* Mikroriss(e)bildung *f*
microcrazing Mikroriss(e)bildung *f*
microdiorite feinkörniger Diorit *m*
microenvironmental *(Umw)* die engere Umgebung betreffend
microexamination mikroskopische Untersuchung *f*
microfabric Korngefüge *n (Gestein)*
microfissure *(OB)* Haarriss *m*, mikroskopischer Riss *m*
microgranite Mikrogranit *m*
microhardness Mikrohärte *f*
microhardness tester Mikrohärteprüfer *m*
microorganism *(Umw)* Mikroorganismus *m*
microporosity Mikroporosität *f*
microporous *(BM)* mikroporig, mikroporös
microroughness Mikrorauigkeit *f*
microscopic examination mikroskopische Prüfung *f*
microscopic study mikroskopische Untersuchung *f*
microstructure *(BM)* Mikrostruktur *f*
microtexture *(BM, OB)* Mikrotextur *f*, Feintextur *f*
microvoid Mikropore *f*, Feinstpore *f*
mid-beam *(Konst)* Zwischenbalken *m*
mid-block pedestrian crossing *(Verk)* Fußgängerüberweg *m* mit Mittelinsel
mid-depth Mitte *f* des Querschnittes; Mittellinie *f (Statik, Festigkeit)*
mid-span *s.* midspan
mid-wall column *(TK)* tragende Säule *f* in Wandmitte
MIDAS *s.* mix design and analysis system
midden *(Umw)* Müllhaufen *m*, Abfallhaufen *m*
middle bay *(Arch)* Mittelhalle *f*, Mittelschiff *n*
middle colour Mittelfarbe *f*
middle gate *(Wsb)* Mittelhaupt *n*, Zwischenhaupt *n (Schleuse)*
middle lane *(Verk)* Mittelspur *f*, Mittelfahrstreifen *m*

middle layer Einlage *f (Mehrschichtbauplatte)*
middle muntin *(Hb)* Mittelsprosse *f (Fenster)*
middle pier *(Konst)* Mitteljoch *n*
middle plane Mittelebene *f*, Mittelfläche *f*
middle plank Kernbrett *n*
middle post *(Hb)* Hängesäule *f (unter dem First)*
middle purlin *(Hb)* Zwischenpfette *f*
middle rail Türblattquerholz *n*
middle relief halberhabenes Relief *n*
middle-sized mittelkörnig, mittelfein
middle span *(St)* Mitteljoch *n (Stahlbau)*
middle strip *(Verk)* Mittelstreifen *m (Straße)*
middle strut *s.* middle post
middle support *(BT, TK)* Mittelträger *m*
middle surface Mittelfläche *f*
middle third mittleres Drittel *n*, Kern *m (Holz)*
middle vessel *(Arch)* Mittelschiff *n*, Langhausschiff *n*, Hauptschiff *n (Kirche)*
middle water *(Bod, Erdb)* Zwischenschichtwasser *n*
midfeather Schornsteinzunge *f*, Schornsteinmittel(trenn)-steg *m*
midline *(Stat, Verm)* Mittellinie *f*
midpoint Mittelpunkt *m*; Mitte *f*
midrange *(BM, Stat)* Spannweitenmitte *f (statistische Qualitätsauswertung)*
midspan *(Stat)* Feldmitte *f*
midspan loading *(Stat)* Einzellast *f* in Feldmitte
midspan section Schnitt *m* in Feldmitte
midstrip *(Verk)* Mittelstreifen *m (Straße)*
migrate *v* migrieren, wandern *(z. B. penetrieren)*
migration 1. *(BM)* Wandern *n (z. B. einer Penetrationsmasse)*; Siegelmasseeindringung *f*; 2. *(RP)* Bevölkerungswanderung *f*, Migration *f*
migration of binders *(BM)* Bindemittelabwanderung *f (Baustoffe, Anstrich)*
migration of sealant Einkriechen *n* der Absiegelungsmasse *(einer Dichtung)*
migration patterns *(RP)* Wanderungsmuster *n (Raumplanung)*
mihrab *(Arch)* Gebetsnische *f (Moschee)*
mild clay Sandton *m*
mild steel weicher Stahl *m*, Flussstahl *m (0,15-0,25 % C; z. B. als Baustahl, Betonstahl)*; Gussstahl *m*
mild steel pipe Flussstahlrohr *n*
mildew Moder *m*, Schimmel *m (an Holz, Mauerwerk)*
mildew growth *(OB, Umw)* Schimmelpilzbewuchs *m*
mildew-resistant *(BM, OB)* schimmelbeständig
mildewcide Schimmelverhütungsmittel *n*
mildewed wood Grünfäule *f (Holz)*
mildewy moderig, schimmelig; verstockt, stockfleckig *(Holz)*
mildly alkaline *(WVA)* schwach alkalisch
mildly corrosive schwach korrosiv
mile *(Stat)* Meile *f (1,60931 km)*
mileage *(OB)* Ergiebigkeit *f (Anstrich, Farbe usw.)*
mileage-based road user charge *(Verk)* fahrstreckenbezogene Straßennutzungsgebühr *f*
mileometer *(Verm)* Entfernungsmesser *m*, Odometer *n*
milestone *(Verk)* Meilenstein *m (Straße)*
milieu 1. *(Arch)* Milieu *n*, Umgebung *f (innen)*; 2. *(Umw)* Umwelt *f*
military architecture *(Arch)* Wehrbau *m*, Militärarchitektur *f*
military bridge *(Br)* Pionierbrücke *f*
military building *(Arch)* Militärgebäude *n*
military building construction Militärhochbauwesen *n*
military cemetery *(Arch)* Militärfriedhof *m*, Soldatenfriedhof *m*
military construction Militärbau *m*
military engineering Pioniertechnik *f*
military ground *(RP)* Militärgelände *n*
military hospital Lazarett *n*
military road network *(Verk)* Militärstraßennetz *n*
military roads Militärstraßen *fpl*
military tower *(Arch)* Festungsturm *m*
milk farm *(Arch, Konst, LB)* Meierei *f*, Molkerei *f*
milk glass Milchglas *n*
milk of lime Kalkmilch *f*
milk parlour *(LB)* Milchraum *m (einer Milchviehanlage)*
milk-processing plant *(Arch, Konst, LB)* Milchverarbeitungsbetrieb *m*
milkiness *(OB)* milchiger Schleier *m*, Entfärbungsschleier *m (z. B. auf Anstrichen)*
mill *v* 1. zerkleinern, brechen *(Baustoffe)*; fräsen *(Oberflächen)*; mahlen, mahlzerkleinern *(keramische Baustoffe, Füllstoffe)*; 2. zurichten, behauen *(Stein)*; 3. rändern, riefen *(Ummantelung, Abschluss)*
mill *v* **timbers** (maschinell) Holz schneiden
mill Zerkleinerungsanlage *f*, Aufbereitungsanlage *f*
mill board *s.* millboard
mill construction *(Hb)* Starkholzbaukonstruktion *f*
mill course [flume] *(Wsb)* Mühlgraben *m*, Mühlgerinne *n*
mill length Lieferlänge *f (Röhre)*
mill-mixed vorgemischt, fertiggemischt *(Putz, Mörtel)*
mill-painted *(OB)* werkgestrichen
mill-primed *(OB)* werkgrundiert, mit Fertigungsanstrich versehen
mill-race *(Wsb)* Mühlengraben *m*
mill run unsortiertes Schnittholz *n*, unsortierte Platten *fpl (Holz)*
mill scale Walzzunder *m*, Sinterbelag *m (Baustahl)*
mill site *(RP)* Fabrikgelände *n*, Werkstandort *m*
mill tail *(Wsb)* Unterwassergraben *m*
mill work *s.* millwork
millboard Graupappe *f*, Pappe *f*
milldam *(Wsb)* Mühlengrabenabdämmung *f*
milled bearbeitet, behauen, zugerichtet *(Steinmetzarbeit)*
milled joint *(Konst, Te)* Werkstoß *m*
milled stonework behauene [zugerichtete] Werksteine *mpl*
miller Fräsmaschine *f (für Metall)*
millerite Millerit *m*, Haarkies *m*
milling 1. Zerkleinerung *f*; Mahlen *n*; 2. Natursteinbearbeitung *f*; Steinsägen *n*, Steinschneiden *n*; 3. Fräsarbeit *f*, Fräsen *n*
milling cutter *(BWG, Te)* Holzfräser *m (Werkzeug)*
milling machine Fräsmaschine *f*; Holzfräsmaschine *f*; Straßenfräse *f*, Kaltfräse *f*
milling tool Fräser *m*
milling work Fräsarbeit *f*
millstone *(BM, Bod)* Mahlstein *m*, Mühlstein *m (auch geologisch)*
millstone grid Mühlensandstein *m*
millwork *(AE) (EB)* Holzbauelemente *npl*, Holzbauteile *npl*; Bautischlerprodukte *npl*
millwork plant *(AE)* Bautischlerei *f*
millwright Monteur *m (z. B. für Maschinen und Anlagen)*; Montageschlosser *m*
millwrighting *(Te)* Montage *f*, Montagearbeit *f*
mimbar *(Arch)* Mimbar *m (Moscheekanzel)*
minaret *(Arch)* Minarett *n*
mine *v* abbauen, schürfen
mine *(Tun)* Grube *f*, Schachtanlage *f (Bergbau)*
mine railway *(Tun)* Grubenbahn *f*, Zechenbahn *f*
mine water *(Tun)* Grubenwasser *n*, Schachtwasser *n*
mine working *(Tun)* Grubenbau *m*
mineable abbaufähig; abbauwürdig
mined space bergmännisch hergestellter Hohlraum *m*
mineral aggregate *(BM)* mineralischer Zuschlag(stoff) *m*; Gesteinskörnung *f*, Mineralstoffkörnung *f*

mineral aggregate mix Mineralgemenge *n*
mineral analysis Mineralanalyse *f*
mineral binder mineralisches Bindemittel *n*, Binder *m*
mineral black *(OB)* Erdschwarz *n (Farbe)*
mineral bound *(BM)* mineralisch gebunden
mineral claim *(VR)* Mineralstoffabbaurecht *n*, Anspruch *m* auf Mineralstoffgewinnung
mineral colour *(OB)* Mineralfarbe *f*
mineral composition mineralische Zusammensetzung *f*, Mineralbestand *m*
mineral concrete *(BM)* Mineralbeton *m (ohne Bindemittel)*
mineral concrete aggregate mineralischer Betonzuschlagstoff *m*
mineral constituent Mineralbestandteil *m*
mineral construction material mineralischer Baustoff *m*
mineral deposit Mineralstofflagerstätte *f*
mineral dust *(BM)* Gesteinsstaub *m*, Mineralfüller *m*, Füller *m (Zuschlag)*
mineral-faced mineralabgestreut, mineralbestreut
mineral fibre Mineralfaser *f*; Mineralwolle *f*, Karmalit *n*, Keramsit *m*
mineral fibre mat *(BT, DIS)* Mineralfasermatte *f*
mineral fibre pad *(DIS)* Mineralwolleabpolsterung *f (an einer Metallakustikdecke)*
mineral fibre slab *(BT, DIS)* Mineralfaserplatte *f*
mineral fibre tile *(BT, DIS)* gebundene Mineralfaserplatte *f*, Keramsitplatte *f (akustische Decke)*
mineral fibreboard *(BT, DIS)* gebundene Mineralfaserplatte *f (akustische Decke)*
mineral-filled asphalt *(BM, Verk)* gefülltes Asphaltmischgut *n*; gefülltes Bitumen *n*; *(AE)* Asphaltmastix *m*
mineral filler Mineralfüller *m*, mineralischer Füller *m* [Füllstoff *m*]
mineral flax *(BM)* Faserasbest *m*; Asbestfaserwolle *f*
mineral grain Mineralkorn *n*
mineral grain mix *(BM)* Mineralgemenge *n*
mineral granules Abstreusplitt *m* für Bedachungsmaterial, Mineralbestreuung *f*
mineral matter Mineralstoff *m*
mineral orange *(OB)* Bleimennige *f*
mineral pigment *(OB)* Erd(stoff)pigment *n*, Erdfarbe *f*, natürliches Pigment *n*
mineral pitch Naturasphalt *m*, Erdpech *n*
mineral powder *(BM)* Gesteinsmehl *n*
mineral raw material mineralischer Rohstoff *m*
mineral red *(BM, OB)* Bleimennige *f*
mineral resources *(BM)* Bodenschätze *mpl*
mineral scale *(WVA)* Kesselstein *m*, Wasserstein *m*
mineral skeleton Mineralgerüst *n*
mineral soil *(Bod)* Mineralboden *m*
mineral spirit(s) Lösungs(mittel)benzin *n*, Lackbenzin *n*
mineral spring *(Bod, Umw)* Mineralquelle *f*
mineral stability number *(BM, Te)* Mineralbeständigkeitszahl *f (einer Bitumenemulsion)*
mineral substrate *(OB)* mineralischer Anstrichgrund *m*, mineralische Anstrichfläche *f*; mineralischer Untergrund *m*
mineral surface roofing paper *s.* mineral-surfaced felt
mineral-surfaced felt besandete Bitumenpappe *f*, abgesandete Dachpappe *f*
mineral surfacing Mineralbestreuung *f*
mineral tar *(BM)* Erdteer *m*, Asphaltpech *n*, Asphaltteer *m*
mineral trass *(BM, Bod)* Wildtrass *m (vulkanische Tuffart)*
mineral wealth Bodenschätze *mpl*
mineral wool *(MW) (EN 13162) (BM, DIS)* Mineral(faser)-wolle *f*, Gesteinswolle *f*; Glasfaserwolle *f*; Schlackenwolle *f*; Keramsit *m*
mineral wool insulation *(DIS)* Mineralwolledämmung *f*
mineralogic composition mineralogische Zusammensetzung *f*
mineralogist *(Bod)* Mineraloge *m*
mineralogy Mineralogie *f*
miner's housing construction *(RP)* Bergarbeiterwohnungsbau *m*
miner's housing estate *(RP)* Bergarbeitersiedlung *f*
mingle *v* vermischen, (ein)mischen, vermengen *(Anstriche, Baustoffe)*
mini-roundabout *(Verk)* Minikreisverkehr *m*, Minikreisverkehrsknoten *m*, Minikreisverkehrsplatz *m*
miniature lancet *(Arch, Hb, Konst)* Kleinlanzettfenster *n*
minimize *v* abbauen, minimieren *(Last, Spannung)*
minimum area Mindestfläche *f*
minimum average value Mindestmittelwert *m*
minimum bending tension stress Mindestbiegezugfestigkeit *f*
minimum cement content *(BB)* Mindestzementgehalt *m*, Mindestzementmenge *f*
minimum clearance *(Verk)* Mindestlichtraum *m*, Regellichtraum *m*
minimum coating thickness *(OB)* Mindestschichtdicke *f (Schutzschichten)*
minimum compressive strength Mindestdruckfestigkeit *f*
minimum concrete cover Mindestbetondeckung *f*
minimum content Mindestgehalt *m*
minimum cover *s.* minimum concrete cover
minimum cross section *(Konst)* Mindestquerschnitt *m*
minimum cube strength *(BB)* Mindestwürfelfestigkeit *f (Betonwürfel)*
minimum depth Mindesttiefe *f*
minimum dimension *(Konst)* Kleinstabmessung *f*, Mindestabmessung *f*, Mindestmaß *n*
minimum dimension on plan kleinste Grundrissabmessung *f*
minimum distance Mindestabstand *m*
minimum failure strength *(BB)* Mindestdruckfestigkeit *f*
minimum flow Niedrigwasser *n*
minimum gradient Mindest(längs)neigung *f (Wasserabfluss)*
minimum green (time) *(Verk)* kürzeste Freigabezeit *f*
minimum heat insulation *(DIS, HLK)* Mindestwärmeschutz *m*
minimum limit Kleinstmaß *n*, unteres Grenzmaß *n*
minimum load *(Stat)* Mindestlast *f*
minimum load-bearing capacity *(Stat)* Mindesttragfähigkeit *f*
minimum loading *(Stat)* Mindestbelastung *f*
minimum longitudinal prestressing Mindestlängsvorspannung *f*
minimum moment *(Stat)* Minimalmoment *n*, Mindestmoment *n*, Kleinstmoment *n*
minimum prestressing *(BB, Te)* Mindestvorspannung *f*
minimum quality Mindestgüte *f*
minimum radius of curve *(Verk)* Mindestbiegungshalbmesser *m*, Mindestradius *m (Kurve)*
minimum rafter spacing *(Hb, Konst)* Mindestsparrenabstand *m*
minimum reinforcement Mindestbewehrung *f*
minimum roof slope *(Konst)* Mindestdachneigung *f*
minimum room height Raummindesthöhe *f*
minimum sound insulation Mindestschallschutz *m*
minimum spacing Mindestabstand *m*
minimum strength *(Konst)* Mindestfestigkeit *f*
minimum stress untere Grenzspannung *f*
minimum tensile strength *(Konst, Stat)* Mindestzugfestigkeit *f*
minimum thermal insulation *(DIS)* Mindestwärmedämmung *f*
minimum thickness Mindestdicke *f*

M

minimum thrust *(Stat)* Minimalschub *m*
minimum value of strength Mindestfestigkeitswert *m*
minimum variable load Mindestverkehrslast *f*
minimum wall thickness Mindestwanddicke *f*, Wandmindeststärke *f*
minimum water requirement *(BB, Te)* Mindestwasserbedarf *m*
minimum width Mindestbreite *f*
minimum yield point *(St)* Mindeststreckgrenze *f*
mining *(Tun)* Bergbau *m*
mining damage *(Bod)* Bergschaden *m*; Bergsetzungsschaden *m*
mining debris *(Umw)* Bergbauabraum *m*, Abraumschutt *m*
mining subsidence Bergbausetzung *f*, Setzung *f* in Bergwerksgebieten
Ministry of Housing Wohnungsbauministerium *n*
minium *(BM, OB)* Mennige *f*, Bleimennige *f*, natürliches Bleioxidrot *n*
minium-based mastic Mennigekitt *m*
minium of iron *(BM)* Eisenmennige *f*
Minoan architecture *(Arch)* Architektur *f* der Bronzezeit *(auf Kreta)*
minor bed *(Wsb)* Niedrigwasserbett *n*
minor change (in the construction work) *(Konst, VR)* unwesentliche Bauausführungsänderung *f*
minor external buildings *(VR)* unwesentliche Außenbauten *mpl*
minor junction *(Verk)* untergeordneter Knoten *m*
minor non-conformance kleiner Fehler *m*, Nebenfehler *m*
minor road *(LB, Verk)* (ländliche) Nebenstraße *f*
minor street *(RP, Verk)* Nebenstraße *f (in der Stadt)*
minor street network *(RP, Verk)* (städtisches) Nebenstraßennetz *n*
minor variant Untervariante *f*
minor works *(Te)* Nebenarbeiten *fpl*, Nebengewerke *npl*
minster *(Arch)* Münster *n*
minus material Siebfeines *n*, Siebdurchgang *m*, Siebdurchfall *m*
minutes *(VR)* Protokoll *n*, Niederschrift *f*
miraculous image *(Arch)* Mirakelbild *n*, Gnadenbild *n*
mire *(Bod, Umw)* Schlamm *m*, Morast *m*; Sumpfland *n*
mirror 1. Spiegel *m*; 2. Ovalornament *n* mit Zierkantenumrahmung
mirror coating *(OB)* Spiegelschicht *f*
mirror finish Hochglanz *m*, Spiegelglanz *m*
mirror-finished hochglanzpoliert
mirror glass plate Spiegelglastafel *f*
mirror-liked spiegelglänzend
mirror method *(Stat)* spiegeloptisches Verfahren *n (Modellstatik)*
mirror of a vault Gewölbespiegel *m*
mirror reflector *(El)* Spiegelreflektor *m (Leuchte)*
mirror square *(Verm)* Winkelspiegel *m*
miry *(Bod, Umw)* schlammig, moorig
miry sand schlammiger Sand *m*
misalign *v (Konst, Verm)* verschieben; außer Flucht bringen; versetzen; sich verlagern
misaligned *(Konst, Verm)* nicht fluchtend, außer Flucht; versetzt *(außer Flucht)*
misalignment *(Verm)* Fluchtungsfehler *m*, Fluchtabweichung *f*, Richtungsabweichung *f (in der Flucht)*; Versatz *m*
miscalculate *v (Stat)* falsch berechnen; sich verrechnen
miscellaneous and contingencies *(VR)* Verschiedenes *n* und Unvorhergesehenes *n (Bauleistungsvertrag)*
miscibility *(BM)* Mischbarkeit *f*
miscibility with water Wassermischbarkeit *f*
miscibility with water test Mischbarkeitsprüfung *f* mit Wasser, Wassermischbarkeitsprüfung *f*
miscible mischbar
misdemeanour *(VR)* Verfehlung *f*, Übertretung *f*
miser *(Erdb)* Erdbohrer *m*
misering *(Bod)* Probeerdbohrung *f*
misfire Fehlschuss *m*, Zündaussetzer *m (Sprengen)*
misgiving *(Konst, VR)* Bedenken *pl*
mislocated *(Konst)* räumlich falsch angeordnet, lageungenau
mismatch lumber *(AE)* nicht genau passende Brettkanten *fpl*
mismatched nicht zusammenpassend *(z. B. Furniere)*; schlecht sitzend *(z. B. Fittings)*
misplace *v* falsch anbringen
misplaced material Fehlgut *n*
misplaced size *(BM)* Fehlkorn *n (eines Gekörns)*
mission architecture *(Arch)* Kirchenarchitektur *f* spanischer Orden *(in Mexiko im 18. Jh.)*
mission tile 1. Mönch(ziegel) *m*, konvex gewölbter Dachziegel *m* mit halbkreisförmigem Querschnitt; 2. Nonne *f*, Nonnenziegel *m*, konkav gewölbter Dachziegel *m*
mission tiling Mönch-Nonne-Ziegeldachdeckung *f*
mist 1. *(Umw, Verk)* Nebel *m*; 2. Beschlag *m*, Schleier *m (Glas)*
mist coat *(OB)* sehr dünne Farbspritzschicht *f*
mist ice *(Verk)* Nebeleis *n (Straße)*
misused zweckentfremdet *(z. B. Verwendung von Wohnraum)*
mitchell *(BM)* Quadersandstein *m*
miter *v (AE) s.* mitre
mitering *(AE) s.* mitring
mitigate *v* mildern, abschwächen
mitre *v (Hb, Te)* gehren, auf Gehrung schneiden
mitre *v* **a cornice** ein Profil rundziehen
mitre 1. *(Hb, Te)* Gehrung *f*, Gehre *f*, Gehrungsschnitt *m*; 2. *s.* mitre joint; 3. *s.* mitre square
mitre angle *(Hb, Konst)* Gehrungswinkel *m*
mitre arch *(Konst)* gerader Spitzbogen *m*
mitre block *(Hb)* geschnittenes Gehrungsholz *n*, Holzblock *m* mit 45°-Schnittwinkel
mitre board *(Hb)* Gehrungsschnittmaßbrett *n*
mitre box *(BWG, Hb)* Gehrungsschnittkasten *m*, Gehrungsschnittlehre *f*
mitre bread Wellennagel *m*, gewellter Nagel *m*
mitre cap *(Hb)* Treppengeländerpfosten *m (mit Gehrung und gestaltet)*
mitre clamp [cramp] *(BWG, Hb)* Gehrungs(schraub)zwinge *f*
mitre cut Gehrungsschnitt *m*
mitre-cutting machine Gehrungsstanzmaschine *f*
mitre dovetail *(Hb)* verdeckte Zinken *fpl*, geschlossene Gehrungszinke *f*, verdeckter Schwalbenschwanz *m*
mitre gauge Gehrungslehre *f*
mitre joint *(Hb)* Gehrungsverbindung *f*, Gehrungsstoß *m*, Stoß *m* auf Gehrung; Gehrfuge *f*
mitre knee *(Hb)* Gehrungsknie *n (Handlauf)*
mitre plane Gehrungshobel *m*
mitre post äußerer Torflügelpfosten *m (im geschlossenen Zustand in Tormitte)*
mitre rod Putzeisen *n* für Ecken mit 45°-Abschnittswinkel [45°-Schnittwinkel]
mitre rule *s.* mitre square
mitre saw Fuchsschwanz *m*; Gehrungssäge *f*
mitre shoot *(Hb)* Gehrungsschnittmaßbrett *n*
mitre sill *(Hb, Konst)* Drempel *m*
mitre square Gehrungswinkel *m*, Gehrmaß *n*
mitre surface *(Hb)* Gehrungsfläche *f*
mitred *(BT)* gegehrt, auf Gehrung geschnitten
mitred-and-cut string *(Hb)* Sattelwange *f* mit Gehrungseinschnitt *(Treppe)*

mitred-closer Gehrungsziegel *m*, gewinkelter Abschlussziegel *m*
mitred gate *(Wsb)* Stemmtor *n (Schleuse)*
mitred joint *s.* mitre joint
mitred lock gate *(Wsb)* Stemmtor *n (Schleuse)*
mitred tenon *(Hb)* Jagdzapfen *m*
mitred valley (roofing) exakt anliegende Kehldachhaut *f*
mitring *(Hb)* Gehrungsschnitt *m*, Schneiden *n* einer Gehrung
mix *v* (ver)mischen, vermengen; anrühren, verrühren *(mit Flüssigkeiten)*; anmachen *(Mörtel, Beton)*; sich mischen
mix *(BM, Te)* Mischung *f*, Gemisch *n*; Mischgut *n*; Betonmischung *f*
mix class Mischgutklasse *f*
mix composition *(BM)* Mischungszusammensetzung *f*; Mischgutzusammensetzung *f*
mix consistency Mischungskonsistenz *f*
mix control Mischungskontrolle *f*
mix design Mischungsentwurf *m*, Aufstellen *n* des Mischungsverhältnisses *(Berechnung)*
mix design and analysis system *(MIDAS) (AE)* System *n* der Eignungsprüfung und Analyse *(von Asphalt)*
mix design approval Mischrezepturbestätigung *f*, Zustimmung *f* zur Eignungsprüfungsrezeptur *f*
mix formula *(BM)* Mischungsformel *f*
mix-in-place 1. *(Te)* Mischen *n* an Ort und Stelle *(Beton, Mörtel)*; Baustellenmischverfahren *n*; Baustellengemisch *n*; 2. *s.* mixed-in-place construction
mix-in-plant *(Te)* Zentralmischverfahren *n*, Werksmischung *f*
mix of hydrocarbons of high molecular weight *(BM)* hochmolekulare Kohlenwasserstoffverbindung *f*
mix of styles *(Arch)* Stilmischung *f*
mix proportion(ing) Mischungsverhältnis *n*; Dosierung *f*
mix proportions Mischungsverhältnis *n*
mix proportions by volume *(BM, Te)* Mischungsverhältnis *n* nach Raumteilen
mix proportions by weight Mischungsverhältnis *n* nach Gewichtsteilen
mix-ratio Misch(ungs)verhältnis *n*
mix roadway *(Verk)* gemischte Straße *f*
mix sort Mischgutsorte *f*
mix type Mischgutart *f*
mix type approval *(VR)* Zustimmung *f* zur Mischgutart
mixed acid pickle *(BM, OB)* Mischbeize *f*
mixed adhesive *(BM)* Zweikomponentenklebstoff *m*
mixed arch zusammengesetzter [mehrfach zentrierter] Bogen *m*
mixed batch *(BB, Te)* Frischbeton *m*, frische Mischung *f (Transportbeton)*
mixed batch capacity Mischercharge *f*, Mischerinhalt *m*
mixed binder Mischbinder *m (hydraulisches Bindemittel)*
mixed bituminous macadam bituminöser Mischmakadam *m*
mixed cement Mischzement *m*
mixed centering *(AE)* Lehrgerüst *n* für einen zusammengesetzten Bogen
mixed compactor Vibrationswalze *f* mit Stahl- und Gummiwalztrommel
mixed construction gemischte Bauweise *f*, Gemischtbauweise *f*
mixed development Mischbauweise *f*, Funktionsüberlagerung *f (Städtebau)*
mixed development area [zone] Mischbebauungsgebiet *n*
mixed gauge *(Verk)* zweispurig *(Eisenbahn)*
mixed glue fertiggemischter Leim *m* [Kleber *m*] *(mit Härter)*
mixed-grained gemischtkörnig
mixed grains *(BM)* Korngemenge *n*, Körnungsgemisch *n*, Kornmischung *f*
mixed-in-place construction *(Erdb, Verk)* Einfräsverfahren *n*, Einmischverfahren *n* an Ort und Stelle, Fräs(en)-mischung *f (Bodenstabilisierung)*
mixed lane *(Verk)* Gemischtverkehrsspur *f*
mixed load *(Stat)* gemischte Last *f*
mixed loading gemischte Belastung *f*
mixed macadam *(BM, Verk)* Mischmakadam *m*
mixed material Mischgut *n*
mixed material storage hopper *(BWG, Te)* Mischgutsilo *n (Asphalt)*
mixed occupancy *(Konst, VR)* gemischte Gebäudenutzung *f (mit verschiedenen Sicherheitsklassen)*
mixed pigment *(OB)* Mischpigment *n*
mixed plaster Putz *m*, Putzmasse *f*
mixed plaster on wire lath Drahtverputz *m*
mixed process gemischtes Verfahren *n*
mixed product *(BM)* Mischgut *n (bituminöses Mischgut, Beton)*
mixed rock Mischgestein *n*
mixed sedimentary rock *(BM)* gemischtes Sedimentgestein *n*
mixed soil *(Bod)* Mischboden *m*
mixed street *(Verk)* Mischverkehrsstraße *f*
mixed-use area [zone] Mischgebiet *n (Städtebau)*
mixer *(BWG)* Betonmischer *m*, Betonmischmaschine *f*, Mischer *m*
mixer conveyor Transportmischer *m*, Betontransporter *m*, Betonfahrmischer *m*
mixer driver Mischerfahrer *m*; Maschinist *m (für Betonmischanlagen)*
mixer efficiency Mischintensität *f* eines Mischers
mixer fitting *s.* mixer tap
mixer for soil stabilization *(BWG)* Bodenverfestigungsmischer *m*, Bodenfräse *f*
mixer operator Mischerfahrer *m*
mixer paddle Mischerschaufel *f*, Mischerarm *m*
mixer paver *(BWG, Te)* Mischerfertiger *m*
mixer platform Mischerbühne *f*
mixer spreader Brückenmischer *m*
mixer tap *(San)* Mischbatterie *f*, Wassermischbatterie *f*
mixer truck *(AE) s.* mixer conveyor
mixer with staggered baffles *(BWG, Te)* Freifallmischer *m (Beton)*
mixing Mischen *n*; Anrühren *n*, Anmachen *n (von Mörtel, Beton)*
mixing bin Mischbunker *m*
mixing bowl *(BWG)* Mischbehälter *m*, Mischtopf *m*
mixing by spading *(Te)* Betonhandmischen *n*
mixing cycle *(Te)* Mischzyklus *m*, Mischspiel *n*; Mischdauer *f*, Anmachzeit *f*
mixing drum *(BWG)* Misch(er)trommel *f*
mixing faucet *(AE) s.* mixing tap
mixing formula Mischrezeptur *f*
mixing of cement Anmachen *n* des Zements
mixing of colours *(Te)* Farbmischen *n*
mixing of mortar Mörtelanmachen *n*
mixing of pigment Farbmischen *n*
mixing operation Mischvorgang *m*
mixing plant Mischanlage *f*; Mischmaschine *f*
mixing-plant control Mischanlagensteuerung *f*
mixing platform *(BWG)* Mischbühne *f*
mixing rate [ratio] Mischungsverhältnis *n*
mixing section *(HLK)* Mischstrecke *f*
mixing speed Mischtrommelgeschwindigkeit *f*
mixing stage Mischbühne *f*
mixing tank Mischbehälter *m*, Mischbottich *m*
mixing tap *(San)* Mischbatterie *f*, Wassermischbatterie *f*; Badbatterie *f*

mixing time *(Te)* Mischzeit *f*, Mischdauer *f*, Anmachzeit *f* *(nach Bindemittelzugabe)*
mixing tower *(BWG)* Mischturm *m*
mixing unit *s.* mixing tap
mixing valve 1. *(San)* Mischventil *n*; 2. *s.* mixing tap
mixing varnish Zusatzlackkomponente *f*, Mischlack *m (für Anstrichstoffe)*
mixing water Mischwasser *n*, Anmachwasser *n (für Beton)*
mixture 1. *(BM)* Mischung *f*, Gemisch *n*, Gemenge *n*; Mischgut *n*; Betonmischung *f*; 2. *s.* mixing; 3. *s.* mixture ratio
mixture component Gemischkomponente *f*, Mischungsbestandteil *m*
mixture composition *(BM)* Gemischzusammensetzung *f*, Gemischaufbau *m*, Mischungszusammensetzung *f*
mixture of colours Farbmischung *f*
mixture of styles *(Arch)* Stilmischung *f*
mixture proportioning Gemischdosierung *f*, Mischungsdosierung *f*
mixture ratio Mischgutverhältnis *n*
mixture separation *(BB, BM)* Entmischung *f*
moat *(Arch)* Wallgraben *m*, Befestigungsgraben *m*, Festungsgraben *m*; Burggraben *m*, Wassergraben *m*
mobile mobil, beweglich; fahrbar *(z. B. Werkstatt)*; versetzbar
mobile concrete factory *(BB, BWG)* fliegendes Betonwerk *n*
mobile crane Autokran *m*
mobile crusher fahrbare Brechanlage *f*
mobile data collection *(Verk)* mobile Datenerfassung *f*
mobile factory *(BWG)* transportable Mischanlage *f*; fliegendes Betonwerk *n*
mobile form Gleitschalung *f*
mobile home *(Konst)* bewegliche Raumzelle *f*
mobile load *(Stat)* bewegliche Belastung *f*, wandernde Last *f*
mobile mixing plant *(BWG)* transportable Mischanlage *f*
mobile plant *s.* mobile mixing plant
mobile scaffold bewegliches Gerüst *n*, Rollgerüst *n*
mobile tower crane *(BWG)* Turmdrehkran *m*, Montagekran *m*, Baukran *m*
mobile town *(RP)* Wohnwagensiedlung *f*
mobility draughts *(Verk)* Mobilitätskonzepte *npl*
mock arcade *(Arch)* Scheinarkade *f*
mock architecture *(Arch)* Scheinarchitektur *f*
mock-up *(Konst)* Modell *n*, Muster *n (in natürlicher Größe)*; Lehrmodell *n*
mod cons *s.* modern conveniences
modal shift *(Verk)* Verkehrsmittelwechsel *m*; Umsteigen *n* von einem Verkehrsmittel auf das andere
modal shift effect *(Konst)* modaler Verlagerungseffekt *m*
modal split *(Verk)* Verkehrsmittelaufteilung *f (Städtebau)*
mode Modalität *f*, Form *f*, Zustand *m*
mode of application *(Te)* Betriebsweise *f*, Arbeitsweise *f*
mode of cracking Rissart *f*
mode of failure Bruchform *f*, Rissart *f*
mode of loading *(Stat)* Belastungsart *f*
mode of presentation *(RS)* Erhaltungszustand *m*
mode of stressing Beanspruchungsart *f*, Form *f* der Beanspruchung
mode of transportation *(Verk)* Verkehrsart *f*
mode of vibration *(Br)* Schwingungsform *f (Brücke)*
mode priority Zustandspriorität *f*
model *v* 1. durchbilden, modellieren; nachbilden; 2. entwerfen, entwickeln
model 1. Modell *n*, Muster *n*; Vorlage *f*; Schablone *f*; 2. *(Konst)* Modell *n*, Nachbildung *f*; 3. *(Konst)* Ausführung *f*, Bauweise *f*, Konstruktion *f*
model analysis *(Stat)* Modellstatik *f*
model assumption *(Konst)* Modellvorstellung *f*
model builder *s.* modeller
model experiment *(Konst)* Modellversuch *m*
model home *s.* model house
model house *(Arch)* Musterhaus *n*
model making *(Konst)* Modellbau *m*
model scale Modellmaßstab *m*
model structural analysis *(Stat)* Modellstatik *f*
model structure *(Konst)* Modellbauwerk *n*
model study *(Konst)* Modellstudie *f*
model test Modellversuch *m*
modeller 1. Modellbauer *m*; 2. Modelltischler *m*
modelling 1. *(Konst)* Modellierung *f*, Formung *f*, Formgebung *f*; 2. *(Arch)* Stuckarbeit *f*
moderate conditions *(Te)* Normalbedingungen *fpl (Baudurchführung)*
moderately stiff fresh concrete mäßig steifer Frischbeton *m*
modern modern
modern conveniences Wohnkomfort *m*
Modern Style *(Arch)* Jugendstil *m*
Modernism *(Arch)* Modernismus *m*
modernity *(Arch)* Modernität *f*
modernization *(RS)* Modernisierung *f*; Rekonstruktion *f* *(von Gebäuden)*
modernize *v (RS, Te)* modernisieren; rekonstruieren *(Gebäude)*
modernness *(Arch)* Modernität *f*
modification 1. *(Konst)* Änderung *f*; Bauausführungsänderung *f*; Modifikation *f*; 2. *(VR)* Bauvertragsänderung *f*; 3. Vergütung *f (von Mörtel, Beton)*
modification of the contract *(VR)* Bauvertragsänderung *f*
modified alkyd resin *(BM)* modifiziertes Alkydharz *n*
modified binder modifiziertes Bindemittel *n*
modified bitumen *(BM)* modifiziertes Bitumen *n*
modified emulsion modifizierte Bitumenemulsion *f*
modified English bond *(SB)* englischer Verband *m*
modified paving mix *(BM)* modifizierter Asphalt *m*
modified Portland cement Portlandzement *m* mit mittlerer Hydratationswärme
modified Proctor test *(Erdb)* modifizierte Proctorprüfung *f*
modified solid wood *(BM, Hb)* vergütetes Massivholz *n*
modifier Vergütungsmittel *n*, Vergüter *m*; Modifizierungsmittel *n*
modify *v* 1. verändern; modifizieren; umbauen; 2. vergüten *(Mörtel, Beton)*
modifying agent *(BM)* Vergütungsadditiv *n*, Vergütungsmittel *n*
modillion *(Arch)* Modillion *n*, Zierkonsole *f (am Sims korinthischer Säulen)*
modular *(Konst)* im Baukastensystem gebaut; Baukasten...; Standard...
modular building system Baukastensystem *n*, maßeinheitliches Bausystem *n*
modular building unit *(Konst)* Modul(bau)element *n*, maßeinheitliches Bauteil *n*
modular component *(Konst)* Raumzelle *f*
modular construction *(Konst)* Baukastenkonstruktion *f*; Modulbau *m*
modular construction method Raumzellenbauweise *f*
modular coordination *(Konst)* Modulordnung *f*, Maßordnung *f*, Baumodul *m*
modular design system *(Konst)* Baukastensystem *n*
modular deviation Modulabweichung *f*
modular dimension *(Konst)* modulare Abmessung *f*, Modulabmessung *f*, Modulmaß *n*
modular element paving *(BT)* Fertigelementbefestigung *f*, Fertigplattenbelag *m*
modular format *(Konst)* Modulformat *n*

modular furniture Bausatzmöbel *npl*, Baukastenmöbel *n*
modular gap *(Konst)* Modulspiel *n*
modular grid Modulraster *n*, Raster *n*, Rastergrundriss *m*, System(linien)netz *n*, Systemliniengitter *n*
modular grid system *(Konst)* Bandrastersystem *n*
modular housing *(Konst)* Raumzellenbauweise *f*, Installationszellenbauweise *f*, Bauen *n* mit Raumzellen
modular length Modullänge *f*, Maßordnungslänge *f*
modular line *(Konst)* Rasterlinie *f*, Systemlinie *f*
modular masonry unit Baustein *m* mit Modulmaß
modular plane *(Konst)* Modularrasterebene *f*
modular point Rasterpunkt *m*
modular ratio Elastizitätsmodulverhältnis *n* von Baustahl zu Beton, Verhältnis *n* der E-Module
modular ratio method *(Stat)* n-Verfahren *n (Stahlbeton)*
modular size *(Konst)* Modulgröße *f*
modular space grid *(Konst)* dreidimensionaler Raster *m*, Raumraster *m*
modular system *(Konst)* Rastermaßkonstruktionssystem *n*, Baukastensystem *n*, Modulsystem *n*
modular unit *(Konst)* Raumzelle *f*
modular width Modulbreite *f*
modularity *(Konst)* Baukastensystem *n (Fertigteilbauten)*
modulate *v* modulgerecht bauen
module 1. *(Konst)* Modul *n*, Grundmaß *n*, Rastermaß *n (Bauraster)*; 2. Modul *n*, Baustein *m*, Bauelement *n*, Baueinheit *f*; 3. *s.* modulus 1.
module-built block *(Arch, Konst)* Modulgebäude *n*
module method *(Konst)* Raumzellenbauweise *f*
modulus 1. Modul *m (Materialkonstante)*; 2. Modul *m (Mathematik)*
modulus of compressibility *(Bod)* Verformungsmodul *m*, Steifezahl *f*
modulus of creep *(BB)* Kriechzahl *f (Beton)*
modulus of deformation Formänderungszahl *f*, Deformationsmodul *m*
modulus of dilatancy Dilatanzmodul *m*
modulus of elasticity *(BM)* Elastizitätsmodul *m*, E-Modul *m*
modulus of elasticity for [in] shear *s.* modulus of rigidity
modulus of elongation Dehnungszahl *f*, Dehnungsziffer *f*
modulus of inertia *(Stat)* Trägheitsmodul *m*
modulus of longitudinal deformation Ausdehnungsmodul *m*
modulus of plasticity *(BM)* Plastizitätsmodul *m*
modulus of resilience Modul *m* der Formänderungsenergie
modulus of resistance Festigkeitszahl *f*, Festigkeitsmodul *m*, Widerstandsmoment *n*
modulus of rigidity Schub(elastizitäts)modul *m*, Gleitmodul *m*, Torsionsmodul *m*, Gleitmaß *n*
modulus of rupture *(Stat)* Bruchmodul *m*, (statische) Zerreißfestigkeit *f*
modulus of shear *s.* modulus of rigidity
modulus of sliding movement *(BM)* Querdehnungszahl *f*, Querelastizitätsmodul *m*
modulus of stiffness Steifigkeitsmodul *m*
modulus of strain hardening Verfestigungsgeschwindigkeit *f*
modulus of subgrade reaction *(Bod, Erdb)* Bettungsziffer *f*, Bettungszahl *f*, Planumsmodul *m*
modulus of the foundation *(Erdb)* Flächenbettungszahl *f*, Bettungsziffer *f*, Bettungszahl *f (Fundamentunterseite)*
modulus of torsion Torsionsmodul *m*, Schubmodul *m*
modulus of toughness Zähigkeitsmodul *m*, Modul *m* der Bruchverformungsenergie
modulus of transverse elasticity Schubelastizitätsmaß *n*, Gleitmaß *n*
moellon Kieselsteinfüllung *f* zwischen Außenwänden
Moghrebin architecture *(Arch)* nordafrikanisch-maurische Architektur *f*, nordafrikanisch-maurische Baukunst *f*
Mogul architecture *(Arch)* Mogularchitektur *f*, Mogulbaukunst *f (muslimische Baukunst in Indien 16.-18. Jh.)*
mogul base *(El)* Goliathsockel *m*
Mohammedan architecture *s.* Muslim architecture
Mohr's bending curve *(Bod)* Mohr'sche Biegungslinie *f*
Mohr's circle for [of] stress *(Bod)* Mohr'scher Spannungskreis *m*
Mohr's correction method *(Bod)* Mohr'sches Verfahren *n*
Mohr's envelope *(Bod)* Mohr'sche Hüllkurve *f*
Mohr's (hardness) scale *(Bod)* Mohr'sche Härteskala *f*
Mohr's stress circle *(Bod)* Mohr'scher Spannungskreis *m*
Mohr's theory *(Bod)* Hypothese *f* des elastischen Grenzzustandes nach Mohr
moist feucht • **become moist** *(DIS)* schwitzen *(z. B. Mauern)*
moist-cure *v (BB)* mit Feuchtigkeit nachbehandeln
moist-cured in feuchter Luft gelagert *(Beton)*
moist-curing *(BB, Te)* Feuchtnachbehandlung *f*, Feuchthalten *n*, Feuchthaltung *f (von Beton)*
moist room *(San)* Feuchtlagerraum *m*, Nassraum *m*
moist room dampproofing *(DIS)* Nassraum(ab)dichtung *f*
moist room luminaire *(El)* Nassraumleuchte *f*
moist room service Nassrauminstallation *f*
moist subsoil *(Bod, Erdb)* feuchter Untergrund *m*
moist unit weight Feuchtraumgewicht *n*
moisten *v* anfeuchten, befeuchten, netzen, (an)nässen; feucht halten; feucht werden
moisten *v* **completely** durchfeuchten
moisten *v* **the brickwork** das Ziegelmauerwerk (an)nässen
moisten *v* **the mixture** *(Te)* die Mischung benetzen
moistener Befeuchter *m*
moistening Anfeuchten *n*, Befeuchten *n*
moistening agent Anfeuchtungsstoff *m*, Befeuchtungsstoff *m*
moistening power *(BM)* Benetzungsfähigkeit *f*
moisture Feuchte *f*, Feuchtigkeit *f* • **become covered with moisture** *(DIS, HLK, OB)* mit Feuchtigkeit beschlagen
moisture absorption *(BM)* Feuchtigkeitsaufnahme *f*
moisture barrier *(DIS)* Feuchtesperre *f*, Feuchtigkeitssperre *f*, Feuchtigkeitssperrlage *f*
moisture-carrying feuchtebeladen
moisture condition *(Erdb)* Durchfeuchtungszustand *m*
moisture content Feuchtegehalt *m*; Wassergehalt *m*
moisture content control Feuchtigkeitsgehaltkontrolle *f*
moisture content value *(BM)* Wassergehaltswert *m*
moisture control Feuchteregelung *f*, Feuchtigkeitsregelung *f*
moisture controlling feuchtigkeitsregulierend
moisture cover Feuchtigkeitsbelag *m*
moisture-curing feuchtigkeitshärtend, durch Feuchtigkeit härtend
moisture deficiency Feuchtigkeitsdefizit *n*
moisture density test *(Bod, Erdb)* Verdichtungsversuch *m*, Verdichtungsprüfung *f*
moisture desorption Feuchtigkeitsabgabe *f*
moisture entry *(DIS)* Feuchtigkeitseintritt *m*, Feuchteeintritt *m*
moisture equivalent *(Bod, Erdb)* Wassergehalt *m (nur bodenkundig)*
moisture expansion 1. Feuchtigkeitsausdehnung *f*, Materialausdehnung *f* durch Wasser(dampf)aufnahme; 2. Quellvolumen *n (eines Massenguts)*
moisture film Feuchtigkeitsfilm *m*
moisture-free wasserfrei, trocken
moisture gradient Feuchtigkeitsgefälle *n*

moisture-holding capacity *(Bod, Erdb)* Wasseraufnahmevermögen *n*, Wasserhaltevermögen *n (Erdstoffe)*
moisture impermeability *(DIS)* Feuchtigkeitsundurchlässigkeit *f*
moisture increase Feuchtigkeitszuwachs *m*
moisture index Feuchtigkeitszahl *f*; Feuchtigkeitsindex *m*
moisture-laden mit Feuchtigkeit gesättigt
moisture-laden air *(HLK)* Feuchtluft *f*
moisture limit Feuchtigkeitsgrenze *f*
moisture loss *(BM, HLK)* Feuchtigkeitsverlust *m*
moisture meter Feuchtemesser *m*
moisture migration Feuchtigkeitswanderung *f*
moisture movement 1. Feuchtigkeitsverlagerungseffekte *mpl (auf Mörtel, Zement, Stein)*; 2. Feuchtigkeitswanderung *f*
moisture of capillarity *(Bod)* Kapillarwasser *n*
moisture passage Feuchtigkeitsdurchgang *m*, Feuchtedurchgang *m*
moisture penetration *(DIS)* Feuchtigkeitsdurchgang *m*
moisture percentage Feuchtigkeitsgehalt *m*
moisture permeability *(DIS)* Feuchtedurchlässigkeit *f*, Feuchtigkeitsdurchlässigkeit *f*
moisture pick-up Feuchtigkeitsaufnahme *f*
moisture-proof *(DIS)* feuchtigkeitsdicht, feuchtigkeitsundurchlässig, feuchtigkeitsgeschützt; wasserdampfundurchlässig, wasserdampfdicht
moisture-proof cable *(El)* Feuchtraumleitung *f*
moisture-proof fitting *(El)* Feuchtraumarmatur *f*
moisture-proof installation *(El)* Feuchtraumanlage *f*
moisture-proof roofing sheet *(DIS)* Dachdichtungsbahn *f*
moisture proofing 1. *(DIS)* Feuchtigkeitsabdichtung *f*, Feuchtigkeitsschutz *m (an Bauwerken)*; 2. *(DIS)* Feuchtigkeitsdichtungsarbeiten *fpl*
moisture proofness *(DIS)* Wasserdampfundurchlässigkeit *f*
moisture regime *(Erdb)* Feuchtigkeitsregime *n*, Wassergehaltsbeeinflussung *f*
moisture removal from roof Dachentfeuchtung *f*
moisture resistance *(BM)* Feuchtigkeitsbeständigkeit *f*, Feuchtebeständigkeit *f*
moisture seal *(DIS)* Feuchtigkeitssperre *f*, Feuchtigkeitssperrschicht *f*
moisture stop *(DIS)* Feuchtesperre *f*, Feuchtigkeitssperrschicht *f*
moisture suction *(Erdb)* Wasseraufnahmevermögen *n (Erdstoff)*
moisture susceptibility *(Bod)* Wasserempfindlichkeit *f*
moisture test *(BM)* Feuchtigkeits(lager)prüfung *f*
moisture tester Feuchtemesser *m*
moisture vapour permeability *(DIS)* Wasserdampfdurchlässigkeit *f*
moisture vapour transmission *(DIS)* Wasserdampfdurchlässigkeit *f*
mold *(AE)* s. mould
mole *(Wsb)* Mole *f*, Hafenmole *f*, Hafendamm *m*, Steindamm *m*; Wellenbrecher *m*; Buhne *f*
mole drainage *(Erdb, LB)* Schlitzdränung *f*
molecular molekular
molecular analysis Molekularanalyse *f*
molecular forces *(BM, Bod)* Molekularkräfte *fpl*
molecular sieve *(BM)* Mol(ekül)sieb *n*
molecular structure *(BM)* Molekularstruktur *f*
moler Molererde *f (eine Diatomeenerde)*
moler brick Molerstein *m (Isolierziegel aus Kieselgur)*
moler cement *(BM)* Molerzement *m*
moler chips Molersplitt *m*
moline cross *(Arch)* Ankerkreuz *n*
molten blast-furnace slag *(BM)* Hochofenschmelzschlacke *f*
molten slag Schmelzschlacke *f*
molybdate orange *(OB)* Molybdatorange *n (Farbe)*
molybdate red pigment *(BM, OB)* Molybdatrotpigment *n*
molybdenum alloy *(St)* Molybdänlegierung *f*
molybdenum steel *(St)* Molybdänstahl *m*
moment *(Stat)* Moment *n (Physik, Mathematik)*; Drehmoment *n* • **having zero moment** *(Stat)* momentenfrei
moment allowance *(Stat)* Momentendeckung *f*
moment area *(Stat)* Momentenfläche *f*
moment area method *(Stat)* Momentenflächenverfahren *n*
moment arm *(Konst)* Hebelarm *m*; Kraftarm *m*
moment at base *(Stat)* Fußmoment *n*
moment at head *(Stat)* Kopfmoment *n*
moment at mid span *(Br, Stat)* Mittelfeldmoment *n (Brücke)*
moment at point of fixation *(Stat)* Einspannmoment *n*
moment at point of support *(Erdb)* Stütz(en)moment *n*
moment at support *(Stat)* Stützenmoment *n*
moment axis s. moment centre axis [line]
moment balancing *(Stat)* Momentenausgleich *m*
moment buckling *(Stat)* Momentenknickung *f*
moment capacity *(Stat)* aufnehmbares Moment *n*, Momentenvermögen *n*
moment centre *(Konst)* Drehpunkt *m*
moment centre axis [line] *(Stat)* Momentennulllinie *f*, Momentenachse *f*
moment checking *(Stat)* Momentennachweis *m*
moment coefficient *(Stat)* Momentenbeiwert *m*
moment compression zone *(BT)* Biegedruckzone *f*
moment condition *(Stat)* Momentenbedingung *f*
moment connection *(Stat)* Momentenanschluss *m*
moment curvature *(Stat)* Momentenverlauf *m*
moment curve *(Stat)* Momentenkurve *f*, Momentenlinie *f*
moment determination *(Stat)* Momentenermittlung *f*
moment diagram *(Stat)* Momentendiagramm *n*, Momentenschaubild *n*, Momentenplan *m*
moment differential *(Stat)* Momentengefälle *n*
moment distribution *(Stat)* Momentenausgleich *m*, Momentenverteilung *f*
moment distribution method *(Stat)* Cross-Verfahren *n*, Momentenausgleichsverfahren *n*
moment due to wind pressure on joint *(Stat)* Moment *n* des Winddrucks auf die Verbindung
moment equation *(Stat)* Momentengleichung *f*
moment equilibrium *(Stat)* Momentengleichgewicht *n*
moment-free *(Stat)* momentenfrei, momentenlos
moment in the end span *(Stat)* Endfeldmoment *n*
moment in the span *(Stat)* Feldmoment *n*
moment influence line *(Stat)* Momentenlinie *f*
moment method *(Stat)* Momentenmethode *f*, Momentenverfahren *n*
moment of a couple (of forces) *(Stat)* Moment *n* eines Kräftepaares
moment of a force *(Stat)* Kräftemoment *n*
moment of a higher order *(Stat)* höheres Moment *n*
moment of a load *(Stat)* Lastmoment *n*
moment of area *(Stat)* Flächenmoment *n*
moment of bending *(Stat)* Biegemoment *n*
moment of deformation *(Stat)* Verformungsmoment *n*
moment of flexion *(Stat)* Biegemoment *n*
moment of flow *(Stat)* Fließmoment *n*
moment of inertia *(Stat)* Trägheitsmoment *n*
moment of inertia with respect to a plane *(Stat)* planares Trägheitsmoment *n*
moment of plane area *(Stat)* Flächenträgheitsmoment *n*
moment of resistance *(Stat)* Widerstandsmoment *n*
moment of span *(Stat)* Feldmoment *n*
moment percentage *(Stat)* Momentenanteil *m*
moment pole *(Stat)* Momentenpunkt *m*, Drehpunkt *m*

moment reversal *(Stat)* Momentenumkehr *f*
moment transfer *(Stat)* Momentenübertragung *f*
moment transmitting joint *(Stat)* Momentenanschluss *m (Stahlbau)*
moment triangle *(Stat)* Momentendreieck *n*
moment zero point *(Stat)* Momentennullpunkt *m*
momental vector *(Stat)* Momentenvektor *m*, freier Vektor *m*
momentless *(Stat)* momentenfrei
momentum *(Stat)* (linearer) Impuls *m (Masse × Geschwindigkeit)*; Impuls *m* der Bewegung, Bewegungsgröße *f*; Kraft *f*; Schwung *m*
momentum transfer *(Stat)* Momentenübertragung *f*
monastery *(Arch)* Kloster *n*; Mönchskloster *n*
monastery garden *(Arch)* Klostergarten *m*
monastic *(Arch)* klösterlich
monastic architecture *(Arch)* Klosterarchitektur *f*, Klosterbaukunst *f*, monastische Architektur *f*
monastic building *(Arch)* Klostergebäude *n*
monastic cell *(Arch)* Klausur *f*
monastic church *(Arch)* Klosterkirche *f*, Konventualkirche *f*
monastic hall *(Arch)* Klosterspeisesaal *m*, Refektorium *n*
monial *(Hb)* Fensterpfosten *m*
Monier lining *(Konst)* Monierverkleidung *f*
Monier reinforcing netting *(Konst)* Moniergewebe *n*
Monier slab *(LB)* Monierplatte *f*
monitor *v (Te, VR)* überwachen, kontrollieren
monitor 1. *(Konst)* Dachanhebung *f*, Firstlaterne *f*; Dachfensterflucht *f*; 2. *(BWG)* Druckstrahlbagger *m*; 3. Kontrollgerät *n*; Sichtgerät *n*
monitor roof *s.* monitor 1.
monitoring *(VR)* Überwachung *f*
monitoring after site closure *(Umw, VR)* Nachsorge *f*
monitoring and evaluation *(Te, VR)* Ablauferfassung *f* und -bewertung *f*
monitoring equipment *(BWG)* Überwachungsanlage *f*
monitoring network *(BWG, VR)* Überwachungsnetz *n*
monitoring of roads 1. *(Verk)* Straßenverkehrsüberwachung *f*; 2. *(Verk)* Straßenzustandsüberwachung *f*
monitoring unit *(BWG)* Überwachungseinrichtung *f*
monitoring well *(Umw, WVA)* Beobachtungsbrunnen *m*, Kontrollbrunnen *m*
monk bond *(SB)* märkischer Verband *m*
monkey *(Erdb)* Rammbär *m*, Fallbär *m*
monkey wrench Maulschlüssel *m*; *(AE)* Universalschraubenschlüssel *m*
monkeytail vertikales Ende *n* eines Handlaufs
mono-tower crane *(BWG)* Turmdrehkran *m*
monoaxial loading *(Stat)* einachsige Beanspruchung *f*
monoaxial stress *(Stat)* einachsige Beanspruchung *f*, einachsiger Spannungszustand *m*
monochromatic *(OB)* einfarbig
monochrome *(OB)* einfarbig
monocoque construction *(Konst)* Schalenbauweise *f*
monofunctional monofunktional
monogenetic gravel engkörniger [monogener] Kies *m*
monolayer water *(BM)* fest gebundenes Porenwasser *n*
monolith 1. *(Konst, TK)* Monolith *m*, aus einem Stück bestehendes Trageelement *n*; 2. *(Arch)* Menhir *m (prähistorischer Totenstein)*
monolithic monolithisch, im Ganzen gegossen *(Beton)*; monolithisch, aus einem Stück gearbeitet; einschalig
monolithic arch *(TK)* monolithischer Bogen *m*
monolithic beam *(TK)* monolithischer Balkenträger *m*
monolithic column monolithische Säule *f*
monolithic concrete monolithischer Beton *m*, Monolithbeton *m*, Ortbeton *m*
monolithic connection *(Konst)* monolithische Verbindung *f*
monolithic constructing *(Konst, Te)* monolithisches Bauen *n*
monolithic construction *(Konst)* Monolithbau *m*, Monolithkonstruktion *f*
monolithic construction method *(Te)* monolithische Bauweise *f*, monolithisches Bausystem *n*
monolithic floor *(TK)* Monolithdecke *f*
monolithic footing *(Erdb)* monolithisches Fundament *n*
monolithic fundament *(Erdb)* monolithische Gründung *f*
monolithic girder road bridge *(Br)* Monolithträgerstraßenbrücke *f*
monolithic joint harte Fuge *f*, Hartfuge *f*
monolithic masonry wall *(SB)* einschalige Mauer *f*
monolithic material *(BM)* monolithischer Werkstoff *m*
monolithic pavement monolithische Befestigung *f*
monolithic pillar *(Arch)* Obelisk *m*
monolithic roof *(Konst)* Massivdach *n*
monolithic sill durchgehende Sohlbank *f*
monolithic slab *(Konst, TK)* monolithische Platte *f*
monolithic structural system *s.* monolithic system
monolithic surface treatment *(BB, OB)* Trockentorkretierung *f*
monolithic system *(Te)* monolithisches Bausystem *n*, monolithische Konstruktion *f*
monolithic terrazzo monolithischer Terrazzobelag *m*
monolithic topping *(Verk)* verschleißfeste Betondeckschicht *f*
monometrical monometrisch
monomodality *(Verk)* Monomodalität *f*
monopitch roof *(Konst)* Pultdach *n*, Schleppdach *n*, Halbdach *n*
monopteros *(Arch)* Monopteros *m (Rundtempel mit Säulenkranz, ohne Cella)*
monorail *(Verk)* Einschienenbahn *f*
monostyle *(Arch)* aus einem Baustil bestehend
monosymmetric einfach symmetrisch
montan cement *(BM)* Tonerdeschmelzzement *m*
montan wax Montanwachs *n*
montan wax additive *(BM)* Montanwachszusatzstoff *m*
montant Senkrechtrahmenstab *m*
monthly sun paths *(Umw)* Sonnenwege *mpl* im jeweiligen Monat
montiform gebirgsartig
montmorillonite *(BM, Bod)* Montmorillonit *m (Tonmineral)*
montmorillonitic clay *(BM)* montmorillonitischer Ton *m*
monument 1. *(Arch)* Monument *n*, Denkmal *n*, Grabmal *n*, Grabaufbau *m*; 2. *(Verm)* Markierungspunkt *m*, vermarkteter Festpunkt *m*; Grenzsteinmarkierung *f*
monumental arch *(Arch)* Ehrenbogen *m*, Gedenkbogen *m*, Ehrenpforte *f*
monumental architecture *(Arch)* Monumentalarchitektur *f*, Monumentalbaukunst *f*
monumental brass *(Arch)* Grabplatte *f*
monumental building *(Arch)* Monumentalbau *m*, Monumentalgebäude *n*
monumental church *(Arch)* Monumentalkirche *f*
monumental column *(Arch)* Gedenkmonument *n*, Gedenksäule *f*
monumental effect *(Arch)* monumentale Wirkung *f*
monumental entrance *(Arch)* Monumentaleingang *m*
monumental façade *(Arch)* Monumentalfassade *f*
monumental gateway *(Arch)* Torbau *m*
monumental portal *(Arch)* Monumentalportal *n*
monumental sculpture *(Arch)* monumentale Skulptur *f*, Monumentalskulptur *f*, Momentalplastik *f*
monumental stairway *(Arch)* Monumentaltreppe *f*
monumental stone *(Arch)* Gedenkstein *m*
monumental structure Monumentalbauwerk *n*, Monumentalbau *m*

monumental style *(Arch)* Monumentalstil *m*
monumentality *(Arch)* Monumentalität *f*
moonstone Adular *m*
moor *(Bod)* Moor *n*, Hochmoor *n*, Heidemoor *n*
moor country *(Bod, Umw)* Moorgebiet *n*
mooring bitt *(Wsb)* Poller *m* *(Hafen)*
mooring post *(Wsb)* Poller *m*, Vertäupfahl *m*, Festmachepfahl *m*, Haltepfahl *m*, Dückdalbe *f* *(Hafen)*
mooring system *(Wsb)* Verankerungssystem *n*, Befestigungssystem *n* *(Hafen)*
Moorish *(Arch)* maurisch
Moorish arabesque *s.* Moresque
Moorish arch *(Arch)* maurischer Hufeisen(spitz)bogen *m*, arabischer Bogen *m*
Moorish architecture *(Arch)* maurische Architektur *f*, maurische Baukunst *f*
Moorish capital *(Arch)* maurisches Kapitell *n*
Moorish dome Zwiebeldach *n*
Moorish horseshoe arch *(Arch)* Hufeisenspitzbogen *m*, maurischer Hufeisenbogen *m*
Moorish multifoil arch *(Arch)* maurischer Vielpassbogen *m*, maurischer Hufeisenbogen *m*
Moorish roof Zwiebeldach *n*
moory *(Bod)* moorig
mop *v* schwabbeln
mop *(BWG, OB)* Schwabbelscheibe *f*
mop-board *(EB)* Scheuerleiste *f*
mop-board heating Fußleistenheizung *f*, Sockelleistenheizung *f*
mop-plate Türfußblech *n*
mopping 1. Bitumenanstrichauftragung *f*, Teeren *n*, Bituminieren *n* *(Dach)*; 2. Schwabbeln *n*
mopping method *(DIS)* Gieß- und Einwalzverfahren *n* *(Heißbitumenisolierung)*
mopping of asphalt [hot] bitumen *(DIS)* Heißanstrich *m*
mor (humus) *(Bod, LB)* Auflagehumus *m*, Rohhumus *m*
moraine *(Bod)* Moräne *f*
moraine chippings 1. *(BM, Bod)* Moränenschutt *m*, Gletscherschutt *m*; 2. Moränesplitt *m*
moraine-covered moränenbedeckt
moraine deposit *(Bod)* Moränenablagerung *f*
moraine gravel *(BM)* Moränenkies *m*
moraine sand Moränesand *m*
moraine topography *(Bod)* Moränenlandschaft *f*
morass *(Bod, Umw)* Morast *m*, Sumpf *m*, Sumpfland *n*
morassic *(Bod, LB, Umw)* sumpfig
mordant *v (OB)* beizen *(z. B. zum Färben)*
mordant *(BM, OB)* Beizmittel *n*; Holzbeize *f*
mordant dye(stuff) Beizenfarbstoff *m*
more-centred arch *(Arch)* Korbbogen *m*, Ratebogen *m*
more row shooting *(Tun)* Mehrreihenschießen *n*, Mehrreihensprengen *n* *(auch Steinbruch)*
Moresque *(Arch)* Maureske *f*, arabisches Rankenwerk *n*
morning room Raum *m* für den Tagesaufenthalt; Raum *m* mit Morgensonne; Frühstücksraum *m*
morphological *(Bod)* morphologisch
morphological geology *(Bod)* Geomorphologie *f*
morphological plains *(Bod)* morphologische Flächen *fpl*
morphology *(Bod)* Morphologie *f*
mortar *v (Te)* mörteln, vermörteln, bemörteln
mortar 1. Mörtel *m*; 2. Mörser *m*
mortar additive *(BM)* Mörtelzusatz *m*
mortar admixture Mörtelzusatz *m*, Mörtelzusatzmittel *n*
mortar aerated with foam Schaummörtel *m*
mortar aggregate Mörtelzuschlagstoff *m*, Mörtelsand *m*
mortar analysis Mörtelanalyse *f*
mortar base *(SB)* Mörtelbett *n*, Mörtelunterlage *f*
mortar batch Mörtelstärke *f*
mortar batch mixer *(BWG)* Mörtelmischer *m*
mortar batch(ing) plant Mörtelmischanlage *f*
mortar beater *(BWG)* Kalkkrücke *f* *(zum Kalkrühren)*
mortar bed Mörtelbett *n*, Mörtellage *f*
mortar-bed method Dickbettverfahren *n* *(Flieseverlegen)*
mortar board *(SB)* Mörtelbrett *n*, Aufziehbrett *n*; Mörtelmischtisch *m*
mortar bond Mörtelverband *m*, Mörtelhaftung *f*
mortar-bound angemörtelt
mortar box Mörtelmischkasten *m*
mortar burr Mörtelbart *m*
mortar carrier *(SB)* Mörtelbehälter *m*, Becken *n*
mortar cartridge Mörtelpatrone *f* *(für Dübel)*
mortar class Mörtelgruppe *f*
mortar composition Mörtelzusammensetzung *f*
mortar course *(SB)* Mörtellage *f*, Mörtelschicht *f*
mortar cover Mörteldeckung *f*
mortar creep Mörtelkriechen *n*
mortar cube test *(BM)* Mörteldruckfestigkeitsprüfung *f*
mortar delivery hose Mörtelpumpschlauch *m*
mortar densifying agent Mörteldichtmittel *n*
mortar droppings Mörtelabfälle *mpl*; Mörtelkruste *f*
mortar fabrication *(SB, Te)* Mörtelaufbereitung *f*
mortar filling Mörtelband *n*
mortar floor Kalkestrich *m*; Mörtelestrich *m*
mortar from trass Trassmörtel *m*
mortar gun *(BWG)* Mörtelspritze *f*
mortar ingredient Mörtelbestandteil *m*, Mörtelkomponente *f*
mortar integral waterproofing agent *(BM, DIS)* Mörteldichtmittel *n*
mortar intrusion *(RS)* Einpressung *f* von Mörtel, Mörtelinjektion *f*
mortar joint Mörtelfuge *f*
mortar joint reinforcement Mörtelfugenbewehrung *f*
mortar jointing Vermörtelung *f* *(Dachziegel)*
mortar layer *(SB)* Mörtellage *f*
mortar lining Mörtelverkleidung *f*
mortar lump Mörtelklumpen *m*
mortar mill *(BWG)* Mörtelmischwerk *n*; Mörtelmischer *m*
mortar mix Mörtel *m*
mortar mix proportions Mörtelmischungsverhältnis *n*
mortar mix ratio *(BWG)* Mörtelmischungsverhältnis *n*
mortar mixer Mörtelmischer *m*
mortar mixing Mörtel(auf)bereitung *f*
mortar mixture Mörtelgemisch *n*, Mörtelmischung *f*
mortar paving *(Verk)* Mörtelpflaster *n*
mortar pigment Mörtelpigment *n*
mortar pocket Mörtelnest *n*
mortar ratios Mörtelanteile *mpl*, Mörtelanteilverhältnisse *npl*
mortar reducing mörtelsparend
mortar sand Mörtelsand *m*
mortar screed Mörtelputzleiste *f*, Putzleiste *f* *(aus Mörtel als Vorlage)*
mortar seal *(DIS)* Mörteldichtung *f*
mortar splashing Mörtelrest *m*
mortar strength *(BWG)* Mörtelfestigkeit *f*
mortar strip Mörtelstrich *m*, Querschlag *m* *(zum Vermörteln von Dachziegeln)*
mortar trough Mörtelmulde *f*
mortar trowel Mörtelkelle *f*
mortar underbed *(SB)* Mörtelunterbettungsschicht *f*
mortar walling Mörtelmauerwerk *n*
mortar waterproofer Mörteldichter *m*, Mörtelsperrzusatz *m*, Mörtelsperrzusatzmittel *n*
mortar with steel fibres Stahlfasermörtel *m*
mortar workability Mörtelplastizität *f*
mortar workability agent *(BWG)* Mörtelplastifizierungs-

mittel *n*, Mörtelverflüssiger *m*, Mörtelverarbeitungshilfsstoff *m*
mortared ausgemörtelt *(Fuge)*
mortgage *v (VR)* mit Hypotheken belasten
mortgage *(VR)* Hypothek *f*
mortgage bond Hypothekenpfandbrief *m*
mortgagee Hypothekengläubiger *m*
mortgager *(VR)* Hypothekenschuldner *m*
mortgagor *s.* mortgager
mortice *v s.* mortise
mortise *v (Hb)* (ein)stemmen, einschlitzen; ausstemmen, auslochen; verzapfen
mortise *(Hb)* Stemmloch *n*; Zapfenloch *n*; Nut *f*, Schlitz *m*; Aussparung *f*
mortise-and-tenon joint *(Hb)* Zapf(en)verbindung *f*, Zapf-Schlitz-Verbindung *f*, Verzapfung *f*
mortise axe Stichaxt *f*
mortise bolt langer Schließkeil *m*
mortise chisel *(BWG, Hb)* Stemmeisen *n*, Stemmmeißel *m*
mortise cleaner Bundaxt *f*, Queraxt *f*
mortise deadlock *(EB)* Einsteckschloss *n*
mortise gauge Zapfenstreichmaß *n*
mortise joint *s.* mortise-and-tenon joint
mortise knob latch Einsteckriegel *m*; Einsteckschloss *n*
mortise latch *(EB)* Einsteckfallenschloss *n*
mortise lock Einsteckschloss *n*
mortise machine *(BWG, Hb)* Stemmmaschine *f*
mortise pin Zapfverbindungsbolzen *m*
mortise preparation Einstemmen *n* der Schlitze und Öffnungen für Türbeschläge
mortised astragal eingelassene Türblattwulst *f (zweier gegeneinanderstehender Türblattkanten)*
mortised hole *(Hb)* zapfenartige Vertiefung *f*
mortiser Schlitzmaschine *f*; Zapfenlochstemmmaschine *f*
mortising 1. Einstemmen *n*, Ausstemmen *n (Holz)*; 2. Schlitzverbindung *f*
mortising in *(Hb)* Einstemmen *n*
mortising machine Stemmmaschine *f*
mortuary *(Arch)* Leichenhalle *f*
mortuary church *(Arch)* Friedhofskirche *f*
mortuary temple *(Arch)* Gedächtnistempel *m*, Memnonium *n*, Memorialbau *m*
mosaic mosaikartig
mosaic *(BM)* Mosaik *n*
mosaic artist Mosaikkünstler *m*
mosaic block Mosaikblock *m*
mosaic cement slab Zementmosaikplatte *f*, Mosaikzementplatte *f*
mosaic clay tile Keramikmosaikfliese *f*
mosaic covering Mosaikbelag *m (Fußboden)*
mosaic cupola Mosaikkuppel *f*
mosaic decoration *(Arch)* Mosaikschmuck *m*
mosaic decorative finish Mosaikschmuck *m*, Mosaikverzierung *f*
mosaic façade Mosaikfassade *f*
mosaic finger Kleinparkettlamelle *f*; Lamellenparkett *n*
mosaic flooring *(EB)* Mosaikfußboden *m*, Mosaikbelag *m*
mosaic parquet Mosaikparkett *n*, Lamellenparkett *n*, Kleinparkett *n*
mosaic pattern *(Arch)* Mosaikmuster *n*
mosaic pavement [paving] *(AE)* Mosaikfußboden *m*
mosaic paving sett Mosaik(pflaster)stein *m*
mosaic piece Mosaiksteinchen *n*
mosaic-surfaced *(OB)* mosaikverkleidet, mosaikausgekleidet
mosaic terrazzo *(BM)* Mosaikterrazzo *m*
mosaic tessera Tessera *f*, Mosaiksteinchen *n*
mosaic tile Mosaikfliese *f*
mosaic vault *(Konst)* Mosaikgewölbe *n*
mosaic woodwork Holzeinlegearbeit *f*, Intarsia *f*, Intarsienarbeit *f*
mosaic work *(Te)* Mosaikarbeiten *fpl*
Moslem architecture *s.* Muslim architecture
mosque *(Arch)* Moschee *f*
mosque architecture *(Arch)* Moscheenarchitektur *f*, Moscheenbaukunst *f*
Mosque of al-Agsá *(Arch)* El-Aksa-Moschee *f (Jerusalem)*
moss *(Bod, Umw)* sumpfiger Boden *m*
moss cover *(Bod, Umw)* Moosdecke *f*
moss-covered bemoost
moss hag *(Bod, Umw)* Moorboden *m*
motel *(Arch)* Motel *n*
mother and baby unit Wöchnerinnenstation *f*
mother rock *(BM)* Muttergestein *n*
mothproof *(BM)* mottensicher, mottenecht
motif *(Arch)* Motiv *n*
motion 1. Bewegung *f*; 2. *(VR)* Antrag *m*
motion detector *(El)* Bewegungsmelder *m*
motion-picture theater *(AE)* Filmtheater *n*, Kino *n*
motion sensor *(El)* Bewegungsmelder *m*
motion study *(Stat)* Bewegungsstudie *f (Dynamik)*
motionless unbewegt, unbeweglich
motive power *(Stat)* Bewegungskraft *f*
motor Antriebsmaschine *f*, Motor *m*
motor branch circuit *(El)* Zweigleitung *f* für Motorstrom
motor-generator set *(El)* Motorgenerator *m*, Motor-Generator-Aggregat *n*, Umformergruppe *f*
motor grader *(BWG, Verk)* Motorstraßenhobel *m*, Motorgrader *m*
motor home Wohnmobil *n*
motor road *(Verk)* Kraftfahr(zeug)straße *f*
motor roller *(BWG, Verk)* Motorwalze *f*
motor scraper *(BWG, Verk)* Motorschrapper *m*
motor traffic *(Verk)* Kraftverkehr *m*, Autoverkehr *m*
motorized door angetriebene Tür *f*, motorbetätigte Tür *f*
motorstair *(EB)* Fahrtreppe *f*, Rolltreppe *f*
motorway *(Verk)* Schnell(verkehrs)straße *f*, Autobahn *f*, Kraftfahrzeugstraße *f*
motorway circuit 1. *(Verk)* Ausfallautobahn *f*, Ausfallstraße *f*; 2. *(Verk)* Autobahnring *m*, Entlastungsautobahn *f*
motorway interchange *(Verk)* Autobahnkreuz *n*
motorway maintenance area *(Verk)* Autobahnmeisterei *f*
motorway network *(RP, Verk)* Autobahnnetz *n*
motorway restaurant *(Arch)* Rasthaus *n*
motorway upgrade *(Verk)* Autobahnsteigungsstrecke *f*
motte *(Arch)* Motte *f (Turmhügelburg aus prähistorischer Zeit)*
motte castle *(Arch)* Motteburg *f*, Erdhügelburg *f*
motte-top *(Arch)* Hochmotte *f*
mottle *v (OB, Te)* marmorieren, sprenkeln
mottle 1. Marmorierung *f*, Sprenkelung *f*; 2. Fleck *m*, fleckiges Aussehen *n*
mottled gefleckt, meliert
mottled clay *(Bod)* Buntton *m*
mottled glazed coat *(OB)* Buntglasur *f*, Buntbeglasung *f*
mottled sandstone Buntsandstein *m*
mottled schist Fleckschiefer *m*
mottled texture *(BM, OB)* Marmorierung *f*
mottler Marmorierpinsel *m*
mottling *(OB)* Fleckenbildung *f (in Anstrichen)*; Sprenkelfehlstellen *fpl*; Marmorierung *f*
moucharaby *(Arch)* Muscharabije *pl*, vergitterter Fensterbalkon *m*; kunstvoll geschnitzte Holzgitterfenster *npl (in der maurischen Architektur)*
mould *v* 1. *(Te)* Formteile herstellen *(durch Gießen)*; formen; Ziegel streichen; pressen *(Kunststoffe)*; einschalen; 2. *(Arch, Te)* formen, bilden, gestalten; 3. *(Hb)* auskehlen, profilieren

mould *v* **the brick** *(BM, Te)* den Ziegelstein formen
mould 1. Form *f*, Gussform *f*; Probenform *f*; Pressform *f*; Schalung(sform) *f*; Matrize *f*; Modell *n*; 2. *(Hb)* Hohlkehle *f*, Leiste *f*; 3. Gestalt *f*, (äußere) Form *f*; Geformtes *n*, Abformung *f (z. B. Ornament)*; 4. Schimmel *m*, Schimmelpilz *m*, Moder *m*; 5. Humusboden *m*, Gartenerde *f*
mould construction Formenbau *m*
mould for concrete setting 1. *(BB, BWG)* Betonform *f*, Betonformkasten *m*; 2. Setzmaßtrichter *m*, Setzbecher *m (für Betonausbreitversuch)*
mould formation *(OB)* Schimmelbildung *f*
mould growth *(OB)* Schimmelwuchs *m*
mould making Formenbau *m*
mould oil Schalungsöl *n*
mould opening Formöffnung *f*
mould pattern Formnegativ *n*
mould-release agent *(BWG)* Trennmittel *n*, Formentrennmittel *n*; Formenöl *n (Betonschalung)*
mould resistance *(OB)* Schimmelbeständigkeit *f*, Moderbeständigkeit *f*
mould resistant schimmelbeständig, moderbeständig
mouldable *(BM)* formbar; bildsam, geschmeidig *(z. B. Kunststoffe)*
moulded gewunden *(Bogen)*
moulded base *(Arch)* attischer Säulenfuß *m*, attische Basis *f*
moulded board gekehltes Brett *n*
moulded brick 1. geformter Bauziegel *m*, Formziegel(stein) *m*; 2. Zierziegel(stein) *m*
moulded chamfer profilierte Fase *f* [Schmiege *f*] mit 45°
moulded concrete *(BB)* Gussbeton *m*
moulded fibreboard Hart(faser)platte *f*
moulded impregnated wood *(BM)* harzgetränktes Pressholz *n*
moulded-in-place pile *(Erdb)* Ort(beton)pfahl *m*
moulded insulation *(DIS)* Pressstoffdämmung *f*
moulded insulation parts [pieces] *(DIS)* Dämmstoffformteile *npl*
moulded laminated plastic Schichtpressstoff *m*
moulded masonry *(SB)* profiliertes Mauerwerk *n*
moulded part *(BT)* Formteil *n (gegossen)*; Pressteil *n*
moulded plastic *(BM)* Kunstpressstoff *m*
moulded plastic skylight Formdachfenster *n* aus Kunststoffglas
moulded plywood Formpressholz *n*
moulder *(Hb)* Formfräsmaschine *f*, Kehlmaschine *f*
mouldicide Schimmelverhütungsmittel *n*
moulding 1. *(Te)* Formen *n*, Modellieren *n*, Formgebung *f*; Formpressen *n*; 2. *(BT)* Formteil *n*, Formling *m*; Pressteil *n*; 3. *(Hb)* Kehlung *f*; Kehlleiste *f*; 4. *(SB)* Gesims *n*, Sims *m(n) (aus dem Mauerwerk hervortretender waagerechter Streifen)*; 5. *(Arch)* Zierband *n*, Verzierung *f*; Dekorationsleiste *f*, Zierleiste *f*; Zierstab *m*
moulding batch Formmasse *f*
moulding box Formkasten *m*
moulding clay *(BM)* Formlehm *m*, Formton *m*
moulding compound Pressstoff *m*, Formmasse *f*
moulding cutter *(Hb)* Auskehlfräser *m*
moulding frame Gussform *f*
moulding machine *(Hb)* Kehlmaschine *f*; Leistenhobelmaschine *f*
moulding pattern *(Arch)* Zierprofil *n*, Schmuckprofil *n*
moulding plaster *(BM)* Modellgips *m*
moulding plastic powder Kunststoffpresspulver *n*
moulding sand Formsand *m*, Gießereiformsand *m*
moulding strip *(EB)* Abdeckleiste *f*
mouldings *(Arch)* Simswerk *n*
mouldy odour *(Umw)* Schimmelgeruch *m*
mound *(Erdb, Tun)* Erdhügel *m*, Erdaufschüttung *f*; Erdwall *m*; Halde *f*, Steinschüttdamm *m*; Anhöhe *f*, Hügel *m*
mound castle *s.* motte castle
moundlike *(Erdb)* beulenförmig
mount *v* 1. *(Te)* montieren, zusammenbauen, aufstellen; aufrichten, errichten *(z. B. ein Gerüst)*; 2. *(Te)* anbauen (an); anbringen, befestigen; einbauen; installieren, anschließen
mount *(EB)* Fassung *f*, Halterung *f*; Einbauvorrichtung *f*
mountain *(Bod)* Berg *m*
mountain coast *(Bod)* Steilküste *f*
mountain elm *(BM, Hb)* Bergrüster *f*
mountain green *(OB)* Steingrün *n*, Berggrün *n*, Schiefergrün *n*
mountain pass *(Verk)* Gebirgspass *m*
mountain railway *(Verk)* Bergbahn *f*, Gebirgsbahn *f*
mountain range *(Bod)* Gebirgskette *f*, Bergzug *m*
mountain region *(Bod)* Bergland *n*
mountain relief *(Bod)* bergiges Gelände *n*
mountain road *(Verk)* Bergstraße *f*, Gebirgsstraße *f*
mountain slide *(Bod, Erdb)* Bergrutsch *m*
mountainous bergig, gebirgig, Gebirgs…
mountainous ground *(Bod)* Gebirgsgelände *n*
mountainous region *(Bod)* Bergland *n*
mountainy gebirgig, hügelig
mounting 1. Montage *f*, Zusammenbau *m*, Aufbau *m*, Aufstellen *n*; Einbau *m*; Anbringen *n*; 2. Halterung *f (z. B. Haltevorrichtung an einer Wand)*; Befestigung *f*
mounting accessories *(EB)* Einbaugarnitur *f*
mounting anchor Montageanker *m*
mounting angle Haltewinkel *m*
mounting base *(BT)* Tragplatte *f*
mounting bracket Montagestütze *f*; Befestigungsstrebe *f*; Halterung *f*
mounting channel Montageschiene *f*
mounting device Einspannvorrichtung *f*, Befestigung *f*, Befestigungsvorrichtung *f*
mounting distance *(Konst)* Einbauabstand *m*
mounting flush with the ceiling deckenbündiger Einbau *m*
mounting frame *(EB, Konst)* Einbaurahmen *m*
mounting height Ausführungshöhe *f*
mounting main *(HLK, WVA)* Steigleitung *f*
mounting material Befestigungsmaterial *n*
mounting of a step Stich *m (einer Stufe)*; Stufenhöhe *f*
mounting of equipment *(Te)* Ausrüstungsmontage *f*, Aufbau *m* einer Einrichtung
mounting of metal fittings *(EB, Te)* Beschlagarbeit *f*
mounting of sign 1. *(Verk)* Verkehrszeichenhalterung *f*; 2. *(Verk)* Verkehrszeichenmontage *f*
mounting plate Montageplatte *f*
mounting strap Befestigungslasche *f*
mounting technique *(Te)* Montagetechnik *f*
mounting template Einbaulehre *f*
mounting work *(Te)* Montagearbeiten *fpl*
mountings Befestigungsteile *npl*; Beschläge *mpl*; Armaturen *fpl*
mouse *(RS, WVA)* Bleigewichtsreiniger *m (Rohrleitungen)*
mousehole *(Erdb, Tun)* Vorbohrloch *n*
mouth 1. *(Bod)* Mündung *f (Fluss)*; 2. Öffnung *f*, Ausmündung *f*
movable beweglich; fahrbar
movable anchorage of bearing *(Konst, TK)* bewegliche Lagerverankerung *f*
movable bar Quertraverse *f*
movable bearing *(TK)* beweglicher Lagerstuhl *m*
movable bridge 1. *(BT)* bewegliche Brücke *f*; 2. *(Br)* Pontonbrücke *f*
movable concrete mixer *(BWG)* fahrbarer Betonmischer *m*

M

movable connection beweglicher Anschluss *m*
movable dam *s.* movable weir
movable frame *(Konst)* beweglicher Rahmen *m*
movable hinge *(Konst)* bewegliches Gelenk *n*
movable link bewegliches Glied *n*
movable load *(Br, Stat)* Verkehrslast *f (Brücke)*; Betriebslast *f*
movable member *(Konst)* bewegliches Glied *n*
movable partition versetzbare Trennwand *f*
movable platform *(Te)* Montagebühne *f*
movable rocker bearing *(Konst, TK)* bewegliches Kippzapfenlager *n*
movable shower *(San)* Schlauchdusche *f*, Handdusche *f*
movable spray *s.* movable shower
movable weir *(Wsb)* bewegliches Wehr *n*
move *v* 1. bewegen; sich bewegen; verschieben; fortschieben; rücken; verstellen; 2. umziehen; wechseln *(Wohnung)*; umsiedeln; 3. fließen *(Verkehr)*
move *v* **home** umziehen, die Wohnung wechseln
move *v* **in(to)** einziehen
move *v* **inwards** nach innen wandern
move *v* **out of a flat** aus einer Wohnung ausziehen
move *v* **the centre line** *(Konst, Verm)* die Achse verschieben
move *v* **to the city** in die Stadt ziehen
move-in condition bezugsfertiger Zustand *m (z. B. eines Hauses)* • **in move-in condition** bezugsfertig
movement 1. *(Arch)* Stilrichtung *f*; 2. *(BM, Hb)* Verschiebung *f*; Arbeiten *n* des Holzes
movement joint *(Konst)* Bewegungsfuge *f*
movement of oscillation Schwingungsbewegung *f*
movement of rotation Drehbewegung *f*
movement of the ground *(Bod)* Bodenbewegung *f*
movie theater *(AE) (Arch)* Kino *n*, Lichtspieltheater *n*
movies *(AE) s.* movie theater
moving carpet *(EB)* Rollbahn *f*, Rollteppich *m*
moving count *(Verk)* Zählen *n* unter Verkehr
moving formwork *(Konst, Te)* Gleitschalung *f*; Kletterschalung *f*
moving load 1. bewegliche Last *f*, verschiebbare Belastung *f*; 2. Verkehrslast *f (einer Brücke)*; Betriebslast *f*
moving member Drehkörper *m*
moving of earth [soil] *(Erdb)* Erdarbeiten *fpl*, Erdbewegung *f*
moving part bewegliches Teil *n*
moving pavement *(EB, Konst)* Rollsteig *m*, Fahrsteig *m*, Rollbahn *f* für Personen
moving platform bewegliche Arbeitsbühne *f*
moving poise Laufgewicht *n*
moving ramp *(EB, Konst)* bewegliche Fußgängerplattform *f*; rollender Gehweg *m*
moving roller path bewegliche Schiene *f*
moving shutter(s) Gleitschalung *f*; Kletterschalung *f*
moving single load *(Stat)* wandernde Einzellast *f*
moving stair *(EB, Konst)* Rolltreppe *f*
moving staircase [stairway] *(EB, Konst)* Rolltreppe *f*, Fahrtreppe *f*
moving track Verschiebebahn *f (Brückenbau)*
moving traffic *(Verk)* fließender Verkehr *m*
moving veneer Schälfurnier *n*
moving walk Rollgehweg *m*, Rollsteig *m*, Fahrsteig *m*
mow *v (LB, Te)* mähen
mow *(AE) (LB)* Bansen *m (Lagerraum für Getreide und Viehfutter)*
Mozarabic architecture *(Arch)* maurisch-arabische Architektur *f (in Nordspanien im 9. Jh.)*
much-weathered *(Bod)* stark verwittert
mucilage *(AE)* Leim *m* mit geringer Klebkraft, Gummilösung *f*, Pflanzenleim *m*
muck 1. *(Bod, LB, Umw)* organischer Schlammboden *m*, Schwarzerde *f*; 2. *(Erdb)* Mischbodenaushub *m*, gemischter Aushubboden *m*; 3. *(BM, Tun)* Schutter *m*, geschlossenes Haufwerk *n*
muck loading *(Tun)* Haufwerk(auf)laden *n*
muck soil *(Bod, LB)* Sumpferde *f*
mucker *(BWG)* Lader *m*
mucking out *(Tun)* Schüttern *n*
mud 1. *(Bod)* Schlamm *m*, Schlick *m*; Lehmschlamm *m*; Mudde *f*; 2. Schmutz *m*
mud auger *(Erdb, Tun)* Schappe *f*
mud bank *(Bod)* Schlammbank *f*
mud blanket Schmutzdecke *f*
mud box *(WVA)* Schlammfang *m (Entwässerung)*
mud brick Lehmbaustein *m*, Schlammbaustein *m*, Lehmbatzen *m*
mud-capping *(BM, Erdb, Tun)* Auflegesprengung *f (große Steine)*
mud drilling Spülbohren *n*
mud-flats *(Bod)* Watt *n*
mud flow *(OB)* Bodenfließen *n*
mud-flush *v (Erdb, Tun)* spülbohren
mud-flush drilling *(Erdb, Tun)* Spülbohren *n*
mud grouting Schlamminjektion *f*
mud-jacking *(RS)* Plattenheben *n* durch Mörtelunterpressung, Zementplattenheben *n* durch Mörtelinjektion
mud layer *(Bod)* Schlammschicht *f*
mud-off *v (DIS)* abdichten
mud pump *(BWG)* Schlammpumpe *f*
mud removal Abschlämmen *n*
mud sample *(Bod)* Schlammprobe *f*
mud settling pond *(Erdb, Tun, WVA)* Schlammteich *m*, Schlammabsatzbecken *n*
mud silting Verschlammung *f*
mud slab *(Erdb, Verk)* Betonsauberkeitsschicht *f*, Betonunterbettungsschicht *f*
mud tank Schlammbecken *n*
mud trap *(WVA)* Schlammfang *m*, Sinkkasten *m*
muddiness Schlammigkeit *f*
muddy schlammig, schlammartig
muddy ground *(Bod)* verschlammter Grund *m*
muddy soil *(Bod, Umw)* Schlammboden *m*, schlammiger Boden *m*
Mudéjar architecture *(Arch)* Mudéjarchitektur *f (maurisch-gotischer Mischstil in Spanien)*
mudsill Unterlegschwelle *f*, Rostschwelle *f*
mudstone *(Bod)* Tonstein *m*
muff *(San, WVA)* Muffe *f (Rohrverbindung)*
muff joint *(San)* Steckmuffenverbindung *f*
muffle *v (DIS)* dämpfen *(Schall)*
muffle 1. *(Arch, Konst)* Stuckkernmaterial *n*, Stuckgrundlage *f*; 2. Schmelzscherbe *f*
muffler *(DIS)* Schalldämpfer *m (an Kraftmaschinen)*
Muhammadan architecture *s.* Muslim architecture
mulch *v (LB)* mulchen *(von Grünstreifen)*
mulch *(LB)* Mulch *m*, Bodenabdeckung *f* aus geschnittenen Pflanzen
mulch treatment *(LB)* Anspritzen *n* gemulchter Flächen *(mit Bitumenemulsion zur Sofortbegrünung)*
mulching *(LB, Te)* Mulchen *n*
mullion *v (Hb)* durch Mittelpfosten abteilen *(z. B. Fenster)*
mullion *(Hb)* senkrechter Mittelpfosten *m*; Türmittelpfosten *m*, Türholz *n*; Fenstermittelsäule *f*, Fensterpfosten *m*, Zwischenpfosten *m*
mullion cover Fenstermittelpfostenabdeckung *f*
mullion window *(Hb)* Kreuzfenster *n*, Pfostenfenster *n*
mullion wing Rahmenschenkel *m*
mullions *(Hb, Konst)* Stabwerk *n (Rahmenwerk gotischer Fenster)*

mullite *(BM)* Mullit *m (Zementklinkermineral)*
multi mehrfach, viel...; mehr...
multiangular vielwinklig, mehrwinklig, polygonal
multiangular bar *(Konst)* Polygonalstab *m*
multiangular block *(Arch)* Polygonalgebäude *n*
multiangular building *(Arch)* Polygonalgebäude *n*
multiangular church *(Arch)* Vieleckkirche *f*, Polygonalkirche *f*
multiangular column *(TK)* Vieleckstütze *f*, Polygonalstütze *f*
multiangular frame *(Konst)* Vieleckrahmen *m*, Polygonalrahmen *m*
multiangular slab *(Arch)* Vieleckplatte *f*, Polygonalplatte *f*
multiangular tower *(Arch)* Mehreckturm *m*, Vieleckturm *m*, Polygonalturm *m*
multiangular vault *(Konst)* Polygonalgewölbe *n*
multibarrier principle Mehrschichtprinzip *n*
multibay *(Konst)* mehrfeldrig; Mehrfeld...
multibay frame *(Konst, TK)* Mehrfeldrahmen *m*
multibeam mehrbalkig
multibuilding *(RP)* vielgebäudig, mit vielen Gebäuden *(Bauabschnitt, Anlage)*
multicellular bin *(Konst)* Mehrzellensilo *n*, Zellensilo *n*
multicellular glass Schaumglas *n*
multicentred arch *(Arch, Konst)* mehrfach zentrierter Bogen *m*; Ellipsenbogen *m*
multichamber profile Mehrkammerprofil *n (Fugenband)*
multicoating (protective) system *(OB)* Mehrfachschichtsystem *n*, Mehrfachschutzschicht *f*
multicolour coat [finish] Mehrfarbenanstrich *m*, Multicoloranstrich *m*
multicolour paint *(OB)* Multicolorfarbe *f*
multicompartment bin Mehrzellensilo *n*, Zellensilo *n*
multicomponent alloy *(BM)* Mehrstofflegierung *f*
multicomponent coating Mehrfach(schutz)anstrich *m*, Mehrkomponentenschutzanstrich *m*
multicomponent epoxy resin *(BM)* Mehrkomponentenepoxidharz *n*
multicomponent system *(BM)* Mehrkomponentensystem *n*, Mehrstoffsystem *n*
multicore *(El)* mehradrig *(Kabel)*
multicourse mehrschichtig
multicurve Kurvenlineal *n*
multideck arrangement *(Br, Te, TK)* Mehretagenanordnung *f (z. B. Brücken)*
multideck screen Mehrdeckersieb *n*
multidegree-of-freedom system *(Stat)* System *n* mit mehreren Freiheitsgraden
multidimensional *(Konst)* mehrdimensional
multidisciplinary team *(Konst)* multidisziplinarisches Team *n*
multielement prestressing *(Stat)* Mehrelementspannung *f*, Spannung *f* mehrerer Einzelelemente zu einem Spannbetonelement
multifamily building *(Arch)* Mehrfamilien(wohn)haus *n*
multifamily housing Mehrfamilienhäuser *npl*, Mehrfamilienbauten *mpl*
multiflight *(Hb, Konst)* mehrläufig *(Treppe)*
multifloor building *(Arch)* Mehrgeschossbau *m*, Etagenbau *m*
multifloor garage Hochgarage *f* Geschossgarage *f*
multifloor parking building *(Konst, Verk)* mehrgeschossiges Parkgebäude *n*, vielgeschossiges Parkhaus *n*
multiflue mehrzügig *(Schornstein)*
multifoil mehrblättrig, vielblättrig
multifoil *(Arch)* Mehrblatt *n*, Vielblatt *n*
multifoil arch *(Arch)* Zackenbogen *m*, Fächerbogen *m*, Vielpassbogen *m*, Mehrpassbogen *m*
multifoiled arch *s.* multifoil arch
multifolding door *(EB, Hb)* Falt(schiebe)tür *f*, Ziehharmonikatür *f*
multiform Vielgliedrigkeit *f*
multifunctional concept Mehrfachfunktionalität *f*
multifunctional room *(Konst)* Gemeinschaftsraum *m*
multigrade Mehrbereichs...
multihole brick *(SB)* Gitterstein *m*, Viellochziegel *m*
multilane *(Verk)* mehrstreifig, mehrspurig *(Fahrbahn)*
multilane highway *(Verk)* mehrspurige Straße *f*
multilateral mehrseitig
multilayer *(OB)* mehrschichtig, mehrlagig, Mehrschicht...
multilayer board Mehrschichtenplatte *f*
multilayer coating *(OB)* Mehrfach(schutz)anstrich *m*
multilayer glass *s.* laminated glass
multilayer system *(Konst)* mehrlagige Konstruktion *f*, vielschichtige Konstruktion *f*
multilayer weld *(St)* mehrlagige Schweißnaht *f*
multilayered mehrlagig, mehrschichtig
multilayered roofing Mehrlagenpappe *f*
multileaf door *(Hb, Konst)* Mehrblatttür *f*, Vielblatttür *f*
multilevel 1. *(Verk)* planfrei, nicht niveaugleich *(Straßenknoten)*; 2. *s.* multistorey
multilevel intersection *(Verk)* planfreier Knotenpunkt *m*
multilevel layout *(Konst)* mehrgeschossige Anlage *f*
multilevel marshalling yard *(Verk)* Gefälle(rangier)-bahnhof *m*
multilevel road system Straßenführung *f* in mehreren Ebenen
multilobe tracery *(Arch)* Vielpass *m*, Mehrpass *m*
multimodal signal control *(Verk)* multimodale Lichtsignalsteuerung *f*
multimodality *(Verk)* Multimodalität *f*
multimodule Multimodul *m*
multioutlet assembly 1. *(El)* Baustellenanschlusstafel *f*; 2. *(El)* Mehrfachsteckdoseneinrichtung *f*
multipart *(Konst)* mehrteilig
multipartite vielfach geteilt [gespalten]; mehrteilig
multipartite door *(Konst)* mehrteilige Tür *f*
multipartite vault *(Konst, SB)* mehrteiliges Gewölbe *n*, vielteiliges Gewölbe *n*
multiphase alloy Mehrphasenlegierung *f*, MP-Legierung *f*
multipitch roof *(Konst)* Faltdach *n*
multiple arch dam *(Wsb)* Vielfachbogenmauer *f*, Talsperre *f* mit Vielfachgewölben
multiple box section *(BT, TK)* Mehrfachkastenprofil *n*
multiple coat application *(OB)* Anstrichaufbau *m*
multiple coat system *(OB)* Anstrichsystem *n*
multiple development vielfache Entwicklung *f*
multiple dwelling (building) *(Arch)* Mehrfamilien(wohn)-haus *n*
multiple emulsion *(BM)* Mehrkomponentenemulsion *f*
multiple-folding rule Gliedermaßstab *m*, Knickzollstock *m*
multiple frame *(Konst, TK)* Geschossrahmen *m*; Mehrfeldrahmen *m*
multiple glazing Mehrfachverglasung *f*
multiple-hearth incinerator *(HLK)* Etagenofen *m*
multiple joint *(Stat, TK)* Knotengelenk *n*
multiple latticework mehrteiliges Fachwerk *n*
multiple layer mehrschichtige Lage *f*
multiple-layer adhesive (tape) mehrschichtiges Klebeband *n*
multiple-layer waterproofing *s.* multiple-layered waterproofing
multiple-layered *(BM, Konst)* mehrschichtig, mehrlagig, vielschichtig
multiple-layered insulation Mehrlagenisolierung *f*, Mehrschichtenlösung *f*
multiple-layered monolithic wall *(Konst, TK)* mehrschichtige monolithische Wand *f*

multiple-layered paint coating Mehrschichtenanstrich *m*, mehrschichtiger Anstrich *m*
multiple-layered panel *(BT)* mehrlagige Tafel *f*, mehrschichtige Tafel *f*
multiple-layered seal *(DIS)* Mehrlagendichtung *f*, Mehrschichtendichtung *f*
multiple-layered wall *(Konst)* Mehrschichtenwand *f*
multiple-layered waterproofing Mehrlagenabdichtung *f*, Mehrlagensperrung *f*
multiple-leaf mehrschalig
multiple-lobe tracery *(Arch)* Vielpass *m*, Mehrpass *m*
multiple masonry wall *(Konst)* Mehrfachmauer *f*
multiple of direct personnel expense Pauschalberatungspreis *m*, Servicepauschalsumme *f*
multiple outlet box *(El, VR)* Mehrfachsteckdose *f*
multiple-panel door Mehrfüllungstür *f*
multiple-point earthing *(El)* Mehrpunkterdung *f*
multiple rib pillar Bündelpfeiler *m*
multiple-riveted joint *(St)* mehrreihige Nietverbindung *f* [Nietung *f*]
multiple-room dwelling Mehrraumwohnung *f*
multiple-row riveted joint *s.* multiple-riveted joint
multiple sandwich slab *(BT)* Mehrschicht(en)platte *f*
multiple scale batcher Gattierungswaage *f*, Gemischwaage *f*
multiple series Gruppenschaltung *f*
multiple shear connection *(Konst)* mehrschnittige Verbindung *f*
multiple shear joint mehrschnittiges Gelenk *n*
multiple-span *(Arch)* mehrschiffig, vielschiffig
multiple-span bridge *(Br)* Brücke *f* mit mehreren Öffnungen
multiple-strut bracing *(Konst)* Mehr(fach)verstrebung *f*
multiple surface dressing mehrfache Oberflächenbehandlung *f*
multiple truss frame *(TK)* mehrfaches Sprengwerk *n*
multiple use Mehrzweckverwendung *f*, Vielzweckverwendung *f*
multiple-use hall *(Arch)* Mehrzweckhalle *f*, Vielzweckhalle *f*
multiple wall Mehrschichtwand *f*
multiple-well system *(Wsb)* Brunnengruppe *f*
multiple-window operator Fensteröffnungsmechanismus *m*
multiple-wing door mehrflügelige Tür *f*
multiple-withe *(Konst)* mehrschalig *(Wand)*
multiplicity of image *(Arch)* Vielbildigkeit *f*
multiplier *(VR)* Multiplikationsfaktor *m (für Bauberatungskosten)*
multiply construction *(Verk)* mehrlagige Konstruktion *f (Straße)*
multiply construction component mehrschichtiges Bauelement *n*
multipurpose adhesive Mehrzweckklebstoff *m*, Mehrzweckkleber *m*
multipurpose building *(Arch, Konst)* Mehrzweckgebäude *n*, Vielzweckhalle *f*
multipurpose building block Mehrzweckstein *m*, Vielzweckstein *m*
multipurpose equipment *(BWG, RS, Verk)* Universalgerät *n*, Vielfachgerät *n (z. B. für Straßeninstandhaltung)*
multipurpose excavator Universalbagger *m*
multipurpose hall Mehrzweckhalle *f*, Vielzweckhalle *f*
multipurpose kitchen *(Konst)* Wohnküche *f*
multipurpose liquid coating *(OB)* Mehrzweckanstrich *m*, Mehrzweckanstrichmittel *n*
multipurpose stadium Mehrzweckstadion *n*
multipurpose stage Mehrzweckbühne *f*, Vielzweckbühne *f*
multipurpose use Mehrzweckverwendung *f*, Vielzweckverwendung *f*
multirange Mehrbereichs...
multireflected sound *(DIS)* Nachhallschall *m*
multiribbed floor *(Konst, TK)* Vielrippendecke *f*
multiroom dwelling *(Konst)* Mehrraumwohnung *f*
multisectional vielfach unterteilt
multispan *(Konst)* mehrfeldrig; Mehrfeld...
multispan girder *(TK)* Mehrfeldträger *m*
multispan rigid frame *(Konst, TK)* Mehrfeldstarrrahmen *m*
multistage mehrstufig, Mehrstufen...
multistage stressing *(Te)* mehrstufiges Vorspannen *n*
multistorey *(Konst)* mehrgeschossig, mehrstöckig *(bis 5 Geschosse)*; vielgeschossig, vielstöckig, vieletagig
multistorey arrangement *(Te)* Mehretagenanordnung *f*
multistorey block with one apartment [flat] per floor Einspänner *m*
multistorey building *(Konst)* Geschossbau *m*, Geschossgebäude *n*, Stockwerkbau *m*
multistorey car park *(Konst)* Park(hoch)haus *n*, Hochhausgarage *f*, vielgeschossige Garagenanlage *f*
multistorey frame *(Konst, TK)* Stockwerkrahmen *m*
multistorey frame structure *(TK)* Mehretagenrahmenbau *m*, vielgeschossiger Rahmenbau *m*
multistorey layout mehrgeschossige Anlage *f*
multistorey parking garage *s.* multistorey car park
multistorey system composed of three-hinge frames *(TK)* Mehretagensystem *n* aus Dreigelenkrahmen
multistoreyed *s.* multistorey
multistoried *(AE) s.* multistorey
multistory *(AE) s.* multistorey
multiterraced site *(Bod, RP)* terrassiertes Grundstück *n*
multitime sampling *(Stat)* Datensammlung *f* zu verschiedenen Zeitpunkten
multiunit wall *(Konst, SB)* Wand *f* aus mehreren Mauersteinbreiten
multiwithe mehrschalig *(Wand)*
municipal *(VR)* städtisch; Stadt...; Gemeinden...
municipal airport *(Verk)* Stadtflugplatz *m*
municipal area Stadtgebiet *n*
municipal building department *(VR)* Stadthochbauamt *n*
municipal centre Stadtmitte *f*
municipal church *(Arch)* Stadtkirche *f*
municipal civil engineering städtischer Tiefbau *m*
municipal destructor *(Umw)* städtische Müllverbrennungsanlage *f*
municipal development *(RP)* Städtebau *m*
municipal district *(RP, VR)* Stadtbezirk *m (Verwaltungseinheit)*
municipal drainage *(WVA)* Stadtentwässerung *f*
municipal engineering 1. *(RP)* Städtebau *m*; 2. *(Konst, Te)* Stadttechnik *f*; städtischer Tiefbau *m*
municipal expressway *(Verk)* Stadtschnellstraße *f*
municipal extension *(RP)* Stadterweiterung *f*
municipal forest *(LB, Umw)* Stadtwald *m*
municipal hall *(Arch, RP)* Stadthalle *f*; Großmarkthalle *f*
municipal heating *(HLK)* Fernwärmeversorgung *f*
municipal incineration plant *(Umw)* städtische Abfallverbrennungsanlage *f*, städtische Müllverbrennungsanlage *f*
municipal living-space *(RP)* städtischer Lebensraum *m*
municipal park *(LB)* Stadtpark *m*
municipal planner *(RP)* Städteplaner *m*
municipal planning *(RP)* Städteplanung *f*, Stadtbauplanung *f*; Städtebau *m*
municipal planning theory *(RP)* Städtebautheorie *f*
municipal refuse *(Umw)* Stadtmüll *m*, kommunaler Müll *m*
municipal road *(LB, Verk)* Gemeindeweg *m*
municipal services Stadttechnik *f*; Stadtentwässerung *f*; kommunale Müllabfuhr *f*
municipal sewage *s.* municipal waste-water

municipal sewage works *(WVA)* kommunale Kläranlage *f*
municipal sewer system *(WVA)* städtisches Kanalnetz *n*
municipal sewerage *(WVA)* Kommunalkanalisation *f*; Stadtentwässerung *f*
municipal solid waste *(Umw)* fester Siedlungsabfall *m*
municipal station *(Verk)* Stadtbahnhof *m*
municipal wall *(Arch)* Stadtmauer *f*
municipal waste *(Umw)* Stadtmüll *m*, kommunale Abprodukte *npl*
municipal waste landfill *(Umw)* Hausmülldeponie *f*
municipal waste-water *(WVA)* städtisches [kommunales] Abwasser *n*
municipal water Leitungswasser *n*
municipal water supply *(WVA)* städtische Wasserversorgung *f*
municipal watershed *(Umw, WVA)* Trinkwasserschutzgebiet *n (Wassereinzugsgebiet)*
municipal works *(Konst, Te)* Stadtwerke *npl*
municipality *(RP, VR)* Stadtgemeinde *f*; Gemeinde *f*
munnion *s.* mullion
muntin *(AE)* 1. Rahmendeckleiste *f*; Glasdeckleiste *f*; Fenstersprosse *f*, Sprosse *f*; 2. *s.* mullion
muntin window *(AE) (Hb, Konst)* Sprossenfenster *n*
Muntz metal Muntzmetall *n*, Gelbmetall *n*
muqarnas *(Arch)* Stalaktitengewölbeverzierung *f*, dreidimensionale Deckengewölbeverzierung *f (islamische Form)*
mural 1. *(Konst, SB)* Mauern...; Wand...; 2. *(Konst)* wandartig
mural *(Arch)* Wandbild *n*, Wandgemälde *n*, Wandmalerei *f*; Freskenmalerei *f*; Deckenbild *n*, Deckengemälde *n*
mural hanging *(Arch)* Wandbehang *m*
mural painting *s.* mural
muscovite granite *(BM)* Muskovitgranit *m*
muscovite schist Muskovitschiefer *m*
Muscovy glass *(BM)* heller Glimmer *m*, Kaliglimmer *m*
museum *(Arch)* Museum *n*
museum building *(Arch)* Museumsgebäude *n*
Museum of Modern Art *(Arch)* Museum *n* für Moderne Kunst
Museum of Visual Art *(Arch)* Museum *n* für bildende Künste
mushroom construction *(Konst)* Pilzdecke *f*; Pilzdeckenbau *m*
mushroom floor Pilzdecke *f*
mushroom floor slab *(Konst, TK)* Pilzdeckenplatte *f*
mushroom head Pilzkopf *m*, Stützenkopf *m*
mushroom slab *(Konst, TK)* Pilzdeckenplatte *f*
mushroom valve *(BT)* Pilzventil *n*, Tellerventil *n*
mushroom ventilator *(HLK)* Pilzlüfter *m*
mushy 1. breiig, weich; schwammig; 2. porig
mushy concrete hochplastischer Beton *m*
music conservatory Konservatorium *n*
Muslim architecture *(Arch)* moslemische Architektur *f (7.-16. Jh. in Vorderasien, Indien, Nordafrika und Spanien)*
muslin glass Musselinglas *n*
mute *(EB)* eingelassener Türgummi(schall)dämpfer *m*
mutual benefit building society *(VR)* gemeinnützige Wohnungsbaugesellschaft *f*
mutually perpendicular *(Konst)* senkrecht aufeinander(-stehend), aufeinander senkrecht
mutule *(Arch)* Mutulus *m*, Dielenkopf *m*, Tropfenplatte *f*, Hängeplatte *f (flacher Schrägstein eines dorischen Gesimses)*
muzzle-loader *(BWG)* Vorderlader *m (Baumaschine)*
mycelium *(BM, RS)* Myzel *n*, Pilz(hyphen)geflecht *n (z. B. im Holz)*
Mycenaean architecture *(Arch)* Mykenische Architektur *f (südliches Griechenland 17.-13. Jh. v. Chr.)*

N

N-truss *(TK)* Pratt-Dachbinder *m*
nacreous perlmuttglänzend, mit Perlmutt(er)glanz
nacreous layer *(OB)* Perlmutt(er)schicht *f*
nacreous lustre Perlmutt(er)glanz *m*
nagelfluh *(BM)* Nagelfluh *f*, tertiäres Grobkonglomerat *n*
nail *v* (an)nageln, (mit Nägeln) befestigen, anschlagen; vernageln
nail *v* **a lath on** *(Te)* ein Lattenstück aufnageln
nail *v* **down** *(Te)* festnageln
nail *v* **inclined** *(Te)* in die Schräge nageln
nail *v* **on** aufnageln
nail *v* **temporarily** vorübergehend annageln
nail *v* **to** anschlagen
nail *v* **up** vernageln, zunageln *(z. B. Fenster, Türen)*
nail Nagel *m*
nail base *(Konst)* nagelbare Unterlage *f*
nail batten Nagelleiste *f*
nail claw *s.* nail puller
nail diameter Nageldurchmesser *m*
nail distance *(Konst)* Nagelabstand *m*
nail extractor Nagelzieher *m*
nail fastening *(Konst)* Nagelverbindung *f*
nail float *(BWG, SB)* Kratzbrett *n*, Nagelbrett *n*
nail for reed *(BM)* Rohrnagel *n (für Dacheindeckungen)*
nail for tarred felt Dachpappennagel *m*, Pappnagel *m*
nail head 1. Nagelkopf *m*; 2. Nagelkopfornament *n*
nail head moulding Zierkante *f* mit quadratischen Nagelköpfen
nail head ornament Nagelkopfornament *n*
nail holding *(Konst)* Nagelhaltefestigkeit *f*
nail-holding property *(Te)* Nagelbarkeit *f (von Werkstoffen)*
nail hole Nagelloch *n*, Stiftloch *n*
nail joint *(Konst)* Nagelverbindung *f*
nail length Nagellänge *f*
nail-lifter *s.* nail puller
nail material Nagelwerkstoff *m*
nail plate *(Hb, Konst)* Nagelknotenblech *n*, Nagelanschlussblech *n*
nail point Nagelspitze *f*
nail puller Nagelzieher *m*, Nagel(zieh)eisen *n*
nail punch Nageltreiber *m*
nail roof truss *(Hb, Konst)* Nageldachbinder *m*
nail set Handdurchschläger *m*, Nageltreiber *m*
nail spacing *(Hb)* Nagelabstand *m*
nailability Nagelbarkeit *f*
nailable nagelbar
nailable base nagelbare Unterlage *f*
nailable concrete *(BM)* nagelbarer Beton *m*, nagelfester Beton *m*
nailed genagelt, vernagelt
nailed beam genagelter Träger *m*
nailed connection *(Hb, Konst)* Nagelverbindung *f*
nailed construction *(Hb, Konst)* Nagelkonstruktion *f*, Nagelbauweise *f*, Nagelbausystem *n*
nailed construction method *(Hb, Konst)* Nagelbauweise *f*
nailed framework *(Hb, Konst)* Nagelbinder *m*
nailed girder *(Hb, TK)* Nagelträger *m*, genagelter Träger *m*
nailed joint *(Konst)* Nagelverbindung *f*
nailed plywood gusset genageltes Sperrholzknotenblech *n*
nailed roof framing *(Hb, Konst)* Brettbinder *m*
nailed structure *(Hb, Konst)* genageltes Bauwerk *n*
nailed truss Nagelbinder *m*
nailing Nageln *n*, Annageln *n*, Aufnageln *n*; Vernageln *n*

nailing anchor Türrahmenklammer *f* in einer Holztrennwand
nailing base nagelbare Unterlage *f*
nailing batten Nagelleiste *f*
nailing block nagelbarer Block *m*, Holzziegel *m*
nailing concrete nagelbarer Beton *m*
nailing joist *(Konst)* Stahlverbindung *f* mit berührender Nagelleiste
nailing marker *(Hb, Te)* Nagelschablone *f*, Nagelstellenmarkierung *f*
nailing pattern Nagelungsmuster *n*
nailing strip Nagellasche *f*, Nagelleiste *f*
naiskos *(Arch)* Naiskos *m (kleiner Kulttempel)*
naked flooring *(Hb)* Fußbodenbalkenlage *f (sichtbar)*; Dielenbalken *mpl*; Dielenrahmen *m*
naked wall ungeputzte Wand *f* mit fertigem Putzträger; Kaldaune *f*, glatte Mauerfläche *f*
nameplate Namensschild *n*
naos *(Arch)* Naos *m (Statuennische im antiken Tempel)*
naphtha 1. *(BM)* Naphtha *n(f)*, Benzin *n (Erdölfraktion)*; 2. schweres Erdöl *n*
naphthalene Naphthalin *n*
naphthalize *v (BM, Te)* mit Erdöltränken
naphthene basic oil Naphthalin *n*
naphthol dyestuff naphthenbasisches Erdöl *n*
naphthol lake colour *(OB)* Naphtholfarblack *m*
naphtholite *(Bod)* bituminöser Schiefer *m*
Naples yellow Neapelgelb *n*, Antimongelb *n*
nappe 1. *(Wsb)* Überfall *m*, Überfallwasser *n (Wehr)*; 2. *(Bod)* Überschiebungsdecke *f*, Gleitschicht *f (Geologie)*
nappe outlier *(Konst, TK)* Schubdecke *f (Scheibenkonstruktion)*
narrow *v* sich verengen, sich verjüngen, enger werden *(z. B. Tunnel)*; einengen; enger machen; bündeln
narrow eng, schmal
narrow *(Bod, Umw, Wsb)* Enge *f*, enge Stelle *f*; Flussenge *f*; Einschnürung *f*; Schlucht *f*
narrow-angle lighting fitting Tiefstrahler *m*
narrow bend *(Verk)* enge Kurve *f (Straße)*
narrow board Latte *f*
narrow-circled *s.* narrow-ringed
narrow curve *(Verk)* enge Kurve *f (Straße)*
narrow edge Schmalkante *f*
narrow-flanged schmalflanschig
narrow-gauge rails *(Verk)* Schmalspur *f*; Feldbahngleise *npl*
narrow-gauge railway *(Verk)* Schmalspurbahn *f*, Kleinbahn *f*; Feldbahn *f*
narrow grading *(BM)* enge Korngrößenverteilung *f*
narrow indented chisel *(BWG)* Schlageisen *n*, Zahneisen *n*
narrow joints between courses engfugige Lage *f (Ziegel)*
narrow-light door Lichtschlitztür *f*
narrow-meshed engmaschig
narrow pass Engpass *m*
narrow-ringed *(BM, Hb)* engringig, feinjährig *(Holz)*
narrow section of road *(Verk)* Fahrbahnverengung *f*, Fahrbahneinengung *f*
narrow section sign *(Verk)* Fahrbahneinengungszeichen *n*
narrow side *(Hb)* Schmalseite *f*; Türanschlagseite *f*
narrow strap Kopflatte *f*, Deckflacheisen *n*
narrow street *(Verk)* Gasse *f*
narrows 1. *(Verk)* Hohlweg *m*, Engpass *m*; 2. *(Bod, Umw, Wsb)* Stromenge *f*; Förde *f*
narthex *(Arch)* Narthex *m (Atrium der altchristlichen Basilika)*
natatorium *(AE)* 1. *(Arch, Konst)* Hallenbad *n*, Gebäude *n* mit Schwimmbecken; 2. Schwimmbad *n*, Schwimmbecken *n*
National architecture *(Arch)* Staatsarchitektur *f*
National Asphalt Pavement Association *(AE) (Verk, VR)* Amerikanischer Asphaltverband *m*
National environment policy act *(Umw, VR)* nationale Umweltaufsichtsverordnung *f*; Bundesumweltgesetz *n*
national highway *(Verk)* Nationalstraße *f*
national mapping *(Verm)* Landeskartierung *f*
National monument *(Arch)* Nationaldenkmal *n*
National Nature Reserve *(Umw)* Naturschutzgebiet *n*
national park *(Umw)* Nationalpark *m*, Naturschutzpark *m*
national planning *(RP)* Landesplanung *f*
National Register of Historic Places *(Arch, VR)* (nationale) Denkmalliste *f*
national road *(Verk)* Nationalstraße *f*; Bundesstraße *f*
national road master plan *(Verk)* nationaler Generalstraßenverkehrsplan *m*; Bundesverkehrswegeplan *m*
National Romantic style *(Arch)* Nationalromantik *f*, romanisch-nationaler Stil *m*
National Trust *Amt für Denkmalpflege in England*
native 1. *(BM, Bod)* natürlich (vorkommend); 2. *(BM)* einheimisch
native asphalt *(BM)* Naturasphalt *m*, Naturbitumen *n*, Erdbitumen *n*, Erdpech *n*, natürliche Bitumen-Mineral--Mischung *f*
native country *(Bod, LB)* Mutterboden *m*
native element reiner [natürlicher] Grundstoff *m (Ökobau)*
native minium *(BM)* natürliche Bleimennige *f*, rotes Bleioxid *n*
native rock gewachsenes Gestein *n*, anstehender Fels *m*
native soil *(Bod, LB)* Mutterboden *m*
native style Heimatstil *m*, örtlicher Baustil *m*
native wood einheimisches Holz *n*
natte *(Arch)* Korbgewebemuster *n*
natural 1. natürlich, naturgetreu *(z. B. Abbildungen)*; 2. naturbedingt; Natur...; 3. schalungsrau *(Holzschalung)*
natural abradant natürliches Schleifmittel *n*
natural abrasive natürliches Schleifmittel *n*
natural acanthus leaf *(Arch)* Bärenklaublatt *n*
natural aeration *(HLK)* natürliche [freie] Lüftung *f*
natural aggregate natürlicher Zuschlag(stoff) *m*
natural asphalt *s.* native asphalt
natural balance *(Umw)* Naturhaushalt *m*
natural barium sulphate Schwerspat *m*, Baryt *m*
natural bed *(SB)* Bruchlager *n (Naturstein)*
natural cement *(BM)* Romankalk *m*, Romanzement *m*, hydraulischer Kalk *m*
natural chalk *(BM)* Rohkreide *f*
natural circulation *(HLK)* Naturumlauf *m*, Schwerkraftumlauf *m*, Temperatur(differenz)zirkulation *f (Wasser, Luft)*
natural clay tile unglasierte Keramikfliese *f*
natural cleft *(BM)* bruchrau, spaltrau
natural coarse aggregate Betonkies *m*, Wandkies *m*
natural colour *(BM)* Naturfarbe *f*, Eigenfarbe *f*
natural coloured naturfarben, naturfarbig
natural colouring matter *(OB)* Naturfarbstoff *m*
natural convection *(HLK)* natürliche Konvektion *f*, Schwerkraftumlauf *m*, natürlicher Umlauf *m* durch Temperaturdifferenz *(z. B. von Luft, Wasser in geschlossenen Anlagen, Rohren usw.)*
natural cover *(LB, Umw)* Bewuchs *m*
natural curb *(AE)* Naturbordstein *m*
natural curbstone *(AE)* Naturbordstein *m*
natural deposit 1. *(BM, LB, Umw)* natürliche Schutzschicht *f*; 2. *(Bod, LB, Umw)* Naturablagerung *f*
natural draught *(HLK)* natürlicher Zug *m (Luft)*; Schornsteinzug *m*
natural-draught boiler Kessel *m* mit natürlichem Zug
natural-draught chimney *(HLK, Konst)* Schornstein *m* mit natürlichem Zug
natural dyestuff natürlicher Farbstoff *m*

natural earth (pigment) *s.* natural pigment
natural environment *(Umw)* natürliche Umwelt *f*
natural face stone Natursichtstein *m*, Sichtnaturstein *m*
natural fall *(Bod)* natürliches Gefälle *n*, Geländegefälle *n*
natural filtration *(WVA)* natürliche Filtrierung *f*
natural fine aggregate Betonsand *m*
natural finish *(Hb)* naturbelassen *(Holz)*
natural finish *(OB)* Siegellackanstrich *m*, farbloser Lackanstrich *m*, Lasur *f*
natural finish tile unglasierte Fliese *f*; naturfarbene Sinterkachel *f*
natural flag Natursteinpflasterplatte *f*
natural foliage *(Arch)* natürlich dargestelltes Blattwerk *n*
natural foundation *(Bod, Erdb)* tragfähiger Untergrund *m*, Fundamentuntergrund *m*
natural frequency *(DIS)* Eigenfrequenz *f*
natural garden Naturgarten *m*
natural gas Naturgas *n*, Erdgas *n*
natural glass Naturglas *n*, mineralisches Glas *n*
natural grade *(Bod)* natürlich gewachsene Erdschicht *f* im Anschnitt; natürliche Geländehöhe *f*
natural ground *(Bod, LB)* gewachsener Boden *m*
natural ground-water level *(Bod, Erdb, WVA)* natürlicher [ungesenkter] Grundwasserspiegel *m*
natural gypsum Gipsstein *m*, Rohgips *m*, Naturgips *m*
natural hardness Naturhärte *f*, natürliche Härte *f*
natural heat Eigenwärme
natural kerb Naturbordstein *m*
natural kerbstone *(DIN 482) (BM, Verk)* Naturbordstein *m*
natural level *(Bod, Wsb)* natürlicher Uferwall *m*
natural light Tageslicht *n*
natural lighting Tages(licht)beleuchtung *f*, natürliche Beleuchtung *f*
natural marble Naturmarmor *m*
natural material natürlicher Stoff *m*
natural moisture Eigenfeuchte *f*, Eigenfeuchtigkeit *f*
natural monument *(Arch)* Naturdenkmal *n*
natural oscillation Eigenschwingung *f*
natural pavement Naturpflaster *n*
natural paving sett Naturpflasterstein *m*
natural pigment *(BM, OB)* natürliches Pigment *n*, Erd(stoff)pigment *n*, Erdfarbe *f*
natural pozzolana natürliche Puzzolanerde *f*
natural preserve *(Umw)* Naturschutzgebiet *n*; Landschaftsschutzgebiet *n*
natural purification *(Umw, WVA)* Selbstreinigung *f*, natürliche Reinigung *f*
natural radiation natürliche Lichtstrahlung *f*, natürliches Licht *n (s. a. natural lighting)*
natural radioactivity natürliche Radioaktivität *f*
natural raft natürliche Felsplatte *f*
natural resin Naturharz *n*
natural resources Bodenschätze *mpl*
natural rigidity *(Arch)* Eigensteifigkeit *f*
natural river-bed *(Bod, Wsb)* natürliches Flussbett *n*
natural rock aggregate Natursteingranulat *n*
natural rock asphalt mastic Naturasphaltmastix *m*
natural rubber *(BM)* Kautschuk *m*, Naturkautschuk *m*
natural rubber emulsion Kautschukemulsion *f*
natural rubber latex Naturkautschuk *m*
natural sag(ging) *(Stat, TK)* Durchbiegung *f* [Durchhang *m*] durch eigene Schwerkraft
natural sand Natursand *m*, Betonsand *m*
natural-sand fine aggregate Natursandzuschlagstoff *m*
natural scale *(Konst)* Maßstab *m* 1:1
natural-seasoned lumber *(AE) (BM, Hb)* luftgetrocknetes Bauholz *n*
natural size Naturgröße *f*, natürliche Größe *f*
natural slate *(BM)* Naturschiefer *m*
natural slope natürliche Böschung *f*; natürlicher Böschungswinkel *m*
natural slope of earth natürliche Erdböschung *f*
natural soil *(Bod, LB)* Naturboden *m*
natural split spaltrau, bruchrau
natural stiffness *(Stat)* Eigensteifigkeit *f*
natural stone *(BM)* Naturstein *m (EN 1467, EN 1468)*
natural stone arcade *(SB)* Natursteinarkade *f*
natural stone-block paving Natursteinplattenpflaster *n*
natural stone bond *(Konst)* Natursteinverband *m*
natural stone-built building *(Arch, SB)* Natursteingebäude *n*
natural stone chippings Natursteinsplitt *m*
natural stone construction material Natursteinbaustoff *m*
natural stone corbel *(SB)* Kragstein *m*, Natursteinkonsole *f*
natural stone curb Natursteinborde *f*, Naturstein-Bordstein *m*
natural stone curving *(Te)* Natursteinbearbeitung *f*
natural stone cutting Natursteinbearbeitung *f*
natural stone façade *(SB)* Natursteinfassade *f*
natural stone facing Natursteinverkleidung *f*
natural stone finish Natursteinsichtfläche *f*, bearbeitete Natursteinoberfläche *f*
natural stone finishing Natursteinfeinbearbeitung *f*
natural stone foundation *(Erdb, SB)* Natursteinfundament *n*
natural stone frieze *(Arch)* Natursteinfries *m*
natural stone kerb *(DIN 482) (BT)* Natursteinborde *f*, Naturstein-Bordstein *m*
natural stone-like natursteinähnlich
natural stone masonry *(SB)* Natursteinmauerwerk *n*
natural stone paving Natursteinpflaster *n*
natural stone pier Natursteinpfeiler *m*
natural stone portal *(Arch, Konst)* Natursteinportal *n*
natural stone preservative Natursteinschutzmittel *n*
natural stone sculpture *(Arch)* Natursteinplastik *f*, Steinskulptur *f*
natural stone shoulder *(SB, TK)* Kragstein *m*, Natursteinkonsole *f*, Balkenstein *m*
natural stone slab Natursteinplatte *f*
natural stone threshold Natursteinschwelle *f*
natural stone vault *(Konst, SB)* Natursteingewölbe *n*
natural stone wall Natursteinmauer *f*, Blocksteinmauer *f*
natural stone work *(SB, Te)* Werksteinarbeiten *fpl*
natural strength Eigenfestigkeit *f*
natural stress relief *(Bod)* natürlicher Spannungsausgleich *m*
natural vegetation *(Bod, LB, Umw)* natürliche Vegetationsdecke *f*
natural ventilation *(HLK)* natürliche Belüftung *f*, natürliche [freie] Lüftung *f*
natural walling stone Natursteinmauerstein *m*, Steinblock *m*
natural water conduit *(Bod, Wsb)* natürlicher Wasserlauf *m*
natural water content *(BM, Bod, Erdb)* natürlicher Wassergehalt *m*
natural weathering natürliche Bewitterung *f*
natural wood unbearbeitetes Holz *n*
natural wood colour *(OB)* Naturholzfarbe *f*
naturalistic form *(Arch)* natürliche Form *f*
naturally lighted tagesbeleuchtet, tagesbelichtet
naturally moist *(BM)* erdfeucht
naturally occurring mixture natürlich vorkommendes Zuschlagstoffgemisch *n*
nature 1. Beschaffenheit *f*, Natur *f*; 2. Natur *f*
Nature Conservancy Council *(Umw, VR)* Britische Naturschutzbehörde *f*

nature conservation *(Umw)* Naturschutz *m*; Umweltschutz *m*
nature of deposition *(Bod, Erdb)* Lagerungsform *f*
nature of grain Korngröße *f (Baustoffe)*
nature of ground *(Bod, LB)* Bodenbeschaffenheit *f*
nature of soil *(Bod, LB)* Bodenbeschaffenheit *f*
nature of surface Oberflächenbeschaffenheit *f*
nature of the ground Bodenbeschaffenheit *f*
nature of the soil *(Bod, LB)* Bodenbeschaffenheit *f*
nature preservation *(Umw)* Naturschutz *m*; Landschaftsschutz *m*
nature protection *(Umw)* Naturschutz *m*
nature reserve Naturschutzgebiet *n*; Naturpark *m*
nature sanctuary Naturdenkmal *n*
nave 1. *(Arch)* Kirchenmittelschiff *n*, Hauptschiff *n*, Langhaus *n*, Schiff *n*; 2. Kirchenmittelachse *f*; 3. (große) offene Zentralhalle *f (eines Gebäudes)*
nave aisle *(Arch)* Seitenschiff *n*, Abseite *f*
nave aisle gallery *(Arch)* Abseitenempore *f*, Seitenschiffempore *f*
nave aisle vault *(Arch)* Abseitengewölbe *n*, Seitenschiffgewölbe *n*
nave arcade Hauptschiffarkade *f*, Mittelschiffarkade *f*
nave pier Hauptschiffpfeiler *m*
navigable channel 1. *(Wsb)* schiffbarer Kanal *m*; 2. *s.* navigable water
navigable river schiffbarer Fluss *m*
navigable water *(Wsb)* Fahrrinne *f*, Fahrwasser *n*
navigable waterway *(Wsb)* Wasserstraße *f*
navigable width Durchlassquerschnitt *m (für Schiffe bei Brücken)*
navigation canal *(Wsb)* Schifffahrtskanal *m*
navigation lock *(Wsb)* Sperrschleuse *f*
navvy 1. *(BWG)* Bagger *m*, Löffelbagger *m*; 2. Erdarbeiter *m*, Ausschachter *m*
navvy excavator Löffelbagger *m*
navvying *(Erdb, Te)* Erd(bau)arbeiten *fpl*
NBR *s.* nitrile(-butadiene) rubber
neap tide *(Bod, Wsb)* Nipptide *f*
near nahe
near-by material *(BM)* örtliches Material *n*
near-circular kreisähnlich
near-mesh grain [material] *(BM)* Grenzkorn *n (Zuschlag)*
near miss *(Umw)* Beinaheunfall *m*
near-side *(Konst)* links *(Großbritannien)*
near-surface *(Bod)* oberflächennah
near to ground *(Bod)* bodennah
neat *(BM)* unvermischt, ohne Zuschlagstoffe; ohne Sand *(Mörtel)*
neat cement 1. hydraulischer Zement *m (unabgebunden)*; 2. reiner Zementmörtel *m (ohne Sand)*; Zementpaste *f*
neat cement grout *(BM)* Zementschlämme *f*
neat cement paste Zementpaste *f*
neat grouping *(RP)* übersichtliche Anordnung *f (Städtebau, Bedienungselemente)*
neat-house *(LB)* Rinderstall *m*
neat lime *(BM)* Kalkschlämme *f*, Kalkpaste *f*
neat line 1. *(Erdb)* Aushubmarkierungslinie *f*; 2. *s.* net line 1.
neat plaster Putz *m* ohne Zuschlagstoffe, Pastenputz *m*
neat size *(Konst)* Nettoabmessung *f (Bauteil, Bauraum)*
neat work Ziegelmauerwerk *n* über dem Mauersockel
nebulé moulding *(Arch)* Wolkenverzierung *f*, Wellenlinienzierkante *f (Ornament)*; normannischer Fries *m*
nebuly moulding *s.* nebulé moulding
necessary work auxiliary to the accomplishment of the contract notwendige Nebenleistungen *fpl* zum Bauvertrag
neck *(Konst)* Hals *m*; Säulenhals *m*, Säulenhalseinschnürung *f*
neck bearing Halslager *n*
neck brick *(SB)* Spitzkeilstein *m*
neck channel Einkehlung *f*, Kehlrinne *f*
neck moulding *(Arch, Konst)* Säulenhalskehlausformung *f*, Säulenhals *m*
neck of land Landzunge *f*
necking 1. *(Konst)* Einschnürung *f*, Verengung *f*, Verminderung *f* des Querschnitts; 2. *(Arch)* Kapitellzierband *n*; Halsglied *n*; 3. *s.* neck moulding
necking down *(Arch, Konst)* Einschnürung *f*
necking-groove Säulenhalsring *m*
necking tool Stechmeißel *m*
necropolis *(Arch)* Totenstadt *f (Gräberstadt)*
needle *v (TK)* absteifen *(mit Stützbalken)*
needle Querbalken *m (kurzer, dicker Stützbalken aus Holz)*; Wandeinsteckholz *n*, temporäre Holzkonsole *f*; Nadelschieber *m*
needle bath *(San)* Dusche *f* mit gelochten Rohrleitungen
needle beam *(BT)* Holzbalken *m (kurzer, dicker Stützbalken)*; Querbalken *m*; Spundpfahl *m*
needle beam scaffold *s.* needle scaffold
needle descaler *s.* needle hammer
needle drive *(San, WVA)* Nadelschieber *m*
needle felt *(BM, DIS)* Nadelfilz *m*
needle gun *(BWG, OB)* Nadelpistole *f (Betonaufrauung)*
needle hammer *(BWG, OB)* Nadelhammer *m*, Stahlnadelklopfgerät *n (Aufrauen, Entrosten usw.)*
needle penetration test *(BM)* Nadeleindringprüfung *f*
needle scaffold von Einsteckhölzern getragenes Gerüst *n*, Kragrüstung *f*
needle scaler *s.* needle hammer
needle-shaped nadelförmig
needle test of Vicat *(BM)* Vicat-Nadelprüfung *f*
needle valve *(San, WVA)* Nadelventil *n*
needle vibrator *(BB, BWG, Te)* Tauchrüttler *m*, Innenrüttler *m*
needlework *(Hb, Konst)* Bauweise *f* aus engem Holzwerk mit Verputz
needling Querbalkenlage *f* für temporäre Nutzung, temporärer Abfangträger *m*
negative area of influence *(Stat)* negative Einflussfläche *f*
negative bending *(Stat)* negative Biegung *f*
negative bending moment *(Stat)* negatives Biegemoment *n*
negative elongation *(Stat)* negative Dehnung *f*, Verkürzung *f*
negative equity negativer Immobilienwert *m*
negative form *(Arch, BWG)* Lehre *f (für Verzierungen)*
negative friction *(Erdb)* negative Pfahlreibung *f*
negative moment *(Stat)* negatives Moment *n*
negative pore-water pressure *(Bod)* negativer Porenwasserdruck *m*
negative pressure *(Stat)* negativer Druck *m*, Unterdruck *m*
negative reinforcement Bewehrung *f* gegen negative Biegemomente
negative transparency *(Konst)* Mutterpause *f*
negligence Nachlässigkeit *f*, Fahrlässigkeit *f*
negligible geringfügig, vernachlässigbar *(Toleranz, Umfang)*
negotiate *v* 1. überwinden *(Steigungen, Hindernisse)*; 2. unterhandeln, verhandeln
negotiated contract *(VR)* freihändige Vergabe *f*
negotiated tender *(VR)* freihändige Vergabe *f (öffentlicher Bauaufträge)*
negotiation phase *(VR)* Angebotsphase *f*
neighbourhood 1. *(RP, VR)* Nachbarschaft *f*, Umgebung *f*; 2. *s.* neighbourhood unit
neighbourhood noise *(DIS)* Umgebungslärm *m*
neighbourhood unit *(Arch, RP)* Wohnkomplex *m*
neighbouring benachbart

neighbouring building Nachbargebäude *n*
neighbouring opening *(Br, Konst)* Nachbarfeld *n*, Nachbaröffnung *f (Brücken)*
neighbouring owner Angrenzender *m*, Grenznachbar *m*
neighbouring property *(VR)* Nachbargrundstück *n*
neighbouring span Nachbarfeld *n*, Nachbaröffnung *f (Tragwerk)*
neighbouring wall Nachbarwand *f*
nek *(Bod)* Pass *m*, Gebirgspass *m (südafrikanisch)*
nematoblastic structure faserige Textur *f (Gestein)*
neo-Baroque *(Arch)* Neobarock *m*, Neubarock *m*
neo-classical *(Arch)* neoklassisch
neo-Classicism *(Arch)* Neoklassik *f*
neo-Gothic *(Arch)* neugotisch
neo-Gothic *(Arch)* Neogotik *f*
neo-medieval *(Arch)* neo-mittelalterlich
neo-objectivity *(Arch)* Neue Sachlichkeit *f*
neo-Renaissance *(Arch)* Neorenaissance *f*, Neurenaissance *f*
neon-filled lamp *s.* neon lamp
neon glow lamp *s.* neon lamp
neon lamp *(El)* Neonglimmlampe *f*, Neonlampe *f*, Glimmlampe *f* mit Neonfüllung
neon light Neonlicht *n*
neon sign *(El)* Leuchtreklame *f*
neon sign frame Leuchtreklamenstützrahmen *m*
neon tube Neonröhre *f*, Neonlampe *f*
neoprene® Neopren® *n (ein Elastomer)*
neoprene adhesive Neoprenkleber *m*
neoprene base Neoprengrundlage *f*
neoprene bearing *(BT, TK)* Neoprenlager *n*
neoprene bearing bed *(BT, TK)* Neoprenlagerkissen *n*
neoprene channel Neopren-U-Profil *n*
neoprene foam *(DIS)* Neoprenschaumstoff *m*
neoprene gasket Neoprendichtungsband *n*, Neoprendichtungsprofil *n*
neoprene glazing Neoprenverglasung *f*
neoprene insert Neopreneinlage *f*
neoprene pot bearing *(Br, BT, TK)* Neoprentopflager *n (Brücke)*
neoprene sealing Neoprendichtungsband *n*, Neoprendichtungsprofil *n*
neoprene waterstop Neoprenfugenband *n*
nepheline basalt *(BM)* Nephelinbasalt *m*
nephelite *(BM)* Nephelin *m*
nephrite Nephrit *m*
neptunian sedimentär, angeschwemmt
nerve *s.* nervure
nervure *(Konst)* Gratrippe *f*, Seitenrippe *f (Gewölbe)*
nesh *(BM, Bod)* weich, staubig, pulvrig
ness *(Bod)* Vorgebirge *n*, Landspitze *f*, Kap *n*
nest *v* (ineinander)schachteln
nest 1. Nest *n*, Betonnest *n*; 2. Satz *m (von Geräten)*; Set *n*
nest of screens Prüfsiebsatz *m (Baustoffe)*
nest of tubes *(Konst)* Rohrbündel *n*
nesting *(AE) (RP)* Wohnkolonie *f (meist auf freiem Gelände)*
nesting unit *(Arch, Konst)* Siedlungshaus *n*
net netto; Netto..., Rein...
net Netz *n*; Netzgewebe *n*
net area *(Konst)* Nettofläche *f*
net capacity *(El)* Nutzleistung *f*
net cross-sectional area Mauerblockquerschnitt *m* ohne Hohlräume
net floor area *(Konst)* Nettogeschossfläche *f*, (tatsächliche) Nutzfläche *f*
net line 1. Nettoumrisslinie *f*; 2. *s.* neat line 1.
net load 1. *(Stat)* Nutzlast *f*; 2. *(HLK)* Heizungsnettoleistung *f*
net masonry *(SB)* Netzverband *m (Mauerwerk)*
net mass Nettomasse *f*
net present value aktualisierter Wert *m*
net present value method *(NPV) (VR)* Kapitalwertmethode *f*
net production Nettoproduktion *f*
net profit(s) *(VR)* Reinertrag *m*
net room area *(Konst, Stat)* Rauminnenmaß *n*, Raumnutzfläche *f*
net section Nettoquerschnitt *m*, Nutzquerschnitt *m*
net site area effektive Baustellenfläche *f*, tatsächlich zur Verfügung stehende Baustellenfläche *f (ohne Straßen)*
net tracery *(Arch)* Netzmaßwerk *n*
net transformed section *(Konst)* Nettoquerschnitt *m*
net vault *(Konst)* Netzrippengewölbe *n*, Rautengewölbe *n*
net weight *(Stat)* Nettogewicht *n*, Reingewicht *n*
net width *(Konst)* Nutzbreite *f*
netlike netzförmig
netlike stone soil netzartiger Steinboden *m*
netting Geflecht *n*; Netzbildung *f*
netwide *(Verk)* netzweit
network 1. *(El, San)* Netz *n*, Versorgungsnetz *n*, Leitungsnetz *n*; 2. *(Te)* Netzwerk *n (Planung)*; Netzplandiagramm *n*; 3. *(RP, Verk)* Straßennetz *n*
network analysis *(Te)* Netzwerkanalyse *f*, Netzplantechnik *f*
network cupola Netzwerkkuppel *f*
network density *(Verk)* Netzdichte *f (Straße)*
network diagram *(Te)* Netzwerkdiagramm *n*
network former Netzwerkbildner *m (Glas)*
network junction point *(Verk)* Netzknoten *m*
network layout *(Te)* Netzplan *m*
network of cracks Rissnetzwerk *n*, Rissbild *n*, Rissanordnung *f*
network of piping *(WVA)* Rohrnetz *n*, Rohrleitungsnetz *n*
network of sewers *(WVA)* Kanalisationsnetz *n*
network planning Netzwerkplanung *f*, Netzwerktechnik *f*
network signal control *(Verk)* Netzsteuerung *f*
network structure Netzwerkgefüge *n*
neural *(Verk)* neuronal
neural network *(Verk)* neuronales Netzwerk *n*
neutral neutral
neutral axis 1. neutrale Achse *f* [Linie *f*], Nullachse *f*, Nulllinie *f*; neutrale [spannungsfreie] Faser *f (Festigkeitslehre)*; 2. *s.* neutral wire
neutral conductor *(El)* Nullleiter *m*
neutral fibre *(Stat)* neutrale Faser *f*, spannungslose Faser *f*
neutral line *s.* neutral axis
neutral plane *(Stat)* Neutralebene *f*
neutral point Nullpunkt *m*; Neutralpunkt *m (beim Biegen)*
neutral position *(Stat)* Ruhelage *f*, Gleichgewichtslage *f*
neutral pressure *(Stat)* neutrale Spannung *f*
neutral range Neutralbereich *m*
neutral soil *(Bod)* neutraler Erdstoff *m (pH-Wert 6,6-7,3)*
neutral state *(Stat)* neutraler Zustand *m*
neutral surface *(Stat)* neutrale Ebene *f*, Mittelfläche *f*, neutrale Spannungsfläche *f (eines Trägers)*
neutral wire *(El)* Mittelpunktsleiter *m*, Nullleiter *m*
neutralization *(BM, WVA)* Neutralisierung *f*
neutralize *v* neutralisieren, abstumpfen *(Oberflächen)*
neutralizer Neutralisationsmittel *n*
neutralizing agent Neutralisationsmittel *n*
Neville bridge girder *(Br, TK)* Neville'scher Brückenträger *m*
new Austrian tunnelling method neue österreichische Tunnelbauweise *f (NÖTB)*
new block *(Arch)* Neubau *m*, neues Gebäude *n*
new brutalism *(Arch)* Neuer Brutalismus *m*
new building Neubau *m*
New Empiricism *(Arch)* Neuer Empirismus *m (in Skandinavien ca. 1940 ff.)*

New England method *(SB, Te)* rationelles Mauern *n*
new finish (paint) *(OB)* Neuanstrich *m*
new flat *(Konst)* Neubauwohnung *f*
New Formalism *(Arch)* Neuer Formalismus *m (Wiederanwendung klassischer Stilelemente)*
new growth area *(RP)* Neubaugebiet *n*
new house Neubau *m*
new housing construction *(Arch, RP)* Wohnungsneubau *m*
new objectivity *(Arch)* Neue Sachlichkeit *f (Architekturstil)*
new plant neue Betriebsanlage *f*
new town 1. *(RP)* Neue Stadt *f*, New Town *(nach 1946 in England entstanden zur Entlastung großstädtischer Ballungsgebiete)*; 2. *(RP)* Neustadt *f*
new urban neighbourhoods *(RP)* Stadterweiterungen *fpl*
new wood *(BM, Hb)* unbearbeitetes Holz *n*
newel 1. *(Hb)* Treppenpfosten *m*, Antrittspfosten *m*, Austrittspfosten *m*, Treppensäule *f*, Baluster *m*; 2. *(Hb)* Spindel *f*, Mönch *m (einer Treppe)*
newel cap 1. Treppenpfostenkopf *m*; 2. Spindelkappe *f*
newel collar *(Hb)* Treppenpfostenschaft *m*
newel joint *(Hb)* Treppenpfosten-Handlauf-Verbindung *f*
newel post 1. *s.* newel 1.; 2. Brückenbaluster *m*, Balustersäule *f (zwischen Brückenüberbau und Widerlagerflügel)*
newel stairs Wendeltreppe *f*; Spindeltreppe *f*
newly-made frisch gefertigt, roh gefertigt
newly-made brick Ziegelrohling *m*, Ziegelfrischling *m*
newly-made slab frisch gegossene [geformte] Platte *f*, Plattenfrischling *m*, Plattenformling *m*
newly-placed concrete frisch eingebauter Beton *m*
news board *(BM)* Graupappe *f*
news kiosk Zeitungskiosk *m*
nib Spitze *f*; Nase *f (z. B. am Dachziegel)*
nib guide [rule] Holzleistenlehre *f* für Putzarbeiten, Putzlehre *f (Deckengesims)*
nibbed tile Dachziegel *m* mit Nase
nibble *v (Te)* nibbeln, aushauen, ausschneiden *(schmale Streifen)*
niche 1. Nische *f*, Mauervertiefung *f*; Raumnische *f (z. B. für Skulpturen)*; 2. ökologische Nische *f*
niche pediment *(Konst)* Nischendreieck *n*
niche-vaulting Nischengewölbe *n*
nick *v* (ein)kerben, einschneiden; schlitzen
nick Kerbe *f*, Schnitt *m*, Einschnitt *m*; Schlitz *m*
nick-band test *(BM, St)* Kerbbiegeprüfung *f (Stahl)*
nicked-bit finish *(OB, SB)* Rillen(schlag)oberfläche *f (Naturstein)*
nickel *v* vernickeln
nickel alloy steel *s.* nickel steel
nickel-bearing nickelhaltig
nickel flash *(OB)* dünne Nickelschicht *f*
nickel oxide coating Nickeloxidbeschichtung *f*
nickel plated *(OB)* vernickelt
nickel plating Vernickeln *n*
nickel sheet *(BM)* Nickelblech *n*
nickel silver Neusilber *n*
nickel steel *(BM, St)* Nickelstahl *m*, nickellegierter Stahl *m*
nickelous nickelhaltig
nicker Steinmetzmeißel *m*
nickpoint *(Konst)* Knickpunkt *m (im Gefälle)*
nicks Kerbung *f*
nidge *v (SB, Te)* scharrieren *(mit Hammer)*
nidged *(OB)* scharriert
nidged ashlar scharrierter Naturstein(block) *m*
nidging chisel *(BWG, SB)* Scharriereisen *n*
nig *v s.* nidge
nigger head Katzenkopf *m*, Pflasterkopfstein *m*, Kopfstein *m*
nigging chisel *s.* nidging chisel
night bolt 1. *(EB)* Nachtriegel *m*; 2. *s.* night latch
night current *(El)* Nachtstrom *m*
night economy Nachtabsenkung *f (Heizung)*
night illumination *(El)* Nachtbeleuchtung *f*
night latch *(EB)* Nacht(riegel)schloss *n (von innen mittels Drehknopf, von außen mittels Schlüssel zu betätigen)*
night lighting *(El)* Nachtbeleuchtung *f*
night lock *s.* night latch
night shift Nachtschicht *f*
night soil *(Umw, WVA)* Fäkalienschlamm *m*
night storage heater *s.* night-time storage heater
night storage heating *(El)* Nachtspeicherheizung *f*, Nachtstromspeicherheizung *f*, Speicherheizung *f*
night-time storage heater Nachtspeicherheizgerät *n*
night vent Entlüftungsfensterklappe *f (eines Schiebefensters)*
nip *v* kneifen, klemmen
nip *v* **off** abkneifen, abzwicken, abkappen
nip *(BT)* Verdrückung *f*, Verquetschung *f*
nip roller Andruckwalze *f (Oberflächenauftrag)*
nippers 1. Kneifzange *f*, Beißzange *f*; 2. Steinzange *f*, Steingreifer *m*, Hebezange *f (Hebevorrichtung)*
nipping Vorknicken *m (Scharnier)*
nipple Nippel *m*, Anschlussstück *n*, Anschluss *m*; Schraubverbindung *f*
Nissen hut Nissenhütte *f*, halbrunde Wellblechbaracke *f* mit Zementboden *(z. B. als Behelfsunterkunft)*
nitralloy *(BM, St)* Nitrierstahl *m (Stahl für Nitrierhärtung)*
nitrate Nitrat *n*
nitrate of lime *(BM)* Kalksalpeter *m*, salpetersaurer Kalk *m*
nitre Kaliumnitrat *n*, Kalisalpeter *m*, Salpeter *m*
nitric acid Salpetersäure *f*
nitride *v* nitrieren, nitrierhärten *(Stahl)*
nitride Nitrid *n*
nitride refractory material Nitriterzeugnis *n*
nitrided steel nitriergehärteter [nitrierter] Stahl *m*
nitrided surface nitrierte Oberfläche *f*
nitriding Nitrieren *n*, Nitrierhärtung *f*, Stickstoffhärtung *f*
nitriding steel *(St)* Nitrierstahl *m*, Stahl *m* für Nitrierhärtung
nitrile(-butadiene) rubber *(BM)* Nitrilkautschuk *m*, Nitrilgummi *m*
nitro Nitro...
nitro dyestuff *(BM, OB)* Nitrofarbstoff *m*
nitrobenzole Nitrobenzol *n*
nitrocellulose Cellulosenitrat *n*, Schießbaumwolle *f*
nitrocellulose lacquer Cellulosenitratlack *m*, Nitrolack *m*
nitrocellulose paint *(BM, OB)* Nitrofarbe *f*
nitrocellulose stopper Cellulosenitratspachtel *m*, Nitrocellulosespachtelmasse *f*
nitrocotton *(Erdb, Tun)* Schießbaumwolle *f*
nitrogen-bearing stickstoffhaltig
nitrogen case-hardening Stickstoffhärten *n*, Nitridhärten *n*, Nitrieren *n (Stahl)*
nitrous salpetrig
nitty-gritty *(sl)* genaue Einzelheiten *fpl*, Wesentliches *n*
nival soil *(Bod, LB, Umw)* Frostboden *m*
no air Entgasungsmittel *n (Anstrich)*
no-bond prestressing *(Te)* Vorspannen *n* ohne Verbund
no-bond tendon *(BT, Te)* Spannglied *n* ohne Verbund
no-bond tensioning verbundlose Vorspannung *f*
no-crossing (line) *(Verk)* Sperrlinie *f*
no-fines concrete *(BB)* Einkornbeton *m*, Beton *m* ohne Feinkorn, entfeinter Beton *m*, haufwerksporiger Beton *m*
no-go limit Ausschussgrenze *f (Montagetoleranz)*
no overtaking *(Verk)* Überholverbot *n*
no overtaking section *(Verk)* Überholverbotsstrecke *f*
no stopping *(Verk)* Halteverbot *n*
no-through road *(Verk)* Stichstraße *f*, Sackgasse *f*

no weathering exposure *(BM, El)* wettergeschützt
no-x-ing line *(AE) (Verk)* Sperrlinie *f*
nobble *v (AE)* behandeln *(Steine)*
noble antique (style) *(Arch)* repräsentative Antike *f*
noble metal Edelmetall *n*
nodal Knoten...
nodal curve *(Stat)* Knoten(punkts)kurve *f (mathematisch)*
nodal joint *(Konst)* Knoten(punkt)verbindung *f (Fachwerk)*
nodal point Knotenpunkt *m (s. a. node point)*
node 1. *(Konst)* Knoten *m*, Knotenpunkt *m*; 2. *(El)* Leitungsknoten *m*, Verteilungspunkt *m*, Kreuzungspunkt *m*
node equilibrium Knoten(punkt)gleichgewicht *n*
node load *(Stat)* Knoten(punkt)last *f*
node loading *(Stat)* Knoten(punkt)belastung *f*
node moment *(Stat)* Knoten(punkt)moment *n*
node point *s.* node
node point equilibrium *s.* node equilibrium
node point load *s.* node load
node point loading *s.* node loading
node point moment *s.* node moment
node point strength *s.* node strength
node point trajectory *s.* node trajectory
node strength *(Stat)* Knoten(punkt)festigkeit *f*
node trajectory *(Stat)* Knoten(punkt)weg *m*
nodular knotenartig, knotenförmig; knollig, klumpig; kugelig
nodular band knollenartiger Streifen *m*
nodular bedding *(Bod, Erdb)* knollige Schichtung *f*
nodular cast iron *(St)* Sphäroguss *m*, Kugelgraphitguss *m*
nodular limestone *(BM, Bod)* Knollenkalk *m*
nodule *(Bod)* Knolle *f*, Knotte *f*, Druse *f*, Galle *f (Geologie)*
nodulize *v* agglomerieren, körnig [stückig] machen; pelletieren
nog Holzdübelstein *m*; Holzziegel *m*; Holz(dübel)stift *m*; Holzpflock *m*
nogged bay work *(SB)* Fachwerkausmauerung *f*
nogging 1. Ausfachung *f*, Ausfachungsmauerwerk *n*, Ausmauerung *f (Rahmenfelder, Fachwerk)*; 2. *s.* nogging piece
nogging piece *(Hb)* Mauerwerkaussteifungsholz *n*, Riegel *m*, Wandbalken *m*
noise *(DIS)* Lärm *m*; Geräusch *n*
noise abatement *(DIS)* Lärmminderung *f*, Lärmdämpfung *f*; Lärmbekämpfung *f*
noise-abatement zone Lärmschutzzone *f*
noise-absorbent geräuschdämpfend
noise absorber *(DIS)* Schallabsorber *m*
noise attenuation *(DIS)* Lärmdämpfung *f*
noise barrier *(DIS, Verk)* Lärmschutzwall *m*; Lärmschutzsperre *f*
noise bund *(Verk)* Lärmschutzwall *m*
noise control *(DIS, Umw)* Lärmbekämpfung *f*; Lärmschutz *m*, Schallschutz *m*
noise-controlling geräuschdämmend
noise criterion Lärm(pegel)kriterium *n*
noise damping Lärmdämpfung *f*
noise-deadening lärmdämpfend, geräuschdämpfend
noise-development *(Umw)* Lärmentwicklung *f*
noise diagram *(Umw, Verm)* Lärmkarte *f*
noise exposure forecast *(RP, Umw)* Lärmbelastungsprognose *f*
noise floor Grundgeräusch *n*
noise insulation *(DIS, Umw)* Lärmschutz *m*; Schallschutz *m*
noise-insulation class Schallschutzklasse *f*
noise-insulation window *(DIS, Konst)* Schallschutzfenster *n*
noise intensity Geräuschstärke *f*
noise level *(DIS, Umw)* Lärmpegel *m*, Geräuschpegel *m*
noise measurement Geräuschmessung *f*
noise nuisance *(DIS, Umw)* Lärmbelästigung *f*
noise pollution Lärmbelästigung *f*
noise prevention *(DIS)* Schallschutz *m*, Lärmbekämpfung *f*
noise prevention wall *s.* noise protection wall
noise protection *(DIS, Umw)* Lärmschutz *m*
noise protection embankment *(Verk)* Lärmschutzwall *m (Erdaufschüttung, oft bepflanzt)*
noise protection facilities *(Umw)* Lärmschutzanlagen *fpl*
noise protection housing Lärmschutzeinhausung *f*
noise protection systems *s.* noise protection facilities
noise protection wall *(Verk)* Lärmschutzwand *f*, Lärmschutzmauer *f*
noise-reduced *(DIS)* lärmgemindert, lärmarm
noise reduction *(DIS)* Lärmminderung *f*
noise reduction coefficient *(DIS)* Lärmabminderungskoeffizient *m*, Geräuschabsorptionswert *m*, Schallschluckzahl *f (von Schalldämmstoffen)*
noise reduction conception *(DIS, Umw)* Lärmminderungskonzept *n*
noise reduction construction *(DIS, Konst, Umw)* Lärmschutzbauwerk *n*
noise reduction costs Lärmminderungskosten *pl*
noise reduction measure Lärmsanierung *f*, Lärmminderungsmaßnahme *f*
noise research *(DIS, Umw)* Lärmforschung *f*
noise screen Lärmschirm *m*, Lärmschutzzaun *m*
noise source Lärmquelle *f*, Geräuschquelle *f*
noise suppression *(DIS, Umw)* Lärmbekämpfung *f*, Lärmabwehr *f*; Lärmbekämpfung *f*
noise technical lärmtechnisch
noise transmission *(DIS)* Lärmübertragung *f*, Geräuschübertragung *f*
noise zone *(Umw)* Lärmzone *f*
noisy lärmreich
nomenclature *(VR)* Terminologie *f*, Benennungen *fpl*, Bezeichnungen *fpl*
nominal aggregate size *(BM)* Zuschlagkornnenngröße *f*
nominal bore Nennweite *f (Innendurchmesser eines Rohres)*
nominal characteristic Nominalmerkmal *n*
nominal coating thickness *(OB)* Nennschichtdicke *f (Anstrich)*
nominal cover Nennbetondeckung *f*
nominal cross section Nennquerschnitt *m*
nominal diameter Nenndurchmesser *m*, Nennweite *f*; Sollmaß *n*
nominal dimension 1. Mauerwerksteinstärke *f* plus Fugendicke; 2. Nennabmessung *f*, Nennmaß *n*, Normalmaß *n*, Sollmaß *n*
nominal dimension range Normalabmessungsbereich *m*, Nennmaßbereich *m*, Sollmaßbereich *m*
nominal grading curve *(BM)* Idealsiebkurve *f*, Sollsieblinie *f*
nominal grain size Sollkorngröße *f*, nominelle Korngröße *f*
nominal handling rate *(Te)* Baggernennleistung *f*
nominal heating output Nennheizleistung *f*
nominal height Nennhöhe *f*, Sollhöhe *f*
nominal layer thickness *(Konst, OB)* Sollschichtdicke *f*, Sollschichtstärke *f*
nominal line Sollkurve *f*
nominal load Nennlast *f (z. B. von Fahrzeugen)*
nominal load-bearing capacity Nennlast *f*
nominal maximum size Nenngrößtkorn *n*, Sollgrößtkorn *n*
nominal measure 1. *(Konst)* Sollmaß *n*; 2. *(BM, Hb)* Raumaß *n (Holz)*
nominal measurement Nennmaß *n*, Richtmaß *n*
nominal mix spezifisches Betonmischungsverhältnis *n*
nominal output Nennleistung *f*
nominal particle size Sollkorngröße *f*, nominelle Korngröße *f*

nominal pipe size *(Konst)* Rohrnennweite *f*
nominal range Nennbereich *m*, Sollbereich *m*
nominal size 1. Sollmaß *n*, Normalmaß *n*, Sollgröße *f*; 2. Holzschnittmaß *n*, Schnittmaß *n*
nominal stiffness Normalsteifigkeit *f*
nominal strength *(BM)* Nennfestigkeit *f*
nominal stress Nennspannung *f (mechanisch)*; Nennbeanspruchung *f*
nominal system thickness *(OB)* Nennschichtdicke *f (Anstrichsystem)*
nominal thickness Nenndicke *f*
nominal value Nennwert *m*, Sollwert *m*; Nenngröße *f*, Sollgröße *f*
nominal width Nennweite *f*
nominated sub-contractor *(VR)* benannter Subunternehmer *m*
nominated sub-contractor defaults *(VR)* Versäumnisse *npl* des benannten Subunternehmers
nomogram Nomogramm *n*, Funktionsdarstellung *f*; Rechentafel *f*
nomography *(Konst)* Nomographie *f*, geometrische Darstellung *f*
non-abrasiveness *(BM, Verk)* Abriebfestigkeit *f*
non-absorbent hydrophob
non-acceptance *(VR)* Abnahmeverweigerung *f*
non-adherent *(BM, OB)* nicht haftend, locker, lose
non-ageing alterungsbeständig
non-aggressive nicht aggressiv
non-air-entrained concrete Beton *m* ohne Luftporenbildner
non-aqueous nicht wässrig
non-artesian water *(Bod, WVA)* ungespanntes Grundwasser *n*
non-articulated arch *(Konst)* Gewölbe *n* ohne Gelenke
non-attainment area *(AE) (Umw)* luftverschmutzte Zone *f*, Gebiet *n* mit überschrittenen Luft(verschmutzungs)-grenzwerten
non-based building *(Konst)* nicht unterkellertes Gebäude *n*
non-bearing nicht tragend
non-bearing partition nicht tragende Trennwand *f* [Zwischenwand *f*]
non-bearing wall *(SB)* nicht tragende Wand *f*
non-bedded *(Bod, Erdb)* ungeschichtet
non-bent-up reinforcing bar *(BT, TK)* Tragstab *m (Bewehrungszugstab)*
non-biodegradable waste *(Umw)* biologisch nicht abbaubarer Abfall *m*
non-bonded joint *(Konst)* Knirschfuge *f*
non-breakable unzerbrechlich
non-breakable bond unlösliche Haftung *f*, unzerstörbare Haftung *f*
non-bright glanzlos, matt, stumpf
non-built up area *(RP)* nicht bebautes Gebiet *n*
non-carved waterspout Abtraufe *f*, Ansatztraufe *f (einfacher Wasserspeier)*
non-chalking nicht abkreidend, nicht abkalkend, nicht auskreidend
non-changeable load *(Stat)* unveränderliche Last *f*
non-clay block *(BM, Te)* ungebrannter Baustein *m*
non-cohesive *(Bod, Erdb)* nicht bindig; inkohärent, kohäsionslos, nicht kohäsiv
non-cohesive soil *(Bod, Erdb)* nicht bindiger Boden *m*, tonmineralfreier [rolliger] Erdstoff *m*
non-combustibility *(BM)* Nichtbrennbarkeit *f*, Unbrennbarkeit *f*
non-combustible nicht brennbar, unbrennbar
non-combustible construction *(BT, TK)* nicht entflammbare Baukonstruktion *f*
non-combustible material unbrennbarer Stoff *m*
non-combustible roof floor *(TK)* massive Decke *f*
non-combustible uncovered floor *(TK)* Massivdecke *f*, massive Rohdecke *f*
non-compliance Nichteinhaltung *f (Normen)*
non-composite steel flange nicht zusammengesetzter Stahlflansch *m*
non-compostable waste *(Umw)* nicht kompostierbarer Abfall *m*
non-concordant tendons Spannglieder *npl* mit nicht übereinstimmender Kennlinie, nicht zwängungsfreies Spannglied *n*
non-concurrent forces *(Stat)* Kräfte *fpl* mit verschiedenem Schnittpunkt
non-conducting *(El)* nicht leitend, dielektrisch
non-conducting material 1. *(El)* Isoliermasse *f*; nicht leitender Stoff *m*; 2. Wärmedämmstoff *m*
non-conductive nicht leitend
non-conformable *(Bod, Erdb)* diskordant
non-conformance *(Konst, VR)* Nichtübereinstimmung *f*, Nichteinhaltung *f*; Fehler *m*
non-conformance report *(VR)* Mängelbericht *m*, Mängelprotokoll *n*
non-conforming *(VR)* nicht spezifikationsgerecht, nicht bauordnungsgerecht *(Gebäude)*
non-conforming work *(VR)* nicht normengerechte [der Ausschreibung entsprechende] Bauausführung *f*
non-coniferous wood *(BM, Hb)* Laubholz *n*, Hartholz *n*
non-conservative force *(Stat)* nicht konservative Kraft *f*
non-continuous foundation Gründung *f* mit Unterbrechungen
non-conventional material unkonventioneller Baustoff *m*
non-coplanar forces *(Stat)* nicht in einer Ebene liegende Kräfte *fpl*; nicht regelmäßig verteilte Kräfte *fpl*
non-corrodible *s.* non-corroding
non-corroding korrosionsbeständig, korrosionsfest, nicht korrodierend *(Werkstoffe)*
non-corrosive nicht korrosiv, nicht aggressiv, nicht angreifend *(Medium)*
non-crystalline nicht kristallin
non-deducted opening *(Konst, WVA)* übermessene Öffnung *f*
non-deductible opening übermessbare Öffnung *f*
non-deforming steel *(St)* verzugsfreier Stahl *m*
non-degradable nicht abbaubar, (abbau)resistent *(Schadstoffe)*
non-destructive *(BM)* zerstörungsfrei *(z. B. Betonprüfung)*
non-destructive testing zerstörungsfreie Prüfung *f (von Baustoffen)*
non-developable nicht abwickelbar
non-development area nicht bebaubare Fläche *f*
non-directional *(Stat)* richtungslos
non-domestic *(Konst)* nicht zum Wohnhausbau gehörend
non-domestic development *(RP)* industrielle Bebauung *f*
non-drip paint tropffreie Farbe *f*, nicht tropfender Anstrichstoff *m*
non-drying oil nicht trocknendes Öl *n*, Plastifizierungsöl *n (Anstrich)*
non-ductile undehnbar, unstreckbar
non-dusting nicht staubend
non-ecclesiastical architecture *(Arch)* weltliche Architektur *f*, Profanarchitektur *f*, Profanbaukunst *f*
non-ecclesiastical building *(Arch)* Profanbauwerk *n*, Profangebäude *n*
non-ecclesiastical Gothic style *(Arch)* Profangotik *f*, weltliche Gotik *f*
non-ecclesiastical structures *(Arch)* Profanbauten *mpl*, Profangebäude *npl*
non-elastic *(BM)* unelastisch, plastisch

non-elastic behaviour *(BM, BT)* unelastisches Verhalten *n*
non-elastic deformation plastische Verformung *f*, plastische Formänderung *f*, Kriechformänderung *f*
non-elastic range *(BM)* unelastischer Bereich *m*, nicht elastischer Bereich *m*, plastischer Bereich *m*
non-elastic strain *(BM)* Kriechdehnung *f*, plastische Dehnung *f*
non-electric-delay blasting cap mechanische Verzögerungssprengkapsel *f*
non-equilibrium instabil
non-equilibrium Ungleichgewicht *n*
non-evaporable water *(BM)* chemisch gebundenes Wasser *n*
non-fading nicht verblassend
non-ferrous *(BM, WVA)* eisenfrei, nicht eisenhaltig; Nichteisen..., NE-...
non-fibrated faserfrei, ungefasert, nicht faserverstärkt, ohne Faserzusatz
non-flammability *(BM, BT)* Nichtentflammbarkeit *f*, Flammbeständigkeit *f*
non-flammable nicht entflammbar, flammbeständig
non-freeze sprinkler system frostgeschützte [frostsichere] Feuerlöschanlage *f*
non-fulfilment *(VR)* Nichterfüllung *f*
non-functional *(Konst)* zweckfrei
non-fusible unschmelzbar
non-glare glass *(AE)* *(BM)* Blendschutzglas *n*, abblendendes Glas *n*
non-hardening dauerplastisch
non-hinged eingespannt, gelenklos
non-homogeneous *(BM)* inhomogen, nicht homogen
non-homogeneous plastic body inhomogener plastischer Körper *m*
non-homogeneous state of stress *(Stat)* nicht homogener Spannungszustand *m*
non-hydraulic lime Luftkalk *m*, an der Luft erhärtender Kalk *m*
non-hydraulic mortar *(BM, SB)* Luftmörtel *m*
non-inflammable *s.* non-flammable
non-linear nicht linear
non-linear distribution *(Stat)* nicht lineare Verteilung *f*
non-linear elastic theory *(Stat)* nicht lineare Elastizitätstheorie *f*
non-linear problem *(Stat)* nicht lineare Aufgabe *f*
non-linear structure *(Konst)* nicht lineares Bauwerk *n*
non-linear theory *(Stat)* nicht lineare Theorie *f*
non-linearly elastic body nicht-linear-elastischer Körper *m*
non-load-bearing *(BT)* nicht tragend
non-load bearing façade *(BT)* nicht tragende Fassade *f*
non-load bearing panel *(BT)* nicht tragende Tafel *f*
non-load-bearing partition *(BT, Konst)* nicht tragende Zwischenwand *f*
non-load-bearing wall *(BT, Konst)* nicht tragende Wand *f*
non-metallic nicht metallisch
non-metallic element nicht metallisches Element *n*
non-metallic minerals industry *(BM, BWG)* Steine- und Erdenindustrie *f*
non-miscible nicht mischbar
non-opening window *(Konst)* Festfenster *n*
non-oriented nicht orientiert, richtungslos
non-oxidizing *(BM, OB)* nicht oxidierend
non-passive *(OB)* nicht passiv *(Korrosion)*
non-pigmented unpigmentiert
non-planar frame *(Konst)* Rahmen *m* nicht in einer Fläche
non-plastic *(Bod, Erdb)* rollig
non-plastic clay *(BM, Bod)* nicht plastischer Ton *m*
non-poisonous *(BM, Umw)* ungiftig
non-porosity Porenlosigkeit *f*
non-porous porenfrei
non-potable water *(WVA)* Brauchwasser *n*
non-prestressed *(Konst)* schlaff bewehrt
non-prestressed reinforcement *(BB, Konst)* schlaffe [nicht vorgespannte] Bewehrung *f (im Spannbeton)*
non-productive time *(VR)* Gemeinkostenzeit *f*
non-profit housing company *(VR)* gemeinnützige Wohnungsbaugesellschaft *f*
non-protected ungeschützt
non-protective nicht schützend
non-recoverable nicht elastisch rückstellend, nicht selbstrückstellend
non-recoverable timbering *(Hb)* verlorener Holzeinbau *m*
non-reflecting reflexfrei
non-reflecting glass reflexfreies Glas *n*
non-reinforced *(BT, Konst, TK)* nicht bewehrt, unbewehrt
non-renewable nicht regenerierbar, nicht erneuerbar
non-renewable fuse *(El)* Schmelzsicherung *f*, Patronensicherung *f*
non-return valve *(HLK, WVA)* Rückschlagventil *n*, Rückschlagklappe *f*
non-reverberant nachhallfrei
non-rigid 1. nicht starr; verschiebbar; 2. weich *(Kunststoff)*
non-rigid floor biegeweiche Decke *f*
non-rigid pavement *(Verk)* nicht starre Decke *f (Straße)*
non-rusting rostfrei, nicht rostend
non-saline salzfrei
non-saturated ungesättigt *(Boden)*
non-shattering glass *(BM)* splitterfestes Glas *n*, Sicherheitsglas *n*
non-shrink schwindfrei
non-simple truss *(Konst)* nicht einfaches Fachwerk *n*
non-simultaneous prestressing individuelles Nachspannen *n (Bewehrung)*
non-skid rutschsicher; griffig
non-skid flooring rutschfester Bodenbelag *m*
non-skid paint *(OB)* rutschfeste Farbe *f*, Gleitschutzanstrich *m*
non-skid property *(OB, Verk)* Griffigkeit *f*
non-skid surface *(OB, Verk)* griffige Oberfläche *f*
non-skidding *s.* non-skid
non-slip *(OB)* rutschfest; gehsicher
non-slip paint *s.* non-slippery paint
non-slippery paint Gleitschutzanstrich *m*, rutschfester Anstrich *m*, Gleitschutzfarbe *f*
non-sloping *(Bod)* gefällelos
non-soluble nicht löslich
non-solvent inaktives Lösungsmittel *n*
non-soundproof *(DIS)* nicht schalldicht, nicht schallgedämpft
non-spinning rope *(BT, TK)* drallfreies Seil *n*
non-stable nicht stabil
non-staining mortar alkaliarmer [nicht aggressiver] Mörtel *m*, Mörtel *m* mit geringem freien Alkaligehalt
non-standard profile *(BM, VR)* nicht genormtes Profil *n*
non-stationary nicht stationär
non-storage calorifier *(San)* Durchlauferhitzer *m*
non-stranded rope drallfreies Seil *n*
non-stressed *(BT)* ungespannt, spannungsfrei
non-structural nicht tragend
non-structural top screed *(BB, Konst)* Aufbeton *m*, Überbeton *m*
non-supporting statisch nicht mitwirkend, nicht tragend
non-susceptible unempfindlich, nicht anfällig
non-sway unverschieblich
non-sway frame *(Konst, TK)* unverschieblicher Rahmen *m*
non-swelling quellfest, quellbeständig
non-symmetric unsymmetrisch
non-symmetrical unsymmetrisch

non-symmetrical loading *(Stat)* unsymmetrische Belastung *f*
non-symmetry *(Arch)* Unsymmetrie *f*, Asymmetrie *f*
non-tarnishing anlaufbeständig
non-tension *(BT, TK)* zugentlastet
non-tensioned reinforcement schlaffe [nicht vorgespannte] Bewehrung *f*
non-toxic *(BM, Umw)* ungiftig, giftfrei
non-treated unbehandelt
non-trussed purlin roof *(Konst, TK)* strebenfreies Plattendach *n*
non-twisted unverwunden
non-uniform ungleichmäßig, ungleichförmig
non-uniform load *(Stat)* ungleichmäßig verteilte Last *f*
non-uniform movement ungleichförmige Bewegung *f*
non-uniformity *(BM, BT)* Ungleichmäßigkeit *f*
non-ventilated flat roof *(DIS, Konst)* Warmdach *n*, einschaliges Flachdach *n*
non-viscous dünnflüssig, nicht zähig
non-vitreous tile Fliese *f* mit großer Wasseraufnahmefähigkeit
non-volatile nicht flüchtig *(z. B. Anstrich)*
non-washable distemper Leimfarbe *f*
non-waste technology *(Te)* saubere Technologie *f*, umweltfreundliche Technologie *f*
non-weight-carrying nicht tragend, statisch nicht mitwirkend
non-wettable *(OB)* unbenetzbar
non-workable unverformbar; unverarbeitbar
non-woven fabric *(BM)* Faservlies *n*, Vlies *n*
non-woven material *(BM)* Vlies *n*
non-yellowing vergilbungsfrei, nicht vergilbend
nook *(Konst)* Raumnische *f*, einspringende Ecke *f*; Alkoven *m (z. B. für Essecke, Kamin)*
noose Schlinge *f*, Öse *f*, Auge *n*
noraghe *(Arch)* Nuraghe *f*, rundes Steinhaus *n (prähistorisches Sardinien)*
norite Norit *m*, Noritporphyrit *m (magmatisches Ganggestein)*
normal 1. normal; Normal..., Standard...; regulär; 2. senkrecht, lotrecht
normal 1. *(Stat)* Normale *f*, Senkrechte *f*, Lotrechte *f*; 2. Mittelwert *m (statistische Qualitätskontrolle)*
normal bond *(SB)* Regelverband *m*
normal butt joint *(Konst)* normale Stoßverbindung *f*
normal component *(Stat)* Normalkomponente *f*
normal concrete Normalbeton *m*, Schwerbeton *m*
normal conditions *(Konst, Stat)* Normalbedingungen *fpl*
normal consistency verarbeitungsgerechte Betonkonsistenz *f*
normal consolidation *(Bod)* Normalverformung *f (Boden)*
normal crossing *(Verk)* einfache Gleiskreuzung *f*
normal dimension Normalabmessung *f*, Normalmaß *n*
normal distribution Normalverteilung *f (Verteilungsfunktion)*
normal effective stress *(Stat)* effektive Normalspannung *f*
normal factory production *(Te)* Serienbau *m*, Serienfertigung *f*
normal fault Sprung *m*, Verwerfung *f (im Gestein)*
normal force *(Stat)* Normalkraft *f*, Normalkomponente *f* der Kraft
normal format 1. Normalformat *n*, NF *(von künstlichen Bausteinen, 24 × 12 × 6 cm)*; 2. *s.* normal format brick
normal format brick normalformatiger Ziegel *m*
normal haul *(Erdb, VR)* Erdbewegung *f (eingeschlossen im Bauangebot)*
normal height underpass *(Verk)* normenhöhengerechte Unterführung *f*
normal level *(Bod, Wsb)* Normalwasserstand *m*
normal load *(Stat)* Normallast *f*
normal masonry bond *(SB)* Regelverband *m*
normal mode *(Stat)* Eigenfunktion *f (mechanischer Körper)*
normal radius of curve normaler Krümmungsradius *m*
normal section 1. *(St)* Normalprofil *n (Walzstahl)*; 2. *(Verk)* Regelquerschnitt *m (Straße, Schiene)*
normal-setting *(BT)* halbstabil, mittelschnell brechend *(Bitumenemulsion)*
normal-sized sign *(Verk)* Verkehrszeichen *n* in Normengröße
normal stress *(Stat)* Normalspannung *f*
normal temperature and pressure *(Umw)* Normalbedingungen *fpl*, Normaltemperatur *f* und -druck *m (0 °C und 101,325 kPa)*
normal tensile stress *(Stat)* Normalzugspannung *f*
normal test cube *(BB, BM)* Regelwürfel *m (Betonprüfung)*
normal voltage *(El)* Normalspannung *f*
normal-weight concrete *(BB, BM)* Normalbeton *m*, normaler Schwerbeton *m*
normalize *v* normalisieren, normalglühen *(Stahl)*
normally reinforced *(Konst)* schlaff bewehrt
Norman arch *(Arch)* normannischer Bogen *m*, Rundbogen *m*
Norman architecture *(Arch)* normannische Architektur *f*
Norman Gothic style *(Arch)* normannische Gotik *f*
Norman style *(Arch)* normannischer Stil *m*
Normandy joint *(Konst)* Muffensteckverbindung *f*
normative normativ, Normen setzend
normative document *(Konst, VR)* normatives Dokument *n (Normen, technische Spezifikationen, Vorschriften, Richtlinien usw.)*
normative reference Bezugsnorm *f*, Verweis *m* auf Normen, Spezifikationen und Prüfvorschriften
North Italian Quattrocento *(Arch)* Quattrocento *n*
north-light *(Konst)* Sheddachfenster *n*
north-light cylinder segment roof Tonnenschalen-Sheddach *n*
north-light girder *(Konst, TK)* Shed(dach)träger *m*
north-light prestressed shell *(BT, Konst, TK)* Spannbetonshedschale *f*
north-light roof *(Konst, TK)* Sheddach *n*, Sägezahndach *n*
north-light roof building *(Arch, Konst)* Sheddachgebäude *n*
north-light shell *(TK)* Shedschale *f*
north-light truss Sägedachbinder *m*
north lighting Nordbeleuchtung *f*
north lighting orientation *(Verm)* Nordorientierung *f*
Norton well *(Bod, Erdb, WVA)* Tiefbrunnen *m*
Norwegian construction concept *(Br, Te)* norwegische Baukonzeption *f (Brückenfreivorbau)*
Norwegian rail system *(Br, Te)* norwegisches Vorbauwagensystem *n (Brücke)*
nose 1. Nase *f*, Ansatz *m*; 2. Traufleiste *f*
nose key *(BT)* Splintsicherungskeil *m*
nose of the last step Austrittstufe *f*
nose section *(Konst)* Nasenprofil *n*
nosing 1. (abgerundete) Kante *f (z. B. einer Sohlbank)*; Ausladung *f*; 2. Stufenüberstand *m*, Treppenüberstand *m*; 3. Winkeleckleiste *f*; Kantenschutzleiste *f*, Kantenschutz *m*
nosing line *(Konst)* Stufenkantenlinie *f*, Treppensteigungslinie *f*
nosing strip Stufenkantenprofilstreifen *m*
notation 1. *(VR)* Kennzeichnung *f*, Bezeichnung *f*; 2. *(Stat)* Darstellung *f (Berechnung)*
notch *v* 1. *(Hb, Te)* (ein)kerben, einschneiden, schlitzen; ausklinken; 2. *(Hb)* ausblatten, aussparen; 3. *(Hb)* verzapfen, einzapfen, verzahnen
notch 1. Kerbe *f*, Einkerbung *f*, Schnitt *m*, Einschnitt *m*,

Schnittfuge *f*; Ausklinkung *f (Blech, Platte)*; 2. Versatz *m (räumlich)*; 3. *(Wsb)* Scharfkantwehr *n*
notch-bend test *(BM, St)* Kerbschlagbiegeversuch *m*
notch board *(Hb)* Treppenwange *f (Holzwange)*
notch brittleness *(St)* Kerbsprödigkeit *f*
notch depth Kerbtiefe *f*
notch effect Kerbwirkung *f*
notch fracture strength Bruchzähigkeit *f*
notch impact strength *(St)* Kerbschlagfestigkeit *f*, Kerbschlagwert *m*
notch joint *(Konst)* Kerbverbindung *f*
notch joist ausgeklinkter Querbalken *m*, gezapftes Querholz *n*
notch ornament *(Arch)* Kerbornament *n*
notch sensitive kerbempfindlich
notch strength *(BM)* Kerbfestigkeit *f*
notch stress Kerbspannung *f*
notch trowel *(BWG)* Zahnkelle *f*
notched gekerbt
notched area Kerbbereich *m*
notched bar *(BT, Konst)* Kerbstab *m*
notched bar test *(St)* Kerbschlagversuch *m*, Kerbschlagprobe *f*
notched moulding Kerbornament *n*
notches chisel *(BWG)* Zahneisen *n (Steinmetzwerkzeug)*
notching 1. *(Konst)* Kerbung *f*, Einkerbung *f*; 2. *(Hb)* Einzapfen *n*, Verzapfen *n*; 3. *(Hb)* Hakenblatt *n*, Überplattung *f (Zimmerung)*; 4. *(Verk)* Terrassen(stufen)bau *m*, Abtreppungsausbildung *f (Verkehrsstraße)*
notching cutter *(BWG)* Falzfräser *m*
note Anmerkung *f*, Note *f*
note of authorization *(VR)* Zulassungsbescheid *m*
nothing doing *(sl)* unter keinen Umständen
notice 1. *(VR)* Anzeige *f*; Mitteilung *f*, Bekanntmachung *f*; 2. Kündigung *f*
notice board 1. Anschlagbrett *n*; 2. Warntafel *f (Baustelle)*
notice of award *(VR)* Auftragsschreiben *n*
notice of determination *(VR)* Bestimmungsbescheid *m*
notice to bidders *(VR)* Bekanntmachung *f* einer Ausschreibungsentgegennahme
notice to leave *s.* notice to quit (the flat)
notice to proceed *(VR)* Auftragserteilungsschreiben *n*
notice to quit (the flat) *(VR)* Wohnungskündigung *f*
notices Anzeigen *fpl*
notification Bekanntmachung *f*, Notifizierung *f*
notion *(RP)* Vorstellung *f*, Idee *f (Bebauungskonzeption)*
notion of style *(Arch)* Stilbegriff *m*, Stilkonzeption *f*
notional building *(Arch)* theoretisches Gebäude *n*
novelty flooring ungewöhnliches [neuartiges] Fußbodenmuster *n*
novelty siding *(Hb, Konst, OB)* Tropfbrettverschalung *f (Wetterschutzschale für Außenwände)*
nozzle 1. Ansatz *m*, Ansatzrohr *n*; Stutzen *m*; 2. Ausflussende *n*; Ausflussdüse *f*; Zapfventil *n*
NPV *s.* net present value method
NRC *s.* noise reduction coefficient
nub Knoten *m*; Knopf *m*; Vorsprung *m*; Fleck *m*
nuclear *(Umw)* nuklear, atomar, kerntechnisch
nuclear density meter *(BM)* radiometrisches Dichtemessgerät *n*
nuclear power plant *(BWG, Umw)* Kernkraftwerk *n*, Atomkraftwerk *n*
nuclear reactor *(BWG)* Kernreaktor *m*
nuclear shielding concrete *(BB)* Strahlenschutzbeton *m*
nuclear waste storage *(Umw)* Kernabfalllagerung *f*, Atommülllagerung *f*
nude of a frame *(Konst)* Nacktes *n* einer Zarge
nug Knolle *f*; Block *m (geologisch)*
nugget 1. Schweißpunkt *m (Punktschweißen)*; 2. Brocken *m*, Bruchstück *n*
nuisance *(Umw)* Belästigung *f*, Missstand *m*
nuisance control *(Umw)* Belästigungsüberwachung *f*
null ungültig, nichtig
null and void *(VR)* null und nichtig
nulling quadratisches Ornamentteil *n*
number Stückzahl *f*
number designation *(Stat)* Zahlenbezeichnung *f*
number in each Anzahl *f* der Positionen *(Stahlliste, Biegeliste)*
number of air changes *(HLK)* Luftwechselzahl *f*
number of bays *(Konst)* Felderzahl *f (Decke)*
number of degrees of freedom *(Stat)* Zahl *f* der Freiheitsgrade
number of elements *(Konst)* Gliedzahl *f*, Stabzahl *f*
number of house properties *(RP)* Hausbestand *m*
number of inhabitants *(RP)* Einwohnerzahl *f*
number of loading cycles *(Stat)* Lastspielzahl *f*
number of members Gliedzahl *f*, Stabzahl *f*
number of movements *(Verk)* Anzahl *f* der Fahrzeugbewegungen
numbering Bezifferung *f*
numerical analysis *(Stat)* numerische Analyse *f*
numerical calculation *(Stat)* numerische Berechnung *f*
numerical method *(Stat)* numerische Methode *f*
numerical model *(Stat)* numerisches Modell *n*
numerical table Zahlentafel *f*
numerical theory *(Stat)* numerische Theorie *f*
numerical value *(Stat)* numerischer Wert *m*, Zahlenwert *m*
nunnery *(Arch)* Kloster *n*; Nonnenkloster *n*
nunnery church *(Arch)* Nonnenkirche *f*
nuraghe *s.* noraghe
nursery 1. *(Konst)* Kinder(spiel)zimmer *n*; 2. Kindertagesstätte *f*; Kinderkrippe *f*; 3. Baumschule *f*
nursery school Kindergarten *m*; Vorschule *f*
nurses' hotel Schwesternwohnheim *n*
nursing home *(Arch, Konst)* Pflegeheim *n*
nut Mutter *f*, Schraubenmutter *f*
nutate *v* sich neigen, wanken
nuts and bolts *(sl)* wichtige Details *npl*, wichtige Einzelheiten *fpl*
nutwood *(BM, Hb)* Nussbaumholz *n*
nylon cloth *(BM)* Nylongewebe *n*
nylon grille Nylon(schutz)gitter *n (Insektenschutz)*
nylon hawser *(BM)* Nylontrosse *f*
nymphaeum *(Arch)* Nymphäum *n*, Nymphensaal *m (dekorierter Pflanzen- und Skulpturraum der Antike)*

O-ring *(BT, San, WVA)* Vollgummiring *m*
oak 1. *(LB)* Eiche *f*; 2. *s.* oak wood
oak flooring *(Hb)* Eichenfußboden *m*
oak parquet *(BM)* Eichenholzparkett *n*
oak shingle *(BM)* Holzschindel *f*
oak slat fence Eichenlattenzaun *m*, Eichenstakete *n*
oak stake fence *(LB)* Eichenlattenzaun *m*, Eichenstakete *n*
oak strip floor covering Eichenriemchenbelag *m*, Eichenriemenfußbodenbelag *m*
oak threshold Eichenschwelle *f*
oak timber *(BM, Hb)* Eichen(bau)holz *n*

O

oak varnish hellgelber Innenlack *m*
oak wood Eichenholz *n*
oakum *(San)* Werg *n*
oakum thread Wergdichtung *f*
oast(-house) *(Arch, Konst)* Darrhaus *n*
oatmeal wallpaper Raufasertapete *f*, Holzmehltapete *f*
obelisk *(Arch)* Obelisk *m*, Spitzsäule *f*; Ehrenpfeiler *m*, Gedenkpfeiler *m*
object *v* beanstanden, zurückweisen *(z. B. Bauvertragsabweichungen)*
objection *(VR)* Einwand *m*, Einspruch *m*
objective *(VR)* Ziel *n*, Zweck *m*
objective-orientated objektivorientiert
objectivization *(Arch)* Objektivierung *f*
obligation/without *(VR)* unverbindlich
oblique 1. *(Arch)* schief, schiefwinklig *(Geometrie)*; 2. schräg
oblique angle *(Verm)* schiefer Winkel *m*
oblique-angled schiefwinklig
oblique-angled pipe junction *(San, WVA)* Rohrseitenabzweig *m*, Rohrabzweig *m*
oblique-angled slab schiefwinklige Platte *f*
oblique arch *(Arch)* Schiefbogen *m*, schiefwinkliger Bogen *m*
oblique barrel vault *(Arch, Konst)* schiefes Tonnengewölbe *n*
oblique bond Festungsverband *m*
oblique bridge *(Br)* schiefe [schiefwinklige] Brücke *f*
oblique butt (joint) *(Hb)* schräger Stoß *m*
oblique coordinates *(Verm)* schiefwinklige Koordinaten *fpl*
oblique crack Schrägriss *m*
oblique cracking Schrägrissebildung *f*
oblique cut of a hip rafter Backenschmiege *f*
oblique dovetail *(Hb)* schräge Zinke *f*
oblique grain *(Hb)* Diagonalschnitt *m (Holz)*
oblique halved joint with butt ends *(Hb)* schräges Blatt *n*
oblique joint schräge Stoßverbindung *f*; schiefwinklige Fuge *f*
oblique load *(Bod)* Schräglast *f*
oblique notching schiefwinklige Einzapfung *f*, schräge Verzapfung *f*
oblique pile driver *(BWG, Erdb)* Schräg(stützen)ramme *f*
oblique position Schrägstellung *f*
oblique projection *(Konst)* Kavalierperspektive *f*, Schrägprojektion *f*
oblique rib *(LB)* Schrägrippe *f*
oblique rod *(BT, TK)* Diagonale *f*, Schrägstab *m (Stahlbau)*
oblique saddle junction piece *(Wsb, WVA)* Einlass *m* mit schrägen Flansch *(Kanal)*
oblique scarf *(Hb)* schräges Hakenblatt *n*, verbogenes Hakenblatt *n*, französisches Blatt *n*
oblique section schiefwinkliger Querschnitt *m*, Schrägschnitt *m*
oblique strength *(Stat)* Schrägfestigkeit *f*
oblique stripe Schrägstreifen *m*, Schrägschraffierung *f*
oblique suspension rod *(BT, St, TK)* Zugdiagonale *f (Stahlbau)*
oblique system of axes *(Verm)* schiefwinkliges Achsenkreuz *n*
oblique vaulting schiefes Gewölbe *n*
oblique view *(Arch)* Schrägansicht *f*
obliquely bedded *(Bod, Erdb)* schräg geschichtet, schrägschichtig
obliqueness Schiefe *f*
obliquity 1. Schiefe *f (z. B. eines Winkels)*; Schräge *f*; 2. Schrägstellung *f*
oblong 1. länglich, gestreckt, länger als breit; 2. rechteckig, ungleichmäßig viereckig
oblong Rechteck *n*
oblong hole Langloch *n*
oblong opening *(Hb, Konst)* längliche Aussparung *f*
oblongness Langform *f*, längliche Form *f*
obscure *v* mattieren *(Glas)*
obscure durchblickverhindernd, durchsichtshemmend *(Glas)*
obscure glass Mattglas *n*, durchscheinendes Glas *n*
obscured 1. undurchsichtig; mattgeätzt *(z. B. Glas)*; 2. abgedunkelt
obscuring Mattieren *n*; Mattierung *f (Glas)*
obscuring window Mattglasfenster *n*
observation *(VR)* Beobachtung *f*, Überwachung *f*
observation deck *(Konst)* Beobachtungsplattform *f*
observation direction *(El)* Überwachungsrichtung *f (Beleuchtung)*
observation error *(VR)* Beobachtungsfehler *m*
observation floor *(Konst)* Beobachtungsgeschoss *n*
observation gallery *(Konst)* Beobachtungsgang *m*
observation grid *(Verm)* Festpunktnetz *n*
observation line *(Verm)* Messlinie *f*
observation of settlement Setzungsbeobachtung *f*
observation of the (construction) work Bauüberwachung *f*
observation platform Beobachtungsplattform *f*
observation point *(Verm)* Festpunkt *m*
observation room Beobachtungsraum *m*
observation storey *(Konst)* Beobachtungsgeschoss *n*
observation technique *(Verk)* Überwachungstechnik *f*
observation tower Beobachtungsturm *m*
observation well *(Bod, WVA)* Beobachtungsbrunnen *m*
observatory *(Arch, Konst)* Observatorium *n*, Sternwarte *f*; Wetterwarte *f*
observe *v* 1. *(Verm)* messen; 2. beobachten, überwachen; 3. einhalten *(z. B. Spezifikation, Bestimmungen)*
observer's field of view Blickfeld *n (Tageslichtaushellung)*
obsidian *(BM)* Obsidian *m (natürliches Glas)*
obsolescence *(Arch)* funktionelle Veralterung *f*
obsolete veraltet; technisch überholt
obstacle Hindernis *n*, Widerstand *m*, Hemmnis *n*
obstacle to traffic *(Verk)* Verkehrshindernis *n*
obstruct *v* 1. *(San, Wsb, WVA)* verstopfen, blockieren; sperren, versperren; 2. *(Wsb)* stauen, dämmen *(Wasser)*; 3. *(RP)* zubauen *(Fläche)*; verbauen *(Aussicht)*
obstruction *(San, Wsb, WVA)* Verstopfung *f*, Versetzung *f (Wasserstand, Wasserleitung)*; Sperrung *f*; Hindernis *n*
obstruction lake *(Wsb)* Stausee *m*
obstruction of vision *(Konst, RP)* Sichtbehinderung *f*
obstructive blockierend, versperrend, verstopfend; hemmend
obstructive layer *(Bod, Erdb)* Sperrschicht *f*
obtain *v* **a loan** *(VR)* Baukredite aufnehmen
obturate *v* verschließen
obturator Verschluss *m*; Abdichtung *f*
obtuse stumpf
obtuse angle *(Stat, Verm)* stumpfer Winkel *m*
obtuse angle arch *(Konst)* stumpfwinkliger Rundbogen *m*, flacher Spitzbogen *m*, gedrückter Bogen *m*
obtuse angular joint *(Konst)* stumpfwinklige Fuge *f*
obtuse arch gedrückter Bogen *m*
obtuse quoin of wall *(SB)* stumpfe Mauerkante *f*
occlude *v* 1. verschließen, verbauen, verstopfen *(z. B. Öffnungen, Durchgänge)*; 2. verschließen, abschließen *(Leitungen)*; 3. absorbieren, einschließen *(Stoffe)*
occlusion Verstopfung *f*
occupancy *(VR)* Gebäudenutzung *f*, Nutzung *f* eines Gebäudes, Belegung *f*; Besetzungsgrad *m*
occupancy category *(Verk)* Belegungsklasse *f (Straße)*
occupancy chart *(RP, Verk)* Verkehrsmengenkarte *f*, Belegungskarte *f*
occupancy coefficient *(Verk)* Belegungskoeffizient *m*

O

occupancy load *(Stat)* Nutzlast *f*, Gebrauchslast *f*
occupancy of dwelling Wohnungsbelegung *f*
occupancy permit *(VR)* Nutzungsgenehmigung *f*
occupancy rate Wohn(raum)belegung *f*, Wohnraumauslastungsrate *f*; Belegungsdichte *f*, Bewohner *mpl* per Wohneinheit
occupancy survey *(RP)* Belegungsuntersuchung *f*
occupancy time Belegungszeit *f*
occupant Bewohner *m (z. B. eines Hauses)*; Wohnungsinhaber *m*, Benutzer *m*
occupant density *(RP)* Wohndichte *f*
occupant load *(VR)* zulässige Personenzahl *f (eines Gebäudes oder Gebäudeteils)*
occupation 1. Beziehen *n*, Belegen *n (Gebäude)*; 2. Beruf *m*, Tätigkeit *f*
occupational beruflich, am Arbeitsplatz, den Arbeitsplatz betreffend
occupational accident *(VR)* Arbeitsunfall *m*, Betriebsunfall *m*
occupational disease Berufskrankheit *f*
occupational exposure *(VR)* Belastung *f* am Arbeitsplatz
occupational hazard Berufsrisiko *n*
occupational safety *(VR)* Betriebssicherheit *f*; Arbeitsschutz *m*
occupiable bezugsfertig; bewohnbar
occupiable room bewohnbarer Raum *m*
occupied bezogen, belegt
occupy *v* 1. bewohnen; beziehen *(eine Wohnung)*; 2. ausfüllen *(einen bestimmten Raum)*
occur *v* vorkommen, stattfinden *(Ereignis, Störung)*; vorhanden sein *(Bedingung)*; vorkommen, auftreten *(geologische Baustofflagerstätten)*
occurrence 1. *(BM, Bod)* Vorkommen *n (Gestein)*; 2. *(Te)* Auftreten *n (von Störungen)*
occurrence in beds lagerförmiges Vorkommen *n (Gestein, Kies, Sand)*
occurrence in floors *(Bod)* stockförmiges Vorkommen *n (Gestein)*
ocean beach *(Bod)* Meeresstrand *m*
ocean bottom *(Bod)* Meeresboden *m*
ocean dumping *(Umw)* Verklappung *f*, Abfallbeseitigung *f* auf See, Verkippen *n* ins Meer
ocean floor Meeresboden *m*
ocean mining *(Te)* mariner Abbau *m*, marine Gewinnung *f (Kies, Sand)*
ocean shore Meeresstrand *m*
ocher *(AE)* *s.* ochre
ochre Ocker *m*; Ockerfarbe *f*; Berggelb *n*, Eisenocker *m*
ochre-yellow *(OB)* ockergelb
ochreous *(BM)* ockerartig, ockerhaltig, ockerig
ochreous clay *(BM)* ockerhaltiger Ton *m*
ochreous iron ore *(BM)* Eisenocker *m*, ockeriger Brauneisenstein *m*
ochreous rock Ockergestein *n*
ochrey *(OB)* ockerfarben
ochrey clay ockeriger Ton *m*
ocrated concrete *(BB, BM)* Okratbeton *m*, Ocratbeton *m (mit SiF)*
ocrating *(Erdb)* Okratieren *n*, Ocratieren *n (Betonverfestigung unter Druck mit Siliziumtetrafluoridgas)*
octadecagon Achtzehneck *n*
octagon 1. *(Arch)* Achteck *n*, Oktogon *n*; 2. *(Arch)* Achtort *m (Gotik)*
octagonal *(Arch)* achteckig
octagonal aisle *(Arch)* Achteckschiff *n*
octagonal bar steel *(St)* Achtkantstahl *m*
octagonal block *(Arch)* Achteckgebäude *n*
octagonal building *(Arch)* Achteckgebäude *n*
octagonal footing *(Erdb, Konst)* Achteckfundament *n*
octagonal mosaic tile Achteckmosaikfliese *f*
octagonal pier *(Konst, TK)* achteckiger Pfeiler *m*
octagonal space frame *(TK)* Achtkantraumfachwerk *n*
octagonal tile Achteckfliese *f*
octagonal tower *(Arch)* Achteckturm *m*
octagonal vault *(Arch)* Achtgewölbe *n*
octahedral oktaedrisch, achtflächig, achtseitig
octahedral face Oktaederfläche *f*
octahedron *(Arch)* Oktaeder *n*, Achtflächner *m*
octangular achteckig
octastyle *(Arch)* achtsäulig
octastyle *(Arch)* Oktastylos *m (Gebäude mit acht Säulen)*; achtsäulige Fassade *f*
octastyle temple *(Arch)* Oktastylostempel *m (antikes Griechenland)*
octofoil *(Arch)* Achtpass *m (Gotik)*
octopartite vault achtzelliges Schiefgewölbe *n*, achtteiliges Gewölbe *n*
oculus 1. *(Arch)* kleines Rundfenster *n*, Ochsenauge *n*; 2. *(Arch)* Domkuppelöffnung *f*
odd-jobber Bauhilfsarbeiter *m*
odd-lane road *(Verk)* Straße *f* mit ungleicher Spurenzahl
odd size ausgefallene Größe *f*
odeion *s.* odeum
odeum *(Arch)* Odeum *n*, Musiktheaterhalle *f*
odometer *(Verm)* Entfernungsmesser *m*, Odometer *n*, Wegemesser *m*
odor *(AE)* *s.* odour
odour *(Umw)* Geruch *m*
odour barrier *(San)* Geruchssperre *f*
odour control *(San)* Geruchsverhütung *f (Toilettenanlage)*
odour emission *(Umw)* Geruchsausbreitung *f*, Geruchsemission *f*
odour nuisance *(Umw)* Geruchsbelästigung *f*
odour removal equipment *(HLK)* Lüftungsanlage *f*
odour-tight *(Konst, San, WVA)* geruchdicht
odour trap *(San)* Geruchsverschluss *m*
odourless paint geruchloser Anstrichstoff *m*, Farbanstrich *m* mit geruchsfreien Stoffen
oecus *(Arch)* Oecus *m (hellenisches Haus, römischer Wohnraum)*
oedometer *(Bod)* Ödometer *n (Kompressibilitätsmessgerät)*
off and on *(VR)* *(sl)* unregelmäßig, gelegentlich
off-centre *(Konst)* außermittig, exzentrisch, seitlich versetzt, nicht zentriert
off-centre application of force ausmittiger Kraftangriff *m*
off-centre load(ing) *(Stat)* Exzenterlast *f*
off-design *(Konst)* entwurfsmäßig nicht geplant [vorgesehen]
off-formwork concrete Beton *m* ohne Oberflächenabdruck
off-line mode *(Verk)* rechnerunabhängiger Zustand *m*
off-line plan generation *(Verk)* Programmbildung *f* ohne Rechnerunterstützung
off-load *v* abladen
off-loading ramp *(Konst, Verk)* Entladerampe *f*
off-peak *(Verk)* verkehrsarm, verkehrsschwach
off-peak charging *(HLK)* Nachtaufheizzeit *f*
off-peak electric current *(El)* Nachtstrom *m*, Nachtenergie *f*
off-peak electricity heating *(HLK)* Nachtspeicherheizung *f*, Nachtstromspeicherheizung *f*
off-peak electricity supply *(El)* Nachtstromversorgung *f*
off-peak electricity supply meter *(El)* Nachtstromzähler *m*
off-peak tariff Nachtstromtarif *m*
off-peak traffic *(Verk)* Nachtverkehr *m*, Straßenverkehr *m* außerhalb der Rushhour
off-road area *(Tun)* Nebenflächen *fpl*

off-road test *(Verk, VR)* verkehrsunabhängige Prüfung *f*
off-road truck for earthwork *(BWG, Erdb)* geländegängiges Fahrzeug *n* für den Erdbau
off-shore corrosion protection *(Wsb)* Meerwasserbautenkorrosionsschutz *m*, Korrosionsschutz *m* von Meerwasserbauten
off-shore slope *(Bod, Wsb)* meeresseitige Böschung *f*
off-shore structure *s.* offshore structure
off-side (lane) *(Verk)* entgegenkommende Fahrbahnseite *f*
off-site *(Te)* außerhalb der Baustelle
off-site casting *(Te)* Werksfertigung *f (z. B. von Betonfertigteilen)*
off-site fabrication *(Te)* Werksherstellung *f*, Fertigung *f* im Werk
off-size *(BT, Konst)* Maßabweichung *f*, Abmaß *n*
off-straight schief, nicht gerade
off-street parking *(Verk)* Parken *n* abseits der Straße
off-system systemfremd
off-white *(OB)* getöntes Weiß *n*
offal *(BM, Te)* Abfall *m*, Bruch *m*, Verlust *m (Baustoffe)*
offal timber Abfallholz *n*
offcut Verschnitt *m*
offcuts *(BM, Te)* Sparrholz *n (Bauholzreste)*; Abschnitte *mpl*, Brettabfälle *mpl*
offensive filling of ground *(Erdb, Umw)* gesundheitsschädliche Geländeauffüllung *f*, umweltschädliche Auffüllung *f*
offer *v (VR)* anbieten *(Bauleistung)*
offer *(VR)* Offerte *f*, Angebot *n (Bauvertrag)*
offer without engagement [obligation] *(VR)* unverbindliches Angebot *n*
offering-chapel *(Arch)* Opferkapelle *f*
office Büro *n*; Geschäftszimmer *n*; Dienstzimmer *n*
office-and-flat block *(Arch, Konst)* Büro- und Wohnhaus *n*
office block [building] Bürogebäude *n*; Verwaltungsgebäude *n*
office floor *(TK)* Bürogeschossdecke *f*, Büroetagentreppe *f*
office illumination *(El)* Bürobeleuchtung *f*
office landscape *(Konst)* Großraumbüro *n*; Bürolandschaft *f*
office landscape screen *(DIS, Konst)* frei stehender Raumteiler *m (teilweise mit Schalldämmung)*
office lighting Bürobeleuchtung *f*
office occupancy *(VR)* Gewerbenutzung *f (eines Gebäudes)*; Nutzung *f* als Geschäftsräume
office partition Bürotrennwand *f*
office portion Bürotrakt *m*
office premises *(RP, VR)* Bürogelände *n*, Geschäftsgrundstücke *npl*
office staff Büropersonal *n*
office storey *(Konst)* Büroetage *f*, Bürogeschoss *n*
office tower *(Arch, Konst)* Bürohochhaus *n*
office wing *(Arch, Konst)* Büroflügel *m*, Bürotrakt *m*
office work for the execution of the construction operations *(Konst)* Ausführungsunterlagenerarbeitung *f*, Ausführungsbearbeitung *f*
official acceptance *(VR)* Abnahme *f*
official apartment *(VR)* Dienstwohnung *f*
official approval *(VR)* amtliche Genehmigung *f*
official map *(RP)* Baubestandskarte *f*
official residence Dienstwohnung *f*
official responsible for hazardous goods *(VR)* Gefahrgutbeauftragter *m*
official submission *(VR)* offene Ausschreibung *f*
official test *(VR)* amtliche Prüfung *f*
offsaw *(BM, Hb)* geschnittene Größe *f (Bauholz)*
offset *v* 1. versetzen, versetzt mauern, gegeneinander versetzen; ausgleichen; 2. abbiegen; kröpfen
offset 1. *(Verm)* (räumliche) Verschiebung *f (z. B. Bauflucht)*; Versatz *m (z. B. von Bauteilen gegeneinander)*; zeitliche Verschiebung *f (Bauvertragsphasen)*; 2. *(SB)* Absatz *m*, Mauerabsatz *m*, Rückversatz *m*, Rücksprung *m*; Sprungmaß *n*; 3. *(Verk)* Randstreifen *m*; 4. *(BM)* bleibende Dehnung *f (Größe, bei Zug)*; 5. *(HLK, Konst, WVA)* Rohrkrümmung *f*, S-Stück *n*; Sprungstück *n*; 6. *(Verm)* Achsabstands(punkt) *m*; 7. *(RP)* Schutzgebiet *n (Bebauung)*; 8. *(BT, Konst, Stat)* Abknickung *f*
offset base *(SB)* vorspringende Grundschicht *f*
offset bend Parallelausbiegung *f*, (geringe) Verschränkung *f* eines Bewehrungseisens
offset block nicht rechteckiger Eckmauerstein *m*, Ausgleichsstein *m*
offset edge aufgebogener Rand *m*
offset pipe *(San, WVA)* parallele Abzweigleitung *f*
offset pivot verschränkte Türangel *f*
offset reduction *(Konst)* abgesetzte Verjüngung *f*
offset screwdriver gekröpfter Schraubendreher *m*, Winkelschrauber *m*
offset time *(Tun)* Versatzzeit *f*
offset tool abgesetzter Meißel *m*
offset unit Sprungstück *n*
offshade *(OB)* Farbabweichung *f*
offshore drilling platform *(Wsb)* Bohrinsel *f*, schwimmende Bohrplattform *f*
offshore pipeline *(Wsb)* Offshore-Rohrleitung *f*
offshore structure *(Wsb)* Schwimmkonstruktion *f*, Offshore-Konstruktion *f*, Meerwasserbauwerk *n*
offside *(Konst, VR)* rechts *(in Großbritannien)*
offtake 1. *(WVA)* Ableitungsrohr *n*, Ableitung *f*; Abzugsrohr *n*, Abzugskanal *m*; 2. *(WVA)* Kanalverzweigung *f*
ogee *(Arch)* Karnies *n*, Hohlkehle *f*; S-Profil *n*
ogee arch Kielbogen *m*, Eselsrückenbogen *m*, Wellenbogen *m*, Sattelbogen *m*
ogee gutter *(Hb, San)* Karniesrinne *f*
ogee moulding S-Profil *n*, S-förmige Kehlung *f*
ogee plane *(BWG, Hb)* Karnieshobel *m*
ogee roof *(Konst)* Wellendach *n*
ogee-shaped downstream face Karniesluftseite *f*
ogival *(Arch)* ogival, spitzbogig
ogival arch *s.* ogive
ogive 1. *(Arch, Konst)* Ogive *f*, Spitzbogen *m*; 2. *(Konst)* diagonale Gewölberippe *f* eines gotischen Gewölbes
oil *v (Te)* mit Öl tränken, einölen
oil asphalt *(BM)* Erdölbitumen *n*, Erdölasphalt *m*; Asphaltöl *n*
oil-base *(BM)* Ölbasis *f*, Ölgrundlage *f*
oil-based mastic Ölfugenmastix *m*, Öldichtungskitt *m*, plastische Ölfugenmasse *f*
oil-based paint *(BM, OB)* Öl(anstrich)farbe *f*
oil-based stain Ölbeize *f*
oil-bound distemper Temperafarbe *f* mit Trockenöl
oil burner *(HLK)* Ölbrenner *m*
oil-burning *(HLK)* ölgefeuert
oil-burning appliance *(HLK)* Ölfeuerung *f*, Ölfeuerstätte *f*
oil-canning Blechunebenheit *f*, leichte Blechverwerfung *f*
oil collector *(WVA)* Ölabscheider *m*
oil compatibility *(BM)* Ölverträglichkeit *f*
oil-containing waste water ölhaltiges Abwasser *n*
oil drum Ölfass *n*
oil film Ölfilm *m*
oil-fired boiler *(HLK)* ölbeheizter Kessel *m*
oil-fired heating *(HLK)* Öl(be)heizung *f*
oil firing *(HLK)* Ölfeuerung *f*
oil-free *(BM, Bod, Umw)* ölfrei, öllos
oil furnace *(HLK)* Ölfeuerung *f*, Ölheizung *f*
oil gauge Ölstandsanzeiger *m*
oil gloss Ölglanz *m*
oil-harden *v (St, Te)* ölhärten, in Öl härten *(Stahl)*

oil hardening *(St, Te)* Ölhärtung *f (Stahl)*
oil heating *(HLK)* Öl(be)heizung *f*
oil-heating system *(HLK)* Ölheizungsanlage *f*
oil-impregnated paper *(BM)* Ölpapier *n*
oil-impregnated wood *(BM)* Ölholz *n*
oil-in-water emulsion Öl-in-Wasser-Emulsion *f*
oil interceptor *(WVA)* Ölabscheider *m (Abwasser)*
oil length *(BM)* Ölgehalt *m (Anstrichstoff)*
oil paint Ölfarbe *f*, Ölanstrichstoff *m*
oil paper *(BM)* Ölpapier *n*
oil polluted *(Umw)* verölt, ölverschmutzt
oil-polluted waste water *(Umw, WVA)* ölverschmutztes Abwasser *n*
oil preservative *(BM)* Imprägnieröl *n*
oil-proof *s.* oilproof
oil putty Fensterkitt *m*, Glaserkitt *m*, Ölkitt *m*
oil-quench *v (St, Te)* in Öl abschrecken
oil regeneration plant *(BWG)* Ölaufbereitungsanlage *f*
oil removal Entölen *n*, Ölabscheidung *f*
oil remover *(Umw)* Ölbinder *m*
oil residue Ölrückstand *m*
oil-resistance *(BM)* Ölbeständigkeit *f*, Ölfestigkeit *f*
oil-resistant *(BM)* ölbeständig, ölfest, heizölbeständig
oil-resistant rubber *(BM)* ölresistenter [ölbeständiger] Gummi *m (z. B. Nitrilkautschuk)*
oil rig *(Wsb)* Bohrinsel *f*, Bohrplattform *f*
oil rubber *s.* oilstone
oil-saturated hemp rope Ölstrick *m (Rohrstoßdichtstrich)*
oil separator *(WVA)* Ölabscheider *m*
oil shale Ölschiefer *m*
oil shale cement *(BM)* Ölschieferzement *m*
oil shock absorber Ölstoßdämpfer *m*
oil-soluble *(BM)* öllöslich
oil stain 1. Ölbeize *f*; 2. Ölfleck *m*
oil storage *(BWG, HLK)* Öllagerung *f*, Heizöllagerung *f*
oil-susceptible ölempfindlich
oil tank *(BWG)* Öltank *m*
oil-tempered hardboard ölgehärtete Hartplatte *f*
oil-tight *(BWG, Konst)* öldicht, heizölundurchlässig
oil trap *(WVA)* Ölabscheider *m*
oil treatment *(BM)* Einölen *n*, Tränken *n* in Öl
oil-type paint Ölanstrichfarbe *f*
oil-type scumble glaze *(BM, OB)* Öllasur *f*, Öllasurfarbe *f*
oil varnish Öl(harz)lack *m*, Ölfirnis *m*, Firnis *m*
oil vehicle Ölbindemittel *n*, öliges Bindemittel *n (Anstriche)*
oil-well cement *(BM)* Erdölbohrzement *m*, Tiefbohrzement *m*
oil-wetted sharpening stone Ölabziehstein *m*
oiled paper Ölpapier *n*
oilproof ölfest, ölbeständig
oilproof rendering *(BM, OB, Umw)* Ölwannenbeschichtung *f*
oil/resin ratio *(BM)* Öllänge *f*, Öl/Harz-Verhältnis *n*
oilstone *(BM)* Ölstein *m*, Abziehstein *m*, Wetzstein *m*
oily ölig
oily soil *(WVA)* ölige Verunreinigung *f*, ölverseuchter Erdstoff *m*
oily waste *(Umw, WVA)* Ölabfall *m*, Ölschmutzwasser *n*
old apartment unit Altbauetagenwohnung *f*
old area *(RP)* Altfläche *f*
old branch *(Wsb)* Altarm *m (Fluss)*
old buildings Altbauten *mpl*
old course *(Bod, Wsb)* altes Flussbett *n*
old deposit *(Bod, Umw)* Altablagerung *f*
old dwelling unit *(AE)* Altbauwohnung *f*
old English bond *(SB)* Blockverband *m*
old forest Altbestand *m (Wald, Parks)*
old housing Altbauwohnung *f*
old housing estate *(RS)* Altbau-Wohnanlage *f*
old man *(Verk)* Messkegel *m*, Erdkegel *m*
old paint *(OB)* Altanstrich *m*, alter Anstrich *m*
old peoples' home *(Arch, Konst)* Altersheim *n*
old persons' home Altersheim *n*, Altenheim *n*
old timber *(BM, RS)* Abbruchholz *n*, altes Bauholz *n*
old woman's tooth *(BWG, Hb) (sl)* Nuthobel *m*
oleiferous waste water *(Umw, WVA)* ölhaltiges Abwasser *n*
oleoresin *(BM, OB)* Naturölharz *n (für Anstriche)*
oleoresinous paint Öllackfarbe *f*
oleoresinous varnish Öl(harz)lack *m*, Naturholzlack *m*
olive *(EB)* Fensterknopf *m*
olive butt Olivenscharnier *n*
olive (knuckle) hinge Olivenscharnier *n*
olivine *(BM, Bod)* Olivin *m*
olivine basalt Olivinbasalt *m*
olivine brick *(BM)* Olivinstein *m*
olivine refractory material Olivinerzeugnis *n*
olivine-rock Olivinstein *m*, Olivinfels *m*, Dunit *m*
Olympieion *(Arch)* Zeustempel *m* zu Athen
Omega method *(Stat)* Omega-Verfahren *n*
omitted-size fraction *(BM)* Ausfallkörnung *f*
omitted-size grain Ausfallkorn *n*
omitted-size particle Ausfallkorn *n*
omitted-size type grain concrete *(BB, BM)* Ausfallkornbeton *m*
Omnia concrete floor *(Konst, TK)* Omniabetondecke *f*, Verbundgitterträgerdecke *f*
Omnia lattice *(BT, TK)* Omnia-Gitterträger *m*
Omnia roof *(Konst)* Omniadach *n*
omnibus bar *(El)* Sammelschiene *f*, Stromschiene *f*
on-axis axial
on-grade *(Bod)* ebenerdig
on-job lab(oratory) *(BM)* Baustellenlabor *n*
on-load belastet, unter Last; Last...
on-off Ein-Aus
on-ramp *(Verk)* Auffahrrampe *f*, Einfahrrampe *f*
on-site *(Te)* auf der Baustelle; Baustellen...
on-site application *(OB, Te)* Baustellenbeschichtung *f*, Baustellenanstrich *m*
on-site area *(Te)* Baustelle *f*
on-site conditions *(BM, Te)* tatsächliche Einsatzbedingungen *fpl*, Baustellenbedingungen *fpl*
on-site corrosion treatment *(OB, Te)* Baustellenkorrosionsschutzbehandlung *f*, Korrosionsschutzbehandlung *f* auf der Baustelle
on-site laboratory Baustellenlabor *n*
on-site manufacturing *(Te)* Baustellenfertigung *f*, Baustellenmontage *f*
on-site painting *(OB, Te)* Baustellenanstrich *m*
on-site prefabrication Baustellenvorfertigung *f*, Vorfertigung *f* auf der Baustelle
on-site prestressing *(Te)* Vorort-Vorspannen *n*, Vorspannen *n* auf der Baustelle
on-site spraying Montagespritzen *n*
on-site test Baustellenprüfung *f*
on-site work Baustellenfertigung *f*, Baustellenmontage *f*
once einmal
once-over *(VR) (sl)* schnelle visuelle Prüfung *f*, kurze augenscheinliche Beurteilung *f*
oncoming lane *(Verk)* Gegenfahrbahn *f*, entgegenkommende Fahrbahnseite *f*
oncoming traffic *(Verk)* Gegenverkehr *m*
one and a half level system *(Verk)* Eineinhalbebenensystem *n (Flughafenabfertigung)*
one-bay einschiffig *(Rahmenhalle)*
one-brick wall steinstarke Mauer *f*, Mauer *f* in Steinstärke
one-centred arch *(Konst)* einfacher Bogen *m*
one-coat einlagig *(Putz)*

one-coat enamel *(OB)* Einschichtlackfarbe *f*, Einschichtemail *n*
one-coat finish Einschichtlack *m*; Einschichtlackierung *f*
one-coat paint system *(OB)* Einschichtsystem *n (Anstriche)*
one-coat work *(SB)* einlagiger Putz *m* auf Trägergewebe
one-coloured signal einfarbiges Lichtzeichen *n*
one-component adhesive *(BM)* Einkomponentenkleber *m*
one-component coating *(BM, OB)* Einkomponentenanstrichstoff *m*
one-component etching primer Einkomponentenaktivgrund *m*, Einkomponentenhaftgrundiermittel *n*
one-component package coating *(BM, OB)* Einkomponentenanstrichstoff *m*
one-component primer Einkomponentengrundieranstrich *m*
one-component system Einkomponentensystem *n*
one-course einschichtig
one-dimensional compression test *(BM)* einfache Druckprüfung *f*, einaxialer Druckversuch *m*
one-dimensional stress state einachsiger Spannungszustand *m*, linearer Spannungszustand *m*
one-dimensional tension *(Stat)* Normalzugkraft *f*
one-family house *(Arch)* Einfamilienhaus *n*
one-hand block *(BM)* Einhandstein *m (kleiner Ziegel)*
one-hinged arch girder Eingelenkträger *m*
one-hinged frame *(TK)* Eingelenkrahmen *m*
one-layer einschichtig
one-leaf *(Konst)* einschalig *(Wand)*; einflügelig *(Tür, Fenster usw.)*
one-leaf door *(Konst)* einflügelige Tür *f*, Einflügeltür *f*
one-leaf wall *(Konst)* einschalige Wand *f*, Einfachwand *f*
one-level operation *(Verk)* Einebenenbetrieb *m (Flughafen)*
one-level system *(Verk)* Einebenensystem *n (Flughafenabfertigung)*
one-man operation *(Te)* Einmannbedienung *f*
one-off design *(Konst)* Sonderentwurf *m*, Spezialentwurf *m*
one-pack system Einkomponentensystem *n (Anstriche)*
one-part coating Einkomponentenanstrichstoff *m*
one-piece massiv, aus einem Stück gefertigt; einteilig, ungeteilt
one-piece panel *(BT)* einteilige Tafel *f*
one-pinned frame *(TK)* Eingelenkrahmen *m*
one-pipe *(HLK)* Einrohr *n (Heizung)*
one-pipe plumbing *(WVA)* Einrohrgrundstücksentwässerung *f*
one-pipe system 1. *(HLK)* Einrohrheizungssystem *n (Zentralheizung)*; 2. Einrohrsystem *n (Schmutzwasser)*
one-quarter brick Viertelziegel *m*
one-quarter circle *(Stat)* Viertelkreis *m*
one-room apartment Einraumetagenwohnung *f*
one-room flat *(Konst)* Einraumetagenwohnung *f*, Einraumwohnung *f*
one-row brick-on-edge arch Rollbogen *m*, Einzelbogen *m (Ziegel)*
one-side formwork einhäuptige Schalung *f*
one-sided connection *(Konst)* unsymmetrische Verbindung *f*
one-sided junction *(Verk)* einseitiger Anschluss *m*, einseitige Anschlussstelle *f (Autobahn)*
one-span *(Konst)* einschiffig *(Rahmenhalle)*
one-span beam *s.* one-span girder
one-span girder *(BT, TK)* Einfeldträger *m*
one-span slab Ganzfeldplatte *f (Brücke)*
one-spray coat application Einschicht-Spritzauftrag *m*
one-storey building *(Arch, Konst)* Eingeschosser *m*
one-storeyed *(Konst)* eingeschossig
one-storied *(AE) (Konst)* eingeschossig
one-time fuse *(El)* Schmelzeinsatz *m (Sicherung)*
one-track *(Verk)* eingleisig
one-turned lock *(EB)* einfach schließendes Schloss *n*
one-way cycle track *(Verk)* Richtungswechselspur *f*
one-way flooring system *(Konst)* Deckenkonstruktion *f* mit einfacher Bewehrung
one-way joist construction *(TK)* einsinnige Balkenlage(nkonstruktion) *f*, Querbalken *mpl* in einer Richtung
one-way operation *(Verk)* Einbahnstraßenbetrieb *m*
one-way reinforced *(Konst)* einfach bewehrt
one-way reinforced slab *s.* one-way slab
one-way reinforcement system *s.* one-way system
one-way road *s.* one-way street
one-way slab *(Konst, TK)* einsinnig bewehrte Platte *f*, Platte *f* mit Längsbewehrung
one-way street *(Verk)* Einbahnstraße *f*
one-way system einsinnige Bewehrungskonstruktion *f*, einachsiges Bewehrungssystem *n*, System *n* (nur) mit Längsbewehrung
one-way valve *(HLK, San, WVA)* Einwegventil *n*
ongoing project *(Konst, Te, VR)* laufendes Projekt *n*
onion dome [tower] *(Arch, Konst)* Zwiebelturm *m (Kirchturm)*
online section counts *(Verk)* Echtzeit-Querschnittszählung *f*
onset Beginn *m*
onshore *(Bod)* Festland *n*
onyx Onyx *m*
onyx marble *(BM)* Kalkonyx *m*, Kalkalabaster *m*
oolite *(BM)* Oolith *m*, Rogenstein *m*
oolitic limestone oolithischer Kalkstein *m*, Kalkoolith *m*
ooze *v* 1. (ein)sickern *(Flüssigkeiten)*; 2. hindurchdringen *(z. B. Gase, Licht)*
ooze *v* **away** *(BM, Bod, Erdb)* versickern
ooze *v* **through** *(BM, Bod, Erdb)* durchsickern
ooze 1. *(Te, Umw)* Schlick *m*, Schlamm *m (z. B. aus der Aufbereitung)*; 2. Sickerung *f*, Sickern *n*; 3. Penetriermittel *n*; 4. Beize *f*, Beizmittel *n*
oozing *(BM, Bod, Erdb)* Durchsickerung *f*, Aussickerung *f*
oozing basin *(Erdb, WVA)* Sickerbecken *n*
oozing-out *(BM, DIS, Konst)* Ausschwitzung *f*
oozy schlickerig, schlammig
opa *(Arch)* Aussparung *f* für Dachbalken *(klassische Architektur)*
opacifier Trübungsmittel *n (Anstrich)*; Opalisiermittel *n*
opacity 1. Undurchsichtigkeit *f*, Opazität *f*; Lichtundurchlässigkeit *f*, Trübung *f*, Trübheit *f*; 2. Deckfähigkeit *f*, Deckkraft *f*, Deckvermögen *n (einer Farbe)*
opaion *(Arch)* Opäum *n*, Opaion *n*, Kuppelauge *n*, Laternenöffnung *f*, Scheitelöffnung *f*, Rauchloch *n*
opal Opal *m*
opal glass Opalglas *n (ein Trübglas)*
opal lamp 1. *(El)* Opallampe *f*, Opalglasglühlampe *f*; 2. *(El)* Opalglasleuchte *f*
opal louvre opale Abdeckhaube *f (Leuchte)*
opalescent glass opalisierendes Glas *n*
opaline glass *(BM)* Opalinglas *n*
opaque 1. undurchsichtig, opak; lichtundurchlässig, milchig, trüb; 2. *(BM, OB)* gut deckend *(Farben)*
opaque ceramic-glazed tile Fliese *f* mit Opakglasur
opaque coat Deckanstrich *m*; Deckfarbe *f*
opaque colour *(BM, OB)* Deckfarbe *f*
opaque glass Opakglas *n*, opakes [getrübtes] Glas *n*, Trübglas *n*; Milchglas *n*
opaque paint [pigment] Deckfarbe *f (Farbstoff)*
opaque to light lichtundurchlässig
opaqueness Undurchsichtigkeit *f*; Lichtundurchlässigkeit *f*
open *v* 1. öffnen; sich öffnen; 2. *(San, Te, WVA)* durchstoßen

O

(z. B. verschmutzte Rohrleitungen); reinigen; 3. *(El)* trennen *(vom Stromkreis)*; ausschalten
open *v* **a road** *(Verk, VR)* eine Straße dem Verkehr übergeben
open *v* **out** *(BT, Te)* aufweiten; aufdornen
open *v* **to traffic** *(Verk, VR)* für den Verkehr freigeben
open *v* **up** *(RP)* erschließen *(z. B. für den Verkehr)*; entwickeln *(Gelände)*; aufschließen, erschließen *(Baustofflagerstätten)*
open 1. offen; frei; zugänglich; unverstellt *(durch Gebäude)*; 2. offen, nicht überdacht; 3. durchbrochen; mit Lücken • **be open to traffic** *(Verk)* befahrbar sein
open-air Freiluft...
open-air bath Freibad *n*
open-air building *(Arch, Konst)* Freiluftbau *m*, Freiluftbauwerk *n*, offener Bau *m*
open-air cinema Freilichtkino *n*
open-air museum *(Arch)* Freilichtmuseum *n*
open-air plant *(Arch, Konst)* Freiluftanlage *f (s. a. open-air building)*
open-air space *(LB)* Freifläche *f (z. B. auf Ausstellungsgelände)*; Außenraum *m (um das Gebäude herum)*
open-air sports facility *(Arch, Konst)* Freiluftsportanlage *f*, Außensportanlage *f*
open-air stadium Freistadium *n*
open-air stage Freilichtbühne *f*
open-air storage *(BM)* Freilagerung *f*, Außenlagerung *f*
open-air storage area *(Te)* Freilagerfläche *f*, Außenlagerfläche *f*
open-air structure *s.* open-air building
open-air swimming pool Freibad *n*
open-air terrace *(Arch, LB)* Freiterrasse *f*
open-air theatre *(Arch)* Sommertheater *n*
open-air weathering *(BM)* Freibewitterung *f*
open apron system System *n* des offenen Vorfeldes *(Flughafen)*
open architectural form offene Form *f*
open area *(LB)* Freifläche *f*
open assembly time *(Hb)* Leimverarbeitungszeit *f*
open bidding *(VR)* offene Ausschreibung *f*
open boarding Dachschalung *f* mit lichten Fugen
open building method *(Arch, Konst)* offene Bauweise *f*
open caisson *(Erdb)* offener Senkkasten *m*
open caisson foundation *(Erdb)* Senkbrunnengründung *f*
open channel *(Erdb, WVA)* offenes Gerinne *n*, offener Wasserlauf *m*; Muldenentwässerung *f*; Halbschale *f*, Muldenstein *m*
open circuit grouting *(RS)* Verpressung *f* ohne Mörtelrücklauf
open cornice überzogene Dachbalkenlage *f*, offenes Gesims *n*
open court(yard) *(Arch)* Mittelhof *m*
open cusp Schlussring *m (Gewölbe)*
open cut 1. *(Tun)* offene Bauweise *f*, Grabenbauweise *f*; 2. *(Erdb)* offene Baugrube *f*
open date *(VR)* Submissionstermin *m (Ausschreibung)*
open defect Holzloch *n*; Furnierdurchbruch *m*
open development *(RP)* offene Bebauung *f*
open drain *(Erdb, WVA)* offene Dränage *f*, offener Abzugsgraben *m*, Entwässerungsgraben *m*
open dump *(Umw)* ungeordnete Deponie *f*, wilde Müllablagerung *f*
open eaves *s.* open cornice
open-end block Schalstein *m*, H-Stein *m*
open-ended *(VR)* zeitlich unbegrenzt
open-ended shed Durchgangshalle *f*, Halle *f* mit Durchgang
open excavation *(Erdb)* unausgesteifte Baugrube *f*
open exterior space Außenraum *m (um ein Gebäude)*
open field *(LB, RP)* Freifläche *f (noch unbebaut)*
open fire *(HLK)* offene Feuerstelle *f*; offener Kamin *m*
open floor frei konstruktive Decke *f*, Decke *f* mit sichtbaren Unterzügen, offene Balkendecke *f*
open formwork Sparschalung *f*
open foundation method *(Erdb)* offene Gründung *f*
open frame *(Tun)* offene Rahmenkonstruktion *f*, offener Rahmen *m*
open-frame girder *(BT, TK)* Vierendeel-Träger *m*, Rahmenträger *m*
open goods wagon Lore *f*
open gradation *(BM)* offene Kornabstufung *f*
open-graded offen abgestuft
open-graded aggregate *(BM)* füllerarmes Gekörn *n*, abgestufte Kornmischung *f* ohne Füller
open-graded bituminous mix(ture) *(BM, Verk)* Makadamgemisch *n*, Mischsplitt *m*
open grading hohlraumreiche Korngrößenverteilung *f*
open-grain structure 1. Grob(korn)gefüge *n (von Zuschlägen)*; 2. Grobtextur *f (von Holz)*
open-grained grobkörnig, mit Grobgefüge
open ground *(LB, RP)* freies Gelände *n*
open gutter offenes Gerinne *n*, U-Rinne *f*
open-heart moulding Herzzierleiste *f*
open-hearth steel *(BM, St)* Siemens-Martin-Stahl *m*
open industrial structure *(Arch, Konst, RP)* offene Industrieanlage *f*, freier Industriebau *m*
open joint 1. offene Fuge *f*, Hohlfuge *f*; Berührungsfuge *f (Trockenbau)*; 2. Zapfenfuge *f*; 3. Fuge *f* mit Stegabstand, Schweißverbindung *f* ohne gegenseitige Berührung
open-jointed pipe *(Konst, San, WVA)* Rohrleitung *f* mit Stoßfuge
open layout *(RP)* lockere Anlage *f (Städtebau)*
open light bewegliches Fenster *n (Gegensatz: dead light)*
open light shaft *(Konst)* offener Lichtschacht *m*
open mortise *(Hb)* Zapfenloch *n*; Schlitzeinschnitt *m*
open-newel (stair) *(Konst)* innen offene Treppe *f*, Treppe *f* mit Auge, Wendeltreppe *f* mit offener Spindel
open office *(Konst)* Großraumbüro *n*
open-pan mixer *(BWG)* Trogmischer *m*
open parking structure (wand)offenes Parkhaus *n*
open pipe system *(San, WVA)* offenes Rohrsystem *n*
open-plan building *(Arch, Konst)* Gebäude *n* mit offener Etagenfläche; Großraumetagengebäude *n*
open-plan office Großraumbüro *n*, Bürolandschaft *f*
open plumbing *(San)* offene Installation *f*
open-pored offenporig
open position *(Arch, Konst)* Offenstellung *f*
open riser *(Konst)* offene Setzstufe *f*, freier Trittstufenzwischenraum *m*
open-riser stair *(Konst)* Trittstufentreppe *f*, offene Treppe *f*; Leitertreppe *f*
open room *(Konst)* offenes Dach *n*
open sewer *(Erdb, WVA)* offener Abzugsgraben *m*
open shaft *(HLK)* offener Lüftungsschacht *m*
open sheathing *s.* open sheeting
open shed *(Konst)* offener Schuppen *m*
open sheeting *(Erdb)* Grabenaussteifung *f* mit undichter Schalung, durchbrochene Grabenaussteifung *f*
open shelving offenes Regal *n*
open-sided building *(Arch, Konst)* Gebäude *n* mit offenen Außenwänden
open site *(LB, RP)* Freifläche *f (noch unbebaut)*
open slating Schieferdeckung *f* mit Zwischenraum
open soffit unterbrochene Untersicht *f*
open space *(Konst)* Freiraum *m*; Hohlraum *m*
open space planning Freiflächenplanung *f*, Grünflächenplanung *f*

open stair(way) *(Hb, Konst)* offene Treppe *f*, Treppe *f* ohne Wange
open storage ground Freilagerfläche *f*, Freilagerplatz *m*
open storey *(Konst)* Lichtgeschoss *n*, Freigeschoss *n*
open string untergezogene Treppenwange *f*, aufgesattelter Treppenbaum *m*, Sattelwange *f*
open-string stair *(Hb, Konst)* aufgesattelte Treppe *f*
open stringer *(BT, Hb)* Sattelwange *f*
open system offenes System *n*
open tender *(VR)* offenes Ausschreiben *n*, offenes Ausschreibeverfahren *n*
open tendering *(VR)* offene Ausschreibung *f*
open-textured surface *(OB)* Oberfläche *f* mit offener Textur, offene Oberfläche *f*
open-timber floor unten offene Holzdecke *f*, Holzdecke *f* mit sichtbarem Unterzug
open-timbered construction *(Hb)* Holzkonstruktion *f* mit sichtbarem Verband
open timbering *s.* open sheeting
open time *(Te)* Aufleimzeit *f*
open-top mixer *(BWG)* Trogmischer *m*
open trench *(Erdb, WVA)* offener Entwässerungsgraben *m*
open urban development *(RP)* freie Stadtentwicklung *f*
open valley offene Dachkehle *f (mit Rinne)*
open web offener Steg *m*, durchbrochener Trägersteg *m*
open-web girder *(TK)* Fachwerkbinder *m*, Gitterträger *m*, Vierendeel-Träger *m*
open-web steel joist *(Konst, TK)* Stahlfachwerk *n* mit offenem Profilstahl; Stahlgitterpfette *f*
open well *(Konst)* Treppenschacht *m*, Treppenauge *n*
open-well stair *s.* open-newel (stair)
open-wire line *(El)* Freileitung *f*
open wiring *(El)* sichtbare Elektroinstallation *f*, Aufputzverlegung *f*; offene Leitungsführung *f*, Überputzverdrahtung *f*
open working *(BWG, Bod)* Tagebau *m (Lagerstättenabbau)*
openable burning appliance *(HLK)* geschlossene Feuerstätte *f*
openable burning furnace geschlossene Feuerung *f*, geschlossene Feuerstätte *f*
opencast *(BWG, Bod)* Tagebau *m*, Tagebauanlage *f (Lagerstättenabbau)*
opened to traffic *(Verk, VR)* unter Verkehr *(Straße)*; für den Verkehr freigegeben
opening 1. Öffnung *f*, Durchbruch *m*; Loch *n*; Spalt *m*; 2. Licht *n (Fenster)*; 3. *s.* span 1.
opening area Durchlassquerschnitt *m*
opening bridge sign *(Verk)* Brückenfreizeichen *n*
opening date *(Verk)* Submissionstermin *m*, Eröffnungstermin *m*, Ausschreibungseröffnungstermin *m*
opening height Öffnungshöhe *f*
opening movement Öffnungsbewegung *f*
opening of a street *(RS, Verk)* Straßendurchbruch *m*
opening of bids *(VR)* Angebotseröffnung *f*, Ausschreibungseröffnung *f*
opening of tenders *(VR)* Angebotseröffnung *f*, Submission *f*
opening out 1. *(Konst)* Ausfahrt *f*; 2. *(Te)* Dornen *n*, Aufdornen *n*
opening position Öffnungsstellung *f*
opening protective Öffnungsverschluss *m*
opening stage *(Te)* Anfangsstadium *n*
opening temperature *(HLK)* Auslösetemperatur *f (Sprinklersystem)*
opening-up *(RP)* Baulandfreigabe *f*, Flächennutzungsfreigabe *f*
opening width Öffnungsbreite *f*
openwork *(Arch)* durchbrochenes Ornament(mauer)werk *n*, offenes Brüstungsmauerwerk *n*
openwork chimney top durchbrochener Schornsteinaufsatz *m*
openwork gable *(Arch, Konst)* durchbrochener Giebel *m*
openwork rosette *(Arch)* durchbrochene Rosette *f*
openwork spire *(Arch)* durchbrochene Turmspitze *f*
openwork tracery *(Arch)* durchbrochenes Maßwerk *n*
opera house *(Arch)* Opernhaus *n*
operable 1. *(Te)* betriebsbereit, betriebsfähig; 2. *(Te)* bedienbar
operable large-panel partition *s.* operable partition
operable life *(BT, Konst, VR)* Lebensdauer *f*
operable load Betriebsbelastung *f*
operable partition *(Konst)* hängende und drehbare Trennwandelemente *npl*, bewegliche Großplattentrennwand *f*
operable pressure Betriebsdruck *m*
operable transom oberer Belüftungsflügel *m (Tür)*
operable wall *s.* operable partition
operable window verschließbares Fenster *n*
operate *v (Te, VR)* betreiben, in Betrieb nehmen; handhaben, bedienen, steuern *(Anlagen, Einrichtungen)*; arbeiten, in Betrieb sein, funktionieren
operating and maintenance manuals *(RS, VR)* Betriebs- und Wartungshandbücher *npl*
operating assistance revenue Betriebszuschuss *m*
operating centre *(Verk)* Straßenmeisterei *f*
operating characteristics *(VR)* Betriebskennwerte *mpl*
operating condition Betriebsbereitschaft *f*
operating conditions Betriebsbedingungen *fpl*
operating corridor *(Konst)* Bedienungsgang *m*
operating costs *(VR)* Betriebskosten *pl*
operating data Betriebsdaten *pl*
operating expenditure Ausrüstungskosten *pl*, Gerätekosten *pl*; Betriebskosten *pl*
operating expense *(VR)* Betriebskosten *pl*
operating feature Betriebsverhältnisse *npl*, Betriebscharakteristik *f*
operating forces Bedienungskräfte *fpl*
operating head Nutzförderhöhe *f (von Pumpen)*
operating instructions Bedienungsanleitung *f*
operating lever Bedienungshebel *m*
operating life *(BT, Konst, VR)* Nutzungsdauer *f*, Lebensdauer *f*, Gebrauchswertdauer *f*, Standzeit *f*
operating limits Grenzleistung *f*, Höchstleistung *f*
operating load *(Stat)* Dauerbeanspruchung *f*
operating manual Betriebshandbuch *n*
operating mode *(Verk)* Betriebsform *f*, Betriebsart *f*
operating period Betriebsdauer *f*
operating personnel Bedienungsmannschaft *f*
operating pressure *(HLK, Te)* Arbeitsdruck *m*
operating recommendation *(VR)* Betriebsvorschrift *f*, Durchführungsempfehlung *f*
operating rod Bedienungsstange *f*
operating room *(AE)* Operationssaal *m*
operating staff Betriebspersonal *n*
operating state Betriebszustand *m*
operating test *(VR)* Betriebsprüfung *f*
operating theatre *(Konst)* Operationssaal *m*
operating time Laufzeit *f*
operating width *(Verk)* Einbaubreite *f (Straße)*
operation 1. Bedienung *f*, Handhabung *f*; 2. Arbeitsweise *f*, Betriebsweise *f*, Betrieb *m*
operation and maintenance *(RS)* Betrieb *m* und Unterhaltung *f*
operation area *s.* operations area
operation centre 1. *(Verk)* Straßenmeisterei *f*; 2. *(Te)* Betriebszentrale *f*
operation console Steuerschrank *m*; Steuerpult *n*
operation controlling *(Te, VR)* Einsatzsteuerung *f*

operation drawing *(Konst)* Werkstattzeichnung *f*
operation engineer Betriebs(dienst)ingenieur *m*
operation management *(RS)* Einsatz- und Störungsmanagement *n*, Störungsmanagement *n*
operation of a quarry *(BM, BWG)* Steinbruchbetrieb *m*
operation parameters Betriebsdaten *pl*, Betriebsparameter *mpl*
operation prime cost *(VR)* Betriebsselbstkosten *pl*
operation sequence Arbeitsablauf *m*; Schrittfolge *f*
operation site *(Konst)* Aufstellungsort *m (einer Anlage)*
operation theatre *(Konst)* Operationssaal *m (Klinik)*
operational dependability Betriebssicherheit *f*
operational hazard *(VR)* Betriebsgefahr *f*
operational maintenance *(RS)* betriebliche Unterhaltung *f*, Wartung *f*
operational mode *(Te)* Betriebsweise *f*, Betriebsablauf *m*
operational range Reichweite *f*
operational reliability *(VR)* Betriebssicherheit *f*
operational safety *(VR)* Betriebssicherheit *f*
operational sequence *(Te)* Arbeitsablauf *m*
operational test *(BM, BT)* Prüfung *f* unter Einsatzbedingungen, Versuch *m* unter Betriebsbedingungen
operations area Bedienungsbühne *f*; Maschinistenplattform *f*
operations research *(VR)* Unternehmensforschung *f*
operative Bauarbeiter *m*
operator 1. Betreiber *m*; Vermieter *m*; Anlagenfahrer *m*, Maschinist *m*; Laborant *m*; 2. Antrieb *m*
operatorless bedienerlos
operator's cabin Führerhaus *n*
opisthodomos *(Arch)* Opisthodomos *m*, Hinterraum *m*, Rückhalle *f (griechische Tempel)*
oppose *v* entgegenstellen, entgegensetzen
opposed *(Konst)* entgegengesetzt; entgegengestellt; (einander) gegenüberliegend; dagegen; Gegen...
opposed-blade damper *(HLK)* Feuchtluftabzug *m* mit gegeneinander schließenden Lamellen
opposed force *(Stat)* Gegenkraft *f*
opposed turn *(Verk)* Linksabbiegen *n*
opposing entgegen, dagegen
opposing force *(Stat)* Gegenkraft *f*
opposing traffic *(Verk)* Gegenverkehr *m*
opposite gegenüber, entgegen
opposite direction Gegenrichtung *f*, entgegengesetzte Richtung *f*
opposite folding *(Konst)* gegenläufige Faltung *f*
opposite side Gegenseite *f*
optic *s.* optical
optical optisch
optical angle *(Verm)* Achsenwinkel *m*
optical axis *(Arch, Verm)* optische Achse *f*
optical axis of symmetry *(Arch, Verm)* optische Symmetrieachse *f*
optical fibre cable *(BT, El)* Glasfaserkabel *n*
optical fibre sign *(Verk)* Verkehrszeichen *n* aus Glasfaser
optical plane Achsenebene *f*
optical plumbing *(Verm)* optisches Loten *n*, optische Lotung *f*
optical plummet *(Verm)* optisches Lot *n*
optical probe optischer Fühler *m*
optical ranging *s.* optical plumbing
optical reading theodolite *(Verm)* Theodolit *m* mit optischer Ablesung
optical sorter *(Umw)* optischer Abscheider *m*
optical square *(Verm)* Winkelspiegel *m*
optical yield Lichtfeld *n*
optimization *(VR)* Optimierung *f*
optimization measure *(Konst, VR)* Optimierungsmaßnahme *f*
optimize *v* optimieren
optimizing method *(Stat)* Optimierungsverfahren *n*
optimum capacity Optimalkapazität *f*
optimum compaction *(Te)* optimale Verdichtung *f*
optimum compression *(Te)* optimale Verdichtung *f*
optimum moisture content *(Bod, Erdb)* optimaler Verdichtungswassergehalt *m*, optimaler Wassergehalt *m (Erdstoff)*
optimum Proctor density *(Bod)* Proctor-Dichte *f*, Standarddichte *f*
optimum solution *(Konst, VR)* Bestlösung *f*
optimum strength optimale Festigkeit *f*
optimum use of space *(Konst, RP)* optimale Raumausnutzung *f*; maximale Raumauslastung *f*
option right *(VR)* Vorkaufsrecht *n*
optional wahlfrei, freiwillig, fakultativ; eventuell
optional requirement wahlweise Anforderung *f*, bedingte Anforderung *f*
opulent Renaissance *(Arch)* reiche Renaissance *f*
opus *(Arch)* Opus *n (1. Mauerwerk; 2. Arbeitstechnik der römischen Antike für bestimmte Baugewerke und -künste)*
opus emplectum *(Arch)* Füllmauerwerk *n (altes Rom)*
opus latericium *(Arch)* römisches Blendmauerwerk *n* [Mauerwerk *n*]
opus quadratum *(Arch)* regelmäßiges Schichtenmauerwerk *n (altes Rom)*
opus rusticum *(Arch)* Rustikaverband *m*, Buckelquaderverband *m*, Bossenwerk *n (altes Rom)*
opus sectile *(Arch)* Plattenmosaik *n (altes Rom)*
opus signium *(Arch)* Zementstuckanstrich *m (altes Rom)*
opus tessellatum *(Arch)* Fußbodenwürfelmosaik *n (altes Rom)*
oral cupola *(Arch)* Oralkuppel *f*
orange alizarin lake *(BM, OB)* Alizarinorange *n*
orange peel (effect) *(OB)* Apfelsinenschaleneffekt *m*, Apfelsinenschalen(oberflächen)struktur *f (Anstrich- oder Brennfehler)*
orange peeling *(OB)* Orangeschaleneffekt *m (Gestaltungstechnik)*
orange-red sienna gebrannte Siena *f*, gebrannte Terra *f*
orange shellac *(BM, OB)* Orangeschellack *m*, gelber Holz(siegel)lack *m*
orangery *(LB)* Orangerie *f*
oratory *(Arch)* Betkapelle *f*, Andachtsraum *m*
orb *(SB)* ebener Rund(kreuz)stein *m* eines Kreuzrippengewölbes
orbicular *(Arch)* (fast) kreisrund, gerundet
orbicular granite Kugelgranit *m*
orchard *(LB)* Obstgarten *m*
orchestra *(Arch)* Orchestra *f (Tanzplatz des griechischen Theaters)*
orchestra floor *(Konst)* Orchesterstand *m*
orchestra pit Orchestergraben *m*, Orchesterraum *m*
order *v* 1. anordnen, ordnen *(Bauelemente, Gebäude)*; 2. bestellen, in Auftrag geben
order 1. *(Konst)* Anordnung *f*, Ordnung *f (z. B. von Bauelementen)*; 2. *(Arch)* Säulenanordnung *f*, Säulenordnung *f*; Baustil *m*; 3. *(Konst)* Gewölbering *m*; 4. *(Arch, Konst)* Größenordnung *f*, Rangordnung *f*, Reihenfolge *f*; 5. *(VR)* Bestellung *f*, Auftrag *m (von Leistung und Material)*; 6. *(VR)* Anordnung *f (zum Ausführen von Gewerke- und Ingenieurleistung)*; 7. *(Konst, SB)* Gewölbering *m (Mauerwerk)*
order book Auftragsbuch *n*
order drawing *(Konst)* Bestellzeichnung *f*
order form *(VR)* Bestellschein *m*
order letting *(VR)* Auftragserteilung *f*, Vergabe *f*
order number Bestellnummer *f*
order of architecture *(Arch)* Säulenordnung *f*, Säulenanordnung *f*; Bauordnung *f*

order of magnitude Größenordnung *f*
order variations *(Konst, Te)* Bestellungsabweichungen *fpl*
Ordinance on the honorariums for services of the architects and engineers *(VR)* Verordnung *f* über die Honorare für Leistungen der Architekten und Ingenieure *(HOAI)*
ordinary 1. *(Arch) (AE)* Dorfgaststätte *f*; 2. *(Konst)* Speiseraum *m*, Gaststube *f (mit festen Preisen)*
ordinary cement *(BM)* Normalzement *m*
ordinary concrete Beton *m*, Schwerbeton *m*, normaler [unbewehrter] Beton *m*
ordinary construction *(AE)* normale feuerschutzhemmende Außenwandkonstruktion *f*
ordinary forms Standschalung *f*
ordinary formwork *(BT, Te)* Standschalung *f*
ordinary lantern *(El)* Normenleuchte *f*
ordinary light unpolarisiertes Licht *n*
ordinary lime gewöhnlicher Kalk *m*
ordinary lime mortar *(BM, SB)* Kalkmörtel *m*
ordinary maintenance *(RS)* regelmäßige Unterhaltung *f*
ordinary mortar *s.* ordinary lime mortar
ordinary Portland cement gewöhnlicher Portlandzement *m*
ordinary red brick Normalziegel(stein) *m*
ordinary road *(Verk)* normale Verkehrsstraße *f*
ordinary rubble masonry *(SB)* Feldsteinmauerwerk *n*
ordinary shuttering *(BT, Te)* Standschalung *f*
ordinary steel *(BM, St)* Massenstahl *m*
ordinary strength steel *(BM, St)* Normalstahl *m*
ordnance benchmark *(Verm)* Vermarkungspunkt *m* der Landesvermessung
Ordnance Survey map *(Verm)* amtliche Vermessungskarte *f*
Ordnance Surveying *(Verm)* amtliche Land(es)-vermessung *f (in Großbritannien)*
ore shoot *(Bod)* Erzfall *m*
Oregon pine *(LB)* Douglasie *f*, Douglasfichte *f*
organ case *(Konst)* Orgelprospekt *m*
organ console table Orgelspieltisch *m*
organ front *(Konst)* Orgelschauseite *f*
organ gallery *(Arch, Konst)* Orgelempore *f*
organ loft *(Arch, Konst)* Orgelbühne *f*, Orgelempore *f*, Orgelchor *m*
organ-shaped façade *(Konst)* orgelförmige Fassade *f*
organic organisch
organic acid *(BM, Bod, LB, WVA)* organische Säure *f*
organic additives organisches Additiv *n*
organic adhesive *(BM)* organischer Kleber *m*
organic aggregate *(BM)* pflanzlicher Zuschlagstoff *m (Holzspäne usw.)*
Organic architecture *(Arch)* organische Architektur *f (Anfang des 20. Jahrhunderts, Hauptvertreter Frank L. Wright)*
organic building *(Arch)* organhaftes Bauen *n (funktionelle Formen)*
organic carbon content *(BM)* Humusgehalt *m (Betonzuschlagstoffe)*
organic chemistry *(BM)* organische Chemie *f*
organic clay *(Bod)* organischer Ton *m*
organic coating 1. *(OB)* organischer Überzug *m*, organische Schutzschicht *f*; 2. *(OB)* organischer Anstrichstoff *m*; karbonatischer Anstrich *m*
organic coating film *(OB)* organischer Anstrichfilm *m*
organic compound *(BM)* organische Verbindung *f*
organic dyestuff organischer Farbstoff *m*
organic fibre *(BM)* organische Faser *f*
organic finish *(OB)* organische Schutzschicht *f*
organic finishing material *(BM, OB)* organischer Beschichtungsstoff *m*
organic form of nature *(Arch)* organische Naturform *f*
organic glass organisches Glas *n*
organic heat insulating material *(DIS)* organisches Wärmedämmmaterial *n*, organischer Wärmedämmstoff *m*
organic impurity *(BM, WVA)* organische Verunreinigung *f*, organische Verschmutzung *f*
organic matter *(BM)* Organisches *n*, ausglühbare Bestandteile *mpl (Zuschläge)*; organischer Stoff *m*
organic pigment Naturpigment *n*, organisches Pigment *n*
organic silicate binder organischer Silicatbinder *m* [Silikatbinder *m*]
organic silt *(Bod, LB)* organischer Schluff *m*
organic soil *(Bod)* organischer Erdstoff *m*, Boden *m* mit ausglühbaren Bestandteilen, Humusboden *m*
organic solvent organisches Lösungsmittel *n*
organic substance organische Beimengung *f*, ausglühbarer Anteil *m (Zuschlagstoffe)*
organic theory of architecture *(Arch)* organische Architekturtheorie *f*
organic vehicle *(BM)* organisches Bindemittel *n (Anstriche)*
organic waste *(Umw)* organischer Abfall *m*
organic zinc-rich coating *(BM, OB)* organischer Zinkstaubanstrichstoff *m*
organization *(VR)* Organisation *f*; Einrichtung *f*; Körperschaft *f*
organize *v (VR)* organisieren, einrichten
organoleptic *(Arch)* organoleptisch, mit den Sinnen wahrnehmbar
organoleptic test *(VR)* Augenscheinprüfung *f*, Prüfen *n* mit den Sinnen *(Geruch, Geschmack, Hören, Fühlen)*
organosol Organosol *n (organischer Harzeinbrennlack)*
oriel Erker *m*
oriel window Erkerfenster *n*
orient *v (Konst, RP)* ausrichten, einrichten *(Gebäude)*; osten, nach Osten (aus)richten *(z. B. Längsachse einer Kirche)*
oriental cupola *(Arch)* orientalische Kuppel *f*
orientation 1. *(Konst, RP)* Orientierung *f*, Ausrichtung *f (eines Gebäudes nach Osten)*; 2. Standrichtung *f*, Lagerichtung *f*, Stellung *f (eines Gebäudes in Ost-West-Richtung)*
orifice Öffnung *f*, Ausflussöffnung *f*, Ausfluss *m*; Schachtöffnung *f*; Mündung *f*
origin 1. *(Stat, Verm)* Nullpunkt *m (z. B. im Koordinatensystem)*; 2. *(Verm, VR)* Anfangspunkt *m*, Ausgangspunkt *m*; Ursprung *m*; Herkunft *f*; Quelle *f*
origin and destination traffic *(Verk)* Quell- und Zielverkehr *m*
origin-destination study *(Verk)* Quell- und Zielverkehrsuntersuchung *f*, Verkehrsuntersuchung *f*
origin of force *(Stat)* Angriffspunkt *m* (der Kraft)
original *(Konst)* Original *n*, Vorlage *f (z. B. Zeichnung)*
original bedding ursprüngliche Schichtung *f (geologisch)*
original document Original *n*
original ground *(BM, Bod)* natürliches Gelände *n*
original ground level *(Verm)* natürliche Höhe *f*, Höhe *f* des natürlichen Geländes
original position ursprüngliche Lage *f*
original sample weight Einwaage *f*
original soil *(Bod)* gewachsener Boden *m*
original state Originalzustand *m*, ursprünglicher Zustand *m*
original tracing drawing *(Konst)* Urpause *f*
originating traffic *(Verk)* Quellverkehr *m*
orle *(Arch)* schmales Band *n (am Kapitell)*; schmale Zierkante *f (am Säulenschaft)*; Borte *f*, Schmuckborte *f (an einem Wappen)*
orlet *s.* orle
ormolu Mosaikgold *n*, Malergold *n*, Goldbronze(paste) *f*
ormolu varnish *(BM, OB)* Goldbronzefarbe *f*
ornament *v (Arch, Te)* verzieren; schmücken

ornament *(Arch)* Ornament *n*, Schmuckelement *n*, Zierelement *n*, Verzierung *f*, Dekorationsglied *n*
ornament with a cordon *(Arch)* Bandgesims *n*
ornamental acoustical slab *(Arch, DIS)* Dekorakustikdecke *f*
ornamental aggregate *(BM)* Zierzuschlagstoff *m*
ornamental arch *(Arch)* Zierbogen *m*, Schmuckbogen *m*
ornamental architecture *(Arch)* Dekorarchitektur *f*, Ornamentarchitektur *f*, Schmuckarchitektur *f*, Zierarchitektur *f*, Schmuckbaukunst *f*
ornamental archivolt *(Arch)* ornamentierte Archivolte *f*
ornamental area *(Arch)* Zierfläche *f*
ornamental art *(Arch)* Ornamentik *f*, Zierkunst *f*, Ornamentkunst *f*, dekorative Kunst *f*
ornamental band *(Arch)* Bandornament *n*, Linienornament *n*, Zierband *n*
ornamental barrel vault *(Arch, Konst)* dekoratives Tonnengewölbe *n*
ornamental board *(Arch)* Zierplatte *f*, Ornamentalplatte *f*, Sichtplatte *f*, Dekoplatte *f*
ornamental border *(Arch)* Zierleiste *f*
ornamental brick *(Arch, BM)* Zierziegel(stein) *m*, Ornamentziegel *m*
ornamental ceiling *(Arch, TK)* Zierdecke *f*, Ornamentaldecke *f*, Schmuckdecke *f*, Dekodecke *f*
ornamental coating *(Arch, OB)* Ornamentalbeschichtung *f*, Schmuckbeschichtung *f*, Zierbeschichtung *f*, Dekorbeschichtung *f*, Zierüberzug *m*, Schmucküberzug *m*
ornamental colour tile Farbmusterfliese *f*
ornamental column *(Arch, TK)* Ziersäule *f*, Schmucksäule *f*, Ornamentsäule *f*
ornamental concrete *(Arch, BB)* Zierbeton *m*; Sichtbeton *m*
ornamental door *(Arch)* Ziertür *f*, Schmucktür *f*, Ornamenttür *f*
ornamental element *(Arch, Konst)* architektonisches Glied *n*, Ornamentglied *n*, Schmuckglied *n*, Zierglied *n*
ornamental finish *(Arch, SB)* Effektputz *m*, Ornamentputz *m*, Zierputz *m*
ornamental foil Dekofolie *f*, Zierfolie *f*, Ornamentfolie *f*, Schmuckfolie *f*
ornamental form Ornamentform *f*, Schmuckform *f*, Zierform *f*, Verzierungsform *f*, Dekorationsform *f*
ornamental gable *(Arch, Konst)* Ziergiebel *m*, Schmuckgiebel *m*, Ornamentgiebel *m*, Dekorationsgiebel *m*
ornamental glass Ornamentglas *n*, Zierglas *n*
ornamental grille *(Arch, BT)* Ornamentgitter *n*, Ziergitter *n*
ornamental hardware Zierbeschläge *mpl*, Ornamentbeschläge *mpl*, Schmuckbeschläge *mpl*, Dekorationsbeschläge *mpl*
ornamental iron Ziereisen *n*, Ornamenteisen *n*, Schmuckeisen *n*, Dekorationseisen *n*
ornamental ironwork *(Arch, St)* Kunstschmiedearbeit *f*
ornamental lattice *s.* ornamental grille
ornamental luminaire *(El)* Zierleuchte *f*, Ornamentleuchte *f*, Schmuckleuchte *f*, Dekorationsleuchte *f*
ornamental modelled coat plastischer Anstrich *m*, Plastikanstrich *m*, Plastikaufstrich *m*
ornamental modelled stuccowork *(Arch)* plastische Stuckverzierung *f*, Stuckatur *f*, Stuckplastik *f*
ornamental motif *(Arch, Konst)* Ziermotiv *n*, Schmuckmotiv *n*, Ornamentmotiv *n*, Dekorationsmotiv *n*
ornamental niche Ziernische *f*, Schmucknische *f*
ornamental paint Schmuckanstrich *m*, Schmuckfarbe *f*
ornamental panelling Zierfüllung *f (Wand)*; verzierte Verkleidung *f*
ornamental parts ornamentale Bauteile *npl*
ornamental pattern Ziermuster *n*, Schmuckmuster *n*, Ornamentmuster *n*, Dekorationsmuster *n*
ornamental pavilion *(Arch)* Schmuckpavillon *m*, Zierpavillon *m*
ornamental planting *(Arch, LB)* Schmuckbepflanzung *f*, Dekorationspflanzung *f (Landschaftsbau)*
ornamental portal *(Arch)* Schmuckportal *n*, Zierportal *n*
ornamental rafter end profilierter Sparrenkopf *m*
ornamental ridge covering verzierte Firsthaube *f*
ornamental screen Schauwand *f*
ornamental slab Dekorkassettenplatte *f*
ornamental steel 1. *(Arch, St)* Zierstahl *m*; 2. Zierstahlarbeit *f*
ornamental structural ceramics dekorative Baukeramik *f*
ornamental structure *(Arch)* Zierbauwerk *n*
ornamental style *(Arch)* Ornamentstil *m*, Schmuckstil *m*, Zierstil *m*, Dekorationsstil *m*
ornamental surface Zierfläche *f*
ornamental tile Ornamentfliese *f*, Ornamentplatte *f*
ornamental touch *(Arch)* dekorativer Anklang *m*
ornamental trim *(Arch)* Ziereinfassung *f*, Schmuckeinfassung *f*, Ornamenteinfassung *f*, Dekorationseinfassung *f*, Simswerk *n*
ornamental turret Ziertürmchen *n*
ornamental water-carried paint *(BM)* Schmuckdispersionsfarbe *f*
ornamental window *(Arch, BT, Konst)* Ornamentfenster *n*, Zierfenster *n*
ornamental wire glass Drahtornamentglas *n*
ornamental work Schmuckarbeit *f*, Zierarbeit *f*, Ornamentarbeit *f*, Dekorationsarbeit *f*
ornamentation *(Arch)* Verzierung *f*, Ausschmückung *f*, Dekoration *f*
ornamented verziert, geschmückt
ornate (reich) verziert, geschmückt *(prunkvoll, z. B. große Objekte)*
ornate lock *(Arch, EB)* Zierband *n (Schlossbeschlag)*
ornate style *(Arch)* gewählter, reicher Stil *m*
orphan home Waisenhaus *n*
orpiment (yellow) Auripigment *n*, Rauschgelb *n*, gelbes Arsenik *n*
orthid *(BM, Bod)* Roterde *f*
orthoclase *(BM, Bod)* Orthoklas *m*
orthodox construction method *(Te)* herkömmliche Bauweise *f*, konventionelle Bauweise *f*
orthogonal orthogonal, rechtwinklig
orthogonal anisotropic plate *(TK)* orthogonale nicht isotrope Platte *f*
orthogonal framework (of girders) *(TK)* orthogonale Konstruktion *f (Fachwerk)*
orthogonal reinforcement *(Konst)* Orthogonalbewehrung *f*, orthogonale Stahleinlagen *fpl*
orthogonality *(Konst)* Orthogonalität *f*, Rechtwinkligkeit *f*
orthography *(Arch, Konst)* Orthographie *f*, Senkrechtdarstellung *f*, Senkrechtprojektion *f*
orthophyre *(BM)* Orthophyr *m*, Orthoklasporphyr *m*
orthostate 1. länglicher Stein *m*; 2. hochstehender Lagerstein *m*
orthostyle geradlinige Kolonnade *f*, gerader Säulengang *m*
orthotropic *(TK)* orthotrop, orthogonal-anisotrop *(Stahlbetonplatte)*
orthotropic deck *(Verk)* orthotrope Fahrbahn(platte) *f (Brücke)*
orthotropic plate *(TK)* orthotrope Platte *f*
ortstein *(Bod, Erdb)* Ortstein *m*
oscillate *v* schwingen; pendeln; vibrieren
oscillating force *(Stat)* schwingende Belastung *f*
oscillating lever Schwinghebel *m*
oscillating rod schwingender Stab *m*

oscillating screen *(BWG, Te)* Schwingsieb *n*, Rüttelsieb *n* *(Zuschlagtrennung)*
oscillation 1. *(DIS, Stat)* Schwingung *f*; Erschütterung *f*; Oszillation *f*; 2. *(OB, Stat)* Schwingen *n*; Vibrieren *n*
oscillation amplitude *(DIS, Stat)* Schwingungsamplitude *f*
oscillation check *(Stat)* Schwingungsnachweis *m*, Erschütterungsnachweis *m*
oscillation damping *(DIS)* Schwingungsdämpfung *f*, Erschütterungsdämpfung *f*
oscillation damping material *(BM, DIS)* Schwingungsdämmstoff *m*
oscillation-insulated *(DIS)* schwingungsisoliert
oscillation insulation *(DIS)* Schwingungsisolierung *f*, Erschütterungsisolierung *f*
oscillation-less schwingungsfrei, erschütterungsfrei; vibrationsfrei
oscillation of a foundation *(Erdb, Stat)* Fundamentschwingung *f*
oscillation of bridge girder *(Br, Stat)* Schwingen *n* des Brückenträgers
oscillation resistance *(Stat)* Schwingungsfestigkeit *f*
oscillation source Schwingungsquelle *f*; Erschütterungsursache *f*
oscillation transmission Schwingungsübertragung *f*; Vibrationsübertragung *f*
oscillator load *(Stat)* Schwelllast *f*, Schwinglast *f*, Wechsellast *f* *(periodisch)*
oscillatory *(OB, Stat)* oszillatorisch
oscillatory impulse *(Verk)* Schwingungserregung *f* *(Brücke)*
oscillatory motion *(OB, Stat)* Schwingung *f*
oscillatory movement *(Stat)* Schwingungsbewegung *f*
oscillatory shear *(Stat)* oszillatorische Scherbeanspruchung *f*
oscillograph Oszillograph *m*, Schwingungsmessgerät *n*
Osiris pillar *(Konst, TK)* Osirispfeiler *m*
Oslo (tunnel-concreting) method *(Te, Tun)* Osloer Tunnelbetonierverfahren *n* *(ohne Bewehrungserfordernis)*
osmosis Osmose *f*
osmotic force *(Bod, Stat)* osmotischer Druck *m*
osmotic method *(Erdb)* Osmoseverfahren *n*
osmotic pressure osmotischer Druck *m*
Ostwald double cone *(OB)* Ostwald'scher Farbenkegel *m*
Ostwald system Ostwald'scher Farbenkegel *m*
Ottawa sand Normensand *m* aus Ottawa
Ottoman architecture *(Arch)* osmanische Architektur *f*, osmanische Baukunst *f*
Ottonian architecture *(Arch)* ottonische Baukunst *f* *(deutsche Architektur des 10. Jahrhunderts)*
Ottonian Renaissance ottonische Renaissance *f*
oubliette *(Arch)* Kellerverlies *n*
oubliette opening *(Arch)* Angstloch *n* *(Deckenöffnung)*
ounce Unze *f* *(28,34952 g)*
oundy moulding *(Arch)* Wellenornament *n*
out-of-action *(Te)* außer Betrieb; gestört *(Gerät)*
out-of-centre *(Konst)* außermittig, exzentrisch, seitlich versetzt
out-of-cultivation *(LB, RP)* verwildert
out-of-door service Außeneinsatz *m*
out-of-line *(Verm)* aus der Flucht, außer Flucht
out-of-plumb *(Verm)* aus dem Lot, nicht lotrecht, nicht im Lot
out-of-service außer Betrieb
out-of-square *(Verm)* nicht senkrecht, nicht im Lot
out-of-tolerances *(BT)* nicht maßhaltig
out-of-true *(Verm)* aus der Flucht, außer Flucht; schief
out ramp *(Verk)* Ausfahrt(s)rampe *f*, Abfahrtrampe *f*
outback *(RP)* abgelegene Gegend *f*
outband 1. *(SB)* geteilter Läufer(stein) *m*; 2. *(Konst)* Aussparung *f* durch einen halben Läufer, freigelassene Aussparung *f*
outbond *(Konst)* wandparallel
outbond *(Konst, SB)* Verbundblendmauer *f*, Verbundblendmauerwerk *n*, Läuferblendmauer *f*
outbond brick Läufer *m*, Strecker *m*
outbound traffic *(Verk)* ausstrahlender Verkehr *m*
outbreak of fire Feuerausbruch *m*
outbuilding *(Arch, Konst)* Außengebäude *n*, Nebengebäude *n*; Remise *f*
outcrop *(Bod)* ausstreichende Schicht *f*, Ausstreichendes *n*, Schichtenausstrich *m*, Ausbiss *m* *(Geologie)*
outdated überholt
outdoor außen, im Freien befindlich [stehend]; Außen...
outdoor air *(HLK)* Außenluft *f*
outdoor-air intake [supply] *(HLK)* Außenluftzuführung *f*
outdoor-air temperature Außenlufttemperatur *f*
outdoor architecture *(Arch)* Außenarchitektur *f*, Außenbaukunst *f*
outdoor bath *(Arch, RP)* Freibad *n*
outdoor cinema *(Arch)* Freilichtkino *n*
outdoor closet *(San)* Außenklosett *n*
outdoor corridor *(Arch, Konst)* Laubengang *m*, offener Gang *m*
outdoor durability Wetterbeständigkeit *f*, Außenbeständigkeit *f*
outdoor exposure test *(BM)* Bewitterungsversuch *m*, Freiluftbewitterungsversuch *m*
outdoor exposure testing *(BM)* Bewitterungsprüfung *f*, Freiluftbewitterungsprüfung *f*
outdoor facilities *(LB)* Außenanlagen *fpl*
outdoor finish *(OB)* Außenanstrich *m*; Außenanstrichstoff *m*
outdoor life facilities *(LB)* Garteneinrichtungen *fpl* *(z. B. Blockhütte, Gartenmöbel usw.)*
outdoor lighting *(El)* Außenbeleuchtung *f*, Beleuchtung *f* im Freien
outdoor living area *(LB)* Freisitzfläche *f*
outdoor plant *(El)* Freiluftanlage *f* *(Umspannwerk)*
outdoor sensor *(HLK)* Außenfühler *m*
outdoor service Außeneinsatz *m*
outdoor space Außenraum *m* *(um ein Gebäude)*
outdoor stage Freilichtbühne *f*
outdoor stairs *(Konst)* Außentreppe *f*
outdoor storage Freilagerung *f*, Außenlagerung *f*
outdoor storage area Freilagerfläche *f*
outdoor terrace *(Arch, Konst)* Freiterrasse *f*
outdoor test *(BM)* Feldversuch *m*, Freilandprüfung *f*; Freilandbewitterungsprüfung *f*, Bewitterungsversuch *m*
outdoor thermostat *(HLK)* Außenthermostat *m*
outdoor-type plant *(Arch)* Frei(luft)bau *m*
outdoor weathering *(BM)* Freibewitterung *f*
outer aisle *(Arch)* äußeres Seitenschiff *n*, äußere Abseite *f*
outer angle Außenecke *f*
outer bending moment *(Stat)* äußeres Biegemoment *n*
outer board Rindenbrett *n*, waldkantiges Brett *n*
outer casing *(Konst)* Außenhülle *f*, Außenmantel *m*
outer coat *(OB)* Außenanstrich *m*, Außenaufstrich *m*
outer coating 1. Außenbeschichtung *f*; 2. Außenschicht *f*
outer connection *(Konst)* Außenverbindung *f*
outer core Außenkern *m*
outer corner Außeneck *n*
outer court *(Arch)* Außenhof *m*
outer cross wall Außenschott *n*
outer defence *(Arch)* Vorwerk *n*, Außenwerk *n*, Veste *f*
outer ditch *(Arch)* Außengraben *m* *(Befestigungsanlagen)*
outer dome Schutzkuppel *f*
outer door *(Konst)* Außentür *f*
outer door case Außentürzarge *f*

O

outer edge Außenkante *f*
outer fringe *(RP)* Außenrand(bereich) *m (Städtebau)*
outer hearth Kaminbodensichtfläche *f (aus Stein)*
outer insulation *(DIS)* Außendämmung *f*
outer leaf *(Konst)* Außenschale *f*, äußere Schale *f*
outer lining *s.* outside casing
outer navel aisle *(Arch)* äußeres Seitenschiff *n*, äußere Abseite *f*
outer paint *(OB)* Außen(anstrich)farbe *f*
outer-pane Außenscheibe *f (Glas)*
outer product *(Stat)* äußeres Produkt *n*, Vektorenprodukt *n*
outer reveal *(Konst)* Außenleibung *f*
outer ring road *(Verk)* äußerer Ring *m*, Außenring *m*, Außenringstraße *f*
outer sealing *(DIS)* Außendichtung *f*, Außenabdichtung *f*
outer separation *(AE) (Verk)* Parallelfahrstreifen *m (einer Hauptverkehrsstraße)*
outer sheet *(BT)* Außenplatte *f (von einer Schichtenplatte)*
outer shell unit Außenschalenfertigteil *n*
outer shoulder *(Verk)* Seitenstreifen *m*, Bankett *n*
outer sill äußere Sohlbank *f*
outer string *(BT, Hb)* äußere Treppenwange *f*, Außenwange *f*
outer stud *(Konst)* Außenpfosten *m (Fachwerk)*
outer varnishing *(OB)* Außenlackierung *f*
outer wall *(Konst)* Außenwand *f*
outer ward *(Arch)* Zwinger *m (Burg)*
outer window Außenfenster *n*
outfall 1. *(Wsb)* Abflussleitung *f*, Ableitungskanal *m*; 2. *(San)* Abwassereinleitungsstelle *f*; Abflusseinlauf *m*; Vorfluter *m*; 3. *(Erdb, LB)* Durchlassende *n*, Grabenauslass *m*
outfall capacity *(Erdb, LB, WVA)* Vorflut(er)leistung *f*
outfall ditch *(LB, Wsb)* Vorfluter *m*
outfall sewer *(WVA)* Sammler *m*, Sammelkanal *m*, Hauptabwasserrohr *n*
outfall structure [works] *(Wsb)* Mündungsbauwerk *n*, Auslaufbauwerk *n*
outfit *v (EB, Te)* ausstatten, ausrüsten
outfit *(EB)* Ausstattung *f*, Ausrüstung *f (von Apparaturen, Anlagen für Gebäudeeinrichtungen)*
outflow *v* abfließen, ausfließen
outflow 1. *(Wsb, WVA)* Ausfließen *n*, Ausfluss *m*, Ausströmen *n*; 2. *(HLK, San, WVA)* Ablassöffnung *f*, Auslass *m*, Ablauf *m*; 3. *(Wsb)* abfließende Flüssigkeit *f*; ausströmender Stoff *m*; Abflussmenge *f*
outflow amount *(Wsb, WVA)* Abflussmenge *f*
outflow area *(Bod)* Quellzone *f (Boden)*
outflow meter Ausflussmesser *m*
outflow pipe Abflussrohr *n*, Ablaufrohr *n*, Auslaufrohr *n*; Abzugsrohr *n*
outflow time Ausflusszeit *f*
outgoing air *(HLK)* Abluft *f*, Fortluft *f*
outgoing pipe *(HLK)* Abluftrohr *n*
outhouse 1. *(Arch)* Außenhaus *n*; Hintergebäude *n*, Nebengebäude *n*; 2. *(Konst, San) (AE)* Aborthäuschen *n*
outland *(Wsb)* Vorland *n*, Außendeichland *n*
outlay *(VR)* Aufwand *m*, Investitionskosten *pl*
outlet 1. Ablassöffnung *f*, Austrittsöffnung *f*, Austritt *m*, Ablauf *m*; Auslauf *m*; Abfluss *m*; Abzug *m*; 2. Ablassen *n*, Ablass *m*, Ablaufen *n*; 3. *s.* outlet box
outlet box *(El)* Steckdose *f*; Mehrfachsteckdose *f*
outlet bucket Auslaufvertiefung *f*
outlet channel *(Erdb, LB, Wsb, WVA)* Auslaufkanal *m*, Abführkanal *m*
outlet ditch *(Erdb, LB, Wsb)* Abzugsgraben *m*, Ablaufrinne *f*
outlet headworks *(Wsb)* Auslaufbauwerk *n*
outlet hydrograph *s.* outlet meter
outlet meter Abflussmesser *m*, Ausflussmessgerät *n*
outlet opening *(Wsb, WVA)* Ausströmöffnung *f*
outlet pipe *s.* outflow pipe
outlet sleeve Ablassstutzen *m*
outlet slide Auslassschieber *m*
outlet structure *(Wsb)* Mündungsbauwerk *n*, Auslaufbauwerk *n*
outlet trench *(Erdb, LB, Wsb)* Abzugsgraben *m*
outlet trough Ablaufrinne *f*
outlet valve *(HLK, WVA)* Ablassschieber *m*, Ablassventil *n*
outlet vent *(HLK)* Dunstrohr *n*
outlet vent tile Dunstrohrziegel *m*, Entlüftungsziegel *m*
outlet ventilator *(HLK)* Entlüftungsventilator *m*
outlier *(BM, Stat, Te)* Ausreißer *m (z. B. Mischung, Messwert usw.)*
outline *v (Arch, Konst)* skizzieren, umreißen, aufzeichnen
outline 1. *(Konst)* Entwurf *m*, Plan *m*, Skizze *f*; 2. *(Arch)* Außenlinie *f*, Umrisslinie *f*, Umriss *m*, Profil *n*; Begrenzungslinie *f*
outline and dimensions *(Konst)* allgemeine Abmessungen *fpl*
outline drawing Übersichtszeichnung *f*; Umrisszeichnung *f*
outline map Übersichtskarte *f*; Umrisskarte *f*
outline of arch *(Konst)* Gewölbeprofil *n*, Wölbung *f*, Bogenlinie *f (des Gewölbes)*
outline plan *(RP)* Perspektivplan *m*, Rahmenplan *m (Bebauungsplanung)*
outline planning *(RP)* Perspektivplanung *f*
outlook Aussichtspunkt *m*
outpatient clinic [department] *(Arch, Konst)* Poliklinik *f*
output 1. *(BWG)* (abgegebene) Leistung *f*, Ausgangsleistung *f (von Maschinen)*; 2. *(VR)* Arbeitsvermögen *n*, erbrachte Leistung *f (von Personen)*; 3. *(Te)* Produktionsausstoß *m*
output of well *(Wsb)* Brunnenergiebigkeit *f*
output per day *(Te)* Tagesleistung *f (Produktionsprozess)*
output per shift Schichtleistung *f (Produktionsprozess)*
output quantity *(Konst, Stat)* Ausgangsgröße *f*
outreach Ausladung *f (eines Krans)*; Reichweite *f*
outrigger *(AE)* 1. Ausleger *m*, auskragender Balken *m*, Kragträger *m (Hängegerüstträger)*; 2. Kranausleger *m*
outrigger beam Abstützträger *m*, Stützarm *m*
outrigger scaffold an der Mauer verankertes Gerüst *n*, Kragstützengerüst *n*, Kragrüstung *f*
outrigger shore *(BT, Te)* temporäre Auskragungsabstützung *f*, ausziehbare Seitenstütze *f*
outrigger wall set flagpole Schrägfahnenmast *m*
outside 1. *(Arch, Konst)* Außenseite *f*, Stirnseite *f (eines Gebäudes)*; 2. *s.* outside surface
outside-air intake *(HLK)* Außenluftzuführung *f*
outside architrave *s.* outside casing
outside area Außenfläche *f*, Außengebiet *n*, Außenbereich *m*
outside awning blind *(EB)* Markise *f*
outside beam *(Konst)* Randträger *m*
outside bending moment *(Stat)* äußeres Biegemoment *n*
outside board *(BM)* Schwartenbrett *n*
outside casing Außenrahmen *m*, äußerer Fensterrahmen *m*; Außenverblendung *f* des Rahmens
outside coating 1. *(OB)* Außenanstrich *m*; 2. *(BM, OB)* Außenanstrichstoff *m*
outside corner *(Konst)* Außenecke *f*
outside corner moulding äußere Kantenüberdeckung *f*, Außenkantenschutz *m*
outside corridor *s.* outdoor corridor
outside diameter Außendurchmesser *m*
outside door *(Konst)* Außentür *f*
outside door handle *(EB)* Türaußengriff *m*
outside door panel Türaußenhaut *f*
outside edge Außenkante *f*
outside facing *s.* outside casing

outside finish 1. *(Arch, Konst)* Außenwandgestaltung *f*; 2. *(OB)* Außenputz *m*; Außenwandbeschichtung *f*; Außenanstrich *m*
outside force *(Stat)* äußere Kraft *f*, Außenkraft *f*
outside foundation line *(Erdb, Konst)* Fundamentaußenlinie *f*, Fundamentkantenlinie *f*
outside gallery *(Arch, Konst)* äußerer Laubengang *m*, Außenlaubengang *m*
outside glazing Verglasung *f* von außen, Außenverglasung *f*; Außeneinglasung *f*
outside lining *s.* outside casing
outside luminance *(El)* Außenleuchtstärke *f*
outside marble Marmor *m* für Außenanwendung, Außenmarmor *m*
outside reveal Außenleibung *f*
outside scaffold(ing) *(Konst, Te)* Außengerüst *n*, Außenrüstung *f*
outside studding plate *(Br, TK)* äußere Jochbalkenplatte *f*
outside surface Außenfläche *f*
outside wall *(BT, Konst)* Außenmauer *f*, Umfassungsmauer *f*
outside window Vorfenster *n*, Winterfenster *n*
outside work *(LB)* Außenarbeiten *fpl*
outsize Fehlkorn *n (Zuschlagstoffe)*
outsize determination Fehlkornbestimmung *f*
outskirts *(RP)* Randgebiet *n*, Stadtrand *m*; Außenbezirk *m*; Vorort *m*, Vorstadt *f*
outsourcing Ausgliedern *n*
outstanding *(Arch, Konst)* hervorstehend, hervorragend *(geometrisch)*
outstanding flange abstehender Schenkel *m*
outstanding leg außenstehende Stütze *f*, abstehende Stützsäule *f*
outward-bound road *(Verk)* Ausfallstraße *f*
outward-bound traffic *(Verk)* Ausfallverkehr *m*
outward bulging *(Konst)* Ausbeulen *n*, Ausbauchung *f (z. B. einer Wand)*
outward dipping nach außen einfallend
outward levelling *(Verm)* Hinnivellierung *f*
outward-opening door auswärts [nach außen] öffnende Tür *f*
outward thrust *(Stat)* Gewölbeschub *m*, Wölbungsschub *m*, Seitenschub *m*, Axialschub *m*, Horizontalschub *m*
outwindow Loggiafenster *n*, ausgekragtes Fenster *n*
outwork *(Arch)* Vorwerk *n*, Außenwerk *n (eine Befestigung)*
oval *s.* oval marble aggregate
oval arch *(Stat)* Ellipsenbogen *m*
oval column Ovalsäule *f*, Ovalstütze *f*
oval luthern *(Arch)* Schwalbenschwanzfenster *n*, Fledermausluke *f*
oval marble aggregate *(BM)* ovalgetrimmtes Marmorzuschlagkorn *n*
oval plate *(Arch, Konst)* Ovalplatte *f*
oval-shaped sewer pipe *(WVA)* Eiprofil *n*, Kanaleiprofil *n*
oven 1. *(EB)* Backofen *m*; 2. *(BWG)* Brennofen *m (z. B. für Keramik)*
oven-dry *(BM, Hb)* ofentrocken
oven drying test Auswiegeverfahren *n*, Auswiegen *n (Parkettfeuchtigkeitsprüfung)*
oven soldering *(St, Te)* Ofenlöten *n (Schutzgaslöten im Muffelofen)*
ovenproof glass flammenwidriges Glas *n*; flammenfestes Glas *n*
over-all corrosion *(OB)* Gesamtkorrosion *f*
over-allowance *(BT)* oberes Abmaß *n (Bauelement)*
over-large übergroß, übermäßig groß
over-long überlang
over-ornamented *(Arch)* (mit Ornamenten) überladen, überschmückt
over-pigmentation Überpigmentierung *f*
over-rigid überstarr, übersteif
over-rigid frame [truss] *(Stat)* statisch unbestimmtes Fachwerk *n*
over-storey 1. *(Konst)* oberes Geschoss *n*; 2. *(Arch)* Lichtgaden *m*, Ober(licht)gaden *m*, Fenstergaden *m*, Gaden *m (im Mittelschiff einer Basilika)*
over-story *(AE)* *s.* over-storey
over-thin *v* übermäßig verdünnen
overall appeal *(Arch)* Gesamteindruck *m*
overall attack flächenhafter Angriff *m (Korrosion)*
overall average Gesamtdurchschnitt *m*
overall coefficient of heat transfer *(DIS)* Wärmedurchgangszahl *f*
overall collapse Gesamtzusammenbruch *m*
overall conditions Gesamtbedingungen *fpl*
overall construction cost *(VR)* Gesamtbaukosten *pl*
overall cost *(VR)* Gesamtkosten *pl*
overall depth Gesamthöhe *f (Träger)*
overall dimension Gesamtmaß *n*, Gesamtabmessung *f*, Gesamtaußenmaß *n*
overall-dimension diagram [scheme] Bemessungsschema *n*
overall dimensions *(Konst)* Baugröße *f*, Gebäudegröße *f*; Raumbedarf *m (Flächennutzungsplan, Städteplanung)*
overall efficiency Gesamtwirkungsgrad *m*
overall erection time *(Te)* Montagegesamtzeit *f*
overall flashing yellow 1. *(Verk)* Allseitengelbblinken *n*; 2. Rundumgelbblinken *n*
overall form Gesamtform *f*
overall general corrosion *(OB)* flächenhafte Korrosion *f*
overall heat-transfer coefficient *(DIS)* Wärmedurchgangszahl *f*
overall height *(Konst)* Gesamthöhe *f*; Bauhöhe *f*
overall length Gesamtlänge *f*; Baulänge *f*
overall noise level Gesamtlärmpegel *m*
overall oxidation *(OB)* flächenhafte Oxidation *f*
overall plan *(Arch, Konst)* Gesamtplan *m*
overall planning (scheme) *(Konst, RP)* Gesamtplanung *f*, übergreifende Planung *f*; übergeordnete Planung *f*
overall rigidity *(Stat)* Gesamtsteifigkeit *f*
overall stability *(Stat)* Gesamtstabilität *f*
overall thickness Gesamtdicke *f*
overall volume of construction *(Konst, VR)* Gesamtbauvolumen *n*
overall width Gesamtbreite *f*, Breite *f* über alles
overarch *v* überwölben
overbaking *(OB, Te)* Überbrennen *n (Anstrich)*
overbridge *(Verk)* Überführung *f*, Wegüberführung *f*; Bahnüberführung *f*
overbuild *v* überbauen
overburden 1. *(Bod)* Schichtdicke *f* über der tragfähigen Bodenschicht; 2. *(Bod, Tun)* Abraumschicht *f*, überlagernde Erdschichten *fpl*, Überlagerung *f*, Überdeckung *f*, Deckgebirge *n*; 3. *(Bod, Erdb)* Überlagerungsdruck *m*, Überlastung *f (oberer Schichten)*
overburden pressure *(Bod, Erdb)* Überlagerungsdruck *m (oberer Schichten)*
overburdened *(Stat)* überlastet
overburn *v* totbrennen
overburnt brick überbrannter Ziegel *m*
overcharge *v* 1. *(Stat)* überladen; überlasten; 2. *(VR)* zu viel berechnen *(Kosten)*
overcharge *(Stat)* Überbelastung *f*, Überlastung *f*
overcloak Metalltafelüberlappung *f (Dach)*
overcoat *v (OB, Te)* beschichten *(Oberfläche)*; überstreichen; überdecken
overcoat *v* **by brushing** *(OB, Te)* überstreichen
overcoat *v* **by spraying** überspritzen

overcoat Deckschicht *f*; Überzug *m*; Deckanstrich *m*
overcoatability Überstreichbarkeit *f*, Überspritzbarkeit *f*
overcoating *s.* overcoat
overcompaction *(Erdb)* Überverdichtung *f*
overconsolidated soil *(Erdb)* überbelasteter Erdstoff *m*, Erdstoff *m* mit größerer Bodenpressung als unter natürlicher Vorbelastung
overconsolidation *(Bod)* Überkonsolidierung *f*, Überlastung *f*
overcrowding Überbelegung *f (Wohnung)*
overcurrent protection *(El)* Überstromschutz *m*
overcurrent protection breaker *(El)* Überstromschutzschalter *m*
overdecorated *(Arch)* überladen, übermäßig verziert
overdefined überbestimmt
overdesign *v (Konst, Stat)* überdimensionieren
overdesigned überdimensioniert, überbemessen, zu stark bemessen
overdimensioning *(Konst, Stat)* Überdimensionierung *f*
overdoor 1. *(Arch)* Supraporte *f*, Sopraporte *f (gerahmtes Feld mit Gemälde oder Relief über einer Tür in Wohnräumen des Barock und Rokoko)*; Türbekrönung *f*; 2. *(Arch, Konst)* Hochtür *f*
overdosage *(BM, Te)* Überdosierung *f*
overdriven überrammt, zu stark gerammt *(Pfahl)*
overdue überfällig
overestimate *v* überbewerten, überschätzen
overestimate *(VR)* Überbewertung *f*
overfall 1. *(Wsb)* Überfall *m*, Überlauf *m*, Überlaufen *n (z. B. Schleuse)*; 2. *(Wsb)* Überfallwasser *n*; 3. *(Wsb)* *s.* overfall weir
overfall crest *(Wsb)* Überfallkante *f*
overfall dam *s.* overflow dam
overfall dike *(Wsb)* Überfalldeich *m*, Überlaufdamm *m*
overfall spillway *(Wsb)* Oberflächenflutweg *m*, Oberflächenentlastungsanlage *f*
overfall-type fish pass Überfallfischgerinne *n*
overfall weir *(Wsb)* Überfall(stau)wehr *n*
overfire air *(HLK)* Überluft *f (Heizung)*
overflow *v (Bod, Wsb)* überlaufen, überfließen; überfluten, überschwemmen, über die Ufer treten, überströmen
overflow 1. *(Wsb)* Überfall *m*, Überlauf *m*, Überströmen *n*; 2. *(Wsb)* Überlassdeich *m*; Überfallwehr *n*
overflow buttress *(Wsb)* Überfallpfeiler *m*
overflow channel *(Wsb)* Überlaufkanal *m*, Abflusskanal *m*
overflow cone Überlaufkonus *m*
overflow connection 1. *(San, WVA)* Überlaufanschluss *m*; 2. *(San)* Ablaufstutzen *m (Geruchverschluss)*
overflow crest *(Wsb)* Überfallkrone *f*
overflow dam *(Wsb)* Überfall(damm) *m*, Überlaufdamm *m*, Grunddamm *m*
overflow duct *(HLK, San, WVA)* Überlaufleitung *f*, Überfallrohr *n*
overflow edge Überlaufkante *f*
overflow gutter Überlaufrinne *f*
overflow lake *(Wsb)* Hochflutsee *m*
overflow land *(Bod, LB, Umw, Wsb)* Überschwemmungsgebiet *n*
overflow level *(Umw, Wsb)* Überschwemmungsniveau *n*
overflow line *(HLK, San, WVA)* Überlaufleitung *f*
overflow of tide *(Wsb)* Deichsiel *n*
overflow pipe *(HLK, San, WVA)* Überlaufrohr *n*, Überlaufleitung *f*
overflow seating Reservebestuhlung *f*
overflow spillway *s.* overfall spillway
overflow trap [valve] *(HLK, San)* Abflussventil *n*, Ablassventil *n*
overflow weir *(Wsb)* Überfall(stau)wehr *n*
overflowing *(HLK, Wsb)* überfließend, überlaufend, überströmend
overglaze decoration 1. Überglasurdekorarbeit *f*; 2. Überglasur *f*, Aufglasur *f*
overgrain Überstreichen *n (mit Maserungseffekt)*
overgrainer Spezialüberstreichpinsel *m (für Maserungseffekt)*
overground oberirdisch, über der Erde
overgrown *(LB)* verwildert *(z. B. Park)*
overhand bricklaying *(SB)* Mauern *n* von der Außenseite
overhang *v* überhängen, vorspringen, auskragen, hervortreten
overhang 1. Vorsprung *m*, Überhang *m*, Auskragung *f*, Ausladung *f*; 2. Überstand *m (Sonnenschutz)*
overhanging überhängend, auskragend, ausladend, freitragend
overhanging beam *(TK)* Kragbalken *m*, Kragträger *m*
overhanging footway *(Br)* ausgekragter Gehweg *m (Brücke)*
overhanging girder Kragträger *m*
overhanging rafter *(Konst, TK)* Kragsparren *m*
overhanging side wall *(Konst)* unterschnittene Wangenmauer *f*
overhanging stairs freitragende Stufen *fpl*
overhanging wall überhängende Wand *f*, Überhangwand *f*
overhaul *v (RS)* überholen, vom Grund her reparieren
overhaul 1. *(Verk)* Ausweichstelle *f*, Ausweiche *f (Straße)*; 2. *(Erdb)* Bodenbewegung *f* außerhalb des Angebots, zusätzliche Bodenbewegung *f*; Bodenbewegung *f* mit zusätzlicher Transportlänge; Zusatztransportentfernung *f*
overhauling of the work *(Te, VR)* Nacharbeit *f (bei Nichtabnahme)*
overhead 1. oberirdisch; hochliegend, oben angeordnet; über Kopf; Hoch...; 2. allgemein; Gesamt...
overhead 1. *(RS)* Gemeinkosten *pl*, Generalunkosten *pl*; allgemeine Geschäftskosten *pl*; Betriebskosten *pl*; 2. *s.* ceiling 1.; 3. *(EB)* Overhead-Projektor *m*
overhead bin Hochbunker *m*
overhead bucket *(BWG)* Überkopflader *m*
overhead-cable railway *(Konst, Verk)* Drahtseilschwebebahn *f*
overhead cableway *(BWG)* Kabelkran *m*
overhead charge *(VR)* Zuschlag *m* für allgemeine Geschäftskosten, Geschäftskostenaufschlag *m*
overhead cistern *(WVA)* Hochbehälter *m*, Hochreservoir *n (Regenwassersammelbehälter)*
overhead clearance *(Konst)* lichte Höhe *f*
overhead concealed closer *(EB)* oben angebrachter Türschließer *m*
overhead conductor line Fahrleitung *f*
overhead construction Hochbau *m (Leitungsbau)*
overhead conveyor *(Verk)* Hängebahn *f (Transportmittel)*
overhead cost *s.* overhead 1.
overhead crane *(BWG)* Brücken(lauf)kran *m*; Laufkran *m*
overhead door Schwingtür *f*, Obenschwingtor *n*, Klapptür *f*
overhead door of the roll-up type Rolltor *n*
overhead door of the swing-up type Schwingtor *n*, Kipptor *n*
overhead expenses *(VR)* Gemeinkosten *pl*, Betriebskosten *pl*
overhead glazing Obenverglasung *f*, Obeneinglasung *f*
overhead hopper *(BM, BWG, Te)* Hochbunker *m*
overhead light *(El)* Decken(ober)licht *n*
overhead lighting Obenbeleuchtung *f*
overhead line *(El)* Freileitung *f*
overhead live cable *(El)* Freileitungskabel *n*
overhead loading Überkopfladen *n*
overhead long-distance line *(El)* Freileitung *f*
overhead power line *(El)* Überlandleitung *f*

overhead railway 1. Hängebahn *f*; 2. Hochbahn *f*
overhead roadway *(AE)* Hochstraße *f*
overhead rope Freileitungsseil *n*
overhead runway hochverlegte Kranbahn *f (Brückenkran)*
overhead service entry *(El)* Freileitungseinführung *f*
overhead site oberirdische Baustelle *f*
overhead tank *(WVA)* Hochbehälter *m*
overhead track Deckenschiene *f (Türanlage)*
overhead traffic sign *(Verk)* Verkehrszeichen *n* über der Straße
overhead-type garage door Garagenklapptür *f*, Schwingtür *f*
overhead water tank *(WVA)* Wasserturm *m*, Wasserhochbehälter *m*
overhead welding *(St)* Überkopfschweißen *n*
overheads *(VR)* Gemeinkosten *pl*, Betriebskosten *pl*
overheat *v (HLK)* überhitzen, überheizen
overheated überhitzt
overheating Überheizung *f*; Überhitzung *f*
overhouse aerial *(El)* Dachantenne *f*
overhung überhängend, überstehend *(z. B. Dach)*; freitragend
overhung door Hängetür *f*, Schiebetür *f*
overladen *(Stat)* überladen, überlastet, überbelastet
overland über Land, auf dem Landweg, zu Lande
overland route *(Verk)* Landweg *m*
overland transport(ation) *(Verk)* Überlandtransport *m*
overlap *v* überlappen, überdecken; sich überlappen, sich überdecken; übereinandergreifen; sich überschneiden *(Flächen)*
overlap *s.* overlapping
overlap length *(Konst)* Überlappungslänge *f*
overlap-welded steel pipe überlappt geschweißtes Stahlrohr *n*
overlapping 1. *(Konst)* Überlappung *f*, Überlappen *n*, Überdeckung *f*; Überschneidung *f*; Überblattung *f*; 2. *(Bod)* Überlagerung *f*
overlapping astragal *(Arch, Konst)* Astragalüberlappung *f*, überlappende Wulst(leiste) *f*, Anschlagleiste *f*, Fugendeckleiste *f*, Viertelstabüberdeckung *f* einer Fuge
overlapping joint *(Konst)* Überlappungsstoß *m*, Übergreifungsstoß *m*
overlapping weld Überlappungs(schweiß)naht *f*
overlarge *s.* over-large
overlay *v (OB, Te)* bedecken, belegen; überziehen
overlay 1. Belag *m*, Deckschicht *f*; Überzug *m (Putz oder Anstrich)*; 2. *(Verk)* Hocheinbau *m*, Deckschicht *f* im Hocheinbau; Deckenverstärkung *f*
overlay cladding *(OB)* Plattierüberzug *m*
overlay flooring *s.* strip flooring
overlay glass Schichtglas *n (farbig)*
overlaying *(Bod, Erdb)* überlagernd
overlaying *(OB)* Belag *m*, Überzug *m*
overleap joint *(Hb)* Überblattung *f*
overlength Zugabe *f (Bewehrungsschweißen)*
overlime *v (OB, Te)* überkalken
overload *v* 1. *(Stat)* über(be)lasten, überbeanspruchen; überladen; 2. *(El)* überlasten
overload 1. *(Stat)* Überlastung *f*, Überbeanspruchung *f*; 2. *(El)* Überlast *f*
overload condition *(Stat)* Überbelastung *f*, Überlastungsbedingung *f*
overload device Überstromvorrichtung *f*
overload relay *(El)* Überstromrelais *n*
overloading Überbelastung *f*
overlong *s.* over-long
overlook *v (Konst, RP)* überragen; Aussicht gewähren auf
overlook *(AE)* Aussichtspunkt *m*
overlying darüberliegend; überlagernd
overlying beds *(Tun)* Hangendschichten *fpl*
overlying film *(Arch, OB)* dünne Deckschicht *f*, Oberflächenfilm *m*
overlying layer *(Bod, Erdb, Tun)* Hangendes *n*
overlying weight *(Bod, Erdb)* Auflast *f*
overmantel *(Arch)* Kamingesims *n*
overornamented *s.* over-ornamented
overpackaging Umverpackung *f*
overpaint *v* überstreichen; überspritzen
overpass *(Verk)* Überführung *f*, Wegüberführung *f*, Straßenüberführung *f*; *(AE)* Hochstraße *f (Autobahnüberführung)*; *(AE)* Eisenbahnüberführung *f*
overpass between platforms *(AE)* Bahnsteigüberführung *f*
overpass bridge *s.* overpass
overpickling Überbeizen *n*
overpressure *(Erdb, HLK, San, WVA)* Überdruck *m*
overpressure valve *(HLK)* Überdruckventil *n*, Sicherheitsventil *n*
overprestress *v (Te)* übervorspannen, überspannen *(Spannbeton)*
overprestressed überspannt, übergespannt, übervorgespannt
overprotection übermäßiger Schutz *m*
overreinforced überbewehrt, überarmiert; doppelbewehrt
overs Siebüberlauf *m*, Siebrückstand *m (Gestein)*
oversail *v (Konst)* auskragen *(Ziegel oder Stein)*
oversailing conoid *(Konst)* Kragkonoid *n*, Auslegerkonoid *n*
oversailing course *(SB)* auskragende Mauerschicht *f*
oversailing floor Auslegerdecke *f*, Kragdecke *f*, auskragende Decke *f*, vorkragende Decke *f*
oversanded sandreich, sehr sandhaltig *(Mörtel, Beton)*
oversanded concrete *(BB, BM)* sandreicher Beton *m*
oversaturated übersättigt
oversaturated rock übersättigtes Gestein *n*
oversaturation *(Verk)* Überlastung *f*; Übersättigung *f*
overshadowing Überschattung *f*
overshot *(Wsb)* oberschlächtig
overshot loader *(BWG)* Überkopflader *m (Straßenbaumaschine)*
oversite concrete Betonsauberkeitsschicht *f*, Unterbettungsbeton *m*
oversize *v (Konst, Stat)* überdimensionieren
oversize übergroß, übermäßig groß
oversize 1. Übermaß *n*; 2. *s.* oversize material
oversize brick Großziegel(stein) *m (> Normalformat)*
oversize material *(BM)* Überkorn *n*, Grobkorn *n*, Grobgut *n (Zuschlagstoffe)*; Siebgrobes *n*, Siebüberlauf *m*
oversize percentage *(BM)* Überkornanteil *m*, Überlaufanteil *m*
oversize product *s.* oversize material
oversized *(Konst, Stat)* übergroß, überdimensioniert
oversizing *(Konst, Stat)* Überdimensionierung *f*
overspeed *v* überdrehen *(Motor)*
overspill *(RP)* Bevölkerungsüberschuss *m*
overspill area Überschussgebiet *n (Bevölkerung)*
overspray *v* überspritzen
oversteepened übersteilt
overstorey *s.* over-storey
overstory *(AE) s.* over-storey
overstrain *v (Stat)* überbelasten, überbeanspruchen *(mechanisch)*
overstress *v (Stat, Te)* überbeanspruchen, über(be)lasten; überspannen *(Spannbeton)*
overstress Überbeanspruchung *f*
overstressed überspannt, übergespannt *(Spannbeton)*
overstressed area *(Bod)* Bereich *m* erhöhter Spannung

overstressing Über(vor)spannen *n (Spannbeton)*; höheres Vorspannen *n (der Spannglieder)*
overstretch *v (Te)* überspannen, übervorspannen *(Spannbeton)*
overstretched überspannt, übergespannt, übervorgespannt *(Spannbeton)*
overstretching *s.* overstressing
overtaking *(Verk)* Überholen *n*; Einholen *n*
overtaking distance *(Verk)* Überholweite *f*
overtaking gap *(Verk)* Überholzwischenraum *m*
overtaking lane *(Verk)* Überholspur *f (Straße)*
overtaking place *(Verk)* Überholstelle *f*
overtaking sight distance *(Verk)* Überholsichtweite *f*
overtension Überspannen *n*, Überbeanspruchung *f*
overthin *v s.* over-thin
overthrow *(Arch)* (verzierte) Metalltorüberspannung *f*; Metalltorbogen *m*
overthrown gestürzt *(Kapitell)*; überkippt
overtighten *v* überdrehen *(Mutter)*
overtile *(BT)* Mönch *m (s. a. convex tile)*
overtilted *(Konst, Stat)* überkippt
overtime *(VR)* Überstunden *fpl*
overturn *v* (um)kippen, umstürzen; überschlagen
overturned überkippt, überstürzt
overturning *(Konst, Stat)* Kippen *n*, Umkippen *n (z. B. Stützmauer, Bauwerk)*; Überschlagen *n (Fahrzeug)*
overturning effect *(Stat)* Kippwirkung *f*
overturning failure *s.* overturning
overturning force *(Stat)* Kippkraft *f*
overturning moment *(Stat)* Kippmoment *n*
overturning of the mixing drum Überstürzen *n* der Mischertrommel *(zum Entleeren)*
overturning thrust *(Stat)* Gewölbeschub *m*, Wölbungsschub *m*; Seitenschub *m*; Horizontalschub *m*, Axialschub *m*
overuse *(Umw)* Überbeanspruchung *f*, Raubbau *m (Natur, Umwelt)*
overvibration *(Te)* zu starkes Vibrieren *n*, zu lange Vibrationsverdichtung *f*, Entmischungs(vibrations)verdichtung *f*
overview Überblick *m*
overweigh *v* übergewichtig sein, Übergewicht haben
overwhelm *v (Bod, Erdb)* überschütten
oviform eiförmig, oval
oviform pipe *(WVA)* Eiprofilrohr *n*
ovoid ovoid, eiförmig, oolithisch; oval
ovolo (moulding) *(Arch)* konvexer Stab *m (Zierstab)*; Viertelkreissims *m*
ovum *(Arch)* eierförmiges Ornamentmotiv *n*
own weight *(Konst, Stat)* Eigenmasse *f*; Eigengewicht *n*, Eigenlast *f (z. B. einer Konstruktion)*
own weight moment Eigengewichtsmoment *n*
owner Bauherr *m*, Bauauftraggeber *m*; Besitzer *m*
owner-architect agreement *(VR)* Beratungsvertrag *m*, Projektierungsvereinbarung *f*
owner-contractor agreement Bau(ausführungs)vertrag *m*, Bauleistungsvertrag *m*
owner-occupied flat Eigentumswohnung *f*, Eigentümerwohnung *f*
owner-occupied house Eigenheim *n*
owner-occupier *(VR)* Wohnungseigentümer *m*; Eigenheimbesitzer *m*
owner-occupier buildings Eigenheimsiedlung *f*
owner's inspection *(VR)* Auftraggeberkontrolle *f*
owner's liability insurance Gebäudeversicherung *f*
ownership *(VR)* Besitz *m*; Grundbesitz *m*
ownership of land *(VR)* Grundeigentum *n*, Grundbesitz *m*, Landbesitz *m*
oxalate coating *(OB)* Oxalat(schutz)schicht *f*
oxalic acid Oxalsäure *f (betonfestigend)*
oxbow *(AE) (Wsb)* Altwasser *n*
oxbow lake *(AE) (Wsb)* Altwasser *n*, Altwassersee *m*
oxeye *(Konst)* Ochsenauge *n (rundes Fenster)*
oxeye moulding *(Arch)* Konkavornament *n*
oxidant Oxidationsmittel *n*
oxidation Oxidation *f*
oxidation agent Oxidationsmittel *n*
oxidation behaviour Oxidationsverhalten *n*
oxidation ditch *(Umw, WVA)* Oxidationsgraben *m*
oxidation loss Oxidationsverlust *m*
oxidation pond *(Umw, WVA)* Oxidationsteich *m (Abwasserbehandlung)*
oxidation scale *(St)* Oxidschicht *f*; Zunderschicht *f*, Zunderbelag *m (Baustahl, Betonstahl)*
oxide coating Oxidschicht *f*; oxidische Schutzschicht *f*
oxide film Oxidhaut *f*
oxide formation Oxidbildung *f*
oxide-free oxidfrei
oxide paint Oxid(anstrich)farbe *f*
oxide scale Oxidschicht *f*; Zunder *m*, Zunderschicht *f (Baustahl, Betonstahl)*
oxide skin Oxidhaut *f*
oxidizable oxidierbar
oxidized asphalt *(AE) s.* oxidized bitumen
oxidized bitumen *(BM)* geblasenes Bitumen *n*, Blasbitumen *n*
oxidizing agent Oxidationsmittel *n*
oxidizing environment oxidierendes Milieu *n*
oxter piece Werkstein-Verkleidungsstützholz *n*
oxy-arc cutting *(St, Te)* Sauerstoff-Lichtbogen-Schneiden *n*, elektrisches Sauerstoffschneiden *n*
oxyacetylene cutting *(St, Te)* Acetylen-Sauerstoff--Schneiden *n*, Azetylen-Sauerstoff-Schneiden *n*, Autogenschneiden *n*
oxyacetylene torch Autogenschneidbrenner *m*
oxyacetylene welding Acetylen-Sauerstoff-Schweißen *n*, Azetylen-Sauerstoff-Schweißen *n*, Autogenschweißen *n*
oxychloride cement *(BM)* Sorelzement *m*
oxygen *(OB, WVA)* Sauerstoff *m*
oxygen absorption *(BM, OB, WVA)* Sauerstoffaufnahme *f*
oxygen access *(BM, OB, WVA)* Sauerstoffzutritt *m*
oxygen arc cutting *(St, Te)* Sauerstofflichtbogenschneiden *n*
oxygen arc welding Lichtbogensauerstoffschweißen *n*
oxygen attack *(BM, OB)* Sauerstoffangriff *m (Oxidation)*
oxygen consumption *(St, Te)* Sauerstoffverbrauch *m*
oxygen content *(BM, WVA)* Sauerstoffgehalt *m*
oxygen cutting *(St, Te)* Sauerstoffschneiden *n*
oxygen lance Sauerstofflanze *f*
oxygen level *(Umw, WVA)* Sauerstoffgehalt *m*
oxygen starvation *(AE)* lokale Elektrolytkorrosion *f*
oxygen supply *(St, Te)* Sauerstoffzufuhr *f*
oxygen-type reaction *(OB)* Sauerstoffkorrosion *f*
oxygen uptake *(BM, OB)* Sauerstoffaufnahme *f*
oy(e)let *s.* eyelet
oyster-shell *(Arch)* Muschelschale *f*
oyster-shell concrete *(BB, BM)* Muschelbeton *m*, Schillbeton *m*
ozokerite *(BM)* Ozokerit *m*, Erdwachs *n*, Bergwachs *n*, Montanwachs *n*
ozone layer *(Bod)* Ozonschicht *f*
ozone-resistant *(BM)* ozonbeständig, ozonfest

P

PA system *(El)* Lautsprecheranlage *f*
pace *v* **a distance** *(Verm)* eine Entfernung abschreiten
pace Treppenabsatz *m*, Treppenpodest *n*; breite Stufe *f*
Pacific red cedar *(BM, Hb)* Rotzedernholz *n*
pacing Abschreiten *n (Entfernung)*
pack *v* 1. *(Verm)* stopfen *(Schotter)*; 2. unterbauen, verdichten *(Straße)*; 3. (ab)dichten
pack of bricks Ziegelpaket *n*
pack set Klumpenbildung *f (Zement, Kalk)*
pack stability *(BM)* Lagerfähigkeit *f (Farbe, Zement)*
package dealer *(AE) (VR)* Generalauftragnehmer *m*, Gesamtauftragnehmer *m*
package stability *(BM)* Lagerfähigkeit *f (Farbe, Zement)*
package trim (for windows and doors) vorgefertigter Fenster- oder Türblendrahmen *m (als Bündel angeliefert)*
packaged air conditioner *(HLK)* Zimmerklimaanlage *f*; Klimatruhe *f*
packaged attenuator Rohr(kanal)schalldämpfer *m*
packaged boiler *(HLK)* (kompletter) Kompaktheizkessel *m*
packaged concrete abgesackter Trockenfertigbeton *m*
packaged timber Schnittholzbündel *n*, gebündeltes Schnittholz *n*
packaging material Packstoff *m*, Verpackungsmaterial *n*
packaging waste Verpackungsabfall *m*, Verpackungsmüll *m*
packed bricks paketierte Ziegel *mpl*
packed chord *(TK)* zusammengesetzter Gurt *m (Träger)*
packer 1. *(RS, Te)* Mörteleinpresser *m*; 2. *(Te, Verk) (AE)* Schwellenstopfer *m*
packer lorry *(Umw)* Pressmüllwagen *m*, fahrbarer Verdichter *m*
packer unit Kompaktor *m*, Müllverdichter *m*, Verdichtungsanlage *f*, Kompaktor *m*
packing 1. Abdichtung *f*, Dichtung *f*; Futter *n*, Füllung *f*; 2. Verdichtung *f (einer Straße)*; 3. Stopfen *n (von Gleisen)*; 4. Versatzmörtel *m*, Verfüllbeton *m*; 5. Futter *n (Fachwerk)*
packing board Einschubbrett *n*
packing box *(San, WVA)* Stopfbuchse *f*
packing density Lagerungsdichte *f*
packing effect *(Te)* Verdichtungseffekt *m*
packing factor Verdichtungsfaktor *m*
packing flange Verschlussflansch *m*
packing machine *(BWG, Verk)* Gleisstopfmaschine *f*
packing material Dichtungsmaterial *n*, Dichtungsmittel *n*, Dichtungsstoff *m*
packing piece 1. Stapelholz *n*; 2. Füllholz *n*, Futterholz *n*
packing rubber Auflage *f*
packing surface *(DIS, San, WVA)* Dichtfläche *f*
packsand feinkörniger Sandstein *m*
packstone Packstone *m*, Stützkornkalkstein *m*
pad *v* polstern
pad 1. *(BT, Verk)* Wegplatte *f*, Straßen(fertigteil)platte *f*; 2. Kissen *n*, Matte *f (Fundament)*; 3. *s.* padstone; 4. Puffer *m*
pad foundation *(Erdb, Konst)* Einzelgründung *f*, Einzelfundament *n*; Flachgründung *f*
pad saw Fuchsschwanzsäge *f*
pad support Abstandhalter *m* von Schalldämmelementen zur Trägerplatte *(einer Decke)*
padded door *(EB)* Polstertür *f*
padding Auftragsschweißen *n*
paddle 1. Eckenputzkelle *f*, Formspachtel *m(f)*, Kratze *f*; 2. Mischerarm *m*, Schaufelblatt *n*; Schaufel *f (Rührwerk)*
paddle mixer *(BWG)* Zwangsmischer *m*, Schaufelmischer *m*
paddle tank *(WVA)* Paddelbecken *n*, Schaufelbecken *n (Abwasserbehandlung)*
paddling pool Planschbecken *n*
paddock Koppel *f*
paddy field soil sandiger Lehm *m*
padlock *(EB)* Vorhängeschloss *n*
padstone 1. *(Arch)* Säulendeckplatte *f*, Abakus *m*, Kapitellplatte *f*; 2. *(Arch)* Auflagerstein *m*
pagan basilica *(Arch)* römisch-heidnische Basilika *f*
pagan temple *(Arch)* Heidentempel *m*
page kleiner Keil *m*
pageant arena *(Arch, RP)* Volksfestarena *f*
paging system *(El)* Personensuchanlage *f*
pagoda *(Arch)* Pagode *f*
PAH *s.* polycyclic aromatic hydrocarbon
pai-loo *(Arch)* chinesischer Triumphbogen *m*; Torbogen *m*
pai-lou *s.* pai-loo
pail Kübel *m*
pail closet *(San)* Trockenabort *m*
paillasse *(SB)* Lagerbett *n (Mauerwerk)*
paillette Metall(dekor)folie *f* im Ornamentwerk
painfully loud sound physiologische Schallschmerzschwelle *f*
paint *v* malen, (an)streichen; lackieren *(mit Farblack)*
paint *v* **afresh** *(OB, Te)* auffrischen, übermalen, überstreichen
paint *v* **on** aufmalen
paint *v* **over** *s.* paint afresh
paint 1. pigmentierter Anstrichstoff *m*, farbiger Anstrichstoff *m*, Anstrichfarbe *f*; 2. *s.* paint coat
paint additive Anstrichstoffhilfsmittel *n*
paint adhesion Anstreichhaftung *f*
paint application Anstrichstoffauftrag *m*, Farbauftrag *m*
paint base 1. Farbuntergrund *m*, Haftgrund *m (für Farbanstriche)*; 2. Farbträger *m*, Anstrichstoffbasis *f*, Pigmentträger *m*
paint bonder Anstrichstoffbindemittel *n*
paint brush Pinsel *m*, Malerpinsel *m*
paint burning *(OB, Te)* Abbrennen *n*, Flammstrahlreinigen *n*
paint-burning lamp Farbabbrennlampe *f*
paint chemist Farbchemiker *m*
paint clay *(OB)* Farbton *m (Stoff)*
paint coat *(OB)* Farbanstrich *m*, Anstrich *m*, Farbaufstrich *m*, Anstrichschicht *f*; Lacküberzug *m*
paint coat failure Farbanstrichschaden *m*
paint coat on façade *(OB)* Fassadenanstrich *m*
paint consistency Farbkonsistenz *f*, Farbsteife *f*
paint-destroying agency Farbenschadstoff *m*
paint drier Trockenstoff *m*, Trockenmittel *n*, Trockner *m*, Sikkativ *n (Anstrich)*
paint drying *(BM, OB)* Anstrichtrocknung *f*
paint extender Streckmittel *n*, Füllstoff *m*
paint film Anstrichfarbfilm *m*, Farbmembran *f*, Anstrichfarbhaut *f*
paint for construction purposes *(BM, OB)* Bautenanstrichstoff *m*, Bautenfarbe *f*
paint for preservation of structures Bauten(schutz)farbe *f*
paint for the building and construction industry Bautenanstrichfarbe *f*
paint formation *(OB)* Anstrichsystem *n*
paint formula Anstrichstoffrezeptur *f*
paint inhibitor Anstrichabbindeverzögerer *m*
paint kettle Malereimer *m*
paint manufacturer Farbenhersteller *m*
paint mill Farbwerk *n*
paint mist Farbnebel *m*
paint oil Trockenöl *n*
paint particle Farbteilchen *n*

paint practice *(OB, Te)* Anstrichtechnik *f*
paint prepared for use gebrauchsfertige Farbe *f*, anstrichfertige Farbe *f*
paint properties Anstrichstoffeigenschaften *fpl*
paint remover *s.* paint stripper
paint residue Farbrückstand *m*
paint resin *(BM, OB)* Lackharz *n*
paint roller Anstreichroller *m*, Farbroller *m*
paint scheme *s.* paint system
paint scraper Spachtel *m(f)*, Farbkratzer *m*
paint shop Malerwerkstatt *f*
paint skin Farbhaut *f*
paint sludge abgewaschener Farbschlamm *m*; Lackschlamm *m*
paint spray booth *(BWG, Te)* Spritzkabine *f*, Spritzraum *m*
paint spray gun Farbspritzpistole *f*, Spritzpistole *f*
paint sprayer *s.* paint spray gun
paint store Malerlager *n*, Anstreichermaler *m*
paint stripper *(BM, OB)* Abbeizmittel *n*, Farbentferner *m*, Farblösungsmittel *n*
paint stripping *(OB, Te)* Abbeizen *n*, Entfernen *n* von Anstrichen
paint system Gesamtanstrichaufbau *m*, Anstrichschichtenfolge *f*, Anstrichsystem *n*
paint tear Farbnase *f*
paint technician Farbtechniker *m*
paint technology *(OB, Te)* Anstrichtechnologie *f*
paint testing Anstrichprüfung *f*
paint thinner Farbverdünner *m*
paint topcoat *(OB)* Deckanstrich *m*, Schlussanstrich *m*
paint vehicle Bindemittellösung *f*; Anstrichstoffbindemittel *n*
paint viscosity Anstrichstoffviskosität *f*
paint work *(OB, Te)* Malerarbeiten *fpl*
paintability Streichfähigkeit *f (Anstrich)*
paintable anstreichbar, streichbar
painted decorative finish gemalte Verzierung *f*, gemalter Schmuck *m*
painted motif gemaltes Motiv *n*
painter Maler *m*, Zimmermaler *m*
painter's brush Malerpinsel *m*
painter's gypsum Malergips *m*
painter's putty *(BM)* Malerkitt *m*; Glaserkitt *m*
painter's step-ladder Malerleiter *f*, Sprossenstehleiter *f*, Trittleiter *f*
painter's steps *s.* painter's step-ladder
painter's torch Malerabbrennlampe *f*
painter's trade Malergewerbe *n*, Anstreichergewerbe *n*
painter's work *(OB, Te)* Anstrich *m*; Anstreicharbeit *f*; Malerarbeiten *fpl*
painting 1. Anstreichen *n*, Farbauftrag *m*; 2. Anstrich *m*, Farbanstrich *m*
painting defect Anstrichschaden *m*
painting device Anstreichgerät *n*, Anstrichgerät *n*
painting in tempera *(Arch, OB)* Temperamalerei *f*
painting plant Lackieranlage *f*
painting practice Anstreichtechnik *f*, Anstrichtechnik *f*
painting shop Anstrichhalle *f (Stahlbau)*
painting specification Farbanwendungsspezifikation *f*
painting system *s.* paint system
painting varnish Streichlack *m*
painting work Malerarbeiten *fpl*; Anstreicharbeiten *fpl*
paints and varnishes *(BM, OB)* Beschichtungsstoffe *mpl (EN 13438)*
pair *v* anpassen, zusammenpassen, paarweise [paarig] anordnen
pair 1. Paar *n*; 2. *(El)* Adernpaar *n*, Doppelader *f*; 3. Gelenk *n (Kinematik)*
pair forces *(Stat)* Paarkräfte *fpl*
pair of columns *(TK)* Säulenpaar *n*
pair of gateways Pylonenpaar *n*
pair of leads *(El)* Leiterpaar *n*, Doppelleitung *f*
pair of pawls Doppelsperrklinke *f*
pair of piers Pfeilerpaar *n*
pair of pylons *(TK)* Pylonenpaar *n*
pair of rafters *(Hb, TK)* Gebinde *n*
pair of stairs Treppe *f*
pair of steps Trittleiter *f*, Treppenleiter *f*
paired paarig, paarweise angeordnet, gepaart
paired columns Säulenpaar *n*
palace Palast *m*, Palais *n*, Schloss *n*
palace architecture *(Arch)* Palastarchitektur *f*, Palastbaukunst *f*
Palace at Ctesiphon *(Arch)* Palast *m* zu Ktesiphon *(Sassanidenreich)*
palace building *(Arch)* Palastgebäude *n*; Palastbau *m*
palace complex Palastanlage *f*, Palastkomplex *m*
palace construction Palastbau *m*
palace of delights *(Arch)* Lustschloss *n*
Palace of Sargon *(Arch)* Sargonsburg *f*, Palastanlage *f* von Khorsabad
Palace of the Arts *(Arch)* Palast *m* der Künste *(Brasilia)*
palace of the emperor *(Arch)* Kaiserpalast *m*, Herrscherpalast *m*, Kaiserschloss *n*
palace terrace *(Arch, Konst, LB)* Palastterrasse *f*
palace wing Palastflügel *m*
palaestra *(Arch)* Palästra *f (Ringschule im antiken Griechenland)*
palais *s.* palace
palatial 1. palastartig; Palast..., Schloss...; 2. Luxus...
palatial house *(Arch, Konst)* Palais *n*
palatial style *(Arch)* Palaisstil *m*
pale 1. Zaunlatte *f*, Stakete *f*, Rundling *m*; Zaunpfahl *m*, Zaunpfosten *m*, Pfosten *m (Zaun)*; Holzpfahl *m (für Palisadenzäune)*; 2. eingezäunte Fläche *f*
pale-bodied oil *(BM)* Leinöl *n*
pale fence [fencing] Lattenzaun *m*, Staketenzaun *m*, Staket *n*, Rundlingszaun *m*
pale picket Stakete *f*
pale work *(Erdb, LB)* Pfahlwerk *n*
paling 1. *(LB)* Lattenzaun *m*, Staketenzaun *m*, Staket *n*, Lattenumzäunung *f*; Bauzaun *m*; Einpfählung *f*, Pfahlwerk *n*; 2. Geländerausfachung *f*
paling board Schalbrett *n*
palisade *v* einzäunen, mit Pfählen umfrieden
palisade *(LB)* Einpfählung *f*, Staketenzaun *m*, Staket *n*, Palisade *f*; Palisadenzaun *m*
palisade fence *(Arch)* Palisadenzaun *m*
palisander *(BM)* Palisanderholz *n*, Jakarandaholz *n*, brasilianisches Rosenholz *n*
Palladian *(Arch)* palladianisch
Palladian Classicism *(Arch)* palladianischer Klassizismus *m*
Palladian motif *(Arch)* Venezianerfenster *n*, Venezianisches Fenster *n*, dreiteilig getrenntes Fenster *n* mit überwölbtem Mittelflügel
Palladian revival *(Arch)* Wiederbelebung *f* des Palladianismus
Palladian window *s.* Palladian motif
Palladianism *(Arch)* Palladianismus *m (von italienischer Renaissance abgeleitete Stilrichtung, 17. und 18. Jh. in Westeuropa, bes. England)*
pallet 1. *(BT)* Dübelleiste *f*, Dübelholz *n*; 2. Palette *f*, Transportpalette *f*
pallet brick Dübelziegel *m*, Ziegel *m* mit Dübelaussparung
palliasse *(SB)* Lagerbett *n (Mauerwerk)*
palm capital *(Arch)* Kapitell *n* mit Palmenblattmuster
palm leaf ornament *(Arch)* Palmenblattornament *n*

palm shaft column *(Arch)* Palmensäule *f (antikes Ägypten)*
palm vault *(Arch, Konst)* Palmengewölbe *n*, Strahlengewölbe *n*
palmate 1. *(Arch, Konst)* Palmenkapitell *n*; 2. *(Arch)* Palmenblattmotiv *n*
palmette *(Arch)* Palmenblattverzierung *f*, Palmette *f*
palmiform palmenförmig
paludal *(Bod, LB, Umw)* sumpfig, moorig
pampre *(Arch)* Weinrankenverzierung *f*, Weinrebenornament *n*
pan 1. *(BT)* Wandplatte *f*; 2. *(Konst)* Längsvertiefung *f* einer Wand; 3. *(Konst)* vertikale Wandunterbrechung *f (Fachwerk)*; Ausfachung(swand) *f (Fachwerkbauten)*; 4. *(BB, BWG)* Glasfaserbetonform *f*, Glasfaserschalung *f*; 5. *(Konst, San)* Schale *f*, Pfanne *f*, Becken *n (flach)*; Toilettenbecken *n*; 6. *(Konst)* Türbandvertiefung *f*; 7. *(Konst)* Deckenfeld *n*, Deckenkassette *f*, Deckenfach *n*; 8. *(Bod, LB, Umw)* Verdichtungshorizont *m*; Trockensee *m*
pan-and-roll roofing tile Konkav-Konvex-Dachziegel *m*
pan blade mixer Zwangsmischer *m*
pan breeze Löschschlacke *f*, Schlackenzuschlag *m*
pan breeze aggregate Löschschlackenzuschlag(stoff) *m*
pan ceiling *(Konst, TK)* Kassettendecke *f*
pan concrete mixer Betonzwangsmischer *m*
pan construction Schalenkonstruktion *f (Geschossdecken)*; Rippenplatten(decken)bauweise *f (Fertigteilbauweise)*; Stahlbetonrippendecke *f*
pan fraction Siebrückstand *m (Siebanalyse)*
pan insula *(Verk)* Troginsel *f*
pan joist floor *(Konst, TK)* Kassettenunterzugdecke *f*
pan mixer Zwangsmischer *m*
pan mould Putztafel(guss)form *f*, Wandplattenform *f*
pan soffit Kassettenuntersicht *f*
pan-type humidifier *(EB, HLK)* Wasserverdunstungsschale *f* zur Luftbefeuchtung
pan-type tread Stufenhohlschale *f*
panache *(Konst)* Zwickelfeld *n*
Panathenaic frieze *(Arch)* Parthenonfries *n*
Panathenaic way *(Arch)* Panathenaiastraße *f (Agora von Athen)*
pane *v* 1. (aus)hämmern; 2. täfeln *(mit Glastafeln)*; mit Scheiben versehen
pane 1. Scheibe *f*, Glasscheibe *f*; 2. Täfelungsteil *n*, Vertäfelungstafel *f*; 3. Gebäudeseite *f*; 4. Pinne *f*
pane of a roof Dachfläche *f*, Dachseite *f*, Dachschräge *f*
pane of a wall *(SB)* Mauerfeld *n*
pane of glass Glasscheibe *f*
pane separation *(Konst)* Scheibentrennung *f (Fenster)*
panel *v* (ver)täfeln
panel 1. *(BT)* Platte *f*, Tafel *f (Wandtafel)*; 2. *(Hb)* Füllung *f*; Türfüllung *f*; 3. *(BT, EB, Hb, Konst)* Täfelung *f*, Täfelwerk *n*, Vertäfelung *f*; Täfelungsfeld *n*, Täfelungsteil *n*, Vertäfelungstafel *f*, Paneel *n*; Wandtäfelung *f*, Getäfel *n*, Holztäfelung *f*; 4. *(Hb)* Beplankung *f*; 5. *(El)* Schalttafel *f*; 6. *(TK)* Fachwerkfeld *n*, Strebenfeld *n*
panel area Tafelfläche *f*
panel arrangement *(EB)* Türfüllungsausbildung *f*
panel board 1. Füllbrett *n*; 2. *(El)* Schalttafel *f*, Schaltfeld *n*; 3. Hartpappe *f*
panel construction *(Konst)* Plattenbauweise *f*, Plattenbau *m*, Fertigteil(tafel)bauweise *f*, Tafelbauweise *f*
panel construction method Tafelbauweise *f*
panel construction system Tafelkonstruktionssystem *n*
panel cooling Deckenkühlung *f*
panel divider Fugenprofilleiste *f (für Verkleidungen)*
panel door Rahmentür *f* mit Füllung, getäfelte Tür *f*
panel edge Tafelrand *m*
panel erection *(Te)* Tafelmontage *f*
panel exposure test Freilagerprüfung *f* mit Probeplatten *(Anstrichprüfung)*
panel façade Tafelfassade *f*
panel fence *(Konst)* Betonplattenzaun *m*
panel form(work) Tafelschalung *f*
panel frame *(Hb)* Türrahmen *m (einer Rahmentür)*
panel-frame construction *(Konst, Te)* Skelettplattenbauweise *f*
panel framed door Füllungstür *f*
panel heating *(HLK)* Flächenheizung *f*, Strahlungsheizung *f*, Plattenheizung *f*
panel heating unit *(HLK)* Plattenheizkörper *m*
panel infillings to framed structure Füllwände *fpl (Skelettbau)*
panel joint Plattenfuge *f*, Tafelfuge *f*
panel lamp Schalttafelbeleuchtung *f*
panel length *(Konst)* Fachwerkfeldlänge *f*
panel lining 1. Wandauskleidung *f*; 2. Türrahmenverkleidung *f*, Türrahmenauskleidung *f*
panel lining for a window Fensterrahmenverblendung *f*
panel load *(Stat)* Fachwerkknotenbelastung *f*, Knotenlast *f*
panel masonry wall Plattenverblendmauer *f*
panel method *(Konst, Te)* Plattenbauweise *f*, Plattenbau *m*
panel mould Wandplattenform *f*, Putztafel(guss)form *f*
panel moulding Tafelumrandung *f*
panel of a bridge Brückenfeld *n*, Jochfeld *n*
panel pin 1. Vertäfelungsnagel *m*, gestauchter Stift *m*; 2. *(Hb)* dünner Langnagel *m*
panel point *(Konst, TK)* Knoten(punkt) *m (Fachwerk)*
panel pointing *(Arch, OB)* Tafelmalerei *f*, Plattenmalerei *f*
panel radiator *(HLK)* Plattenheizkörper *m*
panel roof *(Konst)* Tafeldach *n*
panel saw Feinsäge *f*
panel shell Tafelschale *f (Kerntafel)*
panel shuttering Tafelschalung *f*
panel siding Wandschirm *m* mit Tafelplatten *(als Außenwandbelag)*; Wandbeschlag *m* mit Schutztafeln, Tafelwetterschirm *m*
panel strip Kassettendeckleiste *f*
panel structural system *(Konst, TK)* Tafelkonstruktionssystem *n*
panel system Plattenbauweise *f*, Plattenbau *m*, Tafelbauweise *f*, Tafelplattensystem *n*
panel test *s.* panel exposure test
panel tracery *(Arch)* senkrechtes Fensternetzwerk *n*
panel vault *(Konst)* Fachwerkgewölbe *n*
panel wall *(Konst)* Füllwand *f*, Fachwand *f*, Plattenwand *f*, Tafelwand *f*
panel-wall block *(Arch, Konst)* Vorhangwandgebäude *n*
panel with window opening Betontafel *f* mit Fensteraussparung
paneling *(AE)* *s.* panelling
panelled verkleidet, vertäfelt
panelled ceiling *(Konst)* Kassettendecke *f*, getäfelte Decke *f*
panelled door Rahmentür *f* mit Füllung, getäfelte Tür *f*
panelled framing Türfüllungsrahmen *m*, Füllungsrahmen *m*
panelled in oak eichenvertäfelt
panelled structure *(Arch, Konst)* Plattengebäude *n*, Plattenbau *m*
panelled wood ceiling *s.* panelled ceiling
panelling *(EB, Hb, Konst)* Täfelung *f*, Vertäfelung *f*, Wandtäfelung *f*, Wandverkleidung *f*, Verkleidung *f*; Holz(ver)täfelung *f (Vorgang)*; Innenverkleidung *f*, Beplankung *f*, Paneel *n*; Rahmen *m*, Fachwerk *n (Tischlerarbeit)*
panellized house *(Arch, Konst)* Großplattenbau *m*, Plattengebäude *n*

P

panellized housing *(AE)* Wohnungsbau *m* in Großplattenbauweise
panellized structure *(Arch, Konst, Te)* Großplattenbau *m*
panels with built-in window heads, jambs and sills Platten *fpl* mit eingebauten Fenstern
panic bolt *s.* panic exit device
panic exit device *(EB)* Notausgangsverriegelung *f*, Panikverschluss *m*
panic hardware *s.* panic exit device
panier *s.* pannier
pannier *(Arch)* Korbornamentausbildung *f*
panopticon *(Arch)* Panoptikum *n*, Gebäude *n* mit strahlenzentrischen Flurgängen
panoramic highway [road] *(Verk)* Panoramastraße *f*
panoramic view Panoramaaussicht *f*
panoramic window *(Konst)* Panoramafenster *n*
pantheon *(Arch)* Pantheon *n*, Ehrentempel *m*
pantheon dome *(Arch)* Pantheonkuppel *f*
pantile Pfanne *f*, Dachpfanne *f*, S-förmiger Dachziegel *m*
pantiled roof *(Konst)* Pfannendach *n*
pantiling Pfannendacheindeckung *f*, Eindecken *n* mit Pfannen
pantograph *(Konst)* Pantograph *m*, Übertragungszeichengerät *n*, Storchenschnabel *m*
pantry 1. Vorratskammer *f*, Speisekammer *f*; 2. Servierraum *m (im Hotel oder Krankenhaus)*; Anrichteraum *m*; Anrichte *f*; 3. *(AE)* Imbissküche *f*
pap *(AE) (San)* Dachrinnenabflussöffnung *f*
papal cross *(Arch)* päpstliches Kreuz *n*, dreifaches Kreuz *n*
paper *v* 1. *(EB, Te)* tapezieren; 2. *(OB, Te)* abschleifen *(mit Sandpapier)*
paper 1. Papier *n*; 2. Pappe *f*; 3. Tapete *f*
paper back Pappunterlage *f*
paper-backed lath Latte *f* mit Pappen(rück)schicht
paper-based laminated board *(BT)* Schichtstoffplatte *f* mit Papierbahnen
paper-board *s.* paperboard
paper cover moulding *(EB)* Tapetenleiste *f*
paper-covered papierbeschichtet
paper-covered veneer papierkaschiertes Furnier *n*
paper disposer *(EB)* Papierabwurfanlage *f*, Papierschlucker *m*, Abwurfschacht *m* für Papier
paper form Betonform *f* aus Hart(press)pappe
paper insert Papiereinlage *f*
paper layer Papierlage *f*
paper liner Papierverkleidung *f (einer Strohplatte)*
paper meal Papiermehl *n*
paper pulp Zellstoff *m*
paper-pusher *(VR) (sl)* Bürokrat *m*
paper refuse *(Umw)* Papiermüll *m*
paper sheet Pappenplatte *f*
paper sheeting Tapetenbahn *f*
paper strength Papierfestigkeit *f*
paper tape Papierband *n*
paper towel dispenser *(San)* Papierhandtuchspender *m*
paper waste *(Umw)* Papiermüll *m*
paper web Papierbahn *f*
paperboard *(BM)* Pappe *f*, Pappenplatte *f*
papered tapeziert *(mit Papiertapete)*
papered ceiling tapezierte Decke *f*
papered wall tapezierte Wand *f*
paperer *s.* paperhanger
paperfaced papierabgedeckt
paperhanger Tapezierer *m*
paperhanging *(EB, Te)* Tapezierarbeiten *fpl*, Tapezieren *n* mit Papiertapete, Tapezierung *f*
paperhanging paste Tapetenkleister *m*, Tapezierkleister *m*
paperhangings *(BM, EB)* Tapeten *fpl*
papering *s.* paperhanging
papering work Tapezierarbeiten *fpl (mit Papiertapeten)*
papier-mache, papier-mâché Pappmaché *n*, Papiermaché *n*
papyriform capital *(Arch)* Kapitell *n* mit Papyrusblüten
papyrus-bud capital *(Arch)* Papyrusknospenkapitell *n*
papyrus capital *(Arch)* Papyruskapitell *n*
papyrus column *(Arch)* Papyrussäule *f (antikes Ägypten)*
para red Pararot *n*
parabola equation *(Stat)* Parabelgleichung *f*
parabolic *(Stat)* parabolisch
parabolic arch *(Konst)* parabolisches Gewölbe *n*, Parabelbogen *m*
parabolic arched girder *(TK)* Parabelbogenträger *m*
parabolic conoid *(Stat)* parabolische Konoid *n*, Parabelkonoid *n*
parabolic cupola *(Arch)* Parabelkuppel *f*
parabolic distribution of stress *(Stat)* parabolische Druckverteilung *f*
parabolic dome *(Arch)* Parabelkuppel *f*
parabolic form *(Stat)* Parabelform *f*
parabolic girder *(TK)* Parabelträger *m*
parabolic load(ing) parabolische Belastung *f*, Parabelbelastung *f*
parabolic rib *(Arch)* parabolische Rippe *f*, Parabelrippe *f*
parabolic truss *(TK)* Parabelfachwerk *n*, Parabeldachbinder *m*
parabolic vault parabolisches Gewölbe *n*
paraboloid paraboloid
paraboloid *(Stat)* Paraboloid *n*
paraboloid roof *(TK)* Paraboloiddach *n*
paraboloid shell *(TK)* Paraboloidschale *f*
paraboloid umbrella shell root *(Konst, TK)* Paraboloid-Regenschirmschalendach *n*
parachute vault Schirmgewölbe *n*
paradigm *(BM)* Standardprobe *f*, Musterprobe *f*
paradise *(LB)* Paradiesgartenanlage *f*; Kreuzganghof *m*
parados *(Erdb)* Erdwälle *mpl* hinter einem Befestigungsgraben
paraffin *(BM)* Paraffin *n*
paraffin base concrete curing Nachbehandlungsmittel *n* auf Paraffinbasis
paraffin oil Paraffinöl *n*
paraffin paper Paraffinpapier *n*
paraffin radiation shielding wall Paraffinschutzwand *f*, Paraffinabschirmwand *f (gegen Strahlung)*
paraffin solution Paraffinlösung *f*
paraffinize *v (BM, Te)* paraffinieren
paragraph Abschnitt *m*, Absatz *m*
parallel *v (Arch, Konst)* parallel anordnen; angleichen, anpassen
parallel-blade damper *(HLK)* Feuchtluftabzug *m* mit parallelen Lamellen
parallel-chord truss *(TK)* Parallelfachwerkbinder *m*, parallelgurtiger Fachwerkbinder *m*, Parallelfachwerk *n*, Parallelgurtträger *m*
parallel coping flache Abdeckung *f*
parallel diverging *(Verk)* Parallelabzweigspur *f*
parallel drain *(San)* Kastenrinne *f*
parallel flow Parallelstrom *m*, Gleichstrom *m (Trockentrommel)*
parallel girder Parallelträger *m*
parallel gutter *(San)* rechteckige Dachrinne *f*
parallel gutter tile Parallelfalzziegel *m*
parallel lattice cupola *(Arch)* Parallelgitterkuppel *f*
parallel lattice girder *(TK)* Parallelgitterträger *m*
parallel projection Parallelprojektion *f*, Parallelriss *m*, Parallelperspektive *f*
parallel ramp *(Verk)* Parallelrampe *f*
parallel stair(s) *(Konst)* Paralleltreppe *f*, Doppeltreppe *f*

parallel stripe *(Verk)* Parallelstreifen *m*
parallel system of forces *(Stat)* parallele Kräftegruppe *f*
parallel trace of lines Parallelenzug *m*
parallel wing *(Arch, Konst)* Parallelflügel *m*, Stirnflügel *m*
parallel-wire cable Spannkabel *n* mit parallel laufenden Drähten
parallelepiped of forces *(Stat)* Kräfterechtkant *m*, Kräfteparallelepiped *n*
parallelism Parallelität *f*
parallelogram of forces *(Stat)* Kräfteparallelogramm *n*
parameter Kennwert *m*
paranitraniline red *(OB)* Pararot *n*
parapet 1. *(Arch, Konst)* Brüstungsmauer *f*; Parapett *n* *(Brustwehr eines Walles)*; 2. *(Konst)* Brüstung *f*, Geländer *n*; Balustrade *f*; Brückengeländer *n*
parapet cross beam Brüstungsholm *m*
parapet cup Brüstungshaube *f*, Brüstungsabdeckung *f*
parapet grille Brüstungsgitter *n*
parapet gutter *(San)* Dachrinne *f* hinter der Brüstungsmauer
parapet height Brüstungshöhe *f*
parapet masonry wall *(Konst)* Brüstungsmauer *f*
parapet skirting Dachpappenbelag *m* *(von der Brüstungsmauer hochgezogen)*
parapet slab Brüstungsplatte *f*
parapet stone Brüstungsstein *m*
parapet wall *(Konst)* Brüstungsmauer *f* *(über dem Dach)*
parapet weathering *(Konst, SB)* Mauer(schutz)abdeckung *f* *(einer frei stehenden Mauer)*
paraskenion *(Arch)* Paraskenium *n*, vorspringender Flügel *m* *(antikes griechisches Theater)*
parcel *v* 1. *(RP, VR)* parzellieren, Land aufteilen; 2. aufteilen, abteilen *(geometrisch)*
parcel *v* **out** parzellieren, zerstückeln *(Landbesitz)*
parcel 1. *(RP, VR)* Parzelle *f*, Landstück *n*; 2. Bündel *n* *(Holz, Stahl)*
parcel of land Grundstück *n*
parcelling-out Aufteilung *f*, Parzellierung *f* *(Vorgang)*
parchment (paper) Pergamentpapier *n*
parclose *(Arch)* Scheidewand *f* *(Chor)*
parclose screen *(Arch)* Gitter *n*, Schranken *fpl* *(mittelalterliche Kirche)*
pare *v* *(Hb, Te)* abrichten, schlichten; in dünnen Scheiben abtragen *(Holz)*; schälen
pare *v* **ashlars** Bruchsteine (fein) behauen; Werksteine putzen *(fein bearbeiten)*
parent glass Grundglas *n*, Mutterglas *n*, Stammglas *n*
parent material *(Bod)* Ausgangsgestein *n*
parent metal *(St)* Grundmetall *n* *(Schweißen)*
parent rock Muttergestein *n* *(Geologie)*
parent soil *(Bod, LB)* Mutterboden *m*
parents' (bed)room *(Konst)* Eltern(schlaf)zimmer *n*
paretta Kieselstrukturwand *f*, raue Betonwand *f* mit hervorstehenden Kieselsteinen
parge *v* *(DIS, Te)* Dichtungsputz aufbringen
parge coat *(DIS)* Dichtungsputzschicht *f*
parget *v* *(AE)* abputzen, (ver)putzen, Putzarbeit ausführen, mit Stuckarbeit versehen
parget(ing) 1. *(Arch)* Putzornament *n*, Stuckarbeit *f*, Stuckwerk *n*, Stuckatur *f*; gemusterter Außenputz *m*; 2. *(DIS)* Dichtungsputz *m*; Putzmörtel *m* mit Dichtungsmittelzusatz; 3. *(SB, Te)* Verputzen *n*, Berappen *n*
pargework *s.* parget(ing)
parging *s.* parget(ing)
Parian cement *(BM)* Gipszement *m* mit Borax
Parian marble *(BM)* persischer Marmor *m*
Parian plaster Boraxgips *m*, Parianalabaster *m*, Parianzement *m*
parianite *(BM)* Trinidad-Epuré *n*, gereinigter Trinidad-Asphalt *m*
paring 1. *(Hb, Te)* Zuhauen *n*, Zuschlagen *n* *(Holz)*; Schälen *n*; 2. Behauen *n*, Abstemmen *n* *(Stein)*
paring chisel 1. Schäleisen *n*, Hobelmeißel *m*, Stemmeisen *n*, Breitstahl *m*; Bossiereisen *n*; 2. Schälmaschine *f* *(Holz)*
parings (of wood) Hobelspäne *mpl*
Paris blue *(OB)* Pariser Blau *n*
Paris white Schlämmkreide *f*
Paris yellow *(OB)* Parisergelb *n*
parish centre *(Arch)* Kirchenzentrum *n*, Gemeindezentrum *n*
parish church *(Arch)* Pfarrkirche *f*, Hauptkirche *f*
parish hall Kirchengemeindesaal *m*
parish house 1. Kirchengemeindehaus *n*; 2. Pfarrhaus *n*
parish road *(LB, Verk)* kommunaler Weg *m*, Gemeindeweg *m*; Feldweg *m*
parison Külbel *m* *(Glasformrohling)*
park 1. *(LB)* Park *m*, Parkanlage *f*, gärtnerische Anlage *f*; 2. *(Verk)* Parkplatz *m*; 3. *(RP)* Sportpark *m*, Sportanlage *f*; 4. *(Bod)* *(AE)* breiter Talkessel *m*
park-and-ride lots *pl* *(AE)* *(Verk)* Park-and-Ride-Parkplätze *mpl*, PR-Parkplätze *mpl*
park-and-ride yard *(Verk)* Park-and-Ride-Parkplatz *m*, Parken-und-Reisen-Parkplatz *m*, P+R(-Parkplatz) *m*
park area *(LB)* Grünfläche *f* *(innerhalb der Stadt)*; Parkgelände *n*
park path *(LB)* Parkweg *m*
park road *(LB)* Parkstraße *f*
park search traffic *(Verk)* Parksuchverkehr *m*
parker screw Blechtreibschraube *f*
Parker truss *(TK)* Polygon(fachwerk)binder *m*
Parker's cement *s.* Roman cement
parking (area) *(Verk)* Parkplatz *m*, Parkfläche *f*
parking ban *(Verk)* Parkverbot *n*
parking bay *(Verk)* Parkbucht *f* *(Straße)*
parking building *(Arch, Verk)* Parkhaus *n*
parking capacity *(Verk)* Parkfassungsvermögen *n*, Parkkapazität *f*
parking compound *(Verk)* Sammelparkplatz *m*
parking control *(Verk)* Parkraumsteuerung *f*
parking deck *(Konst, Verk)* Parkdeck *n*, Parketage *f*
parking disc *(Verk)* Parkscheibe *f*
parking facilities Parkmöglichkeiten *fpl*; Parkplatzanlagen *fpl*
parking fee Parkgebühr *f*
parking floor Parketage *f*, Parkgeschoss *n*
parking garage Garagengebäude *n*; Parkhaus *n*
parking gate Parkplatzeingang *m*, Parkhauspforte *f*
parking guidance system *(Verk)* Parkleitsystem *n*
parking lane 1. *(Verk)* Standspur *f*; 2. *s.* parking strip
parking level Parkebene *f*
parking lot *(AE)* Parkplatz *m*, Stellplatz *m*, Parkfläche *f*
parking meter Parkuhr *f*
parking prohibited *(Verk)* Parkverbot *n*
parking ramp Parkrampe *f*
parking regulations Parkordnung *f*, Parkierungsvorschriften *fpl*
parking shed *(Verk)* Parkhalle *f*
parking space Parkplatz *m*; Parkraum *m*, markierte Parkfläche *f* *(eines Parkplatzes)*
parking stall Einstellplatz *m*, Parkfläche *f* *(im Parkhaus)*
parking storey *(Konst, Verk)* Parketage *f*, Parkstockwerk *n*, Parkgeschoss *n*
parking street *(Verk)* Parkstraße *f*
parking strip Parkstreifen *m*, Parkspur *f* *(eines Parkplatzes)*
parking structure *(Konst, Verk)* Parkhaus *n*
parking tier *(Konst, Verk)* Parketage *f*, Parkgeschoss *n*
parking tower *(Konst, Verk)* Parkturm *m*, Autosilo *n*

parkway *(LB, Verk)* (breite) Autostraße *f* durch Grünlandschaft, Autobahn *f* mit Grünstreifen durch einen Landschaftspark
parlatory Sprechsaal *m*, Parlatorium *n*
parliament block [building] *(Arch)* Parlamentsgebäude *n*
parlor 1. *(AE)* Empfangszimmer *n*, Gesprächszimmer *n*; Hotelempfangsraum *m*; 2. Laden *m*
parlour *s.* parlor
parochial house *(Arch)* kirchliches Gemeindehaus *n*
parpend *s.* perpend 1.
parquet *v (EB, Te)* parkettieren, Parkett legen, mit Parkett auslegen
parquet Parkett *n*, Holzparkett *n*
parquet block Parketttafel *f*, Parkettstab *m*
parquet deal Parkettdiele *f*
parquet fillet Parkettriemchen *n*
parquet floor *(EB)* Parkettfußboden *m*
parquet sealing Parkettversiegelung *f*
parquet strip flooring *(EB, Hb)* Lattendielung *f*
parquet timber Parkettholz *n*
parquet wood Parkettholz *n*
parquet work *(EB, Te)* Parkettarbeiten *fpl*
parqueted floor Parkett *n*
parquetry *(EB)* Parkett *n*; Ornamentparkettfußboden *m*
parquetry-fillet Parkettstab *m*
parrel Kaminwangen *fpl*, Kaminvorsprung *m (meist ornamentiert)*
parsonage Pfarrwohnung *f*
parsonage building *(Arch)* Pfarrhaus *n*
part *v* abteilen
part 1. Teil *n (Bauteil)*; 2. Teil *m*, Bestandteil *m*
part by volume *(Konst)* Raumanteil *m*, Volumen(an)teil *m*
part by weight Gewichtsanteil *m*
part of a building *(Konst)* Gebäudeteil *m*, Gebäudebestandteil *m*
part of the town Stadtteil *m*, Stadtbezirk *m*
part-payment *(VR)* Teilzahlung *f*
part-through crack teilweise durchgehender Riss *m*
part-time work Teilzeitarbeit *f*
parterre 1. *(Konst)* Gartenparterre *n*, Parterreanlage *f*; 2. *(EB)* Parkett *n (im Theater)*; 3. *(RP)* Bauplatz *m*; 4. *(LB)* Blumenbeet *n*
Parthenon *(Arch)* Parthenon *m (Teil der Akropolis in Athen)*
Parthian architecture *(Arch)* parthische Architektur *f*
parti *(AE) (Arch, Konst)* Konstruktionskonzept *n*, Entwurfsschema *n*
partial partiell, teilweise
partial acceptance *(VR)* Teilabnahme *f*
partial cloverleaf *(Verk)* halbes Kleeblatt *n (Autobahn)*
partial collapse *(RS)* Teileinsturz *m*
partial complex Teilkomplex(bau) *m*
partial concrete encasement Teilummantelung *f* aus Beton
partial control of access *(Verk)* partielle Zufahrtssteuerung *f*
partial cover plate Trägerteillasche *f*, Gurtplattenteilstück *n*; teilweise Flanschverstärkung *f*
partial drawing Teilzeichnung *f*
partial enclosure *(Tun)* Tunnelgalerie *f*, partielle Hülle *f*, teilweise Abdeckelung *f*
partial face tunnel machine *(BWG, Tun)* Tunnelvortriebsmaschine *f* mit partiellem Vortrieb
partial failure Teilausfall *m*
partial fixing *(Konst)* teilweise Einbindung *f*, Teileinspannung *f (Träger)*
partial fixity Teileinspannung *f*, teilweise Einspannung *f*
partial hip *(Konst)* halber Walm *m*, Schopfwalm *m (Dach)*
partial integration partielle Integration *f*
partial load *(Stat)* Teillast *f*
partial passivation *(OB)* Teilpassivierung *f*
partial payment *(VR)* Abschlagszahlung *f*
partial prefabrication Teilvorfertigung *f*
partial pressure *(Stat)* Partialdruck *m*
partial prestressing *(BB, Te)* teilweises Vorspannen *n*, Teilvorspannung *f*
partial protection *(OB)* Teilschutz *m (gegen Korrosion)*
partial purification *(WVA)* Teilreinigung *f (Abwässer)*
partial reaction Teilauflagerwiderstand *m*, Teilstützreaktion *f*, Teilstützdruck *m*, Teilauflagerdruck *m*
partial reactive force *s.* partial reaction
partial release *(BB, Te)* Vorspannungsnachlass *m*, teilweises Entspannen *n*
partial restraint Teil(end)einspannung *f*
partial safety factor *(Br, Stat)* partieller Sicherheitsfaktor *m (Brücke)*
partial saturation Teilsättigung *f*
partial shear connection teilweise Verdübelung *f*, teilweiser Schubanschluss *m (Verbundträger)*
partial solution *(Konst)* Teillösung *f*
partial stressing *s.* partial prestressing
partial system (of sewerage) *(WVA)* Teilkanalisation *f*, Teilsystem *n (Teil des Trennsystems)*
partial tensioning Teilvorspannung *f*, teilweise Vorspannung *f*
partial-thickness crack teilweise durchgehender Riss *m*
partial venting *(WVA)* Teilentlüftung *f (der Grundstücksentwässerung)*
partial view Teilansicht *f*
partial vitrification *(BM, Te)* Klinkerung *f*, Teilverklinkerung *f (Baustoffherstellung)*
partially air-conditioned teilklimatisiert
partially fixed teilweise eingespannt
partially grade-separated *(Verk)* teilniveaufrei *(Straßenkreuzung)*
partially prestressed *(BB, Te)* stufenweise [teilweise] vorgespannt, mit teilweiser Vorspannung
partially restrained *(Stat)* teilweise eingespannt
partially stretched *(BB, Te)* teilweise vorgespannt
partially tensioned *(BB, Te)* teilweise vorgespannt
partially vented *(HLK)* teilentlüftet
particle Zuschlag(stoff)korn *n*, Korn *n*; Teilchen *n*
particle board *(BT, DIS)* Span(holz)platte *f*
particle-board core stock Mittellage *f* einer Spanplatte
particle-board mat Spanplattenvlies *n*
particle-board panel stock *(BT, EB)* Spanplattentäfelungsmaterial *n*
particle density Partikeldichte *f*
particle diameter Korndurchmesser *m*
particle distribution limit *(BM)* Grenzsieblinie *f*
particle fineness Kornfeinheit *f*
particle gradation *(BM)* Kornabstufung *f*, Kornaufbau *m*
particle interlock Kornverzahnung *f*
particle porosity Korneigenporigkeit *f*
particle shape *(BM)* Kornform *f*
particle shape factor Kornformfaktor *m*
particle shape test *(BM)* Kornformprüfung *f*
particle size Korngröße *f*; Teilchengröße *f*
particle-size analysis Korngrößenanalyse *f*
particle-size class *(BM)* Kornklasse *f*
particle-size determination Korngrößenbestimmung *f*
particle-size distribution Korngrößenverteilung *f*
particle-size distribution curve Kornverteilungskurve *f*, Siebkurve *f*, Sieblinie *f*
particle-size fraction *(BM)* Korngruppe *f*, Körnung *f*
particle-size limit Korngrenze *f*
particle-size range *(BM)* Korngrößenklasse *f*, Korngrößenbereich *m*
particle strength Kornfestigkeit *f*

particle surface Kornoberfläche *f*
particle test size Prüfkorngröße *f*
particle top size *(BM)* Größtkorn *n*, Gröbstkorn *n*
particle velocity *(DIS)* Schallschnelle *f (Akustik)*
particles *(BM)* Gekörn *n*, Körner *npl*, Korngemenge *n*
particular colour *(OB)* Eigenfarbe *f*
particular integral Partikularintegral *n*
particularistic Gothic *(Arch)* deutsche Sondergotik *f*
particularities *(Te, VR)* Besonderheiten *fpl*; besondere Maßnahmen *fpl (Baubeschreibung)*
particulate collection *(HLK, Umw)* Rauchgasentstaubung *f*, Staubabscheidung *f*
particulate emission *(Umw)* Staubemission *f (Umwelt)*
particulate material Partikel *npl*, Teilchen *npl*
particulate media *(Bod)* Haufwerk *n*
parting 1. *(Konst)* Trennschicht *f*; 2. *(Bod)* taubes Gestein *n*, Bergemittel *n (geologisch)*
parting agent Trennmittel *n*, Antiklebemittel *n*
parting bead Fenstergleit(trenn)leiste *f*
parting cast Dehnungsmarke *f*
parting compound Trennmittel *n*, Antiklebemittel *n*
parting layer *(DIS)* Sperrschicht *f*
parting line Trennfuge *f (einer Form)*; Teilfuge *f (zur Unterteilung)*; Trennlinie *f*
parting plane Verschiebungsfläche *f*, Gleitschicht *f*; Trennfläche *f*
parting rupture *(BM)* Trennungsbruch *m*
parting slip *(EB, Konst)* Trennleiste *f*, Trennholz *n*
parting stop *s.* parting bead
parting strip *s.* parting slip
parting tool *(BWG)* Stechmeißel *m*, Schneidmeißel *m*
parting wall *s.* party wall
partite geteilt, abgeteilt
partition *v* 1. *(Te)* (ab)teilen, (ab)trennen; unterteilen, aufteilen; 2. *(RP, VR)* parzellieren, Land aufteilen
partition Trennwand *f*, Zwischenwand *f*, Scheidewand *f*, Abteilungswand *f*; Raumteiler *m*
partition block leichter Betonstein *m (für nicht tragende Wände)*
partition boards *(Hb)* Bretterverschlag *m*
partition cap [head] Trennwandobergurt *m*
partition infilling *(DIS)* Wärmedämmung *f* von Montagehohlräumen, Ausfachung *f*; Ausstopfen *n*
partition line *(Konst)* Trennfuge *f (einer Form)*
partition panel Trennwand *f*, Abteilungswand *f*; Trennwandelement *n*, Trennwandtafel *f*
partition panel lining Trennwandverkleidung *f*
partition panel window *(Konst)* Trennwandfenster *n*
partition penetration Trennwanddurchgang *m*
partition plate Trennwandobergurt *m*
partition ratio *(BM, Te)* Teilungszahl *f (Siebtechnik)*
partition rock *(BM, Bod)* Nebengestein *n*
partition stud 1. *(TK)* Jochstütze *f*, Jochsäule *f*; Bundsäule *f*; 2. *(BT)* Bolzenstab *m*, Stehbolzenstange *f*
partition tile Langlochziegel *m (für nicht tragende Wände)*
partition wall 1. *(Konst)* Trennwand *f*, Scheidewand *f*, Zwischenwand *f*, Abteilungswand *f*; 2. Zungenmauer *f (Schornstein)*
partition wall blockwork *(SB)* Trennwandblockmauerwerk *n*
partition wall of xylolite Steinholzwand *f*
partition wall shape Trennwandprofil *n*
partition wall slab Trennwandplatte *f*
partition wall system *(Konst)* Trennwandsystem *n*
partitioning Abtrennung *f* durch Trennwände, Raum(ein)teilung *f*
partitioning glazing Trennwandverglasung *f*
partitioning of all available space *(Konst)* Raumaufteilung *f*
partitioning system Trennwandsystem *n*
parts by volume Raumteile *mpl (Dosierung von Baustoffen)*
parts of the column Säulenbestandteile *mpl*
party *(RP)* Baukolonne *f*
party arch Grenz(wand)bogen *m (zwischen zwei Häusern)*
party corbel *(Konst)* Brandmauerkonsole *f*
party wall Wohnungstrennwand *f*; Gebäudetrennwand *f*, Brandmauer *f*, Feuermauer *f*; Grundstücks(begrenzungs)mauer *f*, Markmauer *f*, Grenzmauer *f*
parvis *(Arch)* quadratischer Kirchenvorplatz *m*
pass *v* (hindurch)strömen; durchlassen
pass *v* **into** 1. *(Te, Wsb, WVA)* einleiten *(z. B. in einen Schacht)*; 2. *(Te)* übergehen in
pass *v* **over** *(Verk)* überführen, überschreiten, kreuzen *(Straßenbau)*
pass *v* **round** *(Verk)* herumführen *(Straße)*
pass *v* **through** 1. *(Konst)* durchführen *(z. B. Kabel)*; 2. *(Bod, DIS, WVA)* durchsickern
pass *v* **under** *(Verk)* unterführen
pass 1. Passage *f*, Schweißlage *f*; 2. Übergang *m (Verdichtungsübergang)*; 3. *(Verk)* Gebirgspass *m*, Pass *m*, Einfahrt *f*
pass door *(Konst)* Durchgangstür *f*; Bühnentür *f (Theater)*
pass road *(Verk)* Passstraße *f*
pass-through *(AE)* Durchreiche *f*
pass window Durchreichefenster *n*
passable *(Verk)* befahrbar
passage 1. Durchgang *m*, Passage *f*, Verbindungsgang *m*; Übergang *m*; Laufweg *m*; Durchfahrt *f*; 2. Durchfluss *m*
passage bed *(Bod, Erdb)* Übergangsschicht *f*
passage of air *(HLK)* Luftdurchgang *m*
passage of screen Siebdurchgang *m*, Siebdurchlauf *m*
passage of water *(Bod, Wsb)* Wasserlauf *m*
passage tunnel Durchführungsgang *m*
passage underground *(Tun, Verk)* Unterführung *f*, Tunnel *m*
passageway *s.* passage
passenger and luggage handling level *(Verk)* Abfertigungsfläche *f*, Empfangsebene *f (Flughafen)*
passenger berth Fahrgasthafen *m*
passenger building *(Verk)* Empfangsgebäude *n*, Passagiergebäude *n*
passenger car unit *(Verk)* Pkw-Einheit *f (Verkehrsplanung)*
passenger-carrying capacity Tragfähigkeit *f (Fahrstuhl, Aufzug)*
passenger conveyor *(EB)* rollender Gehweg *m*, Rollgehweg *m*, Rollsteig *m*
passenger counter Passagierschalter *m*, Fahrgastschalter *m*
passenger elevator *(AE)* Personenaufzug *m*
passenger elevator car Aufzugskorb *m*
passenger-exchange *(Verk)* Fahrgastwechsel *m (Eisenbahn)*
passenger-handling building *(Verk)* Passagiergebäude *n*
passenger-handling facility Passagierabfertigungsanlage *f*
passenger-handling installation Passagierabfertigungsanlage *f*
passenger hoist Personen(bau)aufzug *m*, Fahrstuhlanlage *f*
passenger lift Personenaufzug *m*
passenger long-distance travel *(Verk)* Personenfernverkehr *m*
passenger platform *(Verk)* Personenbahnsteig *m*
passenger railway station Personenbahnhof *m*
passenger room *(Konst, Verk)* Fluggastraum *m*
passenger terminal *(Konst, Verk)* Abfertigungshalle *f*, Empfangshalle *f (Flughafen)*

passenger terminal block Abfertigungsgebäude *n*, Empfangsgebäude *n (Flughafen)*
passenger traffic *(Verk)* Personenverkehr *m*
passenger train *(Verk)* Personenzug *m*
passenger walkway *(Konst, Verk)* Fluggastbrücke *f*
passing Durchfluss *m*; Siebdurchgang *m*
passing a pipe through a wall Rohrdurchführung *f*
passing bay *(Verk)* Ausweichstelle *f (Straße, Weg)*
passing column durchgehende Säule *f*
passing fraction Siebdurchgang *m*
passing hole Durchführungsdurchbruch *m (Leitungen)*; Durchführungsöffnung *f*
passing knot durchgehender Ast *m*
passing lane *(Verk)* Überholspur *f*
passing loop *(Verk)* Überholgleis *n*
passing place *(Verk)* Ausweichstelle *f*, Ausweiche *f*, Überholstelle *f*
passing sight distance *(Verk)* Überholsichtweite *f (Straße)*
passing track *(Verk)* Ausweichgleis *n*
passings *(Konst)* Überlappungsweite *f*
passivatable *(BM)* passivierbar
passivate *v (BM, OB)* passivieren
passivating *(BM, OB)* Passivieren *n*
passivating coat *(OB)* Passivierungsanstrich *m*
passivating treatment *(OB, Te)* Passivieren *n*
passivation Passivierung *f (von Metall)*
passivator Passivierungsmittel *n*
passive adhesion *(BM)* passive Haftung *f*
passive earth pressure *(Bod)* passiver Erddruck *m*
passive failure passiver Bruch *m*
passive fire defence *(Konst)* baulich erforderlicher Brandschutz *m*
passive ground pressure *(AE) (Erdb)* passiver Erddruck *m*
passive noise protection *(Umw, Verk)* passiver Lärmschutz *m*
passive Rankin pressure *(Stat)* passiver Rankindruck *m*
passive safety barriers *(Verk)* passive Schutzeinrichtungen *fpl (Straße)*
passive state *(Stat)* oberer Grenzzustand *m*, Ruhezustand *m*
passive system passives System *n*
passivity Trägheit *f (von Stoffen)*
passkey *(EB)* Hauptschlüssel *m*
pastas *(Arch)* Prostasis *m*, Pastas *m (Wohnhausvorhalle - antikes Griechenland)*
paste *v* kleistern, mit Kleister bestreichen; kleben
paste Brei *m*; Paste *f*; Kleister *m*; Klebstoff *m*
paste board Schichtenpappe *f*
paste filler Füllpaste *f*
paste flux *(BM, St)* Flussmittel *n (Löttechnik)*
paste-like pastös, pastenförmig
paste matrix erhärteter Zementleim *m*, erhärteter Zementbrei *m*
paste paint Farbpaste *f*
paste polish *(BM, OB)* Polierpaste *f*
paste resin Pastenharz *n*
paste spot Kleisterdurchschlag *m*
paste with lead *(BM, OB)* Bleiweißpaste *f*
pastel colour Pastellfarbe *f*
pastel painting *(Arch)* Pastellmalerei *f*
pastel shade *(OB)* Pastellton *m*
pasting and applying to wall Aufkleben *n*
pasture *(LB)* Weide *f*
pasty pastenförmig; teigig, teigartig
pat *(BM)* Kuchen *m (Zement)*
pat test *(BM)* Kuchenprobe *f*
patand *s.* patten
patch *v* ausbessern, flicken
patch *v* **up** *(RS)* ausbessern, nachbessern *(z. B. Maurer- und Malerarbeiten)*
patch 1. Ausbesserungsmischgut *n*; 2. Flickstelle *f*; 3. Einlegeholz *n (zur Furnierreparatur)*; Flickholz *n*
patch board *(El)* Steckerbrett *n (für temporären Gebrauch)*
patch mortar Ausbesserungsmörtel *m*, Flickmörtel *m*
patch of sky Himmelsausschnitt *m (Tageslichtermittlung)*
patch panel *s.* patch board
patch plant Flickmörtelmischanlage *f*, Mischanlage *f* für Unterhaltungsarbeiten *(Straße)*
patch test *(Verk)* Sandfleckprüfung *f*
patched fleckig; mit Flicken
patched slate *(BM)* Fleckschiefer *m*
patched spot *(RS)* Flickstelle *f*
patcher Flickfräs- und Spritzmaschine *f*
patching *(RS)* Ausbessern *n*; Flicken *n*; Nachbesserung *f*
patching composition Flickmasse *f*, Ausbesserungsmasse *f*
patching compound Flickmasse *f*, Ausbesserungsmasse *f*
patching machine *s.* patcher
patching mortar Flickmörtel *m*
patching plaster *(RS)* Ausbesserungsputz *m*, Flickputz *m*
patching-up *(RS)* Ausflicken *n*, Ausfüttern *n*
patchwork *(RS)* Flickarbeit *f*, Unterhaltungsarbeiten *fpl*, Stückwerk *n*
patchy fleckig *(geputzte Fläche)*; unregelmäßig verteilt
patelliform patelliform, schüsselförmig
patent board *(BT)* Patentbautafel *f*
patent glazing kittlose Verglasung *f*, kittloses Einglasen *n*
patent light *s.* pavement light
patent plaster 1. Edelputz *m*; 2. abgemagerter Gipsputz *m*
patent plate Tafelglas *n*
patent stone *(BM)* Kunststein *m*, Beton(werk)stein *m*
patented patentiert
patented floor Patentdecke *f*
patented plaster *s.* patent plaster
patenting *(Te)* Patentieren *n (Drahttechnologie)*
patera *(Arch)* Rosette *f*, Rundornament *n*; Opferschale *f*, Patera *f*
paternoster (lift) *(EB)* Paternoster(aufzug) *m*, Umlaufaufzug *m*, Elevator *m*
path *(LB)* Weg *m*, Fußweg *m*, Gehweg *m (z. B. Gartenweg)*; Reitweg *m*
path gravel sandiger Kies *m*, Fußwegkies *m*
path monitoring *(Konst)* Fußwegeüberwachung *f*
path of prestressing force Spannweg *m (Spannbeton)*
path of stressing *(BB, Te)* Spannweg *m (Spannbeton)*
path of stressing force Spannweg *m*
path of tensioning force Spannweg *m*
path surround *(LB)* Wegeinfassung *f*
path tile Gehwegplatte *f*, Wegplatte *f (Fliese)*
path to earth *(El)* Ableitung *f (Blitzschutz)*
path-widening side plough *(Verk)* Fahrbahnrandüberfahrspur *f*, Randausfahrspur *f*
pathological waste *(Umw)* infektiöser Abfall *m*, pathogener Abfall *m*
pathway *(LB)* Fußgängerweg *m*; Gehweg *m (z. B. Gartenweg)*
patient division *(Konst)* Bettenabteilung *f (Klinik)*
patin *s.* patten
patina *(OB)* Patina *f*, Edelrost *m* • **become covered with patina** *(OB)* Patina ansetzen
patinate *v (OB)* Patina ansetzen; patinieren
patination Patinabildung *f*, Edelrost *m*
patio *(Arch)* Innenhof *m*, Lichthof *m*, eingeschlossene Terrasse *f*, Terrasse *f*
patio door *(EB, Hb)* Terrassentür *f*
patio masonry wall Lichthofmauer *f*
patriarchal cross *(Arch)* Patriarchalkreuz *n*, Doppelkreuz *n*

patten *(Erdb, Konst)* Stützenfundament *n*, Säulenfuß *m*, Säulenfußschwelle *f*
pattern *v (Arch)* ornamentieren, mustern, nachbilden
pattern 1. *(Arch, Konst)* Muster *n*, Bildmuster *n*, Zeichnung *f*, Schema *n*; 2. *(Konst)* Lehre *f (Modell)*; Schablone *f*; Formnegativ *n*; 3. *(Arch)* Dekoration *f*, Ornamentierung *f*, Schmuck *m*, Verzierung *f*
pattern bond *(SB)* Musterverband *m*
pattern cracking Schwindrissnetzlinien *fpl*, Haarrissliniennetz *n*
pattern of cracks Rissbild *n*, Rissanordnung *f*
pattern of deformation Formgebung *f (Bewehrung)*
pattern of drainage *(RP, WVA)* Entwässerungsnetz *n*
pattern of light and shade *(Arch)* Licht- und Schattenmuster *n*
pattern of loading *(Stat)* Belastungsschema *n*
pattern staining dunkle Putzflecken *mpl*
patterned floor covering tile profilierte Fußbodenplatte *f*, Fußbodenprofilfliese *f*
patterned glass Ornamentglas *n*, gemustertes Glas *n (für Trennwände)*
patterned veneer *(EB, Hb)* Maserfurnier *n*
patterned wallpaper gemusterte Tapete *f*
patternmaker *(EB, Te)* Modelltischler *m*
pave *v* pflastern, Pflaster verlegen; befestigen *(Weg)*
pave *v* **with tiles** mit Fußbodenfliesen belegen
paved area befestigte Fläche *f*
paved channel *(WVA)* ausgekleideter Kanal *m*, befestigte Abflussrinne *f*
paved gutter *(WVA)* gepflasterte Rinne *f*, Pflasterrinne *f*
paved outer shoulder *(Verk)* befestigter äußerer Randstreifen *m*
paved road *(Verk)* Pflasterstraße *f*, Chaussee *f*; befestigte Straße *f*
paved shoulder 1. *(Verk)* befestigtes Bankett *n (s. a. paved outer shoulder)*; 2. *(Erdb)* Pflasterberme *f*
pavement 1. *(LB, Verk)* Wegebefestigung *f*, Pflasterbelag *m*, Pflasterdecke *f*, Pflaster *n*, Pflasterung *f*; Straßenbefestigung *f*, Straßendecke *f*, Straßenpflaster *n*; 2. *(LB, Verk)* Gehweg *m*, Fußweg *m*, Bürgersteig *m*; 3. *(Verk) (AE)* Fahrbahn *f*, Oberbau *m (Straßenbau)*; 4. *(Tun)* Liegendes *n*
pavement aging *(Verk)* Fahrbahnalterung *f*
pavement arrow Fahrbahnpfeil *m*, Richtungspfeil *m*
pavement base Sandbett *n (Straßenbau)*; Binderschicht *f (Straße)*; Straßenunterbau *m*; Tragschicht *f*
pavement base reinforcement Straßenunterbaubewehrung *f*
pavement base treatment *(RS, Verk)* Unterbausanierung *f*
pavement bed Deckenunterbau *m*, Kofferschicht *f*, Koffer *m (Straße)*
pavement cement Betonstraßenzement *m*, Deckenzement *m*
pavement concrete *(BB, Verk)* Straßen(decken)beton *m*, Belagbeton *m*
pavement construction *s.* pavement structure
pavement deformation *(Verk)* Straßendeckenverformung *f*, Fahrbahnverformung *f*
pavement depth Deckendicke *f (Straße)*
pavement design *(Verk)* Oberbaubemessung *f*, Deckenbemessung *f*
pavement deterioration *(Verk)* Fahrbahnzustandsverschlechterung *f*
pavement distress Fahrbahnschaden *m*, Deckenschaden *m (Straße)*
pavement drainage Straßenkofferentwässerung *f*; Fahrbahnentwässerung *f*
pavement entrance U-Bahnzugang *m (von der Straßenebene)*
pavement evaluation *(Verk)* Fahrbahn(zustands)-bewertung *f*
pavement failure *(RS, Verk)* Fahrbahnschaden *m*, Deckenschaden *m (Straße)*
pavement flag Gehwegplatte *f*
pavement foundation *(Verk)* Fahrbahnunterbau *m*
pavement in service Fahrbahnunterhaltung *f*
pavement inspection Fahrbahnkontrolle *f*
pavement joint Fahrbahnfuge *f*
pavement kerb Fahrbahnbord *m*
pavement-layer Steinsetzer *m*, Pflasterer *m*
pavement light 1. *(Verk)* Deckenreflektor *m (Straßendecke)*; 2. *(Konst)* Kelleroberlicht *n*, Kellerfensterschacht *m*
pavement maintenance *(RS, Verk)* Straßenerhaltung *f*
pavement management *(Verk)* Erhaltungssystem *n*, Erhaltungsmanagement *n*
pavement management planning *(RS, Verk)* Erhaltungsplanung *f (Straße)*
pavement management system *(PMS) (RS, Verk)* systematische Straßen(decken)erhaltung *f*
pavement marker Straßenmarkierungsknopf *m*
pavement marking machine Straßenmarkierungsmaschine *f*
pavement material Fahrbahnbaustoff *m*
pavement of simple construction *(Verk)* Straßendecken-Einfachbauweise *f*
pavement performance *(Verk)* Fahrbahngebrauchsverhalten *n*, Straßendeckenfunktionsfähigkeit *f*
pavement pumping Plattenpumpen *n (Betonstraße)*
pavement-quality concrete Straßendeckenbeton *m*
pavement rating Fahrbahnzustandsbewertung *f*
pavement repairing *(RS, Verk)* Fahrbahnreparatur *f*
pavement reshaping *(Verk)* Fahrbahnrückverformung *f*
pavement saw *(Verk)* Fugenschneider *m*, Betonfugenschneidmaschine *f*, Fugensäge *f (Straßenbau)*
pavement sealer Oberflächenabsiegelungsmasse *f*
pavement strengthening *(Verk)* Fahrbahnverstärkung *f*
pavement stress Befestigungsbeanspruchung *f*, Straßen(decken)beanspruchung *f*, Straßendeckenspannung *f*; Oberbaubeanspruchung *f*
pavement structure *(Verk)* Straßendeckenkonstruktion *f*, Straßendeckenaufbau *m*, Befestigungsaufbau *m*, Deckenkonstruktion *f*, Oberbau *m*
pavement subsidence Fahrbahnsetzung *f*, Fahrbahnabsenkung *f*
pavement surface evenness *(Verk)* Ebenheit *f* der Straßendecke
pavement thickness design Oberbaubemessung *f*, Befestigungsdimensionierung *f*
pavement using controlled waste Fahrbahnbefestigung *f* mit überwachten Sekundärbaustoffen
paver 1. Steinsetzer *m*, Pflasterer *m*; Plattenleger *m*; 2. Pflasterstein *m*, Pflasterblock *m*, Pflasterklinker *m*; Fußbodenfliese *f*; 3. Straßenbetonfertiger *m*, Betonstraßenfertiger *m*, Straßenfertiger *m*, Deckenfertiger *m*
paver-finisher *(BWG, Verk)* Schwarzdeckenfertiger *m*
paver hopper Fertigerkübel *m*, Aufgabekübel *m*
paver operator Fertigerfahrer *m*
paver screed plate Einbaubohle *f*
paver-spreader *(Verk)* Mischgutverteiler *m*, Schwarzdeckeneinbaumaschine *f*
paver tile Fußbodenfliese *f*
paver's dressing hammer *(BWG, SB)* Zuricht(e)hammer *m*
paver's hammer Steinsetzhammer *m*, Pflasterhammer *m*
pavestone *s.* paving stone
pavilion 1. *(Arch)* Pavillon *m*, Ausstellungshalle *f*; Gartenpavillon *m*; 2. *(Arch)* Pavillon *m (aus der Fassade stark heraustretender Gebäudeteil)*

pavilion-like *(Arch)* pavillonähnlich
pavilion roof *(Konst)* pyramidales Walmdach *n*, Walmdach *n* mit polygonalem Grundriss, Polygon(al)dach *n*
pavilion structure *(Arch)* Pavillonbauwerk *n*
pavimentum *(Arch)* römische Straßendecke *f*, Pavimentum *n (aus abgestuftem Steingemisch und hydraulischem Bindemittel)*
paving 1. *(Te)* Deckenbau *m*; Pflastern *n*, Pflasterung *f*, Straßenbefestigung *f (Vorgang)*; 2. *(Konst)* Deckenaufbau *m*; Pflasterbelag *m*, Pflasterdecke *f*, Pflaster *n*, Pflasterung *f*, Straßenpflaster *n*, Straßendecke *f (Gesamtbefestigungsbelag)*
paving aggregate *(BM)* Straßendeckenzuschlag(stoff) *m*
paving asphalt Straßenbaubitumen *n*; Straßenteer *m*
paving bed Pflasterbett *n*
paving beetle *(BWG)* Pflasterramme *f*, Handramme *f*
paving block *s.* paving stone
paving bond *(Verk)* Pflasterverbund *m*, Pflasterverband *m*
paving breaker Aufbruchhammer *m*, Druckluftmeißelhammer *m*
paving brick *(BM)* Pflasterklinker *m*, Straßenklinker *m*, Pflasterziegel *m*, Flurziegel *m*
paving clinker *(BM)* Straßenklinker *m*
paving finisher Straßendeckenfertiger *m (Asphalt)*
paving flag Gehwegplatte *f*
paving grade asphalt Straßenbaubitumen *n (genormtes)*
paving gravel *(BM)* Straßenschotter *m*
paving hammer Pflasterhammer *m*
paving in rows Reihenpflaster *n*, Reihenpflasterung *f*
paving in setts *(Verk)* Steinpflaster *n*, Steinpflasterung *f*
paving joint sealer *(BM)* Fugenvergussmasse *f*, Vergussmasse *f*
paving mixer *(Verk)* Mischerfertiger *m*, Fahrmischfertiger *m (Straßenbau)*; Fahrmischer *m (Straßenbau)*
paving of engineering bricks Klinkerpflasterdecke *f*
paving rammer *(BWG)* Pflasterramme *f*, Ramme *f*, Stampfer *m (für Pflastersteine)*
paving sett Pflasterstein *m*, Pflasterblock *m*
paving slab *(Verk)* Fahrbahnplatte *f*, Pflasterplatte *f*
paving spreader Oberflächenrüttler *m (Straßenoberfläche)*
paving stone Pflasterstein *m*, Pflasterblock *m*; Gehwegplatte *f*
paving stone pavement *(Verk)* Pflasterverkehrsfläche *f*
paving tile Fußbodenfliese *f*, Gehwegplatte *f*
paving train *(BWG, Verk)* Einbaukomplex *m*, Deckeneinbauzug *m (Straßenbau)*
paving unit vorgefertigte Straßenplatte *f*, Befestigungsplatte *f*; Kunstpflasterstein *m (Weg)*
paving vibrator *(BB, BWG, Verk)* Betondeckeninnenrüttler *m*
paving wood Pflasterklotz *m*, Pflasterholz *n*
pavior *(AE) s.* paviour
paviour 1. *(BM)* Straßenklinker *m*, Pflasterziegel *m*; 2. Steinsetzer *m*, Pflasterer *m*
paviour's labourer Steinsetzgehilfe *m*, Handlanger *m*
pavonazzo *(BM)* roter Marmor *m*
pawn überdachter Durchgang *m*; überdachter Gehweg *m (in einem Basar)*
pay *v* **stipulated fine** *(VR)* Konventionalstrafe zahlen
pay day Zahltag *m*, Lohntag *m*
pay material *(BM, Bod)* abbaufähiges Material *n (Erdstoff, Kies)*
payable zahlbar
payable deposit *(BM, Bod)* abbauwürdige Lagerstätte *f (Gestein, Kies, Sand usw.)*
payee Zahlungsempfänger *m*
payment of compensation *(VR)* Entschädigungszahlung *f (temporäre Landnutzung)*
payment on account Abschlagszahlung *f*
payment request *(VR)* Zahlungsaufforderung *f (für Bauleistungen)*
paynize *v (Hb, Te)* Holz imprägnieren
PDA *s.* personal digital assistant
pea gravel *(BM)* Feinkies *m*, Perlkies *m*, Erbskies *m*
pea gravel grout Einpressmörtel *m* mit Feinkies
peacock's-eye *(BM, Hb)* Vogelaugenzeichnung *f (natürliche Holzmusterung)*
peak Spitze *f*
peak arch *(Arch, Konst)* Spitzbogen *m*, gotischer Bogen *m*
peak capacity Spitzenleistung *f*
peak control *(Umw)* Spitz(abfluss)wertsteuerung *f*
peak current *(El)* Spitzenstrom *m*, Spitzenenergie *f*
peak demand *(El)* Spitzenbedarf *m*
peak demand heating plant *(HLK)* Spitzenheiz(kraft)werk *n*
peak flow Hochwasserspitze *f*
peak hour *(Verk)* Spitzenverkehrszeit *f*, Spitzenstunde *f*, Hauptverkehrszeit *f*
peak hour clearway *(Verk)* Straße *f* mit Halteverbot in der Spitzenverkehrszeit
peak hour factor *(PHF) (Verk)* Spitzenstunden(belastungs)faktor *m*
peak joint *(Konst)* Firstverbindung *f*, Firststoß *m*
peak joint plate [sheet] *(Konst)* Firstknotenblech *n*
peak joint slab Firstknotenplatte *f*
peak joint timber Firstknotenholz *n*
peak load 1. *(Stat)* Spitzenbelastung *f*, Belastungsmaximum *n*, Höchstlast *f*; 2. *(El)* Spitzenlast *f*
peak-load controller *(El)* Überlastschalter *m*
peak moment *(Stat)* Spitzenmoment *n*
peak of traffic *(Verk)* Verkehrsspitze *f*
peak period *(El)* Spitzenzeit *f*, Spitzenzeitraum *m*
peak point friction angle Bruchreibungswinkel *m*
peak quantity Spitzenmenge *f*
peak runoff *(Wsb)* Spitzenabfluss *m*
peak sound pressure *(DIS)* Spitzenschalldruck *m*
peak stress *(Stat)* Spitzenspannung *f (mechanisch)*; Spannungsspitze *f*
peak supply *(El, WVA)* Spitzenabgabe *f*
peak traffic *(Verk)* Spitzenverkehr *m*
peak traffic flow *(Verk)* Spitzenverkehrsbelastung *f*
peak traffic time *(Verk)* Hauptverkehrszeit *f*
peak voltage *(El)* Spitzenspannung *f*
peaked curve *(Verk)* spitze Kurve *f*, Spitzkurve *f*
pear profile *(Arch)* Birnenprofil *n*
pear-shaped *(Arch)* birnenförmig
pear-shaped moulding *(Arch)* Birnenstab *m*
pearl essence *(OB)* Perleffektpigment *n (Anstrich)*
pearl lamp mattierte Lampe *f*, Opallampe *f*
Pearl Mosque of Agra *(Arch)* Perlenmoschee *f* der Feste Agra
pearl moulding *(Arch)* Perlleiste *f*, Perlstabverzierung *f*
pearlite *s.* perlite
pearlstone *s.* perlite
pearly *(OB)* perlmuttglänzend; perlmuttartig
pearly (lustre) Perlmutt(er)glanz *m*
peat *(Bod)* Torf *m*
peat bog *(Bod, Umw)* Torfmoor *n*
peat brick *(BM, DIS)* Torfstein *m*
peat brown *(OB)* torfbraun
peat concrete *(DIS)* Torfbeton *m*
peat deposit *(Bod)* Torfablagerung *f*
peat dust *(LB)* Torfmull *m*
peat earth *(Bod, LB)* Torferde *f*
peat fibre Torffaser *f*
peat insulating board *(BT, DIS)* Torffaserdämmplatte *f*
peat land *(Bod, Umw)* Moorboden *m*
peat layer Torfschicht *f*

peat moss litter *(LB)* Torfmull *m*
peat mould *s.* peat earth
peat soil *(Bod, LB, Umw)* Torfboden *m*
peaty torfhaltig, torfig
peaty earth *(Bod, Umw)* Moorboden *m*
peaty soil *(LB)* torfhaltige Erde *f*; Moorboden *m*
pebble Kiesel(stein) *m*; Flintstein *m*; Kies *m*; Geröll *n*
pebble bed *(Bod, Erdb)* Kiesschicht *f*
pebble dash Rauputz *m*, Rappputz *m*
pebble gravel *(BM)* Geröllkies *m*, Grobkies *m*
pebble pavement Rollkiespflaster *n*, Kleinpflaster *n*
pebble stone Kiesel(stein) *m*, Geröll *n (Kieselsteine)*; Geschiebe *n*
pebble wall 1. *(Konst, SB)* Kieselsteinmauer *f*; 2. *(Konst, SB)* Wandoberfläche *f* mit eingedrückten Kieselsteinen
pebbles Feingeröll *n*, Geröll *n*, Kieskörner *npl*
pebbling *(Arch)* Orangenschaleneffekt *m*
pebbly kiesig, steinig
pebbly sandstone Kiessandstein *m*
peck *v* hacken; stemmen
peck 1. *(Hb, RS)* Holzfaulstelle *f*, Holzmoderfleck *m*; 2. *(Hb, Konst)* gestemmtes Loch *n*
pecky timber angemodertes [verstocktes] Holz *n*
pectinated *(Hb)* zinkenförmig
pedestal 1. *(Arch, BT, Konst)* Piedestal *n*, Sockel *m*; Bock *m*, Untersatz *m*; Säulensockel *m*, Säulenplatte *f*, Postament *n*; 2. *(TK)* senkrechtes Druckelement *n (nicht länger als der dreifache Durchmesser)*; 3. *(San)* Piedestal *n*, Standsäule *f* für Waschbecken; Toilettenmuschel *f*
pedestal bearing *(Konst, TK)* Stehlager *n*, Bocklager *n*
pedestal frieze *(Arch)* Sockelfries *m*
pedestal pile *(Erdb)* Pfahl *m* mit Fußverbreiterung *(Gründung)*
pedestal-type drinking fountain *(WVA)* Säulenbrunnen *m*
pedestal urinal *(San)* Beckenurinal *n*
pedestal washbasin *(San)* stehendes Waschbecken *n*
pedestrian access *(Konst)* Fußgängerzugang *m*
pedestrian amenity Fußgängerkomfort *m*
pedestrian area *(RP)* Fußgängerzone *f*
pedestrian barrier Fußgängerabsperrung *f*
pedestrian bridge *(Verk)* Fußgängerbrücke *f*, Straßenüberführung *f (für Fußgänger)*
pedestrian channelling *(Verk)* Fußgängerkanalisierung *f*
pedestrian concourse Gehfläche *f*, Fußgängerfreifläche *f*
pedestrian conveyance system *(Verk)* Fußgängertransportsystem *n*
pedestrian conveyor *(Verk)* rollender Gehweg *m*, Rollgehweg *m*, Rollsteig *m*
pedestrian crossing (at road level) *(Verk)* (niveaugleicher) Fußgängerüberweg *m*
pedestrian crossing point (markierter) Fußgängerüberweg *m*
pedestrian deck *(Konst, Verk)* Fußgängerdeck *n*, Fußgängerebene *f*
pedestrian facilities *(Konst, Verk)* Fußgängereinrichtungen *fpl*
pedestrian guard rail Fußgängerschutzbarriere *f*, Metallfußgängerplanke *f*, Fußgängerschutzgeländer *n*
pedestrian infrastructure *(Verk)* Fußgängerverkehrsanlagen *fpl*
pedestrian island Fußgänger(schutz)insel *f*
pedestrian lead *(Verk)* Fußgängerführung *f*
pedestrian level Fußgängerebene *f*
pedestrian mall *(RP)* Fußgängerstraße *f (Einkaufspassage)*
pedestrian network *(Verk)* Fußgängerwegenetz *n*, Fußwegesystem *n*
pedestrian overpath Fußgängerüberweg *m*
pedestrian parapet Fußgängerbrüstung *f*
pedestrian precinct *(RP)* Fußgängerzone *f*, Fußgängerbereich *m*
pedestrian ramp Fußgängerrampe *f*
pedestrian refuge island *(Verk)* Fußgänger(schutz)insel *f*
pedestrian route Fußgängerstreckenführung *f*
pedestrian signal *(Verk)* Fußgängersignal *n*
pedestrian stage *(Verk)* Fußgängerphase *f (Lichtzeichenanlage)*
pedestrian subway *(Verk)* Fußgängerunterführung *f*, Fußgängertunnel *m*
pedestrian traffic *(Verk)* Fußgängerverkehr *m*, fußläufiger Verkehr *m*
pedestrian traffic zone *(Konst)* Verkehrszone *f (im Gebäudeinneren)*
pedestrian tunnel Fußgängertunnel *m*, Gehwegtunnel *m*
pedestrian underpass *(Verk)* Fußgängerunterführung *f*, Gehwegtunnel *m*
pedestrian walk Fußgängerstraße *f*
pedestrian way *(LB, Verk)* Fußgängerweg *m*
pedestrian zone *(RP)* Fußgängerzone *f*, Fußgängerbereich *m*
pedestrianized street zur Fußgängerzone umgebaute Straße *f*
pediment 1. *(Arch)* Giebel *m*, Verdachung *f*; 2. *(Arch)* Fronton *m*, Ziergiebel *m*, verzierter Giebel *m (über Türen und Fenstern)*
pediment apex *(Arch)* Giebelfirst *m (griechischer Tempel)*
pediment arch gerader Spitzbogen *m*
pediment foot *(Arch)* Giebelecke *f (griechischer Tempel)*
pedimented doorframe *(Arch, Hb, Konst)* Türrahmen *m* mit Giebel
pedimented window Fenster *n* mit Giebel
peel *v* 1. (ab)schälen, entrinden *(Holz)*; 2. abblättern, abplatzen *(Anstrich)*
peel *v* **off** *(OB)* abblättern, abplatzen; abbröckeln; sich abschälen
peel test *s.* peeling test
peel tower *(Arch)* Wehrturm *m (an der schottisch-englischen Grenze)*
peeled veneer *(BM, Hb)* Schälfurnier *n*
peeling 1. Mörtelausbrechen *n*, Abplatzen *n*; 2. Abschälen *n*, Abblättern *n (Anstrich, Putz)*
peeling-off *(OB)* Abblätterung *f*, Abschuppung *f*
peeling test Schälprüfung *f (Leimfestigkeit, Haftfestigkeit)*
peen *v (Te)* (aus)hämmern, ausrichten *(mit dem Hammer)*; kalthämmern
peen *(BWG)* Pinne *f (eines Hammers)*
peening Hämmern *n*, Ausrichten *n*
peg *v (Te)* stecken; verstiften; dübeln
peg *v* **out** 1. *(Verm)* abstecken, ausstecken, abpflocken; 2. abwinkeln, auswinkeln *(Grundrisse)*
peg 1. Splint *m*, Stift *m*, Holzstift *m*, Pinne *f*, Zwecke *f (aus Holz)*; Bolzen *m*; Dübel *m*; 2. *(Verm)* Pfahl *m*, Pflock *m*
peg ladder *(EB)* Sprossenleiter *f*, Sprossenbalken *m (Stockleiter)*
peg mould Zierkantenrolle *f*, Musterrolle *f (Putz)*
peg runner *(BWG, Hb)* Verdübelungsmaschine *f*
peg shoulder *(Hb)* Zapfenschulter *f*
peg stay Stiftsperre *f*, Stiftfesthalter *m (Fenster)*
peg-top paving Reihenpflaster *n (Pflasterdecke)*
pegboard Hartfaserplatte *f* mit Aussparungen für Haken und Dübel
peggies *(BM)* unsortierter Schiefer *m*
pegging-in Schutzschichtverankerung *f*
pegging of batter boards *(Verm)* Schnurgerüst *n*, Schnurbock *m*, Eckgerüst *n*
pegging out *(Verm)* Absteckung *f*, Abpflockung *f*, Verpflockung *f*
pegmatite *(BM)* Pegmatit *m*, Grobkorngranit *m*

pele *(Arch)* Wehrturm *m*, Massivturm *m* *(im alten England und Schottland)*
pelican crossing *(Verk)* Ampelübergang *m*; Fußgängerüberweg *m* mit fußgängerbetätigtem Signal, signalisierter Fußgängerüberweg *m*
pell-mell blocks *(Erdb, Konst)* Gründungsblöcke *mpl*; Blockgründung *f* *(Schüttung)*
pellet *(Arch)* Perle *f*, Kugel *f* *(Ornament)*
pellet moulding Perlenkante *f*, Kugelzierleiste *f*
pelletization Pelletierung *f*
pellicular water Anlagerungswasser *n*, Haftwasser *n*, Sorptionswasser *n*
pellodite *(Bod)* Bänderton *m*, dünn geschichteter Ton *m*
pelmet *(Arch)* (dekoratives) Fensterübergesims *n*
pelmet board *(EB)* Gardinenleiste *f*; Fenstersimsblendleiste *f*
pelmet lighting *(El)* Beleuchtung *f* hinter einer Gardinenblende
pelting rain Schlagregen *m*
pen pusher *(VR)* *(sl)* Bürokrat *m*
pen roof Pultdach *n* *(Schleppdach)*
pen trough *(San, WVA)* Druckrohrleitung *f*
penal sum *(VR)* Entschädigungssumme *f* *(bei Nichterfüllen des Bauvertrags)*
penalty *(VR)* Strafe *f*, Vertragsstrafe *f*, Abzug *m*, Preisminderung *f*
penalty clause Vertragsstrafenparagraf *m* *(Bauvertrag)*
penalty contract *(VR)* Vertragsstrafe *f*
penalty sum Vertragsstrafenbetrag *m*, Vertragsstrafensumme *f* *(bei Nichterfüllen des Bauvertrags)*
pencil hardness test *(OB)* Bleistiftprobe *f* *(Anstrichhärteprüfung)*
pencil of rays *(Stat)* Strahlenbüschel *n*
pencil rod bleistiftstarker Stab *m*
pencil slate Griffelschiefer *m*
pencil structure *(Arch)* Stängelung *f*
pencilling *(OB, SB)* Fugenweißen *n*, weißer Fugenaufstrich *m* *(Mauerwerk)*
pencilling of joints Fugenanstrich *m* *(Mauerwerk)*
pendant 1. *(Arch)* hängendes Bogenornament *n*, hängende Ziersäule *f*; Zapfenknauf *m*; 2. *(El)* Hängelampe *f*, Hängeleuchte *f*, Pendelleuchte *f*
pendant-framed bridge *(Br)* Hängewerksbrücke *f*
pendant light fitting *(El)* Pendelleuchte *f*
pendant luminaire *(AE)* aufgehängte Beleuchtung *f*, Pendelleuchte *f*
pendant mounting channel *(Te)* Pendel-Montageschiene *f*
pendant post *(BT)* Fachwerkfußholz *n*
pendant switch *(El)* Hängeschalter *m*, Schnurschalter *m*
pendent (herab)hängend, überhängend
pendentive *(Arch)* Pendentif *n*, Gewölbezwickel *m* *(dreieckiger sphärischer Zwickel)*
pendentive cradling *(Konst)* gebogene Rippen *fpl* eines Gewölbes *(als Putzunterstützung)*
pendentive dome *(Arch)* Pendentifkuppel *f*
pendicule *(TK)* kleiner Stützpfeiler *m*
pendular water Haftwasser *n*
pendulous *(Konst)* pendelnd (aufgehängt); abwärtshängend, herabhängend; Pendel...
pendulum bearing *(TK)* Pendellager *n*
pendulum fitting *(LB)* Pendelleuchte *f*
pendulum leaf Pendelblech *n*, Gelenkblatt *n*
pendulum plate *(Konst, TK)* Pendelplatte *f*; Gelenkblatt *n* *(Pendelgelenk)*
pendulum saw Pendel(kreis)säge *f*
pendulum suspension Pendelaufhängung *f*
penetralia *(Arch)* innerer Gebäudeteil *m* *(eines Tempels oder Palastes)*
penetrate *v* eindringen; einsickern; durchdringen, penetrieren; *(mit Flüssigkeiten)* durchtränken, imprägnieren; sich einfressen *(z. B. Staub)*
penetrating ability Eindringvermögen *n*, Eindringfähigkeit *f*, Durchdringungsvermögen *n* *(Penetriermittel, Anstriche usw.)*
penetrating agent Penetriermittel *n*
penetrating finish *(BM)* Penetrier(holz)öl *n*, Penetrierlack *m*; Halböl *n*
penetrating floor sealer *(BM)* Fußbodenversiegelungsmittel *n*
penetrating oil Penetrier(holz)öl *n*, Penetriermittel *n*
penetrating stain Spiritusbeize *f*, Spritbeize *f*
penetrating stopper *(BM, OB)* Einlassgrund *m*
penetration Eindringen *n*; Penetration *f*, Durchdringung *f*; Imprägnierung *f*, Tränkung *f*
penetration bitumen *(BM)* klassifiziertes Bitumen *n*
penetration depth Eindringtiefe *f*
penetration grade Bitumensorte *f* entsprechend Penetration
penetration-grade asphalt *s.* penetration-grade bitumen
penetration-grade bitumen *(BM)* Heißbitumen *n*, Tränkbitumen *n*, Imprägnierbitumen *n*
penetration hardness Eindringhärte *f*, Eindruckhärte *f*
penetration index *(PI)* Penetrationsindex *m*
penetration load curve *(Stat)* Eindringlastkurve *f*
penetration macadam *(Verk)* Tränkmakadam *m*
penetration needle Penetrationsnadel *f*
penetration of dampness *(DIS)* Durchfeuchtung *f*
penetration of folded cylindrical surfaces *(Stat)* Durchdringung *f* gefalteter Zylinderflächen
penetration of heat *(DIS)* Wärmedurchgang *m*
penetration of internal and external space Durchdringung *f* von Innen- und Außenraum
penetration of rain Durchfeuchtung *f* durch Regen
penetration of space *(Stat)* Raumdurchdringung *f*
penetration record *(Erdb)* Rammprotokoll *n*
penetration resistance *(Erdb)* Eindringwiderstand *m*
penetration test 1. *(Erdb)* Eindringversuch *m*; 2. Bitumeneindringprüfung *f*
penetration treatment *(Verk)* Tränkung *f* *(Straßenbau)*
penetrometer *(BM)* Penetrometer *n*, Eindringtiefenmesser *m*
Penguin crossing *(Verk)* markierter Fußgängerüberweg *m*
peninsula *(Bod)* Halbinsel *f*
peninsula-base kitchen cabinet *(EB)* herausgezogene Küche *f*, Eckküchenraum *m*
penning *(BM, Verk)* Packlage *f*
...penny *für Nagelgrößenangaben, z. B. fourpenny nails*
penpit *(Arch)* vorgeschichtliche Höhlenwohnung *f*
penstock 1. *(Wsb)* Stauwehr *n*, Stauanlage *f*; Druckstollen *m*; Schleuse *f* *(Wasserregulierung)*; 2. *(Wsb)* Mühlgraben *m*; 3. *(WVA)* Rohrzuleitung *f*, Druckrohr *n*
pent roof *(Konst)* Pultdach *n*; Flugdach *n*, Schleppdach *n*
pentacle *(Arch)* Fünfecksternmotiv *n* *(Gotik)*
pentacle of Salomon *(Arch)* Alpenkreuz *n*, Drudenfuß *m*, Fünfstern *m*, Pentagramm *n*
pentagon *(Arch)* Fünfeckgebäude *n*
pentagonal bastion *(Arch)* Fünfeckbastei *f*, Fünfeckbastion *f*
pentagonal ground plan *(Konst)* Fünfeckgrundriss *m*
pentagonal plan Fünfeckgrundriss *m*
pentagonal tile Fünfeckplatte *f*, Fünfeckfliese *f*
pentagram *s.* pentacle of Salomon
pentahedral *(Arch)* pentaedrisch, fünfflächig
pentastyle *(Arch)* fünfsäulig
pentastyle *(Arch)* fünfsäuliger Portikus *m*, Pentastylos *m* *(antike Baukunst)*
pentastyle temple *(Arch)* Pentastylostempel *m*

pentelic marble *(Arch)* pentelischer Marmor *m (antikes Griechenland)*
penthouse 1. *(Arch, Konst)* Dachhaus *n*; Flachdachaufbau *m*; Penthaus *n*, (exklusive) Dachterrassenwohnung *f*; Schutzdach *n (angebaut)*; 2. *(Konst)* Anbau *m*, Nebengebäude *n*; offener Schuppen *m (Anbau)*
penthouse apartment *(Konst)* Flachdachwohnung *f*
penthouse living unit *(AE)* Flachdachwohnung *f*
penthouse machine room *(Konst)* Dachaufbaumaschinenraum *m*
penthouse roof *(Konst)* Pultdach *n*, halbes Satteldach *n*, Schleppdach *n*, Halbdach *n*
pentice *s.* penthouse
people sharing a flat *(VR)* Wohngemeinschaft *f*
peperino Pfefferstein *m*, Albanerstein *m*, Peperin *m*
pepper box turret *(Konst)* Türmchen *n* mit konischem Dach
peppermint test Leitungsdichtheitsversuch *m* mit Pfefferminzöl, Geruchstest *m*
peptizing *(WVA)* Peptisation *f (Feinstoffteilchen einer Flüssigkeit)*
peptizing agent *(BM, WVA)* Peptisationsmittel *n*, Peptisierungsmittel *n*
per diem je Tag
per diem Tagegeld *n*
per pro *(VR)* im Auftrage
per procurationem *(VR)* im Auftrage
percent by volume *(BM)* Raumteile *npl (Dosierung)*
percent by weight Gewichtsanteil *m*
percent fines Feinstkorngehalt *m* in Prozent *(Korngröße < 0,074 mm)*
percent of voids *s.* percentage of voids
percent saturation *(Bod)* Bodenwassergehalt *m (in Prozent)*
percentage Prozentsatz *m*; prozentualer Anteil *m*
percentage agreement *(VR)* Teilleistungsabrechnungsvereinbarung *f*
percentage by volume Volumenprozent *n*
percentage by weight Masseprozent *n*, Gewichtsprozent *m*
percentage content prozentualer Anteil *m*, prozentualer Gehalt *m*
percentage distribution prozentuale Verteilung *f*
percentage elongation *(Stat)* Bruchdehnung *f*
percentage fee Prozenterfüllungszahlung *f*
percentage humidity relative Feuchte *f*; relative Luftfeuchtigkeit *f (Raumklima, Zementbetonnachbehandlung)*
percentage of pore space *(BM)* prozentualer Porenraum *m*, prozentuales Porenvolumen *n*
percentage of reinforcement Bewehrungsanteil *m (in Prozent)*
percentage of residue Rückstand *m* in Prozent, Siebrückstand *m* in Prozent
percentage of saturation *(BM, Bod, Erdb)* Sättigungsgrad *m*
percentage of voids Porenanteil *m* in Prozent, Hohlraumgehalt *m*
percentage proof stress *(Stat)* Dehngrenze *f*
percentage yield Stauchgrenze *f (Festigkeit)*
perceptible heat fühlbare Wärme *f*
perch *v* sitzen, stehen
perch 1. *(TK)* Kragstein *m*; Konsole *f*; 2. *(SB, Stat) Steinraummaß, ca. 25 Kubikfuß*
perched water *(Bod)* Schichtwasser *n*, Stauwasser *n*
perched water table *(Bod, Erdb)* erhöhter Grundwasserspiegel *m (einer begrenzten Fläche durch undurchlässige Bodenschicht)*
perchloroethylene *(BM, OB)* Tetrachlorethylen *n*, Tetrachloräthylen *n*
percolate *v* versickern, durchsickern, einsickern
percolated *(Bod, Erdb)* durchgesickert, eingesickert
percolating *s.* percolation
percolation 1. *(Bod, Erdb)* Versickern *n*, Versickerung *f*, Durchsickern *n*, Durchströmen *n (von Wasser)*; 2. *(Bod)* Durchlässigkeit *f*
percolation channel *(Erdb, WVA)* Sickerkanal *m*
percolation coefficient *(Bod)* Durchlässigkeitsbeiwert *m*
percolation creep *(Bod, Erdb)* Sickerung *f*
percolation factor *s.* percolation coefficient
percolation filter *(San)* Tropfkörper *m*, Tropffilter *m*
percolation rate Sickerrate *f*
percolation test *(BM, Bod)* Versickerungsversuch *m*
percolation velocity Sickergeschwindigkeit *f*
percolation water *(Bod, WVA)* Sickerwasser *n*, Tropfwasser *n*
percolation well *(Erdb, WVA)* Sickerbrunnen *m*
percussion Schlag *m*, Stoß *m*, Erschütterung *f*, Perkussion *f*
percussion bit Schlagmeißel *m*
percussion breaker Schlagbrecher *m*
percussion drill Luftkompressorbohrer *m*, Schlagbohrer *m*, Schlagbohrmaschine *f*, Stoßbohrer *m*
percussion drilling *(Te)* Schlagbohren *n*
percussion penetration method *(Bod, Erdb)* Rammsondierung *f*
percussion probe *(Bod)* Rammsonde *f*, Schlagsonde *f*
percussion riveting *(St, Te)* Schlagnieten *n*
percussive rammer Schlagstampfer *m*
perennial ständig, beständig, andauernd, dauernd, anhaltend, immer während, perennierend
perennial irrigation *(LB)* Dauerbewässerung *f*
perennial plant *(LB)* ausdauernde Pflanze *f*, mehrjähriges Gewächs *n*
perennial river *(Wsb)* dauernd wasserführender Fluss *m*, perennierender Fluss *m*
perennial spring *(Bod, WVA)* Dauerquelle *f*
perfect *(Stat)* bestimmt
perfect arch Rundbogen *m*
perfect form *(Arch)* Formenideal *n*, Formideal *n*
perfect frame *(Stat)* perfekter Rahmen *m*
perfect hinge *(Stat)* reibungsloses Gelenk *n*
perfect prestressing *(BB, Te)* vollkommene Vorspannung *f*
perfect restraint perfekte Eigenspannung *f*
perfect stressing *(BB, Te)* vollkommene Vorspannung *f*
perfect stretching vollkommene Vorspannung *f*
perfect tensioning vollkommene Vorspannung *f*
perfectly plastic mechanism *(Stat)* ideal-plastischer Mechanismus *m*
perfectly plastic theory *(Stat)* ideal-plastische Theorie *f*
perforate *v (Te)* durchstecken, lochen, perforieren, durchbohren
perforated gelocht, durchlocht
perforated base gelochte Trägerschicht *f*
perforated block Lochstein *m*
perforated board *(BT)* Lochplatte *f*, durchlochte Platte *f*
perforated brick Ziegellochstein *m*, Lochziegel *m*, Gitterziegel *m*
perforated ceiling board *(BT)* Deckenlochplatte *f*
perforated ceiling sheet *(BT)* Deckenlochplatte *f*
perforated drain pipe gelochtes Dränrohr *n*
perforated facing *(BT, DIS)* durchbrochene Abdeckung *f (Akustikdecke)*
perforated fibrous plaster sheet Lochgipsfaserplatte *f*, durchlochte Gipsfaserplatte *f*
perforated glass block Lochglasbaustein *m*
perforated hardboard Hartfaserplatte *f*
perforated mat sheet Glasvlieslochbahn *f*
perforated metal *(BM, DIS, St)* Lochmetall *n*

perforated metal pan durchbrochene Metallträgerauflage *f (Schalldecke)*
perforated pipe durchlöchertes Rohr *n*, gelochtes Rohr *n*, Lochrohr *n*
perforated plasterboard gelochte Gipskartonplatte *f*
perforated plate Lochblech *n*, gelochtes Blech *n*
perforated protector *(BM, Te)* Schutzsieb *n*
perforated sandlime brick Kalksandlochstein *m*
perforated screen Lochblechsieb *n*
perforated sheet Siebblech *n*
perforated sheeting Lochbahn *f*
perforated steel strip Lochband *n*
perforated tape *(BM)* Gipsplattenfugenband *n*
perforated tracery *(Konst)* Netzmaßwerk *n*
perforated unit Lochziegel *m*
perforated visible soffit durchlochte Untersicht *f*
perforated wall *(SB)* durchbrochene Mauer *f*
perforation Lochung *f*; Durchbohrung *f*; Aussparung *f*; kleines Loch *n (Baustein)*
perforation of screen Sieblochung *f*
perforation pattern Lochbild *n*
perforator Locher *m*
perform *v (Te)* ausführen, durchführen
performance 1. *(Te, VR)* Leistung *f (z. B. mechanisch, Vertragsleistung)*; Leistungsfähigkeit *f*, Funktionsfähigkeit *f*, Gebrauchsverhalten *n*; Ausführung *f (z. B. von Anlagen und Gebäuden)*; 2. *(Te)* Durchführung *f*
performance-based leistungsbestimmend
performance-based management *(VR)* leistungsorientierte Verwaltung *f*
performance bond *(VR)* Bauleistungsangabe *f*, Bauleistungsverpflichtung *f*; *(AE)* Liefergarantie *f*
performance characteristic Verhaltensmerkmal *n*, Gebrauchseigenschaft *f (Baustoffe, Bauwerke, Einrichtungen)*
performance curve Leistungsfähigkeitskurve *f*
performance data Erprobungsergebnisse *npl (Baustoffe)*
performance evaluation *(VR)* Gebrauchsverhaltensauswertung *f*, Leistungsfähigkeitsanalyse *f*
performance-grade Gebrauchsklasse *f*, Leistungsklasse *f*
performance guarantee *(VR)* Ausführungsgarantie *f*; Liefergarantie *f*
performance in service Leistungsfähigkeit *f* in Wartung und Betrieb
performance indicator Leistungsindikator *m*
performance level *(Te, VR)* Leistungsstufe *f*, Leistungsniveau *n*
performance management system Ausführungsmanagementsystem *n*
performance measure Maßnahme *f* für die Funktionsfähigkeit, Gebrauchserhaltungsmaßnahme *f*
performance model *(Konst, VR)* Verhaltensmodell *n (der geplanten Leistung)*; Modell *n* des Gebrauchsverhaltens
performance objective *(VR)* Gebrauchsverhaltensziel *n*; Ausführungszweck *m*
performance of contract *(VR)* Vertragserfüllung *f*
performance of road administration Funktions- und Leistungsfähigkeit *f* der Straßenbauverwaltung
performance prediction Leistungsfähigkeitsprognose *f*, Gebrauchsverhaltensprognose *f*
performance prediction model *(Konst, VR)* Berechnungsmodell *n* des Gebrauchsverhaltens
performance program Leistungsprogramm *n*
performance provision funktionelle Festlegung *f (für die Gebrauchstauglichkeit)*
performance related *(Konst)* am Gebrauchsverhalten orientiert
performance-related property funktionsbezogene Eigenschaft *f*
performance requirement Leistungsanforderung *f (an das Gebrauchsverhalten)*
performance specifications *(Konst, VR)* Durchführungsgütebestimmungen *fpl*, Ausführungskennziffern *fpl*
performance test 1. Leistungsprüfung *f*, Leistungsprobe *f*; 2. Eignungsprüfung *f*
Pergamum frieze *(Arch)* Pergamonfries *m*
pergola *(LB)* Pergola *f*
pergula *s.* pergola
periapsidal aisle *(Arch)* Umgang *m*
peribolos *(Arch)* geweihter Tempelbezirk *m*, Peribolos *m*, Temenos *n*
periclase *(BM)* Periklas *m*
periclase brick *(BM)* Magnesiastein *m*
peridotite *(BM)* Peridotit *m*
periform birnenförmig
perimeter Umkreis *m*, Umfang *m*
perimeter beam *(TK)* Randbalken *m*
perimeter bonding technique *(Te)* Randverklebetechnik *f*
perimeter bracket Ringkonsole *f*
perimeter column Außenstütze *f*
perimeter frame *(Konst)* Außenrahmen *m (eines Gebäudes)*
perimeter grouting Niederdruckverpressung *f (um eine Fläche herum)*
perimeter heating system *(HLK)* Warmluft(umlauf)-heizung *f*
perimeter system *(WVA)* Ringkanalsystem *n*
perimeter wall *(Arch, Konst)* Umfassungsmauer *f*
period of architecture *(Arch)* Architekturepoche *f*
period of curing Abbindezeit *f*
period of guarantee *(VR)* Garantiezeitraum *m*
period of loading Belastungszeit *f*, Belastungsdauer *f*
period of oscillation *(Stat)* Schwingungsdauer *f*, Schwingungszeit *f*, Erschütterungs(zeit)dauer *f*
period of promoterism *(Arch)* Gründerzeit *f*
period of time Zeitdauer *f*, Zeitraum *m*, Zeitspanne *f*
period of treatment *(Te)* Behandlungsdauer *f*, Behandlungszeit *f*
period of vibration *(Stat)* Erschütterungs(zeit)dauer *f*
period style *(Arch)* historischer Stil *m*
periodic sampling *(BM)* periodische Probenahme *f*
periodical change periodische Änderung *f*
periodical maintenance periodische Unterhaltung *f*, regelmäßige Instandhaltung *f*
peripheral *(Konst, RP)* peripher, an der Peripherie befindlich; Rand...
peripheral area *(RP)* Randgebiet *n (Städtebau)*
peripheral core *(RP)* Peripheriekern *m*
peripheral force *(Stat)* Umfangskraft *f*
peripheral pressure *(Stat)* Manteldruck *m*
peripheral ring road *(Verk)* Außenring *m (Straße)*
peripheral tensile stress *(Stat)* Ringzugspannung *f (Ringanker)*
peripheral tie beam Ringanker *m*
periphery Umfang *m*, Umkreis *m*; Außenfläche *f*; Umgebung *f*
periphery of a circle Kreisumfang *m*
periphery of a city *(RP)* Stadtrand *m*
periphery wall *(Konst)* Außenmauer *f*, Außenwand *f*
peripteral *(Arch)* peripteral, von einer Säulenreihe umgeben *(antike Baukunst)*
peripteral building *(Arch)* Peripteralgebäude *n*, Peripteros *m*
peripteral octastyle temple with seventeen columns on the flanks *(Arch)* Peripterostempel *m* von 8 zu 17 Säulen
peripteral temple *(Arch)* Peripteraltempel *m*, Peripteros *m*

peripteros *(Arch)* Gebäude *n* mit einer umlaufenden Säulenreihe *(Tempelbau)*; Peripteralgebäude *n*
perish *v (BM)* zerfallen *(durch atmosphärischen Einfluss)*
peristylar *s.* peripteral
peristyle *(Arch)* Peristyl *n*, Umfassungskolonnade *f*
peristyle building *(Arch)* Peristylhaus *n*
peristyle court *(Arch)* Peristylhof *m*
peristyle garden *(Arch)* Peristylhof *m*
peristyle house *(Arch)* Peristylhaus *n*
perling *s.* purlin
perlite *(BM)* Perlit *m*; Perlitleichtzuschlag *m*
perlite plaster Perlitputz *m*
perlitic perlitisch
perm *(DIS)* Wasserdampfdurchlässigkeitskoeffizient *m*
permafrost *(Bod)* Dauerfrostboden *m*, ständig gefrorener Boden *m*
permafrost soil Dauerfrostboden *m*, Permafrostboden *m*
permanence of dimension *(EB)* Maßbeständigkeit *f* *(Bauteil)*
permanency 1. *(Stat)* Beharrungszustand *m*; 2. Haltbarkeit *f*; Beständigkeit *f*
permanent fest, dauernd, bleibend, stetig; stabil, beständig; nicht lösbar, fest verlegt
permanent action Dauereinwirkung *f*
permanent address *(VR)* Wohnsitz *m*
permanent blue *(OB)* Permanentblau *n*
permanent bracing bleibende Verstrebung *f*
permanent colour echte Farbe *f*
permanent compression *(BM, BT)* bleibende Zusammendrückung *f*
permanent concrete shuttering verlorene Betonschalung *f*
permanent count *(Verk)* Dauerzählstelle *f*
permanent deflection *(BM)* plastische Durchbiegung *f*
permanent deflexion plastische Durchbiegung *f*
permanent deformation *(BM)* bleibende Formänderung *f* [Verformung *f*]
permanent form(work) *(Te)* verlorene Schalung *f*
permanent green *(OB)* Permanentgrün *n*
permanent hardness Mineralsäurehärte *f*, Nichtkarbonathärte *f*, Nichtcarbonathärte *f*, permanente Wasserhärte *f*
permanent heating *(HLK)* Dauerheizung *f*
permanent load *(Stat)* ständige Last *f*; Dauerlast *f*; Eigenlast *f*
permanent loading Dauerbelastung *f*, stetige Belastung *f*
permanent overfall weir *(Wsb)* Talsperre *f* mit festen Überfall
permanent partition (wall) *(Konst)* feste Trennwand *f*, Permanenttrennwand *f*
permanent plant stationäre Anlage *f*
permanent red *(OB)* Permanentrot *n*
permanent road signing *(Verk)* Dauerbeschilderung *f*
permanent safety barrier *(Konst)* permanente Schutzeinrichtung *f*
permanent set(tlement) *(Stat)* bleibende [plastische] Durchbiegung *f (Träger)*; bleibende Setzung *f (Bauwerk)*; bleibende [plastische] Einsenkung *f* [Setzung *f*] *(Baugrund)*
permanent shore *(Konst)* Stempel *m*, Unterfangklotz *m*
permanent shuttering verlorene Schalung *f*
permanent strain Dehnung *f*, bleibende [plastische] Dehnung *f*
permanent to size maßbeständig *(Bauteil)*
permanent tube verlorenes Futterrohr *n*
permanent ventilation *(HLK)* Dauerlüftung *f*
permanent waste storage *(Umw)* Endlagerung *f* von Abfällen
permanent way 1. *(Verk)* ständig befahrbare Straße *f*; 2. *(Verk)* Gleisoberbau *m*
permanent way equipment *(Verk)* Oberbaumaterial *n* *(Gleisbau)*
permanent weight *(Stat)* Eigenmasse *f*, Eigengewicht *n*; Eigenlast *f*, ständige Last *f*
permanent white Permanentweiß *n*, Barytweiß *n*
permanent yellow *(OB)* Permanentgelb *n*
permanently fixed *(Konst)* fest eingebaut [installiert]
permanently imbedded fest verlegt *(z. B. Kabel)*
permanently installed *(Konst)* fest eingebaut [installiert]
permanently placed fest verlegt *(z. B. Kabel)*
permeability *(BM, Bod, DIS, Erdb)* Durchlässigkeit *f*, Permeabilität *f*; Wasserdurchlässigkeit *f*, Undichtigkeit *f*
permeability coefficient *(Bod, DIS, Erdb)* Durchlässigkeitskoeffizient *m*, Durchlässigkeitsbeiwert *m*
permeability of concrete Betondurchlässigkeit *f*, Betonundichtigkeit *f*
permeability test *(Erdb)* Durchlässigkeitsversuch *m*
permeability to air Luftdurchlässigkeit *f*
permeability to moisture *(DIS)* Feuchtigkeitsdurchlässigkeit *f*
permeability to water *(DIS)* Wasserdurchlässigkeit *f*
permeable durchlässig, permeable
permeable bed *(Bod, WVA)* Grundwasserleiter *m*
permeable ground *(Bod, Erdb)* durchlässiger Boden *m*
permeable layer durchlässige Schicht *f*
permeable subsoil durchlässiger Untergrund *m*
permeable to air luftdurchlässig
permeable to moisture *(DIS)* feuchtigkeitsdurchlässig
permeable to water *(DIS)* wasserdurchlässig
permeable to water vapour *(DIS)* wasserdampfdurchlässig
permeameter *(BM)* Permeameter *n*, Wasserdurchlässigkeitsprüfer *m (für Erdstoffe)*
permeance *(DIS)* Permeanz *f (Wasserdampfdurchlässigkeit)*
permeate *v* durchdringen, eindringen *(Wasser, Lösungen)*; eindiffundieren *(Feuchtigkeit, Gase)*
permeating water *(DIS, San, WVA)* Sickerwasser *n*
permeative boundary Durchlässigkeitsgrenze *f*
Permian limestone *(BM, Bod)* Zechsteinkalk *m*
permissible *(VR)* zulässig
permissible deviation *(BM, BT, Konst, VR)* zulässige Abweichung *f*; Abnahmetoleranz *f*; Ausführungstoleranz *f* *(Baustoffkennwerte, geometrische Kennwerte)*
permissible deviation of constructional elements *(Konst)* Bautoleranz *f*
permissible exposure limit zulässiger Belastungsgrenzwert *m*, Sollbelastungshöchstwert *m*
permissible limit zulässige Grenze *f* vom Sollwert
permissible load *(Stat)* zulässige Belastung *f* [Last *f*]
permissible range *(TK)* zulässige Spannweite *f*
permissible stress *(Stat)* zulässige Spannung *f*, Bemessungsspannung *f*; zulässige Beanspruchung *f*
permissible-stress design *(Stat)* Schnittgrößenermittlungsverfahren *n* nach der Elastizitätstheorie
permissible-stress method *s.* permissible-stress design
permissible variation *s.* permissible deviation
permission *(VR)* Genehmigung *f*
permit *v (VR)* zulassen, (zur Verwendung) genehmigen *(Baustoffe, Bauelemente)*
permit 1. *(VR)* Zulassung *f*, Genehmigung *f (Baustoffe, Bauteile)*; 2. *(VR)* Baugenehmigung *f*
perpend 1. durchgehender Stein *m* [Strecker *m*], Binderstein *m (im Mauerwerk)*; beidseitig sichtbarer Mauerstein *m*; Natureckstein *m*, Naturwinkelstein *m*; 2. Senkrechtfuge *f*
perpend stone *s.* perpend 1.
perpend wall *(SB)* Naturblocksteinmauerwerk *n* mit durchgängigen Blöcken

P

perpendicular senkrecht *(lotrecht)*; vertikal
perpendicular *(Stat)* Senkrechte *f*, Normale *f*
Perpendicular architecture *s.* Perpendicular style
Perpendicular Gothic *s.* Perpendicular style
perpendicular joint *(Konst)* Stoßfuge *f*
perpendicular line *(Stat)* Senkrechte *f*, Normale *f*
Perpendicular style *(Arch)* englische spätgotische Architektur *f*, englische Gotik *f (Spätgotik bis zum 16. Jh.; letzte Phase der Gotik in England)*
perpendicular tracery *(Arch)* senkrechtes Fensternetzwerk *n*
perpendicularity *(Konst)* lotrechte [senkrechte] Stellung *f (Bauteil)*
perpetual lamp *(Arch)* ewige Lampe *f*
perron 1. *(Konst)* Beischlag *m*, Treppenvorbau *m (Außenstufen, z. B. bei Kirchen oder Gutshäusern)*; 2. *(Arch, Konst)* große Freitreppenanlage *f*
perron landing *(Konst)* Freitreppenpodest *n*
Persian architecture *(Arch)* persische Architektur *f*, persische Baukunst *f*
Persian column *(Arch)* persische Säule *f*
persist *v (BM)* beständig [stabil] sein
persistence *(BM, BT)* Stabilität *f (Widerstandsfähigkeit)*; Ausdauer *f*; Haltbarkeit *f*
persistent beständig, stabil
person proposing to build *(VR)* Bauantragsteller *m*, Baubeantragender *m*
personal digital assistant *(PDA) (Verk)* Minicomputer *m (Verkehrsinformation)*
personal rapid transit *(PRT) (Verk)* individuelles Einzelkabinen-Schnelltransportsystem *n (Einschienenbahnsystem)*
personal travel assistant *(PTA) (Verk)* mobiler elektronischer Mobilitätsberater *m*
personnel canteen *(Konst)* Personalkantine *f*
personnel changing room Personalumkleideraum *m*
personnel costs *(VR)* Lohnkosten *pl*, Personalkosten *pl*, Personalkostenanteil *m*
personnel dining room Personalspeiseraum *m*
personnel entrance Personaleingang *m*
personnel expenses *s.* personnel costs
personnel lock *(Konst)* Personalschleuse *f*
personnel room Sozialraum *m*
personnel toilet *(San)* Personaltoilette *f*
personnel training Personalschulung *f*, Belegschaftsschulung *n*
personnel warning system *(El)* Personenwarnsystem *n*
perspective perspektivisch
perspective *(Arch, Konst)* Perspektive *f*
perspective block *(Te)* Blockdiagramm *n*
perspective centre *(Arch)* Perspektivpunkt *m*
perspective construction *(Arch, Konst)* perspektivische Konstruktion *f*, Perspektivbauweise *f*
perspective drawing *(Arch, Konst)* Perspektivzeichnung *f*, perspektivische Zeichnung *f*
perspective lines *(Verm)* Fluchtlinien *fpl*
perspective plane Bildebene *f*
perspective projection *(Arch, Konst)* Perspektivprojektion *f*
perspective view *(Arch, Konst)* Perspektive *f*, perspektivische Ansicht *f*
Perspex® Plexiglas® *n (Polymethacrylat)*
perspiration *(DIS)* Schwitzwasser *n*
perspiration corrosion *(DIS)* Schwitzwasserkorrosion *f*
perspiration water *(DIS)* Kondenswasser *n*, Schwitzwasser *n (Innenräume)*
pertinent *(VR)* einschlägig, sachdienlich *(Vorschriften)*
pervibrator *(BB, BWG, Te)* Tauchrüttler *m (Beton)*
pervious durchlässig *(z. B. für Licht)*; undicht, porös
pervious asphalt *(Verk)* Asphaltdränbeton *m*
pervious bed *(Bod, Erdb)* durchlässige Schicht *f*
pervious blanket *(Erdb, Verk)* Dränschicht *f*, Entwässerungsschicht *f*, Entwässerungslage *f*
pervious cesspool *(WVA)* Klärgrube *f*, Abortgrube *f*
pervious concrete Dränbeton *m*
pervious ground durchlässiger Boden *m*
pervious shell *(Wsb)* Dränschicht *f (bei Talsperren)*
pervious soil *(Bod, Erdb)* durchlässiger Boden *m*
pervious stratum *(Bod, Erdb)* durchlässige Schicht *f*
pervious subsoil *(Bod)* durchlässiger Baugrund *m*
pervious to air *(DIS)* luftdurchlässig
pervious to vapour *(DIS)* dampfdurchlässig
pervious to water *(Bod, DIS)* wasserdurchlässig
perviousness *(DIS)* Durchlässigkeit *f (z. B. für Wasser, Luft)*
perviousness of diffusion Diffusionsdurchlässigkeit *f*
pest control *(Umw)* Schädlingsbekämpfung *f*
pest infestation *(LB, Umw)* Schädlingsbefall *m*
pestle Stößel *m*
pet cock *(HLK)* Entlüftungshahn *m (Heizung)*; Entlüftungsventil *n*
Petri dish Petrischale *f*
petrification *(BM, Bod)* Versteinerung *f*
petrification agent *(BM)* Versteinerungsmittel *n*
PETRIFIX process *(Umw)* PETRIFIX-Verfahren *n (Verfestigungsverfahren für Sonderabfälle)*
petrify *v (Bod)* versteinern
petrifying liquid *(DIS)* Wasserdichtungsflüssigkeit *f* für Mauerwerk, Sperranstrich(stoff) *m*, Steinfarbe *f*
petrochemistry *(BWG)* Petrochemie *f*
petrofabric analysis *(Bod)* Gefügeanalyse *f (auch petrographisch)*
Petrograd Standard *(Stat) Holzmaß in UK = 4,67 m^3*
petrographic analysis Gesteinsuntersuchung *f*, petrographische Analyse *f*
petrographic characteristics *(BM)* petrographisches Merkmal *n*
petrographical petrographisch, gesteinskundlich
petrographical composition Gesteinszusammensetzung *f*
petrography Petrographie *f*, Gesteinskunde *f (Naturstein)*
petrol dump *(BWG, Konst)* Tanklager *n*
petrol-proof benzinfest, benzinresistent
petrol resistance *(BM)* Benzinbeständigkeit *f*, Benzinfestigkeit *f*
petrol-resistant benzinbeständig, benzinfest
petrol separator *s.* petrol trap
petrol station *(Konst)* Tankstelle *f*
petrol trap *(Umw, WVA)* Benzinabscheider *m*
petroleum *(HLK)* Rohöl *n*; Erdöl *n*
petroleum asphalt *(AE) (BM)* Erdölbitumen *n*, Erdölasphalt *m*
petroleum bitumen *(BM)* Bitumen *n*, Erdölbitumen *n*
petroleum distillation residue *(BM)* Erdöldestillationsrückstand *m*
petroleum jelly Rohvaseline *f*
petroleum pitch Erdpech *n*, Petrolpech *n*
petroleum refinery plant *(BWG)* Erdölraffinerieanlage *f*
petroleum spirit(s) *(BM, OB)* Lösungsbenzin *n*, Lackbenzin *n*
petroliferous erdölhaltig
petroliferous area *(Bod)* Erdölgebiet *n*
petrolized *(BM, Bod)* mit Erdöl getränkt
petrological *(BM)* petrologisch, gesteinskundlich
petrological character Gesteinscharakter *m*
petrologist Petrologe *m*
petrology *(BM, Bod)* Lithologie *f (Gesteinskunde)*
petrosilex *(BM)* Kompaktfeuerstein *m*; Felsit *m*
petrous steinig, steinartig, steinhart

pew *(EB)* Kirchenbank *f (geschlossene)*; Bankreihe *f*
phantastic architecture *s.* fantastic architecture
phantom dump *(Umw)* ungenehmigte Deponie *f*
phantom line *(Konst)* gestrichelte Linie *f* für Alternativobjekte *(Zeichnung)*
Pharos lighthouse at Alexandria *(Arch)* Leuchtturm *m* zu Alexandria
phase *v (Te)* aufeinander abstimmen, schrittweise durchführen
phase *(Te)* Phase *f*, Stadium *n*
phase angle Phasenwinkel *m*
phase change coefficient *(DIS)* Phasenkonstante *f*, Phasenkoeffizient *m (Akustik)*
phase constant *(DIS)* Phasenkonstante *f*, Phasenkoeffizient *m (Akustik)*
phase diagram Phasendiagramm *n*, Zustandsdiagramm *n*
phase of transition *(Arch)* Übergangsperiode *f*, Übergangsphase *f (zwischen Stilepochen)*
phase separation *(BM)* Phasentrennung *f*
phased application roofing Bedachung *f* in zeitlich getrennten Arbeitsgängen
phased development *(Konst)* etappenweise Erweiterung *f*; stufenweiser Aufbau *m*
phenol *(BM)* Phenol *n*, Carbolsäure *f*, Karbolsäure *f*
phenol-formaldehyde resin *(BM)* Phenolformaldehydharz *n (Phenoplast)*
phenol resin Phenolharz *n*
phenolic coating Phenolharzanstrichstoff *m*
phenolic foam *(PF) (EN 13166) (BM, DIS)* Phenolschaumstoff *m*
phenolic lacquer *(OB)* Phenolharzlack *m*
phenolic laminated board *(DIS)* Phenolharzschichtstoffplatte *f*
phenolic-modified alkyd Phenolalkydharz *n*
phenolic plastic *(BM)* Phenoplast *m*
phenolic resin Phenolharz *n*, Phenolplast *n*
phenolic-resin bonded phenolharzverleimt
phenolic-resin foam *(BM, OB)* Phenolharzschaum *m*
phenolic-resin plastic Phenolharzkunststoff *m*
phenolic-resin varnish *(BM, OB)* Phenolharzlack *m*
phenolic varnish resin Phenollackharz *n*
phenolphthalein Phenolphthalein *n*
phenomena *(Arch)* Erscheinungen *fpl* des unsäglichen Raumes
phenoplast *(BM)* Phenoplast *m*
phenoxy resin Phenoxyharz *n*
Philadelphia leveling rod *(AE)* bezifferte zweiteilige Messlatte *f*
philharmonic hall *(Arch)* Philharmonie *f*
Phillips head *(AE)* Kreuzschlitz(schrauben)kopf *m*
Phillips screw Kreuzschlitzschraube *f*
phone booth *(AE) (El)* Fernsprechzelle *f*, Telefonzelle *f*, Fernsprechkabine *f*
phone call box *(El, Konst)* Fernsprechzelle *f*
phone duct *(El)* Fernsprechkabelkanal *m*
phone installation *(El)* Fernsprechinstallation *f*
phone line Fernsprechleitung *f*
phone point *(El)* Fernsprechanschlussstelle *f*
phonolite Phonolith *m*, Klingstein *m*
phosphate *v* phosphatieren
phosphate-chromate etch primer *(OB)* passiviert-phosphatierter Haftgrund *m*
phosphate-coated *(OB)* phosphatiert
phosphate coating *(OB)* Phosphatbeschichtung *f*
phosphated metal *(OB)* phosphatiertes Metall *n*
phosphatic *(OB)* phosphatisch, phosphorhaltig
phosphatic chalk *(BM)* Phosphatkreide *f*
phosphatic rock *(BM)* Phosphatgestein *n*
phosphating (treatment) *(OB)* Phosphatieren *n (Korrosionsschutz)*
phosphatized *(OB)* phosphatisiert
phosphor bronze *(BM, OB)* Phosphorbronze *f*
phosphor-solder Phosphorhartlot *n*
phosphorescence *(OB)* Phosphoreszenz *f*
phosphorescent paint *(OB)* nachleuchtende [phosphoreszierende] Farbe *f*
phosphoric phosphorhaltig
photo-ageing *(BM)* Lichtalterung *f*, Alterung *f* durch Licht
photoelastic spannungsoptisch
photoelastic investigation *(BM)* spannungsoptische Materialuntersuchung *f* [Untersuchung *f*]
photoelasticity *(El)* Spannungsoptik *f*
photoelectric cell *(El)* Photozelle *f*
photoelectric control lichtelektrische Steuerung *f*; Schaltung *f* durch Photozelle
photogrammetry Photogrammmetrie *f*, Fotogrammmetrie *f*, Messbildverfahren *n*, Bildmesswesen *n*
photographic aerial survey *(Verm)* Luftvermessung *f*
photographic darkroom *(Konst)* Dunkelkammer *f*
photomap *(Verm)* Luftbildkarte *f*
photometry *(El)* Lichtmengenmessung *f*, Photometrie *f*, Fotometrie *f*
photosensitive glass lichtempfindliches Glas *n*
photovoltaic *(El, HLK)* photovoltaisch
photovoltaic device *(El, HLK)* photovoltaische Einrichtung *f (EN 60904)*
photovoltaic module *(El, HLK)* Photovoltaikmodul *n (EN 50380)*
photovoltaics *(El, HLK)* Solar(zellen)technik *f (Solarheizung)*
phreatic unterirdisch, phreatisch
phreatic nappe *(Bod, Erdb, Tun)* Grundwasserspiegel *m*
phreatic surface *(Bod, Erdb, Tun)* Wasserspiegel *m*
phreatic water *(Bod)* Grundwasser *n*
Phrygian marble roter Marmor *m (in antiken römischen Gebäuden)*
phthalic resin Phthalatharz *n*
phthalocyanine dyestuff *(BM, OB)* Phthalocyaninfarbstoff *m*
phthalocyanine pigments Phthalocyaninpigmente *npl (blau und grün)*
phyllite *(BM)* Phyllit *m*, Phyllitschiefer *m*
physical 1. physikalisch; körperlich; 2. räumlich-baulich
physical acoustics *(DIS)* Bauakustik *f*
physical architecture *(Arch)* räumlich-bauliche Architektur *f*
physical behaviour *(BM)* physikalisches Verhalten *n*
physical deterioration Materialüberalterung *f*
physical hardening physikalische Verhärtung *f*
physical planning *(RP)* Raumplanung *f*, Territorialplanung *f*; Raumordnung *f*; räumlich-bauliche Planung *f*
physical property Festigkeitseigenschaft *f*
physical separation *(Umw, WVA)* physikalische Abscheidung *f*, mechanische Trennung *f*
physical stabilization mechanischer Einschluss *m*
physical structure *(BM)* Aufbau *m (eines Baustoffs)*; Strukturaufbau *m*
physical waterproofing *(DIS)* mechanische Sperrung *f*, physikalische Abdichtung *f*
physical weathering *(BM)* physikalische Verwitterung *f*
physically deteriorated überaltert *(Baustoffe)*
physico-chemical stabilization *(Erdb)* mechanisch-chemische Bodenstabilisierung *f*
physics relating to construction *(BM, DIS, HLK)* Bauphysik *f*
physiopsychological sympathy *(Arch)* Einfühlung *f*
PI *s.* penetration index

piano hinge *(EB)* Scharnier *n (Stangenscharnier)*; Klavierband *n*
piano nobile *(Arch)* Empfangs- und Speiseetage *f*, Beletage *f (in Renaissancepalästen)*
piano wire *(BB, BM, Te)* Stahlsaite *f*
pick *v (Te)* (auf)hacken; mit dem Dietrich öffnen; picken, aufnehmen
pick *v* **a lock** *(Te)* mit dem Dietrich öffnen
pick Hacke *f*; Haue *f*; Kreuzhacke *f*, Spitzhacke *f*; Pickhammer *m*
pick and dip *(SB)* rationelles Mauern *n*
pick dressing Rohbehauen *n (von Stein)*
pick hammer *(BWG, SB)* Spitzhammer *m*
pick mattock spitzer Maurerhammer *m*
pick-up load *(HLK)* Heizenergieaufnahme *f (einer Heizung beim Anheizen)*
pickaxe Kreuzhacke *f*, Spitzhacke *f*; Hacke *f*, Haue *f*
picked finish *(OB, SB)* gespitzte Oberfläche *f (Stein)*
picket *v* 1. *(LB)* begrenzen *(mit einem Palisadenzaun)*; 2. *(Verm)* abstecken
picket *(Verm)* Pflock *m*; Zaunpfahl *m*, Zaunpfosten *m*; Zaunlatte *f*
picket fence Lattenzaun *m*, Rundholzzaun *m*, Pfostenzaun *m*
picking 1. *(SB, Te)* Abklopfen *n*, Abspitzen *n (Natursteinoberflächengestaltung)*; 2. Öffnen *n* mittels Dietrich
picking belt Leseband *n*
picking pistol Aufsperrpistole *f (Schlösser)*
picking up *(OB)* Anstrichvermischung *f* durch Frisch-auf--Frisch-Streichen
pickle *v (OB, Te)* (ab)abbeizen *(Metall)*; ablaugen *(Holz)*
pickle Beize *f*, Beizmittellösung *f*
pickleable *(OB)* beizbar
pickling *(OB)* Beizen *n (z. B. zum Entzundern)*; Ätzen *n*
pickling agent Beizmittel *n*, Abbeizmittel *n*
pickling chemical Beizmittel *n*, Abbeizmittel *n*
picklock Dietrich *m*
picnic area *(Verk)* Rastplatz *m (an der Autobahn)*
picnostyle *(Arch)* Säulen(zwischen)abstand *m*
picrite *(BM)* Pikrit *m*, schwarzer Diabas *m*
pictorial composition *(Arch)* Bildkomposition *f*
pictorial projection *(Arch, Konst)* Projektion *f* auf eine Bildebene
pictorialness Bildmäßigkeit *f*
picture gallery *(Arch)* Gemäldegalerie *f*, Bildergalerie *f*
picture glass Bilderglas *n*
picture palace *(Konst)* Lichtspieltheater *n*
picture plane *(Arch)* Bildebene *f*
picture rail *(EB)* Bilderleiste *f*, Aufhängeleiste *f* für Bilder
picture window *(Konst)* großflächiges Fenster *n*, Terrassenfenster *n*, Panoramafenster *n*
pictures *(Konst)* Kino *n*
picturesque *(Arch)* malerisch
picturesque Romantic style *(Arch)* malerische Romantik *f*
piece *v (Te)* anstücken
piece *(AE)* Grundschwelle *f (Fachwerk)*
piece list Stückliste *f*
piece mark Bauteilzeichen *n*, Bauteilnummer *f*
piece of carpentry *(Hb)* Zimmererarbeit *f*
piece of scenery *(Arch)* Kulissenstück *n*
piece work Stücklohnarbeit *f*, Akkordarbeit *f*
pieced timber *(Hb)* zusammengesetztes Bauholzstück *n*, angesetztes Holzstück *n*
pieced wood *s.* pieced timber
pien *(AE) (Konst)* vorspringende Ecke *f*
pien check *(AE) (Konst)* Steinstufenfuge *f*, Stufenpassrand *m*
pien joint *(AE) (Konst)* Steinstufenpassfuge *f*
piend Gradlinie *f*
pier 1. *(Br, Stat)* Brückenpfeiler *m*, Pfeiler *m*; Wandpfeiler *m*; Gründungspfahl *m*; 2. *(Wsb)* Hafendamm *m*, Mole *f*, Pier *m(f)*, Hafenpier *m*, Landungsbrücke *f* • **without piers** *(Br)* pfeilerlos
pier arcade *(Arch, Konst)* Pfeilerarkade *f*
pier arcade arch *(Arch, Konst)* Pfeilerarkadenbogen *m*
pier arcading Pfeilerbogengang *m*, Pfeilerbogenlaube *f*, Pfeilerarkadur *f*
pier arch *(Konst)* Pfeilerbogen *m*
pier base Pfeilerbasis *f*
pier basilica *(Arch)* Pfeilerbasilika *f*
pier block Betonblockstein *m* mit zwei Sichtflächen
pier bond(ing) *(Konst, SB)* Pfeilerverband *m*
pier buttress *(Konst, TK)* Strebepfeiler *m*, Bogenpfeiler *m*
pier cap Pfeileraufsatz *m*, Pfeilerkopf *m*
pier capital *(Arch)* Pfeilerkapitell *n*
pier construction *(Konst, TK)* Pfeilerbau *m*
pier foundation *(Erdb)* Pfeilergründung *f*
pier glass Pfeilerspiegel *m*, Zwischenfensterspiegel *m*
pier guard Pfeiler(anfahr)schutz *m*, Kantenschutz *m*
pier head *(Br, TK, Wsb)* Vorkopf *m*; Molenkopf *m*; Pfeilerkopf *m*
pier impost Pfeilerkämpfer *m*
pier masonry *(SB)* Pfeilermauerwerk *n*
pier masonry bond Pfeilerverband *m*
pier of bridge Brückenjoch *n*
pier of erecting stage Gerüstpfeiler *m*
pier of wall *(SB)* Verstärkungspfeiler *m*, Mauerpfeiler *m*
pier shaft Pfeilerschaft *m*
pierce *v* 1. durchschlagen, durchstoßen, durchbrechen; 2. *(Tun)* durchörtern; 3. durchbohren, durchlochen, durchstechen, lochen, stanzen, perforieren
pierced durchbrochen; durchlocht, gelocht; gekästelt
pierced arcade *(Arch, Konst)* durchbrochene Arkade *f*
pierced bond Kästelverband *m*
pierced louvre *(EB)* Türfüllungsjalousie *f*, Luftschlitztürfüllung *f*
pierced panel durchlochte Tafel *f*
pierced wall *(Konst, SB)* durchbrochene Wand *f*, durchbrochene [offene] Ziermauer *f*
pierced work durchbrochene Arbeit *f (Keramikelemente, Ornamentsteine)*
piercing 1. *(Te)* Durchlochung *f*; 2. *(Tun)* Durchörterung *f*
piercing saw *(BWG)* Lochsäge *f*, Spitzsäge *f*, Stichsäge *f*
pierre perdue *(Wsb)* Steinbettung *f*, Steinschüttung *f (ohne Bindung)*
pierrotage *(AE) (Arch, BM)* Füllmörtelbeton *m*, Feinbeton *m* zur Fachwerkfüllung *(Architektur der amerikanischen Südstaaten)*
piezometer *(WVA)* Piezometer *n*, Porenwasserdruckmesser *m (Boden)*; Wasserstandsmesser *m*
piezometric piezometrisch
piezometric head *(WVA)* piezometrische Druckhöhe *f*
piezometric level *(WVA)* Druckspiegel *m (des Grundwassers)*
piezometric surface *(Bod, WVA)* gespannter Grundwasserspiegel *m*, artesischer Grundwasserspiegel *m*
pig iron *(BM, St)* Roheisen *n*
pig tin (fast) reines Zinn *n (99,80 %)*
pigeon-holed wall *(Konst, SB)* durchbrochene Wand *f*, Wand *f* mit regelmäßigen Öffnungen
pigeon house *(LB)* Taubenhaus *n*
pigeonhole 1. *(EB)* Regalfach *n*, Ablagefach *n*; 2. Durchbruch *m*, Kästel *n (Wand)*
pigeonhole bond Kästelverband *m*
pigeonhole corner *(Konst)* spitze Mauerecke *f*, scharfe Wandkante *f*
pigeonhole parking structure *(Konst)* Parkturm *m*
piggery *(LB)* Schweinestall *m*

pigment *(OB)* Pigment *n*, Farbstoff *m*, Farbkörper *m (z. B. in Anstrichstoffen)*; Farbe *f*
pigment-binder system *(BM, OB)* Pigment-Bindemittel--System *n*
pigment blend Pigmentmischung *f*
pigment compatibility Pigmentverträglichkeit *f*
pigment dispersion *(OB)* Pigmentierung *f*, Durchfärbung *f*, Einfärbung *f*
pigment figure farbiges Holzmuster *n*
pigment fineness Pigmentfeinheit *f*
pigment floating Ausschwimmen *n* der Pigmente *(Anstrich)*
pigment grain Pigmentpartikel *n*, Pigmentkörnchen *n*
pigment migration *(OB)* Pigmentwanderung *f*
pigment miscibility Pigmentmischbarkeit *f*
pigment obscurity *(OB)* Pigmentanreicherung *f*; Pigmentergiebigkeit *f*
pigment particle Pigmentpartikel *n*, Pigmentteilchen *n*
pigment paste *(BM, OB)* Pigmentpaste *f*
pigment powder Pigmentpulver *n*
pigment settlement *(OB)* Pigmentabsetzen *n*
pigment stain *(OB)* Farbbeize *f*
pigment-to-binder ratio Farbstoff-Grundmasse-Verhältnis *n*, Pigment-Bindemittel-Verhältnis *n*
pigment volume Pigmentvolumen *n (Anstrich)*
pigment volume concentration *(BM, OB)* Pigmentvolumenkonzentration *f*, PVC
pigmentary dyestuff *(OB)* Pigmentfarbstoff *m*
pigmentation Pigmentierung *f*, Durchfärbung *f*, Einfärbung *f*
pigmented *(BM, OB)* pigmentiert, durchgefärbt, eingefärbt, pigmenthaltig
pigmented cement *(BM)* Farbzement *m*, Buntzement *m*
pigmented coating *(BM, OB)* pigmentierter Anstrichstoff *m*
pigmented concrete farbiger Beton *m*
pigmented mastic asphalt Farbgussasphalt *m*, eingefärbter Gussasphalt *m*
pigmented rubbing varnish pigmentierter Schleiflack *m*
pigmented tile Farbfliese *f*
pigpen *(AE) (LB)* Schweinestall *m*
pigsty *(LB)* Schweinestall *m*
pigtail *(El)* geflochtene Litze *f*; Anschlusskabel *n*
pike (road) *(AE) (Verk)* Mautstraße *f*, gebührenpflichtige Straße *f*
pila 1. Säulenaufsatzblock *m* als Dachholzauflage; 2. (wertvoller) Ziermörtel *m*
pilaster *(Arch)* Pilaster *m*, Halbsäule *f*, Wandpfeiler *m*
pilaster base *(BT)* Grundstein *m (eines Wandpfeilers)*
pilaster block Betonblockstein *m* mit zwei Sichtflächen
pilaster face Wandpfeilersichtfläche *f*
pilaster mass *(Konst)* (einfacher) eingebundener Wandpfeiler *m*
pilaster side Wandpfeilerseitenfläche *f*
pilaster strip *(Konst)* anlaufender Wandpfeiler *m*; Lisene *f*; Pilasterstreifen *m*
pilastered façade Pilasterfassade *f*, Wandpfeilerfassade *f*
pilastrade Pilasterreihe *f*
pile *v* 1. *(Erdb, Te)* rammen, eintreiben *(Pfähle)*; 2. *(Te)* schichten, stapeln; (an)schütten
pile *v* **up** aufhäufen, aufstapeln, ansammeln
pile 1. *(Erdb)* Pfahl *m*, Gründungspfahl *m*, Rammpfahl *m*; 2. Stapel *m*; Haufen *m*, Stoß *m*
pile and sheet-pile driver *(Erdb)* Pfahl- und Spundwandramme *f*
pile and sheet-pile driving work *(Erdb)* Rammarbeiten *fpl*
pile batter *(Erdb)* Pfahlneigung *f*
pile bearing capacity *(Erdb)* Pfahltragfähigkeit *f*
pile bent *(Erdb)* Pfahljoch *n*
pile bounce *(Erdb)* Rückprall *m (Pfahlgründung)*
pile bridge *(Br, Erdb)* Pfahlbrücke *f*
pile cap 1. *(Erdb)* Pfahlkopfplatte *f*, Pfahlrostplatte *f*, Pfahlkopfeinbindung *f*; 2. Pfahlkopfband(eisen) *n*; Kappe *f (Pfahlkopfplatte zur gleichmäßigen Lastverteilung)*; Rammhaube *f*
pile carpet *(EB)* Florteppich *m*
pile cluster *(Erdb, Wsb)* Dalbe *f*, Dalben *m*, Pfahlgruppe *f*
pile core Dorn *m*; Profilkörper *m*
pile cover Schlaghaube *f*
pile cut-off level Pfahlabschnitthöhe *f*
pile deflection *(Erdb)* Pfahlabweichung *f*
pile diameter *(Erdb)* Pfahldurchmesser *m*
pile dike *(AE) (Erdb)* Spundwandbau *m*, Spundwandkonstruktion *f*; Pfahlwand *f*
pile drawer *(Erdb)* Pfahlzieher *m*
pile-drive *v (Erdb, Te)* einrammen
pile driver 1. *(Erdb)* Pfahlramme *f*, Ramme *f*; 2. *(Erdb)* Rammbär *m*, Rammhammer *m*, Fallhammer *m*
pile driving Pfahlrammung *f*, Rammarbeit *f*
pile-driving barge *(Erdb, Wsb)* Rammponton *m*
pile-driving formula *(Erdb)* Rammformel *f*
pile-driving frame Ramme *f*; Rammgerüst *n*
pile-driving hoist Rammwinde *f*
pile-driving operations *(Erdb)* Rammarbeit *f*
pile-driving plant Ramme *f (für Pfähle)*; Rammanlage *f*
pile-driving resistance *(Erdb)* Rammwiderstand *m (eines Rammpfahls)*
pile-driving rig *(Erdb)* Pfahlrammanlage *f*
pile-driving technique *(Erdb)* Rammverfahren *n*
pile-driving work *(Erdb)* Rammarbeiten *fpl (in Ausschreibungen)*
pile dwellings *(Konst, Wsb)* Pfahlbauten *mpl*
pile eccentricity *(Erdb)* Pfahlpositionsabweichung *f*
pile extractor Pfahlzieher *m*
pile fender Schutzpfahl *m*; Schutzpfahlreihe *f*
pile ferrule Pfahlring *m*, Pfahlzwinge *f*
pile foot *(Erdb)* Pfahlfuß *m*, Pfahlende *n*
pile for driving Rammpfahl *m*
pile foundation *(Erdb)* Pfahlgründung *f*
pile-foundation grill Pfahlrost *m (Gründung)*
pile-foundation structure *(Erdb)* Pfahlrostbauwerk *n*
pile frame Ramme *f*; Rammgerüst *n*
pile friction *(Erdb)* Pfahlhaftreibung *f*, Pfahlreibungskraft *f*
pile group Pfahlgruppe *f*
pile hammer *(Erdb)* Fallhammer *m*, Rammbär *m*, Rammhammer *m (für Pfähle)*
pile head Pfahlkopf *m*
pile helmet *(Erdb)* Rammhaube *f*, Schlaghaube *f*
pile hoop Pfahlkopfband(eisen) *n*
pile jetting *(Erdb)* Pfahleinspülen *n*
pile layout *(Erdb, Konst)* Pfahlplan *m*, Pfahlanordnung *f*
pile length Pfahllänge *f*
pile load test *(Erdb)* Pfahlprobebelastung *f*, Probebelastung *f* eines Pfahls
pile loading *(Erdb)* Pfahlbelastung *f*
pile loading test *s.* pile load test
pile pier Pfahlpier *m*; Pfahljoch *n*
pile plank *(Erdb)* Spundbohle *f*
pile planking *(Erdb)* Spundwand *f*
pile point Pfahlspitze *f*
pile point bearing capacity *(Erdb, Stat)* Pfahlspitzentragfähigkeit *f*, Pfahlfußtragkraft *f*
pile puller Pfahlzieher *m*
pile reinforcement Pfahlbewehrung *f*
pile resistance *(Erdb, Stat)* Pfahltragfähigkeit *f*
pile ring Pfahlkopfband(eisen) *n*
pile shaft Pfahlschaft *m*; Pfahlmantel *m*
pile shoe *(Erdb)* Pfahlschuh *m*, Pfahlfußspitzenschutz *m*

pile shoe fitted in eingeschobener Pfahlschuh *m*
pile spacing *(Erdb, Konst)* Pfahlabstand *m*
pile strutting Pfahlverankerung *f*
pile-supported *(Erdb)* auf Pfählen, mit Pfahlgründung
pile toe Pfahlspitze *f*
pile tolerance vertikale und horizontale Pfahlabweichung(stoleranz) *f*
pile top Pfahlkopf *m*
pile trestle *(Erdb)* Pfahljoch *n*
pile village *(Konst, Wsb)* Pfahldorf *n*
pile wall *(Erdb, Konst)* Pfahlwand *f*
piled density Schnittdichte *f (Baustoffe)*
piled dolphin *(Erdb)* Pfahlbündel *n*
piled foundation *(Erdb)* Pfahlgründung *f*
piled measure *(BM, Hb)* Schichtmaß *n (Holz)*
pilework Pfahlwerk *n*, Pfahlrost(bau) *m*, Pfahlwand *f*, Pfahlbau *m*
pilgrimage altar *(Arch)* Pilgeraltar *m*, Wallfahrtsaltar *m*
pilgrimage church *(Arch)* Wallfahrtskirche *f*
pilgrimage road *(Arch)* Pilgerstraße *f*
piling 1. *(Erdb)* Pfahltreiben *n*; Pfahlanordnung *f*; 2. *(Erdb)* Schüttung *f*; 3. *(OB)* Anziehen *n*, rasches Steifwerden *n (des Anstrichs)*
piling frame Pfahlramme *f*; Rammgerüst *n*
piling hammer *(Erdb)* Pfahlramme *f*; Rammbär *m*
piling of soil Bodenlagerung *f*
piling pipe Pfahlröhre *f*, Pfahl(schutz)rohr *n*
piling place *(Te)* Stapelplatz *m*
piling plan *(Erdb)* Rammplan *m*
piling rig Rammgerüst *n*
piling sheet Spundbohle *f*
piling unit *(Erdb)* Rammanlage *f*
piling up Aufhäufen *n*
piling-up of water *(Wsb)* Wasserstau *m*
pillar *v (Konst, Te)* mit Pfeilern verstärken [versehen]; mit Pfeilern schmücken
pillar *(Arch)* Pfeiler *m*, Pfosten *m*; Säule *f*, Stütze *f*, Freipfeiler *m*
pillar bolt auskragender Pfeilerstützbolzen *m*
pillar box Pfeilerkasten *m*; Briefkasten *m* in Säulenform *(in England)*
pillar hydrant *(WVA)* Überflurhydrant *m*
pillar-like *s.* pillarlike
pillar of victory *(Arch)* Siegessäule *f*, Triumphsäule *f*
pillar-shaped pfeilerförmig
pillar stanchion *(TK)* Stütze *f*, Ständer *m*
pillar stone Eckstein *m*
pillar tap *(San, WVA)* Standhahn *m*
pillared hall *(Arch)* Pfeilerhalle *f*
pillarlike *(Konst)* säulenförmig
pillow capital *(Arch)* Würfelkapitell *n*
pillow work *(Arch)* Kissenornamentwerk *n*
pilot *(EB, Te)* Führungszapfen *m*
pilot boring *(Bod)* Baugrunderkundungsbohrung *f*
pilot cutting *(Tun)* Durchstich *m*
pilot drift *(Tun)* Richtstollen *m*
pilot hole *(Tun)* Vorohrloch *n*, Vorbohrung *f*
pilot lamp [light] *(El)* Kontrolllampe *f*; Notlampe *f*; Sparlampe *f*
pilot nail Heftnagel *m*
pilot project *(Konst)* Pilotprojekt *n*, Versuchsprojekt *n*; Vorprojekt *n*; Vorplanung *f*
pilot tunnel *(Tun)* Richtstollen *m*, Pilotstollen *m*
pilotis *(Arch)* Pilotis *f*, hochgelegtes Pfeilerhaus *n*, Pilotisgebäude *n*
pilotis building *s.* pilotis
pin *v* heften *(mit Stiften)*; befestigen; verankern
pin 1. *(Hb)* Stift *m*, Bolzen *m*; Dorn *m*, Zapfen *m*; Dübel *m*; Kloben *m (Fensterdrehzapfen)*; Angel *f*, Haspe *f (z. B. an Türbändern)*; 2. *(AE)* Absteckpfahl *m*, Absteckpflock *m*
pin bearing *(Konst, TK)* Linienkipplager *n*
pin chain Nietbolzenkette *f*
pin-connect *v (Konst)* gelenkig verbinden
pin-connected bars *(Konst)* (mit Bolzen) gelenkig verbundene Glieder *npl*, gelenkig verbundene Stäbe *mpl*
pin-connected truss Gelenkbolzenfachwerk *n*
pin connection in top boom *(BT, TK)* Obergurtgelenkknotenpunkt *m*
pin drift Dorn *m*
pin drill Zapfenbohrer *m*, Fachwerkbolzenbohrer *m*
pin-ended column *(TK)* Pendelstütze *f*
pin hinge *(EB)* Fischband *n*, Fitschband *n*, Fitsche *f*, Türband *n*, Aufsatzband *n (Baubeschlag)*; Bolzengelenk *n*
pin joint Bolzengelenk *n*; Gelenkknoten *m*
pin-jointed mit Bolzen verbunden
pin-jointed truss *(TK)* Gelenkbolzenfachwerk *n*
pin knot (kleiner) Astknoten *m*
pin of a hinge Scharnierstift *m*
pin plate *(EB)* Gelenkstoßblech *n*
pin plug Steckstift *m*
pin punch Durchtreiber *m*
pin rail Hakenbrett *n*
pin riveting Stiftnietung *f*
pin rocker bearing *(BT, TK)* Zylinderkipplager *n*
pin spanner Stiftschlüssel *m*, Steckdorn *m*
pin tumbler (lock) *(EB)* Zylinderschloss *n*
pin valve Stiftventil *n*
pinacotheca Pinakothek *f*, Gemäldesammlung *f*
pincers Beißzange *f*, Kneifzange *f*
pinch *v* klemmen, quetschen; zusammenkneifen *(Holz)*; schwinden *(als Folge von Druckkräften)*
pinch *v* **off** abklemmen, abzwicken
pinch bar Brechstange *f*, Brecheisen *n*
pinch-cock Quetschhahn *m*
pinching *(Konst)* Klemmung *f*, Quetschung *f (Befestigung)*
pine Kiefer *f*; Kiefernholz *n*
pine oil Nadelholzharzöl *n*, Kienöl *n (Farbe)*
pine resin *(BM)* Kiefernharz *n*; Terpentinharz *n*
pine shingle Kiefernschindel *f*, Nadelholzschindel *f*
pine wood *(BM, Hb)* Kiefernholz *n*
pinhole 1. feines Loch *n*, Nadelloch *n (Fehlstelle in verschiedensten Materialien)*; Pore *f (Fehler in Farb- oder Schutzschichten)*; 2. Bolzenöffnung *f*, Bolzenloch *n*
pink glass *(BM)* Rosalinglas *n*
pinnacle *(Arch, Konst)* Zinne *f*, Mauerzinne *f*; Spitztürmchen *n*, Spitzsäule *f*, Fiale *f (gotisches Ziertürmchen als Pfeileraufsatz)*
pinnacled canopy *(Arch, BT)* Fialbaldachin *m*
pinned arched girder Gelenkbogenträger *m*
pinner kleiner Lagerstein *m*, kleiner Unterstützungsstein *m*
pinning 1. *(BT, Konst)* Bolzenverbindung *f*, Bolzenhalterung *f*; 2. *(Erdb)* Fundament *n*; Unterfangung *f*; Verankerung *f*
pinning-in Fugenverstopfen *n*, Fugenfüllen *n* mit Steinscherben
pinning-up Unterfangungsverbindung *f* durch Verkeilen
pinpoint *v* genau ermitteln, genau abgrenzen *(Lage, Auflage)*
pinpoint Nadelspitze *f*
pintle Zapfen *m*, Drehbolzen *m*, vertikaler Drehzapfen *m*
pinwheel groundplan *(Arch)* hakenkreuzförmiger Grundriss *m*
pioneer bench *(BM, BWG)* Anschnittstrosse *f (Steinbruch)*
pioneering architect *(Arch)* Architekturpionier *m*
pipe *v* berohren, verrohren; Rohre (ver)legen
pipe Rohr *n*; Leitungsrohr *n*
pipe back Rohrinnenseite *f*
pipe base Rohrfuß *m*

pipe bay *(WVA)* Rohrkanal *m*
pipe bedding Rohrunterlage *f*, Rohrauflage *f*
pipe bend Knierohr *n*, Kniestück *n*, Rohrkrümmer *m*
pipe bender *(BWG, San)* Rohrbiegemaschine *f*
pipe blockage *(San, WVA)* Rohrverstopfung *f*
pipe bore side Rohrinnenseite *f*
pipe bracket *(BT, San)* Rohrauflager *n*, Rohraufhängung *f*; Rohrschelle *f*, Rohrklemme *f*
pipe branch Zulaufrohr *n*, Abzweigrohr *n*
pipe branching Rohrverzweigung *f*
pipe bridge *(TK)* Rohrbrücke *f*
pipe burst Rohrbruch *m*
pipe cap Rohrdeckel *m*, Rohrkappe *f*
pipe casting in trenches Betonrohrherstellung *f* in Rohrgräben
pipe cement Rohrkitt *m*
pipe chase *(Erdb)* Rohrgraben *m*
pipe circulating system *(HLK)* Umlaufrohrsystem *n*, Umwälzrohrnetz *n*
pipe circulation line Umlaufrohrleitung *f*, Umlaufleitung *f*
pipe clamp Rohrschelle *f*, Rohrklemme *f*
pipe clay *(Bod)* Bindeton *m*
pipe cleaning Rohrreinigung *f*
pipe cleaning agent Rohrreinigungsmittel *n*
pipe clip *s.* pipe clamp
pipe coating Rohrbeschichtung *f*; Rohrschutzschicht *f*
pipe collar Rohrmanschette *f*
pipe column *(TK)* Stahlrohr(mantel)säule *f*; Rohrstütze *f*
pipe compartment box Rohrverzweigungskasten *m*
pipe connection *(BT)* Rohrverbindung *f*
pipe connector Rohrnippel *m*
pipe core Kernrohr *n*
pipe coupling *(BT)* Rohrverbindung *f*, Rohrkupplung *f*
pipe covering Rohrummantelung *f*, Rohrdämmungsmantel *m*
pipe covering tape Rohrisolierband *n*
pipe cross section Rohrleitungsquerschnitt *m*
pipe crotch Rohrverzweigung *f*
pipe culvert *(Erdb, Wsb, WVA)* Rohrdurchlass *m*
pipe cutter Rohr(ab)schneider *m*
pipe diameter Rohrweite *f*
pipe drain Rohrdrän *m*
pipe driving *(Bod, Erdb, Tun)* Rohrvortrieb *m*, Rohrrammen *n*
pipe duct Rohrkanal *m*
pipe earthing *(El)* Rohrerdung *f*
pipe end Rohrstirnfläche *f*
pipe expansion joint *(BT)* Rohr(aus)dehnungsstoß *m*
pipe failure Rohrbruch
pipe fitter Rohrleger *m*, Rohrschlosser *m*
pipe fitting 1. Rohrleitungsinstallation *f*; 2. Rohrformstück *n*, Fitting *n(m)*
pipe fitting branch [union] Fittingzwischenrohr *n*
pipe fittings *(BT)* Fitting *n(m)*
pipe fixing Rohrbefestigung *f*
pipe flange Rohrflansch *m*
pipe frame *(TK)* Rohrrahmen *m*
pipe gasket Rohrdichtung *f*, Dichtungsring *m* für Rohrleitungen
pipe gradient Rohrgefälle *n*
pipe grid *(HLK)* Rohrregister *n*, Rohrheizregister *n*
pipe handrail Rohrhandlauf *m*
pipe hanger Rohrsattel *m*, Rohrschelle *f*, Schelle *f*
pipe head Rohrkopfende *n*
pipe hook Rohrleitungskonsole *f*, Trageisen *n* für Rohrleitungen, Rohraufhängung *f*
pipe housing Rohrleitungsgehäuse *n*
pipe incrustation *(WVA)* Rohrverkrustung *f*
pipe inlet Rohrabzweig *m*, Rohreinmündung *f*
pipe installation *(San)* Rohrverlegung *f*
pipe insulating section *(DIS)* Rohrdämmschale *f*
pipe insulation Rohr(leitungs)dämmung *f*
pipe insulation loose fill Rohrschüttdämmung *f*
pipe jacking Rohrdurchpressen *n*
pipe joint Rohr(übergangs)muffe *f*, Rohrverbindung *f*
pipe junction Rohrabzweig *m*
pipe lag *(DIS)* Rohrdämmung *f*
pipe lagging *(DIS)* Rohr(leitungs)dämmung *f*
pipe layer 1. Rohrleger *m*; 2. Rohr(ver)legekran *m*
pipe laying *(San, Te, WVA)* Rohrverlegung *f*
pipe liner Futterröhre *f*
pipe lining 1. Futterrohr *n*, Schutzrohr *n*; 2. Rohrleitungsverlegen *n*
pipe mandrel Rohrdorn *m*
pipe manifold *(San, WVA)* Rohrverteiler *m*, Rohrverzweigungsleitung *f*
pipe marking Rohr(farb)kennzeichnung *f*
pipe mast *(TK)* Rohrmast *m*
pipe material Rohrmaterial *n*
pipe network *(RP, WVA)* Rohr(leitungs)netz *n*
pipe newel Rohrspindel *f (Treppe)*
pipe nipple Rohrnippel *m*
pipe noise Rohr(leitungs)geräusch *n*
pipe offset Rohrkrümmung *f*
pipe outside diameter Rohraußendurchmesser *m*
pipe penetration Rohrdurchgang *m*
pipe pier Rohrfestpunkt *m*
pipe pile *(Erdb)* Röhrenpfahl *m*; Pfahlröhrenmantel *m*
pipe plastic Rohrkunststoff *m*
pipe plug Rohrstopfen *m*
pipe profile Rohrprofil *n*
pipe protection against corrosion Rohrkorrosionsschutz *m*
pipe purlin(e) Rohrpfette *f*
pipe railing Rohrgeländer *n*
pipe reducer Rohrreduzierstück *n*
pipe resistance *(San, WVA)* Rohrwiderstand *m*
pipe rest bend unterstütztes Rohrwinkelstück *n*
pipe restriction Rohrverengung *f*
pipe return bend Rohrdoppelkrümmer *m*
pipe saddle Rohrsattel *m*
pipe screwing Rohrverschraubung *f*
pipe section 1. Rohrabschnitt *m*; 2. Rohrprofil *n*, Rohrschnitt *m*
pipe separator *(BT)* Rohrstegverbinder *m (Walzträger)*
pipe sewer *(WVA)* Abwasserrohr *n*, Abwasserrohrleitung *f*, Kanalrohr *n*, Kanalrohrleitung *f*
pipe shaft *(Erdb, WVA)* Rohrschacht *m (Graben)*
pipe shape Rohrform *f*, Rohrgestalt *f*
pipe sizing Rohrabmessung *f*
pipe skeleton *(TK)* Rohrgerippe *n*, Rohrskelett *n*
pipe sleeve Rohrmuffe *f*, Schutzrohr *n*, Hülsenrohr *n (Mauerwerkdurchbruch)*
pipe socket Rohrstutzen *m*, Rohrmuffe *f*
pipe spigot Rohreinsteckende *n*, Rohrspitzende *n*, Rohrschwachende *n*
pipe steel Rohrstahl *m*
pipe steel reinforcement Rohrbewehrung *f*
pipe stopper *s.* pipe plug
pipe strap Bandeisenaufhängung *f (einer Rohrleitung)*; Rohrschelle *f*
pipe stress analysis Rohrspannungsuntersuchung *f*
pipe string Rohrstrang *m*
pipe support Rohrfestpunkt *m*
pipe suspension Rohraufhängung *f*
pipe system *(RP)* Rohr(leitungs)netz *n*, Rohrleitungssystem *n*
pipe thread Rohrgewinde *n*

pipe tongs Rohrzange *f*
pipe top *(Erdb, WVA)* Rohrgraben *m*, Rohrscheitel *m*
pipe trench *(WVA)* Rohrkanal *m*, Rohrschacht *m*, Rohrgraben *m*
pipe twister Rohrwickler *m*
pipe union Anschlussstutzen *m*, Rohrverbindungsstück *n*
pipe works *(TK)* Rohrwerk *n*
pipe wrench Rohrzange *f*
pipelayer *s.* pipe layer
pipelike pfeifenartig
pipeline Rohrleitung *f*, Pipeline *f*, Haupt(rohr)leitung *f*, Rohrstrang *m*, Fernleitung *f*
pipeline bridge *(TK)* Rohrbrücke *f*
pipeline flange Rohrleitungsflansch *m*
pipeline heater *(HLK)* Rohrleitungsheizung *f*
pipeline noise Rohrleitungsgeräusch *n*
pipeline parts Rohrleitungsteile *npl*
pipeline protection Rohrschutz *m*
pipeline route *(RP)* Rohrleitungstrasse *f*
pipeline system Rohrleitungsanlage *f*
pipeline wrapping tape Rohrbandage *f*
piperun *(AE)* Rohrlauf *m*, Rohrführung *f*
pipeway *(RP)* Rohr(leitungs)trasse *f*
pipework *(RP)* Rohr(leitungs)netz *n*
pipework basement Rohrleitungskellergeschoss *n*
pipework cellar Rohrkeller *m*
pipework system *(RP, San, WVA)* Rohrleitungssystem *n*
pipewrap Rohrumhüllung *f*
piping 1. Rohrleitung *f*, Leitungssystem *n*, Leitung *f*; 2. Rohrverlegung *f*, Verrohrung *f*; 3. Bodenfließen *n*; Bodenpartikeltransport *m*; Grundbruch *m* durch Untergrundwasserbewegung
piping (heat) loss *(HLK)* Leitungsverlust *m*, Wärmeverlust *m* in Leitungen *(Heizung)*
piping parts Rohrleitungsteile *npl*
piping plan Rohrplan *m*
piping-up *(Te)* Rohrverlegung *f*
piquet 1. Pflock *m*, Pfahl *m*; 2. *(Verm)* Absteckpflock *m*
piracy *(Wsb)* Anzapfung *f*, Kappen *n* *(des Flusslaufes im Oberlauf)*
pisay *s.* pisé
piscina *(Arch)* Altarwasserablauf *m*
pisé 1. *(BM)* Pisee *m*, Stampflehm *m*; 2. *(Arch, Konst)* Piseebau *m*, Lehmstampfbau *m*, Erdmauerbau *m*, Kastenwerkbau *m*
pisé building *(Arch, Konst)* Stampf(lehm)bau *m*, Lehmstampfbau *m*, Kastenwerkbau *m*, Piseebau *m*
pisé construction *s.* pisé 2.
pisé de terre *s.* pisé 1.
pisiform erbsenförmig
pisolite *(BM)* Pisolith *m*, Erbsenstein *m*
pisolitic limestone Pisolith *m*, Erbsenstein *m*
pissasphalt *(BM)* Bergasphalt *m*
pistol range Pistolenschießstand *m*
piston-type impact tool Schlagbolzengerät *n*
pit *v* 1. einfressen *(z. B. Säuren)*; 2. pockennarbig [lochfraßig] werden *(Oberfläche, Anstrich)*
pit 1. Anstrichpore *f*, Anstrichfehlstelle *f*; 2. Schürfloch *n*; 3. Baugrube *f*; Grube *f*, Schacht *m* *(Bergbau)*; 4. Lochfraßstelle *f* *(Korrosion)*
pit and quarry industry *(BWG)* Industrie *f* für Steine und Erden
pit arch *(Erdb, Tun)* Grubenausbau *m*
pit base *(Erdb)* Baugrubensohle *f*
pit bin Tiefbunker *m*
pit boards *(Erdb)* Aussteifungsbohlen *fpl*, Schachtaussteifungsbretter *npl*, Verbau *m*
pit building *(Konst)* Grubengebäude *n*, Schachthaus *n*
pit cover Grubendeckel *m*
pit covering *(Erdb)* Grubenabdeckung *f*
pit gravel Wandkies *m*, Grubenkies *m*
pit heap *(Tun)* Bergehalde *f*, Abraumhalde *f*
pit level Baugrubensohle *f*
pit lime *(BM)* Sumpfkalk *m*, eingesumpfter Kalk *m*
pit-run gravel Wandkies *m*, Grubenkies *m*
pit sand Grubensand *m*
pit sawing *(Hb, Te)* Stammlängssägen *n* *(von Hand)*
pit slag Grubenschlacke *f*
pit water Grubenwasser *n*
pitch *v* 1. *(OB, Te)* pechen, teeren; kleben; 2. *(Te)* aufstellen, errichten; vorsehen für *(z. B. einen Standort)*; 3. *(Stat)* sich neigen [senken]; 4. *(Verk)* pflastern; schottern *(Straße)*; 5. *(SB, Wsb)* verblenden *(Staumauer)*
pitch 1. *(Konst)* Neigung *f*, Gefälle *n* *(Dach)*; Neigungswinkel *m* *(gegen Horizont)*; Steigung *f*; Gewindesteigung *f*; Steigungswinkel *m*; 2. *(Konst)* Dachstulpe *f*; 3. *(Konst)* Pfeilhöhe *f*; 4. *(BM)* Pech *n*; 5. *(DIS)* Tonhöhe *f* *(Akustik)*
pitch bitumen Pechbitumen *n*
pitch board Neigungslehre *f*, Steigungsmaßlehre *f* *(Treppe)*
pitch coke *(HLK)* Pechkoks *m*
pitch dimension Steigungsmaß *n* *(Treppe)*
pitch-faced sichtflächenglatt *(Naturstein)*; bossenartig
pitch fibre pipe *(BM)* Bitumen-Cellulosefaserrohr *n*
pitch knot *(BM)* Harzauge *n* *(Holz)*
pitch line Ganglinie *f*, Lauflinie *f*, Teilungslinie *f* *(einer Treppe)*
pitch mastic Pechkitt *m*, Teerkitt *m*
pitch of an arch *(Konst, SB)* Bogenstich *m*
pitch of bars Bewehrungsstab(auf)teilung *f*, Eisenabstand *m*
pitch of dovetails Zinkenteilung *f*
pitch of fins Rippenteilung *f*
pitch of links Bügelabstand *m* *(Stahlbeton)*
pitch of rivets *(St, Te)* Nietabstand *m*
pitch of roof *s.* pitch of the roof
pitch of spiral Ganghöhe *f* der Spiralbewehrung
pitch of staircase *(Konst)* Treppensteigung *f*
pitch of the roof *(Konst)* Dachschräge *f*
pitch peat *(BM)* Pechtorf *m*, fetter Torf *m*
pitch pine *(BM)* Gelbkieferholz *n*
pitch pocket 1. *(BM)* Harztasche *f* *(im Holz)*; 2. *(San)* Dachsaumblech *n* mit Teerkittabdichtung
pitch resin *(BM, DIS)* Pechharz *n*
pitch roof *s.* pitched roof
pitch streak Harzader *f*, Harzträne *f* *(Holz)*
pitch varnish *(BM, OB)* Teerlack *m*
pitched foundation *(Verk)* Setzpacklageschicht *f*
pitched roof Pultdach *n*, Halbdach *n*; Satteldach *n*; Schrägdach *n*
pitched roof area *(Konst)* geneigte Dachfläche *f*
pitched stone Naturstein *m* mit zu den Rändern anlaufender Sichtfläche
pitched truss *(Hb)* Dreiecksbinder *m*; Trapezbinder *m*
pitcher 1. Granitpflasterstein *m*; 2. Setzpacklagestein *m*, Vorlagestein *m*
pitcher house *(Arch)* Weinkeller *m* *(veraltet)*
pitching 1. Aufstellen *n*, Errichten *n*; 2. Setzpacklage *f*; Pflaster *n*, Straßenpflaster *n*; Steinvorlage *f*; Vorlagestein *m*; 3. Deckwerk *n*; 4. Neigung *f*, Senkung *f*; 5. Stampfen *n*
pitching borer Meißelbohrer *m*
pitching chisel *(BWG, SB)* Stockeisen *n*
pitching piece *s.* apron piece
pitching stone *(Verk)* Setzpacklagestein *m*
pitching tool Stockeisen *n*
pitchy pechartig
pith Kern *m*; Mark *n* *(Holz)*
pith fleck schwarze Kernmaserung *f*
pith knot kleiner Kernknoten *m* *(Holz)*
pitman *(WVA)* Brunnenbauer *m*

Pitot tube Stau(druck)rohr *n*, Pitot-Rohr *n*
pits of lime Kalkkörnchen *npl*
pitted narbig; löchrig
pitted surface *(OB)* narbige Oberfläche *f*
pitting schuppenartig *(Kalkputzfehler)*
pitting 1. *(OB)* Korrosionsfraß *m*; Lochfraß *m (Metall)*; 2. *(SB)* Quellausplatzung *f*, Ausdehnungsfehlstelle *f (Putz)*
pitty narbig *(bes. Metallflächen)*
pivot *v* drehbar lagern, gelenkig aufhängen; um einen Zapfen drehen; schwenken
pivot 1. *(BT)* Zapfen *m (erhabener Teil einer Zapfenverbindung)*; Drehzapfen *m*; Türangel *f*, Angel *f*, Angelzapfen *m*; Scharnier *n*; 2. *(Konst)* Drehpunkt *m*, Gelenkpunkt *m*, Lagerpunkt *m*
pivot anchor bolts Verankerungsschrauben *fpl*
pivot bearing *(Br, TK)* Kipplager *n (Brücke)*
pivot bridge *(Br)* Drehbrücke *f*
pivot hinge Drehachse *f (bei Schwingflügelfenstern)*
pivot hung window *(BT)* Drehfenster *n*, Kippfenster *n*
pivot joint *(Br, TK)* Zapfengelenk *n*, Bolzengelenk *n (Brücke)*
pivot pin *(BT)* Kippzapfen *m*, Drehzapfen *m*
pivot point *(BT, TK)* Lagerpunkt *m*
pivot sleeve Zapfenmuffe *f (Drehzapfen)*
pivot window Schwingflügelfenster *n*
pivotal zentral
pivotal axis Drehachse *f*
pivoted drehzapfengelagert
pivoted door *(Hb)* Drehflügeltür *f*
pivoted sash *(Hb)* Schwingflügel *m (Fenster)*
pivoted window Schwingflügelfenster *n*
pivoting schwenkbar, um Zapfen drehbar
placage *(Arch)* dünnes Mauerwerkflächenornament *n*
placard Putzmörtel *m* mit Dichtungsmittelzusatz
place *v* 1. *(Te)* einbauen, verarbeiten *(z. B. Baumaterial)*; einbringen *(Mörtel und Beton)*; verlegen *(z. B. Betonplatten)*; einlegen *(z. B. Bewehrung)*; anbringen; anordnen, legen; stellen; 2. *(VR)* vergeben *(Auftrag)*; 3. *(Stat)* einleiten *(Kräfte, Spannung usw.)*
place *v* **concrete** *(BB, Te)* betonieren
place *v* **head to head** affrontieren
place *v* **in layers** lagenweise einbauen
place *v* **in separate layers** *(Te)* in einzelnen Lagen einbringen
place *v* **on** auflegen, aufbringen
place *v* **reinforcing bars** Bewehrung einbringen
place *v* **shotcrete** torkretieren
place *v* **the bars** die Eisen einlegen
place *v* **to bond** *(SB, Te)* im Verband verlegen
place *v* **upright** senkrecht stellen
place 1. *(RP)* Ort *m*, Stelle *f*; Gegend *f*; Wohnort *m*; 2. *(RP)* öffentlicher Platz *m*; 3. *(Konst)* Platz *m (Raum)*; 4. *(RP)* Ort *m*, Ortschaft *f*
place brick Ausschussziegel *m*; Schwachbrandziegel *m*, Weichziegelstein *m (Ausschussstein)*
place identification [name] sign *(Verk)* Ortstafel *f (Straße)*
place of assembly 1. Versammlungsfläche *f (außerhalb des Gebäudes)*; 2. Versammlungsraum *m*
place of loading *(Te, Verk)* Ladeplatz *m*, Beladungsfläche *f*
place of residence *(RP)* Wohnort *m*
place of work Arbeitsplatz *m*
place of worship *(Arch)* Kultstätte *f*, Verehrungsstätte *f*
placeability Verarbeitbarkeit *f (Beton)*; Betonierbarkeit *f*
placed material eingebautes Material *n*
placement 1. *(Konst)* Anordnung *f*, Stellung *f*, Lage *f (Einbaulage)*; 2. *(BB, Te)* Einbau *m (von Beton)*
placement conditions Einbaubedingungen *fpl (für Mörtel, Beton)*
placement number *(Te)* Positionsnummer *f (Montagebau)*
placement of concrete Einbringen *n* des Betons, Betonieren *n*, Betonierung *f*, Betonierarbeit *f*
placement water content Einbauwassergehalt *m (Beton)*
placing 1. *(Te)* Einbau *m*; Einbringen *n*, Einbringung *f (von Mörtel, Beton)*; Verlegung *f*; Anbringen *n*; 2. *(Konst, Te)* Aufstellen *n*; Anordnen *n*
placing drawing Verlegezeichnung *f (Bewehrung)*
placing head to head Affrontieren *n*
placing of cables Kabelverlegung *f*, Kabeleinbau *m*
placing of concrete *(BB, Te)* Betonieren *n*, Betoneinbringen *n*
placing of dry-mix shotcrete *(BB, OB, Te)* Torkretieren *n*
placing of orders *(VR)* Vergabe *f* von Aufträgen
placing plant Betoneinbringanlage *f*
plafond *(Arch)* dekorative Decke *f*, verzierte Deckenausbildung *f*
plain 1. flach, eben; schlicht, unprofiliert; 2. unbewehrt, nicht armiert; 3. geschlossen, nicht unterbrochen *(Wandfläche)*; 4. nicht abgedeckt *(Baumatte)*; 5. ungefärbt, unbunt, ohne Farbe
plain 1. *(Bod, RP)* Ebene *f*, Flachland *n*; 2. Flur *f*
plain artificial stone *(BM, SB)* unbearbeiteter Betonwerkstein *m*
plain ashlar glatte Gesteinsoberfläche *f*; ebener Quaderstein *m*
plain bar glatter Bewehrungsstab *m*
plain base Sohle *f*, Unterseite *f*, Unterfläche *f*
plain cast stone *(BM, SB)* unbearbeiteter Betonwerkstein *m*
plain coloured einfarbig, unifarben
plain concrete unbewehrter Beton *m*, Beton *m* ohne Bewehrung
plain country *(Bod, RP)* Flachland *n*
plain cube *(Arch)* reiner Kubus
plain-cut joint einfache Mauersetzfuge *f*
plain end glatte Endfläche *f (Holz)*
plain floor cover *s.* plain floor tile
plain floor tile ebene Fußbodenplatte *f*, unprofilierte Fußbodenfliese *f*
plain foundation in masonry *(SB)* vollgemauerter Unterbau *m*
plain girder *(TK)* Vollwandträger *m*
plain glass roofing tile Gasbiberschwanz *m*
plain lap Überlappungsverbindung *f*; Überlappungsstoß *m*, Überdeckungsstoß *m*; Überlappungsklebung *f*
plain loop of ceilings einfacher Deckenbügel *m*
plain masonry 1. *(SB)* unbewehrtes Mauerwerk *n*; 2. *(SB)* geschlossenes Mauerwerk *n*
plain moulding Fenstergesims *n*, Fenstersims *m*
plain rail plangleiches Querfries *m (Schiebefenster)*
plain reinforcement ungebogene Bewehrung *f*
plain rolled glass *(BM, LB)* Gartenrohglas *n*, Gärtnerglas *n*
plain-sawn *(BM, Hb)* tangential [flach] geschnitten *(zu den Jahresringen)*
plain-sided flachwandig
plain steel *(BM, St)* unlegierter Stahl *m*
plain steel bar glatter Bewehrungsstahl *m*
plain tail Schwanzende *n (Rohr)*
plain tile flacher Dachziegel *m*
plain tile roof cladding *(Konst, Te)* Biberschwanzdacheindeckung *f*, Biberschwanzbedachung *f*
plain-tiled roof Biber(schwanz)ziegeldach *n*
plain wallpaper Eintontapete *f*
plain-web beam Vollwandbalken *m*, Vollwandbalkenträger *m*
plaiting Geflecht *n*
plan *v (Arch, Konst)* planen; entwerfen, projektieren; gestalten; vorsehen
plan *v* **and design** *v (Konst)* projektieren

P

plan *(Konst)* Plan *m*, Entwurf *m*, Projekt *n*; Grundriss *m*, Zeichnung *f (Grundrisszeichnung)*; Bauplan *m*; Plan *m (geographisch)*
plan change *(Konst, VR)* Projektänderung *f*
plan fix *(RP)* Planfestlegung *f*, Projektfixierung *f*
plan of a site *(Te)* Einrichtungsplan *m*, Anlageplan *m (Bebauungsplan)*; Übersichtsplan *m (Baustelle)*
plan of piles *(Erdb)* Rammplan *m*
plan of site *(Konst)* Lageplan *m*
plan of work *(Te)* Arbeitsplan *m*, Ablaufplan *m*
plan target *(Te, VR)* Planziel *n*
plan view Grundriss *m*, Grundplan *m (Zeichnung)*; Draufsicht *f*
planar eben, gefällelos; in einer Ebene liegend
planar frame *(TK)* ebener Rahmen *m*, ebenes Rahmentragwerk *n*
planar framework *(TK)* ebenes Rahmentragwerk *n*
planar moment of inertia *(Stat)* planares Trägheitsmoment *n*
planar parallel system *(Stat)* ebenes Parallelsystem *n*
planar state of stress *(Stat)* zweidimensionaler Spannungszustand *m*
planar theory of elasticity *(Stat)* ebene Elastizitätstheorie *f*
planch 1. *(Hb)* gedielter Fußboden *m*; 2. Dielenbrett *n*
planching 1. Fußbodenbelag *m*, Fußbodenmaterial *n*; 2. Fußbodenherstellung *f*
plancier 1. Gesimsunterseite *f*; 2. Fußbodendiele *f*
plancier piece Gesimsschließbrett *n*
plane *v* 1. planieren; 2. glätten, polieren; 3. hobeln, abhobeln, behobeln, glatthobeln; schlichten
plane *v* **down** 1. abhobeln; 2. *(Erdb)* einebnen
plane *v* **off** abhobeln
plane *v* **smooth** glatthobeln
plane plan, eben; flach, gefällelos; glatt
plane 1. *(Stat)* Ebene *f*, ebene Fläche *f*; 2. Schnittebene *f*; 3. Hobel *m*
plane angle *(Stat, Verm)* flacher Winkel *m*
plane area-covering structural element ebenes Flächentragwerk *n*
plane bending Flachbiegung *f*
plane deformation *(BT, Stat)* ebene Formänderung *f*, ebene Verformung *f*
plane deformation state *(Stat)* ebener Formänderungszustand *m*, ebener Verformungszustand *m*
plane distortion state *(Stat)* ebener Verzerrungszustand *m*
plane elasticity ebene Elastizität *f*
plane face ebene Fläche *f*
plane force system *(Stat)* ebenes Kräftesystem *n*
plane frame *(TK)* ebener Rahmen *m*; ebenes Fachwerk *n (s. a. plane framework)*
plane framework ebenes Fachwerk *n (s. a. plane frame)*
plane iron Hobeleisen *n*, Hobelmesser *n*
plane lamina ebene Schicht *f (Schichtstoffe)*
plane layer ebene Schicht *f*
plane of a structure *(Konst)* Bauwerksebene *f*
plane of bending *(Te)* Biegeebene *f*
plane of break Bruchfläche *f*, Bruchebene *f*
plane of elements Gliederebene *f*, Stabebene *f*
plane of fracture Bruchfläche *f*
plane of loading *(Stat)* Belastungsebene *f*
plane of members *(Stat)* Stabebene *f*
plane of projection Ansichtsebene *f*
plane of reference Bezugsebene *f*
plane of rupture *(Bod)* Gleitebene *f*, Bruchebene *f*
plane of section Schnittebene *f*
plane of shear *(Stat)* Scherebene *f*, Scherfläche *f*
plane of sliding [slip] Gleitfläche *f*, Rutschfläche *f*; Gleitebene *f*
plane of stratification *(Bod)* Schichtungsebene *f*, Lagerungsebene *f (Geologie)*
plane of symmetry *(Arch)* Symmetrieebene *f*
plane of the force system *(Stat)* Ebene *f* des Kräftesystems
plane of transposition *(Stat)* Verschiebungsplan *m (Knotenpunkte kinematischer Ketten)*
plane of weakness Abscherebene *f*, Scherfläche *f*
plane-parallel *(Arch)* planparallel
plane roadway *(Verk)* flache Fahrbahn *f*; ebene Straßenoberfläche *f*
plane rotational system *(Stat)* ebenes Rotationssystem *n*
plane section ebene Schicht *f*
plane state of stress *(Stat)* ebener Spannungszustand *m*, zweidimensionaler Spannungszustand *m*
plane stock Hobelkasten *m*
plane strain *(Stat)* ebene [zweidimensionale] Dehnung *f*
plane strain fracture toughness Bruchzähigkeit *f* im ebenen [zweidimensionalen] Spannungszustand
plane stress *(Stat)* ebener [zweiachsiger] Spannungszustand *m*
plane surveying *(Verm)* niedere Geodäsie *f*, Plangeodäsie *f*; Feldvermessung *f*
plane system of forces ebenes [zweidimensionales] Kräftesystem *n*
plane table *(Verm)* Messtisch *m*
plane table map *(Verm)* Messtischblatt *n*
plane table survey *(Verm)* Messtischaufnahme *f*
plane table survey sheet *(Verm)* Messtischblatt *n*
plane tile *(BM)* Biberschwanz *m*
plane truss ebenes Fachwerk *n*
planed and square-edged glatt und rechtwinklig geschnitten *(Holz)*
planed board gehobeltes Brett *n*
planed-down *(Erdb)* eingeebnet
planed lumber *(AE) (BM, Hb)* Bauholz *n*, Kantholz *n*
planed matchboards gehobelte Spundbretter *npl*
planed measure Spiegelmaß *n*, schmale Seite *f (Holz)*
planed timber *(BM, Hb)* besäumtes Bauholz *n*
planeness Ebenheit *f (einer Fläche)*
planer 1. *(Hb)* Hobelmaschine *f*; Hobelmeißel *m*; 2. *(Bod)* Planiergerät *n*
planetarium *(Arch)* Planetarium *n*
planimeter *(Konst, Verm)* Planimeter *n*
planimetration *(Te, Verm)* Planimetrierung *f*
planimetring *s.* planimetration
planimetry *(Verm)* Planimetrie *f*, Flächenmessung *f*
planing *(Bod, Erdb)* Planieren *n*, Einplanieren *n*
planing blade *(BWG, Erdb)* Planierschild *n*
planing chips Hobelspäne *mpl*
planing-down *(Erdb)* Planieren *n*, Einebnen *n*
planing machine 1. *(Hb)* Hobelmaschine *f*, Flächenhobelmaschine *f*; 2. *(Bod)* Planiergerät *n*
planing skip Greifer *m (Kübel eines Baggers)*
planing tool Hobelwerkzeug *n*
planish *v* glätten *(z. B. Gelände)*; polieren *(z. B. Walzgut)*; ebnen *(Metalle)*; ausbeulen; aufweiten
planished finish glattgewalzte Oberfläche *f*, glattgeschlagene Sichtfläche *f (Metall)*
planished sheet (metal) poliertes Blech *n*
planishing *(RS, St)* Ausbeulen *n*
plank *v (Hb, Te)* dielen, Dielen legen; verschalen; verkleiden *(mit Brettern)*; verzimmern; täfeln
plank 1. Diele *f*, Brett *n*; Bohle *f*, Planke *f*; Belagbohle *f*; 2. Steinplatte *f*
plank bottom *s.* plank floor
plank covering *(Hb)* Bohlenbelag *m*
plank floor *(Hb)* Bohlenfußboden *m*; Bohlendecke *f*; Dielendecke *f*; Dielung *f*

plank flooring *(Hb)* Dielung *f*
plank foundation platform Bohlenrost *m*
plank frame *(Hb)* Bohlenrahmen *m*; Brettbinder *m*, Bohlenfachwerk *n*; Bohlenzarge *f*, Brettzarge *f*
plank grating *(Hb)* Bohlenrost *m*
plank in prestressed clay vorgespanntes Ziegelbrett *n*, Stahltonbrett *n*, Spanntonbrett *n*
plank lathing Putzträgerdiele *f*
plank lining *(Hb)* Bretterverschalung *f (Außenwand)*
plank-on-edge floor *(Hb)* Bohlenfußboden *m*; Querbalkenfußboden *m*
plank partition *(Hb, Te)* Schalwand *f*
plank revetment Bretterverkleidung *f*
plank roof *(Hb)* Bohlendach *n*
plank roof truss Bohlendachbinder *m*, Brettdachbinder *m*
plank timbers Bohlenholz *n*, Plankenholz *n*
plank truss *(Hb)* Bohlenbinder *m*, Brettbinder *m*, Nagelbinder *m*
plank unit Diele *f*
plank unit floor *(Hb)* Dielendecke *f*
plank way *(Hb)* Bohlenweg *m*
planked beplankt
planking 1. *(Hb)* Fußbodendielung *f*; Bohlenbelag *m*; Holzverschalung *f*; 2. *(Hb)* Verschalen *n*, Verschalung *f (mit Brettern)*; Bohlenverlegen *n*; Abdeckung *f*
planking and strutting *(Erdb)* Baugrubenaussteifung *f*, Aushubverschalung *f*
planned geplant
planned maintenance *(RS)* planmäßige Unterhaltung *f*, systematische Wartung *f* und Pflege *f*; Unterhaltungsmanagement *n*
planner Planer *m*; Projektant *m*
planning *(Konst)* Planung *f*; Projektierung *f*
planning and building laws and regulations *(VR)* Baurecht *n*
planning and building permission *(VR)* Baugenehmigung *f*, Bauerlaubnis *f*
planning and design office *(Konst)* Projektierungsbüro *n*
planning authority *(VR)* Planungsbehörde *f*
planning authorization *(VR)* Planungsermächtigung *f*, Planungszulassung *f*
planning board *(VR)* Planungsverband *m (territorialer)*
planning brief Unterlagen *fpl* [Pläne *mpl*] für das Planfeststellungsverfahren
planning competition Planungswettbewerb *m*
planning conception *(Konst)* Entwurfslösung *f*
planning department Projektabteilung *f*, Planungsabteilung *f*, Vorbereitungsabteilung *f*
planning department and building control office *(VR)* Bauamt *n*
planning documents *(Konst)* Planungsunterlagen *fpl*
planning engineer Projektingenieur *m*
planning flexibility Planungsflexibilität *f*
planning grid *(Konst)* Raster *m*, Entwurfsraster *m*, Konstruktionsraster *m*
planning group Planungsgemeinschaft *f*, Planungsgruppe *f*
planning of buildings *(Konst)* Gebäudeplanung *f*
planning of estate Siedlungsplanung *f*
planning of execution *(Konst)* Bauausführungsplanung *f*
planning of settlement *(RP)* Siedlungsplanung *f*
planning office Planungsbüro *n*
planning permission *(VR)* Baugenehmigung *f*
planning regulation *(VR)* Bauvorschrift *f*
planning restriction *(RP)* Planungsbeschränkung *f*
planning study *(Konst)* Planstudie *f (Großprojekt)*
planning survey *(VR)* Bauaufnahme *f (von Bausubstanz zur Stadtplanung)*; Stadtbauerhebung *f*
planning team Planungsgruppe *f*, Projektgruppe *f*

P

planning work Planungsarbeit *f*, Planungsleistung *f*
plano-convex plankonvex, glatt und konvex *(z. B. sonnengetrocknete Ziegel)*
plant *v* 1. *(Te)* anlegen, errichten; 2. *(LB)* anpflanzen; bepflanzen
plant 1. *(BWG, RP)* Anlage *f*, Betriebsanlage *f*, Fabrikanlage *f*; Maschinenpark *m*, Ausrüstung *f*; 2. *(LB)* Pflanze *f*
plant association *(LB, Umw)* Pflanzverbund *m*
plant bed *(LB, Umw)* Pflanzbett *n*, Pflanzunterlage *f*
plant bowl *(LB)* Planz(en)schale *f*
plant conditions *(VR)* Betriebsbedingungen *fpl*
plant construction *(BWG, RP)* Industriebau *m*, Anlagenbau *m*
plant covering *(LB)* Pflanzendecke *f*
plant decoration *(Arch)* Pflanzenverzierung *f*, Pflanzendekoration *f*
plant depot Bauhof *m*, Gerätehof *m*; Gerätepark *m*
plant equipment *(BWG)* Gerätetechnik *f*
plant item Einzelgerät *n*
plant layout 1. *(LB)* Pflanzplan *m*; 2. *(VR)* Anlagenordnung *f*
plant mix 1. *(BB, BM)* industriemäßig gemischter Beton *m*; 2. *(BM)* Anlagenmischgut *n (bituminöse Baustoffe)*
plant-mixed *(BM)* maschinell gemischt, maschinengemischt; zentralgemischt
plant-mixed bitumen macadam *(BM, Verk)* Bitumenmischmakadam *m*
plant-mixed bituminous mix maschinengemischtes bituminöses Mischgut *n*
plant-mixed concrete industriemäßig gemischter Beton *m*
plant-mixed macadam *(BM, Verk)* Mischmakadam *m*
plant mixing Maschinenmischen *n*
plant motif *(Arch)* Pflanzenmotiv *n*
plant nursery *(LB)* Baumschule *f*
plant protection *(LB)* Pflanzenschutz *m*
Plant Protection Act *(Umw, VR)* Pflanzenschutzgesetz *n*
plant recycling *(Te)* Recycling *n* im Mischwerk
plant resin *(BM)* Naturharz *n*
plant screen *(Umw)* pflanzlicher Lärmschutzwall *m*
plant screens Anlagensiebe *npl (Mischwerk)*
plant scroll *(Arch)* Pflanzenranke *f*
plant sketching *(LB, Umw)* Pflanzungsentwurf *m*
plant test *(Te)* Betriebsversuch *m*, Prüfen *n* unter Betriebsbedingungen
plant tower *(BB, BWG)* Mischturm *m*
plant trough *(LB)* Pflanz(en)trog *m*
plant tub *(LB)* Pflanzbehältnis *n*, Pflanz(en)kübel *m*
plantation *(LB)* Anpflanzung *f*, Pflanzung *f*; Plantage *f*
plantation house *(LB)* Plantagenhaus *n*
planted 1. *(Te)* errichtet; erbaut; 2. *(Hb)* zusammengefügt *(mit Leim)*
planted area 1. *(LB)* Grünfläche *f*; Vegetationsfläche *f*; 2. *(Verk)* Grünstreifen *m (Straße)*; 3. Pflanzenbestand *m (einer Fläche)*
planted moulding *(Arch)* befestigte Zierkante *f*, angebrachtes Ornament *n*
planted stop *(EB, Hb)* angesetzte Anschlagleiste *f*, eingesetztes Anschlagholz *n (Tür, Fenster)*
planter *(Konst, LB)* Pflanzenbecken *n (zum Gebäude gehörig)*; Blumeninnenbeet *n*
planting 1. *(SB, Te)* Ansetzen *n* des Mauerwerks, Legen *n* der ersten Schichten; 2. *(LB)* Bepflanzung *f*, Begrünung *f*; Pflanzarbeiten *fpl*
planting box *(LB)* Blumenkasten *m*, Pflanzbehältnis *n*, Pflanzkübel *m*
planting depth *(Erdb, Konst)* Fundamenttiefe *f*, Einbindetiefe *f*
planting layout *(LB)* Pflanzplan *m*
planting pit *(LB)* Pflanzgrube *f*

planting sods *(LB)* Ansoden *n*, Rasensodenverlegen *n*, Rasensodenbedeckung *f*
plaque 1. *(Arch)* Schmuckplatte *f*, Ornamenttafel *f (Plakette)*; Ziertafel *f*; 2. *(Arch)* Gedenktafel *f*, Gedächtnistafel *f*, Ehrentafel *f*; 3. Plattenluftverteiler *m*
plaque rail *(EB)* Aufhängeleiste *f (an der Deckenkante)*
plasma arc cutting *(St, Te)* Plasmalichtbogenschneiden *n*
plasma cutting *(St, Te)* Plasmaschneiden *n*, Plasmatrennen *n*
plasma spraying *(OB, Te)* Plasmaspritzen *n (Oberflächenschutz)*
plasma welding Auftragsschweißen *n* mit Plasma
plaster *v (SB)* (ab)putzen, verputzen, mit Putz bewerfen; berappen; (ver)gipsen
plaster *v* **externally** außenputzen, außenverputzen
plaster *v* **over** übergipsen
plaster Putz *m*; Putzmörtel *m*; Mauerputz *m*; Gips *m*; Gipsmörtel *m*; Stuckgips *m*
plaster aggregate Putzzuschlag(stoff) *m*, Putzsand *m*
plaster and stucco work *(SB)* Putzarbeiten *fpl*
plaster arch unbehandelte Putzöffnung *f*
plaster area Putzfläche *f*
plaster base *(SB)* Putzträger *m*, Putzgrund *m*, Putzunterlage *f*
plaster-base finish tile *(SB)* beputzbarer Ziegel *m*
plaster-base nail Putzträgernagel *m*
plaster baseboard *(BT)* Putzträgerplatte *f*
plaster bead Putzkantenschützer *m*, Putzkantenschoner *m*
plaster bond 1. Putzhaftung *f*, (mechanische) Putzverankerung *f*; 2. Bitumensperrschicht *f (Mauerwerksdichtung)*
plaster ceiling panel herausgehobenes Deckenteil *n*, geformte Deckentafel *f*
plaster coat Verputz *m*, Putzschicht *f*
plaster concrete *(BB, BM)* Gipsbeton *m*
plaster cornice Putzdeckenkante *f*, Stuck(decken)leiste *f*
plaster cove Deckenkehlleiste *f*, Deckenputzkehle *f*
plaster crack Putzriss *m*
plaster cupola *(SB)* Putzkuppel *f*
plaster-depth switch *(El)* Unterputzschalter *m*
plaster fabric Rabitzgewebe *n*
plaster fabric wall *(Konst, SB)* Rabitzwand *f*
plaster facing *(SB)* Edelputz *m*, Feinputz *m*
plaster finish Gipsüberzug *m*, Gipsestrich *m*
plaster floor Gipsestrich *m*
plaster frieze Putzfries *m*
plaster ground Rahmenputzleiste *f*, Putzkantenleiste *f (Tür, Fenster)*
plaster head Putzkantenschützer *m*, Putzkantenschoner *m*
plaster ingredient Putzbestandteil *n*, Putzkomponente *f*
plaster jointless floor Gipsestrich *m*
plaster lath Putz(mörtel)träger *m*
plaster mortar Gipsmörtel *m*
plaster of Paris kalzinierter [gebrannter] Gips *m*; Stuckgips *m*, Putzgips *m*
plaster on metal (lathing) *(SB)* Putz *m* auf Metallputzträger
plaster on reed (lathing) Rohrputz *m*, Putz *m* auf Rohrgewebe
plaster on wire (lathing) Drahtputz *m*, Putz *m* auf Drahtgeflecht
plaster on wooden lathing *(SB)* Putz *m* auf Holzstabträgergeflecht
plaster panel *(BT)* Gipsplatte *f*
plaster reinforcement Putzbewehrung *f*
plaster rock Rohgips *m*, Gipsgestein *n*, Naturgips *m*
plaster scheme *(SB)* Putzaufbau *m*, Putzsystem *n*
plaster screed Gipsestrich *m*
plaster set vorzeitiges Abbinden *n*, Früherstarrung *f*; falsches Abbinden *n*
plaster slab *(BT)* Gips(bau)platte *f*
plaster slab partition wall Gipsplattenwand *f*
plaster soffit Putzunter(an)sicht *f*
plaster sprayer *(BWG, LB, SB)* Putzwerfer *m*
plaster staff Putzkantenschützer *m*, Putzkantenschoner *m*
plaster stain Putzfleck *m*
plaster stone *(BM)* Gips *m*, Mergel *m*
plaster stucco Gipsputz *m*, Gipsstuck *m*
plaster stuff Deckputzmasse *f*, Oberputzmörtel *m*, Feinputz(mörtel) *m (Innenputz)*
plaster system *(SB)* Putzaufbau *m*, Putzsystem *n*
plaster-throwing machine *(BWG, SB, Te)* Putzwerfer *m*, Putzmaschine *f*
plaster work *s.* plasterwork
plasterboard Gipskartonplatte *f*, Gips(bau)platte *f*; Gipsdiele *f*; Trockenputzpaneel *n*
plastered geputzt, verputzt, innenverputzt
plastered both sides *(SB)* beidseitig verputzt
plastered brickwork *(SB)* verputztes Ziegelmauerwerk *n*
plastered ceiling Putzdecke *f*
plastered counter ceiling Putzunterdecke *f*
plastered wall Putzwand *f*
plasterer Stuckateur *m*; Putzer *m*
plasterer's derby Putzabziehlatte *f*
plasterer's float Reibebrett *n*
plasterer's hair *(BWG, SB)* Putzhaar *n*
plasterer's putty Kalkbrei *m*, Kalkteig *m*, Schlämpe *f*
plasterer's scaffold Putzergerüst *n*, Putzerrüstung *f*
plastering Putzen *n*, Verputzen *n*, Abputzen *n*, Verputzarbeiten *fpl*, Putzarbeiten *fpl*
plastering coat *(SB)* Putzschicht *f*
plastering-in Beiputzen *n*, Zuputzen *n*
plastering machine Putzmaschine *f*
plastering material *(BM, SB)* Putzmaterial *n*
plastering method Putzverfahren *n*, Putzmethode *f*
plastering mix Putzmörtel *m*
plastering reed Putzrohr *n*, Stuckrohr *n*, Stuckschilf *n*
plastering refuse *(RS)* Mörtelschutt *m*, Kalkschutt *m*
plastering trowel Putzkelle *f*, Stuckateurskelle *f*
plasterwork 1. *(SB, Te)* Verputzarbeit *f*, Putzarbeiten *fpl*; Putzen *n*; Stuckarbeit *f*; 2. *(Arch, SB)* Stuckwerk *n*, Stuckatur *f*
plastic 1. plastisch, bildsam, knetbar, geschmeidig; unelastisch; 2. plastisch, körperhaft, nicht flächenhaft (wirkend)
plastic *(BWG)* Kunststoff *m*, Plastwerkstoff *m*, Plastik *n*; Kunstharz *n*
plastic addition Kunststoffzusatz *m*
plastic additive Kunststoffzusatz(stoff) *m*, Polymeradditiv *n (Bitumen)*
plastic adhesive tape Kunststoffklebeband *n*
plastic admixture Kunststoffzusatzmittel *n*
plastic analysis *(Stat)* Berechnung *f* nach dem Traglastverfahren
plastic bandage Plastbandage *f*
plastic barrier material *(DIS)* Sperrfolie *f*, Sperrstoff *m* aus Kunststofffolie, Kunststoffsperrmittel *n*
plastic base Kunststoffbasis *f*, Kunststoffgrund *m*, Kunststoffgrundlage *f*
plastic-based kunststoffhaltig
plastic beam bending *(Stat)* plastische Balkenbiegung *f*
plastic bending plastisches Biegen *n*
plastic bending moment *(Stat)* plastisches Biegemoment *n*
plastic bending strength *(Stat)* plastische Biegefestigkeit *f*
plastic binder 1. Kunststoffkleber *m*; 2. Plastzement *m*
plastic biological shield wall *(Konst)* Kunststoffabschirmwand *f*

plastic board Kunststoffplatte *f*
plastic body *(BM)* plastischer Körper *m*
plastic bonding Kunststoffkleben *n*
plastic-bound kunststoffgebunden
plastic buckling plastisches Knicken *n*
plastic building material Baukunststoff *m*
plastic building unit *(BT)* Kunststoffbauelement *n*
plastic calculation *(Stat)* Berechnung *f* nach dem Traglastverfahren *n*, plastische Berechnung *f*
plastic ceiling Kunststoffdecke *f*
plastic ceiling plaster Kunststoff-Deckenputz *m*
plastic cement Plastzement *m*
plastic cistern *(WVA)* Kunststoffzisterne *f*
plastic clay *(BM, Bod)* plastischer [fetter, verformbarer] Ton *m*
plastic-coated kunststoffbeschichtet, plastbeschichtet
plastic coating *(OB)* Kunststoffbeschichtung *f*, Plastschutzschicht *f*
plastic cold bonding agent Kunststoffkaltkleber *m*
plastic composition Kunststoffmasse *f*, Kunststoffmischung *f*
plastic compound *(BM)* Pressstoff *m*
plastic concrete plastischer [weicher] Beton *m*
plastic conduit Kunststoffrohr *n*
plastic consistency plastische Konsistenz *f*
plastic construction *(Konst)* Kunststoffbausystem *n*
plastic construction material Baukunststoff *m*
plastic container Kunststoffverpackung *f*, Kunststoffgebinde *n*
plastic corrugated board *(BT)* Kunststoffwellplatte *f*
plastic corrugated sheet Kunststoffwellplatte *f*
plastic cracking Reißen *n* des plastischen Betons, Frischbetonreißen *n*
plastic deformation *(Stat)* plastische Verformung *f* [Formänderung *f*], bleibende [nicht elastische] Verformung *f*, Kriechverformung *f*
plastic deformation zone plastischer Formänderungsbereich *m*, plastischer Verformungsbereich *m*
plastic design *(Stat)* Traglastverfahren *n*
plastic dispersion Kunststoffdispersion *f*
plastic dome Kunststoffoberlichtkuppel *f*
plastic door Kunststofftür *f*
plastic drainage pipe *(Erdb)* Kunststoffdränagerohr *n*
plastic dressing paint Kunststoffdachfarbe *f*
plastic dynamism *(Arch)* plastischer Dynamismus *m*
plastic element Kunststoffstab *m*, Kunststoffelement *n*
plastic elongation *(Stat)* plastische Dehnung *f*
plastic emulsion Kunststoffemulsion *f*
plastic equilibrium *(Stat)* plastisches Gleichgewicht *n*
plastic extender Kunststoffstreckmittel *n*, Kunststoffverschnittmittel *n*
plastic façade Kunststofffassade *f*
plastic-faced *(OB)* kunststoffbeschichtet, kunststoffüberzogen
plastic-faced particle board *(BT)* Spanplatte *f* mit Kunststoffbeschichtung
plastic film Kunststofffolie *f*
plastic film for roofing *(BM)* Kunststoffdachfolie *f*
plastic finish 1. Kunstharzdispersionsputz *m*; 2. Plastschutzschicht *f*
plastic fitting *(San)* Kunststoffarmatur *f*
plastic flashing piece Kunststoffanschlussstreifen *m*
plastic floor covering Kunststofffußbodenbelag *m*
plastic flooring Kunststofffußbodenmaterial *n*; Vinylharzplatte *f*
plastic flow *(Stat)* plastisches Fließen *n*; Fließverformung *f*
plastic foam Schaum(kunst)stoff *m*
plastic foam insulation *(DIS)* Schaumstoffdämmung *f*
plastic foil *(BM, DIS)* Kunststofffolie *f*, Plastikfolie *f*
plastic foil sheeting Kunststoff(folien)bahn *f*
plastic foil welder Kunststoff-Folienschweißgerät *n*
plastic formwork Kunststoffschalung *f*
plastic glue *(BM)* Kunststoffkleber *m*, Plastikkleber *m*
plastic hinge *(EB)* Biegescharnier *n*; plastisches Gelenk *n*
plastic-hinge method *(Stat)* Fließgelenkverfahren *n*, plastisches Gelenkverfahren *n*
plastic hose Kunststoffschlauch *m*, Plastikschlauch *m*
plastic-impregnated kunststoffimprägniert, kunststoffgetränkt
plastic insulating material *(DIS)* Dämmkunststoff *m*
plastic laminate Kunststoffschichtenplatte *f*
plastic-laminated kunststofffolienbeschichtet
plastic-laminated hardboard kaschierte Hartplatte *f*, einfache Verbundplatte *f*
plastic lay-in panel Kunststoffeinlegetafel *f*
plastic limit *(Bod, Erdb)* Plastizitätsgrenze *f*; Ausrollgrenze *f* *(nach Atterberg)*
plastic limit load plastische Grenzlast *f*
plastic-lined plastausgekleidet
plastic lining Kunststoffverkleidung *f*, Kunststoffauskleidung *f*
plastic load *(Stat)* Traglast *f*
plastic load approach *(Stat)* Ansatz *m* nach dem Traglastverfahren
plastic load-bearing structure *(Konst)* Kunststofftragwerk *n*
plastic loss plastischer Fluss *m*, Kriechen *n*
plastic making *(Te)* plastische Verformung *f* *(für Formgebung)*
plastic mass plastische Masse *f*
plastic material 1. *s.* plastic; 2. plastische Masse *f*
plastic membrane *(BT)* Kunststoffmembran(e) *f*
plastic methods of structural analysis *(Stat)* Plastizitätstheorie *f* der Baustatik
plastic-modified kunststoffmodifiziert, kunststoffvergütet
plastic moment *(Stat)* plastisches Moment *n*
plastic mortar 1. Weichmörtel *m*; 2. Plastmörtel *m*, plastifizierter Mörtel *m*; Epoxidharzmörtel *m*
plastic mould for concrete Betonkunststoffform *f*
plastic moulding Kunststoffzierleiste *f*
plastic moulding material Kunststoffformmasse *f*
plastic mounting channel Kunststoff-Montageschiene *f*
plastic neutral axis *(Stat)* plastische Nulllinie *f*
plastic packing material Kunststoffverpackung *f*
plastic pail Kunststoffeimer *m*
plastic paint *(BM, OB)* verformbarer Anstrich *m*, texturierbare Farbe *f*
plastic panel Kunststofftafel *f*
plastic pipe Kunststoffrohr *n*
plastic piping systems *(San, WVA)* Kunststoffrohrleitungssysteme *npl (EN 1229, EN ISO 10931, EN 15012, EN 15014, EN 15015, EN 14802)*
plastic powder coating *(OB)* Plastpulverbeschichtung *f*
plastic product Kunststofferzeugnis *n*, Kunststoffprodukt *n*
plastic-proofed kunststoffimprägniert
plastic putty plastischer Kitt *m*
plastic range *(Stat)* plastischer Bereich *m*
plastic range of stress *(Stat)* plastischer Spannungsbereich *m*
plastic refractories Feuerfestmassen *fpl (Massen aller Konsistenz auf Feuerfestbasis, z. B. Schamotte, Magnesit, Chromerz, Korund, Silimanit usw.)*
plastic resin Kunstharz *n*
plastic resistance moment *(Stat)* plastische Momententragfähigkeit *f*
plastic roadline *(Verk)* Kunststoffmarkierung *f (Straße)*
plastic roof gutter *(San)* Kunststoffdachrinne *f*
plastic rotation plastische Drehung *f*

P

plastic sandwich system *(BM)* Kunststoff-Dreischichtensystem *n*
plastic sealing Kunststoffabsiegelung *f*, Kunststoffversiegelung *f*
plastic sealing material *(BM, DIS)* Kunststoff(ab)-dichtungsmittel *n*
plastic section plastischer Querschnitt *m*
plastic shear resistance *(Stat)* plastische Schubtragfähigkeit *f*
plastic-sheathed cable *(El)* kunststoffumhülltes Kabel *n*
plastic-sheathing Kunststoffhülle *f*, Kunststoffhüllrohr *n*, Kunststoffgleitkanal *m*
plastic sheet Kunststoffplatte *f*; Kunststofffolie *f*
plastic sheeting 1. Kunststofffolie *f*, Plastikfolie *f*; Kunststoffbahn *f*; 2. Kunststoffverkleidung *f*
plastic shell 1. Kunststoffschale *f*; 2. plastische Schale *f*
plastic shielding wall *(Konst)* Kunststoff-Abschirmwand *f*
plastic shrinkage plastisches Schwinden *n*
plastic shrinkage crack Haarriss *m*
plastic siding Kunststoffverschalung *f*; Kunststoffwetterschirm *m*
plastic skylight Kunststoffoberlichtabdeckung *f*, Kunststoffraupe *f (Dach)*
plastic soil *(Bod, Erdb)* plastischer Erdstoff *m* [Boden *m*]
plastic stability theory *(Stat)* plastische Stabilitätstheorie *f*
plastic state 1. *(BM)* bildsamer Zustand *m*, Bildsamkeitszustand *m*; 2. *(Stat)* plastischer Zustand *m*
plastic stopper Kunststoffspachtelmasse *f*, Kunststoffausfüller *m*
plastic strain bleibende [plastische] Dehnung *f*
plastic-strain relation *(Stat)* plastisches Spannungs--Dehnungsverhältnis *n*
plastic strength *(Stat)* Festigkeit *f* bei plastischer Verformung
plastic stress distribution *(Stat)* plastische Spannungsverteilung *f*
plastic strip *(Verk)* Kunststoffmarkierung *f (Straße)*
plastic structural cladding konstruktive Kunststoffverkleidung *f*
plastic structure *(Konst)* plastisches Bauwerk *n*
plastic-surfaced kunststoffbeschichtet, kunststoffüberzogen
plastic suspension Kunststoffsuspension *f*
plastic swimming pool Kunststoffschwimmbecken *n*, Plastschwimmbecken *n*
plastic tape Plastbinde *f*
plastic testing machine Kunststoffprüfmaschine *f*
plastic theory *(Stat)* Plastizitätstheorie *f*, Traglastverfahren *n*, Traglastsatz *m*
plastic tile Kunststofffliese *f*
plastic veneer Kunststofffurnier *n*
plastic waste Kunststoffabfall *m*
plastic waterstop *(BT)* Kunststofffugenband *n*
plastic welding Kunststoffschweißen *n*
plastic window *(BT)* Kunststofffenster *n*
plastic wood knetbares Holz *n*, Holzkitt *m*
plastic workability *(Stat)* Formänderungsvermögen *n*
plastic yield *(Stat)* plastische Verformung *f*, plastisches Fließen *n*, Fließverformung *f*
plastically conceived plastisch konzipiert
plasticate *v (Te)* plastifizieren
plastication *(Te)* Plastifizieren *n*, Plastifizierung *f*
plasticimeter Plastizitätsmesser *m*
plasticisation *s.* plasticization
plasticise *v s.* plasticize
plasticised *s.* plasticized
plasticiser *s.* plasticizer
plasticising *s.* plasticizing
plasticity *(BM, Br)* Bildsamkeit *f*, Plastizität *f*, Verformbarkeit *f*
plasticity index *(Br, Erdb)* Plastizitätsindex *m*; Bildsamkeit *f*, Plastizitätszahl *f (nach Atterberg)*
plasticity law *(Br)* Plastizitätsgesetz *n*
plasticity needle Bildsamkeitsnadel *f*
plasticity of soil Bodenzähigkeit *f*
plasticity range *(Stat)* plastischer Formänderungsbereich *m*
plasticization Plastifizierung *f*
plasticize *v* erweichen, plastifizieren, weich machen *(bes. Kunststoffe)*
plasticized plastifiziert
plasticized concrete *(BB, Te)* plastifizierter [weicher] Beton *m*
plasticized mortar plastifizierter Mörtel *m*
plasticizer Betonverflüssiger *m*, Plastifikator *m*, Plastifizierer *m*, Weichmacher *m*
plasticizing plastifizierend
plasticizing Plastifizieren *n*
plasticizing action plastifizierende Wirkung *f*
plasticizing agent *s.* plasticizer
plasticizing frost protection plastifizierendes Frostschutzmittel *n*
plasticizing of concrete Betonverflüssigung *f*
plastics coating *(OB)* Kunstharzbeschichtung *f*
plastics engineering Kunststofftechnik *f*
plastics recycling *(Umw)* Kunststoffrecycling *n*, Kunststoffverwertung *f*
plastics technique Kunststoffverarbeitungstechnik *f*
plastics welding Kunststoffschweißen *n*
plastification *(Te)* Plastifizieren *n*
plastifying admixture Betonverflüssiger *m*
plastifying agent *s.* plasticizer
plastisol *(BM)* Plastisol *n*
plastoelastic *(BM)* plastoelastisch, plastisch-elastisch
plastoelastic composition plastoelastische Masse *f*
plastoelastic flow plastisch-elastisches Fließen *n*
plastomer Plastomer(e) *n*
plat 1. *(RP) (AE)* Lageplan *m*, Stadtplan *m*, Gebietsplan *m (mit Grenzmarkierungen)*; Kataster *m(n)*, Grundbuch *n*; 2. *(Konst)* Treppenabsatz *m*
plat half-space landing *(Konst)* Treppenpodest *n*
platband *(Arch)* flache rechteckige Verzierung *f*; verzierter Sturz *m*, falscher Streckbogen *m*
plate *v* 1. *(OB, Te)* galvanisieren, elektrochemisch [galvanisch] beschichten; 2. mit Platten belegen *(aus Metall)*
plate 1. *(BM)* Blech *n*; Grobblech *n*; 2. *(Stat)* Platte *f*; Tafel *f*; 3. *(OB)* (galvanischer) Überzug *m*; dünne elektrochemisch hergestellte Schicht *f*; 4. *(Hb)* Schwellenholz *n*, Rahmenfußholz *n*; 5. *(Hb)* Kopf(holz)balken *m*; Fußbalken *m*, Wandlängsbalken *m*, Simsbalken *m*; 6. *(BM)* Platine *f*
plate action *(Stat)* Plattenwirkung *f*
plate analysis *(Stat)* Plattenstatik *f*
plate anchor Schwellenankerbolzen *m*
plate arch 1. Blechbogen *m*; 2. Vollwandbogen *m*
plate arched girder *(TK)* Blechbogenträger *m*
plate beam *s.* plate girder
plate bearing *(Br, TK)* Plattenlager *n (Brücke)*
plate bearing device Plattendruckgerät *n*
plate bearing test *(Erdb)* Plattendruckversuch *m*
plate bending Plattenbiegen *n*; Plattenbiegung *f*
plate bolt Fußbalkensicherungsbolzen *m*, Fundamentbolzen *m*
plate bridge *(Br)* Plattenbrücke *f*
plate buckling Verzug *m (geometrisch verzogen)*; Beulen *n*
plate calculation *(Stat)* Plattenberechnung *f*
plate clamped at the rim am Rand eingespannte Platte *f*
plate compactor Plattenstampfgerät *n*

plate construction type *(Konst)* Scheibenbauart *f*
plate depth Plattendicke *f*
plate displacement *(Verk)* Plattenverrückung *f*
plate duct *(WVA)* Blechkanal *m*
plate edge Plattenrand *m*
plate failure *(RS)* Plattenversagen *n*
plate fixing Plattenbefestigung *f*
plate frame Blechrahmen *m*
plate girder *(TK)* (aufgebauter) Plattenträger *m*; genieteter Träger *m*, geschweißter Träger *m*, Blechträger *m*, Vollwandträger *m*
plate girder bridge *(Br)* Blechträgerbrücke *f*
plate glass Tafelglas *n*, Flachglas *n*
plate load *(Stat)* Plattenlast *f*
plate load-bearing structure *(TK)* Plattentragwerk *n*
plate loading test *(Bod)* Lastenplattenprüfung *f*
plate moment *(Stat)* Plattenmoment *n*
plate pipe Blechrohr *n*
plate pipeline *(WVA)* Blechrohrleitung *f*
plate problem *(Stat)* Plattenproblem *n*, Plattenaufgabe *f*
plate rail Aufhängeleiste *f (an der Deckenkante)*
plate rigidity *(Stat)* Plattensteifigkeit *f*
plate rivet Blechniet *m*
plate roof gutter *(San)* Blechrinne *f (Dach)*
plate roofing *(Konst)* Blechbedachung *f*
plate rotation Plattendrehung *f*
plate-shaped plattig
plate shears *pl* Blechschere *f*
plate span *(TK)* Plattenfeld *n*
plate stiffener Verstärkungsplatte *f*
plate strength Plattenfestigkeit *f*
plate structure *(TK)* Flächentragwerk *n*
plate template Blechschablone *f*
plate theory *(Stat)* Plattentheorie *f*
plate thickening Plattenverstärkung *f*
plate thickness Blechdicke *f*
plate-type tread Blechstufe *f (Treppe)*
plate vibrator *(BWG, Erdb)* Plattenrüttler *m*, Rüttelplatte *f*
plate web girder Blechstegträger *m*
plate width Plattenbreite *f*
platea *(Arch)* breite römische Straße *f*
platen Druckplatte *f (einer Presse)*
platen-pressed chipboard *(BT)* plattengepresste Spanplatte *f*
Plateresque style *(Arch)* Platereskenstil *m (überladener spanischer Baustil im 16. Jh.)*
platform 1. *(Arch)* Estrade *f*, erhöhter Fußboden *m*; Plattform *f*; Podium *n*; Rampe *f*; Treppenpodest *m*; Bühne *f (Arbeitsplattform)*; Rednertribüne *f*, Tribüne *f*; Terrassenfläche *f*; 2. *(Verk)* Bahnsteig *m*; 3. *s.* grillage
platform footing *(Erdb)* Fundamentrost *m*
platform frame *(TK)* Balkenrahmen *m*, Hausfachwerk *n (mit geschosshohen Fachwerkstützen)*
platform half-space landing *(Konst)* Treppenpodest *n*
platform roof *(Konst)* Terrassendach *n*; Bahnsteigdach *n*
platform scale(s) Brückenwaage *f*
platform stair doppelläufige [zweiläufige, gegenläufige] Treppe *f*
platform subway *(Verk)* Bahnsteigunterführung *f*
platform weighing machine Brückenwaage *f*
plating *(OB)* Beschichten *n*, Beschichtung *f (elektrolytisch)*
platoon *(Verk)* Fahrzeugbulk *m*, Kolonne *f*
platy plattig, plattenförmig
platy limestone *(BM)* Plattenkalk *m*, Kalkschiefer *m*
play *(Konst)* Bewegungsspiel *n*, Spiel *n*, Luft *f (zwischen zwei Bauteilen)*
play area *(RP)* Spielfläche *f*
play lot *(RP)* Spielfläche *f*, Spielplatz *m*
play of forces *(Stat)* Kräftespiel *n*
play street *(Verk)* Spielstraße *f*
playfield Spielfeld *n (Sportplatz)*
playground *(RP)* Spielplatz *m*; Schulhof *m*
playground construction Spielplatzbau *m*
playground for toddlers *(RP)* Spielwiese *f* für Kleinkinder
playhouse 1. *(Arch)* Schauspielhaus *n*; 2. *(AE)* Kinderspielhaus *n*
playing field Sportfeld *n*, Sportplatz *m*
plaza *(AE)* 1. *(RP)* öffentlicher Platz *m*; Platzanlage *f*; 2. *(RP)* Einkaufszentrum *n*
pleasure garden *(Arch, LB)* Lustgarten *m*
pleasure house *(LB)* Gartenpavillon *m*
plenum *(HLK)* Luftraum *m (Zwischenraum für Klimaanlagen)*
plenum barrier *(DIS)* Schallabschirmkonstruktion *f*, Abschirmung *f (in einer abgehängten Decke über einer Trennwand)*
plenum chamber *(HLK)* Luftkammer *f*, Luftkammerraum *m*, Überdruckkammer *f (Klimaanlage)*
plenum heating *(HLK)* Luftheizung *f*
plenum system ventilation *(HLK)* Drucklüftung *f (zur Beheizung und Lüftung von Großräumen)*
Plexiglas(s)® Plexiglas® *n*
pliable *(BM)* biegsam, nachgiebig
pliable rule Kurvenlineal *n*
pliant biegsam, nachgiebig
pliers Kombizange *f*, Kombinationszange *f*; Zange *f*
plies Schichten *fpl*, Lagen *fpl (Baustoffe)* • **in plies** schichtenweise, lagenweise
plinth 1. *(Arch)* Plinthe *f*, Säulenplatte *f*; Sockel *m (einer Säule)*; Sockelmauerwerk *n*; 2. Fußleiste *f (Unterteil einer Säule)*
plinth brick *(BM)* Plintheziegel *m*, Sockelziegel *m*
plinth course Sockelschicht *f*
plinth masonry wall *(SB)* Plinthemauerwerk *n*, Sockelmauerwerk *n*
plinth tile Plinthefliese *f*, Sockelfliese *f*
plinth wall *(SB)* Sockelmauer *f*
plinth walling *(SB)* Sockelmauerwerk *n*
plot *v* auftragen, aufzeichnen, eintragen *(Messdaten, Konstruktionspunkte usw.)*
plot *v* **a graph** *(Konst)* grafisch darstellen
plot *v* **a line** eine Linie trassieren; eine Linie zeichnen
plot *v* **a road** *(Verk)* trassieren *(Straße)*
plot 1. *(RP, VR)* Parzelle *f*, Parzellenland *n*, *(AE)* Landstück *n*; Hausgrundstück *n*, *(AE)* Grundstück *n*; 2. Diagramm *n*, Darstellung *f*, Schaubild *n*
plot line *(AE) (Verm)* Grundstücksgrenze *f*
plot of ground Grund(stücks)parzelle *f*
plot plan Parzellenaufteilungsplan *m*, Bauplan *m*
plot planning *(RP)* Grundstücksplanung *f*
plot ratio *(Konst)* Geschossflächenzahl *f*, Geschossflächenverhältnis *n*
plotter Zeichenmaschine *f (elektronisch)*
plotting Anreißen *n*; Aufzeichnen *n*, Auftragen *n*, Eintragen *n*; Ausplotten *n*, Ausdrucken *n (Messdaten, Konstruktionspunkte usw.)*
plotting from photographs *(Verm)* Bildauswertung *f*, Bildkartierung *f*
plotting of profiles *(Verm)* Profilaufnahme *f*
plough *v (Hb)* nuten, furchen
plough *v* **and tongue** *v (Hb)* verspunden
plough 1. Falz *m*, Kehle *f*; 2. Kehlhobel *m*, Nuthobel *m*
plough-and-feathered joint *(Hb)* Federverbindung *f*, Spundverbindung *f*
plough-and-tongue joint *(Hb)* Federverbindung *f*, gefederte Fuge *f*, Nut- und Federverbindung *f* mit Fugenfüllleiste, Spundverbindung *f*
plough groove *(Hb)* Nut(kehle) *f*
plough land *(RP)* Ackerland *n (Landschaftsplanung)*

P

plough plane Nuthobel *m*
plough strip Nutleiste *f*
ploughshare vault *(Arch)* sechsteiliges Gewölbe *n*
plow *(AE) s.* plough
plucked finish Abplatzoberfläche *f*, geplatzte Oberfläche *f*, Spratzfläche *f (Stein)*
plug *v (Te)* zustopfen, stöpseln, verschließen; pfropfen; zusetzen; verdämmen, verfüllen
plug 1. Stopfen *m*, Stöpsel *m*, Pfropfen *m*; Verschlusskappe *f*; Küken *n (an einem Hahn)*; 2. Dübel *m*, Spund *m*; Pinne *f*; 3. Dorn *m*, Scharnierstift *m*; 4. *(El)* Stecker *m*
plug-centre punch Hülsenkörner *m*
plug cock *(HLK, San)* Drehregelventil *n*, Hahnventil *n*
plug fuse *(El)* Einschraubsicherung *f*
plug gauge Lochlehre *f (Lochlehre)*
plug-in connection *(El)* Steckverbindung *f*
plug-in construction *(Te)* Einschubbauweise *f*
plug-in housing estate *(RP)* anschließbare Wohnsiedlung *f*
plug-in network *(RP)* anschließbares Versorgungsnetz *n*
plug-in point Antennenanschluss *m (in der Wohnung)*
plug-in termination *(HLK)* Steckanschluss *m*
plug key Hahnschlüssel *m*
plug-on connection *(El)* Steckeranschluss *m*
plug tap *(San)* Hahnventil *n*, Dreh(regel)ventil *n*
plug tenon kurzer Zapfen *m*
plug valve *(WVA)* Absperrhahn *m*, Hahnschieber *m*
plug weld Loch(schweiß)naht *f*
plugging Verdübelung *f*, Dübelbohren *n*
plugging chisel 1. *(BWG)* Sternmeißel *m*, Kreuzbohrmeißel *m*; 2. *(BWG, Hb)* Fitschenbeitel *m*
plughole Verschlussloch *n*
plum (großer) Betonfüllstein *m*, großer Stein *m (Zyklopenbetonstein)*
plumb *v* 1. *(LB, Verm)* (ab)loten; einloten, ins Lot bringen; 2. *(San, Te)* Installationsarbeiten ausführen
plumb *v* **up** *(Verm)* ausrichten
plumb lotrecht, im Lot, bleirecht
plumb *s.* plumb bob
plumb and level *(AE)* Lotwaage *f*
plumb bob Senklot *n*, Senkblei *n*, Lot *n*, Bleilot *n*, Schnurlot *n*, Richtlot *n*, Lotgewicht *n*
plumb cord Mauerschnur *f*
plumb cut of rafter *(Hb)* senkrechter Sparrenschnitt *m*
plumb joint gelötete Blechverbindung *f*
plumb level *(Verm)* Lotsetzwaage *f*
plumb line Schnurlot *n*, Lotschnur *f*, Richtschnur *f*
plumb line deviation *(Verm)* Lotabweichung *f*, Abweichung *f* von der Lotrechten
plumb pile senkrechter Pfahl *m*
plumb rod Stablot *n*, Brett(hänge)lot *n*
plumb roofing *(Konst)* Bleibedachung *f*
plumb rule *s.* plumb rod
plumbago *(BM)* Plumbago *m*, Rohgraphit *m*
plumbago refractory Graphit-Tonerzeugnis *n*
plumbeous bleifarbig, bleifarben; bleiig
plumber Klempner *m*; Bauklempner *m*; Installateur *m*, Rohrleger *m*; Blechner *m*, Spengler *m*, Flaschner *m (süddeutscher Raum)*
plumber's friend *(BWG, San, WVA)* Pumpsauger *m*, Verstopfungspumper *m*
plumber's furnace Löterhitzer *m*
plumber's rasp Bleiraspel *f*
plumber's round iron Rundlötkolben *m*, Saumlötkolben *m*
plumber's shop Klempnerwerkstatt *f*, Klempnerei *f*
plumber's soil *(OB)* Rußleimanstrich *m*
plumber's solder Lötzinn *n*
plumber's tapper Bleiklopfer *m*
plumber's work *(San)* Klempnerarbeiten *fpl*, Installationsarbeiten *fpl*
plumbery 1. Wasser- und Gasinstallation *f*; 2. Klempnerei *f*, Klempnerwerkstatt *f*
plumbic aus Blei
plumbiferous paint *(BM, OB)* Bleifarbe *f*
plumbing 1. *(San)* Hausinstallation *f*, Installationssystem *n (für Wasser und Gas)*; sanitäre Installation *f*; 2. *s.* plumbing system; 3. *(San)* Klempnerarbeiten *fpl*, Installationsarbeiten *fpl*
plumbing core *(Konst)* Installationskern *m (für Wasser, Gas und Heizung)*
plumbing fitting Installationsmaterial *n*; Rohrfitting *n*
plumbing fixture *(WVA)* Abwassersammelbecken *n*, Abwasserzwischengrube *f*
plumbing line *(San)* Sanitärleitung *f*
plumbing pipe *(San)* Sanitärrohr *n*
plumbing piping *(San)* Sanitärleitungen *fpl*
plumbing stack Installationsschacht *m*
plumbing system *(San)* Installationssystem *n*, Installation *f*, Rohrleitungssystem *n*
plumbing unit *(Konst)* Installationszelle *f*, Installationskern *m (für Wasser, Gas und Heizung)*
plumbing wall Installationswand *f (für Rohre)*
plumbing work *(San)* Hausinstallation *f*, Installationsarbeiten *fpl*, Klempnerarbeiten *fpl*
plummet *s.* plumb bob
plunger *(San)* Pumpsauger *m*, Verstopfungspumper *m*
plunging siphon *(BM)* Stechheber *m (Probenahme)*
plus allowance zulässige Übergröße *f*, erlaubtes Übermaß *n*
plus material *(BM)* Siebgrobes *n*
plus sight *(Verm)* Rückblick *m*, Rücksicht *f*
plutonic rock Tiefengestein *n*
plutonite *(BM)* Plutonit *m*, Tiefengestein *n*, plutonisches Gestein *n*
pluviometer Regenmesser *m*
ply *v* biegen, falten
ply 1. Furnierplatte *f*; 2. Schichtplattenlage *f*, Zwischenlage *f*, Lage *f*, Schicht *f*; 3. Falte *f*; 4. Dickte *f*, Lage *f (Holzschicht)*
plyglass *(BM)* Faserschichtglas *n (Verbundglas)*; Opalglas *n*
plymetal blechbeplanktes Sperrholz *n*, Metallsperrholz *n*
plyplastic Formpressholz *n*
plywood Sperrholz *n*, Furnierplatte *f*
plywood assembly *(BT)* Furnierplatte *f*
plywood box beam *(Hb, TK)* Sperrholzkastenbalken *m*
plywood corner plate *(Hb)* Sperrholzknotenverbindung *f*
plywood covering *(Hb)* Sperrholzbeplankung *f*
plywood exterior sheathing Sperrholzaußenverkleidung *f*
plywood face panel furnierbezogene Sperrholztafel *f*
plywood flush door *(Hb)* Sperrholzflächentür *f*
plywood form(work) Sperrholzschalung *f*
plywood girder *(Hb, TK)* Sperrholzträger *m*, verleimter Träger *m*
plywood panel Sperrholztafel *f*
plywood roof sheathing *(Hb)* Sperrholzdachverschalung *f*, Sperrholzdachschale *f*
plywood sheathing Sperrholzverschalung *f*
plywood shuttering *(Hb)* Sperrholzschalung *f*
plywood siding *(Hb)* Sperrholzverschalung *f (an Außenwänden)*
plywood squares Sperrholzparkettplatten *fpl*
PMS *s.* pavement management system
pneumatic pneumatisch
pneumatic applied mortar *(BB, BM)* Spritzmörtel *m*; Torkretmörtel *m*
pneumatic breaker *(BWG)* pneumatischer Aufbruchhammer *m*, Druckluftaufbruchhammer *m (Straßenbau)*
pneumatic caisson *(Erdb)* Druckluft(senk)kasten *m*

pneumatic chipping hammer Druckluftmeißel *m*, kleiner Drucklufthammer *m*
pneumatic chisel *s.* pneumatic chipping hammer
pneumatic classification *(Te)* pneumatisches Sortieren *n*
pneumatic classifier *(BM, BWG)* Sichter *m*
pneumatic concrete placer *(BB, BWG, Te)* pneumatischer Betonförderer *m*
pneumatic concrete spray gun Torkretdruckluftpistole *f*
pneumatic control system pneumatische Steuerung *f*, Druckluftsteuerung *f*
pneumatic digger *(BWG)* Druckluftspatenhammer *m*
pneumatic dispatch(ing) system Rohrpost *f*
pneumatic drill Druckluftbohrer *m*
pneumatic feeding *(BB, Te)* Druckluftbetonzuführung *f*
pneumatic float pneumatische Verputzkelle *f*
pneumatic foundation *(Erdb)* Druckluftgründung *f*
pneumatic gun Druckluftspritzpistole *f*, Druckluftspritze *f*
pneumatic hammer *(BWG)* Drucklufthammer *m*
pneumatic hammer drill Druckluftschlagbohrer *m*
pneumatic mortar pneumatisch aufgetragener Mörtel *m*; Torkretmörtel *m*
pneumatic pavement breaker *s.* pneumatic breaker
pneumatic pick Drucklufthammer *m*, Pickhammer *m*
pneumatic placement *(BB, SB, Te)* pneumatisches Putzaufspritzen *n*, Torkretieren *n*; pneumatisches Betonieren *n*
pneumatic placer pneumatischer Betonförderer *m*
pneumatic plastering machine Druckluftputzgerät *n*
pneumatic rammer *(BWG, Erdb)* Drucklufttramme *f*
pneumatic riveter Druckluftniethammer *m*, Pressluftnieter *m*
pneumatic roller *(Verk)* Gummiradwalze *f*
pneumatic sorter *(BWG)* pneumatische Sortieranlage *f*
pneumatic structure *(Arch, Konst)* Tragluftkonstruktion *f*, Tragluftgebäude *n*
pneumatic tamper Druckluftstampfer *m*
pneumatic test Druckprüfung *f* mit Luft
pneumatic transmission of concrete pneumatische Betonförderung *f*
pneumatic trowel pneumatische Verputzkelle *f*
pneumatic tube installation *(EB)* Rohrpostanlage *f*
pneumatic tube plant [system] *(EB)* Rohrpost(anlage) *f*
pneumatic-tyred roller *(BWG, Verk)* Gummiradwalze *f* *(Straßenbau)*
pneumatic vibrator Drucklufttrüttler *m*
pneumatic water supply *(WVA)* Wasserdruckluftsystem *n*, Wasserversorgungsanlage *f* mit Druckluftkessel
pneumatically applied mortar maschinenangespritzter Mörtel *m*
pneumatically placed concrete Spritzbeton *m*, Torkretbeton *m*
poché *(Konst)* dargestellte Bausubstanz *f* in einer Bauzeichnung *(durch dunkle Flächen)*
pocket 1. *(Konst)* Aussparung(söffnung) *f*; Tasche *f*; 2. *(Konst)* Schiebetüraufnahmeöffnung *f*; 3. *(BB, RS)* Nest *n*, Einschluss *m (z. B. in einer Betonmischung)*
pocket butt *(EB)* Faltscharnier *n (für einen Faltflügel)*
pocket of loose gravel Kiesnest *n*
pocket of sand *(Bod)* Sandlinse *f*
pocket piece (of a sash window) *(Konst)* Hubfenster-Gewichtsaufnahmekasten *m*
pocket rot *(Hb, RS)* Fäulnis *f*, Fäulnisnest *n (Holz)*
pocket storage *(Wsb)* Wasserspeicherung *f* an der Oberfläche
pockmarking Farbanstrichdruckstelle *f*, Lackvertiefung *f*; Orangenschaleneffekt *m*
pod 1. Halter *m*, Sockel *m*; 2. *(San)* Badezimmerzelle *f*, Sanitärzelle *f (vorgefertigt)*
podium Podium *n*, hoher Unterbau *m (Podest)*
podul *(San)* Rasterzelle *f*, Anschluss(pass)zelle *f (z. B. Nasszelle, Sanitärzelle)*
podul system *(Konst)* Rasterbaukastensystem *n*, anschlussgerechtes Baukastensystem *n (Montagebau)*
podzol soil *(Bod)* Podsolboden *m*, Bleicherde *f*, humider Boden *m*
poetic architecture poetische Architektur *f*, poetische Baukunst *f*
point *v* 1. *(SB, Te)* verfugen, ausfugen *(Mauerwerk)*; 2. anschärfen; spitzen, stocken *(Stein)*
point *v* **a wall** *(SB, Te)* eine Mauer verfugen
point 1. Punkt *m*, Stelle *f*; Spitze *f*; 2. Spitzeisen *n*; 3. Reißnadel *f*; 4. Weiche *f (Eisenbahn)*
point bar *(Bod, Umw, Wsb)* Ufersandbank *f*
point-bearing capacity *(Erdb)* Spitzentragfähigkeit *f (Rammpfahl)*
point-bearing pile *(Erdb)* Spitzendruckpfahl *m*
point block [building] *(Arch)* Punkt(hoch)haus *n*
point corrosion *(OB)* punktförmige Korrosion *f*
point-end-bearing pile *(Erdb)* Spitzendruckpfahl *m*
point force *(Stat)* Punktkraft *f*
point load *(Stat)* Punktlast *f*, konzentrierte Last *f*, Einzellast *f*
point-load stress *(Stat)* Punktlastspannung *f*
point-load system Punktlastsystem *n*
point loading *(Stat)* Punktbelastung *f*
point monitoring *(Verk)* Verkehrspunktüberwachung *f*, punktuelle Überwachung *f*
point of access *(Verk)* Zufahrtstelle *f*, Anschlussstelle *f*
point of anchorage *(Konst)* Verankerungspunkt *m*
point of application *(Konst)* Angriffspunkt *m*
point of application of a force *(Stat)* Kraftangriffspunkt *m*
point of bending Abbiegestelle *f (Bewehrungsstab)*
point of changing superelevation *(Verk)* Überhöhungswendepunkt *m*
point of consumption *(El, WVA)* Abnehmerstelle *f*, Abnehmer *m*, Verbraucherstelle *f*
point of contact Berührungspunkt *m*
point of contraflexure *(Stat)* Momentennullpunkt *m*
point of demand *s.* point of consumption
point of divergence *(Verk)* Entflechtung(sstelle) *f*
point of emission Emissionsstelle *f (von Rauch und aggressiven Stoffen)*
point of entry Eintrittsstelle *f*; Zufahrtsstelle *f*
point of failure *(RS)* Schadenstelle *f*
point of fixation Einspannstelle *f*
point of ignition *(BM)* Flammpunkt *m*
point of inflection *(Stat)* Momentennullpunkt *m*; Knickpunkt *m*
point of intersection *(Stat)* Schnittpunkt *m*
point of junction *(Konst, Stat)* Knotenpunkt *m*
point of junction of members *(TK)* Knotenpunkt *m (Tragwerk)*
point of load application *(Konst, Stat)* Lastangriffspunkt *m*
point of moments *(Stat)* Momentennullpunkt *m*
point of origin *(WVA)* Anfallstelle *f (Abwasser)*
point of pile Pfahlspitze *f*
point of reference *(Verm)* Richtpunkt *m*, Höhenmarke *f*, Höhen(bezugs)punkt *m*
point of rigid support *(Konst)* Einspannstelle *f*
point of support Auflage(r)punkt *m*, Auflager *n*, Auflagestelle *f*
point of zero moment *(Stat)* Momentennullpunkt *m*
point plotting *(Konst)* punktweises Auftragen *n (Messwerte, Konstruktionspunkte usw.)*
point source *(El)* Lichtpunktquelle *f*
point tangent *(Verk)* Berührungstangente *f (Trassierungszeichnung)*
point treatment *(Konst)* punktuelle Lösung *f*

pointed spitz, mit einer Spitze (versehen); zugespitzt; gespitzt *(Natursteinbearbeitung)*
pointed arch *(Arch, Konst)* Spitzbogen *m*, gotischer Bogen *m*
pointed arched corbel-table *(Arch)* Spitzbogenfries *m*
pointed architecture *(Arch)* gotische Architekturelemente *npl*
pointed ashlar *(SB)* gespitzter Quaderstein *m*
pointed auger Spitzbohrer *m*
pointed barrel vault *(Arch, Konst)* Spitztonnengewölbe *n*
pointed chisel Spitzeisen *n*
pointed dome Spitz(bogen)kuppel *f*
pointed Gothic vault *(Arch, Konst)* gotisches Gewölbe *n*
pointed hammer Stockhammer *m*, Spitzhammer *m*
pointed horseshoe arch *(Arch, Konst)* Hufeisenspitzbogen *m*, maurischer Hufeisenbogen *m*
pointed mortise chisel Spitzmeißel *m*
pointed pile *(Erdb)* Spitzpfahl *m*
pointed style *(Arch)* Spitzbogenstil *m*
pointed trowel Spitzkelle *f*
pointed tunnel vault *(Arch, Konst)* Spitztonnengewölbe *n*
pointed twist auger Spiralbohrer *m*
pointed vault *(Arch, Konst)* Spitz(bogen)gewölbe *n*
pointed work Spitzen *n*, Stocken *n*; gespitzte Arbeit *f*
pointel(le) diagonales Fußwegsetzmuster *n (mit quadratischen und Diagonalelementen)*
pointer Zeiger *m*
pointing 1. *(SB)* Verfugung *f*; Nachfugen *n*; Fugenverstrich *m*; 2. Fugensäubern *n* und Neuverfugen *n*; 3. Spitzen *n*, Stocken *n*; 4. *s.* pointing compound
pointing compound Fugenverstreichmasse *f*
pointing mortar *(SB)* Fugenmörtel *m*
pointing template Lagerfugenschablone *f*
points of contraflexure *pl (Verm)* Punkte *mpl* der Gegenbiegung
pointwise connection *(Konst)* punktweiser Anschluss *m*
poison *(Umw)* Gift *n*
poison cupboard *(VR)* Giftschrank *m*
poisonous waste *(Umw)* Giftmüll *m*
Poisson constant *(Stat)* Poisson'sche Konstante *f*, Querzahl *f (Quotient Dehnung zu Querkürzung bzw. Querkontraktion)*
Poisson's ratio *(Stat)* Poisson'sche Zahl *f*, Querkontraktionszahl *f (Quotient Querkürzung bzw. Querkontraktion zu Dehnung)*
poker Feuerhaken *m*, Schürfhaken *m*
poker chips *(Bod)* Blätterschiefer *m*, dünnblättriger Schieferton *m*
poker vibrator Innenrüttler *m*, Tauchrüttler *m*, Flaschenrüttler *m*, Rüttelflasche *f*
polar diagram *(Stat)* Seildiagramm *n*
polar force *(Stat)* Polarkraft *f*
polar line *(Stat)* Seillinie *f*, Seilstrahl *m*, Seilkurve *f*, Pollinie *f*
polar moment of inertia *(Stat)* polares Trägheitsmoment *n*
polarized glass screen Sonnenschutzscheibe *f*
polarized light *(El)* polarisiertes Licht *n*
polarized receptacle *(AE) (El)* Steckdose *f* für polgerechten Stecker
polder (dike) *(Wsb)* Polder(deich) *m*, Koog *m*, eingedeichtes Marschland *n*
pole *(BT)* Mast *m (aus Holz oder Beton)*; Pfahl *m*; Pfosten *m*; Stange *f*; Baustange *f*; Rundholz *n*, Maststange *f*, Stangenmast *m*
pole anchor(age) Mastanker *m*
pole climbers Steigeisen *npl (für Holzmasten)*
pole construction *(Konst)* Mastenbauweise *f*
pole footing Mastfuß *m*
pole guy *(AE) (BT)* Mastanker *m*, Abspannseil *n*
pole-hung lantern *(Verk)* Masthängeleuchte *f (Straße)*
pole of a scaffold Gerüstbaum *m*
pole piece *(Hb)* Firststück *n*, *(AE)* Firstbohle *f*
pole plate *(Hb)* Auflage(r)holz *n*, Fußholz *n (einer Dachkonstruktion)*; Schwelle *f (Dach)*
pole spacing *(Konst)* Mastabstand *m*
pole timber Stangenholz *n*
police building *(Arch)* Polizeigebäude *n*
police station *(VR)* Polizeistation *f*
policy making *(VR)* taktikmachend
poling board Absteifbrett *n*, Aussteifbrett *n*; Schalbrett *n*, Schalholz *n (z. B. für Baugruben)*
poling boards *(Hb)* Holzverschalung *f (eines Schachts)*
polish *v (Te)* polieren; glätten; reiben; schleifen; glanzschleifen
polish 1. Glattputzen *n (Putz)*; 2. Poliermittel *n*
Polish bond *(SB)* polnischer Verband *m (Mauerwerk)*
polish emulsion Wachsemulsion *f*
polish etching Polierätzen *n*
polish grind *(Te)* Betonabschleifen *n*; Terrazzo(glanz)-polieren *n*
polish grinding Abziehen *n*
polish layer *(OB)* Polierschicht *f*
polishability *(OB, Te)* Polierbarkeit *f*
polishable polierbar, polierfähig *(Naturstein)*; bohnerbar
polished glatt
polished aggregate *(BM, Verk)* glattpolierter Splitt *m (Straßenoberfläche)*
polished finish polierte Steinoberfläche *f*
polished glass geschliffenes Glas *n*
polished plate glass Kristallspiegelglas *n*, Spiegelglas *n*
polished slate polierter Schiefer *m*
polished stone finish *(OB)* polierte Steinoberfläche *f*
polished stone value Mineralstoff-Polierwiderstandswert *m*
polished surface polierte Fläche *f*
polishing 1. *(Te)* Polieren *n*; 2. *(Verk)* Glättebildung *f (Verschleißschicht)*
polishing abrasive Poliermittel *n*
polishing agent Poliermittel *n*, Politur *f*
polishing compound Poliermasse *f*
polishing machine with flexible shaft *(BWG)* Poliermaschine *f* mit biegsamer Welle
polishing paste Polierpaste *f*
polishing resistance *(BM, OB)* Polierresistenz *f*, Polierwiderstand *m (Oberflächen, Straßenbauzuschlagstoffe)*
polishing scratches Polierspuren *fpl*
polishing test Polierversuch *m*, Polierprüfung *f*
polishing varnish *(OB)* Schleiflack *m*
polishing wheel Polierscheibe *f*
poll Hammerbreitende *n*
pollard *(LB)* Kopfbaum *m*, gekappter [gekröpfter] Baum *m (Landschaftsbau)*
pollutant *(Umw)* Verunreinigungssubstanz *f*, Schadstoff *m*, Umweltschadstoff *m*, Schmutzstoff *m*, Kontaminant *m*
pollutant concentration *(Umw)* Schadstoffkonzentration *f*
pollutant deposition *(Umw)* Schadstoffablagerung *f*
pollutant discharge *(Umw)* Schadstoffaustrag *m*
pollutant emission *(Umw)* Schadstoffausstoß *m*, Schadstoffemission *f*
pollutant-impacted ground *(Bod, Umw)* schadstoffbelastetes Erdreich *n*
pollutant load *(Umw)* Schadstofflast *f*
pollute *v (Umw)* verschmutzen, verunreinigen
polluted verschmutzt, verunreinigt
polluted rainwater *(Umw)* verschmutztes Regenwasser *n*
polluted water verschmutztes Wasser *n*; verseuchtes Wasser *n*
polluter-pays principle *(VR)* Verursacherprinzip *n*
polluting matter Emission *f (Straße, Fabrikanlagen)*

pollution *(Umw)* Verschmutzung *f*, Verunreinigung *f*
pollution abatement *(Umw)* Gewässerschutz *m*
pollution abatement facility *(HLK)* Reinigungsanlage *f* *(von Abwasser, Abluft)*
pollution burden *(Umw)* Schadstoffbelastung *f*
pollution by soot *(Umw)* Rußverschmutzung *f*
pollution control *(Umw)* Umweltschutz *m*; Kontaminationsschutz *m*; Bekämpfung *f* von Umweltbelastungen
pollution damage *(Umw)* Verschmutzungsschaden *m*
pollution dispersion from tunnel *(Tun, Umw)* Verunreinigungsverstreuung *f* aus der Tunnelöffnung, Schmutzverbreitung *f* durch den Tunnel
pollution emitter *(Umw)* Emissionsquelle *f*
pollution level *(Umw)* Verschmutzungsgrad *m*, Verunreinigungsumfang *m*, Schadstoffniveau *n*, Schadstoffkonzentration *f*
pollution limiting *(Umw)* Schadstoffgrenzwert *m*
pollution load *(Umw)* Abwasserlast *f*
pollution monitoring *(Umw)* Verschmutzungsüberwachung *f*
pollution of the air Luftverunreinigung *f*, Luftverschmutzung *f*
pollution of the environment Umweltverschmutzung *f*
pollution reduction *(Umw)* Schadstoffausstoßreduzierung *f*
pollution research *(Umw)* Umweltverschmutzungsforschung *f*
pollution source Verunreinigungsquelle *f*
polyacrylate Polyacrylat *n*
polyamide Polyamid *n*, Polyamidharz *n*
polyamide-curing polyamidhärtend
polyamide resin *(BM)* Polyamidharz *n*
polycarbonate Polycarbonat *n*, PC, Polykarbonat *n*
polycentric polyzentrisch
polychloroprene Polychloropren *n*
polychloroprene rubber *(BM)* Polychloroprenkautschuk *m*
polychromatic vielfarbig, mehrfarbig
polychromatic finish 1. gemischtfarbiger Anstrich *m*; 2. farbiger Reflexanstrich *m*, schillernde Oberfläche *f*
polychromatic opulence *(Arch)* Farbenschwelgerei *f*, polychrome Schwelgerei *f*
polychromatism Vielfarbigkeit *f*, Mehrfarbigkeit *f*
polychrome mehrfarbig
polychromy *(Arch)* Vielfarbendekoration *f*, Mehrfarbigkeit *f*
polycondensation *(BM, Te)* Polykondensation *f*
polycondensation reaction Polyreaktion *f*
polycyclic aromatic hydrocarbon *(Umw)* polyzyklischer aromatischer Kohlenwasserstoff *m*, PAK
polydirectional in mehreren Richtungen
polyester *(BM)* Polyester *m*
polyester board *(BT)* Polyesterplatte *f*
polyester casting resin Polyestergießharz *n*
polyester coating Polyesteranstrichstoff *m*; Polyesteranstrich *m*
polyester compound *(BM)* Polyesterharzverbindung *f*
polyester concrete *(BM)* Polyesterbeton *m*, Polybeton *m*
polyester foam Polyesterschaumstoff *m*
polyester paint *(BM, OB)* Polyesterfarbe *f*, Polyesteranstrichstoff *m*
polyester putty Glasfaserkitt *m*
polyester resin Polyesterharz *n*
polyester resin film *(BM, DIS)* Polyesterharzfolie *f*
polyester resin finish *(OB)* Polyesterharzbeschichtung *f*
polyester resin mortar *(BM)* Polyesterharzmörtel *m*
polyester stopper *(BM, OB)* Polyesterspachtel *m*
polyethylene Polyethylen *n*, PE; Polyäthylen *n*
polyethylene bandage Polyethylenbinde *f*, Polyäthylenbinde *f*
polyethylene coating *(OB)* Polyethylenschutzschicht *f*, Polyäthylenschutzschicht *f*
polyethylene film Polyethylenfolie *f*, Polyäthylenfolie *f*
polyethylene foil *(BM, OB)* Polyethylenfolie *f*, Polyäthylenfolie *f*
polyethylene pipe Polyethylenrohr *n*, PE-Rohr *n*, Polyäthylenrohr *n*
polyethylene sheathing Polyethylenmantel *m*, Polyäthylenmantel *m*; Polyethylenummantelung *f*, Polyäthylenummantelung *f*
polyethylene sheet dampproofing course *(DIS)* Polyethylenbahn-Feuchtigkeitssperrschicht *f*
polyethylene tape Polyethylenbinde *f*, Polyäthylenbinde *f*
polyfoil *(Arch)* vielblättrig, mehrblättrig *(z. B. Ornament)*
polygon *(Arch)* Polygon *n*, Vieleck *n*
polygon bond *(SB)* Polygonverband *m*
polygon of forces *(Stat)* Kraftpolygon *n*, Kräftevieleck *n*, Krafteck *n*
polygon of stresses *(Stat)* Spannungspolygon *n*
polygon profile Mehrkantprofil *n*
polygonal polygonal, vieleckig; mehrkantig
polygonal arch *(Arch)* geknickter [gebrochener] Bogen *m*
polygonal block *(Arch)* Polygonalgebäude *n*, Vieleckgebäude *n*
polygonal bond *(SB)* Polygonverband *m*, Vieleckverband *m*
polygonal bowstring polygonaler Balken *m*
polygonal bowstring girder Bogensehnenträger *m*, Segmentträger *m*
polygonal building Polygonalgebäude *n*
polygonal choir *(Arch)* Polygonchor *m*, Vieleckchor *m* *(Gotik)*
polygonal choir termination *(Arch)* eckiger Chorschluss *m* *(Gotik)*
polygonal church *(Arch)* Polygonkirche *f*, Vieleckkirche *f*
polygonal diminutive tower *(Arch)* Polygonaltürmchen *n*, Vielecktürmchen *n*
polygonal domical vault *(Arch)* Walmkuppel *f*, Haubenkuppel *f*, Klostergewölbe *n*
polygonal drum *(Konst)* polygonaler Kuppelunterbau *m*, Vielecktrommel *f*
polygonal figure *(Arch)* Polygon *n*, Vieleck *n*
polygonal folded plate [slab] Polygonalfaltwerk *n*
polygonal frame *(Konst)* Polygonrahmen *m*, Vieleckrahmen *m*
polygonal ground-plan Polygonalgrundriss *m*, polygonaler Grundriss *m*, Vieleckgrundriss *m*, vieleckiger Grundriss *m*
polygonal hipped-plate roof *(Konst, TK)* Polygonaldachfaltwerk *n*
polygonal masonry *(SB)* Polygonmauerwerk *n*, Zyklopenmauerwerk *n*
polygonal masonry bond *(SB)* Polygonalmauerwerkverband *m*
polygonal ornament *(Arch)* Polygonalornament *n*, Vieleckornament *n*
polygonal pier Polygonalpfeiler *m*, Vieleckpfeiler *m*
polygonal plate *(BT)* Polygonalplatte *f*, Vieleckplatte *f*
polygonal quire *(Arch)* Polygonalchor *m*, Vieleckchor *m* *(Gotik)*
polygonal roof *(Konst)* Walmdach *n* mit polygonalem Grundriss, Vieleckwalmdach *n*
polygonal rubble *s.* polygonal masonry
polygonal scaffolding *(TK)* Vielecksprengwerk *n*
polygonal sett paving *(Verk)* Polygonpflasterdecke *f*
polygonal slab Polygonplatte *f*
polygonal spire *(TK)* Zeltdach *n*, Helmdach *n*, Turmspitze *f*
polygonal termination *(Arch)* eckiger Chorschluss *m*
polygonal tilted-slab *(AE)* *(Konst)* Polygonalfaltwerk *n*

P

polygonal truss *(TK)* Vielecksprengwerk *n*
polygonal turret *(Arch)* Polygonaltürmchen *n*, Vielecktürmchen *n*
polygonal vault *(Konst)* Polygongewölbe *n*, Vieleckgewölbe *n*
polyhedral *(Arch)* polyedrisch, vielflächig, vielseitig
polyisobutylene Polyisobutylen *n*
polyisobutylene sheeting *(DIS)* Polyisobutylenfolie *f*
polylayer water labil gebundenes Porenwasser *n*
polymer Polymer(e) *n*
polymer bitumen *(BM)* Polymerbitumen *n*
polymer coating Polymerschutzschicht *f*
polymer concrete *(BM)* Polymerbeton *m*
polymer emulsion Polymeremulsion *f*, Polymerdispersion *f*
polymer-modified asphalt polymermodifizierter Asphalt *m*
polymer-modified asphalt binder *(AE)* polymermodifiziertes Bitumen *n*, PmB
polymer-modified bitumen *(BM)* polymermodifiziertes Bitumen *n*
polymeric polymer
polymeric viscosity modifier polymerer Viskositätsverbesserer *m*
polymerisable *(BM)* polymerisierbar
polymerisation *(Te)* Polymerisation *f*
polymerisation resin Polymerisationsharz *n*
polymerisation time Aushärtezeit *f*
polymerised polymerisiert
polymerised coating *(BM, OB)* Reaktionsanstrichstoff *m*, Mehrkomponentenanstrichstoff *m*
polymerizate *(BM)* Polymerisat *n*
polyolefin Polyolefin *n*
polypropene *s.* polypropylene
polypropylene *(BM)* Polypropylen *n*, PP
polypropylene foam *(DIS)* Polypropylenschaum(stoff) *m*
polypropylene pipe Polypropylenrohr *n*, PP-Rohr *n*
polypropylene sheeting *(DIS)* Polypropylenfolie *f*, PP--Folie *f*
polysiloxane *(BM)* Silicon *n*, Silikon *n*
polystyle *(Arch)* vielsäulig, mehrsäulig
polystyrene *(BM)* Polystyrol *n*, PS
polystyrene film *(DIS)* Polystyrolfolie *f*, PS-Folie *f*
polystyrene foam *(DIS)* Polystyrolschaum(stoff) *m*, Schaumpolystyrol *n*
polystyrene insulation material *(DIS)* Polystyroldämmstoff *m*, PS-Dämmmaterial *n*
polystyrene profile *(BT)* Polystyrolprofil *n*, PS-Profil *n*
polystyrene section *(BT)* Polystyrolprofil *n*, PS-Profil *n*
polystyrene sheeting *(DIS)* Polystyrolfolie *f*, PS-Folie *f*
polystyrene wall tile Polystyrolwandfliese *f*, PS-Wandfliese *f*
polysulphide polymer *(BM)* Polysulfidpolymer *n*
polythene *s.* polyethylene
polytrifluorochloroethylene Polytrifluorchlorethylen *n*, PTFCE
polyurethane *(BM)* Polyurethan *n*, PUR
polyurethane alkyd Urethanalkydharz *n*, Urethanöl *n*, Uralkyd *n*
polyurethane base Polyurethangrundlage *f*, PUR-Basis *f*
polyurethane cement *(BM)* Polyurethankitt *m*, PUR-Kitt *m*
polyurethane clearcole Polyurethandecklack *m*, PUR--Decklack *m*
polyurethane coating *(BM, OB)* Polyurethananstrichstoff *m*, PUR-Anstrichstoff *m*
polyurethane composition Polyurethanmasse *f*, PUR--Masse *f*
polyurethane enamel *(BM, OB)* Polyurethanlackfarbe *f*
polyurethane finish *(OB)* Polyurethan(hart)lackanstrich *m*
polyurethane floor Polyurethanfußbodenbelag *m*
polyurethane floor sealer Polyurethan(fußboden)-siegelmasse *f*
polyurethane foam *(DIS)* Polyurethanschaum(stoff) *m*, PUR-Schaum *m*
polyurethane insulant *(DIS)* Polyurethandämmstoff *m*, PUR-Dämmstoff *m*
polyurethane insulator *s.* polyurethane insulant
polyurethane mass *(BM)* Polyurethanmasse *f*, PUR--Masse *f*
polyurethane material *(BM)* Polyurethanmasse *f*, PUR--Masse *f*
polyurethane paint *(BM, OB)* Polyurethanfarbe *f*, PUR--Farbe *f*
polyurethane rigid foam *(DIS)* PUR-Hartschaum *m*
polyurethane strip Polyurethanband *n*
polyurethane two-part adhesive Polyurethanzweikomponentenkleber *m*
polyurethane varnish Polyurethanklarlack *m*, PUR-Klarlack *m*
polyvinyl acetal *(BM)* Polyvinylacetal *n*
polyvinyl acetate *(BM)* Polyvinylacetat *n*, PVAC
polyvinyl acetate emulsion Polyvinylacetatdispersion *f*
polyvinyl acetate glue Polyvinylacetatleim *m*
polyvinyl bonding medium Polyvinylklebstoff *m*
polyvinyl chloride *(BM)* Polyvinylchlorid *n*, PVC
pomiform *(Arch)* apfelförmig
pommel *(Arch)* Rundholzabschluss *m (Ornament)*; Krispelholz *n (Dekoration)*
Pompeian architecture *(Arch)* pompejanische Architektur *f*, pompejanische Baukunst *f*
ponceau *(OB)* Ponceau *m*, Ponceaufarbstoff *m*
pond *v (Wsb)* abdämmen, andämmen
pond *v* **back** *(Wsb)* aufstauen
pond *(Bod, Wsb)* Teich *m*, Weiher *m*; Wasserstau *m*
pondage *(Wsb)* Einstau *m*, Einstaumenge *f (Speicherkapazität)*; Speicherung *f (Inhalt eines Speicherbeckens)*
ponded ground water *(Bod)* Staugrundwasser *n*
ponded lake *(Wsb)* Stausee *m*
ponded water *(Wsb)* Stauwasser *n*
ponding 1. *(LB, Te, Wsb)* Teichanlegen *n*, Wasserstauen *n*; Wasserrückhaltung *f*; 2. *(BB, Te)* Wasserhaltung *f* auf Beton *(zur Nachbehandlung)*; 3. *(Bod)* Wasseransammlung *f*, Lachenbildung *f*
pontoon *(Erdb)* Ponton *m*; Prahm *m*; Holzrost *m*
pontoon bridge *(Br)* Pontonbrücke *f*, Schwimmbrücke *f*
pontoon crane *(Erdb)* Pontonkran *m*, Schwimmkran *m*
pontoon pile driver *(Erdb, Wsb)* Schwimmramme *f*
pontoon swing bridge *(Erdb, Wsb)* Prahmdrehbrücke *f*, Schiffsdrehbrücke *f*
pool *v* 1. *(Te)* ausmeißeln, ausstemmen; 2. koordinieren, zusammenfassen
pool 1. *(Bod, LB, Wsb)* Teich *m*, Weiher *m*; Tümpel *m*; 2. *(EB)* Badebassin *n*
pool of water *(Arch)* Wasserbecken *n (Platzgestaltung)*
poor adhesion schlechtes Haften *n*
poor clay Schluff *m*
poor concrete Magerbeton *m*, Sparbeton *m*
poor in iron eisenarm
poor lime *(BM)* Magerkalk *m*, Graukalk *m*
poor mixture *(BM)* Spargemisch *n*
poor soil 1. *(Bod)* schlechter Boden *m (Baugrund)*; 2. *(Bod)* schlechter Boden *m*, armer Boden *m (Pflanzenwuchs)*
poor stretch (of road) *(Verk)* schlechte Wegstrecke *f*
poorly adherent schlecht haftend
poorly graded *(BM)* schlecht gekörnt [abgestuft] *(Sieblinie)*
poorly lit schlecht beleuchtet
poorly noise-insulated *s.* poorly soundproofed
poorly soundproofed *(DIS)* hellhörig, schalldurchlässig, mit schlechter Schalldämmung

pop-corn mix *(BM) (sl)* Einkorngemisch *n*; Einkornasphalt *m*; offenporige Asphalt *m*, Dränasphalt *m*
pop mark *(Verm)* Messmarke *f*
popcorn concrete *(AE) (BB)* Schüttbeton *m*, entfeinter Beton *m*
poplar 1. Pappel *f*; 2. *s.* poplar wood
poplar wood *(BM, Hb)* Pappelholz *n*
popout Abplatzen *n*, Abspringen *n (bei Beton durch Druckwirkung)*; Kornausbruch *m (an der Belagoberfläche)*
popping 1. schuppenartig *(Kalkputzfehler)*; 2. vorspringend
popping 1. *(SB)* Putztreiben *n*; 2. Putztreibstelle *f*
popping rock *(Bod, Erdb)* Steinschlag *m (an Felswänden)*
poppy *s.* poppyhead
poppyhead *(Arch)* Mohnkapselverzierung *f*, Mohnkapselkopf *m (an Bänken gotischer Kirchen)*
popular taste *(Arch)* Massengeschmack *m*
populate *v (RP)* besiedeln
populated area *(RP)* Wohnungsbaugebiet *n*, Wohnbaugebiet *n*
population 1. *(RP)* Bevölkerung *f*, Einwohnerschaft *f*; 2. *(RP)* Einwohnerzahl *f*
population census *(RP)* Volkszählung *f*
population composition *(RP)* Bevölkerungszusammensetzung *f*
population density *(RP)* Bevölkerungsdichte *f*
population equivalence *(WVA)* Einwohnergleichwert *m*, EGW *(Abwasser)*
population survey *(RP)* Bevölkerungserhebung *f*
porcelain Porzellan *n*
porcelain bond *(BM)* keramische Bindung *f*
porcelain draining pipe Porzellanabflussrohr *n*
porcelain enamel Email *n*
porcelain enamel coating *(OB)* Emailschutzschicht *f*
porcelain enamelled building panel *(EB)* Schmelzemaillebautafel *f*
porcelain mortar Mörser *m*, Reibeschale *f*
porcelain tile Porzellanfliese *f*
porcelain tube *(San)* Porzellanrohr *n*
porcelain ware *(San)* Sanitärporzellanware *f*
porch *(Arch, Konst)* Eingangshalle *f (ein überdachter Eingang in ein Gebäude)*; Schutzdach *n (Überdachung am Haus)*; Windfang *m*; Veranda *f*; Vorhalle *f (bes. in einer Kirche)*
porch door *(EB, Hb)* Windfangtür *f*
porch lattice Verandastützenfundament *n*
porch rail Verandageländer *n*
porch roof *(Konst)* Vordach *n*
porcupine boiler *(San)* Stachelzylinderboiler *m*
pore Pore *f*, Öffnung *f*, Hohlraum *m*
pore area *(BM)* Porenfläche *f*
pore characteristic Porenmerkmal *n*
pore content *(BM)* Porenanteil *m*, Porengehalt *m*
pore diameter Porendurchmesser *m*
pore distribution Porenverteilung *f*
pore excess pressure *(Bod, Erdb)* Porenwasserüberdruck *m*
pore filler *(OB)* Porenfüller *m*, Porenlack *m*, Vorlack *m*
pore filling Porenfüllung *f*, Porenverschluss *m*
pore fluid Porenwasser *n*
pore form *(BM)* Porenform *f*, Porengestalt *f*
pore formation Porenbildung *f*
pore-free *(BM)* porenfrei
pore pressure *(Bod, Erdb)* Porenwasserdruck *m*
pore ratio Porenziffer *f*, Hohlraumverhältnis *n*
pore sealant Porenfüllmasse *f*
pore sealing *(BM, OB)* Porenabdichtung *f*
pore shape Porenform *f*, Porengestalt *f*
pore size Porengröße *f*
pore size distribution Porengrößenverteilung *f*
pore space *(BM)* Porenraum *m*, Porenvolumen *n*
pore type Porenart *f*
pore volume *(BM, EB)* Porenvolumen *n*, Porenraum *m*
pore water Porenwasser *n*
pore-water content *(BM, Erdb)* Porenwassergehalt *m*
pore-water pressure *(Erdb)* Porenwasserdruck *m*
pored porig
porosity *(BM, Erdb)* Porosität *f*, Porigkeit *f*, Durchlässigkeit *f*; relatives Porenvolumen *n*, Hohlraumgehalt *m*
porosity determination Porenbestimmung *f*, Porositätsbestimmung *f*
porosity distribution Porenraumverteilung *f*
porosity of grains Korneigenporigkeit *f*
porosity ratio *(BM, Erdb)* Porenanteil *m*
porosity test Porositätstest *m*
porosity testing *(BM)* Porenprüfung *f*, Porositätsprüfung *f*
porous *(BM)* porös; schwammig; locker; offenporig
porous absorbent material *(DIS)* poröser Schallabsorber *m*, poröser Schallschlucker *m*
porous absorber *(DIS)* poröser Schallabsorber *m*, poröser Schallschlucker *m*
porous asphalt *(Verk)* offenporiger Asphalt *m*, OPA, Dränasphalt *m*; lärmmindernder Asphalt *m*
porous brick poröser Ziegel(stein) *m*
porous building material *(BM)* porenreicher Baustoff *m*, Porenbaustoff *m*
porous concrete 1. *(BB, DIS)* Porenbeton *m*, Schaumbeton *m*, *(veraltet)* Gasbeton *m*; 2. *(Verk)* Dränbeton *m*
porous concrete pipe *(BM, Erdb)* Sickerbetonrohr *n*, Betonsickerrohr *n*
porous construction material Porenbaustoff *m*, porosierter Baustoff *m*
porous cover *(OB)* poröse Abdeckung *f*
porous earthenware pipe Steingutsickerrohr *n*, wasserdurchlässiges Steingutrohr *n*
porous material poröser Werkstoff *m*
porous pavement *(Verk)* offene Straßenbefestigung *f*
porous pipe *(Erdb)* Sickerrohr *n*, wasserdurchlässiges Rohr *n*
porous rock poröses Gestein *n*
porous rubber poröser Gummi *m*
porous soil poröser Boden *m*
porous structure poriges Gefüge *n*
porous surface layer *(OB)* poröse Oberflächenschicht *f*, offene Deckschicht *f*
porous wood poröses Holz *n*
porphyric melaphyre *(BM)* Melaphyrporphyr *m*
porphyric sett Porphyrpflasterstein *m*, Orthophyrpflasterstein *m*
porphyric tuff *(BM)* Porphyrtuff *m*, Orthophyrtuff *m*
porphyrite *(BM)* Porphyrit *m*
porphyritic texture porphyrisches Gefüge *n*
porphyritic tuff *s.* porphyric tuff
porphyroid *(BM)* Porphyroid *m*
porphyroid granite Granitporphyr *m*
porphyry Porphyr *m*, Orthophyr *m*
porphyry column *(BM, TK)* Porphyrsäule *f*
port 1. *(Bod, Wsb)* Öffnung *f*, Kanal *m*; 2. *(RP, Wsb)* Hafen *m*; Hafenstadt *f*
port basin *(Wsb)* Hafenbecken *n*
port facilities *(Wsb)* Hafeneinrichtungen *fpl*
port-hole *(EB)* Schießöffnung *f*
port installations Hafenanlagen *fpl*
port of transshipment *(Verk, Wsb)* Umschlaghafen *m*
port town *(RP)* Hafenstadt *f*
port traffic *(Verk)* Hafenverkehr *m*
portable crusher fahrbare Brechanlage *f*
portable crushing and screening plant *(BWG)* fahrbare Gesteinsaufbereitungsanlage *f*

P

portable drill Handbohrmaschine *f*
portable extension stage *(AE) (BWG, Te)* verschiebbares Baugerüst *n*, bewegliche Baubühne *f*
portable fire extinguisher *(EB)* Handfeuerlöscher *m*
portable hoisting platform fahrbare Hubbühne *f*
portable hopper fahrbares Baustellensilo *n*
portable light *(El)* Handleuchte *f*
portable lock *(EB)* Vorhängeschloss *n*
portable railway *(Erdb)* Bau(stellen)bahn *f*, Feldbahn *f* *(Erdbau)*
portable scaffold fahrbares Gerüst *n*
portal 1. *(Arch)* Portal *n*, Prunktor *n*; Pforte *f*, Tor *n*; 2. *s.* portal frame
portal arch *(Arch)* Portalbogen *m*
portal architecture Portalarchitektur *f*, Portalbaukunst *f*, Prunktorbaukunst *f*
portal bracing *(Konst, St)* Portalverband *m* *(Stahlbau)*
portal bridge *(Br)* Rahmenbrücke *f*
portal crane *(BWG)* Portalkran *m*, Torkran *m*
portal effect Portalwirkung *f*
portal frame *(TK)* Portalrahmen *m*, biegesteifer Rahmen *m*
portal frame bridge *(Br)* Rahmenträgerbrücke *f*
portal frame leg *(TK)* Rahmenstütze *f*
portal girder *(TK)* Portalträger *m*
portal jamb *(Arch)* Gewändeportal *n*
portal leg *(Konst)* Portalpfosten *m*, Portalstiel *m*
portal method *(Stat)* Portal-Methode *f*
portal structure *(Konst)* Portalmast *m*
portcullis Fallgitter *n*, Fallgittertür *f*, Fallgatter *n* *(einer Burg)*
porte-cochere Wageneinfahrt *f*
porter Hausmeister *m*, Hauswart *m*
porter system *(El)* Hausfernsprechanlage *f* *(im Hausflur)*
porter's dwelling Pförtnerwohnung *f*, Hausmeisterwohnung *f*
porter's flat Hausmeisterwohnung *f*
porter's lodge *(Konst)* Pförtnerhaus *n*
porter's room Pförtnerraum *m*, Hausmeisterraum *m*
portico *(Arch)* Portikus *m*, Säulengang *m*, Säulenhalle *f*; Pergola *f*
portico of columns *(Arch)* Säulenportikus *m*, Säulenumgang *m*
porticus *(Arch)* Portikus *m*, Säulengang *m*, Säulenhalle *f*; Pergola *f*
portion 1. Teil *m*, Anteil *m*; 2. Gebäudetrakt *m*, Trakt *m*
Portland blast-furnace cement *(BM)* Eisenportlandzement *m*, Hochofenzement *m*, Schlackenzement *m*
Portland cement *(BM)* Portlandzement *m*, PZ
Portland cement clinker *(BM, Te)* Portlandzementklinker *m*
Portland cement concrete *(BM)* Portlandzementbeton *m*
Portland cement paint Zementanstrich *m*
Portland composite cement *(BM)* Portlandkompositzement *m*
Portland fly ash cement *(BM)* Portlandflugaschezement *m*
Portland limestone Portlandstein *m*
Portland limestone cement Portlandkalksandsteinzement *m*
Portland-pozzolana cement *(BM)* Puzzolanportlandzement *m*
Portland pozzolanic cement Puzzolanportlandzement *m*
Portland silica fume cement *(BM)* Portlandsilikastaubzement *m*
Portland slag cement Portlandhüttenzement *m*
Portland stone *(BM)* Portlandstein *m*
Portland trass cement Trasszement *m*, Trassportlandzement *m*
portlandite *(BM)* Portlandit *m* *(Calciumhydroxid)*
portrait *(Arch)* Bildnis *n*, Porträt *n*

Portuguese architecture *(Arch)* portugiesische Architektur *f*, portugiesische Baukunst *f*
position *v (Verm)* justieren *(die Lage)*; positionieren; (genau) einpassen; aufstellen
position 1. Lage *f*, Stellung *f*; 2. *(RP)* Platz *m*, Ort *m*, Stelle *f*; 3. *(RP)* Position *f*, Standort *m* • **in correct position** *(Konst)* lagerichtig; positionsgenau
position accuracy *(Konst)* Lagegenauigkeit *f* *(Bauteil, Montageteil)*
position determination *(RP)* Standortfestlegung *f*
position energy potenzielle Energie *f*, Energie *f* der Lage
position function Ortsfunktion *f*
position indicator (of an elevator) *(EB)* Aufzugsanzeige *f*
position of equilibrium Gleichgewichtslage *f*
position of installation Einbauort *m*
position of load *(Stat)* Laststellung *f*
positional tolerance *(Te)* Lagetoleranz *f* *(Bauteil, Montageteil)*
positional welding *(St, Te)* Heftschweißen *n*, Heftschweißung *f*
positioned welding lagegerechtes Schweißen *n*
positive area of influence *(Stat)* positive Einflussfläche *f*
positive bending *(Stat)* positive Biegung *f*
positive bending moment *(Stat)* positives Biegemoment *n*
positive cut-off *(DIS)* totale Dichtung *f*
positive mixer Zwangsmischer *m* *(Beton)*
positive moment *(Stat)* positives [rechtsdrehendes] Moment *n*
positive reinforcement Bewehrung *f* gegen positive Biegemomente
positive shear *(Stat)* positiver Schub *m*
possession *(VR)* Besitz *m* *(z. B. an Grund und Boden)*
possible capacity mögliche Leistungsfähigkeit *f*
possum-trot plan *(AE) (Konst)* Blockhausprojekt *n* *(Spezialgrundriss mit nur überdecktem Zugang und zwei getrennten Teilen)*
post 1. *(BT, TK)* Pfosten *m*, Säule *f*, Stütze *f*, Ständer *m*; Pfeiler *m*, Strebe *f*; Stange *f*, Stiel *m* *(Pfosten beim Fachwerk)*; 2. *(BT)* Postament *n*
post-and-beam construction *(Konst)* Ständerbauweise *f*, Ständer(rahmen)bau *m*
post-and-beam framing *(Konst, TK)* Mauerständerrahmenkonstruktion *f*
post-and-beam house *(Konst)* Pfostenhaus *n*, Ständerhaus *n*
post-and-lintel construction *(Konst)* Ständerbauweise *f*, Ständer(rahmen)bau *m*
post and pane (wall) *(Konst)* Fachwerkmauer *f*
post-buckling *(Stat)* überkritisches Knicken *n*
post-buckling strength *(Stat)* Tragfähigkeit *f* nach Ausbiegung, überkritische Knickfestigkeit *f*
post casing Stützenverschalung *f*, Säulenverschalung *f*
post-compaction *(Te)* Nachverdichtung *f*
post-completion services *(RS, VR)* Bauunterhaltungsberatung *f*
post driver *(Erdb)* Pfostenramme *f*
post-fabrication Nachverarbeitung *f*
post foundation *(Erdb)* Pfostenfundament *n*
Post-Impressionism *(Arch)* Nachimpressionismus *m*
post-mediaeval *(Arch)* nachmittelalterlich
post-Norman *(Arch)* nachnormannisch
post of a door Türstock *m*
post office *(Arch)* Postgebäude *n*
post office cable *(El)* Fernmeldekabel *n*
post office line *(El)* Fernmeldeleitung *f*
post office tower *(Konst)* Fernmeldeturm *m*
post pole Einzelpfosten *m*, Einzelstütze *f*
post puller *(Erdb)* Pfostenzieher *m*
post salting *(Verk)* kuratives Salzstreuen *n* *(Winterdienst)*

post shore *s.* post pole
post-shrinkage *(BB)* Nachschwinden *n*
post-stressing *s.* post-tensioning
post-tension *v (BB, Te)* mit nachträglichem Verbund vorspannen, nachspannen
post-tensioned mit nachträglichem Verbund vorgespannt
post-tensioned concrete reservoir Spannbetonsilo *n* mit nachträglichem Verbund
post-tensioned highway slab *(BB, Te, Verk)* Spannbetonfahrbahnabschnitt *m (Platte)*; Betonfahrbahn *f* mit nachträglichem Verbund
post-tensioned roadway *(BB, Te, Verk)* Betonfahrbahn *f* mit nachträglichem Verbund
post-tensioning Vorspannung *f* mit nachträglichem Verbund *(Spannbeton)*; Nachspannen *n*
post-tensioning conduit *(Te)* Spannkanal *m*
post-tensioning jack *(BWG, Te)* Spannpresse *f (Nachspannen)*
post-top light fitting Mastaufsatzleuchte *f*
post-treatment Nachbehandlung *f*
post-ultimate behaviour *(Stat)* überkritisches Tragverhalten *n*
post-war architecture Nachkriegsarchitektur *f*
post-war building *(Arch, Konst)* Nachkriegsgebäude *n*
post-welded heat treatment *(Te)* Schweißnachbehandlung *f* durch Erhitzen
postal building Postgebäude *n*
postcompaction *s.* post-compaction
postcure Nachhärtung *f (von Kunststoffen)*
poster panel Plakattafel *f*
poster pillar Litfaßsäule *f*
postern *(Konst)* schmaler Eingang *m*; kleiner Nebeneingang *m (Privateingang)*; schmales Nebentor *n*
postheat Nachwärmen *n (beim Schweißen)*
posthole *(Erdb)* Pfahlloch *n*
postiche *(Stat)* überladen, übermäßig verziert, nachverziert
postique *s.* postiche
postponement *(Te)* zeitliche Verschiebung *f (Bauablaufplan)*
posts Ständer(fach)werk *n*
pot bearing *(BT, TK)* Topflager *n*
pot floor Hohlsteindecke *f*
pot life *(Te)* Topfzeit *f*, Verarbeitungszeitraum *m (z. B. von Kunststoffklebern nach Härterzusatz, von Mehrkomponentenlacken)*
pot sink *(San)* Spülbecken *n*
pot step Blockhohlstufe *f*
potable *(WVA)* trinkbar *(Wasser)*
potable water Trinkwasser *n*, Gebrauchswasser *n*
potable water network *(RP, WVA)* Trinkwassernetz *n*
potable water pipework for buildings *(WVA)* innergrundliche Trinkwasserleitungsanlagen *fpl*
potable water protection area *(RP, Umw, WVA)* Trinkwasserschutzgebiet *n*
potable water reservoir Trinkwasserbehälter *m*
potable water supply *(WVA)* Trinkwasserversorgung *f*
potable water supply area Trinkwasserversorgungsgebiet *n*
potable water supply piping Trinkwasserrohrleitung *f*
potable water tank Trinkwasserbehälter *m*
potash glass Kaliglas *n*
potash-lime glass *(BM)* böhmisches Kristallglas *n*
potash mica Muskovit *m*, heller Glimmer *m*, Kaliglimmer *m*
potassium carbonate Pottasche *f*, Kaliumcarbonat *n*, Kaliumkarbonat *n*
potassium carbonate glass *(BM)* Kaliglas *n*
potassium chloride Kaliumchlorid *n*
potassium cyanide *(Umw)* Kaliumcyanid *n*, Zyankali *n*
potassium fluosilicate *(BM, OB)* Kaliumfluat *n*
potassium nitrate Kaliumnitrat *n*, Kalisalpeter *m*, Salpeter *m*
potassium permanganate *(BM)* Kaliumpermanganat *n*
potassium silicate *(BM)* Kaliumsilikat *n*, Kaliumsilicat *n*, Kaliwasserglas *n*
potassium sulphate *(BM, OB)* Kaliumsulfat *n*
potato cellar *(Konst)* Kartoffelkeller *m*
potato starch *(BM)* Kartoffelstärke *f*
potato starch paste *(BM)* Kartoffelstärkekleister *m*
potent cross *(Arch)* Henkelkreuz *n*
potential potenziell, möglich
potential *(VR)* Potenzial *n*, potenzielle Möglichkeit *f*
potential energy potenzielle Energie *f*, Energie *f* der Lage
potential equation *(Stat)* Potenzialgleichung *f*
potential function of torsion *(Stat)* Potenzialfunktion *f* der Torsion, Torsionsfunktion *f*
potential method *(Stat)* Potenzialmethode *f*
pothead *(El)* Kabelendverschluss *m*
pothead terminal *(El)* Kabelverbindungskasten *m*, Kabelübergangsbox *f*
pothole Schlagloch *n (Straße)*
pothole patching *(RS, Verk)* Schlaglochverfüllung *f*, Schlaglochflickung *f (Straße)*
potlife *s.* pot life
potter Töpfer *m*
potter's clay *(BM)* Töpferton *m*, hochplastischer Ton *m*, Letten *m*
pottery Steinzeug *n*, Steingut *n*
pottery mosaic Tonmosaik *n*, Steingutmosaik *n*
pottery ware *(BM)* Steingut *n*
poultry hall *(LB)* Geflügelhalle *f*
pounce Bimssteinmehl *n*
pounced *(Arch)* zahnschnittverziert
pound-force *(Stat)* Pound-Force *n*, lbf *(englische, SI--fremde Einheit der Kraft; 1 lbf = 4,448 N)*
pound(-force) per square inch *(Stat)* Pound/Quadratzoll *n*, psi, lbf/in^2 *(englische, SI-fremde Einheit des Drucks; 1 psi = 6,8947 10^3 N/m^2)*
pounding *(Te)* Schlagen *n*
pour *v (Te)* gießen; schütten
pour *v* **concrete** *(BB, Te)* Beton einbringen [schütten, gießen], betonieren, Beton einbauen
pour *v* **in a hot state** heiß vergießen
pour *v* **out with mortar** mit Mörtel ausgießen *(innen)*
pour coat *(Konst, OB)* Bitumendachaufstrich *m*, Bitumendeckschicht *f*
pour layer *(BB)* Einbauschicht *f*, Einbaulage *f (Beton)*
pourability *(Te)* Gießbarkeit *f*
pourable gießbar *(z. B. Beton)*
poured asphalt *(BM)* Gussasphalt *m*
poured concrete Schüttbeton *m*
poured in eingegossen
poured-in-place *(Te)* in Ortbeton hergestellt, monolithisch hergestellt, betoniert am Einbauort, ortbetoniert
poured-in-place concrete *(BB)* monolithischer Beton *m*, Ortbeton *m*
poured-in-place concrete frame *(Konst)* Ortbetonrahmen *m*
poured-in-place concrete shell Ortbetonschale *f*
poured-in-place concrete structure *(Konst)* Ortbetonbauwerk *n*
poured joint *(Konst)* Vergussfuge *f*
poured mastic asphalt Mastixasphalt *m*
poured mortar *(SB)* Ortmörtel *m*
pouring Gießen *n*, Guss *m*, Schüttung *f (von Beton, Vorgang)*
pouring chute Betonrutsche *f*
pouring of concrete Einbringen *n* des Betons, Betonein-

bringung *f*, Betonieren *n*, Betonierung *f*, Betonierarbeit *f*, Betoneinbau *m*
pouring rope *(San, WVA)* Dichtstrick *m*, Strickdichtung *f*
pouring-type granular insulation material Schüttdämmstoff *m*
powder *v* pulverisieren
powder-coat *v (OB)* pulverbeschichten
powder-coated *(OB)* pulverbeschichtet
powder coating *(OB)* Pulverlackbeschichtung *f (EN 13438)*
powder coating technique *(OB, Te)* Pulverbeschichtungsverfahren *n (EN 13438)*
powder combustion spraying Pulverflammspritzen *n*
powder extinguisher *(EB)* Trockenfeuerlöscher *m*
powder gun Pulverspritzpistole *f (für Pulverspritzverfahren)*
powder insulation *(DIS)* Pulverisolierung *f*
powder metallurgy Pulvermetallurgie *f*
powder moulding Granulatformung *f (Kunststoff)*
powder organic coating *(OB)* Pulverbeschichtung *f (EN 13438)*
powder paint *(BM, OB)* Pulverlack *m*, Plastbeschichtungspulver *n*
powder post *(Hb, RS)* Wurmfraß *m (im Holz)*
powder room Kosmetikraum *m*
powder sprayed coating *(OB)* Pulverspritzschicht *f*
powder spraying method *(OB, Te)* Pulverspritzverfahren *n (Spritzmetallisierung)*
powdered pulverisiert, pulverförmig
powdered additive Wirkstoffpulver *n*, Pulveradditiv *n*
powdered asphalt *(BM)* Asphaltpulver *n*
powdered basalt Basaltmehl *n*
powdered clay Tonmehl *n*, Tonpulver *n*
powdered coal Kohlenstaub *m*
powdered colouring agent färbendes Pulver *n*, Farbstoffpulver *n*
powdered glue *(BM)* Leimpulver *n*
powdered gypsum Gipsmehl *n*, Gipspulver *n*, gemahlener Gips *m*
powdered iron Eisenpulver *n*
powdered lime Kalkpulver *n*, Pulverkalk *m*, Staubkalk *m*
powdered limestone *(BM)* Kalksteinmehl *n*
powdered mineral Mineralpulver *n*, Mineralmehl *n*
powdered retarder Pulververzögerer *m*
powdered rubber *(BM)* Gummipulver *n*, Gummimehl *n*
powdered soap Seifenpulver *n*
powdered solder pulverisiertes Lötzinn *n*
powdered zinc *(BM)* Zinkstaub *m*, Zinkpulver *n*
powdery pulverisiert, pulverförmig, pulverartig, pulvrig
power *v* betreiben, antreiben
power 1. *(BWG, Te)* Leistung *f (z. B. einer Maschine)*; Kraft *f*, nutzbare Energie *f*; 2. *(VR)* Arbeitsvermögen *n*; Leistungsvermögen *n (z. B. eines Unternehmens)*
power arm Kraftarm *m*
power ballaster track tamping machine *(Verk)* Gleisstopfmaschine *f*
power barrow *(BWG)* Motorkipperkarre *f*, Kleindumper *m*
power basin *(Wsb)* Staubecken *n (eines Kraftwerkes)*
power buggy *s.* power barrow
power cable *(El)* Starkstromkabel *n*
power circuit *(El)* Stromkreis *m*
power coefficient Leistungskoeffizient *m*
power consumer *(El)* Stromabnehmer *m*
power consumption 1. *(El)* Leistungsaufnahme *f*, Energieverbrauch *m*, Stromverbrauch *m*; 2. *(El)* Eigenverbrauch *m (z. B. von Messgeräten)*
power current *(El)* Starkstrom *m*
power curve Leistungskurve *f*
power cut *(El)* Energie(zufuhr)unterbrechung *f*
power demand Energiebedarf *m*
power density Leistungsdichte *f*
power distribution network *(El)* Verteilungsnetz *n*, Verteilernetz *n*
power drag scraper *(BWG, Te)* Schrapper *m*
power-driven durch Motor angetrieben, kraftbetrieben
power-driven piercing saw Kraftstichsäge *f*
power-driven roller *(Verk)* Motor(straßen)walze *f*
power factor *(El)* Leistungsfaktor *m*
power failure *(El)* Stromausfall *m*
power fee Energiezulieferung *f*
power float *(BWG)* Betonoberflächenverdichter *m*, Oberflächenrotationsglätter *m*
power fret saw Kraftstichsäge *f*
power grid *(RP)* Energiefernversorgungsnetz *n*
power input Leistungsaufnahme *f*
power lead *(El)* Stromzuführung(sleitung) *f*
power line *(El)* Starkstromleitung *f*, Kraftleitung *f*
power-line tower Kraftleitungsmast *m*
power lines *s.* power mains
power mains *(El)* Starkstromnetz *n*
power navvy *(BWG)* Bagger *m*; Hochlöffelbagger *m*
power of attorney Sachwalterbefugnis *f*, Bauvollmacht *f*, Handlungsbevollmächtigung *f* zur Bauherrenvertretung
power of expression *(Arch)* Ausdruckskraft *f*
power of hardening *(BM, Te)* Härtungsvermögen *n*
power of initial setting Erstarrungsvermögen *n*, Erstarrungseigenschaft *f*
power outlet *(El)* Netzsteckdose *f*
power panelboard *(El)* Schalttafel *f* für Kraftstromschaltungen
power piercing saw Kraftstichsäge *f*
power pipeline *(WVA)* Druckwasserleitung *f*
power plant *(BWG, RP)* Kraftwerk *n*
power rammer *(BWG, Erdb)* Explosionsstampfer *m*, Motorrammer *m*
power requirement *(El)* Energiebedarf *m*, Strombedarf *m*
power room Maschinenraum *m*
power sander *(AE)* Motorschleifer *m*, elektrisches Abschleifgerät *n*
power saw Motorsäge *f*
power shovel *(BWG)* Löffelbagger *m*, Hochlöffelbagger *m*
power socket *(El)* Kraftsteckdose *f*, Starkstromsteckdose *f*
power station *(BWG)* Kraftwerk *n*
power storage *(BWG, El)* Pumpspeicherung *f*
power substation *(El)* Umspann(unter)werk *n*
power supply *(El)* Energieversorgung *f*, Stromversorgung *f*; Netzanschluss *m*, Energieanschluss *m*
power supply cable *(El)* Zuführungskabel *n*
power supply line Stromleitung *f*
power supply system *(El)* Elektroenergieversorgungsnetz *n*
power take-off *(BWG)* Zapfgetriebe *n*, Zapfwelle *f*
power tamper *(BWG, Erdb)* Stampffrosch *m*
power train noise *(Umw)* Motorengeräusch *n*
power transformer *(El)* Leistungstransformator *m*
power trowel Glättscheibe *f*, Glättmaschine *f*
power variation system variables Energiesystem *n*
power water *(WVA)* Druckwasser *n*
power winch Kraftwinde *f*
power wrench Schlagschrauber *m*
powerful kräftig
powerhouse *(AE) (BWG, El)* Kraftwerk *n*
poyntel *(Konst)* Pflastermuster *n*, Fußwegsetzmuster *n (mit quadratischen und Diagonalelementen)*
pozzolan *s.* pozzolanic
pozzolana Puzzolanerde *f*, Pozzuolanerde *f*
pozzolanic 1. puzzolanhaltig; 2. puzzolanartig
pozzolanic capability puzzolanische Eigenschaft *f*
pozzolanic cement *(BM)* Puzzolanzement *m*
pozzolanic material Puzzolanerde *f*

pozzolanic mortar *(BM)* Puzzolanmörtel *m*
pozzuolana Puzzolanerde *f*
PP foam *s.* polypropylene foam
PPP *s.* public private partnership
P.R.A. classification *(BT)* Bodenklassifizierung *f* der Public Roads Administration
practical application *(Te)* praktische Anwendung *f*
practical experience *(Te, VR)* Betriebserfahrung *f*, Praxiserfahrung *f*
practical test Prüfung *f* unter Einsatzbedingungen, Gebrauchsprüfung *f*
practice *(Te)* Technik *f*, Anwendungstechnik *f*
practise *v* bauen *(herstellen)*; errichten
practise hall *(Arch, Konst)* Übungshalle *f* Trainingshalle *f*
prairie house *(Arch)* Präriehaus *n (von Frank Lloyd Wright entwickelt)*
Prairie style *(Arch)* Präriestil *m*
pram Prahm *m*
pram storage room Kinderwagenraum *m*
prang *(Arch) Tempelbau der Thaiarchitektur, 13.-18. Jh.*
Pratt truss *(Konst, TK)* Pfostenfachwerk *n* mit steigenden und fallenden Diagonalen, Pratt-Dachbinder *m*
prayer niche *(Arch)* Gebetsnische *f (Moschee)*
praying niche *s.* prayer niche
pre-Christian building style *(Arch)* vorchristlicher Baustil *m*
pre-emptive right *(VR)* Vorkaufsrecht *n*
pre-functionalist building *(Arch)* präfunktionalistisches Gebäude *n*
pre-Gothic *(Arch)* vorgotisch
pre-Hellenic architecture *(Arch)* vorhellenische Architektur *f*, vorhellenische Baukunst *f*
pre-Islamic architecture *(Arch)* vorislamische Architektur *f*, vorislamische Baukunst *f*
pre-paint *v* vorstreichen, voranstreichen
pre-patinated roof clay tile *(BM)* Patinadachstein *m (mit künstlicher Patina)*
pre-patinating Patinieren *n (extra Aufbringen der Patina)*
pre-planned alternatives of traffic diversions *(Verk)* Umleitungsvarianten *fpl*
pre-posttensioning kombiniertes Vorspannen *n*, Vorspannung *f* mit sofortigem und nachträglichem Verbund
pre-Romanesque architecture *(Arch)* frühromanische Architektur *f (in Europa außer dem Gebiet des Römischen Reichs)*
pre-school children's playground *(RP)* Kleinkinderspielplatz *m*
pre-war Expressionism *(Arch)* Vorkriegsexpressionismus *m*
preaction sprinkler system *(San)* automatisches Feuerlöschsystem *n* mit Temperatur- und Rauchsensoren
preambles *pl* Einleitungen *fpl*
preassemble *v (LB)* vormontieren
preassembled vormontiert, vorzusammengebaut; teilmontiert
preassembled lock vormontiertes Türschloss *n*
prebatch *v (Te)* vordosieren *(Mischanlage)*; vorverpacken
prebatch bin [silo] Vormischsilo *n*
prebatching bin Vormischsilo *n*
prebending Vorbiegen *n*; Vorbiegung *f*
prebore *v (Te)* vorbohren
preboring 1. *(Erdb)* Vorbohren *n (Pfahlgründung)*; 2. *(Bod)* Testbohrung *f*, Versuchsbohrung *f*, Bodenerkundungsbohrung *f*
precast *v* vorfertigen *(Betonteile)*
precast vorgefertigt, fabrikgefertigt *(Betonteile)*
precast architectural concrete *(BM)* Architekturbetonerzeugnis *n*
precast beam Fertigteilbalken(träger) *m (Beton)*
precast component vorgefertigtes Bauelement *n*
precast concrete beam *(BM, EB)* Montagebetonbalken *m*, Fertigteilträger *m*
precast concrete block Beton(block)stein *m*
precast concrete bridge *(Br)* Betonfertigteilbrücke *f*
precast concrete component Betonfertigteil *n*
precast concrete construction *(Te)* Fertigteilbauweise *f*, Montagebauweise *f (Beton)*
precast concrete floor element [member] Betondeckenfertigteil *n*
precast concrete joist shaker Balkenrüttler *m*
precast concrete manufacturing yard *(BWG)* Fertigteilbetonwerk *n*, Plattenwerk *n*, Betonwerk *n*
precast concrete pile *s.* precast pile
precast concrete products *(BM)* Betonfertigteile *npl*, Betonwaren *fpl (EN 1168)*
precast concrete skeleton construction *(Te)* Stahlbetonskelett(montage)bauweise *f*
precast concrete stone Betonstein *m*
precast concrete unit Betonfertigteil *n*, Stahlbetonfertigteil *n*, Fertigteil *n*
precast concrete wall panel *(BT, Te)* vorgefertigtes Außenwandelement *n*, Fertigteilaußenwandelement *n*
precast construction *(Konst, Te)* Fertigteilbauweise *f*, Montagebauweise *f (aus Betonfertigteilen)*
precast floor Fertigdecke *f*, vorgefertigte Decke *f*
precast floor beam *(BT, TK)* Fertigdeckenbalken *m*, (vorgefertigter) Betondeckenbalken *m*
precast floor slab Fertigdeckenelement *n*
precast foundation pile *(Erdb)* Stahlbetonrammpfahl *m*
precast lightweight building component [unit] Leichtbetonelement *n*
precast pile *(Erdb)* Stahlbetonrammpfahl *m*, Betonfertigpfahl *m*
precast prestressed concrete (unit) *(BT)* Spannbetonfertigteil *n*
precast reinforced concrete construction *(Te)* Bauen *n* mit Stahlbetonfertigteilen
precast reinforced concrete unit *s.* precast concrete unit
precast slab Fertigbetonplatte *f*, Fertigteilplatte *f*
precast slab concrete pavement *(Verk)* Betonfahrbahn *f* aus Fertigteilplatten
precast stone Betonstein *m*, Kunststein *m*
precast structural concrete *(BM)* Fertigteilkonstruktionsbeton *m*
precast structural concrete member [unit] Konstruktionsfertigteil *n (aus Beton)*
precast tile Formfliese *f*
precast unit *s.* precast concrete unit
precast waffle slab *(BT, Konst)* vorgefertigte Betonrippenplatte *f*
precast wall panel Wandbauplatte *f (Beton)*
precasting *(Te)* Vorfertigung *f (von Betonteilen)*
precasting factory *(BWG)* Betonfertigteilwerk *n*, Beton(platten)werk *n*
precasting lane Betonfertigungsbahn *f*
precasting plant Beton(platten)werk *n*, Betonfertigteilwerk *n*, Plattenwerk *n*
precasting system *(Konst, Te)* Fertigteilverfahren *n*, Betonfertigteilbauweise *f*, Fertigteilmontagesystem *n*
precasting yard offenes Beton(fertigteil)werk *n*, Vorfertigungsplatz *m*
precaution Sicherheitsvorkehrung *f*, Sicherheitsmaßnahme *f*
precaution against fire Brandschutzmaßnahme *f*
precautionary vorbeugend
precinct *(RP)* Gebiet *n*; Distrikt *m*
precious kostbar, edel
precious metal *(BM)* Edelmetall *n*

P

precious stone Edelstein *m*
precipice *(Bod)* Steilhang *m*; Abgrund *m*
precipitate *v* 1. hinabstürzen; beschleunigen; 2. sich niederschlagen, sich setzen; 3. ausfällen, fällen *(Chemie)*
precipitate *v* **dust** *(BM, Te)* entstauben *(Zuschlagstoffe)*
precipitate Niederschlag *m (chemischer)*
precipitated gefällt, ausgefällt *(aus einer Lösung)*
precipitated chalk *(BM)* Schlämmkreide *f*
precipitated pigment ausgefälltes Pigment *n*
precipitated water *(Bod, Umw, WVA)* Niederschlagswasser *n*
precipitation 1. Niederschlag *m*, Regen *m*; 2. Ausfällung *f (Chemie)*
precipitation collector *(WVA)* Niederschlagssammler *m*
precipitation filler Entstaubungsfüller *m*; Eigenfüller *m (Asphalt)*
precipitation frequency *(Bod, Umw)* Niederschlagshäufigkeit *f*
precipitation tank *(WVA)* Absetzbecken *n (Abwasser)*
precipitator Abscheider *m*; Staubabscheider *m*
precipitous *(Bod)* steil, abschüssig
precise genau, präzise
precise level *(Verm)* Feinnivellierinstrument *n*
precise levelling *(Verm)* Feinnivellement *n*, Präzisionsnivellement *n*
precise levelling instrument *(Verm)* Feinnivellierinstrument *n*
precise levelling rod *(Verm)* Feinnivellierlatte *f*
precision *(Arch)* Strenge *f*, Stilstrenge *f*
precision control Genauigkeitsprüfung *f*
precision levelling *s.* precise levelling
precision of reference *(Stat, VR)* Exaktheit *f* der Bezugnahme *f*
precision subgrader *(BWG, Erdb)* Feinplanierhobel *m*, Feinplaniergerät *n*
preclassification Vorklassierung *f (Baustoffaufbereitung)*
precleaner Vorreiniger *m*, Vorfilter *n*
precleaning *(Te)* Vorreinigen *n*, Vorreinigung *f*, Grobreinigen *n*
precoat *v* grundieren, vorstreichen, vorbeschichten
precoat *(OB)* Voranstrich *m*; Grundierung *f*, Grundlack *m*
precoated grundiert
precoated chippings *(BM)* umhüllter Splitt *m*; vorbituminierter Splitt *m*
precompress *v (Te)* vorverdichten; vorspannen
precompressed vorverdichtet, vorgepresst, vorgedrückt
precompressed compression zone *(Stat)* vorgedrückte Druckzone *f*
precompressed zone vorgedrückter Teil *m (des vorgespannten Elements)*
precondition *v* vorbehandeln
precondition *(Stat, VR)* Vorbedingung *f*
preconditioning 1. *(Te)* Vorbehandlung *f*; 2. *(HLK)* Vorklimatisierung *f*
preconsolidate *v* vorverdichten
preconsolidated soil vorverdichteter Boden *m*, vorbelasteter Erdstoff *m*
preconsolidation *(Te)* Vorverdichtung *f*, Vorkonsolidierung *f*
preconsolidation pressure *(Erdb)* Vorbelastungsdruck *m*, größte effektive Vorbelastung *f*
preconstruct *v* vorfertigen
preconstruction conference *(Te, VR)* Bauvorbesprechung *f*
preconstruction drawing *(VR)* Baueingabeplan *m*
precure *v* vorbehandeln, vortrocknen *(eine Klebeverbindung vor dem Zusammendrücken)*
predella 1. *(Arch)* Predella *f*, Altarstaffel *f*; 2. *(Arch)* Predella *f*, oberste Altarstufe *f*, Altarplattform *f*
predella panel *(Arch)* Altarblatt *n*
predicted date *(VR)* Vorgabetermin *m*
prediction *(Konst, Stat, VR)* Prognose *f*, Vorhersage *f*, Vorausberechnung *f*
predrill *v* vorbohren
predrilled hole Vorbohrung *f*
prefab *s.* prefabricated
prefab *(AE) (Konst) (sl)* Fertighaus *n*; Holzfertighaus *n*
prefabricate *v* vorfertigen; vorbearbeiten
prefabricated vorgefertigt; komplettiert
prefabricated asphaltic-bitumen sheeting *(DIS)* Asphaltgewebebahn *f*, Asphaltfertigbahn *f*, Bitumengewebebahn *f*
prefabricated bitumen sheet *s.* prefabricated asphaltic-bitumen sheeting
prefabricated bituminous surfacing *(BM, DIS)* Bitumenfertigbahn *f*
prefabricated box culvert Fertigteilhaubendurchlass *m (Abwasser- und Kabelkanal)*
prefabricated brick(work) construction Ziegelfertigteilbau *m*
prefabricated bridge *(Br)* Fertigteilbrücke *f*
prefabricated building Fertighaus *n*
prefabricated building component *(BT)* Bauelement *n*, Baueinheit *f*
prefabricated building member *(BT)* Montageelement *n*
prefabricated building unit Fertigbauteil *n*, Fertigteil *n*
prefabricated column *(BT)* Fertigteilsäule *f*, Fertigteilstütze *f*
prefabricated component Fertigelement *n*
prefabricated compound vorgefertigtes Bauteil *n*, Montageteil *n*
prefabricated compound unit *(BT)* Fertigbauteil *n*, Fertigbauteil *n*, Montagebauteil *n*
prefabricated concrete building Betonfertigteilgebäude *n*
prefabricated concrete floor Fertigdecke *f*
prefabricated concrete pile *(Erdb)* Betonfertigpfahl *m*, vorgefertigter Beton(ramm)pfahl *m*
prefabricated concrete rib slab *(BT, TK)* Betonfertigteilrippendecke *f*, vorgefertigte Betonrippendecke *f*
prefabricated concrete roof Betonfertigteildach *n*, vorgefertigtes Betondach *n*
prefabricated concrete slab *(BT)* Fertigteilbetonplatte *f*, vorgefertigte Betonplatte *f*, Betonplattenelement *n*
prefabricated concrete stair Betonfertigtreppe *f*, Betonmontagetreppe *f*
prefabricated concrete unit Betonfertigteil *n*, Fertigteil *n*
prefabricated concrete wall panel *(EB)* Wandtafel *f*
prefabricated construction *(Konst)* Fertigteilbauweise *f*, Montagebauweise *f*, Bauen *n* mit Fertigteilen
prefabricated construction method *(Konst)* Elementbauweise *f*, Fertigbauweise *f*, Fertigteilbauweise *f*, Montagebauverfahren *n*
prefabricated element *(BT)* Fertigteil *n*
prefabricated façade Fertigfassade *f*, Montagefassade *f*, Elementfassade *f*
prefabricated fireproof floor Fertigteilmassivdecke *f*, Massivmontagetreppe *f*
prefabricated floor beam Fertigdeckenbalken *m*, vorgefertigter Deckenbalken *m*
prefabricated garage *(Konst)* Fertigteilgarage *f*
prefabricated girder *(BWG)* Montageträger *m (Fertigträger)*
prefabricated gypsum product Gipsformstück *n*
prefabricated high-rise building *(Arch, Konst)* Montagehochhaus *n*
prefabricated home construction Fertighausbau *m*
prefabricated house Fertighaus *n*, vorgefertigtes Haus *n*

P

prefabricated housing *(RP, Te)* industrieller Wohnungsbau *m*, Fertigteilwohnungsbau *m*, Montagewohnungsbau *m*
prefabricated joinery Holzbauelemente *npl*, Holzbauteile *npl (z. B. Türen, Fenster, Treppen)*
prefabricated joint filler vorgefertigte Fugenfüllelemente *npl*; Fugenband *n*
prefabricated masonry panel *(BT)* vorgemauertes Wandelement *n* [Mauersteinelement *n*]
prefabricated materials industry Fertigteilindustrie *f*
prefabricated panel Fertigtafel *f*
prefabricated panel construction *(Konst, Te)* Fertigteiltafelbauweise *f*
prefabricated partition wall *(Konst)* Trennfertigwand *f*, vorgefertigte Trennwand *f*
prefabricated pavement vorgefertigte Fahrbahnbefestigung *f*
prefabricated pile *(BT, Erdb)* Fertigpfahl *m*
prefabricated pipe conduit system vorgefertigtes Rohrkanalelement *n*, Hauptsammlerfertigteil *n*
prefabricated roof truss *(AE)* Fertigteildachbinder *m*, Montagebinder *m*
prefabricated shell *(TK)* Fertigteilschale *f*, vorgefertigte Schale *f*, Montageschale *f*
prefabricated stair(case) Fertigteiltreppe *f*, Montagetreppe *f*
prefabricated standard buildings erected by building units im Baukastensystem errichtete Typenbauten *mpl*
prefabricated tie vorgefertigter Wandanker *m*
prefabricated tiling Plattentafel *f*, Fertigfliesentafel *f*
prefabricated timber house *(Arch, Konst)* Holzfertighaus *n*
prefabricated unit vorgefertigtes Bauteil *n*, Fertigteil *n*, Fertigelement *n*, Montageteil *n*
prefabricated wall *(Konst)* versetzbare Trennwand *f*
prefabricated wall tie vorgefertigter Wandanker *m*
prefabricated window *(Konst, Te)* Montagefenster *n*, Fertigfenster *n*, Fensterelement *n*
prefabricated window unit Fertigfenster *n*
prefabricated window wall *(Konst)* Fensterfertigteilwand *f (installiert)*
prefabrication Vorfertigung *f*; Fertigteilbauweise *f*
prefabrication on site *(Te)* örtliche Vorfertigung *f*
prefabrication plant *s.* precasting plant
prefabrication primer *(OB, Te)* Fertigungsanstrich *m*, Grundanstrich *m*
prefeasibility study vorläufige Durchführbarkeitsstudie *f*, vorläufige Durchführbarkeitsuntersuchung *f*
preferential dimensions on modular basis *(Konst)* zu bevorzugende Abmessungen *fpl* auf Modulgrundlage
preferential lane *(Verk)* Sonderfahrspur *f (z. B. für ÖPNV)*
preferred angle *(Konst)* bevorzugter Treppensteigungswinkel *m (30°- 35°)*
preferred dimension Vorzugsabmessung *f*
preferred dimensions *(Konst)* Vorzugsmaße *npl (Raster- und Einbauelemente)*
preferred section Vorzugsprofil *n*
preferred size Vorzugsgröße *f*
preferred variant *(Konst)* Vorzugsvariante *f (Entwurf)*
prefilter *(HLK)* Vorfilter *n*
prefinish *v (Te)* vorfertigen, vorkomplettieren
prefinished door vorgefertigte Tür *f*; vorgefertigtes Türelement *n*
prefoamed *(DIS, Te)* vorgeschäumt
preform *v* vorformen, vorfertigen *(Bewehrung)*
preformed asphalt joint filler vorgefertigter Bitumenfugenfüllstreifen *m*, Bitumen(gemisch)fugenband *n*
preformed foam *(BM, OB)* vorgemischter Schaum *m (Schaumbaustoffe)*
preformed gasket Selbstabdichtung *f*, Fugenabdichtungsprofil *n*, Dichtungsmanschette *f*, Flachdichtung *f*
preformed joint sealant vorgeformtes Fugenband *n*, vorgefertigte Fugendichtung *f*
preformed kieselguhr Kieselgurschale *f*
preformed line *(Verk)* vorgefertigtes Markierungszeichen *n (Straße)*
preformed road marking Markierungsfolie *f*
preformed sealant *s.* preformed joint sealant
preheat *v (HLK)* vorheizen, vorwärmen
preheated *(HLK)* vorgewärmt, vorerhitzt
preheated air *(HLK)* vorgewärmte Luft *f*
preheater 1. *(HLK)* Vorwärmer *m*; 2. *(HLK)* Luftvorwärmeeinheit *f*
preheating Vorheizung *f*, Vorwärmung *f*
preheating of asphalt layer *(Te, Verk)* Vorheizen *n* der Asphaltschicht
preheating of bitumen Bitumenvorwärmung *f*
preheating of oil *(HLK)* Ölvorwärmung *f*
preheating of roof sheet Vorerhitzen *n* der Dachhaut
prehistoric *(Arch)* vorgeschichtlich
prehistoric architecture *(Arch)* urgeschichtliche Architektur *f*, urgeschichtliche Baukunst *f*
prehung door *(Hb, Konst)* vorgefertigtes Türelement *n*; Fertigtür *f*
preimpregnated vorimprägniert
preimpregnated glass fibre *(BM, Te)* vorimprägnierter Glasfaserstoff *m*
preimpregnated glass-fibre reinforcement vorimprägniertes Glasfaserbewehrungsmaterial *n*
preimpregnated material *(BM)* Prepreg *n*, *(mit härtbaren Kunststoffen)* vorimprägniertes Fasergewebe *n*
preimpregnation *(Te)* Vorimprägnierung *f*
preinvestment phase *(Te)* Projektvorbereitungsphase *f*, Leistungsphase *f*
preliminary vorläufig, vorbereitend
preliminary analysis Voranalyse *f*
preliminary building works *pl (Konst, Te)* Rohbau *m*
preliminary clarification *(WVA)* Vorklärung *f (Abwässer)*
preliminary cleaning *(Te, WVA)* Vorreinigen *n*, Vorreinigung *f*, Grobreinigung *f*
preliminary coating *(OB)* Vorkonservierungsanstrich *m*
preliminary computation *(Stat)* Vorberechnung *f*; Vorbemessung *f*
preliminary cost estimate vorläufiger Kostenvoranschlag *m*
preliminary design *(Konst)* Vorentwurf *m*
preliminary design drawing *(Konst)* Vorentwurfszeichnung *f*
preliminary drawing *(Konst)* Entwurfszeichnung *f*
preliminary estimate (of cost) *(VR)* Kostenvoranschlag *m*
preliminary general drawing vorläufiger Übersichtsplan *m*
preliminary investigation *(Konst)* Vorstudie *f*, Voruntersuchung *f*
preliminary marking *(Verk)* Behelfsmarkierung *f*, vorläufige Markierung *f*
preliminary pile *(Erdb)* Versuchspfahl *m*
preliminary planning *(Konst)* Vorplanung *f*, Leistungsphase *f* 1 und 2
preliminary project Vorentwurf *m*
preliminary quantity survey vorläufige Massenermittlung *f*
preliminary scheme *(Konst)* Vorentwurf *m*, Vorprojekt *n*
preliminary sedimentation tank Vorklärbecken *n*
preliminary stage *(Te)* Vorphase *f*
preliminary stress Vorspannung *f*
preliminary study *(Konst)* Entwurfsstudie *f*
preliminary survey *(Verm)* Vorvermessung *f*

P

preliminary test *(BM)* Eignungsprüfung *f (Baustoffe)*
preliminary treatment *(OB, Te)* Vorbehandlung *f (Oberfläche, Bauteil)*
preliminary twist *(Stat)* Vordrall *m*
preliminary work *(Te)* Vorarbeiten *fpl*
preload *v* vorbelasten, vorspannen, Vorspannung geben
preload *(Stat)* Vorlast *f*
preloading Vorspannung *f*; Vorbelastung *f*
preloading machine Wickelmaschine *f (Spannbeton)*
premature failure vorzeitiger Ausfall *m*, vorzeitiges Versagen *n*
premise *(VR)* Voraussetzung *f*
premises *(RP, VR)* Haus *n* mit Grundeigentum, Baulichkeiten *fpl* mit Land, bebautes Grundstück *n*, Gelände *n (z. B. Schul- oder Industriegelände)*
premix *v* vormischen
premix carpet *(Verk)* Teppichbelag *m (Straßenbau)*
premix dry mortar Trocken(fertig)mörtel *m*
premix macadam *(Verk)* Mischmakadam *m*
premix plaster Fertigputz *m*, Edelputz *m*, Trockenputz(-mörtel) *m*
premix surfacing *(Verk)* Mischbelag *m*, Mischdecke *f (Straße)*
premixed material lagerfähiges (Asphalt-)Mischgut *n (Straßenreparatur)*
premixed stuff Trockenputz *m*
premoulded asphalt panel *(BT)* vorgeformtes bituminöses Tafelelement *n*
premoulder filler Fugeneinlage *f*, Fugenstreifen *m*
prenormative vornormativ
prenormative research *(BM, Konst, VR)* vornormative Forschung *f*
prepacked aggregate concrete Prepaktbeton *m*, Skelettbeton *m*
prepacked clay bricks Ziegelpaket *n*
prepacked concrete *s.* prepacked aggregate concrete
prepacked mixture Fertigtrockenmischung *f*, Trockenfertigmischung *f (meist für Hobby- und Reparaturarbeiten)*
prepacked mortar Fertigmörtel *m*
preparation 1. *(Te)* Aufbereitung *f*, Herstellung *f*, Erzeugung *f (Beton, Mörtel, bituminöses Mischgut)*; 2. *(Te)* Vorbehandlung *f*; 3. *(BM)* Präparat *n*
preparation grade Reinheitsgrad *m (Baustoffe)*
preparation of samples Probenvorbereitung *f*
preparation plant *(WVA)* Aufbereitungsanlage *f (Wasser)*
preparation process *(Te)* Aufbereitungsprozess *m*
preparatory treatment *(Te)* Vorbehandlung *f*
prepare *v (Te)* aufbereiten, mischen, herstellen *(z. B. Beton, bituminöses Mischgut)*; anmachen *(Mörtel)*
prepare *v* **mortar** Mörtel anmachen
prepared vorbereitet, bereit, fertig
prepared chalk *(BM)* Schlämmkreide *f*
prepared roofing Bitumen(dach)fertigbahnen *fpl*
prepared-roofing shingle Pappschindel *f*
preplace *v* vorher einbringen [anbringen]
preplaced-aggregate concrete *(BM)* Prepaktbeton *m*, Skelettbeton *m*, Injektionsgerüstbeton *m*
preplanning *(Konst, RP)* Vor(aus)planung *f*, Vorstudienarbeit *f*
prepolishing Vorpolieren *n*
prepreg *s.* preimpregnated material
prepressure *(HLK, San)* Fülldruck *m*
prequalification of prospective bidders *(VR)* Vorprüfung *f* der infrage kommenden Bauauftragnehmer
prerequisite erforderlich, notwendig
prerequisite *(Konst, Stat)* Voraussetzung *f*, Vorbedingung *f*
prerust *v (OB)* anrosten
presbytery *(Arch)* Presbyterium *n (1. Priesterraum; 2. Chorraum einer Kirche)*
prescreening Vorabsiebung *f*
prescribe *v* vorschreiben
prescribed/as *(Konst, VR)* vorschriftsmäßig
presence Anwesenheit *f*
presence detector *(El)* Anwesenheitsdetektor *m*
presence time Anwesenheitszeit *f*
preservability Haltbarkeit *f (Anstrich, Baustoff)*
preservation 1. *(RS)* Erhaltung *f*, Restaurierung *f*, Konservierung *f (Gebäude, historisches Bauwerk)*; 2. *(Hb, OB, Te)* Tränkung *f*, Imprägnierung *f (Holz)*
preservation of monuments *(Arch)* Denkmalpflege *f*
preservation of surface *(OB)* Oberflächenschutz *m (Verkleidung, Naturstein)*
preservative *(Hb, OB)* Schutzanstrich *m (Holzschutz)*; Holzschutzmittel *n*, Konservierungsmittel *n*
preservative agent Konservierungsmittel *n*
preservative chemical Schutzchemikalie *f*
preservative treatment Schutzbehandlung *f*
preserve *v (OB, RS, Te)* konservieren, haltbar machen *(Mauerwerk)*; schützen, pflegen *(Altbausubstanz)*; imprägnieren *(Holz)*
preserve *v* **wood** *(Hb, OB, Te)* Holz konservieren
preset strength *(BB)* Zielfestigkeit *f*, vorgegebene Festigkeit *f (Beton)*
presetting 1. Voreinstellung *f*; 2. technische Vorgabe *f*
preshrunk vorgeschrumpft, vorgesetzt *(vorgemischter Mörtel oder Beton)*
press *v* 1. *(Te)* pressen; 2. *(Te)* (an)drücken; 3. *(Te)* stauchen
press *v* **against** andrücken
press *v* **through** durchpressen
press *v* **together** zusammendrücken
press *(BWG)* Presse *f*, Verformungspresse *f*
press box Pressekabine *f*
press brake Abkantpresse *f*
press building *(Arch, Konst)* Pressegebäude *n*, Verlagsgebäude *n*
press button Druckknopf *m*
press for pipes Rohrpresse *f*
press-polished *(OB)* hochglanzpoliert
pressboard Pressspanplatte *f*, Pressspan *m*, Presspappe *f*
pressed (clay) brick Pressziegel *m*, Pressstein *m*
pressed edge foundation *(Erdb, Konst)* Fundamentkante *f* mit höchster Bodenpressung
pressed glass Pressglas *n*, gegossenes Glas *n*
pressed panel *(BM)* Presstafel *f*
pressed profile gepresstes Profil *n*, Pressprofil *n*
pressed raw brick gepresster Ziegelrohling *m*
pressed roofing tile Pressdachziegel *m*, Pressdachsteinplatte *f*
pressed section *(BT)* gepresstes Profil *n*, Pressprofil *n*
pressed shape gepresstes Profil *n*, Pressprofil *n*
pressed steel *(St)* Pressstahl *m*
pressed steel building component *(St)* Gesenkstahlbauteil *n*
pressed steel door frame *(EB, St)* Pressstahltürrahmen *m*, Stahlzarge *f*
pressed steel plate Buckelplatte *f*
pressed steel trim *(BT, St)* Pressstahlprofil *n*, Gesenkstahlprofil *n*
pressed ware Pressglas *n*
pressed wood Pressholz *n*
pressing Pressung *f*, Pressen *n*; Prägen *n*, Senkformen *n*
pressing mould Pressform *f*
pressiometric test *(Bod)* Pressiometerversuch *m*
pressure *v (Te)* pressen, einpressen
pressure Druck *m (physikalische Größe)*; Druckkraft *f*
pressure area *(Stat)* Druckzone *f*
pressure at rest *(Stat)* Ruhedruck *m*
pressure blasting *(OB, Te)* Druckstrahlen *n*

pressure bonding Verpressen *n (Holz)*
pressure build-up Druckaufbau *m*
pressure bulb *(Bod)* Druckzwiebel *f*
pressure cell *(BM)* Druckmessdose *f*
pressure change *(Stat)* Druckveränderung *f*, Druckänderung *f*
pressure coefficient Druckbeiwert *m (Windkraft)*
pressure-compensating tank Druckausgleichsbehälter *m*, Druckausdehnungsgefäß *n*
pressure compensation *(Stat)* Druckausgleich *m*
pressure compensation layer *(Konst)* Druckausgleichsschicht *f*
pressure component Druckkomponente *f*
pressure conditions *(Stat)* Druckbedingungen *fpl*
pressure connector *(El)* Anschlusspressklemme *f*
pressure controller Druckregler *m*
pressure creosoting *(OB, Te)* Druckimprägnierung *f* mit Kreosotöl *(Holz)*
pressure curve Druckverlauf *m*
pressure decline *(HLK, San, Stat, WVA)* Druckabfall *m*
pressure decrease Druckrückgang *m*, Druckabnahme *f*, Druckabfall *m*
pressure-dependent druckabhängig
pressure difference Druckdifferenz *f*
pressure distribution *(Konst, Stat)* Druckverteilung *f*
pressure drainage druckbeanspruchte Entwässerungsleitung *f*
pressure drop Druckabfall *m*, Druckverlust *m*
pressure effect Druckwirkung *f*
pressure equalisation Druckausgleich *m*
pressure fluctuation *(WVA)* Druckschwankung *f (Wasser)*
pressure-flush *v (Te, WVA)* druckspülen *(Abwasserleitungen)*
pressure force *(Stat)* Druckkraft *f*
pressure gauge *(BM)* Manometer *n*, Druckmesser *m (EN 837-1)*
pressure-glued *(Hb)* druckverleimt
pressure gradient *(Stat, WVA)* Druckgefälle *n*
pressure-grout *v (RS, SB, Te)* mit Mörtel verpressen, einpressen
pressure grouting *(RS)* Auspressverfahren *n*, Verpressen *n*, Injektion *f*, Druckinjektion *f (Mörtel, Zementleim)*
pressure gun *(BWG)* Fugenfüllpistole *f*
pressure-gun type asphalt Spritzasphalt *m*
pressure-gun type composition Spritzmasse *f*
pressure-gun type compound Spritzmasse *f*
pressure-gun type mass *(BM)* Spritzmasse *f*
pressure-gun type plastic Spritzkunststoff *m*
pressure head 1. *(WVA)* Druckhöhe *f*, Wasserdruckhöhe *f*; 2. *(Wsb)* Förderhöhe *f*
pressure-impregnated *(OB)* druckimprägniert
pressure-independent druckunabhängig
pressure joint Druckstutzen *m*
pressure level *(Stat, WVA)* Druckniveau *n*
pressure line *(Stat)* Drucklinie *f*, Stützlinie *f*
pressure load *(Stat, WVA)* Druckbelastung *f*
pressure-locked grating *(Te)* Verknüpfen *n* der Bewehrungseisen durch Pressdruck
pressure loss *(Stat, WVA)* Druckverlust *m*
pressure of forms *(Stat, Te)* Schalungsdruck *m*
pressure of the ground *(Bod)* Bodenpressung *f*
pressure of the overburden *(Bod, Erdb, Tun)* Belastungsdruck *m (der überlagernden Schichten)*
pressure on abutment *(Tun)* Kämpferdruck *m*
pressure-operated druckbetätigt
pressure pickup Druckfühler *m*
pressure pipe *(WVA)* Druckrohr *n*, Druckleitung *f*
pressure pipeline *(WVA)* Druckrohrleitung *f*
pressure-prestressed concrete druckvorgespannter Beton *m*, Spannbeton *m* mit Druckvorspannung
pressure-proof design druckfeste Ausführung *f*
pressure ratio *(Stat, WVA)* Druckverhältnis *n*
pressure reducing Druckverringerung *f (bei Dampfheizungen)*
pressure-reducing valve *(San, WVA)* Druckreduzierventil *n*, Druckminderer *m*
pressure regulator *(San, WVA)* Druckregler *m*
pressure relief *(Stat, WVA)* Druckminderung *f*, Druckentlastung *f*
pressure-relief device *(HLK, San)* Sicherheitsventil *n*, Überdruckventil *n*
pressure-relief valve *(HLK, San)* Überdruckventil *n*
pressure-relieving joint *(Konst)* Ausdehnungsfuge *f*, Bewegungsfuge *f*
pressure resistance Druckfestigkeit *f*, Druckbeständigkeit *f (Baustoffe)*
pressure-resistant druckbeständig
pressure rise *(Stat, WVA)* Druckerhöhung *f*, Druckanstieg *m*
pressure rising curve *(Stat, WVA)* Druckanstiegskurve *f*
pressure-sensitive druckempfindlich
pressure-sensitive adhesive *(BM)* Haftkleber *m*
pressure shell Druckschale *f*
pressure-stabilizing plant [unit] *(San, WVA)* Druckstabilisierungsanlage *f (Wasser)*
pressure strength *(WVA)* Berstdruck *m*, Berstfestigkeit *f*
pressure tank Druckbehälter *m*
pressure test Druckprobe *f*, Druckprüfung *f*
pressure-tight druckdicht
pressure transmission *(Stat, WVA)* Druckübertragung *f*
pressure tunnel *(Wsb)* Druckstollen *m*
pressure-type water heater *(WVA)* Druckspeicher *m*
pressure vessel *(BB, Te)* Autoklav *m*, Druckhärtekessel *m*, Dampfhärtekessel *m*; Druckkessel *m*
pressure water *(San, WVA)* Druckwasser *n*
pressure water pipe [piping] *(San, WVA)* Druckwasserleitung *f*
pressure weather stripping *(OB)* starke Wetterschutzverkleidung *f*
pressure welding Pressschweißen *n*
pressure zone Druckzone *f*
pressurization device *(San, WVA)* Druckerhöhungsanlage *f (Wasser)*
pressurized hot-water tank *(San, WVA)* Druckspeicher *m*
pressurized water *(San, WVA)* Druckwasser *n*
pressware *(AE)* Pressglas *n*
prestandard Vornorm *f*
presteaming period Dampfbehandlungswartezeit *f*, Vorlagerungsdauer *f*
prestige (type) building *(Arch, Konst)* Repräsentationsbau *m*
prestrain *v* vordehnen
prestress *v* vorspannen, Vorspannung aufbringen [geben]
prestress Vorspannung *f (Größe)*
prestress loss *(Stat, Te)* Spannungsabbau *m*, Spannungsverlust *m*
prestressed vorgespannt
prestressed aerated concrete *(BM, BT)* Porenspannbeton *m*
prestressed beam *(BT)* vorgespannter Balkenträger *m*
prestressed bridge *(Br)* vorgespannte Brücke *f*
prestressed centrifugally cast pipe *(BB, BT)* Schleuderspannbetonrohr *n*, vorgespanntes Schleuderbetonrohr *n*
prestressed clay *(BM, BT)* Spannton *m*, Stahlton *m*
prestressed clay floor Spannziegeldecke *f*, Spanntondecke *f*, Stahltondecke *f*, vorgespannte Ziegeldecke *f*

prestressed concrete *(BB, BM)* Spannbeton *m*, vorgespannter Beton *m*
prestressed concrete arch Spannbetonbogen *m*
prestressed concrete beam Spannbetonbalkenträger *m*
prestressed concrete block Spannbetongebäude *n*
prestressed concrete box girder *(BB, TK)* Spannbetonkastenträger *m*, Spannbetonhohlträger *m*
prestressed concrete construction *(BB)* Spannbetonbau *m*
prestressed concrete continuous beam Spannbetondurchlaufbalkenträger *m*, Spannbetondurchlaufträger *m*, durchlaufender Spannbetonträger *m*
prestressed concrete cupola Spannbetonkuppel *f*
prestressed concrete design and construction Spannbetontechnik *f*, Betonvorspanntechnik *f*
prestressed concrete floor slab *(BB, TK)* Spannbeton(decken)platte *f*
prestressed concrete folded plate structure Spannbetonplattenfaltwerk *n*
prestressed concrete frame *(BB, TK)* Spannbeton(gebäude)rahmen *m*
prestressed concrete girder Spannbetonträger *m*
prestressed concrete girder floor *(TK)* Spannbetonträgerdecke *f*
prestressed concrete high-pressure pipe Spannbetonhochdruckrohr *n*
prestressed concrete I-beam Spannbeton-Doppel-T--Träger *m*, Spannbeton-I-Träger *m*
prestressed concrete lattice girder *(TK)* Spannbetongitterträger *m*
prestressed concrete lift-slab Spannbetonhub(decken)platte *f*
prestressed concrete lift structure Spannbetonhubdeckenbauwerk *n*
prestressed concrete mast Spannbetonmast *m*
prestressed concrete panel Spannbetontafel *f*
prestressed concrete pile *(Erdb)* Spannbetonpfahl *m*
prestressed concrete portal frame *(TK)* Spannbetonportalrahmen *m*
prestressed concrete purlin Spannbetonpfette *f*
prestressed concrete railroad tie *(AE) (Verk)* Spannbetongleisschwelle *f*, Spannbeton(schienen)schwelle *f*
prestressed concrete railway sleeper *(Verk)* Spannbetongleisschwelle *f*, Spannbeton(schienen)schwelle *f*
prestressed concrete reactor vessel *(BB)* Spannbetondruckbehälter *m (Kernkraftwerk)*
prestressed concrete reservoir Spannbetonbehälter *m*
prestressed concrete ribbed floor Spannbetonrippendecke *f*
prestressed concrete runway Spannbetonpiste *f*
prestressed concrete sewage pipe *(WVA)* Spannbetonabwasserrohr *n*, Spannbetonkanalrohr *n*
prestressed concrete shell Spannbetonschale *f*; Spannbetonplatte *f*
prestressed concrete space load-bearing structure *(TK)* Spannbetonrahmentragwerk *n*
prestressed concrete spun pipe Schleuderspannbetonrohr *n*, vorgespanntes Schleuderbetonrohr *n*
prestressed concrete structure Spannbetonbauwerk *n*, Spannbetonkonstruktion *f*
prestressed concrete superstructure *(TK)* Spannbetonüberbau *m*
prestressed concrete support Spannbetonstütze *f*
prestressed concrete television tower Spannbetonfernsehturm *m*
prestressed concrete trussed girder *(TK)* Spannbetonfachwerkträger *m*
prestressed concrete type of construction Spannbetonbauart *f*
prestressed concrete vault Spannbetongewölbe *n*
prestressed concrete Vierendeel girder Spannbeton--Vierendeelträger *m*
prestressed concrete water tower Spannbetonwasserturm *m*
prestressed concrete wire Spanndraht *m*, Stahlsaite *f*
prestressed concrete work *(BB)* Spannbetonarbeiten *fpl*
prestressed connection Spannverbindung *f*
prestressed glass Einscheibensicherheitsglas *n*
prestressed in pairs paarweise vorgespannt *(Stahlsaiten--Spannbeton)*
prestressed light aggregate concrete Leichtzuschlagstoff-Spannbeton *m*
prestressed light concrete *(TK)* Leichtspannbeton *m*, vorgespannter Leichtbeton *m*
prestressed monolithic wall *(Konst)* Spannbetonwand *f*
prestressed pile *(Erdb)* Vorspannpfahl *m*
prestressed precast beam *(TK)* Spannbetonfertigträger *m*
prestressed precast concrete construction Spannbetonfertigteilbau *m*, Spannbetonmontagebau *m*
prestressed segmental member Spannbetoneinzelelement *n*, Spannbetonteilelement *n*
prestressed structure *(Konst)* Spannbetonbauwerk *n*, Spannbetonkonstruktion *f*
prestressed wire concrete *(BM)* Stahlsaitenbeton *m*, Saitenbeton *m*
prestressing Vorbeanspruchung *f*, Vorspannen *n*, Aufbringen *n* der Vorspannung, Spannen *n*
prestressing bed Spannbett *n*
prestressing block Spannblock *m (Spannbetontechnologie)*
prestressing cable Spannkabel *n*
prestressing duct *(Te)* Spannkanal *m*
prestressing element Spannglied *n*
prestressing force *(Stat)* Vorspannkraft *f*
prestressing jack Spannpresse *f*
prestressing lane Spannbahn *f (Bewehrung)*
prestressing lesene *(Te)* Spannlisene *f*
prestressing line *(BWG, Te)* Spannbahn *f*, Spannbett *n*
prestressing loss Spann(ungs)verlust *m*
prestressing method Spannbetonverfahren *n*
prestressing moment *(Stat)* Spannmoment *n*, Vorspannmoment *n*
prestressing order Spannfolge *f*, Spannstufen *fpl*
prestressing plant Spannbetonwerk *n*
prestressing process Spannprozess *m*, Aufbringen *n* der Vorspannung
prestressing reinforcement Spannbewehrung *f*
prestressing steel *(BT, St, Te)* Spannstahl *m*; Spannbewehrung *f*
prestressing strand Spannkabel *n*
prestressing stress *(Stat)* Spannkraft *f*, Vorspannkraft *f*
prestressing system Spannbetonverfahren *n*; Vorspannsystem *n*
prestressing tendon Spannglied *n*
prestressing value *(Stat)* Spannwert *m*, Vorspannungswert *m*
prestressing wedge Spannkeil *m*
prestressing wire Spanndraht *m*
prestressing zone Spannzone *f*, Vorspannungszone *f*
pretension *v (Te)* vorspannen, mit sofortigem Verbund vorspannen
pretensioned vorgespannt mit sofortigem Verbund
pretensioned concrete *(BM)* vorgespannter Spannbeton *m*
pretensioned tendon Spannglied *n* mit sofortigem Verbund
pretensioned wire Spanndraht *m*, Spannsaite *f*

P

pretensioning Vorspannung *f* mit sofortigem Verbund, sofortiger Verbund *m*
pretie *v* Eisen biegen, Bewehrung vorbereiten, Bewehrungskörbe vorfertigen
pretorium *(Arch)* Prätorium *n (Gouverneurssitz im Römischen Reich)*
pretreat *v (Te)* vorbehandeln
pretreated vorbehandelt
pretreatment *(Te)* Vorbehandlung *f*
pretreatment agent *(BM)* Vorbehandlungsmittel *n (z. B. für Anstriche)*
pretreatment tank *(WVA)* Vorklärbecken *n*
pretwist Vordrall *m (eines Seils)*
prevail *v* vorherrschen
prevail verbreitet sein
prevailing weather *(Bod, Umw)* (vorherrschende) Wetterrichtung *f*
preventative remedy *(RS)* Vorbeugungsmaßnahme *f*; Wartungsmaßnahme *f*, Pflegemaßnahme *f*
preventer *(San, WVA)* Preventer *m*, Absperrschieber *m*
preventing corrosion *(OB)* korrosionsverhindernd
prevention Vorbeugung *f*, Verhütung *f*
prevention campaign *(Umw)* vorbeugende Umweltschutzaktion *f*
prevention of accidents *(VR)* Unfallverhütung *f*
prevention of corrosion Korrosionsverhütung *f*
prevention of damage *(Konst, VR)* Schadensvorbeugung *f*, Schadensverhütung *f*
prevention of noise pollution *(Umw)* Lärmvorsorge *f*; Vermeidung *f* von Lärmbelästigung
prevention of pollution Reinhaltung *f*
prevention of water pollution *(Umw)* Verhütung *f* der Wasserverschmutzung
preventive präventiv, vorbeugend
preventive action vorbeugende Maßnahme *f*, Präventivmaßnahme *f*
preventive coating *(Konst, OB)* Schutzschicht *f*
preventive maintenance *(RS)* vorbeugende Instandhaltung *f*
preventive maintenance painting *(OB)* vorbeugender Instandhaltungsanstrich *m*
preventive measure vorbeugende Maßnahme *f*, Präventivmaßnahme *f*
preventive remedy *(RS)* Pflegemaßnahme *f*, Wartungsmaßnahme *f*, Vorbeugungsmaßnahme *f*
preventive wood protection vorbeugender Holzschutz *m*
prewetted vorgenässt
prewetting Vornässen *n*
prewetting agent *(BM)* Vorbenetzungsmittel *n*
price Preis *m*
price fixing *(VR)* Preisabsprache *f*
price level *(VR)* Preisniveau *n*
price limit Preisgrenze *f*
price list Preisliste *f*
priced bill of quantities *(Konst, VR)* verpreistes Leistungsverzeichnis *n*, ausgefülltes Leistungsverzeichnis *n*
pricing *(Konst, VR)* Kalkulation *f*, Kostenkalkulation *f*, Verpreisen *n (Gewerke)*
pricing department Kalkulationsabteilung *f*
prick *v* (durch)stechen
prick post *(Hb, Konst)* Nebenpfosten *m*, Hilfspfeiler *m (Dachstuhl)*
prick punch Körner *m*
pricked by worms wurmstichig *(Holz)*
pricked rendering gespritzter Bewurf *m (Edelputz)*
pricking up Vorwerfen *n (Mörtel)*
pricking-up coat Vorbewurf *m*, Vorwurfputzschicht *f*
priest's house *(Arch)* Pfarrhaus *n*
primacord Zündschnur *f*
primary wesentlich; unmittelbar; ursprünglich; Haupt...
primary air *(HLK)* Brennerfrischluft *f*, Erstluft *f (Heizung)*
primary beam *(TK)* Hauptbalken(träger) *m*
primary bending stress *(Stat)* Hauptbiegespannung *f*
primary branch *(San, WVA)* Abwassergrundleitung *f*, Abwasserzuleitung *f (im Gebäude)*
primary building material *(BM)* Primärbaustoff *m*
primary clarification plant *(WVA)* mechanische Kläranlage *f*
primary coat Grundierung *f*, Grundanstrich *m (Ergebnis)*
primary consolidation *(BM, Erdb)* Erstbelastungssetzung *f (Erdstoffe)*
primary creep Anfangskriechen *n*
primary crusher *(BWG)* Vorbrecher *m*
primary deformation Anfangsformänderung *f*, primäre Verformung *f*
primary distributor *(Verk)* Hauptverkehrsstraße *f*
primary drainage ditch *(Erdb, WVA)* Vorentwässerungsgraben *m*
primary excavation *(Bod, Erdb)* Erstaushub *m* von gewachsenem Boden
primary explosive Initialsprengstoff *m*
primary industry Rohstoffe verarbeitende Industrie *f*
primary layer Grundschicht *f*
primary light source *(El)* Hauptlichtquelle *f*
primary member *(Konst)* Hauptbauglied *n*
primary particle Einzelteilchen *n*, Primärteilchen *n (Pigment)*
primary product *(BT, Te)* Vorprodukt *n*, Halbfertigerzeugnis *n*
primary return *(HLK)* Hauptrücklauf *m*
primary roads *(Verk)* Hauptstraßennetz *n*
primary rock 1. *(BM)* Massengestein *n*; 2. *(BM)* unverwittertes Gestein *n*
primary school Grundschule *f*
primary settlement basin *(WVA)* Vorklärbecken *n*
primary sewage treatment mechanische Abwasserreinigung *f*
primary sludge *(WVA)* Primärschlamm *m*
primary soil *(Bod, Erdb)* Primärboden *m*, gewachsener Boden *m*
primary strength Anfangsfestigkeit *f*
primary structure *(Konst)* Primärkonstruktion *f*
primary traffic signals *(Verk)* Signalzeichen *npl* für bevorrechtigten Verkehr
primary waste-water branch *(WVA)* Abwasserzuleitung *f (im Gebäude)*
prime *v* 1. *(Te, Tun)* zünden *(Sprengstoff)*; 2. *(OB, Te)* grundieren, spachteln
prime-coat *v (OB, Te)* grundieren
prime coat *(OB)* Grundanstrich *m*, Grundierung(sschicht) *f*
prime-coated board grundierte Platte *f*
prime contract *(VR)* Bauhauptvertrag *m*, Baugesamtvertrag *m*
prime contractor *(VR)* Bauhauptauftragnehmer *m*, Hauptauftragnehmer *m*
prime cost *(VR)* Gestehungskosten *pl*, Selbstkosten *pl (Arbeit und Material)*
prime mover *(BWG)* Kraftmaschine *f*, Antriebsmotor *m*
prime pigment Basispigment *n*
prime professional *(VR)* Hauptauftragnehmer *m*, Direktauftragnehmer *m*
prime professional building owner *(VR)* Investitionshauptauftraggeber *m*
prime professional consultant *(VR)* Bauhauptberater *m*
prime standby power source *(El)* Notstromhauptaggregat *n*
prime window *(Konst)* Hauptfenster *n*
primed *(OB)* grundiert

primer 1. *(OB)* Grund(ier)anstrich *m*, Grundierung(sschicht) *f*; 2. *(BM, OB)* Grundanstrichmittel *n*, Grundiermittel *n*, Grund(ier)lack *m*, Spachtellack *m*; 3. *(Tun)* Initialsprengstoff *m*, Zündsatz *m*, Zündkapsel *f*
primer coat *s.* primer 1.
primer filler Grundierfüller *m*; Füllgrund *m*
primer film *(OB)* Grundierungsfilm *m*
primer paint *s.* priming paint
primer pigment *(OB)* Grundanstrichpigment *n*
primer sealer *s.* primer filler
primer surfacer *s.* primer filler
primeval forest *(Bod, Umw)* Urwald *m*
priming 1. *(OB, Te)* Grundieren *n*, Grundierung *f*, Grund(ier)anstrich *m (Vorgang)*; 2. *s.* primer 2.; 3. *(Te)* Auffüllen *n (Baugelände)*
priming cap *(Tun)* Zündkapsel *f*
priming coat Grundanstrich *m*, Grundierung *f*
priming composition *(Tun)* Zündsatz *m*
priming emulsion *(BM, OB)* Grundieremulsion *f*
priming paint Grundanstrichfarbe *f*, Grund(ier)farbe *f*
priming solution Grundierlösung *f*
priming with linseed oil *(OB)* Leinölgrundierung *f*
princess 1. *(Konst)* Hängesäule *f*; 2. *(BT)* Großschieferplatte *f (350 × 600 mm)*
princess post *(TK)* Hängesäulenstützpfosten *m*
principal 1. *(Hb, Konst)* Dachverband *m*; Dachstuhl *m*; 2. *(Hb)* Hauptsparren *m*, Bundsparren *m*; 3. *(VR)* Vermittlungsagent *m*; 4. *(VR)* Bürge *m*
principal altar *(Arch)* Hauptaltar *m*
principal apsis *(Arch)* Hauptapsis *f*
principal arch *(Verk)* Hauptbogen *m (Brücke)*
principal axis *(Verm)* Hauptachse *f*
principal axis of inertia *(Stat)* Hauptträgheitsachse *f*, Trägheitshauptachse *f*
principal axis of stress *(Stat)* Hauptspannungsachse *f*
principal bar *(Konst)* Hauptstab *m (Stahlbewehrung)*
principal beam Haupt(balken)träger *m*; Hauptbalken *m*; Zugbalken *m*, Spannbalken *m*, Trambalken *m*
principal block *(Arch)* Hauptgebäude *n*
principal building 1. *(Arch)* Hauptgebäude *n*, Hauptbau *m*; 2. *(Arch)* Langhaus *n (Kirche)*
principal building vault *(Konst)* Langhausgewölbe *n (Kirche)*
principal cable Hauptkabel *n*
principal centre *(RP)* Hauptzentrum *n*
principal chapel *(Arch)* Hauptkapelle *f*
principal cock *(San)* Haupthahn *m*
principal column Hauptsäule *f*, Hauptstütze *f*
principal component *(Stat)* Hauptkomponente *f*; Hauptbestandteil *m*
principal component of stress *(Stat)* Hauptspannung *f*
principal constituent *(Konst)* Hauptbestandteil *m*
principal contractor Hauptauftragnehmer *m*, Hauptunternehmer *m*
principal controlling dimension *(VR)* Ausbaumaß *n*
principal cornice Hauptgesims *n*, Dachgesims *n*
principal curvature *(Konst)* Hauptkrümmung *f*
principal data *(Stat)* Hauptdaten *pl*
principal diagonal *(Konst, Stat)* Hauptdiagonale *f*
principal dimension Hauptabmessung *f*, Hauptmaß *n*
principal direction Hauptrichtung *f*
principal distribution line *(El)* Hauptverteilungsleitung *f*
principal distribution panel *(El)* Hauptverteilungstafel *f*
principal elongation *(Stat)* Hauptdehnung *f*
principal entrance *(Konst)* Haupteingang *m*
principal entrance hall *(Konst)* Haupteingangshalle *f*
principal entrance storey Geschoss *n* mit dem Haupteingang
principal extension *(Stat)* Hauptdehnung *f*
principal façade *(Arch)* Hauptfassade *f*
principal fuse *(El)* Hauptsicherung *f*
principal girder *(TK)* Hauptträger *m*
principal grid Hauptraster *m*
principal hall *(Arch, Konst)* Haupthalle *f*
principal load *(Stat)* Hauptlast *f*
principal load case *(Stat)* Hauptlastfall *m*
principal longitudinal force *(Stat)* Hauptlängskraft *f*
principal moment *(Stat)* Hauptmoment *n*
principal moment of inertia *(Stat)* Hauptträgheitsmoment *n*
principal motif *(Arch)* Leitmotiv *n*
principal moulding *(Konst)* Dachgesims *n*
principal normal *(Stat)* Hauptnormale *f*
principal normal stress *(Stat)* Hauptnormalspannung *f*
principal office *(VR)* Hauptbüro *n*
principal plane *(Stat)* Hauptebene *f*
principal plane of flexure *(Stat)* Hauptbiegeebene *f (eines Balkens)*
principal plane of stress *(Stat)* Hauptspannungsebene *f*
principal point Bildmittelpunkt *m*
principal portal *(Arch, Konst)* Hauptportal *n*
principal post Eckpfosten *m*, Ecksäule *f*; Türpfosten *m*
principal quire *(Arch)* Hauptchor *m*
principal rafter *(Hb)* Bindersparren *m*, Bundsparren *m*, Hauptsparren *m*
principal rafters *(Hb)* Bindergespärre *n*
principal reinforcement Längsbewehrung *f*, Längseinlagen *fpl*, Hauptbewehrung *f*
principal riser *(El, San, WVA)* Hauptsteigleitung *f*
principal roof beam Dachbinderhauptbalken *m*
principal section Hauptschnitt *m (einer Darstellung)*
principal service centre *(BWG)* technische Hauptzentrale *f (eines Großgebäudes)*
principal shear stress *(Stat)* Hauptschubspannung *f*
principal stage Hauptbühne *f*
principal stairs *(Konst)* Haupttreppe *f*
principal strain *(Stat)* Hauptdehnung *f*, Hauptverformung *f*
principal street *(Verk)* (städtische) Hauptverkehrsstraße *f*
principal stress *(Stat)* Hauptspannung *f*
principal stress trajectory *(Stat)* Hauptspannungslinie *f*, Hauptspannungstrajektorie *f*
principal stretch(ing) Hauptstreckung *f*
principal structure *(Arch)* Hauptgebäude *n*, Hauptbau *m*
principal switch board *(El)* Hauptschalttafel *f*
principal switch room *(El)* Hauptschaltraum *m*
principal symbol *(Stat)* Hauptzeichen *n*
principal temple *(Arch)* Haupttempel *m*
principal tensile reinforcement Hauptzugbewehrung *f*
principal truss Dachbinder *m*
principal vault *(Br, Konst)* Hauptbogen *m (Brücke)*
principal wind direction *(Umw)* Hauptwindrichtung *f*
principle *(Konst, Stat)* Prinzip *n*, Grundgesetz *n*, Grundsatz *m*
principle of actualism Aktualitätsprinzip *n*
principle of equilibrium *(Stat)* Gleichgewichtsprinzip *n*
principle of inducement *(VR)* Veranlassungsprinzip *n (Kostenteilung)*
principle of least work of deformation *(Stat)* Prinzip *n* vom Minimum der Formänderungsarbeit
principle of style *(Arch)* Stilgesetz *n*
principle of superposition *(Stat)* Überlagerungsgesetz *n*, Superpositionsgesetz *n*, Superpositionsgleichung *f*
principle of the parallelogram of forces *(Stat)* Satz *m* vom Parallelogramm der Kräfte, Parallelogrammgesetz *n*, Parallelogrammregel *f*
principle of transmissibility of forces *(Stat)* Prinzip *n* der Übertragbarkeit von Kräften

principle of virtual forces *(Stat)* Prinzip *n* der virtuellen Kräfte
print *v* 1. pausen; 2. ein Muster in den Putz drücken
print 1. *(Konst)* Lichtpause *f*, Pause *f*; 2. *(Arch)* Putzornament *n*
printed design Druckmuster *n*
printed pattern Druckmuster *n*
printed picture tile bedruckte Bildfliese *f*
printed wallpaper gedruckte [bedruckte] Papiertapete *f*
printing *(OB)* Farbanstrichmustern *n*
printing block *(Arch)* Druckereigebäude *n*
prior to vor
priority junction *(Verk)* Kreuzung *f* mit Vorfahrtregelung, ranggeordnete Kreuzung *f*
priority road *(Verk)* Hauptstraße *f*, Vorfahrtsstraße *f*
priority sign *(Verk)* Vorfahrtzeichen *n*
priory *(Arch)* Kartäuserhaus *n*, Propstei *f*
prism Prisma *n*
prism face Prismenfläche *f*
prismatic prismatisch, prismenförmig
prismatic beam *(TK)* prismatischer Balken *m* [Träger *m*]
prismatic beam crushing strength Prismendruckfestigkeit *f*
prismatic billet moulding Prismenzierkante *f*
prismatic colours *(OB)* Beugungsfarben *fpl*
prismatic cupola Prismenkuppel *f*
prismatic glass Zierglas *n* mit Prismeneffekt
prismatic load-bearing structure *(TK)* Prismentragwerk *n*
prismatic member *(BT)* Prismenstab *m*
prismatic rustication *(SB)* Mauerwerk *n* mit prismatischen Ziegeln *(Elisabethanische Architektur)*
prismatic shell roof *(Konst, TK)* Dachfaltwerk *n*
prismatic shell (structure) *(Konst, TK)* dünnwandiges [prismatisches] Faltwerk *n*, Faltwerk *n*
prismatic slab (structure) *(Konst, TK)* Faltwerk *n*
prismatic space truss *(TK)* prismatisches Raumfachwerk *n*
prismatic supporting structure *(TK)* Prismentragwerk *n*
prismatic system *(Stat)* rhombisches System *n*
prismoidal roof *(Konst)* Prismoiddach *n*
prison building *(Konst)* Strafanstaltbau *m*, Strafanstaltgebäude *n*, Gefängnisgebäude *n*
prison cell Gefängniszelle *f*
prison construction *(Konst, RP)* Strafanstaltbau *m*, Gefängnisbau *m*
private architect freischaffender Architekt *m*
private area *(VR)* Privatgrundstück *n*
private balcony Einzelbalkon *m*
private building Privathaus *n*, Privatgebäude *n*
private chapel *(Arch)* Hauskapelle *f*
private connection *(El)* Telefonhausanschluss *m*, Hausanschluss *m*
private contract *(VR)* privatrechtlicher Vertrag *m*
private development private Bebauung *f*
private drive Privatzufahrt *f*
private driveway Privatfahrweg *m*
private dwelling house Privatwohn(ungs)haus *n*
private enterprise *(VR)* Privatunternehmen *n*
private financing *(VR)* Privatfinanzierung *f*
private ground Privatgelände *n*
private hotel Pension *f*
private housing privater Wohnungsbau *m*
private path Privatweg *m*
private port *(Wsb)* Industriehafen *m*
private property *(VR)* Privateigentum *n*
private road Privatweg *m*
private sector participation private Finanzierungsbeteiligung *f (s. a. public private partnership)*
private sewer *(WVA)* nicht öffentliche Abwasserleitung *f*
private stairway Privataufgang *m*
private transport *(Verk)* Individualverkehr *m*
private way Privatweg *m*, privater Weg *m*
privy *(San)* Abort *m (außerhalb eines Gebäudes)*
privy tank *(WVA)* Abwasserfaulbehälter *m*
prize *v* aufstemmen
prize *v* **open** aufbrechen, aufstemmen *(mittels Hebel)*
prize *v* **up** *(Te)* hochwuchten, hochstemmen
prize 1. Hebel *m*; 2. Hebelwirkung *f*, Hebelkraft *f*
prize for architecture *(Arch)* Architekturpreis *m*
prize-winning *(Arch)* preisgekrönt
probabilistic design method *(Stat)* Wahrscheinlichkeitsberechnungsverfahren *n*
probability Wahrscheinlichkeit *f*
probability curve *(BM, Stat)* gaußsche Normalverteilung(skurve) *f*
probability of acceptance Abnahmewahrscheinlichkeit *f*
probability of cracking Risswahrscheinlichkeit *f (Betontragverhalten)*
probability of failure *(Konst, Stat, TK)* Versagenswahrscheinlichkeit *f (Tragverhalten)*; Ausfallwahrscheinlichkeit *f*
probability of rejection Zurückweisungswahrscheinlichkeit *f*
probability sample *(BM)* Wahrscheinlichkeitsstichprobe *f (Baustoffprüfung)*
probable error *(BM)* wahrscheinlicher Fehler *m (Baustoffprüfung)*
probe *v* sondieren, mit einer Sonde untersuchen
probe Sonde *f*, Messfühler *m*
probing of a bore *(Bod)* Sondierungsbohrung *f (Baugrund)*
probing rod *(Bod)* Sondierstange *f*
problem concerning follower forces *(Stat)* Folgekraftproblem *n*
problem of perception *(Umw)* Wahrnehmungsproblem *n*
problem site Altlast *f*, kontaminierter Standort *m*
procedural questions *(Te)* Verfahrensfragen *fpl (Bautechnologie)*
procedure *(Te)* Bauablauf *m*, Montageverfahren *n*, Durchführung *f*
proceeds *(VR)* Gewinn *m*, Reinertrag *m*
process *v* behandeln, bearbeiten; fertigen; verarbeiten
process *(Te)* Methode *f*; Ablauf *m*, Vorgang *m*, Verlauf *m*, Prozess *m*
process average mittlere Prozesslage *f*, mittlere Qualitätslage *f*
process control Herstellungsüberwachung *f*, Prozesslenkung *f*
process limits Prozessgrenzen *fpl*
process of adaptation Anpassungsprozess *m*
process of curing Abbindevorgang *m*, Abbindeverlauf *m (z. B. bei Verschnittbitumen)*
process of hardening *(BM, Te)* Härteprozess *m*, Härteverlauf *m*, Erhärtungsprozess *m*
process of hydration Hydratationsprozess *m*, Hydratationsverlauf *m*
process of initial setting *(BM, Te)* Erstarrungsprozess *m*, Erstarrungsvorgang *m*, Erstarrungsverlauf *m*
process of setting Abbindeprozess *m*, Abbindeverlauf *m*, Abbindevorgang *m*
process of weathering Verwitterungsprozess *m*
process quality control Prozessqualitätsüberwachung *f*
process sequence *(Te)* Schrittfolge *f*
process waste Produktionsabfall *m*
process water *(WVA)* Brauchwasser *n*
processed shake *(AE)* vorgefertigte Zedernschindel *f* mit Nut
processed wood aufbereitetes Holz *n*
processing *(Te)* Materialaufbereitung *f*; Bearbeitungsver-

fahren *n*, Herstellungsverfahren *n*; Behandlung *f*, Bearbeitung *f*, Verarbeitung *f*; Fertigung *f*, Herstellung *f*
processing algorithm *(Te)* Herstellungsalgorithmus *m*
processing capability Verarbeitungseignung *f*
processing centre for recyclable solid waste materials *(BWG, Te)* Aufarbeitungszentrum *n* für wiederverwertbare feste Abfallmaterialien
processing characteristics Verarbeitungseigenschaften *fpl*
processing conditions *(Te)* Bearbeitungsbedingungen *fpl*; Arbeitsbedingungen *fpl*
processing cycle *(Te)* Behandlungsfolge *f*, Behandlungszyklus *m*
processing guidelines *pl* Verarbeitungsrichtlinien *fpl*
processing phase *(Te)* Bearbeitungsphase *f*
processing plant *(WVA)* Aufbereitungsanlage *f (Wasser)*
processing properties Verarbeitungseigenschaften *fpl*
processing requirement Anforderung *f* an das Verfahren
processing specifications *pl (Konst, VR)* Verarbeitungsrichtlinien *fpl*
processing time Bearbeitungsdauer *f*; Behandlungsdauer *f*
processional circuit *(Arch)* Prozessionsweg *m (Tempel)*
processional temple *(Arch)* Göttertempel *m*, Kulttempel *m*
processional walk *(Arch)* Prozessionsgang *m*
procoeton *(Arch) Wohnung im alten Rom und Griechenland*
Proctor compaction test *(Bod)* Proctor-Test *m*, Proctor-Verdichtungsversuch *m*, Standardverdichtungsversuch *m*
Proctor curve *(Bod)* Proctor-Kurve *f*
Proctor density *(Bod)* Proctordichte *f*, Standarddichte *f*
Proctor hammer *(BWG, Bod, Erdb)* Proctorverdichtungshammer *m*
Proctor optimum *(Bod, Erdb)* Proctoroptimaldichte *f*
Proctor penetration needle *(Bod)* Proctor-Nadel *f*
Proctor penetration resistance *(Bod)* Proctor-Nadelwiderstand *m*, Standardnadelwiderstand *m*
Proctor test *s.* Proctor compaction test
procurement *(VR)* Beschaffung *f*
procuring of water *(Bod, WVA)* Wassergewinnung *f*
prodomos Vorhalle *f*, Wandelgang *m*, Foyer *n (im römischen Haus)*
produce *v* erzeugen, herstellen, hervorbringen; verfertigen
producer 1. Hersteller *m*, Produzent *m*; 2. Generator *m*
producer-gas pitch *(BM)* Generatorteer *m*
product Fabrikat *n*
product liability *(VR)* Produkthaftung *f*
product of combustion Verbrennungserzeugnis *n*, Verbrennungsprodukt *n*
product of decomposition Zersetzungsprodukt *n*
product of destruction Zerstörungsprodukt *n*, Trümmerprodukt *n*
product of weathering *(BM, Bod)* Verwitterungsprodukt *n*
product standard Produktstandard *m*
production *(Te)* Produktion *f*, Herstellung *f*, Fertigung *f*, Erzeugung *f*, Fabrikation *f*
production control testing *(Te, VR)* Werkseigenüberwachung *f*
production cost Herstellungskosten *pl*, Gestehungskosten *pl*
production hangar *(Arch, Te)* Produktionshalle *f*, Fertigungshalle *f*
production in a prefabrication plant *(Te)* Werksfertigung *f*
production line Fließstraße *f*
production-line status Produktionsreife *f*
production permit *(VR)* Sonderfreigabe *f (einer Baumaßnahme vor der Realisierung)*
production shop *(Arch, Te)* Werkhalle *f*; Werkstatt *f*, Werkstätte *f*

productivity Produktivität *f*, Leistungsfähigkeit *f*
productivity index Produktionsindex *m*
products Erzeugnisse *npl*, Artikel *mpl*, Waren *fpl*; Gegenstände *mpl*; Fertigmaterialien *npl*
profane architecture *(Arch)* profane Baukunst *f*, Profanbaustil *m*
profane Gothic *(Arch)* Profangotik *f*, weltliche Gotik *f*
profane monument *(Arch)* Profanmonument *n*
profane structures *(Arch)* Profanbauten *mpl*
professional fachmännisch; berufsmäßig
professional Spezialist *m*, Fachmann *m*
professional adviser *(Arch, VR)* Beratungsarchitekt *m*, Bauberater *m*, beratender Ingenieur *m*
professional construction advisory practice *(VR)* Bauberatungstätigkeit *f*
professional consultant beratender Ingenieur *m*
professional engineer lizenzierter Diplomingenieur *m*
professional image Berufsbild *n*
professional indemnity *(VR)* berufliche Haftpflicht *f*
professional indemnity insurance *(VR)* berufliche Haftpflichtversicherung *f*
professional liability insurance Bauingenieurrisikoversicherung *f*
professional practice *(Arch, Konst, Umw, VR)* Beratungspraxis *f* für Bau und Umwelt
professional register Berufsregister *n*
proficient fachkundig
profile *v (Konst)* profilieren, mit Profil versehen; ein Profil herstellen; im Schnitt darstellen
profile 1. *(Te, Verm)* Baurichtlatte *f*; 2. *(Konst)* Profildarstellung *f*; Profilschnitt *m*, Profil *n*; 3. *(Arch, Konst)* Umrisszeichnung *f*, Ansichtszeichnung *f*
profile analyser *(Verk)* Profiluntersuchungsauswertung *f (Straße)*
profile analysis Profilanalyse *f*
profile board Profilplatte *f*
profile boards *(Te, Verm)* Schnürbretter *npl*, Schnurgerüst *n*
profile border Fugendeckleiste *f*
profile depth *(Verk)* Spurrinnentiefe *f (Straße)*
profile detector *(Verk)* Profilaufnehmer *m (Straße)*
profile for interior work Ausbauprofil *n (für alle Ausbauten)*
profile gauge Formlehre *f*
profile levelling *(Verm)* Profilnivellierung *f*
profile of a road Straßenquerprofil *n*
profile of flow *(San, WVA)* Durchströmungsprofil *n*
profile of rib Rippenprofil *n*
profile of slope *(Erdb)* Böschungsprofil *n*
profile steel sheeting Profilbleche *npl*
profile transition curve *(Verk)* Profilübergangsbogen *m (Straße)*
profile view Profilansicht *f*
profiled profiliert, mit Profil versehen
profiled board *(BT)* Profilplatte *f*
profiled brick Profilziegel *m*; Profilstein *m*
profiled concrete steel *(St, Te)* Profilstahl *m (Bewehrung)*
profiled coping Abdeckprofil *n*
profiled element Profilelement *n*
profiled kerb *(BT)* Profilbordstein *m*
profiled panel Profiltafel *f*
profiled pipe profiliertes Rohr *n*, Rohr *n* mit Sonderprofil
profiled plate Profilgrobblech *n*
profiled rod Profilstange *f*
profiled sheet iron *(BM)* Formblech *n*
profiled strip Profilleiste *f*
profiled surface *(OB)* profilierte Oberfläche *f*
profiled wire Dessindraht *m*, Formdraht *m*, Profildraht *m*
profiling 1. *(Verk)* Profilierung *f (Straßenbau)*; 2. *(Arch)* Durchgestalten *n* der Umrisslinie, Profilierung *f*
profilometer *(BM)* Profilograph *m*, Oberflächenmessgerät *n*

(für Straßenoberfläche); Profilschreiber *m*, Oberflächentastgerät *n*
profit Profit *m*, Gewinn *m*
profit and loss account *(VR)* Gewinn- und Verlustrechnung *f*
profit margin *(VR)* Gewinnspanne *f*
profitability *(VR)* Rentabilität *f*
profitability calculation *(VR)* Ertragsrechnung *f*
profitable gewinnbringend
profusely enriched *(Arch)* überreich verziert, überreich geschmückt
programme *(Te, VR)* Plan *m (Wirtschaftsplan, Ablaufplan)*; Baubetriebsplan *m*
programme and progress chart *(Te, VR)* Baufristenplan *m*
programmed automatic plant programmgesteuerte Anlage *f (Bauelement- und Fertigteilherstellung)*
progress Fortgang *m*, Baufortschritt *m*
progress chart *(Te, VR)* Bauablaufplan *m*, Baufristenplan *m*
progress of construction work Baufortschritt *m*
progress of corrosion *(OB)* Korrosionsfortschreiten *n*, Korrosionsfortgang *m*
progress payment *(VR)* turnusmäßige Bauabschlagszahlung *f*
progress report Baufortschrittsmeldung *f*, Baukomplettierungsbericht *m*, Dekadenrapport *m*
progress schedule *(Te)* Bauablauferfüllungsdarstellung *f*
progressing 1. *(Te)* Ausführung *f* eines Gewerks; 2. *(Te)* Baufortschritt *m*
progressive erosion *(OB)* fortschreitende Erosion *f*
progressive failure fortschreitender Bruch *m*
progressive kiln kontinuierlich arbeitender Trockenofen *m*
progressive scaling *(RS)* fortschreitender Betonverfall *m*
progressive settlement fortschreitende Setzung *f*
progressive signal system *(Verk)* grüne Welle *f*
progressive subsidence *(Bod, Erdb, RS)* fortschreitende Setzung *f*
progressive transition curve *(Verk)* kontinuierlicher Übergangsbogen *m (Straße)*
prohibitory sign *(Verk)* Verbotszeichen *n*
project *v* 1. *(Konst, Te)* projektieren, entwerfen, planen; 2. *(Konst)* auskragen, ausladen, vorragen, vorspringen, vorstehen, überstehen, überragen *(ein Teil eines Gebäudes)*
project *(Konst)* Bauprojekt *n*, Bauvorhaben *n*, Projekt *n*; Plan *m*; Entwurf *m*; Projektunterlagen *fpl*
project budget *(VR)* Bauprojektmittel *npl*, (geplante) Projektsumme *f*
project completion report *(VR)* Projekt(ab)schlussbericht *m*
project cost *(VR)* Projektsumme *f (einschließlich Landerwerb, Einrichtung der Baustelle usw.)*; Projektplanungs- und -ausführungskosten *pl*
project design *(Konst, RP)* Projektstudie *f*
project design life Projektstudienbestandsdauer *f*
project design report *(Konst)* Entwurfsbericht *m*, Projektbeschreibung *f*
project engineer Bauleiter *m*; Entwurfsingenieur *m*; Projektingenieur *m*
project level *(Konst, Te)* Projektebene *f*
project management Projektleitung *f*
project manager Projektleiter *m*
project monitoring *(Te, VR)* Projektüberwachung *f*
project of actual noise reduction *(Umw)* Lärmminderungskonzept *n*
project representative Auftraggebervertreter *m*, Projektbeauftragter *m* des Auftraggebers, Projektingenieur *m*
project site Baustelle *f*
project study *(Konst, RP)* Projektstudie *f*
projected sash *(EB)* Lüftungsflügel *m*
projected window *(EB)* Schwingflügelfenster *n*
projecting vorspringend, vorstehend, überstehend, vorragend, auskragend, ausladend
projecting *(Konst)* Ausladung *f*, Auskragung *f*
projecting abutment vorspringendes Widerlager *n*
projecting angle vorspringender Winkel *m*
projecting beam Kragbalken *m*, Kragträger *m*
projecting belt course *(Konst, SB)* auskragende Steinlage *f*, überstehende Mauerkante *f*
projecting brick vorstehender Ziegel *m*, überstehender Stein *m*
projecting corner *(Konst)* vorspringende Ecke *f*
projecting cover Verdachung *f (Maueröffnung)*
projecting curvature *(Konst)* Verwölbung *f*
projecting end Überstand *m*
projecting flange abstehender Schenkel *m*
projecting platform *(Konst, TK)* ausladende Plattform *f*
projecting ray Projektionsstrahl *m*
projecting roof *(BT)* Vordach *n*
projecting scaffold(ing) Auslegergerüst *n*; Auslegerrüstung *f*, Kragrüstung *f*
projection 1. *(BT, Konst)* Auskragung *f*, Ausladung *f*, Vorsprung *m*, Vorlage *f*; Risalit *m*; Überstand *m*, Nase *f (Ansatz)*; 2. *(Konst)* Projektion *f*, Riss *m (Ansicht)*; 3. *(Konst)* Vorlage *f*; 4. *(Arch, Konst)* Vorbau *m*, vorspringender Bau *m*
projection booth Projektorraum *m*, Bildwerferraum *m*, Vorführ(ungs)raum *m*
projection chamber *s.* projection booth
projection cupola Projektionskuppel *m*
projection from a masonry wall *(Konst, SB)* Mauervorlage *f*, Mauervorsprung *m*
projection length Projektionslänge *f*
projection method *(Konst)* Projektionsverfahren *n*, Rissverfahren *n*
projection of cornice *(Konst)* Auskragung *f* des Gesimses
projection of courses Auskragung *f* der Schichten
projection plane *(Konst)* Projektionsebene *f*, Bildebene *f*, Rissebene *f*
projection welding Buckelschweißen *n*; Auftragsschweißen *n*
projector Strahler *m (Scheinwerfer)*
projet *(AE) (Arch, Konst)* Projektstudie *f*; Übungsprojektmodellierung *f*
prolongate *v* verlängern
prolongation *(Te)* Ausdehnung *f*, Verlängerung *f*
promenade *(LB)* Promenade *f*, Spazierweg *m*
promenade roofing begehbares Dach *n*, begehbare Dachdeckung *f*
promenade tile Natursteinplatte *f*; Fußbodenplatte *f*
prominence Erhöhung *f*, Vorsprung *m*
prominent vorspringend, auskragend
promote *v (VR)* fördern, befördern; unterstützten
promoter 1. Abbindebeschleuniger *m*; 2. *(VR)* Bauherr *m*
promotion Förderung *f*, Beförderung *f*, Einsatz *m*
promotion of housing *(VR)* Wohnungsbauförderung *f*
promotional lounge Empfangsraum *m (bei Ausstellungen)*
prompt-box *(EB)* Souffleurkasten *m*
prompter's box *s.* prompt-box
pronaos *(Arch)* Pronaos *m*, Antentempelvorhalle *f*
prone to corrosion *(OB)* korrosionsanfällig, korrosionsempfindlich
prone to cracking *(BM)* rissanfällig, rissempfindlich
prone to embrittlement *(BM)* versprödungsanfällig
prone to rusting *(BM, OB)* rostanfällig
prone to rut *(Verk)* spurrinnenempfindlich, verformungsempfindlich *(Straße)*
prong Zinke *f*, Zacken *m*
pronged *(Arch, Konst)* zinkenförmig
proof *v* abdichten, dicht machen; imprägnieren

P

proof beständig; fest; sicher; dicht, wasserdicht; undurchlässig
proof 1. *(Stat)* Beweis *m*; Prüfungsnachweis *m*; 2. *(Stat)* Nachweis *m*
proof load *(Stat)* Prüflast *f*
proof of compliance *(VR)* Gütenachweis *m*, Konformitätsprüfung *f*, Nachweis *m* der Vertragsmäßigkeit *f*
proof of conformity *(VR)* Konformitätsprüfung *f*
proof of suitability Eignungsnachweis *m*, Brauchbarkeitsnachweis *m*
proof stress *(BM)* Dehngrenze *f*
proof to light lichtbeständig, lichtecht
proof to moisture *(BM)* feuchtigkeitsbeständig
proof to petrol *(BM)* benzinbeständig, treibstoffbeständig
proofed *(BM, BT, OB)* abgedichtet, imprägniert
proofing 1. *(DIS)* Abdichtung *f*, Dichtung *f*; 2. *(BM, DIS)* Durchlässigkeitsversuch *m (von Materialien)*; Dichteprüfung *f*
proofness *(BM)* Beständigkeit *f*, Echtheit *f*, Widerstandsfähigkeit *f*
prop *v* absteifen, versteifen, aussteifen, (ab)stützen
prop *v* **up** absteifen, (ab)stützen
prop 1. *(Tun)* Spreize *f*, Strebe *f*, Steife *f*, Stütze *f*, Pfeiler *m*, Stempel *m (Bergbau)*; 2. *(BT, LB)* Pfahl *m*; Bolzen *m*; Baumpfahl *m*; Stützpfahl *m*
prop joint *(BT)* Flachgelenk *n*
prop timber *(BT, Hb, Tun)* Stempelholz *n*
prop wall Futtermauer *f*
propagate *v* ausbreiten
propagation Ausbreitung *f*
propagation of pollutant *(Te, Umw)* Schadstoffausbreitung *f*
propane-precipitated bitumen *(BM)* Propan-Fällungsbitumen *n*
propeller fan Propellerventilator *m*, Deckenventilator *m*
propensity for cracking Rissanfälligkeit *f*, Rissneigung *f*
proper design *(Konst)* zweckmäßiges Projektieren *n*, angepasstes Projektieren *n*; ordnungsgemäßer Entwurf *m*, passender Entwurf *m*, ordnungsgemäßer Projektentwurf *m*
properties data Baustoffkenndaten *pl*, Werkstoffkenndaten *pl*; Baustoffkennwerte *mpl*
property 1. Eigenschaft *f*; 2. Eigentum *n*, Besitz *m*; Grundeigentum *n*, Immobilie *f*; bebautes Grundstück *n*, Hausgrundstück *n*
property alteration Eigenschaftsänderung *f*
property-boundary wall *(BT, LB)* Grundstücksmauer *f*
property conditions *(VR)* Eigentumsverhältnisse *npl*, Besitzverhältnisse *npl*
property damage *(VR)* Sachschaden *m*
property developer Wohnungsbauunternehmer *m*; Häusermakler *m*
property insurance *(VR)* Gebäudeversicherung *f*
property line *(Verm)* Grundstücksgrenzlinie *f*, Grundstücksgrenze *f*, Bauflucht *f*
property-line wall Grundstücks(grenz)mauer *f*
property market *(VR)* Immobilienmarkt *m*, Grundstücksmarkt *m*
property of land *(VR)* Landbesitz *m*
property room *(Konst)* Kulissenraum *m (Theater)*
property side line Grundstücksrandstreifen *m*
property speculation *(VR)* Grundstücksspekulation *f*
property speculator Grundstücksspekulant *m*
property survey *(Verm)* Grenzvermessung *f (eines Grundstückes)*
property tax *(VR)* Grundsteuer *f*
proportion *v* abmessen, bemessen, Mischverhältnis dosieren, zumessen, zuteilen; dimensionieren
proportion 1. Anteil *m*, Prozentsatz *m*; 2. Verhältnis *n*, Maßverhältnis *n*
proportion of ingredients *(BM)* Mischrezeptur *f*, Mischungsverhältnis *n*
proportion of mixture Mischungsverhältnis *n*
proportion of water *(BM)* Wasseranteil *m*, Wassergehalt *m*
proportional dividers *(Konst)* Verkleinerungszeichner *m*
proportional limit *(BM, Stat)* Proportionalitätsgrenze *f (Festigkeit)*
proportionality Proportionalität *f*
proportionality law *(Stat)* Proportionalitätsgesetz *n*
proportionality limit Proportionalitätsgrenze *f*
proportionality of stress to strain *(Stat)* Spannungs--Dehnungsproportionalität *f*
proportionate gut proportioniert
proportioned dimensioniert
proportioner *(BM, BWG, Te)* Dosierer *m*
proportioning Bemessung *f*, Dosierung *f*; Zumessung *f*
proportioning by volume Volumendosierung *f*
proportioning by weight Gewichtsdosierung *f*
proportioning device *(BM, BWG, Te)* Dosiervorrichtung *f*; Dosiergerät *n*
proportioning equipment Dosieranlage *f*
proportioning pump Dosierpumpe *f*
proposal *(VR)* Bauangebot *n*; Offerte *f*; Vorschlag *m*
proposal drawing *(Konst, VR)* Angebotszeichnung *f*
proposal form Angebotsformular *n*
proposal guaranty *(AE) (VR)* Angebotsbürgschaft *f*
proposed road *(Verk)* projektierte Straße *f*
propped *(TK)* unterstützt (mit Hilfsstützen)
propped cantilever (beam) *(BT, TK)* Konsolträger *m*, einseitig eingespannter Träger *m*
propped-up abgestützt
propping *(Tun)* Absteifung *f*, Abstützung *f*, Stützung *f*, Deckenstützsystem *n*
propping-up Abspreizung *f*, Bolzung *f*
proprietary *(VR)* patentiert, gesetzlich geschützt
proprietary door Markentür *f*
proprietary name Markenname *m*
proprietary product *(BT, VR)* Markenerzeugnis *n*, Markenfabrikat *n*, Markenartikel *m*
proprietor *(VR)* Besitzer *m*; Bauauftraggeber *m*, Bauherr *m*
propulsion Antrieb *m*, Antriebskraft *f*; Fortbewegung *f*
propwood Stützholz *n*
propylaeum *(Arch)* Torbau *m*, großer Torweg *m (zu einem antiken Heiligtum)*
propylon *(Arch)* ägyptischer Monumentaltorbogen *m*
proscenium *(EB)* Vorbühne *f*, Theaterrampe *f*
proscenium wall *(BT, Konst)* Bühnenbrandmauer *f*
prospect *v (Bod)* schürfen, prospektieren *(Baugrund, Lagerstätten)*
prospect *(Bod)* Schürfstelle *f*; Schürfarbeit *f (Baugrund, Lagerstätten)*
prospect sampling *(Bod)* Bohrprobennahme *f*
prospect well *(Bod)* Aufschlussbohrung *f*
prospecting Schürfarbeiten *fpl (Gesteins-, Kieserkundung)*
prospecting of the site *(Bod, Verm)* vorläufige Geländeaufnahme *f*
prospecting pit *(Bod, Erdb)* Schürfgrube *f*, Schürfe *f*
prospecting trench *(Bod, Erdb)* Schürfgraben *m*
prostoon *(Arch)* Pergola *f*; Portikus *m*
prostyle *(Arch)* frontsäulig
prostyle column *(Arch)* Frontsäule *f*, Giebel(seiten)säule *f*
prostyle temple *(Arch)* Prostylostempel *m*
protect *v* abschirmen, schützen *(gegen äußere Einflüsse)*
protect *v* **against corrosion** *(OB)* vor Korrosion schützen
protect *v* **by painting** anstreichen, mit Schutzanstrich versehen
protected geschützt, abgeschirmt; feuergeschützt
protected area *(Umw)* geschützte Fläche *f*

protected corner *(Konst)* kraftübertragender Betonplattenrand *m*
protected from rain regengeschützt
protected land *(Umw)* geschütztes Gelände *n*, geschütztes Bauland *n*
protected metal sheeting *(BT, OB)* korrosionsgeschütztes Blech *n*
protected non-combustible construction *(Konst)* geschützte nicht entflammbare Konstruktion *f (mit zwei Stunden Feuerwiderstand)*
protected opening *(BT)* feuerresistente Öffnung *f (Tür, Fenster)*
protected ordinary construction Gebäude *n* mit normalem Feuerwiderstand *(eine Stunde)*
protected region *(Umw, VR)* Schutzbereich *m*
protected structure Schutzobjekt *n*
protected switch *(El)* Schalter *m* mit Schutzkasten
protected waste pipe *(San, WVA)* Hausabflussrohr *n* ohne Kanalanschluss, Abflussblindrohr *n*
protected wood-frame construction Rahmenkonstruktion *f* mit geringem Feuerwiderstand *(Tür, Fenster)*
protecting agent Schutzstoff *m*, Konservierungsmittel *n*
protecting board Schutzbrett *n*
protecting bonnet [cap] *(Konst)* Schutzhaube *f*
protecting circuit *(El)* Schutzschaltung *f*
protecting cover Schutzdeckel *m*; Schutzdecke *f*
protecting fluosilicate *(BM, OB)* Schutzfluat *n*, Schutzfluorsilikat *n*, Schutzfluorsilicat *n*
protecting foil Abdeckfolie *f*
protecting hood *(Konst)* Schutzhaube *f*
protecting iron *(Konst)* Vorstoßschiene *f*, Anfahrschiene *f*
protecting layer Schutzlage *f*
protecting masonry wall Schutzmauer *f*
protecting measure *(Umw, VR)* Schutzmaßnahme *f*
protecting primer *(OB)* Schutzgrundierung *f*
protecting railing Schutzgeländer *n*
protecting scaffold Schutzrüstung *f*, Schutzgerüst *n*
protecting screed Schutzestrich *m*
protecting sleeve Schutzmuffe *f*
protecting stake *(Hb)* Schutzholz *n*
protecting tube *(Konst)* Schutzrohr *n*, Mantelrohr *n*
protecting varnish *(OB)* Schutzlack *m*
protection Schutz *m*, Schützen *n*, Schutzgebung *f*
protection against accidental contact Berührungsschutz *m*
protection against avalanches *(Konst, Tun)* Lawinenschutz *m*
protection against condensation *(OB)* Kondenswasserschutz *m*, Schwitzwasserschutz *m*, Kondensatschutz *m*
protection against corrosion *(OB)* Korrosionsschutz *m*
protection against frost Frostschutz *m*
protection against lighting *(DIN EN 62305) (El)* Blitzschutz *m*
protection against moisture *(DIS)* Feuchtigkeitsschutz *m*
protection against noise Lärmschutz *m*
protection against oscillation *(Konst)* Erschütterungsschutz *m*, Schwingungsschutz *m*
protection against rain Regenschutz *m*
protection against scour *(Wsb)* Kolkschutz *m*
protection against the sun *(Konst)* Sonnenschutz *m*
protection against underwashing *(Wsb)* Schutz *m* gegen Unterspülungen
protection against vibrations *(Konst)* Schwingungsschutz *m*, Erschütterungsschutz *m*
protection area *(Umw, VR)* Schutzgebiet *n*, Schutzzone *f*
protection coating *s.* protective coating
protection covering *(OB)* Schutzüberzug *m*
protection device *(Konst)* Umwehrung *f*
protection during construction Bauschutzmaßnahme *f*; Arbeitsschutz *m*
protection effect Schutzwirkung *f*, Schutzeffekt *m*
protection from light Lichtschutz *m*
protection installation Schutzanlage *f*
protection method Schutzmethode *f*
protection of monuments *(Arch)* Denkmalschutz *m*
protection of the bank *(Wsb)* Uferschutz *m*
protection of the environment *(Umw)* Umweltschutz *m*, Landschaftsschutz *m*
protection of waters *(Umw)* Gewässerschutz *m*
protection painting *(OB)* Schutzanstrich *m*
protection pigment Schutzpigment *n*
protection plastic sheeting Schutzfolie *f*
protection profile *(Br, BT)* Schutzprofil *n (Brückenübergang)*
protection range *(Umw, VR)* Schutzbereich *m*
protection scaffold Schutzgerüst *n*
protection screen (leichtes) Fenstergitter *n*
protection technique *(OB)* Schutzverfahren *n*; Korrosionsschutzverfahren *n*
protection to end of beam Balkenkapsel *f*
protection wall 1. Futtermauer *f*; 2. Schutzwand *f*; Verkleidungswand *f*
protection works *(Wsb)* Seeschutzbauten *mpl*, Schutzwerke *npl*
protective schützend
protective Schutzmittel *n*, Schutzstoff *m*
protective ability Schutzvermögen *n*
protective action Schutzwirkung *f*
protective agent *(BM, OB)* Schutzmittel *n*, Konservierungsmittel *n*
protective area *(Umw, VR)* Schutzgebiet *n*, Schutzzone *f*
protective character Schutzeigenschaft *f*
protective circuit *(El)* Schutzschaltung *f*
protective circuit breaker *(El)* Schutzschalter *m*
protective clothing Schutz(be)kleidung *f*
protective coat *(OB)* Schutzanstrich *m*
protective coat of façade *(OB)* Fassadenanstrich *m*
protective coat of timber Holzschutzanstrich *m*
protective coat of wood *(OB)* Holzschutzanstrich *m*
protective coat on asbestos cement Asbestzementanstrich *m*
protective coat on concrete *(OB)* Betonschutzanstrich *m*
protective coating 1. *(Konst, OB)* Schutzschicht *f*, Schutzverkleidung *f*, Schutzüberzug *m*; Schutzanstrich *m*; 2. *(BM, OB)* Beschichtungsstoff *m*; Anstrichstoff *m* für Schutzanstriche
protective coating failure Schutzschichtversagen *n*
protective coating material Schutzanstrichmittel *n*, Schutzanstrichmaterial *n*
protective conduit *(Konst)* Schutzrohr *n*
protective conduit for underground cabling Schutzrohr *n* für Erdeinführungen von Leitungen
protective covering *(BM, OB)* Schutzhülle *f*, Schutzüberzug *m (Material)*
protective covering of cables *(El, VR)* Kabelschutz *m*
protective criterion *(VR)* Schutzkriterium *n*
protective deposit Schutzschicht *f*
protective device Schutzeinrichtung *f*
protective device against accidental contacts *(Konst)* Berührungsschutz *m*
protective earth Schutzerdung *f*
protective earth wall *(DIS, Erdb, LB)* Erdwall *m*, Erdschutzwall *m*
protective effect Schutzwirkung *f*, Schutzeffekt *m*
protective film Schutzfilm *m*
protective finish *(OB)* Schutzbeschichtung *f*, Schutzanstrich *m*

P

protective finishing Schutzbeschichtung *f (Vorgang)*
protective forest belt *(Umw)* Windschutzstreifen *m*
protective grating Schutzgitter *n*
protective grille *(Konst)* Schutzgitter *n (z. B. vor Fenstern)*
protective layer *(Konst)* Schutzlage *f*, Schutzschicht *f*
protective life Schutzdauer *f*
protective lighting Schutzbeleuchtung *f*; Nachtbeleuchtung *f*
protective lining Schutzverkleidung *f*, Schutzauskleidung *f*
protective masonry wall Schutzmauer *f*
protective measure *(VR)* Schutzmaßnahme *f*
protective metal Schutzmetall *n*
protective multiple earthing *(El)* Nullung *f*
protective oxide film [skin] *(OB)* Oxidschutzschicht *f*, Schutzoxidschicht *f*
protective paint (coating) Schutzanstrich *m*
protective pigment Schutzpigment *n*
protective plastic sheeting *(BM, OB)* Schutzfolie *f*
protective primer Schutzgrundierung *f*, Schutzgrund *m*
protective properties Schutzeigenschaften *fpl*
protective railing Schutzgeländer *n*
protective scaffold(ing) *(BT, Te)* Schutzrüstung *f*
protective scale Korrosionsschutzschicht *f*, oxidische Schutzschicht *f*
protective scheme *(VR)* Schutzplan *m*
protective screen Schutzschirm *m*, Schutzwand *f*
protective sheathing Schutzhülle *f*
protective skin Schutzschicht *f*
protective system *(El)* Schutzart *f*
protective tape Schutzband *n*, Schutzbinde *f*; Korrosionsschutzbinde *f*
protective treatment *(OB, Te)* Schutzbehandlung *f*
protective wall Schutzwand *f*
protective zone *(Umw, VR)* Schutzgebiet *n*, Schutzzone *f*
protectiveness Schutzvermögen *n*; Schutzwirkung *f*
protector Schutzeinrichtung *f*
prothesis *(Arch)* Prothesis *f (frühchristlicher Kirchennebenraum)*
proto-Baroque architecture *(Arch)* Vorbarock *m*, Vorbarockarchitektur *f*, Probarockbaukunst *f*
proto-Doric *(Arch)* protodorisch
proto-Doric column *(Arch)* protodorische Säule *f*
proto-Ionic *(Arch)* protoionisch
proto-Renaissance architecture *(Arch)* Vorrenaissancearchitektur *f*, Protorenaissancebaukunst *f*
protocol *(VR)* Protokoll *n*, Niederschrift *n*; Verhaltensregel *f*, Verfahrensvorschrift *f*; Prüfungsanweisung *f*
protogene gneiss *(BM, Bod)* Alpengneis *m*
protoma *(Arch)* Tierhalbfigur *f (Ornament)*
protome *s.* protoma
prototype building *(Arch, Konst)* Musterbau *m*
protract *v* 1. *(Konst)* maßstäblich zeichnen; kartieren; 2. verlängern (zeitlich); verzögern
protractor Winkel(aussetz)messer *m*; Anlegegoniometer *n*
protrude *v (BT, Konst)* auskragen, vorkragen, vorstehen, vorspringen
protruding length Kraglänge *f*
protruding platform *(Konst, TK)* ausladende Plattform *f*
prove *v (Stat)* nachweisen, den Nachweis [Beweis] führen
provide *v* vorsehen
provide *v* **with road signs** *(Verk)* ausschildern, mit Verkehrszeichen ausstatten *(Straßen)*
provided by the owner *(VR)* bauseitig geliefert
providing of the head of post with a coping kapitellartige Ausbildung *f* des Säulenkopfes
provincial road *(Verk)* Provinzstraße *f*, Landstraße *f*
proving ground Versuchsgelände *n*
proving test *(BM, VR)* Nachweisprüfung *f*, Grundsatzprüfung *f*
provision Vorsorge *f*; Fürsorge *f*; Bedingung *f*, Vorbehalt *m*; Anweisungsfestlegung *f*; Empfehlung *f*
provision for escape of occupants *(Konst, VR)* Fluchtmöglichkeit *f*
provision in the specifications *(VR)* Vorgabe *f* in den Vertragsbedingungen
provision of facilities Einrichten *n*
provision of road infrastructure *(Verk)* Vorgabe *f* für die Straßeninfrastruktur
provision of road signs *(Verk)* Beschilderung *f (Straße)*
provision of water *(WVA)* Wasserversorgung *f*
provisional vorläufig, behelfsmäßig
provisional bridge *(Br)* Behelfsbrücke *f*, Notbrücke *f*
provisional building *(Konst)* Behelfsbau *m*
provisional estimate (of cost) überschlägiger Kostenanschlag *m*, Kostenvoranschlag *m*
provisional specification vorläufige Spezifikation *f*
provisional standard *(AE)* vorläufige Norm *f*
provisionally treated waste-water *(WVA)* vorgereinigte Abwässer *npl*
proximity switch *(El)* Näherungsschalter *m (sensorgesteuert)*
proxy *(VR)* Vollmacht *f*; Bevollmächtigter *m*, Vertreter *m*
pruning Ausschneiden *n*, Stutzen *n*, Ausästung *f (Baum- und Buschwerk)*
Prussian blue *(OB)* Preußischblau *n*, Berliner Blau *n*, Chinesischblau *n*
Prussian cap vault *(Arch)* preußische Kappe *f*
pry *v* **apart** *(Tun)* aussprengen
pry *v* **off** absprengen
pry (bar) *(BWG)* Brechstange *f*, Hebeleisen *n*
prytaneion *(Arch)* Pryteneum *n (Publikumshalle im antiken Griechenland)*
pseudo-basilica *(Arch)* Pseudobasilika *f*, Staffelhalle *f*
pseudo-classical *(Arch)* pseudo-klassisch
pseudo-scroll *(Arch)* Pseudovolute *f*
pseudo-sexpartite vault *(Arch)* pseudosechsteiliges Gewölbe *n*
pseudo-style *(Arch)* Pseudostil *m*
pseudo-volute *(Arch)* Pseudovolute *f*
pseudodipteral *(Arch)* pseudodipteral
pseudodipteral temple *(Arch)* Pseudodipterostempel *m*
pseudoheader *(SB)* zurückgesetzter Binder(stein) *m*
pseudomoment Pseudomoment *n*
pseudoperipteral *(Arch)* mit Säulen umbaut, von Säulen umgeben *(antike Baukunst)*
psychrometer Luftfeuchtigkeitsmesser *m*, Psychrometer *n*
PTA *s.* personal travel assistant
pteroma *(Arch)* Pteron *m (Zwischenkranzfläche des griechischen Tempels)*
Ptolemaic temple *(Arch)* Ptolemäertempel *m*
public-address system *(El)* Lautsprecheranlage *f*
public amenities öffentliche Einrichtungen *fpl*
public area *(RP)* öffentlicher Bewegungsraum *m*, öffentliche Verkehrsfläche *f*
public-assistance dwelling Sozialwohnung *f*
public-assisted dwelling unit *(RP)* öffentlich geförderter Wohnungsbau *m*, Sozialwohnung *f*
public awareness öffentliches Bewusstsein *n*
public block *(Arch)* öffentliches Gebäude *n*, Behördengebäude *n*
public building *(Arch)* öffentliches Gebäude *n*; Gesellschaftsbau *m*; Behördengebäude *n*
public buildings öffentliche Gebäude *npl* [Bauten *mpl*]; Gemeindebedarfseinrichtungen *fpl*
public call box öffentliche Fernsprechzelle *f*
public car park *(Verk)* öffentlicher Parkplatz *m*
public construction *(RP)* Baumaßnahmen *fpl* der öffentlichen Hand

P

public convenience *(San)* öffentliche Bedürfnisanstalt *f*
public corridor öffentlicher Gang *m* [Flur *m*]
public demand öffentlicher Bedarf *m*
public dwelling construction öffentlicher Wohnungsbau *m*
public funds öffentliche Mittel *pl*
public garage *(Konst, Verk)* öffentliche Garage *f*; Parkhaus *n*
public gardens öffentlicher Garten *m*, Park *m*
public green area *(LB)* öffentliche Grünanlage *f*
public haulage *(Verk)* kommunaler Güterverkehr *m*
public health engineering *(San)* Gesundheitstechnik *f*; Sanitärtechnik *f*
public house Bürgerhaus *n*
public housing 1. *(RP)* sozialer Wohnungsbau *m*; 2. Sozialwohnung *f*
public housing construction *(RP)* sozialer Wohnungsbau *m*
public housing units *(AE)* sozialer Wohnungsbau *m*
public land *(LB)* öffentliche Fläche *f*
public lavatory *(San)* öffentliche Toilette *f*
public lighting *(El)* Straßenbeleuchtung *f*
public mains *(El)* Stromversorgungsnetz *n*
public management öffentlichkeitsbezogene Verwaltungsführung *f*
public open area *(LB)* öffentliche Freifläche *f*
public park *(LB, RP)* öffentlicher Park *m*
public private partnership *(PPP) (VR)* öffentlich private Partnerschaft *f*, ÖPP
public property *(VR)* öffentliches Eigentum *n*, Eigentum *n* der öffentlichen Hand
public rest room *(AE) (San)* öffentliche Toilette *f*
public road öffentliche Straße *f*
public safety *(Verk, VR)* Verkehrssicherheit *f (öffentliche Verkehrsanlagen)*
public-sector house-building *(RP)* sozialer Wohnungsbau *m*
public services *(WVA)* öffentliches Wasserversorgungs- und Abwassersystem *n*
public sewer(s) *(WVA)* Kanalisation *f*
public space 1. *(LB, RP)* öffentliche Freifläche *f*; 2. *(Konst)* gemeinnütziger Raum *m*
public square *(LB, RP)* öffentlicher Platz *m*, Platz *m (in Städten)*
public structures Bauten *mpl* der öffentlichen Hand
public submission *(VR)* offene Ausschreibung *f*
public system *(WVA)* öffentliches Wasserversorgungs- und Abwassersystem *n*
public telephone (öffentliche) Telefonzelle *f*
public traffic *s.* public transport
public transit *(AE) (Verk)* öffentlicher Personennahverkehr *m*, ÖPNV *m*
public transport öffentliche Verkehrsmittel *npl*; öffentlicher Personennahverkehr *m*, ÖPNV *m*
public transport authority *(Verk, VR)* Verkehrsamt *f* für Personentransport; Verkehrsbehörde *f*
public transport management *(Verk)* öffentliche Personenverkehrsorganisation *f*
public transport network design *(Verk)* Verkehrsnetzplanung *f* für den öffentlichen Personennahverkehr
public transport operation control *(Verk)* Betriebssteuerung *f* für den öffentlichen Personennahverkehr
public transport operator Personenverkehrsunternehmer *m*
public transport passenger Personenverkehrspassagier *m*
public transport planning *(Verk)* Personenverkehrsplanung *f* des öffentlichen Personennahverkehrs
public transport signal *(Verk)* Verkehrssignal *n* für den öffentlichen Personennahverkehr
public transport subsidy Personenverkehrssubvention *f*
public utilities *(El, RP, WVA)* Stadtversorgung *f*
public utility öffentlicher Versorgungsbetrieb *m*, öffentliche Versorgungseinrichtung *f*
public utility building *(Arch, VR)* Kommunalbau *m*, öffentliches Gebäude *n*
public walk *s.* public way
public wash room *(San)* öffentliche Toilette *f*
public water main öffentliche Wasserleitung *f*
public water supply *(WVA)* öffentliche Wasserversorgung *f*
public way *(LB, Verk)* öffentlicher Weg *m*
public work *(Arch)* Ingenieurbauwerk *n*, Kunstbauwerk *n*
public works *(Arch, Konst, VR)* öffentliche Arbeiten *fpl (z. B. Straßen, Brücken)*; staatlich geförderte Bauten *mpl*
public works contractor *(VR)* Bauunternehmen *n* für öffentliche Bauten
public works equipment Ausrüstung *f* für kommunale Bauarbeiten
public works laboratory behördliches Prüflabor(atorium) *n*
public works project *(RP, VR)* öffentliches Bauvorhaben *n*, Bauvorhaben *n* der öffentlichen Hand
publicly assisted *(VR)* öffentlich gefördert
publicly assisted house-building sozialer Wohnungsbau *m*
publicly financed housing sozialer Wohnungsbau *m*
publicly funded projects staatlich geförderte Bauvorhaben *npl*
puddingstone Flintkonglomerat *n*, Nagelfluh *f*, Puddingstein *m*; Bruchstein *m*, Blockstein *m (als Großkornzuschlagstoff bei Massenbeton)*
puddle *v* 1. Beton stampfen, stochern, puddeln; 2. abdichten, ausschmieren *(mit Lehmmörtel)*
puddle 1. Lehmmörtel *m*, Dichtlehm *m*; 2. *(Bod)* Wasserpfütze *f*
puddle clay *(BM, Bod)* Dichtungston *m*
puddle core *(Wsb)* Lehmkern *m*, Tonkern *m (Dichtungskern bei Staudämmen)*
puddled concrete Schalstocherbeton *m*
puddling 1. *(Konst, Te, Wsb)* Lehmmauern *n*, Abdichten *n* mit Lehm; 2. *(Te)* Betonstampfen *n (Stocherverdichtung)*
puddling rod Stocherstange *f*, Rührstab *m (zum Verdichten)*
puff pipe Luftrohr *n*, Rohrbelüfter *m*
pug *v* 1. kneten *(Lehm, Ton)*; 2. *(Bod)* mit Ton abdichten, mit einer Tonschicht versehen
pug Ziegellehm *m*
pug mill *(BWG)* Kollergang *m*, Lehmmühle *f*, Tonkoller *m*; Mischtrommel *f*; Zwangsmischer *m*
pug mill mixer Zwangsmischer *m*, Knetmischer *m (Beton)*
pugging *(DIS, Konst)* Fußbodenschalldämmung *f*, Füllung *f (durch Einschütten von Dämmstoffen jeder Art)*
pull *v* 1. ziehen; 2. anziehen *(z. B. eine Tür)*
pull *v* **down** *(Te)* abbrechen, abtragen, abreißen
pull *v* **off** *(Te)* abziehen; losreißen
pull *v* **to one side** ausbauchen, ausbeulen
pull *(Stat)* Zug *m (mechanisch)*
pull box *(El)* Zwischendose *f*
pull cable Zugseil *n*; Tragseil *n (Kabelkran)*
pull-chain operator Zugkettenöffner *m (Luftfenster)*
pull-cord Schnurzug *m (Jalousie)*
pull grader *(BWG, Erdb)* Anhängeerdhobel *m*
pull hardware Ziehbeschlag *m*, Türöffnerbeschläge *mpl*
pull lock Ziehschloss *n*
pull-out table Ausziehtisch *m*
pull-out test Ausziehprüfung *f (Stahlbeton)*
pull-out torque *(El, Stat)* Kippmoment *n*

pull-push rule Stahlbandmaß *n*
pull rod Hubstange *f*, Zugstange *f (Hubdeckenmethode)*
pull rope Zugseil *n*
pull scraper *(BWG)* Handschrapper *m*
pull shovel *(BWG)* Tieflöffel(bagger) *m*
pull switch *(El)* Zugschalter *m*
puller Ausziehvorrichtung *f*
pulley Kloben *m (Flaschenzug)*; Blockrolle *f*; Rolle *f (an einer Bauwinde)*
pulley block Seilblock *m*
pulley lifting tackle *(BWG)* Seilrollenzug *m*
pulley mortise *(AE)* verlängertes Zapfenloch *n*
pulley sheave Seilrolle *f*, Blockrolle *f*
pulley stile *(BT)* Hubfensterrahmen *m*
pulley tackle Seilrollenzug *m*
pulling Ziehen *n (Spannbeton)*
pulling bolt Spannbolzen *m (Spannbeton)*
pulling-down *(RS)* Abbruch *m*
pulling head Spannkopf *m (Spannbeton)*
pullscoop *(BWG)* Tieflöffelbagger *m*
pulp *v* 1. Brei anrühren; 2. einstampfen, einsumpfen *(Kalk)*
pulp 1. Brei *m*, breiige Masse *f*; 2. Pulpe *f*
pulp board Zellstoffpappe *f*
pulpit *(Arch)* Kanzel *f (Kirchenkanzel)*; Pult *n*
pulpit baldachin *(Arch)* Kanzelbaldachin *m*
pulpit capital *(Arch)* Kanzelkapitell *n*
pulpitum *(Arch)* Pulpitum *n*
pulpwood *(BM)* Faserholz *n*
pulsate *v* pulsieren
pulsating compressive loading *(Stat)* Druckschwellbelastung *f*
pulsating fatigue bending test *(Stat)* (dynamische) Dauerbiegeprüfung *f*, Dauerbiegefestigkeitsversuch *m*
pulsating fatigue limit [strength] Dauerfestigkeit *f* unter Schwellbelastung, Ermüdungsfestigkeit *f*
pulsating fatigue test *s.* pulsating fatigue bending test
pulsating load *(Stat)* pulsierende Last *f*
pulverise *v s.* pulverize
pulverize *v* pulverisieren, zerreiben
pulverized pulverisiert, gepulvert, pulverförmig, pulvrig; zerrieben
pulverized dolomitic lime *(BM)* Dolomitfeinkalk *m*
pulverized fuel ash Filterasche *f (Bindemittel)*
pulverized lime Staubkalk *m*, Feinkalk *m*
pulverized magnesian lime *(BM)* Dolomitfeinkalk *m*
pulverizer *(BWG)* Feinmühle *f*, Zerkleinerer *m*
pulverulent pulverförmig, pulverartig, pulverig, staubartig
pulverulent soil *(Bod)* Staubboden *m*
pulvinated (konvex) gewölbt, kissenförmig *(z. B. ein Fries)*
pulvinated frieze *(Arch)* Pulvinafries *m*, konvexer Fries *m*
pumice *v (OB, Te)* abbimsen
pumice *(BM)* Bims(stein) *m*, Naturbims *m*
pumice building material Naturbimsbaustoff *m*
pumice chippings Naturbimssplitt *m*
pumice concrete Bimsbeton *m*
pumice concrete block Bimsbetonstein *m*, Schwemmstein *m*
pumice concrete panel Bimsbetonplattenelement *n*
pumice gas concrete *(BM, DIS)* Bimsblähbeton *m*
pumice masonry *(DIS, SB)* Bimsmauerwerk *n*
pumice powder Bimsstaub *m*
pumice sand Naturbimssand *m*
pumice slab Bimsplatte *f*
pumice slag Hüttenbims *m*
pumice stone Bimsstein *m*
pumiceous bimssteinartig, Bimsstein...
pumiceous tuff *(BM)* Bimssteintuff *m*
pumicite Naturbims *m*
pump *v (Te)* pumpen
pump *v* **off** leerpumpen
pump *v* **out** auspumpen
pump Pumpe *f*
pump borer *(BWG)* Löffelbohrer *m (Schrotbohrer)*
pump dredge(r) Pumpenbagger *m*, Saugbagger *m*
pump-fed power station *(BWG, El)* Pumpspeicherkraftwerk *n*
pump head *(WVA)* Förderhöhe *f (einer Pumpe)*
pump piping Pumpenleitung *f*
pump pit Pumpenschacht *m*, Pumpensumpf *m (Baugrube)*
pump room Pumpenraum *m*
pump shaft Wasserschacht *m (Pumpe)*
pump station *(WVA)* Hebeanlage *f*
pump storage station *(El, Wsb)* Pumpspeicherkraftwerk *n*
pump strainer Saugkorb *m*
pump sump *s.* pump well 1.
pump well 1. *(Erdb)* Pumpensumpf *m*, Pumpensod *m*; 2. *(Erdb)* Pumpenbrunnen *m*
pumpability Pumpfähigkeit *f*
pumpage Pumpförderleistung *f*
pumpcrete *(BB, Te)* Pumpbeton *m*
pumpcrete machine Betonpumpe *f*
pumpcrete placement *(BB, Te)* Pumpbetoneinbringung *f*
pumped concrete Pumpbeton *m*
pumped storage Pumpspeicherung *f*
pumped storage station *(El, Wsb)* Pumpspeicherkraftwerk *n*
pumping 1. Pumpen *n*, Förderung *f* mittels Pumpen *(z. B. von Beton)*; 2. Pumpen *n*, Auspumpen *n (z. B. von Wasser)*
pumping delivery [discharge, displacement] Fördermenge *f (einer Pumpe)*; Förderung *f*
pumping head *(WVA)* Förderhöhe *f (einer Pumpe)*
pumping installation Pumpanlage *f*
pumping of concrete Pumpbeton *m*
pumping of fines *(Te)* oberflächliche Feinteilanreicherung *f*, Feinanteilhochpumpen *n*
pumping station *(WVA)* Schöpfwerk *n*
pumping test *(Bod)* Pumpversuch *m*
pumping trench *(Erdb)* Wasserhaltungsgraben *m*
pumping unit *(WVA)* Pumpanlage *f*
pun *v* 1. *(Bod)* rammen; stochern *(Beton)*; 2. Gleise stopfen
punch *v* ankörnen; (durch)lochen, stanzen, stechen *(Löcher)*; durchschlagen, durchtreiben
punch 1. Ankörnung *f*; Lochung *f*; 2. Körner *m*, Stempel *m*; Locher *m*, Stanzer *m*, Stanze *f (für Löcher)*
punch-dressed masonry *(SB)* Mauerwerk *n* aus gehauenen Steinen
punch list *(VR)* Mängelliste *f*
punch pincers Lochzange *f*
punched louvre *(Konst)* gelochter Luftschlitz *m*
punched metal plate fastener Nadelplatte *f*
punched plate *(BT)* Lochblech *n*
punched-plate screen Siebblech *n*
punched work *(OB)* punzierte [gepunzte] Arbeit *f*
puncheon *(Hb, TK)* Pfosten *m*, Zwischenpfosten *m (kurzer Holzpfosten beim Fachwerk)*; Steife *f*, Stempel *m (eines Dachbinders)*
puncher Locher *m*; Körner *m*
punching 1. *(Te)* Ankörnung *f*; Durchlochung *f*; 2. Kernstoßbohren *n*
punching machine Stanzer *m*, Stanze *f*
punching shear 1. *(Stat)* Stoßscherung *f (einer Säule)*; 2. *(Erdb, RS)* Nachgeben *n* des Stützenfundaments
punching test Lochversuch *m*, Aufdornprobe *f*
punctiform punktförmig
punctuated façade *(Arch)* Lochfassade *f*
puncturability Durchstoßfestigkeit *f*
puncture *v* durchstechen, durchbohren; durchlöchern
puncture *(Te)* Durchstoß *m*

puncture resistance Durchstoßfestigkeit *f*
puncturing Durchschlagen *n*
punner *(BWG, Erdb)* Handramme *f*, Handstampfer *m*; Ramme *f*, Stampfer *m (für Bodenverdichtungsarbeiten)*
punning *(BB, Te)* Stochern *n*, Stocherverdichtung *f (Beton)*
purchase of land *(VR)* Grunderwerb *m*, Baulandbeschaffung *f*; Ankauf *m*
purchase order *(VR)* Einkaufsauftrag *m*, Kaufauftrag *m (Grunderwerb)*
purchaser *(VR)* Käufer *m*; *(AE)* Bauauftraggeber *m*
purchasing cost *(VR)* Anlagekosten *pl*
pure rein, ohne Verunreinigungen
pure aluminium *(BM, St)* Reinaluminium *n*
pure bending reine Biegung *f*
pure clay Edelton *m*, reiner Ton *m*
pure compression *(Stat)* reiner Druck *m*
pure flexure reine Biegung *f*
pure iron Reineisen *n*
pure load *(Stat)* reine Last *f*
pure marble weißer Marmor *m*, Weißmarmor *m*
pure shear *(Stat)* reine Scherung *f*
pure strain *(Stat)* Normalverformung *f*
pure style *(Arch)* purifizierter Stil *m*
pure tension *(Stat)* reiner Zug *m*
pure tone einfacher Ton *m*, Grundton *m (Akustik, sinusförmige Schallschwingung)*
purely plastic state *(BM)* rein plastischer Zustand *m*
purfle *v (Te)* mit einem Zierrand versehen
purge *v* ausblasen, reinblasen *(Rohrleitungen säubern)*; durchspülen
purge period Spülzeit *f*
purge valve *(HLK, San)* Abblasventil *n*; Ablassventil *n*; Entlüftungshahn *m*
purification Reinigung *f*, Klärung *f*; Läuterung *f*; Regenerierung *f (Altöl)*
purification capacity Reinigungsvermögen *n*
purification of sewage water *(WVA)* Abwasserklärung *f*, Abwasserreinigung *f*
purification plant *(WVA)* Kläranlage *f*, Klärwerk *n*
purified aeration [air input] *(HLK)* Reinluftzufuhr *f*
purified style *(Arch)* gereinigter Stil *m*
purify *v* reinigen *(z. B. Luft, Wasser)*; klären, läutern; aufbereiten *(Wasser)*
purity Reinheit *f*
purity of style *(Arch)* stilistische Reinheit *f*, Stilreinheit *f*
purlin *(BT, Konst)* Pfette *f*, Bockpfette *f*
purlin anchor *(BT)* Pfettenanker *m*
purlin arrangement Pfettenanordnung *f*
purlin butt joint *(BT, Konst)* Pfettenstoßverbindung *f*
purlin cleat Pfettenklammer *f*, Pfettenhaltekeil *m*
purlin course *(Konst)* Pfettenlage *f*
purlin joint Dachpfettenstoß *m*
purlin layout *(Konst)* Pfettenplan *m*
purlin load Pfettenlast *f*
purlin plate Mansardenstützpfette *f*
purlin post *(BT, Hb)* Pfettenstützholz *n*
purlin projection Pfettenüberstand *m (Dach)*
purlin roof *(Konst)* Pfettendach *n*
purlin roof with king post Pfettendach *n* mit stehendem Stuhl
purlin spacing *(Konst)* Pfettenabstand *m*
purple *(OB)* Purpur *m*
purple pigment *(OB)* Purpurpigment *n*
purple wood *(BM, Hb)* Palisanderholz *n*
purport *v* vorgeben; hindeuten auf; beinhalten
purpose-built *(Konst)* zweckgebaut
purpose-made *(Konst, VR)* sondergefertigt, speziell angefertigt
purpose-made brick Formziegel(stein) *m*, Profilstein *m*, Spezialstein *m*
purpose-made building material Spezialbaustoff *m*, Sonderbaustoff *m*
purpose-made cement Spezialzement *m*
purpose-made concrete *(BB, BM)* Spezialbeton *m*
purpose-made concrete unit Betonformteil *n*
purpose-made material Spezialmasse *f*, Sondermasse *f*
purpose-made mortar Spezialmörtel *m*
purpose-made plaster Spezialputz *m*
purpose-made profile Sonderprofil *n*, Spezialprofil *n*
purpose-made roof tile Sonderdachziegel *m*
purpose-made section *(BT, Konst)* Sonderprofil *n*, Spezialprofil *n*
purpose-made step Profilstufe *f*
purpose-made tile 1. Spezialfliese *f*; Formkachel *f*; 2. Spezialformstein *m*, Profilstein *m*
push *v (Stat)* stoßen; drücken *(durch Schubkraft)*
push *v* **along** rücken
push *v* **forward** *(Te)* vorantreiben
push *v* **in** *(Tun)* treiben
push *v* **through** durchstoßen
push *(Stat)* Stoß *m*; Schub *m*
push bar *(EB)* Türstoßstange *f*
push-button Druckknopf *m*, Drucktaste *f*
push-button station *(EB)* Druckknopftaster *m*
push handle Stoßgriff *m*
push hardware *(EB)* Druckbeschläge *mpl (Tür)*
push joint *(SB)* geschobene [gestoßene] Fuge *f (Mörtel wird vom Bett mit dem Ziegel in die senkrechte Fuge geschoben)*
push plate Schlossschutzblech *n*
push-pull rule Stahleinrollmaß *n*
push-up door *(Konst)* Aufstoßtür *f*, Stoßtür *f*
pusher blade *(BWG, Erdb)* Planierschild *m*
pushing resistance *(Stat)* Schubwiderstand *m*
pushover *(sl)* Kleinigkeit *f*
put *v* **down** abstellen
put *v* **in** einhängen; installieren; einbauen
put *v* **in floors** *(Te)* Fußböden legen
put *v* **in frame** *(Hb)* einrahmen, einschieben
put *v* **into operation** *(VR)* in Betrieb nehmen
put *v* **out** löschen *(Feuer)*
put *v* **out of operation** stilllegen, außer Betrieb nehmen
put *v* **out to tender** *(VR)* herausgeben zur Angebotsabgabe
put *v* **right** *(RS, Te)* beheben *(Schaden)*
put *v* **under cover** bedecken
put *v* **up** 1. aufrichten; errichten *(Bauwerk)*; 2. hochziehen; hochheben
put-in energy *(El)* zugeführte Leistung *f*
putlock *s.* putlog
putlog Gerüststange *f (horizontale)*; Rüststange *f*, Rüstbalken *m*
putlog hole Gerüstloch *n*, Rüstloch *n (in der Wand)*
putrefaction *(BM, Hb, RS)* Fäulnis *f*, Verwesung *f*, Verfaulen *n*
putrefaction basin *(WVA)* Faulbecken *n (Kläranlage)*
putrefactive bacteria *(Umw)* Fäulnisbakterien *fpl*
putrefy *v* faulen
putrescibility *(BM)* Faulfähigkeit *f*
putrescible *(BM, Umw)* verrottbar, fäulnisfähig
putrid mud *(WVA)* Faulschlamm *m*
putto Putte *f*, Kinderskulptur *f* der Renaissance
putty *v* (ver)kitten, auskitten; spachteln
putty Kitt *m (Glaserkitt)*; Spachtelmasse *f*
putty coat *(OB, SB)* Spachtelputz *m*, Spachtelschicht *f*
putty for laminated glass *(BM)* Verbundglaskitt *m*
putty for wooden flooring Fußbodenkitt *m*
putty glazing Kittverglasung *f*

P

putty joint Kittfuge *f*
putty knife Kittmesser *n*; Spachtel *m(f)*
putty powder *(BM, OB)* Polierasche *f*
putty rebate *(BM)* Kittfalz *m*
putty seam Kittsaum *m*
puttyless glazing kittlose Verglasung *f*, kittloses Einglasen *n*
puzzle lock *(EB)* Kombinationsschloss *n*
puzzolan(a) Puzzolanerde *f*, Pozzuolanerde *f*
puzzolanic *s.* pozzolanic
PVA-concrete PVA-Beton *m*
PVAC *(BM)* PVAC *n*, Polyvinylacetat *n*
PVC *(BM)* PVC *n*, Polyvinylchlorid *n*
PVC base PVC-Basis *f*, PVC-Grundlage *f*
PVC-based *(BM)* PVC-gebunden
PVC-coated *(BT, OB)* PVC-beschichtet
PVC-faced *(BT, OB)* PVC-beschichtet
PVC film PVC-Folie *f*
PVC floor finish PVC-Bodenbelag *m*
PVC flooring *s.* PVC floor finish
PVC foam *(BM, DIS)* PVC-Schaumstoff *m*
PVC hollow profile PVC-Hohlprofil *n*
PVC insulating film *(BM, DIS)* PVC-Folie *f*
PVC pipe PVC-Rohr *n*
PVC rainwater system PVC-Regenablaufsystem *n*
PVC sealing *(DIS)* PVC-Dichtung *f*
PVC sheet(ing) PVC-Bahn *f*
PVC tile PVC-Fliese *f*, PVC-Wandplatte *f*
PVC wall board *(BT)* PVC-Wandplatte *f*
PVC waterstop PVC-Fugenband *n*
pycnometer *(BM)* Pyknometer *n*
pycnostyle *(Arch)* dichtsäulig, engsäulig
pylon *(Arch)* Pylon *m*, Pylone *f*; Brückenpfeiler *m*; Hochspannungsmast *m*, Kraftleitungsmast *m*, Gittermast *m*, Mast *m*
pyramid *(Arch)* Pyramide *f*
pyramid building *(Arch)* Pyramidenbau *m*
pyramid foot Stockfuß *m*
pyramid glass Ornamentglas *n*
Pyramid of the moon *(Arch)* Mondpyramide *f (Teotihuacán/Mexiko)*
Pyramid of the sun *(Arch)* Sonnenpyramide *f (Teotihuacán/Mexiko)*
pyramid roof *(Konst)* Pyramidendach *n*
pyramid shape *(Arch)* Pyramidenform *f*, Pyramidengestalt *f*
pyramid-shaped plate pyramidenförmige Platte *f*
pyramidal pyramidal, pyramidenförmig
pyramidal hipped roof Pyramidendach *n*
pyramidal light pyramidenförmiges Oberlicht(fenster) *n*
pyramidal space truss pyramidenförmiges Raumfachwerk *n*
pyramidion *(Arch)* Pyramidenkappe *f*, Haupt *m*, Ryse *m*
pyrite Pyrit *m*, Schwefelkies *m*
pyritous pyrithaltig
pyrobitumen unlösliches Bitumen *n (Mineralbitumen)*
pyrography *(Arch)* Brandmalerei *f*
pyrolysis *(BM)* Pyrolyse *f*, thermische Zersetzung *f*
pyrometer Pyrometer *n*, Temperaturmessgerät *n*
pyrophyllite Pyrophyllit *m*
pyroxene *(BM, Bod)* Pyroxen *n (ein Silikatmineral)*
pyroxenite Pyroxenit *m*
pyroxylin paint *(OB)* Nitro(cellulose)anstrich *m*

Q

Q-floor unit *(BM)* Zellenprofil *n*, Profiltafel *f*
qasr *s.* kasr
QMS *s.* quality management system
quad *s.* quadrangle
quader (stone) Quaderstein *m (Naturstein)*
quadra 1. *(Arch)* Rechteckrahmen *m (z. B. an einem Basrelief)*; Rechteckbasis *f (Säulenplatte)*; 2. *(Arch)* Rechteckverzierung *f*
quadrangle 1. *(Arch)* Viereck *n*; 2. *(Arch)* Rechteckfläche *f*; Viereckhof *m*, Hof *m*; Innenhof *m (in Klöstern und englischen Colleges)*; 3. *(Arch)* Gebäudeviereck *n*, viereckiger Gebäudekomplex *m*, Häuserblock *m*
quadrangular viereckig
quadrangular falsework *(TK)* Trapezsprengwerk *n (tragend)*
quadrangular truss *(Konst)* Rechteckfachwerk *n* mit gekreuzter Verstrebung, Rautenfachwerk *n*
quadrant 1. *(Verm)* Quadrant *m*, Winkelmesser *m (für Höhenwinkel)*; 2. *(Verm)* Quadrant *m*, Viertelkreis *m*
quadrant-pipe Rohrkrümmer *m (im rechten Winkel)*
quadrate *v* zu einem Quadrat umbilden
quadrate (geometrisch) quadratisch
quadratic quadratisch *(mathematisch)*
quadratic system quadratisches System *n*
quadratura *(Arch)* Quadratur *f (oft dreidimensionale quadratische Flächengestaltungsmuster des Barocks)*
quadratura painter *(Arch)* Quadraturmaler *m*
quadrature Quadratur *f*, Flächeninhaltsbestimmung *f*
quadrel quadratische Diagonalfliese *f*
quadriform quadratisch
quadriga *(Arch)* Quadriga *f*, ornamentales Viergespann *n (der Klassik)*
quadrilateral viereckig; vierseitig
quadrilateral *(Arch)* Viereck *n*
quadrille paper *(Konst)* Koordinatenpapier *n*
quadripartite vierteilig
quadripartite cross rib vault vierteiliges Kreuzrippengewölbe *n*
quadripartite rib vault *(Arch, Konst)* vierteiliges Rippengewölbe *n*
quadripartite shutter vierteiliger Raumabschluss *m*
quadripartite tracery *(Arch, Konst)* vierteiliges Maßwerk *n*
quadripartite vault vierteiliges Gewölbe *n*, Kreuzrippengewölbe *n*
quadrivalve Vierblattflügel *m*, Vierblatttürflügel *m*
quaggy 1. *(Bod, LB)* sumpfig, morastig; weich; 2. *(BM)* kernrissig *(Holz)*
quagmire *(Bod, LB)* Sumpfboden *m*, Moorboden *m*; Sumpfloch *n*; Sumpffläche *f*; Schwingmoor *n*
quake *(Bod)* Erdbeben *n (Zusammensetzungen s. unter earthquake)*
quake-proof *(Konst)* erdbebenfest, erdbebensicher
quaking concrete *(BM, Te)* mittelplastischer Beton *m*
qualification approval *(VR)* Bauartzulassung *f*
qualification examination Eignungsprüfung *f*, Eignungstest *m*
qualification test *(VR)* Auswahlprüfung *f*
qualifications *(VR)* Befähigung *f*
quality Qualität *f*, Beschaffenheit *f*, Güte *f*; Eigenschaft *f*
quality assessment Qualitätseinstufung *f*, Qualitätsbeurteilung *f*; Gütesicherung *f*
quality assurance *(Te, VR)* Qualitätssicherung *f*
quality assurance plan Qualitätssicherungsplan *m*
quality assurance system Qualitätssicherungssystem *n*
quality audit *(Te, VR)* Güteüberwachung *f*, Gütesicherung *f*

quality certificate Gütenachweis *m*
quality characteristic Qualitätsmerkmal *n*
quality check(ing) *(Te, VR)* Güte(über)prüfung *f*; Gütenachweis *m*, Nachweis *m* der Güteeigenschaften
quality class Güteklasse *f*
quality clause *(VR)* Güteklausel *f (im Vertrag)*
quality complaint Qualitätsbeanstandung *f*
quality conditions Gütebedingungen *fpl*
quality control 1. Qualitätskontrolle *f*, Gütekontrolle *f*, Güteüberwachung *f*; Gütesicherung *f*; 2. Qualitätssteuerung *f*, Qualitätslenkung *f*; 3. *(AE)* Qualitätsprüfung *f*
quality control association *(VR)* Gütegemeinschaft *f*
quality control chart *(VR)* Güteüberwachungstabelle *f*; Gütekontrollkarte *f*
quality control mark Gütezeichen *n*
quality-control staff *(VR)* Güteüberwachungspersonal *n*
quality description Gütebeschreibung *f*, Qualitätsbeschreibung *f*
quality document Qualitätsdokument *n*, Qualitätszertifikat *n*, Qualitätssicherungsdokument *n*
quality engineering Qualitätstechnik *f*
quality evaluation *(Konst, Te, VR)* Qualitätsbewertung *f*
quality factor *(Q factor)* Gütefaktor *m*, Qualitätsfaktor *m (Q--Faktor)*
quality grade Güteklasse *f*
quality grade description Güteklassenbeschreibung *f*
quality grade of concrete *(BB)* Betongüteklasse *f*
quality indicator *(VR)* Qualitätsmerkmal *n*, Qualitätsindikator *m*
quality level Qualitätsniveau *n*; Qualitätsgrenzlage *f*
quality management Qualitätsmanagement *n*
quality management system *(QMS) (Te, VR)* Qualitätssicherungssystem *n*, Qualitätsmanagementsystem *n*, QMS
quality manual Qualitätssicherungshandbuch *n*
quality of aggregate *(BM)* Güte *f* des Zuschlagstoffs
quality of concrete *(BB)* Betongüte *f*, Betonqualität *f*
quality of construction Bauausführungsqualität *f*
quality of evenness *(OB, Verk, VR)* Ebenflächigkeitsgüte *f*
quality of finish Oberflächengüte *f*
quality of fit Passungsgüte *f*
quality of life *(Umw)* Lebensqualität *f*
quality of service *(VR)* Leistungsqualität *f*, Angebotsqualität *f*
quality of soil Bodenbeschaffenheit *f*
quality of steam Dampftrockenheitsgrad *m (Heizung)*
quality of surface finish Oberflächengüte *f*
quality plan *(Te, VR)* Qualitätssicherungsplan *m*
quality-reducing qualitätsmindernd
quality regulations *(VR)* Gütebestimmungen *fpl*
quality requirements Qualitätsforderungen *fpl*, Güte(an)forderungen *fpl*
quality review Qualitätssicherungsbewertung *f*
quality specifications *(VR)* Abnahmevorschriften *fpl*; Qualitätsvorschriften *fpl*, Gütebedingungen *fpl*
quality standard Gütenorm *f*, Qualitätsnorm *f*
quality surveillance Qualitätsüberwachung *f*
quality system *(VR)* Qualitätssystem *n*, Qualitätssicherungssystem *n*
quality test Güteprüfung *f*
quantify *v* mengenmäßig bestimmen, Mengen erfassen, quantifizieren
quantile Quantil *n*
quantities by volume Raumteile *mpl (Dosierung von Baustoffen)*
quantities by weight Masseteile *mpl (Dosierung von Baustoffen)*
quantities placed *(Te, VR)* eingebaute Mengen *fpl*
quantity 1. Quantität *f*, Menge *f*; Anzahl *f*; 2. *(Stat)* Größe *f (Mathematik, Physik)*
quantity description Leistungsbeschreibung *f*
quantity of de-icing material *(Verk)* Auftaumittelstreumenge *f*
quantity of gritting Streumenge *f*
quantity of heat *(HLK)* Wärmemenge *f*, Wärmequantum *n*
quantity of illumination *(El)* Beleuchtungsmenge *f*
quantity of information Informationsumfang *m*
quantity of light *(El)* Lichtmenge *f*
quantity of material Materialmenge *f*
quantity of mortar required Mörtelbedarf *m*
quantity of shipment *(VR)* Liefermenge *f*
quantity placed *(Te, VR)* eingebaute Mengen *fpl*
quantity survey 1. *(Konst, Te, VR)* detailliertes Material- und Ausrüstungsverzeichnis *n*; Bauleistungsbeschreibung *f*; 2. *(VR)* Aufmaß *n*
quantity surveying 1. Massenberechnung *f*, Massenermittlung *f*; 2. Erdmassenvermessung *f*; 3. Aufmaßerstellung *n*
quantity surveying services *(Verm, VR)* Massenermittlungsdienstleistungen *fpl*
quantity surveyor Kalkulator *m*, Massenermittler *m*, Kostenplaner *m*
quantity unit Mengeneinheit *f*
quantity variation Mengenänderung *f*; Massenänderung *f*
quaquaversal allseitig geneigt
quarrel 1. Glasscheibe *f* für bleiverglaste Fenster; 2. rhombisches Fensterscheibenfach *n (speziell beim Maßwerkfenster)*; 3. Steinmetzmeißel *m*; 4. Steinbruch *m*
quarrier *(BWG)* Steinbrecher *m*
quarring *s.* quarrying
quarry *v* brechen *(Steine)*; abbauen *(Gestein)*
quarry 1. Steinbruch *m*; 2. *s.* quarrel 1.
quarry bed Steinbruchlager *n*
quarry blasting *(Te)* Sprengung *f* im Steinbruch
quarry block *s.* quarry stone
quarry face 1. *(BM, BWG, Bod)* Bruchwand *f*, Brust *f* des Steinbruchs; 2. bruchraue Natursteinoberfläche *f*
quarry-faced bruchrau, bruchfrisch *(Natursteinoberfläche)*
quarry-faced masonry *(SB)* Bossenmauerwerk *n*
quarry floor *(Bod)* Steinbruchboden *m*, Bruchsohle *f*
quarry glass (kleine) Glas(mosaik)platte *f*
quarry gravel *(BM, Bod)* Grubenkies *m*, Wandkies *m*
quarry rocks Bruchgestein *n*
quarry rubbish *(Bod)* Steinbruchabfall *m*
quarry rubble Steinbruchabraum *m*
quarry run Anfallmaterial *n*, anfallendes Bruchgestein *n (unsortiert)*; Bruchhaufwerk *n*
quarry sand Brechsand *m*
quarry sap Natursteinwassergehalt *m*
quarry site *(Bod)* Abbaufeld *n*, Abbaustelle *f (Steinbruch)*
quarry stone Bruchstein *m*, Naturstein *m*, Werkstein *m*, Haustein *m*
quarry stone bond *(SB)* Bruchsteinverband *m*, unregelmäßiger Verband *m*
quarry stone work *(SB)* Bruchsteinmauerwerk *n*
quarry tile Natursteinplatte *f*; behauene Platte *f*; Fußbodenplatte *f*
quarry-tile roof Ziegeldach *n*
quarry waste *(Bod)* Steinbruchabfall *m*, Bruchsplittergestein *n*
quarry water Bergfeuchte *f*, Bergfeuchtigkeit *f (Gestein)*
quarrying 1. *(Te)* Steinbrechen *n*, Brechen *n*; Steinbrucharbeit *f*; Steinbruchbetrieb *m*; Abbau *m* von Steinen und Erden; 2. *(BM)* Baustoffgewinnung *f* aus Brüchen und Gruben, Baustoffabbau *m*; Rohstoffgewinnung *f*
quarrying operation Steinbrucharbeit *f*
quarryman Steinbrucharbeiter *m*
quarter *v* vierteilen
quarter 1. *(Hb)* kleine Senkrechtholzstütze *f (Lattennage-*

Q

lung); 2. *(BT)* Rechteckplatte *f*; 3. *(RP)* Stadtviertel *n*, Stadtteil *m*; Stadtbezirk *m*
quarter bat *(SB)* Quartierstück *n*, Viertelstück *n*, Viertelstein *m*
quarter bend Knierohr *n*, Knie(stück) *n*, 90°-Krümmer *m*
quarter brick Riemchen *n*, Riemenstück *n*
quarter-circle Viertelkreis *m*
quarter closer *(SB)* Viertelstein *m*, Viertel(schließ)ziegel *m*
quarter-column Viertelsäule *f*
quarter-cut *(BM, Hb)* radial geschnitten *(Holz)*
quarter-cut veneer Furnier *n* mit rechten Jahresringen zur Schnittfläche
quarter girth rule *(AE)* Stammholzberechnungsmethode *f*
quarter hollow *(Konst)* Viertelkehle *f*
quarter joint Viertelfuge *f*
quarter of a town *(RP)* Stadtviertel *n*
quarter panel *(BT)* quadratische Tafel *f*, Rechteckplatte *f*
quarter pipe bend *(BT, San, WVA)* 90°-Rohrkrümmer *m*
quarter point Viertelpunkt *m*
quarter point moment *(Stat)* Viertelpunktmoment *n*
quarter round *(Arch)* Viertelstab *m*, Viertelstabprofil *n*
quarter-sawn radial geschnitten *(Holz)*
quarter-space landing *(Konst)* Winkelpodest *n(m)*
quarter stuff vierzölliges Brett *n*
quarter timber *(Hb)* Viertelholz *n*, Kreuzholz *n*
quarter-turn Vierteldrehung *f*, Viertelschlag *m (Treppe)*
quartered radial geschnitten *(Holz)*
quartered partition *(Konst)* Rechtecktafeltrennwand *f*
quartered timber *s.* quarter timber
quartering 1. Viertelung *f*, Vierteilung *f (Baustoffprobe)*; 2. Wandstützen *fpl (Fachwerk)*
quarterpace *(Konst)* Winkelpodest *n(m) (Treppe)*
quarterpace stair viertelgedrehte Treppe *f*, Treppe *f* mit Viertelschlag
quartz *(BM, Bod)* Quarz *m*, Bergkristall *m*
quartz aggregate Quarzzuschlagstoff *m*
quartz-bearing *(BM)* quarzhaltig
quartz cement Quarzzement *m*
quartz chippings Quarzsplitt *m*
quartz-containing quarzhaltig
quartz-diorite *(BM)* Quarzdiorit *m*
quartz-dolerite Quarzdolerit *m*
quartz-free quarzfrei
quartz glass Quarzglas *n*
quartz grain Quarzkorn *n*
quartz halogen lamp *(El)* Quarzhalogenlampe *f*
quartz-keratophyre *(BM)* Quarzkeratophyr *m*
quartz mica schist *(BM, Bod)* Quarzglimmerschiefer *m*
quartz pebbles Quarzkies *m*
quartz-porphyr *(BM)* Quarzporphyr *m*
quartz-porphyrite *(BM)* Quarzporphyrit *m*
quartz-rich quarzreich
quartz rocks Quarzgestein *n*
quartz sand Quarzsand *m*
quartz-schist *(BM)* Quarzschiefer *m*
quartz-syenite Quarzsyenit *m*
quartz-trachyte *(BM, Bod)* Quarztrachyt *m*
quartzic quarzhaltig, quarzig
quartziferous quarzhaltig, kieselig, verquarzt, verkieselt
quartzite *(BM)* Quarzit *m*, Quarzitsandstein *m*
quartzite brick Quarzitstein *m*, Silikatstein *m*, Silicatstein *m*
quartzite rock Quarzitgestein *n*
quartzite-schist *(BM, Bod)* Quarzitschiefer *m*
quartzite slab Quarzitplatte *f*
quartzitic quarzitisch
quartzitic rock Quarzitgestein *n*
quartzitic sandstone quarzitischer Sandstein *m*
quartzose quarzig, quarzhaltig, Quarz...
quasi contract vertragsähnliches Verhältnis *n*
quassia *(BM, Hb)* Quassiaholz *n (tropisches Holz)*
quaternary system *(BM)* Vierstoffsystem *n*
quatrefoil *(Arch)* vierblättrig
quatrefoil *(Arch)* Vierblatt *n (gotisches Maßwerk)*
quatrefoil oculus window *(Arch)* Vierblattokulusfenster *n*
quatrefoil tracery *(Arch)* Vierpassmaßwerk *n*
quatrefoils *(Arch)* Vierblattornamente *npl (gotisches Maßwerk)*
Quattrocento architecture *(Arch)* italienische Renaissancearchitektur *f (15. Jh.)*
quay *(Wsb)* Kai *m*
quay wall *(Wsb)* Kaimauer *f*, Ufermauer *f*
quayside *(Wsb)* Kaianlage *f*
Queen Anne arch *(Arch)* Mittelbogen *m* mit zwei seitlichen gestreckten Bogen
queen bolt *(Hb, Konst)* Metallhängesäule *f (Dachkonstruktion)*; Hängesäulenbolzen *m*
queen closer [closure] *(SB)* längsgeteilter Ziegel *m*, längshalbierter Abschlussstein *m*, Längshalbsteinziegel *m*; Riemchen *n*, Meisterquartier *n*
queen post *(Hb, Konst)* Hängesäule *f (Dachstuhl)*
queen post purlin Säulenpfette *f*
queen post truss *(Hb, TK)* doppeltes Hängewerk *n*, doppelter Hängebock *m*
queen-post truss roof zweistielig abgestrebtes Pfettendach *n*, zweistielig strebenloses Pfettendach *n*
queen rod *s.* queen bolt
queen truss *s.* queen post truss
queen's suite *(Arch)* Königsgemächer *npl*
Queen's wood *(BM, Hb)* Brasilholz *n*
quenast concrete flag *(BT)* Quenastbetonplatte *f*
quench *v (Te)* abschrecken, (rasch) abkühlen *(Metall, Glas)*; durch Abschrecken härten *(Metall)*; löschen *(Kalk)*
quench cooling *(Te)* Abschrecken *n*, rasches Abkühlen *n*
quench hardening *(Te)* Abschreckhärten *n*, Kaltwasserhärten *n (Stahl für Werkzeuge)*; Umwandlungshärten *n*
quenched and tempered steel *(BM, St)* Vergütungsstahl *m*
quenching Härten *n (Stahl)*
quenching deformation Härteverzug *m*
quenching stress *(BM, St)* Abschreckspannung *f*, Härtespannung *f (bei Metallen)*
questionnaire *(VR)* Bieterfragebogen *m*
quetta bond Vertikalschlitzverband *m (Bewehrungsöffnungen)*
queuing area [space] *(Verk)* Aufstellfläche *f*, Stauraum *m (Straße)*
quick *(BM)* ungelöscht *(Kalk)*
quick-acting valve *(HLK, San, WVA)* Schnellschlussventil *n*
quick ash Flugasche *f*
quick-assembly method *(Te)* Schnell(montage)bauweise *f*
quick-break 1. *(El)* momentan schaltend, schnell schaltend; 2. *s.* quick-breaking
quick-breaking *(BM)* schnellbrechend, unstabil *(z. B. eine Bitumenemulsion)*
quick-breaking (bituminous) emulsion *(BM)* unstabile Bitumenemulsion *f*
quick cement *(BM)* Blitzzement *m*
quick clay Fließton *m*, Quickton *m*
quick-closing sluice valve *(Wsb)* Schnellschlussschieber *m*
quick condition *(Bod)* Bodenfließerscheinung *f*, Fließverhältnisse *npl*
quick-coupling device *(BT)* Schnellkupplung *f*
quick-curing *(OB)* schnellhärtend *(Anstriche)*
quick-drying schnelltrocknend
quick-erection method *(Te)* Schnellmontagebauweise *f*
quick fixing *(BT, Te)* Schnellbefestigung *f*
quick hardener Schnellbinder *m*, Schnellhärter *m*

quick-hardening schnellhärtend
quick-hardening lime *(BM)* hydraulischer Kalk *m*
quick hedge *(LB)* heckenbildende Pflanze *f*, lebende Hecke *f*
quick set *(BM)* zu schnelles Abbinden *n*, falsches Erhärten *n*
quick-setting schnellhärtend
quick-setting cement *(BM)* schnell abbindender Zement *m*, Blitzzement *m*
quick solder Schnelllot *n*
quick sweep *(EB, Hb)* Ziertischlerarbeit *f*, Tischlerarbeit *f* mit engen Windungen
quicklime Branntkalk *m*, gebrannter [ungelöschter] Kalk *m*, Ätzkalk *m*
quicklime mill *(BWG)* Kalkmühle *f*
quicksand Fließsand *m*, Schwimmsand *m*; Treibsand *m*; Quicksand *m*
quiet *v* beruhigen *(Stahl)*
quiet ruhig, still; geräuscharm
quiet alloy *(BM)* stabilisierte Legierung *f*
quiet room *(DIS)* ruhiger Raum *m*
quiet steel *(BM)* beruhigter Stahl *m*
quieting Lärmschutz *m*, Schallschutz *m*
quilt *(BT, DIS)* Baumatte *f*; Matte *f*, Dämmmatte *f*
quilt insulation *(DIS)* Polsterdämmung *f*, gefütterte Wärmedämmung *f*
quilted figure Blasenmuster *n (Furnier)*
quincunx *(Arch)* fünfelementig *(Anordnung mit einem Mittelelement und vier umgebenden Gestaltungselementen)*
quindecagon *(Arch)* Fünfzehneck *n*
quinquefoil *(Arch)* fünfblattförmig
quinquepartite *(Arch)* fünfteilig
quint-point arch *(Arch)* Fünftelsbogen *m*
quire *(Arch)* Chor *m*
quire aisle *(Arch)* Chorseitenschiff *n*
quire arcade *(Arch)* Chorarkade *f*
quire arch *(Arch)* Chorbogen *m*
quire architecture Chorarchitektur *f*, Chorbaukunst *f*
quire buttress *(Arch)* Chorstrebepfeiler *m*
quire gallery *(Arch)* Chorempore *f*, Chorbühne *f*, Chorgalerie *f*
quire loft *s.* quire gallery
quire vault *(Arch)* Chorgewölbe *n*
Quirinal *(Arch)* Quirinal *m (italienischer Königspalast)*
quirk Nut *f*, Spitzkehlung *f*, Hohlkehle *f (am Gesims)*
quirk bead *(Arch)* Perlstab *m* mit Nutrand, Hohlkehlperlstab *m*
quirk moulding *(Arch)* Ornament *n* mit Hohlkehlabstufung
quirked spitz gekehlt
quoin *v (Te)* verkeilen, Ecke mit Keilstein versehen
quoin 1. *(Konst)* Gebäudeecke *f*, Hausecke *f*; Mauerecke *f*; 2. *(Konst, SB)* Eckstein *m*; 3. Faltwerkkante *f*
quoin bonding *(SB)* Ecksteineinbindung *f*, Eck(stein)-verband *m*
quoin header Eckbinder(stein) *m*, Läufer *m* als Eckbinder
quoin post *s.* heel post
quoin stone Eckstein *m*, Keil *m*
quoining *(SB)* Ecksteinausbildung *f*; Mauereckengestaltung *f*
quoins *(SB)* Bossenwerk *n*
quotation *(VR)* Kosten(teil)anschlag *m*, Preisangebot *n*
quotation of price *(VR)* Preisangebot *n*
quotation request Angebotseinholung *f*, Ausschreibung *f*

R

R

rab Mörtelrührstange *f*, Haareinrührstab *m (für Haarmörtel)*
rabbet *v* 1. *(Hb)* (ein)fügen, falzen, fugen; 2. *(Hb)* durch eine Einfalzung (miteinander) verbinden
rabbet 1. *(Hb)* Fuge *f*, Falz *m*, Nut *f*; 2. *(Hb)* Anschlag *m*, Fensteranschlag *m*
rabbet bead *(Arch)* Fugenperlstab *m*
rabbet depth Glasanschlaghöhe *f (Fenster)*
rabbet joint *(Hb)* Einfalzung *f*, Einfügung *f*, Fuge *f (Holz)*
rabbet ledge Anschlagleiste *f*, Schlagleiste *f*
rabbet plane *(BM, Hb)* Falzhobel *m*, Nut(en)hobel *m*, Grathobel *m*, Simshobel *m*
rabbet size lichte Einsetzöffnung *f (Fensterglas)*
rabbeted door frame [jamb] *(BT)* eingefügter [gefalzter] Türrahmen *m*
rabbeted joint gefalzte Verbindung *f*
rabbeted siding *(Hb)* gefalzter Wandbeschlag *m*, gefalzte Verschalung *f (Außenwand)*
rabbeted stop eingefügter Anschlag *m*
rabbeting cutter *(BWG, Hb)* Falzfräser *m*
rabbit channel *(EB, Konst)* Rohrpostkanal *m (Strahlenschutz)*
rabble Rührstange *f*
Rabitz ceiling plaster *(SB)* Rabitzdeckenputz *m*, Drahtgewebedeckenputz *m*
Rabitz construction *(SB)* Rabitzbau *m*
Rabitz finish *(SB)* Rabitzputz *m*
Rabitz hook *(BT, SB)* Rabitzhaken *m*
Rabitz lathing *(BM, SB)* Rabitzgewebe *n*
Rabitz mortar Rabitzmörtel *m (Stuckgips-Kalk-Mörtel)*
Rabitz plastering *(SB)* Rabitzputz *m*
Rabitz strip cloth lath Rabitzstreifengewebe *n*
Rabitz type Rabitzputzart *f*, Rabitzbauart *f*
Rabitz type casing Rabitzmantel *m*
Rabitz type cornice Rabitzsims *m*
Rabitz type mortar *(SB)* Rabitzmörtel *m*
Rabitz type surfacing Rabitzverkleidung *f*, Rabitzauskleidung *f*
Rabitz type work Rabitzarbeiten *fpl*
Rabitz wall *(Konst, SB)* Rabitzwand *f*
Rabitz woven (wire) fabric lathing Rabitzgewebe *n*
race 1. *(Wsb)* Einlaufkanal *m*; Kanal *m*; Gerinne *n*; 2. starke Strömung *f*
race channel Rinne *f (für Leitungen)*
racecourse 1. *(WVA)* Rinnbahn *f*; 2. *(Konst, RP)* Rennbahn *f*
raceway 1. *(El)* Leitungskanal *m*, Installationskanal *m*, Kabelkanal *m*; 2. *(Wsb)* Gerinne *n*
rack 1. *(EB, Konst)* Gestell *n*, Traggestell *n*, Gerüst *n*; Regal *n*; Ständer *m*; Rahmen *m*; 2. *(BT)* Zahnstange *f*; 3. *(Wsb)* Rechen *m (z. B. an Kanaleinläufen)*
rack-and-pinion elevator *(EB)* Zahnstangenaufzug *m*, zahnstangengetriebener Aufzug *m*
rack catcher *(Wsb)* Rechen *m*, Feststoffrechen *m (Kläranlage)*
rack door *(EB)* Zahnstangentür *f*
rack jack Zahnstangenwinde *f*
rack ladder Sprossenleiter *f*, Sprossenbalken *m*
rack rail Zahnstange *f*
rack railroad *(AE) (Verk)* Zahnradbahn *f*
rack railway *(Verk)* Zahnradbahn *f*
rack saw Säge *f* mit auseinanderstehenden Zähnen
rack screen Stabgitter *n*
rack stand Fahrradstand *m*
racked geschichtet, gestapelt *(Holz)*
racking (back) *(SB)* Abtreppung *f (von Mauerwerk)*
racking balk *(Verk, Wsb)* Leitbalken *m*

racking force *(Stat)* Dehnungskraft *f*
rad *s.* 1. radiator; 2. radian
radar-dome *s.* radome
radar gun *(Verk)* Radarpistole *f*
radar meter *(Verk)* Radarmessgerät *n*
radial *(Verk)* Radialstraße *f (s. a. radial road)*
radial adjustment *(Verm)* Radialeinstellung *f*
radial arch roof *(Konst)* Radialbogendach *n*, sternförmiges Bogenträgerdach *n*
radial-arm (circular) saw *s.* radial saw
radial bar Zirkelverlängerungsarm *m (Bauzirkel)*
radial beam *(TK)* Radialbalkenträger *m*
radial bending moment *(Stat)* Radialbiegemoment *n*
radial bending stress *(Stat)* Radialbiegespannung *f*
radial bracing *(Konst)* strahlenförmige Verspannung *f*, radiale Aussteifung *f*
radial brick Radialziegel *m*, Bogenziegel(stein) *m*, Schachtstein *m*
radial chimney walling unit *(Konst, SB)* Schornsteinmauerstein *m*
radial component of load Radiallastkomponente *f*
radial conversion *(BM, Hb)* Spiegelholz *n*, Radialschnitt *m (Holz)*
radial crack Radialriss *m*
radial cracking Radialrissbildung *f*
radial-cut radial geschnitten *(Holz)*
radial direction Radialrichtung *f*
radial dome Radialkuppel *f*
radial engineering brick Radialklinker *m*
radial fan *(HLK)* Radialventilator *m*
radial format Radialformat *n*
radial gate *(Wsb)* Bogenschutz *m (Wehr)*
radial girder *(TK)* Radialträger *m*
radial grating radiales Gitterwerk *n*
radial line *(Stat)* Radiallinie *f*
radial load *(Stat)* Radiallast *f*
radial loading *(Stat)* Radialbelastung *f*
radial pressure *(Stat)* Radialdruck *m*
radial rib *(Konst)* Radialrippe *f*
radial-rib cupola Radialrippenkuppel *f*
radial rim strain radiale Randspannung *f*
radial road *(Verk)* Radialstraße *f*
radial roof fan *(HLK)* Radialdeckenlüfter *m*
radial saw Auslegerkreissäge *f*
radial sewer network *(WVA)* Verästelungsnetz *n (Kanalsystem)*
radial shear *(Stat)* Radialscherung *f*, Radialschub *m*
radial shrinkage Radialschwindung *f (Holz)*
radial step Wendelstufe *f*
radial stone *s.* radial brick
radial strain *(Stat)* Radialdehnung *f*
radial stress *(Stat)* Radialspannung *f*
radial stretcher *(SB)* Radialläufer *m*
radial strut Radialstrebe *f*
radial system 1. *(RP)* Radialstadtanlage *f*; 2. *(Verk, WVA)* Radialnetz *n*
radial tile Radialstein *m*, Radialblockstein *m*, Ringstein *m*
radial well-burnt brick Radialhartbrandziegel *m*
radially arranged *(Arch, Konst)* strahlig angeordnet
radian *(Stat, Verm)* Radiant *m (SI-fremde Einheit des ebenen Winkels)*
radian measure *(Stat, Verm)* Bogenmaß *n*
radian unit *s.* radian
radiance *(El)* spezifische Lichtausstrahlung *f*
radiance of surface Strahlungsintensität *f*
radiant ceiling heating Deckenstrahlungsheizung *f*
radiant efficiency *(El)* Strahlungseffizienz *f*
radiant electric heater *(El)* Elektrostrahler *m*
radiant element Strahlungselement *n*
radiant floor Strahlungsboden *m*
radiant floor covering *(HLK)* Heizfußbodenbelag *m*
radiant glass Glas *n* mit Strahlungselementen
radiant heat *(HLK)* Strahlungswärme *f*
radiant-heat drying *(Te)* Strahlungstrocknung *f*, Infrarottrocknung *f*
radiant-heated *(HLK)* strahlungsbeheizt
radiant heater *(El, HLK)* Heizstrahler *m*, Strahlungsheizkörper *m*
radiant heating *(HLK)* Strahlungsheizung *f*
radiant heating system *(HLK)* Strahlungsheizungsanlage *f*
radiant noise *(Umw)* Strahlungslärm *m*, Direktschall *m*
radiant panel Strahlungsplatte *f (Plattenheizkörper)*
radiant panel heating *(HLK)* Flächenheizung *f*
radiant panel test Entflammbarkeitsprüfung *f* einer Strahlungstafel
radiant source *(El)* Strahlungsquelle *f*
radiate *v (El, HLK)* abstrahlen *(z. B. Wärme)*
radiated *(Arch)* strahlig, strahlenförmig
radiated structure *(Arch)* radiale Struktur *f*
radiating brick *(SB)* Gewölbestein *m*, Keilstein *m (bei Ziegelgewölbebögen)*
radiating bridge *(Br)* Fächerbrücke *f*
radiating format Radialformat *n*
radiating heat *(HLK)* strahlende Wärme *f*
radiating solid block Radialvoll(block)stein *m*
radiating stretcher *(SB)* Radialläufer *m*
radiating tracery *(Arch)* speichenförmige Unterteilung *f*
radiation *(El)* Strahlung *f*
radiation curing *(OB)* Strahlungshärtung *f (Anstrich)*
radiation damage Strahlenschaden *m*, Strahlungsschaden *m*
radiation detector *(BM, Umw)* Strahlendetektor *m*
radiation fog Strahlungsnebel *m*, Nebelbank *f*
radiation heating surface *(HLK)* Strahlungsheizfläche *f*
radiation loss Strahlungsverlust *m*
radiation panel *(HLK)* Strahlungsheizungs(tafel)element *n*
radiation pollution Strahlenverseuchung *f*
radiation pressure of sound *(DIS)* Schallstrahlungsdruck *m*
radiation-proof strahlensicher
radiation protection *(Umw)* Strahlenschutz *m*
radiation resistance *(BM, OB)* Strahlenbeständigkeit *f*, Strahlungsbeständigkeit *f*
radiation-resistant strahlenbeständig, strahlungsbeständig
radiation-retarding door *s.* radiation-shielding door
radiation-retarding (door)frame *(Konst)* bleiblechverkleideter Türrahmen *m*
radiation shielding Strahlenabschirmung *f*, Strahlungsabschirmung *f*, Strahlenschutz *m*
radiation-shielding concrete *(BB, Umw)* Strahlenabschirmbeton *m*, Strahlenschutzbeton *m*, Abschirmbeton *m*
radiation-shielding door *(Konst, Umw)* Strahlenschutztür *f*, bleibeplankte Tür *f*, Abschirmtür *f*
radiation shielding material *(BM, Umw)* Strahlenschutzbaustoff *m*; Abschirmmaterial *n*
radiation source *(El)* Strahler *m (z. B. für Wärme)*; Strahlungsquelle *f*
radiation test Durchstrahlungsprüfung *f (Baustoffe)*
radiative heat transfer *(HLK)* Strahlungswärmeübergang *m*
radiator *(HLK)* Heizkörper *m*, Raumheizkörper *m*; Radiator *m*, Strahler *m*; Gliederheizkörper *m*
radiator coat Heizkörperanstrich *m*
radiator control valve *(San)* Heizkörperregelventil *n*
radiator cover Heizkörperverkleidung *f*
radiator element *(HLK)* Heizkörperglied *n*
radiator grill Heizkörpergitter *n*, Radiatorgitter *n*

radiator guard Heizkörperverkleidung *f*, Radiatorverkleidung *f*
radiator heating (system) *(HLK)* Radiatorheizung *f*
radiator niche *(Konst)* Heizkörpernische *f*, Radiatornische *f*
radiator paint *(BM, OB)* Heizkörperfarbe *f*, Radiatorfarbe *f*
radiator rib Heiz(körper)rippe *f*
radiator section *(HLK, San)* Radiatorglied *n*
radio beacon *(El)* Radiofunksignal *n*
radio communication Funkverkehr *m*
radio data system *(RDS) (El)* statische Informationsübertragung *f* und Anzeige *f (EU-Standard)*
radio guidance *(Verk)* Verkehrsfunk *m*
radio mast *(Konst)* Funkmast *m*
radio paging system *(EB, El)** Funkpersonenrufanlage *f*
radio telephony Funk(sprech)verkehr *m*
radio tower *(Konst)* Funkturm *m*, Sendeturm *m*
radioactive paint radioaktive Leuchtfarbe *f*
radioactive pigment *(BM, OB)* radioaktives Pigment *n*, selbstleuchtendes Pigment *n*
radioactive pollution *(Umw)* radioaktive Verschmutzung *f*
radioactive substance *(Umw)* radioaktiver Stoff *m*
radioactive waste *(Umw)* Atommüll *m*, radioaktiver Abfall *m*
radiographic examination Röntgendurchstrahlung *f*, röntgenographische Untersuchung *f*
radiographic inspection *s.* radiographic examination
radiographic testing *(BM)* Röntgenprüfung *f*, Röntgenuntersuchung *f*, Durchstrahlungsverfahren *n*
radioluminous paint *(BM, OB)* radioaktive Leuchtfarbe *f*, selbstleuchtende Farbe *f*
radioluminous pigment *(BM, OB)* radioaktives Leuchtpigment *n*; selbstleuchtendes Pigment *n*
radiotelephone *(El)* Sprechfunkgerät *n*; Funktelefon *n*
radius 1. *(Stat)* Radius *m*, Halbmesser *m*; 2. *(BWG, Te)* Reichweite *f*; Ausladung *f (Kran)*; 3. *(Stat)* Umkreis *m*
radius at bend *s.* radius of curvature
radius brick *(SB)* Gewölbestein *m*, Keilstein *m*
radius gauge Radienschablone *f*, Radienlineal *n*, Halbmesserlehre *f*
radius of curvature Krümmungsradius *m*, Krümmungshalbmesser *m*, Bogenradius *m*, Biegungshalbmesser *m*, Ausrundungshalbmesser *m*
radius of curvature of deflection *(Stat)* Krümmungsradius *m* der Biegelinie [Einsenkmulde]
radius of gyration [inertia] *(Stat)* Trägheitsradius *m*
radius of sweeping *(Konst)* Radius *m* des Krümmungsbogens
radius of turning *(Konst)* Wenderadius *m*
radius of web Stegrundung *f*
radius rod [tool] Putz(ring)formlehre *f*, Putzerzirkel *m*
radiused (ab)gerundet; halbrund
radome *(Konst)* Radialkuppel *f*, Wetterschutzhaube *f (für Radarantennen)*
radon *(Umw)* Radon *n*
radon exclusion in buildings *(Umw)* Radonausschluss *m* in Gebäuden
raft *v* 1. *(Te, Wsb)* flößen; 2. *(Erdb, Wsb)* schwimmen *(Gründung)*
raft 1. *(Erdb, Konst, TK)* Fundamentplatte *f*, Gründungsplatte *f (Plattengründung)*; Rostwerk *n*; 2. *(Wsb)* Floß *n*
raft batten *(Hb)* Lagerholz *n (schwimmender Fußbodenbelag)*
raft bridge *(Br, Wsb)* Floßbrücke *f*, Pontonbrücke *f*
raft foundation *(Erdb, Konst, TK)* Plattenfundament *n*, Plattengründung *f*; Rostwerk *n*
raft lake *(Wsb)* natürliche Flussaufstauung *f*
raft with beams underneath *(TK)* Plattenbalken *m* mit oberer Platte, Platte *f* mit Balkenunterzug
rafted wood *(BM, Hb)* Floßholz *n*
rafter *(Hb)* Sparren *m*, Dachsparren *m*, Sparre *f*
rafter cleat [clench] Sparrenhalter *m*
rafter connection *(Hb)* Sparrenverbindung *f*
rafter couple Sparrenpaar *n*; Fußbalkenlager *n (eines Giebeldachs)*
rafter cross section Sparrenquerschnitt *m*
rafter end *(Hb)* Sparrenkopf *m*
rafter fill Zwischenträgerfüllung *f*
rafter foot *(Hb)* Aufschiebling *m (Sparrendach)*
rafter head *(Hb)* Sparrenkopf *m*
rafter interval *(Hb, Konst)* Sparrenabstand *m*
rafter plate *(BT, Hb)* Sparrenauflagerplatte *f*
rafter roof *(Hb, Konst)* Sparrendach *n*
rafter slope *(Hb)* Sparrenneigung *f*
rafter spacing Sparrenabstand *m*
rafter span *(Hb, Konst)* Sparrenweite *f*
rafter string Sparrenquerlatte *f*
rafter-supporting purlin *(Hb)* Sparrenpfette *f*
rafter system *(Hb)* Sparrenlage *f*
rafter table Sparrenzuschneidetisch *m*
rafter tail *(Hb, Konst)* Sparrenüberstand *m*
rafter tail cut Sparrenende *n*, sichtbarer Sparrenkopf *m (meist verziert)*
rafter trimmer *(Hb)* Schiftsparren *m*
rafters *(Hb)* Sparrenwerk *n*, Gespärre *n*
rag 1. *(BM, SB)* harter Baustein *m*; grobkörniger Kalksandstein *m (Kieselsandstein)*; *(sl)* Bildhauerkalk(sand)stein *m*; 2. *(BM)* große Dachschieferplatte *f (60 × 90 cm)*; rohe Schieferplatte *f*; 3. *(BM, Bod)* rohgeschiefertes Gestein *n*
rag bolt *(BT)* Steinschraube *f*, Klauenschraube *f*, Bolzenanker *m*, Hakenbolzen *m*; Fundamentschraube *f*
rag felt Lumpenfaserbitumenpappe *f*, Wollfilzdachpappe *f*; *(AE)* Dachpappe *f*
rag fibre *(BM)* Lumpenfaser *f*
rag rubblework *(SB)* Bruchsteinmauerwerk *n* aus kleinen Steinen
rag work 1. *(SB)* Bruchsteinplattenmauerwerk *n*, Flachschichtmauerwerk *n* aus Naturstein; 2. *(SB)* Zyklopenrandstein *m*
ragbolt *s.* rag bolt
ragged gezackt; grob, rau, aufgeraut; uneben; felsig
rags Lumpen *mpl*
ragstone 1. *(BM, SB)* sandiger Kalkstein *m*; grobkörniger Kalksandstein *m (Kieselsandstein)*; Bruchsteinplattenmauerwerk *n*; 2. *(BM)* bröckeliger Bruchstein *m*; 3. *(BM)* Kleinpflasterbruchstein *m*
rail *v (Konst)* mit Querstreben versehen; mit Geländer versehen
rail *v* **in** *(LB)* einzäunen, einfrieden; eingittern
rail *v* **off** *(LB)* abzäunen; abgittern
rail 1. *(Verk)* Schiene *f*, Fahrschiene *f*; Gleis *n*; 2. *(EB)* Schiene *f*, Gleitschiene *f*, Führungsschiene *f (z. B. für Türanlagen)*; 3. *(Hb)* Querholz *n*, Rahmenholz *n*, Querträger *m*, Riegel *m (in Rahmenkonstruktionen)*; Querleiste *f (z. B. im Türrahmen)*; Fenstersprosse *f*; 4. *(BT, Hb)* Geländer *n*; Brüstung *f*; Zaun *m*
rail attachment *(BT)* Schienenbefestigung *f*
rail base Schienenfuß *m*
rail bolt Geländerbolzen *m*
rail border stone *(BT)* Gleisanschlussstein *m*
rail-borne *(Verk)* schienengebunden, gleisgebunden
rail-bound *(Verk)* schienengebunden, gleisgebunden
rail-bound transportation *(Verk)* Schienenverkehr *m*
rail connection Schienenstoß *m*
rail fastening *(Verk)* Schienenbefestigung *f*
rail fence Riegelzaun *m*
rail gauge Schienenspurweite *f*, Spurweite *f*
rail head Schienenkopf *m*
rail jack Schienenheber *m*

rail joint Schienenstoß *m*
rail-mounted excavator *(BWG)* Schienenbagger *m*
rail-mounted tower crane *(BWG)* Schienenturmdrehkran *m*
rail of a framework *(BT)* Bundriegel *m*, Fachwandriegel *m*
rail point(s) *(Verk)* Weiche *f (Eisenbahn)*
rail post *(BT)* Geländersäule *f*, Geländerpfosten *m*
rail-road system *(Verk)* Schiene-Straße-System *n*
rail section Schienenprofil *n*
rail shifting Gleis(ver)rücken *n*
rail shifting machine *(BWG, Verk)* Gleisrückmaschine *f*
rail shoe Schienenflansch *m*
rail spike Schienennagel *m*
rail steel reinforcement *(BT)* Bewehrungseisen *n* aus Schienenprofil, Stahlschienenbewehrung *f*
rail tamping *(Verk)* Gleisstopfen *n*
rail track Gleiskörper *m*, Gleis *n*
rail track girder Schienenträger *m*
rail web Schienensteg *m*
rail with wide base *(BT)* Breitfußschiene *f*
railing *(Konst)* Schutzgeländer *n*, Geländer *n*, Gitter *n*; Brüstung *f*
railing barrel *(BM)* Geländerrohr *n*
railing height *(Konst)* Geländerhöhe *f*
railing material *(BM)* Geländermaterial *n*, Geländerbaustoff *m*
railing post *(BT)* Geländerpfosten *m*, Geländersäule *f*; Treppengeländerpfosten *m*
railless nicht schienengebunden, schienenlos
railroad *(AE)* Eisenbahn *f*
railroad architecture *(AE) (Arch)* Eisenbahnarchitektur *f*
railroad ballast *(AE) (BM)* Schotter *m*
railroad bedding *(AE) (Verk)* Gleisbettung *f*
railroad bridge *(AE) (Br)* Eisenbahnbrücke *f*
railroad construction *(AE) (Verk)* Eisenbahnbau *m*
railroad depot *(AE) (Verk)* Bahnhof *m*
railroad grade crossing *(AE) (Verk)* schienengleicher Bahnübergang *m*
railroad lines *(AE)* Gleisanlage *f*
railroad station *(AE) (Verk)* Eisenbahnstation *f*
railroad tie *(AE)* Schwelle *f*, Querschwelle *f*
railroad track work *(AE) (Verk)* Eisenbahnbauarbeiten *fpl*
railroad tunnel *(AE) (Tun, Verk)* Eisenbahntunnel *m*
railroad underpass *(AE) (Verk)* Eisenbahnunterführung *f*
rails *(BT)* Eisenbahnschienen *fpl*; Bahngleis *n*
railway *(Verk)* Eisenbahn *f*
railway architecture *(Arch)* Eisenbahnarchitektur *f*
railway area *(Verk)* Bahnbereich *m*, Eisenbahngelände *n*
railway ballast *(BM, Verk)* Gleisschotter *m*
railway barrier *(Verk)* Bahnschranke *f*
railway bed *(Verk)* Bahnkörper *m*
railway bridge *(Verk)* Eisenbahnbrücke *f*
railway construction *(Verk)* Eisenbahnbau *m*, Bahnbau *m*
railway crane *(BWG)* Eisenbahnkran *m*
railway crossing *(Verk)* Bahnübergang *m*
railway embankment *(Erdb, Verk)* Eisenbahndamm *m*, Bahndamm *m*
railway engineering *(Verk)* Eisenbahnbau *m*
railway equipment Bahnausrüstung *f*
railway facilities *(Verk)* Bahnanlagen *fpl*
railway fill *s.* railway embankment
railway gate Bahnschranke *f*
railway junction *(Verk)* Eisenbahnknotenpunkt *m*
railway level crossing *(Verk)* höhengleicher [niveaugleicher] Bahnübergang *m*, schienengleicher Bahnübergang *m*
railway line 1. Eisenbahnstrecke *f*, Strecke *f*, Bahnlinie *f*; 2. Trasse *f*; Schienenstrang *m*
railway lines Gleisanlage *f*
railway overbridge *(Verk)* Eisenbahnüberführung *f (Straße)*
railway platform Bahnsteig *m*
railway platform roof Bahnsteigdach *n*
railway platform subway *(Verk)* Bahnsteigunterführung *f*
railway service Bahnbetrieb *m*
railway siding Anschlussgleis *n*
railway sleeper *(BT, Verk)* Eisenbahnschwelle *f*
railway spur track Anschlussgleis *n*
railway station *(Arch, Verk)* Eisenbahnstation *f*; Bahnhof *m*
railway system 1. *(RP, Verk)* Eisenbahnnetz *n*; 2. *(Verk)* Bahnanlagen *fpl*
railway trackage *(Verk)* Gleisanlage *f*
railway traffic Eisenbahnverkehr *m*
railway tunnel *(Tun, Verk)* Eisenbahntunnel *m*
railway underbridge *(Verk)* Eisenbahnunterführung *f*
railway yard *(Verk)* Abstellbahnhof *m*, Rangierbahnhof *m*
rain *v (Umw)* regnen
rain *v* **in buckets** *(Umw) (sl)* regnen [gießen] wie aus Kübeln
rain *v* **through** durchregnen
rain *(Umw)* Regen *m*, Niederschlag *m*
rain cap *(BT)* Regenkappe *f (Schornstein)*
rain damage *(RS)* Regenschaden *m*
rain discharge *(WVA)* Regenabfluss *m*
rain-drainage channel *(WVA)* Regenwasserkanal *m*
rain gauge Regenmesser *m*, Niederschlagmesser *m*
rain impermeability *s.* rain imperviousness
rain imperviousness *(DIS)* Regendichtheit *f*, Regenundurchlässigkeit *f*
rain leader *(AE) (San)* Fallrohr *n*
rain penetration *(DIS)* Durchfeuchtung *f*
rain pipe *(San)* Regenrohr *n*, Fallrohr *n*
rain protection Regenschutz *m*
rain repeller *(San)* Regenabweiser *m*
rain-repelling *(DIS)* regenabweisend
rain resistance Regenbeständigkeit *f*
rain rill *(San)* Regenrinne *f*, Regenfurche *f (natürlich)*
rain spottedness *(OB)* Regenfleckigkeit *f (eines Anstrichs)*
rain spotting *(OB)* Regenfleckigkeit *f (Regenschadflecken)*
rain test Beregnungsversuch *m (Materialprüfung)*
rain trap *(San)* Regenauffangbehälter *m*
rain-water *s.* rainwater
rainbow roof *(Hb, Konst)* Satteldach *n* mit (leicht) gewölbten Sparren
raindrop figure *(Arch)* Regentropfenornament *n*
rainfall 1. *(Umw)* Niederschlag *m*; 2. *(Umw)* Niederschlagsmenge *f*
rainfall coefficient *(Umw)* Niederschlagshöhe *f*
rainfall depth Regenstärke *f*
rainfall intensity *(Umw)* Regenintensität *f*, Regendichte *f*, mm-Regenhöhe *f*
rainfall map *(Umw)* Regen(mengen)karte *f*
rainfall recorder Niederschlagmesser *m (s. a. rain gauge)*
rainfall-run-off relation *(Umw)* Niederschlags-Abfluss--Beziehung *f*
raining machine *(BM)* Regenmaschine *f (künstliche Bewitterung)*
rainproof 1. *(DIS)* regendicht, (regen)wasserfest, regenwassergeschützt; 2. *(El)* tropfwassergeschützt
rainproof masonry wall *(Konst)* Regenschutzmauer *f*
rainproofness Regendichtheit *f*
rainspout *(San)* Wasserspeier *m*
raintight *s.* rainproof
raintightness *(DIS)* Regendichtheit *f*, Regendichtigkeit *f*, Regenundurchlässigkeit *f*
rainwash *(Bod, Erdb)* Abschwemmung *f*, abgeschwemmtes Erdreich *n*
rainwater *(Umw)* Regenwasser *n*, Niederschlagswasser *n*
rainwater barrier *(Erdb, San)* Regenwassersperre *f*
rainwater cistern *(WVA)* Regenwasserzisterne *f*

rainwater downpipe *(San)* Regenwasserfallrohr *n*
rainwater drainage *(Erdb)* Regenwasserdrän *m*
rainwater flow *(WVA)* Regenwasserabfluss *m*
rainwater goods *(San)* Regenrinnen *fpl*; Fallrohre *npl (Einzelrohre)*
rainwater gutter *(San)* Regenrinne *f*, Dachrinne *f*; Rinnenkessel *m*
rainwater head *(San)* Fallrohreinlauftrichter *m*
rainwater hopper *(San)* Dachrinnenkessel *m*, Trichter *m (Regenwasserablauf)*
rainwater inlet *(WVA)* Regenwasserablauf *m*
rainwater machine *(BM)* Regenmaschine *f (künstliche Bewitterung)*
rainwater outlet *(WVA)* Regenwasserabflussschacht *m*; Regenwasserablauf *m*
rainwater pipe *(San)* Fallrohr *n*
rainwater removal *(WVA)* Regenwasserableitung *f*
rainwater retention basin *(Erdb, WVA)* Regenrückhaltebecken *n*
rainwater system *(WVA)* Regenablaufkonstruktion *f*, Regenablaufeinrichtung *f*
rainwater tank *(Erdb, WVA)* Regenwassersammelbecken *n*
raise *v* 1. *(Te)* erhöhen, anheben; aufstocken; aufschütten; 2. *(Te)* errichten, aufstellen, aufrichten *(Montageteile)*; 3. *(Te)* heben, hochheben
raise *v* **a building** *(Te)* erbauen, ein Gebäude errichten
raise *v* **a scaffold** rüsten, einrüsten, ein Gerüst aufstellen
raise *v* **a wall** *(SB)* aufmauern, eine Wand erhöhen
raise *v* **on edge** *(Te)* hochkanten
raise *v* **up** *(Te)* in die Höhe richten, aufrichten
raise Aufschüttung *f*, Überhöhung *f*; Erhöhung *f (Gelände)*
raised erhoben, erhöht, gehoben
raised arch *(Konst)* überhöhter Bogen *m*
raised beach *(Bod)* gehobener Strand *m*
raised block *(Konst)* aufgestocktes Gebäude *n*
raised bog *(Bod, Umw)* Hochmoor *n*
raised building *(Konst)* aufgestocktes Gebäude *n*
raised cable *(BT)* aufgebogenes Spannglied *n (Spannbeton)*
raised choir *(Arch)* Hochchor *m*, Oberchor *m*
raised divider *(Verk)* Fahrbahnschwellenteiler *m*, Trennschwelle *f*
raised edge Bördel *m*, Bördelkante *f*
raised field überhobene Füllung *f*
raised floor *(Konst)* Zwischenboden *m*, Kabelboden *m*
raised flooring system *(Hb, Konst)* austauschbare Fußbodenkonstruktion *f*, wechselbarer Fußbodenbelag *m*
raised girt *(Hb)* bündiger Querträger *m*, bündige Setzschwelle *f* [Brustschwelle *f*]
raised Gothic vault *(Arch, Konst)* überhöhtes Spitzbogengewölbe *n*
raised-grain (profil)maserig *(Holz)*
raised grain aufgeraute Faser *f (Holz)*
raised island *(Verk)* (konstruktive) Verkehrsinsel *f*, ausgebildete Verkehrsinsel *f*
raised junction *(Verk)* erhöhter Knotenpunkt *m*
raised kerb Hochbord(stein) *m*
raised moulding 1. *(Arch)* Reliefgesims *n*; 2. *(Arch)* Kehlzierleiste *f*, Reliefüberdeckung *f*
raised panel *(BT, Konst)* erhabene Tafel *f*, mittig erhöhtes Tafelelement *n*
raised part *(Bod, RP)* Erhöhung *f*, Hochstelle *f (Gelände, Bebauungsgebiet)*
raised platform *(EB)* Podium *n*
raised pointed arch *(Arch, Konst)* überspitzter Spitzbogen *m*
raised road *(Erdb, Verk)* Straße *f* in Dammlage, erhöhte Straßenführung *f*
raised strip *(Verk)* erhöhter Trennstreifen *m*
raised table 1. *(Bod)* Geländeerhöhung *f*; 2. *(BT)* Kapitellplatte *f*
raised verge *(AE) (Verk)* Bankett *n (Straße)*
raised water level *(Wsb)* Stau *m*, Aufstau *m*, Anstauung *f*
raised water table *(Bod, Erdb)* gehobene Wasserschicht *f*
raised work *(Arch)* Relief *n*, Reliefarbeit *f*
raising Erhöhung *f*
raising cord *(EB)* Aufzugkordel *f (Jalousie)*
raising hammer Treibhammer *m*
raising of strands *(BB, Te)* Litzenablenken *n*, Litzenheben *n (Spannbeton)*
raising piece *(Hb)* Kopf(trage)holz *n*, Kopf(quer)balken *m*
raising plate *(Hb, TK)* Sparrenauflagerbalken *m*, aufgelegter Tragbalken *m (Wand, Rahmen)*
rake *v (Te)* abschrägen *(Hang)*; neigen *(abschrägen)*; auskratzen *(Fuge)*; einarbeiten *(eine Masse)*
rake *v* **out** auskratzen *(Fuge)*
rake 1. *(Konst, Verm)* Neigung *f*, Einfallen *n (Abweichung von der Lotrechten)*; 2. *(BWG)* Rührstange *f*; Kratze *f*; Rechen *m*
rake classifier *(BM, BWG)* Rechenklassierer *m*
rake dimension *(Konst)* Steigungsmaß *n (Treppe)*
raked joint ausgekratzte Fuge *f (Mauerwerk)*
raked moulding *s.* raking moulding
raked pile *(Erdb)* Schrägpfahl *m*
rakeman Asphaltarbeiter *m*
raker 1. Kratzkelle *f*, Kratzeisen *n (Werkzeug)*; 2. *(BT)* Diagonal(fachwerk)stab *m*, Strebe *f*; Schrägbalken *m*; 3. *(BT)* Kopfband *n*
raker beam *(Hb, Konst)* Schrägbalken *m*, schräger Balken *m*
raker cornice *(Arch)* Giebelzierkante *f*
raker pile *(Erdb)* Schrägpfahl *m*, Schrägstütze *f*
raking schräg, geneigt *(stark geneigte Fläche)*
raking abutments *(Konst)* schräge Widerlager *npl*
raking arch steigender [geneigter, geschobener] Bogen *m*
raking bond *(SB)* Diagonalverband *m*, Fischgrätenverband *m*, Schrägverband *m*, Stromverband *m*, Festungsverband *m (Mauerwerk)*
raking coping Giebelfirstabdeckung *f*
raking cornice *(Arch)* Giebelschrägzierkante *f*
raking course *(SB)* Diagonalkernschicht *f*, diagonale Mauermittellage *f*
raking flashing *(Konst)* schräge Einfassung *f*, Schräganschluss *m (Dach)*
raking moulding 1. *(Arch)* Zierkante *f* an einem geneigten Element, Schrägzierleiste *f*; 2. *(Arch)* einfallendes Ornament *n*, überhängende Ornamentkante *f*
raking-out *(SB)* Auskratzen *n* von Mörtelfugen, Fugenreinigen *n*
raking pile *(Erdb)* Schrägpfahl *m*
raking prop *(BT, Konst)* Strebe *f*
raking riser schräge Setzstufe *f*
raking shore *(BT, TK)* Abstützbohle *f*, Spreize *f*
raking stretcher bond stetig lagenweise versetzter Verband *m (Mauerwerk)*
raking support *(BT, TK)* Schrägstütze *f*
rakings *(Umw)* Rechengut *n*
ram *v* 1. *(Erdb, Te)* (ein)rammen, treiben, einstampfen *(Pfähle)*; 2. *(Te)* (fest)stampfen
ram *v* **in** *(Erdb, Verk)* einstampfen, festrammen *(Straßenunterbau)*
ram 1. *(Erdb)* Ramme *f*, Rammbär *m*, Rammblock *m*; 2. *(Erdb, Wsb, WVA)* Widder *m*, Stoßheber *m*
ram block *(Erdb)* Rammbär *m*
ram hammer Rammhammer *m*
ram-headed sphinx *(Arch)* Widdersphinx *f*
ram pile *(Erdb)* Rammpfahl *m*
ram pressure *(Wsb)* Staudruck *m*, dynamischer Druck *m*

R

rambler eingeschossige Erdgeschosswohnung *f*; *(AE)* flaches Landhaus *n*
Rameseum *(Arch)* Rameseum *n*, Memnonium *n* Ramses des II.
ramification Verzweigung *f*, Gabelung *f*, Verästelung *f (z. B. Leitungen)*
ramification network *(Verk)* Verästelungsnetz *n*, verzweigtes Netz *n (Straße, Schiene)*
ramify *v* verzweigen, gabeln, sich verästeln *(z. B. Leitungen)*
ramifying verzweigt, verästelt
rammable *(BM)* stampfbar, verdichtbar
rammed gestampft
rammed clay *(BM)* Stampfton *m*, Stampflehm *m*
rammed concrete Stampfbeton *m*
rammed earth *(Erdb)* gestampfter Boden *m*; verdichteter [bindiger] Erdstoff *m*
rammed-earth construction Lehmstampfbau *m*, Kastenwerk *n*, Piseebau *m*
rammed layer *(Konst)* Stampflage *f*, Stampfschicht *f*
rammed lime Kalkpisee *m*
rammed-loam construction *(Konst)* Lehmstampfbau *m*, Kastenwerk *n*, Piseebau *m*
rammed-pile wall *(Erdb)* Rammpfahlwand *f*
rammed walling *(Konst)* Stampfmauerwerk *n*
rammer *(BWG)* Ramme *f*, Stampfer *m*
ramming Festklopfen *n*, Stampfen *n*, Abrammen *n*; Einrammen *n (Pfähle)*
ramose verzweigt
ramp *v* geneigt sein; steigen *(eine Fläche)*
ramp 1. *(Verk)* Rampe *f*, Schrägauffahrt *f*, Rampenzufahrt *f*, Geländerampe *f*; *(AE)* Autobahnauffahrt *f*; 2. *(Konst)* Abdachung *f*; Abschrägung *f*; 3. *(Verk)* Straßenschwelle *f*; Aufpflasterung *f*, Straßenaufhöhung *f*; Toter Polizist *m (Verkehrsberuhigung)*; 4. *(Verk)* Flugzeugabstellfläche *f*
ramp between floors [storeys] *(Konst)* Geschossrampe *f*
ramp control *(Verk)* Verkehrseinfädelsteuerung *f*
ramp incline *(Konst)* Rampenschräge *f*
ramp landfill *(Erdb)* Anböschung *f*
ramp lane *(Verk)* Auffahrt(straße) *f*, Auffahrtspur *f*; Auffahrtrampe *f*, Rampenspur *f*
ramp metering *(AE) (Verk)* Lichtsignalsteuerung *f* für Autobahnzufahrt
ramp tower *(Konst)* Spiralrampe *f*, Schraubenrampe *f*, Wendelrampe *f*
ramp-type garage *(Konst, Verk)* Rampenparkhaus *n*
rampant arch *(Arch)* steigender [geneigter, geschobener] Bogen *m*
rampant barrel vault *(Arch, Konst)* einhüftiges Tonnengewölbe *n*, ansteigende Tonne *f*
rampant mould steigender Formkasten *m*
rampant vault *(Arch, Konst)* einhüftiges Gewölbe *n*, schräges Gewölbe *n*, ansteigendes Gewölbe *n*; steigende Trompe *f*
rampart Wall *m*, Befestigungswall *m*, Festungswall *m*, Erdwall *m*
ramparts *(Arch)* Stadtumwallung *f*
ramped step *(Konst)* schräger Auftritt *m*
ramshackle *(RS)* baufällig, verkommen
ramshackle building *(Konst)* Billigbau *m*, Schundbau *m*, schlechtes Bauwerk *n*
rance Steife *f*, Stütze *f*
ranch house *(AE)* 1. *(Arch, LB)* Landhaus *n*, Bungalow *m*; 2. *(Arch, LB)* Farmhaus *n*
rand Randabschnitt *m*, Kantenleiste *f*
randing *(Bod, Erdb)* Schürfen *n*
randle bar *(BT)* Kaminbalken *m*
random 1. regellos, ungeordnet, unregelmäßig; zufällig; 2. willkürlich, statisch nicht optimal
random Zufall *m*
random ashlar [bond] *(SB)* Vieleckmauerwerk *n*, regelloses Bruchsteinmauerwerk *n*
random check *(BM)* Stichprobe *f*
random checking *(VR)* Stichprobenprüfung *f*
random course work *(SB)* unregelmäßiges Schichtenmauerwerk *n (Naturstein)*
random crack wilder Riss *m*
random cracking wilde Rissbildung *f*
random distribution *(Stat)* Zufallsverteilung *f (Statistik)*
random error zufällige Messabweichung *f*
random inspection *(VR)* Stichprobe *f*
random length Lieferlänge *f*, Herstellungslänge *f (z. B. von Rohren)*
random line *(Verm)* Wahllinie *f*
random load *(Stat)* unregelmäßige [schwankende] Belastung *f*
random masonry bond wilder Verband *m (läuferreicher Verband)*
random number *(Stat)* Zufallszahl *f (Statistik)*
random perforated unregelmäßig gelocht
random profile *(Verk)* unregelmäßiges Profil *n (Straße)*
random range ashlar 1. *(SB)* unregelmäßiges Mauerwerk *n*; 2. *(SB)* hammerrechtes Bruchsteinmauerwerk *n*
random rubble *(SB)* Schüttmauerwerk *n*
random rubble fill *(Erdb, Wsb)* Bruchsteinschüttung *f*
random rubble masonry *s.* random ashlar [bond]
random sample *(BM, RS)* Stichprobe *f*, Zufallsstichprobe *f*
random sampling *(BM, RS)* Stichprobennahme *f*, Zufallsstichprobenerhebung *f*
random shingle verschieden breite Schindel *f*
random slate unregelmäßiger Schiefer *m*
random test *(BM, RS)* Stichprobe *f*
random texture unregelmäßige Oberflächenstruktur *f*
random tooled ashlar *s.* random work
random widths unsortierte Breiten *fpl* [Größen *fpl*]
random work 1. *(SB)* unregelmäßiges Mauerwerk *n*; 2. *(SB)* hammerrechtes Bruchsteinmauerwerk *n*
randomize *v* zufällig anordnen [aufstellen]; willkürlich verteilen
randomly distributed statistisch verteilt
range *v* 1. *(Konst)* reichen, sich erstrecken; 2. *(Konst)* in Reihen anordnen, einordnen; einreihen; 3. *(Verm)* die Entfernung bestimmen
range *v* **in** *(Verm)* einfluchten
range *v* **out** *(Verm)* einfluchten
range 1. *(Konst, SB)* Bereich *m*, Anwendungsbereich *m*, Umfang *m*; Schichtenlänge *f (Mauerwerk)*; 2. *(Konst)* Reichweite *f*, Weite *f*, Abstand *m*; Wertbereich *m*; 3. *(Konst)* Reihe *f (von Säulen)*; 4. *(EB)* Küchenherd *m*; 5. *(Konst)* Schießstand *m*
range closet *(San)* Reihenklosett *n*
range finder *(Verm)* Entfernungsmessgerät *n*
range for alternating stress Wechselbereich *m*
range for pulsating tensile stresses *(Konst)* Zugschwellbereich *m*
range hood Herdabzugslüfter *m*, Küchenabzug *m*
range in density *(BM)* Rohdichte *f*
range lavatory basin *(EB)* Reihenwaschtisch *m*, Reihenwaschbecken *n*
range masonry *(SB)* regelmäßiges Schichtenmauerwerk *n*, geschichtetes Mauerwerk *n*
range measurement *(Verm)* Abstandsmessung *f*
range of application Anwendungsbereich *m*
range of audibility Hörbarkeitsbereich *m*, Hörbereich *m*
range of colours *(OB)* Farbbereich *m*
range of columns *(Arch, Konst)* Säulenstellung *f*, Säulenreihe *f*
range of elasticity *(BM)* Elastizitätsbereich *m*
range of hardness Härtebereich *m*

range of noises *(Umw)* Lärmbereich *m*, verlärmter Bereich *m*
range of protection *(El)* Schutzbereich *m (Blitzschutz)*
range of scatter Streubereich *m (Messwerte)*
range of stability *(Konst, Stat)* Stabilitätsbereich *m*
range of strength Festigkeitsbereich *m*
range of viscosity *(BM)* Viskositätsbereich *m*
range of visibility *(Arch, Verk)* Sichtbereich *m*
range pole [rod] *(Verm)* Fluchtstab *m*, Absteckstange *f*
ranged in *(Verm)* eingefluchtet
ranger 1. Gurt *m (bei Spundwänden)*; 2. *(Hb)* Rahmenholz *n*, Riegel *m*; Brustholz *n*, Gurtholz *n*
ranges of arches *(Konst)* Bogenwölbungen *fpl*
rangework *(AE) (SB)* Natursteinschichtenmauerwerk *n*, Quadermauerwerk *n* in gleichen Schichten
ranging bond *(Hb)* Holzleisteneinlageverband *m (Nagelleisten)*
ranging pole *s.* range pole [rod]
rank *v* **(order)** *(VR)* stufenmäßig (rangartig) bewerten *(z. B. Qualität, Eignung)*; ziffernmäßig feststellen (beurteilen) *(Auswahlkriterien)*
rank *(VR)* Rang *m*, Folge *f*; Klasse *f (Güte)*
rank of piles *(Erdb)* Pfahlwand *f*
ranking *(VR)* Bewertung *f*
rap *v (Te)* klopfen, losklopfen, abklopfen *(Betonform)*; (los-)rütteln
rapid schnell
rapid *(Wsb)* Stromschnelle *f*; Wildwasser *n*
rapid-assembly method *(Te)* Schnell(montage)bauweise *f*
rapid-cementing agent *(BM)* Schnellbinder *m*, Abbindebeschleuniger *m*, Erhärtungsbeschleuniger *m (Beton)*
rapid-curing schnell abbindend *(Verschnittbitumen)*
rapid-curing asphalt [cutback] *(BM)* schnell abbindendes Verschnittbitumen *n*
rapid-drying schnelltrocknend
rapid frame system *(Konst)* schnell erstellbares Rahmensystem *n*
rapid hardener Schnellhärter *m*, Erhärtungsbeschleuniger *m (Beton)*
rapid-hardening *(BM)* schnellhärtend
rapid hardening Schnell(er)härtung *f*
rapid-hardening cement frühhochfester Zement *m*
rapid hoist *(BWG, Te)* Schnellbauaufzug *m*
rapid-setting unstabil, schnellbrechend, schnell zerfallend *(Bitumenemulsion)*; schnell abbindend *(Zement)*
rapid-setting cement *(BM)* Schnellbinder *m*, frühhochfester [schnell abbindender] Zement *m*
rapid-setting emulsion unstabile Emulsion *f*, schnellbrechende Emulsion *f*
rapid test *(BM)* Schnelltest *m*, Kurzprüfung *f*
rapid traffic system Schnellverkehrssystem *n*
rapid transit *(Verk)* Schnellverkehr *m (Eisenbahn)*
rapid transit system *(Verk)* Schnellbahnsystem *n*
rapidity of diffusion *(DIS)* Diffusionsgeschwindigkeit *f*
rapidity of flow *(Wsb)* Fließgeschwindigkeit *f*
rapidly hardening concrete *(BM)* Schnellbeton *m*
rapids *(Wsb)* Stromschnellen *fpl*
rare earth *(BM, Bod)* seltene Erde *f (Chemie)*
rare-earth oxide *(BM, Bod)* Seltene-Erden-Oxid *n*
rare veneer *(EB)* Masertapete *f*
rasp *v* raspeln
rasp Raspel *f*
rasp file *(BWG)* Raspelfeile *f*
raster dimension *(Konst)* Rastermaß *n*, Rasterabmessung *f (Bauraster)*
rat barrier *(WVA)* Rattensperre *f*, Rattensperrvorrichtung *f (im Kanal)*
rat run *(Verk) (sl)* Schleich(straßen)verbindung *f*, Schleichweg *m*
rat stop *(SB)* Rattenschutzlage *f (Mauerwerk)*
rat-tail file Rundfeile *f*
ratchel steiniger Unterboden *m*
ratchet *(EB)* Knarre *f*, Ratsche *f*; Sperrhaken *m*, Sperrklinke *f*
ratchet brace Schraubstempel *m*
ratchet drill Bohrratsche *f*, Knarrenbohrer *m*
ratchet wrench *(BWG)* Ratschenhebel *m*
rate *v (Stat, VR)* bemessen; schätzen, veranschlagen; bewerten
rate 1. Geschwindigkeit *f*; 2. Rate *f*; Quote *f*; 3. Mengenleistung *f*
rate of absorption *(BM)* Wasseraufnahmemenge *f (z. B. von Baustoffen)*
rate of action Beanspruchungsgeschwindigkeit *f*
rate of combustion Brenngeschwindigkeit *f (Baustoffe)*
rate of compaction *(Konst, Te)* Verdichtungsgrad *m*
rate of corrosion *(BM, OB)* Korrosionsgeschwindigkeit *f*
rate of creep *(BB)* Kriechgeschwindigkeit *f*
rate of curing *(BB)* Erstarrungsgeschwindigkeit *f*
rate of deformation Verformungsgeschwindigkeit *f*
rate of detection *s.* rate of occupancy
rate of discharge *(WVA)* Abflussmenge *f*
rate of drying Erstarrungsgeschwindigkeit *f*
rate of erosion *(BB)* Erosionsgeschwindigkeit *f*
rate of evaporation Verdunstungsrate *f*
rate of filtration *(BM, Bod)* Sickergeschwindigkeit *f*
rate of flow 1. Fließgeschwindigkeit *f*, Strömungsgeschwindigkeit *f*; 2. *(Wsb, WVA)* Durchflussmenge *f*
rate of hardening *(BM, Te)* Härtungsgeschwindigkeit *f*
rate of hydration Hydratationsgeschwindigkeit *f*
rate of inflow *(Erdb, Wsb)* Wasserzuflussmenge *f*
rate of initial set *(BB)* Erstarrungsgeschwindigkeit *f*
rate of loading *(Bod)* Belastungsgeschwindigkeit *f*
rate of occupancy *(Verk)* Belegungsgrad *m*
rate of oxidation *(OB)* Oxidationsgeschwindigkeit *f*
rate of progress *(Te)* Bauablaufgeschwindigkeit *f*, Baufortschritt *m*
rate of return *(VR)* Rendite *f*
rate of runoff *(WVA)* Abflussmenge *f*
rate of rusting *(OB)* Rostgeschwindigkeit *f*
rate of setting *(BB)* Abbindegeschwindigkeit *f*
rate of shrinkage Schwindmaß *n*
rate of spread 1. *(BWG, Te)* Streudosierung *f*, Streumenge *f*, Aufbringungsrate *f*; 2. Ausbreitungsgeschwindigkeit *f*
rate of strain Dehnungsgeschwindigkeit *f*
rate of strain hardening 1. Verfestigungsgeschwindigkeit *f*; 2. Verfestigungskoeffizient *m*
rate of stress *(Stat)* Beanspruchungsgeschwindigkeit *f*
rate of warming *(HLK, Te)* Aufwärmgeschwindigkeit *f*, Erwärmungsgeschwindigkeit *f*
rated capacity Nennleistung *f*
rated load Nennlast *f*, zulässige Belastung *f (Aufzug)*
rated power *(El)* Nennleistung *f*
rated pressure *(HLK, San, Te, WVA)* Nenndruck *m*
rated speed Aufzugsnenngeschwindigkeit *f*
rated voltage *(El)* Nennspannung *f*
rathole *v (Bod, Tun)* vorbohren
rathole formation Brückenbildung *f*, Hohlraumbildung *f (z. B. im Zementsilo, Füllersilo)*
rating Bewertung *f*
rating curve 1. *(Konst)* Bemessungskurve *f*; 2. *(WVA)* Abflussmengenkurve *f*
rating of pavement *(Verk)* Fahrbahnzustandsbewertung *f*
rating scale Bewertungsskala *f*
rating scheme *(VR)* Bewertungsschema *n*, Bewertungssystem *n*
rating system *(VR)* Bewertungssystem *n*, Bewertungsschema *n*
rating tank Messbehälter *m (Mischanlage)*

rating test Nennprüfung *f*
ratio *(Te)* Proportion *f*, Maßverhältnis *n*; Quotient *m*
ratio by weight Gewichtsverhältnis *n*
ratio of decomposition *(BM)* Zersetzungsgrad *m*
ratio of evaporation *(Bod, WVA)* Verdunstungsrate *f*
ratio of exaggeration *(Konst)* Überhöhungsverhältnis *n*
ratio of expansion *(BM, BT)* Ausdehnungsverhältnis *n*
ratio of inclination *(Konst, Verm)* Steigung *f*, Neigungsverhältnis *n*
ratio of mixture *(BM)* Mischungsverhältnis *n (Baustoffe)*
ratio of penetration *(Erdb, Tun)* Bohrfortschritt *m*
ratio of rise and tread *(Konst)* Treppenneigung *f*
ratio of slenderness *(Konst, TK)* Schlankheitsgrad *m (eines stabförmigen Gebildes)*
ratio of stream-flow *(Erdb, Wsb, WVA)* Wasserführung *f*
ratio of tension reinforcement Zugbewehrungsanteil *m*
ratiometer *(BM)* Ratiometer *n*, W/Z-Faktorbestimmungsgerät *n*
rationale *(Konst, Stat, VR)* Grundprinzip *n*, grundlegender Gedankengang *m*; logische Basis *f*; Gründe *mpl*
rationale architecture *s.* rationalistic architecture
rationalistic architecture *(Arch)* rationale Architektur *f*
rationalistic period *(Arch)* rationale Architekturrichtung *f*
ratproof *(Konst)* rattensicher
rattle *v (DIS, Te)* rattern
rattle free *(DIS, Konst)* klapperfrei, klappersicher
rattler test *(BM, Verk)* Abriebtrommelprüfung *f*, Los Angeles-Prüfung *f (Straßenzuschläge)*
rattrap bond *(SB)* Hohlmauerwerksverband *m* mit stehendem Läufer und Binder
ravelin *(Arch, Konst)* Ravelin *m (Militärschutzanlage)*
raveling *(AE) s.* ravelling
ravelling *(Verk)* Abgängigwerden *n*, Ausmagern *n*, Rauwerden *n*; Zerbröckeln *n*, Substanzverlust *m*, Splittverlust *m*, Gesteinsverlust *m (Bitumendeckschicht)*
ravine *(Bod)* Schlucht *f (Geologie)*
raw roh; ungebrannt *(Ziegel)*
raw asphalt Rohasphalt *m*
raw brick building *(Konst)* Ziegelrohbau *m*
raw clay Rohton *m*
raw gravel *(BM)* Rohkies *m*
raw ingot Rohblock *m (Gussblock)*
raw linseed oil rohes Leinöl *n*
raw material *(BM, Te)* Rohstoff *m*, Rohmaterial *n*
raw material deposit *(Bod)* Rohstoffvorkommen *n*, Rohmaterialvorkommen *n (Steine und Erden)*
raw materials storage *(Bod)* Rohstofflagerung *f*, Rohmateriallagerung *f*
raw meal *(BM, Te)* Rohmehl *n (Zementtechnologie)*
raw mill *(BWG)* Rohmehlmühle *f (Zementtechnologie)*
raw refuse *(Umw)* Rohmüll *m*
raw result unberichtigtes Messergebnis *n*
raw rubber emulsion Kautschukemulsion *f*
raw sewage *(Umw, WVA)* unbehandeltes Abwasser *n*, Rohabwasser *n*
raw slag *(BM)* Rohschlacke *f*
raw sludge [slurry] Rohschlamm *m (Zementtechnologie)*
raw soil *(Bod)* Rohboden *m*
raw steel *(BM, St)* Rohstahl *m*
raw stone *(Bod)* Rohgestein *n*
raw waste-water *(Umw, WVA)* Rohabwasser *n*
raw water *(Umw, WVA)* Rohwasser *n*, ungereinigtes Wasser *n*
raw zinc Rohzink *n*
ray *v (El)* (an)strahlen, bestrahlen
ray Strahl *m*
rayed strahlenförmig
rayon *(BM)* (Regenerat-)Cellulosefaser *f*, Reyon *m(n)*, Viskosefilament *n (z. B. für Baustoffgewebe, Faserzusätze für Gemische)*
rayproof building *(Arch, Konst, Umw)* strahlensicheres [strahlengeschütztes] Bauwerk *n* [Gebäude *n*]
raze *v (RS)* abbrechen *(Gebäude)*; völlig einebnen *(Abbruchgebiet)*
razed table *(Konst)* Giebelfeld *n*
razor back messerscharfer Grad *m*
razor socket *(El)* Rasiersteckdose *f*
R.C. *s.* reinforced concrete
RDS *s.* radio data system
re-align *v* 1. *(Te, Verm)* nachrichten, wieder ausrichten *(z. B. mit der Wasserwaage)*; 2. *(Verk)* die Linie verbessern, begradigen
re-equip *v* 1. *(RS, Te)* rekonstruieren; 2. *(Te)* neu ausrüsten, neu ausstatten
reabsorb *v* resorbieren
reach *v (RP)* reichen, sich erstrecken *(z. B. Baugebiet, Verkehrsanlagen)*
reach *(Verm)* Reichweite *f*, Weite *f*, Strecke *f*
reach-in refrigerator *(EB)* Einbaukühlschrank *m*
reach of a grab Baggerreichweite *f*, Baggerungsweite *f*
react *v* reagieren *(auch chemisch)*
reaction Reaktion *f*, Verhalten *n*; Rückschlag *m*
reaction accelerator *(BM, Te)* Reaktionsbeschleuniger *m*
reaction at support *(Stat)* Auflagerkraft *f*, Lagerdruck *m*
reaction capacity Reaktionsfähigkeit *f*
reaction coating *(BM, OB)* Reaktionsanstrichstoff *m*, Mehrkomponentenanstrichstoff *m*
reaction distance *(Verk)* Reaktionssichtweite *f*
reaction force Reaktionskraft *f*
reaction mechanism Reaktionsmechanismus *m*
reaction modulus *(Konst, TK, Verk)* Bettungsziffer *f*, Bettungszahl *f*
reaction of constraints *(Stat)* Zwangskraft *f*, Reaktionskraft *f*, Führungskraft *f*
reaction of fire *(Tun)* Verhalten *n* bei Feuerausbruch
reaction of hardening *(BB, Te)* Erhärtungsreaktion *f*
reaction of imposts *(Konst, TK)* Kämpferreaktion *f*
reaction of initial setting *(BB, Te)* Erstarrungsreaktion *f*
reaction of setting Abbindereaktion *f*
reaction power Reaktionsvermögen *n*, Reaktionseigenschaft *f*
reaction pressure *(Stat)* Gegendruck *m*
reaction property Reaktionsfähigkeit *f*
reaction rate Reaktionsgeschwindigkeit *f*; Reaktionsgrad *m*
reaction resin *(BM)* Reaktionsharz *n*
reaction temperature Reaktionstemperatur *f*
reaction turbine *(Wsb)* Reaktionsturbine *f*, Überdruckturbine *f*
reaction wood überschnell gewachsenes Holz *n*
reactive reagierend; reaktionsfreudig
reactive (concrete) aggregate *(BM)* reaktionsaktiver Zuschlagstoff *m*, alkaliempfindlicher Betonzuschlagstoff *m*
reactive force *(Stat)* Führungskraft *f*, Stützkraft *f*, Zwangskraft *f*, Reaktionskraft *f*
reactive pigment *(BM, OB)* aktives Pigment *n*
reactive silica material *(BM)* latent hydraulischer Stoff *m*
reactivity Reaktivität *f*
reactor block [building] *(Konst, Umw)* Reaktorgebäude *n*
reactor containment *(Umw)* Reaktorsicherheitshülle *f*
reactor cupola *(Konst)* Reaktorkuppel *f*
reactor shield(ing) *(Konst, Umw)* Reaktorabschirmung *f*
reactor-shielding concrete *(BB)* Reaktorbeton *m*
readability 1. Ablesbarkeit *f*; 2. Ablesegenauigkeit *f*
reading Anzeige *f*; Anzeigewert *m*; Ablesung *f*, Ablesewert *m*
reading accuracy Ablesegenauigkeit *f*

reading device *(Verm)* Ablesevorrichtung *f* *(Optik)*
reading room *(Konst)* Lesesaal *m*
readjust *v* nachrichten, nachstellen
readout Ablesen *m*
readout unit *(Verm)* Ablesevorrichtung *f*
ready fertig, bereit, gerüstet
ready-built house *(Konst)* Fertighaus *n*
ready for assembly montagefertig
ready for construction *(Konst, VR)* baureif *(Bauvorbereitungsunterlagen)*
ready for installation einbaufertig
ready for mixing mischfertig
ready for occupancy *(VR)* nutzungsbereit *(z. B. Gebäude)*
ready for occupation *(VR)* beziehbar, bezugsfertig
ready for operation betriebsbereit
ready for use gebrauchsfertig *(Anstrich, Bindemittel)*
ready-made fabrikgefertigt; komplettiert
ready material Fertigerzeugnis *n*, Fertigprodukt *n*
ready-mix concrete *s.* ready-mixed concrete
ready-mix concrete truck *(BB, BWG, Te)* Betontransportmischer *m*
ready-mix plant *(BB, BWG)* Fertigbetonwerk *n*, Frischbetonwerk *n*, Transportbetonwerk *n*
ready-mix plaster *s.* ready-mixed plaster
ready-mix truck Fahrmischer *m*
ready-mixed vorgemischt, fertiggemischt, verbrauchsfertig gemischt *(Mörtel)*; streichfähig *(Farbe)*
ready-mixed coloured rendering Edelputz *m*
ready-mixed concrete *(BB)* Fertigbeton *m*, Frischbeton *m*, Transportbeton *m*, Lieferbeton *m*
ready-mixed glue Fertigleim *m* *(mit Beschleuniger)*
ready-mixed mortar Fertigmörtel *m*
ready-mixed paint *(BM, OB)* gebrauchsfertige Farbe *f*, anstrichfertige Farbe *f*
ready-mixed plaster Trockenputz(mörtel) *m*
ready-mixed stuff *(BM)* Fertigputzmasse *f*, Trockenputzmasse *f*
ready roofing Dachpappe *f*
ready sheet roofing *(BM)* Bahnendachpappe *f*
ready-to-assemble *(Konst, Te)* zusammenbaufertig
ready to be walked on begehfertig, begehbereit *(Bodenbelag)*
ready to brush streichfertig
ready-to-erect montagefertig
ready-to-fit einbaufertig
ready-to-mix mischfertig
ready-to-mount einbaufertig; montagefertig
ready to move into *(VR)* bezugsfertig
ready-to-paint *(BM, OB)* streichfertig, malerfertig
ready-to-use gebrauchsfertig, anwendungsfertig, verarbeitungsfertig
reafforest *v* *(LB)* wiederaufforsten *(Brachflächen)*
real allowance *(EB, Konst)* Istabmaß *n*, tatsächliches Abmaß *n*
real construction time *(Te, VR)* Istbauzeit *f*, tatsächliche Bauzeit *f*
real cross section Istquerschnitt *m*, tatsächlicher Querschnitt *m*
real design load factor *(Stat)* Isttraglast *f*, tatsächliche Traglast *f*
real dimension *(Konst)* Istabmessung *f*
real estate *(AE)* *(VR)* Grundstückseigentum *n* *(mit Gebäuden)*; Immobilienbesitz *m*, Immobilien *fpl*
real estate agent *(VR)* Grundstücksmakler *m*; Wohnungsmakler *m*
real estate company *(VR)* Immobiliengesellschaft *f*
real estate office *(AE)* Immobilienbüro *n*
real estate register *(VR)* Grundbuch *n*, Grundstücksverzeichnis *n*
real estate survey *(Verm)* Grundstücksvermessung *f*
real estate tax *(AE)* *(VR)* Grundsteuer *f*
real load factor *(Stat)* tatsächliche Traglast *f*, Isttraglast *f*
real measure *(EB)* Sollmaß *n*, Nennmaß *n*
real property *(VR)* Landbesitz *m*, Grundstückseigentum *n* *(alle Rechte einschließend)*
real size *(BT)* Istgröße *f*, tatsächliche Größe *f*
real specific gravity *(BM)* Reindichte *f* *(Baustoffe)*
real staff *(Te, VR)* Istpersonalbestand *m*, tatsächlicher Personalbestand *m*
real time *(Verk)* Echtzeit *f*
real time traffic analysis *(Verk)* Verkehrslageerfassung *f*
real time traffic control *(Verk)* Echtzeitverkehrssteuerung *f*
realgar *(BM, OB)* Realgar *m*, Rauschrot *n*
realignment *(Verk)* Linienverbesserung *f*; Kurvenverbesserung *f*
reallocation *(RP)* Flurbereinigung *f*, Grundstücksum(ver)legung *f*; Umsiedlung *f*
reallotment of land *(RP)* Flurbereinigung *f*
realtor *(AE)* *(VR)* Grundstücksmakler *m*
realty *(AE)* *(VR)* Immobilie *f*, Immobilienbesitz *m*
ream Schliere *f* *(Glas)*
reamer 1. *(BWG)* Reibahle *f*; 2. *(BWG)* Nachbohrmaschine *f*, Erweiterungsbohrer *m* *(Bauwerksdurchbrüche)*; 3. *(BWG, Tun)* Nachräumer *m*
reaming Aufreiben *n*
reaming bit *(BWG)* Erweiterungsmeißel *m*
reaming iron *(BWG)* Aufreibdorn *m* *(Nieten)*
reaming out *(Te)* Ausreiben *n*
reanalysis *(Stat)* statische Nachrechnung *f*
reanalyze *v* *(Stat)* statisch nachrechnen
rear *v* *(Te)* aufrichten, errichten *(z. B. Häuser, Brücken)*
rear hinten, Hinter...
rear access *(Konst)* Hintereingang *m*, rückwärtiger Zugang *m* *(zu einem Gebäude)*
rear arch innerer Bogen *m* *(eines Gewölbes)*
rear back *(Konst)* Rückseite *f* *(Gebäude)*
rear balcony *(Konst)* Hofbalkon *m*
rear door Rückwandtür *f*, hintere Tür *f*, Hintertür *f*
rear end rückwärtiger Teil *m*
rear portico *(Arch)* Opisthodomus *m*, Rückhalle *f* *(griechischer Tempel)*
rear side Hinterseite *f*
rear vault *(Konst)* innerer Fenstergewölbebogen *m*
rear view Hinteransicht *f*, Rückansicht *f*
rear wall Rückwand *f*
rear yard *(Konst, LB)* Hinterhof *m* *(in voller Grundstücksbreite)*
rearrange *v* *(Te)* umordnen, neu ordnen, umgruppieren
reasonable care and skill *(VR)* Ausführungsgrad *m*, Sorgfältigkeitsklasse *f*, Niveau *n* der Bauausführung
reasonable price angemessener Preis *m*
reassemble *v* wieder zusammenbauen *(Montage)*
reassorted loess *(Bod)* umgelagerter Löß *m*, Schwemmlöß *m*, Auenlöß *m*
rebar *(BT)* gerippter Bewehrungsstab *m*
rebate *v* falzen
rebate *(Hb)* Falz *m*; Kittfalz *m*, Anschlag *m*
rebate for glazing Glasfalz *m*, Kittfalz *m*
rebate ledge Schlagseite *f*
rebate of the frame *(Hb)* Nut *f* der Zarge
rebate plane *(BWG, Hb)* Nuthobel *m*, Falzhobel *m*, Simshobel *m*, Grathobel *m*
rebated gefalzt
rebated boarding *(Hb)* halbgespundete Dielung *f*
rebated cement (roofing) slab *(BT)* genutete Zementdiele *f*, Betonfalzplatte *f*
rebated concrete slab *s.* rebated cement (roofing) slab
rebated door Falztür *f*

rebated floor *(Hb)* gefalzter Fußboden *m*, halbgespundete Dielung *f*
rebated joint *(Hb)* Falzfuge *f*
rebated joint at meeting stiles *(Konst)* Schlagleiste *f* *(Fenster, Tür)*
rebated siding gefalzte Wandverschalung *f* *(Außenwandverkleidung)*
rebated walling brick Anschlagziegel *m*
rebated weather board *(BT, Hb)* gespundetes Schalungsbrett *n* *(Dach)*
rebend *v* rückbiegen
rebending Rückbiegen *n*
rebending test *(BM, St)* Rückbiegeprüfung *f*
rebore *v* ausbohren, nachbohren
rebound *v* rückprallen
rebound 1. *(Stat)* Rückprall *m*; 2. *s.* rebound concrete
rebound concrete *(BB, OB, Te)* Rückprallbeton *m* *(Torkretieren)*
rebound deflection *(Stat)* elastische Durchbiegung *f*
rebound height Rücksprunghöhe *f*
rebound tester *(BB, BM, BWG)* Rückprallhammer *m*, Betonschlaghammer *m*
rebricking *(RS, SB)* Neuausmauerung *f*
rebrush *v* überstreichen
rebuild *v* wiederaufbauen; umbauen, umkonstruieren; nachbilden
rebuilding *(RS)* Umbau *m*; Wiederaufbau *m*
recalculate *v* *(VR)* nachrechnen
recalculation *(Stat)* Nachrechnung *f*
recaulking Nachstemmen *n*
receipt Erhalt *m*, Eingang *m*; Quittung *f*
receipts Einkünfte *pl*
receive *v* erhalten, bekommen, empfangen
receiver vessel *(BT, Te)* Aufnahmebehälter *m*
receiving bin Lagerbunker *m*
receiving body *(Wsb)* Vorfluter *m*
receiving bunker *(BT, Te)* Aufnahmebunker *m*
receiving inspection *(VR)* Eingangskontrolle *f*, Eingangsprüfung *f*
receiving office *(Konst, OB)* Aufnahmeraum *m* *(Akustik)*
receiving pipe Einsatzrohr *n* *(für Dichtungen)*
receiving platform *(Konst, Verk)* Verladerampe *f*
receiving stream *s.* receiving body
receiving vessel *(BT, Te)* Aufnahmebehälter *m*
recement *v* wiederverkitten
recementation *(RS, WVA)* Wiederverkittung *f*
recent *(Te)* vor Kurzem, unlängst geschehen; neu
receptacle 1. *(WVA)* Behälter *m*, Sammelbecken *n*; 2. *(El)* *(AE)* Steckdose *f*
receptacle outlet *(AE)* *(El)* Steckeranschlussstelle *f*, Mehrfachsteckdose *f*
reception (desk) *(EB)* Annahme *f*; Empfang(stisch) *m* *(in einem Hotel)*
reception hall *(Konst)* Empfangshalle *f*; Gesellschaftssaal *m*; Halle *f*
reception lounge *(Konst)* Hotelempfangsraum *m*
reception office Empfangsbüro *n*
reception stall Einfahrstand *m* *(Parkhaus)*
receptor *(BT)* Fensterrahmenanpassbolzen *m*; *(AE)* Fensterrahmenpasselement *n*
recess *v* *(Te)* aussparen, vertiefen; einstechen
recess *(Konst)* Aussparung *f*, Vertiefung *f*, Mauervertiefung *f*; Höhlung *f*; Nische *f*, Raumnische *f*, Alkoven *m*; Rücksprung *m*
recess bed *(EB)* Wandklappbett *n*, Klappbett *n*
recess for housing end frames Endrahmenaussparung *f*
recessed ausgespart; eingelassen; zurückgesetzt
recessed arch *(Konst)* eingesetzter Bogen *m* *(in einem größeren Bogen)*
recessed balcony *(Konst)* Loggia *f*
recessed bead *(Arch)* Perlstab *m*, Hohlkehlperlstab *m*
recessed fitting 1. *(San)* Unterputzarmatur *f*; 2. *(BT, WVA)* Glockenmuffenfitting *n*
recessed fixture *(El)* eingebaute Deckenleuchte *f*
recessed head eingelassener Kopf *m* *(Befestigungselement)*
recessed-head screw Kreuzschlitzschraube *f*
recessed joint *(Konst)* vertiefte Fuge *f*, Hohlfuge *f*
recessed lantern *(El)* versenkte Leuchte *f*
recessed lighting *s.* recessed luminaire
recessed luminaire *(AE)* *(El)* Einbauleuchte *f*, (in die Decke) versenkte Beleuchtung *f*
recessed on one side einseitig ausgespart
recessed order of an arch Bogenrundung *f*
recessed pointing *(Konst)* Tieffuge *f*, Hohlfuge *f*
recessed socket *(El)* Unterputz(steck)dose *f*
recessed switch Unterputzschalter *m*, eingelassener Schalter *m*
recessing Auskehlen *n*, Aussparen *n*; Einstechen *n*
recession curve *(Bod)* Senkungskurve *f*
recession curve of ground water *(Bod, Erdb)* Grundwasserabsenkungskurve *f*
recharge 1. *(Bod, Umw, WVA)* Versickerung *f* *(im Erdreich)*; 2. *(Bod)* Grundwasserrücklauf
recharge area *(Bod)* Wasserernährungsgebiet *n*, Sickerzone *f*
recharge basin *(WVA)* Anreicherungsbecken *n* *(Kläranlage)*
recharge of ground water *(Bod, Erdb)* Wasserrückfluss *m* zur Baugrube; Grundwasserrücklauf *m*
recharge pit *(WVA)* Sickerschacht *m*
recharge well *(WVA)* Versickerungsbrunnen *m*
recharging image well *(WVA)* Schluckbrunnen *m*
recheck *(VR)* Nachprüfen *n*
recipe *(BM, Te)* Rezeptur *f*, Rezept *n* *(Baustoffzusammensetzung)*
recipe mix *(BM, Te)* Rezepturgemisch *n*, Zusammensetzung *f* gemäß Rezeptur
reciprocal reziprok
reciprocal force polygon *(Stat)* reziproker Kräfteplan *m*
reciprocal levelling *(Verm)* Doppelnivellierung *f*
reciprocal theorem *(Stat)* Gegenseitigkeitssatz *m*, Reziprozitätssatz *m*
reciprocal value *(Stat)* reziproker Wert *m*, Kehrwert *m*
reciprocating drill *(BWG)* Hammerbohrmaschine *f*
reciprocating saw Säge *f* mit hin- und hergehender Schnittbewegung
reciprocity Gegenseitigkeit *f*, Reziprozität *f*
recirculated air *(HLK)* Umluft *f*
recirculated air operation *(HLK)* Umluftbetrieb *m*
recirculating heating *(HLK)* Umluftheizung *f*
reclaim *v* 1. *(LB)* rekultivieren; 2. *(LB)* Neuland gewinnen; 3. *(Te, Umw)* gewinnen, wiedergewinnen *(Baustoffe)*
reclaimed area *(LB)* wieder urbargemachtes Gebiet *n*
reclaimed asphalt *(BM, RS)* Ausbauasphalt *m*, Asphaltgranulat *n*, wiederverwendeter Asphalt *m*
reclaimed dust *(BM, Te)* Rückgewinnungsstaub *m*, Rückgewinnungsfüller *m*
reclaimed filler Eigenfüller *m*
reclaimed ground *(LB)* Neuland *n*
reclaimed land *(Bod, LB)* Schwemmland *n*
reclaimed road material *(BM, RS)* Straßenaufbruch *m*
reclaimed rubber *(BM)* regenerierter Gummi *m*
reclaimed tar bound road material pechhaltiger Straßenaufbruch *m*
reclaiming *(RS, Te)* Aufarbeiten *n*, Aufbereiten *n* *(zur Wiederverwendung)*
reclamation 1. *(LB)* Rekultivierung *f*; 2. *(RS, Te)* Aufarbeitung *f*, Aufbereitung *f* *(zur Wiederverwendung)*; 3. *(RS, Te)*

Gewinnung *f*, Wiedergewinnung *f*, Rückgewinnung *f* *(Baumaterial)*; 4. *(VR)* Rückforderung *f*; 5. *(Erdb)* Entwässerung *f*, Trockenlegung *f (Land, Boden)*
reclamation area *(Bod)* Spülfeld *n*
reclamation dredger *(BWG)* Spülbagger *m*
reclamation of aggregates *(RS)* Zuschlagstoffrückgewinnung *f*
reclamation of heat *(HLK)* Wärmerückgewinnung *f*
reclamation of land 1. *(LB, Umw)* Rekultivierung *f*; 2. *(LB)* Landgewinnung *f*
reclamation plant *(BWG, RS)* Rückgewinnungsanlage *f*, Wiedergewinnungsanlage *f*
recoat *v (OB, Te)* überstreichen, überspritzen; erneut beschichten
recoatability *(OB)* Überstreichbarkeit *f*, Überlackierbarkeit *f*
recoating *(OB, RS)* Anstricherneuerung *f*
recognition *(RS)* Anerkennung *f*
recognition arrangement *(VR)* Anerkennungsvereinbarung *f*
recommend *v* empfehlen
recommendation *(VR)* Empfehlung *f*
recommended empfohlen
recommended speed *(Verk)* Richtgeschwindigkeit *f*, empfohlene Geschwindigkeit *f*
recompact *v (Te)* nachverdichten
recompaction *(Te)* Nachverdichtung *f*
reconditioned wood *(BM, Hb)* dampfgetrocknetes Holz *n* *(zur Verzugsbeseitigung)*
reconditioning *(RS)* Aufarbeitung *f*
reconnaissance 1. Geländeerkundung *f*, Geländeaufnahme *f*; Geländeuntersuchung *f*; Voruntersuchung *f*; 2. Ortsbesichtigung *f*
reconnaissance map *(Bod, Verm)* geologische Übersichtskarte *f*
reconnaissance studies *(Bod)* Geländestudien *fpl*
reconnaissance survey 1. *(Verm)* Übersichtsvermessung *f*, Übersichtsaufnahme *f (Gelände)*; 2. *(Bod)* Vorerkundung *f* *(Baugrund)*
reconnoitre *v (Bod, Te)* Aufschlussarbeiten durchführen
reconsolidation *(Bod, Erdb)* Wiederkonsolidierung *f*
reconstitute *v (Te)* wiederherstellen, in den vorherigen Zustand versetzen *(z. B. temporär genutztes Land)*
reconstituted marble *(BM)* gepresster Marmorbruch *m*, Marmoragglomerat *n*
reconstituted stone *(BM)* Beton(werk)stein *m*, Kunststein *m*
reconstruct *v (RS, Te)* rekonstruieren, nachbilden, restaurieren; wiederaufbauen, umbauen, umgestalten, umbilden
reconstructed granite paving slab *(BM)* Werksteingehwegplatte *f* mit Granit(splitt)vorsatz
reconstructed stone Beton(werk)stein *m*
reconstruction *(RS)* Rekonstruktion *f*, Restaurierung *f*, Sanierung *f*; Umbau *m*, Wiederaufbau *m*
reconstruction needs *(RP, Verk)* Ausbaubedarf *f (Verkehrswegenetz)*
record *v (Te)* aufzeichnen, aufnehmen, erfassen, eintragen, protokollieren, registrieren, Messwerte aufnehmen
record *(VR)* Aufzeichnung *f*, Niederschrift *f*; Messwertaufnahme *f*, Registrierung *f*
record drawing *(Konst, VR)* Baubestandszeichnung *f*
record drawings *(Konst, VR)* Bauzeichnungen *fpl* mit allen eingetragenen Änderungen während des Bauens; Bauänderungszeichnungen *fpl*
record of award *(VR)* Vergabevermerk *m*
record sheet Bauberichts(form)blatt *n*
recorder Registriergerät *n*
recording *(Konst, Verm, VR)* Aufzeichnung *f*, Aufnahme *f*
recording inspection findings Aufzeichnung *f* der Untersuchungsergebnisse
recording instrument *(BM, Verk)* registrierendes Messgerät *n*
recover *v (RS)* wiedergewinnen, (zu)rückgewinnen *(z. B. nutzbare Baustoffe)*; wiedererlangen, erholen
recoverable *(BM)* elastisch rückstellend, selbstrückstellend
recoverable waste *(Umw)* rückgewinnbarer Abfall *m*
recovered bitumen *(BM)* rückgewonnenes Bitumen *n*
recovered heat *(HLK)* rückgewonnene Wärme *f*
recovery 1. *(BM)* Wiederverwertung *f*, Wiedergewinnung *f*; Rückgewinnung *f*; Entnahme *f*; 2. Erholung *f*
recovery apparatus *(BWG)* Rückgewinnungsgerät *n*
recovery boiler *(San)* Rückgewinnungskessel *m*
recovery device Aufarbeitungsvorrichtung *f*
recovery method *(RS, Te)* Rückgewinnungsverfahren *n*
recovery of binder Bindemittelrückgewinnung *f*
recovery of solvent *(Te, Umw)* Lösungsmittelrückgewinnung *f*
recovery time *(Verk)* Erholungszeitspanne *f (Zählerfassung)*
recreation area *(RP)* Erholungsgebiet *n*, Erholungsfläche *f*
recreation centre *(Konst, RP)* Freizeitzentrum *n*
recreation court Pausenhof *m*
recreation ground *(RP)* Erholungsgebiet *n*, Erholungsbereich *m*
recreation hall *(Konst)* Aufenthaltsraum *m*
recreation room *(Konst)* Aufenthaltsraum *m*, Freizeitraum *m*
recreational center *(AE) (RP)* Erholungszentrum *n*
recrush *v (Te)* nachzerkleinern
recrushing Nachbrechen *n (von Zuschlagstoffen)*
rectangle *(Stat)* Rechteck *n*
rectangular rechteckig
rectangular abutment *(BT, TK)* rechteckiges Widerlager *n*
rectangular apse *(Arch)* Rechteckapsis *f*
rectangular area *(Stat)* Rechteckfläche *f*
rectangular axes *(Stat)* rechtwinkliges Achsenkreuz *n*
rectangular bay *(Arch, Konst)* Rechteckgewölbejoch *n*
rectangular building *(Arch, Konst)* Rechteckgebäude *n*
rectangular choir *(Arch)* Rechteckchor *m*
rectangular choir termination *(Arch)* gerader Chorschluss *m*
rectangular column *(Arch)* Rechtecksäule *f*
rectangular conduit *(Wsb, WVA)* Rechteckkanal *m*
rectangular cross section Rechteckquerschnitt *m*
rectangular crossing *(Verk)* rechtwinklige Kreuzung *f*
rectangular footing *(Erdb)* Rechteckfundament *n*
rectangular forecourt *(Konst)* Rechteckvorhof *m*
rectangular frame *(Konst)* rechteckiger Rahmen *m*
rectangular grid *(Konst)* Rechteckraster *n*
rectangular grid ceiling *(Konst, TK)* Kassettendecke *f*, kassettierte Decke *f*
rectangular hyperbolic paraboloid *(Konst, TK)* rechteckig hyperbolisches Paraboloid *n*
rectangular junction of masonry walls *(Konst, SB)* rechtwinkliger Maueranschluss *m*, rechtwinkliger Mauerstoß *m*
rectangular panel Rechtecktafel *f*, rechteckige Tafel *f*
rectangular pier *(Konst, TK)* Rechteckpfeiler *m*, rechteckiger Pfeiler *m*
rectangular pipe *(San)* Flachrohr *n*, Viereckrohr *n*, Rechteckrohr *n*
rectangular plate Rechteckplatte *f*
rectangular profile Rechteckprofil *n*
rectangular pyramid *(Arch, Konst)* Rechteckpyramide *f*, Rechteckspitzsäule *f*
rectangular section Rechteckprofil *n*, Rechteckschnitt *m*
rectangular section gutter *(San)* Kastenrinne *f*
rectangular-shaped rechteckförmig
rectangular slab *(BT)* Rechteckplatte *f*
rectangular slating englische Schieferdeckung *f*

rectangular solid web girder *(TK)* rechteckiger vollwandiger Träger *m*
rectangular steel *(BM, St)* Rechteckstahl *m*
rectangular structure *(Arch)* Rechteckbauwerk *n*
rectangular system of axes *(Konst)* rechtwinkliges Achsenkreuz *n*
rectangular termination *(Arch)* gerader Chorschluss *m*
rectangular tie geschlossener Rechteckwandanker *m*
rectangular timber *(BM, Hb)* Kantholz *n*
rectangular triangle rechtwinkliges Dreieck *n*
rectangular work *(Konst)* Netzverband *m*, Netzwerk *n* *(Stahlbau, Holzbau)*
rectification 1. *(Konst)* Begradigung *f (Straße, Gewässer)*; 2. *(RS)* Mängelbehebung *f*, Mängelbeseitigung *f*
rectification of river *(Wsb)* Flussbegradigung *f*
rectified mosaic *(Verm)* Luftbildplan *m*
rectify *v* 1. *(Te)* begradigen *(Straße, Gewässer)*; 2. *(RS)* beheben *(Mängel)*
rectifying *(Konst)* Begradigung *f (Straße, Gewässer)*; Entzerren *n (Darstellungen, Abbildungen)*
rectilinear geradlinig
rectilinear frame with square modular grids *(TK)* geradliniges Tragwerk *n* mit quadratischen Gittereinheiten
Rectilinear Style *(Arch)* Perpendikularstil *m (Spätphase der englischen Gotik 1360-1550)*
rectilinear tracery *(Arch)* rechtwinkliges Maßwerk *n*
rectilinearity Geradlinigkeit *f*
rectory *(Arch)* Pfarrhaus *n (in England)*
recultivation *(LB, RS)* Wiederurbarmachung *f*
recumbent effigy *(Arch)* Liegefigur *f*
recyclability *(BM)* Wiederverwendbarkeit *f*
recyclable recyclingfähig, verwertbar, wiederverwertbar
recycle *v (RS, Te)* wiederverwerten; wiederverwenden
recycled aggregate Recyclingkörnung *f*, wiederverwendbarer Zuschlagstoff *m*, wiederverwendeter Mineralstoff *m*
recycled asphalt paving *(BM, RS)* Asphaltgranulat *n*
recycled construction materials *(BM, RS, Umw)* Recycling-Baustoffe *mpl*, Wiederverwendungsbaustoffe *mpl*
recycled materials *(BM, RS, Umw)* Recyclingbaustoffe *mpl*
recycled paper Recyclingpapier *n*
recycled polypropylene wiedergewonnenes Polypropylen *n*
recycled product Recyclingprodukt *n*
recycled road pavement *(BM, RS)* wiederverwendetes Straßendeckenmaterial *n*, Asphaltgranulat *n*
recycling *(RS, Umw)* Rückgewinnung *f*, Wiederverwendung *f (z. B. von Baustoffen)*
recycling agent Regenerierungsstoff *m*
recycling economy *(RS, Umw)* Kreislaufwirtschaft *f*
recycling equipment *(BWG, RS, Umw)* Rückgewinnungsausrüstung *f*
recycling plant Recyclinganlage *f*, Wiedergewinnungsanlage *f*
recycling works *(RS, Te, Umw)* Rückgewinnungsarbeiten *fpl*
red beech(wood) *(BM, Hb)* Rotbuchenholz *n*
red bole *(BM, OB)* rote Ockererde *f*
red brass *(BM, St)* Rotguss *m*
red-brass alloy Rotguss *m*
red cedar *(BM, Hb)* Rotzedernholz *n*
red chrome pigment *(BM, OB)* Chromrotpigment *n*
red earth *(BM, Bod)* Roterde *f*
red fire strip floor Kieferriemenbodenbelag *m*
red heart rotes Kernholz *n*
red iron ochre *(BM, OB)* Roteisenocker *m*
red iron oxide Eisenoxidrot *n*
red lead *(BM, OB)* Bleimennige *f*, Mennige *f*
red lead cement Mennigekitt *m*
red lead oil primer Öl-Bleimennigegrundfarbe *f*
red lead oxide *(BM, OB)* Mennige *f*
red lead paint *(BM, OB)* Bleimennigefarbe *f*
red lead putty Mennigekitt *m*
red light *(Verk)* Rotlicht *n (Verkehrsampel)*
red light runner *(Verk)* Rotlichtfahrer *m (Verkehrsampel)*
red litmus paper *(BM)* rotes Lackmuspapier *n*
red oak wood *(BM, Hb)* amerikanisches Eichenholz *n*
red ocher *(AE)* Rotocker *m*, roter Eisenocker *m*
red ochre *s.* red ocher
red oxide Oxidrot *n*, Eisenoxidrot *n (Anstrich)*
red period *(Verk)* Rotzeit *f*, Signalsperrzeit *f (Verkehrsampel)*
red pigment Rotpigment *n*
red rosin paper Baupapier *n*
red sandstone *(BM, Bod)* Rotsandstein *m*
red seal *(BM, OB)* Rotsiegel *n (Mörteldichtstoff)*
red soil *(Bod, LB)* Roterde *f*
redan *(Arch, Konst)* Redan *m (kleiner Ravelin)*
reddish-brown *(OB)* rötlich braun
redecorate *v (RS, Te)* renovieren, verschönern, tapezieren *(Innenräume)*
redecoration work Renovierung *f*, Renovierungsarbeiten *fpl*, Verschönerungsarbeiten *fpl*
redeposit *v (Bod, Wsb)* umlagern, wieder ablagern
redesign *v (RS, Te)* umkonstruieren, umarbeiten, umprojektieren; umbauen, umgestalten *(in der Planung)*
redesign Umprojektierung *f*; Umbemessung *f*
redevelop *v (RS, Te)* rekonstruieren, sanieren; umgestalten, wiederaufbauen
redevelopment *(RS, Te)* Rekonstruktion *f*, Umgestaltung *f (baulich)*; Wiederaufbau *m*; Neuplanung *f (Siedlungsbau)*
redevelopment area *(RP, RS)* Sanierungsgebiet *n*, Stadterneuerungsgebiet *n*, erneuertes Stadtgebiet *n*
redevelopment work *(RS)* Wiederherstellungsarbeiten *fpl*
redirection of forces *(Stat)* Kraftumlenkung *f*
redirection of traffic forces *(Verk)* Verkehrsquellenverlagerung *f*, Verlagerung *f* von Verkehrsquellen
redirective *v* abweisen
redirective crash cushion *(Verk)* abweisender Anpralldämpfer *m*
redistribute *v* umlagern *(Spannung)*
redistributed moment *(Stat)* Umlagerungsmoment *n*, negatives Zusatzmoment *n*
redistribution *(Stat)* Umlagerung *f*
redistribution of forces *(Stat)* Umlagerung *f* der Kräfte
redistribution of moments *(Stat)* Momentenumlagerung *f*
redistribution of stresses *(Stat)* Spannungsumlagerung *f*
redoubt *(Arch, Konst)* Redoute *f*
redrilling *(Te)* Nachbohren *n*
redstone *(BM, Bod)* Rotsandstein *m*
reduce *v* 1. reduzieren, herabsetzen, verringern, vermindern; teilen *(Proben)*; 2. verkürzen, kürzer machen; 3. verkleinern *(Maßstab)*; 4. umrechnen *(auf Einheitswerte)*; 5. verdünnen *(Anstrich)*
reduce *v* **in scale** *(Konst, Verm)* im Maßstab verkleinern
reduced height tunnel *(Tun, Verk)* Tunnel *m* mit eingeschränkter Höhe
reduced height underpass *(Verk)* Unterführung *f* mit eingeschränkter Höhe
reduced length (of column) *(Stat)* Knicklänge *f*
reduced load line *(Stat)* reduzierte Belastungslinie *f*
reduced main stress *(Stat)* reduzierte Hauptspannung *f*
reduced modulus of elasticity *(Stat)* Knickmodul *m* (nach Kárman)
reduced moment *(Stat)* reduziertes Moment *n*
reduced principal stress *(Stat)* reduziertes Moment *n*
reduced scale *(Stat, Verm)* verkleinerter Maßstab *m*

reducer 1. *(San)* Übergangsstück *n*; 2. *(BM)* Verdünnungsmittel *n*, Verdünner *m* *(für Anstrichstoffe, Bindemittel)*
reducibility *(Konst)* Reduzierbarkeit *f*
reducing adapter *(San, WVA)* Reduzierstück *n*
reducing agent *(BM)* Reduktionsmittel *n*
reducing by quartering *(BM, Te)* Vierteln *n* *(Proben)*
reducing coupling *(San, WVA)* Reduzierstück *n*, Reduzierverbindung *f*
reducing cross Reduktionskreuzstück *n*
reducing environment *(Umw)* reduziertes Milieu *n*
reducing fitting *(San, WVA)* Reduktionsstück *n*
reducing pipe *(San, WVA)* Reduzierrohr *n*, Reduzierstück *n*, Übergangsrohr *n*
reducing pipe fitting *(San)* Reduzierstück *n*
reducing process *(BM, Te)* Reduktionsverfahren *n*
reducing sleeve *(San)* Reduziermuffe *f*, Reduktionsmuffe *f*; Übergangsmuffe *f*
reducing tee *(San)* Reduzier-T-Stück *n*
reducing valve *(HLK, San)* Reduzierventil *n*, Druckminderer *m*
reduction *(Stat)* Minderung *f*, Verminderung *f*, Reduzierung *f*, Herabsetzung *f*
reduction coefficient *(Stat)* Herabsetzungsbeiwert *m*, Minderungszahl *f*
reduction factor *(Bod)* Reduktionsfaktor *m*
reduction fissure Schwundriss *m*
reduction Gothic style *(Arch)* Reduktionsgotik *f*
reduction in area *(BT, Konst)* Einschnürung *f*
reduction in moments *(Stat)* Momentenabminderung *f*
reduction in quality *(VR)* Qualitätsminderung *f*
reduction in stiffness *(Stat)* Steifigkeitsabnahme *f*
reduction in strength Festigkeitsabfall *m*, Festigkeitsverlust *m*, Festigkeitsabbau *m*
reduction in types Typenbeschränkung *f*, Typenreduzierung *f*
reduction of area *(BM)* Einschnürung *f* *(Zugprüfung)*
reduction of capacity *(Verk)* Absinken *n* der Durchlassfähigkeit
reduction of load *(Stat)* Entlastung *f*
reduction of sectional area Querschnittsverminderung *f*
reduction scale *(Konst, Verm)* Reduktionsmaßstab *m*, Verkleinerungsmaßstab *m*
reduction theorem *(Stat)* Reduktionssatz *m*
redundancy *(Stat)* Grad *m* der statischen Unbestimmtheit; überzählige Größe *f*
redundant *(Stat)* statisch unbestimmt, überzählig
redundant bar *(Stat)* überzähliger Stab *m*
redundant force *(Stat)* überzählige Kraft *f*
redundant member *(TK)* überzähliger Stab *m* *(Fachwerk)*
redundant moment *(Arch)* überzähliges Moment *n*
redundant stress *(Stat)* parasitäre Kraft *f*
redundant to the second degree *(Stat)* überzählig zweiten Grades
redundant truss *(Stat, TK)* statisch unbestimmtes Fachwerk *n*
redwood *(BM, Hb)* Rotholz *n*
redwood bark for insulation *(AE)* *(BM, DIS)* Rotholzrinde *f* für Wärmedämmzwecke
reed *v* *(Te)* berohren, mit Schilf(rohr) versehen *(Dachdeckung, Putzträger)*
reed 1. *(Arch)* Stabzierleistenmuster *n*, Rippenmuster *n*, kleines Konvexstreifenmuster *n*; Pfeife *f*, Falte *f*; 2. Ried(gras) *n*, Schilf(rohr) *n*, Rohr *n*
reed blade *(Arch)* Blattstab *m*
reed board *(BT)* Rohrplatte *f*, Schilfplatte *f* *(Dachdeckung)*
reed lath(ing) *(BT)* Rohrgewebe *n* *(Putzträger)*
reed lathing material *(BT)* Rohrmaterial *n* *(Putzträger)*
reed lathing plaster *(SB)* Rohrgewebeverputz *m*
reed mat Rohrmatte *f*, Schilfmatte *f* *(Putzträger)*
reed material Rohrmaterial *n* *(Putzträger)*
reed roof *s.* reed roofing
reed roofing 1. *(Konst)* Rieddach *n*, Schilfrohrdach *n*, Rohrdach *n*; 2. *(Konst, Te)* Rohrdachdeckung *f*
reed roofing material *(BM)* Rohrmaterial *n*
reed sheet Rohrplatte *f*, Schilfplatte *f*
reed thatch *(BM)* Schilfrohr *n*; Rohrdachdeckung *f*
reed thatched roof *(Konst)* Schilfdach *n*
reed thatching Rohrdachdeckung *f*
reed tissue Rohrgewebe *n*
reeded geriffelt, gerillt
reediness *(Arch)* Rundstabverzierung *f*, Konvexstreifenornament *n*, Pfeifen *fpl*, Falten *fpl* *(Ornament)*
reeding *s.* reediness
reef *(BM)* Riffkalkstein *m*
reel 1. Haspel *f(m)*, Winde *f*; 2. *(Arch)* Scheibe *f* *(Astragal)*
reemployment *(RS, Umw)* Wiederverwendung *f*
reentrant angle einspringender Winkel *m*
reentrant corner *(Konst)* einspringende Ecke *f*
reerect *v* *(RS)* wiederaufbauen
reface *v* *(OB, Te)* oberflächenbehandeln, die Oberfläche [Fassade] erneuern
refacing *(Konst, OB, RS)* Fassadenerneuerung *f*
refashion *v* *(Te)* umgestalten, neu gestalten
refectory *(Arch, Konst)* Mensa *f* *(College, Universität)*; Speisesaal *m* *(in Internaten, im Kloster)*
refer *v* beziehen auf, berechnen auf
reference *(Konst, VR)* Referenz *f*, Bezugnahme *f*
reference area *(Konst)* Bezugsfläche *f*
reference axis *(Verm)* Bezugsachse *f*
reference beam *(TK)* Ersatzbalkenträger *m*
reference book Nachschlagebuch *n*
reference datum *(Verm)* Bezugsniveau *n*
reference density *(BM, Erdb, Te)* Bezugsdichte *f*, Bezugsraumdichte *f*
reference direction Bezugsrichtung *f*
reference drawing *(Konst)* Bezugszeichnung *f*
reference edge Bezugskante *f*
reference grid *(Konst)* Rasternetz *n*
reference height *(Verm)* Festpunkthöhe *f*
reference level *(Verm)* Bezugshöhe *f*
reference line *(Verm)* Bezugslinie *f*
reference mark *(Verm)* Bezugspunkt *m*
reference material *(Konst, VR)* Dokumentationsunterlagen *fpl*, Konstruktionsunterlagen *fpl*
reference mix *(BM, Te)* Sollrezeptur *f*, Bezugsrezeptur *f*
reference model *(Konst)* Referenzmodell *n*
reference object *(Verm)* Bezugspunkt *m*, Vermessungsbezugspunkt *m*
reference point *(Verm)* Bezugspunkt *m*, Messpunkt *m*
reference section *(Konst, VR)* Referenzabschnitt *m*
reference sound pressure *(DIS)* Bezugsschalldruck *m*
reference stake *(Erdb)* Bezugspfahl *m*
reference standard *(Konst, Stat)* Bezugsnormal *n*
reference stress *(Stat)* Bezugsspannung *f*
reference surface *(OB)* Bezugsoberfläche *f*
reference system *(Konst)* Bezugssystem *n*
reference table *(Konst, Stat)* Nachschlagtabelle *f*
reference thermal detector *(HLK)* Temperaturmessgerät *n*
reference to standards Bezugnahme *f* auf Normen
reference tone *(DIS)* Bezugston *m*
reference value *(Konst)* Bezugsgröße *f*
referring object *(Verm)* Bezugspunkt *m*
refill *v* *(Bod)* auffüllen, verfüllen
refilling Auffüllung *f*, Verfüllung *f*
refiltration *(WVA)* Nachfiltern *n*
refine *v* *(BM, Te)* reinigen, veredeln *(z. B. Bitumen, Anstrichöle, Asphalte)*

R

refined lake asphalt *(BM)* Asphalt-Epuré *n*
refined linseed oil Lackleinöl *n*
refined natural asphalt *(BM)* gereinigter Asphalt *m*
refined tar gereinigter [veredelter] Teer *m*
refinement *(Te)* Verfeinerung *f*
refinement of grain *(Te)* Kornverfeinerung *f (Baustoffaufbereitung)*
refinery *(BWG)* Ölraffinerie *f*
refinery bitumen of penetration-grade *(BM)* Tränkbitumen *n*, Imprägnierbitumen *n*, Heißbitumen *n*
refining *(Te)* Läuterung *f*, Läutern *n (Glas)*
refinish *v* 1. *(RS, Te)* nach(be)arbeiten *(Mängelbeseitigung)*; 2. *(OB, Te)* neu lackieren
refinishing *(OB, RS)* Neulackierung *f*
refinishing of the ashlar *(SB, Te)* Nachbearbeiten *n* des Natursteinquaders
refinishing topcoat *(OB)* Deckanstrich *m* für Neulackierung
refinishing work *(RS, Te)* Nach(be)arbeiten *n*
refire *v* nachbrennen *(z. B. Keramiken)*
refit *v (Te)* neu ausrüsten, umrüsten
refitting Umrüsten *n*
reflect *v (El)* reflektieren, zurückwerfen, zurückstrahlen
reflect *v* **sun rays** *(El)* Sonnenlicht reflektieren
reflectance *s.* reflection power
reflected component Rückstrahlanteil *m*
reflected light *(El)* reflektiertes Licht *n*, Reflexlicht *n*
reflecting reflektierend
reflecting aluminium paint *(BM, OB)* Reflexionsfarbe *f*
reflecting diffuser *(El)* Lichtreflektor *m*
reflecting glass Reflexionsglas *n*, beschichtetes Glas *n*
reflecting marking *(Verk)* Reflexionsmarkierung *f*
reflecting paint *(BM, OB)* Reflex(ions)farbe *f*
reflecting road stud *(Verk)* Bodenrückstrahler *m*
reflecting stud *(Verk)* Fahrbahnleuchtknopf *m*, Verkehrsleuchtnagel *m*
reflecting traffic paint *(BM, OB)* Reflexionsfarbe *f*
reflection 1. Reflexion *f*, Reflektierung *f*, Zurückstrahlung *f*; 2. Spiegelung *f*, Widerschein *m*
reflection coefficient Reflexionskoeffizient *m*
reflection factor *(El)* Rückstrahlungsgrad *m*
reflection measurement *(BM, El)* Reflexionsmessung *f (z. B. Straßenmarkierungsfarben)*
reflection power Reflexionsvermögen *n*, Reflektanz *f*
reflective reflektierend
reflective coating *(BM)* Spiegelschicht *f*
reflective cracking Reflexionsrissbildung *f*
reflective glass beschichtetes Glas *n*
reflective glass bead *(BM, Verk)* Reflexglasperle *f (Straße)*
reflective insulation Reflexionswärmedämmung *f*
reflective light *(El)* Reflexionslicht *n*
reflective marking *(Verk)* Reflexionsmarkierung *f*
reflective material *(BM, El)* Reflexionsmaterial *n*
reflective paint *(BM, OB)* Reflex(ions)farbe *f*
reflective sheet Reflexionsfolie *f*
reflective sign *(Verk)* Reflexions(verkehrs)zeichen *n*
reflective surface spiegelnde Oberfläche *f*
reflective traffic paint *(BM, OB, Verk)* Reflex(ions)farbe *f*
reflectivity Reflexionsvermögen *n*
reflectometry *(BM, El)* Reflexionsmessung *f*
reflector Lichtreflektor *m*; Rückstrahler *m*
reflector lamp verspiegelte Lampe *f*
reflectorized material Reflexstoff *m*
reflux valve *(BT, HLK, San, WVA)* Rücklaufventil *n*
reforest *v (LB, Te)* aufforsten
reforestation *(LB)* Aufforstung *f*
reform *v (Verk)* neu profilieren; rückformen; rückformen ohne Asphaltzugabe *(Straßendecke)*
refract *v* brechen *(Licht)*
refraction Strahlenbrechung *f*, Refraktion *f*
refraction of light *(El)* Lichtbrechung *f*
refraction of sound Schallbrechung *f*, Brechung *f* des Schalls
refractive brechend, strahlenbrechend
refractive index *(El)* Brechungsindex *m*, Lichtbrechungsindex *m*
refractive power *(El)* Brechungsvermögen *n*, Lichtbrechungsvermögen *n*
refractive quality *s.* refractive power
refractivity *(El)* Brechungsvermögen *n*; Lichtbrechung *f*
refractories *(BM)* feuerfeste Steine *mpl*, feuerfeste Materialien *npl*
refractoriness *(BM)* Feuerfestigkeit *f (Baustoffe)*
refractory feuerfest *(keramische Stoffe)*
refractory feuerfester Baustoff *m*
refractory aggregate *(BM)* feuerfester Zuschlagstoff *m*
refractory arch *(Konst)* feuerfestes Gewölbe *n (Feuerraum)*
refractory brick feuerfester Mauerstein *m*, Schamottestein *m*, Schamotteziegel *m*, feuerfester Ziegel *m*
refractory cement *(BM)* Feuerfestzement *m*, hitzebeständiger Zement *m*
refractory clay *(BM)* Schamotte *f*, feuerfester Ton *m*, Feuerton *m*
refractory clay brick Schamottestein *m*
refractory coat Feuerfestanstrich *m*, feuerfester Aufstrich *m*
refractory composition Feuerfestmasse *f (keramisch)*
refractory compound *(BM)* Feuerungsbaumasse *f (keramisch)*
refractory concrete Feuerfestbeton *m*, hitzebeständiger Beton *m*, Schamottebeton *m*
refractory construction material feuerfester Baustoff *m*, feuerfestes Baumaterial *n*
refractory industry *(BWG)* Feuerfestindustrie *f*
refractory insulating concrete Feuerfestdämmbeton *m*
refractory lining *(Konst)* feuerfeste Ausmauerung *f*
refractory material feuerfestes Material *n*
refractory mortar *(BM)* feuerfester Mörtel *m*, Schamottemörtel *m*
refractory raw material *(BM, Bod)* Feuerfestrohstoff *m (keramisch)*
refractory structural material feuerfester Baustoff *m*, feuerfestes Baumaterial *n*
refreshment room *(Konst)* Erfrischungsraum *m*, Trinkhalle *f*
refrigerant *(BM)* Kühlmittel *n*, Kälteträger *m*
refrigerant compressor unit *(EB)* Kühlaggregat *n*
refrigerant system *(EB)* Gefrieranlage *f*, Kälteanlage *f*
refrigerated chamber *(Konst)* Kühlraum *m*, Kältekammer *f*
refrigerating container Kühlcontainer *m*
refrigerating medium Kälteträger *m*
refrigerating plant *(EB)* Kälteanlage *f*
refrigeration engineering Kältetechnik *f*
refrigeration plant *(EB)* Kühlanlage *f*, Gefrieranlage *f*
refrigeration system Kühlanlage *f*
refrigerator Kälteanlage *f*, Kühlcontainer *m*; Kühlschrank *m*
refrigerator room *(Konst)* Kühlraum *m*
refringence *(El)* Brechungsvermögen *n*; Lichtbrechung *f*
refringent lichtbrechend
refuge *(Verk)* Fußgängerschutzinsel *f*, Fußgängermittelinsel *f*, Fahrbahninsel *f*, Schutzinsel *f*
refurbish *v (RS)* rekonstruieren, modernisieren *(Gebäude)*; auffrischen; renovieren
refurbishment *(RS)* Modernisierung *f*; Renovierung *f (von Gebäuden)*
refuse *v (VR)* ablehnen, verweigern; aussetzen
refuse *(Umw)* Abfall *m*, Müll *m*; Schutt *m*, Ausschuss *m*; Berge *pl*
refuse box *(Umw)* Abfallkasten *m*, Müllkasten *m*

refuse bunker *(BT, Umw)* Lagerbunker *m*
refuse cartage *(Umw)* Abfallstoffabfuhr *f*, Abfallabfuhr *f*, Müllabfuhr *f*
refuse chute *(BM, Umw)* Müllschlucker(schacht) *m*, Müll(abwurf)schacht *m*
refuse clinker *(BM, Umw)* Müllschlacke *f*
refuse collection *(Umw)* Abfallstoffabfuhr *f*, Abfallabfuhr *f*, Müllabfuhr *f*
refuse collection service *(Umw)* Müllabfuhr *f*
refuse destructor (furnace) *(BWG, Umw)* Müllverbrennungsanlage *f*
refuse disposal *(Umw)* Müllbeseitigung *f*, Müllverwertung *f*
refuse disposal site *(Umw)* Müllkippe *f*
refuse duct *(BT, Umw)* Müllschacht *m*
refuse dump *(Umw)* Müllkippe *f*, Mülldeponie *f*; Bergehalde *f*
refuse grinder *(Umw)* Müllzerkleinerer *m*
refuse heap *s.* refuse dump
refuse incineration *(Umw)* Müllverbrennung *f*, Abfallverbrennung *f*
refuse incineration ash *(Umw)* Müllverbrennungsasche *f*
refuse incinerator Müllverbrennungsanlage *f*, Abfallverbrennungsanlage *f*
refuse incinerator ash Müllverbrennungsasche *f*
refuse incinerator plant Müllverbrennungsanlage *f*, Abfallverbrennungsanlage *f*
refuse pit *(Umw)* Müllgrube *f*, Abfallgrube *f*
refuse processing Abfallverwertung *f*
refuse rocks *(Bod)* Berge *pl*
refuse separation plant *(OB, RS)* Abfallsortieranlage *f*, Müllsortierungsanlage *f*
refuse tip Müllabladeplatz *m*, Müllkippe *f*, Mülldeponie *f*; Bergehalde *f*
refuse transfer station Zwischenlagerplatz *m*
refuse utilization *(RS, Umw)* Abfallstoffverwertung *f*, Abfallverwertung *f*, Müllverwertung *f*
refuse water *(WVA)* Abwasser *n*
refuse water disposal facility *(WVA)* Abwasserbeseitigungsanlage *f*
refuse water purification *(WVA)* Abwasserreinigung *f*
refuse water tunnel *(Umw, WVA)* Abwasserstollen *m*, Kanalisationsstollen *m*
Regency (style) *(Arch)* Regency-Stil *m*, Regentenstil *m* *(Stilphase der englischen Architektur, 1790-1830)*
regenerate *v (RS, Te)* regenerieren, wiedergewinnen
regeneration *(RS)* Regenerierung *f*, Auffrischung *f*
regenerative furnace Regenerativofen *m*
regenerative heating *(HLK)* Regenerativheizung *f*, Rückkopplungsheizung *f*
regenerative-type air preheater *(HLK)* Regenerativluftvorwärmer *m*
regenerator *(HLK)* Regenerator *m (Wärme)*
regime *(El, Te)* Regime *n*, Steuerung *f*
regimen 1. *(Wsb)* Wasserführung *f*, Wasserhaushalt *m (Fluss)*; 2. *(VR)* Materialbilanz *f*
regina purple *(BM, OB)* Anilinviolett *n*
region *(RP)* Fläche *f*, Gebiet *n*, Bereich *m*, Bezirk *m*; Zone *m*; Raum *m*
region of constant bending moment *(Stat)* Dauerbiegemomentengebiet *n*
region of deformation *(BM, Stat)* Formänderungsbereich *m*
region of stability *(BM, Stat)* Stabilitätsbereich *m*
regional *(RP)* regional, gebietsweise, örtlich [räumlich] begrenzt
regional climate *(Umw)* Makroklima *n*, Großklima *n*
regional development *(RP)* Raumordnung *f*
regional mapping *(Verm)* regionale Kartierung *f*
regional planning *(RP)* Regionalplanung *f*, Gebietsplanung *f*; Gebietsbebauungsplan *m*; Landesplanung *f*
regional planning method *(RP)* Raumordnungsverfahren *n*
regional rapid transit system *(RP, Verk)* Regionalschnellverkehrssystem *n*
regional road *(Verk)* Regionalstraße *f*, Landstraße *f*
regional service area *(RP)* Regionalversorgungsgebiet *n*
regional service facility *(RP)* Regional(gebiets)einrichtung *f*
regional service line *(RP)* Regionalversorgungsleitung *f*
regional service (line) network *(RP)* Regionalversorgungsnetz *n*
regional service zone *(RP)* Regionalversorgungsgebiet *n*
regional supply area *(RP)* Regionalversorgungsgebiet *n*
regional supply line *(RP)* Regionalversorgungsleitung *f*
regional supply zone *(RP)* Regionalversorgungsgebiet *n*
regional utility *(RP)* Regionalgebietseinrichtung *f*
register *(HLK)* Regulieröffnungsgrill *m (Klimaanlage)*; Schieber *m*, Klappe *f (Heizungs- oder Lüftungsschieber)*
register of hazardous substances *(Umw)* Gefahrstoffkataster *n*
register of real estates *(AE) (VR)* Grundbuch *n*
registered *(VR)* zugelassen
registered certification Güteschutzzeichen *n*, Güteschutzmarke *f*, eingetragenes Warenzeichen *n*
registered certification trade mark Güteschutzzeichen *n*, Güteschutzmarke *f*, eingetragenes Warenzeichen *n*
registered (certification) trade mark scheme *(VR)* Güteschutz *m*
registering surface *(Verm)* Bezugsfläche *f*
registration *(VR)* Zulassung *f*, Registrierung *f (eines Berufsstandes)*
reglaze *v* nachverglasen, nacheinglasen
regle *(AE)* Führungsnut *f*, Führungsaussparung *f (Tür, Fenster)*
reglet *(EB)* Deckleiste *f*, Fugen(abdeck)leiste *f*, Füllzierleiste *f*, Leiste *f*
regosol *(Bod)* Sandboden *m*
regrating Entgraten *n (behauener Stein)*; Abkratzen *n (Putz)*; Abschlagen *n (Mauerwerk)*
regrating skin *(SB)* Stepputz *m*, Besenwurfputz *m*
regravelling *(Verk)* Kiesdeckeninstandsetzung *f*, Kiesstraßenreprofilierung *f*
regressed luminaire versenkte [eingelassene] Deckenbeleuchtung *f*
regression *(Stat)* Regression *f*, rückläufige Entwicklung *f (Berechnung)*
regression analysis *(Stat)* Regressions(be)rechnung *f*
regrind *v* 1. *(Te)* nachschleifen; 2. *(Te)* nachzerkleinern
regrinding Nachmahlen *n*, Nachzerkleinern *n*
reground nachgeschliffen
regroup *v* umgliedern, umlagern
regrout *v* nachvergießen
regula *(Arch)* Tropfenregulus *m*, Tropfchenriemchen *n*, Tropfenplättchen *n (dorisch)*
regular regelmäßig, normal, üblich
regular-coursed ashlar work *(SB)* regelmäßiges Natursteinschichtenmauerwerk *n*, Quadermauerwerk *n*
regular-coursed rubble (wall) *(SB)* regelmäßiges Schichtenmauerwerk *n*
regular mobility *(Verk)* Alltagsmobilität *f*
regular octagonal figure *(Arch)* Achtort *m (gotische Spitze, Ecke)*
regular polygon *(Arch)* regelmäßiges Vieleck *n*
regular rubble in courses *s.* regular-coursed rubble (wall)
regularity Regelmäßigkeit *f*
regulate *v (Te)* regeln; regulieren; einregulieren; planieren;

eine Oberfläche regulieren; Vertiefungen auffüllen; Vorschriften setzen
regulated-set cement *(BM)* Zement *m* mit kontrollierter Abbindezeit, eingestellter Zement *m*
regulating *(Bod)* Oberflächenplanieren *n*
regulating barrage *(Wsb, WVA)* regelbare Absperrung *f*, regelnder Abschluss *m*
regulating course *(Konst)* Ausgleichsschicht *f*
regulating siphon *(Wsb)* Ablassdüker *m*
regulating underlay *(Erdb, Konst, Verk)* Ausgleichsschicht *f*
regulating valve *(HLK, San, WVA)* Regelventil *n*
regulation 1. Regulierung *f*; Regelung *f (von Werten)*; Vorschrift *f (Sicherheit)*; Verfügung *f*; 2. *(Bod)* Oberflächenplanierung *f*
regulation manual *(VR)* Regelwerk *n*
regulation of a river *(Wsb)* Flussregulierung *f*
regulation of level *(Wsb)* Regulierung *f* des Wasserspiegels
regulation of torrents *(Wsb)* Wildbachverbauung *f*
regulation of traffic *(Verk)* Verkehrsregelung *f*
regulation quadrant Reguliersegment *n*
regulations *(Konst, VR)* Ausführungsbestimmungen *fpl (Bauvertragsbestandteil)*
regulator *(BT)* Regler *m*
regulatory vorschreibend, Regeln setzend
regulatory agency *(Umw, VR, Wsb)* Gewässeraufsicht(sbehörde) *f*, Wasserbehörde *f*
regulatory authority *(VR)* beauflagende Behörde *f*, vorschreibende Behörde *f*
regulatory limitations *(Konst, VR)* Sollbeschränkungen *fpl*, geforderte Einschränkungen *fpl*
regulatory traffic sign *(AE)* Gebotszeichen *n*; Verbotszeichen *n*
reguline of lead *(BM, OB)* englisches Bleiweiß *n*
regulus *(Arch)* Regelfläche *f*, Regulus *m*
regulus metal *(BM, St)* Antimonregulus *m*, Hartblei *n (Legierung)*
rehabilitate *v (RP, RS)* rekonstruieren, sanieren *(Städtebau)*
rehabilitation 1. *(RS)* Rekonstruktion *f*, Sanierung *f*; Wiederherstellung *f*; 2. *(Verk)* Deckenerneuerung *f*, Deckschichterneuerung *f (nach Asphaltausbau)*
rehabilitation work *(RS)* Rekonstruktionsarbeiten *fpl*, Sanierungsarbeiten *fpl*; Wiederherstellungsarbeiten *fpl*
rehardening *(BB)* Nach(er)härtung *f (z. B. von Beton)*
reheater *(HLK)* Nachwärmer *m*
reheating *(HLK)* Luftnachwärmung *f*, Nachwärmen *n*
rehydration *(BM)* Nachhydratation *f*
reimbursable expenses Rückerstattungsbetrag *m (zusätzlich zur Bauvertragssumme)*
reimbursement Erstattung *f*
reimpregnation Nachimprägnierung *f*, Nachtränkung *f*
rein *(BT, TK)* Schenkel *m (eines Gewölbes)*
reinforce *v (BB, Te)* bewehren, armieren; abstützen; verstärken, versteifen, aussteifen; mit Stahleinlagen versehen
reinforce *v* **at bearings** an den Auflagern verstärken
reinforced bewehrt, armiert, verstärkt, versteift, ausgesteift; abgestützt
reinforced beam *(TK)* verstärkter Träger *m*
reinforced bitumen felt faserverstärkte Bitumenpappe *f*
reinforced block floor *(TK)* Stahlsteindecke *f*
reinforced blockwork *(SB)* bewehrtes Betonsteinmauerwerk *n*
reinforced bond *(SB)* gruppierter Verband *m (Mauerwerk)*
reinforced border *(Konst)* Randverstärkung *f*
reinforced brick Drahtziegel *m*
reinforced brick floor with concrete beams Stahlsteindecke *f* mit Betongurt
reinforced brick masonry *(SB)* bewehrtes Ziegelmauerwerk *n*
reinforced cames stahlverstärkte Bleistäbe *mpl*
reinforced cement-mortar construction *(Konst)* bewehrte Zementmörtelschalenbauweise *f (Feinbetonkonstruktion)*
reinforced coating bewehrter Verputz *m*
reinforced concrete *(BB)* Stahlbeton *m*, armierter [bewehrter] Beton *m*, Eisenbeton *m*
reinforced concrete beam *(TK)* Stahlbetonträger *m*
reinforced concrete box girder *(TK)* Stahlbetonkastenträger *m*
reinforced concrete bridge *(Br)* Stahlbetonbrücke *f*
reinforced concrete building *(Arch, Konst)* Stahlbetongebäude *n*, Stahlbetonbau *m*
reinforced concrete caisson *(Erdb)* Stahlbetonsenkkasten *m*
reinforced concrete ceiling Stahlbetondecke *f*
reinforced concrete chimney Stahlbetonschornstein *m*
reinforced concrete column *(TK)* Stahlbetonstütze *f*
reinforced concrete component Stahlbetonelement *n*
reinforced concrete composite girder *(TK)* Stahlbeton-Verbundträger *m*
reinforced concrete construction Stahlbetonbau *m*
reinforced concrete crosswall Stahlbetonquerwand *f*
reinforced concrete culvert pipe *(Erdb, Verk, WVA)* Stahlbetondurchlassrohr *n*
reinforced concrete engineering *(BB)* Stahlbetonbau *m*
reinforced concrete floor Stahlbetondecke *f*
reinforced concrete floor slab *(TK)* Stahlbetondeckenplatte *f*, Stahlbetongeschossplatte *f*
reinforced concrete foundation slab Stahlbetonfundamentplatte *f*
reinforced concrete frame(work) *(TK)* Stahlbetonrahmen *m*; Stahlbetonskelett *n*
reinforced concrete girder *(TK)* Stahlbetonträger *m*
reinforced concrete hollow beam Stahlbetonhohlbalken *m*
reinforced concrete hollow plank Stegdiele *f*, Zementhohldiele *f*
reinforced concrete hollow slab *(TK)* Stahlbetonhohlplatte *f*
reinforced concrete I-beam *(TK)* Stahlbeton-Doppel-T-Träger *m*, Stahlbeton-I-Träger *m*
reinforced concrete lattice girder Stahlbetongitterträger *m*
reinforced concrete lift-slab Stahlbetonhubdeckenplatte *f*
reinforced concrete lift-slab construction *(Te, TK)* Stahlbetonhubdeckenbau *m*
reinforced concrete lighting mast *(TK)* Stahlbetonbeleuchtungsmast *m*, Stahlbetonlichtmast *m*
reinforced concrete masonry bewehrtes Betonsteinmauerwerk *n*
reinforced concrete mast Stahlbetonmast *m*
reinforced concrete panel *(BT, TK)* Stahlbetontafel *f*
reinforced concrete pile Stahlbetonpfahl *m*
reinforced concrete pipe *(WVA)* Stahlbetonrohr *n*
reinforced concrete retaining wall Stahlbetonstützmauer *f*
reinforced concrete roof slab *(TK)* Stahlbetondachplatte *f*
reinforced concrete shear wall Stahlbetonscheibe *f*
reinforced concrete shell *(TK)* Stahlbetonschale *f*
reinforced concrete skeleton Stahlbetonskelett *n*
reinforced concrete slab floor Stahlbetonfußboden *m*
reinforced concrete structure *(Arch, Konst, TK)* Stahlbetonbauwerk *n*
reinforced concrete unit *(BB, BT)* Stahlbetonelement *n*

R

reinforced double-strut assembly *(Konst)* verstärkte Doppelstrebenanordnung *f*
reinforced earth *(Erdb)* bewehrte Erde *f*
reinforced footing bewehrte Gründung *f*
reinforced glass concrete Glasstahlbeton *m*
reinforced-grouted brick masonry *(SB)* bewehrtes Ziegelmauerwerk *n*
reinforced in-situ concrete Ortstahlbeton *m*, Stahlortbeton *m*
reinforced light(weight) concrete *(BB)* Stahlleichtbeton *m*
reinforced masonry *(SB)* bewehrtes Mauerwerk *n*
reinforced masonry wall *(SB)* bewehrte Mauerwerkwand *f*
reinforced mortar bewehrter Mörtel *m*, Stahlmörtel *m*, Bewehrungsmörtel *m*
reinforced perforated block floor *(TK)* Stahlsteindecke *f* mit Lochsteinen
reinforced polyester bewehrter Polyester *m*
reinforced soil *(Erdb)* bewehrte Erde *f*
reinforced T-beam *(TK)* Betonbalken *m*; DIN-F-Träger *m*
reinforcement Bewehrung *f*, Armierung *f*; Stahleinlagen *fpl*; Verstärkung *f*, Versteifung *f*
reinforcement against tensile splitting Spaltzugbewehrung *f*
reinforcement area *(Konst)* Bewehrungsquerschnitt *m*, Stahlquerschnitt *m*
reinforcement bar *s.* reinforcing bar
reinforcement bending machine *(BWG)* Betonstahlbiegemaschine *f*
reinforcement binding Rödeln *n* der Bewehrung, Rödelung *f*, Bewehrungsflechten *n*
reinforcement cable *(Konst)* Bewehrungsdrahtbündel *n*
reinforcement cage Bewehrungskorb *m*
reinforcement cutting an bending *(Te)* Betonstahlbearbeitung *f*
reinforcement cylinder Bewehrungszylinder *m*
reinforcement displacement *(Konst, Te)* Bewehrungsverschiebung *f*, Bewehrungsverrückung *f*
reinforcement drawing *(Konst)* Bewehrungsplan *m*, Bewehrungszeichnung *f*
reinforcement for tension Zugbewehrung *f*
reinforcement framework *(Konst)* Bewehrungsflechtwerk *n*, Armierungsgeflecht *n*
reinforcement in compression gedrückte Bewehrung *f*
reinforcement joint *(Konst)* Bewehrungsstoß *m*
reinforcement layout *(Konst)* Bewehrungsführung *f*
reinforcement level *(Stat)* Höhe *f* der Bewehrung
reinforcement limit *(Stat)* Bewehrungsgrenze *f*
reinforcement list Biegeliste *f*
reinforcement loop Betonstahlschlaufe *f*
reinforcement mat(tress) *(BT)* Bewehrungsmatte *f*
reinforcement mesh *s.* reinforcement mat(tress)
reinforcement ratio *(Konst, Stat)* Bewehrungsanteil *m (am Betonquerschnitt)*
reinforcement ring Bewehrungsring *m*
reinforcement rod *s.* reinforcing rod
reinforcement shop *(BWG)* Eisenbiegerei *f*, Biegerei *f*
reinforcement steel Bewehrungsstahl *m*
reinforcement steel mesh *(BB, BT)* Bewehrungsmatte *f*, Baustahlmatte *f*
reinforcement storage yard Bewehrungsstahllager *n*
reinforcement system *(Konst, Stat)* Bewehrungsanordnung *f*
reinforcement tying Rödeln *n* von Bewehrung, Rödelung *f*, Bewehrungsflechten *n*
reinforcement weld überwölbte Kehlnaht *f*
reinforcement work *(Te)* Bewehrungsarbeiten *fpl*, Stahlflechtarbeiten *fpl*, Armierungsarbeiten *fpl*
reinforcement yard Bewehrungslagerplatz *m*; Eisenbiegerei *f (Betonstahl)*
reinforcing aussteifend
reinforcing 1. *(Konst, Te)* Absteifen *n*, Aussteifen *n*, Versteifen *n*, Verstärken *n*; 2. *s.* reinforcement
reinforcing against buckling *(Konst)* Knickaussteifung *f*, Knickversteifung *f*, Knickverstärkung *f*
reinforcing bar *(BM, St)* Bewehrungsstahl *m*, Bewehrungsstab *m*, Betonstahl *m*, Betoneisen *n*
reinforcing beam *(TK)* Aussteifungsbalkenträger *m*, Versteifungsbalken *m*, Verstärkungsbalkenträger *m*
reinforcing cage *(BB, BT)* Bewehrungskorb *m*
reinforcing cross member *(TK)* Aussteifungsriegel *m*
reinforcing diaphragm *(TK)* Aussteifungsscheibe *f*, Versteifungsscheibe *f*, Verstärkungsscheibe *f*
reinforcing frame *(TK)* Aussteifungsrahmen *m*
reinforcing girder Aussteif(ungs)träger *m*, Versteifungsträger *m*, Verstärkungsträger *m*
reinforcing limit *(Konst, Stat)* Bewehrungsgrenze *f*
reinforcing mat Baustahlmatte *f*, Baustahlgewebe *n*
reinforcing material Verstärkungswerkstoff *m*
reinforcing mesh *(BB, BT)* Bewehrungsmatte *f*, Betonstahlgewebe *n*
reinforcing plate Verstärkungsblech *n*; Gurtplatte *f*
reinforcing rib *(BT, Konst)* Verstärkungsrippe *f*
reinforcing ring Aussteif(ungs)ring *m*, Versteifungsring *m*, Verstärkungsring *m*
reinforcing rod *(BB, BT)* Bewehrungsstab *m*; Bewehrungseisen *n*, Betonstahl *m*
reinforcing rod spacer Abstandhalter *m*, Betonstahlabstandhalter *m*, Distanzstück *n*
reinforcing sheet Verstärkungsblech *n*
reinforcing spiral Bewehrungsspirale *f*
reinforcing steel *(BM, St)* Betonstahl *m*, Bewehrungsstahl *m*
reinforcing steel bars Betonstahlstab *m*
reinforcing steel mesh *(BB, BT)* Baustahlmatte *f*, Bewehrungsmatte *f*, Betonstahlmatte *f*, Baustahlgewebe *n*
reinforcing tape Verstärkungsband *n*, Armierungsgewebe *n*
reinforcing unit (for metal doors) *(Konst)* Metalltürverstärkung *f*
reinforcing wire Bewehrungsdraht *m*
reinforcing wrap Armierungsbandage *f*
reinstatement 1. *(RS)* Wiederherstellung *f*; 2. *(Bod)* Aufgrabungsverfüllung *f*
rejectable *(VR)* ablehnbar, nicht annehmbar
rejectable quality level *(VR)* nicht annehmbares Qualitätsniveau *n*
rejected goods *(VR)* Ausschuss *m*
rejection *(VR)* Abnahmeverweigerung *f*, Nichtabnahme *f (eines Gebäudes)*
rejection of plans *(Konst, VR)* Ablehnen *n* von Plänen
rejection of tender Angebotsablehnung *f*, Ablehnen *n* des Angebotes
rejects Siebüberlauf *m*, Überlaufmaterial *n (Gesteinsaufbereitung)*; Berge *pl*
rejointing *(SB)* Nachausfugen *n*, Nachverfugen *n*
rejuvenate *v (Wsb)* (sich) verjüngen *(z. B. Fluss)*
rejuvenated neu belebt, verjüngt *(Landschaftsbau)*
rejuvenated river *(Wsb)* verjüngter Fluss *m*
relamping *(El)* Lampenwechsel *m*
relate *v* **to each other** aufeinander beziehen
related trades Baunebengewerke *npl*; Baugewerkshandwerker *mpl*
relative brightness *(El)* relative Helligkeit *f*
relative compaction *(Bod)* Verdichtungsgrad *m*, relative Verdichtung *f*, Proctordichte *f*

R

relative consistency *(Bod)* Konsistenzgrad *m*, Plastizitätsgrad *m*
relative density relative Dichte *f*
relative humidity *(HLK, Umw)* relative Luftfeuchtigkeit *f*, relative Feuchte *f*
relative level Bezugshöhe *f*, Bezugspegel *m*
relative movement Relativbewegung *f*
relative permeability *(BM, Bod)* relative Durchlässigkeit *f*
relative settlement *(Erdb, Stat)* ungleichmäßiges Setzen *n*, unterschiedliche Setzung *f*
relax *v* nachlassen, erschlaffen, entspannen *(Spannbetonbewehrung, Tragekonstruktion, Tragschicht)*
relaxation Entspannung *f*, Relaxation *f (Tragschicht, Tragekonstruktion)*; Spannungsabfall *m* bei gleichbleibender Spannung *(Spannbeton)*
relaxation method *(BM, BT)* Relaxationsverfahren *n*
relaxation modulus *(BM, Stat)* Relaxationsmodul *m*
relaxation of steel 1. Stahlerschlaffung *f*, Stahlrelaxation *f*; 2. Stahlspannungsabfall *m (Spannbeton)*
relaxation time Relaxationszeit *f*
relaxed entlastet, entspannt, erschlafft
relay *v (RS, Verk)* neu verlegen, umlegen *(Schienen)*
relay *(El)* Relais *n*
relay connection circuit *(El)* Relaisschaltsystem *n*
relay switching system *(El)* Relaisschaltsystem *n*
release *v* 1. ausschalen, entschalen, trennen *(Formteile von Formen)*; 2. auslösen; 3. freisetzen; abblasen *(z. B. Gase)*
release *v* **pressure** *s.* release the pressure
release *v* **the bolt lock** den Riegel auslösen
release *v* **the pressure** Druck ablassen
release *(Te)* Ausschalung *f*, Entschalen *n*, Trennung *f (von Formteilen aus Formen)*
release agent Trennmittel *n*, Formentrennmittel *n*, Ausschalungshilfe *f*; Schalungsöl *n*
release bolt lock *(EB)* Dornführungsschloss *n*
release from tension *(Te)* Entspannung *f*
release lube Ausschalöl *n*, Entschalungsöl *n*
release of humidity Feuchtigkeitsabgabe *f*
release of pressure *(Stat, Te)* Druckentlastung *f*
release oil Ausschalöl *n*, Entschal(ungs)öl *n*
release paper Adhäsionspapier *n*, Papier *n* mit Adhäsionsfolie
release paste *(BM)* Entschalungspaste *f*
release valve Entlüftungshahn *m*
release wax Entschalungswachs *n*
releasing hook *(EB)* Ausklinkhaken *m*
releasing temperature Auslösetemperatur *f (Sprinkler)*
releasing the pull *(Te)* Nachlassen *n (Spannbeton)*
relevel *v* nachrichten
relevelling Neuaufnahme *f*
reliability *(Konst, RS)* Zuverlässigkeit *f*, Funktionsfähigkeit *f*
reliability test Zuverlässigkeitsprüfung *f*
reliable zuverlässig, sicher
relief 1. *(Arch)* Relief *n*, plastisches Bildwerk *n (auf Flächen)*; 2. *(Arch)* Relief *n*, Geländerelief *n*; 3. *(Stat)* Entlastung *f*
relief damper *(HLK)* Entlüftungsklappe *f*
relief frieze *(Arch)* Relieffries *m*
relief map *(Verm)* Reliefkarte *f*
relief mould erhabener Abguss *m*
relief of load *(Stat, Te)* Entlastung *f*
relief of traffic congestion *(Verk)* Verkehrsstauentlastung(smaßnahme) *f*
relief opening *(HLK)* Entlüftungsklappe *f*
relief operation *(Verk)* Entlastungsmaßnahme *f*
relief road *(Verk)* Entlastungsstraße *f*
relief sewer Entlastungsleitung *f* für Abwasser
relief sign *(Verk)* Verkehrszeichen *n* zur Verkehrsentlastung
relief stele *(Arch)* Reliefstele *f*
relief valve *(HLK, San)* Entlüftungsventil *n*, Entspannungsventil *n*
relief work *(Arch)* Reliefgestaltung *f*, Reliefornamentierung *f*
relief works *(RS)* Notstandsarbeiten *fpl*, Katastrophenaufräum- und Hilfsarbeiten *fpl*
relieve *v* 1. *(Stat)* entlasten; entspannen; 2. *(OB)* Farbe aufhellen; 3. *(VR)* Nothilfe leisten
relieved 1. *(Stat)* entlastet; 2. *(Arch)* aufgelöst *(Wandfläche)*
relieved work *(Arch)* Reliefgestaltung *f*, Reliefornamentierung *f*
relieving arch Entlastungsbogen *m*, Ablastbogen *m*, Überfangbogen *m (Mauerwerk)*
relieving joint Entlastungsfuge *f (Flächenbeton)*
relieving layer *(Konst)* Druckausgleichsschicht *f*
relieving vault *(Konst, Te)* Entlastungsgewölbe *n*
relievo *s.* relief 1.
religious architecture *(Arch)* kirchliche Architektur *f*, Kirchenarchitektur *f*, Kirchenbaukunst *f*
religious building *(Arch)* Sakralgebäude *n*, Sakralbau *m*
religious Gothic style *(Arch)* Sakralbaugotik *f*
religious monument *(Arch)* Sakraldenkmal *n*, Sakralmonument *n*
religious structure *(Arch)* Sakralbauwerk *n*
relish *(Hb)* Zapfenschulter *f (Holz)*
reload *v* 1. wieder belasten; 2. umladen
reloading *(Stat)* Wiederbelastung *f*, Nachbelastung *f*
relocatable partition *(Konst)* bewegliche [entfernbare] Trennwand *f*
relocate *v (RP)* umsiedeln *(Raumordnung)*; versetzen; umstellen
relocation *(RP)* Verlegung *f*, Umzug *m*, Flurbereinigung *f*
remain *v* bleiben, verbleiben, zurückbleiben
remainder 1. Reststoff *m*; 2. Grundstückseigentumsanspruch *m (auf Lebenszeit)*
remaining concrete *(BB, Te)* Mehrbeton *m*, Betonübermenge *f*
remaining humidity Restfeuchte *f (von Baustoffen)*
remaining on sieve Siebrückstand *m*
remains Baureste *mpl*, Überrest *m*
remanent elongation *(Stat)* Restdehnung *f*
remanufacture Wiederaufbereitung *f*
remeasure *v (Verm)* nachmessen
remeasurement *(Verm)* Nachmessung *f*
remedial building work *(RS, Te)* bauliche Abhilfemaßnahmen *fpl*
remedial measure *(RS, Te)* Abhilfe *f*, Behebung *f (von Mängeln)*
remedial treatment Abhilfemaßnahme *f*
remedy *v* beheben *(Mängel)*
remedy Hilfsmittel *n*, Reparaturmaterial *n*; Reparaturmethode *f*; Ausbesserungsverfahren *n*
remetalling *(Te)* Aufbringen *n* einer neuen Schotterschicht
remittance Überweisung *f*
remix *v (RS, Verk)* rückverformen mit Asphaltzusatz
remodel *v (RS)* umgestalten, umbauen; umändern *(Gebäude)*; umformen
remodeling *(AE) s.* remodelling
remodelling *(RS)* Umgestaltung *f*, Abwandlung *f*; Änderungen *fpl (Rekonstruktion)*; Umbauarbeiten *fpl*, Hausumbau *m*; Neugestaltung *f*; Anpassung *f (eines Gebäudes)*
remote *(RP)* abgelegen, entfernt; abseits; Fern...
remote control Fernbedienung *f*, Fernsteuerung *f*
remote-controlled signing *(Verk)* ferngesteuerte Verkehrsbeschilderung *f*
remote maintenance *(RS)* Unterhaltung *f* der Fernsteueranlagen
remote monitoring *(El)* Fernüberwachung *f*
remote operation centre *(Te)* Betriebszentrale *f* für Fernsteuerung

R

remote processing *(Te)* Fernverarbeitung *f*, ferngesteuerte Prozessabläufe *mpl*
remote sensor Fernfühler *m*
remote surveillance system *(El, Te)* Fernkontrollsystem *n*
remote window controls *(El)* Fensterfernbedienungsgeräte *npl*
remouldability *(BM, RS)* Replasti(fi)zierbarkeit *f*, Wiederplasti(fi)zierbarkeit *f (Mörtel, Beton)*
remoulded soil *(Bod, Erdb)* deformierter [gestörter] Erdstoff *m*; beanspruchter Boden *m*
remoulded soil sample *(Bod)* gestörte Bodenprobe *f*
remoulding Replasti(fi)zieren *n*, Wiederplastischmachen *n (von Beton)*
remoulding test Replasti(fi)zierbarkeitsprüfung *f*, Steifeprüfung *f*
removable abnehmbar, entfernbar, lösbar; behebbar
removable barrier *(Konst)* entfernbare Barriere *f*
removable ceiling *(Konst)* abnehmbare Decke *f*
removable cover abnehmbare Abdeckung *f*
removable grate *(BT)* Einlegerost *m*
removable marking *(Verk)* ablösbare Markierung *f*
removable mullion entfernbarer Türmittelpfosten *m*
removable partition entfernbare Zwischenwand *f*
removable sign abnehmbares Verkehrszeichen *n*
removable stop entfernbarer Anschlag *m*; entfernbare Kittleiste *f*; lösbares Anschlagbrett *n*
removal 1. Entfernen *n*, Beseitigung *f*; Abtrag *m*; 2. Ableitung *f*; Entzug *m*; 3. Umzug *m*
removal of coats *(OB, Te)* Anstrichentfernung *f*, Anstrichbeseitigung *f*
removal of debris *(Erdb)* Abraumbeseitigung *f (auch Sandgrube, Steinbruch usw.)*
removal of faults *(RS)* Fehlerbeseitigung *f*; Nacharbeiten *fpl*
removal of formwork Entschalen *n*
removal of loose slope material *(Erdb)* Böschungsberäumung *f*
removal of material Materialabtrag *m*
removal of overburden *s.* removal of debris
removal of putty Entkitten *n (Verglasung)*
removal of rainwater *(Erdb, WVA)* Regenwasserabführung *f*
removal of shuttering Ausschalen *n*, Ausschalung *f*
removal of soil *(Erdb)* Bodenabtrag *m*
removal of water *(BM, Erdb)* Wasserentzug *m*
removal van *(Verk)* Möbelwagen *m*
remove *v* 1. entfernen, beseitigen; wegräumen; abräumen; ausräumen; 2. ausbauen, demontieren; abnehmen; 3. ableiten; entziehen
remove *v* **by hammering** *(RS, Te)* abschlagen *(Putz)*
remove *v* **forms** entschalen, ausschalen
remove *v* **foul air** *(HLK)* entlüften
remove *v* **rust** *(OB, Te)* entrosten
remove *v* **scale** *(OB, Te)* abzundern, entzundern
remove *v* **the rust** entrosten
remove *v* **water** entwässern
removed earth *(Erdb)* Abhub *m*
remover *(BM, OB)* Abbeizer *m*, Beizmittel *n*; Entferner *m*
removing Entfernen *n*, Ausbauen *n*, Entlasten *n*, Entlasten *n*
Renaissance arcade *(Arch)* Renaissancearkade *f*
Renaissance architecture *(Arch)* Renaissancearchitektur *f*, Baustil *m* der Renaissance
Renaissance building *(Arch)* Renaissancegebäude *n*
render *v (SB, Te)* (ver)putzen, den Unterputz aufbringen, berappen; ausrappen; abputzen *(Mauern)*
render *v* **and set** *v (SB, Te)* zweilagigen [doppelschichtigen] Putz aufbringen
render, float, and set *v* dreilagigen Putz aufbringen
render *v* **passive** *(OB, Te)* passivieren

R

render *(SB)* Unterputz *m*, Unterputzschicht *f (eines mehrlagigen Putzes)*; Unterputzanwurf *m*, Bewurf *m*; Außenputz *m*
render, float, and set *(RFS) (SB)* dreilagiger Putz *m*
rendered brickwork *(DIS, SB)* (wasserdicht) verputztes Ziegelmauerwerk *n*
rendered building *(Arch, Konst)* abgeputztes Gebäude *n*, Putzgebäude *n*
rendered façade Putzfassade *f*
rendered structure *(Arch, Konst)* abgeputztes Bauwerk *n*, Putzbauwerk *n*
rendering 1. *(SB)* Bewurf *m*, Bewerfen *n*, Berappen *n*, Anwerfen *n* des Unterputzes; Abputzen *n*; *(AE)* Mörtelauftrag *m*; 2. *(SB)* Unterputz *m*, Verputz *m*
rendering and plastering work *(SB)* Putzarbeiten *fpl*
rendering base *(SB)* Putzunterlage *f*, Putzgrund *m*
rendering coat Unterputzlage *f*, Unterputzschicht *f*, Rappputz *m*; Rauputz *m*, Rauwerk *n (Grobputzschicht)*; Putzschicht *f*, Verputzschicht *f*
rendering mortar *(SB)* Berappungsmörtel *m*, Vorwerfmörtel *m*, Unterputz *m*
rendering resisting pelting rain Nässeputz *m* gegen Schlagregen, schlagregensicherer Putz *m*
rendering trowel Putzkelle *f*, Putzspachtel *m(f)*
rendering work *(SB)* Verputzarbeiten *fpl*
renew *v* erneuern; auswechseln
renewable erneuerbar
renewable energy *(HLK)* regenerative Energie *f*
renewal *(RS)* Erneuerung *f*
renewal measures *(RS)* Erneuerungsmaßnahme *f*
renewal of interior painting Innenanstricherneuerung *f*
renewal work Erneuerungsarbeiten *fpl*
renewed calling for tenders *(VR)* Wiederausschreibung *f*, Neuausschreibung *f*
reniform *(Arch)* nierenförmig
renovate *v (RS)* renovieren, erneuern, verschönern; wiederherstellen, restaurieren; instand setzen
renovation *(RS)* Renovierung *f*, Erneuerung *f*; bauliche Neugestaltung *f*; Instandsetzung *f*
renovation work *(RS)* Renovierungsarbeiten *fpl*
rent *v* 1. *(VR)* mieten *(z. B. Wohnung)*; pachten *(Grund und Boden)*; 2. *(VR)* vermieten *(z. B. Wohnung)*; verpachten *(Grund und Boden)*
rent *v* **out** vermieten, verpachten • **be rented out** vermietet werden
rent 1. Riss *m*, Sprung *m (keramische Baustoffe)*; Spalt *m*, Bruch *m (Faserbaustoffe)*; 2. Miete *f*; Pacht *f*, Pachtgeld *n*; *(AE)* Leihgebühr *f* • **let for rent** verpachten • **take at rent** pachten
rent allowance *(VR)* Mietbeihilfe *f*, Wohngeld *n*
rent control Mietpreisbindung *f*
rent-controlled mietpreisgebunden
rent exclusive of heating (charges) *(VR)* Kaltmiete *f*
rent free *s.* rent-free
rent-free mietfrei
rent inclusive of heating (charges) *(VR)* Warmmiete *f*
rent increase Mieterhöhung *f*
rent lath Spaltlatte *f*
rent pale *(Hb)* Eichenspaltpfosten *m*
rent rebate *(VR)* Wohngeld *n*
rent subsidy *s.* rent allowance
rent value *(VR)* Mietwert *m*
rentable vermietbar; verpachtbar
rental Miet...; Pacht...
rental *(VR)* Miete *f*, Mietbetrag *m*; Pacht *f*, Pachtbetrag *m*
rental apartment (unit) *(Konst)* Mietetagenwohnung *f*, Mietgeschosswohnung *f*
rental area Mietfläche *f*
rental charge Mietkosten *pl*

rental flat Mietwohnung *f*, Mietetagenwohnung *f*, Mietgeschosswohnung *f*
rental housing *(RP)* Mietwohnbauten *mpl*
rental living unit *(AE) (Konst)* Mietetagenwohnung *f*, Mietgeschosswohnung *f*
rental row [town] house Mietreihenhaus *n*
rental unit Mietwohnung *f*, Wohnung *f*; Wohn(ungs)einheit *f*
rented flat Mietwohnung *f*
renter 1. *(VR)* Vermieter *m*; Verpächter *m*; 2. *(AE)* Mieter *m*, Pächter *m*
reorganize *v* umbilden
repaint *v (OB)* nachstreichen, überstreichen; neu streichen
repaintable nachstreichbar
repainting *(OB)* Nachstreichen *n*; Erneuerungsanstrich *m*
repainting coat Nachanstrich *m*, Nachaufstrich *m*
repair *v (RS)* reparieren, instand setzen, Schäden beheben; nachbessern, ausbessern; flicken
repair *(RS)* Baureparatur *f*, Reparatur *f*, Instandsetzung *f* • **in a bad (state of) repair** *s.* out of repair • **in good repair** in gutem Zustand • **out of repair** *(RS)* baufällig, in baufälligem Zustand *(Gebäude)*
repair composition Ausbesserungsmasse *f*; Flickmasse *f*
repair compound Ausbesserungsmasse *f*, Flickmasse *f*
repair cost *(RS, VR)* Reparaturkosten *pl*
repair dock *(Wsb)* Ausbesserungsdock *n*, Trockendock *n*
repair emulsion Spezialflickemulsion *f*, Ausbesserungsemulsion *f (Straße, Dachhaut usw.)*
repair enamel Reparaturlack *m*
repair glazing Reparaturverglasung *f*
repair mortar *(BM)* Ausbesserungsmörtel *m*, Flickmörtel *m*
repair plaster Ausbesserungsputz *m*, Flickputz *m*
repair shop *(BWG)* Reparaturwerkstatt *f*, Ausbesserungswerkstatt *f*
repair work *(RS)* Ausbesserungsarbeiten *fpl*, Instandsetzungsarbeiten *fpl*
repair workshop *s.* repair shop
repairing *(RS, Te)* Reparieren *n*, Ausbessern *n*, Instandsetzen *n*
repairing dock *s.* repair dock
repairing work *s.* repair work
repairs *(RS)* Instandsetzungsarbeiten *fpl*
repaper *v* nachtapezieren; frisch [neu] tapezieren
repartition bar *(Konst)* Verteilungsstab *m*; Verteilerlehre *f (Abstandseinteilung)*
repartition of load *(Stat)* Belastungsverteilung *f*
repave *v* 1. *(Te)* umpflastern; 2. *(RS, Te)* rückverformen *(Asphaltstraße)*; eine Decke wiederherstellen *(mit Asphaltzugabe)*
repaver *(BWG, Verk)* Asphaltfräs- und -verlegekomplex *m*
repaving *(RS, Verk)* Rückverformen *n*, Aufnehmen *n* und Neuverlegen *n (von Asphalt)*
repeal *(VR)* Aufhebung *f*, Außerkraftsetzen *n (Richtlinien, Standards)*; Widerrufen *n*
repeat design Musterwiederkehr *f (Tapete, Furnier)*
repeat test Wiederholungsprobe *f*, Wiederholungsprüfung *f*, Wiederholungstest *m*, Wiederholungsversuch *m*
repeatability Wiederholbarkeit *f*; Wiederholpräzision *f*
repeatability limit Wiederhol(barkeits)grenze *f*
repeatability range *(BM, Stat)* Wiederholstreubereich *m (Baustoffprüfung)*
repeated alternating stress *(Stat)* Dauerschwingbeanspruchung *f*
repeated flexural strength Dauerbiegefestigkeit *f*
repeated flexural stress *(AE) (Stat)* Dauerbiegebeanspruchung *f*
repeated load application *(Stat)* Lastspiel *n*, Belastungsspiel *n*, wiederholte Lastaufbringung *f*
repeated loadings *(Stat)* Lastspiele *npl*
repeated loadings to failure *(Stat)* Lastspiele *npl* bis zum Versagen
repeated stress test Schwingungsversuch *m*
repeated tensile test Dauerzugversuch *m*
repeating theodolite *(Verm)* Repetitionstheodolit *m*
repel *v* abstoßen, zurückstoßen *(äußere Einwirkungen, z. B. Kräfte, Wasser, Strahlung)*
repellent abweisend, abstoßend
repellent wasserabstoßendes Mittel *n (Bauhilfsstoff)*
repellent screed *(DIS)* Sperrestrich *m*
repellent solution *(DIS)* Abweismittel *n*; Imprägnierungslösung *f*
repelling *s.* repellent
repercussion 1. *(Stat)* Abprall *m*, Rückstoß *m (Kräfte)*; 2. *(DIS)* Widerhall *m*, Nachhall *m (Schall)*
repetition angular measurement *(Verm)* abschnittweise [repetitionsweise] Winkelmessung *f*
repetition method *(Te)* Taktverfahren *n*
repetition theodolite *(Verm)* Repetitionstheodolit *m*
repetition work *(Te)* Taktarbeit *f*
repetitive wiederholt
repetitive housing *(Konst, RP)* Reihenwohnungsbau *m*, Serienwohnungsbau *m (standardisierter Wohnungsbau)*
repetitive loading *(Stat)* wiederholte Belastung *f*
replace *v* austauschen, auswechseln, ersetzen; erneuern; verdrängen; substituieren
replacement Austausch *m*, Auswechselung *f*, Ersetzen *n*, Ersatz *m*, Substitution *f*
replacement load *(Bod)* Ersatzlast *f*
replacement material *(Bod, Erdb)* Austauschmaterial *n*
replacement part Ersatzteil *n*
replacement type pile *(Erdb)* Bohrpfahl *m*
replacing of the flora *(LB)* Bewuchserneuerung *f*, Neubegrünung *f (Landschaftsbau)*
replan *v (Konst)* umprojektieren; neu planen
replanning *(Konst)* Umplanung *f*
replant *v (LB)* umpflanzen
replastering Nachputzen *n*
replenish *v* nachfüllen; anreichern
replenishing basin *(WVA)* Anreicherungsbecken *n (Kläranlage)*
replenishment *(Bod, Wsb)* Anreicherung *f (z. B. Grundwasser)*
replica 1. *(Arch)* Oberflächenabdruck *m*; Abdruck *m*; 2. Kopie *f*, Originalkopie *f*; Reproduktion *f*, Nachbildung *f*, Nachdruck *m*
replicate *v (Arch)* verdoppeln, wiederholen; kopieren, reproduzieren, nachbilden *(Sichtelement)*
replication *(Arch)* Nachbau *m (eines historischen Gebäudes)*
replotting *(RP)* Flurbereinigung *f*
repoint *v* nachverfugen, wieder ausfugen
repointing Nachverfugen *n*, Nachausfugen *n*
report *v* berichten
report *(VR)* Bericht *m*
reporting room *(Konst)* Anmelderaum *m*, Anmeldezimmer *n*
repose *(Stat)* Ruhepunkt *m*, Ruhezustand *m*
repository *(Umw)* Endlager *n* für radioaktive Abfälle
repossess *v (VR)* wieder in Besitz nehmen; wiedergewinnen
repossession *(VR)* Wiederinbesitznahme *f*
repoussé von unten geschlagen *(Relief)*
represent *v* **diagrammatically** *(Arch, Konst)* schematisch [zeichnerisch] darstellen
representation 1. *(Arch)* Darstellungsweise *f*; 2. Darstellung *f*, Abbildung *f*
representative sampling *(BM, VR)* repräsentative Probenahme *f*
representing darstellend

R

repressing Nachpressen *n*
repressure line *(HLK, San)* Rückführungsleitung *f*
reprise 1. *(Arch, SB)* Formenwiederholung *f* in einer Ecke *(Mauerwerk)*; 2. *(SB)* Fundamentsims *m*; Mauerabdeckung *f*
reprocess *v* aufarbeiten
reprocessing Aufarbeitung *f*
reproducibility *(Konst)* Reproduzierbarkeit *f (einer Zeichnung)*; Vergleichspräzision *f*, Vergleichbarkeit *f (Ergebnisse, Daten usw.)*
reproducibility conditions Vergleichsbedingungen *fpl*
reproducibility limit Vergleichsgrenze *f*
reproducibility range *(BM)* Vergleichsstreubereich *m (Baustoffprüfung)*
reproducible reproduzierbar, pausfähig *(Zeichnung)*
reproduction 1. Reproduktion *f*, Vervielfältigung *f*; 2. Reproduktion *f*, Kopie *f*; 3. Nachformen *n*
reprofiling *(RS)* Neuprofilieren *n*
reproof *v (DIS)* neu abdichten; wieder wasserdicht machen
repulsion Abstoß *m*
repulsive power *(Stat)* Rückstoßkraft *f*, Repulsionskraft *f (Dynamik)*
request *v* einholen
request *(VR)* Einholung *f*
request for bids *(VR)* Einholung *f* von Angeboten
request for pay(ment) *(VR)* Zahlungsaufforderung *f*
request for proposal *(VR)* Bitte *f* um Vorschlag *(auf Bauunterlagen)*
require *v (VR)* fordern, anfordern
required accuracy geforderte Genauigkeit *f*, Genauigkeitssollwert *m*
required amount of water *(BM)* Wasseranspruch *m*, Wasserbedarf *m (hydraulischer Bindemittel)*
required level *(Verm)* Sollhöhe *f*
required overall dimensions *(RP)* Raumbedarf *m (Flächennutzungsplan, Städteplanung)*
required quality *(VR)* Qualitätsanforderung *f*
requirement 1. *(Stat)* Forderung *f*, Anforderung *f*; 2. Bedarf *m (z. B. an Material, Raum)*
reradiation Rückstrahlung *f (Wärme, Strahlung)*
reradiation foil *(BM)* Rückstrahlfolie *f (z. B. eines Radiators)*
rere-arch innerer Bogen *m (eines Gewölbes)*
reredos *s.* retable
rereel *v (Te)* umwickeln, umkapseln *(Säulenbewehrung)*
reroof *v* neu eindecken
reroofing *(RS)* Wiederbedachen *n*; Nacheindecken *n*
reroute *v* 1. *(Te, Verk)* verlegen *(Straßenbau)*; 2. *(Verk)* umleiten *(Verkehr)*
rerouting via variable message signs *(Verk)* Netzbeeinflussungsanlage *f*
rerust *v (OB)* nachrosten
res *s.* resawn
resampling *(BM)* erneute Proben(ent)nahme *f*
resaturated nachgesättigt, nachgetränkt
resaturating *(DIS, OB)* Nachimprägnieren *n*, Nachtränken *n*
resaw *v* (auf)trennen *(Holz)*
resawn *(AE)* aufgetrennt
rescreening Nachsieben *n*
reseal *v (DIS)* nachdichten, nachträglich abdichten
resealing *(DIS)* Nachabdichtung *f*
research *v* forschen
research Forschung *f*
research and development Forschung *f* und Entwicklung *f*
research and testing station Versuchsstelle *f*; Versuchsinstitut *n*
research establishment Forschungseinrichtung *f*
research institute *(VR)* Forschungsinstitut *n*
research project Forschungsprojekt *n*; Forschungsarbeit *f*
research report Forschungsbericht *m*
research scale Versuchsmaßstab *m*
reservation *(VR)* Vorbehalt *m*, Reservierung *f*
reserve of strength Festigkeitsreserve *f*
reserved lane *(Verk)* Sonderfahrstreifen *m*
reservice *v (RS)* reparieren, instand setzen; aufarbeiten
reservoir 1. *(WVA)* Bassin *n*; Wasserbehälter *m*; Kessel *m*; Vorratsbehälter *m*; 2. *(Wsb)* Speicherbecken *n*, Wasserstaubecken *n*; Stausee *m*
reservoir capacity *(Wsb)* Speichermenge *f*, Speichervolumen *n*; Fassungsvermögen *n* eines Bassins
reservoir drawdown Beckenentleerung *f*
reservoir fittings Behälterausrüstung *f*, Behälterzubehör *n*
reservoir lining *(Wsb, WVA)* Beckenauskleidung *f*
reservoir outlet Beckenablass *m*
reservoir pavement *(RS, WVA)* Beckenbefestigung *f*
reservoir sedimentation *(Wsb)* Stauraumsedimentierung *f*
reservoir storage *(Wsb)* Speichervolumen *n*
reservoir tank *(WVA)* Vorratsbehälter *m*
reset *v* 1. umsetzen *(z. B. Aggregate)*; umrüsten *(Maschinen)*; 2. zurückstellen; auf null stellen *(z. B. Messgeräte)*
reshape *v* umformen, eine Oberfläche zurückformen
reshaping Umformung *f*
resharpening Nachschleifen *n*, Schärfen *n*
reshoring Hilfsabstützung *f*, temporäre Abstützung *f (Montage)*
reside *v* wohnen, seinen Wohnsitz haben
residence 1. *(VR)* Wohnsitz *m*; 2. *(Konst)* Wohnung *f*; bewohnter Raum *m*
residence accommodation Wohnunterkunft *f*
residence block type Wohngebäudetyp *m*, Wohnhaustyp *m*, Wohnblocktyp *m*
residence casement leichtes Flügelfenster *n*
residence district *(RP)* Wohnbezirk *m*, Wohngebiet *n*
residence telephone Wohnungsanschluss *m*
residence time Verweilzeit *f*
residence tower *(Arch)* Wohnhochhaus *n*, Wohnturm *m*
residences Wohnbauten *mpl*
residency Residenz *f*, Amtssitz *m*; Amtswohnung *f*
resident (orts)ansässig, (ständig) wohnhaft
resident 1. Bewohner *m*, Benutzer *m*, Wohnungsinhaber *m*; 2. Einwohner *m (einer Stadt)*; 3. Anlieger *m*
resident architect *(VR)* Bauherrvertreter *m*
resident engineer *(VR)* Auftraggeberbauleiter *m*, Bauherrvertreter *m*; staatlicher Bauleiter *m*, Investbauleiter *m*
resident inspector Bau(aufsichts)wart *m*, Bauinspektor *m*, Auftraggeberkontrolleur *m*
resident manager (im Hause wohnender) Hausmeister *m*
resident population *(RP)* Einwohnerschaft *f*
resident traffic *(Verk)* Anliegerverkehr *m*
residential accommodation Wohnunterkunft *f*
residential air-conditioning Hausklimatisierung *f*
residential architecture *(Arch)* Wohn(ungs)bauarchitektur *f*, Wohngebäudearchitektur *f*
residential area *(RP)* Wohnviertel *n*, Wohngebiet *n*
residential balcony Wohnbalkon *m*
residential block Wohnblock *m*
residential building 1. *(Arch, Konst)* Wohn(ungs)gebäude *n*, Wohnhaus *n*; 2. *(RP)* Wohnungsbau *m*
residential building entrance Wohnhauseingang *m*
residential camp Wohnlager *n*
residential community *(RP)* Wohnortschaft *f*, Wohnstadt *f (industriearm, industriefrei)*
residential density *(RP)* Wohndichte *f*, Belegungsdichte *f*; Belegungsziffer *f*
residential developer *(VR)* Wohnungsbauträger *m*
residential district *(RP)* Wohnviertel *n*, Wohngebiet *n*
residential floor Wohngeschoss *n*

R

residential ground floor Wohnerdgeschoss *n*
residential heating *(HLK)* Wohnungsheizung *f*
residential housing *(Arch, Konst, RP)* Mietwohnbauten *mpl*
residential illumination Hausbeleuchtung *f*
residential kindergarten Internatskindergarten *m*
residential location Wohnlage *f*
residential neighbourhood unit *(AE) (RP)* Wohnkomplex *m*, Siedlungskomplex *m*, Wohnviertel *n*
residential occupancy Nutzung *f* für Wohnzwecke, Unterkunftsnutzung *f (von Wohnungen)*
residential park *(RP)* Wohnpark *m*
residential parking *(Verk)* Anwohnerparken *n*
residential plot *(VR)* Wohngrundstück *n*, Wohnparzelle *f*
residential portion Wohntrakt *m*
residential quarter 1. *(RP)* Wohnviertel *n*; 2. *(RP)* Quartier *n*
residential school *(Konst)* Internatsschule *f*
residential storey Wohngeschoss *n*
residential street *(Verk)* Wohnstraße *f*
residential swimming pool *(Konst)* Hausschwimmbecken *n*
residential town *(RP)* Wohnstadt *f*
residential unit Wohneinheit *f*, Wohnung *f*; Wohntrakt *m*
residential wiring *(El)* Hausverdrahtung *f*
residents' vehicles *(Verk)* Anliegerverkehr *m*
residual übrigbleibend, Rest...
residual asphalt *(BM)* Rückstandsasphalt *m*
residual compressive stress Druckeigenspannung *f*, innere Druckspannung *f*
residual deflection *(BM, RS)* bleibende Biegeverformung *f*
residual deformation *(BM)* Restverformung *f*, bleibende Deformation *f*
residual error *(VR)* Restfehler *m*
residual hardness *(WVA)* Resthärte *f (Wasser)*
residual humidity [moisture] Restfeuchte *f*, Restfeuchtigkeit *f*
residual life Restnutzungsdauer *f*
residual moment capacity *(Stat)* Restmomentvermögen *n*
residual pore water *(BM)* Porenrestwasser *n*
residual pressure Restdruck *m*
residual product *(BM)* Rückstandserzeugnis *n*
residual salt Restsalz *n (Winterdienst)*
residual shear strength *(Bod)* Gleitscherfestigkeit *f*; Restscherfestigkeit *f*
residual soil *(Bod)* Restboden *m*, Verwitterungsendboden *m*, ausgewitterter Erdstoff *m*
residual solvent Lösungsmittelrückstand *m*
residual strain *(BM)* Restverformung *f*
residual strength *(Bod)* Gleitscherfestigkeit *f*
residual stress *(Stat)* Restspannung *f*, Eigenspannung *f*, bleibende [innere] Spannung *f*
residual tack Klebrigkeit *f (eines Anstrichs infolge langsamen Trocknens oder Abbindens)*
residual tensile stress *(Stat)* Zugeigenspannung *f*, innere Zugspannung *f*
residual tensioning force *(Konst, Stat)* Restvorspannkraft *f*
residual value Restwert *m*
residual voids *(BM)* Resthohlräume *mpl*
residual water 1. *(BM)* Restwasser *n*, Haftwasser *n*; 2. *(WVA)* Abwasser *n*
residual welding stress *(St, Te)* Schweißrestspannung *f*, Schweißeigenspannung *f*
residue Rückstand *m*, Rest *m*, Überrest *m*; Satz *m*
residue by distillation *(BM)* Destillationsrückstand *m*
residue-derived energy *(Umw)* Energie *f* aus Abfall
residue landfill *(Umw)* Reststoffdeponie *f*, Rückstandsdeponie *f*
residue on sieving test Lagerbeständigkeitsprüfung *f* durch Sieben *(Emulsion)*
resilience *(Stat)* Zurückfedern *n*, Federung *f*, Elastizität *f (Federkraft)*; elastisches Rückverformungsvermögen *n*
resilient *(Konst)* federnd, elastisch; schwingungsisoliert
resilient board *(BT)* elastische Platte *f*
resilient channel gefederte Metallhohlschiene *f (Schalldecke)*
resilient clip *(DIS, Konst)* gefederter Aufhänger *m (Schallschutzkonstruktion)*
resilient flooring elastischer Fußbodenbelag *m*, federnder Bodenbelag *m*
resilient hanger *(BT)* elastisches Aufhängeelement *n*
resilient layer 1. *(DIS)* Dämmlage *f*, Dämmschicht *f (für schwimmenden Bodenbelag)*; 2. *(DIS)* schalldämmende Schicht *f*
resilient modulus *(RM) (BM)* Elastizitätsmodul *m*
resilient mounting *(DIS)* schwingungsisolierte Aufstellung *f*, erschütterungsgedämpfte Auflage *f*
resilient quilt *(DIS)* Faserdämmstofflage *f*, Faserdämmstoffschicht *f*
resilient sheet *(BT)* elastische Platte *f*
resilient sleeper pad *(Verk)* elastische Schienenunterlegeplatte *f*, Elastoplatte *f*
resilient sleeve *(BT, Konst)* Dehn(ungs)hülse *f*
resilient strip *(DIS)* Dämmstreifenunterlage *f (schwimmender Bodenbelag)*
resin *v (DIS, Te)* mit Harz tränken
resin *(BM)* Harz *n*; Kolophonium *n*, Spiegelharz *n*, griechisches Pech *n (natürlich oder synthetisch)*
resin adhesive *(BM)* Harzkleber *m*, Kunstharzleim *m*
resin base Harzbasis *f*, Harzgrundlage *f*
resin-based harzhaltig
resin-based mortar *(BM)* Kunstharzmörtel *m*
resin binder Harzträger *m*, Harzbindemittel *n*
resin board Hartpappe *f*, Kunstharzpappe *f*
resin-bound *(BM)* harzgebunden; kunstharzverleimt
resin-bound chipboard [fibreboard] *(BT)* Kunstharzpressplatte *f*, Span(holz)platte *f*, harzgebundene Faserplatte *f*
resin-bound surface dressing *(OB)* Kunstharzbeschichtung *f*, Oberflächenbehandlung *f* mit Kunstharzbindemittel
resin canal *(BM, Hb)* Harzgang *m*, Harzstreifen *m (im Holz)*
resin cement Kunstharzbindemittel *n*, Plast(e)zement *m*
resin chipboard *s.* resin-bound chipboard [fibreboard]
resin coating *(OB)* Kunstharzüberzug *m*
resin component Harzbestandteil *m*
resin duct *s.* resin canal
resin emulsion *(BM)* Harzemulsion *f*
resin-emulsion paint Kunstharzemulsionsfarbe *f*
resin ester *(BM)* Harzester *m*
resin glue Kunstharzleim *m*
resin grout *(BM)* Harzmörtel *m*
resin impregnated *(DIS)* harzgetränkt
resin-impregnated wood kunstharzgetränktes [harzimprägniertes] Holz *n*
resin-like *(BM)* harzartig
resin oil paint *(BM, OB)* Öllackfarbe *f*
resin oil varnish Harzölfirnis *m*, Tränkharz *n*
resin panel Kunstharztafel *f*
resin pipe *(San, WVA)* Kunstharzrohr *n*
resin pocket 1. Harztasche *f (Pressfehler bei Kunststoffen)*; 2. Harztasche *f*, Harzgalle *f (im Holz)*
resin saturated *(BM, DIS)* harzgetränkt
resin streak Harzschliere *f (im Holz)*
resin suspension Harzsuspension *f*
resin-treated wood *(BM)* kunstharzgetränktes Holz *n*; *(AE)* Pressholz *n*

R

resin varnish *(BM)* Tränkharz *n*
resin vehicle Harzbindemittel *n*
resinification Verharzung *f*
resinify *v* verharzen
resinoid-bonded *(BM)* kunstharzgebunden
resinous 1. harzartig; 2. harzig, harzhaltig *(Holz)*
resinous cement Harzkitt *m*
resinous plasticizer Polymerweichmacher *m*
resinous putty *(BM)* Harzkitt *m*
resinous varnish *(BM, OB)* Harzlack *m*
resinous wood verkientes Holz *n*, harziges Holz *n*, Kienholz *n*
resist *v* widerstehen, widerstandsfähig sein gegen; aufnehmen; aushalten; abfangen
resistance 1. *(BM, BT)* Widerstandsfähigkeit *f*, Beständigkeit *f*, Festigkeit *f*, Stabilität *f*; 2. *(El)* Widerstand *m* • **of poor resistance** *(BM, BT)* wenig widerstandsfähig
resistance against damage Beständigkeit *f* gegen Beschädigung, Widerstand *m* gegen Beschädigung
resistance against pelting rain Schlagregenbeständigkeit *f*
resistance against rust *(BM)* Rostbeständigkeit *f*, Rostsicherheit *f*
resistance brazing *(St, Te)* elektrisches Hartlöten *n*, Widerstandslöten *n*
resistance butt welding *(St, Te)* Widerstandsstumpfschweißen *n*
resistance coefficient Widerstandsbeiwert *m*
resistance degree Beständigkeitsgrad *m (von Baustoffen, Bauteilen)*
resistance flash welding *(St, Te)* Abbrennstumpfschweißung *f*
resistance hard soldering Widerstandshartlötung *f*
resistance heating *(HLK)* Widerstandsheizung *f*
resistance line *(Stat)* Stützlinie *f*
resistance modulus *(Bod)* Streifeziffer *f (Erdstoff)*
resistance of friction Widerstandsreibung *f*, Reibungswiderstand *m (Pfahlgründung)*
resistance of pipes *(Wsb)* Rohrreibung *f*, Rohrreibwiderstand *m*
resistance of rivet *(St, Te)* Nietwiderstand *m*
resistance of tearing Zerreißfestigkeit *f*
resistance property *(BM)* Beständigkeitseigenschaft *f*
resistance to abrasion Abriebbeständigkeit *f*
resistance to abrasion from studded tyres *(Verk)* Spikeabriebwiderstand *m*
resistance to acid(s) *(BM)* Säurebeständigkeit *f*, Säurefestigkeit *f*
resistance to alkali(es) Alkalibeständigkeit *f*, Laugenbeständigkeit *f*
resistance to attrition *(Verk)* Verschleißfestigkeit *f*, Abriebfestigkeit *f*
resistance to buckling *(TK)* Knickfestigkeit *f*
resistance to chemical attack *(BM)* chemische Beständigkeit *f*, Beständigkeit *f* gegen chemische Einwirkungen
resistance to chemicals Chemikalienbeständigkeit *f*
resistance to cold Kältebeständigkeit *f*, Kältefestigkeit *f*
resistance to compression Druckfestigkeit *f*
resistance to corrosion *(BM, OB)* Korrosionsbeständigkeit *f*, Korrosionsfestigkeit *f*
resistance to cracking Rissfestigkeit *f*
resistance to creep *(BB, BM)* Kriechfestigkeit *f*
resistance to crushing Druckfestigkeit *f (nur von Gestein)*
resistance to deformation *(BM, BT, Stat)* Verformungswiderstand *m*, Verformungsbeständigkeit *f*
resistance to disintegrating effects *(BB)* Aggressivbeständigkeit *f*
resistance to efflorescence Ausblühungsbeständigkeit *f*, Aussalzungsbeständigkeit *f*; Auswitterungsbeständigkeit *f*
resistance to finger marking Grifffestigkeit *f (Anstriche, Schutzschichten usw.)*
resistance to fluid flow *(Wsb)* Strömungswiderstand *m (auch von Rohrleitungen)*
resistance to frost attack *(BM)* Frostbeständigkeit *f*, Frostunempfindlichkeit *f*, Frostsicherheit *f*
resistance to fungal attack Pilzbeständigkeit *f*, Pilzfestigkeit *f*
resistance to gasoline *(BM)* Benzinbeständigkeit *f*, Benzinfestigkeit *f*
resistance to grease Fettbeständigkeit *f*
resistance to heat *(BM)* Wärmebeständigkeit *f*, Hitzebeständigkeit *f*, thermische Stabilität *f*
resistance to heat transmission Wärmedurchgangswiderstand *m*
resistance to heavy rain Schlagregensicherheit *f*
resistance to impact Schlagfestigkeit *f*, Schlagwiderstand *m*
resistance to lateral bending *(Stat, TK)* Knickfestigkeit *f*
resistance to light *(BM)* Lichtbeständigkeit *f*
resistance to lime *(Stat, TK)* Kalkbeständigkeit *f*, Kalkechtheit *f*, Kalkfestigkeit *f*
resistance to marring Nagelfestigkeit *f*
resistance to mildew Schimmelbeständigkeit *f*
resistance to moisture Feuchtigkeitsbeständigkeit *f*, Feuchtigkeitsfestigkeit *f*
resistance to oil Ölbeständigkeit *f*
resistance to oscillations *(BT)* Schwingungsfestigkeit *f*
resistance to oxidation Oxidationsbeständigkeit *f*
resistance to polish Schleifhärte *f*
resistance to polishing Polierbeständigkeit *f*
resistance to rubbing off *s.* abrasion resistance
resistance to rusting Rostbeständigkeit *f*
resistance to rutting *(Verk)* Widerstand *m* gegen Spurrillenbildung
resistance to salt water Salzwasserbeständigkeit *f*
resistance to scratching Ritzhärte *f*; Kratzfestigkeit *f*
resistance to shear *(Stat, TK)* Schubtragfestigkeit *f*
resistance to staining Fleckenbeständigkeit *f*
resistance to static torsion Widerstand *m* gegen statisches Verwinden
resistance to swelling *(BM, Bod)* Quellbeständigkeit *f*, Quellfestigkeit *f*
resistance to temperature changes Temperaturwechselbeständigkeit *f*
resistance to tensile stress *(Stat)* Zugfestigkeit *f*
resistance to touch Grifffestigkeit *f (Anstriche, Beschichtungen)*
resistance to tropical conditions Tropenfestigkeit *f*, Tropenbeständigkeit *f*
resistance to vibrations *(BM)* Schwingungsfestigkeit *f*
resistance to water Wasserfestigkeit *f*, Wasserbeständigkeit *f*
resistance to wearing Abnutzungsbeständigkeit *f*, Verschleißbeständigkeit *f*, Verschleißfestigkeit *f*
resistance to weather(ing) Witterungsbeständigkeit *f*, Wetterbeständigkeit *f*
resistance welding *(St, Te)* Widerstandsschweißen *n (Bewehrungsstahl)*
resistant widerstandsfähig, beständig, fest, stabil
resistant to abrasion abriebbeständig, abriebfest
resistant to acid(s) säurebeständig, säurefest
resistant to ageing alterungsbeständig
resistant to alkali(es) alkalibeständig, laugenfest
resistant to bending biegesteif, biegefest
resistant to chemicals chemikalienbeständig
resistant to cold kältebeständig, kältefest

resistant to corrosion korrosionsbeständig, korrosionsfest
resistant to deformation verformungsbeständig
resistant to finger marking *(OB)* grifffest *(Anstriche, Beschichtungen)*
resistant to fire feuerbeständig, feuerfest *(Baumaterial)*
resistant to fracture bruchsicher
resistant to fungal attack pilzbeständig
resistant to gasoline benzinbeständig, benzinfest
resistant to grease fettbeständig
resistant to heat wärmebeständig, hitzebeständig
resistant to heavy rain schlagregensicher
resistant to hydrostatic pressure *(DIS)* wasserdruckhaltend, druckwasserbeständig
resistant to impact schlagbeständig, schlagfest
resistant to light lichtbeständig, lichtecht
resistant to marring nagelfest
resistant to mildew schimmelbeständig
resistant to moisture *(BM)* feuchtigkeitsbeständig
resistant to oils ölbeständig
resistant to oxidation oxidationsbeständig
resistant to rotting verrottungsbeständig
resistant to rusting rostbeständig
resistant to salt water salzwasserbeständig
resistant to scratching ritzfest, kratzfest
resistant to staining fleckenbeständig
resistant to swelling quellfest, quellbeständig, quellsicher
resistant to temperature changes temperaturwechselbeständig
resistant to touch *(OB)* grifffest *(Anstriche, Beschichtungen)*
resistant to water wasserfest, wasserbeständig
resistant to wear abriebbeständig, verschleißfest, abnutzungsbeständig
resistant to weathering verwitterungsfest
resistant to wheel-chairs rollstuhlfest, rollstuhlwiderstandsfähig, rollstuhlsicher
resisting widerstandsfähig
resisting force *(Stat)* Widerstandskraft *f*
resisting moment *(Stat)* Widerstandsmoment *n*
resisting to fracture bruchfest
resistivity *s.* resistance 1.
resistor *(El)* Widerstand *m (Bauteil)*; Vorschaltwiderstand *m*
resoiling *(LB, RS)* Kulturbodenauftrag *m (Rekultivierung)*
resol *(BM)* Resol *n*
resolidification *(RS)* Wiederverfestigung *f*
resolidify *v* wiederverfestigen
resolution Auflösung *f*, Zerlegung *f*; Beschluss *m*
resolution of forces *(Stat)* Kräftezerlegung *f*, Zerlegung *f* von Kräften
resolve *v* 1. zerlegen *(Kräfte)*; 2. trennen, aufspalten
resolving of forces *s.* resolution of forces
resonance *(DIS)* Resonanz *f*, Mitschwingen *n*
resonance action *(DIS)* Resonanzwirkung *f*
resonance curve *(DIS)* Resonanzkurve *f*
resonance effect *(DIS)* Resonanzeffekt *m*, Resonanzerscheinung *f (Brücke)*
resonance frequency *(DIS)* Resonanzfrequenz *f*
resonance screen *(BM, BWG, Te)* Resonanzsieb *n (Aufbereitung)*
resonance vibration *(DIS, Stat)* Resonanzschwingung *f*, Resonanzerschütterung *f*
resonant absorbent material Resonanzabsorber *m*, Resonanzschallschlucker *m*
resonant frequency Resonanzfrequenz *f*, Eigenfrequenz *f*
resonant load *(Stat)* Resonanzlast *f*
resonant oscillation *(DIS)* Resonanzschwingung *f*
resonant pile driver *(BWG, Erdb)* Resonanzpfahlramme *f*
resonant vibration Resonanzschwingung *f*, Resonanzerschütterung *f*
resonate *v* mitschwingen, in Resonanz kommen [sein]
resonator *(DIS)* Resonator *m (Schallabsorption)*
resonator wall Resonatorwand *f*
resorcinol adhesive *(BM)* Resorcinkleber *m*, Resorzinkleber *m*
resorcinol-formaldehyde *(RF) (BM)* Resorcin-Formaldehyd *n*, Resorzin-Formaldehyd *n*, RF
resorption Auflösung *f*, Resorption *f (Stoffe)*
resort *(RP)* Erholungsort *m*, Urlaubsgebiet *n*
resort hotel *(Arch)* Urlauberhotel *n*, Ferienhotel *n*
resounding *(DIS)* Schallreflexion *f*, Lärmwiderhall *m (Schallschutz)*
resource recovery *(RS)* Rohstoffrückgewinnung *f*, Wertstoffrückgewinnung *f*
resource recovery plant *(RS, Umw)* Wiedergewinnungsanlage *f*
resources 1. *(Bod)* Bodenschätze *mpl*, Vorkommen *npl*; 2. *(VR)* Geldmittel *npl*
respirator Schutzmaske *f*, Atemschutzmaske *f*; Atemschutzgerät *n*
resplendent *(OB)* brillant glänzend; sehr hell scheinend; prächtig
respond *v* reagieren, ansprechen (auf)
respond *(Arch)* Blendarkaturpilaster *m*, Bogenstütze *f*, Bogenpfeiler *m*; Dienst *m (in gotischer Architektur)*; Gewölbewange *f*
response temperature *(HLK)* Öffnungstemperatur *f*
responsibility 1. *(VR)* Verantwortlichkeit *f*; 2. *(VR)* Verantwortung *f* • **at the responsibility** *(VR)* auf Rechnung und Gefahr *(Baumateriallieferung)* • **on one's own responsibility** *(VR)* auf eigene Verantwortung
responsible 1. verantwortlich; 2. zahlungsfähig • **be responsible (for)** haften (für) *(z. B. für Mängel)*
responsible bidder *(VR)* Bieter *m* mit niedrigstem Angebot und voller fachlicher Kompetenz, akzeptierbarer Bieter *m*
ressant *(AE) s.* ressaut 2.
ressault *s.* ressaut 2.
ressaut 1. *(Konst)* Auskragung *f*, Überstand *m*; 2. *(Arch)* Walzenzierkante *f*
rest *v* 1. *s.* rest on; 2. in Ruhelage sein; stehen *(Maschinen)*
rest *v* **on** lagern [liegen, Auflager haben] auf, aufliegen, ruhen auf
rest 1. *(Stat)* Ruhelage *f*; 2. *(Te)* Stillstand *m*; 3. *(TK)* Auflager *n* • **at rest** *(Stat)* ruhend, in Ruhe
rest area *(Verk)* Rastplatz *m*, Raststelle *f*
rest bench Ruhebank *f*
rest bend Winkelfitting *n* mit Auflage, unterstütztes Rohrwinkelstück *n*
rest brick *(Konst, SB)* Kragstein *m*
rest house 1. *(Verk)* Rasthaus *n*; 2. Erholungsheim *n*
rest room *(Konst, San)* Ruheraum *m*; *(AE)* Toilette *f (Hotel, Gaststätte usw.)*; Waschraum *m (in öffentlichen Gebäuden)*
rest stone Kragstein *m*
restaurant Restaurant *n*, Gaststätte *f*; Speisegaststätte *f*
restaurant floor *(Konst)* Restaurantetage *f*, Restaurantgeschoss *n*, Restaurantstockwerk *n*
restaurant level *s.* restaurant floor
resting place Ruheplatz *m (am Treppenpodest)*
resting platform *(Konst)* Ruheplattform *f*
restocking Aufforstung *f (Landschaftsbau)*
restoration 1. *(RS)* Restaurierung *f*, Wiederherstellung *f*; Instandsetzung *f (von Gebäuden)*; 2. *(LB)* Rekultivierung *f (von Land)*
restore *v* 1. *(RS)* restaurieren, wiederherstellen; instand setzen *(Gebäude)*; 2. *(LB)* rekultivieren *(Land)*
restore *v* **the original state** *(RS)* den Originalzustand wiederherstellen

restorer Restaurator *m*
restraighten *v (Te)* nachrichten, ausrichten
restrain *v* 1. *(Stat)* (gelenklos) einspannen; 2. *(Konst)* einschränken; festhalten; zurückhalten
restrained *(Stat)* eingespannt, gedämpft
restrained at both ends *(TK)* beid(er)seitig eingespannt
restrained bearing *(TK)* festes Lager *n*, eingespanntes Lager *n*, Festeinspannlagerung *f*
restrained edge *(Stat)* eingespannter Rand *m*
restrained from rotating drehungsfrei *(eingespannter Balken)*
restrained height *(Verk)* Höhenbeschränkung *f*
restraining *(Stat)* Einspannung *f*
restraining action Hemmwirkung *f*
restraining end moment *(Stat)* Einspannmoment *n*
restraining straps Einspannungsbügel *mpl*
restraint 1. *(Stat)* Einspannung *f*, feste Endeinspannung *f*; 2. Beschränkung *f*, Einschränkung *f*
restraint specimen eingespannter Prüfkörper *m*
restraint system Rückhaltesystem *n*
restrict *v* einschränken, begrenzen, beschränken
restricted 1. eingeschränkt, begrenzt; 2. befristet
restricted area 1. *(Verk)* Strecke *f* mit Geschwindigkeitsbegrenzung; 2. Sperrgebiet *n (militärisch)*
restricted list of bidders infrage kommende Baufirmen *fpl*
restricted place begrenzter Platz *m*, Platzmangel *m*
restricted procedure *(VR)* nicht offenes Verfahren *n (Vergabe)*
restricted tender *(VR)* beschränkte Ausschreibung *f*
restricted thickness pavement *(Verk)* Zwischenausbaubefestigung *f*
restricted traffic movement *(Verk)* beschränkter Verkehrsfluss *m*
restricted transit time *(Tun)* befristete Durchfahrtszeit *f*
restricted zone *(Umw, VR)* beschränkte Zone *f*
restriction 1. Beschränkung *f*, Begrenzung *f*; 2. *(San, WVA)* Verengung *f*; Rohrverengung *f*
restriction of production Produktionseinschränkung *f*
restriction of use *(VR)* Nutzungsbeschränkung *f (Land, Grundstück)*
restrictive circuit Sparschaltung *f (Heizung)*
restrictive covenant *(AE) (VR)* Grundstücksnutzungsvereinbarung *f*, Landnutzungsübereinkunft *f*
result *v* sich ergeben, resultieren
result Resultat *n*, Ergebnis *n*, Folge *f*
result of determination Ermittlungsergebnis *n*
result of measurement Messergebnis *n*
resultant *(Stat)* Resultierende *f*
resultant force *(Stat)* resultierende Kraft *f*, Mittelkraft *f*
resultant load *(Stat)* resultierende Kraft *f*
resultant motion resultierende Bewegung *f*
resumption of works *(Te)* Wiederaufnahme *f* der Bauarbeiten
resurface *v* 1. *(RS, SB)* neu verputzen, Putz erneuern; 2. *(Verk)* die Straßendecke [Oberfläche] erneuern *(Straße)*
resurfacing *(RS, Verk)* Oberflächenneubeschichtung *f*; Oberflächennachbehandlung *f (Straße)*
resurvey *v (Verm)* neu vermessen, eine Neuaufnahme machen, neu vermessen
resurvey *(Verm)* Nachvermessung *f*, Neuvermessung *f*
resuscitation Wiederbelebung *f*
retable *(Arch)* Retabel *n*, Altaraufsatz *m (Aufsatz hinter der Mensa eines Altars)*
retail shopping complex *(RP)* Einkaufkomplex *m*, Kaufkomplex *m*, Geschäftskomplex *m*, Ladenkomplex *m*
retail shopping street *(RP)* Einkaufsstraße *f*, Ladenstraße *f*, Geschäftsstraße *f*
retain *v (Wsb)* zurückhalten; stauen *(Wasser)*
retainage *(VR)* anteilig zurückgehaltene Bausumme *f*
retained zurückhaltend, speichernd, gespeichert
retained fraction Siebrückstand *m*
retained heat *(HLK)* gespeicherte Wärme *f*
retained on sieve Siebrückstand *m*
retained sample *(BM)* Rückstellprobe *f*
retained storage volume *(Wsb)* Speichermenge *f*
retained sum *(VR)* anteilig zurückgehaltene Bausumme *f*, Garantie- und Ausführungsbürgschaft *f*
retained water Haftwasser *n*
retained water level *(Wsb)* Stauwasserstand *m*
retainer Feststellvorrichtung *f*, Halterung *f*, Arretierung *f*; Anschlag *m*
retainer cone Haltekonus *m*
retaining 1. *(Konst)* Unterstützung *f (z. B. einer Wand)*; 2. *(Wsb)* Aufstauen *n*, Aufstau *m*
retaining basin *(Wsb)* Staubecken *n*, Verzögerungsbecken *n*, Rückhaltebecken *n*, Hochwasserrückhaltebecken *n*
retaining bolt Befestigungsschraube *f*
retaining capacity *(Wsb)* Stauraum *m*
retaining dam *(Wsb)* Staudamm *m*
retaining level *(Wsb)* Stauhöhe *f*
retaining screw Befestigungsschraube *f*
retaining sieve Siebrückstand *m*
retaining sluice *(Wsb)* Stauschleuse *f*
retaining structure *(TK)* Stützbauwerk *n*
retaining wall 1. *(Wsb)* Stützmauer *f*, Stützwand *f*; 2. *(Wsb)* Stauwand *f*
retaining weir *(Wsb)* Stauwehr *n*
retard *v (Te)* verzögern, hemmen, verlangsamen *(z. B. Abbindeprozesse, Korrosionsprozesse)*
retardation 1. Verzögerung *f (Zementabbinden)*; 2. *(Wsb)* Verzögerung *f (Wasserabfluss)*
retardation basin *(Wsb)* Rückhaltebecken *n*, Hochwasserrückhaltebecken *n*, Regenrückhaltebecken *n*
retardation of setting *(Te)* Abbindezeitverzögerung *f (Zement, Gips)*
retardation time Verzögerungsdauer *f*
retarded flow *(Wsb)* verzögerte Strömung *f*
retarded hemihydrate abbindeverzögertes Gipshalbhydrat *n*
retarded plasticized plaster *(AE) (BM)* Mörtelgips *m*
retarder *(BM)* Verzögerungsmittel *n*, Verzögerer *m*, Hemmstoff *m*; Abbindeverzögerer *m*, Erstarrungsverzögerer *m (für Zement oder zementartige Stoffe)*
retarding admixture [agent] *s.* retarder
retarring *(OB, RS)* Nachteerung *f*
retempering *(RS)* Wiederaufbereitung *f (z. B. von Beton)*; Nachmischen *n* mit Wasserzusatz *(bei Mörtel und Beton mit Erstarrungsbeginn)*
retention 1. Haltesicherung *f*; Festhaltung *f*, Zurückhaltung *f*; Retention *f*, Speicherung *f*; 2. *s.* retention money
retention areas *(Wsb)* Rückhalteflächen *fpl*, Retentionsflächen *fpl*, Überflutungsflächen *fpl (Flussauen)*
retention basin *(Wsb)* Rückhaltebecken *n*
retention capacity *(Wsb)* Rückhaltekapazität *f*
retention fee amount *(VR)* Einbehaltungsbetrag *m*
retention money *(VR)* Garantierückhaltebetrag *m*, Ausführungs- und Garantiebürgschaftssumme *f*
retention of title Einbehaltung *f* des Rechtsanspruches
retention percentage Prozentsatz *m* der Einbehaltung
retention period Garantiezeitraum *m*
retention reservoir *(Wsb)* Rückhaltebecken *n*
retention storage *(Wsb)* Rückhaltevolumen *n*
retention time Verweildauer *f*
retention wall 1. *(Wsb)* äußere Dichtungswand *f*; 2. Rücklagenwand *f*
retention water *(BM)* Haftwasser *n*
retentive power Wasserhaltevermögen *n (Erdstoff, Boden)*
retest *v* nachprüfen *(im Versuch)*

retest *(VR)* Gegenprobe *f*, Wiederholungsversuch *m* *(Baustoffprüfung)*
retexturing *(OB, RS)* Oberflächentexturwiederherstellung *f*, Retexturierung *f*; Oberflächenbearbeitung *f*, Oberflächenverbesserung *f*
reticular *s.* reticulated
reticulated *(Konst)* netzartig, netzförmig; netzartig bedeckt; vernetzt
reticulated mosaic work Netzmosaikarbeit *f*
reticulated moulding netzartige Verzierung *f*
reticulated structure *(Konst, OB)* Netztextur *f*, Maschentextur *f*
reticulated tracery *(Arch)* Maschenmaßwerk *n*, Netzmaßwerk *n* *(Ornament)*
reticulated vault(ing) Netzgewölbe *n*
reticulated window *(Arch)* Netzwerkfenster *n*
reticulated work Netzmosaikarbeit *f*
reticulatum opus *(Arch)* diagonale Mosaikwandverkleidung *f* *(im antiken Rom)*
reticuline bar gebogener Verbindungsstab *m*
retighten *v* *(Te)* nachziehen *(z. B. Schrauben)*; wieder befestigen *(z. B. Verbindung, Bauelement)*
retile *v* *(RS, Te)* umdecken, neu decken *(Dach)*
retired embankment *(Wsb)* Rückstaudamm *m*, Sturmdeich *m*
retouch *v* *(OB, RS)* ausbessern *(Anstriche)*
retrace *v* nachziehen *(z. B. Zeichnungen mit Farbe)*
retractable einschiebbar
retractable roof *(Konst)* einziehbares Dach *n*
retracted position zurückgezogener Zustand *m*
retreat *v* *(Te)* nachbehandeln
retreat 1. *(Konst)* Rücksprung *m*, Rückversatz *m*; 2. *(Te)* Nachbehandlung *f*; 3. *(Konst)* Pflegeheim *n* *(meist privat)*
retreatment *(Te, Verk)* Oberflächennachbehandlung *f* *(Straße)*
retro-choir *(Arch)* Retrochor *m* *(Umgang hinter dem Hochaltar englischer Kathedralen der Gotik)*
retro-quire *s.* retro-choir
retrofit *v* *(HLK, RS)* umbauen, umrüsten, nachrüsten *(z. B. Heizungsanlagen)*
retrofitting *(HLK, RS, San)* Umbauen *n*, Umrüsten *n*
retroflection Retroflexion *f*
retrogressive erosion rückwärts schreitende Korrosion *f*
retroreflecting road stud *(Verk)* retroflektierender Markierungsknopf *m* *(EN 1436, EN 1794)*
return *v* *(HLK)* zurückführen, zurückleiten; zurückfließen, zurücklaufen
return *v* **to earth** *(El)* erden, an Masse legen
return 1. *(Arch)* Zierleistenrückführung *f*, Zierkantenumlenkung *f*; 2. *(HLK)* Rückführung *f*, Rückleitung *f*; Rücklauf *m*
return air *(HLK)* Rückluft *f*
return-air duct *(HLK)* Rückluftkanal *m*
return-air intake Rück(lauf)lufteintritt *m*
return-air system *(HLK)* Rückluftanlage *f*
return bead *(Arch)* Perlstabumlenkung *f*
return bend *(San, WVA)* Doppelbogen *m*, Doppelkrümmer *m*
return flow *(HLK, San)* Rücklauf *m*, Rückfluss *m*
return grill *(HLK)* Luftabzugsgitteröffnung *f*
return line *(HLK)* Rücklaufleitung *f*
return mains *(HLK)* Rücklaufleitungen *fpl*
return pipe *(HLK, San)* Rücklaufrohr *n*, Rückflussrohr *n*, Rück(lauf)leitung *f*; Heizungsrücklaufrohr *n*
return system *(HLK)* Rückluftsystem *n* *(Klimaanlage)*
return temperature *(HLK)* Rücklauftemperatur *f*
return tube *s.* return pipe
return wall *(Erdb, TK)* Flügel(stirn)mauer *f*
return water *(HLK)* Rücklaufwasser *n*
returned moulding *(Arch)* Zierkantenbogen *m*, Zierkantenabknickung *f*
reuplift *(Erdb)* Wiederanstieg *m* *(Grundwasser)*
reusable wiederverwendbar
reusable waste product *(RS, Umw)* wiederverwertbares Abfallprodukt *n*
reuse *v* *(RS)* wiederverwenden, wiederverarbeiten
reuse *(RS)* Wiederverwendung *f*
revalé *(Arch)* am Bauwerk eingehauenes Steinornament *n*
revalidation *(VR)* Gültigkeitserneuerung *f*, Gültigkeitsverlängerung *f*
revamp *v* 1. *(RS)* ausbessern, flicken; 2. *(RS)* rekonstruieren, neu machen
revarnish *v* *(OB)* überfirnissen, nachfirnissen
reveal *v* aufdecken, zum Vorschein bringen; enthüllen, zeigen
reveal Leibung *f*, Laibung *f* *(Fenster, Tür)*
reveal lining Türleibungsverkleidung *f*
reveal pin Gerüstwandklammer *f*
reveal scuncheon *(Konst)* Türleibung *f*
revegetation *(LB)* Rekultivierung *f*
revent pipe *(San, WVA)* direkte Abflussleitung *f*, individueller Abfluss *m*
reverberant *(DIS)* nachhallend, hallig; Hall... *(Bauakustik)*
reverberant level *(DIS)* Nachhallpegel *m*
reverberant room *(DIS)* Nachhallraum *m*
reverberant sound *(DIS)* Nachhallschall *m*
reverberant sound absorption coefficient *(DIS)* Nachhallschluckbeiwert *m*
reverberation *(DIS)* Nachhall *m*, Hall *m*, Widerhall *m* *(Bauakustik)*
reverberation chamber *(DIS)* Nachhallraum *m*
reverberation control *(DIS)* Nachhallregulierung *f*
reverberation damping *(DIS)* Nachhalldämpfung *f*
reverberation level *(DIS)* Nachhallschallpegel *m*
reverberation sound *(DIS)* Nachhall *m*
reverberation time *(DIS)* Nachhallzeit *f*
reverberatory *(DIS)* hallig *(Bauakustik)*; reflektierend, zurückstrahlend *(z. B. Wärme)*
reversal 1. *(Stat)* Wechselbeanspruchung *f*; Lastspiel *n*; 2. Umkehrung *f*
reversal drum *(BWG)* Umkehrtrommel *f* *(Mischer)*
reversal form *(Stat)* Umkehrform *f* *(Zweigelenkrahmen)*
reversal of moments *(Stat)* Momentenumkehr *f*
reversal of slope *(Erdb)* Gegenhang *m*
reversal of stress Lastwechsel *m* *(Festigkeit)*
reversal ogee moulding *(Arch)* steigendes Karnies *n*
reversal side Rückseite *f*
reverse gegensinnig, umgekehrt, entgegengesetzt, revers, invers
reverse 1. Gegenseite *f*, Rückseite *f*; 2. Lehre *f*, Lehrbrett *n*, Schablone *f*; 3. Verkröpfung *f*; 4. *(HLK)* Umkehr *f*, Umkehrung *f* *(z. B. Steuersystem)*
reverse acting diaphragm valve reversierendes Ventil *n*
reverse bending Rückbiegung *f*
reverse bending strength *(BM, Stat)* Biegewechselfestigkeit *f*
reverse bendings *(Stat)* Biegeschwingungen *fpl*
reverse bevel nach außen gerichtete Gehrung *f* *(Tür)*
reverse curve *(Verk)* Gegenkurve *f*, S-Kurve *f*
reverse door *s.* reverse-swing door
reverse flow filter *(HLK)* Gegenstromfilter *n*
reverse gradient *(Bod, Konst, Verm)* Gegenneigung *f*
reverse-swing door auswärts öffnende Tür *f*, Tür *f* mit Öffnung in Gegenrichtung
reversed umgekehrt, gegenläufig, gegensinnig
reversed arch *(TK)* Entlastungsbogen *m*, Gegenbogen *m*, verkehrter Bogen *m*; Erdbogen *m*

reversed bending strength *(Stat)* Biegewechselfestigkeit *f*
reversed curve *(Verk)* Gegenkrümmung *f (Schiene)*
reversed direct stress Zug-Druck-Wechselbeanspruchung *f*
reversed ogee arch Karniesbogen *m*
reversed system Umkehrsystem *n*
reversed vault *(TK)* Kontergewölbe *n*, Gegengewölbe *n*, Grundgewölbe *n*, Erdgewölbe *n*, Sohlengewölbe *n*
reversed zigzag moulding *(Arch)* Zickzackzierkante *f*
reversible umkehrbar, reversibel
reversible grating *(Arch)* umkehrbares Gitterwerk *n*
reversible lane *(Verk)* Richtungswechselspur *f*, Umkehrspur *f*
reversible lane system *(Verk)* Richtungswechselverkehr *m*, Wechselspurverkehr *m*
reversible level *(Verm)* Reversionslibelle *f*, Reitlibelle *f*
reversible lock *(EB)* umdrehbares Schloss *n*
reversible window Drehfenster *n*
reversing-drum mixer *(BWG)* Freifallmischer *m* mit Gegenlaufentleerung
reversion of sealants Dichtungsstreifenzerstörung *f (durch chemische Reaktion)*
revet *v (Te)* verkleiden, abdecken *(Böschung, Fundament)*
revetment 1. *(Erdb, Konst)* Verkleidung *f*, Böschungsverkleidung *f*, Böschungsschutz *m*, Böschungserosionsschutz *m*, Uferschutz *m*; Baugrubensicherung *f*; 2. *s.* revetment wall; 3. *(Konst)* Gebäudeverkleidung *f*
revetment of slopes *(Erdb)* Böschungsabdeckung *f*; Uferbefestigung *f*
revetment of the banks Uferdeckwerk *n*, Uferschutz *m*
revetment wall *(Erdb)* Verkleidungsmauer *f*, Futtermauer *f*, Stützmauer *f*
revibration *(Te)* Nachrütteln *n*, Nachverdichtung *f (von Beton)*
review Rückblick *m*; Überprüfung *f*, Inspektion *f*; Rezension *f*
revise *v* 1. überprüfen; 2. berichtigen; überarbeiten, umarbeiten *(Plan)*
revise drawing *(Konst)* Revisionszeichnung *f*, korrigierte Bauzeichnung *f*
revised tender *(VR)* Nachtragsangebot *n*
revision Überarbeitung *f*
revitalization *(RP)* Wiederbeleben *n*, Neubelebung *f (von Stadtkernen)*
revitalize *v* 1. *(RS)* neu beleben, wiederbeleben *(z. B. Stadtzentren)*; 2. *(RS)* regenerieren
revival *(Wsb)* Verjüngung *f (Fluss)*
Revival architecture *(Arch)* Wiedergeburtsarchitektur *f (19. Jh.)*; Neugotik *f*, Neogotik *f*
revive *v* 1. *s.* revitalize; 2. *(Wsb)* verjüngen *(Fluss)*
revived wiederbelebt; erholt
revived Gothic style *(Arch)* Neugotik *f*, Neogotik *f*, posthume Gotik *f*
revived river *(Wsb)* verjüngter Fluss *m*
revolution 1. Umdrehung *f*, Tour *f (Größe)*; 2. Umlaufen *n*
revolving apartment tower *(Arch, Konst)* Drehwohnhochhaus *n*
revolving crane *(BWG)* Drehkran *m*, Schwenkkran *m*
revolving door Dreh(flügel)tür *f*
revolving floor restaurant *(Konst)* Drehrestaurant *n*
revolving leaf Drehflügel *m (Fenster, Tür)*
revolving platform Drehplattform *f*
revolving position Drehstellung *f*
revolving screen *(BM, BWG)* Siebtrommel *f*, Trommelsieb *n*
revolving shelf rundes, schwenkbares Küchenabstellregal *n*
revolving shutter *(EB)* Rollladen *m*
revolving sprinkler *(San)* Drehsprenger *m*
revolving stage *(EB)* Drehbühne *f*
revolving tower crane *(BWG)* Turmdrehkran *m*
rework *v* 1. *(Te)* nacharbeiten; 2. *(RS, Te)* aufarbeiten, regenerieren
rework *(RS)* Nacharbeit *f*
reworking 1. *(RS)* Nacharbeit *f*, Nacharbeiten *n*; 2. *(RS)* Aufarbeitung *f*; Umgestaltung *f*
rez-de-chaussée Erdgeschoss *n*
rezoning plan *(RP)* Zonenneuordnungsplan *m*
RF *s.* resorcinol-formaldehyde
RFS *s.* render, float, and set
R.H. *s.* Rockwell hardness
rheological behaviour *(BM)* Fließverhalten *n*
rheological property *(BM)* rheologische Eigenschaft *f*, Fließeigenschaft *f*
rheology Rheologie *f*, Fließlehre *f (Baustoffe)*
rheometer Rheometer *n*
rheopexy Rheopexie *f*, Fließverfestigung *f*
rheostat *(El)* Rheostat *m*, Widerstandsregler *m*
rhomb *s.* rhombus
rhombic dodecahedron *(Arch)* Rhombendodekaeder *n*
rhomboidal *(Arch)* rautenförmig, rhomboidisch
rhombus *(Arch)* Raute *f*, Rhombus *m (Geometrie)*
rhyolite *(BM, Bod)* Rhyolit *m*
rhyolitic tuff *(BM)* Rhyolittuff *m*
rib *v* 1. *(TK)* mit Rippen versteifen; 2. *(Te)* riffeln, rippen
rib 1. *(Konst)* Rippe *f (zur Versteifung)*; Gewölberippe *f*; Steg *m (eines Betonträgers und T-Trägers)*; 2. *(Konst)* Rippe *f*; 3. *(Konst)* französische Leiste *f (Metallbedachung)*; 4. *(Tun)* Lehrgerüst *n*
rib and panel vault *(Konst, TK)* Rippenplattengewölbe *n*
rib and tile floor system *(TK)* Hohlkörperdeckenkonstruktionssystem *n*
rib depth Rippenhöhe *f*
rib floor slab construction *(Te, TK)* Rippenplatten(decken)bauweise *f (Ortbetonbauweise)*
rib-groined vault *(Konst, TK)* Rippenkreuzgewölbe *n*
rib intersection Rippenschnittpunkt *m*
rib lath Rippenleiste *f*, Verstärkungsrippenleiste *f*
rib loading *(Stat)* Rippenbelastung *f*
rib mesh Streckmetall *n*, Streckgitter *n*
rib of an arched roof Grat(bogen) *m*
rib of column Säulenrippe *f*
rib of dome *(Arch)* Zunge *f* der Kuppel, Kuppelzunge *f*
rib of planks *(Hb, Te)* Bohlenlehrgerüst *n*
rib-profile *(BT)* Rippenprofil *n*
rib roof *(Konst)* französisches Leistendach *n*
rib slope Rippenneigung *f*
rib spacing *(Konst)* Rippenabstand *m*
rib-span forms Rippendeckenschalung *f*
rib-strengthened *(TK)* rippenversteift
rib system *(Konst)* Rippennetz *n*, Rippenwerk *n*, Rippensystem *n*
rib-vaulted church *(Arch)* Rippengewölbekirche *f*
rib-vaulted construction *(Arch, Konst)* Rippengewölbebau *m*
rib-vaulted edifice *(Arch, Konst)* Rippengewölbebauwerk *n*
RIBA *(Royal Institute of British Architects)* Britischer Architektenverband *m*
ribband *(AE) (Hb)* Riegel *m*, Verbindungsholz *n*, Verbindungsstück *n*
ribbed *(BT)* gerippt
ribbed arch gerippter Bogen *m*, Rippenbogen *m*
ribbed bar Rippenstahl *m (Bewehrung)*
ribbed beam *(TK)* Rippenbalkenträger *m*
ribbed ceiling *(TK)* Rippendecke *f*
ribbed cement flooring slab *(BT)* Stegzementdiele *f*

ribbed clay brick floor *(TK)* Ziegelrippendecke *f*
ribbed concrete floor *(TK)* Stahlbetonrippendecke *f*
ribbed cupola [dome] *(Konst)* Rippenkuppel *f*
ribbed floor *(Konst, TK)* Rippendecke *f*
ribbed floor slab construction Rippenplatten(decken)-bauweise *f (Ortbetonbauweise)*
ribbed floor with hollow stone fillers Stahlsteindecke *f*
ribbed fluting ausgekehlte Rippung *f*, Kehlriefelung *f*
ribbed form Rippenschalung *f*
ribbed girder *(TK)* Rippenträger *m*
ribbed glass Riffelglas *n*
ribbed heater *(HLK)* Rippenheizkörper *m*
ribbed heating tube *(HLK)* Lamellenrohr *n (Heizung)*
ribbed indented bar *(BT)* Nockenrippenstab *m*
ribbed joint *(Konst)* französische Leistenverbindung *f*
ribbed panel *(BT)* Rippenplatte *f*, Stahlbetonrippenplatte *f (Wandtafel)*
ribbed perforated metal Rippenlochmetall *n*
ribbed profile *(BM)* Rippenprofil *n*
ribbed radiator *(HLK)* Rippenheizkörper *m*
ribbed reinforcement *(BM, St)* Betonrippenstahl *m*
ribbed section Rippenprofil *n*
ribbed shape Rippenprofil *n*
ribbed slab *(TK)* Rippenplatte *f*, Stahlbetonrippenplatte *f*, Rippendecke *f*
ribbed slab filler Deckenfüllkörper *m*
ribbed steel (bar) *(BM, St)* Rippenstahl *m*
ribbed surface gerippte Oberfläche *f*, Rippenoberfläche *f*
ribbed trim Rippenprofil *n*
ribbed tube *(HLK, San)* Rippenrohr *n*, Lamellenrohr *n*
ribbed vault *(TK)* Rippengewölbe *n*, Gurtgewölbe *n*
ribbing *(TK)* Rippenversteifung *f*, Rippenkonstruktion *f*
ribbon Bandleiste *f*, Streifenleiste *f*, Schalleiste *f (für Schalungen)*
ribbon and tower housing estate *(RP)* Bandwurm- und Turmsiedlung *f*
ribbon board Horizontalunterstützungsleiste *f*
ribbon building *(RP)* Bandbebauung *f*
ribbon clay *(Bod)* Bänderton *m*
ribbon course Dachdeckungspattern *n*, Eindecksystem *n (mit wechselnder sichtbarer Ziegellänge)*
ribbon development *(RP)* Zeilenbebauung *f*, Bandbebauung *f (entlang von Straßen)*; strahlenförmige Vorstadtentwicklung *f*
ribbon gneiss *(Bod, BT)* Lagengneis *m*, Bändergneis *m*
ribbon-grained wood gestreiftes Holz *n*
ribbon loading *(Te)* Gleichzeitigkeitsbeschickung *f*
ribbon rail *(BT)* Metallhandlauf *m (für Treppen)*
ribbon rails *(AE) (Verk)* stoßfreier Schienenstrang *m*, durchgehend geschweißte Schienen *fpl*
ribbon saw Bandsäge *f*
ribbon strip *(Konst)* eingelassenes Querträgerstützholz *n (an den Jochsäulen)*
ribbon-stripe veneer Furnier *n* mit abwechselnd hellen und dunklen Streifen
ribbon windows *(Konst)* Fensterband *n*, Bandfenster *n*, Langfenster *n*, geschlossene Fensterreihe *f*
ribboned *(Bod)* gebändert
ribless rippenlos, rippenfrei
rice starch paste Reisstärkekleister *m*
rich 1. fett *(z. B. Beton)*; 2. satt, kräftig *(Farbe)*
rich clay *(BM, Bod)* fetter Ton *m*
rich concrete *(BB, BM)* fetter Beton *m*, zementreiche Betonmischung *f*
rich in contrast *(OB)* kontrastreich
rich in iron eisenreich
rich in lime *(Bod)* kalkreich
rich in woodlands *(LB, Umw)* waldreich
rich lime *(BM)* Fettkalk *m*, Weißkalk *m*
rich lump lime Weißstückkalk *m*
rich mix(ture) fette Mischung *f*, fettes Gemisch *n*
rich mortar fetter [feinstoffreicher, bindemittelreicher] Mörtel *m*, Fettmörtel *m*
rich quicklime Weißbranntkalk *m*
rich soil *(Bod)* fetter Boden *m*
richly decorated *(Arch)* reich verziert, reich geschmückt
richly ornamented *(Arch)* reich verziert, reich geschmückt
richness of detail *(Arch)* Detailreichtum *m*
Richter scale *(Bod)* Richterskala *f*
ricker *(Hb)* Rundholzstange *f*
rickers Rundhölzer *npl*
rickety *(RS)* baufällig, verfallen
rid *v (Te)* ausfahren; entlanggleiten
riddle *v (Te)* durchsieben, grobsieben, absieben
riddle Durchwurfsieb *n*, Grobsieb *n*, Rüttelsieb *n*
riddling Durchwerfen *n*, Grobsiebung *f*, Rüttelsieben *n*
ride *v* fahren
rideability *(Verk)* Befahrbarkeit *f*
rideability index *(Verk)* Befahrbarkeitswert *m*
rider 1. *(EB)* Laufgewicht *n*; 2. *(Konst)* Strebe *f*
rider cap *s.* pile cap
rider strip 1. *(BT)* Kopfplatte *f*, Deckenflacheisen *n*; 2. *(Konst)* First *m*, Firstlinie *f (Dach)*
ridge *v* riefen, mit Rillen versehen, furchen
ridge 1. *(Konst)* First *m*, Dachfirst *m*; Firstlinie *f*; 2. *(Konst)* Rücken *m*; Steg *m*; Wulst *f(m)*; 3. *(Bod)* Bergrücken *m*; Kamm *m*, Gebirgskamm *m*; 4. Riefe *f*, Rille *f*; Rippenfurche *f*
ridge batten *s.* ridge roll
ridge beam *(Hb)* Firstbalken *m*, Firstbohle *f*
ridge board *(Hb)* Firstbohle *f*, Firststück *n*
ridge cap(ping) Firstabdeckung *f*, Firsthaube *f*
ridge capping tile Firstkappe *f*
ridge corner tile Firstecke *f (Ziegel)*
ridge course *(Konst)* Firstschar *f*
ridge covering *s.* ridge cap(ping)
ridge cresting *(Arch)* Dachfirstkrönung *f*, Dachfirstverzierung *f*, Dachfirstkrone *f*
ridge cut Sparrenschnitt *m*
ridge extract ventilator *(HLK, Konst)* Dachentlüftung *f*, Dachlüftung *f*
ridge fillet *(Arch)* Säulenkopfzierleiste *f*
ridge folding *(Konst)* Firstfaltung *f*
ridge form *(Konst)* Firstausbildung *f*
ridge girder *(TK)* Firstträger *m*
ridge height Firsthöhe *f*
ridge joint *(Konst)* Firstpunkt *m*
ridge lantern *(BT, Konst)* Dachreiter *m*, Dachlaterne *f*
ridge line Firstlinie *f*, Dachförste *f*, Förste *f*
ridge line piece *(Hb, TK)* Firstbalkenträger *m*
ridge piece *s.* ridge board
ridge plate *(San)* Firstblech *n*, Gratblech *n*
ridge point Firstpunkt *m*
ridge purlin *(Konst)* Firstpfette *f*, Scheitelpfette *f*
ridge rib *(BT)* Scheitelrippe *f*, Gewölberippe *f*
ridge roll 1. *(Arch)* Firstschnörkel *m*, rundes Firstdeckholz *n*; 2. *(San)* runde Metallfirstabdeckung *f*
ridge roof *(Konst)* Satteldach *n*
ridge saddle board *s.* ridge board
ridge shingle Firstschindel *f*
ridge starting tile Firstanschlussziegel *m*, Firstabfänger *m*, Walmanfänger *m*
ridge stop *(San)* Firstabdeckverbindungsblech *n (an einer Wand)*
ridge tile *(BM)* Firstziegel *m*, Firststein *m*
ridge-to-ridge folding *(Konst)* First-zu-First-Faltung *f*
ridge-to-valley folding *(Konst)* First-zu-Kehle-Faltung *f*
ridge tree *s.* ridge purlin
ridge turret *(BT, Konst)* Dachreiter *m*

ridge-type roof light Firstoberlicht *n*
ridge-type skylight *(Konst)* Firstraupe *f*
ridge ventilation cap *(HLK, Konst)* Entlüftungsfirstkappe *f*
ridge ventilator *(HLK)* Firstlüfter *m*, Firstentlüfter *m*
ridged zweihängig *(Dach)*
ridging 1. *(Konst)* Firstabdeckung *f*; 2. Faltenbildung *f*, Blasenbildung *f (Dachhaut)*; 3. Wulst *f (Oberfläche)*
riding quality *(Verk)* Fahrkomfort *m*
riding trail *(LB)* Reitweg *m*
riffle *v* riffeln, furchen
riffle file *(BWG)* Riffelfeile *f*, Riffeleisen *n*
riffler *(BWG)* Raspel *f*, Lochfeile *f (Rundfeile)*
rifle range Gewehrschießstand *m*
rift *v (OB)* aufreißen, (auf)springen; sich spalten
rift 1. *(Bod)* Spalte *f*, Riss *m (im Gestein)*; 2. *(SB)* Spaltrichtung *f (Naturstein)*; 3. Sprung *m*, Riss *m*
rift-grained *(BM, Hb)* schräg geschnitten *(Holz)*
rift-sawn zu Hobelbrettern gesägt
rig *v* **(up)** 1. *(Te)* (ein)rüsten; 2. *(Te)* montieren; aufstellen *(z. B. Anlagen)*; 3. *(Te)* verspannen, abspannen
rig 1. *(BWG)* Ausrüstung *f (für spezielle Zwecke)*; Anlage *f*; 2. *(Erdb)* Pfahlrammanlage *f*, Rammgestell *n*; Dreibock *m*; Bohranlage *f*
rig operator *(Bod)* Geräteführer *m*, Bohrgeräteführer *m*
rigger 1. Monteur *m (z. B. für Krane)*; Metallgerüstbauer *m*; 2. *(BWG)* Langhaar(präzisions)pinsel *m*
rigger's scaffold *(BWG, Te)* Monteurgerüst *n*, Monteurrüstung *f*
rigging 1. Aufbau *m*, Montage *f (von Anlagen, Einrichtungen)*; 2. Abspannung *f*, Verspannung *f (bei Montage)*
rigging line *(TK)* Abspannseil *n*
riggot *(WVA)* Regenwassereinlauf *m*
right *v (Te)* aufrichten, in senkrechte Lage bringen; ins Gleichgewicht bringen; sich aufrichten
right gerade, aufrecht, stehend
right angle *(Arch, Verm)* rechter Winkel *m*
right-angled rechtwinklig, winkelrecht, im rechten Winkel
right angularity *(Arch, Verm)* Rechtwinkligkeit *f*
right bearing rechtes Auflager *n*
right-hand bend *(Verk)* Rechtskrümme *f*, Rechtsbiegung *f*
right-hand designation *(VR)* Rechtsbezeichnung *f*
right-hand door rechts aufschlagende Tür *f*, Rechtstür *f*
right-hand hinge *(EB)* Rechtsband *n (Tür- und Fensterbeschläge)*
right-hand lane *(Verk)* rechte Spur *f*
right-hand lock *(EB)* Rechtsschloss *n*, rechtes Schloss *n*
right-hand reverse door *(Konst)* rechtsgehängte Tür *f*
right-hand side tile Rechtsziegel *m (Dachziegel)*
right-hand stairway *(Konst)* Treppe *f* mit Handlauf rechtsseitig in Steigungsrichtung
right-hand traffic *(Verk)* Rechtsverkehr *m*
right line *(Stat)* Gerade *f*
right-lined *(Verm)* geradlinig
right of eminent domain *(VR)* staatliches Vornutzungsrecht *n*, *(AE)* Enteignungsrecht *n (des Staates)*
right of first refusal *(VR)* Vorkaufsrecht *n*
right of residence *(VR)* Wohnrecht *n*
right of sale *(VR)* Verkaufsrecht *n*
right-of-way 1. *(RP)* Trasse *f (vom Staat beanspruchtes Gelände für Straßen, Eisenbahn)*; 2. *(RP, VR) (AE)* Geländestreifen *m* mit Bau- und Unterhaltungsrecht für Leitungen und Trassen; Leitungstrassengelände *n*; 3. *(VR) (AE)* Wegerecht *n*, Vorfahrtsrecht *n*
right to claim under guarantee *(VR)* Garantieanspruch *m*
right to expropriate *(VR)* Enteignungsrecht *n (des Staates)*
right turn carriageway *(Verk)* Rechtsabbiegefahrbahn *f*
right turn filter [lane] *(Verk)* Rechtsabbiegespur *f*
right-turning lane *(Verk)* Rechtsabbiegespur *f*
right-turning vehicles *(Verk)* Rechtsabbieger *m*
rightful owner *(VR)* rechtmäßiger Besitzer *m*
rightward skew slab *(BT, Konst)* rechtsschiefe Platte *f*
rigid 1. *(BM)* starr, (biege)steif, unbiegsam; hart *(z. B. Baustoffe, Kunststoff)*; 2. *(Konst)* starr, nicht verschiebbar; eingespannt; gelenklos; 3. *(TK)* standsicher
rigid arch *(TK)* eingespannter [gelenkloser] Bogen *m*
rigid bearing 1. *(TK)* starres Auflagern *n*; 2. *(TK)* steifes Auflager *n*
rigid body starrer Körper *m*
rigid body motion Starrkörperbewegung *f*
rigid concrete frame *(TK)* Betonstarrrahmen *m*, Betonsteifrahmen *m*
rigid connection *(BT)* starre Verbindung *f*
rigid construction system *(TK)* starre Konstruktion *f*, steifes Konstruktionssystem *n*, starres Bausystem *n*
rigid end-restraint *(Konst)* starre Einspannung *f*, steife Einspannung *f*
rigid expanded phenol resin *(BM, DIS)* Phenolharzhartschaum(stoff) *m*
rigid expanded polyester *(BM, DIS)* Polyesterhartschaum(stoff) *m*
rigid fixing *(Konst)* Einspannung *f*
rigid foam *(BM, DIS)* fester [harter] Schaumstoff *m*, Hartschaum(stoff) *m*
rigid foam adhesive Hartschaumkleber *m*
rigid foam building unit *(BT, DIS)* Hartschaumstoffbauelement *n*
rigid foam core panel *(BT, DIS)* Hartschaumkernwandtafel *f*
rigid foam filling Hartschaumfüllung *f*
rigid foam plastic *(BM, DIS)* Hartschaumkunststoff *m*
rigid foam plastic insulating material Hartschaumkunststoff-Dämmstoff *m*
rigid foam plastic sheet Hartschaumkunststoffplatte *f*
rigid foundation *(Erdb)* starre Gründung *f*
rigid frame *(TK)* steifer [starrer] Rahmen *m*, Steifrahmen *m*, Skelettrahmen *m*
rigid-frame bridge *(Verk)* Rahmenträgerbrücke *f*
rigid frame construction *(TK)* steifer Skelettbau *m*, Steifrahmenbau *m*
rigid framework *(TK)* steifes [starres] Skelett *n (Skelettbauweise)*
rigid insulating foam *(BM, DIS)* Dämmhartschaumstoff *m*
rigid insulation *(DIS)* Hartplattendämmung *f*
rigid insulation board *(BT, DIS)* Hartdämmplatte *f*, steife Dämmplatte *f*
rigid insulation material *(BT, DIS)* Hartdämmmaterial *n*, Hartdämmstoff *m*
rigid joint *(Konst, TK)* steife Knotenpunktverbindung *f*, biegesteifer Anschluss *m*
rigid-jointed *(TK)* steifknotig, biegesteif verbunden
rigid-jointed flat frame steifknotiger ebener Rahmen *m*
rigid lock vormontiertes Türschloss *n*
rigid metal conduit *(El)* (steifes) Kabelführungsrohr *n*
rigid mould biegesteife Form *f*
rigid nodal point *(Konst)* Skelettknotenpunkt *m*, starre Knotenverbindung *f*
rigid pavement *(Verk)* starre Befestigung *f*, starrer Belag *m*, starre Fahrbahnbefestigung *f (Straße)*
rigid pin-jointed purlin *(Konst)* feste Gelenkpfette *f*
rigid pipe *(San, WVA)* starres Leitungsrohr *n*
rigid plastic theory *(Stat)* steife Plastizitätslehre *f*
rigid point of support fester Stützpfeiler *m*
rigid polyester foam *(BM, DIS)* Polyesterhartschaum *m*
rigid polyethylene *(BM)* Hartpolyethylen *n*, Hartpolyäthylen *n*
rigid polyethylene pipe Hartpolyethylenrohr *n*, Hartpolyäthylenrohr *n*, Hart-PE-Rohr *n*
rigid polystyrene foam *(BM, DIS)* Polystyrolhartschaum *m*

R

rigid polythene *(BM)* Hartpolyethylen *n*, Hartpolyäthylen *n*
rigid polythene pipe Hartpolyethylenrohr *n*, Hartpolyäthylenrohr *n*, Hart-PE-Rohr *n*
rigid polyurethane foam *(BM, DIS)* Polyurethanhartschaum *m*
rigid PVC Hart-PVC *n*
rigid reinforcement *(Konst)* steife Bewehrung *f*
rigid rod starrer [biegesteifer] Rundstab *m*
rigid safety barrier *(Konst)* starre Sicherheitsbarriere *f*
rigid sheet *(BT)* Hartbauplatte *f (Trockenbau)*
rigid structural system *s.* rigid construction system
rigid structure *(Konst)* starres Bauwerk *n*, steifes Bauwerk *n*
rigid support *(Konst)* starre Auflage *f*, steife Auflage *f*, starres Auflager *n*, steifes Auflager *n*
rigid system *(Konst)* starre Konstruktion *f*, steife Konstruktion *f*, starres Bausystem *n*, steifes Bausystem *n*
rigid theory *(Stat)* strenge Theorie *f*
rigid vinyl *(BM)* Hart-PVC *n*
rigid vinyl pipe *(BT)* Hart-PVC-Rohr *n*
rigidity 1. *(Stat)* Starrheit *f*, Steife *m*, Steifigkeit *f*; Steife *f (Rahmenelement)*; Biegesteifigkeit *f*, Starrheit *f*; 2. Standfestigkeit *f*; 3. *s.* shear modulus
rigidity condition *(Stat)* Steifigkeitsbedingung *f*, Starrheitsbedingung *f*
rigidity factor *(Stat)* Steifigkeitsfaktor *m*, Starrheitsfaktor *m*
rigidity loss Steifigkeitsverlust *m*
rigidity matrix Steifigkeitsmatrix *f*, Starrheitsmatrix *f*
rigidity modulus *(Stat)* Schubmodul *m*, Schermodul *m*
rigidly jointed framework *(TK)* Rahmen *m* mit starren Ecken
rigidly restrained *(Konst)* starr eingespannt
rigorous *(Stat)* streng, exakt
rill Rinne *f*; Rinnsal *n*
rillet *(Bod, LB, Umw)* Bächlein *n*
rim 1. Rand *m*, Außenrand *m (eines runden Gegenstands)*; 2. *(EB)* Fensterflügelbeschläge *mpl (außer Scharnieren)*; Türblattbeschläge *mpl (außer Scharnieren)*
rim beam *(TK)* Randbalken *m*, Randträger *m*
rim latch *(EB)* aufgesetzter Türdrücker *m*
rim lock Kastenschloss *n*, Aufsatzschloss *n*
rim strain Randspannung *f*
rima *(Bod)* Kluft *f*, Riss *m (Geologie)*
rime *(BT)* Leitersprosse *f*, Sprosse *f*
rimming steel *(BM, St)* unberuhigter Stahl *m*
rinceau *(Arch)* gewundenes Pflanzenornament *n*
rind gall Rindengalle *f (Holz)*
ring 1. Ring *m*, Kreis *m*; 2. Ring *m*, Glied *n (Kette)*; Öse *f*
ring-and-ball method *(BM)* Ring-(und-)Kugelmethode *f (zur Bestimmung des Erweichungspunkts)*
ring-and-ball softening point *(BM)* Erweichungspunkt *m* mit Ring und Kugel *(Bitumen)*
ring beam Ringanker *m*, Ringbalken *m*, Ringträger *m*
ring cable Ringseil *n*
ring compression theory *(Tun)* Ringdruckverfahren *n*
ring course *(OB)* Bogenaußenschicht *f*
ring footing *(Erdb)* Ringfundament *n*
ring foundation *(Erdb)* Ringgründung *f*
ring gasket *(BT, DIS)* Dichtungsring *m*
ring girder *(TK)* Ringträger *m*
ring ground system *(AE)* Ringerdersystem *n*
ring joint Ringfuge *f*
ring joist *(TK)* Ringbalken *m*
ring latch *(EB)* (runder) Türdrücker *m*, Türdrückerring *m*
ring louver *(AE) (El)* ringförmige Beleuchtung *f*; Ringraster *m*, Lichtraster *m (einer Leuchte)*
ring louvers *(AE) (El)* konzentrische Beleuchtungsringe *mpl*
ring main 1. *(San, WVA)* Ringleitung *f*, Sammelleitung *f (Rohrleitung)*; 2. *(El)* Ringleitung *f*, Ringnetz *n*
ring of columns Säulenring
ring of growth Jahresring *m (Holz)*
ring of statues *(Arch)* Statuenkranz *m*
ring peg *(Verm)* Absteckpflock *m*, Markierungspfahl *m*
ring road 1. *(Verk)* Ring *m*, Ringstraße *f*; 2. *(Verk)* Umgehungsstraße *f*, Tangente *f*
ring shake Ringriss *m*, Kernschäle *f (Holz)*
ring-shaky *(BM, Hb)* kernschälig *(Holz)*
ring-shank nail Ringkopfnagel *m*
ring-shaped ringförmig
ring-shear test *(BM)* Ringschertest *m*
ring slab *(BT)* Ringplatte *f*
ring-stiffened *(TK)* ringversteift
ring stiffening *(TK)* Ringaussteifung *f*
ring stone *(SB)* Bogenrandstein *m*, Gewölbefrontstein *m*
ring strainers Ringverspannung *f*
ring system *s.* ring water main
ring wall *(Arch)* Ringwall *m*
ring water main *(WVA)* Ringwasserleitung *f*
ring work *(Arch)* Ringmauer *f*
ringed column *(AE) s.* banded column
ringing mechanism Läutewerk *n*
ringing wire *(El)* Klingeldraht *m*
rink 1. *(RP)* Eislaufanlage *f*; Eishockeyanlage *f*; 2. Rollschuhbahn *f*
rinsability Ausspülbarkeit *f*
rinse *v* (ab)spülen; ausspülen; abwaschen
rinse *v* **away** abspülen
rinse 1. *(Te, WVA)* Spülen *n*, Ausspülung *f*, Ausspülen *n*; 2. *(BM)* Spülmittel *n*
rinse valve *(BT, San, WVA)* Spülventil *n*
rinse water *(WVA)* Spülwasser *n*
rinsed abgespült; ausgespült; abgewaschen
rinser *(San)* Spüler *m*, Spülapparat *m*
rinsing 1. *s.* rinse; 2. Spülflüssigkeit *f*
rinsing box *(San)* Spülkasten *m*
rinsing water *(WVA)* Spülwasser *n*
riotous welter of ornament *(Arch)* Ornamentgewoge *n*
rip *v* 1. *(LB)* aufreißen *(Boden)*; stockroden; 2. *(Hb, Te)* längssägen *(Holz)*
rip hartes Gestein *n*
rip-rap *(Erdb, Wsb)* Steinschüttung *f*, Steinpackung *f*, grobes Gesteinsmaterial *n*; Steindeckwerk *n*, Steinvorlage *f (unregelmäßig, aus sehr großen Natursteinblöcken)*
rip-rap coarse rock *(BM, Erdb, Wsb)* Grobfelsgestein *n (für Fundamente)*
rip-rap stone *(BM, Erdb)* Rigolstein *m (Naturbruchstein)*
rip-rapping *s.* rip-rap
rip-saw *(BWG)* Längsschnittsäge *f*
rip-sawing *(Te)* Längssägen *n*, Längsschneiden *n*, Längsschnitt *m*, Sägen *n* in Holzfaserrichtung
riparian *(RP)* am Ufer liegend; Ufer...
riparian lands Ufergelände *n*
riparian right *(VR)* Wassernutzungsrecht *n* für das ans Grundstück angrenzende Gewässer
rippability Reißbarkeit *f*
ripper *(BWG)* Straßenaufbruchhammer *m*, Straßenaufreißer *m*
ripping 1. *(Te)* Aufreißen *n (z. B. von Boden)*; Abbrechen *n*; 2. *s.* rip-sawing
ripping bar Brecheisen *n*, Brechstange *f*
ripping chisel 1. *(Hb)* Stechbeitel *m*; 2. Rolleneisen *n*, Rindentrenneisen *n*
ripping size Trenngröße *f (Holz)*
ripple finish *(Arch, OB)* Wellenmuster *n*, Kräuseleffekt *m (Anstrich)*
ripple metal sheet Rippenfeinblech *n*
rippled wellig
rippled glass *(Arch, BM)* Kathedralglas *n*

rippling Verbiegung *f (eines Rahmens)*
rise *v* 1. *(Bod)* sich erheben, emporragen *(z. B. Gelände, Bauwerk)*; 2. *(Bod)* (an)steigen *(Gelände)*; 3. *(HLK, Stat)* (an)steigen, sich erhöhen *(z. B. Temperatur, Werte)*; 4. *(BM)* aufquellen; sich bauchen *(Baustoff)*; 5. *(Wsb)* (an)schwellen, ansteigen *(Wasserlauf)*; 6. *(OB, Umw)* anlaufen *(z. B. Mauer, Gewölbe, Pfeiler)*
rise 1. *(Bod)* Steigung *f (eines Geländes)*; Erhebung *f*, Anstieg *m (im Gelände)*; 2. *(Konst)* Pfeilhöhe *f*, Stichhöhe *f*, Stich *m (eines Gewölbes)*; 3. *(Konst)* Steigungshöhe *f*, Treppensteigung *f*; Stufenhöhe *f*; 4. *(HLK, Stat)* Ansteigen *n*, Steigen *n*, Erhöhung *f*, Zunahme *f (z. B. von Temperaturen, Werten)*
rise and run *s.* rise-to-run ratio
rise of arch *(Konst)* Stich *m* [Pfeil *m*] des Bogens
rise of stair(case) tread *(Konst)* Steigung *f* einer Stufenhöhe
rise ratio *(Konst)* Pfeilverhältnis *n (Gewölbe)*
rise-span ratio *(Konst)* Pfeilhöhenverhältnis *n*, Stichhöhenverhältnis *n*
rise-to-run ratio *(Konst)* Steigungsverhältnis *n*, Steigmaß *n*, Trittmaß *n (Treppe)*
riseboard *s.* riser board
riser 1. *(San, WVA)* Steigleitung *f*; Steigrohr *n*; 2. *(HLK)* Klimaanlagenhauptkanal *m*; 3. *s.* riser board
riser board *(BT)* Setzstufe *f*, Futterstufe *f (Treppe)*
riser height *(Konst)* Setzstufenhöhe *f*, Tritthöhe *f (Trepenstufe)*
riser main *s.* rising main
riser pipe *(San, WVA)* Steig(leitungs)rohr *n*
riserless setzstufenlos, futterstufenlos
rise/run ratio *s.* rise-to-run ratio
rising 1. *(SB)* aufgehend *(Mauerwerk)*; 2. steigend *(z. B. Flüssigkeiten, Druck)*; 3. *(BM, St)* unberuhigt *(Stahl)*
rising *(Wsb)* Anstauung *f*
rising arch *(Konst)* steigender Bogen *m*
rising barrel vault *(Konst)* steigendes Tonnengewölbe *n*
rising duct *(HLK)* Steigkanal *m*
rising electrical main *(El)* Steigleitung *f*
rising gradient *(Bod, Verk)* Steigung *f*
rising ground *(Bod)* Geländeschwelle *f*, Bodenerhebung *f*; ansteigendes Gelände *n*
rising height *(Konst)* Pfeilhöhe *f*, Bogenstich *m*
rising hinge ansteigende Türangel *f*, Spiralgangtürangel *f*
rising humidity *(DIS)* aufsteigende Feuchtigkeit *f*
rising main *(San, WVA)* Steigleitung *f*, Wassersteigleitung *f (Frischwasser)*; Fallleitung *f (Abwasser)*
rising moisture *(DIS)* aufsteigende Feuchtigkeit *f*
rising pipe *(San, WVA)* Steig(leitungs)rohr *n*
rising piping Steigrohrleitung *f*
rising scaffold bridge *(Konst, Te)* Laufbrücke *f*, Gerüsthubbrücke *f*
rising service pipe *(San)* Versorgungssteigrohr *n*
rising stage bridge *s.* rising scaffold bridge
rising steel structure *(St)* Stahlhochbauwerk *n*
rising steel structures *(St)* Stahlhochbauten *mpl*
rising step barrier Stufenschwellenbarriere *f*
rising strength *(BM)* zunehmende Festigkeit *f*, ansteigende Festigkeit *f*
rising structures *(Arch, Konst)* Hochbauten *mpl*
rising tubing *(San)* Steigleitung *f*, Steigrohr *n*
rising vault *(Konst)* einhüftiges Gewölbe *n*, ansteigendes Gewölbe *n*, geschobenes Gewölbe *n*
rising wall *(SB)* aufgehende Mauer *f*
risk *(VR)* Risiko *n*, Wagnis *n*; Gefahr *f*
risk allowance *(VR)* Risikozuschlag *m*
risk assessment Risikoeinschätzung *f*; Gefahrenanalyse *f*
risk evaluation Risikobewertung *f*
risk of buckling *(Stat)* Knickgefahr *f*
risk of corrosion *(OB)* Korrosionsgefahr *f*
risk of erosion *(Bod)* Erosionsgefahr *f*
risk of fire Feuergefahr *f*
risk of rot Gefahr *f* von Holzfäule
risk of rusting *(OB)* Rostgefahr *f*
risk of segregation *(BM)* Entmischungsgefahr *f (Mörtel, Beton)*
risk taking *(VR)* Risikoübernahme *f*; Rücksichtslosigkeit *f*
riskiness Gewagtheit *f*, Risikobereitschaft *f*
risks from radon *(Umw)* Radonrisiken *npl*
Ritter's dissection *(Stat)* Ritter'scher Schnitt *m (zur Ermittlung der Stabkräfte vom Fachwerk)*
Ritter's equation of moments *(Stat)* Ritter'sche Momentengleichung *f*
Ritter's method of dissection *(Stat)* Ritter'sches Schnittverfahren *n*
rive *v (Te)* spalten *(z. B. Holz)*; Schindeln aufspalten
riven lath gespaltene Leiste *f*, Spaltlatte *f*
river *(Bod, Wsb)* Fluss *m*, Strom *m*
river and lake protection *(Umw)* Gewässerschutz *m*
river bank *(Bod)* Flussufer *n*
river basin *(Bod)* Fluss(einzugs)gebiet *n*, Flussbecken *n*
river bed *(Bod, Wsb)* Flussbett *n*
river bend Flussbogen *m*
river changing *(Wsb)* Flussverlagerung *f*
river control *(Wsb)* Flussregulierung *f*
river dam *(Wsb)* Talsperre *f*
river deflection *(Wsb)* Flussablenkung *f*
river deposit *(Bod)* Flussablagerung *f*
river diversion *(Wsb)* Flussverlegung *f*
river engineering *(Wsb)* Flussbau *m*
river gradient *(Bod)* Flussgefälle *n*
river gravel *(BM)* Flusskies *m*
river improvement *(Wsb)* Flussregulierung *f*, Flussbau *m*
river in spate *(Bod)* Fluss *m* mit Hochwasser
river levee *(Wsb)* Flussdeich *m*
river lock *(Wsb)* Flussschleuse *f*
river-marsh soil *(Bod)* Aue(n)boden *m*
river meadow *(Bod)* Flussaue *f*
river meander *(Bod)* Flussmäander *m*
river mouth Flussmündung *f*
river pebble *(BM, Bod)* Flussgeröll *n*
river pier *(Br, Wsb)* Strompfeiler *m (Brücke)*
river plain *(Bod)* Talaue *f*
river pollution *(Umw)* Flussverschmutzung *f*
river port *(Wsb)* Flusshafen *m*, Binnenhafen *m*
river realignment *(Wsb)* Flussregulierung *f*
river sand *(BM)* Flusssand *m*
river shifting *(Wsb)* Flussverlegung *f*
river station *(Wsb)* Flusskraftwerk *n*
river structural works *(Wsb)* Flussbauten *mpl*
river terrace *(Bod)* Flussterrasse *f*
river training *(Wsb)* Flussregulierung *f*, Flussbau *m*
river training structure *(Wsb)* Flussbauwerk *n*
river training work *(Wsb)* Flussbauarbeiten *fpl*, Flussregulierung *f*
river training works *(Wsb)* Flussbauten *mpl*, Flussbauwerke *npl*
river valley *(Bod)* Flussniederung *f*
river wall *(Wsb)* Ufermauer *f*; Flussdamm *m*
river weir *(Wsb)* Flusswehr *n*
river works *s.* river training works
riverside *(Bod)* Flussufer *n*
riverside soil *(Bod, LB)* Aue(n)boden *m*
rivet *v (St, Te)* nieten, vernieten, annieten
rivet Niet *m*
rivet arrangement Nietbild *n*
rivet buster *(BWG, St)* Nietquetscher *m*, Nietschneider *m*
rivet calculation Nietberechnung *f*
rivet centres *(Konst)* Nietabstand *m*

R

rivet chisel Nietmeißel *m*
rivet cross section Nietquerschnitt *m*
rivet dolly Gegenhalter *m*
rivet driving *(St, Te)* Nietenschlagen *n*
rivet fastening *(St, Te)* Nietung *f*, Nietverbindung *f (Tätigkeit)*
rivet hammer *(BWG)* Niethammer *m*
rivet head Nietkopf *m*
rivet hole Nietloch *n*
rivet interval *(Konst, St)* Nietabstand *m*
rivet joint Nietverbindung *f*, Nietung *f (Nietstelle)*
rivet line *(Konst, St)* Niet(riss)linie *f*
rivet material Nietwerkstoff *m*
rivet pattern Nietanordnung *f*, Nietbild *n*
rivet pitch Nietabstand *m*, Nietteilung *f*
rivet point Nietkopf *m*
rivet set *(BWG, St)* Döpper *m*, Kopfmacher *m*, Nietkopfsetzer *m*
rivet setter *s.* rivet set
rivet shank Nietschaft *m*
rivet snap *s.* rivet set
rivet steel *(BM, St)* Nietstahl *m*
rivet symbol *(Konst)* Nietzeichen *n*
rivet wire Nietdraht *m*
rivetability Nietbarkeit *f*
riveted genietet, aufgenietet; vernietet
riveted butt joint *(Konst, St, Te)* Laschennietung *f*
riveted connection Nietverbindung *f*
riveted flange Nietflansch *m*
riveted frame *(St, TK)* Nietrahmen *m*
riveted girder *(St, TK)* Nietträger *m*
riveted joint *(BT, St)* Nietverbindung *f*, Nietung *f*
riveted lap joint Überlappungsnietverbindung *f*
riveted plate Nietplatte *f*
riveted section Nietfeld *n*
riveted steel pipe genietetes Stahlrohr *n*
riveted tank *(St, WVA)* genieteter Behälter *m*, Nietbehälter *m*
riveted truss *(St, TK)* genietetes Tragwerk *n*
riveter 1. Nietmaschine *f*, Nietpresse *f*; 2. Nieter *m*
riveting *(St, Te)* Nieten *n*, Nietung *f*
riveting by hand Handnietung *f*
riveting cup *s.* rivet set
riveting gang Nietkolonne *f*, Nietmannschaft *f*
riveting hammer *(BWG, St)* Niethammer *m*
riveting machine Nietmaschine *f*
riveting press Nietpresse *f*
riveting set [snap] *(BWG, St)* Döpper *m*, Kopfmacher *m*, Nietkopfsetzer *m*
riving knife Schindelspaltmesser *n*, Spaltmesser *n*
rivulet *(Bod, LB)* kleiner Wasserlauf *m*, Gerinne *n*, Bächlein *n*; Bach *m*, Bachlauf *m*
RM *s.* resilient modulus
road 1. *(Verk)* Straße *f*, Landstraße *f*, Außerortstraße *f*; 2. *(Verk)* Verkehrsweg *m*; 3. *s.* roadway
road account 1. *(Verk)* Straßenverzeichnis *n*; 2. *(Verk, VR)* Straßenanlagewert *m*
road administration Straßen(bau)verwaltung *f*
road aggregate Straßenbauzuschlagstoff *m*
road analyser *(Te, VR)* Straßenanalysierer *m*, Straßensubstanzauswerter *m*
road ancillaries Straßennebenbetriebe *mpl*, Straßenserviceanlagen *fpl*
road and bridge railings Straßen- und Brückengeländer *npl*
road asphalt *(BM)* Straßenbaubitumen *n*
road authority Straßenbehörde *f*, Straßenverwaltung *f*
road ballast Straßenschotter *m*
road base *s.* roadbase
road-bed 1. *(Verk)* Schienenunterbau *m*, Schienenkörper *m*, Bahnkörper *m*; 2. *(Verk)* Straßenplanum *n*, Straßenunterbettung *f*; 3. *(Verk)* meist befahrene Spur *f*, am stärksten beanspruchte Fahrspur *f (einer Straße)*
road bed excavation *(Te)* Auskofferung *f*
road behavior *(AE)* *(Verk)* Straßenverkehrsverhalten *n*
road bifurcation *(Verk)* Straßengabelung *f*
road binder Straßenbaubindemittel *n*
road board *(Verk)* Straßendirektion *f*
road body *(Verk)* Straßenkoffer *m*, Straßenkörper *m*
road body temperature *(Verk)* Straßenkoffertemperatur *f*, Temperatur *f* des Straßenkörpers
road branch *(Verk)* Straßenverzweigung *f*, Straßenabzweig *m*
road breaker Straßenaufbruchhammer *m*, Straßenaufbruchmeißel *m*, Straßenaufreißer *m*
road bridge Straßenbrücke *f*
road budget *(Verk)* Straßenbudget *n*
road builder Straßenbauer *m*; Straßenbautechniker *m*
road building Straßenbau *m*; Wegebau *m*
road building line Straßenflucht *f*
road bump Rinnstein *m*, Fanggraben *m (Fahrweg)*
road cant *(Konst, Verk)* Straßenüberhöhung *f*
road carpet Fahrbahndecke *f*, oberste Deckschicht *f*; Fahrbahnteppich *m*, Teppichbelag *m*
road carpeting Straßen(teppich)belagfertigung *f*, Deckenfertigung *f*
road carrier *(Verk)* Straßentransporter *m*
road category *(Verk)* Straßenkategorie *f*
road cement *(Verk)* Straßenbauzement *m*
road centre line *(Verk)* Straßenachse *f*, Straßenmittellinie *f*
road channel *(BT, WVA)* Rinnstein *m*; Straßenrinne *f*
road characteristics Straßencharakteristik *f*
road chippings Straßenbausplitt *m*
road circular Straßenrundschreiben *n*
road classification *(Verk)* Straßenklassifizierung *f*
road cleaning machine *(BWG)* Straßenreinigungsfahrzeug *n*
road closed for traffic *(Verk)* Verkehrssperrung *f*
road closure Straßensperrung *f*
road concrete Straßenbaubeton *m*
road conditions Fahrbahnbedingungen *fpl*, Straßenbedingungen *fpl*, Straßenzustand *m*
road congress Straßenkongress *m*
road connection *(Verk)* Straßenverbindung *f*
road construction Straßenbau *m*; Wegebau *m*
road construction administration Straßenbauamt *n*
road construction equipment *(Verk)* Straßenbaumaschinenausrüstung *f*
road construction machinery Straßenbaumaschine *f*
road construction office *s.* road construction administration
road construction programme *(Verk)* Straßenbauprogramm *n*
road construction site *(Verk)* Straßenbaustelle *f*
road construction work Straßenbauarbeiten *fpl*
road covering Straßenabdeckung *f*
road crossing *(Verk)* Straßenkreuzung *f*; schienengleicher Bahnübergang *m*
road crossing layout 1. *(Verk)* Straßenkreuzungslageplan *m*, Knoten(punkt)grundriss *m*; 2. *(Verk)* Bahnübergangslageplan *m (schienengleich)*
road crust Straßenoberbau *m*; Straßenbefestigung *f*
road curvature *(Verk)* Straßenkrümmung *f*; Straßenkurvigkeit *f*
road data *(Verk, VR)* Straßendaten *pl*
road data bank *(Verk, VR)* Straßendatenbank *f*
road database *s.* road data bank

road database and information system Straßeninformationssystem *n*
road defects Straßenschäden *mpl*
road density Straßendichte *f*
road department Straßenbauamt *n*
road design *(Verk)* Straßenentwurf *m*, Straßentrassierung *f*
road designer Straßenentwurfsbearbeiter *m*
road deterioration Straßenzustandsverschlechterung *f*, Straßenverfall *m*
road developer Straßenentwurfsingenieur *m*
road development Straßennetzentwicklung *f*
road ditch Straßengraben *m*
road documentation *(Verk, VR)* Straßenbuch *n*
road downgrading Straßenabstufung *f*
road drainage *(Verk, WVA)* Straßenentwässerung *f*
road draining 1. *(Erdb, Verk, WVA)* Straßensickerleitung *f*, Straßensicker *m*; 2. Straßenoberflächenentwässerung *f* *(Brücke)*
road embankment *(Erdb, Verk)* Straßendamm *m*
road emulsion Straßenbauemulsion *f*
road engineer Straßenbauingenieur *m*
road engineering *(Verk)* Straßenbau *m*; Straßenbautechnik *f*
road equipment Straßenausstattung *f*
road expenditure *(Verk, VR)* Straßenkostenaufwand *m*
road fabric Straßenbaumatte *f*
road fill Straßendamm *m*
road financing Straßenfinanzierung *f*
road finisher [finishing machine] *(BWG, Verk)* Straßenfertiger *m*, Deckenfertiger *m*, Fertiger *m*
road flooring Fahrbahndecke *f*
road for construction traffic Baustraße *f*
road fork *(Konst)* Straßengabelung *f*
road form Schalungsschiene *f*, Seitenschalung *f* *(Straßenbau)*
road formation (level) *(Erdb, Verk)* Straßenplanum *n*
road foundation *(Erdb, Verk)* Straßengründung *f*, Straßenunterbau *m*; untere Tragschicht *f*; Straßenuntergrund *m*
road friction *(Verk)* Fahrbahnreibung *f*, Fahrbahngriffigkeit *f*, Haftreibung *f*
road furniture Straßenausrüstung *f*
road geometry *(Verk)* Oberflächengeometrie *f* der Fahrbahn
road geometry monitoring Straßenoberflächengeometrieüberwachung *f*
road grader Straßenhobel *m*, Straßenplanierer *m*, Grader *m*
road gravel Straßenkies *m*
road gravelling Kiesunterbau *m*, Straßenbeschotterung *f*
road gritting Abstreuen *n* *(Straße)*
road groover *(BWG)* Straßenfräsmaschine *f*
road guidance centre *(Verk)* Verkehrsleitzentrale *f*
road heater Straßendeckenaufheizgerät *n*
road heating *(Verk)* Fahrbahnheizung *f*
road hierarchy *(Verk)* Straßenrangordnung *f*
road hose *s.* road tube
road hump Straßenbuckel *m*, Fahrbahnschwelle *f*, Bodenschwelle *f*, Fahrbahnquerbalken *m*
road identification sign Straßenbezeichnungsschild *n*, Straßennummernschild *n*
road improvement Straßenausbau *m*
road in cutting Straßeneinschnitt *m*, Straße *f* im Einschnitt
road in service *(Verk)* Straße *f* unter Verkehr
road information system *(Verk)* Straßeninformationssystem *n*
road infrastructure 1. Straßenverkehrsnetz *n*; 2. Straßenverkehrsanlagen *fpl*
road inlet Straßensinkkasten *m*, Straßeneinlauf *m*, Gully *m*
road interchange *(Verk)* Straßenknoten(punkt) *m*; Straßenkreuzungsbauwerk *n*
road intersection *(AE)* Straßenkreuzung *f*
road investment *(Verk)* Straßeninvestition *f*
road joint Straßenfuge *f*, Plattenfuge *f*
road junction Einmündung *f*; Straßenkreuzung *f*
road kettle Gussasphaltkocher *m*
road layer *(Verk)* Straßenoberbau *m*, Straßenoberbaukonstruktion *f*
road layout 1. *(Verk)* Straßenübersichtsplan *m*; 2. Straßengrundriss *m*
road legend 1. *(Verk)* Straßenlegende *f*, Straßenzeichenerklärung *f*, Straßenbeschriftung *f*; 2. Straßeninschrift *f*
road legibility *(Verk)* Straßenerkennbarkeit *f*
road legislation Straßengesetzgebung *f*
road length *(Verk)* Straßenlänge *f*
road leveller Straßenwalze *f*
road liable to flooding Straße *f* gefährdet bei Überflutung
road life Straßennutzungsdauer *f*
road lighting Straßenbeleuchtung *f* *(EN 13201, EN 60838)*
road lighting column *s.* road lighting mast
road lighting mast Straßenlichtmast *m*, Straßenleuchtenmast *m* *(EN 40-2, EN 40-3)*
road-line paint Straßenmarkierungsfarbe *f*
road lining paper Papierunterlage *f*, Straßenbaupapier *n*
road link *(Verk)* Straßenverbindung *f*; freie Strecke *f*
road maintenance Straßenunterhaltung *f*, Straßeninstandhaltung *f*
road maintenance centre *(Verk)* Straßenmeisterei *f*
road maintenance service Straßenbetriebsdienst *m*, Straßenunterhaltung *f*
road maker Straßenbauer *m*
road making *(Verk)* Straßenbau *m*; Wegebau *m*
road making machine Straßenbaumaschine *f*
road man Straßenwärter *m*
road management Straßenverwaltung *f* und Bewirtschaftung *f*
road map Straßenkarte *f*
road marking *(Verk)* Fahrbahnmarkierung *f*, Straßenmarkierung *f*
road marking composition [compound] Straßenmarkierungsmasse *f*
road marking machine Straßenmarkierungsmaschine *f*, Strichziehgerät *n*
road marking material *(Verk)* Straßenmarkierungsstoffe *mpl*, Straßenmarkierungsmaterialien *npl* *(EN 1423, EN 1436)*
road marking paint *(BM, Verk)* Straßenmarkierungsfarbe *f*
road master plan *(RP, Verk)* Generalstraßenverkehrsplan *m*
road mat Teppichbelag *m*, Straßenteppichbelag *m*
road material Straßenbaustoff *m*
road materials test *(BM, Verk)* Straßenbaustoffprüfung *f*
road matter *(Verk)* Straßensubstanz *f*; Straßenangelegenheit *f*
road measuring wheel Radmessgerät *n*
road mender Straßenausbesserer *m*, Straßenunterhaltungsarbeiter *m*
road mesh Straßenbewehrungsmatte *f*
road metal *(BM, Verk)* Straßenschotter *m*, Straßenkies *m*
road metalling 1. Straßenbeschotterung *f*; 2. Schotterdecke *f*
road milling machine Straßenfräse *f*
road mirror *(Verk)* Straßenspiegel *m*
road mix Straßendeckenmischung *f*
road mixer *(BWG, Erdb)* Bodenvermörtelungsmaschine *f*; Bodenfräse *f*
road mode *(Verk)* Straßenzustand *m*, Straßenzustandsform *f*
road narrowing *(Verk)* Fahrbahneinengung *f*
road narrows Straßeneinengungen *fpl*, Fahrbahneinengungen *fpl*

road network *(RP)* Straßennetz *n*
road network development *(Verk)* Straßennetzentwicklung *f*
road network integration *(RP)* Straßennetzanschluss *m*
road numbering Straßennummerierung *f*
road oil Flüssigbitumen *n*, langsam abbindendes Verschnittbitumen *n*
road oiling *(Verk)* Fahrbahnimprägnierung *f*; Oberflächenversiegelung *f*
road on embankment Straße *f* in Dammlage, Straße *f* im Auftrag *(Dammschüttung)*
road operation *(BWG)* Straßenbetrieb *m*, Betrieb *m* einer Straße
road overseer Straßenmeister *m*
road pad Straßenplatte *f*
road painting machine *(Verk)* Straßenmarkierungsmaschine *f*
road panel *(BB, BT, Verk)* Betonstraßenplatte *f*
road pavement *(Verk)* Straßenbefestigung *f*, Straßenkoffer *m*
road pavement stress Straßenbeanspruchung *f*
road paver Straßenfertiger *m*
road pitch Straßenpech *n*
road plan *(Verk)* Straßenplan *m*
road planning authority Straßenplanungsbehörde *f*
road planning permit Straßenplanungszustimmung *f*
road policy Straßen(bau)aufsicht *f*
road preservation *(RS, Verk)* Straßenerhaltung *f*
road pricing *(Verk, VR)* Straßengebührensystem *n*; Straßenbenutzungsgebühren *fpl*; Preisermittlung *f* für Straßenbenutzung
road profile *(Verk)* Straßenprofil *n*
road pug travel-mix plant Aufnahmemischer *m*
road ranking Straßenbewertung *f*
road rehabilitation *(Verk)* Straßendeckenerneuerung *f*, Straßenrekonstruktion *f*
road relieving *(Verk)* Straßenentlastung *f*
road repair *(RS)* Straßenausbesserung *f*
road repairing *(RS, Verk)* Straßenbaureparaturarbeiten *fpl*
road research Straßenbauforschung *f*
road research laboratory Straßenbauforschungslabor(atorium) *n*
road reservation 1. *(Verk)* Straßenmittelstreifen *m*, Autobahnmittelstreifen *m*; 2. Straßenvorbehaltsfläche *f*
road restraint systems Rückhaltesysteme *npl* an Straßen
road restriction 1. *(Verk, VR)* Straßenbeschränkung *f*; 2. Straßenbegrenzung *f*
road ripper *s.* road breaker
road roller Straßenwalze *f*
road safety *(Verk, VR)* Straßenverkehrssicherheit *f*
road safety audit *(Verk, VR)* Straßen(sicherheits)audit *n* *(amtliche Sicherheitsbegutachtung und -prüfung)*
road safety management Verkehrssicherheitsmanagement *n*
road safety planning *(Verk, VR)* Verkehrssicherheitsplanung *f*, Planung *f* von Verkehrssicherheitsmaßnahmen
road safety programme Verkehrssicherheitsprogramm *n*
road salt Tausalz *n*, Auftausalz *n*
road salting Salzen *n* der Fahrbahn
road section *(Verk)* Straßenabschnitt *m*
road service Straßendienst *m*
road setting-out *(Verm)* Straßenabsteckung *f*, Trassenabsteckung *f*
road shelf Straßenanschnitt *m*
road shoulder *(Verk)* Standspur *f*, Bankett *n*
road sign Verkehrszeichen *n*
road signing *(Verk)* Straßenbeschilderung *f*
road signs Straßenbeschilderung *f*
road space Straßenraum *m*
road status information *(VR)* Straßenbedeutungsinformation *f*, Straßenstatusbericht *m*
road status monitoring *(RP, Verk)* Straßenklassifizierungs- und -einordnungsbeobachtung *f*, Straßenstatusverfolgung *f*
road statute Straßengesetz *n*
road steel fabric Straßenbewehrungsmatte *f*
road stone Pflasterstein *m*
road stone chips *(BM)* Straßenbausplitt *m*
road structure design model *(Verk)* Oberbaubemessungsmodell *n*
road stud Straßen(spur)nagel *m*, Markierungsknopf *m*
road subsoil paper Papierunterlage *f*
road supply *(RP)* Straßenangebot *n*
road surface *(Verk)* Straßendecke *f*, Straßen(decken)belag *m*, Fahrbahndecke *f*, Verschleißschicht *f*; Straßenoberfläche *f*
road surface cat's eye *(Verk)* Bodenrückstrahler *m*
road surface concrete *(BB, BM)* Straßendeckenbeton *m*
road surface defect *(RS)* Straßendeckenschaden *m*, Oberflächenschaden *m*
road surface deficiencies *(RS)* Fahrbahnoberflächenschaden *m*
road surface information Straßenzustandsbericht *m*
road surface monitoring *(Verk)* Fahrbahnoberflächenbeobachtung *f*
road surface temperature *(Verk)* Fahrbahnoberflächentemperatur *f*
road surface temperature sensor Straßenbelagstemperatursensor *m*
road surface treatment machine *(Verk)* Straßenoberflächenbehandlungsmaschine *f (EN 13020)*
road surfacing asphalt Straßenbitumen *n*
road surfacing treatment machine *s.* road surface treatment machine
road surroundings *(Verk)* Straßenumfeld *n*
road sweeper Kehrmaschine *f*, Straßenkehrfahrzeug *n*
road system Straßensystem *n*
road tar *(BM)* Straßenteer *m*
road tax *(VR)* Straßenbenutzungsgebühr *f*
road telematics *(Verk)* Verkehrstelematik *f*
road terminal *(Verk)* Straßenterminal *m*
road terminology Straßenfachbegriffe *mpl*
road test Straßenprüfung und -beurteilung *f*
road toll *(Verk)* Maut *f*, Straßenbenutzungsgebühr *f*
road topping 1. Straßendeckenschicht *f*; 2. Straßendeck(schicht)arbeiten *fpl*, Belagsarbeiten *fpl*
road traffic *(Verk)* Straßenverkehr *m*
road traffic act *(Verk)* Straßenverkehrsgesetz *n*
road traffic corridor *(Verk)* Straßenverkehrskorridor *m*
road traffic facilities Straßenverkehrsanlagen *fpl*
road traffic laws Straßenverkehrsordnung *f*
road traffic noise *(Umw, Verk)* Straßenverkehrslärm *m*
road traffic safety Straßenverkehrssicherheit *f*
road train *(Verk)* überlanger Lastkraftwagenzug *m*
road tube *(Verk)* Gummischlauch *m* auf der Fahrbahnoberfläche *(Verkehrserfassung)*
road tube count *(Verk)* Verkehrszählung *f* mit der Schlauchmethode
road tunnel *(Tun, Verk)* Straßentunnel *m*
road under repair *(Verk)* Straßenreparaturarbeiten *fpl*
road underlay paper Papierunterlage *f*
road upgrade Straßensteigungsstrecke *f*
road upgrading Straßenaufstufung *f*
road user *(VR)* Straßenbenutzer *m*, Verkehrsteilnehmer *m*
road-using permit *(VR)* Straßennutzungserlaubnis *f*, Straßennutzungsgenehmigung *f*
road vehicle restraint systems Fahrzeugrückhaltesysteme *npl* an Straßen

road weather information system *(RWIS)* Straßenwetterdienst *m*, SWIS
road widening 1. *(Verk)* Straßenverbreiterung *f*, Straßenaufweitung *f*; 2. Straßenverbreiterungsarbeit *f*
road winter maintenance Straßenwinterdienst *m*
road with engineering brick paving *(Verk)* Klinkerstraße *f*
road with grade-separated junctions *(Verk)* Straße *f* mit planfreien Knoten
road with limited access *(Verk)* anbaufreie Straße *f*; Schnellverkehrsstraße *f*
road with rising gradient ansteigende Straße *f*
road with separate carriageways *(Verk)* getrenntspurige Straße *f*
road with stop signs *(Verk)* Stoppstraße *f*
road-work *s.* roadworks
roadbase Tragschicht *f*, mittlere und obere Tragschicht *f* *(Straße)*
roadbed *s.* road-bed
roadblock *(Verk)* Straßensperrung *f*; Straßensperre *f*, Sperre *f*
roadgang Straßenbaukolonne *f*
roadhouse 1. Raststätte *f*; 2. an Landstraßen gelegene Gaststätte *f*
roadside Straßenrand *m*, Straßenseitenraum *m*; Bereich *m* außerhalb des Fahrbahnrandes *m*; Wegrand *m*
roadside ancillaries *(Verk)* Straßennebenanlagen *fpl*
roadside area Straßennebenflächen *fpl*
roadside barrier *(Verk)* Seitenschutzplanke *f*
roadside development *(LB)* landschaftsgestalterische Arbeiten *fpl* bei Straßenbaumaßnahmen, landschaftspflegerische Begleitmaßnahmen *fpl* bei Straßenbauarbeiten
roadside ditch *(Erdb, Verk, WVA)* Straßengraben *m*
roadside environment Straßenraum *m*, Straßen- und Lichtraumprofil *n*
roadside equipment *(Verk)* Straßennebenanlageneinrichtungen *fpl*
roadside furniture *(Verk)* Straßenausstattung *f (z. B. mit Schutzplanken, Markierungen, Verkehrszeichen)*
roadside interview Straßenverkehrsbefragung *f (vor Ort)*; Feldinterview *n*
roadside line Straßenbegrenzungsstreifen *m*
roadside litter *(Verk)* Straßenabfall *m*, Straßenmüll *m*
roadside marking Straßenrandmarkierung *f*
roadside planting *(LB)* Straßenrandbepflanzung *f*
roadside resident comfort *(Umw)* Straßenanwohnerkomfort *m*
roadside restaurant *(Konst, Verk)* Raststätte *f*
roadside structure *(Verk)* Straßennebenbauwerk *n*
roadway 1. *(Erdb, Verk)* Straßendamm *m*, (befestigte) Fahrbahn *f (auch auf Brücken)*; *(AE)* Fahrbahnkörper *m*; Straßenoberfläche *f*; Straßenkrone *f*; 2. *s.* road; 3. *(Tun)* Strecke *f (Bergbau)*
roadway below bottom boom versenkte [untenliegende] Fahrbahn *f*
roadway border *(BT, Verk)* Fahrbahnabschlussprofil *n* *(Brücke, längs)*
roadway bridge floor *(Br, Verk)* Brücken(fahrbahn)belag *m*
roadway covering Fahrbahndecke *f*
roadway end beam *(Br, BT)* Fahrbahnabschlussprofil *n* *(Brücke, quer)*
roadway stripe Markierungsstreifen *m*
roadworks 1. *(Verk)* Straßenbauarbeiten *fpl*; 2. *(Verk)* Baustelle *f (Straßenbau)* • **"roadworks ahead"** *(VR)* "Vorsicht - Baustelle"
roadworks signing *(Verk)* Baustellenbeschilderung *f*
roaring basin [pool] *(Wsb)* Tosbecken *n (einer Talsperre)*
roasted zinc *(BM)* Hüttenzink *m*
robe hook *(EB)* Kleiderhaken *m*
rock 1. Gestein *n*; 2. Fels *m*; 3. Naturstein *m*, Stein *m*
rock anchor Felsanker *m*
rock asphalt Asphaltgestein *n*, Naturasphalt *m*
rock bed *(Bod)* Gesteinsschicht *f*; Felsuntergrund *m*
rock bit Gesteinsmeißel *m*, Steinmeißel *m*
rock blanket Splittabdeckschicht *f*, Schotterabdeckung *f*, flache Gesteinsschicht *f*
rock blasting *(BWG, Te, Tun)* Gesteinssprengung *f*; Felssprengung *f*
rock breaker *(BWG)* Steinbrecher *m*
rock brittleness Gesteinssprödigkeit *f*
rock chamber *(Tun)* Felsenkammer *f*
rock component Gesteinsbestandteil *m*
rock crusher *(BWG)* Steinbrecher *m*
rock-cut *(Arch, Bod)* Felshöhle *f*, eingehauene Felsbehausung *f*
rock-cut architecture *(Arch)* Felsarchitektur *f*, Felsbaukunst *f*, Höhlenarchitektur *f*, Höhlenbaukunst *f*, Grottenarchitektur *f*, Grottenbaukunst *f*
rock-cut chaitya hall *(Arch)* Felsen-Tschaitya-Halle *f*, Höhlen-Tschaitya-Halle *f*, Höhlengebetshalle *f (indisches kirchenartiges Höhlenheiligtum - meist dreischiffig)*
rock-cut church *(Arch)* Felsenkirche *f*, Höhlenkirche *f*
rock-cut hall *(Arch)* Felsenhalle *f*
rock-cut seated colossal statue *(Arch)* riesiges sitzendes Steinbild *n*
rock-cut statue *(Arch)* Steinbild *n*
rock-cut tomb *(Arch)* Felsengrab *n*
rock cutter *(BWG)* Felsbrecher *m*
rock cutting saw Gesteinssäge *f*
rock dash *(SB)* Rauputz *m*, Rappputz *m*
rock decay *(Bod)* Gesteinsverwitterung *f*, Verwitterung *f*, Gesteinszerfall *m*
rock disintegration Gesteinszerfall *m*
rock dowel Steindübel *m*
rock drill *(BWG)* Gesteinsbohrer *m*, Gesteinsbohrmaschine *f*, Steinbohrer *m*; Bohrhammer *m*
rock driller 1. *s.* rock drill; 2. Gesteinshauer *m*
rock drilling *(Tun)* Gesteinsbohren *n*
rock dump *(Tun)* Berghalde *f*
rock dust Gesteinstaub *m*, Gesteinsmehl *n*, Mineralstaub *m*, Mineralmehl *n*, Mineralstaub *m*
rock excavation Felsabtrag *m*
rock-faced *(OB)* natursteinverkleidet
rock-faced masonry work *(SB)* Rustikalmauerwerk *n*, Bossen(stein)mauerwerk *n*, Bossage *f*, Rustika *f*
rock facing *(Erdb, Wsb)* Steinschutzschüttung *f*
rock fall Steinschlag *m*, Steinfall *m*; Bergsturz *m*
rock fibre Gesteinsfaser *f*
rock fill *(Erdb, Wsb)* Steinschüttung *f*
rock-fill dam *(Wsb)* Stein(schütt)damm *m*
rock-filled jetty *(Wsb)* Steinmole *f*
rock filling Steinschüttung *f*
rock floor Felsboden *m*
rock flour Gesteinsmehl *n*
rock formation *(Bod)* Felsformation *f*, Gesteinsformation *f*
rock forming gesteinsbindend
rock fragment Gesteinsbruchstück *n*
rock garden *(LB)* Steingarten *m*; Felsengarten *m*
rock hardness Gesteinshärte *f*
rock-hewn ditch Felsgraben *m*
rock-hewn sepulchre *(Arch)* Felsengrabkammer *f*
rock-hewn statue *(Arch)* Steinbild *n*
rock-hewn temple *(Arch)* Felsentempel *m*, Grottentempel *m*, Höhlentempel *m*
rock-hewn tomb *(Arch)* Felsgrab *n*, Felsenkammergrab *n*
rock identification *(BM)* Gesteinsbestimmung *f*
rock in place *(Tun)* anstehendes Gestein *n*
rock industry Steinindustrie *f*
rock lath *(BT)* Gips(fugen)deckstreifen *m (als Putzträger)*

rock layer *(Bod)* Gesteinslage *f*, Felslage *f*
rock mass Gesteinsmassiv *n*
rock material Felsgestein *n*, Gesteinsmaterial *n*
rock meal Steinmehl *n*
rock mechanics *(Bod, Tun)* Gebirgsmechanik *f*, Felsmechanik *f*
rock pile Gesteinshaufwerk *n*
rock plant *(BWG)* Gesteinsaufbereitungsanlage *f*, Schotter- und Splittwerk *n*
rock pocket Betonnest *n*, Entmischungsnest *n*
rock protection *(Tun)* Felssicherung *f*
rock quarry *(BWG)* Steinbruch *m*
rock rash Bruchsteinstückwerk *n*
rock salt Steinsalz *n*
rock saw Gesteinssäge *f*
rock slide *(Bod)* Felsrutsch *m*
rock slope *(Bod)* Felsböschung *f*
rock spall *(SB)* Zwicker *m*, Zwickstein *m*, Auszwicker *m* *(Mauerwerk, Setzpacklage)*
rock statue *(Arch)* Steinbild *n*
rock strength Gesteinshärte *f*, Gesteinsfestigkeit *f*
rock surface Felsoberfläche *f*, Natursteinoberfläche *f*, Bruchsteinoberfläche *f*
rock test Gesteinsprüfung *f*
rock trap *(Verk)* Geröllfang *m*
rock waste Steinschutt *m*, Gesteinsabfall *m*
rock weathering Gesteinsverwitterung *f*
rock wool *(BM, DIS)* Gesteinswolle *f*, Steinwolle *f*, Mineral(faser)wolle *f*
rock wool building board *(BT, DIS)* Gesteinswolleplatte *f*, Steinwollebauplatte *f*
rock wool fibre *(BM, DIS)* Gesteinswollefaser *f*, Steinwollefaser *f*
rock wool insulation material *(BM, DIS)* Steinwolledämmmaterial *n*
rock wool quilt *(BT, DIS)* Steinwollmatte *f*
rock wool sheeting board Steinwollebauplatte *f*
rocker bar Schwinge *f*, Kippriegel *m*
rocker bearing *(BT, TK)* Kipp(zapfen)lager *n*, Gelenklager *n* *(Brücke)*
rocker member Pendelstab *m* *(Tragwerk, Schwinglader)*
rocker shovel loader *(BWG)* Wurfschaufellader *m*
rocker support *(BT, TK)* Auflagergelenk *n*
rocket tester Rauchentwickler *m* *(zur Dichtigkeitsprüfung von Abwasserleitungen)*
rockgrit *(BM)* grober Sandstein *m*
rocking *(Verk)* Flattern *n*; Fahrbahnplattenkippeln *n*, Fahrbahnplattenflattern *n*
rocking ball bearing Kugelkipplager *n*
rocking pier *(TK)* Pendelstütze *f*, Pendelpfeiler *m* *(Brücke)*
Rockwell B *(St)* Rockwellhärte B *f*, HRB
Rockwell C *(St)* Rockwellhärte C *f*, HRC
Rockwell hardness *(R.H.)* *(St)* Rockwellhärte *f*, HR
Rockwell hardness test *(BM, St)* Rockwellhärteprüfung *f*
Rockwell hardness tester *(BWG)* Rockwellhärteprüfer *m*
rockwork 1. *(SB)* Quadermauerwerk *n*; 2. *(SB)* unregelmäßiges Natursteinmauerwerk *n*
rocky felsig; steinig
rocky soil *(Bod)* mit Fels durchsetzter Boden *m*
Rococo *(Arch)* Rokoko *n*
Rococo architecture *(Arch)* Rokokoarchitektur *f*
rod *v* 1. *(Te)* stochern *(Betonverdichtung)*; 2. *(Te)* durchstoßen *(z. B. verstopfte Rohre)*; 3. *(El)* *(AE)* mit Blitzableiter versehen
rod 1. Stange *f*, Stab *m* *(Metall, Holz)*; Rundstab *m*, Bewehrungsstab *m*, Stab *m*; Glied *n*; Füllungsstab *m* *(Träger)*; 2. Putzhöhenlatte *f*, Putzrichtlatte *f*; 3. *(Verm)* Messlatte *f*; Fluchtstange *f*; 4. *s.* lightning rod
rod bender 1. *(BWG)* Bewehrungsbiegemaschine *f*, Eisenbiegemaschine *f* *(für Stahlbewehrung)*; Biegetisch *m*; 2. Eisenbieger *m*, Stahl(bewehrungs)bieger *m*
rod centre line *(Konst, Verm)* Stabachse *f*, Gliedachse *f*, Stabmittellinie *f*, Gliedmittellinie *f*
rod connection 1. *(Konst, TK)* Stabanschluss *m*, Gliedanschluss *m* *(Stabwerk)*; 2. *(Konst)* Stangenverbindung *f*
rod coupon Probestab *m*
rod cross section Stabquerschnitt *m*, Gliedquerschnitt *m*
rod cutter *(BWG)* Bewehrungsschneider *m*, Eisenschneidemaschine *f*
rod diameter Stabdurchmesser *m*, Stahldurchmesser *m*
rod field *(Stat, TK)* Stabfeld *n*, Gliedfeld *n*
rod fixer Bewehrungsleger *m*, Stahlflechter *m*, Eisenflechter *m*
rod force Stabkraft *f*
rod iron Stabeisen *n*, Stabstahl *m*
rod level *(Verm)* Fluchtstangenlot *n*
rod loading *(Stat)* Stabbelastung *f*, Gliedbelastung *f*
rod moment *(Stat)* Stabmoment *n*, Gliedmoment *n*
rod reading *(Verm)* Lattenablesung *f*
rod reinforcement Stab(stahl)bewehrung *f*, Rundstahlbewehrung *f*
rod shape Gliedform *f*, Stabform *f*
rod-shaped stabförmig
rod size Stabgröße *f*, Gliedgröße *f* *(Stabwerkkonstruktion)*
rod slope *(Stat)* Stabablenkung *f*, Gliedablenkung *f*
rod spacing Stababstand *m*, Eisenabstand *m* *(Bewehrung)*
rod steel Stabstahl *m*
rod stress *(Stat)* Stabspannung *f*
rod subject to buckling *(Stat, TK)* Knickstab *m*
rod system *(TK)* Stabwerk *n*, Stabsystem *n*
rod target *(Verm)* Messlattenlesefeld *n*, Messlattenzielscheibe *f*
roddability Stocherbarkeit *f*, Stampffähigkeit *f* *(Beton)*
rodded concrete *(BB)* Schalstocherbeton *m*
rodding 1. *(Te)* Stochern *n*, Stocherverdichtung *f*, Handstampfen *n* *(Beton)*; 2. *(Te)* Rohrreinigung *f* *(mit Stangen)*
rodding cover *(BT, San, WVA)* Reinigungsdeckel *m*; Putzdeckel *m*
rodding eye Reinigungsöffnung *f*
rodding fitting *(BT, San, WVA)* Reinigungsformstück *n*, Putzformstück *n*
rodding opening Reinigungsöffnung *f*, Putzöffnung *f*
rodding pipe *(San)* Rohr *n* mit Putzöffnung
rodding plug *(BT, San)* Reinigungsstopfen *m*, Putzstopfen *m*
rodding screw Reinigungsstopfen *m*, Putzstopfen *m*
rodent barrier *(WVA)* Nagetiersperre *f* *(Kanal)*
rodent-proof nagetiersicher
rodman *(Verm)* Messgehilfe *m*, Lattenträger *m*
rods 1. *(BM)* Stabmaterial *n*; Stabstähle *mpl*; 2. Gestänge *n*
roll *v* 1. walzen; 2. rollen, drehen; sich drehen
roll *v* **out** *(Verk)* abwickeln *(Gradiente, Höhenlinienzug)*
roll 1. Rolle *f*; Walze *f*; 2. zylindrisches Material *n*; 3. Stabkante *f*, Vollstabornament *n*, Wulststreifen *m*; 4. Ballen *m*
roll-and-fillet moulding Stabkantenleiste *f* mit Einlagestreifen
roll bearing *(BT, TK)* Walzenlagerstuhl *m*
roll-bend *v* rundbiegen
roll billet (frieze) *(Arch)* Rollenfries *m*
roll carpet (textile) *(EB)* Auslegeware *f*
roll crusher *(BWG)* Walzenbrecher *m*
roll insulation rohrförmige Wärmedämmelemente *npl*, Wärmedämmrollen *fpl*
roll joint gewalzte Falzverbindung *f*
roll-jointed cardboard roof *(Konst)* Leistendach *n*
roll length Rollenlänge *f*
roll moulding Rundstab *m*, Wulstleiste *f*
roll of wallpaper Tapetenrolle *f*

roll-out container *(Umw)* Müllcontainer *m*
roll roofing 1. Bitumendachpappe *f* in Rollen, abgesandete Dachpappe *f*; Bitumenglasvlies *n* in Rollen; 2. Bedachung *f* mit Bitumendachpappe
roll scale Walzzunder *m (Baustahl)*
roll-up door *(EB, Konst)* Rollladentor *n*, Rolltor *n*, Rollladentür *f*, Rolltür *f*, Rollladen *m*
rolled gewalzt, gerollt, Walz...
rolled article Walzartikel *m*, Walzerzeugnis *n*, Walzgegenstand *m*
rolled asphalt *(BM, Verk)* Walzasphalt *m*; Asphaltbeton *m*
rolled beam *(BT, TK)* Walzträger *m*
rolled channel gewalztes U-Profil *m*, Walz-U-Profil *n*
rolled concrete *(BB)* Walzbeton *m*
rolled flange Walzflansch *m*
rolled formed from gewalzt aus
rolled girder *(BT)* Walzträger *m*
rolled glass Walzglas *n*, Ziehglas *n*
rolled kerb *(Verk)* abgerundeter Bordstein *m*, Hochbord(-stein) *m* mit abgerundeter Kante
rolled lumber *(AE) s.* rolled timber
rolled mild steel *(BT)* Flussstahlwalzprofil *n*
rolled plate Walzblech *n (grob)*
rolled product Walzprodukt *n*, Walzerzeugnis *n*, Walzgegenstand *m*
rolled rock fill *(Verk, Wsb)* gewalzte Steinschüttung *f*
rolled round bars gewalzter Betonrundstahl *m*
rolled section *(BM, St)* Walzprofil *n*
rolled shape *(BM, St)* Walzprofil *n*, Walzstahl *m*
rolled sheet (iron) Walzblech *n (fein)*
rolled steel Walzstahl *m*, Flachstahl *m*, Bandstahl *m*
rolled-steel angle Walzstahlwinkel *m*
rolled steel joist *(BM, St, TK)* Walzstahlträger *m*
rolled steel section *s.* rolled steel structural section
rolled steel slab *(BT)* Walzstahlplatte *f*
rolled steel structural section Walzstahlprofil *n*
rolled-strip roofing *s.* roll roofing
rolled structural steel Walzstahlprofil *n*
rolled timber Windbruchholz *n*
rolled tube gewalztes Rohr *n*
rolled turf *(LB)* Rollrasen *m*
rolled U-shaped section gewalztes U-Profil *n*, Walz-U--Profil *n*
roller 1. Straßenwalze *f*, Erdwalze *f*, Walze *f*; 2. Streichroller *m*, Rolle *f*, Rollpinsel *m*, Walzpinsel *m*; Farbroller *m*; 3. Laufrolle *f*, Bandrolle *f*; Rolle *f (einer Bauwinde)*
roller application Rollenanstrich *m*, Auftragen *n* mit Streichroller
roller bascule bridge *(Br)* Rollklappbrücke *f*, Schaukelbrücke *f*
roller bearing *(TK)* Rollenlager *n*, Walzenlager *n*
roller blind *(EB)* Rollo *n*, Rouleau *n*, Rollvorhang *m*; Rollladen *m*
roller blind sign *(Verk)* aufrollbares Verkehrszeichen *n*
roller bridge *(Br)* Rollbrücke *f*
roller brush *s.* roller 2.
roller-coat *v (OB, Te)* walzstreichen, rollstreichen, mit Streichroller beschichten
roller coating *(OB, Te)* Rollstreichen *n*, Beschichten *n* mit Streichroller; Farbaufrollen *n*
roller-coating application Walzenauftrag *m*, Auftragen *n* mit Rollstreicher *(Anstriche, Beschichtungen)*
roller-coating finish *(OB)* Walzlack *m*
roller compacted concrete *(BB)* Walzbeton *m*
roller compaction *(Te)* Walzverdichtung *f (Boden)*
roller dam *(Wsb)* Walzenwehr *n*
roller door *s.* roll-up door
roller for joints Fugenrolle *f*
roller grille Rollgitter *n*
roller jalousie *(EB)* Rolljalousie *f*, Rollladen *m*
roller jalousie housing *(EB, Konst)* Rollladenkasten *m*, Rolljalousiekasten *m*
roller jalousie work Rollladenarbeiten *fpl*
roller latch Walzenschloss *n*
roller marks Walzspuren *fpl*
roller mill Walzenwerk *n*, Walzenwerksmühle *f*
roller operator Walzenfahrer *m*
roller painting *(OB, Te)* Farbaufrollen *n*
roller pass Walzübergang *m*
roller-printed wallpaper Rotationsdrucktapete *f*
roller shutter Roll(laden)abdeckung *f*
roller-skating rink *(RP)* Rollschuhbahn(anlage) *f*
roller strike Walzenschlossrastplatte *f*
roller support *(Br, TK)* Rollenauflager *n*
roller train Walzenzug *m*
roller weir *(Wsb)* Walzenwehr *n*
rolling 1. Einwalzen *n*; 2. Rollen *n*, Rollbewegung *f*
rolling bearing *(Br, TK)* Rollenlager *n*
rolling blind *s.* roller blind
rolling bridge *(Br)* Rollbrücke *f (s. a. roller bridge)*
rolling crusher Walzenbrecher *m (z. B. zur Splittherstellung)*
rolling friction Rollreibung *f*
rolling grille Rollgitter *n*
rolling grille door *(EB)* Maschenrollladentür *f*
rolling load *(Stat)* Verkehrslast *f*, bewegliche Last *f*, Betriebslast *f*
rolling loading *(Stat)* bewegliche Belastung *f*, Wanderbelastung *f*
rolling mill *(BWG)* Walzwerk *n*
rolling mill product Walzwerkerzeugnis *n*
rolling moulding Wulstleiste *f*, Wulst *f(m)*
rolling noise *(Umw)* Rollgeräusch *n*
rolling O-ring gasket Rollring *m*
rolling O-ring joint *(DIS)* Rolldichtung *f*, Rollverbindung *f*
rolling-out limit *(Bod)* Ausrollgrenze *f (Atterberg-Kriterium)*
rolling partition wall *(Konst)* Rolltrennwand *f*
rolling process Walzverfahren *n*
rolling resistance Rollwiderstand *m*, Abrollwiderstand *m*
rolling road *(Verk)* Rollstraße *f*; Rollweg *m*
rolling scaffold Rollgerüst *n*
rolling shutter *(EB)* Rollladen *m*
rolling shutter door *s.* roll-up door
rolling shutters *s.* roll-up door
rolling stock *(Verk)* Fahrzeugpark *m*
rolling straight edge *(Verk)* Planograph *m*
rolo(c)k *s.* rowlock
Roman *(Arch)* römisch
Roman acanthus leaf *(Arch)* römisches Akanthusblatt *n*, römisches Bärenklaublatt *n*
Roman arch *(Arch)* römischer Bogen *m*, Rundbogen *m*
Roman architecture *(Arch)* römische Architektur *f*, römischer Baustil *m*
Roman cement *(BM)* Romankalk *m*, hochhydraulischer Kalk *m*; *(veraltet)* Romanzement *m (Vorläufer des Portlandzements in England)*
Roman column *(Arch)* römische Säule *f*
Roman Corinthian capital *(Arch)* römisch-korinthisches Kapitell *n*
Roman Doric capital *(Arch)* römisch-dorisches Kapitell *n*
Roman gentlemen's house *(Arch)* römisches Herrenhaus *n*
Roman High Renaissance *(Arch)* römische Hochrenaissance *f*
Roman Ionic capital *(Arch)* römisch-ionisches Kapitell *n*
Roman Ionic order *(Arch)* römisch-ionische Säulenordnung *f*
Roman mosaic Würfelmosaik *n*, Fußbodenwürfelmosaik *n*

Roman order *(Arch)* römische Säulenordnung *f* [Ordnung *f*]
Roman ornament *(Arch)* römisches Ornament *n*
Roman structure *(Arch)* Römerbauwerk *n*
Roman tile U-förmiger Dachziegel *m*
Roman triumphal arch *(Arch)* römischer Triumphbogen *m*
Roman vaulting system *(Arch)* romanisches Gewölbesystem *n*
Romanesque romanisch
Romanesque architecture romanische Architektur *f*, romanischer Baustil *m*, Romanik *f (11. und 12. Jh.)*
Romanesque basilica *(Arch)* romanische Basilika *f*
Romanesque church *(Arch)* romanische Kirche *f*
Romanesque foliage *(Arch)* romanisches Blattwerk *n*, romanisches Laubwerk *n*
Romanesque leaves *(Arch)* romanisches Laubwerk *n*, romanisches Blattwerk *n*
Romanesque Revival *(Arch)* neuromanischer Stil *m (19. Jh.)*
Romanesque style *(Arch)* Romanik *f*, romanischer Stil *m*
Romanesque vault system *(Arch)* romanisches Gewölbesystem *n*
Romantic classicism *(Arch)* früher Klassizismus *m*
Romanticism *(Arch)* Romantizismus *m*
rondel *(Arch)* Medaillonornament *n*, Rondell *n*, Rundell *n*
rood 1. *(Arch)* Altarkreuz *n*; 2. *(VR)* Viertelmorgen *m (altes Landmaß)*; 3. *(Stat)* Rute *f (altes Längenmaß)*
rood arch *(Arch)* Lettnermittelbogen *m*
rood-loft *(Arch)* Chorbühne *f*, Empore *f*
rood screen *(Arch)* Lettner *m (zwischen Chor und Mittelschiff angeordnete Trennwand)*
roof *v* 1. *(Te)* bedachen, überdachen, mit einem Dach versehen; 2. *(Te)* eindecken, ein Dach decken
roof *v* **over** *(Te)* überdachen
roof 1. *(Konst)* Dach *n*; Überdachung *f*; 2. *(Tun)* Firste *m*, Hangendes *n*, Decke *f*
roof accessories Dachzubehörteile *npl*
roof aerial *(EB)* Dachantenne *f*
roof anchorage *(Konst)* Dachverankerung *f*
roof area Dachfläche *f*
roof batten *(BT)* Dachlatte *f*, Ziegellatte *f*
roof battening Lattung *f*
roof beam *(Hb)* Dachbalken *m*, Binderbalken *m*
roof beam grillage *(Hb)* Dachbalkenrost *m*
roof beams *(Hb)* Dachgebälk *n*, Gebälk *n*
roof bearer *(Hb, TK)* Dachrahmenträger *m*
roof board Dachschalbrett *n*, Schal(ungs)brett *n*
roof boarding *(Hb)* Dachschalung *f*, Holzschalung *f*
roof boards *(Hb, TK)* Dachschale *f*, Holzschalung *f*, Holzschale *f*
roof bolt 1. Deckenanker *m*; 2. *(Tun)* Gesteinsanker *m*, Gebirgsanker *m*, Ankerbolzen *m*
roof bolting *(Tun)* Ankerausbau *m*
roof bow *(Hb)* Dachspriegel *m*
roof bracing *(Hb)* Dachversteifung *f*, Dachaussteifung *f*
roof chip Dachsplitt *m*
roof cistern *(WVA)* Hochbehälter *m*
roof cladding 1. *(Konst)* Dachbelag *m*, Dachhaut *f*, Dacheindeckung *f*; 2. *(BM)* Bedachungsmaterial *n*; 3. *s.* roof covering
roof cladding with felt [roll roofing] Pappbedachung *f*
roof coating Dachbeschichtung *f*
roof collector *(San)* Dachkollektor *m*
roof column *(TK)* Dachstütze *f*
roof comb Dachblendmauer *f*, Blindmauer *f* über dem Sims
roof concreting Dachbetonieren *n*
roof conductor holder *(San)* Dachleitungshalter *m*
roof construction Dachbau *m*
roof coping Firstbalken *m*
roof course *(Hb)* Dachgebinde *n*, Dachgespärre *n*
roof covering 1. *(Te)* Dacheindeckung *f (Vorgang)*; 2. *s.* roof cladding
roof covering over three spans Dreifelddach *n*
roof covering over two spans *(Konst)* Zweifelddach *n*
roof covering with felt [roll roofing] Pappbedachung *f*
roof cradle Fensterreinigungswagen *m*
roof crest(ing) *(Arch, Konst)* Firstkrone *f*, Firstverzierung *f*
roof crossfall *(Konst)* Dachprofil *n*, dachförmige Querneigung *f (Straße)*
roof curb *(AE) (Konst)* Knick *m (in der Dachfläche)*; Dachknick *m*, Dachbrechkante *f*
roof-deck 1. Terrassendach *n*, begehbares Flachdach *n*; 2. Dachhautträgerlage *f*
roof decking (vorgefertigte) Dachelemente *npl*, Dachschalenelemente *npl*, Dachplatten *fpl*
roof-decking panel Dachplatte *f*, Dachtafel *f*
roof deflection *(Tun)* Firstendurchbiegung *f*
roof design Dachausmittelung *f*, Dachentwurf *m*
roof dome *(Konst)* Dachkuppel *f*
roof dormer *(Konst)* Dachgaupe *f*, Dachgaube *f*
roof drain *(San)* Dachentwässerungsrinne *f*
roof drainage *(San)* Dachentwässerung *f*
roof dry course Flachdachsteinlage *f*
roof edge Dachkante *f*
roof fall *(Konst)* Dachneigung *f*, Dachgefälle *n*
roof fan *(HLK)* Dach(ent)lüfter *m*
roof finishing and completion Dachausbau *m*
roof flange *(San)* Dachmanschette *f* für Rohrdurchführungen
roof flashing *(San)* Dachanschluss *m*; Dach(haut)-verwahrung *f*
roof floor Dachdecke *f*, Abschlussdecke *f*
roof foil *(BM, DIS)* Dachfolie *f*
roof frame Binder *m*, Dachbinder *m*, Fachwerkbinder *m*
roof framework *(Hb)* Dachstuhl *m*
roof framing 1. *(Hb, Konst)* Dachrahmen *m*; 2. *(Hb)* Dachstuhlbau *m*, Dachstuhlarbeiten *fpl*
roof garden Dachgarten *m*, Dachterrasse *f*
roof girder Dachträger *m*, Rahmenriegel *m*
roof glazing Dachverglasung *f*, Glaseindeckung *f*
roof gravel *(BM)* Bedachungskies *m*
roof guard Schneefanggitter *n*, Schneehalter *m*
roof gully Dachgully *m*
roof gutter *(San)* Regenrinne *f*
roof hatch Dachluke *f*, Dachausstieg *m*
roof heliport *(Konst)* Dachhubschrauberlandeplatz *m*
roof hook Dachhaken *m*, Ausbesserungshaken *m*
roof in gutter tiles Falzziegeldach *n*
roof in hollow tiles Hohlziegeldach *n*
roof inlet *(San)* Dachgully *m*
roof insulating material *(BM, DIS)* Dachisoliermaterial *n*
roof insulating slab *(BT, DIS)* Dachdämmplatte *f*
roof insulation *(DIS)* Dachdämmung *f*; Dachdämmlagen *fpl*; Dachdämmmaterial *n*
roof joint Dachfuge *f*
roof joist *(Hb)* Flachdachsparren *m*
roof kerb Dachknick *m*, Dachbrechkante *f*
roof kerb weathering Dachkehlblechstreifen *m*, Dachbrechkantenblech *n*
roof ladder Dachleiter *f*
roof lantern *(Konst)* Dachlaterne *f*
roof lath *(Hb)* Dachlatte *f*, Ziegellatte *f (Dachdeckung)*
roof lathing *(Hb)* Dachlattung *f*, Ziegellattung *f*
roof level *(Konst)* Dachhöhe *f*
roof-light 1. Oberlicht *n*, Oberlichtöffnung *f*; Dachfenster *n*; 2. Dachtagesbeleuchtung *f*
roof-light opener Oberlichtöffner *m*
roof-light sheet *(Konst)* Oberlichtelement *n*; durchsichtige Dachplatte *f*

roof-light system Oberlichtkonstruktion *f*, Dachoberlichtsystem *n*
roof-lighting Dachtagesbeleuchtung *f*
roof line *s.* roofline
roof live load Dachauflast *f*
roof load Dachlast *f*
roof loading *(Stat)* Dachbelastung *f*
roof mast *(Konst)* Dachmast *m*
roof member Dachbauteil *n*, Dachelement *n*
roof membrane *(DIS)* Dachhaut *f*, Dachbelag *m*
roof metal Bedachungsmetall *n*, Dach(deck)metall *n*
roof-mounted bracket Dachkonsole *f*
roof opening *s.* roof hatch
roof ornament *(Arch)* Dachverzierung *f*
roof outlet *(San)* Dachablauf *m*
roof outlet flashing *(San)* Dachablaufeinfassblech *n*
roof overhang Dachüberstand *m*
roof panel Dachtafel *f*, Dachplatte *f*; Dachbeplankung *f*
roof parapet Attika *f*, Dachbrüstung *f*
roof penetration *(San)* Dachdurchbruch *m*
roof pergola Dachpergola *f*
roof pitch Dachneigung *f*, Dachschräge *f*
roof plan *(Konst)* Dachgrundriss *m*
roof plane *(Hb)* Sparrenlage *f*
roof planking *s.* roof sheathing
roof plate *(TK)* Dachstuhlauflage(r)platte *f*
roof-platform Laufbrett *n*, Dachlaufbohle *f*
roof plumbing *(San)* Dachklempnerarbeiten *fpl*
roof pouring Dachbetonieren *n*
roof preservation coat Dachkonservierungsanstrich *m*
roof preserver Dachschutzmittel *n*, Dachpflegemittel *n*
roof pressure *(Tun)* Firstendruck *m*
roof profile *(Konst)* Dachform *f*
roof purlin Pfette *f*, Dachpfette *f*
roof railing Dachgeländer *n*
roof repair *(RS)* Dachausbesserung *f*, Dachreparatur *f*
roof restaurant *(Konst)* Dachrestaurant *n*
roof rib *(Hb)* Dachsparren *m*, Sparren *m*
roof ridge Dachfirst *m*, First *m*
roof ripping *(Tun)* Firstennachreißen *n*
roof saturant *(BM)* Dachtränkmasse *f*
roof screed material *(BB, BM)* Dachestrich *m*
roof shape *(Konst)* Dachform *f*
roof sheathing Dach(ver)schalung *f*
roof sheathing with felt [roll roofing] Pappbedachung *f*
roof shell *(Hb)* Dachschale *f*
roof shingle Dachschindel *f*
roof skin Dachhaut *f*
roof slab *(BT)* Stahlbetondachplatte *f*, Dachplatte *f*
roof slate *(BM)* Dachschiefer *m*
roof slating Schieferdeckung *f*; Schieferdacharbeiten *fpl*
roof slope Dachneigung *f*, Dachschräge *f*
roof soffit Dachunterseite *f*
roof space *(Konst)* Dachzwischenraum *m*; Dachraum *m*, Attik *m*
roof spire *(Arch)* Dachreiter *m*, Aufreiter *m*
roof stair Dachtreppe *f*
roof stick *(Hb)* Dachspriegel *m*
roof structure (system) *(Hb, TK)* Dachverband *m*, Dachtragwerk *n*, Dachkonstruktion *f*, Dachstuhl *m*
roof structures *(Konst)* Dachaufbauten *mpl*
roof style *(Konst)* Dachform *f*
roof subsidence *(Tun)* Absenkung *f* des Hangenden
roof support 1. *(Konst)* Dachauflage *f*; 2. *(Tun)* Firstenausbau *m*
roof surround Dacheinfassung *f*
roof system *(Konst)* Dachkonstruktion *f*
roof tank *(San)* Dachboden(wasser)tank *m*
roof terminal *(HLK)* Dachentlüftungsrohr *n*
roof terrace *(Konst)* Dachterrasse *f*
roof tie *(Hb)* Querriegel *m (Dach)*
roof tile Dachstein *m*
roof tiling Ziegeleindeckung *f (Dach)*
roof timbers Dachholz *n*
roof-top *s.* rooftop
roof tree *(Hb)* Firstbalken *m*
roof truss 1. *(Hb)* Dachstuhl *m*; 2. *(Hb)* Dachbinder *m*
roof type Dachform *f*, Dachart *f*
roof unit *(BT)* Dachelement *n*, Dachbauteil *n*
roof valley Kehle *f*, Dachkehle *f*, Einkehlung *f*
roof vault Dachgewölbe *n*
roof vent *(HLK)* Dachentlüftung *f*
roof ventilation *(HLK)* Dachlüftung *f*
roof ventilator *(HLK, Konst)* Dachlüfter *m*, Dachventilator *m*
roof void *(Konst)* Dachraum *m*, Dachboden *m*
roof walkway Dachlaufsteg *m*
roof water Dachwasser *n*
roof wetting party Richtfest *n*
roof window Dachfenster *n*
roof with 45° pitch *(Konst)* Winkeldach *n*
roof with pitch 1:4 *(Konst)* Vierteldach *n*
roof with pitch 1:3 *(Konst)* Dritteldach *n*
roof with principals *(Hb, Konst)* Binderdach *n*
roof work Dacharbeiten *fpl*
roof worker Dacharbeiter *m*
roofage *(Konst)* Dachfläche *f*, Dachflächengröße *f*
roofed bedacht, mit einem Dach versehen
roofed in wood holzgedeckt
roofed market *(RP)* Markthalle *f*
roofed passage überdachter Gang *m*
roofed railway station *(Arch, Verk)* Hallenbahnhof *m*
roofed timber bridge *(Br)* Dachbrücke *f*
roofed walk *(Konst)* Laubengang *m*; überdachter Gang *m*
roofed way *(Konst)* überdachter Gang *m*, gedeckter Gang *m*
roofed wooden bridge *(Br)* Dachbrücke *f*
roofer 1. Dachbrett *n*, Schalbrett *n*; 2. Dachdecker *m*
roofer's mortar Dachdeckermörtel *m*
roofer's work Dachdeckerarbeiten *fpl*, Dacheindeckarbeiten *fpl*
roofing 1. *(Konst)* Überdachung *f*, Dacheindeckung *f*; 2. *(DIS, Konst)* Dachhaut *f*, Bedachung *f*; Dachschalung *f*
roofing accessories Bedachungszubehör *n*
roofing asphalt *(BM, DIS)* Bitumendachanstrichmasse *f*, Dachasphalt *m*, Dachkleber *m*
roofing-base paper Rohdachpappe *f*
roofing bitumen Dachbitumen *n*
roofing bond *(VR)* Dachqualitätsgarantie *f (Vertragswesen)*
roofing ceremony *(VR)* Richtfest *n*
roofing chippings Dachsplitt *m*
roofing contractor Dachdeckerunternehmer *m*
roofing copper Dachkupfer *n*
roofing fastener *(BT)* Dacheindeckungs-Befestigungsmittel *n*
roofing fastening *(BT)* Dacheindeckungs-Befestigungsmittel *n*
roofing felt *(BM)* Dachpappe *f*
roofing felt base Rohdachpappe *f*
roofing felt nail Dachpappennagel *m*
roofing felt with granulated slate surface *(BM)* beschieferte Dachpappe *f*
roofing gravel Dachkies *m*
roofing groundwork Bedachungsgrundlage *f*
roofing load *(Stat)* Dachlast *f*
roofing material Eindeckungsmaterial *n*
roofing membrane *(Konst)* Kunststoffdach(ein)deckung *f*, Kunststoffbedachungsmaterial *n*
roofing metal Bedachungsmetall *n*

roofing nail Dachnagel *m*; Schindelnagel *m*, Schiefernagel *m*; Dachpappennagel *m*
roofing panel *(BT)* Dachtafel *f*
roofing paper *(BM)* Teerpapier *n*, bituminiertes Papier *n*; Dachpappe *f*
roofing pitch *(BM, DIS)* Teerdeckmasse *f*
roofing plank Dachdiele *f*, Bedachungsdiele *f*, Dachdeckungsdiele *f*
roofing preservative *(BM)* Dachschutzmittel *n*, Dachpflegemittel *n*
roofing preserver Dachschutzmittel *n*, Dachpflegemittel *n*
roofing sand Dachabstreusand *m*
roofing sheet *(BM)* Dachblech *n*
roofing shingle Dachschindel *f*
roofing skin *(BM, DIS)* Dachhaut *f*
roofing slab Dachtafel *f*, Dachplatte *f*
roofing slate Dachschiefer *m*
roofing stone Dachstein *m*, Dachdeckstein *m*, Dacheindeckungsstein *m*
roofing tile Dachziegel *m*, Dachstein *m*
roofing tile factory *(BWG)* Dachziegelwerk *n*
roofing trade Dachdeckerhandwerk *n*
roofing tree *(Hb)* Firstbalken *m*; Dachsparren *m*, Firstsparren *m*
roofing waterbar *(BT)* Dachfugenband *n (Flachdach)*
roofing waterstop *(BT)* Dachfugenband *n (Flachdach)*
roofing work Dachdeckerarbeiten *fpl*, Dacheindeckarbeiten *fpl*
roofline *(Arch)* Dachsilhouette *f*
roofscape *(Arch)* Dachlandschaft *f*
rooftop *(Konst, OB)* Dachhaut *f*, Flachdachoberfläche *f (s. a. roofing 2.)*
rooftop car park *(Konst, Verk)* Dachparkplatz *m*
rooftop heliport *(Konst)* Dachhubschrauberlandeplatz *m*, Hubschrauberdachlandeplatz *m*
rooftop terrace *(Konst)* Dachterrasse *f*
rooftop terrace garden *(Konst)* Dachgarten *m*
rookery *(AE) (Konst, RP)* Mietskaserne *f (Slum)*
room 1. Raum *m*, Zimmer *n*, Stube *f*; 2. Wohneinheit *f*; 3. Raum *m*, Platz *m*
room acoustics *(DIS)* Raumakustik *f*
room air *(HLK)* Raumluft *f*
room air conditioner *(HLK)* Raumklimaanlage *f*, Zimmerklimaanlage *f*; Klimatruhe *f*
room air conditioning *(HLK)* Raumklimatisierung *f*, Klimatisierung *f*
room air conditioning system *(HLK)* Raumklimaanlage *f*, Klimaanlage *f*
room area *(Konst)* Raumfläche *f*
room brightness Raumhelligkeit *f*
room-by-room raumweise
room climate *(HLK)* Raumklima *n*, Innenklima *n*
room divider *(Konst)* Raumteiler *m*, Raumteilungselement *n*
room-dividing raumtrennend
room division element *s.* room divider
room door *(BT, Hb)* Zimmertür *f*, Raumtür *f*; Innentür *f*
room-door lock *(EB)* Zimmertürschloss *n*
room facing a yard *(Konst)* Hofzimmer *n*, Zimmer *n* zum Hof, Hofraum *m*
room facing the garden *(Konst)* Gartenzimmer *n*, Zimmer *n* zum Garten, Gartenraum *m*
room fit to live in bewohnbarer Raum *m*
room heat *(HLK)* Raumwärme *f*, Innenwärme *f*, Zimmerwärme *f*
room heater *(HLK)* Raumheizgerät *n*, Raumheizer *m*
room heating *(HLK)* Raumheizung *f*
room heating system *(HLK)* Raumheizungsanlage *f*
room height Raumhöhe *f*
room-high raumhoch
room humidity *(HLK)* Raumfeuchte *f*, Raumfeuchtigkeit *f*, Zimmerfeuchtigkeit *f*
room illumination *(El)* Raumbeleuchtung *f*
room layout *(Konst)* Raumanordnung *f*
room lighting *(El)* Raumbeleuchtung *f*
room moisture *(HLK)* Raumfeuchte *f*, Zimmerfeuchtigkeit *f*
room noise *(DIS)* Wohngeräusch *n*
room-size *s.* room-sized
room size *(Konst)* Raumgröße *f*
room-sized raumgroß, zimmergroß
room-sized (wall) panel *(BT)* Wandplatte *f (raumgroß)*; Großplatte *f*
room sound *(DIS)* Raumschall *m*
room sound insulation *(DIS)* Raumschalldämmung *f*
room steam-curing *(BB, Te)* Kammerbedampfung *f (Betonhärtung)*
room temperature *(HLK)* Raumtemperatur *f*, Zimmertemperatur *f*
room temperature comfort *(HLK)* Raumbehaglichkeitstemperatur *f*, Raumkomforttemperatur *f*, thermischer Raumkomfort *m*
room temperature control *(HLK)* Raumtemperatursteuerung *f*, Innentemperatursteuerung *f*
room thermostat *(HLK)* Raumthermostat *m*
room ventilation *(HLK)* Raumlüftung *f*
room ventilation technique *(HLK)* Raumlufttechnik *f*
room wall *(Konst)* Raumwand *f*
room-wall-sized *(Konst)* raumwandgroß
room warmer *(HLK)* Raumheizer *m*, Raumheizgerät *n*
room width *(Konst)* Raumbreite *f*
room window Zimmerfenster *n*, Raumfenster *n*
roominess *(Arch, Konst)* Weiträumigkeit *f*, Geräumigkeit *f (z. B. eines Hauses)*
rooming house Logierhaus *n*, Pension *f*
roomy *(Arch, Konst)* weiträumig, geräumig *(z. B. ein Haus)*
root *(BT)* Spanngliedendstück *n*
root diagram *(Konst, Stat)* Wurzelmaßstabdarstellung *f*
root grading curve Siebliniendarstellung *f* im Wurzelmaßstab
root line mean square water level *(Wsb)* quadratischer Wasserstandmittelwert *m*
root timber *(BM)* Wurzelholz *n*
rooter *(BWG, Verk)* Aufreißer *m*, Tiefenaufreißer *m (Straßenbau)*
rootproof wurzelabweisend
rope *v* 1. *(Konst)* anseilen; 2. *(Konst)* seilförmig verdrallen; 3. *(Konst)* mit Seilen absperren
rope 1. *(BT)* Seil *n*, Kabel *n*, Tau *n*; Strang *m*, Strick *m*; 2. *(BM, San)* Werg *n*; 3. *s.* rope caulk
rope action *(Stat)* Seilwirkung *f*, Kabelwirkung *f*
rope caulk *(San)* Wergdichtung *f*
rope clamp [clip, cramp] Seilschloss *n*, Seilklemme *f*
rope extraction *(Te)* Seilförderung *f*
rope fibre *(BM)* Strickfaser *f*
rope guy *(AE)* Abspannseil *n*
rope haulage Seilförderung *f*, Seilzuganlage *f*
rope hook Seilhaken *m*
rope moulding *(Arch)* Seilzierkante *f*, Seilwulst *m(f)*, Taustab *m (Ornament)*
rope polygon *(Stat)* Seilpolygon *n*, Seilzug *m*, Seilplan *m*
rope pulley *(BT)* Seilrolle *f*
rope sag Kabeldurchhang *m*
rope sealing *(San, WVA)* Strickabdichtung *f*
rope socket *(BT)* Seilschloss *n*, Seilklemme *f*
rope-supported roof *s.* rope suspension roof
rope-suspended cantilever roof *(TK)* Kabelkragdach *n*, Seilkragdach *n*, Seilauskragdach *n*
rope-suspended elliptical roof *(TK)* elliptisches Kabel-

hängedach *n*, elliptisches Seilhängedach *n*, Ellipsenkabelhängedach *n*
rope-suspended roof *(TK)* Seilhängedach *n*, Kabelhängedach *n*, Hängedach *n*
rope suspension bridge *(Br)* Seilbrücke *f*, Hängebrücke *f*
rope suspension equalizer *(EB)* Seilausgleichsvorrichtung *f (Aufzug)*
rope suspension roof *(TK)* Seilhängedach *n*, Kabelhängedach *n*
rope system *(TK)* Seilsystem *n*, Kabelsystem *n*
rope winch *(BWG)* Seilwinde *f*
ropeway *(AE)* *(Verk)* Schwebebahn *f*, Seilschwebebahn *f*, Drahtseilbahn *f*
ropiness *(OB)* Pinselspuren *fpl*, Pinselstriche *mpl (Anstrich)*
ropy klebrig, zäh(flüssig), fadenziehend
rosace *s.* 1. rose; 2. rose window
rose Rosette *f*, Drückerrosette *f*
rose-arbour *(Arch)* Rosenlaube *f*
rose bit *(Hb)* Lochbohrer *m*, Hohlbohrer *m*, Aufbohrer *m*
rose head *(San)* Brausekopf *m*
rose moulding *(Arch)* Rosenzierkante *f*
rose nail *(Arch)* handgeschmiedeter Ziernagel *m*
rose pattern *(Arch)* Rosenmuster *n*
rose window *(Arch)* Fensterrose *f*, Rosenfenster *n*, Rosettenfenster *n (gotisches Rundfenster)*; Radfenster *n (Katharinenfenster)*
rosette 1. *(Arch)* Rosette *f*; Rosenornament *n*; 2. Kolophonium *n*, Spiegelharz *n*
rosette ester *(BM)* Esterharz *n*
rosette ester varnish *(BM, OB)* Esterharzklarlack *m*
rosewood *(BM, Hb)* Rosenholz *n*, Palisanderholz *n*
rosin Terpentinharz *n*, Kolophonium *n*, Spiegelharz *n*
rosin-modified maleic resin *(BM)* Maleinatharz *n*
rostral column [pillar] *(Arch)* Schifffahrtsehrensäule *f*, mit Schiffsschnäbeln verzierte Gedenksäule *f*, Columna *f* rostrata
rostrum *(Arch)* Rednertribüne *f*, Tribüne *f*, Podium *n (Forum Romanum)*
rot *v (OB, RS)* verrotten, vermodern, verfaulen; morsch werden *(Holz)*; verwittern, brüchig werden *(Gestein)*
rot *(OB, RS)* Fäulnis *f*, Verwesung *f*; Fäule *f*, Holzfäule *f*
rot of sap wood Splintfäule *f*; Splintbläue *f*
rot of the heart Kernfäule *f*
rot of wall Mauerfraß *m*
rot-proofing agent Verrottungsschutzmittel *n*, Fäulnisverhütungsmittel *n*
rot protection *(DIS)* Fäulnisschutz *m (z. B. von Holz)*
rotary kreisend, sich drehen; umlaufend; rotierend
rotary *(AE)* *(Verk)* Kreisverkehr *m*
rotary air lock *(DIS, HLK)* Zellradschleuse *f*
rotary apartment tower *(Konst)* Drehwohnhochhaus *n*
rotary bit *s.* rotary drill
rotary bolt *(EB)* Drehriegel *m*
rotary bucket excavator *(BWG)* Schaufelradbagger *m*
rotary circle *(AE)* *(Verk)* Kreisverkehrsanlage *f*, Kreisel *m*
rotary crane *(BWG)* Drehkran *m*
rotary crusher *(BWG)* Kreiselbrecher *m*
rotary current *(El)* Drehstrom *m*
rotary current generator *(El)* Drehstromgenerator *m*
rotary-cut veneer Schälfurnier *n*
rotary cutting *(Hb)* Furnierrundschneiden *n*, Rundschälen *n*
rotary door *(Hb)* Drehtür *f*
rotary drill Drehbohrmeißel *m*, Rotary(bohr)meißel *m*
rotary drilling *(Erdb, Tun)* Dreh(spül)bohren *n*; Rotarybohren *n*
rotary-drum mixer *(BWG)* Freifallmischer *m*
rotary evaporator *(BWG)* Rotationsverdampfer *m (Baustofflabortechnik)*
rotary float rotierender Betonoberflächenverdichter *m*, Oberflächenrotationsglätter *m*
rotary-floor restaurant *(Konst)* Drehrestaurant *n*
rotary flow Wirbelströmung *f*
rotary furnace Drehrohrofen *m*, Rotationsofen *m*
rotary hoe *(BWG, Erdb)* Bodenfräse *f*
rotary intersection *(Verk)* Kreisverkehrsknoten *m*, Kreisverkehrskreuzungspunkt *m*
rotary island *(Verk)* Kreisverkehrsinsel *f*
rotary kiln *(BWG)* Drehrohrofen *m*
rotary kiln cement *(BWG)* Drehofenzement *m*
rotary leaf *(BT, Konst)* Drehtürflügel *m*
rotary lever *(EB)* Drehriegel *m*
rotary lever lock Drehriegelverschluss *m*
rotary lift Paternoster(aufzug) *m*, Umlaufaufzug *m*
rotary platform *(Konst)* Drehplattform *f*
rotary power float Rotationsabziehscheibe *f*
rotary restaurant *(Konst)* Drehrestaurant *n*
rotary screen Siebtrommel *f*, Trommelsieb *n*
rotary stage *(EB)* Drehbühne *f (Theater)*
rotary tower crane *(BWG)* Turmdrehkran *m*
rotary traffic *(Verk)* Kreisverkehr *m*
rotary trowel *s.* rotary float
rotary-type mixer *(Erdb)* Bodenmischer *m*, Bodenvermörtelungsgerät *n*
rotary-type pile-driving plant *(BWG, Erdb)* Drehgerüstramme *f*
rotary valve *(Wsb)* Kugelschieberventil *n*, Kugelschieber *m*
rotary veneer Schälfurnier *n*
rotary veneer cutting Furnierrundschneiden *n*
rotatable drehbar, schwenkbar
rotate *v* rotieren, sich drehen; rotieren lassen
rotating sich drehend, kreisend; umlaufend
rotating-beam fatigue test *(BM, St)* Umlaufbiegprüfung *f*
rotating bending Umlaufbiegung *f*
rotating flask test *(BM)* Prüfung *f* im Rotationskolben
rotating house *(Konst)* Drehhaus *n*
rotating mixer *(BWG)* Freifallmischer *m*
rotating stage *(EB)* Drehbühne *f (Theater)*
rotating surface Drehfläche *f*
rotating templet *(BT)* Leier *f*
rotation Rotation *f*, Drehung *f*
rotational 1. sich drehen, kreisend; umlaufend; 2. abwechselnd; 3. im Turnus, turnusmäßig
rotational axis *(Stat)* Drehachse *f*, Rotationsachse *f (Darstellung, Aufbau)*
rotational deformation Drehverformung *f*
rotational flow *(Wsb)* Wirbelströmung *f*
rotational inertia *(Stat)* Trägheitsmoment *n*
rotational moulding *(BB, Te)* Schleuderverfahren *n (Betonrohrherstellung)*
rotational paraboloid *(Stat)* Rotationsparaboloid *n*, Drehparaboloid *n*
rotational rigidity *(Stat)* Drehsteifigkeit *f*
rotational shell *(Konst)* Rotationsschale *f*, drehsymmetrische Schale *f*
rotational stiffness *(Stat)* Drehsteifigkeit *f*
rotational viscometer *(BM)* Rotationsviskosimeter *n*
rotational wave *(Stat)* Querwelle *f*, Transversalwelle *f (Schubkraftübertragung, Körperschall)*
rotationally symmetric rotationssymmetrisch, drehsymmetrisch
rotooperator *(EB)* Jalousiekurbel *f*
rotooperator system Jalousiekurbelsystem *n*
rotor Laufrad *n*
rotproof *(BM)* fäulnisbeständig, fäulnisfest, verrottungsbeständig, nicht verrottbar, unverrottbar
rotten verrottet, vermodert, verfault; schwammig, stockig, morsch *(Holz)*; brüchig • **become rotten** morsch werden

rotten stone 1. verwitterter Stein *m*; 2. Polierkalkstein *m*
rotten wood faules [morsches] Holz *n*
rottenness 1. Fäulnis *f (z. B. von Holz)*; Verfall *m*; 2. Sprödigkeit *f*, Brüchigkeit *f (von Stahl)*
rotting Verfaulen *n*; Zersetzung *f*; Vermoderung *f*; Verwitterung *f*
rotting process Verrottungsprozess *m*; Zersetzungsprozess *m*; Verwitterungsprozess *m*
rotunda *(Arch, Konst)* Rotunde *f*, Rundbau *m*
rotunda arch *(Arch)* Rotundebogen *m*
rough *v* 1. vorbearbeiten *(Werkstück)*; grob bearbeiten; 2. aufrauen; rau werden
rough *v* **down** 1. rauschleifen; 2. vorwalzen
rough *v* **drill** *(Bod, Erdb)* vorbohren
rough *v* **up** aufrauen
rough 1. *(OB)* rau, uneben *(Oberfläche)*; ungehobelt; unpoliert; narbig; 2. *(OB)* unbehandelt, grob (bearbeitet)
rough analysis Rohanalyse *f*, Grobanalyse *f*
rough arch *(SB)* Normalziegelbogen *m*, Versteifungsbogen *m*, Entlastungsbogen *m (Mauerwerk)*
rough as cast *(BB)* schalungsrau, abzugsrau *(Beton)*
rough ashlar *(BM)* Bruchrohstein *m*, unbehauener Bruchstein *m*
rough-axed grob zugehauen
rough-axed brick zugehauener Ziegel *m*
rough bracket *(TK)* Treppenabstützung *f*
rough buck Unterrahmen *m*, Rohbaurahmen *m*; Unterbau *m*
rough calculation *(VR)* Überschlagsrechnung *f*; Voranschlag *m*
rough carriage *(Konst)* verdeckte Stufenträgerwange *f*, hintere Treppenwange *f*
rough-cast *v (SB)* berappen
rough-cast berappt
rough-cast *(SB)* Rauputz *m*, Rappputz *m*, Rohputz *m*
rough-cast glass gewalztes Glas *n*
rough-casting 1. *(SB)* Berappen *n*; 2. *(BM)* Rohling *m*
rough cleaning *(OB, Te)* Vorreinigung *f*
rough coat Unterputz *m (Grobputz)*
rough concrete *(BB)* Raubeton *m*
rough-cut file *(BWG)* Schruppfeile *f*
rough-cut joint *(SB)* einfache Mauersetzfuge *f (mit Hochkantziegeln)*
rough dimension *(Konst)* Rohmaß *n*, Rohbaumaßangabe *f*
rough dressing *(SB, Te)* Rohbehauen *n*
rough edge *(BM, Hb)* Baumkante *f*, Wahnkante *f (Brett)*
rough-edged *(BM, Hb)* baumkantig, wahnkantig, waldkantig *(Nutzholz)*
rough-edged beam *(BT, Hb)* baumkantiger Balken *m*
rough estimate of costs *(VR)* ungefähre Kostenschätzung *f*, Kostenvoranschlag *m*
rough fittings *(EB)* rohe Baubeschläge *mpl*
rough floor Fußbodenunterlage *f*, Balkenbrettauflage *f*, Balkendielung *f*; *(AE)* Blendboden *m*
rough flooring (material) *(BT)* Fußbodenunterlagsmaterial *n*
rough forms Rauschalung *f*
rough grading 1. *(Erdb)* Rohplanieren *n*; 2. *(Erdb)* Rohplanum *n*
rough-grained grobkörnig
rough grind(ing) Terrazzo(grob)schleifen *n*
rough-ground *(OB)* roh abgeschliffen
rough ground *(Bod, Erdb)* unebener Boden *m*; unebenes Gelände *n*
rough hardware *(EB)* rohe Baubeschläge *mpl*, Baueisenwaren *fpl (die verdeckt werden)*
rough-hew *v (SB, Te)* grob zuhauen; bossieren, bosseln *(Naturstein)*
rough-hewing *(SB, Te)* Bossieren *n*, Bosseln *n*
rough-hewn 1. *(SB)* bossiert, gebosselt; 2. *s.* rough-edged
rough lumber *(AE) (BM, Hb)* Roh(schnitt)holz *n*
rough opening *(Konst)* Rohbauöffnung *f*
rough opening dimensions *(Konst)* Rohbaulichtmaß *n*
rough-planing *(Te)* Vorhobeln *n*
rough plaster *(SB)* Rauputz *m*, Rappputz *m*
rough polishing *(OB, Te)* Vorpolieren *n*
rough quarry block *(BM)* Roh(gesteins)block *m (Naturstein)*
rough rendering 1. *(SB) s.* rough plaster; 2. *(SB, Te)* Berappen *n*, Bewerfen *n* mit Rauputz
rough road *(Verk)* ausgefahrene Straße *f*
rough rubble (wall) *(SB)* Bruchsteinmauer *f*
rough-sawn *(BT, Hb)* sägerau
rough screening *(BM, Te)* Grobsiebung *f*
rough-shuttered *(BB)* schalungsrau
rough shuttering *(BT, Te)* Rauschalung *f*
rough sill *(Hb)* Fensterbrettschwellholz *n*
rough stone *(BM)* Bruchstein *m*, Bruchmauerstein *m*
rough stone masonry wall *(SB)* Bruchsteinmauer *f*
rough stone masonry wall work *(SB)* Bruchsteinmauerwerk *n*
rough string untere [verdeckte] Treppenwange *f*
rough surface *(OB)* raue Oberfläche *f*
rough T and G boarding *(BM, Hb)* Rauspund *m*, Rauspundbretter *npl*
rough texture Grobstruktur *f*
rough-textured wallpaper Raufasertapete *f*
rough wall *(SB)* Natursteinmauer *f*
rough walling *(SB)* Rohmauerung *f*
rough wood Grobholz *n*
rough work 1. *(Te)* Rohbauarbeiten *fpl*; 2. *(SB)* Grobziegelmauerwerk *n*, Rohrziegelmauerwerk *n*, unverputztes Mauerwerk *n*; 3. Rohbau *m*
roughen *v (OB, Te)* aufrauen; rau werden
roughening *(OB, Te)* Aufrauen *n*, Aufrauung *f*
roughing 1. *(Te)* Vorhauen *n*, Vorprofilieren *n (Naturstein)*; 2. *s.* rough plaster
roughing-in *(AE)* 1. Rohbauarbeiten *fpl (an einem Gebäude)*; 2. *(SB)* Unterputzbewurf *m*
roughing-out 1. *(Hb)* Grobbearbeitung *f*, erster Zuschnitt *m*; 2. erste Behauung *f*, Abschrotung *f (Naturstein)*
roughly dressed *(SB)* grob zugehauen
roughly squared *(SB)* hammerrecht *(Naturstein)*
roughness *(OB, Verk)* Rauigkeit *f*, Rauheit *f (einer Oberfläche)*; Rauigkeitsgrad *m*, Rauigkeit *f (einer Straße)*
round *v* **(off)** 1. *(Te)* abrunden, rund machen *(z. B. Ecken)*; 2. aufrunden; abrunden *(Zahlen)*
round *v* **up** aufrunden
round 1. *(Arch)* (kreis)rund; 2. *(St)* rund, abgerundet, nicht eckig; 3. *(Stat)* gerundet *(Zahlen)*
round 1. Rundstab *m*; (runde) Sprosse *f*, Leitersprosse *f*; 2. *(Arch)* Rundornament *n*; Rundprofil *n*; 3. Rundbau *m*
round apse *(Arch)* Rundapside *f*, Rundabseite *f*, Rundexedra *f*
round arch *(Arch)* Rundbogen *m*
round-arched *(Arch)* rundbogig
round-arched barrel vault *(Konst)* rundbogiges Tonnengewölbe *n*, rundbogige Tonne *f*
round-arched corbel table *(Arch)* Rundbogenfries *m*, rundbogiger Fries *m*, Halbkreisbogenfries *m*
round-arched merlon *(Arch)* Rundbogenzinne *f*, rundbogige Zinne *f*, Halbkreisbogenzinne *f*
round-arched window *(Konst)* Rundbogenfenster *n*, rundbogiges Fenster *n*, Halbkreisbogenfenster *n*
round attic *(Arch)* runde Attika *f*
round bar *(BT, St)* Rundstab *m*; Rundeisen *n*, Rundstahl *m (Bewehrung)*
round-bar steel *s.* round bar

round bars *(BT, St)* Rundstabstahl *m*, Betonrundstäbe *mpl*
round bastion *(Arch)* Rundbastion *f*
round beam *(TK)* Rundbalkenträger *m*
round block *(Arch)* Rundgebäude *n*
round bolt Rundbolzenriegel *m*
round bottom flask Rundkolben *m*
round brush Ringpinsel *m*
round building *(Arch)* Rundgebäude *n*
round capital *(Arch)* Rundkapitell *n*
round chapel *(Arch)* Rundkapelle *f*
round chimney *(Konst)* Rundschornstein *m*
round choir termination *(Arch)* runder Chorschluss *m*
round church *(Arch)* Rundkirchenbau *m*
round column Rundsäule *f*
round construction timber *(BM, Hb)* Baurundholz *n*
round core *(Konst)* Rundkern *n (Hochhaus)*
round corner 1. Ausrundung *f*; 2. Hohlkehle *f*
round-cornered mit ausgerundeten Ecken
round diminutive tower *(Arch)* Rundtürmchen *n*, kleiner Rundturm *m*
round edge abgerundete Kante *f* • **with round edges** rundkantig
round-edged *(Hb)* rundkantig; unbesäumt
round end of a choir *(Arch)* Chorrundhaupt *n*
round exedra *(Arch)* Rundapsis *f*, Rundabseite *f*, Rundexedra *f*
round façade *(Arch)* Rundfassade *f*
round file *(BWG)* Rundfeile *f*
round footing *(Erdb)* Kreisfundament *n*
round foundation *(Erdb)* Kreisfundament *n*
round girder *(TK)* Rundträger *m*
round glass Hohlglas *n*
round grain *(BM)* Rundkorn *n (Zuschlagstoffe)*
round gravel Rollkies *m*
round head Halbrundkopf *m*, Rundkopf *m*
round-head screw Rundkopfschraube *f*
round-headed corbel table *(Arch)* Rundbogenfries *m*, rundbogiger Fries *m*, Halbkreisbogenfries *m*
round-hole screen *(BM, BWG)* Rundlochsieb *n*
round house *(Arch)* Rundhaus *n*
round log *(BM, Hb)* Rundholz *n*
round-log construction *(Arch, Konst)* Blockhausbau *m*
round manhole *(WVA)* Kreisschacht *m*, Rundschacht *m*
round moulding *(Arch)* Rundornament *n*, Rundfries *m*
round particle Rundkorn *n*
round peripteral temple *(Arch)* Peripteralrundtempel *m*, Ringhallentempel *m*
round pier *(TK)* Rundpfeiler *m*, Kreispfeiler *m*
round plan *(Konst)* kreisförmiger Grundriss *m*, runder Grundriss *m*
round plane *(Hb)* Stabhobel *m*
round plate *(Konst)* Kreisscheibe *f*, Kreisplatte *f*, Rundscheibe *f*, Rundplatte *f*
round profile Rundprofil *n*
round ridge Rundfirst *m*, abgerundeter Dachfirst *m*
round robin test *(BM) (sl)* Ringversuch *m*
round rod Rundstab *m*
round roof *(Konst)* Kreisdach *n*, Runddach *n*
round sand *(BM)* Rollsand *m*, Rundkornsand *m*
round shaft *(Konst)* Rundschaft *m*, Kreisschaft *m*
round silo *(Konst, WVA)* Rundsilo *n*
round slab kreisförmige Platte *f*, Kreisscheibe *f*
round stair(case) *(Konst)* Rundtreppe *f*, kreisrunde Wendeltreppe *f*
round steel Rundstahl *m*
round step Wulstkantenstufe *f*, Rundnasenstufe *f*
round stock *(AE)* Ganzholz *n*, Rundholz *n*
round temple *(Arch)* Rundtempel *m*
round tensile bar *(BM)* Rundzugprobestab *m*
round termination *(Arch)* runder Chorschluss *m*
round timber Rundholz *n*
round-top road hump abgerundete Bodenschwelle *f*
round tower 1. *(Arch)* Rundturm *m*, Wehrturm *m (speziell in Irland)*; 2. *(Arch)* Rondell *n*, Rundell *n (Rundteil an einer Bastei)*
round traceried window *(Arch)* Rundmaßwerkfenster *n*
round tube Zylinderröhre *f*, Rundröhre *f*
round turret *(Arch)* Rundtürmchen *n*
roundabout *(Verk)* Verkehrskreisel *m*, Kreisverkehr *m (Anlage mit Mittelinsel)*; Verteilerring *m*
roundabout traffic *(Verk)* Kreisverkehr *m*
rounded abgerundet
rounded at the edges kantenabgerundet
rounded forend gerundete Türpfostenleiste *f (Schwingtür)*
rounded step *s.* round step
roundel 1. *(Arch, Konst)* Ochsenauge *n (rundes Fenster)*; 2. *(Arch, Konst)* Rundnische *f (z. B. für Plastiken)*; 3. *(Arch)* Medaillonornament *n*
roundhouse *(AE) (Verk)* Lokomotivschuppen *m*, Rundschuppen *m*
rounding-off Abrunden *n*, Abrundung *f*
roundness Rundung *f*, Zurundung *f*
rounds Rundstabstahl *m*, Betonrundstäbe *npl*
rounds-type truss *(TK)* Rundstahlfachwerkträger *m*
roundstone Rollkiesel(stein) *m*
roundwood (konstruktives) Rundholz *n*, Stammholz *n*
rout *v* 1. *(Hb)* aushobeln, den Grund hobeln; eine Nut hobeln; ausfräsen, ausarbeiten; 2. stoßen *(verbinden)*
route *v (RP, Verm)* trassieren, eine Trasse [Streckenführung] festlegen
route 1. *(RP, Verk, Verm)* Trasse *f*, Trassenführung *f*, Streckenführung *f*, Weg *m*; Linienführung *f (Verkehrsmittel)*; 2. *(El)* Leitungsführung *f*; 3. *(Verk)* Wegestrecke *f*, Route *f*, Reiseweg *m*; 4. *(Verk) (AE)* Bundesstraße *f*
route advice *(Verk)* Fahrtroutenempfehlung *f*
route computation *(Verk)* Routenberechnung *f*
route control system *(Verk)* Streckenbeeinflussungsanlage *f*, SBA
route diversion *(Verk)* Straßenumleitung *f*, Routenumleitung *f*
route guidance system *(Verk)* Verkehrsleitsystem *n*
route information Streckeninformation *f*, Verkehrsinformation *f*
route mapping *(Verm)* Trassierung *f*, Trassenabsteckung *f*, Linienführung *f*
route network *(RP)* Liniennetz *n*
route optimization *(RP, Verk, Verm)* Routenoptimierung *f*, Trassenoptimierung *f*
route presentation *(Verk)* Routendarstellung *f*
route selection *(RP, Verm)* Trassenwahl *f*, Trassierung *f*
route signing *(Verk)* Routenbeschilderung *f*
route signing plan *(Verk)* Routenbeschilderungsplan *m*, Streckenführungsbeschilderung *f*
route surveying *(Verm)* Trassenvermessung *f*
router 1. Grundhobel *m*; Treppennuthobel *m*; 2. Langlochfräser *m*; Fräsbohrer *m*
router bit *(BWG)* Langlochbohrer *m*
router gauge *(BWG)* Nutenreißer *m*; Ornamentanreißer *m*
router patch *(Hb)* Holzeinlege(reparatur)stück *n*, Flickholz *n*
router plane *s.* router 1.
routine maintenance *(RS)* (laufende) Wartung *f*
routine repair work *(RS)* Instandhaltungsarbeiten *fpl*
routing 1. *(Hb)* Ausarbeiten *n (von Holz)*; Aushobeln *n*; Ausfräsen *n*; 2. *(Verk)* Streckenführung *f*, Linienführung *f*
rove *(BM)* Grobgarn *n*, Glasseidengrobgespinst *n*
rover *(Arch)* Zierkante *f (einer Rundung oder Biegung folgend)*
roving *(BM)* Glasseiden-Roving *m*

row 1. *(RP)* Reihe *f*, Zeile *f (z. B. von Häusern)*; Sitzreihe *f*; 2. *(Verm)* Bauflucht(linie) *f*, Flucht *f*; 3. *(Verk)* (gerade) Straße *f*; 4. *(SB)* Schicht *f*, Lage *f (Mauerwerk)*
row construction *(Arch, Konst)* Reihenbau *m*
row home *(Arch)* Reihenfamilienhaus *n*
row house Reihenhaus *n*, Einzelhaus *n* einer Reihe ähnlicher Häuser; Reihenfamilienhaus *n*
row-house development Reihenhausbebauung *f*
row installation Reihenanlage *f*
row of Apostles *(Arch)* Apostelreihe *f*
row of banister Treppengeländer *n*
row of bars Stabreihe *f*
row of buildings *(RP)* Gebäudezeile *f*
row of columns *(Arch)* Säulenreihe *f*
row of elements *(Konst)* Stabreihe *f*, Gliederreihe *f (Stabtragwerk)*
row of houses *(RP)* Häuserzeile *f*
row of members *(Konst)* Stabreihe *f*, Gliederreihe *f (Stabtragwerk)*
row of piers Pfeilerreihe *f*
row of piles *(Erdb)* Pfahlreihe *f*, Pfahlwand *f*
row of rivets *(St)* Nietreihe *f*, Nietnaht *f*
row of rods Stabreihe *f*
row of seats *(EB)* Sitzreihe *f*
row of stores Ladenzeile *f*
row of supports Stützenreihe *f*
row of trees *(LB)* Baumreihe *f*, Allee *f*
row of windows *(El)* Lichtband *n*, Fensterband *n*
row spacing *(Hb)* Nagelabstand *m*, Bolzenabstand *m*
rowlock *(SB)* Rollschar *f*, Rollschicht *f*; (sichtbare) Hochkantziegelreihe *f*
rowlock arch *(SB)* mehrlagiger Ziegelbogen *m*
rowlock cavity wall *(SB)* Hochkantziegelhohlmauer *f*, Ziegelhohlmauer *f* mit Hochkantziegeln
rowlock paving Rollschichtpflaster *n (Klinker)*
royal königlich, Königs...
royal *(AE)* (große) Zedernschindel *f (1,25 m × 0,61 m)*
royal blue *(BM, OB)* Königsblau *n*, Preußischblau *n*
royal castle *(Arch)* Königsschloss *n*, königliches Schloss *n*
royal chapel *(Arch)* Königskapelle *f*
Royal Engineers königlich englisches Pionierkorps *n*
Royal Institutes of British Architects Britischer Architektenverband *m*
royal palace *(Arch)* Königspalast *n*
royal pyramid *(Arch)* Königspyramide *f*
royal suite *(Arch)* Königsgemächer *npl*, Königssuite *f*
royal tomb *(Arch)* Königsgrab *n*
royal yellow Rauchgelb *n*
royalty *(VR)* Lizenzgebühr *f*, Nutzungsgebühr *f*; Patentgebühr *f*; Grubenzins *m*; Tantieme *f*
rub *v* 1. *(OB, Te)* abreiben; abziehen; schleifen; polieren; 2. *(OB, Te)* (ein)reiben, bestreichen; verreiben; 3. *(Te)* reiben, scheuern; schaben *(z. B. Seile)*
rub *v* **down** abreiben, mattieren *(Putz)*; schleifen
rub *v* **down the paint** abbimsen
rub *v* **in** verreiben
rub *v* **off** *(OB, Te)* abreiben; abschleifen
rub *v* **with wax** bohnern
rub brick Reibestein *m*, Abziehstein *m*, Korundstein *m*, Siliciumcarbidstein *m*, Siliziumkarbidstein *m*
rubbed *(OB)* abgerieben
rubbed brick geschliffener [abgezogener] Ziegel *m*
rubbed finish *(OB)* geschliffene Oberfläche *f*; abgezogene Schicht *f (Mauerwerk)*; Schleiflackoberfläche *f*
rubbed joint (zusammengeriebene) Leimverbindung *f*
rubbed work *(OB, Te)* geschliffene Behandlung *f (z. B. bei Terrazzo oder Beton)*
rubbelize *v* aufbrechen, zertrümmern; entspannen
rubber *v* gummieren

rubber 1. *(BM)* Gummi *m*; Weichgummi *m*; Kautschuk *m*; 2. poröser Ziegelstein *m*, Weichziegel(stein) *m*
rubber aggregate *(BM)* Gummigranulat *n*, Gummizusatz *m*
rubber-asphalt paving mixture Gummibitumen-Zuschlagstoff-Mischung *f*
rubber band Gummiband *n*
rubber barrier *(Verk)* Gummibarriere *f*
rubber-based sealant Gummidichtungsmaterial *n*
rubber bearing *(TK)* Gummilager *n*
rubber-bitumen *(BM)* Gummibitumen *n*
rubber blanket Gummiplane *f*
rubber buffer Gummipuffer *m*
rubber cement Gummilösung *f*; Kautschukkitt *m*
rubber-coat *v* gummieren, mit Gummi beschichten
rubber-coated gummibeschichtet
rubber-coated drum roller *(BWG, Verk)* gummiummantelte Stahlwalze *f*
rubber-coated fabric gummiertes Gewebe *n*
rubber coating Gummibelag *m*, Gummibeschichtung *f*
rubber-coupled gummigekuppelt *(Flüssigkeitsrohrleitung)*
rubber coupling Gummirohrkupplung *f*
rubber covering Gummibelag *m*
rubber-cushioned gummigelagert
rubber derivate *(BM)* Kautschukderivat *n*
rubber-emulsion paint latexgebundene Farbe *f*, Latexfarbe *f*
rubber-faced gummibeschichtet
rubber filler *(BT)* Gummifugeneinlage *f*
rubber floor cover(ing) Gummifußbodenbelag *m*
rubber gasket (flache) Gummidichtung *f*; Kautschukprofil *n*, Kautschukprofildichtung *f*
rubber glazing channel Gummiverglasungsprofil *n*
rubber gloves Gummihandschuhe *mpl*
rubber glue Gummilösung *f*
rubber hose Gummischlauch *m*
rubber joint *(Konst)* Gummi(ab)dichtungsfuge *f*
rubber latex Kautschuklatex *m*
rubber-like gummiartig, gummiähnlich
rubber-lined gummiausgekleidet, gummiert
rubber lining Gummiauskleidung *f*
rubber lip sealing Gummilippendichtung *f*
rubber packing Gummidichtung *f*, Gummipackung *f*, Gummizwischenlage *f*
rubber paving block Gummipflaster *n*, Gummifliese *f*
rubber ply Gummieinlage *f*
rubber pot bearing *(Br, TK)* Gummitopflager *n (Brücke)*
rubber profile Gummiprofil *n*
rubber ring Gummiring *m*
rubber seal *s.* rubber packing
rubber section *(BM)* Gummiprofil *n*
rubber set falsches [vorzeitiges] Abbinden *n*, Früherstarrung *f*
rubber shape Gummiprofil *n*
rubber sheet *(BM, DIS)* Gummibahn *f*
rubber silencer *(BT, DIS)* Gummidichtstreifen *m (zur Schalldämmung)*; Türrahmengummistreifen *m*
rubber solution Gummilösung *f*; Kautschuklösung *f*
rubber spacer Gummiabstandhalter *m*
rubber squeegee Gummischwabber *m (für Schlämmeauftrag)*
rubber stop Gummianschlag *m*
rubber stopper Gummipfropfen *m*, Gummistopfen *m*
rubber strip Gummilasche *f*; Gummistreifen *m*
rubber-surfaced *(OB)* gummibeschichtet
rubber tape Isolierband *n*
rubber tiling Gummiplattenbelag *m*, Gummifliesenbelag *m*
rubber trim Gummiprofil *n*
rubber tube Gummirohr *n*; Gummischlauch *m*
rubber tubing Gummischlauch *m*

rubber-tyred roller *(BWG, Verk)* Gummiradwalze *f*
rubber underlay Gummiunterlage *f*
rubber unit Gummiprofil *n*
rubber washer Gummi(ab)dichtungsring *m*
rubber waterstop Gummifugenband *n*
rubber wheel roller *(BWG, Verk)* Gummiradwalze *f*
rubberize *v* gummieren
rubberized asphalt *(BM)* Gummibitumen *n*, Gummi-Bitumen-Gemisch *n*
rubberized bitumen Gummibitumen *n*
rubberized fabric gummiertes Gewebe *n*
rubberized paint Kautschukfarbe *f*
rubbery gummiartig, gummiähnlich
rubbing 1. *(OB, Te)* Mattreiben *n*; Mattschleifen *n*; 2. Reibung *f*; 3. Abrieb *m*, Scheuern *n*
rubbing block Reibestein *m*, Sandsteinstück *n (zur Marmorpolitur)*
rubbing-down *(OB, Te)* Schleifen *n*
rubbing stone Abreibstein *m*, Abziehstein *m (Natursteinbearbeitung)*
rubbing surface Reibungsfläche *f*
rubbing varnish *(OB)* Schleiflack *m*
rubbish *(Umw)* Müll *m*; Abfall *m*, Abfälle *mpl*; Schutt *m*; Bauschutt *m*
rubbish bin Abfallbehälter *m*, Abfalleimer *m*, Mülleimer *m*
rubbish box *(Umw)* Müllkasten *m*
rubbish chute Müllschlucker *m*, Müllabwurfschacht *m*
rubbish cinder *(BM)* Müllschlacke *f*
rubbish collection *(Umw)* Müllabfuhr *f*, Müllabfuhr *f*, Müllsammlung *f*
rubbish container Müllbehälter *m*, Mülltonne *f*
rubbish destructor Abfallverbrenner *m*, Müllverbrenner *m*
rubbish disposal *(Umw)* Müllabfuhr *f*, Müllabfuhr *f*, Müllsammlung *f*, Sammlung *f* von Hausmüll
rubbish dump 1. *(Umw)* Müllkippe *f*, Mülldeponie *f*, Schuttabladeplatz *m*; 2. Bergehalde *f*, Abraumkippe *f*
rubbish dumper Müll(abwurf)schacht *m*
rubbish furnace cinder *(AE) (BM)* Müllschlacke *f*
rubbish heap *(Umw)* Schutthalde *f*
rubbish incinerator Abfallverbrenner *m*, Müllverbrenner *m*
rubbish load *(RS, Stat)* Trümmerlast *m*
rubbish press *(BWG, Umw)* Müllpresse *f*
rubbish removal *(AE) (RS)* Trümmerbeseitigung *f*, Enttrümmerung *f*, Schuttbeseitigung *f*
rubbish shoot Bauschuttrutsche *f*
rubbish tip *(AE) (Umw)* Müllkippe *f*, Müllabladeplatz *m*, Müllhalde *f*, Abfallkippe *f*, Abfallabladeplatz *m*
rubble 1. *(BM, Wsb)* Steinschutt *m*, Schutt *m*, Geröll *n (Geologie)*; Grobschlag *m*; Grobkies *m*; (unbehauener) Bruchstein *m*; 2. *(RS)* Bauschutt *m*, Schutt *m*; Trümmer *pl (abgerissener Häuser)*; 3. *(BM, SB)* Zwickelsteine *mpl*
rubble arch *(SB)* Bruchsteinbogen *m*; Bossenwerkbogen *m*; Bruchsteingewölbe *n*
rubble ashlar masonry work *(SB)* Natur(werk)steinmauerwerk *n*, Hausteinmauerwerk *n* mit Bruchsteinhinterfüllung
rubble ashlar wall *(SB)* Bruchsteinmauer *f* mit Quaderverblendung
rubble bedding *(Wsb)* Steinbettung *f*, Steinpackung *f*
rubble concrete Bruchsteinbeton *m*, Grobschlagbeton *m*; Feldsteinbeton *m*
rubble drain *(Erdb, LB)* Sicker(drän) *m*, Steindrän *m*
rubble filter Kiesfilter *n*
rubble fireplace *(HLK, Konst)* Feldsteinkamin *m*
rubble layer *(Verk, Wsb)* Schüttlage *f*
rubble load *(Stat)* Trümmerlast *f*, Schuttlast *f*
rubble masonry *(SB)* Bruchsteinmauerwerk *n*, Natursteinmauerwerk *n*
rubble mound of stone protection *(Wsb)* Steinpackwerk *n*
rubble pavement *(Verk)* Kopfsteinwildpflaster *n*
rubble removal *(RS)* Trümmerbeseitigung *f*, Enttrümmerung *f*, Schuttbeseitigung *f*
rubble slope *(Erdb, Wsb)* Steinschüttböschung *f*, Steinschüttung *f*
rubble stone Bruch(werk)stein *m*
rubble-stone arch *(SB)* Bruchsteinbogen *m*; Bruchsteingewölbe *n*
rubble tip Schutthalde *f*
rubble vault *(SB)* Bruchsteingewölbe *n*
rubble wall *(SB)* Bruchsteinmauer *f*, Natursteinmauer *f*
rubble walling *(SB)* Füllmauer *f (ausgefüllte Mauer)*
rubblework *s.* rubble masonry
rubbly soil *(Bod)* steiniger Boden *m*
rud *s.* ruddle
ruddle roter Ocker *m*
rudely bedded *(Bod, Erdb)* undeutlich geschichtet
rudenture *(Arch)* Seilornament *n*, verstäbte Kannelierung *f*
ruderation Naturstein-Mosaik-Verlegung *f*, Mosaikverlegung *f*
rug Brücke *f*, Vorleger *m*, kleiner Teppich *m*
rugged 1. *(BWG, Konst)* robust, stabil; störungsunempfindlich; 2. uneben, rau *(Boden, Weg)*; zerklüftet *(Gelände)*
ruggedness 1. *(BWG, Konst)* Robustheit *f*, Stabilität *f*; 2. Unebenheit *f*, Rauheit *f (Gelände)*
rugosity Rauheit *f*
ruin *v* 1. *(RS)* verfallen, zerfallen *(Gebäude)*; 2. *(RS)* beschädigen; zerstören
ruin 1. *(RS)* Verfall *m*, Baufälligwerden *n*, Zerfall *m (eines Gebäudes)*; 2. *(RS)* Ruine *f*
ruin-sown *(RS)* ruinenübersät
ruined *(RS)* zerstört, verfallen, zerfallen; zerrüttet, ruiniert, zugrunde gerichtet
ruined by fire *(RS)* abgebrannt, ausgebrannt, niedergebrannt
ruined palace *(Arch)* Palastruine *f*
ruined temple *(Arch)* Tempelruine *f*
ruinous *(RS)* baufällig, verfallend; morsch
ruins *(RS)* Trümmer *pl*; Ruinen *fpl*
ruins hill Ruinenhügel *m*
rule *v* lenken, leiten; anordnen, verfügen, bestimmen, entscheiden
rule *v* **out** etwas ausschließen, nicht erlauben, etwas nicht für möglich halten
rule 1. *(Konst)* Lineal *n*; Maßstab *m*; Zollstock *m*; 2. *(Konst)* Regel *f*, Vorschrift *f*, Anordnung *f*; Norm *f* • **as a rule** *(Konst, Stat)* in der Regel
rule joint *(EB)* Scharnierstreifenverbindung *f*
rule of thumb 1. über den Daumen; 2. Faustformel *f*
rule triangle Winkelmaß *n*, Winkel *m*
ruled surface Regelfläche *f*
ruler Lineal *n*; Zeichnermaßstab *m*
ruling 1. Lini(i)erung *f*, Lini(i)eren *n*; 2. Lini(i)erungsstrich *m*; Schraffur *f*
ruling gradient *(Verk)* maßgebende Steigung *f (Schienen)*
ruling pen Ziehfeder *f*, Reißfeder *f*
ruling scale *(Konst, Verm)* Zeichenmaßstab *m*, Darstellungsmaßstab *m*
rumble *v* rattern, poltern, rumpeln
rumble area *(Verk)* Rumpelfläche *f*
rumble strip *(Verk)* Rumpelstreifen *m (Straße)*
rumple *v* zerknittern, zerknüllen
run *v* 1. fließen, strömen; rieseln *(z. B. Sand, Kalk)*; verlaufen, auslaufen *(Anstriche)*; laufen, lecken, undicht sein; 2. betreiben *(Anlagen)*; in Betrieb sein *(Maschinen)*; funktionieren *(Geräte)*; durchführen *(Versuche)*; 3. führen *(Leitungen)*; verlegen *(Kabel)*

run *v* **a cable** *(El)* ein Kabel (ver)legen, eine Leitung ziehen
run *v* **dry** *(Bod, WVA)* versiegen *(Brunnen)*
run *v* **off** *(WVA)* abfließen; ablassen, ablaufen lassen
run *v* **on solar energy** *(El, HLK)* mit Sonnenenergie arbeiten
run *v* **out of** ausgehen, zu Ende gehen
run *v* **short of** ausgehen, knapp werden
run *v* **through** durchlaufen
run *v* **together** *(Verm)* einfluchten *(Bauteile)*
run *v* **wires overhead** *(Konst, Te)* Leitungen sichtbar verlegen
run 1. *(Konst)* Traufen-First-Abstand *m*, Sparrenlänge *f*; 2. *(Konst)* Trittbreite *f*, Auftrittsbreite *f (einer Stufe, ohne Überstand)*; 3. *(Konst)* Treppenlauflänge *f*; 4. *(Konst)* Schiebelänge *f (Schiebetür, -fenster)*; 5. *(WVA)* Auslaufen *n (von Flüssigkeiten)*; Verfließen *n (von Anstrichen)*; 6. *(OB)* Nase *f (Anstrichfehler)*; 7. *(BWG, Te)* Lauf *m*, Gang *m (von Maschinen)*; Versuch *m*; Versuchsreihe *f*; 8. *(El, Konst, San)* Führung *f*, Verlauf *m (von Leitungen, Kabeln)*; 9. *(HLK, San)* Rohrstrang *m*, Strang *m*, Rohrleitung *f*; Leitung *f*; 10. *(Te, VR)* Fertigungslos *n*; 11. *(BM, BT)* unsortierte Ware *f*; 12. *(Te)* Schubkarrensteg *m*; 13. *(Bod, LB)* Gerinne *n*, Rinnsal *n*
run line Farblinie *f*; Farblinienkante *f*
run moulding Putzprägekante *f*, Rollprägeputzleiste *f*
run-of-bank gravel unklassierter Kies *m*, Wandkies *m*
run of cable *(El, Konst)* Kabelweg *m*
run-of-kiln lime unsortierter Branntkalk *m*
run of rafter *(Hb)* Sparrenlänge *f*
run-of-river scheme *(Wsb)* Flussprojektierung *f*
run-of-river station *(BWG, Wsb)* Laufkraftwerk *n*
run of the road 1. *(Verk)* Straßenverlauf *m*, Straßenführung *f*; 2. *(Erdb, WVA)* Abfluss *m* von der Straße
run off the road *(Verk)* Abkommen *n* von der Fahrbahn
run-on slab Schleppplatte *f (Brücke)*
run-out Schlag *m*, Unrundlauf *m*, exzentrischer Lauf *m*
run plank Laufbohle *f*, Karrbohle *f*
run to putty nassgelöscht, gelöscht *(Kalk)*
run to spoil *(Erdb)* Aussetzen *n* unbrauchbarer Erdstoffe
run-up track Anlaufbahn *f*
runabout crane *(BWG)* Autokran *m*
runaway Ausreißer *m*
rundle *s.* rung
rung Sprosse *f*; Leitersprosse *f*
rung ladder Sprossenleiter *f*
runic character *(Arch)* Rune *f*
Runic cross *(Arch)* keltisches Kreuz *n*
runlet *(Bod, LB)* Bächlein *n*
runnel *(Bod)* Wildbach *m*; Rinnsal *n*; Rinne *f*
runner 1. *(BT, Te)* Längsholz *n (Schalung)*; 2. *(BT, Konst)* Längsträgerschiene *f*, Längshalteeisen *n (z. B. für eingehängte Decken, Verkleidungen, Trennwände)*; Trageisen *n* für Decken; 3. *s.* ledger; 4. *(EB)* Läufer *m*, schmaler Teppich *m (für Flure)*
running 1. *(Konst)* durchgehende Verbindung *f*; 2. *(Verm)* Einfluchten *n (von Bauteilen)*; 3. *(Arch) Formen einer durchlaufenden Zierkante*
running beam *(Hb)* Einbalkung *f*
running block lose Rolle *f (eines Flaschenzugs)*
running bond *(SB)* Läuferverband *m*
running cost *(VR)* Betriebskosten *pl*, laufende Unkosten *pl*
running crack laufender Riss *m*
running dog *(Arch)* Wellenband *n*, laufender Hund *m (Ornament)*
running down Ablaufen *n (Anstrich, Kleber usw.)*
running economy *(VR)* Betriebswirtschaftlichkeit *f*
running girder *(TK)* Durchlaufträger *m*, Laufträger *m*
running ground *(Bod)* rutschender Boden *m*, fließender Erdstoff *m*
running joint *(Konst)* Dehnfuge *f*, Raumfuge *f*
running late *(Te)* verspätet
running meter laufendes Meter *n (Aufmaß)*
running mould Musterrolle *f*, Zierkantenrolle *f*
running of water *(Wsb, WVA)* Wasserabfluss *m*
running-off *(SB)* Glattputzen *n*, Putzglätten *n*
running ornament *(Arch)* (durchlaufende) Zierkante *f*, laufende Zierkante *f*
running phase *(Te)* Ausführungsphase *f*, Bauablaufphase *f*
running rail *(BT)* Laufschiene *f*
running sand *(Bod)* Treibsand *m*, Schwimmsand *m*; Schwemmsand *m*
running screed Putzführstreifen *m*, Putzleitkante *f (Zierkante)*
running sleeper *(Wsb)* Langschwelle *f*, Längsschwelle *f (Rostgründung)*
running time *(BWG, Te)* Laufzeit *f*, Betriebsdauer *f*; Ausführungszeit *f*
running to putty Nasslöschen *n*, Löschen *n (Kalk)*
running track Laufbahn *f*
running trap *(San)* U-Verschluss *m*, Geruchsverschluss *m*, Geruchsverschlussrohr *n*
running water *(Bod, Wsb, WVA)* fließendes Wasser *n*
runnings Füllmittel *npl*, Streckmittel *npl*
runoff *(WVA)* Abfluss *m*, Abflussmenge *f*, Oberflächenabfluss *m*; Wasserführung *f*, Wasserableitung *f*; Ablauf *m*, Abfließen *n*
runoff capacity *(Erdb, WVA)* Abflussmenge *f*; Vorflut *f*
runway 1. *(Verk)* Piste *f*, Start- und Landebahn *f*, Rollbahn *f (Flugplatz)*; 2. *(BWG)* Fahrbahn *f (Kran)*; 3. *(Te)* Steg *m (Plankensteg für Schubkarren)*; 4. *(EB)* Orchesterlaufsteg *m (Theater)*; 5. *(Bod, Wsb)* Flussbett *n*
runway light *(El, Verk)* Pistenfeuer *n*
runway plank Laufbohle *f*, Karrbohle *f*
rupture *v* (zer)brechen, zu Bruch gehen; zerreißen; aufreißen
rupture 1. *(RS)* Zerbrechen *n*; Zerreißen *n*; Bersten *n*; 2. *(Stat)* Bruch *m*, Trennbruch *m*; Aufreißen *n (Schichten)*
rupture bending angle Bruchbiegewinkel *m*
rupture bending moment *(Stat)* Bruchbiegemoment *n*
rupture by separation *(BT, Stat)* Trennbruch *m*
rupture by shearing *(Stat)* Scherbruch *m*
rupture compressive load *(Stat)* Bruchdrucklast *f*
rupture compressive load strength *(Stat)* Bruchdruckfestigkeit *f*
rupture condition *(Stat)* Bruchbedingung *f*
rupture cross section Bruchquerschnitt *m*
rupture curve *(Bod)* Mohr'sche Hüllkurve *f* [Umhüllungskurve *f*], Bruchkurve(numhüllende) *f*
rupture line 1. *(Stat)* Bruchlinie *f*; 2. *s.* rupture curve
rupture load *(Stat)* Bruchlast *f*
rupture loading *(Stat)* Bruchbelastung *f*, Grenzbelastung *f*
rupture member *(Konst)* Sicherheitsbruchglied *n*
rupture modulus *(Stat)* Bruchmodul *m*, statische Zerreißfestigkeit *f*
rupture moment Bruchmoment *n*
rupture-proof bruchsicher
rupture shear strength *(Stat)* Bruch-Schubfestigkeit *f*
rupture strength Zerreißfestigkeit *f*, Bruchfestigkeit *f*
rupture stress *(Stat)* Bruchspannung *f*; Zerreißkraft *f*
rupture stress condition *(Stat)* Bruchspannungsbedingung *f*
rupture tensile strength *(Stat)* Bruchzugspannung *f*
rupture test *(BM)* Bruchprüfung *f*
rupture zone *(Stat)* Bruchzone *f*
rupturing Bruchbildung *f*
rural *(Bod, RP)* ländlich
rural architecture *(LB, RP)* ländliche Architektur *f*
rural area *(Bod, RP)* ländliches Gebiet *n*
rural atmosphere *(Bod, LB, RP)* ländliche Atmosphäre *f*, Landatmosphäre *f*
rural community *(RP)* Landgemeinde *f*

rural construction *(LB)* ländliches Bauen *n*; Landbauwesen *n*
rural hospital *(Konst, RP)* Landkrankenhaus *n*
rural planning *(RP)* Raumordnungsplanung *f*
rural road *(LB)* Wirtschaftsweg *m*; Feldweg *m*; Außerortsstraße *f*
rurality *(Bod, RP)* ländliche Umgebung *f*; ländlicher Charakter *m*, Ländlichkeit *f*
rush *v* **in** *(Erdb)* hineinströmen *(Wasser)*
rush-hour *(Verk)* Hauptverkehrszeit *f*, Stoßzeit *f*
rush-hour station *(Verk)* Spitzenzeitbahnhof *m*
rush-hour time *(Verk)* Stoßverkehr *m*, Berufsverkehr *m*
rush hours *(Verk)* Hauptverkehrszeit *f*, Rushhour *f*
rush mat *(BT)* Binsenmatte *f*
rush of traffic *(Verk)* Verkehrsstau *m*, Stau *m*
rush of water *(Erdb)* Wassereinbruch *m*, Wasserdurchbruch *m*, starker Wasserzufluss *m*
rust *v (OB)* rosten, verrosten, rostig werden
rust *v* **in** *(OB, RS)* einrosten
rust *v* **through** durchrosten
rust *v* **up** *(BM, BT, RS)* einrosten
rust *(OB)* Rost *m*
rust action *(OB, RS)* Rost(ein)wirkung *f*
rust bloom Rostanflug *m*
rust cement *(BM)* Eisenkitt *m*, Rostkitt *m*
rust-coloured rostfarben
rust conversion Rostumwandlung *f*
rust-converting primer Rostumwandler *m*
rust-covered *(OB)* rostbedeckt
rust creep *(OB, RS)* Unterrosten *n*
rust damage *(RS)* Rostschaden *m*
rust film dünne Rostschicht *f*, Rostbelag *m*
rust formation *(OB, RS)* Rostbildung *f*
rust-forming rostbildend
rust grading Rostgrad *m*
rust-inhibiting rosthemmend, rostverhindernd; Rostschutz...
rust-inhibiting paint *(BM, OB)* Rostschutzfarbe *f*, Rostschutzanstrich(stoff) *m*
rust-inhibiting pigment Rostschutzpigment *n*, rostschützendes Pigment *n*
rust-inhibiting primer *(OB)* Rostschutzgrundierung *f*
rust-inhibiting properties *(BM)* Rostschutzeigenschaften *fpl*
rust inhibition *(OB)* Rostschutz *m*
rust-inhibitive *s.* rust-inhibiting
rust joint Rostverbindung *f*; Rostkittdichtung *f*
rust layer *(OB, RS)* Rostschicht *f*
rust-like rostartig
rust patch Rostfleck *m*, Roststelle *f*
rust pocket *(San, WVA)* Rostentfernungsöffnung *f (Rohrleitung)*
rust-preventing *(OB)* rostschützend, rostverhindernd; Rostschutz...
rust-preventing agent Rostschutzmittel *n*
rust-preventing coating *(OB)* Rostschutzanstrich *m*
rust prevention Rostschutz *m*
rust-preventive *s.* rust-preventing
rust preventive Rostschutzmittel *n*
rust primer *(BM, OB)* Rostschutzgrundiermittel *n*
rust-proof nicht rostend, rostbeständig
rust-proofed rostgeschützt
rust-proofing *s.* rustproofing
rust protection *(OB)* Rostschutz *m*
rust protective paint Rostschutzfarbe *f*
rust removal *(OB)* Entrosten *n*, Rostentfernung *f*
rust remover Rostentfernungsmittel *n*, Entrostungsmittel *n*, Rostbeseitigungsmittel *n*
rust-removing rostentfernend
rust-removing agent *(BM, OB)* Rostentfernungsmittel *n*, Rostentferner *m*, Entroster *m*
rust-removing procedure *(OB, Te)* Entrostungsverfahren *n*, Abrostungsverfahren *n*, Rostentfernungsverfahren *n*
rust-resistance *(BM, OB)* Rostsicherheit *f*, Rostbeständigkeit *f*
rust-resistant *(BM)* rostbeständig, rostsicher, nicht rostend
rust-retardant rosthemmend
rust spot Roststelle *f*, Rostfleck *m*
rust stain *(OB)* Rostfleck *m*
rust-stained *(OB)* rostfleckig
rust staining *(OB)* Rostfleckigkeit *f*, Rostflecken *mpl*; Rostfleckbildung *f*
rusted through *(RS)* durchgerostet
rustic 1. *(Arch)* rustikal, ländlich; 2. *(Arch)* rustikal, einfach; 3. *(Arch)* Rustika...
rustic *(SB)* Rustika *f*, Grobbruchsteinmauerwerk *n*
rustic arch *(SB)* Bruchsteinbogen *m*; Bossenwerkbogen *m*; Bruchsteingewölbe *n*
rustic ashlar *(SB)* Rustikamauerwerk *n*, Rustika *f*, Bossenmauerwerk *n*
rustic basement Sockelgeschoss-Bossenmauerwerk *n*
rustic brick Rau(textur)ziegel *m*; Buntziegel *m*
rustic finish *(BB, OB)* Waschbetonoberfläche *f*, Waschputzeffekt *m*; Waschterrazzofläche *f*
rustic joint Rustikafuge *f*, vertiefte Fuge *f*
rustic plaster *(SB)* Patschputz *m*, Grobfurchputz *m*
rustic quoin Bosseneckstein *m*
rustic siding *(Hb)* Tropfbrettverschalung *f (Wetterschutzschale für Außenwände)*
rustic slate unregelmäßiger Schiefer *m*, Wilddachschiefer *m*
rustic stone *(SB)* Bossen(stein) *m*
rustic woodwork *(Hb)* baumkantige Holzarbeit *f*; waldkantige Holzverkleidung *f (für Wände)*
rustic work *(SB)* Bossenmauerwerk *n*, Bossen *m*
rusticate *v* 1. *(SB, Te)* bossieren, bosseln, mit Bossiereisen behauen; 2. *(Arch)* mit Bossenwerk verzieren
rusticated ashlar *(SB)* Rustika *f*, Bossen(mauer)werk *n*, Bossen *m*
rusticated ashlar arch Bossenwerkbogen *m*
rusticated column *(AE)* Kapitellsäule *f*, Ringsäule *f*
rusticating Strukturieren *n (Ziegel, Steine)*
rustication 1. *(SB)* Bossen(mauer)werk *n*; 2. *s.* rustic
rustication strip Betonformleiste *f*, Einlegeformleiste *f*, Einlegelatte *f (in die Betonschalung)*
rusticity Rustizierung *f*
rustiness *(BM, OB)* Rostneigung *f*
rusting Rosten *n*, Rostbildung *f*, Verrosten *n*, Rostvorgang *m*
rusting degree *(BM, OB)* Rostgrad *m*
rusting-inhibiting *(BM)* rosthemmend, rostverhindernd
rusting-preventing *(BM)* rosthemmend, rostverhindernd
rusting-through *(RS)* Durchrosten *n*, Durchrostung *f*
rustproofing *(OB)* Rostschutzbehandlung *f*
rustproofing agent Rostschutzmittel *n*
rustproofing paint Rostschutzfarbe *f*
rustproofing primer *(OB)* Rostschutzgrundierung *f*
rusty rostig, verrostet, rostfleckig
rusty-brown rostbraun
rusty quality *(BM)* Rostneigung *f*
rusty state *(RS)* Verrostung *f*
rut *(Verk)* Fahrspur *f*, Wagenspur *f*, (tief eingefahrene) Radspur *f*
rut depth *(Verk)* Spurrillentiefe *f*, Radspurtiefe *f*
rut resistant *(Verk)* spurrinnenresistent, standfest, verformungsbeständig *(Straßenbefestigung)*
rut susceptible *(Verk)* spurrinnenempfindlich, spurrinnengefährdet *(Straßenbefestigung)*

rutile *(BM, Bod)* Rutil *m* *(Mineral)*
rutile pigment *(BM, OB)* Rutilpigment *n*
rutted *(Verk)* ausgefahren *(Wege mit Radspuren)*
rutting *(Verk)* Spurrinnenbildung *f* *(Straße)*
rutting potential *(Verk)* Neigung *f* zur Spurrinnenbildung, Möglichkeit *f* zur Spurrinnenbildung *(Straße)*

S

S-bend *(BT, San, WVA)* Doppelkrümmer *m*, gekröpftes Rohr *n*
S-N curve *s.* stress-number curve
S-trap *(San)* S-Traps *m*, Knieverschluss *m*, S-förmiger Geruchverschluss *m*
saber saw *(AE)* Kraftstichsäge *f*, Schweifsäge(maschine) *f*, Lochsäge *f*
sable (pencil) *(BWG)* Zobelhaar(fein)pinsel *m*, Zobelhaarbürste *f*
sable writer Zobelhaarschreibpinsel *m*
sacellum *(Arch)* römischer Altar(hof) *m*
sack Sack *m*
sack finish [rub] *(OB)* trocken verriebener Betonoberflächenabschluss *m*, abgeriebene Betonoberfläche *f*
sack shoot *(BWG, Te)* Sackrutsche *f*
sacked gesackt *(Baustoffe)*
sacked cement *(BM)* Sackzement *m*, gesackter Zement *m*
sacking 1. Sackleinen *n*; 2. Absacken *n*, Einsacken *n*
sacrament chapel *(Arch)* Sakramentskapelle *f*
sacrament house *(Arch)* Sakramentshaus *n* *(kunstvoller, turmartiger Schrein zur Aufbewahrung der geweihten Hostie in gotischen Kirchen)*
sacred building *(Arch)* Sakralbau *m*
sacred grove at Olympia *(Arch)* Heiliger Hain *m* von Olympia
sacred precinct *(Arch)* Peribolos *m*, Altis *m*, Temenos *n*, heiliger [geweihter] Tempelbezirk *m*
Sacred Rock *(Arch)* Heiliger Fels *m* *(zu Jerusalem)*
sacred street *(Arch)* Prozessionsweg *m* *(Delphi)*
sacrificial anode *(El, Te)* Opferanode *f*
sacrificial protection *(OB, Te)* katodischer Schutz *m* mit Opferanode, Korrosionsschutz *m* mit Elektrolytanstrich
sacrificial scheme *(BWG, OB, Te)* Katodenschutzanlage *f* mit Opferanoden
sacristy *(Arch)* Sakristei *f*
sadden *v* *(OB)* nachdunkeln, unklar werden, nachbeizen *(Anstrich)*
sadden *v* **down** *(OB)* stumpf werden *(Anstrich)*
saddle *v* 1. *(Te)* aufsatteln *(Stufen)*; 2. *(Stat)* aufladen *(Last)*
saddle *(TK)* Stuhl *m*, Lagerstuhl *m* *(Tragseilauflager bei Brücken)*; Auflager *n*, Schuh *m* *(Stützenschuh)*; Sattel *m*, Sattelholz *n*
saddle bar Bleiglasfenster-Horizontalstab *m*, Bleifensterstab *m*, Windeisen *n*
saddle bead *(BT)* Verbundfensterscheibenhalterung *f*
saddle bend *(BT, San, WVA)* gekröpftes Rohr *n*
saddle board *(Hb)* First(deck)bohle *f*, Firstbrett *n*
saddle cap flushing *(Konst)* sattelförmiger Übergangsanschluss *m*
saddle coping *s.* saddleback 1.
saddle fitting aufgesattelte Rohrverbindung *f*
saddle flange gewölbter Flansch *m*
saddle flashing *(Konst)* Schornsteinsattelabdeckung *f*
saddle-form sattelförmig
saddle form *(Konst)* Sattelform *f*
saddle jib crane Ausleger(turm)kran *m* mit Laufkatze
saddle joint gesattelte Bördelverbindung *f*, hochgesteppte Blechfuge *f*
saddle roof *(Konst)* Satteldach *n*, Giebeldach *n*
saddle scaffold Gerüst *n* über dem First, Firstaufsatzgerüst *n*; Schornsteingerüst *n* *(Dachgerüst für Reparaturen)*
saddle segment Sattelsegment *n*
saddle shell Sattelschale *f*
saddle stone 1. dachförmiger [sattelförmiger] Stein *m*; 2. Dachstein *m*
saddle support *(Hb, TK)* Sattellager *n* *(Auflager)*
saddle surface Sattelfläche *f*
saddle-type lantern light *(BT)* Sattellaterne *f*
saddle-type skylight *(BT)* Sattelraupe *f*
saddleback 1. *(SB)* Sattelabdeckung *f*, Eselsrücken *m* *(Mauer)*; 2. *s.* saddle roof; 3. *s.* saddle joint
saddleback board *(Hb)* Schlagschwelle *f*; *(AE)* Türschwelle *f*
saddleback joint *s.* saddle joint
saddleback roof *(Konst)* Satteldach *n*
saddlebacked überhöht
saddlebacked coping *s.* saddleback 1.
saddleshaped arch *(Konst)* Sattelbogen *m*, Eselsrückenbogen *m* *(Spitzschweifbogen)*
safe 1. *(Konst, VR)* sicher, zuverlässig; 2. *(VR)* zulässig *(entsprechend Sicherheitsvorschriften)*; sicher
safe 1. *(San)* Überflussauffangbehälter *m*; 2. Safe *m*, Tresor *m*
safe against buckling *(BT)* knicksicher
safe against overturning kippsicher
safe course *(Verk)* sicherer Straßenverlauf *m*
safe deposit *(EB)* Tresor *m*; Stahlkammer *f*
safe disposal *(Te)* geordnete Beseitigung *f*
safe distance *(Verk)* Sicherheitsabstand *m*
safe headway *(Verk)* Sicherheitsabstand *m*
safe leg load *(Stat)* zulässige Gerüstpfostenbelastung *f*
safe load *(Stat)* zulässige Belastung *f* [Last *f*], Grenzlast *f*
safe load on ground *(Bod, Erdb, Stat)* zulässiger Bodendruck *m*
safe load table *(Konst, Stat)* Belastungstabelle *f*
safe strain [stress] *(Stat)* zulässige Beanspruchung *f* [Spannung *f*]
safe to operate *(BWG, Konst, VR)* betriebssicher
safe working load *(SWL)* sichere Belastung *f*
safeguard *(VR)* Schutzeinrichtung *f* *(z. B. an Maschinen)*
safety *(VR)* Sicherheit *f*; Zuverlässigkeit *f*
safety adviser Sicherheitsberater *m*
safety against buckling *(BT, Stat, TK)* Beulsicherheit *f*, Knicksicherheit *f*
safety against cracking Risssicherheit *f*, Anbruchsicherheit *f*
safety against overturning *(Stat)* Kippsicherheit *f*
safety allowance *(Stat)* Sicherheitsspanne *f*, Sicherheitszuschlag *m*
safety arch *(SB)* Überfangbogen *m*, Verstärkungsbogen *m*, Entlastungsbogen *m* *(Mauerwerk)*
safety at road works *(Verk)* Straßenbaustellensicherung *f*, Baustellensicherheit *f*
safety audits *(Konst, VR)* Sicherheitsaudit *n*
safety barrier *(Verk)* Sicherheitsplanke *f*, Schutzplanke *f*, Schutzeinrichtung *f*
safety belt *(EB, VR)* Sicherheitsgürtel *m*; Sicherheitsgurt *m*
safety catch 1. *(EB)* Sicherungsriegel *m*; Sperrhebel *m*; 2. *(EB)* Fangvorrichtung *f* *(Aufzug)*
safety chain Fangkette *f*
safety check *(Stat)* Sicherheitsnachweis *m*

safety clearance 1. *(BT)* Sicherheitsbegrenzung *f*; 2. *(Verk)* Sicherheitsabstand *m*
safety coefficient *(Stat)* Sicherheitsbeiwert *m*
safety conditions *(Stat, VR)* Sicherheitsbedingungen *fpl*
safety curb *(AE)* Sicherheitsbordstein *m*
safety curtain Asbestvorhang *m*; Sicherheitsvorhang *m*, eiserner Vorhang *m (Theater)*
safety cut-off *(El)* Sicherheitsabschaltung *f*
safety-cylinder lock *(EB)* Sicherheits(zylinder)schloss *n*
safety device Sicherheitsvorrichtung *f*, Sicherung *f*; Schutzeinrichtung *f*
safety diagnosis Sicherheitsdiagnose *f*
safety distance *(Verk)* Sicherheitsabstand *m*
safety door Sicherheitstor *n*, Sicherheitstür *f*
safety embankment *(Wsb)* Schutzdamm *m*
safety equipment *(EB, VR)* Sicherheitsausrüstung *f*
safety explosives *(BM, Tun)* Sicherheitssprengstoff *m*
safety factor *(Stat)* Sicherheitskoeffizient *m*, Sicherheitsbeiwert *m*
safety fence *(Konst)* Sicherheitszaun *m*
safety floor of a scaffold Notgerüst *n*
safety flow *(Te)* Sicherheitsvorlauf *m*
safety flushing yellow *(Verk)* Sicherheitsgelbblinken *n*
safety fuse 1. *(Tun)* Sicherheitszünder *m*, Zündschnur *f*; 2. *(El)* Schmelzsicherung *f*
safety gate latch [lock] *(EB)* Sicherheitstorschloss *n*
safety glass Sicherheitsglas *n*, Verbundglas *n*, splitterfreies Glas *n*
safety glasses Schutzbrille *f (mit Seitenschutz)*
safety gloves Sicherheitshandschuhe *mpl*, Schutzhandschuhe *mpl*
safety goggles Schutzbrille *f*
safety harness Sicherheitsgurt *m*
safety hat Schutzhelm *m*
safety headway *(Verk)* Sicherheitsabstand *m*
safety helmet Schutzhelm *m*
safety illumination *(El)* Sicherheitsbeleuchtung *f*
safety impact assessment Sicherheitswirkungsfestlegung *f*
safety improvement *(Konst, VR)* Sicherheitsverbesserung *f*
safety in service *(VR)* Betriebssicherheit *f*
safety in use Nutzungssicherheit *f*
safety indicator Sicherheitsindikator *m*
safety island *(Verk)* Verkehrsinsel *f*, Straßeninsel *f*
safety kerb Sicherheitsbordstein *m*
safety lamp *(El)* Sicherheitslampe *f*
safety lighting *(El)* Sicherheitsbeleuchtung *f (Notbeleuchtung)*
safety limit *(Konst, Stat)* Sicherheitsgrenze *f*
safety lintel Zusatzsturz *m (zu einem Steinsturz)*; Hintersturz *m*, Entlastungssturz *m*
safety lock *(EB)* Sicherheitsschloss *n*
safety margin 1. *(Verk)* Sicherheitsabstand *m*, Sicherheitsstreifen *m*; 2. *(Konst, VR)* Sicherheitsspielraum *m*; Sicherheitsaufschlag *m*, Sicherheitszuschlag *m*; Sicherheitstoleranz *f*
safety measure *(VR)* Sicherheitsmaßnahme *f*
safety measure against buoyancy Auftriebssicherung *f*
safety net *(BT)* Sicherheitsnetz *n*
safety nosing Stufengleitschutzstreifen *m*
safety officer *(VR)* Sicherheitsbeauftragter *m*
safety operation Sicherheitsbetrieb *m*
safety railing *(Verk)* Leitplanke *f*, Leitschiene *f*; Schutzgeländer *n*
safety record *(VR)* Sicherheitsprotokoll *n*
safety regulations *(VR)* Sicherheitsvorschriften *fpl*, Sicherheitsbestimmungen *fpl*
safety relevant sicherheitsrelevant
safety requirements sicherheitstechnische Anforderungen *fpl*
safety rules *s.* safety regulations
safety scaffold(ing) *(BWG, EB)* Schutzrüstung *f*
safety sheet glass window Sicherheitsfenster *n (splittersicher)*
safety shut-off device *(HLK)* Sicherheitsabschaltung *f (z. B. einer Gasheizung)*
safety signing Sicherheitsbeschilderung *f*
safety solvent unbedenkliches Lösungsmittel *n*
safety stirrup Sicherungsbügel *m*
safety strip *(Verk)* Sicherheitsstreifen *m*
safety study Sicherheitsstudie *f*
safety supervisor Sicherheitsinspektor *m*
safety switch *(El)* Sicherheitsschalter *m*, Schutzschalter *m*
safety to traction Sicherheit *f* gegen Zug *(eines Seils)*
safety tread gleitsichere Stufe *f*
safety valve *(HLK, San, WVA)* Sicherheitsventil *n*
safety window glass Sicherheitsfensterglas *n*
safety zone *(Umw)* Sicherheitszone *f (Strahlung)*
safing *(BT, HLK)* Sicherungsdichtung *f (in einem Klimakanal)*
sag *v* 1. durchhängen, sich durchbiegen; sich senken *(z. B. Decken)*; nachgeben *(z. B. Balken unter Last)*; ausbauchen; ausweichen; 2. (ab)laufen, absacken *(Anstrichstoffe)*
sag 1. *(Konst)* Durchhang *m*, Durchbiegung *f*; Stich *m (Überhöhung)*; Senkung *f*, Einsenkung *f*; Wanne *f*; 2. *(OB)* Läufer *m*, Gardine *f (Anstrichfehler)*
sag bar *(Hb)* Pfetten(aufhänge)riegel *m*, Pfettentraverse *f*, Hängestrebe *f (Stahlbau)*
sag crossing *(Wsb)* Unterdükerung *f*
sag curve *(Verk)* Wannenausrundung *f (Senke)*
sag tie Hängesäule *f*, Hängestab *m*
sag transition curve *(Verk)* Wannenübergangsausrundung *f*
sag vertical curve *(Verk)* Wannenausrundung *f*, Wanne *f (Straße)*
sagged *(BT)* durchgebogen
sagging *(BT)* durchhängend
sagging 1. *(BT, TK)* Durchhängen *n*, Durchbiegung *f*; Einsenkung *f*; 2. *(OB)* Ablaufen *n*, Farbfließen *n*, Läuferbildung *f*; 3. *(RS)* Fugendichtungsausfließen *n*; 4. *(Bod, Erdb)* Bodensenkung *f*
sagging bend Durchbiegen *n*
sagging of the vault *(TK)* Gewölbesenkung *f*
sagitta 1. *(SB)* Bogenschlussstein *m*, Keilstein *m (eines Gewölbes)*; 2. *(Konst)* Pfeilhöhe *f*, Scheitel *m (eines Bogens)*
sail *v* **over** hervorstehen, überstehen; auskragen; überhängen
sail-over *(Konst)* Wandauskragung *f*, Auskragung *f* aus einer Wand
sail vault Hängekuppel *f*
sailing course *(SB)* auskragende Mauerschicht *f*
saint's church *(Arch)* Heiligenkirche *f*
sal ammoniac *(BM)* Salmiaksalz *n*, Salmiak *m*
sala *(Arch)* Sala *m (Versammlungsraum buddhistischer Klöster)*
sala terrena *(Arch)* Sala *f* terrena *(Gartensaal eines Schlosses)*
salamander 1. *(BB, BWG, Te)* Betonheizofen *m*, Koksofen *m*, Kokskorb *m (zur Frischbetontemperaturhaltung oder Baustellenheizung)*; 2. *(BWG)* Ofensau *f*
sales depot Verkaufslager *n*
sales office Verkaufsbüro *n*
salient vorspringend *(Ecke, Kante)*
salient angle *(Konst)* vorspringender Winkel *m*
salient corner *(Konst)* vorspringende Ecke *f*
salient junction *(Konst, SB)* Vorsprung *m*, Vorspringen *n (Wand)*

salient sideway vorgekragter Gehweg *m (Brücke)*
saliferous *(Bod)* salzführend, salzhaltig *(Baugrund)*
saliferous marl *(Bod)* Keupermergel *m*
saline salzhaltig; salzartig
saline clay soil *(Bod)* Salztonboden *m*
saline crust *(BM, Bod)* Salzkruste *f*
saline licks *(BM, Bod)* salzige Ablagerungen *fpl*
saline plant *(BWG)* Salzwerk *n*
saline rock Salzgestein *n*
salinity *(BM)* Salzhaltigkeit *f*, Salzgehalt *m*
salinous salzartig, salzhaltig
sally *(Hb)* Überhang *m*, Sparrenüberstand *m (Dach)*
sally port *(Arch)* Ausfallgang *m*, unterirdischer Festungsgang *m*
salmon brick schwachgebrannter Ziegel *m*, Schwachbrandziegel *m*, Weichziegelstein *m (lachsfarben)*
salomónica *(Arch)* Spiralpfeiler *m*, gedrehte Säule *f (z. B. in der St. Peterskirche in Rom)*
salon *(Arch)* Salon *m*, Ausstellungsraum *m*
saloon 1. *(Konst)* Salon *m*, Gesellschaftssaal *m (bes. im Hotel)*; 2. *(Arch) (AE)* Wirtshaus *n*, Gaststätte *f*, Kneipe *f*
salt Salz *n*
salt barn *(Konst, Verk)* Salzlagerhalle *f*
salt bins *(BT, WVA)* Salzstreustreubehälter *mpl*
salt causing unsightly efflorescence ausblühendes Salz *n*
salt-containing salzhaltig
salt corrosion *(OB, RS)* Korrosion *f* durch Salze
salt dust Salzstaub *m*
salt efflorescence *(OB, RS)* Salzausblühung *f*
salt-free salzfrei
salt-glazed brick Salzglasurziegel(stein) *m*
salt-glazed tile Salzglasurfliese *f*
salt glazing *(OB)* Salzglasieren *n*
salt-laden air Salzluft *f*
salt level *(BM, Bod)* Salzgehalt *m*
salt resistance Salzbeständigkeit *f*
salt shelter *(Konst, Verk)* Salzlagerhalle *f*
salt solution Salzlösung *f*
salt spreading *(Verk)* Salzstreuung *f*
salt store Salzlagerhalle *f*
salt swamp Salzsumpf *m*
salt water *(Umw, WVA)* Salzwasser *n*
salt water corrosion *(OB, RS)* Korrosion *f* durch Salzwasser
salt water-resistant *(BM)* salzwasserbeständig
saltbox (house) *(Arch, Konst)* Kolonial(holzrahmen)haus *n (in Neuengland, USA, mit einseitig herabgezogenem Satteldach)*
salting-out effect *(BM, Bod)* Aussalzungseffekt *m*
Saltire cross *(Arch)* Andreaskreuz *n*, burgundisches Kreuz *n*, Schrägkreuz *n*
saltpetre Salpeter *m*
saltwater-proof salzwasserbeständig; seewasserbeständig
salvage *(RS, Te)* Wiedergewinnen *n*, Bergung *f*; wiedergewonnenes Material *n*
salvaged material Altmaterial *n*
SAM *s.* stress absorbing membrane
samel brick zu schwach gebrannter Ziegel *m*
SAMI *s.* stress absorbing membrane interlayer
sample *v (BM, Te)* Probe entnehmen
sample 1. *(BM)* Probe *f*, Probekörper *m*, Probestück *n*; Muster *n*; 2. *(BM)* Probe *f*, Stichprobe *f*
sample bottle Probenflasche *f*
sample collection *s.* sampling
sample community *(Arch, RP)* Demonstrationsprojekt *n*, Demonstrationssiedlung *f*, Demonstrationsbauvorhaben *n*
sample container Probenbehälter *m*
sample core *(BM)* Probekern *m*
sample divider Probenteiler *m (Zuschlagstoffe)*
sample holder Probenhalter *m*
sample key *(EB)* Musterschlüssel *m*
sample mixer Probenmischer *m*
sample of the mix Mischprobe *f*
sample pan Probenschale *f*
sample reduction *(BM)* Probenreduzierung *f*
sample specification *(BM, VR)* Probenahmevorschrift *f*
sample splitter Probenteiler *m*
sample traffic survey *(Verk)* Normalverkehrsmessung *f*
sample tube Probenahmestutzen *m*
sampler 1. Probesonde *f*; Probenahmegerät *n*; 2. Probenehmer *m (Person)*
samples *(BM, VR)* Bemusterungsunterlagen *fpl*
sampling Probenahme *f*, Proben(ent)nahme *f*, Probenehmen *n*
sampling date *(VR)* Probenahmedatum *n*, Probenahmetermin *m*
sampling device Probenahmegerät *n*
sampling error Probenahmefehler *m*; Stichprobenabweichung *f*
sampling inspection *(BM, VR)* Stichprobenprüfung *f*
sampling method Probenahmeverfahren *n*
sampling point Probenentnahmestelle *f*
sampling schedule Probenahmeplan *m*
sampling scoop Probenahmeschaufel *f*
sampling size Probenahmeumfang *m*, Stichprobenumfang *m*
sampling specification *(VR)* Probenahmevorschrift *f*
sampling spoon Probelöffel *m*; Rohrsonde *f*
sampling test *(BM, VR)* Stichprobenprüfung *f*
sampling tool Probenahmegerät *n*
sampling unit Stichprobeneinheit *f*
sampling well *(Bod, Erdb, WVA)* Probebrunnen *m*
sanarium (bath) *(EB, San)* Sanarium *n*
sanatorium *(Arch, Konst)* Sanatorium *n*
sanctuary *(Arch)* Altarbereich *m*, Altarraum *m*, Altarium *n*, Presbyterium *n*; Sanktuarium *n*; Heiligtum *n*
sand *v* 1. *(OB)* absanden, besanden, mit Sand bestreuen; mit Sand zudecken [abdecken]; 2. *(OB, Te)* schleifen *(Holz)*; schmirgeln
sand *v* **off** *(OB, Te)* abschleifen
sand *v* **up** versanden
sand Sand *m*
sand addition Sandzugabe *f*, Sandzusatz *m*
sand asphalt *(BM)* Sandasphalt *m*
sand backfill Sandhinterfüllung *f*
sand bag Sandsack *m*
sand bed *(Erdb, Verk)* Sandbett *n*
sand bedding *(Erdb, Verk)* Sand(unter)bettung *f*, Sandschüttlage *f*
sand-bentonite slurry Sand-Bentonitschlämme *f*
sand blast *s.* sandblast
sand boil(ing) *(Erdb, Wsb)* Fließsandaufsteigen *n*, Fließsandausbruch *m*
sand box Sandballastkasten *m*
sand catch basin [pit] *(Erdb, WVA)* Sandfangbecken *n*
sand catcher Sandfang *m*
sand cement zementverfestigter Sand *m*
sand cement grout Sand-Zement-Schlämme *f*
sand clay *(Bod)* Sandton *m*
sand-coarse aggregate ratio Fein-Grob-Zuschlag(stoff)verhältnis *n*
sand collector *(Erdb, Wsb)* Sandfang *m*
sand-coloured sandfarbig
sand content Sandanteil *m*, Sandgehalt *m*
sand crusher *(BWG)* Sandmühle *f*
sand curing Nasssandnachbehandlung *f (Beton)*

sand cushion *(Erdb, Verk)* Sandbett *n*, Sandschicht *f*
sand cushion foundation Sandpolstergründung *f*
sand deposit *(Bod, Wsb)* Sandablagerung *f*
sand drain *(Erdb)* Sanddrän *m*
sand dredging Sandnassbaggerung *f*
sand-dry sandtrocken, oberflächentrocken *(Anstrich)*
sand dune *(Bod)* Sanddüne *f*
sand equivalent Sandäquivalent *n*
sand equivalent test *(BM)* Sandäquivalentbestimmung *f*, Sandäquivalentprüfung *f*
sand-faced brick Ziegel *m* aus einer sandausgestreuten Form
sand fill *(Erdb, Verk, Wsb)* Sandauffüllung *f*, Sandbett *n*, Sandschüttung *f*, Sandaufschüttung *f*
sand filling 1. *(Erdb, Verk)* Sandfüllung *f*, Sandschüttung *f*, Sandbettung *f*; 2. *(AE)* Versandung *f*; 3. *s.* sand fill
sand filter *(Erdb, WVA)* Sandfilter *n*, Sandfilterschicht *f*
sand filter trenches *(Erdb, WVA)* Filterentwässerungsleitungen *fpl* mit Sandbett
sand finish (verriebene) Kalkputzoberfläche *f*
sand-float finish *(OB, SB)* Reibeputzoberfläche *f*, abgeriebener Putz *m*
sand fraction Sandfraktion *f*
sand grain Sandkorn *n*
sand ground *(Bod)* Sandboden *m*, rolliger Erdstoff *m*
sand grout Zement-Sand-Schlämme *f*
sand-gypsum plaster *(BM, SB)* Gipssandputz *m*
sand heap Sandhaufen *m*
sand holder *s.* sand trap
sand inclusion Sandeinschluss *m*
sand interceptor *s.* sand trap
sand jack sandkastenregulierter Zentrierstempel *m*
sand layer Sandschicht *f*
sand-lime block *s.* sandlime brick
sand-lime brick *s.* sandlime brick
sand-lime facing block *(SB)* Verblendkalksandstein *m*, Fassadenkalkstein *m*
sand limestone *s.* sandy limestone
sand measure box *(Te)* Sandmesskasten *m*
sand mix Sand-Bitumen-Mischung *f*
sand mortar Sandmörtel *m*
sand patch method Sandfleckmethode *f*
sand patch test Sandfleckprüfung *f*; Texturtiefentest *m*
sand pile 1. Sand(drän)pfahl *m*; 2. Sandhaufen *m*
sand-pit 1. Sandgrube *f (zur Sandgewinnung)*; 2. Sandkasten *m (Spielkasten)*
sand poor in clay Magersand *m*
sand proportioning box *(Te)* Sandzumesskasten *m*
sand quarry Sandgrube *f*
sand reclamation [recovery] Sandrückgewinnung *f*, Sandaufbereitung *f*
sand replacement *(BM, Erdb)* Sandersatz *m*
sand road *(LB)* Sandweg *m*
sand-rubbed finish *(OB, SB)* sandabgeschmirgelte Natursteinoberfläche *f*, sandabgeriebene Oberfläche *f*
sand sampler Sandprobenahmegerät *n*
sand-sawn finish Sandgatterschnittfläche *f (Naturstein)*
sand seal *(AE)* Sandabstreuen *n*, Sandoberflächenschutz *m*, Absanden *n (Straße)*
sand silting *(Bod, LB, Umw, Wsb, WVA)* Versandung *f*
sand slope *(Bod, Erdb)* Sandböschung *f*
sand soil sandiger Erdstoff *m*, Sandboden *m*
sand spit *(Bod, LB, Umw, Wsb)* Sandbank *f*
sand spreading Absanden *n*
sand stockpile Sandhalde *f*
sand stratum *(Bod)* Sandschicht *f (Geologie)*
sand streak *(Te)* Sandanreicherungsstreifen *m* an Betonoberflächen *(durch Entwässerung von Frischbeton)*
sand-surfaced besandet
sand surfacing Besandung *f*
sand test *(BM)* Sandprobe *f*, Sandprüfung *f*
sand trap *(Erdb, LB, WVA)* Sandfang *m*, Sandabscheider *m (z. B. in Kanalisation)*
sand underlay Sandbett *n*, Sandschicht *f*
sand-vent Natursteinverwitterungskruste *f*
sand working *(BWG, Bod)* Sandgrube *f*
sandbar Sandbank *f*
sandblast *v* 1. sandstrahlen, (mit Sand) abstrahlen, strahlreinigen; 2. mit Sandstrahl mattieren *(Glas)*
sandblast *v* **to white metal** metallisch blank sandstrahlen
sandblast Sandstrahl *m*
sandblast cleaning *(OB, Te)* Sandstrahlreinigung *f*, Sandstrahlsäubern *n*, Sandstrahlputzen *n*
sandblast equipment Sandstrahlgebläse *n*
sandblasted *(OB)* sandgestrahlt
sandblasting *(Te)* Sandstrahlen *n (1. Reinigung; 2. Glasmattierung)*
sandblasting machine Sandstrahler *m*, Sandstrahlgebläse *n*
sandblasting plant *(BM)* Sandstrahlanlage *f*
sandblasting test Sandstrahlprobe *f*, Sandstrahlprüfung *f*
sanded bitumen felt Bitumendachpappe *f*
sanded-bitumen felt roofing *(Konst)* Bedachung *f* mit Bitumendachpappe
sanded fluxed-pitch felt abgesandete Teerpappe *f*
sanded/not unbesandet
sanded plaster (sand)abgemagerter Gipsputz *m*
sanded skip *(OB)* Fehlstelle *f (Holzoberflächenbehandlung)*
sander 1. Sandpapierschleifer *m*, Schwingschleifer *m (Holz)*; Schleifmaschine *f*; 2. Sandstreuer *m*, Abstreuer *m (Straße, Dachpappe)*
sanding 1. *(OB, Te)* Sanden *n*, Schleifen *n (von Holz)*; 2. *(Verk)* Absanden *n*, Abstumpfen *n (Verkehrsflächen)*
sanding dust Schleifstaub *m (Holz)*
sanding machine *s.* sander 1.
sanding primer *(OB)* Schleifgrund *m*, Schleifgrundfarbe *f*
sanding properties Schleifbarkeit *f (Anstrich)*
sanding sealer Schleifgrund *m*, Schnellschliffgrund *m*
sanding skip *(Hb, OB)* Fehlstelle *f (bei Holzoberflächenbehandlung)*
sandlike sandartig
sandlime brick Kalksandstein *m*
sandpaper *v* abschleifen, abschmirgeln
sandpaper Sandpapier *n*, Schmirgelpapier *n*; feines Glassandpapier *n*
sandpaper surface *(OB)* Sandpapieroberfläche *f*
sandrock *(BM)* Sandstein *m*
sands *(Bod)* Sandbank *f*
sandstone Sandstein *m*
sandstone ashlar Sand(stein)werkstein *m*
sandstone curtain *(Arch)* Sandsteinkurtine *f*
sandstone facing *(OB, SB)* Sandsteinverkleidung *f*
sandstone grit grobkörniger Sandstein *m*
sandstone kerb Sandsteinbord(stein) *m*
sandstone masonry facing *(OB, SB)* Sandstein(mauerwerk)verkleidung *f*
sandstone portal Sandsteinportal *n*
sandstone quarry *(BWG)* Sandsteinbruch *m*
sandstone rubble Bruchsandstein *m*
sandstone slab *(BT)* Sandsteinplatte *f*
sandwich *v* einlagern, dazwischenlagern, dazwischenlegen; dazwischenschieben
sandwich mehrschichtig; Schicht...; Verbund...
sandwich 1. *(BM)* Schichtwerkstoff *m*; 2. *(BT)* Schichtelement *n*
sandwich beam Sandwichbalken *m*, verdübelter Balken *m*, Dübelbalken *m*
sandwich board *s.* sandwich panel

sandwich construction *(Konst)* Verbund(platten)-bauweise *f*, Verbundkonstruktion *f*, Sandwichbauweise *f*, Sandwichkonstruktion *f*
sandwich course *(SB)* Zwischenschicht *f*, Zwischenlage *f* *(Mauerwerk)*
sandwich foam layer *(DIS)* Schaumzwischenlage *f*
sandwich layer *(Konst, SB)* Zwischenlage *f*, Zwischenschicht *f*
sandwich member Schichtelement *n*, Schicht(stoff)glied *n*, Sandwichelement *n*
sandwich panel *(BT)* Verbundplatte *f*, Sandwichplatte *f*, Mehrschicht(en)platte *f*; Dreischichtentafel *f*
sandwich plate Keilplatte *f*; Sandwichplatte *f* *(Spannbeton)*
sandwich-plate method *(BB, Te)* Spannbetonverfahren *n* Magnel
sandwich shell *(BT)* Dreilagen(schicht)schale *f*, Sandwichschale *f*
sandwich slab Dreilagen(schicht)platte *f*, Sandwichplatte *f*
sandwich structure 1. *(Konst)* Sandwichstruktur *f*; 2. *s.* sandwich construction
sandwich system *(OB)* Schutzschichtpaket *n* *(Anstriche)*
sandwich-type panel *s.* sandwich panel
sandwich unit Schichtelement *n*
sandwich wall *(Konst)* Dreilagen(schicht)wand *f*, Sandwich-Wand *f*
sandwiched truss *(Hb)* Brettbinder *m*
sandy *(BM, Bod)* sandig, sandhaltig; Sand...
sandy chalk sandige Kreide *f*
sandy clay sandiger [magerer] Ton *m*, Sandton *m*
sandy clay loam sandig-toniger Lehm *m*
sandy gravel Kiessand *m*
sandy ground *(Bod)* Sandboden *m*
sandy limestone *(BM)* Kalksandstein *m*
sandy loam sandiger Lehm *m*
sandy marl *(Bod)* Sandmergel *m*
sandy shale *(Bod)* sandiger Schieferton *m*
sandy silt *(Bod)* Schluffsand *m*
sandy soil *(Bod)* Sandboden *m*
sanidine *(BM)* Sanidin *m*
sanidine feldspar *(BM)* Sanidinfeldspat *m*
sanidine-trachyte Sanidintrachyt *m*
sanitary *(San)* sanitär, gesundheitstechnisch; Sanitär...
sanitary appliances *(San)* Sanitärarmaturen *fpl*
sanitary article Sanitärartikel *m*
sanitary base *(San)* Klosettsockel *m*
sanitary block *s.* sanitary building block
sanitary block module *(San)* Sanitärinstallationsblock *m*, Sanitärinstallationszelle *f*
sanitary building block Sanitärzelle *f*, Nasszelle *f*
sanitary building drain *(San, WVA)* Gebäudeabflussleitung *f*, Hausentwässerungsleitung *f*
sanitary china Sanitärkeramik *f*, Sanitärporzellan *n*
sanitary conduit-type sewer *(San, WVA)* Schmutzwasserkanal *m*
sanitary convenience *(San)* Bedürfniseinrichtung *f*, Bedürfnisanlage *f*
sanitary core *s.* sanitary block
sanitary cove 1. *(EB)* Treppenwinkelschiene *f*, Sauberkeitsschiene *f* *(zwischen Tritt- und Setzholz)*; 2. *(EB)* Scheuerleiste *f*, Fußleiste *f* *(gerundet)*
sanitary cross *(San)* Entwässerungsleitungskreuzstück *n*, Kreuzrohrstück *n*
sanitary earthenware Sanitärsteingut *n*
sanitary engineering *(San)* Sanitärtechnik *f*, Gesundheitstechnik *f*
sanitary equipment sanitäre Einrichtungen *fpl*
sanitary facilities *(San)* sanitäre Einrichtungen *fpl*, Sanitäranlagen *fpl*
sanitary fitting Sanitärarmatur *f*
sanitary fittings Entwässerungsleitungs(verbindungs)-stücke *npl*
sanitary fixture *(San)* Sanitäranlage *f*, sanitäre Einrichtung *f*
sanitary goods Sanitärartikel *mpl*, Sanitärwaren *fpl*, Sanitärgegenstände *mpl*, Sanitärerzeugnisse *npl*
sanitary installations *(San)* sanitäre Einrichtung *f*, Sanitärinstallation *f*
sanitary landfill 1. *(Umw)* geordnete Deponie *f*; 2. *(Umw) s.* sanitary landfilling
sanitary landfilling *(Umw)* geordnetes Deponieren *n*
sanitary module *s.* sanitary block
sanitary products *s.* sanitary goods
sanitary sewage *(San, WVA)* Abwässer *npl*, Haushaltsabwasser *n*; Sanitärabwasser *n*
sanitary sewer *(San, WVA)* Schmutzwasserkanal *m*, Entwässerungs(sammel)leitung *f*
sanitary sewer network Schmutzwassernetz *n*
sanitary shoe *(AE)* Scheuerleiste *f*
sanitary stonework Sanitärsteinzeug *n*, sanitäres Steinzeug *n*
sanitary stop *(EB)* Fensterarretierung *f*
sanitary tank *(San)* Spül(wasser)kasten *m*, Klosettank *m*
sanitary tee Abwasserabzweigstück *n*, Entwässerungsleitungs-T-Stück *n*
sanitary wallpaper *(EB)* abwaschbare Tapete *f*
sanitary ware *(San)* Sanitärkeramik *f*, Sanitärbauelemente *npl*
sanitation 1. *(San)* Sanitärtechnik *f*, sanitäre Einrichtungen *fpl*; 2. *(Umw, WVA)* Abwasserbeseitigung *f* und -reinigung *f*; 3. *(RS)* Sanierung *f* *(Bausubstanz)*
sanitation engineering Gesundheitstechnik *f*
sanitation equipment *(San)* gesundheitstechnische Anlagen *fpl*
sanitation facilities *s.* sanitation 1.
sanitation system *(AE) (San)* sanitäre Gebäudeinstallation *f*, Sanitärinstallation *f*
santorin *(Bod)* Santorintuff *m*
santorin earth *(Bod)* Santorinerde *f*
sap 1. *(BM)* Baumsaft *m*; 2. *(BM, Hb) s.* sapwood
sap-stain 1. Splintbläue *f*, Splintverfärbung *f*; 2. Splintfleck *m* *(Holz)*
saponification *(BM, OB)* Verseifung *f* *(z. B. von Anstrichstoffen)*
saponification resistance *(BM)* Verseifungsbeständigkeit *f*, Verseifungsfestigkeit *f*
saponify *v* verseifen
sapropel *(Umw, WVA)* Faulschlamm *m*
sapwood Splintholz *n*
Saracenic architecture *s.* Muslim architecture
sarcoline *(OB)* fleischfarben
sarcophagus *(Arch)* Sarkophag *m*
sarking *(Konst)* Schieferunterlegschicht *f*; Dachziegelunterlegpappe *f*
sarking board Dachschalung *f* *(bes. für Schiefer- und Ziegeldachdeckung)*
sarking felt Dachziegelunterlegpappe *f*, Dachpappenunterlage *f*, erste Lage *f*
sash *(Hb)* (schiebbarer) Fensterrahmen *m*; schiebbarer Fensterflügel *m*
sash adjuster *(EB)* Schiebefensterfeststeller *m*
sash and frame *(Hb)* komplettes Schiebefenster *n*, Doppelschiebefenster *n*
sash angle *(EB)* Scheinecke *f*, Winkel *m* *(Baubeschläge)*
sash balance Schiebefenster(gewichts)ausgleich *m*
sash bar *(EB)* Fenstersprosse *f*, Sprosseneisen *n*, Sprosse *f*
sash block Betongewändestein *m*, Betonblockstein *m* mit Aussparung *(für Fenster)*
sash centre Hubfensterzentriereinrichtung *f*
sash centring device *(EB)* Hubfensterzentriereinrichtung *f*

sash chain *(EB)* Hubfenstergewichtskette *f*
sash check stop *(EB)* Schiebefensterraster *m*
sash cord Hubfenstergewichtsschnur *f*, Schnur *f* für Hubfenster
sash counterweight Schiebefenstergegengewicht *n*, Hubfenstergewicht *n*
sash door *(BT, Hb)* Glasfüllungstür *f*; halbverglaste Tür *f*, obenverglaste Tür *f*
sash fast(ener) Schiebefensterschließer *m*, Hubfensterarretierung *f*
sash fillister 1. Fensterrahmennut *f*, Glasnut *f (zur Aufnahme der Fensterscheibe)*; 2. Nuthobel *m*
sash frame *(Hb)* Schiebefensterrahmen *m*; Fensterzarge *f*
sash gate *(Wsb)* Schleusenschiebetor *n*
sash hardware *(EB)* Schiebefensterbeschläge *mpl*
sash holder *s.* sash fast(ener)
sash horn Schiebefenstergleitschienenbegrenzer *m*
sash lift Fenstergriff *m*, Aufziehgriff *m*
sash lift and hook *(EB)* Hubfensterzug *m* mit Einrastung
sash line *s.* sash cord
sash lock *(EB)* Fensterriegel *m*
sash overhead balance obenliegender Hubfenstergewichtsausgleich *m*
sash pane Fensterscheibe *f (eines Schiebefensters)*
sash plane *(BWG, Hb)* Nuthobel *m (für Fensterrahmen)*
sash pocket 1. Hubfenstergewichtslaufbahn *f*; 2. Schiebefenstereinschiebekasten *m*
sash-pole socket *(EB)* Hubfensteröffnungshaken *m*
sash pull Schiebefensterziehgriff *m*
sash pulley Hubfensterseilrolle *f*
sash pulley stile Hubfensterschiene *f*
sash putty *(BM)* Glaserkitt *m*
sash rail Fensterriegel *m*
sash ribbon Hubfenster(metall)band *n*, Laufband *n*
sash run *(EB)* Hubfensterschiene *f*
sash saw Schließsäge *f*, Schlitzsäge *f*
sash socket Hubfensteröffnungshaken *m*
sash spring bolt Schiebefensterschnappraster *m*, Fensterschnapper *m*
sash square Fensterfeld *n*
sash stop Schiebefensterhalteleiste *f*, Rastrahmenleiste *f*
sash sweep lock *(EB)* Schiebefensterdrehverschluss *m*
sash tape balance Schiebefensterband(seil) *n*
sash timber *(Hb)* Fensterrahmenholz *n*
sash tool Fensterpinsel *m (Farbpinsel)*
sash weight *s.* sash counterweight
sash window *(Hb)* Schiebefenster *n*, Hubfenster *n*, Fallfenster *n*; Flügelfenster *n*
Sassanian architecture *(Arch)* Sassanidenarchitektur *f*, persische Architektur *f (3.-7. Jh. n. Chr.)*
satellite centre *(RP)* Nebenzentrum *n*
satellite city *(RP)* Satellitenstadtkreis *m*, Trabantenstadtkreis *m*
satellite town *(RP)* Satellitenstadt *f*, Trabantenstadt *f*
satin finish *(OB)* Lüster *m*, metallisch schimmernder Anstrich *m*, Glanzüberzug *m*
satin-finish glass satiniertes Glas *n*
satin lacquer *(BM, OB)* Seidenlackglanzfarbe *f*
satin-polished *(OB)* gebürstet *(Leichtmetall)*
satin sheen matter Schein *m (Anstrich)*
satin spar Faserkalk *m*, Fasergips *m*, Atlasspat *m*, Marienglas *n*
satin white *(BM, OB)* Satinweiß *n*
satinwood *(BM, Hb)* Satinholz *n*
satisfaction *(VR)* Bausummenbezahlung *f*; Bezahlung *f* [Begleichung *f*] einer Schuld
satisfaction piece Bezahlungsdokument *n*
satisfactory *(VR)* zufriedenstellend, ausreichend *(Qualität)*
satisfy *v* 1. *(Konst, VR)* den Anforderungen genügen; 2. nachkommen *(z. B. den Zahlungsverpflichtungen)*
satisfy *v* **conditions** *(Stat)* den Bedingungen genügen
saturability *(BM)* Volltränkbarkeit *f*, Vollimprägnierbarkeit *f*
saturable sättigungsfähig
saturant *(BM, DIS)* Imprägniermittel *n*; Dachtränk(e)masse *f*
saturate *v* 1. *(DIS, Te)* imprägnieren, (voll)tränken, vollimprägnieren, sättigen *(z. B. zum Holzschutz)*; 2. sättigen *(z. B. Lösungen)*
saturated getränkt, vollimprägniert, gesättigt
saturated air gesättigte Luft *f (z. B. mit Wasserdampf)*
saturated colour satte [weißfreie] Farbe *f*
saturated compound *(Konst)* gesättigte Verbindung *f*
saturated felt nackte Dachpappe *f*
saturated ground *(Bod)* wassergesättigter Boden *m*
saturated paper *(BM)* getränktes Papier *n*, imprägniertes Papier *n*
saturated polyester resin gesättigtes Polyesterharz *n*
saturated roofing felt nackte [bitumengetränkte] Dachpappe *f*
saturated stage *(Verk)* gesättigtes Stadium *n*; gesättigte Teilstrecke *f*
saturated steam *(BB, HLK, Te)* Sattdampf *m*
saturated-surface-dry *(OB)* oberflächentrocken
saturated system gesättigtes System *n*
saturated vapour pressure *(BB, HLK, Te)* Sättigungs(dampf)druck *m*
saturates *(Arch)* aliphatische Kohlenwasserstoffe *mpl*
saturating *(DIS)* Volltränken *n*, Vollimprägnieren *n*
saturating agent *(BM)* Imprägniermittel *n*, Tränkmasse *f*
saturating asphalt Imprägnierbitumen *n*, Tränkbitumen *n*
saturating composition Tränkmittel *n*, Imprägniermittel *n*
saturating plant *(BWG)* Imprägnieranlage *f*
saturation 1. *(Te)* Imprägnierung *f*, Tränkung *f*; 2. *(BM, OB)* Sättigung *f (z. B. von Lösungen)*; Farbsättigung *f*; 3. *(HLK)* Sättigungszustand *m (der Luft)*
saturation bath Tränkbad *n*, Imprägnierungsbad *n*
saturation curve Sättigungskurve *f*
saturation degree *(BM, DIS)* Tränkungsgrad *m*, Imprägnierungsgrad *m*
saturation flow *(Verk)* gesättigter Verkehrsfluss *m*, Sättigungsdurchfluss *m*; Sättigungsbelegung *f*
saturation flow rate *(Verk)* Sättigungsrate *f* des Durchflusses
saturation headway *(Verk)* Fahrzeugabstand *m* bei Sättigungsbelegung
saturation line *(Bod)* Sickerlinie *f*, Grundwasserlinie *f*
saturation point Sättigungspunkt *m*
saturation pressure Sättigungsdruck *m*
saturation ratio Sättigungsgrad *m*
saturation slurry *(BM)* Saturationsschlamm *m (Kalkschlamm für Füllstoffe)*
saturation temperature Sättigungstemperatur *f*; Taupunkt *m (Luft)*
saturation temperature diagram *(HLK)* Taupunktdiagramm *n*
saturation time Tränkungszeit *f*, Imprägnierdauer *f*
saturation value Sättigungsgrad *m*
saturation zone Sättigungszone *f*
saucer dome *(Konst)* Flachkuppel *f*
saucisse *(Erdb, LB)* Faschinenwurst *f*, Wippe *f*
sauna (bath) *(EB, San)* Sauna *f*
sauna installation *(Konst)* Saunabau *m*; Saunaanlage *f*
sauna stove Saunaofen *m*
save *v* **with a building and loan association** *(AE) (VR)* bausparen
save *v* **with a building society** bausparen
saver with a building and loan association *(AE)* Bausparer *m*

saver with a building society *(VR)* Bausparer *m*
saving Sparen *n*, Einsparen *n*, Einsparung *f*
saving in time-based costs *(VR)* Zeitkostenersparnis *f*
saving in weight Gewichtseinsparung *f*, Gewichtsersparnis *f*
saving of expense(s) *(VR)* Kosteneinsparung *f*, Kostenersparnis *f*
savings contract with a building and loan association *(AE)* Bausparvertrag *m*
savings contract with a building society *(VR)* Bausparvertrag *m*
savings in steel *(Konst)* Stahlersparnis *f*, Stahleinsparungen *fpl*
saw *v (Hb, Te)* sägen
saw *v* **into** *(Hb, Te)* einsägen
saw *v* **off** absägen
saw *v* **off to length** *(Hb, Te)* ablängen
saw *v* **out boards** Bretter zurechtschneiden
saw *v* **through** *(Hb, Te)* durchsägen
saw *v* **to length** *(Hb)* ablängen, auf Länge sägen
saw *v* **up** zersägen
saw Säge *f*
saw bench Sägebank *f*
saw blade Sägeblatt *n*
saw cut *(Hb, Te)* Sägeschnitt *m*
saw for mitre cutting *(BWG)* Gehrungssäge *f*
saw for squaring Besäumkreissäge *f*
saw frame [gate] *(BWG)* Sägegatter *n*, Gatter *n*
saw groove Sägeschnitt *m*
saw horse Sägebock *m*
saw kerf Schnittfuge *f (Holz)*
saw log Sägeblock *m*
saw set Schränkeisen *n*
saw table *(BWG, Hb)* Sägetisch *m*, Sägebank *f*
saw-timber Schneideholz *n*
saw-tooth *(Arch)* sägeartig, gezahnt
saw tooth 1. Sägezahn *m*; 2. *s.* saw-tooth frieze
saw-tooth barrel shell roof *(Konst)* Tonnensheddach *n*
saw-tooth ceiling *(Arch, Konst)* Sägezahndecke *f*
saw-tooth cylindrical shell *(Arch, Konst)* Sägezahndachzylinderschale *f*, Zylindershed(dach)schale *f*
saw-tooth frieze *(Arch)* Sägezahnfries *m (romanisch-normannisches Ornament)*
saw-tooth moulding *(Arch)* Kerbornament *n*
saw-tooth roof *(Konst, TK)* Sheddach *n*, Säge(zahn)dach *n*, Oberlichtdach *n*
saw-tooth roof building Sheddachgebäude *n*
saw veneer Sägefurnier *n*
sawbuck *(AE)* Sägebock *m*
sawdust *(BM)* Sägemehl *n*, Sägespäne *mpl*
sawdust concrete *(BB, BM)* Sägespänebeton *m*
sawed 1. gesägt *(Werkstein)*; 2. *s.* sawn
sawed finish *s.* sawn finish
sawed joint *(Konst)* Sägefuge *f*, eingesägte Fuge *f*, Schnittfuge *f*, geschnittene Fuge *f (Beton)*
sawing Sägen *n*
sawmachine Sägemaschine *f*
sawmill *(BWG)* Sägemühle *f*, Sägewerk *n*
sawn gesägt • **as sawn** sägerau
sawn engineering timber *(BM, Hb)* Bauschnittholz *n*, Konstruktionsschnittholz *n*
sawn finish geschnittene Fläche *f (Stein)*
sawn shingle gesägte Schindel *f*, Maschinenschindel *f*
sawn timber Schnittholz *n*, Bauschnittholz *n*
sawn to length abgelängt
sawn veneer Sägefurnier *n*
sawn wood Schnittholz *n (Bretter, Bohlen, Kantholz usw.)*
sawtooth roof *s.* saw-tooth roof
Saxon architecture angelsächsische Architektur *f (449--1066)*
Saxon façade sächsische [angelsächsische] Fassade *f*
Saxon masonry bond sächsischer Mauerwerkverband *m*
scab *(Hb)* Lasche *f*
scabbing *(RS, Verk)* Abgang *m*, Ablösen *n (Straßenbelag)*
scabbing hammer *s.* scabbling hammer [pick]
scabble *v (SB, Te)* grob behauen, abschlagen, bossieren *(Stein)*
scabbled area *(OB, SB)* gespitzte Fläche *f*
scabbled rubble behauener Bruchstein *m*
scabbled stone *(BM, SB)* zurechtgeschlagener Naturstein *m*
scabbling 1. Steinsplitter *m*; 2. Bossieren *n*
scabbling hammer [pick] Spitzhammer *m*, Behauhammer *m*, Bossierhammer *m*
scabby schalig, spitzrau *(Natursteinbearbeitung)*
scaffold *v (Te)* (ein)rüsten, mit einem Gerüst versehen *(z. B. Haus)*; Gerüst bauen
scaffold *(Konst, Te)* Gerüst *n*, Baugerüst *n*, Rüstung *f*; Schalungsgerüst *n*; Gestell *n*, Arbeitsgerüst *n*
scaffold board Rüstbrett *n*, Gerüstbohle *f*, Gerüstbrett *n*
scaffold bridge Gerüstbrücke *f*, Brückengerüst *n*
scaffold clamp Gerüsteisen *n*, Gerüstknebel *m*
scaffold dismantling *(Te)* Gerüstabbau *m*
scaffold erection *(Konst, Te)* Gerüstbau *m*, Gerüstaufstellen *n*
scaffold floor Gerüstboden *m*
scaffold for maintenance *(Konst, RS)* Unterhaltungsgerüst *n*, Wartungsgerüst *n*
scaffold form *s.* scaffold bridge
scaffold height Gerüsthubhöhe *f*
scaffold-high rüsthoch; ein Gerüst benötigend *(Gebäude)*
scaffold plank *(BT)* Gerüstbohle *f*, Rüstbrett *n*
scaffold pole Gerüststange *f*, Gerüstpfosten *m*, Rüststange *f*, Gerüstbaum *m*
scaffold stage Gerüstboden *m*
scaffold standard *s.* scaffold pole
scaffold timber Gerüstholz *n*
scaffolder Gerüstbauer *m*
scaffolding 1. *s.* scaffold; 2. Gerüstbau *m*, Einrüstung *f*, Einschalung *f*; 3. Rüstmaterial *n*
scaffolding board *s.* scaffold board
scaffolding frame *(Konst)* Gerüstrahmen *m*
scaffolding of a centre vault Bogengerüste *npl*; Lehrgerüst *n*
scaffolding plank Gerüstbohle *f*
scaffolding pole [standard] *s.* scaffold pole
scaffolding tie *(BT, Konst)* Gerüstzange *f*
scaffolding tube Gerüstrohr *n*
scagliola *(BM, OB)* Scagliola *f*, Steinimitationsputz *m*, steinimitierender Stuck *m*, marmorimitierter Stuck *m* *(Gipsspatmasse)*
scagliola marble *s.* scagliola
scalariform *(Bod)* treppenartig, stufenartig *(geologisch)*
scale *v* 1. *(RS)* abschälen, abblättern, abbröckeln *(Beton)*; 2. *(Verm)* abmessen, aufnehmen *(Holz)*; 3. *(Verm)* maßstäblich arbeiten; maßstäblich ändern; den Maßstab festlegen; 4. *(Te, Verm)* graduieren; 5. *(RS, San, WVA)* Kesselstein ansetzen, verkrusten *(Leitungen)*; 6. *(Te)* Kesselstein entfernen; entzundern
scale *v* **down** maßstäblich verkleinern
scale *v* **off** abschiefern, abplatzen, abblättern, abschuppen
scale *v* **up** *(Konst, Verm)* maßstäblich vergrößern
scale 1. *(Konst, Verm)* Maßstab *m*; Zeichnungsmaßstab *m*; 2. *(HLK, RS, San)* Kruste *f*; Kesselstein *m*; Zunder *m*, Zunderschicht *f*, Sinter *m (auf Metall)*; Glühstein *m (auf Kupfer)*; 3. *(OB)* Skala *f*, Stufenfolge *f (z. B. von Farben)*; 4. *(Konst, Verm)* Skale *f*, Maßeinteilung *f (an Messgeräten)*; 5.

(BWG, Te) Waage *f* • **drawn to a scale of ... : ...** *(Konst, Verm)* im Maßstab ... : ... gezeichnet • **in scale** *(Konst, Verm)* maßstab(s)gerecht • **not to scale** *(Konst, Verm)* nicht maßstab(s)gerecht, maßstäblich • **(true) to scale** *(Konst, Verm)* maßstab(s)gerecht
scale board *(BT)* Furnierplatte *f*
scale crust *(HLK, RS, San)* Kesselsteinansatz *m*
scale division Skalenteilstrich *m*, Skalenteil *m*
scale drawing *(Konst, Verm)* Maßstabzeichnung *f*, maßstäbliche Zeichnung *f*
scale effect Maßstabeffekt *m*
scale factor *(Stat)* Kräftemaßstab *m*
scale former Kesselsteinbildner *m*
scale-forming water *(Bod, WVA)* kalkhaltiges Wasser *n*, hartes Wasser *n*
scale frieze *(Arch)* Schuppenfries *m (Ornament der romanischen Baukunst)*
scale gutter tile Schuppenfalzziegel *m*
scale indication Skalenanzeige *f*
scale interval *(Stat)* Teilungswert *m*
scale layer Kesselsteinschicht *f*
scale length Skalenlänge *f*
scale-like schuppenförmig
scale line Teilstrich *m*
scale model *(Konst, Verm)* Maßstabsmodell *n*, maßstab(s)gerechtes Modell *n*
scale of chart *(Verm)* Kartenmaßstab *m*
scale of enlargement *(Verm)* vergrößerter Maßstab *m*
scale of hardness *(BM)* Härteskala *f*
scale of heights *(Verm)* Höhenmaßstab *m*
scale of lengths *(Verm)* Längenmaßstab *m*
scale of moments *(Stat)* Momentenmaßstab *m*
scale of professional charges *(VR)* Architektengebührenordnung *f*
scale of ratios Proportionsskala *f*, Modulor *m*
scale of reduction *(Konst, Verm)* verkleinerter Maßstab *m*
scale removal 1. *(RS, Te)* Kesselsteinentfernung *f*; 2. *(RS, Te)* Zunderentfernung *f*
scale spacing Teilstrichabstand *m*
scale test Maßstabtest *m*
scale tile roof *(Konst)* Schuppenziegeldach *n*
scale-work *(Arch)* Schuppenornament *n*
scaled 1. maßstab(s)gerecht, maßstäblich; 2. schuppig
scales Waage *f*
scaling 1. *(HLK, RS, San)* Verkrusten *n*; Kesselsteinbildung *f*; Verzundern *n*; 2. *(OB, RS)* Abblättern *n*; Abplatzen *n*; Abschuppen *n*; Mörtelverlust *m*, Entmörtelung *f (Mörtel, Beton, Asphalt)*; Entfernen *n* von Kesselstein; Entzundern *n*
scaling factor *(Verm)* Maßstabfaktor *m*
scaling hammer Entkrustungshammer *m*
scaling-off *(RS)* Entzunderung *f*
scall lockeres Gestein *n*
scallop *v (Arch)* ausbogen *(Ornamentarbeit)*; auszacken
scallop *(Arch)* Muschelkurve *f (Ornament)*
scalloped arch *(Arch)* geschweifter Bogen *m*
scalloped capital *(Arch)* Faltenkapitell *n*, gezacktes Kapitell *n*, Pfeifenkapitell *n*
scalloping *(Arch)* Wellung *f*
scalp *v* vorsieben, absieben, grobsieben, abtrennen
scalp rock *(BM, Te)* vorgesiebtes Gestein *n*
scalper *(BWG)* Grobsieb *n*, Vorsieb *n*, Trennsieb *n (für Stein)*
scalping *(BM, Te)* Vor(ab)siebung *f*, Grobabsiebung *f*, Vorabsieben *n*, Grobabsieben *n*, Trennen *n*
scalpings Mineralbeton *m*
scaly schuppig, geschuppt, schalig
scamillus *(Arch)* Doppelplinthe *f*, Untersockel *m (ionischer oder korinthischer Säulen)*
Scandinavian plaster *(SB)* Dünnputz *m*
scanning electron micrograph *(BM)* Rasterbild *n*, rasterelektronenmikroskopische Abbildung *f*, REM-Aufnahme *f*
scantle Schiefer(schneid)lehre *f*
scantling *(BM, Hb)* Halbholz *n*, Schnittholz *n*, Kantholz *n (bis zu 100 mm × 125 mm im Durchmesser)*; Kreuzholz *n*; Brustholz *n*
scantling gauge *(BM, Hb)* Holzmaß *n*
scape *s.* apophyge
scapple *v s.* scabble
scapus *(BT)* Säulenschaft *m*
scar *(OB)* Schramme *f*, Kratzer *m (Oberfläche)*
scarce knapp
scarcement Absatzkante *f*, Kante *f (im Mauerwerk)*
scarcity *(VR)* Knappheit *f*
scarf *v* 1. *(Hb)* zusammenblatten, überblatten, (ver)laschen; stoßen, mit schrägem Stoß verbinden; fügen; 2. kerben
scarf *v* **by the square** anblatten
scarf 1. *(Hb)* Verblattung *f*, Laschenverbindung *f*, Laschung *f*, Holzlängsverbindung *f*; 2. *(Hb)* Blattende *n*
scarf and key *(Hb)* gerades doppeltes Blatt *n*, Hakenblatt *n*, Hakenkamm *m*
scarf cut Fallkerb *m*
scarf joint *(Hb, Konst, St)* Stumpfstoß *m (unter 45°)*; Blattfuge *f*
scarf jointing *(Hb, Konst, St)* Stumpfstoßen *n*
scarf tenon *(Hb)* Blattzapfen *m*
scarf welding *(St)* Überlapptschweißung *f (mit Schrägstößen)*
scarf with oblique cut ends *(Hb)* schräg eingeschnittenes Blatt *n*
scarfed joint *(Hb, Konst, St)* Balkenstoß *m*, verlaschter Stoß *m*
scarfed lengths Stoßlängen *fpl*
scarfing 1. Verzahnung *f*; 2. Abschrägung *f*; 3. Verblattung *f*, Verlaschung *f*
scarification *(Verk)* Aufrauen *n*, Aufreißen *n (Straßen)*
scarified material *(RS, Verk)* Aufrissmaterial *n (z. B. Straßenbelag)*
scarifier (ripper) Aufreißer *m*, Aufreißkamm *m*, Abschäler *m (Straße)*
scarifier tooth Reißzahn *m*, Aufreißzahn *m*
scarify *v* 1. *(RS, Verk)* aufreißen *(Straße)*; auflockern *(Boden)*; 2. *(OB, Te)* aufrauen
scarifying Aufreißen *n*, Aufbrechen *n*
scarifying of soil *(BM, Erdb, LB)* Bodenauflockerung *f*
scarlet Scharlachfarbe *f*
scarp *v (Erdb)* steil abböschen
scarp *(Bod, Erdb, LB)* Steilböschung *f*, steile Böschung *f*
scarp wall *(SB)* Mauerabsatz *m (einer Befestigungsanlage)*
scatter *v* streuen
scatter Streubereich *m*; Abweichung *f (Messergebnisse)*
scattered light *(El)* Streulicht *n*
scattering Streuung *f*
scattering coefficient Streukoeffizient *m*
scattering of qualities Gütestreuung *f*
scattering of strengths *(BM)* Festigkeitsstreuung *f*, Streuung *f* der Festigkeitswerte
scattering of tests Prüfstreuung *f*
scavenge *v (Te)* reinigen, säubern *(bes. Straßen)*
scavenger *(BWG)* Straßenreinigungsmaschine *f*, Straßenreinigungsfahrzeug *n*
scavengering *(Umw)* Straßenreinigung *f*; Stadtentsorgung *f*
scene *(EB)* Kulissenstück *n*; Bühne *f*
scene-building *(Arch, Konst)* Bühnengebäude *n*, Skene *f*, Skenengebäude *n*
scene shop Kulissentischlerei *f*
scenery 1. *(EB)* Kulisse *f*, Bühnenbild *n*; 2. *(Bod, LB)* Landschaft *f*; Landschaftsbild *n*
scenic design bildhafte Darstellung *f (Tapetenmuster)*

scenic highway *(Verk)* Panoramastraße *f*
scenic paper Bildertapete *f*, Tapete *f* mit bildhafter Darstellung
scenic road *s.* scenic highway
scenic view *(Arch, Bod, LB)* Panoramaansicht *f*
scenographic perspektivisch
scent test *(San)* Geruchstest *m*, Riechtest *m (Rohrleitungen)*
schalstein Schalstein *m*
schedule *v* (zeitlich) planen
schedule *(Te)* Plan *m*, Ablaufplan *m*, Zeitplan *m*; Fahrplan *m* • **according to schedule** *(Te, VR)* termingemäß *(z. B. Bauausführung)* • **on schedule** *s.* according to schedule
schedule of accommodation *(Konst)* Gebäudeaufteilung *f* für Flächennutzung
schedule of building occupancy Belegungsplan *m*
schedule of prices *(VR)* Preisverzeichnis *n*, Bauleistungsverzeichnis *n*
schedule of sizes Maßtabelle *f*
schedule of values *(VR)* Abschlagssummenplan *m*, Plan *m* der Abschlagssummenzahlungen
scheduled service regelmäßige Wartung *f*
scheduling *(Te)* Ablaufplanung *f*, Bauablaufplanung *f*, Bauablaufmanagement *n*
schema 1. Schema *n*, Diagramm *n*; System *n*; 2. *s.* scheme
schematic design *(Konst)* Vorentwurf *m*
schematic design drawing *(Arch, Konst)* Vorentwurfszeichnung *f*
schematic design phase *(Konst)* Vorentwurfsphase *f*
schematic diagram Schemazeichnung *f*, schematische Darstellung *f*
schematic drawing 1. *(Arch, Konst)* Vorentwurfszeichnung *f*; 2. *(Arch, Konst)* Schemenbild *n*
schematic illustration *(Arch)* Schemazeichnung *f*
schematic representation *(Konst)* schematische Darstellung *f*
schematism Schematismus *m*
schematization *(Arch)* Schematisierung *f*
scheme 1. *(Arch, Konst)* Entwurfsskizze *f*; 2. *(VR)* Schema *n*, Übersicht *f*; 3. *(Konst)* Plan *m*, Projekt *n*; Programm *n*; Vorhaben *n*; 4. *(Konst)* Anordnung *f*; Gebäudeanordnung *f*; Raumanordnung *f*
scheme arch *(AE) (Konst)* Flachbogen *m*, verkürzter Bogen *m*, Bogen *m* weniger als ein Halbkreis
scheme of forces *(Stat)* Kräfteschema *n*
scheme of framework *(Arch, Konst)* Fachwerkrundfigur *f*
schemes management *(Konst)* Projektplanung *f*, Maßnahmenplanung *f*
schist Schiefer *m*, kristalliner Schiefer *m*
schistose rock Schiefergestein *n*
schistous schieferartig
schistous sandstone Sand(stein)schiefer *m*, sandiger Schiefer *m*
Schmidt hammer *(BB, BM)* Schmidt'scher Hammer *m*, Beton-Rückprallhammer *m*
schola *(Konst)* Erholungsraum *m*, Entspannungsraum *m*, Unterhaltungszimmer *n (in einem antiken römischen Haus)*
school *(Arch)* Schulhaus *n*, Schule *f*
school auditorium Schulaula *f*
school block [building] Schulgebäude *n*
school buildings *(RP)* Schulbauten *mpl*
school complex *(RP)* Schulkomplex *m*, Schulgebäude *n*
school construction Schulbau *m (Bauen)*
school crossing patrol *(Verk)* Schülerlotse *m*
school grounds Schulgelände *n*
school gymnasium *(Konst)* Schulturnhalle *f*
school of applied art Kunstgewerbeschule *f*
school of architecture Schule *f* für Architektur
school plant *(RP)* Schulkomplex *m*
school structures *(RP)* Schulbauten *mpl*
school village *(RP)* Schuldorf *n*
schoolhouse Schulgebäude *n*, Schule *f*
schoolroom Klassenzimmer *n*
schoolyard *(AE) (Konst, RP)* Schulhof *m*
Schweinfurt green *(BM, OB)* Schweinfurtergrün *n*
sciagraph *(Konst)* Durchsichtsdarstellung *f*, Gebäudeeinsichtsdarstellung *f*
scialbo Marmorstaubfeinputz *m (für Freskenmalerei)*
science Wissenschaft *f*, Naturwissenschaft *f*; Wissensgebiet *n*
science and technology Naturwissenschaft *f* und Technik *f*
science building *(Arch)* Gebäude *n* für wissenschaftliche Arbeiten
science of architecture *(Arch)* Architekturwissenschaft *f*
science of metals Metallkunde *f*
science of rocks Gesteinskunde *f*
science of the strength of materials *(Stat)* Festigkeitslehre *f*
scientifically designed *(Konst)* durchkonstruiert
scintled brickwork *s.* skintled brickwork
scissor junction *(Verk)* Abzweig *m*
scissors Schere *f*
scissors crossover *(Verk)* niveaufreie Kreuzung *f*, Überführung *f*
scissors stay for transom lights *(Konst)* Oberlichtöffner *m*
scissors truss *(TK)* Dachbinder *m* mit gekreuzten Kehlbalken
scissure Riss *m*, Spalt *m (Gestein)*
sclerometer Ritzhärteprüfer *m*
scleroscope *(BB, BM)* Betonschlaghammer *m*, Rückprallhammer *m*
scleroscope hardness *(BB)* Rückprallhärte *f*
scoinson arch Leibungsbogen *m*
scollop *(Arch)* Muschelkurve *f (Ornament)*
sconce *(El)* Wandarmleuchte *f (leuchterartig verziert)*
sconcheon *s.* scuncheon
scone brick Dünn(form)ziegel *m*; Spaltplatte(nfliese) *f*
scoop *(BWG, Erdb)* Schürfkübel *m*, Schrapperkorb *m*; Löffel *m*; Greifer *m*; Laborschaufel *f*
scoop dozer [loader] *(BWG)* Schaufellader *m*
scope 1. *(Konst, VR)* Anwendungsbereich *m*, Anwendungsgebiet *n*; 2. *(Bod, Konst, VR)* Ausmaßbereich *m*, Bereich *m*, Umfang *m*, Ausdehnung *f*, Weite *f*, (großes) Gebiet *n*, (weiter) Landstrich *m*; 3. Länge *f (Leitung usw.)*
scope of application Anwendungsbereich *m (z. B. von Normen)*
scope of authority *(VR)* Vollmachtsumfang *m*
scope of duties *(VR)* Aufgabenbereich *m*
scope of measures *(VR)* Maßnahmenumfang *m*
scope of project *(Konst)* Projektumfang *m*
scope of supply *(VR)* Lieferumfang *m*
scope of use *(Konst, VR)* Anwendungsbereich *m*
scope of work Arbeitsumfang *m*, Leistungsumfang *m*
scoping Ausmaßbereich *m*, Umfangsrahmen *m*
scoping date *s.* scoping termin
scoping termin *(RP)* Termin *m* zur Erfassung der Ausdehnung, Scopingtermin *m*; Beratung *f* zum Umfangrahmen; Termin *m* zur Festlegung des Anwendungsumfanges; Festlegungstermin *m* zum Untersuchungsrahmen *(erste Stufe zur Aufnahme einer Planung)*
score *v* 1. *(Te)* einkerben, einschneiden; einritzen, einkratzen *(Linien)*; 2. *(DIS, OB, Te)* aufrauen *(Putz)*; anreißen *(Frischbeton)*; abkratzen *(Holz)*; abreiben
score Kerb *m*; Rille *f*; eingeritzte Linie *f*; Kratzer *m*
score mark Schleifspur *f*

S

scoria Schlacke *f*, Lavaschlacke *f*; Tuffgestein *n*, Vulkantuff *m*; Basalttuff *m*; Metallschlacke *f*
scoria brick Schlackenstein *m*; Eisenschlackenstein *m*
scoria concrete Lavabeton *m*
scoriaceous *(BM)* schlackenartig, schlackig
scoriaceous lava Lavaschlacke *f*
scoring 1. *(Te)* Einkerben *n*, Einschneiden *n*; 2. *(OB, Te)* Aufrauen *n*; Abreiben *n (Putz)*; Anreißen *n (Frischbeton)*
Scotch boiler Schottischer Kessel *m*, Zylinderkessel *m*
Scotch bracketing Deckenwinkellatte *f*, Deckeneckenlatte *f (als Stuckleistenbasis)*
Scotch derrick feststehender Derrickkran *m*
Scotch glue *(BM)* Tierleim *m*
Scotch tape® Tesafilm® *m*
scotching *s.* scutching
scotia *(Arch, Konst)* Unterschneidung *f*, tiefe konkave Zierkante *f (am Säulenfuß)*; Hohlkehle *f*
scotis *s.* scotia
scour *v* 1. *(OB, Te)* reinigen; blankreiben; auswaschen, (aus)spülen; (ab)putzen *(eine Oberfläche glätten)*; entzundern; abbeizen; 2. *(Wsb)* unterspülen, auskolken
scour *v* **stones** Steine glätten
scour 1. *(Wsb)* Unterspülung *f*, Auskolkung *f*, Kolkung *f*, Ausspülung *f*; 2. Zementleimauswaschung *f*
scour valve *(Wsb)* Spülschütz *n*, Spülventil *n*
scoured hole *(Bod, Wsb)* Kolkvertiefung *f*
scouring 1. *(OB, Te)* Reinigen *n*; Abputzen *n*; Ausspülen *n*; Entzunderung *f*; 2. *(Bod, Wsb)* Unterspülung *f*, Auskolkung *f*, Auswaschung *f*
scouring basin *(Wsb)* Spülbecken *n*, Schleusenbecken *n*
scouring in the wet paint *(OB, Te)* Reiben *n* in den frischen Anstrich
scouring machine Scheuermaschine *f*
scouring sluice *(Wsb)* Spülschleuse *f*
scouting Suchbohrung *f*
scove kiln *(AE)* Meiler *m*, Feldbrandofen *m (Ziegelbrennen)*
scrabbled masonry [rubble] *(SB)* Bruchsteinmauerwerk *n*
scrap *v (Umw)* wegwerfen
scrap *(RS, Umw)* Schrott *m*; Abfall *m*; Altmaterial *n*; Stückchen *n*
scrap iron Alteisen *n*, Eisenschrott *m*
scrap metal Schrott *m*, Altmetall *n*
scrap processing *(RS, Umw)* Schrottverwertung *f*
scrap recovery Schrottverwertung *f*
scrap recycling *(RS, Umw)* Schrottverwertung *f*
scrap sorting *(RS, Umw)* Schrottsortierung *f*
scrap steel Stahlschrott *m*
scrap stockyard *(Umw)* Schrottplatz *m*
scrap tyre *(Umw)* Altreifen *m*
scrape *v* 1. *(Te)* kratzen, schaben; schürfen; 2. *(Erdb)* mit Schrapper fördern; 3. *s.* scrape off
scrape *v* **off** abkratzen, abschaben
scraped finish *(SB)* Kratzputz *m*, Schabputz *m*, Stockputz *m*
scraped rendering *(SB)* Kratzputz *m*, Stockputz *m*, Schabputz *m*
scraped stucco *(AE) s.* scraped rendering
scraper 1. *(BWG, Erdb)* Erdhobel *m*, Kratzhobel *m (für Straßenbau)*; 2. *(BWG, Erdb)* Schrapper *m*; Schürf(kübel)wagen *m*; Erdlader *m*; Räumer *m*; 3. Schabeisen *n*, Schaber *m*; 4. *(Hb)* Ziehklinge *f*
scraper bowl *(BWG, Erdb)* Schürfkübel *m*
scraper bucket *(BWG, Erdb)* Schürfkübel *m*, Schleppschaufel *f*
scraper conveyer Kratzförderer *m*
scraper dozer *(BWG, Erdb)* Schürfkübelraupe *f*
scraper extractor Schaufelentnahmegerät *n*
scraper loader Schrapplader *m*; Schürf(kübel)wagen *m*
scraper plane *(Hb)* Ziehklinge *f*
scraper tool *(BM)* Ritzgerät *n (Abriebfestigkeitsprüfung)*
scraping Abkratzen *n*
scraping arm Kratzerarm *m*
scraping dredger *(BWG, Erdb)* Schürfkübelbagger *m*
scraping-off Abkratzen *n*
scrapyard *(Umw)* Schrottplatz *m*
scratch *v* aufkratzen *(Putz)*; einkratzen, (ein)ritzen; zerkratzen; schrammen
scratch Kratzer *m (in Material)*; Schramme *f*; Riefe *f*
scratch awl Einkratzahle *f*
scratch brush Drahtbürste *f*
scratch-brushed finish *(SB)* Abbürstputz *m*, Bürstputz *m (mit mechanischer Drahtbürste)*
scratch brushing Kratzen *n*, Kratzmattieren *n*; Bürstputzen *n*
scratch coat *(SB)* (aufgekratzter) Unterputz *m*, Grobputzlage *f*, Rauwerk *n*
scratch gauge Streichmaß *n*
scratch hardness Ritzhärte *f*, Mineralhärte *f*
scratch removal *(OB, RS)* Kratzerbeseitigung *f*
scratch resistance Kratzfestigkeit *f*
scratch-resistant kratzfest, ritzbeständig *(Fliese, Marmor)*
scratch-resisting glaze kratzfeste Glasur *f*
scratch test Ritz(härte)prüfung *f*, Ritzversuch *m*
scratch tool Kratzeisen *n*; Kratzbürste *f*
scratchability Ritzbarkeit *f*, Kratzbarkeit *f*
scratched sink zerkratzter Ausguss *m*
scratcher *s.* scratch tool
scratching Einritzen *n*
scratchproof *s.* scratch-resistant
scratchwork *(SB)* Kratzputz *m*, Kratzgrund *m*, Sgrafittoputz *m*
scree *(Bod)* Geröll *n*, Steingeröll *n*, Gesteinsschutt *m*; Geröllhalde *f*, Schutthalde *f (geologisch)*
screed *v (BB, OB, Te)* abziehen, glätten *(Betonoberfläche, Putz)*
screed 1. *(BB, Konst)* Aufbeton *m*, Estrich *m*; 2. *s.* screed board; 3. *(BWG, SB)* Putzlehre *f (Mörtelputzleistenvorlage)*; 4. *(BWG, SB)* Riffel *m*, Putzlehre *f*, Putzlehrschiene *f*, Putzleiste *f*; 5. *(BWG)* Bohle *f*, Einbaubohle *f (Fertiger)*
screed accelerating agent *(BM)* Estrichbeschleuniger *m*
screed agent Estrichzusatzmittel *n*
screed base *(Konst)* Estrichunterlage *f*
screed bay Estrichfeld *n*
screed board Abziehbohle *f*, Glättbohle *f*
screed burner *(BWG)* Bohlenheizeinrichtung *f*, Bohlenbrenner *m (Asphaltfertiger)*
screed coat *(SB)* abgezogener [geglätteter] Putz *m*
screed floor cover(ing) *(Konst)* Estrichfußbodenbelag *m*
screed for plastering Putzlehre *f (Mörtelputzleistenvorlage)*
screed heater *s.* screed burner
screed heating *(HLK)* Fußbodenheizung *f*
screed height Estrichstärke *f*
screed joint *(Konst)* Estrichfuge *f*
screed marks Oberflächenmarkierung *f (durch Fertigerbohle)*
screed mortar *(BM)* Estrichmörtel *m*
screed rail Putzlehre *f*, Abziehschiene *f (waagerecht)*
screed sealing *(OB)* Estrichabsiegelung *f*; Estrichversiegelung *f*
screed strip Putzlehrschiene *f (senkrecht)*
screed surface Estrichoberfläche *f*
screed template *(BWG, OB)* Abziehlehre *f*, Abziehschlitten *m*, Profillehre *f*
screed topping *(BB, Konst)* Estrichfußboden *m*
screed vibrator Bohlenvibrator *m*
screed work Estricharbeiten *fpl*

S

screeding Abziehen *n (Putz)*
screeding beam Vibrationsbohle *f (zum Glätten)*; Fertigerbohle *f*
screeding board [plate] *s.* screed board
screen *v* 1. (durch)sieben, aussieben, (sieb)klassieren; 2. (ab)schirmen, schützen
screen *v* **in sizes** *(BM, Te)* (sieb)klassieren
screen *v* **off** abschirmen
screen 1. Sieb *n (zur Trennung von Kieseln und Sand)*; Klassiersieb *n*; 2. Schutzwand *f*, Trennwand *f* Schutzschirm *m*; Drahtgitterschutz *m*; 3. Gitter *n*, Rost *m (Trägerrost)*; 4. *(Wsb)* Rechen *m (Einlaufrechen)*
screen analysis *(BM)* Siebanalyse *f*, Korngrößenanalyse *f*
screen aperture Sieböffnung *f*
screen bar Gitterstab *m*
screen bottom Siebboden *m*
screen cleaner *s.* screen rake
screen cover Schutzdecke *f*
screen deck Siebboden *m*
screen door *(EB)* Gazetür *f*, Insektenschutztür *f*
screen façade *(BT)* Gebäudeverkleidungsgitter(werk) *n*
screen feed *(BM, Te)* Aufgabegut *n*, Siebgut *n (Siebprozess)*
screen fines Siebfeines *n*, Unterkorn *n*, Feinkorn *n*, Feingut *n*
screen frame Siebkasten *m*
screen grading *(BM, Te)* Siebklassierung *f*
screen head *s.* screen feed
screen line *(RP)* Untersuchungsgebietstrennungslinie *f*, Erhebungslinie *f (Verkehrsuntersuchung)*
screen moulding Siebrahmenholz *n*
screen overflow Siebrückstand *m*, Siebübergang *m*
screen oversize Siebgrobes *n*, Überkorn *n*, Grobkorn *n*, Grobgut *n*
screen pipe *(BT, Erdb, WVA)* Schlitzrohr *n (Wassergewinnung)*
screen-printed wallpaper Siebdrucktapete *f*
screen rake *(WVA)* Rechenreiniger *m*, Reinigungsrechen *m*
screen reject Siebüberlaufmaterial *n*, Siebüberlauf *m*
screen residue 1. Siebüberlauf *m*, Siebüberkorn *n*; Siebrückstand *m*; 2. Rückstand *m (Filtertechnik)*
screen scale *(BM, Te)* Siebfolge *f*, Siebreihe *f*
screen series Siebfolge *f*, Siebreihe *f*
screen side Maschenabdruckseite *f (Hartfaserplatte)*
screen size 1. Sieböffnungsweite *f*; 2. Korngröße *f*
screen sizing *(BM, Te)* Siebklassierung *f*
screen survey *(BM, VR)* Auswahluntersuchung *f*; Probeauswahl *f*
screen underflow Siebdurchgang *m*, Siebdurchlauf *m (Splittklassierung)*
screen undersize *s.* screen fines
screen unit *(BM, BWG)* Siebanlage *f*
screen wall *(Konst)* Blendmauer *f*, Gittermauer *f*, Gittermauerwerk *n (Abschirmung)*; Zwischensäulengitterwand *f*
screen wire Maschendraht *m*; Gazebeschlag *m (einer Gazetür)*
screened aggregate *(BM)* (ab)gesiebter Zuschlag(stoff) *m*, abgestufter Zuschlag *m*
screened gravel (ab)gesiebter Kies *m*, Siebkies *m*
screened material gesiebtes Material *n*, Siebgut *n*
screened sand (ab)gesiebter Sand *m*
screened slag (ab)gesiebte Schlacke *f*, Siebschlacke *f*
screening 1. *(BM, Te)* Sieben *n*, Absieben *n*; Siebklassierung *f*, Klassierung *f*; 2. *(Konst)* Abschirmung *f*, Abschattung *f*; Schutz *m*; 3. *s.* screening material; 4. *(Konst, VR)* Auswahlprüfung *f*, Vorauswahl *f*
screening chamber *(Wsb)* Rechenhaus *n (Rechenanlage)*
screening drum Siebtrommel *f*
screening effect *(Umw)* Abschirmungseffekt *m*
screening embankment *(Umw)* abgeschirmter Damm *m*; abgeschattete Böschung *f*
screening examination *s.* screening test
screening fence *(Konst)* Schutzzaun *m*
screening material Siebgut *n*
screening operation *(BM, Te)* Siebvorgang *m*, Absiebungsprozess *m*
screening plant Siebanlage *f*, Absiebanlage *f*
screening plate Siebblech *n*
screening process *s.* screening operation
screening surface Siebfläche *f*
screening test *(BM, Konst)* Auswahlprüfung *f*, Vorauswahl *f*
screenings 1. Siebdurchgang *m*, Siebdurchfall *m*; Vorabsiebung *f (< 2 mm)*; 2. *(Wsb)* Rechengut *n*; 3. Splitt *m*, Brechsand *m*
screw *v* schrauben; anschrauben
screw *v* **off** abschrauben; ausschrauben
screw *v* **on** anschrauben, aufschrauben
screw *v* **tight** *(Te)* festschrauben
screw *v* **together** zusammenschrauben
screw *v* **up** nachziehen *(Schrauben, Bolzen)*; zuschrauben
screw Schraube *f*; Bolzen *m*
screw anchor *(BT)* Schraubanker *m*, Schraubenklemme *f*
screw auger 1. Zimmermannsbohrer *m*; 2. Löffelbohrer *m*, Erdbohrer *m*
screw bolt *(BT)* Schraubenbolzen *m*
screw-bolt joint Bolzenverbindung *f*
screw cap 1. *(El)* Goliathsockel *m*, Schraubsockel *m*; 2. Überwurfmutter *f*; 3. Schraubkappe *f*
screw clamp *(BWG)* Schraubzwinge *f*
screw connection *s.* screw joint
screw conveyor *(BWG, Te)* Förderschnecke *f*, Schneckenförderer *m*
screw-couple *v (Konst, Te)* verschrauben; mit Schraubverbindung versehen
screw cutting *s.* thread cutting
screw dowel Schraubdübelbolzen *m*
screw-down valve *(BT, HLK)* Niederschraubventil *n*
screw elevator Förderrohr *n*, Senkrechtförderschnecke *f*
screw-extruder *(BWG)* Schneckenpresse *f*
screw fastening Schraubverbindung *f*, Verschraubung *f*
screw hole Schraubloch *n*
screw hook Schraubhaken *m*, Hakenbolzen *m*
screw interval *(Konst)* Schraubenabstand *m*
screw jack Schraubspindel *f*, Schraubwinde *f*
screw joint *(BT, Konst)* Schraubverbindung *f*, Verschraubung *f*
screw pile Schraubenpfahl *m*, Schneckenbohrpfahl *m*
screw plug Verschlussschraube *f*, Gewindestopfen *m*
screw releasing wedge clamping Schraubkeilklemmung *f*
screw rod Schraubenspindel *f*
screw-shaped schraubenförmig
screw socket Gewindemuffe *f*
screw stairs *(Konst)* Wendeltreppe *f*
screw-tap Gewindebohrer *m*
screw-tensioning Spannen *n* mittels Schraubspindeln
screw thread Schraub(en)gewinde *n*
screw union Einschraubstutzen *m*
screwable verschraubbar
screwcrete *(BB)* Schraubbeton *m*
screwdriver Schrauber *m*, Schraubendreher *m*
screwed and socketed joint aufgeschraubte Muffenverbindung *f*
screwed bolt *(BT)* Schraubbolzen *m*, Gewindebolzen *m*
screwed conduit verschraubtes Isolierrohr *n*
screwed connection Schraubverbindung *f*, Verschraubung *f*

screwed coupling Schraubkupplung *f*, Schraubenmuffenverbindung *f*
screwed fitting Schraubmuffe *f*
screwed fittings Aufschraubzubehör *n*
screwed flange *(BT)* Schraubflansch *m*
screwed insulating tube verschraubtes Isolierrohr *n*
screwed joint Schraubenverbindung *f*, Schraubenanschluss *m*
screwed-on hinge Aufschraubband *n (Fenster, Türen usw.)*
screwed-on lock *(EB)* Aufschraubschloss *n*
screwed pipe union Rohrverschraubung *f*
screwed sleeve joint Muffen(schraub)verbindung *f*
screwed socket Schraubmuffe *f*
screwed union *s.* screwed connection
scribbled ornament *(Arch)* schneckenförmiges Ornament *n*, spiralförmige Verzierung *f*
scribe *v* anreißen, anzeichnen
scribe Anreißer *m*
scribe test *(BM)* Ritzversuch *m*, Anreißversuch *m*, Ritzprüfung *f (Anstriche, Haftfestigkeitsprüfung)*
scribed joint *(Konst)* Profilfuge *f*, Formfuge *f*
scribed line *(Konst)* Risslinie *f*, Anrisslinie *f*
scriber Anreißstift *m*, Reißstift *m*, Reißnadel *f*
scribing Reißen *n*, Anreißen *n*, Anzeichnen *n*, Anriss *m*
scribing awl Reißspitze *f*
scribing dimension *(Konst)* Reißmaß *n*, Anreißmaß *n*, Anzeichnungsmaß *n*, Anrissmaß *n*
scribing gauge Reißlehre *f*
scribing iron Markierungseisen *n*
scrim grobmaschiger Bewehrungsdraht *m*, Bewehrungsdrahtgeflecht *n*; Fugenüberbrückungsbewehrung *f*; Gewebeverstärkung *f (Material)*
scriptorium *(Arch)* Klosterschreibstube *f*
scroll *(Arch)* Schneckenornament *n*, Schraubenverzierungselement *n*, Spirale *f*; Ranke *f*; Schnörkel *m*; Schriftband *n (Ornament mit aufgerollten Enden)*
scroll and leaf pattern *(Arch)* Blatt- und Rankenwerk *n*
scroll moulding [ornament] *(Arch)* Schnörkelverzierung *f*, Spiralverzierung *f*, Rankenzierelement *n*
scroll saw *(BWG)* Kurvensäge *f*
scroll-shaped *(Arch)* spiralförmig *(z. B. Ornament)*
scroll-shaped capital *(Arch)* Schneckenkapitell *n*
scroll-shaped gable *(Arch, Konst)* Schneckengiebel *m*, Volutengiebel *m*
scroll step *(Konst)* geschwungene Antrittsstufe *f*
scrolled schneckenförmig
scrolled capital *(Arch)* Schneckenkapitell *n*
scrollwork *(Arch)* Rankenwerk *n*, Rollwerk *n*, Muschelwerk *n (Ornament der Renaissance)*; Schnörkelverzierungen *fpl*
scrub *v* reiben; schruppen, scheuern; abbürsten; reinigen
scrub *(Bod, LB)* Buschwerk *n*, Gestrüpp *n*
scrub plane Grobhobel *m*
scrub-resistant abriebfest, scheuerfest *(z. B. Fußbodenkeramik)*
scrub sink *(San)* Ärztewaschbecken *n*, Kniehebelwaschbecken *n*
scrubbable *(OB)* scheuerfest, scheuerbar
scrubbed concrete (abgebürsteter) Waschbeton *m*
scrubbed concrete facing Waschbetonvorsatz *m*
scrubbed plaster Waschputz *m*
scrubbing Abbürsten *n (Waschbeton)*
scrubboard *(AE) (EB)* Scheuerleiste *f*, Fußleiste *f*, Sockelleiste *f (s. a. baseboard)*
scrubboard heating Sockelleistenheizung *f*, Scheuerleistenheizung *f*
scrubby *(Bod, LB)* gestrüppreich
scrubstone *(BM) (sl)* Kalksandstein *m*
scry *v (Bod)* schürfen
scuff *v (AE)* abstoßen, abnutzen; verschleißen *(z. B. durch Begehen, Befahren)*
scullery 1. *(EB)* Spülküche *f*; 2. *(EB)* Anrichtküche *f*, Anrichteraum *m*
scullery table *(EB)* Spültisch *m*
sculptor *(Arch)* Bildhauer *m*
sculptural *(Arch)* bildhauerisch, Skulptur...
sculptural block *s.* sculptural-type block
sculptural decoration *(Arch)* Skulpturverzierung *f*, Skulpturausschmückung *f*, Skulpturenschmuck *m*, Plastikverzierung *f*, Plastikausschmückung *f*
sculptural detail *(Arch)* plastisches Detail *n*
sculptural style *(Arch)* plastischer Stil *m*
sculptural-type block Ornament(block)stein *m*, Zier(block)stein *m*, Dekorationsstein *m*
sculpture *v (Arch, Te)* skulptieren, skulpturieren, bildhauerisch gestalten *(eine Plastik)*; formen; herausmeißeln
sculpture 1. Skulptur *f*, Bildwerk *n*, Plastik *f*; Architekturplastik *f*, Bauplastik *f*; 2. Bildhauerwerk *n*, Bildhauerei *f*, Bildhauerkunst *f*
sculpture in natural stone *(Arch)* Natursteinskulptur *f*, Natursteinplastik *f*
sculpture in stone *(Arch)* Steinskulptur *f*, Steinplastik *f*
sculpture in wood *(Arch)* Holzskulptur *f*, Holzplastik *f*
sculpturing Skulpturieren *n*
scum 1. poröse Ziegelstelle *f*, Ziegelblase *f*; 2. Ausblühung *f*; 3. Schlacke *f*; 4. Abwasserschaum *m*
scum board *(Konst, WVA)* Tauchwand *f (Klärgrube)*
scumble *v* 1. lasieren; 2. weicher gestalten *(Malerei)*
scumble 1. *(BM, OB)* Lasur *f (Anstrich)*; 2. *(Arch)* Gedämpftheit *f*, Weichheit *f (Darstellungen)*
scumble for concrete *(BM)* Betonlasur *f*
scumble glaze Lasuranstrichmittel *n*, Lasuranstrichstoff *m*
scumble stain Wasserlasur *f*
scumbling Vorstreichen *n* mit wenig Farbe; Farbtupfen *n*; Lasieren *n*
scumbling process *s.* scumbling
scumbling technique *(Te)* Lasurtechnik *f*
scuncheon Leibung *f*, Laibung *f*; Fensterleibung *f*; Türleibung *f*
scuncheon arch Leibungsbogen *m*
scupper (drain) Wasseröffnung *f (Wand, Brüstung)*; Wassereinlauf *m*, Wasseraufnahmeöffnung *f (Dach)*
scutch Maurerhammer *m*
scutcheon 1. *(EB)* Schlüssellochdeckel *m*; 2. Namensschild *n (am Wappen)*
scutching Punkten *n*, Feinspitzen *n (Stein)*
scuttle 1. *(Konst)* Deckenluke *f*; 2. *(Hb, Konst)* Falltür *f*
SEA *s.* strategic environmental assessment
sea Meer *n*, See *f*
sea bottom *(Bod)* Meeresgrund *m*
sea canal *(Wsb)* Seekanal *m*
sea clay Seelöss *m*, Meereston *m*
sea coast *(Bod)* Küste *f*, Strandlinie *f*, Meeresküste *f*
sea defence construction Küstenschutzbauten *mpl*, Küstenschutzbau *m*
sea dyke *(Wsb)* Meeresdeich *m*, Seedeich *m*
sea gate *(Wsb)* Seeschleuse *f*
sea-grass *(BM, Bod, DIS)* Seegras *n*
sea-grass building mat Seegrasdämmmatte *f*, Seegrasbaumatte *f*
sea groyne *(Bod)* Seebühne *f*
sea lane *(Wsb)* Fahrwasserkanal *m*
sea level *(Verm)* Meeresspiegel *m*, Meereshöhe *f*
sea limit *(Bod)* Strandlinie *f*
sea lock *(Wsb)* Seesperre *f*; Seeschleuse *f*
sea mud *(Bod)* Küstenschlick *m*, Wattboden *m*
sea pier *(Wsb)* Seedamm *m*, Mole *f (Hafen)*
sea sand Seesand *m*

sea-side resort *s.* seaside resort
sea silt *(Bod)* Schlick *m*, Küstenschlick *m*
sea wall *(Wsb)* Strandmauer *f*
sea water corrosion Meerwasserkorrosion *f*, Korrosion *f* durch Meerwasser
seabed *(Bod)* Meeresboden *m*
seaboard Seeküste *f*; Wasserkante *f*; Küstenstrich *m*
seal *v* 1. *(DIS, Te)* (ab)dichten, (wasser)dicht machen; verkleben; verkitten; versiegeln; dichten, vergießen *(z. B. Fugen)*; (ab)sperren *(Untergrund vor Anstrichauftrag)*; 2. *(Te)* verschließen; pfropfen
seal *v* **with mortar** mit Mörtel ausgießen *(außen)*
seal 1. *(DIS)* Abdichtung *f*, Dichtung *f*; Sperrung *f*; Plombe *f*, (wasserdichter) Verschluss *m*; 2. *(BWG)* Plombe *f*; Siegel *n*; 3. *(San)* Geruchsverschluss *m*; Geruchsverschlusswasserstand *m*; 4. *s.* sealing compound
seal coat *s.* sealing coat
seal material Absiegelungsmittel *n*, Versiegelungsmittel *n*, Siegel *n*, Überzug *m*
seal mortar Abschlussmörtel *m*, Dicht(ungs)mörtel *m*, Vergussmörtel *m*
seal of approval *(VR)* amtliches Gütezeichen *n*
seal rail Dichtungsleiste *f*
seal sheeting *(BM, DIS)* Dichtungsbahn *f*
seal water *(San)* Sperrwasser *n (Spültoilette)*
seal-weld *v* dichtschweißen
seal weld *(Konst, St)* Dicht(schweiß)naht *f*
seal welding *(St, Te)* Dichtungsschweißung *f*
sealant Abdichtungsmittel *n*, Dichtungsstoff *m*, Versiegelungsmasse *f*; Absperrmittel *n*
sealant procedure Abstreuverfahren *n*
sealed abgesiegelt, versiegelt; plombiert
sealed glass unit Verbund(rand)verglasungseinheit *f*
sealed manhole cover *(Verk)* Kanaldichtungsdeckel *m*, Schachtdeckel *m* mit Dichtring
sealed window *(Konst)* Fenster *n* mit Dichtlippe
sealer 1. Dichtungsmasse *f*; Absiegelungsmasse *f*, Porenfüller *m*; Beschichtungsmasse *f*; Absperrmittel *n*, Sperrgrund *m (Anstrichtechnik)*; 2. *s.* sealing coat
sealing Abdichtung *f*, Dichten *n*; Versiegeln *n*; Vergießen *n*
sealing agent *(BM, DIS)* Dichtungsmasse *f*, Abdichtungsmasse *f*
sealing box Hausanschlusskasten *m*, Gebäudeanschlusskasten *m*
sealing by rope *(DIS, San, WVA)* Strick(ab)dichtung *f*
sealing cement Dichtungskitt *m*
sealing coat *(DIS, Konst)* Abdichtungsschicht *f*; Absiegelungsschicht *f*, Versiegelungsschicht *f*; Verschlussdecke *f*, Verschlussschicht *f (Straße)*; Absperranstrich *m*, porenschließender Deckanstrich *m*
sealing collar *(BT, DIS)* Dichtungskragen *m*
sealing compound Dichtungsmasse *f*; Oberflächenverschlussmasse *f*, Nachbehandlungsmittel *n (Beton)*
sealing core *(DIS, Konst, Wsb)* Dichtungskern *m*
sealing end Dichtungsmaterial *n*, Endverschluss *m*
sealing face *(OB)* Dicht(ungs)fläche *f*
sealing felt Dichtfilz *m*
sealing fillet Dichtungsleiste *f*, Abdichtleiste *f*, Abdichtstreifen *m*
sealing foil *(BM, DIS)* Dichtungsfolie *f*
sealing gasket Selbstdichtung *f*
sealing jacket Dichtungsbinde *f*
sealing joint *(DIS, Konst)* Dichtfuge *f*
sealing layer *(DIS, Konst)* Sperrschicht *f*, Sperre *f*, Sperreinlage *f*
sealing lip Dichtungslippe *f*
sealing mass Dichtungsmasse *f*, Abdichtmasse *f*
sealing material *(BM, DIS)* Dichtungsmaterial *n*, Dichtungsstoff *m*; Abdichtmaterial *n*
sealing medium Dichtungsmittel *n*
sealing mortar *(BM, DIS)* Stopfmörtel *m*
sealing of cracks Rissdichtung *f*
sealing paint *(BM, DIS, OB)* Dichtungsanstrich *m*
sealing past Dichtpaste *f*, Abdichtungspaste *f*
sealing profile Dichtungsprofil *n*, Dichtungsband *n*
sealing putty *(BM, DIS)* Dichtungskitt *m*
sealing ring Dicht(ungs)ring *m*; Stopfbuchse *f*
sealing rope Dichtungsstrick *m*
sealing rubber Dichtungsgummi *m*
sealing sheet *(BM, DIS)* Dichtungsbahn *f*, Abdichtungsbahn *f*
sealing stopper Rohrstopfen *m*, Abdichtpfropfen *m*, Rohrverschluss *m*
sealing strip *(BM, DIS)* Dichtungsstreifen *m*, Dichtungsband *n*, Fugenband *n*; Sperreinlage *f*
sealing surface Dichtungsfläche *f*, Abdichtungsfläche *f*
sealing-up Abdichtung *f*
sealing work *(DIS)* Dichtungsarbeiten *fpl*, Abdichtungsarbeiten *fpl*
seam *v* umschlagen, falzen, säumen *(Blech)*
seam 1. Falz *m*, Saum *m (Metallplattenverkleidung)*; 2. Fuge *f*; Naht *f*; Schlitz *m (im Mauerwerk)*; Ritze *f (z. B. zwischen Platten)*; Schweißnaht *f*
seam bonding *(DIS)* Nahtverklebung *f*
seam face *(BM, OB)* Steinader *f (Naturbaustein)*
seam joint Falzstoß *m*; Nahtverbindung *f (Schweißen)*
seam rip Riss *m* zwischen Nietlöchern
seam roll Hohlumschlag *m (Metallbedachung)*
seam roll joint *(Konst)* Hohlumschlagsfuge *f (Metallbedachung)*
seam roller Nahtroller *m*; Nahtwalze *f*
seam spacing Falzabstand *m*
seam welding *(St, Te)* Nahtschweißen *n*
seamer Falzeisen *n*, Saumkippeinrichtung *f*
seaming pliers *(BWG, San)* Falzeisen *n (für Klempnerarbeiten)*
seaming work *(San)* Falzarbeit *f (Dachklempnerarbeit)*
seamless nahtlos
seamless door nahtlose Metalltür *f*, Metalltür *f* ohne Türblattnaht(fuge)
seamless floor(ing) fugenloser Fußboden(belag) *m*; Estrichfußboden *m*
seamless pipe nahtloses Rohr *n*
seamless roof skin nahtlose Dachhaut *f*
seamless steel pipe nahtloses Stahlrohr *n*
seamless tube *s.* seamless pipe
seamless tubing *(San, WVA)* nahtlose Rohrleitung *f*
seaplane airport *(Verk, Wsb)* Wasserflughafen *m*
seaport *(RP, Wsb)* Seehafen *m*; Hafenstadt *f*, Seehafenstadt *f*
seaport town *(RP)* Seehafenstadt *f*
search *v (Bod)* schürfen
searching *(Bod)* Schürfen *n*, Schurf *m*
searchlight *(El)* Scheinwerfer *m*, Suchscheinwerfer *m*
searchlight illumination *(El)* Scheinwerferbeleuchtung *f*
seashore *(Bod)* Seeküste *f*
seashore civil engineering *(Wsb)* Seebau *m*
seaside *(Bod)* Küste *f*, Meeresküste *f*
seaside resort *(RP, Wsb)* Seebad *n*
season *v* trocknen, ablagern *(Holz)*; altern *(Metall)*; erhärten *(Beton)*
season Jahreszeit *f*
season crack *(RS)* Alterungsriss *m*, Metallriss *m*
seasonal storage *(Wsb)* Saisonspeicher *m (für Wasser)*
seasoning Trocknung *f*, Ablagerung *f (von Holz)*; Alterung *f (von Metall)*; Erhärtung *f*, Nachbehandlung *f (von Beton)*
seasoning check Trockenriss *m (Holz)*
seasoning kiln Trockenkammer *f*, Trockenofen *m (für Holz)*

seat *v* einsetzen, einpassen *(z. B. Montageteile)*; aufliegen, aufsitzen
seat 1. *(Konst)* Sitz *m*; Auflage *f*; Auflage(r)fläche *f*; 2. *(Konst)* Einpassung *f*; 3. *(EB)* Sitz *m*, Sitzgelegenheit *f*
seat angle Montagewinkel(auflage)eisen *n*, Stützwinkel *m*
seat cut *(Konst)* Sparrenauflageschnittfläche *f*
seat frame Sitzgestell *n*
seat lid *(San)* Toilettendeckel *m*
seat of settlement *(Erdb)* Bauwerksuntergrund *m*
seated colossal statue *(Arch)* sitzende Kolossalstatue *f*
seated figure *(Arch)* Sitzfigur *f*
seated statue *(Arch)* Sitzbild *n*
seating 1. *(Te)* Einsetzen *n*, Einpassen *n*; 2. *(Konst)* Auflage(r)fläche *f*, Auflager *n*; 3. *(EB)* Bestuhlung *f*, Sitzanlage *f* *(z. B. eines Theaters)*; Sitzreihe *f* *(z. B. eines Theaters)*; 4. *(EB)* Sitz(platz)kapazität *f* *(eines Raums)*
seating accommodation *(EB)* Sitzplätze *mpl*
seating capacity *(Konst)* Sitz(platz)kapazität *f* *(eines Raums)*
seating face Auflage(r)fläche *f*, Sitzfläche *f*
seating section (abgeteilte) Sitzgruppe *f*
seating slab *(EB)* Sitzplatte *f* *(Stadion)*
seawater Meerwasser *n*, Salzwasser *n*
seawater concrete *(BB)* Meerwasserbeton *m*, Seewasserbeton *m*
seawater swimming bath *(Konst, RP, Wsb)* Meereswasserschwimmbad *n*
seawater wave swimming pool *(Konst, RP, Wsb)* Meereswasserwellenbad *n*
seaweed *(BM)* Seegras *n*, Tang *m*
seaworks *(Wsb)* Seebauten *mpl*, Küstenschutzbauten *mpl*
seaworthy packing seefeste Verpackung *f*
secco *s.* fresco secco
Secession style *(Arch)* Sezessionsstil *m* *(Österreich)*
second check Nachprüfen *n*
second coat *(SB)* Oberputz *m*; Zwischenputzschicht *f*, zweite Putzlage *f* *(bei Dreilagenputz)*
second crusher *(BM, BWG)* Nachbrecher *m*
second-cut file Schruppfeile *f*
second-degree parabola *(Stat)* Parabel *f* zweiten Grades
second-degree redundant zweifach statisch unbestimmt
second fixings *(SB)* Nach-Putz-Installation *f*, Installation *f* nach den Putzarbeiten
second floor *(Konst)* erstes Stockwerk *n*, erste Etage *f*
second-growth timber *(BM, Hb, LB)* Zweitwuchsholz *n*
second hand *(sl)* gebraucht
second home Nebenwohnung *f*
second house *(Arch, Konst)* Zweithaus *n*
second lengths Mittelware *f* *(Holz)*
second level zweite Ebene *f*
second light *(El)* indirektes Licht *n*
second moment Trägheitsmoment *n*
second of arc *(Verm)* Bogensekunde *f*
second order equation *(Stat)* quadratische Gleichung *f*, Gleichung *f* zweiten Grades
second order theory *(Stat)* Theorie *f* II. Ordnung
second polar moment of area *(Stat)* polares Flächenträgheitsmoment *n* [Flächenmoment *n* zweiten Grades]
second priming zweiter Grundanstrich *m*
second quality *(BM, VR)* zweite Wahl *f*
second-quality tile Fliese *f* zweiter Wahl; Platte *f* zweiter Wahl
second-rate mittelmäßig
second-surface coating *(OB)* Innenbeschichtung *f*
second undercoat *(SB)* zweite Unterputzschicht *f*, zweite Grobputzlage *f*
secondary access *(Konst)* Nebenzugang *m*
secondary air 1. *(HLK)* Oberluft *f*; 2. *(HLK)* Sekundärluft *f* *(bereits klimatisierte Luft)*; Um(lauf)luft *f*
secondary axis *(Stat)* Nebenachse *f* *(Mathematik)*
secondary base *(Verm)* Hilfsbasis *f*
secondary beam *(TK)* Querträger *m*, Zwischenträger *m*, lastbringender Balkenträger *m*
secondary bending moment *(Stat)* Nebenbiegemoment *n*, umgelagertes Biegemoment *n*
secondary bending stress Nebenbiegespannung *f*
secondary blasting Nachsprengen *n*, Nachschießen *n* *(Zerkleinern)*
secondary branch *(San, WVA)* Nebenleitung *f* *(z. B. Wasserleitung)*
secondary clarifier *(WVA)* Nachklärbecken *n*
secondary connection *(El, San, WVA)* Zweitanschluss *m*; Nebenanschluss *m*
secondary consolidation *(Bod)* Nachsetzung *f*, Lastsetzung *f*
secondary crusher Nachbrecher *m*
secondary dam *(Wsb)* Vordamm *m*
secondary deformation sekundäre Verformung *f*, sekundäre Formänderung *f*
secondary distribution feeder *(El)* Niederspannungsverteilung *f*
secondary ditch *(Erdb, WVA)* Nebengraben *m*
secondary duct *(Tun)* Rettungsstollen *m*
secondary expenditure *(VR)* Nebenkostenaufwand *m*
secondary flow Zweitvorlauf *m* *(Heizung, Warmwasser)*
secondary girder *(TK)* lastbringender Träger *m*
secondary light source Reflexionslichtquelle *f*
secondary load *(Stat)* Zusatzlast *f*
secondary load-bearing structure Nebentragwerk *n*
secondary longitudinal beam *(TK)* Längsträger *m*
secondary mineral Mineralbaustoff *m* zweiter Wahl
secondary moment *(Stat)* Zusatzmoment *n*, umgelagertes Moment *n*, negatives Zusatzmoment *n*, Umlagerungsmoment *n* *(Mechanik)*
secondary national road *(RP, Verk)* zweitrangige Nationalstraße *f*
secondary passivity Sekundärpassivität *f* *(Korrosionsschutz)*
secondary portion *(Arch, Konst)* Nebentrakt *m*
secondary reinforcement Querbewehrung *f*, Verteilerstäbe *mpl* *(Stahlbeton)*; Zusatzbewehrung *f*
secondary return *(HLK, San)* Zweitrücklauf *m* *(Heizung, Warmwasser)*
secondary road Nebenstraße *f*; Landstraße *f* II. Ordnung; Stoppstraße *f*
secondary roof break *(Bod)* Setzriss *m*
secondary room *(Konst)* Nebenraum *m*
secondary sedimentation basin *(WVA)* Nachklärbecken *n*
secondary setting tank *s.* settler
secondary settler *(WVA)* Nachklärbecken *n*
secondary sewage treatment *(Umw, WVA)* biologische Nachreinigung *f*, biologische Nachklärung *f*
secondary signal Wiederholungssignal *n*
secondary steel (reinforcement) *s.* secondary reinforcement
secondary stress 1. *(Stat)* Sekundärspannung *f*; 2. *(Bod)* Nebenspannung *f*
secondary supporting structure *(TK)* Nebentragwerk *n*
secondary tensioning *(Te)* Nachspannen *n* *(Bewehrung)*
secondary time-effect Nachsetzung *f*, sekundärer Setzungseffekt *m*
secondary traffic signals *(Verk)* untergeordnetes Verkehrssignal *n*
secondary treatment Nachbehandlung *f* *(Oberfläche)*
secondary truss member *(TK)* Hauptstabstützelement *n*, Verteilerstab *m*
secondary work *(VR)* Nebenarbeiten *fpl*

secondhand brick Abbruchziegel *m*, Altziegel *m*
seconds *(BM, St)* Weißblech *n* zweiter Wahl
secret *(Konst)* verdeckt, verborgen
secret abutment *(Konst)* blindes Widerlager *n*
secret cable *(El)* Unterputzkabel *n*, Unterputzleitung *f*
secret cutter Profilschere *f*, Profilschneider *m*
secret door Tapetentür *f*, verdeckte Tür *f*
secret dovetail(ing) *(Hb)* verdeckte Verzinkung *f*, verdeckter Schwalbenschwanz *m*, verdeckte Zinken *fpl*, geschlossene Gehrungszinke *f*
secret fixing *s.* secret screwing
secret gate latch *(El)* elektrisch betätigtes Zusatzschloss *n (oberflächenmontiert)*
secret gutter *(San)* eingebaute Dachrinne *f (in die Traufe)*
secret installation *(Konst)* Unterputzinstallation *f*
secret joint verdeckte Fuge *f*; verdeckte Fugennase *f* [Verzahnung *f*] *(Stein)*
secret-nailed *(Hb)* verdeckt genagelt
secret nailing *(Hb)* verdeckte Nagelung *f*
secret pipe *(El, San)* Unterputzrohr *n*
secret screwing *(Hb)* (eingelassene) verdeckte Verschraubung *f*
secret valley verdeckte Kehle *f*
secret wiring *(El)* Unterputzverdrahtung *f*
secretion Ausscheidung *f*
sectile schneidbar
sectile floor *(Konst)* geteilter Fußboden *m (z. B. aus Marmor)*
sectile opus *(Konst)* geteilter Fußboden *m (z. B. aus Marmor)*; Plattenfußboden *m (römisch-antike Verlegetechnik)*
sectio aurea *(Arch)* Goldener Schnitt *m*, Goldenes Verhältnis *n*
section *v* 1. *(Konst, Te)* abteilen, (in Abschnitte) unterteilen; 2. *(Konst)* im Schnitt darstellen
section 1. *(Konst)* Schnitt *m*, Schnittdarstellung *f*; 2. *(Konst)* Profil *n*, Profilschnitt *m*; Querschnitt *m*; 3. *(Konst)* Abschnitt *m*, Unterteilung *f*; Teil *m (z. B. einer Anlage)*; Trakt *m*, Gebäudesektion *f*; Strecke *f (z. B. eines Flusslaufs)*; 4. *(DIS)* Absatz *m*; Segment *n (Rohrdämmung)* • **in section** *(Konst)* im Schnitt *(Zeichnung)*
section engineer Bauführer *m*
section factor *(Stat)* Widerstandsmoment *n (des Querschnitts)*
section iron *(BM, St)* Profileisen *n*, Formeisen *n*
section line 1. Profillinie *f*; 2. Schraffurlinie *f*
section lining Schnittflächenschraffur *f*
section modulus *(Stat)* Widerstandsmoment *n (des Querschnitts)*
section modulus of bending *(Stat)* Biegungswiderstandsmoment *n*
section modulus of torsion *(Stat)* polares Widerstandsmoment *n*, Drillungswiderstandsmoment *n*
section monitoring *(Verk)* Streckenabschnittsüberwachung *f*
section mould Kehlenschlitten *m (Putzprofilformung)*
section of a building *(Arch, Konst)* Gebäudetrakt *m*
section reinforcement Profil(stahl)bewehrung *f*
section speed *(Verk)* Streckenabschnittsgeschwindigkeit *f*
section steel Formstahl *m*, Profilstahl *m (zur Bewehrung)*
section steel reinforcement *(Konst)* Form(stahl)-bewehrung *f*
section traffic control *(Verk)* Streckenabschnitts-(verkehrs)steuerung *f*
sectional 1. aus Einzelteilen bestehend, zusammengesetzt; Teil...; 2. demontierbar, zerlegbar; 3. zusammensetzbar; 4. Schnitt...
sectional area Querschnitt(s)fläche *f*
sectional assembly view *(Konst)* Montageschnittzeichnung *f*
sectional axonometric drawing *(Konst)* axonometrische Schnittzeichnung *f*
sectional bar *(BM, St)* Formstahl *m*, Profilstahl *m*
sectional boiler *(HLK)* Gliederkessel *m (Heizkessel)*
sectional bridge *(TK)* Brückengerüst *n (Notbrücke, Behelfsbrücke)*
sectional cold room zerlegbare Kühlzelle *f*
sectional completion *(Te, VR)* Abschnittsfertigstellung *f*
sectional drawing *(Konst)* Schnitt *m*, Schnittzeichnung *f*
sectional furniture *(EB)* Anbaumöbel *npl*
sectional girder *(TK)* Profilträger *m*
sectional plan Waagerechtschnitt *m*, Horizontalschnitt *m*
sectional shape 1. Profil *n*; 2. *s.* sectional steel
sectional sheet Profilblech *n*
sectional steel *(BM, St)* Formstahl *m*, Profilstahl *m*
sectional steel construction Profilstahlkonstruktion *f*
sectional surround Einfassprofil *n*
sectional type bituminous mixing plant *(BWG)* Asphaltmischanlage *f* mit Einzeldoseuren
sectional view *(Konst)* Schnittdarstellung *f*, Schnitt *m*
sectionalization *(Konst)* Unterteilung *f (in Abschnitte)*; Eingrenzung *f*
sectionalize *v* einteilen, in Abschnitte unterteilen; zerlegen
sectioning 1. *(Konst)* Schnittdarstellung *f*; 2. *(Konst)* Unterteilung *f*, Aufgliederung *f*; Zerlegung *f*
sections Profile *npl*; Formstahl *m*
sector 1. Sektor *m*, Kreisausschnitt *m*; 2. Bogenstück *n*
sector barrage *(Wsb)* Sektorwehr *n*
sectroid *(Konst)* Gewölbekappe *f*, Gewölbezwischensegment *n*; Gewölbe(kappen)fläche *f*, Kappenfläche *f*
secular architecture *(Arch)* Profanarchitektur *f*, profane Baukunst *f*
secular basilica *(Arch)* römisch-heidnische Basilika *f*
secular building *(Arch)* Profanbau *m*
secular Gothic structure gotisches Profanbauwerk *n*
secular monument *(Arch)* Profanmonument *n*
secular structures *(Arch)* Profanbauten *mpl*, Profangebäude *npl*
secure *v (Te)* sichern; (sicher) befestigen; sicherstellen
secure sicher, zuverlässig
secured contracts *(VR)* Geschäftsabschluss *m*
securing device Festhalterung *f*, Sicherungsvorrichtung *f*
securing of the base Sicherung *f* des Fußes
securing pin Sicherungsstift *m*
security Sicherheit *f*
security blanket *(Konst)* Sicherheitsdecke *f*
security-cylinder lock *(EB)* Sicherheitsschloss *n*
security device Sicherheitsvorrichtung *f*
security floor Sicherheitsgerüst *n*, Schreckgerüst *n*
security glass Sicherheitsglas *n (einbruchsicher)*
security glazing *(Konst)* Sicherheitsverglasung *f*
security grille Sicherheitsgitter *n*, Schutzgitter *n*
security lock Sicherheitsschloss *n*
security lock for lifting doors *(EB)* Hebetürsicherung *f*
security screen *(BT)* Schutzgitter *n*; Türschutzgitter *n*; Fenstergitterschutz *m*
security window *(BT, Konst)* Sicherheitsfenster *n (einbruchsicher)*
sedge *(BM)* Riedgras *n*; Bedachungsschilf *n*
sedge straw *(BM)* Bedachungsschilf *n*
sedifluction *(Bod)* Sedifluktion *f*, Fließen *n* lockerer Sedimente
sedilia *(Arch)* Sedilia *f*, Steinsitzreihe *f*
sedilia niche *(Arch)* Sediliennische *f*
sediment *v* sedimentieren, sich (ab)setzen, sich ablagern [niederschlagen]
sediment 1. *(Bod)* Sediment *n*, Ablagerung *f*, Niederschlag *m*, Satz *m (Rückstand)*; Schlamm *m*; 2. *s.* sedimentary rock
sediment-bearing sedimentführend

sediment in boilers *(RS)* Kesselstein *m*
sediment load Schwebstoff *m*
sediment sump *(Erdb, WVA)* Schlammfang *m (Wassergewinnung)*
sediment tank *s.* sedimentation tank
sedimentary sedimentär
sedimentary deposit *(Bod)* sedimentäre Lagerstätte *f*
sedimentary rock *(BM)* Sedimentgestein *n*, Schichtgestein *n*
sedimentate *v* sedimentieren, ablagern
sedimentation Sedimentation *f*, Absetzen *n*, Ablagern *n*; Sedimentablagerung *f*
sedimentation analysis *(BM)* Sedimentationsanalyse *f*, Schlämmanalyse *f*
sedimentation apparatus Absetzgerät *n*, Sedimentationsgerät *n*
sedimentation basin *(WVA)* Absetzbecken *n*, Sedimentationsbecken *n*
sedimentation machine *(BM)* Schlämmgerät *n (Baustoffprüfung)*
sedimentation method *(WVA)* Absetzverfahren *n (Abwasser)*
sedimentation tank *(WVA)* Absetzbecken *n*, Klärbrunnen *m*
sedimentation test *(BM)* Schlämmprobe *f*, Absetzprobe *f*, Sedimentationsprüfung *f*; Emulsions-Absetzprüfung *f*
see *v* **through** durchschauen
see-through building *(Konst)* transparentes Bauen *n*
see-through visibility Durchsichtigkeit *f*
see-through window Sichtfenster *n*
seed 1. Bläschen *n*, Gispe *f (Glas)*; 2. Saat *f*, Saatgut *n*; Samen *m*
seeded slope *(Erdb, LB)* angesäte Böschung *f*
seediness Grieß(körn)igkeit *f*, Lackausscheidung *f (Anstrich)*
seedlac *(BM, OB)* Körnerschalenlack *m*
seedy grießig, körnig *(z. B. Anstrich)*
seedy glass gispiges Glas *n*
seep *v* 1. sickern; tropfen; lecken; 2. *s.* seep away
seep *v* **away** *(Bod, WVA)* versickern
seep *v* **in** *(Bod, WVA)* einsickern
seep *v* **through** durchsickern
seep *(DIS)* Ausschwitzen *n*
seepage 1. *(Bod, Erdb, WVA)* Versickern *n*, Durchsickern *n*, Sickerung *f*, Einsickern *n*; 2. Sickerflüssigkeit *f*; Leckflüssigkeit *f*; Sickerwasser *n*; 3. Sickermenge *f*; 4. *s.* seepage loss
seepage barrier *(DIS, Erdb)* Sickersperre *f*
seepage bed *(Erdb, Wsb, WVA)* Sickerbett *n*, Sickerfeld *n*; Sickerfläche *f*
seepage drain *(Erdb, LB, WVA)* Sickerwasserdrän *m*
seepage face *(Erdb, WVA)* Sickerfläche *f*
seepage failure *(Bod, Erdb)* hydraulischer Grundbruch *m*
seepage flow *(Bod)* Sickerströmung *f*
seepage force *s.* seepage pressure
seepage line *(Bod, Erdb, WVA)* Sickerlinie *f*
seepage loss *(Erdb, Wsb)* Versickerungsverlust *m*, Wasserverlust *m* durch Versickerung *(z. B. bei einer Kanalböschung)*
seepage path Sickerweg *m*, Sickerlinie *f*
seepage pipe 1. Sickerleitung *f*, Drän(age)rohr *n*; 2. Piezometer *n*
seepage pit *(WVA)* Sickerschacht *m*, Sickergrube *f*; Sickerbrunnen *m*
seepage pressure *(Bod, Erdb)* Sicker(wasser)druck *m*, Bodenwasserdruck *m*
seepage rate Sickergeschwindigkeit *f*
seepage runnel *(Bod, Erdb)* Sickerbach *m*
seepage shaft *(Erdb, WVA)* Sickerschacht *m*
seepage surface Sickerfläche *f*, Sickerstrecke *f*
seepage trench *(Bod, Erdb, WVA)* Sickergraben *m*, Versickerungsgraben *m*
seepage water Sickerwasser *n*
seeping water Sickerwasser *n*
seeping well *(Erdb, WVA)* Sickerbrunnen *m*
Seger cone Segerkegel *m*, Schmelzkegel *m*, Brennkegel *m* nach Seger
seggar-clay *(BM)* Schamotte *f*, Schamotteton *m*
segment 1. *(Konst)* Segment *n*, Kreisabschnitt *m*; Bogenstück *n*; 2. *(Konst)* Segment *n*, Teilstück *n*; 3. *(Arch, Konst)* Gebäudesegment *n*; 4. *(BT, St)* Lamelle *f (Stahlbau)*
segment head *(Konst)* Türblattbogen *m*, Bogentürkopfende *n*, Bogenträgerdach *n (Bogentür)*; bogenförmiger Türsturz *m*
segment of cylinder *(Konst)* Tonnenschale *f*
segment saw Furnierkreissäge *f*, Segmentkurvensäge *f*
segmental *(Konst)* aus Segmenten (bestehend), segmentiert; Segment...
segmental arch *(Konst)* Segmentbogen *m*, Stichbogen *m*, Flachbogen *m*, flacher Bogen *m*, platter Bogen *m*
segmental arch roof Segmentbogendach *n*, Lamellendach *n*
segmental arched girder *(TK)* Segmentbogenträger *m*, Stichbogenträger *m*, Flachbogenträger *m*, flacher Bogenträger *m*
segmental barrage *(Wsb)* Segmentwehr *n*
segmental bearing *(BT, TK)* Segmentlager *n*, Klotzlager *n*
segmental billet Zylindersegmentzierkante *f*
segmental bowstring girder *(TK)* Bogensehnenträger *m*
segmental bridge *(Br)* Segmentbrücke *f*
segmental ceiling *(Konst)* Segmentdecke *f*
segmental cylindrical shell Segmentzylinderschale *f*
segmental floor *s.* segmental ceiling
segmental member Spannbetoneinzelelement *n*, Spannbetonteilelement *n*
segmental pediment *(Konst)* Segmentgiebel *m*
segmental plate Segmentplatte *f*
segmental pointed arch *(Arch, Konst)* spitzer Stichbogen *m*
segmental sewer block *(SB)* Abwasserkanalgewölbestein *m*, Sammlerbogenstein *m*
segmental shell Segmentschale *f*
segmental vault *(Konst)* Stichbogengewölbe *n*, Flachbogengewölbe *n*
segmentary *s.* segmental
segmentation *(Konst)* Segmentierung *f*; Auffächerung *f*
segregate *v (BB, Te)* sich entmischen *(Beton)*; entmischen, absondern, abscheiden
segregated *(BB, BM)* entmischt
segregates Ausscheidungen *fpl*, Entmischungsausscheidungen *fpl*
segregation 1. *(BB, Te)* Segregation *f*, Ausscheidung *f*; Entmischung *f*, Entmischen *n (von Beton)*; 2. *(BB, Te)* Einschluss *m*, Nest *n (z. B. in einer Betonmischung)*
segregation berm *(Bod, Erdb)* Berme *f*
segregation sensitivity Entmischungsneigung *f*
seism *(Bod)* Erdbeben *m*, Erdstoß *m*
seismic *(Bod)* seismisch, Erdbeben...
seismic action *(Bod, Stat)* seismische Einwirkung *f*
seismic activity seismische Aktivität *f*
seismic area *(Bod)* Erdbebengebiet *n*
seismic-conscious *(Konst)* erdbebenbewusst
seismic construction *(Konst)* erdbebensicheres Bauen *n*
seismic design *(Stat)* erdbebensichere Bemessung *f*, Erdbebenbemessung *f*
seismic disturbance *(Bod)* seismische Erschütterung *f*
seismic effects seismische Auswirkungen *fpl*

S

seismic engineering *(Konst)* erdbebensicheres Bauen *n*, Erdbebentechnik *f*
seismic environmental conditions *(Bod)* lokale seismische Bedingungen *fpl*
seismic exploration method *(Konst, Stat)* angewandte Seismik *f*, Sprengseismik *f*, seismische Bodenuntersuchung *f*
seismic focus Erdbebenherd *m*
seismic force *(Bod, Stat)* Erdbebenkraft *f*
seismic inspection *(Bod)* seismische Bodenforschung *f*
seismic load *(Stat)* Erdbebenbelastung *f*, Erdbebenbeanspruchung *f*, seismische Vibrationslast *f*
seismic oscillation Erdbebenerschütterung *f*
seismic reflections Reflexionsseismik *f*
seismic resistance *(Konst, TK)* Erdbebenwiderstandsfähigkeit *f*
seismic shock Erdbebenstoß *m*
seismic survey *(Bod)* seismischer Aufschluss *m*
seismic vibration Erdbebenerschütterung *f*
seismic wave *(Bod)* Erdbebenwelle *f*
seismical *s.* seismic
seismograph *(Bod)* Erdbebenmesser *m*, Seismograph *m*
seismographic observation seismographische Beobachtung *f*
seismology *(Bod)* Seismologie *f*
seismometer Erdbebenmesser *m*, Seismometer *n*
seize *v* 1. *(Te)* sich festfressen; sich festklemmen *(Metall)*; hängen bleiben, verklemmen; 2. greifen, fassen
seized festsitzend; festgefressen
seizing *(BWG, Te)* Festfressen *n (Lager)*; Festklemmen *n*, Hängenbleiben *n*
selected bidder *(VR)* ausgewählter Baubetrieb *m*, infrage kommendes Bauunternehmen *n*
selected list of bidders *(VR)* infrage kommende Baufirmen *fpl*
selection *(VR)* Auswahl *f*
selection of line *(RP, Verk)* Linienbestimmung *f*
selection of materials Materialauswahl *f*
selection of mixture *(BM)* Gemischauswahl *f*, Zusammensetzungsauswahl *f*, Mischrezepturauswahl *f*
selection of products Erzeugnisauswahl *f*
selection of site *(RP)* Bauortauswahl *f*, Baustellenwahl *f*, Wahl *f* der Baustelle
selective collection getrennte Müllabfuhr *f*, getrennte Müllsammlung *f*
selective detector *(Verk)* getrennt aufnehmender Detektor *m*
selective digging *(Erdb, Te)* Aushub *m* mit Bodentrennung
selective surface selektive Oberfläche *f*
selenite *(BM, Bod)* Selenit *m*, Marienglas *n*, Gipsnaturbaustein *m*
selenitic cement [lime] Gips-Kalk-Binder *m*, schnell abbindender hydraulischer Kalk *m*
self-acting selbsttätig, automatisch
self-adhesive *(BM)* selbstklebend
self-adjusting level *(Verm)* selbstjustierendes Nivellier *n*, Nivellierinstrument *n* mit Parallelplatte
self-aligning bearing *(TK)* Pendellager *n*
self-anchorage *(BB, Te)* Selbstverankerung *f*, Haftverankerung *f (Spannbeton)*
self-anchored selbstverankert, haftverankert *(Spannbeton)*
self-bonding selbstklebend
self build *(Konst)* Eigenbau *m*
self-build housing society *(VR)* Selbsthilfe-Wohnungsgenossenschaft *f*
self-carrying centring freitragendes Lehrgerüst *n*, Sprengwerklehrgerüst *n*
self-centring lath *(Konst)* Zentrierschaltträgerlatte *f*, Streckmetall *n* für Deckenschalung
self-centring stanchion seating *(Konst, Konst)* Stützentangentiallagerung *f*
self-cleaning selbstreinigend
self-closing selbstschließend
self-closing device 1. *(EB)* selbsttätiger [automatischer] Türschließer *m*; 2. *(EB)* Feuertürschließer *m*
self-closing fire door selbstschließende Feuerschutztür *f*, selbstschließende Brand(schutz)tür *f*
self-closing valve *(San, WVA)* automatisches Rohrventil *n*
self-compacting pavement *(Verk)* selbstverdichtende Fahrbahnbefestigung *f*
self-condensation *(BM)* Eigenhärtung *f (Kunstharze)*
self-contained unabhängig, in sich geschlossen; abgeschlossen; eingebaut
self-contained platform selbsttragende Plattform *f*
self-contained slab partition wall *(Konst)* freitragende Plattenwand *f* [Trennwand *f*]
self-containedness Geschlossenheit *f (einer Wohnung)*
self-control *(BM, Te, VR)* Eigenüberwachung *f*, Selbstüberwachung *f*
self-corrosion *(OB)* Eigenkorrosion *f*
self-curing *(BM)* selbsthärtend
self-descriptive pavement *(Konst)* selbstdarstellende Befestigung *f (Dimensionierung)*
self-draining pavement selbstentwässernde Befestigung *f*
self-draining system *(Konst, WVA)* Selbstentwässerungssystem *n*
self-etch(ing) primer *(OB)* Haftgrund *m*, Reaktionsprimer *m (Anstrichtechnik)*
self-evaluating pavement *s.* self-draining pavement
self-evident selbsterklärend
self-evident road *(Verk)* selbsterklärende Straße *f*
self-extinguishing selbstverlöschend
self-faced glattflächig *(Naturstein)*
self-faced stone *(BM, SB)* Natur(bau)stein *m* mit natürlicher [unbearbeiteter] Oberfläche
self-finished roofing felt schwere Dachpappe *f*, getränkte und beschichtete Dachpappe *f*
self-furring selbst abstandhaltend, mit Abstandhaltern versehen *(Putzgewebe)*
self-furring nail Putzträgernagel *m*
self-heating *(BM)* Selbsterhitzung *f*
self-help housing programme [scheme] *(VR)* Selbsthilfe-Wohnungsbauprogramm *n*
self-ignition temperature *(BM)* Selbst(ent)zündungstemperatur *f*
self-locking bolt *(BT)* selbstsichernder Bolzen *m*
self-pretensioning selbst(vor)spannend *(Spannbeton)*
self-priming *(BWG, WVA)* selbstansaugend *(Pumpe)*
self-propelled excavator *(BWG)* Mobilbagger *m*, selbstfahrender Bagger *m*
self-propelled roller *(BWG, Verk)* selbstgetriebene Straßenwalze *f*, Motorwalze *f*
self-propelled scraper *(BWG, Erdb)* Motorschrapper *m*
self-purification Selbstreinigung *f*
self-quenching selbstlöschend
self-reading levelling rod *(Verm)* Messlatte *f* mit Ablesemarkierungen
self-recording selbstregistrierend
self-repairing pavement *(Verk)* selbstheilende Fahrbahn *f*, selbstschließende Fahrbahndecke *f*
self-rescue *v (Tun)* selbst befreien, selbst retten
self-restoring barrier *(Verk)* selbstrückformende Schutzplanke *f*
self-sealing *(DIS)* selbstdichtend

self-sealing paint *(OB)* Siegelfarbe *f*, Siegellack *m*, Absiegellack *m*
self-service elevator [lift] *(BT, EB)* Aufzug *m* [Fahrstuhl *m*] mit Selbststeuerung, selbst zu bedienender Aufzug *m*
self-service shop Selbstbedienungsladen *m*
self-spacing tile Fliesen *fpl* mit Distanzelementen
self-stressed [self-stressing] concrete *(BB, Te)* Eigenspannbeton *m*, Beton *m* mit Quellzement
self-supporting selbsttragend, freitragend
self-supporting partition *(Konst)* frei stehende Zwischenwand *f*
self-supporting vault *(Konst, SB)* selbsttragendes Gewölbe *n*
self-supporting wall *(Konst)* frei stehende Mauer *f*, selbsttragende Wand *f*
self-sustained wall *s.* self-supporting wall
self-tapping screw Schneidschraube *f*, Blechtreibschraube *f*
self-tensioning selbstspannend
self-vulcanizing selbstvulkanisierend
self weight *(Stat)* Eigenmasse *f*, Eigenlast *f*
sellaria *(Konst)* Sitzhalle *f*; Empfangsraum *m*
sellary Sitzhalle *f*; Empfangsraum *m*
selliform sattelförmig
Sellotape® *(BM)* Tesafilm® *m*
selvage 1. Geweberand *m*; 2. Dachpappenrandstreifen *m*
selvage joint *(Konst)* Überlappungsrand *m*, Dachpappenüberdeckungsstreifen *m*
selvedge *(BM, EB, Konst)* Webkante *f*
semiarch Halbbogen *m*
semiautomatic batcher *(BWG)* halbautomatischer Mischer *m*, Betonmischer *m* mit selbstschließenden Ventilen und Schiebern
semibasement *(Konst)* Souterrain *n*
semibeam *(TK)* Kragbalken *m*; Konsolbalken *m*; Kragträger *m*, Freiträger *m*
semiboggy soil *(Bod, LB, Umw)* halbsumpfiger Boden *m*
semibright coating *(OB)* halbglänzende Beschichtung *f*
semibungalow *(Arch, Konst)* Bungalow *m* mit ausgebautem Dachgeschoss
semichina *(San)* Halbporzellan *n*, Feinsteingut *n*
semicircular halbrund, halbkreisförmig
semicircular apse [apsis] *(Arch)* Halbkreisapsis *f*
semicircular arch *(Arch)* Rundbogen *m*, voller Gewölbebogen *m*
semicircular arched window *(BT, Konst)* Rundbogenfenster *n*
semicircular area Halbkreisfläche *f*
semicircular cylindrical roof *(Konst)* Zylinderdach *n*
semicircular dome *(Konst)* Halbkugelkuppel *f*, Domhalbkuppel *f*
semicircular dormer window *(Arch)* Froschmaul *n*, halbkreisförmige Gaupe *f*
semicircular exedra *(Arch)* Halbkreisexedra *f*, Halbkreisapsis *f*, Halbkreisapside *f*, Halbkreisabseite *f*
semicircular niche Halbkreisnische *f*
semicircular rib Halbkreisrippe *f*
semicircular rivet Halbrundniet *m*
semicircular roof *(Konst)* Zylinderdach *n*
semicircular tower *(Arch, Konst)* Schalenturm *m*, Halbturm *m*
semicircular tunnel *(Konst)* halbkreisförmige Tonne *f*, halbkreisförmiges Tonnengewölbe *n*
semicircular vault *(Konst)* Tonnengewölbe *n*
semicircular winding stair halbkreisförmige gewundene Treppe *f*
semicolumn *(Konst, TK)* Halbsäule *f*, Wandsäule *f*
semicovered halbüberdacht
semicupola *(Arch, Konst)* Konche *f*, Halbkuppel *f*, Rundkuppel *f (ein Viertel-Kugelgewölbe)*
semidetached dwelling *(Konst)* Zwei(ge)spänner *m*, Zweispännerwohnung *f*, Wohnung *f* mit einer Nachbarwohnung *(im Doppelhaus)*
semidetached house *(Arch, Konst)* Doppelhaus *n*
semidirect lighting *(El)* halbdirekte Beleuchtung *f*, überwiegend direkte Beleuchtung *f*
semidome *s.* semicupola
semidry halbtrocken
semidry concrete *(BB, Te)* erdfeuchter [wasserarmer] Beton *m*, steifer [schwach plastischer] Beton *m*
semidrying alkyd halbtrocknendes Alkydharz *n*
semielliptical arch *(Konst)* Halbellipsenbogen *m*
semiengineering brick Halbbrandstein *m*, mittelmäßig fester Ziegel *m*
semifinished *(Te)* halbfertig
semifirm halbfest
semifixed beam *(Stat, TK)* halbeingespannter Träger *m*
semiflat halbmatt *(Lack)*
semiflexible joint *(Konst)* (bewehrte) Bewegungsfuge *f*, begrenzte Bewegungsfuge *f*
semiflush *(Konst)* halbeingelassen, halbversenkt
semiflush switch *(El)* Imputzschalter *m*, Schalter *m* für Imputzverlegung
semigirder *(TK)* Kragträger *m*; Kragbalken *m*; Konsolbalken *m*
semigloss(y) halbmatt *(Lack)*; Halbglanz...; halbglänzend
semigrouting *(DIS)* Halbtränkung *f*
semihardboard *(BT)* leicht flexible Platte *f*
semihydraulic lime halbhydraulischer Kalk *m*
semiinfinite halbunendlich
semikilled *(BM, St)* halbberuhigt *(Stahl)*
semilunar halbmondförmig
semimatt(e) *(OB)* halbmatt
semimember *(BT)* Halbelement *n*
semimetope *(Konst)* Halbmetope *f*, Halbzwischenfeld *n*
semiparabolic girder *(TK)* Halbparabelträger *m*
semiprobabilistic design method *(Stat)* Halbwahrscheinlichkeits-Bemessungsverfahren *n*
semirefractory halbfeuerfest
semirigid halbstarr, halbsteif
semirigid frame *(TK)* halbsteifer [halbstarrer, begrenzt steifer] Rahmen *m*
semirigid insulation board *(BT, DIS)* halbsteife Dämmplatte *f*
semirigid pavement *(Konst)* halbstarre Deckschicht *f*, halbstarre Befestigung *f*
semirigid pipe halbsteifes Leitungsrohr *n*
semirigid tube halbstarres Rohr *n*
semiroofed *(Konst)* halbüberdacht
semirubbed finish angeriebene Steinfläche *f*, geglättete Steinoberfläche *f*, geriebene Oberfläche *f*
semirural estate *(RP)* halbländliche Siedlung *f*
semisilica refractory brick *(BM)* Quarzschamottestein *m*
semiskilled worker angelernter Arbeiter *m*
semisolid halbfest; halbmassiv
semispace *(Arch, Konst)* Halbraum *m*
semisteel Gusseisen *n* mit Schrottzusatz
semisteep *(Bod, Erdb)* halbsteil
semisunk switch *s.* semiflush switch
semitraffic-actuated controller *(Verk)* teilweise verkehrsabhängige Steuerung *f*
semitrailer (truck) *(AE) (BWG, Verk)* Sattelschlepper *m*
semitransparent *(BM)* halbdurchsichtig
semivitreous halbglasiert, schwach glasiert, anglasiert *(Fliesen, Kacheln)*
sending station *(El)* Sendestation *f (Funk)*
Senegal gum *(BM)* Gummiarabikum *n*

S

senior citizens residence *(Konst)* Seniorenwohnheim *n*, Altenwohnheim *n*
sense of design *(Arch)* Formengefühl *n*
sense of movement *(Arch)* Bewegtheit *f*
sense of proportion *(Arch)* Proportionsgefühl *n*
sense of rotation Drehsinn *m*
sense of space *(Arch)* Raumgefühl *n*
sensible heat 1. *(HLK)* fühlbare Wärme *f*; 2. Temperaturbereich *m* ohne Änderung der Materialeigenschaften
sensing device Messfühler *m*
sensing element Fühler *m*
sensitive area *(Umw)* sensitives Gelände *n*, sensible Fläche *f*
sensitive clay *(BM, Bod)* strukturempfindlicher Ton *m*
sensitive drill *(BWG)* Tischbohrmaschine *f*
sensitive element *(El)* Messfühler *m*
sensitive to ageing *(BM)* alterungsempfindlich
sensitive to attack *(BM)* korrosionsempfindlich, korrosionsanfällig
sensitive to corrosion korrosionsempfindlich, korrosionsanfällig
sensitive to heat wärmeempfindlich, hitzeempfindlich
sensitive to moisture *(BM, Bod, Erdb)* feuchtigkeitsempfindlich
sensitiveness Empfindlichkeit *f*
sensitiveness of balance Wiegegenauigkeit *f*
sensitivity Empfindlichkeit *f*, Sensibilität *f*; Feinheit *f*
sensitivity analysis 1. *(VR)* Sensitivitätsanalyse *f*, genaue Analyse *f*, detaillierte Analyse *f*; 2. erweiterte Eignungsprüfung *f*
sensor *(El)* Sensor *m*, Messfühler *m*, Fühler *m*
sensor switch *(El)* Sensorschalter *m*
separable *(Konst)* abnehmbar, ablösbar; trennbar, abtrennbar; abscheidbar
separate *v* 1. *(BM, Te)* trennen, entmischen *(Stoffgemische)*; klassieren; sortieren; sich abscheiden; sich entmischen; 2. *(Konst)* (ab)trennen, abteilen; begrenzen
separate *v* **out** *(BM, Te)* entmischen, separieren, (ab)trennen *(aus Stoffgemischen)*; sich abtrennen [abscheiden]
separate *(Konst, San)* separat, getrennt *(z. B. Toilette)*
separate application *(Konst)* Zweikomponentenklebstoffverleimung *f (mit getrenntem Auftrag auf je eine Seite mit folgender Verklebung)*
separate-application adhesive *(BM)* Zweikomponentenklebstoff *m*
separate construction *(Konst)* getrennte Bauweise *f* mit Verbund *(Estrich)*
separate contract *(VR)* getrennter Bauvertrag *m*, Bau-Teilvertrag *m*
separate footing *(Erdb)* Einzelfundament *n*
separate road-bed *(Verk)* getrennter Bahnkörper *m (für Straßenbahn)*; getrennte Busspur *f (Straße)*
separate sanitary sewer *(Umw, WVA)* Schmutzwasserkanal *m*
separate sanitary sewer system *s.* separate system
separate sewer *(Umw, WVA)* Schmutzwasserkanal *m*, Entwässerungssammelleitung *f*
separate system *(WVA)* Trennkanalisation *f*, Trennsystem *n*, getrenntes Schmutzwassersystem *n*
separate ventilation *(HLK)* Fremdbelüftung *f*
separated aggregate *(BM)* klassierter [größengetrennter] Zuschlagstoff *m*, getrennte Zuschlag(größen)körnung *f*
separating *(Te)* Trennen *n*; Abscheiden *n*
separating agent Trennmittel *n*
separating by centrifuging Trennen *n* durch Zentrifugieren, Zentrifugationsabscheidung *f*
separating by filtration Trennen *n* durch Filtern, Filtrierabscheidung *f*
separating cut *(Konst, St)* Trennschnitt *m (Schweißen)*
separating dam *(Wsb)* Trennbuhne *f*; Separierwerk *n*, Separationsanlage *f*
separating layer *(Konst)* Trennschicht *f*
separating oil *(BM)* Trennöl *n*
separating plant *(BM, BWG)* Sichtanlage *f (Klassierung)*
separating strip *(Verk)* Mittelstreifen *m*, Trennstreifen *m*
separating wall Wohnungstrennwand *f*
separating weir *(Wsb)* Überlaufwehr *n*
separation 1. *(RS, Te)* Trennung *f*, Abtrennen *n*; Ablösen *n*, Abschälen *n (eines Anstrichs)*; 2. *(Te)* Abscheiden *n (von Komponenten)*; Trennung *f (von Gemischen)*; 3. *(BM)* Entmischungsneigung *f*, Entmischbarkeit *f*, Entmischung *f (Baustoffgemische und -gemenge, Betone usw.)*
separation curve *(BM)* Trennkurve *f (Zuschlagstoffe)*
separation fracture Trennbruch *m*
separation joint *(Konst)* Trennfuge *f*
separation layer *(Konst)* Trennlage *f*, Trennschicht *f (Mauerwerk, Kofferaufbau)*
separation membrane *(BT, Konst)* Trennmembran *f*
separation of binder Bindemittelabsetzen *n*
separation of water Wasserabscheidung *f*
separation plane Trennungsfläche *f*
separation surface Trennungsfläche *f*
separation wall *(Konst)* Trennwand *f*
separator 1. *(WVA)* Abscheider *m*; Flüssigkeitsabscheider *m (für Leichtflüssigkeiten)*; 2. *(BM, BWG)* Klassiersieb *n*; Sichter *m*; 3. *(BT, Konst)* Abstandhalter *m*; Distanzblock *m*
separator of loads *(BT, TK)* Einzellastverteiler *m*
separator strip *(Verk)* Trennstreifen *m*
sepiolite *(BM)* Meerschaum *m*, Steinmark *n*
septangular siebeneckig
septenary foil *(Arch)* Siebenpass *m*
septfoil *(Arch)* Siebenblatt *n*
septic sewage *(WVA)* fauliges Abwasser *n*
septic tank *(San)* Faulbecken *n*, Klärbehälter *m*, Klärgrube *f*, Faulgrube *f*
septicity *(RS)* Fäulnis *f*
sepulchral architecture *(Arch)* Grabbaukunst *f*
sepulchral chamber *(Arch)* Grabkammer *f*
sepulchral cross *(Arch)* Grabkreuz *n*
sepulchral monument *(Arch)* Grabmonument *n*, Grabdenkmal *n*
sepulchral slab *(Arch)* Grabplatte *f*
sepulchral temple *(Arch)* Grabtempel *m*
sepulchre 1. *(Arch)* Grabstätte *f*, Kirchengrabstätte *f*; 2. *(Arch)* Reliquienschrein *m*
sequence *(Te)* Reihenfolge *f*
sequence of assembly *(Te)* Montageablauf *m*
sequence of bedding *(Erdb)* Schichtenfolge *f*
sequence of columns *(Konst)* Stützenfolge *f*
sequence of construction *(Te)* Bauablauf *m*, Baufolge *f*
sequence of construction work *(Te)* Bauablauf *m*
sequence of forces *(Stat)* Kräftefolge *f*
sequence of grain sizes Kornfolge *f*
sequence of operations *(Te)* Arbeitsablauf *m*, Schrittfolge *f*
sequence of strata *(Bod)* Schichtenfolge *f*
sequence of supports *(Konst)* Stützenfolge *f*
sequence of trades [works] *(Te)* Gewerkablauf *m*
sequence-stressing loss *(Te)* Elastizitätsspannverlust *m*, Nachspannverlust *m (beim Spannen der Bewehrung)*
seraglio 1. *(Arch)* eingeschlossener [geschützter] Platz *m*; 2. *(Arch)* Palast *m (Sultanspalast)*
serapeum *(Arch)* Serapeum *n*, Serapeion *n (ägyptisches, später griechisch-römisches Gottesheiligtum des Serapis)*
serdab *(Arch)* Serdab *m (ägyptische Totenstatuenkammer)*
serial serienmäßig; Serien...; Reihen...
serial distribution *(Erdb, WVA)* Versickerungsgrabensystem *n*

seriate *v* in Reihe anordnen
seriate *(Konst)* in Reihe (angeordnet)
seriation *(Konst)* Reihenanordnung *f*, Anordnung *f* in Reihe
sericite *(BM, Bod)* Serizit *m (Glimmer)*
sericite schist *(BM)* Serizitschiefer *m*; serizitischer Glimmerschiefer *m*
sericite slate *s.* sericite schist
series Reihe *f*, Serie *f*; Baureihe *f*; Satz *m*
series circuit *(El)* in Reihe geschalteter Stromkreis *m*
series mounting *(El)* Reihenschaltung *f*, Serienschaltung *f*
series of central master-keyed locks *(EB)* Zentralschlossanlage *f*
series of loads *(Stat)* Lastgruppe *f (Festigkeitslehre)*
series of observations Beobachtungsreihe *f*
series of standards Normenreihe *f*
series of strata *(Bod)* Schichtfolge *f*
series of tests *(BM, Konst)* Versuchsreihe *f*
series-produced serienmäßig gefertigt
series production *(Te)* Fließfertigung *f (Betontechnologie)*
series switch *(El)* Serienschalter *m*
Serlian motif *(Arch)* Palladio-Motiv *n*, venezianisches Fenster *n*
serpentine *(Verk, Wsb)* geschlängelt
serpentine 1. *(Verk, Wsb)* Serpentine *f*, Schlangenkurve *f (Straße)*; Schlangenlinie *f*; 2. *(BM, Bod)* Serpentin *m (allg. für verschiedene Phyllosilikate)*; Serpentinmarmor *m*, Serpentinschiefer *m (für Dekorationszwecke)*
serpentine asbestos *(BM)* Serpentinasbest *m*
serpentine bond *(SB)* Fischgrätenverband *m (Mauerwerk)*
serpentine pipe *(HLK)* Rohrschlange *f*, Schlangenrohr *n (Heizung)*
serpentine road *(Verk)* Serpentinenstraße *f*
serpentine rock *(BM)* Serpentinfels *m*, Serpentingestein *n*
serpentine schist Serpentinschiefer *m*
serpentinite Serpentinfels *m*, Serpentingestein *n*, Schlangenstein *m*
serpentinization *(Bod)* Serpentinisierung *f*
serrate *v (Te)* zacken; einkerben; riefen, riffeln
serrate *s.* serrated
serrated *(Arch, Konst)* gezackt, gezahnt, gezähnt; sägeartig; geriffelt, gerillt, gerippt
serrated grating *(BT)* gerippter Rost *m*
serrated pick *(BWG)* Stockmeißel *m*
serrated profile *(Arch)* Sägezahnprofil *n*
serrated trowel Zahnspachtel *f*, gezahnte Spachtel *f*
serve *v (Te)* versorgen *(z. B. mit Wasser)*; anschließen
serve *v* **a district** *(El, RP, WVA)* ein Gebiet versorgen
serve *v* **as base** *(Konst)* als Grundlage dienen
service *v (RS)* warten, instand halten; unterhalten
service 1. Versorgungsdienst *m*; (technischer) Dienst *m*; Versorgungsbetrieb *m*; 2. *(RS)* Wartung *f*, Instandhaltung *f*; 3. *(BWG, VR)* Betrieb *m*, Nutzung *f*; 4. *(El, Wsb)* Energieversorgungsanschluss *m*, Hausanschluss *m*; 5. *(VR)* Gebrauchszustand *m* • **in service** in Gebrauch, unter Verkehr
service area 1. *(RP)* Versorgungsbereich *m*, Versorgungsgebiet *n (z. B. mit Wasser, Strom)*; 2. *(Te)* Betriebsfläche *f*, Nutzfläche *f*; 3. *(Verk)* Rastanlage *f (Straße, Autobahn)*; Raststätte *f*; Abfertigungsvorfeld *n*, Abfertigungszone *f (Flughafen)*
service bar *(EB)* Kellnerbüfett *n*; Büfett *n*
service bay *(Erdb, WVA)* Entwässerungsdurchlass *m*
service behaviour *(BWG)* Betriebsverhalten *n*, Funktionsverhalten *n*
service block *(Arch, Konst)* Dienstgebäude *n*
service box 1. *(El)* Hausversorgungsverteilung *f*, Anschlusskasten *m*; 2. *(San)* Wasserschieber(straßen)kappe *f*, Schieberkappe *f*
service bridge *(Konst)* Bedienungssteg *m*
service building *(Arch, Konst)* Betriebsgebäude *n*, Wirtschaftsgebäude *n*; Dienstgebäude *n*
service cable *(El)* Hausanschlusskabel *n*
service ceiling *s.* serviced ceiling
service chute *(EB)* Entsorgungsschacht *m*
service clamp aufgesattelte Rohrverbindung *f*
service conditions *(Te)* Einsatzbedingungen *fpl*, Praxisbedingungen *fpl*, Anwendungsbedingungen *fpl*, Gebrauchsbedingungen *fpl*
service conductor(s) *(El)* Hausanschlussleitung *f*
service conduit *(El, San)* Versorgungsleitung *f*
service connection *(El, WVA)* Hausanschluss *m (Versorgungsmedien)*
service contract *(VR)* Dienstvertrag *m*, Dienstleistungsvertrag *m*; Arbeitsvertrag *m*
service core Hauskern *m (für Versorgungsleitungen)*
service data Erprobungsergebnisse *npl*
service dead load *(Stat)* errechnete Eigenlast *f*
service department *(VR)* Kundendienstabteilung *f*
service door Liefereingangstür *f*, Anlieferungstür *f*, Wareneingangstür *f*
service drop *(El)* Hausanschlussleitung *f (letztes Teilstück einer Freileitung)*
service duct *(WVA)* Leitungskanal *m*, Versorgungskanal *m*
service elbow *s.* service ell
service elevator *(AE)* Lastenaufzug *m*, Versorgungsfahrstuhl *m*
service ell *(San)* Innen-Außen-Winkelrohrstück *n*, I-A-Winkelfitting *n*
service entrance *(Konst)* Nebeneingang *m*, Dienstboteneingang *m*
service entrance conductors *(El)* Haus(anschluss)-eintrittsleitung *f*
service entrance switch *(El)* Haushauptschalter *m*
service environment *(RP, VR)* Einsatzgebiet *n*, Einsatzort *m*; Einsatzklima *n*
service equipment *(El, San)* haustechnische Anlagen *fpl*, Hausversorgungsausrüstungen *fpl*, Hausinstallationen *fpl*
service expectancy *(VR)* Lebensdauer *f*
service experience Anwendungserfahrungen *fpl*, Betriebserfahrungen *fpl*
service facilities Dienstleistungseinrichtungen *fpl*
service failure Ausfall *m*, Versagen *n*; Unbrauchbarkeit *f*
service fitting *(San)* I-A-Fitting *n*, Innen-Außen-Verbindungsstück *n*
service gangway *(Konst)* Bedienungsgang *m*, Bedienungssteg *m*
service ground *(AE) (El)* Hauptleitungserdung *f*, Hausanschlusserdung *f*
service hatch *(EB)* Durchreiche *f*
service indoors Innenanwendung *f*, Inneneinsatz *m*
service industry *(BWG)* Dienstleistungsindustrie *f*; Dienstleistungsbranche *f*
service integrated ceiling *(Konst)* eingehängte Decke *f* mit voller Installierung *(Licht, Klimaanlage, Lautsprecher)*
service island *(Verk)* Abfertigungsinsel *f (Flughafenvorfeld)*
service lateral *(WVA)* Hausanschlusskanal *m*, Versorgungsleitungskanal *m*
service life Lebensdauer *f (von Geräten)*; Nutzungsdauer *f*; Gebrauchswertdauer *f*, Standzeit *f (einer Maschine)*
service life expectancy normative Nutzungsdauer *f*, Lebensdauer *f*, zu erwartende Standzeit *f*
service lift Betriebsaufzug *m*; Speisenaufzug *m*
service limit state Zustand *m* unter Gebrauchslast
service line *(El, San)* Hausanschlussleitung *f*, Versorgungsleitung *f*
service line network *(RP)* öffentliches Versorgungsnetz *n*
service load *(Stat)* Nutzlast *f*

S

service mains Versorgungs(haupt)leitungen *fpl (z. B. in einer Straße)*
service manual Wartungsanleitung *f*, Reparaturhandbuch *n*
service method *(Te, Verk)* Abfertigungsverfahren *n (Flugzeugabfertigung)*
service outdoors Außeneinsatz *m*
service penetration *(Konst)* Leitungsdurchgang *m*
service period Tageslichtzeitraum *m (Straßenbeleuchtung)*
service pipe 1. *(San)* Anschlussrohr *n*; 2. *(El)* Hausanschlussschutzrohr *n*; öffentliche Versorgungsleitung *f*; Verbraucher(ein)leitung *f*
service pipeline öffentliche Versorgungsrohrleitung *f*
service plant Versorgungseinrichtung *f*
service pressure *(HLK, San, WVA)* Betriebsdruck *m*
service raceway *(El)* Hausanschlusskabelkanal *m*
service requirements betriebliche Erfordernisse *npl*
service reservoir (for water supply) *(Wsb, WVA)* Trinkwasserspeicher *m*; Ausgleichsbecken *n*; Hochbehälter *m*
service riser *(San)* Gasstandrohr *n*
service road *(Verk)* Anliegerstraße *f*; Zufahrtsstraße *f*
service road-bed *(Verk)* getrennter Bahnkörper *m*, getrennte Busspur *f*
service road works *(Verk)* Bauarbeiten *fpl* an Zufahrtsstraßen
service room *(Konst)* Betriebsraum *m*
service run *(El, San)* Versorgungsleitung *f*
service shaft *(Konst)* Betriebsschacht *m*
service sign *(Verk)* Raststellenhinweiszeichen *n*
service space *(Konst)* Betriebsraum *m*, Raumbereich *m* für Versorgungseinrichtungen
service staff Unterhaltungspersonal *n*, Wartungstrupp *m*
service stair 1. *(Konst)* Versorgungstreppe *f*; Dienstbotentreppe *f*; 2. *(Konst)* Kellertreppe *f*
service station *(Verk)* Tankstelle *f*
service switch cabinet *(AE) (El)* Hausanschlusskasten *m*
service tee *(San)* T-Abzweigstück *n*, T-Fitting *n*
service test Prüfung *f* unter Einsatzbedingungen
service track *(Verk)* Nebengleis *n*
service traffic *(Verk)* Abfertigungsverkehr *m (für Flugzeugabfertigungen)*
service train *(Verk)* Bauzug *m (Eisenbahn)*
service trench Leitungsgraben *m*
service tunnel Versorgungskanal *m*
service valve Bedienungsventil *n*
service vault *(El, Konst, San, WVA)* Installationsgang *m*
service water Brauchwasser *n*, Betriebswasser *n*, Nutzwasser *n*
service weight Betriebsgewicht *n*
service yard *(BWG)* Betriebshof *m*
service zone 1. *(RP)* Versorgungsgebiet *n*; 2. *(Verk)* Abfertigungszone *f*, Abfertigungsvorfeld *n (Flughafen)*
serviceability 1. *(BWG, Konst)* Funktionstüchtigkeit *f*; Betriebsfähigkeit *f*; Brauchbarkeit *f*; Tauglichkeit *f*; 2. *(Konst, RS)* Wartungsmöglichkeit *f*; 3. *(Verk) (AE)* Befahrbarkeit *f (Straße)*
serviceability limit state *(Konst, VR)* Funktionsgrenzzustand *m*, Grenzzustand *m* der Gebrauchsfähigkeit
serviceable *(Konst)* einsetzbar, brauchbar, verwendbar, funktionstüchtig, funktionsfähig
serviced ceiling *(Konst)* Decke *f* mit Versorgungsleitungen
serviced land *(RP, VR)* erschlossenes Land *n*
services *(AE) (El, HLK, San, WVA)* technische Gebäudeausrüstung *f* [Gebäudeausstattung *f*] *(mit allen Versorgungsleitungen)*; Gebäudeinstallation *f*; Gebäudebetriebsanlagen *fpl*, Gebäudebetriebseinrichtungen *fpl*; Versorgungsanlage *f*
services channel *(Konst)* Gebäudeversorgungsschacht *m*
services connections *(El)* Energieversorgungsanschluss *m*, Hausanschluss *m*
services shaft *(Konst)* Gebäudeversorgungsschacht *m*
servicing 1. *(RS)* Wartung *f*, Instandhaltung *f*; Unterhaltung *f*; 2. *(RP)* stadttechnische Erschließung *f*; Versorgungstechnik *f*
serving Mantel *m*, Umhüllung *f (für Kabel)*
serving hatch *(EB)* Durchreiche *f*
serving-hatch opening *(EB)* Durchreicheöffnung *f*
servitude *(VR)* Dienstbarkeit *f (Nutzungsrecht)*
servo system *(HLK)* Servosystem *n*, Folgeregelsystem *n (Klimaanlage)*
servomotor *(EB)* Stellmotor *m*
session *(VR)* Arbeitsberatung *f*
set *v* 1. *(BM)* erhärten, erstarren, fest werden *(z. B. Zement)*; abbinden; 2. *(Te)* setzen; stellen; einrichten *(Maschinen)*; einstellen *(z. B. Messgeräte)*; 3. *(Te)* schränken *(Säge)*
set *v* **back** *(Konst)* zurücksetzen, nach hinten versetzen
set *v* **in air** *(BM)* an der Luft erhärten
set *v* **off** *(Arch)* hinterfangen; hervortreten lassen
set *v* **on edge** hochkant setzen [stellen], aufkanten
set *v* **out** 1. *(Verm)* abstecken, vermarken *(Gelände)*; 2. anreißen; 3. anordnen
set *v* **points [stations]** *(Verm)* vermarken
set *v* **the teeth of a saw** Sägezähne schränken
set *v* **tiles** *(Te)* fliesen; kacheln
set *v* **up** 1. *(Te)* aufbauen, errichten; aufstellen, aufrichten; aufstellen, montieren *(z. B. Maschinen)*; 2. *(BM)* erstarren; 3. *(RP)* festlegen *(z. B. eine Trasse)*
set *v* **up a mould** einschalen
set *v* **up a sheeting** *(Te)* eine Schalwand aufstellen
set abgebunden *(Zement)*; verfestigt *(Boden)*; eingebaut *(z. B. Rohre)*
set 1. *(BM)* Erhärten *n*, Erstarrung *f*, Festwerden *n (z. B. von Zement)*; 2. *(SB)* Oberputz *m*, Überputz *m*, Feinputz *m (Mehrlagenputz)*; 3. *(BM)* bleibende Verformung *f*; 4. *(Erdb)* Rammsetzmaß *n*; 5. *(Wsb)* Strömungsrichtung *f*; 6. *(BWG)* Schränkung *f*, Schrank *m (einer Säge)*; 7. *(EB)* Satz *m*, Set *n*; Garnitur *f*; Aggregat *n*; 8. *s.* sett 2.
set accelerating admixture *(BM)* Abbindebeschleuniger *m*
set-aside *(RP)* Ackerlandverwendung *f* für andere Zwecke *(z. B. für Errichtung einer Freizeitanlage)*
set-back 1. *(Konst, RP)* Grundstücksgrenzenabstand *m* eines Gebäudes, Gebäudeentfernung *f* von der Straßengrenze; 2. *(Konst)* zurückgesetzte Fassade *f*, Rücksatzentfernung *f*
set-back buttress *(Konst)* eckennaher Strebepfeiler *m*, Wandpfeiler *m* nahe der Ecke
set controlling *(Te)* Abbindesteuerung *f (Beton)*
set-controlling admixture Erstarrungsregler *m (Betonzusatz)*
set hammer 1. Setzhammer *m*, Schellhammer *m (Bossierhammer)*; 2. Gesenk *n*
set head Setzkopf *m (Niet)*
set-in *(Konst, SB)* Absatz *m (Mauerwerk)*
set of cables Kabelsatz *m*
set of data *(Stat)* Datensatz *m*
set of drawing instruments Reißzeug *n*
set of hangers *(BT, TK)* Hängeseilbündel *n*
set of pigeonholes *(EB)* Fächerregal *n*
set of pulleys Flaschenzug *m*
set of stays *(Tun)* Spannseilbündel *n*
set of the pile *(Erdb)* Setzung *f* [Eindringtiefe *f*] eines Rammpfahles pro Schlag
set of tools Handwerkszeug *n*
set-off 1. *(Bod, Erdb)* Berme *f*, Bank *f*, Bankett *n*; Böschungsabsatz *m*; 2. *(Konst, SB)* Absatz *m*, Mauerabsatz *m*; Rückversatz *m*, Rücksprung *m (im Mauerwerk)*

set-out principal axes *(Verm)* abgesteckte Hauptachsen *fpl*
set point Sollwert *m*
set retarding admixture *(BM)* Abbindeverzögerer *m*
set square Winkelschiene *f*, Zeichendreieck *n*
set test *(BB, BM)* Abbindeprüfung *f (Zement)*
set-up 1. *(BM)* Erhärtung *f*; 2. *(EB)* Anordnung *f (von Einrichtungsgegenständen)*
set-up time Rüstzeit *f*, Umsetzzeit *f*
sett 1. Quaderpflasterblock *m*, Pflasterstein *m*; 2. Meißel *m (breiter Meißel zum Spalten von Ziegeln)*
sett feeder [jointer] Fugenkelle *f*
sett-making *(Te)* Pflastersteinherstellung *f*
sett-making machine *(BWG)* Pflasterspaltmaschine *f*
sett-paved road *(Verk)* Großpflasterstraße *f*
sett pavement *(Verk, Wsb)* Steinpflasterbefestigung *f*
sett paving *(Verk, Wsb)* Großpflaster *n*; Pflasterbelag *m*
setting 1. *(BM)* Härtung *f*, Hartwerden *n*, Abbinden *n*, Abbindung *f (Beton, Mörtel)*; Aushärtung *f*; 2. *(SB)* Vermauern *n (Ziegel)*; Versetzarbeiten *fpl*; 3. *(EB, Konst)* Aufstellung *f*, Anordnung *f*
setting accelerator *(BM)* Abbindebeschleuniger *m*
setting agent Abbindemittel *n*
setting bed 1. *(Verk)* Pflasterbett *n*; 2. *(Konst)* Estrichunterlage *f*, Terrazzounterlage *f*
setting behaviour Abbindeverhalten *n*
setting block Glasscheibenauflageklötzchen *n*
setting coat *(SB)* Oberputz *m*, Feinputz *m*, Überputz *m (Mehrlagenputz)*
setting curve *(BM)* Abbindekurve *f*, Verfestigungskurve *f*
setting drawing *(Konst)* Versetzplan *m*, Versetzzeichnung *f*
setting energy Abbindeenergie *f (hydraulische Bindemittel)*
setting heat *(BM)* Abbindewärme *f*
setting-in stick Blechbiegeeisen *n*; Bleiblechbieger *m*
setting jig Lehre *f (Bohrlehre)*
setting mechanism *(BM)* Abbindemechanismus *m*, Verfestigungsmechanismus *m*
setting-out *(Verm)* Absteckung *f*
setting-out line *(Verm)* Rasterlinie *f (Abstecken)*
setting-out peg *(Verm)* Absteckpfahl *m*
setting point Erstarrungspunkt *m*; Stockpunkt *m (von Ölen)*
setting power *(BM)* Abbindefähigkeit *f*
setting pressure *(HLK, San)* Einstelldruck *m*
setting procedure *(Te)* Montagevorgang *m*, Aufstellungsvorgang *m*, Aufbauvorgang *m*
setting punch *(BWG, St)* Döpper *m*, Nietkopfsetzer *m*, Kopfmacher *m*
setting quality Abbindefähigkeit *f*, Abbindeeigenschaft *f*
setting rate *(BM)* Abbindegeschwindigkeit *f*
setting reaction Abbindereaktion *f*
setting retarder Abbindeverzögerer *m*
setting shrinkage 1. Abbindungsschwinden *n*, Abbindeschwindung *f*; 2. Abbindeschwindmaß *n*
setting space *(Konst, SB)* Rohmaß-Endmaß-Abstand *m*, Abstand *m* zwischen Mauerwerk und Verkleidungsoberfläche, Verkleidungsdicke *f*
setting stuff *(SB)* Oberputz *m*
setting temperature *(BM)* Abbinde(mindest)temperatur *f (Kunststoffbindemittel)*
setting test *(BM)* Abbindeprüfung *f*, Abbindeprobe *f*, Abbindeversuch *m*
setting time *(BM)* Erstarrungszeit *f*; Abbindezeit *f*, Abbindedauer *f*; Aushärtezeit *f*
setting-up 1. Erhärten *n*; Farbanstricherhärtung *f*, Trocknen *n* der Farbe; 2. Montage *f*, Aufbau *m*, Aufstellung *f*
setting-up procedure *(Te)* Montagevorgang *m*, Aufbauvorgang *m*, Aufstellungsvorgang *m*
setting-up sequence *(Te)* Montagefolge *f*, Aufbaufolge *f*, Aufstellfolge *f*

S

setting water Abbindewasser *n*
setting work *(Te)* Versetzen *n*, Versetzarbeiten *fpl (Wandplattenmontage)*
settle *v* 1. *(Bod, Erdb)* sich setzen, sich senken, (ab)sacken *(Gebäude)*; 2. *(BM, WVA)* sich (ab)setzen, sich niederschlagen, sedimentieren, sinken *(Bodensatz)*; sich entmischen *(z. B. Farbe)*; ablagern lassen, klären *(Flüssigkeiten)*; 3. *(RP)* ansiedeln; sich ansiedeln
settle *v* **accounts** *(VR)* Rechnungen bezahlen
settleable solids Abschlämmbares *n*
settled apparent density *(BM)* Schüttdichte *f*, Rohdichte *f (Zuschlagstoffe)*
settled ground *(Bod)* Senkungsgebiet *n*
settled production *(Te)* stabilisierte Produktion *f*
settlement 1. *(Bod, Erdb, RS)* Setzung *f*, Senkung *f*, Absacken *n (von Gebäuden)*; 2. *(BM)* Ablagerung *f*, Sedimentation *f*, Absetzen *n*; Entmischen *n (z. B. von Frischbeton)*; 3. *(RP)* Siedlung *f*, Ansiedlung *f*
settlement analysis *(BM)* Setzungsanalyse *f*, Sedimentationsanalyse *f*
settlement area *(RP)* Siedlungsgebiet *n*, Siedlungsraum *m*
settlement basin *(Umw, WVA)* Ablagerbecken *n*
settlement crack *(Erdb, RS)* Setzungsriss *m*
settlement curve *(Bod, Erdb)* Setzungskurve *f*
settlement date Fälligkeitstermin *m*
settlement duration Setzungsdauer *f*
settlement gauge Setzungsmessgerät *n*
settlement geography *(RP)* Siedlungsgeographie *f*
settlement joint *(SB)* Setz(ungs)fuge *f (Mauerwerk)*
settlement measurement *(Bod, Erdb)* Setzungsmessung *f*
settlement meter Erdstoffverdichtungsmessgerät *n*, Bodensetzungsmessgerät *n*
settlement movement *(Bod, Erdb)* Setzungsbewegung *f*
settlement observation Setzungsbeobachtung *f*
settlement of abutments *(Bod, Erdb)* Setzung *f* der Widerlager
settlement of accounts *(VR)* Abrechnung *f*
settlement of bearings Auflagersenkung *f*, Auflagerblocksetzung *f*
settlement of support *(Bod, Erdb)* Stützensenkung *f*
settlement planning *(RP)* Siedlungsplanung *f*
settlement planning conception *(RP)* Siedlungskonzept *n*
settlement region *s.* settlement area
settlement-specific *(RP)* siedlungsspezifisch
settlement stress *(Stat)* Setzungsspannung *f*
settlement system *s.* settlement 3.
settlement test *(BM)* Setzversuch *m*
settler *(WVA)* Absetzbecken *n*, Absetztank *m*, Klärbecken *n*; Abscheider *m*
settling 1. *s.* settlement 1.; 2. *s.* settlement 2.; 3. *(BWG, WVA)* Ablagerung *f*, Bodensatz *m*, Sinkstoff *m*, Sediment *n*
settling analysis *(BWG)* Schlämmanalyse *f*, Setzungsanalyse *f*
settling basin *(WVA)* Absetzbecken *n*, Klärbecken *n*; Sandabscheider *m*
settling chamber *(HLK)* Absetzkammer *f (für Staub)*
settling crack Senkungsriss *m*, Setzriss *m*
settling glass Absetzglas *n*, Sedimentationszylinder *m (Baustoffprüfung)*
settling lagoon *(Umw, WVA)* Absetzteich *m*, Auflandungsteich *m (Kläranlage)*
settling of bearings *s.* settlement of bearings
settling of soil *(Bod)* Erdsenkung *f*, Erdsetzung *f*
settling of support *(Bod, Erdb)* Stützensenkung *f*
settling pit *(WVA)* Absetzgrube *f*
settling pond [pool] Klärteich *m*, Klärbecken *n*, Absetzbecken *n*

settling slurry absetzbare Trübe *f*
settling solids *(WVA)* Sinkstoffe *mpl (Kläranlage)*
settling speed Absenkungsgeschwindigkeit *f*
settling tank *(WVA)* Absetzbecken *n*, Absetztank *m*, Klärbecken *n*, Schlammkasten *m*
settling test *(BM)* Schlämmanalyse *f*
settling velocity Absetzgeschwindigkeit *f*, Sinkgeschwindigkeit *f*
settling vessel Absetzgerät *n*
settling water *(WVA)* Klärwasser *n*
settling well *(WVA)* Klärbrunnen *m*
settlings *s.* settling 2.
seven-day strength *(BB)* Siebentagefestigkeit *f (Beton)*
seven-domed pilgrimage church *(Arch)* Siebenkuppel-Wallfahrtskirche *f*
seven-moment equation *(Stat)* Siebenmomentengleichung *f*
seven-towered *(Arch)* siebentürmig
Seven Wonders of Antiquity *(Arch)* Die sieben Weltwunder *npl (des Altertums)*
sever *v* (ab)trennen, durchtrennen, lostrennen; zerschneiden
severe conditions *(Konst, VR)* schwierigste [extreme] Bedingungen *fpl*
severe requirements härteste Bedingungen *fpl*
severe supervision *(VR)* strenge Bauüberwachung *f*
severely classical architecture *(Arch)* klassisch kühle Architektur *f*
severity Schweregrad *m*
severity of distress *(RS)* Schadensschweregrad *m*, Schweregrad *m* eines Schadens
severity of fire *(BM, Konst, RS)* Brandheftigkeit *f*, Feuerheftigkeit *f*
severy 1. *(Konst)* Deckenfach *n*, Decken(gewölbe)feld *n*, Gewölbeabteilung *f*, Gewölbefeld *n*; 2. *(Arch, Konst) s.* baldachin
sewage Abwasser *n*, Abwässer *npl (häuslich, kommunal, industriell)*
sewage clarification plant *(WVA)* Abwasserbehandlungsanlage *f*; Kläranlage *f*
sewage collection system *(WVA)* Kanalisation *f (Mischsystem)*
sewage construction Abwasserbau *m*, Abwasseranlagenbau *m*
sewage discharge Abwassereinleitung *f*, Abwasserbeseitigung *f*
sewage disposal *(WVA)* Abwasserbeseitigung *f*, Abwasserentsorgung *f*; Abwasserbehandlung *f*
sewage disposal facility [plant] Abwasserbeseitigungsanlage *f*, Abwasserabsetzanlage *f*; Klärwerk *n*
sewage disposal system *(WVA)* Abwasserbeseitigungssystem *n*
sewage drain pipe Abwasserfallrohr *n*; Fäkalienfallrohr *n*
sewage ejector Schmutzwasserpumpe *f*
sewage engineering Abwassertechnik *f*, Abwasserbehandlungswesen *n*
sewage farming *(Umw, WVA)* Abwasserverrieselung *f*; Rieselfeldersystem *n*
sewage flow Abwasseranfall *m*, Abwassermenge *f*
sewage gallery *(WVA)* Abwasserstollen *m*, Kanalstollen *m*
sewage gas Faulgas *n*, Klärgas *n*, Schleusengas *n*
sewage installation Abwasseranlagen *fpl*
sewage introduction *(Umw, WVA)* Abwassereinleitung *f*
sewage outfall Abwassereinleitungsstelle *f*
sewage oxidation pond *(OB, WVA)* Oxidationsteich *m*
sewage pipe Kanalisationsrohr *n*, Kanalrohr *n*
sewage purification *(WVA)* Abwasserreinigung *f*, Abwasserklärung *f*
sewage purification plant *(WVA)* Abwasserkläranlage *f*
sewage removal *(Umw, WVA)* Abwasserentfernung *f*, Abführung *f*
sewage scheme Abwasserprojekt *n*, Abwasserbauprojekt *n*
sewage sedimentation plant Abwasserabsetzanlage *f*, Abwasserkläranlage *f*
sewage settling chamber Absetzbecken *n*
sewage sludge Abwasserschlamm *m*, Klärschlamm *m*
sewage system *(WVA)* Kanalnetz *n*, Kanalisation *f*, Sammlersystem *n (Abwasser)*
sewage treatment Abwasserbehandlung *f*, Abwasserklärung *f*
sewage treatment plant *(WVA)* Abwasserbehandlungsanlage *f*, Kläranlage *f*, Klärwerk *n*
sewage treatment works Abwasserreinigungsanlage *f*
sewage tunnel Abwasserstollen *m*, Kanalstollen *m*
sewage ventilation *(WVA)* Kanalentlüftung *f*
sewage water *(Umw, WVA)* Abwasser *n*; Rieselwasser *n*
sewage water disposal Abwasserbeseitigung *f*
sewage works *(WVA)* Kläranlage *f*, Klärwerk *n*
sewer *v* kanalisieren, mit Kanalisation versehen; entwässern
sewer 1. *(WVA)* Abwasserkanal *m*, Ablaufkanal *m*, Abflusskanal *m*, Abzugsschleuse *f*, Abzugskanal *m*; Dole *f*; Kanalisationsrohr *n*, Abwasserleitung *f*, Abwasserrohr *n*; Kloake *f*; 2. *(Verk, WVA)* Gosse *f*, Straßenrinne *f*; 3. *(San)* Ausguss *m*, Gussstein *m*
sewer accessories Abwasserkanalzubehör *n*
sewer appurtenances *(WVA)* Kanalkomplettierungselemente *npl*; Abwasserkanalzubehör *n*
sewer block *s.* sewer brick
sewer bottom Abwasserkanalsohle *f*, Kanalsohle *f*
sewer brick Kanalziegel *m*, Kanalklinker *m*, Kanalstein *m*
sewer cleaning *(WVA)* Kanalreinigung *f*
sewer connection *(WVA)* Kanalisationsanschluss *m*
sewer construction *(WVA)* Kanalisationsbau *m*
sewer construction work Abwasserleitungsbauarbeiten *fpl*, Kanalisationsbauarbeiten *fpl*
sewer culvert Kanaldüker *m*
sewer flushing Kanalspülung *f*
sewer for combined foul and surface water *(WVA)* Misch(wasser)kanal *m*
sewer gallery *(WVA)* Abwasserstollen *m*, Kanalstollen *m*
sewer gas *(Umw, WVA)* Faulgas *n*, Klärgas *n*, Schleusengas *n*, Kanalgas *n*
sewer invert Kanalsohle *f (Abwasserkanal)*
sewer jetting truck *(BWG, WVA)* Hochdruckspülfahrzeug *n* für die Kanalreinigung
sewer joint(ing) compound Muffenkitt *m*, Abwasserkitt *m*
sewer maintenance Kanalwartung *f*
sewer manhole [manway] Kanalschacht *m*
sewer mud extractor *(BWG, WVA)* Kanalschlammabsauggerät *n*
sewer network *(WVA)* Abwassernetz *n*, Kanalisationsnetz *n*, Schwemmkanalisation *f*, Schwemmentwässerung *f*
sewer pipe 1. Kanalrohr *n*; Abwasserrohr *n*; 2. Kanaldüker *m*
sewer rinsing *(RS, WVA)* Kanalspülung *f*
sewer system *(WVA)* Kanalisationssystem *n*
sewer tile 1. Kanalplatte *f*; 2. Steinzeugkanalrohr *n*
sewer trench *(Erdb, WVA)* Abwasser(leitungs)graben *m*
sewerage 1. *(RP, WVA)* Stadtentwässerung *f*, Abwasserableitung *f* und Abwasserbeseitigung *f*, Ortsentwässerung *f*; 2. *(WVA) s.* sewerage system
sewerage and sewage disposal *(WVA)* Abwasserwesen *n*, Kanalisationstechnik *f*
sewerage application *(WVA)* Abwasserentsorgung *f*
sewerage plant *(WVA)* Kläranlage *f*
sewerage system *(RP, WVA)* Kanalisation *f*, Kanalisationsnetz *n*, Abwasser(kanal)system *n*

sewing room *(Konst)* Nähzimmer *n*
sewn (building) mat *s.* sewn (building) quilt
sewn (building) quilt *(BM, DIS)* versteppte Dämmmatte *f* [Baumatte *f*]
sexfoil *(Arch)* Sechsblatt *n*, sechsblättriges Ornament *n* *(gotisches Maßwerk)*
sexpartite vault *(Arch, Konst)* sechsteiliges Gewölbe *n*
sextant *(Verm)* Sextant *m*
SFC *s.* sideway-force coefficient
sgraffito *(SB)* Sgraffito *n*, Sgraffitoputz *m*, Kratzputz *m*
sgraffito material Sgraffitoputzmaterial *n*, Kratzgrundmaterial *n*, Kratzputzmaterial *n*
shab *(Bod)* bröckeliges schiefriges Gestein *n*
shack *s.* shanty
shackle *(BT)* Schäkel *m*, Lasche *f*; Bügel *m*
shackle joint *(BT)* Laschengelenk *n*
shade *v* 1. abstufen, (ab)tönen *(Farbe)*; 2. schraffieren; 3. abschirmen, abdecken; beschatten, abschatten
shade 1. *(Konst)* Schattierung *f*; Ton *m*, Farbton *m*, Tönung *f*; 2. *(EB)* Schattenschirm *m*, Schattenvorhang *m*; 3. *(El)* Leuchtenschirm *m*, Lampenschirm *m*
shade-bearer *(BM, Hb)* Schattenholzart *f*, Schattenbaumart *f*
shade-bearing (tree) species Schattenholzart *f*, Schattenbaumart *f*
shade line *(Konst)* Schraffurlinie *f*
shade screen *(EB)* Sonnenjalousie *f*, Jalousette *f*
shaded area *(Konst)* schraffierte Fläche *f*
shading 1. Abtönen *n*, Stufung *f* *(von Farben)*; 2. Abschattung *f*, Schattierung *f*; 3. Schraffierung *f*
shading device Sonnenblende *f*, Sonnenschutz *m*
shadow cone Schattenkegel *m*
shadowiness Schattigkeit *f*
shadowing *(LB)* Beschattung *f*
shady kind *s.* shade-bearer
shady side *(Bod, RP)* Schattenhang *m*, Schattenseite *f* *(Grundstücklage)*
shaft 1. *(Konst)* Schaft *m*, Säulenschaft *m*, Rumpf *m*; 2. *(HLK)* Schacht *m* *(Lüftung, Aufzug usw.)*; Einsteigeschacht *m* *(Service)*; 3. *(EB)* Abwurfschacht *m*, Abwurfanlage *f*; 4. *(BWG)* Hochofenschacht *m*; 5. *(BM, Hb)* Schaft *m*, Stamm *m* *(Baum)*; 6. *(BWG)* Welle *f*, Achse *f*
shaft bottom *(Tun)* Schachtsohle *f*
shaft cylinder *(Tun)* Schachtrohr *n*
shaft for risers *(Konst)* Steigleitungsschacht *m*
shaft kiln *(BWG)* Schachtofen *m*
shaft kiln lime Schachtofenkalk *m*
shaft lime kiln *(BWG)* Kalkschachtofen *m*
shaft lining Schachtauskleidung *f*
shaft masonry (work) Schachtmauerung *f*, Schachtmauerwerk *n*
shaft opening [orifice] Schachtöffnung *f*
shaft prospect *(Bod, Erdb)* Schürfschacht *m*
shaft ring Ringleiste *f*; Schaftring *m*; Bund *m*, Wirtel *m*
shaft sinking *(Tun)* Schachtabteufung *f*
shaft stair *(Konst)* Schachttreppe *f*, Schlauchtreppe *f*
shaft wall *(Konst)* Schachtwand *f*
shaft with services *(El, Konst, San, WVA)* Leitungsschacht *m*, Installationsschacht *m*
shafting 1. *(Konst)* Säulenschaftanordnung *f*; 2. *(Erdb, Wsb)* Abteufen *n*
shake *v* *(Te)* (durch)schütteln; rütteln; stoßen, erschüttern; vibrieren
shake 1. *(AE)* handgefertigte Schindel *f* *(aus Holz)*; 2. Riss *m*, Kernriss *m* *(im Holz)* • **with internal annular shakes** kernschälig *(Holz)*
shakedown *(BM, BT)* Verformungsinstabilität *f*
shakeproof rüttelfest; erschütterungsfest
shaker 1. *(BB, BWG, Te)* Rütteltisch *m*; 2. *(BM, BWG)* Schüttelsieb *n*; 3. Rüttelgerät *n*, Rüttelmaschine *f*
shaker chute Schurre *f*, Rüttelschurre *f*
shaker conveyor Schüttelrutsche *f*, Schüttelförderer *m*
shakiness Rissigkeit *f* *(z. B. von Holz)*
shaking chute *(BWG, Te)* Schüttelrinne *f*
shaking screen [sieve] Schüttelsieb *n*
shaky schälrissig *(Holz)*
shale *(Bod)* Schiefer *m*, Tonschiefer *m*, Schieferton *m*, Mergelton *m*
shale ash *s.* shale powder
shale brick Schiefertonziegel *m*
shale clay *(BM, Bod)* Schieferton *m*
shale clay brick Schiefertonziegel *m*
shale concrete plank *(BT)* Blähschieferbetondiele *f*
shale-like schiefertonig
shale powder *(BM)* Schiefermehl *n*
shale rock schiefriges Gestein *n*
shale tar *(BM, Bod)* Schieferteer *m*, Pechschieferteer *m*, Schieferbitumen *n*
shaley schiefrig
shall *v* müssen, muss *(Gebot)*
shallow *v* 1. *(Konst)* flach machen; 2. *(Wsb, WVA)* versanden
shallow 1. muldenförmig; 2. seicht, flach *(Wasser)*
shallow 1. *(Bod, Wsb)* Untiefe *f*; 2. *(Wsb)* Furt *f*
shallow apse *(Arch)* gebrochene Apsis *f*, gebrochene Apside *f*, gebrochene Abseite *f*
shallow arcature Blendarkade *f*
shallow arch *(Arch)* Schildbogen *m*, Blendbogen *m*, Flachbogen *m*
shallow boring *(Bod)* Flachbohrung *f*
shallow bowl water closet *(San)* Flachspülklosett *n*
shallow building pit *(Erdb)* Flachbaugrube *f*
shallow digging Flachbaggerung *f*
shallow embankment *(Erdb)* Flachböschung *f*
shallow excavation Flachbaggerung *f*, flache Ausschachtung *f*
shallow foundation *(Erdb)* Flachgründung *f*
shallow glass pattern leichte Glasmusterung *f*, leichte Glasornamentierung *f*
shallow grading *(Erdb, LB)* Flachbaggerung *f*
shallow hole *(Bod)* Flachbohrung *f*
shallow luminaire *(AE)* Flachleuchte *f*
shallow pan *(San)* Flachspülbecken *n* *(Toilette)*
shallow pan closet *(San)* Flachspülklosett *n*, Flachspültoilette *f*
shallow-rise dome *(Konst)* Flachkuppel *f*, gedrückte Kuppel *f*, Stichkuppelgewölbe *n*, Kugelkappengewölbe *n*
shallow shell flache Schale *f*, schwach gekrümmte Platte *f*
shallow spherical shell flache Kugelschale *f*, schwach gekrümmte Kugelschale *f*
shallow surface water channel *(Erdb, WVA)* Flachentwässerungsrinne *f*
shallow water *(Bod)* Flachwasser *n*
shallow water deposit *(Bod, Wsb)* Flachwasserablagerung *f*
shallow well *(WVA)* Flachbrunnen *m*
shallows *(Bod, Wsb)* Sandbank *f*, Untiefe *f*
shaly schieferartig; schiefertonig
shaly clay *(BM, Bod)* Schieferton *m*
shaly limestone Schieferkalk *m*
shaly marl *(BM, Bod)* Tonmergel *m*
shaly sand toniger Sand *m*
shaly sandstone *(BM, Bod)* Schiefersandstein *m*
sham unecht, vorgetäuscht; imitiert; Blend...
sham arcature *(Arch, Konst)* Blendbogendarstellung *f*; Blendarkade *f*
sham ruin Scheinruine *f*
sham window Blindfenster *n*

shank 1. *(Arch)* Schaft *m*; Säulenschaft *m*, Friesschaft *m*; 2. Bolzenschaft *m*, Nagelschaft *m*; Werkzeugschaft *m*
shank of rivet *(BT, St)* Nietschaft *m*, Nietbolzen *m*
shanty *(AE) (Konst)* Hütte *f*, Bude *f*, Kate *f*; Baracke *f*; Baubude *f*
shape *v* 1. formen, bilden, gestalten *(Gestein, Ton)*; 2. fräsen *(Holz)*; 3. *(Bod, Verk)* profilieren, abgleichen, ein Profil herstellen
shape 1. *(Konst)* Form *f*, Gestalt *f*; Profil *n*; 2. Formteil *n*; Stahlprofil *n* • **of accurate shape** *(BT)* formgenau
shape anisotropy *(Arch)* Gestaltanisotropie *f*
shape change *(BM)* Formänderung *f*, Gestaltänderung *f*
shape code Bewehrungsformnummer *f (nach Stahlliste)*
shape coefficient *(Stat)* Formfaktor *m (Windlast)*
shape factor 1. *(Stat)* Querschnittsformbeiwert *m (Stahl)*; 2. *s.* shape coefficient
shape maker *(BWG)* Profilhersteller *m*
shape of a curve *(Verk)* Kurvenverlauf *m*
shape of cross section Querschnittsprofil *n*, Profilquerschnitt *m*
shape of grain Kornform *f (z. B. von Zuschlägen)*
shape of moment diagram *(Stat)* Momentenverlauf *m*
shape of particle Kornform *f*
shape of window Fensterform *f*
shape-retentive *(BM)* formbeständig, formtreu
shape retentiveness Formbeständigkeit *f*, Formtreue *f*
shape work *(Hb)* Zimmererformarbeit *f*; Tischlerformarbeit *f*
shaped steinmetzmäßig bearbeitet, steinmetzmäßig behauen [zugerichtet]
shaped brick Formziegel *m*, Form(ziegel)stein *m*
shaped cross section *(Konst)* Formquerschnitt *m*
shaped gable *(Konst)* geschweifter Giebel *m*, Rundgiebel *m*
shaped part *(BT)* Formteil *n*, Formstück *n*
shaped sheet Formblech *n*
shaped steel *(BM)* Formstahl *m*
shaped stone Formstein *m*
shaped stonework *(BM, SB)* behauene [zugerichtete] Werksteine *mpl*
shaped wire Profildraht *m*
shaped work *(Hb)* bogenförmige [gewölbte] Tischler- und Zimmereiarbeit *f*
shapelessness *(Arch)* Gestaltlosigkeit *f*
shapely *(Arch)* gut gestaltet; formschön, schön geformt
shaper 1. *(Hb)* Holzfräser *m*, Fräsmaschine *f*; 2. Kurzhobel *m (für Metall)*
shaping 1. *(Te)* Formung *f*, Formgebung *f*, Gestaltung *f (Gestein, Ton)*; 2. *(Hb, Te)* Holzfräsen *n*; Zurichten *n (Holz)*; 3. *(Te)* Kurzhobeln *n (Metall)*; 4. *(Bod, Verk)* Planieren *n*, Profilherstellen *n*
shaping machine *(BWG, Hb)* Holzfräsmaschine *f*
shaping of plastics Kunststoffverformung *f*
shared accommodation *(VR)* Gemeinschaftsunterkunft *f*
sharp 1. scharf(kantig); spitz *(z. B. Giebel)*; 2. steil (abfallend); 3. scharf *(z. B. Beitel)*; 4. schnell anziehend *(Anstrich)*
sharp-angled scharfwinklig
sharp angular joint *(BT, Konst)* spitzwinklige Verbindung *f*
sharp bend *(Verk)* scharfe [enge] Kurve *f (Straße)*
sharp coat *(OB)* Bleiweißölfarbenanstrich *m*
sharp-cornered scharfkantig, spitzeckig
sharp curve *s.* sharp bend
sharp-edged scharfkantig, spitzkantig
sharp fluting Hohlkehle *f* mit scharfen Kanten
sharp paint *(BM, OB)* Schnelltrockenfarbe *f*, Absiegelfarbe *f*
sharp rise hoher Auftritt *m (Fußweg)*
sharp sand scharfer [scharfkörniger] Sand *m*
sharp slope *(Bod, Erdb)* steile Böschung *f*
sharp turn *(Verk)* scharfe Krümme *f*, Kehre *f*, Haarnadelkurve *f (Straße)*
sharpen *v (Te)* (an)schärfen, schleifen; wetzen, abziehen *(Klingen)*; (an)spitzen
sharpening *(Te)* Schärfen *n*; Nachschleifen *n*; Abziehen *n*
sharpening stone Abziehstein *m*
sharply upturned steil aufgerichtet
shatter *v (Te)* zertrümmern, zerschlagen; in Stücke brechen, zerspringen; (zer)splittern *(z. B. Glas)*
shatter Trümmer *pl*; Scherben *fpl*; Splitter *mpl (aus Glas)*
shatter point Brechpunkt *m*, Starrpunkt *m (von Bitumen)*
shatter resistance Splitterfestigkeit *f (Glas)*
shatter rock *(BM)* brüchiges Gestein *n*
shattering Zerbröckeln *n*; Zerspringen *n*; Zersplittern *n*
shatterproof splittersicher *(bes. Glas)*; bruchfest
shatterproof glass *(BM)* Sicherheitsglas *n*
shatterproof glass domelight Sicherheitsglaskuppel *f*
shatterproof glass door *(BT)* Sicherheitsglastür *f*
shatterproof window Sicherheitsfenster *n*
shatterproof window glass Sicherheitsfensterglas *n*
shave hook Schabeeisen *n (Rohrlöten)*
shave knife Schälmesser *n (Furnier)*
shaving Span *m*; Hobelspan *m*
shaving board *(BT)* Hobelspanplatte *f*
she bolt *(AE)* konusfreier Ankerbolzen *m*, Verteilerbolzen *m* ohne Konus *(für Betonelemente)*
sheaf *(Stat)* Schar *f*
sheaflike garbenförmig
shear *v* 1. *(Bod)* gleiten; 2. *(Stat)* einer Scherung aussetzen; 3. *(Te)* scheren, abscheren; (ab)schneiden; besäumen
shear 1. *(Bod)* Gleitung *f*; 2. *(Stat)* Scherung *f*, Schub *m*, Schiebung *f*; 3. Abscheren *n*; 4. *(Stat)* Schubspannung *f*, Scherspannung *f*
shear action *s.* shear force
shear along edges *(Stat)* Randschubkraft *f*
shear area *(Stat)* Schubfläche *f*, Scherfläche *f*
shear box *(Erdb)* Scherbüchse *f*
shear buckling Schubbeulen *n*
shear buckling resistance *(Stat)* Schubknicktragfähigkeit *f*
shear capacity Schubfestigkeit *f*
shear centre *(Stat)* Scherkrafthauptlinie *f*
shear coefficient *(Stat)* Schubzahl *f*
shear connector *(Hb)* Schubkraftübertragungselement *n*, Scherdübel *m*
shear deformation curve *(Stat)* Schubverformungskurve *f*
shear diagram *(Stat)* Querkraftdiagramm *n*
shear failure *(Bod)* Grundbruch *m*, Gleitbruch *m*; Scherbruch *m*, Schubbruch *m*
shear force *(Stat)* Scherkraft *f*, Schubkraft *f*, Querkraft *f*
shear force curve *(Stat)* Schub(kraft)kurve *f*
shear force diagram Schubkraftdiagramm *n*
shear force resistance Schubkrafttragfähigkeit *f*
shear force transmission Schubkraftübertragung *f*, Querkraftübertragung *f*
shear force value *(Stat)* Schubkraftwert *m*
shear fracture *s.* shear failure
shear joint Scherfuge *f*
shear key *(Te)* Verankerungsbarren *m*, Stahlbarren *m (Hubdeckenverfahren)*
shear legs Dreifuß *m*, Dreibein *n*; Dreifußkran *m*
shear load *(Stat)* Schubbelastung *f*; Scherbelastung *f*
shear modulus Schub(elastizitäts)modul *m*, Torsionsmodul *m*, Gleitmodul *m*
shear moment *(Stat)* Schermoment *n*
shear panel *(BT, TK)* schubkraftübertragendes Panel *n*
shear pin Abscherbolzen *m*
shear plane Scherebene *f*

shear plate 1. *(BT)* Stegverstärkungsplatte *f*; 2. *(BT)* Holzbalkenkopf(verstärkungs)platte *f*
shear reinforcement Schubbewehrung *f*, Schubeinlagen *fpl*, Querkraftbewehrung *f*
shear resistance *(Stat)* Schubwiderstand *m*
shear-resistant schubfest
shear splice Scherspannungsübertragungselement *n*, Schubstoßlasche *f*
shear strain Scher(spannungs)verformung *f*, Schubdehnung *f*
shear strength *(Stat)* Scherfestigkeit *f*, Schubfestigkeit *f*
shear stress *s.* shearing stress
shear tension test *(BM)* Scherzugprüfung *f*
shear test Scherprobe *f*
shear tie Schubanker *m*
shear value *(Stat)* Schubparameter *m*, Scherparameter *m*
shear wall Scheibenwand *f*, Scheibe *f*, schubkraftübertragende Wand *f*, Wandscheibe *f*, Windscheibe *f*
shear wave Querwelle *f*, Transversalwelle *f (Körperschall)*
shear zone Scherzone *f*
sheariness *(AE) (OB)* Fleckenbildung *f*
shearing *(Stat)* Schub *m (s. a. shearing action)*
shearing action Abscheren *n*, Schub *m*, Scheren *n*, Scherung *f*
shearing behaviour *(Stat)* Scherverhalten *n*, Schubverhalten *n*
shearing block Widerlagerstein *m (Plattendecke)*
shearing calculation *(Stat)* Schubberechnung *f*
shearing centre *(Stat)* Schubmittelpunkt *m*
shearing check *(Stat)* Schubnachweis *m*, Schubsicherung *f*, Scher(spannungs)nachweis *m*
shearing compression *(Stat)* Schubdruck *m*
shearing connection Schubverbindung *f*
shearing crack Scherriss *m*, Schubriss *m*
shearing curve *(Stat)* Schub(kraft)kurve *f*
shearing deformation Schubformänderung *f*
shearing deformation angle *(Stat)* Schubformänderungswinkel *m*, Schubverformungswinkel *m*
shearing design *(Stat)* Schubberechnung *f*
shearing diagram *(Stat)* Schubdiagramm *n*
shearing difference Schubunterschied *m*
shearing effect Schubwirkung *f*
shearing elasticity Schubelastizität *f*
shearing failure *(Bod)* Grundbruch *m*
shearing force *(Stat)* Schubkraft *f*
shearing force diagram *(Stat)* Schubkraftdiagramm *n*
shearing force transmission Schubkraftübertragung *f*
shearing force value Schubkraftwert *m*
shearing line *(Stat)* Schubspannungslinie *f*
shearing load *(Stat)* Scherbelastung *f*, Schublast *f*
shearing modulus G *(Stat)* Gleitmodul G *m*; Schubmodul *m*
shearing off Abscheren *n*
shearing plane Scherfläche *f*
shearing protection *(Stat)* Schubsicherung *f*
shearing resistance Schubwiderstand *m*; Abscherfestigkeit *f*
shearing section Schubquerschnitt *m*
shearing strain 1. *(Stat)* Schubdehnung *f*; Schiebung *f*; 2. *(Bod)* Gleitung *f*
shearing strength Schubfestigkeit *f*; Abscherfestigkeit *f*
shearing strength test Schubfestigkeitsprüfung *f*
shearing stress Schubspannung *f*; Scherspannung *f*, Schubbeanspruchung *f*; Tangentialspannung *f*
shearing stress curve *s.* shearing stress line
shearing stress diagram *(Stat)* Schubspannungsdiagramm *n*
shearing stress distribution Schubspannungsverteilung *f*
shearing stress line *(Stat)* Schubspannungslinie *f*, Querkraftlinie *f*
shearing surface Scherfläche *f*, Abscherfläche *f*
shearing test *(BM)* Scherversuch *m*, Scherprüfung *f*, Abscherprüfung *f*
shearing yield strength *(BM)* Streckgrenze *f* beim Abscheren
shears *(BWG)* Schere *f (z. B. für Blech)*
sheath *v* 1. umhüllen *(z. B. Spannglied)*; ummanteln *(z. B. Bewehrung, Kabel)*; 2. verbrettern, verschalen
sheath 1. *(BT)* Hülle *f*, Mantel *m*, Ummantelung *f*, Umkleidung *f (z. B. von Bauteilen und Leitungen)*; 2. *(Konst, Te)* Hülse *f*, Hüllrohr *n*, Gleitkanal *m (Spannbeton)*; Umhüllung *f (Spannbeton)*
sheathed umhüllt, ummantelt
sheathed cable *(El)* Mantelkabel *n*, umhülltes [bewehrtes] Kabel *n*
sheathed wire *(El)* bewehrter Draht *m*, Rohrdraht *m*
sheathing 1. *(BT, Konst)* Umhüllung *f*, Ummantelung *f*, Mantel *m*; Umkleidung *f*; 2. *(BT)* Hülle *f*, Hüllrohr *n*, Röhre *f*; Gleitkanal *m*; Spannkanal *m*; 3. *(BT, Hb)* Verschalung *f*, Bretterverkleidung *f*; Wandverschalung *f*; Außenwandverkleidung *f*; Dachverschalung *f*; Schalbrett *n (für Dächer)*; Grabenaussteifung *f*; Spannkanal *m (Spannbeton)*
sheathing felt (getränkte) Dachpappe *f*
sheathing material *(BT)* Umhüllungsstoff *m*, Umhüllungsmaterial *n*
sheathing paper nackte Dachpappe *f*, Baupappe *f*; Asphaltpapier *n*
sheave *(BT, Te)* Scheibe *f*, Seilscheibe *f*, Seilrolle *f*, Baurolle *f*
shed 1. *(Konst, LB)* Schuppen *m (z. B. für Geräte)*; Baubude *f*; (kleine) Halle *f*; Stall *m*; Scheune *f*; 2. *(Konst, LB)* Schutzdach *n*
shed construction system *(Konst)* Hallenbausystem *n*
shed dormer *(Konst)* durchgehende Gaupe *f*
shed roof 1. *(Konst, TK)* Pultdach *n*, Halbdach *n*, halbes Satteldach *n*, Schleppdach *n*, Flugdach *n*; 2. *(Konst, TK)* Sheddach *n*, Sägezahndach *n*
shed roof truss *(TK)* Sheddachbinder *m*, Sägedachbinder *m*
shed truss *(TK)* Hängewerk *n*
sheen *(OB)* Glanz *m*
sheeny *(OB)* glänzend
sheepsfoot roller *(BWG, Verk)* Schaffußwalze *f (Straße)*
sheet *v* **out** auswalzen
sheet 1. *(BT)* Tafel *f*, Platte *f*; Scheibe *f*; Blech *n*; 2. *(BM)* Schicht *f*, dünne Schicht *f*, Lage *f*; Bahn *f (Dachpappe)*; Folie *f*, Kunststofffolie *f*; 3. *(TK)* Scheibentragwerk *n*, Scheibe *f*
sheet action *(Stat)* Scheibenwirkung *f*
sheet asphalt *(AE)* dünne Asphaltdeckschicht *f*; Asphaltmastixdeckschicht *f*; Asphaltmörtel *m*
sheet bonding adhesive Plattenkleber *m*, Plattenklebstoff *m*
sheet brass Messingblech *n*
sheet copper Kupferblech *n*
sheet covering 1. *(Konst)* Blechabdeckung *f*; 2. Bahnenbelag *m (von Dachpappe)*
sheet floor gauge Blechlehrennummer *f*
sheet glass *(BM)* Tafelglas *n*, Flachglas *n*; Glastafel *f*
sheet glue Filmleim *m*, Leimfolie *f*, Klebefilm *m*, Klebefolie *f*
sheet iron Eisenblech *n*, Tafelblech *n*
sheet-iron lining *(Konst)* Blechauskleidung *f*
sheet-iron pipe Blechrohr *n*
sheet lath Metalllochlatte *f*
sheet laying *(Verk)* Straßendeckenfertigung *f*
sheet lead Bleiblech *n*, Tafelblei *n*
sheet material Bahnware *f*
sheet metal Blech *n*, Feinblech *n*; Tafelblech *n*

sheet-metal covering *(Konst, OB)* Metallbeplankung *f*, Blechverkleidung *f*
sheet-metal door *(Konst)* Metallhohltür *f*, Metallrahmentür *f* mit Blechbeplankung beiderseits
sheet-metal enamel Blechemail *n*
sheet metal flashing piece Blechanschlussstreifen *m*
sheet metal jacket *(BT, Konst)* Blechummantelung *f*, Blechmantel *m*
sheet-metal lath Metalllochlatte *f*
sheet-metal roof cladding *s.* sheet-metal roofing
sheet-metal roofing *(Konst)* Metallbedachung *f* aus flachen Blechen, Bedachung *f* mit Blech
sheet-metal screw Blechschraube *f*
sheet-metal sheathing *(BT, Konst)* Blechgleitkanal *m*, Blechspannkanal *m*, Blechhülle *f*, Blechhüllrohr *n*
sheet-metal valley gutter Blechkehlrinne *f*, Kehlblechrinne *f*
sheet metal work *(St, Te)* Blecharbeiten *fpl*
sheet mica Spaltglimmer *m*, Plattenglimmer *m*
sheet of cement *(BT)* Zementdiele *f*
sheet of paper Pappenplatte *f*
sheet of veneer Furnierblatt *n*
sheet of water *(Bod)* Wasserschicht *f*, Schichtenwasser *n*
sheet panel Blechtafel *f*
sheet pile *(BT)* Spundbohle *f*, Diele *f*
sheet-pile anchorage *(Erdb)* Spundwandverankerung *f*
sheet-pile bulkhead *(Erdb)* Spundwand *f*
sheet-pile cut-off *(Erdb)* Spundwandabdichtung *f*
sheet-pile driving *(Erdb)* Spundwandrammung *f*
sheet-pile wall *(Erdb)* Spundwand *f*
sheet piling 1. *(Erdb)* Spundwand *f*; Bohlenwand *f*; 2. *(Erdb)* Spundwandrammung *f*
sheet-piling driver Spundwandramme *f*
sheet plank *(BT, Erdb)* Spundbohle *f*
sheet plastic Kunststofffolie *f (z. B. als Sperrung)*
sheet roofing Plattenbedachung *f*, Plattendachbelag *m*
sheet rubber Gummibahnware *f*
sheet shears *(BWG)* Blechschere *f*
sheet-steel Stahlblech *n*
sheet-steel piling *(Erdb)* Stahlspundwand *f*
sheet thickness Blechdicke *f*
sheet tin Zinnblech *n*
sheet tinning *(Te)* Blechverzinnen *n*
sheet-type bearing system with three areas *(TK)* dreiflächiges Scheibentragwerk *n*
sheet wall piling *(Erdb)* Spundwandgründung *f*
sheet zinc Zinkblech *n*
sheet zinc cover Zinkblechabdeckung *f*
sheet zinc roof cladding [covering] *(Konst)* Zinkbedachung *f*, Zinkdachbelag *m*, Zinkeindeckung *f*, Zinkdachdeckung *f*, Zinkdach *n*
sheeted geschichtet
sheeting 1. *(BT, Erdb, TK)* Absteifung *f*, Absteifungselemente *npl*; Verbaumaterial *n*; Verbau *m*; 2. *(BT, Te)* Schaltafeln *fpl*, Schalwand *f*; 3. *(Erdb)* Spundwand *f*; Grabenaussteifung *f*; 4. *(BM)* Verkleidungsmaterial *n*; Blechverkleidung *f*; 5. *(Verk)* Straßendecke *f (Verschleißbelag)*
sheeting clip Putzplattenhalter *m*, Vertäfelungs(halte)-klammer *f*
sheeting concrete wall Schalenwand *f*; Verschalungselement *n*
sheeting covering Bahnenbelag *m*
sheeting driver *(BWG, Erdb)* Spundwandramme *f*
sheeting flooring Bahnenfußbodenbelag *m*
sheeting linoleum Fliesenlinoleum *n*
sheeting material Bahnware *f*
sheeting plastic *(BM, DIS)* Kunststoffbahn *f*
sheeting works *(Erdb)* Verbauarbeiten *fpl*, Aussteifungsarbeiten *fpl (z. B. bei Baugruben, Gräben)*
sheetlike plattenartig
sheets Platten *fpl*
shelf 1. Gestell *n*, Regal *n*; 2. *(Erdb)* Anschnitt *m*; Felsanschnitt *m*
shelf angle *(BT)* Querträgerverbindungswinkel *m*
shelf bracket *(EB)* Regalstütze *f*, Bücherbrettwinkelstrebe *f*
shelf cleat Regaltrageleiste *f*
shelf console Regal(holz)konsole *f*
shelf life Lagerfähigkeit *f*, Lager- und Verarbeitungsdauer *f (von Kleber, Farbe)*
shelf nog Regal(holz)konsole *f*
shelf rest *(EB)* (verstellbarer) Regalbrettbolzen *m*, Regalbretthaltebolzen *m*
shelf strip Regaltrageleiste *f*
shelf unit *(EB)* Schrankwand *f*
shell 1. *(Konst, TK)* Schale *f*, Schalenbauwerk *n*, Schalenkonstruktion *f*; 2. *(Konst)* Gebäudegeripppe *n*, Rohbauskelett *n*, Skelettrahmenwerk *n*; Bauhülle *f*; Gebäudeaußenhaut *f*, Gehäuse *n*; Rohbau *m*; 3. *(BT, Konst)* Hülse *f*; Mantel *m*; Gehäuse *n*
shell action Schalenwirkung *f*
shell aggregate Muschel(schalen)zuschlag *m*, Schalenzuschlag(stoff) *m*
shell analogy *(Stat)* Schalenanalogie *f*
shell analysis 1. Schalenstatik *f*; 2. *s.* shell calculation
shell apex Schalenscheitelpunkt *m*
shell area Schalenfläche *f*
shell auger *(BWG, Bod)* Löffelbohrer *m*, Schappenbohrer *m*
shell axis *(Stat)* Schalenachse *f*, Schalenmittellinie *f*
shell belt *(BT)* Kesselschuss *m*, Mantelschuss *m*
shell bending theory *(Stat)* Schalenbiegetheorie *f*
shell bit Löffelbohrer *m*
shell boundary Schalenrand *m*
shell-boundary stress resultant *(Stat)* Schalenrandspannungsresultierende *f*
shell buckling Schalenbeulung *f*
shell calculation *(Stat)* Schalenberechnung *f*
shell centre line Schalenachse *f*, Schalenmittellinie *f*
shell concrete Schalenbeton *m*
shell concrete construction *(Konst, Te)* Betonschalenbau *m*
shell concrete roof Schalenbetondach *n*
shell configuration Schalenfigur *f*
shell constant *(Stat)* Schalenkonstante *f*
shell construction 1. *(Konst, Te)* Schalenbauweise *f*, Schalenkonstruktion *f*; 2. *(Konst, Te)* Rohbau *m*
shell construction method *(Konst)* Schalenbauweise *f*
shell content Muschelschalengehalt *m (im Sand, Kies, Kalk usw.)*
shell cross section *(Konst, Stat)* Schalenquerschnitt *m*
shell crown Schalenscheitel *m*
shell cupola *(Konst)* Schalenkuppel *f*
shell dead load *(Stat)* Schalentotlast *f*, Schaleneigenlast *f*
shell deflection [deflexion] Schalendurchbiegung *f*
shell dome Schalenkuppel *f*
shell donjon [dungeon] *(Arch)* gemauerter Donjon *m*, gemauerter Bergfried *m*, gemauerter Belfried *m*, gemauerter Wohnturm *m*
shell edge Schalenrand *m*
shell effect *(Stat)* Schalenwirkung *f*
shell equation *(Stat)* Schalengleichung *f*
shell force *(Stat)* Schalenkraft *f*
shell form *(Konst)* Schalenform *f*
shell formula *(Stat)* Schalenformel *f*
shell foundation *(Erdb, Konst)* Schalengründung *f*
shell keep *s.* shell donjon [dungeon]
shell key *(Konst)* Schalenscheitel *m*

shell-like muschelig
shell-like fracture muscheliger Bruch *m*
shell lime(stone) *(BM)* Muschelkalk(stein) *m*; Muschelmarmor *m*
shell load-bearing system Schalentragwerk *n*, Schalenkonstruktion *f*
shell loading *(Stat)* Schalenbelastung *f*
shell marl *(BM, Bod)* Muschelmergel *m*
shell material *(BM)* Schalenbaustoff *m*
shell membrane *(BT, Konst)* Schalenmembran *f*
shell method *s.* shell construction 1.
shell model Schalenmodell *n*
shell moment *(Stat)* Schalenmoment *n*
shell moulding *(Te)* Schalengussherstellung *f*, Schalenelementgussverfahren *n*
shell normal *(Stat)* Schalennormale *f*
shell of a building *(Konst)* Gebäude(konstruktions)körper *m*; Rohbau *m*
shell of double curvature *(Stat)* doppelt gekrümmte Schale *f*
shell of negative curvature *(Stat)* negativ gekrümmte Schale *f*
shell of positive curvature *(Stat)* positiv gekrümmte Schale *f*
shell of rotational symmetry *(Konst, Stat)* Rotationsschale *f*, Drehschale *f*
shell of single curvature *(Stat)* einfach gekrümmte Schale *f*
shell of well *(Konst, WVA)* Brunnenkranz *m*
shell oscillation Schalenschwingung *f*
shell plate Schale *f*
shell point Schalenpunkt *m*
shell problem *(Stat)* Schalenaufgabe *f*
shell radius Schalenradius *m*, Schalenhalbmesser *m*
shell reinforcement Schalenbewehrung *f*
shell research *(Stat)* Schalenforschung *f*
shell ring *(BT)* Kesselschuss *m*, Mantelschuss *m*
shell roof *(TK)* Schalendach *n*
shell sector Schalensektor *m*
shell segment Schalensegment *n*
shell shake Ringriss *m (Holz)*
shell shape *(Konst)* Schalenform *f*
shell-shaped *(Konst)* schalenförmig
shell slope Schalenneigung *f*
shell stress pattern *(Stat)* Schalenspannungsbild *n*
shell structure 1. *(Konst, TK)* Schalenkonstruktion *f (als Tragwerk)*; 2. *(Konst)* Schalenbauwerk *n*, Schalenkonstruktion *f*, Schale *f*
shell theory *(Stat)* Schalentheorie *f*
shell top Schalenscheitelpunkt *m*
shell top form obere Schalenform *f*
shell-type roof *(TK)* Schalendach *n*
shell vault *(TK)* Schalengewölbe *n*
shell vertex Schalenscheitelpunkt *m*
shell vibration Schalenschwingung *f*
shell width *(Konst)* Schalenbreite *f*
shell work 1. *(Konst, Te)* Rohbauarbeiten *fpl (Kanada)*; 2. *(Arch)* Muschelwerk *n (Ornament der Spätrenaissance)*
shellac *(BM, OB)* Schellack *m*, Lackfirnis *m*, Lackfarbe *f*
shellac varnish Schellacklösung *f*, Schellack-Spiritus-Lack *m*, Schellackfirnis *m*
shelling Abblättern *n*, Abschälen *n (z. B. von Anstrichen)*
shelly schalenförmig, schuppenförmig; schuppenartig *(Bruch)*; splittrig *(Holz)*
shelly limestone *(BM, Bod)* Muschelkalk(stein) *m*
shelly sandstone Muschelsandstein *m*
shelter 1. *(Konst, Umw)* Schutzraum *m*; Schutzhütte *f*, Schuppen *m*; 2. *(Konst)* offener Schuppen *m*; Wartehalle *f* *(Haltestelle)*; 3. *(Konst, LB)* Schutzdach *n*, Wetterdach *n*; 4. *(Konst, LB)* Baubude *f*, Aufenthaltsraum *m*
shelter belt *(LB, Umw)* Windschutzstreifen *m*, Windschutzpflanzung *f*
shelter wall *(Wsb)* Schutzmauer *f (Mole)*
sheltered car place *(Konst, Verk)* Garageneinstellplatz *m*, Garagenstandplatz *m*
sheltered from rain regengeschützt, regensicher
sheltered site *(RP)* geschützte Lage *f (Grundstück)*
shelve *v* 1. *(Te)* ausfachen, mit Fächern versehen; 2. *(Konst)* sanft abfallen, sich neigen
shelving abfallend, schräg, geneigt *(Fläche)*
shelving 1. *(EB)* Regalbretter *npl*; 2. *(EB)* Fächerregal *n*, gefächertes Wandbord *n*; 3. *(Bod)* Abhang *m*
shelving bottom *(Bod)* abfallender Boden *m*
shelving bracket *(EB)* Regalkonsole *f*
shelving coast *(Bod)* Steilküste *f*
shelvingness *(Bod, Erdb)* Böschung *f*
sherardize *v (OB, Te)* sherardisieren, verzinken, mit Zink überziehen *(Diffusionsverzinken)*
sherardizing *(OB, Te)* Sherardisieren *n*, Verzinken *n*
shide Dachschindel *f*
shield *v* schützen, abschirmen
shield 1. *(Konst, Umw)* Schild *m*, Abschirmung *f*, Schutz *m*; Abschirmwand *f*, Reaktorschirmwand *f*; 2. *(Tun)* Vortriebsschild *m*, Abbauschild *m*
shield driving *(Tun)* Schildvortrieb *m*
shield driving method *(Tun)* Schild(vortrieb)bauweise *f* *(Kanal- und Tunnelbau)*
shield protection Schildschutz *m*
shield-shaped schildförmig
shield tunnelling *(Tun)* Schildvortrieb *m*, Schildvertrieb *m* *(Auffahrmethode)*
shielded cable *(El)* Panzerkabel *n*, Abschirmkabel *n*
shielded conductor *(El)* metallabgeschirmtes Zuführungskabel *n*
shielded deposit *(Erdb, Umw)* verdeckte Ablagerung *f*
shielded inert gas metal arc welding *(St, Te)* Sigmaschweißung *f*
shielding 1. *(Konst, Umw)* Abschirmung *f (z. B. gegen Strahlung)*; 2. *(Konst)* Schutzvorrichtung *f*; Schutzabdeckung *f*
shielding block *(BM, Umw)* Strahlenschutzstein *m*, Abschirmblockstein *m*
shielding building *(Konst)* Abschirmungsgebäude *n (gegen Wind)*
shielding concrete Abschirmbeton *m*, Strahlenschutzbeton *m*
shielding design *(Stat)* Abschirmungsberechnung *f* *(Strahlung)*
shielding effect Abschirmungswirkung *f*
shielding heat *(HLK)* Strahlenschutzwärme *f*
shielding material *(BM, Umw)* Strahlenschutzbaustoff *m*
shielding wall *(Konst)* Abschirm(ungs)wand *f*
shift *v* 1. *(EB, Konst, Te)* verschieben, verlagern, versetzen; umsetzen; umschalten; umstellen *(z. B. Möbel)*; 2. *(RS)* wegräumen *(Schutt)*
shift *v* **tracks** *(Verk)* Gleise rücken
shift 1. *(Konst, Te)* Verschiebung *f*; Versatzmaß *n (Beton)*; 2. *(BWG, Te)* Umsetzung *f (Baumaschinen)*; 3. *(Bod)* Verschiebung *f*, Verwerfung *f (Geologie)*; 4. *(VR)* Arbeitsschicht *f*, Schicht *f*; 5. *(Te, VR)* Bautrupp *m*, Baukolonne *f*, Schicht *f*; 6. *(Konst, VR)* Veränderung *f*, Wechsel *m*; 7. *(Verk)* Tangentenabrückung *f (Trassierung)*
shift boss Polier *m*, Bauschichtführer *m*; Schichtführer *m*
shift factor *(Stat)* Verschiebefaktor *m*; Veränderungsfaktor *m*
shift of level *(Verm)* Niveauänderung *f*, Niveauverschiebung *f*

shiftable *(EB, Konst)* verschiebbar; rückbar
shifting beweglich; sich verschiebend
shifting 1. Umsetzung *f*, Versetzen *n (Baumaschinen)*; 2. Verwerfung *f (Gestein, Baugrund)*
shifting block verschiebbarer Steinblock *m*
shifting crane *(Verk)* Versetzkran *m (Schiene)*; Umsetzkran *m*
shifting dune *(Bod)* Wanderdüne *f*
shifting of earth *(Erdb)* Erdbewegungsarbeiten *fpl*
shifting of the river *(Wsb)* Flussbettverlegung *f*; Talverlegung *f*
shifting of tracks *(Verk)* Gleis(ver)rücken *n*
shifting sand *(BM, Bod)* Schwimmsand *m*, Treibsand *m*, Fließsand *m*; Flugsand *m*
shifting square *(Hb, Konst, St)* Gehrungswinkel *m*, Anschlagwinkel *m*
shiftings *(BM)* Flugasche *f*
shim *v (Konst, Verk)* unterbauen *(Straße)*; unterlegen *(Eisenbahn)*; ausgleichen *(durch Beilagen)*
shim *(BT)* Unterlegscheibe *f*, Unterlage *f*; Beilagescheibe *f*, Beilageblech *n*, Beilage *f*
shimming *(Konst, Verk)* Unterlegen *n (Straße)*; Unterbauen *n (Eisenbahn)*
shimming plate Unterlegblech *n*, Ausgleichsblech *n*, Einstellblech *n (Auflagenhöhenanpassung)*
shin Lasche *f*, Schienenlasche *f*
shindle *(BM)* Dachschiefer *m*
shine *v* 1. *(OB, Te)* polieren; 2. glänzen *(Material)*; leuchten, scheinen
shingle *v* mit Schindeln (ein)decken
shingle 1. *(BM)* Schindel *f*, Dachschindel *f*; Holzschindel *f*; 2. *(BM)* grober Kies *m*; Kieselgeröll *n*, Rundkies *m*, Geschiebe *n (an Meeresufern)*
shingle applicator Schindelleger *m*
shingle backer *(Konst)* Schindelunterlage *f*, Schindelunterlegfolie *f*
shingle ballast Kiesballast *m*
shingle covering *(Konst)* Verschindelung *f*, Schindelschirm *m*
shingle cutter Schindelschneider *m*
shingle eaves course Schindelfußreihe *f (Trauflage)*
shingle hanging *(Konst, Te)* senkrechtes Verschindeln *n*
shingle lap *(Konst)* Überlappungsfuge *f (dünn über dick)*
shingle nail Schindelnagel *m*, galvanisierter Nagel *m*
shingle pea gravel *(BM)* Perlkies *m*, Erbskies *m*
shingle raising *(Erdb)* Kiesdamm *m*
shingle roof Schindeldach *n*
shingle roof cladding [covering] *(Konst, Te)* Schindeldach(ein)deckung *f*, Schindeldeckung *f*
shingle roof sheathing [slating] *s.* shingle roof cladding [covering]
shingle roof with half [open, spaced] slating *(Konst, Te)* Schindeldeckung *f* mit senkrechter Zwischenfuge
shingle stain *(BB)* Schindelbeize *f*, Holzschindelimprägnierfarbe *f*
shingle tile *(BT)* Biberschwanz *m*
shingle trap *(Wsb)* Geröllfang *m*
shingle undercourse erste Schindellage *f (Dach)*
shingle wall Schindelwand *f*
shingle-wood Schindelholz *n*
shingler Schindelleger *m*, Dachdecker *m* für Schindeldächer
shingling hatchet Schindelhammer *m*, Schindeldachdeckerhammer *m*, Schieferhammer *m*
shining *(OB)* glänzend
shining lustre *(OB)* Hochglanz *m*
shining soot *(HLK)* Glanzruß *m*
Shinto shrine *(Arch)* Schreinhalle *f*
shiny *(OB)* glänzend
ship-and-galley tile *(BM, BT)* geriffelte Fußbodenfliese *f*, gleitsichere [rutschsichere] Keramik-Fußbodenplatte *f*
ship caisson *(Wsb)* Schwimmponton *m*
ship canal lift *s.* ship hoist
ship elevator *(AE)* *s.* ship hoist
ship hoist *(Wsb)* Schiffshebewerk *n*
ship pulpit *(BT)* Schiffskanzel *f*
ship scaffold *(Konst)* Seilhängegerüst *n*
shipbuilding yard *s.* shipyard
shiplap *(BM, Hb)* angefaste Schalbretter *npl*, Spundbretter *npl*; angefaste Verschalung(splatte) *f*
shiplap edge *(Hb, St)* Überblattung *f*
shiplap siding *(Hb)* gefalzter Wandschirm *m*, gefalzte Verschalung *f*
shiplap wooden siding *(Hb)* gefalzte waagerechte Bretterverschalung *f (Verkleidung als Wetterschutz)*
shipment *(Verk)* Versand *m*, Transport *m (auch mit Schiff)*; Lieferung *f*
shipment drawing *(Konst, VR)* Lieferzeichnung *f*
shipper *(BM)* Schmolzziegel *m*, deformierter Ziegel *m (minderwertig, jedoch noch verwendbar)*
shipping *(VR)* Auslieferung *f*, Versand *m*, Liefern *n*
shipping channel *(Wsb)* Fahrrinne *f*
shipping container *(Verk)* Schiffscontainer *m*
shipping date *(VR)* Liefertermin *m*
shipyard *(Wsb)* Schiffswerft *f*, Werft *f*
shirting Schirting *n*, Baumwollträger *m*, Baumwollträgergewebe *n (Anstrichträger)*
shive Achel *f*, Schebe *f*, Schewe *f (Flachstroh für Leichtbauplatten)*
shiver *v* zersplittern, zerbrechen; aufspalten; abblättern *(z. B. Keramikglasur)*
shiver 1. Splitter *m*, Scherbe *f*; Bruchstein *m (Dachschiefer)*; 2. Dachschiefer *m*, Tafelschiefer *m*; 3. Span *m*, Splitter *m (Holz)*
shivering 1. Abblättern *n*, Abplatzen *n (z. B. von Keramikglasur)*; 2. Glasurriss *m*; Beschichtungsriss *m*
shoal *(Wsb)* Untiefe *f*, flache Stelle *f*; Sandbank *f*
shoaling Versanden *n*
shoaly *(Wsb)* seicht, flach
shock 1. Stoß *m*, Schlag *m*; 2. Erschütterung *f*; 3. Verdichtungsstoß *m*
shock absorber Stoßdämpfer *m*
shock bending test Schlagbiegeversuch *m*, Schlagbiegeprüfung *f*
shock concrete *(BB)* Schockbeton *m*
shock factor Stoßzahl *f*
shock hazard *(El)* Spannungsgefährdung *f*, Berührungsgefahr *f*
shock isolator Stoßaufnehmer *m*
shock load *(Stat)* Stoßbelastung *f*, Schlagbeanspruchung *f*; Betoneinbringungs(stoß)belastung *f*
shock mount Schwingungsdämpfer *m*
shock resistance *(BM)* Stoßfestigkeit *f*, Schlagfestigkeit *f*
shock-resistant stoßfest, schlagfest
shock test *(BM)* Schlagprüfung *f*
shock wave Stoßwelle *f*
shockproof 1. *(El)* berührungs(schutz)sicher; 2. *(Konst)* stoßgesichert, stoßfest, schlagfest
shodar *v* schürfen
shoe *v (Erdb)* anschuhen, beschuhen *(Rammpfahl)*
shoe 1. Tragelementfuß *m*, Sohlplatte *f*, Schuh *m*; Pfahlschuh *m*, Pfahlfußspitzenschuh *m*; 2. Abflussbogen *m*; 3. *s.* shoe moulding [rail]; 4. Fallrohrauslauf *m*
shoe moulding [rail] *(Hb)* Fußholz *n*, Fußschiene *f (Geländer)*
shoed angeschuht
shoed bar angeschuhte Stange *f*
shoed pole *(BT)* angeschuhter Mast *m*

shoot *v* 1. sprengen, schießen; 2. torkretieren; 3. *(Hb)* geradehobeln; Kanten glatthobeln
shoot *(BB, Te)* Schüttrinne *f (Betoneinbringung)*; Schurre *f*, Rutsche *f*
shooted concrete *s.* shotcrete
shooter Sprengmeister *m*, Schießmeister *m*
shooting 1. *(Erdb, Tun)* Sprengen *n*, Schießarbeit *f*; 2. *(BB, Te)* Torkretieren *n*, Betonspritzverfahren *n*
shooting board *(Hb)* Stoßlade *f*
shooting plane *(BWG, Hb)* Abkanthobel *m*
shop 1. Werkstatt *f*, Werkstätte *f*; Reparaturwerkstatt *f*; Werkhalle *f*; Betrieb *m*; 2. Laden *m*, Geschäft *n*, Einkaufsstätte *f*
shop-applied priming coat werksbeschichtet, mit Grundanstrich versehen
shop bench Werkbank *f*
shop building *(Konst)* Werkstattgebäude *n*, Werkstatthalle *f*
shop coat Werksanstrich *m*, Fertigungsanstrich *m*
shop drawing *(Konst)* Werkstattzeichnung *f*
shop-erected *(Te)* vormontiert; vorgefertigt
shop fabrication *(Te)* Werkstatt(an)fertigung *f*
shop fitting Ladenbau *m*
shop fittings Ladeneinrichtung *f*
shop front *(Konst, RP)* Ladenfront *f*, Ladenfassade *f*; Schaufensterfront *f*
shop joint *(Te)* Werkstattstoß *m (Stahlbau)*
shop lumber *(AE) (BM, Hb)* vorgefertigtes Bauholz *n*, Holz *n* nach Stückliste
shop-painted *(Te)* werkgestrichen
shop painting Werkstattanstrich *m (Stahlbau)*
shop premise Ladenlokal *n*
shop-primed *(OB, Te)* werkgrundiert
shop primer *s.* shop coat
shop priming *(OB, Te)* Werkstattgrundierung *f (Stahlbau)*
shop production *(Te)* Werkstattfertigung *f*
shop rivet Werkstattniet *m*
shop-riveted *(St, Te)* werkgenietet
shop sign *(Verk)* Werkstatthinweiszeichen *n*
shop storey *(Konst)* Ladenetage *f*, Ladenstockwerk *n*
shop weld Werkstatt(schweiß)naht *f*
shop window Ladenfenster *n*, Schaufenster *n*
shop work *(St, Te)* Werkstattfertigung *f*
shopping and living [residential] complex *(RP)* Einkaufs- und Wohnkomplex *m*
shopping arcade Einkaufspassage *f*
shopping area *(RP)* Einkaufsviertel *n*
shopping block *(Arch)* Ladengebäude *n*
shopping building *(Arch)* Ladengebäude *n*
shopping centre *(RP)* Einkaufszentrum *n*, Ladenzentrum *n*; Supermarkt *m*
shopping complex *(RP)* Einkaufszentrum *n*
shopping hall Kaufhalle *f*
shopping lane Ladengasse *f*
shopping level *(Konst)* Ladenebene *f*, Einkaufsebene *f*
shopping mall *(AE) (RP)* Einkaufszentrum *n*; Ladenstraße *f*
shopping passage Ladenpassage *f*, Einkaufspassage *f*, Verkaufspassage *f*
shopping precinct *(RP)* Einkaufsviertel *n*; Geschäftskomplex *m*
shopping street *(RP)* Ladenstraße *f*, Geschäftsstraße *f*
shops parade *s.* shopping street
shore *v (Te, TK)* stützen, verstreben, versteifen, absteifen; einrüsten
shore *v* **up** *(Te, TK)* verstreben, absteifen, abstützen
shore 1. *(TK)* Strebe *f*, Steife *f*, Stütze *f*; Absteifelement *n*; 2. *(Bod)* Küste *f (Meer)*; Ufer *n (See)*; Strand *m*
shore-anchored suspension bridge erdverankerte Hängebrücke *f*
shore asphalt *(BM)* Trinidad(see)asphalt *m*
shore bay [bridge] *(Wsb)* Landbrücke *f*, Flutbrücke *f*
shore climate *(Bod)* Küstenklima *n*
shore column Einrüststütze *f*
shore development *(Bod)* Uferentwicklung *f*
shore dune *(Bod)* Stranddüne *f*
shore gravel Strandkies *m*, Uferkies *m*
Shore hardness *(BM)* Shore-Härte *f*, Rücksprunghärte *f* nach Shore
Shore hardness scale Shore-Härteskala *f*
Shore hardness test Rückprallhärteprüfung *f* nach Shore
shore line *(Bod)* Uferlinie *f*
shore pier *(Br)* Uferpfeilergrube *f*; Endloch *n (Brückenverankerung)*
shore protection *(Wsb)* Küstenschutz *m*, Küstensicherung *f*
shore sand Strandsand *m*, Ufersand *m*
Shore scleroscope hardness *(BM)* Shore-Härte *f*, Skleroskophärte *f*
Shore scleroscope hardness test Rücksprunghärteprüfung *f* nach Shore
shore sediment *(Bod)* Küstensediment *n*
shore structures *(Wsb)* Küsten(schutz)bauten *mpl*
shoring 1. *(Te)* Absteifung *f*, Absteifen *n*, Aussteifen *n*; Abstützung *f (Vorgang)*; 2. *(TK)* Absteifung *f*, Verschalung *f*; Einrüstung *f*, Hilfsgerüst *n (z. B. bei Unterfangung)*
shoring column Einrüststütze *f*
shoring of the foundation pit *(Erdb, Te)* Absteifen *n* der Baugrube
shoring strut Steife *f*, Sprieße *f*, Strebe *f*
shoring system *(TK)* Abstützkonstruktion *f*, Einrüstkonstruktion *f*
shoring up Abstützen *n (Bauwerk)*
short *v* **to earth** *(El)* erden, gegen Erde kurzschließen, an Masse legen
short *v* **to ground** *(AE) s.* short to earth
short 1. kurz *(räumlich, zeitlich)*; verkürzt; zu kurz; 2. knapp, unzureichend; 3. brüchig, spröde *(Metall)*
short *(AE) s.* short circuit
short-circuit *v (El)* kurzschließen
short circuit *(El)* Kurzschluss *m*
short-circuit current *(El)* Kurzschlussstrom *m*
short circuit to earth *(El)* Erdschluss *m*
short clay *(BM)* Magerlehm *m*
short column knickfeste Stütze *f* [Säule *f*]
short-columnar kurzsäulig
short-continued behaviour *(Konst)* Kurzzeitverhalten *n*
short-continued loading Kurzzeitbelastung *f*
short-continued static loading *(Stat)* kurzzeitige statische Belastung *f*
short cut 1. *(Stat)* Rechenvorteil *m*; 2. Abkürzung *f*
short cylindrical shell *(Konst)* Kurzzylinderschale *f*
short-distance railway *(Verk)* Kleinbahn *f*
short end 1. Schmalseite *f*; 2. *(sl)* bitteres Ende *n*
short fibred kurzfasrig
short-grained spröde, brüchig, wenig widerstandsfähig *(Holz)*
short-length *(BM, Hb)* kurzgeschnittenes Bauholz *n (etwa 2 m)*
short-lived material *(BM)* kurzlebiger Baustoff *m*, kurzlebiger Werkstoff *m*
short method *(Stat)* Rechenvorteil *m*
short-oil alkyd ölarmes [mageres] Alkydharz *n (< 40%)*
short-oil varnish magerer Öllack *m*, Lack *m* mit geringem Ölgehalt
short pile *(Erdb)* Kurzpfahl *m*
short pipe kurzes Ansatzrohr *n*
short ramp Anlauf *m*; Kurzrampe *f*
short-range aggregate concrete *(BB)* Einkornbeton *m*, haufwerksporöser Leichtbeton *m*

short run *(Te, VR)* kleine Losgröße *f*
short-span barrel vault *(Konst)* Kurzspanntonnengewölbe *n*
short-span roof Kurzspanndach *n*
short-span structure *(TK)* Kurzspannweitenkonstruktion *f*
short splice Kurzspleiß *m*
short stay *(Verk)* kurzer Halt *m*
short-term kurzfristig
short-term behaviour *(BM, Konst)* Kurzzeitverhalten *n*
short-term exposure *(BM, Konst)* Kurzzeitbeanspruchung *f*
short-term loading *(Stat)* kurzzeitige Belastung *f*, Kurzzeitbelastung *f*
short-term test Kurzzeitprüfung *f*, Kurzversuch *m*
short-tie beam *(Hb)* Stichbalken *m*, Nebenbalken *m*
short-time static load *(Stat)* kurzfristige Standlast *f*, kurzzeitige statische Last *f*
short ton *(Stat)* amerikanische Tonne *f (SI-fremde Einheit der Masse; 1 sh tn = 907,185 kg)*
short-working plaster *(SB)* zu trockener Unterputz *m*; nicht anziehender Putz *m*
shortage *(VR)* Mangel *m*, Knappheit *f*, Fehlbedarf *m*
shortage of material *(VR)* Baustoffmangel *m*, Baustofffehlbedarf *m*
shortage of water Wassermangel *m*, Wasserknappheit *f*
shorten *v* (ein)kürzen, kürzer machen, abkürzen
shorten *v* **the time of setting** *(BB)* die Abbindezeit verkürzen
shortening Verkürzung *f*, Längenabnahme *f*; negative Dehnung *f*
shortfall *(VR)* Defizit *n*, Fehlmenge *f (z. B. beim Leistungsaufmaß)*
shortness *(BM)* Brüchigkeit *f*, Sprödigkeit *f (von Metall)*
shot *v* granulieren
shot *(Tun)* Schuss *m*, Sprengung *f*, Beschießung *f*
shot-blast *v (OB, Te)* strahlreinigen *(mit Stahlkies)*
shot-blasted sandgestrahlt
shot blasting Strahlreinigen *n*
shot-fire *v* 1. sprengen, schießen *(Gestein)*; 2. einschießen *(mit dem Bolzenschießgerät)*
shot-firer Sprengmeister *m*, Schießmeister *m*
shot-firing *(BM, Erdb, Tun)* Sprengung *f (von Gestein)*; Sprengarbeiten *fpl*, Schießarbeit *f*
shot-hole 1. *(Tun)* Sprengloch *n*; Bohrloch *n (Gestein)*; 2. *(Hb, RS)* Holzwurmloch *n*
shot lead Bleischrot *n*, Schrotblei *n*
shot peening Kugelstrahlen *n (Oberflächenverfestigung)*
shot-sawn finish Schrotschnittoberfläche *f (Naturstein)*
shotcrete *(BB)* Torkretbeton *m*, Torkretierbeton *m*, Spritzbeton *m*, Schrotbeton *m*
shotcrete coat *(BB, DIS, OB)* dünne Torkretbetonschicht *f*
shotcrete facing *s.* shotcrete surfacing
shotcrete finish *(BB, DIS, OB)* Torkretbetonschicht *f*
shotcrete gun Torkretierspritze *f*, Torkretkanone *f*
shotcrete hose Spritzbetonschlauch *m*, Torkretierschlauch *m*
shotcrete lining *(BB, BT)* Torkretbetonverkleidung *f*, Spritzbetonauskleidung *f*
shotcrete machine Torkretierspritzmaschine *f (s. a. shotcrete gun)*
shotcrete operation *(BB, Te)* Spritzbetonaufbringen *n*, Torkretieren *n*, Torkretiervorgang *m*
shotcrete surfacing *(BB, BT)* Spritzbetonverkleidung *f*, Spritzbeton(oberflächen)beschichtung *f*, Torkretverkleidung *f*, Torkret(oberflächen)beschichtung *f*
shotcreting *(BB, Te)* Torkretieren *n*, Spritzbetonieren *n*
shoulder *v* verbreitern *(Straße)*; Schultern heben, Randstreifen befestigen
shoulder 1. *(Konst)* Absatz *m*, Ansatz *m*, Vorsprung *m*, vorspringender Rand *m*; Konsole *f*; 2. *(Verk)* (befestigter) Randstreifen *m*, Straßenschulter *f*; Standspur *f*; Sicherheitsstreifen *m (Start- und Landebahn)*
shoulder nipple Wulstnippel *m*, Doppelnippel *m*
shoulder stabilization *(Verk)* Bankettverfestigung *f*
shoulder strip *s.* shoulder 2.
shoulder stud Rundbolzen *m*
shoulder tree strap *(Hb)* Kopfband *n*
shouldered arch abgesetzter Bogen *m*, Schulterbogen *m*, Konsolbogen *m*
shouldered dovetail halved joint Schwalbenschwanzblatt *n* mit Brust
shouldered housed joint Schwalbenschwanzblatt *n* mit Brust
shouldered tenon Zapfenspannglied *n*
shouldering *(Verk)* Randstreifenbefestigung *f*, Seitenbefestigung *f*, Schulternheben *n (Straßenbau)*
shove *v* 1. schieben; 2. ausspreizen
shoved joint geschobene [gestoßene] Fuge *f*, Stoßfuge *f (Mörtel wird vom Bett mit dem Ziegel in die senkrechte Fuge geschoben)*
shovel *v* 1. schaufeln, schippen; 2. baggerladen
shovel 1. Schaufel *f*, Schippe *f*; Baggerlöffel *m*, Baggerschaufel *f*; 2. Schaufelblatt *n*; 3. *s.* shovel excavator
shovel bucket *(BWG)* Löffel *m*, Baggerlöffel *m*, Baggerschaufel *f*
shovel dozer *(BWG)* Schaufellader *m*, Schürflader *m*
shovel dredger *(BWG)* Schaufelbagger *m (zum Nassbaggern)*
shovel excavator *(BWG)* Löffelbagger *m*
shovel handle 1. Baggerausleger *m*; 2. Schaufelstiel *m*
shovel loader *(BWG)* Überkopflader *m*, Schaufellader *m*
shovel sampling *(BM)* Schaufelprobenahme *f*
shovel sweeper Schaufelblattkehrmaschine *f*
shovel work Handschachten *n*, Schaufeln *n*
shovelling 1. Laden *n* mit dem Bagger; 2. Handschachten *n*
shoving *(Stat)* Schieben *n*, Schub *m*
show *v* sichtbar werden, sich zeigen
show *v* **deep dips** *(Bod, Erdb)* steil einfallen
show cabinet *(EB)* Schaukasten *m*, Vitrine *f*, Auslagekasten *m*, Auslage *f*
show case *(EB)* Vitrine *f*, Schaukasten *m*, Auslagekasten *m*, Auslage *f*
show rafter sichtbarer Sparren *m*; freies [sichtbares] Sparrenende *n (meist verziert)*
show-through *(Konst, RS)* Durchzeichnung *f*, Durchschlagen *n (von Fehlstellen und Unebenheiten)*
show window *(AE)* Schaufenster *n*
shower *(San)* Dusche *f*
shower bath 1. *(Konst, San)* Duschbad *n*, Duschraum *m*, Dusche *f*; 2. *(San)* Dusche *f*, Brause *f (Vorrichtung)*
shower-bath drain *(San)* Duschbeckenabfluss *m*
shower cabinet Duschkabine *f*, Duschzelle *f*
shower column *(San)* Duschsäule *f*
shower control Duschenbedienung *f*
shower cubicle *(Konst, San)* Duschecke *f*, Duschnische *f*
shower curtain Duschvorhang *m*
shower head *(San)* Brausekopf *m*
shower hose Duschschlauch *m*
shower installation Duschanlage *f*
shower mixer *(San)* Duschmischbatterie *f*, Mischbatterie *f* mit Brausekopf; Badbatterie *f*
shower of sparks *(St, Te)* Funkenregen *m*
shower outlet Brauseauslauf *m*
shower pan 1. *(San)* Duschbecken *n*, Duschtasse *f*, Duschwanne *f*; 2. *(DIS) (AE)* Duschbeckenmetalldichtung *f (unter dem Fliesenbett)*
shower partition *(BT, San)* Duschnischentrennwand *f (Fertigteil)*

shower-proof regendicht, wasserdicht
shower receptor *s.* shower pan
shower recess *s.* shower stall
shower room *(Konst, San)* Duschraum *m*
shower set Duschgarnitur *f*
shower stall Duschnische *f*, Duschecke *f*; Duschkabine *f*
shower stall door Duschnischentür *f*, Duschkabinentür *f*
shower tray *s.* shower pan
shower tube *(San)* Duschwanne *f*
shower unit Duschgarnitur *f*
shower valve Duschventil *n*
shower wall Duschwand *f*
shower without cubicles kabinenloser Duschraum *m*, Gemeinschaftsdusche *f*, Massendusche *f*
showroom *(Arch, Konst)* Ausstellungsraum *m*, Ausstellungshalle *f*
shredded bröckelig
shredded refuse landfill *(Umw)* Shredder-Abfalldeponie *f*
shredded structure bröckeliges Gefüge *n (Gestein, Beton)*
shredding *(Hb)* Sparrenauffütterholz *n*, Sparrenfutterleiste *f*
shrine *(Arch)* Schrein *m*, Altarschrein *m (in Kirchen)*
shrink *v* 1. schrumpfen *(Material)*; *(bes. Beton)* schwinden; sich zusammenziehen; sich runzeln *(Farbe)*; 2. sich verwerfen *(Holz)*
shrink *v* **on** *(Te)* aufschrumpfen
shrink-joint *(BT, Konst)* Schrumpfverbindung *f*
shrink-mixed concrete vorgemischter Beton *m (für den Transportmischer)*; nachgemischter Beton *m (im Fahrmischer)*
shrink-on bushing *(Konst)* Schrumpfabschottung *f*
shrink-on collar *(BT)* Schrumpfmanschette *f*
shrink-on sleeve *(BT)* Schrumpfmuffe *f*
shrinkage 1. Schrumpfen *n*, Schrumpfung *f*; Einlaufen *n (von Material)*; Schwinden *n*, Schwindung *f*, Schwund *m (bes. von Beton)*; 2. Verwerfung *f (von Holz)*; 3. Schrumpfmaß *n*; *(bes. bei Beton)* Schwindmaß *n*
shrinkage allowance *(Konst)* Schwindmaßzugabe *f*
shrinkage anchoring *(Konst)* Schwindverankerung *f*
shrinkage bar Schwindbewehrungsstab *m*
shrinkage behaviour *(BB)* Schwindverhalten *n*
shrinkage bending test Schwindbiegeprüfung *f*
shrinkage cavity Schwindungshohlraum *m*
shrinkage coefficient *(Konst, Stat)* Schwindbeiwert *m*, Schwindmaß *n*
shrinkage-compensating schwindungskompensierend, schwindausgleichend
shrinkage-compensating cement schwindungskompensierender Quellzement *m*
shrinkage crack Schrumpf(ungs)riss *m*; *(bes. bei Beton)* Schwindriss *m*
shrinkage cracking Schwindrissbildung *f*, Bruch *m* durch Schwinden *(Beton)*
shrinkage curve *(BB, Stat)* Schwindkurve *f*
shrinkage deformation *(Stat)* Schwindformänderung *f*, Schwindverformung *f*
shrinkage difference Schwindungsunterschied *m*
shrinkage force *(Stat)* Schwindkraft *f*
shrinkage joint *(Konst)* Schwindfuge *f*
shrinkage limit 1. *(BB)* Schwindgrenze *f (Beton)*; 2. *(Bod)* Wassergehalt *m* ohne Volumenverringerung, Schrumpfgrenze *f*; 3. *(Bod)* Schrumpfgrenze *f* nach Atterberg
shrinkage line Schwindkurve *f*
shrinkage loss *(Stat)* Vorspannungsverlust *m* durch Schwinden, Spannverlust *m*
shrinkage mesh Schwindrissnetz *n*
shrinkage pressure *(Stat)* Schwinddruck *m*
shrinkage ratio Schwindverhältnis *n*, Schwindindex *m*
shrinkage reinforcement Schwindbewehrung *f*
shrinkage shake Trockenriss *m (in Holz)*
shrinkage shortening *(Konst)* Schwindverkürzung *f*
shrinkage stress *(Stat)* Schwindspannung *f*
shrinkage tensile stress *(Stat)* Schwindzugspannung *f*
shrinkage test *(BM)* Schwindtest *m*, Schwindprüfung *f*, Schwindversuch *m*
shrinkage value Schwindmaß *n*, Schwindzahl *f*
shrinking *s.* shrinkage 1.
shrinkproof schwindsicher, schwindfest, schwindbeständig, schrumpfbeständig
shrivelling *(OB)* Runzeln *n*, Faltenbildung *f (Anstrich)*
shroud *v (Konst)* umhüllen, ummanteln; abdecken
shroud *(BT)* Ummantelung *f*; Verkleidung *f*; Abdeckung *f*
shrub Strauch *m*, Busch *m*
shrubbery *(LB)* Strauchwerk *n*, Buschwerk *n*
shrubs *(LB)* Buschwerk *n*, Strauchwerk *n*
shrunk joint *(Konst)* Schrumpfverbindung *f*
shrunk-on aufgeschrumpft
shrunk-on ring Schrumpfring *m*
shrunk-on sleeve *(BT)* Schrumpfmanschette *f*
shuff matter Ziegel *m*, dumpfer Ziegel *m*, gerissener Ziegel *m (klanglos)*
shunt *(Verk)* Abzweigung *f*; Weiche *f (Eisenbahn)*; Ausweichgleis *n*
shunt track *(Verk)* Rangiergleis *n*, Verschiebegleis *n*
shunting crane Verschiebekran *m*
shunting engine *(Verk)* Rangierlok *f*
shunting place *(Verk)* Ausweichstelle *f*
shunting siding *s.* shunt track
shunting slope *(Verk)* Ablaufberg *m (Rangieren)*
shunting station *(Verk)* Rangierbahnhof *m*, Verschiebebahnhof *m*
shunting track *s.* shunt track
shunting winch *(Verk)* Rangierwinde *f*
shunting yard *(Verk)* Rangierbahnhof *m*
shut *v* 1. (ver)schließen *(z. B. Fenster)*; abschließen *(z. B. Tür)*; sperren *(z. B. Straßen)*; blockieren; 2. abschalten *(Anlagen)*
shut *v* **down** stilllegen *(Anlage)*; schließen *(Schiebefenster)*; herunterziehen
shut *v* **off** abstellen, (ab)sperren *(z. B. Strom, Gas)*; abdrehen *(Wasser)*; sich abstellen *(z. B. Maschine)*
shut-down Stilllegung *f*
shut-down period Ausfallzeit *f*; Stillstandszeit *f*
shut-down sequence *(Verk)* Ausschaltprogramm *n (Ampeln, Beleuchtung usw.)*
shut-off cock *(San, WVA)* Absperrhahn *m*
shut-off unit *(San, WVA)* Absperrverschluss *m*, Absperrvorrichtung *f*
shut-off valve *(San)* Absperrventil *n*
shutter *v* **(up)** (ein)schalen, Schalung stellen
shutter 1. *(BT, Te)* Schalung *f*, Schalungsform *f*; 2. *(Hb)* Fensterladen *m*; Klappladen *m*; Rollladen *m*; 3. *(EB)* Verschluss *m*, Schließvorrichtung *f*; Sicherheitsvorrichtung *f*; 4. *(BT)* Verschlussklappe *f*; Abdeckung *f*; 5. *(Konst)* Raumabschluss *m*; beweglicher Abschluss *m*; entfernbarer Abschluss *m (für Raum, Fenster, Tür usw.)*
shutter bar *(EB)* Fensterladenverschlussstange *f*
shutter blind *(EB)* Jalousie *f*; Rollladen *m*
shutter box Jalousiekasten *m*; Rollladenkasten *m*
shutter butt *(EB)* Fensterladenscharnier *n*, Fensterladenbeschläge *mpl*
shutter cabinet Rollschrank *m*
shutter curtain Panzerrolltor *n*
shutter dam *(Wsb)* Klappenwehr *n*
shutter door *(BT)* Jalousietür *f*
shutter door aperture [opening] Toröffnung *f*
shutter doorway lichter Durchgang *m*, Türlichte *f*, Türöffnung *f*
shutter leaf Fensterladenflügel *m*; Abschlussblatt *n*

S

shutter lift *(EB)* Fensterladengriff *m*
shutter operator Rollladenbedienungseinrichtung *f (innen)*
shutter slat Abschlusslamelle *f*
shutter worker *s.* shutter operator
shutterboard *(BT, Te)* Schal(ungs)tafel *f*
shuttered floor eingeschalte Decke *f*
shuttering *(BT, Te)* Schalung *f*, Verschalung *f*, Betonschalung *f*
shuttering agent Ausschalungshilfsmittel *n*, Entschalungsmittel *n*
shuttering aid Entschalungshilfsmittel *n*, Schalungsmittel *n*
shuttering board Schal(ungs)brett *n*
shuttering lining *(BT, Te)* Schalungsauskleidung *f*
shuttering lube Schalungsöl *n*, Entschalungsöl *n*
shuttering material Schalungsmaterial *n*
shuttering paint *(BM)* Schalungsfarbe *f*
shuttering panel Schal(ungs)tafel *f*
shuttering paste Schalungspaste *f*, Entschalpaste *f*
shuttering rail Schalungsschiene *f*
shuttering removal *(Te)* Ausschalen *n*, Entschalen *n*
shuttering sealer Schalungsmittel *n*, Entschalungshilfe *f*
shuttering sheeting Schalungskunststofffolie *f*
shuttering tie *(BT, Te)* Schalungsanker *m*
shuttering wax Schalungswachs *n*
shuttering work *(Te)* Schalarbeit *f*
shutteringless schalungslos, schalungsfrei
shutting off Absperren *n*
shutting post *(Hb)* Schließpfosten *m*, Schließsäule *f (Tor)*
shutting shoe Torankerplatte *f*, Torankerstein *m*, Torflügelankerklotz *m*
shutting stile *(Hb)* Schlossbohle *f*, Schlossbrett *n (Tür)*
shuttle *(Verk)* Zubringer *m*
shuttle dumper *(BM, Erdb)* Vorderkipper *m*
shuttle lane *(Verk)* Fahrstreifen *m* für Gegenverkehr, Gegenverkehrsfahrstreifen *m*
shuttle traffic *(Verk)* Pendelverkehr *m*
shuttle working control *(Verk)* Gegenverkehrssteuerung *f*
siccative Sikkativ *n*, Trocknungsmittel *n*, Trockner *m*
Sicilian marble *(BT)* Carraramarmor *m (Fehlbezeichnung)*
sick building *(RS, Umw)* krankes Gebäude *n (durch Schadstoffe belastet)*
sick building syndrome *(HLK)* Sick-Building-Syndrom *n*, Neubaukrankheit *f (durch Klimaanlage)*
sick leave Krankheitsabwesenheit *f*
sickle Sichel *f*
sickle-shaped *(Arch)* sichelförmig
sickle-shaped roof *(Konst)* sichelförmiges Dach *n*
sickle-shaped trussed arch *(TK)* Fachwerksichelbogen *m*
sicklelike sichelförmig
sickroom *(Konst)* Krankenzimmer *n*, Bettenraum *m*, Bettenzimmer *n*
side *v* 1. *(Te)* wegschieben, beiseite räumen [schieben] *(z. B. Bauschutt, Schnee)*; 2. *(SB)* die Seiten hochziehen [bauen] *(Mauerwerk)*
side 1. Seite *f*, Seitenfläche *f*; Längsseite *f*; Stirn(seite) *f*; 2. Schenkel *m (Winkel)*; 3. Seitenteil *m* • **at the side** seitlich, an der Seite gelegen
side aisle 1. *(Arch)* Seitenschiff *n (einer Kirche)*; 2. *(Arch)* Seitengang *m (in einem Zuschauerraum)*
side aisle bay *(Arch)* Abseitenjochfeld *n*, Seitenschifffeld *n*
side aisle gallery *(Arch)* Abseitenempore *f*, Seitenschiffempore *f*
side aisleless abseitenlos, seitenschifflos
side aisleless church *(Arch)* Saalkirche *f*, einschiffige Kirche *f*
side altar *(Arch)* Seitenaltar *m*, Nebenaltar *m*
side arch *(Arch, Konst)* Seitenbogen *m*
side arm 1. *(TK)* einseitiger Querträger *m*, Kragträger *m*; 2. *(BT, Konst)* Mastausleger *m (Beleuchtungsmast)*
side bay 1. *(Br)* Seitenöffnung *f*, Nebenöffnung *f (Brücke)*; 2. *(Arch)* Seitenschiff *n (Kirche)*
side board 1. *(Hb, Konst)* Stirnbrett *n*, Windbrett *n*; 2. Kernseitenbrett *n*
side-bottom hung sash *(BT)* Drehkippfensterflügel *m*
side-bottom hung sash window Drehkippfenster *n*
side-bottom sash fitting *(EB)* Drehkippbeschlag *m*
side branch *(El, San, WVA)* Abzweigung *f*
side-by-side *(Konst)* nebeneinanderliegend
side canal *(Wsb)* Seitenkanal *m (Flussbau)*
side chamber *(WVA)* Seitenraum *m*, Abflusskanal *m*
side channel 1. *(Erdb, WVA)* Randgraben *m*, Abflussrinne *f*; 2. *(BT)* Seiten-U-Eisen *n*
side chapel *(Arch)* Seitenkapelle *f*
side column Seitenstütze *f*
side construction tile Langlochziegel *m*, Längslochstein *m*
side corridor *(Konst)* Seitenflur *m*, Seitengang *m*, Seitenkorridor *m*
side culvert *(Erdb, Verk, WVA)* Straßengraben *m*
side cut *(Verk)* Stichstraße *f*
side daylight illumination *(Konst)* Seitentageslichtbeleuchtung *f*, Fenster(tageslicht)beleuchtung *f*
side daylighting Seitentageslichtbeleuchtung *f*, Fenster(tageslicht)beleuchtung *f*
side discharger Seitenentleerer *m (z. B. Waggon)*
side door *(Konst)* Seitentür *f*
side dump car *(Verk)* Seitenentleerer *m*
side dump loader *(BWG, Verk)* Seitenkipplader *m*
side dumper Seitenkipper *m*
side effect Nebeneffekt *m*, Nebenwirkung *f*
side elevation *(Konst)* Seiten(auf)riss *m*, Seitenansicht *f (Bauzeichnen)*
side enclosures *(EB)* Verkleidung *f (Fahrtreppe)*
side entrance *(Konst)* Seiteneingang *m*, Nebeneingang *m*
side exit Nebenausgang *m*
side façade *(Arch, Konst)* Seitenfassade *f*
side face Seitenfront *f*; Seitenansicht *f*
side fitting *(EB)* Drehbeschlag *m*
side gallery *(Arch)* Seitenempore *f*, Seitengalerie *f*
side groove Seitenfalz *m (Dachstein)*
side gutter *(San)* Gaupendachrinne *f*, Schornsteindachrinne *f*
side hinge *(EB)* Seitenscharnier *n*
side hump Seitenwulstverformung *f*
side-hung window *(BT)* Drehflügelfenster *n*
side jamb *(Hb)* Türrahmenpfosten *m*, Tür(seiten)pfosten *m*
side joint *(Konst)* Stoßfuge *f*
side lane *(Verk)* Seitengasse *f*
side lap seitliche Überdeckung *f*, Seitenüberdeckung *f*, Überlappungsbreite *f (z. B. bei Schindeln, Verkleidung)*
side light 1. *(Konst)* Seitenöffnung *f*; Seitenfenster *n*; 2. *(El)* eingebaute indirekte Beleuchtung *f*
side lighting *(El)* Seitenbeleuchtung *f*
side line 1. *(VR)* Grundstücksrandstreifen *m*, Straßenbegrenzungsstreifen *m*, Grenzfreistreifen *m*; 2. *(Verk)* Nebenbahnlinie *f*
side masonry wall *(Konst)* Seitenmauer *f*, Stirnmauer *f*
side natural lighting *(Konst)* Seitentageslichtbeleuchtung *f*, Fenster(tageslicht)beleuchtung *f*
side obstacle seitliches Hindernis *n*
side of force polygon Polygonalseite *f* des Kräftezuges, Kraftеckseite *f*
side of the street Straßenseite *f*
side opposed to the weather Wetterseite *f*
side outlet Seitenablassfitting *n*, T-Fitting *n (Rohrleitung)*
side part Seitenteil *n*

side patio *(Konst)* Seitenterrasse *f*
side piece *(BT, Hb)* Wange *f (Treppe)*
side piling *(Erdb)* Seitenablagerung *f*, Anschüttung *f*
side pipe branch *(San, WVA)* Rohrseitenabzweig *m*
side pipe junction *(San, WVA)* Rohrseitenabzweig *m*
side plate Seitenleiste *f*; Wange *f*
side plot line *(Verm, VR)* seitliche Grundstücksgrenze *f*
side plough Seitenpflug *m*
side portal *(Arch)* Seitenportal *n*
side post *(Hb)* Kehlbalkenpfosten *m*, Kehlbalkenstütze *f*; Pfosten *m (Tür, Fenster)*
side property line *(Verm)* seitliche Grundstücksgrenze *f*
side rail 1. *(Verk)* Leitplanke *f*, Leitschiene *f*; 2. *(BT)* Geländer *n*; Brüstung *f*
side ratio *(Konst)* Seitenverhältnis *n*
side rebate plane *(BWG, Hb)* Simshobel *m*
side road *(Verk)* Seitenstraße *f*, Nebenstraße *f*; Seitenweg *m*
side-road cabinet *(El, Verk)* Schaltschrank *m (Straßendatenermittlung)*
side room *(Konst)* Seitenzimmer *n*, Nebengelass *n*
side-scroll *(Arch)* Giebelschnecke *f*
side shifting Seitenverschiebung *f*
side slope *(Bod, Erdb)* Böschung *f*, Seitenböschung *f*
side span Seitenöffnung *f (einer Brücke)*
side steel lining Stahlaußenwandverkleidung *f*
side-street *(Verk)* Seitenstraße *f*, Nebenstraße *f*, Querstraße *f*
side strip *(Verk)* Randstreifen *m*, Seitenstreifen *m (Straße)*
side tenon *(Hb)* Seitenzapfen *m*
side terrace *(Konst)* Seitenterrasse *f*
side thrust *(Stat)* Seitenschub *m*, seitlicher Schub *m*, Querdruck *m (Gewölbe)*
side tilting shovel loader Seitenkipplader *m*
side tower *(Arch)* Seitenturm *m*
side track 1. *(Verk)* Nebengleis *n*; Abstellgleis *n*; 2. *(BT)* seitliche Führungsschiene *f*, Seitenführungsschiene *f*
side trimmer *(Hb)* Seitenbesäumer *m*
side-trompe vault *(Konst)* Trompe *f* mit Fächern
side vent 1. *(WVA)* Entwässerungseinspeisstück *n*, Gabelrohr(stück) *n* (< 45°); 2. *(HLK)* seitlicher Entlüfter *m*
side view *(Konst)* Seitenansicht *f*, Seitenriss *m (Bauzeichnen)*
side-volute *(Arch)* Giebelvolute *f*, Giebelschnecke *f*
side wall 1. *(Konst)* Seiten(schutz)wand *f*, Stirnwand *f*; 2. *(Konst)* Wangenmauer *f (Schenkelmauer)*; 3. *(Br)* Flügelmauer *f*; parallele Flügelmauer *f (Brücke)*
side window *(BT)* Seitenfenster *n*, Nebenfenster *n*
side-wing Seitenflügel *m*, Seitenteil *n (eines Gebäudes)*
side yard *(Konst)* Grundstücksseitenhof *m (zwischen Gebäude und Nachbargrenze)*
sideboard *(EB)* Anrichte *f*; Büfett *n*
sideform Seitenschalung *f*, Schalung *f*
sidehill *(Erdb)* Hangeinschnitt *m*
sidelong schräg, seitlich geneigt
siderite *(BM)* Siderit *m*, Eisenkarbonat *n*, Eisencarbonat *n*
sideslip *v* seitlich abrutschen
sideslip *(Erdb)* Seitenabrutsch *m*
sidesway horizontale Bewegung *f*, Horizontalverschiebung *f*, Seitenauslenkung *f (Gebäude)*
sidewalk *(AE) (Verk)* Bürgersteig *m*, Gehweg *m*, Fußweg *m*
sidewalk bed *(AE) (Konst)* Wegekoffer *m*
sidewalk concrete flagstone *(BT)* Betongehwegplatte *f*, Betonfußwegplatte *f*
sidewalk design Gehwegbemessung *f*
sidewalk door *(Konst)* niveaugleiche Kellertür *f (direkt mit dem Gehweg abschließend)*
sidewalk paving flag *(AE)* Gehwegplatte *f*, Pflasterbelag *m*
sidewalk superintendent *(VR) (sl)* Besserwisser *m (bei Straßen- und Tiefbauarbeiten)*; Zaungast *m*, Baustellengucker *m*
sidewalk tunnel *(Verk)* Gehwegunterführung *f*, Fußgängertunnel *m*
sideward seitlich *(Bewegung)*
sideway-force coefficient *(SFC) (Verk)* Kraftschlussbeiwert *m* mit dem schräglaufenden Rad
sideways seitlich, in seitlicher Richtung; in Querrichtung
sideways load *(Stat)* seitlich angreifende Last *f*
siding 1. *(BT, Te)* Außenwandverschalung *f*, Außenwandverkleidung *f*, Wandbeplankung *f*; 2. *(Verk)* Nebengleis *n*, Ausweiche *f*, Anschlussgleis *n*; Abstellgleis *n*; Rangiergleis *n*; 3. *(Te)* Zusägen *n (Holz)*
siding gauge *(AE)* Schindelverlegelehre *f (für Wandverkleidung)*
siding material *(BM)* Wandbeschichtungsmaterial *n*, Wetterschirmbaustoff *m*
siding shingle Wandschindel *f*, Verkleidungsschindel *f (für Außenwände)*
siding track *s.* siding 2.
sidings 1. *(Hb) (AE)* Wandschalungsbretter *npl (Außenwandverkleidung)*; 2. *(Verk)* Abstellbahnhof *m*; Abstellgleise *npl*
siege Steinzuhautisch *m*, Haubank *f*
sienna *(BM, OB)* Siena(erde) *f (Farbe)*
sierra *(Bod)* Gebirgskette *f*
sieve *v* (durch)sieben; absieben
sieve *(BWG)* Sieb *n*
sieve analysis *(BM)* Siebanalyse *f*, Prüfsiebung *f*
sieve bottom Siebboden *m*
sieve curve *(BM)* Siebkurve *f*, Kornverteilungskurve *f*
sieve fineness Siebfeinheit *f*
sieve hole size Sieblochgröße *f*
sieve number Prüfsiebnummer *f*, Prüfsiebgröße *f*
sieve residue *(BM)* Siebrückstand *m*
sieve series Siebreihe *f*
sieve shaker Siebmaschine *f*
sieve size Sieböffnungsweite *f*
sieve test *(BM)* Siebversuch *m*, Siebprobe *f*
sieves Prüfsiebsatz *m (für Baustoffe)*
sieving Nasssiebung *f (Aufbereitung von Zuschlägen, Baustoffprüfung)*; Sieben *n*
sift *v (BM, Te)* (durch)sieben, absieben
sift *v* **out** aussieben
sifter Siebapparat *m*; Schüttelsieb *n*; Siebkette *f*
siftings *(BM)* Siebdurchgang *m*, Siebdurchfall *m*, Siebfeines *n*
sight 1. *(Verk, Verm)* Sicht *f*; Sichtweite *f*; 2. *(Verm)* Visier *n*, Zielvorrichtung *f*; 3. *(Verm)* Einstellung *f*; Ablesung *f*; 4. *(Konst)* Öffnung *f*; 5. *(Arch)* Sehenswürdigkeit *f*
sight boards *(Verm)* Schnurgerüst *n*
sight check *(VR)* Sichtkontrolle *f*
sight distance *(Verk)* Sichtweg *m*; Sichtweite *f*; Anfahrsichtweite *f (Straße)*
sight glass *(BT)* Schauglas *n*
sight hole Schauloch *n*, Schauöffnung *f*
sight pole *(Verm)* Absteckpfahl *m*
sight rail *(Verm)* Sichtplanke *f*, Visierbock *m*, Visiergerüst *n*, Visiertafel *f*
sight size [width] *(Konst)* Öffnungsfläche *f (Fenster)*
sighted alidade *(Verm)* anvisierte Dioptrie *f*
sighted level *(Verm)* anvisierte Höhe *f*
sighting *(Verm)* Anvisieren *n*, Zielen *n*, Visieren *n*
sighting rod *(Verm)* Nivellierlatte *f*
sighting telescope *(Verm)* Visierfernrohr *n*, Zielfernrohr *n*
sighting tube *(Verm)* Röhrenlibelle *f*
sightline 1. *(Verm)* Sichtlinie *f*; Visierlinie *f*; 2. *(Verk)* Sichtbegrenzungslinie *f*, Sichtgrenze *f*
sigmoid (curve) *(Verk)* S-Kurve *f*, S-förmige Kurve *f*

sign *v* 1. markieren, kennzeichnen; 2. unterschreiben, zeichnen; ein Zeichen geben
sign 1. Zeichen *n*, Kennzeichen *n*; Bild *n (für Hinweise)*; 2. *(Verk)* Schild *n*; Hinweiszeichen *n*; Wegweiser *m*; Tafel *f*, Schildertafel *f*
sign-bridge *(Verk)* Schilderbrücke *f*
sign-gantry *(Verk)* Schilderbrücke *f*
signage *(Verk)* Beschilderung *f*
signal Signal *n*; Verkehrssignal *n*
signal aspect *(Verk)* Signalgeber *m*
signal control *(Verk)* Signalsteuerung *f*; Lichtsignalsteuerung *f*, Lichtzeichensteuerung *f*
signal control equipment *(Verk)* Ampelsteuerungsausrüstung *f*
signal-controlled junction *(Verk)* signalgeregelter Knotenpunkt *m*
signal controller cabinet Ampelsteuerschrank *m*
signal coordination Lichtsignalkoordinierung *f*
signal fault Ampelanlagenstörung *f*
signal filtering *(Verk)* Signalfilterung *f*
signal group diagram *(Verk)* Signalprogramm *n*
signal head *(Verk)* Signaleinheit *f*
signal head assembly *(Verk)* Signaleinrichtung *f*
signal hood *(Verk)* Signalabschirmblende *f*
signal light *(Verk)* Signallampe *f*
signal lights *(Verk)* Ampel *f*, Lichtsignalanlage *f*
signal occurrence *(Verk)* Ampelstörungssituation *f*
signal operation *(Verk)* Signalbetrieb *m*, Signalsteuerung *f*
signal phase Signalphase *f*
signal plan selection *(Verk)* Signalprogrammauswahl *f*
signal sequence Signalfolge *f*
signal staging *(Verk)* Ampelphasenfolge *f*
signal stop line *(Verk)* Ampelhaltelinie *f*
signal synchronization *(Verk)* Ampelanlagensynchronisierung *f*
signal tactile *(Verk)* Ampelbetätigungstaste *f*
signal timing *(Verk)* Ampelanlagenzeitfolge *f*
signalisation *(Verk)* Lichtsignalsteuerung *f*, Lichtsignalregelung *f*
signalised intersection signalisierter Knotenpunkt *m*
signalling line Signalleitung *f*
signals off alle Signale aus
signboard Hinweistafel *f*
significance *(Stat)* Signifikanz *f*; Bedeutung *f*, Tragweite *f*
significance test statistischer Test *m*
significance test result *(BM, VR)* signifikantes Prüfergebnis *n*
signing *s.* signage
signing of a contract *(VR)* Vertragsunterzeichnung *f*
signpost *v (Verk)* beschildern *(Straßen)*; ausschildern *(Routen)*
signpost 1. *(Verk)* Wegweiser *m*; 2. *(Verk)* Straßenschild *n*, Schild *n*; 3. *(Verk)* Zeichen *n*, Verkehrszeichen *n*
sikhara *(Arch)* Nagara *m*, Sikhara *m (indischer Tempelkuppelturm)*
sil *(BM, OB)* gelbe Ockererde *f*
silcrete Silcret *m*, Kieselkonglomerat *n (Quarzitart)*
silcrust *(RS)* Kieselkruste *f*
silencer 1. *(BT)* Türrahmengummistreifen *m*, Gummidichtstreifen *m*; 2. *(DIS)* Schalldämpfer *m*
silencing schalldämpfend, geräuschdämpfend
silent salesman *(sl)* Schaukasten *m*, Vitrine *f*
Silesia masonry bond *(SB)* schlesischer Verband *m*
silex *(Bod)* Silex *n*, Flintstein *m (Mineral)*
silica 1. *(BM, Bod)* Kieselerde *f*, Siliciumdioxid *n*, Siliziumdioxid *n*; 2. *(BM)* Silikamasse *f*, Silikamaterial *n*
silica brick *(BM)* Silikastein *m*, Silikaziegel *m*
silica cement Silikamörtel *m*, Silikazement *m*
silica dust Quarzstaub *m*, Quarzmehl *n*
silica fume Silikastaub *m*
silica gel *(BM, Te)* Silikagel *n*, Kiesel(säure)gel *n*
silica glass Kieselglas *n*, Quarzglas *n*; Hartglas *n*
silica jelly *s.* silica gel
silica material Silikastoff *m*
silica mortar *(BM)* Silikamörtel *m*, Silikazement *m*
silica refractory Silikaerzeugnis *n (Hochfeuerfestmaterial)*
silica sand Quarzsand *m*
silica sandstone Quarzsandstein *m*
silicate *(BM)* Silicat *n*, Silikat *n*
silicate coat(ing) *(OB)* Silikatbeschichtung *f*, Silicatbeschichtung *f*, Silikat(schutz)schicht *f*, Silicat(schutz)schicht *f*
silicate concrete Silikat(sand)beton *m*, Silicat(sand)beton *m*
silicate cotton *(BM, DIS)* Gesteins(faser)wolle *f*, Hüttenwolle *f*
silicate cotton block Hüttenwollestein *m*
silicate ester *(BM)* Silikatester *m*, Silicatester *m*
silicate glass *(BM)* Silikatglas *n*, Silicatglas *n*
silicate injection *(RS)* Silikatinjektion *f*, Silicatinjektion *f*, Silikatverpressung *f*, Silicatverpressung *f*
silicate of magnesium *(BM)* Magnesiumsilikat *n*, Magnesiumsilicat *n*
silicate of soda Natriumsilikat *n*, Natriumsilicat *n*, Natriumwasserglas *n*
silicate paint Silikatanstrich(stoff) *m*, Silicatanstrich(stoff) *m*, Silikatfarbe *f*, Silicatfarbe *f*
silicate rock *(BM)* Silikatgestein *n*, Silicatgestein *n*
silicate slag Silikatschlacke *f*, Silicatschlacke *f*
silicate solution Silikatlösung *f*, Silicatlösung *f*
silicating Verkieselung *f*, Silifikation *f (z. B. Sandstein)*
silication Verkieselung *f*, Silifikation *f*
siliceous verkieselt, kiesel(erde)haltig, silifiziert
siliceous brick *(BM)* Dinastein *m*, Silikatstein *m*, Silicatstein *m*
siliceous chalk Kieselkreide *f*
siliceous earth *(Bod)* Kieselerde *f*
siliceous limestone *(BM)* verkieselter Kalkstein *m*, Kieselkalkstein *m*
siliceous refractory hochsaures Schamotteerzeugnis *n*
siliceous sand Quarzsand *m*, kieselsäurehaltiger Sand *m*
siliceous sandstone *(BM)* Quarzsandstein *m*, kieselgebundener [kieseliger] Sandstein *m*
siliceous schist *(Bod)* Kieselschiefer *m*
siliceous sinter *(BM)* Kieselsinter *m*, Quarzsinter *m*, Kieseltuff *m*
siliceous volcanic rock saures vulkanisches Gestein *n*, Quarzergussgestein *n*
silicic *(Bod)* kieselsauer
silicic acid Kieselsäure *f*
silicification *(Bod)* Verkieselung *f*, Silifizierung *f (geologischer Schichten)*
silicified verkieselt, silifiziert
silicified wood versteinertes Holz *n*
silicify *v* verkieseln, silifizieren
silicifying *(AE) (BM)* Verkieseln *n*
silicinate verkieselt
silicofluoride *(BM, DIS, OB)* Fluorosilicat *n*, Fluorosilikat *n*
silicon Silicium *n*, Silizium *n*
silicon-bearing siliciumhaltig, siliziumhaltig
silicon bronze Siliciumbronze *f*, Siliziumbronze *f*
silicon carbide *(BM)* Siliciumcarbid *n*, Siliziumkarbid *n*; Karborund *n*
silicon carbide brick Siliciumcarbidstein *m*, Siliziumkarbidstein *m*
silicon carbide refractory *(BM)* Siliciumcarbiderzeugnis *n*, Siliziumkarbiderzeugnis *n*, Karborunderzeugnis *n*
silicon iron *(BM)* Ferrosilicium *n*, Ferrosilizium *n*

silicon killed steel siliciumberuhigter [siliziumberuhigter] Stahl *m*
silicone *(BM)* Silikon *n*, Silicon *n*
silicone-alkyd paint *(BM, OB)* Silikonalkydharzanstrichstoff *m*, Siliconalkydharzanstrichstoff *m*
silicone-based waterproofing *(BM, DIS)* Silikonbautenschutzmittel *n*, Siliconbautenschutzmittel *n*, Silikonimprägnierung *f*, Siliconimprägnierung *f*
silicone cell Silikonzelle *f*, Siliconzelle *f*
silicone coat *(BM, OB)* Silikonanstrich *m*, Siliconanstrich *m*
silicone enamel Silikon(harz)lack *m*, Silicon(harz)lack *m*
silicone fluid Silikonöl *n*, Siliconöl *n*
silicone oil *(BM)* Silikonöl *n*, Siliconöl *n*
silicone paint *(BM, OB)* Silikonanstrichstoff *m*, Siliconanstrichstoff *m*
silicone polyester Silikonpolyester *m*, Siliconpolyester *m*
silicone primer *(BM, OB)* Silikongrundiermittel *n*, Silicongrundiermittel *n*, Silikongrundanstrich *m*, Silicongrundanstrich *m*, Silikongrund *m*, Silicongrund *m*
silicone proofer Silikonschutzmittel *n*, Siliconschutzmittel *n*
silicone protection agent Silikonschutzmittel *n*, Siliconschutzmittel *n*
silicone resin *(BM)* Silikonharz *n*, Siliconharz *n*
silicone rubber Silikonkautschuk *m*, Siliconkautschuk *m*
silicone rubber sealant *(BM, DIS)* Silikonkautschukdichtungsmittel *n*, Siliconkautschukdichtungsmittel *n*
silicone rubber sealing composition *(BM, DIS)* Silikonkautschukdichtmasse *f*, Siliconkautschukdichtmasse *f*
silicone solution Silikonlösung *f*, Siliconlösung *f*
silicone tape Silikonband *n*, Siliconband *n*
silicone varnish *(BM, DIS, OB)* Silikonlack *m*, Siliconharzlack *m*
silicosis *(Umw)* Silikose *f*
silk Seide *f*
silk gauze Seidengaze *f*
silking *(OB)* feine Linienbildung *f* eines Anstrichs
silkscreen method *(Arch)* Siebdruckverfahren *n (Glasornamentierung)*
silky lustre Seidenglanz *m*
sill 1. *(Hb)* Schwelle *f*, Schwellholz *n*, Grundschwelle *f*, Türschwelle *f*; Rostschwelle *f*; 2. Sohlbank *f*, Fensterbrett *n*; 3. *(TK)* Unterzug *m*
sill anchor Schwellenankerbolzen *m*
sill beam *(Wsb)* Sohlenschwelle *f*
sill block Sohlbank *f*, Betonschwelle *f (Fenster)*
sill cock *(San)* Außenwasserhahn *m*
sill course Fensteröffnungsfußschicht *f (für die Sohlbank)*
sill cover *(Hb)* Deckschwelle *f*
sill-high in Fensterhöhe
sill plate *(Hb)* Grundschwelle *f*, Schwellholz *n (für Türen)*
sillimanite *(BM)* Sillimanit *m*, Faserkiesel *m*
sillimanite brick Sillimanitstein *m*
sillimanite refractory material Sillimaniterzeugnis *n*
silo *(Te, WVA)* Silo *n(m)*, Bunker *m*, Speicher *m*
silo bin *(Te, WVA)* Silozelle *f*
silo bottom Siloboden *m*
silo compartment *s.* silo bin
silo construction *(WVA)* Silobau *m*
silo discharge Siloentleerung *f*
silo drawing channel Siloabzugsrinne *f*
silo hopper Silotasche *f*, Silozelle *f*
silo installation *(BWG)* Siloanlage *f*
silo outlet Siloauslauf *m*
silo plant Siloanlage *f*
silo storage *(Te)* Silolagerung *f*
silo wall Silowand *f*
siloxane Siloxan *n*

S

silt *v* **(up)** *(Wsb)* verschlammen, verlanden, verschlicken, zuschlämmen
silt 1. *(Bod)* Schlamm *m*, Schlick *m*; 2. *(Bod)* Schluff *m*, Silt *m*; Feinstsand *m*
silt-bearing schluffhaltig
silt box *(Erdb, WVA)* Schlammfang *m*, Schmutzfangeimer *m*
silt chamber *(Erdb, WVA)* Schlammfang(kasten) *m*
silt charge *(Umw)* Schwebstoffbelastung *f*
silt collector *(Erdb, WVA)* Schlammfang *m*
silt container *(Erdb, WVA)* Schlammsammelbehälter *m*
silt content *(Bod)* Schluffgehalt *m*
silt content test Absetzprobe *f*
silt-covered schlammbedeckt
silt deposit *(Erdb, Wsb, WVA)* Schlammablagerung *f*
silt excluding device *(WVA)* Schlammabscheider *m*
silt fraction Schlufffraktion *f*, Schluffkorn *n*
silt layer *(Bod, Erdb, WVA)* Schlammschicht *f*
silt loam schluffiger Lehm *m*
silt of precipitates Senkstoffablagerung *f*
silt pan harte Schlammschicht *f*
silt rock *(BM, Bod)* Schluffstein *m*
silt soil Schlammboden *m*
silt well *(Erdb, WVA)* Sickergrube *f*
siltation *s.* silting
silted verschlammt
silting *(Erdb, WVA)* Anschwemmung *f*, Schlammablagerung *f*, Verschlammung *f*; Verlandung *f*
silting deposit Schlammablagerung *f*
silting-up *(Bod)* Verlandung *f*; Auflandung *f*; Verschlämmen *n*; Aufschwemmung *f*
silts Schluffkorn *n*
siltstone Schluffstein *m*, verfestigter Schluffmergel *m*
silttill *(Bod)* alluvialer Geschiebemergel *m*
silty 1. schlammig, verschlammt; 2. schluffartig, schluffhaltig
silty clay *(BM, Bod)* schluffiger Ton *m*
silty fine sandstone schluffiger Feinsandstein *m*
silty loam Schlufflehm *m*
silty sand Schlicksand *m*
silty slate *(BM, Bod)* schluffiger Tonschiefer *m*
silty soil schluffiger Boden *m*, Schluffboden *m*
silver *(BM)* Silber *n*
silver bronze Nickelbronze *f*
silver coating *(OB)* Silberschutzschicht *f*
silver compound Silberverbindung *f*
silver fir *(LB)* Edeltanne *f*
silver foil *(BM)* Silberfolie *f*
silver grain Silberkorn *n (an gesägtem Holz)*
silver-grey silbergrau
silver leaf 1. *(BM)* Blattsilber *n*; 2. *(LB)* Weißpappel *f*
silver-lock bond *s.* English bond
silver plating *(OB)* Versilberung *f*
silver sand weißer Feinsand *m*
silver solder Silberlot *n*
silver steel *(BM, St)* Silberstahl *m*
silver white 1. Silberweiß *n*; Bleiweiß *n*; 2. Weißpigment *n*
silvering *(Te)* Verspiegeln *n*, Belegen *n*, Versilbern *n (Glas)*
silvery silberhell
sima *(Arch)* Sima *f*, Rinnleiste *f (Dekorationsleiste)*
similar ähnlich
simple ungegliedert, einfach; schlicht, schmucklos
simple arched corbel-table frieze *(Arch)* einfacher Bogenfries *m*
simple beam *(TK)* Einfeldträger *m*, Träger *m* auf zwei Stützen
simple bearing *(BT, TK)* einfache Auflagerung *f* [Lagerung *f*], einfaches Auflager *n*
simple bending *(Stat)* Biegung *f* ohne Längskraft
simple box section einfaches Kastenprofil *n*
simple bridge *(Br)* Einfeldbrücke *f*

simple circular arch *(Arch)* einfacher Kreisbogen *m*
simple column einfache Säule *f*, einfache Stütze *f*
simple construction *(Konst, Stat)* isostatischer Bau *m*
simple cornice Einfachsims *m*, einlagiges Gesims *n*
simple falsework *(TK)* einfaches Sprengwerk *n*
simple fixed frame *(TK)* einfach eingespannter Rahmen *m*
simple frame *(TK)* Einfeldrahmen *m*, einfacher Rahmen *m*
simple framework *(TK)* einfaches Fachwerk *n*
simple hinged frame *(TK)* einfacher Gelenkrahmen *m*, Einfachgelenkrahmen *m*
simple intersection, simple junction *(Verk)* einfacher Knotenpunkt *m*, ungegliederter Knotenpunkt *m*
simple parallel cable system *(Konst)* einfaches Parallelseilsystem *n*
simple plastic theory *(Stat)* Spannungstheorie *f* erster Ordnung, linear-plastische Theorie *f*
simple plate einfache Platte *f*
simple safety *(Konst, Stat)* einfache Sicherheit *f*
simple shear einfache Scherung *f*, reine Scherung *f*
simple slab einfache Platte *f*
simple solution *(Stat)* einfache Lösung *f*
simple steel *(BM, St)* unlegierter Stahl *m*
simple strutted frame einfaches Sprengwerk *n*, Einfachsprengwerk *n*
simple support *(BT, TK)* einfaches [frei drehbares] Auflager *n*
simple switch *(El)* Einfachschaltung *f*
simple system *(Konst)* einfaches System *n*
simple tension einfacher Zug *m (Zugspannung)*
simple truss *(TK)* einfaches Fachwerk *n*
simple truss frame *(Hb, TK)* Hängebock *m*, einfaches Hängewerk *n*
simple trussed beam *(Hb)* Hängewerk *n*, Sprengwerk *n*
simple vault einfaches Gewölbe *n*
simple wood ceiling *(Hb)* einfache Holzdecke *f*
simplex casement einfaches Drehflügelfenster *n*
simplex pile Simplexpfahl *m*
simplification Vereinfachung *f*
simplified equation *(Stat)* vereinfachte Gleichung *f*
simplifying assumption *(Stat)* vereinfachte Annahmen *fpl*
simply curved shell *(Konst)* einfach gekrümmte Schale *f*
simply reinforced *(Konst)* einachsig bewehrt
simply supported *(TK)* frei aufliegend, frei gelagert
simply supported beam *(TK)* Einfeldbalkenträger *m*, Träger *m* auf zwei Stützen
Simpson parabolic rule *(Stat)* Simpson'sche Regel *f*
simulated masonry Betonwerkstein *m*, Kunststein *m*
simultaneous gleichzeitig
simultaneous equation *(Stat)* Gleichzeitigkeitsgleichung *f*
sine curve *(Stat)* Sinuskurve *f*, Sinuslinie *f*
singe *v* ansengen; versengen
single einzeln
single-acting door *(BT, Konst)* in eine Richtung aufschlagende Tür *f*
single-acting hammer *(Erdb)* einfach wirkender Rammbär *m*
single apartment *(VR)* Stockwerkeigentum *n (Eigentumswohnung in einem Kondominium)*
single-bay *(Arch, Konst)* einschiffig
single-bay gable frame *(TK)* Einjochgiebelrahmen *m*
single-bay rigid frame starrer Einfeldrahmen *m*, Einfeldstarrrahmen *m*
single beam *(TK)* Einzelbalken *m*, Einzelträger *m*
single-bend test *(BM, St)* Biegefaltversuch *m (Baustahl)*
single bituminous surface treatment *(Verk)* einfache bituminöse Oberflächenbehandlung *f*
single-branch pipe Einfachabzweig *m*
single bridging *(Konst)* einfache Querbalkenüberdeckung *f*
single burner *(HLK)* Einzelbrenner *m*
single butt weld V-Naht *f (Schweißen)*
single-cantilever shell *(TK)* Einfachkragschale *f*
single carriageway *(Verk)* ungeteilte Straße *f*, Straße *f* ohne Richtungstrennung; einspurige Straße *f*
single-casement window einteiliges Fenster *n*
single-coat einlagig *(z. B. Außenputz)*; einschichtig *(z. B. Anstrich)*
single-coat finish *(OB)* Einschichtlack *m*
single-component cement Einkomponentenkitt *m*
single-component paint *(BM, OB)* Einkomponentenfarbe *f*
single-component system Einkomponentenanstrichsystem *n*
single contract Einzelbauvertrag *m*, Bauhauptauftragnehmervertrag *m*
single-course einschichtig, einlagig
single course *(SB)* einfache Schicht *f (Mauerwerk)*
single coverage [covering] einfache Deckung *f*, einlagige Dachdeckung *f*
single curvature *(Arch)* einfache Krümmung *f*
single curvature shell *(Konst)* einfach gekrümmte Schale *f*
single-cut file einhiebige Feile *f*
single-degree-of-freedom system *(Stat)* System *n* mit einzelnem Freiheitsgrad
single-depth rooms *(Konst)* einbündig angeordnete Räume *mpl*
single-duct (air conditioning) system *(HLK)* Einkanalsystem *n*, Klimaanlage *f* mit einem Luftkanal für verschiedene Öffnungen
single-family house *(Arch)* Einfamilienhaus *n*
single fillet weld Einfachkehlnaht *f (Schweißen)*
single Flemish bond Verblendkreuzverband *m*
single flight stair(s) einarmige Treppe *f (einläufig)*
single-floor *(Konst)* eingeschossig, einstöckig
single floor Einfelddecke *f*, nicht unterstützte Deckenbalkenlage *f*, Unterzugdecke *f*
single-flue einzügig *(Schornstein)*
single footing [foundation] *(Erdb)* Einzelfundament *n*, Einzelgründung *f*; Blockfundament *n*
single-framed roof Sparrendach *n* mit einer Kehlbalkenlage
single gabled frame *(TK)* Einjochgiebelrahmen *m*
single glazing Einfachverglasung *f*
single-grain soil *(Bod)* strukturloser Boden *m*
single-grain structure *(Konst)* Einzelkornstruktur *f*
single-grained structure *(BB)* Einkornstruktur *f*
single-hinge arch Eingelenkbogen *m*
single-hip tile Falzziegel *m*
single-hub pipe Rohr *n* mit einer Muffe
single-hung slide sash [window] *(BT)* Einflügelschiebefenster *n*
single-hung vertical sash [window] Einflügelhubfenster *n*
single-lane *(Verk)* einspurig
single-lane payment station *(Verk)* einspurige Mautzahlstelle *f*
single-lane traffic *(Verk)* einspuriger Verkehr *m*
single-lap tile senkrecht überlappter Dachziegel *m*, Biberschwanz *m*
single-latch bolt lock Einfallenschloss *n*
single-layer(ed) einlagig, einschichtig
single-leaf einschalig *(Wand)*
single-leaf door *(BT)* einflügelige Tür *f*
single-leaf shutterdoor einflügeliges Tor *n*
single-level *(Verk)* plangleich, höhengleich
single-lever mixer *(San)* Einhebelbatterie *f*
single-lever mixing valve *(San)* Einhebelbatterie *f*
single-line bridge *(Br, Verk)* eingleisige Brücke *f*

single load *(Stat)* Einzellast *f*, Punktlast *f*, konzentrierte Last *f*
single loading *(Stat)* Einzelbelastung *f*
single nailing *(Hb)* Einfachnagelung *f*
single pack primer *(BM, OB)* Einkomponentenprimer *m*
single package epoxy Einkomponenten-Epoxidharzanstrichstoff *m*
single-pass stabilizer *(LB)* Bodenfräse *f* mit einem (erforderlichen) Übergang
single-piece einteilig
single piece production Einzel(teil)fertigung *f*
single pile *(Erdb)* Einzelpfahl *m*
single-pin frame *(TK)* Eingelenkrahmen *m*
single-pipe heating system *(HLK)* Einrohrsystem *n*, Einrohrheizung *f*
single-pitch roof *(Konst, TK)* freitragendes Pultdach *n*
single-plane truss *(Konst)* ebenes Fachwerk *n*
single plank wall *(Hb)* Ständerwand *f*, einfache Bohlenwand *f*
single-point adjustable suspension scaffold Seilhängegerüst *n* mit Hebewinde
single-pole scaffold Pfahlgerüst *n* mit (einseitiger) Wandbefestigung
single-pole switch *(El)* Einpolschalter *m*
single-post purlin roof *(TK)* einstieliges strebenloses Pfettendach *n*
single-post truss *(TK)* Hängewerk *n* mit einer Säule, Halbrispe *f*, Kehlrispe *f*
single-rabbet frame Türrahmen *m* mit einfachem Anschlag
single rafter roof *(Hb)* einfaches Sparrendach *n*
single-riveted einreihig genietet
single-riveted joint *(Konst, St)* einreihige Nietverbindung *f*
single rod reinforcement Einzelstabbewehrung *f*
single roller einachsige Verdichtungswalze *f*
single-roller catch *(EB)* Walzentürschnapper *m*, Rollentürschnapper *m*
single roof *(Hb)* einfaches Sparrendach *n (z. B. Satteldach)*
single roof cladding *(Konst)* Einfachbedachung *f*, Einfachdacheindeckung *f*
single-room apartment Einraumwohnung *f*
single-row einreihig
single-sashed window *(BT)* einflügeliges Fenster *n*
single shaft mixer *(BWG)* Einwellen(zwangs)mischer *m*
single-shear einschnittig *(Niet- und Schraubverbindungen)*
single shear connection *(Konst)* einschnittige Verbindung *f*
single-shear joint *(BT)* einschnittiges Gelenk *n*
single-shell einschalig
single shell *(Konst)* Einzelschale *f*
single-sided safety barrier *(Verk)* einseitige Schutzplanke *f*
single-size Einkorn..., Einzel...
single-size gravel aggregate gleichkörniger Kieszuschlagstoff *m*
single-size material *(BM)* Einkornmaterial *n*
single-sized einkörnig, gleichkörnig
single-sized aggregate *(BM)* Einkornzuschlag(stoff) *m*
single-sized concrete *(BB)* Einkornbeton *m*
single-sized mortar *(BM)* Einkornmörtel *m*
single skew notch *(Hb)* einfache Versetzung *f*
single skew slab *(TK)* schiefe Einfeldplatte *f*
single-skin structure *(TK)* Einzelhauttragwerk *n*
single slope trimmer *(BWG, Erdb)* Böschungsplanierer *m*
single-span einschiffig, Einfeld..., Einzelfeld...
single span 1. *(Konst)* Einzelfeld *n*; 2. *(TK)* Einzelträger *m*
single-span beam *(TK)* Einfeldträger *m*
single-span bridge *(Br)* Einfeldbrücke *f*
single-span frame *(Konst)* Einfeldrahmen *m*
single-span girder Einfeldträger *m*
single spray coat application *(OB)* Einschichtspritzauftrag *m*
single-spread einseitig aufgetragen *(z. B. Kleber für Stöße)*
single-stage curing *(BB, Te)* einstufige Autoklavennachbehandlung *f (Beton)*
single-stage stressing *(Stat)* Einstufenbeanspruchung *f*
single-storey *(Konst)* eingeschossig, einstöckig; erdgeschossig
single-storey annex(e) *(Konst)* Flachanbau *m*
single-storey building Eingeschosser *m*
single-storey heating (system) *(HLK)* Stockwerkheizung *f*
single-storey house *(Konst)* Eingeschosser *m*, eingeschossiges [ebenerdiges] Haus *n*
single-strut bracing *(TK)* einfaches Strebenfachwerk *n*
single-strut trussed beam umgekehrtes einfaches Hängewerk *n*, umgekehrter einfacher Hängeblock *m*
single support Einzelstütze *f*, Einzelsäule *f*
single surface dressing *(OB, Verk)* einfache Oberflächenbehandlung *f*
single-swing frame Rahmen *m* für eine einflügelige Schwingtür
single timber floor *(Hb)* Holzbalkendecke *f*
single track *(Verk)* einspurig; eingleisig
single track level crossing *(Verk)* einspurige plangleiche Kreuzung *f*
single-tracked *(Verk)* eingleisig
single-web einstegig *(Träger)*
single-web girder einwandiger Träger *m*
single window *(BT)* Einfachfenster *n*
single-wing door *(BT, Konst)* einflügelige Tür *f*
single-winged building *(Konst)* Einflügelbau *m*, Einflügelgebäude *n*
singly curved plane einfach gekrümmte Fläche *f*
singly curved shell *(Konst)* einfach gekrümmte Schale *f*
singly reinforced einfach (einachsig) bewehrt
singular point of infinity *(Stat)* Unendlichkeitspunkt *m*
sink *v* 1. *(Bod, Erdb)* sich senken *(Gebäude)*; sinken *(z. B. Wasserspiegel)*; absacken *(Boden)*; 2. *(Bod)* sich neigen, abfallen *(Gelände)*; 3. *(Br, Te)* ausheben *(Baugrube)*; (ab)senken *(z. B. einen Brunnen)*; niederbringen *(einen Schacht)*; abteufen
sink *v* **a pole** *(Te)* einen Mast setzen
sink *v* **a shaft** einen Schacht niederbringen, abteufen, teufen
sink *v* **a well** *(Erdb, Te, WVA)* einen Brunnen graben
sink *v* **by driving** *(Erdb, Te)* einrammen, durch Rammen setzen
sink *v* **down** absinken
sink 1. *(San)* Ausguss *m*, Ausgussbecken *n*; Spülbecken *n*; 2. *s.* sink basin; 3. *(WVA)* Senkgrube *f*; Abflussbecken *n*; Abzugsschleuse *f*; 4. *(Bod)* Bodensenke *f*, Erdfall *m*
sink basin *(San)* Abwaschbecken *n*, Spülbecken *n*, Spüle *f*
sink bib *(San)* Abwaschbeckenhahn *m*
sink bowl *s.* sink basin
sink grid *(BT)* Abflussöffnungsgitter *n*
sink hole *(WVA)* Senkgrube *f*; Abzugsgrube *f*
sink mixer *(San)* Standbatterie *f*
sink trap *(WVA)* Abzugsgrube *f*
sink unit *(San)* Spültisch *m*, Abwaschtisch *m*, Spüle *f (als Küchenmöbel)*
sink water *(WVA)* Küchenabwasser *n*
sink water trap *(WVA)* Sinkkasten *m*
sink well 1. *(WVA)* Sinkbrunnen *m*; 2. *s.* sink hole
sinkable versenkbar, versenkend
sinkage *(OB)* Nachfall *m (Anstrich)*
sinker nail Senkkopfnagel *m*
sinking 1. *(Bod)* Setzung *f*, Absenkung *f (Baugrund)*; Sen-

kung *f (z. B. des Wasserspiegels)*; 2. *(Erdb, WVA)* Niederbringen *n*, Abteufung *f (eines Schachts)*; 3. *(Konst)* Aussparung *f*, Vertiefung *f*; 4. *(Hb)* Einfräsung *f*; Einlassen *n*; 5. *(Erdb)* Aushub *m*
sinking-in Eindringen *n* des Anstrichs *(in porösen Streichgrund)*
sinking in a timber Kerbe *f*
sinking material *(WVA)* Sinkstoffe *mpl*
sinking of a support *(Bod)* Stützensenkung *f*
sinking well *(Erdb, LB)* Absturzschacht *m (Dränagesystem)*
sinking work *(Erdb, Tun)* Abteufarbeiten *fpl*
sinopite *(BM)* roter Ton *m*
sinter *v* sintern; festbrennen
sinter *(BM)* Sinter *m (1. Absatzgestein; 2. keramische Masse)*
sintered *(BM)* gesintert
sintered aerated (concrete) aggregate Porensinter *m*
sintered aggregate Sinterzuschlag(stoff) *m*, gesinterter Zuschlag *m*
sintered alumina *(BM)* Sintertonerde *f*
sintered artificial pumice Sinterbims *m*
sintered bloating clay Tonsinter *m*, Sinterton *m*, gesinterter Ton *m*
sintered carbide Sintercarbid *n*, Sinterkarbid *n*
sintered cinder *(BM)* Sinterschlacke *f*
sintered clay Sinterton *m*, Tonsinter *m (Leichtzuschlag)*
sintered clay concrete *(BB)* Sinterbeton *m*, Blähtonleichtbeton *m*
sintered clinker *(BM)* Sinterschlacke *f*, Schlackensinter *m*, Sinterbims *m*
sintered coating *(OB)* gesinterte Schutzschicht *f*, Sinterschutzschicht *f*
sintered concrete aggregate *(BM)* Sinterzuschlag(stoff) *m*
sintered expanded clay Sinterblähton *m*
sintered expanded slag Sinterblähschlacke *f*
sintered fly ash Sinterflugasche *f*, Flugaschensintergranulat *n*
sintered fuel ash Sinterkuchen *m*, Agglomerat *n (Leichtzuschlag)*
sintered gravel *(BM)* Sinterkies *m*
sintered lightweight concrete *(BB)* Sinterbimsbeton *m*
sintered product Sintererzeugnis *n*
sintered slag *(BM)* Sinterschlacke *f*
sintered slate Sinterschiefer *m (Leichtzuschlag)*
sintered stoneware tile Steinzeugfliese *f*, Steinzeugplatte *f*
sintering Sinterung *f*; Sintern *n*
sintering limit Sintergrenze *f*
sintering method *(Te)* Sinterverfahren *n*
sintering plant *(BWG)* Sinteranlage *f*
sinuate *(Arch)* wellig, gewunden; gebuchtet
sinuosity *(Arch, Verk, Wsb)* Biegung *f*, Krümmung *f*, Windung *f*; Gewundenheit *f*
sinuous *(Arch)* gewunden, wellenförmig
sinusoidal sinusförmig
sinusoidal arch *(Arch)* Sinusbogen *m*
sinusoidal load *(Stat)* Sinusoidenlast *f*
sinusoidal waveform Sinuswellenform *f*
siphon 1. *(Erdb, Wsb, WVA)* Düker *m*; 2. *(WVA)* Saugheber *m*, Siphon *m*
siphon breaker *(San)* Rückflussschutzventil *n*, Rückflusssicherung *f*
siphon conduit [pipe] *(WVA)* Heberleitung *f*
siphon spillway *(San)* Siphonüberlauf *m*
siphon trap *(San)* Geruch(s)verschluss *m*
siphonage Abhebern *n*, Absaugen *n*
siphonic action *(WVA)* Heberwirkung *f*
siphonic closet *(San)* Saugspülklosett *n*, Absaugklosett *n*
siphonic pan *(San)* Absaugklosettbecken *n*
sisal *(BM)* Sisalhanf *m*
sisal carpeting Sisalteppichbodenbelag *m*
sisal fibre *(BM)* Sisalfaser *f*
sisal hemp *(BM)* Sisalhanf *m*
sisal reinforced sisalverstärkt
sisal rope Sisalstrick *m*
sissing *s.* cissing
Sistine chapel *(Arch)* Sixtinische Kapelle *f*
site *v* 1. *(RP)* den Standort festlegen [planen]; 2. anordnen, aufstellen; anbringen
site 1. *(Te)* Baustelle *f*, Bauplatz *m*; 2. *(RP, VR)* Baugelände *n*, Baugrund *m*; Grundstück *n*, Baugrundstück *n*; 3. *(RP)* Lage *f*, Standort *m (z. B. von Anlagen, Gebäuden)*; 4. *(RP)* Stelle *f*, Platz *m* • **delivered (free) site** *(VR)* frei Baustelle (geliefert)
site acceptance test *(VR)* Baustellenabnahmeprüfung *f*
site access Baustellenzufahrt *f*
site accommodation *(Konst, Te)* Bau(stellen)unterkunft *f*, Baustellenaufenthaltsraum *m*, Baubüro *n*
site agent Bauführer *m*, Bauleiter *m*
site altitude *(Verm)* Baustellenhöhe *f* über NN; Baustellenhöhenlage *f*
site analysis *(BM)* Baustellenanalyse *f*
site application *(OB)* Baustellenanstrich *m*, Baustellenbeschichtung *f*
site-applied coat *(OB)* Baustellenanstrich *m*; auf der Baustelle aufgebrachte Schutzschicht *f*
site area Baustellenfläche *f*, Baustellengelände *n*
site arrangement Baustelleneinrichtung *f*
site assembled *(Te)* baustellenmontiert
site assembly 1. Baustellenmontage *f*; 2. Baustelleneinrichtung *f*
site barrack Baubude *f*
site canteen Baukantine *f*
site clean-up *(Te)* Baustellensäuberung *f*; Baustellen(frei)räumung *f (s. a. site clearance)*
site clearance Baustellenfreimachen *n*, Baustellen(be)räumung *f*
site cleared of buildings *(RP, RS)* abgebrochenes Stadtgebiet *n*, beräumtes und gesäubertes Abbruchgebiet *n*
site clearing *s.* site clearance
site concrete *(BB)* Ortbeton *m*, baustellengemischter Beton *m*
site conditions Standortverhältnisse *npl*; Baustellenbedingungen *fpl*
site connection *(Konst, St)* Montagestoß *m*, Baustellenanschluss *m (Stahlbau)*
site cost *(VR)* Baustellenkosten *pl*
site crane *(BWG)* Montagekran *m*, Baukran *m*
site criteria *(RP)* Standortkriterien *npl*
site development Baustellenerschließung *f*
site development area *(RP)* Erschließungsgebiet *n*
site drainage *(Erdb, WVA)* Baustellenentwässerung *f*; Grundstücksentwässerung *f*
site engineer Bauleiter *m*, Baustelleningenieur *m (des Auftraggebers)*
site equipment Baustellenausrüstung *f*, Baustellengerät *n*
site erection *(Te)* Baustellenmontage *f*
site exit Baustellenausfahrt *f*
site exploration *(Bod)* Geländeerkundung *f*; Baugrunduntersuchung *f*, Bodenuntersuchung *f*
site facilities Baustelleneinrichtung *f*
site facilities programme *(Te)* Einrichtungsplan *m*, Baustelleneinrichtungsplan *m*
site fence Bauzaun *m*
site finish *(OB)* Baustellenanstrich *m*
site-foamed insulation 1. *(DIS)* Ortverschäumungsdämmung *f*; 2. *(DIS)* ortverschäumte Dämmmasse *f*, ortverschäumter Dämmstoff *m*

site furnishings *(LB)* Außenanlagenausstattung *f*
site hopper Baustellensilo *n*
site hut Baubude *f*, Bauhütte *f*
site inspection *(Te)* Begehung *f* einer Baustelle
site installations Baustelleneinrichtung *f (Geräte)*
site investigation *(Bod)* Baugrunduntersuchung *f*, Baustellenuntersuchung *f*
site joint *s.* site connection
site laboratory *(BM)* Baustellenlabor *n*
site labour *(Te)* Baustellenarbeit *f*
site labour force Baustellenpersonal *n*, Baustellenarbeitskräfte *fpl*
site lighting *(El)* Baustellenbeleuchtung *f*
site manager Bauleiter *m*
site manufacture *(Te)* Baustellenherstellung *f*, Baustellenfertigung *f*
site measuring Aufmaß *n*
site meeting *(VR)* Baustellenberatung *f*
site-mixed *(BM)* baustellengemischt, Baumisch...
site mixing *(Te)* Baustellenmischen *n*, Baustellenmischgutherstellung *f*
site mobilization Baustelleneinrichtung *f*
site mobilization plan Baustelleneinrichtungsplan *m*
site mud Baustellenschlamm *m*
site noise *(DIS, Umw)* Baulärm *m*
site of deposition Ablagerungsstelle *f*
site of works Baustelle *f*
site office Bau(stellen)büro *n*
site-on auf der Baustelle
site organization *(VR)* Baustellenorganisation *f*
site owner *(VR)* Grundstückseigentümer *m*
site-painted *(OB)* baustellengestrichen
site painting *(OB)* Baustellenanstrich *m (nach Montageabschluss)*
site permeability tester *(Erdb, WVA)* Baustellendurchlässigkeitsprüfung *f (Entwässerung)*
site phasing *(Te, VR)* Baustellenzeitfolgeabstimmung *f*, Bauphasenfestlegung *f*
site-placed baustellengefertigt und eingebracht, Vorort...
site-placed concrete *(BB)* Ortbeton *m*
site-placed concrete filling Ortbetonfüllung *f*
site-placed concrete floor *(TK)* Ortbetondecke *f*
site-placed concrete shell Ortbetonschale *f*
site-placed concrete structure *(Konst)* Ortbetonbauwerk *n*
site plan Lageplan *m*; Baustellenplan *m*
site planning *(RP)* Standortplanung *f*
site plant Baustelleneinrichtung *f (Objekt)*
site precasting *(Te)* Baustellenvorfertigung *f (mit Beton)*
site prefabrication Baustellen(vor)fertigung *f*
site preparation *(Te)* Baustellenerschließung *f*, Baustelleneinrichtung *f*
site progress photographs Baustellenfortschrittsfotografien *fpl*
site report *(VR)* Baustellenrapport *m*, Bauablaufbericht *m*
site riveting *(St, Te)* Baustellennietung *f*
site road Bau(stellen)straße *f*
site safety Baustellensicherheit *f*
site sampling Probenentnahme *f* auf der Baustelle
site shed *(Konst)* Bauhütte *f*
site silo Baustellensilo *n*
site sketch Lageskizze *f*; Situationsskizze *f*
site soil *(Bod)* anstehender Boden *m*, anstehender Erdstoff *m*
site space Bauraum *m*, Baustellenraum *m*
site staff Baustellenpersonal *n*
site stage *(Te)* Baustellen-Bauabschnitt *m*
site stoppage Baustellenstilllegung *f*
site subdivision *(AE)* *(RP, VR)* Baulandaufteilung *f*
site superintendent Bauleiter *m*, Baustellenkoordinator *m*
site supervision *(VR)* Baustellenüberwachung *f*, Baustellenkontrolle *f*; Bauleitung *f*
site supervisor Investbauleiter *m*, Auftraggeberprojektingenieur *m*
site survey Ortsbesichtigung *f*, Geländeaufnahme *f*
site survey plan *(Verm)* Geländeaufnahmeplan *m*
site test *(BM)* Baustellenprüfung *f*
site toilet Bauabort *m*
site traffic *(Verk)* Baustellenverkehr *m*
site transport *(Verk)* Baustellentransport *m*
site understanding Baustellenvereinbarung *f*
site-welded *(St, Te)* baustellengeschweißt
site welding *(St, Te)* Baustellenschweißen *n*
site work 1. *(Te)* Baustellenbetrieb *m*, Bautätigkeit *f* auf der Baustelle; 2. *(Te)* Ort-Bauverfahren *n*, Ortbauverfahren *n*
siting 1. *(RP)* Standortbestimmung *f*, Standortwahl *f*; 2. *(Verm)* Lageplan *m*, Anlage *f*
siting analysis *(RP)* Standortanalyse *f*
siting planning *(RP)* Standortplanung *f*
sitting room *(Konst)* Wohnzimmer *n*
situate *v* in eine (bestimmte) Lage bringen; aufstellen
situated above darüber befindlich, darüber angeordnet
situation analysis *(RP, VR)* Situationsanalyse *f*
situation of a building *(Konst)* Gebäudestellung *f*, Einfügung *f*
sitz bath *(San)* Sitzbadewanne *f*
six-bay *(Konst)* sechsjochig
six-lobe tracery *(Arch)* Sechspass *m (gotisches Maßwerk)*
six-moment equation *(Stat)* Sechsmomentengleichung *f*
six-pointed star *(Arch)* sechszackiger Stern *m*
six-vesica piscis tracery *(Arch)* Sechsschneuß *m (gotische Maßwerkform)*
size *v* 1. *(Konst)* bemessen, dimensionieren; 2. *(Te)* zurichten, zuschneiden; auf Fertigmaß arbeiten; 3. *(BM, Te)* klassieren, nach Korngrößen trennen *(Zuschläge)*; 4. *(OB, Te)* leimen, mit Leim bestreichen; spachteln; grundieren *(Anstrichtechnik)*
size 1. *(Konst)* Abmessung *f*, Größe *f*, Dimension *f*; Umfang *m*; Baugröße *f*; Grundstücksgröße *f*; 2. *(BM)* Korngröße *f*, Kornklasse *f (von Zuschlägen)*; 3. *(BM)* Leim *m*, Kleister *m*; 4. *(BM, OB)* Spachtelmasse *f*; Grundiermittel *n*; Vorlack *m*
size analysis Siebanalyse *f*, Korngrößenbestimmung *f*
size analysis by sedimentation Sedimentationsanalyse *f*
size bracket *(BM)* Körnung *f*, Korngrößenbereich *m*
size category Kornklasse *f*
size category fraction *(BM)* Kornklassenfraktion *f*
size colour *(BM, OB)* Leimfarbe *f*
size distribution *(BM)* Korn(größen)verteilung *f*, Körnungsaufbau *m*
size-distribution curve Körnungskennlinie *f*, Kornverteilungskurve *f*
size distribution fraction Kornklassenfraktion *f*
size factor Körnungsfaktor *m*
size fraction Fraktion *f*, Kornfraktion *f*, Korn(größen)klasse *f*, Korngruppe *f*
size grade *(BM)* Korngrößenklasse *f*
size grading Korngrößenbestimmung *f*
size limit *(Konst)* Passmaß *n*, Passgröße *f*, zulässiges Abmaß *n*, Grenzmaß *n*
size of bore Bohrdurchmesser *m*
size of grain *(BM)* Korngröße *f*
size of lot *(Verk)* Losgröße *f*
size range Körnungsbereich *m*, Korngruppe *f*
size range index *(BM)* Korngrößenindex *m*
size reduction Zerkleinerung *f*
size reduction technique *(BM, Te)* Zerkleinerungstechnik *f*
size stick Schiefer(schneid)lehre *f*

size tolerance zulässiges Abmaß *n*, zulässige Abweichung *f*
size when completed *(Konst)* Ausbaumaß *n*
sized slate geschnittener [sortierter] Schiefer *m*
sizer *(BM, BWG)* Siebklassierer *m*
sizing 1. *(Konst)* Dimensionierung *f*, Größenbemessung *f*; 2. *(BM, Te)* Klassieren *n*, Trennen *n* nach Korngrößen; 3. *(Te)* Bearbeiten *n* auf Sollmaß; 4. *(Te)* Leimen *n*; Ableimen *n*; 5. *(OB, Te)* Spachteln *n*; Grundieren *n*
sizing and washing machine *(BWG)* Klassier- und Waschmaschine *f (für Baustoffe)*
sizing material Grundiermasse *f*, wasserlöslicher Klebstoff *m*, Leim *m*
sizing plant *(BWG)* Klassieranlage *f (Baustoffaufbereitung)*
skating rink *(RP)* Eislaufanlage *f*, künstliche Eisbahn *f*
skeen arch *s.* diminished arch
skeletal structure *s.* skeleton structure
skeleton 1. *(Konst)* Skelett *n*, Gebäudeskelett *n*, Rohbauskelett *n*, Gebäudegerippe *n*, Gerippe *n (Traggerippe)*; 2. *(TK)* Fachwerk *n*, Tragekonstruktion *f*
skeleton asphalt *(Verk)* Skelettasphalt *m*
skeleton building *(Konst)* Rahmengebäude *n*, Skelettgebäude *n*, Gerippegebäude *n*
skeleton construction *(Konst, Te)* Skelettbauweise *f*, Traggerippebauart *f*
skeleton core Türfüllungs(halte)streben *fpl (für eine Türbeplankung)*
skeleton framing 1. *(Konst)* Skelett *n*; 2. *(TK)* Fachwerk *n (Tragwerk)*
skeleton girder *(TK)* Skelettträger *m*
skeleton key *(EB)* Dietrich *m*; Nachschlüssel *m*
skeleton sheeting *(Erdb)* Grabenaussteifung *f*
skeleton sketch *(Konst)* schematische Zeichnung *f*
skeleton steps Trittstufenplatten *fpl*; Treppe *f* ohne Setzstufen, offene Treppe *f*
skeleton structure *(Konst)* Skelettbau *m (Bauwerk)*
skeleton type of construction *s.* skeleton construction
skene arch *s.* diminished arch
skerry *(Bod)* felsig
sketch *v (Konst, Te)* skizzieren, entwerfen, aufreißen, (auf)zeichnen
sketch *(Konst)* Skizze *f*, Entwurf *m*, Zeichnung *f*
sketch book Musterbuch *n*, Architektenmusterbuch *n*
sketch map *(Konst, Verm)* Übersichtskarte *f*; Kartenskizze *f*
sketch profile *(Konst)* Profilskizze *f*
skew schief, schräg *(Linie)*; schiefwinklig
skew arch 1. *(Konst)* schiefwinkliger Bogen *m*, Schiefbogen *m*, Schrägbogen *m*; 2. *(Arch)* Schiefe *f* des Bogens
skew-arched vault *(Konst)* schiefwinkliges Gewölbe *n*
skew back *s.* skewback
skew barrel vault *(Konst)* schiefes Tonnengewölbe *n*
skew bending schiefe Biegung *f*
skew block *(SB)* Giebelfußstein *m (vorspringend)*
skew bridge *(Br)* schiefe [schiefwinklige] Brücke *f*, Schiefbrücke *f*
skew corbel *(SB)* Giebelfußstein *m (keilförmig)*; Giebelsimsstein *m*
skew crossing *(Verk)* schräge Kreuzung *f*, Schleifschnittkreuzung *f*
skew curve *(Verk)* schiefe Kurve *f*
skew cut Schrägschnitt *m*
skew fillet *(Konst)* Giebelrandunterfütterung *f (Schieferdach)*
skew flashing *(Hb, St)* Giebelrandverkleidung *f*, Giebelseiteneinfassung *f*
skew frame *(Konst)* schiefwinkliger Rahmen *m*
skew grid 1. Schrägrost *m*; 2. Schrägraster *n*
skew hinge ansteigende Türangel *f*, Spiralgangtürangel *f*
skew nailing *(Hb)* Schrägnagelung *f*
skew notch *(Hb)* Versatz *m*
skew notch on masonry wall *(Konst)* Mauerwerkversetzung *f*
skew notch on wall Wandversetzung *f*
skew notch penetration of masonry walls *(SB)* schiefwinkelige Mauerkreuzung *f*, schiefwinkelige Mauerdurchdringung *f*
skew of arch *(Arch, Konst)* Schiefe *f* des Bogens
skew opening *(Konst)* Schrägöffnung *f*
skew plane *(BWG)* Plattenbankhobel *m*
skew plate *(Konst)* schiefe Platte *f*
skew putt *s.* skew corbel
skew resistance tester *(Verk)* Gleitbeiwertmesser *m*
skew slab *(Konst)* schiefe Platte *f*
skew span schiefes Feld *n*; schiefe Brückenöffnung *f*
skew table *(BT)* Giebelfuß(winkel)platte *f*
skew two-span slab *(Konst)* schiefe Zweifeldplatte *f*
skew vault *(Konst)* schiefes Gewölbe *n*
skewback 1. *(SB)* Kämpfer(stein) *m*; 2. *(Konst)* Kämpferlinie *f*
skewed arch *(Konst)* Schrägbogen *m*
skewed frame *(TK)* schiefer Rahmen *m*
skewed junction of masonry walls schiefwinkeliger Maueranschluss *m*
skewed octopartite vault *(Konst)* achtzelliges Schiefgewölbe *n*
skewed parallelogram plate *(Konst)* schiefwinklige Parallelogrammplatte *f*
skewed vault *(SB)* Schiefgewölbe *n*
skewing *(Konst)* Schrägstellung *f*
skewness Schiefe *f*
ski hut Skihütte *f*
skid *v* rutschen, gleiten
skid resistance *(Verk)* Griffigkeit *f (Straße)*
skid resistance requirement *(Verk)* Griffigkeitsanforderung *f*
skid resistance tester *(SRT) (Verk)* Straßenrauigkeitsmesser *m*, Straßengriffigkeitsmesser *m*, SRT-Gerät *n*
skid-resisting properties *(Verk)* Griffigkeitseigenschaften *fpl*, Griffigkeitsverhalten *n*
skid track *(Verk)* Hemmschiene *f*
skidding *(Verk)* Rutschen *n*; Schleudern *n*
skidding conditions *(Verk)* Glätte *f*, Straßenglätte *f*
skidding distance *(Verk)* Rutschweg *m*
skidding friction *(Verk)* Gleitreibung *f*
skidding resistance *(Verk)* Griffigkeit *f (Straße)*
skidproof *v (Verk)* abstumpfen, aufrauen, griffig machen *(Straße)*
skidproof *(OB, Verk)* gleitsicher, rutschfest
skidproof mat *(EB)* Gleitschutzteppich *m*
skidproof paint *(BM, OB)* Gleitschutzfarbe *f*, rutschfester Anstrich *m*
skiffling *(Te)* Rohbearbeitung *f (von Stein)*
skilful fachmännisch; geschickt
skill *(Te)* Fertigkeit *f*
skilled concrete worker Betonfacharbeiter *m*
skilled personnel Fachpersonal *n*, Fachbelegschaft *f*, Fachmannschaft *f*
skilled worker Facharbeiter *m*
skim *v* 1. *(SB, Te)* ausgleichen, abziehen *(Oberputz)*; 2. *(Erdb, Te)* abtragen, planieren, abgleichen *(Erdstoff)*; 3. *(WVA)* abschöpfen, abnehmen
skim *v* **off** abschöpfen, abnehmen
skim coat *(SB)* Feinputzschicht *f (ca. 3 mm)*; Feinputz *m*
skimmer *(BWG)* Flachlöffelbagger *m*, Pionierlöffelbagger *m*
skimming 1. *(Bod)* Mutterbodenabtrag *m*, Abziehen *n* des Baufeldes; 2. Abfeimen *n*, Abfehmen *n*, Abschäumen *n (Glas)*; 3. Schlacken *fpl (metallurgisch)*
skimming coat *s.* skim coat

S

skimming tank *(WVA)* Fettabscheider *m*
skin *v* 1. *(SB, Te)* abputzen; 2. *(OB, Te)* tünchen
skin 1. Haut *f*, (dünne) Oberflächenschicht *f*; Farbhaut *f*; 2. Gusshaut *f*; 3. Deckfurnier *n*; 4. Türbeplankung *f*; 5. Sandwichdecklage *f*; 6. Schale *f (Wand)*; Außenwandversteifung *f*
skin adhesive Hautleim *m*
skin coat *(SB)* Feinputz *m*
skin crack *(OB)* Oberflächenriss *m*
skin drying *(OB)* schnelle Oberflächentrocknung *f (Farbe)*
skin effect *(OB)* Skineffekt *m*; Hautwirkung *f (Korrosionsprüfung)*
skin fault *(OB)* Oberflächenfehler *m*
skin formation *(BM, OB)* Hautbildung *f*
skin-forming hautbildend
skin friction *(Erdb)* Mantelreibung *f (Gründungspfahl)*
skin glue Hautleim *m*
skin hardness *(BM)* Oberflächenhärte *f*
skin irritant *(Umw)* hautreizender Stoff *m*
skin of plaster *(SB)* Putzlage *f*, Putzdünnschicht *f*
skin patching Oberflächenflickarbeit *f*
skin plate 1. kunststoffplattiertes Blech *n*; 2. Blechhaut *f*
skinned bolt überdrehter Bolzen *m*
skinning *(OB)* Hautbildung *f*, Trockenfilmbildung *f (Farbe)*
skinning over *(OB)* Oberflächenabschluss *m (Anstrich)*
skintled brickwork *(SB)* wildes Ziegelmauerwerk *n*, unregelmäßige Ziegelwand *f*
skintled joint *(Konst)* Wulstfuge *f (wild)*
skip *v* überspringen; alles vergessen
skip 1. *(BWG)* Aufzugskübel *m (eines Mischers)*; Greifer *m (eines Baggers)*; 2. *(OB)* Fehlstelle *f (in einer Schutzschicht, einem Anstrich)*
skip elevator Kübelaufzug *m*
skip for tower crane Turmkrankübel *m*
skip-graded *(BB, BM)* mit Ausfallkörnung
skip hoist Muldenheber *m*, Kübelaufzug *m (Mischer)*
skip lorry [truck] Muldenkipper *m*
skirt 1. Rand *m*, Kante *f*; 2. *s.* skirting board
skirt-roof *(Konst)* Zwischengeschossdachkranz *m*
skirting block Fußleisteneckholz *n*, Scheuerleistenkreuzblock *m*, Sockelleistenankerblock *m*
skirting board *(EB)* Fuß(boden)leiste *f*, Scheuerleiste *f*, Sockelleiste *f*
skirting (board) heating *(HLK)* Fußleistenheizung *f*, Scheuerleistenheizung *f*, Sockelleistenheizung *f*
skull cracker *(BWG, RS)* Zertrümmerungskugel *f*, Fallbirne *f*
sky component *(Konst)* Himmelslichtanteil *m*, Tageslichtanteil *m*
sky cover *(Umw)* Bewölkungsgrad *m*
sky factor Tageslichthelligkeitsverhältnis *n (Kunstlicht zu Tageslichtanteil)*
sky-glare *(Konst)* Himmelslichtblendung *f*, Tageslichtblendung *f*
sky-vault *(Konst)* Himmelsgewölbe *n*
skylight 1. *(Konst)* Oberlicht *n*, Oberlichtöffnung *f*; Dachfenster *n*; Dachliegefenster *n*, Raupe *f*; Deckfenster *n*; 2. *(Konst)* Tageslicht *n (durch die Decke einfallend)*
skylight cover Oberlichtbezug *m*
skylight turret *(Konst)* Laterne *f*, Dachaufsatz *m*, Oberlichthaube *f*
skyline *(Arch)* Silhouette *f*
skyscrape *v (Te)* Wolkenkratzer bauen
skyscraper *(Arch)* Wolkenkratzer *m*, Hochhaus *n*
skyscraper block *(Arch)* Wohnwolkenkratzer *m*
skyway *(Verk)* Fußgängerhochführung *f*, Hochweg *m*, Hochwegsystem *n*
slab *v* 1. zu Platten verarbeiten, in Platten zersägen; abschwarten *(Stämme)*; 2. zurichten, behauen *(Holz)*
slab 1. *(BT)* Platte *f*, Tafel *f (aus verschiedenen Materialien)*; Bramme *f (Halbfertigtafel)*; 2. *(BM)* Gesteinsplatte *f*; Fliese *f*; 3. *(BM, Hb)* Schwarte *f*, Schwartenbrett *n*, Schalbrett *n*; 4. *(BT)* Beton(decken)platte *f*; Stahlbetongeschossplatte *f*
slab action *(Stat)* Plattenwirkung *f*
slab analysis *(Stat)* Plattenberechnung *f*, Plattenstatik *f*
slab and beam *(TK)* Plattenbalken *m*, T-Balkenträger *m*
slab and beam bridge *(Br)* Plattenbalkenbrücke *f*
slab and beam floor *(TK)* Plattenbalkendecke *f*
slab and buttress dam *(Konst)* Plattenpfeilermauer *f*
slab and girder floor *(TK)* Plattenbalkendecke *f*, Rippendecke *f (Beton)*
slab and joist floor [ribbed construction] *(TK)* Stahl(beton)rippendecke *f*
slab band *(TK)* Plattenbalken *m*, plattenförmiger Balken *m*
slab bending *(Stat)* Plattenbiegung *f*
slab block 1. Plattenbau *m*, Plattengebäude *n*; 2. Scheiben(hoch)haus *n*
slab board Schwartenbrett *n*, Schwarte *f*, Schalbrett *n*
slab bridge *(Br)* Plattenbrücke *f*
slab calculation *(Stat)* Plattenberechnung *f*
slab cantilevering *(Konst)* Plattenauskragen *n*, Plattenauskragung *f*
slab cap *(Konst)* Überdachung *f*, Regenschutzhaube *f (Schornstein)*
slab circumference Plattenumfang *m*
slab collar *(Te)* Deckenkragen *m (Hubdeckenverfahren)*
slab concreting *(Te)* Plattenbetonieren *n*
slab construction *(Konst)* Plattenbau *m*
slab core *(Konst)* Plattenkern *m*
slab covering Plattenbelag *m*
slab cross section Plattenquerschnitt *m*
slab culvert *(Erdb, WVA)* Plattendurchlass *m*; Deckeldole *f*
slab depth Plattendicke *f*
slab displacement *(RS)* Plattenverschiebung *f*
slab dressing Plattenverblendung *f*, Plattenverkleidung *f*
slab edge Plattenrand *m*
slab effect *(Stat)* Plattenwirkung *f*, Platteneffekt *m*
slab façade *(Arch)* Plattenfassade *f*
slab failure *(RS)* Plattenversagen *n*
slab faulting *(RS)* Plattenverschiebung *f*
slab floor *(TK)* Platten(balken)decke *f*; Stahlbetonfußboden *m*
slab floor cover(ing) Plattenbodenbelag *m*, Plattenfußboden *m*
slab footing *(Erdb)* Plattenfundament *n*
slab form *s.* slab formwork
slab forms Plattenschalung *f*
slab formwork *(BT, Te)* Plattenschalung *f*; Deckenschalung *f (Betonbau)*
slab foundation *(Erdb)* Plattenfundament *n*
slab frame bridge Plattenrahmenbrücke *f*
slab house *(AE) (Hb, Konst)* Holzbohlenhaus *n*
slab in ballast concrete Kiesbetonplatte *f*
slab in stucco Stucksteinplatte *f*
slab insulant *(BT, DIS)* Plattendämmstoff *m*; Dämm(stoff)platte *f*
slab insulation *(DIS)* Tafeldämmung *f (Deckentafel)*
slab jacking *(Verk)* Plattenhebung *f (Betonstraße)*
slab joint *(Konst)* Plattenfuge *f*, Plattenstoß *m*
slab-lift method *(Te)* Hubdeckenverfahren *n*
slab lining *(Konst)* Plattenverkleidung *f*, Plattenbekleidung *f*
slab load Plattenlast *f*
slab method *(Konst)* Plattenbauweise *f*, Plattenbau *m*
slab moment Plattenmoment *n*
slab moulding machine Plattenpresse *f*
slab of constant depth planparallele Platte *f*
slab of rock *(BT)* Gesteinsplatte *f*
slab-on-grade nicht unterkellert

slab on grade nicht unterkellerte Fußbodenplatte *f (Beton)*
slab-on-grade floor *(TK)* Plattenrostdecke *f*
slab partition wall *(Konst)* Plattentrennwand *f*
slab pavement Plattenbelag *m*
slab paving *(Te)* Plattenbelegen *n*, Plattenbefestigung *f*, Plattenpflasterung *f*
slab problem Plattenaufgabe *f*, Plattenproblem *n*
slab pumping *(Verk)* Fahrbahnplattenpumpen *n (Betonstraße)*
slab reflection *(Verk)* Plattenreflexion *f (bei Überbauung)*
slab replacement *(Verk)* Plattenerneuerung *f*
slab resting on four sides *(TK)* vierseitig aufgelagerte Platte *f*
slab rigidity Plattensteifigkeit *f*, Plattensteifheit *f*
slab rocking *(Verk)* Fahrbahnplattenflattern *n*
slab roof *(Konst)* Plattendach *n*
slab rotation Plattendrehung *f*
slab-shaped plattenartig
slab shuttering *(BT, Te)* Plattenschalung *f*
slab skew Plattenschiefe *f*
slab slackening Plattenbewegung *f*
slab soffit Plattenunterseite *f*
slab spacer Abstandseisen *n*, Distanzhalter *m*, Bewehrungshalter *m (für Plattenbewehrung)*
slab span *(Konst)* Plattenfeld *n (von Trägern überspannt)*
slab spanning in the longitudinal direction *(BT)* längsgespannte Platte *f*
slab spanning in the transverse direction *(BT)* quergespannte Platte *f*
slab stepping *(Verk)* Stufenbildung *f (Fahrbahnplatten)*
slab stiffness *(Stat)* Plattensteife *f*, Plattensteifigkeit *f*
slab strength Plattenfestigkeit *f*
slab theory *(Stat)* Plattentheorie *f*
slab thickening Plattenverstärkung *f*
slab-type block *(Konst)* Scheibenhaus *n*
slab-type building *(Konst)* Scheibenhaus *n*
slab wall *(Konst)* Plattenwand *f*
slab width Plattenbreite *f*
slab with edge beam randversteifte Platte *f*, Platte *f* mit Randbalken
slabbing Plattenbelag *m*
slabby plattig
slabby limestone *(BM)* Kalkschiefer *m*, Plattenkalk *m*
slablike *(BM, BT)* plattenartig
slack *v* 1. sich lockern; schlaff werden; durchhängen *(z. B. Seile)*; 2. *(BM)* zerfallen, verwittern *(Gestein)*
slack *(BT)* locker, lose; schlaff, entspannt; durchhängend
slack *(BT)* Durchhang *m*, Durchhängen *n*
slack block Gerüstkeil *m*
slack-line excavator *(BWG)* Kabelbagger *m*
slack-rope switch Sicherheitszugseil *n*, Notschaltseil *n*
slack side Furnierseite *f* in Richtung Stammmitte
slacken *v* 1. lösen *(z. B. Schrauben)*; 2. lockern, entspannen; nachgeben, erschlaffen, schlaff werden *(z. B. Seile)*
slackening Lösen *n (z. B. von Schrauben)*; Lockern *n (Seil, Kabel)*; Schlaffwerden *n*; Durchhängen *n*
slacklime *s.* slaked lime
slackness *(BWG)* Schlaffheit *f*; Spiel *n (unerwünscht)*
slag *v (HLK)* verschlacken
slag *(BM)* Schlacke *f*; Ofenschlacke *f*; Schlackenstein *m*
slag aggregate *(BM)* Schlackenzuschlag(stoff) *m*
slag and fly ash cement Schlacke- und Flugaschezement *m*
slag base *(Verk)* Schlackenpacklage *f (Straße)*
slag block Schlackenstein *m*
slag-bound aggregate schlackenverfestigter Mineralstoff *m*
slag brick *(BM)* Schlackenziegel *m*
slag cement *(BM)* Hüttenzement *m*, Hochofenzement *m*, Schlackenzement *m*
slag concrete Schlackenbeton *m*, Hochofenschlackenbeton *m*; Leichtbeton *m*
slag flour Schlackenmehl *n*, Thomasmehl *n*
slag hair *s.* slag wool
slag heap *(Umw)* Schlackenhalde *f*
slag inclusion Schlackeneinschluss *m (beim Schweißen)*
slag paving stone Schlackenpflasterstein *m*
slag plank *(BT)* Schlackendiele *f*
slag plaster Putz *m* mit Schlackensand
slag pozzolanic cement *(BM)* Schlackenpuzzolanzement *m*
slag sand Schlackensand *m*, granulierte Hochofenschlacke *f*
slag sand block Hochofenschlackenstein *m*, Schlackenstein *m*
slag stone Schlackenstein *m*
slag strip *(AE) (Konst)* Kiesbremsstreifen *m*, Dachkieshalteleiste *f*, Kiesleiste *f (bei abgekiesten Dächern)*
slag wool *(BM, DIS)* Schlackenwolle *f*, Hüttenwolle *f*; Mineralfaserwolle *f*
slag wool insulation *(DIS)* Hüttenwolledämmung *f*
slaggy schlackenartig, schlackig
slake *v* 1. *(BM, Te)* (ab)löschen *(Kalk)*; 2. *(BM)* zerbröckeln
slaked gelöscht, abgelöscht, nassgelöscht *(Kalk)*
slaked lime *(BM)* Löschkalk *m*, gelöschter Kalk *m*, Sumpfkalk *m*
slaking Ablöschen *n*, Nasslöschen *n*
slaking basin *(Te)* Löschbecken *n*, Kalklöschmulde *f*
slaking box Löschkasten *m*, Löschtrog *m*
slaking drum *(BWG, Te)* Löschtrommel *f*, Kalklöschtrommel *f*
slaking machine Löschmaschine *f*, Kalklöschmaschine *f*
slaking pit Löschgrube *f*
slaking process Löschvorgang *m*, Kalklöschprozess *m*
slaking slag Zerfallschlacke *f*
slaking trough Kalklöschrinne *f*, Kalklöschbank *f*
slaking vessel Löschgefäß *n*, Kalklöschgefäß *n*
slamming stile *(Hb)* Schlossbohle *f*, Schlossbrett *n (Tür)*
slamming strip Streifeneinlage *f* entlang dem Schlossbrett *(Tür)*
slant *v* 1. sich neigen; Neigung haben, schräg stellen; 2. abböschen
slant schräg, geneigt; schief
slant 1. *(Konst)* Schräge *f*, Neigung *f*, Gefälle *n (z. B. einer Straße)*; 2. *(WVA)* Hausentwässerungsleitung *f (mit natürlichem Gefälle)*
slant nailing *(Hb)* Schrägnagelung *f*
slant range *(Verm)* Luftlinie *f*, geradliniger Abstand *m (zwischen zwei Punkten verschiedener Höhe)*
slanted *(Erdb)* abgeschrägt *(Hang, Böschung)*; mit Schräge
slanting schräg, geneigt; seitlich abfallend; abschüssig
slanting 1. *(Konst)* Schrägstellen *n*; 2. *(Erdb)* Abböschung *f*
slanting arrangement *(Konst)* Schräganordnung *f*
slanting bottom Schrägboden *m (Bunker)*
slanting cut Krummschnitt *m (Holz)*
slanting lift Schrägaufzug *m*
slanting position *(Konst)* Schrägstellung *f*
slantwise schräg
slap dash *(SB)* Rauputz *m*, Rappputz *m*
slash *v (LB)* abhauen *(Buschwerk)*; trennen, teilen, spalten *(Baumstämme)*
slash *(AE) (Bod, LB, Umw)* Sumpfgelände *n*
slash and burn mode *(Te) (sl)* Holzhackermethode *f*
slash saw *(BWG, Hb)* Schlitzsäge *f*
slash-sawn *(Hb, Te)* tangential [flach] geschnitten *(zu den Jahresringen, Holz)*
slasher *(Hb)* Schlichter *m*

slasher saw *(AE)* Armkreissäge *f*, Ablängsäge *f*
slashes 1. *(LB)* Baumtrümmer *fpl (Holzschlag)*; 2. *(Erdb)* sumpfige Stellen *fpl*
slat Latte *f*, Leiste *f*; Steglatte *f*, Lamelle *f (Fensterladen, Jalousie)*
slat closure Lamellenschluss *m*, Stäbchenschluss *m (Jalousie)*
slat conveyor *(BWG)* Querrippenförderband *n*
slat fence Lattenzaun *m*, Staketenzaun *m*
slat lift shutter door *(BT)* Lamellenhubtor *n*
slat rolling shutter *(BT)* Lamellenrollladen *m*
slat screen *(EB)* Lamellenjalousie *f*
slate *v* mit Schiefer decken; verkleiden
slate 1. *(BM)* Schiefer *m*, Tonschiefer *m*; 2. Dachschiefer *m*, Schieferplatte *f*; 3. Tafel *f* mit Mischangaben, Liste *f*, Rezeptur *f (auf der Baustelle)*
slate-and-a-half slate *(BM)* eineinhalbfacher Schiefer *m (Breite)*
slate axe *(BWG)* Dachhammer *m*
slate batten Dachschieferlatte *f*
slate bed Schieferunterseite *f*
slate black Schieferschwarz *n*, Rußschieferschwarz *n*
slate boarding *(Konst)* Schieferdachverschalung *f*
slate cladding *(BM)* Schiefersplitt *m*
slate clay Schieferton *m*
slate-covered schiefergedeckt
slate covering *(Konst)* Schieferdach *n*, Schieferbedachung *f*
slate cramp (großer) Schwalbenschwanzschiefer *m*
slate cutter Schieferschneider *m*
slate dust *(BM)* Schiefermehl *n*
slate fixer Schieferleger *m*, Schieferdecker *m*
slate floor cover(ing) Schieferfußbodenbelag *m*, Schieferplattenbelag *m*
slate flour *(BM)* Schiefermehl *n (Füller)*
slate-grey schiefergrau
slate hammer Dachhammer *m*
slate hanging Schiefer-Wandverkleidung *f*, Schieferabdeckung *f* für Hauswände, Wetterschutzverkleidung *f* aus Schiefer
slate lath *(Hb)* Dachschieferlatte *f*
slate-like *s.* slatelike
slate mountains *(Bod)* Schiefergebirge *n*
slate nail Schiefernagel *m*
slate panel Schiefertafel *f*
slate paper Schieferpapier *n*
slate peg Schiefernagel *m*
slate pit *(BM, BWG)* Schiefergrube *f*
slate powder Schiefermehl *n*; Schieferpigment *n*
slate quarry Schieferbruch *m*
slate ridge [roll] *(Konst)* Schiefer(zylinder)dachreiter *m*
slate roof *(Konst)* Schieferdach *n*
slate roof cladding 1. Schieferbedachung *f*, Schieferdeckung *f (Dachbelag)*; 2. Schiefer(ein)deckung *f*
slate roof covering [sheathing] *s.* slate roof cladding
slate siding *s.* slate hanging
slate slab *(BT)* Schieferplatte *f*
slate slag Schieferschlacke *f*
slate tail Schieferende *n*
slate valley *(Konst)* Schieferdachkehle *f*
slate wall panel *(BT)* Schieferwandtafel *f*, Schieferwandplatte *f*
slated roof *s.* slate roof
slatelike schieferartig
slater Dachdecker *m* (für Schieferdächer), Schieferdecker *m*
slater-and-tiler Dachdecker *m*
slater hammer Dachhammer *m (für Schieferdeckung)*
slater's felt Schieferunterlegpappe *f*
slates *(BT)* Dachschieferplatten *fpl*
slating Schieferdacharbeiten *fpl*, Schieferdeckung *f*
slating nail Schiefernagel *m*
slatted mit Latten (versehen); Latten...; jalousieartig
slatted blind *(EB)* Jalousie *f*
slatted blind door *(BT)* Jalousietür *f*
slatted curtain Lamellenvorhang *m*
slatted floor *(LB)* Spaltenboden *m (für Stallungen)*
slatted roller blind Rollladen *m*
slatted roller blind housing *(BT)* Rollladenkasten *m*, Rolljalousiekasten *m*
slatted shade [sun] screen Jalousette *f*
slatting Lamellierung *f (Jalousie)*
slaty schieferartig, schief(e)rig
slaty fracture schiefrige Bruchfläche *f*
slaty grit *(BM)* Sandschiefer *m*
slaty marl *(Bod)* Schiefermergel *m*, Mergelschiefer *m*
slaughter establishment *(Konst)* Schlachthof *m*
slaughterhouse *(Konst)* Schlachthaus *n*, Schlachthof *m*
sledge *v* hämmern
sledge hammer 1. *(BWG)* Vorschlaghammer *m*, schwerer Schlegel *m*; 2. *(BWG)* Pflasterhammer *m*
sledging Grobspalten *n*, Spaltzerkleinern *n*, Zerkleinern *n* mit dem Fäustel; Hämmern *n*
sleek Haarriss *m (Glas)*
sleeken *v (Te)* glätten, mit einem Glättwerkzeug bearbeiten; schleifen, schmirgeln, polieren
sleeking steel *(BWG)* Glätteisen *n*
sleeper 1. *(Hb)* Schwelle *f*; Schienenschwelle *f*, Eisenbahnschwelle *f*; 2. *(Hb)* Unterzug *m*, Fußbalken *m (Holzbalken als Unterlage für eine Stütze)*; Fußbodenbalken *m*, Schwellenbalken *m*; 3. *(BT)* Wandrute *f*, Wandstrebe *f*
sleeper bearing girder *(Hb)* Schwellenträger *m*, Querschwellenträger *m*
sleeper bed Schwellenbett *n*
sleeper block Doppelschwelle *f*
sleeper bolt Schwellenschraube *f*
sleeper-carrying girder *(Verk)* Schwellenträger *m*
sleeper clip Schwellenbalkenklammer *f*
sleeper fastening Schwelleneinspannung *f*
sleeper joist *(Hb)* Querbalken *m* auf Schwellenholz, Schwellenquerbalken *m*
sleeper of the stairs Treppensohle *f*, Blockstufe *f*
sleeper packing machine *(BWG, Verk)* Gleisstopfmaschine *f*
sleeper plate *(Hb)* Schwelle *f*
sleeper screw Schienenschraube *f*
sleeper slab *(Verk)* Schwellenbalkenplatte *f*
sleeper tongs Schwellenzange *f*
sleeper wall *(Konst)* Unterzugunterstützungsmauer *f*; Mauerpfeiler *m*
sleepiness 1. *(OB)* Lackfilmmattheit *f (Lackfehler)*; 2. *(OB)* stumpfer Fleck *m* eines Lacküberzugs
sleeping bunk *(Konst)* Schlafkoje *f*
sleeping policeman *(Verk)* Straßenschwelle *f*, Fahrbahnquerbalken *m (Tempolimitierung)*
sleeping room *(Konst)* Schlafzimmer *n*, Schlafraum *m*
sleeve Muffe *f*, Manschette *f*; Hülse *f*; Buchse *f*
sleeve clamp *(BT)* Verbindungsmuffe *f*
sleeve coupling *(Konst)* Muffenverbindung *f*, Muffenkupplung *f*
sleeve dust remover *(HLK)* Hülsenentstauber *m*
sleeve fence (niedriger) Vorgartenholzzaun *m*
sleeve foundation Hülsenfundament *n*, Köcherfundament *n*
sleeve joint *(Konst)* Vermuffung *f*, gemuffter Stoß *m*
sleeve method of splicing reinforcing bars Muffenstoßverfahren *n*
sleeve piece *(BT)* Hülsenrohr *n*, Schutzrohr *n*
sleeve splice Hülsenstoß *m*

S

sleeved pipe *(BT)* Überschiebmuffenrohr *n*, Rohr *n* mit Überschiebmuffe
sleeveless muffenlos
sleeving *(BT)* Schutzhülle *f*, Mantel *m*, Hülle *f*, Ummantelung *f*
sleigh Schlitten *m*
slender schlank
slender beam *(TK)* schlanker Balken *m*
slender form schlanke Form *f*
slenderness *(Konst)* Schlankheit *f*
slenderness degree *(Stat)* Schlankheitsgrad *m*
slenderness degree of column *(Stat)* Säulenschlankheitsgrad *m*
slenderness limit *(Stat)* Schlankheitsgrenze *f*
slenderness ratio *(Konst)* Schlankheitsgrad *m*
slew *(Erdb)* Sumpfwiese *f*, Moorsenke *f*
slewing Drehen *n*, Schwenken *n*
slewing crane *(BWG)* Drehkran *m*, Schwenkkran *m*
slewing pillar crane *(BWG)* Drehsäulenkran *m*
slice method *(Konst)* Lamellenverfahren *n*
sliced gemessert, vermessert *(Furnier)*
sliced veneer Messerfurnier *n*
slicing cut *(Konst)* (senkrechter) Scheibenschnitt *m*
slick *(AE)* glatte Oberfläche *f*; Glanzoberfläche *f*
slick line *(BB, Te)* (bewegliches) Pumpbetonleitungsende *n*, Verteilungsleitung *f (Pumpbeton)*; Betonierrohrendstück *n*
slickenside *(Bod, Erdb)* Rutschfläche *f*, Gleitschicht *f*
slickensiding *(Bod, Erdb)* Gleitschicht *f*
slicker *(BWG)* Kartätsche *f*, Abziehbrett *n (zum Putzverreiben)*; Betonabziehleiste *f*
slickness Glätte *f*
slicks *s.* slickenside
slidable lattice grate Scherengitter *n*
slide *v* gleiten; rutschen, sich verschieben; schieben; ziehen *(Gleitschalung)*
slide *v* **down** *(Bod)* heruntergleiten
slide 1. *(Erdb)* Gleiten *n*; Gleitung *f*, Rutschung *f (Böschung)*; 2. *(BWG)* Gleitbahn *f*; 3. *(BT)* Gleitschiene *f*, Führung *f*; 4. *(San, WVA)* Schieber *m*
slide angle *(Erdb)* Rutschwinkel *m (Böschung)*
slide bar *(BT)* Gleitschiene *f*, Schiene *f*
slide bearing *(TK)* Gleitlager *n*
slide bolt *(EB)* Schubriegel *m (Fensterriegel)*
slide damper opening *(HLK)* Rauchschieberöffnung *f*
slide door *s.* sliding door
slide gate *(Wsb)* Schleusentor *n*; Schiebetor *n*, Schieber *m*
slide gate valve *(Wsb)* Schleusenschieber *m*, Schieberventil *n*
slide gauge Schublehre *f*
slide mass *(Bod)* Rutschmasse *f*
slide plane *(Bod)* Gleitebene *f*
slide ring packing *(BT)* Gleitringdichtung *f (Pumpe)*
slide rock *(Bod)* Hangschutt *m*, Felsschutt *m*
slide rod Schieberstange *f (Schubstange)*
slide valve *(San, WVA)* Schieber *m*
slide zone *(Erdb)* Rutsch(ungs)gebiet *n*
slider *(San, WVA)* Schieber *m*
slideway *(BT)* Führungsbahn *f*; Gleitschiene *f*
sliding gleitend
sliding 1. *(Bod, Erdb)* Gleitung *f*, Rutschen *n*; Geländebruch *m*; 2. *(Te)* Ziehen *n (Gleitschalung)*
sliding and folding door Schiebe-Falttür *f*
sliding bar 1. Führungsstange *f*; Gleitschiene *f*; 2. Schubriegel *m*
sliding bearing *(BT, TK)* Gleitlager *n*
sliding bevel Gehrungswinkelmesser *m*
sliding block Gleitstein *m*
sliding bolt Gleitriegel *m*, Schubriegel *m*
sliding ceiling *(Konst)* Schiebedecke *f*, verschiebbare Decke *f*
sliding door *(BT)* Schiebetür *f*, Schiebetor *n*; Rolltür *f*
sliding door check stop *(EB)* Schiebetürraster *m*
sliding door fittings *(EB)* Schiebetürbeschläge *mpl*
sliding door lock *(EB)* Schiebetürschloss *n*, Hakenschloss *n*
sliding door rail Schiebetürschiene *f*
sliding door track Schiebetürschiene *f*
sliding failure *(Bod)* Rutschungsbruch *m*, Gleitbruch *m*
sliding falsework *(BWG, Te)* Gleitschalung *f*
sliding fire door automatische Abgleitfeuerschutztür *f*
sliding flue damper *(HLK)* Rauchgasschieber *m*
sliding folding door Faltschiebetür *f*
sliding folding partition *(Konst)* Ziehharmonikawand *f*, Gleitfalttrennwand *f*
sliding form *(BWG, Te)* Gleitschalung *f*
sliding formwork *s.* sliding form
sliding fracture *(Stat)* Scherbruch *m*; Verschiebungsbruch *m*
sliding friction Gleitreibung *f*
sliding gate *(BT)* Schiebetor *n*
sliding glass door *(BT)* Schiebeglastür *f*
sliding hatch Schiebefenster *n*, Schiebeluke *f*
sliding height Ziehhöhe *f*, Gleithöhe *f (Gleitschalung)*
sliding joint 1. *(BT)* Gleitgelenk *n*; 2. Gleitfuge *f*, reibungsbehindernde Fuge *f*
sliding lifting door *(BWG)* Hubschiebetür *f*, Hebeschiebetür *f*
sliding load *(Stat)* gleitende Last *f*
sliding motion Gleitbewegung *f*
sliding mould Gleitschalung *f (z. B. für Wände)*
sliding moulding method *(Te)* Gleitschalungsbauweise *f*
sliding panel 1. *(BT, Te)* Gleitschalungstafel *f*; 2. *(Konst)* Schiebewand *f*
sliding partition (wall) Schiebewand *f*; Harmonika(trenn)wand *f*
sliding patio door *(BT)* Terrasseschiebetür *f*
sliding plane Gleitebene *f*, Gleitfläche *f*
sliding plate *(Br, BT)* Schleppplatte *f (Brücke)*
sliding rail *(Konst)* Gleitschiene(nführung) *f*
sliding resistance Gleitwiderstand *m*, Gleitreibung *f*
sliding sash *(BT)* Schiebefensterrahmen *m*
sliding shutter Schiebeladen *m (Fensterladen)*
sliding shuttering Gleitschalung *f*
sliding shutters *s.* sliding mould
sliding sluice Ziehschütze *f*
sliding standard window Schiebe-Normfenster *n*
sliding surface Gleitfläche *f*, Rutschfläche *f*
sliding terrace door *(BT)* Terrassenschiebetür *f*
sliding track *(Te)* Gleitbahn *f (Montage)*
sliding valve Wasserschieber *m*
sliding vane *(Verm)* Nivellierscheibe *f*
sliding weight Laufgewicht *n*
sliding window *(BT)* Schiebefenster *n*
slight convex curve leichte Ausschwingung *f*
slight depth geringe Tiefe *f*
slight thickness *(Bod)* geringe Mächtigkeit *f*
slightly inclined ramp *(Konst)* Flachrampe *f*
slightly pitched gable *(Arch)* niedriges Giebeldach *n*
slightly pitched roof *(Konst)* flachgeneigtes Dach *n*
slightly sandy *(Bod)* schwach sandig *(Erdstoff)*
slightly soluble schwer löslich
slim *(Konst)* schlank; schmal; dünn, fein
slime Schlamm *m*, Schlick *m*
slime layer *(Bod, Erdb, WVA)* Schlammschicht *f*
slime pit *(Erdb, WVA)* Schlammgrube *f*
slimness Schlankheit *f*
slimy schlammig, schlickig

sling 1. Schlinge *f*; 2. *(BT)* Aufzugstragerahmen *m*
slip *v* 1. gleiten, rutschen; verrutschen; 2. engobieren, mit Engobe überziehen *(z. B. Dachziegel)*
slip *v* **downward** *(Bod)* heruntergleiten
slip *v* **on** aufschieben, aufstecken
slip 1. *(RS, Te)* Gleiten *n*, Rutschen *n*; 2. *(Bod, Erdb)* Erdrutsch *m*; 3. *(Hb)* Zapfenholz *n*, Holzzapfen *m*; 4. *(EB)* Dübelleiste *f*, Dübelholz *n*; 5. *(Hb)* Spließ *m*, Span *m*; 6. *(Konst)* Gebäudedurchgang *m*, schmaler Durchgang *m*; 7. *(SB)* (schwache) Putzlage *f*; 8. *(OB)* Engobe *f (dünner Glanzüberzug)*; 9. *(BM)* Schlicker *m*
slip area *(Bod)* Gleitbereich *m*, Rutschbereich *m (Böschung)*
slip bolt *(EB)* Schubriegel *m*
slip cast *(Te)* schlickergegossen
slip casting Schlickergießen *n*, Schlickerguss *m (z. B. keramische Massen)*
slip circle *(Bod)* Bruchkreis *m*, Gleitkreis *m*
slip face Gleitfläche *f*; Rutschfläche *f*
slip feather *s.* spline
slip-form *v (Te)* in Gleitbauweise errichten
slip-form *(BWG, Te)* Gleitschalung *f*
slip-form construction Gleitbauweise *f*
slip-form paver *(BWG, Verk)* Gleit(schalungs)fertiger *m (Straßenbau)*
slip-hazard *(Verk)* Rutschgefahr *f*
slip joint 1. verzahnte Fuge *f (Mauerwerksverbindung)*; Gleitfuge *f (Montagebau)*; 2. Aufschubverbindung *f*, Muffenverbindung *f (Rohre)*
slip-joint conduit Kabelführungsrohr *n* mit überschobener Verbindung
slip line Gleitlinie *f*
slip membrane Gleitschicht *f*
slip mortise *(Hb)* Zapfenloch *n*, Schlitzeinschnitt *m*
slip newel *(Hb, Konst)* aufgeschobener Treppenpfosten *m*; geschlitzter Antrittspfosten *m*
slip of an embankment *(Erdb)* Dammrutsch *m*
slip-on flange *(BT)* Aufsteckflansch *m*
slip piece Gleitleiste *f*, Rutschholz *n*
slip plane *(Bod)* Rutschfläche *f*, Gleitfläche *f*, Gleitebene *f*
slip-resistant *(OB, Verk)* gleitsicher, rutschsicher, gleitfest
slip-resistant aggregate *(BM)* gleitsicherer Zuschlagstoff *m*
slip-resistant tile rutschfeste [rutschsichere] Fliese *f*
slip road *(Verk)* Zubringerrampe *f*, Zubringer *m*; Verbindungsrampe *f*, Verbindungsarm *m (niveaugleicher Fahrbahnen)*
slip road count *(Verk)* Verbindungsrampenzählung *f*
slip roof *(Konst)* Spließdach *n*, Spandach *n*
slip sheet ungetränktes Dach(unterleg)papier *n*
slip shuttering *(BWG)* Gleitschalung *f*
slip sill nachträglich einsetzbare Fenster(sohl)bank *f*
slip stone Meißelschärfstein *m*, Abziehstein *m*
slip surface Gleitfläche *f*
slip test Abrutschprüfung *f*
slip-tongue joint *s.* spline joint
slip trace Gleitspur *f*
slippage *(RS)* Rutschen *n*, Gleitung *f*; Schlupf *m*; Dachbahnverschiebung *f*, Dachbahnrutschen *n*
slipper *(BT, Te)* Gleitschuh *m*, Gleitplatte *f (Gleitschalung)*
slipper guide mitlaufende Lehre *f*
slipperiness *(OB)* Glätte *f*, Schlüpfrigkeit *f*
slippery 1. *(OB, Verk)* rutschig, glatt *(z. B. Straße)*; schlüpfrig, glitschig; 2. *(OB)* rissig
slippery soil *(Bod)* rutschender Boden *m*
slipping 1. Rutschen *n*, Gleiten *n*; Schlupf *m*; 2. Engobieren
slipping earthwork *(Bod)* rutschender Boden *m*
slipping length Schlupflänge *f*
slipping mass *(Bod)* abgerutschte Bodenmasse *f*
slippy *(OB)* rissig

S

slipshod work *(VR)* Pfuscharbeit *f*
slipshod worker Pfuscher *m*
slit *v (Te)* (ein)schlitzen; spalten; einschneiden
slit 1. *(Konst)* Schlitz *m*, Spalt *m*; 2. *(Hb)* Einschnitt *m*, Schnitt *m*; 3. *(Arch)* Schießscharte *f*, Scharte *f*
slit and tongue *(Hb)* Versatz *m*, Zapfen *m (eine Holzverbindung)*
slit and tongue joint *(Hb)* Scherenverbindung *f*
slit box *(WVA)* Schlammeimer *m*
slit window *(Arch)* Schlitzfenster *n*; Mauerschlitz *m*; Scharte *f (Festungsbau)*
slitting saw Furniersäge *f*
sliver *(Hb)* Spließ *m*, Holzspan *m*, Splitter *m*
sliver board Feinspanplatte *f*
slogging chisel Bolzenschneidmeißel *m*, Vorschlagmeißel *m*
slop 1. *(WVA)* Spülwasser *n*; Schmutzwasser *n*; Abwasserschlamm *m*; 2. *(BM)* Schlempe *f*, Zementschlamm *m*; Schlicker *m*; 3. *(Bod, LB, Umw)* Moor *n*, Sumpf *m*, Schlamm *m*
slop basin *(San)* Ausguss *m*
slop hopper *(San, WVA)* Sinkkasten *m*
slop-moulding *(Te)* Schlickerformung *f*, Ziegel(hand)streichen *n*; Ziegelgießen *n*
slop sink Ausguss(sinkkasten) *m*
slop treatment *(Te)* Schlempenbehandlung *f*
slop water *(WVA)* Küchenabwasser *n*
slope *v* 1. sich neigen, geneigt sein *(z. B. Dach)*; (schräg) abfallen *(Fläche)*; neigen, senken; 2. abschrägen, abkragen, verschrägen; 3. abböschen, anschütten
slope *v* **away** abfallen
slope *v* **down** *(Konst)* abfallen, sich neigen *(z. B. Dach, Gelände, Fläche)*; verflachen
slope *v* **steeply** *(Bod)* anschneiden *(Straße)*; steil abböschen
slope 1. *(Konst)* Neigung *f*, Schiefe *f*; Gefälle *n*, Steigung *f*; 2. *(Bod, Erdb)* Schrägfläche *f*; Böschung *f*, Hang *m*, Abhang *m*; 3. *s.* transverse slope; 4. *(Konst)* Walm *m (Dach)*; 5. *s.* slope angle; 6. *(Konst)* Rampe *f (Auffahrt)*
slope angle *(Verm)* Neigungswinkel *m*; Böschungswinkel *m*
slope change *(Konst)* Gefälleänderung *f*
slope circle *(Bod)* Böschungskreis *m*
slope compaction *(Te)* Böschungsverdichtung *f*
slope construction *(Erdb)* Böschungsherstellung *f*
slope correction Distanzkorrektur *f* durch Neigungsberücksichtigung
slope current *(Erdb)* Böschungsfließen *n*
slope cutting *(Erdb)* Böschungsverschneidung *f*
slope drainage *(Erdb)* Hangdränage *f*
slope failure *(Bod)* Böschungsrutschung *f*
slope gutter *(Erdb)* Böschungsmulde *f*
slope inclination *(Erdb)* Böschungsneigung *f*
slope intersection *(Erdb)* Böschungskante *f*
slope landfill *(Erdb)* Anböschung *f*
slope level *(VR)* Neigungsmesser *m*
slope line *(Verm)* Falllinie *f*
slope lines Böschungslinien *fpl*
slope map *(Verm)* topographische Karte *f*
slope method *(Erdb)* Anböschung *f*
slope mower *(LB)* Böschungsmähgerät *n*
slope of a hill *(Bod)* Hang *m*
slope of a roof geneigte Dachfläche *f*
slope of an embankment *(Erdb)* Dammböschung *f*
slope of cutting *(Erdb)* Böschung *f* im Abtrag
slope paving Böschungspflaster *n*
slope paving set Böschungspflasterstein *m*
slope protection *(Erdb, LB)* Böschungsschutz *m*, Böschungsbefestigung *f*, Hangsicherung *f*
slope ratio Steigungsverhältnis *n*, Gefälleneigung *f*

slope stability *(Erdb)* Böschungsstandfestigkeit *f*; Böschungsbefestigung *f*
slope stabilization *(Erdb)* Böschungsbefestigung *f*, Hangsicherung *f*
slope tank *(BT, Umw)* Altöltank *m*
slope trimmer *(BWG, Erdb)* Böschungszieher *m*
slope trimming *(Erdb)* Böschungsabziehen *n*
slope wash 1. *(Bod, Erdb)* Böschungsabschwemmung *f*, Böschungsauswaschung *f*; 2. *(Bod)* Gehängelehm *m*
sloped schräg, schief; ansteigend; abgeböscht *(Fläche)*
sloped coping Wasserschräge *f (Fenster)*
sloped footing *(Erdb)* Fundament *n* mit abgeschrägter Seitenfläche [Oberfläche]
sloped foundation *(Erdb)* geneigtes Fundament *n*
sloped roof area *(Konst)* geneigte Dachfläche *f*, schräge Dachfläche *f*
sloped wall 1. *(Wsb)* Böschungsmauer *f*; 2. *(SB)* geböschte Mauer *f*
slopeward side Böschungsseite *f*
sloping schief, geneigt, abfallend, schräg
sloping *(Erdb)* Abböschung *f*
sloping arch abfallender Bogen *m*
sloping area *(Konst)* geneigte Fläche *f*, abfallende Fläche *f*
sloping arrow *(Verk)* Gefällehinweiszeichen *n*
sloping barrel vault *(Konst)* steigendes Tonnengewölbe *n*
sloping concrete Gefällebeton *m*
sloping course *(Konst)* Gefällelage *f*, Gefälleschicht *f*
sloping direction Gefällerichtung *f*
sloping distance *(Verm)* Schrägentfernung *f*
sloping folding *(Konst)* Schrägfaltung *f*, abgeschrägte Faltung *f*
sloping glazing Schrägeinglasung *f*, Schrägverglasung *f*
sloping ground *(Bod)* abfallendes Gelände *n*
sloping joint schräglaufende Fuge *f*, schräge Fuge *f*, Schrägfuge *f*; Gefällefuge *f*
sloping layer *(Bod)* Gefälleschicht *f*, Gefällelage *f*
sloping location *(Bod)* Hanglage *f*
sloping masonry wall *(Konst, SB)* abgeböschte Mauer *f*
sloping member *(BT)* Strebe *f (Fachwerk)*
sloping member truss *(TK)* Strebenfachwerk *n*, Strebenfachwerkträger *m*
sloping parabolic arch *(Konst)* schräger Parabelbogen *m*
sloping roof *(Konst)* Gefälledach *n*
sloping screed *(BM, Konst)* Gefälleestrich *m*
sloping soil *(Bod)* abfallendes Gelände *n*, Hanglage *f*
sloping terrace *(Erdb)* Bermenrampe *f*, Böschungsrampe *f*
sloping terrain *(Bod)* Hanggelände *n*, Hügelgelände *n*
sloping topography *(Bod)* geneigtes Gelände *n*, abfallendes Gelände *n*
sloppy schlammig
sloppy concrete *(BB)* Flüssigbeton *m*
slot *v (Hb)* nuten, einkerben, einschneiden, schlitzen; stoßen
slot Nut *f*, Kerbe *f*, Schlitz *m*, Querschlitz *m*; Spalte *f*
slot anchor Schlitzanker *m*
slot-and-key cutter *(BWG, Hb)* Nut- und Spundfräser *m*
slot diffuser *(HLK)* Schlitzauslass *m*, Schlitzdiffuser *m*
slot mortise *(Hb)* Zapfenloch *n*, Schlitzeinschnitt *m*
slot mortise joint *(Hb)* Zapfenlochverbindung *f*
slot outlet *(HLK)* Luftauslassschlitz *m (Klimaanlage)*
slot pattern *(Arch)* Schlitzmuster *n*
slot pipe *(Erdb, LB)* Schlitzrohr *n*
slot tie *(BT)* Schlitzanker *m*
slotted geschlitzt
slotted grate plate Schlitzplatte *f*
slotted hole Schlitzloch *n*
slotted pipe Schlitzrohr *n*
slotted plate Schlitzplatte *f*, geschlitzte Platte *f*
slotted screw Schlitzschraube *f*
slotted steel profile *(BT, St)* Schlitzstahlprofil *n*, Stahlschlitzprofil *n*
slotter tool Stoßmeißel *m*
slough *v* **off** 1. *(OB)* sich ablösen; 2. *(Bod, Erdb)* ausschlämmen
slough *(Bod, LB, Umw)* Morast *m*, Sumpf *m*; Priel *m*; versumpfter Wasserlauf *m*
sloughing 1. *(RS, Te)* Torkretbetonabrutschen *n*; 2. *(Bod)* Bohrlochnachfall *m*
sloughy *(Bod, Umw)* sumpfig
slow *v* **down** verlangsamen, verringern
slow *v* **up** verlangsamen
slow langsam; bedächtig; schleppend; säumig
slow-breaking *(BT)* langsam brechend *(Bitumenemulsion)*
slow-burning brennverzögert, langsam brennend *(Baustoffe)*
slow-burning construction *(Hb)* schwer entflammbarer Holzbau *m*, Holzkonstruktion *f* mit feuerhemmender Schutzbehandlung
slow-burning insulation 1. *(DIS)* brennverzögerte Dämmung *f*; 2. *(BM, DIS)* brennverzögerter Dämmstoff *m*
slow-combustion stove *(HLK)* Dauerbrandofen *m*
slow-curing asphalt *(BM)* langsam abbindendes Verschnittbitumen *n*
slow-drying langsam trocknend
slow-evaporating solvent schwerflüchtiges [hochsiedendes] Lösungsmittel *n*
slow-grown *(BM, Hb)* langsam gewachsen *(Holz)*
slow-hardening *(BB)* langsam erhärtend
slow(-moving) lane *(Verk)* Kriechspur *f*, Langsamfahrspur *f (Straße)*
slow-setting *(BB)* langsam abbindend, langsamabbindend, langsam erstarrend *(Zement)*
slow-setting cement langsam abbindender Zement *m*
slow solvent schwerflüchtiges Lösungsmittel *n*
slow traffic flow *(Verk)* zäher Verkehrsfluss *m*
slow-vehicles lane *s.* slow(-moving) lane
slowness Trägheit *f (von Reaktionen)*
sloyd knife *(AE)* Schnitzmesser *n*, Holzbearbeitungsmesser *n*
sludge 1. *(WVA)* Schlamm *m*; Faulschlamm *m*, Klärschlamm *m*; 2. *(Umw)* Schleifschmant *m*; Betonabschliffschmant *m*; Bohrtrübe *f*; 3. *(Bod, WVA)* Schmutzwasser *n*; Schlick *m*; 4. *(Umw, WVA)* Farbschlamm *m (Waschbecken)*
sludge accumulation Verschlammung *f*, Verschlammen *n*
sludge barrel Sedimentrohr *n*, Schlammrohr *n*
sludge bed Schlammbett *n*
sludge bottom *(Erdb, WVA)* Schlammsumpf *m*
sludge build-up Schlammbildung *f*
sludge clear space *(Konst, WVA)* Höhe *f* zwischen Faulschlammoberkante und Abfluss; Klärflüssigkeitshöhe *f (Klärgrube)*
sludge composting *(LB, Umw)* Schlammkompostierung *f*
sludge contact process *(WVA)* Kontaktschlammverfahren *n*
sludge cuttings *(Te, Umw)* Bohrschlamm *m (Gesteins- und Bodenbohrung)*
sludge dewatering *(Erdb, WVA)* Schlammentwässerung *f*, Schlammverdickung *f*
sludge digester *(WVA)* Faulbehälter *m*
sludge digestion *(WVA)* Schlammfaulung *f (Klärwerk)*
sludge disposal *(WVA)* Schlammbeseitigung *f (Abwasser)*; Schlammentsorgung *f*; Schlammverwertung *f*
sludge drain *(Erdb)* Schlammdrän *m*
sludge drying *(WVA)* Schlammtrocknung *f*
sludge formation Schlammbildung *f*
sludge gas *(WVA)* Klärgas *n*, Faulgas *n*
sludge petrification Versteinerung *f* von Schlämmen
sludge pit *(Erdb, WVA)* Schlammgrube *f*, Schlammfang *m*

sludge processing *(Umw, WVA)* Schlammaufbereitung *f*, Schlammbehandlung *f*
sludge pump *(BWG)* Schlammpumpe *f*
sludge removal *(Umw, WVA)* Schlammbeseitigung *f*
sludge sample Spülprobe *f*
sludge sump Schlammsumpf *m*
sludge thickening *(WVA)* Schlammeindickung *f (Klärwerk)*
sludging 1. Schlammbildung *f*; 2. Entschlammen *n*
sludgy schlammig, matschig
slug *v* 1. *(BWG, Bod, Te)* abdichten, (ver)zementieren *(z. B. Bohrlöcher von geologischen Erkundungen)*; 2. pulsierend fließen
slug *(Stat)* Slug *n (SI-fremde Einheit der Masse; 1 slug = 14,59 kg)*
slug form Masseklumpen *m (keramischer Baustoffe)*
sluggish *(Bod, Wsb)* träge fließend *(Gewässer)*
sluice *v* 1. spülen, ausspülen; 2. *(Wsb)* mit Schleuse versehen
sluice 1. *(Wsb)* Schleuse *f*; 2. *(Wsb)* Schleusenkanal *m*, Spülkanal *m*; 3. *(Wsb)* Stauwasser *n*
sluice chamber *(Wsb)* Schleusenkammer *f*
sluice gate *(Wsb)* Schleusentor *n*; Schieberschütz *n*, Schütz *n*, Wehrverschluss *m*
sluice head *(Wsb)* Schleusenhaupt *n*
sluice valve *(WVA)* Schieber *m*, Absperrschieber *m*, Schütz *n*
sluice weir *(Wsb)* Schleusenwehr *n*, Schützenwehr *n*, Durchlasswehr *n*
sluiceway *(Wsb)* Grundablass *m*
sluing arch *(AE)* *s.* splayed arch
slum 1. *(RS)* schmutzige verwahrloste Gasse *f*; 2. *(RP)* Elendsviertel *n*, Slum *m*, Slums *mpl*
slum clearance 1. *(RS)* Sanierung *f (von Wohngebieten)*; 2. *(RS)* Elendsviertelabbruch *m*, Beseitigung *f* verwahrloster Wohnviertel
slump 1. *(BB, Te)* Senkung *f*, Setzung *f*, Zusammenfallen *n (Beton)*; 2. *(BB)* Betonsetzmaß *n*, Setzmaß *n*, Sackmaß *n*, Ausbreitmaß *n (Beton)*
slump block deformierter Betonstein *m*, verbreiterter Betonblock *m (durch zu flüssigen Beton)*
slump cone *(BB, BWG)* Setzmaßkonus *m*
slump test Ausbreitversuch *m*, Setzmaßprüfung *f*; Konussenkung *f*, Konusprüfung *f (der Betonkonsistenz)*
slumping *(Bod, Erdb)* Rutschung *f (Böschung)*
slums *s.* slum 2.
slung span continuous beam Gelenkträger *m*, Gerberträger *m*
slurried verschlammt, verschmutzt *(z. B. Schotterunterbau)*
slurry 1. *(Erdb, WVA)* Schlamm *m*, Schlämme *f*, Aufschlämmung *f*; Zementbrei *m*, Zementschlempe *f*; Schlicker *m (Keramik)*; Bindemittelbrei *m*, Bindemittelschlämme *f*; Bitumenschlämme *f*; 2. *(WVA)* Abwasserschlamm *m*; Dickschlamm *m*; Gülle *f*; 3. *(BB, Te)* Masse *f (Gasfrischbeton)*
slurry blending basin [silo] Zementschlammmischanlage *f*, Schlickermischsilo *n*
slurry coat *(OB)* Schlämmeanstrich *m*
slurry lagoon *(LB, Umw, WVA)* Güllebecken *n*
slurry of lime Kalkmilch *f*
slurry pit Güllegrube *f*; Güllebecken *n*
slurry pond *(WVA)* Schlammabsetzbecken *n*
slurry seal *(Verk)* Schlämmeabsiegelung *f*, Schlämmeversiegelung *f (von Straßen)*
slurry seal method *(Verk)* Bitumenschlämmeabsiegelung *f (von Straßen)*
slurry surfacing *(Verk)* Oberflächenschutzschicht *f*, Schlämmebelag *m (Straße)*
slurry trenching *(Bod)* Schlitzwandverfahren *n*
slurry wall Trennwand *f*, Dichtungswand *f*, Sperrwand *f*

slush *v (OB, Te)* mit Rostschutzmittel einstreichen
slush *v* **joints** Fugen ausstreichen; Fugen abdichten
slush 1. *(Erdb, WVA)* Schlamm *m*; Schlick *m*, Schlammablagerung *f*; Schneematsch *m (z. B. in Wasserläufen)*; 2. *(BM, OB)* Rostschutzmittel *n*; Schmiere *f*
slush coat Haftschicht *f*
slush grouting Zementschlempenaufstreichen *n*, Schlämmebehandlung *f*
slushed joint *(SB)* verfüllte Mauerfuge *f*, verschmierte Fuge *f*
slushing compound *(BM)* Rostschutzmittel *n*; Korrosionsschutzöl *n*
slushing grease *(BM)* Korrosionsschutzfett *n*, Rostschutzfett *n*
slype *(Arch)* schmaler Gebäudedurchgang *m*
SMA *s.* 1. stone mastic asphalt; 2. stone matrix asphalt
small appliance *(EB)* Kleingerät *n*, Haushaltskleingerät *n*
small-bore system *(HLK)* Kleinrohrheizung *f*
small business enterprise *(VR)* Mittelstandsunternehmen *n*
small channel *(San, WVA)* Druckleitung *f* mit geringer Dimension
small cobbles Kleinpflaster *n*
small cobblestone *(BM)* Kleinpflasterstein *m*
small column kleine Säule *f*
small coring Kleinlochung *f (Ziegel)*
small crack Haarriss *m*
small face Schmalseite *f*
small format *(BM)* Kleinformat *n* • **of small format** *(Konst)* kleinformatig
small-grained kleinkörnig
small grooving *(Verk)* schmale Spurrinne *f*
small hardware *(EB)* Kleineisenzeug *n*, Kleineisenbauelemente *fpl*
small house *(Arch)* Kleinhaus *n*
small panel Kleintafel *f*
small panel construction *(Konst)* Kleintafelbau *m*
small plane Fausthobel *m*
small print *(VR)* *(sl)* Kleingedrucktes *n (Verträge)*
small pyramid glass *(BM)* Ornamentglas *n*, Pyramidal-fein *n*
small room *(Konst)* Kammer *f (Raum)*
small rutting *s.* small grooving
small-scale 1. *(Konst, Verm)* in kleinem Maßstab *(Zeichnung)*; 2. *(BM)* in kleinen Mengen
small-scale equipment (technische) Grundausstattung *f*; Minimalausstattung *f*
small-scale site Kleinbaustelle *f*
small sett *(BM, Konst)* Kleinpflasterstein *m*
small-size(d) 1. kleinstückig, kleinkörnig *(z. B. Zuschläge)*; 2. klein *(z. B. Fläche)*; klein im Ausmaß
small-sized dwelling Kleinwohnung *f*
small-sized dwelling unit *(AE)* Kleinwohnung *f*
small-sized hut Kleinbaracke *f*
small-sized kitchen *(EB)* Kleinküche *f*
small-sized mosaic Kleinmosaik *n*
small-sized paving sett Kleinpflaster *n*
small-sized sett paving *(Verk)* Kleinpflasterdecke *f*
small-sized sign *(Verk)* Kleinformatzeichen *n*
small slab kleinformatige Platte *f*
small-span bridge *(Br)* Kurzfeldbrücke *f*, Brücke *f* geringer Stützweite
small-span frame *(Konst)* Kleinspannrahmen *m*
small-span triangulated truss *(Hb, TK)* Dreieckbinder *m*
small tower *(Arch)* Ziertürmchen *m*, kleiner Turm *m*
small town *(RP)* Kleinstadt *f*, Städtchen *n*
small village *(Bod)* Weiler *m*
small wastewater treatment system *(WVA)* Kleinkläranlage *f (EN 12566-4)*

small wood *(LB)* Gehölz *n*
smalt Smalte *f*, Blaufarbenglas *n*, Kaiserblau *n* *(Kobalt-Kalium-Silikat; gemahlen als Färbemittel)*
smalto Farbglasmosaik *n*
smaragdine smaragdfarben
smash *v* *(Te)* zertrümmern, zerschlagen; zersplittern, in Stücke brechen
smell *(Umw)* Geruch *m*
smell test *(San)* Geruchstest *m*
smeller *(BWG)* Hütte *f* *(Metallurgie)*
smelting plant *(BWG)* Hüttenwerk *n*
smith Schmied *m*
Smith (fireproof) floor Smith-Decke *f*
smithcraft *(AE)* Schmiedehandwerk *n*, Schmiedekunst *f*
smithery 1. Schmiede *f*; 2. Bauschlosserei *f*; 3. Schmiedearbeit *f*
smithing Schmiedehandwerk *n*
smith's art Schmiedekunst *f*
smith's pliers *(BWG)* Schmiedezange *f*
smith's shop Schmiede *f*
smith's skill Schmiedekunst *f*
smith's work *(BT)* Schmiedearbeiten *fpl*
smithy Schmiede *f*
smithy scales Hammerschlag *m* *(Eisenoxid)*
smog *(Umw)* Smog *m* *(aus „smoke" und „fog")*; Stadtdunst *m*, Dunstschicht *f*
smoke *(LB, Umw)* Rauch *m* *(Verbrennungsprodukt)*; Qualm *m*
smoke alarm *(El)* Rauchmelder *m*
smoke and fire vent *(BT, HLK)* (automatische) Schornsteinklappe *f*
smoke behaviour *(HLK, Umw)* Rauchgasverhalten *n*
smoke chamber Rauchfangkammer *f*, Kaminkammer *f*
smoke chimney Rauchschornstein *m*, Rauchkamin *m*
smoke control *(Umw)* Rauchgasüberwachung *f*
smoke damper *(HLK)* (automatischer) Rauchgasschieber *m*
smoke detector *(El)* Rauchmelder *m*
smoke development rating Rauchentwicklungsklassifikation *f* *(Baustoffe)*
smoke door Rauchgastür *f*, Feuer(schutz)tür *f*
smoke-dried lumber *(AE)* *(BM, Hb)* rauchgasgetrocknetes Bauholz *n*
smoke extract *(HLK, Konst)* Rauchabzug *m* *(für Rauchgase bei einem Brand)*
smoke-finish tile glatte Fliese *f*
smoke flue Fuchs *m*, Rauch(gas)kanal *m*
smoke funnel Rauchabzug *m*
smoke hatch Rauchgastür *f*, Feuer(schutz)tür *f*
smoke-laden rauchgesättigt, rauchbefrachtet, rauchgeschwängert
smoke nuisance *(Umw)* Rauchbelästigung *f*
smoke outlet Rauchabzug *m* *(zum Abzug von Rauchgasen bei einem Brand)*
smoke outlet duct *(HLK)* Rauchabzugkanal *m*
smoke outlet shaft Rauchabzugschacht *m*
smoke particle *(Umw)* Rauchteilchen *n*
smoke pipe Rauchrohr *n* *(Kesselbauteil)*; Abzugsrohr *n*
smoke pollution *(Umw)* Luftverschmutzung *f* durch Rauch
smoke prevention *(Umw)* Rauchverhütung *f*
smoke rocket *(San)* Rauchentwickler *m*, Rauchentwicklungs-Leitungsprüfer *m*
smoke-room Rauchzimmer *n* *(z. B. im Hotel)*
smoke slide valve *(HLK)* Rauchschieber *m*
smoke spread *(Umw)* Rauchausbreitung *f*
smoke-stack *s.* smokestack
smoke-stop *(BT, Konst)* (automatischer) Rauchöffnungsverschluss *m*
smoke test *(Umw)* Rauchgasprüfung *f*, Luftstromprüfung *f* mit Rauch
smoke-tight rauchdicht
smoke tower window Rauchabzugsschachtfenster *n* *(Hochhaus)*
smoke tube *(HLK)* Rauchrohr *n* *(Kesselbauteil)*
smoke tube boiler Rauchrohrkessel *m*
smoke vent (automatische) Schornsteinklappe *f*
smokebox *(HLK)* Rauchkammer *f*
smoked glass *(BM)* Rauchglas *n*
smokeless *(Umw)* rauchfrei, rauchlos
smokeproof tower *(Konst)* Feuertreppenschacht *m* *(Nottreppe)*
smokestack *(Konst)* Schornstein *m*, Esse *f*, Schlot *m*, Kamin *m*
smoking load *(Umw)* Rauchlast *f*
smoking room *(Konst)* Rauchzimmer *n*
smoky chimney *(Umw)* rußender Schornstein *m*
smolder *v* *(AE)* *s.* smoulder
smooth *v* 1. glätten, (ein)ebnen; 2. glätten, glattmachen, glattstreichen; (glatt)schleifen; abschleifen; (ab)schlichten *(Holz)*; behauen *(mit dem Dechsel)*; abziehen; polieren; (aus)spachteln
smooth *v* **over** *(SB)* spachteln *(Mauerwerk)*
smooth glatt *(z. B. Material)*; geglättet, glatt bearbeitet, schlicht; plan, eben
smooth ashlar fertig bearbeiteter Quaderstein *m*
smooth concrete *(BB)* Glattbeton *m*
smooth-edged glattrandig
smooth finish *(SB)* Glattverputz *m*, Glattputz *m*
smooth fracture glatter Bruch *m*
smooth framework glatte Schalung *f*
smooth gypsum plaster Gipsglattputz *m*, glatter Gipsputz *m*
smooth lime finish *(SB)* Kalkglattverputz *m*
smooth plane *s.* smoothing plane
smooth planer *(BWG, Hb)* Abrichtemaschine *f*
smooth planer finish *(OB)* maschinell geschliffene Gesteinsoberfläche *f*
smooth plaster *(SB)* Glattputz *m*
smooth-rolled glattgewalzt; glattgerollt
smooth roller *(BWG, Verk)* Glatt(mantel)walze *f*
smooth roofing paper nackte [unbesandete] Dachpappe *f*
smooth skin *(OB)* glatte Außenhaut *f*
smooth soffit glatte Untersicht *f*
smooth surface *(OB)* ebene Oberfläche *f*
smooth-surface roofing paper unbesandete Pappe *f*
smooth-surfaced roofing (glatt) bitumengestrichene Dachhaut *f*
smooth traffic flow *(Verk)* flüssiger Verkehrsablauf *m*
smooth-walled glattwandig
smoothed *(OB)* geglättet
smoothed glass savonniertes Glas *n*, fertiggeschliffenes Glas *n*
smoothen *v* *(OB, Te)* spachteln; schlichten; glätten
smoothing Glätten *n*; Abziehen *n*; Schleifen *n*; Ausspachteln *n*
smoothing beam [board] Abziehbohle *f*, Abziehlatte *f*, Glättbohle *f*
smoothing brush Glättpinsel *m*
smoothing effect *(OB)* Ausgleichswirkung *f*
smoothing iron *(BWG, Verk)* Heizbohle *f*, Glättbohle *f* *(Straßenfertiger)*
smoothing plane Schlichthobel *m*, Polierhobel *m*; Langhobel *m*
smoothing trowel Glättkelle *f*, Glätter *m*
smoothing varnish *(OB)* Schleiflack *m*
smoothing wheel Glättscheibe *f*
smoothness Ebenheit *f* *(einer Fläche)*; Glätte *f*

smoothness of the traffic *(Verk)* Flüssigkeit *f* des Verkehrs, Verkehrsflüssigkeit *f*
smoulder *v (HLK, Umw)* schwelen, glimmen
smudge 1. *(OB)* Schmutzfleck *m (Anstrich)*; 2. *(OB)* Farb- und Reinigungsreste *mpl (als Grundanstrich)*; Rußleimanstrich *m (Bleirohrleitung)*
smutted *(Hb, RS)* stockig *(Holz)*
snack bar Imbissstube *f*
snag *v (LB)* Geländehindernisse entfernen *(Baumstümpfe, Felsen)*
snagging list *(Te)* Restarbeitenliste *f*
snake 1. *(San)* Schlammrute *f*, Reinigungsdraht *m*; 2. *(El)* Einziehdraht *m*, Einziehband *n*
snakestone Abziehstein *m*, Polierstein *m (für Terrazzo, Putz)*
snaking stream *(Bod, Wsb)* Mäanderfluss *m*
snaky *(Verk)* sich schlängelnd, gewunden *(Trasse)*
snap *v* 1. einschnappen; einrasten; 2. Nietköpfe machen; nieten; 3. reißen *(z. B. Seil)*
snap *v* **back** zurückschnellen
snap *v* **into position** *(Te)* aufziehen *(Rohrdichtungsring)*
snap *v* **the line** *(Te)* eine Linie anreißen *(mit Schnur)*
snap *(BWG, St)* Döpper *m*, Niethammer *m*
snap die Döpper *m*, Nietstempel *m*
snap fitted into position eingeschnappt
snap hammer Schell(niet)hammer *m*, Schellhammer *m*, Döpper *m (Bossierhammer)*
snap head Halbrundkopf *m (Niet)*
snap header *s.* snapped header
snap lock *s.* snaplock
snap riveting *(St, Te)* Schellkopfnietung *f*
snap switch *(El)* Schnappschalter *m*, Sprungschalter *m*
snap-through load *(Stat, Te)* Durchschlaglast *f*
snap tool *s.* snap die
snaplock *(EB)* Pendeltürschnapper *m*; Schnappschloss *n*
snapped header Halbziegel *m (Binder)*
snapped work *(SB)* Mauerwerk *n* mit Halbbindern
snapping line Anreißleine *f*
snappy *(BM)* hochelastisch *(Fugendichtstoff)*
snarl *v (Arch)* mit Relief verzieren
snatch block *(BT)* Zugankerblock *m (mit zu öffnender Seitenwand)*
sneck 1. *(BM, SB)* Füllstein *m (Bruchsteinmauerwerk)*; 2. *(EB)* Klinke *f*, Drücker *m (Türschloss)*
snecked rubble *(SB)* Bruchsteinmauerwerk *n*
snecking *(SB, Te)* Bruchsteinmauern *n*, Bruchsteinsetzen *n*
snips Blechschere *f*
snow *(Bod)* Schnee *m*
snow blade *(BWG, Verk)* Schneeräumer *m*, Schneepflug *m*
snow blower *(Verk)* Schneeschleuder *f*
snow blower and cutter Schneefrässchleuder *f*
snow board *(BT)* Schneefangbrett *n*
snow chains Schneeketten *fpl*
snow clearance [clearing] *(Verk)* Schneeräumung *f*
snow clearing marker post *(Verk)* Schneeräumzeichen *n*
snow conditions *(Bod, Umw)* Schneeverhältnisse *npl (Winterbau)*
snow cover Schneedecke *f*
snow cutter Schneefräse *f*
snow detector *(Umw)* Schneehöhenmesser *m*
snow drifting Schneeverwehung *f (Straße)*
snow fence *(BT)* Schneezaun *m*
snow flow *(Umw)* Schneerutschung *f*
snow guard *(BT, San)* Schneefanggitter *n*, Schneehalter *m*, Schneefang *m (Dach)*
snow hook *(BT, San)* Schneehaltehaken *m (Dach)*
snow load *(Stat)* Schneelast *f*
snow load value *(Stat)* Schneelast(bei)wert *m*
snow loading Schneebelastung *f*
snow marker *(Umw)* Schneezeichen *n*
snow plough Schnee(räum)pflug *m*, Schneeräumer *m*
snow protection methods *(Umw, Verk)* Schneeschutz *m*
snow region *(Bod, Umw)* Schneegebiet *n*
snow removal Schneeräumung *f (Straße)*
snow remover Schneeräumer *m*
snow transport Schneefracht *f*
snow water Schmelzwasser *n*
snowcrete *(BM)* Weißzement *m*, weißer (eisenoxidfreier) Portlandzement *m*
snowdrift Schneeverwehung *f*, Schneewehe *f*
snowfall Schneefall *m*
snowless schneefrei
snowmelt Schmelzwasser *n*
snubbing post *(Wsb)* Landpoller *m*
snug 1. *(HLK)* wohnlich; behaglich; 2. gut sitzend *(fest)*
snug bolt Nasenschraube *f*
snugly fitting satt anliegend, exakt zusammenpassend *(Montagebauteile)*
soak *v* 1. *(Te)* tränken, einweichen; einsumpfen *(Kalk)*; durchtränken; imprägnieren; 2. durchsickern, (ein)sickern; 3. sich voll saugen; einweichen
soak *v* **in** einsickern, versickern, durchsickern
soak *v* **through** *(DIS)* durchfeuchten, durchnässen
soak *v* **up** aufsaugen
soak *(DIS)* Tränkung *f*, Einweichen *n*; Imprägnieren *n*
soak cleaning *(OB, Te)* Tauchreinigung *f*
soakage Tränkung *f*
soakage pit Sickergrube *f*, Sickerschacht *m*
soakaway 1. *(San)* Sickergrube *f*; 2. *(Bod)* Sickerschacht *m*, Filterbrunnen *m*
soaked macadam *(Verk)* Tränkmakadam *m (Straße)*
soaked to a putty *(BM, Te)* eingesumpft
soaked weight Nassgewicht *n (z. B. von Baustoffen)*
soaker *(San)* Wandanschlussblech *n (Dach)*; Gebindewinkel *m*
soakers *(San)* Verwahrungen *fpl (Dichtungsenden)*
soaking *(BM, Te)* Durchtränkung *f*; Einsumpfen *n (von Kalk)*
soaking-in Versickern *n*, Versickerung *f*, Einsickern *n*
soaking period 1. *(Te)* Einsumpfzeit *f (Kalk)*; 2. *(BB, Te)* Dampfaufsaugperiode *f (Betonautoklavbehandlung)*
soaking time *s.* soaking period
soap *(SB)* Vormauerziegel *m (> 5 cm dick)*; Meisterquartier *n*, Riemenstein *m*, Riemenstück *n*
soap brick *(BM)* Riemenstein *m*, Riemchen *n*, Meisterquartier *m*, Längsquartier *m*
soap bubble Seifenhaut *f*
soap closer Riemchen *n*
soap dish *(EB)* Seifenschale *f*
soap dish tile Seifenschalenfliese *f*
soap dispenser *(EB)* Seifenspender *m*
soap holder Seifenhalter *m*
soap-like seifenartig
soap powder Seifenpulver *n*
soap solution Seifenlösung *f*
soap tray tile Seifenschalenfliese *f*
soapproof seifenbeständig, seifenfest
soapstone *(BM)* Speckstein *m (Talkabart)*
soapy water Seifenwasser *n*
soccer field *(RP)* Fußballfeld *n*
social amenities *(Konst, RP)* öffentliche [gesellschaftliche] Einrichtungen *fpl*
social centre *(Konst, RP)* Gemeinschaftszentrum *n*
social house building *(Konst, RP)* sozialer Wohnungsbau *m*
social housing construction *(Konst, RP)* sozialer Wohnungsbau *m*
social housing scheme *(Konst, RP)* Bauvorhaben *n* im sozialen Wohnungsbau

socket 1. *(BT)* Muffe *f*, Stutzen *m*, Rohrstutzen *m*; Hülse *f*; Überschiebmuffe *f*; Überwurfverschraubung *f*; 2. *(El)* Steckdose *f*; 3. *(El)* Fassung *f*
socket base *(Erdb, Konst)* Hülsenfundament *n*
socket chisel Stemmeisen *n*, Stemmmeißel *m*
socket fitting 1. *(Konst)* Muffenverbindung *f*; 2. *(San)* Armatur *f* mit Muffenanschluss
socket foundation *(Erdb, Konst)* Hülsenfundament *n*
socket fuse Einschraubsicherung *f*
socket joint *(Konst)* Muffenverbindung *f*
socket outlet *(El)* Steckdose *f*
socket pipe Muffenrohr *n*
socket plug Muffenstopfen *m (Rohrleitungen)*
socket press *(BWG, WVA)* Glockenmuffenpresse *f*
socket spanner Steckschlüssel *m*, Aufsatzschlüssel *m*
socket valve *(BT, San, WVA)* Muffenventil *n*
socket wrench *(AE)* Steckschlüssel *m*
socketed column [pier, stanchion] *(St, TK)* Pendelstütze *f*, Pendelsäule *f (Stahlbau)*
socle Sockel *m (unterer Mauerteil)*; Fundament *n*, Untersatz *m*, Unterbau *m (z. B. einer Säule)*
socle wainscotting *(BT, Konst)* Sockelverkleidung *f*
sod *(LB)* Sode *f*, Rasenlage *f*, Grasnarbe *f*, Grasboden *m*, Rasenboden *m*
sod house *(LB)* Sodenhaus *n (mit Rasensoden abgedeckt)*
sod mat *(LB)* Grasnarbe *f*
sod square *(LB)* Rasensoden *f*
soda glass Natronglas *n*
soda-lime glass *(BM)* Natronkalkglas *n*
sodded slope *(LB)* Rasenböschung *f*; Rasendecke *f*
sodding *(LB)* Rasensodenabdeckung *f*, Ansoden *n*
soddy soil *(LB)* Rasenboden *m*
sodium Natrium *n*
sodium aluminate *(BM)* Tonerdenatron *n*, Natriumaluminat *n*
sodium aluminium silicate Natriumaluminiumsilikat *n*, Natriumaluminiumsilicat *n*
sodium carbonate Natriumkarbonat *n*, Natriumcarbonat *n*
sodium chloride Kochsalz *n*, Natriumchlorid *n*
sodium compound Natriumverbindung *f*
sodium (discharge) lamp *s.* sodium-vapour lamp
sodium silicate Natriumsilikat *n*, Natriumsilicat *n*, Natronwasserglas *n*
sodium soap Natronseife *f*
sodium system Natriumverbindung *f*
sodium-vapour lamp *(El)* Natrium(dampf)lampe *f*
soffit 1. Untersicht *f (Decken)*; Balkenunterseite *f*; Sturzunterfläche *f*; 2. Soffitte *f (Felderdecke)*; 3. Rohrscheitel *m*, Firste *f*
soffit arch *(Konst)* Gewölbebogen *m*, Scheitelbogen *m*
soffit block *(BT)* Betonbalkenfüllstein *m*, Deckenfüllkörper *m*
soffit block floor *(TK)* Füllsteindecke *f*
soffit board 1. Abschalbrett *n*; Unterschalbrett *n*; 2. Traufbrett *n*, Dachkastenbrett *n*
soffit boards Schalboden *m*
soffit cusp Schlussring *m (Gewölbe)*
soffit development *(Konst)* Abwicklung *f* der Wölbungsleibung
soffit level 1. *(Verm)* Untersichtkote *f*; 2. *(Konst)* Scheitelhöhe *f*
soffit lined eaves Dachfuß *m*, verkleidete Traufenuntersicht *f*
soffit of a girder Trägerboden *m*
soffit of arch *(Konst)* Leibung *f*, Laibung *f*
soffit scaffolding Lehrgerüst *n*
soffit slab *(Erdb, Konst)* Bodenplatte *f*
soffit width *(Konst)* Bogentiefe *f*
soffite *s.* soffit
soft 1. *(Bod, LB)* locker *(Boden)*; 2. *(BM)* weich *(Gestein, Material)*; 3. *(St)* weich, ungehärtet *(Stahl)*
soft asphalt *(AE) (BM)* Weichasphalt *m*
soft bitumen Weichbitumen *n*
soft brick Weichziegel(stein) *m*, Schwachbrandziegel *m*
soft buff Schwabbelscheibe *f*
soft-burnt schwachgebrannt, weichgebrannt *(Ziegel, Kachel)*
soft clay *(BM, Bod)* Weichton *m*, plastischer Ton *m*
soft copal Weichkopalharz *n*
soft expanded natural rubber Weichzellkautschuk *m*, Weichkautschukschaumstoff *m*
soft glass Weichglas *n*, Fensterglas *n*
soft ground *(Bod)* weicher Boden *m*
soft hardwood *(BM, Hb)* Weichlaubholz *n*
soft lead Weichblei *n*
soft light *(El)* weiches Licht *n*
soft-mud brick Nasstonziegel *m*
soft-mud process *s.* slop-moulding
soft paraffin wax *(BM)* Weichparaffin *n*
soft particle weiches (sprödes) Zuschlag(stoff)korn *n*
soft phenolic resin Weichphenolharz *n*, Phenolweichharz *n*
soft rock *(Bod)* faules Gestein *n*, fauler Fels *m*
soft rot Nassfäule *f (Holz)*
soft rubber *(BM)* Weichgummi *m*
soft shoulder *(Verk)* unverdichtetes Bankett *n*
soft-solder *v* weichlöten
soft solder *(St)* Weichlot *n*, Schnelllot *n*
soft-soldered joint *(Konst, St)* Weichlötverbindung *f*
soft soldering Weichlöten *n*
soft steel *(St)* weicher Stahl *m*
soft-textured wood *(BM, Hb)* Weichholz *n*
soft-textured wood fibre concrete *(BB, Hb)* Weichholzfaserbeton *m*
soft-textured wood floor boarding *(Hb)* Weichholzfußbodenbelag *m*
soft timber *s.* softwood timber
soft verge *s.* soft shoulder
soft walked-on finish weichfedernder Gehbelag *m*
soft water weiches (kalkarmes) Wasser *n*
softboard *(BT, DIS)* Weichfaserplatte *f*; Dämmplatte *f*, Holzfaserdämmplatte *f*
soften *v* 1. *(Te)* erweichen; weich machen, plasti(fi)zieren *(z. B. Kunststoffe)*; weich werden, erweichen; 2. *(WVA)* enthärten *(Wasser)*
softened water *(WVA)* enthärtetes Wasser *n*
softener *(BM)* Plastifizierer *m*, Weichmacher *m*
softening 1. Plastifizieren *n*; 2. Enthärten *n (Wasser)*
softening agent *s.* softener
softening installation *(WVA)* Wasserenthärtungsanlage *f*
softening method *(WVA)* Wasserenthärtungsverfahren *n*
softening of water *(WVA)* Wasserenthärtung *f*
softening plant *(WVA)* Wasserenthärtungsanlage *f*
softening point *(BM)* Erweichungspunkt *m*, EP *m*
softening range Erweichungsbereich *m*
softening stage *(BM)* Erweichungszustand *m*
softening test Erweichungsprüfung *f*
softwood *(BM, Hb)* Nadel(baum)holz *n*, Weichholz *n*
softwood lumber *(AE) (BM, Hb)* Nadelschnittholz *n*
softwood timber Nadelschnittholz *n*
softwoods 1. *(Umw)* Nadelwälder *mpl*; 2. *(BM, Hb)* Weichholzarten *fpl*
soggy *(Bod, Umw)* feucht, sumpfig
soil *v* verunreinigen, verschmutzen, beschmutzen; schmutzig werden
soil 1. *(Bod, LB, Umw)* Boden *m*, Erdboden *m*, Erde *f*, Erdstoff *m*; Grund *m*, Baugrund *m*; Land *n*, Ackerland *n*; 2.

(Umw, WVA) Toilettenabwasser *n*; Fäkalien *pl*; 3. *(Verk)* Planum *n*
soil absorption system *(Erdb, WVA)* Sickergrabensystem *n (Abwasser)*; Berieselungsfelderbehandlung *f*
soil aeration *(LB)* Bodenbelüftung *f*
soil aggradation *(Erdb)* Bodenaufschüttung *f*, Erdstoffaufschüttung *f*
soil aggressivity Bodenaggressivität *f*
soil analysis Erdstoffanalyse *f*, Bodenanalyse *f*
soil and ground *(VR)* Grund *m* und Boden *m*; Grundstücke *npl*
soil and vent pipe Entwässerungs- und Lüftungsrohr *n*
soil asphalt *(Erdb, Verk)* asphaltverfestigter Erdstoff *m*; Bitumenvermörtelung *f*
soil assessment *(VR)* Bodenbewertung *f*
soil auger Bodenspiralbohrer *m*, Bodensondiergerät *n*
soil bacteria *(LB, OB)* Bodenbakterien *npl (Korrosion)*
soil bearing capacity *(Bod, Erdb)* Baugrundtragfähigkeit *f*, Bodentragfestigkeit *f*
soil behaviour *(Bod, Erdb)* Bodenverhalten *n*, Erdstoffverhalten *n*
soil binder *(AE) (Bod)* Bodenschluff *m*, Schluff *m*
soil bioengineering *(LB, Umw)* biologischer Bodenverbau *m*
soil blowing *(Bod)* Bodenverwehung *f*
soil borer Bodenschappe *f*, Erdstoffprobenehmer *m*
soil branch *(Erdb, LB)* Drännebenleitung *f*
soil burial Erdlagerung *f (Prüftechnik)*
soil cement zementverfestigter Boden *m*, stabilisierter Erdstoff *m*
soil-cement mix Erdstoff-Zement-Gemisch *n*, Zementstabilisierungsgemisch *n (s. a. soil cement)*
soil-cement road *(Erdb, Verk)* zementstabilisierte Erd(stoff)straße *f*, zementverfestigte Erdstraße *f*
soil cementation *(Erdb)* Zementstabilisierung *f*, Erdstoffverfestigung *f* mit Zement; Bodenvermörtelung *f*
soil characteristic *(Bod)* Bodenziffer *f*
soil characteristics Bodeneigenschaften *fpl*, Erdstoffeigenschaften *fpl*
soil chemistry Bodenchemie *f*
soil class *(Bod)* Bodenklasse *f*, Bodenart *f*
soil classification *(Bod)* Bodenklasseneinteilung *f*, Erdstoffklassifizierung *f*
soil classification test Erdstoffklassifizierungsuntersuchungen *fpl*
soil clearing *(LB, Te)* Bodenberäumung *f*
soil compaction *(Bod, Erdb)* Bodenverdichtung *f*, Erd(stoff)verdichtung *f*
soil condition *(Bod)* Erdstoffzustand *m*
soil conditioning *(LB)* Bodenstrukturbehandlung *f*, Bodenstrukturverbesserung *f*
soil conditions *(Bod)* Bodenverhältnisse *npl*
soil conservation *(Umw)* Bodenschutz *m*, Bodenerhaltung *f*
soil consolidation *(Erdb)* Erdstoffkonsolidierung *f*, Erdstoffsetzung *f*, natürliche Bodenverdichtung *f*
soil corrosion Bodenkorrosion *f*
soil corrosiveness Bodenaggressivität *f*
soil corrosivity Bodenaggressivität *f*
soil cover 1. Bodenabsiegelungsfilm *m*; 2. Bodendecke *f*
soil cover complex *(LB)* Bodendeckschicht *f*
soil cover planting *(LB)* Bodenbedeckungspflanzung *f*
soil creep (langsames) Böschungsrutschen *n*; Bodenkriechen *n*
soil cultivation *(Erdb, LB)* Bodenbearbeitung *f*
soil current *(El)* Erdstrom *m*
soil cut Bodeneinschnitt *m*
soil cutting Bodeneinschnitt *m*
soil densification *s.* soil compaction
soil density *(Bod)* Bodendichte *f*, Erdstoffdichte *f*
soil deposit Bodenlagerung *f*, Bodenablagerung *f*
soil displacement Bodenverdrängung *f*, Lösen *n* und Fördern *n* von Boden
soil drainage Bodenentwässerung *f*
soil dynamics *(Bod)* Bodendynamik *f*
soil engineer Bodenmechaniker *m*
soil engineering *(Erdb)* Erdbau *m*, Grundbau *m*
soil erosion *(Bod)* Bodenerosion *f*, Bodenabtrag *m*
soil examination *(Bod)* Baugrunduntersuchung *f*, Bodenuntersuchung *f*
soil excavation Erdstoffaushub *m*
soil exchange Bodenaustausch *m*
soil exploration *(Bod)* Bodenschürfung *f*; Bodenuntersuchung *f*, Erdstoffuntersuchung *f*, Bodenerkundung *f*
soil failure investigation *(Bod)* Grundbruchuntersuchung *f*
soil filling-up *(Erdb)* Erdstoffauftrag *m*, Erdantrag *m*
soil filter *(Erdb, LB)* Bodenfilter *n*
soil flow *(Bod)* Bodenfließen *n*
soil flowage *(Bod)* Bodenfließen *n*
soil formation *(Bod)* Erdstoffformation *f*, Bodenformation *f*, Bodenbildung *f*
soil group *(Bod)* Bodengruppe *f*, Erdstoffgruppe *f*
soil grouting *(Erdb)* Erdstoffvermörtelung *f (chemisch)*
soil horizon Bodenschicht *f*, Erdstoffhorizont *m*
soil humidity Bodenfeuchtigkeit *f*
soil improvement *(Erdb)* Erdstoffverbesserung *f (durch Mischen)*
soil-improving bodenverbessernd
soil in place *(Bod)* Erdstoff *m* vor Ort
soil investigation *(Bod)* Baugrunduntersuchung *f*; Erdstoffuntersuchung *f*
soil irrigation *(LB)* Bodenbewässerung *f*
soil layer *(Bod)* Bodenschicht *f*, Erdstoffschicht *f*
soil loading Bodendruck *m*, Erdstoffdruck *m*
soil loosening *(Erdb)* Erdstofflösen *n*, Bodenlösen *n*, Bodenlockerung *f*
soil map *(Bod, Verm)* Bodenkarte *f*
soil mapping *(Bod, Verm)* Bodenkartierung *f*
soil material *(Erdb)* Erdkörper *m*; Erdstoffmasse *f*
soil mechanics Bodenmechanik *f*; Baugrundmechanik *f*
soil mechanics laboratory Erdbaulabor *n*, Labor *n* für Bodenmechanik
soil modification Erdstoffmodifizierung *f*
soil moisture Bodenfeuchtigkeit *f*, Erdstofffeuchtigkeit *f*
soil-moisture tension *(Bod)* Bodenwasserspannung *f*
soil mortar Bodenmörtel *m*
soil nailing *(Erdb, LB)* Bodenvernagelung *f*
soil of low plasticity *(Bod)* leicht plastischer Boden *m*
soil of medium plasticity mittelplastischer Boden *m*
soil parameter Erdstoffkennwerte *mpl*, Bodenparameter *mpl*
soil particle Bodenteilchen *n*
soil permeability *(Bod)* Bodendurchlässigkeit *f*
soil piercing *(Erdb)* Durchörterung *f*
soil pipe *(WVA)* Fäkalienfallrohr *n*, Fallrohr *n*, Entwässerungsrohr *n*
soil placement *(Erdb)* Bodeneinbau *m*
soil pollutant *(Umw)* bodenverschmutzender Stoff *m*
soil pollution *(Umw)* Bodenverschmutzung *f*, Bodenverunreinigung *f*
soil porosity Bodenporosität *f*, Erdstoffporosität *f*
soil potential *(El)* Erdpotenzial *n*
soil pressure *(BWG, Erdb)* Erddruck *m*, Bodendruck *m*; Bodenpressung *f*, Sohlpressung *f*
soil pressure calculation *(Stat)* Erddruckberechnung *f*
soil pressure cell Erddruckmessdose *f*
soil profile *(Bod)* Bodenprofil *n*, Schichtenprofil *n*

soil property Bodeneigenschaft *f*, Erdstoffeigenschaft *f*
soil-protecting *(LB, Umw)* bodenschützend
soil-protective *(LB, Umw)* bodenschützend
soil resistance *(El)* Bodenwiderstand *m*
soil sample *(Bod)* Bodenprobe *f*, Erd(stoff)probe *f*
soil sample recovery Bodenprobenentnahme *f*, Erdstoffprobenentnahme *f*
soil sampler Bodenprobenentnahmegerät *n*, Erdstoffprobenentnahmegerät *n*
soil separation *(Erdb, Verk)* Erdstoff(ab)sperrung *f (Straße)*
soil series Bodenschicht *f*
soil shifting *(Erdb)* Erdbewegung *f*, Erdbewegungsarbeiten *fpl*
soil skeleton *(Bod)* Bodenskelett *n*
soil solidification *(Erdb)* Erdstoffstabilisierung *f*; Baugrundverbesserung *f*
soil solution *(Bod)* Bodenwasser *n*
soil specimen *(Bod)* Bodenprobe *f*
soil stability Bodenstandfestigkeit *f*
soil stabilization *(Erdb)* Bodenstabilisierung *f*, Erdstoffstabilisierung *f*, Erdstoffverfestigung *f*; Bodenvermörtelung *f*; Baugrundverbesserung *f*
soil stabilizer 1. *(BM)* Bodenstabilisierungs(binde)mittel *n*, Bodenstabilisator *m*; 2. Erdstoffmischgerät *n*, Bodenfräse *f*
soil-stabilizing bodenstabilisierend; bodenbefestigend
soil stack *(San, WVA)* Entwässerungsfallrohr *n*, Toilettenfallrohr *n*
soil strain *(Erdb, Stat)* Bodendruck *m*, Erddruck *m*
soil stratum *(Bod)* Bodenschicht *f (Geologie)*
soil strength Bodenfestigkeit *f*
soil strengthening *(Erdb)* Bodenverfestigung *f*
soil structure Erdstoffstruktur *f*
soil study *(Bod)* Baugrunduntersuchung *f*, Bodenuntersuchung *f*
soil subgrade *(Erdb)* Erdplanum *n*, Untergrund *m*
soil suction *(BWG)* Bodenwasserspannung *f*
soil survey *(Bod)* Bodenerkundung *f*, Bodenaufnahme *f*, Bodengutachten *n*, Erdstofferkundung *f*
soil suspension *(Bod)* Fließschlamm *m*
soil swamping *(LB, Umw)* Bodenversumpfung *f*
soil testing Bodenuntersuchung *f*
soil testing laboratory *(BWG)* Erdstoff(prüf)labor *n*, Boden(prüf)labor *n*, Labor *n* für Bodenmechanik
soil transport Erdbewegung *f*, Erdbewegungsarbeiten *fpl*; Erdstofftransport *m*
soil treatment Bodenbehandlung *f*
soil type *(Bod)* Bodenart *f*, Erdstofftyp *m*
soil ulmin Humus *m*
soil uplift Bodenhebung *f*
soil use table *(Bod, Erdb)* Erdstoffverwendungskatalog *m*
soil vent *(San, WVA)* senkrechtes Abwasserrohrende *n*
soil ventilation pipe Dunstrohr *n*
soil-waste pipe Hausabflussrohr *n*, Gebäudeentwässerungsrohr *n*
soil water Bodenwasser *n*
soil-water bed *(Bod)* Bodenwasserschicht *f*
soil waterproofing *(Erdb, Wsb)* Bodenabdichtung *f*, Lehmschürzendichtung *f*
soil wetness Bodenfeuchte *f*
soils lab(oratory) *(BWG)* Erdstofflabor *n*
soils mapping *(Bod, Verm)* Bodenkartierung *f*
soils survey *(Bod)* Baugrunduntersuchung *f*
solar *(Konst)* Sonnen(licht)raum *m*, ein der Sonne ausgesetzter Raum *m (in der oberen Etage eines vornehmen Wohngebäudes in England)*
solar absorption coefficient *(HLK)* Sonnenabsorptionskoeffizient *m*
solar absorptivity Sonnenabsorptionsvermögen *n*
solar altitude *(Bod)* Sonnenhöhe *f*, Sonnenstand *m*
solar altitude angle Erhebungswinkel *m* der Sonne
solar battery *(El)* Solargenerator *m*, Solarbatterie *f*
solar cell *(El)* Solarzelle *f*
solar collector *(El)* Solarkollektor *m*, Sonnenkollektor *m*, Solargenerator *m (EN 12975)*
solar concentrator Sonnenwärmekonzentrator *m*, Strahlungsbündler *m*
solar constant *(HLK)* Solarkonstante *f (Solarheizung)*
solar control *(El)* Solarsteuerung *f*
solar controlled Venetian blind *(EB, Konst, Te)* sonnen(strahlungs)gesteuerte Rolljalousie *f*
solar energy *(El, HLK)* Solarenergie *f*, Sonnenenergie *f (EN ISO 9488 - Vocabulary)*
solar energy plant *(El, HLK)* Solaranlage *f*, Sonnenkollektor *m*
solar engineering *(El, HLK)* Solartechnik *f*
solar farm *(BWG, El)* Sonnenfarm *f*
solar furnace *(HLK)* Sonnenofen *m*
solar gain Solargewinn *m*
solar glass *(BM)* Sonnenschutzglas *n*
solar grating [grille] Sonnenschutzgitterrost *m*
solar heat *(HLK)* Sonnenwärme *f*
solar heat gain *(HLK)* Sonnenwärmegewinn *m*
solar heat radiation Sonnenwärmestrahlung *f*
solar heating *(HLK)* Solarheizung *f*, Sonnenheizung *f*
solar heating system *(HLK)* Solarheizungssystem *n*
solar house *(HLK, Konst)* sonnengeheiztes Haus *n*
solar installation *(El, HLK)* Solaranlage *f*
solar light radiation Sonnenlichtstrahlung *f*
solar load *(HLK)* Sonnenstrahlungswärme *f*
solar orientation Sonnenlage *f*, sonneneinstrahlungsorientierte Gebäudestellung *f*
solar panel *(El)* Solarzellenplatte *f*
solar plant *(El, HLK)* Solaranlage *f*
solar power station *(BWG, El)* Solarkraftwerk *n*, Sonnenkraftwerk *n*
solar-powered *(HLK)* mit Sonnenenergie betrieben
solar radiation Sonnen(be)strahlung *f (exponiert)*
solar screen Sonnenschutzwand *f*, Schattenwand *f*, Sonnenschutzkonstruktion *f*
solar screen tile Sonnenschutzwandziegel *m*, durchbrochener Zierziegel *m*
solar screening *s.* solar screen
solar shading *(BT)* Abschattung *f*, Sonnenschutz *m*
solar shading device *(BT)* Abschattungseinrichtung *f*, Sonnenschutzblende *f*, Sonnenschutzanlage *f*
solar system *(HLK)* Solaranlage *f (EN 12975, EN 12976, EN 12977)*
solar technology *(El, HLK)* Solartechnik *f*
solar thermoelectric conversion *(El)* thermoelektrische Sonnenenergieumwandlung *f*
solar wafer *(El)* Solarwafer *m (EN 50513)*
solarium 1. Solarium *n*, Sonnenterrasse *f*; 2. *s.* solar
solder *v (Te)* löten; weichlöten
solder *v* **in** einlöten
solder Lot *n*, Lötmetall *n*; Weichlot *n*
solder alloy *(St)* Lötlegierung *f*
solder wire Lötdraht *m*
soldered gelötet, verlötet
soldered cleat Löthafter *m (Metallbedachung)*
soldered flange Lötflansch *m*
soldered joint *(Konst, St)* Lötverbindung *f*; Lötstelle *f*
soldered metal cleat Löthafter *m (Metallbedachung)*
soldered seam *(Konst, St)* Lötnaht *f*
soldering 1. Löten *n*; Weichlöten *n*; 2. Lötverbindung *f*; Lötstelle *f*
soldering blowpipe Lötrohr *n*
soldering copper *s.* soldering iron
soldering embrittlement Lötbrüchigkeit *f*

soldering flux Lötflussmittel *n*
soldering gun *(BWG, St)* Lötpistole *f*
soldering iron Lötkolben *m*, Löteisen *n*
soldering lamp *(BWG, St)* Lötlampe *f*
soldering method *(St, Te)* Lötverfahren *n*
soldering oven Lötofen *m*
soldering paste Lötpaste *f*, Lötfett *n*
soldering point *(Konst, St)* Lötstelle *f*
soldering stop-off Lötmassenstopp *m*
soldering temperature Löttemperatur *f*
soldering tin Lötzinn *n*
soldering tongs Lötzange *f*
soldering torch *(BWG, St)* Lötrohr *n*; Lötbrenner *m*
solderless connector lötlose Verbindung *f (Rohr)*
soldier 1. aufrecht stehender Ziegel *m*; 2. *(Erdb)* senkrechter Aussteifungspfosten *m*, Schalungspfosten *m*; Holzsteife *f*
soldier arch *(SB)* hochkantiger Ziegelbogen *m*
soldier beam *(Erdb, Tun)* Brustholz *n*; Stahlpfosten *m* zur Böschungssicherung
soldier course *(SB)* aufrecht stehende Ziegelschicht *f*
soldier pile *s.* soldier 2.
soldier string course *s.* soldier course
soldiers' hut *(Konst)* Soldatenbaracke *f (temporär)*
sole 1. *(Konst, Te)* Holztraggerüst *n*, Sollplatte *f (Fundament)*; Unterstab *m*; 2. *(Erdb)* Sohle *f*, Bodenfläche *f (Baugrund)*; 3. *(Konst)* Basis *f*, Sockel *m*; Unterbau *m*
sole owner *(VR)* alleiniger Grundeigentümer *m* [Bauherr *m*]
sole piece *(Hb)* Schwelle *f*, Schwellenholz *n*, Schwellenbalken *m*, Lagerbalken *m*; Fußbalken *m*, Fußholz *n (für Stützen)*
sole plate 1. *s.* sole piece; 2. *(Erdb)* Sohlplatte *f (Fundament)*; 3. *(Konst)* Flanschverstärkungsplatte *f*, untere Gurtplatte *f*; 4. *(Hb)* Fußplatte *f*, Holztraggerüst *n (Fundament)*
sole runner *(Hb, Konst)* Schwelle *f (Fachwerk)*
sole stabilization *(Erdb, Konst)* Sohlenbefestigung *f*
solemnity of style *(Arch)* Feierlichkeit *f* des Stiles
solenoid valve *(HLK, San, WVA)* Magnetventil *n*
solicitor's fee *(VR)* Rechtsanwaltshonorar *n*
solid 1. fest; dicht, kompakt; massiv, hart *(z. B. Boden)*; 2. stabil, dauerhaft
solid 1. fester Körper *m*; 2. geometrischer Körper *m*
solid angle *(Verm)* Raumwinkel *m*
solid beam *(TK)* Vollbalken(träger) *m*
solid bearing *(TK)* durchgehende Auflage *f*, Volllager *n*
solid bedrock *s.* solid rock
solid bitumen *(BM)* Hartbitumen *n*, Heißbitumen *n*, Destillationsbitumen *n*
solid block Vollstein *m*, genormter Mauerstein *m*
solid-borne sound *(DIS)* Körperschall *m*
solid brick Vollziegel *m*; genormter Ziegel *m*
solid brick chimney *(Konst, SB)* Vollziegelschornstein *m*
solid brick wall *(SB)* Vollziegelmauer *f*, Vollziegelwand *f*
solid bridge *(Br)* Massivbrücke *f*
solid bridging *(Hb)* Querholzrafteraussteifung *f*
solid cable *(El)* Massivkabel *n*
solid calcium silicate brick Kalksand(stein)vollstein *m*
solid ceiling *(TK)* Massivdecke *f*
solid character Körperlichkeit *f*
solid clay brick Vollziegel *m*
solid clay brick masonry *(SB)* Vollziegelmauerwerk *n*
solid clinker block Schlackenvollblockstein *m*, Schlackenbetonvollblock *m*
solid column *(TK)* Massivsäule *f*
solid concrete block genormter Betonstein *m*, Vollblock *m*
solid concrete method *(BB, Konst)* Betonvollbauweise *f*
solid construction 1. *(Konst)* Vollbauweise *f*, Vollkonstruktionssystem *n*; 2. *(Arch, Konst)* Massivbau *m*
solid contamination *(Umw, WVA)* feste Verunreinigungen *fpl*
solid content Feststoffanteil *m*, Feststoffgehalt *m*
solid cross section Vollquerschnitt *m*
solid cross wall *(Konst)* Vollscheibe *f*, Vollwandscheibe *f*
solid door Volltür *f*, Tür *f* mit Kernfüllung
solid-door core *(Konst)* Türkernfüllung *f*
solid door frame ausgearbeiteter Türrahmen *m*
solid door panel durchgehende Türbeplankung *f*
solid element Körperlichkeit *f*
solid floor 1. *(TK)* Massivdecke *f*; 2. *(TK)* geschlossene Deckenbalkenlage *f*; 3. *(BM)* Holzpflaster *n*
solid frame *(Konst)* Vollrahmen *m*; ausgearbeiteter Türrahmen *m*; ausgearbeiteter Fensterrahmen *m*
solid fuel boiler *(HLK)* Festbrennstoffkessel *m*
solid fuel-fired stove Festbrennstoffofen *m*
solid geometry *(Arch, Stat)* Stereometrie *f*; darstellende Geometrie *f*
solid glass door *(BT)* Vollglastür *f (ohne Rahmen)*
solid gypsum board *(BT)* Vollgipsplatte *f*, Gipsvollbauplatte *f*
solid insulation *(DIS)* Massivdämmung *f*
solid joint *(Konst)* formschlüssige Verbindung *f*
solid lime-sand brick Kalksand(stein)vollstein *m*
solid masonry unit Vollmauerstein *m*, genormter Mauerstein *m*
solid masonry wall *(SB)* Voll(stein)mauer *f*; massives Mauerwerk *n*, massive Wand *f*
solid mass *(SB)* Mauerwerksubstanz *f*
solid material kompakter Baustoff *m*; dauerhaftes Material *n*
solid measure Festmaß *n*
solid mechanics Festkörpermechanik *f*
solid melting wax *(BM)* Hartwachs *n*
solid mopping geschlossener Bitumendachanstrich *m (Heißbitumen)*
solid newel *(Hb, Konst)* Mönch *m*, voller Treppenpfosten *m*
solid newel stair *(Konst)* Spindeltreppe *f*, Wendeltreppe *f* mit tragendem Treppenpfosten
solid pairing Formschluss *m*
solid panel 1. Volltafel *f*; 2. durchgehende Türbeplankung *f*
solid paraffin Hartparaffin *n*
solid parking *(Verk)* kompaktes Parksystem *n*
solid particle *(Umw, WVA)* Feststoffteilchen *n*
solid partition *(Konst)* massive Trennwand *f*, Volltrennwand *f*
solid phase *(BM)* feste Phase *f*
solid pipe Hochdruckrohr *n*, widerstandsfähiges Rohr *n*
solid plasterwork *(Arch, SB)* massive Stuckarbeit *f*
solid post *s.* solid newel
solid punch Durchschlageisen *n*, Durchschläger *m*, Durchtreiber *m*
solid rectangular cantilever step Kragblockstufe *f*, Auslegerblockstufe *f*, Kragmassivstufe *f*, Auslegermassivstufe *f*, Kragklotzstufe *f*, Auslegerklotzstufe *f*
solid rectangular step *(Konst)* Blockstufe *f*, Massivstufe *f*, Klotzstufe *f*
solid reinforced concrete slab *(BT)* Stahlbetonvollplatte *f*
solid rib *(Hb)* Scheitelrahmenholz *n (eines Bogens)*
solid rock *(Bod)* Fels *m*, fest anstehendes Gestein *n*
solid rubber Vollgummi *m*
solid sand-lime brick Kalksandvollstein *m*
solid shear wall *(Konst)* Vollscheibe *f*, Vollwandscheibe *f*
solid slab *(Konst)* Vollplatte *f*; Vollbetonplatte *f*
solid slab (intermediate) floor *(TK)* Vollplattendecke *f*, Vollbetondecke *f*
solid soil *(Bod)* fest(gewachsen)er Erdstoff *m*
solid-solid mixing *(Te)* Vermengen *n* [Vermischen *n*] von Feststoffanteilen *(Baustoffaufbereitung)*

S

solid state festes Stadium *n*
solid step *(BM)* Steinstufe *f (Naturstein)*
solid stop *(BT)* Türrahmen *m* mit Anschlag
solid strutting Querholzrafteraussteifung *f*
solid substance volume Feststoffvolumen *n*
solid system *(Konst)* Vollbausystem *n*, Vollkonstruktion *f*
solid timber Massivholz *n*
solid vault Vollgewölbe *n*
solid wall *(Konst, SB)* Vollwand *f*, Massivwand *f*
solid wall construction *(Konst)* Vollwandbauweise *f*
solid wall construction method *(Konst)* Vollwandbauweise *f*, Vollwandbauverfahren *n*
solid walling block Vollstein *m (für Mauerwerk)*
solid waste *(Umw)* feste Abfälle *mpl*
solid web Vollsteg *m*, Vollwand *f (Träger)*
solid-web arched girder *(TK)* Vollwandbogenträger *m*
solid-web beam Vollwandbalken *m*
solid-web girder *(TK)* Vollwandträger *m*
solid-web joist *(TK)* Vollwandunterzug *m*
solid-web section *(TK)* Vollwandträger *m*
solid-web steel joist *(TK)* Vollwandstahlträger *m*, Vollwanddeckenträger *m*
solid-web truss *(TK)* Vollwandbinder *m*
solid-webbed vollwandig
solid window frame ausgearbeiteter Fensterrahmen *m*
solid wood *(Hb)* Vollholz *n*, Massivholz *n*
solid-wood floor 1. *(TK)* geschlossene Deckenbalkenlage *f*; 2. Holzpflaster *n*
solidification Verfestigung *f*, Festwerden *n (z. B. von Erdstoffen, Bindebaustoffen)*; Erstarren *n*
solidified verfestigt
solidified material verfestigtes Material *n*; Umsetzungsprodukt *n*
solidified product *(BM)* Umsetzungsprodukt *n*, Verfestigungsprodukt *n*
solidified waste Umsetzungsprodukt *n*, Verfestigungsprodukt *n*
solidify *v* sich verfestigen, erstarren, (v)erhärten; verfestigen, erstarren lassen
solidifying Erhärtung *f*, Verfestigung *f*
solidity Stabilität *f (z. B. einer Baukonstruktion)*
solidium *(Konst)* Baukörper *m*
solidly filled vollfugig, bündig verfugt
solidness Schwere *f*
solids *(BM)* Festkörper *mpl*, Feststoffe *mpl*, nicht flüchtige Bestandteile *mpl (in Bindemitteln, Anstrichen usw.)*
solids content Feststoffanteil *m*, Festkörpergehalt *m*
solidus curve [line] *(BM)* Erstarrungskurve *f*, Soliduslinie *f*
solifluction *(Bod)* Bodenfließen *n*
soling 1. *(Verk)* Sauberkeitsschicht *f (Straßenbelag)*; 2. *(BM, Verk)* Steinpflaster *n*
Solnhofe(ne)r stone *(BT)* Solnhofer Platte *f*
solubility Löslichkeit *f*
solubility curve Löslichkeitskurve *f*
solubility in water *(BM)* Wasserlöslichkeit *f*
solubility test Löslichkeitsprüfung *f*
solubilization Lösen *n*
solubilize *v* löslich machen
soluble 1. löslich *(Stoffe)*; 2. (auf)lösbar *(Mathematik)*
soluble binder content *(BM)* Gehalt *m* an löslichem Bindemittel *(Asphalt)*
soluble drier Trockenöl *n (Farbe)*; Sikkativ *n*
soluble dye *(BM, OB)* löslicher Küpenfarbstoff *m*
soluble dyestuff löslicher Farbstoff *m*
soluble glass Wasserglas *n*
soluble glass coat *(DIS, OB)* Wasserglasanstrich *m*
soluble glass solution Wasserglaslösung *f*
soluble salt lösliches Salz *n*, ausblühfähiges Salz *n*, auswitterungsfähiges Salz *n*
solute gelöster Stoff *m*
solution Lösung *f*
solution calorimeter Lösungskalorimeter *n*, Lösungswärmemesser *m*
solution ceramics Lösungskeramik *f (Aufbringen dünner Silikatschutzschichten)*
solution epoxy lösungsmittelhaltiger Epoxidharzanstrichstoff *m*
solution example *(Stat)* Lösungsbeispiel *n*
solution of dyestuff Farbstofflösung *f*
solution paint lösungsmittelhaltiger Anstrichstoff *m*, Lösungsmittellack *m*
solution polymerisation *(BM, Te)* Lösungspolymerisation *f*
solution procedure Lösungsverfahren *n*
solution state of matter Lösungszustand *m*
solvency Löslichkeitsvermögen *n (Farblösungsmittel)*
solvent *(VR)* zahlungsfähig
solvent Lösungsmittel *n*
solvent adhesive *(BM)* Lösungsmittelkleber *m*, Kleber *m* mit Lösungsmittel
solvent base *(BM)* Lösungsmittelbasis *f*, Lösungsmittelgrundlage *f*
solvent-based lösungsmittelhaltig
solvent-born lösungsmittelhaltig
solvent-born paint lösungsmittelhaltiger Grundanstrichstoff *m*
solvent-carried paint *(BM, OB)* Lösungsmittelfarbe *f*
solvent coating *(OB)* Lösungsmittelanstrich *m*
solvent drying Lösungsmitteltrocknung *f*
solvent-free lösungsmittelfrei
solvent-less lösungsmittellos
solvent-less coating *(BM, OB)* lösungsmittelfreier Anstrichstoff *m*
solvent power Lösevermögen *n*, Lösefähigkeit *f (Farblösungsmittel)*
solvent preservative *(BM, DIS, Hb)* lösliches Holzschutzmittel *n*
solvent-proof lösungsmittelbeständig
solvent recover unit *(BWG)* Lösungsmittelrückgewinnungsanlage *f*
solvent release *(OB)* Lösungsmittelabgabe *f (Anstriche)*
solvent-saturated lösungsmittelgesättigt
solvent-soluble lösungsmittellöslich
solvent-thinned lösungsmittelverdünnt
solvent vapours Lösungsmitteldämpfe *mpl*
solvent-washing *(OB, Te)* Lösungsmittelreinigung *f*, Säuberung *f* mit Lösungsmitteln
solvent welding *(St, Te)* Quellschweißen *n*
solvent wiping Lösungsmittelreinigung *f*, Säubern *n* mit Lösungsmittel
sonic *(DIS)* Schall...
sonic alarm system *(El)* Geräuschmeldeanlage *f*, Schallalarmanlage *f*
sonic analyzer *(BWG)* Ultraschallprüfgerät *n (Baustoffprüfung)*
sonic modulus dynamischer Elastizitätsmodul *m*
sonic pile driver *(BWG)* Vibrationspfahlramme *f*
sonic pressure *(DIS)* Schalldruck *m*
sonometer *(DIS)* Schallmesser *m*
soot Ruß *m*
soot barrier *(HLK, Konst)* Rußsperre *f*
soot door (of chimney) *(BT)* Schornsteinreinigungsklappe *f*, Kaminputztür *f*, Rußtür *f*
soot formation *(Umw)* Rußbildung *f*
soot particle *(Umw)* Rußpartikel *n*
soot pocket *(BT)* Rußsammelkasten *m*
soot receiver Rußvorlage *f (zur Aufnahme von Ruß)*

sopraporta *(Arch)* Supraporte *f*, Sopraporte *f*, Portalbekrönung *f*, Türbekrönung *f*, Portalrelief *n*, Übertürrelief *n*
Sopwith staff *(Verm)* ausziehbare Nivellierlatte *f*
Sorel cement *(BM)* Sorelzement *m*
sort *v (Te)* klassieren; sichten
sort *v* **out** aussortieren, aussondern
sort Sorte *f*, Art *f*, Klasse *f*, Marke *f*, Qualität *f*
sort of cement Zementsorte *f*
sort of lime Kalksorte *f*
sorting *(Te, VR)* Sortierung *f*, Einstufung *f*
sorting test *(VR)* Auswahlprüfung *f*
sough *(Verk)* Abflussgraben *m*
sound *v* 1. *(DIS)* schallen, klingen, ertönen *(Akustik)*; 2. *(Bod)* sondieren, untersuchen; 3. *(Verm)* (aus)loten
sound 1. *(BM)* einwandfrei, fehlerfrei; ohne Mängel; 2. *(BB)* raumbeständig *(Beton)*; 3. *(BM)* nicht verwittert, unverwittert *(Gestein)*
sound 1. Schall *m*; Ton *m*, Klang *m*; 2. Sonde *f*; 3. Sund *m*, Meerenge *f*
sound abatement *(DIS)* Schallabschattung *f*, Schallabschirmung *f*
sound-absorbent *(DIS)* schallabsorbierend, schallschluckend; schalldämmend
sound absorbent *(BM, DIS)* Schallabsorptionsmaterial *n*, Schallschluck(bau)stoff *m*; Schalldämmstoff *m*
sound absorbent backing Schallabsorptionshinterfüllung *f*, Schallschluckhinterfüllung *f*
sound absorbent ceiling *s.* sound-absorbing ceiling
sound absorbent material *(BM, DIS)* Schallschluckmaterial *n*, Schallabsorptionsstoff *m*, Akustikmaterial *n*, Akustikstoff *m*
sound absorbent panel *(BT, DIS)* Schallschluckkassette *f*, Akustikkassette *f*, Schallabsorptionskassette *f*
sound absorbent partition *(BT, DIS)* Schalldämmelement *n*
sound absorbent plaster Schallschluckputz *m*, Akustikputz *m*, Schallabsorptionsputz *m*
sound absorber 1. *(DIS)* Schalldämpfer *m*; 2. *s.* sound absorbent
sound-absorbing *s.* sound-absorbent
sound-absorbing backing *(DIS)* Schallschluckhinterfüllung *f*, Akustikhinterfüllung *f*, Schallabsorptionshinterfüllung *f*
sound-absorbing blanket *(BT, DIS)* Schallschluckmatte *f*, Akustikmatte *f*, Schallabsorptionsmatte *f*
sound-absorbing ceiling *(DIS, Konst)* Schallschluckdecke *f*, Schalldämmdecke *f*
sound-absorbing construction method *(DIS, Konst)* Schallschluckbauweise *f*, Akustikbauweise *f*, Schallabsorptionsbauweise *f*
sound-absorbing masonry wall *(DIS, Konst)* Schallschluckmauer *f*, Akustikmauer *f*, Schallabsorptionsmauer *f*
sound-absorbing material *s.* sound absorbent
sound-absorbing plaster Schallschluckputz *m*, Akustikputz *m*, Schallabsorptionsputz *m*
sound-absorbing treatment *(DIS, Te)* Schallschluckbehandlung *f*, Schallabsorptionsbehandlung *f*
sound-absorbing wall Schallschutzwand *f*, schallabsorbierende [schallschluckende] Wand *f*
sound absorption *(DIS)* Schallabsorption *f*, Schallschluckung *f*
sound absorption coefficient [factor] *(DIS)* Schallabsorptionsgrad *m*, Schallschluckgrad *m*
sound absorption of floor Fußbodenschalldämmung *f*
sound absorption property *(DIS)* Schallabsorptionsvermögen *n*, Schallschluckvermögen *n*, Schallschluckfähigkeit *f*
sound-absorptive *s.* sound-absorbent
sound alarm unit *(El)* akustisches Alarmgerät *n*
sound attenuating door *(BT)* schallgedämpfte Tür *f*, Schall(schutz)tür *f*
sound attenuation *(DIS)* Schalldämpfung *f (in einem Medium)*
sound barrier *(DIS, Konst)* Schallschutzmauer *f*, Schallsperre *f*
sound boarding *(Konst)* Zwischenboden *m*, Einschubdecke *f*, Fehlboden *m*
sound-conducting *(DIS)* schallleitend
sound conduction *(DIS)* Schallleitung *f*
sound conductor *(DIS)* Schallleiter *m*
sound control *(DIS)* Schallschutz *m*, Lärmschutz *m*
sound-control backing *(DIS, Konst)* Schallabsorptionshinterfüllung *f*
sound-control blanket Schallschluckmatte *f*, Akustikmatte *f*, Schallabsorptionsmatte *f*
sound-control glass schalldämmendes Glas *n*, Isolierglas *n*
sound-damping *(DIS)* schalldämpfend
sound damping *(DIS)* Schalldämpfung *f*
sound-deadened *(DIS)* entdröhnt
sound-deadening *(DIS)* schalldämpfend; entdröhnend
sound deadening *(DIS)* Schalldämpfung *f (in einem Medium)*
sound-deadening agent *(BM, DIS)* Antidröhnmittel *n*, Entdröhnungsmittel *n*
sound-deadening board *(BT, DIS)* schalldämpfende Platte *f*; Schalldämmtafel *f*
sound-deadening coating Antidröhnbeschichtung *f*
sound-deadening composition Antidröhnmasse *f*, Entdröhnungsmasse *f*
sound-deadening material *(BM, DIS)* Antidröhnmaterial *n*; Schalldämmstoff *m*
sound-deadening treatment *(DIS)* Entdröhnung *f*
sound decay rate Schallwellendämpfungsrate *f*
sound-diffusing surface *(DIS, OB)* schallstreuende Oberfläche *f*
sound direction *(DIS)* Schallrichtung *f*
sound door schallgedämpfte Tür *f*, Schall(schutz)tür *f*
sound energy *(DIS)* Schallenergie *f*
sound energy density *(DIS)* Schallenergiedichte *f*
sound energy level *(DIS)* Schallenergiepegel *m*
sound energy reflection coefficient *(DIS)* Schallreflexionsgrad *m*
sound engineering *(DIS)* Schalltechnik *f*
sound field Schallfeld *n*
sound flanking path *(DIS)* Schallflankenübertragungsweg *m*
sound focus Schallüberlagerungsfläche *f*
sound generation Schallentstehung *f*
sound impermeability Schalldichtheit *f*, Schalldichtigkeit *f*, Schallundurchlässigkeit *f*
sound imperviousness *s.* sound impermeability
sound-insulated *(DIS)* schallgedämmt
sound-insulating *(DIS)* schalldämmend
sound-insulating glass schalldämmendes Glas *n*
sound-insulating material *s.* sound insulation material
sound-insulating measure *(Umw)* Schalldämmungsmaßnahme *f*
sound-insulating sheet *(BT, DIS)* Schalldämmplatte *f*
sound-insulating window Schallschutzfenster *n*
sound insulation *(DIS, Umw)* Schalldämmung *f*, Schallschutz *m*
sound insulation board Schalldämmplatte *f*, Schalldämmtafel *f*
sound insulation factor Schalldämmzahl *f*, Dämmfaktor *m*
sound insulation material *(BM, DIS)* Schalldämmstoff *m*
sound insulation measurement Schallschutzmessung *f*

S

sound insulation of floor Fußbodenschalldämmung *f*
sound insulation partition *(DIS, Konst)* Schalldämmwand *f*
sound insulation sheet *(BT, DIS)* Schalldämmplatte *f*
sound insulation window Schalldämmfenster *n*
sound intensity *(DIS, Umw)* Schallstärke *f*
sound isolation *(AE) s.* sound insulation
sound knot *(BM, Hb)* fester [festsitzender] Astknoten *m*
sound level *(DIS, Umw)* Schall(druck)pegel *m*
sound level meter Schalldruckmesser *m*, Lautstärkemesser *m*
sound lock schalldämmender Vorraum *m*, schallgedämpftes Vestibül *n*
sound material gesundes Gesteinsmaterial *n*
sound measurement Lautstärkemessung *f*
sound meter Lautstärkemesser *m*
sound oscillation *(DIS)* Schallschwingung *f*
sound path Schallweg *m*
sound pollution *(Umw)* Lärmbelästigung *f*
sound power Schallenergie *f*, Schallleistung *f*
sound power level Schallenergiepegel *m*
sound pressure *(DIS, Umw)* Schalldruck *m*
sound pressure level *(DIS, Umw)* Schall(druck)pegel *m*
sound pressure spectrum Schalldruckspektrum *n*
sound projection *(DIS, Umw)* Schallabstrahlung *f*
sound-rated door *s.* sound door
sound-reduced *(DIS)* schallarm; lärmgemindert
sound reduction *(DIS, Umw)* Geräuschminderung *f*, Lärmminderung *f*
sound reduction factor *s.* sound reduction index
sound reduction index *(DIS)* (bauübliches) Schalldämmmaß *n*, Schalldämmzahl *f*; Schalldämpfungsfaktor *m*, Schalldämpfungsgrad *m*
sound-reflecting schallhart
sound reflection *(DIS, Umw)* Schallreflexion *f*
sound reinforcement Schallverstärkung *f (mittels Anlagen)*
sound-resistive glass *(BM)* schalldämmendes Glas *n*
sound rock gesundes Gestein *n*
sound rod *(Erdb)* Sondierstange *f*
sound source *(DIS, Umw)* Schallquelle *f*
sound spectrum *(DIS)* Schallspektrum *n*
sound stone *(BM)* Phonolith *m*
sound surface Akustikfläche *f*
sound transmission *(DIS)* Schallübertragung *f*
sound transmission class *(AE)* Schallschutzklasse *f*, Schalldämmklasse *f*
sound transmission loss *(AE) s.* sound reduction index
sound trap Schalldämpfer *m*
sound type *(DIS)* Schallart *f*
sound velocity *(DIS, Umw)* Schallgeschwindigkeit *f*
sound vibration Schallschwingung *f*
sound volume *(DIS)* Schallstärke *f*, Schallintensität *f*, Lautstärke *f*
sound warning system *(DIS, El, Umw)* Schallalarmanlage *f*
sound wave Schallwelle *f*
sound wave radiation *(DIS)* Schallstrahlung *f*
sound waves *(DIS)* Schallwellen *fpl*
sound wood gesundes Holz *n*
sounding *(Bod)* Sondieren *n*, Sondierung *f*
sounding by pole *(Bod)* Gestängebohrung *f (Erdstoffprobe)*
sounding cone Sondenspitze *f*
sounding line *(Verm)* Lotungslinie *f*
sounding rod *(Bod)* Peilstange *f*
soundness 1. *(VR)* Mängelfreiheit *f*; Fehlerlosigkeit *f*; 2. Raumbeständigkeit *f (speziell von Beton)*
soundness test *(BB)* Raumbeständigkeitsprüfung *f (Beton)*
soundproof *v (DIS, Te)* schalldicht machen, vor Schall dämmen
soundproof *(DIS)* schalldicht, schallgeschützt, schallgedämmt
soundproof/not *(DIS)* nicht schalldicht; hellhörig
soundproofing *(DIS)* Schalldämmung *f*, Schallschutz *m (eines Raumes)*
source *(Bod, WVA)* Quelle *f* • **from natural sources** *(Bod, Umw)* natürlich
source area *(Bod, WVA)* Quellgebiet *n*
source of contamination Verschmutzungsquelle *f*
source of errors Fehlerquelle *f*
source of heat *(HLK)* Wärmequelle *f*
source of light *(El)* Lichtquelle *f*
source of noise *(DIS)* Lärmquelle *f*
source of oscillation Schwingungsquelle *f*, Erschütterungsquelle *f*
source of pollution *(Umw)* Verunreinigungsherd *m*
source of supply Bezugsquelle *f*
source of vibration *(Umw)* Erschütterungsquelle *f*, Schwingungsquelle *f*
source rock *(BM)* gesundes Gestein *n*
souring *(BM, Te)* Mauken *n*, Einsumpfen *n (Keramikton)*
souring plant Maukanlage *f*, Sumpfanlage *f*
souring tower Maukturm *m*, Sumpfturm *m*
south-facing balcony *(Konst)* Südbalkon *m*
South Indian Style *(Arch)* Dravidastil *m (625-1750)*
south window *(Konst)* Südfenster *n*
southern porch *(Arch)* Karyatidenhalle *f* von Erechtheion
southern portico *(Arch)* Südhalle *f (Olympia)*
sow *v (LB)* säen, ansäen, aussäen
sowing down to grass *(LB)* Begrünung *f*, Rasenanlegen *n*
Soxhlet extractor *(BM)* Soxhlet-Extraktionsgerät *n*
soya glue Sojaleim *m*
spa *(RP)* Kurort *m*
spa hotel *(Arch)* Kurhotel *n*
spa park *(LB)* Kurpark *m*
spa promenade *(LB)* Kurpromenade *f*
space *v* 1. *(Konst)* mit Zwischenraum [Abstand] anordnen, unterteilen *(in Räume)*; 2. *(Te)* (zeitlich) einteilen
space 1. Raum *m*; Platz *m*; 2. Raum *m*, Zwischenraum *m*, Abstand *m*; 3. Zeitraum *m*
space air conditioning *(HLK)* Raumklimatisierung *f*
space arrangement *(Konst)* Raumaufteilung *f*, Flächenaufteilung *f*
space assignment plan *(Konst)* Aufstellungsplan *m*
space bar räumlicher Stab *m*, dreidimensionaler Stab *m*
space between beams Trägerzwischenraum *m*, Balkenfeld *n*, Balkenjoch *n*, Balkenfach *n*
space between girders Trägerzwischenraum *m*
space between rafters *(Hb, Konst)* Sparrenzwischenraum *m*
space between two neighbouring buildings *(Verm)* Bauwich *m*
space composition *(Konst)* Raumkomposition *f*
space configuration *(Arch)* Raumfigur *m*
space-consuming raumfressend
space continuity räumlicher Zusammenhang *m*, dreidimensionaler Zusammenhang *m*
space curve *(Stat)* Raumkurve *f*, dreidimensionale Kurve *f*
space density *(BM)* Raumdichte *f*
space design *(Konst)* räumlicher Entwurf *m*, dreidimensionaler Entwurf *m*
space dowel Abstandsdübel *m*
space economy *(Konst)* Raumeinsparung *f*
space effect Raumwirkung *f*
space-enclosing raumumschließend
space-enclosing structure *(Konst)* raumumschließendes Bauwerk *n*

space enclosure Raumumschließung *f*
space frame *(TK)* räumliches Rahmentragwerk *n* [Tragwerk *n*], räumlicher Rahmen *m*; Raumfachwerk *n*, räumliches Fachwerk *n*
space frame structure, space framework *s.* space frame
space gain *(Konst)* Raumgewinn *m*
space grid *(Konst)* Raumraster *m*
space heater *(HLK)* Raumheizgerät *n*, Raumerhitzer *m*
space heating *(HLK)* Raumheizung *f*
space heating plant *(HLK)* Raumheizungsanlage *f*
space image *(Arch)* Raumbild *n*
space lattice *(TK)* räumliches Gitter(trag)werk *n*
space layout Raumdisposition *f*
space limit Raumgrenze *f*
space load-bearing structure *(TK)* räumliches Tragwerk *n*, Raumtragwerk *n*, dreidimensionales Tragwerk *n*
space panelling pattern *(Arch)* räumliches Täfelungsmuster *n*, dreidimensionales Vertäfelungsmuster *n*
space perspective *(Arch)* Raumperspektive *f*
space piece Abstandsstück *n*
space planning *(RP)* Raumplanung *f (Landesplanung)*
space purlin räumliche Pfette *f*, dreidimensionale Pfette *f*
space requirement Raumbedarf *m*
space-saving *(Konst)* raumsparend, platzsparend
space saving Raumeinsparung *f*
space separation *(Konst)* Raumtrennung *f (zum Brandschutz)*
space-shearing area nutzungsgeteilte Fläche *f*
space shuttering Raumschalung *f*
space spanning *(Konst)* Raumüberspannung *f*
space structure [truss] *(Konst, TK)* Raumbauwerk *n*, räumliches Bauwerk *n*, dreidimensionales Bauwerk *n*, räumlicher Bau *m*
space unit 1. Raumeinheit *f*; 2. Raumelement *n*, dreidimensionales Element *n*, räumliches Element *n*
space utilization Raum(aus)nutzung *f*
spaced slating *s.* open slating
spaced steel column *(TK)* unterteilte Stahlrahmenstütze *f*
spacemanship *(Konst)* Raumaufteilung *f*, Raumaufteilungstechnik *f*
spacer Abstandhalter *m*; Distanzstück *n*; Zwischenlage *f*, Einlage *f*; Zwischenstück *n*
spacer bar Verteilereisen *n (Bewehrung)*
spacer block *s.* spacer
spacer clamp Distanzklemme *f*
spacer stay Abstandhalter *m*
spacer structural system *(TK)* Raumtragwerkkonstruktion *f*
spachtling compound *s.* spackle
spacing *(Konst, Te)* Abstand *m*, Zwischenraum *m (räumlich)*; Abstand *m*; Teilung *f (Bewehrung)*
spacing between trusses Binderabstand *m*
spacing block Abstandhalter *m*
spacing dowel Abstand(s)dübel *m*
spacing of beams *(Konst, TK)* Balkenanordnung *f*
spacing of girders *(Konst)* Trägeranordnung *f*
spacing of rivets Nietabstand *m*, Nietteilung *f*
spacing of stirrups Bügelverlegung *f*
spacing-piled *(BM, Hb)* luftig gestapelt *(Holz)*
spacing stay Abstandhalter *m*
spacious geräumig; weiträumig
spaciousness *(Arch)* Geräumigkeit *f*; Weiträumigkeit *f*
spackle *(AE) (BM)* Spachtelmasse *f*, Verstreichmasse *f*; flüssiges Holz *n*, Holzspachtel *f*
spade *v* 1. *(BB, Te)* von Hand mischen *(Beton)*; 2. *(LB)* umgraben *(Boden)*; ausschachten
spade Spaten *m*
spade handle Spatenstiel *m*
spading 1. *(BB, Te)* Betonhandmischen *n*; 2. Betonverdichtung *f* mit Spaten; 3. Handschachten *n*
spall *v* 1. absplittern, abplatzen, abblättern *(Gestein)*; 2. Kanten abschlagen [behauen], Steine behauen
spall 1. Steinsplitter *m*, Abschlagsplitter *m*; Zwickelstein *m*; Zwicker *m*, Auszwicker *m*; 2. Ziegelbruch *m*
spall drain *(Erdb, WVA)* Steindrän *m*, Sicker(drän) *m*
spallation Splittern *n*, Zersplittern *n*; Abplatzen *n*, Abplättern *n*, Absplittern *n*
spalling Absplittern *n*, Abplatzen *n (Ziegel bei Frosteinwirkung)*; Abblättern *n*
spalling hammer Steinzuschlagaxt *f*, Meißelhammer *m*
spalling resistance *(BM)* Absplitterbeständigkeit *f*, Abplatzbeständigkeit *f*, Splitterbeständigkeit *f*
spalling wedge Schrotkeil *m*, Steinspeidel *m*
spalls *(SB)* Steinsplitter *mpl*; Ziegelbruch *m*; Zwickelsteine *mpl*; Füllsteine *mpl*
span *v* 1. *(Konst, TK)* überspannen *(Abstand zwischen Stützen)*; überbrücken *(z. B. einen Fluss)*; sich spannen *(z. B. Brücken)*; sich erstrecken über; 2. *(Konst, Te)* einfassen; umspannen; 3. *(Verm)* nach Augenmaß messen
span 1. *(TK)* Spannweite *f*, Stützweite *f*, Stützlänge *f (einer Tragkonstruktion)*; 2. *(Konst)* Feld *n*, Feldweite *f (eines Balkens)*; 3. *(Br, Konst)* Feld *n*, Brückenöffnung *f*, Öffnung *f (eines Bogens)*; 4. *(Konst)* Hallenschiff *n (Industriehalle)*; 5. *(Konst, Verm)* Bereich *m*, Umfang *m*; Messbereich *m*; 6. *(Te)* Zeitspanne *f*
span ceiling *(TK)* Balkendecke *f*
span conditions Spannweitenverhältnisse *npl*
span-depth ratio Spannweiten-Konstruktionshöhen-Verhältnis *n*
span during erection Montagespannweite *f*
span length *(Konst)* Stützlänge *f*, Stützweite *f*, Spannweite *f*
span limit *(Konst, Stat)* Spannweitengrenze *f*
span line freitragende Leitung *f*, Rohrfreileitung *f*
span load *(Stat)* Feldlast *f*
span loading *(Stat)* Feldbelastung *f*
span of a beam *(Konst)* Feldweite *f*
span of arch *(Konst)* Spannweite *f* des Bogens
span panel *(BT)* Außenwandplatte *f*
span piece *(BM)* Kehlbalken *m*
span pipeline Rohrfreileitung *f*, freitragende Rohrleitung *f*
span pole *(Erdb)* Abspannpfahl *m*
span roof *(Konst)* Satteldach *n* mit gleich stark geneigten Dachflächen; einfaches Sparrendach *n*, gleichseitiges Giebeldach *n*
span rope Abspannseil *n (z. B. für Freileitungen)*
span saw Spannsäge *f (Gattersäge)*
span width *(Konst)* Feldbreite *f*, Feldweite *f*
span wire Tragdraht *m*, Abspanndraht *m*
spandrel 1. *(Arch)* Spandrille *f*, Bogenzwickel *m*, Gewölbezwickel *m*, Zwickel *m*; 2. *(Arch)* Wandplatte *f* zwischen Geschossfenstern; 3. *(Arch)* Treppenuntermauerungsfläche *f*
spandrel beam *(TK)* Außenwandstützträger *m*, Brüstungsträger *m*; Ringanker *m*
spandrel-braced arch bridge *(Br)* Bogenbrücke *f* mit aufgeständerter Fahrbahn
spandrel-braced bridge *(Br)* Bogenfachwerkbrücke *f*
spandrel building surfacing *(BT)* Brüstungsverkleidung *f*
spandrel building unit Brüstungselement *n*, Brüstungskörper *m*
spandrel frame *(TK)* Dreiecksrahmentragwerk *n*
spandrel glass Außenwandverblendglas *n*, Verblendglas *n* für Außenwände
spandrel of vault Gewölbezwickel *m*
spandrel panel *(BT)* Außenwandplatte *f* zwischen Geschossfenstern
spandrel step *(BT)* Dreieckstufe *f*

spandrel wall *(Konst, SB)* Gewölbestirnmauer *f*, Stirnmauer *f*
spangle Blumenmuster *n*, Eisblumenmuster *n (Anstrichtrocknung, Metallschutzschicht)*
Spanish blind Rollladen *m (ausstellbar)*
Spanish High Gothic style *(Arch)* spanische Hochgotik *f*
Spanish leather *(EB)* Ledertapete *f*
Spanish tile Mönchziegel *m*, konvex gewölbter Dachziegel *m* mit halbkreisförmigem Querschnitt
spanner 1. *(BT, Hb)* Kreuzstrebe *f*; Kehlbalken *m*; 2. *(BWG)* Schraubenschlüssel *m*, Schlüssel *m*; Maulschlüssel *m*
spanning Überspannung *f*, Überbrückung *f (z. B. einen Fluss, ein Baufeld usw.)*
spanning in one direction *(Konst)* einachsig gespannt
spanning in two directions *(Konst)* zweiachsig gespannt
spar 1. Längsholm *m*; 2. (schweres) Rundholz *n*, Spiere *f (Dachkonstruktion)*; Dachsparren *m*, Sparren *m*; 3. Spat *m*
spar fender *(Wsb)* Holzfender *m*, Reibholz *n (Hafen)*
spar flour *(BM)* Spatmehl *n*, Spatpulver *n*
spar gate *(BT)* Gittertor *n*
spar piece *(Hb)* Kehlbalken *m*, Querriegel *m*
spar varnish *(BM, OB)* Bootslack *m*; Außenlack *m*, Luftlack *m*; Öllack *m*
spare *v* 1. *(Konst)* aussparen *(z. B. eine vorgesehene Wandöffnung)*; 2. *(BM)* übrig haben
spare *v* **room** *(Konst)* Raum [Platz] sparen
spare übrig, Ersatz...
spare dike *(Wsb)* Schlafdeich *m*
spare part Ersatzteil *n*
spare room *(Konst)* Gästezimmer *n*
sparge *v* 1. besprengen, bespritzen; 2. mit Putz bewerfen
sparge pipe *(San)* perforiertes Spülrohr *n*; Sprinkler *m*
sparger *(San)* Sprenger *m*, Sprinkler *m*
sparing *(Konst)* Aussparung *f*
sparingly soluble schwer löslich
sparite Sparit *m*
spark arrester [catcher] *(HLK, Konst)* Funkenfang *m*, Funkenschutzgitter *n (Schornstein)*
spark formation *(Umw)* Funkenbildung *f*
spark guard Funkenschutz *m*, Funkenfänger *m*
spark resistant funkensicher
sparkling *s.* spackle
sparrow peck *(OB)* Pinseltupfoberflächengestaltung *f (Putz)*
sparry gypsum Marienglas *n*
sparry limestone grobkristalliner Kalkstein *m*
sparse vegetation *(Bod, LB)* spärliche Vegetation *f*
sparsely populated dünn besiedelt
spat *(BT, Konst)* Türrahmenbodenschutz *m*, Türrahmenfußverkleidung *f (meist aus rostfreiem Stahl)*
spatial räumlich, dreidimensional; Raum...
spatial ability *(Arch)* räumliches Vorstellungsvermögen *n*
spatial alignment *(Arch, Verk)* räumliche Linienführung *f*
spatial arrangement *(Konst)* (räumliche) Anordnung *f*
spatial composition *(Arch)* Raumkomposition *f*
spatial construction *(TK)* Raumtragwerkkonstruktion *f*, Raumbausystem *n*
spatial continuity *(Konst)* räumlicher Zusammenhang *m*, dreidimensionaler Zusammenhang *m*
spatial deformation *(BM)* räumliche Formänderung *f*
spatial design *(Arch, Konst)* räumlicher Entwurf *m*, dreidimensionaler Entwurf *m*
spatial development *(RP)* Raumentwicklung *f (Raumplanung)*
spatial disparity räumliche Disparität *f (Städtebau)*
spatial distribution räumliche Verteilung *f*
spatial distribution of forces *(Stat)* räumliche Kräfteverteilung *f*, dreidimensionale Kräfteverteilung *f*
spatial division *(Konst)* Raumgliederung *f (eines Gebäudes)*
spatial enclosure *(Konst)* Raumumschließung *f*
spatial form Raumgestalt *f*, Raumform *f*
spatial frame *(TK)* räumliches Rahmentragwerk *n*, räumlicher Rahmen *m*, dreidimensionaler Rahmen *m*
spatial frame(d) supporting structure räumliches Rahmentragwerk *n*, dreidimensionales Rahmentragwerk *n*
spatial framework *(TK)* räumliches Tragwerk *n*
spatial grid *(Konst)* Raumgitter *n*
spatial image *(Arch)* Raumbild *n*; Raumvorstellung *f*
spatial lattice girder *(TK)* Raumfachwerkträger *m*
spatial layout *(Konst)* Raumdisposition *f*
spatial load-bearing system *(TK)* Raumtragwerk *n*
spatial luxury *(Arch)* Raumluxus *m*
spatial model Raummodell *n*
spatial module Raumzelle *f*
spatial panelling pattern *(Arch)* räumliches Täfelungsmuster *n*, dreidimensionales Vertäfelungsmuster *n*
spatial parallel system *(Konst)* räumlich versetztes Parallelsystem *n (Seilkonstruktion)*
spatial pattern *(Konst)* räumliche Struktur *f*
spatial penetration *(Arch)* räumliche Durchdringung *f*
spatial purlin räumliche Pfette *f*, dreidimensionale Pfette *f*
spatial requirement Raumbedarf *m*
spatial road alignment *(Verk)* räumliche Linienführung *f* von Straßen
spatial separation räumliche Trennung *f*
spatial structural system *(Konst)* Raumbausystem *n*
spatial structure *(TK)* räumliches Rahmenbauwerk *n*, räumlicher [dreidimensionaler] Bau *m*
spatial-temporal (at) traffic pattern *(Verk)* zeitlich--räumliches Verkehrsmuster *n*
spatial trend räumliche Tendenz *f*
spatial unit *(Konst)* räumliches Element *n*, dreidimensionales Element *n*
spatial variability räumliche Veränderlichkeit *f*
spatiality *(Arch, Konst)* Räumlichkeit *f*
spatio-dynamic composition *(Arch)* raumdynamische Komposition *f*
spatter *v (OB, Te)* spritzen; bespritzen *(z. B. mit Tünche)*; bewerfen *(z. B. mit Dünnmörtel)*; verspritzen; spratzen
spatter 1. Spritzer *m (Putz)*; 2. Spratzen *n*
spatter dash Vorwurf *m (Putz)*; Spritzputz *m*
spattle Kittmesser *n*
spatula Spachteleisen *n*, Spachtel *m(f)*, Spatel *m*
spaul *v* (dünn) ausspachteln
spaul *v* **the joints** *(SB)* auszwicken *(Bruchsteinmauerwerk)*
speakhouse *(Arch)* Sprachsaal *m*, Parlatorium *n*
speaking-place *(Arch)* Logeion *n (griechisches Theater)*
speaking rod *(Verm)* Messlatte *f* mit Ablesemarkierungen
speaking tube *(EB)* Sprachverbindungsrohr *n*, Durchsprechrohr *n (zwischen zwei Räumen)*
spec *(AE)* *s.* specification
special speziell, ganz besonderes; Sonder..., Spezial..., Fach...
special adhesive composition *(BM)* Spezialkleber *m*, Spezialklebemasse *f*
special adhesive compound Spezialkleber *m*, Spezialklebemasse *f*
special building method *(Konst)* Sonderbauweise *f*
special cement *(BM)* Spezialzement *m*
special cementing composition Sonderklebemasse *f*, Spezialklebemasse *f*
special cementitious road binder *(Verk)* hydraulischer Tragschichtbinder *m*
special chimney unit *(BT)* Schornsteinfertigteilsegment *n*; Kaminformstein *m*
special coat *(OB)* Spezialanstrich *m*

special compound Sondermasse *f*, Spezialmasse *f*
special concrete product Betonformteil *n*
special conditions (of the contract) *(VR)* spezielle Vertragsbedingungen *fpl*
special constable *(VR)* vereidigter Beamter *m*
special decorative tile *(Arch)* Ornamentformstein *m*, Ornamentformblock *m*, Ornamentprofilstein *m*, Dekorationsformstein *m*, Dekostein *m*, Dekorationsprofilstein *m*
special design *(Konst)* Spezialausführung *f*; Sonderentwurf *m*
special experience Sachkenntnis *f*, Fachkenntnis *f*
special filler Sonderspachtelmasse *f*, Spezialspachtelmasse *f*
special form *(Konst)* Sonderform *f*, Spezialform *f*
special format *(BM)* Sonderformat *n*, Spezialformat *n*
special glass Sonderglas *n*, Spezialglas *n*
special hazards insurance *(VR)* Versicherung *f* gegen spezielle (zusätzliche) Gefahren der Bauausführung
special masonry bond *(SB)* Sondermauerwerkverband *m*, Spezial(mauerwerk)verband *m*
special matrix terrazzo Farbterrazzo *m* mit organischem Bindemittel, Bitumenzementterrazzo *m*
special mortar *(BM)* Spezialmörtel *m*
special ornamental tile *(Arch)* *s.* special decorative tile
special plaster Spezialputz *m*
special pozzolana cement *(BM)* Ölschieferzement *m*
special profile Sonderprofil *n*
special property test *(BM)* Sonderbeanspruchungsprüfung *f*
special provisions *(VR)* zusätzliche Vertragsbedingungen *fpl*, besondere Vertragsbedingungen *fpl*
special-purpose block *(BM)* Sonder(profil)stein *m*, Sonderblockstein *m*, Profilstein *m*, Spezial(block)stein *m*, Form(block)stein *m*
special-purpose building material *(BM)* Sonderbaustoff *m*, Spezialbaustoff *m*
special-purpose concrete product *(BT)* Betonformteil *n*
special-purpose industrial occupancy industrielle Sondernutzung *f*, spezielle industrielle Nutzung *f (von Gelände, Gebäuden)*
special-purpose material Sondermasse *f*, Spezialmasse *f*
special-purpose plaster Sonderputz *m*, Spezialputz *m*
special-purpose profile Sonderprofil *n*, Spezialprofil *n*
special-purpose rolled profile *(BT, St)* Sonderwalzprofil *n*, Spezialwalzprofil *n*
special-purpose shape Sonderprofil *n*, Spezialprofil *n*
special-purpose slurry Sonderschlämme *f*, Spezialschlämme *f*
special-purpose tile Formfliese *f*; Formkachel *f*; Spezialfliese *f*
special-purpose window Sonderfenster *n*, Spezialfenster *n*
special-quality brick Hartbrandklinker *m*
special reinforcement steel Legierungsbetonstahl *m*, Bewehrungssonderstahl *m*
special road *(Verk)* Sonder(nutzungs)straße *f*
special section Sonderprofil *n*
special stage *(Verk)* Sonderschaltstufe *f (Verkehrssteuerung)*
special steel *(BM, St)* Sonderstahl *m*; Edelstahl *m*; Legierungsstahl *m*
special stopper *(BM)* Sonderspachtelmasse *f*, Spezialspachtelmasse *f*
special stopping Sonderspachtelmasse *f*, Spezialspachtelmasse *f*
special surface treatment *(OB)* Sonderoberflächenbehandlung *f*, Spezialoberflächenbehandlung *f*
special tile *s.* special-purpose tile
special-type design *s.* special design

special unit *(Konst)* räumliches Element *n*, dreidimensionales Element *n*
special use [utilization] *(VR)* Sondernutzung *f (z. B. von Gebäuden, Straßen)*
special vehicle Sonderfahrzeug *n*
special waste *(Umw)* Sonderabfall *m*, Sondermüll *m*
special wire glass Sonderdrahtglas *n*, Spezialdrahtglas *n*
specialist Fachmann *m*
specialist commission Fachausschuss *m*
specialist firm *(VR)* Spezialfirma *f*, Spezialunternehmen *n*
specialist journal Fachzeitschrift *f*
specialist literature Fachliteratur *f*
specialist service *(VR)* fachmännische Dienstleistung *f*
specialist sub-contractor *(VR)* spezialisierter Subunternehmer *m*
specialized primer *(OB)* Spezialgrundierung *f*
specials Sondererzeugnisse *npl*
specialty steel *(AE)* *(BM, St)* Edelstahl *m*
specific spezifisch, speziell, bestimmt; eigenartig
specific acoustic impedance *(DIS)* Schallimpedanz *f*, Feldimpedanz *f*
specific adhesion coefficient Adhäsionsbeiwert *m*, Adhäsionszahl *f*
specific gravity *(BM)* relative Dichte *f*; Rohdichte *f*, spezifisches Gewicht *n*
specific-gravity factor of aggregate scheinbare Zuschlag(stoff)rohdichte *f*
specific heat spezifische Wärme *f*
specific heat capacity *(BM)* spezifische Wärmekapazität *f*
specific mass spezifische Masse *f*
specific pressure spezifischer Druck *m*, Pressdruck *m* pro Flächeneinheit *f*, Flächenpressung *f*
specific pressure on hole Lochleibungsdruck *m*
specific retention *(Bod)* spezifisches Wasserhaltevermögen *n*, Wasserkapazität *f*
specific surface *(BM)* spezifische Oberfläche *f*
specific thermal conductivity *(BM)* spezifische Wärmeleitfähigkeit *f*
specific volume spezifisches Volumen *n*, spezifischer Raum *m*
specific water retention *s.* specific retention
specific weight Wichte *f*; *(veraltet)* spezifisches Gewicht *n*
specific yield *(Bod)* spezifische Wasseraufnahme *f*
specification 1. *(VR)* Bauvorschrift *f*; Materialvorschrift *f*; Gütebestimmung *f*; 2. *(VR)* Spezifikation *f*, Leistungsbeschreibung *f*; Baubeschreibung *f*; 3. *(Te, VR)* Verarbeitungsvorschrift *f*
specification for acceptance *(VR)* Abnahmevorschrift *f*, Abnahmebestimmung *f*
specification limit *(Konst, VR)* Vorschriftenlimit *n*, Grenzwert *m* nach Vorschrift
specification of position *(Konst)* Lagespezifikation *f*
specification of services Dienstleistungs-Leistungsbeschreibung *f*
specification of works Bauarbeitenleistungsbeschreibung *f*
specification paint *(OB)* Spezialanstrich *m*
specification requirements *(Konst, VR)* technische Anforderungen *fpl*
specification test *(BM)* Materialprüfung *f*, Werkstoffprüfung *f*
specifications 1. *(VR)* Vertragspflichtenheft *n*, Vertragsgütebedingungen *fpl*, Bauvertragsgüteforderungen *fpl*, Baubedingungen *fpl*; Baubeschreibung *f*; 2. *(VR)* Prüfvorschriften *fpl*; Abnahmevorschriften *fpl*; 3. *(Konst)* Hauptabmessungen *fpl*; 4. *(Konst)* Kennziffern *fpl*, technische Angaben *fpl*, technische Daten *pl*, technische Aufzählungen *fpl (z. B. von Baustoffen, Bauteilen, Geräten, Ausrüstungen)*

S

specifications for application *(VR)* Anwendungsvorschriften *fpl*, Verarbeitungsanleitung *f*
specifications for laying Verlegevorschrift *f*, Verlegeanleitung *f*
specified spezifiziert, vorgeschrieben, gefordert
specified characteristic strength *(BM, VR)* Festigkeitsnormwert *m*
specified dimension Sollmaß *n*, Entwurfsmaß *n*
specified time for completion *(Te, VR)* (geforderte) Bauzeit *f*, Baufrist *f*
specify *v* 1. bezeichnen; spezifizieren; 2. vorschreiben; festlegen
specimen *(BM)* Probekörper *m*, Probestück *n*, Probe *f*, Muster(stück) *n*, Formstück *n*
specimen bill for quantities *(Konst, VR)* Musterleistungsverzeichnis *n*
specimen dimensions Probenabmessungen *fpl*
specimen geometry Probengeometrie *f*
specimen jar Probenglas *n*, Probenschauglas *n*
specimen material *(BM)* Probenmaterial *n*, Probenbaustoff *m*, Probenwerkstoff *m*
specimen preparation Probekörperherstellung *f*, Prüfkörpervorbereitung *f*
specimen size Probengröße *f*
speck *v (OB)* sprenkeln, flecken *(z. B. Anstrich)*
specking *(OB)* Fleckenbildung *f*
speckle *v* sprenkeln, flecken
speckle *(OB)* Sprenkelung *f*
speckled *(OB)* gesprenkelt, gefleckt; buntfleckig; gemasert, geädert *(z. B. Holz)*
speckless rein, fleckenlos
specs *(AE)* *s.* specifications
spectator seat Zuschauerplatz *m*
spectator's stand *(Konst)* Tribüne *f*
spectral colour *(OB)* Spektralfarbe *f*
spectral density spektrale Intensitätsdichte *f*
spectral power distribution Spektralverteilung *f*, spektrale Intensitätsverteilung *f (Beleuchtungstechnik)*
spectrography *(BWG)* Spektrographie *f*
spectrometry Spektroskopie *f*
spectrum of activity Wirkungsbreite *f*, Wirkungsspektrum *n (Bauhilfsstoffe)*
specular spiegelbildlich
specular angle *(DIS, Verm)* Reflexionswinkel *m*
specular enamel finish *(OB)* Spiegeleffektlackierung *f*
specular gypsum [stone] Gipsspat *m*, Marienglas *n*
specular surface spiegelnde Oberfläche *f*
specular symmetry *(Konst)* Spiegelsymmetrie *f*
speculation in land *(VR)* Grundstücksspekulation *f*
speculative building *(VR)* Spekulationsbau *m*
specus *(Arch)* Aquäduktabdeckung *f*
speed *v* **up** beschleunigen
speed 1. Geschwindigkeit *f*; Schnelligkeit *f*; 2. Drehzahl *f*
speed bump *(Verk)* Fahrbahnschwelle *f*, Straßenaufhöhung *f (zur Verkehrsberuhigung)*
speed-change line *(Verk)* Geschwindigkeitsänderungsspur *f*, Beschleunigungsspur *f*, Verzögerungsspur *f*, Beschleunigungs-Verzögerungsstreifen *m*; Verflechtungsstreifen *m*
speed control device Drehzahlregler *m*
speed control equipment Ausrüstung *f*
speed-flow relation *(Verk)* Fließgeschwindigkeitsbeziehung *f*
speed hump *(Verk)* Fahrbahnhöcker *m*, Fahrbahnschwelle *f*, Straßenbuckel *m*, Straßenaufhöhung *f (zur Geschwindigkeitsreduzierung)*
speed-limited road *(Verk)* geschwindigkeitsbegrenzte Straße *f*
speed-measuring system *(Verk)* Geschwindigkeitsmesssystem *n*
speed of compression Kompressionsgeschwindigkeit *f*
speed of entry *(Verk)* Einfahrgeschwindigkeit *f (Anschlussstellen)*
speed of exit *(Verk)* Ausfahrgeschwindigkeit *f (Anschlussstellen)*
speed of filtration *(WVA)* Filtergeschwindigkeit *f*
speed of flow Durchflussgeschwindigkeit *f*
speed of rotation Rotationsgeschwindigkeit *f*
speed table *(Verk)* geschwindigkeitsmindernde [verkehrsberuhigende] Straßenaufpflasterung *f*, Plateauaufpflasterung *f*
speedometer *(Verk)* Geschwindigkeitsmesser *m*
speedway *(AE)* Schnell(verkehrs)straße *f*, Kraftfahrzeugstraße *f*
speer *s.* spere
spelter *(BM)* Rohzink *n*
Spengler's centring *(Konst)* Spengler'scher Sparbogen *m*
spent abgenutzt *(z. B. Oberflächen von Treppen, Straßen)*; verbraucht *(z. B. Lösungen)*
spere Vorraumzierblendmauer *f*, Dielenblendmauer *f (England)*
sperone *(Konst)* Strebepfeiler *m*
spewing *(OB)* Filmbildung *f* durch teilweise Entmischung *(Anstrich)*
spewy soil *(Bod, LB, Umw)* sumpfiger Boden *m*
sphaeristerium *(Arch)* römischer Ballspielhof *m*
sphalerite Sphalerit *m*, Zinkblende *f*
sphere Kugel *f*, kugelförmiger Körper *m (Geometrie)*
sphere impact Kugelschlag *m*
sphere impact tester *(BB, BM)* Kugelschlagprüfgerät *n*
sphere of function Funktionsbereich *m*
sphere ring Kugelring *m*
spheric *s.* spherical
spherical kugelig, kugelförmig, Kugel...; sphärisch; achsensymmetrisch
spherical basalt *(BM)* Kugelbasalt *m*
spherical bearing *(Br, TK)* Punktkipplager *n (Brücke)*
spherical cap *(Konst)* Kugelhaube *f*, Kugelkalotte *f*
spherical dome *(Konst)* Kugelgewölbe *n*, Hängekuppel *f*
spherical grain Rundkorn *n*
spherical head rivet Halbrundniet *m*
spherical hip *(Konst)* Kugelwalm *m*
spherical house *(Arch)* Kugelhaus *n*
spherical housing *(Konst)* Kugelgehäuse *n*
spherical plane Kugelfläche *f*
spherical polygon *(Stat)* sphärisches Polygon *n*
spherical quadrangle *(Stat)* sphärisches Viereck *n*
spherical sector *(Stat)* Kugelsektor *m*, Kugelausschnitt *m*
spherical segment *(Konst)* Kalotte *f*, Kugelkappe *f (das Innere einer kleinen Kuppel)*
spherical shell Kugelschale *f*, Halbschale *f*, Kugelschalenkonstruktion *f*
spherical tensor *(Stat)* Kugeltensor *m*
spherical triangle *(Stat)* sphärisches Dreieck *n*
spherical trigonometry sphärische Trigonometrie *f*
spherical vault *(Konst)* Kugelgewölbe *n*
spheroid *(Stat)* Rotationsellipsoid *n*, Drehellipsoid *n*
spheroidal cast iron *(BM, St)* Sphäroguss *m*
sphinx *(Arch)* Sphinx *f*
sphinx gate *(Arch)* Sphinxtorbau *m*
spider connection *(BT, Konst)* Kreuzverbindung *f*
spider-web network *(Verk)* Nebennetz *n*, Erschließungsnetz *n*
spider-web rubble wall *(SB)* Zyklopenmauerwerk *n*
spigot 1. *(San)* Wasserhahn *m*; 2. *(Konst)* Rohrende *n* für Steckverbindungen; 3. *(Konst)* *s.* spigot joint; 4. *(Hb)*

Zapfen *m*, Drehzapfen *m*; Einpasszapfen *m*, Führungszapfen *m*
spigot-and-socket joint *s.* spigot joint
spigot and socket joint pipes *(BT)* Muffenverbindungsrohre *npl*
spigot joint *(Konst)* Muffen(rohr)verbindung *f*; Rohrsteckverbindung *f*; Glockenmuffenverbindung *f*
spike 1. Nagel *m*; (schwerer) Zimmermannsnagel *m*; Schienennagel *m*; Mauerhaken *m*; Pikeisen *n*; 2. Zacken *m*, Eisenspitze *f (z. B. von Zaunstäben)*
spike-and-ferrule installation *(San)* Dachrinnenanbringung *f* mit langen Nägeln und Blechmanschetten
spike fitting *(San)* Armatur *f* mit Zapfenanschluss
spike grid *(AE)* Holzbalkenverbindungseisen *n*; Holzdübel *m*
spike knot *(AE) s.* splay knot
spiky *(Arch)* stängelig; spitz; stachelig
spile 1. Nagellochsplint *m*, kleiner Holzpfropfen *m*; 2. Pfahl *m*, Pflock *m (Holz)*
spiling 1. *(Te)* Anreißen *n*; 2. *(Erdb)* Pfahltreiben *n*, Rammen *n*; Pfahlanordnung *f*
spilite Spilit *m*
spill *s.* spill light
spill channel *(Wsb)* Überlaufkanal *m*, Hochwasserflutkanal *m*
spill dam *(Wsb)* Überfall(stau)wehr *n*
spill light *(El)* Streulicht *n*, Störlicht *n (Beleuchtung)*
spill-over *(Wsb)* Überlauf *m*
spill point *(Wsb)* Überlaufpunkt *m*
spill ring *s.* ring louver
spillage Verschütten *n*, Vergießen *n*; Leck *n*
spillway *(Wsb)* Überlauf *m*, Überfall *m*, Hochwasserentlastungsanlage *f*
spillway bucket *(Wsb)* Überfallsturzbecken *n*
spillway channel *(Wsb)* Überlaufkanal *m*
spillway pipe *(San, WVA)* Überlaufrohr *n*
spin *v* 1. schnell rotieren; umlaufen; 2. (ab)schleudern; schleuderbeschichten; schleudergießen
spina *(Arch)* Spina *f (römische Arenatrennmauer)*
spindle 1. *(BT)* Spindelstab *m*, gedrehter Stab *m*; gedrehter Geländerstab *m*; 2. *(EB)* Türklinkenzapfen *m*
spindle moulding machine *(BWG, Hb)* Spindelfräsmaschine *f (Holzbau)*
spindle-shaped spindelförmig
spindle stairs *(Konst)* Wendeltreppe *f*
spindle vault *(Arch, Konst)* Spindelgewölbe *n*
spine *(Arch)* Prachtkegel *m*; Obelisk *m*
spine beam *(TK)* Mittelträger *m*
spine road *(Verk)* Hauptverkehrsstraße *f*
spine wall *(SB, TK)* Mittellängswand *f*, tragende Innenwand *f*; Brandmauer *f*
spine-wall construction *(Konst)* Längswandbauweise *f*
spinel *(Bod)* Spinell *m*
spinel refractory *(BM)* Spinellerzeugnis *n*, Spinellprodukt *n (Feuerfestbaustoff)*
spinning *(BB, Te)* Schleudern *n (Betonrohrtechnologie)*
spinning method Betonschleuderverfahren *n*
spinning of concrete *(BB, Te)* Betonschleudern *n*
spira *(Arch)* Säulenfußverzierungen *fpl*
spiral spiralförmig, spiralig; Spiral...
spiral 1. *(Arch)* Spirale *f*; Windung *f*; 2. *(El)* Wendel *f (Glühlampe)*; 3. *s.* spiral reinforcement; 4. *(Verk)* Übergangsbogen *m*
spiral balance Schiebefenster(feder)gewichtsausgleich *m*, Schiebefenstergewichtsausgleich *m* durch Federkraft
spiral barrel vault *(Konst)* Schneckengewölbe *n*
spiral column gedrehte Säule *f*, spiralbewehrte [spiralförmig bewehrte] Säule *f*
spiral conveyor *(BWG, Te)* Schneckenförderer *m*
spiral curve *(Verk)* Klothoide *f*, Übergangsbogen *m (Straße)*
spiral distortion Spiralverformung *f*
spiral-fluted spiralgerillt
spiral fluting *(Arch)* Spiralkannelierung *f*, Spiralriefelung *f*
spiral grain Drehwuchs *m (Holz)*
spiral-grained drehwüchsig, mit gewundener Faser *(Holz)*
spiral house *(Arch)* Spiralhaus *n*
spiral line *(Arch)* Spirale *f*
spiral minaret *(Arch)* Spiralturm *m*, spiralförmiger Giebelsturm *m*, Spiralminarett *n*; Samarraminarett *n*
spiral newel stair *(Konst)* Spindeltreppe *f*
spiral pier *(Arch)* spiralgekehlter Pfeiler *m*
spiral ramp *(Konst)* Spiralrampe *f*, Wendelrampe *f*, Schraubenrampe *f*
spiral reinforcement Spiralbewehrung *f*; Spiraleisen *n*
spiral scroll *(Arch)* Schneckenschmuck *m*, Schneckenverzierung *f*, Volutenschmuck *m*, Volutenverzierung *f*
spiral shaft *(Arch)* Pfeilerspiralwindung *f*; Zylinder *m*
spiral-shaped spiralförmig
spiral staircase [stairs] *(Konst)* Wendeltreppe *f*, Spindeltreppe *f*, Schneckenstiege *f*
spiral vault *(Konst)* Schneckengewölbe *n*
spiral-welded pipe spiralgeschweißtes Rohr *n*, Spiralschweißrohr *n*, Schweißspiralrohr *n*
spiral winder Wendelstufe *f*
spiral wood drill Holzspiralbohrer *m*
spiral-wound wire rope Drahtspiralseil *n*
spirally reinforced column *s.* spiral column
spire *(Arch)* Spitze *f*; Turmspitze *f*, Turmhelm *m*; Kirchturmspitze *f*; Turmdachpyramide *f*; Zinne *f*
spire roof *(Arch, Konst)* Turmdach *n (Kirchturm)*; Pyramiden(turm)dach *n*
spired church tower *(Arch, Konst)* Pyramidendach--Kirchturm *m*, Dachpyramiden-Kirchturm *m*, Kirchturm *m* mit Zeltdach
spirelet 1. *(Arch, Konst)* Zinne *f*, kleine Turmspitze *f*, kleines Pyramidenturmdach *n*; 2. *(Arch, Konst)* Glockentürmchen *n*
spirit Spiritus *m*, Sprit *m*, vergällter Ethylalkohol *m* [Äthylalkohol *m*]
spirit-air level *(Verm)* Röhrenlibelle *f*
spirit flat varnish *(BM, OB)* Spiritusmattlack *m*
spirit lacquer *s.* spirit varnish
spirit level *(Verm)* Wasserwaage *f*, Richtwaage *f*, Nivellierwaage *f*, Libelle *f*, Lotwaage *f*
spirit matt-finish Spiritusmattlack *m*
spirit mordant Spiritus(farb)beize *f (s. a. spirit stain)*
spirit resistance Spiritusechtheit *f*, Spiritusbeständigkeit *f*
spirit soluble spirituslöslich
spirit stain *(BM, OB)* Spiritusbeize *f*
spirit varnish Spirituslack *m*, Alkoholfirnis *m*
spittoon *(San)* Speibecken *n*
splash *v* (ab)spritzen, bespritzen *(z. B. Beton, Schmutz)*
splash Spritzer *m*
splash block *(San)* Spritzstein *m (am Regenfallrohr)*
splash brush *(BWG, SB)* Putz(spritz)bürste *f*
splash concrete *(SB)* Spritzbeton *m*
splash guard *(BWG)* Spritzblech *n*
splash lap *(San)* Überwurfrand *m (Blechbedachung)*; Spritzschutz *m (Schornsteindichtung)*
splash water Spritzwasser *n*
splash zone *(Bod, Wsb)* Spritzwasserzone *f*, Spritzwasserbereich *m*
splashback *(Konst)* Spritzwand *f (z. B. in einem Bad)*; Rückwand *f (z. B. an Handwaschbecken)*
splashboard Spritzbrett *n*
splashproof *(DIS)* spritzwassergeschützt, spritzwasserdicht

S

splat *(BT)* Fugendeckstreifen *m*, Deckstreifen *m (für Wandbauplatten)*
splay *v (Konst, Te)* ausschrägen, abschrägen, abkragen; spreizen
splay 1. *(Konst)* Ausschrägung *f*, Abschrägung *f*, Abkragung *f*, schiefwinklige Fläche *f*, Schräge *f*, Schmiege *f*; 2. *(Verk)* Sichtdreieck *n*
splay angle *(Konst)* Spreizwinkel *m*
splay brick *(BM)* Schrägziegel *m*, abgeschrägter Ziegel *m*, Konusziegel *m*
splay end kurzes [schmales] Ende *n (Schrägziegel)*
splay knot *(BM, Hb)* Flügelast *m*, Hornast *m*
splay moulding *(Arch)* abgeschrägte Dekorationsleiste *f*, abgeschrägte Zierleiste *f*, abgeschrägte Ornamentleiste *f*
splay of masonry wall *(SB)* Mauerschräge *f*, Mauerabschrägung *f*, Mauerabkragung *f*
splayed abgeschrägt, verjüngt
splayed arch *(Konst)* ausgeschrägter [verjüngter] Bogen *m*
splayed baseboard *(EB)* anlaufende Scheuerleiste *f*, abgeschrägte Fußleiste *f*, angefaste [angeschrägte] Sockelleiste *f*
splayed coping *(SB)* Pultabdeckung *f*, schräge Mauerabdeckung *f*
splayed ground *(SB)* Putzuntergrund *m* mit Haltekanten
splayed head *(Konst)* Pilzkopf *m (Stahlbeton)*
splayed heading joint *(Hb)* schräge Blattung *f*
splayed indent scarf *(Hb)* schräges Hakenblatt *n*
splayed jamb *(Konst)* schräge Leibung *f*
splayed joint *(Hb)* schräge Überblattung *f*; V-Fuge *f*
splayed mitre joint *(Hb)* Schlitzzapfung *f*
splayed mullion *(BT)* schräger Mittelpfosten *m (Fenster)*
splayed retaining wall [wing] *(Br)* schräger Widerlagerflügel *m (Brücke)*
splayed scarf *(Hb)* abgeschrägtes Blatt *n*
splayed skirting board *s.* splayed baseboard
splayed window Winkelfenster *n*, schräges Fenster *n (im Verhältnis zur Wandfläche)*
splaying arch *(Konst)* Kegelgewölbe *n*, Trompetengewölbe *n*
splaying device *(BWG)* Rohraufweiter *m*
splaying of wall Abschrägung *f* der Mauer
splice *v* 1. spleißen *(Seil)*; 2. zusammenfügen; überlappen *(Schweißen)*; 3. *(Hb)* überlaschen, verblatten; 4. aufständern *(Holzpfähle)*
splice 1. *(BT)* Spleiß *m*, Spleißung *f (eines Seils)*; Verbindungsstelle *f*; Verbindung *f*; 2. *(Hb, St)* Überlappungsstoß *m*, Überdeckungsstoß *m*; 3. *(Hb)* Hakenblatt *n*; 4. *(Te)* Spleißen *n*
splice angle Winkellasche *f*
splice bar Schienenlasche *f*
splice joint *(Hb)* Blättung *f*, Laschenverbindung *f*
splice lap *(St, Te)* Überlappungsschweißung *f*
splice piece 1. *(Hb)* Lasche *f*, Stoßlasche *f*; Decklatte *f (für Fenster)*; 2. *s.* splice plate 1.
splice plate 1. Stoßblech *n (Stahlbau)*; Verbindungsblech *n*; 2. *s.* splice piece 1.
splice sleeve *(El)* Kabelmuffe *f*
splicing wire Bindedraht *m (Bewehrung)*
spline *v (Hb, Te)* längsnuten
spline 1. *(Konst)* Passfeder *f*, Feder *f*; Deckenelementfeder *f (eingehängte Decke)*; 2. *(Hb)* Längsspund *m*
spline bushing *(Konst)* Vielkeilverzahnung *f*
spline cutting tool Fräswerkzeug *n* für Vielkeilverzahnung
spline joint *(Hb)* Federverbindung *f*, gefederte Fuge *f*
splint Holzsplint *m*, Holzspan *m*
splinter *v* 1. (zer)splittern *(Holz)*; aufsplittern; aufreißen; 2. *(SB)* bestoßen, ansplittern, Kanten beschädigen *(Naturstein)*
splinter Span *m*, Splitter *m*; Spließ *m*; Holzsplitter *m*; Bruchstück *n*
splinter of glass Glassplitter *m*
splinter roof *(Konst)* Spließdach *n*, Spandach *n*
splintering Aufreißen *n (von harten Gesteinen)*
splinterproof splittersicher
splintery splitt(e)rig
splintery fracture *(BT)* splitt(e)riger Bruch *m*
split *v* (auf)spalten; aufschlitzen, (der Länge nach) aufschneiden; teilen; sich spalten; springen, rissig werden *(z. B. Holz)*
split *v* **into** *(Konst)* aufteilen, unterteilen
split *v* **into thin sheets** *(Te)* verschiefern
split *v* **off** sich verzweigen
split *v* **plane** *(SB)* nach der Schicht [Schichtrichtung] spalten *(Naturstein)*
split rissig *(z. B. Oberfläche)*; gespalten *(z. B. Holz)*; geteilt
split 1. *(BM, Hb)* Spalt *m*, Sprung *m*; Spaltriss *m (Furnier, Holz)*; Schlitz *m*; 2. *(Hb, Konst)* Spaltfuge *f (Dachsparren)*; 3. Längshalbziegel *m*, längsgeteilte Ziegelhälfte *f*
split-and-wedge bolt Schlitzkeilanker *m*
split astragal Flügeltür(rand)deckleiste *f*, Türblattkantenschutzleiste *f*
split-batch charging *(Te)* stufenweise Mischerfüllung *f*
split block *s.* split-face block
split brick *s.* split 3.
split course Längshalbziegelschicht *f*
split doorframe *(Hb, Konst)* Türrahmen *m* mit geteiltem Mittelpfosten *(Schiebetür)*
split duct *(BT, WVA)* Rohrschale *f*, Rinne *f*, aufgespaltetes Rohr *n*
split face Spaltfläche *f (Naturstein)*
split-face block Längshalbstein *m* mit der Bruchfläche nach außen
split-face finish Spaltriemenoberfläche *f*, Spaltriemchenverkleidung *f*
split-face machine *(BWG)* Riemchenspaltmaschine *f*
split frame *s.* split doorframe
split hoop zerlegter Bügel *m*
split-level (house) *(Arch, Konst)* Wohnhaus *n* mit versetzter Geschossebene, Halbgeschosshaus *n*, Haus *n* mit Zimmerzwischengeschossen *(Hanghaus)*
split-level junction *(Verk)* planfreier Knoten(punkt) *m*
split levels *(Konst)* versetzte Geschosse *npl*, versetzte Stockwerke *npl*
split loop zerlegter Bügel *m*
split pile *(Erdb, Konst)* Schlitzpfeiler *m*
split pin *(BT)* Splint *m*
split-pin hole Splintloch *n*
split pipe *(BT, WVA)* Rohrschale *f*, Rinne *f*, aufgespaltetes Rohr *n*
split ring connector Schlitzringdübel *m*, Einlassdübel *m*, Holzbalkenverbindungsringeisen *n*
split rivet Spreizniet *m*, Sicherungssplint *m*
split roof *(Hb, Konst)* Spaltsparrendach *n*
split size Korngruppe *f*
split sleeve *(BT)* Überschiebmuffe *f*, zweiteilige Rohrmuffe *f*
split stuff *(Hb)* gespaltenes Halbholz *n*
split tile (keramische) Spaltplatte *f (Plattenfliese)*
split-tiled roof *(Konst)* Spleißdach *n*, Spandach *n*
splitspoon *(BM)* aufklappbare Entnahmesonde *f*
splitter Trennkeil *m*
splitting *(Te)* Spaltung *f*, Aufspaltung *f*; Abspaltung *f*; Absplittern *n*; Zerfall *m*
splitting axe Spaltaxt *f*
splitting force *(Stat)* Spaltzugkraft *f*
splitting strength Spaltzugfestigkeit *f*
splitting tensile strength *(BM, Stat)* Spaltzugfestigkeit *f*
splitting tensile test Spaltzugfestigkeitsprüfung *f*

splitting-up Aufspaltung *f*; Zersetzung *f (Stahlbeton)*
splitwood Spaltholz *n*
spoil *v* abnutzen; beschädigen; ruinieren; Boden aussetzen
spoil *v* **in building** *(Konst)* verbauen
spoil 1. *(Erdb)* Aushub(boden) *m*, ausgehobener Boden *m*, Aushubmassen *fpl*; Abraum *m (Bergbau)*; 2. *(Bod)* Aussetzen *n*, Absetzen *n (Boden)*
spoil area *(Tun)* Haldenfläche *f*, Seitenablagerung *f*, Bodenmassenlagerstätte *f*; Abraumhalde *f*, Abraumkippe *f*
spoil bank 1. *(Erdb, Tun, Umw)* Schutthalde *f*; 2. *(Erdb, Tun)* Seitenablagerung *f*, Aussatzkippe *f*
spoil car *(Erdb)* Transportlore *f*
spoil heap *(Bod, Erdb)* Halde *f*
spoilage Streu- und Bruchverlust *m (von Baustoffen)*
spoiled by development *(RP)* zersiedelt
spoiled landscape *(RP, Umw)* verschandelte [verbaute] Landschaft *f*
spoke 1. Sprosse *f*; 2. Speiche *f*
spokeshave Ziehklinge *f*; Kurvenziehklinge *f*
sponge Schwamm *m*
sponge holder *(BT)* Schwammschale *f*
sponge rubber Schwammgummi *m*; Schaumgummi *m*
sponge rubber sealing *(DIS)* Moosgummiabdichtung *f*
sponge sealing *(DIS)* Moosgummidichtung *f*
sponge tray *(BT)* Schwammschale *f*
spongiform schwammartig
sponginess *(BM)* Schwammigkeit *f*, Porigkeit *f*
sponging *(SB, Te)* Schwammverputzen *n*, Verputzen *n* mittels Schwamm
spongy schwammig, blasig, porös
sponson *(Konst)* ausladende Plattform *f*
sponsor federführende Baufirma *f*; Hauptauftragnehmer *m*
spontaneous evaporation Eigenverdunstung *f*, Selbstverdunsten *n*
spoon *(BWG)* Putzkelle *f*, Stuckkelle *f*
spoon auger Löffelbohrer *m*
spoon bit *(BM, BWG)* Löffelbohrer *m (Baugrunduntersuchung)*
spoon drain 1. *(Erdb, WVA)* offener Wassergraben *m*; 2. *(Verk)* Schlaglochstrecke *f (Straße)*
spoon sample Sondenprobe *f*
spoon sampler Probenahmesonde *f (Bodenuntersuchung)*
sporadic building *(RP)* wilde Bebauung *f*, unrationelle Bauentwicklung *f*
sports area *(RP)* Sportfläche *f*, Sportgelände *n*
sports building *(Arch, Konst)* Sportgebäude *n*
sports center *(AE) (RP)* Sportzentrum *n*
sports centre *(RP)* Sportzentrum *n*
sports complex Sportanlage *f*, Sportkomplex *m*
sports facilities *(RP)* Sportanlagen *fpl*; Sportforum *n*
sports field Sportplatz *m*, Sportfeld *n*
sports forum Sportforum *n*, Sportzentrum *n*
sports ground(s) Sportplatz *m*; Sportanlage *f*
sports hall Sporthalle *f*
sports palace Sportpalast *m*; Sporthalle *f*
sports stadium Sportstadion *n*
sports structures *(Arch, Konst)* Sportbauten *mpl*
spot *v* fleckig machen; fleckig werden, tüpfeln, tupfen *(mit Farbe)*; sprenkeln; Holz masern
spot *v* **weld** punktschweißen
spot 1. *(OB)* Fleck *m*; Rostfleck *m*; Tupfen *m*, Farbfleck *m*; 2. Stelle *f*, Punkt *m* • **on the spot** an Ort und Stelle, unter Verkehr
spot application *(Te)* punktweises Auftragen *n* [Aufbringen *n*]
spot board *(BWG)* Mörtelmischtisch *m*
spot bonding Punkt(ver)klebung *f*
spot check 1. *(VR)* Vorortüberprüfung *f (Baustelle)*; 2. *(BM, VR)* Stichprobenprüfung *f*
spot elevation *(Verm)* markierter Höhenpunkt *m (Geländekarte)*; Punkthöhe *f*
spot finishing *(OB)* Fleckenüberstreichen *n*; Anstrichausbesserung *f*
spot fixing Punkt(ver)klebung *f*
spot-free drying *(OB)* fleckenfreie Trocknung *f (Anstrich)*
spot-glued *(Te)* punktgeklebt, punktverklebt
spot ground Putzlehre *f*, Putzhöhenlatte *f*
spot level *s.* spot elevation
spot mopping *(OB, Te)* Punktkleben *n (Dachpappe)*
spot repair *(OB)* Ausbessern *n (Anstrich)*
spot sample Einzelprobe *f*, Stichprobe *f (Baustoffe)*
spot speed *(Verk)* punktuelle Geschwindigkeit *f*
spot strength *(Stat)* Punktfestigkeit *f*
spot weld *(St)* Punkt(schweiß)naht *f*
spot-welded punktgeschweißt
spot-welded round bars *(BT)* punktverschweißte Rundstähle *mpl*
spot welding *(St, Te)* Punktschweißen *n*
spotless fleckenfrei; makellos; sauber
spotlight *(El)* Scheinwerfer *m*, Punktstrahler *m*, Scheinwerferlicht *n*
spotlight booth *(El, Konst)* Scheinwerferkontrollraum *m*
spotted *(BM, OB)* fleckig, gefleckt, gesprenkelt
spotted schist *(BM)* Fleckschiefer *m*
spotting *(OB)* Fleckenbildung *f*; Fleckigwerden *n (von Anstrichen)*
spotting-in *(OB, Te)* Fleckenüberstreichen *n*, (fleckweise) Anstrichausbesserung *f*
spotty fleckig
spout *(San)* Ablaufschnauze *f*, Auslaufrinne *f (vom Dach)*; Auslaufrohr *n*, Abflussrohr *n*, Speirohr *n*, Wasserspeier *m*
spout pipe *(San)* Fallrohr *n*, Dachrohr *n*
spout plane *(BWG, Hb)* Rund(kehl)hobel *m*
spouting *(San)* Wasserrinne *f (Dach)*
sprawl *v* sich ausweiten [ausbreiten] *(Stadtgebiet)*; ausufern, wuchern *(ungeplantes Bauen)*
sprawl *(RP)* Zersiedelung *f*
spray *v* 1. verspritzen, versprühen, zerstäuben *(Flüssigkeiten)*; bespritzen, besprühen *(Oberflächen)*; 2. spritzen *(Anstrichtechnik)*
spray Spray *n*, Sprühmittel *n*, Spritzstrahl *m*
spray application *(OB)* Spritzen *n*, Aufspritzen *n*, Spritzauftrag *m (z. B. von Farben)*
spray application of mortar Spritzmörtelauftrag *m*
spray-applied *(OB)* aufgespritzt
spray-apply *v (OB, SB, Te)* aufspritzen, durch Spritzen auftragen
spray bar *(BWG, OB, Verk)* Spritzbalken *m*, Spritzrampe *f*, Düsenbalken *m*
spray booth *(Konst)* Spritzkabine *f*, Spritzraum *m*
spray cleaning Spritzreinigen *n*, Spritzreinigung *f*
spray-coat *v* spritzen, durch Spritzen beschichten
spray coat *(OB)* Spritzschicht *f*; gespritzter Anstrich *m*
spray coating 1. Spritzen *n*; 2. *s.* spray coat
spray-down *(Te)* Abspritzen *n*
spray equipment Spritzeinrichtung *f*, Spritzgeräte *npl*
spray glazing Spritzglasieren *n*
spray gun *(BWG, OB, SB)* Spritzpistole *f*, Sprühpistole *f*, Pistole *f (bes. für Anstriche)*; Torkretierspritze *f*, Torkretkanone *f (bes. für Mörtel)*
spray irrigation *(LB)* Berieselung *f*
spray lance Spritzlanze *f*
spray metallizing *(OB)* Spritzmetallisieren *n (Korrosionsschutz)*
spray mortar Spritzmörtel *m*
spray-on insulation 1. *(DIS)* aufspritzbare Dämmschicht *f*; 2. *(DIS)* Spritzsperrung *f*, Sperrschichtspritzung *f*
spray-paint *v (OB)* Farbe aufspritzen

spray paint coating *(OB)* aufgespritzter Anstrich *m*, Spritzfilm *m*
spray painting *(OB)* Farbspritzen *n*, Spritzen *n*, Spritzlackieren *n*
spray pickling Spritzbeizen *n*, Spritzbeizung *f*
spray plaster Spritzputz *m*
spray plastering *(OB, Te)* Spritzputzen *n*
spray plastic Spritzplastik *f*
spray pond *(HLK)* Kühlteich *m*
spray-pond roof *(Konst)* Wasserdach *n*, wassergekühltes Dach *n*
spray recoating Überspritzen *n*
spray rendering *(SB)* Spritzputz *m (Außenputz)*
spray shower bath Duschbad *n*
spray shower head *(San)* Duschkopf *m*, Brausekopf *m*
spray stuccowork *(AE) (SB, Te)* Spritzaußenverputzen *n*
spray test Spritzprüfung *f*
spray treatment *(OB, SB, Te)* Spritzbehandlung *f*
spray washer *(BWG)* Spritzwaschanlage *f*
spray zone Spritzzone *f*
sprayability *(BM)* Spritzbarkeit *f*, Verspritzbarkeit *f*
sprayable spritzbar
sprayed acoustical plaster *(DIS)* Schallspritzputz *m*, Spritzputz *m* für eine Schallwand
sprayed aluminium coating *(OB, St)* Aluminiumspritzschicht *f*
sprayed asbestos *(Konst)* Spritzasbest *m*, Asbestspritzmörtel *m (Feuerschutz)*
sprayed atomized aufgesprüht, aufgedüst *(zerstäubend)*
sprayed coat Spritzanstrich *m*; Spritz(schutz)schicht *f*
sprayed concrete *s.* shotcrete
sprayed deposit *(DIS, OB)* Spritzschicht *f*
sprayed fireproofing Feuerschutzspritzmasse *f*, aufgespritzte Feuerschutzmasse *f*
sprayed insulation *s.* spray-on insulation
sprayed-metal coating 1. *(OB, St)* Spritzmetallisierung *f*; 2. *(OB, St)* Spritzmetallschutzschicht *f*
sprayed metallization Spritzmetallisieren *n*; Metallspritzschicht *f*
sprayed mortar *(BB)* Torkretmörtel *m*; Spritzputz *m*
sprayed-on pistolengespritzt, pistolenaufgetragen
sprayed-on acoustical ceiling *(DIS)* Spritzakustikdecke *f*, Spritzschallschluckdecke *f*
sprayed-on asphalt Spritzasphalt *m*
sprayed-on cement rendering *(SB)* Zementspritzputz *m*
sprayed-on composition *(BM)* Spritzmasse *f*
sprayed-on compound *(BM)* Spritzmasse *f*
sprayed-on concrete *(BB)* Spritzbeton *m*
sprayed-on film Spritzfilm *m*, Spritzhaut *f*
sprayed-on fireproofing *(DIS)* Spritzfeuerschutzisolierung *f*
sprayed-on foam *(BM, DIS)* Spritzschaum *m*
sprayed-on metal Spritzmetall *n*
sprayed-on mortar *(SB)* Spritzmörtel *m*
sprayed-on paint coat *(OB)* Spritzfarbanstrich *m*
sprayed-on plastic Spritzkunststoff *m*
sprayed-on roof membrane *(DIS)* Spritzkunststoffbedachung *f*, Kunststoffspritzbedachung *f*
sprayed-on sealing *(DIS)* Spritz(ab)dichtung *f*
sprayed-on surfacing *(OB)* Spritzverkleidung *f*, Spritzauskleidung *f*
sprayed paint coat Spritzfarbanstrich *m*
sprayed zinc coating *(OB)* Zinkspritzschicht *f*
sprayer *(BWG)* Spritzgerät *n*; Sprühgerät *n*, Sprüher *m*; Spritzbalken *m*
spraying Spritzen *n*, Sprühen *n*; Aufspritzen *n*, Spritzauftragen *n (z. B. von Anstrichen)*
spraying consistency *(BM, DIS, OB)* Spritzkonsistenz *f*
spraying distance Spritzabstand *m*
spraying fault Spritzfehler *m*
spraying film Spritzfilm *m*
spraying foam *(BM, DIS)* Spritzschaum *m*
spraying gun *s.* spray gun
spraying machine Spritzmaschine *f*
spraying mass *(BM, DIS, OB)* Spritzmasse *f*
spraying mastic Spritzmastix *m*
spraying material Spritzmasse *f*
spraying method *(Te)* Spritzverfahren *n*
spraying of bitumen Bitumenaufspritzen *n (Straßenoberflächenbehandlung)*
spraying paint coat Spritzfarbanstrich *m*
spraying plastic *(BM, DIS, OB)* Spritzkunststoff *m*
spraying shop *(BWG, DIS, OB)* Spritzwerkstatt *f*
spraying technique *(Te)* Spritztechnik *f*
spraying torch Plasmaspritzpistole *f*, Flammenspritzpistole *f*
spraytight spritzdicht
spread *v* 1. *(DIS, OB, Te)* auftragen, bestreichen; verteilen; streuen; sich ausbreiten, verlaufen *(z. B. Anstriche)*; 2. *(Stat)* verteilen *(Last)*; 3. *(BM, Umw)* spreiten; ausdehnen
spread *v* **and level** *v (Erdb)* aufbringen und planieren, auftragen und einebnen
spread *v* **into** *(Arch)* übergehen *(Säulenoberflächenelemente)*
spread *v* **over** *(Te)* aufstreuen *(Sand, Splitt)*
spread 1. Aufstrich *m*, Auftrag *m*; 2. Auftragsmenge *f (Kleber, Binder)*; 3. Spreiten *n*; 4. Verteilung *f*; Ausdehnung *f*; Streuen *n*
spread coating *(OB)* Beschichtung *f*, Bestreichen *n*
spread footing [foundation] *(Erdb)* Flachgründung *f*, Flächenfundament *n*, Flächengründung *f*
spread lens *(El)* Streulinse *f (Beleuchtung)*
spread of fire Feuerausbreitung *f*, Brandausbreitung *f*
spread-of-flame test *(BM)* Flammenausbreitungsprüfung *f (z. B. der Dachhaut)*
spread of fracture Bruchausbauchung *f*
spread of smoke Rauchausbreitung *f*
spreader 1. *(BWG)* Verteilgerät *n*; Splittstreuer *m*, Splittverteiler *m*; 2. *(BT)* Spreize *f*, Spreizstab *m*, Abstandhalter *m*; 3. Streichgerät *n*
spreader bar *(Hb)* Traverse *f*, Querschwelle *f*
spreader beam *(BT)* Traverse *f*
spreader box Kastenverteiler *m*
spreader finisher *(BWG, Verk)* Straßenfertiger *m*
spreader roll(er) *(BWG, DIS, OB)* Auftragswalze *f*
spreader screw Verteilerschnecke *f (Straßenfertiger)*
spreading *(Te)* Verteilen *n*; Auftragen *n*, Bestreichen *n*
spreading and finishing machines *(BWG, Verk)* Deckeneinbauzug *m (Straßenbau)*
spreading and shaping *(Erdb)* Aufbringen *n* und Planieren *n*, Ausgleichen *n*
spreading capacity *s.* spreading power
spreading machine Splittstreuer *m*, Splittverteiler *m*
spreading mix(ture) Streichmischung *f*
spreading of cracks Rissausbreitung *f*
spreading of sand Sandaufstreuen *n*, Sandabstreuen *n*
spreading of the load *(Stat)* Verteilung *f* der Belastung, Lastverteilung *f*
spreading power *(OB)* Ergiebigkeit *f (von Anstrichen)*
spreading rate 1. *(DIS, OB, Verk)* Aufstreumenge *f*, spezifische Beschichtungsmenge *f*; 2. *(OB)* Ergiebigkeit *f (eines Anstrichs)*; Deckungskraft *f*
spreading screw *(BWG)* Verteilerschnecke *f (Straßenfertiger)*
spreading service *(Verk)* Streudienst *m*
spreadsheet *(Stat)* Tabellenkalkulation *f*
sprig Stift *m*, Nagelstift *m (ohne Kopf)*; Drahtstift *m*
sprig bolt Hakenstift *m*

spring *v* 1. springen, federn, schnellen; 2. reißen, aufplatzen; springen, platzen *(z. B. Holz)*; 3. quellen, entspringen; 4. *(SB, Te, Te)* den Bogen anfangen [anlegen], die Wölbung beginnen *(Gewölbe)*
spring *v* **back** zurückschnellen
spring 1. Feder *f (Zugfeder, Druckfeder)*; 2. Schnellen *n*, elastische Bewegung *f*; Federung *f*; 3. *(Bod, WVA)* Quelle *f (z. B. eines Flusses)*; Brunnen *m*; 4. *(BT, San, WVA)* Rohrknie *n*
spring-actuated selbstschließend
spring balance Federgegenkraft *f*, Federausgleich *m (Schiebefenster)*
spring bend *(BT, San, WVA)* Rohrknie *n*
spring bolt Federbolzen *m*
spring bolt lock *(EB)* Schnappschloss *n*
spring-bow compass Nullenzirkel *m*
spring buffer Federpuffer *m*
spring catch *(EB)* Schnappschloss *n*; Schnappriegel *m*
spring clamp Feder(kraft)halteklammer *f*, Federbund *m*
spring constant Federkennwert *m*
spring hanger pin Federbolzen *m*
spring hinge *(EB)* Federscharnier *n*, Federband *n*, Rückholfischband *n (Tür)*
spring hook *(EB)* Karabinerhaken *m*
spring joint of vault *(SB)* Kämpferfuge *f*
spring latch Schnappschloss *n*, Federfalle *f*
spring line of the vault *(Konst, SB)* Gewölbekämpferlinie *f*
spring-loaded gefedert; federbelastet; mit Federdruck
spring loaded in tension Spannfeder *f*
spring lock *(EB)* Schnappverschluss *m*; Springhakenschloss *n*, Fallschloss *n*, Federschloss *n*
spring maximum of fallout *(Umw)* Frühlingsmaximum *n*
spring of a vault *(Konst, SB)* Gewölbeanfang *m*; Kämpfer *m* eines Gewölbes
spring roller light-tight blind Springrollo *n*
spring snib Schiebefensterschnappraster *m*
spring steel *(St)* Federstahl *m*
spring strength Federstärke *f*
spring tension Federspannung *f*
spring tide mark *(Umw)* Springtide-Marke *f*
spring washer Federring *m*
spring water *(WVA)* Quellwasser *n*, Brunnenwasser *n*
spring well *(WVA)* Quellbrunnen *m*, Filterbrunnen *m*
springer *(SB)* Kämpferstein *m*, Gewölbeanfänger *m*
springiness Rückfederung *f*, Schnellkraft *f*; Elastizität *f*
springing 1. *(Konst, SB)* Kämpferpunkt *m*, Kämpferfläche *f*, Kämpfer *m* Bogenanfang *m*; Anfangstein *m*; Gewölbewiderlager *n*; 2. *s.* springing stone; 3. Federn *n*, Federung *f*
springing course *(Konst, SB)* Kämpferschicht *f*
springing line Kämpferlinie *f*
springing plane *(Konst)* Kämpferdach *n*
springing stone Kämpferstein *m*
springing wall *(Konst)* untere Drittelbogenachse *f*
springy federnd, elastisch • **be springy** federn
sprinkle *v* 1. (be)sprengen, berieseln; bespritzen; 2. mit Splitt bestreuen; aufstreuen *(Terrazzo)*
sprinkle *v* **on the surface** aufstreuen
sprinkle *v* **with sand** besanden
sprinkle *v* **with water** *(Erdb, RS, WVA)* schlämmen *(Graben)*
sprinkle mopping *(DIS, Konst, OB)* streifenweises Dachbituminieren *n* [Dachkleben *n*]
sprinkled gesprenkelt
sprinkler 1. *(San)* Sprinkler *m*, Sprinklerfeuerlöschanlage *f*; Feuerlöschbrause *f*; 2. *(San)* Brause *f*, Brausekopf *m*; 3. *(LB)* Sprenger *m*
sprinkler area *(LB)* Beregnungsfläche *f*
sprinkler fire-extinguishing installation *s.* sprinkler system
sprinkler head *(San)* Feuerlöschbrausekopf *m*
sprinkler reach *(LB)* Regnerwurf(reich)weite *f*
sprinkler station *(San)* Sprinklerstation *f*, Sprinklerzentrale *f*
sprinkler system *(San)* Sprinkler(feuerlösch)anlage *f*, Feuerlöschsprenganlage *f*, Feuerschutzsprenganlage *f*
sprinkling Einstreuen *n*; Berieseln *n*, Berieslung *f*
sprinkling filter Tropfkörper *m*
sprinkling plant *(LB)* Beregnungsanlage *f*
sprocket 1. *(Hb)* Aufschiebling *m*, Trauflatte *f*, Traufbrett *n*; 2. *(Hb)* Windrispe *f*, Sturmlatte *f*, Windlatte *f*, Strebeschwarte *f*, Schwibbe *f*
sprocket eaves *(AE) (Hb)* angehobene [aufgeschobene] Traufe *f*
sprocket piece *(Hb)* Sparren *m*
spruce 1. *(LB)* Fichte *f*; 2. *s.* spruce wood
spruce shingle *(BT)* Fichtenschindel *f*
spruce wood Fichtenholz *n*
sprung *(Hb, RS)* gebrochen *(Holzbalken)*
sprung floor cover(ing) Schwing(fuß)bodenbelag *m*
sprung moulding *(Arch)* gekrümmte Verzierung *f*
spud 1. *(BT)* Türpfostendübel *m*; 2. *(BT)* Verbindungsrohrstück *n*
spud vibrator *(BB, BWG)* Innenrüttler *m*, Tauchrüttler *m*, Flaschenrüttler *m (Tauchrüttelverfahren)*
spun *(BB, Te)* geschleudert, im Schleudergussverfahren hergestellt
spun column Schleudermast *m*
spun concrete *(BB)* Schleuderbeton *m*
spun concrete column Schleuderbetonstütze *f*
spun concrete drain pipe *(BT, Erdb, LB)* Schleuderbetondränrohr *n*
spun concrete mast Schleuderbetonmast *m*
spun concrete pipe *(BT)* Schleuder(beton)rohr *n*
spun concrete pressure pipe *(BT, WVA)* Schleuderbetondruckrohr *n*
spun glass *(BM, DIS)* Glaswolle *f*, Glaswatte *f*
spun mast Schleuder(beton)mast *m*
spun pipe *(BT, WVA)* Schleuder(beton)rohr *n*
spur 1. *(Konst)* Strebe *f*, Strebebalken *m*, Stützpfeiler *m*; 2. *(SB)* Sporn *m*, Ecksporn *m*; Mauervorsprung *m*; 3. *(Arch)* Klaue *f*, Teufelsklaue *f (Ornament)*
spur beam *(Hb)* Wandauflagequerholz *n*, Querauflageholz *n*, Wandauflagebalken *m*
spur buttress Spreize *f*, Strebe *f*
spur jetty *(Wsb)* Querdamm *m*, Quermole *f*
spur line *(San, WVA)* Stichrohrleitung *f*
spur pile *(Erdb)* schräger Rammpfahl *m*
spur pipeline *(San, WVA)* Stichrohrleitung *f*
spur post Radabweispfosten *m*
spur shore *(BT, TK)* Spreizstütze *f*
spur stone Abweisstein *m*, Radabweiser *m*, Prellstein *m*
spur tenon kurzer Zapfen *m*
spur track *(Verk)* Nebengleis *n*, Seitengleis *n*; Anschlussgleis *n*
spur valley *(RP)* kurzes Seitental *n (Flächennutzung)*
sputter *v* sputtern
sputter *v* **away** abstäuben, absputtern
sputtered film *(OB)* gesputterte Schicht *f*
sputtering *(OB, Te)* Sputtern *n*, Beschichten *n* durch Vakuumzerstäubung, Metallspritzen *n (z. B. von Brückenbauteilen als Korrosionsschutz)*
spyhole *(EB)* Spion *m*
squamiform schuppenförmig
square *v* 1. *(Hb, SB)* behauen, nach Maß bearbeiten *(Stein)*; rechtwinklig zuschneiden, rechtwinklig machen *(z. B. Holz)*; besäumen *(Holz)*; 2. *(VR)* begleichen, abrechnen
square *v* **off** *(SB)* vierkantig behauen, kanten
square *v* **up** rechtwinklig beschneiden; besäumen *(Holz)*

square 1. quadratisch, viereckig; rechtwinklig; 2. vierkantig; Vierkant...; 3. quadratisch; Quadrat... *(Mathematik)*
square 1. *(Arch)* Quadrat *n*, Viereck *n*; 2. *(RP)* Platz *m*, Platzanlage *f (in Städten)*; 3. *(RP)* Häuserblock *m*; 4. *(BT)* quadratisches Profil *n*; Quadratprofil *n*; 5. Anschlagwinkel *m*, Winkel *m*
square and flat frame *(BT, Hb)* glatter Rahmen *m (Tür)*
square and rabbet Ringleiste *f*; Schaftring *m*
square aperture Quadratlochöffnung *f*
square bar *(St)* Vierkantstahl *m*, Vierkanteisen *n*
square bars Vierkantmaterial *n*
square base *(Arch, Konst)* quadratische Grundfläche *f*, Grundquadrat *n*
square bay quadratisches Joch *n*
square bend 90°-Knierohr *n*
square billet *(Arch)* Schachbrettverzierung *f*
square bolt Vierkantschraube *f*
square brick Normalstein *m*; Ziegelplatte *f*
square caisson *(Wsb)* Rechtecksenkkasten *m*
square centimetre Quadratzentimeter *m*
square chamber *(Arch)* Quadratraum *m (sakraler Nebenraum)*
square cogging *(Hb)* gerader Kamm *m*
square column quadratische Stütze *f*, quadratische Säule *f*
square corner halving *(Hb)* Eckùberblattung *f* mit geradem Schnitt
square cross section *(BT)* Quadratquerschnitt *m*
square crossing *(Arch)* quadratische Vierung *f*
square-cut *v (Hb)* rechtwinklig zuschneiden *(Holz)*
square dome *(Arch, Konst)* Kuppelgewölbe *n* über quadratischem Grundriss
square-dressed stumpf *(Parkettstab)*
square dressed pavement Reihenpflaster *n*
square edge eckige Kante *f*
square-edge door *(BT)* Stirnflachtür *f*
square edge preparation *(St, Te)* Steilkantenvorbereitung *f (Schweißen)*
square-edged *(BM, Hb)* besäumt *(Holz)*
square-edged lumber *(AE)* rechteckiges Balkenholz *n*
square foot Quadratfuß *m (ca. 0,093 qm)*
square frame *(Konst)* quadratischer Rahmen *m*
square-framed glatt gefügt *(Holz)*; unverziert
square-framed work *(Konst, TK)* Fachwerk *n*
square grooving and tonguing *(Hb)* Quadratspundung *f*
square ground-plan Quadratgrundriss *m*
square-head bolt Vierkantkopfschraube *f*
square-headed nicht gewölbt, gerade, gestreckt *(Türöffnung, Fensteröffnung)*
square hole Quadratöffnung *f*
square inch *(Stat)* Quadrat-Inch *n*, Quadratzoll *m (ca. 6,45 qcm)*
square joint Stumpfstoß *m (Schweißverbindung)*; rechtwinklige Fuge *f (Holz)*
square log Kantholz *n*
square mesh Quadratloch *n*
square-mesh sieve Quadratlochsieb *n (z. B. für Zuschläge)*
square metre Quadratmeter *m*
square moment *(Stat)* quadratisches Moment *n*
square of crossing *(Arch)* Vierungsquadrat *n (Lang- und Querhauskreuzungsquadrat einer Kirche)*
square pier *(BT, TK)* Quadratpfeiler *m*
square pipe Quadratrohr *n*
square plan *(Arch, Konst)* Quadratgrundriss *m*
square planning grid Quadratraster *m*
square plate *(BT, Konst)* Quadratplatte *f*, quadratische Platte *f*
square pointed trowel *(BWG)* quadratische Maurerkelle *f*
square punching Quadratlochöffnung *f*
square rabbet plane *(BWG, Hb)* rechtwinkliger Falzhobel *m*
square rib-vault *(Arch)* quadratisches Rippengewölbe *n*
square roof *(Konst)* 45°-Satteldach *n*, Satteldach *n* mit 45°-Neigung
square roof-light Quadratoberlicht *n*
square root Quadratwurzel *f*
square-sawn timber *s.* squared timber
square-shaped sign *(Verk)* viereckiges Verkehrszeichen *n*
square splice *(Hb)* rechteckige Verblattung *f*
square staff *(EB)* Rechteckleiste *f*
square step *(BT)* Blockstufe *f*
square tile Ziegelplatte *f*, Plattenfliese *f*
square tube Vierkantrohr *n*
square turned vierseitig verziert
square yard *(Stat)* Quadratyard *n (ca. 0,836 qm)*
squared beam *(Hb)* Vollkantbalken *m*; Vollkantholz *n*
squared paper kariertes Papier *n*; Millimeterpapier *n*
squared stone *(BT, SB)* Quader(stein) *m*
squared structural grid Quadratraster *n*
squared timber *(BM, Hb)* Kantholz *n*, rechteckiges Balkenholz *n*, Balken *m*
squared toothed plate quadratischer Zahndübel *m*
squared tower *(Arch, Konst)* quadratischer Turm *m*, Quadratturm *m*
squared tube Quadratröhre *f*
squared tubing Quadratrohrprofil *n*
squareness Rechteckigkeit *f*; Winkligkeit *f*, Rechtwinkligkeit *f*
squarer Steinmetz *m*, Steinschneider *m*
squaring *(Hb, Te)* Rechtwinkligschneiden *n*; Beschneiden *n*, Besäumen *n (von Holz)*
squaring-up *(Hb, Te)* Behauen *n (von Holz)*
squat round tower *(Arch)* Rundbastion *f*
squatter *(VR)* Hausbesetzer *m*; Wohnungsbesetzer *m*
squatter's right *(AE) (VR)* Gewohnheitsrecht *n* der Landnutzung *(ohne legalen Besitz)*
squatting *(VR)* Hausbesetzung *f*
squatting W.C. pan *(San)* Hockklosett *n*, französischer Abort *m*
squeegee 1. Schwabber *m*, Schwabbschieber *m (Zement- und Bitumenschlämmenbehandlung)*; 2. Räumbalken *m*, Schieber *m (für den Straßendienst)*; 3. Schürf(kübel)wagen *m*; 4. *(Erdb)* Kratzer *m*
squeegee roller *(OB)* Quetschwalze *f (Anstrichauftrag)*
squeeze *v* quetschen, zusammendrücken
squeeze *v* **off** abklemmen
squeeze *v* **out** zerquetschen, ausquetschen, auswalzen
squeeze *(Stat)* Quetschung *f*, Quetschen *n*, Pressen *n*; Pressdruck *m*
squeeze cementing Druckzementierung *f*
squeeze riveting *(Konst, St)* Quetschnietung *f*
squeezed joint *(Konst)* gepresste Fuge *f*, Pressverbindung *f*
squeezer *(Verk)* Kantenpresser *m*, Kantenformrolle *f (Straßenwalze)*
squinch 1. (innerer) Eckbogen *m*, Eckkragbogen *m*, Eckùberkragung *f*; 2. *s.* squinch arch
squinch arch *(Arch)* Trompe *f*, Trichtergewölbe *n*
squint 1. *s.* squint window; 2. spitzer Mauerziegel *m*; 3. schiefe Ebene *f*; Neigung *f*; Hang *m*
squint brick *(BT, SB)* schiefwinkliger Ziegel(stein) *m*, Spitzziegel *m*
squint quoin *(SB)* Spitzecke *f*, spitzwinklige Mauerecke *f*
squint window *(Arch)* Spitz(winkel)fenster *n*, Hagioskop *n (Kirche)*
squirt *v* spritzen, bespritzen
squirted skin *(SB)* Spritzputz *m*, Rohputz *m*, Rappputz *m*, Berappung *f*

SRT *s.* skid resistance tester
St Andrew's Cross *(Arch)* Andreaskreuz *n*, Abkreuzung *f*, Kreuzstreben *fpl*, Kreuzverband *m*
St George's Cross *(Arch)* griechisches Kreuz *n*
St Mark's Square *(Arch)* Markusplatz *m*
stab *v* aufrauen; spitzen
stabbing *(Te)* Aufrauen *n*, Aufspitzen *n*, Spitzen *n (z. B. von Wänden, Naturstein, Beton)*
stability 1. *(Stat)* Stabilität *f*, Standfestigkeit *f*, Standsicherheit *f*; Kippsicherheit *f*; 2. *(BM)* Stabilität *f*, Widerstandsfähigkeit *f*, Beständigkeit *f (thermisch, chemisch)*; Festigkeit *f (mechanisch)*
stability against gliding *(Stat)* Gleitsicherheit *f*, Kippsicherheit *f*
stability against oscillation *(Stat)* Schwingungsstabilität *f*, Erschütterungsbeständigkeit *f*
stability against sliding *(Erdb)* Gleitsicherheit *f (Böschung)*
stability against tilting *(Stat)* Kippsicherheit *f*
stability analysis *(Stat)* Stabilitätsanalyse *f*
stability and flow *(BM)* Stabilität *f* und Fließwert *m (Marshalltest)*
stability calculation *(Stat)* Stabilitätsberechnung *f*, Standfestigkeitsberechnung *f*, Standsicherheitsberechnung *f*
stability case *(BM, TK)* Stabilitätsfall *m*, Standfestigkeitsfall *m*
stability check *(Stat)* Standsicherheitsnachweis *m*
stability conditions *(Stat)* Stabilitätsbedingungen *fpl*
stability degree *(BM)* Stabilitätsgrad *m (Emulsion)*
stability diagram Stabilitätsdiagramm *n*, Standfestigkeitsdiagramm *n*, Standsicherheitsdiagramm *n*
stability drop Stabilitätsabfall *m*, Standfestigkeitsabfall *m*
stability equation Stabilitätsgleichung *f*, Standsicherheitsgleichung *f*
stability factor *(Stat)* Stabilitätsfaktor *m*
stability formula Stabilitätsformel *f*, Standsicherheitsformel *f*
stability function *(Stat)* Stabilitätsfunktion *f*, Standsicherheitsfunktion *f*
stability in storage *(BM)* Lager(ungs)beständigkeit *f*
stability investigation Stabilitätsuntersuchung *f*, Standfestigkeitsuntersuchung *f*
stability limit Stabilitätsgrenze *f*
stability of emulsion *(SB)* Emulsionsstabilität *f*
stability of shape *(BM)* Formbeständigkeit *f*
stability of size Formbeständigkeit *f*, Maßbeständigkeit *f (von Bauelementen)*
stability of slope *(Erdb)* Böschungsstandfestigkeit *f*
stability of volume *(BM)* Raumbeständigkeit *f (Zement)*
stability range Beständigkeitsbereich *m*, Stabilitätsbereich *m*
stability study *(Stat)* Stabilitätsstudie *f*
stability system *(Stat)* statisches System *n*
stability test Stabilitätstest *m*
stability theory *(Stat)* Stabilitätstheorie *f*
stability to chemical attack *(BM)* chemische Beständigkeit *f*
stability to heat *(BM)* Hitzbeständigkeit *f*, Hitzefestigkeit *f*
stability to light *(BM)* Lichtbeständigkeit *f*, Lichtechtheit *f*
stability under load Standfestigkeit *f*
stability under torsion Torsionsstabilität *f*
stabilization 1. *(BM, Erdb, Stat)* Stabilisierung *f*; 2. *(BM)* Verfestigung *f*
stabilization cable Stabilisierungsseil *n*
stabilization of earthwork *(Bod)* Bodenbefestigung *f*
stabilization of slopes *(Erdb)* Böschungsbefestigung *f*
stabilization pond *(WVA)* Abwasserbecken *n*
stabilize *v* 1. stabilisieren, stützen; festigen; verfestigen; 2. konstant halten
stabilized alloy *(BM, St)* beruhigte Legierung *f*
stabilized soil *(Erdb)* verfestigter Boden *m*, verfestigter Erdstoff *m*, stabilisierter Boden *m*, stabilisierter Erdstoff *m*
stabilizer *(BM)* Stabilisator *m*, Stabilisierungsmittel *n (z. B. für Bitumenemulsion)*
stabilizing agent Stabilisator *m*, Stabilisierungsmittel *n*, stabilisierendes Zusatzmittel *n (z. B. für Bitumenemulsion)*
stabilizing workings *(Bod, Tun)* Sicherungsarbeiten *fpl (Böschungen, Baugruben)*
stable 1. *(BM, Bod, BT, Konst, TK)* stabil, standfest, standsicher *(z. B. Baugrund)*; 2. *(BM)* stabil, widerstandsfähig; beständig *(thermisch, chemisch)*; fest *(mechanisch)*; haltbar *(z. B. Material)* • **be stable** stabil [standfest] sein • **be stable to** beständig sein gegen
stable *(LB)* Stall *m*
stable building *(Konst, LB)* Stallgebäude *n*
stable channel *(Bod, Umw, Wsb)* stabiles Flussbett *n*
stable court *(Konst, LB)* Stallhof *m*
stable door zweiteilige Tür *f (horizontal geteilt)*
stable emulsion stabile Emulsion *f*, S-Emulsion *f*
stable equilibrium *(Stat)* stabiles Gleichgewicht *n*
stable in air *(BM)* luftbeständig
stable position *(Konst)* stabile [feste] Lage *f (eines Bauteils)*
stable slope *(Erdb)* standfeste Böschung *f*
stable soil *(Bod)* standfester Boden *m*
stable state *(Bod, Erdb)* stabiler [sicherer] Zustand *m (von Baugrund)*
stable to light *(BM)* lichtbeständig
stable truss *(TK)* stabiles [kinematisch bestimmtes] Fachwerk *n*
stabling *(Konst, LB)* Stallung *f*
stack *v* (auf)schichten; aufstapeln *(z. B. Holz)*
stack *v* **flat** flach stapeln
stack 1. *(Hb)* Stapel *m*, Stoß *m*; 2. *(HLK, Konst)* Kamin *m*, Schornstein *m*, Schlot *m*; 3. *(BWG)* Schacht *m (eines Hochofens)*; 4. *(WVA)* senkrechtes Rohrsystem *n*; senkrechte Abwasserleitung *f*; senkrechtes Abwasserrohrende *n*; 5. *(HLK)* Warmluftschacht *m*; 6. *(Hb, Stat) britische Maßeinheit für Holz - 1 Stack = 108 cu ft = 3,058 m*^{3}; 7. *(Konst)* Regalfach *n*
stack bond *(SB)* Parallelverband *m*, Reihenverband *m (Mauerwerk)*
stack brickwork Schachtofenmauerwerk *n*
stack effect *(HLK)* Schornsteineffekt *m*
stack ladder Schornsteinleiter *f*
stack of boards Bretterstoß *m*, Bretterstapel *m*
stack partition *(HLK, Konst)* Trennwand *f* mit Kaminzug
stack pipe Regenfallrohr *n*
stack pipe system *(HLK, San, WVA)* senkrechtes Rohrsystem *n*
stack vent 1. *(San, WVA)* senkrechtes Abwasserrohrende *n*; 2. *(San)* Dachentlüftungsrohr *n (Abwasserfallrohr)*
stack venting *(San, WVA)* Abwasserrohrentlüftung *f*
stacked cubic metre Schichtfestmeter *n (für Holz)*; Raummeter *n (auch für Naturstein)*; *(veraltet)* Ster *n*
stacked façade *(Arch)* Stapelfassade *f (mit Häufung unterschiedlicher Dekorationselemente)*
stacked timber *(Hb)* Schichtnutzholz *n*
stacked wood Schichtpressholz *n*
stacking Stapeln *n*
stacking area *(Konst)* Stauraum *m*, Lager *n*, Zwischenlager *n*
stacking chair Stapelstuhl *m*
stacking ground *(Konst, Te)* Stapelplatz *m (z. B. für Holz)*; Lagerplatz *m (bes. für Fertigteile)*; Lagerhof *m*; Lagerfläche *f*
stacking lane *(Verk)* Staustreifen *m*, Stauspur *f*; Stauraum *m*
stacking yard *s.* stacking ground

S

staddle *(AE) (TK)* Unterstützungsrahmenwerk *n*, Stützrahmen *m*
staddle stone *(Arch)* Schoberstein *m*
stadia *(Verm)* Nivellierlatte *f*, Messlatte *f*; Abstandsstab *m*
stadia levelling *(Verm)* tachometrische Nivellierung *f*
stadia rod *s.* stadia
stadia surveying *(Verm)* tachometrische Vermessung *f*
stadial moraine *(Bod)* Endmoräne *f*
stadiometer *(Verm)* Stadiometer *n (Vermessung)*
stadiometric straight edge *(AE)* stadiometrische Richtlatte *f*
stadium Stadion *n*
stadium construction Stadionbau *m*
stadium facility *(RP)* Stadionanlage *f*
stadium grandstand *(Konst)* Stadiontribüne *f*
staff 1. *(BT, Konst, Verm)* Stab *m*, Stütze *f*; Messlatte *f*; 2. *(EB)* Decklatte *f*, Deckleiste *f (Holz)*; Stuckleiste *f*; 3. *s.* staff bead; 4. *(BM)* Gipsmörtel *m (für Stuckarbeit)*; 5. *(VR)* Personal *n*; Personalbestand *m*, Belegschaft *f*
staff aisle *(Konst)* Personalgang *m*
staff angle Putzkantenschützer *m*, Putzkantenschoner *m*, Putz(schutz)leiste *f*
staff bead Eckenrundstab *m*, Kantenrundstab *m (zum Überdecken von Fugen zwischen Holzteilen und Mauerwerk)*
staff building *(Arch, Konst)* Sozialgebäude *n (Werksgebäude)*
staff changing room Personalumkleideraum *m*
staff cost *(VR)* Personalkosten *pl*
staff entrance Personaleingang *m*
staff gauge *(Verm)* Pegellatte *f*, Lattenpegel *m*
staff holder Messlattenträger *m*
staff location system *(El)* Personensuchanlage *f*
staff lock Personaleingang *m*, Personalschleuse *f (z. B. in öffentlichen Gebäuden)*
staff rental apartment Dienstmietetagenwohnung *f*
staff room Personalraum *m*
staff toilet *(San)* Personaltoilette *f*
staff traffic Personalverkehr *m*
staff training *(VR)* Personalschulung *f*
staffman Vermessungsgehilfe *m*, Lattenträger *m*
stage *v* (ein)rüsten
stage 1. *(BT, Te)* Arbeitsbühne *f*, Bühne *f*, Plattform *f*; Gerüst *n*; 2. *(BT, Te)* Gerüstboden *m*; 3. *(BT, EB)* Theaterbühne *f*; Podium *n*; 4. *(Erdb, Tun)* Absatz *m (Bergbau)*; 5. *(Te, VR)* Bauabschnitt *m*; Bau(fortschritts)stadium *n*; Baustufe *f*, Bauphase *f*; Phase *f*
stage block Bühnenhaus *n (Theater)*
stage-by-stage completion *(RP)* abschnittsweise Fertigstellung *f (von Baugebieten, Verkehrstrassen)*
stage construction 1. mehrschichtiger Einbau *m (z. B. im Straßen- oder Erdbau)*; 2. stufenweiser Ausbau *m*; Zwischenausbau *m*
stage control *(Verk)* Phasensteuerung *f*
stage designer Bühnengestalter *m*
stage diagram *(Verk)* Phasendiagramm *n*
stage door *(EB)* Bühnentür *f (Theater)*
stage grate *(Konst)* Stockwerksrost *m*
stage grouting stufenweises Verpressen *n*
stage level Bühnenhöhe *f*
stage lighting *(El)* Bühnenbeleuchtung *f*
stage of completion [construction] Baustufe *f*
stage of decomposition *(WVA)* Abbaustufe *f (Abwässer im Klärwerk)*
stage of development Entwicklungsstufe *f*
stage of drying *(BM)* Trocknungsgrad *m*
stage of geological prospecting *(Bod)* Stadium *n* der geologischen Untersuchungsarbeiten
stage of loading *(Stat)* Belastungsstufe *f*
stage of strength Verfestigungsgrad *m*, Festigkeitsstadium *n*
stagger *v* 1. *(Konst, SB, Te)* versetzen, auf Lücke setzen, versetzt [gestaffelt] anordnen; stufen; 2. *(Te)* zeitlich staffeln
stagger *s.* staggered arrangement
staggered *(Konst)* versetzt (angeordnet), gegeneinander versetzt, auf Lücke, gestaffelt *(z. B. Gebäude)*
staggered arrangement *(Konst)* versetzte Anordnung *f*
staggered choir *(Arch)* Staffelchor *m (Kirchenbaukunst)*
staggered course *(Konst)* versetze Lage *f (Dachziegeldeckung)*
staggered crossing *s.* staggered junction
staggered end of green *(Verk)* gestaffeltes Grünzeitende *n*, Freigabezeitversatz *m (Verkehrsampel)*
staggered floor car park *(Konst)* Parkhaus *n* mit versetzten Geschossebenen
staggered floors versetzte Etagen *fpl*, versetzte Stockwerke *npl*
staggered joints versetzte Fugen *fpl*, versetzt liegende Stoßstellen *fpl*
staggered junction *(Verk)* versetzte Kreuzung *f*
staggered partition *s.* staggered-stud partition
staggered pedestrian crossing *(Verk)* versetzter Fußgängerüberweg *m*
staggered perspectives *(Arch)* gegeneinander versetzte Fassadenfluchten *fpl*
staggered piling *(Erdb)* versetzte Pfahlanordnung *f*
staggered riveting [row of rivets] Zickzacknietung *f*
staggered section *(Verk)* Fahrspurenversatz *m*
staggered spot weld Zickzackpunktschweißnaht *f*
staggered start of green *(Verk)* gestaffelter Grünbeginn *m*, Freigabezeitversatz *m (Verkehrsampel)*
staggered storeys [stories] *(Konst)* versetzte Etagen *fpl*, versetzte Stockwerke *npl*
staggered-stud partition Trennwand *f* mit beidseitig versetzten Kernstabilisierungsplatten
staggered weld *(St, Te)* Zickzackschweißnaht *f*
staggered working hours *(VR)* gleitende Arbeitszeit *f*, Gleitarbeitszeit *f*
staggering *(Konst)* Versetzung *f*; Staffelung *f*
staging 1. Gerüst *n*, Baugerüst *n*; Hilfsgerüstfläche *f (eines Baugerüsts)*; 2. Gerüstbau *m*
stagnant backwater *(Bod, LB, WVA)* stehendes Wasser *n*
stagnant basin *(WVA)* abflussloses Becken *n*, geschlossenes Becken *n*
stagnant pool *(Bod, LB)* Tümpel *m*
stagnant water *(Bod, LB, Umw)* stehendes Wasser *n*; Altwasser *n*, Altarm *m*, toter Arm *m (eines Flusses)*
Stahlton *(BM)* Stahlton *m*, Spannton *m*
Stahlton plant *(BWG)* Stahltonwerk *n*, Spanntonwerk *n*
Stahlton prestressed beam Spanntonbalken *m*, vorgespannter Ziegelbalken(träger) *m*
stain *v* 1. beizen, färben *(Holz, Glas)*; farbig polieren *(Holz)*; fleckig werden; anlaufen; sich verfärben; 2. anfressen *(Metall)*; korrodieren
stain 1. *(OB)* Verfärbung *f*; Fleck *m (z. B. durch Korrosion)*; 2. *(BM, OB)* Färbemittel *n*; Holzbeize *f*, Beize *f*; Farbbeize *f (für Glas)* • **take stains** *(OB)* Flecke(n) bekommen
stain-free fleckenfrei
stain removal Fleckenentfernung *f*, Fleckenbeseitigung *f*
stain resistance *(BM, OB)* Fleckenbeständigkeit *f*, Fleckenfestigkeit *f*
stain-resistant fleckenbeständig
stained *(OB)* gebeizt; verfärbt; fleckig • **become stained** sich verfärben
stained glass *(Arch, BM)* (farbiges) Ornamentglas *n*, Kathedralglas *n*, Schmelzfarbglas *n*
stained-glass window *(Arch, BT)* Ornamentglasfenster *n*, Farbglasfenster *n*

stainer Farbstoff *m*, Farbpigment *n*, Farbzusatz *m*
staining 1. Färben *n*, Beizen *n*; 2. Verfärbung *f*; Fleckenbildung *f*; Fleckigwerden *n*
staining power *(BM, OB)* Abtönvermögen *n*
stainless rostfrei, nicht rostend, rostbeständig
stainless chromium steel rostfreier Chromstahl *m*
stainless sheet Edelstahlblech *n*
stainless steel *(BM, St)* nicht rostender Stahl *m*, korrosionsbeständiger Stahl *m*; Edelstahl *m*, Chrom-Nickel-Stahl *m*
stainless steel ceiling Edelstahldecke *f*
stainless steel curtain wall *(Konst)* Edelstahlvorhangwand *f*
stainless steel facing Edelstahlverblendung *f*, Edelstahlverkleidung *f*
stainless steel sink (unit) Edelstahlspültisch *m*
stainless steel window Edelstahlfenster *n*
stainless steel wire Edelstahldraht *m*
stainlessness *(BM, OB)* Korrosionsbeständigkeit *f*, Korrosionsfestigkeit *f*
stair 1. *(Konst)* Treppe *f*, Stiege *f*; 2. *(BT)* Treppenstufe *f*, Stufe *f*
stair bolt Stumpfstoßbolzen *m*
stair bracket Trittstufenkonsole *f (einer offenen Treppe, meist verziert)*
stair carpet Treppenläufer *m*
stair carriage *(BT, Hb)* Treppenwange *f*
stair check Treppenbaum *m*
stair clearance *s.* stair headroom
stair clip Treppenläuferklammer *f*
stair construction Treppenbau *m*
stair flight Treppenlauf *m*, Lauf *m*
stair foot *(BT)* Antritt(s)stufe *f*, erste [unterste] Stufe *f*
stair headroom lichte Treppenganghöhe *f*
stair horse *(BT, Hb)* Treppenwange *f*; Podestbalken *m*
stair illumination Treppenbeleuchtung *f*
stair landing Treppenpodest *n*, Podest *n(m)*, Treppenabsatz *m*
stair nosing Trittstufenüberstand *m*, Stufenschutzleiste *f*, Schutzleiste *f*
stair of solid rectangular steps *(Konst)* Blocktreppe *f*
stair opening Treppenöffnung *f (in der Decke)*
stair platform Stufenabsatz *m*, Podest *n(m)*
stair post *(BT, Hb)* Treppenpfosten *m*, Treppensäule *f*
stair rail *s.* stairrail
stair railing *(BT)* Treppengeländer *n*
stair rise Tritthöhe *f*
stair riser Setzstufe *f*; Setzholz *n*, Setzbohle *f*
stair rod Treppenläuferhaltestange *f*
stair run 1. *(Konst)* Stufentiefe *f*, Auftrittslänge *f*, Auftritt *m*, Trittmaß *n*; 2. *(Konst)* Treppenlauflänge *f*
stair shoe Fußschiene *f*, Fußholz *n (Geländer)*
stair slab Stufenplatte *f*
stair spandrel *(SB)* Treppenuntermauerungsfläche *f*
stair stringer *(BT, Hb)* Treppenwange *f*
stair tower *s.* 1. stair turret 1.; 2. staircase
stair tread *(BT, Konst)* Trittstufe *f*, Trittholz *n*; Stufen(auf)tritt *m*, Auftritt *m (Treppe)*
stair trimmer *(BT, Hb)* Treppenwechselbalken *m*, Wechselbalken *m*, Trumpfbalken *m*
stair turret 1. *(BT, Hb, Konst)* Treppenturm *m*, Wendeltreppenturm *m*; 2. Treppenbau *m (über dem Dach)*
stair type Treppenart *f*
stair wall string Treppenwange *f*
stair wire *s.* stair rod
stairbuilder Treppenbauer *m*
stairbuilder's truss *(BT, Hb)* Treppenpodestkreuzbalken *m*
staircase *(Konst)* Treppenhaus *n*, Treppenaufgang *m*, Treppe *f*
staircase landing *s.* stair landing
staircase wall *(SB)* Treppenhausmauer *f*; Wangenmauer *f*
staircase window Treppen(haus)fenster *n*
stairhead oberste Stufe *f*, Austrittstufe *f*, Podeststufe *f*, (oberster) Treppenabsatz *m*
stairlift *(EB)* Treppenlift *m*
stairrail Treppenhandlauf *m*
stairs *(Konst)* Treppe *f*, Treppenanlage *f*; Steigetreppe *f*
stairs mortised into strings *(Hb)* eingestemmte Treppe *f*
stairs resting on brickwork *(Konst, SB)* untermauerte Treppe *f*
stairs with a platform *s.* stairs with landing
stairs with broken centre line *(Konst)* gebrochene Treppe *f*
stairs with landing Podesttreppe *f*, zweiläufige [doppelläufige] Treppe *f*
stairs with several flights *(Konst)* mehrarmige Treppe *f*
stairs with straight fliers *(Konst)* geradläufige Treppe *f*
stairs with treads between strings eingeschobene Treppe *f*, Leitertreppe *f*
stairs with treads fitted on strings *(Hb)* aufgesattelte Treppe *f*
stairs with two flights *(Konst)* zweiarmige Treppe *f*
stairway Aufgang *m*, Treppe *f*
stairwell *(Konst)* Treppenhaus *n*, Treppenraum *m*
stake *v (Verm)* abstecken, auspflocken, ausstecken, abwinkeln, auswinkeln
stake *v* **out** *(Verm)* abstecken *(mit Maßpflöcken)*; aussetzen *(Maßpflöcke)*
stake 1. *(BT)* Pfahl *m*, Stange *f*, Holzpfahl *m*; 2. *(Verm)* Absteckpfahl *m*, Pflock *m*; Zaunpfahl *m*, Zaunpfosten *m*, Zaunbohle *f*
stake peg *(Verm)* Absteckpfahl *m*
staking-out *(Verm)* Aussetzen *n (Maßpflöcke)*; Abstecken *n (Bauwerksmaßpunkte)*
stalactiform stalaktitenförmig
stalactite *(Arch)* Stalaktit *m*, Muqarnas *m*
stalactite arch *(Arch)* Stalaktitenbogen *m*, Tropfsteinbogen *m*
stalactite capital *(Arch)* Stalaktitenkapitell *n*, Tropfsteinkapitell *n*
stalactite ceiling *(Arch)* Stalaktitendecke *f*, Tropfsteindecke *f*
stalactite dome *(Arch)* Stalaktitenkuppel *f*, Tropfsteinkuppel *f*
stalactite ornament *(Arch)* Stalaktitenornament *n*, Tropfsteinornament *n*
stalactite portal *(Arch)* Stalaktitenportal *n*, Tropfsteinportal *n*
stalactite vault *(Arch)* Stalaktitengewölbe *n*, Tropfsteingewölbe *n*
stalactite work *(Arch)* Stalaktitenarbeit *f*, Muqarnas *m*, Yeseria *f (stalaktitenartige Stuckdekoration islamischer Herkunft)*
stalactitic vault *s.* stalactite vault
stalagmiform stalagmitenförmig
stalagmite *(Bod)* Stalagmit *m*
stalagmitic stalagmitisch
stale atmosphere *(HLK)* abgestandene Luft *f*, 'verbrauchte' Luft *f*
stale sewage *(WVA)* abgestandenes Abwasser *n*
stalk 1. Steg *m*, Trägersteg *m*; 2. Stützmauer *f*
stalk connection *(Konst)* Steganschluss *m*
stalk plate Stegblech *n*, Stehblech *n*
stalk plate angle Stegblechwinkel *m*, Stehblechwinkel *m*
stalk plate connection *(San)* Stegblechanschluss *m*, Stehblechanschluss *m*, Stegblechstoß *m*, Stehblechstoß *m*
stalk plate depth Stegblechhöhe *f*, Stehblechhöhe *f*

S

stalk plate length Stegblechlänge *f*, Stehblechlänge *f*
stalk plate stiffener *(BT, San)* Stegblechsteife *f*, Stehblechsteife *f*
stalk plate stiffening Stegblechaussteifung *f*, Stehblechaussteifung *f*
stalk reinforcement Stegbewehrung *f*
stalk stay *(BT)* Stegsteife *f*
stalk stiffener Stegsteife *f*
stalk stiffening *(Konst)* Stegaussteifung *f*
stall 1. *(EB)* verschlossener Sitz *m (Chorgestühl)*; 2. *(EB)* Parkettreihe *f*, Vorderreihe *f (Theater)*; 3. *(Konst)* Stand *m*, Verkaufsstand *m*, Kiosk *m*; Boxe *f*; 4. *(Konst, LB)* Stall *m*; Boxe *f*
stall barn *(Konst, LB)* Boxenstall *m*
stallboard *(AE)* Schaufenstersims *m*, Schaufensterbank *f* mit Stützrahmen
stallboard light Kellerbeleuchtungsfenster *n (unter einem Schaufenster)*
stalling *(Konst, LB)* Stallung *f*
stambha *(Arch)* Stambha *m (Säule der Hindu-Architekten)*
stamp *v* 1. stampfen; feststampfen; 2. stanzen
stamp Pochstempel *m*
stamper Stampfer *m*
stanchion *(TK)* Strebe *f*, Stütze *f*; Stahlstütze *f*
stand *v* 1. (aufrecht) stehen; hoch sein; aufstellen; 2. widerstehen, standhalten; Bestand haben
stand *v* **back** *(SB)* zurückstehen, zurückweichen *(Mauerflucht, Bauwerk)*
stand *v* **out** *(Konst)* hervorstehen, überkragen, auskragen, ausladen, überhängen
stand *v* **proud** *(Konst)* herausragen
stand 1. Standort *m*, Platz *m*; 2. Tribüne *f*, Zuschauertribüne *f*; 3. Stand *m (Verkaufsstand)*
stand-by *s.* standby
stand oil *(BM, DIS, OB)* Standöl *n*
stand oil gloss paint *(BM, OB)* Standölfarbe *f*
stand oil paint Standölfarbe *f*
stand oil varnish Standöllack *m*
stand roof *(Konst)* Tribünendach *n (Stadion)*
stand sheet feststehendes Fenster *n*
standard 1. *(BM, BT)* standardisiert, genormt; 2. *(BT)* in Standardausführung [Normalausführung]; serienmäßig
standard 1. *(Konst, VR)* Standard *m*, Norm *f*; 2. *(Konst)* Richtmaß *n*; 3. *(TK)* Pfosten *m*, Pfahl *m*, Pfeiler *m (Stütze)*; Joch *n (Säule)*; Tragbalken *m* • **according to standards** *(BM, BT)* normgerecht • **not up to standard** nicht normengerecht
standard AASHO method *(Bod)* Proctor-Test *m*, Proctor--Verdichtungsversuch *m (nach AASHO)*
standard absorption trench *(Erdb, WVA)* Normensickergraben *m (30-90 cm breit, mit 30 cm Kiesfüllung und 30 cm Erdüberdeckung)*
standard ASTM method *(Bod)* Proctor-Test *m*, Proctor--Verdichtungsversuch *m (nach ASTM)*
standard axle Normachse *f*
standard box *(Erdb)* Cassagrande-Apparat *m*
standard brick Normziegel *m*
standard brick gauge Normalziegelgröße *f*
standard building *(Konst)* Typenbau *m*
standard cement Normzement *m*
standard compaction test *(Erdb)* Standardverdichtungsversuch *m*, Proctor-Test *m*
standard conditions Norm(al)bedingungen *fpl*
standard construction system *(Konst, Te)* Standardbausystem *n*
standard cross section Regelquerschnitt *m*, Normenquerschnitt *m*, Richtlinienquerschnitt *m*
standard crushing strength *(BM)* Normendruckfestigkeit *f*
standard curing Normnachbehandlung *f*, Feuchtkastenlagerung *f (Zement- und Betonprüfung)*
standard cut-back bitumen Normenverschnittbitumen *n*
standard cylinder for compression testing *(BM)* Normenprüfzylinder *m*
standard design *(Konst)* Typenentwurf *m*; Regelausführung *f*
standard design vehicles *(Verk)* Bemessungsfahrzeuge *npl*
standard deviation *(BM, Stat)* Standardabweichung *f*, mittlere quadratische Abweichung *f*, mittlerer Fehler *m (Statistik)*
standard dimension Normalabmessung *f*; Typenmaß *n*, Grundmaß *n*
standard drawing *(Konst)* Normenzeichnung *f*
standard dwelling Typenwohnung *f*
standard English dialektfreies Englisch *n*
standard equipment Grundausstattung *f*, Grundausrüstung *f*
standard fire rating curve Normenbrandklassenkurve *f*
standard fire test Normenbrandprüfung *f*, Normenbrandversuch *m*
standard floor *(Konst)* Normaletage *f*, Normalstockwerk *n*
standard format 1. *(AE)* Standardunterlagen *fpl (zur Angebotsplanung)*; 2. Normalformat *n*
standard frame *(BT)* Typenrahmen *m*
standard framed building Typenrahmenhalle *f*
standard gauge *(Verk)* Normalspur(weite) *f*, Regelspur(-weite) *f (Eisenbahn)*
standard German *(VR)* Hochdeutsch *n*
standard hardboard *(OB)* Farbtonplatte *f*
standard hook *(BT, Te)* normengerechter Bewehrungshaken *m*
standard in performance terms Leistungsnorm *f*
standard lamp *(El)* Ständerleuchte *f*, Stehlampe *f*
standard length *(BT)* Standardlänge *f*
standard lime Normenkalk *m*
standard load *(Stat)* Normenlast *f*, Belastung *f* nach Norm
standard loading *(Stat)* Regellast *f*, Normalbelastung *f*
standard measure *(BT, VR)* Normalmaß *n*
standard mix(ture) Normenmischung *f (Zementprüfung)*
standard module *(Konst)* Grundmodul *m* M, Modul *m* von 10 cm, 4-Zoll-Modul *m*
standard mortar Normenmörtel *m*
standard mounting Standardanschlag *m*
standard of cleanliness *(OB)* Reinheitsgrad *m*, Reinigungsgrad *m*, Säuberungsgrad *m (Oberflächen, Anstrichflächen)*
standard of maintenance *(RS)* Unterhaltungsstandard *m*
standard of measure Richtmaß *n*
standard of workmanship *(Konst, Te, VR)* Niveau *n* der Bauausführung
standard on data to be provided Deklarationsnorm *f*, Norm *f* für anzugebende Daten
standard panel Standardtafel *f*
standard penetration resistance *(Bod)* Standardnadelwiderstand *m*, Proctor-Nadelwiderstand *m*
standard penetration test *(Bod)* Standardnadelwiderstandsprüfung *f*, Proctor-Nadeltest *m*
standard pile *(Erdb)* Richtpfahl *m*
standard pipe Normalrohr *n*
standard plan *(Konst)* Typenplan *m*; Typenentwurf *m*
standard plans *(Konst)* Normenzeichnungen *fpl*, Richtzeichnungen *fpl*
standard plywood normales Sperrholz *n*
standard Portland cement Normen-Portlandzement *m*
standard product Normenerzeugnis *n*
standard project *(VR)* Normungsvorhaben *n*, Normprojekt *n*

standard quality *(VR)* Normengüte *f*, Normenqualität *f*
standard railing Normengeländer *n*
standard railway track *(Verk)* Normalgleis *n*
standard rammer Normalstampfer *m*
standard rolled section *(BT, St)* Normenwalzprofil *n*
standard sand Normensand *m*, Norm(al)sand *m (Zementprüfung)*
standard section Normalprofil *n*
standard size Normalgröße *f*, Regelgröße *f*, Typengröße *f*, Normalformat *n*
standard sized normengerecht
standard special block *(BT, SB)* Formstein *m*
standard special brick Formziegel(stein) *m*
standard specification *(VR)* Normvorschrift *f*, Ausführungsbestimmung *f*, allgemeine technische Vertragsbedingung *f*
standard specification format Normformat *n*
standard specimen Vergleichsprobe *f*, Standardprobe *f*
standard stock *(VR)* Sollbestand *m*
standard store Sollbestand *m*
standard strength *(BM, VR)* Normenfestigkeit *f*
standard tar viscosimeter Straßenteerviskosimeter *n*
standard tender specifications *(VR)* Normenangebotsvorschriften *fpl*
standard terms of contract *(VR)* Vertragsgrundbedingungen *fpl*
standard test Normenprüfung *f*
standard test bar Normal(probe)stab *m*, Standardprüfstab *m*
standard test cube Normenwürfel *m*
standard test method *(BM, VR)* genormtes Prüfverfahren *n*
standard test specimen Normkörper *m*, Normenprüfkörper *m*, Normenprobekörper *m*
standard tolerance Standardtoleranz *f*, Normalabweichung *f (z. B. bei Fertigteilen)*
standard triaxial test *(Erdb)* Dreiaxialprüfung *f*, dreiachsige Festigkeitsprüfung *f*, dreiaxialer Druckversuch *m*
standard type construction *(Konst)* Einheitsbauweise *f*
standard version Standardausführung *f*
standard voltage *(El)* Normalspannung *f*
standard width Regelbreite *f*, Standardbreite *f*, Normenbreite *f*
standard window *(BT)* Standardfenster *n*, Typenfenster *n*, Normenfenster *n*
standard wire gauge 1. Drahtstandardklassifikation *f*; 2. Drahtlehre *f (für Drahtdurchmesser)*
standardization 1. *(VR)* Standardisierung *f*, Normung *f*; Baunormung *f*; 2. Typisierung *f*
standardize *v* 1. standardisieren, normen; 2. typisieren, vereinheitlichen
standardized building block [component] *(BT)* standardisiertes Bauelement *n*
standardized computational methods *(Stat)* standardisierte Rechenschritte *mpl*
standardized dimension for construction *(Konst)* Baunormmaß *n*, Baunormabmessung *f*
standardized figure for construction Baunormzahl *f*, Baunormmaß *n*, Baurichtmaßzahl *f*
standardized material Normenbaustoff *m*, standardisierter Baustoff *m*
standardized test solution *(OB)* Normenlösung *f*, Modelllösung *f (Korrosionsprüfung)*
standards body *(VR)* Normungsinstitut *n*, Normungsorganisation *f*
standards organisation Normungsinstitut *n*
standards programme Normenprogramm *n*, Normungsprogramm *n*
standby 1. Bereitschaft *f*; 2. Reservegerät *n*; 3. Ersatz *m*, Reserve *f*
standby diesel generator *(El)* Dieselnotstromaggregat *n*
standby for emergency duties *(VR)* Bereitschaftsdienst *m*
standby generator Notstromgenerator *m*, Ersatzgenerator *m*
standby lighting *(El)* Notbeleuchtung *f*
standby power generator *s.* standby generator
standby pump *(WVA)* Reservepumpe *f*, Ersatzpumpe *f*
standby unit Notstromaggregat *n*
standing *(Konst)* stehend, aufrecht
standing bevel *(Konst)* stumpfwinklige Gehrung *f*
standing finish Einbauausrüstung *f (ständige Innenausstattung)*
standing leaf fester [starrer] Türflügel *m*
standing panel vertikal stehende Tafel *f*
standing rope *(Konst, TK)* Tragseil *n (Seilbahn, Kabelkran)*
standing seam *(San)* Stehfalz *m*, stehende Falzverbindung *f*, Bördelverbindung *f (Metallbedachung)*
standing seam plate *(San)* Stehfalzblech *n*
standing seam roof cladding *(Konst)* Stehfalzdacheindeckung *f*, Stehfalzbedachung *f*, Stehfalzsystem *n*
standing spectator area *(Konst)* Zuschauerstehfläche *f*
standing timber *(BM, Hb)* Nutzholz *n* [Holz *n*] auf dem Stamm
standing traffic ruhender Verkehr *m*
standing waste (pipe) *(AE)* Abflussstandrohr *n*; Überlaufstandrohr *n*
standing welt Stehfalz *m*
standpipe *(WVA)* Standrohr *n*, Steig(leitungs)rohr *n*; Hydrantsäule *f*, Hydrant *m*
standstill Stillstand *m*
staple *v* heften *(mit Draht und Heftklammern)*; festklammern
staple Krampe *f*, Drahtkrampe *f*, Klammer *f*; Haspe *f*
staple and hasp Krampe *f* mit Überwurf
staple gun *(BWG)* Krampenschießgerät *n*
staple hammer *(BWG)* Krampenschläger *m*
stapler *(BWG)* Krampenschießgerät *n*
stapling Heften *n*, Anheften *n (mit Heftklammern)*
star bit 1. Sternmeißel *m*, Kreuz(bohr)meißel *m*; 2. Fitschenbeitel *m*
star drill *s.* star bit 1.
star expansion bolt *(BT)* Kreuzspreizbolzen *m*, Segmentspreizbolzen *m*
star of tie beams *(BT)* Ankerstern *m*
star ornament *(Arch)* Sternverzierung *f*, Sternornament *n*, Sterndekoration *f*
star pattern *(Arch)* Sternform *f*
star-ribbed vault *(Arch, Konst)* Sterngewölbe *n*
star shake Sternriss *m*, Strahlenriss *m (z. B. in Holz)*
star-shaped sternförmig
star-shaped building *(Arch, Konst)* Y-Grundriss-Gebäude *n*, Y-Bau *m*
star vault *(Arch, Konst)* Sterngewölbe *n*
starch Stärke *f*
starch glue Stärkeleim *m*
starch gum Dextrin *n*, Stärkegummi *n*
starching Stärken *n*
starling *(Br, Konst)* Brückenpfeilerkopf *m*, Pfeilerhaupt *n (als Eisschutz)*
starring *(OB)* Sternrissbildung *f (z. B. in Anstrichen)*
start *v* anfahren, in Betrieb nehmen, anlassen, starten, in Gang bringen; in Bewegung setzen
start *v* **a hole** anbohren
start *v* **assembling** *(Te)* mit der Montage beginnen
start *v* **construction** den Bau beginnen
start *v* **grinding** anschleifen

start *(Te)* Start *m*, Anfang *m*, Beginn *m*; Abfahrt *f*, Abflug *m*; Anfahren *n*; Gang *m*; Bewegung *f*
start of corrosion *(OB)* Korrosionsbeginn *m*
start of green *(Verk)* Grünanfang *m*
start up sequence *(Verk)* Einschaltprogramm *n (Verkehrsampel)*
starter *(El)* Starter *m*, Glimmzünder *m (Leuchtstofflampe)*; Anlasser *m*
starter bar Anschlussbewehrungsstab *m*
starter brick Anfängerziegel *m*
starter course *s.* starter strip
starter frame Schalungsfuß *m*
starter ridge tile *(BT)* Firstanfänger *m*, Walmanfänger *m*
starter slab Antrittplatte *f*
starter strip *(Hb, Konst)* Trauf(en)lage *f*, Anfangslage *f*
starter tile Traufenziegel *m*, Anfänger *m (Firstziegel)*
starting board *(Hb)* unterste Schalbohle *f*, Fußschalbrett *n*
starting course *s.* starter strip
starting material Ausgangsmaterial *n*
starting newel unterste Treppensäule *f*
starting point Ausgangspunkt *m*
starting step *(BT)* Antrittsstufe *f*
starting strip *s.* starter strip
starved joint magere Klebstelle *f*, zu schwach geklebte Verbindung *f*; ausgehungerte Fuge *f*
state 1. *(RS)* Zustand *m*, Beschaffenheit *f (z. B. eines Gebäudes)*; Stand *m (Entwicklung, Technik)*; 2. *(Konst, RS)* Zustand *m (physikalisch)*; 3. *(RP, VR)* Staat *m*, Land *n*; *(AE)* Bundesland *n* • **in a bad state of repair** *(RS)* baufällig
state court *(Arch)* Vorhof *m (Plastanlage)*
state estimation Bauzustandsschätzung *f*, Zustandsbeurteilung *f*
state highway agency *(VR)* Landesstraßen(bau)-verwaltung *f*, Landesamt *n* für Straßenbau
state method *(Stat)* Bemessungsverfahren *n* nach Grenzzuständen
state of compaction Lagerungsdichte *f*
state of conservation *(RS)* Erhaltungszustand *m*
state of cracking Rissbildungszustand *m*
state of deformation Verformungszustand *m*
state of equilibrium *(Stat)* Gleichgewichtszustand *m*
state of failure *(Stat)* Bruchzustand *m*
state of plan deformation ebener Formänderungszustand *m*, ebener Verformungszustand *m*
state of rest *(Stat)* Ruhezustand *m*
state of saturation *(HLK)* Sättigungszustand *m (Luft)*
state of strain Formänderungszustand *m (Dehnung)*
state of stress *(Stat)* Spannungszustand *m*
state of stress at the point Spannungstensor *m*
state of stress in the body Spannungsfeld *n (Geologie)*
state-of-the-art hochmodern
state of the art *(Konst, VR)* Stand *m* der Technik
state-of-the-art technique Spitzentechnik *f*, hochmoderne Technik *f*
state-of-the-art technology *(Konst, Te)* Spitzentechnologie *f*
state of transition Übergangszustand *m*
state road *(Verk)* Staatsstraße *f*; Landstraße *f*
state value Zustandsgröße *f*
stately church *(Arch)* Prachtkirche *f*
stately gateway *(Arch)* Prachttor *n*
stately portal *(Arch)* Prachtportal *n*
statement *(VR)* Angabe *f*, Feststellung *f*, Stellungnahme *f*, Behauptung *f*, These *f*
statement of probable construction cost *(VR)* Kostenvoranschlag *m*
static statisch, ruhend; Ruhe...
static action *(BM, BT, Stat, TK)* statische Beanspruchung *f*
static actions statische Einwirkungen *npl*
static balance *(Stat)* statisches Gleichgewicht *n*
static calculation *(Stat)* (statische) Berechnung *f*
static deflection statische Durchsenkung *f* [Durchbiegung *f*]
static electricity *(El)* Reibungselektrizität *f*, statische Elektrizität *f*
static equation statische Gleichung *f*
static equilibrium *(Stat)* statisches Gleichgewicht *n*
static equilibrium condition *(Stat)* statische Gleichgewichtsbedingung *f*
static equilibrium equation statische Gleichgewichtsgleichung *f*
static equilibrium state *(Stat)* statischer Gleichgewichtszustand *m*
static force statische Kraft *f*, Schnittkraft *f*
static friction Haftreibung *f*, Ruhereibung *f*, statische Reibung *f*
static head *(WVA)* Druckhöhe *f*, piezometrische Höhe *f*
static investigation *(Stat)* statische Untersuchung *f*
static lateral stability statische Querstabilität *f*
static load *(Stat)* statische [ruhende] Last *f*
static load capacity statische Tragfähigkeit *f*
static load fatigue test *(BM, BT, Stat, TK)* Zeitstandprüfung *f* mit konstanter Last, Dauerstandprüfung *f*
static load test statische Belastungsprüfung *f*, Prüfung *f* mit konstanter Belastung *f*
static loading *(Stat)* statische [ruhende] Belastung *f*, Ruhebelastung *f*, Standbelastung *f*
static longitudinal stability statische Längsstabilität *f*
static modulus *(BM, Stat, TK)* statischer Modul *m*
static moment statisches Moment *n*
static penetration test *(Bod)* statischer Nadeleindringversuch *m*
static pressure statischer [ruhender] Druck *m*
static proof *(Stat)* statischer Nachweis *m*
static proof-loading machine *(BWG)* statische Belastungstestanlage *f*
static requirements *(Stat)* statische Erfordernisse *npl*
static seal starre Dichtung *f*, Manschettendichtung *f*, Flachdichtung *f*
static sounding *(Bod)* statische Sondierung *f*
static stability *(Stat)* Standsicherheit *f*
static strength *(TK)* statische Festigkeit *f*
static stress *(Stat)* statische Beanspruchung *f*
static test 1. Winddruckprüfung *f (für Fenster, vorgehängte Wände)*; 2. Wind-Wasser-Druckprüfung *f (Fenster, Außenwände)*; 3. Dauertest *m*, Dauerprüfung *f*
static theorem *(Stat)* statischer Satz *m*
static Young's modulus statischer Verformungsmodul *m*, statische Verformungszahl *f*, Deformationsmodul *m*
statical *(Stat)* statisch, ruhend; Ruhe...
statical analysis *(Stat)* statische Berechnung *f*; statische Untersuchung *f*
statical behaviour *(TK)* statisches Verhalten *n*
statical compressive stress statischer Druck *m*
statical determinacy *(Stat, TK)* statische Bestimmtheit *f*
statical determinateness *(Stat, TK)* statische Bestimmtheit *f*
statical failure load statische Bruchlast *f*
statical indeterminacy *(Stat, TK)* statische Unbestimmtheit *f*
statical investigation *(Stat, TK)* statische Untersuchung *f*
statical method *(Stat)* statische Methode *f*, statisches Verfahren *n*
statical moment of area *(Stat)* statisches Flächenmoment *n*
statical rupture load *(Stat)* statische Bruchlast *f*
statically admissible statisch zulässig

statically balanced system *(Stat)* statisch ausgeglichenes System *n*
statically definable statisch bestimmbar
statically defined *(Stat)* statisch bestimmt
statically defined frame [truss] *(Stat, TK)* statisch bestimmtes Fachwerk *n*
statically determinable statisch bestimmbar
statically determinate *(Stat)* statisch bestimmt
statically determinate arch statisch bestimmter Bogen *m*
statically determinate beam statisch bestimmter Balkenträger *m*
statically determinate frame *(Stat, TK)* statisch bestimmter Rahmen *m*
statically determinate framework statisch bestimmtes Fachwerk *n*
statically determinate structure *(Konst, Stat, TK)* statisch bestimmtes Bauwerk *n*
statically determined *s.* statically determinate
statically indeterminable *(Stat, TK)* statisch unbestimmbar
statically indeterminate *(Stat, TK)* statisch unbestimmt
statically indeterminate arch *(Stat, TK)* statisch unbestimmter Bogen *m*
statically indeterminate frame statisch unbestimmter Rahmen *m*
statically indeterminate lattice girder *(Stat, TK)* statisch unbestimmter Fachwerkträger *m*
statically indeterminate to a large degree hochgradig statisch unbestimmt
statically indeterminate to the *n*-degree *(Stat)* statisch unbestimmt *n*-ten Grades
statically indeterminate to the first degree *(Stat)* statisch unbestimmt ersten Grades
statically indeterminate to the second degree *(Stat)* statisch unbestimmt zweiten Grades
statically indetermined *s.* statically indeterminate
statically overdefined *(Stat, TK)* statisch überbestimmt
statically overdetermined statisch überbestimmt
statically reinforced concrete *(Konst)* statisch bewehrter Beton *m*
statically undeterminate *s.* statically indeterminate
statically undetermined *s.* statically indeterminate
statics *(Stat)* Statik *f*, Baustatik *f*
statics of rigid bodies *(Stat)* Statik *f* starrer Körper
station 1. *(Verk)* Bahnhof *m*; Bahnstation *f*, Station *f*; *(AE)* Haltestelle *f*; 2. *(Verm)* Vermessungs(ausgangs)punkt *m*, Festpunkt *m*, Stationspunkt *m*, trigonometrischer Punkt *m*
station awning *(Konst)* Bahnsteig(schutz)dach *n*
station building *(Arch, Konst, Verk)* Stationsgebäude *n*, Bahnhofsgebäude *n*
station canopy *s.* station awning
station correction *(Verm)* Standpunktkorrektur *f*
station hall Bahnhofshalle *f*
station hotel Bahnhofshotel *n*
station mark *(Verk)* Stationierungszeichen *n (Straße)*
station platform *(Verk)* Bahnsteig *m*
station platform stair Bahnsteigtreppe *f*
station platform tunnel Bahnsteigtunnel *m*
station pole *(Verm)* Vermessungsstab *m*
station roof 1. Bahnhofsdach *n*; 2. Pilzdach *n*, Schirmdach *n*; 3. Wetterdach *n*
station wagon *(AE) (Verk)* Kombi *m*, Kombiwagen *m*
stationary stationär, feststehend, unbeweglich
stationary base feststehender Sockel *m*; Rahmenunterbau *m*
stationary emission source *(Umw)* ortsfeste Emissionsquelle *f*
stationary frame *(TK)* feststehender Rahmen *m*, Rahmenunterbau *m (s. a. stationary base)*
stationary hopper *(BB, Konst)* Betonzwischenlagerbunker *m*
stationary mixing plant stationäre Mischanlage *f*
stationary noise source *(Umw)* feststehende Lärmquelle *f*
stationary plant *(BWG)* stationäre Anlage *f*, stationäres Mischwerk *n*
stationary state Ruhezustand *m*
stationary tangent *(Verk)* Wendetangente *f (Trasse)*
stationary traffic *(Verk)* ruhender Verkehr *m*
stationary tube stehendes Rohr *n*
stationary vibration stehende Schwingung *f*
statistical *(Stat)* statistisch
statistical analysis statistische Analyse *f*
statistical distribution statistische Verteilung *f*
statistical evaluation *(Stat)* statistische Auswertung *f*
statistical quality control *(Stat, VR)* statistische Qualitätskontrolle *f*
statistical test statistische Prüfung *f*, statistischer Test *m*
statistics *(Stat)* Statistik *f*
statuary 1. *(Arch)* Bildhauerei *f*; 2. *(Arch)* Statuen *fpl*
statuary marble *(BM)* Bildhauermarmor *m*
statue *(Arch)* Statue *f*, Standbild *n*, Plastik *f*
statue chamber *(Arch)* Naos *m*
statue marble *(BM)* Bildhauermarmor *m*
statue of an Apostle *(Arch)* Apostelstatue *f*
statue of Roland *(Arch)* Rolandsäule *f (Norddeutschland)*
statue pedestal *(Arch)* Piedestal *n*, Postament *n*, Statuensockel *m*, Statuenunterbau *m*
statuette *(Arch)* Statuette *f*, kleines Standbild *n*, kleine Statue *f*, kleine Bildsäule *f*
statutory authority *(VR)* Genehmigungsbehörde *f*
statutory bond *(SB)* vorgeschriebener Verband *m*
statutory company satzungsgemäß zugelassener Baubetrieb *m*
statutory instrument *(VR)* Rechtsverordnung *f*, Ausführungsverordnung *f (Bauplanung)*
statutory measure genehmigte Maßnahme *f*
statutory plan *(Konst, VR)* genehmigter Plan *m*
staunch 1. *(Wsb)* dicht, luftdicht, hermetisch *(z. B. Lagerraum)*; dicht, wasserdicht *(z. B. Unterwasserbauwerk)*; 2. *(Erdb, Konst)* solide [fest] gebaut *(z. B. Fundament, tragende Wand)*
staunchness 1. *(BT, Konst)* Dichtheit *f*, Dichtigkeit *f (z. B. einer Verbindung)*; 2. *(Konst)* Festigkeit *f*, Solidität *f (z. B. eines Fundaments, einer tragenden Wand)*
staurotheca *(Arch)* Staurothek *f (Reliquiar)*
stave *v* abdichten *(mittels Daube oder Stab)*; verstemmen
stave 1. *(BT)* Daube *f*; Daubenschalbrett *n*; 2. *(BT)* Sprosse *f*; Stab *m*; Stock *m*
stave church *(Arch)* Stabkirche *f*, Mastkirche *f*, skandinavische Holzkirche *f*
stave construction Stabbau *m*
stave core schichtgeleimter Türfüllungskern *m*
stave ladder Sprossenleiter *f*
stay *v* 1. *(Te, TK)* (ab)stützen, absteifen, aussteifen, abfangen, verstreben; 2. *(Te, TK)* abspannen, verspannen, verankern
stay 1. *(TK)* Stütze *f*, Strebe *f*; Träger *m*; Stempel *m*; 2. *(TK)* Zuganker *m (Mast-, Abspannanker)*; Verankerung *f*; Spannseil *n*, Zugseil *n*; 3. *(BT)* Sturmhaken *m*, Feststeller *m*, Kettelhaken *m*
stay bar Sturmhaken *m*, Fensterfeststeller *m*
stay bolt *(BT)* Stehbolzen *m*, Bolzen *m*; Spange *f*
stay plate Versteifungsplatte *f*, Schnalle *f*, Verbindungsblech *n*
stay pole Abspannstange *f*
stay rod Ankerstab *m*
stay rope Spannseil *n*, Verankerungsseil *n*, Zugseil *n*
stay tube *(BT)* Zugrohr *n (Abstandrohr)*

stay wire *(BT)* Abspanndraht *m*
stayed cable bridge *(Br)* Kabelbrücke *f (Hängebrücke)*
staying *(BT, TK)* Abspannung *f*, Verspannung *f (von Masten)*; Verankerung *f*
stays Füllungsstäbe *mpl*
stays and guys *(AE)* Abspannmaterial *n*
steadiness 1. *(Stat)* Stabilität *f*, Standsicherheit *f*, Festigkeit *f*; 2. *(Konst)* Stetigkeit *f*, Beständigkeit *f*
steading Gehöft *n*
steady *v* 1. stabilisieren; befestigen; 2. beruhigen
steady 1. *(Stat)* standfest, standsicher, stabil; 2. *(Konst)* stetig, beständig
steady flow *(WVA)* laminare [stationäre] Strömung *f*
steady point *(TK)* Abstrebung *f (Stahlbau)*
steady position Gleichgewichtslage *f*
steady span (wire) Abspanndraht *m*
steady state *(Stat)* stabiler Zustand *m*, Beharrungszustand *m*; dynamisches Gleichgewicht *n*, Fließgleichgewicht *n*
steady-state creep stationäres [sekundäres] Kriechen *n*
steady-state stability limit *(BM, Stat, TK)* Grenze *f* der statischen Stabilität
steady-state variation statische Abweichung *f*
steam *v (BB, Te)* dämpfen, mit Wasserdampf behandeln; dampfen
steam *v* **clean** dampfstrahlreinigen
steam *v* **up** schwitzen
steam *(HLK)* Dampf *m*; *(speziell)* Wasserdampf *m*
steam blow Luftblase *f*, Blasenerhebung *f (gesperrtes Holz, Furnier)*
steam boiler *(HLK)* Dampfkessel *m*
steam box [chamber] *(BB, BWG, Te)* Dampfkammer *f (Betonbehandlung)*
steam cleaning *(OB)* Dampfstrahlreinigen *n*
steam coil Dampfschlange *f*
steam-cured mit Dampf nachbehandelt, dampfgehärtet, bedampft
steam curing Dampfnachbehandlung *f*, Dampferhärtung *f*, Wärmebehandlung *f (Beton)*
steam-curing cycle *(BB, Te)* Dampfbehandlungszyklus *m*
steam-curing room Dampfkammer *f*, Dampfnachbehandlungskammer *f*
steam distribution Dampfverteilung *f*
steam-driven pile hammer *(BWG, Erdb)* Dampframme *f*
steam fitter *(HLK)* Installateur *m*
steam generator *(HLK)* Dampferzeuger *m*
steam-grid humidifier *s.* steam-jet humidifier
steam hardening *s.* steam curing
steam heating *(HLK)* Dampfheizung *f*
steam heating system *(HLK)* Dampfheizungsanlage *f*
steam humidifier Dampfstromluftbefeuchter *m*
steam input Dampfzufuhr *f*
steam jacket Dampfheizmantel *m*
steam-jet humidifier Luftbefeuchter *m* mit Dampfdüsenrohr *(Luftkanal)*
steam kiln *s.* steam-curing room
steam lance *(BWG, Erdb, Te)* Dampflanze *f*
steam line Dampfleitung *f*
steam pile driver *(Erdb)* Dampframme *f*
steam pipe Dampfleitungsrohr *n*
steam pressure Dampfdruck *m*
steam pressure curve *(HLK)* Dampfdruckkurve *f*
steam-proof dampfdicht
steam radiator *(HLK)* Dampfheizkörper *m*
steam riser Dampfsteigleitung *f*
steam rising plant *(BWG)* Dampferzeugungsanlage *f*
steam roller Dampfwalze *f*
steam separator *s.* steam trap
steam system Dampfumwälzanlage *f*
steam table *(EB)* Speisenwarmhaltetisch *m* mit Dampfbeheizung
steam test *(BT)* Dampfprüfung *f*, Dampfprobe *f*
steam-tight dampfdicht
steam trap *(HLK)* Kondenswasserabscheider *m*, Kondenstopf *m*
stearic acid *(BM)* Stearinsäure *f*
steatite Steatit *m*, Speckstein *m (Talkabart)*
steel 1. *(BM)* Stahl *m*; 2. *(BWG)* Gesteinsbohrer *m*
steel abrasive Stahlstrahlmittel *n*
steel anchor *(BT)* Stahlanker *m*
steel anchor plate Stahlankerplatte *f*
steel angle Winkelstahl *m*, Winkeleisen *n*, L-Stahl *m (Profilstahl)*
steel angle stanchion *(TK)* Winkelstahlstütze *f*
steel arch Stahlbogen *m*
steel arched girder Stahlbogenträger *m*
steel architecture *(Arch)* Stahlarchitektur *f*, Stahlbaukunst *f*
steel area grating *(TK)* Stahlgitterrost *m*
steel armoured conduit Stahlpanzerrohr *n (Isolierrohr für Kabel)*
steel ball Stahlkugel *f*
steel band chain *(Verm)* Stahlbandkette *f (Vermessung)*
steel bar Stahlschiene *f*, Stahlstab *m (Fachwerk)*
steel barbed wire Stahlstacheldraht *m*
steel beam *(TK)* Stahlträger *m*
steel bearing Stahllager *n*
steel bell and spigot pipe Stahlglockenmuffenrohr *n*
steel bender 1. Stahlbiegemaschine *f*; 2. Eisenbieger *m*, Bewehrungsknüpfer *m*
steel bending yard Stahlbiegeplatz *m*, Eisenbiegeplatz *m*
steel binding beam *(TK)* Stahlbinderbalken *m*
steel bowstring Stahlzugband *n*
steel box girder *(TK)* Stahlkastenträger *m*
steel box pile Kasten(ramm)pfahl *m*
steel bracket Stahlkonsole *f*
steel brad Stahlstift *m*
steel bridge *(Br)* Stahlbrücke *f*
steel building Stahlgebäude *n*
steel building block module *(Konst)* Stahlraumzelle *f*
steel building (design and) construction *(Konst)* Stahlhochbau *m*
steel cable Stahlseil *n*
steel cable roof *(Konst)* Kabeldach *n*, Stahlseildach *n*
steel cage Stahlkorb *m*
steel-cage construction *(Konst)* Skelettbauweise *f (Stahl)*
steel casement *(BT)* Eisenfenster *n*; Stahlfensterflügel *m*
steel castings for structural uses *(EN 10340) (BM, BT, St)* Stahlguss *m* im Bauwesen
steel cellular unit Abkantprofil *n (Stahldecke)*
steel channel profile U-Stahlprofil *n*, Stahl-U-Profil *n*
steel chip concrete *(BB, BM, St)* Stahlsplittbeton *m*
steel cladding Stahlaußenwandversteifung *f*
steel cloth sheet Stahlgewebematte *f*
steel column *(TK)* Stahlstütze *f*
steel composite girder Stahlverbundträger *m*
steel concrete Stahlbeton *m*, Eisenbeton *m*, bewehrter Beton *m*
steel construction 1. *(Konst)* Stahlbau *m*; 2. Stahlkonstruktion *f (Tragwerk)*
steel construction engineer Stahlbauer *m*
steel construction engineering Stahlbautechnik *f*
steel construction firm Stahlbaufirma *f*
steel construction industry *(BWG, Konst)* Stahlbauindustrie *f*
steel construction section Stahlbauprofil *n*
steel consumption Stahlverbrauch *m*

steel core *(BT)* Stahleinlage *f*, Stahlseele *f*, Stahlkern *m* *(Drahtseil)*
steel-corroding *(BM)* stahlkorrosiv
steel corrosion *(OB)* Stahlkorrosion *f*
steel creep Stahlkriechen *n*
steel culvert *(WVA)* Stahlrohrdurchlass *m*, Durchlass *m* aus Stahlrohr
steel curtain wall Stahlvorhangwand *f*
steel cutting and bending Betonstahlbearbeitung *f*
steel day gate *(BT)* Stahlgittertür *f (in einer Bank)*
steel deck Stahlfahrbahn *f*, Fahrbahndecke *f* aus Stahl
steel design *(Konst, Stat)* Stahlbemessung *f*, Stahlbaubemessung *f*
steel door Stahltür *f*
steel draining pipe Stahlabflussrohr *n*, Stahldränrohr *n*, Stahlentwässerungsrohr *n*
steel-engraving *(Arch)* Stahlstich *m*
steel erection *(Te)* Stahl(bau)montage *f*
steel erection site Stahlbaustelle *f*
steel erector Stahlbaufacharbeiter *m*
steel expansion dowel Stahlspreizdübel *m*
steel fabric *(BM)* Baustahlgewebe *n*
steel-fabric concrete *(BB, BM, St)* Stahlfaserbeton *m*
steel-fabric sheet Stahlgewebematte *f*
steel fabricator Stahlbaufirma *f*
steel façade *(Arch, Konst)* Stahlfassade *f*
steel fastener Stahlbefestigungsmittel *n*
steel fastening Stahlbefestigungsmittel *n*
steel fibre concrete *(BB, BM, St)* Stahlfaserbeton *m*
steel filings Stahlspäne *mpl*, Stahlstaub *m*
steel fixer Eisenflechter *m*, Eisenleger *m*, Eisenbieger *m*
steel fixing 1. *(Te)* Bewehrungsarbeiten *fpl*, Einbringen *n* der Bewehrung; 2. Stahlbefestigungsmittel *n*
steel flange Stahlflansch *m*
steel flange in compression druckbeanspruchter Stahlflansch *m*
steel floor *(TK)* Stahldecke *f*
steel floor element *(BT, TK)* Stahldeckenelement *n*
steel floor girder Stahldeckenträger *m*
steel floor plate Stahlbodenblech *n*, Bodenstahlblech *n*
steel flooring Stahlfußboden(belag) *m*
steel for building construction *(BM)* Hochbaustahl *m*
steel form Stahlform *f*
steel forms Stahlschalung *f*
steel formwork Stahlschalung *f*
steel frame *(TK)* Stahlrahmen *m*
steel-frame construction Stahlskelettbauweise *f*
steel-framed building *s.* steel-framed structure
steel-framed modular construction *(Konst)* Stahlrahmenmodulbau *m*
steel-framed portal building *(Konst, TK)* Stahlportalrahmengebäude *n*
steel-framed structure Stahlskelettbau *m*, Stahlgerippebau *m*
steel-framed wall Stahlfachwerkwand *f*
steel framework *(TK)* Stahlfachwerk *n*
steel framing *s.* steel-framed structure
steel gabion Stahlkorb *m (für Erddämme)*
steel girder 1. *(TK)* Stahlträger *m (eingebaut)*; 2. Trägerstahl *m*, Stahlprofil *n (Handelssortiment)*
steel girder floor *(TK)* Stahlträgerdecke *f*
steel-glass construction *(Konst)* Stahlglaskonstruktion *f*
steel-glass construction system *(Konst)* Stahlglaskonstruktionssystem *n*
steel grade Stahlsorte *f*
steel grid Trägerrost *m*
steel grid footing *(Erdb)* Stahlrostfundament *n*
steel grille Stahlgitter *n*
steel grit Stahlschrot *m*, Stahlkies *m*
steel grit blasting *(OB, Te)* Stahlschrotstrahlen *n*, Stahlkiesstrahlen *n (Entrostung, Oberflächenvorbehandlung)*
steel grit concrete *(BB, BM, St)* Stahlschrotbeton *m*
steel hard-facing Stahlplattenoberflächenverstärkung *f*
steel helix Stahlwendel *m*
steel hinge Stahlscharnier *n*; Stahlgelenk *n*; Stahl(beschlag)band *n*
steel hinge connection *(BT)* Stahlgelenkverbindung *f*
steel hollow frame section Stahlhohlrahmenprofil *n*
steel hook Stahlhaken *m*
steel insert Stahleinsatz *m*
steel joist *(TK)* Stahlträger *m*
steel ladder Stahlleiter *f*
steel lamella Stahllamelle *f*
steel lamella cupola *(Konst)* Stahllamellenkuppel *f*
steel lath *(BT)* Stahllamelle *f (Rolltor)*
steel lathing *(BT, SB)* Metallputzträger *m*
steel lathing column Stahlgitterstütze *f*
steel lattice girder *(TK)* Stahlgitterträger *m*
steel lattice mast Stahlgittermast *m*
steel level Bewehrungshöhe *f*, Höhe *f* der Bewehrung
steel light girder *(TK)* Stahlleichtbauträger *m*
steel light member Stahlleichtbauelement *n*
steel light structures *(Konst)* Stahlleichtbauten *mpl*
steel light-weight ... *siehe steel light ...*
steel load-bearing structure *(TK)* Stahlraumtragwerk *n*
steel loop Bewehrungsschlaufe *f*
steel manhole cover Stahlschachtabdeckung *f*, Stahlschachtdeckel *m*
steel manhole frame Stahlschachtrahmen *m*
steel mast *(TK)* Stahlmast *m*
steel measuring tape Stahlbandmaß *n*
steel member *(BT)* Stahlstab *m (Fachwerk)*
steel mesh fabric Stahlgeflecht *n*, Bewehrungsmatte *f*
steel mill Eisenhüttenwerk *n*
steel netting Stahlgeflecht *n*
steel overbridge *(Konst)* Stahlüberführung *f*
steel panel Stahltafel *f (Wandtafel)*
steel panel for central heating *(HLK)* Stahlplattenheizkörper *m*
steel partition wall Stahltrennwand *f*
steel pickle Stahlbeize *f*
steel pickling *(OB)* Stahlbeizen *n*
steel pier *(TK)* Stahlpfeiler *m*
steel pile Stahlpfahl *m*, Stahlrammpfahl *m*
steel piling 1. Stahlspundwand *f*, Spundwand *f*; 2. Stahlpfahlrammen *n*
steel pipe Stahlrohr *n*
steel pipe column Stahlrohrstütze *f*
steel pipe fitting Stahlrohrformstück *n*, Stahlrohrfitting *n*
steel pipeline *(HLK, San, WVA)* Stahlrohrleitung *f*
steel plane web beam Stahlvollwandbalken *m*
steel plate Stahlblech *n (Grobblech)*
steel plate door Stahlblechtür *f*
steel plate element *(BT)* Stahlblechmantel *m*
steel plate lathing Stahlblech-Putzträger *m*
steel plate silo *(Konst, WVA)* Stahl(blech)silo *n*
steel plate (structural) system Stahlblechkonstruktion *f*
steel portal frame *(TK)* Stahlportalrahmen *m*
steel proving ring *(BM)* Kraftmessring *m*, Druckmessring *m*
steel purlin *(BT)* Stahlpfette *f*
steel pylon *(TK)* Stahlmast *m*
steel quality Stahlsorte *f*
steel radiator *(HLK)* Stahlradiator *m*, Stahlheizkörper *m*
steel rafter *(BT)* Stahlsparren *m*, eiserner Sparren *m*
steel rail Stahlschiene *f*
steel railing Stahlgeländer *n*
steel-reinforced bewehrt, mit Stahleinlagen

steel reinforcement Stahlbewehrung *f*, Stahleinlagen *fpl*
steel reinforcing worker *s.* steel fixer
steel requirement Stahlbedarf *m*
steel-ribbed cupola [dome] *(Konst)* Stahlrippenkuppel *f*
steel-ribbed floor *(TK)* Stahlrippendecke *f*
steel-ribbed flooring Stahlstarrrahmen *m*
steel rigid frame *(TK)* Stahlskelett *n*, Stahlstarrrahmen *m*
steel rivet Stahlniet *m*
steel rod Stahlstab *m*
steel roller bearing *(Br, BT, TK)* Stahlrollenlager *n*
steel rolling grille Stahlrollgitter *n*
steel roof girder *(TK)* Dachstahlträger *m*, Rahmenstahlriegel *m*, Stahldachträger *m*, Stahlrahmenriegel *m*
steel rope Stahlseil *n*, Drahtseil *n*
steel rope roof *(Konst)* Stahlseildach *n*, Kabeldach *n*
steel schedule Stahlliste *f*
steel scrap Stahlschrott *m*
steel section *(BM, BT, TK)* Stahlprofil *n*; Formstahl *m*; Trägerstahl *m*; Stahlträger *m*
steel sections Formstahl *m*
steel shavings Stahlwolle *f*
steel shear studs Stahlschubbolzen *mpl*
steel-sheathed pipe Stahlmantelrohr *n*
steel sheet Stahlblech *n (Feinblech)*; Schalungsplatte *f*
steel sheet lining Stahlblechverkleidung *f*, Stahlblechauskleidung *f*
steel sheet pile *(Erdb)* Stahlspundbohle *f*
steel sheet piling 1. *(Erdb)* Stahlspundwand *f*; 2. *(Erdb)* Stahlbohlenspunden *n*, Stahlspundwandrammen *n*, Stahlspundwandschlagen *n*
steel sheet roof Stahlblechdach *n*
steel sheet roof covering Stahlblechdacheindeckung *f*, Stahlblechbedachung *f*
steel shelf *(BT)* Stahlriegel *m*
steel shell *(Konst)* Stahlschale *f*
steel shielding wall Stahlabschirmwand *f*
steel shot Stahlsand *m (Strahlentrostung)*
steel shot blasting Stahlsandstrahlen *n (Entrosten)*
steel shot concrete *(BB, BM, St)* Stahlschrotbeton *m*
steel shutter *s.* steel shuttering
steel shutter door Stahltor *n*
steel shuttering Stahlschalung *f*, Stahlblechschalung *f*
steel skeleton *(TK)* Stahlskelett *n*
steel skeleton building *(Konst, TK)* Stahlskelettbau *m*, Stahlskelettgebäude *n*, Stahlgerippebau *m*
steel skeleton construction Stahlskelettbau *m*, Stahlrippenbau *m*
steel skin Stahl(außenwand)verkleidung *f*; Stahlwandversteifung *f*
steel slag Stahlwerksasche *f*, Stahlwerksschlacke *f*
steel sleeper *(Verk)* Stahlschwelle *f*
steel sleeve pipe Stahlmuffenrohr *n*
steel solid web beam *(TK)* Stahlvollwandbalken *m*
steel solid web girder Stahlvollwandträger *m*
steel spigot and socket pipe Stahlglockenmuffenrohr *n*
steel square Anschlagstahlwinkel *m*
steel stack *(Konst)* Stahlschornstein *m*
steel stanchion Stahlstütze *f*
steel store Stahllager *n*, Bewehrungslager *n*
steel streetmarker Straßenstahlnagel *m*, Stahl(straßen)spurnagel *m*, Stahlmarkierungsnagel *m*
steel stress *(Stat)* Stahlspannung *f*
steel string (piece) *(BT)* Stahlträgertreppenwange *f*
steel strip Stahlband *n*
steel structural engineering *(Konst)* Stahlhochbau *m*
steel structural section Stahlbauprofil *n*
steel structural work *(TK)* Stahlfachwerk *n*
steel structure *(Konst)* Stahlbau *m*, Stahlkonstruktion *f*, Stahlbauwerk *n (EN 1993-1-3)*
steel structures *(Konst, St)* Stahlbauten *mpl (EN 1993-1-3)*
steel stud anchor *(BT)* Türrahmenstehbolzenanker *m*
steel superstructure *(Konst, TK)* Stahlüberbau *m*
steel support Stahlstütze *f*; Stahlauflager *n*
steel surround Stahleinfassung *f*, Stahlabschluss *m*
steel system *(Konst)* Stahlkonstruktion *f*
steel tape Stahlbandmaß *n*
steel tendon Stahlspannglied *n*
steel tension member *(BT)* Stahlzugglied *n*
steel tie-rod Stahlzugband *n*
steel tower Stahlmast *m*
steel traffic stud Stahlmarkierungsknopf *m*, Stahlspurnagel *m*, Stahlmarkierungsnagel *m*
steel transmission pole Stahlleitungsmast *m*, Stahlüberlandmast *m*
steel tray Stahlfüllkörper *m*, Deckenfüllkörper *m* aus Stahlblech
steel trelliswork *(TK)* Stahlfachwerk *n*
steel trowel Stahlglättkelle *f*
steel trowelling Estrichglätten *n* mit Stahlkelle
steel truss frame *(TK)* Stahlsprengwerk *n*
steel trussed arch girder *(TK)* Stahlfachwerkbogenträger *m*, Fachwerkbogenstahlträger *m*
steel trussed girder *(TK)* Stahlfachwerkträger *m*, Fachwerkstahlträger *m*
steel tube Stahlrohr *n*
steel tube column Stahlrohrstütze *f*
steel tube shore Stahlrohrstütze *f (zur Einrüstung)*
steel tubular frame *(Konst, TK)* Stahlrohrrahmen *m*
steel tubular pile Stahlrohrpfahl *m*
steel type of construction Stahlbauart *f*
steel wall tie Stahlwandanker *m*
steel water pipe *(BT, San, WVA)* Stahlwasserrohr *n*
steel web Steg *m*
steel wedge Stahlkeil *m*
steel-wheeled roller *(Verk)* Stahlmantelwalze *f*
steel window frame Stahlfensterrahmen *m*
steel wire Stahldraht *m*
steel wire mesh Bewehrungsmatte *f*; Stahldrahtgeflecht *n*
steel wire rope Stahldrahtseil *n*
steel wool Stahlwolle *f*
steel works *(BWG)* Eisenhüttenwerk *n*
steel workshop *(BWG, Konst)* Stahlbauwerkstatt *f*
steelwork *(VR)* Stahlarbeiten *fpl (als Leistungsposition)*
steening *(SB)* Verschalungsmauerwerk *n*; Betonauskleidung *f (meist Trockenmauerwerk für Behälter, Brunnen, Klärgruben)*
steep steil; abschüssig, schroff
steep *(Bod, Erdb)* steile Böschung *f*; Steilhang *m*
steep arch Steilbogen *m*
steep asphalt Hartklebemasse *f (für Dächer)*; Dachbitumen *n*
steep bank *(Bod)* Steilufer *n*
steep coast *(Bod)* Steilküste *f*
steep declivity *(Bod, Verk)* starkes Gefälle *n*
steep downgrade *(Verk)* steile Gefällestrecke *f*
steep folding *(Bod)* steile Faltung *f*
steep gable *(Konst)* Steilgiebel *m*
steep gradient *(Verk)* starke [steile] Steigung *f*
steep incline Steilrampe *f*
steep length *(Verk)* Steilstrecke *f*
steep parabola *(Arch)* Steilparabel *f*
steep-pitched roof *(Konst)* Steildach *n*
steep road *(Verk)* steile Straße *f*, Starkgefällestraße *f*
steep roof Steildach *n*
steep route *(Verk)* Steilstrecke *f (Eisenbahn)*
steep slope *(Erdb)* Steilhang *m*; steile Böschung *f*
steeped wood getränktes Holz *n*

steeple 1. *(Konst)* Spitzturm *m*; Kirchturm *m*; 2. Kirchturmspitze *f*
steeple plain tile Turmbiber *m (Dachziegel)*
steeple roof *(Konst)* Turmdach *n*
steeple tile Schuppenziegel *m*, Turmziegel *m*
steepness *(Erdb, Konst)* Steilheit *f*
steining *s.* steening
stele *(Arch)* Stele *f*
stellar pattern *(Arch)* Sternmuster *n*
stellar vault *(Arch, Konst)* Sternrippengewölbe *n*
stellate *(Arch)* sternförmig
stem *v* 1. *(Te, Tun)* stopfen *(Sprengloch)*; 2. *(Wsb)* (an)stauen; eindämmen *(Fluss)*
stem 1. *(Konst)* Steg *m (Träger)*; Rippe *f (Balken)*; 2. *(BM)* Stamm *m*, Schaft *m*
stem timber [wood] *(BM, Hb)* Stammholz *n*, Langnutzholz *n*
stemming Besatz *m*, Besatzmaterial *n (Bohrsprenglöcher)*
stench trap *(San)* Traps *m*, Geruchsverschluss *m*
stencil Schablone *f*, Malerschablone *f*
stencil pattern *(Arch)* Schablonenmalerei *f*
stenciling *(Konst)* Schablonenbeschriftung *f*
step *v* absetzen; stufenweise aufsetzen, aufstufen *(z. B. Fundament, Mauerwerk, Hangbebauung)*; überhöhen, abstufen, stufenweise anordnen *(Gelände)*
step 1. *(BT, Konst)* Stufe *f*, Absatz *m*; 2. *(BT)* Stufe *f*, Treppenstufe *f*; Leitersprosse *f*, Sprosse *f*
step bearing Stützlager *n*; Fußlager *n (Treppe)*
step brazing *(St, Te)* langsames Fugenvergießen *n* mit Messing, Messingverguss *m*
step cover Deckstufe *f*
step cover strip *(EB)* Trittleiste *f*
step-down ceiling diffuser [register] überstehende Deckenauslassöffnung *f (Klimaanlage)*
step flag große Steinplatte *f*
step flashing *s.* stepped flashing
step footing *(Erdb)* abgetrepptes Fundament *n*
step gable *(Konst)* abgetreppter Giebel *m*
step iron Steigeisen *n*
step joint *(Konst)* Überlappung *f*
step-ladder Stufenleiter *f*, Trittleiter *f*
step length *(Konst)* Stufenlänge *f*
step-like stufenartig
step of a foundation *(Erdb, Konst)* Fundamentabsatz *m*
step of design Planungsphase *f*
step profile Stufenprofil *n*
step tile Stufenfliese *f*, Stufenbelagplatte *f*
stepback *(Konst)* Abtreppung *f*
steppe soil *(Bod)* Steppenboden *m*
steppe zone *(Bod)* Steppenzone *f*
stepped *(Konst)* gestuft, abgestuft, abgetreppt, Stufen...
stepped abutment abgetrepptes Widerlager *n*
stepped arch abgesetzter Bogen *m*
stepped artificial hill *(Arch)* Stufenunterbau *m*, Stufenhügel *m*, Stufenberg *m (Zikkuratbasis, Zikkuratunterbau)*
stepped cap flashing *(BT)* Kappenanschluss *m*
stepped concrete wall *(BB, Konst)* abgestufte Betonmauer *f*
stepped coordination *(Verk)* abgestufte Koordinierung *f*
stepped counter flashing Kappenanschluss *m*, Überhanganschluss *m*
stepped DPC *(DIS)* abgestufte Feuchtigkeitssperre *f*
stepped drop [fall] *(Wsb)* Absturztreppe *f*
stepped flashing *(BT, San)* abgetrepptes Anschlussblech *n*, abgestufte Blecheinfassung *f (Dach und Schornstein)*
stepped floor treppenförmiger Fußboden *m (Theater, Hörsaal)*
stepped footing *(Erdb, Konst)* abgetrepptes Fundament *n*
stepped foundation Stufenfundament *n*, Abtreppungsgründung *f (an einer Böschung)*
stepped gable Staffelgiebel *m*, abgetreppter Giebel *m*
stepped hillside house *(Arch, Konst)* Hanghaus *n*, Terrassenhaus *n*
stepped merlon *(Arch)* Stufenzinne *f*
stepped ramp stufenförmige Rampe *f*, Stufenrampe *f*
stepped roof *(Konst)* Staffeldach *n*
stepped side wall abgetreppte Wangenmauer *f*
stepped string(er) *(BT, Hb)* untergezogene Treppenwange *f*, Sattelwange *f*, aufgesattelter Treppenbaum *m*
stepped terrace *(Konst, LB)* Stufenterrasse *f*
stepped voussoir Keilstein *m* mit einem rechteckigen Ende *(bei einem Gewölbe)*
stepping 1. *(SB)* Abtreppung *f*; Abstufen *n (z. B. von Mauerwerk)*; 2. *(Verm)* Staffelvermessung *f*; 3. *(Bod)* stufenförmig; 4. *(Verk)* (horizontale) Plattenverschiebung *f*, Plattenstufenbildung *f (Straße)*
stepping-off 1. *(Te)* genaues Sparrenauflegen *n*; 2. *(Konst)* Abtreppung *f*, liegende Verzahnung *f*
stepping plane Stielhobel *m*
stepping stone eingesetzter Aufsatzstein *m*, flacher Auflagestein *m*; Sprungstein *m*
steps 1. *s.* step-ladder; 2. Stufen *fpl*
stepwise stufenweise *(z. B. Bewegung)*
stere *s.* stacked cubic metre
stereobate *(Arch)* Stereobat *m (Fundament und Stufenunterbau des griechischen Tempels)*
stereochromy *(Arch)* Wasserglasmalverfahren *n* für Wände
stereography Stereographie *f*
stereoisomerism Stereoisomerie *f*
stereometric *(Arch)* räumlich, dreidimensional
stereometry Stereometrie *f*
stereophony Stereophonie *f*
stereotomy *(Arch, Te)* Steinkunstschneiden *n*; Fugenschnitt *m (in Stein)*
sterile steril *(Wasser)*
sterilizing room *(Konst)* Sterilisationsraum *m*, Sterilisierzimmer *n*
stick *v* 1. (an)haften, festkleben *(Stoffe)*; hängen bleiben; (an)kleben, aufkleben; 2. durchstechen, durchbohren
stick *v* **fast** (fest)stecken, festsitzen
stick *v* **on** *(BT, Te, WVA)* zusammensetzen, garnieren *(Steinzeugrohre)*
stick *v* **together** zusammenbacken; zusammenkleben
stick Stock *m*, Stange *f*; Stab *m (Messstab)*
stick-and-rag work *(BM, BT)* faserbewehrter Gussputz *m*
stick-free nicht klebrig, kleblos
sticker 1. Stapellatte *f*; 2. Haftmittel *n*
sticker bench *(BWG, Hb)* Schnitzbank *f*
sticker machine Drechselmaschine *f*, Zierschnittmaschine *f*
stickiness Klebrigkeit *f*
sticking 1. *(Te)* Haften *n*; 2. Steinkleben *n*; 3. Verzierungsformung *f*
sticking on Zusammensetzen *n*, Garnieren *n (Steinzeugrohre)*
sticklac *(BM, OB)* Stocklack *m (Schellack)*
stickness Klebrigkeit *f*
sticky klebrig; klebend, haftend
sticky cement krümeliger [verstockter, abgelagerter] Zement *m*
sticky clay *(BM, Bod)* klebriger Ton *m*
sticky limit Haftgrenze *f*
sticky-mud brick Formpressziegel *m*
sticky shale haftender Schieferton *m*
sticky soil *(Bod)* Hartboden *m (Erdboden)*
stiction *s.* static friction
stiff steif, starr, unbiegsam

S

stiff clay *(BM, Bod)* steifer Ton *m*
stiff concrete *(BB)* steifer [schwach plastischer] Beton *m*
stiff frame *(TK)* starrer Rahmen *m*
stiff frame slab Steifrahmenplatte *f*
stiff in bending biegesteif
stiff insert Versteifungseinlage *f*
stiff joint *(Konst, Stat)* biegesteifer Knoten(punkt) *m*
stiff-jointed steifknotig
stiff leaf *(Arch)* stilisiertes Blatt(motiv) *n*
stiff-leaf capital *(Arch)* Blattkapitell *n*, Blätterkapitell *n*
stiff-leg derrick *(AE)* Derrickkran *m*
stiff-mud brick Formpressziegel *m*
stiff plaster steifplastischer [dick angemachter] Gips *m*
stiff-plastic steifplastisch *(Beton)*
stiff-plastic making *(Te)* steifplastischer Formprozess *m* *(Feuerfestformlinge)*
stiff structure *(Konst, TK)* starres Bauwerk *n*, steifes Bauwerk *n*
stiffen *v (Te, TK)* aussteifen, versteifen; verstärken
stiffened ausgesteift, versteift, verstärkt, starr; schematisch
stiffened arched girder *(TK)* versteifter Bogenträger *m*
stiffened cable suspension bridge *(Br)* Hängebrücke *f* mit steifer Fahrbahntafel
stiffened compression element verstärktes Druckglied *n*
stiffened panel ausgesteifte Platte *f* [Tafel *f*]
stiffened plate versteiftes Blech *n*
stiffener *(BT)* Versteifung *f*, Aussteifung *f*, Steife *f (Verstärkungsglied)*
stiffener angle Aussteifungswinkel *m*, Verstärkungswinkel *m*
stiffener plate Futterblech *n (Stahlbau)*
stiffening *(Konst)* Aussteifung *f*, Absteifung *f*, Versteifung *f*; Verstärkung *f*
stiffening against buckling *(Konst)* Knickaussteifung *f*, Knickversteifung *f*
stiffening angle Verstärkungswinkeleisen *n*, Aussteifungswinkel *m*, Verstärkungswinkel *m*
stiffening arch *(TK)* Versteifungsbogen *m*
stiffening beam *(TK)* Verstärkungs(balken)träger *m*
stiffening by diagonals *(Konst)* Diagonalaussteifung *f*, Diagonalversteifung *f*, Verschwertung *f*, Schwertaussteifung *f*
stiffening frame *(TK)* Verstärkungsrahmen *m*, Aussteifungsrahmen *m*, Versteifungsrahmen *m*
stiffening girder *s.* stiffening beam
stiffening iron *(BT)* Verstärkungseisen *n*, Aussteifungseisen *n*, Versteifungseisen *n*
stiffening masonry *(SB)* Versteifungsmauerwerk *n*
stiffening pier *(BT)* Versteifungspfeiler *m*
stiffening plate Verstärkungsplatte *f*, Verstärkungsblech *n*, Versteifungsblech *n*
stiffening power Versteifungskraftwirkung *f*
stiffening properties aussteifende Eigenschaften *fpl*
stiffening rib *(Konst)* Versteifungsrippe *f*
stiffening wall Versteifungsmauer *f*, Verstärkungswand *f*, Aussteifwand *f*
stiffness *(Stat)* Steifigkeit *f*, Starrheit *f*
stiffness coefficient Steifezahl *f*, Steifheitsmodul *m*
stiffness condition *(Stat)* Steifigkeitsbedingung *f*, Starrheitsbedingung *f*
stiffness factor *(Stat)* Steifezahl *f*, Steifigkeitsfaktor *m*
stiffness modulus *(Stat)* Steifigkeitsmodul *m*
stiffness of a plate Blechsteifigkeit *f*
stiffness term Steifigkeitsterm *m*
stifle *v* unterdrücken, inhibieren *(Reaktionen)*
stifling action *(OB)* Inhibitorwirkung *f*
stilb *(El, Stat)* Stilb *n (SI-fremde Einheit der Leuchtdichte; 1 sb =* 10^4 *cd/m*^{2}*)*
stile 1. *(BT, TK)* Senkrechtglied *n*, Senkrechtstab *m (Pfosten)*; 2. *(Konst)* Zaunübergang *m*, Überstieg *m*; 3. *(Arch)* äußerer Höhenfries *m (z. B. Holztür)*
stile plate *(EB)* Schlossschutzblech *n*
stillage *(Konst)* Plattform *f*; Ladeplattform *f*; Gestell *n*
stilling basin [pool] *(Wsb)* Tosbecken *n*, Beruhigungsbecken *n*
stillpot *(WVA)* Absetzbecken *n*, Klärbecken *n*
stillroom *(EB, Konst)* Teeküche *f (Vorratskammer mit Teeküche)*; Servierraum *m*
stilt *v* stelzen, aufstelzen, überhöhen, sprengen *(Gewölbe, Dachstuhl, Tragwerk)*
stilt *(BT, TK)* Stelze *f*, Stelzenstütze *f*; aufgestelzte Bauebene *f*
stilted gestelzt, gefußt *(überhöhter Bogen)*; überhoben
stilted arch *(TK)* Stelzbogen *m*, aufgestelzter Bogen *m*, überhobener Bogen *m*
stilting *(Konst)* Stelzung *f (eines Gewölbes)*
stink trap Traps *m*, Geruchsverschluss *m*
stinkstone *(BM)* Stinkkalk *m*
stipple *v* 1. tüpfeln, tupfen *(mit Farbe)*; 2. punktieren *(z. B. Zeichnungen)*
stippled *(Arch)* kleingehämmert *(Glasgestaltung)*
stippled finish 1. *(SB)* Tupfputz *m*; 2. *(Arch)* Tüpfelmuster *n*
stippled pattern Tüpfelmuster *n*
stippler Tupfbrett *n*; Strukturabdruckbrett *n (Putz)*
stippling 1. *(SB)* Strukturputz *m*, Tupfputz *m*; 2. Tupfen *n*
stipulate *v* ausbedingen, vertraglich festlegen, zur Bedingung machen
stipulated penalty *(VR)* Vertragsstrafe *f*
stipulation of conditions *(VR)* (vertragliche) Festlegung *f* von Bedingungen *(Bauvertrag)*
stir *v (Te)* rühren, durchrühren; umrühren; schütteln; einrühren
stirrer *(BB, BWG, Te)* Rührapparat *m*; Rührwerk *n*; Rührstab *m*; Rühreisen *n (Beton)*
stirring Vormischen *n*, Anmischen *n*, Aufrühren *n*
stirring period *(Te)* Rührdauer *f*, Anmischdauer *f*, Vormischdauer *f*
stirring rod Rührstange *f*, Rührstab *m*
stirrup Bügeleisen *n*, Bügel *m*, Hängeeisen *n (zur Bewehrung)*
stirrup reinforcement *(BT, Te)* Bügelbewehrung *f*
stitch *v* steppen, versteppen; heften; nähen
stitch *v* **on** anheften
stitch rivet *(BT, St)* Stichniet *m*, Heftniet *m*
stitch riveting Heftnieten *n*
stitch welding *(St, Te)* Steppnahtschweißen *n*; Heftschweißen *n*
stitched *(BT)* gesteppt, geheftet
stitched building mat *(BT, DIS)* gesteppte Baudämmmatte *f*
stitched building quilt *(BT, DIS)* gesteppte Bauisoliermatte *f*
stitching Steppen *n*, Versteppen *n*; Heften *n*
stoa *(Arch)* Stoa *f*, Säulengang *m*, Säulenhalle *f (griechisch-hellenistisch)*
Stoa of Hermae *(Arch)* Stätte *f* der Herma-Halle *(Athen)*
stoa-surrounded säulenumstanden, säulenumrandet, mit Säulen umgeben
stob *(BM)* Zaunbohle *f*, Zaunpfosten *m*
stochastic stochastisch
stochastic model stochastisches Modell *n*
stock *v* lagern, einlagern; abstellen
stock 1. *(BT)* Fertigteile *npl* für den Ausbau *(Türen, Tafeln, Fenster)*; Material *n*; 2. *(Te, VR)* Lagerbestand *m*; Inventar *n*; 3. *(Te, VR)* Lager *n*; Vorratshalde *f*; 4. Halter *m*, Griff *m*
• **from stock** *(VR)* ab Lager
stock bin *(Te, WVA)* Vorratsbehälter *m*
stock brick Feldofenziegel *m (z. B. als Hintermauerziegel)*

stock brush Weißbürste *f*, Putzbürste *f*
stock-list *(BT, VR)* Bestandsliste *f*
stock lumber *(AE)* Normenkantholz *n*, Kantholz *n*, Lieferbauholz *n*
stock of dwellings *(RP)* Wohnungsbestand *m*
stock of machinery *(BWG)* Maschinenpark *m*
stock of materials Materialdepot *n (für alle Baustoffe und Bauteile)*
stock of water Wasservorrat *m*
stock size Lagergröße *f*, Liefergröße *f (von Material)*
stock timber *(BM, Hb)* Stammholz *n*
stock type Serienerzeugnis *n*, Serientype *f*
stockade 1. *(Hb)* Palisadenzaun *m*, Lattenzaun *m*; 2. *(Erdb)* Pfahlwerk *n*
Stockes' formula *(BM)* Stock'sches Gesetz *n*
stockpile *v* (ein)lagern *(Schüttgut)*; stapeln *(auf Vorrat)*
stockpile Materialhalde *f*; Vorratshalde *f*; Deponie *f*; Halde *f*
stockpile of chippings Splitthaufen *m*
stockpiled material *(BM)* Haldenmaterial *n*
stockpiling Lagerung *f (von Schüttgut)*; Stapeln *n (von Holz)*
stocktaking *(VR)* Inventur *f*, Bestandsaufnahme *f*
stockyard *(Konst)* Materiallager *n*, Lagerplatz *m*; Holz(lager)platz *m*
stoker Befeuerungsvorrichtung *f*
stone 1. Stein *m*; Gestein *n*; Naturstein *m*; Pflasterstein *m*; 2. gebrannter Scherben *m*; 3. *englische, SI-fremde Gewichtseinheit - entspricht 14 pounds = 6,35 kg*
stone aggregate Gesteinszuschlag(stoff) *m*, Natursteinzuschlag *m*, Mineralzuschlag *m*
stone altar *(Arch)* Steinaltar *m*
stone anchor *(BT)* Steinanker *m*
stone arcade Natursteinarkade *f*
stone arch bridge *(Br)* Steinbogenbrücke *f*, Gewölbebrücke *f*
stone arching *(SB)* Gewölbemauerwerk *n*
stone art Natursteingestaltung *f*
stone ashlar Werkstein *m*, Naturbaustein *m*, Haustein *m*
stone balustrade *(SB)* Steingeländer *n*
stone bar *(Arch)* Maßwerkstab *m*
stone beam *(BT)* Natursteinbalken *m*
stone bed *(Bod)* Steinbank *f*
stone bedding *(Erdb, LB, Wsb)* Steinpackung *f*; Steinbettung *f*
stone block masonry *(SB)* Natursteinmauerwerk *n*, Blocksteinmauerwerk *n*
stone block pavement Natursteinpflasterdecke *f*, Steinplattenbelag *m*
stone bolt Steinschraube *f*, Klauenschraube *f*
stone bond *(SB)* Steinverband *m*
stone boundary wall *(SB)* Natursteineinfriedungsmauer *f*
stone bracket *(BT)* Kragstein *m*
stone breaker *(BWG)* Steinbrecher *m*
stone building *(Arch, Konst)* Natursteingebäude *n*, Blocksteingebäude *n*, Steinbau *m*
stone-built building *(Arch, Konst)* Natursteingebäude *n*, Steinbau *m*
stone bull *(Arch)* Steinstatue *f*
stone capping Natursteindeckplatte *f*, Natursteinabdeckung *f*
stone carving *(Arch)* Steinbildhauerei *f*
stone chippings [chips] *(BM)* Natursteinsplitt *m*, Splitt *m*; Schotter *m*, Steinschlag *m*; Splittkörnungen *fpl*, Steinkörnungen *fpl*
stone chisel Steinmeißel *m*
stone column *(BT)* Steinsäule *f*, Natursteinsäule *f*
stone construction *(Arch, Konst)* Steinbau *m*
stone construction materials *(BM)* Natursteinbaustoffe *mpl*, Natursteinbaumaterialien *npl*
stone coping *(SB)* Natursteinabdeckung *f (einer Mauer)*
stone cross Steinkreuz *n*, Natursteinkreuz *n*
stone crusher [crushing machine] Steinbrecher *m*
stone crushing plant *(BM, BWG)* Schotterwerk *n*
stone curving Natursteingestaltung *f*
stone cutter 1. Steinbohrer *m*; Steinschneider *m*; 2. Steinmetz *m*
stone cutting Natursteinschneiden *n*, Natursteintrennen *n*
stone dam *(Wsb)* Stein(schütt)damm *m*
stone drain *(Erdb, LB, WVA)* Schottersicker *m*, Schüttsteindrän *m*
stone dresser Steinmetz *m*
stone dressing plant Natursteinbearbeitungsbetrieb *m*
stone dressing work Steinmetzarbeit *f*
stone drifter Gesteinshauer *m*
stone drill *(BWG)* Gesteinsbohrer *m*; Mauerbohrer *m*
stone dust Gesteinsstaub *m*, Gesteinsmehl *n*, Mineralstaub *m*, Mineralmehl *n*
stone façade *(Arch, Konst, SB)* Natursteinfassade *f*
stone-faced panel natursteinverkleidete Tafel *f*, Natursteinvorsatzplatte *f*
stone facing Natursteinverkleidung *f*, Steinverblendung *f*
stone figure Steinfigur *f*, Natursteinfigur *f*
stone-filled splittreich
stone-filled sheet asphalt 1. splittreicher Asphaltfeinbeton *m*; 2. (gefüllerter) Asphaltfeinbeton *m*, Bitumenfeinbeton *m (< 2 mm Korngröße)*
stone-filled trench *(Erdb, LB, WVA)* Sicker(drän) *m*, Filterdrän *m*
stone filling *(Wsb)* Steinschüttung *f*, Packwerk *n*
stone finishing *(SB, Te)* Natursteinfertigbearbeitung *f*, Natursteinnachbearbeitung *f*, Steinnachbearbeitung *f*
stone flag Steinplatte *f*
stone floor Steinfußboden *m*
stone footing *(Erdb, SB)* Werksteinfundament *n*, Steinfundament *n*
stone for ceilings Deckenstein *m (Beton, Keramik)*
stone for facework Verblendstein *m*
stone foundation *(Erdb, SB)* Natursteinfundament *n*
stone frieze *(Arch)* Steinfries *m*, Natursteinfries *m*
stone hewing work Steinmetzarbeit *f*; Natursteinbearbeitung *f*
stone hinge *(Konst)* Steingelenk *n*
stone hut Steinhütte *f*
stone keep *(Arch)* Steinbergfried *m*, Steinbelfried *m*
stone-like steinähnlich, natursteinähnlich
stone mallet Stein(schlag)hammer *m*
stone marl *(Bod)* Steinmergel *m*
stone mason's mark Steinmetzzeichen *n*
stone mastic asphalt *(SMA) (BM, Verk)* Splittmastixasphalt *m*, SMA *m*
stone mat Steinmatte *f*
stone matrix asphalt *(SMA) (AE)* Splittmastixasphalt *m*, SMA *m*
stone mill Steinfräse *f*
stone milling work *(SB, Te)* Steinbearbeitung *f*; Steinmetzarbeiten *fpl*
stone miner Gesteinshauer *m*
stone mullioned window Steinpfostenfenster *n*, Natursteinkreuzfenster *n*
stone Order Natursteinsäulenordnung *f*
stone packing *(Erdb, Konst, LB, Wsb)* Steinpackung *f*; Trockenmauerwerk *n*
stone paint Steinfarbe *f*
stone pavement *(BM)* Pflaster *n*, Steinpflaster *n*, Straßenpflaster *n*
stone pier Steinpfeiler *m*, Natursteinpfeiler *m*
stone pillar *(BT)* Steinsäule *f*, Natursteinpfeiler *m*
stone pit *(BWG)* Steinbruch *m*

S

stone-pitched facing *(Konst, SB)* Steinverkleidung *f*, Steinvorlage *f*
stone pitching Packlage *f*, Setzpacklage *f*; gepflasterte Böschung *f*, Steinabdeckung *f*; Steinpackung *f*
stone plank Steinplatte *f*
stone plaster *(SB)* Steinputz *m*
stone portal *(Arch, Konst, SB)* Steinportal *n*, Natursteinportal *n*
stone putty Steinkitt *m*
stone quarry *(BWG)* Steinbruch *m*
stone quion Eckquader(stein) *m*, Winkelquader(stein) *m*
stone revetment *(BWG, Konst)* Steinverkleidung *f*
stone rip-rap *(Erdb, LB, Wsb)* Steindeckwerk *n*, Steinvorlage *f (unregelmäßig, aus sehr großen Natursteinblöcken)*
stone roof spire *(Arch)* Natursteindachreiter *m*
stone row Natursteinblockreihe *f*
stone sand *(BM)* Brechsand *m*; Steinsand *m*
stone screening(s) *(BM)* Brechsand *m*; Steinsand *m*
stone sculptor *(Arch)* Steinbildhauer *m*
stone sculpture 1. *(Arch)* Steinskulptur *f*, Natursteinskulptur *f*, Steinplastik *f*, Natursteinplastik *f*; 2. *(Arch)* Steinbildhauerhandwerk *n*
stone-sculptured steingemeißelt, steinskulpturiert, aus Stein gemeißelt
stone sett *(BM)* Pflasterstein *m*, Pflasterblock *m*
stone shaping work *(SB, Te)* Natursteinbearbeitung *f*; Steinmetzarbeiten *fpl*
stone skeleton Gesteinsgerüst *n*
stone slab Steinplatte *f*, Gesteinsplatte *f*
stone slab (floor) covering Steinfußboden *m*
stone slab roof *(Konst)* Steinplattendach *n*
stone slate Steinplatte *f*, Abdeckplatte *f*, Deckstein *m*
stone sledge Steinspalthammer *m*
stone spiral staircase *(Konst, SB)* Steinwendeltreppe *f*
stone-splitting machine Steinspaltmaschine *f*
stone step Natursteinstufe *f*, Steinblockstufe *f*, Steinstufe *f*
stone step joint Steinstufenfuge *f*
stone structure *(Arch, Konst)* Natursteingebäude *n*, Steinbau *m*
stone surface hardener Steinhärtemittel *n*
stone sweeping *(Bod)* Steinschlag *m*
stone table *(Arch)* steinerner Tisch *m*, Steintisch *m*, Natursteintisch *m*
stone temple *(Arch)* steinerner Tempel *m*, Natursteintempel *m*, Steintempel *m*
stone tomb *(Arch)* steinerne Grabkammer *f*, Steinkammer *f*
stone tongs Hebezange *f (Stein- und Betonplattenverlegung)*
stone transom Kämpferstein *m (Anfangsstein eines Fensterkämpfers)*
stone vault *(Konst, SB)* steinernes Gewölbe *n*
stone-vaulted bridge Steingewölbebrücke *f*, Natursteingewölbebrücke *f*
stone vice *(Konst, SB)* Steinwendeltreppe *f*
stone wall *(SB)* Natursteinmauer *f*, Blocksteinmauer *f*; Natursteinwand *f*, Blocksteinwand *f*, Steinwand *f*
stone winding staircase Steinwendeltreppe *f*
stone-wood flooring Steinholzfußboden *m*, Magnesitestrich *m*
stoned steinig, Stein...
stoneman Gesteinshauer *m*
stonemason Steinmetz *m*
stonemason's hammer *(BWG)* Bossierhammer *m*
stonemason's work Steinmetzarbeit *f*
stones Gestein *n*, Bruchgestein *n*
stones of reference *(SB)* Bezugsreihe *f*, Abgleichreihe *f (Mauerwerk)*
stoneware *(BM)* Steinzeug *n*
stoneware article Steinzeugartikel *m*, Steinzeugerzeugnis *n*, Steinzeuggegenstand *m*
stoneware bend *(Konst, SB)* Steinzeugbogen *m*
stoneware branch *(WVA)* Steinzeugabzweig *m*
stoneware clay Steinzeugton *m*
stoneware discharge gutter *(WVA)* Steinzeugabflussrinne *f*, Steinzeugentwässerungsrinne *f*, Steinzeugentwässerungsschale *f*
stoneware discharge pipe *(WVA)* Steinzeugentwässerungsrohr *n*, Steinzeugabflussrohr *n*, Steinzeugabwasserrohr *n*
stoneware drain pipe Steinzeugabflussrohr *n*; Steinzeugdränrohr *n*, Steinzeugentwässerungsrohr *n*
stoneware drainage pipe *s.* stoneware drain pipe
stoneware mosaic *(Arch, Konst, SB)* Steinzeugmosaik *n*
stoneware pipe Steinzeugrohr *n*
stoneware product Steinzeugerzeugnis *n*
stoneware tile *(BM)* Steinzeugfliese *f*, Steinzeugbelagplatte *f*
stonework 1. *(SB)* Mauerwerk *n (aus Naturstein)*; 2. *(Verk)* Pflastern *n*, Pflasterung *f*; 3. *(SB, Te)* Steinbehauen *n*, behauene Steine *mpl*, bearbeitete Natursteine *mpl*, zugerichtete Werksteine *mpl*
stonework decorative finish *(Arch)* Natursteinschmuck *m*, Natursteinverzierung *f*, Steinverzierung *f*
stony steinig, steinartig, steinern
stony clay *(Bod)* Geschiebelehm *m*, Geschiebebeton *m*
stony ground *(Bod)* steiniger Untergrund *m*
stony soil *(Bod)* Steinboden *m*
stool 1. *(BT, Te)* Bock *m*, Stützbock *m*; 2. *(EB)* Fensterbrett *n*; 3. *(LB)* Baumstubben *m*
stoop *(AE) (Konst)* (kleine) Eingangsterrasse *f*; Veranda *f*
stop *v* 1. dichten, sperren *(gegen Feuchtigkeit, z. B. Mauerwerk)*; 2. (zu)stopfen *(Stichloch)*; spachteln *(Risse)*; 3. hemmen; unterbrechen; abstellen *(einen Motor)*
stop *v* **off** absichern *(Tür, Fenster)*; absperren; abschirmen; abdecken
stop *v* **the joints** *(DIS)* die Fugen auskitten
stop *v* **up** zusetzen, zustopfen; (ab)dichten; versiegeln
stop *v* **up a chink** *(DIS)* eine Ritze abdichten *(in der Wand)*
stop *v* **with putty** auskippen
stop 1. *(DIS)* Sperrschicht *f*, Sperre *f (gegen Feuchtigkeit)*; 2. *(EB)* Anschlag *m*; Feststellvorrichtung *f*; Türöffnungsbegrenzer *m*; 3. *(Konst, TK)* Absatz *m*; Auflager *n*; 4. *(Verk)* Haltestelle *f*; Station *f (Bahnhof)*
stop-and-waste cock *(San, WVA)* Absperrventil *n* mit Entleerungshahn, entleerbares Ventil *n*
stop bar Anschlagleiste *f*, Arretierleiste *f*
stop bolster *(BT, DIS)* Sperrpolster *n*
stop bolt Rastbolzen *m*
stop button *(EB)* Abstellknopf *m*
stop chamfer sich verjüngende Zierkante *f*, Kehlhalt *m*
stop cushion *(EB)* Anschlagdämpfung *f (Tür)*
stop end 1. *(San)* Dachrinnenendstück *n*; 2. *(San)* Wandanschluss *m*; Sperreinlage *f (Fuge, Anschluss)*
stop face Anschlagfläche *f*, Anlauffläche *f*
stop gate *(Wsb)* Balkendamm *m*
stop line *(Verk)* Stopplinie *f*, Haltelinie *f (Straße)*
stop log *(BT, Wsb)* Staubalken *m*
stop moulding *(Arch)* auslaufende Verzierung *f*
stop-off *(BT, St, Te)* Lötmassenstopp *m*, Fugenlöt(material)begrenzer *m*
stop pin Raststift *m*, Einsteckbolzen *m*
stop-plank 1. *(Wsb)* Dammbalken *m*; 2. *(Wsb)* Klappe *f*, Wehrklappe *f*
stop rail *(EB)* Anschlagschiene *f (Tür)*
stop screw Anschlag(leisten)schraube *f*, Arretierschraube *f*
stop shuttering Zwischenschalungswand *f*
stop sign *(Verk)* Stoppschild *n*

stop spring Rastfeder *f*
stop stone *(BT)* Anschlagstein *m (Tor)*
stop street *(Verk)* Stoppstraße *f*
stop time *(Verk)* Anhaltezeit *f*
stop valve *(San, WVA)* Absperrventil *n*
stopcock *(San)* Absperrhahn *m*, Sperrhahn *m*, Hahn *m*
stope *(Bod)* Strosse *f*, Bank *f*
stopped flute *(Konst)* auslaufende Rille *f*, Rille *f* über dem oberen Säulenschaft
stopped mortise *(Hb)* unsichtbares Zapfenloch *n*
stopper *v* mit einem Stopfen verschließen, verstöpseln
stopper 1. *(BM)* Lochfüllmasse *f*, Füllkitt *m*; Holzkitt *m*; Spachtelmasse *f*; 2. *(EB)* Stopfen *m*, Stöpsel *m*, Pfropfen *m*
stopper coat Spachtelschicht *f*
stopper gypsum Spachtelgips *m*
stopper powder *(BM)* Spachtelpulver *n*
stopper sealing *(DIS)* Spachteldichtung *f*
stopping 1. Ausspachteln *n*; 2. *s.* stopper 1.
stopping amber light *(Verk)* Haltegelblicht *n*
stopping basin *(Wsb)* Rückhaltebecken *n*, Hochwasserrückhaltebecken *n*
stopping coat *(OB)* Spachtellage *f*, Spachtelmasseschicht *f*, Ausfüllerlage *f*
stopping compound *s.* stopper 1.
stopping distance *(Verk)* Anhalteweg *m*, Bremsweg *m*
stopping knife *(BWG)* Kittmesser *n*; Spachtelmesser *n*
stopping prohibited *(Verk)* Halteverbot *n*
stopping sight distance *(Verk)* Anfahrtssichtweite *f*, Haltesichtweite *f (Straßenführung)*
stopple *v s.* stopper
storage 1. *(BM, Te, VR)* Lagerung *f*, Einlagerung *f (z. B. von Baumaterial)*; Bevorratung *f*; 2. *(Te, VR)* Speicherung *f (z. B. von Wasser)*
storage area 1. *(Verk)* Stauraum *m*; 2. Ablagerungsplatz *m*
storage basin *(Wsb)* Speicherbecken *n*, Staubecken *n*
storage bin *(BM, WVA)* Vorratsbehälter *m*, Vorratssilo *n*, Baustellensilo *n*
storage building *(Konst)* Lagergebäude *n*
storage capacity 1. *(Wsb)* Speicherkapazität *f*, Stauvolumen *n*, Stauraum *m*; 2. *(Verk)* Staukapazität *f*
storage cellar Lagerkeller *m*
storage chamber *(Konst, Umw)* Lagerkammer *f (für radioaktive Abfälle)*
storage cistern *(WVA)* Wasserzisterne *f*, Zisterne *f*
storage conditions *(BM, Te)* Lagerbedingungen *fpl*
storage container Vorratsbehälter *m*
storage dam *(Wsb)* Speicherdamm *m*, Speichersperre *f*
storage element *(El)* Speicherelement *n*
storage facility *(Bod)* Lagerstätte *f*, Lagermöglichkeit *f*
storage heap Materialhalde *f*
storage heater 1. *(HLK)* Speicherheizgerät *n*; 2. *(San)* Heißwasserspeicher *m*
storage heating Speicherheizung *f*
storage hopper *s.* storage bin
storage lake *(Wsb)* Stausee *m*
storage lane *(Verk)* Stauraumspur *f*
storage length *(Verk)* Stau(raum)länge *f*
storage life Lager- und Verarbeitbarkeitsdauer *f (Kleber, Farbe)*
storage of samples *(BM)* Probenlagerung *f (probengerecht)*
storage period *(BM, Te)* Lagerzeit *f*, Lagerdauer *f*
storage power plant [station] *(BWG, El, Wsb)* Speicherkraftwerk *n*
storage protection Lagerschutz *m*
storage reservoir 1. *(Wsb)* Staubecken *n*, Rückhaltebecken *n*, Stausee *m*, Talsperrenbecken *n*; 2. *(Konst, Te)* Vorratsbehälter *m*
storage room Lagerraum *m*, Vorratsraum *m*
storage scheme Speicherschema *n*
storage shed *(Konst, Te)* Lagerschuppen *m*
storage silo Speichersilo *n*, Silo *n*
storage site *(Umw)* Deponie *f*
storage space *(Konst, Te)* Lagerraum *m*
storage space for hazardous goods Lagerraum *m* mit feuer- und explosionsgefährlichen Stoffen
storage space heater *(El, HLK)* elektrischer Speicherofen *m*
storage stability Lagerstabilität *f*, Lagerbeständigkeit *f (Bindemittel, Anstriche, Bitumenemulsion usw.)*
storage tank Lagertank *m*
storage track *(Verk)* Abstellgleis *n*
storage unit *(Konst)* Lagertrakt *m*
storage wall *(EB)* Schrankwand *f*
storage warehouse *(Konst, Te)* Lagerhaus *n*, Lagergebäude *n*, Speichergebäude *n*
storage water heater *(San)* Heißwasserspeicher *m*
storage water heating *(HLK, San)* Speicherwassererhitzung *f*
storage yard *(Konst, Te)* Lagerplatz *m*; Lagerfläche *f*
storage yard drain Lagerplatzentwässerung *f*
store *v* lagern, einlagern; aufbewahren; stapeln, magazinieren *(Werkzeuge)*
store *v* **in damp atmosphere** *(BM, Te)* in feuchter Luft lagern
store *v* **up** (auf)stapeln
store 1. *(Konst, Te)* Lager *n*, Magazin *n*; Vorratsraum *m*; Abstellraum *m*; 2. *(Arch, Konst, Te)* Lagergebäude *n*, Lagerhaus *n*; Speicherhaus *n*, Speicher *m*; 3. *(Te)* Vorräte *mpl*; Lagerbestand *m*; 4. *(Konst) (AE)* Laden *m*, Geschäft *n*
store area Lagerfläche *f*
store basin *(Wsb)* Speicherbecken *n*
store block Lagertrakt *m*
store cellar Lagerkeller *m*, Vorratskeller *m*
store chamber *(Konst, Te)* Magazinraum *m*
store door handle *(EB)* schwerer Lagertürgriff *m*
store equipment room Abstellraum *m*, Geräteraum *m*, Putzzeugraum *m*, Abstellkammer *f*
store shed *(Konst, Te)* Lagerschuppen *m*
store space *(Konst, Te)* Lager *n*, Lagerraum *m*
store tank Lagerbehälter *m*, Vorratsbehälter *m*
store timber *(BM, Hb)* Stapelholz *n*
stored heat Speicherwärme *f*
storefront *(AE)* Ladenfront *f*, Ladenaußenseite *f*; Schaufensterfront *f*
storefront sash Schaufenster *n*
storehouse *(Arch, Konst, Te)* Lagergebäude *n*; Lagerhaus *n*, Speicher *m*, Speicherhaus *n*
storekeeper Lagerverwalter *m*, Magazinverwalter *m*, Lagerhalter *m*, Magazinhalter *m*
storeroom *(Konst, Te)* Lagerraum *m*, Lager *n*; Abstellraum *m*; Geräteraum *m*; Vorratskammer *f*, Kammer *f*
stores *(Arch)* Kaufhaus *n*, Warenhaus *n*
storey 1. Geschoss *n*, Stockwerk *n*, Etage *f*, Hausetage *f*; 2. Terrasse *f* • **two storeys high** *s.* two-storey(ed)
storey-and-a-half house *(Arch, Konst)* eineinhalbgeschossiges Haus *n*
storey branch *(WVA)* Etagenleitung *f*, Stockwerkleitung *f*, Geschossleitung *f*
storey floor height *(Konst)* Etagenhöhe *f*, Stockwerkhöhe *f*, Geschosshöhe *f*
storey frame *(Konst, TK)* Geschossrahmen *m*, Stockwerkrahmen *m*
storey height Etagenhöhe *f*, Stockwerkhöhe *f*, Geschosshöhe *f* • **of storey height** geschosshoch, etagenhoch, stockwerkhoch
storey landing Stockwerkpodest *n*, Etagenabsatz *m (Treppe)*

storey level Etagenebene *f*, Stockwerkebene *f*, Geschossebene *f*
storey panel *(BT)* Geschosstafel *f*
storey post *(TK)* Geschossbalkenstütze *f*, Geschossbalkenträger *m*
storey post and beams *(Konst)* Ständerbau *m*
storey rod *(EB)* Treppenmarkierungsstange *f*, Tritthöhenmarkierungslatte *f (für eine Geschosstreppe)*
storey wall Etagenwand *f*, Stockwerkwand *f*, Geschosswand *f*
storeyed *(Konst)* mit Stockwerken, geschossig
storied *(AE) s.* storeyed
storing *(Te)* Speicherung *f*
storing properties *(BM)* Lagerungseigenschaften *fpl*, Lagerfähigkeit *f (Material)*
storm *(Bod, Umw)* Sturm *m*; Unwetter *n*; Gewitter *n*
storm beach *(Umw)* Hochwasserstrand *m*
storm cellar *(Konst)* Sturmschutzkeller *m*
storm channel *(Bod, Wsb)* Flutrinne *f*
storm clip Scheiben(halte)klammer *f*, Glasstift *m (Fenster)*
storm door *(Konst)* Windfangtür *f*, Wintertür *f*
storm drain *(Erdb, WVA)* Regenwasserdrän *m*, Regenwasserleitung *f*
storm drain system *(WVA)* Regenwasserentwässerung *f*
storm flow *(Verk)* Regenwasserabfluss *m (Straße)*
storm lane *(Bod, Konst)* Windgasse *f*
storm overflow *(WVA)* Gewitterüberlauf *m*
storm pavement *(Erdb, Wsb)* Böschungspflaster *n*; Böschungsbefestigung *f*
storm porch *(Konst)* Winterschutzvorbau *m*; Windfang *m*
storm rainfall *(Umw)* Sturzregen *m*
storm sash *s.* storm window
storm sewage *(WVA)* Regenabwasser *n*
storm sewer *(WVA)* Regen(ab)wasserleitung *f*, Regenwassersammler *m*
storm sewer system *(WVA)* Oberflächenentwässerung *f*, Regenentwässerung *f (Straße)*; Regenwassersammelleitungen *fpl*
storm sheet *(Hb, Konst)* Sturmlage *f*, Dachrinnenlage *f*
storm tide *(Umw)* Sturmflut *f*
storm water *(WVA)* Regenwasser *n*, Dachwasser *n*, Oberflächenwasser *n*, Niederschlagswasser *n*
storm-water basin *(WVA)* Regenwasser(rückhalte)becken *n*
storm-water deflector *(BT)* Regenleiste *f*
storm-water flow *(Wsb)* Hochwasserdurchlass *m*
storm-water gutter *(San)* Wasserablaufrinne *f (Dach)*
storm-water inlet *(WVA)* Regenwassereinlauf *m*
storm-water repeller Regenabweiser *m*
storm-water retention basin *(WVA)* Regenrückhaltebecken *n*
storm-water runoff *(WVA)* Regenwasserabfluss *m*
storm-water sewer *(WVA)* Regenwasserleitung *f*, Regenwasserkanal *m*, Oberflächenwasserkanal *m*
storm window *(BT, Konst)* äußeres Doppelfenster *n*, Vorfenster *n*, Schutzfenster *n*
story *(AE) s.* storey
storytelling wallpaper *(EB)* Märchenbildertapete *f*
stoup *(Arch)* Wehwasserbecken *n*
stout 1. eng, gedrungen; 2. fest; stark *(Material)*
stove *v (Te)* (ein)brennen, im Ofen trocknen [härten] *(Anstriche, Farben)*
stove 1. *(BWG)* Ofen *m*, Zimmerofen *m*; Herd *m*; Brennofen *m*; 2. *(Konst, LB)* Treibhaus *n (für tropische Gewächse)*
stove and range work *(VR)* Ofen- und Herdarbeiten *fpl (Leistungsposition)*
stove connection *(BT)* Ofenanschluss *m*
stove dried ofengetrocknet
stove drying Ofentrocknung *f*
stove-enamelled *(OB)* einbrennlackiert
stove fitter Ofensetzer *m*, Töpfer *m*
stove heating *(HLK)* Ofenheizung *f*, Einzelheizung *f*
stove pipe *(BT)* Ofenrohr *n*
stove tile Ofenkachel *f*, Kachel *f*
stoved aluminium paint *(BM, OB)* Einbrennaluminiumfarbe *f*
stoved enamel finish *(OB)* Einbrennlackierung *f*
stoving *(Te)* Trocknung *f (z. B. von Holz)*; Ofentrocknung *f*, Einbrennen *n*; Aushärten *n (von Anstrichen)*
stoving alkyd resin *(BM)* ofentrocknendes Alkydharz *n*
stoving finish Einbrennlack *m*, ofentrocknender Lack *m*
stoving oven *(BWG)* Trockenofen *m*; Einbrennofen *m (z. B. für Keramik)*
stoving paint *(BM, OB)* Einbrennfarbe *f*, Einbrennanstrich *m*
stoving primer *(BM, OB)* Einbrenngrundierung *f*
stoving quality Einbrenngüte *f*
stoving resin Einbrennharz *n*
stoving stopper *(BM, OB)* Einbrennspachtelmasse *f*
stoving varnish Einbrennlack *m*, ofentrocknender Lack *m*
stowing material *(Bod, Tun)* Versatzgut *n*, Versatzberge *f*
straddle *v* spreizen; sich spreizen
straddle scaffold *s.* saddle scaffold
straddling dowel *(BT)* Spreizdübel *m*
straight gerade, scheitrecht, geradlinig, waagerecht; geradläufig; durchgehend; direkt; ungemischt; unverschnitten
straight *(Verk, Verm)* Gerade *f*, Zwischengerade *f (Trasse)*
straight arch *(Konst, TK)* gerader Bogen *m*, Horizontalbogen *m*, Geradbogen *m*, Sturzbogen *m*; scheit(ge)rechtes Gewölbe *n*; Scheitrechtsturz *m*, scheitrechter Sturz *m*
straight barrel vault *(Konst)* gerades Tonnengewölbe *n*
straight-boled geradstämmig
straight box beam *(TK)* gerader Kastenbalken *m*
straight bracket *(BT)* gerade Strebe *f*
straight brick Normal(ziegel)stein *m*
straight cap vault *(Konst)* scheitrechtes Kappengewölbe *n*
straight curb *(AE) (BT)* gerade Borde *f*, gerader Bordstein *m*
straight dovetail *(Hb)* gerade Zinke *f*
straight edge 1. gerade Kante *f*; 2. *s.* straight edger
straight edger Richtlatte *f*, Richtscheit *n*
straight-ended choir *(Arch)* gerade geschlossener Chor *m*
straight flight *(Konst)* gerade Treppe *f*, gerader Treppenlauf *m*
straight-fluted geradnutig
straight generator gerade Erzeugende *f*
straight-grained geradfaserig *(Holz)*
straight halved joint *(Hb)* gerades Blatt *n (Verbindung)*
straight halving *(Hb)* gerade Überblattung *f*
straight jacket *(Konst)* Wandversteifungspfosten *m*, Wandsteife *f*
straight joint 1. *(Hb)* glatte Fuge *f*, Stoßfuge *f*; 2. Fuge *f* auf Fuge *(Mauerwerk)*; 3. Durchgangsmuffe *f*
straight joint tile geradlinig gehängter Dachziegel *m*
straight kerb *(BT)* gerade Borde *f*, gerader Bordstein *m*
straight line 1. *(Arch, Stat, Verm)* Gerade *f*, gerade Linie *f*; Strahl *m*; 2. *(Verm)* Luftlinie *f*
straight-line block [building] *(Arch, Konst)* Scheibenhaus *n*
straight-line theory *(Stat)* Theorie *f* des parallelen Spannungsverlaufs *(Stahlbeton)*
straight-lined geradlinig
straight lock Aufsatzschloss *n*, Kastenschloss *n*
straight nailing direkte Nagelung *f* [Vernagelung *f*]
straight notching *(Hb)* rechtwinklige Überschneidung *f*
straight pipe gerades Rohr *n*
straight retaining wing *(Br, Erdb)* gerader Böschungsflügel *m*
straight road *(Verk)* gerade Straße *f*, gerade Strecke *f*

straight-run asphalt *(AE) (BM)* Destillationsbitumen *n*
straight-run bitumen Destillationsbitumen *n*
straight-run stair *s.* straight flight
straight scarf with saddlebacked ends *(Hb)* gerades Blatt *n* mit Grat
straight section *(Verk)* gerader Streckenabschnitt *m*
straight-sided choir *(Arch)* Langchor *m*
straight-sided quire *(Arch)* Langchor *m*
straight sleeve Überschieber *m*, Überschiebmanschette *f*
straight span *(Hb, Konst, Stat)* gerades Feld *n*
straight stair *s.* straight flight
straight tee *(San, WVA)* T-Stück *n* mit drei gleich großen Anschlüssen
straight tenon *(Hb)* gerader Zapfen *m*
straight timber *(BM, Hb)* Bauholz *n*, Nutzholz *n*
straight tongue *(Hb)* Bettfeder *f*, gerade Feder *f*
straight tonguing and grooving quadratische Spundung *f*
straight vault(ing) *(Konst)* Flachgewölbe *n*, Geradgewölbe *n*; scheitrechtes Gewölbe *n*
straight weld Längsschweißnaht *f*
straighten *v* 1. *(Te)* begradigen; (aus)richten; gerade machen; abgleichen *(planieren)*; ausbeulen; 2. *(Te)* in Ordnung bringen
straighten *v* **out** gerade machen; in Ordnung bringen, klären
straighten *v* **up** aufrichten
straightened gerichtet
straightened sheet gerichtetes Blech *n*
straightening *(Te)* Begradigung *f*; Ausrichten *n*; Richten *n*
straightness Geradheit *f*, Geradlinigkeit *f*
strain *v* 1. *(Stat, Te)* beanspruchen; verformen, deformieren; dehnen *(bei Zugbeanspruchung)*; 2. *(BM, Te, WVA)* filtern, filtrieren
strain 1. *(BM)* Formänderung *f*, Verformung *f*; Dehnung *f (bei Zug)*; 2. *s.* stress
strain after fracture *(BM, Stat)* Bruchdehnung *f*
strain amplifier *(BM)* Dehnungsverstärker *m*, Verformungsverstärker *m (Messtechnik)*
strain at break *(BM, Stat)* Bruchdehnung *f*
strain at failure Bruchverformung *f*; Bruchdehnung *f*
strain compatibility *(BM)* Dehnungsverträglichkeit *f*
strain distribution Dehnungsverteilung *f*; Spannungsverteilung *f*
strain ellipsoid Deformationsellipsoid *n*
strain energy *(Stat)* (äußere) Formänderungsarbeit *f*, Dehnungsenergie *f*
strain energy due to the change of volume *(Stat)* Raumänderungsarbeit *f*, Volumenänderungsenergie *f*
strain field *(Konst)* Dehnungsfeld *n*
strain gage *(AE) s.* strain gauge
strain gauge *(BM)* Dehnungsmessstreifen *m*
strain gauging *(BM)* Dehnungsmessung *f* mit dem Dehnungsmessstreifen
strain-hardened *(St)* kaltverfestigt *(Stahl)*
strain hardening *(St, Te)* Kaltverfestigung *f (von Stahl)*
strain intensity factor Dehnungsintensitätsfaktor *m*
strain limit *(BM)* Streckgrenze *f*, Fließgrenze *f (Dehnungsverformung)*
strain lines *(Stat)* Kraftlinien *fpl*
strain measurement *(BM)* Dehnungsmessung *f*
strain measuring device [instrument] *(BM)* Dehnungsmessgerät *n*
strain measuring tape Dehnungsmessstreifen *m (z. B. Betonprismen)*
strain meter Dehnungsmesser *m*
strain modulus *(BM, Stat)* Dehnungsmodul *n*
strain rate Dehngeschwindigkeit *f*
strain rate before reloading Vorfließgeschwindigkeit *f*
strain system *(Konst)* Dehnungssystem *n*
strain transducer *(BM)* Messbrücke *f*, Dehnungsgeber *m*
strain value Verformungswert *m*
strain work *(Stat)* Deformationsarbeit *f*
strainability Ausdehnungsfähigkeit *f (z. B. Fugenverguss)*
strainer Filter *n*; Siebeinsatz *m*; Kieshaube *f*; Schmutzsieb *n*
straining 1. *(Te)* Verformung *f*, Deformation *f (Vorgang)*; 2. *(BM, WVA)* Filtration *f*
straining arch *(Konst)* Strebebogen *m*
straining beam *(BT)* Verstrebungsbalken *m*, Sprengstrebe *f*, Sprengbalken *m*
straining line *(Stat)* Drucklinie *f*
straining piece 1. *(BT, Hb)* Verstrebungsbalken *m*; 2. *(Hb)* Jochbalken *m*
straining ring *(BT)* Spannring *m (Stahlbau)*
straining sill Verstrebungsschwelle *f*
straining strap Spannband *n*
straining tie *(Hb)* Spannriegel *m*, Spannbalken *m*
strainometer *(BM)* Dehnungsmesser *m*
straits *(Bod)* Meerenge *f*, Meeresstraße *f*
strake 1. *(Hb)* Bohlengang *m*, Holzfußweg *m (Plankenweg um ein Haus)*; 2. *(BT)* Stahlschornsteinplatten *fpl*
strand 1. Spanndrahtbündel *n*; Spanngliederbündel *n*; 2. *(El)* Litze *f*; 3. Ufer *n*, Strand *m*
strand dune *(Bod)* Stranddüne *f*
strand footing *(Erdb, Konst)* Streifenfundament *n*
strand grip Ankerbesen *m*, Spanngliedbesenanker *m (Spannbeton)*
strand line *(Bod)* Uferlinie *f*, Strandlinie *f*
strand works *(Wsb)* Seeuferbau *m*
stranded cable verdrilltes [verseiltes] Kabel *n (Spannbeton)*
stranded wire 1. *(BT)* verseilter Draht *m*; 2. *(El)* Litze *f*
strap *v (Konst, Te)* verlaschen, mit Laschen verbinden
strap 1. *(BT)* Lasche *f*, Schelle *f*; 2. *(BT, Hb)* Kopfverbundbügel *m*, Bügel *m*; Band *n (Holzbalken)*; Hahnholz *n*; 3. *(EB)* Handgriff *m (zum Festhalten)*; Halteschlaufe *f*; 4. *(BT, Hb)* Querriegel *m*
strap anchor *(Hb)* Band *n*
strap bolt Bügelschraube *f*
strap connection *(Konst)* Laschenverbindung *f*
strap footing *(Erdb, Konst)* Streifenfundament *n*, Streifengründung *f*
strap hanger Bandhängeglied *n*
strap hinge *(EB)* Bandscharnier *n*
strap joint Laschenstoß *m*
strap rail Flachschiene *f*
strap saw *(BWG)* Bandsäge *f*
strap steel Bandstahl *m*
strap stirrup bolt Bügelschraube *f*
strapped elbow Rohrbogen *m* mit Befestigungsösen
strapped wall *(Hb)* Lattenwand *f*
strapping 1. *(Konst)* Verlaschung *f*; 2. *(Konst, SB)* Putztrage(latten)werk *n*, Unterkonstruktion *f*
strapwork *(Arch)* Bandwerk *n*, Beschlagwerk *n*, Band- und Streifenornament *n*
strata *(Bod, Erdb)* Erdschichten *fpl*; Bodenschichten *fpl*; Gesteinsschichten *fpl (speziell als Bodenprofilfolge)*
strata boundary *(Bod)* Schichtengrenze *f*
strata profile *(Bod)* Schichtenprofil *n*
strata sequence *(Bod)* Schichtenfolge *f*, Schichtenaufbau *m*
strata spring *(Bod)* Schichtenquelle *f*, Schichtenwasseraustritt *m*
strategic environmental assessment *(SEA)* strategische Umweltprüfung *f*
straticulate *(Bod)* dünn geschichtet *(geologisch)*
stratification *(Bod, Erdb)* Schichtung *f (von Schütt- und Verdichtungsbaustoffen)*; Schichtung *f*, Lagerung *f (Geologie)*

S

stratified *(Bod)* geschichtet, schichtförmig
stratified rock Schichtgestein *n*, geschichtetes Gestein *n*
stratified rust Plattenrost *m*, Blattrost *m*
stratified sample *(Bod)* Schichten(boden)probe *f*
stratified soil *(Bod)* geschichteter Boden *m*
stratiform schichtenförmig
stratify *v* 1. *(Te)* schichten *(z. B. Schüttgüter)*; überschichten; 2. *(Bod)* in Schichten liegen *(Gestein)*
stratigraphical *(Bod)* stratigraphisch
stratigraphical arrangement *(Bod)* Schichtenaufbau *m* *(geologisch)*
stratigraphical section *(Bod)* Schichtenprofil *n* *(geologisch)*
stratigraphical sequence *(Bod)* Schichtenfolge *f* *(Baugrund)*
stratigraphy Stratigraphie *f*, Bodenschichtenaufnahme *f*, Formationskunde *f*
stratum *(Bod, Erdb)* Erdschicht *f*; Gesteinsschicht *f*, Schicht *f*
stratum thickness *(Bod)* Schichtenmächtigkeit *f*, Schichtdicke *f*
stratum water *(Bod)* Schicht(en)wasser *n*
straw Stroh *n*, Getreidestroh *n*
straw and loam pugging *(Konst)* Stakung *f* *(Flechtverbau mit Lehmfüllung)*
straw-coloured *(OB)* strohfarben
straw fibre board *(BT, DIS)* Strohfaser(bau)platte *f*, Strohfaserdämmplatte *f*
straw-hat theatre Sommertheater *n*
straw plating Strohumhüllung *f*
straw roofing *(DIS, Konst)* Strohdach(ein)deckung *f*, Strohdach *n*
straw thatching *(OB, Te)* Strohdach(ein)deckung *f*, Strohdach *n*
strawboard Stroh(bau)platte *f*, Strohdämmplatte *f*
stray current *(El)* Streustrom *m*
stray-current corrosion *(El, OB)* Streustromkorrosion *f*
stray-current pick-up Streustrombeeinflussung *f*
stray light Streulicht *n*
strays *(BM, Bod)* Flugsand *m*
streak *v* streifen; streifig werden; ädern
streak 1. Schliere *f* *(z. B. in Glas)*; 2. Holzmaserung *f*; 3. *(El)* Streifen *m*; Lichtstrahl *m*; 4. *(Bod)* Strich *m*, Schicht *f*, Ader *f*
streaked streifig, maserig, gemasert, adrig
streaked structure *(OB)* Schlierentextur *f*; Maserstruktur *f*; Streifenstruktur *f*
streakiness *(OB)* Streifigkeit *f*
streaking *(OB)* Schlierenbildung *f*; streifiges Ablösen *n*
streaky *(OB)* streifig
stream *v* *(Bod, WVA)* strömen, fließen
stream 1. *(Bod, Umw, Wsb)* Fluss *m*, fließendes Gewässer *n*; 2. *(Bod, Umw)* Strömung *f*, Strom *m*; 3. *(Verk)* Verkehrsstrom *m*
stream bed *(Bod, Wsb)* Flussbett *n*
stream-born sediment *(Bod)* Flusssediment *n*
stream centre line Flussachse *f*
stream channel Flussbett *n*, Flussrinne *f*
stream composition *(Verk)* Verkehrsstromzusammensetzung *f*
stream discharge *(Bod, Wsb)* Wasserlaufabflussmenge *f*
stream erosion *(Bod, Umw)* Flusserosion *f*
stream-flow control *(Wsb)* Abflussregulierung *f*
stream gauge *(Wsb)* Pegel *m*, Wasserstandsmarke *f*
stream gradient *(Bod)* Flussgefälle *n*
stream gravel *(BM)* Flusskies *m*
stream-laid sediment *(BWG, Bod)* Flusssediment *n*
stream lining *(Wsb)* Flussbettauskleidung *f*
stream machine *(BWG)* Nasspresse *f*
stream scour *(Bod, Wsb)* Flussauskolkung *f*
stream system *(Bod, Umw)* Flusssystem *n*
streamer *(Arch)* Banderole *f*, Schriftband *n*
streaming potential Strömungspotenzial *n*
streamlet *(Bod, LB)* Bächlein *n*, Rinnsal *n*, Gerinne *n*
streamline Stromlinie *f*
streamline flow *(Bod, Stat, WVA)* laminare Strömung *f*
streamlined specification *(VR)* kurze Bauausführungsbeschreibung *f*, Kurztext *m* des Angebots *(mit allen technischen Informationen)*
street *(Verk)* Straße *f*, Ortsstraße *f*, Stadtstraße *f* *(street bezeichnet immer eine Innerortsstraße)*
street boundary line *(Verk)* Straßenbegrenzungslinie *f*
street bridge *(Br)* Stadtstraßenbrücke *f*
street cleaning Straßenreinigung *f*
street connection *(San, Verk)* Straßenanschluss *m*; Hausanschluss *m* *(zur Straßenentwässerung, zum Kanal)*
street corner Straßenecke *f*
street crossing *(Verk)* Straßenkreuzung *f*
street door *(BT)* Haustür *f*; Außentor *n*
street drainage *(WVA)* Straßenentwässerung *f*
street exit *(Verk)* Straßenausfahrt *f*
street façade *(Arch)* Straßenfront *f*
street floor Geschoss *n* in Straßenhöhe
street flusher *(BWG)* Straßensprengwagen *m*
street front *(Arch)* Straßenfront *f*, Straßenseite *f*
street furnishing *(Verk)* Straßenausstattung *f*
street furniture *(Verk)* Stadtstraßennebenanlagen *fpl*, Straßenausstattung *f*; *(sl)* Sperrmüll *m*
street gulley *s.* street inlet
street gutter *(WVA)* Straßenabflussrinne *f*
street inlet *(BT, WVA)* Straßeneinlauf *m*, Straßensinkkasten *m*, Gully *m*
street labyrinth *(RP, Verk)* Straßenlabyrinth *n*
street lamp *(El)* Straßenleuchte *f*, Straßenlampe *f*
street-level floor *(Konst)* Geschoss *n* in Straßenhöhe
street lighting *(El)* Straßenbeleuchtung *f*
street lighting luminaire *(El)* komplette Straßenlampe *f*, Straßenleuchte *f*
street lighting unit *(El)* Straßenlampe *f* *(mit Mast)*
street line *(Verk, Verm)* Straßenbegrenzungslinie *f*; Straßenmarkierung *f*
street mains *(El, Konst, WVA)* (in der Straße verlegte) Hauptversorgungsleitungen *fpl* *(aller Medien)*
street marker *(Verk)* Spurnagel *m*, Markierungsknopf *m*
street mason Steinsetzer *m*, Straßenbauer *m*
street network *(RP, Verk)* Stadtstraßennetz *n*
street noise *(Umw)* Straßenlärm *m*
street number 1. Straßennummer *f*; 2. Gebäudenummer *f*, Hausnummer *f*
street pavement *(Verk)* Straßenbefestigung *f*
street plan *(Umw, Verk)* Straßenplan *m*, Stadtplan *m*
street plate Straßen(namens)schild *n*
street profile *(Verk)* Straßenprofil *n*
street refuge *(Verk)* Verkehrsinsel *f*, Fußgängerschutzinsel *f*
street sweeping Straßenreinigung *f*
street sweepings Straßenkehricht *m*
street system *(RP, Verk)* Stadtstraßennetz *n*
street trap *(WVA)* Straßenschlammfang *m*
street tunnel Stadtstraßentunnel *m*
streetscape *(Arch)* Straßenbild *n*, Straßengestaltung *f*
strength 1. *(Stat)* (mechanische) Festigkeit *f* *(Material)*; 2. *(Stat)* Stärke *f*, Intensität *f*
strength behaviour *(BM, Stat, TK)* Festigkeitsverhalten *n*
strength capability Festigkeitseigenschaft *f*
strength ceiling *(Stat)* Grenzfestigkeit *f*
strength checking *(Stat)* Festigkeitsnachweis *m*
strength class Festigkeitsklasse *f*, Festigkeitsgrad *m*
strength condition *(Stat)* Festigkeitsbedingung *f*
strength criteria *(Stat)* Festigkeitskriterien *npl*

strength decrease *(BM, TK)* Festigkeitsabfall *m*
strength drop *(BM, TK)* Festigkeitsabfall *m*, Festigkeitsminderung *f*
strength forecast *(Stat)* Festigkeitsvoraussage *f*
strength gain *s.* strength increase
strength gaining time Festigkeitszunahmedauer *f*, Festigkeitserhöhungsdauer *f*
strength grade *(Stat)* Festigkeitsgrad *m*
strength group *(BM, Stat, TK)* Festigkeitsgruppe *f*, Festigkeitsklasse *f*
strength in compression *(BM)* Druckfestigkeit *f*
strength in shear *(BM, Stat)* Scherfestigkeit *f*
strength in tension *(BM, Stat)* Zugfestigkeit *f*
strength increase Festigkeitserhöhung *f*, Festigkeitszunahme *f*, Festigkeitsgewinn *m*
strength increasing festigkeitszunehmend, festigkeitssteigernd, festigkeitserhöhend
strength limit *(BM, Stat)* Festigkeitsgrenze *f*, Bruchgrenze *f*
strength loss *(BM, Stat, TK)* Festigkeitsverlust *m*, Festigkeitseinbuße *f*, Entfestigung *f*
strength of materials *(BM)* Materialfestigkeit *f*, Werkstofffestigkeit *f*
strength of rupture Bruchfestigkeit *f*
strength properties *(BM, TK)* Festigkeitseigenschaften *fpl*
strength range Festigkeitsbereich *m*
strength reduction *(BM, Stat, TK)* Festigkeitsabfall *m*, Festigkeitsabnahme *f*, Festigkeitsminderung *f*, Festigkeitsreduktion *f*
strength-related properties Festigkeitseigenschaften *fpl*
strength requirement Festigkeitsanforderung *f*
strength reserve Festigkeitsreserve *f*
strength test *(BM)* Festigkeitsprüfung *f*
strength tester *(BM)* Festigkeitsprüfgerät *n*
strength theory *(Stat)* Festigkeitslehre *f*
strength value *(BM, Stat)* Festigkeitswert *m*
strength-weight ratio Festigkeits-Gewichts-Verhältnis *n*
strength-wise festigkeitsmäßig
strengthen *v* 1. *(Te)* verstärken *(Festigkeit)*; versteifen; härten *(Glas)*; 2. *(Bod)* verfestigen; sich verfestigen
strengthening *(Konst)* Verstärkung *f (Festigkeit)*; Versteifung *f*; Verfestigung *f*
strengthening effect Verfestigungswirkung *f*
strengthening piece *(Hb)* Verstärkungsstück *n*
strengthening rib Verstärkungsrippe *f*
strengthening ring round a chimney Schornsteinverstärkungsring *m*, Ringanker *m* am Schornstein
strengthening strip *(Hb)* Lisene *f*
stress *v (BM, TK)* spannen; (mechanisch) beanspruchen, belasten
stress *v* **together** zusammenspannen *(Fertigteile)*
stress *(Stat)* Spannung *f*; (mechanische) Beanspruchung *f*, Belastung *f*; Spannungszustand *m*, Materialbeanspruchung *f*
stress absorbing membrane *(SAM) (Verk)* spannungsabbauende Schicht *f*
stress absorbing membrane interlayer *(SAMI) (Verk)* spannungsabbauende Zwischenschicht *f*, SAMI *f*
stress-accelerated spannungsgefördert
stress analogy *(Stat)* Spannungsanalogie *f*
stress analysis 1. *(Stat)* Spannungsberechnung *f*, Spannungsermittlung *f*, Spannungsnachweis *m*; 2. *(Stat)* Statik *f*, Baustatik *f*
stress application *(BM, Stat, TK)* Spannungsbeanspruchung *f*
stress at break [failure] Bruchspannung *f*, Bruchlast *f*
stress axis *(Stat)* Spannungs(haupt)achse *f*
stress-bearing tragend
stress behaviour *(BM, TK)* Spannungsverhalten *n*
stress-block Druckblock *m*, Druckverteilungsblock *m*

S

stress calculation *(Stat)* Spannungsberechnung *f*, Spannungsermittlung *f*
stress case Spannungsfall *m*
stress check *(Stat)* Spannungsnachweis *m*
stress circle *(Bod)* (Mohr'scher) Spannungskreis *m*, Beanspruchungsdiagramm *n*
stress component *(Stat)* Spannungskomponente *f*
stress concentration *(Stat)* Spannungskonzentration *f*
stress concentration site Spannungskonzentrationsstelle *f*
stress condition *(BM, Stat, TK)* Spannungszustand *m*
stress conditions *(Stat)* Beanspruchungsverhältnisse *npl*
stress corrosion *(OB)* Spannungskorrosion *f*
stress corrosion crack Spannungskorrosionsbruch *m*, Spannungskorrosionsriss *m*
stress corrosion cracking *(OB)* Spannungsrisskorrosion *f*
stress corrosion failure *(BM, OB)* Spannungskorrosionsbruch *m*
stress corrosion-inhibitive *(OB)* spannungskorrosionshemmend
stress couple *(Stat)* Spannungsmoment *n*
stress crack Spannungsriss *m (bes. bei Kunststoffen)*
stress curve *(Stat)* Spannungskurve *f*, Spannungsverlauf *m*
stress cycle *(Stat)* Lastspiel *n*, Lastwechsel *m*
stress-cycle curve *s.* stress-number curve
stress dependence Spannungsabhängigkeit *f*
stress-dependent spannungsabhängig
stress determination *(Stat)* Spannungsermittlung *f*
stress deviator *(Stat)* Spannungsdeviator *m*
stress diagram *(Stat)* Cremona'scher Kräfteplan *m*
stress distribution *(Stat)* Spannungsverteilung *f*
stress division Spannungsaufteilung *f*
stress due to negative pressure Unterdruckspannung *f*
stress due to temperature *(BM, TK)* Temperaturspannung *f*
stress effect *(Stat)* Spannungswirkung *f*
stress ellipse *(Stat)* Spannungsellipse *f*
stress-enhanced spannungsgefördert
stress equalizing *(Stat)* Spannungsausgleich *m*
stress equilibrium Spannungsgleichgewicht *n*
stress estimation Spannungsabschätzung *f*
stress field *(Stat)* Spannungsfeld *n*
stress flow *(Stat)* Spannungsverlauf *m*
stress-free spannungslos, spannungsfrei, ungespannt
stress-free annealed spannungsfreigeglüht *(Metall)*
stress function *(Stat)* Spannungsfunktion *f*
stress generated *(BM, Stat, TK)* spannungsindiziert
stress generation Spannungsentstehen *n*, Entstehen *n* von Spannungen
stress-graded lumber *(AE) (BM, Hb)* Festigkeitsklassenholz *n*
stress in bars Bewehrungsspannung *f*
stress in the body *(Bod)* Spannungsfeld *n (Geologie)*
stress increase Spannungszunahme *f*
stress-independent spannungsunabhängig
stress-intensified spannungsgefördert
stress-intensity dependent spannungsabhängig
stress-intensity factor *(Stat)* Spannungsintensitätsfaktor *m*
stress-intensity independent spannungsunabhängig
stress-less *(BM, TK)* spannungslos, spannungsfrei, ungespannt
stress level Spannungshöhe *f*, Spannungsniveau *n*
stress limit Spannungsgrenze *f*; Bruchgrenze *f*
stress line *(Stat)* Spannungstrajektorie *f*, Hauptspannungslinie *f*
stress loss Spannverlust *m*
stress modulus *(BM)* Elastizitätsmodul *m*, E-Modul *m*

stress moment *(Stat)* Spannungsmoment *n*, Widerstandsmoment *n*
stress-number curve *(BM, Stat)* Wöhler-Kurve *f*, Dauerfestigkeitsschaubild *n*, Dauerfestigkeitskurve *f*
stress of adhesion Haftspannung *f*
stress of soil moisture *(Bod)* Bodenwasserspannung *f*
stress path *(Stat)* Spannungsverlauf *m*
stress pattern *(Stat)* Spannungsbild *n*, Spannungsverteilung *f*
stress point Spannungsstelle *f*
stress power Spannungsleistung *f*
stress raiser 1. *(Stat)* Spannungsspitze *f*; 2. *(Stat)* spannungserhöhender Faktor *n*
stress range 1. *(Stat)* Spannungsbereich *m*, Beanspruchungsbereich *m*; 2. *(Stat)* Spannungsdifferenz *f*
stress ratio Spannungsverhältnis *n*
stress redistribution *(Stat, TK)* Spannungsumlagerung *f*
stress-reducing spannungsmindernd
stress reduction factor *(Stat)* Spannungsminderungsfaktor *m*
stress relaxation Spannungsabbau *m*, Spannungsrückgang *m*, Spannungsrelaxation *f (zeitlich)*
stress relief *(Stat)* Spannungsabbau *m*, Entspannung *f*
stress-relief annealing Spannungsfreiglühen *n*
stress-relieve *v* entspannen
stress-relieved *(BM, TK)* entspannt, spannungsfrei
stress relieving 1. *(Stat)* Spannungsentlastung *f*; 2. *(St, Te)* Spannungsfreiglühen *n*
stress removal *(St, Te)* Spannungsfreimachen *n*, Entspannen *n (Metall)*
stress resultant *(Stat)* Spannungsresultierende *f*
stress reversal *(Stat)* Lastspiel *n*, Lastwechsel *m*
stress ribbon bridge Spannbandbrücke *f*
stress rupture *(BM)* Spannungsbruch *m*
stress sorption *(OB)* Spannungsrissadsorption *f (Anstrich)*
stress source Spannungsursache *f*
stress stage [state] *(BM, Stat, TK)* Spannungszustand *m*
stress-strain curve *(Stat)* Spannungs-Dehnungslinie *f*, Beanspruchungs-Dehnungslinie *f*
stress-strain relation *(Stat)* Spannungs-Dehnungsbeziehung *f*
stress-strain relationship *(Stat)* Druckdehnungsbeziehung *f*
stress superposition *(Bod)* Spannungsüberlagerung *f*
stress system Spannungssystem *n*
stress tensor *(Stat)* Spannungstensor *m*
stress theory *(Stat)* Spannungstheorie *f*
stress-to-strain diagram *(Stat)* Spannungs-Dehnungsdiagramm *n*
stress-to-strength ratio *(Stat)* Spannungs-Festigkeits-Verhältnis *n*
stress trajectory *(Stat)* Spannungstrajektorie *f*, Spannungsweg *m*; Hauptspannungslinie *f*
stress transfer *(Stat, TK)* Spannungsableitung *f*, Spannungsabtragen *n*
stress transfer member Spannungsübertragungsteil *n*
stress transmission *(Stat, TK)* Spannungsübertragung *f*, Spannungsableitung *f*, Spannungsabtragung *f*
stress triangle *(Stat)* Spannungsdreieck *n*
stress value Spannungswert *m*
stress variation Spannungsschwankung *f*
stressability *(BM, TK)* (mechanische) Belastbarkeit *f*
stressbed *(BB, Te)* Spannbett *n*
stressed *(BM, TK)* unter Spannung *(mechanisch)*; beansprucht
stressed-skin construction *(Konst, TK)* Schalenkonstruktion *f*, Schalenbauweise *f*
stressed wall *(SB)* beanspruchte Mauer *f*
stressing *(Te)* Spannen *n*; Beanspruchung *f (Vorgang)*; Vorspannung *f*
stressing bar *(BT)* Spannstab *m*
stressing bed Spannbett *n*
stressing conditions *(Stat)* Beanspruchungsbedingungen *fpl*
stressing cycle Beanspruchungszyklus *m*
stressing design *(BB, Te)* Spannprogramm *n (Spannbeton)*
stressing direction Beanspruchungsrichtung *f*
stressing frequency Beanspruchungshäufigkeit *f*
stressing head Spannkopf *m (Spannbeton)*
stressing jack *(BWG)* Spannpresse *f*
stressing method *(BB, Te)* Spannverfahren *n*, Spannbetonverfahren *n*
stressing moment *(Stat)* Vorspannmoment *n*
stressing order *(BB, Te)* Spannfolge *f*
stressing tendon [unit] Spannglied *n*
stressing value *(Stat)* Vorspann(ungs)wert *m*
stressless *s.* stress-less
stretch *v* 1. *(BM, BT, Konst, Te)* dehnen, längen, (aus)ziehen; (aus)weiten; straffen, straff ziehen, spannen; sich strecken, sich dehnen; nachgeben; 2. *(Bod)* sich erstrecken, sich ausdehnen *(z. B. ein Gebiet)*; reichen
stretch 1. *(BM, BT)* (elastische) Dehnung *f*; Weitung *f*; 2. *(Arch, BM, Bod)* Ausdehnung *f*, Dehnweg *m*; Wegstrecke *f*, Länge *f*; Abschnitt *m*
stretch at break *(BM, Stat)* Bruchdehnung *f*
stretch hammer *(BWG)* Streckhammer *m*
stretch of road *(Verk)* Wegstrecke *f*
stretch-resistant *(BM)* streckfest
stretchability *(BM)* Streckbarkeit *f*, Dehnbarkeit *f*
stretchable streckbar, dehnbar
stretched gedehnt; gespannt; ausgedehnt
stretched connection *(BT, Konst)* Spannverbindung *f*
stretched steel Streckstahl *m*
stretcher (block) *(SB)* Läufer *m*, Läuferstein *m*
stretcher bond *(SB)* Läuferverband *m*
stretcher brick Läuferziegel *m*
stretcher course *(SB)* Läuferschicht *f*, Läuferlage *f*
stretcher face Läuferschichtseite *f*
stretcher levelling Ziehglätten *n (Blech)*
stretching *(BM, BT, Te)* Streckung *f*, Dehnung *f*; Ausziehen *n*; Längung *f*; Weitung *f*; Spannen *n*
stretching bar Spannstab *m*
stretching block Spannblock *m (Spannbetontechnologie)*
stretching bond *(SB)* Läuferverband *m*
stretching cable *(BT)* Seil *n*, Vorspannseil *n*; Vorspannlitze *f*, Litze *f*
stretching course *(SB)* Läuferschicht *f*, Läuferlage *f*
stretching element *(BT, Te)* Spannelement *n*
stretching fault Zerrungsbruch *m*, Trennbruch *m*
stretching method *(BB, Te)* Spannverfahren *n*, Vorspannmethode *f*
stretching piece *(BT)* Zuganker *m*, Zugstrebe *f*
stretching strain *(Stat)* Zugdehnung *f*
stretching system *(BB, Te)* Spannverfahren *n*, Vorspannsystem *n*
stretching tendon *(BT, Te)* Spannglied *n*
stretching value Vorspannwert *m*
stretching wedge Spannkeil *m (Spannbetontechnologie)*
stretching weight Spanngewicht *n (Oberleitung)*
stretching wire Spanndraht *m*
stretching work *(Stat)* Spannarbeit *f*
stretching zone Spannungszone *f*
stria 1. *(OB)* Riefe *f*, Furche *f*; Streifen *m*; 2. *(OB)* Schramme *f*
striate *v (OB, Te)* furchen, riefen *(Oberflächengestaltung)*
striated 1. geriffelt *(Säule)*; 2. *(OB)* streifig, streifenartig, gestreift; furchig

striation 1. *(OB)* Riffelung *f*, Furchenbildung *f*; Streifenbildung *f*, Schichtung *f*; 2. *(OB)* Riefen *fpl*; Streifen *mpl*
strickle *(BWG)* Schablone *f*, Lehre *f*
strickle board Lehre *f*, Lehrlatte *f*; Abstreichplatte *f*
strict rationalism *(Arch)* Rationalismus *m* strenger Observanz
striction 1. *(Verk, Wsb, WVA)* Einengung *f*, Verengung *f*; Einschnürung *f*; 2. *(Stat) (AE)* Haftreibung *f*
strictly classical *(Arch)* streng klassisch
striding level *(Verm)* Reitlibelle *f*
striga Säulenrille *f*
strike *v* 1. *(Te)* abbauen *(Gerüst)*; 2. *(Te)* ausschalen *(Beton)*; 3. *(Te)* glattstreichen *(Fugen)*; 4. *(Te)* schlagen; stoßen; hämmern; klopfen; die Kelle aufschlagen; 5. *(VR)* streiken
strike *v* **down the scaffold** abrüsten
strike *v* **formwork** *(BB, Te)* ausschalen, entschalen
strike *v* **off** 1. *(Te, Verk)* abgleichen, abziehen *(mittels Deckenfertiger)*; 2. abschlagen *(Oberflächen, Gestein)*
strike *v* **shutters** *(BB, Te)* entschalen
strike *v* **through** *(OB)* durchschlagen *(Farbe)*
strike 1. *(BWG)* Abstreichholz *n*, Glättbohle *f*; 2. Schlag *m*; 3. *s.* strike plate; 4. *(Bod)* Streichen *n (geologische Schicht)*
strike backset *(Konst)* Schließblechaussparung *f*
strike block *(BWG)* Kurzhobel *m*
strike edge Türblattvorderkante *f*; Fensterflügelvorderkante *f*
strike jamb *(BT)* Schließblechpfosten *m*
strike-off (screed) *(BWG, Verk)* Abziehbohle *f*, Abziehlatte *f*, Abstreifbohle *f (Horizontalfertiger)*
strike plate *(EB)* Schließblech *n*, Schließblechplatte *f*
strike reinforcement Schließblech(pfosten)verstärkung *f (Metalltürrahmen)*
strike stile *(Hb)* Schlossbohle *f*, Schlossbrett *n (Tür)*
strike-through Furnierfärbung *f*, Holzoberflächenentfärbung *f (durch durchdrückenden Tischlerleim)*
striker *s.* 1. strike-off (screed); 2. strike plate
striker bar Anschlagschiene *f*
striking 1. *(Te)* Abbauen *n (eines Gerüsts)*; Ausschalen *n (von Beton)*; 2. *(Te)* Schlagen *n*
striking framework *(Te, TK)* Tragwerksbau *m*
striking off Abziehen *n*
striking-off lines Putzabziehlehren *fpl*
striking plate *(EB)* Schließblech *n*
striking stile *(Hb)* Schlossbohle *f*, Schlossbrett *n (Tür)*
striking wedges Schalungskeile *mpl*
string 1. *(BT, Hb)* Treppenwange *f*, Wange *f*; 2. *(Arch)* Bandgesims *n*, Gesimsband *n*, Mauerband *n (Gurtgesims zwischen den Geschossen)*; 3. *(Hb)* Sparrenquerlatte *f*; Längsbalken *m*; 4. *(BM)* Schnur *f*
string course Fries *m*, Sims *m(n)*; Gurtgesims *n*, Gesimsband *n*, Mauerband *n (zwischen den Geschossen)*
string development *s.* ribbon development
string frame *(BT, Hb)* Wangenrahmen *m*
string of girders *(BT)* Trägerstrang *m (Stahlbau)*
string piece 1. *(BT, Hb)* Streckbalken *m*, Horizontalbalken *m*, Längsbalken *m (bei einem Dachstuhl)*; 2. *(BT, Hb)* Zange *f*
string polygon *(Konst, Stat)* Seileck *n*
string staircase *(Konst)* Wangentreppe *f*
string wall *(SB)* Wangenmauer *f (speziell für Treppenwangen)*
string wreath *(Hb)* Kropfstück *n*, Krümmling *m*, Kröpfling *m*
stringboard *(BT, Hb)* Treppenwange *f*, Wange *f*, Laufträger *m (einer Treppe)*
stringer 1. *(AE)* Längsbalken *m*, Längsträger *m*, Stützbalken *m*; Brückenlängsträger *m*; 2. Holzgurtgesims *n*; 3. *s.* stringboard
stringer and traverse floor beam system *(Br, TK)* Brückenrost *m*
stringer bracing *(Br, BT)* Schlingerverband *m (Brücke)*
stringer staircase *(AE) (Konst)* Wangentreppe *f*
stringing *(OB)* Fadenziehen *n*, Fadenbilden *n (Farbspritzen)*
stringing of mortar *(SB, Te)* Mörtelausbreitung *f (für mehrere Steine)*
stringy *(BM)* faserig
strip *v* 1. *(BB, Te)* abziehen, ausschalen, entschalen *(Beton)*; abmontieren *(z. B. Schalung)*; 2. *(OB, Te)* abtragen, abschälen *(Schichten)*; abwaschen *(Anstrich)*; abbeizen *(Altanstrich)*; 3. *(El)* abisolieren *(Draht)*; abmanteln *(Kabel)*; 4. *(Te)* lockern *(Schraube)*; überdrehen *(Gewinde)*
strip *v* **away** *(OB)* ablösen *(Anstrich, Beschichtung)*; abbeizen; abziehen
strip *v* **down** *(Te)* abbauen, demontieren *(Schalung)*
strip *v* **framework** *(BB, Te)* ausschalen
strip 1. *(BT)* Streifen *m*, Bahn *f*, Band *n (z. B. zur Abdichtung)*; 2. *s.* string 2.; 3. *(BT, EB)* Leiste *f*, Latte *f*; Kantenschutzleiste *f*; Paneel *n*; 4. *(BT)* Lasche *f (Stoßlasche)*; 5. *(RP, VR)* Streifen *m*, Landstreifen *m*
strip adjustment *(Verm)* Streifenausgleichung *f*
strip board *s.* strip core (board)
strip bonding *(Te)* streifenförmiges Verkleben *n*
strip building *(RP)* Reihenbebauung *f*
strip ceiling *(TK)* Skelettdecke *f*
strip cleaning *(Te)* Bandreinigung *f*
strip coating *(OB)* Bandbeschichtung *f*
strip core (board) *(BT)* geleimtes Schichtenbrett *n (mit Holzlattenkern)*
strip diffuser *(HLK)* Schlitzauslass *m*
strip electric heater *(El)* Elektrolamellenheizkörper *m*
strip flooring 1. *(Hb)* Schmaldielung *f*, Lattendielung *f*; 2. *(Hb, Konst)* Stabfußboden *m*, Stäbchenparkett *n*
strip footing [foundation] *(Erdb, Konst)* Streifenfundament *n*, Streifengründung *f*; Bankett *n*, Fundamentstreifen *m*
strip heating tube *(HLK)* Rippenheizrohr *n*, Lamellenheizrohr *n*
strip iron *(BM)* Bandeisen *n*
strip lath Lattengitterlage *f*, Putzfugenleistenlage *f (Putzarbeit)*
strip light 1. *(LB, Verk)* Landestreifenfeuer *n (Flugplatz)*; 2. *s.* fluorescent strip
strip-line light fixtures *(El)* Leuchtband *n*, Lichtband *n*
strip load *(Stat)* Linienlast *f*, Streckenlast *f*, Streifenlast *f*
strip metal Bandmetall *n*
strip mine *(BWG, Bod)* Tagebau *m*
strip mining *(BM, BWG, Bod)* Baggerabbau *m*, Baggergewinnung *f (Sandabbau, Kiesgewinnung)*
strip mopping Streifenklebung *f (Dachhaut)*
strip mosaic *(Konst)* Streifenmosaik *n*
strip of ground *(Bod, VR)* Grundstreifen *m*
strip of timber *(BM, Hb)* Kantholz *n (dünne Abmessungen)*
strip sensor Streifensensor *m (Prüf- und Messtechnik)*
strip shingle Schindelstreifen *m*, Schindelplatte *f*
strip slates *(BM)* Streifenschindel *f*, Bitumendachschindeln *fpl*
strip soaker Streifendichtung *f (Dachziegel)*
strip steel *(BM)* Bandstahl *m*
strip taping *(DIS, OB)* Dämmplattenbandagieren *n*, Dämmplattendichten *n* mit Fugenband
strip welting *s.* welting strip
strip windows *(Arch)* Fensterband *n*, Bandfenster *n*
stripe *v* mit Streifen versehen; streifig machen
stripe 1. *(Arch)* Streifen *m*, Randstreifen *m (Wandgestaltung)*; 2. *(Verk)* Leitstreifen *m*, Leitlinie *f (Straße)*
striped streifig, gestreift
stripiness *(OB)* Farbstreifigkeit *f*
strippable ablösbar *(Anstrich, Beschichtung)*; abziehbar *(Schicht)*

strippable lacquer *(OB)* Abziehlack *m*
stripped entschalt
stripped joint *(SB)* Tieffuge *f*, tiefliegende Fuge *f*; ausgekratzte Fuge *f (Mauerwerk)*
stripped surface *(OB)* gereinigte Oberfläche *f*
stripper *(BM, OB)* Ablaugmittel *n*; Abbeizer *m (z. B. Farben)*; Lackentferner *m*
stripping 1. *(BB, Te)* Ausschalen *n*, Entschalen *n (von Beton)*; Demontage *f (einer Schalung)*; 2. *(LB, Te)* Abtragen *n* der Vegetationsschicht, Beräumen *n*, Beroden *n*, Entroden *n*, Räumungsarbeit *f (einer Baustelle)*; 3. *(OB)* Ablösen *n (z. B. von Farbe)*; Abziehen *n (von Schichten)*; 4. *(San)* Anschlussblechfugenverguss *m*; 5. *s.* strip taping
stripping felt *(San)* Anschlussstreifen *m (der Dachfläche für Anschluss, z. B. mit Fuß- oder Deckblech)*
stripping indicator Ablöseanzeichen *n (Anstriche)*
stripping knife Abkratzmesser *n*; Spachtel *m(f)*
stripping of a floor *(BB, Te, TK)* Entschalen *n* einer Decke
stripping of aggregate *(BM)* Ablösen *n* von der Splittoberfläche *(Bindemittel)*
stripping of binder Bindemittelablösung *f*, Stripping *n (speziell Bitumen)*
stripping of forms *(BB, Te)* Ausschalen *n (Beton)*
stripping of overburden *(Bod, Erdb, Tun)* Abraumabtragen *n*, Abbau *m* der Überdeckungsschichten
stripping of topsoil *(Erdb, LB)* Mutterbodenabtrag *m*
stripping piece Füllleiste *f*, Fugenleiste *f (Schalung)*
stripping schedule *(Te)* Entschalungsplan *m*, Ausschalungsfolge *f*
stripping strength Ausschalungsfestigkeit *f*
stripping technique *(BM, OB)* Ablöseverfahren *n (Schichtdickenprüfung)*
stripping time *(BB, Te)* Entschalungsfrist *f*, Schal(ungs)frist *f*
strix Säulenrille *f*
stroke 1. Schlag *m*, Stoß *m (dynamische Belastung)*; 2. Blitz(ein)schlag *m*
stroke of a hammer *(OB)* Hammerschlag *m*
stroked work behauener Stein *m* mit Rillenmuster
stroll garden *(LB)* Wandelgarten *m*, Schlendergarten *m*
strong 1. *(BM, BT)* widerstandsfähig, beständig *(z. B. Baustoffe, Bauelemente)*; 2. *(BM)* fest, hart *(z. B. Gestein)*; 3. *(Konst)* befestigt *(z. B. Verkehrsfläche, Burgen)*; 4. *(Konst)* groß, bedeutend
strong-back *(BT, Te)* Traverse *f (Betonform)*
strong pillar *(Konst)* Strebepfeiler *m*
strong room *(Konst)* Tresorraum *m*, Panzerraum *m*, Stahlraum *m*
strong wall *(Konst)* Brandmauer *f*
strong welding Konstruktionsschweißen *n*
stronghold *(Arch)* Festung *f*, Feste *f*
strongly arched stark gewölbt
strongly corrosion-resistant *(BM, OB)* hochkorrosionsfest, hochkorrosionsbeständig
strontium cement Strontiumzement *m*, Edelzement *m*
strontium chromate *(BM, OB)* Strontiumchromat *n*
strontium white *(BM, OB)* Strontiumweiß *n*
strontium yellow Strontiumgelb *n*
strotere *(Arch)* Strotere *f (Steinbalken des griechischen Tempelgebälks)*
struck 1. *(Te)* abgebaut *(z. B. Gerüst)*; abmontiert; 2. *(OB)* (glatt)gestrichen; 3. *(OB)* angelaufen, erblindet *(Glas)*
struck brick gestrichener Ziegelstein *m*, handgeformter Ziegel *m*
struck joint 1. *(SB)* abgestrichene Mauerwerksfuge *f*; 2. *(SB)* nach innen abgeschrägte Mauerwerksfuge *f*
struck levelling *(OB, SB, Te)* Glattstreichen *n (z. B. von Fugen, Oberflächen)*
struck moulding *(Arch)* eingeschnittene [ausgearbeitete] Verzierung *f*
structural 1. *(Konst)* baulich, konstruktiv; Bau..., Konstruktions...; 2. *(Arch, Konst)* strukturell; Struktur..., Gefüge..., Bau...
structural adequacy *(Konst)* konstruktive Angemessenheit *f*
structural alloy steel *(BM, St)* legierter Baustahl *m*
structural alteration *(Konst)* bauliche Veränderung *f*, Umbau *m*, Bauveränderung *f*
structural alteration work *(RS)* Umbauarbeiten *fpl*
structural analysis 1. *(Stat)* Baustatik *f*, Statik *f*; 2. *(Stat) s.* structural calculation
structural angle Winkelstahl *m*, Winkeleisen *n*
structural arch *(Arch)* Bogen *m*
structural arrangement *(Konst)* bauliche Anordnung *f*, konstruktive Verteilung *f*
structural assessment *(RS, VR)* bauliche Zustandserfassung *f*, Bausubstanzbeurteilung *f*
structural axis *(Konst, Stat)* Konstruktionsachse *f*
structural bearing *(EN 1337-8) (BT, TK)* konstruktives Lager *n*, Auflager *n*
structural behaviour *(Stat)* Tragverhalten *n*
structural bonding adhesive Konstruktionsklebstoff *m*
structural calculation *(Stat)* (bau)statische Berechnung *f*
structural capability *(BT)* konstruktive Eignung *f*, bauliche Eigenschaft *f*
structural ceramic building unit *(BT)* konstruktives Baukeramikteil *n*, konstruktives Baukeramikelement *n*
structural ceramics *(BM)* Baukeramik *f*
structural change *s.* structural alteration
structural channel Konstruktions-U-Stahl *m*
structural characteristic *(Konst)* Konstruktionsmerkmal *n*
structural clay article *(BT)* Baukeramikartikel *m*, Baukeramikerzeugnis *n*
structural clay facing tile Verblendklinker *m*, Verblendkeramikstein *m*, Sichtziegel *m*, Blendziegel *m*
structural clay tile *(AE)* Hohlziegel *m*, Langlochziegel *m*
structural component *(BT)* Bauteil *n*
structural composition *(BM, Bod)* Gefügeaufbau *m (Gestein)*
structural concrete *(BB)* Konstruktionsbeton *m*, konstruktiver Beton *m*
structural condition *(Konst, RS)* Bauzustand *m*
structural connection *(BT, Konst)* Verbindung *f* von Bauteilen [Konstruktionselementen], konstruktive Verbindung *f*, Konstruktionsverbindung *f*
structural conversion *(Konst, Te)* bauliche Veränderung *f*, Bauveränderung *f*
structural corrosion *(Konst, OB)* Strukturkorrosion *f*, Gefügekorrosion *f*
structural damage *(RS)* Bauschaden *m*, Konstruktionsschaden *m*
structural defect *(RS)* baulicher Schaden *m*; konstruktiver Mangel *m*
structural deformation Strukturverformung *f*
structural design 1. *(Konst)* Bauentwurf *m*, baulicher Entwurf *m*; bauliche Durchbildung *f*, konstruktive Ausbildung *f*, konstruktive Bemessung *f*; 2. *(Verk)* Deckenbemessung *f*, Dimensionierung *f*
structural design assumption *(Stat)* Bemessungsannahme *f*
structural design theory *(Konst, Stat)* Baukonstruktionslehre *f*
structural designer *(Stat)* Statiker *m*
structural detail *(BT)* Konstruktionselement *n*
structural detailing *(Konst)* bauliche Durchbildung *f*
structural dimension *(Konst)* Baumaß *n*
structural division *(Konst)* bauliche Gliederung *f*

structural drawing *(Konst)* Bauzeichnung *f*
structural element *(BT)* Bauteil *n*, Bauelement *n*; Konstruktionsteil *n*
structural engineer *(Stat)* Statiker *m*, Hochbauingenieur *m*
structural engineering *(Konst)* Ingenieurhochbau *m*, konstruktiver Ingenieurbau *m*
structural evaluation *(RS, VR)* Bauzustandsbewertung *f*
structural failure *(RS)* Konstruktionsversagen *n*; Gebäudedeformation *f*
structural fault *(RS)* baulicher Mangel *m*; konstruktiver Fehler *m*
structural feasibility konstruktive Durchführbarkeit *f*
structural fibreboard *(BT)* Faserbauplatte *f*
structural fin Konstruktionsrippe *f*
structural fire precaution *(Konst)* baulicher Brandschutz *m*, baulicher Feuerschutz *m*
structural floor panel (konstruktive) Deckenplatte *f*
structural floor unit Deckenstein *m*
structural form *(Konst)* Konstruktionsform *f*
structural frame *(TK)* Gebäuderahmen *m*, Rahmen *m*
structural framework *(TK)* Tragwerk *n*; Gerüst *n*; Fachwerk *n*
structural glass Bauglas *n*; Bauglasplatte *f*; *(AE)* Glas(bau)steine *mpl*
structural glazing Klebeverglasung *f*
structural glued-laminated timber *(BM, Hb)* verleimtes Bauholz *n*; geleimte Holztragelemente *npl*
structural gluing *(Hb, Te)* Konstruktionsverleimung *f*, konstruktives Verleimen *n*
structural grade steel *(BM, St)* Konstruktionsbaustahl *m*
structural height *(Konst)* Bauhöhe *f*; Gebäudehöhe *f*
structural hollow section Konstruktionshohlprofil *n*
structural in-situ cast concrete *(BB)* Konstruktionsortbeton *m*
structural insulating board *(BT)* Dämmbauplatte *f*
structural joint konstruktive Verbindung *f*, Konstruktionsverbindung *f*
structural layer *(Verk)* Konstruktionsschicht *f (Kofferaufbau)*
structural lighting element *(BT, El, Konst)* konstruktives Beleuchtungselement *n*
structural lightweight concrete konstruktiver Leichtbeton *m*
structural lumber *(AE) (BM, Hb)* Bauholz *n (klassifiziert)*; Kantholz *n*
structural maintenance *(RS)* bauliche Erhaltung *f*
structural mass Baumasse *f*
structural material Baustoff *m*
structural material performance *(BM, RS)* Bauwerksverhalten *n (Baustoffverhalten im Bauwerk)*
structural mechanics *(Stat)* Baumechanik *f*
structural member *(BT, Konst)* Konstruktionsglied *n*, Bauglied *n*; Bauteil *n*, Teil *n*
structural metal Konstruktionsmetall *n*
structural model *(Konst, Te)* konstruktive Bauweise *f*, konstruktive Ausführung *f*
structural module *(Konst)* Bauraster *m*; Rastermaß *n*
structural opening dimensions Bauöffnungsmaße *npl*
structural panel (konstruktive) Bauplatte *f*, Plattenelement *n*; Konstruktionstafel *f*
structural partition *(Konst)* Konstruktionstrennwand *f*
structural pipe *(BT)* Konstruktionsrohr *n*
structural principle konstruktiver Grundsatz *m*
structural property bautechnische Eigenschaft *f*
structural quality *(VR)* bauliche Qualität *f*
structural reanalysis statische Nachrechnung *f*
structural reinforcement konstruktive Bewehrung *f*
structural reliability *(Konst)* konstruktive Zuverlässigkeit *f*, bauliche Funktionsfähigkeit *f*
structural response Bauwerksreaktion *f*
structural rib Tragrippe *f*, Konstruktionsrippe *f*
structural riveting *(St, Te)* Stahlbaunietung *f*
structural rutting Strukturspurrinnenbildung *f*
structural safety level *(Konst, Stat)* konstruktives Sicherheitsniveau *n*
structural shape *(Arch)* bauliche Form *f*
structural sheet iron *(BM)* Konstruktionsblech *n*
structural shell *(TK)* konstruktive Schale *f*
structural skeleton *(TK)* Gerippe *n (Traggerippe)*
structural skeleton building *(Konst)* Skelettgebäude *n*, Rahmengebäude *n*
structural slate Bauschiefer *m*
structural solution Konstruktionslösung *f*
structural sound insulation 1. *(DIS)* Schalldämmung *f* von Gebäuden, baulicher Schallschutz *m*; 2. *s.* structure-borne noise insulation
structural stability *(Konst, Stat)* Stabilität *f*, Standsicherheit *f*, räumliche Steifigkeit *f*
structural statics *(Stat)* Baustatik *f*
structural steel 1. *(BM, St)* Baustahl *m*; 2. *(BM, St)* Profilstahl *m*
structural steel angle Winkelstahl *m*, Winkeleisen *n*
structural steel engineering *(DIS)* Stahlbautechnik *f*
structural steel erection Stahlbau *m (Montage)*
structural steel fastener Stahlanker *m*, Stahlklammer *f*
structural steel framework *(St, TK)* Stahlskelettbau *m*, Stahlgerippebau *m*
structural steel hollow section Stahlbauhohlprofil *n*
structural steel paint *(OB)* Stahlkonstruktionsanstrich *m*
structural steel plate Konstruktionsblech *n*
structural steel section *(BM, St)* Baustahlprofil *n*, Profilstahl *m*, Stahlprofil *n*; Formstahl *m*
structural steel sheet *s.* structural steel plate
structural steelwork *(St)* Stahlkonstruktion *f*, Stahlbauten *mpl*, Stahlkonstruktionen *fpl*
structural stone Naturbaustein *m*
structural survey *(VR)* Baugutachten *n*
structural system 1. *(Konst)* Konstruktionssystem *n*, Bausystem *n*; 2. *(TK)* Trag(werk)system *n*; Deckensystem *n*
structural system of a building *(Konst)* Gebäudekonstruktionssystem *n*
structural tee T-Profil *n*
structural terra-cotta *(BM)* Bauterrakotta *f*
structural theory Baukonstruktionslehre *f*
structural timber *(Hb)* Bauholz *n (mindestens 125 mm Seitenlänge)*
structural timber connector *(BT, Hb)* Holzbalkenverbindungseisen *n*; Holzdübel *m*
structural timber grade *(BT, Hb)* Bauholzgüteklasse *f*
structural tube Konstruktionsrohr *n*
structural unit *(BT)* Bauteil *n*
structural wall *(Konst)* tragende Wand *f*, Konstruktionswand *f*
structural wood framing system *(Hb)* Holzrahmenkonstruktion *f (Konstruktionssystem)*
structural works *(Arch, Konst)* bauliche Anlagen *fpl*
structurally complete *(Te)* rohbaufertig
structurally deficient *(RS)* baulich mangelhaft; in konstruktiver Hinsicht mangelhaft
structurally sound *(VR)* baulich einwandfrei; in der Bausubstanz einwandfrei
structure 1. *(Konst)* Konstruktion *f*, Bauwerk *n*, bauliche Anlage *f*, Bau *m*, Baukörper *m*, Gebäude *n*; 2. *(TK)* Tragwerk *n*; 3. *(BM)* Struktur *f*, Gefüge *n (von Stoffen)*; 4. *(Konst)* Gefüge *n (eines Gebäudes)*; 5. *(Bod)* Gefüge *n*, Textur *f (geologisch)*
structure being protected *(Hb)* Schutzobjekt *n*, geschützte Konstruktion *f (Korrosionsschutz)*

structure-borne noise insulation *(DIS)* Körperschalldämmung *f*
structure-borne sound *(DIS)* Körperschall *m*, im Baukörper übertragener Schall *m*
structure-borne sound intensity *(DIS)* Körperschallstärke *f*
structure completed *(Konst)* fertiggestellter Bau *m*
structure gauge *(Verk)* Lichtraumprofil *n*
structure indeterminate to the *n*-degree *(Stat)* *n*-fach statisch unbestimmtes Tragwerk *n*
structure of layers *(BM, Bod, BT, OB)* Schichtenaufbau *m*
structure plane *(Konst)* Bauwerkebene *f*
structure planning process *(RP)* Gebietsplanung *f (der Stadt)*
structure preservation coat *(BM, OB)* Bautenschutzfarbe *f*
structure profile *(BT)* Strukturprofil *n*
structure under protection *(OB, St)* Schutzobjekt *n*, geschützte Konstruktion *f (Korrosionsschutz)*
structured *(BM, Bod)* strukturiert; Struktur...
structureless *(BM, Bod)* gefügelos, unstrukturiert; amorph
structures 1. *(TK)* Tragwerke *npl (EN 1991)*; 2. *(Konst)* Bauten *mpl*
strut *v (TK)* versteifen, verstreben, abstreben, abstützen, verspreizen; unterstützen *(Dachpfette)*
strut 1. *(BT)* Strebe *f*, Steife *f*, Abstützung *f*; Spreize *f*, Grabenspreize *f*; Stützsäule *f*, Stempel *m*; Diagonalstab *m*; Holm *m*; Sprengstrebe *f*; Druckstrebe *f*, Druckglied *n*; Stiel *m (Pfettendach)*; 2. *(Hb)* Kopfband *n*, Kopfstrebe *f*; Fußband *n*
strut beam *(Hb)* Querriegel *m*, Kehlbalken *m*
strut bracing *s.* strut frame
strut frame *(TK)* Sprengwerk *n*, Strebe(nfach)werk *n*; Ständer(fach)werk *n*
strut frame bridge *s.* strutted bridge
strut-framed beam *(Hb)* Sprengwerkbalken *m*
strut member *(BT)* Ausfachungsstab *m (Stahlbau)*
strut pile *(Erdb)* Druckpfahl *m*
strut roof *(TK)* Sprengwerk *n*
struts *s.* strut frame
strutted bridge *(Br)* Sprengwerkbrücke *f*, Brücke *f* mit Sprengwerk
strutted frame *s.* strut frame
strutted mortise *(Hb)* kurzes Zapfenloch *n*
strutted purlin roof *(Konst)* abgestrebtes Pfettendach *n*
strutted roof *(Hb, Konst, TK)* Sprengwerkdach *n*
strutting *(BT, Konst, TK)* Verstrebung *f*, Versteifung *f*, Verbolzung *f*, Abstrebung *f*, Absteifung *f*, Aussteifen *n (vor allem quer bzw. horizontal)*; Unterstützung *f (Dachpfette)*; Absteifung *f (als Schalung, Lehrgerüst)*; Stützwerk *n*, Stützgerüst *n*
strutting beam *s.* strut beam
strutting board Spannbohle *f*
strutting framework *(TK)* Unterstützungsrahmenwerk *n*
strutting head Strebenkopf *m*
strutting of beams *(Konst)* Verspreizung *f* der Balken
strutting piece *(BT, Konst)* Verstrebungsbalken *m*, Sprengstrebe *f (Dachstuhl)*; Jochbalken *m*
stub *v* 1. *(LB)* roden *(Land)*; 2. *(Te)* zerschlagen; zerquetschen
stub *v* **stones** *(BM, Te)* Schotter brechen
stub 1. *(Arch)* Stummel *m (z. B. einer Achse)*; 2. *(Konst)* Nase *f (Dachziegelvorsprung)*; 3. *(LB)* Baumstumpf *m*
stub bar Anschlussbewehrung *f*
stub beam *(Hb)* Kurzbalken *m*
stub cable *(El)* Stichleitung *f*, Abzweigkabel *n*
stub mortise and tenon joint *(Hb)* unsichtbares Zapfenloch *n*
stub pile *(Erdb)* Kurzpfahl *m*
stub section Kurzträger *m*
stub stack *(San)* Stichfallrohr *n*
stub tenon *(Hb)* kurzer Zapfen *m*, Fußzapfen *m*, einfacher Zapfen *m*
stub terminal *(AE)* Kopfbahnhof *m*
stub wall *(SB)* gegossener Maueransatz *m (mit Fußbodenestrich)*
stubby 1. stumpf; 2. gedrungen
stuc Stein(ver)putz *m (Steinimitat)*
stuc mixture [stuff] *(SB)* Steinputzmasse *f*, Steinputzmörtel *m*
stucco *v* 1. mit Stuck verzieren, stuckverzieren; 2. verputzen
stucco 1. *(BM)* Stuck *m*, Stuckgips *m*, Gipsputz *m*; Bildhauergips *m (Baustoff)*; 2. Stuck *m*, Stuckverzierung *f*; Stuckplastik *f*; 3. Stuckputz *m*, Glattputz *m*
stucco architecture *(Arch)* Putzarchitektur *f*
stucco ceiling *(Konst)* Stuckdecke *f*, Gipsdecke *f*
stucco decoration Stuckatur *f*, Stuckarbeit *f*
stucco-encrusted wall *(Arch)* strukturbeladene Wand *f*
stucco lime *(BM)* Stuckkalk *m*
stucco mortar Stuckmörtel *m*
stucco moulding *(Arch)* Stuckplastik *f*, Stuck-Zierprofil *n*
stucco work *s.* stuccowork
stucco worker Stuckateur *m*
stuccoist Stuckateur *m*
stuccolustro *(Arch)* Stuccolustro *m*, Stuckmarmor *m*, Marmorstuckputz *m*
stuccowork *(SB)* Stuckarbeiten *fpl*
stuck *(BT)* festsitzend • **become stuck** *(BT)* sich verklemmen
stuck moulding 1. *s.* stucco 2.; 2. *(Hb, Te)* Formgebung *f* aus Vollmaterial *(Holz)*
stud *v* verstiften, mit Stift(bolz)en versehen; mit Nägeln beschlagen
stud 1. *(BT, TK)* Jochstütze *f*, Jochsäule *f*; Bundsäule *f*; 2. *(Hb)* Pfosten *m*; 3. Stehbolzenstange *f*, Bolzenstab *m*; 4. Stift *m*, Nagel *m*; Ständer *m*
stud anchor *(BT)* Stützenanker *m*; Bolzenanker *m*
stud and mud *(Konst)* Flechtwerktrennwand *f*
stud bolt 1. Stiftschraube *f*, Stiftbolzen *m*; 2. Bolzenstange *f*
stud connector Bolzendübel *m*
stud driver *(BWG)* Bolzentreiber *m*; Bolzenschießgerät *n*
stud gun *(BWG)* Bolzenschießgerät *n*
stud link Steg *m*
stud opening *(Hb)* raue Holzrahmenöffnung *f*
stud partition *(Hb)* Latten(rahmen)trennwand *f*, Gerippetrennwand *f*; Ständertrennwand *f*
stud shooting *(Te)* Bolzenschießen *n*, Bolzensetzen *n*
stud union *(BT)* Ständerverbindung *f*
stud wall *(TK)* Fachwerkwand *f*, Ständerwand *f*, Latten(rahmen)trennwand *f*, Gerippetrennwand *f*
stud welding Bolzenschweißen *n*
studded link cable chain Stegkette *f*
studded plate Warzenblech *n (Brücke)*
studded tile Nockenfliese *f*, Nockenbelagplatte *f*
studding 1. *(Konst)* Gerippe *n*; 2. *(TK)* Fachwerk *n* aus Senkrechtstreben
students' dwelling unit *(AE)* Studentenwohnung *f*
students' hostel Studentenwohnheim *n*
students' quarters *(RP)* Studentensiedlung *f*
studio 1. *(Konst)* Studio *n*, Künstlerstudio *n*, Atelier *n*; 2. *(Konst)* Aufnahmeraum *m*, Senderaum *m*, Sendesaal *m*, Studio *n*
studio apartment *(AE)* 1. *(Konst)* Künstlerstudio *n*; Atelierwohnung *f*; 2. *(Konst)* Appartement *n (mit Schlaf--Wohnzimmereinheit)*
studs *(TK)* Gerippe *n (Tragelemente)*
studs construction type *(Konst)* Gerippebauart *f*

studwork *(SB)* Mauerwerk *n* mit Lattenverstärkung, Latten(fach)werk *n*, Riegelwand *f*
study *v (Te)* studieren, untersuchen
study 1. *(Konst)* Arbeitszimmer *n*; 2. *(Konst)* Studie *f*, Untersuchung *f*
study area *(RP)* Untersuchungsgebiet *n (z. B. Umweltverträglichkeit, Baugrund usw.)*
study centre *(RP)* Studienzentrum *n*
study group *(Konst, VR)* Arbeitsgruppe *f*, Studiengruppe *f*
stuff *v* auskitten; abdichten; (ver)stopfen *(z. B. Loch, Öffnung)*
stuff 1. *(BM)* Putzmörtel *m*, Putzmasse *f*; 2. *(BM, Hb)* Lieferholz *n*, Kantholz *n*; 3. *(BM)* Stoff *m (Gewebe)*
stuffed seam *(St, Te)* Wulstnaht *f (Schweißnaht)*
stuffers Fußbodenbelag(grund)gewebe *n*
stuffing 1. *(DIS, Te)* Stopfen *n*, Packen *n (ein Abdichtverfahren)*; 2. *(BT)* Packung *f*, Füllung *f*
stuffing box Stopfbuchse *f*
stugging Abklopfen *n*, Abspitzen *n (Natursteinoberflächengestaltung)*
stuke *s.* stucco
stump *v* **(out)** *(LB)* stockroden
stump 1. *(LB)* Stubben *m*, Baumstumpf *m*; 2. *(Konst)* Turmansatz *m*
stump lifter *(BWG, LB)* Stubbenroder *m*
stump removal *(LB)* Roden *n*, Stubbenrodung *f*
stump tenon *(Hb)* kurzer (unregelmäßiger) Zapfen *m*
stump tracery *(Arch)* spätgotisches Maßwerk *n (in Deutschland)*
stump veneer Wurzelstockfurnier *n*
stumpwood *(BM, Hb)* Stockholz *n*
stunning Verschlagen *n*, Verhauen *n (Mauerstein)*
stupa *(Arch)* Tope *m*, Stupa *m*, Reliquienhügel *m (buddhistisch)*
stupa base *(Arch)* Topeunterbau *m*, Stupaunterbau *m*
stupa shrine *(Arch)* Topeschrein *m*, Stupaschrein *m*
sturdiness *(Stat)* Stabilität *f*, Festigkeit *f*, Widerstandsfähigkeit *f*, Robustheit *f*, Standfestigkeit *f*
sturdy *(Konst)* massiv; robust, stabil *(standfest)*
sturdy design *(Konst)* robuste Ausführung *f*
stylar façade *(Arch)* Pfeilerfassade *f*; Säulenfassade *f*
style 1. *(Arch)* Stil *m*, Art *f*, Richtung *f*; Bauart *f*, Bauweise *f*; Gestaltung *f*; Formensprache *f*; 2. Säule *f (antike Baukunst)*
style character *(Arch)* Stilcharakter *m*
style of architecture *(Arch, Konst)* Baustil *m*, Bauweise *f*
style of loading *(St)* Belastungsfall *m*
style of ornamentation *(Arch)* Ornamentstil *m*, Schmuckstil *m*, Dekorationsstil *m*, Zierstil *m*
stylistic concept *(Arch)* stilistische Konzeption *f*
stylistic departure *(Arch)* Stilabweichung *f*
stylistic development *(Arch)* Stilentwicklung *f*
stylistic feature *(Arch)* Stilmerkmal *n*
stylistic forerunner *(Arch)* stilistischer Vorläufer *m*
stylistic form *(Arch)* Stilform *f*
stylistic formula *(Arch)* Stilformel *f*
stylistic history *(Arch)* Stilgeschichte *f*
stylistic idea *s.* stylistic concept
stylistic idiom *(Arch)* Formenvokabular *n*
stylistic imitation *(Arch)* Stilimitierung *f*
stylistic perfection *(Arch)* stilistische Vollendung *f*
stylistic phase *(Arch)* Stilphase *f*
stylistic predecessor *(Arch)* stilistischer Vorläufer *m*
stylistic purity *(Arch)* stilistische Reinheit *f*
stylistic significance *(Arch)* stilistische Bedeutung *f*
stylistic tendency *(Arch)* Stiltendenz *f*
stylistic unity *(Arch)* stilistische Einheit *f*
stylization *(Arch, Konst)* Stilisierung *f*
stylize *v (Arch)* stilisieren, auf Grundformen reduzieren

S

stylobate *(Arch)* Stylobat *m*, Säulenstuhl *m*, Fußsockel *m (Unterbau einer antiken Säule)*
stylos *(Arch)* Säulenschaft *m (des antiken Tempels)*
stylus *(BM)* Taststift *m (Schichtdickenmessung)*
styrenated alkyd resin *(BM)* Styrolalkydharz *n*
styrene *(BM)* Styren *n*, Styrol *n*
styrene-butadiene-rubber *(BM)* Styrol-Butadien-Kautschuk *m*, Buna S *n*
styrene dispersion Styroldispersion *f*
styrene plastic Styroplast *m*
sub-sea *s.* subsea
sub-subcontractor Nach-Nachauftragnehmer *m*, Unternachauftragnehmer *m*
subangular kantengerundet
subaqueous *(Bod, Wsb)* unter Wasser, Unterwasser...
subaqueous deposit *(Bod)* Unterwasserablagerung *f*
subaqueous soil Unterwasserboden *m*
subaqueous structure *(Wsb)* Unterwasserbauwerk *n*
subarch *(Konst)* Nebenbogen *m*, Subbogen *m*; Tragbogen *m*
subarea *(RP)* Teilgebiet *n*, Teilfläche *f*
subassemble *v (Te)* vormontieren
subassembly 1. *(BT)* Bauteil *n*, Baueinheit *f*; 2. *(Te)* Vormontage *f*, Teilmontage *f*
subbase *(Erdb, Konst)* Unterbau *m*; Sauberkeitsschicht *f*, Frostschutzschicht *f (Straße)*; Fundamentplatte *f*; Untersohle *f (Fundamentplatte oder Säulenfuß)*; Druckverteilungsschicht *f*
subbase layer *(Verk)* untere Tragschicht *f*, Frostschutzschicht *f*
subbasement *(Konst)* Unterkeller *m*, zweites Kellergeschoss *n*, Tiefkellergeschoss *n*
subbidder *(VR)* Subbieter *m*, Nachbieter *m (als Nachauftragnehmer)*
subbuck *s.* subframe
subbuilding drainage system *(Erdb, WVA)* Pumpenentwässerungssystem *n*
subcasing *(Konst)* Unterrahmen *m*, Rohbaurahmen *m (für Fenster und Türen)*
subcellar *(Konst)* Tiefkeller *m*, zweites Kellergeschoss *n*
subcircuit *(El)* Hilfsstromkreis *m*
subconcrete Unterbeton *m*
subcontract *(VR)* Nachauftragnehmervertrag *m*
subcontractor *(VR)* Nachauftragnehmer *m*
subcontractor's quotation Nachauftragnehmer-Kostenanschlag *m (Preisangebot)*
subdeposit *(Bod)* Unterlagerung *f*
subdiagonal *(BT)* Zwischendiagonalglied *n*
subdivide *v* unterteilen, aufteilen *(in Untergruppen)*
subdivided truss *(Konst)* mit Zwischenstreben unterteiltes Fachwerk *n*
subdivision 1. *(Konst)* Unterteilung *f*; Gliederung *f*; 2. *(RP, VR) (AE)* Baulandaufteilung *f*
subdivision of a building *(Konst)* Gebäudeeinteilung *f*
subdivision regulations *(AE) (VR)* Baulandteilungsbestimmungen *fpl*
subdrain *(WVA)* Abwasserpumpsystem *n*
subdued light *(El)* gedämpftes Licht *n*
subdued relief *(Arch)* geringes Relief *n*
subdued ridge *(Bod)* flacher Höhenzug *m*
subenvironment *(Umw)* Kleinumwelt *f*
subface of stratum *(Bod)* Sohlfläche *f*
subfeeder *(El)* Nebenspeiseleitung *f*
subfloor *(Konst)* Unterboden *m*
subfloor stopper *(BM, OB)* Unterbodenspachtelmasse *f*
subfloor ventilation *(HLK)* Unterbodenbelüftung *f*
subframe *(Konst)* Unterbau *m*; Unterrahmen *m*, Rohbaurahmen *m (für Fenster und Türen)*
subgrade 1. *(Erdb, Verk)* Unterbettungsschicht *f*, Unter-

bauschicht *f*, Planum *n*, Unterlage *f (Straße)*; Straßenbett *n*; 2. *(Verk)* Unterbau *m*, Bahnkörper *m (Eisenbahn)*; 3. *(Bod)* Untergrund *m*, Baugrund *m*, Erdplanum *n*
subgrade drainage *(WVA)* unterirdische Entwässerung *f*
subgrade drainage system *(WVA)* Tiefenentwässerungssystem *n*, Pumpenentwässerungssystem *n*
subgrade excavation *(Erdb)* Planumsauskofferung *f*
subgrade improvement layer *(Verk)* Bodenverbesserungsschicht *f* des Planums, Planumsverbesserungslage *f*
subgrade of a ditch *(Erdb)* Grabensohle *f*
subgrade reaction *(Bod, Stat)* Sohlpressung *f*, Bodenpressung *f*
subgroup Untergruppe *f*
subjacent darunterliegend; tiefer gelegen; Untergrund...
subjacent bed *(Bod)* Liegendes *n*, liegende Schicht *f*
subjacent stratum *(Bod)* unterlagernde Schicht *f*, Liegendschicht *f*
subject field Wissensgebiet *n*
subject for a motif *(Arch)* Motivobjekt *n*
subject for decoration *(Arch)* Zierobjekt *n*
subject to *(BT, TK)* beansprucht
subject to acceptance *(VR)* abnahmepflichtig *(Bauteile, Bauzustände)*
subject to approval *(VR)* genehmigungspflichtig
subject to authorization *(Konst, VR)* genehmigungspflichtig
subject to bending *(BM, BT, TK)* biegebeansprucht
subject to buckling *(BT, TK)* knickbeansprucht
subject to compression *(BT, TK)* druckbeansprucht
subject to foot traffic *(Verk)* begehbar
subject to frost attack *(Bod)* frostempfindlich
subject to high stress hochbeansprucht
subject to tension zugbeansprucht
subject to the contract *(VR)* Vertragsgegenstand *m*
subjected to bending *(BM, BT, TK)* biegebeansprucht
subjected to compression druckbeansprucht
subjected to frost attack *(BM)* Frosteinwirkungen ausgesetzt
subjected to tension *(BM, BT, TK)* zugbeansprucht
subjection to bending Biegebeanspruchung *f*
subjection to pressure Druckbeanspruchung *f*
subjection to tension *(BM, BT, TK)* Zugbeanspruchung *f*
sublease *(VR)* Nachverpachtung *f*
subletting (of contract) *(VR)* Nachauftragsvergabe *f*
sublevel *(Bod, Erdb)* unter Geländeoberfläche *(Planebene)*
sublight Unterfenster *n*
sublimate *(BM)* Sublimat *n*
sublimation Sublimieren *n*
submarginal moraine *(Bod)* Endmoräne *f*
submarine *(Bod)* unterseeisch, submarin, untermeerisch
submarine pipeline *(Wsb)* unterseeische Rohrleitung *f*
submarine platform *(Wsb)* Unterwasserplattform *f*
submaster key *(EB)* Gruppenschlüssel *m*
submerged 1. *(Bod, LB, Umw)* überschwemmt; versunken; 2. *(OB)* übertönt
submerged arc welding *(St, Te)* Unterpulverschweißen *n*, UP-Schweißen *n*
submerged area *(Bod, LB, Umw)* Überschwemmungsgebiet *n*
submerged breakwater (dam) *(Wsb)* Unterwasserdamm *m*
submerged concrete *(BB, Wsb)* Unterwasserbeton *m*
submerged jetty *(Wsb)* Unterwasserdamm *m*
submerged overfall *(Wsb)* Grundwehr *n*
submerged pipeline *(Wsb)* Unterwasserrohrleitung *f*
submerged welding *s.* submerged arc welding
submergence 1. *(Bod)* Bodensenkung *f*, Senkung *f*; 2. *(Bod, LB, Umw)* Überfluten *n*, Untertauchen *n*, Überschwemmung *f*
submergence of ground *(Bod)* Bodensenkung *f*
submergence of surface *(Bod)* Oberflächensenkung *f*
submergible dam *(Wsb)* überfluteter Staudamm *m*
submersed untergetaucht
submersible *(Wsb)* absenkbar, Unterwasser...; Tauch...
submersible bridge *(Br)* überflutbare Brücke *f*
submersible pump *(WVA)* Tauchpumpe *f*, Unterwasserpumpe *f*
submission *(VR)* Submission *f*, Angebotseröffnung *f*; Vorlage *f*, Eingabe *f*; Unterwerfung *f*
submission of tenders *(VR)* Angebotssubmission *f*, Angebotseröffnung *f*, Angebotseinreichung *f*
submit *v* submittieren, Angebote eröffnen
submit *v* **to dynamic stress** *(Stat)* dynamisch beanspruchen
submitting of the plan *(Konst)* Vorlage *f* des Entwurfs
suborder *(VR)* Ausgestaltungsauftrag *m*; Nachauftrag *m*
subordinate altar *(Arch)* Nebenaltar *m*, Seitenaltar *m*
subordinate block *(Arch, Konst)* Nebengebäude *n*
subordinate building *(Arch, Konst)* Nebengebäude *n*
subplatform Unterpodest *n(m)*, Podestunterplatte *f (Metallplatte)*
subplinth zweite Säulensockelplatte *f*
subpopulation collective dose *(RP)* Bevölkerungsteildosis *f*
subpost Aufzugskorb *m* mit Funktionselementen unter dem Rahmen
subpressure *(HLK, San, WVA)* Unterdruck *m*
subpurlin *(Konst)* obere Pfette *f (Dach)*
subrail Treppenwangenauflager *n (als Geländerfuß)*
subrounded mittelmäßig gerundet, halbgerundet, abgekantet
subsample *(BM)* Teilprobe *f*
subsaturation *(BM, Bod)* unvollkommene Sättigung *f*
subsea *(Bod)* unterseeisch, submarin
subsea completion *(Wsb)* Unterwasserkomplettierung *f*
subsea drilling venture *(Erdb, Wsb)* Unterwasserbohrung *f*, Meeresbohrung *f*
subsea equipment *(Wsb)* Unterwasserausrüstung *f*
subsea protection *(OB, Wsb)* Unterwasserbereichsschutz *m*, Schutz *m* des Unterwasserbereiches *(Korrosionsschutz)*
subsea structure *(Wsb)* Unterwasserkonstruktion *f*, Unterwasserbauwerk *n*
subsealing *(DIS)* Nachabdichtung *f*, Sanierungsabdichtung *f*
subsequent coat *(OB)* Folgeanstrich *m*
subsequent costs *(VR)* Folgekosten *pl*
subsequent installation *(El, HLK, San)* Nachinstallation *f*
subsequently adjustable nachträglich verstellbar
subside *v* 1. *(Bod, Konst)* einsinken, sich senken, sich setzen, nachgeben, einsacken *(in den Baugrund)*; 2. *(Stat)* nachlassen, abklingen *(äußere Einflüsse)*
subsidence *(Bod)* Senkung *f (Gebäude, Gelände)*; Setzung *f*, Absackung *f (einer größeren Fläche)*; Einsturz *m*; Grundbruch *m*, Bergsenkung *f*; Erdfall *m*
subsidence basin *(Bod)* Einsturzbecken *n (geologisch)*
subsidence curve Senkungskurve *f*
subsidence damage *(RS)* Senkungsschaden *m*, Bergschaden *m*
subsidence of ground *(Bod)* Bodensenkung *f*
subsidence of ground-water level *(Erdb)* Grundwasserabsenkung *f*
subsidence of soil *(Bod)* Bodensenkung *f*, Erdsenkung *f*
subsidence rubbish *(Tun)* Einsturzschutt *m*
subsidiary building *(Arch, Konst)* Nebengebäude *n*
subsidiary dam *(Wsb)* Nebensperrmauer *f*, Nebensperre *f*
subsidiary materials Bauhilfsmaterial *n*
subsidiary road *(Verk)* Nebenstraße *f*, Seitenstraße *f*

subsidiary shaft *(TK)* Hilfssäule *f*, Nebensäule *f (an Bogenportalen von Kirchen)*
subsidiary station peg *(Erdb)* Reihenpfahl *m*
subsidiary stream *(Erdb, HLK, Wsb, WVA)* Zufluss *m*
subsiding *(Bod)* Setzung *f*, Senkung *f (Bauwerk)*; Bodensetzung *f (Baugrund)*
subsiding area *(Bod)* Absenkungszone *f (geologisch)*
subsiding ground *(Bod)* senkungsgefährdeter Baugrund *m*, nachgiebiger Untergrund *m*
subsidized house-building *(RP, VR)* öffentlich geförderter Wohnungsbau *m*, Sozialwohnungsbau *m*
subsidy *(VR)* Subvention *f*, staatlicher Zuschuss *m (z. B. zum Wohnungsbau)*
subsilicic rock basisches Gestein *n*
subsoil 1. *(Bod)* Untergrund *m*, Baugrund *m*, Erdreich *n*; gewachsener Boden *m*; 2. Unterboden *m (Bodenprofil)*
subsoil consolidation *(Bod)* natürliche Baugrundverdichtung *f*
subsoil drain *(Erdb)* Baugrunddrän *m*
subsoil drainage *(WVA)* unterirdische Entwässerung *f*, Untergrundentwässerung *f*
subsoil expertise *(Bod, VR)* Bodengutachten *n*, Baugrundgutachten *n*
subsoil exploration Baugrunduntersuchung *f*
subsoil map *(Bod, Verm)* Baugrundkarte *f*
subsoil paper *(BM)* Unterlagspapier *n*, Straßenbaupapier *n (Betonstraßen)*
subsoil sealing *(DIS)* Baugrunddichtung *f*
subsoil water *(Bod, Erdb)* Grundwasser *n*, Porenwasser *n*
subsoil water level *(Bod, Erdb)* Grundwasserspiegel *m*
subsoil water level contours *(Bod, WVA)* Grundwassergleichen *fpl*
subsoil water packing *(DIS)* Grundwasserabdichtung *f*
subsoil water table *(Bod, WVA)* Grundwasserspiegel *m*
substance *(BM)* Mittel *n*, Substanz *f*, Stoff *m (Wirkstoff)*
substance of building [structure] Bausubstanz *f*
substandard *(BM, VR)* unter der Norm, minderwertig, nicht standardgemäß, nicht vorschriftengemäß
substantial completion *(Te, VR)* Fertigstellungstermin *m*
substantial performance *(VR)* annähernde Vertragserfüllung *f* [Leistungserfüllung *f*]
substitute *v* ersetzen
substitute *(BT)* Wechselstück *n*; Ersatz *m*, Austausch *m*
substitution Substitution *f*, Ersetzen *n*, Ersetzung *f*; Verdrängung *f*
substrate *(Konst)* Unterlage *f*, Trägerschicht *f*; Rücklage *f*, Hinterlage *f*; Anstrichuntergrund *m*, Anstrichträger *m*
substrate failure *(Te)* Schichtenfehler *m (einer weichen Betonlage)*
substrate material Grundwerkstoff *m*, Trägerwerkstoff *m*, Substratmaterial *n*, Substratwerkstoff *m*
substrate preparatory treatment *(OB, Te)* Untergrundvorbehandlung *f*, Untergrundvorbereitung *f (Beschichtung, Anstrich)*
substratum 1. *(Erdb, Verk)* Unterbau *m*, Tragschicht *f*, Unterschicht *f (Straße)*; 2. *(OB)* Anstrichgrund *m*, Aufstrichfläche *f*; Anstrichträger *m*; 3. *(Konst)* Unterlage *f*, Trägerschicht *f*; Hinterlage *f*
substructure 1. *(Erdb)* Unterbau *m*, Fundamentkonstruktion *f*; 2. *(Stat)* Teilsystem *n*, Untersystem *n (Tragwerkberechnung)*
subsurface unterirdisch, Untergrund...
subsurface oberflächennahe Zone *f*, Binderbereich *m*
subsurface alignment *(Erdb)* Tieflage *f (Verkehrstrasse)*
subsurface catchment area *(Wsb)* unterirdisches Einzugsgebiet *n (Wassergewinnung)*
subsurface corrosion innere Korrosion *f (durch Sauerstoff, Schwefel, Wasserstoff oder Stickstoff)*
subsurface course *(Konst)* Binderlage *f*, Binderschicht *f*
subsurface cracking 1. unterirdische Rissbildung *f*; 2. innere Rissbildung *f*
subsurface discharge *(Erdb, WVA)* unterirdischer Abfluss *m*
subsurface drainage *(Erdb, LB, WVA)* Unterflurdränung *f*, Untergrundentwässerung *f*
subsurface flow *(Bod)* unterirdischer Wasserlauf *m*
subsurface investigation *(Bod)* Baugrunduntersuchung *f*
subsurface repository *(Umw)* Untertagedeponie *f*
subsurface runoff *(Bod, Erdb)* unterirdischer Abfluss *m*
subsurface sand filter *(WVA)* Rieselfeldabzugsfilter *n*
subsurface sewage disposal system *(WVA)* Abwasserversickerungsanlage *f*
subsurface situation Tieflage *f (Gebäude, Stadt)*
subsurface utility unterirdische Versorgungsanlage *f* [Versorgungsleitung *f*]
subsurface water unterirdisches Wasser *n*, Grundwasser *n*
subsystem *(El, HLK, WVA)* Gebäudeversorgungssystem *n* mit spezifischer Funktion *(z. B. Klimaanlage)*
subtense bar *(Verm)* Basislatte *f*
subterranean unterirdisch
subterranean cable *(El)* Erdkabel *n*, Untergrundkabel *n*
subterranean chamber *(Erdb, Konst)* unterirdischer Raum *m*
subterranean current *(Bod)* Grundwasserstrom *m*
subterranean water *(Bod, Erdb)* Grundwasser *n*, Tiefenwasser *n*
subtract *v* **the moment of the supports** *(Konst, Stat)* das Stützenmoment abtragen
subtranslucent halbdurchsichtig
subtransparent halbdurchscheinend
suburb *(RP)* Vorstadt *f*, Vorort *m*, Randbezirk *m (Städtebau)*
suburban area *(RP)* Stadtrand *m*, Außenbezirk *m (Stadt)*
suburban atmosphere *(RP)* Vorstadtatmosphäre *f*
suburban dispersal *(RP)* Zersiedelung *f (in Vorstädten)*
suburban district *(RP)* Stadtrand *m*
suburban housing estate *(RP)* Stadtrandsiedlung *f*
suburban line *(Verk)* Vorortstrecke *f (Bahn)*
suburban motorway *(Verk)* Vorortschnellstraße *f*
suburban railway *(Verk)* Stadtbahn *f*
suburban residential area *(RP)* Außenwohngebiet *n*, Außenwohnviertel *n*
suburban road *(Verk)* Vorstadtstraße *f*
suburban run *(Verk)* Vorortstrecke *f*
suburban sprawl Zersiedelung *f (in Vorstädten)*
suburban train system *(Verk)* S-Bahn *f*, Schnellbahn *f*
suburbanisation *(RP)* Suburbanisierung *f*
subvertical *(BT, TK)* senkrechte Fachwerkverstärkungsstrebe *f*, vertikale Fachwerkfeldstrebe *f*
subvitreous shining *(OB)* glasartig glänzend
subway 1. *(Verk) (AE)* U-Bahn *f*, Untergrundbahn *f*; 2. *(Verk)* Straßenunterführung *f*, Unterführung *f (für Fußgänger)*; Eisenbahnunterführung *f*; 3. *(Konst)* Untergrundkontrollgang *m*, Kanalgang *m*; 4. *(Konst)* Leitungstunnel *m*
subway crossing *(Verk)* Fußgängerunterführung *f*
subway line *(AE)* U-Bahnlinie *f*, U-Bahnstrecke *f*
subway station *(AE)* U-Bahnhof *m*
subwhole *(Konst)* Unterganze *n*
subzero treatment *(Te)* Kältebehandlung *f (Vergüten)*
successful bidder ausgewählter Baubetrieb *m*, infrage kommendes Bauunternehmen *n*, zuschlagerhaltender Betrieb *m*
succession Reihenfolge *f*, Aufeinanderfolge *f*, Abfolge *f*, Sukzession *f*
succession of arches *(Konst, Verk)* Bogenfolge *f*
succession of beds *(Bod)* Schichtenfolge *f*
succession of layers *(Bod, Konst)* Schichtenfolge *f*
succession of strata *(Bod)* Schichtenfolge *f*

S

successive coat Folgeanstrich *m*
successive failure *(BM, BT, RS)* fortschreitender Bruch *m*
successor in title *(VR)* Rechtsnachfolger *m*
suck *v* **up** (auf)saugen, einsaugen
sucker 1. *(Erdb)* Saugrohr *n*; Saugnapf *m*; 2. *(LB)* Wurzelschössling *m*
suction *(BWG, Bod, WVA)* Ansaugen *n*; Aufsaugen *n*; Saugwirkung *f*; Saugvermögen *n*; Sog *m*
suction capacity Saugfähigkeit *f*, Saugvermögen *n*
suction coefficient Sogbeiwert *m*, Windbeiwert *m*
suction dredger *(BWG)* Saugbagger *m*
suction effect *(Stat)* Sogwirkung *f*, Windwirkung *f*
suction filter *(Erdb, WVA)* Saugfilter *m*
suction force Sogkraft *f*
suction head Saughöhe *f*
suction line *(Erdb, WVA)* Saugleitung *f*, Saugrohrleitung *f*
suction load Sauglast *f*
suction pad *(BWG, Te)* Saugmatte *f*, Vakuumheber *m* *(Fertigteilheben)*
suction pipe Saugleitung *f*, Saugrohr *n*, Ansaugrohr *n*
suction pipe check valve and screen Saugkorb *m*
suction pipe line *(Erdb, WVA)* Saugleitung *f*
suction port Saugmund *m*
suction power *(BM, Bod)* Saugfähigkeit *f*, Saugvermögen *n*
suction property Saugfähigkeit *f*, Saugvermögen *n*
suction pump *(BWG)* Saugpumpe *f*
suction quality Saugfähigkeit *f*, Saugvermögen *n*
suction rate Wasseraufsaugvermögen *n* *(Ziegel)*
suction side *(Konst)* Sogseite *f*
suction strainer Ansaugkorb *m*
suction sweeper Saugkehrmaschine *f*
suction ventilation *(HLK)* Sauglüftung *f*
suction venting *(HLK)* Sauglüftung *f*
suction well *(Erdb)* Pumpensumpf *m* *(Baugrube)*
sudatorium *(Arch)* Sudatorium *n*, Schwitzraum *m* *(der römischen Therme)*
sudden change of level *(Konst, RS)* Höhenversatz *m*; Stufenbildung *f*
sudden downpour *(Umw)* Platzregen *m*
sudden load *(Stat)* Stoßlast *f*
sudden loading *(Stat)* Stoßbelastung *f*
sudden sag *(Verk)* Querrinne *f* *(Straße)*
sue *v* **for eviction** auf Räumung klagen
sufficient ausreichend
sugar storage block *(Arch, Konst)* Zuckerlagergebäude *n*
suitability *(BM)* Eignung *f*, Verwendbarkeit *f*, Brauchbarkeit *f* *(Baustoffe)*
suitability test *(BM)* Eignungsprüfung *f*
suitable geeignet, passend, brauchbar; angemessen
suitable equipment *(BWG, Te)* geeignete Ausrüstung *f*, passende Ausstattung *f*
suitable for building bebaubar
suitable for (the) disabled *(Konst)* behindertengerecht
suitable for wheelchairs *(Konst)* rollstuhlgeeignet, rollstuhlgerecht
suite *(Konst)* Zimmerflucht *f*
suite of furniture *(EB)* Möbelgarnitur *f*
suite of rooms *(Konst)* Zimmerflucht *f*
sulfate ... *(AE) siehe: sulphate ...*
sullage 1. *(Umw, WVA)* Abfall *m*; Abwässer *npl* *(Schmutzwasser aus Bad und Küche ohne WC)*; 2. *(WVA)* Schlammablagerung *f* *(Abwasser)*
sulphate attack *(OB)* Sulfatangriff *m* *(Beton)*
sulphate-bearing water sulfathaltiges Wasser *n*
sulphate cement *(BM)* sulfatresistenter Portlandzement *m*, sulfatbeständiger Zement *m*
sulphate corrosion sulfatische Korrosion *f*
sulphate efflorescence Sulfatausblühung *f*
sulphate expansion Sulfattreiben *n*
sulphate-laden water *(WVA)* sulfathaltiges Wasser *n*
sulphate plaster *(SB)* Gipsunterputz *m*
sulphate resistance *(BM)* Sulfatresistenz *f*, Sulfatwiderstandsfähigkeit *f* *(von Zement)*
sulphate-resistant sulfatresistent, sulfatbeständig
sulphate-resistant cement *s.* sulphate cement
sulphate-resisting *(BM)* sulfatbeständig, sulfatwiderstandsfähig
sulphate-resisting Portland cement sulfatbeständiger Portlandzement *m*
sulphate stability *(BM)* Sulfatbeständigkeit *f* *(Baustoff)*
sulphate sulphur Sulfatschwefel *m*
sulphide attack *(OB)* Sulfidangriff *m*
sulphide-bearing *(BM, Umw)* sulfidhaltig
sulphide-containing *(BM, Umw)* sulfidhaltig
sulphide corrosion *(OB)* Sulfidkorrosion *f*
sulphide staining *(OB)* Sulfidschleierbildung *f* *(Anstrich)*
sulphite liquor *(BM)* Sulfitablauge *f*
sulphite lye *(BM)* Sulfitablauge *f* *(Bindemittel)*
sulphite lye adhesive Sulfitablaugenkleber *m*
sulphoaluminate cement *(BM)* Quellzement *m*
sulphur *(BM)* Schwefel *m*
sulphur attack *(OB)* Schwefelangriff *m*
sulphur cement Schwefelzement *m*, Kittzement *m*, Schwefelvergussmasse *f*
sulphur-containing schwefelhaltig
sulphur dioxide *(OB, Umw)* Schwefeldioxid *n*
sulphuric schwefelhaltig, Schwefel...
sulphuric acid *(OB)* Schwefelsäure *f*
sulphuric acid pickle *(OB)* Schwefelsäurebeize *f*
sulphuric anhydride Schwefelsäurenanhydrid *n*
sulphurous *(BM, Umw)* schwefelhaltig; Schwefel...
sulphurous acid schweflige Säure *f*
sum of loads *(Stat)* Lastensumme *f*
sum total insgesamt, alles zusammen
Sumerian architecture *(Arch)* sumerische Architektur *f*, sumerische Baukunst *f*
summation curve *(Stat)* Summenganglinie *f*
summation of forces *(Stat)* Kräfteaddition *f*
summer *s.* summer beam
summer adjustment *(HLK)* Sommerbetrieb *m* *(Heizungsanlage)*
summer beam 1. *(Hb, Konst)* Geschossquerbalken *m*; Balken *m*; 2. *(Hb)* Holzfußbalken *m*; Unterzug *m*; 3. *(BT, Hb)* Rähmstück *n* *(bei Fachwerkwänden)*; Sturz *m* *(langer Sturz)*
summer (beam) header *(BT, Hb)* Sturzbalken *m*
summer heat gain *(HLK)* Sommerwärmegewinn *m*
summer palace *(Arch)* Sommerpalast *m*
summer path *(LB)* Sommerweg *m*
summer residence *(Arch)* Sommerresidenz *f*
summer resort *(RP)* Sommerkurort *m*, Sommerurlaubsort *m*
summer service *(HLK)* Sommerbetrieb *m* *(Heizungsanlage)*
summer stone Sturz *m*; schräger Kragstein *m*
summer tree *(Hb, Konst)* Geschossquerbalken *m*, Balken *m*
summer working *(HLK)* Sommerbetrieb *m* *(Heizungsanlage)*
summerhouse 1. *(Arch)* Sommerhaus *n*, Gartenhaus *n*, Gartenlaube *f*, Gartenpavillon *m*, Laube *f*, Laubenhaus *n*; Datscha *f*, Datsche *f*; 2. *(LB)* Schattendach *n* *(z. B. im Garten)*
summerwood *(BM, Hb)* Spätholz *n*
summit 1. *(Konst)* Kuppe *f*; 2. *(Stat)* Spitze *f*, Scheitelwert *m* *(z. B. im Spannungs-Verformungs-Diagramm)*
summit altitude *(Bod)* Gipfelhöhe *f* *(Gelände)*
summit curve *(Verk)* Kuppenausrundung *f* *(Straßenbau)*
summit joint *(Konst, SB)* Schlussfuge *f*
summit line *(Konst)* Scheitellinie *f*, Gewölbescheitel *m*

summit of curve *(Verk)* Scheitelpunkt *m (Trasse)*
summit transition curve *(Verk)* Kuppenübergangsausrundung *f*
sump 1. *(Erdb)* Sumpf *m*, Pumpensumpf *m*, Pumpensod *m*; 2. *(WVA)* Regenwassersammelkasten *m (Dach)*; Regenwasserschacht *m (Sammelkasten)*; Sammelbehälter *m*; Sickerschacht *m*
sump hole *(Erdb, WVA)* Sickeranlage *f*
sump pan *(Erdb)* Sammelbehälter *m*, Wanne *f (für Sickerwasser)*
sump pump Schmutzwasserpumpe *f*
sump shaft Pumpenschacht *m*
sumptuous üppig
sun-baked luftgetrocknet *(Lehmziegel)*
sun-bathing patio *(Konst)* Sonnenterrasse *f*
sun-bathing terrace Sonnenterrasse *f*
sun control device Sonnenschutzvorrichtung *f*
sun deck *(Konst)* Sonnenterrasse *f*, Sonnendach *n (zum Sonnen)*
sun-dried luftgetrocknet *(Lehmziegel)*
sun-dried brick Schlammziegel *m*, Lehmziegel *m*, Luftziegel *m*
sun-dried brick construction *(Arch)* Schlammziegelbau *m*, Gebäude *n* aus ungebrannten Lehmziegeln
sun-exposed site *(RP)* Sonnenlage *f (Geländelage)*
sun-exposure test Sonnenstrahlungs(alterungs)prüfung *f*
sun parlor *(AE)* Glasveranda *f*, Sonnenterrasse *f*, Solarium *n*
sun patio *(Konst)* Sonnenterrasse *f*
sun protection work Sonnenschutzarbeiten *fpl (Leistungsposition)*
sun-roof *(Konst)* Sonnendach *n*
sun-room *(AE) (Konst)* sonniger Wohnraum *m*, Sonnenzimmer *n*
sun screen *(EB)* Sonnenjalousie *f*, Jalousette *f*
sun time *(Bod, Umw)* Sonnenscheindauer *f*
sun visor Außensonnenblende *f*
sunblind *(EB)* Markise *f*, Abschattungsvorrichtung *f*, Sonnenblende *f*, Sonnendach *n*
sunbreaker *(Konst)* Sonnenschutzwand *f*, Sonnenverblendwand *f (am Gebäude)*; Abschattungsvorrichtung *f*, Sonnenschutzanlage *f*
sunburn *(BM)* Sonnenbrenner *m (Basaltzerfall)*
sunburn of basalt *(BM)* Basaltsonnenbrenner *m*
sunfast *(BM)* sonnenbeständig, sonnenlichtecht
sunk 1. versenkt; eingearbeitet; 2. eingefallen
sunk draft *(SB)* Vorsprungkante *f (eines eingelegten Steins)*
sunk face *(Konst)* vertiefte Sichtfläche *f*, ausgearbeitete Ansichtsfläche *f (Stein)*
sunk fence *(LB)* versenkter Zaun *m*, Grenzgraben *m (Weidefläche)*
sunk foundation *(Erdb)* verfülltes Fundament *n*, eingelassene Gründung *f*
sunk freeway *(AE)* s. sunk motorway
sunk gutter *(San)* eingebaute Dachrinne *f (in die Traufe)*
sunk hydrant Unterflurhydrant *m*
sunk motorway *(Verk)* Tiefstraße *f*, Straße *f* in Tieflage
sunk moulding *(Arch)* eingravierte Verzierung *f*
sunk panel 1. versenktes Paneel *n*; 2. *(Hb)* zurückgesetzte Füllung *f*
sunk relief *(Arch)* eingearbeitetes Relief *n*
sunk shaft foundation *(Erdb)* Senkröhrengründung *f*
sunk shelf *(EB)* schmales Wandregal *n (eingebaut)*
sunk (wall) switch Unterputz(dosen)schalter *m*, versenkter Schalter *m*
sunk weathered surface *(Konst)* zurückgesetzte Wetterseitenwandfläche *f*
sunk well *(Erdb, WVA)* Senkbrunnen *m*
sunk well foundation *(Erdb)* Brunnengründung *f*

sunken road *(Verk)* Tiefstraße *f*, Straße *f* in Tieflage *(im Einschnitt)*
sunlight glare Sonnenlichtblendung *f*
sunny side *(Konst)* Sonnenseite *f*
sunny site *(RP)* Sonnenlage *f (Geländelage)*
sunproof *(BM)* sonnenfest, sonnenbeständig
sunshade *(EB)* Sonnenschutzschirm *m (konstruktiv)*
sunshading Sonnenschutz *m*, Abschattung *f*
sunstone *(BM)* Sonnenstein *m*
superabacus *(Arch)* Pulvinus *m*, Kämpfersockelstein *m*
superadded aufgesetzt
superalkaline *(BM, OB)* hochalkalisch
superalloy Superlegierung *f*
superblock *(Arch)* Wohngroßblock *m*
supercapillary *(BM, Bod)* superkapillar
supercapital *(Arch)* Pulvinus *m*, Kämpfersockelstein *m*
supercilium oberste Zierleiste *f* des Karnieses *(im römischen Gesims)*
supercolumniation zweigeschossiges Säulengewölbe *n*
supercritical *(Stat)* überkritisch
superdimensioned *(Konst, Stat)* überdimensioniert, überbemessen
superelevate *v (Konst)* überhöhen *(z. B. eine Kurve)*
superelevated überhöht
superelevation *(Konst)* Überhöhung *f*
superelevation of rails *(Verk)* Schienenüberhöhung *f*
superelevation rate *(Verk)* Querneigung *f*, Quergefälle *n*
superficial oberflächlich, Oberflächen...; äußerlich
superficial compaction *(Te)* Oberflächenverdichtung *f*
superficial configuration *(Arch)* Oberflächengestalt *f*; Oberflächengestaltung *f*
superficial contents *(Arch, Stat)* Flächeninhalt *m*
superficial covering Oberflächendecke *f*
superficial crack Oberflächenriss *m*
superficial deposit *(Bod)* Oberflächenablagerung *f*; oberflächennahe Lagerstätte *f (Sand, Kies, Gestein)*
superficial deterioration *(RS)* Oberflächenzerstörung *f*
superficial hardness *(OB)* Oberflächenhärte *f*
superficial layer *(BT, Konst)* Deckschicht *f*, Oberflächenschicht *f*
superficial measure *(AE)* Brett(ober)flächenmaß *n*, Abmessung *f* der Schnittfläche
superficial rust Oberflächenrost *m*
superficial water Oberflächenwasser *n*
superficies 1. Außenseite *f*, Stirnseite *f (Wand)*; 2. Oberfläche *f*, Fläche *f (Gelände)*
superfine aggregate *(BM)* Feinstzuschlagstoff *m*
superfinishing *(Konst, OB)* Feinstbearbeitung *f*
superglacial moraine *(Bod)* Oberflächenmoräne *f*
supergloss *(OB)* Hochglanz *m*
superheat *v* überhitzen
superheated steam *(BB, HLK, Te)* überhitzter Dampf *m*
superheated water-circulating head [pressure] *(HLK, San)* Heißwasserleitungsdruck *m*
superheated water heating *(HLK)* Heißwasserheizung *f*
superheated water-heating system *(HLK)* Heißwasserheizungssystem *n*
superheated water supply circuit [system] *(San)* geschlossenes Heißwasserversorgungssystem *n*
superheater Überhitzer *m*
superheavy concrete *(BB)* Schwerstbeton *m*
superhighway *(Verk)* Autobahn *f*
superimpose *v (BT, Konst, Stat)* überlagern
superimposed *(Bod, BT, Konst)* übereinanderliegend, geschichtet, übereinander gelagert
superimposed back pressure *(Stat)* äußerer Gegendruck *m*, Fremdgegendruck *m*
superimposed bed *(Bod)* überlagernde Schicht *f*
superimposed dead load *(Stat)* Nutzlast *f*

superimposed drainage *(Erdb, LB)* Bodensicherungsdränung *f*
superimposed load Verkehrslast *f*, Auflast *f*, aufgebrachte Last *f*
superimposed stratum *(Bod)* überlagernde Schicht *f*
superimposition Überlagerung *f*
superincumbent *(Bod)* überlagernd, überliegend, darüberliegend *(geologisch)*
superintendent Oberbauleiter *m*, verantwortlicher Bauleiter *m (des Auftragnehmers)*
superjacent *(Bod)* daraufliegend, darüberliegend, aufliegend *(geologisch)*
superjacent stratum *(Bod)* überlagernde Schicht *f (geologisch)*
supermarket *(Konst, RP)* Supermarkt *m*, Einkaufsmarkt *m*
superplasticizer starker Weichmacher *m*
superpose *v (Bod, BT, Konst)* übereinanderlegen, übereinander anordnen, übereinander anbringen, übereinanderlagern; legen, lagern, schichten
superposed übereinanderliegend
superposed bed *(Bod)* aufliegende Schicht *f*
superposed layer aufliegende Schicht *f (Grundbau, Straßenbau, Konstruktionsschicht)*
superposition *(Konst)* Superposition *f*, Überlagerung *f*; Übereinanderlagerung *f*; Schichtung *f*
superposition equation *(Stat)* Superpositionsgesetz *n*, Superpositionsgleichung *f*
superposition law *(Stat)* Superpositionsgesetz *n*, Überlagerungsgesetz *n*
superposition of moments *(Stat)* Momentenüberlagerung *f*
superposition of networks *(WVA)* Überlagerung *f* von Entwässerungsnetzen
superposition of stresses Spannungsüberlagerung *f*
superposition principle *(Stat)* Superpositionsgesetz *n*, Überlagerungsgesetz *n*
superposition solution *(Stat)* Überlagerungslösung *f*
superpressed plywood Presssperrholz *n*, verdichtetes Sperrholz *n*
superpressure *(HLK, WVA)* Überdruck *m*
supersaturate *v* übersättigen
supersaturated übersättigt
supersaturation *(BM, Bod)* Übersättigung *f*
supersonic sounder *(Verm)* Ultraschalllot *m*
supersonics *(Verm)* Ultraschall *m*
superstratum *(Bod)* obere Schicht *f (geologisch, Bodenprofil)*
superstructure 1. *(Konst)* aufgehender Bau *m*, Überbau *m*; Überbaukonstruktion *f*; 2. *(Konst, Verk)* Oberbau *m (Hochbau, Bahn)*; 3. *(Arch)* Penthaus *n*
supersulphated (slag) cement *(BM)* Sulfathüttenzement *m*
superterranean über der Erde befindlich, überirdisch
superterrene *s.* superterranean
supervise *v (VR)* überwachen
supervised classification überwachte Klassifizierung *f (Baustoffaufbereitung)*
supervising authority *(VR)* Aufsichtsbehörde *f*
supervision Überwachung *f*, Kontrolle *f*, Baukontrolle *f*, Bauaufsicht *f*
supervision of works *(VR)* Bauarbeitenüberwachung *f*, Bauwerksaufsicht *f*
supervisor Sicherheitsinspektor *m*; Aufseher *m*
supervisory authority [board] *(VR)* Aufsichtsbehörde *f*
superwhole Oberganze *n*
superwood harzgetränktes Holz *n*
supple biegsam; nachgiebig, elastisch *(z. B. Material)*
supplementary zusätzlich, ergänzend
supplementary agreement *(VR)* zusätzliche vertragliche Vereinbarung *f*
supplementary boiler *(HLK)* Hilfskessel *m*
supplementary conditions *(Konst, Stat)* Ergänzungsbedingungen *fpl*
supplementary conditions of contract *(VR)* zusätzliche Vertragsbedingungen *fpl*
supplementary drawing Ergänzungszeichnung *f*, Zusatzzeichnung *f*
supplementary force *(Stat)* Zusatzkraft *f*
supplementary generator *(El)* Zusatzgenerator *m*
supplementary invoice Ergänzungsrechnung *f*
supplementary lighting *(El)* Zusatzbeleuchtung *f*, Ergänzungsbeleuchtung *f*; Sonderbeleuchtung *f*
supplementary regulations Ergänzungsbestimmungen *fpl*, Zusatzbestimmungen *fpl*
supplementary structures *(Arch, Konst)* Ergänzungsbauten *mpl*
supplementary technical specifications zusätzliche technische Vertragsbedingungen *fpl*
supplementary work *(VR)* Nachtragsarbeit *f*, Zusatzarbeit *f*
supplied by the owner *(VR)* bauseits geliefert
supplied only nur (an)geliefert *(Baustofflieferervertragsbedingung)*
supplied power *(El)* zugeführte Leistung *f*
supplier Lieferant *m*; Baustofflieferant *m*; Anbieter *m*
supplier's declaration *(VR)* Anbietererklärung *f*
supplies 1. *(Te)* Bestand *m*, Vorrat *m (Baustoffe)*; 2. *(EB)* Ausrüstung *f*, Zubehör *n (Ausbau)*
supply *v* liefern; zuleiten, zuführen *(versorgen mit)*; einspeisen; beistellen
supply *v* **with gas** mit Gas versorgen
supply *(BM, VR)* Zufluss *m*, Zulauf *m*, Lieferung *f* • **in short supply** knapp *(Material)*
supply air *(HLK)* Zuluft *f (Klimaanlage)*
supply air equipment Zuluftgerät *n*
supply area Versorgungsgebiet *n*
supply base *(Te)* Vorratslager *n*, Versorgungslager *n*
supply bin Vorratssilo *m*
supply cable *(El)* Zuführungskabel *n*
supply failure *(El)* Stromausfall *m*
supply fixture unit *(Konst, WVA)* Wasserbedarfsmenge *f (infolge definierter Auslassventile in einem Gebäude)*
supply floor Lieferetage *f*, Lieferstockwerk *n*, Anlieferetage *f*, Anlieferungsstockwerk *n*
supply grid *(El, HLK, WVA)* Versorgungsnetz *n*, Leitungsnetz *n*
supply grille *(HLK)* Lufteinspeisegitter *n (Klimaanlage)*
supply installation *(El, HLK, WVA)* Versorgungsanlage *f*
supply level *(Konst)* Versorgungsebene *f*
supply line *(El)* Zu(führungs)leitung *f*, Speiseleitung *f*; Lichtnetz *n*
supply mains 1. *(HLK)* Kühl- und Heizmittelhauptleitung *f*; 2. *(El)* Versorgungshauptleitung *f*
supply meter *(El)* Energieverbrauchszähler *m*
supply network Stromversorgungsnetz *n*, Leitungsnetz *n*
supply pipe Versorgungsleitung *f*; Hauptrohrstrang *m (für Gas und Wasser)*
supply pressure *(El, WVA)* Versorgungsdruck *m*
supply ramp Lieferrampe *f*
supply road *(Verk)* Lieferstraße *f*, Versorgungsstraße *f*
supply system *(RP)* Versorgungsnetz *n*; Versorgungssystem *n*
supply tank Vorratsbehälter *m*
supply temperature *(HLK)* Vorlauftemperatur *f*
supply terminal Leitungsanschluss *m*
supply undertaking Versorgungsbetrieb *m*
supply well *(WVA)* Versorgungsbrunnen *m*

supply zone *(RP)* Versorgungsgebiet *n*
support *v (Stat)* (ab)stützen, tragen, halten, unterstützen *(Lasten)*; (auf)lagern
support 1. Auflager *n*, Lager *n*, Lagerfläche *f*; Auflagepunkt *m*; Auflagerstelle *f*; Auflagestütze *f*; Kragstein *m*; 2. Säule *f*, Pfahl *m*, Stütze *f*, Stützung *f*, Träger *m*; Halterung *f*; Konsole *f*; 3. Ausbau *m*, Verbau *m (Graben, Stollen)*
support analogy *(Konst)* Stützenanalogie *f*
support anchorage *(Konst)* Stützenverankerung *f*
support angle Stützwinkel *m*
support base *(BT)* Stützenfuß *m*
support beam *(Hb)* Lagerbalken *m*, Auflagerbalken *m*
support bearing *(Konst)* Stützenauflagerung *f*
support bracket Stützwinkel *m*, Stützkonsole *f*
support cap Stützenkopfplatte *f*
support casing *(BT)* Stützenummantelung *f*
support conditions Auflagerbedingungen *fpl*
support design *(Konst, Stat)* Stützenbemessung *f*
support end moment *(Stat)* Stützenendmoment *n*
support film *(BT, OB)* Trägerfolie *f*
support foot *(BT)* Stützenfuß *m*
support for pipes *(BT)* Rohrstütze *f*, Krücke *f*
support forms Stützenschalung *f*
support foundation *(Erdb)* Stützengründung *f*
support-free *(Konst)* stützenfrei
support grid pattern *(Konst)* Stützenraster *m*
support guard Stützenkantenschutz *m*
support head Stützenkopf *m*, Pilzkopf *m*
support height *(Konst)* Stützenhöhe *f*
support hinge Stützengelenk *n*
support index *(Stat)* Stützziffer *f*
support instability Stützenlabilität *f*
support layout *(Konst)* Stützenanordnung *f*
support length Stützenlänge *f*
support-less *(Konst)* stützenfrei, stützenlos
support load *(Stat)* Stützenlast *f*
support member *(BT)* Stützglied *n*; Trägerelement *n*
support movement *(Konst, RS)* Stützenabsenkung *f*, Stützenbewegung *f*
support of ridge purlin Firstpfettenauflager *n*
support pair *(Konst)* Stützenpaar *n*
support polygon *(TK)* Unterstützungspolygon *n*
support pressure *(Stat)* Widerlagerdruck *m*, Stützdruck *m*
support rack *(BM)* Probengestell *n*, Versuchsgestell *n*
support reinforcement Stützenbewehrung *f*
support rigidity Stützensteifigkeit *f*
support roller Stützrolle *f*
support section *(BT)* Stützenprofil *n*, Stützenquerschnitt *m*
support shaft Stützenschaft *m*
support shuttering Stützenschalung *f*
support side vertikales Element *n* der Stützenschalung
support size *(Konst)* Stützengröße *f*
support stiffness *(Stat)* Stützensteifigkeit *f*
support stress *(Stat)* Stützenspannung *f*
support structure *(TK)* tragende Konstruktion *f*
support-to-footing connection *(Konst)* Stützen-Fundament-Verbindung *f*
support-to-support joint Stützen-Stützen-Verbindung *f*
support vector *(Stat)* Stützenvektor *m*
support web Stützensteg *m*
support width Stützenbreite *f*
support work *(Erdb)* Verbauarbeiten *fpl*, Sicherungsarbeiten *fpl*
support zone Stützenbereich *m*
supported *(BT, TK)* aufgelagert • **be fully supported** *(BT, TK)* voll aufliegen • **be supported** *(BT, TK)* aufliegen
supported beam *(TK)* Träger *m* auf zwei Stützen
supported diaphragm *(TK)* lastbringende Scheibe *f*
supported end unterstützte Seite *f (eines Balkens)*
supported joint *(Konst)* ruhender Stoß *m*
supported pointwise punktweise gestützt
supported rail joint *(Konst, Verk)* aufliegender Schienenstoß *m*
supported stairs unterstützte Treppe *f*
supporter *(TK)* Steife *f*, Stempel *m*
supporting *(Stat)* tragend, lasttragend; Trag..., Stütz...
supporting *(TK)* Stützglied *n*
supporting arch Stützbogen *m*
supporting arm Tragarm *m*, Armstück *n*
supporting bar *(TK)* Tragstab *m*, Stützstab *m*; Stützbalken *m*
supporting base Träger(stoff) *m (z. B. bei Dachpappen, Kunststoff)*
supporting beam *(TK)* Stützbalken *m*, Tragbalken *m*, Träger *m*
supporting bed Tragschicht *f (Erdschicht)*
supporting bracket *(Hb)* Tragknagge *f*, Stützkonsole *f*
supporting cable Tragseil *n*
supporting column *(TK)* Stützpfeiler *m*, Stützsäule *f*
supporting component *(BT, TK)* Trageelement *n*
supporting force *(Stat)* Auflagerkraft *f*, Stützkraft *f*
supporting frame(work) *(TK)* Stützwerk *n*, Traggerüst *n*, Stützgerüst *n*
supporting in longitudinal direction *(TK)* längstragend
supporting in transverse direction *(TK)* quertragend
supporting joist *(BT, TK)* Unterzugbalken *m*
supporting material *(BT, TK)* Träger *m*
supporting mechanism *(Konst)* Tragemechanismus *m*
supporting member *(BT, TK)* Pfosten *m*, Stiel *m*, Stütze *f*, Rahmenstiel *m*, Rahmenpfosten *m*, Rahmenstütze *f*; Trageelement *n*
supporting pier Tragpfeiler *m*
supporting pile *(Erdb)* Tragpfahl *m*, Stützpfahl *m*
supporting pillar *(TK)* Stützpfeiler *m*, Strebpfeiler *m*
supporting plane *(Konst, TK)* Tragebene *f*
supporting point *(Konst)* Auflagepunkt *m*
supporting pylon Tragmast *m*
supporting rack *(Konst)* Traggestell *n*
supporting reaction *(Stat)* Auflagerreaktion *f*
supporting rib *(TK)* Konstruktionsrippe *f*, Tragrippe *f*
supporting roller Tragrolle *f (Seilbahn)*
supporting scaffold *(TK)* Traggerüst *n*
supporting section *(Konst)* Stützquerschnitt *m*
supporting skeleton Stützgerüst *n*
supporting stratum Tragschicht *f (Erdschicht)*
supporting structure *(TK)* Tragwerk *n*, Tragkonstruktion *f*; Trageelement *n*
supporting surface *(Konst)* Auflagefläche *f*, Lagerfläche *f*, tragende Fläche *f*
supporting timber *(BB, BM, Te)* Schalholz *n (für Beton)*
supporting tower *(TK)* Tragpfeiler *m*, Brückenturm *m*
supporting wall Widerlagermauer *f*
supporting wire for air cables *(BT)* Luftkabeltragseil *n*
suppress *v* unterdrücken
suppression *(Konst, Stat)* Abschwächung *f*, Unterdrückung *f*
Suprematism *(Arch)* Suprematismus *m (absolut abstrakte Formanwendung)*
suprematist architecture *(Arch)* suprematistische Architektur *f*
surbase *(BT)* Obergesims *n*
surbased flachgewölbt, gedrückt
surbased arch *(Konst)* gedrückter Bogen *m*, Flachbogen *m*
surbased Gothic vault *(Konst)* gedrücktes Spitzbogengewölbe *n*
surbased vault *(Konst)* Spiegelgewölbe *n*, abgeflachtes [gedrücktes] Gewölbe *n*

S

surcharge *v* 1. *(Stat)* über(be)lasten; 2. *(Stat)* belasten; aufschlagen
surcharge 1. *(Stat)* Überbeanspruchung *f*; Auflast *f*; 2. *(VR)* Zuschlag *m*; Nachgebühr *f*; Aufgeld *n*
surcharged drain *(WVA)* überlasteter Kanal *m*
surcharged earth *(Erdb, Konst)* Überkopfmassen *fpl (Stützmauer)*
surcharged wall Überkopfstützmauer *f*
sure-footed safety *(VR)* Gehsicherheit *f*, Laufsicherheit *f*
surety *(VR)* Bürgschaft(sleistung) *f*, Sicherheitsleistung *f (Vertragserfüllung)*
surety bond *(VR)* Bürgschaftsvereinbarung *f*, Bürgschaftserklärung *f*
surf bar *(LB)* Brandungsgürtel *m*
surface *v* 1. *(OB, Te)* die Oberfläche bearbeiten; die Oberfläche behandeln; abrichten; glatthobeln; 2. auskleiden, verkleiden; 3. beschichten, überziehen; belegen
surface *v* **with gravel** bekiesen
surface 1. Außenfläche *f*, Außenseite *f*; Oberfläche *f*, Fläche *f*; 2. Spiegel *m (Niveau)*
surface abrasion resistance *(BM)* Abriebfestigkeit *f*
surface acoustic wave *(DIS)* Oberflächenschallwelle *f*; Körperschall *m*
surface acting agent oberflächenaktiver Stoff *m*
surface-active agent *(BM)* oberflächenaktiver Zusatzstoff *m*, Entspannungsadditiv *n (Beton)*
surface activity *(OB)* Oberflächenaktivität *f*, Grenzflächenaktivität *f*
surface analysis Oberflächenuntersuchung *f*, Oberflächenprüfung *f*
surface anchor *(OB)* Rautiefe *f*
surface appearance Oberflächenaussehen *n*
surface arcade *(Arch)* Blendarkade *f*
surface area *(BM, BT)* Oberfläche *f*
surface astragal *(EB)* aufgesetzter Viertelstab *m*
surface attack *(OB)* Oberflächenangriff *m*
surface bearing ebenes Lager *n*
surface blasting *(OB, Te)* Flächenstrahlen *n*
surface bolt *(EB)* Schubriegel *m*, Schubriegelstange *f*
surface bond Oberflächenhaftung *f*
surface boundary layer *(Bod)* Oberflächengrenzschicht *f (geologisch)*
surface building *(Arch, Konst)* oberirdisches Gebäude *n*
surface cable Überputzkabel *n*
surface characteristics *(BM)* Oberflächeneigenschaften *fpl*
surface cleaning *(OB, Te)* Oberflächenreinigung *f*
surface cleanliness *(OB)* Oberflächenreinheit *f*
surface coarseness *(OB)* Oberflächenrauigkeit *f*
surface coating 1. *(OB)* Oberflächenbeschichtung *f*; Anstrich *m*; Überzug *m*; 2. *(Verk)* Oberflächenbehandlung *f (Straße)*
surface compactor *(BWG)* Oberflächenverdichter *m*
surface condensation *(DIS)* Schwitzwasserbildung *f*, trockene Kondensation *f*
surface condition Oberflächenbeschaffenheit *f*, Oberflächenzustand *m*, Oberflächengüte *f*
surface configuration *(Konst, OB)* Oberflächengestaltung *f*
surface conservation Oberflächenkonservierung *f*
surface contamination Oberflächenverunreinigung *f*
surface content Flächeninhalt *m*, Flächenraum *m*
surface continuity *(Konst)* flächenmäßiger Zusammenhang *m*
surface contour *(Arch)* Oberflächenrelief *n*
surface contour line *(Verm)* Höhenlinie *f*, Höhenschichtlinie *f*, Isohypse *f*
surface-conversion coating Umwandlungsschicht *f*, Konversionsschicht *f*
surface corrosion *(OB)* Oberflächenkorrosion *f*
surface course *(OB, Verk)* Deckschicht *f*
surface crack *(OB)* Oberflächenriss *m*
surface crusting *(Bod)* Bodenverkrustung *f*
surface curvature *(Arch, Konst)* Flächenkrümmung *f*
surface damage 1. *(OB, RS)* Oberflächenschaden *m*; 2. *(Bod)* Oberflächensenkung *f (geologisch)*; Bergschaden *m (Bergsenkungsgebiet)*
surface debris *(Bod)* Oberflächenschutt *m (Gestein)*
surface decoration *(Arch)* Flächendekoration *f*, Flächenornamentierung *f*, Flächenverzierung *f*, Oberflächenschmuck *m*, Oberflächenmusterung *f*
surface defect *(OB)* Oberflächenfehler *m*, Oberflächenmangel *m*; Oberflächenschaden *m*
surface demarcation *(Verm)* Oberflächenvermarkung *f (Vermessung)*
surface deposit *(Bod)* Oberflächenablagerung *f (Umwelt; Sand; Erdstoff)*
surface depression *(Bod)* Oberflächensenkung *f (durch geologische Hohlräume)*; Bergschaden *m (Bergsenkungsgebiet)*
surface deterioration *(RS)* Oberflächenschaden *m*
surface diffusion *(DIS)* Oberflächendiffusion *f*
surface digging *(Erdb, Te)* Flachbaggerung *f*
surface dirt *(OB)* Oberflächenschmutz *m*
surface disintegration Verwitterung *f*
surface drainage *(LB)* Oberflächenentwässerung *f (Melioration)*
surface dressing 1. Oberflächenbehandlung *f (Straßenbau)*; 2. Verschleißschicht *f (Straße)*
surface drier *(BWG)* Oberflächentrockner *m*
surface dry oberflächentrocken
surface drying schnelle Oberflächentrocknung *f (Farbe)*
surface earthing *(El)* Oberflächenerdung *f*
surface effect Oberflächenwirkung *f*, Oberflächeneffekt *m*
surface erosion *(Bod)* Oberflächenerosion *f*
surface exposed to the wind Windangriffsfläche *f*
surface film *(OB)* Oberflächenfilm *m*, Oberflächendünnschicht *f*
surface finish *(OB)* Oberflächengüte *f*, Oberflächenbeschaffenheit *f*, Oberflächenzustand *m*
surface finishing Oberflächenbearbeitung *f*, Oberflächenbehandlung *f*
surface-fixed hinge Aufsatzband *n*, Fitschenband *n*, Fitsche *f*
surface fixing *(EB)* Aufsetzen *n (Baubeschläge)*
surface flatness *(Arch)* Geradheit *f* der Oberfläche
surface flaw Oberflächenriss *m*
surface form *(Bod)* Geländeform *f*, Oberflächenform *f*
surface formation *(Bod)* Deckschicht *f (geologisch, Erdstoff)*
surface friction Oberflächenreibung *f*
surface-harden *v (OB, Te)* oberflächenhärten, oberflächlich härten
surface hardener Oberflächenhärtungsmittel *n*; Betonhärtemittel *n*; Steinhärtemittel *n*
surface hardening Oberflächenhärten *n*, Oberflächenhärtung *f*
surface hardness Oberflächenhärte *f*
surface hinge *(EB)* Aufschraubtürband *n*
surface humidity *(Bod, LB)* Bodenfeuchte *f*
surface hydrant *(WVA)* Überflurhydrant *m*, Oberflächenhydrant *m*
surface-improved *(OB)* oberflächenvergütet
surface improvement Oberflächenverbesserung *f*, Oberflächenvergüten *n*
surface impurity Oberflächenverunreinigung *f*
surface inlet *(WVA)* Oberflächeneinlauf *m*, Oberflächenableitung *f (Wasser)*

surface irregularity *(OB)* Oberflächenunebenheit *f*, Oberflächenunregelmäßigkeit *f*
surface irrigation *(LB)* Oberflächenbewässerung *f*
surface laitance Zementschleier *m*
surface latch *(EB)* Aufschraub(tür)schloss *n*
surface layer Oberflächenschicht *f*, Deckschicht *f*
surface level *(LB)* Rasensohle *f*
surface load *(Bod)* Flächen(auf)last *f*
surface luminaire *(AE)* Flächenleuchte *f*
surface lustre *(OB)* Oberflächenglanz *m*
surface machine *(BWG, Hb)* Hobelmaschine *f*
surface mapping *(Verm)* Oberflächenkartierung *f*
surface masonry wall *(SB)* aufgehende Mauer *f*
surface measure Brett(ober)fläche *f (Maß)*
surface metal raceway *(Konst)* auf Putz montierter Kabelführungskanal *m*
surface method Oberflächenmethode *f (Ablagerungstechnik)*
surface modification Oberflächenverbesserung *f*
surface modulation *(Arch)* Oberflächengestaltung *f*
surface moisture *(BM, Bod)* Oberflächenfeuchtigkeit *f*, Oberflächennässe *f*; Oberflächenwasser *n*
surface moraine *(Bod)* Oberflächenmoräne *f*
surface-mounted *(Konst)* auf Putz montiert, Aufputz...
surface-mounted astragal aufgesetzter Viertelstab *m*
surface-mounted installation *(El)* Aufputzinstallation *f*
surface-mounted luminaire *(AE)* Deckenleuchte *f*, Flächenleuchte *f*
surface mounting *(El)* Aufputzverlegung *f*
surface normal *(Arch)* Flächensenkrechte *f*
surface of bedding *(Bod, Erdb)* Schichtebene *f*, Unterbettungsschichtebene *f*
surface of conformity *(Arch)* Kontinuitätsfläche *f*
surface of constant slope *(Erdb)* Böschungsfläche *f*
surface of depression *(Erdb)* Depressionsfläche *f (Grundwasserabsenkung)*
surface of filling *(Erdb)* (konstruktive) Erdkörper(ober)fläche *f*, geschüttete Fläche *f*
surface of flow *(WVA)* Durchflussquerschnitt *m*
surface of formation *(Verk)* Oberbauplanum *n (Eisenbahn)*
surface of fracture Bruchfläche *f*
surface of instability *(Arch)* Unstetigkeitsfläche *f*
surface of junction Berührungsfläche *f*
surface of lamination Schichtebene *f*
surface of rupture Bruchfläche *f*
surface of section *(Arch, Konst)* Schnittfläche *f*
surface of sliding Gleitfläche *f (Böschung, Damm)*
surface of stratification *(Bod)* Schichtebene *f (Bodenprofil)*
surface of subsoil water *(Bod)* Grundwasserspiegel *m*
surface of water *(Bod, WVA)* Wasserspiegel *m*
surface ornamental finish *(Arch)* Oberflächenmusterung *f*
surface oxidation *(OB)* Oberflächenoxidation *f*
surface oxide film *(OB)* Oxidbelag *m*, Oxidfilm *m*, Oxidhaut *f*
surface passivation *(OB)* Oberflächenpassivierung *f (Korrosionsschutz)*
surface peening *(OB)* Oberflächenhämmerung *f*
surface planer [planing machine] *(BWG, Hb)* Planhobelmaschine *f*
surface plate *(BT)* Abrichtplatte *f*
surface polishing *(OB)* Oberflächenpolieren *n*, Polieren *n*
surface preparation *(OB)* Oberflächenvorbehandlung *f*
surface pressure *(Stat)* Flächendruck *m*, Flächenpressung *f*
surface pretreatment Oberflächenvorbehandlung *f*
surface profile Oberflächenprofil *n*
surface property Oberflächeneigenschaft *f*
surface protection Oberflächenschutz *m*
surface quality Oberflächenqualität *f*, Oberflächeneigenschaft *f*
surface reaction Oberflächenreaktion *f*
surface regeneration Oberflächenauffrischung *f*
surface region *(Konst)* Oberflächenbereich *m*, Oberflächenbezirk *m*
surface removal *(Erdb)* Oberflächenabtrag *m*, Oberflächenabtragung *f*, Flächenabtrag *m*
surface removing *(Erdb)* Oberflächenabtragung *f (Boden, Erdstoff)*
surface repelling admixture Oberflächenschutzstoff *m*, Oberflächensperrzusatzstoff *m*
surface resistance *(El)* Oberflächenwiderstand *m*
surface retardant Oberflächenabbindeverzögerer *m*, Waschbetonverzögerer *m*
surface retention *(Bod)* Oberflächenwasserbindung *f (Boden)*
surface retread *(OB, Verk)* Oberflächenerneuerung *f*
surface rib Gewölbewulstrippe *f*
surface riser *(Konst)* Aufputzsteigleitung *f*
surface rock *(BM, Bod)* Oberflächengestein *n*
surface roughness *(OB)* Oberflächenrauheit *f*, Oberflächenrauigkeit *f*
surface runoff Oberflächenabfluss *m*
surface rust *(OB)* Oberflächenrost *m*
surface scale *(OB)* Zunderschicht *f*
surface sealer 1. *(BM, OB)* Absiegelungsmasse *f*, Beschichtungsmasse *f*; 2. Absiegelungsschicht *f (Straße)*
surface sealing compound *(BB, BM)* Oberflächenverschlussmasse *f (Beton)*
surface shell *(Arch)* Mantelfläche *f*
surface site *(Verk)* Oberflächenbehandlungsbaustelle *f*
surface skin *(OB)* Oberflächenhaut *f*, Oberflächendünnschicht *f*
surface slope *(Bod, Erdb)* Oberflächengefälle *n*
surface smoothing *(OB, Te)* Abglätten *n*
surface smoothness Ebenflächigkeit *f*, Oberflächenebenheit *f*, Planebenheit *f*
surface socket *(El)* Aufputzsteckdose *f*
surface soil 1. *(Bod)* obere Bodenschicht *f*; 2. Oberflächenschmutz *m*
surface stability Oberflächenfestigkeit *f*
surface state Oberflächenzustand *m*, Oberflächenbeschaffenheit *f*
surface stratum *(Bod)* Deckschicht *f (Boden, geologisches Profil)*
surface stress Oberflächenspannung *f*
surface structure *(Bod)* Oberflächenstruktur *f (Geländeoberfläche)*
surface structure map *(Bod, Verm)* Oberflächenstrukturkarte *f (Gelände)*
surface subsidence *(Bod)* Bergschaden *m*
surface switch *(El)* Aufputzschalter *m*, Schalter *m* für Aufputzverlegung
surface tarnish *(OB)* Anlauffilm *m*, Anlaufschicht *f (Anstrich)*
surface temperature *(HLK)* Oberflächentemperatur *f*
surface tension Oberflächenspannung *f*
surface texture *(OB)* Oberflächenrauheit *f*, Oberflächentextur *f*
surface treatment 1. Oberflächenbehandlung *f*, Oberflächenbearbeitung *f*; 2. *(Verk)* Oberflächenschutzschicht *f*
surface type *(El, HLK, Konst)* Aufputzausführung *f*
surface type switch *(El)* Aufputzschalter *m*
surface undulation *(Bod, Verk)* Oberflächenwelle *f*, Bodenwelle *f*
surface-vibrating machine Flächenrüttler *m*
surface vibration *(BWG, Te)* Oberflächenrüttlung *f*, Flächenrüttelung *f*

surface vibrator Oberflächenrüttler *m (für Betonverdichtung)*
surface void Oberflächenpore *f*
surface wall *(Konst, SB)* aufgehende Wand *f*
surface wash of rain *(Erdb)* Oberflächenabspülung *f (Böschungen)*
surface water 1. *(Erdb, WVA)* Oberflächen(abfluss)wasser *n*; 2. *(BM)* Oberflächenhaftwasser *n (Zuschlagstoff)*
surface water drain *(Erdb, WVA)* Regenwasserdrän *m*, Regenwasserleitung *f*
surface water drainage *(WVA)* Oberflächenentwässerung *f*
surface water gully Doleneinlauf *m*
surface water proofer *s.* waterproofing
surface waterproofing agent *(DIS)* Sperranstrich *m*, Oberflächendichtmittel *n*, Oberflächendichtungsstoff *m*
surface waterrepeller *(DIS)* Sperranstrich *m*, Sperranstrichmittel *n*, Oberflächenanstrichstoff *m*
surface weathering *(Bod)* Oberflächenverwitterung *f*
surface welding *(St, Te)* Auftragschweißen *n*
surface well *(WVA)* Oberflächenbrunnen *m*
surface wiring *(El)* Aufputzinstallation *f*
surface wiring switch *s.* surface switch
surface working *(OB, Te)* Oberflächenbearbeitung *f*
surfacer 1. *(OB)* stark pigmentierter Grundanstrich *m*; 2. *(BWG, Hb)* Planhobelmaschine *f (für Holz)*; 3. *(BWG, SB)* Steinschleifmaschine *f*; 4. *(BM, OB)* Oberflächenmittel *n*; 5. *(BM)* Füllstoff *m (für Poren, Risse)*
surfacing deckschichtbildend; oberflächenbildend
surfacing 1. *(OB, Te)* Oberflächenbehandlung *f*; Flächenbearbeiten *n (z. B. von Gebäudeaußenflächen, Dächern, Fußböden)*; Beschichtung *f*; 2. *(Verk)* Straßendeckenfertigung *f*, Deckenbau *m*; 3. *(BT, OB)* Belag *m*, Oberflächenbelag *m*; Deckschicht *f*; 4. *(Verk)* Straßendecke *f*, Decke *f*; Deck- und Binderschicht *f*
surfacing by welding *(St, Te)* Auftragschweißen *n*
surfacing finish Innenverkleidung *f (Wandputz)*
surfacing foil *(BM, OB)* Verkleidungsfolie *f*, Auskleidungsfolie *f*
surfacing material Beschichtungsmasse *f*, Beschichtungs(werk)stoff *m*
surfacing panel *(BT)* Verkleidungstafel *f*, Auskleidungstafel *f*
surfacing sheet *(BT)* Verkleidungsplatte *f*, Auskleidungsplatte *f*
surfacing unit Verkleidungselement *n*, Auskleidungselement *n*
surfactant *(BM)* oberflächenaktiver Stoff *m*, Tensid *n*
surform tool Raspel(säge) *f*
surge *v (El, WVA)* pulsierend fließen
surge *(Stat)* Stoßwelle *f*, Schwall *m*
surge arrester *(El)* Überspannungsableiter *m*
surge bin *(BWG, Te)* Zwischensilo *n*, Ausgleichsilo *n (Mischwerk)*
surge column *(HLK, WVA)* Druckausgleichsrohr *n*
surge hopper *(BWG, Te)* Ausgleichstrichter *m*, Zwischentrichter *m (Mischwerk)*
surge pressure Druckstoß *m*, Schwallstoß *m*
surge tank 1. *(BWG, Te)* Beruhigungsbehälter *m*; 2. *(Wsb)* Zwischenbehälter *m*; Ausgleichbecken *n*
surgery 1. *(Konst)* Operationssaal *m (Behandlungsraum)*; 2. *(Konst)* Sprechzimmer *n (des Arztes)*
surging *(BWG)* Pumpen *n (Verdichter)*
surmount *v* bedecken, überheben *(krönen)*; überhöhen, überragen *(gestelztes Gewölbe)*
surmounted *(Konst)* gestelzt, überhoben, gefußt
surmounted arch *(Konst)* gestelzter [überhöhter] Bogen *m*
surmounted vault überhobenes [überhöhtes] Gewölbe *n*
surplus Überschuss *m*
surrogate Ersatz *m*
surround *v (Konst)* umgeben, umschließen, einfassen; ummanteln
surround 1. *(EB)* Dekorationsrahmen *m*; 2. *(EB)* Einfassung *f (Ecke)*; Abschluss *m*, Rand *m*; 3. *(BT, Konst)* Ummantelung *f*, Betonummantelung *f*
surround profile *(San)* Randabschlussprofil *n*
surround section *(San)* Randabschlussprofil *n*
surround shape *(San)* Randabschlussprofil *n*
surround sound *(DIS)* Raumschall *m*
surrounding umgebend
surrounding area *(RP)* Umgebung *f*
surrounding chapels *(Arch)* Kapellenkranz *m*, Kapellenreigen *m*
surrounding embankment *(Wsb)* geschlossener Rückhaltedamm *m*
surrounding masonry wall *(Konst, LB)* Umfassungsmauer *f*, Einfassungsmauer *f*, Einfriedungsmauer *f*
surrounding rock Nebengestein *n*
surroundings *(RP)* Umgebung *f*, Umgegend *f*; Umwelt *f*
surveillance *(VR)* Überwachung *f*
surveillance by an approved body *(VR)* unabhängige Fremdüberwachung *f*, Überwachung *f* durch eine autorisierte Prüfstelle
surveillance test Überwachungsprüfung *f*
survey *v (Te, Verm)* vermessen *(geographisch)*; aufnehmen; einmessen
survey 1. *(Verm)* Vermessung *f*, Aufnahme *f*; 2. *(Konst, Verm)* Projektdatenerfassung *f*; 3. *(Verm)* Gebäudeaufnahme *f*; 4. *(RS, VR)* Bausubstanzbeurteilung *f*; 5. *(Konst, Te)* Überblick *m*, Übersicht *f*
survey area *(Verm)* Untersuchungsfläche *f*, Vermessungsgeländeabschnitt *m*
survey by aerial photographs *(Verm)* Luftbildvermessung *f*
survey map Katasterblatt *n*
survey of a building *(Verm)* Bauaufnahme *f*
survey of a country *s.* survey of country
survey of a structure *(Verm)* Bauaufnahme *f*
survey of area *(Verm)* Flächenaufnahme *f*
survey of buildings and site bauliche Aufnahme *f*
survey of country *(Verm)* Geländeaufnahme *f*; Landesaufnahme *f*
survey of heights *(Verm)* Höhenaufnahme *f*
survey of land Geländeaufnahme *f*
survey of site *(Verm)* Baustellenaufnahme *f*
survey party Vermessungstrupp *m*, Vermessertrupp *m*
survey plan *(Verm)* Vermessungsplan *m*
survey plane Vermessungsflugzeug *n*
survey process Erfassungsverfahren *n*
survey report Untersuchungsbericht *m*, Erfassungsbericht *m*
survey technique *(Verm)* Erfassungs- und Aufnahmetechnik *f*
survey traverse Vermessungslinie *f*, Achse *f*
survey with plane-table Messtischaufnahme *f*
surveying 1. *(Verm)* Vermessung *f*, Aufnahme *f*; Feldvermessung *f*; 2. *(Verm)* Vermessungskunde *f*
surveying apparatus Aufnahmegerät *n*
surveying equipment Vermessungsgeräte *npl*
surveying gang Vermessungstrupp *m*
surveying instrument Vermessungsinstrument *n*
surveying of details *(Verm)* Detailaufnahme *f*
surveying party Vermessungstrupp *m*, Messtrupp *m*
surveying polygon Vermessungspolygon *n*
surveying rod *(Verm)* Absteckpfahl *m*
surveying wheel Messrad *n*
surveyor 1. *(Verm)* Vermesser *m*, Vermessungsingenieur *m*; 2. *(VR)* (amtlicher) Inspektor *m*; Baugutachter *m*

surveyor of highways *(VR)* Straßenmeister *m*; Straßenwärter *m*
surveyor's arrow *(Verm)* Abstecknadel *f*, Mess(nadel)stift *m*
surveyor's board Messtisch *m*
surveyor's chain *(Verm)* Absteckkette *f*, Messkette *f*
surveyor's field frame Feldbuchrahmen *m*
surveyor's level Nivellierinstrument *n*
surveyor's rod *(Verm)* Messlatte *f*
surveyor's staff Absteckpfahl *m*; Fluchtstab *m*
surveyor's table *(Verm)* Messtisch *m*
surveyor's transit *(Verm)* Theodolit *m*
susceptibility *(BM, TK)* Anfälligkeit *f*, Empfindlichkeit *f*
susceptibility to corrosion *(OB)* Korrosionsanfälligkeit *f*, Korrosionsgefährdung *f*
susceptibility to cracking *(BT, TK)* Rissanfälligkeit *f*, Rissempfindlichkeit *f*
susceptibility to frost *(BM, Bod, HLK, WVA)* Frostempfindlichkeit *f*
susceptibility to fungal degradation *(Hb)* Pilzanfälligkeit *f*
susceptibility to icing Vereisungsgefahr *f*, Vereisungsanfälligkeit *f*
susceptibility to moisture *(BM)* Feuchtigkeitsempfindlichkeit *f*
susceptibility to oxidation *(OB)* Oxidationsanfälligkeit *f*
susceptibility to pitting *(BM, OB)* Lochfraßanfälligkeit *f* *(Korrosion)*
susceptibility to stress-corrosion cracking *(BM, Konst, OB)* Spannungsrisskorrosionsanfälligkeit *f*
susceptible anfällig (für); empfindlich *(gegenüber)*
susceptible to ageing *(BM, TK)* alterungsanfällig
susceptible to corrosion *(OB)* korrosionsanfällig, korrosionsempfindlich
susceptible to cracking rissanfällig, rissempfindlich
susceptible to failure *(BWG)* störanfällig
susceptible to moisture *(BM)* feuchtigkeitsempfindlich
susceptible to oxidation *(BM, OB)* oxidationsanfällig
susceptible to sensitization kornzerfallsanfällig, stark kornzerfallsempfindlich
suspend *v* 1. *(Konst)* aufhängen; frei tragen; einseitig unterstützen; abhängen *(eine Decke)*; 2. *(BM, WVA)* suspendieren, aufschlämmen
suspend *v* **the roadway** *(Br, Verk)* die Fahrbahn aufhängen
suspended hängend, aufgehängt; untergehängt; Hänge...; Schwebe...
suspended absorber *(DIS, Konst)* aufgehängtes Schallschluckmaterial *n*
suspended acoustical ceiling *(DIS, Konst)* abgehängte [aufgehängte] Schalldecke *f*
suspended beam *(Br, TK)* Einhängeträger *m* *(Brücke)*; Hängebalkenträger *m*
suspended bridge deck *(Br)* Hängebrückenkörper *m*, gehängte Brückenplatte *f*
suspended-cantilever hangar *(TK)* Kraghängedachhalle *f*, Halle *f* mit Hängekragdach
suspended ceiling *(Konst, TK)* abgehängte [eingehängte] Decke *f*, Hängedecke *f*; Zwischendecke *f*
suspended ceiling for services eingehängte Decke *f* mit voller Installierung
suspended centre bay *(Br, TK)* eingehängtes Mittelfeld *n* *(Tragwerk, Brücke)*
suspended construction (system) *(Br, TK)* Hängekonstruktion *f*
suspended deck *(Br, Verk)* aufgehängte Fahrbahn *f* *(Brücke)*
suspended drop-in *s.* suspended beam
suspended floor 1. *(Konst)* eingehängte Geschossplatte *f*; 2. *(TK)* freitragende Decke *f*
suspended formwork Hängeschalung *f*
suspended ground floor *(Konst)* freitragendes Erdgeschoss *n*
suspended guide Hängeführung *f*
suspended gutter *(San)* Hängerinne *f*
suspended joint *(Verk)* schwebender Schienenstoß *m*
suspended lamp *(El)* Hängeleuchte *f*, Hängelampe *f*
suspended load sampler *(Umw, WVA)* Schwebstoffschöpfer *m*
suspended matter Schweb(e)stoff *m*, Trübe *f*
suspended metal lath *(SB)* Hängerabitz *m*
suspended particle *(Umw, WVA)* Schwebteilchen *n*, Schwebstoffteilchen *n*, Schwebstoffpartikel *n*
suspended partition *(Konst)* Hängewand *f*
suspended pile *(Bod)* Mantelreibungspfahl *m*, Pfahl *m* auf Reibung
suspended plate *(Konst)* Hängeplatte *f*
suspended platform *(EB)* Schwebebühne *f*, Hängebühne *f* *(bewegliche Arbeitsbühne)*
suspended rail *(EB)* Hängeschiene *f*
suspended rail joint *(Verk)* schwebender Schienenstoß *m*
suspended railway *(Verk)* Schwebebahn *f*, Seilschwebebahn *f*
suspended roof *(Konst)* Hängedach *n*, gehängtes Dach *n*, Seil(ausleger)dach *n*
suspended scaffold(ing) Hängegerüst *n*, Hängerüstung *f*
suspended sheet *(BT, Konst)* Hängeplatte *f*
suspended shell Hängeschale *f*
suspended shuttering *(BT, Te)* Hängeschalung *f*
suspended solids *(Umw, WVA)* schwebende Teilchen *npl*, Schwebstoffe *mpl*
suspended sound absorber *(DIS, Konst)* aufgehängtes Schallschluckmaterial *n*
suspended span 1. *(Br, TK)* Einhäng(e)träger *m*, Einhängefeld *n* *(Brücke)*; 2. *(TK)* eingehängtes Feld *n*, Gerberträger *m* *(Stahlbau)*
suspended stair *(Konst)* Hängetreppe *f*
suspended structure *(Konst)* Hängekonstruktion *f*
suspended trolley *(BWG, BT)* Hängelaufkatze *f* *(Kran, Kabelkran)*
suspended truss *(TK)* Hängewerk *n*
suspended-type furnace *(HLK)* Hängewarmluftheizer *m*
suspended wall *(Konst)* Hängewand *f*
suspended water *(BM, Bod)* ruhendes Porensaugwasser *n*
suspended well *(Bod)* eingestellte Bohrung *f* *(Bodenerkundung)*
suspender *(Hb)* Hängepfosten *m*, Hängestange *f*, Hängesäule *f*, Hängeglied *n*
suspender beam *(Hb)* Oberzug *m*, Überzug *m* *(Oberbalken)*
suspending agent *(BM, WVA)* Schwebzusatz *m*, Absetzverhinderungsmittel *n*, Stabilisator *m* *(für Anstriche)*
suspensate *(BM, WVA)* suspendiertes Sediment *n*
suspension 1. *(Konst)* Aufhängung *f*; 2. Suspension *f*, Aufschlämmung *f*
suspension arm Tragarm *m*
suspension boom *(Konst)* Hängegurtung *f*
suspension bracket Traverse *f* *(Gehänge für Kranlasten)*
suspension bridge *(Br)* Hängebrücke *f*
suspension building *(Arch, Konst)* Hängegebäude *n*
suspension by catenary *(Konst)* Kettenaufhängung *f*
suspension cable *(BT)* Tragseil *n*
suspension centring *(BT, Te)* Hängelehrgerüst *n*
suspension chain *(El)* Hängekette *f*, Tragekette *f*
suspension construction *(Konst, TK)* Hängekonstruktionssystem *n*, Hängekonstruktion *f*
suspension crane Hängekran *m*
suspension girder *(TK)* Hänge(werk)träger *m*
suspension grid system Tragrost *m*

suspension hook Aufhängehaken *m*
suspension light fitting *(El)* Hängeleuchte *f*
suspension luminaire fixture *(AE)* Hängeleuchte *f*
suspension of lime *(BM)* Kalksuspension *f*
suspension point *(Konst)* Aufhängepunkt *m*
suspension post *(BT, Konst)* Hängepfosten *m*, Hängesäule *f (Stahlbau)*
suspension rail Hängeschiene *f*
suspension railway *(Verk)* Schwebebahn *f*, Seilschwebebahn *f*
suspension rod *(BT, Konst)* Hängestange *f (Dachstuhl)*; senkrechte Zugstange *f*, Hängeeisen *n*
suspension roof *s.* suspended roof
suspension rope *(BT)* Aufhängeseil *n*
suspension stage *(EB)* Hängebühne *f (im Theater)*
suspension stay *(BT)* Hängestrebe *f*
suspension structure *(TK)* Hänge(bau)werk *n*
suspension strut Hängestrebe *f*
suspension switch *(El)* Schnurschalter *m*, Ziehschalter *m*
suspension system *(TK)* Hängekonstruktion *f*, Hängesystem *n*
suspension tower *(El)* Tragmast *m*
suspension truss *(TK)* Hängewerk *n*
suspension wire *(BM)* Tragdraht *m*, Spanndraht *m*
suspensoids *(BM, WVA)* Schwebestoffe *mpl*, suspendierte Stoffe *mpl (Suspensionen, Anstriche, Bindemittel, Schlämmen)*
Sussex bond *(SB)* flämischer Verband *m (ein Strecker, ein Binder)*
sustain *v* 1. *(Konst)* tragen, stützen, unterstützen; halten; 2. *(LB, Umw)* erhalten, unterhalten *(Landschaft, Umwelt)*; 3. *(Konst, Te)* aushalten, durchhalten
sustainable 1. *(Umw)* ertragbar, erträglich; 2. *(Umw)* nachhaltig; umweltfreundlich
sustainable development *(RP)* nachhaltige Entwicklung *f*; ertragbare Entwicklung *f*
sustainable mobility 1. *(Umw, Verk)* ertragbare Mobilität *f*; 2. *(Umw)* umweltfreundliche Mobilität *f*
sustainable urban development Standortentwicklung *f*; wirtschaftlich-nachhaltige Stadtentwicklung *f*
sustainable use *(Umw)* umweltfreundliche Nutzung *f (Naturressourcen)*
sustained anhaltend, andauernd, Dauer...
sustained deformation *(BM, BT)* konstante Gesamtdehnung *f*, konstante Gesamtverformung *f*
sustained deformation test Dauergesamtdehnungsprüfung *f*, Prüfung *f* mit konstanter Gesamtverformung
sustained load *(Stat)* konstante Belastung *f*, Dauerlast *m*
sustained-load tension test *(BM)* Dauerschwingzugprüfung *f*, Dauerschwingzugversuch *m*
sustained load test *(BM)* Dauerbelastungsprüfung *f*
sustained loading *(Stat)* Dauerbelastung *f*, Langzeitbelastung *f*
sustained runoff *(Wsb, WVA)* regulierter Abfluss *m*
sustained speed on ascending aggregate *(Stat)* Beharrungsgeschwindigkeit *f (Dynamik)*
sustained wall *(Erdb, Konst)* Stützmauer *f*
sustaining fluid *(BM)* Stützflüssigkeit *f*
sustaining wall *(Erdb, Konst)* Stützmauer *f*
sutural texture *(BM)* verzahnte Struktur *f (Gestein)*
swabbing *(OB, Te)* Wischen *n*, Schwabbern *n (Oberflächenauftragung)*
swag *(Arch)* Gehänge *n*, Gewinde *n*, Girlande *f*, Feston *n (Schmuckelement der Renaissance)*
swag leaf *(Arch)* Gehängeblatt *n*, Gewindeblatt *n*, Girlandenblatt *n*, Festonblatt *n*
swage 1. *(St, Te)* Gesenk *n*; 2. *(Te) (AE)* Matrize *f (für Metallarbeiten)*; 3. *(Bod)* Absenkung *f (geologisch)*
swage block *(BWG, Te)* Lochplatte *f*, Gesenkplatte *f*, Gesenkblock *m*
swage bolt gesenkgeformter Ankerbolzen *m*
swale *(LB, RP)* niederes feuchtes Landstück *n*, nasse Senke *f*; sumpfige Senke *f*; niedrigliegendes Grundstück *n*
swallet *(Bod, Tun)* Grubenwasser *n*
swallow *(Erdb, WVA)* Schluckloch *n*
swallow-tailed *(Arch)* schwalbenschwanzartig, Schwalbenschwanz...
swallowtail *(Hb)* Schwalbenschwanzzinkung *f*, Zinkung *f*
swamp *(Bod, LB, Umw)* Morast *m*, Sumpf *m*, Moor *n*; Sumpfgelände *n*
swamp ditch *(Erdb, WVA)* Sickergraben *m*
swamp forest soil *(Bod, LB, Umw)* Sumpfwaldboden *m*
swamp meadow *(LB, Umw)* Sumpfwiese *f*
swamped *(Bod)* morastig, sumpfig
swampiness *(Bod)* sumpfige Beschaffenheit *f*
swamping *(Bod, LB)* Versumpfung *f*
swampland *(Bod)* Moorland *n*
swampy *(Bod)* sumpfig, morastig; Sumpf...
swampy area *(Bod, LB, Umw)* Sumpfgebiet *n*
swampy district Sumpfgebiet *n*
swampy flat *(Bod, LB, Umw)* Sumpfniederung *f*
swampy ground *(Bod, LB)* sumpfiger Boden *m*, versumpfter Baugrund *m*
swampy land *(Bod, LB, Umw)* Moorboden *m*
swampy soil Sumpfboden *m*, Moorboden *m*
swan-neck 1. *(San)* Schwanenhals *m*, Schwanenhalsrohrstück *n*; gekröpftes Dachrinnenstück *n*; 2. *(BT)* Schwanenhalshandlauf *m (Treppe)*
swan-neck pipe *(BT)* Schwanenhalsrohr *n*
swan-necked gekröpft *(Rohr)*
sward *(LB)* Rasen *m*, Rasenfläche *f*; Grasnarbe *f*
swardy soil *(LB)* Rasenboden *m*
swatch *(BM)* Belagprobestück *n*, Belagmuster *n*; Furnierschaustück *n*
sway *v* (pendelartig) schwingen; schwanken
sway 1. *(Konst, TK)* (seitliche) Schwingung *f*; Schwanken *n*; 2. *(BT)* Strohdachdecklatte *f*; Strohdachbinderute *f*; Haselnussbinderute *f*
sway brace 1. *(TK)* Pendelstütze *f*; 2. *s.* sway rod; 3. *s.* sway bracing
sway bracing 1. *(Br, TK)* Schlingerverband *m*, Eckversteifung *f*, Ecksteife *f (Brückenbau)*; 2. *(Konst)* Querverband *m*, Windverband *m*
sway resistance *(Stat, TK)* Seitensteifigkeit *f*
sway rod *(BT)* Sturmlatte *f*, Windstrebe *f (Dach)*
sway stiffness *(Stat)* Schwingungssteifigkeit *f*
sweat *v (DIS)* schwitzen
sweat *v* **out** *(DIS)* ausschwitzen
sweat *(DIS)* Schwitzwasser *n*
sweat joint *(BT, St)* gasdichte Lötverbindung *f (Rohr)*
sweat-out Ausdunstfeuchtigkeit *f (z. B. von frischem Putz)*
sweat room *(Konst)* Schwitzraum *m*
sweathouse *(Arch, Konst)* Schwitzraum *m (der amerikanischen Indianer, ähnlich einer Sauna)*
sweating 1. *(OB)* Schwitzen *n*, Ausschwitzen *n*, Bluten *n (von Anstrichen)*; 2. Schwitzwasserbildung *f*, Kondenswasserbildung *f*; 3. *(BT, Erdb, WVA)* Durchsickerung *f*
sweating rate *(BM)* Wasserabstoßgeschwindigkeit *f*, Wasserabsonderungsgeschwindigkeit *f*
sweating room 1. *(Konst)* Schwitzraum *m*; 2. *(Arch)* Sudatorium *n*, Caldarium *n*, Sudatio *n*, Assun *n*, römischer Schwitzraum *m*
sweating tendency *(OB)* Schwitzneigung *f*, Blutneigung *f*
swedge *s.* swage
Swedish sand putty *(SB)* Dünnputz *m*
sweep *v* 1. *(Te)* kehren; fegen; wegfegen; 2. *(BT)* sich krümmen; 3. *(Bod, Erdb, WVA)* schwemmen

sweep *v* **away** *(BM, Bod)* fortschwemmen
sweep *v* **off** *(OB, Te)* abkehren, abfegen
sweep 1. *(Konst)* Krümmung *f* einer Mauer, Mauerschwungbogen *m*; 2. *(Konst, Verk)* Auffahrt *f*, geschwungener Auffahrtsweg *m*; 3. *(BT, Verk)* Krümmung *f*, Bogen *m* *(z. B. einer Straße)*; Bereich *m*, Ausdehnung *f*
sweep fitting *(El)* geschwungene Lampenaufhängung *f*
sweep strip Bürstendrehstreifen *m (Drehtür)*
sweep test Prüfung *f* in einem weiten Bereich
sweeper Straßenkehrer *m*; Kehrmaschine *m*
sweeping rib *(Arch)* geschwungene Rippe *f*
sweepings *(Umw)* Kehricht *m*
sweetie barrel *(BWG)* Pilzmischer *m*, schrägstehender Trommelmischer *m*
swell *v* 1. *(BM, Bod)* anschwellen; quellen, schwellen *(Boden)*; aufquellen *(z. B. Baustoffe)*; sich verdicken *(Farbe)*; aufgehen *(Kalk)*; 2. *(Bod, BT, Konst, Verk)* sich (auf)wölben; sich ausbauchen; sich heben *(Straßenbelag durch Frost)*
swell *v* **out** ausbauchen
swell 1. *(BT)* Ausbauchung *f*, Ausbuchtung *f*; Wölbung *f*; 2. *(BT)* Wulst *m(f)*, Verdickung *f*
swell factor *(Bod)* Auflockerungsfaktor *m*
swell test *(BM, Bod)* Quellprüfung *f*, Quellversuch *m*
swellable *(BM, Bod)* quellbar
swelled frieze *(Arch)* konvexer Fries *m*, Pulvinusfries *m*
swelling 1. Quellen *n*, Aufquellen *n*; Schwellen *n*; 2. *s.* swell 1.
swelling agent *(BM)* Quellmittel *n*
swelling behaviour *(BM)* Quellverhalten *n (z. B. von Baustoffen)*
swelling capacity *(BM)* Quellfähigkeit *f*, Quellvermögen *n (z. B. von Baustoffen)*
swelling clay *(BM, Bod)* aufquellender Ton *m*
swelling effect Quellwirkung *f*
swelling fastness *(BM)* Quellbeständigkeit *f*, Quellfestigkeit *f*
swelling ground *(Bod, Erdb)* Schwellboden *m*
swelling index *(Bod)* Schwellbeiwert *m*
swelling load *(Stat)* Schwelllast *f*, Resonanzlast *f (durch Aufschaukeln)*
swelling power Quellfähigkeit *f*, Quellvermögen *n*
swelling pressure *(Bod)* Quell(ungs)druck *m*
swelling properties *(BM)* Quellverhalten *n*
swelling resistance *(BM)* Quellbeständigkeit *f*, Quellfestigkeit *f*
swelling-resistant quellbeständig, quellfest
swelling rubber Quellgummi *m*
swelling test *(BM)* Quell(ungs)prüfung *f*
swelling-up *(BM)* Aufquellen *n*, Quellen *n*
swelling value Quellmaß *n*
swelling zone *(Bod, Konst)* Schwellzone *f*
swept valley *(Konst)* Schwenksteinkehle *f*, durchgedeckte Dachkehle *f (Dachdeckung)*
swill *v* spülen, abspülen
swimming bath *(Konst, Wsb)* Schwimmbad *n*
swimming pool 1. *(Konst, Wsb)* Schwimmbecken *n*, Badebassin *n*; 2. *(Konst, RP)* Freibad *n*, Schwimmbad *n*
swimming pool hall *(Konst, RP)* Schwimmhalle *f*
swimming pool heating system *(HLK)* Schwimmbadheizungsanlage *f*
swimming pool paint *(BM, OB)* Schwimmbeckenanstrich *m*
swinestone *(BM)* Stinkkalk *m*
swing *v (Konst, Te)* schwingen, sich hin- und herbewegen, pendeln; schaukeln; sich drehen *(Tür in den Angeln)*; schwenken; hin- und herbewegen
swing *(Konst, Te)* Schwingung *f*, Pendeln *n*; Schwingen *n*; Schwenken *n*; Drehen *n*; Schwung *m*
swing angle Schwenkbereich *m (Kran, Bagger)*
swing bridge *(Br)* Drehbrücke *f*
swing check valve *(WVA)* Rückflussschutzklappe *f*, Rückschlagklappe *f*, Hängeklappenverschluss *m*
swing-door *(BT)* Schwing(flügel)tür *f*, Pendeltür *f*, Drehflügeltür *f*
swing-door fittings *(EB)* Pendeltürbeschläge *mpl*
swing-door hardware *(EB)* Pendeltürbeschläge *mpl*
swing gate *(BT)* Drehschranke *f*
swing hammer *(BWG)* Schwingenbrecher *m*
swing joint gebogene Rohranbindung *f*, gewinkelter Rohranschluss *m (beweglich)*
swing lamp *(El)* Hängeleuchte *f*, Hängelampe *f*
swing leaf *(BT)* Drehflügel *m (Tür, Fenster)*
swing loader *(BWG)* Schwenk(schaufel)lader *m*
swing moor *(Bod, LB, Umw)* Schwingmoor *n*
swing offset *(Verm)* Bogenschlagentfernung *f*
swing saw Pendelsäge *f*
swing scaffold *s.* swinging scaffold
swing screen *(BWG)* Schwingsieb *n*
swing stage *s.* swinging scaffold
swing-up garage door *(BT)* Garagenschwingtor *n*
swinging 1. *(BT)* schwingend, pendelnd; 2. *(BT)* schwenkbar
swinging Schwenkbewegung *f (Bagger)*
swinging area *(Verk)* Wendeplatz *m*
swinging arm Schwenkarm *m*
swinging chute *(BWG, Te)* Schwenkrinne *f*
swinging crane *(BWG)* Drehkran *m*
swinging door *s.* swing-door
swinging lever Schwenkarm *m*
swinging platform *(EB)* Drehbühne *f*
swinging post *(Hb)* Torpfosten *m*
swinging round Schwenkradius *m (eines Krans)*
swinging scaffold *(BT, Te)* Hängegerüst *n*, Hängerüstung *f*, Seilhängerüstung *f*
swirl *v (Umw, WVA)* wirbeln
swirl 1. *(Umw, WVA)* Wirbel *m*, Strudel *m*; 2. *(Stat)* Wirbelbewegung *f*; 3. *(OB)* Wirbelmaserung *f*, Knotenmaserung *f (Holz)*
swirl finish *(OB)* verriebene Oberfläche *f*, kreisförmig verriebene Betonfläche *f*
swirling chamber Wirbelkammer *f*
Swiss chalet *(Arch)* Schweizerhaus *n*
Swiss cottage *(Arch)* Schweizerhaus *n*
switch *v* 1. *(El)* schalten; umschalten; 2. rangieren *(Züge)*
switch *v* **off** ausschalten, abschalten
switch *v* **on** einschalten, anschalten
switch *v* **over** umschalten
switch 1. *(El)* Schalter *m*; Lichtschalter *m*; Umschalter *m*; 2. *(Verk)* Weiche *f*; 3. Rute *f*
switch box *(El)* Schaltkasten *m*
switch clock *(El)* Schaltuhr *f*
switch panel *(El)* Schaltfeld *n*; Schaltbrett *n*, Bedienfeld *n*
switch room *(El)* elektrischer Schaltraum *m*
switch tower *(AE) (Verk)* Stellwerk *n*
switchboard *(El)* Schalttafel *f*, Schaltfeld *n*
switching Schalten *n*, Schaltung *f*
switching device Schaltgerät *n*, Schaltelement *n*
switching equipment Schalteinrichtung *f*
switching on of signs *(Verk)* Umschalten *n* auf Verkehrszeichen(regelung)
switching operation Schaltung *f*, Schaltvorgang *m*
switching railroad *(AE) (Verk)* Verbindungsbahn *f*
switching track *(Verk)* Rangiergleis *n*
switching winch *(Verk)* Rangierwinde *f*
swivel *v (BWG, BT, TK)* drehen, schwenken; sich drehen; herumdrehen
swivel *(BT)* Drehbefestigung *f*, Drehgelenk *n*, Scharnier *n*, Angelzapfen *m*, Angel *f*

S

swivel bridge *(Br)* Drehbrücke *f*
swivel chair *(EB)* Drehstuhl *m*
swivel joint *s.* swing joint
swivel mixer tap *(San)* Schwenkbatterie *f*
swivel tap *(San)* Schwenkhahn *m*
swivel window *(BT)* Dreh(flügel)fenster *n*
swivelling schwenkbar
swivelling saddle *(Hb)* Drehschwelle *f (Holztür)*
SWL *s.* safe working load
sword *(BWG)* Fugenkelle *f*
swording *(Te)* Stochern *n*, Stocherverdichtung *f (von Beton)*
syenite Syenit *m (Gestein)*
symbol 1. Zeichen *n (Markierzeichen)*; 2. Sinnbild *n*
symbolic significance *(Arch)* symbolische Bedeutung *f*
symbolism *(Arch)* Symbolismus *m*
symbolism of forces *(Stat)* Kräftesymbolik *f*
symbolism of form *(Arch)* Formensymbolismus *m*
symmetrical *(Arch)* symmetrisch
symmetrical about an axis *(Arch)* achsensymmetrisch
symmetrical arch *(Konst)* symmetrischer Bogen *m*
symmetrical cruciform pier regelmäßiger Kreuzpfeiler *m*
symmetrical load *(Stat)* symmetrische Last *f*
symmetrical matrix *(Konst)* symmetrische Matrix *f*
symmetrical spans *(Br, Konst)* symmetrische Öffnungslängen *fpl (bei Brücken)*
symmetrically placed *(Konst)* symmetrisch angeordnet
symmetry *(Konst)* Symmetrie *f*, Ebenmaß *n*, Spiegelgleichheit *f*
symmetry of fabric Gefügesymmetrie *f*
synagogue *(Arch)* Synagoge *f*
syncline *(Bod)* Synklinale *f*, Mulde *f (geologisch)*
synergic *(Konst)* synergetisch, synergistisch
synergic action *(Konst)* synergetische Wirkung *f*, Synergiewirkung *f*
synergic effect synergetischer Effekt *m*, Synergieeffekt *m*
synergism Synergismus *m*
synergizing agent *(AE) (BM, WVA)* Korrosionshemmer *m*, Korrosionshemmzusatz *m (Wasseraufbereitung)*
synthetic synthetisch
synthetic binder *(BM)* synthetisches Bindemittel *n*
synthetic building material *(BM)* Synthetikbaustoff *m*, künstlicher Baustoff *m*
synthetic detergent Detergens *n*, synthetisches Reinigungsmittel *n*
synthetic diagonals *(Konst)* Ausfüllungssystem *n*
synthetic enamel *(BM)* Kunstharzlack *m*
synthetic fibre Kunstfaser *f*, Chemiefaser *f*
synthetic fibre fabric *(BM)* Kunstfasergewebe *n*
synthetic fibre material Kunstfaserstoff *m*
synthetic indigo *(BM, OB)* künstlicher Indigo *m*
synthetic inorganic pigment Mineralpigment *n*
synthetic lacquer-grade resin *(BM, OB)* Lackkunstharz *n*
synthetic lining *(Konst, Umw)* künstliche Abdichtung *f (Teiche, Deponie usw.)*
synthetic material Synthetikbaustoff *m*; Kunststoff *m*
synthetic membrane *(BT, Konst, Umw)* Kunststoffmembran *f*
synthetic paint Kunstharzfarbe *f*
synthetic patina *(BM, OB)* künstliche Patina *f*
synthetic plastic coating Kunstharzbeschichtung *f*
synthetic polymer *(BM)* Polymerkunststoff *m*
synthetic resin Kunstharz *n*
synthetic-resin adhesive Kunstharzkleber *m*, Kunstharzklebstoff *m*
synthetic-resin based kunstharzhaltig
synthetic-resin-bound *(BM, BT)* kunstharzgebunden, kunstharzgeleimt, kunstharzverleimt
synthetic-resin building mastic Kunstharzfugenmastix *m*, Kunstharzfugenkitt *m*, Kunstharzfugenmasse *f*
synthetic-resin cement *(BM)* Kunstharzkitt *m*
synthetic-resin coating *(OB)* Kunstharzbeschichtung *f*
synthetic-resin emulsion Kunstharzemulsion *f*
synthetic-resin exterior coat *(BM, OB)* Kunstharzaußenanstrich *m*
synthetic-resin finish Kunstharzüberzugslack *m*
synthetic-resin injection *(RS)* Kunstharzinjektion *f*
synthetic-resin modified kunstharzvergütet
synthetic resin plaster *(Konst, OB)* Kunstharzputz *m*
synthetic-resin prime coat Kunstharzgrundierung *f*, Kunstharzgrundieranstrich *m*
synthetic-resin product *(BM)* Kunstharzerzeugnis *n*, Kunstharzprodukt *n*
synthetic-resin varnish Kunstharzlack *m*
synthetic rubber *(BM)* synthetischer Kautschuk *m*
synthetic silica Kieselgel *n*, Silikagel *n*
synthetic stone Kunststein *m*, Beton(werk)stein *m*
synthetic structural product *(BM)* Synthetikbaustoff *m*, künstlicher Baustoff *m*
synthetic wetting agent *(BM, OB)* synthetisches Netzmittel *n*
synthetic wood *(BM)* Kunstharzpressholz *n*
syphon *v* hebern
syphon 1. *(Erdb, WVA)* Düker *m*; 2. *(WVA)* Siphon *m*
syphon culvert *(Erdb, WVA)* Dükerdurchlass *m*
Syrian architecture *(Arch)* syrische Architektur *f*, syrische Baukunst *f*
Syrian vault *(Arch)* syrisches Gewölbe *n*
syringe *(BWG, RS)* Spritze *f*
system 1. *(Konst)* System *n*, Anordnung *f*; 2. *(Konst, RP)* System *n*, Netz *n (z. B. von Verkehrswegen, Leitungen)*; 3. Anlage *f*, Einrichtung *f*
system architecture *(Arch)* Systemarchitektur *f*
system building *(Konst, Te)* industrielles Bauen *n*, Fertigteil(montage)bau *m*, Systembau *m*; Montagehochbau *m*
system building method *(Konst, Te)* Montagebauweise *f*, Fertigteilbauweise *f*, Montagebauverfahren *n*, Fertig(teil)-bauverfahren *n*
system-built façade *(Arch, BT, Konst, OB)* Montagefassade *f*, Fertigteilfassade *f*
system-built structure *(Arch, Konst)* Montagebauwerk *n*, Fertigteilbau *m*
system-built tower block *(Arch, Konst)* Fertigteilhochhaus *n*
system-built wall *(Konst)* Montagewand *f*, Fertig(teil)wand *f*
system construction *s.* system building
system design *(Konst)* Systementwurf *m*; Entwurf *m* für industrielles Bauen
system line *(Konst)* Systemlinie *f*, Netzlinie *f*
system of anchoring *(Te)* Verankerungssystem *n*, Verankerungsverfahren *n*
system of balancing *(Erdb)* Massenausgleich *m*
system of bars *(Konst)* Stabwerk *n*
system of beams and joints in star forms *(Hb, TK)* Sternbalkenlage *f*
system of building construction *(Arch, Konst)* Fertigteilbau *m*, Montagebau *m*
system of coordinates *(Arch, Konst)* Koordinatensystem *n*
system of coplanar forces *(Stat)* ebenes Kräftesystem *n*
system of diagonals *(Konst)* Ausfüllungssystem *n (Fachwerk)*
system of forces *(Stat)* Kräftesystem *n*, Kräftebild *n*
system of loads Lastsystem *n*
system of pipes *(RP, WVA)* Rohrnetz *n*
system of rafters *(Hb)* Sparrenlage *f*
system of sewerage *(WVA)* Kanalisationsnetz *n*, Kanalsystem *n*, Ortsentwässerung *f*

system of sewers *(WVA)* Kanalisationsnetz *n*, Kanalnetz *n*, Ortsentwässerung *f*
system of span pieces *(Hb)* Kehlbalkenlage *f*, Kehlgebälk *n*
system of units Maßsystem *n*
system of web members *(TK)* Ständer(fach)werk *n*, Strebenfachwerk *n*
system point *(Arch, Konst)* Systempunkt *m*
system with transverse stabilization beams *(VR)* Querbalkenstabilisierungssystem *n*
systematic systematisch
systematic deviations *(Stat)* systematische Abweichungen *fpl (Statistik)*
systematic errors *(BM, Stat)* systematische Fehler *mpl*
systematic road maintenance *(RS, Verk)* systematische Straßenerhaltung *f*
systematization *(Konst)* Systematisierung *f*
systematize *v (Konst)* planmäßig anordnen
systemic rigidity *(Bod)* Systemsteifigkeit *f*
systems building *s.* system building
systyle *(Arch, Konst)* Systylos *m (Säulenzwischenabstand von zwei Säulendurchmessern)*

T

T and G boards, T&G *s.* tongue-and-groove boards
T-asph *(BM)* Trinidadasphalt *m*
T-bar *(BT, St)* T-Stahl *m*; T-Tragschiene *f*
T-bar clamp *(BT)* Spanner *m*
T-beam 1. *(BT, TK)* T-Träger *m*; 2. *(BT)* Plattenbalken *m (Betonbau)*
T-beam section Doppel-T-Stahl *m*
T-bevel Doppelschmiege *f*
T-girder *(BT, Te)* T-Träger *m*
T-hinge Zungenband *n*, gerades Band *n*, Langband *n (Scharnier)*; Kegelband *n*
T-joint T-Stoß *m*; T-Muffe *f*
T-rail *(TK)* T-Tragschiene *f*
T-ribbed beam *(BT, TK)* Rippenbalken *m*, Plattenbalken *m*
T-section T-Profil *n*, Stahlprofil *n* in T-Form
T-shaped beam *(BT, TK)* Plattenbalken *m*
T-splice *(El)* Leitungsabzweig *m (Kabelabzweig)*
T-square *(Konst)* Reißschiene *f*, Anschlaglineal *n*
tab 1. *(BT)* Lasche *f*; 2. *(EB)* Sichtvorhang *m*; 3. unteres Schindelende *n*
tabby *(BB, BM)* Kalk-Rinde-Beton *m*, Schillbeton *m*; Muschelschalenbeton *m*
tabernacle *(Arch)* Tabernakel *n(m)*, Ziernische *f*, Statuennische *f (Kirchenbaukunst)*
tabernacle work *(Arch)* Zierbogengang *m* mit Skulpturen
tabia verfestigter [mit Kalk und Kies gerammter] Erdstoff *m (Baumaterial in regenarmen Gebieten)*
tablature 1. *(Arch)* flache Struktur *f*; 2. *(Arch)* Deckengemälde *n*
table *v* tabellarisch zusammenstellen; eine Tischvorlage einbringen
table 1. *(BT)* Tafel *f*, Platte *f*; 2. *(SB)* horizontaler Mauervorsprung *m*; 3. *(BT)* flache Wandfläche *f*; 4. *(Stat)* Tabelle *f*; 5. *(EB)* Tisch *m*
table altar *(Arch)* Tischaltar *m*
table in a wall *(SB)* horizontaler Mauervorsprung *m*
table joint *(Hb)* Überblattung *f*, Verschränkung *f*
table of moments *(Stat)* Momententabelle *f*
table of prices *(VR)* Preistabelle *f*
table of weights Gewichtstabelle *f*
table saw *(BWG)* Besäumkreissäge *f*
table stone *(Arch)* Steinhügelgrab *n*
table stones *(Erdb)* Grundmauer *f*
table tomb *(Arch)* Mensagrab *n*
table top Tischplatte *f*; Küchenarbeitsplatte *f*
table vibrator *(BB, BWG, Te)* Tischrüttler *m*, Rütteltisch *m*
tableau curtain *(EB)* Sichtvorhang *m (Theater)*
tabled joint 1. *(BT, Konst)* Steinbettfuge *f*, Steinfüllfuge *f*; 2. *(Hb, St)* Überblattung *f*; Verschränkung *f*
tabled scarf *(Hb)* gerades Hakenblatt *n*
tableland *(Bod)* Hochebene *f*, Tafelland *n*
tablelike tafelförmig, tafelartig
tablelike structure *(Arch, Konst)* tafelförmiger Bau *m*
tablet *v* vorverdichten
tablet 1. Tafel *f*, Inschriftplatte *f (am Denk- oder Grabmal)*; 2. Deckplattenstein *m*, Abdecksteinplatte *f*
tablet of slate *(BM)* Schieferplatte *f*
tabling 1. *(Arch)* Kreuzgesims *n*; 2. *(Hb)* Verschränkung *f*; 3. horizontaler Mauervorsprung *m*
tablinum *(Arch)* Tablinum *n (Speiseraum des römischen Wohnhauses)*
tabular 1. tafelförmig, tafelig, flach; dünn; Tafel…; 2. blättrig, geschichtet; 3. tabellarisch, Tabellen…
tabular cross-bending *(Bod)* tafelige Schrägschichtung *f*, Diagonalschichtung *f*
tabular summary *(Stat)* Übersichtstabelle *f*
tabulate *v* 1. tabellieren, tabellarisch darstellen; 2. abflachen
tabulation 1. Tabellarisierung *f*; 2. Abflachung *f*
tacheometer *s.* tachymeter
tacheometric theodolite *s.* tachymeter
tachymeter *(Verm)* Tachymetertheodolit *m*
tachymetric land survey tachymetrische Landaufnahme *f*
tack *v (Hb, St, Te)* nageln *(mit kurzen Nägeln)*; heften *(z. B. mit Nieten)*; befestigen
tack 1. Nagel *m*, Stiftnagel *m*, Stift *m*, Drahtstift *m*; Pappnagel *m*, Zwecke *f*; Haft *m*; 2. Klebkraft *f*, Klebrigkeit *f (einer Farbe)*
tack coat 1. *(SB)* Fixierungsverputz *m*; 2. *(OB)* Bitumenhaftanstrich *m*; Bonderschicht *f*; Haftfilm *m*
tack-dry haftfähig, klebfähig *(z. B. Anstriche)*
tack-free (dry) *(OB)* berührungstrocken, nicht mehr klebrig *(Farbanstrich)*
tack-free time Antrockenzeit *f*
tack freedom *(OB)* Klebfreiheit *f (Anstrich)*
tack rag *(BM, OB, Te)* getränktes Wischtuch *n*, Abwischlappen *m (Anstrich)*
tack range Antrockenzeit *f*, Anziehdauer *f (z. B. von Kleber)*
tack-rivet *v (St, Te)* heftnieten
tack rivet *(St, Te)* Heftniet *m*
tack riveting *(St, Te)* Heftnieten *n*
tack-weld *v (St, Te)* heftschweißen
tack welding Heftschweißen *n*, Heftschweißung *f*
tackiness Klebrigkeit *f*; Haftfähigkeit *f*
tacking Heften *n*
tackle 1. *(BWG)* Handwerkszeug *n*, Gerätschaften *fpl*, Arbeitsausrüstung *f*; 2. *s.* tackle block
tackle block *(BWG)* Hebezeug *n*, Flaschenzug *m*
tackless (carpet) strip *(EB)* Teppichhalteleiste *f*, Läuferhalter *m*
tacky (dry) *(BM)* klebrig *(Farbe)*
tactile tile *(EB)* Tastdeckel *m (Schalter)*
taenia *(Arch)* Taenia *f*, Tänie *f*, Kopfbinde *f*, Kopfwulst *f*, Wulstband *n*, dorisches Gesimsband *n*
tag 1. *(San)* Faltblechrand *m*, Blechschiene *f (Dach)*; 2. *(VR)*

Marke *f*, Markierung *f*; Anhängeetikett *n*; Fahrzeugplakette *f*, Kennzeichnungsschildchen *n*
tagger Feinblech *n*, Dünnblech *n*, dünnes Blech *n*
tagging *(VR)* Markierung *f*, Markieren *n*
tail *v (Hb)* einbinden, einbauen *(Trägerenden)*
tail Schieferende *n*; (sichtbares) Dachziegelende *n*
tail bay 1. *(TK)* Deckenträgerrandfeld *n*; 2. *(Hb, TK)* Endfeld *n (z. B. Sparrenlage)*; 3. *(Wsb)* Schleusenunterspann *m (Kanal)*
tail beam *s.* tailbeam
tail cut *(BT)* Sparrenende *n*, sichtbarer Sparrenkopf *m (meist verziert)*
tail door spring Zuschlagfeder *f (Tür)*
tail gate *(Wsb)* Untertor *n (Schleuse)*
tail girder [joist] *s.* tail piece
tail piece *(TK)* unterbrochener Träger *m*, Balken *m* mit Wechsel, Stichbalken *m*
tail-race *(Wsb)* Untergraben *m*, Abflussgraben *m (eines Kanals)*
tail-race tunnel *(Wsb)* Unterwasserstollen *m*, Ableitungsstollen *m*
tail tower *(BWG, Te)* Kabelkrangegenturm *m*
tail trimmer Randstreichbalken *m*
tail water *(Umw)* Stauwasser *n*, Unterwasser *n (Deponie)*
tailbeam *(BM)* Stichbalken *m*
tailing 1. *(Konst)* Gesimskragsteinende *n (eingebundenes)*; eingelassenes Ende *n*; 2. *s.* tailings 2.; 3. *(Konst)* Einbauen *n*, Einbinden *n*
tailing-in *(SB)* Einsetzen *n* eines Kragsteins
tailing iron *(BT)* aus einer Wand auskragender Traganker *m*
tailings 1. *(BM)* Siebüberlaufsteine *mpl*, übergroße Schottersteine *mpl*; Überlauf *m*; 2. *(BM, Umw)* Abfall *m*, Abgang *m (Rückstände industrieller Verarbeitungsprozesse)*
tailor *v* **(to)** anpassen an, passend machen *(Montage)*
tailpiece *(Konst)* Muffenverbindung *f (mit Verstemmen)*
tailrace *s.* tail-race
tainter gate *(Wsb)* Bogenschutz *m*, Segmentverschluss *m*
take *v (OB)* annehmen *(Farbe)*
take *v* **a bearing** *(Verm)* peilen
take *v* **a break** *(Konst, Te)* eine Pause machen
take *v* **a load** *(sl)* sich entspannen, sich entlasten
take *v* **a sample** *(BM, Te)* eine Probe nehmen
take *v* **an angle** *(Verm)* einen Winkel messen
take *v* **apart** auseinandernehmen, zerlegen, abmontieren
take *v* **down** 1. abhängen; abnehmen; 2. abbrechen, abtragen, abreißen, demontieren
take *v* **down the scaffolding** abrüsten, ausrüsten
take *v* **in** aufnehmen; ansaugen
take *v* **into account** berücksichtigen
take *v* **level** *(Verm)* nivellieren
take *v* **little floor space** *(Konst)* wenig Platz einnehmen
take *v* **off** abnehmen; abziehen; abfahren; starten
take *v* **off the edge** *(OB, Te)* abstumpfen
take *v* **out from the mould** ausformen
take *v* **out of service** *(VR)* sperren *(Gebäude)*; außer Betrieb nehmen
take *v* **out the dents** (Beulen) ausklopfen
take *v* **part in a competition** *(VR)* an einem Wettbewerb teilnehmen
take *v* **samples** *(BM)* Proben nehmen
take *v* **stains** *(OB)* Flecke(n) bekommen
take *v* **the level** *(Verm)* nivellieren
take *v* **to pieces** *(Te)* abbauen, demontieren; zerlegen
take *v* **up** 1. *(OB)* aufnehmen; annehmen *(Farbe)*; 2. *(Te)* aufheben, hochheben
take *v* **up slack** spannen, Durchhang beseitigen
take-down shutter *(BT)* Vor(setz)laden *m*
take-off belt Abzugsband *n*
take-off pipe *(HLK, San, WVA)* Verzweigungsrohr *n*, Abzweigrohr *n*
take-off strip *(Verk)* Ausfahrtsstreifen *m*
take-up Spannvorrichtung *f*
take-up block Ausgleichgewicht *n*, Spanngewichtsblock *m*
take-up set *(BWG)* Spannvorrichtung *f*
takeover Übernahme *f*
taking apart Demontage *f*, Abbau *m (Hausinstallation)*
taking down *(RS)* Abbruch *m*
taking of samples *(BM)* Probenahme *f*
taking off *(Erdb, VR)* Massenberechnung *f*, Massenermittlung *f (Bauleistungsverzeichnis)*
taking out Ziehen *n (aus einer Öffnung, z. B. Ziehen des Bohrkerns)*
taking over *(VR)* Übernahme *f*; Abnahme *f (Haus, Gebäude)*
talc *(BM)* Talk *m*, Talkum *n*, Speckstein *m (Mineral)*
talc schist Talkschiefer *m*
talcum *(BM)* Talkum *n*, Talkumpulver *n*
talcum-schist Talkschiefer *m*
talcum surfacing Talkumabstreuung *f*
talcumed *(BT)* talkumiert
tall block [building] *(Arch, Konst)* Turmhochhaus *n*, Wohnturm *m*, Hochhaus *n*
tall building frame *(TK)* mehrstöckiger Rahmen *m (Gebäudetragwerk)*
tall oil *(BM)* Tallöl *n*
tall structure *(Arch)* hohes Bauwerk *n*
tall tom *(BT)* Strebe *f*
tallboy 1. *(BT, HLK)* Schornsteinaufsatz *m*, Zugaufsatz *m*; 2. *(AE)* (hochbeinige) Kommode *f*
tallet *s.* tallut
tallus *s.* talus
tallut *(Konst)* Dachboden *m*, Speicher *m (Dachraum)*
tally of blows *(Erdb)* Hitze *f (Pfahlrammen)*
talon moulding *s.* ogee
talus 1. *(Konst)* Wandneigung *f*; Steinböschungsneigung *f*; Neigung *f* einer Böschungsfußsicherung, Schräge *f*; 2. Hangschutt *m*
talus deposits *(Bod)* Hangschuttablagerungen *fpl*
talus material Gehängeschutt *m*, Böschungsschüttung *f*
talus slide *(Erdb)* Böschungsrutschung *f*
talus slope Schutthang *m*
talus soil *(Bod)* Schuttboden *m*
talus wall geneigte Wand *f*, Anlaufwand *f*
tamarack 1. *(LB)* (Ostamerikanische) Lärche *f*; 2. *(BM, Hb)* Lärchenholz *n*
tambour 1. Säulenkapitellkelch *m*; 2. Tambour *m*, Kuppelunterbau *m*; 3. Säulentrommel *f*, Säulenzylinder *m*; 4. Drehtürgehäuse *n*
tamp *v* (fest)stampfen; einrammen, rammen *(z. B. Beton und Pflastersteine)*; Gleise stopfen; stampfen
tamp-concrete *(BB)* Stampfbeton *m*
tamped asphalt *(BM)* Stampfasphalt *m*
tamped concrete Stampfbeton *m*
tamped concrete foundation *(Erdb)* Stampfbetonfundament *n*
tamped concrete pipe Stampfbetonrohr *n*
tamped density Stampfdichte *f*
tamper *(BWG)* Stampfer *m*; Stampfbohle *f*, Stampfbalken *m*; Schwellenstopfer *m*
tamping 1. Stampfen *n*; Stopfen *n (von Gleisen)*; 2. *(Wsb)* Pfählung *f (Abdämmung)*
tamping bar Stampfstange *f*, Stocherstange *f*
tamping compaction *(Te)* Stampfverdichtung *f*
tamping fool Stempel *m*
tamping iron Stampfer *m*
tamping levelling finisher *(BWG, Verm)* Stampfnivellierfertiger *m*

tamping machine *(Verk)* Stampfverdichtungsmaschine *f*, Stopfmaschine *f*
tamping plank Stampfbohle *f (Verdichtung)*
tamping rod *(BWG)* Stampfstange *f*, Stocherstange *f (zum Verdichten)*
tamping roller Schaffußwalze *f (Straße)*
tamping slab Stampfplatte *f*
tampion *(San)* Hartholzkonus *m*, Rohrweiter *m (Bleirohrverlegung)*
tandem *s.* tandem arrangement
tandem arrangement *(Konst)* Reihenanordnung *f*, Tandem *n*
tandem elevator *(BWG)* Tandemelevator *m*
tandem (road) roller Tandem(straßen)walze *f*
tandem turnout *(BT, San, WVA)* zweiseitiger Abzweig *m (Rohrleitung)*
tandem vibrating roller Tandemvibrationswalze *f*
tang *v* mit Zapfen versehen
tang Zapfen *m*, Keilzapfen *m (z. B. für Werkzeuge)*
tangent *(Verk)* Tangente *f*
tangent cutting point *(Verm)* Tangentenschnittpunkt *m (Trasse)*
tangent distance *(Verm)* Tangentenabstand *m (Trasse)*
tangent plane Tangentenebene *f*
tangent point *(Verk, Verm)* Tangentialpunkt *m*; Krümmungsanfangspunkt *m*, Krümmungsendpunkt *m*, Übergangspunkt *m (Straße)*
tangent road *(Verk)* Tangente *f*
tangent-sawn tangential [flach] geschnitten *(Holz, < 45° zu den Jahresringen)*
tangent track *(Verk)* gerader Strangabschnitt *m (Gleis zwischen den Kurven)*
tangential acceleration *(Stat)* Tangentialbeschleunigung *f*
tangential bearing *(BT, TK)* Tangentiallager *n*
tangential component Tangentialkomponente *f (Scherspannung)*
tangential load *(Stat)* Tangentiallast *f*, Umfangslast *f*
tangential shear Tangentialschub *m*
tangential shear force *(Stat)* Tangentialschubkraft *f*
tangential shrinkage Tangentialschrumpfung *f (Holz)*
tangential stress *(Stat)* Tangentialspannung *f*
tangential thrust *(Stat)* Tangentialschub *m*, Horizontalschub *m*
tangential thrust of vault *(Stat)* Gewölbeschub *m*
tangential trunk road *(Verk)* Tangente *f*, Tangententrasse *f*, Tangentialverbindung *f (Straße)*
tank 1. Tank *m*, Behälter *m*, Flüssigkeitsbehälter *m*; Becken *n*, Trog *m*; Zisterne *f*; Kessel *m*, Sammelkessel *m*; 2. *(Erdb)* Gründungswanne *f*, Wanne *f*
tank bottom *(WVA)* Behälterboden *m*
tank capacity Behälterinhalt *m*
tank car *(Verk)* Kesselwagen *m (Schiene)*
tank-cleaning plant *(BWG, OB)* Gefäßreinigungsanlage *f*
tank coating Behälteranstrich *m*
tank jacket *(BT)* Behältermantel *m*
tank lorry *(Verk)* Kesselwagen *m (Straße)*
tank tower Behälterturm *m*
tanking 1. *(DIS)* Wannendichtung *f*, Trogabdichtung *f*, Sperrung *f* eines Kellergeschosses; 2. *(Erdb)* Dichtungswanne *f*; 3. *(Erdb)* Wannengründung *f*
tanking material *(BM, DIS)* Abdichtmaterial *n*, Sperrmaterial *n (Wasserdruckdichtung im Tiefbau)*
tannic acid *(BM)* Gerbsäure *f*
tap *v* 1. *(Te)* anbohren; 2. *(El)* anzapfen; 3. *(Te)* Gewinde bohren; 4. *(Te)* abklopfen
tap 1. *(San)* Hahn *m*, Zapfhahn *m*; 2. *(San, WVA)* Wasseranschluss *m*; 3. *(El)* Abzweig *m*
tap bolt Stiftschraube *f*
tap borer 1. Rohrbohrer *m (für Bleirohre)*; 2. Dübelbohrer *m*

T

tap ear *(EB)* fester Rohrhalter *m* an einer Rohrverbindung
tap hole *(San)* Hahnloch *n*
tap lug *s.* tap ear
tap water *(WVA)* Leitungswasser *n*
tap wrench Windeisen *n (Werkzeug)*
tape 1. *(BT)* Band *n*; Streifen *m*; 2. *(Stat)* Gurt *m*, Band *n*; 3. *(Verm)* Bandmaß *n*; 4. *(El)* Isolierband *n*; Lackband *n*
tape adhesive Klebeband *n*, Klebestreifen *m*
tape correction *(Verm)* Bandmaßausgleich *m*, Messfehlerausgleich *m*
tape covering *(BM, DIS)* Dämmband *n*, Wärmeschutzband *n*
tape measure *(Verm)* Bandmaß *n*, Rollbandmaß *n*, Messband *n*
tape test Klebestreifenprüfung *f (Schutzschichtenhaftfestigkeit)*
taper *v* 1. verjüngen, verkleinern, kegelig [konisch] machen; 2. sich verjüngen, schmaler werden *(z. B. Säulen)*; 3. zuspitzen
taper 1. *(Konst)* Kegel *m*; Verjüngung *f*, Abschrägung *f*; 2. *(San)* Übergangsrohr *n*; 3. *(Verk)* Fahrbahnzwickel *m*, Ausfahrtzwickel *m*
taper of the chimney *(Konst)* Anlauf *m* des Schornsteins
taper pin Kegelstift *m*
taper pipe *(BT)* Verjüngungsrohrstück *n*; Erweiterungsstück *n (Rohrverbindung)*
taper sheet pile Keilspundbohle *f*
taper tenon *(Hb)* schräger Zapfen *m*
taper thread Kegelgewinde *n*, Rohrgewinde *n*
tapered *(Konst)* verjüngt, konisch; verengt; zugespitzt; zulaufend
tapered beam *(Hb, TK)* konischer Balkenträger *m*
tapered bend *(BT)* konischer Krümmer *m*, Übergangskrümmer *m*
tapered collar *(Konst)* Anlauf *m*; Ablauf *m*
tapered column konische Säule *f*, konische Stütze *f*
tapered fitting Rohrübergang *m*
tapered foundation *(Erdb)* konische Gründung *f*, kegelförmiges Fundament *n*
tapered haunch *(Konst)* Auflagerschräge *f*, Voute *f*
tapered joint schräge Nahtkante *f*, flach auslaufende Nahtkante *f*
tapered lane *(Verk)* Fahrstreifenverziehung *f*, Fahrstreifenzwickel *m*, verzogener Fahrstreifen *m*
tapered pipe *(BT)* Konusrohr *n*, Übergangsrohr *n*
tapered-roll pantile Keilschalendachziegel *m*
tapered section *(Konst)* verjüngter Querschnitt *m*
tapered shaft Kegelschaft *m*, konischer Schaft *m*
tapered tenon *(Hb)* schräger Zapfen *m*
tapered thread Kegelgewinde *n*, konisches Gewinde *n*
tapered tower *(Arch, Konst)* Kegelturm *m*, konischer Turm *m*
tapered tread Wendelstufe *f*, konisch zulaufender Treppentritt *m*
tapered valley *(Konst)* keilförmige Dachkehle *f*
tapering spitz zulaufend; abförmig, abholzig
tapering *(Konst)* kegelige Verjüngung *f*; Einziehen *n*; Schwächerwerden *n*
tapering scale *(Verm)* verkleinerter Maßstab *m*
tapestry *(EB)* Tapisseriegewebe *n*, Wandbehangstoff *m*
tapia *(BM, Bod)* Baulehm *m (aus Adobelehm)*; Bauerdstoff *m (Ton)*; Stopferde *f*
taping *(Verm)* Entfernungsmessung *f (mit Bandmaß)*
taping arrow [pin] *(Verm)* Vermessungsnadel *f*, Messnadel *f*
taping strip 1. Fugenschutzklebestreifen *m*, Tropfschutzstreifen *m*, Tropfband *n (Betonfugen)*; 2. Dachpappenverbindungsstreifen *m*
tapioca starch *(BM)* Tapiokastärke *f*

tapped fitting Innengewindefitting *n(m)*
tapped resin *(BM)* rezentes Harz *n*
tapped sleeve anchor *(BT)* Hülsenanker *m (mit Innengewinde)*
tapped tee T-Stück *n* mit Innengewinde
tapping 1. Anbohrung *f*; 2. *(El)* Anzapfen *n*, Abzweigung *f*; 3. *(Wsb)* Wassergewinnung *f*
tapping machine Schlagklopfmaschine *f (zur Schallmessung auf Decken)*
tapping of mains *(WVA)* Abzweigung *f* der Hauptleitung
tapping of the underground water Ableitung *f* des Grundwassers
tapping point *(WVA)* Abzweigpunkt *m*; Entnahmestelle *f*
tapping screw Blechschraube *f (selbstschneidende Gewindeschraube)*
tar *v (OB, Te)* teeren, mit Teer bestreichen
tar *(BM)* Teer *m*; Straßenteer *m*
tar-and-gravel roofing bekieste Teerpappendeckung *f*, Flachdachdeckung *f* mit Kiesdämmung
tar asphalt Teerasphalt *m*
tar asphalt distributor *(BWG)* Bindemittelverteiler *m*
tar asphaltic bitumen blend Teer-Bitumen-Mischung *f*
tar base *(BM)* Teergrundlage *f*
tar binder Teerbinder *m*, Teerbindemittel *n*
tar binder coat *(Verk)* Teerbinderschicht *f*
tar bitumen Teerbitumen *n*
tar board Teerpappe *f*
tar boiler Teerkessel *m*, Asphaltkessel *m*
tar-bound *(BM)* teergebunden
tar brush Teerbürste *f*
tar cement Teermastix *m*, Asphaltmastix *m*
tar coat *(OB)* Teeranstrich *m*
tar coating Teeranstrich *m*
tar concrete *(BM, Verk)* Teerbeton *m*
tar distillates Teerdestillate *npl*
tar fluxed bitumen Teerfluxbitumen *n*
tar from lignite *(BM)* Braunkohlenteer *m*
tar mastic *(BM)* Teermastix *m*
tar mopping Teeren *n (Dach)*
tar oil Teeröl *n*
tar paper Teerpapier *n*
tar pitch *(BM)* Teerpech *n*
tar roofing Teerpappeneindeckung *f*
tar-saturated felt Teerpappe *f*
tar slurry Teerschlämme *f*
tar sprayer *(BWG)* Teerspritzmaschine *f*
tar sprinkler Teerspritzgerät *n*
tar-stabilized soil *(Erdb)* teerverfestigter Erdstoff *m*
tar surfacing *(OB, Verk)* Teeroberflächenbehandlung *f*
tar viscosimeter *(BM)* Straßenteerviskosimeter *n*
target 1. *(Verm)* Fluchtstange *f*, Messlatte *f*; Nivellierzielpunkt *m*; 2. *(Te, VR)* Vorgabeziel *n*, Leistungsvorgabe *f (Bauleistung)*; 3. Objekt *n*; 4. Kurvenschar *f*, Auswertediagramm *n*
target-actual value comparison *(VR)* Soll-Ist-Vergleich *m*
target contract Zielvertrag *m*, Vorgabevertrag *m*
target date *(VR)* Fertigstellungstermin *m (geplanter)*
target levelling rod *(Verm)* Messlatte *f* mit Anzeige
target levelling staff *(Verm)* Messlatte *f* mit Anzeige
target output *(VR)* Sollleistung *f*
target price *(VR)* Richtpreis *m*
target rod *(Verm)* Messlatte *f*
target value Zielwert *m*, Zielgröße *f*
tarmac *v (Te)* asphaltieren
tarmacadam *(Verk)* Teermakadam *m*
tarnish *v* 1. mattieren, matt [blind] machen *(Oberfläche)*; 2. sich trüben, anlaufen, blind werden *(Metalloberflächen)*; beschlagen *(Glas)*
tarnish film *(OB)* Anlauffilm *m*, Anlaufschicht *f (Hitzeverfärbung)*
tarnish-free blank
tarnish-resistant anlaufbeständig
tarnished *(OB)* erblindet
tarnishing *(OB)* Erblinden *n*, Anlaufen *n*, Mattwerden *n*, Blindwerden *n*, Beschlagen *n (Glas)*; Anlaufen *n (Metall)*
tarpaulin *(BT)* Abdeckplane *f (wasserdichte Plane)*; Zeltplane *f*
tarred geteert
tarred board *(BM)* Teerpappe *f*, Bitumenpappe *f*
tarred felt Teer(filz)pappe *f*, Bitumendachpappe *f*
tarred paper bituminiertes Papier *n*
tarred road *(Verk)* Teerstraße *f*, geteerte Straße *f*
tarred roofing felt Teer(dach)pappe *f*, Bitumendachbahn *f*
tarring Teeren *n*, Teerung *f*
tarry teerartig, teerig
tarsia *(EB)* Intarsie *f*, Einlegearbeit *f*
tarspraying Teeren *n*, Teerung *f*, Teerspritzen *n*
tartar Weinstein *m*
tartaric acid *(BM)* Weinsteinsäure *f*
tarviated *(Verk)* teergebunden *(Straßenbelag)*
tas-de-charge *(SB)* Bogenanfangstein *m (Keilstein)*
task Aufgabe *f*
task group Arbeitskreis *m*
Tau cross *(Arch)* Antoniuskreuz *n*, ägyptisches Kreuz *n*, Taukreuz *n*
taut gespannt, straff *(z. B. Seile)*
taut steel wire *(BT)* gespannter Stahldraht *m*
tauten *v* spannen, straffen *(z. B. Seil)*
tautline cableway *(BWG)* Kabelkran *m (mit gespanntem Drahtseil)*
tavern *(Konst)* Weinkeller *m (Ausschank)*; Gaststätte *f*
tax band *(VR)* steuerliche Einstufung *f*
tax rate Steuersatz *m*
taxation *(VR)* Besteuerung *f*
taxiway *(Verk)* Rollweg *m*, Flughafenrollweg *m*
taxpayer *(AE)* leichtes (temporäres) Gebäude *n (mit geringem Nutzen)*
taxus wood Eibenholz *n*
tea garden 1. *(LB)* japanischer Garten *m*; 2. *(LB)* Teegarten *m*, Terrassencafé *n*
tea-house Teehaus *n*
tea kitchen *(Konst)* Teeküche *f*
tea-room Teestube *f*
tea station Teeküche *f*
teaching block *(Konst)* Lehrgebäude *n*
teaching building Lehrgebäude *n*
teaching pool *(Konst, Wsb)* Lehrschwimmbecken *n*
teaching unit Lehrtrakt *m*
teagle *(BWG)* Aufzugswinde *f*
teagle post *(BT)* Ankerbalkenstütze *f*
teak Teakholz *n*
teakwood *(BM, Hb)* Teakholz *n*
team Baukolonne *f*
tear *v* reißen; zerreißen; herausreißen
tear *v* **down** *(RS)* niederreißen, abreißen *(Gebäude)*
tear 1. *(OB)* Farbnase *f*, Anstrichlaufsträhne *f*; Tropfen *m*; 2. Reißen *n*
tear resistance *(BM)* Einreißfestigkeit *f*; Reißfestigkeit *f*, Zerreißfestigkeit *f*, Kohäsionsfestigkeit *f*
tear strength *s.* tear resistance
tearing *(Verk)* Splittausbruch *m*
tearing resistance *(BM)* Reißfestigkeit *f*, Zerreißfestigkeit *f*, Kohäsionsfestigkeit *f*
tease *v* einen Lackschaden ausbessern
tease [teaze] tenon Zapfen *m* mit zwei eingearbeiteten Auflagerenden
tebam *(Arch, BT)* Podium *n* einer Synagoge

technic *(Konst, Te)* (angewandte) Technik *f*, Anwendungstechnik *f*
technical advisory service *(VR)* technische Beratung *f*
technical aircraft hangar *(Konst)* Flugzeugwartungshalle *f*
technical college *(Arch)* Berufsschule *f*
technical committee *(VR)* technisches Komitee *n*, technische Arbeitsgruppe *f*
technical condition *(VR)* technische Lieferbedingung *f*
technical consultant technischer Berater *m*, Consultant *m*
technical counsel service *(VR)* technischer Beratungsdienst *m*
technical data technische Angaben *fpl*, technische Daten *pl*
technical drawing *(Konst)* technische Zeichnung *f*
technical efficiency technische Effektivität *f*
technical equipment *(Konst)* technische Einrichtung *f*, technische Gebäudeausstattung *f*
technical form of expression *(Arch)* Technizismus *m*, technischer Funktionsstil *m*
technical guideline *(Konst, VR)* technisches Regelwerk *n*
Technical Instruction on Waste Management Technische Anleitung *f* Abfall, TAA
technical interoperability *(Konst, Te)* technisch durchgehende Betriebsfähigkeit *f*
technical parameter technischer Parameter *m*
technical property *(Konst)* technische Eigenschaft *f*
technical regulation *(Konst, VR)* technische Vorschrift *f*, technische Anforderungsvorschrift *f*
technical report technischer Bericht *m*
technical requirements *(Konst)* technische Anforderungen *fpl*
technical solution *(Konst)* technische Lösung *f*
technical specifications *(Konst, VR)* technische Angaben *fpl*
technical staff Fachpersonal *n*
technical standards *(Konst, VR)* technisches Regelwerk *n*
technician Techniker *m*, Technikerin *f*
technique Technik *f*, Verfahren *n*, Anwendungsverfahren *n*
technological changes *(Konst)* Technikwandel *m*
technology 1. *(Te)* Technologie *f*, Betriebstechnik *f*, Technik *f*; 2. technische Fachterminologie *f*
technology-intensive *(Te)* technologieintensiv
technology of the site *(Te)* Baustellenbetriebstechnik *f*
technology park *(Te)* Technologiepark *m*
technology transfer *(Te)* Technologietransfer *m*
tectiform *(Konst)* dachförmig
tectonic *(Bod)* tektonisch
tectonic fracture *(Bod)* tektonischer Bruch *m*
tectonic unconformity *(Bod)* tektonische Diskordanz *f*
tectonically disturbed *(Bod)* tektonisch gestört
tectonics *(Bod)* Tektonik *f*
tectorial abdeckend *(eine Abdeckung bildend)*; bedeckend *(eine dachartige Schilfbedeckung bildend)*; dachförmig überbaut
tectorium opus *(SB)* mehrlagiger Stuckputz *m* mit polierter Oberfläche *(römische Baukunst)*
tee 1. *(Arch)* Pagodenspitze *f*; 2. *(BT)* T-Stück *n*
tee beam *(TK)* Plattenbalken *m*
tee handle T-Klinke *f*
tee hinge Zungenband *n*, gerades Band *n*, Langband *n*, Kegelband *n*
tee iron *(BT)* T-Verstärkungsstück *n (Holzbalkenkonstruktion)*
tee joint T-Stoß *m*
tee square *(Konst)* Reißschiene *f*
tee steel T-Stahl *m*
tegula 1. Spezialfliese *f*; 2. Sonderdachziegel *m (unterer Pfannenziegel bei römischer Dachdeckung)*

T

Tekton building slab *(AE) (BT, DIS)* Tektonplatte *f (zementgebundene Holzwolleleichtbauplatte)*
telamon *(Arch)* Telamon *m*, Atlant *m*, Mannkörpersäule *f (männliche Karyatide)*
telecommunication cable *(El)* Fernmeldekabel *n*
telecommunication line *(El)* Fernmeldeleitung *f*
telecommunication system *(El, RP)* Fernmeldenetz *n*
telecommunication tower Fernmeldeturm *m*
telegraph construction *(El, Te)* Telegrafenbau *m*, Fernmeldeleitungsbau *m*
telegraph pole Telegrafenmast *m*
telematic application *(Verk)* Telematikanwendung *f*
telemeter *v (Verm)* fernmessen
telemetering *(Verm)* Fernmessen *n*, Fernmessung *f*
teleoperation *(El)* Fernbedienung *f*
telephone booth *(AE)* Fernsprechzelle *f*
telephone box [cabin] Telefonzelle *f*, Fernsprechzelle *f*
telephone cable *(El)* Telefonkabel *n*
telephone connection Telefonanschluss *m*
telephone exchange Telefonzentrale *f*
telephone installation *(El)* Telefonanlage *f*, Fernsprechanlage *f*
telephone line Fernsprechleitung *f*
telephone network *(RP)* Fernsprechnetz *n*, Telefonnetz *n*
telephone pole Telefonmast *m*
telephone station *(BT)* Fernsprechstelle *f*
telephone tower Fernmeldeturm *m*
telescope *v (Konst)* teleskopieren, ausziehen, auseinanderziehen
telescope level *(Verm)* Nivellierfernrohr *n*, Nivellierinstrument *n* mit Fernrohr
telescopic crane *(BWG)* Teleskop(montage)kran *m*
telescopic gangway *(Verk)* Teleskop-Fluggastbrücke *f*
telescopic pole *(Konst)* Teleskopmast *m*
telescopic type doors Ausziehtüren *fpl*
telescoping shore Teleskopeinrüststütze *f*
telescoping slighting shutter door Teleskopschiebetür *f*
Telesterion *(Arch)* Telesterion *n* zu Eleusis, Weihetempel *m* zu Eleusis
television aerial *(BT)* Fernsehantenne *f*
television building *(Arch, Konst)* Fernsehgebäude *n*
television tower *(Arch, Konst)* Fernsehturm *m*
telltale *(BT)* Schalungsgerüstbewegungsanzeiger *m*
tellurate Tellurat *n*
tellurine *(BT)* Kieselgur *f*, Diatomeenerde *f*
tellurium *(BT)* Tellur *n*
tellurometer *(BM)* Tellurmesser *m*
telpher *(Verk)* Hängebahn *f*, Elektrohängebahn *f*
telpherage *(BWG, Verk)* automatische (elektrische) Lastenbeförderung *f*
telpherway Telpherbahn *f*, Elektrohängebahn *f*
temblor *(AE) (Bod)* Erdbeben *n*
temenos *(Arch)* Temenos *n*, Peribolos *m*, heiliger Tempelbezirk *m*, geweihter Bezirk *m*
temper *v* 1. *(Te)* anmachen *(Mörtel, Beton)*; anfeuchten *(Sand)*; 2. *(Te)* kneten *(Lehm, Ton)*; 3. *(Te)* tempern *(Kunststoffe)*; anlassen *(Metall)*; 4. *(Te)* härten *(Glas)*; 5. *(Te)* imprägnieren *(wasserabweisend)*
temper *v* **concrete** *(BB, Te)* Beton anmachen
temper 1. Mischung *f (z. B. Mörtel)*; Mörtelplastizität *f*; 2. Feuchtegehalt *m (Sand)*; 3. Härtegrad *m (Metall)*; 4. Legierungszusatz *m*; 5. Kohlenstoffgehalt *m (von Stahl)*
tempera *(Arch)* Temperamalerei *f (s. a. tempera paint)*
tempera paint *(BM, OB)* Temperafarbe *f*
tempera painting *(Arch)* Temperamalerei *f*
temperability Härtbarkeit *f (bes. von Stahl)*
temperable härtbar *(Stahl)*
temperate *(Umw)* gemäßigt *(Klima)*

temperature-change resistance *(BM)* Temperaturwechselbeständigkeit *f*
temperature coefficient Wärmebeiwert *m*
temperature control *(HLK)* Temperaturregelung *f*
temperature-controlled *(HLK)* temperaturgesteuert
temperature-controlled zone *(HLK)* temperaturgeregelte Raumeinheit *f (Klimaanlage)*
temperature controller Thermostat *m*, Temperaturregler *m*, Wärmeregler *m*
temperature cracking Temperatur(spannungs)risse *mpl*
temperature curve *(BB, LB, Te)* Temperaturkurve *f*
temperature degree Temperaturgrad *n*
temperature dependence Temperaturabhängigkeit *f*
temperature distribution *(HLK)* Temperaturverteilung *f*
temperature drop Temperaturabfall *m*, Wärmegefälle *n*
temperature effect Temperaturwirkung *f*, Temperaturauswirkung *f*, Temperatureinfluss *m*
temperature fluctuation *(HLK, Umw)* Temperaturschwankung *f*
temperature gradient Temperaturgefälle *n*, Temperaturgradient *m*
temperature-humidity index *(THI) (HLK, Umw)* Temperatur-Feuchtigkeitsindex *m*
temperature-independent temperaturunabhängig
temperature influence Temperatureinfluss *m*
temperature insulation *(DIS)* Temperaturdämmung *f*
temperature lapse rate *s.* temperature gradient
temperature level *(HLK)* Temperaturpegel *m*
temperature logging Temperaturmessung *f*, Temperaturaufzeichnung *f*
temperature measurement Temperaturmessung *f*
temperature of hydration *(BB, Te)* Hydratationstemperatur *f*
temperature of reaction *(BM, Te)* Reaktionstemperatur *f*
temperature-proof temperaturbeständig
temperature radiation *(HLK)* Temperaturstrahlung *f*, Wärmestrahlung *f*
temperature raising *(HLK, Umw)* Temperaturerhöhung *f*
temperature range Temperaturbereich *m*, Temperaturspanne *f*
temperature regulator *(HLK)* Temperaturregler *m*, Thermostat *m*; Temperaturfühler *m*
temperature reinforcement Wärmespannungsbewehrung *f*
temperature relay Thermorelais *n*, Temperaturrelais *n*
temperature resistance *(BM)* Temperaturbeständigkeit *f*
temperature-resistant *(BM)* temperaturbeständig
temperature rise *(HLK, Umw)* Temperaturanstieg *m*
temperature-rise period *(HLK)* Anheizdauer *f*, Aufheizdauer *f*
temperature-sensing device [element] Wärmeregler *m*, Thermostat *m*, Sicherheitstemperaturregler *m*; Temperaturfühler *m*
temperature-sensitive *(BM)* temperaturabhängig, temperaturempfindlich
temperature sensor *(HLK)* Temperaturfühler *m (Heizung)*
temperature span Temperaturspanne *f*, Temperaturbereich *m*
temperature-stable temperaturbeständig
temperature steel *(BT, Te)* Wärmespannungsbewehrung *f*
temperature strain *(BM)* Temperaturdehnung *f*
temperature strength *(BM)* Temperaturbeständigkeit *f*
temperature stress *(BM, TK)* Wärmespannung *f*, Temperaturspannung *f*, Wärmebeanspruchung *f*
temperature stress rod *(BT, Te)* Wärmespannungsbewehrungsstab *m*, Querbewehrungsstab *m*
temperature susceptibility Temperaturempfindlichkeit *f*
temperature switch *(HLK)* Temperaturschalter *m*
temperature threshold *(HLK)* Ansprechtemperatur *f (Heizung)*
temperature transducer Temperaturaufnehmer *m*, Temperaturmesswertgeber *m*
temperature variation *(HLK, Umw)* Temperaturschwankung *f*
tempered *(BM, St)* angelassen *(Baustahl)*
tempered board *(BT)* gehärtete Faserplatte *f*, harzgetränkte Hartfaserplatte *f*
tempered fibreboard gehärtete Faserplatte *f*
tempered glass *(BM)* Temperglas *n*, gehärtetes Glas *n*, Hartglas *n*; zähes Glas *n*
tempered hardboard Extrahartplatte *f*, Extrahart-Holzfaserplatte *f*
tempered safety glass *(BM)* Sicherheitsglas *n*, Hartglas *n*
tempering 1. *(BM, Te)* Anmachen *n*, Anfeuchten *n (Mörtel)*; 2. *(BM, Te)* Kneten *n*, Knetaufbereitung *f (Ton, Kaolin)*; 3. *(BM, Te)* Einsumpfen *n*, Mauken *n (Ton, plastische Massen)*; 4. *(St, Te)* Anlassen *n (Stahl)*
tempering colour *(BM, OB)* Anlauffarbe *f*
tempering hardness Anlasshärte *f (Stahl)*
tempering house *(Konst, Te)* Sumpfhaus *n*, Sumpfhalle *f*, Maukhaus *n*, Maukhalle *f*
tempering plant *(Konst, Te)* Sumpfanlage *f*, Maukanlage *f*
tempering steel *(BM, St)* Vergütungsstahl *m*
template 1. *(BWG, Konst, Te)* Lehre *f (Schablone für Maurerarbeiten)*; Schablone *f (für Stuckelemente)*; Profillehre *f*; 2. *(BT, TK)* Balkenauflagerplatte *f*; Balkenpolster *n*; 3. *(Hb, Konst)* Durchlaufsturz *m*, Öffnungsbalken *m*; 4. *(SB)* Bausteinkeilstück *n*; 5. *(BWG, SB)* Schlitten *m (Putzprofilierung)*
template hardware *(EB)* schablonengearbeitete Beschläge *mpl*
temple *(Arch)* Tempel *m*
temple building *(Arch)* Tempelbau *m*
temple-city *(Arch)* Tempelstadt *f*
temple complex *(Arch)* Tempelanlage *f*, Tempelkomplex *m*
temple construction *(Arch)* Tempelbau *m*
temple district *(Arch)* Tempelbezirk *m*
temple façade *(Arch)* Tempelfassade *f*
temple forecourt *(Arch)* Tempelvorhof *m*
temple gateway *(Arch)* Tempeltor *n*
temple in antis *(Arch)* Antentempel *m (antiker griechischer Tempel)*
Temple of Amon *(Arch)* Amontempel *m*
Temple of Athena *(Arch)* Athenatempel *m*
Temple of Hera *(Arch)* Haraion *n*, Hera-Tempel *m*
Temple of Isis *(Arch)* Isistempel *m*
Temple of Poseidon *(Arch)* Poseidontempel *m*
Temple of Romulus *(Arch)* Romulustempel *m*
Temple of Zeus at Olympia *(Arch)* Zeustempel *m* zu Olympia
temple portico *(Arch)* Tempelportikus *m*
temple precinct *(Arch)* Tempelbezirk *m*
temple tomb *(Arch)* Tempelgrab *n*
templet Schablone *f*, Profil *n*
templum in antis *(Arch)* Antentempel *m*, Tempel *m* mit Anten, Wandtempel *m*
Templum vaticanum *(Arch)* Peterskirche *f* in Rom
temporal fluctuation zeitliche Schwankung *f*
temporal variation zeitliche Schwankung *f*
temporarily abandoned vorübergehend eingestellt, vorläufig stillgelegt
temporary accommodation *(Konst)* Behelfsunterkunft *f*
temporary block *(Konst)* Behelfsgebäude *n*
temporary bolt Montagebolzen *m*
temporary bracing *(TK)* vorläufige Querversteifung *f*
temporary bridge *(Br, Te)* Behelfsbrücke *f*, Notbrücke *f*; Montagebrücke *f*

temporary building zeitweiliger Nutzbau *m*, temporäres Gebäude *n*; fliegender Bau *m*, Behelfsbau *m*
temporary building office Baubüro *n*
temporary column *(TK)* Hilfsstütze *f*, Notstütze *f*
temporary delineation *(Verk)* temporäre Remarkierung *f*
temporary dike *(Wsb)* Notdeich *m*
temporary division temporäre Umleitung *f*
temporary frame *(TK)* Hilfsjoch *n*, Montagejoch *n*
temporary gangway *(Te, TK)* Arbeitsbrücke *f*
temporary gantry provisorische Gerüstbrücke *f*
temporary hardness Karbonathärte *f*, Carbonathärte *f*, Bikarbonathärte *f*, Bicarbonathärte *f*, vorübergehende Härte *f (Wasser)*
temporary installations Baubehelf *m*
temporary load *(Stat)* zeitweilige Belastung *f*
temporary marking *(Verk)* Behelfsmarkierung *f*, temporäre Markierung *f*
temporary occupiable room temporär bewohnbarer Raum *m*
temporary opening vorläufige Öffnung *f*
temporary pavement *(Verk)* temporäre Straßenbefestigung *f*
temporary prestressing provisorische Vorspannung *f*
temporary repairing *(RS)* Notreparatur *f*
temporary restriction zeitweilige Einschränkung *f*
temporary rivet *(BT, St)* Heftniet *m*
temporary safety barrier *(Verk)* Behelfsschutzplanke *f*
temporary shoring *(TK)* zeitweiliges Absteifen *n*, Bauabsteifen *n*, Hilfsaussteifung *f*
temporary signal *(Verk)* vorübergehende Baustellensignaleinrichtung *f*
temporary signing *(Verk)* temporäre Beschilderung *f*
temporary steel overbridge *(TK, Verk)* temporäre Stahlüberführung *f*
temporary storage vorläufige Lagerung *f*
temporary stress Transportspannung *f (Betonelement)*; Montagespannung *f*
temporary structure Baubehelf *m*, Behelfsbau *m*
temporary stud *(TK)* Hilfsjochstütze *f*
temporary support *(Tun)* vorläufiger Ausbau *m*
temporary support stiffener *(Tun)* vorläufige Ausbauaussteifung *f*
temporary water connection *(San, WVA)* provisorischer Wasseranschluss *m*
temporary work Baubehelf *m*, Behelfsbau *m*
temse *(AE) (BWG)* Sieb *n*, Sandsieb *n*
ten-bay *(Konst)* zehnjochig
ten-point influence line *(Stat)* zehnteilige Einflusslinie *f*
ten-sided *(Arch)* zehnseitig, zehneckig
tenacious zäh; festhaftend
tenaciousness *(BM)* Zähfestigkeit *f*
tenacity *(BM, Stat)* Zäh(fest)igkeit *f*, Bruchzugfestigkeit *f*; Haftfestigkeit *f*
tenancy Pachtbesitz *m*; Pachtverhältnis *n*
tenant Mieter *m*, Wohnungsmieter *m*; Pächter *m*
tenant's improvement *(RS)* Modernisierung *f* [Bauveränderung *f*] durch den Mieter
tenant's protection *(VR)* Mieterschutz *m*
tend *v* **to corrode** zur Korrosion neigend
tendency to crack(ing) Rissneigung *f*
tendency to shearing *(BM)* Schubneigung *f*
tendency to vibrate *(TK)* Schwingneigung *f*
tender *v* 1. *(VR)* anbieten, ein Angebot einreichen; sich bewerben; 2. brüchig machen, schwächen *(Material)*; 3. morsch werden
tender *v* **out** *(VR)* ausschreiben
tender *(VR)* Angebot *n*, Offerte *f*; Kostenanschlag *m (bei Angeboten)*; Lieferangebot *n*
tender documents Ausschreibungsunterlagen *fpl*
tender drawing *(Konst, VR)* Angebotszeichnung *f*
tender guarantee *(VR)* Bürgschaft *f*
tender notice *(VR)* Ausschreibungsbekanntmachung *f*, Ausschreibungsveröffentlichung *f*
tender parties Bieterparteien *fpl*, Bietergemeinschaft *f*
tender price *s.* tendered price
tender reception *(VR)* Angebotsannahmestelle *f*
tendered price Angebotspreis *m*, Abgabepreis *m*
tenderer Bieter *m*, Anbieter *m*
tendering Ausschreibung *f*, Angebotsverfahren *n*; Anbieten *n*
tendering date *(VR)* Angebotstermin *m*
tendering form Angebotsformblatt *n*
tendering period Ausschreibungsdauer *f*, Ausschreibungsfrist *f*
tendering procedure Ausschreibungsverfahren *n*
tenders *(VR)* Ausschreibung *f*
tendon *(BB, BT)* Spannglied *n*; Sehne *f*
tendon duct *(BB, BT)* Spanngliedkanal *m (Spannbeton)*
tendon profile Spanngliedform *f*, Spanngliedverlauf *m*
tendon profiler Spanngliedabstandhalter *m*
tendon swift Spanngliedrolle *f*
tenement *(Konst, VR)* Mietwohnung *f*
tenement buildings *(Arch)* Mehrfamilienhäuser *npl*
tenement house Mietshaus *n*, *(bes.)* Mietskaserne *f*
tenement letter *(VR)* Grundstücksbrief *m (Pachtbrief, Vertragswesen)*
tenon *v (Hb, Te)* Zapfen schneiden
tenon *v* **and mortise** *(Hb, Te)* verzapfen
tenon *v* **into** *(Hb, Te)* einzapfen
tenon 1. *(Hb)* Zapfen *m*; 2. *(Hb)* Einlasszapfen *m*; Zinke *f*; Vorsprung *m*
tenon-and-mortise joint *(Hb)* Zapf(en)verbindung *f*
tenon-and-slot mortise *(Hb)* Zapfenschlitzverbindung *f*, Schlitzzapfung *f*
tenon jointing *(Hb)* Verzapfung *f*
tenon saw Fuchsschwanz *m*; Feinsäge *f*
tenon with bevelled shoulder *(Hb)* Zapfen *m* mit schräger Brust
tenon with square shoulder *(Hb)* Zapfen *m* mit gerader Brust
tensibility *(BM)* Zugbelastbarkeit *f*, Streckbarkeit *f*
tensibility test *s.* tensile test
tensible *(BM, TK)* zugbelastbar, streckbar; spannbar; dehnbar; ziehbar
tensile *(BM, TK)* streckbar, zugbeanspruchbar, dehnbar; ziehend; Spannungs..., Dehnungs..., Zug..., Dehn...
tensile bar *(BT)* Zugstab *m*
tensile behaviour *(Stat)* Zugbeanspruchungsverhalten *n*
tensile bending strength *(BM)* Biegezugfestigkeit *f*
tensile bending stress *(BM)* Zugbiegespannung *f*
tensile bond test *(BM)* Haftzugprüfung *f*
tensile break Zerreiß(proben)bruch *m*
tensile bursting force *(Stat)* Spaltzugkraft *f*
tensile capacity *s.* tensile strength
tensile cracking *(BM)* Zugrissbildung *f*
tensile ductility *(BM, Stat)* Bruchdehnung *f*
tensile dynamometer *(BM, BWG)* Zugkraftdose *f*
tensile element Spannglied *n*, Spannelement *n*
tensile failure Dehnungsbruch *m*, Dehnungsversagen *n*
tensile fatigue test *(BM)* Dauerzugprüfung *f*
tensile force *(Stat)* Zugkraft *f (mechanisch)*
tensile load *(BM, TK)* Zugbeanspruchung *f*, Zuglast *f (mechanisch)*
tensile loading Zugbelastung *f*
tensile modulus *(Stat)* Zugmodul *m*
tensile power Zugeigenschaft *f*, Zugvermögen *n*
tensile property Zugeigenschaft *f*, Zugvermögen *n*
tensile quality *(BM, TK)* Zugeigenschaft *f*, Zugvermögen *n*

tensile reinforcement Zugbewehrung *f*
tensile shear test *(BM)* Scherzugprüfung *f*
tensile specimen Zugprobenstück *n*, Probezugstück *n*
tensile splitting force *(Stat)* Spaltzugkraft *f*
tensile splitting strength Spaltzugfestigkeit *f*
tensile steel *(BM, St)* hochfester Stahl *m*
tensile strain *(BM, TK)* Zugdehnung *f*
tensile strength *(Stat)* Zugfestigkeit *f*, Zerreißfestigkeit *f*
tensile strength in bending Biegezugfestigkeit *f*; Biegezugprüfung *f*
tensile stress *(Stat)* (innere) Zugspannung *f*; Zugbeanspruchung *f*
tensile system *(TK)* zugbeanspruchte Konstruktion *f*
tensile test Zugversuch *m*, Zerreißprüfung *f*, Zerreißversuch *m*
tensile test piece Probezugstück *n*, Zugstab *m (für eine Zugprüfung)*
tensile testing *(BM)* Zugfestigkeitsprüfung *f*
tensile testing machine *(BWG)* Zugfestigkeitsprüfmaschine *f*
tensile yield strength *(BM, St)* Streckgrenze *f*
tension *v* 1. *(Stat)* spannen *(Zugspannung)*; auf Zug beanspruchen; strecken; anspannen; 2. vorspannen, Vorspannung aufbringen *(Spannbeton)*
tension *v* **together** zusammenspannen
tension 1. *(Stat)* Zug *m*; Spannung *f (Zugspannung, Oberflächenspannung)*; 2. *(El)* elektrisches Potenzial *n*, Spannung *f*
tension bar Zugstab *m*, Zugglied *n*, Probestab *m (Zugprobe)*
tension bolt Zug(bolzen)schraube *f*
tension boom *(BT)* Zugflansch *m*, Zuggurt *m*
tension brace *s.* tension diagonal
tension cable Spanndraht *m*
tension chord *(BT)* Zugflansch *m*, Zuggurt *m*
tension-compression system Zug-Drucksystem *n*
tension connection *(BT)* Zugverbindung *f (Verbindungselement)*
tension crack Spannungsriss *m*
tension device Tensiometer *n*
tension diagonal *(BT, TK)* Kreuzstrebe *f*, Zugdiagonale *f*, gezogene Schräge *f*
tension element *(BT, TK)* Zugglied *n*, Zugelement *n*, Zugstab *m*
tension failure Zugversagen *n*
tension field action Beulwirkung *f*
tension flange *(BT, TK)* Zuggurt *m*, Zuggurtung *f*
tension force Zugkraft *f*
tension fracture Dehnungsriss *m*
tension-free state *(BM, St)* spannungsfreier Zustand *m*
tension joint 1. *(BT)* Zugverbindung *f (Verbindungselement)*; 2. *(Erdb)* Dehnungskluft *f*
tension load(ing) *(Stat)* Zugbelastung *f*
tension member Zugstab *m*, Zugstange *f*, Zugglied *n*, Zuganker *m*, Zugband *n*
tension on edge *(Stat)* Randspannung *f*
tension pile *(Erdb)* Zugpfahl *m*
tension-proof zugfest
tension reinforcement Zugbewehrung *f*
tension resistance *(BM, TK)* Zugwiderstand *m*
tension rib Zugrippe *f*
tension ring Zugring *m*
tension rod *(BT, TK)* Zugstab *m*, Zugglied *n*
tension side Zugseite *f*
tension specimen *(BM, BT)* Zerreißprobestab *m*
tension spring Spannfeder *f*
tension strain Längsdehnung *f*
tension strength *(Stat)* Zugfestigkeit *f*
tension stress *(Stat)* (innere) Zugspannung *f*
tension structure *(TK)* zugbeanspruchte Konstruktion *f*
tension system *(TK)* zugbeanspruchte Konstruktion *f*
tension test Zugversuch *m*, Zerreißprüfung *f*, Zerreißversuch *m*
tension test machine *(BWG)* Zugprüfgerät *n*
tension test specimen Zugprobekörper *m*, Zugprüfkörper *m*, Zugfestigkeitsprüfkörper *m (Baustoffprüfung)*
tension tie *s.* tension member
tension wire *(BM)* Spanndraht *m*
tension wood zugbeanspruchtes Holz *n*, Holz *n* mit Trockenzugspannung
tension zone *(BT)* Zugbereich *m*, Zugzone *f*
tensional bar Zugstab *m*, Zugglied *n*; gezogener Stab *m*
tensional forces *(Stat)* Spannungskräfte *fpl*
tensional gasket *(BT, DIS)* zugbeanspruchtes Dichtungsprofil *n*, zugbeanspruchte Selbstdichtung *f*
tensioned 1. *(BM, TK)* zugbeansprucht; 2. *(BB)* vorgespannt *(Spannbeton)*
tensioned connection *(BT)* Spannverbindung *f*
tensioning 1. Beanspruchung *f* auf Zug, Zugbeanspruchung *f*; 2. Vorspannung *f*, Aufbringen *n* der Vorspannung *(Spannbeton)*; 3. Spannen *n*
tensioning area *(BM, TK)* Spannungszone *f*
tensioning bar *(BT)* Spannstab *m*
tensioning block Spannblock *m (für Spannbeton)*
tensioning cable Spannlitze *f*; Drahtseil *n*
tensioning element Spannelement *n*
tensioning jack *(BWG)* Spannpresse *f*, Spannbetonpresse *f*
tensioning method Spannbetonverfahren *n*
tensioning order *(Te)* Spannfolge *f*, Vorspannfolge *f*
tensioning rope *(BT)* Spannseil *n*, Abspannkabel *n*
tensioning system Spannverfahren *n*, Vorspannverfahren *n*, Spannbetonverfahren *n*
tensioning tendon *(BT, Te)* Spannglied *n*, Vorspannglied *n*
tensioning value Spannwert *m*, Vorspannungswert *m*
tensioning wedge Spannkeil *m*
tensioning zone *(Konst, Te)* Spannzone *f*, Vorspannungszone *f*
tensor *(Stat)* Tensor *m (Spannungsvektor)*
tensor function *(Stat)* Zensorfunktion *f*
tent *(Konst)* Zelt *n*
tent barrack *(Konst)* Zeltbaracke *f*, Barackenzelt *n*
tent hut Zeltbaracke *f*
tent membrane *(BT)* Zeltmembran *f*
tent roof Zeltdach *n*
tent system Zeltsystem *n*
tent system for construction of high points *(Konst)* Zeltsystem *n* zum Errichten von Hochpunkten
tentative vorläufig
tentative design criteria vorläufige Bemessungsgrundlagen *fpl*
tentative standard *(VR)* Vornorm *f*
tentatively modernistic *(Arch)* schüchtern-modernistisch
tented roof *(Konst)* Zeltdach *n*
tenure by lease *(VR)* Pachtbesitz *m*
tepidarium *(Arch)* Tepidarium *n (Warmluftraum römischer Thermen)*
term 1. *(Arch)* Abschlussfigur *f*, Abschlussstatue *f*; 2. *(Stat)* Glied *n (einer Gleichung, einer Matrix)*; 3. *(VR)* Frist *f*, Dauer *f*
term of maintenance 1. *(Te)* Wartungsfrist *f*; 2. *(RS, Te)* Instandhaltungsfrist *f*
terminal 1. *(Verm, VR)* abschließend; termingemäß; begrenzend, Grenz...; letztes, End...; 2. *(Konst, VR)* hoffnungslos, unlösbar *(Aufgaben, Probleme)*
terminal 1. *(El)* Anschlussstück *n*, Anschlussverbinder *m*, Anschlussklemme *f*; 2. *(Verk)* Bahnhof *m*, Endstation *f*; 3. *(Verk)* Abfertigungshalle *f*, Empfangsgebäude *n (Flugplatz)*; 4. *(Arch)* Endverzierung *f (eines Pfeilers)*; Verzierung *f* eines

Endstücks; 5. *(Stat)* Datenstation *f*; 6. *(Konst)* Anfangs-/ /Endkonstruktion *f*
terminal bending moment *(Stat)* Einspannbiegemoment *n*
terminal box *(El)* Klemmkasten *m*, Anschlusskasten *m*, Kabelübergangskasten *m*
terminal bracket *(BT)* Abspannstütze *f*
terminal building *(Arch, Verk)* Empfangsgebäude *n (Flughafen)*
terminal condition *(Konst, Stat)* Einspannbedingung *f*, Einspannungsbedingung *f*
terminal connector Klemmverbinder *m*
terminal degree Einspann(ungs)grad *m*
terminal end condition Einspannungsbedingung *f*
terminal expense *(Verk)* Vertragsabbruch(s)kosten *pl*
terminal facilities *(BWG, Verk)* Anlagen *fpl* des Abfertigungsgebäudes, Terminalausrüstungen *fpl*
terminal figure *(Arch)* Herme *f*, Abschlussfigur *f*, Abschlussstatue *f*
terminal limit switch *(El)* Endschalter *m*
terminal mast *(BT)* Endabspannmast *m (Leitungsbau)*
terminal member *(Arch)* krönendes Element *n*, bekrönendes Element *n*
terminal moraine *(Bod)* Endmoräne *f*
terminal of safety barrier *(Verk)* Endverankerung *f* der Schutzplanke, Sicherheitsbarriereneinspannung *f*
terminal pedestal *(Arch)* Hermenpfeiler *m*, Abschlussfigurensockel *m*
terminal plug Stopfen *m*
terminal pole *(BT)* Abspannstange *f*; Endmast *m*, Abspannmast *m*
terminal port Endhafen *m*
terminal post *(Arch)* Hermenpfeiler *m*; Anschlusssäule *f*
terminal pressure *(Bod)* Enddruck *m*
terminal railroad station *(AE)* Endstation *f*, Endbahnhof *m*
terminal railway station Endstation *f*, Endbahnhof *m*
terminal reheat system *(HLK)* Umlaufklimaanlage *f* mit separater Luftstromheizung, Einzelkanalheizsystem *n*
terminal sleeve *(BT)* Abschlussmuffe *f*
terminal spindle *(BT)* Abspannstütze *f*
terminal statue *(Arch)* Herme *f*
terminal stopping device *(El)* Aufzugsendschalter *m*
terminal switch *(El)* Endschalter *m*
terminal traffic Terminalverkehr *m*
terminal unit *(HLK)* Einspeiseöffnung *f (Klimaanlage)*
terminal velocity *(HLK)* Luftausströmgeschwindigkeit *f (Klimaanlage)*
terminal wire *(El)* Anschlussdraht *m*
terminate *v (Te)* abschließen, beenden; abbrechen *(Bauarbeiten)*
terminated stop *(EB)* Türöffnungsbegrenzer *m (in Fußbodenhöhe)*; Fensterarretierung *f*
terminating Abspannung *f (Leitungsbau)*
termination 1. Abschluss *m*, Beendigung *f*, Kündigung *f*; Abbruch *m (Bauarbeiten)*; 2. *(El)* Endverschluss *m*; 3. *(Arch)* Schluss *m*, Abschluss *m*, abschließende Bauform *f (Abschlusselement in der Kirchenarchitektur)*
termination cable *(El)* Abschlusskabel *n*
termination of choir *(Arch)* Chorschluss *m*
termination of the contract *(VR)* Vertragsbedingung *f*
termination of wires on terminal poles *(Konst)* Abspannung *f* der Leitungen
termination piece Endstück *n*
terminology *(VR)* Terminologie *f*, Begriffsbestimmung *f*
terminus 1. *s.* terminal figure; 2. *(Arch, Verk)* Kopfbahnhof *m*; Endstation *f*
terminus station *(Verk)* Kopfbahnhof *m*
termite-proof *(BM, Konst)* termitenfest
termite shield Termitenschutzblech *n*
terms of a competition *(VR)* Wettbewerbsbedingungen *fpl*
terms of delivery [supply] *(VR)* Lieferbedingungen *fpl*
ternary alloy *(BM)* Dreistofflegierung *f*
ternary link Dreibinder *m*
terneplate *(BM, St)* Terneblech *n*; Weißblech *n*, Mattblech *n (Dachdeckung)*
terpene solvent Terpenlösungsmittel *n*
terra-cotta *s.* terracotta
terrace *v (Erdb)* Terrassen anlegen; terrassenförmig abstufen *(z. B. Böschung)*
terrace 1. *(Erdb, Konst)* Terrasse *f*; 2. *(Erdb)* Absatz *m*, Stufe *f (im Gelände)*; Berme *f*; 3. *(RP)* Häuserzeile *f (Reihenhäuser)*; 4. *(Wsb)* Gefällestufe *f* • **in terraces** *(Erdb)* terrassenartig
terrace access Terrassenzugang *m*
terrace blind *(EB)* Terrassenmarkise *f*
terrace door Terrassentür *f*
terrace door furniture Terrassentürbeschläge *mpl*
terrace dwelling (unit) *(AE) (Konst)* Terrassenwohnung *f*
terrace heating *(HLK)* Terrassenheizung *f*
terrace house *(Arch)* Reihenhaus *n*, Zeilenhaus *n*
terrace of front steps *(Konst)* Freitreppe *f*
terrace restaurant *(Konst)* Terrassenrestaurant *n*
terrace roof *(Konst)* Terrassendach *n*; Flachdach *n*; abgestumpftes Dach *n*
terrace-shaped apartment building *(AE)* Terrassenmehrfamilienhaus *n*
terrace-shaped block of flats Terrassenmehrfamilienhaus *n*
terrace temple *(Arch)* Terrassentempel *m*
terrace tile *(BT)* Terrassenplatte *f (Steinplatte)*
terrace wall Stützmauer *f*
terraced terrassenartig, terrassenförmig
terraced dwellings *(Arch, Konst)* Terrassenbebauung *f*
terraced garden *(Arch)* abgetreppter Garten *m*, Terrassengarten *m*, hängender Garten *m*
terraced housing *(Arch, Konst, RP)* Reihenbebauung *f*, Zeilenbebauung *f*; Reihenhäuser *npl*, Zeilenhäuser *npl*
terraced mastabah *(Arch)* Stufenmastaba *f*; Stufenpyramide *f*
terraced mortuary temple *(Arch)* Terrassentempel *m*, Stufentotentempel *m*
terraced pyramid *(Arch)* Terrassenpyramide *f*
terracing Terrassenanlegen *n*
terracotta *(BM)* Terrakotta *f*
terracotta architecture *(Arch)* Terrakottaarchitektur *f*, Terrakottabaukunst *f*
terracotta block *(BM)* Terrakottastein *m*
terracotta decorative finish *(Arch)* Terrakottaschmuck *m*, Terrakottaverzierung *f*
terracotta enrichment *(Arch)* Terrakottaschmuck *m*, Terrakottaverzierung *f*
terracotta facing *(BT)* Terrakottaverkleidung *f*
terracotta floor Terrakottafußboden *m*
terracotta lining Terrakottaverkleidung *f*, Terrakottaauskleidung *f*
terracotta ornament *(Arch)* Terrakottaornament *n*, Terrakottaschmuckelement *n*
terracotta panel Terrakottatafel *f (Wandtafel)*
terracotta partition *(BT)* Terrakottatrennwand *f*
terracotta pipe Terrakottarohr *n*
terracotta roof tile Terrakottadachstein *m*
terracotta statue *(Arch)* Terrakottastatue *f*
terracotta tile *(BT)* Terrakottafliese *f*, Terrakottastein *m*
terrain *(Bod)* Gelände *n*, Terrain *n*
terrain category *(Verk)* Geländekategorie *f*
terrain clearance *(Bod, RP)* Baugeländefreiheit *f*; Geländeberäumung *f*
terrain layout *(Verm)* Geländeplan *m*

terrain model Geländemodell *n*
terrain photosurvey *(Verm)* fotografische Geländeaufnahme *f*
terrain roughness *(Bod)* Geländeunebenheit *f*
terrain sector *(Bod, RP)* Geländeabschnitt *m*
terrain surface *(Bod)* Geländeoberfläche *f*
terrain survey *(Verm)* Geländevermessung *f*
terras *s.* trass
terrazzo (concrete) *(BM)* Terrazzo(estrich) *m*
terrazzo floor Terrazzofußboden *m*
terrazzo flooring finish Terrazzofußbodenbelag *m*
terrazzo layer Terrazzoleger *m*
terrazzo mix(ture) *(BM)* Terrazzogemisch *n*, Terrazzomischung *f*
terrazzo plant *(BWG)* Terrazzobetrieb *m*, Terrazzowerk *n*
terrazzo rough grind(ing) Terrazzo(grob)schleifen *n*
terrazzo setting bed Terrazzounterlage *f*, Terrazzomörtellage *f*
terrazzo sink drop Terrazzospültisch *m*
terrazzo slab *(BM)* Terrazzoplatte *f*
terrazzo surfacer *(BWG)* Terrazzoschleifmaschine *f*
terrazzo tile Terrazzofliese *f*; Terrazzo(wand)platte *f*
terrazzo topping Terrazzodecklage *f*
terrazzo ware Terrazzowaren *fpl*
terrazzo work *(Te)* Terrazzoarbeiten *fpl*
terreous erdig
terreplein *(Erdb, Wsb)* Erddamm *m* mit verdichteter Oberfläche
terrestrial *(Bod)* terrestrisch, Erd...
terrestrial heat *(HLK)* Erdwärme *f*
terrestrial longitude *(Bod, Umw, Verm)* geographische Länge *f*
terrestrial photogrammetry *(Verm)* Erdbildmessung *f*
terrestrial rib *(Konst)* Tertiärrippe *f*
terrestrial water *(Bod, WVA)* terrestrisches Wasser *n*
territorial *(RP)* territorial, Land..., Gebiet..., Gelände...
territorial section *(RP)* Geländeabschnitt *m*
territory Gebiet *n*, Territorium *n*
terry cloth *(BM, EB)* Schlingengewebe *n (Teppich)*
tertiary tertiär
tertiary beam *(TK)* Tertiärträger *m*, Auflagerbalken *m* auf einem zweiten Balken
tertiary creep tertiäres Kriechen *n*, tertiäres Verformen *n*, plastisches Fließen *n*
tertiary sewage treatment *(WVA)* dritte Reinigungsstufe *f*
tessellated *(Arch)* gewürfelt; schachbrettartig
tessellated pavement 1. *(Konst)* Würfelmosaik *n (Pflaster)*; 2. *(Verk)* Mosaikfußweg *m*
tessellated work *(EB)* schachbrettartige Einlegearbeit *f*
tessera *(Arch)* Tessera *f*, Mosaikstein *m (im antiken Rom)*
tesserae *(Arch)* Mosaikfläche *f (im antiken Rom)*
test *v (BM, Te)* prüfen, testen *(z. B. Materialien)*; untersuchen
test *v* **for** prüfen auf
test *(BM)* Prüfung *f*, Versuch *m*; Untersuchung *f*; Nachweis *m (z. B. eines Stoffes, Elementes)*
test apparatus Prüfvorrichtung *f*; Prüfgerät *n*
test application *(VR)* Probeauftrag *m*, Probeaufstrich *m*
test area *(Konst)* Prüffläche *f*, Testfläche *f*
test arrangement Versuchsaufbau *m*, Versuchsanordnung *f*
test at constant load *(BM, Stat)* Dauerbelastungsversuch *m*
test bar Probestab *m*; Zugstab *m*
test bench Prüfstand *m*
test boring *(Bod, Erdb, Tun)* Probebohrung *f*
test certificate *(VR)* Prüfbericht *m*, Prüfprotokoll *n*, Prüfungsnachweis *m (Bauüberwachung)*
test chamber Versuchsraum *m*
test conditions *(BM, Konst, Te)* Prüfbedingungen *fpl*; Versuchsbedingungen *fpl*
test core Bohrkern *m*
test cube *(BM)* Probewürfel *m*, Prüfwürfel *m*
test cycle Prüfzyklus *m*
test cylinder Prüfzylinder *m*; Betonprüfzylinder *m*
test data *(BM, VR)* Prüfdaten *pl*, Prüfergebnisse *npl*
test development Versuchsprojekt *n*, Versuchsbauvorhaben *n*
test document *s.* test certificate
test drill *(Bod)* Aufschlussbohrung *f (Baugrund)*
test engineer *(VR)* Prüfingenieur *m*, Prüfungsingenieur *m*
test evaluation Versuchsauswertung *f*
test exposure Prüfbeanspruchung *f (Feldprüfung)*
test fill [filling] *(Bod)* Probeschüttung *f*, Versuchsschüttung *f*
test for gas pressure *(VR)* Gasdruckprüfung *f*
test for silt Absetzprobe *f*, Sediment(absetz)prüfung *f*
test foundation pile *(Erdb)* Probegründungspfahl *m*
test frequency *(VR)* Prüfhäufigkeit *f*
test ground *(Konst)* Versuchsfeld *n*, Prüffeld *n*, Versuchsgelände *n*, Prüfgelände *n*
test hole *(Bod)* Schürfloch *n*
test in situ *(BM, Bod)* Feldprüfung *f*, Feldversuch *m*
test installation Prüfstandeinrichtung *f*
test laboratory *(BM)* Testlabor *n*
test load *(Stat)* Prüflast *f*, Prüfbelastung *f*
test loading *(Stat)* Prüfbelastung *f*, Probebelastung *f*
test machine *(BWG)* Prüfpresse *f*
test mark *(VR)* Prüfzeichen *n*
test material *(BM)* Prüfmaterial *n*; Versuchsbaustoff *m*
test method *(BM)* Prüfverfahren *n*, Prüfmethode *f*, Versuchsverfahren *n*
test methods for aggregates Prüfverfahren *npl* für Mineralstoffe
test methods for cement Prüfverfahren *npl* für Zement
test methods for soil *(Bod)* Bodenprüfverfahren *npl*
test operation *(Te)* Probebetrieb *m*, Versuchsbetrieb *m*
test panel *(BM)* Prüftafel *f*, Probeplatte *f*, Plattenmuster *n*, Versuchstafel *f (meist für Beschichtungsprüfungen)*
test performance *(BM, Te)* Prüfverhalten *n*; Versuchsverhalten *n*
test piece Probekörper *m*, Probestück *n*, Prüfstück *n*
test pile *(Erdb)* Probepfahl *m*
test pit *(Bod)* Schürfloch *n*, Untersuchungsschürfe *f (Geologie)*; Baugrundschürfschacht *m*
test pit for a building ground *(Bod)* Baugrundschürfschacht *m*
test plug *(BT)* Prüfverschlusspfropfen *m (Dränrohr)*
test precision *(VR)* Prüfgenauigkeit *f*
test pressure *(Stat)* Prüfdruck *m*
test probe *(BWG)* Sonde *f*
test project Versuchsprojekt *n*, Versuchsbauvorhaben *n*
test pumping Pumpversuch *m*
test record Prüfaufzeichnung *f*, Prüfbericht *m*; Versuchsprotokoll *n*
test regulations *(VR)* Prüfvorschriften *fpl*
test report *(VR)* Prüfbericht *m*; Werkzeugnis *n*
test result Prüfergebnis *n*, Prüfbefund *m*; Versuchsergebnis *n*
test rig *(Konst)* Versuchsaufbau *m*; Versuchsanlage *f*; Prüfstand *m*
test room *(Konst)* Prüfraum *m*, Versuchsraum *m*
test run *(Te)* Probelauf *m*, Testlauf *m*
test sample *(BM)* Prüfstück *n*; Probe *f*; Probekörper *m*, Versuchskörper *m*
test sample mould Prüfkörperform *f*, Probekörperform *f*
test scheme *(Konst)* Versuchsprojekt *n*, Versuchsbauvorhaben *n*

test section *(Verk)* Versuchsabschnitt *m*, Probeabschnitt *m*, Versuchsstrecke *f*, Probestrecke *f*
test series *(BM, Konst, Te)* Prüfreihe *f*, Versuchsreihe *f*
test set-up *(Konst)* Prüfanordnung *f*, Prüfaufbau *m*; Versuchsanordnung *f*
test sieve Prüfsieb *n*
test site *(Te)* Versuchsbaustelle *f*, Versuchsort *m*; Testbaustelle *f*
test specifications *(VR)* Prüfvorschriften *fpl*
test specimen *(BM)* Probe *f*, Prüfmuster *n*
test stand *(BWG)* Prüfstand *m*
test standard Prüfnorm *f*
test station *(BWG)* Prüfstand *m*, Prüfstation *f*
test structures *(Konst)* Versuchsbauten *mpl*
test symbol *(VR)* Prüfzeichen *n*
test tee Verschluss-T-Stück *n* für Dichtigkeitsprüfung
test track *(Verk)* Versuchsbahn *f*, Versuchsstreifen *m*
test tube Reagenzglas *n*
test variable *(Te)* Versuchsveränderliche *f*; Prüfvariation *f*
test well 1. *(Bod)* Schürfbohrung *f*; 2. *(Wsb)* Versuchsbrunnen *m*
tester 1. *(BWG)* Prüfgerät *n*; 2. *(Arch)* Thronhimmel *m*; Betthimmel *m*
testing Prüfung *f*, Prüfen *n*
testing agent Prüfmittel *n*
testing engineer Prüfingenieur *m*
testing facility *(BWG)* Prüfeinrichtung *f*
testing ground *(BM, VR)* Versuchsgelände *n*, Prüfgelände *n*, Versuchsfeld *n*, Prüfgelände *n*
testing institute Prüfinstitut *n*, Versuchsanstalt *f*
testing laboratory *(BM, Konst)* Prüflabor *n*
testing machine *(BWG)* Prüfmaschine *f*
testing method *(Te)* Prüfverfahren *n*, Prüfmethode *f*, Versuchsverfahren *n*
testing method of asphalt *(DIN EN 12697) (Te)* Prüfverfahren *n* für Asphalt
testing method of natural stone *(DIN EN 14157, EN 14579) (Te)* Prüfverfahren *n* für Naturstein
testing method standard *(VR)* Prüfnorm *f*, Prüfungsstandard *m*
testing of materials *(BM)* Baustoffprüfung *f*
testing parameter Prüfparameter *m(pl)*
testing pressure *(Stat)* Prüfdruck *m*, Prüfungsdruck *m*
testing principle *(VR)* Prüfgrundsatz *m*
testing procedure *(Te)* Prüfverfahren *n*; Versuchsdurchführung *f*
testing programme *(Te, VR)* Prüfprogramm *n*; Versuchsprogramm *n*
testing regulations Prüfvorschriften *fpl*
testing sieve *(BWG)* Prüfsieb *n*
testing site Versuchsbaustelle *f*
testing technique *(Konst)* Prüftechnik *f*, Prüfmethodik *f*
testing time *(Te)* Versuchsdauer *f*, Prüfdauer *f*, Versuchszeit *f*, Prüfzeit *f*, Probedauer *f*, Probezeit *f*
testing work Untersuchungsarbeit *f*, Prüftätigkeit *f (Bauwerksprüfung)*
tetracalcium alumino-ferrite *(BM)* Tetracalciumaluminatferrit *n*, Tetrakalziumaluminatferrit *n*, C4AF *n (Zementmineral)*
tetrachloroethylene Tetrachlorethylen *n*, Tetrachloräthylen *n*
tetrachloromethane *(BM, OB)* Tetrachlorkohlenstoff *m*, Tetrachlormethan *n (Extraktionslösungsmittel)*
tetragonal tetragonal
tetrahedron *(Arch)* Tetraeder *n*
tetrapod *(Wsb)* Vierfußblock *m (Küstenschutzelement)*
tetrapylon *(Arch)* Viertorgebäude *n*, Gebäude *n* mit vier Toren *(antike Baukunst)*

T

tetrastoon *(Arch)* Hof *m* mit Säulengang an allen vier Seiten *(antike griechische Baukunst)*
tetrastyle viersäulig
tetrastyle *(Arch)* Tetrastylos *m (Bauwerk mit vier Säulen)*
tetrastyle colonnade *(Arch, Konst)* Kolonnade *f* mit vier Säulen
tetrastyle temple Tetrastylostempel *m*
textile glass mat *(Erdb)* Textilglasmatte *f*
texture 1. Gefüge *n (Gestein)*; Textur *f (Gewebe)*; Struktur *f*, Strukturierung *f (von Werkstoffen)*; Rauheit *f*; 2. Kornaufbau *m*, Kornzusammensetzung *f (Gesteinsgemisch)*
texture brick *(BT, SB)* Rautexturziegel *m*
texture depth Texturtiefe *f (Straßenoberfläche)*
texture-finished paint *(BM, OB)* verformbarer Anstrich *m*, texturierbare Farbe *f*
texture meter Rauheitsmessgerät *n*
texture profile *(BT)* Strukturprofil *n*
textured and profiled finishes *(OB)* strukturierte und profilierte Oberflächen *fpl*
textured board *(BT)* Strukturplatte *f*
textured brick slab ziegeltexturierte Wandscheibe *f*
textured concrete *(BB)* Strukturbeton *m*, strukturierter Sichtbeton *m*
textured exposed concrete Strukturbeton *m*, strukturierter Sichtbeton *m*
textured fair-faced concrete *(BB)* Strukturbeton *m*, strukturierter Sichtbeton *m*
textured finish Strukturoberfläche *f*, strukturierte Deckschicht *f*; Oberflächenstruktur *f*, Putzstruktur *f*
textured paint verformbarer Anstrich *m*, texturierbare Farbe *f*
textured tile Strukturfliese *f*, Strukturbelagplatte *f*
Thai architecture *(Arch)* Thaiarchitektur *f*
thatch *v (Konst, Te)* mit Schilf eindecken, mit Stroh decken
thatch *(BM)* Dachstroh *n*, Dachschilfrohr *n*
thatch material Rohrmaterial *n*
thatchboard *(BT, DIS)* Strohbauplatte *f*
thatched cottage *(Konst)* Strohhütte *f*
thatched roof *(Konst)* Schilfdach *n*, Strohdach *n*, Rieddach *n*
thatcher Dachdecker *m (für Schilfdächer)*
thatching *(Konst)* Strohbedachung *f*, Schilfdacheindeckung *f*
thatching material Rohrmaterial *n (Dach)*
thatching read *(BM)* Dachdeckungsschilfrohr *n*, Dacheindeckschilf *n*
thatching straw Dachdeckungsstroh *n*, Dacheindeckstroh *n*
thaw *v (BM)* tauen, auftauen, schmelzen
thaw *(Umw)* Tauwetter *n*; Tau *m*
thaw point 1. *(HLK)* Taupunkt *m*, Auftaupunkt *m*; 2. *(BM)* Tropfpunkt *m*, Fließpunkt *m (Bitumen)*
thawing soil settlement Bodenverdichtung *f* während der Auftauzeit
theater *(AE)* s. theatre
theatre *(Arch)* Theater *n*, Schauspielhaus *n*
theatre architecture *(Arch)* Theaterbaukunst *f*
theatre auditorium *(Konst)* Theatersaal *m*
theatre box *(Konst)* Theaterloge *f*
theatre building *(Arch)* Theatergebäude *n*
theatre curtain *(EB)* Theatervorhang *m*
theatre house *(Arch, Konst)* Theatergebäude *n*
theatre-in-the-round Arena *f*
theatre seating *(EB)* Zuschauerraumbestuhlung *f*, Saalbestuhlung *f*
theatre stage Theaterbühne *f*
theatrical designer Bühnenzeichner *m*
theatron *(Arch)* Theatron *n (ansteigende Sitzreihen des antiken Theaters)*

theme park *(RP)* Freizeitpark *m*, Themenpark *m*
theodolite *(Verm)* Theodolit *m*
theorem *(Stat)* Satz *m*
theorem of superposition *(Stat)* Superpositionsgesetz *n*, Superpositionsgleichung *f*
theorem of three moments *(Stat)* Dreimomentengleichung *f*
theorem of virtual displacements *(Arch)* Prinzip *n* der virtuellen Verrückungen
theorem of virtual work *(Arch)* Prinzip *n* der virtuellen Arbeit
theoretical dimension *(BT)* Nennmaß *n*, Sollmaß *n*, Nennabmessung *f*, Sollabmessung *f*, Nennabmessung *f*
theoretical elasticity *(Stat)* theoretische Elastizität *f*
theoretical height *(Konst)* Sollhöhe *f*, Nennhöhe *f*
theoretical load *(Stat)* theoretische Grenzlast *f*
theoretical shape *(BT)* Sollform *f*
theoretical size Sollgröße *f*, Nenngröße *n*
theory of architecture *(Arch)* Theorie *f* der Architektur, Theorie *f* der Baukunst
theory of buckling *(Stat)* Knicktheorie *f*
theory of creep Kriechtheorie *f*
theory of deformation *(Stat)* Formänderungstheorie *f*
theory of demand Anforderungstheorie *f*
theory of disks *(Stat)* Scheibentheorie *f*
theory of elasticity Elastizitätstheorie *f*
theory of empathy *(Arch)* Theorie *f* der Einfühlung
theory of failure *(Stat)* Bruchhypothese *f*
theory of flow *(Wsb)* Strömungslehre *f*
theory of form and design *(Arch)* Formenlehre *f*, Formlehre *f*
theory of ideal plasticity *(Stat)* ideale Plastizitätstheorie *f*
theory of plastic flow Theorie *f* des plastischen Fließens
theory of plasticity Plastizitätstheorie *f*, plastische Theorie *f*
theory of probability Wahrscheinlichkeitstheorie *f*
theory of sheets *(Stat)* Scheibentheorie *f*
theory of stability *(Stat)* Stabilitätstheorem *n*
theory of strain *(Stat)* Spannungstheorie *f*
theory of strength of materials *(Stat)* Festigkeitslehre *f*
theory of structures *(Stat)* Statik *f*, Baustatik *f*
theory of thin shells *(Stat)* Theorie *f* der dünnen Schalen
theory of torsion *(Stat)* Torsionstheorie *f*
therm *(Stat)* Therm *n (SI-fremde Einheit der Wärmemenge; 1 therm = 1,05506 × 10^8 J)*
therma *(Bod, WVA)* Therme *f*
therma room *(Konst)* Thermensaal *m*
thermae *(Arch)* Warmbad *n*, Thermen *fpl (öffentliches Bad im antiken Griechenland und Rom)*
Thermae of Nero *(Arch)* Nerothermen *fpl*
Thermae of Titus *(Arch)* Titusthermen *fpl*
thermal thermisch; warm; heiß; Wärme...
thermal analysis *(BM)* Thermoanalyse *f*
thermal balance *(HLK)* Wärmebilanz *f*
thermal barrier Wärmedurchgangsdämmschicht *f*, Wärmesperre *f*
thermal baths Warmbad *n*
thermal blanket *(BT, DIS)* Wärmedämmmatte *f*
thermal break *(DIS, Konst)* Wärmedurchgangsdämmschicht *f*, Wärmesperre *f*
thermal bridge *(Konst)* Wärmebrücke *f*; Kältebrücke *f*
thermal buffer thermischer Puffer *m*
thermal capacity *(BM, HLK)* Wärmekapazität *f*
thermal circuit breaker *(El)* Thermoschalter *m*
thermal circulation *(HLK)* Wärmezirkulation *f*
thermal class Wärmeklasse *f*
thermal coefficient *(HLK, Umw)* Temperaturkoeffizient *m*
thermal conductance 1. *(BM)* Wärmeleitwert *m*; 2. *(BM)* Wärmedurchgangszahl *f*
thermal conduction Wärmeleitung *f*
thermal conductivity Wärmeleitfähigkeit *f*, Wärmeleitvermögen *n*
thermal conductor *(BM)* Wärmeleiter *m*
thermal container *(BT)* Wärmetransportbehältnis *n*
thermal convection *(HLK)* Wärmekonvektion *f*, konvektive Wärmeübertragung *f*, Wärmemitführung *f*
thermal crack Temperaturriss *m*
thermal cracking *(BM)* Temperaturrissbildung *f*
thermal cut-out *(El)* Überlastungsabschalter *m*
thermal cycling Temperaturwechselbeanspruchung *f*
thermal deformation *(BM)* Wärmeverformung *f (Baustoffe, Bauelemente)*
thermal detector *(HLK)* Temperaturmessfühler *m*
thermal diffusion *(DIS)* Thermodiffusion *f*
thermal diffusivity Temperaturleitfähigkeit *f*, Temperaturleitzahl *f (in m^2/s)*; Wärmeausbreitungsvermögen *n*
thermal discharge *(HLK)* Abwärme *f*
thermal efficiency *(HLK)* thermischer Wirkungsgrad *m (Heizung)*
thermal emission Wärmeabgabe *f*
thermal emissivity *(HLK)* Wärmeabgabevermögen *n*
thermal environment Temperierung *f*
thermal expansion *(BM)* Wärme(aus)dehnung *f*
thermal expansion coefficient *(BM)* Wärmeausdehnungszahl *f*, spezifischer Wärmeausdehnungskoeffizient *m*
thermal expansion crack Wärmedehnungsriss *m*
thermal expansion joint *(Konst)* Wärmedehn(ungs)fuge *f*
thermal extension Wärme(aus)dehnung *f*
thermal fatigue *(BM, TK)* Wärmeermüdung *f*
thermal fingerprint *(HLK, Umw)* Temperaturprofil *n*
thermal insulating cement Schäum(plast)zement *m (zur Dämmung)*
thermal insulation *(DIS)* Wärmedämmung *f*, Wärmeschutz *m*
thermal insulation board *(BT, DIS)* Wärmedämmplatte *f*, Wärmedämmtafel *f*
thermal insulation material *(BM, DIS)* Wärmedämmstoff *m*
thermal insulation of a boiler Kesselwärmeschutz *m*
thermal insulation regulation *(VR)* Wärmeschutzverordnung *f*
thermal insulation test wärmeschutztechnische Prüfung *f*
thermal insulation value *(DIS)* Wärmeschutzwert *m*
thermal insulator *s.* thermal insulation material
thermal load *(BM, TK)* Wärmebelastung *f*
thermal loss Abwärme *f*; Wärmeverlust *m*
thermal mapping *(Te, Verk)* Wärmekartierung *f*, Thermalkartierung *f (Winterdienst)*
thermal output *(HLK)* Wärmeabgabe *f*, Wärmeleistung *f*, thermischer Wirkungsgrad *m*
thermal overload protection thermischer Überlastungsschutz *m*
thermal performance *(HLK)* Wärmeleistung *f*
thermal pollution *(BM, TK)* Wärmebelastung *f*
thermal polymerisation *(Te)* Wärmepolymerisation *f*
thermal power station *(BWG, HLK)* Wärmekraftwerk *n*
thermal properties thermische Eigenschaften *fpl*
thermal radiation *(HLK)* Wärmestrahlung *f*, thermische Strahlung *f*, Temperaturstrahlung *f*
thermal radiator *(HLK)* Radiator *m*
thermal relay *(HLK)* Temperaturrelais *n*, Thermorelais *n*
thermal resistance 1. *(BM, DIS)* Wärme(durchgangs)widerstand *m*; 2. *(OB, Te)* Wärmetrocknung *f (Lacktrocknen)*
thermal resistivity Wärmebeständigkeit *f*, Wärmewiderstandsfähigkeit *f*
thermal savings *(Umw)* Wärmeeinsparung *f*

thermal sealing *(Te)* Heißverschweißen *n (von Kunststoffen)*
thermal shock Wärmestoßspannung *f*, Wärmestoßbeanspruchung *f*, Temperaturschock *m*
thermal shrinkage *(Te)* thermisches Schrumpfen *n*
thermal solar systems *(Umw, BWG)* thermische Solaranlagen *fpl (EN 12975-1)*
thermal spa *(Arch, Konst)* Thermalbad *n*
thermal spring *(Bod)* Thermalquelle *f*
thermal springs resort Thermalbad *n*
thermal stability *(BM)* Wärmebeständigkeit *f*, Hitzebeständigkeit *f*, Wärmestabilität *f*, thermische Beständigkeit *f*
thermal storage heating *(HLK)* Speicherheizung *f*
thermal storage water heater *(San)* Warmwasserspeicher *m*
thermal strain *(BM)* Wärmedehnung *f*, thermische Ausdehnung *f*
thermal stress *(BM, BT)* Temperaturspannung *f*, Wärmespannung *f*; Wärmebeanspruchung *f*, thermische Spannung *f*
thermal transfer *(DIS)* Wärmeübergang *m*
thermal transmissibility *(DIS, Konst)* Wärmedurchlässigkeit *f*
thermal transmission factor *(BM, DIS)* Wärmedurchlässigkeitszahl *f*
thermal transmittance *(BM, HLK)* spezifischer Wärmefluss *m*; Wärmedurchgangszahl *f*
thermal unit Wärmeeinheit *f (z. B. Kilowatt, Joule)*
thermal value Heizwert *m*
thermal valve thermorelaisgesteuertes Ventil *n*, Ventil *n* mit Thermostatsteuerung
thermal window *(Arch)* Thermenfenster *n*, diokletianisches Fenster *n*
thermally insulated *(DIS)* wärmegedämmt, mit Wärmedämmung
thermally stable *(BM)* hitzebeständig
thermic thermisch
thermic drilling *(Bod)* thermische Bohrung *f*
thermistor *(HLK)* Temperaturmessfühler *m*
thermit welding *(St, Te)* Thermitschweißen *n*
thermochemical thermochemisch
thermocouple *(El)* Thermoelement *n*, Thermopaar *n*
thermodiffusion Thermodiffusion *f*
thermodynamic *(Te)* thermodynamisch
thermodynamics *(BB, HLK, Te)* Thermodynamik *f*
thermolabile *(BM)* wärmeunbeständig
thermolysis *(BM)* Thermolyse *f (Wärmezerfall)*
thermometer probe *(BM)* Temperaturmesssonde *f*
thermometer well Temperaturmessöffnung *f*
thermopane glass Thermopane® *n (Mehrscheibenisolierglas)*
thermopane glazing *(Konst)* Isolierverglasung *f*
thermoplastic thermoplastisch
thermoplastic *(BM)* Thermoplast *m*, thermoplastischer Kunststoff *m*
thermoplastic film *(BM)* thermoplastische Folie *f*
thermoplastic hot-melt coating *(Hb, Te)* Thermoplastbeschichtung *f (von Holz)*
thermoplastic insulating tape thermoplastisches Isolierband *n*
thermoplastic marking material *(Verk)* Thermoplastmarkierung *f*
thermoplastic material *s.* thermoplastic
thermoplastic sheeting *(BM)* thermoplastische Folie *f*
thermoplastic tile *(BT)* Kunstharzbodenplatte *f*, Kunstharzfußbodenfliese *f*
thermoplasticity Thermoplastizität *f*
thermoplastics *(BM)* Thermoplaste *mpl*
thermoregulator Temperaturregler *m*
thermoresistant *(BM, TK)* wärmebeständig
thermosensitive wärmeempfindlich
thermoset *s.* thermosetting plastic [resin]
thermosetting hitzehärtbar, wärmehärtbar, duroplastisch
thermosetting adhesive *(BM)* Schmelzklebstoff *m*, hitzehärtbarer Klebstoff *m*
thermosetting plastic [resin] *(BM)* Duroplast *m*, hitzehärtbarer [duroplastischer] Kunststoff *m*
thermosiphon Thermosyphon *m*
thermospraying *(OB, Te)* thermisches Spritzen *n*
thermostat *(HLK)* Thermostat *m*, Temperaturregler *m*, Wärmeregler *m*, Temperaturschalter *m*
thermostatic *(Konst)* thermostatisch
thermostatic blending valve *(BT, San)* Thermostatbatterie *f*
thermostatic control *(Te)* Thermostatregelung *f*
thermostatic expansion valve *(BT)* direktwirkender Temperaturregler *m*
thermostatic mixer *(San)* Thermostatbatterie *f*
thermostatic radiator valve *(BT, HLK)* thermostatisches Heizkörperventil *n*
thermostatic regulator *(BT, HLK)* Regelthermostat *m*, Regeltemperaturfühler *m*
thermostatic trap *(BT, HLK)* Temperaturregelklappe *f (Dampfheizung)*
thermostatically controlled thermostatgesteuert
thesaurus *(Arch)* Thesaurus *m*, Schatzhaus *n*
Theseion *(Arch)* Hephästostempel *m (Agora von Athen)*
THI *s.* temperature-humidity index
thick 1. *(BM)* dick; 2. *(Bod)* schlammig; 3. *(Konst)* dicht *(aufeinanderfolgen)*
thick dickster Teil *m*, dickste Stelle *f*
thick asphalt pavement *(Verk)* vollbituminöse Befestigung *f*
thick-bed method *(Te)* Dickbettverfahren *n (Fliesenlegen)*
thick coating *(OB)* Dickschicht *f (Anstrich, Beschichtung)*
thick fog *(Umw)* dichter Nebel *m*
thick glass *(BM)* Starkglas *n*
thick plate Grobblech *n*
thick plate glass *(BM)* dickes Spiegelglas *n*
thick-shaly dickplattig
thick sheet plate *(BM, St)* Grobblech *n*
thick shell *(Konst)* dicke Schale *f*
thick-walled dickwandig
thicken *v (BM, OB, Te)* eindicken *(Anstrichstoffe)*; verdicken, dickflüssig werden
thickened edge plate *(TK)* randverstärkte Platte *f*
thickened edge slab randverstärkte Platte *f*
thickener *(BM)* Verdickungsmittel *n*
thickening Eindicken *n*, Nachdicken *n*, Verdicken *n (Anstrich, Farbe)*
thickening agent *(BM)* Verdickungsmittel *n*
thicker shaft *(Arch)* alter Dienst *m (Gotik)*
thickness *v (Hb, Te)* auf bestimmte Dicke bringen, abhobeln *(Holz)*
thickness *(BM, BT)* Dicke *f*, Stärke *f*; Mächtigkeit *f*; Materialstärke *f*, Fleisch *n*
thickness at crown Scheitelstärke *f*
thickness design *(Verk)* Dickenbemessung *f*, Dimensionierung *f (Straße)*
thickness determination *(BM)* Schichtdickenbestimmung *f*
thickness gauge Dickenmesser *m*
thickness measurement Dickenmessung *f*
thickness moulding *(Arch, BT)* Traufen(zier)leiste *f*
thickness of a wall *(SB)* Mauerstärke *f*
thickness of arch Bogendicke *f*, Bogenkonstruktionsdicke *f*, Bodenbauhöhe *f*
thickness of finish *(SB)* Putzdicke *f*, Verputzdicke *f*

T

thickness of layer *(Konst)* Schichtdicke *f*
thickness of soil *(Bod)* Bodenmächtigkeit *f*
thickness swell Dickenquellung *f (Holz)*
thicknesser *(Hb)* Dickenhobel *m*
thicknessing *(Hb)* Dickenbearbeitung *f*
thief resistant lock *(EB)* diebessicheres Schloss *n*
thimble 1. *(BT, HLK)* Mantelhülse *f*, Schornsteinanschlusshülse *f (Rauchrohr, Ofenrohr)*; 2. *(BT)* Muffenstück *n*; Manschettenrohr *n*
thin *v* 1. *(Te)* verdünnen; 2. *(St, Te)* ausschmieden
thin *v* **down** *(Te)* reduzieren, vermindern, dünner machen *(Schichtdicken)*
thin *(BM)* dünn, dünnflüssig
thin arch dam *(Wsb)* Schalenstaudamm *m*
thin asphalt overlay *(Verk)* Mikroasphaltdeckschicht *f*
thin-bed adhesive Dünnbettkleber *m*
thin-bed fixing technique *(SB, Te)* Dünnbettverfahren *n*, Klebeverfahren *n (Fliesenlegen)*
thin-bed method *(SB, Te)* Dünnbettverfahren *n*, Klebverfahren *n (Fliesen)*
thin-bodied *(BM)* dünnflüssig *(Anstrich)*
thin-bonded concrete overlay *(Verk)* Betondünndecke *f* im Hocheinbau, dünne Betondecke *f* im Hocheinbauverfahren
thin concrete surfacing Betondünnschichtbelag *m*
thin-cut veneer Dünnschnittfurnier *n*
thin film oven test Bitumendünnschichtalterungstest *m*
thin-laminated dünnblättrig, dünnschichtig
thin partition wall of the chimney *s.* midfeather
thin plaster *(SB)* Dünnputz *m*
thin section *(BM)* Dünnschliff *m (Prüftechnik)*
thin sheet *(BM, St)* Feinblech *n*
thin sheet glass Dünnglas *n*
thin-sheet plastic *(BM)* Kunststofffolie *f*
thin-shell dünnschalig
thin shell 1. *(Konst)* Schalenbogen *m*; 2. *(Konst)* dünnwandige Schale *f*
thin-shell concrete *(BB)* Schalenbeton *m*, Stahlbeton *m* für Schalen(konstruktionen)
thin-shell precast units *(BT)* dünnwandige Fertigteilelemente *npl (Stahlbeton)*
thin-shell rib panel [slab] dünnschalige Rippentafel *f*, Schalenrippenplatte *f*
thin-skinned building *(Konst)* dünnwandiger Bau *m*
thin surfacing *(OB)* Dünnschichtbelag *m*
thin-wall dünnschalig
thin-wall plaster *(SB)* Dünnputz *m*
thin-walled dünnwandig
thin-walled prefabrication *(Te)* dünnwandige Vorfertigung *f*
thin-walled section dünnwandiger Querschnitt *m*
thin-walled tube dünnwandiges Rohr *n*
thin-webbed *(BT)* dünnstegig *(Stegträger)*
thinnability *(BM)* Verdünnbarkeit *f*
thinnable *(BM)* verdünnbar
thinner Verdünnungsmittel *n*, Verdünner *m (Anstrich)*
thinner shaft *(Arch)* junger Dienst *m (Gotik)*
thinness *(BT)* Dünne *f*
thinning 1. *(BM)* Auflockerung *f*; 2. *(BM)* Verdünnung *f*; Verdünnen *n*; Verschneiden *n*
thinning agent Verdünner *m*, Verdünnungsmittel *n*
thinning-out *(RP, RS)* Auflockerung *f* der Wohnviertel
thinning ratio Verdünnungsverhältnis *n*
thinnings *(BM, LB)* Durchforstungsholz *n*
thiokol Thiokol *n (heller Kunstkautschuk)*
thiourea Thioharnstoff *m*
third coat *(SB)* dritte Putzschicht *f*
third-order equation *(Stat)* kubische Gleichung *f*, Gleichung *f* dritten Grades
third party *(VR)* unparteiischer Dritter *m*, unabhängige Institution *f*
third party inspection *(VR)* unabhängige Fremdüberwachung *f*
third party testing Testen *n* durch Dritte
third point *(Arch, Konst, Verm)* Drittelpunkt *m*
third-point load *(Stat)* Drittelpunktlast *f*
third-point loading *(Stat)* Drittelpunktbelastung *f*
third quality *(BM)* dritte Wahl *f*
third rail *(El)* Stromschiene *f (für Schienenfahrzeuge)*
thixotropic thixotrop
thixotropic behaviour *(BM)* thixotropes Verhalten *n*
thixotropic clay thixotroper Ton *m*
thixotropic clay slurry *(BM)* thixotrope Tonschlämme *f*
thixotropic coating thixotroper Anstrichstoff *m*
thixotropic paint *(BM, OB)* thixotrope Farbe *f*
thixotropic paste thixotrope Paste *f*
thixotroping agent Thixotropiermittel *n*
thixotropy *(BM)* Thixotropie *f (reversible Erschütterungsverflüssigung)*
thole 1. *(Arch)* Opfernische *f*; 2. *s.* tholos; 3. *(Hb)* Scheitelknoten *m (Holzgewölbe)*
tholobate *(Arch)* runder Kuppelunterbau *m* [Domunterbau *m*]
tholos 1. *(Arch)* Tholos *f(m) (altgriechischer Rundbau mit Säulenumgang)*; 2. *(Arch)* Opfernische *f*
tholus *s.* tholos
Thomas meal *(BM)* Thomasmehl *f*, Thomasphosphat *n*
Thomas slag *(BM)* Thomasschlacke *f*
Thomas steel *(BM, St)* Thomasstahl *m*
thoria refractory Thoriumoxiderzeugnis *n*
thorough-dry kerntrocken
thoroughfare 1. *(RP, Verk)* Hauptverkehrsstraße *f*, Magistrale *f (in der Stadt)*; 2. *(Verk)* Durchgangsstraße *f*; Durchfahrt *f (z. B. durch ein Gebäude, eine Bebauung)*
thread *v* 1. *(Te)* Gewinde schneiden; 2. *(Konst)* durchstecken, durchführen
thread Gewinde *n (einer Schraube)*; Gewindegang *m*
thread cutting Gewindeschneiden *n*
thread depth Gewindetiefe *f*
thread escutcheon *(EB)* Schlüssellochblech *n*; Schlossblech *n*
thread pitch Gewindesteigung *f*
threaded anchorage *(BT, TK)* geschraubte Verankerung *f*, Gewindeanker *m*
threaded bar Gewindestab *m*
threaded bolt *(BT)* Gewindebolzen *m*
threaded bracket *(BT)* Gewindehaken *m (z. B. Betonanker)*
threaded bush Gewindehülse *f (z. B. in Beton)*
threaded bushing *(BT)* Einschraubstutzen *m*
threaded connection Gewindeanschluss *m*
threaded earthing sleeve *(El)* Erdungsbuchse *f*
threaded end Gewindeende *n*
threaded flange *(BT)* Gewindeflansch *m*
threaded hose connection *(BT)* Schlauchverschraubung *f*
threaded joint *(BT)* Gewindeverbindung *f*, Schraubverbindung *f (Rohre)*
threaded pipe Gewinderohr *n*
threaded pipe union *(BT)* Rohrverschraubung *f*
threaded rod Verankerungsbolzen *m*
threaded sleeve joint *(BT)* Muffenverschraubung *f*
threaded socket Einschraubstutzen *m*
threaded tie bar *(BT)* Schraubanker *m*
threadless gewindelos
threadless pipe *(BT)* gewindeloses Rohr *n*
three aisled *(Arch)* dreischiffig *(Kirchenbau)*
three area-covering structural element *(TK)* räumliches Flächentragwerk *n*

three-bay 1. *(Konst)* dreifeldrig; 2. *(Konst)* dreischiffig, dreijochig *(bes. Industriehallen)*
three-bay frame *(TK)* Dreifeldrahmen *m*
three-bedroom flat *(Konst)* Vierzimmerwohnung *f (Standard in GB und US, drei Schlafzimmer, ein Wohnzimmer)*
three-centred arch *(Konst)* dreifach zentrierter Bogen *m*, Korbbogen *m*
three-coat dreilagig
three-coat paint system *(OB)* dreischichtiger Anstrichaufbau *m*, Dreischichtaufbau *m*
three-coat plaster dreilagiger [dreischichtiger] Putz *m*, Dreilagenputz *m*
three-coat system *(OB, SB)* Dreischichtensystem *n*, Dreischichtenaufbau *m*, Dreilagensystem *n*
three-coat work (on walls) dreilagiger Putz *m*
three-coloured light signals *(Verk)* Dreifarbenampel *f*
three-coloured signal *(Verk)* dreifarbiges Signal *n*
three-coloured system *(OB)* Dreifarbenanstrichsystem *n*
three-component alloy *(BM)* Dreistofflegierung *f*
three-component unit Dreikomponentenmaterial *n*, Dreikomponentenelement *n*
three-conductor cable *(El)* dreiadriges Kabel *n*, Dreileiterkabel *n*
three-core cable *(El)* dreiadriges Kabel *n*
three-decker *(Konst)* dreigeschossiger Raum *m*; Raum *m* mit drei Ebenen *(z. B. Versammlungsraum, Kirchenraum)*
three-degree-of-freedom structure Bauwerk *n* mit drei Freiheitsgraden
three-dimensional dreidimensional, räumlich
three-dimensional block *(Konst)* Raumzelle *f*
three-dimensional character Räumlichkeit *f*
three-dimensional composition *(Arch)* räumliche Komposition *f*, Raumkomposition *f*
three-dimensional configuration *(Arch)* Raumfigur *f*
three-dimensional construction *(TK)* Raumtragwerkkonstruktion *f*
three-dimensional continuity räumlicher Zusammenhang *m*
three-dimensional curve *(Stat)* Raumkurve *f*, räumliche Kurve *f*, dreidimensionale Kurve *f*
three-dimensional deformation räumliche Formänderung *f*, räumliche Verformung *f*
three-dimensional design *(Konst)* räumlicher Entwurf *m*, dreidimensionaler Entwurf *m*
three-dimensional design method *(Konst)* dreidimensionaler Entwurfsansatz *m*, dreidimensionales Entwurfsverfahren *n*, räumliches Entwurfsverfahren *n*
three-dimensional diagram räumliches Schaubild *n*
three-dimensional distribution of forces *(Stat)* dreidimensionale Kräfteverteilung *f*, räumliche Kräfteerteilung *f*
three-dimensional effect *(Arch)* Raumwirkung *f*
three-dimensional element *(Konst)* Raumzelle *f*
three-dimensional frame *(TK)* dreidimensionaler Rahmen *m*
three-dimensional framework *(TK)* Raumfachwerk *n*, räumliches Fachwerk *n*
three-dimensional image *(Arch)* Raumbild *n*
three-dimensional layout *(Arch)* Raumdisposition *f*
three-dimensional load-bearing structure *(TK)* Raumtragwerk *n*
three-dimensional modelling räumliche Formgebung *f*, dreidimensionale Formung *f*
three-dimensional photoelasticity *(Stat)* dreidimensionale Spannungsoptik *f*
three-dimensional problem dreidimensionale Aufgabe *f*, räumliches Problem *n*
three-dimensional road alignment *(RP, Verk)* räumliche Straßenlinienführung *f*, räumliche Linienführung *f* von Straßen
three-dimensional state of stress *(Stat)* dreiachsiger Spannungszustand *m*, räumlicher Spannungszustand *m*
three-dimensional stress *(Stat)* dreiachsiger Spannungszustand *m*, räumlicher Spannungszustand *m*
three-dimensional structure *(Konst)* räumliches Bauwerk *n*, dreidimensionales Bauwerk *n*
three-dimensional system of forces *(Stat)* räumliche Kräftegruppe *f*
three-dimensional tensioning dreiachsiges Spannen *n*
three-dimensional treatment *(Arch)* räumliche Durchbildung *f*
three-dimensional unit räumliches Element *n*
three-dimensionality *(Konst)* Räumlichkeit *f*
three-edge(d) *(Arch)* dreikantig
three-elliptical arch Korbbogen *m*
three-flight stair *(Konst)* dreiläufige Treppe *f*
three-floored dreietagig, dreigeschossig, dreistöckig
three-foiled arcade *(Arch)* Kleeblattbogenarkade *f*
three-foiled arch *(Arch)* Kleeblattbogen *m*
three-foiled tracery *(Arch)* Dreipassmaßwerk *n*
three-fold altarpiece *(Arch)* dreiteiliger Klappaltar *m*, Triptychon *n*
three-fold window *(BT)* dreiflügeliges Fenster *n*
three-hinged dreigelenkig
three-hinged arch *(Konst)* Dreigelenkbogen *m*; Dreigelenkgewölbe *n (Stahlbau)*
three-hinged arch slab *(Konst)* Dreigelenkbogenscheibe *f*
three-hinged arched girder gekrümmter Dreigelenkträger *m*
three-hinged frame *(Konst)* Dreigelenkrahmen *m*
three-hinged portal frame *(Konst)* Dreigelenkportalrahmen *m*
three-hinged rectangular frame Dreigelenkrechteckrahmen *m*
three-hinged roof *(Konst)* Dreigelenkdach *n*
three-hinged trussed arch *(TK)* Dreigelenkfachwerkbogen *m*
three-hinged trussed frame *(TK)* Dreigelenkfachwerkrahmen *m*
three-lane carriageway *(Verk)* dreispurige Straße *f*
three-layered dreilagig
three-layered panel *(BT)* Sandwichtafel *f*, Dreischichtentafel *f*
three-layered panel façade *(Arch, Konst)* Dreischichtentafelfassade *f*
three-layered plate Dreischichtenplatte *f*, Dreilagenplatte *f*
three-layered slab *(BT)* Dreischichtenplatte *f*, Dreischichtentafel *f*
three-layered system *(Konst)* Dreischichtenaufbau *m*, Dreischichtensystem *n*, Dreilagenaufbau *m*, Dreilagensystem *n*
three-layered wall panel *(BT)* Dreischichtenwandtafel *f*
three-leaf folding shutter dreiflügeliges Falttor *n*
three-leaf pin hinge *(EB)* dreiteiliges Fischband *n (Baubeschlag)*
three-leaf sliding folding shutterdoor *(BT)* dreiflügeliges Faltschiebetor *n*
three-legged dreibeinig
three-legged roller *(BWG, Verk)* Dreiradwalze *f*
three-level grade separation structure *(Verk)* dreigeschossiges Kreuzungsbauwerk *n*
three-level interchange *(Verk)* Kreuzung *f* in drei Ebenen, Drei-Ebenen-Knoten(punkt) *m*
three-level system *(Verk)* Dreiebenensystem *n (Flughafenabfertigung)*
three-light window *(BT)* Dreifachfenster *n*, Drillingsfenster *n*
three-lobe tracery *(Arch)* Dreipass *m (Gotik)*

three-moment equation [theorem] *(Stat)* Dreimomentensatz *m*
three-nave *(Arch)* dreischiffig *(Kirche)*
three-pack unit *(BM)* Dreikomponentenmaterial *n*
three pane window *s.* three-light window
three-part hydraulic binder *(BM)* Dreistoffbindemittel *n* *(aus Kalk, Trass und Zement)*
three-part unit Dreikomponentenelement *n*
three-phase current *(El)* Dreiphasenstrom *m*
three-pin plug *(El)* Dreifachstecker *m*
three-pin socket *(El)* dreipolige Steckdose *f*
three-pinned *(Konst)* dreigelenkig
three-pinned arch *(Konst)* Dreigelenkbogen *m*; Dreigelenkgewölbe *n* *(Stahlbau)*
three-pinned frame *(Konst)* Dreigelenkrahmen *m*
three-pinned portal frame Dreigelenkportalrahmen *m*
three-pinned roof *(Konst)* Dreigelenkdach *n*
three-pinned trussed frame *(TK)* Dreigelenkfachwerkrahmen *m*
three-ply *(BT)* dreilagig, dreischichtig
three-ply *(BT)* dreilagige Furnierplatte *f*
three-ply built-up roof cladding *(Konst)* Dreilagenklebedachdeckung *f*; Dreischichtenspachteldeckung *f*
three-ply wood *(BM, Hb)* Dreilagenholz *n*; Furnierplatte *f*
three-point bearing *(Konst)* Dreipunktlagerung *f*; Dreipunktauflager *n*
three-point bending specimen Dreipunktbiegeprobe *f*
three-point fixing *(Konst)* Dreipunktbefestigung *f*
three-point loading *(Stat)* Dreipunktbelastung *f*
three-point lock *(EB)* Dreifach(schließ)schloss *n*
three-point support *(Konst)* Dreipunktlagerung *f*
three-point suspension *(Konst)* Dreipunktaufhängung *f*
three-pointed arch *(Arch)* gleichseitiger Spitzbogen *m*
three-quarter block *(BM)* Dreiviertelstein *m*, Dreiviertelblock *m*
three-quarter brick Dreiviertelziegel *m*
three-quarter closer Ziegel *m* mit einer abgeplatteten Ecke *(Schlussstein)*
three-quarter column *(BT, Konst)* Dreiviertelsäule *f*
three-quarter header Dreiviertelbinder(stein) *m*
three-quarter moulding *(Arch)* Dreiviertelstab *m*
three-quarter niche *(Konst)* Dreiviertelnische *f*
three-quarter tile Dreiviertelstein *m*
three-quarter turn Dreivierteldrehung *f* *(Treppe)*
three-quarter view *(Arch)* Halbschrägblick *m*, halbschräger Anblick *m*
three-roll-type machine *(BWG, Verk)* Dreiradwalze *f* *(Straßenbau)*
three-room apartment *(Konst)* Dreizimmeretagenwohnung *f*, Dreiraum(geschoss)wohnung *f*
three-room dwelling *(Konst)* Dreiraumwohnung *f*, Dreizimmerwohnung *f*
three-room dwelling unit *(AE)* Dreiraumwohnung *f*, Dreizimmerwohnung *f*
three-room flat *(Konst)* Dreizimmeretagenwohnung *f*, Dreiraum(geschoss)wohnung *f*
three-room living unit *(AE)* *(Konst)* Dreiraumetagenwohnung *f*, Dreizimmergeschosswohnung *f*
three-shift pouring *(BB, Te)* Dreischichtbetriebbetonieren *n*, Betonieren *n* im Dreischichtbetrieb
three-span 1. *(Konst)* dreifeldrig; 2. *(Arch)* dreischiffig
three-span beam *(TK)* Dreifeldbalkenträger *m*
three-span continuous beam *(TK)* Dreifelddurchlaufbalkenträger *m*
three-span frame *(Konst)* Dreifeldrahmen *m*
three-storey(ed) dreigeschossig, dreistöckig
three stories high *(AE)* dreigeschossig
three-towered dreitürmig
three-way arch *(Arch)* Dreitoranlage *f*
three-way cock *(San)* Dreiwegehahn *m*
three-way mixer *(BWG)* Dreiwegemischer *m*
three-way strap Dreifachverbindungsknotenstück *n* *(für Dachbinder)*
three-way switch *(El)* Dreifachumschalter *m*, Wechselschalter *m*
three-way tap *(San)* Dreiwegehahn *m*
three-web girder *(TK)* dreiwandiger Träger *m* *(Stahlbau)*
three-webbed *(BT)* dreistegig *(Träger)*
three-wheel(ed) roller Dreiradwalze *f* *(Straßenbau)*
three-winged dreiflügelig
threshold 1. *(Hb, Konst)* Türschwelle *f*, Schwelle *f*, Schlagschwelle *f*; 2. *(Stat)* Schwellenwert *m*, Schwelle *f*
threshold draft-proofer *(AE)* *(DIS, HLK)* Zugluftdichtung *f* an der Türschwelle, Schwellendichtung *f*
threshold level Grenzwert *m*
threshold limit value *(AE)* *(Konst, VR)* empfohlener Grenzwert *m*, Richtwert *m*
threshold of audibility *(DIS)* Hörschwelle *f* *(Gebäudeschall)*
threshold of discomfort *(DIS, HLK, Umw)* Unbehaglichkeitsschwelle *f*, Reizschwelle *f* *(Innenraumklima)*
threshold of hearing *(DIS)* Hörschwelle *f*
threshold seal(er) *(DIS)* untere Türdichtung *f*
threshold stress intensity *(Stat)* Grenzwert *m* der Spannungsintensität, Grenzspannung *f*
threshold value Schwellenwert *m*
throat 1. *(Konst)* Wassernase *f*; Wasserabtropfrinne *f*; Wasserschenkel *m*; 2. *(Konst)* Halsstück *n* *(z. B. Verjüngung am Kaminschornstein)*; 3. *(Konst)* Ablauf *m*, Kehlung *f*; 4. *(Konst)* Verengung *f*; Engstelle *f*; enger Durchlass *m*
throated *(Konst)* gekehlt
throating 1. *(BT)* Regenwasser(schutz)leiste *f*, Wasserschenkel *m*, Tropfleiste *f*; 2. *(Konst)* Kehlung *f*
throating fillet Wasserband *n*
throne hall *(Arch)* Thronsaal *m*
throne room *(Arch)* Thronsaal *m*
throttle *v* *(Te)* drosseln, abdrosseln
throttle *(BT)* Drossel *f*; Drosselklappe *f*
throttle slide valve *(BT, WVA)* Drosselschieber *m*
throttle valve *(BT, San, WVA)* Drosselventil *n*, Drosselklappe *f*
throttled gedrosselt
throttling *(Te)* Drosseln *n*, Abdrosseln *n*
through-and-through-sawn tangential [flach] geschnitten *(zu den Jahresringen, Holz)*
through arch *(Arch)* Festungsmauerbogen *m*, Bogen *m* einer dicken Wand
through beam *(TK)* durchgehender Balken *m*, Durchlaufbalken *m*
through binder *(BT)* Zugbinder *m* *(Mauerwerk)*
through bolt 1. *(BT)* Zuganker *m*; 2. Durchsteckschraube *f*
through bond *(SB)* Verband *m* mit wanddicken Steinen
through bridge *(Br)* Brücke *f* mit durchlaufender unterer Fahrbahn *(Stahlbrücke)*
through check *(Hb)* durchgehender Riss *m* *(Holzbalken)*
through column *(BT)* durchgehende Säule *f*
through course *(SB)* Läuferschicht *f*, Vollbinderschicht *f* *(Mauerwerk)*
through-crack durchgehender Riss *m*
through cut *(Wsb)* Durchstichabfluss *m*; Abflussgraben *m*
through dovetail *(Hb)* Eckverzinkung *f* mit sichtbarer Holzschnittfläche
through-dry durchgetrocknet
through girder *(TK)* Durchlaufträger *m*, Durchlauftragwerk *n*
through-hardening Durchhärten *n*
through lane *(Verk)* durchgehende Spur *f*
through line *(Verk)* durchgehendes Gleis *n*

through lintel *(BT)* wandstarker Sturz *m*, Vollwandsturz *m*
through-living room Durchgangswohnzimmer *n*
through lot *(Te, VR)* Baulos *n* zwischen zwei Parallelstraßen
through migration *(DIS)* Durchwandern *n (Flüssigkeiten oder Lösungen durch Bauteile)*
through mortise *(Hb)* Schlitzzapfen *m*
through road *(Verk)* Durchgangsstraße *f*
through shake durchgehender Riss *m*, Längsriss *m (Holzbalken)*
through station *(Verk)* Durchgangsbahnhof *m*
through stone *(SB)* Binderstein *m (in Wanddicke)*; Kopfstein *m*; Ankerstein *m*
through street *(Verk)* Durchgangsstraße *f*, Ortsdurchfahrt *f (Straße)*
through tenon *(Hb)* durchgehender Zapfen *m*, Vollzapfen *m*
through traffic *(Verk)* Durchgangsverkehr *m*
through-vision Durchsicht *f (Glas)*
through-wall flashing durch die Wand geführtes Anschlussblech *n*, durchlaufender Anschluss *m*
through-wiring *(El)* Durchverdrahtung *f*, durchgehende Verdrahtung *f*
throughpass *(Konst)* Durchgang *m*
throughput *(Te)* Durchsatz *m (z. B. von Materialien, Daten)*
throughput way *(AE)* 1. *(Verk)* Durchgangsstraße *f*; 2. *(Verk)* Schnellstraße *f*
throughview *(Arch, Konst)* Durchblick *m*
throughway *(Verk)* Durchgangsstraße *f (durch eine Ortslage)*
throw *v* 1. *(Te)* schütten *(wegwerfen)*; 2. *(Erdb)* schleudern, werfen *(z. B. Erdfräse, Streugut)*
throw *v* **back into alignment** wieder ausrichten
throw *v* **off** *(HLK)* abgeben *(Wärme)*
throw *v* **on** *(SB)* bewerfen *(Putzmörtel)*
throw *v* **up** *(Erdb)* aufwerfen, aufschütten *(Erdstoffdamm, Erhöhungsschwelle)*
throw 1. *(HLK)* Luftstromlänge *f* im Raum *(Klimaanlage)*; 2. *(LB)* Lichtquellenhöhe *f*; 3. *(BT)* ausgezogene Länge *f (Bolzen)*; 4. *(Bod)* Verwerfung *f (geologischer Schichten)*
throw-and-go technique *(AE) (RS)* Schlaglochfüllen *n* ohne Verdichtung *(Straße)*
throw-and-roll technique *(AE) (RS)* Schlaglochflicken *n* mit Lkw-Überrollverdichtung
throw-away-type filter *(BT)* Wegwerffilter *m*
throw-away-type house *(AE) (Konst)* Wegwerfhaus *n*, Pappschaumstoffhaus *n (für 30-40 Jahre)*
throw-away-type packaging *(BT, Umw)* Einwegverpackung *f*, Wegwerfverpackung *f*
throw distance Lichtquellenhöhe *f*
throwing-on *(SB)* Putzanwurf *m*, Anwerfen *n*
thrown-on finish Putzanwurf *m*, Wurfputz *m*
thrown-on plaster wall *(SB)* Anwurfwand *f*, Putzwurfwand *f*
thru-wall flashing *(AE) (San)* durchgehender Anschluss *m*
thrufare *(AE) (Verk)* Hauptdurchgangsstraße *f*, Kraftfahrzeugstraße *f*
thrust *v* stoßen, schieben; durchdringen
thrust *(Stat)* Druck *m*; Druckkraft *f*; Schub *m*; Schubkraft *f*; Längskraft *f*; Seitenschub *m*; Andruck *m*
thrust action *(Stat)* Schubbeanspruchung *f*
thrust bearing *(BT, TK)* Schublager *n*, Axiallager *n*
thrust bolt *(BT)* Druckbolzen *m*
thrust force *s.* thrust
thrust line *(Stat)* Stützlinie *f*, Mittelkraftlinie *f*
thrust load *(Stat)* Axialbeanspruchung *f*, Längsbeanspruchung *f*
thrust member *(BT)* Druckstab *m*, Druckstück *n*
thrust of arch *(Stat)* Bogenschub *m*
thrust of the earth *s.* thrust of the ground
thrust of the ground *(Bod, Erdb)* Erddruck *m (Horizontalkraft)*
thrust on crown *(Stat)* Scheiteldruck *m*
thrust piece *s.* thrust member
thrust strip Druckleiste *f*
thruway *s.* thrufare
thuja *(BM, Hb)* Rotzedernholz *n*
thumb knob *(EB)* Daumentürdrehöffner *m*, kleiner innerer Türdrehöffner *m (meist eingelassen)*
thumb latch *(EB)* Drückerfalle *f*, Klinkenschloss *n*
thumb moulding schmale flache Konvexzierleiste *f*
thumb nut Flügelmutter *f*
thumb piece *(El)* Daumentürdrücker *m*
thumb pin Reißzwecke *f*
thumb plane *(BWG, Hb)* Schmalhobel *m*, Falzhobel *m*
thumb screw Flügelschraube *f*
thumb slide *(BT)* Griffschieber *m*
thumbtack *(AE)* Reißzwecke *f*, Heftzwecke *f*
thurm *v (Hb)* schnitzen, Verzierungen einschneiden; Dreheffektverzierungen sägen
thuya *s.* thuja
thymele *(Arch)* Thymele *m*
tibari *(Arch)* Tibara *m*, Tibari *m (indische Wohnhaussäulenhalle)*
ticket hall *(Konst, Verk)* Kartenschalterhalle *f*, Fahrkartenschalterhalle *f*
ticket-reading gate automatische Fahrscheinsperre *f*, Fahrscheinlesegerät-Schranke *f*
tidal *(Umw)* Gezeiten..., Strömungs...
tidal barrage *(Wsb)* Sturmflutwehr *n*, Gezeitenwehr *n*
tidal basin *(Wsb)* Flutbecken *n*
tidal-flat area *(Bod)* Wattengebiet *n*
tidal flow scheme *(Verk)* Flutverkehrsführungsplan *m*
tidal land *(Bod, Umw)* Flutgebiet *n*
tidal limit *(BM, VR)* Vertrauensgrenze *f*
tidal movement *(Umw)* Gezeitenbewegung *f*
tidal mud Klei *m*
tidal mud deposits *(Bod)* Gezeitenablagerung *f*
tidal power plant *(BWG, El)* Gezeitenkraftwerk *n*
tidal range *(Bod)* Gezeitenbereich *m*
tidal zone *(Bod)* Wasserwechselzone *f*
tide *(OB)* Gezeiten *fpl*; Strömung *f*; Ebbe *f*; Flut *f*
tide gate *(Wsb)* Flutschleuse *f*, Gezeitentor *n*; Siel *n*
tide lock *(Wsb)* Kammerschleuse *f*, Flutschleuse *f*
tide mark *(Bod, Umw)* Pegelstand *m*
tide mill *(Wsb)* Gezeitenmühle *f*
tide span *(Wsb)* Flutbrücke *f*
tide water *(Umw)* Flut *f*
tideland *(Bod)* Watt *n*
tie *v (Te)* verankern, verbinden, befestigen; flechten, binden, rödeln *(Bewehrung)*
tie *v* **back** rückwärtig verankern *(z. B. eine Spundwand)*
tie *v* **back the wall** *(SB)* die Mauern verankern
tie *v* **together** zusammenbinden
tie *v* **up** festbinden
tie 1. *(BT)* Zuganker *m*; Zugband *n*, Zugstab *m*; Zugglied *n*; 2. *(BT, Hb)* Stützholz *n*; Kopfband *n*; Schwelle *f*, Schienenschwelle *f*, *(AE)* Eisenbahnschwelle *f*; 3. *(BT)* Verankerung *f*; Mauerwerkanker *m*; Strebe *f*; 4. *(BT, Te)* Bügel *m (Bewehrung)*
tie anchor *(BT)* Gewölbeanker *m*
tie bar 1. *(BT)* Zuganker *m*, Zugband *n*, Zugglied *n*, Zugstab *m*; 2. *(BT, Konst)* Fugenbewehrung *f*, Ankerstab *m*, Ankereisen *n (Straßenbetondecke)*
tie bar joint in upper boom *(BT)* Obergurtgelenkkupplung *f*
tie beam *(Hb)* Spannbalken *m*, Zugbalken *m*; Zange *f*, Querriegel *m*; doppeltes Hahnholz *n*, Koppelbalken *m*
tie-beam roof *(Hb, Konst)* Querriegeldach *n*

T

tie block *(Hb)* Lasche *f*
tie bolt *(BT)* Verbindungsbolzen *m*, Ankerbolzen *m*, Ankerschraube *f*
tie closer Ankerstein *m*; Durchbinder *m*
tie coat *(DIS)* Absperranstrich *m*
tie cotter *(BT)* Ankersplint *m*
tie-down bolt *(BT)* Verbindungsbolzen *m*, Ankerbolzen *m*; Ankerschraube *f*
tie hole *(Konst)* Ankerloch *n*, Verankerungsloch *n*
tie-in point *(Konst)* Anschlussstelle *f (Rohrleitung)*
tie-inverted arch Verspannungsbogen *m*
tie iron *(BT)* Maueranker *m*
tie lath *(BT, Hb)* Bindelatte *f*
tie member *(BT)* Zugband *n*
tie piece *s.* tie beam
tie pile *(Erdb)* Zugpfahl *m*
tie plate Längsband *n*, Bindeblech *n*, Schnalle *f*; Ankerplatte *f*; Bindeblech *n*
tie point *(Verm)* Schließpunkt *m*, Schlusspunkt *m*; Anschlusspunkt *m*
tie rod *s.* tie bar
tie rods *(BT, Erdb)* Tiefanker *mpl*
tie strap *(BT)* Zuglasche *f*
tie wall *(BT)* Aussteifwand *f*, aussteifende Trennwand *f*
tie wire Rödeldraht *m*
tied arch *(TK)* Bogenträger *m* mit Zugband
tied-arch bridge Bogenbrücke *f* mit Zugband
tied-arch truss *(TK)* Bogenfachwerk *n*
tied column Säule *f* mit Bügelbewehrung, verbügelte [bügelbewehrte] Säule *f*
tied to ground *(Konst)* bodenverankert
tied wall *(Konst)* verankerte Wand *f*
tieing of the brickwork *(Konst)* Mauerwerkverankerung *f*
tier 1. *(EB)* Etage *f*, Sitzreihenetage *f*; 2. *(Te)* Stapel *m*, Stapelreihe *f (Lage)*; 3. *(Konst)* Schale *f*, Wandschale *f*
tier building *(Konst)* Geschossbau *m*, Gebäude *n* mit durchgehenden Geschossen
tier structure *(TK)* Mehretagenrahmenbau *m*, mehrgeschossiger Rahmenbau *m*
tierceron *(Arch)* doppelte Gewölberippe *f*, Tertiärrippe *f (gotisches Gewölbe)*
tiers-point arch Drittelsbogen *m*
tige *(BT)* Säulenschaft *m*
tiger-wood *(BM, Hb)* Tigerholz *n (westafrikanisches Edelholz)*
tight 1. *(BT, DIS)* dicht (schließend); 2. *(BT, Konst)* straff; gespannt; 3. *(Bod)* fest *(Dichtigkeit)*
tight corner geschlossene Ecke *f*
tight fit fest angepresst
tight fit *(AE) (Stat)* Presspassung *f*
tight gravel dichtgelagerter Kies *m*
tight knot *(BM, Hb)* fester [festsitzender] Astknoten *m*
tight/not *(Konst, WVA)* undicht
tight sand *(Bod)* schwer durchlässiger Sand *m*
tight sheathing 1. *(Erdb)* Spundschalung *f*; 2. *(Hb)* gespundete Dielung *f*; 3. *(Erdb)* verankerte Spundwand *f*
tight sheeting geschlossene Graben(aussteifungs)-schalung *f*
tight side (of veneer) Furnieraußenseite *f*
tight soil *(Bod)* bindiger harter Boden *m*
tight to chemicals *(BM, DIS)* chemikalienundurchlässig
tight to water *(DIS)* wasserdicht, wasserundurchlässig
tighten *v* 1. *(DIS, Te)* abdichten; schließen; 2. *(Te)* spannen, straffen; zusammenziehen *(zwei Teile durch Schraubverbindung)*; festziehen, nachziehen *(Montageverbindung)*; festklammern, anziehen, befestigen
tighten *v* **up** sich festziehen, sich zusammenziehen
tightener *(BWG)* Spannvorrichtung *f*, Spanner *m*; Spannschloss *n*; Spannscheibe *f*
tightening 1. *(DIS)* Dichtmachen *n*, Abdichten *n*; Schließen *n*; 2. *(Te)* Anziehen *n*, Festziehen *n (Schraubverbindung)*
tightening compound *(BM, DIS)* Dichtungsmasse *f*
tightening ring Spannring *m*
tightening screw Spannschraube *f*, Zugspannschraube *f*, Befestigungsschraube *f*
tightening strap *(BT)* Spannband *n*
tightening strip Spannband *n*
tightness *(DIS)* Dichtheit *f*, Dichtigkeit *f*, Undurchlässigkeit *f*, Undurchdringlichkeit *f*
tightness degree *(DIS)* Dichtheitsgrad *m*, Dichtigkeitsgrad *m*
tightness of joints *(DIS)* Fugendichtheit *f*, Fugenundurchlässigkeit *f*
tile *v* 1. fliesen, Fliesen legen; kacheln; 2. belegen *(mit Platten)*; 3. mit Dachziegeln (ein)decken
tile 1. *(BT)* Fliese *f*; Kachel *f*; Ofenkachel *f*; Platte *f*; Stein *m*, Blockstein *m*; 2. Dachstein *m*, Dachziegel *m*; 3. Asphaltplatte *f*; 4. Tonrohr *n*
tile-and-a-half tile *(BM)* eineinhalbfacher Dachziegel *m*
tile and slab floor *(TK)* Stahlbetonrippendecke *f*
tile arch *(Konst, SB)* Steinbogen *m*, Blocksteinbogen *m*
tile beam *(Konst)* Steinbalken *m*
tile-board Fliesentafel *f*, Fliesenverkleidungsplatte *f (mit Metallträgerplatte)*
tile ceiling *(Konst)* Plattendecke *f*, Fliesendecke *f*
tile cladding Fliesenbelag *m*
tile cleaning agent Fliesenreiniger *m*, Plattenreinigungsmittel *n*
tile composition *(Arch)* Fliesengemälde *n*
tile construction method *(SB)* Blocksteinbauweise *f*, Steinbauweise *f*
tile covering Ziegel(ein)deckung *f*, Ziegelbedachung *f*
tile creasing *(DIS, San)* Schlagregendichtung *f*, Wandkopfabdichtung *f*
tile cutter Fliesenschneider *m*
tile drain(age) *(Erdb, LB)* Tonrohrdränung *f*, Rohrdrän *m*
tile earth kompakter Tonboden *m*
tile field *(Erdb)* Sickerleitungssystem *n*
tile fillet Anschlussdachziegel *m (Mauer, Schornstein)*
tile finish *(Konst)* Fliesenbelag *m*, Plattenbelag *m*
tile fixer Fliesenleger *m*, Plattenleger *m*
tile fixing *(Te)* Fliesen(ver)legen *n*, Fliesenarbeiten *fpl*, Verfliesen *n*, Plattenverlegen *n*, Plattenlegearbeiten *fpl*
tile fixing works Fliesen- und Plattenarbeiten *fpl*
tile floor Fliesenfußboden *m*, Plattenfußboden *m*
tile floor covering *(BT)* Fliesenfußbodenbelag *m*, Plattenbodenbelag *m*
tile flooring *s.* tile floor
tile format Steinformat *n*, Blocksteinformat *n*; Dachziegelformat *n*, Dachsteinformat *n*
tile girder *(TK)* Steinträger *m*
tile glazing Fliesenglasur *f*, Plattenglasur *f*
tile hammer *(BWG)* Dachziegelhammer *m*
tile hanging Plattenwandverkleidung *f*, Wandplattenverkleidung *f*
tile joint *(Konst)* Fliesenfuge *f*, Plattenfuge *f*
tile layer Fliesenleger *m*
tile laying 1. *(Te)* Fliesenlegen *n*, Verfliesen *n*, Plattenlegen *n*; 2. *(SB)* Vermauern *n*; 3. *(Te)* Dachziegelverlegen *n*, Dachsteinlegen *n*
tile lining *(Konst)* Fliesenverkleidung *f*
tile listing of abutment schräger Dachziegelstreifen *m (für Widerlagermauerwerk)*
tile making *(Te)* Steinfertigung *f*, Blocksteinherstellung *f*
tile panel Fliesentafel *f*, Plattentafel *f*
tile path *(Verk)* Plattenweg *m*
tile pattern Fliesenbild *n*, Fliesenmuster *n*, Plattenmuster *n*
tile pick *(BWG)* Fliesenhammer *m*

tile pin Dachziegelnagel *m*
tile pipe *(BT)* Tonrohr *n*
tile roof *(Konst)* Ziegeldach *n*
tile roofing Ziegel(ein)deckung *f*, Dachziegeldeckung *f*
tile setter Fliesenleger *m*
tile setting *(Te)* Fliesenarbeiten *fpl*, Verfliesen *n*, Fliesen(ver)legen *n*, Platten(ver)legen *n*
tile shell Dachpfannenaußenseite *f*
tile stack *(Konst)* Steinschornstein *m*
tile stone Plattenscherben *m*, Fliesenscherben *m*
tile store Fliesenlager *n*, Plattenlager *n*
tile stove *(HLK)* Kachelofen *m*
tile surface *(Konst)* geflieste Fläche *f*, Fliesenbelag *m*
tile tie Dachziegelankerdraht *m*
tile valley Dachkehlziegellage *f*, Dachkehle *f* mit Kehlziegeln
tiled *(Konst)* gefliest, plattiert; ziegelgedeckt
tiled floor Fliesenfußboden *m*, Plattenfußboden *m*
tiled roof *(Konst)* Ziegeldach *n*
tiled stove *(HLK)* Kachelofen *m*
tiler Fliesenleger *m*, Plattenleger *m*
tilery *(BWG)* Dachziegelwerk *n*
tilework *(BT)* Plattenbelag *m*, Fliesenbelag *m*
tiling 1. *(BT)* Fliesenbelag *m*; Plattenbelag *m*; 2. *(Konst)* Fliesenverlegen *n*; Kachelung *f*; Platten(ver)legen *n*; Ziegeleindeckung *f (Dach)*
tiling plaster *(BM)* Gips(zement) *m*, Weißzement *m*, doppelt gebrannter Gips *m*
tiling work s. tiling 2.
till *(Bod)* Geschiebelehm *m*, Geschiebemergel *m*
till layer *(Bod)* Geschiebemergelschicht *f*
tilled soil *(LB)* Ackerkrume *f*
tilt *v (Konst, Stat)* (um)kippen, neigen, schräg stellen; schwenken; sich neigen
tilt *v* **over** umlegen; umkippen
tilt *v* **up** aufrichten
tilt *(Stat)* Neigung *f (Kipplage)*
tilt and turn window *(BT)* Drehkippflügelfenster *n*
tilt-up construction [method] Tilt-up-Bauweise *f*, Platten-Aufricht-Bauweise *f*, Richtauf-Bauweise *f*, Aufkippbauweise *f*
tilt-up panel *(BT, Te)* Richtauf-Tafel *f*, Aufkipptafel *f*
tilt-up wall Richtauf-Wand *f*, Aufkippwand *f*
tiltable tower *(Konst)* kippbarer Turm *m*
tilted geneigt; schräggestellt
tilted-slab roof *(AE) (Konst)* Faltwerkdach *n*
tilted-slab structure *(AE) (Konst, TK)* Plattenfaltwerk *n*
tilth *(LB)* Ackerland *n*; bestelltes Land *n*
tilting *(Konst)* Schrägstellen *n*; Kippen *n (Gebäude)*
tilting bearing *(BT)* Kipplager *n*
tilting concrete mixer *(BWG)* Kipp(trommel)mischer *m*
tilting-drum mixer Kipp(trommel)mischer *m*
tilting fillet *(BT, Hb)* Trauflatte *f*
tilting force *(Stat)* Kippkraft *f*
tilting gate *(El)* Klappschütz *m*
tilting level 1. Schwenkkreishöhe *f*, Umkehrhöhe *f (Schwenkkreis)*; 2. *(Verm)* Schnellhorizontiergerät *n*
tilting mixer *(BWG)* Kipp(trommel)mischer *m*
tilting moment *(Stat)* Kippmoment *n*
tilting piece *(BT, Hb)* Trauflatte *f*
tilting position *(Konst)* Kippstellung *f*
timber *v* 1. *(Te)* (ver)zimmern; aussteifen; verschalen, einschalen *(z. B. Beton)*; 2. *(Hb)* verkleiden, mit Holz auskleiden
timber 1. *(BM, Hb)* Bauholz *n*, Schnittholz *n*, Nutzholz *n*; Ganzholz *n*; 2. *(BM, Hb)* Balken *m*, Holzbalken *m*
timber arch *(Konst)* Holzbogen *m*
timber architecture *(Arch)* Holz(bau)architektur *f*, Holzbaukunst *f*
timber assembling *(Hb, Te)* Holzverbindung *f (Montage)*
timber base Holzuntergrund *m*
timber baseboard *(AE) (EB)* Holzsockelleiste *f*
timber batten Holzleiste *f*, Holzlatte *f*
timber beam *(BM, Hb)* Holzbalken *m*
timber bond *(SB)* Mauerverband *m* mit Holzbalkenverstärkung, Holzriegelmauerverband *m*
timber bracket *(BT)* Holzlasche *f*
timber brick Holzziegel *m*
timber bridge *(Br)* Holzbrücke *f (EN 1992-2)*
timber building *(Hb)* Fachwerkbau *m*, Holzrahmenkonstruktion *f*
timber caisson *(Wsb)* hölzerner Senkkasten *m*
timber church *(Arch)* Holzkirche *f*
timber ciborium *(Arch)* Holzbaldachin *m*, Holzziborium *n*
timber connection *(Konst)* Holzverbindung *f*
timber connector *(BT)* Holzbalkenverbindungseisen *n*, Holzverbinder *m*; Holzdübel *m*
timber construction *(Hb)* Holzkonstruktion *f*, Holzbauweise *f (EN 1995-1-1)*; Holzbau *m*
timber construction type Holzbauart *f*
timber cottage *(Arch, Konst)* Holzhaus *n*
timber counter ceiling Holzunterdecke *f*
timber decay Holzfäule *f*, Holzzersetzung *f*, Holzzerfall *m*
timber decking *(Hb)* Holzverschalung *f*
timber decomposition s. timber decay
timber dimension *(BM)* Holzabmessung *f*
timber dog Bauklammer *f*
timber dolphin *(Wsb)* Holzdalbe *f*
timber dome Holzkuppel *f*
timber door *(BT)* Holztür *f*
timber door frame *(Hb)* Holztürrahmen *m*
timber dowel Holzstabdübel *m*, Holzdollen *m*
timber drying *(Te)* Holztrocknung *f*
timber end Balkenende *n*
timber engineering *(Hb)* Ingenieurholzbau *m*, Holzbau *m*
timber fastener *(BT)* Holzverbinder *m*
timber fence *(Hb)* Holzzaun *m*
timber fencing Holzumzäunung *f*
timber fender *(Wsb)* Holzfender *m (Hafen)*
timber flat roof *(Konst)* Holzflachdach *n*
timber floor Holzfußboden *m*
timber flooring finish Holzfußbodenbelag *m*
timber folding door *(BT)* Holzfalttür *f*
timber for sleepers *(BM, Verk)* Schwellenholz *n (Gleisbau)*
timber forms *(Hb, Te)* Holzschalung *f*
timber formwork *(Hb, Te)* Holzschalung *f*
timber frame *(Hb)* Holzrahmen *m*
timber-frame construction *(Hb, TK)* Fachwerkbau *m*, Holzfachwerkbau *m*
timber-framed building *(Hb, TK)* Fachwerkhaus *n*, Holzrahmenkonstruktion *f*
timber-framed construction *(Hb)* Holzrahmenkonstruktion *f*, Fachwerkbau *m*
timber-framed house *(Arch, Hb)* Fachwerkhaus *n*, Holzfachwerkhaus *n*
timber-framed structure *(TK)* Holzrahmenbauwerk *n*
timber-framed wall Holzfachwerkwand *f*, Holzriegelwand *f*
timber framework Holzfachwerk *n*, Holzskelett *n (eines gesamten Gebäudes)*
timber framework building Fachwerkhaus *n*, Holzfachwerkhaus *n*
timber framing 1. *(Hb, Konst)* Fachwerk *n*, Skelett *n (Holz)*; Rahmen *m (von Gebäudeteilen, z. B. Dach, Trennwand, Decke usw.)*; 2. Stabwerk *n*; 3. Öffnungsrahmen(fach)werk *n (für Türen, Fenster)*
timber framing gate *(BT, Hb)* Holzrahmentor *n*
timber gate Holztor *n*
timber girder *(BT, Hb)* Holzträger *m*
timber grading rules *(BM, Hb, VR)* Bauholzklassifikation *f*

T

timber grid *(Hb)* Holzrost *m*
timber grid footing *(Erdb, Hb)* Holzrostfundament *m*
timber grillage Holzrost *m*
timber grillage footing Holzrostfundament *n*
timber grille Holzrost *m (Gründungsrahmen)*
timber ground *(Hb)* Holzuntergrund *m*
timber header *(BT, Hb)* Holzwechselbalken *m*, Wechselholz *n*
timber hitch Zimmermannsstich *m*
timber house *(Arch, Hb)* Holzhaus *n*
timber hut Holzbaracke *f*, Holzhütte *f*
timber jack Holzbock *m*
timber jetty *(Wsb)* Holzmole *f*
timber joining method *(Hb, Konst)* Holzverbindungsverfahren *n*
timber joint Holzverbindung *f*
timber joint connector *s.* timber connector
timber joist *(Hb)* Holzdeckenbalken *m*
timber joist floor *(Hb)* Holzbalkendecke *f*
timber joist roof floor *(Hb)* Holzbalkendachdecke *f*
timber ladder Holzleiter *f*
timber lagging *(DIS, Hb)* Holzverkleidung *f (für Dämmzwecke)*
timber lattice girder *(Hb, TK)* hölzerner Gitterträger *m*, Holzgitterbalken *m*
timber-lined shed Bretterverschlag *m*
timber lining *(BT, Hb)* Holzverkleidung *f*, Holzzimmerung *f*; Holzauskleidung *f*
timber lintel Holzsturz *m*, Holzoberschwelle *f*
timber moisture Holzfeuchtigkeit *f*, Holzfeuchte *f*
timber mould Holzform *f*
timber of forest *(LB, Umw)* Hochwald *m*
timber panel *(BT)* Holzplatte *f*, Holztafel *f (zur Wandverkleidung)*
timber partition Holztrennwand *f*
timber pavement Holzpflaster *n*
timber paving Holzpflaster *n*
timber paving work Holzpflasterarbeiten *fpl*
timber peck Holzpflock *m*
timber pest *(Umw)* Holzschädlingsfolgen *fpl*
timber pile *(BT)* Holzpfahl *m*
timber pillar *(BT)* Pfosten *m*, Säule *f*, Ständer *m*, Stiel *m (Holzfachwerk)*
timber plain webbed beam *(Hb, TK)* Holzvollwandbalken *m*
timber plank Holzbohle *f*
timber planking Holzabdeckung *f*, Holzbelag *m*
timber platform *(Erdb)* hölzerne Rostdecke *f*
timber post Holzpfosten *m (für Zäune)*
timber prefabricated construction *(Hb, Konst)* Holzfertigbau *m*
timber preservation *(OB)* Holzschutz *m*
timber preservative *(BM, OB)* Holzschutzmittel *n*
timber proofing Holzschutz *m*
timber prop *(Erdb)* Holzstempel *m*
timber pulpit *(Arch)* Holzkanzel *f*
timber quality Holzqualität *f*
timber raft *(Wsb)* Holzfloß *n*
timber rafter *(BT, Hb)* Holzsparren *m*
timber rigid frame *(Konst)* starrer Holzrahmen *m*
timber rolling shutter *(BT)* Holzrollladen *m*, Holzrollladenabschluss *m*
timber roof *(Konst)* Holzdach *n*
timber roof frame *(Hb, TK)* Holzbinder *m*
timber roof structure zimmermannsmäßige Dachkonstruktion *f*
timber roof truss *(Hb, TK)* Holzdachbinder *m*
timber scaffolding Holzgerüst *n*, Gerüst *n*, Baugerüst *n*, Rüstung *f*
timber seal Dichtungsholz *n*
timber section Holzquerschnitt *m*
timber set *(Hb)* Zimmerung *f*
timber sheathing Holzverschalung *f (für Wände)*
timber sheet piling *(Erdb, Hb)* Holzspundwand *f*
timber shell roof *(Hb, Konst)* Holzschalendach *n*, geschaltes Dach *n*
timber shutter Holzladen *m*, Holzfensterladen *m*
timber shuttering *(BT, Hb, Te)* Holzschalung *f*
timber sill *(BT, Hb)* Holzschwelle *f*
timber skirting Holzsockelleiste *f*
timber soffit Holzuntersicht *f*
timber soil *(LB)* Waldboden *m*
timber solid webbed beam [girder] *(TK)* Holzvollwandbalkenträger *m*
timber spire *(Hb, Konst)* Holzpyramidenturmdach *n*; Holzspitzkirchturm *m*
timber splitting wedge Holzspaltkeil *m*
timber spreader *(BT)* Holzspreize *f*
timber stacking ground [yard] Holz(lager)platz *m*
timber stair(case) *(Hb, Konst)* Holztreppe *f*
timber stanchion Holzstütze *f*
timber storage yard Stapelplatz *m (Holz)*
timber strength Holzfestigkeit *f*
timber stresses *(Stat)* normale [zulässige] Holzspannungen *fpl*
timber string *(BT, Konst)* Holzwange *f (einer Treppe)*
timber structure *(Hb)* Holzbauwerk *n (EN 1995-1-1)*
timber structures *(EN 1995-1-1/A1) (Hb)* Holzbauten *mpl*
timber stud *(BT, Hb)* Holzbundstiel *m*
timber-stud partition *(Hb, Konst)* Holzgerippetrennwand *f*
timber studs Holzgerippe *n*, Holzgerippetrennwand *f*
timber subfloor Blendboden *m*
timber sunk well *(Erdb, Hb)* hölzerner Senkbrunnen *m*
timber support *(BT, Hb)* Unterlegholz *n*, Holzunterlage *f*
timber surfacing *(Hb, Konst)* Holzverkleidung *f*
timber surround *(Hb, Konst)* Holzeinfassung *f*
timber technology *(Hb)* Holzbauweise *f*
timber thickness Holzdicke *f*
timber-to-metal connection *(Konst)* Holz-Metall-Verbindung *f*
timber-to-metal joint *(Konst)* Holz-Metall-Verbindung *f*
timber-to-timber connection *(Konst)* Holz-Holz-Verbindung *f*
timber tower *(Arch)* Holz(festungs)turm *m*
timber transom *(BT)* Losholz *n*, Kämpferholz *n (über Fenster, Tür)*
timber truss Holzbinder *m*, Holzdachbinder *m*
timber truss frame *(Hb, TK)* Holzsprengwerk *n*
timber trussed girder *(Hb, TK)* Holzfachwerkträger *m*
timber type of construction *(BM)* Holzbauart *f*
timber underframe *(Hb, TK)* Holz(trag)rahmen *m*
timber vault *(Hb, Konst)* Holzgewölbe *n*
timber wall Holzwand *f*
timber walling *(Wsb)* Bohlenwand *f*
timber wedge Holzkeil *m*
timber window *(BT)* Holzfenster *n*
timber worm Holzwurm *m*
timber yard *(BWG)* Bauhof *m (für Zimmerarbeiten)*; Zimmer(er)platz *m*; Holz(lager)platz *m*
timbered eingeschalt, mit Holzverkleidung
timbered building *(Hb, TK)* Fachwerk *n (Gebäude)*
timbering 1. *(Hb, TK)* Holz(rahmen)werk *n*; 2. *(Hb, Konst)* Zimmerung *f*, Holzverschalung *f*, Stülpwand *f*; 3. *(Hb)* Verspreizung *f*, Abspreizen *n*; Holzverbau *m*; 4. *(BT, Hb, Te)* Schalung *f*, Einschalung *f*
timbering of a shaft *(Konst)* Schachtausbau *m*
timbering time *(Te)* Bauzeit *f (für Holzarbeiten)*
timberline *(Umw)* Waldgrenze *f*

T

timberwork 1. *(Hb, TK)* Holzgebälk *n*; 2. *(Hb, Te)* Holzarbeiten *fpl*
time *v (Te)* zeitlich planen
time *(Te)* Bau(ausführungs)zeitraum *m*, Bauvertragszeit *f*, Bauvertragszeitraum *m*
time-based charging Zeitlohn *m*
time-consolidation curve *(Bod)* Zeit-Setzungs-Linie *f*
time constant Zeitkonstante *f*
time consuming *(Konst, Te)* zeitaufwendig
time-deformation curve *(Stat)* Zeitverformungskurve *f*
time-delay fuse *(El)* Verzögerungsschmelzeinsatz *m*, Zeitsicherung *f*
time-dependent zeitabhängig
time-dependent deformation *(BM, Stat, TK)* zeitabhängige Verformung *f*
time-distance diagram Zeit-Wege-Diagramm *n*
time-extension curve *(BB)* Kriechkurve *f*
time for completion *(Te)* Baufertigstellungsfrist *f*
time for escape *(Konst, Te, VR)* Fluchtzeit *f*
time gap Zeitintervall *n*
time-lag switch *(El)* Verzögerungsschalter *m*
time limit (set for completion) *(Te, VR)* Fertigstellungstermin *m*
time-limit switch *(El)* Zeitschalter *m*
time of adjudication *(VR)* Zuschlagfrist *f (Bauauftragvergabe)*
time of completion *(VR)* Bau(ausführungs)zeit *f*, Bauzeitraum *m*, Fertigstellungsfrist *f*
time of concentration *(Umw)* Zeitdauer *f* bis zur Abflusskonzentration
time of construction *(VR)* Bauzeit *f*, Montagezeit *f*
time of curing *(BM, Te)* Abbindedauer *f*, Abbindezeit *f*, Abbindefrist *f (Verschnittbitumen)*
time of entry *(WVA)* Abflusszeit *f (Entwässerung)*
time of equilibrium Zeitdauer *f* bis zum konstanten Abfluss
time of flow Ausflusszeit *f*, Fließzeit *f*
time of haul *(BB, Te)* Anmachzeit *f (Transportbeton)*
time of initial set *(BB, Te)* Erstarrungsdauer *f*, Erstarrungszeit *f*, Erstarrungsfrist *f (hydraulisch gebundene Baustoffe)*
time of mixing Mischzeit *f*
time of set Erstarrungszeitraum *m (hydraulische Bindemittel)*
time period Zeitdauer *f*, Zeitspanne *f*, Zeitraum *m*
time recorder Zeitschreiber *m*
time schedule *(Te)* Zeitplan *m*; Bauzeitenplan *m*
time-settlement curve *(Bod)* Zeit-Setzungs-Linie *f*
time sheet Stundenlohnzettel *m*
time switch *(El)* Schaltuhr *f*, Zeitschalter *m*
time value Zeitwert *m*
time yield *(BM)* Kriechen *n (Baustoffverformung)*
timed *(Te)* zeitlich eingeteilt *(Gewerke)*
timed-limited parking *(Verk)* zeitbegrenztes Parken *n*
timer *(El)* Schaltuhr *f*; Zeitschalter *m*; Zeitregler *m*
timetable *(Te)* Ablaufplan *m*
timing relay *(El)* Zeitrelais *n*
tin *v* verzinnen
tin cap *(BT)* Zinnblechscheibe *f (für Dachnägel)*
tin-clad verzinnt
tin-clad fire door *(BT, Konst)* Feuerschutztür *f* mit mehrfacher Sperrholzfüllung und Terneblechbeschlag
tin-coated feuerverzinnt *(Baukleineisenteil)*
tin-coated steel *(BM)* Stahlfeinblech *n*, Weißblech *n*
tin coating *(OB, St, Te)* Feuerverzinnung *f*; Zinnüberzug *m*
tin foil Zinnfolie *f*, Stanniol *n*
tin-lead solder Zinnlot *n*, Lötzinn *n*, Weichlot *n*
tin pipe Zinnrohr *n*
tin-plate *v* verzinnen
tin-plating Verzinnen *n*
tin roofing *(Konst)* Weißblechdach(ein)deckung *f*
tin snips *(BWG)* Blechschere *f*
tin solder Lötzinn *n*, Zinnlot *n*, Weichlot *n*
tin tack Tapeziernagel *m*
tine *(BWG)* Zacken *m*, Zinke *f (z. B. an einer Gabel)*
tinge *(OB)* Färbung *f*, Schattierung *f*
tinker Gelegenheitsarbeiter *m*, Wanderarbeiter *m*
tinker work *(VR)* Pfuscharbeit *f*, Flickerei *f*
tinned verzinnt
tinned sheet iron *s.* tinned steel sheet
tinned steel sheet *(BWG, St)* Weißblech *n (Feinblech)*
tinner Klempner *m*, Spengler *m*, Installateur *m*
tinning Verzinnen *n*, Verzinnung *f*
tinplate *(BWG, St)* Weißblech *n*, verzinntes Eisenblech *n (Grobblech)*
tinstone Zinnstein *m*, Kassiterit *m*
tint *v (OB, Te)* tönen, abtönen, aufhellen
tint *(BM, OB)* Abtönfarbe *f*; Farbaufhellung *f*; Tönung *f*, Schattierung *f (Farbtönung)*
tinted abgetönt, getönt
tinted glass Farbglas *n*, Buntglas *n*
tinted glass window *(Arch, BT)* Farbglasfenster *n*, Buntglasfenster *n*
tinted laminated glass *(BM)* Farbverbundglas *n*, Verbundfarbglas *n*
tinter *(BM, OB)* Abtönfarbe *f*, Mischfarbe *f*
tinter paste Abtönpaste *f*
tinting Abtönen *n*, Nachtönen *n*, Nuancieren *n (Anstrichfarben)*
tinting effect *(OB)* Abtönwirkung *f*
tinting paste *(BWG, OB)* Abtönpaste *f*
tinting power *(OB)* Abtönvermögen *n*, Färbevermögen *n*; Aufhellungsvermögen *n*
tinting shade *(OB)* Abtönung *f*
tinting strength *s.* tinting power
tip *v* 1. *(Konst, Te)* kippen, neigen; stürzen *(Bauelemente)*; 2. *(BT)* sich neigen; 3. *(BM, Erdb)* kippen, abkippen, schütten *(Schüttgüter, Erde)*
tip *v* **down** nach unten abkanten, nach unten umlegen
tip *v* **over** umkippen
tip *v* **up** hochkanten, aufkanten; hochkippen
tip 1. *(BT)* Spitze *f (spitzes Ende)*; 2. *(Umw)* Mülldeponie *f*; Müllhalde *f*, Bodenkippe *f*; Halde *f*; 3. *(BMW)* Brennerspitze *f*
tip-and-turn hardware *(EB)* Drehkippverschluss *m*
tip-and-turn sash *(EB)* Drehkippflügel *m*
tip chute *(BWG, Te)* Schurre *f*, Rutsche *f*
tip-filling method *(Umw)* Deponie(auf)füllart *f*
tip-up door *(BT)* Schwingtor *n (z. B. Garage)*
tipper *(BWG, Te)* Lore *f (Kipplore)*
tipper barge *(Verk, Wsb)* Kippschute *f (Kahn)*
tipper truck Kipper *m*
tipping angle *(Stat)* Kippwinkel *m*
tipping bucket Kippkübel *m*
tipping device Kippvorrichtung *f*
tipping lorry *(Erdb, Verk)* Kipper *m*, Kipperfahrzeug *n*
tipping moment *(Stat)* Kippmoment *n*
tipping site *(Umw)* Deponiegelände *n*
tipping trough mixer *(BWG)* Kipptrogmischer *m (für Beton)*
tipping wagon Lore *f*, Kipplore *f*
tipping with compaction *(Umw)* Verdichtungsdeponie *f*
tirant 1. *(BM, Hb)* Spannbalken *m*; 2. *(BT)* Zugankerbolzen *m*
tissue paper *(BM)* Papiergewebe *n*
tissue paper for walls Wandspannstoff *m*, Wandspannfaserstoff *m*
titanium *(BM)* Titan *n*
titanium coating *(OB)* Titanschutzschicht *f*
titanium dioxide *(BM, OB)* Titandioxid *n*, Titanweiß *n*
titanium enamel Titanemail *n*

titanium pigment Titanpigment *n*
titanium stabilized steel *(BM, St)* Titanstahl *m*, rostfreier Ti-Stahl *m*
titanium white Titanweiß *n*
title *(VR)* Baulandrechtsanspruch *m*; Gebäudeeigentumsanspruch *m*
title block *(Konst)* Schriftfeld *n (Zeichnung)*
title deed *(VR)* Grundeigentumsurkunde *f*
title deeds of the cadastre *(VR)* Kataster *n*, Grundbuch *n*
title insurance *(VR)* Gebäudeversicherung *f*
title search *(VR)* Rechtsanspruchsüberprüfung *f* auf Landeigentum; Eigentumsnachweis *m (Einsicht in Grundbuchnachweise)*
title to land (ownership) *(VR)* Rechtsanspruch *m* auf Landeigentum
toadstone *(BM) (sl)* Melaphyr *m*
tobermorite *(BM)* Tobermorit *m (Zementklinkermineral)*
tobermorite gel Tobermoritgel *n*
toe 1. *(BT)* Fuß *m*, Fußstück *n*; Fußauflagerflansch *m*; 2. *(Erdb)* Böschungsfuß *m*; Dammfuß *m*; 3. *(Erdb, Konst)* Fundamentbankett *n*; Fundamentauskragung *f*
toe crack Materialriss *m (Schweißen)*
toe ditch *(Erdb, WVA)* Böschungsfuß(entwässerungs)-graben *m*, unterer Entwässerungsgraben *m*
toe failure *(Erdb)* Basisbruch *m*
toe joint Schräglagerfuge *f*; schräge Holzbalkenverbindung *f (z. B. Sparren und Wand)*
toe-jointing *(Hb)* Klaue *f*, Aufklauung *f*, Verklauung *f*, Aufschiftung *f*
toe of a dike *(Wsb)* Deichfuß *m*
toe of stope *(Tun)* Ortsbrust *f*, Feldortsbrust *f*
toe of the dam *(Erdb, Wsb)* Dammfuß *m*
toe of the slope *(Erdb)* Böschungsfuß *m*, Böschungssohle *f*
toe wall 1. *(Erdb, Konst)* Fußmauer *f*, Herdmauer *f*; 2. *(Wsb)* Sporn *m*
toe widening Fußstückverbreiterung *f*
toeboard 1. Laufbrett *n*, Fallschutzbrett *n (um eine Plattform oder ein Dach)*; Fußleiste *f (Randbrett eines Baugerüsts)*; 2. Küchenfußbrett *n (an einem Küchenschrank)*
toed voussoir Hakenstein *m (beim Gewölbe)*
toehold *(BT, Te)* (temporäre) Arbeitsbohle *f*, Stehbohle *f*, Haltebrett *n (Dachdeckung)*
toenailing Schrägnageln *n (z. B. Spundbretter, Stülpverkleidung)*
toeplate Trittblech *n*, Fuß(schlag)blech *n (Tür)*
toggle *(BT)* Kniehebel *m*; Kniegelenk *n*; Knebel *m*
toggle bolt Federspreizbolzen *m*, Klemmbolzen *m*
toggle crusher *(BWG)* Kniehebelbackenbrecher *m*
toggle joint *(Hb)* Kniegelenk *n*, Winkelverbindung *f*
toggle switch *(El)* Kniehebelschalter *m*; Kippschalter *m*
toilet 1. *(San)* Toilette *f*, Wasserklosett *n*, WC *n*, Klosett *n*; 2. *(Konst)* Toilettenraum *m*, Ankleideraum *m*
toilet-and-shower room *(Konst, San)* Toiletten- und Duschraum *m*
toilet bowl *(San)* Toilettenbecken *n*, Wasserklosettbecken *n*, Klosettbecken *n*
toilet cistern *(San)* Spülkasten *m*, Wasserkasten *m*
toilet cubicle *(Konst, San)* WC-Kabine *f*, Toilettenzelle *f*
toilet enclosure *(Konst, San)* Toilettenkabine *f*
toilet facility *(San)* Toilettenanlage *f*
toilet fan *(San)* Toilettenventilator *m*
toilet flush *(San)* Toilettenspülung *f*
toilet installations *(Konst, San)* Toilettenanlage *f*
toilet pan *s.* toilet bowl
toilet paper dispenser *(EB)* Toilettenpapierspender *m*
toilet paper holder *(EB)* Toilettenpapierhalter *m*
toilet partition (wall) *(Konst)* Toilettenkabinenwand *f*, Toilettentrennwand *f*
toilet room Toilettenraum *m*
toilet seat *(EB)* Klosettsitz *m*, Toilettensitz *m*
toilet seat lid *(EB)* Toilettendeckel *m*
toilet tank *(San)* Spülkasten *m*
toilet valve *(San)* Spülkastenventil *n*
toilet waste water *(WVA)* Toilettenabwasser *n*
TOK-joint ribbon *(BM, DIS)* TOK-Band *n*
tokonoma *(Arch, Konst)* Blumenbanknische *f (japanisch)*
tolerance 1. Toleranz *f*, zulässige Abweichung *f*; Maßabweichung *f*, Abmaß *n*; 2. *s.* tolerance limit • **within a tolerance** innerhalb einer Toleranz
tolerance in level *(Konst, Verm)* Höhentoleranz *f*, Höhenabweichung *f*
tolerance limit *(VR)* Toleranzgrenze *f*, Abmaßgrenze *f*
tolerance number sequence Toleranzzahlenfolge *f*
tolerance on geometry *(BT)* Maßtoleranz *f*
tolerance range Toleranzbereich *m*
tolerance test Toleranzprüfung *f*
tolerance zone *(BT)* Toleranzbereich *m*
toleranced dimensions *(BT, Te)* Grenzmaße *npl*, Toleranzen *fpl (Montage)*
toll 1. *(Stat)* Zoll *m*; 2. *(Verk)* Straßenbenutzungsgebühr *f*, Maut *f*
toll booth *(Konst, Verk)* Mauthäuschen *n*, Gebührenzahlkabine *f*
toll bridge *(Verk)* Mautbrücke *f*, Gebührenbrücke *f*
toll house *(Konst, Verk)* Zollhaus *n*; Gebührenzahlhaus *n*
toll road *(Verk)* Mautstraße *f*; gebührenpflichtige Autobahn *f*
toluene insolubles *(BM)* Toluolunlösliches *n (Asphaltprüfung)*
tom *(BT, Te)* Baustütze *f*, Steife *f*, Stütze *f*; Strebe *f*
tomb *(Arch)* Grabstätte *f*; Grabmal *n*, Gruft *f*
tomb architecture *(Arch)* Grabarchitektur *f*, Grabbaukunst *f*
tomb building *(Arch)* Grabbau *m*
tomb chamber pyramid *(Arch)* Grabpyramide *f*
tomb construction *(Arch)* Grabbau *m*
tomb mosque *(Arch)* Grabmoschee *f*
tomb niche *(Arch)* Bogengrab *n*, Arkosolium *n*, Katakombengrab *n*
Tomb of Agamemnon *(Arch)* Kuppelgrab *n* des Agamemnon *(Mykene)*
tomb slab *(Arch)* Grabplatte *f*
tomb tholus *(Arch)* Grabtholos *f(m)*
ton slate *(BM)* unsortierter Schiefer *m (nach Gewicht gehandelt)*
tondino *(Arch)* runde Verzierung *f*
tondo *(Arch)* Tondo *n*, Rundrelief *n*, runde Schmuckplatte *f*
tone *v (OB, Te)* (ab)tönen, abstufen *(Farbe)*
tone *v* **down** abschwächen *(Färbung)*
tone *(OB)* Farbton *m*, Farbschattierung *f*, Färbung *f*
toned getont
toner *(BM, OB)* klarer organischer Farbstoff *m (ohne Inertstoffe)*; Farblack *m*
tongs *(BT, Hb)* Zange *f*
tongue *v* 1. *(Hb)* federn, durch Nut und Feder verbinden, vernuten; 2. lappen
tongue *v* **and groove** *v (Hb)* nuten und spunden
tongue 1. *(Hb)* Feder *f*, Zunge *f*; Spund *m*, Schlitzzapfen *m*; Dorn *m*; 2. Weichenzunge *f*
tongue and groove *(Hb)* Feder *f* und Nut *f*
tongue-and-groove boards Spundbretter *npl*, gespundete Bretter *npl*
tongue-and-groove joint *(Hb)* Spundung *f*, Federverbindung *f*, gefederte Fuge *f*
tongue-and-lip joint *(Hb)* Nut- und Federverbindung *f* mit Fugenfüllleiste
tongue joint *(Hb)* Federverbindung *f*
tongued gefedert

tongued and grooved *(Hb)* gespundet, gespundet und genutet
tongued and grooved ceiling *(Hb)* Spunddecke *f*, gespundete Decke *f*, gespundete und genutete Decke *f*
tongued and grooved flooring *(Hb)* gefederter Dielenfußboden *m*
tongued and grooved rough boarding *(Hb)* Rauspund *m*
tongued and grooved shingle *(BT)* Nutschindel *f*
tongued flooring *(Hb)* gefederte Dielung *f*
tongued mitre *(Hb)* gefederte Gehrungsfuge *f*
tonguing *(Hb)* Spundung *f*, Spunden *n*; Federn *n*
tonguing plane *(BWG, Hb)* Federhobel *m*
tonk strip *(EB)* verstellbarer Stützrahmen *m (Regal)*
tool *v* 1. mit Werkzeug bearbeiten; 2. mit Werkzeug bestücken [ausrüsten]
tool *v* **with the roughing hammer** *(Te)* kröneln
tool 1. *(BWG)* Werkzeug *n*; 2. Meißel *m*
tool box Werkzeugkasten *m*
tool life Standzeit *f*, Werkzeuglebensdauer *f*
tool marks *(Te)* Bearbeitungsspuren *fpl*
tool pusher Bohrmeister *m (Steinabbau, Tunnelbau)*
tool shank Werkzeugschaft *m*
tool shed *(Konst)* Geräteschuppen *m*
tooled senkrecht gerillt [gerieft], riefig *(Werkstein)*
tooled ashlar *(SB)* bearbeiteter Quaderstein *m*
tooled by crandall *(SB, Te)* gekrönelt
tooled concrete finish *(BB, OB)* bearbeitete Betonoberfläche *f*, scharrierte Betonoberfläche *f*
tooled finish *(OB)* scharrierte [scharriert bearbeitete] Oberfläche *f*, nutgeschlagene Steinoberfläche *f*
tooled joint zurechtgehauene Fuge *f*
tooled surface *s.* tooled finish
tooling 1. *(SB, Te)* Behauen *n (von Stein)*; steinmetzmäßige Bearbeitung *f*; 2. Fugenausbildung *f*, Formen *n* der Fugen *(mit Werkzeug)*
toolroom *(Konst)* Geräteraum *m*
tools of the plasterer Stuckateurwerkzeuge *npl*
tooth *v* 1. *(Te)* verzahnen, mit Zacken versehen, zacken; 2. anrauen *(Oberflächen)*
tooth 1. Zacken *m*, Zahn *m (z. B. einer Säge)*; 2. *(SB)* diagonal gelegter Ziegel *m (Mauerwerk)*; 3. aufgerauter Anstrichgrund *m*
toothed gezahnt, gezähnt
toothed frieze *(Arch)* Sägezahnfries *m*
toothed plate *(Hb)* Zahn(anker)platte *f*, Zahndübel *m*
toothed ring *(Hb)* Zahnringankereisen *n*
toothed ring connector *(Hb)* Zahnringdübel *m*, Alligatordübel *m*
toother Zahnkantenziegel *m*, Diagonalkragziegel *m (Mauerwerk)*
toothing *(SB)* Verzahnen *n*, Verzahnung *f (Mauer)*
toothing course Zahnschicht *f*, Zahnlage *f (Mauerwerk)*
toothing-in *(SB)* Einzahnen *n (Mauer)*
toothing plane *(BWG)* Aufrauhobel *m*, Zahnhobel *m*
toothing stone *(BWG)* Zahnstein *m*, Verzahnstein *m (Mauerwerk)*
top *v* 1. abdecken, bedecken; 2. *s.* topcoat
top 1. Oberteil *n*; Oberseite *f*; Scheitel(punkt) *m*; 2. Spitze *f (z. B. eines Berges)*
top-and-bottom cap Fuß- und Kopfprofileisen *n (Metalltür)*
top ballast *(Verk)* obere [zweite] Schotterlage *f (Gleis)*
top beam 1. *(BT, Hb)* Firstbalken *m*, Spitzbalken *m*; 2. *(BT, Hb)* Giebelbalken *m*, Ortbalken *m*; 3. Traverse *f*, Querriegel *m (Dachkonstruktion)*; 4. *(BT, Hb)* Hahnenbalken *m*; Kehlbalken *m*; Hainbalken *m*; Katzenbalken *m*
top beam roof Spitzbalkendach *n*, Hahnenbalkendach *n*, Hainbalkendach *n*, Katzenbalkendach *n*
top bed obere Lagerfläche *f*, weiches Lager *n (Werkstein)*
top binding *(BT, Hb)* Oberbund *m*, Obergurt *m*
top block Scheitelstein *m*, Schlussstein *m*
top boom *(BT, Hb)* Obergurt *m*, Oberflansch *m*
top boom junction plate *(BT)* Obergurtplatte *f*, Oberflanschknotenblech *n*
top boom member Obergurtstab *m*
top boom plate Obergurtlamelle *f*
top cap *(Bod, Erdb)* Erd(stoff)oberschicht *f*
top car clearance obere lichte Aufzugsschachthöhe *f*
top centre heading *(Tun)* oberer Gewölbevortrieb *m*, Vortrieb *m* der oberen Ortsbrust
top chord *(BT)* Obergurt *m*, Oberflansch *m*
top chord member *(BT)* Obergurtstab *m*
top-coating *(OB, Te)* Aufbringen *n* eines Anstrichs, Überstreichen *n*
top concrete layer *(Verk)* Oberbeton *m*, Deckschichtbeton *m (Straße)*
top course *(SB)* Mauerkrone *f*, Mauerdecklage *f*, Mauerabdeckung *f*
top-course tiles Dachziegelfirstlage *f*
top cut *(Konst)* Sparrenfirstschnitt *m*, Firstende *n* eines Sparrens
top door rail *(BT, Hb)* oberer Türriegel *m*, oberes Querrahmenstück *n*
top dressing 1. *(OB)* Dachanstrich *m*; 2. *(Erdb)* Planieren *n*, Planierung *f (Erdstoffe)*
top dressing compound *(BM)* Dachanstrichmasse *f*, Dachaufstrichstoff *m*
top edge rib Sattelkehle *f*
top face obere Leibungsfläche *f*
top flange *s.* top boom
top flange plate *(BT)* Kopfplatte *f*; Deckflacheisen *n*
top floor *(Konst)* oberstes Geschoss *n* [Stockwerk *n*]
top form obere Schalenform *f (Beton)*
top girder *(BM, BT)* Schlussbalken *m*
top hat (cover piece) Hutabdeckung *f*, hutförmige Abdeckung *f*
top-heavy überlastig, kopflastig
top hinge *(BT)* Scheitelgelenk *n*
top-hinged in-swinging window *(BT)* Schiebefenster *n* mit Fußscharnier, nach innen klappbares Schiebefenster *n*; Lüftungsfenster *n*
top hog *(Konst)* Scheitelüberhöhung *f*
top-hung oben hängend, oben laufend *(Schiebetor)*
top-hung sash [window] 1. *(BT)* Kippflügel *m*, Klappflügel *m*; 2. *(BT)* Klappflügelfenster *n*, Kippflügelfenster *n*
top illumination *(El)* Obenbeleuchtung *f*
top joint *(Konst)* Scheitelfuge *f*
top lateral bracing oberer Windverband *m*
top layer 1. *(Konst)* oberste Lage *f (Straße, Mauerwerk)*; 2. *(OB)* Abschlussschicht *f*, Deckschicht *f (Beschichtung)*
top leaf *(BT)* oberer Flügel *m (Tor, Tür)*
top-lighting *(El)* Oberlicht *n*, Oberbeleuchtung *f*
top line *(Konst)* Scheitellinie *f*; Gewölbescheitel *m*
top lined eaves obere Dachtraufenverkleidung *f*
top-lit oben beleuchtet
top member *(BT)* Obergurt *m*
top moulding *(BT, Konst)* Deckgesims *n*
top of spire Turmspitze *f*, Turmhelm *m*
top of wall *(SB)* Mauerkrone *f*
top out 1. *(SB, Te)* Legen *n* der Schlusslage, Abschließen *n*; 2. *(Te)* Montieren *n* des Kopfteils
top pipe branch *(San, WVA)* Rohrscheitelabzweig *m*, Rohrscheiteleinlaufstück *n*
top plate 1. *(BT, Hb)* Firstbalken *m*, Firstschwelle *f*; 2. *(BT, Hb)* Kopfbalken *m*, Kopfstrebe *f*
top pressure 1. *(Stat)* Scheiteldruck *m*; 2. *(Tun)* Firstendruck *m*, Scheiteldruck *m*
top rail 1. *(BT)* oberes Querrahmenstück *n*, oberer Schenkel

m, Kopfriegel *m (Tür, Fenster)*; Rähm *m*; 2. Abdeckplatte *f (Balustrade)*
top reinforcement Abreißbewehrung *f*
top riser *(BT)* oberste Setzstufe *f*
top sag *(RS)* Scheitelsenkung *f*
top sash *(BT)* Oberflügel *m (Schiebefenster)*
top slab 1. *(Verk)* Fahrbahnplatte *f*; 2. Deckplatte *f*
top soil *s.* topsoil
top step *(BT)* Podeststufe *f*
top stone *(SB)* Schlussstein *m*
top surface *(Hb)* Hirnschnittfläche *f*, Kopffläche *f*
top timber *s.* top beam
top track *(BT)* obere Laufschiene *f (Schiebetor)*
top view *(Konst)* Draufsicht *f (Zeichnung)*; Grundriss *m*
top wall *(Tun)* Hangendes *n*
top-water level *(Wsb)* höchster Stauspiegel *m*, Stauhöhe *f*
topcoat *v (OB, Te)* mit einem Deckanstrich versehen, überdecken, überstreichen
topcoat 1. *(OB)* Deckschicht *f*; Deckanstrich *m*; Lacküberzug *m*; 2. *(BM, OB)* Deckanstrichstoff *m*, Deckbeschichtung *f*; 3. *(Verk)* Deckschicht *f (Straße)*
topcoat enamel *(BM, OB)* Deckfarbe *f*, Lackfarbe *f*
topcoat paint Deckanstrichstoff *m*, Deckfarbe *f*
topcoat pigment Deckschichtpigment *n*
tope *(Arch)* Tope *f*, Stupa *f (indische Pagode)*
tope base *(Arch)* Topeunterbau *m*, Stupaunterbau *m*
tope shrine *(Arch)* Topeschrein *m*, Stupaschrein *m*
tophus *(BM)* Kalktuff *m*
topical treatment *(Te)* punktuelle Behandlung *f*
topographic *(Bod, Verm)* topographisch
topographic information *(Verm)* topographische Daten *pl*
topographic survey *(Verm)* topographische Aufnahme *f*
topographical topographisch
topographical area *(Wsb)* oberirdisches Einzugsgebiet *n*
topographical chart *(Verm)* topographische Karte *f*, Geländekarte *f*
topographical divide *(Wsb)* oberirdische Wasserscheide *f*
topographical drawing *(Konst)* Kartenskizze *f*
topographical features Terrainbeschaffenheit *f*
topographical map *(Verm)* topographische Karte *f*, Geländekarte *f*
topographical relief topographisches Relief *n*
topographical sketch *(Konst, Verm)* Terrainskizze *f*
topographical survey Geländeaufnahme *f*
topography *(Bod)* Topographie *f*
topped-out rohbaufertig
topping 1. *(BT)* Estrichlage *f*, Ausgleichestrich *m*; 2. *(Verk)* Deckschicht *f*, Decke *f*, Oberschicht *f*; Verschleißbetonlage *f*; Fahrbahndecke *f*, Straßendecke *f*, Verschleißschicht *f*; 3. *(OB, Te)* Überstreichen *n*; 4. *(Erdb)* Andeckung *f*, Bodenabdeckung *f*
topping coat 1. Glättschicht *f*, aufgezogene Zementschicht *f*; 2. aufgezogener Putz *m*
topping joint *(Konst)* Estrichfuge *f* über einer Dehnfuge
topping-out ceremony *(VR)* Richtfest *n*
topping slab *(BT)* Betondruckplatte *f*, Oberbetonschicht *f*, Aufbetonschicht *f*
topple *v* kippen, umfallen
topple *v* **over** *(Stat)* umkippen
toppling *(Stat)* Kippen *n*
topsoil *(Bod, Erdb)* oberste Erdschicht *f*, Oberboden *m*, Kulturbodenschicht *f*, Mutterboden *m*
topsoil cover *(LB)* Oberbodenandeckung *f*
topsoil filling *(LB)* Oberbodenauftrag *m*
topsoil replacement *(LB)* Kulturbodenandeckung *f (Landschaftsbau)*
topsoil stripping *(LB)* Mutterbodenabtrag *m*, Kulturbodenabtrag *m*
tor steel TOR-Stahl *m*
torch *v* 1. verputzen, verstreichen, abdichten, ausgleichen *(Ziegeldach verfugen)*; 2. anzünden *(mit Brenner)*
torch brazing Hartlöten *n* mit Brenner
torch-cut *v (St, Te)* brennschneiden
torch cutting *(St, Te)* Brennschneiden *n*
torch for MIG-MAG welding *(BWG)* MIG-MAG--Schweißbrenner *m*
torch for plasma welding Plasmaschweißbrenner *m*
torch for TIG welding *(BWG)* TIG-Schweißbrenner *m*
torch soldering Hartlöten *n* mit Brenner
torch-weld *v (St, Te)* autogen schweißen, gasschweißen
torchère 1. *(El)* nach oben strahlende Stehlampe *f*; 2. verzierter Lampenhalter *m*
torching *(Konst, Te)* Mörtelverstrich *m (Dachdeckung)*
tore *s.* torus
toric wulstförmig, torisch
Torkret method *(BB, Te)* Torkret(ier)verfahren *n (Spritzbeton)*
tormentor 1. schallabsorbierende Wand *f (Kino)*; 2. Blende *f*, Blendvorhang *m (auf der Theaterbühne)*
torn grain zerschnittene [zerrissene] Faser *f (Furnier)*; Faserschnitt *m*
toroid *(Stat)* Toroid *m*; Ring *m (mathematisch)*
toroid shell *(Konst)* Ringschale *f*
toroidal ringförmig
toroidal sealing *(DIS)* Rundschnur(band)dichtung *f*
toroidal shell *(Konst)* Torusschale *f (Schalenkonstruktion)*
torque *(Stat)* Torsionsmoment *n*, Verdrehungsmoment *n*, Drehmoment *n*, Drillmoment *n*
torque failure *(Stat)* Verdrehungsbruch *m*
torque loading *(Stat)* Drehbelastung *f*
torque moment *s.* torque
torque rod *(BT)* Schubbalken *m*
torque viscometer Rotationsviskosimeter *n*
torrent *(Bod, Umw)* Wildbach *m*, Sturzbach *m*
torrent control work *(Wsb)* Wildbachverbauung *f*
torrent damming *(Wsb)* Wildbachverbauung *f*
torrent regulation *(Wsb)* Wildbachverbauung *f*
torrent works *(Wsb)* Wildbachverbau *m*
torrential stream *(Bod, Umw)* Wildbach *m*, Sturzbach *m*
torsade *(Arch)* Spiralverzierung *f*, gedrehte Zierkante *f (Bandornament)*
torsel *(BT)* Auflagerelement *n*, Balkenauflagerstein *m*, Balkenauflagerstück *n*
torsion *(Stat)* Torsion *f*, Verdrehung *f*, Verdrillung *f*, Verwindung *f*
torsion bar *(BT)* Torsionsstab *m*, Federstab *m*
torsion buckling *(Stat)* Torsionsknickung *f*
torsion failure *(BM, Stat)* Torsionsbruch *m*, Verdrehungsbruch *m*, Verwindungsbruch *m*
torsion flexion *(Stat)* Drehbiegung *f*
torsion-free torsionsfrei, torsionslos, verwindungsfrei
torsion instability *(Stat)* Torsionslabilität *f*, Verdrehungslabilität *f*, Verwindungslabilität *f*
torsion load *(Stat)* Torsionsbelastung *f*, Verdrehungsbelastung *f*, Verwindungsbelastung *f*
torsion modulus *(Stat)* Torsionsmodul *m*, Drillungsmodul *m*
torsion oscillation Torsionsschwingung *f*, Verdrehungsschwingung *f*, Verwindungsschwingung *f*
torsion problem Torsionsaufgabe *f*, Verdrehungsaufgabe *f*, Verwindungsaufgabe *f*
torsion-proof torsionssteif, drehsteif
torsion reinforcement *(BT, Te)* Torsionsbewehrung *f*, Verdrehungsbewehrung *f*, Verwindungsbewehrung *f*
torsion resistance Torsionswiderstand *m*, Torsionsfestigkeit *f*, Verdrehungswiderstand *m*, Verwindungswiderstand *m*
torsion rod Torsionsstab *m*, Federstab *m*

torsion steel Torsionsbewehrung *f*
torsion strength *(Stat)* Torsionsfestigkeit *f*, Torsionssteifigkeit *f*, Verdrehungsfestigkeit *f*, Verdrehungssteifigkeit *f*, Verwindungsfestigkeit *f*, Verwindungssteifigkeit *f*
torsion stress *(Stat)* Torsionsspannung *f*
torsion test *(BM)* Torsionsprüfung *f*, Verdrehungsprüfung *f*, Verwindungsprüfung *f*
torsion tester Torsionsprüfmaschine *f*
torsion vibration *(Stat)* Torsionsschwingung *f*, Verdrehungsschwingung *f*, Verwindungsschwingung *f*
torsional *(Stat)* Torsions..., Verdreh..., Dreh..., Drehungs..., Verwind...
torsional angle *(Stat)* Drillungswinkel *m*, Torsionswinkel *m*, Verdrehungswinkel *m*, Verwindungswinkel *m*
torsional buckling Torsionsknickung *f*
torsional buckling load *(Stat)* Torsionsknicklast *f*, Verdrehungsknicklast *f*, Verwindungsknicklast *f*, Drillknicklast *f*
torsional deformation Verwindungsdeformation *f*, Torsionsdeformation *f*
torsional elasticity Torsionselastizität *f*
torsional failure *(BT, Stat)* Torsionsbruch *m*, Verdrehungsbruch *m*, Verwindungsbruch *m*, Drillbruch *m*
torsional-flexural buckling *(Stat)* Biegedrillknicken *n*
torsional-flexural buckling analysis Biegedrillknicknachweis *m*
torsional force *(Stat)* Torsionskraft *f*, Dreh(ungs)kraft *f*, Drillkraft *f*
torsional fracture *s.* torsion failure
torsional moment *(Stat)* Torsionsmoment *n*, Drillmoment *n*, Verdrehungsmoment *n*, Verwindungsmoment *n*
torsional-proof torsionsfrei, verdrehungsfrei, verwindungsfrei
torsional range *(Konst)* Verwindungsbereich *m*
torsional reinforcement *(BT, Te)* Torsionsbewehrung *f*, Verdrehungsbewehrung *f*, Verwindungsbewehrung *f*
torsional resistance Torsionswiderstand *m*, Verdrehungswiderstand *m*, Verwindungswiderstand *m*
torsional rigidity *(Stat)* Torsionssteifigkeit *f*, Verdrehungssteifigkeit *f*, Verwindungssteifigkeit *f*
torsional steel *(BT, Te)* Torsionsbewehrung *f*
torsional stiffness Torsionssteifigkeit *f*, Verdrehungssteifigkeit *f*, Drehsteifigkeit *f*, Verwindungssteifigkeit *f*
torsional strain Torsionsverzerrung *f*, Verdrehungsverzerrung *f*, Verwindungsverzerrung *f*
torsional strength *(Stat)* Torsionsfestigkeit *f*, Drillfestigkeit *f*, Drehfestigkeit *f*
torsional stress *(Stat)* Torsionsbeanspruchung *f*, Torsionsspannung *f*, Verdreh(ungs)beanspruchung *f*, Verwindungsspannung *f*
torsional test Torsionsprüfung *f*, Verdrehungsprüfung *f*, Verwindungsprüfung *f*
torsional wave *(DIS)* Torsionswelle *f (Akustik)*
torsionally elastic *(BM)* torsionselastisch, verdrehungselastisch, verwindungselastisch
torsionally rigid [stiff] *(BM, TK)* torsionssteif, verdrehungssteif, verwindungssteif, drehsteif
torso Torso *m*
tortoise shell Schildpatt *n*
torus *(Arch)* Torus *m*, Säulenwulst *m*, Säulenbasiswulstring *m*, Rundwulst *m(f)*, rundes Band *n (an ionischen Säulen)*; Konvex(zier)element *n*
torus roll flashing *(Konst)* Rundwulstabdeckung *f*
tot lot *(AE) (RP)* Spielwiese *f*, Kleinkinderspielplatz *m*
total ganz, gesamt, insgesamt, Gesamt..., total, gänzlich, völlig
total *(VR)* Gesamtpreis *m*, Gesamtsumme *f*, Endbetrag *m*; Gesamtmenge *f*
total air content *(BM)* Gesamtluftgehalt *m*
total area Gesamtfläche *f*
total average Gesamtdurchschnitt *m*
total building costs *(VR)* Gesamtbaukosten *pl*
total butt strap *(Konst)* vollständige [totale] Verlaschung *f*
total capacity Gesamtinhalt *m*; Gesamtkapazität *f*
total coating thickness *(DIS)* Gesamtschichtdicke *f (Anstriche, Beschichtungen)*
total concrete aggregate *(BM)* Betonzuschlagstoffgemenge *n*, Betongesamtzuschlagstoff *m*
total construction cost *(VR)* Gesamtbaukosten *pl*
total consumption Gesamtverbrauch *m*
total contract price *(VR)* Vertragspreis *m*
total cost *(VR)* Gesamtkosten *pl*
total cross section *(Stat)* gesamter [totaler] Wirkungsquerschnitt *m*
total deformation *(BM, Stat, TK)* Gesamtformänderung *f*, Gesamtverformung *f*
total deposition *(Bod)* Gesamtablagerung *f*
total depth *(Konst)* Gesamthöhe *f*
total design load *(Stat)* Gesamtlast *f*
total dimension Gesamtabmessung *f*, Gesamtmaß *n*
total earth resistance *(El)* Gesamterdungswiderstand *m*
total efficiency Gesamtwirkung *f*
total enclosure *(Tun)* Gesamthülle *f*; gesamt umbauter Raum *m*
total evacuation *(VR)* Gesamtevakuierung *f*
total failure Gesamtbruch *m*
total floor depth *(Konst)* Gesamtdeckendicke *f*
total floor space *(Konst)* Gesamtgeschossfläche *f*
total hardness *(WVA)* Gesamthärte *f (Wasser)*
total head *(Wsb)* Gesamtfallhöhe *f*
total heat requirement *(HLK)* Gesamtwärmebedarf *m*
total height Gesamthöhe *f*
total land requirement *(VR)* Straßengrundstück *n*
total length *(Konst)* Gesamtlänge *f*
total load(ing) *(Stat)* Gesamtbelastung *f*, Gesamtlast *f*
total loss Gesamtverlust *m*
total moment *(Stat)* Gesamtmoment *n*
total number Gesamtanzahl *f*
total particulate matter *(Umw)* gesamte Partikelsubstanz *f*
total plan *(Konst)* Gesamtplan *m*
total planning *(RP)* Gesamtplanung *f*
total porosity Gesamtporosität *f*, wahre Porosität *f*, Durchlässigkeitsgrad *m*
total pressure *(Stat)* Gesamtdruck *m*
total prestressing force *(Stat)* Gesamtvorspannkraft *f*
total price *(VR)* Gesamtpreis *m*
total protection Vollschutz *m*
total reaction *(Stat)* Gesamtstützkraft *f*, Gesamtauflagerkraft *f*, Gesamtstützdruck *m*
total reactive force *(Stat)* Gesamtstützkraft *f*, Gesamtauflagerkraft *f*, Gesamtstützdruck *m*
total rock sample *(BM)* Gesamtgesteinsprobe *f*
total solids Feststoffgehalt *m*, Festkörperanteil *m (Anstrich, Farbe)*
total steel area *(Konst)* Gesamtbewehrungsfläche *f*
total stopping distance *(Verk)* Anhalteweg *m*
total strain Gesamtdehnung *f*
total stressing force Gesamtvorspannkraft *f*
total tensioning force *(Stat)* Gesamtvorspannkraft *f*
total thickness *(Konst)* Gesamtdicke *f*
total view *(Arch)* Gesamtansicht *f*
total volume of construction *(Konst)* Gesamtbauvolumen *n*
total wall area *(Konst)* Gesamtwandfläche *f*
total water Gesamtwasser *n (Betonmischung)*
total weight *(Konst)* Gesamtgewicht *n*
total width Gesamtbreite *f*, Breite *f* über alles
total wind force *(Stat)* Gesamtwindkraft *f*

total window space Gesamtfensterfläche *f* *(Raum, Gebäude)*
total works documents *(Konst)* Ausführungsunterlagen *fpl*
total works period *(Te, VR)* Arbeitsausführungszeitraum *m*
totality Gesamtheit *f*, Vollständigkeit *f*
totally buried *(Konst)* vollüberdeckt
totally enclosed *(Konst)* voll gekapselt, völlig ummantelt
touch *v* **up** *(Te)* nachbearbeiten, nachbessern; ausbessern, ausflecken *(z. B. Anstriche)*; überholen; auffrischen
touch catch *(EB)* Schnappschloss *n*, Einrastschloss *n*
touch-dry *(OB)* grifffest (trocken), berührungstrocken *(Anstrich)*
touch-up paint *(BM, OB)* Reparaturlack *m*, Ausbesserungsfarbe *f*
touching laid *(Konst)* knirsch gestoßen *(Steinlage)*
touching up *(OB, Te)* Nachbesserung *f*; Ausbessern *n*, Ausflecken *n* *(von Anstrichen)*; Auffrischen *n*
tough zäh, (zäh)fest, widerstandsfähig, sprödbruchunempfindlich *(Material)*
toughen *v* *(Te)* steifen *(aussteifen)*
toughened glass *(BM)* Hartglas *n*; vorgespanntes Glas *n*, Einscheibensicherheitsglas *n*
toughness 1. *(BM)* Zähigkeit *f*, Zähfestigkeit *f*, Härte *f*; 2. *(BM)* Schlagzähigkeit *f*, Kerb(schlag)zähigkeit *f*, Sprödbruchunempfindlichkeit *f*
toughness test *(BM)* Schlagfestigkeitsprüfung *f*, Zähigkeitsprüfung *f*
tourelle *s.* turret
tourism highway *(Verk)* Tourismusstraße *f*
tourist attraction Touristenattraktion *f*, Sehenswürdigkeit *f*
tourist cabin Motel(schlaf)hütte *f*
tourist centre *(RP)* Touristenort *m*
tourist house *(Konst)* Pension *f*, Appartementhaus *n*; Ferienhaus *n*
tourist terrace *(Konst)* Besucherterrasse *f*
tournadozer *(BWG, Erdb)* Planierschürfer *m*, Radschürfgerät *n*
tow *v* *(Te)* schleppen, abschleppen, hinterherziehen
tow *v* **away** wegschleppen, abschleppen
tow 1. *(BM, San)* Werg *n* *(Flachs- oder Hanfabfall)*; 2. *(Te)* Ziehen *n*, Schleppen *n*, Abschleppen *n*
tow-line *(BT)* Schleppseil *n*, Abschleppseil *n*
tow-path *(Konst)* Leinpfad *m*, Leinweg *m*, Treidelpfad *m*
towed grader *(BWG, Verk)* Aufhängegrader *m*, Anhängestraßenhobel *m* *(Straßenbau)*
towed scraper *(BWG, Verk)* Schleppschrapper *m*
towed type grader *s.* towed grader
towed vibratory roller *(BWG, Verk)* Vibrationshängewalze *f*
towel bar *(EB)* Handtuchstange *f*
towel dispenser *(EB)* Handtuchspender *m*
towel holder [rack] Handtuchhalter *m*
towel rail Handtuchstange *f*
tower *v* hochragen, sich emportürmen
tower *v* **above** überragen, etwas überragen
tower *v* **to** emportürmen zu
tower 1. *(Arch)* Turm *m*; 2. Mast *m*; Gittermast *m*; 3. *(Verk)* Pylon *m* *(Brücke)*
tower base *(Erdb)* Mastfundament *n*, Mastfuß *m*
tower block *(Arch)* Punkthochhaus *n*, Wohnturm *m*, Turmhochhaus *n*, Wohnhochhaus *n*
tower block façade *(Arch)* Hochhausfassade *f*
tower bolt *(EB)* Schubriegel *m*
tower building 1. *(Arch)* Turmhochhaus *n*, Punkthochhaus *n*, Turmgebäude *n*, Hochhaus *n*; 2. Turmbau *m*, Hochhausbau *m*
tower clock *(EB)* Turmuhr *f*
tower construction *(Konst)* Turmbau *m*, Turmerrichtung *f*
tower crane *(BWG)* Turmdrehkran *m*
tower erection *(Te)* Turmerrichtung *f*, Turmaufrichten *n*
tower gantry *(BWG)* Bau(montage)kran *m*, Turmdrehkran *m*
tower gutter tile Turmfalzziegel *m*
tower-house 1. *(Arch)* Turm *m*, Wohnturm *m* *(einer Burg)*; 2. turmartiges Gebäude *n*, Turm *m* *(z. B. Wasserturm)*
tower lighting *(El)* Mastbeleuchtung *f*
Tower of Babel *(Arch)* Turm *m* zu Babel, babylonischer Turm *m*
Tower of the Winds *(Arch)* Turm *m* der Winde *(Athen)*
tower pier *(TK)* Turmpfeiler *m*
tower pivot *(TK)* Stützpyramide *f*
tower restaurant *(Konst)* Turmgaststätte *f*
tower roof Turmdach *n*
tower scaffold Fahrgerüst *n*
tower shaft Turmschaft *m*
tower silo *(Konst)* Turmsilo *n*, Hochsilo *n*
tower stair Turmtreppe *f*
tower tank *(WVA)* Hochbehälter *m* *(auf einem Turm befindlich)*
tower-type bituminous mixing plant *(BWG)* Mischturm *m* für bituminöses Mischgut
towered façade *(Arch)* Turmfassade *f*
towered fire-temple *(Arch)* Feueraltar *m*
towing hook *(BT)* Zughaken *m*
town *(RP)* städtisch; Stadt...
town *(RP)* Stadt *f*; Ortschaft *f*
town architect Stadtarchitekt *m*
town area *(RP)* Stadtgebiet *n*
town block *(AE)* *(RP)* Stadtviertel *n*
town borough *(RP)* Stadtkreis *m*
town centre *(RP)* Stadtzentrum *n*, Stadtkern *m*, Stadtmitte *f*
town church *(Arch)* Stadtkirche *f*
town council *(VR)* Stadtrat *m*
town development *(RP)* Städtebau *m*; Stadtentwicklung *f*
town development plan *(RP)* Stadtentwicklungsplan *m*
town district *(RP)* Stadtbezirk *m*
town drainage *(WVA)* Stadtentwässerung *f*
town engineering *(Konst, RP)* Stadtbautechnik *f*, Städtebautechnik *f*
town expressway *(Verk)* Stadtschnellstraße *f*
town extension *(RP)* Stadterweiterung *f*
town flat Stadtwohnung *f*
town forest *(LB)* Stadtwald *m*
town fortification *(Arch)* Stadtbefestigung *f*
town gate *(Arch)* Stadttor *n*, Straßentor *n*
town hall Rathaus *n*
town house *(AE)* Stadt(reihen)haus *n*
town improvement scheme *(RS)* Stadtsanierungsplan *m*
town living-space *(RP, Umw)* städtischer Lebensraum *m*
town mains *(WVA)* städtische Hauptentwässerungskanäle *mpl*
town map Stadtplan *m*
town master meson *(Arch)* Stadtbaumeister *m*
town museum Stadtmuseum *m*
town of the future *(Arch)* Stadt *f* der Zukunft
town palace *(Arch)* Stadtpalast *m*
town park *(LB, RP)* Stadtpark *m*
town picture *(Arch)* Stadtbild *n*
town plan maßstabgerechter Stadtplan *m*
town planner Städtebauer *m*, Städteplaner *m*
town-planning *(Konst)* städtebaulich
town planning *(Konst, RP)* Städtebau *m*, Städteplanung *f*, städtebauliche Planung *f*
town planning act Stadtplanungsbeschluss *m*; Stadtplanungsarbeit *f*
town planning authority *(VR)* Stadtplanungsamt *n*, Stadtplanungsbehörde *f*

T

town planning corporation Stadtplanungsverwaltung *f*, Stadtplanungsamt *n*
town planning institute Städtebauinstitut *n*, Institut *n* für Städtebau
town planning office *(Konst)* Stadtplanungsbüro *n*
town planning studies 1. *(Konst, RP)* Stadtbaulehre *f*; 2. Stadtplanungsstudien *fpl*, Stadtplanungsuntersuchungen *fpl*, städtebauliche Studien *fpl*
town planning survey Stadtplanungsdaten- und Substanzerfassung *f*
town planning theory *(RP)* Städtebautheorie *f*
town pool Stadtbad *n*
town redevelopment scheme *(RS)* Stadtsanierungsplan *m*
town refuse Stadtmüll *m*, Straßenmüll *m*
town row house *(AE)* Stadtreihenhaus *n*
town rubbish *(Umw)* Stadtmüll *m*, Straßenmüll *m*
town square *(RP)* Marktplatz *m*
town station *(Verk)* Stadtbahnhof *m*
town swimming bath *(RP)* städtisches Schwimmbad *n*, Stadtbad *n*
town terraced house Stadtreihenhaus *n*
town theatre *(Arch, RP)* Stadttheater *n*
town wall *(Arch)* Stadtmauer *f*
town waste *(Umw)* städtischer Abfall *m*, Stadtmüll *m*
town water *(WVA)* Stadtwasser *n*; Leitungswasser *n*
town water supply Stadtwasserversorgung *f*
townscape *(Arch)* Stadtbild *n*, Stadtlandschaft *f*
toxic *(Umw)* toxisch, giftig, Gift...
toxic agent *(Umw)* Giftstoff *m*, chemischer Kampfstoff *m*
toxic by-product *(Te, Umw)* giftiges Nebenprodukt *n*
toxic degradation product *(Te, Umw)* toxisches Abfallprodukt *n*
toxic effect toxische Wirkung *f*
toxic hazard *(Umw)* Giftgefahr *f*
toxic materials *(Umw)* Giftstoffe *mpl*
toxic paint giftige Farbe *f*, giftiger Anstrich *m*
toxic substance *(Umw)* Schadstoff *m*
toxic waste *(Umw)* giftiger Abfall *m*, toxische Abfälle *mpl*, Giftmüll *m*, giftiger Abfall *m*
toxic waste-disposal plant *(Umw)* Giftmüllentsorgungsanlage *f*
toxicant *(Umw)* Giftstoff *m*
toxicity Toxizität *f*, Giftigkeit *f*
toxin *(Umw)* Gift *n*
toy-lot *(Konst, RP)* Spielgeräteplatz *m*
trabeate *s.* trabeated
trabeated mit Trägern, mit Trägersystem gebaut, Balken...
trabeated architecture *(Arch)* Architravarchitektur *f*, Architravbaukunst *f*, Gebälkarchitektur *f*, Gebälkbaukunst *f* *(altes Griechenland)*
trabeated building *(Arch)* Architravgebäude *n*, Gebälkgebäude *n*, Gebäude *n* mit Trägern und Stützen
trabeated construction *(Arch)* Architravbau *m*, Gebälkbau *m*
trabeated system 1. *(TK)* Trägersystem *n*, Gebälkbau *m*; 2. *s.* trabeated building
trabeation 1. *(TK)* Säulengebälk *n*; 2. *s.* trabeated building
trabes *(Arch)* Balken *m* als Auflager für Unterzüge *(römische Baukunst)*
trabs *s.* trabes
trace *v* 1. *(Konst)* nachzeichnen, nachziehen *(z. B. Zeichnungen mit Farbe)*; 2. *(Konst)* (durch)pausen; 3. *(Te)* aufspüren
trace *v* **out** 1. *(Arch, Konst)* (auf)zeichnen, skizzieren; 2. *(Verm)* abstecken, abmarkieren
trace 1. *(Verm)* Linie *f*; Kurve *f*; Aufzeichnung *f (Messlinie)*; 2. *(Arch, Konst)* Zeichnung *f*, Skizze *f*; 3. *(LB) (AE)* Pfad *m*, markierter Weg *m*; 4. *(Konst)* Pause *f*, Lichtpause *f*; 5. *(Konst)* Grundriss *m (militärisch)*; 6. *(El)* Leuchtspur *f*; Radarbildspur *f*; 7. *(BT)* Strang *m*
trace contamination *(Umw)* Spurenverunreinigung *f*, Fremdstoffspurenkontamination *f*
trace element *(BWG)* Spurenelement *n*
trace of the plain *(Arch)* Spur *f* der Ebene
traceability *(Te)* Rückverfolgbarkeit *f*, Nachweisbarkeit *f*
traceable nachweisbar, rückverfolgbar
traced design *(Konst)* Pause *f*, Zeichnungskopie *f*
tracer colour *(BM, OB)* Markierungsfarbe *f*
traceried *(Arch)* mit Maßwerk (versehen)
traceried gable *(Arch)* Maßwerkgiebel *m*
traceried opening *(Arch)* Maßwerkblende *f*
traceried rose window *(Arch)* Maßwerkrose *f*, Maßwerkrosenfenster *n*, Fensterrose *f*, Rosenfenster *n*
traceried window *(Arch)* Maßwerkfenster *n*
tracery 1. *(Arch)* Maßwerk *n*, Netzwerkverzierung *f*, Bauornamentzierrat *m*; Fenstertrassierung *f*; 2. Flechtwerk *n*
tracery decorating art *(Arch)* Maßwerkornamentik *f*, Maßwerkzierkunst *f*
tracery filling *(Arch)* Maßwerkfüllung *f*
tracery frieze *(Arch)* Maßwerkfries *m*
tracery motif *(Arch)* Maßwerkmotiv *n*
tracery ornamental art *(Arch)* Maßwerkornamentik *f*, Maßwerkzierkunst *f*
tracery panel Stabwerk *n*
tracery pattern *(Arch)* Maßwerkmuster *n*, Maßwerksystem *n*
tracery vault *(Arch)* Netzgewölbe *n*
tracery window *(Arch)* Maßwerkfenster *n*
tracery with four [three] leaf-shaped curves *(Arch)* Vierblatt *n*, Dreiblatt *n (Gotik)*
traces of rust *(OB)* Rostspuren *fpl*
tracework *(Arch)* Netzwerk *n (Maßwerk)*
trachyte *(BM)* Trachyt *m*
trachytic tuff *(BM)* Trachyttuff *m*
tracing 1. *(Konst)* Pause *f*, Lichtpause *f*; 2. *(Konst, Te)* Pausen *n*
tracing paper *(Konst)* Zeichenpapier *n*, Transparent(zeichen)papier *n*
tracing pattern *(Konst)* Anreißschablone *f*, Markierschablone *f*
tracing peg *(Verm)* Absteckpflock *m*
tracing room *(Konst)* Pausraum *m*
track 1. *(Verk)* Gleis *n*, Bahngleis *n*; Schienenstrang *m*; Gleiskörper *m*; 2. *(BT)* Führungsschiene *f*, Schiene *f*, Führungsbahn *f*; Gleitschiene *f*; 3. *(BWG)* Gleiskette *f*, Raupe(nkette) *f*; 4. *(Verk)* Spur *f*; Radspur *f*; 5. *(Konst)* Bahn *f* *(einer Sportanlage)*
track alignment gauge *(Verk)* Spurlehre *f (Gleis)*
track ballast Gleisschotter *m*
track base plate Gleis(trage)platte *f*
track bed [bedding] *(Verk)* Gleisbett *n*; Bahnkörper *m*
track bench *(Verk)* Gleisbankett *n*
track bolt Schlossschraube *f*
track cleaner *(Verk)* Gleisbettreinigungsmaschine *f*
track connection *(Verk)* Gleisverbindung *f*
track construction car *(Verk)* Gleisbauwagen *m*
track construction work Gleisbauarbeiten *fpl*
track equipment Oberbaumaterial *n (Gleisbau)*
track formation *(Verk)* Planum *n*, Bahnkörper *m*
track gauge *(Verk)* Schienenspurweite *f*
track gradient *(Verk, Verm)* Gleissteigung *f*
track-laying *(Verk)* Gleis(verlege)arbeiten *fpl*, Schienenlegen *n*
track-laying finisher *(BWG)* Gleiskettenfertiger *m*
track-laying machine *(BWG, Verk)* Gleisverlegemaschine *f*, Schienenlegemaschine *f*, Gleisbaumaschine *f*

track-laying tractor Raupenschlepper *m*, Raupenkettentraktor *m*
track-laying type finisher *s.* track-laying finisher
track-laying vehicle *s.* track vehicle
track layout *(Verk)* Gleislage *f*
track material Oberbaumaterial *n (Gleis)*
track-packing *s.* track tamping
track rail bond *(Verk)* Schienenverbinder *m*
track recording coach Gleisprüfwagen *m*
track repairs *(Verk)* Gleisarbeiten *fpl*
track shifting Gleis(ver)rücken *n*
track shifting machine *(BWG, Verk)* Gleisrückmaschine *f*
track slewing *s.* track shifting
track span Gleisjoch *n*
track spike Schienennagel *m*
track subsidence *(Verk)* Gleissenkung *f*
track system Gleisanlage *f*
track tamping Gleisstopfen *n*
track tamping machine *(BWG, Verk)* Gleisstopfmaschine *f*
track vehicle Gleiskettenfahrzeug *n*, Raupenfahrzeug *n*, Kettenfahrzeug *n*
track warping *(Verk)* Gleisverwerfung *f*
track wearing *(Verk)* Spur(en)verschleiß *m*
track width *(Verk)* Spurweite *f (von Fahrzeugen)*
trackage *(AE) (Verk)* Gleisanlage *f*; Gleisstrecke *f*
tracked paver *(Verk)* Kettenfertiger *m*, Raupenfertiger *m*
tracked plant *(Verk)* Gleiskettengerät *n*
tracked vehicle *(Verk)* Kettenfahrzeug *n*, Raupenfahrzeug *n*
tracking 1. *(Verk)* Spurenverschleiß *m (Straße)*; 2. Spurrinnen *fpl*; Fahrspur-Bindemittelanreicherung *f (Straße)*
tract *(RP, VR)* Streifen *m (eines Geländes)*; Geländestück *n*
tractility *(BM)* Dehnbarkeit *f*, Streckbarkeit *f*
traction 1. *(Te, Verk)* Traktion *f*, Ziehen *n*, Zug *m*; 2. *(Stat)* Zugkraft *f (z. B. eines Fahrzeugs)*
traction cable *s.* traction rope
traction line *(Verk)* Fahrleitung *f*
traction line pole Fahrleitungsmast *m*
traction load *(Verk)* Verschiebelast *f*, Zuglast *f (Fahrzeuge)*
traction pole *(Verk)* Fahrleitungsmast *m*
traction rod Zugstange *f*
traction rope *(Verk)* Zugseil *n (Seilbahn)*
traction system *(Verk)* Bahnnetz *n*, Streckennetz *n*
tractive force *(Wsb)* Schleppkraft *f (Wasser)*
tractor *(BWG)* Traktor *m*, Schlepper *m*, Zugmaschine *f*
tractor backacter *(BWG)* Schleppertieflöffel *m*
tractor crane *(BWG)* Drehkran *m* mit Raupenfahrwerk
tractor dozer *(BWG, Erdb, Verk)* Frontträumer *m*; Schürfschlepper *m*
tractor-drawn roller *(BWG)* Schleppwalze *f*
tractor grader *(Erdb)* Traktorgrader *m*, Schlepperschürfkübel *m*, Traktorstraßenhobel *m*
tractor loader *(BWG)* Schaufellader *m*
tractor-pulled carrying scraper *(BWG, Erdb)* Schürfkübel *m*
tractor scraper *s.* tractor grader 1.
tractor shovel *(BWG)* Schaufellader *m*, Fahrlader *m*
tractor-trailer Sattelschlepper *m*
tractrix (curve) *(Stat, Verk)* Traktrix *f*, Schleppkurve *f (Trassierung, Ausbildung)*
trade *(Te)* Handwerk *n*; Gewerk *n*, Baugewerk *n*
trade area *(RP)* Gewerbegebiet *n*
trade centre *(Verk)* Umschlagplatz *m (Handel)*
trade designation *(VR)* Handelsbezeichnung *f*
trade effluent *(WVA)* Industrieabwasser *n*, gewerbliches Abwasser *n*
trade entrance *(Konst)* Wirtschaftseingang *m*
trade for finishing [interior] work Innenausbaugewerk *n*
trade gang *(Te, VR)* Handwerkerkolonne *f*
trade granite Gneis *m*
trade journal Fachzeitschrift *f*
trade measurements Handelsmaße *npl (z. B. Holz, Bauelemente)*
trade name *(VR)* Handelsbezeichnung *f*, Handelsname *m*
trade organisation Berufsvertretung *f*; Handelsvertretung *f*
trade price Handelspreis *m*
trade register *(VR)* Handelsregister *n*
trade secret Geschäftsgeheimnis *n*
trade union *(VR)* Gewerkschaft *f*
trade wastes *(Umw, WVA)* Industrieabwasser *n*, gewerbliches Abwasser *n*; gewerblicher Abfall *m*
trade water main *(WVA)* Brauchwasserleitung *f*
trademark *(VR)* Warenzeichen *n*; Marke *f*
trademark method [system] *(VR)* geschütztes Verfahren *n*, geschützte Methode *f*
tradesman 1. Handwerker *m*; 2. Geschäftsmann *m*
tradition of building *(Arch)* Bautradition *f*, Tradition *f* der Baukunst, traditionelles Bauen *n*
traditional traditionell, traditionsgebunden
traditional architecture *(Arch)* traditionelle Architektur *f*, traditionelle Baukunst *f*, herkömmliche Architektur *f*, überlieferte Architektur *f*
traditional form of building *(Arch, Konst)* herkömmliches Bauen *n*, traditionelle Bauweise *f*
traditional style *(Arch)* traditioneller Stil *m*, herkömmlicher Stil *m*, überlieferter Stil *m*
traffic 1. *(Verk)* Verkehr *m*; öffentlicher Personen-, Bahn-, Schiffs-, Straßen- und Güterverkehr *m*; Nachrichten- und Fernsprechverkehr *m*; 2. *(Te, Verk)* Handel *m*
traffic accelerator *(Verk)* Verkehrsbeschleuniger *m*
traffic-actuated verkehrsbedarfabhängig
traffic-actuated control *(Verk)* verkehrsabhängige Steuerung *f*
traffic-actuated signal control verkehrsabhängige Signalsteuerung *f*; verkehrsbeeinflussende Steuerung *f*
traffic adaptive *(Verk)* verkehrsadaptiv
traffic aisle *(Konst)* Fahrgasse *f (z. B. in Parkhäusern, Großgaragen)*
traffic analysis *(RP, Verk)* Verkehrsuntersuchung *f*, Verkehrsanalyse *f*
traffic area *(Verk)* Verkehrsfläche *f*
traffic arterial road *(RP, Verk)* Hauptverkehrsader *f*
traffic artery *(RP, Verk)* Hauptverkehrsader *f*
traffic assessment *(RP, Verk)* Verkehrsdiagnose *f*, Verkehrseinschätzung *f*
traffic assignment *(RP, Verk)* Verkehrsverlagerung *f*, Verkehrsumlegung *f*
traffic assignment study *(RP, Verk)* Verkehrsverlagerungsuntersuchung *f*
traffic bump Verkehrsschwelle *f*
traffic calming *(Verk)* Verkehrsberuhigung *f*
traffic calming device Verkehrsberuhigungseinrichtung *f*
traffic category Verkehrskategorie *f*
traffic census *(RP, Verk)* Verkehrserhebung *f*, Verkehrszählung *f*
traffic chaos Verkehrschaos *n*
traffic circle *(AE) (Verk)* Kreisverkehrsanlage *f*, Kreisel *m*, Verkehrskreisel *m*
traffic comfort Verkehrskomfort *m*
traffic concentration Verkehrsdichte *f*
traffic concept *(RP, Verk)* Verkehrskonzept *n*
traffic condition Verkehrszustand *m*
traffic cone Leitkegel *m*, Verkehrsleitkegel *m*
traffic congestion *(Verk)* Verkehrsstau *m*, Verkehrsverstopfung *f*
traffic connection Verkehrsanbindung *f*
traffic control 1. Verkehrssteuerung *f*, Verkehrslenkung *f*; 2. Verkehrskontrolle *f*

traffic control centre *(Verk)* Verkehrssteuerungszentrale *f*; Verkehrsrechnerzentrale *f*
traffic control plan *(Verk)* Verkehrssteuerungsplan *m*
traffic control sign *(Verk)* Straßenverkehrszeichen *n*
traffic controller *(Verk)* Verkehrssteuergerät *n*
traffic count Verkehrs(querschnitts)zählung *f*, Verkehrserhebung *f*
traffic data Verkehrsdaten *pl*
traffic data collection *(RP, Verk)* Verkehrsdatenerfassung *f*
traffic data logger Verkehrsdatenregistriergerät *n*
traffic deck surfacing Verschleißbetonlage *f*; Estrichlage *f*
traffic density *(Verk)* Verkehrsdichte *f*
traffic detector *(Verk)* Verkehrsdetektor *m*, Verkehrs(mess)aufnehmer *m*
traffic detour *(AE)* Verkehrsumleitung *f*
traffic distribution Verkehrsverteilung *f*
traffic distribution model *(RP, Verk)* Verkehrsverteilungsmodell *n*
traffic distribution study *(RP, Verk)* Verkehrsverteilungsuntersuchung *f*
traffic diversion *(Verk)* Verkehrsumleitung *f*
traffic divider Verkehrsteiler *m*, Längsteiler *m*
traffic engineering 1. *(Verk)* Verkehrstechnik *f (Straßenausstattungstechnik)*; 2. Verkehrsingenieurwesen *n*; 3. Straßenbau *m*
traffic facilities 1. *(Verk)* Verkehrsanlagen *fpl*; 2. Verkehrserleichterungseinrichtungen *fpl*, Verkehrsverbesserungssysteme *npl*
traffic file *(Verk)* Fahrzeugfolge *f*
traffic flow *(Verk)* Verkehrsablauf *m*, Verkehrsfluss *m*
traffic flow information Verkehrslageinformation *f*
traffic flow plan *(RP, Verk)* Verkehrsablaufplan *m*
traffic forecast Verkehrsprognose *f*
traffic-free precinct fahrverkehrsfreier Bereich *m*
traffic generation *(Verk)* Verkehrsentstehung *f*
traffic generation study *(RP, Verk)* Verkehrsentstehungs- und Verkehrserzeugungsuntersuchung *f*
traffic guidance equipment Verkehrsleiteinrichtungen *fpl*
traffic guidance system *(Verk)* Verkehrsleitsystem *n*
traffic hindrance Verkehrsbehinderung *f*
traffic impact assessment *(RP, Verk)* Verkehrsauswirkungsbeurteilung *f*
traffic incident *(Verk)* Verkehrsstörung *f*
traffic-induced vibration *(Umw)* verkehrsverursachte Erschütterung *f*
traffic information table Verkehrsinformationstafel *f*
traffic infrastructure planning *(RP, Verk)* Verkehrsinfrastrukturplanung *f*
traffic installations *s.* traffic facilities 1.
traffic intensity *(Verk)* Verkehrsstärke *f*
traffic island Verkehrsinsel *f*
traffic jam *(Verk)* Verkehrsstau *m*
traffic jammed verstopft
traffic junction *(Verk)* Verkehrsknotenpunkt *m*
traffic lane Fahrspur *f*, Spur *f (Straße)*
traffic level Verkehrsebene *f*
traffic lights *(Verk)* Verkehrsampel *f*; Lichtsignalanlage *f*
traffic line *(Verk)* Markierungsstrich *m (Straße)*
traffic (live) load *(Br, Verk)* Verkehrslast *f*, bewegliche Belastung *f (Brücke)*
traffic loads on bridges *(Verk)* Verkehrslasten *fpl* auf Brücken *(EN 1992-1)*
traffic management *(Verk)* Verkehrsmanagement *n*, Verkehrsabwicklung *f*
traffic manager 1. Versandleiter *m*; 2. *(AE)* Betriebsdirektor *m*; 3. Verkehrskoordinator *m*
traffic marking Straßenmarkierung *f*
traffic marking paint *(Verk)* Straßenmarkierungsfarbe *f*
traffic master plan *(RP, Verk)* Generalverkehrsplan *m*
traffic message channel *(Verk)* Verkehrsnachrichtenkanal *m*
traffic messages archives *(Verk)* Verkehrsmeldearchiv *n*
traffic mix Verkehrsmischung *f*, Verkehrsgemisch *n*
traffic modelling Verkehrsgestaltung *f*
traffic needs *(Verk)* Verkehrserfordernisse *npl*, Verkehrsbedürfnisse *npl*
traffic noise Verkehrslärm *m*
traffic nuisance *(Umw)* Verkehrsbelästigung *f*
traffic offence Verkehrsdelikt *n*
traffic paint *s.* traffic marking paint
traffic parameter *(Verk)* Verkehrsparameter *m*
traffic pattern 1. *(Verk)* Verkehrsmuster *n*; 2. *(Verk)* Anflugvorschriften *fpl (Flugplatz)*
traffic peak Verkehrsspitze *f*, Spitzenverkehr *m*
traffic performance *(Verk)* Verkehrsqualität *f*
traffic plan *(RP, Verk)* Verkehrsplan *m*
traffic planner Verkehrsplaner *m*
traffic planning *(RP, Verk)* Verkehrsplanung *f*
traffic planning process Verkehrsplanungsprozess *m*
traffic prediction *(RP, Verk)* Verkehrsprognose *f*
traffic refuge Fußgängerinsel *f*
traffic regulation Verkehrsregelung *f*
traffic regulations *(RS, Verk)* Straßenverkehrsordnung *f*
traffic relief Verkehrsentlastung *f*
traffic restraint *(Verk)* Verkehrsbeschränkung *f*; Verkehrsberuhigung *f*
traffic restraint zone verkehrsberuhigte Zone *f*
traffic rolling (load) *(Verk)* Verkehrslast *f*
traffic route Verkehrsweg *m*
traffic safety *(Verk)* Verkehrssicherheit *f*
traffic safety comparison *(Verk)* Verkehrssicherheitsvergleich *m*
traffic safety facilities *(Verk)* Verkehrssicherungseinrichtungen *fpl*
traffic segregation *(Verk)* Verkehrsentflechtung *f*, Verkehrsentmischung *f*
traffic separation Verkehrstrennung *f*, Verkehrsaufteilung *f*
traffic separation by direction *(Verk)* Richtungstrennung *f* des Verkehrs
traffic sign Verkehrszeichen *n*, Straßenverkehrszeichen *n*, Schild *n*
traffic signal control Verkehrsbeeinflussung *f*, Verkehrssteuerung *f*
traffic signal coordination koordinierte Lichtsignalsteuerung *f*
traffic signal monitoring *(Verk)* Verkehrssignalüberwachung *f*
traffic signal plan Signalprogramm *n*
traffic signals Lichtzeichenanlage *f (Straße)*
traffic signing wegweisende Beschilderung *f*
traffic simulation *(Verk)* Verkehrssimulation *f*
traffic snarl Verkehrschaos *n*
traffic stage Verkehrsphase *f*
traffic stream Verkehrsstrom *m*, Fahrzeugstrom *m*
traffic structure engineering *(Verk)* Verkehrsbau *m*
traffic structures Verkehrsbauten *mpl*
traffic study *(RP, Verk)* Verkehrserhebung *f*
traffic surveillance 1. *(RP, Verk)* Verkehrsuntersuchung *f*; 2. *(Verk)* Verkehrsüberwachung *f*
traffic survey *(RP, Verk)* Verkehrsuntersuchung *f*
traffic sustainability *(RP, Verk)* Verkehrsnachhaltigkeit *f*
traffic theory *(Verk)* Verkehrsablauftheorie *f*
traffic tower Verkehrsturm *m*
traffic vibration *(OB, Verk)* Verkehrserschütterung *f*
traffic violation Verkehrsüberschreitung *f*
traffic volume *(RP, Verk)* Verkehrsaufkommen *n*, Verkehrsstärke *f*, Verkehrsmenge *f*
traffic warden Parküberwacher *m*, Politesse *f*

T

traffic warning service *(Verk)* Verkehrswarndienst *m*
traffic warning sign Warnzeichen *n*
traffic way Fahrbahnkörper *m*
traffic wear *(Verk)* Verkehrsabnutzung *f*, Verschleiß *m*
trafficability 1. *(Verk)* Befahrbarkeit *f*, Passierbarkeit *f (einer Straße)*; 2. *(Bod, Erdb)* ingenieurgeologische Belastbarkeit *f*, Begehbarkeit *f*
trafficability condition *(Verk)* Befahrbarkeitszustand *m*
trafficked unter Verkehr, befahren; unter Verkehrsbelastung
trail *v (Te)* schleppen
trail bridge [ferry] *(Verk)* Seilfähre *f*, Gierfähre *f*, Fährbrücke *f*
trail race *(Wsb)* Unterwasserkanal *m*
trailer 1. *(Konst, Verk)* Untergestell *n*; 2. *(Verk)* Anhänger *m*
trailer truck Schlepp(er)zug *m*
train Zug *m*
train ferry *(Verk)* Trajekt *m*, Eisenbahnfährschiff *n*
train for railway construction Bauzug *m*
trained workman Facharbeiter *m*
training *(VR)* Ausbildung *f*
training centre Ausbildungszentrum *n*
training wall *(Wsb)* Leitwand *f*, Leitwerk *n (Flusslauf)*
training work *(Wsb)* Flussbauarbeiten *fpl*
training works *(Wsb)* Flussbauwerke *npl*
training workshop *(VR)* Lehrwerkstatt *f*
trajectory *(Stat, Verk)* Trajektorie *f*
trajectory of prestressing force Vorspannkraftweg *m*
trajectory of stress *(Stat)* Spannungstrajektorie *f*, Spannungsweg *m*
trajectory of tensioning force *(Stat)* Spannkraftweg *m*
tram 1. *(Verk)* Straßenbahn *f*, Straßenbahnwagen *m*; 2. *(Verm)* Justierung *f*
tram depot *(Konst, Verk)* Straßenbahndepot *n*
tram line *(Verk)* Straßenbahnlinie *f*
tram shelter Wartehäuschen *n (Straßenbahn)*
tram stop island *(Verk)* Haltestelleninsel *f (Straßenbahn)*
tram tower Fahrleitungsmast *m*
tram track Schienengleis *n*, Straßenbahngleis *n*
tramcar Straßenbahnwagen *m*
trammel *(BWG, Konst)* Ellipsenzeichner *m*
tramway 1. *(Verk)* Straßenbahn *f*; 2. *(Tun)* Förderwagen *m (Bergbau)*
tramway pole *s.* tram tower
tramway switch *(Verk)* Straßenbahnweiche *f*, Pflasterweiche *f*
transboundary movement of waste *(Umw)* grenzüberschreitende Abfallverbringung *f*
transducer 1. *(El)* Energiewandler *m*; 2. *(El)* Messwertwandler *m*; 3. *(El)* Ultraschallerzeuger *m*
transducer head *(El)* Ultraschallkopf *m*
transenna 1. *(Arch, Konst)* Transenna *m (Fensterabschluss aus geschliffenem oder durchbrochenem Holz oder Stein)*; 2. *(Arch)* Marmor-Metall-Gitterwerk *n (um einen Schrein)*
transept *(Arch)* Transept *m(n)*, Querhaus *n*, Querschiff *n (einer Kirche)*; Chorquadrat *n*
transept gable Querhausgiebel *m*
transept-less querhausfrei, querhausfrei
transept square *(Arch)* Vierungsquadrat *n*
transeptal querschiffig, quer gestellt, Querhaus...
transeptal apsis *(Arch)* Querhausabseite *f*, Querhausapsis *f*
transeptal arch *(Arch)* Querhausbogen *m*
transeptal basilica *(Arch)* Querhausbasilika *f*
transeptal chapel *(Arch)* Querhauskapelle *f*
transeptal façade *(Arch)* Querhausfassade *f*
transeptal portal *(Arch)* Querhausportal *n*
transeptal vault *(Arch)* Querhausgewölbe *n*
transfer *v* 1. *(Stat, Te)* übertragen *(z. B. Kraft, Bewegung)*; 2. *(Verk)* transportieren; 3. *(Te, VR)* verlegen *(z. B. Wohnsitz)*; 4. *(VR)* übertragen, abtreten *(Rechte)*; 5. *(Verk)* umsteigen; 6. *(Konst)* versetzen, verrücken; umsetzen *(Wand, Fenster)*; 7. *(Stat)* ableiten *(Berechnung)*
transfer 1. *(Stat)* Vorspannungskraftübertragung *f (Spannbeton)*; 2. *(VR)* Übertragung *f (z. B. von Rechten)*
transfer bond *(Stat)* Verbundspannung *f (Spannbeton)*
transfer column *(Konst)* versetzte Stütze *f* [Säule *f*] *(mehrgeschossige Rahmenkonstruktion)*
transfer facilities Umschlaganlagen *fpl*
transfer girder 1. *(TK)* eine versetzte Stütze tragender Träger *m*, Stützenträger *m (ohne mittige Unterstützung in mehrgeschossiger Rahmenkonstruktion)*; 2. *(TK)* Unterfangträger *m*
transfer grille *s.* transfer register
transfer length 1. *(Konst)* (erforderliche) Kraftübertragungslänge *f (Spannglied)*; 2. *(Konst, Te)* Haftlänge *f*, Einbindelänge *f*, Verbundlänge *f (Bewehrung)*
transfer matrix Übertragungsmatrize *f*
transfer medium *(HLK)* Übertragungsmedium *n*, Träger *m (z. B. Luft, Wasser, Strahlung usw.)*
transfer moulding 1. *(BM, Te)* Spritzpressen *n*, Spritzformung *f (von Kunststoff)*; 2. *(BT)* Spritzpressteil *n*
transfer of forces *(Stat)* Kraftübertragung *f (Spannbeton)*
transfer of load *(Stat)* Übertragung *f* der Belastung, Belastungsübertragung *f*, Lastableitung *f*
transfer of moments *(Stat)* Momentenübertragung *f*
transfer of prestress *(Stat, Te)* Aufbringen *n* der Vorspannung *(Spannbeton)*
transfer plant *(Verk)* Umschlaganlage *f*
transfer point 1. *(Verk)* Verkehrsverknüpfungspunkt *m*; Umsteigestelle *f*; 2. *(Te, Verk)* Umschlagplatz *m*
transfer process *(Arch)* Abziehverfahren *n (Verzierung, Ornamentierung)*
transfer register *(HLK)* regelbares Luftdurchflussgitter *n (Klimaanlage)*
transfer roll *(BWG)* Auftragswalze *f (Anstriche)*
transfer strength *(BB, Stat, Te)* Spannfestigkeit *f*, Übertragungsfestigkeit *f (Spannbeton)*
transfer stress *(Stat)* Eintragungsspannung *f (Spannbeton)*
transfer table *(BWG)* Schiebebühne *f*
transfer yard 1. *(Verk)* Übergangsbahnhof *m*, Anlage *f* für Verkehrsträgerwechsel; 2. *(Te, Verk)* Umschlagplatz *m*
transference 1. *(VR)* Übertragung *f (z. B. von Rechten)*; Überschreibung *f*; 2. *(HLK)* Übertragung *f (Wärme)*
transferor *(AE) (VR)* Zedent *m (Eigentum Abtretender)*
transferral *(HLK)* Wärmeübertragung *f*
transferring Umsetzen *n (Baustelle)*
transform *v* 1. umbauen, umgestalten; umarbeiten, umändern; 2. *(El)* umspannen, transformieren
transform plane *(Stat)* Transformationsebene *f*
transformation Umwandlung *f*
transformation framework *(TK)* Ersatzfachwerk *n*
transformation member Ersatzstab *m*
transformation rate Umwandlungsrate *f*
transformed area *(Stat)* ideelle [angenommene] Fläche *f (Stahlbetonberechnung)*
transformed rock *(BM)* metamorphes Gestein *n*, Umwandlungsgestein *n*
transformed schist metamorpher Schiefer *m*
transformer *(El)* Transformator *m*, Trafo *m*; Wandler *m*
transformer room *(El, Konst)* Transformatorraum *m*
transformer station *(El)* Umspannwerk *n*
transformer substation Umspann(unter)werk *n*
transformer vault *(El, Konst)* feuersicherer Transformatorraum *m*
transient *(Konst, Te)* vorübergehend; flüchtig, vergänglich, kurz; wechselhaft
transient bending moment *(Stat)* vorübergehendes Biegemoment *n*

transient facilities *(Te, Verk)* Umschlaganlagen *fpl*
transient hotel Durchgangshotel *n*, Durchreisehotel *n*
transient moment *(Stat)* Zusatzmoment *n*
transient pore-water pressure *(BM, Bod)* momentaner Porenwasserdruck *m*
transient pressure Druckschwankung *f*
transient stability *(Stat)* dynamische Stabilität *f*
transient stability limit *(Stat)* dynamische Stabilitätsgrenze *f*
transient stress condition *(Stat)* veränderliche Druckbeanspruchung *f*
transillumination *(El)* Durchscheinbeleuchtung *f*, Durchstrahlbeleuchtung *f*
transit 1. *(Verk)* Durchfahrt *f*; Transit *m*; Durchfuhr *f*, Transport *m*; 2. *(Verk)* Durchgangsstraße *f*; Verkehrsweg *m*; 3. *(Verk)* Transitverkehr *m*, Durchgangsverkehr *m*; 4. *(Verm)* Theodolit *m*
transit coating *(OB)* Transportanstrich *m*
transit line *(Verm)* Vermessungsgrundlinie *f*
transit lounge *(Verk)* Transithalle *f*, Transitraum *m*
transit mall Fußgängerzone *f (im Mischverkehr)*
transit-mix truck *s.* transit mixer
transit mixer *(BWG)* Transportmischer *m*, Mischerfahrzeug *n*
transit shed *(Te, Verk)* Kaischuppen *m*, Transitschuppen *m*
transit station *(Verk)* Übergangsbahnhof *m*
transit system *(AE) (Verk)* Nahverkehrssystem *n*
transit traffic *(Verk)* Transitverkehr *m*, Durchgangsverkehr *m*
transit truck mixer *s.* transit mixer
transition *(Konst, Te)* Übergang *m*
transition arch *(Konst)* Übergangsbogen *m*
transition bed *(Bod, Erdb)* Übergangsschicht *f*
transition curve *(Verk)* Übergangsbogen *m*, Übergangskurve *f (Straße)*
transition from interior to exterior *(Arch)* Übergang(sbereich) *m* von innen nach außen
transition layer *(Konst)* Übergangsschicht *f*
transition length *(Verk)* Länge *f* des Übergangsbogens *(Straße)*
transition lime Grauwackenkalk *m*, Übergangskalk *m*
transition of heat *(HLK)* Wärmedurchgang *m*
transition piece Übergangsrohr *n*
transition point *(BM, Te)* Übergangspunkt *m (in einen anderen Zustand)*
transition primer *(BM, DIS)* Sperrgrundiermittel *n*, Sperrgrund *m*
transition sleeve Übergangsmuffe *f*
transition structure *(Br)* Übergangskonstruktion *f (Brücke)*
transition zone *(Konst)* Übergangszone *f*
transitional Übergangs...
transitional architecture *(Arch)* Übergangsarchitektur *f*, Übergangsbaukunst *f*
transitional period [phase] *(Arch)* Übergangsperiode *f*, Übergangsphase *f*, Übergangszeit *f (Stilwechsel)*
transitional style *(Arch)* Übergangsstil *m (von der Romanik zur Gotik, 12. Jh.)*
translation *(Te)* Verschiebung *f*
translation component *(Stat)* Verschiebungskomponente *f*
translation factor Verschiebungsfaktor *m*
translation shell *(Konst)* Translationsschale *f*
translation state *(Konst, Te)* Verschiebungszustand *m*
translation value *(Stat)* Verschiebungswert *m*
translation vector *(Stat)* Verschiebungsvektor *m*
translational Verschiebungs...
translational rigidity *(Stat)* Verschiebungssteifigkeit *f*, Verschiebungsstarrheit *f*
translational shell *(Konst)* Translationsschale *f*
translational shift *(Konst)* Parallelverschiebung *f*
translational stiffness *(Stat)* Verschiebungssteifigkeit *f*, Verschiebungsstarrheit *f*
translucence *(El)* Lichtdurchlässigkeit *f*
translucency *s.* translucence
translucent lichtdurchlässig, halbdurchsichtig; durchscheinend
translucent ceiling *(Konst)* durchscheinende Decke *f*
translucent coating Klarlacküberzug *m*, farbloser Lacküberzug *m*
translucent concrete *(BM)* Glasbeton *m*
translucent door lichtdurchlässige Tür *f*
translucent glass *(BM)* durchscheinendes Glas *n*; Milchglas *n*
transmission 1. *(HLK, Stat)* Übertragung *f*, Leitung *f*; Kraftübertragung *f*; Wärmeleitung *f*; 2. *(DIS, Konst, Te)* Transmission *f*, Durchlassen *n (z. B. von Strahlung)*
transmission cable *(BT, Verk)* Fernleitungskabel *n*
transmission coefficient 1. *(DIS)* Durchlasskoeffizient *m*; 2. *s.* thermal transmittance
transmission constant *(BM, DIS)* K-Wert *m (Wasserdurchlässigkeit)*
transmission factor *(DIS)* Durchlässigkeitsgrad *m*
transmission girder *(Konst)* Zwischenträger *m*
transmission length 1. *(Konst)* erforderliche Kraftübertragungslänge *f (Spannglied)*; 2. *(Konst)* Einbindelänge *f*, Haftlänge *f*, Verbundlänge *f (Bewehrung)*
transmission line *(El)* Fernleitung *f*, Übertragungsleitung *f*
transmission-line tower Fernleitungsmast *m*; Leitungsmast *m*
transmission loss 1. *(DIS) (AE)* Schalldämpfungsgrad *m*; Schalldämmmaß *n*; 2. *(DIS, Stat)* Übertragungsverlust *m*
transmission main *(WVA)* Hauptzuleitung *f (Wasser)*
transmission method Durchstrahlungsverfahren *n*, Durchschallungsverfahren *n (Baustoffprüfung)*
transmission of heat *(DIS, HLK)* Wärmeübergang *m*, Wärmeübertragung *f*, Wärmeleitung *f*
transmission of load *(Stat)* Lastübertragung *f*
transmission of motion Bewegungsübertragung *f*
transmission of sound *(DIS)* Schalldurchgang *m*
transmission post *(El)* Elektroleitungsmast *m*, Elektroüberlandmast *m*
transmission rate *(Erdb, Wsb)* vertikale Strömungsrate *f (Wasser)*
transmission system *(Konst)* Übertragungssystem *n*
transmission tower *(BT, El, TK)* Hochspannungsmast *m*
transmissivity *(El)* (spezifische) Durchlässigkeit *f (Licht)*
transmit *v* 1. übertragen; ableiten; abtragen; 2. durchlassen *(Strahlen)*
transmittance *(El)* Durchlassgrad *m (für Licht)*; Durchsichtigkeit *f*
transmittance curve Durchlasscharakteristik *f*, Transmissionskurve *f*
transmitted light Durchlicht *n*
transmitted sound *(DIS)* durchgelassenen Schall *m*
transmitter *(BM, El)* Messwertwandler *m (Prüftechnik)*
transom 1. *(BT)* (horizontale) Fenstersprosse *f*; 2. *(BT, Hb)* Türquerholz *n*; Querbalken *m*, Riegel *m (Tür)*; 3. Kämpfer *m (horizontales Zwischenstück über Fenstern und Türen)*; 4. *(BT)* Fenstersturz *m*, Türsturz *m (Holz, Stein)*
transom bar 1. *(Hb)* Türquerholz *n*; 2. *(EB)* Fensterquerholz *n*, horizontaler Fensterbalken *m*
transom frame *(Konst)* Türrahmen *m* mit Oberlichtöffnung *(über dem Türblatt)*
transom light Türoberlicht *n*
transom mounting *(EB)* Kopfmontage *f (Türschließer)*
transom window Oberlicht *n (über der Tür)*
transome *s.* transom
transparency 1. *(BM, El)* Transparenz *f*, Lichtdurchlässig-

T

keit *f*; 2. *(El)* Durchsichtigkeit *f*, Durchscheinen *n*; 3. *(BM)* Klarsichtfolie *f*, Transparenzfolie *f*
transparent *(BM, El)* lichtdurchlässig; durchsichtig, klar
transparent coating *(BM, OB)* Lasur *f*, Klarlacküberzug *m*; Klaranstrich *m*
transparent copy Transparentpause *f*
transparent flexible (swing) door *(Konst)* Sichtpendeltür *f*
transparent glass Klarglas *n*, Fensterglas *n*
transparent passageway *(Arch)* offener Gang *m*, durchfensterter Gang *m (Sakralbauten)*
transparent positive original Mutterpause *f*
transparent roof *(Konst)* Lichtdach *n*
transparent to heat *(BM, DIS)* wärmedurchlässig
transparent triforium *(Arch)* offenes Triforium *n*, durchfenstertes Triforium *n*
transparent varnish Klarlack *m*
transpect *(Arch)* Chorquadrat *n*
transport *v (Te)* transportieren, befördern, fortschaffen; versenden
transport *(Te, Verk)* Transport *m*, Beförderung *f*, Förderung *f*, Fortschaffen *n*
transport communications *(RP, Verk)* Verkehrswege *mpl*
transport data Transportdaten *pl*
transport engineering Transport- und Verkehrstechnik *f*
transport hub *(RP, Verk)* Verkehrsdrehscheibe *f*
transport infrastructure sector *(Verk)* Verkehrswegebereich *m*
transport mode Verkehrsart *f*
transport project *(Verk)* Verkehrsprojekt *n*
transport science *(Verk)* Verkehrswissenschaft *f*
transport system design *(RP, Verk)* Verkehrssystemgestaltung *f*
transport vehicle Transportfahrzeug *n*
transportable transportfähig, transportierbar; versendbar
transportation 1. *(Te, Verk)* Transport *m*; Beförderung *f*; 2. *(Verk) (AE)* Beförderungsmittel *npl*; öffentliche Verkehrsmittel *npl*
transportation congress Verkehrskongress *m*
Transportation Research Board *(AE)* Straßen- und Verkehrsforschungsbehörde *f*
transportation system *(Verk)* Transportsystem *n*
transportation volume Transportleistung *f*
transported transportiert
transporter bridge *(BT)* Schiebebühne *f*
transversal transversal, quer, Quer..., quer laufend
transversal beam *s.* transverse beam
transversal bracing *(Konst, TK)* Querverband *m*
transversal joint *(Konst)* Querfuge *f*, Stoßfuge *f*
transversal resistance *s.* transversal strength
transversal rib *(BT)* Quergurtbogen *m*, Transversalgurt *m*
transversal section *(Hb)* Querschnitt *m*
transversal strength *(Stat)* Schubfestigkeit *f*, Scherfestigkeit *f*; Biegefestigkeit *f*, Querbruchfestigkeit *f*
transverse *(Stat)* transversal, schräg verlaufend, diagonal, quer (gerichtet)
transverse arch *(Konst)* Querbogen *m*, Quergurt *m*, Aussteifbogen *m*, Transversalbogen *m*
transverse arm *(Arch)* Querhausarm *m*, Querhausflügel *m*, Kreuzarm *m*, Kreuzflügel *m*
transverse axis *(Stat)* Querachse *f*
transverse bar 1. *(BT, Te)* Querstab *m (Bewehrung)*; 2. *(Hb)* Querholz *n*
transverse bar marking 1. *(Te)* Querstabmarkierung *f*; 2. *(Hb)* Querholzmarkierung *f*
transverse barrel vault *(Arch)* Quertonnengewölbe *n*
transverse beam *(TK)* Querbalken *m*, Querträger *m*, Traverse *f*
transverse bending *(Stat)* Querkraftbiegung *f*
transverse bending action Querbiegewirkung *f*
transverse bending moment *(Stat)* Querbiegemoment *n*
transverse bending rigidity *(Stat)* Querbiegesteifigkeit *f*
transverse bending test Querbiegeprüfung *f*, Biegeprüfung *f*
transverse bracing *(Konst, TK)* Querverband *m*, Windverband *m*, Querversteifung *f*
transverse camber *(Verk)* Dachprofil *n*
transverse component *(Stat)* Querkomponente *f*
transverse construction joint *(Konst)* Querarbeitsfuge *f*
transverse contracting strain Querkontraktion *f*
transverse contraction ratio Querkontraktionszahl *f*
transverse corner crack *(RS)* Kantenquerriss *m*
transverse crack Querriss *m*
transverse crossfall Quergefälle *n*
transverse curvature Querkrümmung *f*
transverse deformation *(Stat)* Querformänderung *f*, Querverformung *f*
transverse depression *(Verk)* Querrinne *f*
transverse diaphragm *(Te, TK)* Querscheibe *f*
transverse direction Querrichtung *f* • **in transverse direction** in Querrichtung
transverse distribution *(Konst, Stat)* Querverteilung *f*
transverse ductility Querduktilität *f*
transverse elongation *(BM, Stat)* Querdehnung *f*
transverse elongation ratio Querdehnungszahl *f*
transverse evenness Querebenheit *f*
transverse expansion Querdehnung *f*, Querdehnungsziffer *f*
transverse extension *s.* transverse elongation
transverse flat bend test *(BM)* Querfaltversuch *m*
transverse flow Querströmung *f*
transverse force *(Stat)* Querkraft *f*, Schubkraft *f*, Scherkraft *f*
transverse force density *(Stat)* Querkraftdichte *f*
transverse force line Querkraftlinie *f*
transverse frame *(Konst)* Querrahmen *m*
transverse friction *(Verk)* Quergriffigkeit *f*
transverse gable *(Arch)* Zwerchgiebel *m (Giebel des Zwerchhauses)*
transverse gallery *(Tun)* Querstollen *m*, Quergallerie *f*
transverse girder *s.* transverse beam
transverse hall *(Arch)* Querhalle *f*, Quersaal *m (Sakralbau)*
transverse hoist *(BWG)* Schrägaufzug *m*
transverse impact test Schlagbiegeprüfung *f*
transverse interval *(Konst)* Querabstand *m*
transverse joint *(Konst)* Querfuge *f*, Stoßfuge *f*
transverse launching *(Konst)* Querverschiebung *f*
transverse line *(Arch, Konst)* Querlinie *f*
transverse line of influence *(Stat)* Quereinflusslinie *f*
transverse load *(Stat)* Querlast *f*
transverse loading *(Stat)* Querbelastung *f*
transverse marking *(Verk)* Schrägmarkierung *f*
transverse moment *(Stat)* Quermoment *n*
transverse plank *(Konst, TK)* Querträger *m*, Unterzug *m*
transverse prestress(ing) Quervorspannung *f*
transverse profile *(Verk)* Querprofil *n*, Straßenquerschnitt *m*
transverse pull *(Stat)* Querzug *m*
transverse reinforcement Querbewehrung *f*; Spiralbewehrung *f*, Umschnürung(sbewehrung) *f*
transverse rib *(BT)* Querrippe *f (eines Kreuzgewölbes)*
transverse rib slab Querrippenplatte *f*
transverse-ribbed quergerippt
transverse ridge *(LB)* Querscheitel *m (eines Gewölbes)*
transverse rigidity *(Stat)* Quersteifigkeit *f*, Seitensteifigkeit *f*
transverse rod *(BT, Te)* Querstab *m (Bewehrung)*

transverse roof *(Arch, Konst)* Zwerchdach *n (Querdach zum Hauptfirst)*
transverse screed finisher *(BWG, Verk)* Querglättbohle *f (Straße)*
transverse section 1. *(Hb)* Querschnitt *m*; 2. *(BM)* Querschliff *m (Prüftechnik)*; 3. *(Verk)* Querprofil *n (Straße, Erdbau)*
transverse shear *(Stat)* Querscherung *f*, transversale Scherung *f*, Querschub *m*
transverse slope Quergefälle *n*, Querneigung *f (z. B. einer Straße)*
transverse slot Querschlitz *m*
transverse spacing *(Konst)* Querabstand *m*
transverse stiffener *(Konst)* Querversteifung *f*
transverse stiffness *(Stat)* Quersteifigkeit *f*, Seitensteifigkeit *f*
transverse strain Querverzerrung *f (Kürzung oder Dehnung)*; Querdehnung *f*
transverse strength *(Stat)* Querfestigkeit *f*, Biegefestigkeit *f*; Schubfestigkeit *f*, Scherfestigkeit *f*
transverse stress Querspannung *f*, Biegespannung *f*
transverse tendon *(BT, Te)* Querspannglied *n*
transverse tension *(Stat)* Querspannung *f*
transverse tensioning Quervorspannung *f*
transverse ventilation *(Tun)* Querlüftung *f*
transverse vibrator *(BWG)* Querschwinger *m*
transverse wagon vault *(Arch)* Quertonnengewölbe *n*
transverse wall *(Konst)* Querwand *f*
transverse warping *(BM, Hb)* Breitenkrümmung *f (Holz)*
transverse wave *(DIS)* Transversalwelle *f*
transverse web Quersteg *m (Hohlblockstein)*
transversely *(Konst)* in Querrichtung, plan
transversely corrugated *(BM, BT)* quergewellt
transversely loaded *(Stat)* senkrecht zur Achse belastet
transversely ribbed tube *(BT)* Rippenrohr *n* mit Querrippen
trap *v* 1. *(Te)* auffangen; zurückhalten; 2. *(San)* mit Entwässerungsstutzen versehen
trap 1. *(BT)* Klappe *f*; Verschluss *m*; 2. *(Wsb)* Klappe *f*, Rückstauklappe *f*; 3. *(San)* Traps *m*, Geruchsverschluss *m*; 4. *(BT)* Auffanggefäß *n*; 5. *(Konst)* Versenkung *f (Theaterbühne)*
trap door *(Konst)* Falltür *f*, Klapptür *f*, Bodenklappe *f*, Luke *f*
trap elbow *(San)* Siphonbogen *m*, Siphonstück *n*
trap outlet *(San)* Ablaufstutzen *m*
trap ring *(BT)* Kappladenring *m*
trap seal *(San)* Verschlusswasserhöhe *f (Geruchverschluss)*
trap trench *(Erdb, LB)* Fanggraben *m*
trap tuff *(BM)* Basalttuff *m*, Trapptuff *m*
trap window *(BT)* Klappfenster *n*
trapezium truss *s.* trapezoid truss
trapezohedral *(Arch)* trapezoedrisch
trapezohedron *(Arch)* Trapezoeder *n*
trapezoid *(Arch)* trapezförmig, trapezoidförmig
trapezoid *(Arch)* Trapezoid *n*; *(AE)* Trapez *n*
trapezoid frame *(Konst)* Trapezrahmen *m*
trapezoid truss *(TK)* Trapezsprengwerk *n*, Trapezfachwerk *n*
trapezoidal trapezförmig
trapezoidal abutment *(Konst)* trapezförmiges Widerlager *n*
trapezoidal arch *(Konst)* Trapezbogen *m*, trapezförmiger Bogen *m*
trapezoidal bay *(TK)* Trapezgewölbejoch *n*
trapezoidal channel *(Wsb)* Trapezgerinne *n*
trapezoidal fatigue test *(Verk)* Trapezkörperermüdungsprüfung *f*
trapezoidal girder *(TK)* Trapezträger *m*
trapezoidal linkage Trapezgelenkeck *n*
trapezoidal load *(Stat)* Trapezlast *f*
trapezoidal piece *(BT)* Trapezkörper *m*, Trapezstück *n*, trapezförmiger Nockenkörper *m*
trapezoidal section Trapezprofil *n*
trapezoidal shape *(Konst)* Trapezprofil *n*
trapezoidal sheet Trapezfeinblech *n*, trapezprofiliertes Feinblech *n*
trapezoidal side wall *(Konst)* trapezförmige Wangenmauer *f*
trapezoidal slab *(Konst)* Trapezplatte *f*, trapezförmige Platte *f*
trapezoidal stone Trapezstein *m*
trapezoidal trim *(Konst)* Trapezprofil *n*
trapezoidal truss frame *(TK)* Trapezsprengwerk *n*
trapezoidal unit Trapezprofil *n*
trapezoidal vault bay *(TK)* Trapezgewölbejoch *n*
trapped *(San)* mit Geruchverschluss
trapped gully *(San)* Ablauf *m* mit Geruchverschluss *m*
trapped humidity Baufeuchte *f*
traprock *(BM)* vulkanisches Gestein *n*
trash 1. *(LB)* Gestrüpp *n*, Reisig *n*; 2. *(Umw)* Abfälle *mpl*; Ausschuss *m*
trash can *(AE)* *(Umw)* Abfallbehälter *m*
trash chute *(BWG)* Bauschuttrutsche *f*
trash disposal site *(AE)* Mülldeponie *f*
trash rack *(Wsb)* Schwemmgutrechen *m*, Schwimmgutrechen *m*
trasour *(Arch)* mittelalterlicher Baumeisterzeichenraum *m*
trass Trass *m*, Tuffstein *m*
trass cement *(BM)* Trasszement *m*
trass-cement mortar Trasszementmörtel *m*
trass concrete *(BB, BM)* Trassbeton *m*
trass mortar Trassmörtel *m*
trass powder *(BM)* Trassmehl *n*
travated *(AE)* *(Konst)* in Querfelder geteilt [unterteilt]
trave *(AE)* 1. *(TK)* Querträger *m*, Querbalken *m*; 2. *(Konst)* Decken(gewölbe)feld *n (durch Querbalken geteilt)*
travel 1. *(Te)* Bewegung *f*; Lauf *m*; 2. *(Te, Verk)* Transportweg *m*; Rolltreppenförderhöhe *f*; Aufzugstransporthöhe *f*; 3. *(Bod, Erdb, Wsb)* Migration *f*
travel behaviour *(Verk)* Verkehrsverhalten *n*
travel cable *(BT)* Zugseil *n (Seilbahn)*
travel cableway *(Verk)* Luftseilbahn *f*
travel coat *(OB)* Transportanstrich *m*
travel waste *(Umw)* Reiseabfall *m*
travelator *(Konst, Verk)* Rollsteig *m*, Fahrsteig *m*, rollender Gehweg *m*
travelling *(Konst)* fahrbar, beweglich; Lauf...
travelling cable Aufzugshubkabel *n*
travelling crab *(BWG)* Laufkatze *f*
travelling cradle Umziehgerüst *n (Hängebühne)*
travelling crane *(BWG)* Laufkran *m*, fahrbarer Turmdrehkran *m*
travelling form(s) *(BT, Te)* Gleitschalung *f*, Wanderschalung *f*
travelling formwork *(BT, Te)* Wanderschalung *f*, Gleitschalung *f (für horizontale Bewegung, z. B. für Tunnelbau)*
travelling ladder Schiebeleiter *f*
travelling lighting gallery *(BT)* Beleuchtungsbrücke *f*
travelling load *(Verk)* Verkehrslast *f*, Betriebslast *f (Brücke)*
travelling matt technique *(Verk)* Visualisierung *f* von Verkehrsprojekten
travelling plant Aufnahmemischer *m*
travelling platform *(BWG, BT)* Schiebebühne *f*
travelling shuttering *s.* travelling formwork
travelling tower crane *(BWG)* fahrbarer Turmdrehkran *m*
travelling trolley Laufkatze *f (Kran)*
travelling winch *(BWG)* Laufkatze *f*

T

traversable 1. *(Verk)* befahrbar *(Straße)*; 2. *(Konst)* drehbar, schwenkbar *(Ausbauelement)*
traverse *v* 1. *(Verm)* polygonieren; 2. *(Konst)* kreuzen, durchqueren; 3. *(Br)* überspannen, überbrücken *(Brücke)*; 4. *(Te)* verschieben; verschwenken *(Bauteil)*
traverse 1. *(Verm)* Polygon *n*, Polygonzug *m*; 2. *(BT)* Sperrbarriere *f (eines Durchgangs)*; Türgitter *n*, Türgrill *m*; 3. *(TK)* Querbalken *m*, Querträger *m*; 4. *(Verk)* Ortsdurchfahrt *f*
traverse beam *(Wsb)* Querschwelle *f (Tragrost)*; Zange *f*
traverse bracing *(BT)* Strebe *f*, Spreize *f*
traverse rod *(EB)* Gardinenleiste *f*
traverse survey *(Verm)* Polygonaufnahme *f*, Polygonierung *f*
traverser *(BT, Te)* Schiebebühne *f (Arbeitsbühne)*
traversing template *(Konst)* Kopfschablone *f*
travertine *(BM)* Travertin *m*, Kalktuff *m*
travertine facing *(BT, SB)* Travertinverkleidung *f*, Travertinausgleitung *f*
travertine lining *s.* travertine facing
travertine slab *(BT, SB)* Travertinplatte *f*
travertine surfacing *s.* travertine facing
traviated *(Konst)* in Querfelder unterteilt [geteilt]
travis quergeteiltes Deckenfeld *n*
travolator *(AE) s.* travelator
tray 1. *(BT, Konst, San)* Einfassung *f (z. B. Schornstein, Leitungsrohre)*; 2. *(BT)* Schale *f*; Mulde *f*; Trog *m*; 3. *(BT, El)* muldenförmiger Kabelkanal *m*
tray ceiling Giebelbodendecke *f*
tray-man Handlanger *m (speziell auf der Baustelle)*
tray rail Tablettführungsschiene *f (Selbstbedienungsgaststätte)*
trayle *s.* vignette 1.
tread 1. *(Konst)* Stufen(auf)tritt *m*, Auftritt *m*, Auftrittsfläche *f*; Stufenbreite *f*; 2. *(Konst)* Auftrittsstufe *f*; 3. *(EB)* Auftrittsbelag *m (z. B. Platte, textiler Belag, Schutzbelag)*; 4. *(BT)* Sprosse *f*
tread covering *(EB)* Stufenbelag *m*, Treppenbelag *m*
tread ladder Sprossenleiter *f*
tread length *(Konst)* Stufenbreite *f (senkrecht zur Treppenachse)*
tread nosing *(Konst)* Stufenvorsprung *m*
tread plate Metallstufenplatte *f (Treppe)*; Trittblech *n (Fußboden)*
tread return Treppenüberstand *m* über Wange
tread run *(Konst)* Auftritt(s)breite *f*, Trittbreite *f (einer Stufe, ohne Nase, ohne Überstand)*
tread tile Trittfliese *f*, Stufenplatte *f*
tread width Auftritt *m (mit Überstand)*
treading warmth *(HLK)* Fußwärme *f*
treasure-house *(Arch)* Schatzhaus *n*, Thesaurus *m*
treasury *(Arch)* Schatzhaus *n*, Thesaurus *m*
treat *v* 1. *(Te)* behandeln; bearbeiten *(mechanisch)*; 2. *(WVA)* aufbereiten; reinigen *(z. B. Abwasser)*; 3. *(DIS, Hb, Te)* imprägnieren, tränken *(Holz)*; 4. *(OB, Te)* beschichten *(Oberflächen)*
treat *v* **with steam** 1. dämpfen; 2. dampfhärten, dampfnachbehandeln *(Beton)*
treated/not *(BM)* unbehandelt
treated pole *(BT)* imprägnierter Mast *m (Leitungsbau)*
treated water *(WVA)* aufbereitetes Wasser *n*
treated wood *(BM, DIS, Hb)* getränktes [imprägniertes] Holz *n*
treatment 1. *(Te)* Behandlung *f*; Bearbeitung *f*; 2. *(Te)* Aufbereitung *f (z. B. von Wasser)*; 3. *(DIS, Hb, Te)* Imprägnierung *f*, Tränkung *f (von Holz)*; 4. Beschichtung *f (von Oberflächen)*
treatment block *(Konst)* Behandlungsgebäude *n (Krankenhaus)*
treatment cycle *(Te)* Behandlungszyklus *m (Abbindeprozesse)*
treatment humidity Behandlungsfeuchtigkeit *f*, Behandlungsfeuchte *f (hydraulisch gebundene Baustoffe)*
treatment length *(Verk)* Winterdienstnetz *n*
treatment of sewage sludge *(Umw, WVA)* Behandlung *f* von Klärschlamm
treatment of water *(WVA)* Wasseraufbereitung *f*
treatment plant *(Umw, WVA)* Kläranlage *f*, Klärwerk *n*; Aufbereitungsanlage *f*
treatment pressure *(Te)* Behandlungsdruck *m (Abbindeprozesse)*
treatment process *(Te)* Aufbereitungsverfahren *n*
treatment room *(Konst)* Behandlungszimmer *n*
treatment step *(Te)* Bearbeitungsstufe *f*, Arbeitsstufe *f*
treatment technology *(Te)* Behandlungstechnologie *f*
treatment temperature *(Te)* Behandlungstemperatur *f*, Bearbeitungstemperatur *f*
treatment time *(Te)* Bearbeitungsdauer *f*, Bearbeitungszeit *f*, Behandlungszeit *f*
treatment with preservatives *(DIS, Te)* Imprägnierungsbehandlung *f*
treatment works *s.* treatment plant
tree 1. Baum *m*, Stamm *m*; 2. Mast(baum) *m*
tree arch *(Umw)* Baumgewölbe *n*
tree bark Baumrinde *f*
tree coping *(Konst)* Firstbalken *m*
tree-dozer *(BWG, LB)* Rodetraktor *m*, Baustellenrodehobel *m*, Baumschieber *m*
tree felling *(LB)* Baumfällung *f*; Holzeinschlag *m*
tree-framed view *(LB)* Blickschneise *f (Landschaftspark)*
tree grate *(Konst, Umw)* Baumschutz *m* in einer Verkehrsflächenbefestigung
tree grille *(BT)* Baumrost *m*
tree guard Baumschützer *m*, Baumwart *m*, Baumpfleger *m*
tree-length logs *(BM, Hb)* Langholz *n*
tree line *(LB)* Baumgrenze *f*
tree-lined *(LB)* von Bäumen gesäumt, baumbesäumt
tree-lined footpath *(LB)* baumgesäumter Fußweg *m*
tree nail *(Hb)* Balkendübel *m*, Dübel *m*; Holznagel *m*
tree nursery *(LB)* Baumschule *f*
tree planting *(LB)* Baumbepflanzung *f (Landschaftsbau)*
tree ring Jahresring *m*
tree stump *(LB)* Baumstumpf *m*, Stubben *m*
tree trimming *(LB)* Baumbeschneiden *n*, Baumschnitt *m (Landschaftsbau)*
tree trunk *(BM, Hb)* Baumstamm *m*, Stamm *m*
tree work *(LB)* Baumarbeiten *fpl*
treed verästelt, verzweigt
treehouse *(Konst)* Baumhaus *n*
treeless *(Bod, LB)* baumlos
treenail *v* dübeln, mit Dübeln befestigen
trefoil *(Arch)* kleeblattförmig
trefoil *(Arch)* Dreiblatt *n*, Dreipass *m*, Kleeblattornament *n*
trefoil apsis *(Arch)* kleeblattförmige Apsis *f*, kleeblattförmige Chornische *f*
trefoil arch *(Arch)* Dreipassbogen *m*, Kleeblattbogen *m*
trefoil-like *(Arch)* kleeblattartig
trefoil shape *(Arch)* Kleeblattform *f*
trefoil-shaped *(Arch)* kleeblattförmig
trefoil-shaped tower block *(Arch, Konst)* Y-Grundriss-Hochhaus *n*, Turmgebäude *n* mit Y-Grundriss
trefoiled 1. *(Arch)* kleeblattdekoriert; 2. *(Arch)* kleeblatt(bogen)förmig
trefoiled apse *(Arch)* Dreikonchenchor *m*
trefoiled arch *(Arch)* Kleeblattarkade *f*
trefoiled ground-plan *(Arch, Konst)* Kleeblattgrundriss *m*, Y-Grundriss *m*

T

trefoiled tracery *(Arch)* Dreipassbogen *m*, Kleeblattbogen *m*
trefoliate *(Arch)* kleeblatt(bogen)förmig
treillage *(LB)* Obstspalier *n (Gestell)*; Flechtwerk *n*
trellage *s.* treillage
trellis *v* 1. *(LB)* mit Spalier versehen; 2. *(Arch, LB)* Flechtwerk anlegen
trellis 1. *(Arch, LB)* Gitter *n*; Flechtwerk *n*; Spalier *n*; 2. *(LB)* Pergola *f*
trellis bond *(Konst)* Kästelverband *m*
trellis casing *(Konst)* Flechtwerkmantel *m*
trellis cupola [dome] *(Arch)* Flechtwerkkuppel *f*
trellis drainage pattern *(Wsb)* gitterförmiges Flussnetz *n*
trellis fence *(LB)* Gitterzaun *m*; Kreuzlattenzaun *m*
trellis masonry work *(SB)* Kästelmauerwerk *n*, durchbrochenes Mauerwerk *n*
trellis mast *(TK)* Gittermast *m*
trellis moulding *(Arch)* Gitterwerkornament *n*
trellis post Gitterpfosten *m*
trellis purlin Gitterpfette *f*
trellis window *(BT)* Gitterfenster *n*
trellised drainage *(Erdb, Verk, Wsb)* spalierartiges Entwässerungssystem *n*
trellised pattern *(Konst)* rostförmige Anordnung *f*
trelliswork *(Arch, Konst)* Gitter(werk) *n*, Netzwerk *n*; Kästelmauerwerk *n*, durchbrochenes Mauerwerk *n*; Spalierwerk *n*
trelliswork arch Fachwerkbogen *m*
trelliswork boom *(Konst)* Gitterwerkgurt *m*
trelliswork suspension bridge Fachwerkhängebrücke *f*
tremie *(BB, BWG)* Schüttrohr *n*, Beton(schütt)trichter *m*
tremie concrete *(BB)* Schüttbeton *m (mit Schütttrichter eingebracht)*; Kontraktorbeton *m*
tremie method *(Te)* Kontraktorverfahren *n*
tremie pipe *(BB, BWG, Te, Wsb)* Unterwasserbetonierrohr *n*, Schüttrohr *n* für Unterwasserbetonieren
tremie seal *(BB, Wsb)* Unterwasserabdichtbeton *m (Sinkkasten, Kofferdamm)*
tremolite Tremolit *m*
tremor *(Bod)* Bodenerschütterung *f (Erdbeben)*
trenail *s.* treenail
trench *v (Erdb, LB)* (um)graben; ausschachten, den Boden aufgraben; Gräben ausheben; baggern *(Gräben)*; schürfen
trench *(Erdb, LB)* Graben *m*, Rinne *f*; Drängraben *m*; Arbeitsgrube *f*
trench along roads *(Verk)* Straßeneinschnitt *m*
trench backfill Grabenverfüllung *f*
trench bottom *(Erdb)* Grabensohle *f*
trench box beweglicher Rohrgrabenaussteifkasten *m*, Grabenaussteifschalung *f*, Verbaukasten *m*
trench brace *(AE) (BT, Te)* Grabenspreize *f*, verstellbare Graben(aussteif)strebe *f*
trench compactor *(BWG, Erdb)* Grabenverdichter *m*
trench depth *(Erdb, WVA)* Grabentiefe *f*
trench digger *(BWG)* Grabenbagger *m*
trench digging Grabenbaggerung *f*
trench excavator *(BWG)* Grabenbagger *m*
trench forming shovel Grabenprofilgreifer *m*
trench jack Grabenspreizwinde *f*
trench landfill *(Erdb, Umw)* Grube *f (Deponie)*
trench method *(Umw)* Grabenmethode *f*, Grabenverfahren *n (Deponie)*
trench opening *(Erdb)* Grabenöffnung *f*
trench rammer Grabenramme *f*
trench road *(Erdb, Verk)* Straße *f* im Einschnitt
trench sheathing [sheeting] *(Erdb)* Grabenverbau *m*
trench shield Grabenschild *m (Schildvortrieb)*
trench shore *(BT, Te)* Kanalstrebe *f*, Sprieße *f (für Grabenwände)*
trench shoring strut Kanalstrebe *f*
trench support *(Erdb, Konst)* Grabenverbau *m*; Baugrubenverkleidung *f*
trench tamper Grabenramme *f*
trench width Grabenbreite *f*
trenched genutet, quergenutet
trencher Grabenbagger *m*; Grabenfräse *f*, Grabenziehmaschine *f*
trenching *(Erdb, Te)* Grabenaushub *m*, Grabvorgang *m*, Grabenziehen *n*, Grabenanlegen *n*
trenching machine Grabenziehmaschine *f*
trenchless *(LB)* grabenlos, ohne Graben
trenchless laying *(Konst, Te)* Freiverlegung *f (Versorgungsleitungen)*
trenchwork *(Erdb, LB, Te)* Grabenarbeiten *fpl*
trepan *v (BM, Te)* kernbohren *(zur Kerngewinnung)*
trepanning cutter Hohlbohrer *m*, Kernbohrer *m*
tresaunce *(Arch)* kleine Vorhalle *f*, schmaler Zugang *m (mittelalterliche Baukunst)*
trestle *(TK)* Bock *m*, Gestell *n*, Gerüst *n*, Joch *n*
trestle bridge *(Konst, Te)* Bockbrücke *f*, Gerüstbrücke *f*, Jochbrücke *f*
trestle shore Bockstütze *f*
trestle structure *(Konst)* Bockkonstruktion *f*
trestles Bockleiter *f*
trestlework 1. Gerüst *n*; 2. Jochbauwerk *n*
triad *(Arch)* dreizählige Symmetrieachse *f*
trial *(VR)* Abnahmeprüfung *f*, Funktionsprüfung *f*, Erprobung *f (Gebäudeinstallation)*
trial-and-error approach *(Konst, Stat)* empirisches Herangehen *n*
trial-and-error-method *(Stat)* empirisches Ermittlungsverfahren *n*
trial-and-error test *(BM)* empirische Prüfung *f*
trial area *(Verk)* Versuchsfeld *n*; Test(einbau)streifen *m*
trial batch *(BB)* Versuchsmischung *f (Beton)*
trial boring *(Bod)* Testbohrung *f*, Aufschlussbohrung *f*, Untersuchungsbohrung *f (Baugrund)*
trial coat *(OB)* Probeanstrich *m*
trial compaction Probeverdichtung *f*
trial design *(BM, Konst)* Probeentwurf *m*, Versuchsentwurf *m*
trial dredging Versuchsbaggerung *f*
trial filling *(Erdb)* Probeschüttung *f*, Versuchsschüttung *f*
trial grouting *(RS, Te)* Einpressversuch *m*
trial hole *(Bod)* Schürfloch *n*; Schürfgrube *f*; Versuchsbohrung *f*
trial loading *(Stat)* Probebelastung *f*
trial mix *(BM)* Eignungsmischung *f*, Eignungsprüfung *f*, Probemischung *f*, Versuchsmischung *f (Beton, Asphalt)*
trial pile *(Erdb)* Probepfahl *m*, Versuchspfahl *m*, Froberammpfahl *m*
trial pile driving *(Erdb)* Pfahlproberammung *f*
trial piling *(Erdb)* Pfahlproberammung *f*
trial pit *(Bod)* Baugrundsondierbohrung *f*, schmaler Baugrundaufschluss *m*, Probegrube *f*, Schürfgrube *f*, Schürfe *f*
trial pumping *(Erdb, Wsb)* Probeabsenkung *f (Grundwasser)*
trial record *(VR)* Prüfbericht *m*; Abnahmeprotokoll *n*
trial road section *(Verk)* Probestrecke *f*, Versuchsstraßenabschnitt *m*
trial run Probelauf *m*
trial section *(Verk)* Probestrecke *f*, Versuchsabschnitt *m*, Versuchsstrecke *f*, Prüfstrecke *f*
trial shaft *(Bod)* Schürfgrube *f (Baugrund)*
trial solution Versuchslösung *f*
trial stretch *(Verk)* Versuchstrecke *f*
triangle 1. *(Arch)* Dreieck *n*; 2. *(Konst)* Zeichendreieck *n*, Winkel *m*

triangle of forces *(Stat)* Kräftedreieck *n*, Krafteck *n*
triangle of moments *(Stat)* Momentendreieck *n*
triangular *(Arch)* dreieckig; dreikantig
triangular arch *(Konst)* Dreieckbogen *m*, Giebelbogen *m*, sächsischer Bogen *m*
triangular bar Dreikanteisen *n*
triangular batten *(EB)* Dreieckleiste *f*
triangular beam *(TK)* Dreieckbalkenträger *m*
triangular bracing *(TK)* Dreieckfachwerkbinder *m*
triangular classification chart *(BM)* Dreistoffsystem *n* *(Zement, Erdstoff)*
triangular cleat *(EB)* Dreikantleiste *f*
triangular column *(Konst)* Dreiecksäule *f*, Dreieckstütze *f*
triangular cupola Dreieckkuppel *f*
triangular ditch *(Erdb, LB, WVA)* Spitzgraben *m*
triangular dome *s.* triangular cupola
triangular duct *(Erdb, LB, WVA)* Spitzkanal *m*, Dreieckkanal *m*
triangular falsework *(TK)* Dreiecksprengwerk *n*
triangular fillet *(EB)* Dreikantleiste *f*
triangular frame Dreieckrahmen *m*
triangular girder Dreikantträger *m*, Dreieckträger *m*
triangular ground-plan *(Arch, Konst)* Dreieckgrundriss *m*
triangular island *(Verk)* Dreieckinsel *f*
triangular lattice construction *(Konst)* Dreieckgitterkonstruktion *f*
triangular load *(Stat)* Dreiecklast *f*
triangular network *(Konst)* Dreiecknetz *n*
triangular panel Zwickel *m* *(Fläche zwischen zwei Bogenlinien)*; Dreiecktafel *f*
triangular pediment *(TK)* Dreieckgiebel *m*, Giebeldreieck *n*
triangular plan *(Arch, Konst)* Dreieckgrundriss *m*
triangular plate *(Konst)* Dreieckplatte *f*
triangular pyramid *(Konst)* Dreieckpyramide *f*
triangular section Dreieckprofil *n*, Dreikantprofil *n*
triangular shape *(Arch)* Dreieckform *f*, Dreieckgestalt *f*
triangular slab Dreieckplatte *f*
triangular strip *(EB)* Dreikantleiste *f*
triangular tie Dreieckanker *m*
triangular truss *(TK)* Dreiecksbinder *m*
triangular winder *(BT)* Dreieckstufe *f*
triangulate *v* 1. *(Verm)* triangulieren, eine Triangulation durchführen; 2. dreieckig machen
triangulate girder *(TK)* Dreieckträger *m*
triangulate lattice *(TK)* Dreieckfachwerk *n*
triangulate truss *(TK)* Dreiecksprengwerk *n*
triangulated dreieckig gemacht, dreieckig gestaltet
triangulated bracing *(Konst)* Dreiecksverband *m*
triangulated frame *(TK)* Dreiecksrahmen *m*
triangulated girder *(TK)* Fachwerkträger *m*
triangulated grid framework dreieckiger Gitterrost *m*
triangulated truss *(TK)* Dreiecksprengwerk *n*
triangulation 1. *(Verm)* Triangulation *f*, Dreiecksvermessung *f*, Dreiecksaufnahme *f* *(geodätische Lagebestimmung von Geländepunkten)*; 2. *(Konst)* Triangulierung *f*, Dreiecksverband *m*, Dreieckversteifung *f* *(Dachbinder)*
triangulation net(work) *(Verm)* Triangulationsnetz *n*, Landvermessungsnetz *n*
triangulation point [station] *(Verm)* Triangulationspunkt *m*, trigonometrischer Punkt *m*, TP
triangulation truss *(Konst)* Dreiecksverband *m*
triangulation web *(Verm)* Dreiecksvermessungsnetz *n*
triapsidal *(Arch)* dreiapsidial
triapsidal chevet *(Arch)* Dreiapsidenchor *m*
triapsidal church *(Arch)* Dreiapsidenkirche *f*, Dreiapsidenanlage *f*
triaxial triaxial, dreiachsig; räumlich *(z. B. Spannungszustände)*
triaxial compression test *(BM, Bod)* Triaxialfestigkeitsprüfung *f*, Dreiaxialprüfung *f*, dreiachsige Festigkeitsprüfung *f*, dreiaxialer Druckversuch *m*
triaxial loading *(Stat)* dreiachsige Belastung *f*
triaxial shear test *(Bod)* Dreiaxialscherprüfung *f*
triaxial stress *(Stat)* dreiachsiger Spannungszustand *m*, dreiachsige Beanspruchung *f*
triaxial test *s.* triaxial compression test
triblet Ausrichtdorn *m*, Ausweitdorn *m* *(z. B. für Rohre, Löcher)*
tribunal proceedings *(VR)* Gerichtsverhandlungen *fpl*
tribune 1. *(Konst)* Tribüne *f*, Rednertribüne *f*; 2. *(Arch)* Tribuna *f* *(Apsis der römischen Basilika)*; 3. *(Arch)* Altarnische *f*
tribune column *(Arch)* Emporensäule *f*
tribune niche *(Arch)* Emporennische *f*
tribune roof *(Arch)* Emporendach *n*
tribune vault *(Arch)* Emporengewölbe *n*
tribune window *(Arch)* Emporenfenster *n*
tributary *(Wsb)* Zufluss *m*, Zubringerfluss *m*, Nebenfluss *m*
tributary channel *(Wsb)* Nebenkanal *m*
tricalcium silicate *(BM)* Tricalciumsilicat *n*, Trikalziumsilikat *n* *(Mineral im Portlandzement)*
trichloroethylene Trichlorethylen *n*, Trichloräthylen *n*, Tri *n*
trichloroethylene dipping paint *(BM, OB)* Tri-Tauchlack *m*
trickle *v* *(DIS, Erdb)* tröpfeln; rieseln *(bes. Flüssigkeiten)*; (ver)sickern
trickle *v* **through** *(DIS, WVA)* durchtropfen; durchsickern
trickle pool *(Umw, WVA)* Sickergrube *f*
trickling *(Bod, LB)* Rinnsal *n*
trickling filter 1. *(HLK)* Tropfkühler *m*, Rieselkühler *m*, Biofilter *n* *(Klimaanlage)*; 2. *(WVA)* Tropfkörper *m* *(Abwasserreinigung)*
trickling installation *(LB)* Rieselanlage *f*, Bewässerungsanlage *f*
trickling pool *(Umw, WVA)* Sickergrube *f*
trickling water *(Bod, Erdb, WVA)* Rieselwasser *n*; Sickerwasser *n*; Tropfwasser *n*
triclinium *(Arch)* Triklinium *n* *(Speiseraum im alten Rom und im Kloster)*
triconch *(Arch)* Trikonchos *m*, Dreikonchenchor *m*, Kleeblattchor *m*
triconch church *(Arch)* Dreikonchenkirche *f*, Dreikonchenanlage *f*
triconch quire *(Arch)* Trikonchos *m*, Dreikonchenchor *m*, Kleeblattchor *m*
trifora *(Arch)* Triforium *n*, Dreibogenöffnung *f*
trifora arch *(Arch)* Triforiumbogen *m*
trifora gallery *(Arch)* Triforium *n*, Laufgang *m*, Dreibogenöffnung *f*
trifora tracery *(Arch)* Triforiummaßwerk *n*
trifora window *(Arch)* Triforiumfenster *n*
triforium (arcade) *(Arch)* Triforium *n*, Dreibogenöffnung *f* *(der normannisch-englischen Baukunst, emporenähnlich)*
trifurcating joint *(BT)* Gabelmuffe *f*, Verzweigungsmuffe *f*
triga *(Arch)* Dreigespannfigur *f*
trigger of a door bell Klingeldrücker *m*
triglyph *(Arch)* Triglyphe *f*, Dreischlitz *m* *(Bauglied am dorischen Gebälk)*
triglyph frieze *(Arch)* Triglyphenfries *m*, Dreischlitzfries *m*
trigonometrical function *(Stat, Verm)* trigonometrische Funktion *f*
trigonometrical laying out *(Verm)* trigonometrische Absteckung *f*
trigonometrical levelling trigonometrische Nivellierung *f*
trigonometrical point *(Verm)* trigonometrischer Punkt *m*
trigonometrical station *(Verm)* trigonometrische Station *f*
trigonon *(Arch)* Mosaik *n* mit dreieckigen Mosaiksteinchen *(in der Antike)*
trigonum *s.* trigonon

trihedral *(Arch)* triedrisch, dreiflächig
trihedron *(Arch)* Trieder *n*, Dreiflächner *m*
trilateration *(Verm)* elektronische Dreiecksvermessung *f*
trilinear coordinates *(Verm)* Dreieckskoordinaten *fpl*
trilithon *(Arch)* Trilith *m*, Dreistein *m (Megalithportal)*
trim *v* 1. *(Hb, Te)* zuhauen, zurichten *(Bauholz)*; ablängen, querschneiden *(Langholz)*; besäumen, beschneiden; behobeln; trimmen; 2. *(Hb, Te)* (aus)wechseln *(Balken)*; 3. *(Erdb, Te)* ausgleichen, abgleichen, planieren, profilieren *(Bodenoberfläche)*; 4. *(Te)* ausrüsten
trim *v* **flash** *(Konst)* bündig einlassen [einbauen]
trim *v* **flat** abstreifen
trim *v* **timber with the hatchet** *(Hb, Te)* Holz mit dem Beil zurichten
trim 1. *(Hb)* Zimmerholzwerk *n*, Ausbauholzwerk *n*; 2. *(BT, EB, San)* Armaturen *fpl*; Einbauteile *npl*; 3. *(EB)* Türbeschläge *mpl*; 4. *(BM, Hb)* Sparrholz *n*, Ablängrestholz *n*, kleines Bauholz *n*; 5. *(EB)* Deckleiste *f*; 6. *(Konst, Te)* Abgleich *m*
trim-edge Einfassungskante *f*
trim hardware *(EB)* dekorative Beschläge *mpl*
trim panel Verkleidungsplatte *f*, Verkleidungstafel *f*
trim pilaster *(Arch, BT)* Zierpfosten *m*, Zierpfeiler *m*
trim saw Schrotsäge *f*
trimmed zurechtgeschnitten
trimmed joist *(BT, Hb)* Wechsel(quer)balken *m*, Wechsel *m*
trimmed opening *(Konst)* Türöffnung *f* ohne Türblatt
trimmed rafter *(BT, Hb)* Sparren *m* mit Wechsel
trimmer 1. *(BT, Hb)* Wechsel(balken) *m*, Streichbalken *m*; Schlüsselbalken *m*, Trumpfbalken *m*; 2. Spezial(form)fliese *f*, geformte Keramikfliese *f*
trimmer arch *(Konst)* flacher Kaminbogen *m*, Kaminflachbogen *m*
trimmer beam [joist] *(BT, Hb)* Wechsel(balken) *m*, Streichbalken *m*, Wechsel *m*
trimmer plank *(Hb)* Streichdiele *f*
trimmer shop *(Konst, Te)* Abbundhalle *f*
trimmer yard *(Konst, Te)* Abbindeplatz *m*, Abbundplatz *m*
trimming 1. *(Hb, Te)* Zurichten *n*, Besäumen *n*, Beschneiden *n (von Holz)*; Ausästung *f (von Bäumen)*; 2. *(Hb, Te)* Auswechselung *f* eines Balkens, Wechsel *m*; 3. *(Hb, Te)* Abbund *m (von Holzarbeiten)*; 4. *(Erdb, Te)* Profilieren *n*, Begradigen *n (Bodenoberfläche)*; 5. *(Te)* Zurechtmachen *n*; Säubern *n*; Zurechtmachen *n*; Herausputzen *n (Anlagen, Einrichtungen, Gebäude usw.)*
trimming cutter *(Hb)* Besäummaschine *f*
trimming joist *(BT, Hb)* (schwerer) Wechselbalken *m*, Schlüsselbalken *m*
trimming machine *(BWG)* Beschneidmaschine *f*
trimming piece *(Hb)* Stichholz *n*; Bogenlehre *f*
trimming rafter *(Hb)* Auswechselungsgrat *m*; Sparren *m* mit Wechsel
trimstone *(SB)* Sichtstein *m*, gestalteter sichtbarer Mauerwerksstein *m*
tringle 1. *(Arch)* kleines Einlegornament *n (meist mit rechtwinkligem Querschnitt)*; 2. *(EB)* Deckleiste *f*
Trinidad asphalt *(BM)* Trinidadasphalt *m*
Trinidad épuré Trinidadasphalt *m*, Trinidad-Epuré *n*
Trinidad Lake asphalt Trinidad-Rohasphalt *m*
Trinidad pitch *(BM)* Trinidadasphalt *m*
Trinidad refined asphalt Trinidad-Asphalt *m*
trip *v* betätigen, in Gang setzen; auslösen; schalten
trip 1. Auslösevorrichtung *f*; Auslösen *n*; 2. Fahrt *f*; Reise *f*
trip assignment *(Verk)* Verkehrsumleitung *f*
trip characteristics *(Verk, Verm)* Wegemerkmal *n*
trip distribution *(RP, Verk)* Verkehrsverteilung *f (auf Verkehrsträger und Routen)*
trip evaluation *(Verk)* Fahrstreckenauswertung *f*
trip generation Verkehrserzeugung *f*
trip origin *(Verk)* Verkehrsausgangspunkt *m*, Verkehrsquelle *f*
tripartite dreiteilig
tripartite arch *(Arch)* Drillingsbogen *m*
tripartite vault *(Konst)* dreiteiliges Gewölbe *n*, Dreieckgewölbe *n*
tripartite window Drillingsfenster *n*
triple-arched *(Konst)* dreibogig
triple-articulation arch *(Konst)* Dreigelenkbogen *m*
triple-casement window *(BT)* dreiflügeliges Fenster *n*
triple cross *(Arch)* Dreifachkreuz *n*, päpstliches Kreuz *n*
triple frame *(Konst)* Dreigelenkrahmen *m*
triple-glazing *(Konst)* Dreifachverglasung *f*
triple-hinged *(Konst)* dreigelenkig
triple-hinged frame *(Konst)* Dreigelenkrahmen *m*
triple-hinged portal frame *(TK)* Dreigelenkportalrahmen *m*
triple lancet window *(Arch)* Dreifachlanzettfenster *n*
triple-layered dreilagig, dreischichtig
triple-pinned *(Konst)* dreigelenkig
triple-pinned frame *(Konst)* Dreigelenkrahmen *m*
triple-pinned roof *(Konst, TK)* Dreigelenkdach *n*
triple-riveted dreireihig genietet
triple window *(BT)* dreiteiliges Fenster *n*
triplet *(Arch)* Dreieinigkeitsfenster *n*
triplex cable *(El)* Dreileiterkabel *n*
triplex coating Triplexschicht *f*
triplex glass Triplexglas *n*, Dreifachglas *n*
tripod *(Konst)* Dreifuß *m*, Dreibein *n*, dreibeiniger Bock *m*
tripod dome *(Konst)* Dreilagerkuppel *f*
tripteral mit drei Säulenreihen
triptych *(Arch)* Triptychon *n*, dreiteiliger Klappaltar *m*
trisantia *s.* tresaunce
tristyle *(Arch)* dreisäulig
triturate *v (BM, Te)* pulverisieren, zermahlen, zerreiben, verreiben
trituration *(BM, Te)* Pulverisierung *f*, Zermahlung *f*, Zerreibung *f*
triumphal arch *(Arch)* Triumphbogen *m*, Monumentalbogen *m*
triumphal gateway *(Arch)* Triumphtor *n*
trochilus *(Arch)* Trochilos *m*, Skotie *f*, Hohlkehle *f*
troffer *(AE) (El)* eingelassene Deckenbandleuchte *f*, Einbaudeckenleuchtband *n*, Muldenreflektor *m*
trolley 1. *(BWG)* Laufkatze *f*, Katze *f (eines Kabelkrans)*; Laufrolle *f (eines Schiebetores)*; 2. *(El)* Stromabnehmerrolle *f*; 3. *(Verk)* Trolley-Bus *m*, O-Bus *m*; Straßenbahn *f*; 4. *(BWG)* Gepäckwagen *m*; Handwagen *m*; Sackkarre *f*; 5. *(BWG, Verk)* Förderwagen *m*, Lore *f (Steinbruch, Tunnelbau)*
trolley beam Laufkatzenträger *m*
trolley track *(BT)* Laufschiene *f*; Torlaufschiene *f*
Trombe wall Trombe-Wand *f*
trommel (screen) *(BM, BWG, Te)* Siebtrommel *f*, Trommelsieb *n (leicht geneigt, für Zuschlagstoffe)*
trompe *(Konst)* Trompe *f*, Trompenstück *n*, Trompengewölbeabschnitt *m*, konisches Gewölbe *n*
trophy (memorial) *(Arch)* Trophäenskulptur *f*
tropic-proof *(BM)* tropenfest
tropical building *(Konst)* Tropenbau *m*, Tropenbauwesen *n*
tropical climate *(Umw)* Tropenklima *n*
tropical forest *(Bod, LB, Umw)* Tropenwald *m*
tropical hardwood Tropenhartholz *n*, tropisches Hartholz *n*
tropical primeval forest *(Bod, LB, Umw)* tropischer Urwald *m*
tropics *(Bod)* Tropen *pl*
trouble *v* stören
trouble *(Te)* Störung *f*
trouble-free störungsfrei

trouble-proof störungsfrei
trouble shooter *(Te)* Störungssucher *m*
trouble shooting *(Te)* Störungssuche *f*, Fehlersuche *f*; Schadenserfassung *f* und -bekämpfung *f*
trough 1. *(BT, Konst)* Trog *m*, Wanne *f*; Behälterwanne *f*; Schale *f*; Mulde *f*; 2. *(Konst)* Rinne *f*; Rille *f*; Furche *f*; Kanal *m*; 3. *(Bod)* Talsohle *f (schmal)*; 4. *(Bod, Konst)* Tiefpunkt *m*
trough block Muldenstein *m*
trough bridge *(Br)* Trogbrücke *f*, offene Brücke *f*, Brücke *f* mit untenliegender Fahrbahn
trough for showers Duschwanne *f*, Brausebecken *n*
trough gutter *(San)* Kasten(dach)rinne *f*, Holzrinne *f*
trough gutter tile Muldenfalzziegel *m*
trough lift *(Wsb)* Trogschleuse *f*
trough mixer *(BB, BWG, Te)* Trogmischer *m*
trough plate Belageisen *n*, Zoreseisen *n*, Trogplatte *f*
trough-plate girder bridge *(Br)* Vollwandträgerbrücke *f*
trough roof *(Konst)* Doppelgiebeldach *n*
trough section *(BM)* trogförmiger Profilstahl *m*, Rinnenstahl *m*, Trog(stahl)profil *n*
trough-shaped muldenförmig, trogförmig
trough tile Muldenstein *m*
trough vault *(Konst)* Muldengewölbe *n*, Troggewölbe *n*
troughed block Muldenstein *m*
troughed profile Muldenprofil *n*
troughed roof cladding *(Konst)* Trapezprofildachbelag *m*, Trapezprofileindeckung *f*
troughed sheeting Profilblech *n*, Wellblech *n*
troughed tile *(BM)* Muldenstein *m*, Muldenplattenelement *n*
troughing 1. Kabelkanal *m (bei Eisenbahnen)*; 2. trogförmiger Profilstahl *m*, Rinnenstahl *m*, Trog(stahl)profil *n*
troughlike *(Konst)* wannenförmig
trowel *v (Te)* mit der Kelle auftragen; dick auftragen, aufspachteln; glätten; abziehen *(Beton, Estrich)*
trowel *v* **off** ausspachteln; mit der Kelle abreiben
trowel *(BWG)* Kelle *f*, Maurerkelle *f*, Verputzkelle *f*; Glättkelle *f*, Glätter *m*; Spachtel *m(f)*
trowel application Verspachteln *n*
trowel coat *(SB)* Kellenlage *f*, Kellenschicht *f*
trowel finish geglättete Oberfläche *f*; gespachtelte Oberfläche *f*; Kellenglattstrich *m*
trowel finished layer Glattstrich *m*, Kellenglattstrich *m*
trowel for terrazzo Terrazzokelle *f*
trowel plaster *(SB)* Kellenputz *m*
trowel trade Baugewerbe *n*; Bauhandwerk *n*
trowelable kellengerecht *(Putzwurf)*
trowelling Kellenglattstreichen *n*; Glätten *n*
trowelling machine Glättmaschine *f*; Estrichglätter *m*
truck 1. *(Verk) (AE)* Last(kraft)wagen *m*, Lkw *m*, LKW *m*; 2. *(BWG) (AE)* Fahrgestell *n*; Drehgestell *n (Eisenbahnwagen)*; 3. *(BWG, Te)* Förderwagen *m*, Transportwagen *m (Erdstoffe, Gestein)*; Karren *m*; Lore *f*
truck agitator Fahrmischer *m*, Nachmischer *m (für Transportbeton)*
truck climbing lane *(AE) (Verk)* Kriechspur *f (Straße)*
truck concrete mixer *s.* truck mixer
truck crane Auto(dreh)kran *m*, Mobilkran *m*
truck dump hopper Kipperentladebunker *m (Gestein, Sand)*
truck lane *(Verk)* Lastverkehrsspur *f (Straße)*
truck load Wagenladung *f*
truck-mix(ed) concrete *(BB, Te)* Transportbeton *m*, Lieferbeton *m*
truck mixer *(BB, BWG, Te)* Transportmischer *m*, Mischerfahrzeug *n*, Fahrmischer *m*
truck-mounted (power) shovel Autobagger *m*
truck release agent Ladeflächentrennmittel *n*, Ladeflächenansprühmittel *n (Asphalttransport usw.)*
truck scale *(AE) s.* truck weighbridge
truck terminal *(AE) (RP, Verk)* Fernlastwagenbahnhof *m*, Lkw-Bahnhof *m*
truck trailer Lastwagenanhänger *m*; Schlepp(er)zug *m*
truck weighbridge *(BWG, Verk)* Straßen(brücken)waage *f*
truckage *(AE)* Straßenanlieferung *f*, Lastwagentransport *m*
trucker Lastwagenfahrer *m*
true *v (Te)* (aus)richten; begradigen; einpassen; korrekt einlassen *(z. B. eine Tür)*
true maßgenau, maßgerecht, maßhaltig
true annealed sheet Feinblech *n*
true bedding *(Bod, Erdb)* Normalschichtung *f*
true cohesion *(Bod)* wahre Scherhaftfestigkeit *f*
true density *(BM)* Reindichte *f (von Zuschlägen)*
true horizontal Sichthorizontebene *f*
true in alignment *(Verm)* fluchtgerecht, genau in Flucht
true level *(Verm)* Normalhorizont *m*, wahrer Horizont *m*
true north *(Verm)* wahre Nordrichtung *f*
true porosity wahre Porosität *f*, Gesamtporosität *f*; Undichtigkeitsgrad *m*
true pyramid *(Arch)* (stufenlose) Pyramide *f*, eigentliche Pyramide *f*
true to alignment fluchtentsprechend, fluchtgenau
true to dimension *s.* true to size
true to measure *s.* true to scale
true to nature *(Arch, Konst)* naturgetreu
true to profile profilgerecht
true to scale *(Verm)* maß(stab)gerecht, maßstäblich *(Zeichnung)*; maßgetreu
true to size maßhaltig, maßgerecht
true vault *(Konst)* echtes Gewölbe *n*
trueing Ausrichten *n*
trueness of shape Formhaltigkeit *f*
trullo *(Konst)* Trockensteinplattendach *n (in konischer Form, speziell in Süditalien)*
trumeau *(Arch)* Trumeau *m*, Pfeilerspiegel *m*
trumpet arch *(Arch)* Trompetengewölbe *n*, Kegelgewölbe *n*
trumpet junction *(Verk)* Trompete *f*, Trompetenanschluss(punkt) *m*, Verkehrsknoten *m* in Trompetenform *(Straße)*
truncated abgestumpft
truncated dome *(Arch)* Kegelstumpfkuppel *f*
truncated pointed arch *(Konst)* stumpfer Spitzbogen *m*
truncated pyramid *(Arch)* Pyramidenstumpf *m*, abgestumpfte Pyramide *f*
truncated roof *(Konst)* abgestumpftes Dach *n*
trunk 1. Schaft *m*; Säulenschaft *m*; 2. Stamm *m*, Baumstamm *m*; Klotz *m*, Stock *m*, Block *m (Holz)*; 3. *s.* trunk line
trunk elevator *(BWG)* Lastenaufzug *m*, Materialaufzug *m*
trunk lift Lastenaufzug *m*, Materialaufzug *m*
trunk line *(El)* Fernleitung *f*; Hauptlinie *f (Eisenbahn und Telefonfernleitung)*
trunk main *(WVA)* Hauptleitung *f (für Abwasser, Gas)*
trunk road *(Verk)* Hauptverkehrsstraße *f*, Bundesstraße *f*; klassifizierte Straße *f*
trunk road system *(RP, Verk)* Bundesstraßennetz *n*
trunk sewer *(WVA)* Hauptsammler *m*, Abwasserhauptleitung *f*
trunk stream *(Wsb)* Hauptfluss *m*
trunk wood *(BM, Hb)* Stammholz *n*
trunkroad *s.* trunk road
trunnel Balkendübel *m*
truss *v* 1. *(Konst)* stützen, absteifen; unterstützen *(durch Dachbinder)*; 2. *(Konst)* halten, befestigen, mit Sprengwerk versehen; verstärken
truss 1. *(BT)* Binder *m*, Gebinde *n (Sparrendach)*; 2. *(BT, TK)* Fachwerk *n*; Fachwerkbinder *m (Träger)*; 3. *(TK)* Hängewerk *n*, Sprengwerk *n*; 4. *(TK)* Versteifungsjoch *n*; 5. *(BT)* Konsole *f*

truss arch *(Konst, TK)* Fachwerkbogen *m*; gekrümmter Fachwerkträger *m*
truss bar Fachwerkstab *m*
truss bay *(Konst)* Fachwerkfeld *n*
truss beam *s.* trussed beam
truss bridge *(Br)* Sprengwerkbrücke *f*
truss centre *(BT, Te)* Fachwerkbogengerüst *n*
truss cupola Fachwerkkuppel *f*
truss dome Fachwerkkuppel *f*
truss frame *(Konst, TK)* Sprengwerk *n*; Hängewerk *n* *(Dachstuhl)*; Hängebock *m*
truss frame bridge *(Br, TK)* Hängewerksbrücke *f*, Sprengwerkbrücke *f*
truss frame with truss below *(TK)* Sprengwerk *n*
truss frame with truss on top *(TK)* Hängewerk *n*
truss girder *(TK)* Fachwerkträger *m*, Fachwerkbinder *m*
truss head rivet Flachrundkopfniet *m*
truss joint 1. *(BT, Konst)* Fachwerkknoten *m*, Knotenpunkt *m*; 2. *(BT)* Binderbalken *m (Dachkonstruktion)*
truss joist Untergurt *m (Unterzug im Fachwerk)*
truss member *(BT)* Fachwerkstab *m*
truss post *(BT, Hb)* Hängesäule *f (unter der Pfette)*
truss rafter Bindersparren *m*
truss rod *(BT)* Fachwerkstab *m*; Fachwerkgurt *m*, Diagonalgurt *m*
truss structure *(Konst)* Fachwerkkonstruktion *f*
truss system *(Konst)* Fachwerkkonstruktion *f*
truss theory *(Stat)* Fachwerktheorie *f*
truss type *(Konst)* Bindertyp *m (Dach)*
truss vertical member *(BT, Konst)* Fachwerksenkrechtelement *n*
truss with tension rod *(TK)* Kragbinder *m* mit Zugstab
truss without diagonal members *(TK)* strebenloser Fachwerkträger *m*
trussed verstrebt
trussed arch *(TK)* Fachwerkbogen *m*, gekrümmter Fachwerkträger *m*
trussed arch bridge *(Br)* Fachwerkbogenbrücke *f*
trussed arch with three hinges *(TK)* Dreigelenk-Fachwerkbogen *m*
trussed beam 1. *(BT, TK)* Fachwerkträger *m*; 2. verfachter Holzbalken *m*; abgesprengter Spannbalken *m*
trussed box purlin räumliche Pfette *f*
trussed bridge *(Br)* Sprengwerkbrücke *f*
trussed column *(TK)* Fachwerkstütze *f*
trussed frame *(TK)* Fachwerkrahmen *m*; versteifter Rahmen *m*
trussed girder *(TK)* Fachwerkbinder *m*, Fachwerkträger *m*
trussed girder bridge *(Br)* Fachwerkbalkenbrücke *f*
trussed partition *(Konst)* Fachwerktrennwand *f*, Holzrahmentrennwand *f*
trussed purlin *(TK)* leichter Fachwerkträger *m* als Pfette
trussed-rafter roof Fachwerkbinderdachstuhl *m*
trussed roof *(Konst, TK)* Fachwerkbinderdach *n*
trussed wall opening *(Konst)* Fachwerkrahmenöffnung *f*
trussed with sag rods unterspannt
trussed wooden beam *(Hb, TK)* Fachwerkholzträger *m*
trussing *(TK)* Unterzug *m*; Hängebock *m*
try square Anschlagwinkel *m*, Winkel *m*
trying plane Raubank *f*, Langhobel *m*
tub Bottich *m*; Trog *m*; Pflanzbehältnis *n*
tub mixer *(BWG)* Trogmischer *m*
tubbing support *(Tun)* Tübbingausbau *m*
tubby fassartig
tube 1. *(BT)* Rohr *n*, Leitungsrohr *n*; Kabelschutzrohr *n*; Rohrprofil *n*; 2. *(Tun)* Röhre *f*; Tunnel *m*; 3. *(Verk)* U-Bahn *f (z. B. in London)*; 4. *(Verm)* Libelle *f*, Röhrenlibelle *f*
tube-and-coupler scaffold Stahlrohrgerüst *n*
tube-axial fan *(HLK)* Röhrenventilator *m (Klimaanlage)*
tube bender Rohrbiegewerkzeug *n*, Rohrbiegegerät *n*
tube clip *(BT)* Rohrschelle *f*
tube connector *(BT, Hb)* Rohrdübel *m (Holzverbindung)*
tube cutter Rohrschneider *m*
tube end plug *(BT)* Rohrverschluss *m*
tube expander *(BWG)* Rohraufweiter *m*
tube-expanding press *(BWG)* Rohraufweitepresse *f*
tube extruding press Rohrpresse *f*
tube filter Pumpenkorb *m*
tube fitting *(BT)* Rohrverschraubung *f*
tube floor *(TK)* Hohlbalkendecke *f (mit kreisförmigen Hohlräumen)*
tube floor slab Hohlbalkendeckenelement *n*
tube frame *(Konst)* Rohrrahmen *m*
tube handrail Rohrhandlauf *m*
tube joint *(Konst)* Rohrverbindung *f*
tube-jointing sleeve *(BT)* Rohrhülse *f*
tube lamp *(El)* Röhrenlampe *f*
tube mast *(BT, TK)* Rohrmast *m*
tube nest Rohrbündel *n*
tube pile *(Erdb)* Rohrpfahl *m*
tube plate *(Konst)* Rohrwand *f*
tube railing Rohrgeländer *n*
tube railway *(Verk)* Untergrundbahn *f*
tube skeleton *(Konst)* Rohrskelett *n*, Rohrgerippe *n*
tube sleeve Rohrhülse *f*
tube socket Rohrhülse *f*
tube wall *(Konst)* Rohrwand *f*
tube welding *(St, Te)* Rohrschweißung *f*
tube well *(Wsb)* Rohrbrunnen *m*, Bohrbrunnen *m*
tubercle *(WVA)* Knolle *f (in Wasserleitungsrohren)*
tubing 1. *(San, WVA)* Rohrleitung *f*, Rohrstrang *m*; Steig(leitungs)rohr *n*; 2. *(San, WVA)* Verrohrung *f*; 3. Rohrprofil *n*
tubing frame *(TK)* Rohrrahmen *m*
tubing mast Rohrmast *m*
tubing skeleton *(Konst)* Rohrskelett *n*, Rohrgerippe *n*
tubular röhrenförmig, Rohr..., Röhren...
tubular bridge *(Konst)* Rohrbrücke *f*
tubular column Rohrstütze *f*
tubular construction *(TK)* Stahlrohrkonstruktion *f*
tubular cross bar of lateral bracing *(BT, Konst)* Rohrriegel *m* des Windverbands
tubular discharge lamp Leuchtstoffröhrenlampe *f*, Leuchtröhre *f*
tubular frame *(Konst)* Rohrrahmen *m*
tubular girder Rohrträger *m*
tubular handrail Rohrhandlauf *m*
tubular heater *(El)* Rohrheizkörper *m*
tubular heating element *(HLK)* Röhrenheizkörper *m*
tubular insulation *(DIS)* Rohrleitungsdämmung *f*
tubular lamp *(El)* Röhrenlampe *f*, Soffitte(nlampe) *f*
tubular lattice pole *(TK)* Rohrgittermast *m*
tubular lock *(EB)* Rohrbolzenschloss *n*
tubular mast Rohrmast *m*
tubular metal construction *(Konst)* Metallrohrkonstruktion *f*
tubular pile *(Erdb)* Rohrpfahl *m*, Hohlpfahl *m*
tubular pole Rohrmast *m*
tubular post complete with railings *(BT)* Rohrpfeiler *m* mit Verbindungsstreben
tubular prop Rohrstütze *f*
tubular purlin(e) *(EB)* Rohrpfette *f*
tubular radiator *(HLK)* Röhrenheizkörper *m*
tubular rivet Hohlniet *m*
tubular scaffolding *(Konst)* Stahlrohrgerüst *n*
tubular skeleton *(Konst, TK)* Rohrgerippe *n*, Rohrskelett *n*
tubular steel Stahlrohr *n*
tubular steel column with bracket Stahlrohrauslegermast *m*, Stahlrohrauslegerleuchtenmast *m*

tubular steel construction *(Konst)* Stahlrohrbau *m*
tubular steel derrick Stahlrohrmast *m*
tubular steel frame *(Konst)* Stahlrohrrahmen *m*
tubular steel grating *(Konst)* Stahlrohrgitter *n*
tubular steel mast *(TK)* Stahlrohrmast *m*
tubular steel scaffolding Stahlgerüst *n*
tubular steel system *(TK)* Stahlrohrkonstruktion *f*
tubular steel tower Stahlgerüstturm *m*
tubular structure system *(TK)* Rohrkonstruktionssystem *n*
tubular strut Rohrstrebe *f*
tubular vault(ing) Topfgewölbe *n*
tubular-welded-frame scaffold *(TK)* Stahlrohrgerüst *n* aus Fertigteilfeldern
tubular well *(Bod, WVA)* Rohrbrunnen *m*
tubulous röhrenartig
tuck *v (SB, Te)* verfugen, ausfugen *(Mörtelfugen)*
tuck and pat pointing *s.* tuck pointing
tuck cement pointer Fugenkelle *f*
tuck-in *(Konst)* Anschlussgegenfalte *f (Dachdeckung)*
tuck pointing *(SB)* Nachfugen *n*, Ausfugen *n (Mauerwerk)*
Tudor arch *(Arch)* Tudorbogen *m*, Vierzentrenbogen *m*, gedrückter Spitzbogen *m*
Tudor architecture *(Arch)* Tudor-Architektur *f (in England 1485-1603)*
Tudor flower [leaf] *(Arch)* Tudorblume *f (Ornament)*
Tudor ornament *(Arch)* Tudorornament *n*
Tudor rose *(Arch)* Tudorrose *f*
Tudor style *(Arch)* Tudorstil *m (in England 1485-1603)*
tufa *(Bod)* Tuff *m (als Sediment)*
tufa deposit *(Bod)* Tuffablagerung *f*
tufa rock *(BM)* Tuffgestein *n*
tufaceous tuffartig *(sedimentär)*
tufaceous limestone *(BM)* Kalktuff *m*
tufaceous quartz sinter Kieseltuff *m*
tufaceous shale *(BM)* Tuffschiefer *m*
tuff vulkanischer Tuff *m*, Tuffstein *m*
tuff deposit *(Bod)* Tuffablagerung *f (vulkanische)*
tuffaceous *(Bod)* tuffartig *(vulkanisch)*
tuffite *(BM)* Tuffit *m*
tuffstone verfestigter Tuff *m*, Tuffstein *m*
tufted carpet *(EB)* Noppensetzteppich *m*, Tuftingteppich *m*
tufted flooring cover(ing) *(EB)* Tuftingbodenbelag *m*; Nadelvliesbelag *m*
tulipwood *(BM, Hb)* Tulpenbaumholz *n*
tumble *v (RS)* einstürzen *(z. B. eine Wand)*; einfallen *(Damm)*; stürzen
tumble *v* **home** sich nach innen neigen
tumbler 1. *(EB)* Zuhaltemechanismus *m*, Zuhaltung *f (eines Schlosses)*; 2. *(BWG)* Drehtrommel *f*; 3. *s.* tumbler mixer
tumbler bearing *(Te, TK)* Pendellager *n (Stahlbau)*
tumbler lock *(EB)* Zuhalteschloss *n*
tumbler mixer *(BWG)* Freifallmischer *m*
tumbler switch *(EB)* Kipp(hebel)schalter *m*
tumbling 1. *(OB, Te)* Trommeln *n*, Trommelputzen *n*, Trommelpolieren *n*; 2. *(OB, Te)* Trommellackieren *n*
tumbling bay 1. *(Wsb)* Tosbecken *n (Talsperre)*; 2. *(Wsb)* Löschbecken *n (ein Wehr)*
tumbling course geneigte Ziegellage *f* [Mauersteinschicht *f*], einfallende Lage *f*
tumbling mixer *(BWG)* Mischtrommel *f*; Freifallmischer *m*
tumulus *(Arch)* Grabhügel *m*
tun Schornsteinschaft *m (Dialektausdruck)*
tundish *(BWG, Te)* Zwischenbehälter *m*
tung oil *(BM, DIS, OB)* Tungöl *n*, Holzstandöl *n*, chinesisches Holzöl *n*
tung oil varnish *(BM, OB)* Tungöllack *m*
tungsten carbide *(BM)* Wolframcarbid *n*, Wolframkarbid *n*, Hartmetall *n*
tungsten-halogen lamp *(El)* Wolframlampe *f*
tungsten steel Wolframstahl *m*
tunnel *v* 1. *(Te, Tun)* untertunneln; einen Tunnel graben [bohren, treiben durch]; 2. *(Te)* der Länge nach aushöhlen; 3. *(OB)* unterwandern, unterfressen, unterrosten *(Korrosion unter Schutzschichten)*
tunnel *v* **through** *(Tun)* den Tunnel treiben
tunnel *v* **under** *(Tun)* untertunneln
tunnel *(Tun)* Tunnel *m*, Tunnelröhre *f*; Unterführung *f*; unterirdischer Gang *m*; (begehbarer) Kanal *m*; Stollen *m (Bergbau)*
tunnel approach *(Tun)* Tunneleingangsbereich *m*
tunnel axis *(Tun, Verm)* Tunnelachse *f*
tunnel-boring machine *(Tun)* Tunnelbohrgerät *n*, Tunnelbohrmaschine *f*
tunnel classification *(Tun, VR)* Tunnelklassifizierung *f*
tunnel clinker *s.* tunnel engineering brick
tunnel construction *(Tun)* Tunnelbau *m*
tunnel crown Tunnelscheitel *m*
tunnel curing kiln Nachbehandlungstunnelofen *m (Beton)*
tunnel driving *(Tun)* Tunnelvortrieb *m*
tunnel engineering brick Tunnelklinker *m*; Kanalklinker *m*
tunnel face 1. *(Tun)* Tunnelstoß *m*; 2. *(Tun)* Tunnelmundloch *n*
tunnel floor Tunnelsohle *f*
tunnel framework *s.* tunnel sheeting
tunnel freezer *(EB, Konst)* Gefriertunnel *m*
tunnel heading *(Tun)* Richtstrecke *f*
tunnel invert Tunnelsohle *f*
tunnel jumbo *(Tun)* Tunnelgroßbohrwagen *m*
tunnel lighting Tunnelbeleuchtung *f*
tunnel lining Tunnelauskleidung *f*; Tunnelausbetonierung *f*
tunnel loading *(Konst, Tun)* Überschüttung *f (offene Bauweise)*
tunnel operation *(Verk)* Tunnelbetrieb *m*
tunnel portal *(Tun)* Tunneleingang *m*, Tunnelportal *n*
tunnel safety *(Tun, VR)* Tunnelsicherheit *f*, Tunnelsicherung *f*
tunnel section Tunnelabschnitt *m*
tunnel sheeting Tunnelschalung *f*
tunnel shield *(Tun)* Tunnelschild *m*
tunnel soffit Tunneldecke *f*, Tunnelscheitel *m*
tunnel technique *(Tun)* Tunnelbetriebstechnik *f*, technische Tunnelausstattung *f*
tunnel technique installation *(Tun)* Tunneltechnikinstallation *f*, Tunnelbetriebstechnik-Ausstattung *f*
tunnel test *(BM)* Oberflächenbrennprüfung *f (von Baustoffen)*
tunnel traffic control *(Tun)* Tunnel(verkehrs)steuerung *f*
tunnel under the road *(Tun)* Tunnelunterführung *f*, Straßenunterführung *f* durch ein Tunnelbauwerk
tunnel vault *(Arch)* Tonnengewölbe *n*, Zylindergewölbe *n*, Tunnelgewölbe *n*
tunnel-vaulted *(Arch)* tonnengewölbt
tunnel-vaulted roof *(Arch, Konst)* Tonnengewölbedach *n*
tunnel wall *(Tun)* Tunnelwandung *f*
tunnel work *s.* tunnelling
tunnelling 1. *(Tun)* Tunnelbau *m*, Untertunnelung *f*; Tunnelvortrieb *m*, Tunnelauffahren *n*, Durchstich *m* eines Tunnels; 2. *(DIS)* Unterwanderung *f*, Unterfressung *f (Korrosion unter Schutzschichten)*
tunnelling machine *(Tun)* Tunnelvortriebsmaschine *f*
tunnelling shield driving method *(Tun)* Schildbauweise *f*, Schildvortrieb *m*, Schildvertrieb *m*
tunnelling technique *(Tun)* Tunnelbauverfahren *n*, Tunnelbauweise *f*, Tunnelbautechnik *f*
tup *(Erdb)* Rammbär *m*, Fallbär *m (einer Pfahlramme)*; Fallhammer *m*
turbary *(Bod, LB, Umw)* Torfmoor *n*

turbid *(BM)* trübe; schlammig • **become turbid** *(BM)* sich trüben *(Flüssigkeit)*
turbidimeter *(BM)* Trübungsmesser *m*, Turbidimeter *n* *(Zementprüfung)*
turbidimeter fineness *(BM)* Feinheitsgrad *m (in cm^2/g, im Trübemesser bestimmt)*
turbidity Trübung *f (bes. von Flüssigkeiten)*; Trübheit *f*
turbidity coefficient *(BM)* Trübungskoeffizient *m*, Trübungsbeiwert *m*
turbine *(BWG)* Turbine *f*
turbine efficiency Turbinenleistungsvermögen *n*
turbine hall *(Konst)* Turbinenhalle *f*
turbine mixer Schaufelradmischer *m*, Turbomischer *m*
turbine output *(El)* Turbinenleistung *f*
turbulence *(Wsb, WVA)* Turbulenz *f*, Wirbelströmung *f*
turbulent flow *(Wsb, WVA)* Wirbelströmung *f*, turbulente Strömung *f*
turf *v (LB)* mit Rasen belegen *(z. B. Böschung)*
turf *(LB)* Rasensode *f*, Sode *f*; Grasnarbe *f*; Rasen *m*, Rasendecke *f*; Torf *m*
turf bed *(Bod, LB, Umw)* Torfschicht *f*
turf grandstand *(Konst)* Rennplatztribüne *f*, Pferderennbahntribüne *f*
turf sprinkler system *(LB)* (fest installierte) Rasensprenganlage *f*
turfed area *(LB)* Rasen *m*, Rasenfläche *f*
turfed slope *(LB)* Rasenböschung *f*
turfing *(LB)* Rasenarbeiten *fpl*
turfing by sodding *(LB)* Rasensodenabdecken *n*, Rasensodenbelegen *n*, Rasensodenverlegen *n*, Ansoden *n*
turfsod *(LB)* Rasensode *f*
turfy *(Bod, LB)* torfartig
turfy soil *(Bod, LB, Umw)* Torfboden *m*
turkey *(BM, BT) (sl)* minderwertig, schlecht ausgeführt
Turkish architecture *(Arch)* türkische Architektur *f*, türkische Baukunst *f*
Turkish minaret *(Arch)* Türkenminarett *n*, türkisches Minarett *n*
turn *v* 1. *(Konst, Te)* verschwenken *(Bewehrung)*; 2. *(SB)* ausmauern *(Wölbungen)*; 3. *(Konst)* verziehen *(Stufe)*
turn *v* **down** (nach unten) abkanten
turn *v* **into vapour** *(BM, OB)* verdampfen, verdunsten
turn *v* **off** *(San)* zudrehen, schließen *(Hahn)*; abstellen *(z. B. Wasser)*; ausschalten, abschalten
turn *v* **on** *(San)* aufdrehen, öffnen *(Hahn)*; einschalten
turn *v* **on a lathe** drechseln
turn *v* **out** 1. abzweigen *(Schiene)*; 2. ausschalten
turn *v* **out of mould** stürzen *(Formteile)*
turn *v* **over** 1. *(Stat, Te)* umkippen; 2. *(VR)* übergeben *(z. B. Gebäude)*
turn *v* **the mortar** *(SB)* den Mörtel umschaufeln
turn *v* **the steps** *(Konst)* die Stufen verziehen *(Treppe)*
turn *v* **up the edges** die Ränder rund aufbiegen
turn *v* **wood** *(Hb, Te)* drechseln
turn 1. *(Konst)* Drehung *f*; Wendung *f*; Biegung *f*; Krümmung *f*; 2. *(Verk)* Kurve *f*; Abbiegespur *f*; 3. *(Konst, Verk)* Windung *f*; 4. *(VR)* Schicht *f*, Arbeitsschicht *f*
turn-around *(Verk)* Wendeplatz *m*, Wendestelle *f (Straße)*
turn bridge *(Br)* Drehbrücke *f*
turn button Fensterwirbel *m*; Türdrehöffner *m*
turn green *(Verk)* Grünabbiegesignal *n*
turn-key *s.* turnkey
turn-key contract *s.* turnkey contract
turn knob *(EB)* kleiner innerer Türdrehöffner *m (meist eingelassen)*
turn of a road *(Verk)* Krumme *f*, Straßenbiegung *f*
turn of the first sod *(Te, VR)* Spatenstich *m*
turn piece *(EB)* kleiner Türdrehöffner *m*
turn tread gewendelte Trittstufe *f*
turnable foot bridge *(Br, Konst)* drehbarer Laufsteg *m (für Fußgänger)*
turnable rebated joint drehbare Schlagleiste *f*
turnbuckle *(BT)* Spannschloss *n*
turned bar abgedrehter Stab *m*
turned bolt Drehbolzen *m*, Präzisionsdrehbolzen *m*, blanke Schraube *f*
turned wood(work) *(Hb)* Drechselarbeit *f*
turnery 1. Drechselarbeit *f (Gegenstände)*; 2. Drechslerei *f*
turning 1. *(Konst)* Wendung *f (Treppe)*; 2. *(SB)* Rundmauern *n*; 3. *(Hb)* Drechseln *n (Holz)*; Drehen *n (Metall, Keramik)*
turning area *(Verk)* Wendeplatz *m*
turning bar 1. *(BT)* Kamingewölbeeisen *n*; 2. *(EB)* Überfallriegel *m (Kaminsturz)*
turning bay *(Verk)* Wendeplatz *m*, Wendestelle *f (Straße)*
turning bend *(Verk)* Kehre *f (Straße)*
turning bridge *(Verk)* Drehbrücke *f*
turning gallery *(Tun)* Wendestollen *m*
turning gauge Drechslerrohr *n*
turning joint *(EB)* Gelenkband *n*, Türband *n*
turning lane *(Verk)* Abbiegespur *f (Straße)*
turning out lane *(Verk)* Ausfahrspur *f*
turning piece 1. *(Konst)* Bogenlehre *f*, Bogenlehrenbrett *n (für kleine Bögen)*; 2. *(BT)* Stichholz *n*
turning place *(Verk)* Wendeplatz *m*
turning point *(Arch, Konst, Verk)* Wendepunkt *m*, Polygonpunkt *m*
turning radius *(Verk)* Wenderadius *m*
turning sash *(BT)* Drehflügel *m (Fenster)*
turning stream *(Verk)* Abbiegestrom *m*
turning stress *(Verk)* Wendebeanspruchung *f (Straße)*
turning tools *(BWG, Hb)* Drechselwerkzeuge *npl*
turning vane *(HLK)* Kanalkurvenleitblech *n (Klimaanlage)*; Regelklappe *f*
turning vehicle templates *(Verk)* Schleppkurven *fpl*
turnkey schlüsselfertig, ausbaufertig
turnkey building *(VR)* schlüsselfertiger Hochbau *m*
turnkey building construction *(VR)* schlüsselfertiges Bauen *n*
turnkey contract *(VR)* Bauvertrag *m* für ein ausbaufertiges Gebäude
turnkey handover *(VR)* schlüsselfertige Übergabe *f*
turnkey housing construction *(VR)* schlüsselfertiger Wohnungsbau *m*
turnkey job *(VR)* schlüsselfertiges Projekt *n*
turnlock fastener *(EB)* Drehverschluss *m (halbe Drehung)*
turnout 1. *(Verk) (AE)* Rastplatz *m (Parkplatz an einer Autostraße)*; 2. *(Verk)* Ausweiche *f*, Ausweichstelle *f (Straße)*; 3. *(Verk)* Abzweigung *f (Schiene)*; 4. *(Verk)* Betriebsdiensteinsatz *m*; Winterdiensteinsatz *m*
turnover *(VR)* Umsatz *m*
turnpike 1. *(BT)* Schlagbaum *m*; 2. *(Verk) (AE)* Gebührenstraße *f*
turnpike stair *(Konst)* Spiralwendeltreppe *f*, enge Wendeltreppe *f*
turnstile *(BT)* Drehkreuz *n*; Drehtor *n (Durchgangsschutzeinrichtung)*
turntable *(BT)* Drehscheibe *f*; Drehtisch *m*
turntable ladder Drehleiter *f*, Feuerleiter *f*
turnup *(Konst)* heruntergezogene [überzogene] Dachdeckung *f*, überzogenes Dach *n*
turpentine oil Terpentinöl *n*
turpentine paint Wachsfarbe *f*
turpentine stain *(BM, Hb, OB)* Terpentinbeize *f*
turpentine substitute Terpentin(öl)ersatz *m*
turpentine varnish Terpentinlack *m*
turpentine vehicle Terpentin-Bindemittellösung *f*
turret 1. *(Arch)* Türmchen *n*; 2. *(Arch, Konst)* Drehturm *m*, gedrehter Turm *m*

turret-like türmchenähnlich
turret step *(BT, Konst)* Wendelstufe *f*
turreted *(Arch)* mit Türmchen versehen, türmchenartig
turreted tower *(Arch)* Turm *m* mit Türmchen(aufbau)
turriculated mit Türmchen, mit Turmreihen
turriform *(Arch, Konst)* turmförmig
turtleback 1. Abplatzen *n*, Aufplatzen *n*, Aufwölben *n* *(Furnier)*; 2. Rissfleck *m*, gerissene Stelle *f* *(Putz)*
Tuscan arch *(Arch)* toskanischer Bogen *m*, Sichelbogen *m*, Florentinerbogen *m*
Tuscan column *(Arch)* toskanische Säule *f*
Tuscan order *(Arch)* toskanische Säulenordnung *f* [Ordnung *f*]
tusk 1. *(Hb)* Brustzapfenaufwölbung *f*, Gehrungswulst *f* eines Zapfens; 2. *(SB)* eingezahnter Mauerstein *m*, verzahnter Wandstein *m*
tusk nailing *(Hb)* Schrägnageln *n* *(z. B. von Spundbrettern)*
tusk tenon *(Hb)* Brustzapfen *m*, Tragzapfen *m*
tusk tenon joint *(Hb)* Brustzapfenverbindung *f*
twelve-bay *(Konst)* zwölfjochig
twenty-sided polygon *(Arch)* zwanzigseitiges Vieleck *n*
twenty-twenty [20/20] (vision) *(sl)* gutes Augenmaß *n*
twice crushed and screened chippings *(BM)* Edelsplitt *m*
twilled weave *(Arch)* Köpergewebe *n*
twin bedded room Doppelzimmer *n*, Zimmer *n* mit zwei Einzelbetten
twin bowls *(San)* Doppelbecken *n*
twin brick *(SB)* Doppelziegel *m*
twin bridge Doppelbrücke *f*
twin cable *(El)* Zwillingskabel *n*
twin column *(BT)* Doppelsäule *f*, Doppelstütze *f*
twin-core cable *(El)* Zweileiterkabel *n*, zweiadriges Kabel *n*
twin cross section *(Konst)* doppelter Querschnitt *m*, zweiteiliger Querschnitt *m*
twin culvert Zwillingsdurchlass *m*
twin dishwashing sink bowls Doppelspülbecken *n*
twin elbow Doppelbogen *m* *(bei Rohrleitungen)*
twin-filament lamp *(El)* Zweifadenlampe *f*
twin girder *(TK)* Zwillingsträger *m*
twin house *(Arch, Konst)* Doppelhaus *n*
twin-pack bonding adhesive Zweikomponentenklebstoff *m*, Zweikomponentenkleber *m*
twin-pack bonding agent *s.* twin-pack bonding adhesive
twin-pack cement *(BM)* Zweikomponentenklebstoff *m*, Zweikomponentenkleber *m*
twin-pack coating composition Zweikomponentenbeschichtungsmasse *f*
twin-pack mastic *(BM)* Zweikomponentenmastix *m*
twin-pack paint *(BM, OB)* Zweikomponentenfarbe *f*
twin-pack polyester adhesive *(BM)* Zweikomponentenpolyesterklebstoff *m*, Zweikomponentenpolyesterkleber *m*
twin-pack protective coat Zweikomponentenschutzanstrich *m*
twin-pack sealing composition *(BM)* Zweikomponentendichtungsmasse *f*
twin-pack system Zweikomponentensystem *n*
twin pipe elbow *(Konst)* Doppelrohrbogen *m*
twin pug (mill) Doppelwellenzwangsmischer *m*
twin room Doppelzimmer *n*
twin saw-tooth frame *(Konst, TK)* Doppelshedrahmen *m*
twin screed finisher Doppelbohlenfertiger *m*
twin-shaft pug *s.* twin pug (mill)
twin sheet piles *(BT, Erdb)* Spundwanddoppelbohle *f*
twin slab culvert *(Erdb, WVA)* doppelter Plattendurchlass *m*
twin sliding window Doppelschiebefenster *n*
twin socket *(El)* Doppelsteckdose *f*
twin tenons *(Hb)* Doppelzapfen *mpl*
twin timber mast *(Hb)* Doppelholzmast *m*, Doppelstangenmast *m*
twin-tower façade *(Arch)* Doppelturmfassade *f*
twin-towered *(Konst)* doppeltürmig
twin towers Zwillingstürme *mpl*, Doppeltürme *mpl*
twin-twisted bar reinforcement verdrillter Bewehrungsstab *m* aus zwei Stäben
twin-twisted round bars *(Konst)* Zweistabverdrillung *f*
twin-webbed doppelstegig, zweistegig
twin-webbed girder *(BT, TK)* zweistegiger Träger *m*, Doppelstegträger *m*
twin-webbed plate girder *(BT, TK)* Doppelstegblechträger *m*
twin-webbed T-beam *(TK)* zweistegiger Plattenbalken *m*, doppelstegiger Plattenbalken *m*
twist *v* 1. *(Konst, Te)* verdrehen, verdrillen, verwinden; sich drehen; sich winden; 2. *(Stat)* auf Torsion [Verdrehung] beanspruchen; 3. *(Te)* umwickeln
twist *(Stat)* Torsion *f*, Verdrillung *f*, Verdrehung *f*, Verwindung *f*; Spiralverformung *f*
twist bit Holzbohrer *m*
twist failure *s.* torsion failure
twist-free *(BM, BT)* torsionsfrei, torsionslos
twist handle *(EB)* Drehgriff *m*
twisted 1. *(BM, BT)* auf Torsion beansprucht; 2. *(BT, Konst)* gekrümmt; gewunden, verwunden; schraubenförmig; verdreht; verdrillt
twisted bar 1. gewundenes Kreuzeisen *n*; 2. Drillwulststahl *m* *(Bewehrung)*
twisted cable verdrilltes [verseiltes] Kabel *n*
twisted cable ornament *(Arch)* Verstäbung *f*
twisted column *(TK)* Spiralsäule *f*
twisted fillet Knotenschnur *f*
twisted grain verdrehte [verzogene] Holzfaser *f* *(Furnierholz)*
twisted pair *(El)* verdrillte Doppellitze *f*
twisted rod Drillwulststahl *m* *(Bewehrung)*
twisted rope gedrehtes Tau *n*
twisted-steel mat *(BT, Te)* Drillstahlbaumatte *f*
twisted tie wire Rödeldraht *m*; Verrödelung *f*
twisted-type deformed reinforcement *(BT, Te)* Rippenstahlbewehrung *f*
twisted wire verseilter Draht *m*
twisting 1. *(Stat)* Verdrehen *n*, Verwindung *f*; Torsion *f*; Verdrillung *f*; Ausknicken *n*; 2. *(BM, Hb)* Biegung *f*, Krümmung *f*, Verwerfung *f* *(Holztrocknung)*
twisting action *s.* twisting
twisting angle *(Stat)* Torsionswinkel *m*
twisting buckling load *(Stat)* Torsionsknicklast *f*, Verdrehungsknicklast *f*, Verwindungsknicklast *f*
twisting constant *(Stat)* Torsionskonstante *f*, Verdrehungskonstante *f*, Verwindungskonstante *f*
twisting failure *s.* torsion failure
twisting force *(Stat)* Torsionskraft *f*, Verdrehungskraft *f*, Drehkraft *f*, Verwindungskraft *f*
twisting instability *(Stat)* Torsionsinstabilität *f*, Torsionslabilität *f*, Verdrehungsinstabilität *f*, Verdrehungslabilität *f*, Verwindungsinstabilität *f*, Verwindungslabilität *f*
twisting modulus *(Stat)* Torsionsmodul *m*, Verdrehungsmodul *m*, Verwindungsmodul *m*, Drillmodul *m*
twisting moment *(Stat)* Torsionsmoment *n*, Verdrehungsmoment *n*, Verwindungsmoment *n*, Drillmoment *n*
twisting resistance *(Stat)* Torsionswiderstand *m*
twisting rigidity *(Stat)* Torsionssteifigkeit *f*, Verdrehungssteifigkeit *f*, Verwindungssteifigkeit *f*
twisting strength *(BM, BT, Stat, TK)* Torsionsfestigkeit *f*, Verdrehfestigkeit *f*
twisting stress *(Stat)* Torsionsbeanspruchung *f*, Verdrehungsbeanspruchung *f*, Verwindungsspannung *f*

twisting work *(Stat)* Torsionsarbeit *f*
two-articulated *(Konst)* zweigelenkig, Zweigelenk...
two-articulated arch frame *(Konst)* Zweigelenkbogenrahmen *m*
two-articulated frame *(Konst)* Zweigelenkrahmen *m*
two-bay zweifeldrig; zweijochig; zweischiffig *(Rahmenhalle)*
two-bay frame *(Konst)* Zweifeldrahmen *m*
two-bed zweibettig, Zweibett...
two-bed sleeping room *(Konst)* Zweibettzimmer *n*, Zweibettschlafzimmer *n*
two-bedroom flat Dreizimmerwohnung *f (Standard in GB und US, zwei Schlafzimmer, ein Wohnzimmer)*
two-bolt lock *(EB)* Türschloss *n* mit Nachtriegel
two-by-four (beam) *(AE) (Hb)* Baukantholz *n (2 in × 4 in, entspricht Schnittmaß 1,5/8 in × 3,5/8 in, ca. 4 cm × 9 cm)*
two-can paint *(BM, OB)* Zweikomponentenanstrichstoff *m*
two-cell hollow block Zweikammerstein *m*
two-centre cross section maulförmiger Querschnitt *m*
two-centred arch *(Konst)* Spitzbogen *m*, doppelt zentrierter Bogen *m*
two-coat zweilagig *(z. B. Putz)*; zweischichtig, Zweischicht...
two-coat metallic finish *(OB)* Zweischichtmetalleffektlackierung *f*
two-coat plastering zweischichtiges Putzen *n*, doppelschichtiges Verputzen *n*, zweilagiges Putzen *n*, zweilagiges Verputzen *n*
two-coat system *(OB)* Zweischichtensystem *n*, Zweilagensystem *n*
two-coat work *(SB)* zweilagiger Putz *m*, Zweischichtputz *m*
two-compartment septic tank *(WVA)* Zweikammer-(haus)kläranlage *f*, Zweikammerkleinkläranlage *f*
two-component zweikomponentig; Zweikomponenten...
two-component alloy *(BM)* Zweistofflegierung *f*
two-component bonding adhesive Zweikomponentenkleber *m*, Zweikomponentenklebstoff *m*
two-component finish *(BM, OB)* Zweikomponentenanstrich *m*; Zweikomponentenanstrichstoff *m*
two-component marking *(OB)* Zweikomponentenfarbmarkierung *f*, Markierung *f* mit Zweikomponentenfarbe
two-component sealing composition *(DIS)* Zweikomponentendichtungsmasse *f*
two-component system *(BM, Konst, OB)* Zweikomponentensystem *n*
two-conductor cable *(El)* Zweileiterkabel *n*
two-dimensional eben, zweidimensional
two-dimensional action *(Stat)* zweidimensionale Wirkung *f*
two-dimensional framework *(TK)* zweidimensionales Tragwerk *n*, Flächentragwerk *n*
two-dimensional state of stress *(Stat)* zweidimensionaler Spannungszustand *m*
two-dimensional stress *(Stat)* zweidimensionale Spannung *f*
two-family house *(Arch, Konst)* Zweifamilienhaus *n*
two-flight zweiläufig
two-flight stair zweiarmige Treppe *f*
two-floor *(Konst)* zweistöckig, zweigeschossig
two-floored zweistöckig, zweigeschossig
two-girder deck *(Br)* Zweiträgerbrückendeck *n*
two-hinge *s.* two-hinged
two-hinged zweigelenkig, Zweigelenk...
two-hinged arch *(Konst)* Zweigelenkbogen *m*
two-hinged arched girder *(TK)* Zweigelenkbogenträger *m*
two-hinged frame *(Konst)* Zweigelenkrahmen *m*
two-hinged gable frame *(TK)* Zweigelenkgiebelrahmen *m*
two-hinged portal frame *(TK)* Zweigelenkportalrahmen *m*
two-horse chariot *(Arch)* Biga *f*, Zweigespann *n*
two-household building Zweifamilienhaus *n*

two-lane zweispurig, zweistreifig
two-lane road *(Verk)* zweispurige Straße *f*
two-lane roundabout *(Verk)* Zweistreifenkreisverkehr *m*
two-lane single carriageway einbahnig zweistreifige Fahrbahn *f*
two-lane single highway *(Verk)* einbahnig zweistreifige Straße *f*
two-laned zweispurig
two-laned roadway *(Verk)* zweispurige Fahrbahn *f*
two-layer zweilagig, zweischichtig, doppelschichtig
two-layer cast stone zweischichtiger Betonwerkstein *m*
two-layer space frame shell *(TK)* zweischaliges Raumfachwerk *n*
two-layered *s.* two-layer
two-layers of wooden joists *(Hb)* doppelte Holzbalkenlage *f*
two-leaf 1. zweiflügelig *(Tür)*; 2. doppelschalig *(Wand)*
two-leaf cavity wall zweischalige Hohlmauer *f*, Zweischalenwand *f*
two-level *(Verk)* planfrei, in zwei Ebenen, höhenungleich
two-level intersection, two-level junction *(Verk)* planfreier Knotenpunkt *m*
two-light window 1. *(Konst)* zweiflügeliges Fenster *n*; Zweifeldfenster *n*; 2. *(BT)* Fenster *n* mit zwei horizontal und zwei vertikal angeordneten Fensterfeldern; 3. *(BT)* Zwillingsfenster *n*
two-linked zweigelenkig, Zweigelenk...
two-linked frame *(Konst)* Zweigelenkrahmen *m*
two-linked gable frame *(Konst)* Zweigelenkgiebelrahmen *m*
two-linked parabolic arch *(Konst)* Zweigelenkparabelbogen *m*
two-metal corrosion *(DIS)* Kontaktkorrosion *f*, Berührungskorrosion *f*
two-nave shed *(Konst)* zweischiffige Halle *f (Industrie- und Werkhalle)*
two-pack zweikomponentig, Zweikomponenten...
two-pack paint *(BM, OB)* Zweikomponentenanstrichstoff *m*
two-pack primer Zweikomponentenprimer *m*
two-pane sash Doppelflügel *m (Verbundfenster)*
two-panel door *(BT)* Tür *f* mit Doppelfüllung
two-part 1. zweiteilig; 2. *s.* two-component
two-piece zweiteilig
two-piece laminated insulating glass *(BM)* Zweischeibenisolierglas *n*
two-piece laminated safety sheet glass Zweischeibenverbundglas *n*
two-pinned zweigelenkig, Zweigelenk...
two-pinned arch *(Konst)* Zweigelenkbogen *m*
two-pinned frame *(Konst, TK)* Zweigelenkrahmen *m*
two-pipe doppelrohrig, zweirohrig, Zweirohr ...
two-pipe plumbing *(WVA)* Doppelrohr-Grundstücksentwässerung *f*
two-pipe system *(San)* Trennsystem *n (Abwasser)*
two-pitch(ed) roof *(Konst)* Dach *n* mit doppeltem [zweiseitigem] Gefälle
two-ply zweischichtig, zweilagig
two-point latch *(EB)* Zweipunktschloss *n (am oberen und unteren Türende)*
two-point loading *(Stat)* Zweipunktbelastung *f*
two-point suspension scaffold *(Konst, TK)* Hängegerüst *n*, Hängerüstung *f*, Seilhängerüstung *f*
two-pole *(El)* zweipolig, Zweipol...
two-pole plug *(El)* Zweipolstecker *m*
two-pot coating *(BM, OB)* Zweikomponentenanstrichstoff *m*
two-pot system Zweikomponentensystem *n*
two-rail *(Verk)* zweigleisig

two-room dwelling [flat] *(Konst)* Zweiraumwohnung *f*
two-screen expanding wall *(BT)* Doppelharmonikatür *f*
two semidetached houses *(Arch, Konst)* Doppelhaus *n*
two-shift *(VR)* zweischichtig *(Arbeitszeit)*
two-side zweiseitig
two-span zweifeldrig; zweischiffig, doppelschiffig
two-span beam *(BT, TK)* Zweifeldbalkenträger *m*
two-span bridge *(Br)* Zweifeldbrücke *f*
two-span girder Zweifeldträger *m*
two-stack doppelrohrig, zweirohrig, Zweirohr...
two-stack plumbing *(WVA)* Doppelrohr-Grundstücksentwässerung *f*
two-stage zweistufig, Zweistufen...
two-stage comminution *(BM, Te)* zweistufiges Zerkleinern *n*, zweistufige Zerkleinerung *f*
two-stage curing Zweistufenautoklavbehandlung *f (Beton)*
two-stage mixing Zweiphasenmischen *n*
two-stage reduction *(BM, Te)* zweistufiges Zerkleinern *n*, zweistufige Zerkleinerung *f*
two-storey(ed) zweigeschossig, zweistöckig, zweietagig
two-storied *(AE) s.* two-storey(ed)
two-story *(AE) s.* two-storey(ed)
two-tier *(AE) (Konst)* zweischalig, doppelschalig
two-tower façade Zwillingsturmfassade *f*, Zweiturmfassade *f*
two-walled doppelwandig
two-way cable conduit zweizügiger Kabelformstein *m*
two-way cable duct zweizügiger Kabelformstein *m*
two-way carriageway *(Verk)* Gegenverkehrsfahrbahn *f*, zweispurige Fahrbahn *f*
two-way cycle track *(Verk)* zweispuriger Radweg *m*
two-way flat slab *(Konst)* Pilzdecke *f (kreuzweise bewehrte Stahlbetonplatte)*
two-way joist construction 1. *(TK)* Kreuzbalkendecke *f*; 2. *(Konst)* Kreuzbalkendachstuhl *m*
two-way prestressed slab *(Konst)* kreuzweise vorgespannte Platte *f*
two-way reinforced *(BB, Konst)* kreuzbewehrt, kreuzweise bewehrt
two-way reinforced concrete slab *(BB, TK)* kreuzweise bewehrte Stahlbetonplatte *f*
two-way reinforced footing *(Erdb)* kreuzweise bewehrtes Fundament *n*
two-way reinforced slab *(Konst)* kreuzweise bewehrte Platte *f*
two-way reinforcement kreuzweise Bewehrung *f*, Kreuzbewehrung *f*
two-way road *(Verk)* Gegenverkehrsstraße *f*, Straße *f* ohne Richtungstrennung *f*
two-way slab *(Konst)* kreuzweise bewehrte Platte *f*
two-way strap *(Hb)* Gabelband *n*, gegabelte Kopfschiene *f*
two-way street zweispurige Stadtstraße *f*
two-way telephone system Wechselsprechanlage *f*, Hauswechselsprechanlage *f*
two-way traffic *(Verk)* Gegenverkehr *m*, zweispuriger Verkehr *m*
two-way traffic sign *(Verk)* Gegenverkehrszeichen *n*
two-way tunnel *(Tun)* zweispuriger Tunnel *m*
two-way valve *(HLK, San)* Zweiwegeventil *n*
two-way wiring *(El)* Wechselschaltung *f (Beleuchtung)*
two-webbed doppelstegig, zweistegig
two-webbed plate girder *(TK)* Doppelstegblechträger *m*
two-webbed T-beam *(TK)* zweistegiger Plattenbalken *m*, doppelstegiger Plattenbalken *m*
two-wheel traffic Zweiradverkehr *m*
two-wing *s.* two-winged
two-winged zweiflügelig, Zweiflügel...
two-winged building *(Arch, Konst)* zweiflügeliges Gebäude
two-withe, two-wythe *(Konst)* zweischalig, doppelschalig
two-zone zweizonig, Zweizonen...
two-zone air-conditioning system *(HLK)* Zweizonen--Klimaanlage *f*
twofold zweifach
twofold window *(BT)* Doppelfenster *n*
tying 1. *(Te)* Flechten *n*; Rödelung *f (Bewehrung)*; 2. *(Konst)* Verankerung *f*, Verankern *n*
tying point *(Te)* Knüpfpunkt *m*, Knüpfstelle *f (Bewehrung)*
tying reinforcement Rödeln *n* der Bewehrung, Bewehrungsflechten *n*
tying wire Rödeldraht *m*, Bindedraht *m (Bewehrung)*
tympanum *(Arch)* Tympanon *n*, Bogenfeld *n (am romanischen und gotischen Portal)*; Giebelfeld *n*, Giebeldreieckraum *m (am antiken Tempel)*
type *(Konst)* Typ *m*, Ausführung *f*, Art *f*, Form *f*; Modell *n*
type and scope Art *f* und Umfang *m*
type and size of reinforcement Stahlsorte *f* und Durchmesser *m (Eisenliste, Stahlliste)*
type approval *(VR)* Betriebsgenehmigung *f*, Bauartzulassung *f*, Betriebserlaubnis *f*
type evaluation Konformitätsbewertung *f*, Typbewertung *f*
type-ground-plan *(Konst)* Regelgrundriss *m*, Typen(bau)-grundriss *m*
type of anchorage Verankerungsart *f*
type of block *(Konst)* Gebäudeart *f*, Gebäudetyp *m*
type of board Plattenart *f*
type of cement *(BM)* Zementsorte *f*, Zementart *f*
type of construction *(Konst)* Bauform *f*, Bauart *f*, Bautyp *m*
type of finishing *(Konst)* Bearbeitungsart *f*, Bearbeitungsform *f*
type of flow *(Wsb, WVA)* Strömungszustand *m*, Strömungstyp *m*
type of glass *(BM)* Glasart *f*, Glassorte *f*
type of loading *(Stat)* Belastungsart *f*
type of mixture Mischgutart *f*
type of mortar Mörtelsorte *f*, Mörtelart *f*
type of network *(RP, Verk)* Straßennetzmodell *n*
type of reinforcement Bewehrungsart *f*
type of residential building *(Konst)* Wohngebäudeart *f*
type of road *(Verk)* Straßentyp *m*
type of rock Gesteinsart *f*
type of settlement *(RP)* Siedlungstyp *m*
type of signing *(Verk)* Beschilderungsart *f*
type of structure *(Br, Konst)* Bauwerksmodell *n*; Bauwerkstyp *m (Brücke)*
type of vault Gewölbeform *f*
type standardization *(Konst)* Typisierung *f*
type testing *(VR)* Bauartprüfung *f*, Eignungsprüfung *f*
type X lath *(BT)* feuerverzögernde Dachlatte *f*
type X wallboard *(BT)* Feuerschutzputzträgertafel *f* aus Gipskarton, feuerhemmende Gipswandplatte *f*
typhon *(Arch)* Thyphonium *n (altägyptischer Tempel)*
typical typisch, charakteristisch, bezeichnend, kennzeichnend
typical bond *(Konst)* Regelverband *m*
typical column *(BT)* Regelstütze *f*
typical cross section *(Verk)* Normalquerschnitt *m*; Regelquerschnitt *m (Straße)*
typical cube *s.* typical test cube
typical floor ground-plan *(Konst)* Regeletagengrundriss *m*, Geschossregelgrundriss *m*
typical ground plan *(Konst)* Regelgrundriss *m*
typical load *(Stat)* Regellast *f*
typical masonry bond *(SB)* Regelverband *m*
typical plan *(Konst)* Regelgrundriss *m*
typical profile Regelprofil *n*
typical shell Regelschale *f*

typical test cube *(BM)* Normalwürfel *m*, Regelwürfel *m* *(Betonprüfung)*
typical thickness Regeldicke *f*
typical width Regelbreite *f*
typified design *(Konst)* Typenprojekt *n*
typify *v (Konst)* typisieren *(Konstruktion)*
tyraline *(BM, OB)* Anilinrot *n*
tyre-roadway noise *(Umw)* Reifen-Fahrbahn-Geräusch *n*
Tyrolean finish *(AE)* (maschineller) Wurfrauputz *m*, Spritzputz *m*
Tyton joint *(BT)* Tyton-Muffe *f*

U

U-bend *(BT, HLK, San, WVA)* U-Rohr *n*, Doppelkrümmer *m* *(Rohrleitungen)*
U-block U-Sturzschiene *f*, U-Sturz *m*
U-bolt Bügelbolzen *m*, Bügelschraube *f*
U-channel *(BT)* U-Profil *n*
U-frame *(Konst)* einfacher offener Rahmen *m*, U-Rahmen *m*
U-gauge Druckmesser *m*, Manometer *n (Gasdruck, Wasserdruck)*
U-groove weld *(Konst, St)* U-Naht *f (Schweißverbindung)*
U-section U-Profil *n*, Stahlprofil *n* in U-Form
U-shaped expansion pipe U-förmiger Federrohrbogen *m*
U-strap *(BT)* Hängeeisen *n*
U-troughing *(Konst)* Leitungskanal *m*
U-value *(BM, DIS)* Wärmedurchgangszahl *f*, spezifischer Wärmefluss *m*, Wärmeübergangszahl *f*
udometer *(Umw)* Regenmesser *m*
udometry *(Umw)* Regenmessung *f*
UF *s.* urea formaldehyde
ulmic acid *(LB, Umw)* Humussäure *f*
ulmous earth *(LB)* Humuserde *f (Landschaftsbau)*
ulmous substance *(LB, Umw)* Huminstoff *m*
ultimate äußerstes, allerletztes; End...
ultimate bearing capacity *(Stat)* Grenztragfähigkeit *f*, Tragfähigkeit *f*, Tragvermögen *n*
ultimate bending angle Bruchbiegewinkel *m*
ultimate bending moment *(Stat)* Bruchbiegemoment *n*
ultimate column resistance *(Stat)* Knickfestigkeit *f*, Knickstabilität *f*
ultimate column stability *(Stat)* Knickfestigkeit *f*, Knickstabilität *f*
ultimate compressive load *(Stat)* Bruchdrucklast *f*
ultimate compressive strength *(Stat)* Bruchdruckfestigkeit *f*
ultimate condition *(Stat)* Bruchbedingung *f*
ultimate creep value *(BB)* Kriechendwert *m (Beton)*
ultimate criteria *(Stat)* Grenzkriterien *npl*
ultimate design (method) *(Stat)* Bruchtheorie *f*, n-freies Berechnungsverfahren *n*
ultimate elongation *(Stat)* Bruchdehnung *f*
ultimate equilibrium *(Stat)* Bruchgleichgewicht *n*
ultimate flexural load *(Stat)* Biegebruchlast *f*
ultimate limit state (of load-bearing capacity) *(Stat)* Grenzzustand *m* der Tragfähigkeit, Bruchgrenze *f*
ultimate limit switch *(El)* End(aus)schalter *m*
ultimate limiting state *s.* ultimate limit state (of load-bearing capacity)
ultimate load *(Stat)* Bruchlast *f*, Traglast *f*, Grenzlast *f*
ultimate load bearing capacity *(Stat)* Grenztragfähigkeit *f*, Bruchtragfähigkeit *f*
ultimate load design (method) *(Stat)* Traglastverfahren *n*, n-freies Berechnungsverfahren *n*
ultimate loading *(Stat)* Bruchbelastung *f*, Grenzbelastung *f*
ultimate moment *(Stat)* Bruchmoment *n*
ultimate moment of resistance *(Stat)* Grenzwiderstandsmoment *n*
ultimate production *(Te)* Gesamtproduktion *f*
ultimate set Endaushärtung *f (Kunststoff)*
ultimate shear stress *(Stat)* Scherbruchspannung *f*, Scherbruchbelastung *f*
ultimate shearing strength *(Stat)* Bruchschubfestigkeit *f*
ultimate shearing stress *(Stat)* Bruchschubspannung *f*
ultimate stability Endstabilität *f*
ultimate state *(Stat)* Grenzzustand *m*
ultimate storage *(Umw)* Endlagerung *f (Deponie, Umwelt)*
ultimate straining *(Stat)* Bruchbeanspruchung *f*
ultimate strength *(Stat)* Bruchfestigkeit *f*, Zerreißfestigkeit *f*, Endfestigkeit *f*, Grenzfestigkeit *f*; Zugfestigkeit *f*
ultimate strength design (method) *s.* ultimate load design (method)
ultimate stress *(Stat)* Bruchspannung *f*, Bruchbelastung *f*
ultimate stress condition *(Stat)* Bruchspannungsbedingung *f*
ultimate tensile strength *(Stat)* Zugfestigkeit *f*, Zerreißfestigkeit *f*
ultimate tensile stress *(Stat)* Bruchzugspannung *f*
ultimate value *(Stat)* Grenzwert *m*; Endwert *m*
ultimate yield strength *(Stat)* Bruchstreckgrenze *f*
ultra-fine grained feinstkörnig *(Füllstoff)*
ultra-fine material *(BM)* Feinstkorn *n (Korngröße < 0,02 mm)*; Feinstoffe *mpl (< 0,02 mm)*; Feinstgut *m*, Mehlkorn *n*; Feinstes *n*, Abschlämmbares *n*
ultra-fine particles *s.* ultra-fine material
ultra-smooth finish *(OB)* Superoberflächenschluss *m*
ultrabasic rock *(BM)* ultrabasisches Gestein *n*
ultradominant vorwiegend
ultrafines *s.* ultra-fine material
ultramarine *s.* ultramarine blue
ultramarine ash *(BM, OB)* Ultramarinrestpigment *n*
ultramarine blue Ultramarin *n*, Lasurblau *n*
ultramarine pigment *(BM, OB)* Ultramarinpigment *n*, Ultramarinfarbe *f*
ultrapore Feinpore *f (Baustoffe)*
ultrared radiation *(El)* ultrarote Strahlung *f*, infrarote Strahlung *f*
ultrasonic cleaning *(OB, Te)* Ultraschallreinigung *f*
ultrasonic concrete testing *(BM)* Betonultraschallprüfung *f*
ultrasonic drilling *(Te)* Ultraschallbohren *n*
ultrasonic flaw detector *(BM, BWG)* Ultraschallprüfgerät *n*
ultrasonic material tester *(BM, BWG)* Ultraschallprüfgerät *n (Baustoffe)*
ultrasonic motion detector *(El)* Ultraschallbewegungsmelder *m*
ultrasonic probe *(El)* Ultraschallsonde *f*
ultrasonic soldering *(St, Te)* Ultraschalllöten *n*
ultrasonic testing *(BM)* Ultraschallprüfung *f*
ultrasonic testing of concrete *(BM)* akustische Betonprüfung *f*
ultrasonic thickness measurement Ultraschalldickenmessung *f*
ultrasonic transducer Ultraschallerzeuger *m*
ultrasonic vibration Ultraschallschwingung *f*
ultrasonic wall thickness measurement Ultraschallwanddickenmessung *f*
ultrasonic welding Ultraschallschweißen *n*

ultrasonics Ultraschall *m*
ultraviolet curing Ultraviolethärtung *f*
ultraviolet light *(El)* ultraviolettes Licht *n*, UV-Licht *n*
ultraviolet radiation *(El, OB)* Ultraviolett(be)strahlung *f*
umber *(BM)* Umbra *f (manganhaltiger Ton)*; braunes Erdpigment *n*
umbrella Schornstein(regen)kranz *m*, Schornsteinkragen *m*
umbrella form *(Konst)* Schirmform *f*
umbrella roof *(Konst)* Regenschirmschalendach *n*; überhängendes Dach *n*
umbrella shell *(Konst)* Pilzschale *f*, Regenschirmschale *f*
umbrella stand *(EB)* Schirmständer *m*
umbrella vault *(Konst)* Schirmgewölbe *n*
UMTS *s.* universal mobile telecommunication system
unadorned nüchtern, schlicht, schmucklos, unverziert, zierlos
unaerated *(HLK)* unbelüftet
unaffected by light lichtecht
unaged *(BM)* nicht gealtert
unalloyed unlegiert, einfach
unaltered unverändert
unaltered rock *(BM)* gesundes Gestein *n*
unambiguous eindeutig
unannealed ungetempert
unannounced unangekündigt
unanticipated *(VR)* unerwartet, unvorhergesehen
unascendable chimney unbesteigbarer Schornstein *m*
unassorted *(BM)* unklassiert *(Primärbaustoffe)*
unattacked unangegriffen, nicht korrodiert
unbaked brick ungebrannter Ziegel *m*
unbalanced force *(Stat)* Umlenkkraft *f*
unbending *(BT, Konst)* unbiegsam, steif, starr *(Konstruktionsverbindung, Bauelement)*
unbiased unvoreingenommen, unbefangen, unparteiisch
unbolt *v* abschrauben, losschrauben
unbonded grenzenlos; schrankenlos; ohne Verbund, ungebunden
unbonded construction *(Konst)* ungebundene Bauweise *f*; verbundlose Bauweise *f*
unbonded layer ungebundene Schicht *f*
unbonded material ungebundenes Material *n*
unbonded member *(BT, Te)* Spannbetonelement *n* mit freiem Spannglied
unbonded prestressing Vorspannung *f* ohne Verbund
unbonded tendon *(BT, Te)* Spannglied *n* ohne Verbund
unbound *(BM, BT)* ungebunden, frei
unbound material ungebundenes Material *n*
unbraced frame Rahmen *m* ohne Aussteifung, verstrebungsfreier Rahmen *m*
unbraced length Länge *f* zwischen Einspannung und Aussteifung *(Bauelement)*
unbreakable *(BM, BT)* bruchfest
unbreakable bond unzerstörbare Haftung *f*
unbreakable glass unzerbrechliches Glas *n*
unbroken 1. *(BT)* kontinuierlich, durchgehend, ununterbrochen; ungeschwächt; 2. *(BM)* ungebrochen, nicht gebrochen *(Zuschlagstoff)*; 3. *(LB)* ungepflügt *(Boden)*
unbroken line Volllinie *f*
unbuilt 1. *(RP)* noch nicht gebaut; 2. *(RP)* unbebaut *(Gelände)*
unbuilt-on *(RP)* unbebaut *(Gelände)*
unburden *(Bod, Erdb)* unbelastet, nicht belastet *(Erdstoff)*
unburned ungebrannt, nicht gebrannt
unburned block kaltgebundener Baustein *m*
unburned clay ungebrannter Ton *m*, Rohton *m*
unburnt *(BM)* ungebrannt
unburnt brick Lehmziegel *m*, Luftziegel *m*
uncased *(Konst)* nicht ummantelt; nicht betonumhüllt
unclimbable unübersteigbar
unclosed traverse *(Stat)* offenes Polygon *n*
uncoated roh, nackt *(ohne Belag)*; roh, nicht umhüllt *(Straßenbausplitt)*
uncoated chippings *(BM)* nicht umhüllter Splitt *m*
uncoated chips Rohsplitt *m*, nicht umhüllter Splitt *m*
uncohesive *(Bod)* nicht bindig *(Erdstoff)*
uncoloured farblos
uncompacted *(Bod, Erdb, Verk)* unverfestigt
unconfined *(Konst)* unbehindert *(Lagerung, Ausdehnung)*; unbegrenzt, unbeschränkt
unconfined compressive strength test *(Bod)* Druckfestigkeitsprüfung *f* mit unbehinderter Seitenausdehnung
unconfined ground water *(Bod, WVA)* ungespanntes Grundwasser *n*, Freispiegelgrundwasser *n*
unconnected unverbunden, getrennt
unconsolidated *(Bod)* unverfestigt, locker, nicht verdichtet, nicht verfestigt
unconsolidated rock *(BM)* Lockergestein *n*, unverfestigtes Gestein *n*
unconsolidated strata *(Bod, Erdb)* Lockergestein *n*, lockere Gesteinsschicht *f*
uncontaminated *(Umw)* nicht kontaminiert, unkontaminiert, unbelastet, nicht verunreinigt, nicht verseucht
uncontaminated sample *(BM, Umw)* unkontaminierte Probe *f*
uncontrolled *(Te, Verk)* ungeregelt, ungesteuert
uncontrolled dumping ungeordnete Ablagerung *f*
uncontrolled junction *(Verk)* gleichberechtigte Kreuzung *f (Straße)*
uncontrolled pedestrian crossing *(Verk)* Fußgängerüberweg *m* ohne Signalsteuerung
uncontrolled tipping *(Umw)* ungeordnete Deponie *f*, wilde Müllablagerung *f*
uncontrolled ventilation *(HLK)* ungeregelte Lüftung *f*
uncontrolled weir *(Wsb)* freier Überfall *m*
uncorroded *(OB)* nicht korrodiert, unangegriffen
uncouple *v* abkuppeln
uncoursed *(SB)* unregelmäßig, ungleichmäßig, ungeschichtet *(Mauerwerk)*
uncoursed rubble masonry *(SB)* unregelmäßiges Bruchsteinmauerwerk *n*
uncover *v* freilegen, bloßlegen, aufdecken
uncovered 1. *(Konst)* nicht überdacht; unbedeckt; 2. *(OB)* blank *(Drahtwaren)*
uncracked ungerissen, nicht gerissen, rissfrei
uncracked condition Rissefreiheit *f (Beton, Stahlbeton--Zustand)*
uncracked flexural stiffness *(Stat)* Biegesteifigkeit *f* ohne Rissbildung
uncrowded *(Verk)* wenig befahren *(Straße)*
uncrushed ungebrochen, nicht gebrochen
uncrushed particle ungebrochenes Korn *n*
unctuarium *(Arch)* Aleipterion *n*, Salbraum *m (antikes Rom)*
unctuous clay *(BM, Bod)* fetter Ton *m*, schwerer Ton *m*
uncultivated land *(RP)* unbebautes Land *n*, Neuland *n*
uncut unbehauen *(Stein)*
uncut modillion *(Arch)* Zierkonsole *f*, Modillion *n (am Sims korinthischer Säulen)*
undamaged unbeschädigt, unversehrt
undé moulding *(Arch)* Wellenornament *n*, Wellenverzierung *f*
undecayed *(BM, LB)* unverwittert
undecorated *(Arch)* unverziert; nicht tapeziert
undeformable *(TK)* formhaltig, unverformbar
undeformed formhaltig, unverformbar
under construction *(Te)* im Bau
under public law *(VR)* öffentlich-rechtlich
under-tile *s.* concave tile
underbase *(Erdb)* Fundament *n*, Gründungsplatte *f*

underbed *(Erdb, Verk)* Unterbauschicht *f*, Unterlage *f*; Unterbeton *m*; Mörtelunterbettungsschicht *f*, Unterbettungsschicht *f*
underbridge *(Verk)* Unterführung *f*, Wegunterführung *f*
underbridged *(Konst)* unterführt, untergangen, unterfahren *(z. B. Straße, Leitungstrasse)*
underburning Schwachbrand *m (Keramik)*
underburnt *(BM)* schwachgebrannt
undercloak *(BM, Konst)* Unterlagsschiefer *m*, Unterlegeschindel *f (Dach)*
undercoat 1. *(OB)* Grundierung *f*; 2. *(SB)* Unterputzschicht *f*, untere Putzschicht *f*, Grobputzlage *f*, Grundputzschicht *f*, Rauwerk *n*
undercoat paint *(BM, OB)* Voranstrichstoff *m*, Voranstreichfarbe *f*, Zwischenanstrichstoff *m*
undercoat plaster *(SB)* Unterputz *m*, Grundputz *m*
undercoating material *(BM, OB)* Voranstrichmittel *n*, Voranstrichmasse *f*
underconsolidated soil deposit *(Erdb)* Erdstoffseitenablage *f* ohne Verdichtung
undercourse Unter(lags)schieferlage *f*, Unterlage *f*, erste Schindellage *f (Dach)*
undercroft *(Arch)* Krypta *f*, Gruftgewölbe *n*, Kirchenkellergewölbe *n*
undercrossing *(Erdb, Verk)* Unterfahrung *f*; Fußgängertunnel *m*
undercured *(BM)* nicht ausgehärtet, nur teilweise gehärtet *(Beton, Kunststoff)*
undercurrent *(Wsb)* Unterstrom *m*, Unterströmung *f*
undercut *v* 1. unterschneiden *(Mauerwerk)*; 2. eine Nut [Rinne] in eine Kragschicht von unten einschneiden; 3. unterhöhlen; 4. *(Wsb)* unterspülen
undercut 1. *(Konst)* unterschnitten; 2. *(Konst, Te)* unterhöhlt
undercut 1. *(Konst)* Unterschneidung *f*; 2. *(Hb)* Fallkerb *m*
undercut door *(BT)* offenes Türblatt *n* ohne Lüftungslamellen *(an der unteren Kante)*
undercut slope 1. *(Erdb)* unterschnittene Böschung *f*, Unterschneidungshang *m*; 2. *(Wsb)* Prallhang *m*
undercut tenon *(Hb)* dichtgeschnittener [passend geschnittener] Zapfen *m (Holzverbindung)*
undercutting 1. rückschreitende Vertiefung *f*; Unterschneidung *f*, Unterhöhlung *f*; 2. *(Wsb)* Unterspülung *f*
underdesign *v (Konst, Stat)* unterdimensionieren, unterbemessen
underdesigned *(Konst, Stat)* unterdimensioniert, unterbemessen, zu schwach bemessen
underdrain *(Erdb, LB)* Sickerdränung *f*
underdrainage *(Erdb, LB)* Untergrundentwässerung *f*, Dränage *f*, Dränung *f*; Trockenlegung *f*
underdrawing *(SB)* Mörtelverstrich *m (Dach)*
underfelt ungeklebte Dachpappenlage *f*
underfilling Unterfüllung *f*
underfilm corrosion *(OB)* Unterkorrosion *f*; Unterrostung *f*
underfilm rusting *(OB)* Unterrostung *f*
underfire air *(HLK)* Unterluft *f (Feuerführung)*
underfiring *(BM)* Schwachbrand *(Keramik)*
underfloor *(Konst)* Unterboden *m*; Decke *f (von unten gesehen)*
underfloor cable duct in die Decke eingelassener Kabelkanal *m*
underfloor duct *(BT, Konst)* Unterflurkanal *m*
underfloor heating *(HLK)* Unterflurheizung *f*, Fußbodenheizung *f*
underfloor hydrant *(WVA)* Unterflurhydrant *m*
underfloor raceway *(AE)* s. underfloor cable duct
underfloor socket *(El)* Unterflursteckdose *f*
underfloor wiring *(El)* Deckenverdrahtung *f*
underflow 1. *(BWG)* Grundwasser *n (freibeweglich)*; 2. *(BM)* Siebdurchgang *m*; 3. *(Wsb, WVA)* Minderdurchfluss *m*; 4. *(Wsb)* Unterströmung *f*
underframe *(Konst)* Unterrahmen *m*, Tragrahmen *m (Holzfachwerkhaus)*
underglaze decoration Unterglasurbemalung *f (Keramikfliese)*
undergo *v* **deformation** *(BM, BT)* sich verformen
undergo *v* **dissolution** sich auflösen
undergo *v* **oxidation** *(OB)* der Oxidation unterliegen
undergrade crossing *(Verk)* Straßenunterführung *f*, Wegunterführung *f*
underground unterirdisch, unter der Erdoberfläche; erdverlegt; Untergrund...
underground 1. *(Erdb)* Untergrund *m*; 2. *(Tun)* bergmännische Tunnelbauweise *f*; 3. *(Verk)* U-Bahn *f*, Untergrundbahn *f*
underground basilica *(Arch)* unterirdische Basilika *f*
underground block *(Konst)* unterirdisches Gebäude *n*, Untertagebauwerk *n*
underground burial place *(Arch, Konst)* Katakombe *f*
underground cable *(El)* Erdkabel *n*, Kabel *n* für Erdverlegung
underground cable railway *(Verk)* Standseilbahn *f*
underground cabling *(El)* Erdverkablung *f*
underground car park *(Konst)* Tiefgarage *f*
underground chamber *(Konst)* Untertageraum *m*, unterirdischer Raum *m*
underground corrosion *(Erdb, Umw)* Erdbodenkorrosion *f*
underground dam *(Wsb)* Untergrundstauwerk *n*
underground depot *(Umw)* Untertagedeponie *f*, UTD
underground distribution chamber *(Konst)* Kabelkeller *m*
underground drainage *(Erdb, LB)* unterirdische Entwässerung *f*
underground duct *(Konst)* Bodenkanal *m*, Unterflurkanal *m (Leitungen)*
underground entrance Untergrundzufahrt *f*
underground floor *(AE) (Konst)* Kellergeschoss *n*, Grundgeschoss *n*
underground flow *(BWG)* Grundwasser *n (freibeweglich)*
underground flow of water *(Bod, Erdb)* unterirdischer Wasserabfluss *m*
underground garage *(Konst)* Tiefgarage *f*
underground hopper *(Konst)* Tiefbunker *m*
underground hydrant *(WVA)* Unterflurhydrant *m*
underground hydroelectric plant *(El, Tun, Wsb)* Kavernenkraftwerk *n*
underground infrastructure *(RP)* unterirdische Infrastrukturanlagen *fpl*
underground injection *(DIS, RS)* Untergrundabdichtung *f (durch Injektion)*
underground installation s. underground laying
underground laying 1. *(Konst)* Erdverlegung *f (Leitungen)*; 2. *(El)* Erdverkabelung *f*
underground line *(Verk)* U-Bahnlinie *f*, U-Bahnstrecke *f*
underground mains unterirdische Hauptleitungen *fpl*; unterirdische Sammelkanäle *mpl*
underground mining *(Erdb, Tun)* Untertagebau *m*
underground operations *(Te)* Untertagebetrieb *m*
underground parking garage *(Konst)* Tiefgarage *f*
underground pipe entry *(Konst)* Unterflurrohreinführung *f (Gebäudeversorgungsleitungen)*
underground pipeline *(Konst)* unterirdische Rohrleitung *f*, erdverlegte Rohrleitung *f*
underground piping 1. erdverlegte Rohrleitung *f*; 2. unterirdische Rohrverlegung *f*
underground power station *(El, Erdb, Tun)* Kavernenkraftwerk *n*
underground railway *(Verk)* U-Bahn *f*, Untergrundbahn *f*

underground reservoir *(Erdb, Konst, Tun)* Untergrundspeicher *m*
underground road *(Verk)* Untergrundstraße *f*, getunnelte Straße *f*
underground room *(Konst)* Untertageraum *m*, unterirdischer Raum *m*
underground sealing *(DIS)* Untergrundabdichtung *f*
underground service entry *(Konst)* Unterflurleitungseinführung *f (Gebäudeversorgungsleitungen)*
underground site *(Tun)* Untertagebaustelle *f*
underground station *(Verk)* U-Bahnhof *m*
underground storage 1. unterirdische Lagerung *f*; 2. *(Tun, Wsb)* Untergrundspeicherung *f*
underground storage chamber *(Tun, Wsb)* Untergrundspeicher *m*
underground storage tank *(Konst)* Erdtank *m*
underground store *(BT, Konst)* Untergrundspeicher *m*
underground structure *(Erdb)* Tiefbauwerk *n*; unterirdische Konstruktion *f*
underground stucco *(AE)* Unterfluraußenputz *m*, unterirdischer Außenputz *m*
underground tank Erdbehälter *m*, unterirdischer Behälter *m*
underground tramway *(Verk)* Unterpflasterstraßenbahn *f*
underground urbanism *(RP)* Untergrundstadtleben *n*
underground waste disposal *(Umw)* unterirdische Abfallbeseitigung *f*
underground water *(Bod, WVA)* unterirdisches Wasser *n*, Grundwasser *n*
underground water flow *(Bod)* Grundwasserstrom *m*, unterirdischer Wasserfluss *m*
underground work *(Konst, Tun)* unterirdische Bauvorhaben *npl*
underground working *(Tun)* Grubenbau *m*
undergrowth *(LB)* Niederwald *m*; Unterholz *n (Landschaftsbau)*
underlay *v* unterlegen, darunter legen, stützen
underlay *(Erdb, Konst)* Unterlage *f*, Unter(lags)schicht *f*; Unterlagsbahn *f*; Bettungsschicht *f*; Rücklage *f*, Trägerschicht *f*
underlay paper *(Verk)* Papierunterlage *f*, Unterlagspapier *n (Betonstraßentechnologie)*
underlayer Unterschicht *f*; Grundschicht *f*
underlayer of ballast *(Verk)* Schotterbett *n (Gleis)*
underlayer of gravel *(Erdb)* Kiesunterbettung *f*
underlayer with level ebene Unter(bettungs)schicht *f*
underlaying data *(Stat)* zugrunde liegende Daten *pl*
underlaying stratum *(Erdb)* Liegendes *n*
underlayment 1. *(EB)* Fußbodenbelagunterlage *f*; 2. *(Konst)* erste Lage *f (Dach)*; 3. *(EB)* Teppichunterlage *f*; 4. *(Konst)* Rücklage *f*, Hinterlegung *f*, Rücklage *f*, Trägerschicht *f*
underlayment for floor covering *(EB)* Fußbodenbelagunterlage *f*
underlet *v (VR)* untervermieten, weitervermieten
underlie *v* unterlagern, unter etwas legen
underlining felt *(DIS, Konst)* Dachpappenunterlage *f*, erste Lage *f (Dach)*
underload *(Stat)* Unterbelastung *f*
underlying bed *(Erdb, Tun)* Liegendes *n*
underlying layer Unterbettungsschicht *f*, Unterlagebahn *f*
underlying reservoir *(Tun, Wsb)* Untergrundspeicher *m*
underlying rock *(Erdb, Tun)* anstehendes Gestein *n*
underlying stratum *(Erdb, Tun)* Liegendes *n*
undermass *(Konst)* Unterbau *m*
undermine *v* 1. untergraben, unterhöhlen; 2. *(Wsb)* auskolken, auswaschen, unterwaschen
undermining *(Wsb)* Auskolkung *f*, Unterwaschung *f*, Unterspülung *f*, Unterhöhlung *f*
underpaint coating *(OB)* Grundschicht *f (Anstriche)*
underpass *(Tun, Verk)* Unterführung *f*, Wegunterführung *f*, Straßenunterführung *f*; Straßentunnel *m*; *(AE)* Eisenbahnunterführung *f*
underpin *v (Erdb)* unterfangen, abfangen; unterbauen
underpin *v* **with piles** *(Erdb)* unterpfählen
underpin sheeting *(Erdb)* Unterfangungsschalung *f*
underpinned wall *(Erdb, Konst)* unterfangene Mauer *f*
underpinning *(Erdb)* Unterfangen *n*, Unterfangung *f*
underpinning of buildings *(Erdb, Konst)* Unterfangen *n* von Gebäuden
underpinning work *(Erdb, Te)* Unterfangungsarbeiten *fpl*
underpitch groin *(Konst)* unterschrägte Gewölbekappe *f*
underpitch vault halbhochgekreuztes [unterschrägtes] Gewölbe *n*
underplaster installation *(El)* Unterputzverlegung *f*
underpouring *(Konst)* Untergießen *n (mit Beton)*
underprestressed *(Konst)* untervorgespannt
underprotected unzureichend geschützt
underprotection *(OB)* ungenügender Schutz *m (Korrosion)*
underream *v (Erdb)* unterschneiden; anschneiden *(den Fuß eines Bohrpfahls erweitern)*; nachbohren, nachräumen, unterschneiden *(Bodenbohrung)*
underreamed pile *(Erdb)* Knollenfußpfahl *m*, Pfahl *m* mit angeschnittenem Fuß
underreinforced *(Konst)* unterbewehrt
underrusting *(OB)* Unterrostung *f*
undersanded sandarm, feinzuschlagstoffarm; sandunterbemessen *(Beton, Asphalt, Mörtel)*
undersanded concrete *(Bod)* sandarmer Beton *m*, Beton *m* mit zu geringem Sandanteil
undersaturated untersättigt
undersealing *(DIS, RS)* Nachabdichtung *f*, Sanierungsabdichtung *f*; Unterpressen *n*
underseepage *(Wsb)* Unterströmen *n*, Sickerströmung *f (Sperrwerk)*; Grundwasserstromsickerung *f*
undershot *(Wsb)* unterschlächtig *(Wasserrad)*
underside Unterseite *f*; Untersicht *f*
underside elevation [view] *(Konst)* Untersicht *f (Zeichnung)*
undersize *(BM)* Unterkorn *n*, Siebdurchgang *m*, Siebdurchfall *m (Zuschlagstoffe)*
undersize material *(BM)* Siebfeines *n*
undersized *(Konst, Stat)* unterdimensioniert
underslating felt *s.* underlining felt
undersoil Untergrund *m*
understanding *(VR)* Vereinbarung *f*, Abmachung *f*
understructure *(TK)* Tragekonstruktion *f*; Unterbau *m (Unterkonstruktion)*
undersurface 1. unterirdisch; 2. Unterwasser...
undersurface Unterseite *f*
undertake *v (VR)* übernehmen, etwas in die Hand nehmen, eingehen; sich erbieten, sich verpflichten; garantieren
undertaking *(VR)* Unternehmung *f*, Unternehmen *n*, Betrieb *m*; Übernahme *f*; Verpflichtung *f*; Garantie *f*
underthroating Überwölben *n* des Simses, Ausbilden *n* eines Vorsprungs
undertone *(OB)* Farbtonmodifizierung *f* durch dünnen Farbüberstrich
underview Untersicht *f*
underwall *(Erdb, Tun)* Liegendes *n*
underwashing *(Wsb)* Unterspülung *f*, Unterwaschung *f*, Auskolkung *f*
underwater *(Bod)* Grundwasser *n*
underwater application *(Konst)* Unterwasseranwendung *f*
underwater coat *(OB)* Unterwasseranstrich *m*
underwater concrete *(BB, Wsb)* Unterwasserbeton *m*
underwater concreting *(BB, Te, Wsb)* Unterwasserbetonierung *f*
underwater corrosion *(OB)* Unterwasserkorrosion *f*

U

underwater cutting blowpipe Unterwasserschneidbrenner *m*
underwater excavation Unterwasserausgrabung *f*
underwater foundation *(Wsb)* Unterwassergründung *f*
underwater installations *(Wsb)* Unterwasserbauten *mpl*
underwater paint coat Unterwasseranstrich *m*
underwater protection *(OB)* Unterwasser(korrosions)-schutz *m*
underwater slope *(Wsb)* Unterwasserböschung *f*
underwater tunnel *(Tun, Wsb)* Unterwassertunnel *m*
underwater welding Unterwasserschweißen *n*, UW--Schweißen *n*
underweight Untergewicht *n*, Fehlgewicht *n*
underwood *s.* undergrowth
undetachable unzerlegbar
undetachable joint *(BT, Konst)* unlösbare Verbindung *f*
undeterminable *(Stat)* unbestimmbar
undetermined *(Stat)* unbestimmt
undeveloped *(RP)* unerschlossen, nicht erschlossen *(Bauland)*
undeveloped area *(RP)* nicht erschlossene Baufläche *f*
undeveloped property *(RP)* unbebautes Grundstück *n*
undisturbed ungestört; gelassen; unberührt
undisturbed sample *(Bod)* ungestörte Bodenprobe *f*
undisturbed soil *(Bod)* gewachsener Boden *m*, ungestörter Boden *m*
undisturbed soil sample *(Bod)* ungestörte Bodenprobe *f*
undivided road *(Verk)* ungeteilte Straße *f*
undrained shear test *(Bod)* Schnellscherprüfung *f*
undredgeable nicht baggerbar
undressed *(BM)* roh, unbearbeitet; unbesäumt *(Holz)*; unbehauen *(Stein)*
undressed lumber *(AE)* *s.* undressed timber
undressed timber *(BM, Hb)* Rohschnittholz *n*, geschnittenes Rohholz *n*
undressing cab *(Konst)* Aus- und Ankleidekabine *f*, Umkleidezelle *f*
undressing room Aus- und Ankleideraum *m*, Umkleideraum *m*
undulated wellenförmig, wellig, gewellt, Wellen...
undulated vault *(Konst)* wellenförmiges Gewölbe *n*
undulating *(Bod)* wellig *(z. B. Gelände)*; sanft *(Hügel)*
undulating façade gewellte Fassade *f*
undulating line *(Arch)* Wellenlinie *f*
undulating moulding *(Arch)* Wellenornament *n*, Wellenverzierung *f*, Wellenmuster *n*
undulating tracery *(Arch)* fließendes Maßwerk *n*
undulation of ground *(Bod)* Bodenwelle *f*
undulatory wellenförmig
undy moulding *s.* undulating moulding
unearth *v (Erdb, Te)* ausgraben
unearthed *(El)* ungeerdet, nicht geerdet
unedged *(BM, Hb)* wahnkantig, waldkantig; unbesäumt *(Holz)*
unemployment *(VR)* Arbeitslosigkeit *f*
unenriched *(Arch)* schmucklos, nüchtern, unverziert, ungeschmückt
unequal *(BM, BT)* ungleich, unterschiedlich
unequal angle iron ungleichschenkliges Winkeleisen *n*
unequal-leg ungleichschenklig
unequal-leg section *(BM)* ungleichschenkliges Winkelprofil *n*
unequal-leg steel ungleichschenkliger Winkelstahl *m*
unequal pointed arch *(Konst)* ungleicher Spitzbogen *m*
unequally distributed ungleichmäßig verteilt
uneven *(Arch)* uneben *(Fläche)*; wellig; ungleichmäßig; ungerade; unterschiedlich; schwankend
uneven fracture unebener Bruch *m*

U

uneven grain *(BM)* ungleichmäßige Holzfasern *fpl (entsprechend den Jahreszeiten)*
uneven-grained ungleichmäßig körnig
uneven ground *(OB)* unterschiedlicher Untergrund *m*
uneven road *(Verk)* unebene Straße *f*
uneven settlement *(Bod)* ungleichmäßige Setzung *f*, Setzungsunterschied *m*
unevenly spaced ungleich geteilt
unevenness Unebenheit *f*; Welligkeit *f*
unevenness of the ground *(Bod)* Bodenunebenheit *f*
unexpanded unaufgebläht *(Sinterstoffe)*
unfaced *(BT, Konst)* unverkleidet; nicht abgedeckt
unfasten *v* lösen
unfenced nicht eingezäunt; nicht umfriedet, nicht eingefriedet
unfilled porosity *(BM)* freie Porosität *f*
unfinished 1. unfertig; unbearbeitet; unvollendet; 2. ausbaufähig
unfinished basement *(Konst)* ausbaufähiges Kellergeschoss *n*
unfinished floor Rohfußboden *m*
unfinished loft *(Konst)* ausbaufähiges Dachgeschoss *n*
unfit for human habitation *(VR)* unbewohnbar
unfixed unbefestigt
unfixed soil *(Erdb)* unverfestigter Boden *m*
unflued heater *(HLK)* abzugslose Heizung *f*
unfluted unkanneliert, nicht kanneliert
unfortified *(Arch)* unbefestigt *(auch militärisch)*
unframed door *(BT)* rahmenlose Tür *f*
unfrequented *(Verk)* unbefahren *(Weg)*
unfurnished unmöbliert, leer *(Zimmer)*
ungauged lime plaster *(BM)* gipsfreier Putz *m*, Kalkputz *m*
unglazed unbeglast, nicht beglast; unglasiert, nicht glasiert
unglazed tile *(BM)* unglasierte Fliese *f*, Hartbrandfliese *f*
ungluing Ableimen *n*
ungraded *(BM)* unklassiert *(Kies)*; unsortiert *(Holz)*
ungrounded *(AE)* *s.* unearthed
ungrouted *(Te)* nicht ausgepresst *(z. B. Auspresslöcher, Spannglieder)*
unguarded level crossing *(Verk)* unbeschrankter Bahnübergang *m*
unhardened *(BM, St)* ungehärtet
unheated *(HLK)* unbeheizt
unhewn *(BM, Hb)* unbehauen *(Holz)*
unhewn timber *(BM, Hb)* Stammholz *n*
unhinge *v* aushängen, ausheben *(Fenster, Tür)*
uniaxial einachsig; linear
uniaxial bending *(Stat)* einaxiale [einfache] Biegung *f*
uniaxial loading *(Stat)* einachsige Belastung *f*
uniaxial strain *(Stat)* einachsige Dehnung *f*, lineare Dehnung *f*
uniaxial stress *(Stat)* Normalspannung *f*; einachsige Beanspruchung *f*
uniaxial tensile strength *(Stat)* einachsige Zugfestigkeit *f*
unidirectional traffic *(Verk)* Richtungsverkehr *m (Straße, Autobahn)*
uniform 1. *(BM, BT)* einheitlich; gleichförmig; 2. *(BM)* gleichkörnig, einkörnig *(Zuschlagstoff)*
uniform brightness gleichmäßige Helligkeit *f*
uniform concrete *(BB)* Einkornbeton *m*, gleichkörniger Beton *m*
uniform depth *(Hb)* gleichmäßiger Querschnitt *m*
uniform dilatancy *(Stat)* gleichförmige Dehnung *f*
uniform flow *(Wsb, WVA)* gleichmäßige Strömung *f*, laminare Strömung *f*
uniform gradation [grading] gleichmäßige Kornabstufung *f* [Korngrößenverteilung *f*]
uniform grain size gleichmäßige Korngröße *f*
uniform gravel *(BM)* Einkornkies *m*, gleichkörniger Kies *m*

uniform load *(Stat)* gleichmäßige Belastung *f*
uniform sand *(BM)* Einkornsand *m*, gleichkörniger Sand *m*
uniform settlement gleichmäßige Setzung *f*
uniform system *(Konst, VR)* einheitliches Bauspezifikationssystem *n*
uniform tapering gleichmäßige Verjüngung *f*
uniformism *(BM)* Gleichförmigkeit *f*
uniformitarianism *(VR)* Aktualismus *m*
uniformity *(Konst)* Einheitlichkeit *f*
uniformity coefficient Gleichmäßigkeitskoeffizient *m (Sand, Kies)*
uniformity of loading *(Stat)* gleichförmige Belastung *f*, gleichmäßig verteilte Belastung *f*
uniformity of static load *(Stat)* gleichförmig verteilte statische Last *f*
uniformly bedded *(Erdb, Tun)* gleichmäßig geschichtet *(Erd- und Felsschichten)*
uniformly distributed load *(Stat)* gleichmäßig verteilte Last *f*, Gleichlast *f*
uniformly distributed pressure on ground *(Bod)* gleichmäßig verteilte Bodenpressung *f*
uniformly sized grains *(BM)* gleichkörniges Gut *n*, monodisperses Gekörn *n*
unilateral einseitig
unilateral cantilever load *(Stat)* einseitige Kragbelastung *f*
unilateral illumination *(El)* einseitige Beleuchtung *f*
unilateral loading *(Stat)* einseitige Belastung *f*
unilateral pressure *(Stat)* einseitiger Druck *m*
unilateral sunshine *(Konst)* einseitige Besonnung *f*
unilayer *(Verk)* einlagige Schicht *f (Tragschicht)*
uninhabitable *(VR)* unbewohnbar
uninsulated *(DIS)* ungedämmt, nicht gedämmt
uninterrupted ballast *(Erdb, Verk)* durchlaufendes Schotterbett *n*
uninterrupted space *(Konst)* ungeteilter Raum *m*
uninterruptible power system *(AE) (El, RP)* nicht unterbrechbares Energieversorgungssystem *n*
unintersected *(Verk)* kreuzungsfrei *(Straße)*
union *(BT)* Schraubmuffe *f*, Rohrverschraubung *f*, Stutzen *m*
union bend Überwurfkrümmer *m*
union clip *(San)* Dachrinnenverbindungsstück *n*
union cock Anschlusshahn *m*
union coupling Verbindungsmuffe *f (Schraubverbindung)*
union elbow Überwurfkrümmer *m*
union fitting *(BT, San, WVA)* Überwurffitting *n*
union joint Überwurfverbindung *f*, Überwurfverschraubung *f*
union piece Verschraubung *f (Rohre)*
union screw connection *(BT, San, WVA)* Überwurfverschraubung *f*
union socket Verbindungsmuffe *f (Schraubverbindung)*
uniqueness theorem of plasticity Einigkeitssatz *m* der plastischen Grenzlastermittlung
unistrut space frame structures räumliche Tragwerke *npl*
unit 1. *(BT)* Fertigteil *n*; Bauteil *n*; Baustein *m (Einheit)*; Element *n*; 2. *(VR)* Baukolonne *f*; 3. *(Konst)* Gebäudetrakt *m*
unit absorber *(BT, DIS)* Schalldeckenelement *n*
unit air conditioner *(HLK)* Zimmerklimaanlage *f*; Klimatruhe *f*
unit-area impedance *(DIS)* spezifische Schallimpedanz *f*
unit-assembly system *(Konst)* Baukastensystem *n*
unit built house *(Konst)* Fertighaus *n*
unit-composed system *(Konst)* Baukastensystem *n*
unit conditioner *(HLK)* Klimagerät *n*
unit construction *(Arch, Konst)* Einheitsbauweise *f*, Blockbauweise *f*; Modulbau *m*, Baukastenkonstruktion *f*
unit construction bridge system *(Br)* Standardbrückensystem *n*; Fertigteilbrückenbauweise *f*
unit construction principle *(Konst)* Baukastenprinzip *n*, Baukastensystem *n*
unit cooler *(HLK)* Raumkühler *m*, Zimmerkühlanlage *f (mit Wasserverdunstung)*
unit furniture *(EB)* Fertigteilausrüstung *f*
unit furniture kitchen *(EB)* Anbauküche *f*
unit heater *(El)* Raumlufterhitzer *m*
unit hydrograph *(Erdb, LB, WVA)* Abflussgang *m (Vorfluterabflussschwankung)*
unit load *(Stat)* Einheitslast *f (Last je Flächeneinheit)*
unit lock vormontiertes Türschloss *n*
unit masonry *(SB)* Mauer(werksbau)stein *m*
unit mass Einheitsmasse *f*
unit of accommodation Wohnungseinheit *f*
unit of area Flächeneinheit *f*
unit of measurement Maßeinheit *f*, Einheit *f*
unit of space Raumeinheit *f*
unit of volume Raumeinheit *f*
unit pressure *(Stat)* Flächenpressung *f*
unit price *(VR)* Bauleistungseinzelpreis *m*; Einheitspreis *m*
unit principle *(Konst)* Baukastenprinzip *n*, Baukastensystem *n*
unit spacing *(Konst)* Achsabstand *m*, Achsmaß *n (Raster)*
unit strain *(AE) (BM, Stat)* Dehnung *f*
unit stress *(AE) (Stat)* Spannung *f*, spezifische Spannung *f*
unit-type vent *(AE)* typisiertes Dachentlüftungsfenster *n*
unit volume Raumeinheit *f*
unit water content spezifischer Frischbetonwassergehalt *m*
unit weight 1. *(BM)* spezifisches Gewicht *n*, Raumgewicht *n (Baustoffe)*; 2. *(BT)* Elementgewicht *n*, Stückmasse *f (Bauelement)*
United Nations Secretariat Building *(Arch)* UN-Hauptquartier *n (New York)*
unitize *v* vereinheitlichen; normen, standardisieren; nach dem Baukastensystem konstruieren; typisieren *(Größen)*
unitized *(BM, BT)* genormt, standardisiert; vereinheitlicht; typisiert
unitized kitchen *(BT, EB)* Küchenraumzelle *f*, Kücheninstallationszelle *f*
unitized unit *(BT, EB)* Installationszelle *f*, Installationsblock *m*
unitized unit method *(Konst)* Raumzellenbauweise *f*, Installationsblockbauweise *f*
unity Geschlossenheit *f*, Einheit *f*, Einheitlichkeit *f*
unity of composition *(Arch)* gestalterische Einheit *f*
unity of design *(Arch)* gestalterische Einheit *f*
unity of possession *(VR)* einheitlicher Besitz *m*
univalent radical *(BM, OB)* einwertiges Radikal *n*
universal beam *(AE) (BT, TK)* Doppel-T-Träger *m*
universal bonding adhesive Universalkleber *m*
universal bush hammer *(BWG)* Steinmetzkrönel *m*
universal compound Universalklebemasse *f*
universal design *(Arch, Konst)* Universalprojekt *n*, Universalplan *m*
universal door lock Universaltürschloss *n (für Rechts- und Linkstüren)*
universal dredge *(BWG)* Universalbagger *m*, UB *m (Tiefbau)*
universal iron Universaleisen *n*
universal mobile telecommunication system *(UMTS) (Verk)* Universalmobilfunksystem *n (Mobilfunkstandard der dritten Generation)*
universal spanner Universalschraubenschlüssel *m*
universal tinter *(BM, OB)* Universalabtönfarbe *f*
universal varnish Universallack *m*
university ground *(Konst, RP)* Universitätsgelände *n*, Hochschulgelände *n*, Kampus *m*
unkilled *(St)* unberuhigt *(Stahl)*

unknown Unbekannte *f*
unknown quantity *(Stat)* unbekannte Größe *f*
unlighted *(El)* unbeleuchtet
unlimited unbegrenzt
unlined *(Umw)* unverkleidet; nicht ausgemauert; nicht abgedichtet *(Deponie)*
unlit unbeleuchtet
unload *v* entladen; entlasten; abladen
unloaded unbelastet; entlastet
unloaded condition *(Stat)* unbelasteter Zustand *m*
unloaded state *(Stat)* unbelasteter Zustand *m*
unloading area *(Konst)* Entladefläche *f*
unloading curve *(Stat)* Entlastungskurve *f*
unloading hopper Entladebunker *m*
unloading pump Entladepumpe *f*
unloading ramp *(Konst, Verk)* Endladerampe *f*
unlock *v* 1. lösen *(z. B. eine Verbindung)*; entarretieren; 2. aufschließen, entriegeln
unmade ground *(Bod)* gewachsener Boden *m*
unmanned unbesetzt, nicht besetzt, unbemannt
unmanufactured *(BM)* unbearbeitet, roh
unmarked nicht markiert, unbezeichnet; ungezeichnet
unmatched unerreicht, unvergleichlich
unmeaning *(Konst, VR)* bedeutungslos
unmeant unbeabsichtigt, ungewollt
unmixable *(BM)* un(ver)mischbar *(z. B. Anstriche, bituminöse Bindemittel)*
unmixed 1. unvermischt *(Gemisch; Gemenge; Stoffe)*; 2. *(Arch)* rein, ungemischt; pur
unmixed batch capacity Füllmenge *f (Betonmischer)*
unmixing *(BM)* Entmischung *f*
unmixing texture Entmischungsstruktur *f*
unmould *v* stürzen *(Formteile)*
unnail entnageln
unobjectionable *(BM, BT)* einwandfrei
unobstructed unversperrt, ungehindert
unobstructed access *(VR)* ungehinderter Zugang *m*
unobstructed view ungehinderte Aussicht *f*
unoccupied *(VR)* unbewohnt
unoccupied room freier Raum *m*, unbewohntes Zimmer *n*
unornamented *(Arch)* unverziert, schmucklos, nüchtern, ungeschmückt
unpaint(ed) *(OB)* ungestrichen, roh *(z. B. Holz)*
unpaved *(Verk)* unbefestigt; ungepflastert *(Weg, Straße)*
unpaved road *(Verk)* unbefestigte Straße *f*, Erdstraße *f*
unpedimented ohne Giebel
unperforated ungelocht, glatt; nicht perforiert
unpickable *(EB)* einbruchsicher *(z. B. Türschloss)*
unpigmented unpigmentiert
unplaned roh, rau, ungehobelt *(Holz)*
unplanned 1. *(RP)* ungeplant; 2. *(RP, Te)* unvorhergesehen
unplastered unverputzt, roh, im Rohbau
unplastered gypsum ceiling plasterboard *(BT)* Gipskartondecken(bau)platte *f*
unplastered gypsum plasterboard Gipskarton(bau)-platte *f*
unpolished *(OB)* unpoliert
unpolluted unverschmutzt, schmutzfrei, verunreinigungsfrei *(Umwelt)*
unpressurized drucklos
unprimed *(OB)* nicht grundiert
unprocessed wood *(BM, Hb)* unbearbeitetes Holz *n*
unprotected *(BT, OB, VR)* ungeschützt
unprotected corner *(BT)* ungenügend bewehrte Plattenecke *f*
unprotected metal construction nicht feuergeschützte Metallrahmenkonstruktion *f*
unreinforced unbewehrt, nicht armiert
unreinforced concrete *(BB)* unbewehrter Beton *m*
unrepair *(RS)* Baufälligkeit *f*, schlechter baulicher Zustand *m*
unrestrained member *(Konst)* frei aufliegendes Stützglied *n*
unriveting hammer *(BWG)* Entnietungshammer *m*
unroof *v (Te)* abdecken *(ein Dach)*
unroofed offen *(unüberdacht)*; nicht überdacht
unrust *v (OB, Te)* entrosten
unrusted *(OB)* entrostet
unsaturated *(BM, Bod)* ungesättigt
unsaturated compound *(BM)* ungesättigte Verbindung *f*
unsaturated hydrocarbon *(BM)* ungesättigter Kohlenwasserstoff *m*
unsaturated polyester ungesättigtes Polyesterharz *n*, UP--Harz *n*
unsaturated zone *(Bod)* ungesättigter Bereich *m*
unsaturation *(BM, Bod)* Nichtsättigung *f*
unscaffold *v (Te)* abrüsten, ausrüsten, das Gerüst abbauen
unscrew *v (Te)* losschrauben, abschrauben
unserviceability Unbrauchbarkeit *f*
unserviced hung [suspended] ceiling *(Konst)* leitungslose Hängedecke *f*, Hängedecke *f* ohne Installationsleitungen
unset concrete *(BB, Te)* nicht abgebundener Beton *m*
unshaped ungeformt, nicht geformt; profillos
unshapely *(Arch)* unförmig, ungestalt
unsheathed wall *(Konst)* unverschalte Wand *f*
unsheltered exposure *(BM)* Freibewitterung *f*
unshielded *(BM, BT, OB)* ungeschützt, nicht bedeckt
unsightly *(Arch)* unansehnlich, hässlich
unsignalled junction *(Verk)* vorfahrtgeregelter Knotenpunkt *m*
unsintered *(BM)* ungesintert
unslaked *(BM)* ungelöscht
unslaked lime *(BM)* ungelöschter Kalk *m*
unsoiled *(BM, Umw)* verunreinigungsfrei, schmutzfrei
unsorted *(BM)* unsortiert
unsound 1. mangelhaft, schadhaft, fehlerhaft; 2. treibend *(Putz)*
unsound knot weicher Astknoten *m*
unsound plaster *(SB)* treibender Putz *m*
unsound wood Faulholz *n*, krankes [verfaultes] Holz *n*
unsoundness 1. *(VR)* Mangelhaftigkeit *f*; 2. *(BM, BT)* Brüchigkeit *f*; 3. *(Konst, VR)* Unzuverlässigkeit *f*
unspoilt land *(Bod)* gewachsener Boden *m*, natürlich anstehender Boden *m*
unsquared *(BM, Hb)* roh, unbearbeitet, unbehauen, unbesäumt *(Holz)*
unstable *(TK)* instabil, unstabil, nicht stabil, labil; beweglich; nicht standsicher
unstable equilibrium *(Stat)* labiles Gleichgewicht *n*
unstable frame *(Konst)* nicht standsicheres (ebenes) Fachwerk *n*
unstable slope nicht standsichere Böschung *f*
unstable soil *(Bod)* nicht standfester Erdstoff *m*
unstable state *(Stat)* labiler Zustand *m*
unsteamed concrete nicht bedampfter Beton *m*
unstick *v* ablösen, ableimen
unstiffened member *(TK)* nicht biegesteifes Druckglied *n*, nicht verstärkter Druckstab *m*
unstraight ungerade *(Linie)*
unstrained *(BT, TK)* ungespannt, spannungslos *(mechanisch)*; einspannungsfrei, frei aufliegend
unstrained member *(Stat)* spannungsloser Stab *m*, Nullstab *m*, 0-Stab *m*, Blindstab *m (eines Fachwerks)*
unstratified *(Erdb, Tun)* ungeschichtet, schichtungslos *(Erdstoffe und Felsgestein)*
unstratified rock *(BM)* Massengestein *n*
unstress *v* entspannen

unstressed *(BM, BT)* spannungslos, ungespannt; schlaff *(Bewehrung)*; spannungsfrei
unsupervised classification *(BM)* unüberwachte Klassifizierung *f (Primärbaustoffe)*
unsupported *(TK)* trägerlos; nicht aufliegend, freitragend; nicht unterstützt
unsupported length *(Konst)* Freilänge *f*, Auskraglänge *f*
unsupported length of column *(Konst, Stat)* freie Knicklänge *f*
unsurfaced unbefestigt *(Straße, Weg, Platz)*
unsusceptible unempfindlich
unsymmetrical *(Arch)* unsymmetrisch
unsymmetrical roof *(Konst)* unsymmetrisches Dach *n*
untarred roofing felt Rohfilzpappe *f*
untempered ungehärtet, unangelassen *(Stahl)*
untension *v (BM, St)* entspannen
untensioned *(BB)* schlaff bewehrt *(Beton)*
untensioned reinforcement *(BB, Konst)* schlaffe Bewehrung *f*
unthinned unverdünnt
untie *v* lösen *(aus der Befestigung)*
untimber *v (LB)* abholzen
untrapped *(San)* ohne Geruchverschluss
untreated *(OB)* unbehandelt, roh *(z. B. Oberflächen, Bauteile)*
untreated sewage *(WVA)* Rohabwasser *n*
untreated water *(WVA)* Rohwasser *n*, ungereinigtes Wasser *n*
untrussed roof binderlose Dachkonstruktion *f*
unused *(VR)* unbefahren *(z. B. Gleis, Straße)*; ungenutzt *(z. B. Gebäude)*; unverbraucht *(z. B. Verschleißteile)*
unvaried unverändert *(z. B. Bauteilanordnung, Bewehrungslage)*
unvaulted *(Konst)* nicht gewölbt, ungewölbt
unvented unbelüftet
unwanted heat gains unerwünschte Wärmezuwächse *mpl*
unwater *v (Bod, LB)* entwässern, trockenlegen
unwatering *(Erdb)* Wasserhaltung *f*; Entwässerung *f*, Trockenlegung *f*
unweakened plate [slab] *(Konst)* ungeschwächte Platte *f*
unweathered *(BM, OB)* unverwittert
unwieldy sperrig, unhandlich
unwind *v (Verm)* abrollen, abwickeln *(z. B. Höhenprofil)*
unwrought timber *(BM, Hb)* Rohschnittholz *n*
up-and-over door *(BT)* Kipptor *n*
up-stairs *s.* upstairs
update *v* aktualisieren, auf den neuesten Stand bringen
upgrade *v* 1. verbessern; veredeln; aufwerten; höherstufen; 2. erhöhen, steigern
upgrade *(Konst, Verk)* Steigung *f*; Steigungsstrecke *f*
upgrade section *(Verk)* Steigungsstrecke *f*
upgrading *(VR)* Qualitätsverbesserung *f*; Modernisierung *f*; Aufwertung *f*
upheaval *(Bod, TK)* Aufwölbung *f*, Hebung *f*
upheave *v* sich (er)heben; heben *(z. B. Baugrund, Deckenkonstruktionen, Oberflächen)*
uphill ansteigend; bergauf; oben gelegen
uphill *(Bod)* Erhebung *f*
uphill road *(Verk)* ansteigende Straße *f*
uphold *v* tragen, stützen
upholster *v (EB, Te)* polstern; möblieren; tapezieren
upkeep *(RS)* Erhaltung *f*, Instandhaltung *f*, Unterhaltung *f*, Wartung *f*
upkeep costs *(VR)* Erhaltungskosten *pl*, Instandhaltungskosten *pl*, Unterhaltungskosten *pl*, Wartungskosten *pl*
upkeep obligation *(VR)* Instandhaltungspflicht *f*, Unterhaltungspflicht *f*, Wartungspflicht *f*; Erhaltungspflicht *f*
upkeep of buildings *(RS)* Gebäudeinstandhaltung *f*
upkeep undertaking *(BWG, RS)* Instandhaltungsbetrieb *m*, Unterhaltungsbetrieb *m*, Wartungsbetrieb *m*
upkeeping *(RS)* Instandhaltung *f*; Unterhaltungsarbeiten *fpl (Bauausrüstung)*
upland *(Bod, RP)* hochgelegen
upland *(Bod)* Hochland *n*
uplands *(Bod)* Mittelgebirge *n*
uplift *v* heben
uplift 1. *(Bod)* Bodenhebung *f*, Anheben *n* von Bodenschichten; 2. *(Stat, Wsb)* Auftrieb *m*; 3. *(Bod, WVA)* Wiederanstieg *m (Grundwasser)*
uplift pressure 1. *(Stat)* Auftriebsdruck *m*; 2. *(Wsb)* Sohlenwasserdruck *m (Talsperre)*
upper oberer, höherer
upper balcony *(BT, EB)* Galerie *f (im Theater)*
upper bar *(BT)* Oberquerträger *m*
upper basement oberes Kellergeschoss *n*
upper bed obere Lagerfläche *f*, weiches Lager *n (Werkstein)*
upper boom *(BT)* Obergurt *m*, Oberrandstab *m*, Oberflansch *m*
upper boom junction plate *(BT)* Oberflanschknotenblech *n*, Obergurtknotenblech *n*
upper boom with single web einwandiger Obergurt *m*
upper bound solution *(Stat)* kinematische Lösung *f*
upper bound theorem *(Stat)* kinematischer Satz *m*
upper choir *(Arch)* Oberchor *m*, Hochchor *m*
upper chord *(BT, Konst)* Obergurt *m*, Obergurtung *f*
upper chord junction plate *(BT, Konst)* Oberflanschknotenblech *n*, Obergurtknotenblech *n*
upper chord member *(BT)* Obergurtstab *m (Stahlbau)*
upper circle *(Konst)* zweiter Rang *m (Theater)*
upper citadel *(Arch)* Oberburg *f*
upper city *(Arch)* Stadtkrone *f (antike Stadtkernzelle mit Monumentalbauten)*
upper course 1. *(Verk)* obere Tragschicht *f*; 2. *(Wsb)* Oberlauf *m (Fluss)*
upper edge Oberkante *f*
upper flange *(BT, Konst)* Oberflansch *m*, Obergurt *m*
upper flood gate *(Wsb)* Obertor *n*, oberes Schleusentor *n*
upper floor *(Konst)* Obergeschoss *n*, oberes Stockwerk *n*
upper layer *(Verk)* oberste Schicht *f*, Deckschicht *f (Straße)*
upper limit of elasticity obere Streckgrenze *f (Metall)*
upper limiting deviation *(Stat, VR)* obere Grenzabweichung *f*
upper limiting value oberer Grenzwert *m*, Höchstwert *m*
upper-most *s.* uppermost
upper mould *(BM, BT)* Mutterform *f*
upper part Oberteil *n*
upper position *(Konst)* Hochlage *f*
upper prop Oberstütze *f*, Oberstrebe *f*
upper quire *(Arch)* Oberchor *m*, Hochchor *m*
upper rail *(BT, Konst)* oberes Querrahmenstück *n*
upper reinforcement Abreißbewehrung *f*; Rissbewehrung *f*
upper reservoir *(Wsb)* Ober(speicher)becken *n*
upper residential floor *(Konst)* Wohnoberetage *f*, Wohnobergeschoss *n*
upper sash *(BT)* Oberflügel *m (Schiebefenster)*
upper side Oberseite *f*
upper slab *(Konst)* Oberplatte *f (Kastenträger)*
upper storage basin *(Wsb)* oberes Speicherbecken *n*
upper storey *(Konst)* Obergeschoss *n*, oberes Stockwerk *n*
upper storey plan *(Konst)* Obergeschossrohbauplan *m*
upper strut *(Hb)* Kopfband *n*
upper torus Säulenwulst *m*
upper work *(Konst, Te)* Bauarbeiten *fpl* über Erdgeschosshöhe, aufgehende Bauarbeiten *fpl*
upper yield point *(BM)* obere Streckgrenze *f*
upperbridge *(Br, Verk)* Wegüberführung *f*

uppermost oberster, höchster
uppermost bed *(Erdb)* oberste Schicht *f*
uppermost stage *(Tun)* hangende Stufe *f*
upright aufrecht (stehend); hochkant, senkrecht; gerade
upright *(BT, Konst)* Senkrechtglied *n*, Senkrechtstab *m*, Stiel *m*; Säule *f*, Stütze *f*; Senkrechtstein *m*
upright brick *(SB)* Rollstein *m*
upright closet *(EB)* Wandschrank *m*
upright course of bricks *(SB)* Rollschicht *f (Mauerwerk)*
upright extension of a scaffold *(BT, Te)* Gerüststangenverlängerungsstück *n*
upright projection *(Konst)* Aufriss *m (Zeichnung)*
upright shell *(Arch, Konst)* Wölbfläche *f*
upright standing *(Konst)* aufrecht stehend
upright stone vertikal gestellter Stein *m*
upriver *(Bod, Wsb)* flussaufwärts
uproot *v (LB)* roden
uprooting *(LB)* Rodung *f*; Wurzelbeseitigung *f*
upset *v* 1. *(Te)* stauchen; 2. *(Te)* umkippen, umstürzen
upset length loss *(BM)* Stauchlängenverlust *m*
upset welding *(St, Te)* Stumpfschweißen *n (von Bewehrung)*
upsetting deformation *(BM, BT)* Druckverformung *f*, Stauchung *f*
upside-down kopfstehend
upstairs *(Konst)* im Obergeschoss (gelegen)
upstairs 1. *(BT, Konst)* Steigetreppe *f*, Hochsteigtreppe *f*; 2. Obergeschoss *n*, oberes Stockwerk *n*
upstand 1. Aufkantung *f*; 2. Dachüberstand *m*
upstand beam *(BT, Hb)* Überzug *m (Oberbalken)*
upstand gutter Aufkantungsrinne *f*
upstand wall *(Br)* Schottenabschluss *m (Brücke)*
upstanding kerb Hochbordstein *m*
upstream *(Bod, Wsb)* flussaufwärts; flussaufwärts gelegen; wasserseitig; stromaufwärts vorkommend
upstream cofferdam *(Wsb)* oberer Fangdamm *m*, offener Fangdamm *m*
upstream cutwater *(Wsb)* Stromaufwärtspfeilerkopf *m*
upstream face *(Wsb)* Wasserseite *f*
upstream fill *(Wsb)* wasserseitiger Sperrenkörper *m*
upstream head *(Wsb)* Oberwasser *n*
upstream junction *(Verk, Wsb)* wasserseitiger Knoten(-punkt) *m*
upstream nosing *(Konst)* Pfeilerkopf *m*
upstream side curtain *(Wsb)* wasserseitige Dichtungsschürze *f*
upstream slope *(Wsb)* Wasserseite *f*, Flutseite *f (Deich)*
upstream stepped face *(Wsb)* wasserseitige Stufenverblendung *f*
upstream talus *(Wsb)* wasserseitige Böschung *f*
upstream water level *(Wsb)* Oberwasserstand *m*
upsweep arm column *(BT)* Peitschenmast *m (Straßenleuchte)*
uptake *(HLK)* Fuchskanal *m*, Schornsteinschacht *m*
uptake of water *(BM)* Wasseraufnahme *f (z. B. von Baustoffen)*
uptake ventilator *(HLK)* Entlüfter *m*
upthrust *(Stat)* nach oben gerichtete Druckkraft *f*; Auflagerkraft *f*
upturn *v (LB)* (Boden) umgraben
upturn Aufkantung *f*
upturned *(Konst)* aufgerichtet
upward aufwärts
upward deflexion *(Bod, BT)* Aufwölben *n*
upward force *(Stat)* Auftriebskraft *f*; aufwärts wirkende Kraft *f*
upward pull *(HLK)* Schornsteinzug *m*
upward slope *(Bod, Konst, Verk)* Steigung *f*
upwardly inclined *(Konst)* nach oben geneigt, schräg ansteigend *(Fläche)*
upwards aufwärts
upwarp *v (Erdb)* aufwölben *(Baugrund)*
urac *(AE) (BM)* Kauritleim *m*
urban städtisch; Stadt...
urban aggregate *(RP)* städtische Agglomeration *f*
urban and regional development *(RP)* Siedlungswesen *n*
urban architecture *(RP)* Stadtbaukunst *f*
urban area *(RP)* Stadtgebiet *n*; Ballungsgebiet *n*
urban arterial road *(Verk)* städtische Hauptverkehrsstraße *f*
urban block *(RP)* Stadtviertel *n*
urban-building *(RP)* städtebaulich
urban building *(RP)* Städtebau *m*
urban centre Stadtmitte *f*
urban church *(Arch)* Stadtkirche *f*
urban climate *(Umw)* Stadtklima *n*
urban configuration *(Arch)* Stadtfigur *f*
urban core *(RP)* Stadtkern *m*
urban degradation *(St)* Städteverfall *m*
urban design *(RP)* Städtebau *m*, städtebauliche Gestaltung *f*
urban design concept *(RP)* Ortsgestaltungskonzeption *f*
urban development *(RP)* Städtebau *m*, Stadtentwicklung *f*; Stadtausdehnung *f*
urban development control *(RP)* Stadtentwicklungssteuerung *f*
urban dispersal *(RP)* Stadtausufern *n*, Zersiedeln *n*, Stadtauswuchern *n*, stadtnahe Zersiedelung *f*
urban district *(RP)* Stadtgebiet *n*; Stadtkreis *m*
urban engineering *(RP)* Stadtbautechnik *f*, Städtebautechnik *f*
urban expansion *(RP)* Stadtentwicklung *f*, Stadterweiterung *f*
urban express road *(Verk)* städtische Schnellstraße *f*, Stadtautobahn *f*
urban expressway *(AE) (Verk)* Stadtautobahn *f*
urban extension *(RP)* Stadterweiterung *f*
urban fabric *(RP)* Bebauungsstruktur *f*
urban forest *(LB, RP)* Stadtwald *m*
urban freeway *s.* urban expressway
urban fringe *(RP)* Stadtrand *m*, Stadtsaum *m*
urban furniture *(BT, Konst)* Stadtmöbel *n*, städtische Freiflächenausrüstung *f*
urban hall *(Arch, RP)* Stadthalle *f*
urban intersection, urban junction *(Verk)* innerörtlicher Knotenpunkt *m*
urban landscape *(Arch, RP)* Stadtlandschaft *f*
urban living-space *(RP, Umw)* städtischer Lebensraum *m*
urban motorway *(Verk)* Stadtautobahn *f*
urban multi-purpose system *(RP)* nutzungsneutrales Stadtsystem *n*, vielfältiges Stadtsystem *n*
urban network *(RP)* Stadtnetz *n*
urban palace *(Arch)* Stadtpalast *m*
urban park *(LB)* Stadtpark *m*
urban pavement *(Verk)* Stadtstraßenbefestigung *f*
urban planner *(RP)* Städtebauer *m*, Stadtplaner *m*
urban-planning *(RP)* städtebaulich
urban planning *(RP)* Stadt(bau)planung *f*; Städtebau *m*
urban planning authority *(VR)* Stadtplanungsamt *n*, Stadtplanungsbehörde *f*
urban planning institute *(VR)* Städtebauinstitut *n*
urban planning studies 1. *(RP)* städtebauliche Untersuchungen *fpl*, städtebauliche Studien *fpl*; 2. *(RP)* Stadtbaulehre *f*
urban planning survey *(RP)* Stadtbauerhebung *f*
urban planning theory *(Arch)* Städtebautheorie *f*
urban pollution *(Umw)* städtische Verschmutzung *f*

urban pool *(Arch)* Stadtbad *n*
urban population *(RP, VR)* Stadtbevölkerung *f*
urban public space *(LB)* städtische (öffentliche) Freifläche *f*
urban railway *(Verk)* S-Bahn *f*, Stadtbahn *f*, Schnellbahn *f*
urban rapid transit system *(Verk)* Stadtschnellbahn *f*, S--Bahn *f*
urban redevelopment *(RS)* Stadtsanierung *f*, städtebauliche Neugestaltung *f*
urban renewal *(RS)* Stadterneuerung *f*, Stadtsanierung *f*
urban renewal area *(RS)* (städtisches) Sanierungsgebiet *n*, Stadterneuerungsgebiet *n*
urban renovation *(RS)* Stadterneuerung *f*
urban road *s.* urban street
urban runoff *(WVA)* städtischer Oberflächenwasserabfluss *m*
urban science *(RP)* Stadtwissenschaft *f*
urban services *(El, RP, WVA)* Stadttechnik *f*, Stadtver- und --entsorgungseinheit *f*
urban site *(RP, Te)* städtische Baustelle *f*
urban solid waste *s.* urban waste
urban sprawl *s.* urban dispersal
urban station *(Verk)* Stadtbahnhof *m*
urban street *(Verk)* städtische Straße *f*, Stadtstraße *f*
urban supply network *(RP)* Stadtversorgungsnetz *n*
urban theatre *(Arch, Konst)* Stadttheater *n*
urban traffic *(Verk)* Stadtverkehr *m*, städtischer Verkehr *m*
urban traffic control *(Verk)* städtische Verkehrssteuerung *f*
urban traffic planning *(RP, Verk)* Stadtverkehrsplanung *f*, städtische Verkehrsplanung *f*
urban transport planning *(RP, Verk)* kommunale Verkehrsplanung *f*
urban tunnel *(Tun, Verk)* Stadtverkehrstunnel *m*
urban villa *(Arch)* Stadtvilla *f*
urban wall *(Arch)* Stadtmauer *f*
urban waste *(Umw)* kommunaler Abfall *m*, Siedlungsmüll *m*
urban waste water *(Umw, WVA)* städtisches Abwasser *n*
urban water supply *(El, RP, Umw, WVA)* Stadtwasserversorgung *f*
urbanism *(RP, VR)* Stadtleben *n*
urbanistic *(Arch, Konst, RP)* städtebaulich
urbanity *(RP)* Urbanität *f*
urbanization *(RP)* Verstädterung *f*; Bebauung *f* nach städtischen Grundsätzen
urbanize *v (Arch, Konst, RP)* städtisch gestalten, urbanisieren, verstädtern
urbanized area *(AE) (RP)* verstädterte Zone *f*
urea *(BM)* Harnstoff *m*
urea formaldehyde *(UF) (BM)* Urea-Formaldehyd *n*, UF
urea formaldehyde foam Urea-Formaldehydschaum *m*
urea formaldehyde resin Harnstoffformaldehydharz *n*
urea resin Harnstoffharz *n*
urea resin adhesive Harnstoff(harz)kleber *m*
urea resin foam *(BM, DIS)* Harnstoffharzschaumstoff *m*
urea resin laminated plastic Harnstoffharzschichtstoff *m*
urea resin varnish *(BM, OB)* Harnstoffharzlack *m*
urea varnish resin Harnstofflackharz *n*
urethane coating *(BM, OB)* Polyurethanlack *m*; Polyurethananstrich *m*
urethane enamel *(BM, OB)* Polyurethanlackfarbe *f*
urethane foam *(BM, DIS)* Urethanschaumstoff *m*
urethane lacquer Polyurethanlack *m*
urethane paint Urethanfarbe *f*
urethane resin Urethanharz *n*
urinal *(San)* Urinalbecken *n*; Wandbecken *n*
urinal installation *(San)* Urinalanlage *f*
urinal stall *(San)* Urinalstand *m*
urinal trough *(San)* Urinalrinne *f*
urn pit *(Arch)* Urnengrab *n*
usability *(BM, BT, Konst)* Gebrauchseignung *f*, Brauchbarkeit *f*, Gebrauchswert *m (Baustoffe)*
usable brauchbar, gebrauchstauglich
usable by-products verwendbare Nebenprodukte *npl*
usable floor area *(Konst)* nutzbare Geschossfläche *f*, Geschossnettonutzfläche *f*
usable life 1. *(Te)* Verarbeitungszeitraum *m* nach Öffnen *(Farbe)*; 2. *(Te)* Verarbeitungszeitraum *m* von Kunststoffbindemitteln nach Härterzusatz, Topfzeit *f (Gebrauchsfähigkeit von Farben und Kunststoffklebern)*
usable room area *(Konst)* nutzbare Raumfläche *f*
usage *(BM, BT, Konst, TK)* Verwendung *f*; Benutzung *f*
use *v* **(up)** *(Tun)* verbauen *(Material)*; anwenden; gebrauchen, verwenden; nutzen
use 1. Verwendung *f*, Anwendung *f (z. B. Baustoffe, Bauverfahren)*; Einsatz *m*; 2. Gebrauch *m (z. B. technische Systeme)*; 3. Nutzen *m*
use district *(RP)* Aufbaubezirk *m*
use load *(Stat)* Gebrauchslast *f*
use of a building *(Konst, VR)* Gebäudenutzung *f*
use of resources *(BM, VR)* Ressourceeinsatz *m*
use of the shoulders *(Verk)* Seitenstreifennutzung *f*
use property Anwendungseigenschaft *f*
use zoning *(Konst)* Zonenbauordnung *f*
used car dump *(Umw)* Autofriedhof *m*
used material *(BM, Umw)* Altmaterial *n*
used up abgenutzt; verbraucht
used water *(WVA)* Abwasser *n*
useful verwendbar, nutzbar; zweckmäßig; nützlich
useful area *(Konst)* Nutzfläche *f*
useful cross section *(Konst)* nutzbarer Querschnitt *m*, Nutzquerschnitt *m*
useful floor space *(Konst)* Nutzfläche *f (eines Gebäudes)*
useful height *(Konst)* Nutzhöhe *f*
useful length *(Konst)* Nutzlänge *f*
useful life *(Konst)* Nutzungsdauer *f*, Gebrauchsdauer *f*, Gebrauchswertdauer *f*
useful rock *(BM)* Nutzgestein *n*
useful section *(Konst)* Nutzquerschnitt *m*
useful storage volume *(Wsb)* Nutzwasserraum *m*, Nutzvolumen *n (Stauwerk)*
useful volume *(Konst)* Nutzraum *m*
useful width nutzbare Breite *f*, Nutzbreite *f*
uselessness Unbrauchbarkeit *f*
user *(VR)* Benutzer *m*; Wohnungsinhaber *m*
user-based financing *(VR)* Nutzerfinanzierung *f*
user requirements *(VR)* Vertragsbedingungen *fpl*; Pflichtenheft *n*
usufruct *(VR)* Nießbrauch *m*
usufructuary *(VR)* Nießbraucher *m*
utensil *(BWG)* Gerät *n*, Werkzeug *n*
utilitarian *(BT, EB, Konst)* utilitaristisch, Nützlichkeits...; zweckmäßig, praktisch, utilitär
utilitarian building *(Arch, Konst)* Geschäftsgebäude *n*, Geschäftshaus *n*
utilitarian classicism *(Arch)* utilitaristischer Klassizismus *m*
utilitarian element Nützlichkeitselement *n*
utilitarianism *(Konst)* Utilitarismus *m*
utilities 1. *(El, RP, WVA)* Stadtversorgung *f*; 2. *(RP, WVA)* Wasserversorgungs- und Abwassersystem *n*; 3. *(Konst, VR)* Versorgungseinrichtungen *fpl*
utilities ditch *(Verk)* Versorgungsleitungskanal *m (Straße)*
utility 1. *(El, WVA)* Versorgungseinrichtung *f*; *(AE)* Installation *f (Gas, Wasser, Abwasser, Strom)*; 2. Nutzen *m*, Nutzwert *m*
utility architecture *(Arch)* Zweckarchitektur *f*
utility core *(AE)* Installationskern *m*, Installationszelle *f*, Hauskern *m (für Versorgungsleitungen)*
utility equipment *(AE) (San)* Installationsgeräte *npl*

utility function *(VR)* Nutzwertfunktion *f*
utility line Versorgungsleitung *f*
utility of goods Nutzwert *m*
utility pole *(Konst)* Versorgungsleitungsmast *m*, Anschlussmast *m*
utility room *(RP)* Wirtschaftsraum *m*; *(AE)* Installationsraum *m*, Hausanschlussraum *m (Wasser, Gas, Strom usw.)*; Raum *m* für Versorgungseinrichtungen
utility run *(AE) (Konst)* Leitungskanal *m*
utility shaft *(Konst)* Betriebsschacht *m (für technische Einrichtungen)*
utility sheet *(BT)* handelsübliche Metallbautafel *f (für Installationen)*
utility trench *(AE) (Konst)* Leitungsgraben *m*
utility undertaking öffentlicher Versorgungsbetrieb *m*, Versorgungsunternehmen *n*
utility vehicle Nutzfahrzeug *n*
utility window Stahlkellerfenster *n (Fertigfenster)*
utilization 1. Verwendung *f*, Nutzung *f*; Verwertung *f*; 2. *(BWG, Te)* Auslastung *f (z. B. Baumaschinen)*
utilization curve Ausnutzungskurve *f*
utilization cycle of materials *(BM, Te)* Werkstoffnutzungszyklus *m*
utilization equipment *(AE) (BT, El)* elektrisch betriebene Hausinstallationseinrichtungen *fpl* und Geräte *npl*
utilization factor *(HLK)* Ausnutzungsfaktor *m*, Ausnutzungsgrad *m (Heizung)*
utilization figure *(Te)* Ausnutzungsgrad *m*
utilization of parking space *(BT, Verk)* Parkraumauslastung *f*
utilization of rainwater *(Umw)* Regenwassernutzung *f*
utilization of refuse water *(LB, Umw, WVA)* Abwasserverwertung *f*
utilization of sewage Abwasserverwertung *f*
utilization of waste heat *(HLK, Umw)* Abhitzeverwertung *f*

V

V-beam sheeting Zickzackblechelement *n*
V-blade *(Erdb, LB)* Keilpflug *m*
V-brick *(BT)* Hochlochziegel *m (215 × 215 × 65 mm)*
V-cut 1. *(Konst)* Keileinschnitt *m*, V-Schnitt *m*; 2. *(Konst)* Kerbunterschnitt *m (Stein)*
V-ditch V-förmiger Graben *m*
V-groove Kerbnut *f*; V-Nut *f*
V-gutter *(San)* Kehlrinne *f (Dach)*
V-joint Mauerwerkspitzfuge *f*, V-Fuge *f*, Spitzfuge *f*
V-notch *(Konst)* Spitzkerbe *f*
V-roof *(Konst)* Spitzdach *n*, Giebeldach *n*
V-shaped [V-tooled] joint *s.* V-joint
V-unit *(Konst, TK)* Falte *f*, Faltwerk *n*
vacant *(VR)* leer, frei stehend, unbelegt, unbewohnt *(Gebäude)*
vacant room freier Raum *m*, freies Zimmer *n*
vacate *v* räumen *(z. B. Gebäude, Wohnungen)*
vacation *(VR)* Räumung *f*
vacation hostel *(Arch, Konst)* Ferienhotel *n*
vacation hotel *(AE)* Ferienhotel *n*
vacation house *(AE)* Ferienhaus *n*
vacuity Hohlraum *m*
vacuum Vakuum *n*
vacuum asphalt *(AE) (BM)* Vakuumbitumen *n*
vacuum bracing Vakuumhartlöten *n*
vacuum breaker *(AE) (San, WVA)* Rohrunterbrecher *m*, Vakuumregelventil *n*
vacuum cleaner Saugreiniger *m*
vacuum cleaning Absaugen *n*, Aufsaugen *n (Reinigung)*
vacuum coating *(OB, Te)* Vakuumbeschichten *n*, Aufdampfen *n*, Metallaufdampfen *n*
vacuum concrete *(BB)* Saugbeton *m*, Vakuumbeton *m*
vacuum concrete process *(BB, Te)* Saugbetonverfahren *n*
vacuum dewatering *(Te)* Vakuumentwässerung *f*
vacuum filter *(HLK, San, Umw)* Vakuumfilter *m*
vacuum lamp *(El)* Vakuumleuchtmittel *n*
vacuum lance *(BWG, Te)* Vakuumlanze *f*
vacuum lifting *(Te)* Vakuumsaughubverfahren *n*, Vakuumheben *n (Platten)*
vacuum method of drainage *(Erdb)* Grundwasserabsenkung *f* mit Vakuumbrunnen
vacuum pump Vakuumpumpe *f*
vacuum residue *(BM)* Vakuumrückstand *m (Bindemittelprüfung)*
vacuum salt Vakuumsalz *n (Winterdienst)*
vacuum system ventilation *(HLK)* Sauglüftung *f*
vacuum vapour plating *(OB, Te)* Vakuumbedampfen *n*, Vakuumbeschichten *n*
vacuum well point *(Erdb)* Vakuumbrunnen *m*
vacuuming *(Te)* Aufsaugen *n*, Absaugen *n (Reinigung)*
vadose *(Bod, LB)* vados, versickert *(Oberflächenwasser)*
vagina *(Arch)* Skulpturensockeloberteil *n*, Oberteil *n* eines Skulpturensockels
valance lighting *(El)* Beleuchtung *f* hinter einer Vorhangplatte *(parallel zur Wand)*
vale *(Bod)* Geländemulde *f*
valence Valenz *f*, Wertigkeit *f*
Valhalla *(Arch)* Walhalla *f*, Ruhmeshalle *f*
validation *(VR)* Bestätigung *f*, Validation *f*
validity *(VR)* Rechtswirksamkeit *f*, Gültigkeit *f (eines Vertrages)*
validity period *(VR)* Geltungsdauer *f*
valley 1. *(Bod)* Tal *n*; 2. *(Konst)* Kehle *f*, Kehllinie *f*, Einkehlung *f*, Kehlrinne *f (Dach)*
valley batten Kehlleiste *f*
valley beam *(TK)* Rinnenbalken(träger) *m*, Rinnenträger *m*; Kehlbalken *m (Dach)*
valley bevel *(Konst)* Kehlstellwinkel *m*
valley board *(Hb)* Kehl(fuß)brett *n*
valley bog *(Bod, LB, Umw)* Talmoor *n*
valley bottom *(Bod)* Talboden *m*, Talsohle *f*
valley broadening *(Bod)* Talerweiterung *f*
valley channel *(Bod)* Talbett *n*
valley clay roof tile *(BM)* Kehl(dach)ziegel *m*
valley cut *(Bod)* Taleinschnitt *m*
valley flashing *(San)* Kehlblech *n*, Kehlanschluss *m (Dach)*
valley flats *(Bod)* Talaue *f*
valley floor *(Bod)* Talboden *m*, Talsohle *f*
valley girder 1. *(San)* Rinnenträger *m (Sheddach)*; 2. *(Hb)* Kehlbalken *m*
valley gutter *(San)* Kehlrinne *f*, Dachkehle *f*
valley jack (rafter) *(Hb)* Kehlgratstichbalken *m*, Wechselsparren *m*, Kehlschifter *m*
valley landscape *(Bod)* Tallandschaft *f*
valley line *(Konst)* Kehllinie *f*
valley of a roof *(Konst)* Kehllinie *f*, Kehle *f (Dach)*
valley plain *(Bod)* Talaue *f*
valley post *(Hb, Konst)* Kehlstütze *f (Dach)*
valley rafter *(Hb)* Kehlgratbalken *m*, Kehl(grat)sparren *m*
valley roof *(Konst)* Kehldach *n*
valley shingle *(BM)* Kehlfußschindel *f*
valley side *(Bod)* Talhang *m*

valley slab *(BT)* Kehlplatte *f (Dach)*
valley slope *(Bod)* Talhang *m*
valley soffit *(Konst)* Kehlrinnenuntersicht *f (Dach)*
valley terrace *(Bod)* Talterrasse *f*
valley tile *(BM)* Kehlziegel *m*, Kehlstein *m (Dach)*
valley widening *(Bod)* Talerweiterung *f*
valuable mineral *(BM)* Wertstoffmineral *n*
valuation *(VR)* Schätzung *f*, Bewertung *f*
valuation survey *(RP)* Grunduntersuchung *f*; Überschlagsvermessung *f*
value *v (VR)* schätzen, bewerten; veranschlagen
value *(VR)* Wert *m*, Einschätzung *f*
value-added tax *(VAT) (VR)* Mehrwertsteuer *f*, MwSt.
value analysis *(VR)* Nutzwertanalyse *f*
value engineering *(AE) (VR)* Bauwirtschaftlichkeitsuntersuchung *f (Kosten, Gebrauchsverhalten, Baustoffe, Baudurchführung, Bauleistung)*
value for money *(VR)* Preisleistungsverhältnis *n*
value of a quantity *(Konst, VR)* Größenwert *m*
value of snow load *(Stat)* Schneelast(bei)wert *m*, Schneelastfaktor *m*
value of wind load *(Stat)* Windlast(bei)wert *m*, Windlastfaktor *m*
valve *(San, WVA)* Schieber *m*; Ventil *n*; Klappe *f (Ventilklappe)*; Armatur *f*
valve bag Selbstverschlusssack *m*; Zementsack *m*
valve body Schiebergehäuse *n (Wasserleitung)*; Armaturengehäuse *n (Gebäudeausrüstung)*
valve box Straßenkappe *f*
valve door *(San, WVA)* Schieber *m (Ventil)*
valve housing *s.* valve body
valve metal *(BM)* Sperrschichtmetall *n*
valve rod Schieberstange *f*
valve seat *(Konst)* Aufsitzfläche *f*, Ventilsitz *m*, Sitzfläche *f*
valviform klappenförmig
vamure 1. *(Arch)* Befestigungsvormauer *f*, Blendmauer *f*; 2. *(Arch)* Brüstungsmauerlaufgang *m*, Wallgang *m (vor der Hauptmauer, historischer Festungsbau)*
vanadium steel *(BM, St)* Vanadiumstahl *m*
vandal-proof *(Konst)* gegen mutwillige Beschädigung geschützt, zerstörungssicher
vandalism *(VR)* Vandalismus *m*, Rowdytum *n*
Vandyke brown *(BM, OB)* Kasseler Braun *n*, Lignitbraun *n*
vane 1. *(EB)* Wetterhahnblatt *n*, Wetterfahne *f*, Windflügel *m* Windrichtungsflügel *m*; 2. *(BWG)* Flügel *m (z. B. von Mischern)*; 3. *(Erdb)* Drehschaufelsonde *f*, Drehflügelsonde *f*, Flügelschergerät *n*
vane pump *(BWG, Erdb, WVA)* Flügelpumpe *f*
vane shear test *(Bod, Erdb)* Flügelsondenprüfung *f*
vane test *(Bod, Erdb)* Drehschaufelsondierung *f*, Drehflügelviskositätsmessung *f*
vaneaxial fan *(HLK)* Axialventilator *m*, Rohrventilator *m (Klimaanlage)*
vaned outlet Lufteinspeisungsgitter *n* mit Richtungslamellen *(meist regelbar)*
vanishing line *(Arch)* Fluchtlinie *f (in Bildperspektiven)*
vanishing point *(Verm)* Fluchtpunkt *m*
vanity (unit) *(San)* Waschbeckenschrank *m*
vapor *(AE) s.* vapour
vaporise *v s.* vaporize
vaporization *(BM)* Verdampfung *f*, Verdunstung *f*
vaporize *v* verdampfen, verdunsten
vaporized coating *(OB)* aufgedampfte Schutzschicht *f*, Aufdampfschutzschicht *f*
vaporized metal coating *(OB)* Metallaufdampfschicht *f*
vaporous dampfförmig
vaporous water *(Bod)* Bodendampfwasser *n*
vapour *(HLK)* Dampf *m*; Wasserdampf *m*
vapour absorption *(BB, BM, Te)* Wasserdampfaufnahme *f*
vapour barrier *(DIS)* Dampfsperre *f*; Feuchtigkeitssperre *f*
vapour barrier membrane *(DIS)* Dampfsperre *f*, Dampfsperrlage *f*, Dampfsperrschicht *f*
vapour barrier sheet *(DIS)* Dampfsperrbahn *f*
vapour barring *(DIS)* dampfsperrend
vapour blasting *(OB, Te)* Nasssandstrahlen *n*, nasses Sandstrahlen *n*
vapour column *(BB, HLK, Te)* Dampfsäule *f*
vapour condensation *(BB, HLK, Te)* Wasserdampfkondensation *f*
vapour content *(HLK)* Wasserdampfgehalt *m*
vapour density *(HLK)* Dampfdichte *f*
vapour diffusion *(DIS)* Wasserdampfdiffusion *f*
vapour escape layer *(DIS)* Dampfdruckentspannungsschicht *f*
vapour flue *(HLK)* Wrasenabzug *m*
vapour heating system *(HLK)* Niederdruckdampfheizung *f*
vapour lock *(San, WVA)* Dampfblasenbildung *f (in Rohrleitungen)*
vapour lock device *(HLK)* Entlüftungsventil *n (Heizung)*
vapour migration *(DIS)* Wasserdampfbewegung *f*, Wasserdampfdurchgang *m (Bauelemente, Baustoffe)*
vapour permeability *(DIS)* Dampfdurchlässigkeit *f* Wasserdampfdurchlässigkeit *f*
vapour-permeable *(DIS)* dampfdurchlässig, wasserdampfdurchlässig
vapour pipe *(HLK)* Wrasenrohr *n*, Dampf(entlüftungs)rohr *n*
vapour pressure *(BB, HLK, Te)* Dampfdruck *m*, Sättigungsdruck *m*
vapour pressure equalizing layer *(DIS, Konst)* Dampfdruckausgleichsschicht *f*
vapour pressure lowering *(BB, HLK, Te)* Dampfdruckerniedrigung *f*
vapour-proof *(DIS)* dampfundurchlässig, dampfgesperrt
vapour-proof barrier *(DIS)* Dampfsperre *f*
vapour-proofing *(DIS)* Abdichtung *f*
vapour-resistant *(BM)* dampfbeständig
vapour seal *(DIS)* Wasserdampfsperre *f*; Dachhaut *f (Flachdach)*
vapour tension *(BB, HLK, Te)* Dampfspannung *f*
vapour-tight *(DIS)* dampfdicht
vapour transfer coefficient *(BB, HLK, Te)* Dampfübertragungszahl *f*, Wasserdampfübertragungszahl *f*
vapour transmission *(BB, HLK, Te)* Dampfdurchgang *m*, Wasserdampfdurchgang *m*
vapourus *(BB, HLK, Te)* Taulinie *f*
variability *(BM, Konst)* Veränderlichkeit *f*
variable *(Stat)* variabel, veränderlich
variable *(Stat)* Variable *f*
variable area recording *(RP, Verm)* Flächenschrift *f*
variable-control switch *(El)* Serienschalter *m*
variable cross section veränderlicher Querschnitt *m*
variable direction signing *(Verk)* Wechselrichtungsverkehrsbeschilderung *f*, Richtungsverkehrswechselbeschilderung *f*
variable floor load *(Stat)* Deckenverkehrslast *f*
variable head *(HLK, San, WVA)* veränderliches Druckpotenzial *n*
variable load *(Stat)* Wechsellast *f*
variable message sign *(Verk)* Wechselverkehrszeichen *n*
variable moment of inertia *(Stat)* veränderliches Trägheitsmoment *n*
variable of state *(BM, Stat)* Zustandsgröße *f*
variable resistor *(El)* Rheostat *m*
variable size veränderliche Größe *f*
variable stage order *(Verk)* variable Phasenreihenfolge *f (Verkehrssteuerung)*
variable-volume air system *(HLK)* Klimaanlage *f* mit automatischer Luftmengenregulierung

variance 1. *(VR) (AE)* Bauausnahmegenehmigung *f*, amtliche Ausnahmegenehmigung *f*; 2. Varianz *f*
variance analysis *(BM, Stat)* Varianzanalyse *f*
variant *(Konst)* Variante *f*
variant analysis *(Verk)* Variantenuntersuchung *f (Trasse)*
variation *(Stat)* Variation *f*, Veränderung *f*, Abweichung *f*, Schwankung *f*
variation of brightness *(El, OB)* Helligkeitsschwankung *f*
variation of forces *(Stat)* Kräfteverlauf *m*
variation of level *(Wsb)* Spiegelschwankung *f*
variation of load *(Stat)* Lastspiel *n*
variation of precipitation *(Umw)* Niederschlagsschwankung *f*
variation order *(VR)* Bauänderungsbestätigung *f*, (offizielle) Projektänderung *f*
variation range *(BM, Stat)* Variationsreihe *f*
varicoloured *(OB)* verschiedenfarbig, vielfarbig
varied flow *(WVA)* veränderlicher Abfluss *m*
variegated *(OB)* bunt, verschiedenfarbig, gefleckt, scheckig *(in der Farbgebung abgestuft)*
variegated marble *(BM)* Buntmarmor *m*
variegated sandstone *(BM, Bod)* Buntsandstein *m*
variegated wood *(BM, Hb, OB)* (farbiges) Maserholz *n*
varietal character Variationsmerkmal *n*
varietal form *(Arch)* Abart *f*
variety 1. *(BM, Konst)* Varietät *f*, Spielart *f*, Abart *f*; Vielgestaltigkeit *f*; Abwechslung *f*; Mannigfaltigkeit *f*; Buntheit *f*; 2. *(BM, BT)* Auswahl *f*; Sorte *f*
variety control *(Konst)* Vielfaltsverminderung *f*
variety of steel *(BM, St)* Stahlsorte *f*
variform *(Arch)* vielgestaltig
varnish *v (OB, Te)* lackieren *(mit Klarlack)*; imprägnieren *(mit Lacken, Kunstschichtstoffen)*; firnissen
varnish *(BM)* Lack *m* Klarlack *m (chemisch trocknend)*
varnish coat *(OB)* Lacküberzug *m*, Lackanstrich *m*
varnish coating Lackierung *f (mit Klarlack)*; Lackanstrich *m*
varnish drier Lacktrockner *m*
varnish film *(OB)* Lackfilm *m*
varnish oil Lack(lein)öl *n*
varnish paint *(BM, OB)* Lackfarbe *f*, Lack *m*, Öllackfarbe *f*
varnish paper *(El)* Isolierpapier *n*
varnish raw material *(BM)* Lackrohstoff *m*
varnish remover Lackentferner *m*, Abbeizmittel *n*
varnish resin Lackharz *n*
varnish run *(OB)* Lacknase *f*
varnish stain Farbbeize *f*; Lackfarbe *f (zum Grundieren)*
varnish system *(BM, OB)* Lacksystem *n*
varnish tier *s.* varnish run
varnished cambric *(El)* Isolierband *n*, Lackband *n*
varnisher Lackierer *m*
varnishing *(OB)* Lackierung *f*
varnishing brush Lackierpinsel *m*
varved clay *(Bod)* Bänderton *m*
vastness *(Konst, RP)* Weite *f*, Geräumigkeit *f*
VAT *s.* value-added tax
vat 1. Bottich *m*; 2. Vat *m (buddhistische Klosteranlage)*
vat dye Küpenfarbstoff *m*
vault *v (BT, TK)* (aus)wölben, überwölben; einwölben
vault *v* **in** *(Konst, Te)* einwölben
vault 1. *(Arch)* Gewölbe *n*; Bogen *m*; Kappe *f*; Wölbung *f*; 2. *(Arch)* Gruft *f*; 3. *(Konst)* begehbarer Installationsgang *m*; 4. *(EB) (AE)* Tresor *m (Stahlkammer)*
vault abutment *(Konst)* Widerlager *n*, Kämpfer *m*
vault action *(Stat)* Gewölbewirkung *f*
vault apex *(Konst)* Gewölbescheitelpunkt *m*
vault arch *(Konst)* Gewölbebogen *m*
vault axis *(Konst)* Gewölbemittellinie *f*, Gewölbeachse *f*
vault back äußere Gewölbefläche *f*, Gewölberücken *m*
vault bay *(Konst)* Gewölbefeld *n (durch Rippen begrenzt)*

V

vault block *(SB)* Gewölbestein *m*, Kehlstein *m*
vault bond Gewölbeverband *m*
vault cap Gewölbekappe *f*
vault capping *(Konst)* Gewölbeabdeckung *f*
vault centre line *(Konst)* Gewölbemittellinie *f*, Gewölbeachse *f*
vault construction *(Konst, TK)* Gewölbebau *m*
vault coping Gewölbeabdeckung *f*
vault-covered überwölbt, eingewölbt
vault crown *(Konst)* Gewölbescheitel(punkt) *m*
vault depth *(Konst)* Gewölbedicke *f*, Gewölbestärke *f*
vault door *(BT)* feuersichere Lagerraumtür *f*
vault extrados äußere Gewölbefläche *f*, Gewölberücken *m*
vault facing Gewölbeverkleidung *f*, Gewölbeauskleidung *f*
vault grid *(Konst)* Gewölberaster *m*
vault groin *(Konst)* Gewölbegrad *m*, Verschneidungslinie *f*
vault haunch *(BT)* Gewölbeschenkel *m*
vault head Gewölbekappe *f*
vault impost Gewölbekämpfer *m*
vault in full centre *(Konst, TK)* Rundbogengewölbe *n*, Bogengewölbe *n*
vault in the soil Erdkappe *f*
vault interior *(Konst)* Gewölberaum *m*
vault key *(Konst)* Gewölbescheitel *m*
vault light *(LB, Verk)* Deckenreflektor *m (für Straßendecken)*; Kelleroberlicht *n*
vault lining Gewölbeverkleidung *f*, Gewölbeauskleidung *f*
vault of bridge *(Br, TK)* Brückenbogen *m*
vault on pillars *(Konst)* offenes Gewölbe *n*
vault order Gewölbering *m*
vault outline *(Konst)* Gewölbeprofil *n*, Gewölbelinie *f*
vault painting *(Arch)* Gewölbemalerei *f*
vault pattern *(Konst)* Gewölbeform *f*
vault pressure *(Stat)* Gewölbedruck *m*
vault rib *(BT, Konst)* Gewölberippe *f*
vault rise Gewölbe(stich)höhe *f*
vault roof *(Konst)* Gewölbedach *n*
vault soffit Gewölbeuntersicht *f*
vault span *(Konst)* Gewölbespannweite *f*
vault spandrel Gewölbezwickel *m*
vault springer *(Konst, SB)* Gewölbeanfänger *m*
vault style *(Arch)* Gewölbestil *m*
vault theory *(Stat)* Gewölbetheorie *f*
vault thickness *(Konst)* Gewölbedicke *f*, Gewölbestärke *f*
vault thrust *(Stat)* Wölbungsschub *m*, Gewölbe(horizontal)schub *m*
vault top *(Konst)* Gewölbescheitelpunkt *m*
vault vertex *(Konst)* Gewölbescheitelpunkt *m*
vault wedge block *(BT, SB)* Gewölbekeilstein *m*
vaulted *(Arch, Konst)* gewölbt, bogenförmig; überwölbt; konvex
vaulted arch *(Konst)* Gewölbebogen *m*
vaulted area gewölbte Fläche *f*
vaulted basilica *(Arch)* Gewölbebasilika *f*
vaulted brickwork *(SB)* Gewölbemauerwerk *n*
vaulted building *(Arch, Konst)* Gewölbegebäude *n*
vaulted ceiling *(TK)* Bogendecke *f*, Gewölbedecke *f*
vaulted chamber *(Arch)* Gewölbekammer *f*
vaulted church *(Arch)* Gewölbekirche *f*
vaulted corridor *(Arch)* Gewölbegang *m*; Gewölbeflur *m*
vaulted edifice *(Arch)* Gewölbebauwerk *n*
vaulted hall *(Arch)* Gewölbehalle *f*
vaulted masonry *(SB)* Gewölbemauerwerk *n*
vaulted plate *(BT, TK)* gewölbte Platte *f*
vaulted roof Gewölbedach *n*
vaulted slab *(BT, TK)* gewölbte Platte *f*
vaulted structure *(Arch, Konst)* Gewölbebauwerk *n*
vaulted walk *(Konst)* Gewölbeflur *m*, Gewölbegang *m*
vaulted work *(Arch)* Gewölbesystem *n*

vaulting 1. *(Konst)* Gewölbe *n*, Gewölbeschale *f*; 2. *(Konst, Te)* Gewölbebau *m*; Einwölben *n*; Überwölbung *f*; Gewölbesystem *n*
vaulting arch *s.* vaulted arch
vaulting capital *(LB)* aufgehender Pfeilerkopf *m*
vaulting cell Stichkappe *f (Gewölbe)*; Gewölbe(fertig)teil *n*
vaulting cone Gewölbekegel *m*
vaulting construction *(Konst, Te)* Gewölbebau *m*
vaulting course *(Konst, SB)* Widerlagerschicht *f (Gewölbe)*
vaulting engineering *(Konst)* Wölbetechnik *f*
vaulting masonry *s.* vaulted masonry
vaulting rib Gewölberippe *f*
vaulting shaft *(Arch)* Hängesäule *f* zum Gewölbefuß, junger Dienst *m (Gotik)*
vaulting surface *(Konst)* Gewölbefläche *f*
vaulting tile *(BM, SB)* Gewölbehohlziegel *m*
vaulting with dentated springing lines *(Konst)* Gurtgewölbe *n*, Zonengewölbe *n*
vaulting with one lower and one higher impost *(Konst)* einhüftiges Gewölbe *n*
vaulting with polygonal course *(Konst, SB)* Wölbung *f* mit Vieleckschicht
vaults *(Konst, TK)* Gewölbe *n*
Vebe test *(BB, Te)* Vebe-Prüfung *f (Frischbetonkonsistenz)*
vector action *(Stat)* Vektorwirkung *f (Statik)*
vector-active structure system *(Stat, TK)* vektoraktives Tragsystem *n*
vector diagram *(Stat)* Vektordiagramm *n*, Zeigerdiagramm *n*
vector mechanism *(Stat)* Vektormechanismus *m*
vector product *(Stat)* Vektorprodukt *n*, äußeres Produkt *n*
vector separation *(Stat)* Vektorspaltung *f*
vector stress *(Stat)* Vektorspannung *f*
vector sum *(Stat)* Vektorsumme *f*
vee grooving and tonguing *(Hb)* Keilspundung *f*
vegetable adhesive *s.* vegetable glue
vegetable blanket *(Bod, LB, Umw)* Vegetationsdecke *f*, Pflanzendecke *f*
vegetable carpet *(LB)* Pflanzenwuchs *m*
vegetable cellar *(Konst)* Gemüsekeller *m*
vegetable drying oil *(BM, OB)* vegetarisches trocknendes Öl *n (Anstriche)*
vegetable fibre insulation material *(BM, DIS)* pflanzlicher Faserdämmstoff *m*
vegetable fibre material *(BM)* Pflanzenfaserstoff *m*
vegetable filling material *(BM)* pflanzlicher Füllstoff *m*
vegetable garden *(LB)* Gemüsegarten *m*
vegetable glue *(BM)* Pflanzenleim *m*
vegetable layer *(Bod, LB, Umw)* Vegetationsdecke *f*, Pflanzendecke *f*
vegetable material *(Umw)* pflanzlicher Rohstoff *m*
vegetable mould *(LB)* Pflanzerde *f*, Humus *m*
vegetable pigment *(BM, OB)* pflanzliches Pigment *n*
vegetable retardance *(Wsb)* Abflussverzögerung *f* durch Vegetation
vegetable sink *(San)* Gemüsewaschtisch *m*
vegetable slim *(Wsb)* Faulschlamm *m*
vegetable soil *(LB)* Ackerboden *m*, Pflanzboden *m (Landschaftsbau)*
vegetable storage *(Konst)* Gemüselager *n*
vegetate *v (BM, DIS)* ausscheiden, schwitzen *(Salze, Lösungen)*
vegetation *(Bod, LB, Umw)* Vegetation *f*, Bewuchs *m*, Pflanzenbestand *m*; Aufwuchs *m*
vegetation cover(ing) *(Bod, LB, Umw)* Vegetationsdecke *f*, Pflanzendecke *f*
vehicle 1. *(BM)* Trägersubstanz *f*, Trägermedium *n*; Lackträgersubstanz *f*, Lösungsmittel *n*; Bindemittel *n*, Bindemittellösung *f (Anstrich)*; 2. *(Verk)* Fahrzeug *n*, Kraftfahrzeug *n*
vehicle access *(Konst, Verk)* Zufahrt *f*, Fahrzeugzufahrt *f*
vehicle actuation *(Verk)* verkehrsabhängige Steuerung *f*
vehicle base *(BM)* Bindemittellösungsgrundlage *f (Farbe)*
vehicle clearance envelope *(Verk)* Fahrzeuglichtraumprofil *n*
vehicle counting *(Verk)* Fahrzeugzählung *f*
vehicle density *(Verk)* Fahrzeugdichte *f*
vehicle detector pad *(Verk)* Induktionsschleife *f*, Kontaktschwelle *f (Straße)*
vehicle involvement rate *(Verk)* Fahrzeugunfallbeteiligungsrate *f*
vehicle level *(Verk)* Fahrebene *f*
vehicle monitoring system *(Verk)* Fahrzeugüberwachungssystem *n*
vehicle noise *(Umw)* Fahrzeuglärm *m*
vehicle ownership rate *(Verk)* Motorisierungsgrad *m*
vehicle parapet *(Br)* Fahrzeugbrüstung *f (Brücke)*
vehicle properties *(BM)* Bindemitteleigenschaften *fpl*
vehicle restraint system *(Verk)* Fahrzeugrückhaltesystem *n (Straße)*
vehicle solids *(BM)* Bindemittelgehalt *m*
vehicle spacing *(Verk)* Fahrzeugabstand *m*
vehicle-swept path *(Verk)* Fahrzeugausschwenkspur *f*, Schleppkurve *f*
vehicle traffic *(Verk)* Fahrverkehr *m*
vehicle-turning area *(Verk)* Fahrzeugwendefläche *f*
vehicular access *(Konst, Verk)* Fahrzeugzufahrt *f*; Gebäudezufahrt *f*, Hauszufahrt *f*
vehicular lift *(Konst)* Fahrzeugaufzug *m*
vehicular stall *(Konst)* Parkboxe *f*
veiling *(OB)* Ablaufen *n*, Laufen *n*, Vorhangbildung *f*, Gardinenbildung *f*, Absacken *n (Anstrich)*
vein *v (OB, Te)* masern; marmorieren
vein 1. *(Hb, OB)* Maserung *f*; Holzmaserung *f*; 2. *(Bod, Tun)* Gesteinsgang *m*, Ader *f*
vein deposit *(BM, Bod)* Ganglagerstätte *f (Gestein)*
vein gypsum *(BM)* Adergips *m*
vein material *(BM, Bod)* Gangmaterial *n (Gestein, Gips usw.)*
vein rock *(BM)* Ganggestein *n*
vein stone *(BM)* Ganggestein *n*
vein system *(Bod)* Gangsystem *n (Gestein)*
veined 1. *(OB)* geädert; gemasert; marmoriert; 2. *(Tun)* gangartig
veined gneiss *(BM)* Bändergneis *m*
veined marble *(BM)* Adermarmor *m*
veined wood *(BM)* Maserholz *n*
veining 1. *(BM, OB)* Geäder *n*, Äderung *f (Naturstein)*; 2. *(Bod, Tun)* Gangbildung *f (Gestein)*; 3. *(Bod)* Bänderung *f (Ton, Sedimente)*
veiny geadert, geädert, adrig, marmoriert
vellum *(BM)* Pergamentpapier *n*
vellum glaze *(BM)* Milchglas *n*
vellum paper Pergamentpapier *n*
velocity *(BWG, Te, Verk)* Schnelligkeit *f*; Geschwindigkeit *f*
velocity distribution *(Te, Verk, Wsb)* Geschwindigkeitsverteilung *f*
velocity head *(Wsb, WVA)* Geschwindigkeitshöhe *f (Flüssigkeit)*
velocity index *(Wsb)* Geschwindigkeitszahl *f*
velocity of current *(Wsb)* Fließgeschwindigkeit *f*, Strömungsgeschwindigkeit *f*
velocity of flow *(Wsb, WVA)* Abflussgeschwindigkeit *f*, Fließgeschwindigkeit *f*
velocity of propagation *(Umw)* Ausbreitungsgeschwindigkeit *f (Umwelt)*
velocity of sound *(DIS, Umw)* Schallgeschwindigkeit *f*

velocity of underground flow *(Bod)* Fließgeschwindigkeit *f* des Grundwassers
velocity potential *(DIS)* Geschwindigkeitspotenzial *n*, Potenzial *n* der Schallschnelle
velocity pressure Geschwindigkeitsdruck *m*
velodrome *(Konst)* Radrennbahn *f (geschlossenes Gebäude)*
velvet carpet *(EB)* Samtteppich *m*
velvet finish glass satiniertes Glas *n*
velvet flock paper Velourstapete *f*, Samttapete *f*
vendor 1. *(VR)* Baustofflieferant *m*; 2. *(VR)* Immobilienhändler *m*, Liegenschaftsverkäufer *m*
veneer *v* 1. furnieren; 2. verblenden
veneer 1. Furnier *n*; Furnierblatt *n*; 2. Straßendecke *f*; 3. Verblendung *f (z. B. mit Naturstein)*; 4. dünne Mauerverkleidung *f*; 5. Auflagewerkstoff *m*, Überzugwerkstoff *m (vorgefertigt)*
veneer base *(BT)* Gipsroh(bau)platte *f*, Gipsträgerplatte *f (Ausbau)*
veneer blister abgehobene Furnierfläche *f*
veneer board *(BT)* Furnierplatte *f*
veneer of metal *(BM, OB)* Überzugsmetall *n*, Plattiermaterial *n*
veneer panel *(BT)* Furnierpaneel *n*, Furnierplatte *f*, Furniertafel *f*
veneer patching *(Hb, Te)* Furnierausbesserung *f*
veneer plaster *(SB)* Gips(deck)putz *m*, Gipsglattputz *m*
veneer plywood *(BT, Hb)* Furnierplatte *f*
veneer tie 1. *(BT)* Furnieranker *m*, Furnierhalter *m (Wand)*; 2. *(BT)* Verkleidungshalter *m*, Verblendungshaken *m*
veneer wall *(Konst)* Blendmauer *f (ohne Verbund)*; Verkleidung *f*, Wandverblendung *f*, Wandverkleidung *f*
veneer wall tie *(BT)* Verkleidungswandanker *m*, Verblendungshalteleiste *f*
veneer wood *(BM)* Furnierholz *n*
veneered construction *s.* veneered reinforced concrete construction
veneered door *(BT, Hb)* Furniertür *f*, furnierte [beplankte] Tür *f*
veneered façade *(Konst)* Blendfassade *f*, Blendmauerwerk *n*
veneered panel *(BT, Hb)* furnierte Tafel *f*, beplankte Tafel *f*
veneered plywood *(BM)* furniertes Sperrholz *n*
veneered reinforced concrete construction *(BB, Konst)* Stahlbetonbau *m* mit Wandverkleidung, Stahlkonstruktion *f* mit Verkleidungselementen
veneered wall *(BB, Konst)* verkleidete Stahlbetonwand *f*; verkleidete Rahmenkonstruktion *f (aus Stahl oder Holz, verkleidet, z. B. mit Marmor, Glas usw.)*
veneering *(Hb, Te)* Furnieren *n*, Furnierverarbeitung *f*; Beplankung *f (Sperrholz)*
veneering masonry work *(SB)* Blendmauerwerk *n*, Verblendmauerwerk *n (nicht tragend)*
veneering saw *(BWG)* Furniersäge *f*
veneering work 1. *(Hb, Te)* Furnierarbeiten *fpl*; 2. *(SB)* Blendmauerwerk *n*
Venetian *(BM)* Terrazzo *m (mit großen Zuschlagkörnern)*
Venetian arch *(Arch)* Venezianerbogen *m*, langer Spitzbogen *m*
Venetian blind 1. *(EB)* Jalousie *f (im Winkel verstellbar)*; Zugjalousie *f*, Lamellenjalousie *f*; 2. *(EB)* Jalousieladen *m (Fensterladen)*
Venetian door *(BT)* Venezianertür *f*, dreiteilige Tür *f* mit rechts und links flankiertem Fensterteil
Venetian mosaic *(BM)* Terrazzo *m*
Venetian motif *(Arch, BT)* Venezianisches Fenster *n*
Venetian red *(BM, OB)* Eisenoxidrot *n*
Venetian wash floor *(BM)* venezianischer Estrich *m*
Venetian window *(Arch, BT)* Venezianerfenster *n*
Veneto-Byzantine style *(Arch)* venezianisch-byzantinischer Stil *m*
vent *v (HLK)* entlüften; belüften
vent 1. *(HLK)* Luftöffnung *f*, Entlüftungsöffnung *f*; 2. *(HLK)* Luftkanal *m*, Abzug *m*; Rauchrohr *n*, Schornstein *m*; Öffnung *f*; 3. *(HLK)* Ventilator *m*
vent area *(HLK)* Lüftungsfläche *f*
vent cap Abdeckung *f* eines Entlüftungsrohrs
vent cavity Luftschlitz *m*
vent connection *(HLK)* Entlüftungsstutzen *m*
vent connector Abgasrohr *n (Gasheizung)*
vent draught Luftloch *n*, Entlüftungsloch *n*
vent duct *(HLK)* Entlüftungsrohrkanal *m*
vent flue Entlüftungsrohr *n*
vent grille *(HLK)* Lüftungsgitter *n*
vent hole Luftloch *n*, Lüftungsloch *n*
vent light Entlüftungsfensterklappe *f (eines Schiebefensters)*
vent line *(HLK)* Lüftungsleitung *f*
vent louvre Lüftungslamellen *fpl*
vent opening *(HLK)* Lüftungsöffnung *f*
vent piece Lüftungsstück *n*
vent pipe *(HLK)* Abzugsrohr *n*, Entlüftungsrohr *n*, Dunstrohr *n*; Gasabzugsrohr *n*
vent position Lüftungsstellung *f*
vent ridge *(HLK)* Lüftungsfirst *m*
vent sash *s.* vent light
vent stack Luftabzugsleitung *f*, Luftschornstein *m*, Lüftungsesse *f*, Luftabzugsrohr *n*, Dunstrohr *n*; Sammelschacht *m (Lüftung)*
vent stave Lüftungsdaube *f*
vent system *(HLK)* Gasabzugsrohrleitungen *fpl*, Gasschornstein *m* mit Abgasrohr
vent window Lüftungsfenster *n*
vented cavity belüfteter Hohlraum *m*
vented ceiling *(HLK, Konst)* Lüftungsdecke *f*
vented form *(BB, BT, Te)* entlüftbare Betonform *f*
ventiduct *(HLK)* Ventilationsöffnung *f*, Ventilationsloch *n*, Entlüftungsloch *n*, Entlüftungsöffnung *f*
ventilate *v* 1. *(HLK)* (ent)lüften, belüften, hinterlüften *(eine Vorhangwand)*; 2. *(Tun)* bewettern *(Bergbau)*
ventilated *(HLK)* gelüftet, belüftet; hinterlüftet
ventilated ceiling *(HLK, Konst)* Lüftungsdecke *f*
ventilated façade *(Konst)* hinterlüftete Fassade *f*, zweischalige Kaltfassade *f*
ventilated (flat) roof *(Konst)* Kaltdach *n*
ventilating acoustical ceiling *(DIS, HLK)* Lüftungsakustikdecke *f*
ventilating air Lüftungsluft *f*
ventilating bead Fensterabdichtungsstreifen *m (aus Holz zur gleichzeitigen Belüftung)*
ventilating block [brick] Be- und Entlüftungsstein *m*, Mauerstein *m* mit Entlüftungsöffnung
ventilating capping *(HLK)* Lüftungshaube *f*
ventilating ceiling *(HLK, Konst)* Lüftungsdecke *f*
ventilating ceiling system *(HLK)* Deckenlüftungssystem *n*
ventilating cowl *(HLK)* Dachentlüfter *m*
ventilating door *(BT, Konst)* Lüftungstür *f*
ventilating ducts *(HLK)* Lüftungskanäle *mpl*
ventilating fan *(HLK)* Ventilator *m*
ventilating grille *(HLK)* Lüftungsgitter *n*, Luftgitter *n*
ventilating jack *(AE)* Entlüftungsrohrzug(aufsatz)blech *n*, Zugaufsatz *m*
ventilating lay-in ceiling *(HLK, Konst)* Lüftungseinlegedecke *f*
ventilating opening *(HLK)* Luftöffnung *f*, Lüftungsöffnung *f*
ventilating pipe *(HLK)* Dunstabzug *m*, Dunstrohr *n*, Entlüftungsrohr *n*
ventilating ridge tile *(HLK)* Firstlüfter *m*

ventilating shaft Lüftungsschacht *m*, Luftschacht *m*
ventilating skirting board *(HLK)* Lüftungsscheuerleiste *f*, Fußbodenentlüftungsleiste *f*
ventilating station Lüftungsstation *f*, Lüftungszentrale *f*
ventilating window *(BT)* Lüftungsfenster *n*
ventilation *(HLK)* Ventilation *f*, Lüftung *f*; Belüftung *f*; Entlüftung *f*; Hinterlüftung *f*
ventilation and air-conditioning ducts *(HLK)* Lüftungs- und Klimakanäle *mpl*
ventilation and air-conditioning system *(HLK)* raumlufttechnische Anlage *f*
ventilation block *(BT)* Lüftungsstein *m*
ventilation brick *(BT)* Lüftungsstein *m*
ventilation cavity *(Konst)* Lüftungsschlitz *m*
ventilation damper *(BT)* Wandklappe *f (zur Lüftung)*
ventilation design *(HLK)* Lüftungsprojekt *n*
ventilation duct *(HLK)* Lüftungskanal *m*
ventilation engineering *(HLK)* Lüftungstechnik *f*
ventilation equipment *(HLK)* Lüftungsgeräte *npl*
ventilation flap *(HLK)* Lüftungsklappe *f*
ventilation funnel *(HLK)* Lüftungsschacht *m*
ventilation grille Entlüftungsgitter *n*
ventilation line *(HLK)* Be- und Entlüftungsleitung *f*, Lüftungsleitung *f*
ventilation louver *(AE) (BT, HLK)* Lüftungsjalousie *f*
ventilation louvre *(BT, HLK)* Lüftungsjalousie *f*
ventilation opening Luftöffnung *f*; Belüftungsöffnung *f*; Entlüftungsöffnung *f*
ventilation pipe *(HLK)* Lüftungsrohr *n*
ventilation plant *(HLK)* Lüfterbauwerk *n*
ventilation plant room *(Konst)* Lüftungsanlagenraum *m*
ventilation rate *(HLK)* Ventilationsleistung *f*
ventilation shaft *(Tun)* Wetterschacht *m (Bergbau)*
ventilation slot *(Konst)* Lüftungsschlitz *m*
ventilation space *(DIS, Konst)* Hinterlüftungsraum *m*, Belüftungshohlraum *m (Dämmung, Sperrung)*
ventilation system *(HLK)* Belüftungsanlage *f*, lufttechnische Anlage *f*
ventilation wall damper *(HLK)* Wandklappe *f (zur Lüftung)*
ventilator 1. *(HLK)* Ventilator *m*, Lüfter *m*; 2. *(BT)* Schiebefenster *n* mit Drehflügel
ventilator frame *(BT)* Schiebefensterrahmen *m (Belüftungsfenster)*
ventilator grate *(BT, HLK)* Luftgitter *n*, Luftrost *m*
ventilator position *(HLK)* Lüftungsstellung *f*
ventilator tile *(BT)* Lüfterstein *m*
venting *s.* ventilation
venting pipe *(HLK)* Entlüftungsrohr *n*
venting shaft *(HLK)* Entlüftungsschacht *m*
venturi scrubber *(BWG)* Venturiwäscher *m*
veranda *(Konst)* Veranda *f*
veranda blind *(EB)* Verandamarkise *f*
veranda in iron trellis *(Konst)* Veranda *f* in Eisenfachwerk
verandah *s.* veranda
verd antique *(BT)* Serpentinmarmor *m* mit weißer Äderung *(speziell im antiken Rom)*
verdigris *(BM)* Grünspan *m*, basisches Kupferacetat *n*
verge 1. *(Konst)* Giebelkante *f*, Außenkante *f*, Ortgang *m (Dach)*; 2. *(Verk)* Randstreifen *m*, Seitenstreifen *m (Straße)*; 3. *(Konst)* Säulenschaft *m*
verge batten *(Hb)* Vordachlattung *f*
verge board *(BT, Hb)* Giebelbrett *n*, Ortgangbrett *n*
verge course 1. *(SB)* Rollschicht *f*, Abdeck(ungs)schicht *f*, Schlusslage *f (Mauerwerk)*; 2. *(BT)* Randziegel *m*, Abschlussdachziegel *m*
verge fillet *(Arch)* Giebelzierleiste *f*
verge flashing *(San)* Ortblech *n*, Ortgangverwahrung *f*
verge gutter *(San)* Ortgangrinne *f*
verge roof brick *(BT)* Ortziegel *m*
verge trimming *(Verk)* Randstreifensäuberung *f*, Kantenbegradigung *f*
verification *(VR)* Nachprüfen *n*; Belegung *f*; Beglaubigung *f*; Bestätigung *f*; Überprüfung *f*; Verifikation *f*; Forderungserfüllungsnachweis *m*
verify *v (VR)* nachprüfen, nachweisen; feststellen; verifizieren
verify *v* **the measure** nachmessen
vermicular *(Arch)* gewunden, geschlängelt, wurmähnlich, wurmartig *(z. B. Ornamentierung)*
vermicular work *(Arch)* Schlangenmusterverzierungen *fpl*
vermiculated *(Arch)* mit Schlangenlinien verziert
vermiculated mosaic *(Arch)* Schlangenmustermosaik *n*
vermiculation *(Arch)* Verzierung *f* mit Schlangenlinien
vermiculite *(BM)* Vermiculit *m*, Blähglimmer *m*
vermiculite aggregate *(BM)* Vermiculitzuschlagstoff *m*, Blähglimmerzuschlagstoff *m*
vermiculite concrete *(BB, BM)* Vermiculitbeton *m*, Leichtbeton *m* mit Vermiculit
vermiculite gypsum plaster *(BM, SB)* Vermiculitgipsputz *m*
vermiculite plaster *(SB)* Vermiculit(schutz)putz *m*, Feuerschutzstreichputz *m*
vermin *(Umw)* Ungeziefer *n*
vermin-proof *(BM)* ungezieferbeständig, ungeziefersicher
vermin-resistant *(BM)* ungezieferbeständig, ungeziefersicher
vernacular architecture *(Arch)* einheimische Architektur *f*, landschaftsspezifische Bauweise *f*
vernacular construction method *(Arch, Konst)* einheimische Bauweise *f*
vernacular materials *(BM)* einheimische Baustoffe *mpl*
vernier *(Verm)* Nonius *m (verschiebbarer Maßstab)*
vernier calliper *(BWG)* Schieblehre *f*
versatility 1. *(Arch, Konst)* Vielseitigkeit *f*, vielseitige Anwendbarkeit *f*; 2. *(Te)* Flexibilität *f*, Wendigkeit *f*
versed sine *(Konst)* Sinus versus *m*, Pfeilhöhe *f (eines Bogens)*
vertex 1. *(Konst)* Scheitel(punkt) *m (höchster Punkt)*; 2. *(Konst)* Spitze *f (eines Dreiecks)*
vertex block *(SB)* Scheitelstein *m*, Schlussstein *m*
vertex hinge *(BT)* Scheitelgelenk *n*
vertex joint *(Konst)* Scheitelfuge *f*
vertex stone *(SB)* Scheitelstein *m*
vertical senkrecht, lotrecht *(z. B. Flächen)*
vertical *(BT)* Senkrechtstab *m*, Senkrechtglied *n*; Lotrechte *f*, Senkrechte *f*
vertical alignment 1. *(Konst)* Vertikalanordnung *f*; 2. *(Verk)* Linienführung *f* im Längsschnitt, Linienführung *f* im Höhenplan
vertical angle *(Verm)* Vertikalwinkel *m*, Höhenwinkel *m*
vertical area photograph *(Verm)* Senkrechtaufnahme *f (Luftbild)*
vertical assembly *(Te)* Senkrechtmontagebau *m*
vertical axis of rotation *(Stat)* senkrechte Drehachse *f*
vertical bar 1. *(BT, Hb)* Rahmenpfosten *m (Tür, Fenster)*; 2. *(BT)* Senkrechtstab *m*
vertical bending stress *(Stat)* Senkrechtbiegespannung *f*
vertical bond *(SB)* Parallelverband *m*, Reihenverband *m (Mauerwerk)*
vertical bracing stehende Versteifung *f*
vertical cantilever element *(BT)* vertikale Konsole *f*
vertical cattle-guard *(LB)* Scheuerpfahl *m (Landbau)*
vertical circulation Senkrechtverkehr *m*, Senkrechttransport *m (im Gebäude)*
vertical cladding senkrechte Versteifungswand *f*
vertical clearance *(Konst)* lichte Höhe *f*
vertical component *(Stat)* senkrechte Seitenkraft *f*, lotrechte Seitenkraft *f*

vertical coring brick *(SB)* Hochlochziegel *m*
vertical curvature *(Verk)* Kuppenradius *m*; Wannenradius *m*, Wannenausrundung *f (Trasse)*
vertical curve 1. *(Erdb)* Böschungsübergangskurve *f (zweier Böschungsneigungen)*; 2. *(Verk)* Ausrundungsbogen *m*, Bogen *m* im Aufriss [Höhenplan]
vertical curve radius *(Konst)* Ausrundungshalbmesser *m*
vertical cylindrical tank *(Konst, WVA)* stehender Zylinderbehälter *m*
vertical denticulation *(SB)* senkrechte Verzahnung *f (Mauerwerk)*
vertical deviation senkrechte Abweichung *f* von der Gradiente
vertical drain *(Erdb, WVA)* senkrechter Entwässerungsschacht *m*, Standdrän *m*
vertical drainage *(Erdb, WVA)* Fallrohr *n*, Senkrechtdränage *f*
vertical erection *(Te)* Senkrechtmontagebau *m*
vertical erosion Tiefenerosion *f*
vertical exaggeration *(Konst)* vertikale Überhöhung *f*
vertical exit senkrechter Notabstieg *m (Feuerleiter, Feuertreppe)*
vertical fault *(Bod)* Vertikalverwerfung *f (Baugrund)*
vertical-fibre brick *(BM)* Pflasterklinker *m* mit Drahtschnittseite nach oben
vertical filter well *(WVA)* Vertikalfilterbrunnen *m*
vertical force *(Stat)* Hauptschnittkraft *f*; Vertikalkraft *f*, Senkrechtkraft *f*
vertical fusion *(Arch)* Vertikalismus *m*
vertical gradient vertikale Neigung *f*
vertical grain Spiegelschnitt *m (Holz)*
vertical-grained schräg geschnitten *(Holz)*
vertical grid *(EB)* senkrechter Raster *m*
vertical guide device *(Verk)* vertikale Leiteinrichtung *f (Straße)*
vertical hole *(Bod)* vertikale Bohrung *f (Baugrunderschließung)*
vertical joint *(Konst)* Senkrechtfuge *f*, Stoßfuge *f*
vertical kiln *(BWG)* Schachtofen *m*
vertical lift(ing) bridge *(BWG, Konst)* Hubbrücke *f*
vertical lime kiln Kalkschachtofen *m*
vertical load *(Stat)* Vertikallast *f*, Senkrechtlast *f*
vertical loading *(Stat)* Senkrechtbelastung *f*, Vertikalbelastung *f*
vertical-log frame saw *(BT)* Vertikalgatter *n (Holz)*
vertical meeting rail Schließlängsholz *n (Tür, Fenster)*
vertical member *(BT)* Vertikalstab *m*, Senkrecht(rahmen)-stab *m*, Senkrechtglied *n*; Ständer *m*
vertical migration Vertikalmigration *f*
vertical-mounted mixer tap *(San)* Wandbatterie *f*
vertical movement senkrechte Bewegung *f*
vertical multimoulding *(Te)* Batteriefertigung *f (Betonfertigteile)*
vertical ordering *(Konst)* vertikale Gliederung *f*
vertical panel Vertikaltafel *f*, Senkrechttafel *f*
vertical permeability vertikale Durchlässigkeit *f*
vertical pile *(Erdb)* Senkrechtpfahl *m*
vertical pipe *(Erdb, WVA)* Standrohr *n*, Steigrohr *n*, senkrechtes Rohr *n*
vertical plane *(Verm)* vertikale Ebene *f*, Senkrechtebene *f*; Aufriss *m (Zeichnung)*
vertical reinforcing *(TK)* senkrechte Absteifung *f* [Verstärkung *f*]
vertical riser cable *(San)* Steigleitung *f*
vertical sand drain *(Erdb)* senkrechter Sanddrän *m*
vertical sash *(BT)* Hubfenster *n*
vertical saw frame *(BT)* Senkrechtgatter *n (Holz)*
vertical scale *(Arch)* Vertikalismus *m*
vertical section *(Konst)* Senkrechtschnitt *m*, Vertikalschnitt *m*
vertical service pipe *(San, WVA)* Versorgungssteigrohr *n*
vertical shear *(Stat)* Querkraft *f*
vertical sheeting senkrechte Verkleidung *f*
vertical shoring Unterfangung *f*
vertical side plate senkrechtes Führungsblech *n*
vertical siding senkrechte Außenverschalung *f*
vertical sliding window *(BT)* Hub(schiebe)fenster *n* mit mehreren Flügeln
vertical slip form senkrechte Gleitschalung *f*
vertical spring-pivot hinge *(EB)* Fußboden- und Deckentürangel *f*
vertical stiffener *(BT, Konst)* senkrechter Aussteifungspfosten *m*, Senkrechtsteife *f*
vertical strengthening of the bank *(Erdb, Wsb)* steile Uferbefestigung *f*
vertical strut *(BT)* Pfosten *m (Fachwerk)*
vertical supporting member Stützglied *n*
vertical suspension rope Hängeseil *n*
vertical tension *(BT)* Vertikalzug *m*
vertical tiling Wand(ver)fliesung *f*
vertical traffic *(Te)* Senkrechttransport *m*, Senkrechtverkehr *m (innerhalb eines Gebäudes)*
vertical translation *(Te)* Vertikalverschiebung *f*, Senkrechtverschiebung *f*
vertical truss *(TK)* Ständerfachwerk *n*
vertical wall member *(BT)* Wandstiel *m (Stahlbau)*
verticalism *(Arch)* Vertikalismus *m*
verticality 1. Lothaltigkeit *f*; vertikale [lotrechte] Lage *f*; senkrechte Stellung *f*; 2. *(Arch)* Vertikalismus *m*
vertically balanced sash *(BT)* Hubfenster *n* mit Gegengewichten
vertically perforated brick Hochlochziegel *m*
vertically perforated lightweight block *(BM)* Leichthochlochziegel *m*
vertically pivoted door *(BT, Konst)* Wendeflügeltür *f*
vertically pivoted window Drehfenster *n* mit Mitteldrehpunkt
vertically sliding balanced sash *(BT)* Schiebefenster *n* mit Gegengewichten
very deep hole drilling übertiefe Bohrung *f*
very end of the Late Gothic style *(Arch)* späteste Gotik *f*
very fine sand *(BM)* Feinstsand *m*, Mehlsand *m (0,0625 - 0,125 mm)*
very fine sandstone Mehlsandstein *m*
very high frequency *(El)* Ultrakurzwelle *f*
very quickly corroding zone *(Konst, OB)* Zone *f* hoher Korrosionsgeschwindigkeit
vesica piscis *(Arch)* Spitzellipsenornament *n*
vesicular blasig, zellig
vesicular texture *(OB)* Blasenstruktur *f*
vessel *(Konst, WVA)* Behälter *m*; Hohlkörper *m*
vest *s.* vestibule
vest-pocket park *(Verk)* Parkstreifen *m*, schmaler Park *m*, Kleinpark *m*
vestiary *(Konst)* Garderobe *f*
vestibule *(Konst)* Vestibül *n*; Vorhalle *f*; Halle *f (z. B. Hotel oder Theater)*; Vorraum *m*, Vorzimmer *n*; Windfang *m*
vestibule door *(BT)* Windfangtür *f*
vestige Rudiment *n*
vestigial *(Konst)* rudimentär, zurückgebildet
vestigially period *(Arch)* Quattrocento *n (italienische Frührenaissance des 15. Jh. - "1400")*
vestry 1. *(Arch)* Sakristei *f*; 2. *(Arch)* Andachtsraum *m (Sakralbau)*; 3. *(BM, Bod)* abbauwürdiger Gangteil *m (Gestein, Mineral)*
vet *v (Te)* prüfen, überprüfen, genau prüfen
viable realisierbar, erfolgversprechend, durchführbar

viaduct *(Br)* Viadukt *m*, Hochbrücke *f*
vibrate *v* 1. vibrieren, schwingen; 2. schütteln *(erschüttern)*; 3. rütteln, rüttelverdichten *(Beton)*
vibrated and pressed concrete pipe *(BT)* Rüttelpressbetonrohr *n*
vibrated bulk concrete *(BB)* Massenrüttelbeton *m*
vibrated concrete *(BB)* Rüttelbeton *m*
vibrated joint *(Konst, Verk)* eingerüttelte Fuge *f (Straße)*
vibrated mass concrete *(BB)* Massenrüttelbeton *m*
vibrated rock-fill dam *(Wsb)* gerüttelter Steindamm *m*
vibrating *(Te)* Rütteln *n*; Vibrieren *n*; Schütteln *n*
vibrating beam *(BWG)* Rüttelbohle *f*
vibrating beam finisher *(BWG, Verk)* Rüttelbohlenfertiger *m*, Vibrierbohlenfertiger *m (Straße)*
vibrating compactor Rüttelverdichter *m*
vibrating cylinder *(BB, BWG, Te)* Rüttelflasche *f*
vibrating damage *(Umw)* Erschütterungsschaden *m*
vibrating finisher *(Verk)* Vibrations(straßen)fertiger *m*
vibrating grinder *(Tun)* Sander *m (Bergbau)*
vibrating hammer Rüttelhammer *m*
vibrating head *s.* vibrating cylinder
vibrating pan *(BWG)* Rüttelplatte *f*
vibrating pile driver *(Erdb)* Vibrationspfahlramme *f*
vibrating plate schwingende Platte *f*; Rüttelplatte *f*, Vibrationsplatte *f*
vibrating plate compactor *(BWG)* Plattenrüttler *m*
vibrating riveter Hammernieter *m*
vibrating roller *(Erdb)* Vibrationswalze *f*, Rüttelwalze *f*
vibrating screed *(BWG)* Rüttelabziehbohle *f*
vibrating screen Schwingsieb *n*; Rüttelsieb *n*
vibrating sheepsfoot roller Schaffußrüttelwalze *f*
vibrating table *(BWG)* Rütteltisch *m*, Vibriertisch *m*
vibrating tamper *(BWG)* Rüttelstampfer *m*, Vibrationsstampfer *m*
vibrating-wire strain gauge *(Bod)* Schwingsaitendehnungsmesser *m*
vibration 1. *(Stat)* Schwingung *f*, Vibration *f*; Erschütterung *f*; 2. *(Te)* Rütteln *n*, Rüttelbewegung *f*
vibration-absorbing schwingungsdämpfend
vibration behaviour *(Konst, TK)* Schwingungsverhalten *n*
vibration check *(Stat)* Schwingungsnachweis *m*
vibration damper Schwingungsdämpfer *m*
vibration damping Schwingungsdämpfung *f*
vibration damping material *(BM, DIS)* Schwingungsdämmstoff *m*
vibration direction Schwingungsrichtung *f*
vibration driver *(BWG)* Vibrationsramme *f*
vibration due to bending stress Biegungsschwingung *f*
vibration energy Schwingungsenergie *f*, Erschütterungsenergie *f*
vibration failure *(Stat)* Schwingbruch *m (Dynamik)*
vibration fatigue limit *(Stat)* Dauerschwingfestigkeit *f*
vibration fatigue test Dauerschwingprüfung *f*, dynamischer Dauertest *m*
vibration flanking transmission *(Konst, Stat)* Schwingungsflankenübertragung *f*
vibration-free *(Konst)* schwingungsfrei
vibration-isolated *(Konst)* schwingungsisoliert, schwingungsgedämmt
vibration-less *(Konst)* schwingungsfrei
vibration limit *(Te)* Rüttelzeit *f (Beton)*
vibration mark Schwingungsmarke *f*
vibration measurement *(BM)* Schwingungsmessung *f*
vibration meter *(BWG)* Schwingungsmesser *m*
vibration mount Schwingungsdämpfer *m*
vibration of a foundation *(Stat)* Fundamentschwingung *f*
vibration of plate *(Stat)* Plattenschwingung *f*
vibration-proof erschütterungssicher, schwingfest
vibration ram *(BWG)* Vibrationspfahlramme *f*
vibration resistance *(BM)* Schwingungsfestigkeit *f*; Erschütterungsfestigkeit *f*
vibration service lamp erschütterungssichere Lampe *f*
vibration sieve *(BWG)* Rüttelsieb *n*
vibration source Schwingungsquelle *f*, Erschütterungsausgang *m*
vibration test Schwingungsversuch *m*
vibration transmission *(Konst, Te)* Schwingungsübertragung *f*, Erschütterungsübertragung *f*
vibrations Schwingungen *fpl*
vibrator *(BWG)* Rüttler *m*, Vibrator *m*; Verdichter *m*, Vibrationsanlage *f*
vibrator processing bowl *(BWG, Te)* Vibrationsbearbeitungsbehälter *m*
vibrator table Rütteltisch *m*, Vibriertisch *m*
vibratory rüttelnd, vibrierend
vibratory compaction *(BB, Erdb, Te)* Rüttelverdichtung *f*, Vibrationsverdichtung *f (z. B. Erdstoff, Beton)*
vibratory drilling Vibrationsbohren *n*
vibratory driving *(Tun)* Vibrationsvortrieb *m*
vibratory fatigue *(BM)* dynamische Ermüdung *f*, Schwingungsermüdung *f*
vibratory finishing Vibrationsgleitschleifen *n*
vibratory method of compaction *(BB, Te)* Rüttelverdichtung *f*, Rüttelverfahren *n (Beton)*
vibratory percussion drilling *(Bod, Te)* Vibrationsschlagbohren *n*
vibratory pile driver *(BWG)* Rüttelramme *f*, Vibrationspfahltreiber *m*
vibratory plank Rüttelbohle *f (Verdichtung)*
vibratory plate Rüttelplatte *f*
vibratory roller *(BWG)* Rüttelwalze *f*
vibratory rotary drilling *(Bod)* Vibrationsrotarybohren *n*
vibratory strength *(Stat)* Schwingungsfestigkeit *f (Festigkeitslehre)*
vibratory stresses *(Stat)* Vibrationsbeanspruchung *f*, Schwingungsbelastung *f*
vibratory table Rütteltisch *m*
vibrobeam Rüttelbohle *f*
vibrocompaction *(Te)* Rüttelverdichtung *f*
vibrofinisher *(Verk)* Vibrations(straßen)fertiger *m*, Fertiger *m* mit Rüttelbohle
vibrofloatation method *(Bod)* Rütteldruckverfahren *n*
vibrotamper Rüttelstampfer *m*, Frosch *m*
Vicat apparatus *(BM)* Vicat-Nadelgerät *n (Zementprüfung)*
Vicat needle Vicat-Nadel *f (Zementprüfung)*
vice 1. *(BWG)* Schraubstock *m*; 2. *(Konst)* Steinwendeltreppe *f*
vice stairs *(Konst)* Wendeltreppe *f*
vicinity *(RP)* Nachbarschaft *f (Baugebiet)*
Vickers hardness Vickershärte *f*, HV
Vickers hardness tester *(BM)* Vickershärteprüfer *m*
Vickers hardness testing Vickershärteprüfung *f*
Victoria blue *(BM, OB)* Viktoriablau *n*
Victorian architecture *(Arch)* viktorianische Architektur *f (England, 19. Jh.)*
Victorian style *(Arch)* viktorianischer Stil *m (England, 19. Jh.)*
victory gateway *(Arch)* Siegestor *n*
victory memorial *(Arch)* Siegesdenkmal *n*
video investigation *(Te, WVA)* Videokamerabefahrung *f (Kanal)*
Vierendeel girder *(TK)* Vierendeel-Träger *m*
Vierendeel truss *(TK)* Vierendeel-Fachwerk *n*, Pfostenfachwerk *n*
view *v (VR)* besichtigen *(z. B. Haus)*
view *(Arch)* Ansicht *f*; Durchblick *m*; Überblick *m*; Sicht *f*
view drawing *(Konst)* Ansichtszeichnung *f*
view-endowed site *(RP)* Aussichtsgrundstück *n*

view of space *(Arch)* Raumbild *n*
viewer *(EB)* Türgucker *m*, Türspion *m*
viewing angle Sichtwinkel *m*, Blickwinkel *m*
viewing deck *(Konst)* Aussichtsplattform *f*
viewing equipment Betrachtungsgeräte *npl (z. B. für Erkundungsaufnahmen)*
viewing floor *(Konst)* Aussichtsetage *f*, Aussichtsgeschoss *n*
viewing gallery *(Konst)* Aussichtsgang *m*
viewing plank *(Verm)* Visierlatte *f*
viewing slot *(EB)* Sichtschlitz *m*
viewing tower *(Konst)* Aussichtsturm *m*
viewpoint *(Arch)* Blickfang *m (architektonisch)*
vignette 1. *(Arch)* Weinrebenornament *n*, Weinrankenverzierung *f*; 2. *(Verk)* Vignette *f*, Gebührensichtmarke *f (Mautstraße)*
villa Villa *f*
villa garden *(LB)* Villengarten *m*
village *(RP)* Dorf *n*
village church *(Arch)* Dorfkirche *f*
village green *(RP)* Dorfanger *m*, Dorfwiese *f*
village-inn *(Konst, RP)* Dorfgaststätte *f*, Dorfkrug *m*
village square Dorfplatz *m*
village-type arrangement *(RP)* dorfähnliche Gruppierung *f*
vine *(LB)* Schlingpflanze *f (Landschaftsbau)*
vine leaf *(Arch)* Weinblatt *n*
vinet(te) *s.* vignette 1.
vineyard pole *(LB)* Rebpfahl *m*
vinyl *(BM)* Vinyl *n*, Vinylharz *n*
vinyl-asbestos tile Vinylasbest(boden)fliese *f*
vinyl benzene Vinylbenzol *n*, Styrol *n*, Styren *n*
vinyl bonding adhesive *(BM)* Vinylklebstoff *m*
vinyl chloride Vinylchlorid *n*
vinyl coating 1. *(BM, OB)* Vinylharzanstrich *m*; 2. *(BM, OB)* Vinylharzanstrichstoff *m*
vinyl ester Vinylester *m*
vinyl film Vinylfolie *f*
vinyl foam *(BM, DIS)* Vinylschaumstoff *m*
vinyl lacquer *(BM, OB)* Vinylharzlack *m*
vinyl latex base Vinylgrundlage *f*
vinyl paint *(BM, OB)* Vinylharzanstrichstoff *m*, Vinylfarbe *f*
vinyl pipe Vinylrohr *n*
vinyl-plastic tile Vinylfliese *f*; Vinyl(harz)platte *f*
vinyl resin *(BM)* Vinylharz *n*
vinyl sheet Vinylfolie *f*
vinyl sheeting Vinylbahn *f*
vinyl tile *(BT)* Vinyl(harz)platte *f*
vinyl toluenated alkyd vinyltoluolmodifiziertes Alkydharz *n*
vinyl wall facing *(BT)* Vinylwandverkleidung *f*
violent stream *(Bod, Umw)* Sturzbach *m*, Wildbach *m*
violet alizarine Alizarinviolett *n*
violet pigment *(BM, OB)* violettes Pigment *n*
violetta *(AE) (BM, Hb)* Violettholz *n*
VIP lounge *(Konst, Verk)* VIP-Wartehalle *f (Flughafen)*; VIP--Salon *m*
VIP reception room *(Konst, Verk)* Staatsempfangsraum *m*, VIP-Raum *m*
virgin *(BM)* ungebraucht; rein, unvermischt; gediegen
virgin and idle lands *(LB, RP)* Neu- und Brachland *n*
virgin area *(LB)* unberührtes Land *n*
virgin earth material *(LB)* jungfräulicher Boden *m*, unberührter Boden *m*
virgin flow *(Wsb, WVA)* unbeeinflusste Strömung *f*, ungestörte Strömung *f*
virgin forest *(Bod)* Urwald *m*
virgin land *(LB, RP)* Neuland *n*
virgin material *(BM)* ungebrauchtes Material *n*
virgin soil *(LB)* Neuland *n*; ungepflügtes Land *n*; gewachsener Boden *m*, natürlicher Boden *m*; Rohboden *m*
virgin soil(s) (grass) planting, virgin soil(s) vegetation *(LB)* Rohbodenbegrünung *f*
virgin wool *(BM, DIS)* Schurwolle *f (Dämmung)*
viridian green *(BWG, OB)* Chromgrün *n*
virtual 1. tatsächlich, eigentlich, faktisch; 2. virtuell; 3. simuliert, künstlich *(Computerdarstellung)*
virtual deformation *(Konst)* virtuelle Formänderung *f*
virtual displacement virtuelle [scheinbare] Verrückung *f*
virtual-displacement law *(Arch)* Prinzip *n* der virtuellen Verrückungen
virtual force *(Stat)* virtuelle Kraft *f*
virtual image *(Verm)* virtuelles Bild *n (Optik)*
virtual loading *(Stat)* virtuelle [scheinbare] Belastung *f*
virtual reality *(Arch)* virtuelle Realität *f*
virtual work *(Konst)* virtuelle Arbeit *f*
virtually praktisch, nahezu; tatsächlich, faktisch, eigentlich
vis stair(case) *(AE) (Konst)* Wendeltreppe *f*, gewendelte Treppe *f*
vis viva *(Stat)* kinetische Energie *f (Dynamik)*
viscid zähflüssig, zäh
viscoelastic *(BM)* viskoelastisch
viscoelastic material *(BM)* viskoelastischer Baustoff *m*
viscoelasticity Viskoelastizität *f*
viscometer Viskosimeter *n (z. B. für Frischbeton)*
viscoplastic *(BM)* viskoplastisch, zähplastisch *(Baustoff)*
viscosimeter *s.* viscometer
viscosimetric analysis *(BM)* viskosimetrische Analyse *f*
viscosity Viskosität *f*, Zähflüssigkeit *f*, Zähigkeit *f*
viscosity cup *(BM)* Auslaufbecher *m (Viskositätsprüfung)*
viscosity index Viskositätsindex *m*
viscosity range *(BM)* Viskositätsbereich *m*
viscous zäh(flüssig), dickflüssig; viskos
viscous filter *(HLK)* Klebefilter *n (Klimaanlage)*
vise *(AE) s.* vice
vise stair(case) *(Konst)* Wendeltreppe *f*, gewendelte Treppe *f*
visibility Sicht *f*
visibility distance 1. *(Verm)* Lesbarkeitsabstand *m*; 2. *(Verk)* Sichtweite *f*
visible sichtbar
visible area *(Arch)* Sichtfläche *f*
visible concrete surface *(Konst)* Betonsichtfläche *f*
visible cupola *(Konst)* Sichtkuppel *f*
visible dome *(Konst)* Sichtkuppel *f*
visible face *(Arch, Konst)* Sichtseite *f*, Schauseite *f*
visible horizon *(Arch)* sichtbarer Horizont *m*
visible radiation sichtbare Strahlung *f*
visible region *(Konst)* sichtbarer Bereich *m*
visible side Sichtseite *f*, Schauseite *f*
visible surface *(Arch, Konst)* Sichtfläche *f (Gebäude, Raum)*
visible to the unaided eye mit bloßem Auge sichtbar
visible underface Untersicht *f*
visible underside Untersicht *f*
vision light *(Konst)* Klarverglasung *f*
vision-light door Tür *f* mit Durchsicht(fenster)
vision panel *(Konst)* Sichtfenster *n*
visitor's entrance *(Konst)* Besuchereingang *m*
visitor's room *(Konst)* Besucherraum *m*, Besucherzimmer *n*
visitor's traffic *(VR)* Besucherverkehr *m*
visitor's walkway *(Konst)* Besuchergang *m*
vista 1. *(Konst, Verk)* Perspektivblick *m*, Sicht *f (Straßenentwurf)*; 2. *(Verm)* gerichtete Sicht *f*
visual visuell, nach Augenschein
visual angle Sichtwinkel *m*, Blickwinkel *m*, optischer Winkel *m*

visual assessment visuelle Zustandsbeurteilung *f*
visual check *(BM, BT, VR)* Sichtprüfung *f*, Sichtkontrolle *f*, Augenscheinkontrolle *f*
visual comfort *(Arch)* Sichtbehaglichkeit *f*
visual examination *(BM, BT, VR)* Sichtprüfung *f*, visuelle Prüfung *f*, Prüfung *f* nach Augenschein
visual field *(Arch)* Sichtfeld *n*
visual inspection *s.* visual examination
visual integration *(Arch)* bildliche Integration *f*, grafische Integration *f*, zeichnerische Integration *f*
visual interpretation *(Verm)* visuelle Auswertung *f (z. B. von Erkundungsaufnahmen)*
visual intrusion *(Verk)* Sichtbehinderung *f*, Sichtbelästigung *f*
visual nuisance *(RS)* visueller Missstand *m*
visual obstruction *(Umw)* visuelle Versperrung *f*
visual pollution *(Umw)* visuelle Verschmutzung *f*
visual range *(Arch)* Sichtbereich *m*
visual scale *(Verm)* optischer Maßstab *m*
visual signal *(Verk)* optisches Signal *n*
visual warning signal *(BT)* optisches Warnsignal *n*
vitiated air *(HLK)* verbrauchte Luft *f*, Abluft *f*
vitiated air chimney *(HLK)* Abluftschlot *m*, Entlüftungsschlot *m*, Abluftschornstein *m*
vitiated air duct *(HLK)* Abluftkanal *m*, Entlüftungskanal *m*
vitiated air opening *(HLK)* Abluftöffnung *f*, Entlüftungsöffnung *f*
vitreous *(BM)* glasartig, glasig *(z. B. Ziegel, Kacheln)*
vitreous basalt *(BM)* Basaltglas *n*
vitreous brick verglaster Ziegel *m*
vitreous china verglastes Steingut *n*, Halbporzellan *n*
vitreous enamel *(BM, OB)* Schmelzemaille *f*
vitreous enamel coating *(OB)* Emailschutzschicht *f*
vitreous enamel finish *(OB)* Schmelzemailleüberzug *m*
vitreous enamelled building panel *(BT)* schmelzemaillierte Bautafel *f*
vitreous enamelling Emaillierung *f*, Emaillieren *n*
vitreous fracture glasartiger Bruch *m (Baustoffprüfung)*
vitreous lustre *(OB)* Glasglanz *m*
vitreous rock *(BM)* glasiges Gestein *n*
vitreous silica *(BM)* Kieselglas *n*
vitreous surfacing *(OB)* Kaltglasurüberzug *m*, Kaltkeramik *f*
vitrification *(BM)* Verglasung *f*, Sintern *n*, Frittung *f*, Übergang *m* in glasige Zustandsphase *(z. B. Ziegel, Kacheln)*
vitrified verglast, gesintert, gefrittet *(Feuerfestkeramik)*
vitrified brick *(BM)* Klinker *m*; Schmolzstein *m*; verglaster Ziegel *m*
vitrified clay base *(BM, Erdb)* Steinzeughalbschale *f (Vorflut)*
vitrified-clay drain pipe *(BM, Erdb)* Steinzeugsickerrohr *n*
vitrified clay pipe *(BM)* Steinzeugrohr *n*
vitrified-clay pipe *s.* vitrified clay pipe
vitrified enamel *s.* vitreous enamel
vitrified stock brick glasharter Ziegel *m*, Glaskopf *m*
vitrified tile Klinkerfliese *f*
vitrified wall *(Arch)* Schlackenwall *m*, feuergebranntes Zyklopenmauerwerk *n*
vitrify *v (Te)* verglasen, sintern *(Feuerfestkeramik)*
vitriphyric mikroglasig *(Porphyrgefüge)*
vitrophyric *(BM)* vitrophyrisch
vivianite *(BM, Bod)* Vivianit *n*, Blaueisenerz *n*
vogesit *(BM)* Vogesit *m (Lamprophyrart)*
void 1. *(San, WVA)* leer; 2. *(VR)* unbewohnt *(Haus)*; 3. *(VR)* ungültig, unwirksam, nichtig
void 1. Pore *f*, Hohlraum *m*, Porenraum *m*; 2. Blase *f*; Nest *n*; 3. Leere *f*
void-cement ratio Hohlraum-Zement-Verhältnis *n*, Verhältnis *n* von Zement zu Luftporen und Wasser
void content *(BM)* Porengehalt *m*, Hohlraumanteil *m (Baustoff)*
void formation Hohlraumbildung *f*
void-free fehlstellenfrei, ohne Fehlstellen *(Schutzschicht)*
void in the concrete *(BB, Te)* Betonnest *n*
void ratio 1. *(Bod)* Porenziffer *f*, Porenindex *m*; 2. *(BM)* Porenanteil *m*, Hohlraumverhältnis *n*
void-solid ratio Wandflächen-Fensterflächen-Verhältnis *n*
void space *s.* void volume
void spacing *(BM)* Porenverteilung *f*
void volume *(BM)* Porenvolumen *n*, Porenraum *m*, freies Porenvolumen *n*
void water *(BM, Bod)* Porenwasser *n*
voidage *(BM, Bod)* (relatives) Porenvolumen *n*; Porosität *f*
voidless *(BM)* hohlraumfrei, ohne Hohlräume
voids *(BM)* Luftporen *fpl*
voids content *(BM)* Hohlraumgehalt *m*
voids filled with asphalt *(AE) (BM)* Ausfüllungsgrad *m*, Bitumenausfüllungsgrad *m*, Hohlraumausfüllungsgrad *m*
voids filled with binder *(BM)* Ausfüllungsgrad *m*, Bindemittelausfüllungsgrad *m*, Hohlraumausfüllungsgrad *m*
voids in mineral aggregate fiktive Mineralstoffgemengehohlräume *mpl*
voids in the total mix *(Verk)* Hohlraumgehalt *m*, Hohlraumgehalt *m* im Gesamtgemisch
voids index Porenindex *m*
voids ratio *(BM, Bod)* Porenziffer *f*, Luftporengehalt *m*
volatile flüchtig *(z. B. Lösungsmittel)*
volatile alkali Salmiakgeist *m*
volatile component flüchtiger Bestandteil *m*
volatile constituent flüchtiger Bestandteil *m*
volatile matter flüchtige Bestandteile *mpl*, Flüchtiges *n*
volatile solvent *(BM)* flüchtiges Lösungsmittel *n*
volatile substance flüchtiger Bestandteil *m*
volatile thinner flüchtiges Verdünnungsmittel *n*
volatility Flüchtigkeit *f (Lösungsmittel, flüchtige Stoffe)*
volatilize *v* sich verflüchtigen, verdunsten, verdampfen *(Lösungsmittel, flüchtige Stoffe usw.)*
volcanic *(BM)* vulkanisch
volcanic area *(Bod)* Vulkangebiet *n*
volcanic ash *(BM)* Vulkanasche *f*
volcanic clay *(BM, Bod)* vulkanischer Ton *m*
volcanic conglomerate vulkanisches Konglomerat *n (Gestein)*
volcanic constructional material vulkanischer Baustoff *m*
volcanic rock vulkanisches Gestein *n*, Eruptivgestein *n*
volcanic slag *(BM, DIS)* Vulkanschlacke *f*, vulkanische Schlacke *f*
volcanic soil *(Bod, LB)* vulkanische Erde *f*
volcanic tuff Tuff(stein) *m*
volcanic zone *(Bod)* vulkanisches Gebiet *n*
volcano *(Bod)* Vulkan *m*
voltage *(El)* Spannung *f*
voltage-carrying *(El)* spannungsführend, unter Spannung
voltage drop *(El)* Spannungsabfall *m*
voltage-operated earth-leakage *(El)* Fehlspannungsschutzschalter *m*
voltaic cell *(El)* galvanische Zelle *f*, galvanisches Element *n*
voltmeter *(El)* Spannungsmesser *m*
volume Rauminhalt *m*, Volumen *n*, Raum *m*; Baumasse *f*
volume-batching *(Te)* Volumenzugabe *f*
volume-built serienmäßig gefertigt [gebaut] *(z. B. Fertighäuser, Nasszellen)*
volume-capacity ratio *(Konst)* Raumfassungsvermögensverhältnis *n*
volume change *(BM, BT)* Raumänderung *f*, Volumenänderung *f*
volume compressibility *(BM)* Kompressibilität *f*

volume constancy *(BM)* Raumbeständigkeit *f*, Volumenbeständigkeit *f*
volume contraction *(BM)* Schwindung *f*, Schwinden *n (von Material)*
volume cost *(VR)* Kosten *pl* für umbauten Raum
volume decrease Raumverringerung *f*, Volumenverringerung *f*
volume density *(BM)* Raumdichte *f*
volume expansion *(Konst, RP)* räumliche Ausdehnung *f*
volume growth *(BM)* Volumenzunahme *f*
volume increase *(BM)* Raumzunahme *f*, Volumenzunahme *f*
volume level *(DIS)* Lautstärkepegel *m*
volume method (of construction cost estimate) *(VR)* Baukostenvoranschlagermittlung *f* nach umbautem Raumvolumen
volume of building output *(Te, VR)* Bauvolumen *n*
volume of construction *(VR)* Bauvolumen *n (Planungsziffer)*
volume of sewage *(WVA)* Abwassermenge *f*
volume of the reservoir of a barrage *(Wsb)* Stauraum *m* einer Talsperre
volume percent(age) Volumenprozent *n*, Raumprozent *n*
volume-production concrete mixer *(BB, BWG)* Großmischer *m* für Beton
volume reduction cracks *(BB, BM)* Schwundrisse *mpl*
volume stability *(BM)* Raumbeständigkeit *f*, Volumenbeständigkeit *f*, Raumkonstanz *f (von Baustoffen)*
volume stability test *(BM)* Raumbeständigkeitsprüfung *f*
volume strain *(BM)* Raumdehnung *f*, Volumendehnung *f*
volume weight *(BM)* Volumengewicht *n*
volume yield *(BM, Bod, Erdb)* Fließen *n*
volumetric absorption *(BM)* volumetrisches Absorptionsverhältnis *n*
volumetric analysis *(BM)* Maßanalyse *f*, volumetrische Analyse *f*, Volumetrie *f*
volumetric batcher *(BWG)* volumetrischer Mischer *m*
volumetric batching *(BWG, Te)* volumetrische Dosierung *f*, Dosierung *f* nach Raumteilen *(Beton)*
volumetric density *(BM)* Raumdichte *f*
volumetric design *(Te)* volumetrische Bemessung *f (Baustoffrezepturerstellung)*
volumetric efficiency *(Umw)* volumetrischer Wirkungsgrad *m (Umwelt)*
volumetric flow *(Verk)* volumetrischer Verkehrsfluss *m*, räumlicher Verkehrsfluss *m*
volumetric measure *(Verm)* Raummaß *n*
volumetric sand patch test *(OB, Verk)* Sandfleck(prüf)methode *f*, Sandfleckprüfung *f (Rauheit)*
volumetric test *(BM)* Raumänderungsprüfung *f*, Verformungsprüfung *f*
volumetrically stable *(BM)* raumbeständig *(Baustoffe)*
volute *(Arch)* Volute *f*, Schneckenornament *n (Ornament an ionischen Säulen)*; Schnecke *f*, Spirale *f*
volute compasses *(Arch, BWG)* Volutenzirkel *m*
volute helix *(Arch)* Volutenranke *f*
volute line *(Arch)* Schneckenlinie *f*, Volutenlinie *f*
volute ornament *(Arch)* Spiralverzierung *f*
voluted *(Arch)* schneckenförmig
voluted capital *(Arch)* Schneckenkapitell *n*, Volutenkapitell *n*
voluted gable *(Arch)* Volutengiebel *m*, Schneckengiebel *m*
vomitory *(Arch)* Treppenmündung *f (in Zuschauerräumen)*; Sitzreihenzugang *m (römisches Amphitheater)*
vortex *(Wsb)* Strudel *m*, Wirbel *m (Strömung)*
vortex structure *(Konst)* Schlingenbau *m*
votive chapel *(Arch)* Weihkirche *f*
votive stupa *(Arch)* Votivstupa *f*, Votivtope *f*
votive tope *(Arch)* Votivtope *f*, Votivstupa *f*
voucher *(VR)* Nachweis *m*, Beleg *m*
voussoir *(SB)* Gewölbe(form)stein *m*
voussoir brick Bogenziegel(stein) *m*, Gewölbeziegel *m*, Keilziegel *m (bei Ziegelgewölben)*
voussoir joint *(Konst)* Wölbfuge *f*
voussoir quoin Gewölbe(kanten)stein *m*, Gewölbeformstein *m*, Bogenkeilstein *m*
vug Druse *f (Hohlraum im Gestein)*
vugular limestone *(BM)* drusiger Kalkstein *m*
vulcanic rock *s.* volcanic rock
vulcanite *(BM)* Ebonit *n*, Hartgummi *m*
vulcanization *(BM, Te)* Vulkanisieren *n (Gummi)*
vulcanized fibre [paper] Vulkanfiber *f*
vulnerability 1. *(OB)* Verletzbarkeit *f (Anstriche, Schutzschichten)*; 2. *(OB)* Angreifbarkeit *f*, Anfälligkeit *f (Baustoffe, Werkstoffe)*
vulnerable *(OB)* verletzbar *(Anstrich, Schutzschicht)*; angreifbar *(Baustoff, Werkstoff)*
vulpinite Ornamentanhydrit *m*
vyse staircase *(BT, Konst)* Wendeltreppe *f*, Schneckentreppe *f*

W

wacke *(BM)* Wacke *f (Sedimentgestein)*
wadding *(DIS)* Wattierung *f*, Zellstoffwatte *f (Dämmung)*
wadi *(Bod)* Wadi *n (Trockental)*
wading pool *(EB, Konst)* Planschbecken *n*, Kinderbecken *n*
wafer-type valve *(San)* Einklemmventil *n*, Einklemmarmatur *f*
waffle *(BT)* Kassette *f*, Kassettentafel *f*
waffle ceiling Kassettendecke *f*, kassettierte Decke *f*
waffle panel *(BT)* Kassettenplatte *f*
waffle pattern Kassettenmuster *n*
waffle plate Kassettenplatte *f*
waffle-roof slab *(BT)* Kassettendachplatte *f*
waffle slab *(TK)* Kassettengeschossplatte *f (Stahlbeton)*
waffle slab floor *(TK)* Kassettengeschossdecke *f*, kassettierte Geschossdecke *f*
waffle soffit Kassettenuntersicht *f*
wage fraction *(VR)* Lohnanteil *m (Baupreis)*
wage level *(VR)* Lohnniveau *n*
wages Arbeitslohn *m*
wages department [office] *(VR)* Lohnbüro *n*
waggon 1. Lore *f*; 2. Güterwagen *m*
waggon balance Gleiswaage *f*
waggon ceiling *(Konst, TK)* Tonnengewölbedecke *f*, Zylinderwölbdecke *f*
waggon-headed mit Tonnengewölbe
waggon-headed vault *(Konst)* Tonnengewölbe *n*
waggon lifting appliance *(Verk)* Wagenhebewerk *n (Eisenbahn)*
waggon roof *(Konst)* Tonnendach *n*
waggon shed *(Konst, Verk)* Wagenschuppen *m*
waggon vault *(Konst)* Tonnengewölbe *n*, Fassgewölbe *n*
waggon vaulted *(Konst)* tunnelgewölbt
waggon vaulted roof *(Konst)* Tonnengewölbedach *n*
Wagner fineness *(BM)* Wagner-Feinheitsgrad *m (z. B. für Zement, bestimmt im Wagner-Trübheitsmesser)*
wagon *(AE)* *s.* waggon
wagtail *(EB)* Trennleiste *f*, Trennholz *n (Hubfenster)*
Wailing Wall *(Arch)* Klagemauer *f (Jerusalem)*

wainscot *v (Hb, Te)* (ver)täfeln; mit Holz verkleiden
wainscot 1. *(Hb)* Holztäfelung *f*, Täfelung *f*, Täfelwerk *n*, Getäfel *n*; Paneel *n*; 2. *(Hb)* Sockeltäfelung *f*, untere Wandtäfelung *f*, Lambris *m*; Innenverkleidung *f*
wainscot cap *(BT)* Täfelungsobersockel *m*
wainscot oak *(BM, Hb)* Vertäfelungseiche *f*, Vertäfelungseichenholz *n*
wainscoting *s.* wainscotting
wainscotting 1. *(BM, Hb)* Täfelungsmaterial *n*, Profilbretter *npl* für Wandtäfelung; 2. *(Hb, Te)* Täfeln *n*, Täfelung *f*, Vertäfeln *n*, Wandtäfelung *f (Tätigkeit)*; 3. *s.* wainscot
wainscotting cap *(Hb)* Sockeltäfelung *f*, Sockelverkleidung *f*
waist *(Konst)* Einbuchtung *f*; Einschnürung *f*; Geschossdeckenverjüngung *f*; dünnste Stelle *f* einer Betonstufe
waiting bay *(Verk)* Rastplatz *m*; Wartebucht *f*
waiting hall *(Konst)* Wartehalle *f*, Wartesaal *m*
waiting lane *(Verk)* Aufstellstreifen *m*
waiting period between coats *(OB)* Zwischentrocknungsdauer *f (Anstriche)*
waiting room 1. *(Konst) s.* waiting hall; 2. *(Konst)* Wartezimmer *n*
waive *v* **a claim** *(VR)* auf einen Anspruch verzichten *(z. B. an Grund, auf Gebäudenutzung)*
waiver *(VR)* Verzicht *m*; Verzichtserklärung *f*; Freigabe *f*
wale(r) *(BT, Hb)* Rahmenholz *n*, Riegel *m*; Zange *f (Holzschalung)*; Brustholz *n*
waling *(AE) (BT, Hb)* Gurt *m*, Gurtholz *n (für Spundwand)*; Brustholz *n*
walk 1. *(Konst)* Galerie *f*, Laufgang *m*; 2. *(LB)* Fußweg *m*, Gehweg *m*
walk along the battlements *(Arch)* Wehrgang *m*
walk-in box begehbare Kühlzelle *f*
walk-in closet *(EB)* begehbarer Einbauschrank *m*
walk-in cooling box [cell] *(EB)* begehbare Kühlzelle *f*
walk plank Laufbohle *f*
walk-through *(Konst, Verk)* Fußgängertunnel *m*
walk-up 1. *(Konst) (AE)* Haus *n* ohne Aufzug; Verwaltungsgebäude *n* ohne Aufzug [Rolltreppe]; 2. *(Te)* Treppensteigen *n*
walk-up apartment house aufzugloses Haus *n*
walk-up dwelling *(AE) (Konst)* Treppenwohnhaus *n*, Treppenwohngebäude *n*
walked-on finish Fußbodenbelag *m*, Gehbelag *m*
walkie-talkie *(AE) (El)* Handsprech(funk)gerät *n*, Montagesprechgerät *n*, tragbares Sprechfunkgerät *n*
walking beam pivot *(EB)* eingelassene Türangel *f* im Querholz
walking distance *(Verm)* Gehentfernung *f*
walking dragline *(BWG)* Schreitbagger *m*
walking habit *(RP, Verk)* Gehgewohnheit *f*
walking line *(Konst)* Lauflinie *f*, Gehlinie *f (einer Treppe)*
walking spud *(Verm)* Schreitabsteckpfahl *m*
walking surface *(Konst)* Gehfläche *f*
walking way *(Konst, LB)* Laufweg *m*
walkway 1. *(BWG)* Laufgang *m (Bedienungssteg, z. B. eines Krans)*; 2. *(Konst)* Fußweg *m (überdachter Fußgängerweg)*; 3. *(LB)* Gehweg *m*; Gartenweg *m*
wall *v* 1. *(SB)* eine Mauer ziehen, hochmauern; ummauern, mit einer Mauer umgeben; 2. *(SB)* vermauern, zumauern *(Öffnungen)*
wall *v* **in** *(SB)* einmauern, ummauern
wall *v* **up** *(SB)* zumauern, vermauern
wall 1. *(SB)* Mauer *f*, Wand *f*; 2. *(Konst, SB)* Wand *f*, Wandung *f*; Seitenwand *f*; 3. *(Konst)* Schutzmauer *f*, Wall *m*
wall alkalinity *(OB)* Wandalkalität *f*
wall anchor Wandanker *m*
wall anchorage Wandverankerung *f*
wall and window section *(BT, Konst)* Stirnwand *f* mit eingebautem Fensterrahmen
wall arcade [arcature] *(Arch)* Blendarkade *f*, Blendbogen *m*
wall arch *(Konst)* Mauerbogen *m*
wall area *(Konst)* Wandfläche *f*, Mauerfläche *f*
wall base 1. *(Erdb)* Mauergründung *f*, Gründung *f (Einzelfundament für Gebäude oder Wand)*; 2. Sockel *m*; Untersatz *m*
wall beam *(BT)* Metallstab *m*, Metall(kurz)träger *m*, Metallarm *m (als Wandanker)*; Wandbalken *m*
wall bearer *(BT)* Wandträger *m*, Träger *m*
wall-bearing partition *(Konst)* tragende Trennwand *f* [Zwischenwand *f*]
wall bed *(EB)* Wandklappbett *n*, Klappbett *n*
wall belfry Glockenwand *f*
wall bolt Steinschraube *f*
wall bond *(SB)* Mauerverband *m*
wall bonded to piers *(Konst)* Zwischenpfeilerwand *f*
wall box 1. *(Konst)* Balkenaussparung *f*, Balkenauflager *n (in der Wand)*; 2. *(El)* Wanddose *f*, Einbaudose *f*
wall bracing *(Konst)* Wandaussteifung *f*, Wandversteifung *f*
wall bracket 1. *(Konst, TK)* Wandstütze *f*; Wandaussteifung *f*; 2. *(BT)* Wandkonsole *f*, Wandbrett *n*; 3. *(El)* Wandlampenarm *m*
wall breakthrough *(Konst)* Wanddurchbruch *m*
wall-building block Wandstein *m*
wall-building component *(BT)* Wandelement *n*
wall-building tile Wandstein *m*
wall bushing *(El)* Wanddurchführung *f*, Mauerdurchführung *f*
wall capping *(SB)* Mauerabdeckung *f*
wall cast in-situ Ortbetonwand *f*, Monolith-Betonwand *f*, gegossene Betonwand *f*
wall cavity *(Konst)* Wandhohlraum *m*
wall channel Wandschlitz *m*
wall chase Wandrille *f*, Rinne *f (für Rohrleitungen an und in Wänden)*
wall cladding *(BT)* Wandverkleidung *f*, Mauerverkleidung *f*
wall clamp 1. *(BT)* Maueranker *m*, Wandklammer *f (zwischen zwei Mauern oder Hohlmauern)*; 2. Rohrschelle *f (für Wandbefestigung)*
wall column Wandstütze *f*, Wandsäule *f*, Mauersäule *f*; Halbsäule *f*
wall component *(BT)* Wandelement *n*
wall composition *(Konst)* Wandgliederung *f*
wall concreting *(Te)* Wandbetonierung *f*
wall conduit *(El)* Wandlerrohr *n*, Elektrowandlerrohr *n*
wall construction method *(Konst)* Wandbauweise *f*
wall construction type *(Konst)* Wandbauart *f*; Wandbaumethode *f*
wall cope *(SB)* Mauerkappe *f*, Mauerabdeckung *f*
wall coping *(SB)* Mauerabdeckung *f*; Mauerkrone *f*
wall corner *(Konst)* Wandkante *f*, Wandecke *f*
wall corner guard Wandkantenschutz *m*
wall covering 1. Wandverkleidung *f*, Verkleiden *n* einer Wand; Tapezieren *n*; 2. Wandbelag *m*; Wandbekleidung *f*
wall covering work *(EB, Te)* Tapezierarbeiten *fpl*
wall crack Wandriss *m*
wall cross section Wandquerschnitt *m*
wall crossing *(Konst)* Maueranschluss *m*
wall crown Mauerkrone *f*
wall cupboard *(EB)* Wandschrank *m*
wall damp-proof course *(DIS)* Feuchtigkeitssperrschicht *f*
wall decoration *(Arch)* Wandverzierung *f*
wall decorative fixture *(Arch)* Wandornament *n*, Wandschmuckelement *n*
wall deformation Wandverformung *f*

wall dissolution *(Arch)* Wandauflösung *f*, Auflösen *n* der Wand
wall dowel *(BT)* Mauerdübel *m*
wall drilling machine Wandbohrmaschine *f*
wall dryer *(BWG, Te)* Wandtrockner *m (Baustellentrockner)*
wall duct *(Konst)* Wanddurchführung *f*
wall edge Wandkante *f*, Mauerkante *f*
wall effect Wandeinfluss *m*
wall enclosure *(LB)* Wandgehege *n*; gemauerte Umfriedung *f*
wall enrichment *(Arch)* Wandschmuck *m*, Wandverzierung *f*
wall erection *(Te)* Wandmontage *f*
wall fabric Stofftapete *f*
wall facing *(Konst)* Wandverkleidung *f*, Wandauskleidung *f*
wall facing material Wandverkleidungsmaterial *n*, Wandverkleidungsbaustoff *m*
wall fan *(HLK)* Wandlüfter *m*
wall fastening Wandbefestigung *f*
wall finish Wandbelag *m*, Wandoberfläche *f*
wall fitting *(El)* Wandleuchte *f*, Wandlampe *f*
wall footing Streifenfundament *n*, Mauergründung *f*, Wandfundament *n*
wall form *(BT, Konst)* Wandschalung *f*
wall forming wandbildend
wall foundation *(Erdb)* Mauergründung *f*
wall frame *(Konst)* Balkenaussparung *f*
wall fresco *(Arch)* Wandfreske *f*
wall friction *(Stat)* Wandreibung *f*
wall furnace *(HLK)* eingebauter Wand(heiz)ofen *m*
wall furring *(Konst)* Wandverkleidungsrahmenwerk *n*, Wandgitterrahmen *m* für eine Wandverkleidung
wall garden *(LB)* begrünte [bepflanzte] Trockenmauer *f*
wall glazing *(Konst)* Wandverglasung *f*
wall grille Verkleidungsgitter *n* einer Wandöffnung; Heizkörperverkleidung *f*
wall gypsum baseboard *(BT)* Gipskarton(stuck)-wandplatte *f*, Gipskartonputzträgerplatte *f*
wall gypsum sheathing Gipskartonplattenwandverschalung *f*
wall handrail *(EB)* Wandhandlauf *m (Treppe)*
wall hanger Wandbügel *m*, Wandauflagereisen *n*, Wandlager *n (Trägeröffnung)*
wall hanging *(EB)* Wandbehang *m*
wall heating *(HLK)* Wandheizung *f*
wall height lichte [freie] Wandhöhe *f*
wall holdfast *(Konst)* Wandhalterung *f*
wall hook 1. *(BT)* Mauerhaken *m*, Wandhaken *m*; 2. *s.* wall iron
wall humidity *(RS, SB)* Wandfeuchtigkeit *f*
wall hung urinal *(San)* Wandbecken *n*, Wandurinal *n*
wall-hung water closet *(San)* wandhängiges Klosettbecken *n*
wall hydrant *(WVA)* Wandhydrant *m*
wall in ashlar *(SB)* Quader(stein)mauer *f*
wall in plaster panels *(Konst)* Gipsplattenwand *f*
wall insulation *(DIS)* Wanddämmung *f (Wärmedämmung)*; Wandsperrung *f (gegen Feuchtigkeit)*
wall interaction *(Konst, Stat)* Wand(flächen)wirkung *f*, Wandverbundwirkung *f*
wall iron Wandhalterungseisen *n*, Wandhaken *m*, kleine Wandkonsole *f*
wall joint *(Konst)* Wandfuge *f*, Mauerfuge *f*; Dehn(ungs)fuge *f*
wall junction *(Konst)* Maueranschluss *m*, Mauerkreuzung *f*
wall junction profile Wandanschlussprofil *n*
wall-less *(Konst)* wandlos
wall lift Fensterputzwagen *m*, Reinigungshängewagen *m*
wall lighting *(El)* Wandbeleuchtung *f*
wall lighting fitting Wandleuchte *f*, Wandlampe *f*
wall line *(Konst, Verm)* Mauerflucht *f*
wall liner board *(BT)* Wandverkleidungsplatte *f*, Wandbelagplatte *f*
wall liner material Wandverkleidungsmaterial *n*, Wandbelagbaustoff *m*
wall lining 1. Wandbelag *m*, Wandbekleidung *f*; Wandauskleidung *f (innen)*; 2. Wandverkleidung *f*, Verkleiden *n* einer Wand; Wandauskleidung *f (innen)*
wall map 1. *(EB)* Wandkarte *f*; Übersichtskarte *f*; 2. *(El)* Schaltplan *m*
wall material *(BM)* Wandbaustoff *m*
wall-mounted *(BT)* wandmontiert
wall-mounted cock for cold and hot water *(San)* Wandbatterie *f*
wall-mounted fire warning device *(El)* Wandfeuermelder *m*, Wandbrandmelder *m*
wall-mounted radiator *(HLK)* Wandheizkörper *m*
wall mounting Wandmontage *f*
wall niche *(Konst)* Wandnische *f*
wall of pier construction *(Konst, TK)* Pfeilerwand *f*
wall offset Wandabsatz *m*
wall opening *(Konst)* Maueröffnung *f (mindestens 75 cm × 45 cm)*
wall oriel *(Arch)* Fassadenerker *m*, Wanderker *m*
wall ornamentation *(Arch)* Wandverzierung *f*
wall outlet (box) *(El)* Wandsteckdose *f*
wall paint Wandfarbe *f*, Wandanstrich *m*
wall painting *(Arch)* Wandmalerei *f*, Wandgemälde *n*
wall panel 1. *(EB)* Wandplatte *f (als Wandbelag)*; 2. *(BT)* Wand(bau)tafel *f (Beton)*
wall-panel construction system *(Konst)* Wandtafelbaumethode *f*
wall-panel heating *(HLK)* Wandstrahlungsheizung *f*
wall-panel system *(Konst)* Wandtafelbaumethode *f*
wall passage *(Arch)* Laufgang *m*, Wandgang *m (Sakralbauten)*
wall pattern *(Arch)* Wandmuster *n*
wall picture Freske *f*
wall piece Spreizwandholz *n*, Querstreifenauflage *f*
wall pier [pillar] Wandpfeiler *m*
wall plank Wanddiele *f*
wall plaster 1. *(SB)* Wandputz *m*; 2. *(BM, SB)* Wandputzmasse *f*, Wandputzstoff *m*
wall plate 1. *(BT, Konst, TK)* Balkenauflagerplatte *f* auf einer Wand, Lastverteilungsplatte *f*; Mauerlatte *f (in Dachkonstruktion)*; Sattelplatte *f*; Fußpfette *f*; Streichbalken *m*, Schwellholz *n*; Grundplatte *f (z. B. für Wände)*; 2. *(BT, Hb)* Spreizwandholz *n*, Querstreifenauflage *f*; 3. *(BT)* Wandplatte *f*
wall plug 1. *(BT)* Mauerdübel *m*; 2. *(El)* Stecker *m* für Wandsteckdosen
wall-pointing machine *(BWG)* Mauerfugegerät *n*
wall post Maueranschlusspfosten *m*, Pfosten *m* nahe einer Mauer
wall pouring *(BB, Te)* Wandbetonierung *f*
wall pressure Wanddruck *m*
wall radiator *(HLK)* Wandradiator *m*, Wandheizkörper *m*, Wandgliederheizkörper *m*
wall rail Wandhandlauf *m (Treppe)*
wall raising *(Te)* Hochziehen *n* einer Mauer
wall recess Wandvertiefung *f*
wall reflection factor *(DIS, HLK)* Wandrückstrahlgrad *m*
wall relief *(Arch)* Wandrelief *n*
wall rib *(Konst)* Wandrippe *f (Gewölberippenende)*
wall rosace *(Arch)* Mauerrosette *f*
wall rug *(EB)* Wandbehang *m*
wall run *(Te)* provisorische Maueröffnung *f*
wall safe *(EB)* Wandsafe *m*

wall saltpetre *(DIS, RS)* Salpeterausblühung *f*
wall scone *(Arch, El)* Wandzierlampe *f*, Zierwandlampe *f*
wall scraper Gipserspachtel *f*
wall screw Steinschraube *f*
wall-shaft *(Konst)* Wanddienst *m*
wall shearing stress *(Bod)* Wandschubspannung *f*
wall sheathing *(BT, Konst)* Wandverschalung *f (Außenwandverkleidung)*
wall shelf *(EB)* Wandregal *n*, Wandbrett *n*
wall shingle Wandschindel *f*
wall shoring *(Konst, TK)* Wandabsteifung *f*
wall shuttering Wandschalung *f*
wall siding *(BT, Konst)* Außenwandverschalung *f*, Außenwandverkleidung *f*, Wandbeplankung *f*
wall sign wandmontiertes Hinweiszeichen *n*
wall-sized wandgroß, raumwandgroß
wall skin 1. Wandhaut *f*; 2. Wanddichtung *f (Kellerwand)*
wall slab *(BT)* Wandbauplatte *f (Beton)*
wall slab in prestressed clay *(BT)* Stahltonwandtafel *f*
wall slate Wandschiefer *m*
wall slot *(Konst)* Wandschlitz *m*
wall socket *(El)* Wand(steck)dose *f*, Anschlussdose *f*, Netzsteckdose *f*
wall spacer Wandschalungsabstandhalter *m*
wall stability *(Stat)* Wandstabilität *f*, Wandstandsicherheit *f*
wall standing by itself frei stehende Mauer *f*
wall stop end *(Konst)* Wandanschluss *m*
wall stopper Wandspachtelmasse *f*, Wandfüllmasse *f*
wall stove *(HLK)* eingebauter Wand(heiz)ofen *m*
wall strength Wandfestigkeit *f*
wall string *(BT, Hb)* wandseitige Treppenwange *f*, Wandwange *f*
wall strut *(BT)* Wandstrebe *f*
wall stucco *(Arch)* Wandstuck *m*
wall stud *s.* wall post
wall stuff *(BM)* Wandputzmasse *f*, Wandputzmörtel *m*
wall support *(BT, Konst)* Wandstütze *f*; Wandauflager *n*
wall-supported scaffold mauerabgestütztes Gerüst *n*
wall surface Wandfläche *f*, Wandoberfläche *f*
wall surfacing *(BT, Konst)* Wandverkleidung *f*, Wandauskleidung *f*
wall surfacing board *(BT)* Wandverkleidungsplatte *f*, Wandbelagplatte *f*
wall surfacing material *(BM)* Wandverkleidungsmaterial *n*, Wandbelagbaustoff *m*
wall sweep *(Konst, SB)* Mauerschwingbogen *m*
wall system *(Konst)* Wandkonstruktionssystem *n*, Wandkonstruktion *f*
wall thickness 1. *(Konst, SB)* Mauerstärke *f*, Wandstärke *f*, Wanddicke *f*; 2. *(BT)* Wanddicke *f*, Wandstärke *f (von Rohren)*
wall tie *(BT)* Maueranker *m*, Wandanker *m*, Mauerklammer *f*, Wandklammer *f*, Mauerhaken *m*
wall tile Wandfliese *f*, Wandplatte *f (Fliesenbelag)*; Wandverkleidungsplatte *f*, Wandbelagplatte *f*
wall tile fixing by adhesive Wandplattenverklebung *f*, Wandplattenverlegen *n* im Dünnbettverfahren
wall tilework Wandfliesenbelag *m*, Wandplattenbelag *m*
wall tiling 1. Wandfliesenbelag *m*, Wand(platten)belag *m*; 2. Wandfliesung *f*, Fliesen *n*
wall-to-wall carpet(ing) *(EB)* (textile) Auslegeware *f*
wall top Mauerkrone *f*; Brüstung *f*
wall tower *(Arch)* Befestigungsmauerturm *m*
wall tracery *(Arch)* Wandmaßwerk *n*
wall-tube insulator *(El)* Durchführungsisolator *m*
wall tying Wandverankerung *f*
wall type Wandart *f*
wall unit 1. *(EB)* Schrankwand *f*; 2. *(BT)* Wandelement *n*
wall vapour barrier *(DIS)* Wanddampfsperre *f*
wall vent *(HLK)* Wandlüfter *m*
wall walk *(Arch)* Wehrgang *m*
wall-wash luminaire *(AE) (El)* Wandanstrahlleuchte *f*
wall-washing *(AE) (El)* Wandanstrahlbeleuchtung *f (aus kürzestem Abstand)*
wall weight Wandgewicht *n*, Wandmasse *f*
wall wiring *(El)* Wandverdrahtung *f*
wall with buttress *(Konst)* Wand *f* mit Strebepfeilern
wall with doors *(Konst)* Türwand *f*, Wand *f* mit Türen
wall with horizontal slab *(Erdb, Konst)* Winkelstützwand *f*, Winkelstützmauer *f*
wall with pre-installed services *(BT, Konst)* Installationswand *f*
wallboard *(BT)* Wand(leicht)bauplatte *f*
walled 1. eingemauert; 2. befestigt
walled enclosure ummauerter Raum *m*
walled garden *(LB)* mauerumgebener Garten *m*
walled monastery *(Arch)* befestigtes Mönchskloster *n*
walled palace *(Arch)* befestigter Palast *m*
walled passage *(Arch)* Dromos *m (Gang zu einer Grabstätte)*
walled town *(Arch)* befestigte Stadt *f*
waller *(BB, Konst, SB)* Maurer *m*
waller's hammer *s.* mason's hammer
walling 1. *(SB)* Mauerung *f*, Mauern *n*; 2. *(BM)* Wandbaustoffe *mpl*, Material *n* zum Mauern; 3. *(Konst, SB)* Wände *fpl*; Steinmauern *fpl*; Gemäuer *n*; 4. *(Konst)* Wandsystem *n*
walling component *(BM, BT)* Mauerstein *m*; Wandelement *n*
walling pattern *(Arch)* Mauermuster *n*
walling stone *(BM)* Naturwandbaustein *m*
walling unit *(BM)* Mauerstein *m*
wallpaper *v (Te)* tapezieren
wallpaper *(BM, EB)* Tapete *f*
wallpaper cover moulding Tapetenleiste *f*
wallpaper glue Tapetenkleister *m*, Tapezierkleister *m*
wallpaper-hanger Tapezierer *m*
wallpaper-hanging Tapezieren *n* mit Papiertapete
wallpaper-hanging work *(Te)* Tapezierarbeiten *fpl (mit Papiertapete)*
wallpaper roll Tapetenrolle *f*
wallpaper sheet(ing) Tapetenbahn *f*
wallpaper trimmer Tapetenschneider *m*
wallpapering *(EB, Te)* Tapezierarbeiten *fpl*
walnut 1. *(BM, LB)* Walnussbaum *m*; 2. *s.* walnut wood
walnut wood *(BM, Hb)* Nussbaumholz *n*, Walnussholz *n*
wane *(Hb)* Wahnkante *f*, Baumkante *f*, Fehlkante *f*
wane-edged wood *(BM, Hb)* wahnkantiges [waldkantiges] Holz *n*
waney wahnkantig, waldkantig
WAP *s.* wireless application protocol
war memorial *(Arch)* Kriegerdenkmal *n*, Gefallenendenkmal *n*, Kriegerehrenmal *n*
ward 1. *(Konst)* Kranken(haus)station *f*, Station *f*; 2. *(EB)* Schlüsselformblech *n (Türschloss)*; Riegelsperre *f*; 3. *(RP)* Stadtbezirk *m (Verwaltungseinheit)*
ward block *(Konst)* Bettenhaus *n*, Krankenzimmergebäude *n*
ward floor *(Konst)* Krankenzimmergeschoss *n*, Krankenzimmeretage *f*
ward patient's room *(Konst)* Bettenzimmer *n*
ward unit Kranken(haus)station *f*
warded lock *(EB)* Buntbartschloss *n*
warded mortise lock Buntbarteinsteckschloss *n*
warded rim lock *(EB)* Buntbartkastenschloss *n*
warden-assisted *(VR)* mit Aufsicht *(für ältere Bewohner)*
warding file *(BWG)* Schlüsselfeile *f*
wardrobe 1. *(EB)* Garderobe *f*, Kleiderablage *f*; 2. *(EB)* Kleiderschrank *m*

wardrobe bank closet *(EB)* Schlafzimmerschrankwand *f*
wardrobe closet *(EB)* Schlafzimmereinbauschrank *m*
ware *(BT)* Erzeugnisse *npl*, Ware *f*, Gegenstände *mpl*, Artikel *mpl*
warehouse *(Konst)* Lagerhaus *n*, Lagergebäude *n*, Speicher *m*; Magazin *n*, Warenlager *n*
warehouse set teilweises Zementabbinden *n* durch Lagerung; Ablagerung *f (Zement)*
warm 1. warm; 2. erhitzt, heiß
warm air *(HLK)* Warmluft *f*
warm-air circulation *(HLK)* Warmluftumwälzung *f*
warm-air curtain *(HLK)* Warmluftvorhang *m*, Warmluftschleier *m*
warm-air distribution *(HLK)* Warmluftverteilung *f*
warm-air duct *(HLK)* Warmluftkanal *m*
warm-air furnace *(HLK)* Warmluftofen *m*, Warmluftzwangsumlauf *m*
warm-air heating installation *(HLK)* Warmluftheizungsanlage *f*
warm-air heating system *(HLK)* Warmluftheizung(sanlage) *f*
warm-air outlet *(HLK)* Warmluftaustritt(s)öffnung *f*
warm-air register *(HLK)* Warmluftregler *m*
warm-air rising duct *(HLK)* Warmluft(steig)kanal *m*, Warmluftschacht *m*
warm-air stack *(HLK)* senkrechter Warmluftschacht *m*
warm concrete *(BB, Te)* Warmbeton *m*
warm glue Warmleim *m*
warm-setting adhesive bei mittlerer Temperatur abbindender Klebstoff *m*
warm to the tread *(HLK)* fußwarm
warm underfoot *(HLK)* fußwarm *(Wohnung)*
warmed air *(HLK)* erwärmte Luft *f*, Warmluft *f*
warmed floor cover *(HLK, Konst)* beheizter Bodenbelag *m*
warming Anwärmen *n*, Erwärmen *n*, Erwärmung *f*
warming-house *(Konst)* Wärmestube *f*
warming period rate *(HLK)* Erwärmungsgeschwindigkeit *f*
warming up *(HLK)* Aufheizen *n (Zimmer, Wohnung)*
warming-up period *(HLK)* Aufheizzeit *f (Zimmer, Wohnung)*
warmth *(HLK)* Wärme *f (z. B. von Räumen)*
warning *(VR)* Warnung *f*, Alarm *m*; Warnmeldung *f*
warning arrow Warnpfeil *m*
warning cone *(Verk)* Verkehrsleitkegel *m*
warning device *(El)* Warngerät *n*, Melder *m*, Signalgerät *n*
warning level *(VR)* Warnwert *m*
warning light *(El)* Warnlampe *f*, Lichtsignal *n*
warning marking *(VR)* Warnmarkierung *f*
warning pipe *(HLK, WVA)* Überflussleitung *f (Überlauf)*
warning sign *(Verk)* Warnzeichen *n*
warning signal Warnsignal *n*
warning system *(Konst)* Warnvorrichtung *f*
warning threshold *(Umw)* Warnschwelle *f*, Emissionsschwellenwert *m*
warning waistcoat *(EB)* Warnweste *f*
warp *v* 1. *(BM, BT)* sich verziehen, sich werfen, krümmen, krumm werden *(z. B. Holz)*; arbeiten; sich verwölben *(gebrannte Bauelemente)*; verbiegen, verbiegen, verwerfen, verdrehen, verwinden *(z. B. Hitze das Holz)*; 2. *(Erdb, WVA)* verschlammen
warp *v* **downward** *(BM, BT)* nach unten verbiegen
warp *v* **up** *(WVA)* verschlammen
warp *v* **upward** *(BM, BT)* aufwölben
warp 1. *(BM, BT)* Verziehen *n*, Verwerfung *f*, Verkrümmung *f*, Verformtheit *f (z. B. Holz)*; 2. *(Bod, Erdb, Wsb)* Anschwemmung *f*, Aufschwemmung *f*, Schlamm *m*, Schlick *m*
warp bed *(Wsb)* Schlammschicht *f (Flussmündung)*
warp clay *(Bod)* Auenton *m*
warp sand *(BM, Bod)* Flusssand *m*
warp soil *(Bod, LB)* Aue(n)boden *m*
warpage *(BM, BT)* Verwerfung *f (z. B. von Holz)*; Verkrümmung *f*; Verwölbung *f (Vorgang oder Ergebnis)*
warped 1. verzogen, geworfen, verworfen *(z. B. Holz)*; krumm; gekrümmt; doppelt gekrümmt; 2. *(Bod, Erdb)* unregelmäßig geschichtet • **become warped** sich krümmen, sich (ver)wölben, sich verziehen
warped surface gekrümmte Fläche *f*
warped timber *(BM)* verworfenes Holz *n*, verzogenes Holz *n*
warping *(BM, BT)* Verziehen *n*, Verkrümmen *n*, Verwerfen *n*
warping joint *(Konst)* Verziehungsfuge *f*, Krümmungsfuge *f (Straße)*; Gelenkfuge *f*
warping stress *(Stat)* Beulspannung *f (Stahlbau)*
warrant *v (VR)* garantieren
warrant *v* **for defects [faults]** *(VR)* für Mängel haften
warranty *(VR)* Garantie *f*; *(AE)* Haftung *f*; vertragliche Zusicherung *f*
warranty claim *(VR)* Garantieanspruch *m*
warranty deed *(VR)* Qualitäts- und Lieferbescheinigung *f*, Sicherheitsurkunde *f*
warranty inspection *(VR)* Gewährleistungsabnahme *f*
warranty of quiet enjoyment *(VR)* Zusicherung *f* des ungestörten Besitzes *(an Grund, Gebäuden)*
Warren girder [truss] *(TK)* Warren-Träger *m*, Warren--Fachwerk *n*, Strebenfach(werk)träger *m*, Parallelträger *m* mit Dreiecksverband
wash *v* 1. *(BM, Te)* spülen, waschen *(z. B. Kies)*; 2. *(Wsb)* auswaschen, ausspülen; 3. *(OB, Te)* tünchen; dünn anstreichen
wash *v* **away** *(Wsb)* den Grund wegspülen, die Sohle ausspülen
wash *v* **down** abwaschen
wash *v* **off** *(Te)* abwaschen
wash *v* **out** *(Wsb, WVA)* auswaschen; herausspülen; ausschlämmen
wash *v* **with acid** *(OB, Te)* absäuern
wash 1. *(BM, Te)* Waschen *n (z. B. von Kies)*; 2. *(Erdb, Wsb)* Auswaschung *f (von Boden)*; Wassererosion *f*; 3. *(BM, OB)* Tünche *f*; dünn aufgetragene Farbe *f*; 4. *(Bod, LB)* Schwemmland *n*
wash boring *(Bod, Tun)* Spülbohren *n*
wash box *(BWG)* Setzkasten *m (Zuschlagaufbereitung)*
wash coat *s.* wash primer
wash-down bowl *(San)* Tiefspülbecken *n (WC)*
wash-down toilet *(San)* Spülklosett *n*
wash-down water closet *(San)* Tiefspülklosett *n*
wash drilling *(Bod, Tun)* Spülbohren *n*
wash fixture *(Konst)* Waschanlage *f*, Wascheinrichtung *f*, Waschräume *mpl*, Waschinstallation *f*
wash fountain *(San)* Gruppenwaschbeckenanlage *f*
wash-hand basin *(San)* Handwaschbecken *n*
wash heating *(St, Te)* Entzundern *n* durch Abschweißen
wash-house *(Konst)* Waschhaus *n*
wash light *(El)* Wandanstrahlleuchte *f*
wash pipe *(BWG, Konst)* Spülrohr *n*
wash primer Washprimer *m*, Haftgrundmittel *n*, Reaktionsgrundiermittel *n*, Grundiermittel *n*
wash primer coat *(OB)* Washprimeranstrich *m*, haftsicherer Grund(ier)anstrich *m*
wash room *s.* washroom
wash water Fahrmischerwasserfüllung *f (Spülwasser in Extratank zum Reinigen nach Entleerung)*
washable abwaschbar *(z. B. Putz, Tapete)*
washbasin *(San)* Waschbecken *n*; Waschtisch *m (EN 14688)*
washbasin chair *(Konst, San)* Waschbeckenstützrahmen *m*
washboard *(EB)* Scheuerleiste *f*, Fußleiste *f*; Sockelleiste *f*

washboarding *(Verk)* waschbrettartige Querwellen *fpl*, Waschbrett *n*, Waschbrettbildung *f (Straße)*
washbowl *(San)* Waschbecken *n*, Handwaschbecken *n (EN 14688)*
washed concrete *(BB)* Waschbeton *m*
washed dirt *(Bod)* Waschberge *f*
washed down *(OB)* abgewaschen
washed finish *(BB, OB)* Waschbetonoberfläche *f*, Waschputzeffekt *m*; Waschterrazzofläche *f*
washed gravel *(BM)* Waschkies *m*
washed pumice *(BM)* Waschbims *m*
washed sand *(BM)* Waschsand *m*, gewaschener Sand *m*
washed-up material *(BM, Bod)* angeschwemmtes Material *n*
washer Unterlegscheibe *f*; Zwischenlage *f*; Scheibe *f*, Dichtungsscheibe *f*; Beilagescheibe *f*; Dichtungsring *m*, Ring *m*; Abstreifring *m*
washing *(Te)* Spülung *f*
washing-away *(Wsb)* Unterspülung *f*
washing-away of soil *(Bod, Erdb, Wsb)* Bodenabspülung *f*
washing by jet Strahlwaschen *n*
washing down Abwaschen *n*
washing drum Waschtrommel *f*
washing machine *(BWG)* Waschmaschine *f*
washing-out *(Bod, Erdb, Wsb)* Auswaschung *f*
washing recess *(Konst)* Waschnische *f*
washing-room *(Konst)* Waschraum *m*
washing with acid *(Te)* Absäuern *n*
washing with white spirit Behandeln *n* mit Alkohol
washleather Putzleder *n*, Waschleder *n*
washout Auswaschen *n*
washroom *(Konst)* Waschraum *m*
washroom equipment *(EB, San)* Waschraumausrüstung *f*
washtub *(EB)* Waschwanne *f*
waste *v (RS, Te)* vernachlässigen, verfallen lassen *(z. B. Grundbesitz)*
waste 1. *(Te, Umw)* Müll *m*, Abfall *m*; Schutt *m*, Bauschutt *m*; Abraum *m*; 2. Ausschuss *m*; 3. Verlust *m*, Verschnitt *m (z. B. bei Holzbearbeitung)*; 4. *s.* waste-water; 5. Vergeudung *f*; unwirtschaftlicher Materialeinsatz *m*
waste air *(HLK)* Abluft *f*
waste air filter *(HLK)* Abluftfilter *n*
waste area *s.* waste dump
waste avoidance *(Umw)* Abfallvermeidung *f*
waste box Müllkasten *m*; Abfallkasten *m*
waste building material *(Umw)* Bauschutt *m*, Abbruchmaterial *n*
waste cartage *(Umw)* Müllabfuhr *f*, Abfallabfuhr *f*
waste chute Müllschacht *m*
waste collecting chamber Müllsammelraum *m*
waste collection *(Umw)* Müllabfuhr *f*, Abfallabfuhr *f*
waste connection Ablaufverbindung *f*
waste container Abfallbehälter *m*
waste containment *(Umw)* Abfalldeponie *f*
waste crusher Abfallzerkleinerer *m*
waste cycle *(Umw)* Abfallkreislauf *m*
waste destructor *(Umw)* Müllverbrennungsofen *m*, Müllverbrenner *m*
waste disinfection *(Umw)* Abfalldesinfektion *f*
waste disintegrator *(Umw)* Abfallzerkleinerer *m*
waste disposal 1. *(Umw)* Müllbeseitigung *f*; Abfallbeseitigung *f*, Abfallentsorgung *f*, Entsorgung *f*; 2. *(Umw) s.* waste-water disposal
waste-disposal conception *(Umw)* Abfallentsorgungskonzept *n*
waste-disposal plant *(Umw)* Abfallbeseitigungsanlage *f*
waste-disposal unit Abfallbeseitigungsvorrichtung *f*; Küchenabfallzerkleinerer *m (zur Beseitigung von Speiseresten mit dem Abwasser)*
waste disposer *(Konst)* Müll(abwurf)schacht *m*
waste drainage pipe *(WVA)* Abflussdränrohr *n*, Siel *n*
waste dump *(Umw)* Kippe *f*, (ungeordnete) Müllhalde *f*; Schuttabladeplatz *m*
waste-economical planning *(RP, Umw)* abfallwirtschaftliche Planung *f*
waste elbow Abflussrohrbogen *m*, Ablaufrohrbogen *m*
waste exchange market *(Umw)* Abfallbörse *f*
waste-food grinder *(EB)* Küchenabfallzerkleinerer *m*
waste formation *(Umw)* Abfallerzeugung *f*, Anfall *m* von Abfällen, Müllanfall *m*
waste-gas flue Rauchgaskanal *m*
waste glass *(Umw)* Altglas *n*, Glasabfall *m*
waste glass container *(Umw)* Altglasbehälter *m*
waste gravel soil *(Bod, Umw)* Schuttboden *m*
waste grease Abfallfett *n*
waste ground *(Bod, LB)* Ödland *n*
waste gypsum Abfallgips *m*, Gipsabfall *m*
waste heap *(Umw)* Abraumhalde *f*; Halde *f*, Müllhaufen *m*
waste heat Abwärme *f*, Abhitze *f*
waste-heat recovery *(HLK)* Abwärmeverwertung *f*
waste-heat utilization *(HLK)* Abwärmenutzung *f*
waste incineration *(Umw)* Abfallverbrennung *f*
waste incinerator Müllverbrenner *m*, Abfallverbrenner *m*
waste land *(Bod, LB)* Ödland *n*
waste line *(WVA)* Abwasserleitung *f*
waste management *(Umw)* Entsorgungsdienst *m*, Entsorgungsdienstleistung *f*
waste mass *(Umw)* Deponiegut *n*
waste material *(Umw)* Abfall *m*, Abfallmaterial *n*
waste of space *(Konst)* Raumverschwendung *f*
waste owner *(Umw)* Abfallbesitzer *m*
waste paper preparation *(Te, Umw)* Altpapieraufbereitung *f*
waste paper recycling *(Te, Umw)* Altpapierrecycling *n*
waste pickle liquor Abbeize *f*, verbrauchte Beize *f*
waste pile *(Umw)* Abraumhalde *f*
waste pipe *(San, WVA)* Abwasserrohr *n*, Fallrohr *n*, Abwasserrohrleitung *f*; Hausabflussrohr *n*, Abflussrohr *n*; Abfallröhre *f*
waste pit *(Umw)* Müllgrube *f*
waste plug Abflussstopfen *m*
waste processing *(Umw)* Abfallbehandlung *f*, Abfallverwertung *f*, Umwandlung *f* von Abfallstoffen
waste producer Abfallerzeuger *m*, Abfallverursacher *m*
waste product *(Umw)* nicht verwertbarer Rückstand *m*, Abfallprodukt *n (unverwertbar)*; Sekundärrohstoff *m (wiederverwertbar)*
waste production *(Umw)* Abfallerzeugung *f*
waste products of civilization *(Umw)* Zivilisationsmüll *m*
waste receptacle *(Umw)* Abfallbehälter *m*; Abfallcontainer *m*
waste recovery *(Umw)* Abfallaufbereitung *f*, Abfallverwertung *f*
waste recycling plant *(Umw)* Abfallverwertungsanlage *f*
waste removal *(Umw)* Abfallentfernung *f*, Abfallbeseitigung *f*
waste rock *(Bod, Umw)* Berge *pl*
waste segregation *(Umw)* getrennte Abfalllagerung *f*
waste site operation *(Umw)* Deponiebetrieb *m*
waste slope *(Bod, Umw)* Schuttböschung *f*
waste sorting plant Abfallsortieranlage *f*
waste stack *(San, WVA)* Abwasserfallrohr *n*
waste steam *(HLK)* Abdampf *m*
waste steam heat *(HLK)* Abdampfwärme *f*
waste steam heating *(HLK)* Abdampfheizung *f*
waste storage *(Umw)* Abfalllagerung *f*
waste tip *(Umw)* Abfalldeponie *f*, Müllhalde *f*, Müllkippe *f*

waste treatment *(Umw)* Müllaufbereitung *f*, Abfallbehandlung *f*, Abfallverwertung *f*
waste utilization *(Umw)* Müllverwertung *f*, Abfallstoffverwertung *f*
waste utilization plant *(Umw)* Abfallverwertungsanlage *f*
waste vent *(San, WVA)* senkrechtes Abwasserrohrende *n* *(zur Entlüftung)*
waste-water *(San, WVA)* Abwasser *n (Haushalt, Industrie)*; Schmutzwasser *n*; Abflusswasser *n (z. B. bei Kühlsystemen)*
waste water collection tank *(WVA)* Abwassersammeltank *m*
waste water control *(WVA)* Abwasserkontrolle *f*
waste water discharge *(WVA)* Abwassereinleitung *f*
waste-water disposal *(Umw, WVA)* Abwasserbeseitigung *f*, Abwasserentsorgung *f*
waste-water downcomer *(San, WVA)* Abwasserfallrohr *n*, Senkrechtschleuse *f*
waste-water facilities *(Wsb, WVA)* Abwasserbauten *mpl*, Abwasserbehandlungsanlagen *fpl*
waste water purification plant *(Umw)* Kläranlage *f*
waste water renovation *(RS, Umw, WVA)* Abwassersanierung *f*
waste water sludge *(Umw)* Klärschlamm *m*
waste-water treatment *(Umw)* Abwasserbehandlung *f*, Abwasserreinigung *f*
waste water treatment plant *(Konst)* Kläranlage *f*, Klärwerk *n*
waste-way *(Wsb)* Überfall *m*, Überlauf *m (Talsperre)*; Überlauf *m (Bauwerk)*; Abflusskanal *m*
waste well *(Erdb, WVA)* Wasser(absenkungs)brunnen *m*, Dränbrunnen *m*; Senkgrube *f*; Sickerbrunnen *m*
waste wood *(Hb)* Abfallholz *n*
wasting *(Konst)* Abschlagen *n*, Abhauen *n (von Steinkanten, Steinüberstand)*
wasting process *(RS)* zerstörender Vorgang *m*
wat *(Arch)* Vat *m (buddhistische Klosteranlage)*
watch-tower *(Konst)* Wach(t)turm *m*
watch turret 1. *(Konst)* Wach(t)turm *m*; 2. *(Konst)* Erkertürmchen *n*
watching loft *(Konst)* Ausgucköffnung *f*; Ausguck *m (z. B. Dachboden)*
water *v* 1. *(BB, Te)* wässern, bewässern *(Beton)*; 2. *(LB)* berieseln, bewässern *(Landschaftsbau)*; 3. *(OB, Te)* verdünnen *(z. B. wasserlösliche Anstriche)*; 4. *(Te)* tränken *(mit wässrigen Lösungen)*
water 1. Wasser *n*; 2. Gewässer *n*
water-absorbing wasseraufnehmend
water-absorbing capacity Wasseraufnahmevermögen *n*
water-absorbing stone Nässer *m*, wassersaugender Naturstein *m*
water absorption *(BM)* Wasseraufnahme *f (z. B. von Baustoffen)*
water-absorptive capacity *(BM)* Wasseraufnahmevermögen *n*
water action Wasser(ein)wirkung *f*
water addition 1. Wasserzusatz *m*; 2. Wasseranlagerung *f*
water admission Wasserzufuhr *f*, Wasserzuführung *f*
water aerodrome *(Verk)* Wasserflughafen *m*
water analysis Wasseranalyse *f*
water architecture *(Wsb)* Wasserbau *m*
water-attracting *(BM)* wasseranziehend, hygroskopisch
water back *(HLK)* Wasseraufheizungsanlage *f (hinter einem Kamin)*
water balance *(Bod, WVA)* Wasserhaushalt *m*, Wasserbilanz *f*
water bar *(BT)* Wasserschenkel *m*, Wetterschenkel *m*, Wasserabweisleiste *f (Fenster, Tür)*
water barrier *(Erdb, Wsb)* Wassersperre *f*
water-base wasserhaltig
water base *(BM, OB)* Wassergrundlage *f*, Wasserbasis *f (Anstriche)*
water base coating wasserverdünnbarer Anstrichstoff *m*
water base enamel *(BM, OB)* wasserverdünnbarer Lack *m*, Wasserlack *m*
water-base paint *s.* water paint
water base primer *(BM, OB)* wasserverdünnbare Grundierung *f*
water-based paint *s.* water paint
water-based vehicle Bindemittellösung *f* auf Wasserbasis
water basin 1. *(Konst, Wsb)* Wasserbassin *n*, Wasserbecken *n*; 2. *(Bod, WVA)* Wassereinzugsgebiet *n*, Infiltrationsgebiet *n*
water bath Wasserbad *n (Baustofflabor)*
water-bearing wasserführend
water-bearing horizon *(Bod, WVA)* Grundwasserleiter *m*, wasserführende Schicht *f*
water-bearing layers *(Bod)* wasserführende Schichten *fpl*, Grundwasserstockwerke *npl*
water-bearing soil bed *(Bod)* wasserführende Bodenschicht *f*
water-bearing strata *(Bod)* wasserführende Schichten *fpl*
water-binder ratio *(BM)* Wasser-Bindemittel-Verhältnis *n*
water-binding wasserbindend
water-binding ability *(BM)* Wasserbindevermögen *n*
water blasting *(OB, Te)* Nass(sand)strahlen *n*, nasses Sandstrahlen *n*
water board *(VR)* Wasserwirtschaftsamt *n*
water-bogged soil *(Bod, LB)* versumpfter Boden *m*
water-born wasserlöslich
water-bound *(Verk)* wassergebunden *(Straßenkoffer)*
water-bound macadam *(Verk)* wassergebundene Schotterdecke *f*, Mineralbeton *m*, Mineralbetondecke *f*
water break test *(BM)* Wasserbenetzungstest *m*
water bucket Wassereimer *m*
water butt Wasserfass *n*
water carriage *(Verk)* Schiffstransport *m*
water-carriage system *(San, WVA)* Hauskanalisierung *f*
water-carried paint *s.* water paint
water-carrier method *(Umw)* Schwemmverfahren *n*, Müllverschwemmen *n*
water-carrying wasserhaltig, wasserführend
water catchment *(Bod, Wsb, WVA)* Wasserfassung *f*, Wassergewinnung *f*
water chamber *(Wsb, WVA)* Brunnenhaus *n*; Quellfassung *f*, Wassersammelkammer *f*
water channel 1. *(Konst)* Wasserrinne *f (Sohlbank)*; 2. *(Wsb)* offener Wasserkanal *m*; 3. *(Verk)* geschlossener [gedeckter] Durchlass *m*
water charge Wasserabgabe *f*
water charged wasserdurchtränkt
water check *(Konst)* Dachüberstand *m*
water-checked casement *(Konst)* regendichter Fensterrahmen *m*, Fensterrahmen *m* mit Wasserabtropfleisten
water circulation *(HLK, San, WVA)* Wasserumlauf *m*
water cistern *(WVA)* Zisterne *f*, Wasserbehälter *m*
water clarification *(Umw, WVA)* Wasserklärung *f*
water-clearing plant *(Umw, WVA)* Wasserkläranlage *f*
water closet *(San)* Wasserklosett *n*, WC *n*, Toilette *f*, Spülklosett *n*
water-closet pan *(San)* Wasserklosettbecken *n*
water cock *(San)* Wasserhahn *m*
water collecting area *(Bod, WVA)* Wassereinzugsgebiet *n*
water collection Wassersammeln *n*, Wasserauffangen *n*
water column Wassersäule *f*
water condition Wasserbeschaffenheit *f*, Wasserzusammensetzung *f*
water conditioning *(WVA)* Wasseraufbereitung *f*

water conditions *(Bod, Erdb, Verk)* Wasserverhältnisse *npl*
water conduct gallery *(Wsb)* Wasserüberleitungsstollen *m*
water conductor *(San, WVA)* Wasserfallrohr *n*
water conduit 1. *(WVA)* Wasserkanal *m (offen oder geschlossen)*; 2. *(San)* Wasser(leitungs)rohr *n*, Wasserleitung *f*
water conservation *(Umw)* Gewässerschutz *m*
water constitution *(WVA)* Wasserbeschaffenheit *f*, Wasserzusammensetzung *f*
water consumer Wasserverbraucher *m*, Wasserabnehmer *m*
water consumption Wasserverbrauch *m*
water-containing wasserhaltig
water content *(BM)* Wassergehalt *m*
water conveyance *(WVA)* Wasserzufuhr *f*, Wassertransport *m*
water cooler Trinkwasserkühler *m*
water cooling *(BT)* Wasserkühlschlange *f*
water crack Trockenriss *m (in Putz)*
water culvert *(Wsb, WVA)* Wasserabfluss *m*, überwölbter Wasserabflussgraben *m*
water curing Nachbehandlung *f* mit Wasser, Feuchthalten *n*, Feuchthaltung *f (von Beton)*
water cushion *(Konst)* Wasserkissen *n*
water cycle *(Bod, WVA)* Wasserkreislauf *m*
water deficiency *(Bod, WVA)* Wassermangel *m*, Wasserfehlbedarf *m*
water deioniser *(BWG, WVA)* Wasserdeionisierungsgerät *n*
water delivery *(Wsb, WVA)* Wasserversorgung *f*
water demand Wasserbedarf *m*
water demineralization Wasserentsalzung *f*
water desalination Wasserentsalzung *f*
water discharge Wasserauslass *m*; Wassereinleitung *f*
water disinfection *(Umw, WVA)* Wasserdesinfektion *f*, Wasserentkeimung *f*
water dispersion Wasserdispersion *f*
water dispersion coating *(BM, OB)* wasserverdünnbarer Anstrichstoff *m*
water-displacing wasserverdrängend
water disposal *(WVA)* Wasserentsorgung *f*, Abwasserentsorgung *f*, Abwasserbeseitigung *f*
water disposal well *(Bod, Erdb)* Abwasserbohrung *f*
water-distributing pipe *s.* water-distribution pipe
water distribution *(WVA)* Wasserverteilung *f*
water-distribution installation *(WVA)* Wasserverteilungsanlage *f*
water-distribution pipe *(WVA)* Wasserverteilungsleitung *f*; Trinkwasserzuleitung *f*
water-distribution reservoir *(WVA)* Wasserverteilungsbecken *n*
water ditch *(Erdb)* Wassergraben *m*
water divide *(Bod)* Wasserscheide *f*
water diviner Wünschelrutengänger *m*
water drain *(Erdb, WVA)* Wasserabfluss *m*, Wasserablass *m*
water drain pipe *(Erdb, WVA)* Abwasserrohr *n*, Wasserablass *m*
water drainage *(Erdb)* Wasserhaltung *f*, Wasserableitung *f*
water drip *(Konst)* Wassernase *f*, Tropfnase *f*; Wasserschenkel *m*
water economy *(WVA)* Wasserwirtschaft *f*
water elutriation *(WVA)* Wasserfiltrationsmethode *f*
water emulsion paint *(BM, OB)* Dispersionsanstrichstoff *m*, Dispersionsfarbe *f*
water engineering *(Wsb, WVA)* Wasserbau *m*, Hydrotechnik *f*
water examination Wasseruntersuchung *f*
water extraction structure *(Wsb, WVA)* Wasserabscheidebauwerk *n*
water fastness *(BM, BT)* Wasserbeständigkeit *f*, Wasserfestigkeit *f*
water-fearing *(BM, OB)* wasserabweisend, wasserabstoßend, hydrophob
water feed pipe *(Wsb, WVA)* Wasserzuführung *f*
water feeder *(Wsb, WVA)* Wasserzufluss *m*, Wasserzubringer *m*
water feeding *(Wsb, WVA)* Wasserzufuhr *f*, Wasserzufluss *m*
water film *(BM, OB, Verk)* Wasserfilm *m*
water filtration plant *(San, WVA)* Wasserfilteranlage *f*, Wasserfiltrieranlage *f*
water fitting *(San, WVA)* Wasserfitting *n*, Wasserleitungsformstück *n*
water fittings *(San, WVA)* Wasserarmatur *f*
water flowmeter *s.* water meter
water flushing *(San)* Wasserspülung *f*
water foliage *(Arch)* Wasserblattwerk *n*, Wasserlaub *n*
water for domestic use *(WVA)* Brauchwasser *n*
water for industrial use *(WVA)* Brauchwasser *n*
water formation *(Bod)* wasserführende Schicht *f*
water fountain 1. *(Arch, WVA)* Springbrunnen *m*; Wasserspiel *n*, Wasserkunst *f*; 2. *(San)* Trinkbecken *n* mit senkrechtem Wasserstrahl, Trinkbrunnen *m*; 3. *(San) s.* wash fountain
water-front park *s.* waterfront park
water gain *(BB, Te)* Wasserausschwitzen *n*, Wasserabsetzen *n (Beton)*
water garden *(Arch, LB)* Garten *m* mit Wasserbecken, Wasserbeckengarten *m*
water gauge *(San)* Wasserstandsanzeiger *m (z. B. an Kesseln)*; Pegel *m*, Wasserpegel *m*, Peil *m (in Gewässern)*; Pegellatte *f*
water glass *(BM)* Wasserglas *n*
water-glass cement *(BM)* Wasserglaskitt *m*
water-glass coat *(BM, OB)* Wasserglasanstrich *m*
water-glass mastic *(BM)* Wasserglaskitt *m*
water-glass paint *(BM, OB)* Wasserglasfarbe *f*, Mineralfarbe *f*
water-glass paint coat *(OB)* Wasserglasfarbanstrich *m*, Silikatfarbanstrich *m*, Mineralfarbanstrich *m*
water-glass solution *(BM)* Wasserglaslösung *f*
water ground *(Bod)* wasserführendes Gestein *n*
water gun *(BWG)* Wasserspritze *f*, Wasserspritzpistole *f*
water gutter *(AE) (Verk)* Wasserseitengraben *m*, Schnittgerinne *n*, Spitzgraben *m*
water hammer Druckstoß *m*, Wasserstoß *m*, Wasserschlag *m (in Wasserleitungen)*
water hardness Wasserhärte *f*
water-hating *(BM)* wasserabstoßend, wasserabweisend, hydrophob
water head Wassersäule *f*
water heater *(San)* Wassererhitzer *m*, Warmwasserbereiter *m*
water heating Wassererhitzung *f*, Wassererwärmung *f*
water-heating plant *(HLK)* Warmwasserbereitungsanlage *f*
water-heating system *(HLK)* Wassererhitzungsanlage *f*, Wasserwärmungsanlage *f*
water-holding capacity *(Bod, Erdb)* Wasserbindungsvermögen *n*, wasserbindende Kraft *f (eines Erdstoffes bzw. Bodenschicht)*
water horizon *(Bod)* Wasserhorizont *m*, Wasserleiter *m*
water immersion service *(BM, BT)* Unterwasserbeanspruchung *f*
water immersion test *(BM)* Wasserlagerungsprüfung *f*
water impermeability Wasserundurchlässigkeit *f*, Wasserdichtheit *f*
water impermeability test *(BM)* Wasserdurchlässigkeitsprüfung *f*, Wasserdichtigkeitsprüfung *f*
water-impregnated *(BM)* wassergetränkt

water-in-oil emulsion 1. umgekehrte Emulsion *f*, Wasser--in-Öl-Emulsion *f*; 2. unstabile Emulsion *f*
water incursion *(Erdb, Wsb)* Wassereinbruch *m*
water infiltration *(Erdb, Wsb)* Wassereinsickerung *f*, Wasserinfiltration *f*
water inflow *(Erdb, Wsb)* Wassereinbruch *m*; Wasserzufluss *m*
water influx *(Erdb, Wsb, WVA)* Wasserzulauf *m*, Wasserzufluss *m*
water ingress Wassereindringen *n*, Wassereinströmen *n*
water inlet Wassereinlauf *m*; Wasserablauf *m*, Sinkkasten *m*
water inrush *(Erdb, Wsb, WVA)* Wassereinbruch *m*, Wasserandrang *m*
water-insoluble *(BM)* wasserunlöslich
water intake 1. Wassereintritt *m*, Wassereinlass *m*; 2. Wasserentnahme *f (aus dem Leitungsnetz)*
water irrigation *(LB)* Bewässerung *f*
water jet Wasserstrahl *m*
water jet pump *(BM, WVA)* Wasserstrahlpumpe *f*
water joint 1. *(Verk)* gehobene Steinfuge *f (Straße, Weg)*; 2. *(Konst, St)* gesattelte Bördelverbindung *f*, hochgesteppte Blechfuge *f*
water law *(VR)* Wassergesetz *n*
water layer *(Bod)* Wasserschicht *f*, Wasserleiter *m*, Wasserhorizont *m*; Wasserfilm *m*
water leaf *(Arch)* Lotusblattornament *n*, Wasserblatt *n*
water leakage *(BT, Erdb, Wsb)* Wassereintritt *m*
water leaves *(Arch)* Wasserblattwerk *n*, Wasserlaub *n*
water level 1. *(Bod, Wsb)* Wasserspiegel *m*, Wasserstand *m*, Wasserstandslinie *f*, Grundwasserspiegel *m*; 2. *(BWG)* Setzwaage *f*, Wasserwaage *f*
water-level control *(BWG, WVA)* Wasserstandsregeleinrichtung *f*
water-level decrease *(Bod, Erdb, Wsb)* Wasserspiegelabsenkung *f*
water-level difference Wasserstandsdifferenz *f*
water-level gauge *(Erdb, Wsb)* Pegelmesser *m*
water-level indicator *(Wsb, WVA)* Wasserstandsanzeiger *m*
water-level mark *(Wsb, WVA)* Wasserstandsmarke *f*
water lifting *(WVA)* Wasserhebung *f*
water lime *(BM)* hydraulischer Kalk *m*, Wasserkalk *m*
water line *(WVA)* (höchste) Wasserstandslinie *f (Zisterne)*
water logging *(Bod)* Staunässe *f*, stehende Feuchtigkeit *f*, Sumpfnässe *f*
water loss *(Erdb, San, Wsb, WVA)* Wasserverlust *m*
water-loss shrinkage 1. *(Bod)* Schrumpfung *f*, Trockenschrumpfung *f*; 2. Trockenschwindung *f (z. B. in Keramik, Beton)*
water-loss shrinkage behaviour *(Bod)* Schrumpfverhalten *n*
water-loss shrinkage crack *(BM, Bod)* Schrumpfriss *m*
water-loss shrinkage curve *(BM, Erdb)* Schrumpflinie *f*, Schrumpfkurve *f*
water-loss shrinkage stress *(BM, BT)* Schrumpfspannung *f*
water-loss shrinkage value *(BM, BT)* Schrumpfwert *m*, Schrumpfmaß *n*
water-loving *(BM)* wasserfreundlich, hydrophil
water main *(San, WVA)* Wasser(haupt)leitung *f*, Hauptwasserleitung *f*; Leitungsrohr *n* • **be on the water mains** *(San, WVA)* Wasseranschluss haben
water-mains burst *(San, WVA)* Wasserrohrbruch *m*
water management *(WVA)* Wasserwirtschaft *f*
water mark *(Arch, BM, WVA)* Wasserzeichen *n*
water meadow *(Bod)* Flussaue *f*
water meter *(San)* Wasserzähler *m*, Wasseruhr *f*
water meter box *(San)* Wasserzählerkasten *m*
water migration *(Bod, Erdb)* Wasserwanderung *f*
water mist system *(Tun)* Wassersprüh(nebel)anlage *f*, Sprinklersystem *n*
water mordant *(BM, OB)* Wasserbeize *f*
water mortar *(BM)* hydraulischer Mörtel *m*
water need *(BM, WVA)* Wasserbedarf *m*
water of capillarity *(BM, Bod)* Porensaugwasser *n*, Kapillarwasser *n*
water of compaction *(Bod)* Wasser *n* zur Erdstoffverdichtung; Verdichtungswassergehalt *m*
water of composition *(BM, Bod)* Eigenfeuchte *f*, Eigenfeuchtigkeit *f*
water of head *(Bod)* gespanntes Grundwasser *n*, artesisches Wasser *n*
water of hydration *(BM)* Hydratationswasser *n*, Hydratwasser *n (Zementsteinbildung)*
water of setting *(BM)* Abbindewasser *n (Hydratation)*
water outbreak *(Erdb, Tun, Wsb)* Wasserdurchbruch *m*
water outlet *(San, WVA)* Wasserabfluss *m*, Ausfluss *m*, Entwässerungsöffnung *f*
water overflow *(HLK, San, Wsb, WVA)* Wasserüberlauf *m*
water overflow pipe *(HLK, San, Wsb, WVA)* Wasserüberlauf *m*, Wasserüberlaufrohr *n*
water paint *(BM, OB)* Wasserfarbe *f*, wasserverdünnbarer Anstrich(stoff) *m*, Dispersionsfarbe *f*
water parting *(Bod)* Wasserscheide *f*
water penetration *(Bod, Erdb, Wsb)* Wassereindringung *f*
water percolation *(Bod, Erdb)* Wasserdurchsickerung *f*
water permeability *(BM, Bod, Erdb)* Wasserdurchlässigkeit *f*
water permeability test *(BM, Bod)* Wasserdurchlässigkeitsprüfung *f*
water-permeable *(Bod, Erdb)* wasserdurchlässig
water pier *(Br, Wsb)* Strompfeiler *m (Brücke)*
water pipe *(San, WVA)* Wasser(leitungs)rohr *n*; Wasserleitung *f*
water-pipe burst *(San, WVA)* Wasserrohrbruch *m*
water-pipe fitting *(San, WVA)* Rohrleitungsfitting *n*
water piping *(San, WVA)* Wasserleitung *f*
water pocket *(Erdb, WVA)* Wassersack *m (z. B. Planum, Freispiegelwasserleitung)*
water point *(Umw)* Wasserstelle *f*
water policy *(Umw)* Gewässeraufsicht *f*, Wasserwirtschaftsbehörde *f*
water pollutant *(Umw)* wasserverunreinigender Stoff *m*
water pollution *(Umw)* Wasserverschmutzung *f*, Gewässerbelastung *f*, Wasserverunreinigung *f*
water pollution control *(Umw)* Wasserschutz *m*, Gewässerschutz *m*, Wasserreinhaltung *f*
water pond [pool] *(LB)* Wasserbecken *n (in einem Garten)*
water power plant *(Wsb)* Wasserkraftwerk *n*
water pressure *(Bod, HLK, Wsb, WVA)* Wasserdruck *m*
water pressure load *(Erdb, Wsb)* Wasserdrucklast *f*
water pressure test *(San)* Abdrückprobe *f*, Wasserdurchlässigkeitsprüfung *f*
water procuring dike *(Wsb)* Wasserfassungsdamm *m*
water-proof *s.* waterproof
water protection *(Umw)* Gewässerschutz *m*; Wasserschutz *m*
water protection area *(Umw)* Wasserschutzgebiet *n*, Wasserschutzzone *f*
water pumpage *(Erdb, Wsb, WVA)* Wasserhebung *f*
water purification *(WVA)* Wasserreinigung *f*, Wasseraufbereitung *f*
water purification plant *(WVA)* Wasserkläranlage *f*
water putty *(BM)* Wasserabdichtkitt *m*, Holzkitt *m (mit Wasser angerührt)*
water quality *(Umw)* Wassergüte *f*, Wasserqualität *f*, Wasserbeschaffenheit *f*

water ramp *(Wsb, WVA)* Wasserstufenbecken *n*; Wasserspiel *n*
water recycle *(Bod, WVA)* Wasserkreislauf *m*
water-reducible paint *(BM, OB)* wasserverdünnbarer Anstrichstoff *m*
water-reducing agent [admixture] *(BM)* plastifizierender Betonzusatz *m*, Plastifikator *m*, Verflüssiger *m*
water regime *(Bod, Umw)* Wasserhaushalt *m (eines Flusses)*
water release *(BM, Bod, Wsb, WVA)* Wasserabgabe *f*
water repellency *(BM)* Wasserabstoßung *f*, Wasserabweisung *f*, hydrophobierende Wirkung *f*
water-repellent *(BM)* wasserabstoßend, wasserabweisend, hydrophob
water-repellent agent *(BM, OB)* Sperranstrichmittel *n*, Hydrophobierungsmittel *n*
water-repellent cement *(BM)* wasserabstoßender [hydrophobierter] Zement *m (mit speziellen Additiven)*
water-repellent concrete *(BB, BM)* Sperrbeton *m*
water-repellent emulsion *(BM)* Sperremulsion *f*
water-repellent finish *(BM, DIS)* Sperrputz *m*
water-repellent grouting *(BM, DIS)* Sperrschlämme *f*
water-repellent membrane *(DIS)* Sperrschicht *f*, Dicht(ungs)haut *f*, Abdichtschicht *f*
water-repellent mortar *(BM, DIS)* Sperrmörtel *m*
water-repellent paper *(BM)* Sperrpappe *f*, Isolierpapier *n*
water-repellent solution *(BM, DIS)* Imprägnierlösung *f*
water-repellent treatment *(DIS, Te)* Hydrophobierung *f*, Imprägnierbehandlung *f*
water repeller *(BM)* Dichtungsmittel *n*
water requirements *(BM, WVA)* Wasserbedarf *m*
water reserve *(Bod, Wsb, WVA)* Wasservorrat *m*
water reservoir 1. *(Wsb)* Rückhaltebecken *n*; 2. *(WVA)* Wasserbehälter *m*, Wassertank *m*
water resistance *(BM)* Wasserbeständigkeit *f*, Wasserfestigkeit *f*
water-resistant *(BM)* wasserbeständig, wasserfest, wasserecht
water resisting *(BM, DIS)* wasserdruckhaltend
water-resisting paint *(BM, OB)* wasserfester Anstrich *m*
water-resisting property *s.* water resistance
water resource *(Bod)* Wasservorkommen *n*
water resources *(Bod, WVA)* Wasservorräte *mpl*
water resources engineering *(WVA)* Wasserwirtschaft *f*
water resources management *(WVA)* Wasserwirtschaft *f*
water resources project *(Wsb, WVA)* Wasserbevorratungsprojekt *n*
water retaining wall *(Wsb)* Staumauer *f*
water-retardant *(BM)* wasserhemmend
water-retardant plaster *(BM, DIS)* wasserhemmender Putz *m*
water-retarding *(BM)* wasserhemmend
water-retarding facing *(BM, DIS)* wasserhemmende Verkleidung *f*, wasserhemmende Auskleidung *f*
water-retentive *(BM)* wasserhemmend
water retentivity 1. *(BM)* Wassergehaltsstabilisierung *f* des Mörtels; 2. *(Bod)* Wasser(rück)haltevermögen *n (des Bodens)*
water right *(RS, Umw)* Wassernutzungsrecht *n*, Wasserentnahmerecht *n*, Wasserrecht *n*
water rise head *(Wsb)* Stauhöhe *f (Stauanlage)*
water riser [rising] pipe *(HLK, San, WVA)* Steigleitung *f*
water runoff *(San, Wsb, WVA)* Wasserabfluss *m*
water sample *(BM, Bod, Umw)* Wasserprobe *f*
water sample-taker *(BWG)* Wasserprobenentnahmegerät *n*
water-saturated *(BM, Bod)* wassergesättigt
water saturation *(BM, Bod)* Wassersättigung *f*
water saturation value *(BM, Bod)* Wassersättigungsbeiwert *m*
water scarcity *(Umw, WVA)* Wassermangel *m*, Wasserknappheit *f*
water-scoured *(BM)* ausgewaschen
water seal 1. *(San)* Wasserabschlussstandrohr *n (Geruchsverschluss)*; 2. *(DIS)* Wassersperre *f*
water seal trap *(San)* Geruchsverschluss *m*
water sealing *(DIS)* Wasserabdichtung *f*
water seepage *(Bod, Erdb)* Wassereinsickerung *f*
water-sensitive material *(BM)* wasserempfindlicher Baustoff *m*
water sensitivity *(BM, Bod)* Wasserempfindlichkeit *f*
water separation capability *(BM, Bod)* Wasserabgabevermögen *n*, Wasserabgabekapazität *f*
water separator *(BWG)* Wasserabscheider *m*
water-service pipe *(WVA)* Wasseranschlussleitung *f (vom Netz zum Wasserzähler)*
water-shedding moulding *(San)* Tropfleiste *f*
water shortage *(Bod, WVA)* Wassermangel *m*
water shut-off *(San, WVA)* Wasserabsperrung *f*, Wasserzuleitungsunterbrechung *f*
water-slaked lime *(BM)* gelöschter Kalk *m*, Löschkalk *m*
water sluice valve *(San, WVA)* Wasserschieber *m*
water softener *(BM, BWG)* Wasserenthärtungsmittel *n*; Wasserenthärtungsanlage *f*
water softening *(Te, WVA)* Wasserenthärtung *f*
water-softening agent *(BM)* Wasserenthärtungsmittel *n*
water-softening method *(Te, WVA)* Wasserenthärtungsverfahren *n*
water-softening plant *(WVA)* Wasserenthärtungsanlage *f*
water-softening unit *(WVA)* Wasserenthärtungsanlage *f*
water solubility *(BM)* Wasserlöslichkeit *f*
water-soluble *(BM)* wasserlöslich
water-soluble binder *(BM)* wasserlösliches Bindemittel *n*
water-soluble salt *(BM)* wasserlösliches Salz *n*
water-soluble wood preservation *(BM, OB)* wasserlösliches Holzschutzmittel *n*
water sorption *(BM)* Wasseraufnahme *f (von Baustoffen)*
water splash *(Umw, WVA)* Spritzwasser *n*
water spots *(OB)* Wasserflecken *fpl*; Wasserfleckigkeit *f (von Anstrichen)*
water spotting *(OB)* Wasserfleckenbildung *f (auf Anstrichen)*
water spout *(San)* Wasserspeier *m*
water spraying *(LB)* Wassersprühen *n*
water stage measurement *(Umw, Wsb)* Wasserstandsmessung *f*
water stagnation *(Bod, Erdb, WVA)* Wasserstillstand *m*, Wasserstagnation *f*
water stain 1. *(OB)* Wasserfleck *m (z. B. in Putz, Holz)*; 2. *(BM, OB)* wasserlösliche Holzbeize *f*
water stop *(DIS)* Wassersperrdichtung *f*, Wassersperre *f*; Fugendichtung *f*; Dichtungsband *n*, Dichtungsstreifen *m*; Fugenband *n*
water storage *(Wsb, WVA)* Wasserspeicherung *f*
water storage basin *(Wsb, WVA)* Staubecken *n*, Sammelbecken *n*
water storage tank *(Wsb, WVA)* Wasserspeicher *m*
water store *(Wsb, WVA)* Wasserreservoir *n*
water stratum *(Bod)* Wasserschicht *f*, wasserführende Schicht *f (hydrogeologisch)*
water-struck brick *(BM)* Wasserstreichziegel *m*, Wasserstrichziegel *m*
water subsidence *(Bod, Erdb, Wsb)* Wassersenkung *f*, Wasserabsackung *f*
water supply 1. *(WVA)* Wasserversorgung *f*; 2. *(WVA)* Wasseranschluss *m*; Wasserzufuhr *f*, Wasserführung *f*
water-supply area *(RP, WVA)* Wasserversorgungsgebiet *n*

water-supply engineer *(WVA)* Wasserwirtschaftsingenieur *m*
water-supply engineering *(BWG, WVA)* Wasserversorgungstechnik *f*
water-supply installation *(San, WVA)* Wasserversorgungssystem *n*, Wasserversorgungsinstallation *f*
water-supply line *(San, WVA)* Wasser(versorgungs)leitung *f*
water-supply pipe network *(San, WVA)* Wasserrohrnetz *n*
water-supply plant *(San, WVA)* Wasserversorgungsanlage *f*, Wasserversorgungsinstallation *f*, Wasserversorgungssystem *n*
water-supply point *(WVA)* Wasserversorgungsstelle *f*
water-supply service *(WVA)* Wasserversorgungsbetrieb *m*
water-supply stub *(San, WVA)* Wassersteigleitung *f*, Wassersteigleitungsrohr *n*
water-supply system *(San, WVA)* Wasserversorgungsanlage *f*, Wasserversorgungssystem *n*
water-supply to buildings *(San, WVA)* Hauswasserversorgung *f*
water surface *(Bod, Erdb, Wsb)* Wasseroberfläche *f*
water susceptibility *(BM)* Wasserempfindlichkeit *f*
water table 1. *(Bod)* Wasserspiegel *m*, Grundwasserspiegel *m*; 2. *(BT)* Wassersimsplatte *f*
water table gradient *(Bod)* Grundwasserspiegelgefälle *n*
water table isohypse *(Bod)* Grundwasserhöhenlinie *f*
water tank *(San, WVA)* Wassertank *m*, Wasserbehälter *m*
water tap *(San)* Wasserhahn *m*
water tension *(BM, Bod)* Wasserspannung *f*
water test *(BM, DIS)* Dichtigkeitsprüfung *f* mit Wasser
water-thinnable *(BM)* wasserverdünnbar
water-thinnable paint *(BM)* wasserverdünnbare Farbe *f*
water-thinned coating *(BM, OB)* wasserverdünnbarer Anstrichstoff *m*
water-thinned paint *(BM)* wasserverdünnte Farbe *f*
water-thinned primer *(BM, OB)* wasserverdünnbare Grundierung *f*
water-tight *s.* watertight
water tower *(Wsb, WVA)* Wasserturm *m*
water trap *(San)* Geruchsverschluss *m*
water treatment *(WVA)* Wasseraufbereitung *f*, Wasserklärung *f*
water treatment plant [works] *(WVA)* Wasseraufbereitungsanlage *f*
water truck *(WVA)* Wasserwagen *m*
water tunnel *(Bod, Tun)* Wasserstollen *m*
water turbine *(Wsb)* Wasserturbine *f*
water type *(BM)* Wasserart *f*
water under pressure *(Bod)* Druckwasser *n*
water undertaking *(WVA)* Wasserversorgungsbetrieb *m*, Wasserversorgungsunternehmen *n*
water user *(WVA)* Wasserverbraucher *m*, Wasserabnehmer *m*
water utilization *(Bod, WVA)* Wasserausnutzung *f*
water valve *(San)* Wasserventil *n*
water vapour *(BM, DIS)* Wasserdampf *m*, Dampf *m*
water vapour absorption *(BM)* Wasserdampfaufnahme *f*
water vapour barring *(BM, DIS)* wasserdampfsperrend
water vapour impermeability *(BM, DIS)* Wasserdampfdichtheit *f*, Wasserdampfdichtigkeit *f*
water-vapour migration *(BM, DIS)* Wasserdampfwanderung *f*
water vapour permeability *(BM, DIS)* Wasserdampfdurchlässigkeit *f*
water-vapour permeable *(BM, DIS)* wasserdampfdurchlässig
water vapour-proof *(BM, DIS)* wasserdampfundurchlässig
water vapour release *(DIS)* Wasserdampfentspannung *f*, Dampfentspannung *f*
water vapour seal *(DIS)* Wasserdampfsperre *f*, Wasserdampfhemmschicht *f*
water vapour transmission *(BM, DIS)* Wasserdampfdurchlässigkeit *f*
water varnish *(BM, OB)* Wasserlack *m*
water vein *(Bod)* Wasserader *f*
water void *(BB, BM)* Wasserpore *f (Beton)*
water well *(Bod, Wsb, WVA)* Wasserbrunnen *m*
water wheel *(BWG, Wsb)* Wasserrad *n*
water winning *(Bod, WVA)* Wassergewinnung *f*
water witch *(AE) (WVA)* Wünschelrutengänger *m*
water withdrawal *(WVA)* Wasserentnahme *f*
waterbound macadam *s.* water-bound macadam
water/cement ratio *(BM)* Wasserzementwert *m*, W/Z(-Wert) *m*, Wasser-Zement-Verhältnis *n*, Wasser-Zement-Faktor *m (Beton)*
watercolor *(AE) s.* water paint
watercourse *(Bod, Erdb, Wsb)* Spülkanal *m*, Wasserlauf *m*; Vorfluter *m*; Gewässer *n*
watercourse regulation *(Wsb)* Flussregulierung *f*
waterfall *(Bod)* Wasserfall *m*; Wassergefälle *n*
waterfinder *(WVA)* Wünschelrutengänger *m*
waterfront *(Wsb)* Hafengebiet *n*, Uferzone *f*, Wasserufergebiet *n*
waterfront development *(Wsb)* Hafengebietserschließung *f*
waterfront park *(LB)* Uferpark *m*
waterfront structures *(Wsb)* Küstenschutzbauten *mpl*
watering 1. *(BM)* Einwässern *n*; Tränkung *f (mit wässrigen Lösungen)*; 2. *(LB)* Bewässerung *f*
watering can *(LB)* Gießkanne *f*
watering ditch *(LB)* Berieselungsgraben *m*
waterlogged *(BM, Bod)* wassergesättigt, voll Wasser gesogen, wasserhaltig *(Baustoffe)*; wasserführend
waterlogged ground *(Bod)* wassergesättigter Boden *m*
waterproof *v (DIS)* wasserdicht machen, sperren; abdichten; imprägnieren
waterproof *(BM, BT)* wasserdicht, wasserundurchlässig; wassergeschützt
waterproof blanket *(Erdb, Wsb)* Dichtungsschürze *f*, Dichtungsvorlage *f (Stauanlage, Erddamm, Steinschüttdamm)*
waterproof coat *(BM, DIS, OB)* Imprägnieranstrich *m*; Sperranstrich *m*
waterproof concrete *(BB, DIS)* Sperrbeton *m*
waterproof construction *(DIS)* Wassersperrungskonstruktion *f*; wasserdichte Ausbildung *f*, wasserundurchlässiger Bau *m*, grundwassergesperrte Konstruktion *f (z. B. Grundwasserwanne)*
waterproof finish *s.* waterproof plaster
waterproof joint *(DIS, Konst)* wasserdichte Fuge *f*
waterproof mortar *(BM, DIS)* Sperrmörtel *m*
waterproof paint (coat) *(BM, DIS, OB)* wasserdichter Anstrich *m*
waterproof plaster *(BM, DIS)* Sperrputz *m*, Isolierputz *m*
waterproof sealing *(DIS)* Abdichtung *f*; Imprägnieranstrich *m*; Sperranstrich *m*
waterproof sheeting *(BM, DIS)* Dichtungsbahn *f*
waterproofed cement *(BM)* wasserabweisender Zement *m*
waterproofer *(BM)* Sperrstoff *m*
waterproofing 1. *(DIS)* Wasser(ab)dichtung *f*, Sperrung *f (im Bauteil)*; Grundwasserabdichtung *f*, Bauwerksabdichtung *f*; Abdichtung *f (im Gebäude)*; Wetterschutz *m (z. B. von Fassaden durch Anstriche)*; Imprägnierung *f (von Material)*; 2. *(DIS) s.* waterproofing layer
waterproofing agent *(BM, DIS)* Feuchtigkeitssperrstoff *m*, Dichtungsmittel *n*
waterproofing cement *(BM)* Sperrzement *m*

waterproofing coat *(BM, DIS)* Sperranstrich *m*; Imprägnieranstrich *m*
waterproofing coating 1. *(DIS, OB)* wasserdichter Anstrich *m*, Wetterschutz *m (Fassaden)*; 2. *(BM)* wasserdichtes Beschichtungsmaterial *n*
waterproofing compound *(BM)* Imprägnierungsstoff *m*, Imprägniermittel *n*, Fassadenimprägniermittel *n*, Wasserabweismittel *n*
waterproofing concrete *(BB, DIS)* Sperrbeton *m*
waterproofing course *s.* waterproofing layer
waterproofing finish *s.* waterproofing plaster
waterproofing grout *(BM, DIS)* Sperrschlämme *f*
waterproofing joint *(DIS, Konst)* Dichtungsverbindung *f*, wasserdichte Fuge *f*
waterproofing layer *(DIS)* Sperrschicht *f*, Wasserdichtungslage *f*
waterproofing membrane 1. *(Erdb, Wsb)* Dichtungshaut *f*, Dichtungsschleier *m (Stauanlage)*; 2. *(DIS)* Sperrhaut *f*, Dichtungshaut *f*
waterproofing mortar *(BM, DIS)* Sperrmörtel *m*
waterproofing paint *(BM, DIS)* Sperranstrichmittel *n*
waterproofing paper *(BM)* Sperrpappe *f*, Isolierkarton *m*
waterproofing plaster *(BM, DIS)* Sperrputz *m*, wassersperrender Putz *m*, Isolierputz *m*
waterproofing screed *(BM, DIS)* Sperrestrich *m*
waterproofing solution *(BM)* Imprägnierungslösung *f*
watershed 1. *(Bod)* Wasserscheide *f*; 2. *(Bod) (AE)* Wassereinzugsgebiet *n*
watershed divide *(Bod)* Wasserscheide *f*
watershed line *(AE) (Bod)* Wasserscheide *f*
watershoot *(Konst, San)* Traufstein *m*
waterside *(Bod)* Gestade *n*, Küste *f*, Ufer *n*
waterside face *(Bod)* Wasserseite *f*
waterslope *(Bod, Wsb, WVA)* Wassergefälle *n*
waterstop *s.* water stop
watertight *(BM)* wasserdicht, wasserundurchlässig
watertight cable *(El)* wasserdichtes Kabel *n*
watertight concrete *(BB, DIS)* Sperrbeton *m*
watertight concrete foundation *(Erdb)* Sperrbetongründung *f*, Sperrbetonfundament *n*, Fundament *n* aus Sperrbeton
watertight core *(Wsb)* Dichtungskern *m (Stauwerk)*
watertight diaphragm *(Wsb)* Dichtungshaut *f*, Dichtungsschleier *m (Baugrund, Stauwerk)*
watertight facing *(Wsb)* Dichtungsschürze *f (Stauwerk)*
watertight screen *(Erdb, Wsb)* Dichtungshaut *f*, Dichtungsschleier *m (Baugrund, Stauwerk)*
watertightness *(BM, DIS)* Wasserdichtigkeit *f*, Wasserundurchlässigkeit *f*
waterway *(Bod, Wsb)* Wasserstraße *f*; Fahrwasser *n*
waterway constructions *(Wsb)* Wasserbauten *mpl* für Wasserstraßen [Wasserwege]
waterway engineering for navigation *(Wsb)* Wasserbau *m* für Wasserstraßen [Wasserwege] *(technische Disziplin)*
waterworks 1. *(RP, Wsb, WVA)* Wasserwerk *n*; Wasserwerkseinrichtungen *fpl*, Pumpanlagen *fpl*; Wasserbau *m*; 2. *(Arch)* Wasserspiele *npl*, Wasserkunst *f*
watery *(BM)* wässrig *(Lösungen)*; dünn(flüssig)
wattle *(Erdb, LB)* Flechtwerk *n*, geflochtene Wand *f*, Holzflechtwerk *n*; Faschine *f*, Zweigflechtwerk *n*
wattle and daub *(Konst)* geputzte Flechtwerktrennwand *f*, Ausfachungsmaterial *n (Fachwerk)*
wattlework 1. *(Erdb, LB)* Faschinenanlage *f*, Faschinenschutzwerk *n*, Packwerk *n*; 2. *(Erdb, LB) s.* wattle
wattling *(Erdb)* Sohlenstabilisierungsbuschwerk *n*, Buschwerk *n* für Sohlenbefestigung
wave *(Bod)* Welle *f*
wave breaker *(Wsb)* Wellenbrecher *m*
wave-form translation shell *(Konst, TK)* wellenförmige Translationsschale *f*
wave motion *(Bod)* Wellenbewegung *f*
wave moulding *(Arch)* Wellenornament *n*, Wellenverzierung *f*
wave pattern *(Arch)* Wellenmuster *n (Ornament)*
wave scroll *(Arch)* Wellenband *n*, laufender Hund *m*
wave-trap floor *(Wsb)* wellenbrechende Böschung *f*
waved shell roof *(Konst, TK)* Wellenschalendach *n*
wavelike *(Arch)* wellenartig
waviness *(Arch, Bod, Konst)* Welligkeit *f*
wavy *(Arch, Konst)* wellig *(Oberfläche)*; gewellt, wellenartig
wavy grain *(BM, Hb)* Krummfaser *f (Holz)*
wavy-grained *(BM, Hb)* krummfaserig *(Holz)*
wavy line *(Arch)* Wellenlinie *f*
wax *v (OB, Te)* wachsen, mit Wachs einreiben, einwachsen; mit Wachs tränken *(z. B. Holz, Beton)*
wax *(BM)* Wachs *n*, Hartparaffin *n*
wax agent *(BM)* Wachsnachbehandlungsmittel *n*, Betonnachbehandlungsmittel *n* auf Wachsbasis
wax cloth *(BM)* Wachstuch *n*
wax coat *(BM, OB)* Wachsschicht *f*
wax concrete agent *(BM)* Betonnachbehandlungswachs *n*, Betonnachbehandlungsmittel *n* auf Wachsbasis
wax content *(BM)* Paraffingehalt *m (Bitumen)*
wax curing compound *(BM)* Wachsnachbehandlungsmittel *n*, Nachbehandlungsmittel *n* auf Wachsbasis
wax dye *(BM, OB)* Wachsfarbe *f (Farbstoff)*
wax-free *(BM)* wachsfrei
wax paper *(BM)* Wachspapier *n*, Paraffinpapier *n*
wax paste *(BM)* Wachspaste *f*, Wachspolierpaste *f*
wax solvent *(BM)* Wachslösungsmittel *n*
waxed paper *(BM)* Wachspapier *n*
waxing *(OB, Te)* Wachsen *n (z. B. von Marmor)*
waxlike *(BM)* wachsartig
way 1. *(LB, Verk)* Weg *m*; 2. *(Verk, Verm)* Entfernung *f*, Strecke *f*
way out *(Konst)* Ausgang *m*
way station *(Verk)* Zwischenstation *f (Eisenbahn)*
wayleave *(VR)* Überfahrtsrecht *n*; Grunddienstbarkeit *f*
wayside *(Verk)* Straßenrand *m*, Wegrand *m*
wayside cross *(Arch)* Wegekreuz *n*
wayside owner *(Verk)* Straßenanlieger *m*
W.C., WC *s.* water closet
w/c *s.* water/cement ratio
weak 1. *(Konst)* schwach; 2. *(BM)* weich; 3. *(BM)* dünn, mager
weak concrete *(BB)* Magerbeton *m*
weak current *(El)* Schwachstrom *m*
weak-current cable *(El)* Schwachstromkabel
weak-current installation *(El)* Schwachstromanlage *f*
weak point *(Konst)* Schwachstelle *f*
weak rock *(BM, Bod)* leicht verwitterbares Gestein *n*
weak sand *(BM)* magerer Sand *m*
weak soil *(Bod)* weicher Boden *m*, aufgeweichter Erdstoff *m*
weak spot *(Bod, Verk)* nicht tragfähige Stelle *f*, aufgeweichter Fleck *m (Straße)*
weaken *v (BM, Konst)* schwächen; schwächer werden, nachlassen; entfestigen
weakened *(Konst)* geschwächt
weakened-plane joint *(Hb)* Feder-Nut-Verbindung *f*
weakening *(Konst)* Schwächung *f*
weald 1. *(Bod, LB)* Waldgebiet *n*; 2. *(Bod, LB, RP)* weite und offene Landschaft *f*
wear *v* 1. *(BM, Konst)* halten, haltbar sein; 2. *s.* wear away
wear *v* **away** *(BM, OB)* sich abnutzen, verschleißen, abtragen, abschleifen, abscheuern
wear *v* **off** *(BM, OB)* sich abtreten, verschleißen
wear *v* **out** *s.* wear away

wear *v* **through** *(BM, OB)* durchscheuern
wear *(BM, OB)* Abnutzung *f*, Verschleiß *m*, Abtragung *f*
wear and tear *(BM, OB)* Abnutzung *f* und Verschleiß *m*
wear corrosion *(OB)* Reibkorrosion *f*, Verschleißkorrosion *f*
wear course *(Konst, OB, Verk)* Verschleißschicht *f*, Verschleißlage *f (Fußboden, Straße, Betriebsflächen)*
wear exposure *(Konst, OB)* Verschleißaussetzung *f*, Abriebexponierung *f*
wear layer *s.* wear course
wear of concrete *(BB, OB)* Abnutzung *f* des Betons, Betonabnutzung *f*
wear-out test *(BM, OB)* Abriebversuch *m*, Schleifplattenversuch *m*
wear-proof *v (BM)* verschleißfest machen, abnutzungswiderstandsfähig machen
wear rate *(BM, OB)* Verschleißrate *f*
wear resistance *(BM, OB)* Verschleißfestigkeit *f*, Verschleißwiderstand *m*, Verschleißhärte *f*; Abriebbeständigkeit *f*, Abriebfestigkeit *f*; Scheuerfestigkeit *f*
wear resistant *(BM, OB)* verschleißfest, abriebbeständig, abriebfest, abnutzungsbeständig
wear test track *(BM, BWG)* Verschleißprüfspur *f*, Abnutzungsteststrecke *f*
wearing away Abtragung *f*
wearing capacity *(BM, OB)* Verschleißvermögen *n*, Verschleißeigenschaft *f*, Abnutzungseigenschaft *f*
wearing coat *s.* wearing course
wearing course Verschleißschicht *f*, Verschleißlage *f*, Deckschicht *f (einer Straße)*
wearing depth *(BM, OB)* Verschleißtiefe *f*, Abnutzungstiefe *f*
wearing hardness Verschleißhärte *f*, Abnutzungshärte *f*
wearing inhibitor *(BM)* Verschleißhemmstoff *m*, Abnutzungshemmstoff *m*
wearing layer 1. *(Konst, OB)* Fußbodenverschleißschicht *f*, Decklage *f* eines Fußbodens; 2. *(Te)* Fußboden(deckschicht)leger *m*, Verschleißestrichleger *m*
wearing power *s.* wearing property
wearing property Verschleißeigenschaft *f*, Abnutzungseigenschaft *f*
wearing quality *s.* wearing property
wearing resistance *s.* wear resistance
wearing surface *(BM, Konst, OB)* Verschleißoberfläche *f*, Abnutzungsfläche *f*
wearing test *(BM, BWG, OB)* Verschleißprüfung *f*, Abnutzungsprüfung *f*
weather *v* 1. *(Konst)* neigen, abschrägen *(Dach, Abdeckung für Wasserabfluss)*; 2. *(BM)* verwittern *(z. B. Gestein, Anstriche)*; 3. *(BM)* bewittern, dem Wetter aussetzen *(Werkstoffprüfung)*; 4. *(BM)* abwässern
weather *v* **away** *(BM, OB)* abwettern *(z. B. eines Anstrichs, eines Dachbelags)*
weather *(BM)* wetterexponierter [nicht überlappter] Schindelteil *m* [Dachziegelteil *m*]
weather back *(Konst, OB)* innere Wetterschutzdichtung *f*
weather bar *(BT, Hb)* Wetterschenkel *m*, Wasserschenkel *m (Fenster, Tür)*
weather board 1. *(Hb)* Außenschalbrett *n*; 2. *(Hb, Konst)* Windbrett *n*, Windfeder *f (am Giebel)*; 3. *(BT, Hb)* unteres Türquerschutzholz *n*
weather-boarding *(Hb)* Außenwandverschalung *f*, Stülp(ver)schalung *f*, überlappte Bretterverschalung *f*, Holzverschalung *f*; Wasserschürze *f*
weather check *(Konst)* Kehlung *f*
weather-coat *(DIS)* Wetterschutzanstrich *m*, Witterungsschutzaufstrich *m*; Außenanstrich *m*
weather-coated wetterfest beschichtet
weather coating material Wetterschutzanstrichmaterial *n*, Witterungsschutzanstrich(stoff) *m*
weather-coating renewal *(OB, RS)* Pflegeschutzanstrich *m*, Erneuerungsaufstrich *m*, Wartungsanstrich *m (Dach, Fassade)*
weather conditions *(Bod)* Witterungsverhältnisse *npl*, Wetterverhältnisse *npl*
weather data Wetterdaten *pl*
weather-dependent control *(HLK)* witterungsgeführte Regelung *f (Heizung)*
weather door Wintertür *f*
weather drip *(Konst)* Tropfnase *f*, Wassernase *f*; Wasserschenkel *m*
weather face *(Konst)* Wetterseite *f*
weather-fast *(BM)* wetterfest, witterungsbeständig, wetterwiderstandsfähig
weather fillet *(DIS, Konst)* Zementmörteldichtungsrand *m (Dachdeckung)*
weather groove *(Konst)* Unterschneidung *f*, Tropfschnitt *m*, Wassernase *f*
weather joint *s.* weather-struck joint [point]
weather moulding 1. *(Arch, Hb, Konst)* verzierte Außenwandverschalung *f*, Verschalungsbretter *npl* mit Verzierungen; 2. *(Hb, Konst)* Fensterverdachung *f*, Fensterüberdachung *f*; 3. *(BT)* Rinnleiste *f*
weather-protected *(Konst)* wettergeschützt
weather resistance *(BM)* Wetterbeständigkeit *f*, Witterungsbeständigkeit *f*, Wetterfestigkeit *f*
weather-resistant *(BM)* wetterbeständig, witterungsbeständig, wetterfest
weather-resisting *(BM)* witterungsbeständig, wetterbeständig, wetterwiderstandsfähig, wetterfest
weather-resisting barrier *(Konst)* Witterungsschutz *m*, Wettersperre *f*
weather side *(Konst)* Wetterseite *f*
weather slating *(Konst, OB)* Schieferwandverkleidung *f*, Wetterschutzverkleidung *f* mit Schiefer
weather station *(Bod)* Wetterwarte *f*
weather strip *(BT)* Wetterschutzfugenleiste *f*, äußere Fugendeckleiste *f*
weather-struck joint [point] *(SB)* abgeschrägte Mauerwerksfuge *f*
weather table *(Konst)* Fensterverdachung *f*
weather-tightness *(Konst)* Wetterdichtheit *f*
weather tiling *(Konst, OB)* Dachziegelwandverkleidung *f*
weather vane *(Arch, Konst)* Turmhahn *m*, Wetterfahne *f*; Wetterhahn *m*
weathercock *(Arch)* Wetterhahn *m*, Wetterfahne *f*; Turmhahn *m*
weathered 1. *(BM)* verwittert; 2. *(BM)* bewettert; der Wettereinwirkung ausgesetzt
weathered-away *(BM)* abgewittert
weathered joint *s.* weather-struck joint [point]
weathered material Verwitterungsmaterial *n*
weathered pointing wasserabweisendes Ausfugen *n*
weathered product *(BM, Bod)* Verwitterungsprodukt *n*
weathered protection Wetterschutzabdeckung *f*
weathered test *(BM)* Bewitterungsversuch *m*, Wetterfestigkeitsprüfung *f*
weathering 1. *(BM, OB)* Verwitterung *f*, Verwittern *n*; Auswitterung *f*; 2. *(BM)* Bewittern *n (Werkstoffprüfung)*; 3. *(Konst)* Abschrägung *f (zum Wasserablauf)*; Regenablauffläche *f*; Wetterschutzabdeckung *f*; 4. *(Te)* Auswintern *n (Stehenlassen des Rohbaus über Winter bzw. Baustofflagerung bei Frost zum Spannungsabbau)*
weathering behaviour *(BM)* Bewitterungsverhalten *n*
weathering collar *(BT)* Wettermanschette *f*
weathering element Witterungserscheinung *f*, Witterungselement *n*
weathering of rocks *(BM, BM)* Gesteinsverwitterung *f*
weathering process Verwitterungsprozess *m*

weathering property *(BM)* Bewitterungseigenschaft *f*, Wetterverhalten *n*, Wetterwiderstandseigenschaft *f*
weathering quality *(BM)* Witterungsbeständigkeit *f*, Wetterbeständigkeit *f*, Wetterfestigkeit *f*
weathering resistance *(BM, Konst)* Klimafestigkeit *f*
weathering test *(BM)* Bewitterungsversuch *m*, Bewitterungsprüfung *f*
weatherproof *v (Arch, Konst)* wetterfest machen
weatherproof *(BM)* wetterbeständig, witterungsbeständig, wetterfest
weatherproofed *s.* weatherproof
weatherproofing *(DIS)* Feuchtigkeitsabdichtung *f*
weatherproofness *(BM, BT)* Wetterbeständigkeit *f*
weatherstripping *(DIS)* Abdichten *n*
weathertight *(BM, Konst)* wetterdicht, wetterfest
weave *v (BM)* weben; verflechten
weaved courses (in a gable) *(Arch, Konst)* Mauerverflechtung *f (am Giebel)*
weaving *(Arch, Konst)* Ineinanderflechten *n (von Schindelrandstreifen)*
weaving length *(Verk)* Verflechtungslänge *f (Straße)*
weaving of wire *(Te)* Drahtweben *n*, Draht(ver)flechten *n*
weaving section *(Verk)* Verflechtungsstrecke *f (Straße)*
weaving vane *(Arch)* Windfahne *f*, Wetterhahn *m*
web *v* 1. *(Te)* mit einem Netz überziehen; mit einem Netz überspannen; 2. *(OB)* eisblumenartig (auf)trocknen *(Farbe, Anstrich)*
web 1. *(BT)* Steg *m*, Trägersteg *m*; Schenkel *m*, Wulst *m(f)*, Rippe *f*, Aussteifung *f*, Versteifung *f*; 2. *(Konst)* Gewölbekappe *f (Rippengewölbe, Tonnengewölbe)*; 3. *(BM)* Gewebe *n*
web bar *(BM)* Schub(bewehrungs)eisen *n*, Diagonalbewehrungsstab *m*
web buckling Stegknickung *f*
web clamp *(BWG)* Schraubzwinge *f*, Verleimungszwingklammer *f*, Leimklammer *f*
web connection *(San)* Steganschluss *m*
web crippling *(RS)* Stegdeformierung *f*, kleine Stegbeschädigung *f*
web forms [formwork] Stegschalung *f*, Trägerstegschalung *f*
web girder *(BT, Konst)* Vollwandträger *m*, vollwandiger Träger *m (Stahlbau)*
web member *(Konst)* Fachwerkstab *m*, Füll(ungs)stab *m*
web of beam *s.* web of girder
web of dry felt *(BM)* Rohpappenbahn *f*
web of girder *(BT)* Trägersteg *m*
web panel *(BT)* Stegtafel *f*
web plate *(BT, Konst, San, St)* Stegblech *n*, Stehblech *n*
web plate angle *(BT, Konst, San)* Stegblechwinkel *m*, Stehblechwinkel *m*
web plate connection *(Konst, San, St)* Stegblechanschluss *m*, Stegblechstoß *m*, Stehblechanschluss *m*, Stehblechstoß *m*
web plate girder *s.* web girder
web plate joint *(Konst, San, St)* Stehblechstoß *m*, Stegblechanschluss *m*, Stehblechstoß *m*, Stehblechanschluss *m*
web plate longitudinal connection *(Konst, St)* Stegblechlängsstoß *m*, Stegblechlängsanschluss *m*, Stehblechlängsstoß *m*, Stehblechlängsanschluss *m*
web plate moment *(Stat)* Stegblechmoment *n*, Stehblechmoment *n*
web plate stay *(BT, Konst, St)* Stegblechsteife *f*, Stehblechsteife *f*
web plate stiffener *(BT, Konst, St)* Stegblechsteife *f*, Stehblechsteife *f*
web plate stiffening *(Konst, St)* Stegblechaussteifung *f*, Stehblechaussteifung *f*
web plate thickness *(BM, St)* Stegblechdicke *f*, Stehblechdicke *f*
web plate transverse connection *(Konst, St)* Stegblechquerstoß *m*, Stehblechquerstoß *m*, Werkstattstoß *m*
web reinforcement 1. *(BM)* Scherbewehrung *f*, Schubbewehrung *f*, Diagonalbewehrung *f*, Schubeinlagen *fpl*; 2. *(BM, Konst)* Stegverstärkung *f*, Stegarmierung *f*
web shuttering *s.* web forms [formwork]
web splice *(Konst, St)* Stegblechstoß *m*
web stay *(BT)* Stegsteife *f*
web stiffener *(BT, Konst, St)* Stegblechaussteifung *f*, Stegsteife *f*
web stiffening *(Konst, St)* Stegaussteifung *f*
webbing *(Konst, St)* Gurtung *f (für Stahlkonstruktionen)*
wedge *v* 1. *(Te)* verkeilen, festkeilen; 2. *(Te)* mit Keil spalten; abkeilen *(z. B. Gestein)*
wedge *v* **off** *(Te)* abspalten
wedge 1. *(BWG)* Keil *m*, Spitzkeil *m*; 2. *(Konst)* Zwickel *m (keilförmige Aussparung)*; 3. *(BM) s.* wedge edged stone
wedge anchor Spanngliedkeilanker *m*, Verankerungskeil *m*, Ankerkeil *m*
wedge anchorage Keilverankerung *f (Spannbeton)*
wedge coping gefederte Abdeckung *f*
wedge dovetail tenon *(Hb)* Schwalbenschwanzzapfen *m*
wedge edged stone *(SB)* Keilstein *m*, Gewölbestein *m*
wedge finger jointing *(Hb)* Keilzinkung *f*
wedge sewer brick Kanalkeilklinker *m*
wedge-shaped keilförmig, kegelförmig
wedge-shaped block Keilstein *m*, Keilblockstein *m*
wedge-shaped brick Keilstein *m*, Gewölbestein *m*
wedge-shaped joint *(Konst)* Keilfuge *f*
wedge stone *s.* wedge edged stone
wedged *(Konst)* verkeilt, keilgesichert
wedged mortise and tenon joint *(Hb)* Keilzapfenverbindung *f*
wedged tenon *(Hb)* Grundzapfen *m*, Keilzapfen *m*
wedgelike keilförmig, keilartig
wedging *(Konst, SB)* Verkeilen *n*, Verkeilung *f*
wedging-out Auskeilen *n*
weed *v (LB)* Unkraut beseitigen
weed Unkraut *n*
weed-covered *(LB)* unkrautbedeckt, unkrautüberzogen
weed killer *(Umw)* Unkraut(bekämpfungs)mittel *n*
weedkilling *(LB, Umw)* Unkrautvernichtung *f*
weekend house *(Arch)* Wochenendhaus *n*
weekend house area *(RP)* Wochenendhausgegend *f*, Wochenendhausgebiet *n*
weekend house zone *(RP)* Wochenendhausgebiet *n*, Wochenendhausgegend *f*
weep *v (BM, Konst)* schwitzen *(z. B. Beton)*; ausschwitzen *(Harz)*
weepage *(Erdb, Wsb, WVA)* Durchsickern *n*, Durchlaufen *n*
weepdrain *(Erdb, LB)* Sickerdränung *f*
weephole *(Erdb, Wsb)* Sickerloch *n*, Entwässerungsloch *n (in einer Stützmauer)*; Ablauföffnung *f*; Sickerschlitz *m*, Entwässerungsschlitz *m*; Schluckbrunnen *m*
weeping *(Bod, Erdb)* Einsickerung *f*
weeping willow *(LB)* Trauerweide *f*
weigh *v (BM, BT)* wiegen, wägen; zuwiegen; wiegen *(eine Masse haben)*
weigh *v* **down** *(BT, Erdb, RS)* sich senken, sich setzen *(Bauwerk)*
weigh *v* **out** abwiegen
weigh batcher Dosierwaage *f (Mischwerk)*
weigh batching *s.* weight-batching
weigh box Wiegebehälter *m*; Wiegeeinrichtung *f*
weigh hopper Trichterwaage *f*
weigh-in-motion *(WIM) (Verk)* dynamisches Achslastwiegen *f* für rollenden Verkehr, Wiegen *n* bei rollendem Verkehr

weigh office Eingangskontrolle *f (Wiegeprüfung)*
weighbridge *(BWG, Verk)* Brückenwaage *f*, Gleiswaage *f*; Bandwaage *f*
weighing Wägung *f*, Verwiegen *n*
weighing bottle *(BWG)* Flaschenpyknometer *n*
weighing scales Waage *f*
weighing sensitivity Wiegegenauigkeit *f*, Empfindlichkeit *f (Waage)*
weight *v (Stat, Te)* belasten, beschweren, wichten
weight 1. *(Stat)* Gewichtskraft *f*, *(nicht mehr empfohlen)* Gewicht *n*; Last *f*; 2. *(BM, Stat)* Masse *f*
weight assumption Gewichtsannahme *f*
weight-batcher Dosierwaage *f*
weight-batching Massedosierung *f*
weight-batching unit *(BWG)* Dosieranlage *f*
weight-bearing *s.* weight-carrying
weight box Gegengewichtslaufkasten *m (Hubfenster)*
weight-carrying *(Stat, TK)* belastet, lasttragend, tragend
weight-carrying facing masonry *(Konst, TK)* tragendes Blendmauerwerk *n*, tragendes Vorsatzmauerwerk *n*, tragende Verblendung *f*
weight-carrying frame *(TK)* Tragrahmen *m*
weight-carrying in longitudinal direction *(TK)* längstragend
weight-carrying in transverse direction *(TK)* quertragend
weight-carrying mechanism *(TK)* Tragmechanismus *m*
weight-carrying plane *(TK)* Tragebene *f*
weight-carrying skeleton *(TK)* Tragskelett *n*, Traggerippe *n*
weight-carrying wall *(TK)* Tragwand *f*, Konstruktionswand *f*, tragende Wand *f*
weight change *(BM, Konst)* Massenveränderung *f*; Gewichtsveränderung *f*
weight density *(BM, Stat)* Wichte *f*
weight determination Gewichtsbestimmung *f*, Gewichtsermittlung *f*
weight force per unit length *(Stat)* Längengewichtskraft *f*, längenbezogene Gewichtskraft *f*
weight gain Massenzunahme *f*; Gewichtszunahme *f*
weight hypothesis *(Stat)* Gewichtsannahme *f*
weight limit *(Konst, Verk)* Gewichtsbeschränkung *f*
weight limit during thaw conditions *(Verk)* Gewichtsbegrenzung *f* in der Tauperiode *(Straße)*
weight loss Massenverlust *m*; Gewichtsverlust *m*
weight measurement Massenbestimmung *f*, Wägung *f*
weight pocket *s.* weight box
weight-saving *(Konst)* gewichtssparend, gewichtseinsparend
weight schedule *(BM, Stat)* Gewichtstabelle *f (für Normgewichte von Baustoffen, Bauteilen und Belastungselementen)*
weight-to-volume ratio Masse-Volumen-Verhältnis *n*
weighted longitudinal profile *(WLP) (BT)* bewertetes Längsprofil *n*
weighted noise level indicator *(Umw)* Geräuschpegelanzeiger *m*
weightiness *(BM)* Schwere *f*, Gewichtigkeit *f*
weighting *(Stat)* Beschwerung *f*; Belastung *f*
weighting rail Beschwerungsschiene *f (Jalousie)*
weights and measures department *(VR)* Eichamt *n*
weighty *(BM, BT)* schwer
weir *(Wsb)* Wehr *n*, Stauwehr *n*, Stauanlage *f*, Stauwerk *n*, Damm *m*, Fangbuhne *f*; Überfall *m*
weir abutment *(Wsb)* Wange *f* eines Wehres
weir canal *(Wsb)* Wehrkanal *m*
weir crest *(Wsb)* Wehrkrone *f*, Wehrrücken *m*, Wehrkante *f*
weir pier *(Wsb)* Wehrpfeiler *m*
weir plant *(Wsb)* Wehranlage *f*
weir shutter *(Wsb)* Wehrverschluss *m*
weir sill *(Wsb)* Wehrschwelle *f*
weir skimmer *(Wsb)* Wehrabschöpfer *m*
weld *v (St, Te)* schweißen; verschweißen; sich schweißen lassen
weld *v* **autogenously** *(St, Te)* autogen schweißen
weld *v* **on** anschweißen, aufschweißen
weld *v* **to** anschweißen
weld *v* **together** zusammenschweißen
weld 1. *(Konst, St)* Schweißnaht *f*, Naht *f*; Schweißstelle *f*, Schweißverbindung *f*, Schweißung *f*; 2. *s.* welding
weld bead Schweißraupe *f*
weld corrosion [decay] *(OB, St)* Schweißstellenkorrosion *f*
weld deposit *(Konst, St)* Aufschweißung *f*
weld gauge Schweißnahtlehre *f*, Naht(mess)lehre *f*
weld groove *(Konst, St)* Schweißfuge *f*, Fuge *f*
weld inspection Schweißnahtprüfung *f*
weld joint *(Konst, St)* Schweißstoß *m*, Schweißverbindung *f*
weld line Schweißnaht *f*
weld material *(BM)* Schweißwerkstoff *m*
weld metal 1. eingeschweißtes [aufgeschweißtes] Metall *n*; 2. Schweißgut *n*
weld neck flange Einschweißflansch *m*
weld neck valve *(San)* Einschweißarmatur *f*
weld pass *(Konst, St)* Schweißlage *f*, Lage *f* der Schweißnaht
weld point Schweißpunkt *m*
weld position 1. Schweißlage *f*, Schweißposition *f (der zu schweißenden Teile)*; 2. *s.* weld pass
weld puddle Schweiße *f*
weld quality Schweißnahtgüte *f*
weld seam *(Konst, St)* Schweißnaht *f*, Schweißnahtbereich *m*
weld slag Schweißschlacke *f*
weld steel *(BM)* Schweißstahl *m*, schweißbarer Stahl *m*
weld test Schweißversuch *m*
weld wire *(BM)* Schweißdraht *m*
weldability *(BM)* Schweißbarkeit *f*
weldable schweißbar
weldable bitumen sheet schweißbare Bitumenbahn *f*
weldable primer *(BM, OB)* überschweißbarer Grundanstrich *m*
welded geschweißt, Schweiß...
welded area grating *(BT)* Schweißgitterrost *m*
welded article Schweißartikel *m*, Schweißgegenstand *m*
welded asphaltic sheet(ing) *(AE)* Bitumenschweißbahn *f*
welded assembly 1. *(Konst, St)* geschweißte Baugruppe *f*; 2. *(St, Te)* Schweißmontage *f*
welded base *(TK)* geschweißter Tragrahmen *m*, Rohrfuß *m*
welded bitumen sheet *(BM)* Bitumenschweißbahn *f*, geschweißte Bitumenbahn *f*
welded butt splice *(Konst)* Stumpfschweißverbindung *f (Bewehrung)*
welded column-girder connection *(Konst, St)* geschweißter Trägeranschluss *m*
welded connection *(Konst, St)* Schweißverbindung *f*, geschweißte Verbindung *f*
welded construction *(Konst, St, TK)* Schweißkonstruktion *f*
welded cover plate aufgeschweißte Gurtplatte *f (zur Abdeckung)*
welded fabric Baustahlgewebe *n*; geschweißte Matte *f*
welded flange *(BT, Konst, St)* Schweißflansch *m*, aufgeschweißter Flansch *m*
welded girder *(BT, Konst, St)* Schweißträger *m*, geschweißter Träger *m*
welded high-rise (steel) structure *(St)* geschweißter Stahlhochbau *m*

welded joint *(Konst, St)* Schweißverbindung *f*, geschweißter Anschluss *m*; Schweißnaht *f*
welded lattice construction *(Konst, St)* Schweißgitterkonstruktion *f*
welded lattice girder *(BT, St)* Schweißgitterträger *m*
welded mesh Schweißmatte *f*
welded mesh reinforcement Schweißmaschenmatte *f*, geschweißte Bewehrungsmatte *f* [Baustahlmatte *f*]
welded pipe geschweißtes Rohr *n*, Schweißrohr *n*
welded pipe joint *(Konst, St)* Rohrschweißverbindung *f*
welded pipe system geschweißtes Rohrsystem *n*
welded plate girder *(BT, St)* Schweißträger *m*
welded product Schweißgegenstand *m*, Schweißerzeugnis *n*, Schweißprodukt *n*, geschweißtes Erzeugnis *n*
welded reinforcement *(BM)* geschweißte Bewehrung *f*, Schweißbewehrung *f*
welded rigid frame *(Konst, St)* geschweißter starrer Rahmen *m*
welded rising construction *(St)* geschweißter Stahlhochbau *m*, geschweißtes Stahlhochbauwerk *n*
welded rising steel construction *(St)* geschweißter Stahlhochbau *m*, geschweißtes Stahlhochbauwerk *n*
welded rising steel structures *(St)* geschweißte Stahlhochbauten *mpl*
welded rising structures *(St)* geschweißte Stahlhochbauten *mpl*
welded spot Schweißpunkt *m*
welded steel structure *(St)* geschweißte Stahlkonstruktion *f*
welded structural frame *(St, TK)* geschweißter Tragrahmen *m*
welded structural steel geschweißtes Stahlprofil *n*
welded structure *(St)* Schweißkonstruktion *f*
welded system *(San, St, WVA)* voll geschweißtes Rohrsystem *n (für Flüssigkeiten)*
welded tank *(St, WVA)* geschweißter Behälter *m*, Schweißbehälter *m*
welded track *(Verk)* lückenlose [stoßfreie] Gleise *npl*
welded truss *(Konst, St)* geschweißter Gitterträger *m*
welded tube (längs)geschweißtes Rohr *n*
welded-wire fabric *(BM)* geschweißter Bewehrungsmaschendraht *m*; Baustahlgewebe *n*
welded-wire fabric reinforcement *(BM)* geschweißte Maschendrahtbewehrung *f*, punktgeschweißte Maschenbewehrung *f* [Bewehrungsmatte *f*]
welded-wire mesh *s.* welded-wire fabric
welder 1. Schweißer *m*; 2. Schweißmaschine *f*
welding *(St, Te)* Schweißen *n*; Schweißarbeiten *fpl* • **of welding** *(St)* schweißbar
welding blowpipe *(BWG)* Schweißbrenner *m*
welding crack Schweißriss *m*
welding deformation Schweißverformung *f*
welding electrode Schweißelektrode *f*
welding flange Schweißflansch *m*
welding glass Schweißerschutzglas *n*
welding goggles Schweißbrille *f*
welding groove *(Konst, St)* Schweißfuge *f*, Fuge *f*
welding gun Schweißpistole *f*, Pistole *f*
welding handshield Schweißerhandschirm *m*, Handschutzschild *m*
welding layer Schweißlage *f*
welding method *(St, Te)* Schweißverfahren *n*
welding neck flange Vorschweißflansch *m*
welding point *(Konst, St)* Schweißstelle *f*
welding position *s.* weld position 1.
welding primer Schweißfarbe *f*
welding procedure *(St, Te)* Schweißverfahren *n*
welding process *(St, Te)* Schweißprozess *m*
welding programme *(St, Te)* Schweißprogramm *n*
welding quality Schweißgüte *f*
welding rod Schweißstab *m*; Schweißelektrode *f*
welding scale Schweißschlacke *f*
welding schedule *(St, Te)* Schweißplan *m*
welding seam Schweißnaht *f*
welding sequence *(St, Te)* Schweißfolge *f*
welding steel Schweißstahl *m*, schweißbarer Stahl *m*
welding stress *(St, Stat)* Schweißspannung *f*
welding symbol Schweißzeichen *n*
welding technique *(St, Te)* Schweißmethode *f*
welding test Schweißprobe *f*
welding together *(St, Te)* Zusammenschweißen *n*
welding torch Schweißbrenner *m*
welding transformer *(El)* Schweißtrafo *m*
welding wire Schweißdraht *m*
weldless pipe [tube] *(BT)* nahtloses Rohr *n*
weldment *(BT, Konst, St)* geschweißtes Bauteil *n*, Schweißteil *n*; Schweißkonstruktion *f*
welfare building *(Arch, Konst)* Sozialgebäude *n*
welfare hospital *(Arch, Konst, VR)* Krankenverbandskrankenhaus *n*
well *(BM, VR)* gut, wohl, gut versehen sein; wohlhabend, gut situiert
well 1. *(Erdb)* Schacht *m*; Senkschacht *m*; Brunnenschacht *m*; Bohrung *f*, Bohrloch *n*; 2. *(Konst)* Schacht *m (im Gebäude, z. B. für Treppen)*; Fahrstuhlschacht *m*; Lichtschacht *m*; Luftschacht *m*; 3. *(Erdb, Wsb, WVA)* Brunnen *m*
well-adherent *(BM, OB)* haftfest, gut haftend
well-aerated 1. *(HLK, Konst)* gut belüftet; 2. *(BM, WVA)* sauerstoffreich *(Wasser)*; 3. *(Bod)* gut durchlüftet
well-borer *(Br)* Brunnenbauer *m*
well-boring plant *(Wsb)* Brunnenbohranlage *f*
well-built *(Konst)* solide [gut] gebaut, sicher errichtet
well-burned *s.* well-burnt
well-burnt *(BM)* hartgebrannt
well-burnt brick *(BM)* Hartbrandziegel *m*, Hartbrandstein *m*
well capacity *(Bod, WVA)* Brunnenleistung *f*, Brunnenschüttung *f*
well casing Futterrohr *n (Brunnenschacht)*; Brunnenring *m*
well chamber *s.* water chamber
well construction work Brunnenbauarbeiten *fpl*
well cover Brunnenabdeckung *f*
well curb *(AE) (Konst)* Brunnenrand *m*; Brunnenabdeckung *f*
well curbing *(Erdb)* Schachtaussteifungsbretter *npl*, Aussteifungsbohlen *fpl*
well-designed *(Arch)* gut gestaltet
well-digger *(Wsb)* Brunnenbauer *m*
well discharge 1. *(WVA)* Brunnenabfluss *m*; 2. *(Bod, WVA)* Brunnenergiebigkeit *f*
well drain *(Erdb, Wsb)* Sickerschacht *m*
well drilling tools *(Wsb)* Brunnenbohrwerkzeuge *npl*
well filter *(WVA)* Brunnenfilter *m*
well floor *(Bod, WVA)* Brunnensohle *f*
well for adding water *(Wsb)* Anreicherungsbrunnen *m*
well foundation *(Erdb)* Brunnengründung *f*, Senkbrunnengründung *f*
well-graded *(BM)* gut abgestuft, gut kornabgestuft
well-graded aggregate *(BM)* gut abgestufter Zuschlag(-stoff) *m*
well hole *(Konst)* Schneckenauge *n*, Treppenauge *n*, Treppenloch *n*
well house *(Arch, Wsb, WVA)* Brunnenstube *f*, Brunnenhaus *n*
well lining Brunnenmantel *m*; Brunnenauskleidung *f*; Schachtbrunnenwand *f*
well location Bohransatzpunkt *m (Baugrunderkundung)*
well log Brunnentest *m*

well logging *(Verm)* radiometrische Bohrlochvermessung *f*; geophysikalisches Bohrlochmessverfahren *n*
well loss Brunnen(wasser)verlust *m*
well lowering *(Erdb, Wsb)* Brunnenabsenkung *f*
well mouth [of a staircase] *(Konst)* Treppenauge *n*, Treppenloch *n*
well pit *(Bod, Wsb)* Brunnenschacht *m*
well point 1. *(Erdb, Wsb, WVA)* Filterbrunnen *m*, Punktbrunnen *m*; 2. *(WVA)* Filterrohrsaugstange *f*
well point installation *(Erdb)* Grundwasserabsenkungsanlage *f* mit Filterbrunnen
well-point pumping *(Erdb)* Wasserhaltung *f* mit Filterbrunnen
well-point system *(Erdb)* Sickerbrunnenentwässerungssystem *n*, Wellpoint-Grundwasserabsenkungsanlage *f*, Grundwasserabsenkungsanlage *f* mit Filterbrunnen
well-preserved *(BM, BT)* gut erhalten; gut geschützt
well production *(Bod, WVA)* Brunnenergiebigkeit *f*
well radius Brunnenradius *m*
well-rounded vollkommen rund
well-seasoned abgelagert *(Holz)*
well-set *(Konst)* satt aufliegend
well shaft Brunnenschacht *m*
well-shaped *(Arch)* formschön
well shooting *(Te)* Löcherschießen *n (in die Decke mittels Bolzenschießgeräts)*
well sinking *(Wsb)* Brunnenbau *m*
well sinking method *(Te, Wsb)* Brunnenbauverfahren *n*, Abteufverfahren *n*
well site Bohrstelle *f*
well-sunk foundation *(Erdb)* Senkbrunnengründung *f*
well support *(Wsb)* Brunnenausbau *m*
well-swept besenrein
well system *(Wsb, WVA)* Brunnenanlage *f*
well-thinned gut verdünnt
well tubing *(Wsb)* Brunnenverrohrung *f*
well-ventilated *(HLK)* gut gelüftet
well water *(WVA)* Brunnenwasser *n*
well water supply *(WVA)* Brunnenwasserversorgung *f*
wellbore fill-up *(Erdb, Tun)* Bohrlochfüllung *f*
wellhead *(Wsb)* Brunnenkopf *m*, Brunneneinfassung *f*
wellhead pressure *(WVA)* Brunnenkopfdruck *m*
wellhead temperature *(WVA)* Brunnenkopftemperatur *f*
wellhead valve *(WVA)* Brunnenkopfventil *n*
wellhole *(Erdb, Wsb)* Absturzschacht *m*
Welsh arch *(Arch)* Ohrgewölbe *n*, Brillengewölbe *n*
Welsh groin *(Arch)* halbhochgekreuztes [unterschrägtes] Gewölbe *n*
Welsh vault *s.* Welsh arch
welt *v* 1. *(Te)* falzen; 2. *(Te)* einfassen; säumen; abkanten
welt 1. *(BM)* Falz *m (Blech)*; 2. *(BM, San)* Falzleiste *f*; 3. *(San)* Einfassung *f*; 4. *(BM, San)* Fugendeckleiste *f*; 5. *(Konst)* Wulst *m*
welted *(BT)* gefalzt; eingefasst; eingesäumt; abgekantet
welted drip *(San)* gefalzte Abtropfkante *f*
welted edge *(San)* Abkantung *f*
welted seam *(Konst, San)* Falz *m (Metalldach)*
welted standing seam *(Konst, San)* stehender Falz *m*, Stehfalz *m*
welting strip *(Konst, San)* überstehende Randfalzleiste *f*; überworfener Falzsaum *m (Metallbedachung)*
Wenko reinforced block floor *(TK)* Wenko-Decke *f*
west-facing wall *(Konst)* Westwand *f*
west-facing window *(Konst)* Westfenster *n*
west orientation *(Arch)* Westorientierung *f*
west pediment *(Arch)* Westgiebel *m (griechische Tempel)*
west tower *(Arch)* Westturm *m*
west transept *(Arch)* westliches Querhaus *n*, Westhaus *n*
westblock *(Arch)* Westblock *m (Kirche)*
western bay *(Arch)* Westjoch *n*
western Byzantine style *(Arch)* westlicher byzantinischer Stil *m*
western choir *(Arch)* Westchor *m*
western façade *(Arch, Konst)* Westfassade *f*
western frame *(TK)* Balkenrahmen *m*, Hausfachwerk *n (mit geschosshohen Fachwerkstützen)*
western gallery *(Arch)* Westempore *f*
western pediment *s.* west pediment
western red cedar *(BM, Hb)* Rotzedernholz *n*
western transept *s.* west transept
westtower *s.* west tower
westwork *(Arch)* Westwerk *n (Vorbau einiger romanischer Basiliken)*
wet *v (BM, Te)* befeuchten, anfeuchten, annässen; (be)netzen; einsumpfen *(z. B. Kalk)*
wet *v* **with concrete** in Beton einbetten
wet nass, feucht; Nass...
wet-aggregate process *(Verk)* Nassverfahren *n*; Nasssandverfahren *n (bituminös)*; Bitumenemulsionsmischprozess *m*
wet barrel finishing *(OB, Te)* Nassgleitschleifen *n*
wet batch Frischbetonmischung *f*
wet blasting *(OB, Te)* Nassstrahlen *n*, Nasssandstrahlen *n*
wet-bulb thermometer Verdunstungsthermometer *n*
wet cast method [process] *(Te)* Nassverfahren *n (Betonrohrfertigung)*
wet cement paste flüssiger Zementleim *m*
wet classification *(BM, Te)* Nassklassierung *f*, Nasssiebung *f (Aufbereitung von Zuschlagstoffen, Baustoffprüfung)*
wet concrete 1. *(BB, Te)* wasserreicher [flüssiger] Beton *m*; 2. *(BB, Te)* Frischbeton *m*
wet construction *(Konst, SB)* mit Mörtel [Beton] gebautes Gebäude *n (Gegensatz: Trockenbau)*
wet cooling *(HLK)* Nasskühlung *f*
wet crushing *(Te)* Nasszerkleinerung *f (Baustoffaufbereitung)*
wet-cured *(BB, Te)* in Wasser nachbehandelt *(Beton)*
wet curing *(BB, Te)* Wassernachbehandlung *f*, Betonnachbehandlung *f* mit Wasser
wet dock *(Wsb)* Hafendock *n*, Flutbecken *n*; Schwimmdock *n*
wet dust collector *(BM, HLK, Te)* Nassentstauber *m*
wet enamelling *(OB, Te)* Nassemaillieren *n*
wet film Nassfilm *m*, Nassschicht *f*
wet film thickness Nassfilmdicke *f*, Nassschichtdicke *f*
wet glazing Einglasen *n* mit Kitt, Flüssigkomponentenverglasung *f*
wet glued *(Hb, Te)* mit Naturleim verleimt
wet-grind *v* nassmahlen
wet grinding Nassschleifen *n*
wet-look *(OB)* glanzbeschichtet
wet look *(OB)* Glanzbeschichtung *f*
wet method *(BWG, Te)* Nassverfahren *n (Zementherstellung)*
wet mix nasse Mischung *f*
wet mix macadam *(BM)* Mineralbeton *m*
wet mix material *s.* wet mix macadam
wet-mix shotcrete *(BB, OB, Te)* Nassspritzbeton *m*, vorgemischter Torkretbeton *m*
wet-on-wet coating *(OB, Te)* Nass-in-Nass-Verfahren *n (Anstrichtechnik)*
wet-on-wet method *(OB, Te)* Nass-in-Nass-Verfahren *n (Anstrichtechnik)*
wet-on-wet painting *(OB, Te)* Nass-auf-Nass-Streichen *n (Anstrichtechnik)*
wet paint *(OB)* frische [frisch gestrichene] Farbe *f*, frischer

Anstrich *m* • **"wet paint"** *(OB)* "Vorsicht - frisch gestrichen"
wet paste *(BM)* Schlämpe *f*
wet pavement *(Verk)* nasse Fahrbahn *f*
wet-pipe sprinkler system *(BWG, Te)* Wassersprengsystem *n (bei Feuerlöschanlagen)*
wet process Nassverfahren *n (Zementherstellung)*
wet roof *(Konst)* Nassdach *n*
wet room *(Konst)* Feuchtraum *m*, Nassraum *m*
wet room dampproofing *(DIS)* Feuchtraumabdichtung *f*, Nassraumdichtung *f*, Nassraumsperrung *f*
wet room installation *(El)* Feuchtrauminstallation *f*, Nassrauminstallation *f*
wet room services *(El)* Feuchtrauminstallationen *fpl*, Nassrauminstallationen *fpl*
wet rot *(BM, Hb, RS, Umw)* Nassfäule *f*, Weichfäule *f (Holz)*
wet sand process *(Verk)* Nasssandverfahren *n*
wet screening *s.* wet classification
wet season barrier *(Umw, Verk)* Regenzeitsperre *f*
wet sieving *(BM, Te)* Nasssiebung *f*
wet sizing *s.* wet classification
wet soil *(Bod)* durchnässter Erdstoff *m*
wet stable consistency *(BM, Te)* Konsistenzstabilität *f* mit höchstem Wassergehalt
wet steam Nassdampf *m*
wet storage *(BM)* Feucht(raum)lagerung *f*, Nasslagerung *f (Prüfkörper)*
wet strength 1. Nassfestigkeit *f (z. B. von Baupappe)*; 2. Nass(lagerungs)festigkeit *f (Kleber)*
wet-use adhesive *(BM)* feuchtigkeitsunempfindlicher Haftkleber *m*
wet vent *(San)* nasses Entlüftungsrohr *n*, Rohrabschnitt *m* mit Wasserdurchfluss
wet washing *(OB, Te)* Nassreinigung *f*
wet weather spell *(Bod)* Feuchtwetterperiode *f*
wetland *(Bod, LB, Umw)* Feuchtgebiet *n*
wetness *(Bod)* Nässe *f*, Feuchtigkeit *f*
wettability *(BM)* Benetzbarkeit *f*, Netzbarkeit *f*
wettable *(BM)* benetzbar
wetted section *(Wsb)* Strömungsquerschnitt *m*, Durchflussquerschnitt *m*
wetting *(BM, LB, OB)* Befeuchtung *f*, Benässen *n*; Benetzen *n*, Benetzung *f*
wetting ability *(BM)* Benetzungsvermögen *n*, Netzvermögen *n*
wetting action Benetzungswirkung *f*
wetting agent Netzmittel *n*, Benetzungsmittel *n*; Haftfestigkeitsverbesserer *m*
wetting angle *(OB)* Kontaktwinkel *m (bei Farbanstrichen)*
wetting capacity Benetzungsvermögen *n*
wetting heat Benetzungswärme *f*
wetting mechanism *(BM, OB)* Benetzungsvorgang *m*, Benetzungsmechanismus *m*
wetting oil Halböl *n (Anstrichstoffe)*
wetting period Benetzungsdauer *f*
wetting property *(BM, OB)* Netzeigenschaft *f*, Benetzungseigenschaft *f*
wetting water *(BM, OB)* Haftwasser *n*
wettish feucht
wharf *(Wsb)* Kai *m*; Hafendamm *m*; Hafen *m*
wharf construction *(Wsb)* Hafenbau *m*
wharf crane *(BWG, Wsb)* Hafenkran *m*
wharf development *(Wsb)* Hafen(gebiets)erschließung *f*
wharfage *(Te, Verk, Wsb)* Kaibenutzung *f*
wharfs, wharves *(Te, Verk)* Lagerhäuser *npl*
wheat paste *(BM)* Weizenmehlkleister *m*
wheat straw *(BM)* Weizenstroh *n*
wheel load *(Stat, Verk)* Radlast *f*
wheel pass *(Verk)* Radübergang *m (Straße)*
wheel path *(Verk)* Radspur *f (Straße)*
wheel pressure *(Stat, Verk)* Raddruck *m*
wheel scraper *(BWG)* Radschrapper *m*
wheel tracery *(Arch)* Speichenradmaßwerk *n*, radförmige Verzierung *f*
wheel tracking apparatus *(Verk)* Spurbildungsgerät *n (Straße)*
wheel tracking test *(Verk)* Spurbildungstest *m (Straße)*
wheel tracks Radspuren *fpl*, Rollspuren *fpl*
wheel window *(Arch)* Radfenster *n*, großes Rundfenster *n*, Katharinenrad *n (gotischer Kathedralen)*; Rosenfenster *n*
wheelbarrow Schubkarre *f*; Handkarren *m*
wheelbarrow for concrete Japaner *m*
wheelbase Radstand *m*, Radabstand *m*
wheelchair Rollstuhl *m*
wheelchair facilities *(Konst)* Rollstuhlanlagen *fpl*
wheelchair ramp *(Konst)* Rollstuhlrampe *f*
wheelchair space *(Konst)* Rollstuhlplatz *m*, vorgesehener Raum *m* für Rollstühle
wheeled loader *(BWG)* Radlader *m*
wheeler *s.* winder 1.
wheeling step *s.* winder 1.
whelm *v (Bod, Erdb, LB, Tun)* verschütten, überschwemmen
whelp *(BM)* Schamotteziegel *m*
whet *v* wetzen, schärfen, schleifen
whet slate *(BM)* Wetzschiefer *m*
whetstone *(BM, BWG)* Wetzstein *m*, Schleifstein *m*, Abziehstein *m*
whin *s.* whinrock
whinrock *(BM)* Basalttuff *m*, Dolerit *m*; Grauwacke *f*
whinstone basaltisches Gestein *n*, Dolerit *m*; basisches Eruptivgestein *n (allgemein)*
whip *v* schlagen; peitschen
whip-off *(Verk)* Splittherausschleudern *n (von der Straßenoberfläche)*
whip-shaped lamp post *(El)* Peitschenmast *m (Straßenbeleuchtung)*
whiplash style *(Arch)* Peitschenschlagstil *m (Belgien)*
whirl *v* wirbeln
whirley crane *(BWG)* Volldrehkran *m*, Turmdrehkran *m* mit 360°-Drehkreis
whirlpool 1. Wirbel *m*; Stromwirbel *m*; Strudel *m*; 2. Whirlpool *m*, Badebecken *n* mit Luftwirbel
whirlpool basin *(Wsb)* Tosbecken *n*
whispering cupola *(Arch)* Flüsterkuppel *f*
whispering gallery *(Arch)* Flüstergewölbe *n (z. B. in der St.-Pauls-Kathedrale)*
white *(OB)* weiß; hell; blass; hellfarbig, licht; bleich; verzinnt; versilbert; Weiß...
white *(BM, OB)* Weiß *n*, weißer Farbstoff *m*
white aggregate *(BM)* weißer Splitt *m* [Splittzuschlag *m*], Weißzuschlag(stoff) *m*
white architecture *(Arch)* weiße Architektur *f (nur aus weißen Baustoffen und Material)*
white asbestos *(BM)* Weißasbest *m*
white background sign *(Verk)* Verkehrszeichen *n* mit weißen Hintergrund
white brass *(BM)* Weißmessing *n*
white cast iron *(BM)* Weißguss *m*, Hartguss *m*
white cement *(BM)* Weißzement *m*, weißer Zement *m*
white chalk *(BM)* weißer Kreidekalk *m*
white coal *(BM, OB) (sl)* Wasserkraft *f*
white coat *(BM, OB, SB)* weißer Spachtelputz *m*, Schlichte *f*
white concrete *(BB)* Weißbeton *m*
white deal *(BM, Hb)* Fichtenholz *n*
white exposed concrete *(Arch, BB)* weißer Sichtbeton *m*, weißer Architekturbeton *m*
white fair-faced concrete *s.* white exposed concrete
white flint *(BM)* Weißglas *n*

white Functionalism *(Arch)* weißer Funktionalismus *m (Greenough - 19. Jh.; Bauhaus)*
white glazing 1. *(OB)* Weißbeglasung *f*; 2. *(OB)* Weißglasur *f*
white goods *(EB)* Weißwaren *fpl (Haushaltsgeräte, z. B. Waschmaschine, Kühlschrank usw.)*
white granite *(BM)* Weißgranit *m*, weißer Granit *m*
white hall *(Arch)* Whitehall *n (Westminster)*
white hard *(BM, Bod)* knochenhart
White House *(Arch)* Weißes Haus *n (US-Regierungssitz)*
white Italian marble *(Arch)* weißer italienischer Marmor *m*
white joint mortar *(BM)* Fugenzement *m*
white lead *(BM, OB)* Bleiweiß *n*
white lead cement *(BM)* Bleiweißkitt *m*, weißer Glaserkitt *m*, Bleiweißspachtelmasse *f*
white lead paint *(BM, OB)* Bleiweißfarbe *f*
white lead putty *s.* white lead cement
white light *(El)* Weißlicht *n*, weißes Licht *n*
white lime *(BM)* Weißkalk *m*
white line *(Verk)* Fahrbahnbegrenzung *f*, weiße Linie *f*
white marble *(BM)* Weißmarmor *m*, weißer Marmor *m*
white masonry mortar *(BM)* weißer Fugenmörtel *m*
white mastic *(BM)* Weißkitt *m*, Weißmastix *m*
white-metal blast *(OB)* metallisch blank, metallblank
white mortar *(BM)* Weißmörtel *m*, weißer Mörtel *m*
white oak wood *(BM, Hb)* Eichenholz *n*, Weißeichenholz *n*
white paint *(BWG, OB)* Weißfarbe *f*, weiße Anstrichfarbe *f*
white-painted *(OB)* weiß gestrichen
white pigment *(BM, OB)* Weißpigment *n*
white pigmented *(BM)* weiß pigmentiert
white pine (wood) 1. *(BM, Hb)* Strobenholz *n*; 2. *(BM, Hb)* Weymouthskieferholz *n*
white pointing mortar *(BM)* weißer Fugenmörtel *m*
white poplar *(BM)* Weißpappel *f*
white Portland cement *(BM)* weißer Portlandzement *m*, Weißzement *m*
white quicklime *(BM)* Weißbranntkalk *m*
white rot *(Hb, RS)* Weißfäule *f*, Verrottung *f* durch Schimmelpilze *(Holz)*
white rust *(OB, RS)* weißer Rost *m*, Zinkrost *m*
white seal *(BM, OB)* Weißsiegel *m (Zinkweiß)*
white spirit *(BM)* Lackbenzin *n*, Testbenzin *n*
white spots *(OB)* Wasserfleckenbildung *f (in Anstrichen)*
white stone chippings *(BM)* Weißsplitt *m*, weißer Splitt *m*
white surface sandblasting *(OB, Te)* metallisch blankes Sandstrahlen *n*
white wall tile *(BM)* weiße Wandfliese *f*, Weißfliese *f*
whiten *v (OB, Te)* weißen, kalken, tünchen; schlämmen
whitening 1. *(OB, Te)* Weißen *n*; Schlämmen *n*; 2. *(BM, OB)* Ausbleichung *f (von Holz)*; 3. *(OB, Te) s.* whitewash
whitening coat *(OB)* Kalkanstrich *m*, Tünchaufstrich *m*
whitewash *v (OB, Te)* weißen, kalken, tünchen; schlämmen
whitewash *(BM, OB)* Tünche *f*, Weißtünche *f*, Schlämme *f*, Kalkmilch *f*, Kalkbrühe *f*
whitewash brush Maurerpinsel *m*, Streichbürste *f*
whitewash coat Kalk(milch)anstrich *m*
whitewashing Weißen *n*, Kalken *n*, Tünchen *n*; Schlämmen *n*
whiting 1. *(BM)* Schlämmkreide *f*, feingemahlene Kreide *f*; 2. Kreideweiß *n*; Kreidegrund *m*
whittle *v (Te)* schnitzen
whittle Schnitzmesser *n*
whole beam *(BM, Hb)* Ganzholzbalken *m*; Stammholz *n*
whole brick Vollziegel *m*, Ganzziegel *m*, ganzer Stein *m*
whole-brick wall *(Konst, SB)* Ziegelvollmauer *f*, Ganzziegelwand *f (mit einer Dicke gleich Ziegellänge, > 15 cm)*
whole hip *(Konst)* ganzer Walm *m*
whole size *(Arch)* Originalgröße *f*
whole tile ganzer Stein *m*
whole timber *(BT, Hb)* gesägter Holzbalken *m*
wholesale building *(Arch, Konst)* Großmarktlagergebäude *n*
wholesale market *(Arch, Konst)* Großmarkthalle *f*
wicket 1. *(Konst)* kleine Tür *f*; Schlupftür *f*, Türinnentürchen *n*; 2. *(Konst)* (vergittertes) Schalterfenster *n*; 3. *(Wsb)* kleines Schütz *n*; Stauklappe *f*
wicket gate *(Verk)* Fußgängerschranke *f*
wicket in a door *(Konst)* Schlupftür *f*, Türinnentürchen *n*
wide breit, weit; ausgedehnt
wide-angle judas *(EB)* Weitwinkelspion *m*
wide-angle lighting fitting *(El)* Breitstrahler *m*
wide area network *(El, Te, VR)* regional erweitertes Netzwerk *n (Datenaustausch)*
wide concrete kerb Betonbordschwelle *f*
wide-finishing tool *(BWG)* Breitschlichtmeißel *m*
wide flange *(BT)* Breitflansch *m*, weitauskragender Flansch *m*
wide-flange beam *(BT, St)* Breitflanschträger *m*
wide-flanged girder *(BT, St)* Breitflanschträger *m*
wide gauge *(Verk)* Breitspur *f (Schiene)*
wide grading *(BM)* weitgespannte Korngrößenverteilung *f*
wide kerb *(BT)* Bordschwelle *f*
wide-meshed weitmaschig
wide open space *(Konst, LB)* Freifläche *f*
wide pit *(OB)* Korrosionsnarbe *f*
wide-ringed weitringig, grobjährig, mit breiten Jahresringen *(Holz)*
wide-spaced *(Arch)* lichtsäulig
wide-span weitgespannt
wide-span beam *(BT, TK)* Weitspannbalken *m*
wide-span floor slab *(TK)* Weitspanndeckenplatte *f*
wide-span frame *(TK)* Weitspannrahmen *m*
wide-span loadbearing system *(TK)* Weitspanntragwerk *n*, Weitspanntragsystem *n*
wide-span prestressed slab *(BT, TK)* Weitspannbetonplatte *f*
wide-span roof *(TK)* Weitspanndach *n*
wide-span shell *(TK)* Weitspannschale *f*
wide-span wall arch *(SB)* Weitspannmauerbogen *m*
wide-throw hinge *(EB)* Breitflügeltürscharnier *n*, Türband *n* für ein großes Türblatt
wide tolerance *(BT)* Toleranzüberschreitung *f*
widen *v (Konst, Te)* erweitern; (auf)weiten; verbreitern *(z. B. Straßen)*
widening *(Konst, Te)* Erweiterung *f*; Weiten *n*; Verbreiterung *f (z. B. einer Straße)*
widening of the foundation *(Erdb)* Verbreiterung *f* des Fundaments
width *(Konst)* Breite *f*; Weite *f*; lichte Weite *f*; Spannweite *f*
width of bay *(Konst)* Feldweite *f*
width of carriageway *(Verk)* Fahrbahnbreite *f*
width of cracks *(BM)* Rissbreite *f*
width of flange *(BT)* Flanschbreite *f*
width of kerf Schnittfugenbreite *f*
width of mesh Maschenbreite *f*
width of overfall *(Wsb)* Überfallbreite *f (Stauwerk)*
width of road *(Verk)* Straßenbreite *f*
width of roadway *(Verk)* Fahrbahnbreite *f*
width of spread *(Te)* Verteilerbreite *f*, Einbaubreite *f*
width-thickness ratio *(Konst)* Breite-Dicke-Verhältnis *n*
wiggle nail *(BM)* gewellter Nagel *m*, Wellennagel *m*
wilderness *(LB, RP, Umw)* Naturschutzgebiet *n*, Landschaftsschutzgebiet *n*; unberührte Landschaft *f*
Williot diagram *(Stat, TK)* Verschiebungsplan *m* nach Williot *(Rahmendeformierung)*
willow 1. *(Bod, LB)* Weide *f*; 2. *(BM, Hb)* Weidenholz *n*
willow pattern *(Arch)* Weidenmuster *n*
willowy 1. *(LB)* weidenbestanden; 2. *(BT)* biegsam, geschmeidig

wimble scoop *(BWG)* Schappenbohrer *m*
winch *v (Te)* hochziehen *(mit einer Winde)*
winch *(BWG)* Winde *f*, Aufzugswinde *f*, Bockwinde *f*; Hebezeug *n*
wind *v* 1. *(Te)* winden, wickeln; aufwickeln, aufspulen; 2. *(Bod, Verk, Wsb)* sich winden [schlängeln] *(z. B. eine Straße)*
wind *v* **about** *(Bod, Wsb)* mäandern
wind *v* **up** 1. *(Te)* abschließen *(Baustelle)*; 2. *(VR)* liquidieren *(Unternehmen)*
wind *(BM, BT, Hb)* Windung *f*, Biegung *f*; Verdrehung *f (Holz)*
wind and dust protection planting *(LB, Umw)* Wind- und Staubschutzpflanzung *f*
wind area *(Konst)* Windangriffsfläche *f*
wind barrier *(Konst)* Windschutz *m*
wind beam *(Hb, Konst)* Hahnenbalken *m*; Querriegel *m*, Kehlbalken *m*
wind bearing *(Konst, TK)* Windlagerung *f*, Windauflager *n*, Windwiderlager *n*
wind box *(HLK)* Windkasten *m (Heizung)*
wind brace *(Konst, TK)* Windstrebe *f*, Winddruckträger *m*, Querträger *m*, Versteifungsträger *m (Windverband)*
wind brace connection *(Konst)* Windverbandanschluss *m*
wind braced boom *(Konst)* Windstrebengurtung *f*, Windstrebenflansch *m*
wind bracing *(Konst, TK)* Windaussteifung *f*, Windversteifung *f*, Windverspannung *f*, Windverband *m*
wind bracing boom *(Konst)* Windstrebeflansch *m*, Windstrebengurtung *f*
wind bracing connection *(Konst)* Windverbandanschluss *m*
wind chill *(HLK)* Verdunstungskälte *f*
wind component *(Stat)* Windkomponente *f*
wind conditions *(Bod)* Windverhältnisse *npl*
wind cone *(Verk)* Windsack *m (Straße)*
wind direction *(Bod)* Windrichtung *f*
wind drag *(BWG, Stat)* Windbeanspruchung *f (am Baukran)*
wind drift *(BM, BT, Stat)* Windverformung *f*
wind-driven power station *(BWG, El)* Windkraftwerk *n*
wind-driven rain *(Bod)* Schlagregen *m*
wind-driven sand *(Bod)* Treibsand *m*, Flugsand *m*
wind effect *(Stat)* Windwirkung *f*
wind energy *(El)* Windkraft *f*, Windenergie *f*
wind excited vibration *(Konst)* Windschwingung *f*
wind-fallen wood Windbruchholz *n*
wind filling Deckenfüllung *f*, Zwischenträgerfüllung *f*
wind flow *(Bod)* Windströmung *f*
wind force *(Stat)* Windkraft *f*; Windstärke *f*
wind-force assumption *(Stat)* Windkraftannahme *f*
wind-force diagram *(Stat)* Windkraftdiagramm *n*
wind-force distribution *(Stat)* Windkraftverteilung *f*
wind gauge *(Bod)* Windgeschwindigkeitsmesser *m*
wind guard *(Konst)* Windschutzvorrichtung *f*
wind hatch *(Konst)* Aufzugsschacht *m*, Materialförderschacht *m*, Windenschacht *m*
wind-induced *(El)* durch Wind erzeugt
wind load *(Stat)* Windlast *f*, Windbelastung *f*
wind load assumption *(Stat)* Windlastannahme *f*
wind load moment *(Stat)* Windlastmoment *n*
wind load regulation *(Stat)* Windlastvorschrift *f*
wind load value *(Stat)* Windlastwert *m*
wind loading *s.* wind load
wind moment *(Stat)* Windmoment *n*
wind moment equation *(Stat)* Windmomentengleichung *f*
wind power *(Bod, El)* Windkraft *f*, nutzbare Windenergie *f*
wind power station *(El)* Windkraftwerk *n*
wind pressure *(Stat)* Winddruck *m*
wind pressure coefficient *(Stat)* Winddruckbeiwert *m*
wind pressure distribution *(Stat)* Winddruckverteilung *f*
wind pressure force *(Stat)* Winddruckkraft *f*
wind protection *(Konst)* Windschutz *m*
wind screen *(Konst)* Windfang *m (Wand)*; Windschutz *m*, Windschirm *m*, Windblende *f*
wind shake *(BM)* Windriss *m* im Holz *(während des Wachsens)*
wind shear moment *(Stat)* Windschubmoment *n*
wind sock *(Umw, Verk)* Windsack *m*
wind speed *(Bod)* Windgeschwindigkeit *f*
wind splay *(Konst)* Fensterschmiege *f*
wind stability *(Stat)* Windstandfestigkeit *f*
wind stop *(BT)* Windschutzleiste *f*, Dichtungsleiste *f* *(Fenster, Türen)*
wind stress *(Stat)* Windbeanspruchung *f*, Spannung *f* durch Windbelastung
wind suction *(Stat)* Sog *m*, Windsog *m*
wind suction coefficient *(Stat)* Sogbeiwert *m*
wind suction force *(Stat)* Sogkraft *f*, Windsogkraft *f*
wind sway bracing *(Konst)* Windverband *m*
wind tunnel *(BWG, Konst)* Windkanal *m*
wind tunnel investigation *(BM, Konst)* Windkanaluntersuchung *f*
wind tunnel model *(Konst)* Windkanalmodell *n*
wind uplift *(Stat)* Windauftrieb *m (Dach)*
wind uplift force *(Stat)* Windsogkraft *f*
wind vane *(BT)* Windfahne *f*; Windrichtungsflügel *m*
wind velocity *(Bod)* Windgeschwindigkeit *f*
windbreak 1. *(LB)* Windschutzpflanzung *f*; 2. *(Konst) s.* wind stop
winder 1. *(Konst)* verzogene Stufe *f*; Wendelstufe *f*; 2. *(EB)* Kurbelvorrichtung *f*; Haspel *f(m) (Antrieb für Seilaufzug)*
winding *(Konst)* kurvenreich
winding 1. *(Te)* Wickeln *n*; Aufwickeln *n*, Haspeln *n*; 2. *(Konst)* Windung *f*; spiralförmige Holzverdrehung *f*; Wendelung *f*; 3. *(Konst)* Biegung *f*, Krümmung *f (auch Straße)*
winding-drum machine *(BWG)* Trommelaufzug *m*
winding engine *(BWG)* Fördermaschine *f*
winding gear *(BWG)* Aufzugswinde *f*, Aufzugseinrichtung *f*
winding joint Wickellötstelle *f*
winding mechanism Aufziehwerk *n*
winding road *(Verk)* Serpentinenstraße *f*
winding stair *(Konst)* gewundene Treppe *f*, verzogene Stufen *fpl*
winding staircase *(BT, Konst)* Wendeltreppe *f*, Schneckentreppe *f*
winding staircase with open newel *(BT, Konst)* geschwungene Treppe *f*, offene Wendeltreppe *f*
winding tackle Flaschenzug *m*
windings Windungen *fpl (Pfeiler)*
windlass *(BWG)* Winde *f*, Bauwinde *f*, Hebewinde *f*, Förderhaspel *f*
window Fenster *n*
window accessories Fensterzubehör *n*
window air conditioner *(HLK)* Fensterklimaanlage *f*
window apron Fensterschalleiste *f*, Übergangsdeckleiste *f*
window arch Fensterbogen *m*
window arch bar *(EB)* Fensterrahmengewölbeeisen *n*, Fensterbogeneisen *n*
window area *(Konst)* Fensterfläche *f*
window awning blind *(EB)* Markisolette *f*
window back *(Konst)* Fensterbrüstung *f*
window band *(Arch, Konst)* Bandfenster *n*, Langfenster *n*, Fensterband *n*, (geschlossene) Fensterreihe *f*
window bar 1. *(BT)* Fenstersprosse *f*; Glas(deck)leiste *f*; Rahmendeckleiste *f*; 2. *(BM)* Winddichtstreifen *m*, Abdichtleiste *f*; 3. *(BT)* Putzleiste *f*; 4. *(EB)* Fenstereisen *n*; Schließbalken *m*
window bay 1. *(Konst)* Fensterfeld *n*, Fensterfach *n*; 2. *s.* window yoke

window bay stall *(Konst)* eingebauter Fenstersitzplatz *m*
window bead Putzleiste *f*
window blind Fensterladen *m*; Jalousie *f (Rollladen)*
window board Fensterbrett *n*; Simsbrett *n*
window box *(Konst)* Gegengewichtslaufkasten *m (Hubfenster)*
window boxing Fensterladenkasten *m*
window breast *(Konst)* Fensterbrüstung *f*
window brick moulding Fensteraussparungsform *f*
window brightness *(Konst)* Fensterhelligkeit *f*
window builder Fensterbauer *m*
window button *(EB)* Fensterknopf *m*
window case *(EB)* Fensterzarge *f*
window casement *(BT)* Fensterflügel *m*
window casement frame Fensterflügelrahmen *m*
window casing *(BT)* Fensterblendrahmen *m*, sichtbarer Fensterrahmen *m*, Zargenrahmen *m*
window catch *(EB)* Fensterfeststeller *m*, Fenstereinrastung *f*
window cill *s.* window sill
window cleaner's anchor *(EB)* Fensterputzerhaken *m*
window-cleaning cradle Fassadenlift *m*; Fensterputzwagen *m*
window column Fenstersäule *f*, Fensterstütze *f*, Fensterpfeiler *m*
window cornice Fenstersims *m*, Fenstergesims *n*
window cross *(Konst)* Fensterkreuz *n*, Kreuzstock *m*
window curtain Fenstervorhang *m*
window deep bead *(Konst)* Fensterabdichtungsstreifen *m*
window design *(Arch)* Fensterformgebung *f*, Fensterdurchformung *f*
window dimension *(Konst)* Fensterabmessung *f*, Fenstermaß *n*
window draft bead *(AE)* Fensterabdichtungsstreifen *m*
window dressing *(Konst, Te)* Fensterleibungsbearbeitung *f*; *(sl)* Augenwischerei *f*
window drip *(BT)* Wasserschenkel *m*, Wetterschenkel *m*
window embrasure *(EB)* Fensterzarge *f*
window engineering *(Konst)* Fenstertechnik *f*
window fan Fensterventilator *m*
window fittings Fensterbeschläge *mpl*
window flanning *(Konst)* Fensterleibung *f*
window frame Fensterrahmen *m*, Blendrahmen *m*
window framing *(Konst)* Fensterumrahmung *f*
window furniture *(EB)* Fensterbeschlag *m*
window gasket Fensterdichtungsprofil *n*, Fensterabdichtungsstreifen *m*, Fensterselbstdichtung *f*
window glass *(BM)* Fensterglas *n*
window glazing Fensterverglasung *f*
window glazing bar *(BT)* Fenstersprosse *f*, Glas(deck)leiste *f*, Rahmendeckleiste *f*
window grating Fenstergitter *n*
window grille *(BT, Konst)* Fenstergitter *n*
window groove rabbet Fensterfalz *m*
window guard 1. *(BT)* Glasleiste *f*; 2. *(BT)* Abdichtleiste *f*; Winddichtstreifen *m*; 3. *(BT)* Fenster(metall)ziergitter *n*
window guide rail Fensterführungsschiene *f*
window handle *(EB)* Fenstergriff *m*
window hardware *(EB)* Fensterbeschläge *mpl*
window head Fenstersturz *m*
window hinge Aufsatzband *n*, Fensterband *n (Beschlagteil)*
window hood *(Konst)* Fensterschutzdach *n*
window intertie *(Hb)* Fensterquerstrebe *f*
window jack Gerüsthalter *m (am Fenstersims befestigt)*
window jack scaffold *(BT, Te)* fenstergestütztes Gerüst *n*
window jamb Blendrahmenpfosten *m*
window latch *(EB)* Fensterriegel *m*
window lead Fensterblei *n*
window ledge *(EB)* Fensterbank *f*, Sohlbank *f*
window lift *(EB)* Fenstergriff *m*
window-lighting *(El)* Fenstertageslichtbeleuchtung *f*
window lining *(Konst)* Fensterfutter *n*; Fensterblendleisten *fpl*; Fenstergewände *n*
window lintel *(Konst)* Fenstersturz *m*
window location *(Arch)* Fensterlage *f*
window lock *(EB)* Fensterschloss *n*; Fensterriegel *m*, Fensterwirbel *m*
window manufacture *(Konst, Te)* Fensterbau *m*, Fensterherstellung *f*
window marginal bar Fensterrandsprosse *f*
window masonry wall *(SB)* Fenstermauer *f*
window module *(Konst, SB)* Fenstermodul *m*
window moulding Fenster(zier)leiste *f*
window niche *(Konst)* Fensternische *f*
window opening *(HLK)* Fensteröffnung *f*, Licht *n*
window openwork gablet *(Arch, Konst)* Fensterwimperg *m*, Fensterblendmaßwerk *n*, Fensterziergiebel *m*
window pane Fensterscheibe *f*
window panel Fenstertafel *f*, Fensterelement *n*
window parapet *(Konst)* Fensterbrüstung *f*
window pier Fensterpfeiler *m*
window plain rail gleich starker Fenstermittelsteg(pfosten) *m*
window post *(BT)* Fensterrahmenpfosten *m*, Setzholz *n*
window protection screen *(BT)* Fenstergitter *n*
window pull *(EB)* Schiebefensterziehgriff *m*
window rabbet *(Konst)* Fensteranschlag *m*
window rail *(EB)* Fensterriegel *m*
window rebate *(Konst)* Fensterfalz *m*
window recess *(Konst)* Fensternische *f*
window recess arch *(Konst)* Fensternischenbogen *m*
window reveal Fensterleibung *f*
window sash Schiebefensterrahmen *m*
window schedule Fensterliste *f (eines Gebäudes)*
window screen *(EB)* Fliegen(schutz)fenster *n*; Fenstergaze *f*
window sealing fillet Fensterdichtleiste *f*
window seat *(EB)* Fensterbank *f*
window section Fensterprofil *n*
window shape *(Arch, Konst)* Fensterform *f*
window shutter Fensterladen *m*
window sill Fensterbank *f*, Sohlbank *f*; Fensterbrüstung *f*
window sill duct Fensterbankkanal *m*
window sill rail *(Konst)* Sohlbankriegel *m*, Brustriegel *m*
window sill slab *(BT)* Fensterbankplatte *f*
window size *(Arch, Konst)* Fenstergröße *f*
window splay *(Konst)* Fensterschräge *f*, Fensterausschrägung *f*
window spring bolt *(EB)* Fensterschnapper *m*
window stay *(EB)* Fensterhaken *m*, Sturmhaken *m*, Kettenhaken *m*, Feststeller *m*
window stile *(BT)* Hubfensterrahmen *m*
window stool *(BT)* Fensterbrett *n*, Sohlbrett *n*
window stop *(EB)* Schiebefensterhalteleiste *f*, Rastrahmenleiste *f*
window structural gasket *(BM)* Fensterdichtungsprofil *n*
window stud *(Konst)* Fenstersäule *f*, Fensterständer *m*
window sunblind *(Konst)* Fenstersonnenblende *f*, Fenstersonnenschutzanlage *f*
window surrounds *(Konst)* Fenstergewände *n*
window template *(Konst)* Fensterlehre *f*
window tier *(Konst)* Fensterreihe *f*
window transom *(EB)* Fensterriegel *m*; Fensterkämpfer *m*; Fenstersprosse *f*
window trim *(Arch, BT)* verzierter Blendrahmen *m*, Fensterzarge *f*
window type *(Konst)* Fensterart *f*
window unit *(Konst)* Fertigfenster *n*

window vent *(BT)* Lüftungsflügel *m*
window ventilation *(HLK)* Fensterlüftung *f*
window wall Fertigteilwandelement *n* mit installiertem Fenster
window-washing cradle Fensterreinigungswagen *m*, Fensterputzwagen *m*
window yoke Fensterjoch *n*, Fenstersturz *m* mit eingebauten Gegengewichtskästen
windowed *(Konst)* befenstert
windowed bay *(Verm)* Ausflucht *f*
windowed frieze *(Arch)* Fensterfries *m*
windowless *(Arch, Konst)* fensterlos
windowless building *(Arch, Konst)* fensterloses Gebäude *n*
windowless panel fensterlose Tafel *f*
windowlight Fensterscheibe *f*
windproof *s.* windtight
windtight *(Konst)* winddicht, abgedichtet (gegen Windzug)
windward side *(Konst)* Wetterseite *f*; Windseite *f*
windward slope *(Bod, Erdb)* windseitiger Abhang *m*
wine cellar [vault] *(Konst)* Weinkeller *m*
wing 1. *(Konst)* Flügel *m*, Gebäudeflügel *m*; Seitenflügel *m*, Seitengebäude *n*; 2. *(BT)* Türflügel *m*; Drehtürflügel *m*; Fensterflügel *m*
wing auger *(BWG)* Flügelbohrer *m*
wing bolt Flügelschraube *f*
wing coping Flügelmauerdeckstein *m*
wing door *(BT)* Flügeltür *f*
wing gate sluice *(Wsb)* Fächertorschleuse *f*
wing masonry wall *(SB)* Flügelmauer *f*
wing nut Flügelmutter *f*
wing of wall *(Konst, SB)* Mauerflügel *m*
wing pavilion *(Arch)* Eckpavillon *m*, Windpavillon *m*
wing screw *s.* wing bolt
wing-shaped flügelförmig
wing wall *(Konst, SB)* Flügelmauer *f*
winged bull *(Arch)* Flügelstier *m*, geflügelter Bulle *m*
winged horse *(Arch)* geflügeltes Ross *n*, Flügelross *n*
winged lion *(Arch)* geflügelter Löwe *m*
Winkler's value *(Stat)* Winkler'sche Zahl *f (Durchlaufträgerstatik)*
winter *(Bod)* winterlich, Winter...
winter Winter *m*
winter building construction *(Te)* Winterbauen *n*; Winterhochbau *m*
winter concreting *(BB, Te)* Winterbetonieren *n*, Betonieren *n* im Winter
winter construction *(Te)* Winterbau *m*
winter garden *(Arch, Konst)* Wintergarten *m*
winter gritting machine *(Verk)* Winter(dienst)streugerät *n (Straße)*
winter maintenance *(Verk, VR, VR)* Winterdienst *m (Straße)*
winter maintenance contractor *(Verk)* Winterdienstleister *m*, Winterdienst(fremd)auftragnehmer *m*
winter maintenance plan *(Verk, VR)* Winterdiensteinsatzplan *m*
winter maintenance vehicle *(Verk)* Winterdienstfahrzeug *n*
winter road maintenance *(Verk, VR)* Straßenwinterdienst *m*
winter road maintenance management *(Verk, VR)* Winterdienst-Management-System *n*, WMS
winter road surveillance *(Verk, VR)* winterliche Straßenkontrolle *f*, Winterdienstüberwachung *f*
winter service 1. *(HLK)* Winterbetrieb *m (Heizung)*; 2. *(Verk, VR)* Winterdienst *m*
winter service staff *(Verk, VR)* Winterdienstpersonal *n*
winter serviceability *(Verk)* Winterbefahrbarkeit *f (Straße)*
winter shutdown *(Te)* Winterstilllegung *f*
winter slipperiness *(Umw, Verk)* Winterglätte *f*
winter weather control *(Verk, VR)* Straßenüberwachung *f* bei Winterwetter
winter window *(Konst)* Winterfenster *n*; Vorfenster *n*; Doppelfenster *n*; Kastenfenster *n*
wintering *(BM)* Auswintern *n (Baustoffe, Rohbau)*
winterizing *(Te)* Winterfestmachung *f*
wintry road conditions *(Verk)* winterliche Fahrbahnbedingungen *fpl*
winze *(Te, Umw)* Blindschacht *m (Bergbau)*
wipe *v* wischen, abwischen, abreiben
wipe *v* **off** abwischen
wipe resistant *(OB)* wischfest, wischbeständig
wipe test *(OB)* Wischtest *m (Oberflächenreinheit, Anstrichfestigkeit)*
wiped joint *(Konst)* Weichlötverbindung *f*, Lötfuge *f*
wiping solder Blei-Zinn-Weichlot *n*
wipped fascine *(LB)* Faschinenwurst *f*
wire *v (El)* verdrahten, Drähte verlegen, eine Leitung ziehen
wire *v* **concealed** *(El)* unter Putz verlegen
wire *v* **on the surface** *(El, San)* auf [über] Putz verlegen *(Leitung)*
wire 1. *(BM)* Draht *m*; 2. *(El)* Leitungsdraht *m*; Ader *f (Kabel)*
wire anchor *(BT)* Drahtanker *m*, Kabelanker *m*, Seilanker *m*
wire armouring Drahtbewehrung *f*
wire articles *(BM)* Drahtwaren *fpl*, Drahterzeugnisse *npl*
wire basket *(BM)* Drahtkorb *m*, Drahteinsatz *m*
wire brad *(BM)* Drahtnagel *m*, Drahtstift *m*
wire brush Drahtbürste *f*
wire brushing *(OB)* Drahtbürsten *n*, Drahtbürstenreinigung *f*
wire cable *(BM)* Drahtseil *n*
wire cable anchorage *(BT)* Kabelverankerung *f*, Drahtseilverankerung *f*
wire cable clamp Drahtklemme *f*
wire cable construction Kabelmachart *f*, Drahtseilmachart *f*
wire cloth *s.* wire gauze
wire comb *(OB, SB)* Kratzer *m*, Kratzbürste *f (Putzkratzen)*
wire core Drahteinlage *f*
wire-cut brick Schnittziegel *m*, geschnittener Ziegel *m*, Strangpressziegel *m*
wire cutters Drahtschere *f*
wire diameter Drahtdurchmesser *m*
wire duct *(Konst)* Drahtkanal *m*
wire entanglement *(Konst)* Drahtverhau *m*
wire fabric Drahtgeflecht *n*
wire fence *(BT, LB)* Drahtzaun *m*
wire fence post Drahtzaunpfahl *m*, Drahtzaunpfosten *m*
wire galvanizing Drahtverzinkung *f*
wire gauge 1. Drahtlehre *f (Gerät)*; 2. Drahtdurchmesser *m (Lochgröße der Drahtlehre)*
wire gauge table Drahtstärketabelle *f*
wire gauze *(BT)* Drahtgewebe *n*, Drahtnetz *n*, Drahtgaze *f*, Gaze *f*
wire glass Drahtglas *n*
wire grade Drahtsorte *f*
wire hanger *(BM, Konst)* Drahthängeglied *n*
wire helix Drahtspirale *f (Bewehrung)*
wire holder *(El)* Schelle *f*, Kabelhalter *m*
wire hook Drahthaken *m*
wire insert Drahteinlage *f*
wire lath *(BM)* Drahtnetzgewebe *n* mit Pappe *(als Putzgrund, Putzträger)*
wire lath and plaster wall Drahtputzwand *f*
wire lathing *(BM, SB)* Putzdrahtgewebe *n*, Putzdrahtgeflecht *n*, Drahtputzträger *m*, Rabitzgewebe *n*
wire lathing and plaster suspended ceiling *(Konst)* hängende Drahtputzdecke *f*

wire lathing [lattice] construction *(SB)* Rabitzbau *m*
wire layer *(BT, Konst)* Drahteinlage *f*
wire mesh Drahtgeflecht *n*, Metallgewebe *n (als Putzträger)*; Gitter *n (Bewehrung)*
wire mesh fence *(BT, LB)* Drahtmaschenzaun *m*, Maschendrahtzaun *m*
wire mesh lathing *(BM)* Putzträgerdrahtgeflecht *n*
wire-mesh partition Maschendrahtabtrennung *f*, Maschendrahttrennwand *f*
wire-mesh reinforcement Drahtmaschen(bewehrungs)-matte *f*, Bewehrungsmatte *f*, Mattenbewehrung *f*
wire meshing *(BM)* Drahtgeflecht *n*
wire nail *(BM)* Drahtnagel *m*, Drahtstift *m*
wire netting *(BM)* Drahtgeflecht *n*; Drahtgitter *n*, Drahtnetz *n*, Maschendraht *m*
wire netting fence *(BT, LB)* Maschendrahtzaun *m*
wire netting lath *s.* wire lathing
wire nut *(El)* Anschlusspressschraube *f*
wire plaster ceiling *(SB)* Rabitzdecke *f*
wire plaster wall *(SB)* Rabitzwand *f*
wire reinforced drahtverstärkt, drahtbewehrt
wire-reinforced glass *(BM)* drahtbewehrtes Glas *n*
wire reinforcement *(BM, Konst)* Drahtverstärkung *f*, Drahtbewehrung *f*, Drahteinlage *f*
wire reinforcing Drahtbewehrung *f*
wire rod Walzdraht *m*
wire rope *(BM)* Drahtseil *n*, Kabel *n*
wire rope anchorage *(BT)* Drahtseilverankerung *f*, Kabelverankerung *f*
wire rope grip Drahtseilklaue *f*
wire rope splice Verspleißung *f*
wire ropeway *(Verk)* Drahtseilbahn *f*
wire saw *(BWG)* Steingattersäge *f*
wire scratcher *(BWG, SB)* Kratzer *m*, Kratzbürste *f*
wire screen Gazefenster *n*, Drahtgitterfenster *n*
wire section Drahtquerschnitt *m*
wire slip Drahtschlupf *m*
wire spacer *(BT)* Drahtabstandhalter *m*
wire staple Drahtkrampe *f*
wire stirrup Drahtbügel *m*
wire stress Drahtspannung *f*
wire suspension bridge *(Konst, Verk)* Drahtseilbrücke *f*
wire thickness *(BM)* Drahtdicke *f*
wire-winding machine Wickelmaschine *f (Spannbeton)*
wired *(El)* verdrahtet
wired flat glass Drahtflachglas *n*
wired glass *(BM)* Drahtglas *n*
wired laminated glass *(BM)* Drahtverbundglas *n*, Drahtsicherheitsglas *n*
wired patterned glass *(BM)* Drahtornamentglas *n*
wired plate glass Drahtspiegelglas *n*
wireless application protocol *(WAP) (Verk)* Internetinhaltübertragung *f* auf das Handy
wireless mast *(El, Konst)* Funkmast *m*, Antennenmast *m*
wireway *(Konst)* Kabelkanal *m*
wirework *(BM)* Drahtgeflecht *n*
wiring 1. *(El)* Installation *f*, Leitungsverlegung *f*; 2. Abspannung *f*, Verspannung *f (Mast, Pfosten)*
wiring box *(El)* Kreuzungsdose *f*, Verteilerdose *f*
wiring conduit *(El)* Elektroleerrohr *n*
wiring diagram *(El)* Schaltbild *n*, Schaltplan *m*
wiring layout *(El)* Verdrahtungsführung *f*
withdraw *v* ziehen, zurückziehen
withdrawal *(BM)* Entzug *m (z. B. von Wasser, Lösungsmitteln)*
withdrawal sleeve *(BT, San, WVA)* Reduziermuffe *f*, Reduktionsmuffe *f*, Abziehhülse *f*
withe 1. *(Konst)* Schornsteinzunge *f*, Schornsteinmittel(trenn)steg *m (zwischen den Zügen)*; 2. *(BM)* Dachabspannrute *f*, Rohrflechtrute *f*, Knüpfrute *f (Strohdach)*; 3. *(EB)* Wandschale *f*
withstand *v (BM)* widerstehen; resistent sein; aushalten
withstanding tropical conditions *(BM)* tropenfest
witness corner *(Verm)* Bezugseckpunkt *m (innerhalb des Grundstücks)*
WLP *s.* weighted longitudinal profile
wobble coefficient *(BB, Te)* Welligkeitsfaktor *m (Spannbeton)*; Spanngliedreibungsbeiwert *m*, Reibungsbeiwert *m*
wobble friction *(BB, Te)* Schlingerreibung *f (Spannglied)*
Wöhler curve *(BM)* Wöhler-Kurve *f*, Dauerfestigkeitskurve *f*
women's changing room *(Konst)* Frauenumkleideraum *m*, Damenumkleideraum *m*
women's quarter *(Arch)* Harem *m*
women's quarters *(Arch)* Frauengemächer *npl*
women's toilet *(Konst)* Damentoilette *f*
wood 1. *(BM)* Holz *n*; 2. *(Bod, LB, Umw)* Gehölz *n*; Wald *m*; 3. *(Verk)* Holzfahrbahn *(Brücke)*
wood beam *(BT, Hb)* Holzbalken *m*
wood block Holzklotz *m (Fußboden, Holzpflaster)*
wood block floor(ing) *(BM)* Holzpflaster *n*, Holzpflasterboden *m*, Holzpflasterklotz *m*
wood block paving Holzpflaster *n*, Holzpflasterbefestigung *f*
wood boards *(Hb)* Bretterverschalung *f*, Verbretterung *f*
wood border Randleiste *f*, Holzleiste *f*
wood borer Holzbohrer *m*, Bohrschädling *m*
wood-boring beetle *(Umw)* Hausbockkäfer *m*
wood brick Holzziegel *m*, Holzblock *m (für Befestigungszwecke)*
wood building board *(BT)* Holzfaserbauplatte *f*
wood built-in units *(EB, Hb)* Holzeinbauten *mpl*, Holzeinbauteile *npl*, Bautischlereinbauten *mpl*
wood carver Holzschnitzer *m*, Schnitzer *m*
wood carving *(Arch, Te)* Holzschnitzerei *f*, Schnitzarbeit *f*
wood-carving knife Schnitzmesser *n*
wood ceiling *(Hb)* Holzdecke *f*
wood ceiling blocks *(Arch)* Deckenrosette *f*
wood cement Holzkitt *m*, flüssiges Holz *n*
wood-cement concrete Holzbeton *m*
wood charcoal Holzkohle *f*
wood chip Holzspan *m*
wood chip acoustic ceiling board *(BT, DIS, Konst)* Holzspanakustikdeckenplatte *f*, Schallschluckdeckenplatte *f* aus Spanholz
wood chip concrete Holzbeton *m*, Holzspanbeton *m*
wood chip concrete block *(BM)* Holzbeton(block)stein *m*
wood chip concrete slab *(BM)* Holzbetonplatte *f*
wood chip wallpaper *(EB)* Raufasertapete *f*
wood chipboard *(BM, BT)* Holzspanplatte *f*, Spanholzplatte *f*
wood chisel *(BWG)* Beitel *m*, Holzmeißel *m*
wood composite *(BM)* Holzverbund(bau)stoff *m*
wood concrete *(BM)* Holzbeton *m*
wood concrete block Holzbetonstein *m*
wood conditioning *(Hb, Te)* Holzkonditionierung *f*
wood connection *(Hb)* Holzverbindung *f*
wood construction 1. *(Hb)* Holzbauweise *f*, Holzkonstruktion *f*, Holzverband *m*; 2. *(Hb)* Holzbau *m (Gebäude)*
wood covering *(Hb)* Holzbelag *m*; Holzverkleidung *f*
wood cutting *(Bod, LB, Umw)* Holzeinschlag *m*
wood dough Kunstholz *n*, Pressholz *n*
wood dowel Holzdübel *m*
wood excelsior *(AE)* Holzwolle *f*
wood excelsior concrete *(AE) (BM)* Holzwollebeton *m*
wood excelsior concrete slab *(AE) (BT)* Holzwollebetonplatte *f*
wood fastener *(BM)* Holzverbinder *m*, Verbindungselement

n für Holzbauteile *(z. B. Bolzen, Patentdübel, Spannschrauben)*
wood fencing *(LB)* Holzumzäunung *f*
wood fibre Holzfaser *f*
wood-fibre building board *(BT)* Holzfaserbauplatte *f*
wood-fibre concrete Holzfaserbeton *m*
wood-fibre insulation *(DIS, Hb)* Holzfaserdämmung *f*
wood-fibre plaster baseboard *(BT, SB)* Holzfaserputzträgerplatte *f*
wood-fibre slab *(BT, DIS, SB)* Wandbauplatte *f* mit Holzspandämmlage *(Putzgrund)*
wood fibreboard Holzfaserplatte *f*, Faserplatte *f*
wood fibreboard ceiling *(Konst)* Holzfaserplatten(raum)-decke *f*
wood-fibred plaster Holzfaserputz *m*, Gipsputz *m* mit Holzfasern
wood filler *(BM)* Holzspachtelmasse *f*; flüssiges Holz *n*
wood finishing *(OB, Te)* Holzoberflächenbehandlung *f*
wood finishing lacquer *(BM, OB)* Holzlack *m*
wood finishings *(Hb)* Holzinnenausbau *m*
wood fixtures *(Hb)* Holzeinbauten *mpl*, Holzeinbauteile *npl*, Bautischlereinbauten *mpl*
wood flooring *(Hb)* Fußbodendielung *f*, Dielung *f*
wood flour *(BM)* Holzmehl *n (fein)*
wood-frame construction *(Hb, TK)* Holzrahmenkonstruktion *f*, Fachwerkbau *m*
wood-frame façade *(Hb, TK)* Holzrahmenfassade *f*
wood girder *(BT, Hb)* Holzträger *m*
wood-grain print Holzfaserdruck *m*
wood grille *(BT)* Holzgitter *n*
wood ground *(BT, Hb)* Dübelbalken *m*; eingebaute Holznagelleiste *f*
wood gutter *(BT)* Holzdachrinne *f*
wood hauling *(Te)* Holzabfuhr *f*, Holztransport *m*
wood-impregnating plant *(BWG)* Holzimprägnieranlage *f*
wood in building sizes *(BM, Hb)* Bauschnittholz *n*
wood in-built units *(Hb)* Holzeinbauteile *npl*, Holzeinbauten *mpl*
wood jetty *(Wsb)* Holzmole *f*
wood joint *(Hb, Konst)* Holzverbindung *f*
wood jointing method *(Hb, Te)* Holzverbindungsverfahren *n*
wood joist ceiling *(Hb, TK)* Holzbalkendecke *f*
wood lacquer *(BM, OB)* Holzlack *m*
wood lagging *(DIS, Hb, Konst)* Holzverschalung *f (für Bögen)*; Holzverkleidung *f (z. B. zur Dämmung)*
wood lath Holzbasisleiste *f*, Holzbefestigungsleiste *f*; Holzstange *f*
wood lathing *(BT, SB)* Holzstabwerk *n*, Holzgitterwerk *n (Putzträger)*
wood ledge Latte *f*, Holzstange *f*, Holzleiste *f*
wood lintel *(BT)* Holzsturz *m*; Überlagsholz *n*
wood meal Holzmehl *n (grob)*
wood mill work *(Hb)* Holzeinbauten *mpl*, Holzeinbauteile *npl*, Bautischlereinbauten *mpl*
wood milling machine *(BWG)* Holzfräsmaschine *f*
wood moisture *(BM)* Holzfeuchte *f*, Holzfeuchtigkeit *f*
wood mosaic *(Hb)* Mosaikparkett *n*, Holzparkett *n*
wood moulding 1. Holzkehlleiste *f*; 2. Holzverzierungen *fpl*, Holzsims *m*
wood nog Holznagel *m*, Holzdübel *m*
wood oil *(BM, OB)* Holzöl *n*, Holzstandöl *n*
wood ornamentation *(Arch)* Holzornamentschnitzerei *f*
wood paint *(BM, OB)* Holzfarbe *f*, Holzanstrich *m*
wood panel *(BT)* Holzplatte *f*, Holztafel *f*
wood panel construction *(Hb)* Holztafelbauweise *f*
wood-particle acoustic ceiling board *s.* wood chip acoustic ceiling board
wood particle board *(BT)* Holzspanplatte *f*, Spanholzbauplatte *f*
wood-particle material Holzspanbaustoff *m*, Holzspanwerkstoff *m*
wood-pattern shop Modelltischlerei *f*
wood-paved roadway *(Hb, Verk)* Holzfahrbahn *f*
wood pavement *(BM)* Holzpflaster *n*
wood pavilion *(Arch, Hb)* Holzpavillon *m*
wood paving block *(BM)* Holzpflasterklotz *m*
wood paviour *(BM)* Holzpflaster *n*
wood pile *(Erdb)* Holzpfahl *m*; hölzerner Rammpfahl *m*
wood pilework *(Erdb)* Holzpfahlrost *m*
wood piling *(Hb, Te)* Aussteifschalung *f*
wood plastic articles Holz-Kunststofferzeugnisse *npl*
wood plastic window Holz-Kunststofffenster *n*
wood plug Holzdübel *m*
wood preservation *(BM, DIS, OB)* Holzschutz *m*, Holzkonservierung *f*
wood preservative *(BM)* Holzschutzmittel *n*, Holzkonservierungsmittel *n*, Holzimprägnierungsmittel *n*
wood primer *(BM, OB)* Holzgrundanstrich *m*, Holzgrundierer *m*, Holzgrundiermittel *n*
wood prop *(Erdb)* Holzstempel *m*
wood-protecting salt Holzschutzsalz *n*
wood-pulp board Zellstoffpappe *f*
wood-pulp fibre *(BM)* Zellstofffaser *f (als Zuschlag für Asphalt)*
wood putty *(BM)* Holzkitt *m*, Holzzement *m*
wood rasp *(BWG)* Holzraspel *f*
wood roll *(Konst)* Holzkern *m (Blechdach)*
wood rosin *(BM)* Wurzelharz *n*, Wurzelkolophonium *n*, Terpentinharz *n*
wood rot *(RS)* Holzfäule *f*
wood sawings *(BM)* Sägespäne *mpl*
wood screed Abziehbrett *n (Estrich)*
wood screw Holzschraube *f*
wood sealer *s.* wood primer
wood shake *(BM)* Holzdachschindel *f (keilförmig)*
wood shavings Hobelspäne *mpl*, Holzspäne *mpl*; Holzwolle *f*
wood shingle *(BM)* Holzschindel *f*
wood siding *(BM, Konst, OB)* Bretterverschalung *f*, Bretterverkleidung *f*, Bretterwandbeschlag *m*, Verbretterung *f*
wood siding shingle *(BM)* Holz-Wandschindel *f*
wood sill *(BT)* Holzfensterbrett *n*
wood skeleton structure *(Hb, TK)* Holzskelettbau *m*, Holzgerippebau *m*
wood slip *s.* wood ground
wood sliver Holzspan *m*
wood smooth plane *(BWG)* Schlichthobel *m*
wood stain *(BM)* Holzbeize *f*
wood staining *(OB)* Holzfärbung *f*, Holzverfärbung *f*
wood stand oil *(BM, OB)* Holzstandöl *n*
wood steeping *(Te)* Holztränkung *f*, Holzimprägnierung *f*
wood strength *(BM)* Holzfestigkeit *f*
wood strip flooring 1. *(BM, Hb, Konst)* Bandparkett *n*, Riemchenfußboden *m*; 2. *(Hb)* Dielenfußboden *m*
wood stud anchor Türrahmenklammer *f* in einer Holztrennwand
wood stud partition *(Hb, Konst)* Holzgerippetrennwand *f*
wood stud wall *(Hb, Konst)* Holzgerippewand *f*
wood-to-metal connection [joint] *(Konst)* Holz-Metallverbindung *f*
wood-to-wood connection [joint] *(Konst)* Holz-Holzverbindung *f*
wood treatment *(OB, Te)* Holzbehandlung *f*; Holzimprägnierung *f*
wood trim *(BT, Hb)* Holzeinbauteile *npl*, Holzeinbauten *mpl*
wood turner *(Hb, Te)* Drechsler *m*

wood turning *(Hb, Te)* Drechseln *n*, Drechselarbeit *f*
wood-turning lathe *(BWG)* Drechselmaschine *f*
wood veneer *(BM)* Holzfurnier *n*
wood waste *(Umw)* Holzabfall *m*
wood waste board *(BT)* Holzabfallplatte *f*
wood window *(BM)* Holz(rahmen)fenster *n*
wood-wool *(BM)* Holzwolle *f*
wood-wool board *(BT)* Holzwolleplatte *f*, Spanplatte *f*
wood-wool building slab *(BT)* Holzwolleleichtbauplatte *f*
wood-wool concrete *(BM, Hb)* Holzwollebeton *m*
wood-wool insulation *(DIS)* Holzwolledämmung *f*
wood wool lightweight building board *(BT)* Holzwolleleichtbauplatte *f*
wood-wool slab *s.* wood-wool board
wood yard *(Konst, Te)* Holz(lager)platz *m*; Zimmerplatz *m*
wooded *(Bod, LB, Umw)* bewaldet; Wald...
wooded site 1. *(Bod, RP)* baumbestandene Baustelle *f*; 2. *(Bod, RP)* Waldgrundstück *n*
wooded soil *(Bod, LB)* Waldboden *m*
wooden *(BM)* hölzern, aus Holz
wooden arch *(Hb, Konst)* Holzbogen *m*
wooden baluster *(BT)* Docke *f*, Togge *f*
wooden base *(Konst)* Holzuntergrund *m*
wooden base board *(BT)* Sockelbrett *n*, Holzfußleiste *f*, Holzscheuerleiste *f*
wooden baseplate *(BT)* Holzgrundplatte *f*
wooden batten *(EB)* Holzleiste *f*; Holzlatte *f*; Holzfugendeckleiste *f*
wooden beam *(BT, Hb)* Holzbalken *m*, Holzbalkenträger *m*
wooden beam floor *(Hb, TK)* Holzbalkendecke *f*
wooden binding beam *(Hb, TK)* Holzbinderbalken *m*, Holzbundbalken *m*
wooden block *(BM)* Holzpflasterklotz *m*, Holzstöckel *m*
wooden block pavement [paving] *(Konst, Verk)* Holzpflasterdecke *f*, Holzpflaster *n*, Stöckelpflasterdecke *f*
wooden board lining *(BT, Hb, OB)* Holzverkleidung *f*, Bretterverkleidung *f*, Holzauskleidung *f*, Bretterauskleidung *f*
wooden bridge *(Br, Hb)* Holzbrücke *f*
wooden building *(Hb)* Holzbau *m*
wooden butt strap joint Brettlasche *f*
wooden casement window *(BT)* Holzflügelfenster *n*
wooden chipboard *(BT)* Holzspanplatte *f*, Spanholzplatte *f*
wooden church *(Arch, Hb)* Holzkirche *f*
wooden cleat *(BT)* Holzlasche *f*
wooden column *(BT, Hb)* Holzsäule *f*, Holzstütze *f*
wooden construction *(Hb)* Holzbau *m*, Holzkonstruktion *f*
wooden construction type *(Hb, Konst)* Holzbauart *f*
wooden cottage *(Arch, Hb)* Holzhaus *n*, Holzhütte *f*
wooden counter ceiling *(Hb, Konst)* Holzunterdecke *f*
wooden crate *(BT, Hb)* Holzverschlag *m*
wooden door *(BT)* Holztür *f*
wooden door case *(Hb)* Blockzarge *f*
wooden door frame *(BT, Hb)* Holztürrahmen *m*
wooden door threshold Holztürschwelle *f*
wooden dowel Stabholzdübel *m*, Holzdollen *m*
wooden fastener *(EB)* Holzverbinder *m*, Holzverbindungsmittel *n*
wooden fence *(LB)* Holzzaun *m*
wooden firring *(Konst, SB)* Holzunterkonstruktion *f (Putzträger)*
wooden flat roof *(Hb, Konst)* Holzflachdach *n*
wooden floor Holzfußboden *m*
wooden floor covering Holzfußbodenbelag *m*
wooden folding door Holzfalttür *f*
wooden foot bridge *(Hb, Verk)* Holzsteg *m*
wooden formwork Holzschalung *f*
wooden frame *(BT, Hb)* Holzrahmen *m*
wooden frame construction *(Arch, Hb, Konst)* Holzfachwerkbau *m*
wooden framed house *(Arch, Hb, Konst)* Holzfachwerkhaus *n*
wooden framework *(Hb, TK)* Holzrahmen *m*
wooden framework building *(Arch, Hb, Konst)* Holzfachwerkhaus *n*
wooden framework wall *(Hb, Konst)* Holzfachwerkwand *f*, Holzriegelwand *f*
wooden furring *s.* wooden firring
wooden gate Holztor *n*
wooden girder *(BT, Hb)* Holzträger *m*
wooden grating *(BT, Hb)* Holzrost *m*
wooden grid *(BT, Hb)* Holzrost *m*
wooden grill *(BT, Hb)* Holzgitter *n*
wooden grillage Holzrost *m*
wooden grillage footing *(Erdb, Hb)* Holzrostfundament *n*
wooden handrail Holzhandlauf *m*
wooden header *(BT, Hb)* Wechselholz *n*, Holzwechselbalken *m*
wooden house *(Arch, Hb, Konst)* Holzhaus *n*
wooden hut *(Hb, Konst)* Holzhütte *f*, Holzbaracke *f*
wooden joist *(BT, Hb)* Holzdeckenbalken *m*
wooden joist ceiling *(Hb, TK)* Holzbalkendecke *f*
wooden joist floor *(Hb, TK)* Holzbalkenboden *m*
wooden lath *(BM)* Stakete *f*
wooden lathing for plastering *(BT, SB)* Holzputzmörtelträger *m*
wooden lattice beam *(BT, Hb)* Holzgitterbalken *m*
wooden lattice girder *(BT, Hb)* Holzgitterträger *m*
wooden lining *(Hb, Konst, OB)* Holzverkleidung *f*, Holzauskleidung *f*
wooden lintel *(BT, Hb)* Holzsturz *m*, Holzoberschwelle *f*
wooden loadbearing structure *(Hb, TK)* Holztragwerk *n*
wooden mast *(BT, Hb)* Holzmast *m*
wooden mould Holzform *f*
wooden nail Holznagel *m*
wooden palisade fence *(LB)* Holzpalisadenzaun *m*
wooden panel *(BT, Hb)* Holztafel *f*
wooden panelling Holztäfelung *f*, Täfelung *f*, Täfelwerk *n*
wooden particle board Holzspanplatte *f*
wooden partition *(Hb, Konst)* Holztrennwand *f*
wooden pavement Holzpflaster *n*
wooden paver *(BM)* Holzpflasterklotz *m*
wooden pavilion *(Arch, Hb)* Holzpavillon *m*
wooden paving *(BM)* Holzpflaster *n*
wooden paving block *(BM)* Holzpflasterklotz *m*, Holzstöckel *m*
wooden paving work *(Hb, Te, Verk)* Holzpflasterarbeiten *fpl*
wooden peg Holzstift *m*, Holznagel *m*
wooden pillar *(BT, Hb)* Pfosten *m*, Stiel *m*, Ständer *m*
wooden plain web beam *(BT, Hb)* Holzvollwandbalken *m*
wooden post Holzpfosten *m (für Zäune)*
wooden post-and-beam structure *(Hb, Konst)* Holzständerkonstruktion *f*
wooden prefabricated construction *(Hb)* Holzmontagebau *m*, Holzfertigteilbau *m*
wooden principal post *(BT, Hb)* Holzbundstiel *m*
wooden purlin *(BT, Hb)* Holzpfette *f*
wooden rafter *(BT, Hb)* Holzdachsparren *m*
wooden rail *(BT, Hb)* Holzriegel *m*
wooden rigid frame *(Hb, Konst)* Holz(steif)rahmen *m*
wooden road-paving blocks *(BM)* Holzpflaster *n*
wooden roof *(Hb, Konst)* Holzdach *n*
wooden roof frame *(BT, Hb)* Holzbinder *m*
wooden roof shake *(BM)* Holzdachschindel *f (handgespalten)*

wooden sanitary cove *(EB)* Holzsockelleiste *f*, Holzscheuerleiste *f*
wooden screed *(BWG)* Abziehbrett *n*
wooden screw Holzschraube *f*, hölzerne Schraube *f*
wooden sculpture *(Arch)* Holzskulptur *f*
wooden set *(BM)* Holzpflaster *n*, Holzpflasterstein *m*
wooden sheathing *(Hb, Konst)* Holzschalung *f*, Holzverschalung *f*, Holzschale *f*
wooden shingle roof *(Hb, Konst)* Holzschindeldach *n*
wooden shuttering *(Hb, Konst)* Holzschalung *f*
wooden siding shingle *(BM)* Holzwandschindel *f*
wooden skeleton construction *(Hb, Konst, TK)* Holzskelettbau *m*
wooden slat Holzlamelle *f*
wooden slatted roller blind Holzrollladen *m*, Holzjalousie *f*
wooden sleeper Holzschwelle *f (Eisenbahn)*
wooden solid web beam *(BT, Hb)* Holzvollwandbalken *m*
wooden space bearing structure *(Hb, TK)* Holzrahmentragwerk *n*
wooden staircase *(Hb, Konst)* Holztreppe *f*
wooden string *(BT, Hb)* Holzwange *f*
wooden structural system *(Hb, Konst)* Holzkonstruktionssystem *n*
wooden strut *(BM)* Stakholz *n*
wooden stud *(BT)* Holzbundstiel *m*
wooden subfloor *(Hb, Konst)* Holzunterboden *m*, Blindboden *m*
wooden support *(BT, Hb)* Holzstütze *f*; Holzträger *m*
wooden surround *(Hb, Konst)* Holzeinfassung *f*
wooden suspended floor *(Hb, TK)* freitragende Holzdecke *f*
wooden transom *(BT, Hb)* Kämpferholz *n (Fenster, Tür)*
wooden truss *(Hb, Konst)* Holzdachbinder *m*
wooden truss frame *(Hb, TK)* Holzsprengwerk *n*
wooden vault *(Hb, TK)* Holzgewölbe *n*
wooden wall *(Hb, Konst)* Holzwand *f*
wooden window *(BT)* Holz(rahmen)fenster *n*
woodland *(Bod, LB, RP, Umw)* Waldland *n*, Forstland *n*, Waldgelände *n*
woodlot *(AE) (Bod, LB)* Waldstück *n*, kleiner Wald *m (Landschaftsplanung)*
woodway *(LB)* Waldweg *m*
woodwork 1. *(Hb, Te)* Holzarbeiten *fpl*; Tischlerarbeit *f*; Zimmererarbeit *f*; 2. *(Hb, Konst, TK)* Balkenwerk *n*, Holzwerk *n* • **do woodwork** *(Hb, Te)* zimmern
woodworking *(Hb, Te)* Holzbearbeitung *f*
woodworking machine *(BWG)* Holzbearbeitungsmaschine *f*
woodworm *(Umw)* Holzwurm *m (Käferlarve)*
woody 1. *(BM)* holzartig, holzähnlich, holzig; 2. *(Bod, LB)* waldig
wool *(BM)* Wolle *f*
wool felt *(BM)* Wollfilz(dach)pappe *f*
woolly grain *(BM)* faseriges Schnittende *n (Holz)*
work *v* 1. *(Te)* verarbeiten *(Material)*; bearbeiten *(z. B. Werkstoffe)*; durcharbeiten, kneten; 2. *(Konst)* funktionieren, arbeiten • **at work** *(Te)* bei der Arbeit, geschäftig
work *v* **away** *(Te)* abtragen
work *v* **carelessly** *(Te)* pfuschen
work *v* **concrete** *(BB, Te)* betonieren
work *v* **in** *(Konst, Te)* einbauen; einarbeiten
work *v* **out** *(Konst, Te)* ausarbeiten
work *v* **stones** *(BM, Te)* Steine behauen
work *v* **through** *(Konst, Te)* durchörtern
work 1. *(Te)* bauausführende Arbeiten *fpl*; 2. *(BM)* Werkstück *n*; 3. *(Te)* Lauf *m (z. B. eines Aggregats)*; 4. *(VR)* Leistung *f (z. B. zur Vertragserfüllung)*
work as executed drawing *(Konst)* Baubestandszeichnung *f*, Bestandsplan *m*
work-bench *(BWG)* Werkbank *f*; Arbeitstisch *m*
work content *(VR)* Leistungsumfang *m*, Arbeitsumfang *m*
work contract *(VR)* Arbeitsvertrag *m*
work edge *(BT, Hb)* bearbeitetes [gehobeltes] Maß *n (Holz)*; Anlegekante *f*
work end *(BT)* bearbeitetes Ende *n (Holz)*
work face 1. *(OB)* bearbeitete Oberfläche *f*, Hobelfläche *f (Holz)*; 2. *(Konst, Stat)* Bezugsfläche *f*
work flow *(Te)* Arbeitsablauf *m*, Bearbeitungsfolge *f*
work-harden *v (BM)* sich kaltverfestigen, kaltaushärten
work hardening *(BM)* Kaltverfestigung *f*, Kaltaushärtung *f*
work measurement *(Konst)* Rohbaumaß *n*, Nennmaß *n*
work noise *(Umw)* Arbeitslärm *m*; Betriebslärm *m*
work of defence *(Wsb)* Schutzwerk *n*
work of deformation *(Stat)* Formänderungsarbeit *f*
work of protection *s.* work of defence
work order *(VR)* Bauausführungsgenehmigung *f*; Bauarbeitsauftrag *m*
work plane *(Te)* Arbeitshöhe *f*, Arbeitsebene *f (etwa 76 cm über Fußboden)*
work planning *(Te)* Ablaufplanung *f*
work process *(Te)* Arbeitsablauf *m*, Arbeitsprozess *m*
work progress *(Te, VR)* Arbeitsfortgang *m*, Arbeitsfortschritt *m*
work sampling *(BM, VR)* Stichprobennahme *f*
work schedule *(Te, VR)* Ablaufplan *m*, Bauablaufplan *m*
work sheet *(VR)* Kalkulationsvordruck *m*
work site *(Te, VR)* Baustelle *f*
work size *(Konst)* fertiggestelltes Baumaß *n*, ausgeführtes Baumaß *n*
work study *(Konst, Te, VR)* Arbeitsstudie *f*
work tolerance *(BT, Te)* Fertigungstoleranz *f (Bauteil, Montageelement)*
work top 1. *(Te)* Arbeitsfläche *f*; 2. *(BT)* Arbeitsplatte *f*
work track *(Verk)* Arbeitsgleis *n (Eisenbahn)*
work train *(Verk)* Bauzug *m (Eisenbahn)*
work zone *(Te)* Baustellenbereich *m*
workability *(BM, Te)* Verarbeitbarkeit *f (von Beton, Mörtel)*; Bearbeitbarkeit *f (von Stein)*
workability period *(Te)* Verarbeitungszeit *f*, Streichzeit *f*
workability test *(BM, Te)* Verarbeitbarkeitsprüfung *f*
workable *(BM, Te)* verarbeitbar, verarbeitungsfähig *(Beton, Mörtel)*; knetbar; bearbeitbar *(Stein)*; durchführbar *(Projekt)*
worked example *(Stat)* Berechnungsbeispiel *n*, Lösungsbeispiel *n*
worked stratum *(BM, Te)* Abbausohle *f (Steinbruch)*
worker's dwelling *(Konst)* Arbeiterwohnung *f*
worker's suburb *(RP)* Arbeitervorort *m*, Arbeitervorstadt *f*
workforce 1. *(VR)* Belegschaft *f*; 2. *(Te, VR)* Arbeitskräfte *fpl*, Arbeitskräftepotenzial *n*
working 1. *(Te)* Verarbeitung *f (Beton, Mörtel)*; Bearbeitung *f*; 2. *(BM)* Arbeiten *n*, Schrumpfen *n* und Quellen *n (von Holz)*
working area *(Te)* Montagefläche *f*, Arbeitsfläche *f*; Baufreiheit *f*
working bench *(BWG)* Werkbank *f*, Hobelbank *f*
working capacity *(Te, VR)* Arbeitsvermögen *n*; Leistungsvermögen *n*
working capital *(VR)* Betriebskapital *n*
working condition *(Te, VR)* Betriebsbedingung *f*, Arbeitsbedingung *f*
working current *(El)* Betriebsstrom *m*
working deck *(Te)* Arbeitsbühne *f*, Montagebühne *f*
working drawing *(Konst)* Bau(ausführungs)zeichnung *f*, Ausführungszeichnung *f*, Arbeitszeichnung *f*
working edge *s.* work edge
working expenses *(VR)* Betriebskosten *pl*, Gemeinkosten *pl*

working face 1. *(Tun)* Ortsbrust *f*; 2. *s.* work face
working gallery *(Tun)* Betriebsstollen *m*
working hours *(VR)* Arbeitszeit *f*
working instruction *(Te)* Behandlungsvorschrift *f*
working joint *(Konst)* Arbeitsfuge *f (von Beton)*
working life *(Konst, VR)* Nutzungsdauer *f*; Verwendungsdauer *f*; Verarbeitungszeitraum *m*, Topfzeit *f (von Mehrkomponentenklebern, Farben)*
working load *(Stat)* Gebrauchslast *f*, Nutzlast *f (eines Tragwerks)*; zulässige Last *f* [Belastung *f*]
working load design [method] *(Stat)* Schnittgrößenermittlungsverfahren *n* nach der Elastizitätstheorie
working niche *(Konst)* Arbeitsnische *f*
working plan *(Te, Te, VR)* Bauplan *m*, Ausführungsplan *m*
working plane *s.* work plane
working plans *(Konst)* Bauausführungspläne *mpl*
working platform *(Konst)* Arbeitsbühne *f*
working point 1. *(Verm)* Referenzpunkt *m*, Bezugspunkt *m (auf Zeichnungen)*; 2. *(Stat)* Angriffspunkt *m*
working pressure *(Stat, Te)* Arbeitsdruck *m*
working property *(BM)* Verarbeitungseigenschaft *f*; Verarbeitungsgüte *f*
working radius *(BWG, Konst)* Ausladung *f*, Schwenkraum *m (Baukran)*
working recess *(Te)* Arbeitsgeschwindigkeit *f*
working room *(Te)* Arbeitsraum *m*
working safety *(VR)* Arbeitssicherheit *f*; Betriebssicherheit *f*
working schedule *(Te, VR)* Arbeitsablaufplan *m*, Bauablaufplan *m*
working sketch *(Konst)* Bearbeitungsskizze *f*
working space *(Te)* Arbeitsraum *m*, Arbeitsabstand *m*
working spud *(Verm)* fester Absteckpfahl *m*
working stage *(Konst)* (erhobene) Bühne *f (Theater)*
working strength *(Stat)* Tragfähigkeit *f*, Belastbarkeit *f*
working stress *(BM, Stat, TK)* zulässige Beanspruchung *f* [Spannung *f*, Belastung *f*], Betriebsspannung *f (Festigkeit)*
working stress design *(Stat)* Berechnungsverfahren *n* nach der zulässigen Spannung, Gebrauchslastverfahren *n*
working surface *(Te)* Arbeitsfläche *f*
working temperature *(Te)* Betriebstemperatur *f*, Arbeitstemperatur *f*
working time 1. *(Te)* Laufzeit *f*; Betriebsdauer *f*; 2. *(Te)* Bearbeitungszeit *f*
working unit stress *s.* working stress
working viscosity *(Te)* Verarbeitungsviskosität *f*
workmanlike *(Konst, VR)* fachmännisch
workmanship *(Konst, VR)* handwerkliches Fachkönnen *n*
workpiece *(BM)* Werkstück *n*
workplace *(Konst, Te)* Arbeitsplatz *m*
workplace illumination *(El)* Arbeitsplatzbeleuchtung *f*
workroom *(Te)* Arbeitsraum *m*
works 1. *(Arch, Konst, RP)* bauliche Anlagen *fpl*; öffentliche Bauten *mpl*; 2. *(BWG, Konst)* Werk *n*, Betrieb *m*
works access *(Verk)* Betriebszufahrt *f*, Werkszufahrt *f*
works area 1. *(BWG)* Werkgelände *n*; 2. *(Bod)* Untersuchungsgebiet *n*
works canteen *(Konst)* Werkkantine *f*, Betriebskantine *f*; Werkküche *f*
works certificate *(BM)* Werkstatttest *n*, Lieferzertifikat *n (für Baustoffe, Bauteile)*
works clothing Werkskleidung *f*, Arbeitskleidung *f*, Betriebsdienstkleidung *f*
works-coated mit Werksanstrich versehen, werksgrundiert
works effluent *(Umw, WVA)* Industrieabwasser *n*, industrielles Abwasser *n*
works kitchen Werkküche *f*
works light *(El)* Betriebsbeleuchtung *f*; Baustellenbeleuchtung *f*; Baustellenwarnlicht *n*
works premises *(BWG, Konst)* Werkgelände *n*
works progress schedule *(Te, VR)* Bauzeitenplan *m*, Bauablaufplan *m*
works railway *(Verk)* Werkbahn *f*
works siding *(Verk)* Werkgleis *n*
works traffic *(Te, Verk)* Werkverkehr *m*
works under traffic *(Verk)* Bauen *n* unter Verkehr
works vehicle *(RS, Verk)* Betriebs(dienst)fahrzeug *n*, Werkswagen *m*
workshop 1. *(Konst, Te)* Werkstatt *f*, Werkstätte *f (Handwerker)*; Reparaturwerkstatt *f*; Werkhalle *f*, Industriehalle *f*; 2. *(Arch)* Atelier *n*
workshop assembly *(Te)* Werkstattmontage *f*
workshop building *(Konst)* Werkstatthalle *f*
workshop connection *(Konst)* Werkstattverbindung *f*
workshop drawing *(Konst)* Werkstattzeichnung *f*, Ausführungszeichnung *f*
workshop erection *(Te)* Werkmontage *f*
workshop fabrication *(Te)* Werkstattfertigung *f*
workshop hall *(Konst)* Werkhalle *f*
workshop window *(BT)* Werkhallenfenster *n*, Werkstattfenster *n*
workspace *(Konst, Te)* Arbeitsraum *m*
World Road Association *(Verk)* Weltstraßenverband *m (PIARC)*
worm auger *(BWG)* Schneckenbohrer *m*
worm conveyor *(BWG)* Förderschnecke *f (Baustoffförderung, Mischanlage)*
worm damage *(Umw)* Wurmfraß *m*
worm-eaten timber *(BM)* wurmstichiges Holz *n*
worm feed *(Te)* Schneckenbeschickung *f*
worm fence *(BT, LB)* Scherengitter *n*
worm hole *(Hb, Umw)* Bohrloch *n (Holz)*
worm's eye view *(Arch)* Froschperspektive *f*
wormy *(Hb, Umw)* wurmstichig *(Holz)*
worn(-out) *(BM, BT)* abgenutzt, verschlissen; verbraucht
worn-out highway *(RS, Verk)* abgefahrene [verschlissene] Landstraße *f*
worst case *(Konst, VR)* ungünstigster Fall *m*
worst possible position of load *(Stat)* ungünstigste Laststellung *f*
woven *(Konst)* geknüpft *(Bewehrung)*
woven asbestos *(BM)* Asbestgewebe *n*
woven board *(LB)* Latten(streifen)kreuzgitterzaun *m*
woven cotton *(BM)* Baumwollgewebe *n*
woven fabric *(BM)* Gewebe *n*
woven fabric lathing *(BM, SB)* Putzträgergewebe *n*
woven filter medium *(BM)* Filtermatte *f*
woven steel (wire) fabric *(BT, Konst)* Betonbewehrungsmatte *f*, Baustahlmatte *f*
woven valley *s.* woven board
woven wire fabric *(BM)* Drahtgewebe *n*, Drahtgeflecht *n*; Bewehrungsmaschendraht *m*
woven wire fabric construction *(SB)* Rabitzbau *m*
woven wire fabric lathing *(BM, SB)* Rabitzmatte *f*
woven wire fabric reinforcement *(BT, Te)* gebundene Bewehrungsmatte *f*
woven wire mesh *(BM)* Drahtwellengitter *n*, Wellengitterbewehrung *f*
wrack 1. *(BM)* geringwertiger Ziegel *m*; 2. *(BM)* geringwertiges Holz *n*; niedrigste Weichholzklasse *f*
wrap *v (DIS, Te)* umwickeln *(z. B. mit Dämmmaterial)*
wrap *(BT, DIS)* Umwicklung *f*, Bandage *f (Isolierung, Dämmung)*
wrap-around insulation *(BT)* Wickelbandage *f*
wrap *v* **up in straw and clay** *(Konst, Te)* mit Langstroh und Lehm einwickeln
wraparound astragal *(EB)* Anschlagleiste *f*, Astragalüberlappung *f*, überlappende Wulstleiste *f*, Viertelstabüberdeckung *f* einer Fuge, Fugendeckleiste *f*

wraparound frame *(BT)* Futterrahmen *m* mit Blendleiste
wrapped and soldered joint *(Konst)* Wickellötstelle *f*
wrapper 1. *(Konst)* Deckwinkelverlaschung *f*; 2. *(Br, BT)* Kreuzband *n (Brückenbau)*
wrapping 1. *(BT, Te)* Umwickeln *n (z. B. von Rohren)*; 2. *(Konst)* Bandage *f*, Wickelschicht *f*; 3. *(BT, Te)* Umhüllungsbewehrung *f*
wrapping machine *(BWG, DIS)* Wickelmaschine *f (Isolierungs- und Dämmstoffauftragen)*
wrapping material *(BM, DIS)* Wickelstoff *m (Isolier- bzw. Dämmmaterial)*
wrapping tape *(BM)* Wickelband *n (Umwicklungen)*
wreath 1. *(Arch)* Girlande *f*, Gewinde *n*, Kranz *m (Ornament)*; 2. Handlaufkrümmling *m*, Krümmling *m*; 3. *s.* wreath piece [string]
wreath piece [string] *(Konst)* Treppenwangenkrümmling *m*
wreathed column *(Arch)* Säule *f* mit Girlandendekoration, spiralförmig umschlungene Säule *f*
wreathed stair *(Konst)* gewundene Treppe *f*
wreathed string *s.* wreath piece [string]
wreck *v (RS)* abreißen, abbrechen, niederreißen, abtragen *(Gebäude)*
wrecking *(RS, Te)* Abriss *m*, Abbruch *m*, Abbrucharbeit *f*, Niederreißen *n*, Abtrag *m (von Gebäuden)*
wrecking ball *(BWG)* Fallbirne *f*, Zertrümmerungskugel *f*, Abrissbirne *f*
wrecking bar *(BWG)* Brechstange *f*, Brecheisen *n*
wrecking contract *(VR)* Abbruchvertrag *m*
wrecking contractor *(VR)* Abbruchunternehmer *m*
wrecking permission *(VR)* Abbruchgenehmigung *f*
wrecking permit *(VR)* Abbrucherlaubnis *f*
wrecking site *(RS)* Abrissstelle *f*, Abbruchstelle *f*
wrecking strip *(Konst)* Schalungsschlüsselstück *n*, Betonschalungsöffnungsleiste *f*
wrecking work *(RS, Te)* Abbrucharbeiten *fpl*
wrecks *(RS)* Trümmer *pl*
wrench *(BWG)* Schraubenschlüssel *m*
wrinkle *v (OB)* sich runzeln *(Anstrich)*
wrinkle *(OB)* Runzel *f (in Anstrichen)*; Falte *f*
wrinkling *(OB)* Runzelbildung *f*, Runzeln *n*, Faltenbildung *f (von Anstrichen)*; Kräuseln *n*
wrot lumber *s.* wrought lumber
wrot shuttering *(BT, Te)* gehobelte Schalung *f*
wrought formwork *(BT, Te)* gehobelte Schalung *f*
wrought iron *(BM)* Schweißstahl *m*, Schmiedestahl *m*, Schmiedeeisen *n*
wrought-iron window *(BT)* Schmiedeeisenfenster *n*
wrought-iron work *(Arch, Konst, Te)* Schmiedekunst *f*; Kunstschmiedearbeit *f*
wrought lumber *(AE) (BM, Hb)* besäumtes Bauholz *n*, Kantholz *n*
wrought nail handgeschmiedeter Nagel *m*, Ziernagel *m*
wrought shuttering *(BT, Te)* gehobelte Schalung *f*
wrought steel *(BM)* Schmiedestahl *m*, Schweißstahl *m*
wrought window grille schmiedeeisernes Fenstergitter *n*, Schmiedeeisenfenstergitter *n*
wye *(BT, San, WVA)* Rohrverzweigung *f*, Hosenrohr *n*
wye branch *(BT, San, WVA)* Abzweigstück *n*, Gabelstück *n*, Hosenstück *n (Rohrverbindung)*
wye fitting *(San)* Abzweigfitting *n*
wye level *(Verm)* Reiterlibelle *f*
wye theodolite *(Verm)* Nivellier(instrument) *n* mit Reiterlibellenfernrohr
wythe *(Konst)* Wandschale *f*, Schale *f (Hohlwand)*

X-arm *(BT)* Querträger *m*
x-axis *(Stat)* x-Achse *f*
X-bit *(BWG)* X-Schneide *f*
X-brace *(BT)* Kreuzstrebe *f*, gekreuzte Strebe *f*
X-bracing *(TK)* Kreuzverstrebung *f*
X-ing *(AE) (Verk)* Kreuzung *f*, Überweg *m*
X-mark *(BM)* Vorderseitenmarkierung *f (Holz)*
X-ray analysis *(BM)* Röntgenstrukturanalyse *f (Baustoffuntersuchung)*
X-ray diffraction analysis *(BM)* Röntgendiffraktionsanalyse *f*
X-ray examination *(BM)* Röntgenprüfung *f*, Röntgenuntersuchung *f (Metall, Beton)*
X-ray fluorescence analysis *(BM)* Röntgenfluoreszenzanalyse *f*
X-ray interference pattern *(BM)* Röntgenbeugungsbild *n*
X-ray pattern *(BM)* Röntgenbild *n (Baustoffprüfung)*
X-ray protection *(Umw)* Röntgenstrahlenschutz *m*
X-ray protection glass *(BM)* Röntgenstrahlenschutzglas *n*
X-ray protection plaster *(BM, Konst)* Röntgenstrahlenschutzputz *m*
X-ray protective concrete *(BB, BM)* Röntgenschutzbeton *m*, Strahlenschutzbeton *m*
X-ray shielding *(Umw)* Röntgenstrahlenabschirmung *f*
X-ray shielding concrete *(BB, BM)* Röntgenstrahlenschutzbeton *m*
X-ray test *s.* X-ray examination
X-ray texture analyse *(BM)* röntgenographische Gefügeanalyse *f*
X-ray unit *(BWG, El)* Röntgenanlage *f*
X-shaped *(Arch)* X-förmig
xenodocheum *(Arch)* Gästehaus *n (Antike)*
xenolith *(Bod)* Xenolith *m*, (exogener) Einschluss *m (von Fremdgestein in Mineralien)*
xenon discharge lamp *(El)* Xenon(entladungs)lampe *f*
xing *(AE) (Verk)* Überweg *m*, Kreuzung *f*
Xroads *s.* crossroads
xylanthrax *(BM)* Holzkohle *f*
xylene *(BM)* Xylen *n*
xylenol resin *(BM)* Xylenolharz *n*
xyloid *(BM)* holzartig, holzähnlich
xylol *(BM)* Xylol *n*
xylolite *(BM)* Steinholz *n*
xylolite slab *(BT)* Steinholzplatte *f*
xylopal *(BM)* Holzopal *m*
xylophagous *(Umw)* holzfressend
xyst(us) *(Arch)* überdachte Kolonnade *f*, Alleeweg *m (im antiken Griechenland und Rom)*

y-axis *(Arch)* y-Achse *f*
Y-branch *(BT, San, WVA)* Abzweigstück *n*, Gabelstück *n*, Hosenstück *n (Rohrverbindung)*
Y-ducting *(BT, San, WVA)* Hosenrohr *n*, Hosenstück *n*
Y-fitting *(San)* Abzweigfitting *n*
Y-joint *(San)* Gabelmuffe *f*, Abzweigmuffe *f (Rohrverbindung)*

Y-level *(Verm)* Vermessungsinstrument *n* mit transportablem Dreibockstativ
Y-shaped *(BT)* Y-förmig
Y-shaped building *(Arch, Konst)* Y-Grundriss-Gebäude *n*, Y-Bau *m*
Y-shaped post *(BT, Konst)* Y-Stiel *m (gabelförmige Strebe)*
Y-strut *(BT, Konst)* Y-Stiel *m*
Yale lock® *(EB)* Stechschloss *n*
yard 1. *(Konst, Te)* Hof *m*, Lagerplatz *m*; 2. *(Stat)* Yard *n (SI--fremde Einheit der Länge; 1 yd = 0,9144 m)*
yard drain *(Erdb, WVA)* Hofdränung *f*, Lagerplatzdränung *f*
yard drainage system *(WVA)* Hofentwässerungsanlage *f*
yard entrance *(Konst)* Hofeingang *m*
yard gate *(BT)* Hoftor *n*
yard gully *(WVA)* Hofablauf *m*, Hofeinlauf *m*, Hofgully *m*
yard gully hole *(WVA)* Hofsinkkasten *m*, Hofeinlauf *m*
yard inlet *s.* yard gully
yard lumber *(AE) (BM, Hb)* Bauholz *n*, Kantholz *n*, Schnittholz *n (bis 125 mm dick)*
yard masonry wall *(Konst)* Hofmauer *f*
yard pavement *(Konst)* Hofbefestigung *f*
yard side *(Konst)* Hofseite *f*, Hinterseite *f*
yard space *(Konst)* Hofraum *m*
yard track *(Verk)* Rangiergleis *n*; Anschlussgleis *n*
yard trap *(San, WVA)* Einlauftraps *m*, Gullygeruchsverschluss *m*
yardage 1. *(Stat)* Fläche *f* in Quadratyard; 2. *(Erdb)* Erdmassen *fpl* in Kubikyard
year of construction *(VR)* Baujahr *n*; Jahr *n* der Errichtung
year of foundation *(VR)* Jahr *n* der Grundsteinlegung
year plate *(Verk)* Jahreszahlschild *n (Erbauungsjahr; Brücke)*
yearly discharge *(Wsb)* jährliche Abflussmenge *f*
yellow *v (OB)* vergilben
yellow box junction *(Verk)* Kreuzung *f* mit Gelbkreuzbalkenmarkierung
yellow box marking *(Verk)* Gelbkreuzstreifenmarkierung *f*
yellow brass *(BM)* Messing *n*, Gelbguss *m*
yellow earth *(BM, OB)* Ocker *m*
yellow fire (wood) *(AE) (BM, Hb)* Douglastannenholz *n*
yellow metal *(BM)* Neumessing *n*
yellow ochre *(BM, OB)* Berggelb *n*, gelber Ocker *m*
yellow period *(Verk)* Gelbzeit *f (Ampel)*
yellow pigment *(BM, OB)* gelbes Pigment *n*, Gelbpigment *n*
yellow pine *(BM, Hb)* Gelbkieferholz *n*
yellow resin *(BM)* Spiegelharz *n*
yellowing *(OB)* vergilbend
yellowing *(OB)* Vergilben *n*
yellowing scale *(OB)* Vergilbungsskala *f*
yeseria *(Arch)* Yeseria *f (stalaktitenartige Stuckdekoration islamischer Herkunft)*
yew (wood) *(BM, Hb)* Eibenholz *n*
yield *v* 1. *(BM)* fließen *(Werkstoffe)*; sich strecken *(Metall)*; 2. *(Bod, Konst)* nachgeben; sacken, einsinken
yield 1. *(BM)* Fließen *n*; Streckung *f*, Dehnung *f (über der Elastizitätsgrenze)*; 2. *(BM, Konst)* Nachgiebigkeit *f*; 3. *(BM, BWG, Konst, Te)* Leistung *f (z. B. einer Maschine)*; erbrachte Leistung *f*; Ergiebigkeit *f (Kalk, Zement, Farbe)*
yield criterion [criterium] *(BM)* Fließgrenze *f*
yield limit *(BM)* Fließgrenze *f (von Werkstoffen)*
yield line *(Verk)* Wartelinie *f*, Halt(e)linie *f*
yield line method [theory] *(Stat)* Bruchlinientheorie *f*
yield load *(Stat)* Belastung *f* im elastischen Bereich
yield of a well *(Bod, WVA)* Brunnenergiebigkeit *f*
yield of an aquiferous layer *(Bod, WVA)* Grundwasserergiebigkeit *f*
yield point *(BM)* Fließgrenze *f (von Werkstoffen)*; Streckgrenze *f (von Metallen)*
yield strain *(BM)* Fließdehnung *f*, Streckdehnung *f*
yield strength *(BM)* Zugfestigkeit *f* an der Streckgrenze, Fließfestigkeit *f*
yield stress *(BM)* Fließspannung *f*, Streckspannung *f*
yielding *(BM, Bod)* nachgiebig, nachgebend *(Material, Erdstoff)*
yielding 1. *(BM)* Fließen *n*; 2. *(BM, Bod)* Nachgiebigkeit *f*, seitliches Ausweichen *n*
yielding point *(BM)* Fließgrenze *f*, Elastizitätsgrenze *f (metallische Baustoffe)*
yielding stress *(Bod)* Bruchspannung *f*
yoke 1. *(Konst)* Joch *n*, Bügel *m (am Fensterkasten)*; 2. *(San)* Gabelkopf *m*, Gabelstück *n (Rohrverbindung)*; 3. *(BT, Te)* Heberbock *m (Gleitschalung)*
yoke assembly *(BWG)* Heberbockausrüstung *f (Gleitschalung)*
yoke suspension *(Konst)* Jochaufhängung *f*
yoke vent *(San, WVA)* Abzweigfallleitung *f (Entwässerung)*
Yorkshire bond *(SB)* märkischer Verband *m*, Läuferverband *m* mit gelegentlichem Binder
Yorkshire light *(BT)* Schiebefenster *n* mit Festfenstern und einem Hubfenster
young people's home *(Arch, Konst)* Jugendheim *n (Wohnheim)*
Young's modulus *(BM)* Elastizitätsmodul *m*, E-Modul *m*
youth centre [club] *(Arch, Konst)* Jugendheim *n*
youth hostel *(Arch, Konst)* Jugendherberge *f*

Z

Z-bar *(BM)* Z-Eisen *n*, Z-Stahl *m*
Z-section *(BM)* Z-Profil *n*, Z-Stahl *m (Träger)*
zaguan *(Arch)* Vestibül *n (spanische Architektur)*
zax *(BM)* Punkteisen *n*
zebra crossing *(Verk)* Zebrastreifen *m*, Fußgängerüberweg *m*
zebra markings *(Verk)* Zebrastreifen *m (Straße)*
zebra road marking *(Verk)* Zebrastreifen *m*, Zebrastreifenmarkierung *f*
zebra stripe *s.* zebra road marking
zebra X-ing *(AE) (Verk)* Zebrastreifen *m*
Zech floor *(TK)* Zechdecke *f*
zed *s.* Z-section
zed (steel) section *s.* Z-section
zee *(AE) (BM)* Z-Profil *n*, Z-Profilträger *m*, Doppelwinkelprofil *n*
zenith angle *(Verm)* Zenitwinkel *m*
zenith angle of the hole *(Verm)* Zenitwinkel *m* des Bohrlochs
zeolite *(BM)* Zeolith *m (Mineral)*
zeolite cement composite *(BM, BT)* Zeolithzementverbundstoff *m*
zero *(Verm)* Nullpunkt *m*
zero conductor *(El)* Nullleiter *m*
zero-current *(El)* stromlos
zero end *(Verk)* Anfangspunkt *m (Trasse)*
zero gauge *(Verm, Wsb)* Nullpegel *m*
zero level *(Verm, Wsb)* Normalnull *f*
zero line *(Stat, Verm)* Nulllinie *f*, Nullachse *f*, Biegeachse *f*, Nullriss *m*
zero maintenance pavement *(Verk)* unterhaltungsfreie Fahrbahn *f*
zero of level *(Verm, Wsb)* Normallnull *f*

zero point of moments *(Stat)* Momentennullpunkt *m*
zero stiffness *(Stat)* Nullsteifigkeit *f*, Nullstarrheit *f*
zero stress *(BM)* Nullspannung *f (mechanisch)*
ziggurat *(Arch)* Zikkurat *f*, Stufenturm *m*, Stufenpyramide *f*, Rampenturm *m (Tempelturm im babylonisch-assyrischen Raum der Antike)*
zigher *(Bod, LB, Umw)* kleiner Wasserlauf *m*
zigzag *(EB)* Zickzackzierleiste *f*, Zickzackornament *n*, Zackenfries *m (normannisch-romanisches Ornament)*
zigzag bends *(Verk)* Serpentine *f (Straße)*
zigzag bond *(SB)* Fischgrätenverband *m*, Schränkschichtverband *m (Mauerwerk)*
zigzag folding rule *s.* zigzag rule
zigzag moulding *(Arch)* Zickzackornament *n*, Zickzackzierleiste *f*
zigzag riveting *(Konst)* Zickzacknietung *f*
zigzag rule *(BWG)* Gliedermaßstab *m*, Zollstock *m*; Schmiege *f*
zinc *v (Te)* verzinken
zinc *(BM)* Zink *n*
zinc-based *(BM)* auf Zinkbasis
zinc chromate *(BM, OB)* Zinkgelb *n*
zinc chromate paint *(BM, OB)* Zinkgelbanstrichstoff *m*, Zinkgelbfarbe *f*
zinc chromate primer *(BM, OB)* Zinkchromatgrundierung *f*
zinc-coated *(BM)* verzinkt
zinc-coated sheet *(BM)* Zinkblech *n*, verzinktes Blech *n*
zinc-coating 1. *(Te)* Verzinkung *f (Vorgang)*; 2. *(OB)* Zinküberzug *m*
zinc-containing *(BM)* zinkhaltig
zinc covering *(Konst)* Zinkbedachung *f*
zinc deposit *(OB)* Zinkschutzschicht *f*
zinc die-casting *(BM)* Zinkdruckguss *m*
zinc-dipped *(BM, OB)* feuerverzinkt
zinc-dipped coating *(OB)* Feuerzinkschutzschicht *f*
zinc dipping *(OB)* Feuerverzinkung *f*
zinc dross *(BM)* Hartzink *m*
zinc dust *(BM)* Zinkstaub *m (Anstrich)*
zinc dust paint *(BM, OB)* Zinkstaubfarbe *f*, Zinkstaubanstrichstoff *m*
zinc dust pigment *(BM, OB)* Zinkstaubpigment *n*
zinc dust primer *(BM, OB)* Zinkstaubgrundierung *f*
zinc electroplating *(OB, Te)* galvanisches Verzinken *n*
zinc metal sheet *(BM)* Zinkblech *n*
zinc oxide *s.* zinc white
zinc paint *(BM, OB)* Zink(schutz)farbe *f*
zinc phosphate coating *(OB)* Zinkphosphatschutzschicht *f*
zinc phosphate paint *(BM, OB)* Zinkphosphatfarbe *f*, Zinkphosphatanstrichstoff *m*
zinc-plate *v (Te)* galvanisch verzinken
zinc-plated coating *(OB)* galvanisch aufgebrachte Zinkschutzschicht *f*
zinc roof *(Konst)* Zinkdach *n*
zinc silicate paint *(OB)* Zinkstaubsilikatanstrichstoff *m*, Zinkstaubsilicatanstrichstoff *m*
zinc spray *(OB)* Zinkspritzschicht *f*
zinc-sprayed *(BM)* spritzverzinkt
zinc white *(BM, OB)* Zinkweiß *n*
zinc yellow *(BM, OB)* Zinkgelb *n*
zincify *v (OB, Te)* verzinken
zincing *(OB, Te)* Verzinken *n (Bauelemente)*
zinkiferous *(BM)* zinkhaltig
zinky *(BM)* zinkartig
zippertubing *(El)* Reißverschlussverkabelungsrohr *n*
zonal *(Konst)* zonenförmig, Zonen...
zonal arrangement *(Arch, Konst)* zonenförmige Anordnung *f*
zonated *(Konst)* zonenförmig
zonation *(RP)* Verteilung *f* auf Zonen
zone *v (RP)* in Zonen einteilen *(z. B. Planungszonen, Baugebietszonen)*
zone 1. *(RP)* Zone *f*, Bereich *m*; 2. *(Bod)* Gürtel *m (geographisch)*; 3. *(HLK)* temperaturgeregelte Raumeinheit *f (Klimaanlage)*
zone by zone *(RP)* zonenweise
zone exit sign *(Verk)* Bereichsausfahrtzeichen *n*
zone marking block *(Verk)* Pflasterleitstreifen *m*
zone of excess pressure *(Stat)* Überdruckzone *f*
zone of freezing *(BM)* Frostzone *f*
zone of function *(Konst)* Funktionsbereich *m*
zone of influence *(Konst)* Beeinflussungsbereich *m*
zone of plastic equilibrium *(BM)* plastische Zone *f*
zone of protection *(El)* Schutzbereich *m (Blitzschutz)*
zone of saturation *(Bod)* Sättigungszone *f*
zone of subsidence *(Bod)* Senkungszone *f (geologisch)*
zone of transition *(RP)* Übergangszone *f*
zone of weakness *(BM, Konst)* Schwächezone *f*
zone of weathering *(Bod)* Verwitterungszone *f (Gestein)*
zoning 1. *(RP)* Zonierung *f*, Zoneneinteilung *f*, Gebietsabgrenzung *f (Raumplanung)*; 2. *(RP)* Flächennutzungsplan *m*; Gebietsplan *m*; 3. *(RP)* städtebauliches Gebiet *n*, Bebauungszone *f*
zoning law *(VR)* Bebauungsgesetz *n*
zoning map *(RP)* Bebauungsplan *m*; Flächennutzungsplan *m*
zoning permit *(RP, VR)* städtebauliche Genehmigung *f*
zoning plan *s.* zoning map
zoning regulations Bebauungssatzung *f*, Bebauungsvorschriften *fpl*
zoolite Zoolith *n (organisches Sedimentgestein)*
zoological garden zoologischer Garten *m*
zwinger Zwinger *m (Burg)*

Deutsch – Englisch

Aalleiter *f (Umw, Wsb)* eelladder
Aaronsstab *m (Arch)* Aaron's rod
Abaka *m (BM)* abaca, Manila fibre, Manila hemp
Abakahanf *m (BM)* abaca, Manila fibre, Manila hemp
Abakus *m (Arch)* abacus, padstone *(an antiken Säulen)*
Abakussäule *f (Arch)* abacus column
Abart *f (Arch)* varietal form; variety
Abaton *n (Arch)* adytum *(inneres Heiligtum bei antiken Tempeln)*
Abazissus *m (Arch)* colarin *(z. B. einer dorischen oder ionischen Säule)*
Abbau *m* 1. disassembly, dismantling *(Demontage)*; taking apart *(Hausinstallation)*; 2. *(Umw)* decomposition, degradation
Abbau *m*/**aerober** *(Umw)* aerobic degradation
Abbau *m*/**biologischer** *(Umw)* biological degradation
Abbau *m* **der Überdeckungsschichten** *(Bod, Erdb, Tun)* stripping of overburden
Abbau *m*/**hydraulischer** *(Erdb)* hydraulicking *(z. B. von Sand, Kies)*
Abbau *m*/**industrieller** industrial dereliction
Abbau *m*/**mariner** *(Te)* ocean mining *(Kies, Sand)*
Abbau *m* **von Steinen und Erden** *(Te)* quarrying
abbaubar 1. *(Umw)* degradable; 2. mineable *(Baustoffe)*
abbaubar/biologisch *(Umw)* biodegradable
abbaubar/nicht *(Umw)* non-degradable *(Schadstoffe)*
Abbaubarkeit *f*/**biologische** *(Umw)* biodegradability
abbauen *v* 1. disassemble, dismantle, take to pieces *(Demontage)*; 2. minimize *(Last, Spannung)*; 3. quarry, mine, get *(Gestein)*; 4. strike, take down, dismantle *(Gerüst)*; 5. *(Te)* strip down *(Schalung)*; 6. demount, detach *(Teile)*; 7. *(BM, DIS, HLK, Stat)* absorb *(Kraft, Spannung)*; 8. *(Umw)* decompose, degrade; 9. degrade *(Geologie)*
abbauen *v*/**biologisch** digest *(Abwasser)*
abbauen *v*/**mikrobiell** digest *(Abwasser)*
Abbauen *n* striking, taking down, dismantling *(Gerüst)*
abbaufähig mineable
Abbaufeld *n (Bod)* quarry site *(Steinbruch)*
Abbauhammer *m (BWG)* concrete breaker
Abbauraum *m (Tun)* face working space *(auch Steinbruch)*
Abbaurecht *n* mineral claim, mineral right *(Baustoffabbau)*
abbauresistent non-degradable *(Schadstoffe)*
Abbauschild *m (Tun)* shield
Abbausohle *f (BM, Te)* worked stratum *(Steinbruch)*
Abbaustelle *f (Bod)* quarry site *(Steinbruch)*
Abbaustoß *m (Tun)* highwall *(mit angeschnittenem Hangenden)*
Abbaustufe *f (WVA)* stage of decomposition *(Abwässer im Klärwerk)*
Abbauwand *f* breast, quarry face *(Steinbruch)*
abbauwürdig mineable
Abbeize *f* waste pickle liquor
abbeizen *v* pickle, scour *(Metall)*; strip, strip away *(Altanstrich)*
Abbeizen *n* acid washing *(Betonwerkstein)*; stripping, paint stripping *(Altanstrich)*; pickling *(Metall)*
Abbeizer *m (BM, OB)* remover
Abbeizmittel *n* paint stripper, varnish remover *(Altanstrich)*; pickling agent, pickling chemical *(Metall)*
Abbeizmittel *n*/**alkalisches** *(BM, OB)* alkali paint stripper
abbiegen *v* 1. hook, offset *(Teile)*; bend down, bend up *(Betonstahl)*; 2. *(Verk)* turn off
Abbiegepfeil *m*/**grüner** *(Verk)* filter arrow
Abbiegespur *f (Verk)* turn
Abbiegestelle *f* bent point, bent portion, point of bending *(Bewehrung)*
Abbiegestrom *m (Verk)* turning stream
Abbiegung *f* 1. bend, bending-up, bent-up *(Bewehrung)*; 2. *(Stat)* deflection
Abbild *n (Arch)* image
abbilden *v* map *(Mathematik)*
Abbildung *f* 1. illustration, representation; 2. *(Arch)* projection; 3. mapping *(Mathematik)*
Abbildung *f*/**flächentreue** equal-area projection
Abbildung *f*/**geodätische** *(Verm)* geodetic mapping
Abbildung *f*/**rasterelektronenmikroskopische** *(BM)* scanning electron micrograph
Abbildungsmaßstab *m (Konst)* image scale
abbimsen *v* pumice, rub down the paint
Abbindebeginn *m (BB, Te)* initial set *(aus der Gelphase bei Beton)*
Abbindebeschleuniger *m* accelerator, set accelerating admixture, accelerating additive, accelerating admixture, rapid-cementing agent, cementing accelerator *(Zement, Mörtel, Beton)*; catalyst, hardening compound, setting accelerator *(Kunstharz, Kunststoffkleber usw.)*
Abbindebeschleunigung *f* 1. *(BB, BM)* acceleration of hardening; 2. *(Te)* hardening acceleration
Abbindedauer *f* 1. *(BM)* setting time *(Zement, Beton, Kunststoffe usw.)*; 2. curing period, curing time, time of curing *(Verschnittbitumen)*
Abbindeeigenschaft *f* setting quality
Abbindeende *n* final set
Abbindeenergie *f* setting energy *(hydraulische Bindemittel)*
Abbindefähigkeit *f* setting power, setting quality *(Zement, Kleber)*; curing power *(Verschnittbitumen)*
Abbindefrist *f (BM, Te)* time of curing *(Verschnittbitumen)*
Abbindegeschwindigkeit *f* rate of setting, setting rate; curing rate
Abbindekurve *f* 1. *(BM)* setting curve; 2. *(BB, Te)* curvature of final set *(Beton)*
Abbindemechanismus *m (BM)* setting mechanism
Abbindemindesttemperatur *f* setting temperature *(Kunststoffbindemittel)*
Abbindemittel *n* 1. curing agent, curing compound *(Kunststoffe)*; 2. setting agent *(Beton, Mörtel)*
abbinden *v* 1. set, harden, hydrate, cement *(Zement, Beton)*; 2. harden, condition, cure *(Kunstharz, Kleber, Verschnittbitumen usw.)*; 3. *(Hb)* join; 4. break *(Bitumenemulsion)*
Abbinden *n* 1. setting, hardening, hydrating, hydration *(Zement, Beton)*; 2. hardening, curing *(Kunstharz, Kleber, Verschnittbitumen usw.)*; 3. *(Hb)* joining; 4. breaking *(Bitumenemulsion)*
Abbinden *n*/**falsches** false set, hesitation setting, plaster set; rubber set
Abbinden *n* **unter atmosphärischen Bedingungen** *(BM)* air-set *(Beton)*
Abbinden *n*/**vorzeitiges** false set, plaster set, rubber set; early stiffening, grab set *(Beton)*
Abbinden *n*/**zu schnelles** *(BM)* quick set
abbindend/hydraulisch castable *(Feuerfestbindebaustoffe)*
abbindend/langsam *(BB)* slow-setting *(Zement)*
abbindend/mittelschnell medium-setting *(Beton)*
abbindend/schnell rapid-curing *(Verschnittbitumen)*; rapid-setting *(Zement)*
Abbindeplatz *m* 1. *(BB, Te)* curing area *(Betonwerk)*; 2. *(Hb)* trimmer yard
Abbindeprobe *f (BM)* setting test
Abbindeprozess *m* curing process, process of setting
Abbindeprüfung *f* 1. *(BM)* setting test; 2. *(BB, BM)* set test *(Zement)*

Abbindereaktion *f* reaction of setting, setting reaction
Abbindeschwindmaß *n* setting shrinkage
Abbindeschwindung *f* setting shrinkage
Abbindesteuerung *f (Te)* set controlling *(Beton)*
Abbindestörung *f (BB, BM)* disturbance of the setting process
Abbindetemperatur *f* setting temperature *(Kunststoffbindemittel)*
Abbindeverhalten *n* setting behaviour
Abbindeverlauf *m* curing process, process of curing *(z. B. bei Verschnittbitumen)*; process of setting *(Zement, Beton usw.)*
Abbindevermögen *n* curing power, curing capacity *(Verschnittbitumen)*
Abbindeversuch *m (BM)* setting test
Abbindeverzögerer *m* dope, retarder, setting retarder, set retarding admixture *(für Zement oder zementartige Stoffe)*
Abbindeverzögerer *m*/**organischer** *(BM)* keratin *(für Gipsmörtel)*
Abbindevorgang *m* process of setting *(Beton, Zement usw.)*; process of curing *(z. B. bei Verschnittbitumen)*
Abbindewärme *f* heat of setting, setting heat, hydration heat *(Beton)*
Abbindewasser *n* setting water, water of setting *(Hydratation)*
Abbindezeit *f* final setting time, setting time, period of curing *(hydraulisch)*; time of curing, curing time *(Verschnittbitumen)* • **die Abbindezeit verkürzen** *(BB)* shorten the time of setting
Abbindezeitverzögerung *f (Te)* retardation of setting *(Zement, Gips)*
Abbindung *f (BM)* setting *(Beton, Mörtel)*
Abbindungsschwinden *n* setting shrinkage
abblasen *v* blow off, release *(z. B. Gase)*
Abblasrohr *n* blow-off pipe, blow-off tube
Abblasventil *n (HLK, San)* purge valve
abblättern *v* chip off, scale, spall *(Beton, Gestein)*; chip *(Emaillack, Lackfarbe)*; flake, flake off *(Putz, Anstrich, Naturstein)*; exfoliate *(Oberfläche, Schiefer)*; peel, peel off, shell *(Anstrich)*; shiver *(Keramikglasur)*
Abblättern *n* chipping, scaling, spalling *(Beton, Gestein)*; flacking *(Putz, Anstrich)*; exfoliation *(Oberfläche)*; peeling, shelling *(Anstrich, Putz)*; shivering *(Keramikglasur)*
Abblätterung *f (OB)* peeling-off
Abblätterungsschutzmittel *n (BB)* antispelling agent *(Beton)*
abblenden *v* darken
Abblendschalter *m (El)* dimmer
abböschen *v* slope, slant
abböschen *v*/**steil** 1. *(Erdb)* scarp; 2. *(Bod, Erdb)* slope steeply
Abböschen *n (Erdb)* flattening, bank sloping
Abböschung *f (Erdb)* slanting, sloping
abbrechen *v* demolish, pull down, raze, take down, wreck *(Gebäude)*; terminate *(Bauarbeiten)*
abbrennen *v* burn off
Abbrennen *n* burning-off, paint burning *(alte Anstriche)*
Abbrennschweißen *n (St)* flash welding
Abbrennstumpfschweißen *n (St)* flash butt welding
Abbrennstumpfschweißung *f (St, Te)* resistance flash welding
abbröckeln *v* chip off, peel off, scale, crumble
Abbruch *m* demolition, pulling-down, taking down, wrecking *(Gebäude, Bauteile)*; termination *(Bauarbeiten)* • **den Abbruch erklären** *(San, VR)* condemn
Abbrucharbeit *f* demolition work, wrecking *(Gebäuden, Bauteile)*
Abbrucharbeiten *fpl (RS, Te)* wrecking work
Abbrucharbeiten *fpl*/**leichte** *(RS)* light demolition work
Abbrucharbeiter *m* demolisher, mattock man
Abbrucherlass *m (VR)* clearance order
Abbrucherlaubnis *f (VR)* wrecking permit
Abbruchfallbirne *f* demolition ball
Abbruchfirma *f* demolition contractor
Abbruchgebiet *n* clearance area, clearance zone, demolition site
Abbruchgebiet *n*/**beräumtes und gesäubertes** *(RP, RS)* site cleared of buildings
Abbruchgenehmigung *f (VR)* demolition permission
Abbruchhammer *m* demolition hammer
Abbruchholz *n* demolition timber; old timber
Abbruchmaterial *n (Umw)* waste building material
abbruchreif demolishable, fit for demolition
Abbruchschein *m (VR)* demolition permit
Abbruchstelle *f* demolition site, wrecking site
Abbruch- und Rückbauarbeiten *fpl (RS)* demolition and deconstruction works *(DIN 18459)*
Abbruchunternehmer *m (VR)* wrecking contractor
Abbruchvertrag *m (VR)* wrecking contract
Abbruchvorhaben *n* demolition project
Abbruchziegel *m* secondhand brick
Abbund *m (Hb)* joining, trimming
Abbundhalle *f* 1. *(BWG, Hb)* joining shop; 2. *(Konst, Te)* trimmer shop
Abbundplatz *m* 1. *(Hb)* joining yard; 2. *(Konst, Te)* trimmer yard
abbürsten *v* brush, brush off, scrub
Abbürsten *n* brushing; scrubbing *(Waschbeton)*
Abbürstputz *m (SB)* scratch-brushed finish *(mit mechanischer Drahtbürste)*
Abdachung *f* 1. *(HLK)* hood; 2. ramp, escarpment *(von steilen Böschungen, Vorgang)*
abdämmen *v* 1. *(Wsb)* pond, bank up, dam, embank; 2. insulate
Abdampf *m (HLK)* waste steam
Abdampfheizung *f (HLK)* waste steam heating
Abdampfwärme *f (HLK)* waste steam heat
Abdeckanstrich *m* masking paint
Abdeckanstrichstoff *m* masking paint
Abdeckband *n (BM, Konst)* adhesive masking tape
Abdeckblech *n* cover plate, covering plate, mask; flashing *(am Schornstein)*
Abdeckblechhaltebohle *f* flashing board *(z. B. an Schornsteinen)*
Abdeckblende *f* mask
Abdeckblockstein *m* capping block, coping block
Abdeckbrett *n* covering board
Abdeckelung *f*/**teilweise** *(Tun)* partial enclosure
abdecken *v* 1. cap, cope *(Mauer)*; 2. mask, blanket, cover, top *(Oberflächen)*; 3. *(Te)* unroof *(Dach)*; 4. *(Te)* revet *(Böschung, Fundament)*; 5. shade *(Strahlung)*; 6. *(Konst)* shroud *(Umhüllung)*
abdecken *v*/**geneigt** flaunch *(einen Schornstein)*
Abdecken *n (Te)* flashing *(Anschlussflächen)*
abdeckend tectorial *(eine Abdeckung bildend)*
Abdeckfarbe *f (OB)* masking paint
Abdeckfolie *f* masking film, masking sheeting, protecting foil
Abdeckgewebe *n* cover woven fabric
Abdeckgitter *n* covering grid
Abdeckhaube *f*/**opale** opal louvre *(Leuchte)*
Abdeckleiste *f* cover fillet, moulding strip; dutchman *(z. B. für schlechte Fugen, Fehlstellen)*
Abdeckmasse *f (OB)* masking compound *(Beschichtung)*
Abdeckmaterial *n* masking material
Abdeckmatte *f* 1. *(BB, BT, Te)* curing blanket; 2. *(BB, BT, Te)* concrete curing blanket *(für Beton)*
Abdeckmittel *n* masking material

Abdeckplane *f* canvas; tarpaulin *(wasserdichte Plane)*
Abdeckplatte *f* cover, stone slate; top rail *(Balustrade)*
Abdeckprofil *n* profiled coping
Abdeckschicht *f* barge course, verge course *(Mauerwerk)*
Abdeckstein *m* copestone, coping block, coping stone, cover brick
Abdecksteinplatte *f* tablet
Abdeckstoff *m* masking material
Abdeckung *f* 1. cope, coping; capping *(Mauer)*; 2. covering, decking, masking, capping *(Oberflächen)*; 3. *(Hb)* planking; 4. *(BT)* shutter *(Abschottung)*; 5. *(BT)* shroud *(Umhüllung)*; 6. *(Arch)* cap *(dekorativer Abschluss eines Austrittspfostens einer Treppe)*
Abdeckung *f*/**abnehmbare** removable cover
Abdeckung *f* **des Gewölbes** *(Konst, SB)* coping of the vault
Abdeckung *f*/**durchbrochene** *(BT, DIS)* perforated facing *(Akustikdecke)*
Abdeckung *f* **eines Entlüftungsrohrs** vent cap
Abdeckung *f*/**entfernbare** *(El)* knock-out *(Anschlussdose)*
Abdeckung *f*/**flache** parallel coping
Abdeckung *f*/**gefederte** wedge coping
Abdeckung *f*/**hutförmige** top hat, top hat cover piece
Abdeckung *f*/**poröse** *(OB)* porous cover
Abdeckung *f*/**tägliche** *(Umw)* daily cover
Abdeckungsschicht *f* barge course, verge course *(Mauerwerk)*
Abdeckungsverkleidung *f* lining, inside trim
Abdeckungsverstärkung *f* reinforcement of cover
Abdeckziegel *m* coping brick, covering tile
abdichten *v* 1. *(Wsb)* caulk; 2. *(HLK)* caulk, proof; fuller; 3. seal, proof, waterproof *(Oberflächen)*; 4. *(San, WVA)* caulk; 5. *(HLK, WVA)* clench *(durch Stauchpressung)*; 6. *(Erdb)* coffer; pack; mud-off; block off; 7. stuff, grout *(mit Mörtel)*; 8. puddle *(mit Lehmmörtel)*; 9. *(Umw)* seal, line *(Deponie)*; 10. *(BWG, Bod, Te)* slug *(Erkundungsbohrlöcher)*; 11. torch *(Ziegeldachverfugung)*; 12. stave *(mittels Daube oder Stab)*; 13. *(DIS, Te)* tighten *(durch Zusammenziehen bzw. Zugspannung)*; 14. insulate *(durch Sperrschicht)*
abdichten *v*/**nachträglich** *(DIS)* reseal
abdichten *v*/**neu** *(DIS)* reproof
Abdichten *n* 1. *(Wsb)* caulking; 2. *(HLK)* caulking, proofing; 3. grouting *(mit Mörtel)*; 4. sealing, proofing; weatherproofing; lining *(Oberflächen)*; 5. insulating; weatherstripping *(Sperrschicht)*; 6. puddling *(mit Lehmmörtel)*; 7. *(DIS)* tightening *(durch Spannung)*
Abdichten *n* **mit Lehm** pudding
Abdichtfarbe *f* *(BM, DIS, OB)* insulating paint
Abdichtleiste *f* sealing fillet; window bar, window guard
Abdichtmasse *f* sealing mass
Abdichtmaterial *n* 1. *(BM, DIS)* sealing material; 2. *(BM, DIS)* tanking material *(Wasserdruckdichtung im Tiefbau)*
Abdichtpfropfen *m* sealing stopper
Abdichtrand *m* caulking seam
Abdichtring *m* caulking ring
Abdichtschicht *f* *(DIS)* water-repellent membrane
Abdichtstreifen *m* sealing fillet
Abdichtung *f* 1. *(HLK, Wsb)* caulking, proofing; packing; 2. sealing, seal, sealing-up, proofing; weatherproofing; lining *(Oberflächen)*; 3. diaphragm, waterproofing, waterproof sealing *(Dämmung)*; 4. *(DIS)* vapour-proofing *(Dampfsperre)*; 5. obturator, sealing-joint *(Verschluss)*
Abdichtung *f*/**an Ort und Stelle geformte** field-moulded sealant
Abdichtung *f* **gegen Feuchtigkeit** *(DIS, OB)* dampproofing *(einer Wand)*
Abdichtung *f*/**künstliche** *(Konst, Umw)* synthetic lining *(Teiche, Deponie usw.)*
Abdichtung *f*/**physikalische** *(DIS)* physical waterproofing
Abdichtungsarbeiten *fpl* *(DIS)* sealing work, waterproofing work *(DIN 18336, BS 8000-4)*
Abdichtungsbahn *f* *(BM)* sealing sheet *(DIN EN 14691, EN 14692, EN 14694)*
Abdichtungsbahnen *fpl* *(BM)* sealing sheets *(DIN EN 14691, EN 14692, EN 14694)*
Abdichtungsfläche *f* *(DIS, OB)* sealing surface
Abdichtungsgraben *m* *(Erdb, Wsb, WVA)* cut-off trench
Abdichtungslage *f* *(BM, DIS)* barrier membrane
Abdichtungsleiste *f* draught fillet
Abdichtungsmasse *f* *(BM)* sealing agent, sealing compound
Abdichtungsmittel *n* *(BM)* sealant
Abdichtungspaste *f* *(BM)* sealing past
Abdichtungsschaden *m* *(DIS, OB, RS)* joint sealant extrusion
Abdichtungsschicht *f* *(DIS, Konst)* sealing coat
Abdichtungsschürze *f* *(DIS)* impervious blanket
Abdichtungsteppich *m* *(DIS)* impervious blanket
abdrehen *v* shut off *(Wasser)*
abdrosseln *v* *(Te)* throttle
Abdrosseln *n* *(Te)* throttling
Abdruck *m* 1. cast *(einer Betonform)*; 2. *(Arch)* replica
abdrücken *v* impress
Abdrücken *n* *(San, WVA)* hydraulic test *(Prüfung auf Undurchlässigkeit von Leitungen und Kesseln)*
Abdrückprobe *f* *(San)* water pressure test
Abdrückprüfung *f* drain test *(Abflussrohre)*
abdunkeln *v* *(OB)* darken *(Farben)*
Abdunkelung *f* blackout
Abdunklungsmittel *n* *(OB)* darkening agent *(Anstrich)*
abdunsten *v* *(OB)* flash off *(Anstriche)*
abfahren *v* 1. depart; take off; 2. haul away *(Erdstoffe, Material, Abfall usw.)*
Abfahrt *f* departure, start
Abfahrtrampe *f* *(Verk)* out ramp
Abfahrtsstraße *f* *(Verk)* departure roadway
Abfahrtsweg *m* *(Verk)* departure roadway
Abfall *m* 1. waste, waste material, litter, rubbish, junk, refuse, dross, *(AE)* garbage; 2. *(RS, Umw)* scrap *(Altmaterial, Schrott, Produktionsabfall)*; 3. *(Bod, Erdb)* descent *(Gelände, Straße)*; 4. *(Stat)* decrease *(Kräfte, Spannungen)*; 5. *(Bod, Erdb)* discard *(Berge)*; 6. *(El, HLK, WVA)* drop *(Spannung, Temperatur usw.)*; 7. *(VR)* fall *(Werte; Gelände, Straße; Wassergefälle)*; 8. *(BM, Te)* offal *(Bruch- und Abfallverluste von Baustoffen)*; 9. *(Umw, WVA)* sullage *(Schlammablagerung, häusliche Schmutzwässer)*; 10. *(BM, Umw)* tailings *(industrielle Produktionsrückstände)*; 11. lowering *(Absenkung, Rückgang, Wasserstand usw.)*
Abfall *m*/**biologisch nicht abbaubarer** *(Umw)* non-biodegradable waste
Abfall *m*/**entwässerter** *(Umw)* dewatered waste
Abfall *m*/**gewerblicher** *(Umw)* commercial waste, trade waste, industrial waste, process waste
Abfall *m*/**giftiger** *(Umw)* toxic waste
Abfall *m*/**inerter** *(Umw)* inert waste
Abfall *m*/**infektiöser** *(Umw)* pathological waste
Abfall *m*/**kommunaler** *(Umw)* urban waste
Abfall *m*/**nicht kompostierbarer** *(Umw)* non-compostable waste
Abfall *m*/**organischer** *(Umw)* organic waste
Abfall *m*/**pathogener** *(Umw)* pathological waste
Abfall *m*/**radioaktiver** *(Umw)* radioactive waste
Abfall *m*/**rückgewinnbarer** *(Umw)* recoverable waste
Abfall *m*/**städtischer** *(Umw)* town waste
Abfallabfuhr *f* *(Umw)* refuse cartage
Abfallabladeplatz *m* *(Umw)* *(AE)* rubbish tip
Abfallaufbereitung *f* *(Umw)* waste recovery

Abfallbehälter *m* dustbin, rubbish bin, waste container, waste receptacle, *(AE)* trash can, *(AE)* garbage can
Abfallbehandlung *f (Umw)* waste processing
Abfallbeseitigung *f (Umw)* disposal, disposal of refuse, waste disposal, waste removal
Abfallbeseitigung *f* **auf See** *(Umw)* ocean dumping
Abfallbeseitigung *f*/**unterirdische** *(Umw)* underground waste disposal
Abfallbeseitigungsanlage *f (Umw)* disposal plant
Abfallbeseitigungsvorrichtung *f* waste-disposal unit
Abfallbesitzer *m* waste owner, *(AE)* garbage owner
Abfallbörse *f (Umw)* waste exchange market
Abfallcontainer *m (Umw)* waste receptacle
Abfalldeponie *f (Umw)* waste containment
Abfalldesinfektion *f (Umw)* waste disinfection
Abfälle *mpl (Umw)* rubbish
Abfälle *mpl*/**chemische** *(Te, Umw)* chemical waste
Abfälle *mpl*/**feste** *(Umw)* solid waste
Abfälle *mpl*/**gefährliche** *(Umw)* hazardous waste
Abfälle *mpl*/**toxische** *(Umw)* toxic waste
Abfalleimer *m* rubbish bin, *(AE)* garbage bin
abfallen *v* 1. decline, dip, fall, sink *(Gelände)*; 2. drop, fall *(Werte, Temperatur, Druck usw.)*; 3. drop off *(von etwas)*; 4. *(Bod, Erdb)* descend *(Straße, Gelände)*; 5. incline, slope *(Flächen, geologische Schichten)*; 6. slope away; 7. *(Konst)* slope down *(Dach, Fläche, Gelände)*
abfallen *v*/**sanft** *(Konst)* shelve
abfallen *v*/**schräg** slope *(Fläche)*
abfallend sloping, shelving *(Fläche)*
abfallend/seitlich slanting
abfallend/steil sharp
Abfallentfernung *f (Umw)* waste removal
Abfallentsorgung *f (Umw)* waste disposal
Abfallentsorgungsanlage *f (BWG, Umw) (AE)* garbage--disposal plant
Abfallentsorgungskonzept *n* waste management conception, *(AE)* garbage management conception
Abfallerzeuger *m* waste producer, waste generator
Abfallerzeugung *f (Umw)* waste production, waste formation
Abfallfett *n* waste grease
Abfallgips *m* waste gypsum
Abfallgrenze *f* critical limit
Abfallgrube *f (Umw)* refuse pit
Abfallhalde *f (RP, Umw) (AE)* garbage dump
Abfallhaufen *m (Umw)* midden
Abfallholz *n* offal timber, waste wood, *(AE)* cull timber
Abfallkasten *m* refuse box, waste box
Abfallkippe *f* waste tip, *(AE)* rubbish tip
Abfallkreislauf *m (Umw)* waste cycle
Abfalllagerung *f (Umw)* waste storage
Abfalllagerung *f*/**getrennte** *(Umw)* waste segregation
Abfallmaterial *n (Umw)* waste material
Abfallprodukt *n (Umw)* waste product *(unverwertbar)*
Abfallprodukt *n*/**toxisches** *(Te, Umw)* toxic degradation product
Abfallprodukt *n*/**wiederverwertbares** *(RS, Umw)* reusable waste product
Abfallröhre *f (San)* waste pipe; charging chute *(Fördertechnik)*
Abfallschacht *m (AE)* dispose-all
Abfallsortieranlage *f* refuse separation plant, waste sorting plant
Abfallstoff *m (Umw)* junk
Abfallstoffabfuhr *f (Umw)* refuse cartage
Abfallstoffverwertung *f* 1. *(RS, Umw)* refuse utilization; 2. *(Umw)* waste utilization
Abfallverbrenner *m* destructor, rubbish destructor, rubbish incinerator, waste incinerator
Abfallverbrennung *f (Umw)* incineration
Abfallverbrennungsanlage *f* refuse incinerator, refuse incinerator plant
Abfallverbrennungsanlage *f*/**städtische** *(Umw)* municipal incineration plant
Abfallverbringung *f*/**grenzüberschreitende** *(Umw)* transboundary movement of waste
Abfallvermeidung *f (Umw)* waste avoidance
Abfallverursacher *m* waste producer
Abfallverwertung *f* refuse processing, refuse utilization, waste processing, waste recovery, waste treatment
Abfallverwertungsanlage *f (Umw)* waste recycling plant
Abfallzerkleinerer *m* mechanical refuse grinder, waste crusher, waste disintegrator
abfangen *v* 1. *(Erdb)* hold *(mittels Zuganker)*; 2. support, prop, stay *(Träger, Balken)*; 3. *(Erdb)* underpin; 4. deaden, resist *(Kraft)*
Abfangen *n* 1. *(Konst, Wsb)* holding *(mittels Zuganker)*; 2. supporting, propping *(Träger, Balken)*; 3. *(Erdb)* underpinning; 4. deadening, resisting *(Kraft)*
Abfanggraben *m (Erdb, LB, WVA)* intercepting ditch
Abfanggraben *m*/**oberer** ditch at top of slope
Abfangträger *m* holding girder
Abfangträger *m*/**temporärer** needling
abfärbebeständig chalk-resistant, chalk-proof; stain-resistant; fade-proof
Abfärbebeständigkeit *f (OB)* chalk resistance
abfärben *v* chalk *(Kalkanstrich)*
Abfärbeprüfer *m* chalking tester
Abfasebohrer *m* chamfer bit
Abfasehobel *m (Hb)* chamfer plane
abfasen *v* bevel, cant (off); chamfer *(meist mit 45°)*
Abfasen *n* bevelling, canting; chamfering *(meist mit 45°)*
Abfasung *f* chamfer, bevel
Abfasungsprofil *n* chamfer shape
abfedern *v* cushion *(z. B. Stöße, Schläge)*
abfegen *v (OB, Te)* sweep off
Abfehmen *n* skimming *(Glas)*
Abfeimen *n* skimming *(Glas)*
Abfertigungsfläche *f (Verk)* passenger and luggage handling level *(Flughafen)*
Abfertigungsgebäude *n* passenger terminal block *(Flughafen)*
Abfertigungsgebäude *n* **für internationale Flüge** *(Verk)* international terminal building
Abfertigungshalle *f (Verk)* terminal, passenger terminal *(Flughafen)*
Abfertigungsinsel *f (Verk)* service island *(Flughafenvorfeld)*
Abfertigungsraum *m (Verk)* check-in area *(z. B. auf Flugplätzen)*
Abfertigungssystem *n (Verk)* entry and exit control unit
Abfertigungsverfahren *n* service method *(Flugzeugabfertigung)*
Abfertigungsverkehr *m (Verk)* service traffic *(für Flugzeugabfertigungen)*
Abfertigungsvorfeld *n (Verk)* service area, service zone *(Flughafen)*
Abfertigungszone *f (Verk)* service area, service zone *(Flughafen)*
abfilzen *v (OB, Te)* felt-treat
Abfilzen *n* **eines Anstrichs** *(OB, Te)* felting-down
Abfindung *f (VR)* compensation
abflachen *v* 1. *(Erdb)* flatten, level off; 2. tabulate *(Bauelemente)*
Abflachen *n (Erdb)* flattening
Abflachung *f* 1. *(Erdb)* flattening; 2. tabulation *(Bauelemente)*
Abflachung *f* **einer Krümmung** *(Verk)* easing of a bend
Abflammen *n* burning-off *(alte Anstriche)*

abfließen *v* discharge, drain away, flow off, outflow, run off
Abfließen *n* drainage, flowing-off, runoff; leakage
Abfließenlassen *n* decantation
Abfließenlassen *n***/vorsichtiges** decantation
abfluchten *v (Verm)* line out
Abflug *m (Te)* start
Abflughalle *f* departure lounge *(Flughafen)*
Abfluss *m* effluent, effluence, outlet, runoff, efflux, flowing-off, discharge, drain, drainage; fixture drain *(z. B. von einem Traps)*
Abfluss *m***/direkter** direct runoff
Abfluss *m***/durchlaufender** continuous waste, continuous waste pipe *(aus zwei oder mehr Waschbecken zu einem Geruchsverschluss)*
Abfluss *m***/freier** *(WVA)* indirect waste pipe
Abfluss *m* **im Oberflächenbereich** surface runoff
Abfluss *m***/individueller** *(San, WVA)* revent pipe
Abfluss *m***/regulierter** *(Wsb, WVA)* sustained runoff
Abfluss *m***/unterirdischer** 1. *(Erdb, WVA)* subsurface discharge; 2. *(Bod, Erdb)* subsurface runoff
Abfluss *m***/veränderlicher** *(WVA)* varied flow
Abflussbecken *n (WVA)* drainage basin
Abflussbeiwert *m* runoff coefficient, coefficient of runoff
Abflussbetonrohr *n (BT, WVA)* concrete waste pipe
Abflussblindrohr *n (San, WVA)* protected waste pipe
Abflussbogen *m* shoe
Abflussdränrohr *n (WVA)* waste drainage pipe
Abflusseinlauf *m (San)* outfall
Abflussfläche *f* discharge area
Abflussgang *m (Erdb, LB, WVA)* unit hydrograph *(Vorfluterabflussschwankung)*
Abflussgebiet *n* 1. *(WVA)* drainage area; 2. *(Umw, Wsb)* hydrographic area
Abflussgeschwindigkeit *f* discharge velocity, velocity of flow *(Entwässerung)*
Abflussgraben *m* 1. *(Verk)* sough; 2. *(Wsb)* tail-race *(eines Kanals)*; through cut; 3. culvert *(z. B. unter Straßen)*; 4. ditch, drain, field drain; effluent channel
Abflussgraben *m***/überwölbter** culvert *(z. B. unter Straßen)*
Abflussgröße *f* drainage large
Abflusshahn *m (San)* drain cock
Abflusshöhe *f* flow depth
Abflusskanal *m* 1. discharge conduit, drain channel; 2. sewer, effluent sewer; 3. *(Wsb)* overflow channel, side chamber, waste-way
Abflusskapazität *f* 1. *(WVA)* capacity of discharge; 2. *(San, Wsb, WVA)* channel capacity
Abflusskoeffizient *m* discharge coefficient
Abflusskurve *f* discharge curve
Abflussleitung *f* 1. discharge line, discharge pipeline, drain line, draining line; 2. *(San)* discharge pipe; 3. *(Wsb)* outfall; 4. fixture drain *(z. B. von einem Traps)*
Abflussleitung *f***/direkte** *(San, WVA)* revent pipe
Abflussleitung *f***/offene** *(WVA)* indirect waste pipe
Abflussmenge *f* discharge, discharge rate, rate of discharge, efflux, outflow, outflow amount, rate of runoff, runoff, runoff capacity *(Entwässerung)*; delivery *(von Pumpeinrichtungen)*
Abflussmenge *f***/jährliche** *(Wsb)* yearly discharge
Abflussmenge *f***/mittlere** *(WVA)* average discharge
Abflussmengenkurve *f* discharge hydrograph, discharge rating curve, rating curve
Abflussmengenmessgerät *n (San, WVA)* drainage meter
Abflussmessstelle *f (Wsb)* gauging station
Abflussöffnungsgitter *n (BT)* sink grid
Abflussquerschnitt *m (Wsb, WVA)* flow cross section
Abflussregler *m* effluent controller
Abflussregulierung *f (Wsb)* stream-flow control
Abflussrinne *f* 1. discharge channel, draining channel, drainage channel; 2. discharge gutter, drainage gutter *(Tiefbau)*; 3. *(Wsb)* side channel
Abflussrinne *f***/befestigte** *(WVA)* paved channel
Abflussrinnenversatz *m* channel obstruction
Abflussrohr *n* 1. spout, discharge pipe, drain pipe, draining pipe, outflow pipe, discharge conduit; 2. *(San)* waste pipe; cesspipe *(für Klärgruben)*
Abflussrohrbogen *m* waste elbow
Abflussschwankungskoeffizient *m (Wsb, WVA)* factor of outflow variation
Abflussstandrohr *n (AE)* standing waste [pipe]
Abflussstelle *f* discharge point
Abflussstopfen *m* waste plug
Abflusssystem *n* draining pipework, drainage pipework, discharge pipework, discharge pipe system
Abflussventil *n* overflow valve, overflow trap
Abflussvermögen *n* discharge capacity
Abflussverzögerung *f* **durch Vegetation** *(Wsb)* vegetable retardance
Abflussvolumen *n (San, Wsb, WVA)* channel capacity
Abflusswasser *n* waste water *(z. B. bei Kühlsystemen)*
Abflusszeit *f* time (of) flow; time of entry *(Entwässerung)*
Abfolge *f* succession
abförmig tapering
Abformung *f* mould *(z. B. Ornament)*
Abfrieren *n (BM)* frost-induced cracking *(von Mauerwerk)*
Abfuhr *f (Umw)* collection
abführen *v* carry off *(z. B. Abwasser)*
Abführkanal *m (Erdb, LB, Wsb, WVA)* outlet channel
Abfuhrrampe *f (Verk)* exit ramp
Abführung *f* 1. *(BM, HLK, Konst)* abstraction *(z. B. von Wärme)*; 2. *(Umw, WVA)* sewage removal *(Abwasser)*
Abführungsvermögen *n (WVA)* capacity of discharge
Abfüllen *n* **in Säcke** *(BM, Te)* bagging
Abfüllpumpe *f* barrel pump
Abgabepreis *m* tender(ed) price
Abgang *m* 1. *(Verk)* fretting *(Grundbruch)*; scabbing, ravelling, *(AE)* raveling *(Straßenbelag)*; 2. tailings, waste material *(Rückstände industrieller Verarbeitungsprozesse)*; 3. loss; 4. *(El)* junction; 5. departure
Abgängigwerden *n (Verk)* ravelling
Abgas *n* exhaust gas
Abgasaustrittsschacht *m (HLK)* exhaust shaft
Abgasentschwefelung *f (Umw)* waste gas desulphurization, *(AE)* waste gas desulfurization
Abgaskanal *m* exhaust gas duct
Abgasreinigung *f (Umw)* waste gas cleaning
Abgasrohr *n* vent connector *(Gasheizung)*
Abgassammelfilterkammer *f* exhaust fume hood
Abgassammelkammer *f* exhaust fume hood
Abgastemperatur *f (HLK)* exhaust temperature
Abgasvorwärmer *m (HLK)* economizer
abgebaut *(Te)* struck *(z. B. Gerüst)*
abgeben *v (HLK)* throw off *(Wärme)*
abgeböscht degraded, sloped *(Fläche)*
abgebrannt fire-gutted, gutted, ruined by fire, destroyed by fire
abgebunden 1. hydrated, cemented *(Zement, Beton)*; 2. set *(Kleber, Zement)*; 3. *(Hb)* joined *(Bauholz)*
abgedeckt capped *(Mauerwerk usw.)*; covered *(Oberflächen)*
abgedeckt/mit Zierleisten *(EB)* bead-jointed
abgedeckt/nicht uncovered, unfaced *(Oberflächen)*; plain *(Baumatte)*
abgedichtet proofed, draught-proofed, windtight *(gegen Luft)*; gasketed, leakproof; hermetically sealed
abgedichtet/gegen Windzug windtight
abgedichtet/nicht *(Umw)* unlined *(Deponie)*
abgedunkelt obscured

abgefast bevelled, canted; chamfered *(meist mit 45°)*
abgeflacht flattened, flat-topped; depressed; oblate
abgeglichen 1. flushed, levelled; aligned; adjusted; 2. balanced, trimmed; matched
abgehängt suspended *(z. B. Decken)*
abgekalkt chalked
abgekantet canted, chamfered, subrounded; folded; welted
abgekehrt addorsed *(z. B. Tierfiguren)*
abgekehrt/einander addorsed *(z. B. Tierfiguren)*
abgekippt dumped
abgekreidet chalked
abgelagert matured, well-seasoned *(Holz)*
abgelängt sawn to length, cut-off to proper length
abgelegen *(RP)* remote
abgeleitet *(Stat)* derivative, derivated *(Formel)*
abgelöscht slaked *(Kalk)*
abgelöst detached
abgenommen werden *v*/**nicht** *(VR)* fail to pass
abgenutzt worn, worn-out, used up; spent *(Geh- und Verkehrsoberflächen)*
abgenutzt/nicht unworn
abgenutzt/stark badly worn
abgepasst made to fit
abgeplattet flattish, oblate
abgerichtet dressed *(Holz)*
abgerieben *(OB)* rubbed
abgerundet 1. rounded; radiused *(Kante)*; curved; 2. rounded-off *(mathematisch)*
abgesäuert etched
abgeschirmt protected
abgeschliffen/roh *(OB)* rough-ground
abgeschlossen 1. closed *(z. B. Raum)*; self-contained; 2. *(Umw)* completed *(Deponie)*
abgeschlossen/dicht hermetically sealed
abgeschrägt 1. battered *(Wand)*; 2. bevelled, canted, chamfered, *(AE)* beveled *(Kante)*; 3. *(Erdb)* slanted *(Hang, Böschung)*; 4. splayed, tapered *(verjüngend)*
abgesenkt depressed
abgesetzt chamfered, dumped
abgesichert *(El)* fused; protected *(Bauwerk)*
abgesiegelt sealed
abgespült rinsed
abgestrahlt blast-cleaned *(Oberfläche)*
abgestuft 1. graded, close-graded, dense-graded, screened *(Baustoffe)*; 2. stepped, benched, tiered
abgestuft/gut graded well, well-graded *(Gekörn)*
abgestuft/offen open-graded
abgestuft/schlecht poorly graded *(Sieblinie)*
abgestumpft blunt, truncated *(geometrisch)*; dulled *(Werkzeuge)*
abgestützt propped-up, reinforced
abgeteilt partite
abgeteuft *(Bod)* sunk
abgetönt tinted
abgetrennt divorced
abgetreppt stepped, tiered
abgewalmt *(Konst)* hipped
abgewaschen washed down, rinsed
abgewinkelt elbowed, angled, angular
abgewittert *(BM)* weathered-away
abgezinst discounted *(Baudarlehen)*
abgezogen floated *(Estrich)*
Abgießen *n* decantation
Abgießen *n*/**vorsichtiges** decantation
abgittern *v* *(LB)* rail off
Abglätten *n* *(OB, Te)* surface smoothing
Abglätten *n* **einer Werksteinoberfläche** *(OB)* combing
Abgleich *m* 1. *(Konst, Te)* trim *(Oberflächen usw.)*; 2. *(HLK)* balance
abgleichen *v* 1. *(Bod, Verk)* shape, level, level off, make level, align, skim, straighten; 2. *(Te, Verk)* strike off *(mittels Deckenfertiger)*; 3. even, trim *(Bodenoberfläche)*; 4. adjust *(Messtechnik)*; 5. *(HLK)* balance
abgleichen *v*/**oberflächlich** skim, level, plain
Abgleichen *n* *(Erdb)* levelling
Abgleichreihe *f* *(SB)* stones of reference *(Mauerwerk)*
Abgleichschicht *f* level course
Abgleichung *f* level course
abgleiten *v* glide off, slip off; slide off
Abgleitfeuerschutztür *f*/**automatische** sliding fire door
Abgleitfläche *f* *(Bod)* downslide level *(Böschung)*
abgraben *v* dig off
abgraten *v* burr, chip; deflash *(Kunststoff)*
Abgraten *n* deburring, burr removal
abgrenzen *v* bound, mark off *(Grundstück)*; define, delimit
abgrenzen *v*/**genau** pinpoint *(Lage, Auflage)*
Abgrenzung *f* delimitation
Abgrund *m* *(Bod)* precipice
Abgrusen *n* *(Verk)* blinding, aggregate seal *(Oberflächenschluss)*
Abguss *m*/**erhabener** relief mould
Abhacken *n* back edging *(von Keramikrohren)*
abhämmern *v* peen, hammer away
Abhämmern *n* hammering away
Abhang *m* decline, declivity, slope, downhill slope, shelving, slope
Abhang *m*/**sanfter** gentle slope
Abhang *m*/**windseitiger** *(Bod, Erdb)* windward slope
Abhängehöhe *f* height of suspension
abhängen *v* hang, suspend *(z. B. Decken)*; take down
Abhängigkeit *f*/**lineare** linear relation
abhauen *v* 1. *(Te)* abate *(bei Steinmetzarbeiten)*; 2. chip off, cut off, part off *(Putz usw.)*; 3. *(LB)* slash *(Buschwerk)*
Abhauen *n* *(Konst)* wasting *(von Steinkanten, Steinüberstand)*
abheben *v* lift *(eine alte Farbschicht)*
Abheben *n* 1. lifting *(Brückenüberbau)*; 2. lifting *(eines Anstrichfilmes)*
Abhebern *n* siphonage
Abhilfe *f* *(RS, Te)* remedial measure *(von Mängeln)*
Abhilfemaßnahme *f* remedial treatment
Abhilfemaßnahmen *fpl*/**bauliche** *(RS, Te)* remedial building work
Abhitze *f* waste heat
Abhitzeverwertung *f* *(HLK, Umw)* utilization of waste heat
abhobeln *v* plane, plane down, plane off; thickness; jack down *(mittels Schlichthobel)*
Abholen *n* *(Umw)* collection
abholzen *v* 1. *(Te)* clear; 2. *(LB, Umw)* deforest *(Wald)*; 3. *(LB)* untimber; 4. *(LB, RP)* disafforest *(Waldgelände für anderweitige Nutzung frei machen)*
abholzig tapering
Abhorchgerät *n* leakage detector *(Abwasser)*
Abhub *m* *(Erdb)* excavated earth, removed earth
abisolieren *v* *(El)* strip *(Draht)*
abkalkbeständig *(OB)* chalk-resistant
Abkalken *n* chalking
abkalkend/nicht non-chalking
abkanten *v* 1. cut off the cant, edge, edge-bend; 2. chamfer *(mit 45 Grad)*; bevel *(Werkzeuge)*; 3. flange, fold, fold down, turn down, welt *(Blech, Träger usw.)*
abkanten *v*/**nach unten** tip down, turn down
Abkanten *n* edging, cutting off; chamfering *(mit 45 Grad)*
Abkanthobel *m* *(BWG, Hb)* shooting plane
Abkantpresse *f* folding press, edging press, *(AE)* press brake

Abkantprofil *n* steel cellular unit *(Stahldecke)*
Abkantung *f* drip *(Dachrinne)*; fold *(Bleche)*; welted edge
abkappen *v* nip off
abkehren *v (OB, Te)* sweep off
abkeilen *v (Te)* wedge *(z. B. Gestein)*
Abkiesung *f* gravel surfacing, gravelling
abkippen *v* 1. *(Umw)* dump *(Abfälle auf Deponien)*; 2. *(BM, Erdb)* tip *(Schüttgüter, Erde)*
Abkippförderkorb *m (Erdb, Umw)* dump skip
Abkippplatz *m (Erdb, Umw)* dump, dump ground, dump site
Abklärgefäß *n* decanter
Abklebung *f* liner
abklemmen *v* pinch off, squeeze off
abklingen *v* 1. decay *(z. B. Schwingungen)*; 2. *(Stat)* subside *(äußere Einflüsse)*
Abklingen *n* decay *(z. B. von Schwingungen)*
Abklingen *n* **der Abbindewärme** *(BB, Te)* dissipation of the hydration heat
Abklingfaktor *m (DIS)* decay factor
Abklingkennwert *m (DIS)* decay constant
Abklingzeit *f (DIS)* decay period
abklopfen *v* rap *(Betonform)*; tap *(Unebenheiten)*; dab, pick, stug *(Natursteinoberflächengestaltung)*
abklopfen *v***/leicht** dab
Abklopfen *n* dabbing, picking, stugging *(Natursteinoberflächengestaltung)*
abkneifen *v* nip off, pinch off
Abknicken *n* buckling *(Platten, Bleche, Scheiben)*; kink *(in Draht)*; offset
Abknickung *(BT, Konst, Stat)* offset *(räumlich, Bauteile usw.)*
Abkochentfettung *f* hot alkaline cleaning *(Oberflächen)*
Abkohlen *n* coal powder line marking
Abkommen *n* deal
Abkommen *n* **von der Fahrbahn** *(Verk)* run off the road
abkragen *v* bevel, cant, slope, splay
Abkragen *n* canting
Abkragung *f* bevel, cant, splay
abkratzen *v* devil *(Putz)*; score *(Holz)*; scrape off
Abkratzen *n* devilling, regrating *(Putz)*; scoring *(Holz)*; scraping, scraping-off
Abkratzmesser *n* stripping knife
abkreidebeständig *(OB)* chalk-resistant
abkreiden *v* chalk, mark by chalk line
Abkreiden *n* chalk line marking *(Markierungen)*; chalking *(von Anstrichen)*
abkreidend/nicht non-chalking
Abkreideprüfer *m* chalking tester
Abkreidungsbeständigkeit *f (OB)* chalk resistance
Abkreuzung *f* 1. *(Arch)* St Andrew's Cross; 2. *(Stat)* diagonal struts
abkühlen *v* chill, cool, cool down; quench *(Metall, Glas)*
abkühlen *v***/rasch** quench *(Metall, Glas)*
Abkühlen *n***/rasches** *(Te)* quench cooling
Abkühlung *f (HLK)* cooling-off
Abkühlungsfläche *f (BT, HLK, Konst)* cooling surface
abkuppeln *v* uncouple
abkürzen *v* cut off, shorten; abridge, condense
Abkürzen *n* cross-cutting
Abkürzung *f* short cut, shortening
abladen *v* off-load, unload
Abladen *n* **von Schutt/überwachtes** *(Te, Umw)* controlled dumping
Ablagefach *n (EB)* pigeonhole
Ablagenische *f (Arch)* ambry *(in Kirchenbauten)*
Ablageplatte *f (HLK)* hob
Ablagerbecken *n (Umw, WVA)* settlement basin
ablagern *v* 1. build up, deposit, lay down; 2. age; season *(Holz)*; 3. sedimentate *(geologisch)*; 4. dump, deposit *(Müll)*
ablagern lassen *v (BM, WVA)* settle *(Flüssigkeiten)*
ablagern *v***/sich** deposit; sediment
ablagern *v***/wieder** *(Bod, Wsb)* redeposit
Ablagern *n* sedimentation
Ablagern *n***/geordnetes** landfilling
Ablagerung *f* 1. alluvial deposit, alluviation, laying-down *(Geologie)*; 2. deposit, deposition; settlement, settling *(Vorgang)*; 3. *(Erdb)* landfill, laying-down; 4. seasoning, ageing *(von Holz)*; 5. *(Bod)* sediment *(Rückstand)*; 6. warehouse set *(Zement)*; 7. *(Umw)* deposit build-up *(Müll)*
Ablagerung *f***/alluviale** 1. *(Bod)* geest; 2. alluvial deposit *(Geologie)*
Ablagerung *f***/diluviale** *(Bod)* diluvial deposit
Ablagerung *f***/gemischte** *(Umw)* codeposition
Ablagerung *f***/kalkhaltige** calcareous deposit
Ablagerung *f***/marine** *(Bod)* marine deposit
Ablagerung *f***/saure** *(Bod, Umw, WVA)* acid deposit
Ablagerung *f***/ungeordnete** uncontrolled dumping
Ablagerung *f***/verdeckte** *(Erdb, Umw)* shielded deposit
Ablagerungen *fpl***/eiszeitliche** *(Bod)* ice-aged deposits
Ablagerungen *fpl***/salzige** *(BM, Bod)* saline licks
Ablagerungsfläche *f* bedding plane
Ablagerungsgebiet *n (Bod)* deposition area
Ablagerungsgeschwindigkeit *f (Umw)* deposition velocity
Ablagerungsplatz *m* storage area
Ablagerungsplätze *mpl* depositories
Ablagerungsrate *f (Umw)* deposition rate
Ablagerungsstelle *f* deposition place, site of deposition
Ablagerungswert *m (Umw)* deposition value
ablängen *v* buck, cut, cut (in)to length, cut into sections, saw off to length, saw to length, trim *(Holz, Langholz, Baumstämme)*
Ablängen *n* bucking, cutting to length *(Holz, Langholz, Baumstämme)*
Ablängreste *mpl* ends *(Bauholzreste)*
Ablängrestholz *n (BM, Hb)* trim
Ablängsäge *f (AE)* slasher saw
Ablass *m* blow-off, outlet; drain
Ablassdüker *m (Wsb)* regulating siphon
ablassen *v* drain away, run off; discharge *(Flüssigkeiten, Gase)*; vent *(Gase)*; bleed, empty *(leeren)*
Ablassen *n* discharge, outlet
Ablasshahn *m* drain cock, drain tap, draw-off cock, bleeder
Ablassöffnung *f* discharge, opening, outflow, outlet
Ablasspfropfen *m* drain plug
Ablassrohr *n* blow-off pipe, blow-off tube, delivery tube
Ablassschieber *m (HLK, WVA)* outlet valve
Ablassschraube *f* drain plug
Ablassschütz *n (Wsb, WVA)* bottom outlet
Ablassstutzen *m* outlet sleeve
Ablassventil *n* discharge valve, outlet valve, overflow trap, overflow valve, purge valve
Ablastbogen *m* relieving arch *(Mauerwerk)*
Ablation *f (Bod)* ablation *(des Bodens, z. B. durch Wasser)*
Ablauf *m* 1. *(San, Umw)* drain, floor inlet; outflow, outlet, runoff; waste pipe; 2. *(Verk)* gully, drain *(Straße)*; 3. process, run; sequence *(Abfolgen)*; 4. *(Arch)* tapered collar, cavetto, cavesanetto; throat; 5. *(Konst)* throat *(Wassernase, Wasserkehle usw.)*
Ablauf *m***/gerillter** fluted drainer
Ablauf *m* **mit Geruchverschluss** *m (San)* trapped gully
Ablaufberg *m (Verk)* double incline, shunting slope *(Rangieren)*
Ablaufdiagramm *n (Te)* graph of flow
Ablaufeinfassung *f* gully surround, inlet surround
ablaufen *v* 1. discharge, drain down, drain, run off *(Flüs-*

sigkeiten); 2. sag *(Anstrichstoffe)*; 3. *(VR)* expire *(Garantie, Angebot)*; 4. proceed, run, run down *(Abfolgen)*
ablaufen lassen *v* drain, run off
Ablaufen *n* drainage, outlet; running down, veiling, sagging *(Anstrich, Kleber usw.)*
ablaufend/gleichzeitig *(Te)* concurrent
Ablaufende *n* drip edge *(Metalldach)*
Ablauffläche *f* drainer
Ablauffrist *f* term, time-limit
Ablaufgleis *n (Verk)* falling track
Ablaufkanal *m* 1. *(Wsb)* flume; runoff canal; effluent channel; 2. *(Umw)* sewer *(Abwasser)*
Ablauföffnung *f* drainage hole, gully opening, inlet opening, weephole
Ablaufplan *m* schedule, plan of work, timetable, work schedule
Ablaufplanung *f (Te)* work planning
Ablaufplatte *f* drainer
Ablaufprüfung *f* drainage test, draindown test
Ablauframpe *f (Verk)* gravity incline *(Eisenbahn)*
Ablaufrangieranlage *f (Verk)* hump yard
Ablaufrinne *f* 1. drain gutter, discharge gutter, discharge channel, guttering, outlet ditch, outlet trough, bye-channel, bye-wash; 2. *(Arch)* tapered collar
Ablaufrohr *n* drain pipe, outflow pipe
Ablaufrohrbogen *m* waste elbow
Ablaufschema *n (Te)* flow chart
Ablaufschnauze *f (San)* spout *(vom Dach)*
Ablaufstelle *f* discharge point
Ablaufstillstand *m (Te)* idle period
Ablaufstutzen *m (San)* overflow connection, trap outlet *(Geruchsverschluss)*
Ablauftest *m* drainage test, draindown test
Ablaufverbindung *f* waste connection
ablaugen *v (OB, Te)* pickle *(Holz)*
Ablauger *m* paint stripper
Ablauger *m*/**alkalischer** *(BM, OB)* alkaline paint remover
Ablaugmittel *n (BM, OB)* stripper
ablegen *v*/**Rechenschaft** *(VR)* account for
Ablegen *n* filing *(Akten)*
ablehnbar *(VR)* rejectable
ablehnen *v (VR)* refuse
Ablehnen *n* **des Angebotes** rejection of tender
Ablehnen *n* **von Plänen** *(Konst, VR)* rejection of plans
ableimen *v* unstick
Ableimen *n* adhesive failure, ungluing; sizing *(Flächen)*
ableiten *v* 1. carry off, abstract *(Wärme)*; 2. drain away, discharge, drain off, bleed *(Flüssigkeiten)*; 3. *(El)* shunt, leak; 4. arrest, deflect *(Überspannung, Blitz)*; 5. transfer, transmit *(Berechnung)*; 6. divert, bypass *(umleiten)*; 7. remove *(Wasser entziehen)*
Ableiter *m* 1. *(El)* arrester *(Blitz)*; 2. drainer, offtake *(Wasser)*; 3. *(El)* conductor; arrester *(Blitz)*
ableitfähig conductive *(Fußbodenbelag)*
Ableitrohr *n* 1. *(San)* discharge pipe, drain pipe; 2. *(El)* conductor
Ableitung *f* 1. *(BM, HLK, Konst)* abstraction *(z. B. von Wärme)*; 2. diversion *(Umleitung)*; 3. *(El)* path to earth; 4. *(Stat)* derivation; 5. *(San)* offtake; 6. removal *(Wasserentzug)*
Ableitung *f* **des Grundwassers** tapping of the underground water
Ableitungskanal *m (Wsb)* outfall
Ableitungsrohr *n (WVA)* offtake
Ableitungsstollen *m (Wsb)* tail-race tunnel
Ableitungswiderstand *m (El)* earthing resistance, *(AE)* grounding resistance
ablenken *v* 1. *(BB, Konst)* deflect; 2. *(BB)* drape *(Spannbeton; Spannbetonlitzen)*; 3. *(Wsb)* divert *(Fluss)*; 4. *(BB, Konst)* deflect *(Licht)*
Ablenken *n (BB)* draping *(Spannbetonlitzen)*
Ablenker *m (HLK)* deflector, baffle *(Ablenkblech)*
Ablenkkraft *f* deviation force
Ablenkplatte *f (HLK)* deflector, baffle plate *(Ablenkblech)*
Ablenkung *f* deflection, deviation
Ablenkungskraft *f (Stat)* deflecting force
Ablenkungswinkel *m* angle of deflection
Ablenkverfahren *n (BB, Te)* deflected-strand technique *(Spannbeton)*
Ablenkwinkel *m* deflection angle
Ablesbarkeit *f* readability
Ablesegenauigkeit *f* reading accuracy
Ablesemarke *f* index, index mark, reference point
Ablesen *m* readout
Ablesevorrichtung *f* reading device, readout unit, eyepiece
Ablesewert *m* reading
Ablesung *f* 1. reading; 2. *(Verm)* sight
ablösbar 1. separable, detachable, removable; 2. peelable, strippable *(Anstrich, Beschichtung)*
ablöschen *v* slake *(Kalk)*
Ablöschen *n* slaking
Ablöseanzeichen *n* stripping indicator *(Anstriche)*
ablösen *v* peel, strip away *(Anstrich, Beschichtung)*; unstick; strip *(Beton)*; detach *(Montage, Demontage)*
ablösen *v*/**sich** *(OB)* slough off
Ablösen *n* 1. adhesive failure, debonding; 2. *(RS, Verk)* scabbing *(Straßenbelag)*; 3. *(OB)* stripping; 4. *(RS, Te)* separation *(eines Anstrichs)*
Ablösen *n*/**streifiges** *(OB)* streaking
Ablösen *n* **von der Splittoberfläche** stripping of aggregate *(Bindemittel)*
Ablöseverfahren *n (BM, OB)* stripping technique *(Schichtdickenprüfung)*
Ablösung *f* detachment; stripping, peeling *(z. B. Schichten)*; separation *(Strömung)*
Ablösung *f*/**schalenförmige** flakes
Ablösung *f* **von Schichten** stripping, delamination, peeling
Ablösungskennzeichen *n* displacement indicator *(Bindemittel-Mineral-Gemisch)*
Ablösungsprüfung *f* displacement test *(bituminöse Gemische)*
abloten *v* plumb
Abluft *f* 1. *(HLK)* exhaust air, exit air, leaving air, outgoing air, vitiated air, waste air; 2. *(Umw)* foul air; cleaned gas, scrubbed gas
ablüften *v (OB)* flash off *(Anstriche)*
Abluftfilter *n (HLK)* waste air filter
Ablufthaube *f (HLK)* extractor hood
Abluftkanal *m (HLK)* exhaust duct, exhaust shaft, vitiated air duct
Abluftklappe *f* exhaust air damper
Abluftöffnung *f (HLK)* vitiated air opening
Abluftrohr *n (HLK)* outgoing pipe
Abluftschlot *m (HLK)* vitiated air chimney
Abluftschornstein *m (HLK)* vitiated air chimney
Abluftventilator *m* exhaust fan
Abmachung *f (VR)* understanding
abmanteln *v (El)* strip *(Kabel)*
abmarkieren *v (Verm)* trace out
Abmarkung *f (Verm)* demarcation
Abmaß *n* deviation, margin, off-size, tolerance
Abmaß *n*/**oberes** *(BT)* over-allowance *(Bauelement)*
Abmaß *n*/**tatsächliches** *(EB, Konst)* real allowance
Abmaß *n*/**wirkliches** *(BT, Konst)* actual allowance
Abmaß *n*/**zulässiges** size limit, size tolerance

Abmaßgrenze *f (VR)* tolerance limit
abmeißeln *v* chisel off
abmessen *v* measure, gauge; batch, proportion, meter *(Baustoffe für Mischungen)*; scale *(Holz)*
Abmessen *n* **der Baustelle** survey of site
Abmesskasten *m (BB, Te)* gauging box *(Betonherstellung)*
Abmessung *f* dimension *(Gebäude)*; size
Abmessung *f***/äußere** external dimension
Abmessung *f* **der Schnittfläche** *(AE)* superficial measure
Abmessung *f***/lichte** *(BT, Konst)* clear dimension
Abmessung *f***/modulare** *(Konst)* modular dimension
Abmessungen *fpl***/allgemeine** *(Konst)* outline and dimensions
Abmessungen *fpl* **auf Modulgrundlage/zu bevorzugende** *(Konst)* preferential dimensions on modular basis
Abmessungsabweichung *f* dimensional discrepancy
Abmessungsangaben *fpl* dimensional data
abmindern *v* lower
abmontierbar demountable; removable, detachable
abmontieren *v* detach, dismount, disassemble, dismantle, take apart; remove; strip *(z. B. Schalung)*
abmontiert *(Te)* struck
Abnahme *f* 1. *(Stat)* abatement *(Spannungen)*; 2. *(VR)* acceptance *(Güte, Leistung)*; 3. decrease, diminution, fall, lowering *(z. B. von Werten)*; 4. *(VR)* taking over *(Haus, Gebäude)*
Abnahme *f* **der Arbeit** *(VR)* acceptance of work
Abnahme *f* **der Erzeugnisse** *(VR)* acceptance of products
Abnahme *f***/vorläufige** *(VR)* initial acceptance
Abnahmebedingungen *fpl (VR)* conditions of acceptance
Abnahmebescheinigung *f (VR)* acceptance certificate
Abnahmebestimmung *f (VR)* specification for acceptance
Abnahmekommission *f (VR)* acceptance committee
Abnahmekontrolle *f* final examination, final inspection
Abnahmekriterien *npl (VR)* conditions of acceptance
Abnahmekriterium *n***/generelles** *(Konst, VR)* general acceptance criterion
Abnahmelehre *f* inspection gauge, master, master gauge
Abnahmemerkmal *n***/allgemeines** *(Konst, VR)* general acceptance criterion
Abnahmemessung *f (Verm, VR)* final measurement
abnahmepflichtig *(VR)* subject to acceptance *(Bauteile, Bauzustände)*
Abnahmeprotokoll *n* certificate of acceptance, acceptance certificate; trial record, inspection report
Abnahmeprüfung *f (VR)* acceptance test
Abnahmeschein *m* certificate of acceptance
Abnahmestelle *f (El, WVA)* demand point *(Energie, Wasser)*
Abnahmetoleranz *f (BM, BT, Konst, VR)* permissible deviation
Abnahmeunterlagen *fpl (Konst, VR)* acceptance documents
Abnahmeverweigerung *f (VR)* non-acceptance
Abnahmevorschrift *f (VR)* specification for acceptance
Abnahmevorschriften *fpl (VR)* quality specifications
Abnahmewahrscheinlichkeit *f* probability of acceptance
Abnahmezeichnung *f (Konst, VR)* acceptance drawing
abnehmbar removable, separable
abnehmen *v* 1. *(VR)* accept *(z. B. Bauwerk)*; 2. decay *(z. B. Schwingungen)*; 3. decline, fall *(z. B. Messwerte)*; 4. decrease *(Kräfte, Spannungen, Schwingungen)*; 5. drop *(z. B. Temperaturen, Druck)*; 6. dwindle, remove, take down, take off *(von etwas wegnehmen)*; 7. skim, skim off *(abschöpfen)*
abnehmen *v***/allmählich** decrease gradually
Abnehmer *m (El, WVA)* point of consumption
Abnehmerstelle *f* 1. *(El, VR, WVA)* consumption point; 2. *(El, WVA)* point of consumption
Abnehmerübernahmepunkt *m (El, VR, WVA)* consumption point
abnutzen *v* fret, spoil, *(AE)* scuff
abnutzen *v***/sich** fret, wear away, wear out
Abnutzen *n (BM, OB)* fading *(Kunstharze, Beschichtungsstoffe)*
Abnutzung *f (BM, OB)* wear
Abnutzung *f* **des Betons** *(BB, OB)* wear of concrete
Abnutzung *f* **durch Reibung** *(OB, Verk)* attrition
Abnutzung *f***/mechanische** mechanical wear
Abnutzung *f* **und Verschleiß** *m (BM, OB)* wear and tear
abnutzungsbeständig resistant to wear, wear resistant
Abnutzungsbeständigkeit *f* resistance to wearing
Abnutzungseigenschaft *f* wearing capacity, wearing property
Abnutzungsfläche *f (BM, Konst, OB)* wearing surface
Abnutzungshärte *f* wearing hardness
Abnutzungshemmstoff *m (BM)* wearing inhibitor
Abnutzungsmarkierschicht *f (OB)* guide coat *(für Farbanstriche)*
Abnutzungsprüfung *f (BM, BWG, OB)* wearing test
Abnutzungsteststrecke *f* wear test track
Abnutzungstiefe *f (BM, OB)* wearing depth
abnutzungswiderstandsfähig machen *v (BM)* wear--proof
Abort *m (San)* closet
Abort *m***/französischer** *(San)* squatting W.C. pan
Abort... *siehe auch: Toiletten...*
Aborterker *m (Arch)* corbelled garderobe *(in Wehrmauern)*
Abortgrube *f* 1. *(WVA)* cesspit; 2. *(San)* cloaca
Aborthäuschen *(Konst, San) (AE)* outhouse
abpflocken *v (Verm)* peg out
Abpflockung *f (Verm)* pegging out
abplatten *v (Te)* flatten
Abplättern *n* spallation
Abplattung *f* flatness
Abplatzbeständigkeit *f (BM)* spalling resistance
abplatzen *v* 1. flake off, scale off; exfoliate; chip; 2. peel, peel off; chip *(Anstrich; Emaillack, Farbe)*; 3. spall, slab *(Gestein)*
Abplatzen *n* 1. chipping; exfoliation; scaling; 2. flaking, peeling *(z. B. von Putz, Farbe)*; 3. popout *(bei Beton durch Druckwirkung)*; 4. shivering *(z. B. von Keramikglasur)*; 5. spallation, spalling *(Ziegel bei Frosteinwirkung)*; 6. turtleback *(Furnier)*
Abplatzen *n***/flächiges** *(BM)* delamination
Abplatzoberfläche *f* plucked finish *(Stein)*
Abprall *m (Stat)* repercussion *(Kräfte)*
Abprodukte *npl***/kommunale** *(Umw)* municipal waste
Abpudern *n* chalking
abpumpen *v* exhaust
abputzen *v* plaster; render, rough-cast, *(AE)* parget *(Mauern)*; scour *(eine Oberfläche glätten)*; skin *(tünchen)*
Abputzen *n* plastering; rendering; scouring *(reinigen)*
Abputzhammer *m* mason's hammer
Abrammen *n* ramming
Abraum *m* overburden, spoil *(Baustoffabbau)*; waste
Abraumabtragen *n (Erdb)* encallowing, stripping of overburden *(Steinbruch, Sandgrube)*
Abraumbeseitigung *f (Erdb)* removal of debris *(auch Sandgrube, Steinbruch usw.)*
abräumen *v* remove
Abraumhalde *f* dump, pit heap, spoil heap, spoil area, waste heap, waste pile
Abraumkippe *f* 1. rubbish dump, spoil area; 2. *(BM, Te)* dump of overburden *(Sandgrube, Steinbruch)*
Abraumschicht *f* 1. *(Bod, Tun)* overburden; 2. *(Bod, Erdb) (AE)* capping
Abraumschutt *m (Umw)* mining debris
abrechnen *v* square, settle, deduct
Abrechnung *f (VR)* accounting

Abrechnungsunterlagen *fpl* documents for setting the accounts
abreibbar *(BM)* friable *(Zuschlagstoff)*
abreiben *v* abrade, float, rub, rub down, rub off, score *(Putz)*; score, score off, gall *(Schmutz)*; grind *(schleifend)*; wipe *(wischend)*
abreiben v/von Hand hand-wipe
Abreiben *n* abrasion, rubbing, floating, scoring *(Putz)*; cocking *(Farbanstrich)*; grinding *(schleifend)*
Abreibstein *m* rubbing stone *(Natursteinbearbeitung)*
Abreißbewehrung *f* top reinforcement, upper reinforcement
abreißen *v* demolish, dismount, knock down, pull down, take down, tear down, wreck, break down *(Gebäude)*
Abreißen *n (Konst, Stat)* cohesive failure *(einer Klebverbindung)*
Abrichte *f* dresser *(Holz)*
Abrichtemaschine *f (BWG, Hb)* smooth planer
abrichten *v* dress, pare, surface *(Holz)*; planish *(Blech)*
Abrichten *n (BM, Te)* dressing *(Holz)*
Abrichtplatte *f (BT)* surface plate
Abrieb *m* abrasion, attrition, rubbing
abriebbeständig abrasion-proof, resistant to abrasion, resistant to wear, wear resistant
Abriebbeständigkeit *f* resistance to abrasion, wear resistance, abrasion resistance *(von Stein, Beton)*
Abriebexponierung *f* wear exposure *(Verschleißflächen)*
abriebfest abrasion-proof, attrition-resistant, resistant to abrasion, wear-resistant; scrub-resistant *(z. B. Fußbodenkeramik)*
Abriebfestigkeit *f* abrasion resistance, attrition hardness, non-abrasiveness, resistance to attrition, surface abrasion resistance, wear resistance
Abriebhärte *f* attrition hardness
Abriebkoeffizient *m (OB, Verk)* coefficient of abrasion *(Verschleißschicht)*
Abriebmittel *n (BM)* abrasive
Abriebprüfung *f (BM, Te)* abrasion test
Abriebtest *m* attrition test
Abriebtrommelprüfung *f (BM, Verk)* rattler test *(Straßenzuschläge)*
Abriebverlust *m (OB, Verk)* attrition loss
Abriebverschleiß *m (BM, OB, Verk)* abrasive wear
Abriebversuch *m (BM, OB)* wear-out test
Abriebwert *m (BM)* abrasion value
Abriss *m* demolition, wrecking *(von Gebäuden)*
Abrissbirne *f* demolition ball, wrecking ball
Abrisserlass *m (VR)* clearance order
Abrisserlaubnis *f (VR)* demolition permission
Abrissgebiet *n* 1. *(RP, RS)* clearance area; 2. *(RS)* clearance zone
Abrissprojekt *n* demolition project
abrissreif condemned, demolishable
Abrissstelle *f (RS)* wrecking site
Abrissunternehmen *n* demolition contractor
abrollen *v (Verm)* unwind *(z. B. Höhenprofil)*
Abrollen *n (OB)* crawling *(Trockenölschäden bei glänzenden Oberflächen)*
Abrollform *f* curtail *(Geländerlauf)*
Abrollwiderstand *m* rolling resistance
Abrostungsverfahren *n (OB, Te)* rust-removing procedure
Abrufdarlehen *n (VR)* call loan
Abrundeisen *n* arrissing tool
abrunden *v* ease, round, round off *(z. B. Ecken)*; round, round off *(Zahlen)*
abrunden v/nach oben level up
Abrunden *n* easing, edging, rounding-off
Abrundhobel *m (Hb)* capping plane
Abrundung *f* rounding-off
Abrundung f/vertikale *(EB)* easement *(des Handlaufs)*
abrüsten *v* strike down the scaffolding, take down the scaffolding, unscaffold
abrutschen v/seitlich sideslip
Abrutschprüfung *f* slip test
Abrutschwinkel *m (Bod)* glide angle
absacken *v* 1. *(BM, Te)* bag *(Zement, Baustoffe)*; 2. *(Bod, Erdb)* sink; 3. *(Bod)* founder *(Boden)*; 4. give way *(Bauteile)*; 5. sag, veil *(Anstrichstoffe)*; 6. settle *(Gebäude)*
Absacken *n* 1. *(Bod, Erdb, RS)* settlement *(von Gebäuden)*; 2. *(OB)* veiling *(Anstrich)*; 3. sacking *(Schüttgutbaustoffe)*
Absackhalle *f* bagging plant
Absackung *f* 1. *(BM, Te)* bagging *(Schüttgutbaustoffe)*; 2. *(Bod)* subsidence *(einer größeren Fläche)*
Absackwaage *f* bagging scale
Absage *f (VR)* cancellation
absagen *v (VR)* cancel
absägen *v* cut up, saw off
absanden *v* 1. grit, sand, bind, seal *(bestreuen)*; 2. sandblast *(Sandstrahlen)*
Absanden *n* 1. *(Verk)* aggregate seal, sand seal, sanding; *(AE)* sandseal *(Oberflächenschluss)*; 2. dusting, sand spreading *(von Beton)*
Absatz *m* 1. *(Erdb)* terrace *(im Gelände)*; 2. *(BT)* abrupt angle; 3. *(Erdb)* banquette *(Böschungs-, Deichabsatz)*; 4. bench *(Vorsprung in einem Erdwall)*; berm *(Böschung)*; 5. *(Konst)* jog *(jede Unregelmäßigkeit in Richtung und Oberfläche eines Gebäudes)*; 6. laid-on stop, ledge, offset, set--in, set-off, shoulder *(Wand, Mauer, Fußboden)*; 7. *(VR)* marketing; 8. paragraph; 9. *(DIS)* section *(Segment)*; 10. *(Erdb, Tun)* stage *(Bergbau)*; 11. *(BT, Konst)* step *(Stufe)*; 12. *(Konst, TK)* stop *(Auflager)*
Absatzeindruck *m (OB)* heel mark
Absatzkante *f* scarcement *(im Mauerwerk)*
absäuern *v* 1. *(OB)* acid-wash; 2. *(OB, Te)* wash with acid; 3. *(OB, Te)* etch *(Beton, Naturstein)*
Absäuern *n* 1. *(Te)* washing with acid; 2. *(BB, OB)* acid washing *(Betonwerkstein)*
Absauganlage *f (HLK, Umw)* exhaust plant
absaugen *v* draw off, exhaust
Absaugen *n* 1. vacuuming vacuum, cleaning *(Reinigung)*; 2. siphonage *(Flüssigkeiten)*; 3. *(HLK)* suction
Absaughaube *f (HLK)* extractor cowl
Absaugkanal *m (HLK)* fan drift
Absaugklosett *n (San)* siphonic closet
Absaugklosettbecken *n (San)* siphonic pan
Absaugleitung *f (HLK, Tun)* exhaust ducting
Absaugung *f* aspiration, exhaustion
Absaugvorrichtung *f (HLK)* exhausting device
abschaben *v* abrade, scrape off
Abschaben *n (OB, Verk)* abrasion
Abschalbrett *n* soffit board
abschalen *v* chisel off, clean off; face
abschälen *v* 1. bark, peel *(Holz)*; 2. *(RS)* scale *(Beton)*; 3. *(OB, Te)* strip *(Schichten)*
abschälen v/sich 1. *(OB)* peel off; 2. exfoliate *(z. B. Deckschichten unter Wettereinflüssen)*
Abschälen *n* peeling, separation, shelling, flaking *(Anstrich, Putz)*; laminating *(Schichten)*
Abschäler *m* scarifier, scarifier ripper *(Straße)*
abschaltbar *(El)* disconnectable
abschalten *v* 1. shut, switch off, turn off *(Anlagen)*; 2. *(El)* interrupt, switch off, break, disconnect, isolate
Abschaltung *f (El)* interruption, disconnection, switching--off, circuit breaking
abschatten *v* shade
abschattieren *v* shade off *(Farben)*
Abschattung *f* screening; shading; solar shading, sunshading

Abschattungseinrichtung *f (BT)* solar shading device
Abschattungsvorrichtung *f* sunblind, sunbreaker
abschätzen *v* estimate, rate *(Baukosten)*; assess, upraise *(Qualität, Zustand)*
Abschätzung *f* estimation *(Baukosten)*; assessment *(Qualität, Zustand)*
Abschäumen *n* skimming *(Glas)*
abscheidbar *(Konst)* separable
abscheiden *v* segregate, separate; deposit *(Beschichtung)*
abscheiden *v***/galvanisch** *(OB, Te)* electrodeposit
abscheiden *v***/sich** deposit *(Beschichtung)*; separate, separate out
Abscheiden *n (Te)* separation *(von Komponenten)*
Abscheiden *n***/elektrochemisches** electrodeposition
Abscheiden *n***/galvanisches** electrodeposition
Abscheider *m* 1. *(HLK)* collector; 2. precipitator, separator, trap *(Abwasser)*; 3. *(WVA)* interceptor *(für Leichtflüssigkeiten)*; 4. precipitator, separator; settler *(Absetzbecken)*; 5. *(HLK)* collector *(Entstaubung)*
Abscheider *m***/mechanischer** *(BM, Te, WVA)* mechanical collector
Abscheider *m***/optischer** *(Umw)* optical sorter
Abscheideschacht *m (WVA)* intercepting chamber
Abscheidung *f* 1. deposition, separation *(Vorgang)*; 2. deposit, sediment *(Stoff)*
Abscheidung *f***/physikalische** physical separation
Abscheidungsstoff *m* intercepted matter
Abscherbolzen *m* shear pin
Abscherebene *f* plane of weakness
abscheren *v (Te)* shear
Abscheren *n* shear, shearing, shearing action, shearing off
Abscherfestigkeit *f* shearing resistance, shearing strength
Abscherfläche *f* shearing surface
Abscherprüfung *f (BM)* shearing test
Abscherung *f (BT, TK)* detachment
abscheuern *v* wear away, wear out *(Oberflächen)*; abrade *(Gewebe)*
abschiefern *v* 1. flake off *(Naturstein)*; 2. scale off
Abschirmbeton *m* concrete for radiation shielding, radiation-shielding concrete, shielding concrete
Abschirmblockstein *m (BM, Umw)* shielding block
Abschirmdamm *m (Wsb)* bund *(z. B. für am Meer gelegene Straßen)*
abschirmen *v* screen, screen off, shade; shield *(gegen Strahlung)*; protect *(gegen äußere Einflüsse)*; stop off *(Türen, Fenster)*; blanket *(abdecken)*
Abschirmkabel *n (El)* shielded cable
Abschirmmaterial *n (BM, Umw)* radiation shielding material
Abschirmtür *f (Konst, Umw)* radiation-shielding door
Abschirmung *f* screening, blind; shield, shielding *(z. B. gegen Strahlung)*; plenum barrier *(in abgehängten Decken über einer Trennwand)*
Abschirmungsberechnung *f (Stat)* shielding design *(Strahlung)*
Abschirmungseffekt *m (Umw)* screening effect
Abschirmungsgebäude *n (Konst)* shielding building *(gegen Wind)*
Abschirmungswand *f* shielding wall
Abschirmungswirkung *f* shielding effect
Abschirmwand *f* bulk shield, shield, shielding wall *(gegen Strahlung)*
abschlagen *v* knock off, chip off, strike off; remove by hammering *(Putz)*; scabble, spall *(Stein)*
abschlagen *v***/Kanten** spall
Abschlagen *n* regrating *(Mauerwerk)*; wasting, spalling *(von Steinkanten, Steinüberstand)*
Abschlagsplitter *m* spall
Abschlagssummenplan *m (VR)* schedule of values
Abschlagszahlung *f* partial payment, payment on account, interim payment
Abschlämmbares *n* settleable solids, ultra-fine material
abschlämmen *v* clarify, elutriate *(Feinstoffe)*; drain the sludge
Abschlämmen *n* 1. clearing, elutriation; levigation *(dekantieren)*; 2. *(Umw)* mud removal
abschleifen *v* abrade; emery *(schmirgeln)*; paper, sandpaper, sand off *(mit Sandpapier)*; rub off *(abreiben)*; smooth *(glattschleifen)*; wear away, wear out *(verschleißen)*
Abschleifgerät *n***/elektrisches** *(AE)* power sander
abschleppen *v* tow, tow away
Abschleppen *n (Te)* tow
Abschleppseil *n (BT)* tow-line
abschleudern *v* spin
abschlichten *v* smooth *(Holz)*; clean
abschließen *v* 1. close, lock, shut *(z. B. Türen)*; 2. *(Arch)* finish off; occlude *(Leitungen)*; terminate, finish *(Handlungen)*; wind up *(Baustelle)*; conclude, finalize *(Vertrag)*
Abschließen *n* top-out
abschließend 1. concluding, closing, definite; 2. *(Arch)* terminal
Abschluss *m (Arch)* termination *(Abschlusselement in der Kirchenarchitektur)*; closure *(Öffnung)*; edging, surround *(Randeinfassung)*; skinning over *(Anstrich)*; finish, surface *(Oberflächen)*; shutter *(Raum)*
Abschluss *m***/beweglicher** *(Konst)* shutter
Abschluss *m***/entfernbarer** *(Konst)* shutter *(für Raum, Fenster, Tür usw.)*
Abschluss *m***/halbrunder** *(San)* half-round termination
Abschluss *m***/luftdichter** *(BT, Konst)* air-proof joint
Abschluss *m***/regelnder** *(Wsb, WVA)* regulating barrage
Abschlussblatt *n* shutter leaf
Abschlussdachziegel *m* barge course, verge course
Abschlussdecke *f* roof floor
Abschlussfigur *f (Arch)* terminal figure, term
Abschlussfigurensockel *m (Arch)* terminal pedestal
Abschlussfläche *f* end plane
Abschlusskabel *n (El)* termination cable
Abschlusslamelle *f* shutter slat
Abschlussleiste *f (Arch, EB)* banding
Abschlussmauer *f* diaphragm
Abschlussmörtel *m* seal mortar
Abschlussmuffe *f (BT)* terminal sleeve
Abschlussprofil *n* edge trim
Abschlussschicht *f (OB)* top layer *(Beschichtung)*
Abschlussstab *m***/diagonaler** *(AE)* batter brace *(Fachwerk)*
Abschlussstatue *f (Arch)* terminal figure, term
Abschlussstein *m***/längshalbierter** queen closer, queen closure
Abschlusszahlung *f* **der Bausumme** *(VR)* final payment
Abschlussziegel *m***/gewinkelter** mitred-closer
abschmieren *v* grease
Abschmiergrube *f (BWG)* greasing pit
abschmirgeln *v* emery, grind with emery; sandpaper
abschneiden *v* cut away, cut off, shear; crop *(beschneiden)*
Abschneiden *n* **auf Länge** cutting to length
Abschnitt *m* section; cut *(stofflich)*; stage, phase *(zeitlich)*; stretch *(elastisch, plastisch)*; paragraph *(Vorschrift, Gesetz, Richtlinie)*
Abschnitt *m***/blockierter** *(Verk)* blocking section
Abschnitt *m***/kritischer** *(Verk)* high-risk area
Abschnitt *m***/oberster** excelsior *(Turm)*
Abschnitt *m***/vereister** *(Verk)* icy stretches
Abschnitte *mpl (BM, Te)* offcuts • **in Abschnitte unterteilen** section, sectionalize
Abschnittlänge *f (Hb)* cut-off length
Abschnittsfertigstellung *f (Te, VR)* sectional completion

Abschnittssignalsteuerung *f (Verk)* area signal control
abschnüren *v* mark by chalk line, mark out with a line *(Schnurböden)*
Abschnüren *n (Te)* chalk line marking
Abschnüren *n* **mit Kohlepulver** coal powder line marking
abschöpfen *v* skim, skim off
abschottern *v* grit
abschrägen *v* batter, slope *(Böschung)*; bevel, chamfer *(abfasen)*; cant, cut off the cant *(Ecken, Kanten)*; make slanting, slant *(Dach)*; rake *(Hang)*; splay *(Tür, Fenster)*; weather *(Dach, Abdeckung für Wasserabfluss)*
Abschrägen *n* chamfering *(mit 45°)*; bevelling *(Abfasen)*; cut splay *(Ziegel)*; canting
Abschrägung *f* 1. cant *(Ecke, Kante)*; chamfer, bevel *(Abfasung)*; haunch of a beam; ramp *(Dach, Auffahrt)*; scarfing *(Holzverbindung)*; splay *(Tür, Fenster)*; 2. *(Arch)* taper; weathering *(zum Wasserablauf)*
Abschrägung *f* **der Mauer** splaying of wall
abschrauben *v* loosen, screw off, unbolt, unscrew, detach
Abschrauben *n* loosening
abschrecken *v* chill; quench *(Metall, Glas)*
abschrecken *v***/in Öl** *(St, Te)* oil-quench
Abschrecken *n* 1. *(BM, Te)* chilling; 2. *(Te)* quench cooling • **durch Abschrecken härten** *(Te)* quench *(Metall)*
Abschreckhärten *n (Te)* quench hardening *(Stahl für Werkzeuge)*
Abschreckspannung *f (BM, St)* quenching stress *(bei Metallen)*
Abschreibung *f* depreciation
Abschreibung *f***/aufgelaufene** *(VR)* accrued depreciation
Abschreibungskosten *pl (VR)* depreciation cost
Abschreibungssatz *m* depreciation factor
Abschreiten *n* pacing *(Entfernung)*
Abschrotung *f* roughing-out *(Naturstein)*
abschuppen *v* flake, scale off, flush
Abschuppen *n* 1. *(BM)* desquamation; 2. *(OB, RS)* scaling
Abschuppung *f* 1. *(BM)* desquamation; 2. *(OB)* peeling-off
abschüssig declivate, declivitous, declivous *(Gradiente)*; inclined, sloping, slanting *(z. B. Gelände, Böschung)*; precipitous, steep *(steil)*
Abschüssigkeit *f* declination, declivity
abschwächen *v* weaken, lessen, diminish *(Wirkung)*; damp, deaden *(Schwingungen, Schall usw.)*; mitigate *(Forderungen)*; tone down *(Färbung)*
Abschwächung *f* weakening, diminution *(Wirkung)*; fade *(Brillanz)*; suppression *(Unterdrückung)*; damping, deadening *(Schwingungen, Schall)*
abschwarten *v* slab *(Stämme)*
abschwemmen *v* float off
Abschwemmung *f (Bod, Erdb)* rainwash
Abseite *f (Arch)* aisle *(einer Kirche)*; ele, eling *(Basilika)*; nave aisle
Abseite *f***/äußere** *(Arch)* outer aisle, outer nave aisle
Abseite *f***/gebrochene** *(Arch)* shallow apse
Abseite *f***/innere** *(Arch)* inner aisle
Abseitenempore *f (Arch)* nave aisle gallery, side aisle gallery
Abseitengewölbe *n (Arch)* nave aisle vault
Abseitenjoch *n (Arch)* aisle bay
Abseitenjochfeld *n (Arch)* side aisle bay
abseitenlos side aisleless
abseits *(RP)* remote
absenkbar *(Wsb)* submersible
absenken *v* lower *(Grundwasser; Wasserspiegel)*; sink *(z. B. einen Brunnen)*; settle, sink *(Boden)*
absenken *v***/eine Brücke** *(Br, Te)* lower a bridge
Absenkung *f* lowering *(Wasserspiegel)*; sinking *(Baugrund)*; swage *(geologisch)*; deflection *(Konstruktion)*
Absenkung *f* **des Grundwassers/künstliche** *(Erdb)* artificial lowering of the ground-water level
Absenkung *f* **des Hangenden** *(Tun)* roof subsidence
Absenkungsbereich *m* area of depression
Absenkungsfläche *f* area of depression
Absenkungsgeschwindigkeit *f* settling speed
Absenkungshöhe *f* drawdown component *(Grundwasser)*
Absenkungskurve *f* gradient curve
Absenkungszone *f (Bod)* subsiding area *(geologisch)*
Absetzbecken *n (San)* detritus chamber, clarifying basin, precipitation tank, sewage settling chamber *(Abwasser)*; debris basin, sedimentation basin, sedimentation tank, settler, settling basin, settling pond, settling pool, settling tank, stillpot
absetzen *v* 1. put down, deposit *(Lasten)*; drop off, lower *(herunterlassen)*; 2. *(Arch)* make recessed, step
absetzen *v***/sich** sediment, settle *(Bodensatz)*
Absetzen *n (Bod)* spoil; sedimentation, settlement, settling *(Feststoffe)*
Absetzgefäß *n* decanter, settling vessel
Absetzgerät *n* sedimentation apparatus, settling vessel
Absetzgeschwindigkeit *f* settling velocity
Absetzglas *n* Imhoff cone, settling glass *(Baustoffprüfung)*
Absetzgrube *f* cesspool, settling pit
Absetzkammer *f (HLK)* settling chamber *(für Staub)*
Absetzklärung *f (Umw)* decantation
Absetzprobe *f* sedimentation test, silt content test, test for silt *(Erdstoffanalyse)*; slump test *(Frischbetonprüfung)*
Absetztank *m (WVA)* settler
Absetzteich *m (Umw, WVA)* settling lagoon *(Kläranlage)*
Absetzverfahren *n (WVA)* sedimentation method *(Abwasser)*
Absetzverhinderungsmittel *n (BM, WVA)* suspending agent *(für Anstriche)*
Absetzwinkel *m (Hb, St)* angle bracket
absichern *v* stop off *(Tür, Fenster)*
Absiebanlage *f* screening plant
absieben *v* screen, riddle, sieve, sift; scalp *(vorab sieben)*
Absieben *n* screening, riddling, sieving
Absiebungsprozess *m (BM, Te)* screening operation
Absiegelfarbe *f (BM, OB)* sharp paint
Absiegellack *m (OB)* self-sealing paint
Absiegelungsmasse *f* sealer, surface sealer
Absiegelungsmittel *n* seal material
Absiegelungsschicht *f* sealing coat; surface sealer *(Straße)*
absinken *v* descend *(Gradiente)*; settle *(Frischmörtel)*; sink down
Absinken *n* **der Durchlassfähigkeit** *(Verk)* reduction of capacity
Absolutdruck *m (HLK, Stat, WVA)* absolute pressure
absondern *v (BB, Te)* segregate
Absonderung *f* abstraction, separation *(z. B. von Lösungsmitteln)*; detachment *(Loslösen)*
Absorber *m* absorbent *(Schallschlucker)*
Absorberplatte *f (HLK)* absorber plate *(Solarkollektor)*
Absorberplatte *f***/gerippte** *(HLK)* finned absorber plate
Absorbierbarkeit *f* absorbability
absorbieren *v* absorb *(Flüssigkeiten, Dämpfe, Gase)*; absorb *(Kraft, Spannung)*; occlude *(Stoffe)*
absorbierend 1. *(BM, Bod, DIS)* absorbent; 2. *(BM)* absorptive *(Flüssigkeiten, Dämpfe, Gase)*
Absorption *f (BM, DIS, Stat)* absorption *(z. B. von Flüssigkeiten, Gasen)*
Absorptions... absorptive ...
Absorptionsbaustoff *m (BM)* absorbent *(Schall)*
absorptionsfähig *(BM)* absorptive
Absorptionsgeschwindigkeit *f* rate of absorption
Absorptionsglas *n (BM)* actinic glass

Absorptionsgrad *m (El)* absorptance *(des Lichts)*
Absorptionskoeffizient *m* absorption coefficient
Absorptionskraft *f* absorbing power, absorptivity
Absorptionsmaterial *n* absorbent, absorbing material *(Schall)*
Absorptionsmittel *n (BM)* absorbent
Absorptionsstoff *m* absorbent material
Absorptionsverhältnis *n***/volumetrisches** *(BM)* volumetric absorption
Absorptionsverlust *m (BM, Bod)* absorption loss
Absorptionsvermögen *n* 1. *(BM)* absorbency; 2. *(BM, Bod, DIS)* absorbing capacity
abspalten *v* wedge off; split of *(auch Grundstücke)*
Abspaltung *f (Te)* splitting
Abspanndraht *m* span wire, stay wire, steady span, steady span wire
abspannen *v* stay, anchor, rig, rig up; guy *(mit Seilen)*
Abspannen *n* guying *(mit Seilen)*
Abspannkabel *n (BT)* tensioning rope
Abspannmast *m (BT)* terminal pole
Abspannmaterial *n (AE)* stays and guys
Abspannpfahl *m (Erdb)* span pole
Abspannpunkt *m* anchor point
Abspannseil *n* rigging line, guy, pole guy, rope guy, guy line; span rope *(z. B. für Freileitungen)*
Abspannseilanker *m* guy anchor
Abspannstange *f (El)* house pole, stay pole; terminal pole
Abspannstütze *f (BT)* terminal bracket
Abspannung *f* anchor span *(Brücke)*; guy, guying, guy ropes; rigging *(bei Montage)*; staying *(von Masten)*; terminating *(Leitungsbau)*; wiring *(Mast, Pfosten)*
Abspannung *f* **der Leitungen** *(Konst)* termination of wires on terminal poles
Absperranstrich *m* 1. *(OB)* barrier coat; 2. *(DIS, Konst)* sealing coat; 3. *(DIS)* tie coat
absperren *v* block off, dam *(Wasser)*; fence off, fence out *(mittels Zaun usw.)*; seal *(Untergrund vor Anstrichauftrag)*; shut off *(z. B. Strom, Gas)*; stop off *(absichern, Fenster, Türen usw.)*; isolate, waterproof *(gegen Feuchtigkeit)*
Absperren *n* blocking off; shutting off *(Versorgungsleitungen)*
Absperrglied *n* 1. *(BT, San)* cock; 2. *(San) (AE)* faucet
Absperrhahn *m* cut-off cock, plug valve, shut-off cock, stopcock
Absperrlage *f* crossband *(Holz)*
Absperrmittel *n* sealant, sealer *(Anstrichtechnik)*
Absperrschieber *m* 1. *(HLK, WVA)* full-way valve; 2. *(WVA)* gate valve; 3. *(San, WVA)* preventer
Absperrung *f (Wsb)* damming; barrier fence, hedge *(mittels Zaun)*; lock-out *(Abschließen)*
Absperrung *f***/kreuzweise** crossbanding *(Holz)*
Absperrung *f***/regelbare** *(Wsb, WVA)* regulating barrage
Absperrung *f***/waagerechte** horizontal damp-proof course
Absperrventil *n* 1. *(San, WVA)* blocking gate; 2. *(HLK, WVA)* full-way valve; 3. *(San)* shut-off valve
Absperrventil *n* **mit Entleerungshahn** *(San, WVA)* stop-and-waste cock
Absperrverschluss *m (San, WVA)* shut-off unit
Absperrvorrichtung *f* 1. *(San, WVA)* shut-off unit; 2. *(San, WVA)* cut-off *(z. B. für Wasser)*
abspitzen *v* broach *(Werkstein)*; *(AE)* drove; granulate, pick
Abspitzen *n* dabbing, picking, stugging *(Natursteinoberflächengestaltung)*
absplitten *v* gravel, grit; blind, macadamize *(Straßenbau)*
Absplitten *n (Verk)* gritting *(Straße)*
Absplitten *n***/doppeltes** *(OB, Verk)* double chipping
Absplitterbeständigkeit *f (BM)* spalling resistance
absplittern *v* flake off; spall *(Gestein)*
Absplittern *n* chipping, splitting, spallation; spalling *(Ziegel bei Frosteinwirkung)*; gritting, spreading of chippings
Abspreizen *n (Hb)* timbering
Abspreizung *f* propping-up
absprengen *v* pry off
abspringen *v* flake off *(Naturstein)*
Abspringen *n* chipping; popout *(bei Beton durch Druckwirkung)*; chipping *(Oberfläche)*
abspritzen *v* hose *(mit einem Schlauch)*; splash *(z. B. Beton, Schmutz)*
Abspritzen *n (Te)* spray-down
abspülen *v* rinse, rinse away, swill
absputtern *v* sputter away
Abstand *m* clearance, distance, range, space; spacing *(räumlich)*; interval, space of time *(zeitlich)* • **in gleichem Abstand verteilt** equally spaced *(Bewehrungseisen)* • **mit Abstand anordnen** space *(in Räumen)* • **mit ungleichen Abständen** *(Konst)* irregularly spaced
Abstand *m* **der Ableitung** conductor clearance *(Blitzschutzleitung)*
Abstand *m* **der Längseisen** longitudinal spacing
Abstand *m* **der Strebepfeilerachsen** buttress spacing
Abstand *m***/freier** clearance
Abstand *m***/geradliniger** *(Verm)* slant range *(zwischen zwei Punkten verschiedener Höhe)*
Abstand *m***/kleinster** least distance
Abstand *m***/zeitlicher** space of time, interval
Abstand *m* **zwischen Bewehrungsstäben** spacing
Abstand *m* **zwischen Mauerwerk und Verkleidungsoberfläche** *(Konst, SB)* setting space
Abstanddübel *m s.* Abstandsdübel
abstandhaltend/selbst self-furring *(Putzgewebe)*
Abstandhalter *m* bar chair, bar spacer, cover block, reinforcing rod spacer *(Stahlbeton)*; distance piece, separator, spacer, spacer stay, spacing block, spacing stay, spreader • **mit Abstandhaltern versehen** self-furring *(Putzgewebe)*
Abstandhalter *m* **von Schalldämmelementen zur Trägerplatte** pad support *(einer Decke)*
Abstandsdübel *m* space dowel, spacing dowel
Abstandseisen *n* slab spacer *(für Plattenbewehrung)*
Abstandsgesetz *n***/quadratisches** *(Stat)* inverse square law
abstandsgleich equidistant, evenly spaced
Abstandshalter *m* distance piece
Abstandshölzer *npl* floor furring *(für Leitungszwischenraum)*
Abstandsmessung *f (Verm)* distance measurement
Abstandsring *m (BT)* collar
Abstandsstab *m (Verm)* stadia
Abstandsstück *n* space piece
abstandstreu equidistant
abstauben *v (BT, Te, Umw)* dust
abstäuben *v* sputter away
Abstauben *n* dusting *(von Beton)*
Abstechpfahl *m* stake peg
abstecken *v (Verm)* lay out, peg out, picket, trace out; set out *(Gelände)*; stake, stake out *(mit Maßpflöcken)*; mark out *(Trasse)*
Abstecken *n (Verm)* staking-out *(Bauwerksmaßpunkte)*; laying out; marking-out *(Trasse)*
Absteckkette *f (Verm)* surveyor's chain
Abstecknadel *f (Verm)* surveyor's arrow
Absteckpfahl *m (Verm)* stake, setting-out peg, sight pole, surveying rod, surveyor's staff, *(AE)* pin
Absteckpfahl *m***/fester** *(Verm)* working spud
Absteckpflock *m (Verm)* piquet, ring peg, tracing peg, *(AE)* pin; delineator *(Trasse)*
Absteckplan *m (Verm)* lay-out

Absteckstange *f (Verm)* range pole, range rod
Absteckung *f (Verm)* setting-out, location survey, pegging out
Absteckung f/trigonometrische *(Verm)* trigonometrical laying out
Absteifbrett *n* poling board
Absteifelement *n (TK)* shore
absteifen *v* prop, prop up, shore, shore up, reinforce, stay; truss *(durch Dachbinder)*; needle *(durch Stützbalken)*
Absteifen *n* shoring, dead shoring, reinforcing
Absteifen *n* **der Baugrube** *(Erdb, Te)* shoring of the foundation pit
Absteifen n/zeitweiliges *(TK)* temporary shoring
Absteifung *f* 1. *(Te)* shoring; 2. *(Konst)* stiffening; 3. *(Tun)* propping; 4. *(Tun)* propping; strutting *(als Schalung, Lehrgerüst, vor allem quer bzw. horizontal)*; sheeting *(Verbau)*
Absteifung f/senkrechte vertical reinforcing
Absteifung f/waagerechte horizontal reinforcing, horizontal stiffening
Absteifungselemente *npl (BT, Erdb, TK)* sheeting
Absteifungswinkel *m* angle iron stiffener
Abstellbahnhof *m (Verk)* railway yard
abstellen *v* put down *(Anlage)*; shut off *(z. B. Strom, Gas)*; stock *(einlagern)*; stop *(einen Motor)*; turn off *(z. B. Wasser)*
Abstellfläche *f* 1. drainer *(Labor)*; 2. *(Verk)* parking space
Abstellgleis *n (Verk)* storage track, side track, siding
Abstellgleise *npl (Verk)* sidings
Abstellkammer *f* boxroom, cupboard, store equipment room, *(AE)* closet
Abstellknopf *m (EB)* stop button
Abstellraum *m* household storeroom, lumber-room; store, store equipment room, storeroom
abstemmen *v* chip off, chisel off
Abstemmen *n* paring *(Stein)*
Abstiegleiter *f (BT)* access ladder *(Schwimmbecken)*
abstimmen *v (Te, VR)* coordinate *(Bauleistungen)*
abstimmen v/aufeinander *(Te)* phase
Abstimmung *f* 1. *(Konst, Te, VR)* coordination; 2. *(HLK)* balance point
Abstocken *n* bush hammering
Abstoß *m* repulsion
abstoßen *v (Hb)* jack up *(mit dem Hobel)*; chip *(z. B. alte Anstriche)*; repel *(äußere Einwirkungen, z. B. Kräfte, Wasser, Strahlung)*; *(AE)* scuff
abstoßend repellent
Abstoßschutzband *n* face guard
abstrahlen *v* 1. radiate, emit *(z. B. Wärme)*; 2. sandblast *(Oberfläche)*
Abstrahlen *n* **mit Schleifmittel** *(Te)* abrasive blasting *(Oberflächenbehandlung)*
Abstrahlungsvermögen *n* emissivity
abstreben *v* 1. *(Te, TK)* brace; 2. *(TK)* strut
Abstrebung *f* 1. *(TK)* steady point *(Stahlbau)*; 2. *(BT, Konst, TK)* strutting *(vor allem quer bzw. horizontal)*
Abstreichbohle *f* levelling beam
abstreichen *v* strike off
Abstreichholz *n (BWG)* strike
Abstreichplatte *f* strickle board
Abstreifbohle *f* strike-off; strike-off screed *(Horizontalfertiger)*
abstreifen *v* trim flat; strip
Abstreifring *m* washer
Abstreuen *n* gritting, road gritting *(Straße)*
Abstreuer *m* sander *(Straße, Dachpappe)*
Abstreugranulat *n* granular cover material *(Dachpappe)*
Abstreumaterial *n* gritting material
Abstreumineralstoff *m* granular cover material *(Dachpappe)*
Abstreusplitt *m* blinding chippings *(Straße)*
Abstreusplitt *m* **für Bedachungsmaterial** mineral granules
Abstreuverfahren *n* sealant procedure
abstufen *v (Erdb)* bench; downgrade, grade; graduate, scale *(nach bestimmten Merkmalen)*; shade, tone *(Farbe)*; step *(Gelände, Mauerwerk)*; terrace, layout in terraces; arrange in steps *(Garten)*
abstufen v/sich *(Erdb)* graduate
abstufen v/terrassenförmig *(Erdb)* terrace *(z. B. Böschung)*
Abstufen *n* 1. *(Erdb)* benching; 2. *(SB)* stepping *(z. B. von Mauerwerk)*
Abstufung *f* gradation, grading, graduation; step, terrace; shade, graduation *(Farben)*
abstumpfen *v* 1. *(Verk)* skidproof, blind *(Straße)*; 2. blunt *(Werkzeuge)*; 3. *(OB, Te)* flatten *(Anstrich)*; 4. deaden *(Metall)*; 5. make dull *(Farboberflächen)*; 6. neutralize *(Oberflächen)*; 7. *(OB, Te)* take off the edge *(Kanten)*
Abstumpfen *n* 1. *(Verk)* blinding, sanding *(Straße)*; 2. *(OB)* deadening *(Metall, Oberflächen)*; 3. flattening *(Anstrich)*
Abstumpfungskörnung *f* grit
Absturz *m* cascade *(Abwasser)*
Absturzschacht *m* 1. *(WVA)* drop manhole; 2. *(Erdb, Wsb)* wellhole; 3. *(Erdb, LB)* sinking well *(Dränagesystem)*
Absturztreppe *f (Wsb)* stepped drop, stepped fall
Abstützbalken *m* needle, needle beam
Abstützbohle *f* inclined shore, raking shore
abstützen *v* prop, prop up, reinforce, shore up, stay, strut; support *(Lasten)*
abstützen *v* **gegen** bear against
abstützen *v* **gegen/sich** bear against
Abstützen *n* shoring up *(Bauwerk)*
Abstützkonstruktion *f (TK)* shoring system
Abstützträger *m* outrigger beam
Abstützung *f (Tun)* propping; shoring *(Vorgang)*; strut, propping, supports, stays
Abstützung f/horizontale lateral support
Abstützung f/temporäre reshoring *(Montage)*
abtasten v/mit Laserstrahl laser-scan *(Bauvermessung)*
Abtei *f (Arch)* abbey
Abteigebäude *n (Arch)* abbey block
abteilen *v* part, partition, section, separate; parcel *(geometrisch)*
Abteilung *f* 1. department; 2. division; 3. partitioning; 4. splitting up; 5. separation; 6. bay *(Werkstatt)*
Abteilungswand *f* partition, partition panel, partition wall
Abteufarbeiten *fpl (Erdb, Tun)* sinking work
abteufen *v* 1. *(Hb)* bore; 2. deepen, sink, sink a shaft *(Schacht, Brunnen)*
Abteufen *n (Erdb, Wsb)* shafting; deepening, sinking *(eines Schachts)*
Abteufverfahren *n (Te, Wsb)* well sinking method
abtönen *v* shade, tint, tone, gradate *(Farbe)*
Abtönen *n* shading, tinting *(Anstrichfarben)*
Abtönfarbe *f (BM, OB)* tint
Abtönpaste *f* tinter paste, tinting paste
Abtönung *f (OB)* tinting shade
Abtönvermögen *n* staining power, tinting power, tinting strength
Abtönwirkung *f (OB)* tinting effect
Abtrag *m* 1. *(Erdb)* dug earth, excavation, cut, cutting; 2. *(OB)* eating away *(Korrosion)*; 3. wrecking *(von Gebäuden)*; removal *(Gelände)*
abtragen *v* 1. clear down, pull down, demolish, take down, wreck *(Bauwerk)*; 2. degrade *(Geologie)*; 3. eat away *(Korrosion)*; 4. erode *(Gestein)*; clear down, skim *(Erdstoff)*; 5. *(OB, Te)* strip *(Schichten)*; 6. wear away, wear out *(Verschleiß)*; 7. mark off, plot *(mathematisch)*; 8. *(Stat)* transfer *(Lasten)*

Abtragen *n* cutting *(z. B. von Erde)*
Abtragen *n* **der Vegetationsschicht** *(LB, Te)* stripping *(einer Baustelle)*
Abtragen *n* **und Einbauen** *n (Erdb)* cut-and-fill
Abtraghöhe *f* digging height
Abtragung *f* 1. *(Erdb)* excavation; 2. *(Bod)* ablation *(des Bodens, z. B. durch Wasser)*; 3. degradation, erosion, denudation *(geologisch)*; 4. demolition, taking down *(Bauwerke)*; 5. *(OB)* eating away *(Korrosion)*; 6. wear, wearing away *(Verschleiß)*; 7. marking-off, plotting *(mathematisch)*
Abtragungsebene *f* denudation level, denudation plane *(geologisch)*
Abtransport *m (Umw)* disposal
Abtraufe *f* non-carved waterspout *(einfacher Wasserspeier)*
abtrennbar *(Konst)* separable
abtrennen *v* separate, divide off, separate out *(aus Stoffgemischen)*; sever *(zertrennen)*; partition *(Räume, Gebäude)*; detach *(abbauen, abmontieren)*; scalp *(durch Sieben)*; separate *(Land)*
abtrennen *v***/sich** separate out
Abtrennen *n* separation *(Stoffe, Land)*; partitioning *(mittels Trennwänden)*
Abtrennung *f (BT, TK)* detachment *(durch Abbau, Demontage usw.)*
Abtrennung *f* **durch Trennwände** partitioning
abtreppen *v* 1. *(Erdb)* bench; 2. rack *(Mauerwerk)*; 3. step
Abtreppung *f* 1. *(Erdb)* benching; 2. racking, racking back *(von Mauerwerk)*; 3. *(Konst)* stepback; 4. *(SB)* stepping
Abtreppungsausbildung *f (Verk)* notching *(Verkehrsstraße)*
Abtreppungsgründung *f* stepped foundation *(an einer Böschung)*
abtreten *v (VR)* transfer *(Rechte)*
abtreten *v***/sich** *(BM, OB)* wear off
Abtretender *m (VR)* assignor
Abtretung *f* 1. *(VR)* assignment *(z. B. von Ansprüchen)*; 2. *(VR)* cession *(baulicher Rechte und Objekte)*
abtropfen *v* drain, drip off
Abtropfen *n* drip
Abtropffläche *f* drainer
Abtropfführung *f* drop apron
Abtropfgestell *n* draining support
Abtropfgrenze *f* drip line
Abtropfkante *f***/gefalzte** *(San)* welted drip
Abtropfleiste *f (Hb)* chantlate
Abtropflinie *f* drip line
Abtsgebäude *n (Arch)* abbot block
Abtshaus *n (Arch)* abbot block
abtupfen *v* dab *(mit Farbe)*
abwägen *v (Te)* level
Abwägungsprozess *m (Arch, Konst, RP, VR)* consideration process
abwalmen *v (Konst)* hip
Abwandlung *f (RS)* remodelling
Abwärme *f* waste heat, thermal discharge, thermal loss
Abwärmeheizung *f* heating by waste heat
Abwärmenutzung *f (HLK)* waste-heat utilization
Abwärmeverwertung *f* heat recovery, waste-heat recovery
abwärts down
abwärtshängend *(Konst)* pendulous
abwaschbar washable *(z. B. Putz, Tapete)*
Abwaschbecken *n (San)* sink basin
Abwaschbeckenhahn *m (San)* sink bib
abwaschen *v* rinse *(abspülen)*; strip *(Anstrich)*; wash down, wash out *(Farbe, Flecke)*; wash off *(Schmutz)*
Abwaschen *n* washing down
Abwaschtisch *m (San)* sink unit *(als Küchenmöbel)*
Abwasser *n* effluent waste-water, effluent water, foul water, refuse water; residual water *(Restwasser)*; sewage, sewage water, used water, waste-water *(Haushalt, Kanal, Industrie)*
Abwasser *n***/abgestandenes** *(WVA)* stale sewage
Abwasser *n***/abzuleitendes** effluent
Abwasser *n***/fäkalfreies** *(WVA)* liquid waste
Abwasser *n***/fauliges** *(WVA)* septic sewage
Abwasser *n***/fetthaltiges** *(Umw, WVA)* grease bearing waste
Abwasser *n***/gewerbliches** industrial effluent, trade effluent, trade wastes, commercial waste
Abwasser *n***/industrielles** *(Umw, WVA)* works effluent
Abwasser *n***/kommunales** municipal waste-water
Abwasser *n***/ölhaltiges** oil-containing waste water, oleiferous waste water
Abwasser *n***/ölverschmutztes** *(Umw, WVA)* oil-polluted waste water
Abwasser *n***/städtisches** municipal waste-water, urban waste water
Abwasser *n***/unbehandeltes** *(Umw, WVA)* crude sewage
Abwässer *npl* sanitary sewage, sewage *(häuslich, kommunal, industriell)*; sullage *(Schmutzwasser aus Bad und Küche ohne WC)*
Abwässer *npl***/gewerbliche** *(Umw, WVA)* commercial sewage
Abwässer *npl***/häusliche** *(San, WVA)* domestic sewage
Abwässer *npl***/vorgereinigte** *(WVA)* provisionally treated waste-water
Abwasserabgabe *f (San, WVA)* effluent charge *(in den Kanal, in die Kläranlage)*
Abwasserableitung *f* **und Abwasserbeseitigung** *f (RP, WVA)* sewerage
Abwasserabsetzanlage *f* sewage disposal facility, sewage disposal plant, sewage sedimentation plant
Abwasserabzweigstück *n* sanitary tee
Abwasseranfall *m* sewage flow
Abwasseranlagen *fpl* sewage installation
Abwasseranlagenbau *m* sewage construction
Abwasserbau *m* sewage construction
Abwasserbauprojekt *n* sewage scheme
Abwasserbauten *mpl (Wsb, WVA)* waste-water facilities
Abwasserbecken *n (WVA)* stabilization pond
Abwasserbehandlung *f (Umw)* sewage treatment, waste-water treatment, sewage disposal, effluent treatment
Abwasserbehandlung *f* **mittels aerober Reinigung** *(Umw, WVA)* aerobic sewage treatment
Abwasserbehandlungsanlage *f* sewage clarification plant, sewage treatment plant, sewage treatment works
Abwasserbehandlungsanlagen *fpl (Wsb, WVA)* waste-water facilities
Abwasserbehandlungswesen *n* sewage engineering
Abwasserbeseitigung *f* effluent disposal, sewage discharge, sewage disposal, sewage water disposal, waste-water disposal, water disposal
Abwasserbeseitigung *f* **und -reinigung** *f (Umw, WVA)* sanitation
Abwasserbeseitigungsanlage *f* refuse water disposal facility, sewage disposal facility, sewage disposal plant
Abwasserbeseitigungssystem *n (WVA)* sewage disposal system
Abwasserbetonrohr *n (BT, WVA)* concrete refuse water pipe
Abwasserbohrung *f (Bod, Erdb)* water disposal well
Abwassereinleitung *f* sewage discharge, sewage introduction, waste water discharge
Abwassereinleitung *f* **ins Meer** *(Umw, WVA)* marine sewage disposal
Abwassereinleitungsstelle *f (San)* (sewage) outfall
Abwasserentfernung *f (Umw, WVA)* sewage removal

Abwasserentsorgung *f* 1. *(WVA)* sewage disposal, sewerage application; 2. *(Umw, WVA)* waste-water disposal
Abwasserfallrohr *n* sewage drain pipe, waste stack, waste-water downcomer
Abwasserfaulbehälter *m (WVA)* privy tank
Abwasserfaulraum *m (WVA)* hydrolyzing tank
Abwassergeruchverschluss *m (WVA)* building trap *(eines Gebäudeabwasserkanals)*
Abwassergraben *m* sewer trench
Abwassergrundleitung *f (San, WVA)* primary branch *(im Gebäude)*
Abwasserhauptleitung *f (WVA)* trunk sewer
Abwasserhebepumpe *f (WVA)* ejector
Abwasserkanal *m* 1. *(WVA)* building sanitary sewer *(nur für häusliche Abwässer)*; 2. canal, conduit sewer, effluent sewer, sewer
Abwasserkanal *m*/**gemauerter** *(WVA)* masonry conduit-type sewer
Abwasserkanal *m*/**unterirdischer** *(San)* cloaca
Abwasserkanalgewölbestein *m (SB)* segmental sewer block
Abwasserkanalsohle *f* sewer bottom
Abwasserkanalsystem *n* sewerage system
Abwasserkanalzubehör *n* sewer accessories, sewer appurtenances
Abwasserkitt *m* sewer joint compound, sewer jointing compound
Abwasserkläranlage *f* sewage purification plant, sewage sedimentation plant
Abwasserklärer *m (San)* interceptor
Abwasserklärung *f* clarification of sewage, purification of sewage water, sewage purification, sewage treatment
Abwasserkontrolle *f (WVA)* waste water control
Abwasserlandbehandlung *f (WVA)* land treatment *(Verrieseln)*
Abwasserlast *f (Umw)* pollution load
Abwasserleitung *f* 1. *(WVA)* building sewer *(außerhalb eines Gebäudes)*; 2. *(WVA)* drain line
Abwasserleitung *f*/**kombinierte** building combined drain, building combined sewer *(Abwasser und Regenwasser)*
Abwasserleitung *f*/**nicht öffentliche** *(WVA)* private sewer
Abwasserleitung *f*/**senkrechte** *(WVA)* stack
Abwasserleitungsbauarbeiten *fpl* sewer construction work
Abwasserleitungsgraben *m* sewer trench
Abwassermenge *f* sewage flow, volume of sewage
abwässern *v (BM)* weather
Abwässern *n* bleeding *(Frischbeton)*
Abwassernetz *n (WVA)* sewer network
Abwasserprojekt *n* sewage scheme
Abwasserpumpsystem *n (WVA)* building subdrain
Abwasserreinigung *f* sewage treatment, purification of sewage water, refuse water purification, sewage purification, waste-water treatment
Abwasserreinigung *f*/**mechanische** primary sewage treatment, clarification plant, sewage treatment works
Abwasserreinigungsanlage *f* sewage treatment plant, sewage treatment works
Abwasserrohr *n* 1. *(San)* waste pipe; 2. drain pipe, pipe sewer, sewer, sewer pipe, water drain pipe
Abwasserrohr *n* **mit Reinigungskappe** *(San)* capped pipe
Abwasserrohrende *n*/**senkrechtes** 1. *(WVA)* stack; 2. *(San, WVA)* stack vent
Abwasserrohrentlüftung *f* stack venting, stack ventilation
Abwasserrohrleitung *f* 1. *(San)* waste pipe; 2. *(WVA)* pipe sewer
Abwassersammelbecken *n (WVA)* plumbing fixture
Abwassersammeltank *m (WVA)* dosing tank
Abwassersammler *m (WVA)* intercepting sewer
Abwassersanierung *f (RS, Umw, WVA)* waste water renovation
Abwasserschaum *m* scum
Abwasserschlamm *m* effluent sludge, effluent slurry, sewage sludge, slop, slurry
Abwassersickerbrunnen *m* leaching basin
Abwassersickerschacht *m* leaching pit, leaching well
Abwasserstollen *m* refuse water tunnel, sewage gallery, sewage tunnel, sewer gallery
Abwasserstripper *m (Umw)* waste water stripper
Abwassersystem *n* sewerage system
Abwassertechnik *f* sewage engineering
Abwasserverrieselung *f (Umw, WVA)* sewage farming
Abwasserversickerbrunnen *m* leaching basin
Abwasserversickerungsanlage *f (WVA)* subsurface sewage disposal system
Abwasserversickerungsgraben *m (Erdb, WVA)* absorption trench
Abwasserverwertung *f* utilization of refuse water, utilization of sewage
Abwasserwesen *n (WVA)* sewerage and sewage disposal
Abwasserzuleitung *f* 1. *(San, WVA)* primary branch; 2. *(WVA)* primary waste-water branch *(im Gebäude)*
Abwasserzusammensetzung *f (Umw)* sewage composition
Abwasserzwischengrube *f (WVA)* plumbing fixture
abwechselnd rotational
Abwechslung *f (BM, Konst)* variety
abweichen *v* 1. soak of; 2. deviate
abweichen *v* **von** deflect, depart, diverge, stray, swerve
Abweichung *f* deviation, variation, tolerance, divergency; discordance *(Struktur, Lagerung)*; irregularity *(Oberfläche)*; scatter *(Messergebnisse)*; variance *(mathematisch)*
Abweichung *f*/**geographische** *(Verm)* geographic variation
Abweichung *f*/**maximale** *(BT, Stat)* maximum deviation
Abweichung *f*/**mittlere quadratische** 1. *(BM)* mean square deviation *(Qualitätskontrolle, Baustoffprüfung)*; 2. *(BM, Stat)* standard deviation *(Statistik)*
Abweichung *f*/**statische** steady-state variation
Abweichung *f*/**systematische** *(BM, VR)* bias
Abweichung *f*/**vertragliche** deviation
Abweichung *f* **von der Gradiente/senkrechte** vertical deviation
Abweichung *f* **von der Lotrechten** *(Verm)* plumb line deviation
Abweichung *f*/**zulässige** allowable deviation, allowable tolerance, allowance, permissible deviation, size tolerance, tolerance
Abweichungen *fpl*/**systematische** *(Stat)* systematic deviations *(Statistik)*
Abweisblech *n (St)* flashing *(Dach)*
Abweisblech *n* **über einer Türöffnung [Fensteröffnung]** head flashing
abweisen *v* redirective
abweisend repellent
Abweiser *m* guard
Abweismittel *n (DIS)* repellent solution
Abweispfosten *m (Verk)* guard post
Abweisschiene *f* bumper rail, redirective rail
Abweisstein *m* guardstone, spur stone
abwerten *v* downgrade
abwettern *v (BM, OB)* weather away *(z. B. eines Anstrichs, eines Dachbelags)*
abwickelbar/nicht non-developable
abwickeln *v (Verk)* roll out, upwind *(Gradiente, Höhenlinienzug, Höhenprofil)*
Abwicklung *f* development *(einer Fläche)*

Abwicklung *f* **der Wölbungsleibung** *(Konst)* soffit development
Abwicklungskurve *f (Arch)* involute
abwiegen *v* weigh out
abwinkeln *v* 1. peg out *(Grundrisse)*; 2. *(Verm)* stake
abwischen *v* wipe, wipe off
Abwischlappen *m (BM, OB, Te)* tack rag *(Anstrich)*
Abwittern *n* bronzing *(Farbanstrich)*
Abwohnhaus *n (Konst)* disposable house
Abwurfanlage *f (EB)* shaft
Abwurfschacht *m* chute *(z. B. eines Silos)*; disposal chute, disposer, shaft
Abwurfschacht *m* **für Papier** *(EB)* paper disposer
Abwurfschurre *f* discharge chute, discharge shoot
Abwurfsöffnung *f* discharge opening *(z. B. eines Förderers)*
abzäunen *v* fence, fence in, fence off, fence out; rail off *(mittels Gitter)*
abziehbar strippable *(Schicht)*
Abziehbild *n* decal *(Vordruckdekoraufbringung)*
Abziehbilddekoration *f* decal *(Vordruckdekoraufbringung)*
Abziehbohle *f* finishing screed, screed board, smoothing beam, smoothing board; bull float; strike-off, strike-off screed *(Horizontalfertiger)*
Abziehbrett *n* darby, darby float, slicker *(zum Putzverreiben)*; wooden screed, wood screed *(Estrich)*
abziehen *v* 1. discard *(Materialoberflächen)*; 2. discount *(Preis)*; 3. drag, level *(Geländeoberfläche)*; 4. drain away, draw, draw off *(Flüssigkeiten)*; 5. escape, issue, exhaust *(Dämpfe, Gase)*; 6. deduct, subtract *(Mathematik)*; 7. finish, finish-fair *(Putz)*; 8. surface, sand, plain, flog *(Parkett, Fußboden)*; 9. hone, whet *(Schneidkanten)*; 10. *(Te)* pull off *(Baustoffprüfung)*; 11. *(BB, OB, Te)* screed *(Betonoberfläche, Putz)*; 12. *(Te)* sharpen *(Klingen)*; 13. *(SB, Te)* skim *(Oberputz)*; 14. smooth *(glätten)*; 15. *(Te, Verk)* strike off *(mittels Deckenfertiger)*; 16. strip away, peel off, take off *(Schichten)*; 17. *(BB, Te)* strip; 18. *(Te)* trowel; 19. *(OB, Te)* rub *(Beton, Estrich)*; 20. deduct *(Vergütung)*
Abziehen *n* 1. *(Erdb, Te)* dragging *(Geländeoberfläche)*; 2. final grinding; polish grinding *(Baustoffoberflächen)*; 3. *(OB, Te)* finishing *(Putz, Estrich, Beton)*; 4. honing *(Schneidkanten)*; 5. screeding *(Putz)*; 6. *(Te)* sharpening *(Klingen)*; 7. smoothing *(Glätten)*; 8. striking off *(mittels Deckenfertiger)*; 9. *(OB)* stripping *(von Schichten)*
Abziehen *n* **des Baufeldes** *(Bod)* skimming
Abziehhülse *f (BT, San, WVA)* withdrawal sleeve
Abziehkelle *f* finishing tool
Abziehlack *m (OB)* strippable lacquer
Abziehlatte *f* darby, darby float, levelling board, smoothing beam, smoothing board; strike-off, strike-off screed *(Horizontalfertiger)*
Abziehlehre *f (BWG, OB)* screed template
Abziehschiene *f* screed rail *(waagerecht)*
Abziehschlitten *m (BWG, OB)* screed template
Abziehsilo *n(m) (BM, BWG)* live storage bin
Abziehstein *m* grindstone, hone, sharpening stone, whetstone, slip stone, oilstone, rub brick; rubbing stone *(Natursteinbearbeitung)*; snakestone *(für Terrazzo, Putz)*
Abziehverfahren *n (Arch)* transfer process *(Verzierung, Ornamentierung)*
Abzissenachse *f (Stat)* axis of abscissas
Abzug *m* 1. withdrawal, drawing-off *(Flüssigkeiten, Gase)*; 2. conduit *(Kanal)*; 3. copy, duplicate *(grafisch)*; 4. *(HLK, San)* eduction *(Dampf)*; 5. flue, funnel, vent *(Schornstein)*; 6. outlet *(Öffnung)*; 7. *(VR)* penalty *(Preisminderung)*
Abzug *m*/**senkrecht durchgehender** *(HLK, San)* continuous vent *(als Verlängerung der Erdleitung)*
Abzugsband *n* take-off belt
Abzugsgraben *m* 1. *(Wsb)* outlet trench; 2. *(Erdb, Wsb, WVA)* catch pit gully; 3. *(Erdb, Wsb)* discharge; 4. *(Erdb, LB, Wsb)* outlet ditch
Abzugsgraben *m*/**offener** *(Erdb, WVA)* open drain
Abzugsgrube *f (WVA)* sink hole
Abzugshaube *f (HLK)* hood, exhaust hood
Abzugskanal *m* 1. conduit, flue, flue pipe, offtake *(Kanal, Schornstein)*; 2. *(WVA)* sewer *(Abwasser)*
Abzugskanalrohr *n (WVA)* culvert pipe
Abzugskanalschieber *m*/**automatischer** *(El)* fire damper *(bei Feuerausbruch)*
Abzugskapazität *f* chimney duty
abzugslos *(HLK)* unflued
abzugsrau *(BB)* rough as cast *(Beton)*
Abzugsrohr *n* 1. discharge pipe, drainpipe *(Wasser)*; 2. eduction pipe *(Dampf)*; 3. fume pipe, smoke pipe, breeching *(Rauchgas)*; 4. *(HLK)* vent pipe, outflow pipe, exhaust pipe, offtake
Abzugsrohrstück *n* breeching
Abzugsschacht *m (HLK, Konst)* funnel shaft
Abzugsschachtbemessung *f (Erdb, LB, WVA)* duct design
Abzugsschlacke *f (BM)* boilings
Abzugsschleuse *f (WVA)* sewer
abzundern *v (OB, Te)* remove scale
Abzweig *m* 1. *(El)* tap; 2. *(Verk)* scissor junction; 3. branch pipe, junction *(Rohrsystem)*
Abzweig *m*/**zweiseitiger** *(BT, San, WVA)* tandem turnout *(Rohrleitung)*
Abzweigbrunnen *m (San, Wsb, WVA)* conduit pit
Abzweigdose *f (El)* branch box, joint box, junction box
abzweigen *v* 1. branch, branch off *(z. B. Leitungen)*; 2. turn out *(Schiene)*
Abzweigfallleitung *f (San, WVA)* yoke vent *(Entwässerung)*
Abzweigfitting *n* branch fitting, wye fitting, Y-fitting
Abzweigkabel *n (El)* stub cable
Abzweigkanal *m (Wsb)* branch canal
Abzweigleitung *f*/**parallele** *(San, WVA)* offset pipe
Abzweigleitungsrohr *n* branch pipe
Abzweigmuffe *f (San)* Y-joint *(Rohrverbindung)*
Abzweigpunkt *m (WVA)* tapping point
Abzweigrohr *n* bifurcated pipe, branch, branch pipe, pipe branch, take-off pipe
Abzweigrohrstück *n* bifurcated pipe
Abzweigstück *n* 1. *(BT)* lateral; 2. *(BT, San, WVA)* wye branch
Abzweigung *f* 1. *(El)* arm, tapping; 2. bifurcation, branch, branching, embranchment, side branch *(von Leitungen)*; 3. *(El, HLK, Konst, San, Verk, WVA)* fork; 4. *(Verk)* intersection leg *(z. B. einer Straße)*; 5. shunt, turnout *(Schiene)*
Abzweigung *f* **der Hauptleitung** tapping of mains
Abzweigung *f* **eines Kanals** branch of a canal
abzwicken *v* nip off, pinch off
Aceton *n (BM)* acetone *(Lösungsmittel)*
Acetylen *n* acetylene
Acetylenbrenner *m* acetylene torch
Acetylenentwickler *m* acetylene generator
Acetylensauerstoffbrenner *m* acetylene blowpipe
Acetylen-Sauerstoff-Schneiden *n* oxyacetylene cutting, oxyacetylene welding
Acetylenschweißbrenner *m* acetylene torch, acetylene blowpipe
Acetylenschweißen *n (St, Te)* acetylene welding
Achämenidenarchitektur *f (Arch)* Achaemenid architecture *(persische Architektur)*
Achel *f* shive *(Flachstroh für Leichtbauplatten)*
Achsabstand *m* 1. centre-to-centre, centre-to-centre distance; unit spacing *(Raster)*; 2. *(Verm)* offset
Achsabstandspunkt *m (Verm)* offset
Achsabsteckung *f (Verm)* marking-out of axis line

Achse *f* 1. axis, centre line; 2. axle, shaft *(Maschinenelement)*; 3. *(Verm)* survey traverse • **die Achse verschieben** *(Konst, Verm)* move the centre line • **senkrecht zur Achse belastet** transversally loaded
Achse *f*/neutrale neutral axis
Achse *f*/optische *(Arch, Verm)* optical axis
Achsendruck *m* axle load
Achsenebene *f* optical plane
achsenfluchtend *(Konst, Verm)* centre-line aligned
Achsenkreuz *n (Verm)* coordinate system
Achsenkreuz *n*/rechtwinkliges 1. *(Stat)* rectangular axes; 2. *(Konst)* rectangular system of axes
Achsenkreuz *n*/schiefwinkliges *(Verm)* oblique system of axes
Achsenlinie *f* centre line
achsensymmetrisch spherical, symmetrical about an axis
Achsenwinkel *m (Verm)* optical angle
Achslast *f (Verk)* axle load
Achslastgrenze *f (Verk)* axle weight limit
Achslastwaage *f* **für rollenden Verkehr** *(Verk)* weigh-in--motion
Achsmaß *n (Konst)* unit spacing *(Raster)*
achsrecht axial
Achsrichtung/in endways, endwise
Achteck *n (Arch)* octagon
Achteckfliese *f* octagonal tile
Achteckfundament *n (Erdb, Konst)* octagonal footing
Achteckgebäude *n (Arch)* eight-sided building
Achteckgrundriss *m* eight-sided ground plan
achteckig octagonal, octangular
Achteckmosaikfliese *f* octagonal mosaic tile
Achteckschiff *n (Arch)* octagonal aisle
Achteckturm *m (Arch)* octagonal tower
achtflächig octahedral
Achtflächner *m (Arch)* octahedron
Achtgewölbe *n (Arch)* octagonal vault
Achtkantraumfachwerk *n (TK)* octagonal space frame
Achtkantstahl *m (St)* octagonal bar steel
Achtort *m (Arch)* octagon *(Gotik)*; regular octagonal figure *(gotische Spitze, Ecke)*
Achtpass *m (Arch)* octofoil *(Gotik)*
achtsäulig *(Arch)* octastyle, eight columned
achtseitig eight-sided, octahedral
achtzackig *(Arch)* eight-pointed
Achtzehneck *n* octadecagon
Acker *m (Bod)* land
Ackerboden *m* 1. *(Bod, LB)* agricultural soil; 2. *(LB)* cultivated soil
Ackerkrume *f (LB)* tilled soil
Ackerland *n* arable land, tilled land, tilth, farmland; cropland *(Flächennutzungsplan)*; ploughland, *(AE)* plowland *(Landschaftsplanung)*
Ackerlandverwendung *f* **für andere Zwecke** *(RP)* set--aside *(z. B. für Errichtung einer Freizeitanlage)*
Ackermanndecke *f (TK)* Ackermann's ceiling
Acryl... acrylic ...
Acrylatharz *n* acrylic resin
Acrylbeton *m* acrylic concrete
Acrylfarbe *f (BM)* acrylic paint
Acrylharz *n (BM)* acrylic resin
Acrylharzbeton *m* acrylic concrete
Acrylharzdispersion *f* acryl resin dispersion
Acrylharzemulsion *f (BM)* acrylic resin emulsion
Adapter *m (El, HLK, San, WVA) (speziell El)* adapter
Additiv *n (BM)* additive • **Additive zugeben** dope *(z. B. zu bituminösen Bindemitteln, Farben)*
Additiv *n*/brandhemmendes fire-proofing admixture
Additiv *n*/organisches organic additive
Ader *f* 1. *(El)* core *(in einem Kabel)*; lead *(Aussprache: li:d)*; wire *(Kabel)*; 2. *(Bod, Tun)* vein *(Gestein)*; 3. *(Bod)* streak
Ader *f*/schwarze *(Bod)* black vein *(Geologie)*
Adergips *m (BM)* vein gypsum
Adermarmor *m (BM)* veined marble
ädern *v* grain *(Holz)*; vein, marble *(Gestein)*; streak *(Oberflächen, Anstriche)*
Adernpaar *n (El)* pair
Äderung *f (BM, OB)* veining *(Naturstein)*
Äderung *f*/netzartige *(OB)* broad veining *(Werkstein)*
Adhärenz *f (OB)* bond
Adhäsion *f (BM)* adhesion
Adhäsions... adhesive ...
Adhäsionsbeiwert *m* adhesion coefficient, specific adhesion coefficient
adhäsionsfähig *(BM, OB)* adhesive
Adhäsionsfestigkeit *f (BM, OB)* adhesive strength
Adhäsionskraft *f (BM, OB)* adhesion force
Adhäsionspapier *n* release paper
Adhäsionsspannung *f* 1. *(BM, OB)* adhesive stress; 2. *(BM)* adhesive tension
Adhäsionsvermögen *n (BM, OB)* adhesiveness
Adhäsionszahl *f* adhesion coefficient, specific adhesion coefficient
adhäsiv *(BM, OB)* adherent
Adiabate *f (BB, Te)* adiabatic curing line *(Betonnachbehandlung)*
Ädikula *f (Arch)* aedicula
Ädikulararchitektur *f (Arch)* aedicula architecture
Adlerkapitell *n (Arch)* eagle capital
Adobe *m (BM)* adobe *(in einigen Südstaaten der USA und Mexiko)*
Adobebauweise *f (Konst)* adobe construction *(mit ungebrannten luftgetrockneten Ziegeln)*
adrig streaked *(Oberflächen, Anstriche)*; veiny *(Gestein)*; grainy *(Holz)*
Adsorbens *n (BM)* adsorbent
adsorbieren *v (BM, Bod, Umw)* adsorb
Adsorption *f (HLK, Umw)* adsorption *(z. B. eines Gases an der Oberfläche eines festen Stoffs)*
Adsorptionsfähigkeit *f* adsorptive capacity, adsorptive power
Adsorptionsgeschwindigkeit *f (HLK, Umw)* adsorption rate
Adsorptionsmittel *n (BM)* adsorbent
Adsorptionstest *m* adsorption test
Adsorptionswärme *f (BM, Konst)* heat of adsorption
Adsorptionswirkung *f (HLK, Umw)* adsorption efficiency
Adular *m* moonstone
Adyton *n (Arch)* adytum *(inneres Heiligtum bei antiken Tempeln)*
aerob *(Umw)* aerobic
Aerobiologie *f (Umw)* aerobiology
Aerobiose *f (Umw)* aerobiosis
aerodynamisch *(Konst)* aerodynamic
Aeroelastizität *f* aeroelasticity
Affinität *f* 1. *(BM, OB)* affinity; 2. *(BM)* liking *(z. B. Bitumen zu Gestein, Wasser zu Zuschlägen oder Baustoffen)*
affrontieren *v* place head to head
Affrontieren *n* placing head to head
affrontiert *(Arch)* affronted, head-to-head *(Figuren)*
Agba-Holz *n (BM, Hb)* agba *(afrikanisches Edelholz)*
Agglomerat *n* agglomerate; bond, sintered fuel ash *(Leichtzuschlag)*
Agglomeration *f (BM, RP)* agglomeration
Agglomeration *f*/städtische *(RP)* urban aggregate
Agglomerationsraum *m (RP)* agglomeration area
agglomerieren *v* agglomerate, nodulize

Aggloporit *m* aggloporite, expanded shale *(ein Sinter--Leichtzuschlag)*
agglutinieren *v (BM)* agglutinate
agglutinierend *(BM)* agglutinant
Aggregat *n* aggregate *(Maschinen)*; assembly *(Baugruppe)*; set *(Geräte)*
Aggregation *f (BM)* aggregation *(z. B. von Boden, Füllstoffen)*
aggressiv/nicht non-aggressive, non-corrosive *(Medium)*
Aggressivbeständigkeit *f (BB)* resistance to disintegrating effects
Agora *f (Arch)* agora *(im antiken Griechenland)*
Agrarland *n (LB, RP)* farm land
Ahle *f* awl
ähnlich analogous, similar
ähnlich/geometrisch geometrically similar
Ähnlichkeit *f*/**dynamische** dynamic similarity
Ähnlichkeit *f*/**kinematische** *(Stat)* kinematic similarity
Ahornholz *n (BM, Hb)* maple
Airlift *m (BWG, WVA)* air-lift pump
Akademie *f (Arch, VR)* academy
Akanthus *m (Arch)* acanthus
Akanthusblatt *n (Arch)* acanthus, acanthus leaf *(Pflanzenmotivornament)*
Akanthusblatt *n*/**römisches** *(Arch)* Roman acanthus leaf
Akanthusfries *m (Arch)* acanthus frieze
Akaziengummi *n (BM)* acacia gum
Akkordarbeit *f* piece work
Akkreditierung *f* **eines Prüflabors** *(VR)* laboratory accreditation
aklinisch *(BM, Bod, OB)* aclinic
Akropolis *f (Arch)* acropolis
Akroterion *n (Arch)* acroter, acroterium
Akryl... *siehe Acryl...*
Akte *f* file
Aktenordner *m* file
Aktivator *m (BB, BM)* activator
Aktivgrund *m* etching primer
aktivieren *v (Te)* activate *(z. B. Bindemittel)*
Aktivierungsmittel *n (BB, BM)* activator
Aktivität *f (Te)* activity *(Netzwerkplanung)*
Aktivität *f*/**seismische** seismic activity
Aktivitätenplanungsprozess *m* activity planning process
Aktivitätsindex *m* activity index, index of activity *(Zement)*
Aktivitätsmarkierung *f (Konst, Te)* arrow diagram *(Netzwerkplanung)*
Aktivkohle *f (HLK, Te)* activated carbon
Aktivkohlebehandlung *f (HLK)* activated carbon treatment
Aktivkohlefilter *n* 1. *(BT, HLK)* activated carbon filter; 2. *(HLK)* carbon filter
aktualisieren *v* update
Aktualismus *m (VR)* uniformitarianism
Aktualitätsprinzip *n* principle of actualism
aktuell *(RP)* actual *(z. B. Baubestand)*
Akustik *f (DIS, Konst)* acoustics
Akustikbaustoff *m (BM, DIS)* acoustic building material
Akustikbauweise *f (DIS, Konst)* sound-absorbing construction method
Akustikfläche *f* sound surface
Akustikhinterfüllung *f (DIS)* sound-absorbing backing
Akustikkassette *f (BT, DIS)* sound absorbent panel
Akustikmaterial *n (BM, DIS)* sound absorbent material
Akustikmatte *f* sound-absorbing blanket, sound-control blanket
Akustikmauer *f (DIS, Konst)* sound-absorbing masonry wall
Akustikplatte *f (BT, DIS)* acoustic board
Akustikputz *m* sound absorbent plaster, sound-absorbing plaster
Akustikstoff *m (BM, DIS)* sound absorbent material
Akustikverkleidung *f (BT, DIS)* acoustic lining
akustisch *(DIS)* acoustic
akzeptabel *(VR)* acceptable
al fresco *(Arch)* alfresco
Alabaster *m*/**durchscheinender** 1. *(BM)* alabaster glass; 2. *(Arch)* fengite *(bei Fenstern in historischen Gebäuden)*
Alabastergips *m (BM, Bod)* alabaster
Alarm *m (VR)* warning
Alarmanlage *f (EB, El)* alarm
Alarmanlage *f*/**elektrische** *(El)* electric alarm system
Alarmgerät *n*/**akustisches** audible alarm unit, sound alarm unit
Alarmglocke *f* alarm bell, call bell
Alarmsignal *n* danger signal
Alarmsirene *f (EB, El)* alarm siren
Alaun *m (BM)* alum
Alaunisieren *n (BM, OB)* alum treatment
Alaunschiefer *m (BM)* alum shale
Alaunstein *m (BM, Bod)* alum-stone
Albanerstein *m* peperino
Aleipterion *n (Arch)* unctuarium *(antikes Rom)*
Algenvernichtungsmittel *n (BM, Umw)* algicide
Algenwuchs *m (Umw)* algae growth
aliphatisch *(BM)* aliphatic
Alit *m (BM)* alite *(Zementmineral)*
alitiert calorized *(Stahl)*
Alizarinorange *n (BM, OB)* orange alizarin lake
Alizarinviolett *n* violet alizarine
Alkali *n (BM, RS)* alkali
Alkalibasalt *m (BM)* alkali basalt
alkalibeständig resistant to alkalies, alkali-silica-resistant, fast to alkali *(Beton, Zement)*; lye-proof
Alkalibeständigkeit *f* alkali fastness, alkali resistance, resistance to alkali, resistance to alkalies
Alkaliboden *m (Bod)* alkaline soil
Alkalienfestigkeit *f (BM)* fastness to alkali
alkalifest *(BM)* fast to alkali *(z. B. Beton)*
Alkalifestigkeit *f (BB, BM)* alkali fastness
Alkaligehalt *m* alkali content
Alkaligestein *n (BM)* alkali rock
Alkaligranit *m* alkali-granite
Alkalikalkstein *m* calc-alkali rock
Alkali-Kieselsäure-Reaktion *f (BB, BM)* alkali-aggregate reaction
alkalilöslich *(BM)* alkali-soluble
alkalisch 1. *(BM)* basic; 2. *(BM, Bod, WVA)* lixivial
alkalisch/schwach *(WVA)* mildly alkaline
Alkalisierung *f (BB, BM, OB)* alkali ageing *(Beton)*
Alkalität *f* alkalinity
Alkalität *f*/**freie** *(BB, BM, OB)* free alkalinity
Alkalitreiben *n (BB, BM)* alkali expansion
Alkohol *m*/**vergällter** methylated spirit *(z. B. als Lösungsmittel)*
Alkoholbeständigkeit *f (BM)* alcohol resistance
Alkoholfirnis *m* spirit varnish
Alkohollösungsmittel *n* methylated solvent *(Farbe)*
Alkoven *m (Arch)* alcove; bay *(aus Pflanzen, Büschen und Bäumen)*; nook, recess *(z. B. für Essecke, Kamin)*
Alkydharz *n (BM)* alkyd
Alkydharz *n*/**epoxidharzmodifiziertes** *(BM)* epoxidized alkyd
Alkydharz *n*/**fettes** long-oil alkyd, long-oil alkyd resin
Alkydharz *n*/**halbtrocknendes** semidrying alkyd
Alkydharz *n*/**mageres** short-oil alkyd *(< 40 %)*
Alkydharz *n*/**modifiziertes** *(BM)* modified alkyd resin
Alkydharz *n*/**ofentrocknendes** *(BM)* stoving alkyd resin
Alkydharz *n*/**ölarmes** short-oil alkyd *(< 40 %)*
Alkydharz *n*/**ölreiches** long-oil alkyd, long-oil alkyd resin

Alkydharz *n*/**trocknendes** drying alkyd
Alkydharz *n*/**vinyltoluolmodifiziertes** vinyl toluenated alkyd
Alkydharzanstrich *m (BM, OB)* alkyd paint
Alkydharzaußenfarbe *f (BM, OB)* alkyd exterior paint
Alkydharzbasis *f (BM)* alkyd base
Alkydharzfarbe *f (BM, OB)* alkyd paint
Alkydharzgrundiermittel *n (BM, OB)* alkyd primer
Alkydharzgrundierung *f* 1. *(BM, OB)* alkyd primer; 2. *(OB, Te)* alkyd priming
Alkydharzgrundlage *f (BM)* alkyd base
Alkydharzlack *m (BM, OB)* alkyd varnish
Allee *f* allée, alley, avenue; boulevard; row of trees
Alleestraße *f* avenue
Alleeweg *m (Arch)* xyst, xystus *(im antiken Griechenland und Rom)*
Allegorie *f (Arch)* allegory
Allerfeinstes *n (BM)* finest sizes
Allerheiligstes *n (Arch)* innermost part *(Altarplatz)*
allerletztes ultimate
allgemein general, overhead
Allgemeinangriff *m (OB)* general attack *(Korrosion)*
Allgemeinbeleuchtung *f (El)* common lighting
Allgemeine Technische Vertragsbedingungen *fpl* **für Bauleistungen** *(ATV) (VR)* General technical specifications for building works
Allgemeinklinik *f* general hospital
Alligatordübel *m (Hb)* toothed ring connector, alligator connector
Alligatorhaut *f (OB)* alligator hide *(eines Anstrichs)*
Alligatorzahnringdübel *m* alligator connector
Allmende *f (VR) (historisch)* common
Allradantrieb *m (Te, Verk)* four-wheel drive
Allseitengelbblinken *n (Verk)* overall flashing yellow
Alltagsarchitektur *f* everyday architecture
Alltagsmobilität *f (Verk)* regular mobility
Alltagsverkehr *m (Verk)* everyday traffic
Allwetteranstrich *m (OB)* all-weather coat
Allzweckteppichboden *m* anywhere carpet
Allzweckträger *m (BT, TK)* all-purpose girder
Allzwecktür *f (BT)* all-purpose door
Alpengneis *m (BM, Bod)* protogene gneiss
Alpenkreuz *n (Arch)* pentacle of Salomon
Alphaeisen *n (BM, St)* alpha iron
Alphagips *m (BM, Bod)* alpha gypsum
Altablagerung *f (Bod, Umw)* old deposit
Altan *m (Arch)* gallery
Altanstrich *m (OB)* old paint
Altar *m (Arch)* altar
Altar *m*/**großer** *(Arch)* great altar *(Pergamon)*
Altar *m*/**römischer** sacellum
Altar-Antependium *n (Arch)* altar front
Altaraufsatz *m (Arch)* retable *(Aufsatz hinter der Mensa eines Altars)*; altar piece, altar screen
Altarbaldachin *m (Arch)* ciborium *(frei stehend, getragen von 4 Säulen)*
Altarbau *m* great altar *(Pergamon)*
Altarbereich *m (Arch)* sanctuary
Altarblatt *n (Arch)* predella panel
Altargroßbau *m* great altar *(Pergamon)*
Altarhof *m*/**römischer** sacellum
Altarium *n (Arch)* sanctuary
Altarkreuz *n (Arch)* rood
Altarm *m (Wsb)* old branch, stagnant water *(eines Flusses)*
Altarnische *f (Arch)* tribune
Altarplattform *f (Arch)* predella
Altarraum *m (Arch)* sanctuary
Altarraum *m*/**erhobener** *(Arch)* bema
Altarretabel *n* altar piece, altar screen
Altarschiff *n (Arch)* chancel aisle
Altarschrein *m (Arch)* shrine *(in Kirchen)*
Altarsims *m* gradin, gradine
Altarstaffel *f (Arch)* predella
Altarsteinplatte *f (Arch)* mensa
Altarstufe *f*/**oberste** *(Arch)* predella
Altarwasserablauf *m (Arch)* piscina
Altbauetagenwohnung *f* old apartment unit
Altbauten *mpl* old buildings
Altbau-Wohnanlage *f (RS)* old housing estate
Altbauwohnung *f* old housing, *(AE)* old dwelling unit
Altbestand *m* old forest *(Wald, Parks)*
Altbestandsholz *n (BM, Hb)* matured timber
Alteisen *n* scrap iron
Altenheim *n* senior citizens residence, old persons' home
Altenwohnheim *n (Arch)* hostel for the elderly, senior citizens residence
altern *v* age, fatigue; mature *(Bitumen, Anstrich)*; season *(Metall)*
altern *v*/**beschleunigt** age artificially
altern *v*/**künstlich** age artificially
Altern *n (BM)* ageing
Altern *n*/**beschleunigtes** accelerated ageing
Altern *n*/**künstliches** accelerated ageing
Alternativangebot *n (VR)* additive alternate
Alternativeingang *m (Konst, Verk)* alternative entrance
Alternativfluchtweg *m* alternative escape route, alternative means of escape
Alternativroutensteuerung *f (Verk)* control algorithm for rerouting systems
Alternativzugang *m (Konst, Verk)* alternative access
Altersheim *n* old peoples' home, old persons' home
Alterung *f* ageing; maturing *(von Bitumen, Anstrich)*; seasoning *(von Metall)*
Alterung *f*/**beschleunigte** artificial ageing
Alterung *f* **durch Licht** *(BM)* photo-ageing
Alterung *f*/**künstliche** artificial ageing
Alterung *f*/**vollständige** *(BM, RS)* full ageing
alterungsanfällig *(BM, TK)* susceptible to ageing
alterungsbeständig age-proof, age-resisting, non-ageing, resistant to ageing; durable
Alterungsbeständigkeit *f (BM)* ageing strength
alterungsempfindlich *(BM)* sensitive to ageing
Alterungsprüfung *f* ageing test; live test
Alterungsriss *m (RS)* season crack
Altfläche *f (RP)* old area
Altglas *n (Umw)* waste glass
Altglasbehälter *m (Umw)* waste glass container
Altglascontainer *m* bottle bank
Altglasrecycling *n (Umw)* glass recycling
Altglasverwertung *f (Umw)* glass recycling
Altis *m (Arch)* sacred precinct
Altlast *f* problem site, contaminated site
Altlasten *fpl (Umw)* contaminated sites
Altmaterial *n* arisings, junk, used material; scrap *(Schrott)*; salvaged material, salvage *(wiederverwendbar)*
Altmetall *n (Umw)* scrap metal
Altölaufbereitung *f (Umw)* waste oil preparation
Altöltank *m (BT, Umw)* slope tank
Altpapieraufbereitung *f (Te, Umw)* waste paper preparation
Altpapierrecycling *n (Te, Umw)* waste paper recycling
Altreifen *m (Umw)* scrap tyre
Altstadt *f (Arch, RP)* city
Altwasser *n (Wsb)* back water, dead water, *(AE)* oxbow (lake); stagnant water *(eines Flusses)*
Altwassersee *m (Wsb)* meander scrolls lake, *(AE)* oxbow lake
Altziegel *m* secondhand brick

Alufarbe *f (BM, OB)* aluminium paint
aluminieren *v (Te)* aluminize
Aluminium *n* aluminium, *(AE)* aluminum
Aluminiumabdeckung *f* aluminium coping
Aluminiumband *n* aluminium hinge *(Beschlag)*
Aluminiumbauten *mpl* aluminium structures *(Eurocode 9, EN 1999-1-1,2, DIN 4113)*
Aluminiumblende *f* aluminium blind
Aluminiumbronze *f* 1. *(BM)* albronze; 2. *(BM, OB)* aluminium bronze
Aluminiumdach *n (Konst, St)* aluminium roof cladding
Aluminiumdachplatte *f (BT, St)* aluminium roofing sheet
Aluminiumfarbe *f (BM, OB)* aluminium paint
Aluminiumfassade *f (Konst, OB)* aluminium front
Aluminiumfenster *n (BT)* aluminium window
Aluminiumfensterflügel *m* aluminium sash
Aluminiumfensterhaltestrebe *f (BT)* fin
Aluminiumfolie *f (BM)* aluminium foil
Aluminiumgusslegierung *f* cast aluminium alloy
Aluminiumlegierung *f* aluminium alloy, light alloy
Aluminiumnagel *m* aluminium nail
Aluminiumoberfläche *f (OB, St)* aluminium finish
Aluminiumoxid *n (BM, Bod)* alumina
aluminiumreich *(BM)* high-aluminium
Aluminiumrohr *n (BM)* aluminium tube
Aluminiumsand *m (BM)* aluminous sand
Aluminiumschallschluckdecke *f (DIS, Konst)* aluminium absorbent ceiling
Aluminiumspritzschicht *f (OB, St)* sprayed aluminium coating
Aluminiumstraßenleuchtmast *m* aluminium street lighting mast
Aluminiumtragwerke *npl (Stat)* aluminium structures *(EN 1999-1-2)*
Aluminiumüberzug *m (BM, OB)* alclad
Aluminiumverkleidung *f (OB, St)* aluminium facing
Aluminiumverwahrung *f* aluminium flashing
Aluminiumwellplatte *f (BT, St)* corrugated aluminium
Aluminiumzement *m* calcium aluminate cement, fire cement
Alunit *m (BM, Bod)* alum-stone
Amarillstein *m* emery
Amberglas *n (BM)* amber glass
Ambo *m (Arch)* ambo *(in frühchristlichen Kirchen erhöhtes Pult für die Lesung)*
Amboss *m (BWG, EB)* anvil
Ambossbahn *f (BWG)* anvil plate
Ambossstock *m* anvil stand
Ambursen-Wehr *n (Wsb)* Ambursen dam
Ameisenfressschaden *m (OB, Umw)* ant attack
Amin-Formaldehyd-Harz *n (BM)* amine formaldehyde resin
Aminoharz *n (BM)* amino resin
Aminokunststoff *m (BM)* amino plastic
Ammoniak *n (BM, OB, Te)* ammonia
Ammoniumchlorid *n (BM, OB)* ammonium chloride
Ammoniumsulfat *n (BM)* ammonium sulphate
Amontempel *m (Arch)* Temple of Amon
amorph amorphous, structureless; glassy *(petrographisch)*
Amosit *m (BM, Bod)* amosite
Ampel *f* 1. *(Verk)* signal lights, traffic lights; beacon *(Leuchtsignal)*; 2. hanging lamp; hanging flower pot
Ampel *f*/**blinkende** *(Verk)* flash beacon, flash traffic lights
Ampelanlage *f (Verk)* traffic lights
Ampelanlagenstörung *f* signal fault
Ampelanlagensynchronisierung *f (Verk)* signal synchronization
Ampelanlagenzeitfolge *f (Verk)* signal timing
Ampelbetätigungstaste *f (Verk)* signal tactile
Ampelhaltelinie *f (Verk)* signal stop line
Ampelphasenfolge *f (Verk)* signal staging
Ampelsteuerschrank *m* signal controller cabinet
Ampelsteuerungsausrüstung *f (Verk)* signal control equipment
Ampelstörungssituation *f (Verk)* signal occurrence
Ampelübergang *m (Verk)* pelican crossing
Amphibol *m (BM)* hornblende
Amphibolasbest *m (BM, Bod)* amphibole asbestos
Amphibolit *m (BM)* amphibolite *(metamorphes Gestein)*
amphistylar *(Arch)* amphistylar *(klassische Tempel)*
Amphitheater *n (Arch)* amphitheatre
amphoter *(BM)* amphoteric
amphoterisch *(BM)* amphoteric
Amplifikation *f* amplification
Amt *n* 1. authority, office, agency; *(AE)* bureau; department *(Dienststelle)*; 2. office, position *(Posten)*; official duty, function *(Aufgabe)*
amtlich official, authorized
Amtshandlung *f* official act
Amtsingenieur *m* authority engineer
Amtssitz *m* residency
Amtsstelle *f* office
Amtsvollmacht *f* authority
Amtswohnung *f* residency
Amylacetat *n* amyl acetate
analog analogous
Analogie *f* analogy
Analyse *f* analysis
Analyse *f*/**chemische** *(BM)* chemical analysis
Analyse *f*/**densitometrische** *(BM, Erdb)* densitometric analysis
Analyse *f*/**detaillierte** sensitivity analysis
Analyse *f*/**genaue** *(VR)* sensitivity analysis
Analyse *f*/**grafische** graphical analysis
Analyse *f*/**numerische** numerical analysis
Analyse *f*/**petrographische** petrographic analysis
Analyse *f*/**statistische** statistical analysis
Analyse *f*/**viskosimetrische** *(BM)* viscosimetric analysis
Analyse *f*/**volumetrische** *(BM)* volumetric analysis
analysieren *v* analyse
anätzen *v (OB, Te)* etch *(z. B. Glas)*
Anätzen *n* aciding *(mit Säuren)*; etch pitting *(Prüftechnik)*
Anbau *m* 1. addition, annex, extension, extension building; jutty *(Erker)*; wing *(Flügel)*; outbuilding *(Nebengebäude)*; penthouse *(Aufbau)*; 2. construction of an annex *(Vorgang)*; 3. growing, culture *(Pflanzen)*; cultivation, tillage *(Flächen)*
Anbau *m* **mit Pultdach/kleiner** *(Konst)* lean-to
anbauen *v* add, extend *(Gebäude)*; mount *(Geräte)*
anbauen *v* **an** add, annex, attach, build on *(Gebäude)*; fit to, mount *(Geräte)*
Anbaufläche *f* acreage *(Flächennutzungsplan)*
Anbaufläche *f*/**landwirtschaftliche** acreage *(Flächennutzungsplan)*
Anbaugarage *f* attached garage
Anbaugerät *n* attachment
Anbauküche *f (EB)* unit furniture kitchen
Anbaumöbel *npl (EB)* sectional furniture
Anbauschürfkübel *m (BWG, Erdb)* grader scraper
anbetonieren *v (BB, Te)* match-cast
anbieten *v (VR)* offer
Anbieten *n* tendering
Anbieter *m* bidder, tenderer; supplier
Anbietererklärung *f (VR)* supplier's declaration
anbinden *v*/**verkehrstechnisch** open up to traffic
anblatten *v (Hb)* halve; scarf by the square
Anblatten *n (Hb)* halving
Anblattung *f (Hb)* halved joint, halving
Anblick *m*/**halbschräger** *(Arch)* three-quarter view

anbohren *v* start a hole, tap
Anbohrschutz *m* antidrill feature
Anbohrung *f* dimple, tapping
anböschen *v (Erdb, SB)* batter
Anböschung *f (Erdb)* ramp landfill
anbringen *v* 1. *(Stat)* apply *(Kräfte)*; 2. attach, fasten, fit, fix, affix, install, mount, place, site
anbringen *v*/**falsch** misplace
anbringen *v*/**gelenkig** mount pivotically
anbringen *v*/**Putzträgerkonstruktionen** *(AE)* brander
anbringen *v*/**übereinander** *(Bod, BT, Konst)* superpose
anbringen *v*/**vertieft** recess
anbringen *v*/**vorher** preplace
anbringen *v*/**wieder** replace, refit
Anbringen *n* fitting, mounting, placing
Anbringung *f* attachment
Anbruch *m* crack; fracture
Anbruchsicherheit *f* safety against cracking
Andachtsbild *n (Arch)* devotional picture
Andachtsraum *m (Arch)* oratory, vestry *(Sakralbau)*
andämmen *v (Wsb)* pond, bank up
andauernd constant, continual, perennial, sustained
Andeckung *f (Erdb)* topping
ändern *v* alter, modify
ändern *v*/**maßstäblich** *(Verm)* scale
Änderung *f* amendment, alternation, modification *(z. B. in einer Bauzeichnung)*; change
Änderung *f*/**bleibende** permanent change
Änderung *f* **der Bauunterlagen/offizielle** *(VR)* change
Änderung *f*/**klimatische** *(Umw)* climatic variation
Änderung *f*/**maßstäbliche** scaling
Änderung *f*/**periodische** periodical change
Änderungen *fpl (RS)* remodelling *(Rekonstruktion)*
Änderungsantrag *m (Konst, VR)* amendment proposal
Änderungsanweisung *f* **während der Bauausführung** *(VR)* field order
Änderungsdurchführung *f (Konst)* amendment procedure
Änderungsmeldung *f (VR)* change order *(an den Bauauftragnehmer über Bauausführungsänderungen)*
Änderungsmitteilung *f (Konst, VR)* amendment notification
Andesit *m (Bod)* andesit
Andesittuff *m (BM, Bod)* andesitic tuff
Andreaskreuz *n (Arch)* crux decussata, Saltire cross, St Andrew's Cross
Andruck *m (Stat)* thrust
andrücken *v* contact, press, press against
Andruckwalze *f* nip roller *(Oberflächenauftrag)*
aneinanderfügen *v* abut, join, link, assemble
aneinanderfügen *v*/**stumpf** butt
Aneinanderfügung *f* assembly
aneinandergrenzend adjacent
aneinanderliegend *(BT, Konst, VR)* contiguous
aneinanderstoßen *v* butt
aneinanderstoßend abutting
anerkannt *(VR)* acknowledged *(Ausführung, Leistung)*
anerkennen *v* admit, recognize
Anerkennung *f* accreditation *(Zulassung für eine authentische Leistung)*; approval, acceptance, recognition *(Zustimmung)*
Anerkennung *f* **des Baustoffs** *(VR)* material acceptance *(Qualität)*
Anerkennungsvereinbarung *f (VR)* recognition arrangement
Anerkennungsverfahren *n (Konst, VR)* accreditation
anfahren *v* 1. start; 2. *(Te)* convey *(z. B. Erde)*; 3. *(HLK)* heat up *(eine Heizung)*
Anfahren *n (Te)* start
Anfahren *n* **einer Heizung** heating up
Anfahrschiene *f (Konst)* protecting iron
Anfahrschutzpfosten *m* batter post
Anfahrsichtweite *f s.* Anfahrtssichtweite
Anfahrtssichtweite *f (Verk)* sight distance, stopping sight distance *(Straßenführung)*
Anfall *m* **von Abfällen** *(Umw)* waste formation
Anfallgebinde *n (Hb)* hip rafters *(Dachrahmen)*
Anfallgespärre *n (Hb)* hip rafters *(Dachrahmen)*
anfällig (für) susceptible (to) • **anfällig für Korrosion** susceptible to corrosion, corrodible
anfällig/nicht non-susceptible
Anfälligkeit *f* 1. *(BM, TK)* susceptibility; 2. *(OB)* vulnerability *(Baustoffe, Werkstoffe)*
Anfallmaterial *n* quarry run *(unsortiert)*
Anfallpunkt *m* apex, hip ridge *(Dach)*
Anfallstelle *f (WVA)* point of origin *(Abwasser)*
Anfang *m (Te)* start
anfangen *v* start, begin, initiate
Anfänger *m* 1. *(Arch)* impost *(eines Gewölbes)*; 2. starter tile *(Firstziegel)*
Anfängerziegel *m* starter brick
Anfangs... early life ..., initial ...
Anfangsbeanspruchung *f* initial exposure
Anfangsbedingung *f* initial condition
Anfangsbelastung *f* 1. *(Stat)* initial loading; 2. *(Stat, TK)* early loading
Anfangsbiegung *f* initial bending
Anfangsdehnung *f* initial strain
Anfangsdruck *m* initial pressure
Anfangsdruckfestigkeit *f* initial compressive strength
Anfangs-/Endkonstruktion *f (Konst)* terminal
Anfangserhärtung *f* initial hardening *(von Beton, Kristallisationsphase)*
Anfangsfehler *m (Te, VR)* early failure
Anfangsfestigkeit *f* early strength, initial strength, primary strength
Anfangsformänderung *f* primary deformation
Anfangsgriffigkeit *f (Verk)* early life skid resistance
Anfangshaftung *f* initial bond
Anfangskriechen *m* initial creep, primary creep
Anfangslage *f (Hb, Konst)* starter strip
Anfangslast *f* initial load
Anfangsphase *f (Te)* initial period
Anfangsporenziffer *f (Bod)* initial void ratio
Anfangspunkt *m* 1. *(Verm, VR)* origin; 2. *(Verk)* zero end *(Trasse)*
Anfangsrendite *f (VR)* first-year rate of return
Anfangsschrumpfung *f* initial drying shrinkage
Anfangsschwinden *n (BB, BM)* initial drying shrinkage *(Beton)*
Anfangssetzung *f (Erdb)* initial settlement
Anfangsspannung *f* initial stress
Anfangsspannungszustand *m* initial state of stress
Anfangsstadium *n* initial stage, initiation stage, opening stage
Anfangstein *m (Konst, SB)* springing
Anfangstermin *m*/**frühester** *(Te, VR)* early start time *(Netzplantechnik)*
Anfangsverbund *m (BB, Te)* initial bond *(Spannbeton)*
Anfangsverdichtung *f (Erdb)* initial compaction
Anfangsverrückung *f* initial displacement
Anfangsverschiebung *f* initial displacement
Anfangsvorspannung *f* initial prestress, initial stress *(Spannbeton)*
Anfangszustand *m* initial state
anfärben *v* dye, colour
anfärben *v*/**leicht** tinge
anfärben *v*/**stark** dye deeply, colour deeply

anfeuchten *v* damp, dampen, moisten, wet; temper *(Sand)*; humidify *(Luft)*
Anfeuchten *n* moistening, wetting; humidifying *(Luft)*; tempering *(Mörtel)*
Anfeuchter *m (HLK)* humidifier
Anfeuchtung *f* damping; humidification *(Luft)*
Anfeuchtungsmittel *n (BM, HLK)* humidifying agent
Anfeuchtungsstoff *m* humidifying agent; moistening agent
anflanschen *v* flange-connect, flange-mount
Anflanschen *n* flange-mounting
Anflugvorschriften *fpl (Verk)* traffic pattern *(Flugplatz)*
anfordern *v (VR)* require
Anforderung *f* 1. order, request of delivery *(Bestellung)*; 2. *(Stat)* requirement; 3. qualifications *(Voraussetzung)*; 4. *(Stat)* requirement *(Bedürfnisse)*; 5. demand, request, call
• **den Anforderungen genügen** *(Konst, VR)* satisfy
• **den Anforderungen nicht genügen** *(VR)* fail to pass
• **die Anforderungen erfüllen** meet the conditions, meet the requirements
Anforderung *f* **an das Verfahren** processing requirement
Anforderung *f*/**bedingte** optional requirement
Anforderung *f*/**umwelttechnische** environmental requirement
Anforderung *f*/**verbindliche** *(Konst, VR)* mandatory requirement
Anforderung *f*/**wahlweise** optional requirement
Anforderung *f* **zur Freigabezeit** demand dependent call *(Verkehrssteuerung)*
Anforderungen *fpl*/**sicherheitstechnische** safety requirements
Anforderungen *fpl*/**technische** 1. *(Konst, VR)* specification requirements; 2. *(Konst)* technical requirements
Anforderungserfüllung *f (BM, BT, VR)* conformity
Anforderungserfüllungs-Untersuchung *f (VR)* evaluation of conformity
Anforderungstheorie *f* theory of demand
Anforderungsvorschrift *f*/**technische** *(Konst, VR)* technical regulation
anfressen *v* eat, stain *(Metalle)*; *(im Anfangsstadium)* corrode
Anfressung *f (OB)* corrosion *(bei Eisen)*
anfügen *v* adjoin, add, attach
Angabe *f* indication; statement
Angaben *fpl*/**technische** specifications *(z. B. von Baustoffen, Bauteilen, Geräten, Ausrüstungen)*; technical data, technical specifications
Angebot *n* 1. availability *(Verfügbarkeit)*; 2. offer; tender, bid *(Bauvertrag)* • **Angebote eröffnen** submit • **das Angebot akzeptieren** *(VR)* accept the tender • **ein Angebot einreichen** *(VR)* tender • **ein Angebot machen** *(VR)* bid, make a bid
Angebot *n* **auf Treu und Glauben** *(AE)* bona fide bid
Angebot *n*/**billigstes** *(VR)* low-bid *(Ausschreibung)*
Angebot *n*/**innovatives** *(VR)* innovative proposal
Angebot *n*/**unverbindliches** offer without engagement, offer without obligation
Angebotsablehnung *f* rejection of tender
Angebotsannahmestelle *f (VR)* tender reception
Angebotsaufforderung *f (VR)* advertisement for bids
Angebotsauswahlphase *f* bidding phase
Angebotsbaupreis *m (VR)* base bid
Angebotsbedingungen *fpl (VR)* bidding requirements
Angebotsbürgschaft *f (VR) (AE)* proposal guaranty
Angeboteinholung *f* quotation request
Angebotseinreichung *f (VR)* submission of tenders
Angeboteröffnung *f* bid letting, bid opening, letting of bids, opening of bids, submission, submission of tenders, opening of tenders
Angebotsformblatt *n* tendering form
Angebotsformular *n* bid form, proposal form
Angebotsleistungsverzeichnis *n (VR)* base bid specifications
Angebotsobligation *f* bid bond
Angebotsphase *f (VR)* negotiation phase
Angebotspreis *m* base bid, tender(ed) price
Angebotsqualität *f* level of service, quality of service
Angebotssicherheit *f* bid guarantee, bid security
Angebotssubmission *f (VR)* submission of tenders
Angebotssumme *f (VR)* contract price
Angebotstermin *m* bid date, bid time, tendering date
Angebotsverfahren *n* tendering
Angebotszeichnung *f (Konst, VR)* proposal drawing
Angebotszeitraum *m* bidding period
angefärbt coloured
angefärbt/schwach feebly coloured
angefertigt/auf Kundenbestellung custom-built
angefertigt/speziell purpose-made, custom-built
angeflanscht flange mounted
Angel *f* 1. *(Hb)* pin, swivel *(z. B. an Türbändern)*; 2. fang *(einer Feile)*; 3. hinge, pivot *(Beschläge)*
angelassen *(BM, St)* tempered *(Baustahl)*
angelaufen fogged, struck *(Glas)*
angelenkt hinged, pinned, linked, articulated
angelernt semiskilled *(Bauarbeiter)*
angeliefert/nur supplied only *(Baustofflieferverstragsbedingung)*
Angelpfosten *m* hinge jamb *(Tür)*
Angelzapfen *m (BT)* pivot
angemessen 1. proper, fitting, suitable, appropriate; 2. reasonable, convenient *(Preis)*
Angemessenheit *f (Konst, Stat)* adequacy *(Dimensionierung)*
Angemessenheit *f*/**konstruktive** *(Konst)* structural adequacy
angemörtelt mortar-bound
angeordnet arranged, located
angeordnet/axial on-axis
angeordnet/bequem convenient placed
angeordnet/dachziegelartig imbricated
angeordnet/darüber situated above
angeordnet/diagonal diagonally placed
angeordnet/drehgelenkig pivoted, pivotally mounted
angeordnet/gegenüber *(Arch)* affronted *(Figuren)*
angeordnet/hintereinander arranged in tandem, in-line
angeordnet/in Linie in-line
angeordnet/in Reihe seriate
angeordnet/oben overhead
angeordnet/paarweise paired
angeordnet/pendelnd free to float
angeordnet/räumlich falsch *(Konst)* mislocated
angeordnet/senkrecht vertically disposed
angeordnet/strahlig *(Arch, Konst)* radially arranged
angeordnet/symmetrisch symmetrically placed
angeordnet/übersichtlich neatly grouped
angeordnet/versetzt staggered *(z. B. Gebäude)*
angeordnet/zentral centralized
angeordnet/zweireihig distichous
angeordnet/zwischen zwei Schichten sandwiched
angepasst an adapted for, matched to
angepresst/fest tight fit
angeschlossen connected; associated
angeschlossen an *(El)* linked-in with
angeschlossen/gelenkig pin-connected, pin-jointed
angeschuht shoed
angeschüttet filled *(Gelände)*
angeschwemmt neptunian
Angestelltenkantine *f* employee's canteen
Angestellter *m (VR)* employee

angestrahlt *(El)* floodlit
angetrieben driven
angetrieben/durch Motor power-driven
angewandt applied
anglasiert semivitreous *(Fliesen, Kacheln)*
angleichen *v* 1. *(Hb)* match; 2. adapt, adjust, accommodate harmonize; 3. *(Arch, Konst)* parallel *(geometrisch)*
Angleichen *n*/**höhenmäßiges** *(Erdb)* levelling
Angleichung *f (BT, Konst, Te)* adaptation
angreifbar *(OB)* liable to be attacked *(Korrosion)*
Angreifbarkeit *f (OB)* vulnerability *(Baustoffe, Werkstoffe)*
angreifen *v* 1. *(Stat)* act on *(Kraft)*; 2. *(OB)* attack *(durch chemische Einflüsse)*; 3. bite, eat *(Metalle, Kunststoffe)*; 4. *(BM, BT, OB)* corrode *(Metalle)*
Angreifen *n* attack *(z. B. durch Säuren)*
Angreifen *n* **einer Kraft** *(Stat)* application of a force
angreifend/nicht non-corrosive *(Medium)*; inoffensive *(Baustoffe)*
angrenzen *v* abut, adjoin, border
Angrenzen *n (Konst, VR)* adjacence
angrenzend 1. adjacent, bordering, neighbouring *(Grundstück, Land)*; 2. adjoining, next, neighbouring *(Haus, Zimmer)*; 3. contiguous *(Elemente)*; abutting *(stoßend)*
Angrenzender *m* neighbouring owner
Angriff *m (Stat)* application *(einer Kraft)*; corrosion *(von Metallen)*
Angriff *m*/**chemischer** *(BM, OB, Umw)* chemical attack
Angriff *m*/**flächenartiger** *(OB)* general attack *(Korrosion)*
Angriff *m*/**flächenhafter** overall attack *(Korrosion)*
Angriff *m*/**korrosiver** *(OB)* corrosive attack
Angriffskraft *f* attacking power *(Schadstoffe)*
Angriffspunkt *m* application point; origin of force; point of application; point of attack; working point
Angriffspunkt *m* **der Abnutzung** point of wear
Angriffspunkt *m* **der Kraft** origin of force; point of impact
Angriffsvermögen *n* attacking power *(Schadstoffe)*
Angstloch *n (Arch)* oubliette opening *(Deckenöffnung)*
Angussfarbe *f* engobe *(z. B. für Dachziegel)*
anhaften *v* adhere, adhere to, cling; stick *(Stoffe)*
Anhaften *n* 1. *(BM)* adhesion; 2. *(Konst, OB)* clagging
anhaftend adherent, adhesive
Anhaftung *f* grip on the ground
Anhaftungslänge *f (BB, Te)* grip length *(Bewehrung)*
Anhaftungsvermögen *n (BM, OB)* adhesion force
anhaken *v* hook, hook on
anhaltend perennial, sustained; continuous
Anhalteweg *m (Verk)* (total) stopping distance
Anhaltezeit *f* stop time *(Anlagensysteme, Verkehr)*
Anhang *m (Konst)* appendix *(z. B. zu einer Zeichnung)*
Anhängeerdhobel *m (BWG, Erdb)* pull grader
Anhängeetikett *n (VR)* tag
anhängen *v* affix, append
Anhänger *m (Verk)* trailer
Anhängestraßenhobel *m (BWG, Verk)* towed grader *(Straßenbau)*
Anhängewalze *f* tractor-drawn roller
anhäufen *v* earth up; agglomerate
anhäufen *v*/**sich** mass
Anhäufung *f* agglomeration *(chemisch)*; aggregation *(physikalisch)*; cluster, mass *(Gebäude, Gegenstände usw.)*; assemblage *(gebündelt, zusammengestellt)*
anheben *v* deflect *(Spannbeton)*; elevate; heave, hoist, jack, lift, raise
Anheben *n* elevating *(erheben)*; lifting *(Lasten)*
Anheben *n* **von Bodenschichten** *(Bod)* uplift
Anhebung *f* elevation *(erheben)*; lifting *(Lasten)*; increase, rise *(Löhne, Preise)*
anheften *v* affix, attach; pin; stitch on
Anheften *n* stapling *(mit Heftklammern)*

Anheizdauer *f (HLK)* temperature-rise period
Anheizen *n* heating up
Anheizverlust *m* heating-up loss
Anhöhe *f* eminence, rise, high ground, mound *(im Gelände, Hügel)*; knob *(Höcker)*
Anhydratisierungsmittel *n* dehydrating agent, dehydrator
Anhydrit *m (BM)* anhydrite
Anhydritbinder *m* anhydrite binder
Anhydritestrich *m* anhydrite screed
Anhydritmörtel *m* anhydrite mortar
Anilinharz *n* aniline resin
Anilinrot *n (BM, OB)* tyraline
Anilinviolett *n (BM, OB)* regina purple
Ankauf *m (VR)* purchase of land
Anker *m* anchor, tie, masonry cavity tie; fish-tail
Ankerausbau *m (Tun)* roof bolting
Ankerausziehtest *m* anchor pulling test
Ankerbalken *m* anchorage beam, fixed mooring
Ankerbalkenstütze *f (BT)* teagle post
Ankerband *n* hoop iron
Ankerbesen *m* strand grip *(Spannbeton)*
Ankerblock *m* head block
Ankerbolzen *m* 1. anchor bolt, foundation bolt, hold-down bolt, tie bolt, tie-down bolt; lag bolt, lag screw *(mit quadratischem Kopf)*; 2. *(Tun)* roof bolt
Ankerbolzen *m*/**gesenkgeformter** swage bolt
Ankerbolzen *m*/**konusfreier** *(AE)* she bolt *(für Betonelemente)*
Ankereisen *n* bat, clutch anchor; tie bar *(Straßenbetondecke)*
Ankerkeil *m* wedge anchor
Ankerklotz *m* deadman, anchor log, anchor *(im Erdreich)*
Ankerklotz *m*/**eingegrabener** deadman
Ankerkopf *m* anchor heat
Ankerkreuz *n (Arch)* moline cross
Ankerloch *n* anchor hole, foundation bolt hole, tie hole
Ankernagel *m* anchor nail
Ankerpfahl *m (Erdb)* anchor pile
Ankerpfeiler *m (Br)* anchorage *(Brückenbau)*
Ankerplatte *f* anchor plate, tie plate; anchoring panel *(z. B. einer Brücke)*
Ankerplatz *m (Verk)* berth *(Schiff)*
Ankerplatzstein *m* fixed mooring
Ankerscheibe *f (Konst)* anchor plate
Ankerschenkel *m* arm of an anchor
Ankerschiene *f* anchoring rail
Ankerschlupf *m* anchorage slip
Ankerschraube *f* anchor bolt, fish-tail bolt, foundation bolt, hold-down bolt, tie bolt, tie-down bolt; lag bolt, lag screw *(mit quadratischem Kopf)*
Ankerseil *n (Konst)* guy
Ankerspannseil *n (Br)* anchor span
Ankersplint *m (BT)* tie cotter
Ankerstab *m* anchor bar, stay rod; tie bar *(Straßenbetondecke)*
Ankerstange *f* holding-down rod
Ankerstein *m* binding stone, through stone; tie closer; fixed mooring *(Hafenankerstein)*
Ankerstern *m (BT)* star of tie beams
Ankerstuhl *m (BT, Konst)* anchor chair
Ankervorrichtung *f (Br)* anchorage
Ankerwand *f* anchor wall
Ankerwand *f*/**durchlaufende** anchor wall
anketten *v* chain
anklammern *v* clip, cramp
Anklang *m*/**dekorativer** decorative touch, ornamental touch
ankleben *v* glue, stick
anklebend adherent

Ankleideraum *m (Konst)* toilet
anklemmen *v* 1. *(El)* connect; 2. *(Te)* clamp
ankohlen *v (Te)* char
ankohlen *v*/**einen Pfahl** *(LB, Te)* char a pole
ankoppeln *v* couple
ankörnen *v* mark, punch
Ankörnung *f* mark, marking, punch, punching
Ankunftsbahnsteig *m (Verk)* arrival platform
Ankunftsebene *f (Verk)* arrival level
Ankunftshalle *f (Verk)* arrival lounge
Anlage *f* 1. complex, construction, building, erection *(baulich)*; 2. equipment, facility, installation *(Einrichtung, Ausrüstung, komplexe Anlagen)*; rig *(Gerät)*; 3. plant, works *(Fabrik)*; 4. *(HLK)* system; 5. layout, siting *(Plan, Standort)*; 6. *(BWG)* investment *(Kapital)*
Anlage *f*/**bauliche** construction, structure
Anlage *f*/**elektrische** electrical equipment, electrical installation
Anlage *f*/**fertige** installation
Anlage *f* **für Verkehrsträgerwechsel** *(Verk)* transfer yard
Anlage *f*/**gärtnerische** *(LB)* park
Anlage *f*/**geothermische** *(HLK)* geothermal plant
Anlage *f*/**lockere** *(RP)* open layout *(Städtebau)*
Anlage *f*/**lufttechnische** *(HLK)* ventilation system
Anlage *f*/**mehrgeschossige** multilevel layout, multistorey layout
Anlage *f*/**programmgesteuerte** programmed automatic plant *(Bauelement- und Fertigteilherstellung)*
Anlage *f*/**raumlufttechnische** *(HLK)* ventilation and air--conditioning system
Anlage *f*/**schlüsselfertige** turn-key plant; turn-key building
Anlage *f*/**stationäre** permanent plant, stationary plant
Anlage *f*/**zentrale** *(Arch)* centralized building
Anlagefläche *f* locating surface, locating face, mating surface
Anlagekosten *pl (VR)* initial cost *(Arbeit und Material)*
Anlagen *fpl*/**bauliche** buildings and structures, structural works, works
Anlagen *fpl* **des Abfertigungsgebäudes** terminal facilities
Anlagen *fpl*/**gesundheitstechnische** *(San)* sanitation equipment
Anlagen *fpl*/**haustechnische** domestic service facilities, service equipment
Anlagen *fpl*/**installierte** domestic installation(s)
Anlagenbau *m* engineering and construction of complete plants, plant construction
Anlagenersteller *m* installer
Anlagenetage *f* equipment floor, equipment storey
Anlagenfahrer *m* operator
Anlagengeschoss *n* equipment floor, equipment storey
Anlagenmischgut *n (BM)* plant mix *(bituminöse Baustoffe)*
Anlagenordnung *f (VR)* plant layout
Anlagensiebe *npl* plant screens *(Mischwerk)*
Anlagensilo *n* batching silo
Anlagen- und Friedhofsbau *m* construction of parks and cemeteries
Anlagenwärme *f* heat generated by equipment
Anlageplan *m (Te)* plan of a site *(Bebauungsplan)*
Anlagerung *f (HLK, Umw)* adsorption *(z. B. eines Gases an der Oberfläche eines festen Stoffs)*
Anlagerungsfähigkeit *f* adsorptive capacity, adsorptive power
Anlagerungswasser *n* pellicular water
Anlaschen *n (Konst, Te)* fishing
anlassen *v* start, temper, tempering *(Metall, Stahl)*
Anlasser *m (El)* starter
Anlasshärte *f* tempering hardness *(Stahl)*
Anlauf *m* 1. *(Arch)* inverted cavetto *(konkav kurvierte Vermittlung zwischen einem vorspringenden unteren und einem zurücktretenden oberen Bauelement)*; 2. short ramp; 3. *(Konst)* tapered collar *(geometrisch)*; 4. starting, start-up *(Baumaschinen)*; 5. batter, battice *(einer Mauer)*
Anlauf *m* **des Schornsteins** *(Konst)* taper of the chimney
Anlauf *m*/**luftseitiger** *(Wsb)* downstream batter
Anlaufbahn *f* run-up track
anlaufbeständig non-tarnishing, tarnish-resistant
Anlaufbrücke *f (Wsb)* landing stage, boarding bridge
anlaufen *v* 1. bloom *(Lackanstrich)*; 2. get musty, tarnish *(Metalloberfläche)*; 3. *(OB, Umw)* rise *(z. B. Mauer, Gewölbe, Pfeiler)*; 4. stain *(durch Beize, Flecke usw.)*
anlaufen lassen *v (Erdb, SB)* batter *(Mauerwerk)*
Anlaufen *n* 1. *(OB)* blooming; 2. escape *(einer Säule)*; 3. tarnishing, fogging *(Glas, Metall, Oberflächen usw.)*
Anlauffarbe *f (BM, OB)* tempering colour
Anlauffilm *m* 1. *(OB)* surface tarnish *(Anstrich)*; 2. *(OB)* tarnish film *(Hitzeverfärbung)*
Anlauffläche *f* stop face
Anlaufschicht *f* 1. *(OB)* surface tarnish *(Anstrich)*; 2. *(OB)* tarnish film *(Hitzeverfärbung)*
Anlaufschiene *f (Konst)* facing rail
Anlaufwand *f* talus wall
Anlegebrücke *f (Verk, Wsb)* landing pier
Anlegegoniometer *n* protractor
Anlegeholz *n* header
Anlegekante *f* face edge, work edge
anlegen *v* build, engineer *(Bauten, Straßen)*; plant, lay out green space
anlegen *v* **an/sich** attach to
anlegen *v*/**treppenförmig** terrace
Anlegen *n* **einer Kraft** *(Stat)* application of a force
Anlegeöl *n* gold size
Anlegeponton *m (Wsb)* ferry bridge
Anlegestelle *f (Wsb)* berth, *(AE)* levee
Anlehnung *f (Konst)* contact
anleimen *v (Hb, Te)* glue
anleiten *v* instruct
Anleitung *f* instruction
Anlieferetage *f* supply floor
Anlieferfläche *f* delivery area
anliefern *v* deliver
Anlieferung *f* delivery
Anlieferungsfläche *f* delivery area
Anlieferungsstockwerk *n* supply floor
Anlieferungstür *f* service door
anliegend/satt faying, snuggly fitting *(Montagebauteile)*
Anlieger *m* frontage resident, frontager, wayside owner, local resident, resident, *(AE)* frontager
Anliegergrundstück *n* adjacent property, marginal property, adjoining property, wayside property; riverside property *(Ufergrundstück)*
Anliegerspur *f (Verk)* access lane
Anliegerstraße *f (Verk)* frontage road
Anliegerverkehr *m (Verk)* frontager traffic
anlöten *v* solder *(weich)*; braze *(hart)*
anmachen *v* mix, prepare, temper *(Mörtel, Beton)*
Anmachen *n* mixing, tempering *(von Mörtel, Beton)*
Anmachen *n* **des Zements** mixing of cement
Anmachflüssigkeit *f* mixing liquid
Anmachwasser *n* batched water *(für eine Mischung)*; gauging water, mixing water *(für Mörtel, Beton)*
Anmachzeit *f* 1. *(Te)* mixing cycle; 2. *(BB, Te)* time of haul *(Transportbeton)*
anmelden *v* apply for *(Baurecht)*
anmelden *v*/**Besitzanspruch** *(VR)* make one's claim (to property)
Anmelderaum *m (Konst)* reporting room

Anmeldezimmer *n (Konst)* reporting room
Anmeldung *f* application
Anmerkung *f* explanatory note, note
Anmischdauer *f (Te)* stirring period
Anmischen *n* stirring
annageln *v* nail
annageln *v*/**vorübergehend** nail temporarily
Annageln *n* nailing
Annageln *n* **einer Brettverkleidung** boarding-in
Annageln *n* **von Latten** lathing
annähern *v* approximate
annähernd approximate
Annäherung *f* approximation
Annäherungswert *m (Konst, Stat)* approximate value
Annahme *f* 1. *(Stat)* assumption, supposition *(von Lasten)*; 2. acceptance; reception, reception desk *(Waren)*; 3. assumption, hypothesis *(von Voraussetzungen)*
Annahme *f*/**Bernoulli'sche** *(WVA)* Bernoulli assumption
Annahme *f*/**hypothetische** arbitrary assumption, hypothesis
Annahme *f*/**willkürliche** arbitrary assumption
Annahmen *fpl*/**vereinfachte** *(Stat)* simplifying assumption
Annahmerampe *f* delivery ramp
annässen *v* wet; moisten
annässen *v*/**das Ziegelmauerwerk** moisten the brickwork
annehmbar *(VR)* acceptable
annehmbar/nicht *(VR)* rejectable
annehmen *v* 1. *(VR)* accept *(z. B. ein Angebot)*; 2. *(Stat)* assume, suppose *(Lasten)*; 3. *(OB)* take
annieten *v* 1. *(St)* fasten with a rivet; 2. *(St, Te)* rivet
Anode *f (OB)* anode
Anodengalvanisierung *f* anodic coating *(Beschichtung)*
Anodenplatte *f (OB)* anode plate *(Korrosionsschutzsystem)*
anodisieren *v (OB)* anodise
anordnen *v* 1. arrange, dispose, set out, site; 2. locate, place, site, order *(Bauelemente, Gebäude)*; 3. rule *(durch Vorschriften)*
anordnen *v*/**gestaffelt** stagger
anordnen *v*/**harmonisch** harmonize
anordnen *v*/**in Gruppen** group
anordnen *v*/**in Reihe** seriate
anordnen *v*/**kaskadenförmig** *(Erdb, Wsb)* cascade
anordnen *v*/**mit Zwischenraum** space *(in Räume)*
anordnen *v*/**mittig** *(Arch, Konst)* centralize
anordnen *v*/**paarig** pair
anordnen *v*/**paarweise** pair
anordnen *v*/**parallel** *(Arch, Konst)* parallel
anordnen *v*/**planmäßig** *(Konst)* systematize
anordnen *v*/**stufenweise** step *(Gelände)*
anordnen *v*/**übereinander** *(Bod, BT, Konst)* superpose
anordnen *v*/**versetzt** alternate, stagger *(räumlich)*
anordnen *v*/**zufällig** randomize
Anordnen *n* 1. arrangement, design, lay out; 2. placing, order *(Bauelemente, Gebäude)*; 3. configuration *(räumlich)*; 4. constitution *(Baustoffstrukturen)*
Anordnung *f* 1. arrangement, disposal, disposition, setting, scheme, system; grouping *(Gebäude)*; lay-out *(Positionierung und Verteilung)*; 2. *(Konst)* order *(z. B. von Bauelementen; zum Ausführen von Gewerke- und Ingenieurleistung)*; 3. *(Konst)* placement *(Einbaulage)*; 4. *(EB)* set-up *(von Einrichtungsgegenständen)*; 5. spatial arrangement, configuration *(räumlich)*; 6. *(Konst)* rule *(Richtlinie, Vorschrift)*
Anordnung *f*/**bauliche** *(Konst)* structural arrangement
Anordnung *f* **der Elektroanlage** electrical layout
Anordnung *f* **der Verkehrsinseln** *(Verk)* layout of islands
Anordnung *f*/**enge** *(Arch, RP)* closeness
Anordnung *f*/**gruppenweise** grouping
Anordnung *f* **in Reihe** *(Konst)* seriation
Anordnung *f*/**räumliche** configuration, spatial arrangement
Anordnung *f*/**rostförmige** *(Konst)* trellised pattern
Anordnung *f*/**staffelförmige** *(Arch, Konst)* echelon arrangement
Anordnung *f*/**übersichtliche** *(RP)* neat grouping *(Städtebau, Bedienungselemente)*
Anordnung *f*/**versetzte** *(Konst)* staggered arrangement
Anordnung *f* **von Pfeilern/dichte** *(Arch)* accouplement
Anordnung *f*/**zentrale** *(Arch, Konst)* centralized grouping
Anordnung *f*/**zonenförmige** *(Arch, Konst)* zonal arrangement
anorganisch *(BM)* inorganic
Anorthit *m* anorthite
anpassen *v* 1. adapt, adjust; accommodate; pair; parallel; 2. *(BT, Te)* align *(Linien, Achsen)*; 3. *(Hb)* cut fit, matchboard; 4. harmonize *(Einrichtungen usw.)*; 5. match *(Farbe)*
anpassen *v* **an** tailor, tailor to *(Montage)*
Anpassen *n (Te)* fitting
Anpassung *f* adaptation; fit; remodelling *(eines Gebäudes)*
Anpassungsfähigkeit *f*/**bauliche** *(Arch, Konst)* construction flexibility
Anpassungsprozess *m* process of adaptation
anpflanzen *v (LB)* plant
Anpflanzung *f* plantation, cultivation
anpinseln *v* brush
Anprall *m (Stat)* impact *(auf eine Oberfläche)*
Anpralldämpfer *m (Verk)* crash cushion; impact attenuator
Anpralldämpfer *m*/**abweisender** *(Verk)* redirective crash cushion
Anprallgeschwindigkeit *f* crash speed
Anprallkraft *f (Stat)* impact force
Anpralllast *f* impact load
Anprallwinkelschiene *f (Verk)* impact angle
Anpressdruck *m* contact pressure
anrauen *v* tooth *(Oberflächen)*
anregen *v* activate *(z. B. Bindemittel)*; initiate
Anreger *m* activator, exciter *(Bindemittel)*
anreichern *v* concentrate, enhance, enrich *(Stoffe)*; replenish *(Vorhalten)*
Anreicherung *f (Bod, Wsb)* replenishment *(z. B. Grundwasser)*
Anreicherungsbecken *n (WVA)* infiltration basin
Anreicherungsbrunnen *m (Wsb)* well for adding water
anreißen *v* line out, scribe, mark, lay out, set out; score *(Frischbeton)*; delineate *(Grafik)*; line out *(Holz)*
anreißen *v*/**eine Linie** *(Te)* snap the line *(mit Schnur)*
Anreißen *n* marking-off, marking-out, setting-out; scribing; plotting; lining-out *(Holz)*; scoring *(Frischbeton)*; spiling *(Rammarbeiten)*; *(AE)* laying out
Anreißer *m* scribe
Anreißkörner *m* centre punch, *(AE)* layout punch
Anreißleine *f* snapping line
Anreißmaß *n* marking-out dimension, scribing dimension
Anreißnadel *f (Verm)* aligning punch
Anreißschablone *f (Konst)* tracing pattern
Anreißstift *m* aligning punch, scriber
Anreißtisch *m* marking table
Anreißversuch *m (BM)* scribe test *(Anstriche, Haftfestigkeitsprüfung)*
Anreiz *m* incentive
Anrichte *f* counter, dresser, pantry; sideboard
Anrichteraum *m* pantry, scullery
Anrichtküche *f (EB)* scullery
Anriss *m* 1. incipient crack, initial cracking *(Metall, Beton usw.)*; 2. mark, marking, scribing *(Markierung)*
Anrisslinie *f* scribed line, *(AE)* layout line
Anrissmaß *n* marking-out dimension, scribing dimension

anrosten *v (OB)* prerust
Anrosten *n (OB)* initial rusting
Anrostung *f (OB)* initial rusting
anrühren *v* mix *(mit Flüssigkeiten)*
anrühren *v*/**Brei** pulp
anrühren *v*/**Mörtel** mix
Anrühren *n* mixing *(von Mörtel, Beton)*
ansäen *v (LB)* sow
ansammeln *v* accumulate, gather, collect *(Wasser, Schmutz usw.)*; heap, heap up, pile up *(Schüttgüter, Baustoffe)*
ansammeln *v*/**sich** *(Te)* accrue
Ansammlung *f* collection, accumulation, mass, pile
Ansammlungsplatz *m* place of assembly
Ansammlungsraum *m* place of assembly, assembly room
ansässig domiciled, resident
Ansatz *m* 1. *(Stat)* arrangement, statement, formulation, approach *(Mathematik)*; 2. batch, charging stock *(Baustoffmischungen)*; 3. attachment *(einer Verbindung)*; 4. lug, nose, nozzle *(Ansatzstück)*; 5. *(Arch)* projection; 6. *(Konst)* shoulder *(Achsen, Wellen)*
Ansatz *m* **nach dem Traglastverfahren** *(Stat)* plastic load approach, limit-load approach
Ansatzrohr *n* additional pipe, nozzle
Ansatzrohr *n*/**kurzes** short pipe
Ansatzstück *n* lug, nose, nozzle, attached piece, attachment
Ansatztraufe *f* non-carved waterspout *(einfacher Wasserspeier)*
ansäuern *v* acidify
Ansäuerung *f (OB)* acidification
Ansaugdruck *m* induction pressure
ansaugen *v* draw, suck in *(Flüssigkeiten; Luft)*; take in, induct
Ansaugen *n (BWG, Bod, WVA)* suction
Ansauggebläse *n* suction fan
Ansauggitter *n (HLK)* intake grille
Ansaughub *m* suction stroke, intake stroke
Ansaugkorb *m* suction strainer
Ansaugleistung *(HLK)* suction capacity
Ansaugleitung *f (HLK)* suction pipe
Ansaugrohr *n (HLK)* induction pipe, suction pipe
Ansaugschlauch *m (BT)* air hose
Ansaugstutzen *m (HLK)* air intake
Ansaugung *f (HLK)* induction
Anschaffung *f (VR)* acquisition
anschaften *v (Hb)* graft, graft up
anschalten *v* switch on
anschärfen *v* sharpen, scarf *(Werkzeuge)*; point *(Beton, Naturstein)*
anschiften *v (Hb)* graft, graft up
Anschlag *m* 1. *(Hb)* rabbet, rebate; 2. rabbet, stop *(Tür)*; check stop, stop, laid-on stop *(Sperre)*; limit stop *(Kran)*; 3. retainer *(Halterung)*; 4. notice *(Bekanntmachung)*
Anschlag *m*/**doppelter** double rabbet
Anschlag *m* **einer Fensterbank** rabbet, *(AE)* flanning
Anschlag *m*/**eingefügter** rabbeted stop
Anschlag *m*/**entfernbarer** removable stop
Anschlag *m*/**innerer** inside stop
Anschlaganleitung *f* fitting instructions
Anschlagbrett *n* notice board
Anschlagbrett *n*/**lösbares** removable stop
Anschlagdämpfung *f (EB)* stop cushion *(Tür)*
anschlagen *v* 1. fasten, fix *(z. B. Leisten)*; nail, nail to *(mit Nägeln)*; 2. calculate *(Berechnung)*; 3. post, put up *(Tafel, Poster usw.)*
Anschlagfalz *m* rebate
Anschlagfensterladen *m* hinged window shutter
Anschlagfläche *f* stop face
Anschlagholz *n*/**eingesetztes** *(EB, Hb)* planted stop *(Tür, Fenster)*
Anschlagholzwinkel *m* carpenter's square, framing square
Anschlagleiste *f* rabbet ledge *(Fenster)*; back lining *(Fensterladen)*; stop bar *(Tür)*; overlapping astragal, wraparound astragal *(Astragalüberlappung)*
Anschlagleiste *f*/**angesetzte** *(EB, Hb)* planted stop *(Tür, Fenster)*
Anschlagleistenschraube *f* stop screw
Anschlaglineal *n (Konst)* T-square
Anschlagmaße *npl* fitting dimensions
Anschlagplatte *f (SB)* kick plate *(Tür)*
Anschlagschalter *m (El)* limit switch
Anschlagschiene *f* stop rail *(Tür)*; striker bar
Anschlagschraube *f* stop screw
Anschlagschwelle *f* cut-off stop
Anschlagstahlwinkel *m* steel square
Anschlagstein *m (BT)* stop stone *(Tor)*
Anschlagtafel *f* bulletin board
Anschlagwinkel *m* back square, engineer's square, shifting square, square, try square
Anschlagziegel *m* rebated walling brick
anschleifen *v* start grinding
anschließen *v* 1. *(El)* connect; 2. attach, connect, link, link up, mount *(Bauteile, Elemente)*; 3. *(Konst)* fasten with a lock; 4. *(Te)* serve *(Anschlussleitung, Wasser usw.)*; 5. join *(zusammenfügen)*
anschließen *v* **an** fit to
Anschluss *m* 1. *(El)* bonding, connection; 2. attachment, connection *(Bauteile, Elemente)*; 3. *(Konst)* joint *(Verbindungsstelle)*; 4. flashing *(Anschlussblechverbindung)*; 5. nipple *(Schraubverbindung)*
Anschluss *m*/**beweglicher** movable connection
Anschluss *m*/**biegesteifer** *(Konst, TK)* rigid joint
Anschluss *m*/**durchgehender** *(San) (AE)* thru-wall flashing
Anschluss *m*/**durchlaufender** through-wall flashing
Anschluss *m*/**einseitiger** *(Verk)* one-sided junction *(Autobahn)*
Anschluss *m*/**flexibler** *(El)* flexible connector
Anschluss *m*/**geschweißter** *(Konst, St)* welded joint
Anschluss *m* **mit Versatz** housed joint
Anschluss *m*/**oberer** cap flashing, counter flashing
Anschluss *m*/**punktweiser** *(Konst)* pointwise connection
Anschluss *m*/**verdeckter** *(BM, BT)* concealed flashing
Anschlussabmessung *f (BT, Konst)* connection dimension
Anschlussarm *m (Verk)* intersection leg
Anschlussazimut *n (Verm)* azimuth of attachment
Anschlussbauwerk *n* 1. *(Arch)* access point; 2. *(Arch, Konst)* conjugated structure
Anschlussbelastung *f* electrical load
Anschlussbeton *m* joint concrete
Anschlussbewehrung *f* stub bar
Anschlussbewehrungsstab *m* starter bar
Anschlussblech *n (San)* joining plate • **mit Anschlussblech versehen** *(San)* flash *(Dachschornstein)*
Anschlussblech *n*/**abgetrepptes** *(BT, San)* stepped flashing *(Dach und Schornstein)*
Anschlussblech *n*/**doppeltes** double junction plate
Anschlussblech *n*/**durch die Wand geführtes** through-wall flashing
Anschlussblechfugenverguss *m (San)* stripping
Anschlussdachziegel *m* tile fillet *(Mauer, Schornstein)*
Anschlussdose *f (El)* connecting box, joint box, junction box, wall socket, terminal wire
Anschlussdose *f*/**eingebaute** *(El, HLK)* flush wall box
Anschlussfläche *f (Arch, Konst)* connecting surface
Anschlussflügel *m* buttress wing

Anschlussfuge *f* 1. *(BT)* connecting joint; 2. *(BT, Konst)* connection joint
Anschlussgegenfalte *f (Konst)* tuck-in *(Dachdeckung)*
Anschlussgleis *n* industry track, railway siding, railway spur track, siding, spur track, yard track
Anschlusshahn *m* union cock
Anschlusskabel *n* 1. *(El)* pigtail, flexible lead; 2. *(Verk)* loop tail *(Verkehrssteuerung)*
Anschlusskanal *m (Wsb)* junction canal
Anschlusskasten *m (El)* service box, terminal box, connecting terminal, terminal, clamp terminal
Anschlussknotenpunkt *m* access junction
Anschlusskraft *f (Stat)* bearing reaction
Anschlussleitung *f (El)* lead wire; connection line
Anschlussleitung *f***/elektrische** electric supply line
Anschlussmaß *n (BT, Konst)* connection dimension
Anschlussmaße *npl* installation dimensions; mating dimensions *(Montagepasselemente)*
Anschlussmast *m (Konst)* utility pole
Anschlussmethode *f* flashing method
Anschlussniet *m* 1. *(BT, Konst, St)* connecting rivet; 2. *(St)* jointing rivet
Anschlusspasszelle *f* podul *(z. B. Nasszelle, Sanitärzelle)*
Anschlusspressklemme *f (El)* pressure connector
Anschlusspressschraube *f (El)* wire nut
Anschlusspunkt *m* 1. *(Verm)* junction point, tie point; 2. *(Verk)* access junction
Anschlussrohr *n (San)* service pipe; connecting pipe, joining pipe, joining socket
Anschlusssäule *f (Arch)* terminal post
Anschlussschieber *m* coupling valve, *(AE)* curb cock *(auf der Straße)*
Anschlussschnur *f (El)* flex, flexible cable, flexible cord, flexible lead, *(AE)* lamp cord
Anschlussstab *m (BT, Konst)* jointing piece
Anschlussstelle *f* 1. *(Verk)* point of access; 2. *(Konst)* tie-in point *(Rohrleitung)*
Anschlussstelle *f***/einseitige** *(Verk)* one-sided junction *(Autobahn)*
Anschlussstelle *f***/planfreie** *(Verk)* grade-separated fork junction, grade-separated stream
Anschlussstreifen *m* flashing strip; stripping felt *(der Dachfläche für Anschluss, z. B. mit Fuß- oder Deckblech)*
Anschlussstück *n* 1. *(El)* terminal; 2. *(El, HLK, San, WVA)* adapter *(zur Anpassung, größenveränderlich)*; 3. connection piece, joining piece; 4. nipple *(Schraubverbindung)*
Anschlussstutzen *m* pipe union, joining socket
Anschlussträgerbrett *n* flashing board *(z. B. an Schornsteinen)*
Anschlussverbinder *m (El)* terminal
Anschlussverfahren *n* flashing method • **im Anschlussverfahren messen** *(Verm)* measure by resetting
Anschlusswert *m (El)* connected load, electrical loading
Anschlusswinkel *m* 1. *(San)* knuckle bend; 2. angle bracket, connecting angle, joint angle *(Tragwerke)*
Anschlusszelle *f* podul *(z. B. Nasszelle, Sanitärzelle)*
anschmiegen *v***/sich an die Oberfläche** *(BT, OB)* conform to the surface
anschneiden *v (Bod)* slope steeply, cut steeply *(Straße)*; underream *(den Fuß eines Bohrpfahls erweitern)*
Anschnitt *m* 1. *(Erdb)* shelf; 2. jag *(Kerbe)*; 3. starting cut *(Baustoffe)*; 4. *(Verk)* composite profile *(Anschnitt und Auffüllung)*
Anschnittstrosse *f (BM, BWG)* pioneer bench *(Steinbruch)*
anschrauben *v* bolt, screw, screw on
Anschraubplatte *f* attaching plate
anschuhen *v (Erdb)* shoe *(Rammpfahl)*
anschütten *v (Erdb)* back-fill, fill, batter, embank, pile, slope
Anschüttung *f (Erdb)* fill, filling, embankment, side piling; made ground
anschweißen *v* attach by welding, weld on, weld to
anschwellen *v* 1. *(BM, Bod)* swell *(Erdstoff, Baustoff)*; 2. rise *(Wasserlauf)*
Anschwellen *n* intumescence
Anschwemmboden *m* alluvial soil
Anschwemmland *n (Erdb)* innings
Anschwemmsand *m* alluvial sand
Anschwemmung *f (Bod, Erdb, Wsb)* warp, aggradation, silting, alluvial deposits
anseilen *v (Konst)* rope
ansengen *v* singe
ansenken *v (Te)* countersink
Ansetzen *n* **des Mauerwerks** *(SB, Te)* planting
Ansicht *f* view, prospect, aspect, sight; elevation; illustration
Ansicht *f* **im Grundriss** plan view
Ansicht *f* **im Schnitt** sectional view
Ansicht *f***/perspektivische** *(Arch, Konst)* perspective view
Ansicht *f* **von der Seite** side view
Ansicht *f* **von oben** top view, bird's eye view
Ansicht *f* **von vorn** front view
Ansichtsbild *n (Bod)* facies *(von Sedimentgestein)*
Ansichtsebene *f* plane of projection
Ansichtsfläche *f***/ausgearbeitete** *(Konst)* sunk face *(Stein)*
Ansichtsfront *f* view of the front
Ansichtsfront *f***/neunsäulige** *(Arch)* enneastyle *(z. B. Tempelfassade)*
Ansichtszeichnung *f* 1. *(Arch, Konst)* profile; 2. *(Konst)* view drawing
ansiedeln *v* establish *(Industrie in einem Gebiet)*; settle *(Wohnsiedlung)*
ansiedeln *v***/sich** *(RP)* settle
Ansiedlung *f (RP)* settlement
Ansoden *n (LB)* planting sods
anspannen *v* tension, tighten, stretch
anspitzen *v* sharpen, point
ansplittern *v (SB)* splinter *(Naturstein)*
ansprechen *v* respond
ansprechen *v* **auf** respond
ansprechend responsive, responding
Ansprechtemperatur *f (HLK)* temperature threshold *(Heizung)*
Anspritzen *n* **gemulchter Flächen** *(LB)* mulch treatment *(mit Bitumenemulsion zur Sofortbegrünung)*
Anspritzfilm *m* spraying seal, spraying film, *(AE)* fog seal *(bituminös)*
Anspritzschicht *f***/bituminöse** asphalt tack coat *(zum Verkleben bituminöser Schichten)*
Anspritzungsschicht *f***/bituminöse** asphalt tack coat *(zum Verkleben bituminöser Schichten)*
Anspruch *m (VR)* claim • **Anspruch erheben** *(VR)* claim • **Ansprüche abtreten** assign • **Ansprüche zedieren** assign
Anspruch *m* **auf Mineralstoffgewinnung** *(VR)* mineral claim
Anspruch *m* **bei Zeitverlängerung** *(VR)* extension of time claim
Anspruch *m***/gesetzlicher** *(VR)* legal claim
Ansprühen *n* atomizing application
Anstalt *f (VR)* institution
Anstau *m (Wsb)* impoundage
anstauchen *v* head, jump *(Niet)*
Anstauchen *n* heading *(Nieten)*
anstauen *v (Wsb)* impound, stem, dam up *(Wasser)*
Anstauung *f (Wsb)* raised water level, rising
ansteigen *v* grow *(z. B. Werte)*; rise, go up *(Gelände, Wasserlauf, Temperatur, Werte)*

Ansteigen *n (HLK, Stat)* rise *(z. B. von Temperaturen, Werten)*
ansteigend sloped, uphill; acclivous *(steil)*
ansteigend/schräg upwardly inclined *(Fläche)*
ansteigend/steil acclivous
Anstieg *m (Bod)* rise *(im Gelände)*
Anstoß *m* 1. impact, impingement, push *(dynamisch)*; 2. abutment *(statisch)*; earth abutment *(Gründungen)*; abutting end *(von Schwellen, Bauteilen)*
anstoßen *v* 1. bump, impinge *(dynamisch)*; 2. abut *(statisch - Bauteile, Grundstücke usw.)*
anstoßen *v* **an** abut *(z. B. Grundstück)*
Anstoßen *n (Konst, VR)* adjacence
anstoßend abutting
Anstrahlbeleuchtung *f (El)* accent lighting
anstrahlen *v* floodlight; ray
Anstrahlen *n (El)* floodlighting
Anstrahlung *f (El)* floodlighting
Anstreicharbeit *f (OB, Te)* painter's work
Anstreicharbeiten *fpl* painting work
anstreichbar paintable
anstreichen *v* brush, brush-coat, brush-paint, coat, paint, protect by painting
anstreichen *v***/dünn** *(OB, Te)* wash
Anstreichen *n* brush painting, brushing, coating, painting
Anstreicher *m* house painter
Anstreichergewerbe *n* painter's trade
Anstreichermaler *m* paint store
Anstreichgerät *n* painting device
Anstreichhaftung *f* paint adhesion
Anstreichroller *m* paint roller
Anstreichtechnik *f* painting practice
anstrengen *v* endeavour
Anstrengung *f* endeavour
Anstrich *m* coat, coat of paint, coating, paint coat, painting *(fertig)*; coating work, painter's work, painting, surface coating *(in Ausführung)*; paint, colour *(Stoff)*; finish *(Beschaffenheit)*
Anstrich *m***/alter** *(OB)* old paint
Anstrich *m***/aufgespritzter** *(OB)* spray paint coating
Anstrich *m***/bakterienabweisender** bactericidal paint
Anstrich *m***/frischer** *(OB)* wet paint
Anstrich *m* **für schwere Beanspruchung** heavy-duty coating
Anstrich *m***/gemischtfarbiger** polychromatic finish
Anstrich *m***/gespritzter** *(OB)* spray coat
Anstrich *m***/giftiger** toxic paint
Anstrich *m***/halbglänzender** eggshell gloss
Anstrich *m***/härtender** *(OB)* hardening coat
Anstrich *m***/karbonatischer** *(OB)* organic coating
Anstrich *m***/lasierter** *(OB)* glass coating
Anstrich *m***/loser** loose paint
Anstrich *m***/mehrschichtiger** multiple-layered paint coating
Anstrich *m***/metallisch schimmernder** *(OB)* satin finish
Anstrich *m***/plastischer** ornamental modelled coat
Anstrich *m***/rutschfester** non-slippery paint, skidproof paint
Anstrich *m***/verformbarer** plastic paint, textured paint, texture-finished paint
Anstrich *m***/wasserdichter** waterproof paint, water-resisting paint *(Stoff)*; waterproof paint coat, waterproofing coating *(Fassaden)*
Anstrich *m***/wasserfester** *(BM, OB)* water-resisting paint
Anstrich *m***/wasserverdünnbarer** water paint
Anstrichabbindeverzögerer *m* paint inhibitor
Anstricharbeiten *fpl* coating work
Anstrichaufbau *m (OB)* finishing system
Anstrichaufbau *m***/dreischichtiger** *(OB)* three-coat paint system
Anstrichauftrag *m***/elektrophoretischer** *(OB)* electrophoretic paint application
Anstrichaufwölbung *f (OB)* fattening
Anstrichausbesserung *f* spot finishing, spotting-in
Anstrichausbesserung *f***/fleckweise** spotting-in
Anstrichbehandlung *f (OB)* brush treatment *(Korrosionsschutz)*
Anstrichbeseitigung *f (OB, Te)* removal of coats
Anstrichbindemittel *n* finish vehicle
Anstrichdicke *f* coat thickness
Anstricheigenschaft *f* coating property
Anstrichemulsion *f* medium emulsion
Anstrichentfernung *f (OB, Te)* removal of coats
Anstricherneuerung *f (OB, RS)* recoating
Anstrichfarbe *f* paint, paint ready to use; distemper *(für Wände, Decken)*
Anstrichfarbe *f***/weiße** *(BWG, OB)* white paint
Anstrichfarbfilm *m* paint film
Anstrichfarbhaut *f* paint film
Anstrichfehler *m* coat defect, coating defect
Anstrichfehlstelle *f* coat pit, pit
Anstrichfilm *m* coat film, film
Anstrichfilm *m***/organischer** *(OB)* organic coating film
Anstrichfilmreißen *n* film rupture
Anstrichfläche *f***/mineralische** *(OB)* mineral substrate
Anstrichgerät *n* painting device
Anstrichgrund *m* substratum
Anstrichgrund *m***/aufgerauter** tooth
Anstrichgrund *m***/mineralischer** *(OB)* mineral substrate
Anstrichhalle *f* painting shop *(Stahlbau)*
Anstrichlaufsträhne *f (OB)* tear
Anstrichmangel *m* coat defect, film fault
Anstrichmembran *f* coat film
Anstrichmittel *n* liquid coating material
Anstrichoberfläche *f* coat surface
Anstrichpore *f* pit
Anstrichprüfung *f* paint testing
Anstrichschaden *m* film defect, film fault, painting defect
Anstrichschicht *f* coat of paint, individual coat, paint coat
Anstrichschichtenfolge *f* paint system
Anstrichstoff *m* coating material, liquid coating material
Anstrichstoff *m***/abgelaufener** run-off
Anstrichstoff *m***/bakterienabweisender** bactericidal paint
Anstrichstoff *m***/bituminöser** *(DIS)* bituminous paint
Anstrichstoff *m***/dämmschichtbildender** *(DIS, OB)* intumescent paint
Anstrichstoff *m***/farbiger** paint
Anstrichstoff *m***/feuerhemmender** *(OB)* fire-retardant paint
Anstrichstoff *m* **für außen** *(OB)* exterior paint
Anstrichstoff *m* **für Schutzanstriche** *(BM, OB)* protective coating
Anstrichstoff *m* **für Vorkonservierung** holding primer
Anstrichstoff *m***/geruchloser** odourless paint
Anstrichstoff *m***/lösungsmittelarmer** high-solid paint
Anstrichstoff *m***/lösungsmittelfreier** *(BM, OB)* solvent--less coating
Anstrichstoff *m***/lösungsmittelhaltiger** solution paint
Anstrichstoff *m***/meerwasserbeständiger** *(BM, OB)* marine paint
Anstrichstoff *m***/metallpigmentierter** metal pigmented paint
Anstrichstoff *m***/nicht tropfender** non-drip paint
Anstrichstoff *m***/organischer** *(OB)* organic coating
Anstrichstoff *m***/pigmentierter** paint, pigmented coating
Anstrichstoff *m***/thixotroper** thixotropic coating

Anstrichstoff *m*/**wasserverdünnbarer** cold-water paint, water base coating material, water-based paint, water dispersion coating material, water paint, water-reducible paint; water-thinned coat *(fertig)*
Anstrichstoffauftrag *m* paint application
Anstrichstoffbasis *f* paint base
Anstrichstoffbindemittel *n* paint bonder, paint vehicle
Anstrichstoffeigenschaften *fpl* paint properties
Anstrichstoffhilfsmittel *n* paint additive
Anstrichstoffrezeptur *f* paint formula
Anstrichstoffviskosität *f* paint viscosity
Anstrichsystem *n* paint system, multiple coat system, paint formation, finishing system
Anstrichsystem *n*/**dickschichtiges** *(OB)* high-build coating system
Anstrichtechnik *f* paint practice, painting practice
Anstrichtechnologie *f (OB, Te)* paint technology
Anstrichträger *m* ground, substrate, substratum
Anstrichtrocknung *f (BM, OB)* paint drying
Anstrichuntergrund *m* ground, substrate, substratum
Anstrichvermischung *f* **durch Frisch-auf-Frisch--Streichen** picking up
anstücken *v* lengthen, piece
Anta *f (Arch)* anta *(vorspringende Seitenwand des antiken Tempels)*
Antefix *n (Arch)* antefix *(Tonzierplatte des Traufgesims antiker Tempel)*
Antefixum *n (Arch)* antefix *(Tonzierplatte des Traufgesims antiker Tempel)*
Anteil *m* portion, proportion; fraction; constituent; content *(an Stoffen)*; share, participation *(wirtschaftlich)*
Anteil *m*/**ausglühbarer** organic substance *(Zuschlagstoffe)*
Anteil *m* **der bebauten Fläche** *(RP)* building coverage
Anteil *m* **der Vorfertigung** factory fraction
Anteil *m* **fehlerhafter Einheiten** fraction nonconforming
Anteil *m*/**körniger** granular fraction
Anteil *m*/**prozentualer** percentage, percentage content
Antenne *f* 1. *(BT, EB)* aerial; 2. *(EB, El)* antenna
Antennenableitung *f (El)* down lead; aerial down lead
Antennenanschluss *m* aerial plug-in point, plug-in point *(in der Wohnung)*
Antennenhalterung *f* antenna pipe mount
Antennenmast *m (El)* mast, aerial mast, aerial tower; wireless mast
Antennensteckdose *f (EB, El)* aerial socket
Antenpfeiler *m (Arch)* anta
Antentempel *m (Arch)* temple in antis, templum in antis *(antiker griechischer Tempel)*
Antentempelvorhalle *f (Arch)* pronaos
Antepagmentum *n* antepagment
Antependium *n (Arch)* antependium *(Verkleidung, z. B. eines Altarunterbaus, einer Kanzel)*
Anthemion *n (Arch)* anthemion *(ein Blumenornament)*
Anthoniuskreuz *n (Arch)* crux commissa
Anthrazenöl *n (BM)* green oil
Antiabschuppungsmittel *n (BB)* antispelling agent *(Beton)*
Antidröhnbehandlung *f* antidrumming treatment
Antidröhnbeschichtung *f* sound-deadening coating
Antidröhnmasse *f* sound-deadening composition, antidrumming compound
Antidröhnmaterial *n (BM, DIS)* sound-deadening material
Antidröhnmittel *n (BM, DIS)* sound-deadening agent
Antike *f*/**repräsentative** *(Arch)* noble antique, noble antique style
Antikglas *n* antique glass
Antiklebemittel *n* parting agent, parting compound
Antimonblei *n* antimonial lead, hard lead *(Legierung)*
Antimonbleifuge *f* hard lead joint
Antimonbleirohr *n* antimonial lead pipe
Antimongelb *n* antimony yellow, Naples yellow
Antimonoxid *n (BM, OB)* antimony oxide
Antimonregulus *m (BM, St)* regulus metal *(Legierung)*
Antimonweiß *n (BM, OB)* antimony white
Antioxidans *n* antioxidant
Antischaummittel *n* antifoaming agent, defoamer, defoament *(z. B. bituminöse Bindemittel)*
Antistatikmittel *n* antistatic, antistatic agent *(als Kunststoffzusatz)*
Antoniuskreuz *n (Arch)* Tau cross
Antrag *m* 1. *(VR)* motion *(in Verhandlungen usw.)*; 2. application *(Gesuch)*
antragen *v* apply *(Putz)*; lay on
Antragsteller *m* applicant, applicant proposing to build
antreiben *v* drive, force, power *(Maschinen)*
Antrieb *m* operator; propulsion
Antriebskraft *f* propulsion
Antriebsmaschine *f* motor
Antriebsmotor *m (BWG)* prime mover
Antriebsriemen *m (BWG)* belt
Antriebsrolle *f* driving pulley
Antritt *m* starting step
Antrittplatte *f* starter slab
Antrittspfosten *m* newel, newel post
Antrittspfosten *m*/**geschlitzter** *(Hb, Konst)* slip newel
Antrittsstufe *f (BT)* bottom step, first step, starting step, stair foot
Antrittsstufe *f*/**ausgezogene** commode step
Antrittsstufe *f*/**ausladende** commode step
Antrittsstufe *f*/**gebogene** commode step
Antrittsstufe *f*/**geschwungene** curtail step, scroll step
Antrittsstufe *f* **mit gerundeten Wangen** curtail step
Antrittsstufe *f*/**verzogene** commode step
Antrittstufe *f s.* Antrittsstufe
Antrockenzeit *f* tack range, tack-free time *(z. B. von Kleber)*
Anuli *mpl (Arch)* annulets *(schmale Ringe am dorischen Kapitell)*
Anvisieren *n (Verm)* sighting
anwachsen *v* grow
Anwachsen *n* growth
Anwaltsmitarbeiter *m*/**sachkundiger** *(VR)* legal executive
anwärmen *v (BM, Te)* heat up *(Bindemittel, Zuschlagstoffe)*
Anwärmen *n* warming
anweisen *v* instruct
Anweisung *f* instruction
Anweisungen *fpl*/**allgemeine** *(Te, VR)* general instructions
Anweisungsfestlegung *f* provision
anwendbar applicable, employable • **anwendbar sein** be applicable
anwendbar/nicht inapplicable
Anwendbarkeit *f* applicability
Anwendbarkeit *f*/**vielseitige** *(Arch, Konst)* versatility
anwenden *v* 1. apply, use; employ; 2. *(Tun)* use, use up
Anwendung *f* appliance, application, use *(z. B. Baustoffe, Bauverfahren)*; implementation • **zur Anwendung kommen** *(Konst, Te)* apply
Anwendung *f* **normativer Dokumente** *(VR)* implementation of normative documents
Anwendung *f*/**praktische** *(Te)* practical application
Anwendungsbedingungen *fpl (Te)* service conditions
Anwendungsbeispiel *n* example of application
Anwendungsbereich *m* area of application, field, range, range of application, scope, scope of use; scope of application *(z. B. von Normen)*
Anwendungseigenschaft *f* use property
Anwendungserfahrungen *fpl* service experience

anwendungsfertig ready-to-use
Anwendungsgebiet *n* field of application, field of uses, scope
Anwendungsgrenze *f (Konst)* limit of implementation
Anwendungsmenge *f* application density *(pro Fläche)*
Anwendungsmethode *f* applied method
Anwendungsrichtlinie *f (Konst, VR)* application guide
Anwendungstechnik *f* 1. *(Te)* practice; 2. *(Konst, Te)* technic
Anwendungsverfahren *n* method of application, technique
Anwendungsvorschriften *fpl (VR)* specifications for application
Anwerfen *n (SB)* throwing-on
Anwerfen *n* **des Unterputzes** *(SB)* rendering
Anwesen *n (Arch)* messuage *(juristisch)*
Anwesenheit *f* presence
Anwesenheitsdetektor *m* presence detector
Anwesenheitszeit *f* presence time
Anwohnerparken *n (Verk)* residential parking
Anwurf *m* rendering, roughcast *(Bewurf)*; throwing-on *(Putz)*
Anwurfwand *f (SB)* thrown-on plaster wall
Anzahl *f* quantity; number
Anzahl *f* **der Fahrzeugbewegungen** *(Verk)* number of movements
Anzahl *f* **der Positionen** number in each *(Stahlliste, Biegeliste)*
anzapfen *v* 1. *(El)* tap; 2. bleed *(Dampf, Flüssigkeit)*
Anzapfen *n* 1. *(El)* tapping; 2. bleeding *(Dampf, Flüssigkeiten)*
Anzapfung *f (Wsb)* piracy *(des Flusslaufes im Oberlauf)*
anzeichnen *v* scribe; mark, mark out *(z. B. für Fußbodenbelagverlegung)*
Anzeichnen *n* scribing; marking, marking-out
Anzeichnung *f (Verk)* marking *(Straße)*
Anzeichnungsmaß *n* marking-out dimension; scribing dimension
Anzeige *f* indication, notice, reading
Anzeigebereich *m* indication range
Anzeigefehler *m* indication error
anzeigen *v* indicate
Anzeigenvorhang *m (BT)* advertisement curtain *(im Theater)*
Anzeiger *m* index
Anzeigetafel *f (El)* indicator panel
Anzeigetafel *f***/elektrische** *(Verk)* electric advertising sign
Anzeigewert *m* reading
Anziehdauer *f* tack range *(z. B. von Kleber)*
anziehen *v* 1. bind *(Beton)*; 2. draw *(Flüssigkeiten)*; 3. fasten *(eine Schraube)*; 4. pull *(z. B. eine Tür)*; 5. *(Te)* tighten *(z. B. eine Dichtung, Schraubverbindung)*
Anziehen *n* 1. initial hardening *(von Beton, Kristallisationsphase)*; 2. *(OB)* piling *(des Anstrichs)*; 3. fastening; tightening *(Schraubverbindung; Dichtung)*
anziehend/schnell sharp *(Anstrich)*
Anzug *m (Erdb)* batter *(künstliche Böschung)*
Anzug *m***/luftseitiger** *(Wsb)* downstream batter
Anzugszeit *f (OB)* lap-time *(Anstrich)*
anzünden *v* torch *(mit Brenner)*
apfelförmig *(Arch)* pomiform
Apfelsinenschaleneffekt *m* orange peel, orange peel effect *(Anstrich- oder Brennfehler)*
Apfelsinenschalenoberflächenstruktur *f* orange peel, orange peel effect *(Anstrich- oder Brennfehler)*
Apfelsinenschalenstruktur *f* orange peel, orange peel effect *(Anstrich- oder Brennfehler)*
Aphanit *m (BM)* diorite
Apophyge *f (Arch)* apophyge, congé *(Kehle am oberen Ende einer dorischen Säule)*
Apostelreihe *f (Arch)* row of Apostles
Apostelstatue *f (Arch)* statue of an Apostle
Appartement *n* apartment, *(AE)* studio apartment *(mit Schlaf-Wohnzimmereinheit)*
Appartementgebäude *n* apartment block
Appartementhaus *n* tourist house, *(AE)* apartment house
Appartementhotel *n* apartment hotel
Approximation *f* approximation
Apside *f (Arch)* apse *(halbrunde oder vieleckige Raumform als Kirchenabschluss für die Aufnahme des Altars)*
Apside *f***/gebrochene** *(Arch)* shallow apse
Apsidenbogen *m (Arch)* apse arch
Apsidenbogenkämpfer *m (Arch)* apse arch impost
Apsidenchor *m (Arch)* apsidal choir
Apsidialkapelle *f (Arch)* choir chapel
Apsidiola *f (Arch)* apsidiole
Apsis *f (Arch)* apse, apse aisle *(halbrunde oder vieleckige Raumform als Kirchenabschluss für die Aufnahme des Altars)*
Apsis *f***/gebrochene** *(Arch)* shallow apse
Apsis *f***/kleeblattförmige** *(Arch)* trefoil apsis
Apsis *f***/kleine** *(Arch)* apsidiole
Apsis... apsidal ...
Apsisbogen *m (Arch)* apse arch
apsiszugehörig *(Arch)* apsidal
apteral *(Arch)* apteral *(mit Säulen an einem oder zwei Enden)*
Apteraltempel *m (Arch)* apteral temple
Aquädukt *m (Arch)* aqueduct *(über Brücken geführte Wasserleitung im antiken Rom)*
Aquäduktabdeckung *f (Arch)* specus
Aquaplaning *n* aquaplaning, hydroplaning
Aquaplaningunfall *m (Verk)* aquaplaning accident
äquidistant equidistant
Äquivalentlänge *f* equivalent length
äquiviskos equiviscous
Äquiviskositätstemperatur *f (BM)* equiviscous temperature
Ar *n(m)* are *(metrische Einheit der Fläche)*
Arabeske *f* arabesque, arabesque ornament
Arabeskendekor *n* arabesque decoration
A-Rahmen *m (Konst)* A-frame *(Dachbinder)*
Aräometer *n* hydrometer
Aräostylos *m (Arch)* araeostyle *(Säulenabstandssystem von 4 oder mehr Säulendurchmessern)*
Arbeit *f* 1. work, operations; 2. energy • **bei der Arbeit** at work
Arbeit *f***/durchbrochene** pierced work *(Keramikelemente, Ornamentsteine)*
Arbeit *f***/eingravierte** entail
Arbeit *f***/gepunzte** punched work
Arbeit *f***/gespitzte** pointed work
Arbeit *f***/getriebene** chased work
Arbeit *f***/punzierte** punched work
Arbeit *f***/virtuelle** *(Konst)* virtual work
Arbeit *f***/zusätzliche** *(VR)* additional work
arbeiten *v* 1. *(Te, VR)* operate; 2. *(BM, BT)* warp; 3. *(Konst)* work *(Maschinen)*; 4. contract and expand *(Baustoffe, Bauteile)*
arbeiten *v***/mangelhaft** bungle
arbeiten *v***/maßstäblich** *(Verm)* scale
Arbeiten *n* working, contracting and expanding *(von Holz)*
Arbeiten *n* **des Betons** internal action of concrete
Arbeiten *n* **des Holzes** *(BM, Hb)* movement
Arbeiten *fpl***/bauausführende** *(Te)* work
Arbeiten *fpl* **bei Straßenbaumaßnahmen/landschaftsgestalterische** *(LB)* roadside development
Arbeiten *fpl***/landschaftsgärtnerische** *(LB)* landscape work

Arbeiten *fpl*/**öffentliche** *(Arch, Konst, VR)* public works *(z. B. Straßen, Brücken)*
Arbeiter *m*/**angelernter** semiskilled worker
Arbeitervorort *m (RP)* worker's suburb
Arbeitervorstadt *f (RP)* worker's suburb
Arbeiterwohnung *f* dwelling in a housing scheme, worker's dwelling, *(AE)* apartment in a housing project *(für Familien mit niedrigem Einkommen)*
Arbeitgeber *m (VR)* employer
Arbeitnehmer *m (VR)* employee
Arbeitnehmermanagement *n*/**geleitetes** *(VR)* directed labour system
Arbeitsablauf *m* operation sequence, operational sequence, sequence of operations, work flow, work process
Arbeitsablaufplan *m (Te, VR)* working schedule
Arbeitsabstand *m (Te)* working space
Arbeitsaufwand *m* expanded energy, input
arbeitsaufwendig *(Te)* labour-consuming
Arbeitsausführungszeitraum *m (Te, VR)* total works period
Arbeitsausrüstung *f (BWG)* tackle
Arbeitsbedingung *f (Te, VR)* working condition
Arbeitsbedingungen *fpl (Te)* processing conditions
Arbeitsberatung *f (VR)* session
Arbeitsbohle *f* toehold *(Dachdeckung)*
Arbeitsbohle *f*/**temporäre** toehold *(Dachdeckung)*
Arbeitsbrücke *f (Te, TK)* temporary gangway
Arbeitsbühne *f* erecting deck, man-carrying platform, stage, working deck, working platform
Arbeitsbühne *f*/**bewegliche** moving platform
Arbeitsdruck *m* 1. *(HLK, Te)* operating pressure; 2. *(Stat, Te)* working pressure
Arbeitsebene *f (Te)* work plane *(etwa 76 cm über Fußboden)*
Arbeitseinstellung *f (VR)* lay-off
Arbeitsfläche *f* 1. *(Te)* work top; 2. *(EB)* back counter; 3. *(BT)* counter *(z. B. einer Küche)*
Arbeitsfortgang *m (Te, VR)* work progress
Arbeitsfortschritt *m (Te, VR)* work progress
Arbeitsfuge *f* 1. *(BT, Konst)* construction joint; 2. *(Konst)* working joint *(von Beton)*
Arbeitsfugenbrett *n* footing stop *(in Betonierfuge)*; form stop
Arbeitsgangbreite *f (Konst)* aisle way *(in einer Werkhalle)*
Arbeitsgebiet *n* field of activity, field of work
Arbeitsgemeinschaft *f (VR)* contracting combine
Arbeitsgerät *n (BWG)* implements
Arbeitsgerüst *n (Konst, Te)* scaffold
Arbeitsgeschwindigkeit *f (Te)* working recess
Arbeitsgleis *n (Verk)* work track *(Eisenbahn)*
Arbeitsgrube *f* trench; operator pit, inspection pit *(für Wartungsarbeiten)*
Arbeitsgruppe *f (Konst, VR)* study group
Arbeitsgruppe *f*/**technische** *(VR)* technical committee
Arbeitshof *m*/**kleiner** base-court *(eines Gebäudes)*
Arbeitshöhe *f (Te)* work plane *(etwa 76 cm über Fußboden)*
Arbeitshygiene *f (VR)* factory hygiene
Arbeitskleidung *f* works clothing
Arbeitskosten *pl* labour charges, *(AE)* labor costs
Arbeitskraft *f* manpower
Arbeitskräfte *fpl (VR)* workforce • **mit Arbeitskräften ausstatten** man • **mit Arbeitskräften besetzen** man
Arbeitskräfte *fpl*/**verfügbare** manpower
Arbeitskräfteeinstellung *f (VR)* hiring
Arbeitskräfteplanung *f (Te, VR)* manpower planning
Arbeitskräftepotenzial *n (Te, VR)* workforce
Arbeitskräftezahl *f* labour force
Arbeitskreis *m* task group
Arbeitslärm *m (Umw)* work noise
Arbeitslohn *m* wages
Arbeitslosigkeit *f (VR)* unemployment
Arbeitsnische *f (Konst)* working niche
Arbeitsort *m (Erdb)* forebreast
Arbeitspause *f* break
Arbeitsplan *m* plan of work(s)
Arbeitsplatte *f (BT)* worktop
Arbeitsplatz *m* place of work, workplace • **am Arbeitsplatz** occupational • **den Arbeitsplatz betreffend** occupational
Arbeitsplatzbeleuchtung *f (El)* workplace illumination
Arbeitsplatzkonzentration *f*/**maximale** *(Umw, VR)* maximum allowable concentration *(von gas- und staubförmigen Schadstoffen)*
Arbeitsprozess *m (Te)* work process
Arbeitsraum *m* 1. *(Te)* working room; 2. *(Konst, Te)* workspace; 3. *(EB)* back counter *(eines Büfetts)*
Arbeitsreichweite *f (Te)* employment district *(eines Bauunternehmens)*
Arbeitsschacht *m (Konst)* manhole chimney
Arbeitsschicht *f* 1. *(Te)* gang; 2. *(VR)* shift
Arbeitsschutz *m* occupational safety, protection during construction
Arbeitsschutzanordnungen *fpl (VR)* labour-safety regulations
Arbeitssicherheit *f (VR)* working safety
Arbeitsstudie *f (Konst, Te, VR)* work study
Arbeitsstufe *f (Te)* treatment step
Arbeitsstunde *f* man-hour
Arbeitsstunden *fpl (VR)* hours of work
Arbeitstag *m (Te, VR)* man-day
Arbeitstag *m* **einer Bauaktivität/erster planmäßiger** *(Te, VR)* early start time
Arbeitstemperatur *f (Te)* working temperature
Arbeitstisch *m (BWG)* work-bench
Arbeitsumfang *m* scope of work; work content
Arbeitsunfall *m (VR)* occupational accident
Arbeitsvermögen *n* working capacity; power; energy; output *(von Personen)*
Arbeitsvertrag *m (VR)* work contract
Arbeitsvorbereitung *f (Te)* job engineering
Arbeitsvorbereitungsbüro *n* layout office
Arbeitsweise *f* mode of application, method of working; operation, functioning *(Baumaschine)*
Arbeitszeichnung *f (Konst)* working drawing
Arbeitszeit *f (VR)* working hours
Arbeitszeit *f*/**gleitende** *(VR)* staggered working hours
Arbeitszimmer *n (Konst)* study
Arbeitszimmer *n*/**kleines** den
Architekt *m* architect
Architekt *m*/**bauleitender** architect on site, architect-in--charge
Architekt *m*/**freischaffender** free-lance architect, independent architect, private architect
Architekt *m*/**nicht zugelassener** intern architect
Architekt *m*/**noch nicht zugelassener** intern architect
Architektenbüro *n* architect's office
Architektengebühr *f (VR)* architect's fee
Architektengebührenordnung *f (VR)* scale of professional charges
Architektengemeinschaft *f (VR)* architect partnership
Architektengruppen *fpl* architectural team
Architektenleistung *f* architectural work
Architektenliste *f* list of architects
Architektenmusterbuch *n* sketch book
Architektenverband *m* architects' association, architects' union
Architektenverband *m*/**Britischer** Royal Institute of British Architects, RIBA

Architektenverzeichnis *n* list of architects
Architektenwettbewerb *m* architects' competition, architectural competition
Architektenzeichnung *f* architectural drawing
Architektonik *f* architectonic, architectonics *(Wissenschaft der Architektur)*
architektonisch architectonic
Architektur *f* architecture *(z. B. einer Epoche)*; civil architecture • **die Architektur betreffend** architectural
Architektur *f*/**ägyptische** *(Arch)* Egyptian architecture
Architektur *f*/**angelsächsische** Anglo-Saxon architecture, Saxon architecture *(449-1066)*
Architektur *f*/**babylonische** *(Arch)* Babylonian architecture
Architektur *f*/**byzantinische** *(Arch)* Byzantine architecture
Architektur *f*/**chinesische** *(Arch)* Chinese architecture
Architektur *f* **der Bronzezeit** *(Arch)* Minoan architecture *(auf Kreta)*
Architektur *f* **des Mittelalters** *(Arch)* Medieval architecture *(in Europa)*
Architektur *f* **des Mittelmeerraumes** *(Arch)* Mediterranean architecture
Architektur *f*/**einheimische** *(Arch)* vernacular architecture
Architektur *f*/**englische spätgotische** *(Arch)* Perpendicular style
Architektur *f*/**englisch-romanische** *(Arch)* English Romanesque
Architektur *f*/**etruskische** *(Arch)* Etruscan architecture
Architektur *f*/**flavische** *(Arch)* Flavian architecture
Architektur *f*/**französisch-romanische** *(Arch)* French Romanesque style
Architektur *f*/**frühromanische** *(Arch)* Early-Romanesque architecture
Architektur *f*/**funktionelle** *(Arch)* functionalistic architecture
Architektur *f*/**futuristische** Futurist architecture, Futuristic architecture *(Anfang des 20. Jahrhunderts)*
Architektur *f*/**gotische** *(Arch)* Gothic architecture
Architektur *f*/**griechische** Greek architecture, Hellenic architecture *(480-323 v. Chr.)*
Architektur *f*/**hellenische** Greek architecture, Hellenic architecture *(480-323 v. Chr.)*
Architektur *f*/**herkömmliche** *(Arch)* traditional architecture
Architektur *f*/**hinduistische** *(Arch)* Hindoo architecture
Architektur *f*/**höhere** advanced architecture
Architektur *f*/**ionische** *(Arch)* Ionic architecture
Architektur *f*/**irische** *(Arch)* Irish architecture
Architektur *f*/**islamische** *(Arch)* Arabian architecture
Architektur *f*/**japanische** *(Arch)* Japanese architecture
Architektur *f*/**keltische** Celtic architecture
Architektur *f*/**kirchliche** *(Arch)* religious architecture
Architektur *f*/**klassisch kühle** *(Arch)* severely classical architecture
Architektur *f*/**klassische** *(Arch)* classical architecture
Architektur *f*/**kommerzielle** *(Arch)* commercial architecture
Architektur *f*/**konstruktive** architectural engineering
Architektur *f*/**koptische** *(Arch)* Coptic architecture
Architektur *f*/**kretische** Cretan architecture
Architektur *f*/**ländliche** *(LB, RP)* rural architecture
Architektur *f*/**landschaftsgebundene** *(Arch)* environmental architecture
Architektur *f*/**maurisch-arabische** *(Arch)* Mozarabic architecture *(in Nordspanien im 9. Jh.)*
Architektur *f*/**maurische** *(Arch)* Moorish architecture
Architektur *f*/**mediterrane** *(Arch)* Mediterranean architecture
Architektur *f*/**mesopotamische** *(Arch)* Mesopotamian architecture
Architektur *f*/**mittelalterliche** *(Arch)* Medieval architecture *(in Europa)*
Architektur *f*/**monastische** *(Arch)* monastic architecture
Architektur *f*/**moslemische** *(Arch)* Muslim architecture *(7.-16. Jh. in Vorderasien, Indien, Nordafrika und Spanien)*
Architektur *f*/**mykenische** Mycenaean architecture *(südliches Griechenland 17.-13. Jh. v. Chr.)*
Architektur *f*/**nordafrikanisch-maurische** *(Arch)* Moghrebin architecture
Architektur *f*/**normannische** *(Arch)* Norman architecture
Architektur *f*/**ökologische** *(Arch)* ecological architecture
Architektur *f*/**organische** *(Arch)* Organic architecture *(Anfang des 20. Jahrhunderts, Hauptvertreter Frank L. Wright)*
Architektur *f*/**osmanische** *(Arch)* Ottoman architecture
Architektur *f*/**parthische** *(Arch)* Parthian architecture
Architektur *f*/**persische** *(Arch)* Persian architecture
Architektur *f*/**poetische** poetic architecture
Architektur *f*/**pompejanische** *(Arch)* Pompeian architecture
Architektur *f*/**portugiesische** *(Arch)* Portuguese architecture
Architektur *f*/**rationale** rational(istic) architecture
Architektur *f*/**räumlich-bauliche** physical architecture
Architektur *f*/**romanische** Romanesque architecture *(11. und 12. Jh.)*
Architektur *f*/**römische** *(Arch)* Roman architecture
Architektur *f*/**spanisch-maurische** *(Arch)* Hispano-Moresque architecture
Architektur *f*/**spätmittelalterliche** *(Arch)* late-mediaeval architecture
Architektur *f*/**strenge** severe architecture
Architektur *f*/**sumerische** *(Arch)* Sumerian architecture
Architektur *f*/**suprematistische** *(Arch)* suprematist architecture
Architektur *f*/**syrische** *(Arch)* Syrian architecture
Architektur *f*/**traditionelle** *(Arch)* traditional architecture
Architektur *f*/**türkische** *(Arch)* Turkish architecture
Architektur *f*/**überlieferte** *(Arch)* traditional architecture
Architektur *f* **und Baukunst** *f*/**weltliche** *(Arch)* civic architecture
Architektur *f*/**urgeschichtliche** *(Arch)* prehistoric architecture
Architektur *f*/**viktorianische** *(Arch)* Victorian architecture *(England, 19. Jh.)*
Architektur *f*/**volksnahe** *(Arch)* community architecture *(zweckfunktionell)*
Architektur *f*/**vorhellenische** *(Arch)* pre-Hellenic architecture
Architektur *f*/**vorislamische** *(Arch)* pre-Islamic architecture
Architektur *f*/**weiße** *(Arch)* white architecture *(nur aus weißen Baustoffen und Materialien)*
Architektur *f*/**weltliche** *(Arch)* non-ecclesiastical architecture
Architektur *f*/**zeitgenössische** *(Arch)* contemporary architecture
Architektur *f*/**zukunftsweisende** *(Arch)* advanced architecture
Architektur... architectural ...
Architekturabteilung *f (Arch)* department of architecture
Architekturausbildung *f* architectural education, architectural training
Architekturbeton *m* 1. *(BB, OB)* exposed concrete; 2. *(Arch, Konst, OB)* fair concrete
Architekturbeton *m*/**weißer** *(Arch, BB)* white exposed concrete

Architekturbetonerzeugnis *n (BM)* precast architectural concrete
Architekturelemente *npl***/gotische** *(Arch)* pointed architecture
Architekturepoche *f (Arch)* period of architecture
Architekturgeschichte *f (Arch)* history of architecture
Architekturgruppe *f* architectural team
Architekturhochschule *f (Arch)* College of Architecture
Architekturkritik *f* architectural critics
Architekturlaufbahn *f* architectural career
Architekturmodell *n* architectural model
Architekturmodellleuchte *f* heliodon
Architekturornament *n* architectural ornament
Architekturphilosophie *f* philosophy of design
Architekturpionier *m (Arch)* pioneering architect
Architekturplanung *f* architectural planning
Architekturplastik *f* sculpture
Architekturpreis *m (Arch)* prize for architecture
Architekturprofil *n* architectural trim, architectural unit
Architekturrichtung *f* architectural trend
Architekturrichtung *f***/rationale** rational period
Architekturschule *f* school of architecture
Architekturskizze *f* architectural sketch
Architekturtheoretiker *m* architectural theorist
Architekturtheorie *f***/organische** *(Arch)* organic theory of architecture
Architekturwettbewerb *m* architectural competition
Architekturwissenschaft *f (Arch)* science of architecture
Architekturzeichner *m* architectural draughtsman
Architekturzeichnerin *f* architectural draughtswoman
Architekturzeichnung *f* architectural drawing
Architekturzeitschrift *f* architectural journal
Architrav *m (Arch)* architrave, epistyle *(über Säulen, bes. in antiken Bauten)*
Architrav *m***/klassischer** *(Arch)* banded architrave
Architravarchitektur *f (Arch)* trabeated architecture *(altes Griechenland)*
Architravbau *m (Arch)* trabeated construction
Architravbaukunst *f (Arch)* trabeated architecture *(altes Griechenland)*
Architravgebäude *n (Arch)* trabeated building
Archivgebäude *n* archives building
archivieren *v* file *(Bauakten)*
Archivieren *n* filing *(Akten)*
Archivolte *f (Arch)* archivolt
Archivolte *f***/ornamentierte** *(Arch)* ornamental archivolt
Arena *f* arena, circus, theatre-in-the-round
Argillit *m (Bod)* argillite
arid arid *(Land)*
Arkade *f (Arch)* arcade, colonnade *(aneinandergereihte, auf Säulen ruhende Bogen)*
Arkade *f***/durchbrochene** *(Arch, Konst)* pierced arcade
Arkaden *fpl (Arch)* arcature *(Reliefdarstellungen als Wandverzierung)*
Arkadenbau *m (Arch)* loggia
Arkadenempore *f* arcaded gallery
Arkadenfenster *n* arcaded window
Arkadengang *m (Arch)* arcade
Arkadenhof *m* arcaded court
Arkadenpfeiler *m (Arch, TK)* arcade pier
Arkadenrippe *f* arcade rib
Arkadensystem *n (Arch)* enframing arcades
Arkatur *f (Arch)* arcature
Arkose *f* 1. *(BM, Bod)* arkose; 2. *(BM)* feldspathic sandstone
Arkosesandstein *m (BM)* arkosic grit
Arkosolium *n (Arch)* tomb niche
arm lean *(Baustoffe)*
Arm *m* arm
Arm *m***/toter** *(Bod, LB, Umw)* stagnant water *(eines Flusses)*
Armatur *f* armature, fitting, valve
Armatur *f* **mit Muffenanschluss** *(San)* socket fitting
Armatur *f* **mit Zapfenanschluss** *(San)* spike fitting
Armaturen *fpl (San)* fittings, mountings, trim
Armaturengehäuse *n* valve body *(Gebäudeausrüstung)*
Armauflage *f (EB)* armrest
Armauflagebrett *n (EB)* elbow board
Armbrustschießscharte *f* balistraria
armieren *v* armour, reinforce; sheath *(Kabel)*
armiert armoured, reinforced; sheathed *(Kabel)*
armiert/nicht plain, unreinforced
Armierung *f* reinforcement; concrete reinforcement, embedded reinforcement *(Beton)*; sheathing, armouring *(Kabel; s. a. Bewehrung)*
Armierungsarbeiten *fpl (Te)* reinforcement work
Armierungsbandage *f* reinforcing wrap
Armierungsgeflecht *n (Konst)* reinforcement framework
Armierungsgewebe *n* reinforcing tape
Armierungsgewebe *n***/risseüberbrückendes** *(RS)* crack-covering reinforcement tape
Armierungsmatte *f* reinforcement mat
Armierungsplan *m (BB, St)* bar schedule
Armierungsstahl *m* reinforcing steel
Armkreissäge *f (AE)* slasher saw
Armlehne *f (EB)* leaning place
Armozement *m* ferrocement
Armstück *n* supporting arm
Armstütze *f (EB)* leaning place
Aromaten *pl* aromatics, aromatic hydrocarbons *(Kunststoffe)*
arretieren *v* arrest, block, clamp
Arretierleiste *f* stop bar
Arretierschraube *f* stop screw
arretiert locked
Arretierung *f* blocking, retainer
Arsenal *n (Arch)* armoury
Arsenik *n***/gelbes** orpiment, orpiment yellow
Art *f* 1. *(Arch)* style; 2. type, sort *(Bauweise, Sorte)*; 3. nature *(Beschaffenheit)* • **eine Art betreffend** generic
Art *f* **und Umfang** *m* type and scope
Artefakt *n* artifact
artesisch artesian
Artikel *m* item *(Einzelstück)*; products, ware *(Waren)*
Artikel *m***/baukeramischer** heavy clay article
Artikelliste *f (Konst, VR)* item list
Ärztewaschbecken *n (San)* scrub sink
Asbest *m (BM)* asbestos
Asbestanstrich *m* asbestos paint
Asbestbentonitsperrstoff *m* asbestos plaster *(gegen Feuer)*
Asbestbeton *m* asbestos cement, asbestos concrete, eternit, fibrous concrete
Asbestbetonplatte *f* asbestos-cement board, asbestos--cement sheet, *(AE)* cement-asbestos board
Asbestbetonplatte *f***/gepresste** *(BM, BT)* compressed asbestos-cement panel
Asbestbetonplattendach *n* asbestos roofing
Asbestbetonrohre *npl (WVA)* asbestos-cement pipes
Asbestbetonverkleidung *f* asbestos-cement cladding
Asbestbetonwellplatte *f* corrugated asbestos sheet, *(AE)* asbestos lumber roofing
Asbestbetonwellplattendach *n* asbestos roofing
Asbestdachplatte *f* asbestos roofing sheet
Asbestdachschindel *f* asbestos roof shingle
Asbestdämmschicht *f* asbestos blanket
Asbestdecke *f* asbestos blanket
Asbesterzeugnis *n* asbestos article
Asbestfaser *f* asbestos fibre
Asbestfaserwolle *f (BM)* mineral flax

Asbestfeuerschutzvorhang *m* asbestos fire curtain, asbestos fire-proof curtain
Asbestfilz *m* asbestos felt
Asbestformstrick *m* asbestos joint runner *(zum Rohrmuffenverguss)*
Asbestgewebe *n* asbestos cloth, woven asbestos
Asbestmörtel *m* asbestos mortar
Asbestpappe *f* asbestos millboard
Asbestplatte *f* asbestos board
Asbestrohr *n* asbestos pipe
Asbestschiefer *m (Bod)* asbestos slate
Asbestspritzmörtel *m (Konst)* sprayed asbestos *(Feuerschutz)*
Asbeststaub *m* asbestos dust
Asbesttafel *f* asbestos panel
Asbestvorhang *m* asbestos curtain, asbestos fire curtain, asbestos fire-proof curtain, asbestos safety curtain; fire curtain, fire-proof curtain, safety curtain
Asbestwandplatte *f* asbestos wallboard, corrugated asbestos
Asbestwellplatte *f (BM, BT)* corrugated asbestos
Asbestwolle *f* asbestos wool
Asbestzement *m* asbestos cement, *(AE)* cement asbestos; eternit
Asbestzementanstrich *m* protective coat on asbestos cement
Asbestzementbrei *m* asbestos-cement pulp
Asbestzementmörtel *m* asbestos-cement lining
Asbestzementrohr *n (BM)* asbestos-cement pipe *(ASTM C 663)*
Asbestzementschiefer *m* asbestos shingle
Asbestzementschiefer *m*/**verbrochener** diamond slate *(zur Diagonaldeckung)*
Asbestzementschindel *f* asbestos-cement shingle
Asbestzementverkleidung *f* asbestos-cement lining
Asbestzementwaren *fpl* asbestos-cement goods
Asbestzementwelltafel *f (BM, BT)* corrugated asbestos
Asbolan *n (OB)* asbolite
A-Schallpegelskala *f (DIS)* decibel A scale
Asche *f* ash; breeze; cinders
Ascheablagerung *f* ash deposition
aschefrei ash-free, ashless
Aschegehalt *m* ash content
Ascheloch *n (HLK)* cinder pit
Aschenbahn *f (Konst)* cinder path
Aschenbunker *m* ash silo
Aschenfall *m* ash pit
Aschengrube *f* ash pit
Aschensilikatschaumbeton *m (BB, DIS)* foam ash-silicate concrete
Ascheraum *m* cinder pit, innerhearth; back hearth *(eines Herdofens)*
aschereich high-ash
Asche- und Verbrennungsrückstand *m (HLK, Te)* ash and combustion residue
aschfarben ash-coloured
aschgrau ash-grey, *(AE)* ash-gray
Aspekt *m* aspect *(Seite, Element)*
Asphalt *m (BM)* asphalt, artificial asphalt, bituminous mixture; coated macadam, coated material *(EN 12697)*; *(AE)* asphalt-aggregate mixture • **aus Asphalt** *(BM, Bod)* asphaltic
Asphalt *m*/**elastischer** flexible asphalt
Asphalt *m* **gemäß Eignungsprüfung** design-mix asphalt
Asphalt *m*/**gereinigter** *(BM)* refined natural asphalt
Asphalt *m*/**künstlicher** artificial asphalt, asphalt *(Gemisch aus Bitumen und Mineralstoffen)*
Asphalt *m*/**lärmmindernder** porous asphalt; *(sl)* pop-corn mix, political asphalt
Asphalt *m*/**minderwertiger** land asphalt *(Trinidad)*
Asphalt *m* **mit Destillationsbitumen** hard asphalt
Asphalt *m* **mit hohem E-Modul** *(BM)* high-modulus asphalt
Asphalt *m*/**mittelgrober** medium course asphalt
Asphalt *m*/**modifizierter** modified paving mix, modified asphalt
Asphalt *m*/**natürlicher** natural asphalt, *(AE)* rock asphalt
Asphalt *m*/**offenporiger** porous asphalt; *(sl)* pop-corn mix
Asphalt *m*/**polymermodifizierter** polymer-modified asphalt
Asphalt *m*/**reiner** *(BM)* glance pitch
Asphalt *m*/**verformungssteifer** *(BM)* high-modulus asphalt
Asphalt *m*/**wiederverwendeter** *(BM, RS)* reclaimed asphalt
Asphalt... asphaltic ...
Asphaltabdeckung *f* asphalt covering, asphalting
Asphaltabdichtung *f* asphalt sealing
Asphaltabsiegelung *f* asphalt fog seal *(ohne Mineralanteil)*
Asphaltabtragen *n (Verk)* deasphalting
Asphaltarbeiten *fpl* asphaltic work
Asphaltarbeiter *m* rakeman
Asphaltasbestfilz *m* asbestos felt
Asphaltausgleichsschicht *f* asphalt levelling course
Asphaltbedachung *f*/**kontinuierliche** membrane
Asphaltbefestigung *f* asphalt paving, bitumen pavement, asphalt(ic) pavement, asphalt pavement structure *(Straßenbau)*
Asphaltbelag *m* asphalt carpet, bitumen surfacing *(Straße)*
Asphaltbelagarbeiten *fpl* asphaltic surfacing work *(Straße)*
Asphaltbemessung *f (BM)* asphalt design
Asphaltbeton *m* asphalt concrete, bitumen concrete, bituminous concrete; rolled asphalt
Asphaltbeton *m*/**dichter** dense graded asphalt concrete, closed hydrocarbon concrete
Asphaltbeton *m*/**kalteinbaufähiger** *(BM, Verk)* cold-laid asphalt concrete
Asphaltbetonbelag *m (Verk)* bituminous surfacing
Asphaltbinder *m (Verk)* asphalt binder course, asphalt intermediate course, binder, binder *(Straße)*
Asphaltbitumen *n* asphalt bitumen, asphaltic bitumen
Asphaltbord *m* asphalt kerb
Asphaltbrecher *m* asphalt crusher
Asphaltbrot *n* asphalt block, mastic block
Asphaltdachdeckung *f* **mit Kies** built-up roofing, composition roofing, felt-and-gravel roofing
Asphaltdämpfe *mpl* asphalt fumes
Asphaltdecke *f (Verk)* bituminous pavement, asphalt covering, asphaltic pavement, covering course, bituminous surfacing; *(AE)* black top
Asphaltdeckenmischgut *n* bitumen pavement mix, bitumen pavement mixture
Asphaltdeckschicht *f* asphalt covering, asphalt coating, asphalt surfacing; asphalt wearing course
Asphaltdeckschicht *f*/**dünne** *(AE)* sheet asphalt
Asphaltdichtung *f* asphalt sealing
Asphaltdränbeton *m (BM, Verk)* asphalt porous concrete
Asphalteignungsprüfung *f (BM)* asphalt design
Asphalteinbaufertiger *m* asphalt paver *(Verkehrsbau)*
Asphalteinbaukolonne *m* asphalt paving crew
Asphalt-Epuré *n (BM)* refined lake asphalt
Asphaltfahrbahnbefestigung *f* asphalt pavement
Asphaltfeinbeton *m* fine asphalt, stone-filled sheet asphalt (< 2 *mm Korngröße)*; *(AE)* fine asphaltic concrete
Asphaltfeinbeton *m*/**gefüllerter** stone-filled sheet asphalt *(< 2 mm Korngröße)*

Asphaltfeinbeton *m*/**splittreicher** stone-filled sheet asphalt
Asphaltfertigbahn *f (DIS)* prefabricated asphaltic-bitumen sheeting
Asphaltfertiger *m* asphalt paver *(Verkehrsbau)*
Asphaltfilzplatte *f* asphalt felt slab
Asphaltfirnis *m (DIS, OB)* asphalt varnish
Asphaltfräse *f (Te, Verk)* asphalt cutter
Asphaltfräs- und -verlegekomplex *m (BWG, Verk)* repaver
Asphaltfußboden *m* asphalt floor
Asphaltfußbodenbelag *m* mastic flooring
asphaltgebunden bitumen-bound, bituminous-bound
Asphaltgeomembrane *f (DIS)* bituminous geomembrane
Asphaltgestein *n* asphalt rock, rock asphalt
Asphaltgewebebahn *f (DIS)* prefabricated asphaltic-bitumen sheeting
Asphaltgranulat *n (BM, RS)* reclaimed asphalt, recycled road pavement
Asphaltgrobbeton *m (BM, Verk)* coarse asphalt
asphalthaltig bitumen-based
Asphaltheißbeton *m* hot bitumen concrete, *(AE)* hot asphalt concrete
Asphalthobel *m (Te, Verk)* asphalt cutter
Asphalthochbord *m* asphalt kerb, extruded asphalt kerb
asphaltieren *v* asphalt, bituminize; tarmac
Asphaltieren *n* asphalt paving, asphalt work, asphalting, bituminization
asphaltiert asphalted
asphaltiert/dünn fog-sealed
Asphaltierung *f (Verk)* bituminous surfacing
Asphaltierungsarbeiten *fpl* asphalt work
asphaltisch *(BM, Bod)* asphaltic
Asphaltit *m (BM)* asphaltite
Asphaltkaltbeton *m* Damman asphaltic concrete, Damman cold asphaltic concrete, fine cold asphalt
Asphaltkaltgemisch *n* cold-mix asphalt, cold mixture
Asphaltkessel *m* tar boiler
Asphaltkies *m* gravel asphalt
Asphaltkitt *m* asphalt mastic, *(AE)* asphalt cement
Asphaltklebemasse *f* lap cement
Asphaltkocher *m* 1. *(BWG)* asphalt heater; 2. *(DIS)* asphalt oven
Asphaltlack *m* 1. *(DIS, OB)* asphalt varnish; 2. *(OB)* black japan
Asphaltleger *m* asphalt layer
Asphaltmakadam *m(n)* asphalt macadam, bitumen macadam
Asphaltmasse *f* bulk asphalt
Asphaltmastix *m* asphalt mastic, mastic asphalt; tar cement *(EN 12970)*; *(AE)* mineral-filled asphalt
Asphaltmastixdeckschicht *f* asphalt mastic surfacing, *(AE)* sheet asphalt
Asphaltmergel *m* bituminous marl
Asphaltmischanlage *f (Verk)* bituminous mixing plant, asphalt plant
Asphaltmischanlage *f* **mit Einzeldoseuren** *(BWG)* sectional type bituminous mixing plant
Asphaltmischgerät *n (Verk)* coater
Asphaltmischgut *n*/**gefülltes** *(BM, Verk)* mineral-filled asphalt
Asphaltmischgut *n*/**lagerfähiges** premixed material *(Straßenreparatur)*
Asphaltmischwerk *n* asphalt mixing plant
Asphaltmörtel *m* asphalt mortar
Asphaltoberbau *m* asphalt pavement, asphalt pavement structure, full-depth asphalt construction, full-depth asphalt pavement, *(AE, sl)* big lift *(Straßenbau)*
Asphaltoberbauschichten *fpl (Verk)* top layers of asphalt *(DIN 18317)*
Asphaltofen *m (DIS)* asphalt oven
Asphaltöl *n (BM)* oil asphalt
Asphaltpapier *n* asphaltic cardboard, sheathing paper
Asphaltpappe *f* asphaltic cardboard
Asphaltpech *n (BM)* mineral tar
Asphaltplatte *f* asphalt block, asphalt tile
Asphaltpulver *n* asphalt meal, asphalt powder, powdered asphalt
Asphaltsand *m (BM)* asphaltic sand
Asphaltschicht *f* asphalt coating, asphalt layer, asphalt covering
Asphaltschichtverbund *m* asphalt layer bond, bond between asphalt layers
Asphaltschlämme *f (AE)* asphalt slurry
Asphaltschüttgut *n* bulk asphalt
Asphaltschutzschicht *f* asphalt coating
Asphaltsperrpappe *f* insulating asphalt felting
Asphaltsperrschicht *f (DIS)* insulating layer of asphalt
Asphaltstraße *f* asphalt road
Asphaltstraßenbau *m (Verk)* asphalt road construction
Asphaltteer *m (BM)* bituminous tar
Asphaltteerbeton *m* bituminous tar concrete
Asphaltteppichbelag *m* asphalt carpet *(Straße)*
Asphalttragschicht *f* asphaltic base course, bituminous base course
Asphaltummantelung *f (DIS, OB)* asphalt coating
Asphaltverband *m* Asphalt Pavement Association
Asphaltverband *m*/**Amerikanischer** *(Verk, VR) (AE)* National Asphalt Pavement Association
Asphaltverband *m*/**Deutscher** German Asphalt Pavement Association
Asphaltverband *m*/**Europäischer** *(EAPA)* European Asphalt Pavement Association
Asphaltverkleidung *f* asphalt lining
Asphaltverputz *m (DIS, OB)* asphalt coating
Asphaltverschleißschicht *f* asphalt overlay *(auf alter Deckschicht)*; asphalt surface course, asphalt wearing course, bitumen wearing course *(Straßenbau)*
Asphaltversieglung *f* asphalt sealing
Asphaltvollausbau *m (Verk)* full-depth bituminous pavement
Asphaltwerk *n* asphalt mixing plant
Asphaltwiederaufbereitungsanlage *f* asphalt recycling plant
Asphaltwiederverwendung *f* asphalt recycling
Assun *n (Arch)* sweating room
Ast *m* knot
Ast *m*/**durchgehender** passing knot
Ast *m*/**eingewachsener** *(BM, Hb)* encased knot
Ast *m*/**herausgefallener** loose knot
Astbündel *n* knot-cluster *(Holz)*
astfrei knotless
Ästhetikfrage *f (Arch)* aesthetic aspect
Astknoten *m* knag, pin knot, large knot *(> 38 mm)*
Astknoten *m*/**fester** sound knot, tight knot
Astknoten *m*/**festsitzender** sound knot, tight knot
Astknoten *m*/**kleiner** pin knot
Astknoten *m*/**loser** *(Hb)* dead knot
Astknoten *m*/**verwachsener** intergrown knot, live knot
Astknoten *m*/**weicher** unsound knot
Astloch *n* knothole; large knot *(> 38 mm)*
astlos knotless
Astragal *m (Arch)* astragal *(halbrunde Zierleiste)*
Astragalfries *m (Arch)* astragal frieze
Astragalsims *m (Arch)* astragal cornice
Astragalüberlappung *f* 1. *(Arch, Konst)* overlapping astragal; 2. *(EB)* wraparound astragal

astrein *(BM, Hb)* clean *(Bauholz)*
Astsäge *f* duplex pruning saw
Ästuar *n* estuary *(den Gezeiten ausgesetzt)*
Ästuarium *n* estuary *(den Gezeiten ausgesetzt)*
Asymmetrie *f (Arch)* dissymmetry
asymmetrisch asymmetric, asymmetrical
Atelier *n* atelier, studio, workshop
Atelierhaus *n* studio house
Atelierwohnung *f* atelier flat, *(AE)* studio apartment
Atemgrenzwert *m (Umw)* breathing capacity
Atemschutzgerät *n* respirator, breathing apparatus
Atemschutzmaske *f* respirator
Atemschutzsystem *n (Te)* breathing protection system
Athenatempel *m (Arch)* Temple of Athena
Äthyl... *siehe Ethyl...*
Atlant *m (Arch)* atlas, telamon *(männliche Karyatide)*
Atlas *m*/**geologischer** geological atlas
Atlasspat *m* satin spar
Atmosphäre *f*/**ländliche** *(Bod, LB, RP)* rural atmosphere
Atmosphärendruck *m* air pressure, atmospheric pressure
Atmosphärenüberdruck *m (Umw)* gauge pressure
Atmungsaktivität *f (DIS, SB)* breathability *(Mauerwerk)*
Atmungsvermögen *n (DIS)* breathing capability
atomar *(Umw)* nuclear
Atombunker *m (Konst, Umw)* fallout shelter
Atomkraftwerk *n (BWG, Umw)* nuclear power plant
Atommüll *m (Umw)* radioactive waste
Atommülllagerung *f (Umw)* nuclear waste storage
Atrium *n (Arch)* atrium *(eines alten römischen Hauses)*
Atrium *n* **in ganzer Höhe** *(Arch)* full height atrium
Attik *m (Konst)* roof space
Attika *f (Arch)* attic, roof parapet *(Dachbrüstungsmauer an klassischen Gebäuden)*
Attika *f*/**fortlaufende** *(Arch)* continuous attic
Attika *f*/**runde** *(Arch)* round attic
Attrappe *f (Verk)* dummy
ätzen *v* etch; bite; corrode *(Metalle, Kunststoffe)*
Ätzen *n* etching, pickling
Ätzglas *n* etched glass
Ätzgrund *m (OB)* etching varnish
Ätzkalk *m* anhydrous lime, caustic lime, quicklime
Ätzlösung *f* etching solution
Ätzmittel *n* etchant
Ätzmuster *n* etch pattern
Ätznatronprüfung *f (BM)* Abram's test
Ätzstoff *m (BM, OB, Umw)* corrosive substance
Ätzung *f* etching
Ätzwirkung *f* etching action
Audienzhalle *f* audience hall, hall for audience
Audienzsaal *m* hall for audience
Audiometrie *f (DIS, Umw)* audibility range
Audit *n*/**internes** *(VR)* internal audit
Auditorium *n* auditorium, lecture hall, lecture theatre
Auenboden *m* 1. *(Bod)* river-marsh soil, riverside soil; 2. *(Bod, LB)* warp soil, meadow soil
Auenlehm *m (Bod)* meadow loam
Auenlöss *m (Bod)* reassorted loess
Auenton *m (Bod)* warp clay
aufarbeiten *v* reprocess, reservice, rework; *(AE)* lumber *(Holz)*
Aufarbeiten *n (RS, Te)* reclaiming *(zur Wiederverwendung)*
Aufarbeitung *f* reconditioning, reprocessing, reworking; reclamation *(Wiedergewinnung zur Wiederverwendung)*
Aufarbeitungsvorrichtung *f* recovery device
Aufarbeitungszentrum *n* **für wiederverwertbare feste Abfallmaterialien** *(BWG, Te)* processing centre for recyclable solid waste materials
Aufbau *m* 1. erection, building-up *(Stahlbau)*; fitting, setting-up, assembly, mounting *(Montage, Zusammenbau usw.)*; rigging, rigging-up *(Bohr- und Rammanlagen)*; 2. structure, construction, constructional design, arrangement, configuration; format; lay-out *(Anordnung und Positionierung)*; physical structure; make-up; fabric *(Zusammensetzung, Struktur, stofflicher Aufbau)*; 3. appurtenant structure *(Gebäudeteile)*; 4. paint system *(Anstriche)*; 5. organizing, organization *(Bauunternehmen)*
Aufbau *m*/**architektonisch-künstlerischer** composition
Aufbau *m*/**chemischer** chemical constitution *(Bindemittel)*
Aufbau *m* **einer Einrichtung** *(Te)* mounting of equipment
Aufbau *m*/**innerer** internal constitution *(Baustoffe)*
Aufbau *m*/**nach Montagerastersystem** standardized unit construction, unitized construction
Aufbau *m*/**nach Rezeptur** make-up, formulation, composition
Aufbau *m*/**stufenweiser** *(Konst)* phased development
Aufbauarbeit *f* reconstruction work
Aufbaubagger *m (BWG)* fast-travel excavator
Aufbaubezirk *m (RP)* use district
Aufbauchung *f (OB)* fattening
aufbauen *v* build up, build, construct *(z. B. Gebäude)*; erect, set up, put up *(errichten)*; edify *(Großelemente)*; assemble, mount, fit *(zusammenbauen)*; compose *(gestalten)*
Aufbaufolge *f (Te)* fitting sequence
Aufbaugebiet *n (RP)* action area
Aufbauleuchte *f* surface-mounted light fixture
Aufbauprogramm *n (RP, VR)* development programme
Aufbauvorgang *m (Te)* setting procedure
Aufbauwerkstatt *f* erecting shop, fitting shop, setting-up shop
Aufbauzeit *f* building time, erection time, construction time; assembling time, mounting time; set-up time
aufbereiten *v* prepare *(z. B. Beton, bituminöses Mischgut)*; treat, purify *(Wasser)*
Aufbereiten *n* 1. preparing, fabrication *(Mischen der Baustoffe)*; 2. treating *(Wasser)*; 3. recovery, reclaiming *(zur Wiederverwendung)*
Aufbereitung *f* 1. preparation, fabrication, processing for use *(Beton, Mörtel, bituminöses Mischgut)*; 2. recovery, reclamation *(zur Wiederverwendung)*; 3. treatment, purification *(z. B. von Wasser)*
Aufbereitungsanlage *f* mill; treatment plant, preparation plant *(Wasser)*; mixing plant, processing plant *(Baustoffmischungen)*
Aufbereitungsprozess *m (Te)* preparation process
Aufbereitungsverfahren *n (Te)* treatment process
Aufbereitungsverlust *m (Te)* loss in cleaning
Aufbeton *m* concrete topping; layer of concrete, non--structural top screed, screed
Aufbetonschicht *f (BT)* topping slab
aufbewahren *v* keep, store
aufbewahren *v*/**trocken** keep dry
aufbiegen *v* bend down, bend up *(Betonstahl)*
Aufbiegung *f* bend, bending-up, bent-up *(Betonstahl, Bewehrung)*
Aufblähen *n* bloating, expanding *(Baustoffe, Kunststoffe)*; expansion *(von Beton)*
aufblasbar inflatable
aufblasen *v* inflate
Aufblasen *n* inflation
Aufblättern *n* foliation *(Schutzschicht)*
aufblitzen *v (OB)* flash
aufbocken *v* jack up *(mit Hebebock)*
aufbohren *v* bore open
Aufbohrer *m* 1. enlarging bit; 2. *(Hb)* rose bit
aufbördeln *v* expand *(Rohre)*
aufbrechen *v* 1. break open, break up *(Straßen, Wege, Türen usw.)*; 2. force open, force; 3. crack, burst *(Bauele-*

mente, Baustoffe); 4. prize open *(mittels Hebel)*; 5. rubbelize *(zertrümmern)*
Aufbrechen *n* scarifying *(Straße, Boden)*
aufbringbar applicable *(z. B. Anstriche)*
Aufbringbarkeit *f* applicability *(z. B. von Anstrichen)*
aufbringen *v* place on; apply *(Putz)*; distribute *(Farbe)*; impose *(Kraft)*; *(AE)* ante up *(Geld)*
aufbringen *v***/den Unterputz** *(SB, Te)* render
aufbringen *v***/Dichtungsputz** *(DIS, Te)* parge
aufbringen *v***/einen Anstrich** topcoat
aufbringen *v***/einen doppelschichtigen Putz** render and set
aufbringen *v***/einen dreilagigen Putz** render, float, and set
aufbringen *v***/Last** load
aufbringen *v***/Splitt** blind
aufbringen *v* **und planieren** *v (Erdb)* spread and level
aufbringen *v***/Vorspannung** prestress, tension
aufbringen *v***/Wasserabdichtung** waterproof
Aufbringen *n (OB)* application *(auf Oberflächen)*
Aufbringen *n* **der Vorspannung** prestressing, prestressing process, tensioning, transfer of prestress *(Spannbeton)*
Aufbringen *n* **einer neuen Schotterschicht** remetalling, *(AE)* remetaling
Aufbringen *n* **eines Anstrichs** *(OB, Te)* top-coating
Aufbringen *n* **eines Kantenschutzanstriches** edging
Aufbringen *n***/punktweises** spot application
Aufbringen *n* **und Planieren** *n (Erdb)* spreading and shaping
Aufbringen *n* **von Kammstreifenmustern** *(OB)* combing *(auf frischer Farbe)*
Aufbringen *n* **von Rauputz** *(SB)* broom
Aufbringungsrate *f (BWG, Te)* rate of spread
Aufbruchhammer *m* breaker, paving breaker
Aufbruchhammer *m***/pneumatischer** 1. *(BWG, Te, Verk)* air pavement breaker; 2. *(BWG)* pneumatic breaker *(Straßenbau)*
aufbuckeln *v (Bod, BT)* hump up
aufdämmen *v* 1. *(Erdb, Wsb)* bank; 2. *(Wsb)* embank
Aufdampfen *n (OB, Te)* vacuum coating
Aufdampfschutzschicht *f (OB)* vaporized coating
aufdecken *v* reveal, uncover
aufdoppeln *v (Hb)* double-up *(Türen, Dächer)*
Aufdoppeln *n (Hb)* doubling-up *(Türen, Dachlagen)*
Aufdoppelung *f* 1. false edge *(Kante)*; 2. doubling-up *(Türen, Dächer)*
aufdornen *v (BT, Te)* open out
Aufdornen *n (Te)* opening out
Aufdornprobe *f* punching test
aufdrehen *v (San)* turn on *(Hahn)*
Aufdüsen *n* atomizing application
aufeinander/senkrecht mutually perpendicular
Aufeinanderfolge *f* succession
aufeinanderfolgend back-to-back
Aufeinanderlegen *n***/kreuzweises** criss-crossing
aufeinanderstehend/senkrecht mutually perpendicular
Aufenthaltshalle *f* lounge *(Hotel)*
Aufenthaltsraum *m* common room, dayroom, recreation hall, recreation room; lounge *(Hotel)*; shelter *(Schutzraum)*
Aufenthaltsraum *m* **für Schauspieler** *(EB)* green room *(Theater)*
Auffächerung *f (Konst)* segmentation
auffahren *v (Tun)* drive
Auffahren *n (Tun)* driving
Auffahrrampe *f (Verk)* on-ramp
Auffahrt *f* access ramp, approach ramp, approach road, ramp lane, driveway *(Autobahn, Brücke)*; sweep *(Auffahrtsweg, Gebäudezufahrt)*
Auffahrtrampe *f* access ramp, ramp lane, approach lane *(Autobahn, Brücke)*
Auffahrtspur *f (Verk)* ramp lane
Auffahrtstraße *f* ramp lane, driveway, approach road
Auffahrtsweg *m***/geschwungener** *(Konst, Verk)* sweep
Auffangbecken *n (Erdb, Wsb)* catch basin *(z. B. für Schlamm)*
auffangen *v (Te)* trap
Auffanggefäß *n (BT)* trap
Auffangring *m (El)* conductor loop *(Blitzschutz)*
Auffangtrichter *m* collecting funnel, connecting hopper
Auffangwanne *f* collecting reservoir
aufflammen *v (OB)* flash
Aufflammen *n* flash
aufforsten *v (LB, Te)* reforest
Aufforsten *n* forestation
Aufforstung *f* afforestation, forestation, reforestation, restocking *(Landschaftsbau)*
auffressen *v* freshwater supply fret *(z. B. durch Korrosion)*
Auffrieren *n* frost heaving
auffrischen *v* freshen, regenerate, refurbish; inpaint, paint afresh, touch up *(Anstriche)*
Auffrischung *f (RS)* regeneration; touching up *(Anstriche)*
aufführen *v***/einzeln** itemize
Auffüllbeton *m* backfill concrete
Auffülle *f (Umw)* landfill
auffüllen *v (Bod)* refill, backfill, infill, landfill; fill, fill top; deafen, pug *(mit schallschluckendem Material)*
Auffüllen *n* 1. *(Erdb)* levelling; 2. *(Te)* priming *(Baugelände)*
Auffüller *m* filling-up *(Ölspachtel)*
Auffüllmaterial *n (Erdb)* borrow material
Auffüllung *f* 1. blocking up, backfill, backfilling; refilling; deafening, pugging *(mit Dämmstoffen in Zwischenräume)*; 2. *(Bod)* refilling, landfill, backfilling, infilling, made ground, made-up ground
Auffüllung *f***/umweltschädliche** *(Erdb, Umw)* offensive filling of ground
Auffüllungshöhe *f (Erdb)* height of fill
Aufgabe *f* 1. duty; task, function; 2. feeding, charging *(Aufbereitung)*; 3. abandonment *(außer Betrieb nehmen, z. B. eines Gebäudes, Eisenbahnlinie usw.)*
Aufgabe *f***/dreidimensionale** three-dimensional problem
Aufgabe *f***/nicht lineare** *(Stat)* non-linear problem
Aufgabeband *n (BWG, Te)* belt feeder
Aufgabegut *n* feed, head; screen feed *(Siebprozess)*
Aufgabekübel *m* paver hopper
Aufgabenbereich *m (VR)* scope of duties
Aufgabenstellung *f***/geologische** geological target
Aufgaberutsche *f (Te)* feed chute
Aufgabetrichter *m (Te)* feed hopper
Aufgang *m* ascent, stairway; way-up
Aufgangstreppe *f* entrance stair
aufgebaut/unkontinuierlich *(BM)* gap-graded
aufgeben *v* 1. feed *(Baustoffaufbereitung)*; 2. *(Te)* abandon *(außer Betrieb nehmen; baurechtlich)*
aufgebläht bloated, inflated
aufgeblasen inflated
aufgedoppelt doubled-up *(Türen, Dächer)*
aufgedüst sprayed atomized *(zerstäubend)*
aufgefächert evasé
aufgegeben *(RS, VR)* derelict *(alte Häuser)*
aufgehängt hinged, suspended • **aufgehängt sein** hang
aufgehängt/pendelnd pendulous
aufgehen *v (BM, Bod)* swell *(Kalk)*
aufgehend *(SB)* rising *(Mauerwerk)*
aufgekratzt *(OB)* combed *(Oberflächen)*
aufgelagert *(BT, TK)* supported
Aufgeld *n (VR)* surcharge
aufgelegt placed-on, put on, laid-on

aufgeleimt glued-on
aufgelöst *(Arch)* relieved *(Wandfläche)*
aufgenietet riveted
aufgenommen accepted *(Kräfte, Last)*
aufgeraut hacked, ragged; keyed *(Putzunterlage)*
aufgerichtet *(Konst)* upturned
aufgerichtet/steil sharply upturned
aufgesattelt bracketed *(Treppe)*
aufgeschäumt foamed
aufgeschmolzen fusion-coated
aufgeschrumpft shrunk-on
aufgeschüttet *(Erdb)* made-up *(Erdstoffe)*
aufgesetzt 1. added, built on; stacked up *(Steine)*; attached, mounted *(Montageteile)*; 2. *(Arch)* artificial
aufgespalten cloven
aufgespritzt applied by spraying, spray-applied
aufgesprüht sprayed atomized *(zerstäubend)*
aufgeständert *(Konst)* framed on
aufgestrichen brush applied, brushed
aufgetaucht emerged
aufgetragen filled
aufgetragen/einseitig single-spread *(z. B. Kleber für Stöße)*
aufgetrennt cut open, resawn *(Holz)*
aufgetrieben/blasig bloated
Aufglasur *f* overglaze decoration, on-glaze
Aufglasurdekor *n* on-glaze decoration
Aufglasurfarbe *f* overglaze colour, overglaze enamel
Aufgliederung *f (Konst)* sectioning
aufgraben *v* dig up
Aufgrabung *f* excavation, digging
Aufgrabungsverfüllung *f (Bod)* reinstatement
Aufgussmasse *f* engobe *(z. B. für Dachziegel)*
aufhacken *v* hoe, pick
aufhalden *v* heap, heap up
aufhalten *v* stop, arrest *(Abläufe)*
Aufhaltung *f (Wsb)* detention
Aufhängedraht *m* hanger wire
Aufhängeeisen *n* suspension bracket
Aufhängeelement *n***/elastisches** *(BT)* resilient hanger
Aufhängegrader *m (BWG, Verk)* towed grader *(Straßenbau)*
Aufhängehaken *m* suspension hook
Aufhängeklammer *f* hold-down clip
Aufhängeleiste *f* plaque rail, plate rail *(an der Deckenkante)*
Aufhängeleiste *f* **für Bilder** *(EB)* picture rail
aufhängen *v* hang, hang up; suspend
aufhängen *v***/die Fahrbahn** *(Verk)* suspend the roadway
aufhängen *v***/gelenkig** hinge, pivot
Aufhängen *n* hanging; suspending
Aufhängepunkt *m (Konst)* suspension point
Aufhänger *m* clip, hanger
Aufhänger *m***/gefederter** *(DIS, Konst)* resilient clip *(Schallschutzkonstruktion)*
Aufhängeseil *n (BT)* suspension rope
Aufhängevorrichtung *f (Br, Konst, TK)* hanger
Aufhängung *f* hanging; suspension
Aufhängung *f***/umgekehrte** *(Konst, TK)* inverted suspension
Aufhauen *n (SB, Te)* hacking *(Stein)*
aufhäufen *v* heap, heap up, pile up
Aufhäufen *n* heaping, piling up
aufheben *v* 1. *(Te)* take up; 2. *(Te, VR)* abolish *(Baurecht)*; 3. *(VR)* cancel *(Fortgang)*; 4. *(BB)* drape *(Spannbetonlitze)*
Aufhebung *f* 1. *(VR)* abolition *(Baurecht)*; 2. *(VR)* repeal *(Richtlinien, Standards)*
Aufhebung *f* **von Vorschriften** deregulation
Aufhebungszeichen *n (Verk)* end of restriction sign
Aufheizdauer *f (HLK)* temperature-rise period
aufheizen *v (HLK, Te)* heat *(z. B. Bindemittel, Zuschlagstoffe)*
aufheizen *v***/sich** *(BM, BT)* heat up
Aufheizen *n (HLK)* warming up *(Zimmer, Wohnung)*
Aufheizen *n* **und Einebnen** *n (BM, OB)* heating and planing
Aufheizgeschwindigkeit *f* heating rate
Aufheizkurve *f (HLK)* heating curve
Aufheizzeit *f (HLK)* warming-up period *(Zimmer, Wohnung)*
aufhellen *v* clear; brighten, lighten, tint *(Farbe, Anstrich)*
aufhellen *v***/Farbe** *(OB)* relieve
Aufhellen *n* lightening, brightening, tinting *(Anstrich)*
Aufhellungsvermögen *n* tinting power, tinting strength
Aufhöhung *f* aggradation, filling-up
aufhören *v* cease, end, stop
aufkämmen *v (Hb)* cog
Aufkämmung *f (Hb)* cogging
aufkanten *v (HLK)* border up, fold upwards; set on edge, tip up
Aufkantung *f* upstand, upturn, turn-up
Aufkantungsrinne *f* upstand gutter
Aufkippbauweise *f* tilt-up construction, tilt-up method
Aufkipptafel *f (BT, Te)* tilt-up panel
Aufkippwand *f* tilt-up wall
aufklauen *v (Hb)* bird's-mouth
Aufklauung *f (Hb)* bird's-mouth joint
aufkleben *v* stick
aufkleben *v***/ganzflächig** glue on throughout
Aufkleben *n* glueing-on; pasting and applying to wall *(z. B. Tapeten)*; broom *(einer Dachpappe in frisches Bitumen)*
Aufkleben *n***/drückendes** broom *(einer Dachpappe in frisches Bitumen)*
aufkohlen *v* cement *(Stahl)*
Aufkohlen *n* cementation *(von Stahl)*
aufkratzen *v* devil, scratch *(Putz)*
Aufkratzen *n* devilling, scratching *(von Putz)*
aufladen *v* 1. *(El)* charge, recharge; 2. load, saddle *(Last)*
Aufladen *n* 1. *(El)* charging; 2. *(Te)* loading *(Last)*
Auflader *m* **mit Gurtband** *(BWG)* belt loader
Aufladezeit *f* 1. *(El)* charging period; 2. heating-up period *(Speicherheizgeräte)*
Auflage *f* 1. bearing edge, support, impost, footing base, seat *(Balken, Träger)*; 2. *(BT, Konst, TK)* cushion *(Polster)*; 3. packing rubber *(Werkstoff)*; 4. facing, lining, coat, overlay *(Schicht)*; 5. condition *(Baurecht)*
Auflage *f***/durchgehende** *(TK)* solid bearing
Auflage *f***/erschütterungsgedämpfte** *(DIS)* resilient mounting
Auflage *f***/starre** *(Konst)* rigid support
Auflage *f***/steife** *(Konst)* rigid support
Auflagebalken *m* **auf einem zweiten Balken** tertiary beam
Auflagedruck *m* bearing pressure
Auflagefläche *f* area of support, bearing area, seat, seating, seating face, supporting surface
Auflageholz *n* pole plate *(einer Dachkonstruktion)*
Auflageholz *n***/offenes** *(Hb)* false rafter
Auflagehumus *m* mor, mor humus
Auflagekitt *m* back putty
Auflagemetall *n (OB)* facing metal
Auflageplatte *f* beam-bearing plate, bearing plate *(z. B. für Träger)*
Auflagepunkt *m* bearing, point of support, support, supporting point
Auflager *n* bearing, bearing area, bearing edge, end bearing, bed, support, point of support, structural rest, seating *(Balken, Träger)*; saddle, footing *(Stützenschuh)*; stop *(Absatz)* • **Auflager haben auf** rest on
Auflager *n***/bewegliches** *(Br, TK)* expansion bearing
Auflager *n* **einer Brücke** bearing of bridge

Auflager *n*/**einfaches** simple bearing, simple support
Auflager *n*/**elastisches** elastic bearing
Auflager *n*/**festes** *(TK)* fixed bearing
Auflager *n*/**frei drehbares** simple support
Auflager *n*/**freies** *(TK)* free support
Auflager *n*/**linkes** left bearing
Auflager *n*/**rechtes** right bearing
Auflager *n*/**sattes** 1. *(Konst, TK)* full bearing; 2. *(Konst, TK)* full support
Auflager *n*/**starres** *(Konst)* rigid support
Auflager *n*/**steifes** 1. *(TK)* rigid bearing; 2. *(Konst)* rigid support
Auflager *npl*/**aufeinanderfolgende** *(Br, BT, Konst, TK)* consecutive bearings
Auflagerbalken *m (Hb)* support beam
Auflagerbalken *m* **auf einem zweiten Balken** *(TK)* tertiary beam
Auflagerbank *f* bearing seat; bridge seat *(Brücke)*
Auflagerbedingungen *fpl* conditions at the supports, support conditions
Auflagerblock *m* bearing pad
Auflagerblocksetzung *f* settlement of bearings
Auflagerdruck *m* bearing pressure
Auflagerelement *n (BT)* torsel
Auflagerfläche *f* area of support, bearing area, seating, seating face
Auflagerflanschstab *m* bearing bar
Auflagergelenk *n (BT, TK)* abutment hinge
Auflagerholz *n* pole plate *(einer Dachkonstruktion)*
Auflagering *m* manhole top ring
Auflagerippe *f (Konst)* load-carrying rib
Auflagerkraft *f (Stat)* bearing reaction
Auflagermauerwerk *n (SB)* load-bearing masonry
Auflagermittelpunktsabstand *m (Stat)* effective span
auflagern *v* support
auflagern *v* **auf** bear on, rest on, be supported
Auflagern *n*/**starres** *(TK)* rigid bearing
Auflagernische *f* beam aperture
Auflagerplatte *f* bearing plate *(z. B. für Träger)*; bed-plate
Auflagerpunkt *m* point of support
Auflagerreaktion *f (Stat)* supporting reaction
Auflagerring *m* bearing ring
Auflagerrippe *f (Konst)* load-bearing rib
Auflagerschräge *f* 1. *(Arch, Konst)* haunch; 2. *(Konst)* tapered haunch
Auflagersenkung *f* settlement of bearings
Auflagerspannung *f* bearing stress
Auflagersperre *f (Br, TK)* bearing lock
Auflagerstab *m* bearing bar
Auflagerstein *m (Arch)* padstone
Auflagerstelle *f* support
Auflagerstuhl *m* bearing
Auflagerung *f*/**einfache** simple bearing
Auflagerung *f*/**federnde** elastic bearing
Auflagerung *f*/**freie** free bearing, free supporting
Auflagerung *f*/**gelenkige** *(Konst, TK)* hinged support
Auflagerung *f*/**satte** 1. *(Konst, TK)* full bearing; 2. *(Konst, TK)* full support
Auflagerverbreiterung *f* end block *(eines tragenden Elements)*
Auflagerverschiebung *f* displacement of support
Auflagerverteilung *f (Konst, TK)* footing
Auflagerwand *f* bearing wall, load-carrying wall
Auflagerwinkel *m* angle
Auflagesims *m* **des Bogens** arch corner bead
Auflagestein *m*/**flacher** stepping stone
Auflagestelle *f* point of support
Auflagestütze *f* support
Auflageverbreiterung *f* end block *(eines tragenden Elements)*
Auflagewerkstoff *m* veneer *(vorgefertigt)*
Auflandung *f* 1. *(Bod, Wsb)* aggradation; 2. *(Bod)* silting-up
Auflandungsteich *m (Umw, WVA)* settling lagoon *(Kläranlage)*
auflassen *v* disuse
Auflast *f* 1. *(Bod, Erdb)* overlying weight; 2. *(Stat)* imposed load, superimposed load; 3. *(Stat)* applied load; 4. *(Stat)* surcharge *(Überbeanspruchung)*
Auflast *f* **von Staubecken** *(Wsb)* depressuring of reservoirs
auflaufen *v (Te)* accrue
auflegen *v* bed, place on
Auflegesprengung *f (BM, Erdb, Tun)* mud-capping *(große Steine)*
aufleimen *v (Te)* glue on
Aufleimzeit *f (Te)* open time
Auflicht *n (El)* incident light
aufliegen *v* **auf** be supported, lean on, lie on, rest on, seat on
aufliegen *v*/**voll** be fully supported
aufliegend 1. *(Stat)* supported; 2. *(Bod)* superjacent *(geologisch)*
aufliegend/frei freely supported, simply supported, unstrained
aufliegend/nicht *(TK)* unsupported
aufliegend/nicht satt false-bearing
aufliegend/nicht zentrisch false-bearing
aufliegend/satt *(Konst)* well-set
auflisten *v* list
auflockern *v* aerate *(z. B. Porenbeton)*; agitate *(aufschütteln)*; loosen *(Baustoffe)*; mellow, scarify, break up, loosen *(Boden, Erdstoffe)*
Auflockern *n (Bod)* mellowing
Auflockerung *f (BM)* thinning
Auflockerung *f* **der Wohnviertel** *(RP, RS)* thinning-out
Auflockerungsfaktor *m (Bod)* swell factor
auflösbar soluble *(Mathematik)*
auflösen *v* dissipate *(Kräfte)*; dissolve *(in Lösungen)*; leach out *(selektiv)*; solve *(statisch, mathematisch)*
auflösen *v*/**selektiv** leach out
auflösen *v*/**sich** undergo dissolution
Auflösen *n (BM)* dissolving
Auflösen *n* **der Wand** *(Arch)* wall dissolution
Auflösung *f* 1. *(Bod)* breakdown *(einer Fläche)*; 2. disintegration *(Baustoffe)*; 3. *(BM, Umw)* dissolution *(gestalterisch, chemisch)*; 4. resolution *(Kräfte)*; 5. resorption *(Stoffe)*
aufmalen *v* mend the painting, paint on
Aufmaß *n* admeasure, measured work, site measuring; measurement, mensuration • **das Aufmaß machen** *(VR)* bill for quantities
Aufmaß *n*/**gemeinsames** *(VR)* joint measurement
Aufmaß *n* **und Abrechnung** *f (VR)* measurement and payment
Aufmaßabrechnungsarbeiten *fpl (VR)* force account works
Aufmaßposition *f (VR)* measurement item
aufmauern *v* add bricks, brick up, bring up, mason, mason up, raise a wall; cope *(Mauerkronen)*
Aufmauern *n* bringing up
aufmessen *v* measure, bill for quantities
Aufmessen *n* measurement, measuring, measurement of finished work
aufnageln *v* nail on
aufnageln *v*/**ein Lattenstück** *(Te)* nail a lath on
Aufnageln *n* nailing; back-nailing *(von Dachpappe)*
Aufnahme *f* 1. *(BM, DIS, Stat)* absorption; 2. *(Konst, TK)* acceptance *(von Kraft, Wärme)*; 3. adsorption *(Flüssigkei-*

ten, Gase); 4. *(HLK, WVA)* admission *(volumetrisch)*; 5. *(Konst, Stat)* deadening *(einer Kraft)*; 6. *(Konst, Verm, VR)* recording *(Messwerte)*; 7. *(Verm)* survey, surveying, mapping-out; 8. starting *(Tätigkeit)*
Aufnahme f/akustische *(DIS)* acoustic investigation
Aufnahme f/bauliche survey of buildings and site
Aufnahme f/geologische *(Bod, Verm)* geological survey *(eines Geländes)*
Aufnahme f/topographische *(Verm)* topographic survey
Aufnahme *f* **von Maßen** *(Verm)* measurement
Aufnahmebehälter *m (BT, Te)* receiver vessel
Aufnahmebunker *m (BT, Te)* receiving bunker
Aufnahmegerät *n* surveying apparatus
Aufnahmemischer *m* road pug travel-mix plant, travelling plant
Aufnahmeraum *m* 1. *(Konst)* studio; 2. *(Konst, OB)* receiving office *(Akustik)*
Aufnahme- und Aufzeichnungsstation *f (Umw)* master station *(Wetterdaten)*
Aufnahmevermögen *n (Bod)* infiltration capacity *(Boden)*
aufnehmen *v* 1. absorb, accept, resist *(z. B. Kraft, Wärme)*; 2. adsorb *(Flüssigkeiten, Gase)*; 3. hold *(volumetrisch)*; 4. deaden, carry, support *(Kräfte)*; 5. house *(z. B. Geräte)*; 6. *(Verm)* log *(geologisch)*; 7. pick up, raise, grab *(vom Boden)*; 8. *(Te)* record *(Messwerte)*; 9. *(Verm)* scale *(Holz)*; 10. *(Verm)* survey, map; 11. take in, take up *(Stoffe)*
aufnehmen v/Baukredite *(VR)* obtain a loan
aufnehmen v/geologisch geologize
Aufnehmen *n* **und Neuverlegen** *n (RS, Verk)* repaving *(von Asphalt)*
Aufnehmer *m (BM, Umw)* detector
Aufpflasterung *f (Verk)* ramp
aufpfropfen *v (Hb)* graft, graft up
aufplatzen *v* crack, spring
Aufplatzen *n* bursting; brooming *(von Pfählen beim Einrammen)*; turtleback *(Furnier)*
Aufprall *m (Stat)* impact *(auf eine Oberfläche)*
Aufpralldruck *m* impact pressure
aufprallen *v* bounce, impinge
Aufprallgeschwindigkeit *f* impact velocity
Aufpreis *m (VR)* extra appreciation
aufpressen *v (Te)* force on
Aufputz... surface-mounted ...
Aufputzausführung *f (El, HLK, Konst)* surface type
Aufputzinstallation *f (El)* exposed wiring, surface wiring, surface-mounted installation
Aufputzschalter *m (El)* surface switch, surface type switch
Aufputzsteckdose *f (El)* surface socket
Aufputzsteigleitung *f (Konst)* surface riser
Aufputzverlegung *f (El)* surface mounting, open wiring
aufquellen *v* 1. *(BM)* rise; 2. *(BM, Bod)* swell *(z. B. Baustoffe)*
Aufquellen *n* swelling, swelling-up
Aufragung *f (Bod)* eminence *(im Gelände)*
aufrauen *v* 1. *(Verk)* skidproof, scarify *(Straße)*; 2. hack, incise, kernel *(Stein)*; 3. *(OB)* key *(Haftgrund)*; 4. rough, rough up, roughen *(Oberflächen)*; 5. score, hack, key *(Putz)*; 6. stab *(z. B. Beton, Wände, Naturstein)*
aufrauen v/chemisch *(OB, Te)* etch
Aufrauen *n* 1. *(Verk)* scarification *(Straßen)*; 2. hacking off, roughening *(Oberflächen, Stein)*; 3. hacking, keying *(Haftgrund, Putzgrund)*; 4. *(OB, Te)* scoring *(Putz)*; 5. *(Te)* stabbing *(z. B. von Wänden, Naturstein, Beton)*
Aufrauen n/maschinelles mechanical reaming
Aufrauen n/mechanisches mechanical keying *(Putzunterlage)*
Aufrauhobel *m (BWG)* toothing plane
Aufräumarbeiten *fpl (RS)* freeing from ruins
Aufräumung *f (Te)* clearance *(Baufeld)*
Aufrausplitt *m* chipping for roughening treatment
Aufrauung *f (OB, Te)* roughening *(s. a. Aufrauen)*
aufrecht endways, endwise, right, standing, upright
aufrechterhalten *v* maintain *(z. B. einen Zustand)*
Aufreibdorn *m (BWG)* reaming iron *(Nieten)*
aufreiben *v* broach *(Werkstein)*
Aufreiben *n* reaming
aufreißen *v* 1. break open, break up, scarify *(Straßen, Wege)*; 2. crack, burst *(z. B. Leitungen, Rohre)*; 3. splint, splinter *(Holz)*; 4. chink *(Mauerwerk, Wände)*; 5. *(OB)* rift *(Gestein)*; 6. break up, rip *(Boden)*; 7. rupture *(Schichten)*; 8. *(Konst, Te)* sketch *(zeichnerisch)*
Aufreißen *n* 1. scarification, scarifying *(Straßen)*; 2. cracking, bursting *(z. B. Leitungen, Rohre)*; 3. splinting, splintering *(Holz)*; 4. rifting, splintering *(Gestein)*; 5. *(Te)* ripping *(Boden)*; 6. rupture, disruption, hacking off *(Schichten)*
Aufreißer *m* rooter, scarifier, scarifier ripper *(Straße)*
Aufreißkamm *m* scarifier, scarifier ripper *(Straße)*
Aufreißzahn *m* scarifier tooth
Aufreiter *m (Arch)* roof spire
aufrichten *v* erect, cock *(Konstruktion, Bauwerk)*; mount, assemble *(z. B. ein Gerüst)*; raise, raise up *(Montageteile)*; rear *(z. B. Häuser, Brücken)*; right, set up; put up; straighten up *(z. B. Pfosten, Stütze, Mast)*; tilt up *(Fertigteilmontage)*
aufrichten v/sich *(Te)* right
Aufrichten *n* **des Kranauslegers** jib assembly
Aufriss *m* 1. elevation, front view, upright projection *(Zeichnung)*; vertical projection *(mathematisch)*; vertical section *(senkrechter Schnitt)*; 2. *(Verm)* vertical plane
Aufrissentwurf *m (Konst)* elevational design
Aufrissmaterial *n (RS, Verk)* scarified material *(z. B. Straßenbelag)*
Aufrühren *n* stirring; agitation *(zur Vermeidung von Entmischung)*
aufrunden *v* round, round off
aufsatteln *v (Te)* saddle *(Stufen)*
Aufsattelung *f (Hb)* bolster, head tree, corbel piece
Aufsatz *m* attachment, cap; frame; dolly *(ein Hartholzblock zum Schutz der Rammhaube)*
Aufsatzband *n* pin hinge, surface-fixed hinge *(Baubeschlag)*; window hinge *(Beschlagteil)*
Aufsatzbeton *m* concrete topping
Aufsatzkranz *m (Arch, Konst)* curb *(Lichtkuppel)*
Aufsatzrohr *n* extension pipe
Aufsatzschloss *n* rim lock, straight lock
Aufsatzschlüssel *m* socket spanner
Aufsatzstein m/eingesetzter stepping stone
aufsaugen *v* soak up, suck up; imbibe *(Flüssigkeit)*; absorb *(Flüssigkeiten, Dämpfe, Gase)*
Aufsaugen *n* suction *(Flüssigkeiten)*; absorption *(z. B. von Flüssigkeiten, Gasen)*; vacuum cleaning, vacuuming *(Reinigung)*
aufsaugend 1. *(BM, Bod, DIS)* absorbent; 2. *(BM)* absorptive *(Flüssigkeiten, Dämpfe, Gase)*
Aufsaugvermögen *n (BM, Bod, DIS)* absorbing capacity
Aufschäumbarkeit *f* **vor Ort** *(DIS, Te)* expanded in-situ compatibility
aufschäumen *v* expand *(Kunststoffe)*; froth *(eine Flüssigkeit)*
Aufschäumen *n* foaming
aufschichten *v* arrange in layers, bond *(Steine)*; heap, heap up, stack, stack up
aufschichten v/Ziegel arrange bricks, *(AE)* hack
aufschieben *v* slip on
Aufschiebling *m (Hb)* cant board, chocking piece, eaves board, firring, foot piece *(Dach)*; rafter foot *(Sparrendach)*; sprocket
Aufschiftung *f (Hb)* bird's-mouth attachment
Aufschlag *m* 1. *(Stat)* impaction; 2. additional charge *(Baurecht)*

aufschlagen *v (Stat)* surcharge
aufschlämmen *v (BM, WVA)* suspend
Aufschlämmung *f* slurry; suspension
aufschließen *v* 1. deflocculate *(Keramik)*; 2. develop *(Gruben)*; 3. dissolve *(verflüssigen)*; 4. *(RP)* open up *(Baustofflagerstätten)*; 5. unlock *(Türschloss)*
Aufschließen *n (BM)* dissolving *(auflösen)*
Aufschließung *f (BM)* deflocculation *(Keramiktechnologie)*
aufschlitzen *v* split
Aufschluss *m* deflocculation *(Keramiktechnologie)*; disintegration *(Baustoffe)*
Aufschluss *m***/seismischer** *(Bod)* seismic survey
Aufschlussarbeiten *fpl (Bod)* exploration work • **Aufschlussarbeiten durchführen** *(Bod, Te)* reconnoitre
Aufschlussbohren *n (Bod)* exploration drilling
Aufschlussbohrung *f* exploration well, prospect well, test drill, trial boring *(Baugrund)*
Aufschlusskosten *pl* exploration expenses *(Baugrund)*
aufschmelzen *v* bake on
aufschneiden *v* split
aufschottern *v* ballast *(Eisenbahnbau)*
Aufschraubband *n* screwed-on hinge *(Fenster, Türen usw.)*
aufschrauben *v* screw on
Aufschraubschloss *n* screwed-on lock, surface latch
Aufschraubtürband *n (EB)* surface hinge
Aufschraubtürschloss *n* surface latch
Aufschraubzubehör *n* screwed fittings
Aufschrift *f* inscription
aufschrumpfen *v (Te)* shrink on
Aufschubverbindung *f* slip joint *(Rohre)*
Aufschüttabschnitt *m (Erdb)* fill section
aufschütten *v* 1. heap, heap up, raise; 2. *(Erdb)* fill; throw up *(Erdstoffdamm, Erhöhungsschwelle)*
aufschütten *v***/Damm** dam up
Aufschüttschalung *f (BB, Te, Wsb)* filling boarding
Aufschüttung *f (Erdb)* fill, filling, filled ground, made-up ground; embankment, raise *(Erdstoffdamm)*; heaping *(Baustoffe)*; mantle *(geologisch)*
Aufschweißbiegeversuch *m (BM)* bead bend test
aufschweißen *v* weld on, deposit
Aufschweißmetall *n (St)* filler metal
Aufschweißung *f (Konst, St)* weld deposit
aufschwellen *v* belly, belly out
Aufschwemmung *f (Bod, Erdb, Wsb)* warp, silting-up
aufschwimmen *v* float
Aufschwung *m (VR)* boom
Aufseher *m* supervisor
aufsetzen *v* attach
aufsetzen *v***/stufenweise** step *(z. B. Fundament, Mauerwerk, Hangbebauung)*
Aufsetzen *n (EB)* surface fixing *(Baubeschläge)*
Aufsetzkranz *m* bearing frame
Aufsetzvorrichtung *f* catch device
Aufsicht/mit *(VR)* warden-assisted *(für ältere Bewohner)*
Aufsichtsbehörde *f* supervising authority, supervisory authority, supervisory board
Aufsichtsplatz *m* control desk, desk
aufsintern *v* bake on
aufsitzen *v* seat
Aufsitzfläche *f (Konst)* valve seat
aufspachteln *v* float, trowel
Aufspachteln *n (OB, Te)* knifing
aufspalten *v* cleave *(Fliese, Klinker)*; delaminate *(Schichtstoffe)*; resolve *(Kräfte)*; shiver *(Schiefer, Naturstein, Holz)*; split, cleave *(Holz)*
aufspalten *v***/Holzschindeln** rive
aufspalten *v***/sich** delaminate
Aufspaltung *f* cleavage *(Keramik)*; fission *(von Gestein)*; splitting, splitting-up
Aufsperrpistole *f* picking pistol *(Schlösser)*
Aufsperrsicherung *f (EB)* intruder protection *(Schloss)*
Aufspitzen *n* bush hammering, stabbing *(z. B. von Wänden, Naturstein, Beton)*
aufspleißen *v (BB, Te)* fan *(Besenverankerung)*
aufsplittern *v* splinter
aufspringen *v* rift
aufspritzen *v* spray-apply, spray on
aufspritzen *v***/Farbe** *(OB)* spray-paint
Aufspritzen *n* spraying, spray application *(z. B. von Farben, Anstrichen)*
Aufsprühen *n* atomizing application
aufspulen *v (Te)* wind
Aufspülen *n* hydraulic filling
Aufspülland *n (Erdb)* innings
aufspüren *v (Te)* trace
aufständern *v* splice *(Holzpfähle)*
Aufstandsfläche *f (Konst)* contact area
Aufstandspfahl *m (Erdb)* end-bearing pile
Aufstandsplatte *f (BT, Konst)* column base plate
aufstapeln *v* pile up, store up; stack *(z. B. Holz)*
Aufstau *m (Wsb)* raised water level, retaining
aufstauen *v (Wsb)* impound, pond back, dam up
Aufstauen *n (Wsb)* retaining
Aufstauung *f (Wsb)* impoundage
aufstecken *v* slip on
Aufsteckflansch *m (BT)* slip-on flange
aufstellen *v* erect, set up, mount, place, position, dispose, site *(am Ort)*; arrange, situate *(anordnen)*; establish *(mathematisch)*; fit, fit up, install *(Ausrüstungen, Einrichtungen)*; line up *(aufreihen)*; erect, stand, pitch *(aufrichten)*; raise *(Montageteile)*; rig, rig up *(Ramm- und Bohranlagen)*; set, set up *(z. B. Maschinen)*
aufstellen *v***/eine Schalwand** *(Te)* set up a sheeting
aufstellen *v***/Kostenanschläge** establish cost estimates
aufstellen *v***/zufällig** randomize
Aufstellen *n* erection, mounting, placing, arrangement *(am Ort)*; arrangement *(anordnen)*; fitting *(Ausrüstungen, Einrichtungen)*
Aufstellen *n* **des Mischungsverhältnisses** mix design *(Berechnung)*
Aufstellfläche *f (Verk)* queuing area, queuing space *(Straße)*
Aufstellfolge *f (Te)* setting-up sequence
Aufstellstreifen *m (Verk)* waiting lane
Aufstellung *f* erection, disposition, emplacement *(am Ort)*; arrangement *(Anordnung)*; setting, setting-up *(z. B. Maschinen)*; fitting *(Einrichtungen, Ausrüstungen)*
Aufstellung *f***/schwingungsisolierte** *(DIS)* resilient mounting
Aufstellungsablauf *m* fitting procedure
Aufstellungsgerüst *n* erecting scaffold
Aufstellungsort *m (Konst)* operation site *(einer Anlage)*
Aufstellungsplan *m* installation plan, space assignment plan
Aufstellungsvorgang *m (Te)* setting procedure
aufstelzen *v* stilt *(Gewölbe, Dachstuhl, Tragwerk)*
aufstemmen *v* prize, break, force; prize open *(mittels Hebel)*; *(AE)* pry
aufstocken *v* add a storey to, heighten, raise, *(AE)* add a story to *(ein Gebäude)*; increase *(Bestand)*; kernel, pick *(Stein)*; pick, axe, scabble, *(AE)* ax *(Naturstein)*
Aufstocken *n* heightening *(Gebäude)*
Aufstockung *f* heightening *(Gebäude)*
aufstoßen *v* impinge
Aufstoßtür *f (Konst)* push-up door
aufstreichen *v* apply by brushing
Aufstreichen *n* application by brushing, brush application *(auf eine Oberfläche)*
Aufstreichen *n* **einer Deckschicht** *(OB)* finishing

Aufstreichen *n* **mit dem Pinsel** brush application
Aufstreichmaschine *f* coater
Aufstreichmasse *f* engobe *(z. B. für Dachziegel)*
aufstreuen *v* spread over *(Sand, Splitt)*; sprinkle *(Terrazzo)*; sprinkle on the surface
Aufstreumenge *f (DIS, OB, Verk)* spreading rate
Aufstrich *m* spread
Aufstrich *m*/**feuerfester** refractory coat
Aufstrichfläche *f* substratum
aufstufen *v* step *(z. B. Fundament, Mauerwerk, Hangbebauung)*
auftauen *v (BM)* thaw
Auftauen *n* defrosting
Auftaumittel *n*/**chemisches** de-icing chemical
Auftaumittelstreumenge *f (Verk)* quantity of de-icing material
Auftaupunkt *m (HLK)* thaw point
Auftausalz *n* ice-melting salt; road salt
Auftauzeit *f (Verk)* melting time *(Winterdienstsalz)*
aufteilen *v* divide, partition, split, split into; parcel *(geometrisch, Land)*; subdivide *(in Untergruppen)*
Aufteilung *f* division; parcelling-out *(Land, Vorgang)*
Auftempern *n* heating up *(Glas)*
Auftrag *m* 1. coat *(Schicht)*; daub, spread *(Farbe)*; application *(z. B. Anstriche)*; 2. deposit, fill, filling, filled ground *(Baustoffe, Erdstoffe)*; embankment *(Damm)*; 3. *(VR)* mandate *(Bevollmächtigung)*; 4. *(VR)* order *(von Leistung und Material)* • **einen Auftrag vergeben** *(VR)* award the contract • **in Auftrag geben** order; commission
auftragbar applicable *(z. B. Anstriche)*
Auftragbarkeit *f* applicability *(z. B. von Anstrichen)*
Auftrage/im *(VR)* per pro
Auftragebrett *n* hawk
auftragen *v* apply *(z. B. Anstriche)*; coat *(Schichten)*; spread, distribute *(z. B. Farbe)*; deposit *(Schweißschichten)*; deposit, spread *(Baustoffe, Erdstoffe)*; plot *(Messdaten, Konstruktionspunkte usw.)*
auftragen *v*/**dick** *(Te)* trowel
auftragen *v*/**im Flammenspritzverfahren** flame-deposit *(z. B. Isoliermasse)*
auftragen *v* **und einebnen** *v (Erdb)* spread and level
Auftragen *n* application *(auf Oberflächen)*; daubing, spreading *(z. B. Farbe)*; plotting *(Messwerte, Konstruktionspunkte)*
Auftragen *n*/**elektrostatisches** *(OB, Te)* electrostatic application *(Anstrich)*
Auftragen *n* **mit Messer** *(Te)* knife application
Auftragen *n* **mit Rollstreicher** roller-coating application *(Anstriche, Beschichtungen)*
Auftragen *n* **mit Streichroller** roller application
Auftragen *n*/**punktweises** point plotting *(Messwerte, Konstruktionspunkte usw.)*; spot application *(Anstriche, Farben)*
Auftraggeber *m* building owner, client, customer, employer
Auftraggeberbauleiter *m (VR)* field representative
Auftraggeberkontrolle *f (VR)* owner's inspection
Auftraggeberkontrolleur *m* resident inspector
Auftraggeberprojektingenieur *m* site supervisor
Auftraggebervertreter *m* clerk of the works, clerk of works, field representative, project representative
Auftragnehmer *m* building contractor, contractor
Auftragnehmerbauleiter *m (VR)* contract manager
Auftragnehmerbauleitung *f (VR)* contractor site office
Auftragsbuch *n* order book
auftragschweißen *v (St)* build up
Auftragschweißen *n* build-up by welding *(Reparaturschweißen)*; deposit welding, projection welding, padding *(für Verschleißflächen)*; hard-face welding, hard surfacing, hard-facing, surface welding, surfacing by welding *(Verstählungsschweißen)*
Auftragschweißen *n* **mit Plasma** plasma welding
Auftragsdurchführung *f* execution of the order
Auftragserteilung *f (VR)* contract award
Auftragserteilungsschreiben *n (VR)* notice to proceed
Auftragshöhe *f (Erdb)* depth of packing
Auftragsmenge *f* application rate; spread *(Kleber, Binder)*
Auftragsmetall *n (BM, St)* added metal
Auftragsschreiben *n (VR)* notice of award
Auftragsüberwachung *f (VR)* inspection
Auftragsverfahren *n* application method, method of application
Auftragsvergabe *f* allocation; award of contract, award of the contract *(z. B. bei Ausschreibungen)*
Auftragswalze *f* spreader roll, spreader roller, transfer roll *(Anstriche)*
auftreffen *v* impinge
auftreiben *v* expand *(Loch)*
auftrennen *v* resaw *(Holz)*
auftreten *v* occur *(geologische Baustofflagerstätten)*
Auftreten *n* incidence; appearance; occurrence *(von Störungen)*
Auftrieb *m* 1. *(Stat)* lift; 2. *(Stat, Wsb)* uplift; 3. *(Erdb)* heave
Auftrieb *m*/**hydrostatischer** 1. *(Wsb)* buoyancy; 2. *(Stat)* hydrostatic drive
Auftriebsbeiwert *m* lift coefficient, uplift pressure
Auftriebsfundament *n (Erdb, Stat)* buoyant foundation
Auftriebshöhe *f* hydrostatic head
Auftriebskraft *f* 1. *(Erdb)* upward force, lift component, lift force *(Gründungen, Fundamente)*; 2. *(Stat, Wsb)* buoyancy force *(physikalisch)*; 3. *(Stat, Wsb)* buoyant force *(ökonomisch)*
Auftriebssicherung *f* safety measure against buoyancy
Auftriebszahl *f* lift coefficient
Auftritt *m* stair run, stair tread, tread *(Treppe)*; tread width *(mit Überstand)*; halfpace *(Fläche)*
Auftritt *m*/**hoher** sharp rise *(Fußweg)*
Auftritt *m*/**schräger** *(Konst)* ramped step
Auftrittsbelag *m (EB)* tread *(z. B. Platte, textiler Belag, Schutzbelag)*
Auftrittsbreite *f* foothold, run, tread run *(einer Stufe, ohne Nase, ohne Überstand)*
Auftrittsfläche *f* tread, foothold
Auftrittslänge *f (Konst)* stair run
Auftrittsstufe *f* last step, tread
Auftrittsstufe *f*/**halbkreisförmige** circle end
auftrocknen *v*/**eisblumenartig** frost, web *(Farbe, Anstrich)*
aufwallen *v* bubble; effervesce *(Bindemittel)*
Aufwallen *n* effervescence *(Bindemittel)*
Aufwand *m* effort, expense, expenses; outlay
aufwandsoptimal expenditure-optimized
Aufwärmgeschwindigkeit *f (HLK, Te)* rate of warming
aufwärts upward, upwards
Aufweichen *n* maceration
aufweiten *v* open out; expand, widen *(Rohre)*; flare, bell *(konisch)*; planish *(Metalltreiben)*
Aufweiten *n* expanding, widening; belling, flare *(konisch)*
aufwendig costly
aufwendig/wenig *(VR)* inexpensive
Aufwendungen *fpl (VR)* costs
aufwerfen *v (Erdb)* throw up *(Erdstoffdamm, Erhöhungsschwelle)*
aufwerten *v* grade up, upgrade
Aufwertung *f (VR)* upgrading
aufwickeln *v* coil, wind
Aufwickeln *n (Te)* winding

aufwölben *v* 1. *(BM, BT)* warp upward; 2. *(OB)* force up *(z. B. Oberflächenschutzschichten)*; 3. *(Erdb)* upwarp *(Baugrund)*
aufwölben *v*/**sich** swell; hog *(Bauteil)*
Aufwölben *n* upward deflexion; turtleback *(Furnier)*
Aufwölbung *f* 1. blow-up, hog, hogging; 2. *(Erdb)* heightening, upheaval; 3. *(Erdb, Tun)* lifting into an arch
Aufwölbungsmoment *n* hogging moment
Aufwölbungsmoment *n*/**maximales** *(Stat)* maximum hogging moment
Aufwölbungsquerbiegung *f* hogging transverse bending *(Verbundträger)*
Aufwölbungsverformung *f* hog deformation, hogging deformation
Aufwuchs *m* growth, vegetation
aufwühlen *v* break up *(z. B. Wege)*
aufzählen *v* enumerate
Aufzählungen *fpl*/**technische** *(Konst)* specifications *(z. B. von Baustoffen, Bauteilen, Geräten, Ausrüstungen)*
aufzeichnen *v* 1. *(Verm)* map, chart; 2. record, plot *(Messdaten, Konstruktionspunkte usw.)*; 3. sketch, outline, trace out *(skizzieren)*
Aufzeichnen *n* plotting, record, recording *(Messwerte, Konstruktionspunkte)*; trace *(Messlinie)*
Aufzeichnung *f* **der Untersuchungsergebnisse** recording inspection findings
Aufziehbrett *n* float, hawk, mortar board
Aufziehbrett *n* **für Unterputz** hand float
aufziehen *v (Te)* snap into position *(Rohrdichtungsring)*
aufziehen *v*/**eine Straßendecke** *(Verk)* finish
Aufziehen *n (OB, Te)* knifing
Aufziehgriff *m* sash lift
Aufziehwerk *n* winding mechanism
Aufzug *m* 1. lift, *(AE)* elevator; paternoster lift *(Personenaufzug)*; 2. construction elevator, hoist *(Lastenaufzug)*; gin *(zum Heben schwerer Gegenstände)*
Aufzug *m* **mit Selbststeuerung** self-service lift, *(AE)* self-service elevator
Aufzug *m*/**selbst zu bedienender** self-service lift, *(AE)* self-service elevator
Aufzug *m*/**zahnstangengetriebener** rack-and-pinion lift
Aufzugeingang *m* lift entrance
Aufzugführungsschiene *f* lift guide
Aufzuggarage *f (Konst)* lift-type car park
Aufzughalle *f* lift hall
Aufzughersteller *m (BWG)* lift maker
Aufzugkordel *f (EB)* raising cord *(Jalousie)*
Aufzugmaschinenraum *m (BWG)* lift machine room
Aufzugöffnung *f (Konst)* landing opening
Aufzugpodest *n* lift landing
Aufzugsanzeige *f* position indicator, position indicator of an elevator
Aufzugseinrichtung *f (BWG)* winding gear
Aufzugsendschalter *m (El)* terminal stopping device
Aufzugsfußboden *m* lift car platform, lift platform
Aufzugsgerüst *n* 1. *(BWG, Te)* hoist tower; 2. *(EB)* lift frame
Aufzugsgeschossanzeige *f* car annunciator, lift car annunciator
Aufzugshöhenabgleichung *f (EB)* levelling device
Aufzugshubkabel *n* travelling cable
Aufzugskabine *f* cabin, cage, *(AE)* car
Aufzugskorb *m* hoisting cage, lift car; *(AE)* elevator car
Aufzugskorb *m* **mit Funktionselementen unter dem Rahmen** lift subpost, subpost
Aufzugskübel *m (BWG)* skip *(eines Mischers)*
Aufzugsmotor *m* driving machine
Aufzugsnenngeschwindigkeit *f* rated speed
Aufzugsschacht *m* lift shaft, hoistway; wind hatch, *(AE)* elevator shaft [hoistway]
Aufzugsschachtgrube *f* lift pit, *(AE)* elevator pit
Aufzugsschachthöhe *f*/**obere lichte** top car clearance
Aufzugsschachttür *f* hoistway door
Aufzugsteuerung *f (El)* lift control
Aufzugstragerahmen *m* sling, *(AE)* elevator sling
Aufzugstransporthöhe *f (Te, Verk)* travel
Aufzugstür *f* lift door, hoistway door, *(AE)* elevator door
Aufzugsturm *m* **für Beton** *(BB, Te)* concreting tower
Aufzugstüröffner *m* lift door operator
Aufzugswinde *f (BWG)* teagle
Aufzugswindenträger *m* elevator machine beam
Aufzugtreppenabsatz *m* lift landing
Auge *n* eye *(Einschluss, Öse, Ohr)*; lug *(einer Sohlbank aus Holz)*; noose *(Schlinge, Öse)* • **mit bloßem Auge sichtbar** visible to the unaided eye, megascopic
Augenblickgeschwindigkeit *f (HLK, Verk, Wsb)* individual spot speed
Augengneis *m (BM, Bod)* eye gneiss
Augenhöhe *f (Konst)* eye level
Augenmaß *n*/**gutes** *(sl)* twenty-twenty vision, 20/20
Augenmaß/nach *(Te) (sl)* done by eye
Augenschein/nach visual
Augenscheinkontrolle *f (BM, BT, VR)* visual check
Augenscheinnahme *f (VR)* inspection
Augenscheinprüfung *f (VR)* organoleptic test *(Geruch, Geschmack, Hören, Fühlen)*
Augenschutzausrüstung *f (VR)* eye protection equipment
Augenstab *m* 1. *(Arch)* eyebar; 2. *(BB, BT)* eyebar *(Stahlbeton)*
Augenwischerei *f (Konst, Te) (sl)* window dressing
Augit *m (Bod)* augite
Augitporphyr *m* augite porphyry
Auktionshalle *f* auction hall
Aula *f (Arch)* aula; assembly hall
Auripigment *n* orpiment, orpiment yellow
ausarbeiten *v* 1. *(Konst, Te)* work out; 2. *(Hb)* rout
ausarbeiten *v*/**als Relief** *(Arch)* abate
ausarbeiten *v*/**detailliert** elaborate
Ausarbeiten *n (Hb)* routing *(von Holz)*
ausästen *v (LB)* head up
Ausästung *f* pruning *(Baum- und Buschwerk)*; trimming *(von Bäumen)*
ausbaggern *v* 1. *(Erdb, Wsb)* dig; 2. *(Erdb)* excavate *(trocken)*; dredge *(in Wasser)*
Ausbaggern *n* digging; dredging *(in Wasser)*
Ausbaggerung *f (Erdb)* excavation
Ausbaggerungsabsteckung *f (Erdb, Verm)* crowde
Ausbau *m* 1. finishing and completion, finishing and servicing, finish, completion, finishings, interior work *(Ausbau und Fertigstellung)*; 2. expansion *(Erweiterung)*; 3. development *(Verkehrswege, Infrastruktur)*; 4. support *(Graben, Stollen)*; 5. disassembly *(Demontage)*
Ausbau *m*/**bedarfsgerechter** *(Verk)* demand-actuated development, demand-actuated extension
Ausbau *m*/**bedarfsorientierter** *(Verk)* demand-actuated development, demand-actuated extension
Ausbau *m*/**innerer** *(EB)* interior fixtures
Ausbau *m*/**stufenweiser** stage construction
Ausbau *m*/**vorläufiger** *(Tun)* temporary support
Ausbauarbeiten *fpl (Te)* completion work
Ausbauasphalt *m (BM, RS)* reclaimed asphalt
Ausbauaussteifung *f*/**vorläufige** *(Tun)* temporary support stiffener
Ausbaubedarf *f (Verk)* reconstruction needs *(Verkehrswegenetz)*
Ausbaubegrenzungslinie *f (Verk)* improvement line
ausbauchen *v* pull to one side, swell out, jut, belly, belly out; bulge *(z. B. eine Wand)*; flare *(konisch)*; sag *(durchhängen)*
ausbauchen *v*/**sich** swell; bulge
Ausbauchung *f* swell, bulge, bulging, belly; flare *(konisch)*;

lateral expansion, lateral extension *(seitlich)*; outward bulging *(z. B. einer Wand)*
Ausbauelement *n (BT, Konst)* appurtenance
ausbauen *v* 1. *(Te)* complete; 2. demount, remove *(Teile demontieren)*; 3. *(Hb)* crib
Ausbauen *n* 1. finishing and services work; 2. removing *(Teile demontieren)*
ausbaufähig extensible, unfinished
ausbaufertig turnkey
Ausbaugeschwindigkeit *f (Konst, Verk)* design speed *(Straße)*
Ausbaugewerke *npl* finishing trades
Ausbaugröße *f* design capacity
Ausbauholzwerk *n (Hb)* trim
Ausbaulinie *f (Verk)* improvement line
Ausbaumaß *n* main controlling dimension, principal controlling dimension, size when completed
Ausbaumaterial *n (BM, EB, Te)* material for interior work
Ausbauprofil *n* profile for interior work *(für alle Ausbauten)*
Ausbaurangfolge *f (Arch, Konst, RP, VR)* construction priorities
Ausbauteil *n (BT, Konst)* appurtenance
Ausbauverhältnis *n* interior work ratio
ausbedingen *v* stipulate
ausbessern *v* make a repair, make good, repair, revamp; mend; patch, improve; patch up *(z. B. Maurer- und Malerarbeiten)*; retouch, touch up *(Anstriche)*; adjust *(ebene Flächen)*; fettle *(Feuerfestbau)*
ausbessern *v*/**einen Lackschaden** tease
Ausbessern *n* 1. *(RS)* making good; 2. *(RS, Te)* repairing; 3. *(OB)* spot repair; 4. *(OB, Te)* touching up *(Anstrich)*
Ausbesserungsarbeiten *fpl (RS)* repair work
Ausbesserungsdock *n (Wsb)* repair dock
Ausbesserungsemulsion *f* repair emulsion *(Straße, Dachhaut usw.)*
Ausbesserungsfarbe *f (BM, OB)* touch-up paint
Ausbesserungshaken *m* roof hook
Ausbesserungsmasse *f* patching composition, patching compound, repair composition, repair compound
Ausbesserungsmischgut *n* patch
Ausbesserungsmörtel *m* patch mortar, repair mortar
Ausbesserungsputz *m* patching plaster, repair plaster
Ausbesserungsverfahren *n* remedy
Ausbesserungswerkstatt *f (BWG)* repair shop
ausbetonieren *v* fill with concrete
Ausbetonieren *n (BB, Te)* filling with concrete
ausbeulen *v* beat out, straighten, planish, pull to one side; bulge *(z. B. eine Wand)*
ausbeulen *v*/**sich** buckle *(z. B. eine Strebe)*
Ausbeulen *n* planishing, straightening; buckling *(z. B. einer Strebe)*; bulge, bulging, outward bulging *(z. B. einer Wand)*
ausbeuten *v (Bod)* exploit *(Rohstoff)*
Ausbeutung *f (Bod)* exploitation
Ausbeutung *f* **der geothermalen Energie** *(Bod, HLK)* exploitation of geothermal energy
ausbiegen *v* bulge; bow out *(Bewehrung, Leitung)*
ausbiegen *v*/**seitlich** deflect laterally *(Festigkeit)*
Ausbiegung *f*/**größte** *(BT, Stat)* maximum deviation
Ausbiegung *f*/**seitliche** *(Konst)* lateral buckling
Ausbilden *n* **eines Vorsprungs** underthroating
Ausbilder *m* instructor
Ausbildung *f (VR)* training
Ausbildung *f* **des Säulenkopfes/kapitellartige** providing of the head of post with a coping
Ausbildung *f*/**konstruktive** *(Konst)* structural design
Ausbildung *f*/**wasserdichte** *(DIS)* waterproof construction *(z. B. Grundwasserwanne)*
Ausbildungsgebäude *n* educational building
Ausbildungszentrum *n* training centre

Ausbiss *m (Bod)* outcrop *(Geologie)*
ausblasen *v* purge *(Rohrleitungen säubern)*
Ausblasrohr *n (HLK, WVA)* discharging pipe
ausblatten *v (Hb)* notch, jag
ausbleichen *v (OB)* fade *(Farbe)*
Ausbleichung *f (BM, OB)* whitening *(von Holz)*
ausblühbeständig efflorescent-proof
Ausblühbeständigkeit *f* efflorescence resistance
ausblühen *v* effloresce; bloom *(Ziegel)*
Ausblühen *n (OB)* blooming
ausblühend efflorescent
ausblühfähig efflorescent
Ausblühprüfung *f* efflorescence test
Ausblühsalz *n* efflorescent salt
ausblühsicher efflorescent-proof
Ausblühung *f* bloom *(Ziegelmauerwerk)*; efflorescence *(Mauerwerk, Beton)*; exudation, scum *(Keramikbaustoffe)*
Ausblühungsbeständigkeit *f* resistance to efflorescence
Ausblühungsneigung *f (DIS, OB)* liability to efflorescence
ausbogen *v (Arch)* scallop *(Ornamentarbeit)*
ausbohren *v* bore out, rebore
Ausbohren *n* boring-out
Ausbohrung *f* borehole
ausbrechen *v* chip
Ausbrechen *n* crippling
ausbreiten *v* propagate
ausbreiten *v*/**sich** 1. sprawl *(Stadtgebiet)*; 2. *(DIS, OB, Te)* spread *(z. B. Anstriche)*
Ausbreitmaß *n (BB)* slump *(Beton)*
Ausbreitprobe *f (BM)* flattening test *(Beton)*
Ausbreitprüfung *f (BB, BM)* flow-table test *(Beton)*
Ausbreitung *f* distribution, spreading; diffusion *(Flüssigkeiten, Gase)*; propagation *(z. B. Schallwellen)*
Ausbreitungsgeschwindigkeit *f* rate of spread; velocity of propagation *(Umwelt)*
Ausbreitversuch *m* slump test, consistency test *(Betonprüfung)*
ausbrennen *v* burn off, burn out *(Gebäude)*
Ausbröckelung *f* grain dropping *(Oberflächen)*
Ausbruch *m* 1. auxiliary section *(technische Zeichnung)*; 2. *(Tun)* excavation; 3. *(Umw)* excavation
Ausbruchraum *m (Tun)* face working space
Ausbuchtung *f* bulge, swell
Ausdauer *f (BM, BT)* persistence
Ausdehnbarkeit *f* expansibility
ausdehnen *v* expand, extend; spread, draw out, stretch *(flächenmäßig)*; elongate, lengthen, dilate, stretch *(linear)*
ausdehnen *v*/**sich** expand, extend; grow *(z. B. eine Stadt)*; stretch *(z. B. ein Gebiet)*
Ausdehngefäß *n (HLK)* expansion tank *(Heizung)*
Ausdehnung *f* 1. expansion, extension; dilatancy, dilatation, distension, stretch *(linear)*; 2. dimension, scope *(Gebiet)*; 3. extent, scope *(Ausmaß)*; 4. *(Konst, RP)* latitude *(Variationsbreite)*; 5. *(Te)* prolongation *(Wellen)*; 6. *(BT, Verk)* sweep *(Fläche)*; 7. spread *(Verbreitung)*
Ausdehnung *f*/**lineare** linear expansion
Ausdehnung *f*/**räumliche** *(Konst, RP)* volume expansion
Ausdehnung *f*/**seitliche** *(BM, EB)* lateral extent
Ausdehnung *f*/**thermische** *(BM)* thermal strain
Ausdehnungsbogen *m* bellows expansion joint *(Rohrleitungen)*
Ausdehnungsfähigkeit *f* strainability *(z. B. Fugenverguss)*
Ausdehnungsfehlstelle *f (SB)* pitting *(Putz)*
Ausdehnungsfuge *f (Konst)* expansion joint
Ausdehnungsgefäß *n (HLK)* expansion vessel
Ausdehnungskoeffizient *m* coefficient of expansion, expansion coefficient
Ausdehnungskoeffizient *m*/**linearer** coefficient of linear expansion, linear expansion coefficient

Ausdehnungskraft *f* expansion force, expansive force
Ausdehnungslager *n (Br, TK)* expansion bearing
Ausdehnungsmodul *m* modulus of longitudinal deformation
Ausdehnungsschleife *f (BT, Konst)* compensation device
Ausdehnungsstoß *m (Konst)* expansion joint
Ausdehnungsverhältnis *n (BM, BT)* ratio of expansion
Ausdehnungszahl *f (BM, BT)* coefficient of expansion
Ausdehnungszunahme *f* increase in elongation
Ausdruck *m*/**künstlerischer** *(Arch)* artistic expression
Ausdrucken *n* plotting *(Messdaten, Konstruktionspunkte usw.)*
Ausdrucksgehalt *m (Arch)* expressive content
Ausdruckskraft *f (Arch)* power of expression, expressiveness
Ausdrucksmittel *n (Arch)* instrument of expression
Ausdunstfeuchtigkeit *f* sweat-out *(z. B. von frischem Putz)*
auseinanderbrechen *v* disrupt
auseinanderfallen *v* disjoint, fall apart
auseinandergezogen-isometrisch exploded isometric
auseinanderklaffen *v* grin open
auseinandernehmen *v* take apart
auseinanderreißen *v* disrupt
auseinanderziehen *v (Konst)* telescope
ausfachen *v* 1. *(Erdb)* fill in; 2. *(Te)* shelve *(mit Fächern)*; 3. infilling *(von Fachwerk)*
Ausfachung *f* filler wall, infiller wall, infilling *(von Fachwerk)*; nogging *(Rahmenfelder, Fachwerk)*; partition infilling *(mit Dämmstoffen)*
Ausfachungsbaustoff *m* infilling material
Ausfachungsbetontafel *f (BT, Konst)* filler concrete panel
Ausfachungsblock *m (Konst)* infiller block *(Decke)*
Ausfachungsmaterial *n (Konst)* wattle and daub *(Fachwerk)*
Ausfachungsmauerwerk *n* infilling masonry, nogging *(Rahmenfelder, Fachwerk)*
Ausfachungsplatte *f* infiller slab
Ausfachungsstab *m* member; strut member *(Stahlbau)*
Ausfachungstafel *f* 1. *(BT, Konst)* filling panel; 2. *(BT, Konst)* infiller panel
Ausfachungswand *f* pan *(Fachwerkbauten)*
ausfädeln *v* demerge *(Verkehr)*
Ausfädelspur *f (Verk)* demerging lane, leaving lane
ausfahren *v (Te)* rid
Ausfahrgeschwindigkeit *f (Verk)* speed of exit *(Anschlussstellen)*
Ausfahrrampe *f s.* Ausfahrtsrampe
Ausfahrspur *f (Verk)* turning out lane
Ausfahrstreifen *m (Verk)* exit lane
Ausfahrt *f* 1. *(Konst, Verk)* gateway; 2. *(Konst)* opening out; 3. *(Verk)* exit
Ausfahrtrampe *f s.* Ausfahrtsrampe
Ausfahrtsbereich *m* exit zone
Ausfahrtsgeschwindigkeit *f (Verk)* exit speed, speed of exit
Ausfahrtsrampe *f (Verk)* exit ramp; exit slip road; out ramp
Ausfahrtsrinne *f (Wsb)* egress channel
Ausfahrt(s)streifen *m (Verk)* take-off strip, exit lane
Ausfahrtzwickel *m (Verk)* (exit) taper, tapered exit lane, gore area *(Straße)*
Ausfall *m* service failure; breakdown *(z. B. einer Anlage)*; failure *(z. B. von Maschinen)*
Ausfall *m*/**vorzeitiger** premature failure
Ausfallautobahn *f (Verk)* motorway circuit
Ausfällbecken *n (Wsb, WVA)* coagulation basin *(Klärwerk)*
ausfallen *v (Te)* fall out
ausfällen *v* precipitate
Ausfallgang *m (Arch)* sally port *(Festung)*
Ausfallgekörn *n* gap-graded aggregate, gap-graded material *(Zuschlagstoffgemisch)*
Ausfallkorn *n* omitted-size grain, omitted-size particle
Ausfallkornbeton *m (BB, BM)* omitted-size type grain concrete
Ausfallkörnung *f (BM)* discontinuously-graded aggregate
• **mit Ausfallkörnung** 1. *(BM)* gap-graded; 2. *(BB, BM)* skip-graded
Ausfallkornverteilung *f (BM)* gap grading
Ausfallkriterium *n (Stat)* failure criterion
Ausfallrate *f (Konst, VR)* failure rate
ausfallsicher fail-safe
Ausfallstraße *f* 1. *(RP, Verk)* exit road; 2. *(Verk)* main outgoing road
Ausfällung *f* coagulation, precipitation
Ausfällung *f*/**chemische** *(OB, Umw, WVA)* chemical precipitation
Ausfallverkehr *m (Verk)* outward-bound traffic
Ausfallwahrscheinlichkeit *f (Konst, Stat, TK)* probability of failure
Ausfallwarnleuchte *f (El)* failure warning light
Ausfallzeit *f* downtime, shut-down period, dead time
Ausfallzeit *f*/**bezahlte** *(VR)* diverted time
ausflecken *v (Te)* touch up *(z. B. Anstriche)*
Ausflecken *n* patching-up, touching up *(von Anstrichen)*
Ausflicken *n (RS)* patching-up
ausfließen *v* flow out, leak, leak out, outflow; escape
Ausfließen *n* effluence, leakage, outflow
ausflocken *v* flocculate
Ausflockung *f (OB)* flocculation
Ausflockungsmittel *n* flocculant, flocculating agent
Ausflucht *f (Verm)* windowed bay
ausfluchten *v* 1. *(BT, Te)* align; 2. *(Verm)* bone
Ausfluchten *n (Verm)* boning
Ausfluss *m* 1. discharge, outflow, effluence, efflux, flowing-out *(Vorgang)*; 2. drain, outlet, water outlet, orifice, issue *(Ausflussöffnung)*; 3. effluent *(Flüssigkeit)*
Ausfluss *m*/**havariebedingter** *(Umw)* accidental discharge
Ausfluss *m*/**kumulativer** *(WVA)* cumulative discharge
Ausflussdüse *f* nozzle
Ausflussende *n* nozzle
Ausflusshahn *m (San)* bib nozzle
Ausflusshöhe *f (Wsb, WVA)* depth of runoff
Ausflussmenge *f* efflux
Ausflussmesser *m* outflow meter; flow cone *(für Fließmörtel)*
Ausflussöffnung *f* orifice, issue, outlet, water outlet, drain
Ausflussstutzen *m*/**verengter** *(BT, San, WVA)* converging mouthpiece
Ausflussvermischer *m (HLK)* aspirator
Ausflussviskosimeter *n (BM)* flow cone *(für Fließmörtel)*
Ausflusszahl *f (San, Wsb, WVA)* coefficient of discharge
Ausflusszeit *f* outflow time, time of flow
ausformen *v* demould, extrude, take out from the mould
ausfräsen *v (Hb)* rout
Ausfräsen *n (Hb)* routing
Ausfugeisen *n* jointing spoon
ausfugen *v* 1. *(Hb)* groove out; 2. joint, point, tuck *(Mörtelfugen)*
ausfugen *v*/**flach** joint flat, point flat *(Mauerwerk)*
ausfugen *v*/**wieder** repoint *(Mauerfugen)*
Ausfugen *n* filling, jointing, tuck pointing *(Mauerwerk)*
Ausfugen *n* **der Mauerfugen** *(SB)* flat pointing
Ausfugen *n*/**wasserabweisendes** weathered pointing
Ausfuglehre *f (BWG)* jointing rule
Ausfugmasse *f* jointing compound
Ausführbarkeitsbedingungen *fpl (Konst, Te)* feasibility conditions

ausführen *v* carry out, construct *(Bauarbeiten)*; execute, realize, effect, fill *(Plan, Aufgabe)*; perform, achieve
ausführen *v*/**Installationsarbeiten** plumb, carry out plumbing work
ausführen *v*/**Putzarbeit** *(AE)* parget
ausführen *v*/**technisch** engineer
ausführlich full
Ausführung *f* 1. build, model, type, make *(Bauart)*; 2. *(Arch, Konst)* configuration; 3. *(Arch, Konst)* design *(Gestaltung)*; 4. embodiment, execution, realization, performance, implementation *(Bauvertrag, Auftrag, Plan)*
Ausführung *f*/**druckfeste** pressure-proof design
Ausführung *f* **eines Gewerks** *(Te)* progressing
Ausführung *f*/**explosionssichere** *(El)* explosion-proof design
Ausführung *f*/**mangelhafte** 1. *(VR)* bad workmanship; 2. *(Te, VR)* defective work
Ausführung *f*/**robuste** *(Konst)* sturdy design
Ausführungsbearbeitung *f (Konst)* office work for the execution of the construction operations
Ausführungsbedingungen *fpl* conditions of implementation, job specifications
Ausführungsbedingungen *fpl*/**besondere** job specifications
Ausführungsbestimmung *f (VR)* standard specification
Ausführungsbestimmungen *fpl* 1. *(VR)* implementing regulations; 2. *(Konst, VR)* regulations *(Bauvertragsbestandteil)*
Ausführungsbürgschaft *f (VR)* contract performance bond
Ausführungsentwurf *m (Konst)* final design
Ausführungsgarantie *f (VR)* performance guarantee
Ausführungsgrad *m* reasonable care and skill, *(AE)* due care
Ausführungsgrundsätze *mpl*/**allgemeine** *(Konst, Te)* general specifications
Ausführungshöhe *f* mounting height
Ausführungskennziffern *fpl (Konst, VR)* performance specifications
Ausführungsleitung *f* management
Ausführungsmanagementsystem *n* performance management system
Ausführungsphase *f* implementing phase, running phase
Ausführungsplan *m* 1. *(Konst, Te)* final plan; 2. *(Te, Te, VR)* working plan
Ausführungsplanung *f (Konst, Te)* final planning
Ausführungsprojekt *n* executive program, final project, final scheme
Ausführungstechnologie *f (Te)* job engineering
Ausführungstoleranz *f (BM, BT, Konst, VR)* permissible deviation *(Baustoffkennwerte, geometrische Kennwerte)*
Ausführungs- und Garantiebürgschaftssumme *f (VR)* retention money
Ausführungsunterlagen *fpl* total works documents; final design; final planning documents
Ausführungsunterlagenerarbeitung *f (Konst)* office work for the execution of the construction operations
Ausführungsverordnung *f (VR)* statutory instrument *(Bauplanung)*
Ausführungszeichnung *f* construction drawing, detailed drawing, fabricating drawing, final drawing, working drawing; workshop drawing
Ausführungszeit *f (Te)* lead time
Ausführungszweck *m (VR)* performance objective
ausfüllen *v (Erdb)* fill in, earth up, fill up; chink *(einen Riss)*; deafen *(mit schallschluckendem Material)*; flush *(Fugen)*; occupy *(einen bestimmten Raum)*
ausfüllen *v*/**mit Steinchen** garnet
Ausfüllen *n* dubbing, dubbing-out *(von Löchern)*; hearting *(einer Mauer)*
Ausfüllen *n* **der Fugen** filling of joints
Ausfüllerlage *f (OB)* stopping coat
Ausfüllerpulver *n* filler powder
Ausfüllstück *n* filling piece
Ausfüllung *f* filler wall, infiller wall, infilling *(von Fachwerk)*; hearting, infilling wall *(Natursteinmauerwerk)*
Ausfüllungsgrad *m (BM)* voids filled with binder
Ausfüllungssystem *n (Konst)* synthetic diagonals
Ausfütterleiste *f* cabinet filler
ausfüttern *v* line
Ausfüttern *n (RS)* patching-up
Ausfütterung *f (Konst, OB)* lining *(z. B. von Rohren)*
Ausgabe *f* edition
Ausgaben *fpl* expenditures
Ausgaben *fpl* **für Unterhaltung und Erhaltung** maintenance expenditures
Ausgang *m* exit, way out; egress *(aus einem Gebäude)*
Ausgang *m*/**zusätzlicher** *(Konst, Verk)* alternative exit
Ausgangsbedingungen *fpl* initial conditions
Ausgangsbeleuchtung *f* exit illumination, exit light, exit lighting
Ausgangsbitumen *n* base bitumen, *(AE)* base asphalt
Ausgangsdaten *pl (Konst, Stat)* basic data
Ausgangsebene *f (Verm)* datum level
Ausgangsgestein *n (Bod)* parent material
Ausgangsgleichung *f (Stat)* initial equation
Ausgangsgröße *f (Konst, Stat)* output quantity
Ausgangshinweisschild *n* exit sign
Ausgangshöhe *f* exit discharge *(zwischen Austrittstür und Bodenhöhe)*
Ausgangskorridor *m* exit access
Ausgangsleistung *f (BWG)* output *(von Maschinen)*
Ausgangsmaterial *n* base material, starting material
Ausgangsöffnungen *fpl* exit holes
Ausgangspassage *f* exit passageway
Ausgangsportal *n (Tun)* exit portal
Ausgangsprofil *n (Verk)* initial profile
Ausgangspunkt *m* initial point, origin, starting point
Ausgangsschild *n* exit sign
Ausgangstorweg *m* exit corridor
Ausgangstür *f* exit door
Ausgangsweg *m* exit access; means of escape *(von einem Gebäudepunkt nach außen)*; *(AE)* means of egress *(im Gebäude)*
Ausgangsweganzeige *f* illuminated exit sign
Ausgangszugang *m* exit access
ausgebaucht bellied, gibbous
ausgebessert improved
ausgebildet/streifenartig banded
ausgebrannt fire-gutted, gutted, ruined by fire
ausgedehnt elongated, stretched *(linear)*; extended, extensive, wide, large, vast, ample *(Fläche)*
ausgefacht masonry-filled
ausgefahren *(Verk)* rutted *(Wege mit Radspuren)*
ausgefallen *(BT, Konst, VR)* failed
ausgefällt precipitated *(aus einer Lösung)*
ausgeführt/kunstvoll *(Arch)* elaborate
ausgeführt/schlecht *(BM, BT) (sl)* turkey
ausgefüllt filled
ausgeglichen balanced
ausgeglüht annealed
ausgehämmert enchased *(Metalloberfläche)*
ausgehärtet hard-dry *(Anstrich)*
ausgehärtet/nicht *(BM)* undercured *(Beton, Kunststoff)*
ausgehen *v* run out of, run short of
ausgekehlt hollow-backed, channelled *(z. B. Ornament)*
ausgekleidet lined

ausgekragt cantilevered *(Balken)*
ausgelaugt leached
ausgemauert masonry-filled
ausgemauert/nicht *(Umw)* unlined
ausgemörtelt mortared *(Fuge)*
ausgenommen except
ausgepresst/nicht *(Te)* ungrouted *(z. B. Auspresslöcher, Spannglieder)*
ausgereift full
ausgerichtet *(Konst)* lined-up
ausgerüstet fitted
ausgeschwemmt eluvial
ausgesetzt/der Wettereinwirkung *(BM)* weathered
Ausgesetztsein *n* exposure *(einer Einwirkung)*
ausgespachtelt filled
ausgespart recessed
ausgespart/einseitig recessed on one side
ausgespült rinsed
Ausgestaltungsauftrag *m (VR)* suborder
ausgestattet mit fitted with
ausgesteift braced, reinforced, stiffened
ausgetrocknet dried out
ausgewaschen eluvial, water-scoured
ausgewogen *(Arch, Konst)* balanced
ausgewuchtet balanced *(Ventilator)*
ausgezogen extended
ausgießen *v* grout
ausgießen *v***/mit Mörtel** seal with mortar *(außen)*; pour out with mortar *(innen)*
Ausgleich *m (Stat)* balance, equilibrium; adjustment *(Baurecht)*
Ausgleicharbeiten *fpl (Verm)* grading work
Ausgleichbecken *n (Wsb)* surge tank, balancing reservoir
Ausgleichbehälter *m (HLK)* compensator reservoir
Ausgleichbeton *m* levelling concrete
Ausgleichbogen *m* coiled expansion loop, expansion bend *(Rohrleitungen)*
ausgleichen *v (Stat)* balance, equalize, neutralize; accommodate, offset *(anpassen)*; average out *(rechnerisch)*; even out, level, level out *(Unebenheiten)*; shim *(durch Beilagen)*; skim *(Oberputz)*; torch *(Ziegeldach verfugen)*; trim, earth up *(Bodenoberfläche)*
Ausgleichen *n* 1. *(Erdb)* levelling; 2. *(Erdb, Verm)* levelling off
Ausgleichen *n* **der Baumasse** balancing of construction volume
Ausgleicher *m* expansion pipe
Ausgleichestrich *m (BT)* topping
Ausgleichgewicht *n* counterweight, take-up block
Ausgleichleitung *f* equalization line, equalizing pipe
Ausgleichmasse *f* levelling composition *(Fußboden)*
Ausgleichmethode *f (Stat)* balance calculation, balance method
Ausgleichrechnung *f (Stat)* balance calculation, balance method
Ausgleichring *m* levelling ring *(Straßendeckel)*
Ausgleichrohrleitung *f* equalizing pipe
Ausgleichsarbeiten *fpl (SB)* levelling work
Ausgleichsbalken *m* balance bar, balance beam
Ausgleichsbecken *n (Wsb)* service reservoir, service reservoir for water supply
Ausgleichsbeton *m* blinding concrete
Ausgleichsbetonlage *f* binding concrete course, binding concrete layer
Ausgleichsblech *n* shimming plate *(Auflagenhöhenanpassung)*
Ausgleichsestrich *m* levelling screed, levelling screed material
Ausgleichsfuge *f (Konst)* clip joint
Ausgleichsilo *n (BWG, Te)* surge bin *(Mischwerk)*
Ausgleichslage *f (Erdb, Konst, SB)* levelling course
Ausgleichsmaßnahmen *fpl* compensation measures *(bei Eingriffen; Baurecht)*
Ausgleichsring *m* equalizing ring
Ausgleichsschacht *m (WVA)* balancing gate pit
Ausgleichsschicht *f* filler course, levelling course, regulating course; levelling underlay, regulating underlay *(Mauerwerk)*; levelling composition *(Fußboden)*
Ausgleichsstein *m* offset block
Ausgleichstrebe *f (Konst, Stat)* compensator jack
Ausgleichstrichter *m (BWG, Te)* surge hopper *(Mischwerk)*
Ausgleichswirkung *f (OB)* smoothing effect
Ausgleichung *f* level course
Ausgleichung *f***/dynamische** *(Stat)* dynamic balancing
Ausgleichverfahren *n (Stat)* balance calculation, balance method
Ausgliedern *n* outsourcing
ausglühen *v* burn out, glow out; anneal *(Metall)*
Ausglühen *n* annealing *(Stahl)*
ausgraben *v* dig up, grub out, grub up, unearth; disinter *(Fundstücke)*
Ausgrabung *f* dig
Ausguck *m (Konst)* watching loft *(z. B. Dachboden)*
Ausgucköffnung *f (Konst)* watching loft
Ausguss *m (San)* slop basin, sink, slop sink; sewer *(Bodenabfluss)*; lip *(Ausgussnase)*
Ausguss *m***/zerkratzter** scratched sink
Ausgussbecken *n (San)* (bucket) sink
Ausgussbeton *m (BM)* Colcrete
Ausgusssinkkasten *m* slop sink
aushacken *v* hack out
aushagern *v* impoverish *(Boden)*
aushalten *v* last, resist, sustain, withstand
aushämmern *v* beat out, pane; peen *(mit dem Hammer)*
aushängen *v* unhinge *(Fenster, Tür)*
aushärtbar/warm heat-treatable
aushärten *v* cure *(Kunststoffe, Farben)*; harden *(bes. Kunststoffe)*; cure, mature *(Beton, Mörtel)*
Aushärten *n* curing *(Beton, Kunststoffe, Farben)*; stoving *(von Anstrichen)*
Aushärtezeit *f* polymerisation time; setting time
Aushärtung *f* cure *(von Kunststoffen, Farben)*; full hardening *(Kunststoffe)*; maturing, curing, setting *(von Beton, Mörtel)*
Aushärtungsdauer *f (BB, Te)* hardening time
aushauen *v (Te)* carve, carve out, abate *(Stein)*; nibble *(schmale Streifen)*
ausheben *v* 1. *(Erdb)* excavate; dig *(z. B. Gruben)*; sink *(Baugrube)*; 2. unhinge *(Fenster, Tür)*; 3. lift *(Abwasser)*
ausheben *v***/eine Baugrube** *(Erdb)* excavate a pit
ausheben *v***/einen Graben** excavate a trench
ausheben *v***/Gräben** *(Erdb, LB)* trench
Ausheben *n* lift-off
Ausheben *n* **der Baugrube** foundation excavation
Aushebeschlüssel *m (BWG, WVA)* lifting key *(für Schachtdeckel)*
Aushebesicherung *f* lift-off guard *(für Schachtdeckel)*
Aushebung *f* digaway
aushobeln *v (Hb)* rout
Aushobeln *n (Hb)* routing
aushöhlen *v* 1. cave, core out, gouge, hollow, hollow out; 2. *(Hb)* bore
Aushöhlen *n* hollowing
Aushöhlung *f* hollowing out; erosion; excavation; hollow, cavity *(Loch)*; frog *(auf einem Ziegelstein)*
Aushub *m (Erdb)* sinking, dug out earth, excavated material, spoil
Aushub *m* **mit Bodentrennung** *(Erdb, Te)* selective digging

Aushubboden *m* spoil
Aushubboden *m***/gemischter** *(Erdb)* muck
Aushubfläche *f (Erdb)* excavated area
Aushubmarkierungslinie *f (Erdb)* neat line
Aushubmasse *f***/unberührte** *(Erdb)* dumpling *(im Zentrum der Aushubgrube)*
Aushubmassen *fpl (Erdb)* spoil
Aushubmaterial *n* excavated material *(s. a. Aushub)*
Aushubrest *m (Erdb)* dumpling *(im Zentrum der Aushubgrube)*
Aushubsprengung *f (Erdb)* excavation-blasting
Aushubstelle *f* excavating point
Aushubtiefe *f* excavation depth
Aushubverschalung *f (Erdb)* planking and strutting
Aushubverstrebung *f* excavation support
Auskalkbeständigkeit *f (OB)* chalk resistance
Auskalkung *f* lime leaching
auskehlen *v* 1. *(Hb)* chamfer, flute, groove, hollow, hollow out, mould; 2. channel, fillet, furrow
Auskehlen *n (Hb)* grooving; recessing
Auskehlfräser *m (Hb)* moulding cutter
Auskehlung *f* 1. *(Arch)* channelling, *(AE)* channeling; 2. *(Hb)* chamfer, grooving, hollowing; 3. cannelure *(in Längsrichtung an einer Säule)*; 4. channel, internal groove, fluting
Auskehlung *f***/ringförmige** annular groove
auskeilen *v* die away, dwindle, wedge out
Auskeilen *n* wedging-out
Auskiesung *f* gravel extraction
auskippen *v* dump
auskitten *v* stop with putty, butter with mastic, putty, stuff
auskitten *v***/die Fugen** *(DIS)* stop the joints
auskleiden *v* line; surface
auskleiden *v***/mit einem Gitterwerk** honeycomb
Auskleiden *n* **mit Schamotte** chamotte lining
Auskleidung *f* facework *(Vorgang)*; liner, surfacing *(Produkt)*; lining *(z. B. von Rohren)*
Auskleidung *f***/verbundfeste** homogeneous lining
Auskleidung *f***/wasserhemmende** *(BM, DIS)* water-retarding facing
Auskleidungsbeton *m* lining concrete
Auskleidungselement *n* facing unit, surfacing unit
Auskleidungsfolie *f (BM, OB)* surfacing foil
Auskleidungsmaterial *n* lining material
Auskleidungsplatte *f (BT)* lining board
Auskleidungsprofil *n* lining profile
Auskleidungssteinzeug *n* lining ware
Auskleidungstafel *f (BT)* surfacing panel
ausklinken *v* 1. *(Te)* cope *(Träger)*; 2. *(Hb, Te)* notch *(Mauerwerk, Blech, Platte usw.)*
Ausklinkhaken *m (EB)* releasing hook
Ausklinkung *f* 1. jog, notch *(Mauerwerk, Blech, Platte)*; 2. *(Hb)* cutout *(Holz)*
ausklopfen *v* beat out; take out the dents
ausknicken *v* buckle, fail by buckling
Ausknicken *n* buckling, twisting, crippling
Ausknickung *f* 1. *(Stat)* blow-up; 2. *(Konst, TK)* buckling; 3. *(Konst)* kickout *(einer Strebe)*
auskoffern *v (Erdb)* excavate *(z. B. im Straßenbau)*
Auskofferung *f (Te)* road bed excavation
auskolkbar *(Wsb)* liable to be undermined
auskolken *v (Erdb, Wsb)* flush out, crater, erode, groove out, leach, scour, undermine, eddy out, exarate
Auskolkung *f (Wsb)* evorsion, scour, leaching, scouring, undermining, underwashing; cratering *(Geologie)*
Auskolkungstiefe *f* scour depth
auskragen *v* cantilever *(Balken)*; corbel, protrude, jute *(Ziegel, Mauerwerk, Beton)*; overhang, oversail, sail over, stand out *(Ziegel, Stein, Teil einer Wand)*; project *(ein Teil eines Gebäudes)*
Auskragen *n* cantilevering *(Kragarm)*; overhanging, projecting
auskragend cantilevering, corbelling, overhanging, prominent
Auskraglänge *f (Konst)* unsupported length
Auskragung *f* cantilever *(Balken)*; corbel, corbelling, jut, jutty *(Ziegel, Mauerwerk, Beton)*; overhang, oversailing, ressaut *(Stein, Teil einer Wand)*; projecting, projection *(Teil eines Gebäudes)*
Auskragung *f* **aus einer Wand** *(Konst)* sail-over
Auskragung *f* **der Schichten** projection of courses
Auskragung *f* **des Gesimses** *(Konst)* projection of cornice
Auskragungsabstützung *f***/temporäre** *(BT, Te)* outrigger shore
auskratzen *v* rake, rake out *(Fuge)*
Auskratzen *n* **von Mörtelfugen** *(SB)* raking-out
auskreiden *v* chalk
auskreidend chalking
auskreidend/nicht non-chalking
auskristallisationsbeständig efflorescent-proof
Auskristallisationsbeständigkeit *f* efflorescence resistance
Auskristallisationsprüfung *f* efflorescence test
auskristallisieren *v (BB, OB, RS, SB)* effloresce
Auskristallisieren *n* efflorescence of salt
ausladen *v (Konst)* stand out
Ausladen *n* cantilevering *(Balken)*
ausladend cantilevered *(Balken)*; overhanging, projecting
Ausladung *f* hanging-over, cantilever, nosing, overhang, projecting, projection *(Bauteil, Gebäude usw.)*; outreach, radius, working radius *(Baukran)*
Auslage *f (EB)* show cabinet
Auslagekasten *m (EB)* show cabinet
Auslandsflugabfertigungsgebäude *n (Verk)* international terminal building
Auslass *m* 1. *(HLK)* exhaust, outflow; 2. *(Umw)* outflow
Auslassrohr *n* eduction pipe
Auslassschieber *m* outlet slide
Auslasssilo *n* discharge hopper
Auslassventil *n* bleed valve, *(AE)* compression faucet
Auslastung *f (BWG, Te)* utilization *(z. B. Baumaschinen)*
Auslastungsfaktor *m (Stat)* load factor
Auslauf *m* discharge opening, exit, outlet
Auslaufbauwerk *n (Wsb)* outfall structure, outfall works, outlet structure; outlet headworks
Auslaufbecher *m (BM)* flow cup
Auslaufbogen *m* outlet elbow
auslaufen *v (Arch)* shallow out; narrow *(verengen)*; discharge, leak, run *(Flüssigkeiten)*; bleed through *(z. B. Farbe)*; run *(Anstriche)*
auslaufen lassen *v* bleed *(Dampf, Flüssigkeit)*
Auslaufen *n* discharge, run *(von Flüssigkeiten)*; bleeding *(Farbe, Anstrich)*
Auslaufgestaltung *f* **einer Fase** chamfer stop
Auslaufhof *m (LB)* exercise yard *(Landbau)*
Auslaufkanal *m (Erdb, LB, Wsb, WVA)* outlet channel
Auslaufrinne *f (San)* spout *(vom Dach)*
Auslaufrohr *n* outflow pipe; spout
Auslaufstall *m* loose-housing shed
Auslaufventil *n* tap
Auslaufversuch *m (BM)* braking test
Auslaufvertiefung *f* outlet bucket
Auslaufzeit *f (Te)* lead time
Auslaugbarkeit *f (BM, Bod)* leachability
auslaugen *v* 1. *(Bod)* lixiviate, impoverish; 2. *(Wsb)* leach
Auslaugen *n (Bod, Erdb, LB, Wsb)* leaching
Auslaugkontrollschicht *f (Umw, WVA)* leachate detection layer
Auslaugtest *m (BM)* leaching test

Auslaugung *f* 1. *(Umw)* elution; 2. *(Bod)* lixiviation, eluviation *(Erdstoffe)*
Auslaugungshohlraum *m (Erdb)* leaching cavity
Auslaugungswasser *n* leaching water
Auslaugungszone *f (Erdb)* leached zone *(geologisch)*
Auslaugverfahren *n (Te)* leaching property
Auslaugverhalten *n (BM, Bod)* leaching behaviour
auslegen *v* 1. explain *(Richtlinien usw.)*; 2. lay out *(Platten, Rohre usw.)*
auslegen *v*/**mit Parkett** parquet, inlay
Auslegen *n* laying out *(Kabel, Rohr)*
Auslegen *n* **mit Teppichboden** carpeting
Ausleger *m* arm, jib *(Kran)*; beam, boom, bracket *(herausragender Stützbalken)*; cantilever *(Beton- oder Metallkragbalken)*; *(AE)* outrigger *(Hängegerüstträger)*
Ausleger *m*/**geschwungener** curved bracket
Auslegerarm *m* 1. jib *(Kran)*; 2. bracket arm *(Auskragung)*
Auslegerbalken *m* cantilever beam, cantilever girder
Auslegerblockstufe *f* solid rectangular cantilever step
Auslegerbogenbrücke *f (Br)* cantilever arched bridge
Auslegerbrücke *f (BWG, Br)* cantilever bridge *(Kran)*
Auslegerdach *n* cantilevered roof
Auslegerdachbinder *m* cantilevered roof truss
Auslegerdecke *f* cantilevered floor, oversailing floor
Auslegerelement *n* cantilevered component
Auslegergerüst *n* cantilever scaffold, cantilever scaffolding, fan guard, projecting scaffold, projecting scaffolding
Auslegerklotzstufe *f* solid rectangular cantilever step
Auslegerkonoid *n (Konst)* oversailing conoid
Auslegerkran *m* boom crane, jib crane
Auslegerkran *m* **mit Laufkatze** saddle jib crane
Auslegerkreissäge *f* radial saw
Auslegerlänge *f* cantilevered length, cantilevering length
Auslegerleuchtenmast *m (El, TK)* lighting mast with arm
Auslegerlichtmast *m (El, TK)* lighting mast with arm
Auslegermassivstufe *f* solid rectangular cantilever step
Auslegerrüstung *f* fan guard, projecting scaffold, projecting scaffolding
Auslegerstellung *f* boom position *(Bauteil)*; jib position *(Kran)*
Auslegerträger *m* cantilever girder
Auslegerturmkran *m* **mit Laufkatze** saddle jib crane
Auslegerziegel *m (BT, SB)* corbel brick
Auslegeteppich *m (EB)* floor-to-floor carpet
Auslegeware *f* carpeting, floor-to-floor carpet, roll carpet, wall-to-wall carpet, wall-to-wall carpeting
Auslegeware *f*/**textile** carpeting, roll carpet, wall-to-wall carpet, wall-to-wall carpeting
Auslegung *f* layout, lay-out; plant layout
Auslegung *f* **von Bauwerken gegen Erdbeben** *(Konst)* design of structures for earthquake resistance *(Eurocode 8, DIN, EN 1998, DIN 4149)*
ausleuchten *v* fill with light, illuminate
Ausleuchtung *f* illumination, light distribution
Ausleuchtung *f*/**begrenzte** local lighting
auslichten *v* clear
Auslieferung *f (VR)* shipping
Auslieferungsprüfung *f (VR)* delivery inspection
auslochen *v (Hb)* mortise
Auslösemechanismus *m*/**automatischer** automatic release mechanism
auslösen *v* actuate, disengage, release, trip
Auslösen *n* trip
Auslösetemperatur *f* opening temperature, releasing temperature *(Sprinklersystem)*
Auslösevorrichtung *f* trip
Auslösung *f* living allowance
ausloten *v* lead *(Aussprache: led)*; sound
Ausluchtfenster *n* bay window
Auslugerker *m (Arch, BT)* corner oriel
Ausmagern *n (Verk)* ravelling
Ausmaß *n* degree, dimension, extent • **klein im Ausmaß** small-size, small-sized
Ausmaßbereich *m* scope, scoping
Ausmauerfeld *n (SB)* field
ausmauern *v* line; turn *(Wölbungen)*
Ausmauern *n* nogging *(Fachwerk)*
Ausmauern *n* **von Öffnungen** bricking-up
Ausmauerstein *m* lining brick
Ausmauerung *f* brick lining, bricking, infill brickwork, infiller masonry, lining; nogging *(Rahmenfelder, Fachwerk)*
Ausmauerung *f*/**feuerfeste** *(Konst)* refractory lining
ausmeißeln *v* carve out, pool, gouge *(Holz, Mauerwerk)*
ausmessen *v* gauge, measure
Ausmessen *n (Verm)* measurement
ausmitteln *v* average
ausmitten *v* 1. *(Arch, Konst)* centralize; 2. *(Te)* centre
ausmittig eccentric
ausmörteln *v* fill with mortar
Ausmündung *f* mouth, exit discharge
Ausnahme *f* exception
Ausnahmegenehmigung *f*/**amtliche** *(VR) (AE)* variance
Ausnehmung *f (Hb)* clearance space
ausnivelliert *(Verm)* levelled
Ausnutzungsfaktor *m (HLK)* utilization factor *(Heizung)*
Ausnutzungsgrad *m* coefficient of utilization, factor of utilization *(reziproker Wert des Sicherheitsbeiwerts)*; utilization factor, utilization figure *(Heizung)*
Ausnutzungskurve *f* utilization curve
auspflanzen *v (LB)* bed out
auspflocken *v (Verm)* stake
Ausplotten *n* plotting *(Messdaten, Konstruktionspunkte usw.)*
ausprägen *v (Arch)* emboss *(Schmuckelemente)*
Auspressarbeiten *fpl (RS, Te, Tun)* grouting work
auspressen *v* 1. *(BM)* extrude; 2. *(BB, Te)* grout up *(Spannbeton)*
Auspressen *n* extruding, grouting, pressure-grouting; grouting-up *(Spannbeton)*
Auspresshohlraum *m (RS)* grout void
Auspressmörtel *m (BM, RS)* grout
Auspresspumpe *f (BWG, Erdb, RS, Tun)* grouting machine
Auspressspritze *f* grouting gun
Auspresssuspension *f* grouting suspension
Auspressung *f* pressure-grouting
Auspressung *f*/**horizontale** *(BB, Te)* advance slope grouting
Auspressverfahren *n* grouting technique, pressure grouting *(Mörtel, Zementleim)*
Auspresszement *m* grouting cement
auspumpen *v* evacuate, pump out
Auspumpen *n* pumping *(z. B. von Wasser)*
Ausputzdeckel *m (HLK, San)* cleanout cover
ausquetschen *v* squeeze out
ausrappen *v (SB, Te)* render
ausräumen *v* clear away, remove; broach *(Werkstein)*; empty *(Wohnung)*; dismantle *(Häuser)*
ausrechnen *v (Stat)* calculate, compute; figure out
ausreiben *v (Te)* countersink
Ausreiben *n (Te)* reaming out
ausreichen *v*/**nicht** fail *(z. B. Materialvorrat)*
ausreichend full, sufficient; ample *(Sicherheit)*; satisfactory, sufficient *(Qualität)*
Ausreißer *m* outlier, runaway *(z. B. Mischung, Messwert usw.)*
Ausrichtdorn *m* triblet *(z. B. für Rohre, Löcher)*
ausrichten *v* align, line up, straighten, restraighten *(linear)*; level up *(waagerecht)*; adjust *(räumlich)*; orient *(Gebäude)*;

peen *(mit dem Hammer)*; plumb up *(senkrecht)*; true, set out *(Lage)*
ausrichten v/wieder re-align, throw back into alignment
Ausrichten *n* alignment, straightening *(linear)*; adjustment *(räumlich, Fertigteilmontage usw.)*; peening *(mittels Hammer)*; trueing *(Lage)*; orientation *(Gebäude)*
Ausriegelung *f* framed wall
Ausrollgrenze *f (Bod)* rolling-out limit, plastic limit *(Atterberg-Kriterium)*
ausrunden *v* fillet; ease *(Ecken)*
Ausrundung *f* fillet, filleting; round corner, easement *(Ecken)*
Ausrundungsbogen *m (Verk)* vertical curve
Ausrundungshalbmesser *m* radius of curvature, vertical curve radius
ausrüsten *v* equip, fit, furnish, implement, outfit *(mit Gegenständen und Einbauteilen)*; trim *(Holzausbau)*; take down the scaffolding, unscaffold *(Gerüstabbau)*
ausrüsten v/neu re-equip, refit
Ausrüstung *f* equipment, fitting-out, furnishing, implementation, installation, kit, supplies *(Gegenstände und Einbauteile)*; lay-out *(einer Anlage)*; outfit *(von Apparaturen, Anlagen für Gebäudeeinrichtungen)*; plant, facility *(maschinell)*; rig *(für spezielle Zwecke)*
Ausrüstung f/elektrische electrical equipment
Ausrüstung *f* **für kommunale Bauarbeiten** public works equipment
Ausrüstung *f* **für Verkehrsablaufsteuerung** *(Verk)* speed control equipment
Ausrüstung f/geeignete suitable equipment
Ausrüstung f/maschinelle *(BWG)* mechanical equipment
Ausrüstungskosten *pl* operating expenditure
Ausrüstungsmontage *f (Te)* mounting of equipment
Ausrüstungsstockwerk *n* equipment floor
aussäen *v (LB)* sow
Aussagekraft *f (Arch)* expressiveness
aussägen *v (Te)* abate *(Holz)*
aussalzen *v (BB, OB, RS, SB)* effloresce
Aussalzen *n* efflorescence of salt
Aussalzungsbeständigkeit *f* resistance to efflorescence
Aussalzungseffekt *m (BM, Bod)* salting-out effect
Aussatzkippe *f (Erdb, Tun)* spoil bank
ausschachten *v (Erdb)* excavate, deepen, dig *(z. B. Gruben)*; trench *(Gräben)*; spade *(Handschachtung)*
Ausschachten *n* excavating, digging
Ausschachter *m* navvy
Ausschachtung *f (Erdb)* excavation, digging-out
Ausschachtung f/flache shallow excavation
Ausschachtungsarbeiten *fpl (Erdb)* excavation work
Ausschachtungsbeginn *m* breaking ground *(Baugrube)*
ausschalen *v* release, remove, remove forms *(Formteile von Formen)*; strike, strike formwork, strip, strip framework *(Beton)*
Ausschalen *n* forms removal, formwork removal, removal of shuttering, shuttering removal *(Formteile von Formen)*; striking, stripping, form stripping, stripping of forms *(Beton)*
Ausschalfrist *f* stripping time
Ausschalmittel *n (BB, BM)* forms sealer
Ausschalöl *n* release lube, release oil
ausschalten *v* 1. *(El)* break, disconnect, open, cut off, cut out; turn off, turn out, disengage, shut down *(Baumaschinen)*; 2. *(Stat)* eliminate
Ausschalter *m (El)* circuit breaker
Ausschaltprogramm *n (Verk)* shut-down sequence *(Ampeln, Beleuchtung usw.)*
Ausschaltvorrichtung *f (El)* cut-off
Ausschalung *f* form dismantling, form removal, forms removal, removal of shuttering; release *(von Formteilen aus Formen)*
Ausschalungsfestigkeit *f* stripping strength
Ausschalungsfolge *f (Te)* stripping schedule
Ausschalungshilfe *f* release agent
Ausschalungshilfsmittel *n* shuttering agent
Ausschalungsmittel *n (BB, BM)* dismantling product
ausscheiden *v (BM, DIS)* vegetate *(Salze, Lösungen)*
Ausscheidung *f* secretion
Ausscheidungen *fpl* segregates
ausschildern *v (Verk)* provide with road signs *(Straßen)*; signpost *(Routen)*
Ausschlag *m (Stat)* arm of eccentricity
Ausschlagbolzen *m* driftbolt
ausschlagen *v (BB, OB, RS, SB)* effloresce
ausschlämmen *v* elutriate *(Feinstoffe)*; slough off, wash out
ausschleudern *v* eject
ausschließen v/etwas rule out
ausschließlich exclusive
Ausschluss *m (VR)* exclusion
ausschmieden *v* beat out, draw out, hammer, thin *(Metall)*
ausschmieren *v* grease *(mit Fett)*; puddle *(mit Lehmmörtel)*
ausschmücken *v* enrich
Ausschmücken *n (Arch)* decoration, decor, adornment, ornamentation
ausschneiden *v* abate *(Holz)*; cut out; nibble *(schmale Streifen)*
Ausschneiden *n* pruning *(Baum- und Buschwerk)*
ausschöpfen *v* bail *(eine Baugrube)*
ausschrägen *v (Hb)* bevel, cant; splay
Ausschrägung *f (Konst)* splay
ausschrauben *v* screw off
ausschreiben *v* tender out, put out to tender *(Bauleistung)*
Ausschreiben *n* tendering
Ausschreiben n/offenes *(VR)* open tender
Ausschreibeverfahren n/offenes *(VR)* open tender
Ausschreibung *f* calling for tenders, invitation to bid, invitation to tender, inviting builders' estimates, inviting of builders' estimates, quotation request, tendering; tenders
Ausschreibung f/begrenzte *(VR)* limited submission *(Architekturwettbewerb)*
Ausschreibung f/beschränkte *(VR)* restricted tender
Ausschreibung f/offene *(VR)* official submission
Ausschreibung f/veröffentlichte *(VR)* advertisement for bids
Ausschreibungsbedingungen *fpl (VR)* conditions of the bid
Ausschreibungsbekanntmachung *f (VR)* tender notice
Ausschreibungsdauer *f* tendering period
Ausschreibungseröffnung *f* bid letting, bid opening, letting of bids, opening of bids
Ausschreibungseröffnungstermin *m (Verk)* opening date
Ausschreibungsfrist *f* tendering period
Ausschreibungsunterlagen *fpl* bidding documents, tender documents
Ausschreibungsverfahren *n* tendering procedure
Ausschreibungsveröffentlichung *f (VR)* tender notice
Ausschreibungszeichnung *f (Konst)* bidding drawing
Ausschuss *m* 1. damaged goods, refuse, rejected goods, trash, waste, spoilage *(Erzeugnisse)*; 2. committee, commission, board, managing committee
Ausschussgrenze *f* no-go limit *(Montagetoleranz)*
Ausschussziegel *m* chuff brick, place brick
ausschütten *v* dump, empty
Ausschütten *n (Umw)* dumping
Ausschüttung *f (Erdb)* fill, filled ground, filled-up ground
ausschwimmen *v* flood *(Farbe)*
Ausschwimmen *n* floating *(Pigmentmischung von Farben)*
Ausschwimmen *n* **der Pigmente** pigment floating *(Anstrich)*

Ausschwingung f/leichte slight convex curve
ausschwitzen *v* exude, sweat out; weep *(Harz)*
Ausschwitzen *n* seep; weep; sweating *(von Anstrichen)*
Ausschwitzung *f* 1. *(DIS)* exudation; 2. *(BM, DIS, Konst)* oozing-out
Aussehen *n* appearance; aspect *(Äußeres)*; finish *(einer Oberfläche)*
Aussehen *n*/**dekoratives** decorative appearance
Aussehen *n*/**fleckiges** mottle
Aussehen *n*/**glänzendes** *(OB)* gloss
Aussehen *n*/**mattes** *(BM, OB)* flat finish
außen outdoor
Außen... external ..., outdoor ..., exterior ...
Außenabdichtung *f (DIS)* exterior sealing
Außenabstand *m* exterior separation *(eines Gebäudes zum bezogenen Fluchtpunkt)*
Außenanlagen *fpl (LB)* external features
Außenanlagenausstattung *f (LB)* site furnishings
Außenansicht *f* exterior, exterior appearance, exterior view
Außenanstrich *m* exterior coat, exterior finish, external coat, outdoor finish, outer coat, outside coating, outside finish, weathercoat
Außenanstricharbeiten *fpl (LB)* external painting
Außenanstrichfarbe *f* exterior paint, outer paint
Außenanstrichfilm *m* exterior coat
Außenanstrichstoff *m* 1. *(OB)* outdoor finish; 2. *(BM, OB)* outside coating
Außenanwendung *f* exterior application
Außenarbeiten *fpl* 1. external works, outside work, exterior work *(an der Bauhülle)*; 2. *(Umw, Verm)* field-work
Außenarchitektur *f (Arch)* outdoor architecture
Außenaufnahme *f (Verm)* field pick-up
Außenaufstrich *m (OB)* outer coat
Außenbaukunst *f (Arch)* outdoor architecture
Außenbauten *mpl*/**unwesentliche** *(VR)* minor external buildings
Außenbeleuchtung *f (El)* exterior lighting
Außenbereich *m* outside area
Außenbeschichtung *f* exterior coating, external coating, first-surface coating, outer coating
außenbeständig outdoor-durable; waterproof
Außenbeständigkeit *f* exterior durability, outdoor durability
außenbewittert fully exposed outdoors
Außenbewitterung *f* outdoor weathering, exterior exposure
Außenbewitterungsprüfung *f* outdoor exposure test
Außenbewurf/mit externally rendered
Außenbezirk *m (RP)* outskirts
Außendamm *m (Wsb)* outer embankment
Außendämmstoff *m (BM, DIS)* insulating back-up material
Außendämmung *f (DIS)* exterior insulation
Außendeich *m* outer dyke
Außendeichland *n (Wsb)* outland, foreshore
Außendichtung *f (DIS)* outer sealing
Außendruck *m (DIS, Stat)* external pressure
Außendurchmesser *m* outside diameter
Außeneck *n* outer corner
Außenecke *f* outer angle, outside corner
Außenecke *f*/**abgerundete** bullnose
Außeneinglasung *f* outside glazing
Außeneinsatz *m* exterior application, outdoor service, out-of-door service, service outdoors, exterior use
Außenfarbe *f* outer paint
Außenfenster *n* outer window
Außenfläche *f* 1. exterior surface, outside surface, periphery, surface, face; 2. outside area *(Baugrund)*
Außenfühler *m (HLK)* outdoor sensor
Außenfurnier *n* face veneer

Außenganghaus *n* balcony access block, gallery block, maisonette
Außengebäude *n (Arch, Konst)* outbuilding
Außengebiet *n* outside area *(Stadt- und Raumplanung)*
Außengeräusch *n (DIS)* external noise
Außengerüst *n* outside scaffold, outside scaffolding
Außengewinde *n* male thread
Außengraben *m (Arch)* outer ditch *(Befestigungsanlagen)*
Außenhafen *m (Wsb)* outer harbour
Außenhaus *n (Arch)* outhouse
Außenhaut *f*/**glatte** *(OB)* smooth skin
Außenhautbeschichtung *f (OB)* incrustation *(eines Gebäudes)*
Außenhof *m (Arch)* outer court
Außenhohlmauer *f* cavity external masonry wall
Außenhülle *f (Konst)* outer casing
Außenhydrant *m* external hydrant *(Feuerhydrant)*
Außenisolierung *f* external wall isolation
Außenkante *f* outer edge, outside edge; verge *(Dach)*
Außenkantenschutz *m* outside corner moulding
Außenkern *m* outer core
Außenkittstreifen *m* face putty, front putty
Außenklosett *n (San)* outdoor closet
Außenkorrosionsschutz *m (OB)* external protection
Außenkraft *f (Stat)* outside force
Außenlack *m (BM, OB)* spar varnish
Außenlackierung *f (OB)* outer varnishing
Außenlage *f* exterior position
Außenlagerfläche *f (Te)* open-air storage area
Außenlagerung *f* open-air storage, outdoor storage
Außenlaubengang *m (Arch, Konst)* outside gallery
Außenleibung *f* external reveal, outer reveal, outside reveal
Außenleuchtstärke *f (El)* outside luminance
Außenlinie *f (Arch)* contour
Außenluft *f (HLK)* outdoor air
Außenlufttemperatur *f* outdoor-air temperature
Außenluftzuführung *f* air input, air intake, outdoor-air intake, outdoor-air supply, outside-air intake
Außenmantel *m (Konst)* outer casing
Außenmarmor *m* outside marble
Außenmaß *n (Konst)* external dimension
Außenmauer *f* exterior wall, external wall, outside wall, periphery wall
Außenmauer *f*/**zweischalige** cavity external masonry wall
Außenmaueraussparung *f* **für Lichtzutritt** light court
Außenmauerisolierung *f* external wall insulation
Außenmauerwerk *n* exterior masonry
Außenpfosten *m (Konst)* outer stud *(Fachwerk)*
Außenplatte *f (BT)* outer sheet *(von einer Schichtenplatte)*
Außenputz *m* exterior finish, exterior plaster, exterior render, external plaster, external rendering, outside finish, render
Außenputz *m*/**gemusterter** parget, pargeting
Außenputz *m*/**unterirdischer** underground external finish, subsoil render, *(AE)* underground stucco
Außenputz *m*/**zweilagiger** *(OB)* external two-coat plaster
außenputzen *v* plaster externally
Außenrahmen *m* outside casing, perimeter frame *(eines Gebäudes)*
Außenrand *m* 1. rim *(eines runden Gegenstands)*; 2. *s.* Außenrandbereich
Außenrandbereich *m (RP)* outer fringe *(Städtebau)*
Außenraum *m* open exterior space, open-air space, outdoor space *(um ein Gebäude)*
Außenring *m (Verk)* outer ring road, peripheral ring road *(Straße)*
Außenringstraße *f (Verk)* outer ring road
Außenrüstung *f* outside scaffold, outside scaffolding
Außenrüttler *m (BB, BWG)* external vibrator

Außenrüttlung *f (BB, Te)* external vibration
Außenschalbrett *n (Hb)* weather board
Außenschale *f* 1. *(Konst)* outer leaf; 2. *(OB)* exterior leaf *(Wandausbildung)*
Außenschalenfertigteil *n* outer shell unit
Außenscheibe *f* outer-pane *(Glas)*
Außenschicht *f* external coating, outer coating
Außenschornstein *m* barge
Außenschott *n* outer cross wall
Außenschutz *m (OB)* external protection
Außenschutzanstrich *m (OB)* external paint coating
Außenschutzschicht *f* exterior coating, external coating
Außenseite *f* exterior, exterior surface, surface; outside *(eines Gebäudes)*; superficies *(Wand)*
Außensonnenblende *f* sun visor
Außenspannung *f* external stress
Außensportanlage *f (Arch, Konst)* open-air sports facility
Außensprinkleranlage *f (AE)* drencher system
Außensturz *m* front lintel
Außenstütze *f* perimeter column
Außenthermostat *m (HLK)* outdoor thermostat
Außentor *n* anteport, street door
Außenträger *m* exterior girder
Außentreppe *f* exterior stair, fliers, flyers, outdoor stairs
Außentür *f* external door, main door, outer door, outside door
Außentürzarge *f* outer door case
Außenüberzug *m* external coating
Außenverbindung *f (Konst)* outer connection
Außenverblendung *f* **des Rahmens** outside casing
Außenverglasung *f* face glazing, outside glazing
Außenverglasung *f*/**von innen eingesetzte** inside glazing
Außenverkleidung *f (OB)* exterior lining
Außenverputz *m* exterior plaster, exterior render
Außenverschalung *f*/**senkrechte** vertical siding
Außenverwendung *f* exterior application
Außenwand *f* exterior, exterior wall, external wall, outer wall, periphery wall
Außenwand *f*/**nicht tragende** enclosing wall, enclosure wall
Außenwandbeschichtung *f (OB)* outside finish
Außenwandelement *n* external wall component, external wall member
Außenwandelement *n* **mit Vorsatz** face concrete panel, face panel, faced concrete panel
Außenwandelement *n*/**vorgefertigtes** *(BT, Te)* precast concrete wall panel
Außenwandgestaltung *f (Arch, Konst)* outside finish
Außenwandhaut *f (Konst, OB)* exterior wall skin
Außenwandisolierung *f* external wall insulation *(fertiggestellt)*; external wall insulation material
Außenwandkonstruktion *f*/**normale feuerschutzhemmende** *(AE)* ordinary construction
Außenwandplatte *f* exterior panel, external wall slab, outer wall slab
Außenwandplatte *f* **zwischen Geschossfenstern** *(BT)* spandrel panel
Außenwandputz *m* exterior plaster
Außenwandstützträger *m (TK)* spandrel beam
Außenwandtafel *f* external wall panel, outside wall panel, cladding element, cladding panel
Außenwandverblendglas *n* spandrel glass
Außenwandverkleidung *f* exterior wall skin, exterior wall lining, sheathing, siding, wall siding
Außenwandverschalung *f* 1. *(BT, Te)* siding; 2. *(BT, Konst)* wall siding; 3. *(Hb)* weather-boarding
Außenwandverschalung *f* **mit Metallplatten** metal siding
Außenwandverschalung *f*/**verzierte** *(Arch, Hb, Konst)* weather moulding
Außenwandversteifung *f* skin
Außenwandwasserhahn *m* hose cock
Außenwange *f* external string, outer string *(Treppe)*
Außenwasserhahn *m* hose cock, sill cock
Außenwerk *n (Arch)* barbican, outer defence, outwork *(eine Befestigung)*
Außenwohngebiet *n (RP)* suburban residential area
Außenwohnviertel *n (RP)* suburban residential area
Außenziegel *m* exterior brick, external brick, outer brick
Außenzylinder *m* outside cylinder *(Beschläge)*
Außerkraftsetzen *n (VR)* repeal *(Richtlinien, Standards)*
äußerlich external, superficial
Außermittemaß *n* eccentricity
außermittig eccentric, off-centre, out-of-centre
Außermittigkeit *f (Stat)* arm of eccentricity, eccentricity
Außerort(s)straße *f (Verk)* (rural) road
äußerstes ultimate
aussetzen *v* 1. *(Verm)* stake out *(Maßpflöcke)*; 2. expose *(einer Einwirkung)*; 3. fail, intermit *(Funktion)*; 4. *(Bod)* spoil, refuse
aussetzen *v*/**dem Wetter** *(BM)* weather *(Werkstoffprüfung)*
Aussetzen *n* 1. *(Bod)* spoil *(Boden)*; 2. *(Verm)* staking-out *(Maßpflöcke)*; 3. exposure *(einer Einwirkung)*; 4. intermittency *(Funktion)*
Aussetzen *n* **unbrauchbarer Erdstoffe** *(Erdb)* run to spoil
Aussetzungsgrad *m (HLK)* degree of exposure
Aussicht *f* overlook • **Aussicht auf** view (of) • **Aussicht auf [über] etwas haben** overlook, command a view, look down on
Aussicht *f*/**ungehinderte** unobstructed view
Aussichtsetage *f (Konst)* viewing floor
Aussichtsfenster *n* picture window, view window
Aussichtsgang *m* 1. *(Arch, Konst)* look-out gallery; 2. *(Konst)* viewing gallery
Aussichtsgeschoss *n (Konst)* viewing floor
Aussichtsgrundstück *n (RP)* view-endowed site
Aussichtspavillon *m (Arch)* gazebo
Aussichtsplattform *f (Konst)* viewing deck
Aussichtspunkt *m* outlook, *(AE)* overlook
Aussichtsraum *m* look-out room
Aussichtsturm *m* belvedere, gazebo, look-out tower, viewing tower
Aussichtsweg *m (Arch, RP)* esplanade
Aussickerung *f (BM, Bod, Erdb)* oozing
aussieben *v* screen, sift out
aussondern *v* assort, sort out, discard; eliminate *(bes. mathematisch)*
aussortieren *v* sort out
ausspachteln *v* level out, smooth, spaul, fill, trowel off; grout *(z. B. Fugen)*
ausspachteln *v*/**dünn** spaul
Ausspachteln *n* smoothing, stopping, filling, trowelling-off
aussparen *v* 1. box out, channel, corbel out, leave open, make recesses, recess; 2. *(Hb)* notch; block out *(Betonbau)*; spare *(z. B. eine vorgesehene Wandöffnung)*
Aussparen *n* recessing
Aussparung *f (Hb)* gain, notch, *(AE)* mortise; appurtenance, sparing, bonding pocket *(Mauerwerk)*; blockout *(Betonbau)*; cavity, cutout, embrasure, perforation, pocket, recess, sinking, hollow
Aussparung *f*/**bogenförmige** arched hollow
Aussparung *f* **durch einen halben Läufer** *(Konst)* outband
Aussparung *f*/**freigelassene** *(Konst)* outband
Aussparung *f* **für Dachbalken** *(Arch)* opa *(klassische Architektur)*

Aussparung f/längliche *(Hb, Konst)* oblong opening
Aussparung f/zylinderförmige cylindrical groove
Aussparungsnut *f (SB)* keyway *(Mauerwerk)*
Aussparungsöffnung *f* pocket
ausspreizen *v* shove
aussprengen *v (Tun)* pry apart
ausspritzen *v* hose out *(mit Schlauch)*; squirt out *(Räume, Behälter)*; flush out *(ausspülen)*
Ausspülbarkeit *f* rinsability
ausspülen *v* 1. *(Erdb, Wsb)* flush out, underwash; 2. *(Wsb)* wash; cleanse, flush, flush away, rinse, scour, sluice
Ausspülen *n* elutriation, rinse, scouring
Ausspülung *f* 1. *(Wsb)* scour; 2. *(Te, WVA)* rinse *(Säuberung)*; 3. washing-out *(geologisch)*
ausstatten *v* equip, fit, fit out, furnish, outfit
ausstatten v/neu re-equip
Ausstattung *f* 1. accessories, appointments, equipment, fittings, kit; furnishing, furnishings *(z. B. eines Hauses)*; 2. *(Arch)* interior design *(Gestaltung)*; lay-out *(einer Anlage)*; outfit *(von Apparaturen, Anlagen für Gebäudeeinrichtungen)*; investment *(finanziell)*
Ausstattung f/passende suitable equipment
Ausstattungsgegenstände *mpl (EB)* furnishings *(z. B. eines Hauses)*
Ausstattungsprogramm *n (EB)* furnishing programme
ausstecken *v (Verm)* peg out, stake
Aussteifbogen *m (Konst)* transverse arch
Aussteifbrett *n* poling board
aussteifen *v* 1. prop, reinforce, stay, strut, stiffen; 2. *(Hb)* crib, timber
Aussteifen *n* 1. *(Hb, St, TK)* bracing; 2. *(Konst, Te)* reinforcing; 3. *(Te)* shoring; 4. *(BT, Konst, TK)* strutting *(vor allem quer bzw. horizontal)*
aussteifend buttressing, reinforcing
Aussteifring *m* reinforcing ring
Aussteifschalung *f (Hb, Te)* wood piling
Aussteifschutzbrett *n* breast board
Aussteifsparren *m* auxiliary rafter, cushion rafter
Aussteifträger *m* reinforcing girder
Aussteifung *f* 1. *(Konst, TK)* bracing; 2. *(Konst)* stiffening *(eines Feldes, Bogens, Rahmens)*; 3. *(BT)* stiffener *(Verstärkungsglied)*
Aussteifung f/erdbebensichere earthquake bracing
Aussteifung f/radiale *(Konst)* radial bracing
Aussteifung f/waagerechte *(Konst)* horizontal bracing
Aussteifungsarbeiten *fpl (Erdb)* sheeting works *(z. B. bei Baugruben, Gräben)*
Aussteifungsbalkenträger *m (TK)* reinforcing beam
Aussteifungsbohlen *fpl (Erdb)* pit boards, well curbing
Aussteifungseisen *n (BT)* stiffening iron
Aussteifungsglied *n (BT, Konst, TK)* bracing
Aussteifungspfosten m/senkrechter 1. *(BT, Konst)* vertical stiffener; 2. *(Erdb)* soldier
Aussteifungsrahmen *m (TK)* reinforcing frame
Aussteifungsriegel *m (TK)* reinforcing cross member
Aussteifungsring *m* reinforcing ring
Aussteifungsscheibe *f (TK)* reinforcing diaphragm
Aussteifungsträger *m* reinforcing girder; diaphragm beam *(Brücke)*
Aussteifungswerk *n (Konst, TK)* bracketing
Aussteifungswinkel *m* stiffener angle, stiffening angle
Aussteifwand *f* buttressing wall, stiffening wall, tie wall
Aussteifwinkel *m* bracing angle
Aussteigluke *f* hatch
ausstellen *v* exhibit
Ausstellfenster *n* awning window
Ausstellung *f* exhibition, exposition
Ausstellungsarchitektur *f (Arch)* exhibition architecture
Ausstellungsbau *m (Arch)* display house
Ausstellungsbaukunst *f (Arch)* exhibition architecture
Ausstellungsfläche *f* exhibition, exhibition area
Ausstellungsfläche f/überdachte hall exhibition space, hall space
Ausstellungsgebäude *n* exhibition building
Ausstellungsgelände *n* exhibition area, exhibition ground
Ausstellungshalle *f* exhibition hall, pavilion, showroom
Ausstellungsraum *m* exhibition room, salon, showroom
ausstemmen *v* 1. box out, chisel out, pool; 2. *(Hb)* mortise
Ausstemmen *n* 1. cutting, boxing-out, pooling; 2. *(Hb)* mortising
Ausstieg *m* hatchway
Ausstiegsöffnung *f* exit opening
ausstopfen *v* fill up
Ausstopfen *n* infilling, partition infilling
Ausstopfkeil *m* fill spall, *(AE)* expletive *(Stein zum Ausfüllen einer Vertiefung im Mauerwerk)*
Ausstoß *m (Umw)* emission *(z. B. von Schadstoffen)*
ausstoßen *v* eject, extrude
ausstrahlen *v* 1. emit, emanate *(Licht)*; 2. radiate *(Strahlung, Wärme)*
Ausstrahlung *f* 1. *(Umw)* emission *(Licht)*; 2. radiation *(Strahlung, Wärme)*
ausstrecken v/einen Stein *(Te)* corbel out
ausstreichbar *(OB, Te)* easy-to-spread *(Anstrich)*
ausstreichen *v* 1. crop *(Erdschicht)*; 2. point, joint *(Fugen)*
Ausstreichen *n* 1. *(Erdb)* coming-up to grass, croping out; 2. pointing, jointing *(Fugen)*
Ausstreichendes *n (Bod)* outcrop *(Geologie)*
Ausstrich *m* outcrop *(Erdschichten)*
ausströmen *v* discharge, flow out *(Flüssigkeit)*; emanate *(Gas, Luft)*; radiate, emanate *(Wärme, Licht, Strahlung)*; exhale, exude *(Geruch)*
Ausströmen *n* discharge, effluence, outflow *(Flüssigkeit)*; escape *(Gas)*; emanation, radiation *(Licht, Strahlung)*; exhalation *(Geruch)*
Ausströmgeschwindigkeit *f* discharge rate
Ausströmgrill *m (HLK)* ejector grille *(Klimaanlage)*
Ausströmöffnung *f* exit, outlet opening
Ausstrudelung *f (Wsb)* evorsion
aussümpfen *v* bail *(eine Baugrube)*
Austausch *m* replacement; substitute
austauschbar compatible, exchangeable, interchangeable
Austauschbarkeit *f* exchangeability, interchangeability
austauschen *v* exchange, interact; replace
Austauscher *m (HLK)* exchanger
Austauschmaterial *n (Bod, Erdb)* replacement material
austiefen *v* countersink; deepen
Austiefung *f (Arch, BT)* concavity
Austreibeisen *n (BWG, Hb, St)* clearing iron
austreiben *v (BM, Umw)* drive off *(Kohlendioxid)*
Austreiber *m* extruder
Austritt *m* exit, issue, outlet
Austrittsfenster *n* balconet, balconette
Austrittsgrill *m (HLK)* ejector grille *(Klimaanlage)*
Austrittshöhe *f* exit discharge *(zwischen Austrittstür und Bodenhöhe)*
Austrittsöffnung *f* issue, outlet
Austrittspfosten *m (Hb)* newel
Austrittstemperatur *f (HLK)* outlet temperature
Austrittstufe *f* nose of the last step, stairhead
austrocknen *v* 1. exsiccate, dry up; dry out *(Holz, Boden)*; desiccate *(Holz)*; 2. *(Umw, Wsb)* drain
Austrocknen *n* drying out *(Baustoffe, Bauwerk)*; seasoning, drying out *(Holz)*
Austrocknung *f* 1. exsiccation, drying-out; desiccation, seasoning *(Holz)*; drying-up *(Brunnen)*; 2. *(Umw, Wsb)* draining
Austrocknungszeit *f* dryer time

ausufern *v* sprawl *(ungeplantes Bauen)*
Aus- und Ankleidekabine *f (Konst)* undressing cab
Aus- und Ankleideraum *m* undressing room
Auswahl *f* 1. *(VR)* selection; 2. *(BM, BT)* variety
auswählen *v* assort
Auswahlprüfung *f* elimination test, evaluation test, qualification test, screening, screening test, sorting test
Auswahluntersuchung *f* screen survey
auswalzen *v* sheet out, squeeze out
Auswalzen *n (Verk)* finish rolling *(Straße)*
auswaschen *v* 1. *(OB, Te)* scour; 2. *(Wsb, WVA)* wash out; 3. *(Wsb)* leach, undermine, underwash, wash; erode *(Gestein)*
Auswaschen *n* 1. elutriation *(Baustoffe)*; 2. *(Wsb)* washout, underwashing
Auswaschprüfung *f (BM)* elution analysis *(von Baustoffen)*
Auswaschung *f* 1. washing out, washout, leaching, scouring; eluviation, wash, washing out *(Erdstoffe)*; elutriation *(Baustoffe)*; 2. *(Wsb)* washout, underwashing
auswechselbar exchangeable, interchangeable
Auswechselbarkeit *f* exchangeability
auswechseln *v* exchange, renew, replace; trim *(Balken)*
Auswechseln *n* 1. replacement; 2. *(Hb)* framing *(Bauelemente)*
Auswechselung *f* replacement
Auswechselung *f* **eines Balkens** *(Hb, Te)* trimming
Auswechselungsgrat *m (Hb)* trimming rafter
Ausweiche *f (Verk)* overhaul, passing lane, passing place, turnout *(Straße)*; siding *(Eisenbahn)*
ausweichen *v* back away, sag
ausweichen *v***/seitlich** deflect laterally *(Festigkeit)*
Ausweichen *n***/seitliches** yielding; lateral deflection *(Träger)*
Ausweichgleis *n (Verk)* lay-by, passing track, shunt
Ausweichstelle *f (Verk)* overhaul, passing bay, passing place, turnout *(Straße)*; shunting place *(Eisenbahn)*
Ausweitdorn *m* triblet *(z. B. für Rohre, Löcher)*
ausweiten *v* stretch
ausweiten *v***/sich** sprawl *(Stadtgebiet)*
Ausweitung *f* expansion
auswerfen *v* eject
Auswertediagramm *n* target
Auswertegerät *n* interpretation equipment
Auswertegeräte *npl* interpretation equipment
auswerten *v* analyse, evaluate, *(AE)* analyze
Auswertetechnik *f* interpretation technique *(Untersuchungs- und Prüftechnik)*
Auswertung *f* evaluation
Auswertung *f***/statistische** *(Stat)* statistical evaluation
Auswertung *f***/visuelle** eye-ball interpretation, visual interpretation *(z. B. von Erkundungsaufnahmen)*
auswiegen *v (Te)* level
Auswiegen *n* oven drying test *(Parkettfeuchtigkeitsprüfung)*
Auswiegeverfahren *n* oven drying test *(Parkettfeuchtigkeitsprüfung)*
auswinkeln *v* 1. peg out *(Grundrisse)*; 2. *(Verm)* stake
Auswintern *n* 1. *(Te)* weathering; 2. *(BM)* wintering *(Stehenlassen des Rohbaus über Winter bzw. Baustofflagerung bei Frost zum Spannungsabbau)*
Auswirkung *f* effect, implication • **Auswirkung haben** effect
Auswirkungen *fpl***/seismische** seismic effects
Auswirkungsbewertung *f (Umw)* impact assessment
Auswirkungsstudie *f (Umw)* impact study
auswittern *v* weather; effloresce *(Mauerwerk, Beton)*
Auswitterung *f* 1. *(BB, OB, RS, SB)* efflorescence; 2. *(BM, OB)* weathering
Auswitterungsbeständigkeit *f* resistance to efflorescence
Auswitterungsprüfung *f* efflorescence test
auswölben *v* vault
Auswölben *n (Konst, TK)* buckling
auszacken *v* 1. *(Arch)* crenellate; 2. indent, scallop
Auszackung *f* indent, indentation
Auszahnung *f* indentation
ausziehbar extendable
ausziehen *v* telescope, stretch *(verlängern)*; draw out, trace lines with India *(Zeichnung)*; vacate a house, move out *(Haus, Wohnung)*
Ausziehen *n (BM, BT, Te)* stretching
Auszieher *m (BWG)* extractor
Ausziehprüfung *f* pull-out test *(Stahlbeton)*
Ausziehtisch *m* pull-out table
Ausziehtüren *fpl* telescopic type doors
Ausziehvorrichtung *f* puller
Ausziehwiderstand *m (Konst, Stat)* extraction resistance
auszwicken *v* choke, clip the joints, spaul the joints *(Hohlräume in Natursteinmauerwerk ausfüllen)*
Auszwicker *m* rock spall, spall *(Mauerwerk, Setzpacklage)*
Autoabstellplatz *m* car pound *(für behördlich abgeschleppte Fahrzeuge)*
Autoabstellplatz *m***/überdachter** carport
Autobagger *m* truck-mounted power shovel, truck-mounted shovel
Autobahn *f* motorway, autobahn; express highway, superhighway, *(AE)* freeway, interstate freeway, interstate highway; expressway; dual carriageway road
Autobahn *f***/aufgeständerte** *(Verk) (AE)* elevated freeway *(kreuzungsfrei)*
Autobahn *f***/gebührenpflichtige** toll road, *(AE)* turnpike
Autobahn *f***/hochbelastete** high volume motorway
Autobahn *f* **mit Grünstreifen durch einen Landschaftspark** *(LB, Verk)* parkway
Autobahnanschlussstelle *f* interchange; access point, highway approach
Autobahnauffahrt *f* approach ramp, highway approach, *(AE)* highway ramp, ramp
Autobahnausfahrt *f (Verk)* exit
Autobahnbrücke *f (Br)* highway bridge
Autobahndreieck *n (Verk)* interchange
Autobahnkleeblatt *n (Verk)* cloverleaf, cloverleaf intersection
Autobahnknoten *m (Verk)* interchange
Autobahnkreuz *n (Verk)* interchange, motorway interchange
Autobahnmeisterei *f (Verk)* motorway maintenance area, highway surveillance centre
Autobahnmittelstreifen *m* central reserve, road reservation, *(AE)* median
Autobahnnetz *n (RP, Verk)* motorway network
Autobahnquerschnitt *m* highway cross section
Autobahnring *m (Verk)* motorway circuit
Autobahnsteigungsstrecke *f (Verk)* motorway upgrade
Autobahnzubringer *m* slip road
Autobank *f* drive-in bank
Autodrehkran *m* truck crane
Autofriedhof *m* 1. *(RP)* car dump; 2. *(Umw)* used car dump
Autogenbrenner *m* oxyacetylene blowpipe
Autogenschneidbrenner *m* autogenous cutting torch, oxyacetylene torch
Autogenschneiden *n* 1. *(St)* autogenous cutting; 2. *(St, Te)* oxyacetylene cutting
autogenschweißen *v* torch-weld, weld autogenously, gas-weld
Autogenschweißen *n* autogenous welding, gas welding, oxyacetylene welding
Autokino *n* drive-in cinema
Autoklav *m (BB, Te)* autoclave
autoklavbehandelt autoclaved

Autoklavbehandlung *f (BB, Te)* autoclaving
Autoklavbeton *m* autoclave concrete
Autoklavennachbehandlung *f*/**einstufige** *(BB, Te)* single-stage curing *(Beton)*
Autoklavhärtung *f (BB, Te)* autoclave curing
Autoklavschaumbetonerzeugnis *n* autoclaved aerated concrete product
Autokran *m* mobile crane, runabout crane, truck crane
Automatenstahl *m* free-cutting steel
Automatikmeißel *m (Hb)* self-coring chisel
Automatiktür *f* self-closing door
Automation *f* automation
automatisch automatic, self-acting
automatisieren *v* automatize, automate
Automatisierung *f* automation
Autoreparaturwerkstatt *f* garage
Autosilo *n* 1. *(Verk)* autosilo; 2. *(Konst, Verk)* parking tower
Autostellplatz *m* car space
Autostraße *f* **durch Grünlandschaft** parkway
Autostraße *f* **durch Grünlandschaft/breite** parkway
Autoverkehr *m (Verk)* motor traffic
Autoverschrottungsanlage *f* fragmentation plant
Autovorfahrt *f* drive *(spezielle Auffahrt für Autos)*
Aventurin *m (Bod)* aventurine *(Quarz)*
axial on-axis, endways, endwise
Axialbeanspruchung *f (Stat)* thrust load
Axialbelastung *f* end load
Axialdruck *m* axial pressure, end pressure
Axialdruck *m*/**maximaler** *(Stat)* maximum axial thrust
Axialdrucklager *n* thrust bearing
Axialkraft *f (Stat)* axial force
Axiallager *n* axial thrust bearing, end-thrust bearing, thrust bearing
Axiallast *f (Stat)* axial load, concentric load
Axiallüfter *m (HLK)* axial fan
Axialschub *m* axial shear, end thrust, outward thrust, overturning thrust
Axialventilator *m (HLK)* vaneaxial fan *(Klimaanlage)*
Axonometrie *f (Konst)* axonometry *(Darstellung räumlicher Gebilde durch Parallelprojektion auf eine Ebene)*
Axt *f* axe
Axtstiel *m* helve
Azeton *n (BM)* acetone *(Lösungsmittel)*
Azetylen *n s.* Acetylen
Azetylen... *siehe Acetylen...*
Azimut *n(m) (Verm)* azimuth
Azimutdarstellung *f (Konst)* azimuth display
Aztekenarchitektur *f (Arch)* Aztec architecture
Aztekenbaukunst *f (Arch)* Aztec architecture
azurblau azure
Azurit *m (BM)* chessylite

B

babylonisch Babylonian
Bacchustempel *m (Arch)* Temple of Bacchus
Bach *m* brook, rivulet, streamlet, *(AE)* creek
Bachbrücke *f* brook bridge
Bachlauf *m (Bod, LB)* rivulet
Bächlein *n* 1. *(Bod, LB, Umw)* rillet; 2. *(Bod, LB)* rivulet
Backenbrecher *m* jaw breaker, jaw crusher
Backenschmiege *f (Hb)* oblique cut of a hip rafter, bevelling cut
Bäckerei *f* bakery
Bäckereiladen *m* baker's shop
Backkorkstein *m (BM, DIS)* agglomerated cork block
Backofen *m* oven, baking oven
Backstein *m* brick
Backsteinarchitektur *f* brick architecture
Backsteinbau *m* brick building, brickwork
Backsteinbogen *m*/**norddeutscher** *(Arch)* hanse arch
Backsteindom *m (Arch)* brick dome, clay brick cathedral
Backsteingewölbe *n* 1. *(Konst, SB, TK)* brick arch; 2. *(SB, TK)* brick vault
Backsteingotik *f (Arch)* backstein Gothic
Backsteinkathedrale *f (Arch)* brick dome, clay brick cathedral
Backsteinkirche *f (Arch)* brick church
Backsteinmauerwerk *n* brick masonry
Backsteinrippe *f* brick rip
Backsteinummantelung *f* brick-casing
Backsteinverband *m (SB)* brick bond
Backstube *f* bakehouse
Bad *n* bath, bathroom
Badabwasser *n* bath waste
Badausstattung *f (EB)* bathroom equipment
Badbatterie *f (San)* mixing tap, shower mixer
Badeanstalt *f* baths, public bath
Badebassin *n* 1. *(EB)* pool; 2. *(Konst, Wsb)* swimming pool
Badebecken *n* **mit Luftwirbel** whirlpool
Badeeinrichtung *f* bathing facilities, bathroom installations
Badehaus *n* 1. baths, *(AE)* bathhouse; 2. *(Arch)* bagnio *(historisch)*
Badekabine *f* bathing cabin; cubicle
Badeofen *m* bathroom stove, geyser
Baderaum *m*/**türkischer** *(Arch)* hammam
Bäderbauten *mpl (Arch, Konst, Wsb)* aquatic buildings
Badewanne *f* bath, bathtub, tub
Badewanne *f*/**frei stehende** isolated tub
Badezimmer *n* bath, bathroom
Badezimmerarmatur *f (EB)* bathroom fittings
Badezimmereinrichtung *f* bathroom equipment, bathroom installation
Badezimmerfliese *f* bathroom tile
Badezimmerheizung *f* bathroom heating
Badezimmermontagezelle *f (San)* bathroom building--block module
Badezimmerzelle *f (San)* bathroom building-block module, pod *(vorgefertigt)*
Badfliese *f* bathroom tile
Badheizung *f* bathroom heating
Badleuchte *f* bathroom lighting, bathroom light fitting, *(AE)* bathroom luminaire
Badrührwerk *n (BM, BWG)* bath agitator
Badspeicher *m* storage geyser
Badtür *f* bathroom door
Badüberlauf *m* bath overflow
Badvorhang *m* bathroom curtain
Bagasseplatte *f* bagasse board, cane trash board
Bagger *m* excavator, digger, navvy, power navvy
Bagger *m*/**hydraulischer** *(BWG)* hydraulic excavator
Bagger *m*/**selbstfahrender** *(BWG)* self-propelled excavator
Baggerabbau *m (BM, BWG, Bod)* strip mining *(Sandabbau, Kiesgewinnung)*
Baggerarbeitsspiel *n (Te)* digging cycle
Baggerarmhub *m* elevating
Baggerausleger *m* shovel handle
baggerbar/nicht undredgeable
Baggereimer *m* dredge-bucket, excavator bucket

Baggergewinnung *f (BM, BWG, Bod)* strip mining *(Sandabbau, Kiesgewinnung)*
Baggergreifer *m* excavator grab
Baggergrube *f* excavated pit
Baggergut *n* excavated spoil *(Trockenbagger)*; dredged material, dredging spoil, dredgings *(Nassbagger)*
Baggerkette *f* bucket chain
Baggerkorb *m* grab
Baggerkran *m* excavator crane
baggerladen *v* shovel
Baggerlader *m (BWG)* backhoe loader
Baggerlöffel *m* dipper, dipper bucket, drag shovel, shovel, shovel bucket
baggern *v (Erdb)* excavate *(trocken)*; dredge *(in Wasser)*; trench *(Gräben)*
Baggernennleistung *f (Te)* nominal handling rate
Baggerplanum *n* excavator track level
Baggerponton *m (Wsb)* dredging pontoon
Baggerreichweite *f* reach of a grab
Baggerschaufel *f* bucket, shovel, shovel bucket, drag
Baggerungsweite *f* reach of a grab
Bagno *n (Arch)* bagnio *(historisch)*
Bahn *f* 1. course *(von Ziegeln)*; 2. *(BM)* sheet *(Dachpappe)*; 3. *(BT)* strip *(z. B. zur Abdichtung)*; 4. *(Konst)* track *(einer Sportanlage)*; 5. railway, *(AE)* railroad *(Eisenbahn)*
Bahnanlagen *fpl (Verk)* railway facilities
Bahnausrüstung *f* railway equipment
Bahnbau *m (Verk)* railway construction
Bahnbereich *m (Verk)* railway area
Bahnbetrieb *m* railway service
Bahndamm *m (Erdb, Verk)* railway embankment
Bahnenbelag *m* sheet covering, sheeting covering *(Dachpappe)*
Bahnendachpappe *f (BM)* ready sheet roofing
Bahnenfußbodenbelag *m* sheeting flooring
Bahngleis *n (Verk)* railway track, rails, line
Bahnhof *m* railway station, station, terminal, *(AE)* (railroad) depot
Bahnhof *m* **bei Verkehrsträgerwechsel** *(Verk)* intermodal transfer terminal
Bahnhofsdach *n* station roof
Bahnhofsgebäude *n (Arch, Konst, Verk)* station building
Bahnhofshalle *f* station hall, *(AE)* concourse
Bahnhofshotel *n* station hotel
Bahnkilometer *m* rail kilometres, *(AE)* rail kilometers
Bahnknotenpunkt *m* railway junction
Bahnkörper *m (Verk)* railway bed, road-bed, permanent way, subgrade, track bed, track bedding, track formation
Bahnkörper *m***/getrennter** *(Verk)* service road-bed; separate road-bed *(für Straßenbahn)*
Bahnkran *m (BWG, Te)* erection crane
Bahnlinie *f* railway line, *(AE)* railroad
Bahnnetz *n (Verk)* traction system
Bahnschotter *m* railway ballast, *(AE)* railroad ballast
Bahnschranke *f* railway barrier, railway gate
Bahnstation *f* railway station
Bahnsteig *m* platform, railway platform, station platform
Bahnsteigdach *n* platform roof, railway platform roof, station awning
Bahnsteigschutzdach *n* station awning
Bahnsteigtreppe *f* station platform stair
Bahnsteigtunnel *m* station platform tunnel
Bahnsteigüberführung *f* footbridge (between platforms), *(AE)* overpass (between platforms)
Bahnsteigunterführung *f (Verk)* platform subway
Bahnüberführung *f* over-bridge, *(AE)* overpass
Bahnübergang *m (Verk)* crossing, railway crossing
Bahnübergang *m***/höhengleicher** level crossing, railway level crossing, *(AE)* grade crossing
Bahnübergang *m* **in getrennten Ebenen** *(Verk)* grade separation
Bahnübergang *m***/niveaugleicher** level crossing, railway level crossing
Bahnübergang *m***/schienengleicher** (railway) level crossing, road crossing, *(AE)* (railroad) grade crossing
Bahnübergang *m***/unbeschrankter** *(Verk)* unguarded level crossing
Bahnübergangshinweiszeichen *n (Verk)* level crossing signals
Bahnübergangslageplan *m (Verk)* road crossing layout *(schienengleich)*
Bahnübergangsmarkierung *f (Verk)* level crossing marker
Bahnunterführung *f* (railway) underpass
Bahnware *f* sheet material, sheeting material
Bailey-Behelfsbrücke *f (Br, St)* Bailey bridge
Bajonettfassung *f (El)* bayonet socket
Bajonettlampenfassung *f (El)* bayonet socket
Bajonettverbindung *f (HLK, St, WVA)* bayonet joint
Bajonettverschluss *m (HLK, St, WVA)* bayonet joint
Bake *f (Verk)* beacon
Bake *f***/aufblitzende** *(Verk)* flash beacon
Bake *f* **mit Blinklicht** flashing beacon
Bake *f* **mit Warnlicht** warning beacon
bakterienabweisend *(OB)* bactericidal
Bakterienfestigkeit *f (BT, OB)* bacteria resistance
Baldachin *m* baldachin, canopy
Balken *m* 1. beam, baulk, *(AE)* balk *(aus Holz, Stahl, Stahlbeton oder Spannbeton)*; girder *(Träger)*; 2. *(Hb)* square-sawn timber, squared timber; summer beam, summer tree, timber, joist *(Unterzug, Querbalken)*; trabes *(meist als Sims)*
Balken *m* **als Auflager für Unterzüge** *(Arch)* trabes *(römische Baukunst)*
Balken *m***/auskragender** cantilever beam, corbelling beam, *(AE)* outrigger *(Hängegerüstträger)*
Balken *m***/baumkantiger** dull-edged beam, rough-edged beam
Balken *m***/durchgehender** through beam, continuous beam
Balken *m***/durchlaufender** through beam, continuous beam
Balken *m***/dynamisch belasteter** dynamically loaded beam
Balken *m***/eingebolzter** *(Hb)* kevel
Balken *m***/eingespannter** fixed beam
Balken *m***/elastisch-plastischer** *(BT, TK)* elastoplastic beam
Balken *m***/halbvorgespannter** half-prestressed beam, half-prestressed girder
Balken *m***/hoher** deep beam
Balken *m***/konzentrischer** *(BT, TK)* concentric beam
Balken *m***/kurzer** stub beam
Balken *m***/Langer'scher** *(Br, TK)* arch-supported beam *(Brücke)*
Balken *m***/L-förmiger** ell-beam
Balken *m* **mit Schwalbenschwanz/verdübelter** *(BT, Hb)* dovetailed beam
Balken *m* **mit seitlicher Laschenverstärkung** fished beam
Balken *m* **mit Wechsel** *(TK)* tail piece
Balken *m***/plattenförmiger** *(TK)* slab band
Balken *m***/polygonaler** polygonal bowstring
Balken *m***/prismatischer** prismatic beam
Balken *m***/schlanker** *(TK)* slender beam
Balken *m***/schräger** *(Hb, Konst)* raker beam
Balken *m***/verdübelter** keyed beam, dowelled beam, built beam with keys, flitch beam, sandwich beam
Balken *m***/verzahnter** *(BT, TK)* joggle beam

Balken *m***/zweiseitig eingespannter** fixed beam, fixed-end girder
Balken *mpl* **auf Längsträgern** *(TK)* beams and stringers
Balken *mpl***/holländische** Dutch timber
Balken *mpl* **ohne Herzholz** *(Hb)* flitches
Balkenabstand *m* beam distance
Balkenanker *m* beam tie
Balkenankerbügel *m* beam anchor *(Zuganker)*
Balkenanordnung *f (Konst, TK)* arrangement of beams
Balkenauflage *f* corbel piece, beam seat
Balkenauflager *n* beam support, bearing of joists, joist bearing, template; wall box *(in der Wand)*
Balkenauflagerplatte *f (BT, TK)* template
Balkenauflagerplatte *f* **auf einer Wand** *(BT, Konst, TK)* wall plate
Balkenauflagerstein *m (BT)* torsel
Balkenauflagerstück *n (BT)* torsel
Balkenauflagerung *f* bearing of beam
Balkenaussparung *f (Konst)* wall frame
Balkenaxt *f (Hb)* broad axe
Balkenbelastung *f (Stat)* beam loading
Balkenbemessung *f* design of beams, beam design
Balkenberechnung *f (Stat)* beam calculation
Balkenbewehrung *f* beam reinforcement
Balkenbiegung *f***/plastische** *(Stat)* plastic beam bending
Balkenbindeeisen *n (Hb)* connection plate, *(AE)* dwang
Balkenbrett *n (Hb)* flitch
Balkenbrettauflage *f* rough floor
Balkenbrücke *f (Br)* girder bridge
Balkenbrücke *f***/kontinuierliche** bridge with continuous beams
Balkendamm *m (Wsb)* stop gate
Balkendecke *f* joist(ed) floor, beam floor, single floor, span ceiling; joist ceiling *(Decke mit sichtbaren Balken)*
Balkendecke *f* **mit Zwischenbauteil** beam and filler floor
Balkendecke *f***/offene** open floor
Balkendiagramm *n (Te)* bar chart
Balkendielung *f* rough floor
Balkendübel *m (Hb)* tree nail, trunnel
Balkendurchbiegung *f* beam deflection
Balkenende *n* beam end; timber end
Balkenfach *n* case bay, space between beams
Balkenfaser *f* filament
Balkenfeld *n* space between beams
balkenfrei beamless
Balkengelenk *n (Konst)* beam hinge
Balkenhöhe *f* girder depth
Balkenholz *n* beam timber, beam wood
Balkenholz *n***/rechteckiges** squared timber, *(AE)* square-edged lumber
Balkenjoch *n* space between beams
Balkenkammer *f* beam aperture
Balkenkapsel *f* protection to end of beam
Balkenkonstruktionssystem *n (TK)* beam system
Balkenkopf *m* joist end, beam end, beam head
Balkenkopfverstärkung *f (Hb)* end stiffener
Balkenkreuzwerk *n* beam grid, beam grillage
Balkenlage *f* joists, joists of a floor, decking, binders and joists, frame of joists, framing of joists
Balkenlage *f***/einsinnige** one-way joist construction
Balkenlagenkonstruktion *f***/einsinnige** one-way joist construction
balkenlos beamless
Balkennagel *m* carpenter's nail
Balkennagel *m***/quadratischer** barge spike
Balkenplatte *f (TK)* beam slab
Balkenpolster *n (BT, TK)* template
Balkenprofil *n* beam profile
Balkenprüfung *f (BM)* beam test
Balkenquerschnitt *m* beam cross section
Balkenrahmen *m (TK)* platform frame
Balkenraster *n* beam grid
Balkenrastersystem *n* beam grid system
Balkenrost *m* beam grid, beam grillage, grating of timbers; gridiron
Balkenrostwerk *n* crib
Balkenrüttler *m* precast concrete joist shaker
Balkenschalung *f* beam shuttering; beam form, beam formwork *(zur Herstellung von Betonträgern)*
Balkenschuh *m* joist hanger
Balkenschwingung *f* beam vibration
Balkensensor *m* bar sensor
Balkenstamm *m***/geschnittener** *(Hb)* flitch
Balkenstein *m* 1. *(Arch, BT, Konst)* corbel; 2. *(SB, TK)* natural stone shoulder
Balkenstirnfläche *f* beam end face
Balkenstoß *m* beam butt joint, beam joint, bottom butt joint, scarfed joint
Balkentasche *f* beam aperture
Balkentheorie *f (Stat)* beam theory
Balkenträger *m* beam, beam girder
Balkenträger *m***/hoher** deep beam
Balkenträger *m***/konischer** *(Hb, TK)* tapered beam
Balkenträger *m***/lastbringender** *(TK)* secondary beam
Balkenträger *m* **mit halber Vorspannung** half-prestressed beam
Balkenträger *m***/monolithischer** *(TK)* monolithic beam
Balkenträger *m***/statisch bestimmter** statically determinate beam
Balkenträger *m***/vorgespannter** *(BT)* prestressed beam
Balkenträgeranordnung *f* arrangement of beams
Balkenträgerdurchbiegung *f* beam deflection
Balkenträgerkopf *m* beam end
Balkenträgerkreuzwerk *n* beam grid, beam grillage
Balkenträgerrost *m* beam grid, beam grillage, beam grille
Balkenummantelung *f (Konst)* beam casing
Balkenunteransicht *f* beam bottom
Balkenunterkante *f* beam bottom
Balkenunterseite *f* soffit
Balkenverankerung *f* beam anchorage
Balkenwerk *n* 1. *(TK)* beams and rafters; 2. *(Konst, TK)* framework; 3. *(Hb, Konst, TK)* woodwork
Balkenwirkung *f* beam action
Balkenzuganker *m (Hb)* haunched tenon
Balkon *m* balcony; (dress) circle *(Theater)*
Balkon *m***/erster** *(AE)* mezzanine *(Theater)*
Balkon *m* **mit Brüstung über einem Eingangstor** *(Arch)* meshrbiyeh, moucharaby *(in maurischer Architektur auch mit Holzgitterwerk)*
Balkonbalustrade *f* balcony balustrade, balustrade of a balcony
Balkonbrüstung *f* balcony parapet, balustrade of a balcony
Balkonentwässerung *f* balcony drainage
Balkonfenster *n* balcony window
Balkongeländer *n* balcony balustrade, balustrade of a balcony
Balkongitter *n (BT, Konst)* balustrade of a balcony
Balkonhebetür *f* balcony lifting door
Balkonplatte *f* balcony slab
Balkonträger *m* balcony beam, balcony support
Balkontrennwand *f* balcony partition wall
Balkontür *f* balcony door
Ball *m* ball
Ballast *m (Konst)* ballast
Ballastgewicht *n* loading weight
Ballastmaterial *n* inert material
Ballastwasser *n (BWG, Konst)* ballast water

ballen *v***/sich** *(BM)* ball *(z. B. Baustoffe)*
Ballen *m* roll
Ballenblume *f (Arch)* ball-flower *(charakteristisches Ornament der englischen Gotik des 13. Jahrhunderts)*
ballig dished
Ballsaal *m* ballroom
Ballspielhof *m***/römischer** *(Arch)* sphaeristerium
Ballung *f (RP)* centralization
Ballungsgebiet *n (RP)* agglomeration
Ballungsraum *m* conurbation *(Raumplanung)*
Ballungsraum *m***/städtischer** conurbation *(Raumplanung)*
Ballungszentrum *n* conurbation *(Raumplanung)*
Balsa *n* balsa, balsa wood
Balsaholz *n* balsa wood, balsa
Balteus *m (Arch)* balteus *(an ionischen Säulen)*
Baluster *m (Hb)* baluster, banister, newel
Balustersäule *f* newel post *(zwischen Brückenüberbau und Widerlagerflügel)*
Balustrade *f* balustrade, parapet *(Balkon, Treppe, Brücke)*
Bananenhanf *m* abaca, Manila fibre, Manila hemp
Band *n* 1. *(Arch)* band *(Schmuck an Säulen und als Gesimsglied)*; belt *(Ornament im Mauerwerk und an Säulen)*; 2. hinge *(Baubeschlag für Türen und Fenster)*; 3. *(Hb)* strap anchor, strap; 4. *(BT)* strip *(z. B. zur Abdichtung)*; 5. *(BT)* tape *(Rollladen)*; 6. forked wood *(Gabelholz)*; 7. *(BT)* fillet *(Zierleiste)*; 8. *(Arch)* string *(Bandgesims)*; 9. *(Stat)* tape
Band *n***/deutsches** *(Arch)* dentil frieze, dentils
Band *n***/gerades** tee hinge, T-hinge *(Scharnier)*
Band *n***/plattiertes** *(BM)* cladded strip
Band *n***/rechtwinklig gebrochenes** *(Arch)* fret
Band *n***/rundes** *(Arch)* baston, torus *(an ionischen Säulen)*
Band *n***/schmales** *(Arch)* orle *(am Kapitell)*
Bandage *f* 1. *(Konst, TK)* bandage; 2. *(Konst)* wrapping; 3. *(BT, DIS)* wrap *(Isolierung, Dämmung)*
Bandanlage *f (BWG, Te)* conveyor system
Bandanlage *f* **für Langstreckenförderung** long-distance conveyor belt
Bandantrieb *m* belt drive
Bandaufgeber *m (BWG, Te)* belt feeder
Bandbebauung *f (RP)* ribbon building
Bandbeschichtung *f (OB)* strip coating
Bandbrücke *(Te)* gallery *(mit Laufsteg)*
Banddekoration *f (Arch)* band decoration
Banddosiereinrichtung *f (BM, BWG)* belt-type proportioner
Banddosierung *f* batching by conveyor belt
Bandeisen *n* band iron, hoop, hoop iron, strip iron
Bandeisenaufhängung *f* pipe strap *(einer Rohrleitung)*
Bandeiseneinlagen *fpl (BB, St)* hoops
Bandelwerk *n (Arch)* baroque strapwork *(barockes Ornament)*
Banderder *m (El)* strip earth conductor, *(AE)* grounding strip
Bändererdstoff *m (Bod)* laminated soil
Bändergneis *m* 1. *(Bod, BT)* ribbon gneiss; 2. *(BM)* veined gneiss
Banderole *f (Arch)* banderol, banderole, streamer
Banderolenzierornament *n (Arch)* banderol, banderole
Banderolenzierrankenornament *n (Arch)* banderol, banderole
Bänderton *m (Bod)* leaf clay
Bänderton *m***/glazialer** *(Bod, Erdb)* glacial clay
Bänderung *f (Bod)* foliation, veining *(Ton, Sedimente)*
Bandfenster *n* 1. *(Arch, Konst)* continuous light; 2. *(Konst)* ribbon windows; 3. *(Arch)* strip windows
Bandförderer *m (BWG, Te)* belt conveyor
Bandgesims *n (Arch)* band course, ornament with a cordon, cordon *(mit kordelförmigem Ornament)*; string *(Gurtgesims zwischen den Geschossen)*
Bandhängeglied *n* strap hanger
Bandholzschleifmaschine *f* belt sander
Bandlader *m (BWG)* belt loader
Bandleiste *f* ribbon *(für Schalungen)*
Bandmaß *n* measuring tape, band tape, flexible rule, tape, tape measure
Bandmaßausgleich *m (Verm)* tape correction
Bandmetall *n* strip metal
Bandmuster *n (Arch)* band decoration
Bandmusterung *f (Arch)* band decoration
Bandornament *n (Arch)* ornamental band
Bandparkett *n* inlaid strip floor, wood strip flooring
Bandrastersystem *n (Konst)* modular grid system
Bandreinigung *f (Te)* strip cleaning
Bandrippe *f (Arch)* band moulding *(Gewölberippe der Spätgotik)*
Bandrolle *f* roller
Bandsäge *f* mechanical saw, endless saw, annular saw, band saw, belt saw, ribbon saw, strap saw
Bandscharnier *n (EB)* strap hinge
Bandstadt *f (Arch)* linear town
Bandstahl *m* band steel, hoop steel, rolled steel, strap steel, strip steel
Bandstahlanker *m (BT)* clamp *(für Zargen)*
Bandstraße *f (BWG, Te)* conveyor system
Band- und Streifenornament *n (Arch)* strapwork
Bandwaage *f* weighbridge
Bandwerk *n (Arch)* strapwork
Bandwurm- und Turmsiedlung *f (RP)* ribbon and tower housing estate
Bank *f* 1. *(BWG)* bench; 2. bench of ground, bank, set-off *(Gründung)*; 3. *(Bod)* stope
Bank *f* **ohne Lehne** form
Bankakzept *n (VR)* bank approval
Bankbürgschaft *f (VR)* bank guarantee
Bankeisen *n* cramp, door frame anchor, clamp iron
Bankenviertel *n* financial hart
Bankett *n* 1. banquette, berm, set-off *(Böschungs-, Deichabsatz)*; 2. *(Verk)* road shoulder, outer shoulder, benching, marginal strip, flank, haunch, *(AE)* raised verge *(Straße)*; 3. set-off, strip footing, strip foundation, continuous foundation, flank *(Fundamentstreifen)*; 4. *(Verk)* hard strip
Bankett *n***/ausgespültes** *(Verk)* flush shoulder
Bankett *n***/befestigtes** *(Verk)* hard strip
Bankett *n***/bündiges** *(Verk)* flush shoulder
Bankett *n***/unverdichtetes** *(Verk)* soft shoulder
Banketthalle *f (Arch)* festival hall
Bankettsaal *m* festival room, banquet room, banquet hall, banqueting hall, grand chamber
Bankettverfestigung *f (Verk)* shoulder stabilization
bankfinanziert *(VR)* bank-funded
Bankgebäude *n (Arch)* bank
Bankgenehmigung *f (VR)* bank approval
Bankhalle *f (Konst)* banking hall
Bankhammer *m* bench hammer
Bankhobel *m* bench plane
Bankkies *m* bench gravel
Bankreihe *f (EB)* pew
Bankrott *m (VR)* bankruptcy
Bankschleifmaschine *f* bench sander
Bankschneidemaschine *f* bench trimmer
Banse *f (LB)* bay *(Lagerraum, z. B. in einer Scheune)*
Bansen *m* nay-loft, *(AE)* mow *(Lagerraum für Getreide und Viehfutter)*
Baptisterium *n (Arch)* baptistery
Bar *f* bar, hammer
Baracke *f* barrack, hut, *(AE)* shanty
Barackenlager *n* hut camp, hutments

Barackenzelt *n (Konst)* tent barrack
Barbakane *f (Arch)* barbican
Bärenklaublatt *n (Arch)* natural acanthus leaf
Bärenklaublatt *n*/**römisches** *(Arch)* Roman acanthus leaf
Bariumfluat *n (BM, DIS)* barium fluosilicate
Bariumgipsputz *m* barium plaster *(für Röntgenräume)*
Bariumsulfatpigment *n (OB)* blanc fixe
Barock *m(n) (Arch)* Baroque
Barock *m*/**deutscher** *(Arch)* German Baroque
Barock *m*/**hellenistischer** *(Arch)* Hellenistic Baroque
Barockarchitektur *f (Arch)* baroque architecture
Barockbaukunst *f (Arch)* baroque architecture
Barockgebäude *n (Arch)* baroque building
Barockkirche *f (Arch)* baroque church
Barockstil *m*/**spanischer** *(Arch)* Churrigueresque architecture
Barren *m* billet *(aus Eisen)*
Barriere *f* barrier
Barriere *f*/**entfernbare** *(Konst)* removable barrier
Baryt *m* natural barium sulphate, baryte *(Strahlenschutzbetonzuschlag)*
Barytbeton *m* baryte concrete
Barytweiß *n* blanc fixe, permanent white
Barytzement *m* barytic cement, baryte cement
Basalt *m (BM)* basalt
Basaltfüller *m (BM)* basalt meal
Basaltgesteinswolle *f* basalt wool
Basaltglas *n (BM)* vitreous basalt
Basaltmehl *n* basalt meal, powdered basalt
Basaltpflasterstein *m* basalt sett
Basaltsonnenbrenner *m (BM)* sunburn of basalt
Basalttuff *m* basalt tuff, scoria, trapp tuff, whinrock
Basalttuffgestein *n (BM)* basalt tuff
Basaltwolle *f* basalt wool
Basilika *f (Arch)* basilica
Basilika *f*/**heidnisch-römische** *(Arch)* imperial basilica
Basilika *f*/**romanische** *(Arch)* Romanesque basilica
Basilika *f*/**römisch-heidnische** *(Arch)* pagan basilica, secular basilica
Basilika *f*/**unterirdische** *(Arch)* underground basilica
Basilika... basilican ...
Basilikakirche *f* Christian basilica
basilikal *(Arch)* basilican
Basis *f* base, bottom, sole • **an der Basis** basal
Basis *f*/**attische** *(Arch)* Attic base, moulded base *(attisch-ionischer Säulenfuß)*
Basis *f*/**logische** *(Konst, Stat, VR)* rationale
Basis... basic ...
Basisabdichtung *f (Umw)* base sealing *(einer Deponie)*
Basisausleger *m (BWG)* basic boom
Basisbruch *m (Erdb)* toe failure
basisch *(BM)* basic
Basiseinheit *f* base unit
basis-flächenzentriert end-centred
Basisgröße *f* base quantity
Basislatte *f (Verm)* subtense bar
Basismaterial *n* key material
Basispigment *n* prime pigment
Basisplatte *f (BT, TK)* base board
Basiswert *m* **der Dimensionierung** *(Konst, Stat)* design action
Basiswerte *mpl (Konst, Stat)* basic data
Baskülverschluss *m* bascule-bolt
Basrelief *n (Arch)* low relief
Bassin *n* 1. *(EB, San)* basin; 2. *(WVA)* reservoir
BASt Federal Road Research Laboratory
Bastardfenster *n* half-window
Bastardkalk *m (BM)* low-grade lime
Bastei *f (Arch)* bastion, bulwark
Bastide *f (Arch)* bastide
Bastion *f (Arch)* bastion
Bastler *m (VR)* do-it-yourselfer
Bastlerwerkstatt *f* hobby room
Batteriefertigung *f (Te)* vertical multimoulding *(Betonfertigteile)*
Batterieform *f* battery mould
Batterieherstellung *f* battery moulding *(Kunststeine)*
Batterieverfahren *n* cassette method *(Betonfertigteilproduktion)*
Bau *m* 1. *(Te)* construction; 2. *(Konst, Te)* action of building *(Durchführung)*; 3. building, structure *(Produkt)* • **den Bau beginnen** found, start construction • **im Bau** *(Te)* under construction • **im Bau befindlich** under construction
Bau *m*/**aufgehender** *(Konst)* superstructure
Bau *m*/**dreidimensionaler** spatial structure
Bau *m*/**dünnwandiger** *(Konst)* thin-skinned building
Bau *m*/**erdbebensicherer** 1. *(Konst, Stat)* antiseismic construction; 2. *(Konst, Stat)* aseismatic construction
Bau *m*/**fertiggestellter** 1. *(VR)* completed structure; 2. *(Konst)* structure completed
Bau *m*/**fliegender** temporary building
Bau *m*/**isostatischer** *(Konst, Stat)* simple construction
Bau *m*/**offener** open-air building, open-air plant
Bau *m*/**räumlicher** space structure, spatial structure
Bau *m*/**schlechter** easy-go-lightly building
Bau *m*/**schludriger** easy-go-lightly building
Bau *m*/**tafelförmiger** *(Arch, Konst)* tablelike structure
Bau *m* **von Konstruktionsteilen** *(Te, TK)* load-bearing construction
Bau *m* **von Tragkonstruktionen** *(Te, TK)* load-bearing construction
Bau *m*/**vorspringender** forebuilding, projection
Bau *m*/**wasserundurchlässiger** *(DIS)* waterproof construction *(z. B. Grundwasserwanne)*
Bau... constructional ..., structural ..., architectural ...
Bauablauf *m (Te)* sequence of construction
Bauablaufbericht *m (VR)* site report
Bauablauferfüllungsdarstellung *f (Te)* progress schedule
Bauablaufgeschwindigkeit *f (Te)* rate of progress
Bauablaufmanagement *n (Te)* scheduling
Bauablaufphase *f* running phase
Bauablaufplan *m* 1. *(Konst, Te, VR)* construction programme; 2. *(Konst, Te, VR)* construction schedule; 3. *(Te, VR)* construction time schedule; 4. *(Te, VR)* work schedule
Bauablaufplanung *f (Te)* scheduling
Bauablaufsteuerung *f* contract control, construction controlling
Bauablaufsteuerung *f* **und -kontrolle** *f (Konst, Te, VR)* controlling
Bauablaufzyklogramm *n (Konst, Te, VR)* construction progress chart
Bauabmessung *f (Konst)* building dimension
Bauabnahme *f* acceptance inspection, final inspection, acceptance of work, building inspection
Bauabort *m* site toilet
Bauabschlagszahlung *f*/**turnusmäßige** *(VR)* progress payment
Bauabschnitt *m* 1. *(Konst, Te)* construction stage; 2. *(Te, VR)* stage
Bauabsteifen *n (TK)* temporary shoring
Bauabteilung *f (VR)* construction department
Bauabwicklung *f* execution of construction work
Bauakademie *f* school of architecture
Bauakustik *f (DIS)* architectural acoustics
Bauamt *n (VR)* planning department and building control office
Bauänderungsbestätigung *f (VR)* variation order

Bauänderungszeichnungen *fpl (Konst, VR)* record drawings
Bauangebot *n* contractor's bid, contractor's proposal, bid, proposal
Bauantrag *m* building proposal
Bauantragsteller *m* applicant, applicant proposing to build, person proposing to build
Bauarbeiten *fpl* 1. construction work, execution of work, execution of works, building works; 2. *(Verk)* roadworks
Bauarbeiten *fpl* **an Zufahrtsstraßen** *(Verk)* service road works
Bauarbeiten *fpl***/aufgehende** *(Konst, Te)* upper work
Bauarbeiten *fpl* **über Erdgeschosshöhe** *(Konst, Te)* upper work
Bauarbeitenleistungsbeschreibung *f* specification of works
Bauarbeitenüberwachung *f* supervision of works
Bauarbeiter *m* 1. construction worker, building labourer, building worker, operative; 2. *(Verk)* roadworker
Bauarbeitertrupp *m* crew, gang
Bauarbeitsauftrag *m* 1. *(Te, VR)* construction work order; 2. *(VR)* work order
Bauarbeitsplan *m (Te, VR)* job plan
Bauart *f (Arch)* style, design; construction type, type of construction, make, build *(z. B. Typ des Gebäudes)*
Bauart *f***/gedrängte** *(Konst)* compact construction
Bauart *f***/geschlossene** enclosed type construction
Bauart *f***/leichte** light pattern, light pattern construction
Bauartgenehmigung *f (VR)* design approval
bauartgeprüft with design approval, with design certificate, approved, with qualification certificate
Bauartprüfung *f (VR)* type testing
Bauartzulassung *f (VR)* design approval
Bauaufnahme *f* 1. *(VR)* planning survey *(von Bausubstanz zur Stadtplanung)*; 2. survey of a building, survey of a structure *(Einzelgebäudeaufnahme)*
Bauaufnahmezeichnung *f***/maßstabgerechte** *(Konst, Verm)* measured drawing
Bauaufseher *m (VR)* inspector
Bauaufsicht *f* construction inspection, construction authority, construction supervision, supervision
Bauaufsichtsamt *n (VR)* construction supervising authority
Bauaufsichtsbeamter *m (VR)* building inspector
Bauaufsichtsbeauftragter *m (VR)* building inspector
Bauaufsichtsbehörde *f* construction supervising authority, building supervisory board, building control department, construction authority • **durch die Bauaufsichtsbehörde zugelassen** admitted for use by the supervising authority
Bauaufsichtskontrolle *f (VR)* construction inspection
Bauaufsichtswart *m* resident inspector
Bauauftrag *m* 1. *(Arch)* building commission; 2. order for constructional work *(Ausführung)*
Bauauftrag *m***/allgemeiner** general noise level
Bauauftraggeber *m* building owner, client, owner, proprietor, *(AE)* purchaser
Bauauftragsausführung *f* execution of the order
Bauaufwand *m (BWG)* construction expense
Bauaufzug *m* mechanical platform, building elevator, hoist
Bauausführender *m (VR)* contractor
Bauausführung *f* building construction, construction of a work, carrying-out, carrying-out of construction, construction of a job, execution of a job
Bauausführung *f***/nicht der Ausschreibung entsprechende** non-conforming work
Bauausführung *f***/nicht normengerechte** non--conforming work
Bauausführungsänderung *f (Konst)* modification
Bauausführungsänderung *f***/unwesentliche** minor change, minor change in the construction work
Bauausführungsänderungen *fpl (VR)* changes in the work
Bauausführungsbedingungen *fpl (VR)* conditions of contract
Bauausführungsbeschreibung *f* building specification
Bauausführungsbeschreibung *f***/kurze** *(VR)* streamlined specification *(mit allen technischen Informationen)*
Bauausführungsgenehmigung *f (VR)* work order
Bauausführungspläne *mpl (Konst)* working plans
Bauausführungsplanung *f (Konst)* planning of execution
Bauausführungsqualität *f* quality of construction
Bauausführungsverfahren *n* construction method
Bauausführungsvertrag *m* owner-contractor agreement
Bauausführungsvorschriftenwerk *n (VR)* code of practice
Bauausführungszeichnung *f* working drawing
Bauausführungszeichnungen *fpl* drawings
Bauausführungszeit *f* time of completion
Bauausführungszeitraum *m* time
Bauausnahmegenehmigung *f* construction exemption, exceptional permission for construction, *(AE)* variance
Baubahn *f* portable railway *(Erdbau)*
Baubarkeit *f (Konst, Te)* buildability
Baubeantragender *m (VR)* person proposing to build
Baubedarf *m* building supplies
Baubedingungen *fpl (VR)* specifications
Baubedingungen *fpl***/allgemeine** general requirements
Baubedingungen *fpl***/erschwerte** *(Te, VR)* heavy conditions
Baubeginn *m* commencement of construction
Baubeginnsaktivität *f* event *(Netzplantechnik)*
Baubeginnsaktivität *f***/späteste** *(Te, VR)* latest start date *(um das Projekt vertragsgerecht abzuschließen)*
Baubeginnsmeldung *f* report of the commencement of construction
Baubeginntermin *m (Te, VR)* date of commencement of the work
Baubehelf *m* temporary installations, temporary structure, temporary work
Baubehörde *f* building authority, construction administration, Board of Works
Bauberater *m* 1. *(VR)* construction consultant; 2. *(Konst, VR)* consultant; 3. *(Arch, VR)* professional adviser
Bauberatung *f* consulting, comprehensive advisory services
Bauberatung *f***/umfassende** comprehensive advisory services
Bauberatung *f* **und -betreuung** *f* construction advisory services, basic construction services, *(AE)* basic services *(durch Architekten in der Leistungsphase 1-7)*
Bauberatungsphase *f* 1. *(Arch, Konst, Te, VR)* construction advisory phase; 2. *(Konst, Te, VR)* construction phase *(während der Bauausführung)*
Bauberatungstätigkeit *f (VR)* professional construction advisory practice
Baubericht *m* 1. *(Te, VR)* job record; 2. *(VR)* job report
Bauberichtsblatt *n* construction record sheet, record sheet
Bauberichtsformblatt *n* construction record sheet, record sheet
Baubeschläge *mpl* finish hardware, builder's fitting, builder's hardware, building hardware
Baubeschläge *mpl***/rohe** *(EB)* rough fittings
Baubeschlagsarbeiten *fpl (EB)* hardware work
Baubeschränkung *f* 1. *(VR)* building restriction; 2. *(RP, VR)* bulk zoning
Baubeschreibung *f (VR)* specification

Baubesprechungsniederschrift *f* memo, memorandum
Baubesprechungsprotokoll *n* memo, memorandum
Baubestandskarte *f (RP)* official map
Baubestandszeichnung *f* as-completed drawing, building record drawing, record drawing, work as executed drawing
Baubestimmung *f* construction regulation, construction control
Baubestimmungen *fpl* 1. *(Konst, VR)* construction regulations; 2. *(VR)* building regulations
Baubetreuung *f* basic construction services *(durch den Entwurfsingenieur)*
Baubetrieb *m* contracting company, contracting firm, contractor, building contractor • **einem Baubetrieb die Arbeiten übertragen** *(VR)* charge a contractor with the work
Baubetrieb *m***/ausgewählter** selected bidder, successful bidder
Baubetrieb *m***/registrierter** *(VR)* licensed contractor
Baubetrieb *m***/satzungsgemäß zugelassener** statutory company
Baubetriebsplan *m* 1. *(Konst, Te, VR)* construction programme; 2. *(Te, VR)* programme
Baublech *n (BM, BT)* construction sheet material
Baubranntkalk *m (BM)* construction quicklime
Baubrigade *f* gang, crew
Baubude *f* site barrack, site hut, cabin, shed, shelter, *(AE)* shanty
Baubühne *f***/bewegliche** *(BWG, Te) (AE)* portable extension stage
Baubüro *n* construction office, site office, contractor's site office, field office, building office, site accommodation, temporary building office, *(AE)* job-site office
Bauchemie *f (BM, OB)* construction chemistry
bauchen *v***/sich** bulge; rise *(Baustoff)*
bauchförmig bulgy
bauchig bellied • **bauchig werden** belly, belly out
Baudämmmaterial *n (BM, DIS)* insulating construction material
Baudämmmatte *f***/gesteppte** *(BT, DIS)* stitched building mat
Baudämmstoff *m (DIS)* building insulation material
Baudämmstofferzeugnis *n (DIS)* building insulating product
Baudämmwolle *f (DIS)* building insulating wool
Baudarlehen *n* building loan
Baudaten *pl (Konst, Te, VR)* construction specifications
Baudelot-Kühler *m (HLK)* Baudelot cooler
Baudenkmal *n* architectural monument
Baudichte *f (RP)* building density
Baudirektion *f* building direction, building management
Baudurchführung *f***/komplette** 1. *(VR)* construction services; 2. *(Te, VR)* comprehensive services *(durch das beauftragte Entwurfsbüro)*
Bauebene *f***/aufgestelzte** *(BT, TK)* stilt
Baueimer *m* hand bucket
Baueingabeplan *m (VR)* preconstruction drawing
Baueinheit *f* building unit, module, assembly, prefabricated building component, subassembly
Baueinrichtung *f* construction site installations, *(AE)* job-site installations
Baueinsatzabsprache *f (Te, VR)* debriefing
Baueinschränkung *f (VR)* building restriction
Baueisenwaren *fpl* builder's hardware; rough hardware *(die verdeckt werden)*
Bauelement *n* member, module, construction unit, building component, prefabricated building component, structural element
Bauelement *n***/keramisches** ceramic building unit
Bauelement *n***/mehrschichtiges** multiply construction component
Bauelement *n***/standardisiertes** standardized building block, standardized building component
Bauelement *n***/vorgefertigtes** cast moulding, precast component, prefabricated construction unit
Bauelemente *npl* **mit einem Zoll Nominalstärke** inch stuff
bauen *v* 1. construct, build, erect *(ein Gebäude)*; 2. edify *(Großelemente)*; 3. engineer *(konstruktive Ingenieurbauten, Brücken)*; 4. practise *(herstellen)*; 5. make, erect *(errichten)*
bauen *v***/in eigener Regie** execute the work in economy
bauen *v***/modulgerecht** modulate
Bauen *n* 1. constructing, construction, building, erection; edifying *(Großelemente montieren)*; 2. *(Hb)* framing
Bauen *n***/erdbebensicheres** 1. *(Konst, Stat)* earthquake construction; 2. *(Konst)* seismic construction
Bauen *n***/feuerbeständiges** fire-resistant construction
Bauen *n***/herkömmliches** *(Arch, Konst)* traditional form of building
Bauen *n***/industrielles** 1. *(Konst, Te)* building by industrialized methods; 2. *(Te)* industrialized building
Bauen *n***/ländliches** *(LB)* rural construction
Bauen *n***/landwirtschaftliches** farm-building construction, agricultural building
Bauen *n* **mit Fertigteilen** 1. *(Konst)* prefabricated construction; 2. *(Te)* industrialized building
Bauen *n* **mit Raumzellen** *(Konst)* modular housing
Bauen *n* **mit Stahlbetonfertigteilen** *(Te)* precast reinforced concrete construction
Bauen *n***/monolithisches** *(Konst, Te)* monolithic constructing
Bauen *n***/organhaftes** *(Arch)* organic building *(funktionelle Formen)*
Bauen *n***/schlüsselfertiges** *(VR)* turnkey building construction
Bauen *n***/traditionelles** *(Arch)* tradition of building
Bauen *n***/transparentes** *(Konst)* see-through building
Bauen *n* **unter Verkehr** *(Verk)* works under traffic
Bauen *n***/wildes** *(RP, VR)* haphazard building
Bauentwicklung *f***/unrationelle** *(RP)* sporadic building
Bauentwurf *m (Konst)* structural design
Bauerdstoff *m (BM, Bod)* tapia *(Ton)*
Bauerfahrung *f* building experience
Bauerlaubnis *f* building permit, consent to build, planning and building permission
Bauernhaus *n* farmhouse, *(AE)* ranch house, grange
Bauernhof *m* farm, farmyard, farmstead, *(AE)* grange
Bauerschließungsgebiet *n* construction developing zone, developing area, developing area for construction
Bauerschließungsunternehmen *n (VR)* developer
Bauerstprüfung *f (BM)* initial type testing
Bauerwartungsland *n (RP, VR)* land set aside for building *(Baugesetz)*
Bauerweiterung *f* development of structure, expansion of building *(Vergrößerung, Ausbau)*
Baufach *n* building trade, architectural profession
Baufachmann *m* building expert, construction expert, builder, building professional
baufällig dilapidated *(Bauwerk)*; ramshackle, tumbledown, decaying, out of repair, rickety, ruinous, in a bad state of repair • **baufällig werden** fall into disrepair
Baufälligkeit *f* dilapidation, dilapidated state, disrepair, unrepair
Baufälligwerden *n* ruin, falling in disrepair *(eines Gebäudes)*
Baufertigstellungsfrist *f (Te)* time for completion
Baufertigstellungstermin *m***/spätester** *(Te, VR)* latest finish date *(dem Projekt entsprechend)*

Baufeuchte *f* construction moisture, building moisture, trapped humidity; construction material moisture *(Baustoffe)*
Baufinanzgarantie *f (VR)* bond *(Bankbürgschaft)*
Baufinanzierung *f* financing of building projects
Baufirma *f* construction firm, contracting company, contracting firm, builder
Baufirma *f*/**federführende** main contractor, sponsor
Baufirma *f*/**zugelassene** *(VR)* licensed contractor
Baufirmen *fpl*/**infrage kommende** invited bidders, restricted list of bidders, selected list of bidders
Baufläche *f*/**nicht erschlossene** *(RP)* undeveloped area
Bauflucht *f* alignment, alinement, building line, property line, row • **die Bauflucht richten** *(Verm)* establish lines of direction
Baufluchtlinie *f* alignment, alinement, building line, frontage line, row
Baufolge *f (Te)* sequence of construction
Baufolie *f* construction sheeting
Bauform *f (Konst)* type of construction
Bauform *f*/**abschließende** *(Arch)* termination *(Abschlusselement in der Kirchenarchitektur)*
Bauform *f*/**gedrungene** compact design
Bauform *f*/**kompakte** compact design
Bauform *f*/**traditionelle** traditional form of building
Bauforschung *f* building research
Baufortschritt *m* progress of construction work, progressing, rate of progress, progress
Baufortschrittsmeldung *f* progress report
Baufortschrittsstadium *n* building progress stage, stage
Baufreiheit *f* access to field, access to site, ground clearance, working area
Baufrist *f (Te, VR)* specified time for completion
Baufristengeneralplan *m (Te, VR)* master plan for appointed dates
Baufristenplan *m* 1. *(VR)* building progress chart; 2. *(Te, VR)* programme and progress chart; 3. *(Te, VR)* progress chart
Bauführer *m* contractor's supervisor, foreman, general foreman, general superintendent, section engineer, site agent
Baugang *m (Konst, Verk)* alley
Baugelände *n* construction ground, building ground, building site, building land, site, lie of the ground
Baugelände *n*/**erschlossenes** *(RP, VR)* developed site
Baugeländebodenprobeentnahme *f* site sampling
Baugeländefreiheit *f (Bod, RP)* terrain clearance
Baugenehmigung *f* building permit, building approvals, building permission, consent to build, permit, planning and building permission, planning permission
Baugenossenschaft *f (VR)* cooperative building society
Baugeräte *npl* construction equipment; building tools
Baugerüst *n* builder's stages, builder's staging, scaffold, staging, timber scaffolding; gabbard scaffold *(regionale Bezeichnung in Schottland)*; *(AE)* gantry
Baugerüst *n*/**schweres** heavy-duty scaffold
Baugerüst *n*/**verschiebbares** *(BWG, Te) (AE)* portable extension stage
Baugerüstdübeltragsystem *n* load-transfer assembly
Baugerüstelement *n* footing piece
Baugesamtvertrag *m (VR)* prime contract
Baugeschäft *n* building firm
Baugeschehen *n* 1. *(Te, VR)* constructional activities; 2. *(Te)* building activities
Baugesellschaft *f* building association, building society
Baugesetz *n* building by-law, *(AE)* building code [regulations]
Baugesetze *npl (VR)* Building Acts
Baugesinnung *f*/**klassische** *(Arch)* classical theory of architecture
Baugestaltungsverordnung *f (VR)* aesthetic clause
Baugesuch *n* building proposal, application for a building permit
Baugewerbe *n* building and construction trade, building industry, building trade; trowel trade
Baugewerk *n* building trade, trade
Baugewerkshandwerker *m* building trade workman
Baugewerkshandwerker *mpl* related trades
Baugips *m* building plaster, calcined gypsum
Bauglas *n* construction glass, building glass, structural glass
Bauglasplatte *f* building glass, structural glass
Bauglied *n* 1. *(BT)* construction member; 2. *(BT, Konst)* structural member
Baugrenze *f* 1. *(Verm)* building restriction line *(Gelände)*; 2. *(Te, VR)* contract limit *(Vertrag)*; 3. construction limits *(bautechnisch)*
Baugrenzlinie *f (Verm)* building line
Baugröße *f (Konst)* overall dimensions
Baugrube *f* excavation, excavation pit, building pit, foundation pit, pit • **eine Baugrube ausheben** *(Erdb)* excavate a pit
Baugrube *f*/**offene** *(Erdb)* open cut
Baugrube *f*/**unausgesteifte** *(Erdb)* open excavation
Baugrubenaussteifelemente *npl*/**waagerechte** *(Erdb)* horizontal sheeting
Baugrubenaussteifung *f (Erdb)* planking and strutting
Baugrubenaussteifungswerk *n* **mit Stützen und Platten** *(Erdb)* grid sheet system
Baugrubensicherung *f (Erdb, Konst)* revetment
Baugrubensohle *f* foundation pit base, pit base, pit level
Baugrubenverbau *m* building pit lining, building pit sheeting
Baugrubenverfüllung *f* ditch refilling
Baugrubenverkleidung *f* building pit lining, building pit sheeting; trench support
Baugrund *m (DIN 1054)* 1. *(Bod)* estate; 2. *(RP, VR)* building ground; 3. *(RP, VR)* site *(Baugelände)*; 4. foundation soil, building ground, subsoil, basement soil, foundation, foundation soil, soil, subgrade
Baugrund *m*/**durchlässiger** *(Bod)* pervious subsoil
Baugrund *m*/**natürlicher** foundation
Baugrund *m*/**senkungsgefährdeter** *(Bod)* subsiding ground
Baugrund *m*/**tragfähiger** *(Bod, Erdb)* hard ground
Baugrund *m*/**versumpfter** *(Bod, LB)* swampy ground
Baugrundaufschluss *m*/**schmaler** *(Bod)* trial pit
Baugrunddichtung *f (DIS)* subsoil sealing
Baugrunddrän *m (Erdb)* subsoil drain
Baugrunderkundungsbohrung *f (Bod)* pilot boring
Baugrundforschung *f (Bod)* investigation of foundation
Baugrundgutachten *n (Bod, VR)* subsoil expertise
Baugrundingenieurwesen *n* engineering geology
Baugrundkarte *f (Bod, Verm)* subsoil map
Baugrundmechanik *f* soil mechanics
Baugrundsätze *mpl (Konst)* building principles
Baugrundschürfschacht *m (Bod)* test pit
Baugrundsondierbohrung *f (Bod)* trial pit
Baugrundstück *n* building estate, building plot, building site, building ground site
Baugrundtragfähigkeit *f* load-bearing capacity of the soil, soil bearing capacity
Baugrunduntersuchung *f* examination of subsoil, foundation testing, investigation of foundation conditions, site exploration, site investigation, soil examination, soil investigation, soil study, soils survey, subsoil exploration, subsurface investigation *(EN 1997)*
Baugrunduntersuchung *f*/**geophysikalische** *(Bod)* geophysical field study

Baugrunduntersuchungsbohrung *f (BM, Bod)* foundation test boring
Baugrundverbesserung *f* soil improvement, artificial cementation, artificial cementation of soil, soil solidification, soil stabilization, earth improvement, *(AE)* ground improvement
Baugrundverbesserung *f*/**elektroosmotische** *(Erdb)* electroosmotic solidification
Baugrundverdichtung *f*/**natürliche** *(Bod)* subsoil consolidation
Baugruppe *f* structural component
Baugruppe *f*/**geschweißte** *(Konst, St)* welded assembly
Baugutachten *n (VR)* structural survey
Baugutachter *m (VR)* surveyor
Baugüte *f* building material quality
Baugüteüberwachung *f* building materials quality control
Bauhandwerk *n* building trade, trowel trade
Bauhandwerker *m* building trade workman
Bauhandwinde *f* hand-power winch
Bauhauptauftragnehmer *m (VR)* main contractor
Bauhauptauftragnehmervertrag *m* single contract
Bauhauptberater *m (VR)* prime professional consultant
Bauhauptgewerke *npl* main building trades
Bauhauptvertrag *m (VR)* general contract
Bauherr *m* employer, building owner, client, owner, promoter, proprietor
Bauherr *m*/**alleiniger** sole owner
Bauherrenmodell *n (VR)* house-builders' scheme
Bauherrvertreter *m (VR)* contracting officer
Bauhilfsarbeiter *m* odd-jobber
Bauhilfsmaterial *n* subsidiary materials
Bauhilfsstoff *m* indirect material
Bauhochkonjunktur *f (VR)* building boom
Bauhof *m* 1. contractor's yard, builder's yard, building yard, plant depot; 2. *(Hb)* timber yard *(für Zimmerarbeiten)*
Bauhöhe *f* overall height, total height, building height, structural height, depth of the work, depth
Bauhöhenvorschrift *f (VR)* building height zoning
Bauholz *n* construction timber, building timber, timber, solid structural timber, construction log, carcassing timber, straight timber; structural timber *(mindestens 125 mm Seitenhöhe)*; *(AE)* lumber, *(AE)* clear lumber, *(AE)* planed lumber, merchantable timber, *(AE)* structural lumber *(klassifiziert)*; *(AE)* yard lumber *(bis 125 mm dick)*
Bauholz *n*/**altes** *(BM, RS)* old timber
Bauholz *n*/**astreines** clean timber, *(AE)* clear lumber
Bauholz *n*/**besäumtes** 1. *(Hb)* dressed timber; 2. *(BM, Hb)* planed timber
Bauholz *n*/**feuerschutzimprägniertes** *(BM, Hb)* fire-retardant timber
Bauholz *n*/**frisches** green timber, fresh timber, *(AE)* green lumber
Bauholz *n*/**geringwertiges** *(BM, Hb) (AE)* cull
Bauholz *n*/**grünes** green timber, fresh timber, *(AE)* green lumber
Bauholz *n*/**handelsübliches** merchantable timber
Bauholz *n*/**kleines** *(BM, Hb)* trim
Bauholz *n*/**kurzgeschnittenes** *(BM, Hb)* short-length *(etwa 2 m)*
Bauholz *n*/**luftgetrocknetes** air dried timber, *(AE)* natural-seasoned lumber, *(AE)* air-dried lumber, *(AE)* air-seasoned lumber
Bauholz *n* **mit Stammkern** boxed heart
Bauholz *n*/**rauchgasgetrocknetes** smoke-dried timber, *(AE)* smoke-dried lumber
Bauholz *n*/**starkes** die-squared timber *(mindestens 100 × 100 mm im Durchmesser)*
Bauholz *n*/**verleimtes** *(BM, Hb)* structural glued-laminated timber
Bauholz *n*/**verstocktes** *(Hb, RS)* foxy timber
Bauholz *n*/**vorgefertigtes** factory timber, *(AE)* factory [shop] lumber
Bauholzgüteklasse *f (BT, Hb)* structural timber grade
Bauholzhandelsware *f* merchantable timber
Bauholzklammer *f* brob
Bauholzklassifikation *f (BM, Hb, VR)* timber grading rules
Bauholzmaß *n* **in Kubikfuß** *(Hb, Konst)* foot-run *(Stützenaufstand)*
Bauholzmengenbestimmung *f* **in Board-Fuß** *(BM, Hb, VR) (AE)* board measure
Bauholzstück *n*/**zusammengesetztes** *(Hb)* pieced timber
Bauholzware *f* merchantable timber
Bauhülle *f (Konst)* shell
Bauhütte *f* 1. site hut, side shed, barrack, building workers' hut; 2. *(Arch)* mason's lodge *(Gemeinschaft der Bauleute am mittelalterlichen Kirchenbau)*
Bauhüttenbuch *n (VR)* lodge-book
Bauhygiene *f (DIS, San)* architectural hygiene
Bauindustrie *f* construction industry, building and construction industry, building industry
Bauindustrieverband *m*/**Deutscher** German Construction Industry Association
Bauinformationszentrum *n* building information centre
Bauingenieur *m* **für Hoch- und Tiefbau** *(Arch, VR)* civil engineer
Bauingenieur *m*/**vom Berufsverband zugelassener** *(VR)* chartered civil engineer
Bauingenieurrisikoversicherung *f* professional liability insurance
Bauingenieurwesen *n (Arch, VR)* civil engineering
Bauinspektor *m* building inspector, resident inspector, *(AE)* building official
Bauisoliermatte *f*/**gesteppte** *(BT, DIS)* stitched building quilt
Baujahr *n (VR)* year of construction
Baukalk *m* mason's lime, construction lime, building lime
Baukampagne *f* building campaign
Baukantholz *n (Hb)* square timber, scantling, *(AE)* two-by--four (beam) *(ca. 5 cm × 10 cm, gebräuchlichstes Kantholz)*
Baukantine *f* site canteen
Baukasten... modular ...
Baukastenbauweise *f* modular building system
Baukastenkonstruktion *f* 1. *(Konst)* modular construction; 2. *(Arch, Konst)* unit construction
Baukastenmöbel *n* modular furniture
Baukastenprinzip *n (Konst)* building-block principle
Baukastensystem *n* modular building system, modular design system, modular system, unit-assembly system, unit-composed system, unit construction principle, unit principle, mechano-like system of construction; modularity *(Fertigteilbauten)* • **im Baukastensystem gebaut** *(Konst)* modular • **nach dem Baukastensystem konstruieren** unitize
Baukastensystem *n*/**anschlussgerechtes** module system *(Montagebau)*
Baukeramik *f* structural ceramics, heavy ceramics
Baukeramik *f*/**dekorative** ornamental structural ceramics, decorative structural ceramics
Baukeramikartikel *m (BT)* structural clay article
Baukeramikelement *n*/**konstruktives** *(BT)* structural ceramic building unit
Baukeramikerzeugnis *n (BT)* structural clay article
Baukeramikerzeugnisse *npl* heavy clay article
Baukeramikteil *n*/**konstruktives** structural ceramic building unit
Bauklammer *f* cramp, cramp iron, dog, dog iron, brob,

clamp, clamp iron, clamping iron, timber dog; bitch *(dreidimensional)*
Bauklebemasse *f (BM)* compound for building purposes
Baukleineisenwaren *fpl* finish hardware
Bauklempner *m* building plumber, plumber
Bauklotz *m* building block
Baukolonne *f* construction gang, gang, party, shift, team, unit
Baukolonnenführer *m* gang foreman
Baukomplettierung *f (Te)* final completion
Baukomplettierungsbericht *m* progress report
Baukonstruktion *f* building construction
Baukonstruktion *f*/**nicht entflammbare** *(BT, TK)* non--combustible construction
Baukonstruktionslehre *f* structural design theory, structural theory
Baukontrolle *f* building supervision, supervision
Baukontrolleur *m* clerk of works
Baukonzeption *f*/**norwegische** *(Br, Te)* Norwegian construction concept *(Brückenfreivorbau)*
Baukörper *m (Konst)* body
Baukosten *pl (VR)* construction costs
Baukosten *pl*/**erwartete** *(VR)* expected construction costs
Baukosten *pl*/**genau ermittelte** detailed estimate of construction costs
Baukostenanschlag *m (VR)* estimate of construction costs
Baukostenanschlag *m*/**genauer** *(VR)* detailed estimate of construction cost
Baukostenkalkulator *m* quantity surveyor
Baukostensumme *f*/**garantierte maximale** *(VR)* guaranteed maximum cost
Baukostenvoranschlag *m* construction cost estimate, building estimate, contractor's estimate; construction budget
Baukostenvoranschlagermittlung *f* **nach umbautem Raumvolumen** volume method of construction cost estimate, volume method
Baukostenzuschuss *m* building grant, building subsidy, contribution to the building expenses
Baukran *m* mobile tower crane, site crane, tower gantry
Baukrempe *f* iron dog
Baukunst *f* architecture, civil architecture
Baukunst *f*/**ägyptische** *(Arch)* Egyptian architecture
Baukunst *f*/**assyrische** Assyrian architecture
Baukunst *f*/**chinesische** *(Arch)* Chinese architecture
Baukunst *f* **des Mittelmeerraumes** *(Arch)* Mediterranean architecture
Baukunst *f*/**flavische** *(Arch)* Flavian architecture
Baukunst *f*/**frühchristliche** *(Arch)* Early Christian architecture *(sakral)*
Baukunst *f*/**funktionelle** *(Arch)* functionalistic architecture
Baukunst *f*/**irische** *(Arch)* Irish architecture
Baukunst *f*/**japanische** *(Arch)* Japanese architecture
Baukunst *f*/**keltische** Celtic architecture
Baukunst *f*/**maurische** *(Arch)* Moorish architecture
Baukunst *f*/**nordafrikanisch-maurische** *(Arch)* Moghrebin architecture
Baukunst *f*/**osmanische** *(Arch)* Ottoman architecture
Baukunst *f*/**ottonische** *(Arch)* Ottonian architecture *(deutsche Architektur des 10. Jahrhunderts)*
Baukunst *f*/**persische** *(Arch)* Persian architecture
Baukunst *f*/**poetische** poetic architecture
Baukunst *f*/**pompejanische** *(Arch)* Pompeian architecture
Baukunst *f*/**portugiesische** *(Arch)* Portuguese architecture
Baukunst *f*/**profane** *(Arch)* profane architecture
Baukunst *f*/**spätmittelalterliche** *(Arch)* late-mediaeval architecture
Baukunst *f*/**sumerische** *(Arch)* Sumerian architecture
Baukunst *f*/**syrische** *(Arch)* Syrian architecture
Baukunst *f*/**traditionelle** *(Arch)* traditional architecture
Baukunst *f*/**türkische** *(Arch)* Turkish architecture
Baukunst *f*/**urgeschichtliche** *(Arch)* prehistoric architecture
Baukunst *f*/**vorhellenische** *(Arch)* pre-Hellenic architecture
Baukunst *f*/**vorislamische** *(Arch)* pre-Islamic architecture
baukünstlerisch architectural
Baukunststoff *m* plastic building material, plastic construction material
Baukupfer *n* builder's copper
Bauland *n* construction ground, developed quarter, developed sites, building land
Bauland *n*/**aufgeschlossenes** *(RP)* improved land
Bauland *n*/**erschlossenes** developed area, land with access to all services
Bauland *n*/**geschütztes** *(Umw)* protected land
Bauland *n*/**voll erschlossenes** land with access to all services
Baulandaufteilung *f* site partition, construction ground partition, *(AE)* (site) subdivision
Baulandbeschaffung *f (VR)* acquisition of land
Baulandfreigabe *f (RP)* opening-up
Baulandinanspruchnahme *f*/**übermäßige** *(RP)* excess condemnation *(für gemeinnützige Zwecke)*
Baulandnutzungsbeschränkung *f (RP, VR)* deed restriction *(urkundlich bestätigt)*
Baulandplanung *f (RP)* land planning
Baulandrechtsanspruch *m (VR)* title
Baulandteilungsbestimmungen *fpl (VR) (AE)* subdivision regulations
Baulandumlegung *f (RP, VR)* land reallotment
Baulänge *f* overall length, length of structure; laying length, effective length *(Rohrleitungen)*
Baulärm *m* 1. *(Te, Umw)* construction noise; 2. *(DIS, Umw)* site noise
Baulast *f* construction load
Baulastträger *m* legally responsible authority
Baulehm *m* 1. *(BM)* construction loam; 2. *(BM, Bod)* tapia *(aus Adobelehm)*
Bauleistung *f* building work
Bauleistung *f*/**zusätzliche** *(VR)* extra quantities
Bauleistungen *fpl* **nach Istleistung** *(VR)* force account works
Bauleistungen *fpl*/**zusätzliche** *(VR)* extras
Bauleistungsabnahmebescheinigung *f (VR)* certificate of acceptance
Bauleistungsabrechnung *f*/**bestätigte** *(VR)* certificate for payment
Bauleistungsangabe *f* 1. *(VR)* performance bond; 2. *(Konst, VR)* bill of quantities *(Leistungsverzeichnis)*
Bauleistungsberechnung *f (VR)* force account *(ohne vorher kalkuliertes Angebot)*
Bauleistungsbeschreibung *f* quantity survey; bill of quantities *(Leistungsverzeichnis)*
Bauleistungseinzelpreis *m (VR)* unit price
Bauleistungsverpflichtung *f (VR)* performance bond
Bauleistungsvertrag *m* owner-contractor agreement
Bauleistungsverzeichnis *n* 1. *(VR)* schedule of prices; 2. *(Konst, VR)* bill of quantities *(Leistungsverzeichnis)*
Bauleiter *m* 1. agent, site agent, site manager, site superintendent, site engineer *(des Unternehmers)*; 2. building inspector, project engineer, project manager, project representative *(des Auftraggebers)*
Bauleiter *m*/**besserwissender** *(sl)* sidewalk superintendent
Bauleiter *m*/**örtlicher** *(VR)* field representative
Bauleiter *m*/**staatlicher** resident engineer, field engineer

Bauleiter *m*/**verantwortlicher** superintendent *(des Auftragnehmers)*
Bauleitplan *m (RP)* general development plan
Bauleitung *f* 1. *(Te, VR)* management of works; 2. *(VR)* construction management *(des Auftragnehmers)*; 3. construction supervision, site supervision, direction, engineer *(des Auftraggebers)*
Bauleitungsbüro *n* **des Auftraggebers** resident engineer's office
Bauleitungsbüro *n* **des Auftragnehmers** contractor's site office
baulich 1. *(Arch, Konst)* constructional; 2. *(Konst)* structural
Baulichkeiten *fpl* building on a site *(auf der Baustelle)*
Baulichkeiten *fpl* **mit Land** *(RP, VR)* premises *(z. B. Schul- oder Industriegelände)*
Baulinie *f* building line, frontage line
Baulizenz *f (VR)* licence for the construction
Baulohn *m (VR)* construction pay
Baulore *f* cart
Baulos *n* building lot, lot
Baulos *n* **zwischen zwei Parallelstraßen** *(Te, VR)* through lot
Baulosgröße *f* lot size, job size
Baulosumfang *m* lot size, extent of the contract
Baulücke *f (RP)* gap site
Baum *m* 1. *(BWG, TK)* beam *(Ausleger)*; 2. tree • **von Bäumen gesäumt** *(LB)* tree-lined
Baum *m*/**gekappter** pollard *(Landschaftsbau)*
Baum *m*/**geköpfter** pollard *(Landschaftsbau)*
Baumanagement *n (Te, VR)* management of works
Baumarbeiten *fpl (LB)* tree work
Baumaschinen *fpl* construction machinery, building machinery
Baumaschinenausrüstung *f* construction equipment
Baumaschinenpark *m (BWG)* equipment fleet
Baumaß *n* building size, structural dimension, dimension
Baumaß *n*/**ausgeführtes** *(Konst)* work size
Baumaß *n*/**fertiggestelltes** *(Konst)* work size
Baumasse *f* structural mass, massing, volume
Baumaßnahme *f* 1. project, construction work; 2. *(Verk)* highway project, road construction work
Baumaßnahmen *fpl* construction works
Baumaßnahmen *fpl* **der öffentlichen Hand** *(RP)* public construction
Baumast *m*/**U-förmiger** *(AE)* brotch *(Rieddach)*
Baumaterial *n* construction material, building material, building ware
Baumaterial *n*/**chemisches** chemical structural material *(z. B. Füllschäume, thioplastische Baustoffe)*
Baumaterial *n*/**feuerfestes** refractory construction material, refractory structural material
Baumaterial *n*/**synthetisches** manufactured constructional product
Baumatte *f* 1. *(BT)* mat; 2. *(BT, DIS)* quilt
Baumatte *f*/**versteppte** sewn quilt, sewn mat, sewn building quilt, sewn building mat
Baumauswachsung *f* burl, burr
Baumbepflanzung *f (LB)* tree planting *(Landschaftsbau)*
baumbesäumt *(LB)* tree-lined
Baumbeschneiden *n (LB)* tree trimming *(Landschaftsbau)*
Baumechanik *f (Stat)* structural mechanics
Baumeister *m* 1. *(Arch, Konst, VR)* master builder; 2. *(Arch)* mason architect *(im Mittelalter)*
Baumeisterzeichenraum *m*/**mittelalterlicher** *(Arch)* trasour
Baumethode *f (Te)* construction technique
Baumethodik *f (Konst, Te)* construction technology
Baumfällung *f (LB)* tree felling
baumförmig dendriform, dendritic
Baumgewölbe *n (Umw)* tree arch
Baumgrenze *f* 1. *(Bod, LB, Umw)* limit of trees; 2. *(LB)* tree line
Baumgruppe *f* 1. group of trees, cluster of trees, grove, coppice; 2. *(Arch)* bosket *(z. B. in Gärten der Renaissancezeit)*; group of trees *(Gartenarchitektur)*
Baumhaus *n (Konst)* treehouse
Baumisch... site-mixed ...
Baumkante *f* 1. *(Hb)* wane, bad bevel *(bei Nutzholz)*; 2. *(BM, Hb)* rough edge *(Brett)*
baumkantig rough-edged, rough-hewn *(Nutzholz)*
Baumlaube *f (LB)* bower *(Blattwerk)*
baumlos treeless, devoid of trees
Baumodul *m* modular coordination, dimensional framework
Baumontagekran *m* tower gantry
Baumontageverfahren *n (Te)* building erection system
Baumörtel *m* masonry mortar, construction mortar
Baumpfahl *m (BT, LB)* prop
Baumpflanzung *f* timber plantation
Baumpfleger *m* tree guard
Baumreihe *f (LB)* row of trees
Baumrinde *f* tree bark
Baumrost *m (BT)* tree grille
Baumsaft *m (BM)* sap
Baumschieber *m (BWG, LB)* tree-dozer
Baumschnitt *m (LB)* tree trimming *(Landschaftsbau)*
Baumschule *f* nursery, arboriculture, plant nursery, tree nursery
Baumschutz *m* **in einer Verkehrsflächenbefestigung** *(Konst, Umw)* tree grate
Baumschützer *m* tree guard
Baumstamm *m* tree trunk, trunk; log *(gefällter Stamm)*; bole *(industriell verwertbar)*
Baumstubben *m (LB)* stool
Baumstumpf *m (LB)* stub
Baumstützwerk *n* arbour
Baumtrümmer *fpl (LB)* slashes *(Holzschlag)*
Baumwart *m* tree guard
Baumwolldämmung *f (DIS)* cotton-covered insulation
Baumwollgewebe *n (BM)* cotton fabric
Baumwolljute *f* canvas
Baumwollmatte *f (BM, BT)* cotton mat
Baumwollträger *m* shirting *(Anstrichträger)*
Baumwollträgergewebe *n* shirting *(Anstrichträger)*
Baunagel *m (BT)* construction nail
Baunebengewerke *npl* related trades
Baunivellier *n (Verm)* engineer's level
Baunorm *f (Konst, VR)* construction standard
Baunormabmessung *f (Konst)* standardized dimension for construction
Baunormmaß *n* standardized dimension for construction, standardized figure for construction
Baunormung *f* 1. *(Konst, VR)* construction standardization; 2. *(VR)* standardization
Baunormzahl *f* standardized figure for construction
Baunutzungsordnung *f (VR)* land-use act
Bauobjekt *n* construction object, building object
Bauöffnungsmaße *npl* structural opening dimensions
Bauordnung *f* 1. *(Arch)* order of architecture; 2. *(VR)* building regulations
Bauordnung *f*/**örtliche** *(VR)* building by-law
bauordnungsgerecht/nicht *(VR)* non-conforming *(Gebäude)*
Bauorientierung *f*/**klassische** classical theory of architecture
Bauornamentzierrat *m (Arch)* tracery
Bauortauswahl *f (RP)* selection of site
Baupapier *n* building paper, red rosin paper

Baupapier *n*/**schweres getränktes** kraft board, kraft paper *(als Absperrmittel)*
Baupappe *f* building paper, felt paper, felt, general-use building paper, sheathing paper
Bauparzelle *f (RP, VR)* building plot
Baupassung *f* construction fit, dimensional fit
Bauphase *f (Te)* building phase
Bauphasenfestlegung *f (Te, VR)* site phasing
Bauphysik *f (BM, DIS, HLK)* physics relating to construction
Bauplan *m* 1. lay-out, architect's lay-out, architect's plan, construction plan, building plan *(Bauzeichnungen, Bauentwurfspläne)*; 2. construction diagram, time schedule, plan, plot plan, working plan *(Baudurchführung)*
Baupläne *mpl*/**eingereichte** *(Konst, RP)* deposited drawings
Bauplanung *f* construction planning, building planning
Bauplastik *f (Arch)* architectural sculpture, sculpture
Bauplatte *f* building board, structural panel, building sheet; building slab *(Beton)*
Bauplatte *f*/**konstruktive** structural panel
Bauplatz *m* construction site, building site, site, lie of the ground, *(AE)* job site, building plot
Baupolizei *f (VR)* construction supervising authority
Baupreis *m (VR)* construction price
Baupreis *m*/**maximaler akzeptierter** *(VR)* construction budget
Baupreisindex *m* construction price index
Bauprodukt *n (Arch, BT)* construction product
Bauproduktenrichtlinie *f (VR)* Construction Products Directive
Bauproduktion *f* building production, manufacture
Bauprojekt *n* 1. *(Arch, Konst, RP)* construction project; 2. *(Konst)* project
Bauprojektfertigstellungsphase *f (Konst, Te, VR)* construction documents phase *(durch den Entwurfsverfasser)*
Bauprojektmittel *npl (VR)* project budget
Bauprozess *m (Konst, Te)* construction process
Baupumpe *f* building pump
Bauraster *m (Konst)* structural module
Bauraum *m* site space
Baurecht *n (VR)* planning and building laws and regulations
Bauregel *f*/**anerkannte** approved rule
baureif 1. *(RP)* available for building; 2. *(Konst, VR)* fully developed *(Baugrundstück)*; 3. *(Konst, VR)* issued for construction *(Bauzeichnungen)*; 4. *(Konst, VR)* ready for construction *(Bauvorbereitungsunterlagen)*
Baureihe *f* series
Baureparatur *f* building repair, repair
Baureste *mpl* remains
Baurichtlatte *f (Te, Verm)* profile
Baurichtmaß *n (Konst)* controlling dimension
Baurichtmaßzahl *f* standardized figure for construction
Baurolle *f* gin wheel, sheave; gin block *(an einer Bauwinde)*
Baurundholz *n (BM, Hb)* round construction timber
Bausachverständiger *m* construction expert, building expert, expert
Bausandstein *m*/**behauener** hewn sandstone
Bausatz *m (EB)* kit
Bausatzmöbel *npl* modular furniture
Bauschaden *m (RS)* damage of a structure
Bauschäden *mpl* damages to structures
Bauschäden- und Verlustversicherung *f (VR)* insurance against loss or damage to works
Bauschaum *m* expanding foam
Bauschichtführer *m* shift boss
Bauschiefer *m* structural slate
Bauschlosser *m* construction fitter, fitter in the building trade
Bauschlosserei *f* smithery
Bauschnittholz *n* sawn engineering timber, sawn timber, wood in building sizes, *(AE)* construction lumber *(s. a. Bauholz)*
Bauschraube *f (BT, Te)* construction bolt *(nur zur Bauausführung)*
Bauschreiner *m (Hb)* joiner
Bauschreinerei *f (BWG, Hb)* joinery
Bauschutt *m* construction waste, debris, demolition waste, builder's rubbish, rubbish, rubble, waste building material, waste
Bauschuttrutsche *f* rubbish shoot, trash chute
Bauschutzmaßnahme *f* protection during construction
Bauseilbahn *f* erection ropeway
Bausektor *m* 1. *(Arch, VR)* construction branch; 2. *(VR)* construction field
Bauspardarlehen *n (VR)* construction loan
bausparen *v* save with a building society, *(AE)* save with a building and loan association
Bausparer *m* saver with a building society, *(AE)* saver with a building and loan association
Bausparkasse *f (VR)* building society
Bausparvertrag *m* building loan contract, savings contract with a building society, building society's savings agreement, *(AE)* savings contract with a building and loan association
Bauspekulant *m* jerry-builder
Bauspezifikationssystem *n*/**einheitliches** *(Konst, VR)* uniform system
Baustadium *n* construction stage, building phase, stage
Baustahl *m* constructional steel, structural steel
Baustahl *m*/**hochfester** high-tensile structural steel
Baustahl *m*/**hochzugfester** high-tensile construction steel
Baustahl *m*/**legierter** *(BM, St)* structural alloy steel
Baustahlgewebe *n* reinforcing mat, reinforcing steel mesh, steel fabric, welded fabric, welded-wire fabric
Baustahlmatte *f* reinforcement steel mesh, reinforcing mat, reinforcing steel mesh, woven steel fabric, woven steel wire fabric
Baustahlmatte *f*/**geschweißte** welded mesh reinforcement
Baustahlprofil *n (BM, St)* structural steel section
Baustandardwerk *n (VR) (AE)* building code
Baustange *f (BT)* pole
Baustatik *f (Stat)* statics
Baustatik *f*/**zeichnerische** *(Stat)* graphical statics
Baustein *m* 1. module, unite *(Fertigbaueinheit)*; 2. cut stone, building block, building stone
Baustein *m*/**harter** *(BM, SB)* rag
Baustein *m*/**kaltgebundener** unburned block
Baustein *m* **mit Modulmaß** masonry unit, modular masonry unit
Baustein *m*/**ungebrannter** *(BM, Te)* non-clay block
Bausteinkeilstück *n (SB)* template
Baustelle *f* 1. construction site, building site, building ground, project site, site, site of works, on-site area, lie of the ground field, *(AE)* job site; 2. *(Verk)* roadworks, road project site; erection site *(Stahlbau)* • **auf der Baustelle** on-site, site-on • **auf der Baustelle streichen** field-paint • **außerhalb der Baustelle** off-site • **frei Baustelle** delivered site, delivered free site *(Lieferung)* • **Vorsicht Baustelle** roadworks ahead *(Straße)*; attention - building site
Baustelle *f*/**baumbestandene** *(Bod, RP)* wooded site
Baustelle *f*/**freie** *(VR)* free site
Baustelle *f* **im Einschnitt** *(Erdb)* cutting site
Baustelle *f* **mittlerer Größe** medium-scale site
Baustelle *f*/**oberirdische** overhead site
Baustelle *f*/**städtische** *(RP, Te)* urban site

Baustellen... on-site ...
Baustellenabnahmeprüfung *f (VR)* site acceptance test
Baustellenanalyse *f (BM)* site analysis
Baustellenanschluss *m (Konst, St)* site connection *(Stahlbau)*
Baustellenanschlusstafel *f (El)* multioutlet assembly
Baustellenanstrich *m* on-site application, on-site painting, field application, field painting, site application, site-applied coat; site finish, site painting *(nach Montageabschluss)*
Baustellenarbeit *f* field work, site labour
Baustellenarbeiten *fpl (Te)* workmanship on building sites *(BS 8000- 1 bis 16)*
Baustellenarbeiter *m* field hand
Baustellenarbeitskräfte *fpl* site labour force
Baustellenaufenthaltsraum *m* site accommodation
Baustellenaufnahme *f (Verm)* survey of site
Baustellenausfahrt *f* site exit
Baustellenausrüstung *f* site equipment, equipment
Baustellenbahn *f* portable railway *(Erdbau)*
Baustellen-Bauabschnitt *m (Te)* site stage
Baustellenbedingungen *fpl* on-site conditions, field conditions, site conditions
Baustellenbegrenzung *f* boundary of the site
Baustellenbeleuchtung *f (El)* site lighting, works light
Baustellenberatung *f (VR)* site meeting
Baustellenberäumung *f* site clearance, site clearing
Baustellenbereich *m (Te)* work zone
Baustellenbeschichtung *f* 1. *(OB, Te)* on-site application; 2. *(OB, Te)* field application; 3. *(OB)* site application
Baustellenbeschilderung *f (Verk)* roadworks signing
Baustellenbesetzung *f* labour force on the site
Baustellenbeton *m* field concrete, job-mix concrete, job--mixed concrete
Baustellenbetrieb *m (Te)* site work
Baustellenbetriebstechnik *f (Te)* technology of the site
Baustellenbüro *n* field office, site office, *(AE)* job-site office
Baustellendurchlässigkeitsprüfung *f* site permeability test *(Entwässerung)*
Baustelleneinrichtung *f* construction site installations, site facilities, site arrangement, site assembly *(fertige Einrichtung)*; erection plant, site plant *(Montageeinrichtung)*; site mobilization, site preparation *(Tätigkeit)*; *(AE)* job-site installations *(fertige Einrichtung)*; *(AE)* job-site mobilization *(Tätigkeit)*
Baustelleneinrichtungsplan *m* facilities programme, site mobilization plan, *(AE)* job-site mobilization plan
Baustellenentwässerung *f (Erdb, WVA)* site drainage
Baustellenerschließung *f* site development, site preparation
Baustellenfahrzeug *n (BWG)* commercial vehicle
Baustellenfertigung *f* on-site manufacturing, on-site work, site manufacture, site prefabrication
Baustellenfläche *f* site area
Baustellenfläche *f*/**effektive** net site area *(ohne Straßen)*
Baustellenfläche *f*/**tatsächlich zur Verfügung stehende** net site area *(ohne Straßen)*
Baustellenfortschrittsfotografien *fpl* site progress photographs
Baustellenfreimachen *n* site clearance, site clearing
Baustellengebiet *n (Te)* employment district *(eines Bauunternehmens)*
baustellengefertigt und eingebracht site-placed
Baustellengelände *n* site area
Baustellengemisch *n (Te)* mix-in-place
baustellengemischt *(BM)* site-mixed
Baustellengerät *n* site equipment
baustellengeschweißt *(St, Te)* field-welded
baustellengestrichen *(OB)* site-painted
Baustellengucker *m (VR) (sl)* sidewalk superintendent
Baustellenheizung *f* heating for building operations
Baustellenherstellung *f (Te)* site manufacture
Baustellenhilfsarbeiter *m* field hand
Baustellenhöhe *f* **über NN** *(Verm)* site altitude
Baustellenhöhenlage *f (Verm)* site altitude
Baustelleningenieur *m* field engineer, site engineer *(des Auftraggebers)*; contractor's engineer, contractor's supervisor *(des Auftragnehmers)*
Baustellenkontrolle *f (VR)* field supervision
Baustellenkoordinator *m* site superintendent, *(AE)* job superintendent *(bei Projektsteuerung)*
Baustellenkorrosionsschutzbehandlung *f (OB, Te)* on--site corrosion treatment
Baustellenkosten *pl (VR)* site cost
Baustellenlabor *n* on-site laboratory, field laboratory, site laboratory, *(AE)* on-job lab [laboratory]
Baustellenleiter *m (VR)* contractor supervisor
Baustellenmischen *n (Te)* site mixing
Baustellenmischgutherstellung *f (Te)* site mixing
Baustellenmischverfahren *n (Te)* mix-in-place
Baustellenmontage *f* on-site manufacturing, on-site work, field erection, site assembly, site erection
baustellenmontiert *(Te)* site assembled
Baustellennietung *f (St, Te)* site riveting
Baustellenorganisation *f (VR)* site organization
Baustellenpersonal *n* site staff, site labour force
Baustellenplan *m* site plan
Baustellenprüfung *f* on-site test, at-site testing
Baustellenrapport *m (VR)* site report
Baustellenraum *m* site space
Baustellenräumung *f* site clearance, site clearing, clearing of site, site clean-up, site clean-clearing
Baustellenrodehobel *m (BWG, LB)* tree-dozer
Baustellensäuberung *f* site clean-up, site clean-clearing, land clearing
Baustellenschlamm *m* site mud
Baustellenschweißen *n* 1. *(St)* field welding; 2. *(St, Te)* site welding
Baustellensicherheit *f* site safety; safety at road works
Baustellensignaleinrichtung *f*/**vorübergehende** *(Verk)* temporary signal
Baustellensilo *n* site silo, site hopper, storage bin
Baustellensilo *n*/**fahrbares** portable hopper
Baustellenstilllegung *f* site stoppage
Baustellenstraße *f* builder's road, site road
Baustellentransport *m (Verk)* site transport
Baustellenüberwachung *f (VR)* site supervision
Baustellenunterkunft *f* site accommodation
Baustellenuntersuchung *f (Bod)* site investigation
Baustellenverdichtung *f (Te)* field compaction
Baustellenvereinbarung *f* site understanding
Baustellenverkehr *m* 1. *(Te, Verk)* construction traffic; 2. *(Verk)* site traffic
Baustellenversuch *m* field test
Baustellenvorfertigung *f* on-site prefabrication, site prefabrication; in-situ precasting, site precasting *(mit Beton)*
Baustellenwahl *f* 1. *(RP, VR)* choice of site; 2. *(RP)* selection of site
Baustellenwarnlicht *n (El)* works light
Baustellenwürfelprüfung *f* field cube test
Baustellenzeitfolgeabstimmung *f (Te, VR)* site phasing
Baustellenzufahrt *f* site access
Baustift *m* carpenter's nail
Baustil *m (Arch)* architectural style, style of architecture, order; architecture *(z. B. einer Epoche)* • **aus einem Baustil bestehend** *(Arch)* monostyle
Baustil *m*/**byzantinischer** *(Arch)* Byzantine architecture

Baustil *m* **der Renaissance** *(Arch)* Renaissance architecture
Baustil *m*/**etruskischer** *(Arch)* Etruscan architecture
Baustil *m*/**gotischer** *(Arch)* Gothic architecture
Baustil *m*/**griechischer** *(Arch)* Greek building style
Baustil *m*/**hellenistischer** Hellenistic architecture, Hellenistic style *(nach 323 v. Chr.)*
Baustil *m*/**klassischer** *(Arch)* classical architecture
Baustil *m*/**klassizistischer** *(Arch)* classicism
Baustil *m*/**örtlicher** native style
Baustil *m*/**romanischer** Romanesque architecture *(11. und 12. Jh.)*
Baustil *m*/**römischer** *(Arch)* Roman architecture
Baustil *m*/**vorchristlicher** *(Arch)* pre-Christian building style
Baustoff *m* material, construction material, building material, structural material
Baustoff *m*/**chemischer** chemical construction material
Baustoff *m*/**feuerfester** refractory, refractory construction material, refractory structural material
Baustoff *m*/**gestalterischer** creative design material
Baustoff *m*/**hydraulisch gebundener** cement-bound material
Baustoff *m*/**im Spritzverfahren aufgetragener, schallschluckender** *(BM, DIS)* acoustical sprayed-on material
Baustoff *m*/**keramischer** building ceramics, ceramic building material, ceramic material
Baustoff *m*/**klassierter** material being screened, material being sized
Baustoff *m*/**kompakter** solid material
Baustoff *m*/**kostbarer** fine material
Baustoff *m*/**künstlicher** manufactured constructional product, synthetic building material, synthetic structural product
Baustoff *m*/**kurzlebiger** *(BM)* short-lived material
Baustoff *m*/**metallischer** metallic material
Baustoff *m*/**minderwertiger** marginal material
Baustoff *m*/**mineralischer** mineral construction material
Baustoff *m*/**porenhaltiger** cellular material
Baustoff *m*/**porenreicher** *(BM)* porous building material
Baustoff *m*/**porosierter** porous construction material
Baustoff *m*/**schallabsorbierender** *(BM, DIS)* acoustical material
Baustoff *m*/**schallschluckender** acoustical sprayed-on material
Baustoff *m*/**standardisierter** standardized material
Baustoff *m*/**synthetischer** manufactured constructional product, chemical structural material *(z. B. Füllschäume, thioplastische Baustoffe)*
Baustoff *m*/**unkonventioneller** non-conventional material
Baustoff *m*/**viskoelastischer** *(BM)* viscoelastic material
Baustoff *m*/**vulkanischer** volcanic constructional material
Baustoff *m*/**wärmedämmender** *(BM, DIS)* heat-insulating material
Baustoff *m*/**wasserempfindlicher** water-sensitive material
Baustoffabbau *m (BM)* quarrying, quarring
Baustoffabnahme *f (VR)* material acceptance *(Qualität)*
Baustoffaufbereitung *f* building materials processing
Baustoffausnutzung *f* material utilization
Baustoffbedarf *m* materials requirement, construction materials requirement, building materials demand, building materials requirement
Baustoffe *mpl* materials • **Baustoffe nur angeliefert** building materials supplied only
Baustoffe *mpl*/**einheimische** *(BM)* vernacular materials
Baustofferzeuger *m* building material producer
Baustofffehlbedarf *m (VR)* shortage of material
Baustofffehler *m* construction material fault, building material failure, building material fault
Baustoffgewinnung *f* **aus Brüchen und Gruben** *(BM)* quarrying, quarring
Baustoffgruppe *f* family
Baustoffgüte *f* building materials quality
Baustoffgüteüberwachung *f (VR)* building materials quality control
Baustoffgütevorschrift *f (VR)* material specification
Baustoffhändler *m* builder's merchant
Baustoffhersteller *m* building material producer
Baustoffherstellung *f* building materials production
Baustoffindustrie *f* building materials industry, industry of building materials
Baustoffingenieur *m* building materials engineer
Baustoffkenndaten *pl* properties data
Baustoffkennwerte *mpl* properties data
Baustoffkunde *f (BM)* materials science
Baustofflagerplatz *m* building materials depot, building materials store, building materials yard
Baustofflieferant *m* building materials supplier, supplier, vendor
Baustoffmangel *m* material shortage, building material shortage, shortage of material
Baustoffprüfanstalt *f (BM, VR)* materials testing institute
Baustoffprüfer *m* examiner
Baustoffprüflabor *n (BM)* material testing laboratory
Baustoffprüfstelle *f (BM, VR)* materials testing laboratory
Baustoffprüfung *f* materials testing, building material testing, testing of materials
Baustoffprüfung *f*/**zerstörungsfreie** materiology
Baustoffprüfverfahrensvorschriften *fpl* material-test specification
Baustoffprüfvorschriften *fpl* material-test specification
Baustoffschaden *m* building material failure
Baustoffschädigung *f* materials damage
baustoffschädlich *(OB, Umw)* aggressive to building material
Baustofftechnik *f* materials engineering, building material practice, building materials engineering, building materials practice
Baustofftransport *m (Te)* materials handling
Baustoffuntersuchung *f* examination of building materials, investigation of building materials
Baustoffversorger *m* building materials supplier
Baustoffversorgung *f* building materials supply, materials (supplying)
Baustoffwissenschaft *f (BM)* materials science
Baustraße *f* construction road, construction way, site road, road for construction traffic
Baustrecke *f (Te)* field *(Leitungsbau)*
Baustufe *f* construction stage, stage, stage of completion, stage of construction
Baustufe *f*/**kritische** critical stage
Baustütze *f (BT, Te)* tom
Bausubstanz *f* substance of building, substance of structure, fabric • **in der Bausubstanz einwandfrei** *(VR)* structurally sound
Bausubstanz *f* **in einer Bauzeichnung/dargestellte** *(Konst)* poché *(durch dunkle Flächen)*
Bausubstanzaufnahme *f (RS, VR)* building survey
Bausubstanzbeurteilung *f* 1. *(VR)* assessment of building; 2. *(RS, VR)* structural assessment
Bausubstanzverbesserung *f* building improvement, improvement
Bausumme *f (VR)* construction sum
Bausumme *f*/**anteilig zurückgehaltene** *(VR)* retainage
Bausumme *f*/**bereitgestellte** *(VR)* construction budget
Bausummenbezahlung *f (VR)* satisfaction

Bausummenlimit *n (VR)* fixed limit of construction cost
Bausystem *n* 1. *(Arch, Konst)* construction system; 2. *(Konst)* structural system
Bausystem *n***/feuerhemmendes** fire-retardant construction
Bausystem *n***/maßeinheitliches** modular building system
Bausystem *n***/monolithisches** monolithic construction method, monolithic system
Bausystem *n***/starres** 1. *(TK)* rigid construction system; 2. *(Konst)* rigid system
Bausystem *n***/steifes** *(Konst)* rigid system
Bautafel *f* construction panel; lath *(als Putzträger)*
Bautafel *f***/schmelzemaillierte** *(BT)* vitreous enamelled building panel
Bautagebuch *n* 1. *(Te, VR)* construction diary; 2. *(VR)* builder's diary; 3. *(Te, VR)* job record
Bautakt *m (Te)* completion cycle
Bautätigkeit *f (Te)* construction activity
Bautätigkeit *f* **auf der Baustelle** *(Te)* site work
Bautätigkeiten *fpl (Te)* building activities
Bautechnik *f* construction engineering, construction technology, building engineering, civil engineering
Bautechniker *m* builder, building surveyor
bautechnisch architectonic, constructional
Bautechnologie *f (Te)* construction method
Bauteil *n* member, fitting, building unit, component, constituent member, structural component, structural element, structural member, structural unit, subassembly, unit
Bauteil *n***/auskragendes** cantilevered component
Bauteil *n***/einschaliges** homogeneous member, homogeneous unit
Bauteil *n***/feuerhemmendes** fire-retarding component, fire stop
Bauteil *n***/gebogenes** curved member
Bauteil *n***/gedrücktes** 1. *(BT)* compressed component; 2. *(BT, TK)* compression member
Bauteil *n***/gemauertes** brick structure
Bauteil *n***/geschweißtes** *(BT, Konst, St)* weldment
Bauteil *n***/maßeinheitliches** *(Konst)* modular building unit
Bauteil *n***/vorgefertigtes** compound unit, prefabricated compound, prefabricated unit
Bauteil *n***/vorspringendes** *(BT, TK)* jetty
Bauteile *npl* builder's elements, building elements
Bauteile *npl***/ornamentale** ornamental parts
Bauteilnummer *f* piece mark
Bauteilvertrag *m* separate contract
Bauteilzeichen *n* piece mark
Bautempo *n (Konst, Te, VR)* construction speed
Bauten *mpl (Konst)* structures
Bauten *mpl* **der öffentlichen Hand** public structures
Bauten *mpl***/erdbebensichere** *(Konst)* earthquake-proof buildings *(Eurocode 8, DIN EN 1998, DIN 4149)*
Bauten *mpl* **in deutschen Erdbebengebieten** *(Konst)* buildings in German earthquake areas *(DIN 4149)*
Bauten *mpl***/öffentliche** public buildings, public works, works
Bauten *mpl***/staatlich geförderte** *(Arch, Konst, VR)* public works
Bautenanstrichfarbe *f* house paint, paint for the building and construction industry
Bautenanstrichstoff *m (BM, OB)* paint for construction purposes
Bautenfarbe *f* paint for construction purposes, paint for preservation of structures
Bautenlackfarbe *f* lacquer for building construction purposes
Bautenschutz *m (Konst)* preservation of structures
Bautenschutzfarbe *f* paint for preservation of structures, structure preservation coat
Bautenschutzmittel *npl (OB)* building protecting agents
Bautenschutzmittel *n***/chemisches** chemical preservative for structures and buildings
Bautenschutzstoff *m***/chemischer** chemical preservative for structures and buildings
Bauterrakotta *f* architectural [structural] terra-cotta
Bautischler *m* building joiner, joiner
Bautischlerarbeit *f* joinery, joinery work
Bautischlerarbeit *f* **mit runden Formen** *(EB, Te)* compass work joinery
Bautischlerei *f* joinery, *(AE)* millwork plant
Bautischlereinbauten *mpl* wood built-in units, wood fixtures, *(AE)* (wood) mill work
Bautischlerelement *n* joinery component, joinery unit, joiner's unit
Bautischlerprodukte *npl* joinery components [units], *(AE)* millwork
Bautischlerteil *n* joiner's unit
Bautoleranz *f (Konst)* permissible deviation of constructional elements
Bautradition *f (Arch)* architectural tradition, tradition of building
Bautragemulde *f (BWG, Te)* hod
Bauträger *m (VR)* developer
Bautrupp *m* 1. *(Te)* gang; 2. *(Te, VR)* shift
Bautruppführer *m* gang foreman
Bautyp *m (Konst)* type of construction
Bauüberwacher *m* **des Auftraggebers/örtlicher** *(VR)* inspector
Bauüberwachung *f* observation of the work, observation of the construction work, construction control, building control, building inspection, building supervision
Bauüberwachung *f***/strenge** *(VR)* severe supervision
Bau- und Montageverfahren *n (Te)* construction and erection method
Bauunterhaltungsberatung *f (RS, VR)* post-completion services
Bauunterkunft *f* site accommodation, barracks
Bauunterkunftswagen *m (BT, Verk) (AE)* accommodation trailer
Bauunterlagen *fpl* 1. *(Konst, Te, VR)* construction documents; 2. *(Konst)* building documents
Bauunterlagen *fpl***/spezifizierte korrigierte** 1. *(Konst, VR)* adjusted building documents; 2. *(Konst, VR)* addendum *(tatsächlich ausgeführt)*
Bauunternehmen *n* contractor, building contractor
Bauunternehmen *n* **für öffentliche Bauten** *(VR)* public works contractor
Bauunternehmen *n***/infrage kommendes** selected bidder, successful bidder
Bauunternehmer *m* contractor, builder
Bauunternehmung *f* construction company, construction firm, building enterprise
Bauveränderung *f* 1. *(VR)* building conversion; 2. *(Konst)* structural alteration; 3. *(Konst, Te)* structural conversion
Bauveränderung *f* **durch den Mieter** tenant's improvement
Bauverbot *n* building ban
Bauverbotszone *f* building ban zone
Bauverein *m (VR)* building association
Bauverfahren *n* construction method, method of construction, building method
Bauvertrag *m* agreement, building contract, owner-contractor agreement
Bauvertrag *m* **für ein ausbaufertiges Gebäude** turnkey contract
Bauvertrag *m***/getrennter** *(VR)* separate contract
Bauvertrag *m* **mit Garantiehinterlegung** *(VR)* lump-sum agreement *(Pauschalsumme der Leistung)*

Bauvertragsänderung *f (VR)* modification
Bauvertragsbedingungen *fpl***/allgemeine** *(VR)* general conditions of the contract
Bauvertragsbegriffsdefinition *f (VR)* index of key words
Bauvertragsgarantie *f* **durch eine dritte Person** *(VR)* indemnification
Bauvertragsgüteforderungen *fpl (VR)* specifications
Bauvertragssumme *f (VR)* contract sum
Bauvertragsunterlagen *fpl* contract documents, contract particulars
Bauvertragszeit *f (Te)* time
Bauvertragszeitraum *m (Te)* time
Bauverwaltung *f (VR)* construction administration
Bauvollmacht *f* power of attorney
Bauvolumen *n* 1. *(Te, VR)* volume of building output; 2. *(VR)* volume of construction *(Planungsziffer)*
Bauvorarbeiter *m* general foreman
Bauvorbesprechung *f (Te, VR)* preconstruction conference
Bauvorhaben *n* construction project, building project, development, project
Bauvorhaben *n* **der öffentlichen Hand** *(RP, VR)* public works project
Bauvorhaben *n* **im sozialen Wohnungsbau** *(Konst, RP)* social housing scheme
Bauvorhaben *n***/öffentliches** *(RP, VR)* public works project
Bauvorhaben *npl***/staatlich geförderte** publicly funded projects
Bauvorhaben *npl***/unterirdische** *(Konst, Tun)* underground work
Bauvorlagen *fpl* building documents, building particulars and drawings
Bauvorschrift *f (VR)* building regulation
Bauvorschriften *fpl* 1. *(VR)* building specifications; 2. *(Konst, VR)* construction regulations
Bauvorschriften *fpl***/funktionsbestimmende** *(Konst, VR)* functional specifications
Bauwart *m* general superintendent, resident inspector
Bauweise *f* 1. building method, construction method, construction; 2. *(Arch)* style of architecture, architectural style, design, model • **von kastenförmiger Bauweise** of box-section construction
Bauweise *f***/amtlich genehmigte** construction approved by the government, construction approved by local authorities
Bauweise *f* **aus engem Holzwerk mit Verputz** *(Hb, Konst)* needlework
Bauweise *f***/auskragende** cantilever fashion
Bauweise *f***/einheimische** *(Arch, Konst)* vernacular construction method
Bauweise *f***/elastische** *(Konst)* elastic system
Bauweise *f***/erdbebensichere** earthquake-resistant construction method
Bauweise *f***/gemischte** mixed construction method
Bauweise *f***/herkömmliche** 1. *(Konst, Te)* conventional construction method; 2. *(Te)* orthodox construction method; 3. *(Arch, Konst)* classic construction method; 4. *(Arch, Konst, Te)* classical construction method
Bauweise *f***/industrielle** industrial building method, industrialized building method, industrialized construction method
Bauweise *f***/konstruktive** *(Konst, Te)* structural model
Bauweise *f***/konventionelle** conventional construction method, orthodox construction method, conventional method
Bauweise *f***/landschaftsspezifische** *(Arch)* vernacular architecture
Bauweise *f***/locker verbundene** discontinuous construction, discontinuous construction method
Bauweise *f* **mit Verbund/getrennte** *(Konst)* separate construction *(Estrich)*
Bauweise *f***/monolithische** *(Te)* monolithic construction method
Bauweise *f***/nachgeahmte** imitated construction
Bauweise *f***/offene** 1. *(Arch, Konst)* open building method; 2. *(Tun)* open cut
Bauweise *f***/schallunterbrochene** discontinuous construction method, discontinuous construction
Bauweise *f***/traditionelle** *(Arch, Konst)* traditional form of building
Bauweise *f***/ungebundene** *(Konst)* unbonded construction
Bauweise *f***/unsolide** *(Konst, VR)* jerry-building
Bauweise *f***/verbundlose** *(Konst)* unbonded construction
Bauwerk *n* structure, construction, engineering structure, building, edifice
Bauwerk *n***/abgeputztes** *(Arch, Konst)* rendered structure
Bauwerk *n***/charakteristisches** land-mark
Bauwerk *n***/dreidimensionales** space structure, three--dimensional structure
Bauwerk *n***/elektrisches** *(Arch)* electric structure
Bauwerk *n***/erdbebesicheres** *(Konst)* earthquake-proof structure *(Eurocode 8, DIN EN 1998, DIN 4149)*
Bauwerk *n***/gemauertes** *(SB)* masonry structure
Bauwerk *n***/genageltes** *(Hb, Konst)* nailed structure
Bauwerk *n***/geodätisches** *(Verm)* geodesic structure
Bauwerk *n***/hohes** *(Arch)* tall structure
Bauwerk *n***/imposantes** *(Arch) (speziell)* edifice
Bauwerk *n* **in Originalgröße** full-scale structure, full-size construction
Bauwerk *n***/kinematisch unbestimmtes** *(Stat)* kinematically indeterminate structure
Bauwerk *n***/klassisches** *(Arch)* classical structure
Bauwerk *n***/lasttragendes** load-bearing structure
Bauwerk *n* **mit drei Freiheitsgraden** three-degree-of--freedom structure
Bauwerk *n***/mit Mauern umschlossenes** enclosed building
Bauwerk *n* **mit tragenden Wänden** load-bearing wall structure
Bauwerk *n***/nicht lineares** *(Konst)* non-linear structure
Bauwerk *n***/nutzloses** *(LB)* folly *(Landschaftsgestaltung)*
Bauwerk *n***/plastisches** *(Konst)* plastic structure
Bauwerk *n***/rahmenartiges** *(Konst)* frame-like supporting structure
Bauwerk *n***/räumliches** space structure, three-dimensional structure
Bauwerk *n***/raumumschließendes** *(Konst)* space-enclosing structure
Bauwerk *n***/schlechtes** *(Konst)* ramshackle building
Bauwerk *n***/schwimmendes** *(Arch, Wsb)* floating structure
Bauwerk *n***/starres** 1. *(Konst)* rigid structure; 2. *(Konst, TK)* stiff structure
Bauwerk *n***/statisch bestimmtes** 1. *(Konst, Stat, TK)* statically determinate structure; 2. *(Stat)* isostatic structure
Bauwerk *n***/steifes** 1. *(Konst)* rigid structure; 2. *(Konst, TK)* stiff structure
Bauwerk *n***/störendes** *(Arch, Konst)* alien structure
Bauwerk *n***/strahlengeschütztes** rayproof building
Bauwerk *n***/strahlensicheres** rayproof building
Bauwerkabdichtung *f (DIS)* bituminous dampproofing and waterproofing of structures
Bauwerksabdichtung *f (DIS)* waterproofing for structures, waterproofing of buildings *(BS 8000-4, DIN 4031EErl ND 1982, DIN 18195-1 bis 10)*
Bauwerksabnahme *f (VR)* acceptance

Bauwerksaufsicht *f* supervision of works
Bauwerksbemessung *f* **gegen Erdbeben** *(Stat)* design of structures for earthquake resistance *(EN 1998)*
Bauwerksbeton *m* structural concrete
Bauwerksebene *f (Konst)* plane of a structure
Bauwerksliste *f (RP, VR)* list of constructions
Bauwerks-Management-System *n (BMS) (Verk)* bridge management system, BMS
Bauwerksmittelteil *n (Konst)* central section
Bauwerksmodell *n* type of structure
Bauwerksreaktion *f* structural response
Bauwerksschwingung *f (Stat)* building vibration
Bauwerkstyp *m* type of structure *(Brücke)*
Bauwerksuntergrund *m (Erdb)* seat of settlement
Bauwerksverhalten *n (BM, RS)* structural material performance *(Baustoffverhalten im Bauwerk)*
Bauwerksverzeichnis *n (RP, VR)* list of constructions
Bauwerkzeuge *npl* building hardware, hardware
Bauwesen *n* 1. *(Arch, VR)* civil engineering; 2. *(Arch, Konst)* construction engineering *(Bautechnik)*; 3. *(Arch)* architecture *(Baukunst)*; 4. building and construction industry, building industry, building trade *(Bauwirtschaft)*
Bauwich *m* 1. *(VR)* distance between buildings; 2. *(Verm)* space between two neighbouring buildings
Bauwinde *f* builder's hoist, builder's winch, hand-power winch, windlass
Bauwirtschaft *f* building and construction industry, building industry, building trade
Bauwirtschaftlichkeitsuntersuchung *f (VR) (AE)* value engineering *(Kosten, Gebrauchsverhalten, Baustoffe, Baudurchführung, Bauleistung)*
Bauwolle *f (BM, DIS)* low-grade slag wool
bauwürdig workable
Bauwut *f (sl)* building mania
Bauxit *m (BM, Bod)* bauxite
Bauxitzement *m* bauxitic cement
Bauzaun *m* hoarding, paling, site fence
Bauzeichner *m* architectural draughtsman
Bauzeichnerin *f* architectural draughtswoman
Bauzeichnung *f* construction drawing, building drawing, structural drawing, working drawing
Bauzeichnung *f***/korrigierte** *(Konst)* revise drawing
Bauzeichnungen *fpl* drawings
Bauzeichnungen *fpl***/bestätigte** *(Konst, VR)* approved drawings
Bauzeichnungen *fpl* **mit allen eingetragenen Änderungen während des Bauens** *(Konst, VR)* record drawings
Bauzeichnungen *fpl***/vorgelegte** *(Konst, RP)* deposited drawings
Bauzeit *f* 1. construction period, construction time, specified time for completion, time of completion, time of construction; 2. *(Hb)* timbering time
Bauzeit *f***/geforderte** specified time for completion
Bauzeit *f***/tatsächliche** 1. *(Te, VR)* actual construction time; 2. *(Te, VR)* real construction time
Bauzeit *f***/vertragliche** *(VR)* contract time
Bauzeitenplan *m* 1. *(Te)* time schedule; 2. *(Te, VR)* works progress schedule
Bauzeitraum *m* time of completion, time of construction
Bauzeitverlängerung *f* extension of given time, extension of given construction time
Bauzeitverlängerung *f* **infolge Zusatzarbeit** *(VR)* extra time allowance
Bauzentrum *n* building information centre
Bauziegel *m* building brick
Bauziegel *m***/geformter** moulded brick
Bauzone *f* building zone
Bauzufahrt *f (Te, Verk)* construction road
Bauzug *m (Verk)* service train, train for railway construction, work train *(Eisenbahn)*
Bauzuschuss *m* 1. building grant, building subsidy *(staatlich)*; 2. contribution to the building expenses
Bauzustand *m (Konst, RS)* structural condition
Bauzustandsbewertung *f* 1. *(BM, RS)* assessment of structural condition; 2. *(RS, VR)* structural evaluation
Bauzustandsschätzung *f* state estimation
Bauzustimmung *f* **des Entwurfsverfassers** *(VR)* architect's approval
Bauzweck *m* building purpose
Bauzwischendarlehen *n (VR)* construction loan
BCS British Calibration Service, BCS
Beamter *m* **für Bauwesen** public officer of the building authority
Beamter *m***/vereidigter** special constable officer
beanspruchen *v (Stat)* load, strain, stress; act *(angreifen)*; claim
beanspruchen *v***/auf Verdrehung** twist
beanspruchen *v***/auf Zug** *(Stat)* tension
beanspruchen *v***/dynamisch** 1. *(Stat)* submit to dynamic stress; 2. *(BM, Konst)* fatigue
beanspruchen *v***/mechanisch** stress
beansprucht loaded, stressed, subject to
beansprucht/auf Torsion *(BM, BT)* twisted
Beanspruchung *f (Stat)* load, stress; loading, effort, stressing *(Vorgang)*
Beanspruchung *f* **auf Zug** tensioning
Beanspruchung *f***/direkte** direct action
Beanspruchung *f***/dreiachsige** *(Stat)* triaxial stress
Beanspruchung *f***/dynamische** impulsive loading
Beanspruchung *f***/einachsige** *(Stat)* monoaxial loading
Beanspruchung *f***/erlaubte** *(Stat)* allowable stress
Beanspruchung *f***/gerichtete** *(Stat)* directed stress
Beanspruchung *f***/höchstzulässige** *(Stat)* maximum permissible stress
Beanspruchung *f***/klimatische** *(Konst, OB)* climatic strain
Beanspruchung *f***/mechanische** stress
Beanspruchung *f***/statische** 1. *(BM, BT, Stat, TK)* static action; 2. *(Stat)* static stress
Beanspruchung *f***/wechselnde** alternating stress
Beanspruchung *f***/zulässige** permissible stress, admissible stress, safe strain, safe stress; working stress *(Festigkeit)*
Beanspruchungsansatz *m (Konst, Stat)* design action
Beanspruchungsart *f* mode of stressing
Beanspruchungsbedingungen *fpl* exposure conditions, stressing conditions
Beanspruchungsbereich *m* stress range
Beanspruchungsdauer *f* exposure period
Beanspruchungs-Dehnungslinie *f (Stat)* stress-strain curve
Beanspruchungsdiagramm *n (Bod)* stress circle
Beanspruchungsgeschwindigkeit *f* rate of action, rate of stress
Beanspruchungsgrad *m* intensity
Beanspruchungsgruppe *f* load group
Beanspruchungshäufigkeit *f* stressing frequency
Beanspruchungskorrosion *f (Konst, OB)* corrosion under stress
Beanspruchungsmilieu *n (Konst, RP, Umw)* exposure environment
Beanspruchungsprüfung *f* exposure test
Beanspruchungsrichtung *f* stressing direction
Beanspruchungsumgebung *f (Konst, RP, Umw)* exposure environment
Beanspruchungsverhältnisse *npl (Stat)* stress conditions
Beanspruchungszyklus *m* exposure [stressing] cycle
beanstanden *v* object *(z. B. Bauvertragsabweichungen)*

bearbeitbar 1. *(BM)* machinable; 2. *(BM, Te)* workable *(Stein)*
bearbeitbar/leicht easily workable
bearbeitbar/maschinell *(BM)* machinable
Bearbeitbarkeit *f (BM, Te)* workability *(von Stein)*
bearbeiten *v* 1. *(Te)* work *(z. B. Werkstoffe)*; 2. machine, process *(maschinell)*; 3. dress, fashion, model *(gestalterisch)*; 4. hew, mill *(Stein)*; 5. cultivate, till *(Außenanlagen)*; 6. *(Te)* treat *(mechanisch, Oberflächen usw.)*; 7. handle, deal with, attend *(erledigen)*
bearbeiten *v***/grob** rough
bearbeiten *v***/hämmernd** beat
bearbeiten *v***/maschinell** machine
bearbeiten *v***/mit einem Glättwerkzeug** *(Te)* sleeken
Bearbeiten *n* **auf Sollmaß** *(Te)* sizing
bearbeitet machined; hewn, milled *(Steinmetzarbeit)*
bearbeitet/glatt smooth
bearbeitet/grob rough
bearbeitet/steinmetzmäßig shaped
Bearbeitung *f* 1. *(Te)* working; 2. dressing *(Zurichtung)*; 3. tilling, cultivation *(Außenanlagen)*; 4. *(Te)* treatment *(Oberflächen)*; 5. workmanship *(handwerklich)*; 6. handling *(Prozesse, Abläufe)*
Bearbeitung *f***/maschinelle** mechanical treatment *(Betonsichtflächen)*
Bearbeitung *f* **mit Besen** *(BB, Verk)* brooming *(frisch gegossene Betonoberflächen)*
Bearbeitung *f* **mit Stockhammer** bush hammer finish
Bearbeitung *f***/steinmetzmäßige** batting, tooling *(Naturstein)*
Bearbeitungsart *f (Konst)* type of finishing
Bearbeitungsbedingungen *fpl (Te)* processing conditions
Bearbeitungsdauer *f* processing time, treatment time
Bearbeitungsfolge *f (Te)* work flow
Bearbeitungsform *f (Konst)* type of finishing
Bearbeitungsgrad *m* degree of roughing down
Bearbeitungshonorar *n (VR)* fee
Bearbeitungsphase *f (Te)* processing phase
Bearbeitungsskizze *f (Konst)* working sketch
Bearbeitungsspuren *fpl (Te)* tool marks
Bearbeitungsstufe *f (Te)* treatment step
Bearbeitungstemperatur *f (Te)* treatment temperature
Bearbeitungstoleranz *f (BT)* machining allowance
Bearbeitungsverfahren *n (Te)* processing
Bearbeitungszeit *f (Te)* treatment time
beaufsichtigen *v* inspect
beauftragen *v (VR)* commission
bebaubar available for building, suitable for building *(Baugrundstück)*
bebauen *v* 1. build up, build on, develop *(Gelände)*; 2. crop, cultivate *(Landschaftsbau)*
bebaut *(RP)* built-up *(Gelände)*
bebaut/dicht densely built-up
Bebauung *f* 1. development, house-building *(Vorgang)*; 2. built-up area *(fertig bebaut)*; 3. block system planning *(Planung)*; 4. cultivation, tillage *(Landschaftsbau)*
Bebauung *f***/heruntergekommene** *(RS)* blighted area *(heruntergekommenes Wohnviertel)*
Bebauung *f***/industrielle** *(RP)* non-domestic development
Bebauung *f***/landwirtschaftliche** cultivation
Bebauung *f* **nach städtischen Grundsätzen** *(RP)* urbanization
Bebauung *f***/offene** *(RP)* open development
Bebauung *f***/private** private development
Bebauung *f***/regellose** *(RP, VR)* haphazard building
Bebauung *f***/wilde** *(RP)* sporadic building
Bebauungsdichte *f* density of building, density of development, density
Bebauungsgesetz *n (VR)* zoning law
Bebauungsplan *m (RP)* master plan
Bebauungssatzung *f (RP, VR)* zoning regulations
Bebauungsstruktur *f (RP)* urban fabric
Bebauungsstudie *f (RP)* feasibility study
Bebauungs- und Funktionsplan *m* **für Dienstleistungs- und Freizeiteinrichtungen** *(RP)* community-facilities plan
Bebauungsvorschriften *fpl (RP, VR)* zoning regulations
Bebauungszone *f (RP)* zoning
bebeilt *(BM, Hb)* adze-hewn
Becherelevator *m* bucket elevator
Becherkettenförderer *m (BWG)* bucket conveyor
Becherwerk *n* bucket conveyor, bucket elevator
Becken *n* 1. basin, tank *(Abwasser)*; 2. *(SB)* mortar carrier *(Mörteltransport)*; 3. *(Konst, San)* pan *(flach)*; 4. *(Umw)* tailings pond
Becken *n***/abflussloses** *(WVA)* stagnant basin
Becken *n***/geschlossenes** *(WVA)* stagnant basin
Beckenablass *m* reservoir outlet
Beckenauskleidung *f (Wsb, WVA)* reservoir lining
Beckenbefestigung *f (RS, WVA)* reservoir pavement
Beckenentleerung *f* reservoir drawdown
Beckenurinal *n (San)* pedestal urinal
bedachen *v (Te)* roof
Bedachen *n* roofing
bedacht roofed; covered
bedächtig slow
Bedachung *f* roofing, helying *(s. a. Bedachungsarbeiten)*
Bedachung *f* **in zeitlich getrennten Arbeitsgängen** phased application roofing
Bedachung *f* **mit Bitumendachpappe** asphalt-prepared roofing, roll roofing, sanded-bitumen felt roofing
Bedachung *f* **mit Blech** sheet-metal roofing, roof cladding
Bedachung *f* **mit Kaltkleber** *(Konst, Te)* cold-process roofing
Bedachungsarbeiten *fpl (Konst, Te)* roofing work *(BS 8000-6, DIN 18338)*
Bedachungsdiele *f* roofing plank
Bedachungsgrundlage *f* roofing groundwork
Bedachungskies *m (BM)* roof gravel
Bedachungsmaterial *n (BM)* roof cladding
Bedachungsmetall *n* roof(ing) metal
Bedachungsschilf *n (BM)* sedge straw
Bedachungszubehör *n* roofing accessories
bedampft steam-cured
Bedarf *m* demand; requirement *(z. B. an Material, Raum)*
Bedarf *m***/öffentlicher** public demand
bedarfsgerecht demand-actuated
bedarfsgesteuert demand-actuated
bedarfsorientiert demand-actuated
Bedarfsplanung *f* planning to requirements
bedecken *v* 1. cope, cap, top *(von oben, Mauer usw.)*; 2. cover, put undercover, coat, overlay *(z. B. eine Fläche)*; 3. protect, shelter, shield *(schützen)*; 4. surmount *(krönen)*
bedeckend tectorial *(eine dachartige Schilfbedeckung bildend)*
bedeckt covered; coped; coated; protected, shielded *(geschützt)*
bedeckt/netzartig *(Konst)* reticulated
bedeckt/nicht *(BM, BT, OB)* unshielded *(ungeschützt)*
Bedeckung *f* coverage, covering
Bedenken *pl (Konst, VR)* misgiving
bedeutend important, strong
Bedeutung *f (Stat)* significance
Bedeutung *f***/stilistische** *(Arch)* stylistic significance
Bedeutung *f***/symbolische** *(Arch)* symbolic significance
bedeutungslos unimportant, unmeaning
bedienbar *(Te)* operable
bedienen *v* 1. operate, attend, work *(Anlagen, Einrichtun-*

gen); 2. *(BWG, HLK, Verk, Wsb)* control *(steuern)*; 3. handle *(Geräte)*; 4. manage *(Werkzeuge, Maschinen, Prozesse)*
bedienerlos operatorless
Bedienfeld *n (El)* switch panel
Bedienung *f* operation, handling, attendance *(Anlagen; Geräte)*; control *(Steuerung)*
Bedienung *f*/**elektrische** electrical control
Bedienungsanleitung *f* operating instructions, directions, instructions
Bedienungsbühne *f* operations area
Bedienungsgang *m (Konst)* operating corridor
Bedienungshebel *m* operating lever
Bedienungskräfte *fpl* operating forces
Bedienungsmannschaft *f* operating personnel
Bedienungspersonal/mit attendant-controlled
Bedienungspult *n (BWG, Te)* console
Bedienungsstange *f* operating rod
Bedienungssteg *m (Konst)* service bridge
Bedienungsventil *n* service valve
Bedingung *f* condition, stipulation, requirement • **den Bedingungen genügen** *(Stat)* satisfy conditions • **die Bedingungen erfüllen** meet the conditions, meet the requirements • **zur Bedingung machen** stipulate
Bedingung *f*/**günstigste** optimum
Bedingungen *fpl*/**extreme** severe conditions
Bedingungen *fpl*/**härteste** severe requirements
Bedingungen *fpl*/**lokale seismische** *(Bod)* seismic environmental conditions
Bedingungen *fpl*/**schwierigste** severe conditions
Bedingungen *fpl*/**statische** *(Stat)* conditions of statics
Bedingungsgleichung *f* 1. *(Stat)* equation of condition; 2. *(Stat, TK)* conditional equation
Bedürfnisanlage *f (San)* sanitary convenience
Bedürfnisanstalt *f* public lavatory, *(AE)* comfort station
Bedürfnisanstalt *f*/**öffentliche** *(San)* public convenience
Bedürfniseinrichtung *f (San)* sanitary convenience
beeinflussen *v (Te)* actuate
Beeinflussung *f*/**gegenseitige** interaction
Beeinflussungsbereich *m (Konst)* zone of influence
beeinträchtigen *v* impair, injure, blemish
beeinträchtigt impaired
Beeinträchtigung *f* **der Umwelt** environmental constraint
beenden *v* end; finish off, terminate; complete *(Bauwerk)*
Beendigung *f* ending, closing *(Prozesse)*; completion, termination *(Bauwerke)*; cessation *(Bauarbeiten)*
beengt/räumlich cramped for space, close-quartered *(Wohnen)*
befähigen *v (Stat)* enable *(bes. mathematisch)*
Befähigung *f (VR)* qualifications
Befähigungsnachweis *m (VR)* certificate of qualifications
befahrbar *(Verk)* traversable, fit for traffic, passable *(Straße)* • **befahrbar sein** be open to traffic
Befahrbarkeit *f (Verk)* rideability, trafficability, *(AE)* serviceability *(Straße)*
Befahrbarkeitswert *m (Verk)* rideability index
Befahrbarkeitszustand *m (Verk)* trafficability condition
befahren trafficked
befahren/wenig *(Verk)* uncrowded *(Straße)*
Befall *m* attack, infestation *(durch tierische oder pflanzliche Schädlinge)*
Befall *m*/**biologischer** biological attack
befenstert *(Konst)* windowed
Befensterung *f* fenestration
befestigen *v* 1. fasten, fix, affix, attach; anchor; append; clamp; 2. *(Te)* clip *(mit Heftklammern)*; 3. pin *(mit Stiften)*; 4. fortress, fortify *(militärisch)*; 5. pave, surface *(Weg, Straße)*; 6. revet *(Böschungen)*; 7. cramp, dog *(mit Bauklammern)*; 8. secure *(sicher)*; 9. bolt, screw *(mit Schrauben)*; 10. nail, mount, tack, tie *(mechanisch)*; 11. steady *(stabilisieren)*; 12. *(Wsb)* tighten; 13. *(Konst)* truss *(z. B. mit Sprengwerk)*
befestigen *v*/**aneinander** link
befestigen *v*/**drehbar** pivot, hinge
befestigen *v*/**gelenkig** articulate; hinge
befestigen *v*/**mit Hafteisen** *(Konst, Te)* cleat *(z. B. Metalldach)*
befestigen *v*/**mit Kabel** cable
befestigen *v*/**mit Scharnier** *(EB)* hinge
befestigen *v*/**mit Seil** cable
befestigen *v*/**sicher** secure
befestigen *v*/**stoßsicher** shock-mount
befestigen *v*/**wieder** *(Te)* retighten *(z. B. Verbindung, Bauelement)*
befestigt 1. embattled, fortified, walled, strong *(militärisch)*; 2. paved *(z. B. Straßen usw.)*
befestigt/drehbar *(Konst)* fulcrumed
befestigt/gelenkig articulated; hinged
befestigt/stabil *(Konst)* firm
Befestigung *f* 1. fastening, fixation, fixing, attachment, fixture; 2. mounting *(Montage)*; 3. paving, pavement, surfacing *(Wege, Straßen)*; 4. *(Konst)* fortification *(militärisch)* • **die äußeren Befestigungen tragend** castellated *(einer Burg)*
Befestigung *f*/**bituminöse** *(Verk)* hydrocarbon pavement
Befestigung *f*/**monolithische** monolithic pavement
Befestigung *f*/**selbstdarstellende** self-descriptive pavement *(Dimensionierung)*
Befestigung *f*/**selbstentwässernde** self-draining pavement, self-evaluating pavement *(Oberflächenbefestigungen, Verkehrsflächen)*
Befestigung *f*/**starre** *(Verk)* rigid pavement *(Straße)*
Befestigung *f*/**überflutbare** *(Verk, Wsb)* floodable pavement
Befestigung *f*/**vollbituminöse** *(Verk)* thick asphalt pavement
Befestigung *f*/**wechselnd komponierte** *(Verk)* inverted composite pavement
Befestigungsanlage *f (Arch)* castrum, fortification, stronghold
Befestigungsarbeiten *fpl* 1. *(Te)* fixing work; 2. *(Verk)* pavement works
Befestigungsaufbau *m (Verk)* pavement structure
Befestigungsbolzen *m* fastening bolt
Befestigungsbügel *m* fixing stirrup
Befestigungsdimensionierung *f* pavement thickness design
befestigungsfähig fortifiable
Befestigungsflansch *m* fixing flange
Befestigungsfuß *m* fixing foot
Befestigungsgraben *m* 1. *(Arch)* moat; 2. *(Wsb)* fosse
Befestigungshaken *n* fixing hook
Befestigungskeil *m* assembly key
Befestigungsklemme *f (BT, Te)* fastening clamp
Befestigungskonstruktion *f* fastening structure
Befestigungslasche *f* mounting strap, fixing link
Befestigungsloch *n* fixing hole
Befestigungsmaterial *n* mounting material, fixing material
Befestigungsmauer *f* 1. *(Arch)* defensive masonry wall; 2. *(Arch)* battlement wall *(Festung)*
Befestigungsmauerturm *m (Arch)* wall tower
Befestigungsmittel *n* means of fastening
Befestigungsmittel *n*/**mechanisches** mechanical fastener
Befestigungsmittel *npl* fixing accessories; fixing means; fixing media
Befestigungsplatte *f* 1. bracket plate, fixing plate; 2. paving unit *(Weg)*; 3. *(Konst)* floor plate *(Geschoss)*
Befestigungsprofil *n* fixing profile

Befestigungspunkte *mpl (Te)* fixings
Befestigungsrahmen *m* fixing frame
Befestigungsriegel *m* fixing bolt
Befestigungsschelle *f* fixing clip
Befestigungsschiene *f* fastening rail, fixing channel
Befestigungsschienen *fpl*/**einbetonierte** cast-in fixing rails
Befestigungsschraube *f* fastening screw, fixing bolt, fixing screw, holding-down bolt, retaining bolt, retaining screw, tightening screw
Befestigungsstadttor *n (Arch)* defensive gateway
Befestigungsstelle *f* fastening point, fixing point
Befestigungsstrebe *f* mounting bracket
Befestigungsstück *n* fixing piece
Befestigungssystem *n* 1. fixing system; 2. *(Wsb)* mooring system *(Hafen)*
Befestigungsteile *npl* mountings
Befestigungsturm *m (Arch)* defensive tower
Befestigungsumfriedung *f* bawn *(meist aus Stein um ein Gehöft)*
Befestigungsunterlage *f* backplate lamp holder *(für Lampen an dünnen Deckenkonstruktionen)*
Befestigungsvormauer *f (Arch)* vamure
Befestigungsvorrichtung *f* mounting device, fastening device
Befestigungswall *m* rampart
Befestigungsweise *f* fixing method, fixing technique
Befestigungswinkel *m (Hb, St)* angle bracket
Befestigungszeug *n* fastening hardware
Befestigungszubehör *n* fastening hardware
befeuchten *v* 1. make wet, moisten, damp, dampen; 2. *(HLK)* humidify
Befeuchten *n* 1. moistening, wetting; 2. *(HLK)* humidifying
Befeuchter *m* 1. moistener; 2. *(HLK)* humidifier
Befeuchtung *f* 1. damping, wetting, moistening; 2. *(HLK)* humidification
Befeuchtungsmittel *n (BM, HLK)* humidifying agent
Befeuchtungsrinne *f* damping channel
Befeuchtungsstoff *m* moistening agent; humidifying agent
befeuern *v* 1. *(HLK)* fuel, fire; 2. *(Verk)* light, mark with lights *(Flugverkehr)*
Befeuerung *f* firing *(von Kesselanlagen)*; beacons *(Flugverkehr)*
Befeuerungsvorrichtung *f* stoker
befindlich/darüber situated above
befindlich/im Freien outdoor
befolgen *v* adhere, adhere to *(Grundsatz)*; follow, observe, obey, abide by *(z. B. Spezifikation)*
befördern *v* 1. convey, carry, transport; 2. haul *(nur Güter)*; 3. promote, advance *(Management)*; 4. handle *(z. B. Post)*
Beförderung *f* 1. *(Te, Verk)* conveyance; 2. *(Te, Verk)* transportation; 3. handling *(z. B. Post)*; 4. *(Verk)* haulage *(nur Güter)*; 5. promotion, advancement *(Management)*
Beförderungsmittel *npl* means of conveyance, means of transportation, *(AE)* transportation
befrachten *v* freight; charter
Befragung *f (VR)* consultation
befreien *v*/**selbst** *(Tun)* self-rescue
Befreiung *f* 1. *(Tun)* extrication; 2. exemption *(von Auflagen)*
Befreiungsklausel *f (VR)* escape clause
befristet restricted
begegnen *v*/**sich** *(Konst, Verk)* meet *(Verkehr)*
Begegnungsverkehr *m (LB, WVA)* meeting traffic
begehbar man-size(d) *(Schacht, Gang)*; ascendable, accessible *(zugänglich)*; subject to foot traffic • **begehbar sein** be accessible
Begehbarkeit *f (Bod, Erdb)* trafficability
begehbereit ready to be walked on *(Bodenbelag)*
begehfertig ready to be walked on *(Bodenbelag)*
Begehung *f (VR)* inspection
Begehung *f* **einer Baustelle** *(Te)* site inspection
Beginn *m* start, onset, beginning, commencement; opening *(Verhandlung)*
Beginn *m*/**frühester** *(VR)* earliest event occurrence time *(z. B. von Bauabschnitten)*
beginnen *v* start, begin, commence; open
beginnen *v*/**den Bau** start construction, found
beginnen *v*/**etwas neu** *(RS) (sl)* break fresh ground
Beglasen *n (OB)* glazing
beglast/nicht unglazed
Beglasung *f (OB)* glazed finish
Beglasung *f*/**opake** enamel glazing
Beglasungsarbeiten *fpl (EB)* glazing work *(BS 8000-7, DIN 18361, s. a. Verglasungsarbeiten)*
Beglaubigung *f (VR)* verification
begleichen *v* foot, square
Begleichung *f* **einer Schuld** satisfaction
Begleitmaßnahmen *fpl* **bei Straßenbauarbeiten/landschaftspflegerische** *(LB)* roadside development
Begleitplan *m*/**landschaftspflegerischer** landscape conservation nature support plan
begradigen *v* 1. *(Te)* straighten; 2. *(Verk)* re-align; 3. *(Te)* rectify *(Straße, Gewässer)*; 4. trim *(Oberflächen)*
Begradigen *n* 1. straightening; 2. *(Verk)* realigning; 3. *(Erdb, Te)* trimming *(Bodenoberfläche)*; 4. rectification, rectifying *(Straße, Gewässer)*
begrenzen *v* 1. delimit, mark off, bound *(Grundstücke)*; 2. fence, fence in *(einzäunen)*; 3. *(LB)* picket *(mit einem Palisadenzaun)*; 4. bound, border *(Gebiete)*; 5. restrict *(Baurecht)*; 6. *(Konst, Stat, VR)* limit *(beschränken)*; 7. *(Konst)* separate *(trennen)*
begrenzend *(Verm, VR)* terminal
begrenzt limited *(beschränkt)*; restricted *(Baurecht)*
begrenzt/genau defined
begrenzt/örtlich regional
begrenzt/räumlich regional
Begrenzung *f* 1. limit, limitation *(Beschränkung)*; 2. *(RP, VR)* boundary *(Gebietsgrenze)*; 3. *(Konst, Verk)* clearance *(Breite, Höhe, Weite)*; 4. restriction *(Baurecht)*
Begrenzung *f* **mit immergrünen Pflanzen** *(LB)* herbaceous border
Begrenzung *f*/**zeitliche** control of duration
Begrenzungseffekt *m (Verk)* fence effect
Begrenzungsfläche *f* limiting face
Begrenzungsfurche *f* baulk, *(AE)* balk *(eines Landgrundstücks)*
Begrenzungslinie *f* 1. *(Verm)* limit line; 2. *(Arch)* outline; 3. *(Bod, RP)* boundary line
Begrenzungsschalter *m (El)* limit switch
Begrenzungsschraube *f* check screw
Begrenzungsstein *m (VR)* border stone
Begrenzungszeit *f* limitation period
Begriff *m (Konst, Te)* concept
Begriffsbestimmung *f (VR)* terminology
begründen *v* explain; establish *(mathematisch)*
begrünen *v* grass, sow down
Begrünung *f (LB)* grass planting
Begutachtung *f* **eines Prüflabors** *(VR)* laboratory assessment
Begutachtungs- und Prüfplan *m (VR)* inspection and test plan *(Angebotsprüfung)*
behaftet laden
behaglich cosy, snug, comfortable
Behaglichkeit *f (Arch)* human comfort
Behaglichkeitsbedingung *f (HLK)* comfort condition
Behaglichkeitsgefühl *n* feeling of comfort, comfortable feeling; human thermal comfort

Behaglichkeitsindex *m* comfort index; comfort curve *(Beleuchtung)*
Behaglichkeitstemperatur *f (HLK)* comfort temperature
Behaglichkeitszone *f (HLK)* comfort zone
Behaglichkeitszonenkarte *f (HLK)* comfort chart
Behälter *m* box, case, receptacle; tank, vessel
Behälter *m*/**genieteter** *(St, WVA)* riveted tank
Behälter *m*/**geschweißter** *(St, WVA)* welded tank
Behälter *m*/**unterirdischer** underground tank
Behälteranstrich *m* tank coating
Behälterausrüstung *f* reservoir fittings
Behälterbauwerke *npl* **aus Beton** *(BB, Konst)* liquid retaining and containment structures, structures of concrete *(DIN EN 1992-3)*
Behälterboden *m (WVA)* tank bottom
Behälterinhalt *m* tank capacity
Behältermantel *m (BT)* tank jacket
Behältersohle *f* basin floor
Behälterturm *m* tank tower
Behälterwanne *f (BT, Konst)* trough
Behälterwickelmaschine *f (BWG)* merry-go-round
Behälterzement *m* bulk cement
Behälterzubehör *n* reservoir fittings
behandeln *v* handle, process, treat, *(AE)* nobble *(Steine)*
behandeln *v*/**thermisch** *(BM, Te)* bake *(z. B. Ziegel)*
Behandeln *n* **mit Alkohol** washing with white spirit
Behandeln *n* **mit einer Rotationsdrahtbürste** *(OB)* brush finish
Behandlung *f* handling, processing, treatment; manipulation *(Bearbeitung)*
Behandlung *f*/**bakteriologische** *(WVA)* bacteriological treatment
Behandlung *f*/**biologische** *(WVA)* biological treatment
Behandlung *f* **fehlerhafter Einheiten** *(RS)* disposition of nonconformity
Behandlung *f*/**feuerhemmende** fire-retardant treatment
Behandlung *f*/**geschliffene** *(OB, Te)* rubbed work *(z. B. bei Terrazzo oder Beton)*
Behandlung *f*/**gleiche** equal treatment
Behandlung *f*/**mechanische** mechanical treatment *(Betonsichtflächen)*
Behandlung *f*/**punktuelle** *(Te)* topical treatment
Behandlung *f* **von Klärschlamm** *(Umw, WVA)* treatment of sewage sludge
Behandlungsdauer *f* period of treatment, processing time
Behandlungsdruck *m (Te)* treatment pressure *(Abbindeprozesse)*
Behandlungsfeuchte *f* treatment humidity *(hydraulisch gebundene Baustoffe)*
Behandlungsfeuchtigkeit *f* treatment humidity *(hydraulisch gebundene Baustoffe)*
Behandlungsfolge *f (Te)* processing cycle
Behandlungsgebäude *n* 1. *(Arch)* medical treatment building; 2. *(Konst)* treatment block *(Krankenhaus)*
Behandlungskammer *f (BB, Te)* curing chamber *(Betonsteinherstellung)*
Behandlungstechnologie *f (Te)* treatment technology
Behandlungstemperatur *f (Te)* treatment temperature
Behandlungsverfahren *n*/**aerobes** *(Umw, WVA)* aerobic treatment process
Behandlungsvorschrift *f* instructions, working instruction
Behandlungszeit *f (Te)* period of treatment
Behandlungszimmer *n (Konst)* treatment room
Behandlungszyklus *m (Te)* processing cycle
Beharrungsgeschwindigkeit *f* sustained speed on ascending aggregate *(Dynamik)*
Beharrungsvermögen *n* inertia
Beharrungswirkung *f (Stat)* inertia effect
Beharrungszustand *m (Stat)* permanency, steady state
behauen *v* 1. mill, dress, hack, hew, chip, chip off, chisel off, axe *(z. B. Steine)*; 2. boast *(Rohstein)*; 3. *(Hb) (AE)* adz, adze, slab; smooth *(mit dem Dechsel)*; 4. trim, dress *(Baumstämme)*
behauen *v*/**grob** boss, scabble, boast *(Stein)*
behauen *v*/**vierkantig** *(SB)* square off
behauen dressed, milled, hewn *(Stein)*
behauen/steinmetzmäßig shaped
Behauen *n* 1. dressing, hewing, paring, tooling *(Stein)*; 2. batting *(Naturstein)*; 3. *(Hb, Te)* squaring-up *(von Holz)*
Behauhammer *m* scabbling hammer, scabbling pick
Behauptung *f (VR)* statement
Behausung *f* accommodation, habitation
Behauung *f*/**erste** roughing-out *(Naturstein)*
behebbar removable *(Mängel)*; repairable *(Schaden)*
beheben *v* put right, eliminate *(Schaden)*; rectify, remedy *(Mängel)*
Behebung *f* remedial measure *(von Mängeln)*; repairing *(Schaden)*
beheizen *v* fire *(Kesselanlagen)*; heat *(z. B. Räume)*
beheizt/elektrisch *(HLK)* electrically heated
Beheizung *f (HLK)* heating
Beheizung *f*/**unsichtbare** *(HLK)* concealed heating *(von Räumen)*
Beheizungsart *f* method of heating
Behelfsarbeiten *fpl* provisional work
Behelfsausfahrt *f (Verk)* improvised exit *(Autobahn)*
Behelfsbau *m* provisional building, temporary building, temporary structure, temporary work
Behelfsbeleuchtung *f* standby lighting
Behelfsbrücke *f* 1. *(Br)* provisional bridge; 2. *(Br, Te)* temporary bridge
Behelfseinrichtung *f* makeshift device
Behelfsflugplatz *m* airstrip
Behelfsgebäude *n (Konst)* temporary block
Behelfskonstruktion *f* auxiliary structure
Behelfsmarkierung *f (Verk)* preliminary marking
behelfsmäßig makeshift, provisional, temporary
Behelfsschutzplanke *f (Verk)* temporary safety barrier
Behelfsunterkunft *f (Konst)* temporary accommodation
Behelfswohnung *f* emergency dwelling
beherbergen *v* accommodate, give shelter, house
Beherbergung *f* accommodation, housing
Beherbergungshaus *n* lodging house
behindertengerecht suitable for (the) disabled
Behindertenstätte *f* handicapped persons centre
Behinderung *f* 1. constraint, hindrance, impediment *(bei Ausführungstätigkeiten)*; 2. handicap *(körperlich)*
behobeln *v* dress, plane, trim
Behörde *f* authority, administrative body, administrative agency, council, administrative board, government authority
Behörde *f*/**beauflagende** *(VR)* regulatory authority
Behörde *f*/**vorschreibende** *(VR)* regulatory authority
Behördengebäude *n* government block, government building, public block, public building
beieinander/dicht *(Konst, RP)* closely spaced
Beil *n* axe, hatchet
Beilage *f (BT)* shim
Beilageblech *n (BT)* shim
Beilagescheibe *f* shim, washer
Beilhammer *m* caulking mallet
beimengen *v* 1. *(BM, HLK, Konst, Stat, Te)* add; 2. *(BM)* admix *(Stoffe)*
Beimengen *n* admixture, addition
Beimengung *f* 1. *(BM, HLK, Te)* addition; 2. *(BM, Te)* admixture *(Vorgang)*; 3. *(BM, Te)* admixture *(Stoff)*; 4. impurity *(z. B. in Wasser, in Erdstoffen)*

Beimengung f/organische organic substance *(Zuschlagstoffe)*
Beimengung f/schädliche impurity *(z. B. in Wasser, in Erdstoffen)*
Beinaheunfall *m (Umw)* near miss
beinhalten *v* purport
Beinhaus *n* charnel house
Beinschwarz *n (OB)* bone black
Beiputzen *n* plastering-in
Beischlag *m (Konst)* perron *(Außenstufen, z. B. bei Kirchen oder Gutshäusern)*
Beißzange *f* nippers, pincers
beistellen *v* supply
Beitel *m (Hb)* chisel, hand chisel, wood chisel
Beiwerk *n* attachment
Beiwert *m (Stat)* factor
Beiwert m/dynamischer *(Stat)* dynamic factor
Beiwertgröße *f (Stat)* coefficient value
Beiwinkel *m* joint angle, lug angle, clip angle
beizbar *(OB)* pickleable
Beize *f* stain, ooze, pickle
Beize f/verbrauchte waste pickle liquor
Beizeisen *n (BWG)* boaster
beizen *v* 1. *(OB)* mordant *(z. B. zum Färben)*; 2. *(OB, Te)* etch *(z. B. Glas)*; 3. *(BM, SB)* boast *(Rohstein)*; 4. stain *(Holz, Glas)*
beizen v/schwarz ebonize *(Holz)*
Beizen *n* 1. *(OB)* pickling *(z. B. zum Entzundern)*; 2. staining *(Holz, Glas)*
Beizenfarbstoff *m* mordant dye, mordant dyestuff
Beizmittel *n* pickling agent, pickling chemical; mordant; ooze; remover
Beizmittellösung *f* pickle
Beiztauchung *f (OB)* caustic dip
Beizung *f (OB, Te)* chemical staining
Beizzusatz *m (BM, OB)* inhibitor
bekämpfen *v (Umw)* control
Bekämpfung *f (Umw)* control
Bekämpfung f von Umweltbelastungen *(Umw)* pollution control
Bekämpfungsmittel *n (BM, Umw)* controlling agent
Bekanntmachung *f* notice, notification
Bekanntmachung f einer Ausschreibungsentgegennahme *(VR)* notice to bidders
bekiesen *v* gravel, grit, surface with gravel
bekiest gravel-surfaced
Bekiesung *f (LB, Verk)* gravel surfacing
bekleiden *v* line, cover; face *(Mauerwerk)*
Bekleidung *f* 1. *(Konst, OB)* lining; 2. *(Konst, OB)* facing *(Mauerwerk)*
bekommen *v* receive
Bekrönung *f* 1. *(Konst)* crown of the arch; 2. *(Arch)* crowning *(Ornament)*
beladen *v* load, charge
beladen/schwer heavy
Beladen *n (Te)* loading
Beladestelle *f* loading station
Beladung *f (Verk)* load
Beladungsfläche *f* place of loading
Belag *m* 1. cover, covering, decking, surfacing; 2. deposit, encrustation, incrustation *(Ablagerung)*; 3. overlay, overlaying, pavement, surfacing *(Straße)*; 4. film *(sehr dünn)*; 5. coating, plating *(Beschichtung)*; 6. panelling *(Wandverkleidung)*
Belag m/farbiger *(BM)* coloured surfacing
Belag m/starrer *(Verk)* rigid pavement *(Straße)*
Belagbeton *m (BB, Verk)* pavement concrete
Belagbildung *f* incrustation
Belagbohle *f* plank
Belageinbau *m (Verk)* carriageway surfacing *(Straße)*
Belageisen *n* trough plate
Belagmuster *n (BM)* swatch
Belagprobestück *n (BM)* swatch
Belagsarbeiten *fpl* road topping
belagsbündig level with the pavement
Belagshöhe *f* layer height *(Gehfläche)*
Belagskorrosion *f (OB)* deposit corrosion
belastbar loadable, chargeable
belastbar/schwer heavy-duty
Belastbarkeit *f* load-bearing capacity, loadability; stressability; working strength
Belastbarkeit f/ingenieurgeologische *(Bod, Erdb)* trafficability
Belastbarkeit f/mechanische stressability
belasten *v* 1. *(Stat)* load, charge, surcharge, stress; 2. burden *(überlagern)*; 3. *(Stat, Te)* weight *(Gewicht)*
belasten v mit *(VR)* charge with
belasten v/wieder reload
belastet 1. laden, loaded, on-load; load-bearing, load-carrying *(Baugrund, Brücken)*; 2. *(Stat, TK)* weight-carrying *(mit Gewichten)*; 3. *(Bod)* burden
belastet/axial axially loaded
belastet/durch Säure *(Bod, Umw)* acid-stressed
belastet/gleichmäßig continuously loaded
belastet/gleichmäßig verteilt continuously loaded
belastet/mittig centrally loaded, axially loaded
belastet/nicht *(Bod)* unburden
belastet/schwer *(Verk)* heavily trafficked
belastet/senkrecht zur Achse transversally loaded
belastet/stark heavily loaded, heavily stressed
Belästigung *f (Umw)* nuisance
Belästigungsüberwachung *f (Umw)* nuisance control
Belastung *f* 1. *(Stat)* load, load application, loading; stress; 2. *(El)* load, demand; 3. *(Bod)* burden; 4. *(Stat)* weighting *(mit Gewichten)*
Belastung f am Arbeitsplatz *(VR)* occupational exposure
Belastung f/äußere external loading
Belastung f/bewegliche mobile load, rolling loading; traffic load, traffic live load *(Brücke)*
Belastung f/dreiachsige *(Stat)* triaxial loading
Belastung f/dynamische dynamic load(ing), dynamic stress, alternate load, alternate loading, impulsive loading
Belastung f/einachsige *(Stat)* uniaxial loading
Belastung f/einseitige *(Stat)* unilateral loading
Belastung f/finanzielle charge
Belastung f/gemischte mixed loading
Belastung f/gleichförmige *(Stat)* uniformity of loading
Belastung f/gleichmäßig verteilte *(Stat)* uniformity of loading
Belastung f/gleichmäßige *(Stat)* uniform load
Belastung f/höchste *(Stat)* maximum demand
Belastung f im elastischen Bereich *(Stat)* yield load
Belastung f in Richtung der Längsachse longitudinal load
Belastung f/konstante fixed load, sustained load
Belastung f/kritische critical load, crushing point
Belastung f/kurzzeitige *(Stat)* short-term loading
Belastung f/kurzzeitige statische *(Stat)* short-continued static loading
Belastung f/längerfristige *(Stat)* long-term loading
Belastung f/langfristige *(Stat)* long-continued loading
Belastung f/lineare linear loading
Belastung f/maximal erlaubte *(Stat)* allowable load
Belastung f/mechanische *(Stat)* mechanical loading
Belastung f/mittige *(Stat)* centre loading, central loading
Belastung f nach Norm *(Stat)* standard load
Belastung f/parabolische parabolic load, parabolic loading

Belastung f/ruhende static loading
Belastung f/scheinbare virtual loading
Belastung f/schwankende random load
Belastung f/schwingende *(Stat)* oscillating force
Belastung f/seismische *(Stat)* earthquake load
Belastung f/seitliche *(Stat)* lateral load
Belastung f/sichere safe working load, SWL
Belastung f/statische dead-weight loading, static loading
Belastung f/stetige permanent loading
Belastung f/symmetrische 1. *(Stat)* balanced load *(von Stahlbeton, Beton und Stahl erreichen gleichzeitig die Bruchgrenze)*; 2. *(El)* balanced load *(Drehstromquelle)*
Belastung f/tatsächliche actual load
Belastung f/unregelmäßige random load
Belastung f/unsymmetrische *(Stat)* non-symmetrical loading
Belastung f/variable *(Stat)* imposed load
Belastung f/verschiebbare moving load
Belastung f/virtuelle virtual loading
Belastung *f* **während der Bauausführung** construction loads
Belastung f/wechselnde alternating load, alternating loading, changing load
Belastung f/wiederholte *(Stat)* repetitive loading
Belastung f/zeitweilige *(Stat)* temporary load
Belastung f/zentrische *(Stat)* axial load, centre loading, centric load
Belastung f/zulässige permissible load, safe load; rated load *(Aufzug)*; working load, working stress *(Festigkeit)*
Belastung f/zusammengesetzte *(Stat)* compound load
Belastungsanalyse *f* **unter dynamischer Beanspruchung** *(Stat)* dynamic analysis
Belastungsangaben *fpl (Stat)* loading data
Belastungsannahme *f (Stat)* estimate of loading
Belastungsanordnung *f (Konst)* loading arrangement
Belastungsart *f* loading type, mode of loading, type of loading
Belastungsbedingungen *fpl* loading conditions
Belastungsberechnung *f (Stat)* loading calculation
Belastungsbereich *m* load range
Belastungsdauer *f* loading period, period of loading
Belastungsdruck *m (Bod, Erdb, Tun)* pressure of the overburden *(der überlagernden Schichten)*
Belastungsdruck m/effektiver *(Bod)* effective overburden pressure *(überlagernder Schichten)*
Belastungsebene *f* loading plane, plane of loading
Belastungseinheit *f* loading unit
Belastungseinschätzung *f (Umw)* impact assessment
Belastungseinschränkung *f* 1. capacity restraint; 2. *(Verk)* loading restriction
Belastungserhöhung *f (Stat)* increase of loading
Belastungsfaktor *m* 1. *(Stat)* load factor; 2. *(El)* coefficient of utilization
Belastungsfall *m* load case, load scheme, loading case, manner of loading, case of loading, condition of loading, style of loading
Belastungsfläche *f* load surface, loading area
Belastungsfreiheit *f* absence of loading
Belastungsfrequenz *f* loading frequency
Belastungsfunktion *f (Stat)* loading function
Belastungsgeschichte *f* loading history
Belastungsgeschwindigkeit *f* 1. loading rate; 2. *(Bod)* rate of loading
Belastungsgewicht *n* loaded weight, loading weight
Belastungsgleichung *f (Stat)* loading equation
Belastungsglied *n* load term, loading term
Belastungsgrad *m* loading degree
Belastungsgrenze *f (BM)* load limit
Belastungsgrenzwert m/zulässiger permissible exposure limit
Belastungsintensität *f (Stat)* loading intensity
Belastungsklasse *f (Verk)* load category *(Straße)*
Belastungskontrolle *f* loading control
Belastungskurve *f* load curve, loading curve
Belastungslänge *f* loaded length
Belastungslinie *f (Stat)* line of load
Belastungslinie f/reduzierte *(Stat)* reduced load line
Belastungsmarke *f* load mould
Belastungsmasse *f* loaded weight
Belastungsmaximum *n (Stat)* peak load
Belastungsmoment *n (Stat)* loading moment
Belastungsplatte *f (Erdb, Verk)* loading plate
Belastungsprobe *f* loading test
Belastungsprüfung *f* load test, loading test
Belastungsprüfung *f* **mit unterschiedlichen Frequenzen** *(BM)* frequency sweep test
Belastungsprüfung f/statische static load test
Belastungsrahmen *m (Konst, TK)* loading frame
Belastungsreduzierung *f (Stat)* decrease in load
Belastungsrichtmaß *n* loading gauge
Belastungsrichtung *f* direction of loading
Belastungsschema *n (Stat)* loading pattern
Belastungsspiel *n* loading cycle, repeated load application
Belastungsstab *m* loading shaft
Belastungssteigerung *f* increase of loading
Belastungsstoß *m* load shock, loading shock
Belastungsstufe *f (Stat)* stage of loading
Belastungssystem *n (TK)* loading system
Belastungstabelle *f (Konst, Stat)* safe load table
Belastungstestanlage f/statische *(BWG)* static proof-loading machine
Belastungsübertragung *f (Stat)* transfer of load
Belastungsverhalten *n (Stat)* behaviour under loading
Belastungsverhältnisse *npl* loading conditions
Belastungsversuch *m* load test, loading test
Belastungsversuch m/statischer loading test
Belastungsverteilung *f* load distribution, loading distribution, repartition of load
Belastungsvorrichtung *f* loading device
Belastungswechsel *m (Stat)* cyclic loading *(Festigkeitslehre)*
Belastungszeit *f* loading period, period of loading
Belastungszunahme *f (Stat)* increase of loading
Belastungszustand *m (Stat, TK)* loading state
Belastungszyklus *m* loading cycle
belatten *v* lath a wall, lath
belaufen *v* **auf/sich** *(VR)* amount *(Kosten)*
beleben *v* elevate
beleben v/neu *(RS)* revitalize *(z. B. Stadtzentren)*
belebt/neu rejuvenated *(Landschaftsbau)*
Belebtschlammanlage *f (WVA)* activated sludge plant
Belebtschlammbecken *n (WVA)* activated sludge tank
Beleg *m (VR)* voucher
belegen *v* 1. face, surface, tile *(mit Fliesen, Platten)*; 2. *(Arch)* foliate *(mit Blattornamenten)*; 3. cover, overlay *(Fußboden, Oberflächen usw.)*; 4. coat *(Beschichtung)*; 5. occupate *(Gebäude)*; 6. silver *(Glas)*
Belegschaft *f* labour force, staff, workforce
belegt occupied *(Gebäude)*
Belegung *f* 1. covering *(Fußboden, Oberflächen)*; 2. facing, surfacing, tiling *(mit Fliesen, Platten)*; 3. coating *(Beschichtung)*; 4. *(VR)* occupancy *(Gebäude)*; 5. *(VR)* verification *(Akt, Vorgang)*
Belegungsdauer *f (Verk)* gate occupancy time *(Flugplatz)*
Belegungsdichte *f* occupancy rate, accommodation density *(Wohnung)*; residential density *(Einwohner)*

Belegungsgrad *m* 1. *(Verk)* degree of occupancy; 2. *(Verk)* rate of detection, rate of occupancy
Belegungskarte *f (RP, Verk)* occupancy chart
Belegungsklasse *f (Verk)* occupancy category *(Straße)*
Belegungskoeffizient *m (Verk)* occupancy coefficient
Belegungsplan *m* schedule of building occupancy
Belegungssättigungsniveau *n (Verk)* level of saturation
Belegungsuntersuchung *f (RP)* occupancy survey
Belegungszeit *f* occupancy time
Belegungsziffer *f (RP)* residential density
Beletage *f (Arch)* piano nobile *(in Renaissancepalästen)*
beleuchten *v* light, illuminate *(auch festlich)*
beleuchtet lit
beleuchtet/elektrisch electrically lit
beleuchtet/oben top-lit
beleuchtet/schlecht ill-lit, poorly lit
Beleuchtung *f* lighting, illumination, *(AE)* luminaire
Beleuchtung *f*/**aufgehängte** suspended lightening, *(AE)* pendant luminaire
Beleuchtung *f*/**direkte** direct illumination, direct lighting, directional lighting
Beleuchtung *f*/**eingebaute indirekte** *(El)* side light
Beleuchtung *f*/**einseitige** *(El)* unilateral illumination
Beleuchtung *f*/**elektrische** electric illumination
Beleuchtung *f*/**festliche** *(El)* illumination
Beleuchtung *f*/**gerichtete** directional lighting
Beleuchtung *f*/**gestreute** *(El)* diffuse illumination
Beleuchtung *f*/**gleichförmige** general diffuse lighting *(40--60 % nach unten, der Rest nach oben)*
Beleuchtung *f*/**gleichmäßige** general diffuse lighting *(40--60 % nach unten, der Rest nach oben)*
Beleuchtung *f*/**halbdirekte** *(El)* semidirect lighting
Beleuchtung *f* **hinter einer Gardinenblende** *(El)* pelmet lighting
Beleuchtung *f* **hinter einer Vorhangplatte** *(El)* valance lighting *(parallel zur Wand)*
Beleuchtung *f*/**horizontilluminierende** *(El)* horizon lighting
Beleuchtung *f* **im Freien** *(El)* outdoor lighting
Beleuchtung *f*/**in die Decke versenkte** recessed lightening, *(AE)* recessed luminaire
Beleuchtung *f*/**indirekte** concealed illumination, concealed lighting, indirect lighting
Beleuchtung *f*/**indirekte künstliche** *(El)* indirect artificial lighting
Beleuchtung *f*/**künstliche** artificial lighting
Beleuchtung *f*/**natürliche** natural lighting, daylighting
Beleuchtung *f*/**örtliche** local lighting
Beleuchtung *f*/**ringförmige** *(El) (AE)* ring louver
Beleuchtung *f*/**überwiegend direkte** *(El)* semidirect lighting
Beleuchtung *f*/**versenkte** 1. recessed lighting; 2. *(AE)* recessed luminaire
Beleuchtungsanlage *f (El)* lighting installation, lighting furniture, lighting plant, illumination installation
Beleuchtungsanlage *f*/**elektrische** electric lighting system
Beleuchtungsanteil *m* lighting component
Beleuchtungsberechnung *f (El)* lighting calculation
Beleuchtungsbrücke *f* 1. *(EB, El)* light bridge; 2. *(BT)* travelling lighting gallery
Beleuchtungseinheit *f* lighting fixture, *(AE)* luminaire
Beleuchtungseinrichtung *f* light fitting
Beleuchtungselement *n*/**konstruktives** *(BT, El, Konst)* structural lighting element
Beleuchtungsgerät *n* lighting device, illuminating device
Beleuchtungshalter *m* lighting holder
Beleuchtungsinstallation *f (El)* illumination system
Beleuchtungskette *f (El)* lighting chain
Beleuchtungskontrollraum *m (El)* dimmer room *(eines Theaters)*
Beleuchtungskörper *m* light fitting, light fixture, lighting fitting, lighting fixture, lighting unit, *(AE)* luminaire (fixture)
Beleuchtungslast *f* light load, lighting load
Beleuchtungsleiste *f (El)* linear light source
Beleuchtungsmast *m* lamp pole, lamp post, lighting mast, lighting pylon
Beleuchtungsmenge *f (El)* quantity of illumination
Beleuchtungsmesser *m* illuminometer
Beleuchtungsniveau *n (LB)* level of lighting
Beleuchtungsquelle *f*/**transportable** lighting instrument
Beleuchtungsregelung *f* illumination control
Beleuchtungsrichtung *f* illumination direction
Beleuchtungsringe *mpl*/**konzentrische** *(El) (AE)* ring louvers
Beleuchtungsschalttafel *f (El)* lighting panel
Beleuchtungssituation *f (El)* illumination situation
Beleuchtungsstärke *f (El)* illuminance
Beleuchtungsstärkemesser *m* illuminometer
Beleuchtungssystem *n (El)* illumination system
Beleuchtungstechnik *f (El)* lighting engineering
Beleuchtungstechniker *m* lighting technician
Beleuchtungs- und Belüftungseinheit *f (El, HLK) (AE)* air-handling luminaire
Beleuchtungs- und Belüftungseinheit *f*/**kombinierte** *(El, HLK)* air-light troffer
Beleuchtungswirkungsgrad *m (El)* coefficient of utilization
Belfried *m*/**gemauerter** *(Arch)* shell donjon, shell dungeon
Belit *m (BM, Bod)* belite
Belitzement *m* belite cement
belüften *v* 1. aerate, air *(Räume auf natürliche Weise)*; 2. *(HLK)* vent; 3. fan *(mittels Gebläse)*; 4. *(HLK)* air-condition
Belüften *n* **von Beton** air entrainment, entrainment of air
belüftet 1. *(HLK)* ventilated *(allgemein künstlich)*; 2. *(BM)* aerated *(natürlich; auch für Porenbeton)*; 3. *(HLK)* air--conditioned
belüftet/gut *(HLK, Konst)* well-aerated
belüftet/mechanisch *(HLK)* mechanically ventilated
Belüftung *f* 1. *(HLK)* air input; 2. *(HLK, Te)* air supply; 3. *(HLK, San, WVA)* airing; 4. *(Te)* aeration; 5. *(Te)* aeration *(Porenbeton)*; 6. *(HLK)* air-conditioning; 7. *(Umw)* bioaeration
Belüftung *f*/**natürliche** *(HLK)* natural ventilation
Belüftung *f*/**regelbare** *(HLK)* controllable ventilation
Belüftungsanlage *f* 1. *(HLK, WVA)* aerator; 2. *(HLK)* ventilation system, air-conditioning system, aeration plant; 3. *(Umw)* aeration plant
Belüftungsanlage *f*/**direkte** free delivery-type unit, free delivery-type ventilation unit *(ohne Zuluftkanal)*
Belüftungsanlage *f*/**zentrale** *(HLK)* central air-handling unit
Belüftungsbecken *n* 1. *(WVA)* activated sludge tank; 2. *(Wsb, WVA)* aeration tank
Belüftungsbett *n (Umw, WVA)* aerofilter *(für die Abwasseroxidation)*
Belüftungsdüse *f (HLK)* aerator fitting
Belüftungseinheit *f (HLK)* air outlet *(einer Klimaanlage)*
Belüftungsflügel *m*/**oberer** operable transom *(Tür)*
Belüftungshohlraum *m (DIS, Konst)* ventilation space *(Dämmung, Sperrung)*
Belüftungsleitung *f (BT, HLK)* aeration pipe
Belüftungsmöglichkeiten *fpl (HLK)* means of ventilation
Belüftungsöffnung *f* air inlet, ventilation opening
Belüftungsrohr *n* 1. *(BT, HLK)* aeration pipe; 2. *(HLK)* air inlet pipe
Belüftungsverfahren *n (HLK, Te)* aeration method
Belvedere *n* look-out tower, belvedere
Bema *n (Arch)* Jewish bema *(Synagogenkanzel)*

bemalen *v*/**bunt** fret
bemalen *v*/**marmorartig** *(OB, Te)* marble
bemaßen *v* dimension *(Zeichnung)*
Bemaßung *f* dimensioning, indicating dimensions
Bemeißeln *n* chipping *(von Betonoberflächen)*
bemessen *v* 1. *(Stat)* design, dimension; 2. batch; proportion *(bestimmte Mengen bei Baustoffaufbereitung)*; 3. *(Stat, VR)* rate *(Leistung)*; 4. *(Konst)* size *(Bauelemente)*
bemessen/richtig measured
bemessen/zu schwach *(Konst, Stat)* underdesigned
bemessen/zu stark overdesigned
Bemessung *f (Stat)* design, dimensioning; batching, proportioning *(Betonmischung)*
Bemessung *f*/**analytische** *(Stat)* analytical design method
Bemessung *f*/**erdbebensichere** *(Stat)* seismic design
Bemessung *f*/**geometrische** *(Konst)* geometric design
Bemessung *f*/**konstruktive** *(Konst)* structural design
Bemessung *f*/**n-freie** load-factor design, load-factor method *(Stahlbetontheorie)*
Bemessung *f* **und Konstruktion** *f* **von Stahlbauten** *(Konst, St)* steel structures, design and construction *(EN 1993-1, DIN 18800-1)*
Bemessung *f*/**volumetrische** *(Te)* volumetric design *(Baustoffrezepturerstellung)*
Bemessung *f* **von Silo- und Behälterbauwerken aus Beton** *(BB, Konst)* liquid retaining and containment structures, design of concrete structures *(DIN EN 1992-3)*
Bemessung *f* **von Stahlbeton und Spannbetonbauweise** design of concrete structures *(EN 1992-1)*
Bemessung *f* **von Stahlbetontragwerken** *(BB, TK)* design of (reinforced) concrete structures *(EN 1992)*
Bemessung *f* **von Stahlbeton- und Spannbetontragwerken** *(BB, TK)* design of (reinforced and prestressed) concrete structures *(EN 1992)*
Bemessungsannahme *f* design hypothesis, structural design assumption
Bemessungsansatz *m* design approach
Bemessungsaufgabe *f* design problem design task
Bemessungsbelastung *f* designed loading
Bemessungsbiegemoment *n* design bending moment
Bemessungsdicke *f* design thickness
Bemessungsdruck *m* design pressure
Bemessungserdbebenkraft *f* design seismic force
Bemessungsfahrzeuge *npl (Verk)* standard design vehicles
Bemessungsfaktor *m* design factor
Bemessungsfehler *m* design error
Bemessungsformel *f* design formula
Bemessungsgleichung *f* design equation
Bemessungsgrundlage *f (Stat)* basis of design
Bemessungsgrundlagen *fpl*/**vorläufige** tentative design criteria
Bemessungsgrundsätze *mpl* design principles, basic regulations in design, design basic regulations
Bemessungsgrundwerte *mpl*/**maßgebende** design values
Bemessungskriterium *n* design criterion, design criterium
Bemessungskurve *f* design curve, rating curve
Bemessungslast *f* designed load, assumed load
Bemessungslösungsansatz *m* design approach
Bemessungsmerkmal *n* design feature
Bemessungsmethode *f*/**allgemeine** *(Stat)* general method of design
Bemessungsmoment *n* design moment
Bemessungsniederschlag *m* design rainfall *(Entwässerung)*
Bemessungsperiode *f* design period
Bemessungsproblem *n* design problem, design task
Bemessungsraumtemperatur *f (HLK)* indoor design temperature
Bemessungsregel *f* design rule
Bemessungsregeln *fpl* dimensionally rules
Bemessungsrichtlinie *f (Konst)* design code
Bemessungsrichtlinien *fpl (Konst, VR)* design specifications
Bemessungsschema *n* overall-dimension diagram, overall-dimension scheme
Bemessungssoftware *f* design software
Bemessungsspannung *f* design stress, permissible stress *(Festigkeit)*
Bemessungsspielraum *m* design latitude
Bemessungssystem *n* design system
Bemessungstabelle *f* design table *(z. B. für Stahlbeton)*
Bemessungstafel *f* design table *(z. B. für Stahlbeton)*
Bemessungsverfahren *n* 1. method of calculation, design method, calculation method; 2. *(Verk)* capacity calculation
Bemessungsverfahren *n*/**allgemeines** *(Stat)* general method of design
Bemessungsverfahren *n* **nach Grenzzuständen** *(Stat)* state method
Bemessungsverfahren *n*/**n-freies** load-factor design, load-factor method *(Stahlbetontheorie)*
Bemessungsverkehr *m* design traffic
Bemessungsverkehrsbelastung *f (Verk)* design traffic loading
Bemessungswerte *mpl* design values
Bemessungswindlast *f* design wind load, design storm
Bemessungszeitabschnitt *m* design period
Bemessungszeitraum *m* design life
Bemessungsziel *n* design objective
bemoost moss-covered
bemörteln *v (Te)* mortar
bemühen *v*/**sich** endeavour
Bemühung *f* endeavour
Bemusterungsunterlagen *fpl (BM, VR)* samples
benachbart neighbouring; contiguous *(berührend)*; adjacent, adjoining *(angrenzend)*; nearby *(nahe)*
benarbt *(Bod)* grass-covered
Benässen *n (BM, LB, OB)* wetting
Benchmarktest *m (BM, Konst)* bench test
Benennung *f* designation
Benennungen *fpl (VR)* nomenclature
benetzbar *(BM)* wettable
Benetzbarkeit *f* coatability, wettability
benetzen *v* 1. damp, dampen, wet; 2. coat *(z. B. Bindemittel die Materialkörner)*
benetzen *v*/**die Mischung** *(Te)* moisten the mixture
Benetzen *n (BM, LB, OB)* wetting
benetzt 1. damped, wetted; 2. coated *(mit Bindemittel)*
Benetzung *f (BM, LB, OB)* wetting
Benetzungsdauer *f* wetting period
Benetzungseigenschaft *f (BM, OB)* wetting property
Benetzungsfähigkeit *f (BM)* moistening power
Benetzungsmechanismus *m (BM, OB)* wetting mechanism
Benetzungsmittel *n* wetting agent
Benetzungsvermögen *n* wetting ability, wetting capacity; coating power *(Bindemittel)*
Benetzungsvorgang *m (BM, OB)* wetting mechanism
Benetzungswärme *f* wetting heat
Benetzungswinkel *m* coating angle *(bei Farbanstrichen)*
Benetzungswirkung *f* coating action *(bei Bindemittelumhüllung)*; wetting action
Benkelman-Balken *m (BM, Bod, Erdb, Verk)* Benkelman beam
benötigen *v* lack, need, require *(Baustoffe)*
benötigend/ein Gerüst scaffold-high

Bentonit *m (BM, Erdb)* bentonite
Bentonitmatte *f (Bod)* bentonite mat *(Abdichtung)*
Bentonitschlämme *f (Erdb)* bentonite slurry
Bentonitzahl *f (BT, Erdb)* ACC test
benutzbar available
benutzen *v*/**nicht mehr** disuse
Benutzer *m* 1. *(VR)* user; 2. occupant, resident *(eines Wohnhauses)*; 3. dweller *(einer Wohnung)*
Benutzung *f (BM, BT, Konst, TK)* usage
Benzin *n (BM)* naphtha *(Erdölfraktion)*
Benzinabscheider *m (Umw, WVA)* fuel separator
benzinbeständig petrol-resistant, proof to petrol, *(AE)* gasoline-resistant, *(AE)* resistant to gasoline
Benzinbeständigkeit *f* petrol resistance, resistance to gasoline, *(AE)* gasoline resistance
benzinfest gasproof, petrol-proof, petrol-resistant, *(AE)* resistant to gasoline, *(AE)* gasoline-proof, *(AE)* gasoline--resistant
Benzinfestigkeit *f* petrol resistance, resistance to gasoline, *(AE)* gasoline resistance
benzinresistent petrol-proof, *(AE)* gasoline-resistant
Benzol *n (BM)* benzene
Benzolcarbonstoff *m*, **Benzolkarbonstoff** *m (BM)* aromatic hydrocarbon
beobachten *v* observe
Beobachtung *f (VR)* observation
Beobachtung *f*/**seismographische** seismographic observation
Beobachtungsbrunnen *m* 1. *(Umw, WVA)* monitoring well; 2. *(Bod, WVA)* observation well
Beobachtungsfehler *m (VR)* observation error
Beobachtungsgang *m (Konst)* observation gallery
Beobachtungsgeschoss *n (Konst)* observation floor
Beobachtungsplattform *f* observation deck, observation platform
Beobachtungsraum *m* observation room
Beobachtungsreihe *f* series of observations
Beobachtungsturm *m* observation tower
bepflanzen *v* plant, crop
Bepflanzung *f (LB)* planting
beplanken *v* face, coat, plank, board over
beplankt planked
Beplankung *f* 1. *(Hb)* boarding; 2. *(EB, Hb, Konst)* panelling; 3. *(Hb, Te)* veneering *(Sperrholz)*
bequem *(Arch, Konst)* convenient
berappen *v* render, rough-cast, plaster, parget
Berappen *n* coarse plastering, pargeting, rendering, rough--casting, rough rendering; broom *(einer Mauer)*
berappt rough-cast
Berappung *f (SB)* squirted skin
Berappungsmörtel *m (SB)* rendering mortar
beraten *v* 1. *(VR)* advise; 2. *(Konst, VR)* give advice
beraten *v*/**sich** *(VR)* consult
beraten/wohl well-advised
Berater *m (VR)* adviser
Berater *m*/**künstlerischer** artistic adviser
Berater *m*/**technischer** consulting engineer, technical consultant
Beratung *f (VR)* consultation
Beratung *f*/**technische** *(VR)* technical advisory service
Beratung *f* **zum Umfangrahmen** *(RP)* scoping termin
Beratungsarchitekt *m* 1. *(Konst, VR)* consultant; 2. *(Arch, VR)* professional adviser
Beratungsbüro *n (Arch, Konst, VR)* consultancy
Beratungsdienst *m*/**technischer** engineering consultation service, technical counsel service
Beratungspraxis *f* **für Bau und Umwelt** *(Arch, Konst, Umw, VR)* professional practice
Beratungsvertrag *m* consultative contract, owner-architect agreement
Beratungszimmer *n* cabinet
beräumen *v (Te)* clear *(z. B. Flächen)*
Beräumen *n (LB, Te)* stripping *(einer Baustelle)*
beräumt depleted *(abbaumäßig)*
Beräumung *f (Te)* clearance
berechenbar 1. *(Stat)* calculable; 2. *(Konst, Stat)* computable
berechnen *v* 1. *(Stat)* design, figure out, calculate; 2. compute, evaluate, calculate
berechnen *v* **auf** refer
berechnen *v* **aus** *(Stat)* calculate from
berechnen *v*/**falsch** *(Stat)* miscalculate
berechnen *v*/**statisch** analyse
berechnen *v*/**zu viel** *(VR)* overcharge *(Kosten)*
berechnet calculated
Berechnung *f* 1. *(Stat)* analysis, design, static calculation; 2. calculating, calculation, computation
Berechnung *f*/**baustatische** structural calculation
Berechnung *f*/**grafische** *(Stat)* graphical calculation
Berechnung *f* **nach dem Traglastverfahren** *(Stat)* plastic analysis
Berechnung *f*/**numerische** numerical calculation
Berechnung *f*/**plastische** *(Stat)* plastic calculation
Berechnung *f*/**statische** design calculation, static calculation, statical analysis, structural calculation
Berechnungsannahme *f* calculating hypothesis, calculation hypothesis
Berechnungsannahmen *fpl (Konst, Stat)* design assumptions
Berechnungsarbeit *f (Konst, Stat)* computational labour
Berechnungsbeispiel *n (Stat)* worked example
Berechnungsfehler *m* calculating error, calculation error
Berechnungsformblatt *n* calculating work sheet
Berechnungsformel *f* calculating formula
Berechnungsgang *m* calculating operation
Berechnungsgrundlage *f* 1. basis of calculation, calculation basis; 2. inclined-leg portal *(Brücke)*
Berechnungsmethode *f (Konst, Stat, Verk)* computing procedure
Berechnungsmodell *n* **des Gebrauchsverhaltens** *(Konst, VR)* performance prediction model
Berechnungsverfahren *n* method of calculation, design method, calculation method
Berechnungsverfahren *n* **nach der zulässigen Spannung** *(Stat)* working stress design
Berechnungsverfahren *n*/**n-freies** ultimate design, ultimate design method, ultimate load design, ultimate load design method
Berechtigung *f* 1. authorization, entitling *(Vorgang)*; 2. authority, power *(Vollmacht)*; 3. licence *(Genehmigung, Konzession)*; 4. competence *(Zuständigkeit)*; 5. right *(Anspruch)*; 6. qualification *(Befähigung)*
Beregnungsanlage *f (LB)* sprinkling plant
Beregnungsfläche *f (LB)* sprinkler area
Beregnungsversuch *m* rain test *(Materialprüfung)*
Beregnungswasser *n (LB)* irrigation water
Bereich *m* 1. range, region, scope, area, zone *(Gelände)*; 2. extent *(Ausdehnung)*; 3. range, scope, compass *(Umfang)*; 4. *(BT, Verk)* sweep *(Krümmung)*; 5. *(Konst, Verm)* span *(Messbereich, Zeit)*
Bereich *m* **außerhalb des Fahrbahnrandes** *m* roadside
Bereich *m*/**elastischer** elastic zone
Bereich *m* **erhöhter Spannung** *(Bod)* overstressed area
Bereich *m*/**fahrverkehrsfreier** traffic-free precinct
Bereich *m*/**gesicherter** *(Tun)* area of safety
Bereich *m*/**klimatisierter** *(Arch, HLK)* conditioning zone
Bereich *m*/**nicht elastischer** *(BM)* non-elastic range

Bereich *m*/**plastischer** non-elastic range, inelastic range, plastic range
Bereich *m*/**sichtbarer** *(Konst)* visible region
Bereich *m*/**unelastischer** non-elastic range, inelastic range
Bereich *m*/**ungesättigter** *(Bod)* unsaturated zone
Bereich *m*/**verlärmter** *(Umw)* range of noises
Bereichsausfahrtzeichen *n* zone exit sign
Bereichssignalsteuerung *f (Verk)* area signal control
bereift frosted
bereit prepared, ready
Bereitschaft *f* standby
Bereitschaftsdienst *m* (standby for) emergency duties
bereitstellen *v (VR)* appropriate *(Mittel)*
Bereitstellungsdarlehen *n (VR)* call loan
Bereitstellungsfläche *f* marshalling area, assembling area *(Montagebau)*; alert platform
Berg *m (Bod)* mountain
bergab downdip, downgrade, downhill
Bergarbeitersiedlung *f (RP)* miner's housing estate
Bergarbeiterwohnungsbau *m (RP)* miner's housing construction
Bergasphalt *m* asphalt rock, pissasphalt
bergauf uphill
Bergbahn *f (Verk)* mountain railway
Bergbau *m (Tun)* mining
Bergbauabraum *m (Umw)* mining debris
Bergbausetzung *f* mining subsidence
Berge *pl* discard, refuse, refuse rocks, run-of-mine material, rejects, waste rock
Bergebene *f* mountain plain, *(AE)* mesa
Bergegesteinshalde *f* bing
Bergehalde *f* dirt heap, bing, pit heap, refuse dump, refuse tip, rubbish dump
Bergemittel *n (Bod)* parting *(geologisch)*
Bergfeuchte *f* quarry water *(Gestein)*
Bergfeuchtigkeit *f* quarry water *(Gestein)*
Bergfried *m (Arch)* donjon, keep *(Burg)*
Bergfried *m*/**gemauerter** *(Arch)* shell donjon, shell dungeon
Bergfried *m* **mit Wohnung** hall-keep
Berggelb *n* ochre, iron ochre, yellow ochre
Berggrün *n (OB)* mountain green
Berghalde *f* 1. *(Bod, Erdb, Tun)* heap; 2. *(Tun)* rock dump
Berghang *m (Bod)* hillside
bergig mountainous, hilly
Bergkristall *m (BM, Bod)* quartz
Bergkuppe *f* hilltop
Bergland *n (Bod)* mountain region
Bergrecht *n* mining legislation
Bergrücken *m (Bod)* ridge
Bergrüster *f* 1. *(BM, Hb)* mountain elm; 2. *(BM, Hb, LB)* elm
Bergrutsch *m (Bod, Erdb)* landslide
Bergschaden *m* mining damage, subsidence damage, subsidence; surface damage, surface subsidence, surface depression *(Bergsenkungsgebiet)*
Bergschaden *m* **durch Bodensenkung** *(Bod, Umw)* damage due to subsidence
Bergschlucht *f (Bod)* glen
Bergschlucht *f*/**steile** *(Bod)* griff
Bergsenkung *f (Bod)* subsidence
Bergsetzungsschaden *m (Bod)* mining damage
Bergstraße *f (Verk)* mountain road
Bergsturz *m* rock fall
Bergung *f* extrication, salvage
Bergwachs *n (BM)* ozokerite
Bergzug *m (Bod)* mountain range
Bericht *m (VR)* report
Bericht *m*/**technischer** technical report
berichten *v* report
berichtigen *v* revise
Berichtigung *f (Konst, VR)* correction
Berichtigungsbeiwert *m* correction coefficient, auxiliary value, coefficient of correction
Berichtsbuch *n (VR)* log
berieseln *v* irrigate, sprinkle; water *(Landschaftsbau)*
Berieseln *n* sprinkling; irrigation, spray irrigation
Berieselung *f* sprinkling
Berieselungsanlage *f (LB, Wsb)* irrigation works
Berieselungsfelderbehandlung *f (Erdb, WVA)* soil absorption system
Berieselungsgebiet *n* disposal field
Berieselungsgraben *m* watering ditch, Baudelot cooler, irrigation cooler
Berieselungsnetz *n (LB, Wsb)* irrigation net
Berieselungsturm *m (WVA)* irrigation tower
Berieselungsverflüssiger *m* atmospheric condenser
Berieslung *f s.* Berieselung
Berme *f* 1. *(Erdb)* terrace, berm, segregation berm, ledge; 2. *(Verk)* bench, set-off; 3. *(Umw)* segregation berm
Bermenrampe *f (Erdb)* sloping terrace
Bernoulli-Gleichung *f* Bernoulli equation
beroden *v (LB)* grub *(Baustelle)*
Beroden *n* 1. *(LB, Te)* stripping; 2. *(LB)* grubbing *(einer Baustelle)*
berohren *v* 1. pipe *(mit Rohrleitungen ausrüsten)*; 2. cover with reed, reed *(Dachdeckung, Putzträger)*
Berstbruch *m (Wsb, WVA)* bursting
Berstdruck *m (WVA)* pressure strength
bersten *v* explode, burst; crackle *(z. B. Stützbauwerk)*
Bersten *n* 1. *(Wsb, WVA)* bursting; 2. *(RS)* rupture
Berstfestigkeit *f* bursting strength, pressure strength
berücksichtigen *v* take into account
Berücksichtigung *f* **der Umwelt** environmental consideration
Beruf *m* occupation
beruflich occupational
Berufsbild *n* professional image
Berufskrankheit *f* occupational disease
berufsmäßig professional
Berufsregister *n* professional register
Berufsrisiko *n* occupational hazard
Berufsschule *f (Arch)* technical college
Berufsverkehr *m (Verk)* journey to work
Berufsvertretung *f* trade organisation
beruhigen *v* steady *(stabilisieren)*; quiet *(Stahl)*
Beruhigungsbecken *n (Wsb)* stilling basin, stilling pool
Beruhigungsbehälter *m (BWG, Te)* surge tank
berühren *v*/**sich** *(Konst, Verk)* meet *(Bauelemente)*
berührend *(BT, Konst, OB)* contacting
berührend/sich *(BT, Konst, VR)* contiguous
Berührung *f (Konst)* contact
Berührungsdruck *m* effective stress
Berührungsfläche *f* contact area, area of contact, interface; juncture, juncture point, surface of junction *(Verbindungsstelle)*
Berührungsflächen *fpl* meeting faces
berührungsfrei clear, contactless, contact-free
Berührungsfuge *f* open joint *(Trockenbau)*
Berührungsgefahr *f (El)* shock hazard
Berührungskorrosion *f (DIS)* two-metal corrosion
Berührungspunkt *m* point of contact
Berührungsschutz *m* protection against accidental contact, protective device against accidental contacts
berührungsschutzsicher *(El)* shockproof
berührungssicher *(El)* shockproof
Berührungstangente *f (Verk)* point tangent *(Trassierungszeichnung)*

berührungstrocken tack-free, tack-free dry, touch-dry *(Anstrich)*
besanden *v* gravel, sand, sprinkle with sand
besandet sand-surfaced
Besandung *f* sand surfacing
Besatz *m* stemming *(Bohrsprenglöcher)*
Besatzmaterial *n* stemming *(Bohrsprenglöcher)*
besäumen *v* 1. dress, edge, square, square up, trim *(von Holz)*; 2. plane *(Blechkante)*; 3. *(Te)* shear *(abschneiden)*
Besäumen *n* 1. squaring, edging, trimming *(von Holz)*; 2. planing *(Blechkante)*; 3. shearing *(abschneiden)*
Besäumkreissäge *f* saw for squaring, table saw
Besäummaschine *f (Hb)* trimming cutter
besäumt dressed, square-edged *(Holz)*
beschädigen *v* damage, blemish, ruin; spoil; injure; mar *(Baustoffe)*
beschädigt werden *v* damage
Beschädigung *f (VR)* damage • **gegen mutwillige Beschädigung geschützt** *(Konst)* vandal-proof
Beschädigung *f* **durch Schuhabsätze** *(OB)* heel damage
Beschädigungsbeständigkeit *f* damage fastness
Beschaffenheit *f* condition, constitution; quality; state *(z. B. eines Gebäudes)*; nature *(natürliche, Gelände, Boden usw.)*
Beschaffenheit *f*/**kiesartige** grittiness
Beschaffenheit *f*/**körnige** grain, granularity, grittiness
Beschaffenheit *f*/**sumpfige** *(Bod)* marshiness
Beschaffenheitsstandard *m* fabrication code, fabrication standard
Beschaffung *f (VR)* acquisition
beschäftigen *v* employ *(Personen)*
beschatten *v* shade
Beschattung *f (LB)* shadowing
bescheinigen *v* certify
Bescheinigung *f (VR)* certification
beschichten *v* coat, overcoat, apply, surface, treat *(Oberflächen)*; laminate *(Werkstoffe)*; plate *(elektrolytisch)*
beschichten *v*/**elektrochemisch** electroplate, plate
beschichten *v*/**galvanisch** electroplate, plate
Beschichten *n* coating, surfacing; plating *(elektrolytisch)*
Beschichten *n* **durch Vakuumzerstäubung** *(OB, Te)* sputtering *(z. B. von Brückenbauteilen als Korrosionsschutz)*
Beschichten *n* **mit Asphalt** *(DIS, Verk)* asphalt coating
Beschichten *n* **mit Extruder** *(Konst, OB)* extrusion coating
Beschichten *n* **mit Streichroller** *(OB, Te)* roller coating
beschichtet faced, coated; laminated *(Werkstoffe)*
beschichtet/beidseitig coated on both sides
beschichtet/dünn lightly coated
beschichtet/wetterfest weather-coated
Beschichtung *f* coating, hard-facing, spread coating, surfacing, treatment *(von Oberflächen)*; plating *(elektrolytisch)*
Beschichtung *f*/**bituminöse** *(DIS)* bituminous coating
Beschichtung *f*/**elektrolytische** *(OB)* electroplated coating
Beschichtung *f*/**halbglänzende** *(OB)* semibright coating
Beschichtung *f* **in der Werkstatt** *(OB)* in-house coating
Beschichtungsanlage *f* coater
Beschichtungsdefekt *m* coating defect
Beschichtungsdicke *f* coat thickness
Beschichtungsharz *n* coating resin
Beschichtungskunststoff *m* coating plastic
Beschichtungsmasse *f* coating compound, coating seal, sealer, surface sealer, surfacing material
Beschichtungsmaterial *n*/**wasserdichtes** *(BM)* waterproofing coating
Beschichtungsmenge *f (DIS, OB)* mass of coating *(Dämmung)*
Beschichtungsmenge *f*/**spezifische** *(DIS, OB, Verk)* spreading rate
Beschichtungsmittel *n*/**flüssiges** liquid coating material
Beschichtungsmittel *n*/**kaltverarbeitbares** *(BM, OB)* cold liquid coating
Beschichtungsriss *m* shivering
Beschichtungsstoff *m* coating material, protective coating, surfacing material
Beschichtungsstoff *m* **für Metalle** metal coating
Beschichtungsstoff *m*/**organischer** *(BM, OB)* organic finishing material
Beschichtungswerkstoff *m* coating material, surfacing material
beschicken *v* feed *(Anlagen)*; charge *(z. B. einen Mischer)*
Beschicken *n* feeding *(Anlagen)*; charging *(z. B. eines Mischers)*
Beschickungseinrichtung *f* loading mechanism
Beschickungsmaterial *n* feed; charge *(z. B. für einen Mischer)*
Beschickungsrutsche *f* charging chute
Beschickungstrichter *m* charging hopper, hopper
Beschickungsvorrichtung *f* feeder, feeding device
Beschießung *f (Tun)* shot
beschildern *v (Verk)* signpost *(Straßen)*
Beschilderung *f (Verk)* provision of road signs, signage *(Straße)*
Beschilderung *f*/**temporäre** *(Verk)* temporary signing
Beschilderung *f*/**wegweisende** traffic signing
Beschilderungsart *f (Verk)* type of signing
Beschlag *m* 1. *(EB)* fitting, mounting, hardware *(Türen, Fenster)*; 2. *(DIS)* mist *(Glas)*
Beschlagarbeit *f (EB, Te)* mounting of metal fittings
Beschläge *mpl* fittings, furniture, hardware, ironmongery, metal fittings, mountings *(Türen, Fenster)*; bands *(Behälter)*
Beschläge *mpl*/**dekorative** *(EB)* trim hardware
Beschläge *mpl*/**schablonengearbeitete** *(EB)* template hardware
Beschlageinlassmaschine *f (BWG, EB)* machine for letting in mounts
beschlagen *v* 1. iron *(mit Eisen)*; 2. tarnish *(Glas)*; 3. bloom *(Lackanstrich)*; 4. fog *(Fensterscheiben)*; grow damp *(feucht werden)*
beschlagen fogged
Beschlagen *n* fogging *(Fensterscheiben)*; tarnishing *(Glas)*; batting *(Werkstein)*; blooming *(Lackanstrich)*
Beschlagsarbeiten *fpl (EB)* hardware work
Beschlagwerk *n (Arch)* strapwork
beschleunigen *v* speed up, precipitate; accelerate, advance *(z. B. das Abbinden, Zement usw.)*
Beschleuniger *m* 1. *(BB, BM)* accelerator; 2. *(BM)* accelerating additive *(z. B. für Beton)*
Beschleunigung *f* 1. *(Te, Verk)* acceleration; 2. *(Verk)* increase in speed
Beschleunigungsspur *f (Verk)* acceleration lane, speed-change line
Beschleunigungsvergütung *f (VR)* early completion bonus
Beschleunigungs-Verzögerungsstreifen *m (Verk)* speed-change line
Beschluss *m* decision, resolution
beschmieren *v* daub *(mit Mörtel)*; soil *(mit Erdstoffen)*
beschneiden *v* crop, cut, clip; edge *(Kanten)*; trim *(Holz)*
beschneiden *v*/**rechtwinklig** square up
Beschneiden *n* edging *(von Kanten)*; squaring, trimming *(von Holz)*
Beschneidmaschine *f (BWG)* trimming machine
beschottern *v (Verk)* metal, macadamize, gravel *(Straßenbau)*; ballast *(Eisenbahnbau)*

Beschottern *n (Verk)* metalling, gravel surfacing, gravelling *(Straßenbau)*; ballasting *(Eisenbahnbau)*
beschränken *v* restrict, confine, limit; narrow, curb *(einengen)*
beschränkt limited, confined; close *(Raum)*
Beschränkung *f* limitation, constraint, restraint, restriction
Beschränkungsakzeptanz *f (VR)* acceptance of restrictions
beschreiben *v***/genau** specify
Beschreibung *f* description
beschriften *v* letter *(Bauzeichnung)*; inscribe *(markieren)*
Beschriftung *f* legend, inscription; lettering
beschuhen *v (Erdb)* shoe *(Rammpfahl)*
Beschüttung *f (Konst)* loose fill *(Deckenhohlräume)*
Beschwerde *f (VR)* complaint
beschweren *v* 1. load *(mit Füllstoffen oder Zusätzen)*; 2. *(Erdb)* burden; weight *(mit Gewichten)*
Beschwerung *f (Stat)* weighting
Beschwerungsmaterial *n (BM)* loading
Beschwerungsschiene *f* weighting rail *(Jalousie)*
beseitigen *v* 1. remove, clear away *(Bauschutt)*; 2. dispose (of) *(Müll)*; 3. eliminate, cure, correct *(Fehler)*; 4. destroy *(vernichten)*; 5. discard *(aussondern)*
Beseitigung *f* disposal *(Müll)*; removal *(Bauschutt)*
Beseitigung *f***/geordnete** *(Te)* safe disposal
Beseitigung *f* **verwahrloster Wohnviertel** *(RS)* slum clearance
Besen *m* broom
Besenabzug *m (BB)* broom finish *(Betonoberfläche)*
besenrein well-swept
Besenschlagputz *m (OB)* broom finish
Besenschrank *m* broom closet, broom cupboard
Besenstrich *m* 1. *(BB)* broom finish; 2. *(BB, Verk)* brooming *(Betonoberfläche)*
Besenverankerung *f (BB, Te)* fan anchorage *(Spannbeton)*
Besenwurfputz *m (SB)* regrating skin
besetzt/nicht unmanned
Besetzungsgrad *m (VR)* occupancy
besichtigen *v (VR)* view *(z. B. Haus)*
Besichtigung *f (VR)* inspection
Besichtigungssteg *m* inspection gangway
besiedeln *v (RP)* populate
besiedelt/dünn sparsely populated
Besitz *m* ownership, property *(Gebäude)*; possession *(z. B. an Grund und Boden)* • **in Besitz nehmen** *(VR)* appropriate • **wieder in Besitz nehmen** *(VR)* repossess
Besitz *m***/einheitlicher** *(VR)* unity of possession
Besitzanspruch *m (VR)* claim of ownership • **Besitzanspruch anmelden** make one's claim, make one's claim to property
Besitzer *m* owner, proprietor
Besitzer *m***/rechtmäßiger** *(VR)* rightful owner
Besitzerwechsel *m (VR)* change of ownership
Besitzheimfall *m* **an den Staat** *(VR) (AE)* escheat *(wenn keine Erben vorhanden)*
Besitzverhältnisse *npl (VR)* property conditions
Besonderheiten *fpl (Te, VR)* particularities
Besonnung *f***/einseitige** *(Konst)* unilateral sunshine
Bespanngewebe *n* fabric covering
Besplittung *f (BB, Te, Verk)* chip surfacing
Besprechung *f* meeting
Besprechungsraum *m (Arch)* conference room
besprengen *v* irrigate, sparge, sprinkle
bespritzen *v* 1. sparge, sprinkle, squirt; 2. *(OB, Te)* spatter *(z. B. mit Tünche)*; 3. splash *(z. B. Beton, Schmutz)*; 4. spray *(Oberflächen)*
Bessemerstahl *m* Bessemer steel
Besserwisser *m (VR) (sl)* sidewalk superintendent *(bei Straßen- und Tiefbauarbeiten)*
Bestand *m* 1. *(RS)* lasting quality; 2. *(Te)* supplies *(Baustoffe)* • **Bestand haben** stand • **den Bestand aufnehmen** inventory
beständig 1. lasting, fast, enduring, perennial, permanent, persistent *(dauerhaft)*; 2. *(BM, BT)* constant *(ununterbrochen)*; 3. resistant, proof *(widerstandsfähig)*; 4. *(Konst)* steady *(wirtschaftlich)*; 5. immune *(korrosionsbeständig)*; 6. *(BM)* stable *(thermisch, chemisch)*; 7. *(BM, BT)* strong *(z. B. Baustoffe, Bauelemente)* • **beständig sein** persist • **beständig sein gegen** be stable to
beständig/atmosphärisch *(BM, OB)* air-resistant
Beständigkeit *f* 1. durability, endurance, fastness, firmness, constancy, permanency *(Dauerhaftigkeit)*; 2. *(BM)* proofness; 3. *(BM, BT)* resistance *(Widerstandsfähigkeit)*; 4. *(BM)* stability *(thermisch, chemisch)*; 5. *(Konst)* steadiness *(wirtschaftlich)*; 6. *(OB)* lasting properties *(Anstrich)*
Beständigkeit *f***/chemische** 1. *(BM, BT, OB, Umw)* chemical durability; 2. *(BM)* resistance to chemical attack
Beständigkeit *f* **gegen Beschädigung** resistance against damage
Beständigkeit *f* **gegen chemische Einwirkungen** *(BM)* resistance to chemical attack
Beständigkeit *f* **gegen Hochtemperaturkorrosion** hot corrosion resistance
Beständigkeit *f***/thermische** *(BM)* thermal stability
Beständigkeitsbereich *m* stability range
Beständigkeitseigenschaft *f (BM)* fastness property
Beständigkeitsgrad *m* degree of fastness, resistance degree *(von Baustoffen, Bauteilen)*
Beständigkeitsprüfung *f (HLK, San)* durability test *(Anstrich)*
Bestandsaufnahme *f (VR)* stocktaking
Bestandsaufnahme *f* **der Mängel** investigation of deficiencies
Bestandsliste *f (BT, VR)* stock-list
Bestandsplan *m* 1. *(Konst, VR)* as-completed drawing; 2. *(Konst)* work as executed drawing
Bestandszeichnung *f (Konst, VR)* as-completed drawing
Bestandteil *m* component, constituent, constituent material, part
Bestandteil *m***/flüchtiger** volatile component, volatile constituent, volatile substance
Bestandteil *m***/martensitischer** *(BM)* martensitic component
Bestandteil *m***/metallischer** *(BB, BM)* metallic constituent *(Betonzuschlag)*
Bestandteil *m***/unbrennbarer** incombustible constituent
Bestandteile *mpl* ingredients
Bestandteile *mpl***/ausglühbare** *(BM)* organic matter *(Zuschläge)*
Bestandteile *mpl***/flüchtige** volatile matter
Bestandteile *mpl***/nicht flüchtige** solids *(in Bindemitteln, Anstrichen usw.)*
Bestandteile *mpl***/schädliche** harmful components
bestätigen *v* 1. *(VR)* approve *(zustimmen)*; 2. certify, attest *(bescheinigen)*; 3. confirm *(bestätigen)*
bestätigt authorized, approved *(Bauausführungsunterlagen)*; acknowledged *(Ausführung, Leistung)*; confirmed *(Bestätigung)*
bestätigt/amtlich authorized
Bestätigung *f (VR)* approval
Bestattungskammer *f (Arch)* cubiculum *(in einer Wand)*
bestehen *v* last *(gegen Einflüsse)*; exist *(vorhanden sein)*
bestehend existing
bestehend/aus Einzelteilen sectional
besteigbar accessible, ascendable • **innen besteigbar** man-size, man-sized *(Schornstein)*
bestellen *v* order
Bestellnummer *f* order number

Bestellschein *m (VR)* order form
Bestellung *f (VR)* order *(von Leistung und Material)*
Bestellungsabweichungen *fpl (Konst, Te)* order variations
Bestellzeichnung *f (Konst)* order drawing
Besteuerung *f (VR)* taxation
Bestiarium *n (Arch)* bestiary *(sakral)*
bestimmbar definable
bestimmbar/statisch statically definable, statically determinable
bestimmen *v* 1. define, determine, fix *(festlegen)*; 2. *(VR)* assign *(z. B. Aufgaben, Termine)*; 3. rule, order, regulate, decide, decree *(anordnen)*; 4. determine *(ermitteln)*
bestimmen *v***/mengenmäßig** quantify
Bestimmen *n (Stat)* determination, determining
bestimmt 1. specific; 2. *(Stat)* perfect, determined
bestimmt/kinematisch *(Stat)* kinematically determinate
bestimmt/statisch statically defined [determined], determinate, isostatic
Bestimmtheit *f***/statische** *(Stat, TK)* statical determinacy
Bestimmung *f* detailed plans
Bestimmung *f***/gesetzliche** *(VR)* legal provision
Bestimmung *f***/zeichnerische** *(Stat)* graphic construction
Bestimmungen *fpl***/allgemein verbindliche technische** *(BM, BT, Konst, Stat, VR)* consensus standards
Bestimmungen *fpl* **zur ästhetischen Baugestaltung** *(VR)* aesthetic clause
Bestimmungsbescheid *m (VR)* notice of determination
Bestlösung *f (Konst, VR)* optimum solution
bestoßen *v* edge, splinter *(Naturstein)*
bestrahlen *v (El)* ray
Bestrahlung *f* irradiation
bestreichen *v* 1. *(OB, Te)* daub *(mit Mörtel)*; 2. back-mop *(Dachpappenunterseite beim Aufkleben)*; 3. coat, spread *(Anstriche)*; 4. *(OB, Te)* rub *(einreiben)*
Bestreichen *n* coating, spread coating, spreading *(mit Anstrich)*; daubing *(mit Mörtel)*
Bestreusplitt *m* granular cover material *(Dachpappe)*
Bestuhlung *f (EB)* seating *(z. B. eines Theaters)*
Bestuhlung *f***/nicht durch Gänge unterbrochene** *(Arch)* continental seating *(eines Theaters)*
Besuchereingang *m (Konst)* visitor's entrance
Besuchergang *m (Konst)* visitor's walkway
Besucherraum *m (Konst)* visitor's room
Besucherterrasse *f (Konst)* tourist terrace
Besucherverkehr *m (VR)* visitor's traffic
Besucherzimmer *n (Konst)* visitor's room
betätigen *v* actuate; trip
betätigt/hydraulisch hydraulically actuated
betätigt/pneumatisch air-operated
Beterstandbild *n (Arch)* kneeling figure
Betkapelle *f (Arch)* oratory
Beton *m (DIN EN 450)* concrete, ordinary concrete • **Beton anmachen** *(BB, Te)* temper concrete • **Beton betonieren** pour concrete • **Beton einbauen** *(BB, Te)* pour concrete • **Beton einbringen** concrete, pour concrete • **Beton gießen** pour concrete • **Beton schütten** cast concrete, pour concrete • **Beton stampfen** puddle • **in Beton einbetten** wet with concrete • **in Beton einhüllen** encase with concrete • **in Beton einlegen** embed in concrete
Beton *m***/abgezogener** float finish
Beton *m***/angebackener** *(BB, Te)* frozen concrete
Beton *m***/armierter** ferroconcrete, armoured concrete, reinforced concrete
Beton *m***/aufgespitzter** bush-hammered concrete
Beton *m***/baustellengemischter** *(BB)* site concrete
Beton *m***/bewehrter** reinforced concrete, steel concrete, ferroconcrete, armoured concrete
Beton *m***/dichter** *(BB, BM)* dense concrete
Beton *m***/diskontinuierlich aufgebauter** gap-graded concrete
Beton *m***/druckvorgespannter** pressure-prestressed concrete
Beton *m***/entfeinter** *(BB)* no-fines concrete
Beton *m***/erdfeuchter** low-slump concrete, dry-packed concrete, earth-moist concrete, harsh concrete, semidry concrete • **erdfeuchten Beton stampfen** dry-pack
Beton *m***/erhärteter** hardened concrete
Beton *m***/farbiger** pigmented concrete
Beton *m***/faserbewehrter** fibre-reinforced concrete, fibrous concrete
Beton *m* **: Festlegung, Eigenschaften, Herstellung und Konformität** *(DIN EN 206-1/A1)* concrete: determination, properties, production and conformity
Beton *m***/fetter** fat concrete, cement-rich concrete, good concrete, rich concrete
Beton *m***/flüssiger** wet concrete
Beton *m***/frisch eingebauter** newly-placed concrete
Beton *m***/frühhochfester** concrete with high early stability, high-early concrete, high-early-strength concrete
Beton *m***/geriffelter** grooved concrete
Beton *m***/gerissener** cracked concrete
Beton *m***/gestockter** bush-hammered concrete
Beton *m***/gießfähiger** chuted concrete
Beton *m***/glatter** fair-faced concrete
Beton *m***/gleichkörniger** *(BB)* uniform concrete
Beton *m***/handabgezogener** *(BB)* hand-finish concrete
Beton *m***/haufwerksporiger** hollow concrete, no-fines concrete
Beton *m***/hitzebeständiger** heat-resistant concrete, high-temperature concrete, refractory concrete
Beton *m***/hochfester** high-strength concrete
Beton *m***/hochfrequenzgerüttelter** high-frequency vibrated concrete
Beton *m***/hochplastischer** mushy concrete
Beton *m***/hochwertiger** high-grade concrete
Beton *m* **hoher Güteklasse** high-strength concrete
Beton *m***/industriemäßig gemischter** plant mix, plant-mixed concrete
Beton *m***/kolloidaler** *(BM)* Colcrete
Beton *m***/konstruktiver** *(BB)* structural concrete
Beton *m***/kreuzweise bewehrter** doubly reinforced concrete
Beton *m***/kreuzweise vorgespannter** *(BB)* doubly prestressed concrete
Beton *m***/maschinell gemischter** machine-mixed concrete
Beton *m* **mit Ausfallkörnung** gap-graded concrete, hollow concrete
Beton *m* **mit Bor-Additiven/sehr dichter** boron-loaded concrete
Beton *m* **mit Bruchstein** cyclopean concrete
Beton *m* **mit gerissener Zugzone** cracked concrete
Beton *m* **mit granitischen Zuschlägen** granolithic concrete
Beton *m* **mit Kalksteinzuschlag** limestone-filled concrete
Beton *m* **mit Leichtzuschlägen** *(BB, DIS)* insulating concrete
Beton *m* **mit Quellzement** self-stressed concrete, self-stressing concrete
Beton *m* **mit Steineinlagen** cyclopean concrete
Beton *m* **mit zu geringem Sandanteil** *(Bod)* undersanded concrete
Beton *m* **mit Zug- und Druckbewehrung** doubly reinforced concrete
Beton *m***/mittelplastischer** *(BM, Te)* quaking concrete
Beton *m***/monolithischer** monolithic concrete, in-situ concrete, poured-in-place concrete

Beton *m*/**nachgemischter** shrink-mixed concrete *(im Fahrmischer)*
Beton *m*/**nagelbarer** nailable concrete, nailing concrete
Beton *m*/**nagelfester** *(BM)* nailable concrete
Beton *m*/**nicht abgebundener** *(BB, Te)* unset concrete
Beton *m*/**nicht bedampfter** unsteamed concrete
Beton *m*/**normaler** ordinary concrete
Beton *m*/**oberflächenglatter** fair-faced concrete
Beton *m* **ohne Bewehrung** plain concrete
Beton *m* **ohne Feinkorn** *(BB)* no-fines concrete
Beton *m* **ohne jede Zusätze** plain concrete
Beton *m* **ohne Luftporenbildner** non-air-entrained concrete
Beton *m* **ohne Oberflächenabdruck** off-formwork concrete
Beton *m*/**plastifizierter** plasticized concrete
Beton *m*/**plastischer** high-slump concrete, plastic concrete
Beton *m*/**rissfester** crash-resistant concrete
Beton *m*/**sandarmer** *(Bod)* undersanded concrete
Beton *m*/**sandreicher** fat concrete, fine concrete, oversanded concrete
Beton *m*/**säurebeständiger** *(BB, BM, Konst)* acid refractory concrete
Beton *m*/**scharrierter** bush-hammered concrete
Beton *m*/**schwach plastischer** low-slump concrete, dry concrete, stiff concrete, semidry concrete
Beton *m*/**stationär gemischter** central-mix concrete, central-mixed concrete
Beton *m*/**statisch bewehrter** *(Konst)* statically reinforced concrete
Beton *m*/**steifer** low-slump concrete, dry concrete, semidry concrete, stiff concrete
Beton *m*/**tragender** load-bearing concrete, load-carrying concrete, bearing concrete
Beton *m*/**unbewehrter** unreinforced concrete, plain concrete, mass concrete, ordinary concrete
Beton *m*/**vorgemischter** shrink-mixed concrete *(für den Transportmischer)*
Beton *m*/**vorgespannter** *(BB, BM)* prestressed concrete
Beton *m*/**wasserarmer** semidry concrete, low-slump concrete, dry-packed concrete, harsh concrete
Beton *m*/**wasserreicher** wet concrete
Beton *m*/**weicher** plastic concrete, plasticized concrete
Beton *m*/**werksgemischter** central-mix concrete, central-mixed concrete
Beton *m*/**zementfreier** cement-less concrete
Beton *m*/**zementreicher** cement-rich concrete, fat concrete
Betonabbindebeschleuniger *m* concrete setting accelerator, concrete accelerating admixture *(s. a. Abbindebeschleuniger)*
Betonabbinden *n (BM, Te)* concrete setting
Betonabdeckstein *m (BM)* concrete coping block
Betonabdeckung *f* concrete coping; flaunching *(am Schornstein)*
Betonabnutzung *f (BB, OB)* wear of concrete
Betonabriss *m (BB, Te)* form scabbing *(beim Ausschalen)*
Betonabschirmung *f* **bei Strahlung** *(BM, BT, DIS, Konst, Umw)* concrete biological shielding
Betonabschirmwand *f (BB, BT, Konst)* concrete radiation shielding wall
Betonabschleifen *n* polish grind, final grind
Betonabschliffschmant *m* concrete sludge, concrete slop, sludge
Betonabstandhalter *m (BB, BWG, Te)* concrete spacer
Betonabstellplatz *m* hardstand
Betonabstreicher *m* lute *(für plastischen Beton)*
Betonabstreichklinge *f* lute *(für plastischen Beton)*
Betonabwasserkanal *m (WVA)* concrete sewer
Betonabwasserleitung *f* concrete sewer
Betonabziehhöhenlehre *f (BWG, BT)* concrete screed
Betonabziehleiste *f* darby float, darby, slicker
Betonadditiv *n (BM)* concrete additive
Betonaerometer *n (BM)* concrete aerometer
betonaggressiv concrete aggressive
Betonalter *n* age
Betonanker *m* concrete anchorage, concrete deadman, deadman, concrete tie
Betonankerklotz *m* concrete anchorage, concrete deadman, deadman
Betonankerklotz *m*/**eingegrabener** concrete anchorage
Betonanlage *f* concrete preparing equipment, concrete preparing plant
Betonanstrichfarbe *f* cement paint
Betonarbeiten *fpl (BB, Te)* concrete work *(DIN 18331)*
Betonarbeiter *m* concretor
Betonart *f (BM)* concrete type
Betonaufbau *m (BM)* concrete composition
Betonaufbereitung *f (BB, BM, Te)* concrete mixing
Betonaufbereitungsfläche *f (BB, Te)* concrete mixing area
Betonaufbruchhammer *m (BWG)* concrete breaker
Betonauflager *n (BB, BT)* concrete support
Betonauflast *f (BB, Stat)* concrete surcharge
Betonausbau *m (BB, Konst)* concrete lining
Betonausbesserung *f* 1. *(BB, RS)* concrete patching; 2. *(BB, San)* concrete reintegration; 3. *(BB, San)* concrete repair
Betonausblühung *f (BB, BM, OB)* concrete efflorescence
Betonausführungsrezeptur *f* concrete designed mix *(des Auftragnehmers)*
Betonausgleichsschicht *f* binding concrete course, binding concrete layer, concrete levelling layer
Betonauskleidung *f* 1. *(BB, Konst)* concrete lining; 2. *(BB, OB)* concrete surfacing; 3. *(SB)* steening *(meist Trockenmauerwerk für Behälter, Brunnen, Klärgruben)*
Betonauspressmaschine *f (BWG)* concrete grouter
Betonbalken *m* concrete beam, cast beam, reinforced T-beam
Betonbalkenfüllstein *m (BT)* soffit block
Betonbarriere *f (BT, Konst, Verk)* concrete barrier
Betonbau *m* 1. *(BB, Te)* concrete engineering; 2. *(Arch, BB)* concrete construction
Betonbauer *m (BB, Te)* concrete technician
Betonbaustelle *f (BB, Te)* concreting site
Betonbauweise *f (BB, Konst, Te)* concrete construction method
Betonbauwerk *n (BB, Konst, TK)* concrete structure
Betonbedeckung *f (Erdb)* benching *(für Böschungen)*
Betonbehälter *m (BT, Konst)* concrete reservoir
Betonbelag *m*/**weißer** *(BB, OB)* concrete whitetop overlay
Betonbelagplatte *f (BM, BT)* concrete paving flag
betonbelegt *(BB, Konst)* concrete-lined
Betonbemessungsgrundlagen *fpl (BB, Konst, Stat)* concrete design criteria
Betonbeschichtung *f* coat on concrete
Betonbesenstrich *m (Verk)* brushed concrete surface
Betonbesenstrichaufbringen *n (Verk)* brushing of newly laid concrete
Betonbeständigkeit *f (BB, BM, OB)* concrete durability
Betonbestandteil *m (BB, BT)* concrete ingredient
Betonbestimmungen *fpl (BB, BM, Konst, VR)* concrete code
Betonbett *n (BT, Erdb, Konst)* concrete bed
Betonbettung *f*/**seitliche** *(BB, Erdb)* benching *(für Rohrleitungen)*

Betonbewehrungsabstandhalter *m (BB, BT)* concrete block bar support
Betonbewehrungsmatte *f* woven steel fabric, woven steel wire fabric
Betonbiegespannung *f (BT, Stat)* concrete bending stress
Betonblock *m* concrete block, cement block
Betonblock *m* **mit Öffnung** header block
Betonblock *m*/**verbreiterter** slump block *(durch zu flüssigen Beton)*
Betonblockherstellung *f* block-making
Betonblockmaschine *f* block machine
Betonblockstein *m* concrete block, cement block, precast concrete block
Betonblockstein *m* **mit Aussparung** sash block *(für Fenster)*
Betonblockstein *m* **mit Öffnung** header block
Betonblockstein *m* **mit zwei Sichtflächen** double-corner block, pier block, pilaster block
Betonblocksteinmauerwerk *n* concrete masonry, blockwork
Betonblühen *n (OB)* bleed of concrete
Betonbogen *m* concrete arch
Betonbohle *f (BT)* concrete plank
Betonbordschwelle *f* wide concrete kerb
Betonbordstein *m (BT, Verk)* concrete kerb
Betonbrecher *m* concrete breaker
Betonbrocken *mpl* crushed concrete
Betonbrücke *f (BB, Br)* concrete bridge
Betonbrücken *fpl* **- Bemessungs- und Konstruktionsregeln** *(BB, Br)* concrete bridges - design and detailing rules *(DIN EN 1992-2)*
Betonbrückenpfeiler *m (Br, Konst)* concrete pier
Betonbrunnenring *m (BT, Wsb)* concrete ring
Betonbrunnenrohr *n (BT, Wsb, WVA)* concrete filter pipe
Betondach *n*/**vorgefertigtes** prefabricated concrete roof
Betondachelement *n (BT, Konst)* concrete roofing slab
Betondachpfanne *f (BM, BT)* concrete pantile
Betondachstein *m (BT)* concrete roof tile
Betondecke *f* 1. concrete ceiling, concrete floor, cement floor; 2. *(Verk)* concrete pavement, concrete paving, concrete slab *(Straße)*
Betondecke *f*/**bewehrte** *(Verk)* reinforced concrete pavement
Betondecke *f*/**durchlaufend bewehrte** *(Verk)* continuously reinforced pavement
Betondecke *f*/**einfallende** drop panel *(z. B. um eine Stütze herum)*
Betondecke *f* **im Hocheinbauverfahren/dünne** *(Verk)* thin-bonded concrete overlay
Betondecke *f*/**kreuzweise bewehrte** flat slab
Betondecke *f*/**kreuzweise selbsttragende** flat slab
Betondecke *f* **mit Asphaltdeckschicht** *(Verk)* rigid composite pavement
Betondecke *f* **mit Fugen** *(Verk)* jointed concrete pavement
Betondecke *f* **mit Fugen/bewehrte** *(Verk)* jointed reinforced concrete pavement
Betondecke *f* **mit Fugen/unbewehrte** *(Verk)* jointed plain concrete pavement
Betondecke *f*/**trägergetragene flache** floor arch
Betondeckenbalken *m* precast floor beam
Betondeckenbalken *m*/**vorgefertigter** precast floor beam
Betondeckenerneuerung *f (Verk)* concrete pavement restoration, concrete pavement rehabilitation
Betondeckenfertiger *m (Verk)* concrete finisher, concrete finishing machine, concrete paver *(Straßenbau)*
Betondeckenfertigteil *n* precast concrete floor element, precast concrete floor member
Betondeckenherstellung *f* **im Schnellverfahren** concrete fast track paving
Betondeckenhohlkörper *m* concrete hollow filler, concrete hollow filler block
Betondeckenhohlstein *m* concrete hollow filler, concrete hollow filler block
Betondeckeninnenrüttler *m (BB, BWG, Verk)* paving vibrator
Betondeckenoberflächenhärter *m (BM)* concrete floor hardener
Betondeckenplatte *f* concrete floor slab, slab
Betondeckenstein *m* concrete hollow filler block, concrete hollow filler
Betondeckensystem *n (BB, TK)* concrete floor system
Betondeckenverstärkung *f*/**nach unten abfallende** drop panel
Betondeckschicht *f* 1. *(BB, Konst, OB)* concrete topping; 2. *(BB, Konst, Verk)* concrete overlay; 3. *(Verk)* concrete surface course *(Straße)*
Betondeckschicht *f*/**verschleißfeste** *(Verk)* monolithic topping
Betondeckung *f* depth of cover, concrete cover, coverage, concrete covering, concrete protection, cover (of reinforcement) *(über Bewehrung)*
Betondichte *f (BM, BT)* concrete density
Betondichtemesser *m (BM)* concrete aerometer
Betondichteprüfung *f* concrete density control, density control
Betondichtheit *f* impermeability of concrete
Betondichtigkeit *f* impermeability of concrete
Betondichtungsmittel *n* 1. *(BM)* concrete densifying agent; 2. *(BB, BM)* concrete waterproofing compound
Betondichtungsmittelzusatz *m (BB, BM)* concrete waterproofing agent
Betondichtungsstoff *m (BB, BM)* concrete waterproofing compound
Betondistanzklötzchen *n (BB, BWG, Te)* concrete spacer
Betondosieranlage *f* concrete-batching plant
Betondrahtgewebe *n (BM)* concrete lathing
Betondruckfestigkeit *f (BM, Konst)* concrete compressive strength
Betondruckfestigkeitsprüfung *f* **an zylindrischen Prüfkörpern** *(BM)* cylinder test
Betondruckplatte *f* topping slab, concrete topping
Betondruckrohr *n (BT)* concrete pressure pipe
Betondübel *m* concrete dowel, concrete insert
Betondünndecke *f* **im Hocheinbau** *(Verk)* thin-bonded concrete overlay
Betondünnschichtbelag *m* thin concrete surfacing
Betondurchlässigkeit *f* permeability of concrete
Betoneigenwärme *f* inherent concrete heat
Betoneinbau *m* pouring of concrete
Betoneinbringanlage *f* placing plant
Betoneinbringen *n (BB, Te)* placing of concrete
Betoneinbringung *f* concrete placement, concreting, pouring of concrete
Betoneinbringungsbelastung *f* shock load
Betoneinbringungsstoßbelastung *f* shock load
betoneingehüllt haunched
Betoneiprofilrohr *n* egg-shaped concrete pipe
Betoneisen *n (BM, St)* reinforcing bar
Betonemulsion *f (BM)* concrete emulsion
Betonentwässerungsrohr *n* concrete waste pipe, concrete drain pipe
Betonerhärtung *f* concrete hardening, maturing of concrete
Betonerhärtungsbeschleuniger *m* (concrete) hardening accelerator
Betonestrich *m (BM)* concrete screed

Betonestrich *m* **mit Stahlschrottzuschlag** *(BB, Verk)* metallic-aggregate covering
Betonestrich *m*/**schwimmender** floating concrete layer, floating concrete screed
Betonfacharbeiter *m* concretor, skilled concrete worker
Betonfahrbahn *f* concrete carriageway
Betonfahrbahn *f* **aus Fertigteilplatten** *(Verk)* precast slab concrete pavement
Betonfahrbahn *f* **mit nachträglichem Verbund** *(BB, Te, Verk)* post-tensioned highway slab
Betonfahrmischer *m* lorry mixer, mixer conveyor
Betonfallrohr *n* concrete drop chute, articulated drop chute
Betonfallrohr *n*/**gelenkiges** articulated drop chute
Betonfalzplatte *f* rebated cement slab, rebated cement roofing slab
Betonfehlstelle *f (BB, Te)* honeycomb
Betonfeld *n (BT, Konst)* concrete bay
Betonfertiger *m* concrete finisher, concrete finishing machine *(Straßenbau)*
Betonfertigpfahl *m* 1. *(BT)* concrete precast pile; 2. *(Erdb)* precast pile
Betonfertigteil *n* precast concrete component, precast concrete unit, prefabricated concrete unit, concrete component, concrete unit
Betonfertigteilbalken *m* cast beam
Betonfertigteilbauweise *f (Konst, Te)* precasting system
Betonfertigteilbrücke *f (Br)* precast concrete bridge
Betonfertigteildach *n* prefabricated concrete roof
Betonfertigteile *npl (EN 1182)* precast concrete products
Betonfertigteilgebäude *n* prefabricated concrete building
Betonfertigteilrippendecke *f (BT, TK)* prefabricated concrete rib slab
Betonfertigteilwerk *n* precasting factory, precasting plant
Betonfertigteilwerk *n*/**offenes** precasting yard
Betonfertigtreppe *f* prefabricated concrete stair
Betonfertigungsbahn *f* precasting lane
Betonfertigungsplatz *m (BB, Te)* concrete mixing area
Betonfestigkeit *f (BM)* concrete strength
Betonfestigkeitsklasse *f (BM)* concrete strength class
Betonfeuchtraumdichte *f (BM)* concrete wet density
Betonfilterrohr *n (BT, Wsb, WVA)* concrete filter pipe
Betonflachdach *n* flat concrete roof
Betonfläche *f (BB, BT, Verk)* concrete area
Betonfläche *f*/**kreisförmig verriebene** *(OB)* swirl finish
Betonflansch *m* concrete flange
Betonflickung *f (BB, San)* concrete reintegration
Betonförderer *m (BWG)* concrete placer
Betonförderer *m*/**pneumatischer** pneumatic concrete placer, pneumatic placer
Betonförderung *f*/**pneumatische** pneumatic transmission of concrete
Betonform *f* 1. *(BB, Te)* concrete mould; 2. *(BB, BWG)* mould for concrete setting
Betonform *f* **aus Hartpappe** paper form
Betonform *f* **aus Hartpresspappe** paper form
Betonform *f*/**entlüftbare** *(BB, BT, Te)* vented form
Betonformkasten *m (BB, BWG)* mould for concrete setting
Betonformleiste *f* rustication strip *(in die Betonschalung)*
Betonformöl *n (BM)* concrete mould oil
Betonformseitenteile *npl* cheek boards
Betonformstahl *m* deformed bar, grip bar, high-bond bars
Betonformstein *m* 1. *(BM)* concrete block; 2. *(BM, BT)* concrete moulding block
Betonformstück *n* concrete fitting, purpose-made concrete element
Betonformteil *n* purpose-made concrete unit, special concrete product, special-purpose concrete product
Betonfrostschutzmittel *n (BM)* concrete antifreezer
Betonfuge *f (BT, Konst)* concrete joint
Betonfugenschneidmaschine *f (Verk)* pavement saw *(Straßenbau)*
Betonfugenvergussmasse *f (BM)* concrete joint sealing compound
Betonfüllstein *m* plum *(Zyklopenbetonstein)*
Betonfüllstein *m*/**großer** plum *(Zyklopenbetonstein)*
Betonfüllung *f (BB, Te)* concrete filling
Betonfundament *n* 1. *(BB, BT, Erdb)* concrete base; 2. *(BB, Erdb, Konst)* concrete foundation
Betonfundament *n* **mit Bewehrung/durchgehendes** continuous concrete footing with reinforcement
Betonfundament *n* **mit Verstärkung/durchgehendes** continuous concrete footing with reinforcement
Betonfundamentplatte *f* 1. *(BB, BT, Erdb)* concrete foundation slab; 2. *(Erdb, Konst)* base slab; 3. *(Erdb)* mat foundation
Betonfußboden *m* concrete floor
Betonfußwegplatte *f (BT)* sidewalk concrete flagstone
Betongebäude *n* concrete building
Betongefüge *n (BM)* concrete texture
betongefüllt concrete-filled
Betongehwegplatte *f (BT)* sidewalk concrete flagstone
Betongelenk *n* concrete hinge, concrete joint
Betongemenge *n* concrete mix
Betongesamtzuschlagstoff *m (BM)* total concrete aggregate
Betongewändestein *m* jamb block, sash block *(für Fenster)*
Betongewölbe *n (Arch, BB, Konst)* concrete vault
Betonglätter *m (BB, OB, Verk)* bull float
Betongleitblech *n (BB, Te)* flume
Betongleitfertiger *m (BWG)* concrete extruding machine
Betongleitschalungsfertiger *m* concrete slip-form paver
Betongleitwand *f* **nach dem Jersey-System** *(Verk)* Jersey type concrete barrier
Betongranit *m* granitic finish
Betongratstein *m (BT)* concrete hip tile *(Dach)*
betongrau *(BM)* concrete-grey
Betongrobsand *m* coarse sand aggregate
Betongrundmasse *f (BB, BM)* concrete matrix
Betongrundplatte *f* 1. *(BB, BT, Erdb)* concrete base slab; 2. *(BB, BT, Erdb)* concrete mat; 3. *(BB, Erdb)* mattress *(auf Gründungssohle)*
Betongurt *m* concrete chord, concrete flange, concrete slab *(Verbundträger)*
Betongussfehlstelle *f (BB)* cold shut *(z. B. Einschnürstelle, Falte)*
Betongüte *f* 1. *(BM)* concrete quality; 2. *(BB)* grade of concrete
Betongüteklasse *f* concrete class, concrete quality grade, concrete grade, quality grade of concrete
Betongüteüberwachung *f (BM)* concrete quality control
Betonhaarriss *m* D-crack *(Betonfahrbahn)*
Betonhaltbarkeit *f* concrete durability
Betonhandmischen *n* 1. *(Te)* mixing by spading; 2. *(BB, Te)* spading
Betonhandverteiler *m (BWG)* come-along
Betonhärteflüssigkeit *f* liquid concrete floor hardener
Betonhärtemittel *n* surface hardener
Betonhärtemittel *n*/**flüssiges** liquid concrete floor hardener
Betonhärten *n (BM, Te)* concrete setting
Betonhärter *m (BB, BM)* concrete hardener
Betonhärtungsmittel *n* concrete hardener, integral floor hardener *(für Fußböden)*
Betonhebewerk *n (BWG)* concrete hoist
Betonheizofen *m (BB, BWG, Te)* salamander *(zur Frischbetontemperaturhaltung oder Baustellenheizung)*

Betonherstellung *f* 1. *(BB, BM, Te)* concrete fabrication; 2. *(BB, BM, Te)* concrete production
Betonhinterfüllung *f* concrete backfilling, concrete backing
Betonhohlbalken *m (BB, BT, TK)* hollow concrete beam
Betonhohlblockstein *m* hollow concrete block
Betonhohldecke *f* hollow concrete floor
Betonhohlstein *m (BM)* A-block
Betonhohlstein *m* **für Bewehrungsaufnahme** bond-beam block
Betonhohlstein *m* **mit Bewehrungsaussparung** channel block
Betonhohlwand *f* cavity concrete wall
Betonhohlware *f (BM, BT)* concrete hollow ware
Betonhorizontalmischer *m* horizontal-axis mixer
Betonhydratation *f* concrete hydration
Betonierarbeit *f* casting of concrete, concrete placement, concreting, placement of concrete, pouring of concrete
Betonierbarkeit *f* placeability
Betonierbett *n* casting bed
Betoniereinbautechnologie *f* concrete placing sequence
Betoniereindrücke *mpl* casting marks
betonieren *v* cast concrete, concrete, place concrete, work concrete, cast
betonieren *v***/aneinander** *(BB, Te)* match-cast
Betonieren *n* casting of concrete, concrete placement, concreting, placement of concrete, placing of concrete, pouring of concrete, casting
Betonieren *n***/direktes** *(BB, Te)* direct dumping of concrete *(ohne Betontransportmittel)*
Betonieren *n***/horizontales** *(BB, Te)* advance slope method
Betonieren *n* **im Dreischichtbetrieb** *(BB, Te)* three-shift pouring
Betonieren *n* **im Winter** *(BB, Te)* winter concreting
Betonieren *n***/pneumatisches** *(BB, SB, Te)* pneumatic placement
Betonieren *n* **von Straßen** *(Te, Verk)* concrete paving
Betonierer *m (BB, Te)* concretor
Betonierfolge *f (BB, Te)* concrete placing sequence
Betonierfuge *f (BB, Konst, Te)* lift joint
Betonierhöhenmarkierungsleiste *f (BB, Te)* grade strip *(beim Betonieren)*
Betonierkolonne *f (BB, Te)* concreting gang
Betonierplatz *m* casting yard
Betonierrohrendstück *n (BB, Te)* slick line
Betonierrutsche *f (BB, Te)* drop chute
Betonierschicht *f (BB, Te)* lift *(Betonbau)*
Betonierschurre *f***/große** elephant trunk chute
Betoniersohle *f* casting bed
betoniert *(BB, Te)* concreted
betoniert/einteilig integrally cast
Betoniertechnologie *f* concrete placing sequence
Betoniertrichter *m* tremie
Betonierung *f* casting of concrete, concrete placement, placement of concrete, pouring of concrete
Betonierverlegeleiste *f (BWG, BT)* concrete screed
Betonierzug *m* concreting plant
Betonimprägniermittel *n* concrete-impregnation agent
Betonkabelabdeckstein *m (BM)* concrete cable cover
Betonkamin *m (BT, Konst)* concrete chimney
Betonkantenformer *m* edger
Betonkapillarität *f* capillarity of concrete
Betonkarren *m* concrete buggy, buggy, concrete cart
Betonkern *m (Arch, Konst)* concrete core
Betonkies *m* natural coarse aggregate
Betonkippkarre *f (BB, BWG)* hand concrete cart
Betonklasse *f* concrete class, concrete grade
Betonkomponente *f (BB, BT)* concrete ingredient
Betonkonsistenz *f (BB, BM, Te)* concrete consistency
Betonkonsistenz *f***/verarbeitungsgerechte** normal consistency
Betonkonsole *f (BT, Konst)* concrete bracket
Betonkonstruktion *f (BB, Konst, TK)* concrete structure
Betonkorrosion *f (BM, OB)* concrete corrosion
Betonkragarm *m* concrete cantilever
Betonkranz *m* concrete crown *(Aufsatz)*
Betonkriechen *n (BB, BM)* concrete creep
Betonkunststoffform *f* plastic mould for concrete
Betonlage *f (BB, Verk)* concrete paving *(Straße)*
Betonlasur *f (BM)* scumble for concrete
Betonleichtzuschlag *m* lightweight concrete aggregate
Betonleichtzuschlagstoff *m* lightweight concrete aggregate
Betonleiste *f* concrete screed
Betonleitungsmast *m (BT)* concrete pole
Betonmanschette *f* doughnut
Betonmantel *m* concrete lining, concrete encasement; concrete envelope *(Kernreaktor)*
Betonmauer *f***/abgestufte** *(BB, Konst)* stepped concrete wall
Betonmauerabdeckung *f* concrete capping
Betonmauerwerk *n (SB)* concrete masonry
Betonmauerwerk *n***/durchbrochenes** cambogé *(Blendschutzwand, Sonnenschutzwand in Lateinamerika)*
Betonmauerwerkstein *m***/kleiner** *(BM)* concrete brick
Betonmischanlage *f* concrete batching plant, concrete mixing, concrete preparing equipment, concrete preparing plant, batching plant
Betonmischanlage *f***/funktionsgesteuerte** automatic batcher
Betonmischanlage *f***/stationäre** *(BWG)* central mixing plant
Betonmischer *m* concrete mixer, batch mixer
Betonmischer *m* **auf Transportgestell** *(BWG, Te)* concrete mixer on truck
Betonmischer *m***/fahrbarer** *(BWG)* movable concrete mixer
Betonmischer *m* **mit horizontal rotierender Trommel** horizontal-axis mixer
Betonmischer *m* **mit selbstschließenden Ventilen und Schiebern** *(BWG)* semiautomatic batcher
Betonmischer *m***/stationärer** *(BWG)* central stationary mixer
Betonmischmaschine *f* concrete mixer, batch mixer, mixer
Betonmischrezeptur *f (BM)* concrete designed mix
Betonmischturm *m* batching tower
Betonmischung *f* concrete mix, mixture, mix
Betonmischung *f***/fette** *(BB, Te)* fat concrete
Betonmischung *f***/steife** harsh concrete mixture, harsh mixture
Betonmischung *f***/trockene** dry concrete mix
Betonmischung *f***/zementreiche** *(BB, BM)* rich concrete
Betonmischungsverhältnis *n (BM)* concrete proportion
Betonmischungsverhältnis *n***/spezifisches** nominal mix
Betonmischwerk *n* concrete mixing plant, concrete preparing equipment, concrete preparing plant
Betonmole *f* concrete pier
Betonmonolithbau *m (Arch, BB, Konst)* concrete monolithic construction
Betonmontagetreppe *f* prefabricated concrete stair
Betonmörtel *m (BM)* concrete mortar
Betonnachbehandlung *f (BB, BM, Te)* concrete curing
Betonnachbehandlung *f***/adiabatische** *(BB, Te)* adiabatic curing
Betonnachbehandlung *f* **mit Wasser** *(BB, Te)* wet curing
Betonnachbehandlungsmatte *f (BM, BT)* cotton mat

Betonnachbehandlungsmittel *n* liquid-membrane curing compound, concrete curing compound
Betonnachbehandlungsmittel *n* **auf Wachsbasis** 1. *(BB, BM)* concrete curing wax agent; 2. *(BM)* wax agent
Betonnachbehandlungswachs *n (BM)* wax concrete agent
Betonnacherhärtung *f* maturing of concrete
Betonnase *f* 1. *(BT)* concrete fin; 2. *(BB, Te)* fin
Betonnest *n* concrete pocket, cavity in the concrete, honeycomb, nest, rock pocket, void in the concrete
Betonoberfläche *f* concrete surface, concrete finish
Betonoberfläche *f***/abgeriebene** sack finish, sack rub
Betonoberfläche *f***/bearbeitete** *(BB, OB)* tooled concrete finish
Betonoberfläche *f***/gestaltete** concrete finish
Betonoberfläche *f* **mit Besenstrich** brushed concrete surface
Betonoberfläche *f* **mit Zuschlagstoffen/freigelegte** *(BB, OB)* exposed-aggregate finish
Betonoberfläche *f***/scharrierte** *(BB, OB)* tooled concrete finish
Betonoberflächenabschluss *m***/trocken verriebener** sack finish, sack rub
Betonoberflächenfehler *m (OB)* hungry spot
Betonoberflächengestaltung *f* 1. *(Arch, OB)* concrete surface finish; 2. *(Arch, Konst, OB)* concrete finish
Betonoberflächenhaarriss *m* D-crack *(Betonfahrbahn)*
Betonoberflächenräudigkeit *f* form scabbing
Betonoberflächenverdichter *m (BWG)* power float
Betonoberflächenverdichter *m***/rotierender** rotary float
Betonpacklage *f* broken concrete
Betonpfahl *m* concrete pile
Betonpfahl *m***/vorgefertigter** prefabricated concrete pile
Betonpflasterdecke *f (Verk)* concrete block paving
Betonpflasterplatte *f* concrete paving flag
Betonpflasterstein *m* 1. *(BM, BT)* concrete paving block; 2. *(BM)* concrete sett
Betonpfosten *m* concrete post
Betonpfropfen *m (BT)* concrete plug
Betonplastifizierungsmittel *n (BM)* air-entraining agent
Betonplastizität *f* plasticity of concrete
Betonplatte *f* cement slab, cement bay, concrete bay, slab; cement floor tile *(Fußboden)*
Betonplatte *f* **mit Ziegelverblendung** *f* brick-lined concrete slab
Betonplatte *f***/ununterbrochene** flat plate
Betonplatte *f***/vorgefertigte** *(BT)* prefabricated concrete slab
Betonplatte *f***/zusammenhängende** *(BT)* connected bed
Betonplattenbefestigung *f (Verk)* concrete slab pavement
Betonplattenbelag *m (BM, Verk)* concrete block paving
Betonplattenelement *n (BT)* prefabricated concrete slab
Betonplattengleis *n (Verk)* concrete slab track
Betonplattenrand *m***/kraftübertragender** *(Konst)* protected corner
Betonplattenstraße *f (Verk)* concrete slab road
Betonplattenwerk *n* precasting factory, precasting plant
Betonplattenzaun *m (Konst)* panel fence
Betonplattform *f (BB, Konst)* concrete platform
Betonprobekörper *m (BM)* concrete sample
Betonprobenentnahme *f***/örtliche** *(BM, Te)* concrete site sampling
Betonprobewürfel *m* concrete test cube
Betonproduktionsanlage *f (BB, BWG)* concrete processing equipment
Betonprogramm *n (BB, Te)* concreting programme
Betonprüfhammer *m (BM)* concrete test hammer
Betonprüflabor *n* concrete testing lab, concrete testing laboratory
Betonprüflaboratorium *n* concrete testing laboratory, concrete testing lab
Betonprüfung *f***/akustische** *(BM)* ultrasonic testing of concrete
Betonprüfwürfel *m (BM)* concrete test cube
Betonprüfzylinder *m* concrete test cylinder, test cylinder
Betonprüfzylinder *mpl***/vor Ort gelagerte** field-cured test cylinders
Betonpumpe *f* concrete pump, pumpcrete machine
Betonpumpe *f* **mit Pressluft** *(BWG)* concrete air pump
Betonputzleiste *f* concrete screed
Betonqualität *f* 1. *(BM)* concrete quality; 2. *(BB)* quality of concrete
Betonqualitätssteuerung *f (BM)* concrete quality control
Betonrammpfahl *m***/vorgefertigter** prefabricated concrete pile
Betonrandstein *m (Verk)* concrete edging
Betonreifeprozess *m (BB)* maturing of concrete
Betonreißzone *f* cracked section of concrete
Betonreparatur *f* 1. *(BB, RS)* concrete patching; 2. *(BB, San)* concrete reintegration; 3. *(BB, San)* concrete repair
Betonrezept *n (BB, BM)* concrete formulation
Betonring *m* doughnut; concrete collar *(um eine Stütze)*
Betonrinne *f (BT, Konst)* concrete channel
Betonrinnstein *m (BT, Konst)* concrete channel
Betonrippendecke *f* concrete rib floor, concrete ribbed floor
Betonrippendecke *f***/vorgefertigte** *(BT, TK)* prefabricated concrete rib slab
Betonrippenplatte *f***/vorgefertigte** *(BT, Konst)* precast waffle slab
Betonrippenstahl *m (BM, St)* ribbed reinforcement
Betonrisse *mpl***/flache** check cracks *(auf der Oberfläche)*
Betonrohr *n (BT)* concrete pipe
Betonrohr *n***/elliptisches** elliptical concrete pipe
Betonrohr *n* **mit Eiprofil** egg-shaped concrete pipe
Betonrohr *n* **mit Falzverbindung** interlocking concrete pipe
Betonrohrherstellung *f* **in Rohrgräben** pipe casting in trenches
Betonrostplatte *f (BB, BT, Erdb)* concrete grillage
Betonrückprallhammer *m (BB, BM)* concrete test hammer, Schmidt hammer
Betonrundstäbe *mpl* round bars, rounds
Betonrundstahl *m***/gewalzter** rolled round bars
Betonrundstein *m (BT, Verk)* concrete kerb
Betonrutsche *f* pouring chute, flume
Betonrutsche *f***/große** elephant trunk chute
Betonrüttelmaschine *f (BWG)* concrete vibrator
Betonrüttelverdichtung *f* concrete agitation, concrete vibration
Betonrüttler *m (BWG)* concrete vibrator
Betonsäge *f (BWG)* concrete saw
Betonsand *m* concrete sand, natural fine aggregate, natural sand
Betonsanierung *f* concrete patching
Betonsauberkeitsschicht *f* oversite concrete, mud slab
Betonsäule *f* concrete column
Betonschacht *m (BT)* concrete manhole
Betonschädigung *f* harm done to concrete
Betonschale *f* concrete shell
Betonschalenbau *m (Konst, Te)* shell concrete construction
Betonschalendach *n (BB, BT, Konst)* concrete shell roof
Betonschalung *f* concrete formwork, concrete shuttering, shuttering
Betonschalung *f***/verlorene** permanent concrete shuttering
Betonschalungsform *f* boxing

Betonschalungsöffnungsleiste *f (Konst)* wrecking strip
Betonschicht *f* 1. *(BB, Konst)* layer of concrete; 2. *(BB, BM)* concrete layer
Betonschienenschwelle *f (BT, Verk)* concrete railway sleeper
Betonschirm *m (BB, BT, Umw)* concrete shield *(gegen Strahlung)*
Betonschlaghammer *m* 1. *(BB, BM, BWG)* rebound tester; 2. *(BB, BM)* scleroscope
Betonschleifmaschine *f (BWG)* concrete grinder
Betonschleudern *n (BB, Te)* spinning of concrete
Betonschleuderverfahren *n* concrete centrifugal casting, spinning method
Betonschmutzwasserrohr *n (BT, WVA)* concrete refuse water pipe
Betonschneckenverteiler *m (BB, BWG)* concrete screw spreader
Betonschornstein *m (BT, Konst)* concrete chimney *(EN 13084-2)*
Betonschornsteine *mpl*/**frei stehende** free-standing concrete chimneys *(EN 13084-2)*
Betonschotter *m* broken concrete
Betonschurre *f* 1. *(BB, BWG, Te)* concrete drop chute; 2. *(BB, Te)* drop chute
Betonschürze *f (BB, BT)* concrete apron
Betonschutt *m (BM, San)* concrete scrap
Betonschütttrichter *m* tremie
Betonschüttung *f* 1. *(BB, Te)* concrete filling; 2. *(BB, BM)* concrete layer
Betonschutz *m* concrete protection
Betonschutzanstrich *m (OB)* protective coat on concrete
Betonschutzbunker *m (Arch, BB, Konst)* concrete shelter
Betonschutzmittel *n (BM)* concrete preservative
Betonschutzschicht *f* 1. *(BB, BT, OB)* concrete protection layer; 2. *(BB, Te)* fill
Betonschutzwand *f (Verk)* concrete safety wall
Betonschwelle *f* 1. concrete threshold; sill block *(Fenster)*; 2. *(Verk)* concrete sleeper, *(AE)* concrete tie
Betonschwergewichtsmauer *f (Wsb)* concrete gravity dam
Betonschwinden *n (BM)* concrete shrinkage
Betonschwitzen *n (OB)* bleed of concrete
Betonsetzmaß *n* 1. *(BM)* concrete slump; 2. *(BB)* slump
Betonsetzmaßprüfung *f* concrete slump test
Betonsheddachschale *f* concrete saw-tooth roof shell, concrete saw-tooth shell
Betonshedschale *f* concrete saw-tooth shell, concrete saw-tooth roof shell
Betonsicherheitsgleitwand *f (Verk)* concrete safety wall
Betonsichtfläche *f (Konst)* visible concrete surface
Betonsickerrohr *n (BM, Erdb)* porous concrete pipe
Betonsilo *n (Arch, BB, Konst)* concrete silo
Betonskelettkonstruktion *f (Arch, BB, Konst, TK)* concrete skeleton construction
Betonsockel *m* concrete base
Betonsohle *f* 1. *(BB, BT, Erdb)* concrete base; 2. *(BT, Erdb, Konst)* concrete bed
Betonsollrezeptur *f (BM)* concrete prescribed mix *(des Auftraggebers)*
Betonspannung *f (BM, Konst, Stat)* concrete stress
Betonsperrmauer *f (Wsb)* massive concrete dam
Betonspitze *f* **eines Rammpfahls** *(Erdb)* drive shoe
Betonsplitt *m* crushed gravel
Betonspritze *f (BWG)* concrete gun
Betonspritzen *n (BB, OB, Te)* concrete spraying
Betonspritzgerät *n (BWG)* concrete gun
Betonspritzverfahren *n* 1. *(BB, Te)* concrete shooting; 2. *(BB, Te)* shooting
Betonstababstandhalterung *f (BB, BT)* concrete block bar support
Betonstahl *m* concrete steel, reinforcing bar, reinforcing rod, reinforcing steel, ingot steel
Betonstahl *m*/**geriffelter** *(BB, BM, St)* corrugated bars
Betonstahl *m*/**legierter** *(BB, BM)* alloy reinforcing
Betonstahlabstandhalter *m* reinforcing rod spacer
Betonstahlbearbeitung *f* reinforcement cutting and bending, steel cutting and bending
Betonstahlbiegemaschine *f (BWG)* reinforcement bending machine
Betonstahlgewebe *n (BB, BT)* reinforcing mesh
Betonstahlmatte *f* reinforcing steel mesh, welded wire mash
Betonstahlschere *f (BWG, Te)* iron bar cutter
Betonstahlschlaufe *f* reinforcement loop
Betonstahlstab *m* reinforcing steel bars
Betonstahlüberlappungsverbindung *f* lap splice
Betonstampfen *n (Te)* puddling *(Stocherverdichtung)*
Betonstampfer *m* 1. *(BWG)* concrete rammer; 2. *(BWG, Te)* concrete tamper
Betonstarrrahmen *m (TK)* rigid concrete frame
Betonstaumauer *f (BB, Wsb)* concrete dam
Betonstegplatte *f (BB, BT)* hollow concrete slab
Betonsteife *f (BB, BM, Te)* concrete consistency
Betonsteifrahmen *m (TK)* rigid concrete frame
Betonstein *m* precast concrete block, precast concrete stone, concrete walling unit, precast stone, cement block, reconstituted stone, cast stone, artificial stone, synthetic stone
Betonstein *m*/**deformierter** slump block *(durch zu flüssigen Beton)*
Betonstein *m*/**genormter** solid concrete block
Betonstein *m*/**leichter** partition block *(für nicht tragende Wände)*
Betonsteinbohrer *m (BWG)* concrete drill
Betonsteinmauerwerk *n* concrete masonry
Betonsteinmauerwerk *n*/**bewehrtes** reinforced concrete masonry, reinforced blockwork
Betonsteinpflaster *n (BM, Verk)* concrete block paving
Betonsteinpresse *f* block machine
Betonsteinschlag *m (BM)* coarse-crushed aggregate
Betonsteinstraße *f (Verk)* concrete block road
Betonstraße *f (Verk)* concrete road
Betonstraßeneinlauf *m (BT, Verk)* concrete road gully
Betonstraßenfertiger *m* concrete lane finisher, concrete paving finisher, concrete road paver, concrete road finisher
Betonstraßenplatte *f (BB, BT, Verk)* road panel
Betonstraßenzement *m* pavement cement
Betonstreifenfundament *n (BB, BT, Erdb)* concrete strip foundation
Betonstreifenfundamentmauer *f*/**bewehrte** *(Erdb)* grade beam
Betonstruktur *f (BM)* concrete texture
Betonsturz *m (BT)* concrete lintel
Betonsturz *m*/**offener** lintel block
Betonstütze *f* concrete support, concrete column
Betontafel *f* **mit Fensteraussparung** panel with window opening
Betontechnik *f* 1. *(BB, Te)* concrete engineering; 2. *(BB, Konst, Te)* concrete technology
Betontechniker *m (BB, Te)* concrete technician
Betontechnologie *f (BB, Konst, Te)* concrete technology
Betonteil *n*/**gegossenes** *(BB, BT)* cast moulding *(für spätere Montage)*
Betonträger *m (BB, BT, TK)* concrete girder
Betontragschicht *f (BT, Konst, Verk)* concrete roadbase
Betontragwerk *n* 1. *(BT, Konst, TK)* concrete bearing system; 2. *(BB, Konst, TK)* concrete structure

Betontransporter *m* mixer conveyor
Betontransportmischer *m (BB, BWG, Te)* ready-mix concrete truck
Betontrennwand *f (BT, Konst, Verk)* concrete barrier
Betontrichter *m* concrete-placement funnel, tremie
Betontrommelmischer *m (BB, BWG)* drum type concrete mixer
Betonüberdeckung *f* concrete cover, concrete covering, concrete protection, concrete surface
Betonübermenge *f (BB, Te)* remaining concrete
Betonüberzug *m* 1. coat on concrete; 2. *(Verk)* concrete overlay
Betonultraschallprüfung *f (BM)* ultrasonic concrete testing
betonumhüllt *(BT, Konst)* concrete-encased *(Verbundstütze)*
betonumhüllt/nicht *(Konst)* uncased
betonummantelt haunched, concrete-encased *(Verbundstütze)*
Betonummantelung *f* concrete casing, haunching, surround; concrete encasement *(eines Körpers)*
Beton- und Stahlbetonarbeiten *fpl (BB, Te)* concrete and reinforced concrete work *(DIN 18331, BS 8000-2.1, BS 8000-2.2)*
Betonundichtigkeit *f* permeability of concrete
Betonundurchlässigkeit *f* impermeability of concrete
Betonunterbau *m (BB, Erdb, Konst)* concrete foundation
Betonunterbettungsschicht *f (Erdb, Verk)* mud slab
Betonunterlage *f* concrete subbase, concrete sub-floor, concrete supporting medium
Betonunterlagspapier *n (Verk)* concreting paper
Betonverankerung *f (BT, Konst)* concrete deadman
Betonverarbeitbarkeit *f (BB, BM, Te)* concrete workability
Betonverblendung *f (BB, OB, Te)* concrete facing
Betonverdichter *m (BWG)* concrete compactor
Betonverdichtung *f (BB, Te)* compaction of concrete
Betonverdichtung *f* **mit Spaten** spading
Betonverfall *m***/fortschreitender** *(RS)* progressive scaling
Betonverflüssiger *m* concrete workability agent, plasticizer, plastifying admixture
Betonverflüssigung *f* plasticizing of concrete
Betonvergüter *m (BM)* concrete improver
Betonvergütungsmittel *n (BM)* concrete improver
Betonverpressung *f* concrete injection
Betonverschalung *f* concrete formwork, concrete shuttering; concrete encasement; concrete facing *(Verkleidung einer Fläche)*
Betonverschleißoberfläche *f (BB, Konst, Verk)* concrete wearing surface
Betonverschleißschicht *f (BB, Konst, Verk)* concrete wearing layer
Betonversiegelung *f (BB, Te)* concrete sealing
Betonverteiler *m (BWG)* concrete distributor
Betonverteilschwapper *m (BWG)* come-along
Betonverteilungsanlage *f (BWG)* concrete distributing plant
Betonvollbauweise *f (BB, Konst)* solid concrete method
Betonvorfertigung *f (BB, Te)* factory precasting
Betonvorgaberezeptur *f (BM)* concrete prescribed mix
Betonvorschrift *f (BB, VR)* concrete specification
Betonvorschriftenwerk *n (BB, BM, Konst, VR)* concrete code
Betonvorspanntechnik *f* prestressed concrete design and construction
Betonwalmstein *m (BT)* concrete hip tile *(Dach)*
Betonwalzträgerbrücke *f* filler beam bridge
Betonwalzverfahren *n (BB, Te)* continuous rolling method
Betonwand *f (BT, Konst)* concrete wall
Betonwand *f***/gegossene** wall cast in-situ
Betonwand *f* **mit hervorstehenden Kieselsteinen/raue** paretta
Betonwandstein *m* concrete walling unit
Betonware *f* concrete goods, concrete product
Betonwaren *fpl (BM)* precast concrete products
Betonwerk *n* concrete factory, concrete plant, concreting plant, precast concrete manufacturing yard, precasting factory, precasting plant
Betonwerk *n***/fliegendes** 1. *(BB, BWG)* mobile concrete factory; 2. *(BWG)* mobile factory
Betonwerk *n***/offenes** casting yard, precasting yard
Betonwerkstein *m* concrete ashlar, cast stone, artificial stone, reconstructed stone, patent stone, synthetic stone; simulated masonry, masoned cast stone *(mit Sichtbetonfläche)*
Betonwerkstein *m***/unbearbeiteter** *(BM, SB)* plain artificial stone
Betonwerkstein *m***/zweischichtiger** two-layer cast stone
Betonwiederverwendung *f (BB, San, Te)* concrete recycling
Betonwirkstoff *m* concrete admix, concrete admixture
Betonwürfelprüfung *f (BM)* concrete cube test
Betonzersetzung *f* disintegration of concrete, concrete disintegration
Betonzerstörung *f* destruction of concrete
Betonziehklinge *f* lute *(für plastischen Beton)*
Betonzierstein *m* decorative block
Betonzug *m* concrete flue
Betonzugfestigkeit *f (BM)* concrete tensile strength
Betonzusammensetzung *f* composition of concrete, concrete composition
Betonzusatz *m***/plastifizierender** water-reducing agent, water-reducing admixture
Betonzusatzmittel *n* concrete additive, concrete admix, concrete admixture
Betonzusatzmittel *n***/flüssiges** liquid admixture
Betonzuschlag *m (BM)* concrete aggregate
Betonzuschlag *m***/gemischter** combined aggregate
Betonzuschlagstoff *m (BM)* concrete aggregate
Betonzuschlagstoff *m***/alkaliempfindlicher** reactive aggregate, reactive concrete aggregate
Betonzuschlagstoff *m***/gemischter** combined aggregate
Betonzuschlagstoff *m***/mineralischer** mineral concrete aggregate
Betonzuschlagstoffgemenge *n* combined concrete aggregate, total concrete aggregate
Betonzuschlagstoffzusammensetzung *f* concrete aggregate composition
Betonzuschlagzusammensetzung *f* concrete aggregate composition
Betonzwangsmischer *m* horizontal pan-type mixer, pan concrete mixer
Betonzwischenlagerbunker *m (BB, Konst)* stationary hopper
Betonzylinderdruckfestigkeit *f* concrete cylinder compressive strength
beträchtlich large
Betrachtungsgeräte *npl* viewing equipment *(z. B. für Erkundungsaufnahmen)*
Betrag *m* amount
Betrag *m***/in Rechnung gestellter** *(VR)* amount
betragen *v (VR)* amount *(Kosten)*
betragen *v***/durchschnittlich** average *(rechnerisch)*
Betragen *n (BM, BT, Konst)* behaviour
betreiben *v* operate, power; run *(Anlagen)*
Betreiber *m* operator
Betreiberkosten *pl* operational costs
betreut/personell attendant-controlled
Betrieb *m* 1. operation, works; service *(funktional)*; 2. un-

dertaking, shop *(Produktionsbetrieb)*; 3. *(Umw)* existing plant • **außer Betrieb** out-of-action, out-of-service • **außer Betrieb nehmen** put out of operation, take out of service • **in Betrieb nehmen** activate, put into operation, start • **in Betrieb sein** operate, run *(Maschinen)*
Betrieb *m* **einer Straße** road operation
Betrieb *m*/**reibungsarmer** low-friction operation
Betrieb *m* **und Unterhaltung** *(RS)* operation and maintenance
Betrieb *m*/**unterbrochener** *(Te)* alternate working *(eines Prozesses)*
Betrieb *m*/**zuschlagerhaltender** successful bidder
betrieben/elektrisch electrically driven
betrieben/hydraulisch hydraulic
Betriebsablauf *m* operational mode; industrial process
Betriebsangehöriger *m* employee
Betriebsanlage *f (BWG, RP)* plant
Betriebsanlage *f*/**neue** new plant
Betriebsanweisung *f* instruction book
Betriebsart *f* 1. method of operation; 2. *(Verk)* operating mode
Betriebsaufzug *m* service lift
Betriebsbauleiter *m (VR)* contract manager
betriebsbedingt operational
Betriebsbedingung *f (Te, VR)* working condition
Betriebsbedingungen *fpl* operating conditions, plant conditions
Betriebsbelastung *f* operable load
Betriebsbeleuchtung *f (El)* works light
Betriebsberatung *f* management consulting
betriebsbereit operable, ready for operation
betriebsbereit/nicht disabled
Betriebsbereitschaft *f* operating condition; failure standby mode *(bei Ausfall)*
Betriebscharakteristik *f* operating feature
Betriebsdaten *pl* operating data, operation parameters
Betriebsdauer *f* operating period, running time, working time
Betriebsdienstfahrzeug *n* works vehicle
Betriebsdienstingenieur *m* operation engineer
Betriebsdienstkleidung *f* works clothing
Betriebsdienstpraktiker *m* general practitioner
Betriebsdirektor *m* works manager, *(AE)* traffic manager
Betriebsdruck *m* operable pressure, service pressure
Betriebserfahrung *f (Te, VR)* practical experience
Betriebserfahrungen *fpl* service experience
Betriebserlaubnis *f (VR)* type approval
betriebsfähig *(Te)* operable
Betriebsfähigkeit *f (BWG, Konst)* serviceability
Betriebsfähigkeit *f*/**technisch durchgehende** technical interoperability
Betriebsfahrzeug *n* works vehicle
Betriebsfläche *f (Te)* service area
Betriebsform *f (Verk)* operating mode
Betriebsführung *f* management
Betriebsfußboden *m*/**schwerer** heavy-duty industrial covering
Betriebsgebäude *n (Arch, Konst)* service building
Betriebsgefahr *f (VR)* operational hazard
Betriebsgemeinkosten *pl (VR)* general operating cost
Betriebsgenehmigung *f (VR)* type approval
Betriebsgeschoss *n* mechanical floor
Betriebsgewicht *n* service weight
Betriebshandbuch *n* operating manual
Betriebshof *m (BWG)* service yard
Betriebsingenieur *m* operation engineer
Betriebskanal *m (Konst)* mains subway
Betriebskantine *f (Konst)* works canteen
Betriebskapital *n (VR)* working capital
Betriebskennwerte *mpl (VR)* operating characteristics
Betriebskosten *pl* operating costs, operating expense, operating expenditure, cost of operation, running cost, working expenses, overhead, overhead expenses, overheads
Betriebslabor *n (BM)* factory lab
Betriebslärm *m (Umw)* work noise
Betriebslast *f* 1. movable load, moving load, rolling load; 2. *(Verk)* travelling load *(Brücke)*
Betriebsleitstelle *f* control and operating centre
Betriebsmaterial *n* 1. working material, working stock *(wirtschaftlich)*; 2. *(Verk)* rolling stock *(Eisenbahn)*
Betriebsparameter *mpl* operation parameters
Betriebspersonal *n* operating staff
Betriebsplatzsystem *n* **vor den Flugabfertigungsgebäude** *(Verk)* frontal system
Betriebsprüfung *f (VR)* operating test
Betriebsraum *m (Konst)* service room
Betriebsraum *m*/**explosionsgefährdeter** hazardous location
Betriebsschacht *m (Konst)* service shaft *(für Wartung)*
Betriebsselbstkosten *pl (VR)* operation prime cost
betriebssicher fool-proof, safe to operate
Betriebssicherheit *f* 1. occupational safety, operational dependability, operational safety, safety in service, working safety; 2. *(VR)* operational reliability *(Zuverlässigkeit)*
Betriebsspannung *f (BM, Stat, TK)* working stress *(Festigkeit)*
Betriebssteuerung *f* **für den öffentlichen Personennahverkehr** *(Verk)* public transport operation control
Betriebsstollen *m (Tun)* working gallery
Betriebsstrom *m (El)* working current
Betriebstechnik *f (Te)* technology
Betriebstemperatur *f (Te)* working temperature
Betriebsüberwachung *f* plant supervision; operation supervision
Betriebs- und Wartungshandbücher *npl (RS, VR)* operating and maintenance manuals
Betriebsunfall *m (VR)* occupational accident
Betriebsverhalten *n (BWG)* service behaviour
Betriebsverhältnisse *npl* operating feature
Betriebsverlagerung *f* relocation of the plant *(infolge Betriebsumsiedlung)*
Betriebsversuch *m* in-plant test, plant test
Betriebsvorschrift *f (VR)* operating recommendation
Betriebswasser *n* service water
Betriebsweise *f* mode of application, operation, operational mode
betriebswirtschaftlich operational
Betriebswirtschaftlichkeit *f (VR)* running economy
Betriebszentrale *f (Verk)* control room *(Tunnel)*; operation centre
Betriebszentrale *f* **für Fernsteuerung** remote operation centre
Betriebszufahrt *f (Verk)* industrial access road, works access
Betriebszuschuss *m* operating assistance revenue
Betriebszustand *m* operating state
Betsaal *m (Arch)* haram *(Moschee)*
Bettelordenskirche *f (Arch)* mendicant order church
betten *v* bed
Bettenabteilung *f (Konst)* patient division *(Klinik)*
Bettengebäude *n* guest bedroom building *(Hotel)*
Bettenhaus *n* dormitory house, ward block; guest bedroom building *(Hotel)*
Bettenraum *m (Konst)* sickroom
Bettenzimmer *n* sickroom, ward patient's room; guest bedroom *(Hotel)*
Bettfeder *f (Hb)* straight tongue

Betthimmel *m (Arch)* tester
Bettnische *f* 1. *(Arch, EB, Konst)* alcove; 2. *(EB)* bed recess
Bettung *f* 1. emplacement; bedding; 2. *(Verk)* ballast, hardcore *(Schienen)*
Bettung f/elastische elastic support
Bettungsmaterial *n* laying course material *(Straße)*; bedding material *(z. B. Kies)*
Bettungsmodul *m (Erdb)* bedding module
Bettungsmörtel *m* bed(ding) mortar
Bettungsmörtelschicht *f* bedding course *(erste Mörtelschicht)*
Bettungsschicht *f* 1. *(Erdb, Verk)* cushion course; 2. *(Erdb, Verk)* bedding layer; 3. *(Erdb, Konst)* underlay; 4. *(Erdb)* footing; 5. *(SB)* grade course *(eines Mauerwerks)*
Bettungszahl *f* reaction modulus, modulus of subgrade reaction; modulus of the foundation *(Fundamentunterseite)*
Bettungsziffer *f* modulus of subgrade reaction, reaction modulus, bedding module, coefficient of subgrade reaction; modulus of the foundation *(Fundamentunterseite)*
Bettungsziffer f/dynamische *(Erdb)* dynamic subgrade reaction
Bettzimmer *n (Arch)* cubiculum *(im antiken Raum)*
betupfen *v* dab *(mit Farbe)*
Beugung *f* diffraction
Beugungsfarben *fpl (OB)* prismatic colours
Beule *f* dint, bulge • **Beulen ausklopfen** take out the dents • **eine Beule entfernen** *(St)* beat out
beulen *v* buckle *(z. B. eine Strebe)*
beulenförmig *(Erdb)* moundlike
Beulfestigkeit *f* buckling strength
Beullast *f* critical load
Beulsicherheit *f (BT, Stat, TK)* safety against buckling
Beulspannung *f* critical stress, warping stress *(Stahlbau)*
Beuluntersuchung *f* investigation into buckling
Beulwirkung *f* tension field action
Be- und Entladerampe *f (Verk)* loading bay
Be- und Entlüftungsleitung *f* 1. *(HLK, San)* air line; 2. *(HLK)* ventilation line
Be- und Entlüftungsstein *m* ventilating block, ventilating brick
beurteilen *v* evaluate, assess, gauge
beurteilen v/ziffernmäßig rank (order) *(Auswahlkriterien)*
Beurteilung *f* evaluation, assessment, interpretation
Beurteilung f/kurze augenscheinliche *(VR) (sl)* once--over
Bevölkerung *f (RP)* population
Bevölkerungsdichte *f* population density
Bevölkerungserhebung *f (RP)* population survey
Bevölkerungsschutz *m (VR)* civil defence
Bevölkerungsstudie *f (RP)* demographic study
Bevölkerungsteildosis *f (RP)* subpopulation collective dose
Bevölkerungsüberschuss *m (RP)* overspill
Bevölkerungswanderung *f (RP)* migration
Bevölkerungszusammensetzung *f (RP)* population composition
bevollmächtigen *v (VR)* authorize
bevollmächtigt *(VR)* authorized
Bevollmächtigter *m* authorized agent, proxy
Bevollmächtigung *f (VR)* authorization *(z. B. zur Bauabnahme)*
Bevorratung *f (BM, Te, VR)* storage
Bewahrung *f (RS, Umw)* conservation *(z. B. von Kulturbauten)*
bewaldet arboraceous *(Baugelände)*; forested, wooded *(Landschaftsbau)*
bewässern *v* 1. *(BB, Te)* water *(Beton)*; 2. *(LB)* irrigate
Bewässerung *f (LB)* watering
Bewässerungsanlage *f* 1. *(Wsb)* irrigation plant; 2. *(LB, Wsb)* irrigation works; 3. *(LB)* trickling installation
Bewässerungsanlagen *fpl (Wsb)* irrigation structures *(Bauwerk)*
Bewässerungsanlagenberechnung *f (LB, Wsb, WVA)* irrigation design
Bewässerungsfläche *f (LB)* irrigated area
Bewässerungsgraben *m* catch feeder, irrigation ditch
Bewässerungskanal *m (Wsb)* flume, *(AE)* drove; irrigation canal, irrigation canal float
Bewässerungsleitung *f (Wsb)* irrigation line
Bewässerungsmethode *f (LB)* irrigation method
Bewässerungsnetz *n (LB, Wsb)* irrigation net
Bewässerungsrinne *f (LB)* feed ditch
Bewässerungsrohr *n (Wsb)* irrigation pipe
Bewässerungsschleuse *f (Wsb)* irrigation lock
Bewässerungsspeicherung *f (Wsb, WVA)* irrigation storage
Bewässerungssystem *n (Wsb, WVA)* irrigation system
Bewässerungstechnik *f (LB, Wsb)* irrigation engineering
Bewässerungswirtschaft *f (LB, WVA)* irrigation agriculture
bewegen *v* move, agitate
bewegen v/abwärts descend
bewegen v/sich move
beweglich mobile, movable, shifting; travelling; unstable
Bewegtheit *f (Arch)* sense of movement
Bewegung *f* motion; start; travel • **in Bewegung setzen** start
Bewegung f/elastische spring
Bewegung f/eustatische eustatic movement
Bewegung f/harmonische harmonic motion; harmonic vibration
Bewegung f/horizontale sidesway *(Gebäude)*
Bewegung f/resultierende resultant motion
Bewegung f/ruckartige *(Stat)* jerk motion *(Kinematik)*
Bewegung f/senkrechte vertical movement
Bewegung f/ungleichförmige non-uniform movement
Bewegung f/zerstörende destructive movement
Bewegungsbegrenzer *m (BT)* check
Bewegungsfreiheit *f (Stat)* freedom of movement
Bewegungsfuge *f* 1. *(Verk)* joint for movements, movement joint *(Betonstraße)*; 2. contraction joint, expansion joint, pressure-relieving joint; semiflexible joint
Bewegungsfuge f/begrenzte *(Konst)* semiflexible joint
Bewegungsfuge f/bewehrte semiflexible joint
Bewegungsgröße *f (Stat)* momentum
Bewegungshemmer *m (BT)* check
Bewegungskraft *f (Stat)* motive power
Bewegungsmelder *m (El)* motion detector
Bewegungsraum m/öffentlicher *(RP)* public area
Bewegungsreibung *f (Konst, Verk)* kinetic friction
Bewegungsrichtung *f* direction of movement
Bewegungsspiel *n (Konst)* play *(zwischen zwei Bauteilen)*
Bewegungsstudie *f (Stat)* motion study *(Dynamik)*
Bewegungsübertragung *f* transmission of motion
Bewegungsunterschied *m* differential movement
bewehren *v* 1. *(BB, Te)* reinforce; 2. *(BB, St)* armour
bewehrt reinforced, steel-reinforced
bewehrt/doppelt double-reinforced, doubly reinforced
bewehrt/einachsig *(Konst)* simply reinforced
bewehrt/einfach one-way reinforced, singly reinforced
bewehrt/einfach einachsig singly reinforced
bewehrt/kreuzweise *(BB, Konst)* two-way reinforced
bewehrt/nicht *(BT, Konst, TK)* non-reinforced
bewehrt/schlaff 1. *(Konst)* non-prestressed; 2. *(BB, Konst)* conventionally reinforced; 3. *(BB)* untensioned *(Beton)*
Bewehrung *f* reinforcement, embedded reinforcement; concrete reinforcement • **Bewehrung biegen** bend the

reinforcement iron • **Bewehrung einbringen** place reinforcing bars • **Bewehrung vorbereiten** pretie • **die Bewehrung übergreifen lassen** let the ironwork overlap

Bewehrung *f* **aus Formstahl** *(BB)* deformed reinforcement

Bewehrung *f***/doppelte kreuzweise** *(BB)* four-way reinforcement

Bewehrung *f***/gebündelte** *(BB)* bundled bars

Bewehrung *f***/gedrückte** reinforcement in compression

Bewehrung *f***/geflochtene** bound reinforcement

Bewehrung *f* **gegen negative Biegemomente** negative reinforcement

Bewehrung *f* **gegen positive Biegemomente** positive reinforcement

Bewehrung *f***/geschweißte** *(BM)* welded reinforcement

Bewehrung *f***/konstruktive** structural reinforcement

Bewehrung *f***/kreuzweise** two-way reinforcement

Bewehrung *f* **mit Drahtgeflecht** mesh reinforcement *(Betonbewehrung)*

Bewehrung *f***/nicht abgestufte** *(BT, Konst)* continuous rods

Bewehrung *f***/nicht vorgespannte** non-tensioned reinforcement, non-prestressed reinforcement *(im Spannbeton)*

Bewehrung *f***/optimal dimensionierte** *(BB, Stat)* balanced reinforcement

Bewehrung *f***/schlaffe** untensioned reinforcement; non-prestressed reinforcement, non-tensioned reinforcement, untensioned reinforcement *(im Spannbeton)*

Bewehrung *f***/steife** *(Konst)* rigid reinforcement

Bewehrung *f***/tatsächlich beanspruchte** *(BB, Stat)* effective reinforcement

Bewehrung *f***/ungebogene** plain reinforcement

Bewehrungsanordnung *f* 1. *(Konst)* layout of reinforcement; 2. *(Konst, Stat)* reinforcement system

Bewehrungsanteil *m* percentage of reinforcement *(in Prozent)*; reinforcement ratio *(am Betonquerschnitt)*

Bewehrungsarbeiten *fpl (Te)* reinforcement work

Bewehrungsart *f* type of reinforcement

Bewehrungsbiegemaschine *f* bar bending machine, rod bender *(für Stahlbewehrung)*

Bewehrungsbiegevorrichtung *f (St)* angle bender

Bewehrungsbock *m (BB, St)* bar spacer

Bewehrungsbrennschneiden *n* burning reinforcement

Bewehrungsbügel *m* hoop

Bewehrungsdoppelkorb *m* double-cage reinforcement

Bewehrungsdraht *m* indented wire, reinforcing wire

Bewehrungsdraht *m***/grobmaschiger** scrim

Bewehrungsdrahtbündel *n (Konst)* reinforcement cable

Bewehrungsdrahtgeflecht *n* scrim

Bewehrungseisen *n (BB, BT)* reinforcing rod

Bewehrungseisen *n* **aus Schienenprofil** *(BT)* rail steel reinforcement

Bewehrungseisen *n***/handelsübliches** merchant bar iron

Bewehrungseisen *npl (BB, BM, Konst)* concrete reinforcing bars

Bewehrungseisenüberlappungsverbindung *f (BT, Konst, Te)* contact splice

Bewehrungsflechten *n* reinforcement binding, reinforcement tying, tying reinforcement

Bewehrungsflechtwerk *n (Konst)* reinforcement framework

Bewehrungsformnummer *f* shape code *(nach Stahlliste)*

Bewehrungsführung *f (Konst)* layout of reinforcement

Bewehrungsglied *n* armature *(für Stützen und Kragteile)*

Bewehrungsgrenze *f* 1. *(Stat)* reinforcement limit; 2. *(Konst, Stat)* reinforcing limit

Bewehrungshaken *m***/normengerechter** *(BT, Te)* standard hook

Bewehrungshalter *m* bar support, chair for reinforcement, chair, high chair *(Stahlbeton)*; beam bolster *(für Stahlbetonträger)*; slab spacer *(für Plattenbewehrung)*

Bewehrungshöhe *f* steel level

Bewehrungsknüpfer *m* steel bender

Bewehrungsknüpferkolonne *f* bar fixing gang

Bewehrungskonstruktion *f***/einsinnige** one-way system

Bewehrungskorb *m* cage of reinforcement, concrete reinforcing cage, reinforcement cage, reinforcing cage • **Bewehrungskörbe vorfertigen** pretie

Bewehrungslager *n* steel store

Bewehrungslagerplatz *m* reinforcement yard

Bewehrungslängseisen *n* longitudinal bar, longitudinal rod

Bewehrungsleger *m* rod fixer

Bewehrungsmaschendraht *m (BM)* woven wire fabric

Bewehrungsmaschendraht *m***/geschweißter** *(BM)* welded-wire fabric

Bewehrungsmatte *f* reinforcement mat, reinforcement mattress, reinforcement steel mesh, reinforcing mesh, reinforcing steel mesh, steel mesh fabric, steel wire mesh, wire-mesh reinforcement, fabric reinforcement, bar mat, mattress, mat

Bewehrungsmatte *f***/gebundene** *(BT, Te)* woven wire fabric reinforcement

Bewehrungsmatte *f***/geschweißte** welded mesh reinforcement

Bewehrungsmatte *f***/punktgeschweißte** welded-wire fabric reinforcement

Bewehrungsmörtel *m* reinforced mortar

Bewehrungsnetz *n (BB, BT)* matt reinforcement

Bewehrungsplan *m* 1. *(BB, St)* bending schedule; 2. *(Konst)* reinforcement drawing

Bewehrungsquerschnitt *m* 1. *(Stat)* area of reinforcement; 2. *(Konst)* reinforcement area

Bewehrungsquerschnitt *m***/effektiver** effective area of reinforcement

Bewehrungsring *m* reinforcement ring

Bewehrungsschlaufe *f* steel loop

Bewehrungsschneider *m* bar cropper, rod cutter

Bewehrungssonderstahl *m* special reinforcement steel

Bewehrungsspannung *f* stress in bars

Bewehrungsspirale *f* reinforcing spiral

Bewehrungsstab *m* reinforcing bar, reinforcing rod, rod, bar

Bewehrungsstab *m***/abgebogener** bent bar

Bewehrungsstab *m***/aufgebogener** bent bar

Bewehrungsstab *m* **aus Achsenstahlmaterial** axle-steel reinforcing bar

Bewehrungsstab *m* **aus zwei Stäben/verdrillter** twin-twisted bar reinforcement

Bewehrungsstab *m***/durchlaufender** *(BT, Konst)* continuity rod

Bewehrungsstab *m***/gerippter** *(BT)* rebar

Bewehrungsstab *m***/glatter** plain bar

Bewehrungsstab *m***/vertikaler** buckstay *(für Seitenwände eines Bogenmauerwerks)*

Bewehrungsstabaufteilung *f* pitch of bars

Bewehrungsstabteilung *f* pitch of bars

Bewehrungsstahl *m* concrete steel, reinforcement steel, reinforcing bar, reinforcing steel

Bewehrungsstahl *m***/glatter** plain steel bar

Bewehrungsstahlabstand *m* bar spacing

Bewehrungsstahllager *n* reinforcement storage yard

Bewehrungsstoß *m (Konst)* reinforcement joint

Bewehrungssystem *n***/einachsiges** one-way system

Bewehrungsüberlappung *f* lap of reinforcement

Bewehrungsüberlappung *f***/verbundene** lap splice

Bewehrungsüberschneidung *f* lap of reinforcement

Bewehrungsverrückung *f (Konst, Te)* reinforcement displacement
Bewehrungsverschiebung *f (Konst, Te)* reinforcement displacement
Bewehrungswickelgerät *n (BWG)* merry-go-round *(Spannbeton)*
Bewehrungszeichnung *f (Konst)* reinforcement drawing
Bewehrungszylinder *m* reinforcement cylinder
Beweis *m* proof; demonstration, derivation, evidence • **den Beweis führen** *(Stat)* prove
Beweis *m***/rechnerischer** *(Stat)* mathematical proof
Beweisführung *f (Stat)* demonstration
Beweislast *f (Stat)* burden of proof
bewerben *v***/sich** *(VR)* tender
Bewerber *m (VR)* bidder
bewerfen *v* 1. *(OB, Te)* spatter *(z. B. mit Dünnmörtel)*; 2. *(SB)* throw on *(Putzmörtel)*
Bewerfen *n* daubing *(mit Putz)*; rendering *(mit Grobputz)*
Bewerfen *n* **mit Rauputz** *(SB, Te)* rough rendering
bewerten *v* evaluate, value, assess, rate
bewerten *v***/stufenmäßig** rank order *(z. B. Qualität, Eignung)*
bewerten *v***/stufenmäßig rangartig** rank (order) *(z. B. Qualität, Eignung)*
Bewerten *n* **mittels Leistungsdaten** *(Konst, VR)* benchmarking
Bewertung *f* evaluation, valuation, assessment, ranking, rating, appraisal *(z. B. von Land oder Einrichtungen)*
Bewertung *f* **der Leistungsdaten** benchmarking
Bewertungsgrad *m* degree of proof
Bewertungsschema *n (VR)* rating scheme
Bewertungsskala *f* rating scale
Bewertungssystem *n (VR)* rating scheme
Bewertungsverfahren *n (VR)* assessment method
bewettern *v (Tun)* ventilate *(Bergbau)*
bewettert *(BM)* weathered
bewilligen *v (VR)* appropriate *(Mittel)*
Bewilligung *f (VR)* concession
bewirken *v* effect
bewirtschaften *v* manage
bewittern *v (BM)* weather *(Werkstoffprüfung)*
Bewittern *n (BM)* weathering *(Werkstoffprüfung)*
Bewitterung *f***/künstliche** 1. *(BM)* accelerated weathering; 2. *(OB)* artificial weathering *(Alterungsprüfung)*
Bewitterung *f***/natürliche** natural weathering
Bewitterungseigenschaft *f (BM)* weathering property
Bewitterungsprobe *f* field-test specimen
Bewitterungsprüfung *f* outdoor exposure testing, field testing, weathering test
Bewitterungsverhalten *n (BM)* weathering behaviour
Bewitterungsversuch *m (BM)* outdoor exposure test
bewohnbar occupiable, fit to live in, livable *(Wohngebiet)*; habitable, inhabitable *(Haus, Wohnung)*
Bewohnbarkeit *f* habitability, habitableness
bewohnen *v* occupy
Bewohner *m* occupant, inhabitant *(eines Hauses)*; dweller *(einer Wohnung)*; resident *(Wohngebiet)*
Bewohner *mpl* **per Wohneinheit** occupancy rate
Bewohneranzahl *f (RP)* building population
bewohnt *(VR)* lived in
Bewölkungsgrad *m (Umw)* sky cover
Bewuchs *m* 1. *(LB, Umw)* natural cover; 2. *(Bod, LB, Umw)* vegetation
Bewuchserneuerung *f (LB)* replacing of the flora *(Landschaftsbau)*
Bewurf *m* render, rendering; daub *(Putzschicht)*
Bewurf *m***/gespritzter** pricked rendering *(Edelputz)*
Bewusstsein *n***/öffentliches** public awareness
bezahlen *v* foot
Bezahlung *f* **einer Schuld** satisfaction
Bezahlungsdokument *n* satisfaction piece
bezeichnen *v* designate, specify
bezeichnend typical
Bezeichnung *f* marking, description, notation, designation, indication
Bezeichnung *f***/handelsübliche** *(VR)* commercial name
Bezeichnungen *fpl (VR)* nomenclature
Bezeichnungssystem *n (VR)* identification system *(z. B. für Türen, Fenster)*
beziehbar livable, habitable, ready for occupation
beziehen *v* occupy *(eine Wohnung)*
beziehen *v* **auf** refer to
beziehen *v***/aufeinander** relate to each other
Beziehen *n* occupation *(Gebäude)*
Beziehung *f***/lineare** linear relation
Beziehungsspiel *n (Stat)* interplay
Bezifferung *f* numbering, figuring
Bezirk *m (RP)* district
Bezirk *m***/geweihter** *(Arch)* temenos
Bezirksgebietsfläche *f (RP)* district area
Bezirkskrankenhaus *n* general hospital for the district
Bezirksstraße *f (Verk)* county road
bezogen occupied
Bezugnahme *f (Konst, VR)* reference
Bezugnahme *f* **auf Normen** reference to standards
Bezugsachse *f (Verm)* reference axis
Bezugsdichte *f (BM, Erdb, Te)* reference density
Bezugsebene *f* datum plane, plane of reference
Bezugseckpunkt *m (Verm)* witness corner *(innerhalb des Grundstücks)*
bezugsfertig ready for occupation, in move-in condition, ready to move into, occupiable
Bezugsfläche *f* 1. *(Konst, Verm)* datum plane; 2. *(Konst)* reference area; 3. *(Verm)* registering surface; 4. *(Konst, Stat)* work face
Bezugsgröße *f (Konst)* reference value
Bezugshöhe *f (Verm)* datum level, reference level, relative level, reference edge, datum
Bezugslinie *f (Verm)* datum line
Bezugsmaß *n* gauge
Bezugsmaterial *n* covering material
Bezugsniveau *n (Verm)* level of reference, datum plane, reference datum
Bezugsnorm *f* normative reference
Bezugsnormal *n (Konst, Stat)* reference standard
Bezugsoberfläche *f (OB)* reference surface
Bezugspegel *m* relative level
Bezugspfahl *m (Erdb)* reference stake
Bezugspunkt *m (Verm)* datum point, fiducial mark, reference mark, reference object, reference point, referring object; working point *(auf Zeichnungen)*
Bezugsquelle *f* source of supply
Bezugsquellennachweis *m* directory
Bezugsraumdichte *f (BM, Erdb, Te)* reference density
Bezugsreihe *f (SB)* stones of reference *(Mauerwerk)*
Bezugsrezeptur *f (BM, Te)* reference mix
Bezugsrichtung *f* reference direction
Bezugsschalldruck *m (Umw)* reference sound pressure
Bezugsspannung *f (Stat)* reference stress
Bezugssystem *n (Konst)* reference system
Bezugston *m* reference ton
Bezugswert *m* fixed datum
Bezugszeichnung *f (Konst)* reference drawing
Biber *m* flat tail *(Dachziegel)*
Biberschwanz *m* flat tail, plane tile, shingle tile, single-lap tile *(Dachziegel)*
Biberschwanzbedachung *f (Konst, Te)* plain tile roof cladding

Biberschwanzdacheindeckung *f (Konst, Te)* plain tile roof cladding
Biberschwanzziegeldach *n* plain-tiled roof
Biberziegeldach *n* plain-tiled roof
Bicarbonathärte *f* temporary hardness *(Wasser)*
Bidet *n* bidet
biegbar flexible
Biegbarkeit *f* bendability, bending capacity, flexibility
Biegeachse *f (Stat, Verm)* zero line
Biegeangaben *fpl* bending specifications
Biegeapparat *m* bender
Biegebalken *m* flexural beam, bending arm; flexure test beam *(Betonprüfung)*
Biegebalkenrheometer *m (BM)* bending beam rheometer *(Bitumenprüfung)*
biegebeansprucht *(BM, BT, TK)* subject to bending
Biegebeanspruchung *f* bending stress, bending load, bending action, flexural load, subjection to bending
Biegebeanspruchungskriechen *n (BB)* flexural creep
Biegebelastung *f* load-producing bending moment, bending load, flexural loading
Biegebruch *m (Stat)* bending failure
Biegebruchkurve *f (Stat)* bending failure curve
Biegebruchlast *f (Stat)* ultimate flexural load
Biegedauer *f* bending time
Biegedauerfestigkeit *f* bending fatigue strength, flexural fatigue resistance
Biegedrillknicken *n* 1. *(Konst, Stat)* lateral torsional buckling; 2. *(Stat)* torsional-flexural buckling
Biegedrillknicknachweis *m* torsional-flexural buckling analysis
Biegedruck *m (Stat)* compression with bending
Biegedruckbruch *m (Stat)* flexural compressive failure
Biegedruckzone *f (BT)* moment compression zone
Biegeebene *f* bending plane, plane of bending
Biegeeinrichtung *f* bending machine
Biegeelastizität *f* elasticity of bending, bending elasticity
Biegeermüdung *f* bending fatigue
Biegeermüdungsfestigkeit *f* flexural fatigue resistance
Biegeermüdungsgrenze *f (BM)* flexural fatigue limit
biegefähig flexural
Biegefähigkeit *f (St)* bendability
Biegefall *m (Stat)* case of bending
Biegefaltversuch *m (BM, St)* single-bend test *(Baustahl)*
biegefest resistant to bending, flexural rigid
Biegefestigkeit *f* 1. *(Stat)* bending strength; 2. *(BM)* flectional strength
Biegefestigkeit *f***/plastische** *(Stat)* plastic bending strength
Biegeform *f* bending mould
Biegeformänderung *f (BM, Stat)* bending deformation
Biegeformel *f* bending formula, flexure formula
Biegegleichung *f (Stat)* flexural equation
Biegegleitung *f (BM)* flexural gliding
Biegeglied *n* flexural member
Biegegröße *f* amount of bend, amount of bending, bending amount
Biegeknickung *f* flexural buckling
Biegekraft *f* bending force
Biegekriechfestigkeit *f* flexural creep stiffness
Biegelänge *f* length subjected to bending
Biegelast *f* bending load, flexure load
Biegelehre *f (Stat)* bending analysis
Biegelinie *f* 1. *(Stat)* bending line; 2. *(Konst, Stat)* deflection curve
Biegelinienverfahren *n (Stat)* elastic line method *(Statik)*
Biegeliste *f* bending list, bending schedule, reinforcement list
Biegemaschine *f* bending machine
Biegemaß *n* bending dimension *(Beton)*
Biegemodul *m (Stat)* flexure modulus
Biegemoment *n (Stat)* moment of bending
Biegemoment *n***/äußeres** *(Stat)* outer bending moment
Biegemoment *n***/inneres** *(VR)* internal bending moment
Biegemoment *n***/maximales** *(Stat)* maximum bending moment
Biegemoment *n***/negatives** *(Stat)* negative bending moment
Biegemoment *n***/plastisches** *(Stat)* plastic bending moment
Biegemoment *n***/positives** *(Stat)* positive bending moment
Biegemoment *n***/umgelagertes** *(Stat)* secondary bending moment
Biegemoment *n***/vorübergehendes** *(Stat)* transient bending moment
Biegemomentdiagramm *n***/freies** *(Stat)* free bending moment diagram
Biegemomentendiagramm *n (Stat)* bending moment diagram
Biegemomentenlinie *f (Stat)* bending moment diagram
biegen *v* 1. bend, flex, inflect; 2. crook, curve *(krümmen)*; 3. turn, bend, curve *(Straße)*; 4. crank *(ein Werkstück)*; 5. bow *(Holz)*; 6. warp *(verziehen, z. B. Holz, Furnier)*; 7. camber *(wölben)*; 8. fold, buckle *(Blech, Metall)*; 9. hook *(abbiegen)*; 10. ply *(falten)*
biegen *v***/Eisen** bend the iron, pretie
biegen *v***/nach innen** incurve, inflect
biegen *v***/sich** bend, flex; curve; hook
Biegen *n* bend, bending, flection
Biegen *n***/plastisches** plastic bending
Biegeplatz *m* bending yard *(Bewehrung)*
Biegeprüfkörper *m* bending test specimen
Biegeprüfstück *n* bending test specimen
Biegeprüfung *f* bending test, transverse bending test; flexural test *(Stahl)*
Biegepunkt *m* bending point
Biegerandspannungsberechnung *f (Stat)* bending analysis
Biegerei *f (BWG)* reinforcement shop
Biegeriss *m* bending crack
Biegerissbildung *f* flexural cracking
Biegescharnier *n (EB)* plastic hinge
Biegeschwingung *f* flexural oscillation
Biegeschwingungen *fpl (Stat)* reverse bendings
Biegeschwingungsbruch *m (BM)* flexural oscillation failure
Biegeschwingungsprüfung *f* flexural oscillation test, flexural tensile test
Biegespannung *f* bending stress, bending strain, flexural stress, transverse stress
Biegespannungsgröße *f (BM, Stat)* magnitude of the bending stress
Biegestab *m* flexural member
Biegestarrheit *f* bending rigidity
biegesteif bendproof, bend-resistant, flexurally rigid, resistant to bending, stiff in bending, rigid, inflexible • **biegesteif verbunden** *(TK)* rigid-jointed
Biegesteife *f* bending rigidity, bending stiffness
Biegesteifheit *f (Konst, Stat)* lateral rigidity
Biegesteifigkeit *f* bending rigidity, bending stiffness, flexural creep compliance, flexural rigidity, flexural stiffness, rigidity
Biegesteifigkeit *f* **nach Rissbildung** *(BM)* cracked flexural stiffness
Biegesteifigkeit *f* **ohne Rissbildung** *(Stat)* uncracked flexural stiffness
Biegestörung *f* bending disturbance

Biegestück *n (BT)* abrupt angle
Biegetheorie *f (Stat)* bending theory
Biegetheorie *f* **für Stäbe** *(Stat)* flexure theory
Biegetheorie *f*/**lineare** *(Stat)* linear bending theory
Biegetisch *m* 1. *(St)* angle bender; 2. *(BWG)* rod bender
Biegetoleranz *f* bending allowance
Biegetragfähigkeit *f*/**zulässige** design bending resistance
Biegeverbindung *f* bending joint
Biegeverformbarkeit *f* deformability due to bending
Biegeverformung *f (BM, Stat)* bending deformation
Biegeverformung *f*/**bleibende** *(BM, RS)* residual deflection
Biegevermögen *n* bendability, bending capacity
Biegeversuch *m* bend test, bending test, deflection test
Biegeverteilung *f* distribution of bending, bending distribution
Biegewechselfestigkeit *f* 1. *(BM, Stat, TK)* alternate bending strength; 2. *(BM, Stat)* reverse bending strength; 3. *(Stat)* reversed bending strength
Biegewechselzahl *f* bending cycles
Biegewiderstand *m* flexural rigidity, flexural stiffness
Biegewinkel *m* bending angle
Biegewirkung *f (Stat)* flexural action
Biegezahl *f* bending coefficient
Biegezange *f* bending pliers, bending iron, bender
Biegezeichnung *f (BB, St)* bending schedule
Biegezug *m* bending tension
Biegezugbruch *m* flexural tensile failure, bending tension failure
Biegezugfestigkeit *f* flexural tensile strength, tensile bending strength, tensile strength in bending
Biegezugfestigkeitsprüfung *f* flexural strength test, tensile bending strength test
Biegezugprüfung *f s.* Biegezugfestigkeitsprüfung
Biegezugprüfung *f* **am Balken** *(BM)* beam test
Biegezugspannung *f (Stat)* bending tensile stress
biegsam flexible, liable, pliant; supple, lithe *(geschmeidig)*; willowy *(Dünnholz)*
Biegsamkeit *f* flexibility
Biegsamkeitszahl *f* flexibility number
Biegung *f* 1. bend, flection, flexing, flexion, flexure, *(AE)* inflection; 2. deflection *(elastisch)*; 3. *(Verk)* bend, curve, turning, turn; 4. *(Arch, Verk, Wsb)* sinuosity *(gewellt)*; 5. *(BM, Hb)* twisting *(Holztrocknung)*; 6. *(BM, BT, Hb)* wind *(Aussprache: waind)*; 7. *(Konst)* winding *(auch Straße)*; 8. *(Konst, Stat)* kink *(Knick)* • **durch Biegung** flexural
Biegung *f*/**einaxiale** uniaxial bending
Biegung *f*/**einfache** uniaxial bending
Biegung *f*/**elastisch-plastische** elastoplastic bending
Biegung *f*/**endliche** *(Stat)* finite bending
Biegung *f* **im elastischen Bereich** elastic bending
Biegung *f* **mit Längskraft** *(Stat)* bending and axial load, combined bending and axial load
Biegung *f* **mit Normalkraft** *(Stat)* compound bending
Biegung *f*/**negative** *(Stat)* negative bending
Biegung *f* **ohne Längskraft** *(Stat)* simple bending
Biegung *f*/**positive** *(Stat)* positive bending
Biegung *f*/**reine** pure bending, pure flexure
Biegung *f*/**schiefe** skew bending
Biegungsermüdung *f* bending fatigue
Biegungshalbmesser *m* radius of curvature
Biegungskurve *f (Stat)* flexure
Biegungslinie *f* 1. *(Konst, Stat)* deflection curve; 2. *(Stat)* bending line
Biegungslinie *f*/**Mohr'sche** *(Bod)* Mohr's bending curve
Biegungsschwingung *f* vibration due to bending stress
biegungssteif flexurally rigid
Biegungswiderstandsmoment *n (Stat)* section modulus of bending
Biese *f (Konst, St)* lean strut *(Stahlbau)*
Bietender *m (VR)* bidder
Bieter *m* bidder, tenderer
Bieter *m*/**akzeptierbarer** *(VR)* responsible bidder
Bieter *m* **mit niedrigstem Angebot und voller fachlicher Kompetenz** *(VR)* lowest responsible bidder
Bieterfragebogen *m (VR)* questionnaire
Bietergemeinschaft *f* tender parties
Bieterparteien *fpl* tender parties
Biga *f (Arch)* two-horse chariot
Bikarbonathärte *f* temporary hardness *(Wasser)*
Bild *n* picture, illustration; image *(filmisch aufgenommen)*; sign *(für Hinweise)*
Bild *n*/**virtuelles** *(Verm)* virtual image *(Optik)*
Bildaufnahmegerät *n (Verm)* imaging system
Bildauswertung *f* 1. *(Verm)* image analysis; 2. *(Verm)* plotting from photographs
Bildebene *f* picture plane, perspective plane, projection plane
bilden *v* mould, form; shape *(Gestein, Ton)*
bilden *v*/**Krater** *(OB)* crater *(in Anstrichen bei Korrosion)*
bilden *v*/**Kristalle** crystallize
Bildergalerie *f (Arch)* picture gallery
Bilderglas *n* picture glass
Bilderleiste *f (EB)* picture rail
Bilderstuhl *m (Arch)* acroter, acroterium *(antiker Giebelschmuck)*
Bildertapete *f* scenic paper
Bildfliese *f*/**bedruckte** printed picture tile
Bildhauer *m (Arch)* sculptor
Bildhauerarbeit *f* carving *(aus Stein)*
Bildhauerei *f (Arch)* sculpture, statuary
Bildhauergips *m (BM)* stucco *(Baustoff)*
bildhauerisch *(Arch)* sculptural
Bildhauerkalksandstein *m (sl)* rag
Bildhauerkalkstein *m (sl)* rag
Bildhauerkunst *f* sculpture
Bildhauermarmor *m (BM)* statuary marble
Bildhauerwerk *n* sculpture
Bildkartierung *f (Verm)* plotting from photographs
Bildkomposition *f (Arch)* pictorial composition
Bildmäßigkeit *f* pictorialness
Bildmaterial *n* imagery
Bildmesswesen *n* photogrammetry
Bildmittelpunkt *m* principal point
Bildmuster *n (Arch, Konst)* pattern
Bildnis *n (Arch)* effigy *(Skulpturarbeit)*; portrait; image *(filmisch aufgenommen)*
bildsam plastic, ductile; mouldable *(z. B. Kunststoffe)*
Bildsamkeit *f* plasticity, coefficient of plasticity; plasticity index *(nach Atterberg)*
Bildsamkeitsnadel *f* plasticity needle
Bildsamkeitszustand *m (BM)* plastic state
Bildsäule *f*/**kleine** *(Arch)* statuette
Bildung *f (Bod)* formation
Bildunterschrift *f* legend; caption
Bildwerferraum *m* projection booth
Bildwerk *n (Arch)* sculpture; carving *(aus Holz)*
Bildwerk *n*/**plastisches** *(Arch)* relief *(auf Flächen)*
Billetornament *n* billet
billig *(VR)* low-cost
Billigbau *m (Konst)* ramshackle building
billigen *v (VR)* authorize
Bimetallstreifen *m (El)* bimetal strip
Bims *m* pumice
Bimsbeton *m* pumice concrete, expanded cinder concrete, breeze concrete

Bimsbetonplattenelement *n* pumice concrete panel
Bimsbetonstein *m* pumice concrete block
Bimsblähbeton *m* pumice gas concrete, expanded pumice concrete, gas pumice concrete
Bimsgasbeton *m* expanded pumice concrete
Bimsmauerwerk *n (DIS, SB)* pumice masonry
Bimsplatte *f* pumice slab
Bimsstaub *m* pumice powder
Bimsstein *m* pumice stone, pumice
Bimsstein... pumiceous ...
bimssteinartig pumiceous
Bimssteinlava *f* lava pumice
Bimssteinmehl *n* pounce
Bimssteintuff *m (BM)* pumiceous tuff
binär binary
Bindeblech *n* batten plate, boom plate, brace plate, flange plate, tie plate, cover plate
Bindedraht *m* lashing wire, annealed wire, annealed iron wire, binding wire, splicing wire, tying wire *(Bewehrung)*
Bindefähigkeit *f (BM)* curing capacity *(Verschnittbitumen)*
Bindeglied *n (BT, St)* connecting link
Bindekraft *f* adhesion force, bonding strength
Bindelatte *f* 1. *(Hb)* joined lath; 2. *(BT, Hb)* tie lath
Bindemittel *n* 1. adhesive, bonding material, agglomerant, agglutinant, binding material, bonding agent, binder; 2. cement, cementing agent, cementing material *(mineralisch-hydraulisches)*; 3. bonding agent, vehicle *(eines Anstrichs)*; 4. matrix *(z. B. für Farbe)*; 5. binding matrix *(mechanisch)* • **ohne Bindemittel** binderless
Bindemittel *n***/bituminöses** bitumen binder, bituminous binder, hydrocarbon binder
Bindemittel *n***/emulgiertes** emulsified binder
Bindemittel *n***/gedoptes** doped binder
Bindemittel *n***/hydraulisches** cement, cement matrix, hydraulic binder, hydraulic binder material
Bindemittel *n***/latent hydraulisches** *(BM)* latent hydraulic binder
Bindemittel *n***/mineralisches** mineral binder
Bindemittel *n***/modifiziertes** modified binder
Bindemittel *n***/öliges** oil vehicle *(Anstriche)*
Bindemittel *n***/organisches** *(BM)* organic vehicle *(Anstriche)*
Bindemittel *n***/synthetisches** synthetic binder
Bindemittel *n***/unlösliches** *(BM)* insoluble binder
Bindemittel *n***/wasserlösliches** *(BM)* water-soluble binder
Bindemittelablauf *m (OB)* binder drainage
Bindemittelablösung *f* aggregate stripping *(von Zuschlagstoffen)*; stripping of binder *(speziell Bitumen)*
Bindemittelabsetzen *n* separation of binder
Bindemittelabwanderung *f (BM)* migration of binders *(Baustoffe, Anstrich)*
Bindemittelalterung *f* binder aging
Bindemittelanreicherung *f* fatting-up, flushing *(bituminöse Gemische)*; *(sl)* blacking up *(bituminöses Bindemittel)*; black deposits *(auf der Fahrbahnoberfläche)*
Bindemittelanteil *m* binder content, binder portion
Bindemittelausfüllungsgrad *m (BM)* voids filled with binder
Bindemittelaustritt *m (Verk)* binder bleeding
Bindemittelbluten *n (Verk)* binder bleeding
Bindemittelbrei *m* cement slurry, slurry
Bindemitteldispersion *f* medium dispersion
Bindemitteleigenschaften *fpl (BM)* vehicle properties
Bindemittelemulsion *f* medium emulsion, binder emulsion *(Anstriche)*
Bindemittelextraktion *f* binder extraction
Bindemittelfilm-Oberflächenschluss *m (DIS, Verk) (AE)* fog seal
bindemittelfrei binderless
Bindemittel-Füllergemisch *n* binder-filler mixture
Bindemittelgehalt *m* binder content, binder portion; vehicle solids *(bei Anstrichen)*
Bindemittelgehalt *m* **gemäß Eignungsprüfung** design binder content
Bindemittelgehaltsbestimmung *f* binder content determination
Bindemittelglätte *f (Verk)* glazing *(in der Deckschicht)*
Bindemittellage *f* matrix
bindemittellos binderless
Bindemittellösung *f* finish vehicle, paint vehicle, vehicle, matrix *(Anstrich)*
Bindemittellösung *f* **auf Wasserbasis** water-based vehicle
Bindemittellösungsgrundlage *f (BM)* vehicle base *(Farbe)*
Bindemittelmodifizierungsmittel *n* asphalt modifier
Bindemittelpumpe *f* bitumen pump
Bindemittelrückgewinnung *f* binder recovery, recovery of binder
Bindemittelschlämme *f (Erdb, WVA)* slurry
Bindemittelsollgehalt *m* design binder content, *(AE)* design asphalt content *(Bitumen)*
Bindemittelspritze *f* binder sprayer
Bindemittelspritzmaschine *f* binder sprayer, binder spraying machine
Bindemittelsuspension *f (OB)* binder suspension *(Anstriche)*
Bindemitteltechnologie *f* binder technology
Bindemittelüberfettung *f* black deposits
Bindemittelüberschuss *m* 1. excess of binder; 2. *(Verk)* glazing *(in der Deckschicht)*
Bindemittelverteiler *m (BWG)* tar asphalt distributor
binden *v* agglutinate *(durch Bindemittel)*; bind, tie *(Bewehrung)*
binden *v***/sich vertraglich** *(VR)* contract
Binder *m* 1. mineral binder, cementing material *(mineralisch)*; 2. matrix *(z. B. für Farbe)*; 3. *(BT, TK)* girder *(Tragkonstruktion)*; 4. binding stone, bonded brick, binder, bonder, header *(Mauerwerk)*; 5. roof frame, truss, main truss, binder *(Sparrendach)*; 6. binder *(Binderschicht, Binderlage)*
Binder *m***/flüssiger** liquid binder
Binder *m***/französischer** Fink truss
Binder *m***/zurückgesetzter** false header, clip header, pseudoheader
Binderabstand *m* spacing between trusses
Binderbalken *m* binder, binding beam; roof beam, truss joint *(Dachkonstruktion)*
Binderbereich *m* subsurface
Binderdach *n (Hb, Konst)* roof with principals
Bindergespärre *n (Hb)* main rafters
Binderlage *f* binder, subsurface course *(Straße)*; header course *(Mauerwerk)* • **bis zur ersten Binderlage hoch** header-high
binderlos untrussed *(Dach)*
Binderscheibe *f* diaphragm, bulkhead
Binderschicht *f* 1. course of headers *(Mauerwerk)*; 2. *(Verk)* binder, bond course, pavement base, subsurface course *(Straße)*
Bindersparren *m* principal rafter, truss rafter
Bindersparren *m***/doppelter** *(Hb)* double header
Bindersparren *m***/halber** *(Hb)* half principal
Bindersparren *mpl* main rafters, blades, principal rafters, truss rafters; common rafters *(durchgehender Sparren vom Dachfuß zum Dachgrat)*
Binderstein *m* binder, binding stone, header, perpend *(Mauerwerk)*; through stone *(in Wanddicke)*

Binderstein *m*/**gehackter** blind header
Binderstein *m* **mit gerundeten Ecken** bull header
Binderstein *m* **mit sichtbarer Seite** bull header
Binderstein *m*/**zurückgesetzter** false header, clipped header, pseudoheader
Bindertyp *m (Konst)* truss type *(Dach)*
Binderverband *m (SB)* full bond
Binderverteilung *f* arrangement of trusses *(Dach)*
Binderziegel *m* bonder
Binderziegel *m*/**geflammter** flare header
Bindeschiene *f (BT)* band
Bindeton *m (Bod)* pipe clay
Bindezeit *f* curing period *(Verschnittbitumen)*
bindig/nicht non-cohesive, incoherent, incohesive, friable *(Erdstoff, Boden)*
bindig/stark *(Bod)* intensively cohesive
Bindigkeit *f (Bod)* cohesion, coherence *(Boden)*
Bindung *f* binding *(des Zements)*
Bindung *f*/**chemische** chemical bond
Bindung *f*/**keramische** ceramic bond, porcelain bond
Bindung *f*/**mangelhafte** *(St)* incomplete fusion *(beim Schweißen)*
Bindung *f*/**vertragliche** *(VR)* contractual bond
Bindungsanfang *m (BB, Te)* initial set *(aus der Gelphase bei Beton)*
Bindungskraft *f (BM)* binding force
Binnenbecken *n*/**abflussloses** *(Bod)* endorheic basin *(Gelände)*
Binnenböschung *f (Wsb)* inner slope *(Deich)*
Binnengewässer *n (Bod)* inland waters
Binnenhafen *m (Wsb)* inland harbour
Binnenkanal *m (Wsb)* inland canal
Binnenmeer *n (Bod)* enclosed see
Binnensee *m (Bod)* lake
Binnenverkehr *m* domestic traffic, internal traffic, inland traffic
Binsenmatte *f (BT)* rush mat
Bioabfall *m (Umw)* biological waste
Biofilter *n (HLK)* trickling filter *(Klimaanlage)*
Biofilterung *f (WVA)* biofiltration
Biogas *n (Umw)* biogas
Biogasgewinnungsanlage *f (Umw)* biogas plant
Bioindikator *m (Umw)* bioindicator, biological indicator
Biokorrosion *f (OB)* microbiological corrosion
Biomasse *f* biomass
Biomassekraftwerk *n* biomass power plant
Biomüllkompost *m (Umw)* biowaste compost
Biomüllkompostierung *f (WVA)* biological waste composting
Biotitgranit *m* 1. *(BM, Bod)* biotite granite; 2. *(BM)* granitite
Biotop *n (Umw)* biota
Biozönose *f (Umw)* biocoenosis, *(AE)* biocenosis
Birke *f* birch
Birkenholz *n* birch wood
birnenförmig pear-shaped, periform
Birnenprofil *n (Arch)* pear profile
Birnenstab *m (Arch)* pear-shaped moulding
Bitte *f* **um Vorschlag** *(VR)* request for proposal *(auf Bauunterlagen)*
Bitumen *n (EN 12591, EN 13338-39, EN 13587 bis -89, EN 13614, EN 14733, EN 14771)* bitumen, asphaltic bitumen, petroleum bitumen, *(AE)* asphalt (cement) • **mit Bitumen behandeln** bituminize • **mit Bitumen imprägnieren** bituminize
Bitumen *n*/**extrahiertes** extracted bitumen, *(AE)* extracted asphalt
Bitumen *n*/**flüssiges** *(BM)* maltha
Bitumen *n*/**geblasenes** air-blown bitumen, blown bitumen, oxidized bitumen, *(AE)* blown asphalt; *(AE)* catalytically-blown asphalt *(mithilfe eines Katalysators)*
Bitumen *n*/**gefluxtes** fluxed bitumen, *(AE)* fluxed asphalt
Bitumen *n*/**gefülltes** 1. *(BM)* filled bitumen; 2. *(BM, Verk) (AE)* mineral-filled asphalt
Bitumen *n*/**klassifiziertes** *(BM)* penetration bitumen
Bitumen *n* **mit Mineralmehl** *(BM)* filled bitumen
Bitumen *n*/**modifiziertes** *(BM)* modified bitumen
Bitumen *n*/**polymermodifiziertes** polymer-modified bitumen, *(AE)* polymer-modified asphalt binder
Bitumen *n*/**rückgewonnenes** *(BM)* recovered bitumen
Bitumen *n*/**unlösliches** pyrobitumen *(Mineralbitumen)*
Bitumen *n*/**weißes** albino bitumen, *(AE)* albino asphalt
Bitumen... *siehe auch: Asphalt...*
Bitumenagglomerat *m* bituminous aggregate
Bitumenalterungsprüfung *f* **mit rollendem Bindemittelfilm** rolling thin film oven test
Bitumenanreicherung *f* bleeding, fatting-up, flushing, blacking-up, glazing *(Straße, Oberfläche)*
Bitumenanspritzmasse *f (DIS, OB)* asphalt primer
Bitumenanstrich *m* bitumen coating, bituminous paint, black varnish
Bitumenanstrichauftragung *f* mopping *(Dach)*
Bitumenaufspritzen *n* spraying of bitumen *(Straßenoberflächenbehandlung)*
Bitumenaufstrich *m* flood coat
Bitumenausfüllungsgrad *m* voids filled with bitumen, *(AE)* voids filled with asphalt
Bitumenbahn *f* bituminous sheeting, bitumen sheet
Bitumenbahn *f*/**geschweißte** *(BM)* welded bitumen sheet
Bitumenbahn *f*/**nackte** bitumen sheeting without surfacing
Bitumenbahn *f*/**schweißbare** weldable bitumen sheet
Bitumenband *n* asphalt tape
Bitumenbaupappe *f* general-use building paper
Bitumenbeschichtung *f (DIS, Verk)* bituminous surfacing
bitumenbeständig asphalt-resistant
Bitumenbeton *m* bitumen concrete, bituminous concrete, *(AE)* asphalt concrete
Bitumenbetonmembran *f* bituminous facing
Bitumenbinde *f* asphalt tape
Bitumenblasanlage *f (BM, Te)* blowing installation
Bitumen-Cellulosefaserrohr *n* bituminized fibre pipe, pitch fibre pipe
Bitumendachanstrich *m* **aus geblasenem Bitumen** high-melting-point asphalt
Bitumendachanstrich *m*/**doppelter** double pour coat, double pour
Bitumendachanstrich *m*/**geschlossener** solid mopping *(Heißbitumen)*
Bitumendachanstrichmasse *f (BM, DIS)* roofing asphalt
Bitumendachaufstrich *m (Konst, OB)* pour coat
Bitumendachbahn *f* asphalt roofing felt, tarred roofing felt
Bitumendachdeckschicht *f*/**glatte** glaze coat
Bitumendachfertigbahnen *fpl* prepared roofing
Bitumendachpappe *f* bitumen felt, bituminous felt, bituminous roofing felt, asphalt felt, asphalt-prepared roofing, asphaltic felt, sanded bitumen felt, tarred felt
Bitumendachpappe *f* **in Rollen** roll roofing
Bitumendachschindeln *fpl (BM)* strip slates
Bitumendämpfe *fpl* bitumen fumes, *(AE)* asphalt fumes
Bitumendecke *f*/**erneuerte** *(Verk)* asphalt overlay *(Straße)*
Bitumendeckenmischgut *n* bitumen pavement mix, bitumen pavement mixture
Bitumendeckschicht *f* asphalt surface coating, pour coat
Bitumendichtung *f* bitumen lining, bituminous seal
Bitumendichtungsbahn *f (DIS)* bitumen sealing sheet
Bitumendünnschichtalterungstest *m* thin film oven test
Bitumeneindringprüfung *f* penetration test

Bitumenemulsion *f* bitumen emulsion, bituminous emulsion, emulsified asphalt
Bitumenemulsion ***f*/anionische** *(BM)* anionic bitumen emulsion
Bitumenemulsion ***f*/modifizierte** modified (bituminous) emulsion
Bitumenemulsion ***f*/schnellbrechende** fast-breaking emulsion
Bitumenemulsion ***f*/unstabile** quick-breaking emulsion, quick-breaking bituminous emulsion
Bitumenemulsionsmischprozess *m (Verk)* wet-aggregate process
Bitumenemulsionsspritze *f* bituminous emulsion spreader
Bitumenerhitzer *m* bitumen heating tank
Bitumen-Erweichungspunktprüfung *f (AE)* float test
Bitumenfarbe *f (OB)* Brunswick black
Bitumenfeinbeton *m* stone-filled sheet asphalt *(< 2 mm Korngröße)*
Bitumenfertigbahn *f (BM, DIS)* prefabricated bituminous surfacing
Bitumenfertigbahnen *fpl* prepared roofing
Bitumenfugenband *n* preformed asphalt joint filler
Bitumenfugenfüllstreifen ***m*/vorgefertigter** preformed asphalt joint filler
Bitumenfugenkitt *m (Verk)* asphalt joint filler
Bitumenfugenvergussmasse *f (Verk)* bituminous joint sealing compound, *(AE)* asphalt joint sealer
Bitumenfüllstoff *m* bitumen filler *(für bituminöse Stoffe)*
bitumengebunden bitumen-bound, bituminous-bound
Bitumengehalt *m* bitumen content, *(AE)* asphalt content
Bitumengemischfugenband *n* preformed asphalt joint filler
bitumengesiegelt bitumen fog-sealed, fog-sealed
bitumengetränkt bitumen-impregnated, asphalt saturated
Bitumengewebebahn *f (DIS)* prefabricated asphaltic-bitumen sheeting
Bitumenglasvlies *n* asphalt-prepared roofing
Bitumenglasvlies *n* **in Rollen** roll roofing
Bitumenhaftanstrich *m* 1. *(DIS)* bitumen tack coat; 2. *(OB)* tack coat
bitumenhaltig bituminous, bituminiferous, *(AE)* asphaltic, *(AE)* asphalt based
Bitumenheizkessel *m (BWG)* asphalt heater
Bitumenheiztank *m* bitumen heating tank
Bitumenimprägnieren *n (BM, DIS, OB)* asphalt saturating
Bitumeninjektion *f (RS)* grouting with asphalt
Bitumenisolierung *f* **eines Kellergeschosses/wasserdichte** asphalt tanking
Bitumenkies *m* bitumen-coated gravel, gravel asphalt, *(AE)* asphalt-coated gravel
Bitumenkiesmischgut *n* gravel asphalt
Bitumenkitt *m* bitumen-based mastic sealer, flashing cement
Bitumenklebmasse *f* asphaltic adhesive
Bitumenkocher *m* bitumen boiler
Bitumenlage *f* bitumen layer
Bitumenmastix *m* asphalt mastic, asphalt cement
Bitumen-Mineral-Mischung ***f*/natürliche** *(BM)* native asphalt
Bitumenmischmakadam *m (BM, Verk)* plant-mixed bitumen macadam
Bitumenmörtel *m (DIS)* bitumen mortar
Bitumenpapier *n* bitumen lining paper
Bitumenpappe *f* bitumen board, bitumen felt, bituminous felt, bituminous roofing felt, insulating asphalt felting, tarred board
Bitumenpappe ***f*/besandete** mineral-surfaced felt
Bitumenpappe ***f*/faserverstärkte** reinforced bitumen felt
Bitumenpappenschicht *f* layer of bitumen felt
Bitumenprobeentnahmegerät *n* bacon sampler
Bitumenschicht *f* bitumen layer
Bitumenschicht ***f*/oberste** bitumen pour coat
Bitumenschlämme *f* asphalt-emulsion slurry, slurry, *(AE)* asphalt slurry
Bitumenschlämmeabsiegelung *f* 1. *(OB, Verk)* asphalt-emulsion slurry seal; 2. *(Verk)* slurry seal method *(von Straßen)*
Bitumenschlämmedichtung *f* bituminous slurry seal
Bitumenschutzanstrich *m (DIS)* bitumen protective coating
Bitumenschweißbahn *f* welded bitumen sheet, asphalt sheet, asphalt sheeting, *(AE)* welded asphaltic sheet(ing)
Bitumensorte *f* **entsprechend Penetration** penetration grade
Bitumensorte *f* **für den Straßenbau** paving grade of bitumen, paving grade
Bitumensperrlage *f (DIS)* bitumen waterproofing membrane
Bitumensperrpappe *f* insulating asphalt felt
Bitumensperrschicht *f* bitumen waterproofing membrane, plaster bond *(Mauerwerksdichtung)*
Bitumensplitt *m* bituminized chippings, bituminized chips, chipping precoated with bitumen
Bitumenspritze *f* asphalt distributor
Bitumenspritzgerät *n* bitumen spraying machine
Bitumenspritzmaschine *f* bitumen heater and sprayer, bitumen spraying machine
Bitumensteinschlag *m* bituminous metalling
Bitumentank *m* bitumen storage tank
Bitumentankspritzwagen ***m*/beheizter** bitumen heater distributor truck
Bitumenteppich *m* bituminous carpet, bituminous carpeting
Bitumentränken *n (BM, DIS, OB)* asphalt saturating
Bitumenüberfettung *f (Verk) (sl)* blacking up
Bitumenüberzug *m* asphalt surface coating
Bitumenunterpressung *f (DIS)* bitumen subsealing
Bitumenverfestigung *f (Bod)* bitumen stabilization
Bitumenvergussmasse *f (Verk)* bituminous joint sealing compound, *(AE)* asphalt joint sealer
Bitumenvermörtelung *f (Erdb, Verk)* soil asphalt
Bitumenverteiler *m* asphalt distributor
bitumenverträglich asphalt-compatible
Bitumenvorratstank *m* bitumen storage tank
Bitumenvorwärmung *f* preheating of bitumen
Bitumenwellplatte *f (BT)* corrugated bituminous board
Bitumenzementterrazzo *m* special matrix terrazzo
bituminieren *v* bituminize
Bituminieren *n* bituminization; bitumen mopping, mopping *(Dach)*
bituminiert bitumen-impregnated, asphalted
bituminiert/schwach bitumen fog-sealed, fog-sealed
bituminös bituminous, *(AE)* asphaltic
Bläh... bloated ...
Blähbeton *m (BB, BM)* gas concrete
Blähbetonstein *m* gas concrete block, gas hollow block
blähen *v* expand *(Beton)*
Blähen *n* expansion *(von Beton)*
Blähglas *n* frothed glass
Blähglimmer *m* 1. *(BM, DIS)* exfoliated vermiculite *(Fertigprodukt)*; 2. *(BM)* vermiculite *(Ausgangsmineral)*
Blähglimmerzuschlagstoff *m* exfoliated vermiculite aggregate, vermiculite aggregate
Blähleichtzuschlagstoff *m (BM)* aerated sintered aggregate
Blähschiefer *m* expanded shale, bloated slate, *(AE)* haydite *(als Zuschlag)*

Blähschieferbetondiele *f (BT)* shale concrete plank
Blähschieferton *m* expanded shale
Blähton *m* lightweight expanded clay, lightweight expanded clay aggregate, expanded clay, bloated clay, foamclay *(Leichtzuschlagstoff)*; *(AE)* haydite
Blähton *m***/mitteldichter** light-expanded clay aggregate
Blähtonleichtbeton *m (BB)* sintered clay concrete
Blähtonschiefer *m* expanded shale
Blähtonzuschlagstoff *m (BB, BM, DIS)* expanded clay aggregate
Blähvermiculit *m (BM, DIS)* exfoliated vermiculite
Blaine-Gerät *n (BM)* Blaine apparatus
Blaine-Verfahren *n (BM)* Blaine test *(Baustoffprüfung)*
Blaine-Wert *m (BM)* Blaine fineness
Blanc fixe *n (OB)* blanc fixe
blank 1. bright, shiny, glossy *(glänzend)*; 2. bright, glazed, glazy *(technisch)*; 3. tarnish-free *(anlauffrei)*; 4. *(OB)* uncovered *(Drahtwaren)*; 5. *(El)* bare
blank/metallisch *(OB)* white-metal blast
blankgeglüht bright-annealed
blankgeschält *(BM, Hb)* completely peeled *(Holz)*
Blankglas *n* horticultural sheet glass
blankreiben *v* scour
Blankstahl *m (BM, St)* cold-drawn steel
Blasbitumen *n* air-blown bitumen, blown bitumen, oxidized bitumen, *(AE)* blown asphalt
Bläschen *n* seed *(Glas)*
Bläschenbildung *f (OB)* blistering *(z. B. von Anstrichen)*
Blase *f* bubble, blister *(an der Oberfläche)*; blub *(im frischen Putz)*; void *(Beton)* • **Blasen bilden** 1. *(OB)* blister; 2. *(BM, OB, Te)* bubble • **in Blasen aufsteigen** *(Umw)* bubble up
blasen *v* blow
Blasen *n* air-blowing, blow, blowing *(Bitumen)*
Blasenbildung *f* feathers *(Glas)*; bubbling *(in Flüssigkeiten)*; formation of blisters *(auf Oberflächen)*; ridging *(Dachhaut)*
Blasenerhebung *f* steam blow *(gesperrtes Holz, Furnier)*
Blasenglas *n* bubble glass
Blasenmuster *n* quilted figure *(Furnier)*
Blasenschleier *m* dirt *(Schlierenglas)*
Blasenstruktur *f (OB)* vesicular texture
Blasenziehen *n (OB)* blistering *(z. B. von Anstrichen)*
blasig blistered, cellular, spongy, vesicular • **blasig werden** *(OB)* blister
Blasleitung *f (Te)* air blowpipe *(zur Reinigung)*
blass *(OB)* white
Blatt *n* 1. *(Hb)* leaf; 2. *(Arch)* leaf-shaped curve *(gotisches Maßwerk)*; 3. *(Arch)* foil *(Ornament)*; 4. *(BWG)* blade *(Säge)*; 5. *(Hb)* half joint, halving, scarf; foil *(Lamelle)*
Blatt *n***/abgeschrägtes** *(Hb)* splayed scarf
Blatt *n***/französisches** *(Hb)* oblique scarf
Blatt *n***/gerades** *(Hb)* half joint, straight halved joint *(Verbindung)*
Blatt *n***/gerades doppeltes** *(Hb)* scarf and key
Blatt *n* **mit Grat/gerades** *(Hb)* straight scarf with saddle-backed ends
Blatt *n***/schräg eingeschnittenes** *(Hb)* scarf with oblique cut ends
Blatt *n***/schräges** *(Hb)* oblique halved joint with butt ends
Blatt *n***/stilisiertes** *(Arch)* stiff leaf
Blättchen *n* 1. lamella; 2. *(Arch)* foil *(Ornament)*; foil *(Metall)*
blättchenförmig leaf-like, lamelliform, lamellar, lamellous
Blattdekoration *f (Arch)* leaf-like decoration, foliation
Blattende *n (Hb)* scarf
blätterartig lamelliferous
blätterig leaved
Blätterkapitell *n (Arch)* stiff-leaf capital
Blättersandstein *m (BM, Bod)* foliated sandstone
Blätterschiefer *m* 1. *(BM)* leaf shale; 2. *(Bod)* poker chips
Blätterton *m (Bod)* foliated clay
Blätterung *f (Bod)* foliation
Blattfeston *n (Arch)* leafwork
Blattfries *m (Arch)* leafy frieze, foliated frieze
Blattfuge *f (Hb, Konst, St)* scarf joint
Blattgewinde *n (Arch)* leafwork
Blattgirlande *f (Arch)* leafwork
Blattgold *n* aurum foliatum, gold foil, gold leaf
Blattgold *n***/unechtes** *(BM, OB)* gilding metal *(Legierung aus 95 % Kupfer und 5 % Zink)*
Blattkapitell *n (Arch)* stiff-leaf capital, foliated capital
Blattmeißel *m* leaf and square, drag bit
Blattmetall *n* metal leaf
Blattmotiv *n***/stilisiertes** *(Arch)* stiff leaf
Blattmuster *n (Arch)* leaf pattern
Blattornament *n (Arch)* leaf decoration, leaf ornament • **mit Blattornament belegen** foliate
blättrig lamellar, laminated, foliaceous, tabular *(schichtig)*; leaf-like, leafy; fissile, foliated *(Gestein)*
Blättrigkeit *f (BM, OB)* lamination
Blattrost *m* stratified rust
Blattsilber *n* silver leaf
Blattstab *m (Arch)* reed blade
Blattstruktur *f (Arch)* foliaceous structure
Blatt- und Rankenwerk *n (Arch)* scroll and leaf pattern
Blattung *f (Hb)* half joint, halving
Blattung *f***/schräge** *(Hb)* splayed heading joint
Blättung *f (Hb)* splice joint
Blattverbindung *f***/gerade** *(Hb)* half joint
Blattvergoldung *f (Arch)* leaf-gilding
blattverziert *(Arch)* foliated
Blattverzierung *f (Arch)* leaf-like decoration, leaf ornament; bay leaf *(z. B. in der Deckenkassette)*
Blattwelle *f***/dorische** *(Arch)* cyma recta
Blattwerk *n (Arch)* leafage, foliage *(Ornament)*
Blattwerk *n***/natürlich dargestelltes** *(Arch)* natural foliage
Blattwerk *n***/romanisches** *(Arch)* Romanesque foliage, Romanesque leaves
Blattwerk *n***/skulpturiertes** *(Arch)* hewn foliage
Blattwerk *n***/totes** *(Arch)* dead leaf
Blattwerkfries *n (Arch)* foliage frieze
Blattwerkkapitell *n (Arch)* foliage capital
Blattzapfen *m (Hb)* scarf tenon
Blau *n***/Berliner** *(OB)* Berlin blue
Blau *n***/Pariser** *(OB)* Paris blue
Blaubranntklinker *m* blue brick
Blaueisenerz *n (BM, Bod)* vivianite
Bläuen *n (OB)* blueing *(einer weißen Farbe)*
Blaufarbenglas *n* smalt
Blaufäule *f* 1. *(BM, Hb)* blue stain; 2. *(Hb)* blueing *(im Holz)*
Blaufleck *m (BM, Hb)* blue stain *(im Holz)*
Blaukalk *m* blue lias lime
Blaupause *f (Konst)* blue print
Blaupausen *n (Konst)* blueprinting
Blausandstein *m* bluestone
Blaustein *m* bluestone
Blauton *m (Bod)* blue clay
Bläuung *f* blueing *(Farbe; Metall)*
Blech *n* metal sheet, sheet metal, sheet; plate *(Grobblech)*
Blech *n***/dünnes** tagger
Blech *n***/galvanisch verzinntes** electro tin-plate, electrolytic tin-plate
Blech *n***/gelochtes** perforated plate
Blech *n***/gerichtetes** straightened sheet
Blech *n***/geriffeltes** channelled plate
Blech *n***/korrosionsgeschütztes** *(BT, OB)* protected metal sheeting
Blech *n***/kunststoffplattiertes** skin plate
Blech *n***/maschinell gerichtetes** machine-straightened sheet

Blech *n*/**plattiertes** *(BM)* cladded plate
Blech *n*/**poliertes** planished sheet metal, planished sheet
Blech *n*/**vergoldetes** gold plate
Blech *n*/**versteiftes** stiffened plate
Blech *n*/**verzinktes** *(BM)* zinc-coated sheet
Blech *n* **zweiter Wahl** mender
Blechabdeckung *f* metal sheet covering, flush metal threshold, sheet covering
Blechanschluss *m* metal flashing, sheet metal flashing *(Schornstein)*
Blechanschlussstreifen *m* sheet metal flashing piece
Blecharbeiten *fpl (St, Te)* sheet metal work
Blechauskleidung *f (Konst)* sheet-iron lining
Blechbedachung *f* metal plate roofing, plate roofing, metal structural cladding
Blechbeplankung *f (Konst, OB)* metal sheeting
Blechbiegeeisen *n* setting-in stick
Blechbiegemaschine *f* bench brake
Blechbogen *m* plate arch
Blechbogenträger *m (TK)* plate arched girder
Blechdach *n (Konst)* metal sheet roofing
Blechdicke *f* plate thickness, sheet thickness
Blecheinfassung *f*/**abgestufte** *(BT, San)* stepped flashing *(Dach und Schornstein)*
Blechemail *n* sheet-metal enamel
Blechfuge *f*/**hochgesteppte** saddle joint, water joint
Blechfutter *n* armour plating
Blechgleitkanal *m (BT, Konst)* sheet-metal sheathing
Blechhaut *f* skin plate
Blechhülle *f (BT, Konst)* sheet-metal sheathing
Blechhüllrohr *n* metal sheeting, sheet-metal sheathing *(Spannbeton)*
Blechkanal *m (WVA)* plate duct
Blechkehlrinne *f* sheet-metal valley gutter
Blechlehre *f* feeler gauge
Blechlehrennummer *f* sheet floor gauge
Blechmantel *m* sheet metal jacket, metallic jacket, metal jacket
Blechner *m* plumber *(süddeutscher Raum)*
Blechniet *m* plate rivet
Blechrahmen *m* plate frame
Blechrinne *f (San)* plate roof gutter *(Dach)*
Blechrohr *n* plate pipe, sheet-iron pipe
Blechrohrleitung *f (WVA)* plate pipeline
Blechschablone *f* plate template
Blechschere *f* metal-shears, plate shears, sheet shears, snips, tin snips; tag *(Dach)*
Blechschornstein *m* iron plate chimney
Blechschraube *f* sheet-metal screw; tapping screw *(selbstschneidende Gewindeschraube)*
Blechspannkanal *m* sheet-metal sheathing, metal sheeting *(Spannbeton)*
Blechstegträger *m* plate web girder
Blechsteifigkeit *f* stiffness of a plate
Blechstufe *f* plate-type tread *(Treppe)*
Blechtafel *f* metal sheet panel, sheet panel
Blechträger *m* 1. *(St, TK)* heavy metal plate girder; 2. *(TK)* plate girder
Blechträgerbrücke *f (Br)* plate girder bridge
Blechtreibschraube *f* parker screw, self-tapping screw
Blechumkleidung *f* batten seam *(für Holzelemente)*
Blechummantelung *f (BT, Konst)* sheet metal jacket
Blechunebenheit *f* oil-canning
Blechverbindung *f*/**gelötete** plumb joint
Blechverfalzung *f* bead *(Dach)*
Blechverkleidung *f* 1. *(Konst, OB)* sheet-metal covering; 2. *(BM)* sheeting
Blechverwerfung *f*/**leichte** oil-canning
Blechverzinnen *n (Te)* sheet tinning

Blei *n* lead *(Aussprache: led)* • **aus Blei** plumbic • **mit Blei ausgekleidet** lead-lined • **mit Blei auskleiden** lead
Bleiabflussrohr *n (WVA)* lead draining pipe
Bleiabschirmwand *f (Konst, Umw)* lead biological shielding wall
Bleianschlussstreifen *m* lead soaker
Bleiarbeiten *fpl (St, Te)* leadwork
bleiartig leadlike, leady
Bleiauflager *n* lead saddle
Bleiauskleidung *f* lead facing, lead lining, lead surfacing
Bleibedachung *f* lead roof cladding, plumb roofing
bleiben *v* remain
bleiben *v*/**maßhaltig** hold size
bleibend permanent, irreversible
Bleibeschichtung *f (OB)* lead lining
Bleiblech *n* sheet lead *(EN 12588)*
Bleiblechbieger *m* setting-in stick
bleich *(OB)* white
bleichen *v* bleach
Bleichen *n (BM, OB)* bleaching
Bleicherde *f* bleaching earth, bleaching clay, podzol soil
Bleichromat *n (OB)* lead chromate
Bleichstoff *m* bleaching agent
Bleichton *m* bleaching clay, bleaching earth
Bleidach *n* lead roof, lead roofing
Bleidachdeckung *f* lead roof cladding
Bleidichtung *f* lead caulking, lead joint, lead jointing, lead packing
Bleidichtungswolle *f* lead wool
Bleidraht *m (San, WVA)* lead wire
Bleidruckrohr *n (San, WVA)* lead pressure pipe
Bleidübel *m* lead dowel, lead plug *(Mauerwerk)*
Bleieinfassung *f (San)* lead tray *(Schornsteineinfassung)*
Bleieinlage *f* lead filler, inside lead lining
Bleientwässerungsrohr *n (WVA)* lead draining pipe
Bleifarbe *f* lead paint, plumbiferous paint
bleifarben plumbeous
bleifarbig plumbeous
Bleifensterstab *m* saddle bar
Bleifeuchtesperrschicht *f* lead dampcourse
Bleifeuchtigkeitssperrschicht *f* lead dampcourse
Bleiflachdach *n* lead roof
bleifrei lead-free
bleigedichtet *(San, WVA)* lead caulked
Bleigelb *n (BM, OB)* massicot *(Farbe)*
Bleigewicht *n (Verm)* hand lead
Bleigewichtsreiniger *m (RS, WVA)* mouse *(Rohrleitungen)*
Bleiglas *n* lead glass
Bleiglasfenster *n* lead glass window, leaded light
Bleiglasfenster-Horizontalstab *m* saddle bar
Bleiglätte *f* lead monoxide, litharge *(Farbe)*
Bleihafter *m* lead tack
Bleihochofenschlacke *f* lead slag
bleiig plumbeous
Bleiisolierung *f (DIS)* lead insulation
Bleikabel *n (DIS, El)* lead-sheathed cable
Bleikeil *m* lead wedge, lead bat *(Kehlblechhalterung)*
Bleiklopfer *m* bossing stick, plumber's tapper
Bleikopfnagel *m* lead head nail
Bleikristall *n* lead glass
Bleilegierung *f* lead alloy
Bleileitungsrohr *n* lead pipe
Bleilot *n* lead line, plumb bob
Bleilöten *n* lead soldering
Bleimanschettendichtung *f* lead slate, lead sleeve *(Dach)*
Bleimantel *m* lead coating, lead sheath
Bleimantelkabel *n* lead covered cable
Bleimennige *f* 1. *(BM, OB)* lead primer; 2. *(OB)* mineral orange; 3. *(BM, OB)* mineral red

Bleimennige f/natürliche *(BM)* native minium
Bleimennigefarbe *f (BM, OB)* red lead paint
Bleimonoxid *n* lead monoxide
Bleimonoxidpigment n/gelbes *(BM, OB)* litharge *(Farbe)*
Bleimuffe *f* lead joint, lead jointing
Bleioxid *n* lead monoxide
Bleioxid n/rotes *(BM)* native minium
Bleioxidrot n/natürliches *(BM, OB)* minium
Bleipigment *n (OB)* lead pigment
bleipigmentiert *(OB)* lead-pigmented
Bleiplatte *f* lead plate
bleiplattiert *(OB)* lead-clad
Bleipulveranstrichstoff *m (BM)* metallic lead paint
Bleipulvergrundanstrich *m (OB)* metallic lead primer
Bleiraspel *f* plumber's rasp
bleirecht plumb
Bleirohr *n* lead pipe
Bleirohrarbeiten *fpl* lead pipe work
Bleirohrlötung *f* lead pipe soldering
Bleischirm *m* lead biological shield, lead radiation shield, lead shield *(Strahlenschutz)*
Bleischnur *f (San, WVA)* lead rope
Bleischrot *m* lead shot, shot lead
Bleisenklot *n (St)* lead line
Bleisikkativ *n* lead drier
Bleisparrohr *n* antimonial lead pipe
Bleistäbe mpl/stahlverstärkte reinforced cames
Bleistiftprobe *f (OB)* pencil hardness test *(Anstrichhärteprüfung)*
Bleitafel *f* lead sheet
Bleitafeltür *f (Konst, Umw)* lead-lined door
Bleitraps *m (San)* lead trap
bleiummantelt lead-sheathed
Bleiummantelung *f* lead sheathing
Bleiverglasung *f (Arch, Konst)* lead glazing
Bleivergussmuffung *f* lead joint, lead jointing
Bleiverkleidung *f* lead facing, lead lining, lead surfacing
bleiverstemmt *(San, WVA)* lead caulked
Bleiverstemmung *f (San, WVA)* lead caulking
Bleiweiß *n* white lead, flake white, French white, silver white
Bleiweiß n/englisches *(BM, OB)* reguline of lead
Bleiweißfarbe *f* lead paint, white lead paint
Bleiweißkitt *m* white lead cement, white lead putty
Bleiweißölfarbenanstrich *m (OB)* sharp coat
Bleiweißpaste *f (BM, OB)* paste with lead
Bleiweißspachtelmasse *f* white lead cement, white lead putty
Blei-Zinn-Weichlot *n* wiping solder
Bleizwischenlage *f* lead filler
Blend... sham ...
Blendarkade *f (Arch)* wall arcade, wall arcature, blind arcade, blank arcade, shallow arcature, sham arcature, surface arcade
Blendarkaturpilaster *m (Arch)* respond
Blendboden *m* timber subfloor, *(AE)* rough floor
Blendbogen *m (Arch)* blind arch, shallow arch, wall arcade, wall arcature
Blendbogendarstellung *f (Arch)* sham arcature
Blende *f* blind; edging board *(Holz)*; tormentor *(auf der Theaterbühne)*
blenden *v* dazzle
Blendfassade *f* faced façade, veneered façade
blendfrei antidazzle, glare-free
Blendgiebel *m (Arch)* flying façade front
Blendholz *n* facing board
Blendkachel *f* exposed finish tile
Blendlicht *n* glare, direct glare, discomfort glare
Blendmaßwerk *n (Konst, OB)* blind tracery
Blendmauer *f* 1. facing masonry wall, facing masonry, facing masonwork; 2. *(Konst)* screen wall *(Abschirmung)*; 3. *(Arch)* vamure; 4. *(Konst)* veneer wall *(ohne Verbund)*
Blendmauerwerk *n* veneered façade, veneering masonry work, veneering work *(nicht tragend)*
Blendmauerwerk n/römisches opus latericium
Blendmauerwerk n/tragendes *(Konst, TK)* weight-carrying facing masonry
Blendnische *f* blind niche
Blendrahmen *m* window frame
Blendrahmen m/verzierter *(Arch, BT)* window trim
Blendrahmenpfosten *m* window jamb
Blendschicht *f* facing layer
Blendschutz *m (El, Verk)* antidazzle
Blendschutzeinrichtung *f* antidazzle screen
Blendschutzglas *n* dazzle-free glass, glare-reducing glass, antidazzle screen, glare screen, *(AE)* non-glare glass
Blendschutzzaun *m (Verk)* antidazzle screen, antiglare screen
Blendschutzzäune *mpl* **an Straßen** *(Umw, Verk)* antiglare systems for roads *(EN 12676)*
Blendstein *m* facing block
Blendsystem *n* facing method
Blendtriforium *n (Arch)* blind triforium *(gotischer Kathedralen)*
Blendtür *f* dead door, false door
Blendung *f* dazzle, glare
Blendung f/psychologische *(El)* discomfort glare
blendungsfrei dazzle-free, glare-free
Blendvorhang *m* tormentor *(auf der Theaterbühne)*
Blendwand *f* 1. *(Konst, OB)* curtain wall; 2. *(Arch, OB)* front wall
Blendziegel *m* facing brick, structural clay facing tile
Blendziegel m/braunmatter brindled brick
Blickfang *m* 1. *(Arch, Konst)* eye-catcher; 2. *(Arch)* focal point; 3. *(Arch)* viewpoint
Blickfang m/funktionsloser *(LB)* folly *(Landschaftsgestaltung)*
Blickfeld *n* field of view, field of vision; observer's field of view *(Tageslichtaushellung)*
Blicklinie *f (Verm)* line of sight
Blickschneise *f (LB)* tree-framed view *(Landschaftspark)*
Blickwinkel *m* viewing angle, visual angle, angle of view
blind blind • **blind geworden** fogged • **blind machen** tarnish *(Oberfläche)* • **blind werden** tarnish *(Metalloberflächen)*
Blind... dummy ..., false ...
Blindbefensterung *f* false fenestration, blank fenestration
Blindboden *m* false floor, dead floor, wooden subfloor
Blindbohrung *f* blind hole
Blinddeckel *m* blank cover
Blindfenster *n* 1. blind window, false window, sham window, blank window; 2. *(Arch)* fenestral *(mit Tuch oder Pergament verschlossenes Fenster)*
Blindflansch *m* blind flange
Blindfuge *f* false joint
Blindfurnier *n (Hb)* crossband
Blindfußboden *m (Konst)* counter floor
Blindloch *n* blind hole
Blindmauer *f* **über dem Sims** roof comb
Blindniet *m* dummy rivet, blind rivet
Blindpaneel *n (Konst)* access panel
Blindrahmen *m* invisible frame
Blindschacht *m* blind pit, blind shaft; winze *(Bergbau)*
Blindschloss *n (EB)* dummy lock
Blindsparren *m (Hb)* dummy rafter
Blindstab *m (Stat)* unstrained member *(eines Fachwerks)*
Blindstecker *m (El)* dummy plug
Blindtür *f* blind door, false door, dead door, blank door
Blindverankerung *f* blind anchorage, blind nailing

Blindwerden *n* fogging, dulling *(Anstrich)*; tarnishing *(Glas)*
Blinken *n (El)* flashing
Blinklicht *n (El)* flashing signal
Blinkzeichen *n (El, Verk)* flashing sign
Blitzableiter *m (El)* lightning conductor, lightning rod • **mit Blitzableiter versehen** *(El) (AE)* rod
Blitzableiterstange *f (BT, El)* air terminal
Blitzeinschlag *m* stroke
Blitzeis *n (Verk)* flash frost
Blitzriss *m (BM)* lightning shake *(im Holz)*
Blitzrohrzange *f* grip wrench
Blitzschaden *m (VR)* lightning damage
Blitzschlag *m* stroke
Blitzschutz *m (DIN EN 62305)* lightning protection, protection against lightning, arrester, *(AE)* lightning arrester
Blitzschutzanlage *f (El)* lightning protective system
Blitzschutz(dach)leitungen *fpl (BT, El)* air termination network
Blitzzement *m* 1. *(BM)* quick cement; 2. *(BB, BM)* extra--rapid-hardening cement
Block *m* block, building block; cube; trunk *(Holz)*; nug *(geologisch)*
Block *m***/nagelbarer** nailing block
Block *m***/verleimter** *(Hb)* glue block
Blockbau *m* 1. *(Konst)* log construction; 2. *(Arch, Konst)* construction with logs
Blockbauten *mpl (Arch)* block buildings
Blockbauweise *f (Arch, Konst)* unit construction
Blockdiagramm *n (Te)* perspective block
Blockdübel *m* block connector
Blockformat *n* block format
Blockfundament *n* single footing, single foundation, foundation pad
Blockgründung *f (Erdb, Konst)* pell-mell blocks *(Schüttung)*
Blockhaus *n* blockhouse, hut, *(AE)* log cabin
blockhausartig half-timbered
Blockhausbau *m (Arch, Konst)* round-log construction
Blockhausprojekt *n (Konst) (AE)* possum-trot plan *(Spezialgrundriss mit nur überdecktem Zugang und zwei getrennten Teilen)*
Blockhaussauna *f (EB, Konst)* log-walled sauna hut
Blockhohlstufe *f* pot step
Blockhütte *f* cabin, hut, *(AE)* log cabin
blockieren *v* block, lock, interlock, shut, immobilize, obstruct; foul; lock in position *(Raststellung)*
blockierend obstructive
blockiert werden *v* get stuck
Blockmastix *m* mastic block
Blockriss *m* block cracking
Blockrolle *f* pulley, pulley sheave
Blockschrift *f* block letters
Blockstein *m* block, building block, tile; puddingstone *(als Großkornzuschlagstoff bei Massenbeton)*
Blocksteinbauweise *f (SB)* tile construction method
Blocksteinbogen *m (Konst, SB)* tile arch
Blocksteineinbindung *f (SB)* block bonding *(Eckenstoß)*
Blocksteinfertigung *f (BM, Te)* forming of blocks
Blocksteinfertigungsfläche *f (BB, Te)* blockyard
Blocksteinformat *n* block format, tile format
Blocksteingebäude *n (Arch, Konst)* stone building
Blocksteinherstellung *f (Te)* tile making
Blocksteinmauer *f* natural stone wall, stone wall *(aus Naturstein)*; block masonry, block masonry work *(meist aus Kunststein)*
Blocksteinmauerwerk *n (SB)* stone block masonry
Blocksteinschale *f* leaf of blocks *(Hohlwand)*
Blocksteinträger *m***/vorgespannter** block beam
Blocksteinverlegen *n* blocklaying
Blocksteinwand *f (SB)* stone wall
Blockstufe *f* solid rectangular step, square step, stair of solid rectangular steps, massive tread
Blocktreppe *f (Konst)* stair of solid rectangular steps
Blockumfahrung *f (Verk)* block roundabout *(Verkehr)*
Blockverband *m (SB)* block bond
Blockwand *f* log wall
Blockzarge *f (Hb)* wooden door case
bloßlegen *v* lay bare, uncover
Blumenbanknische *f (Arch, Konst)* tokonoma *(japanisch)*
Blumenbeet *n (LB)* parterre
Blumenfenster *n (EB, Konst)* flower window
Blumenfeston *n (Arch)* flower work
Blumengehänge *n (Arch)* flower work, garland *(Schmuckelement)*
Blumengewinde *n (Arch)* flower work
Blumengirlande *f (Arch)* flower work
Blumeninnenbeet *n (Konst, LB)* planter
Blumenkantenmotiv *n (Arch)* floral band
Blumenkantenornament *n***/schmales** *(Arch)* fleuron *(an Säulen)*
Blumenkasten *m* 1. *(Arch, LB)* flower box; 2. *(LB)* planting box
Blumenkronenkante *f (Arch)* fleuron *(an Säulen)*
Blumenmotiv *n (Arch)* flower motive, spangle *(Anstrichtrocknung, Metallschutzschicht)*
Blumenmuster/mit *(Arch)* floriated
Blumenornament *n (Arch)* floral ornament
Blumenornament *n* **in Deckenmitte** *(Arch)* centre flower
Blumenornament *n***/vierblättriges** *(Arch)* four-leaved flower
Blumenornamentmosaik *n* **mit schwarzem und weißem Marmor** *(Arch)* Florentine mosaic
Blumenranke *f (Arch)* floral scroll
blumenreich florid
Blumenschale *f (Arch, LB)* flower bowl
Blumenschnur *f (Arch)* festoon *(Ornament)*
Blumentrog *m (LB)* flower trough
blumenverziert *(Arch)* floriated
Blumenverzierung *f (Arch)* giglio *(florentinisches Ornament)*
bluten *v (Verk)* bleed *(Asphaltflächen)*
Bluten *n* fatting-up, bleeding *(Überschussbindemittel an Asphaltdecken)*; sweating *(von Anstrichen)*
Blutneigung *f (OB)* sweating tendency *(Anstriche)*
BMS *s.* Bauwerks-Management-System
Board-Fuß *m (BM, Hb)* board foot
Bobbahn *f (Konst)* bob run
Bock *m* trestle, stool, gin *(Hebegerät)*; horse *(Stützgerät)*; pedestal *(Sockel)*
Bock *m***/dreibeiniger** *(Konst)* tripod
Bockbrücke *f (Konst, Te)* trestle bridge
Bockgerüst *n* horse scaffold
Bockkonstruktion *f (Konst)* trestle structure
Bockkran *m* gantry crane; gin *(zum Heben schwerer Gegenstände)*
Bocklager *n (Konst, TK)* pedestal bearing
Bockleiter *f* double ladder, trestles
Bockpfette *f* lean-to roof purlin, purlin
Bocksäge *f* bucksaw
Bocksäule *f* lean-to roof strut, lean-to roof trussed strut *(Dach)*
Bockstütze *f* lean strut *(Stahlbau)*; lean-to roof strut, lean-to roof trussed strut *(Dach)*; trestle shore
Bockwinde *f* hand crab, crab, winch
Boden *m* 1. *(Bod)* soil, subsoil, earth; 2. floor *(Fußboden)*; 3. garret, attic, *(AE)* loft *(Dachboden)*; 4. *(Erdb)* bottom *(z. B. Behälter, Bohrung usw.)*; 5. *(Bod, Erdb)* ground; 6. *(Bod)* land *(Bodengrundstück, Bodenfläche)* • **Boden aufgra-**

ben break ground; trench *(für Gräben)* • **Boden ausheben** *(Erdb)* excavate • **Boden aussetzen** spoil • **Boden profilgerecht lösen** excavate soil true to profile • **Boden umgraben** upturn • **Boden verbessern** *(Erdb, LB)* meliorate • **mit einem Boden versehen** floor
Boden *m*/**abfallender** *(Bod)* shelving bottom
Boden *m*/**abzutragender** *(Bod)* bank material
Boden *m*/**anorganischer** inorganic soil
Boden *m*/**anstehender** *(Bod)* in-situ soil
Boden *m*/**armer** 1. *(Bod, LB)* low-productive soil; 2. *(Bod)* poor soil *(Pflanzenwuchs)*
Boden *m*/**aufgefüllter** *(Erdb)* made-up ground
Boden *m*/**aufgeschütteter** filled ground
Boden *m*/**ausgehobener** *(Erdb)* spoil
Boden *m*/**ausgelaugter** *(Bod)* leached soil
Boden *m*/**auskolkbarer** erodible material
Boden *m*/**beanspruchter** *(Bod, Erdb)* remoulded soil
Boden *m*/**bindiger** cohesive soil
Boden *m*/**bindiger harter** *(Bod)* tight soil
Boden *m*/**durchlässiger** permeable ground, pervious ground, pervious soil
Boden *m*/**erschöpfter** *(Bod, LB)* exhausted soil
Boden *m*/**felsiger** rocky soil
Boden *m*/**fester** firm ground
Boden *m*/**fester steiniger** *(Bod, Erdb)* hard stony ground
Boden *m*/**fetter** fat soil, rich soil
Boden *m*/**fliesender** soft soil
Boden *m*/**frostgefährdeter** heaving soil
Boden *m*/**gefrorener** frozen soil
Boden *m*/**gelöster** *(Erdb)* dug soil, loose soil
Boden *m*/**gemischtkörniger** *(Bod)* composite soil
Boden *m*/**geschichteter** *(Bod)* stratified soil
Boden *m*/**gestampfter** *(Erdb)* rammed earth
Boden *m*/**gewachsener** 1. *(Bod, LB)* natural ground; 2. *(Bod)* original soil; 3. *(Bod, Erdb)* primary soil; 4. *(LB)* virgin soil
Boden *m*/**halbsumpfiger** *(Bod, LB, Umw)* semiboggy soil
Boden *m*/**harter** hard concrete
Boden *m*/**humider** *(Bod)* podzol soil
Boden *m*/**jungfräulicher** 1. *(LB)* virgin earth material; 2. *(Bod)* embryonic soil
Boden *m*/**kalkverfestigter** *(Erdb)* lime-stabilized soil
Boden *m*/**kiesiger** *(Bod)* flinty ground
Boden *m*/**klumpiger** *(Bod, Erdb)* durable crumbling soil
Boden *m*/**kohäsiver** cohesive soil
Boden *m*/**laminierter** *(Bod)* laminated soil
Boden *m*/**leicht plastischer** *(Bod)* soil of low plasticity
Boden *m*/**lockerer** loose ground *(Erdstoffe)*
Boden *m*/**magerer** impoverished soil
Boden *m* **mit ausglühbaren Bestandteilen** *(Bod)* organic soil
Boden *m*/**mit Fels durchsetzter** rocky soil
Boden *m*/**mittelharter** *(Bod)* medium-hard ground
Boden *m*/**mittelplastischer** soil of medium plasticity
Boden *m*/**natürlich anstehender** *(Bod)* unspoilt land
Boden *m*/**natürlicher** *(LB)* virgin soil
Boden *m*/**nicht bindiger** non-cohesive soil, cohesionless soil, granular soil
Boden *m*/**nicht zusammendrückbarer** incompressible ground
Boden *m*/**plastischer** plastic soil
Boden *m*/**poröser** porous soil
Boden *m*/**rutschender** *(Bod)* slippery soil, slipping earthwork, running ground, lost ground
Boden *m*/**salzhaltiger** *(Bod)* alkaline soil
Boden *m*/**saurer** *(Bod)* acid soil
Boden *m*/**schallschluckender** dead floor
Boden *m*/**schlammiger** *(Bod, Umw)* muddy soil
Boden *m*/**schlechter** *(Bod)* poor soil *(Baugrund; auch Pflanzenwuchs)*
Boden *m*/**schluffiger** silty soil
Boden *m*/**schwellender** *(Bod)* heaving bottom
Boden *m*/**schwerer** heavy soil, hard soil
Boden *m*/**stabilisierter** *(Erdb)* stabilized soil
Boden *m*/**standfester** *(Bod)* stable soil
Boden *m*/**ständig gefrorener** *(Bod)* permafrost
Boden *m*/**steiniger** *(Bod)* rubbly soil
Boden *m*/**strukturloser** *(Bod)* loose grain soil
Boden *m*/**sumpfiger** 1. *(Bod, LB)* swampy ground; 2. *(Bod, LB, Umw)* spewy soil; 3. *(Bod, Umw)* moss
Boden *m*/**tragfähiger** *(Bod, Erdb)* good bearing soil
Boden *m*/**unberührter** *(LB)* virgin earth material
Boden *m*/**undurchlässiger** *(Bod)* impermeable soil
Boden *m*/**unebener** *(Bod, Erdb)* rough ground
Boden *m*/**ungestörter** *(Bod)* undisturbed soil
Boden *m*/**unverfestigter** *(Erdb)* unfixed soil
Boden *m*/**ursprünglicher** *(Bod)* embryonic soil
Boden *m*/**verarmter** depleted soil
Boden *m*/**verbesserter** *(Bod, Erdb)* improved soil
Boden *m*/**verfestigter** 1. *(Bod, Erdb)* improved soil; 2. *(Erdb)* stabilized soil
Boden *m*/**versumpfter** *(Bod, LB)* water-bogged soil
Boden *m*/**vorverdichteter** preconsolidated soil
Boden *m*/**wassergesättigter** *(Bod)* saturated ground
Boden *m*/**wasserundurchlässiger** 1. *(BB, DIS)* impermeable ground; 2. *(Bod)* impervious soil
Boden *m*/**weicher** 1. *(Bod)* soft ground; 2. *(Bod, Erdb)* bad ground
Boden *m*/**zementverfestigter** soil cement
Boden *m*/**zusammendrückbarer** *(Bod, Erdb)* compressible ground
Bodenabdeckung *f* 1. *(Erdb)* topping; 2. *(Umw)* ground coverage
Bodenabdeckung *f* **aus geschnittenen Pflanzen** *(LB)* mulch
Bodenabdichtung *f (Erdb, Wsb)* soil waterproofing
Bodenablagerung *f* soil deposit
Bodenablauf *m* floor drain, floor gully, floor inlet, floor outlet, gully
Bodenabsiegelungsfilm *m* ground cover, soil cover
Bodenabspülung *f (Bod, Erdb, Wsb)* washing-away of soil
Bodenabtrag *m* 1. *(Erdb)* excavation, removal of soil; 2. *(Bod)* soil erosion
Bodenaggressivität *f* soil aggressivity, soil corrosivity, soil corrosiveness
Bodenanalyse *f* soil analysis
Bodenanker *m* ground anchor
Bodenart *f* soil class, soil type, nature of soil
Bodenauflockerung *f (BM, Erdb, LB)* scarifying of soil
Bodenaufnahme *f (Bod)* soil survey
Bodenaufschüttung *f (Erdb)* soil aggradation
Bodenauftrag *m* filled ground
Bodenauftrieb *m (Bod, Erdb)* ground heave
Bodenaushub *m (Erdb)* excavation, digging-out, excavated soil
Bodenaussparung *f* floor recess
Bodenaustausch *m* soil exchange
Bodenbakterien *npl (LB, OB)* soil bacteria *(Korrosion)*
Bodenbalken *m (Hb)* garret beam
Bodenbalkenlage *f* attic floor, garret floor
Bodenbauhöhe *f* thickness of arch
Boden-Bauwerks-Interaktion *f (Erdb, Stat)* ground--structure interaction
Bodenbearbeitung *f* 1. *(LB)* land treatment; 2. *(Erdb, LB)* soil cultivation *(Landschaftsbau)*
Bodenbedeckung *f (LB)* ground cover
Bodenbedeckungspflanzen *fpl (LB)* cover plants

Bodenbedeckungspflanzung *f (LB)* ground cover
bodenbefestigend soil-stabilizing
Bodenbefestigung *f (Bod)* stabilization of earthwork
Bodenbehandlung *f* soil treatment
Bodenbelag *m* flooring, floor covering, floor decking
Bodenbelag *m*/**beheizter** *(HLK, Konst)* warmed floor cover
Bodenbelag *m*/**federnder** resilient flooring
Bodenbelag *m*/**rutschfester** non-skid flooring
Bodenbeläge *mpl* flooring materials
Bodenbelastbarkeit *f* floor-load allowance
Bodenbelastbarkeit *f*/**zulässige** floor-load allowance
Bodenbelastung *f* 1. impact of soil, soil pressure *(Baugrund)*; 2. floor-loading *(Fußboden)*
Bodenbelastung *f*/**höchste** *(Bod, Stat)* maximum load--bearing capacity
Bodenbelastung *f*/**zulässige** *(Bod, Erdb, Stat)* allowable soil pressure
Bodenbelüftung *f (LB)* soil aeration
Bodenberäumung *f (LB, Te)* soil clearing
Bodenbeschaffenheit *f* nature of (the) ground, nature of (the) soil, condition of the soil, ground conditions, quality of soil
Bodenbewässerung *f (LB)* soil irrigation
Bodenbewegung *f* earth displacement, earth movement, earth moving, movement of the ground
Bodenbewegung *f* **außerhalb des Angebots** *(Erdb)* overhaul
Bodenbewegung *f* **mit zusätzlicher Transportlänge** *(Erdb)* overhaul
Bodenbewegung *f*/**zusätzliche** *(Erdb)* overhaul
Bodenbewertung *f (VR)* land evaluation
Bodenbildung *f (Bod)* soil formation
Bodenchemie *f* soil chemistry
Bodendämmung *f (DIS)* floor insulation
Bodendampfwasser *n (Bod)* vaporous water
Bodendecke *f* soil cover
Bodendeckschicht *f (LB)* soil cover complex
Bodendepressionskegel *m (Bod, Erdb)* cone of depression
Bodendichte *f* ground density, soil density
Bodendruck *m* soil loading, soil pressure, soil strain, ground pressure *(vertikal)*; earth pressure *(horizontal)*; allowable bearing, bearing load *(Belastung)*; foundation pressure *(der Gründung)*; liquid pressure *(durch Grundwasserüberstand)*
Bodendruck *m*/**maximal erlaubter** *(Bod, Erdb, Stat)* allowable soil pressure
Bodendruck *m*/**zulässiger** *(Bod, Erdb, Stat)* safe load on ground
Bodendurchlässigkeit *f (Bod)* soil permeability
Bodendynamik *f (Bod)* soil dynamics
Bodeneigenschaft *f* soil property
Bodeneigenschaften *fpl* soil characteristics
Bodeneinbau *m (Erdb)* soil placement
Bodeneinschnitt *m* soil cut, soil cutting
Bodeneinschnitttiefe *f*/**maximale** critical height of soil cutting
Bodeneinstufung *f* soil classification
Bodenentleerung *f* bottom dump
Bodenentsalzung *f (Umw)* desalinization of soil
Bodenentwässerung *f* floor drainage, soil drainage, drainage
Bodenerhaltung *f* 1. *(Bod, Umw)* conservation of soil; 2. *(Umw)* soil conservation
Bodenerhebung *f (Bod)* elevation
Bodenerkundung *f (Bod)* ground exploration
Bodenerkundungsbohrung *f (Bod)* preboring
Bodenerosion *f (Bod)* soil erosion
Bodenerosionsgrad *m (Bod)* erodibility of soil
Bodenerschütterung *f* ground oscillation, ground vibration; tremor *(Erdbeben)*
Bodenfenster *n* attic window, garret window
Bodenfestigkeit *f* soil strength
Bodenfestigung *f (Bod)* consolidation
Bodenfeuchte *f* soil wetness, surface humidity
Bodenfeuchtigkeit *f* ground damp, ground humidity, ground moisture, soil humidity, soil moisture
Bodenfilter *n (Erdb, LB)* soil filter
Bodenfläche *f* floor area; sole *(Baugrund)*
Bodenfläche *f*/**angesäuerte** *(Bod, Umw)* acidic area
Bodenfliese *f* floor tile, flooring tile
Bodenfließen *n* earth flow, soil flow, soil flowage, solifluction, mud flow, boil; piping
Bodenfließerscheinung *f (Bod)* quick condition
Bodenformation *f (Bod)* soil formation
Bodenforschung *f*/**seismische** *(Bod)* seismic inspection
Bodenfräse *f* soil stabilizer, mixer for soil stabilization, road mixer, rotary hoe
Bodenfräse *f* **mit einem erforderlichen Übergang** single-pass stabilizer
Bodenfräse *f* **mit einem Übergang** single-pass stabilizer
Bodenfrost *m* ground frost
Bodengitter *n* geogrid, geogrids, area grating
bodengleich on grade, grade on
Bodengruppe *f (Bod)* soil group
Bodengutachten *n* subsoil expertise, soil survey, geological survey
Bodenhebung *f* 1. *(Bod, Erdb)* soil uplift, heaving, uplift, ground heave; 2. *(Bod)* land upheaval; 3. *(Bod, Erdb)* land uplift *(topographisch)*
Bodenhub *m (Erdb)* heave
Bodenkammer *f* attic room, garret room
Bodenkanal *m* 1. buried duct *(im Boden)*; 2. *(San)* floor channel; 3. *(Konst)* underground duct *(Leitungen)*
Bodenkarte *f (Bod, Verm)* soil map
Bodenkartierung *f* 1. *(Bod, Verm)* mapping of soil; 2. *(Bod, Verm)* soil mapping
Bodenkennzeichnung *f (Bod)* identification of soils
Bodenkern *m (Bod, Erdb)* core of soil
Bodenkippe *f* tip
Bodenklappe *f (Konst)* trap door
Bodenklasse *f* soil class; excavation class *(Erdstoff)*
Bodenklasseneinteilung *f (Bod)* soil classification
Bodenklassifizierung *f* **der Public Roads Administration** *(BT)* P.R.A. classification
Bodenkonsolidierung *f* ground consolidation *(natürlich)*
Bodenkorrosion *f* soil corrosion
Bodenkreditanstalt *f (VR)* land bank
Bodenkriechen *n* soil creep
Bodenlabor *n* soil testing laboratory
Bodenlagerung *f* piling of soil, soil deposit
Bodenlockerung *f (Erdb)* soil loosening
Bodenlösen *n (Erdb)* soil loosening
Bodenluftkonzentration *f (Umw)* soil atmosphere concentration
Bodenluke *f* trap door
Bodenmächtigkeit *f (Bod)* thickness of soil
Bodenmasse *f*/**abgerutschte** *(Bod)* slipping mass
Bodenmassenlagerstätte *f (Tun)* spoil area
Bodenmechanik *f* soil mechanics
Bodenmechaniker *m* soil engineer
Bodenmelioration *f* 1. *(Erdb, LB)* land amelioration; 2. *(Erdb, LB)* land improvement; 3. *(Bod, Erdb, LB, RP)* land reclamation; 4. *(LB)* improvement of soil
Bodenmischer *m (Erdb)* rotary-type mixer
Bodenmörtel *m* soil mortar
bodennah *(Bod)* near to ground

Bodennullebene *f* ground zero *(speziell nach Katastrophen, Sprengungen, Einstürzen)*
Bodennullpunkt *m (Bod, Verm)* ground zero *(speziell nach Katastrophen, Einstürzen)*
Bodenparameter *mpl* soil parameter
Bodenpartikeltransport *m* piping
Bodenplatte *f* floor slab, bottom slab *(Fundament)*; bed-plate soffit slab, base plate *(Anlagen)*
Bodenplattenbelag *m* flooring tiling
Bodenporosität *f* soil porosity
Bodenpressung *f* bearing load, bearing pressure *(Belastung)*; foundation pressure *(der Gründung)*; ground pressure, pressure of the ground, soil pressure, subgrade reaction *(vertikal)*
Bodenpressung f/gleichmäßig verteilte *(Bod)* uniformly distributed pressure on ground
Bodenpressung f/maximale *(Bod, Stat)* maximum load-bearing capacity
Bodenprobe *f (Bod)* soil sample
Bodenprobe f/gestörte *(Bod)* disturbed sample, remoulded soil sample
Bodenprobe f/ungestörte 1. *(Bod)* undisturbed soil sample; 2. *(Bod, Erdb)* core
Bodenprobenentnahme *f* soil sample recovery
Bodenprobenentnahmegerät *n* soil sampler
Bodenprofil *n* cross section of the ground, soil profile
Bodenprüflabor *n* soil testing laboratory
Bodenprüfverfahren *npl (Bod)* test methods for soil
Bodenraum *m* attic space, attic, garret, *(AE)* loft
Bodenreform *f (VR)* land reform
Bodenreformer *m (VR)* landreformer
Bodenreibung *f (Erdb, Verk)* ground friction
Bodenrost *m* floor grating
Bodenrückstrahler *m (Verk)* reflecting road stud, road surface cat's eye, cat's eye
Bodenrutschung *f (Bod, Erdb)* ground slide
Bodensatz *m* feculence, settling, sediment
Bodenschappe *f* soil borer
Bodenschätze *mpl* natural resources, mineral resources, mineral wealth, resources
Bodenschicht *f* layer of the earth, earth table, soil horizon, horizon, soil layer; grass table; soil series, soil stratum *(Geologie)*
Bodenschicht f/harte 1. *(Bod, Erdb)* hard soil layer; 2. *(Bod, Erdb, Tun)* hardpan
Bodenschicht f/obere *(Bod)* surface soil
Bodenschicht *f* **über der Gründung** *(Bod, Erdb)* ground table
Bodenschicht f/wasserführende *(Bod)* water-bearing soil bed
Bodenschichten *fpl (Bod, Erdb)* strata
Bodenschichtenaufnahme *f* stratigraphy
Bodenschluff *m* soil silt, *(AE)* soil binder
Bodenschürfung *f (Bod)* exploratory dig
Bodenschutz *m* 1. *(Bod, Umw)* conservation of soil; 2. *(Umw)* soil conservation
bodenschützend *(LB, Umw)* soil-protecting
Bodenschwelle *f* 1. *(Hb)* ground beam, ground plate *(Grundbalken bei Holzkonstruktionen)*; 2. *(Verk)* road hump, hump
Bodenschwelle f/abgerundete round-top road hump
Bodensenke *f (Bod)* depression of ground, sink
Bodensenkung *f* ground settlement, ground submergence, ground subsidence, sagging, submergence of ground, subsidence of ground, subsidence of soil
Bodensetzung *f* land subsidence, ground consolidation *(natürlich)*; ground settlement, subsiding *(Baugrund)*
Bodensetzungsmessgerät *n* settlement meter
Bodensicherungsdränung *f (Erdb, LB)* superimposed drainage
Bodenskelett *n (Bod)* soil skeleton
Bodensondiergerät *n* soil auger
Bodenspekulation *f (VR)* land speculation
Bodensperrschicht *f (DIS)* dampproof slab
Bodenspiralbohrer *m* soil auger
Bodenstabilisator *m (BM)* soil stabilizer
bodenstabilisierend soil-stabilizing
Bodenstabilisierung *f* soil stabilization, improvement of soil, soil cementation
Bodenstabilisierung f/elektrochemische electrochemical strengthening
Bodenstabilisierung f/mechanisch-chemische *(Erdb)* physico-chemical stabilization
Bodenstabilisierung f/mechanische mechanical soil stabilization, mechanical stabilization
Bodenstabilisierungsbindemittel *n* soil stabilizer
Bodenstabilisierungsmittel *n* soil stabilizer
Bodenstahlblech *n* steel floor plate
Bodenstandfestigkeit *f* soil stability
Bodenstein *m (BWG, Te)* flagstone of the furnace *(Hüttenwesen)*
Bodenstelle *f* **nach Frosteinwirkung/weiche** frost boil
Bodenstreifen *m* ground strip
Bodenstruktur *f* soil structure
Bodenstrukturbehandlung *f (LB)* soil conditioning
Bodenstrukturverbesserung *f* soil conditioning
Bodenteilchen *n* soil particle
Bodentiefe *f* depth of soil
Bodentragfestigkeit *f (Bod, Erdb)* soil bearing capacity
Bodentreppe *f* attic stairs, garret stairs, *(AE)* loft stair
Bodentürschließer *m* floor closer
Bodenundurchlässigkeit *f (Bod)* impermeability of the soil
Bodenunebenheit *f (Bod)* unevenness of the ground
Bodenuntersuchung *f* soil examination, examination of soil, soil exploration, soil study, soil testing, ground investigation, investigation of soil, site exploration; foundation testing
Bodenuntersuchung f/seismische *(Konst, Stat)* seismic exploration method
Bodenvegetation *f (LB)* ground vegetation
bodenverankert *(Konst)* tied to ground
Bodenverankerung *f* ground anchorage
Bodenverbau m/biologischer *(Umw)* soil bioengineering
bodenverbessernd soil-improving
Bodenverbesserung *f* 1. *(LB)* amelioration; 2. *(Erdb)* betterment; 3. *(Erdb, LB)* improvement of land *(der natürlichen Bodenfläche)*
Bodenverbesserungsschicht *f* **des Planums** *(Erdb, Verk)* subgrade improvement layer, capping layer
Bodenverblendmaschine *f* bottom-facing machine
Bodenverdichtung *f* 1. *(Bod, Erdb)* soil compaction; 2. *(Erdb, Te)* ground compaction *(künstlich)*
Bodenverdichtung f/künstliche earth densification
Bodenverdichtung f/natürliche *(Erdb)* soil consolidation
Bodenverdichtung *f* **während der Auftauzeit** thawing soil settlement
Bodenverdichtungsgerät *n* earth compacting equipment
Bodenverdichtungshorizont *m (Bod, Erdb, Tun)* hardpan
Bodenverdrängung *f* soil displacement
Bodenverfestigung *f* earth solidification, earth stabilization, soil strengthening; artificial cementation of soil *(mit Bindemittel)*
Bodenverfestigung f/chemische *(Erdb)* chemical soil stabilization
Bodenverfestigung *f* **mit Kalk** *(Erdb)* lime-stabilized soil
Bodenverfestigung f/natürliche *(Bod)* earth consolidation

Bodenverfestigungsmischer *m (BWG)* mixer for soil stabilization
Bodenverflüssigung *f* liquefaction of the soil, liquefaction
Bodenverflüssigung *f***/thixotrope** liquefaction of the soil, liquefaction
Bodenverhalten *n* soil behaviour, *(AE)* soil behavior
Bodenverhältnisse *npl* soil conditions, earth conditions, ground conditions
Bodenverhältnisse *npl***/erratische** *(Bod)* erratic subsoil
Bodenverkrustung *f (Bod)* surface crusting
Bodenverlagerung *f (Bod)* drifting of soil, mass wasting
Bodenvermessung *f (Bod, Verm)* ground survey
Bodenvermörtelung *f (Erdb)* soil cementation, soil stabilization
Bodenvermörtelungsgerät *n (Erdb)* rotary-type mixer
Bodenvermörtelungsmaschine *f (BWG, Erdb)* road mixer
Bodenvernagelung *f (Erdb, LB)* soil nailing
Bodenverschmutzung *f s.* Bodenverunreinigung
Bodenversumpfung *f (LB, Umw)* soil swamping
Bodenverunreinigung *f (Umw)* land pollution, soil pollution
Bodenverwehung *f (Bod)* soil blowing
Bodenwasser *n* soil water, soil solution
Bodenwasser *n***/hygroskopisches** *(Bod)* hygroscopic soil water
Bodenwasseranstieg *m* **durch Kapillarwirkung** elevation of ground water
Bodenwasserdruck *m (Bod, Erdb)* seepage pressure
Bodenwassergehalt *m (Bod)* ground-water percent saturation *(in Prozent)*
Bodenwasserschicht *f (Bod)* soil-water bed
Bodenwasserspannung *f (Bod)* stress of soil moisture, soil-moisture tension, soil suction
Bodenwelle *f* undulation of ground, bump, surface undulation
Bodenwert *m (Bod, RS)* land value *(Baugrunderwerb)*
Bodenwiderstand *m* 1. *(El)* earth resistance *(Erdung)*; 2. *(Bod)* ground resistance, soil resistance
Bodenzähigkeit *f* plasticity of soil
Bodenziffer *f (Bod)* soil characteristic
Bodenzusammensetzung *f* soil composition
Bodenzustand *m* state of soil
Böenwindgeschwindigkeit *f* gusty wind speed
Bogen *m* 1. arc *(Geometrie)*; 2. *(Arch)* arch, vault, structural, concameration; 3. bow, elbow *(Rohrbogen)*; 4. *(BT, Verk)* sweep *(Krümmung, z. B. einer Straße)*; 5. camber *(Wölbung, z. B. Oberflächen)* • **den Bogen anfangen** spring *(Gewölbe)* • **den Bogen anlegen** spring *(Gewölbe)* • **einen Bogen einschalen** embow • **mit Bogen** *(Arch)* arched • **mit Bogen überspannen** arch • **mit Bögen überspannen** *(Br, Konst, SB, Te)* concamerate
Bogen *m***/abfallender** sloping arch
Bogen *m***/abgesetzter** shouldered arch, stepped arch
Bogen *m***/arabischer** *(Arch)* Arabic arch, Moorish arch *(Hufeisenbogen)*
Bogen *m***/aufgestelzter** *(TK)* stilted arch
Bogen *m***/ausgeschrägter** splayed arch
Bogen *m***/doppelt zentrierter** *(Konst)* two-centred arch
Bogen *m***/dreifach zentrierter** *(Konst)* three-centred arch
Bogen *m* **einer dicken Wand** *(Arch)* through arch
Bogen *m***/einfacher** *(Konst)* one-centred arch
Bogen *m***/eingesetzter** *(Konst)* recessed arch *(in einem größeren Bogen)*
Bogen *m***/eingespannter** fixed arch, fixed-end arch, rigid arch
Bogen *m***/elastischer** elastic arch *(entworfen nach der Elastizitätstheorie)*
Bogen *m***/fallender** inclined arch
Bogen *m***/flacher** *(Konst)* segmental arch
Bogen *m***/gebrochener** polygonal arch
Bogen *m***/gedrückter** depressed arch, obtuse angle arch, obtuse arch, surbased arch; basket arch
Bogen *m***/geknickter** polygonal arch
Bogen *m***/gekreuzter** *(Arch, Konst)* groin arch
Bogen *m***/gelenkloser** rigid arch
Bogen *m***/gemischter** *(Arch, Konst)* composite arch
Bogen *m***/geneigter** raking arch, rampant arch
Bogen *m***/gerader** 1. *(Konst, TK)* straight arch; 2. *(Arch)* direct arch
Bogen *m***/gerippter** ribbed arch
Bogen *m***/geschobener** raking arch, rampant arch
Bogen *m***/geschweifter** *(Arch)* scalloped arch
Bogen *m***/gestelzter** surmounted arch
Bogen *m***/gevierter** *(Arch)* four-centred arch
Bogen *m***/gotischer** *(Arch)* lancet arch, peak arch, pointed arch
Bogen *m* **im Aufriss** *(Verk)* vertical curve
Bogen *m* **im Grundriss** *(Verk)* horizontal curve
Bogen *m* **im Höhenplan** *(Verk)* vertical curve
Bogen *m* **im Lageplan** *(Verk)* horizontal curve
Bogen *m***/imitierter** false arch
Bogen *m***/innerer** rear arch, rere-arch *(eines Gewölbes)*
Bogen *m***/maurischer** *(Arch)* Arabic arch, horseshoe arch
Bogen *m***/mehrfach zentrierter** multicentred arch, mixed arch
Bogen *m* **mit Kettenkurvenform** *(Verm)* catenary arch
Bogen *m* **mit Zugband** bow-string arch, tied arch
Bogen *m***/monolithischer** *(TK)* monolithic arch
Bogen *m***/normannischer** *(Arch)* Norman arch
Bogen *m***/persischer** keel arch
Bogen *m***/platter** *(Konst)* segmental arch
Bogen *m***/römischer** 1. *(Arch)* full-centred arch; 2. *(Arch)* Roman arch
Bogen *m***/sächsischer** *(Konst)* triangular arch
Bogen *m***/scheitrechter** flat arch, gauged arch, jack arch, camber arch, floor arch
Bogen *m***/schiefwinkliger** 1. *(Arch)* oblique arch; 2. *(Konst)* skew arch
Bogen *m***/statisch bestimmter** statically determinate [determined] arch
Bogen *m***/statisch unbestimmter** *(Stat, TK)* statically indeterminate [undetermined] arch
Bogen *m***/steigender** rising arch, raking arch, rampant arch
Bogen *m***/symmetrischer** *(Konst)* symmetrical arch
Bogen *m***/toskanischer** *(Arch)* Tuscan arch
Bogen *m***/trapezförmiger** *(Konst)* trapezoidal arch
Bogen *m***/überhobener** *(TK)* stilted arch
Bogen *m***/überhöhter** raised arch, surmounted arch
Bogen *m***/unterbrochener** broken arch
Bogen *m***/verdeckter** back arch
Bogen *m***/verjüngter** splayed arch
Bogen *m***/verkehrter** *(TK)* reversed arch
Bogen *m***/verkürzter** diminished arch, imperfect arch, *(AE)* scheme arch
Bogen *m***/verzierter** decorated arch
Bogen *m***/voller** *(Arch)* full-centred arch
Bogen *m* **weniger als ein Halbkreis** imperfect arch, *(AE)* scheme arch
Bogen *m***/zusammengesetzter** mixed arch
Bogen *m***/zwiebelförmiger** keel arch
Bögen *mpl***/verschränkte** *(Arch)* interacting arches
Bogen... *(Arch)* arcual ...
Bogenabschluss *m* arched head
Bogenachse *f* arch centre line, flank of an arch, *(AE)* arch center line
Bogenanfang *m* springing

Bogenanfänger *m (Konst)* haunch
Bogenanfangstein *m (SB)* arch springer
bogenartig *(Arch)* arched, arcual
Bogenauflager *n* arch bearing
Bogenaußenschicht *f (OB)* ring course
Bogenaussteifung *f (Konst, Te)* arch stiffening
Bogenaussteifungselement *n* arch stay
Bogenbalken *m* curved beam, arch beam
Bogenbau *m* arched construction, arched work, arcual construction, arcuated construction, arcuation construction
Bogenbauwerk *n (Arch, Konst)* arcual structure
Bogenbildung *f (Erdb, Te)* bridging *(von Schüttgütern)*
Bogenbinder *m* arch truss, arched girder
Bogenbinderdach *n (Hb)* bowstring roof
Bogenbohrer *m* fiddle drill, bow drill
Bogenbrücke *f (Br)* arched bridge
Bogenbrücke ***f*/eiserne** *(Br)* iron-arch bridge
Bogenbrücke *f* **mit aufgeständerter Fahrbahn** *(Br)* spandrel-braced arch bridge
Bogenbrücke *f* **mit Zugband** tied-arch bridge
Bogendach *n* arched roof, cambered roof
Bogendamm *m (Wsb)* arch dam
Bogendecke *f (TK)* vaulted ceiling
Bogendeckung *f* arched cover
Bogendicke *f* depth of arch, thickness of arch
Bogendickenmesser *m* bow callipers, *(AE)* bow calipers
Bogendreieck *n (Arch, Konst)* curved sided triangle *(Kirchenbau)*
Bogendurchfahrt *f (Br)* arch pass
Bogendurchgang *m* archway
Bogenebene *f* arch plane
Bogenfachwerk *n* 1. *(Konst, TK)* arch truss; 2. *(TK)* tied-arch truss
Bogenfachwerkbinder *m* arch truss
Bogenfachwerkbrücke *f (Br)* arch truss bridge
Bogenfachwerkträger *m (Konst, TK)* arch truss
Bogenfeld *n* 1. *(Br, TK)* arch bay; 2. *(Arch)* tympanum *(am romanischen und gotischen Portal)*
Bogenfenster *n* arched window, bay window, compass window
Bogenfläche *f (Konst)* closing panel of a vault
Bogenfläche ***f*/äußere** upper surface of arch, extrados of arch
Bogenfolge *f (Konst, Verk)* succession of arches
Bogenform *f* form of arch
bogenförmig arched, arch-like, arcuate, vaulted • **bogenförmig gebaut sein** bow
Bogenfries *m (Arch)* arched mouldings, corbel table
Bogenfries ***m*/einfacher** *(Arch)* simple arched corbel-table frieze
Bogengang *m (Arch)* arcade, archway
Bogengang *m* **mit einander durchdringenden Bögen** intersecting arcade
Bogengang *m* **mit überschnittenen Bögen** *(Arch, LB)* interlacing arcade
Bogengerüste *npl* scaffolding of a centre vault, centring of arches
Bogengesims *n* arch corner bead
Bogengewichtsstaumauer *f (Erdb, Konst)* arch-gravity dam
Bogengewölbe *n* arched vault, vault in full centre, entire arch; arched roof
Bogengewölbe ***n*/rundes** barrel arch
Bogengleis *n (Verk)* curved track
Bogengrab *n (Arch)* tomb niche
Bogengurtung *f* arched boom
Bogenhälfte *f* flank of an arch
Bogenhaupt *n (Konst)* crown
Bogenhobel *m (BWG)* compass plane
Bogenkämpfer *m* arch impost
Bogenkeilstein *m* voussoir quoin
Bogenkonstruktionsdicke *f* thickness of arch
Bogenkrümmung *f* arch curvature
Bogenlager *n* arch bearing
Bogenlänge *f* arch length
Bogenlast *f (Stat)* arch load
Bogenlehre *f* arch template, bow member, camber piece, centring of vault, trimming piece; turning piece *(für kleine Bögen)*
Bogenlehrenbrett *n (Konst)* turning piece *(für kleine Bögen)*
Bogenlehrgerüst *n* arch centre, *(AE)* groin centering
Bogenleibung *f (Arch)* intrados
Bogenlinie *f* curvature, line of arch; outline of arch *(des Gewölbes)*
Bogenlinie ***f*/horizontale** *(Arch, Konst)* horizontal curvature
Bogenmaß *n* circular measure, radian measure
Bogenmauer *f (Wsb)* arch dam
Bogenmauerwerk *n* curved brickwork
Bogenmesslehre *f* bow callipers
Bogennaturstein *m* arch stone
Bogennische *f* arched recess
Bogenöffnung *f* arch opening, included angle of vault
Bogenornament ***n*/ausgekragtes** *(Arch)* corbel table
Bogenornament ***n*/hängendes** *(Arch)* pendant
Bogenpfeiler *m* 1. *(BT, TK)* abutment pier; 2. *(Arch, Konst)* arch buttress; 3. *(Br)* arch pier; 4. *(Konst, TK)* pier buttress; 5. *(Arch)* respond
Bogenpfeilermauer *f* multiple-arch dam
Bogenprofil *n (Arch)* line of arch
Bogenradius *m* radius of curvature
Bogenrampe *f (Verk)* curved ramp
Bogenrandstein *m (SB)* ring stone
Bogenrandziegel ***m*/konischer** *(SB)* creeper
Bogenreihe *f (Arch)* arcade, arcature
Bogenring *m (Konst, TK)* arch ring
Bogenrippe *f* arch rib, arched rib, branch rib
Bogenrohr *n* elbow pipe, bent pipe, bend
Bogenrücken *m (BB, Konst, SB)* extrados
Bogenrundung *f* centring, recessed order of an arch, camber
Bogensäge *f (BWG)* coping saw
Bogenschalung *f* arch falsework, arched centring, arch centre
Bogenscheibe *f (Br, TK)* arch slab
Bogenscheibenstreifen *m (Br, Konst, TK)* arch band
Bogenscheitel *m* crown of the arch, arch key, arch top
Bogenschenkel *m* flank of an arch, half-arch, hance, haunch, flank
Bogenschlagentfernung *f (Verm)* swing offset
Bogenschlussstein *m (SB)* keystone
Bogenschlusssteinornamente *npl (Arch, SB)* headwork
Bogenschlussziegel *m* key brick
Bogenschlussziegelstein *m* key brick
Bogenschnittpunkt *m (Arch)* cusp *(bei gotischen Bögen)*
Bogenschnittpunktfigur *f (Arch)* cusp *(bei gotischen Bögen)*
Bogenschub *m (Stat)* arch thrust
Bogenschutz *m (Wsb)* radial gate, tainter gate *(Wehr)*
Bogensehnenträger *m* bowstring girder, polygonal bowstring girder, segmental bowstring girder
Bogensehnenträger-Brücke *f (Br)* bowstring bridge
Bogensekunde *f (Verm)* second of arc
Bogenspannung *f* arch stress
Bogensprengwerk *n (Konst, TK)* arch truss
Bogenstab *m* bar of arch
Bogenstatik ***f*/grafische** *(Stat)* graphical arch analysis

Bogenstatik f/zeichnerische *(Stat)* graphical arch analysis
Bogenstaudamm *m (Wsb)* arch dam
Bogenstaumauer *f (Wsb)* arch dam
Bogenstein *m* curved curb, arch stone
Bogenstellung *f (Arch)* arcature
Bogenstich *m* 1. *(Konst, SB)* pitch of an arch; 2. *(Konst)* camber of an arch
Bogenstichhöhe *f* arch rise
Bogenstück *n* sector, segment; elbow *(Rohrleitung)*
Bogenstückprofiltiefe f/durchschnittliche mean segment depth
Bogensturz *m* arched lintel, arched head, circular head
Bogenstütze *f* 1. arch stay; 2. *(Arch)* respond
Bogenstützschalung *f (AE)* groin centering
Bogenstützweite *f (Konst, TK)* effective arch span
Bogensystem *n* arch system, arched system, arching
Bogentiefe *f* soffit width, intrados width *(Wölbung)*
bogentragend *(Arch)* arcuated
Bogenträger *m* arched beam, arched girder, curved girder, arch beam; hogging girder *(oben gewölbt)*
Bogenträger m/durchgehender *(Br, BT, Konst)* continuous arched girder
Bogenträger m/flacher *(TK)* segmental arched girder
Bogenträger *m* **mit Durchzug** arched girder with intermediate tie
Bogenträger *m* **mit gebrochenen Linien** arched girder with polygonal outline
Bogenträger *m* **mit konstantem Horizontalschub** arched girder with invariable horizontal thrust
Bogenträger *m* **mit vermindertem Horizontalschub** arched girder with diminished horizontal thrust
Bogenträger *m* **mit Zugband** *(TK)* tied arch
Bogenträger m/versteifter *(TK)* stiffened arched girder
Bogenträgerdach *n (Konst)* segment head *(Bogentür)*
Bogenträgerdach n/sternförmiges *(Konst)* radial arch roof
Bogentreppe *f* arched stair
Bogentrogbrücke *f* arched trough bridge
Bogentürkopfende *n (Konst)* segment head *(Bogentür)*
Bogenverankerung *f (Konst)* grappling of arch
Bogenverband *m (Br, TK)* arch bond
Bogenverstärkung *f* arch reinforcing, arch stiffening
Bogenversteifung *f* arch stiffening, arch bracing
Bogenwechsel *m (Verk, Verm)* change of curvature
Bogenweite *f (Br, TK)* clear arch span
Bogenwerk *n (Arch)* arcature
Bogenwiderlager *n* arch abutment, arch bearing
Bogenwirkung *f* arch action
Bogenwölbungen *fpl (Konst)* ranges of arches
Bogenziegel *m* gauged brick, radial brick; voussoir brick *(bei Ziegelgewölben)*
Bogenziegelstein *m* gauged brick, radial brick; voussoir brick *(bei Ziegelgewölben)*
Bogenzirkel *m* bow compass
Bogenzwickel *m (Arch)* spandrel
bogig *(Arch)* arched, arcual, archshaped
Bohle *f* 1. plank, board, *(AE)* deal *(aus Nadelholz)*; 2. *(BWG)* screed *(Fertiger)*
Bohle f/hydraulisch ausziehbare hydraulically extendable screed *(Fertiger)*
Bohle f/schwimmende floating screed, free floated screed *(Fertiger)*
Bohlenbelag *m (Hb)* plank covering
Bohlenbinder *m (Hb)* plank truss
Bohlenbrenner *m (BWG)* screed burner *(Asphaltfertiger)*
Bohlendach *n* batten roof, plank roof
Bohlendachbinder *m* plank roof truss
Bohlendecke *f (Hb)* plank floor
Bohlenfachwerk *n (Hb)* plank frame
Bohlenfußboden *m (Hb)* plank floor
Bohlenfußbodenbelag *m* plank flooring, floor covering
Bohlengang *m* 1. boardwalk; strake *(Plankenweg um ein Haus)*; 2. duckboard *(für Dachdecker)*
Bohlenheizeinrichtung *f (BWG)* screed burner *(Asphaltfertiger)*
Bohlenholz *n* plank timbers
Bohlenlehrgerüst *n (Hb, Te)* rib of planks
Bohlennivellierautomatik *f (BWG, Verk)* automatic screed control *(Straßenfertiger)*
Bohlenrahmen *m (Hb)* plank frame
Bohlenrost *m* 1. plank foundation platform *(Gründung)*; 2. *(Hb)* plank grating
Bohlenverlegen *n (Hb)* planking
Bohlenvibrator *m* screed vibrator
Bohlenwand *f* 1. *(Erdb)* sheet piling *(Gründungsarbeiten)*; 2. *(Wsb)* timber walling
Bohlenwand f/doppelte double plank wall
Bohlenwand f/einfache *(Hb)* single plank wall
Bohlenweg *m* plankway; barrow run, barrow way *(für Schubkarre)*
Bohlenzarge *f (Hb)* plank frame
Bohlwerk *n (Erdb, Wsb)* bulwark *(Hafenbau)*
bohnerbar polishable
bohnern *v* rub with wax
Bohranlage *f (Erdb)* drilling rig
Bohransatzpunkt *m* well location *(Baugrunderkundung)*
Bohrarbeit *f* boring
Bohrarbeiten *fpl* drilling work(s), drilling, boring operations, boring work *(DIN 18301)*
Bohrarbeiter *m (Tun)* driller
Bohrausrüstung *f* drilling equipment
Bohrausrüstung *f* **für Pfahlgründungen** *(Erdb)* boring equipment for pile foundations
Bohrausrüstung f/geothermische *(Erdb)* geothermal drilling equipment
Bohrautomat *m* automatic drilling machine
Bohrbarkeit *f* drillability
Bohrbetrieb *m* drilling contractor
Bohrbrunnen *m* 1. *(Wsb)* drilled well; 2. *(Wsb)* tube well
Bohrbühne *f* derrick platform
Bohrdiagramm *n* drilling chart
Bohrdiamant *m* diamond
Bohrdurchmesser *m* size of bore
bohren *v* drill, bore; hole *(Schiefer)*
Bohren *n* drilling, boring; holing *(Schiefer)*
Bohren n/hydraulisches *(Erdb, Tun)* hydraulic drilling
Bohrer *m* 1. borer, drill, drilling bit, bit; 2. *(Hb)* auger, piercer; gimlet *(Handbohrer)*
Bohrer m/archimedischer *(BWG)* hand brace
Bohrerachse *f* drill axis
Bohreranschliff *m* drill grind
Bohrerspitze *f* drill bit, bit, drill point
Bohrfortschritt *m (Erdb, Tun)* ratio of penetration
Bohrgerät *n* drilling equipment, drilling gear, drilling implement, drill
Bohrgeräteführer *m (Bod)* rig operator
Bohrgestänge *n* boring rods, drill pipe
Bohrgestell *n (Erdb)* drilling rig
Bohrgut *n* drill cuttings, cuttings
Bohrhammer *m (BWG)* rock drill
Bohrhammer m/leichter jack hammer
Bohrinsel *f* offshore drilling platform, floating derrick, oil rig
Bohrkern *m* drill core, boring core, core sample, test core, core
Bohrkerne *mpl* cuttings
Bohrkernentnahme *f (BM, Te)* core extraction
Bohrkernentnahmegerät *n (BWG)* core sampler

Bohrkernkiste *f (BM, BT)* core box
Bohrkernprobe *f* core sample
Bohrkernprüfung *f* core test
Bohrkernschleifgerät *n (BWG)* core trimmer
Bohrkerntrenner *m (BWG)* core trimmer
Bohrkopf *m (Bod, Tun)* drilling head, boring head
Bohrkopf *m* **mit eingesetzten Meißeln** *(Tun)* inserted--tooth cutter head
Bohrkopf *m* **mit mehreren Meißeln** *(Tun)* multiple cutter head
Bohrkörner *m* centre punch
Bohrkrone *f* boring crown
Bohrkrone *f***/gezahnte** castellated bit
Bohrlehre *f* bit gauge, bit stop
Bohrloch *n* 1. drill-hole, drilled hole, bore, bored well, borehole; 2. boring *(zur Bodenentnahme)*; 3. *(Tun)* shot--hole *(Gesteinsgewinnung)*; 4. *(Erdb)* well; 5. *(Hb, Umw)* worm hole *(Holz)* • **Bohrlöcher schlagen** jump *(Naturstein)*
Bohrloch *n* **mit gestreckter Ladung** *(Tun)* stick hole
Bohrloch *n***/verrohrtes** cased hole
Bohrloch *n***/zementiertes** injected hole
Bohrlochabstand *m* core spacing
Bohrlochfüllung *f (Erdb, Tun)* wellbore fill-up
Bohrlochimpfung *f (Hb)* borehole method *(mit chemischen Mitteln)*
Bohrlochkopf *m (Erdb, Tun)* casing head
Bohrlochmessverfahren *n***/geophysikalisches** *(Verm)* well logging
Bohrlochmethode *f (Hb)* borehole method
Bohrlochnachfall *m (Bod)* sloughing
Bohrlochpumpe *f (Bod)* borehole pump
Bohrlochsohle *f (Tun)* face of well
Bohrlochvermessung *f***/radiometrische** *(Verm)* well logging
Bohrlöffel *m (Bod)* shell auger, sludger
Bohrmaschine *f* drilling machine, machine drill
Bohrmaschine *f***/hydraulische** *(Bod, Tun)* hydraulic drill
Bohrmeißel *m* drill bit, bore bit, jumper
Bohrmeister *m (Tun)* driller; tool pusher *(Steinabbau, Tunnelbau)*
Bohrpfahl *m (Bod, Erdb)* bored pile, cased-in-place pile, auger pile, drilled-in caisson, replacement type pile *(BS EN 1536)*
Bohrpfahl *m* **mit Mantelrohr** caisson pile
Bohrplan *m* boring plan
Bohrplattform *f (Wsb)* oil rig
Bohrplattform *f***/schwimmende** *(Wsb)* offshore drilling platform
Bohrprobe *f* core sample
Bohrprobennahme *f (Bod)* prospect sampling
Bohrratsche *f* ratchet drill
Bohrrohr *n* borehole door, drive pipe, driving pipe
Bohrschablone *f* boring template
Bohrschädling *m* wood borer *(Holzbefall)*
Bohrschlamm *m* drilling mud, boring sludge, sludge cuttings *(Gesteins- und Bodenbohrung)*
Bohrschmant *m* 1. *(BM, Bod, Erdb)* debris; 2. *(Erdb)* boring sludge
Bohrspülprobe *f (Bod)* sludge sample
Bohrspülung *f (Bod)* mud flush
Bohrständer *m (Erdb)* drill upright
Bohrstange *f (Erdb, Wsb)* bore rod
Bohrstelle *f* well site
Bohrtechnik *f (Erdb, Tun)* drilling engineering
Bohrtrübe *f (Umw)* sludge
Bohrturm *m* 1. *(BWG)* derrick; 2. *(Erdb)* drilling rig
Bohrturmfundament *n* derrick foundation
Bohrung *f* 1. *(Bod)* drill-hole, drilled hole, drilling, bore, boring *(zur Bodenentnahme)*; 2. *(Erdb)* well
Bohrung *f***/eingestellte** *(Bod)* suspended well *(Bodenerkundung)*
Bohrung *f***/thermische** *(Bod)* thermic drilling
Bohrung *f***/übertiefe** very deep hole drilling
Bohrung *f***/vertikale** *(Bod)* vertical hole *(Baugrunderschließung)*
Bohrunternehmer *m* drilling contractor
Bohrverfahren *n* boring method
Bohrversuch *m* boring-test
Bohrwerkzeug *n* drilling tool
Bohrwinde *f* carpenter's brace, hand brace, brace
Böigkeitsbeiwert *m (Stat)* gust loading factor
Boiler *m (HLK)* boiler
Boiler *m* **mit Innenfeuerung** *(San)* internally fired boiler
Boilerdruck *m (HLK)* boiler pressure
Boilerheizschlange *f (San)* immersion heater
Boilerisolierung *f* boiler jacket
Boilerverkleidung *f* boiler jacket
Boilerwasserzusatz *m (San)* boiler compound
Bollwerk *n (Erdb, Wsb)* bulwark *(Hafenbau)*
Bolzen *m* 1. *(Hb)* dowel, pin; prop, strut *(Pfahl)*; 2. fang bolt *(Beschläge, Schloss)*; 3. bolt, pintle, screw, billet, stay bolt; 4. *(Verm)* peg, bolt • **mit Bolzen verbunden** pin-jointed
Bolzen *m* **mit Anlauf** *(BT)* conical bolt
Bolzen *m* **mit Splint** *(BT)* cotter bolt
Bolzen *m***/selbstsichernder** self-locking bolt
Bolzen *m***/überdrehter** skinned bolt
Bolzen *m***/versenkter** *(BM)* countersunk bolt
Bolzenabstand *m (Hb)* row spacing
Bolzenanker *m (BT)* rag bolt
Bolzendübel *m* stud connector
Bolzengelenk *n* pin hinge, pin joint; pivot joint *(Brücke)*
Bolzengewinde *n* male thread
Bolzenhalterung *f (BT, Konst)* pinning
Bolzenkipplager *n* free bearing
Bolzenloch *n* pinhole
Bolzenöffnung *f* pinhole
Bolzenschaft *m* shank
Bolzenscheibe *f* bolt washer
Bolzenschießen *n* bolt shooting, stud shooting
Bolzenschießgerät *n* explosive-actuated gun, explosive--cartridge fastening tool, cartridge hammer, stud driver, stud gun
Bolzenschlaggerät *n* bolt driving tool
Bolzenschlüssel *m* bolt spanner
Bolzenschneider *m* bolt cutter, alligator shears, bar cutter
Bolzenschneidmeißel *m* slogging chisel
Bolzenschwächung *f* bolt deduction
Bolzenschweißen *n* stud welding
Bolzensetzen *n (Te)* stud shooting
Bolzensetzwerkzeug *n* cartridge-firing studder
Bolzenstab *m* partition stud, stud
Bolzenstange *f* stud bolt
Bolzenstift *m* gudgeon
Bolzentreiber *m (BWG)* stud driver
Bolzenverbindung *f* bolt connection, bolted joint, pinning, screw-bolt joint
Bolzung *f* propping-up
Bombenschutzraum *m (BB, Konst)* bomb shelter
bombensicher bombproof
Bonderschicht *f (OB)* tack coat
Bootshafen *m (Wsb)* boat basin
Bootshaus *n* boathouse
Bootslack *m* boat varnish, spar varnish
Boraxgips *m* Parian plaster
Borddachziegel *m* marginal clay tile
Borde *f***/gerade** *(BT)* straight kerb

Bordeinfassung *f* kerb, *(AE)* curb
Bördel *m* raised edge
Bördelblech *n* flanged plate
Bördelkante *f* raised edge
bördeln *v* edge, flange, border, burr up *(Bleche)*
Bördelnaht *f (St)* flange weld *(Schweißen)*
Bördelring *m* drag-ring
Bördelrohr *n* beaded tube
Bördelung *f (Te)* beading
Bördelverbindung *f* flared joint, standing seam *(Metallbedachung)*
Bördelverbindung f/gesattelte saddle joint, water joint
Bordkante *f* kerb, *(AE)* curb
Bordkennzeichnung *f* kerb marking
Bordpfahl *m (Erdb)* border-pile
Bordschwelle *f* kerb, marginal plank, *(AE)* curb fender, wide kerb, *(AE)* curb
Bordschwellenanker *m* kerb clamp
Bordschwellenmarkierung *f* kerb marking
Bordstein *m* kerb, kerbstone, margin tile *(Weg, Straße)*; border stone *(eines Gehwegs)*; cheek stone, *(AE)* curb, *(AE)* curbstone
Bordstein m/abgerundeter *(Verk)* rolled kerb
Bordstein *m* **aus Naturstein** *(DIN 482)* natural stone kerbs
Bordstein m/gebogener curved kerb, *(AE)* straight curb
Bordstein m/gerader *(BT)* straight kerb
Bordsteinabschrägung *f* kerb ramp
Bordsteinaussparung *f (Verk, WVA)* kerb inlet
Bordsteineinlauf *m (Verk, WVA)* kerb inlet
Bordsteinklammer *f* kerb clamp
Bordziegel *m* marginal clay tile
Borke *f* bark
Borsilikatglas *n* borosilicate glass
Borstahl *m* boron steel
Borstenpinsel *m* hog bristle brush, hog hair brush
Borte *f (Arch)* orle *(an einem Wappen)*
Böschung *f* 1. slope, side slope, flank of a hill, escarpment, shelvingness; 2. *(Verk)* bank; 3. *(Wsb)* embankment *(bes. bei Flüssen)*; 4. *(Arch, Erdb)* glacis *(speziell vor einer Befestigung)*
Böschung f/abgeschattete *(Umw)* screening embankment
Böschung f/angesäte *(Erdb, LB)* seeded slope
Böschung f/angeschnittene *(Erdb)* cutting slope
Böschung f/äußere *(Erdb)* counterscarp
Böschung f/gepflasterte stone pitching
Böschung *f* **im Abtrag** *(Erdb)* slope of cutting
Böschung f/meeresseitige *(Bod, Wsb)* off-shore slope
Böschung f/natürliche natural slope
Böschung f/nicht standsichere unstable slope
Böschung f/obere *(Erdb)* head slope
Böschung f/sanft geneigte *(Bod, Erdb)* gentle-sloped talus
Böschung f/standfeste *(Erdb)* stable slope
Böschung f/steile steep slope, sharp slope, acclivity, scarp, steep
Böschung f/unterschnittene *(Erdb)* undercut slope
Böschung f/wasserseitige *(Wsb)* upstream talus
Böschung f/wellenbrechende *(Wsb)* wave-trap floor
Böschungsabdeckung *f (Erdb)* revetment of slopes
Böschungsabflussrinne f/doppelte *(Erdb)* double slope channel
Böschungsabsatz *m (Bod, Erdb)* set-off
Böschungsabschwemmung *f (Bod, Erdb)* slope wash
Böschungsabziehen *n (Erdb)* slope trimming
Böschungsauswaschung *f (Bod, Erdb)* slope wash
Böschungsbefestigung *f* 1. *(Erdb, LB)* slope protection; 2. *(Erdb)* slope stability; 3. *(Erdb, Wsb)* storm pavement
Böschungsberäumung *f (Erdb)* removal of loose slope material
Böschungsbolzen *m (Verm)* batter peg
Böschungsbruch *m* slope failure
Böschungsentwässerungsleitung *f* embankment pipeline
Böschungserdhobel *m (BWG)* angle dozer
Böschungserosionsschutz *m (Erdb, Konst)* revetment
Böschungsfläche *f (Erdb)* surface of constant slope
Böschungsfließen *n (Erdb)* slope current
Böschungsflügel m/gerader *(Br, Erdb)* straight retaining wing
Böschungsfuß *m (Erdb)* toe of the slope
Böschungsfußentwässerungsgraben *m* toe ditch
Böschungsfußentwässerungsleitung *f* embankment pipeline
Böschungsfußgraben *m* toe ditch
Böschungsfußmauer *f* toe wall
Böschungsgraben *m (Erdb)* ditch of a berm
Böschungsgrad *m (Erdb, Verk, Verm)* degree of slope
Böschungsherstellung *f (Erdb)* slope construction
Böschungshobel *m* backsloper
Böschungskante *f* crown of a slope, edge of embankment, slope intersection
Böschungskegel *m (Bod, Erdb)* cone of slope
Böschungskreis *m (Bod)* slope circle
Böschungslinien *fpl* slope lines
Böschungsmähgerät *n (LB)* slope mower
Böschungsmauer *f (Wsb)* sloped wall
Böschungsmauer f/äußere *(Erdb)* counterscarp wall
Böschungsmauer f/kegelige *(Erdb)* conical retaining wall
Böschungsmulde *f* slope gutter, gutter
Böschungsneigung *f (Erdb)* slope inclination
Böschungspflaster *n* slope paving, storm pavement
Böschungspflasterstein *m* slope paving set
Böschungsplanierer *m (BWG, Erdb)* single slope trimmer
Böschungsprofil *n (Erdb)* profile of slope
Böschungsrampe *f (Erdb)* sloping terrace
Böschungsrand *m* edge of slope, edge of embankment
Böschungsrutschen *n* slope slide
Böschungsrutschen n/langsames soil creep
Böschungsrutschung *f* 1. *(Bod)* slope failure; 2. *(Erdb)* talus slide
Böschungsschräge *f (Erdb)* bank slope
Böschungsschüttung *f* talus material
Böschungsschutz *m* 1. *(Erdb, LB)* slope protection; 2. *(Erdb, Konst)* revetment
Böschungsseite *f* slopeward side
Böschungssicherung *f* slope protection
Böschungssohle *f (Erdb)* toe of the slope
Böschungsstabilität *f* slope stability
Böschungsstandfestigkeit *f (Erdb)* slope stability
Böschungsübergangskurve *f (Erdb)* vertical curve *(zweier Böschungsneigungen)*
Böschungsverdichtung *f (Te)* slope compaction
Böschungsverhältnis *n (Erdb, Verm)* gradient
Böschungsverkleidung *f* revetment of slopes
Böschungsverschneidung *f (Erdb)* slope cutting
Böschungswinkel *m* angle of slope, bank slope, gradient slope, slope angle; angle of repose, angle of rest *(von Schüttgütern)*
Böschungswinkel m/maximaler critical slope
Böschungswinkel m/natürlicher natural slope; angle of repose, angle of rest *(von Schüttgütern)*
Böschungsziehen *n (Erdb)* bank sloping
Böschungszieher *m (BWG, Erdb)* slope trimmer
Boskett *n (LB)* bosket *(z. B. in Gärten der Renaissancezeit)*
Bossage *f (SB)* rock-faced masonry work
Bosse *f (Arch)* boss

bosseln *v (SB, Te)* rough-hew
Bosseln *n (SB, Te)* rough-hewing
bossen *v* boss *(Steine)*
Bossen *m* 1. *(Arch)* boss; 2. rustic stone, rustic work, rusticated ashlar
bossenartig pitch-faced
Bosseneckstein *m* rustic quoin
Bossenmauerwerk *n* quarry-faced masonry, rock-faced masonry work, rustic ashlar, rustic work, rusticated ashlar, rustication
Bossenornament *n* boss
Bossenquader *m* boss
Bossenquaderverband *m (Arch)* opus rustica
Bossenstein *m* boss, rustic stone
Bossensteinmauerwerk *n* rock-faced masonry work
Bossenwerk *n* 1. *(Arch)* opus rusticum *(altes Rom)*; 2. bossage, quoins, rusticated ashlar • **mit Bossenwerk verzieren** *(Arch)* rusticate
Bossenwerkbogen *m* rustic arch, rusticated ashlar arch, rubble arch
Bossenwerkornament *n (Arch, SB)* gadroon *(von eiförmigen Bossen)*
Bossiereisen *n* chase wedge, paring chisel, boaster • **mit Bossiereisen behauen** *(SB, Te)* rusticate
bossieren *v* emboss, boss, scabble *(Steine)*; rough-hew, rusticate *(Naturstein)*
Bossieren *n* embossing, bossing, scabbling *(Stein)*; rough--hewing *(Naturstein)*; bossing *(Metall)*
Bossieren *n* **des Steins** *(BM, Te)* bossage of the stone
Bossierer *m (SB)* embosser *(Natursteinbearbeitung)*
Bossierhammer *m* embossing hammer, scabbling hammer, scabbling pick, stonemason's hammer
bossiert embossed, bossed, rough-hewn
Botenrufsystem *n (El)* messenger calling system
Böttcherei *f (BT, Hb)* cooperage
Bottich *m* vat, tub
Boulevard *m* boulevard, avenue
Boulton-Verfahren *n (DIS)* Boulton process *(Holzschutz mit Teeröl)*
Bowlingbahn *f* bowling alley
Bowlinghalle *f* bowling centre
Bowlingrasen *m (LB)* bowling green
Boxe *f (Konst)* stall
Boxenstall *m (Konst, LB)* stall barn
Brachland *n* 1. *(LB, RP, Umw)* layland; 2. *(RP)* fallow ground
Brackwasser *n (Bod, Wsb)* estuarine water
Bramme *f (BT)* slab *(Halbfertigtafel)*
Branchenführer *m (VR)* market leader
Brand *m* 1. fire; 2. burning *(Baustofftechnologie)*
Brandabschluss *m* fire-resistant shutter
Brandabschnitt *m (Konst)* fire compartment
Brandabschnittswand *f* fire-resistant shutter
Brandausbreitung *f* spread of fire
Brandausbruch *m* fire outbreak
Brandbelastung *f* fire load
Brandbemessung *f* design fire
Brandblende *f* fire barrier, fire stop
Branddamm *m (Erdb, Konst)* fire dam
Branddecke *f (BT, TK)* compartment floor
Branddetektor *m (El)* fire detection device
Branddusche *f* emergency shower
brandfest fire-proof
Brandfluchttreppe *f* fire escape
Brandfortpflanzung *f* fire propagation
Brandgefahr *f* fire risk
Brandgesims *n* fire canopy
Brandgiebel *m* fire gable, gable end
Brandhaltbarkeit *f* fire durability
Brandheftigkeit *f (BM, Konst, RS)* severity of fire
Brandhohlmauer *f* hollow party wall
Brandklasse *f (BT)* fire classification
Brandklasseneinteilung *f (BT, VR)* fire-resistance grading
Brandklassenwert *m (VR)* fire rating
Brandklassifikationstür *f* fire-rated door
Brandlast *f* fire load
Brandlüftung *f (HLK, Konst)* fire ventilation
Brandmalerei *f (Arch)* pyrography
Brandmauer *f* fire-division wall, fire-proof wall, fire wall, common wall, compartment wall, party wall, spine wall, strong wall; fire partition *(mind. zwei Stunden Feuerwiderstand)*
Brandmauer *f*/**durchgehende** compartment division masonry wall
Brandmauer *f*/**durchlaufende** *(Konst)* division masonry wall
Brandmauerabtrennung *f (Konst)* distance separation *(gereihte Gebäude)*
Brandmauerkonsole *f (Konst)* party corbel
Brandmeldeanlage *f* fire alarm system
Brandmelder *m (El)* fire warning device
Brandmeldezentrale *f* central fire alarm station
Brandofenprüfung *f* furnace test
Brandprobe *f* fire-resistance test
Brandprüfung *f* fire(-resistance) test
Brandraum *m* furnace
Brandrisiko *n* fire risk
Brandriss *m* firing crack
Brandrisse *mpl (OB)* crazing *(Keramik)*
Brandruine *f (RS)* fire-gutted structure
Brandschaden *m* fire loss
Brandschott *n* division wall, fire wall
Brandschutz *m* fire protection
Brandschutz *m*/**baulich erforderlicher** *(Konst)* passive fire defence
Brandschutz *m*/**baulicher** *(Konst)* structural fire precaution
Brandschutzbauplatte *f* fire bat
Brandschutzbeschichtung *f* fire-proofing coat
Brandschutzbestimmungen *fpl (VR)* fire regulations
Brandschutzdecke *f* fire-resistant ceiling
Brandschutzfarbe *f (OB)* fire-retardant paint
Brandschutzfenster *n* fire window
Brandschutzforschung *f* fire research
Brandschutzgesetzgebung *f* fire legislation
Brandschutzklassifikation *f* fire-protection rating
Brandschutzmaßnahme *f* fire-protection measure, precaution against fire
Brandschutzmaßnahmen *fpl (VR)* fire precautions
Brandschutzmauer *f (BT, Konst)* compartment wall
Brandschutzmauer *f*/**durchgehende** compartment division masonry wall
Brandschutzschneise *f (RP)* firebreak
Brandschutztür *f* fire-resistant door, armour door, *(AE)* draft stop
Brandschutztür *f*/**selbstschließende** self-closing fire door
Brandschutzüberzug *m* fire-proofing coat
Brandschutzummantelung *f* fire protection encasement
Brandschutzvorkehrungen *fpl* fire protection
Brandsicherheit *f* fire safety
Brandsicherheitsmaßnahmen *fpl (VR)* fire precautions
Brandsperre *f* fire barrier
Brandtechnologie *f* fire technology
Brandtemperatur *f* fire temperature
Brandtür *f* emergency door, fire door
Brandtür *f*/**selbstschließende** self-closing fire door
Brandtürklassifikation *f (BT, VR) (AE)* fire-door rating
Brandübergriff *m* fire penetration

Brandungsgürtel *m (LB)* surf bar
Brandverhalten *n* behaviour under fire
Brandverhütung *f (VR)* fire prevention
Brandverzug *m* deformation during burning
Brandwache *f (VR)* fireguard
Brandwiderstandsbemessung *f* design fire
Branntgips *m* calcined gypsum
Branntkalk *m* burnt lime, calcium oxide, caustic lime, fired lime, anhydrous lime, quicklime
Branntkalk *m***/gemahlener** ground lime
Branntkalk *m***/unsortierter** run-of-kiln lime
Brasilholz *n (BM, Hb)* Queen's wood
brauchbar usable, suitable, serviceable, employable
Brauchbarkeit *f* 1. *(BWG, Konst)* serviceability; 2. *(BM, BT, Konst)* usability; 3. *(BM)* suitability *(Baustoffe)*
Brauchbarkeitsnachweis *m* proof of suitability
Brauchwasser *n* non-potable water, general service water, industrial water, process water, service water, raw water, water for domestic use, water for industrial use
Brauchwasserleitung *f (WVA)* trade water main
braun/rötlich *(OB)* reddish-brown
Braun *n***/Kasseler** *(BM, OB)* Vandyke brown
Braunbeizen *n (OB)* browning
Brauneisenerz *n (BM)* limonite *(als Schwerzuschlag für Strahlenschutzbeton)*
Brauneisenstein *m***/ockeriger** *(BM)* ochreous iron ore
Braunfleckigkeit *f (OB)* brown staining
Braunglas *n (BM)* amber glass
Braunkohlenteer *m (BM)* tar from lignite
Braunsandstein *m* brownstone
Braunstein *m* brownstone
Brause *f* 1. shower bath, shower *(Dusche)*; 2. *(San)* sprinkler; shower outlet
Brauseauslauf *m* shower outlet
Brausebecken *n* trough for showers
Brausekabine *f* shower cabinet
Brausekopf *m (San)* rose head, shower head, spray shower head, sprinkler
Brausenische *f* shower stall
BRE Building Research Establishment, BRE
Breccie *f (Bod)* breccia
Breccienkalkstein *m (BM)* entrochal limestone
Brechanlage *f* crushing plant, breaking plant *(für grobes Mahlgut)*
Brechanlage *f***/fahrbare** mobile crusher, portable crusher
Brecheigenfüller *m* crushed dust
Brecheisen *n* mallet-headed chisel, crowbar, dwang, wrecking bar, ripping bar, pinch bar, jim-crow, jemmy, *(AE)* claw bar
brechen *v* 1. break, crush, craze, mill *(Baustoffe)*; 2. break *(Bitumenemulsion)*; 3. fracture, rupture *(Bauelemente)*; 4. quarry *(im Steinbruch)*; 5. refract *(Licht)*
brechen *v***/in Stücke** *(Te)* smash
Brechen *n* 1. crushing, breakage, breaking *(Baustoffe)*; 2. breakdown, breaking *(von Bitumenemulsion)*; 3. *(Te)* quarrying *(im Steinbruch)*; 4. rupture, fracture *(Bauelemente)*; 5. *(Hb)* bevelling; 6. break *(Durchriss)*
Brechen *n* **einer Emulsion** breaking of an emulsion
brechend refractive
brechend/langsam slow-breaking *(Bitumenemulsion)*
brechend/mittelschnell medium-breaking, normal-setting *(Bitumenemulsion)*
Brecher *m* crusher, breaker *(für Steine)*
Brechereinstellung *f* crusher setting *(Aufbereitung)*
Brechergekörn *n* crusher-run aggregate
Brecherprodukt *n* crusher-run aggregate
Brechglas *n* crushed glass
Brechgut *n* material being crushed, crushed material, broken material
Brechkies *m* crushed gravel
Brechmehl *n* crushed dust, breaker dust
Brechprobe *f (BM, BT)* crushing test
Brechprüfung *f* 1. *(BM, BT)* crushing test; 2. *(BM)* breaking test *(Gestein)*
Brechpunkt *m* 1. break *(Fläche)*; 2. breaking point, brittle point, shatter point *(Bitumen)*
Brechpunkt *m* **nach Fraas** Fraas breaking point *(Bitumen)*
Brechrohgut *n (BM)* crusher-run material
Brechsand *m* crushed sand, manufactured sand, crushed rock fine aggregate, crusher screenings, broken sand, quarry sand, screenings, stone sand, stone screenings
Brechschlacke *f* crushed slag
Brechsplitt *m* crushed chips, crushed chippings
Brechstange *f* crowbar, jim-crow, wrecking bar, pry, pry bar, pinchbar, ripping bar, dwang, *(AE)* claw bar
Brechstange *f***/kurze** jemmy
Brechstaub *m* crushed dust
Brech- und Siebanlage *f (BWG)* crushing and screening plant
Brechung *f* refraction
Brechung *f* **des Schalls** refraction of sound
Brechungsgesetz *n (El, Stat)* law of refraction
Brechungsindex *m (El)* refractive index
Brechungsvermögen *n (El)* refractive power
Brechvorgang *m (Te)* crushing process *(Aufbereitung)*
Brechwalzwerk *n* crushing mill
Brechwerk *n (BWG)* crusher
Brei *m* paste, slurry; pulp *(meist mit Cellulose, Stärke usw.)*
• **Brei anrühren** pulp
breiig mushy
breit broad, wide
Breitaxt *f (Hb)* broad axe
Breitbeil *n* block bill, blocking axe, chip axe
Breite *f* breadth, width
Breite *f***/geographische** *(Verm)* latitude
Breite *f***/lichte** clear width, horizontal clearance
Breite *f***/mittragende** effective width *(Stahlbeton)*
Breite *f***/nutzbare** useful width
Breite *f* **über alles** overall width, total width
Breite *f***/wirksame** effective width *(Stahlbeton)*
Breite-Dicke-Verhältnis *n (Konst)* width-thickness ratio
Breiteisen *n* 1. *(SB)* broad tool; 2. *(BWG, Hb)* bolster; 3. *(BWG)* boaster *(Meißel, ca. 11 cm breit)*
Breiten *fpl***/unsortierte** random widths
Breitenkrümmung *f (BM, Hb)* transverse warping *(Holz)*
Breitflachmeißel *m* butt chisel
Breitflansch *m (BT)* wide flange
breitflanschig broad-flanged
Breitflanschprofil *n* H-section
Breitflanschscharnierband *n (EB)* H-hinge
Breitflanschschiene *f* flat-bottomed rail, flanged rail, *(AE)* girder rail
Breitflanschträger *m* 1. *(St)* broad-flange beam; 2. *(BT, St)* wide-flange beam
Breitflügeltürscharnier *n (EB)* wide-throw hinge
Breitfußschiene *f* flanged rail, rail with wide base, *(AE)* girder rail
Breithacke *f* mattock
Breithaue *f* mattock
Breitholz *n* half-round wood
Breitschlichtmeißel *m (BWG)* wide-finishing tool
Breitschnittholz *n (Hb)* broad timbers
Breitspachtel *m* broad knife
Breitspur *f (Verk)* wide gauge *(Schiene)*
Breitstahl *m* paring chisel
Breitstrahlbeleuchtung *f (El) (AE)* high-bay lighting
Breitstrahler *m (El)* wide-angle lighting fitting
Breitziegel *m (BM, BT)* clay flap tile

Brekzie *f (Bod)* breccia
Brekzienkalkstein *m (BM)* entrochal limestone
Bremsberg *m (Verk)* braking incline
Bremspfeiler *m (Verk)* baffle block
Bremspuffer *m (Verk)* bumper
Bremsung *f* deceleration, braking
Bremsweg *m* 1. *(Verk)* braking distance; 2. *(Verk)* stopping distance
Brennanlage *f* firing installation; burning plant, burning installation *(Baustofftechnologie)*
Brennausrüstung *f* firing equipment
Brennausrüstungssatz *m* firing equipment
brennbar inflammable, flammable, combustible; burnable *(Baustofftechnologie)*
brennbar/nicht non-combustible, incombustible
Brennbarkeit *f* flammability, combustibility; burnability *(Baustofftechnologie)*
Brennbarkeitsklasse *f (BT, VR)* combustibility grading period
Brennbarkeitsverzögerer *m* fire-retardant
Brennbereich *m* firing range
brennen *v* 1. *(Te)* fire; 2. bake, burn *(Keramik, Farben usw.)*; 3. calcine *(z. B. Kalkstein)*; 4. stove *(Anstriche, Farben)*
Brennen *n* firing; burning *(Baustofftechnologie)*; ignition *(Entzünden)*
brennend/langsam slow-burning *(Baustoffe)*
Brenner *m (HLK)* burner
Brennerdüse *f (HLK)* burner nozzle
Brennerfrischluft *f (HLK)* primary air *(Heizung)*
Brennergebläse *n (HLK)* burner fan
Brennerleistung *f (HLK)* burner capacity
Brennerspitze *f (BWG)* tip
brenngeeignet burnable *(Baustofftechnologie)*
brenngeschnitten flame cut
Brenngeschwindigkeit *f* burning rate, rate of combustion *(Baustoffe)*
Brenngut *n* burned product, burnt product
Brennholz *n* firewood, fuelwood, *(AE)* cordwood
Brennkammer *f (HLK)* combustion chamber
Brennkegel *m* **nach Seger** Seger cone
Brennkegelfallpunkt *m (BM, Te)* cone equivalent
Brennmaterial *n (HLK)* fuel
Brennofen *m* kiln, burning kiln, stove, oven *(z. B. für Keramik)*
Brennprozess *m* firing process
Brennpunkt *m* fire point *(z. B. von Baustoffen)*
Brennriss *m* fire crack, firing crack *(Keramik)*; burning crack *(Feuerfesterzeugnisse)*
brennschneiden *v (St, Te)* torch-cut
Brennschneiden *n* 1. *(St)* arc cutting; 2. *(St, Te)* torch cutting
Brennschwindung *f (BM)* firing shrinkage
Brennstoff *m (HLK)* fuel • **mit Brennstoff versehen** *(HLK, Te)* fuel
Brennstofflager *n (HLK)* fuel store
Brennstofftank *m (HLK)* fuel bunker
Brennstoffverbrauch *m (HLK)* fuel consumption
brennverzögert slow-burning *(Baustoffe)*
Brennvorgang *m* firing process; burning process *(Baustoffe)*
Brett *n* board, plank, *(AE)* deal *(aus Nadelholz)* • **Bretter zurechtschneiden** saw out boards • **mit Brettern vernageln** board up • **mit Brettern verschalen** *(Hb)* line with boards • **mit Brettern verschlagen** board up • **mit Brettern versehen** boarded
Brett *n***/abgewinkeltes** bevel board
Brett *n* **eines Laschenbalkens** fitch
Brett *n***/gehobeltes** planed board
Brett *n***/gekehltes** moulded board
Brett *n***/gezinktes** *(BT, Hb)* dovetailed board
Brett *n* **mit keilförmiger Überlappungskante** *(Hb)* feather-edge board
Brett *n***/randholzfreies** *(BM, Hb)* heart-face board
Brett *n***/verleimtes** glued board
Brett *n***/vierzölliges** quarter stuff
Brett *n***/waldkantiges** outer board
Brettabfälle *mpl (BM, Te)* offcuts
Brettbinder *m* 1. *(Hb, Konst)* nailed roof framing; 2. *(Hb)* plank frame
Brettdachbinder *m* plank roof truss
Brett-Deckleisten-Verkleidung *f (Hb)* board and batten
Bretter *npl***/gespundete** tongue-and-groove boards
Bretter *npl***/verleimte** glued boarding
Bretterauskleidung *f (BT, Hb, OB)* wooden board lining
Bretterbauzaun *m* hoarding
Bretterboden *m* boarded floor
Bretterbude *f* wooden hut, shack; market stall
Bretterfußboden *m* boarded floor
Bretterhütte *f* booth
brettern made of boards
Bretterschalung *f* board formwork, board shuttering
Bretterschneiden *n* board cutting, *(AE)* flatting
Bretterschuppen *m* wooden shed
Bretterstapel *m* stack of boards
Brettersteg *m* boarded web *(Binder)*
Bretterstoß *m* stack of boards
Brettertür *f (Hb)* ledged door
Brettertür *f* **mit Quer- und Diagonalriegel** *(Hb)* ledged--and-braced door
Bretterung *f (Hb)* boarding
Bretterverkleidung *f* sheathing, wood siding, wooden board lining, plank revetment
Bretterverschalung *f* 1. *(BM, Konst, OB)* wood siding; 2. *(Hb)* wood boards
Bretterverschalung *f***/gefalzte waagerechte** *(Hb)* shiplap wooden siding *(Verkleidung als Wetterschutz)*
Bretterverschalung *f***/überlappte** *(Hb)* weather-boarding
Bretterverschlag *m* partition boards, timber-lined shed
Bretterwand *f* board partition wall, board partition
Bretterwandbeschlag *m (BM, Konst, OB)* wood siding
Bretterzaun *m* fence of boards, board fence, close--boarded fence, boarding; hoarding *(Bauzaun)*
Brettfläche *f* surface measure *(Maß)*
Brettflächenmaß *n* surface measure, *(AE)* superficial measure
Brettfuß *m (BM, Hb)* board foot *(Volumeneinheit für Bauholz in den USA; 1 bd ft = 2,36 dm³)*
Bretthängelot *n* plumb rod
Brettkanten *fpl***/nicht genau passende** *(AE)* mismatch lumber
Brettlasche *f* wooden butt strap joint
Brettlot *n* plumb rod
Brettoberfläche *f* surface measure *(Maß)*
Brettoberflächenmaß *n* surface measure, *(AE)* superficial measure
Brettschalform *f (BB, Te)* board form
Brettschalung *f* board forms, board formwork
Brettschichtholz *n* laminated wood, glued laminated timber, *(AE)* laminated lumber
Brettschichtholzsparren *m (Hb)* laminated timber rafter
Brettschichtholzträger *m* 1. *(BT, Hb)* laminated beam; 2. *(Hb)* laminated timber girder
Brettverkleidung *f (Hb)* boarding
brettverleimt *(Hb)* glue-laminated, *(sl)* glulam, *(AE)* glued laminated
Brettverschalung *f* board forms
Brettzarge *f (Hb)* plank frame
Briefkasten *m (EB)* letter box

Briefkasten *m* **in Säulenform** pillar box *(in England)*
Briefschlitzklappe *f* letter-box plate, letter plate *(an einer Tür)*
Briefverteilerraum *m (Konst)* mail sorting room
Brillengewölbe *n (Arch)* Welsh arch
Brinellhärte *f (St)* Brinell hardness
Brinellhärteprüfung *f* Brinell test, Brinell hardness test
Brinellversuch *m* Brinell test, Brinell hardness test
bringen *v***/zum Vorschein** reveal
Britische Anstalt *f* **für Kalibrierung** British Calibration Service, BCS
Britische Naturschutzbehörde *f (Umw, VR)* Nature Conservancy Council
Britischer Architektenverband *m* Royal Institutes of British Architects, RIBA
Britisches Institut *n* **für Normung** British Standards Institution, BSI
bröckelig friable, shredded
Brocken *m* nugget
bröcklig crumbly, friable
Bröckligkeit *f* friability
Bronze *f (BM)* bronze
Bronzearbeit *f* bronze-working
Bronzebaubeschläge *mpl* bronze hardware
Bronzebeschlag *m (EB)* bronze furniture
Bronzebeschläge *mpl* bronze hardware
Bronzedübel *m* bronze connector
Bronzefarbe *f* bronze paint
Bronzerelief *n (Arch)* bronze relief
Bronzieren *n* metal painting
Bronzierung *f* bronzing
Bruch *m* 1. failure, rupture, disruption *(Bauelemente, Bauteile)*; 2. fracture *(Trennbruch)*; 3. *(BM, Te)* offal *(Baustoffe)*; 4. break, breakage, breaking *(Werkzeuge, Baumaschinen usw.)*; 5. *(VR)* breach *(Vertrag)*; 6. rent *(Faserbaustoffe)*; 7. bog, marsh, swampland • **zu Bruch gehen** fail by buckling *(Knickbruch)*; fracture *(Trennbruch)*; rupture *(Bauelemente)*
Bruch *m***/beginnender** incipient failure *(Stahl, Holz, Beton)*
Bruch *m* **durch Druckbelastung** *(BM, BT, Stat)* compression rupture
Bruch *m* **durch Schwinden** shrinkage cracking *(Beton)*
Bruch *m***/ebener** even fracture
Bruch *m***/fasriger** fibrous fracture
Bruch *m***/fortschreitender** progressive failure, successive failure
Bruch *m***/glasartiger** vitreous fracture *(Baustoffprüfung)*
Bruch *m***/glatter** smooth fracture
Bruch *m* **im Deich** *(Bod) (AE)* crevasse
Bruch *m***/muscheliger** shell-like fracture, flinty fracture
Bruch *m***/örtlicher** local failure
Bruch *m***/passiver** passive failure
Bruch *m***/splitteriger** splintery fracture
Bruch *m***/splittriger** splintery fracture, hackly fracture
Bruch *m***/tektonischer** *(Bod)* tectonic fracture
Bruch *m***/unebener** uneven fracture
Bruch *m***/zäher** *(BM, Bod, Stat)* ductile fracture
Bruchausbauchung *f* spread of fracture
Bruchbeanspruchung *f (Stat)* breaking stress
Bruchbedingung *f (Stat)* failure condition
Bruchbelastung *f* 1. *(Stat)* ultimate loading; 2. *(BM, Stat)* failure loading
Bruchbiegemoment *n (Stat)* rupture bending moment
Bruchbiegewinkel *m* failure bending angle, rupture bending angle, ultimate bending angle
Bruchbild *n* fracture face, fracture pattern
Bruchbildung *f* rupturing
Bruchbude *f* jerry-built house
Bruchdehnung *f* breaking elongation, elongation at break, maximum elongation, elongation at failure, elongation at rupture, elongation rupture, failing strain, failure strain, fracture strain, strain after fracture, strain at break, strain at failure, stretch at break, tensile ductility, ultimate elongation
Bruchdruckfestigkeit *f (Stat)* rupture compressive load strength
Bruchdrucklast *f* rupture compressive load ultimate compressive load
Bruchebene *f* 1. fracture plane, plane of break; 2. *(Bod)* plane of rupture
Brucheigenlinie *f (Stat)* intrinsic rupture curve
bruchfest breakproof, resisting to fracture, shatterproof, unbreakable
Bruchfestigkeit *f* ultimate strength, crushing strength, failure strength, final strength, breaking strength, fracture strength, rupture strength, strength of rupture
Bruchfläche *f* failure surface, surface of fracture, surface of rupture, breaking plane, cleavage plane, fracture area, fracture face, fracture facet, fracture plane, fracture surface, plane of break, plane of fracture; crushed face *(Gesteinsbaustoffe)*
Bruchfläche *f***/schiefrige** slaty fracture
Bruchflächigkeit *f (BM, BT)* angularity
Bruchflächigkeit *f* **der Grobkörnung** *(BM, Te) (AE)* coarse aggregate angularity
Bruchflächigkeit *f* **des Sandes** *(AE)* fine aggregate angularity
Bruchflächigkeitsindex *m* crushed particle index
Bruchform *f* mode of failure
bruchfrisch quarry-faced *(Natursteinoberfläche)*
Bruchfuge *f* joint of rupture
Bruchgefüge *n (BM)* fracture appearance
Bruchgestein *n* quarry rocks, stones
Bruchgestein *n***/anfallendes** quarry run *(unsortiert)*
Bruchglas *n* cullet
Bruchgleichgewicht *n (Stat)* ultimate equilibrium
Bruchgrenze *f* limit of the ultimate strength, failure limit, breaking point, fracture limit, strength limit, stress limit, ultimate limit state, ultimate limit state of load-bearing capacity
Bruchgrenzenberechnung *f* limit design
Bruchhaufwerk *n* quarry run
Bruchhypothese *f (Stat)* failure hypothesis
brüchig brittle *(spröd)*; clastic *(Geologie)*; fragile, frangible *(zerbrechlich)*; cracked *(geborsten)*; rotten *(Gestein)*; short *(Metall)*; short-grained *(Holz)* • **brüchig machen** embrittle, tender *(Material)* • **brüchig werden** *(OB, RS)* rot *(Gestein)*
Brüchigkeit *f* brittleness; fragility, frangibility, friability; rottenness *(von Gestein)*; shortness *(von Metall)*; unsoundness *(Schall)*
Brüchigwerden *n (BM)* embrittlement
Bruchkante *f* fracture edge
Bruchkreis *m* 1. *(Bod)* failure circle; 2. *(Bod, Erdb)* circle of sliding; 3. *(Bod)* slip circle
Bruchkriterium *n* criterion of failure, failure criterion
Bruchkurve *f* 1. *(Bod, Erdb)* failure curve; 2. *(Bod)* rupture curve
Bruchkurvenumhüllende *f (Bod)* rupture curve
Bruchlager *n (SB)* natural bed *(Naturstein)*
Bruchlast *f* load at rupture, ultimate load, crushing load, failing load, failure load, breaking load, collapse load, fracture load, rupture load
Bruchlast *f***/gemessene** measured breaking load
Bruchlast *f***/statische** statical failure load, statical rupture load
Bruchlast *f***/tatsächliche** measured breaking load
Bruchlinie *f* 1. *(BM, Stat)* line of fracture; 2. *(Stat)* fracture line; 3. *(BM)* failure envelope; 4. *(Bod)* fault line
Bruchlinientheorie *f* yield line theory, yield line method

Bruchmauerstein *m (BM)* rough stone
Bruchmechanik *f (Stat)* fracture mechanics
Bruchmodul *m (Stat)* modulus of rupture
Bruchmoment *n* rupture moment, ultimate moment
Bruchoberfläche *f* fracture surface
Bruchprüfung *f* failure test, rupture test
Bruchquerschnitt *m* breaking cross section, rupture cross section
bruchrau natural cleft, natural split; quarry-faced *(Natursteinoberfläche)*
Bruchreibungswinkel *m* peak point friction angle
Bruchrohstein *m (BM)* rough ashlar
Bruchsandstein *m* sandstone rubble
Bruchschubfestigkeit *f* ultimate shearing strength, rupture shear strength
Bruchschubspannung *f (Stat)* ultimate shearing stress
bruchsicher breakproof, unbreakable, fracture-proof, resistant to fracture, rupture-proof, fail-safe; shatterproof *(Glas)*
Bruchsohle *f (Bod)* quarry floor
Bruchspannung *f* 1. failing stress, failure stress, breaking stress, fracture stress, rupture stress, stress at break, stress at failure, ultimate stress, crushing stress; 2. *(Bod)* yielding stress
Bruchspannungsbedingung *f (Stat)* rupture stress condition
Bruchsplittergestein *n (Bod)* quarry waste
Bruchstein *m* quarry stone, broken stone, rough stone, rubble stone, rubble, rubblestone; puddingstone *(als Großkornzuschlagstoff bei Massenbeton)*; shiver *(Dachschiefer)* • **Bruchsteine (fein) behauen** pare ashlars
Bruchstein *m*/**behauener** dressed stone, scabbled rubble
Bruchstein *m*/**bröckeliger** *(BM)* ragstone
Bruchstein *m*/**unbehauener** rough ashlar, rubble
Bruchsteinbau *m (Arch)* opus incertum
Bruchsteinbeton *m* rubble concrete, cyclopean concrete
Bruchsteinbogen *m (SB)* rubble arch
Bruchsteingewölbe *n (SB)* rubble-stone arch
Bruchsteinmauer *f* rough rubble wall, rough stone masonry wall, rubble wall, rough rubble
Bruchsteinmauer *f* **mit Quaderverblendung** *(SB)* rubble ashlar wall
Bruchsteinmauern *n (SB, Te)* snecking
Bruchsteinmauerwerk *n* coursed squared rubble work, quarry stone work, rough stone masonry wall work, rubble masonry, scrabbled masonry, scrabbled rubble, snecked rubble, hacking
Bruchsteinmauerwerk *n* **aus kleinen Steinen** *(SB)* rag rubblework
Bruchsteinmauerwerk *n*/**hammerrechtes** *(SB)* random range ashlar
Bruchsteinmauerwerk *n* **mit Längs- und Querquadern an den Ecken** *(SB)* long-and-short work
Bruchsteinmauerwerk *n*/**mörtelloses** dry rubble construction
Bruchsteinmauerwerk *n*/**regelloses** random ashlar, random bond
Bruchsteinmauerwerk *n*/**unregelmäßiges** *(SB)* uncoursed rubble masonry
Bruchsteinoberfläche *f* rock surface
Bruchsteinplattenmauerwerk *n* 1. *(SB)* rag work; 2. *(BM, SB)* ragstone
Bruchsteinschüttung *f (Erdb)* large rubble, random rubble fill
Bruchsteinschüttung *f*/**sortierte** *(Erdb, Wsb)* classified rubble filling
Bruchsteinsetzen *n (SB, Te)* snecking
Bruchsteinsplitt *m* chippings
Bruchsteinstückgestein *n* mechanical deposited rock, clastic rock
Bruchsteinstückwerk *n* rock rash
Bruchsteinverband *m (SB)* quarry stone bond
Bruchstelle *f (BM, Bod, Konst)* break
Bruchstreckgrenze *f (Stat)* ultimate yield strength
Bruchstück *n* fragment, splinter, nugget
Bruchstück *n*/**kleines** chip
bruchstückartig *(BM)* fragmental
Bruchstücke *npl (BM, RS)* fragments
Bruchtemperatur *f* fracture temperature
Bruchtheorie *f* ultimate design method, ultimate design
Bruchtragfähigkeit *f (Stat)* ultimate load bearing capacity
Bruchverformung *f* strain at failure
Bruchverlust *m* breakage
Bruchversuch *m* failure test, breaking test
Bruchwahrscheinlichkeit *f* probability of failure
Bruchwand *f (BM, BWG, Bod)* quarry face
Bruchwerkstein *m* rubble stone
Bruchwiderstand *m (BM, Stat)* breaking strength
Bruchwinkel *m (BM, Stat)* angle of rupture
Bruchzähigkeit *f* notch fracture strength, fracture toughness
Bruchzähigkeit *f* **im ebenen Spannungszustand** plane strain fracture toughness
Bruchzähigkeit *f* **im zweidimensionalen Spannungszustand** plane strain fracture toughness
Bruchzone *f* failure zone, fracture zone, rupture zone, critical section
Bruchzugfestigkeit *f (BM, Stat)* tenacity
Bruchzugspannung *f (Stat)* rupture tensile strength
Bruchzustand *m (Stat)* state of failure
Brücke *f* 1. *(Verk)* bridge, bond *(Schienenverbindung)*; 2. *(Br)* boarding bridge *(Anlaufbrücke)*; 3. rug *(Fußbodenbelag)* • **eine Brücke bauen** *(Te)* lay a bridge • **eine Brücke errichten** *(Br)* bridge • **in Brücke schalten** *(El)* bridge
Brücke *f*/**abgespannte** *(Br)* guyed bridge
Brücke *f*/**bewegliche** *(BT)* movable bridge
Brücke *f*/**doppelspurige** double-track bridge
Brücke *f*/**eingleisige** *(Br, Verk)* single-line bridge
Brücke *f*/**eiserne** *(Br)* iron bridge
Brücke *f*/**fliegende** 1. *(Br)* flying bridge; 2. *(Wsb)* ferry bridge
Brücke *f* **für leichten Verkehr** *(Verk)* light-traffic bridge
Brücke *f*/**gemauerte** *(Br)* masonry bridge
Brücke *f* **geringer Stützweite** small-span bridge
Brücke *f*/**gusseiserne** *(Br)* cast-iron bridge
Brücke *f* **mit auskragenden Hauptträgern** *(Br)* cantilever beam bridge
Brücke *f* **mit durchlaufender unterer Fahrbahn** *(Br)* through bridge *(Stahlbrücke)*
Brücke *f* **mit eingeschränktem Lichtraumprofil** bridge with limited clearance, bridge with limited headroom
Brücke *f* **mit festem Unterbau** bridge with fixed substructure
Brücke *f* **mit mehreren Öffnungen** *(Br)* multiple-span bridge
Brücke *f* **mit obenliegender Fahrbahn** deck (slab) bridge
Brücke *f* **mit segmentförmigem Frontbogen** bridge with segmental face arch
Brücke *f* **mit Sprengwerk** *(Br)* strutted bridge
Brücke *f* **mit untenliegender Fahrbahn** *(Br)* trough bridge
Brücke *f* **mit Walzträgern in Beton** filler beam bridge
Brücke *f*/**offene** *(Br)* trough bridge
Brücke *f*/**schiefe** oblique bridge, skew bridge
Brücke *f*/**schiefwinklige** oblique bridge, skew bridge
Brücke *f*/**überdachte** covered timber bridge
Brücke *f*/**überflutbare** *(Br)* submersible bridge

Brücke f/vorgespannte *(Br)* prestressed bridge
Brücke f/zweispurige double-track bridge
Brücke f/zweistöckige *(Br)* double-deck bridge
Brücken *fpl* **und Hochstraßen** *fpl (Verk)* elevated road crossings
Brückenanhebung *f* bridge heightening
Brückenarbeiten *fpl (Te)* bridge works
Brückenauflager *n* bearing of bridge
Brückenbaluster *m* newel post *(zwischen Brückenüberbau und Widerlagerflügel)*
Brückenbau *m* bridge construction, bridge building; bridge engineering *(Ingenieurtechnik)*
Brückenbauarbeiten *fpl (Te)* bridge works
Brückenbaukunst *f* bridge art
Brückenbaustahl *m* bridge steel
Brückenbaustelle *f* bridge site
Brückenbauunterlagen *fpl* bridge design
Brückenbelag *m* bridge deck surfacing, roadway bridge floor
Brückenbemessung *f* bridge designing *(s. a. Brückenberechnung)*
Brückenberechnung *f* bridge design, structural design of (the) bridge
Brückenbewirtschaftung *f (Te, VR)* bridge management
Brückenbildung *f* bridging *(von Schüttgütern)*; rathole formation *(z. B. im Zementsilo, Füllersilo)*
Brückenblock *m* bridge stock
Brückenbogen *m* arch of bridge, bridge arch, vault of bridge
Brückenbuch *n* bridge record book, bridge records
Brückendrehkran *m* jib crane
Brückendurchfahrtshöhe *f* bridge underclearance
Brückenentwässerung *f* bridge drainage
Brückenentwurf *m* bridge design, structural design of (the) bridge
Brückenentwurfsdaten *pl* bridge site investigation documents
Brückenentwurfs- und Konstruktionsrichtlinien *fpl* bridge design code
Brückenerhöhung *f* bridge heightening
Brückenfachwerkträger *m* bridge truss
Brückenfahrbahn *f* bridge floor, bridge roadway, bridge carriageway
Brückenfahrbahnbelag *m* bridge deck surfacing, roadway bridge floor
Brückenfahrbahnheizung *f* bridge heating
Brückenfahrbahnplatte *f* bridge deck slab
Brückenfeld *n* bay, panel of a bridge
Brückenfertigteile *npl* bridge stock
Brückenfloß *n (Br, Wsb)* floating support
Brückenflügel *m (Br)* leaf
Brückenfreizeichen *n (Verk)* opening bridge sign
Brückengeländer *n* bridge parapet, bridge railing, parapet
Brückengerüst *n* 1. scaffold bridge; 2. *(TK)* sectional bridge *(Notbrücke, Behelfsbrücke)*
Brückengradiente *f* bridge gradient, *(AE)* bridge grade
Brückenhauptöffnung *f (Konst)* main span
Brückenheizung *f* bridge heating
Brückenhöhe *f* bridge height
Brückeninstandhaltung *f* bridge maintenance
Brückenjoch *n* bridge bent, pier of bridge
Brückenkabel *n* bridge cable, bridge rope *(Hängebrücke)*
Brückenkapelle *f (Arch)* bridge-chapel
Brückenkopf *m* bridge head, embattled bridge parapet
Brückenkran *m* bridge crane, overhead crane
Brückenlager *n* bridge bearing
Brückenlängsträger *m* bridge longitudinal girder, *(AE)* stringer
Brückenlaufkran *m* overhead crane
Brückenmanagement *n (Te, VR)* bridge management
Brückenmanager *m* bridge manager
Brückenmischer *m* mixer spreader
Brückenmodell *n* bridge model
Brückenöffnung *f* bridge opening, bridge span; span *(eines Bogens)*
Brückenöffnung f/schiefe skew span
Brückenpfeiler *m* 1. bridge pier, bridge pillar, column of a bridge, pier; 2. *(Arch)* pylon
Brückenpfeilerkopf *m (Br, Konst)* starling *(als Eisschutz)*
Brückenplatte *f* battle deck bridge floor, battle deck floor
Brückenplatte f/gehängte *(Br)* suspended bridge deck
Brückenprahm *m (Br, Wsb)* floating support
Brückenrampe *f* bridge ramp, bridge approach
Brückenrost *m* floor system of framed bridge, stringer and traverse floor beam system, floor system
Brückenspannweite *f* bridge span
Brückenstahl *m* bridge steel
Brückenstatue *f (Arch)* bridge statue
Brückenstein *m* bridge paving sett
Brückentafel *f* battle deck bridge floor, battle deck floor, bridge deck, decking
Brückenteil *n* bridge component
Brückenträger *m* bridge beam, bridge girder; crown bar; dog-stays
Brückenträger m/Neville'scher *(Br, TK)* Neville bridge girder
Brückenträger m/verbundener *(Br, BT, TK)* compound bridge girder and arch
Brückentragwerk *n* bridge girder system
Brückentrog *m* bridge trough
Brückenturm *m* bridge tower, supporting tower
Brückentyp *m* bridge type
Brückenüberbau *m* battle deck bridge floor, battle deck floor, bridge superstructure
Brückenüberwachung *f (VR)* bridge monitoring
Brückenunterbau *m* bridge substructure
Brückenunterhaltung *f* bridge maintenance
Brückenverantwortlicher *m* bridge manager
Brückenverkehrssteuerung *f (Verk)* bridge traffic control
Brückenverstärkung *f* bridge reinforcement
Brückenverwaltung *f (Te, VR)* bridge management
Brückenvibration *f (Konst, Stat, Verk)* bridge vibration
Brückenwaage *f* platform scale, platform scales, platform weighing machine, weighbridge
Brückenwiderlager *n* bridge abutment
Brüdersaal *m (Arch)* frater
Brünieren *n (OB)* browning
Brüniersalz *n (OB)* browning salt
Brunnen *m* 1. *(Erdb, Wsb, WVA)* well; 2. *(Bod, WVA)* spring *(Quelle)*; 3. *(Arch, Wsb)* fountain *(Springbrunnen)* • **einen Brunnen graben** *(Erdb, Te, WVA)* sink a well
Brunnen m/artesischer *(Wsb, WVA)* artesian well
Brunnen m/versiegter depleted well
Brunnenabdeckung *f* well cover, *(AE)* well curb
Brunnenabfluss *m (WVA)* well discharge
Brunnenabsenkung *f (Erdb, Wsb)* well lowering
Brunnenanlage *f (Wsb, WVA)* well system
Brunnenausbau *m (Wsb)* well support
Brunnenauskleidung *f* well lining
Brunnenbau *m (Wsb)* well sinking
Brunnenbauarbeiten *fpl* well construction work
Brunnenbauer *m* 1. *(Wsb)* well-digger; 2. *(Br)* well-borer; 3. *(WVA)* pitman
Brunnenbauverfahren *n (Te, Wsb)* well sinking method
Brunnenbauwerk *n* 1. *(Wsb)* fountain structure; 2. *(Arch, Wsb)* fountain
Brunnenbohranlage *f (Wsb)* well-boring plant
Brunnenbohrwerkzeuge *npl (Wsb)* well drilling tools

Brunneneinfassung *f (Wsb)* wellhead
Brunnenergiebigkeit *f (Wsb)* output of well, delivery of a well, discharge of a well, well discharge, well production, yield of a well
Brunnenfilter *m (WVA)* well filter
Brunnengalerie *f (WVA)* gang of wells
Brunnengründung *f (Erdb)* sunk well foundation, well foundation
Brunnengruppe *f (Wsb)* multiple-well system
Brunnenhaken *m* bucket-hook
Brunnenhaus *n* 1. *(Arch, Wsb, WVA)* well house; 2. *(Wsb, WVA)* water chamber
Brunnenkopf *m (Wsb)* wellhead
Brunnenkopfdruck *m (WVA)* wellhead pressure
Brunnenkopftemperatur *f (WVA)* wellhead temperature
Brunnenkopfventil *n (WVA)* wellhead valve
Brunnenkranz *m (Konst, WVA)* shell of well
Brunnenleistung *f (Bod, WVA)* well capacity
Brunnenlinie *f (Wsb)* line of wells
Brunnenmantel *m* well lining
Brunnenmarkt *m* fountain plaza
Brunnenplatz *m (Arch)* fountain plaza
Brunnenradius *m* well radius
Brunnenrand *m (Konst)* well curb
Brunnenring *m* well casing, well ring
Brunnenrohr *n* fountain pipe
Brunnenschacht *m (Erdb)* shaft, well pit, well
Brunnenschüttung *f (Bod, WVA)* well capacity
Brunnensohle *f (Bod, WVA)* well floor
Brunnenstube *f (Arch, Wsb, WVA)* well house
Brunnentest *m* well log
Brunnenverlust *m* well loss
Brunnenverrohrung *f (Wsb)* well tubing
Brunnenwasser *n (WVA)* well water
Brunnenwasserverlust *m* well loss
Brunnenwasserversorgung *f (WVA)* well water supply
Brünnlein *n* fountainlet
Brust *f (Tun)* front face, front portion
Brust *f* **des Steinbruchs** *(BM, BWG, Bod)* quarry face
Brustbohrmaschine *f* breast drill
Brustgesims *n* 1. *(Arch)* band course; 2. *(SB)* blocking course
brusthoch chest-high
Brustholz *n (Hb)* ranger, scantling, soldier beam, wale, waler, *(AE)* waling
Brustleier *f* breast drill
Brustriegel *m* window sill [cill] rail
Brustschwelle *f (Hb)* girt *(Balken)*
Brustschwelle *f***/bündige** raised girt
Brüstung *f* balustrade *(Balkon, Treppe, Brücke)*; parapet (wall) *(aus Stein)*; breast, breastwork *(in Brusthöhe)*; rail, railing, side rail, wall top; flash *(Dach)*
Brüstungsabdeckung *f* parapet cup
Brüstungsband *n (Arch)* continuous aprons
Brüstungselement *n* spandrel building unit
Brüstungsfuß *m* base of balustrade
Brüstungsgitter *n* parapet grille
Brüstungshaube *f* parapet cup
Brüstungshöhe *f* height of parapet, parapet height
Brüstungsholm *m* parapet cross beam
Brüstungskörper *m* spandrel building unit
Brüstungsmauer *f* enclosure wall, parapet masonry wall, parapet, parapet wall *(über dem Dach)*
Brüstungsmauer *f***/brusthohe** breast wall
Brüstungsmauer *f***/gezahnte** *(Arch)* battlement
Brüstungsmauer *f* **zwischen den Säulen** intercolumnal screen
Brüstungsmauerlaufgang *m (Arch)* vamure *(vor der Hauptmauer, historischer Festungsbau)*
Brüstungsmauerwerk *n***/offenes** *(Arch)* openwork
Brüstungsplatte *f* parapet slab
Brüstungsstab *m (Hb)* baluster
Brüstungsstein *m* parapet stone
Brüstungsträger *m (TK)* spandrel beam
Brüstungsverkleidung *f (BT)* spandrel building surfacing
Brüstungswand *f* balustrade, parapet wall
Brustwehr *f (BT)* defence parapet
Brustzapfen *m (Hb)* tusk tenon
Brustzapfenaufwölbung *f (Hb)* tusk
Brustzapfenverbindung *f (Hb)* tusk tenon joint
Brutalismus *m (Arch)* brutalism *(schmuckloser Baustil, gekennzeichnet durch bevorzugte Verwendung von Beton)*
Brutalismus *m***/Neuer** *(Arch)* new brutalism
Bruttobelastungsfläche *f* gross load area
Bruttofläche *f* gross area
Bruttogebäuderaum *m* architectural volume
Bruttogeschossfläche *f* gross floor area, gross storey area
Bruttogrundfläche *f* 1. *(Arch)* gross floor area; 2. *(Konst, RP)* architectural area
Bruttolast *f* gross load
Bruttoleistung *f* certified output rating; gross output *(z. B. Wasserboiler)*
Bruttomischervolumen *n (Arch)* gross volume
Bruttoproduktion *f* gross production
Bruttoquerschnittsfläche *f (Stat)* gross cross-sectional area
Bruttoträgheitsmoment *n (Stat)* gross moment of inertia
Bruttovolumen *n (Arch)* gross volume
Bruttowärmeleistung *f* gross load *(Heizsystem)*
Bruttozeitlücke *f (Verk)* headway
BSI British Standards Institution, BSI
Buchenholz *n (Hb)* beechwood
Bücherbrett *n* bookshelf
Bücherbrettwinkelstrebe *f (EB)* shelf bracket
Büchereiarbeitsplatz *m (EB)* carrel
Büchereinbauschrank *m (EB)* book closet
Büchergestell *n* bookshelf
Bücherregal *n (EB)* bookshelves
Bücherschrank *m***/eingebauter** *(EB)* book closet
Bücherturm *m* book tower
Buchführung *f (VR)* accounting
Buchhaltung *f (VR)* accountancy
Buchsbaumholz *n (BM, Hb)* boxwood
Buchse *f* bushing, bush, sleeve, liner, collar
Buchstabenornament *n (Arch)* letter decoration
Buchstabenverzierung *f (Arch)* letter decoration
Bucht *f* bay; bight
Bucht *f***/kleine** bight
Buckel *m* hump, gibbosity
Buckelblech *n* buckled plate, button plate, embossed plate, dished plate
Buckelblechdecke *f* metal floor decking
buckelförmig knoblike
Buckelplatte *f* buckled plate, embossed plate, pressed steel plate
Buckelquaderverband *m (Arch)* opus rusticum *(altes Rom)*
Buckelschweißen *n* projection welding
Buckligkeit *f* gibbosity
Bude *f* hut, *(AE)* shanty
Budget *n (VR)* budget
Budgetierung *f (VR)* budgeteering *(für einen Ausgabesektor)*
Büfett *n* sideboard; service bar; dresser
Bug *m* angle brace
Büge *mpl* angle brace *(Zimmerung)*
Bügel *m* 1. binder, tie, stirrup, link, hoop *(zur Bewehrung)*;

cramp *(klammerartig)*; shackle *(Lasche)*; 2. *(Hb)* strap; yoke *(am Fensterkasten)*; loop *(schlaufenartig)*
Bügel *m***/zerlegter** split hoop, split loop
Bügelabstand *m* pitch of links *(Stahlbeton)*
Bügelbewehrung *f* hoop reinforcement, stirrup reinforcement
Bügelbolzen *m* U-bolt
Bügeleisen *n* stirrup *(zur Bewehrung)*
Bügelsäge *f* bow saw, hacksaw
Bügelschraube *f* strap bolt, strap stirrup bolt, U-bolt
Bügelverlegung *f* spacing of stirrups
Buhne *f (Wsb)* mole, fascine, jetty, bush weir, groyne • **Buhnen bauen** *(Wsb)* groyne
Bühne *f* 1. *(Arch)* platform *(Arbeitsplattform)*; 2. stage, working stage, scene, *(AE)* acting level *(Theater)*
Bühne *f***/erhobene** working stage *(Theater)*
Bühne *f***/halbumschlossene** enclosed platform
Bühnenbalkon *m* fly floor, fly gallery *(Theater)*
Buhnenbau *m (Wsb)* groyning
Bühnenbeleuchtung *f (El)* stage lighting
Bühnenbeleuchtung *f***/im Publikumsraum montierte** *(El)* front lighting
Bühnenbeleuchtungsleiste *f (BT, El)* concert border
Bühnenbild *n (EB)* scenery
Bühnenbrandmauer *f (BT, Konst)* proscenium wall
Bühnenbrücke *f (EB)* bridge
Bühnengebäude *n (Arch, Konst)* scene-building
Bühnengeschoss *n***/oberes** *(Arch)* distegia *(griechisches Theater)*
Bühnengestalter *m* stage designer
Bühnenhaus *n* stage block *(Theater)*
Bühnenhöhe *f* stage level
Buhnenkammer *f (Wsb)* basin of groin
Buhnenkopf *m (Wsb)* groyne head
Bühnenteil *m***/vorderster** *(EB)* front stage *(Theater)*
Bühnentür *f* 1. *(EB)* stage door; 2. *(Konst)* pass door *(Theater)*
Bühnenüberraum *m* fly loft *(Theater)*
Bühnenzeichner *m* theatrical designer
Bukranienfries *m (Arch)* bucrane, bucrane frieze *(Ornament)*
Bukranion *n (Arch)* bucrane, bucrane frieze *(Ornament)*
Bulbeisen *n* bulb iron, bulb angle
Bulldogeisen *n (Hb)* claw plate
Bulldogplatte *f (Hb)* bulldog plate, claw plate
Bulldozer *m (Erdb, Verk)* bulldozer
Bulle *m***/geflügelter** *(Arch)* winged bull
Buna S *n (BM)* styrene-butadiene-rubber
Bund *m* shaft ring • **zum Bund gehörig** *(VR)* federal
Bundaxt *f* carpenter's axe, mortise cleaner
Bundbalken *m* joining balk, joining beam, binding beam, binder, head rail, header joist
Bündel *n* bundle, batch *(z. B. von Holz)*; cluster *(Einzelelemente)*; parcel *(Holz, Stahl)*
Bündelbewehrung *f (BB)* bundled bars
Bündelfreipfeiler *m (Arch, Konst, TK)* clump of pillars
bündeln *v* bundle, narrow
Bündelpfeiler *m* multiple rib pillar, bundle pier, clump of piers, clustered column
Bündelpfeiler *m* **mit Kern** clustered pier
Bündelpfeiler *m* **mit Kernpfeiler** clustered pier
Bündelsäule *f* cluster of columns, clustered column
Bündelungspunkt *m (Stat)* point of load collection
Bundes... federal ...
Bundesanstalt *f* **für Straßenwesen** *(BASt) (VR)* Federal Road Research Laboratory
Bundesautobahn *f (BAB)* federal motorway
Bundesfernstraße *f (AE)* interstate highway
Bundesland *n (RP, VR) (AE)* state • **zwischen den Bundesländern** *(Verk)* interstate
Bundesnaturschutzgesetz *n (Umw, VR)* Federal Law for the Protection of Nature
Bundesstraße *f (Verk)* federal highway
Bundesstraßennetz *n (RP, Verk)* trunk road system
Bundesstraßenverwaltung *f (Verk, VR) (AE)* Federal Highway Administration
Bundesumweltgesetz *n (Umw)* National environment policy act
Bundesverkehrsministerium *n (BMV)* Federal Ministry of Transport *(in Deutschland)*
Bundesverkehrswegeplan *m* 1. *(RP, Verk)* federal traffic interstructure plan *(in Deutschland)*; 2. *(Verk)* national road master plan
Bundgespärre *n (Hb)* main rafters
Bundholz *n (Hb)* scantings
bündig level, level to flush, fair-faced, dead-level, flush-mounted, flush, fair • **bündig machen** make flush, bring flush • **bündig mit** flush with • **bündig werden** *(Verm)* flush *(mit der Oberfläche)*
Bündigkeit *f* **von Stößen** *(Konst)* flush arrangement of joints
Bundpfosten *m (Hb)* stud *(Fachwerk)*
Bundriegel *m (BT)* rail of a framework
Bundsäule *f* 1. *(Arch)* banded column, column with shaft rings, column with shaft annulets; 2. *(TK)* partition stud; 3. *(BT, TK)* stud *(Fachwerk)*
Bundsäule *f***/tragende** load-bearing stud
Bundseite *f* exterior face, flush side
Bundsparren *m* 1. *(Hb)* main rafter; 2. *(Hb, St)* blade *(Dach)*
Bundsparren *m***/halber** half principal rafter, half principal
Bundstahl *m* faggot steel
Bundständer *m* stud *(Fachwerk)*
Bundstiel *m* stud *(Fachwerk)*
Bungalow *m* bungalow, *(AE)* ranch house
Bungalow *m* **mit ausgebautem Dachgeschoss** *(Arch, Konst)* semibungalow
Bungalowsiedlung *f* bungalow court, bungalow estate
Bunker *m* bunker, hopper, silo *(z. B. für Zement)*; bin *(Dosiervorrichtung)*
Bunkerdosierapparat *m* bin batcher
bunt 1. *(BT)* coloured; 2. *(OB)* variegated *(in der Farbgebung abgestuft)* • **bunt machen** freshwater supply fret
Buntbarteinsteckschloss *n* warded mortise lock
Buntbartkastenschloss *n (EB)* warded rim lock
Buntbartschloss *n (EB)* warded lock
Buntbeglasung *f (OB)* mottled glazed coat
Buntbeton *m* coloured concrete, pigmented concrete
buntfleckig *(OB)* speckled
Buntglas *n* coloured glass, tinted glass
Buntglasfenster *n (Arch, BT)* tinted glass window
Buntglasur *f (OB)* mottled glazed coat
Buntgussasphalt *m* coloured mastic asphalt
Buntheit *f (BM, Konst)* variety
Buntmarmor *m* coloured marble, variegated marble
Buntsandstein *m* Lower Triassic sandstone *(geologisch)*; mottled sandstone, variegated sandstone *(Bausandstein)*
Buntton *m (Bod)* mottled clay
Buntzement *m (BM)* pigmented cement
Buntziegel *m* rustic brick
Burg *f (Arch)* castle, fortress castle
burgartig castellated
Bürge *m* principal, guarantor; guarantee *(Rechtswesen)*
Burgenbau *m (Arch)* castle architecture, castellation; castle construction
Bürgerhaus *n* citizen's hall, public house
Bürgersteig *m* pavement, footway, *(AE)* footpath, *(AE)* sidewalk

Burggraben *m (Arch)* fortress castle-ditch, moat
Burghof *m (Arch)* bailey
Burgkirche *f (Arch)* fortress castle-church
Burgmauer *f (Arch)* fortress castle-wall
Bürgschaft *f* assurance *(Angebotsbürgschaft)*; (tender) guarantee; surety *(Vertragserfüllung)*
Bürgschaft *f* **des Auftragnehmers zur Zahlung von Arbeitsleistungen und Baumaterial** *(VR)* labour and material payment bond
Bürgschaftserklärung *f (VR)* surety bond
Bürgschaftsleistung *f* surety *(Vertragserfüllung)*
Bürgschaftsvereinbarung *f (VR)* surety bond
Burgwand *f*/**äußere** *(Arch)* bailey *(Mittelalter)*
Büro *n* office
Büro *n*/**technisches** *(Konst, VR)* engineering consultancy firm
Bürobeleuchtung *f* office illumination, office lighting
Büroetage *f (Konst)* office storey
Büroetagentreppe *f (TK)* office floor
Büroflügel *m (Arch, Konst)* office wing
Bürogebäude *n* office block, office building
Bürogelände *n (RP, VR)* office premises
Bürogeschoss *n (Konst)* office storey
Bürogeschossdecke *f (TK)* office floor
Bürogroßraum *m (Konst)* landscaped office room
Bürohochhaus *n (Arch, Konst)* office tower
Bürokrat *m (VR) (sl)* paper-pusher
Bürolandschaft *f* office landscape, open-plan office
Büropersonal *n* office staff
Bürotrakt *m* office portion, office wing
Bürotrennwand *f* office partition
Büro- und Wohnhaus *n (Arch, Konst)* office-and-flat block
Bürozwischenverkehr *m (VR)* interoffice traffic
Bürste *f* brush
bürsten *v* brush
Bürstendrehstreifen *m* door sweep, sweep strip *(Drehtür)*
Bürstenputz *m (BB, SB)* dinging
Bürstenwalze *f (OB)* brush-aerator
Bürstputz *m (SB)* scratch-brushed finish *(mit mechanischer Drahtbürste)*
Bürstputzen *n* scratch brushing
Busausfädelspur *f* bus turnout
Busch *m* shrub
Büschelsäule *f (Arch, BT)* compound pier *(mit Kern und ringsherum gruppierten kleinen Pfeilern)*
Buschholz *n* bush-wood
Buschwerk *n* 1. *(LB)* brush; 2. *(Bod, LB)* scrub
Buschwerk *n* **für Sohlenbefestigung** *(Erdb)* wattling
Buschwerkableger *m (Erdb, Umw)* bush layer
Busfahrspur *f* busway
Busfahrstreifen *m (Verk)* bus lane
Bushaltebucht *f (Verk)* bus bay
Bussole *f (Verm)* compass
Busspur *f* bus lane, busway
Busspur *f*/**getrennte** *(Verk)* separate road-bed, service road-bed *(Straße)*
Butylkautschuk *m (BM)* butyl rubber
Butylstearat *n* butyl stearate *(z. B. für Poliermittel, Weichmacher)*
Butze *f* bullion
Butzenscheibe *f* bull's eye glass, glass roundel, crown glass
Butzenscheibenfenster *n* lattice window, leaded light
BV-Stoff *m (BM)* concrete workability agent

C

CAD *(Konst, Stat)* computer-aided design
C4AF *n (BM)* tetracalcium alumino-ferrite *(Zementmineral)*
Cafeteria *f* cafeteria
Caisson *m (Wsb)* caisson, box caisson
Caissongründung *f* caisson foundation
Caissonkrankheit *f (Wsb)* caisson disease
Calambakholz *n (BM, Hb)* eaglewood *(Tropenholz)*
Calcit *m (BM)* calcite *(Calciumcarbonat)*
Calcium *n (BM, OB)* calcium
Calciumcarbonat *n* calcium carbonate
Calciumchlorid *n (BM)* calcium chloride
Calciumhydroxid *n* calcium hydroxide, calcium hydrate
Calciumsilicat *n* calcium silicate
Calciumsilicathydrat *n (BM)* hydrous calcium silicate
Calciumsilicatstein *m* calcium silicate brick *(Baustein)*
Caldarium *n (Arch)* caldarium, sweating room *(antiker Thermen)*; hot room *(römisches Bad)*
CAM *(Te)* computer-aided manufacturing
Campanile *m (Arch)* campanile, free-standing bell tower
Cancelli *f (Arch) (historisch)* cancelli
Candela *f (El)* candela *(SI-Einheit der Lichtstärke)*
Candela *f* **je m²** *(El)* candela per square metre *(SI-Einheit der Leuchtdichte)*
CaO *n (BM)* construction quicklime
Cape-Cod-Haus *n (AE)* Cape Cod, Cape Cod cottage *(rechteckiges, ein- oder eineinhalbgeschossiges Fachwerkhaus mit Schindeldeckung, entstanden im kolonialen Cape Cod, Massachusetts)*
Carbidkalk *m* carbide lime, carbio-lime, acetylene lime
Carbidkalkteig *m* hydrated lime putty
Carbolineum *n (BM, OB)* carbolineum
Carbolpech *n* cresol pitch
Carbolsäure *f* carbolic acid, phenol, coal-tar creosote
Carbonat *n* carbonate • **in ein Carbonat umwandeln** *(BB, OB, RS)* carbonate *(Beton, Kalk)*
Carbonatgehalt *m* carbonate content
Carbonatgehaltsbestimmung *f* carbonate quantification
Carbonathärte *f* temporary hardness *(Wasser)*
Carbonatisierung *f* 1. *(BB, OB, RS)* carbonation; 2. *(BM)* carbonation treatment *(künstlich)*
Carbonatisierung *f* **im eingebauten Zustand** in-service carbonation
Carbonatnester *npl* carbonate pockets
Carbonitrierung *f* carbonitriding
Carraramarmor *m* 1. *(BM, OB, SB)* Carrara marble; 2. *(BT)* Sicilian marble *(Fehlbezeichnung)*
Caseinfarbe *f* casein paint
Caseinleim *m (BM, OB)* casein glue
Cashflow *m*/**abgezinster** discounted cash flow
Cashflow *m*/**diskontierter** discounted cash flow
Cassagrande-Apparat *m (Erdb)* standard box
Cavetto *n (Arch)* cavetto, cavetto moulding *(konkav kurvierte Vermittlung)*
CBR-Wert *m (Erdb)* California bearing ratio
Cd *(El)* candela *(SI-Einheit der Lichtstärke)*
Cella *f (Arch)* cella *(Hauptraum antiker Tempel)*
Cellophan® *n* cellophane
Cellulose *f (BM, DIS)* cellulose
Celluloseacetat *n* cellulose acetate
Cellulosederivat *n (BM)* cellulosic
Celluloseerzeugnis *n (BM)* cellulosic
Celluloseester *m* cellulose ester
Cellulosefaser *f* cellulose fibre, *(AE)* cellulose fiber; rayon *(z. B. für Baustoffgewebe, Faserzusätze für Gemische)*
Cellulosefolie *f* cellulose foil

Cellulosenitrat *n* nitrocellulose, cellulose nitrate
Cellulosenitratlack *m* nitrocellulose lacquer, cellulose nitrate lacquer
Cellulosenitratspachtel *m* nitrocellulose stopper
CEN *n (Europäisches Komitee für Normung)* CEN *(European Committee for Standardisation)*
Ceresit *n (BM)* ceresit
Chalzedon *m (BM)* chalcedony *(fasrige Quarzform)*
Chan *m (Arch)* khan
Charakter *m*/**ländlicher** *(Bod, RP)* rurality
Charakteristikum *n* feature
charakteristisch typical, characteristic • **charakteristisch sein für** be characteristic of
Charge *f* batch, charge load *(z. B. von Beton)* • **Chargen mischen** batch-mix
Chargenbetonzwangsmischer *m* batch-type concrete pug mill
Chargenmischanlage *f (BWG)* intermittent mixing plant
Chargenmischer *m* batch mixer
Chargenmischwerk *n* batch mix plant, batch heater plant
Chargennummer *f* batch number
chargenweise in batches
Charta *f* **von Athen** *(Arch)* Athens Charter *(Städtebau)*
Château *n* château
Chaussee *f (Verk)* highroad
Chemie *f*/**organische** *(BM)* organic chemistry
Chemiefaser *f* man-made fibre, synthetic fibre
Chemiespinnfasern *fpl (BM, DIS)* cellulose wool
Chemiewerk *n (BM, Konst, Umw)* chemical plant
Chemiewerkstoff *m* chemical construction material, chemical structural material *(z. B. Füllschäume, thioplastische Baustoffe)*
Chemikalienangriff *m (BM, OB, Umw)* chemical attack
chemikalienbeständig chemical-resistant, resistant to chemicals
Chemikalienbeständigkeit *f* chemical durability, resistance to chemicals
chemikaliendicht *(BM, DIS)* impermeable to chemicals
chemikalienresistent *(BM, OB)* chemical-resistant
chemikalienundurchlässig *(BM, DIS)* impermeable to chemicals
Chemikalkiendichtheit *f* impermeability to chemicals
chemisch chemical
Cheopspyramide *f (Arch)* Great Pyramid of Cheops
Chicago-Fenster *n* Chicago window
chiffrieren *v* cipher
Chinalack *m* Chinese lacquer
Chinesischblau *n* 1. *(BM)* Chinese blue; 2. *(OB)* Prussian blue
Chinesischweiß *n (BM)* Chinese white *(Zinkoxid)*
Chinoiserie *f* chinoiserie *(chinesische Architekturelemente in Europa im 18. Jh.)*
Chlor *n* chlorine
chloren *v (Te, WVA)* chlorinate
Chlorid *n (BM, WVA)* chloride
chlorieren *v (Te, WVA)* chlorinate
Chlorierung *f (Te, WVA)* chlorination
Chlorit *n* chlorite, green earth
Chloritschiefer *m (BM)* chlorite schist
Chlorkalk *m (BM, Umw, WVA)* chlorinated lime
Chlorkautschuk *m* chlorinated rubber
Chlorkautschukanstrich *m* chlorinated rubber coat
Chlorkautschukanstrichstoff *m (OB)* chlorinated rubber coating
Chlorkautschukfarbe *f* chlorinated rubber paint
Chlorkautschukleim *m* chlorinated rubber glue
Chlorkautschuknachbehandlungsmittel *n* chlorinated rubber curing compound
Chlorkautschukpolymer *n* chlorinated rubber polymer
Chlorschreiber *m (Umw, WVA)* chlorine recorder
Chlorung *f (Te, WVA)* chlorination
Chor *m (Arch)* choir, quire *(einer Kirche)*
Chor *m*/**gerade geschlossener** *(Arch)* straight-ended choir
Chor *m*/**hoher** *(Arch)* chancel *(Altarraum)*
Chorapsis *f (Arch)* chevet
Chorarchitektur *f* quire architecture
Chorarkade *f (Arch)* quire arcade
Chorbaukunst *f* quire architecture
Chorbogen *m (Arch)* quire arch
Chorbühne *f (Arch)* quire gallery, rood-loft
Chorempore *f (Arch)* quire gallery, choir loft
Chorfeld *n (Arch)* choir bay
Chorgalerie *f (Arch)* quire gallery, choir loft
Chorgang *m (Arch)* ambulatory *(einer Kirche)*
Chorgestühl *n* choir stalls
Chorgewölbe *n (Arch)* quire vault, choir termination
Chorgitter *n (Arch)* jube, choir jube
Chorhaupt *n (Arch)* chevet
Chorkapelle *f (Arch)* choir chapel
Chornische *f*/**kleeblattförmige** *(Arch)* trefoil apsis
Chorpult *n* lectern
Chorquadrat *n (Arch)* transept, transpect
Chorraum *m (Arch)* choir *(einer Kirche)*
Chorrundhaupt *n (Arch)* round end of a choir
Chorschluss *m (Arch)* termination of choir
Chorschluss *m*/**eckiger** *(Arch)* polygonal choir termination, polygonal termination *(Gotik)*
Chorschluss *m*/**gerader** *(Arch)* rectangular choir termination, rectangular termination
Chorschluss *m*/**runder** *(Arch)* round choir termination, round termination
Chorschranken *fpl* choir screen
Chorseitenschiff *n (Arch)* quire aisle, choir aisle
Chorstrebepfeiler *m (Arch)* quire buttress
Chorstuhl *m* choir stall
Chorturm *m* choir tower
Chorumgang *m (Arch)* deambulatory
Chrom *n* chrome
Chromat *n* chromate
chromatieren *v* chromate
Chrombeschichten *n* chrome coating, chrome plating
Chromeisenstein *m (BM)* chrome ore
Chromerzstein *m* chrome brick
Chromgelb *n* chrome yellow, buttercup yellow, Leipzig yellow
Chromgrün *n* 1. *(BM, OB)* chrome green; 2. *(BWG, OB)* viridian green
Chromgrün-Eisenblau-Gemisch *n* Brunswick green
Chromitstein *m* chrome brick
Chrommagnesit *n* chrome magnesite
Chrommörtel *m* chrome mortar
Chrom-Nickel-Stahl *m* chromium-nickel steel, stainless steel
Chrompigment *n* chrome pigment
Chromrot *n* chrome red
Chromrotpigment *n* red chrome pigment
Chromschicht *f* chromium plating
Chromschlacke *f* chromium slag
Chromschutzschicht *f* chromium plating
Chromstahl *m* chrome steel, chromium steel
Chromstahl *m*/**rostfreier** stainless chromium steel
Chromüberzug *m* chrome coat, chrome finish
Chrysotil *m (BM) (Asbest)* chrysotile
Churriguerastil *m (Arch)* Churrigueresque architecture
Churriguerismus *m (Arch)* Churrigueresque architecture
CIB *s.* Rat für Forschung/Internationaler

Ciborium *n(m) (Arch)* ciborium *(frei stehend, getragen von 4 Säulen)*
Cloisonné *n* cloisonné work, cloisonné
Cobalt *n* cobalt
Cobalt... *siehe Kobalt...*
Cocolithplatte *f (BM, DIS)* cocolite slab
Code *m (VR)* code
Coelinblau *n* cerulean blue
Coemetrialkapelle *f (Arch)* tomb chapel
Coemetrialkirche *f (Arch)* memorial church; martyrium
Colcretebeton *m (BM)* Colcrete
Columbarium *n (Arch)* columbarium *(Gewölbe oder Nische mit Vertiefungen für Urnen)*
Columna *f* **rostrata** *(Arch)* rostral column, rostral pillar
Composit... *siehe Komposit...*
Computerberechnung *f (Konst, Stat)* computer calculation
Computermodellvalidation *f (Konst, TK)* computer model validation
Computersimulation *f (Verk)* computer simulation
Computervoraussage *f (Stat, Verk)* computer prediction
Computerzeichnung *f (Konst)* computer-aided drawing
Confessio *f (Arch)* confessio, confession *(Grabraum unter dem Altar frühchristlicher Kirchen)*
Consultant *m* technical consultant
Container-Bahnhof *m (Verk)* container terminal
Containerumschlaganlage *f (BWG, Verk)* container terminal facilities
Controlling *n (Konst, Te, VR)* controlling
Conurbationsgebiet *n* conurbation *(Raumplanung)*
Copolymer *n (BM)* copolymer
Cosmatiarbeit *f (Arch)* Cosmati work *(Marmormosaikarbeiten 12.-14. Jahrhundert in Rom)*
CPM-Methode *f* critical path method *(Netzplantechnik)*
Cremona-Plan *m (Stat)* Cremona's polygon of forces
Cross-Verfahren *n (Stat)* method of moment distribution, moment distribution method, Cross method, Hardy Cross method
Cullmann-Verfahren *n (Stat)* Cullmann's method
Cutback-Bitumen *n* cutback bitumen, cutback

D

Dach *n (Konst)* roof • **ein Dach decken** *(Te)* roof • **mit einem Dach versehen** 1. *(Te)* roof *(Verbau)*; 2. roofed *(Adjektiv)*
Dach *n*/**abgekiestes** gravel roofing
Dach *n*/**abgestumpftes** *(Konst)* terrace roof
Dach *n*/**abgewalmtes** *(Konst)* Italian roof
Dach *n*/**Ardand'sches** Ardand type polygon roof
Dach *n*/**auskragendes** cantilevering roof
Dach *n*/**begehbares** promenade roofing
Dach *n*/**doppelt gedecktes** hoarding roof
Dach *n*/**einseitiges** *(Konst)* half-span roof
Dach *n*/**einziehbares** retractable roof
Dach *n*/**flaches** flat roof
Dach *n*/**flachgeneigtes** low-pitch roof, slightly pitched roof
Dach *n*/**gehängtes** *(Konst)* suspended roof
Dach *n*/**geschaltes** *(Hb, Konst)* timber shell roof
Dach *n*/**gewölbtes** curved roof, concameration
Dach *n*/**konisches** *(Arch, Konst)* conical roof
Dach *n* **mit doppeltem Gefälle** two-pitch roof, two--pitched roof
Dach *n* **mit zweiseitigem Gefälle** two-pitch roof, two--pitched roof
Dach *n*/**offenes** *(Konst)* open room
Dach *n*/**schuppenartig gedecktes** imbricated roof
Dach *n*/**sichelförmiges** crescent roof, sickle-shaped roof
Dach *n*/**überhängendes** *(Konst)* umbrella roof
Dach *n*/**überzogenes** *(Konst)* turnup
Dach *n*/**unsymmetrisches** *(Konst)* unsymmetrical roof
Dach *n*/**vorkragendes** cantilevering roof
Dach *n*/**wassergekühltes** *(Konst)* spray-pond roof
Dachabdichtungsarbeiten *fpl (DIS)* roof sealing works *(DIN 18338, BS 8000-4)*
Dachablauf *m (San)* roof outlet
Dachablaufeinfassblech *n (San)* roof outlet flashing
Dachabschlussblende *f* edging board
Dachabspannrute *f (BM)* withe *(Strohdach)*
Dachabstreusand *m* roofing sand
Dachanhebung *f (Konst)* monitor
Dachanschluss *m* roof flashing, flashing
Dachanstrich *m* dressing paint *(Stoff)*; top dressing *(Durchführung)*
Dachanstrichmasse *f* top dressing composition, dressing compound
Dachanstrichmasse *f*/**bituminöse** dressing composition, dressing compound
Dachantenne *f* 1. *(El)* overhouse aerial; 2. *(EB)* roof aerial
Dacharbeiten *fpl* roof work
Dacharbeiter *m* roof worker
Dachart *f* roof type
Dachasphalt *m (BM, DIS)* roofing asphalt
Dachaufbau *m* 1. *(Konst)* lookum *(für Aufzugswinden und Dachkrane)*; 2. bulkhead *(für technische Einrichtungen)*
Dachaufbaumaschinenraum *m (Konst)* penthouse machine room
Dachaufbauten *mpl (Konst)* roof structures
Dachauflage *f (Konst)* roof support
Dachauflast *f* roof live load
Dachaufsatz *m* 1. *(Hb)* lantern; 2. *(Konst)* skylight turret
Dachaufstrichstoff *m (BM)* top dressing compound
Dachausbau *m* roof finishing and completion
Dachausbesserung *f (RS)* roof repair
Dachausmittelung *f* roof design
Dachaussteifung *f (Hb)* roof bracing
Dachausstieg *m* exit opening, roof hatch
Dachausstiegsluke *f* exit opening
Dachbahnrutschen *n (RS)* slippage
Dachbahnverschiebung *f (RS)* slippage
Dachbalken *m (Hb)* roof beam
Dachbalkenlage *f*/**überzogene** open cornice
Dachbalkenrost *m (Hb)* roof beam grillage
Dachbau *m* roof construction
Dachbauteil *n* roof member, roof unit
Dachbelag *m* 1. *(Konst)* roof cladding; 2. *(DIS)* roof membrane
Dachbelastung *f (Stat)* roof loading
Dachbeplankung *f* roof panel
Dachbeschichtung *f* roof coating
Dachbetonieren *n* roof concreting, roof pouring
Dachbinder *m* roof truss, roof frame, main truss, principal truss
Dachbinder *m*/**holländischer** *(Hb)* Dutch truss
Dachbinder *m* **mit gekreuzten Kehlbalken** *(TK)* scissors truss
Dachbinderhauptbalken *m* principal roof beam
Dachbinderträger *m*/**englischer** Howe truss
Dachbitumen *n* roofing bitumen, steep asphalt
Dachbituminieren *n*/**streifenweises** sprinkle mopping

Dachblech *n (BM)* roofing sheet
Dachblendleiste *f* edging board
Dachblendmauer *f* roof comb
Dachboden *m* garret, attic, roof void, *(AE)* loft; tallut *(Dachraum)*
Dachbodeneinstiegsluke *f* attic access hatch
Dachbodentank *m* roof tank
Dachbodenwassertank *m* roof tank
Dachbrechkante *f (Konst)* roof curb
Dachbrechkantenblech *n* roof curb weathering
Dachbrett *n* roofer
Dachbruch *m (Arch, Konst)* curb roof
Dachbruchziegel *m* curb clay tile
Dachbrücke *f* covered timber bridge, roofed timber bridge, roofed wooden bridge
Dachbrüstung *f* roof parapet
Dachdämmlagen *fpl (DIS)* roof insulation
Dachdämmmaterial *n (DIS)* roof insulation
Dachdämmplatte *f (BT, DIS)* roof insulating slab
Dachdämmschüttung *f* insulating roof fill
Dachdämmstoff *m (BM, DIS)* insulating roof material
Dachdämmung *f (DIS)* roof insulation
Dachdecke *f* roof floor
Dachdecken *n* roofing
Dachdecker *m* roofer, slater, slater-and-tiler *(für Schieferdächer)*; shingler *(für Schindeldächer)*; thatcher *(für Schilfdächer)*
Dachdeckerarbeiten *fpl* roofer's work, roofing work *(BS 8000-6, DIN 18338)*
Dachdeckerhammer *m* gurlet *(für Schieferdeckung)*
Dachdeckerhandwerk *n* roofing trade
Dachdeckerleiter *f* duck run
Dachdeckermörtel *m* roofer's mortar
Dachdeckerunternehmer *m* roofing contractor
Dachdeckmetall *n* roof metal
Dachdeckstein *m* roofing stone
Dachdeckung *f* roof cladding, roof covering, helying; pantiling *(mit Pfannen)*
Dachdeckung ***f*/begehbare** promenade roofing
Dachdeckung ***f*/einlagige** single coverage, single covering
Dachdeckung ***f*/heruntergezogene** turnup
Dachdeckung ***f*/überzogene** turnup
Dachdeckungsdiele *f* roofing plank
Dachdeckungspattern *n* ribbon course *(mit wechselnder sichtbarer Ziegellänge)*
Dachdeckungsschilfrohr *n (BM)* thatching read
Dachdeckungsstroh *n* thatching straw
Dachdichtungsbahn *f (DIS)* moisture-proof roofing sheet
Dachdiele *f* roofing plank
Dachdoppeldeckung *f* hoarding roof
Dachdurchbruch *m (San)* roof penetration
Dachdurchbruchsflansch *m* boot
Dacheindeckarbeiten *fpl* roofer's work, roofing work
Dacheindecken *n* helying
Dacheindeckschilf *n (BM)* thatching read
Dacheindeckstroh *n* thatching straw
Dacheindeckung *f* 1. *(Konst)* roof cladding; 2. *(Te)* roof covering
Dacheindeckungs-Befestigungsmittel *n (BT)* roofing fastener
Dacheindeckungsstein *m* roofing stone
Dacheinfassung *f* roof surround
Dachelement *n* roof member, roof unit
Dachelemente *npl* roof decking
Dachelemente ***npl*/vorgefertigte** roof decking
Dachentfeuchtung *f* moisture removal from roofs, humidity removal from roofs
Dachentlüfter *m* roof fan, ventilating cowl
Dachentlüfter ***m*/mechanischer** *(HLK)* mechanical roof extractor
Dachentlüftung *f* 1. *(HLK)* roof vent; 2. *(HLK, Konst)* ridge extract ventilator
Dachentlüftungsfenster ***n*/typisiertes** *(AE)* unit-type vent
Dachentlüftungsrohr *n* 1. *(HLK)* roof terminal; 2. *(San)* stack vent *(Abwasserfallrohr)*
Dachentwässerung *f (San)* roof drainage
Dachentwässerungsrinne *f (San)* roof drain
Dachentwurf *m* roof design
Dacherker *m* attic-gabled dormer window, gabled dormer window, gabled window
Dachestrich *m (BB, BM)* roof screed material
Dachetagenzimmer *n* attic room, *(AE)* loft room
Dachfaltwerk *n* folded plate roof, prismatic shell roof, hipped-plate roof, *(AE)* tilted-slab roof
Dachfalzziegel *m* interlocking clay roof tile
Dachfarbe *f* dressing paint
Dachfenster *n* roof-light, roof window, skylight
Dachfenster ***n*/stehendes** dormer window
Dachfensterflucht *f (Konst)* monitor
Dachfirst *m* crest, roof ridge, ridge
Dachfirst ***m*/abgerundeter** round ridge
Dachfirstkrone *f (Arch)* ridge cresting
Dachfirstkrönung *f (Arch)* ridge cresting
Dachfirstverzierung *f (Arch)* ridge cresting
Dachfläche *f* roof area, roofage, pane of a roof
Dachfläche ***f*/geneigte** slope of a roof, sloped roof area, pitched roof area
Dachfläche ***f*/schräge** *(Konst)* sloped roof area
Dachflächenfenster *n* flat window on pitched roof
Dachflächengröße *f (Konst)* roofage
Dachfolie *f (BM, DIS)* roof foil
Dachform *f* roof shape, roof style, roof type, roof profile
dachförmig *(Konst)* tectiform
Dachförste *f* ridge line
Dachfuge *f* roof joint
Dachfugenband *n (BT)* roofing waterbar
Dachfuß *m* eaves, soffit lined eaves
Dachfußblech *n (San)* base flashing
Dachgarten *m* roof garden, rooftop terrace garden
Dachgaube *f s.* Dachgaupe
Dachgaupe *f (Konst)* roof dormer *(s. a. Lüftergaupe)*
Dachgebälk *n (Hb)* roof beams
Dachgebinde *n (Hb)* roof course
Dachgebinde *n* **mit Kehlbalken** *(Hb)* couple-close *(Satteldach)*
Dachgefälle *n s.* Dachneigung
Dachgeländer *n* roof railing
Dachgeschoss *n* attic, *(AE)* loft
Dachgeschoss ***n*/ausbaufähiges** expansion attic, easy--to-finish attic, unfinished attic
Dachgesims *n* eaves, principal cornice, principal moulding
Dachgespärre *n (Hb)* roof course
Dachgewölbe *n* roof vault
Dachgiebelgaupe *f* gabled dormer
Dachgrat *m* hip
Dachgratsparren *m (Hb)* hip rafter
Dachgrundriss *m (Konst)* roof plan
Dachgully *m* roof gully, roof inlet
Dachhaken *m* roof hook
Dachhammer *m* slate axe, slate hammer, slater hammer *(für Schieferdeckung)*
Dachhaube *f (HLK)* extractor hood
Dachhaus *n (Arch, Konst)* penthouse
Dachhaut *f* roof cladding, roof membrane, roof skin, roofing skin, roofing, membrane; vapour seal *(Flachdach)*

D

D

Dachhaut f/bitumengestrichene smooth-surfaced roofing
Dachhaut f/glatt bitumengestrichene smooth-surfaced roofing
Dachhaut f/nahtlose seamless roof skin
Dachhautträgerlage *f* roof-deck
Dachhöhe *f (Konst)* roof level
Dachholz *n* roof timbers
Dachhubschrauberlandeplatz *m (Konst)* roof heliport
Dachinstandsetzung *f* roof repair work
Dachisoliermaterial *n (BM, DIS)* roof insulating material
Dachkammer *f* garret, garret room, attic, *(AE)* loft
Dachkante *f* roof edge
Dachkastenbrett *n* soffit board
Dachkehlblechstreifen *m* roof kerb weathering
Dachkehle *f* roof valley, valley gutter
Dachkehle f/durchgedeckte *(Konst)* swept valley *(Dachdeckung)*
Dachkehle f/keilförmige *(Konst)* tapered valley
Dachkehle *f* **mit Kehlziegeln** tile valley
Dachkehle f/offene open valley *(mit Rinne)*
Dachkehlziegellage *f* tile valley
Dachkies *m* roofing gravel
Dachkieshalteleiste *f (Konst) (AE)* slag strip *(bei abgekiesten Dächern)*
Dachklappe *f* folding dormer window
Dachklebemasse f/splittversetzte chipping compound
Dachkleben n/streifenweises sprinkle mopping
Dachkleber *m* bonding compound, roofing asphalt
Dachklempnerarbeiten *fpl (San)* roof plumbing
Dachknick *m* roof kerb, *(AE)* curb roof, *(AE)* roof curb
Dachkollektor *m (San)* roof collector
Dachkonservierungsanstrich *m* roof preservation coat
Dachkonsole *f* roof-mounted bracket
Dachkonstruktion *f* roof structure system, roof structure, roof system
Dachkonstruktion f/binderlose untrussed roof
Dachkonstruktion f/zimmermannsmäßige timber roof structure
Dachkupfer *n* roofing copper
Dachkuppel *f (Konst)* roof dome
Dachlandschaft *f (Arch)* roofscape
Dachlast *f* roof(ing) load
Dachlaterne *f* 1. *(BT, Konst)* ridge lantern; 2. *(Konst)* roof lantern; 3. *(Hb)* lantern
Dachlatte *f* counter batten, roof batten, batten, roof lath *(Dachdeckung)*
Dachlatte f/feuerverzögernde *(BT)* type X lath
Dachlattung *f (Hb)* roof lathing
Dachlaufbohle *f* duck run, roof-platform
Dachlaufplanke *f* duckboard, duck board
Dachlaufsteg *m* roof walkway
Dachleiter *f* roof ladder, duckboard, duck board, cat ladder *(für Dachdecker)*
Dachleitungshalter *m (San)* roof conductor holder
Dachliegefenster *n* garret window, skylight
Dachlüfter *m* roof ventilator, roof fan, attic ventilator
Dachlüftung *f* 1. *(HLK, Konst)* ridge extract ventilator; 2. *(HLK)* roof ventilation
Dachluke *f* roof hatch
Dachmanschette *f* **für Rohrdurchführungen** *(San)* roof flange
Dachmast *m (Konst)* roof mast
Dachmetall *n* roof metal
Dachnagel *m* roofing nail, composition nail
Dachnase *f* attic-gabled dormer window
Dachneigung *f* roof pitch, roof slope, roof fall
Dachneigungswinkel *m* angle of roof pitch
Dachoberlicht *n* roof light
Dachoberlichtsystem *n* roof-light system
Dachöffnungsreiter *m* louvre
Dachpapier n/ungetränktes slip sheet
Dachpappe *f* roofing felt, roofing paper, sheathing felt, bituminous felt, ready roofing, *(AE)* rag felt
Dachpappe f/abgesandete mineral-surfaced felt, asphalt-prepared roofing, roll roofing
Dachpappe f/besandete cap sheet
Dachpappe f/beschieferte *(BM)* roofing felt with granulated slate surface
Dachpappe f/bitumengetränkte asphalt-prepared roofing
Dachpappe f/bituminöse asphalt felt
Dachpappe f/blechverstärkte metal-reinforced ready roofing
Dachpappe f/getränkte sheathing felt
Dachpappe f/getränkte und beschichtete self-finished roofing felt
Dachpappe *f* **mit Blecheinlage** metal-reinforced ready roofing
Dachpappe f/nackte saturated felt, saturated roofing felt, sheathing paper, smooth roofing paper, building paper
Dachpappe f/schwere self-finished roofing felt
Dachpappe f/unbesandete smooth roofing paper
Dachpappenagel *m* clout nail
Dachpappenbelag *m* parapet skirting *(von der Brüstungsmauer hochgezogen)*
Dachpappeneindeckung *f* **mit bituminösen Kaltbindemitteln** *(Konst, Te)* cold-process roofing
Dachpappenfalte *f* fish mouth *(auf einer Dacheindeckung)*
Dachpappenlage f/bitumenbestrichene coated base felt, coated base sheet
Dachpappenlage f/ungeklebte underfelt
Dachpappennagel *m* roofing felt nail, nail for tarred felt, felt nail, clout nail, roofing nail
Dachpappenrandstreifen *m* selvage
Dachpappenüberdeckungsstreifen *m (Konst)* selvage joint
Dachpappenüberlagerung *f* **über die Mauerkrone** envelope
Dachpappenunterlage *f* underlining felt, sarking felt *(Dach)*
Dachpappenverbindungsstreifen *m* taping strip
Dachparkplatz *m (Konst, Verk)* rooftop car park
Dachpergola *f* roof pergola
Dachpfanne *f* bent tile, pantile
Dachpfannenaußenseite *f* tile shell
Dachpfette *f* roof purlin
Dachpfettenstoß *m* purlin joint
Dachpflegemittel *n* roof preserver, roofing preservative, roofing preserver
Dachplatte *f* roof-decking panel, roof panel, roof slab, roofing slab
Dachplatte f/durchsichtige *(Konst)* roof-light sheet
Dachplatten *fpl* roof decking
Dachplattenziegel *m* flat clay roof tile
Dachprofil *n* 1. roof crossfall *(Gebäude)*; 2. *(Verk)* transverse camber *(Straße)*
Dachpyramiden-Kirchturm *m (Arch, Konst)* spired church tower
Dachqualitätsgarantie *f (VR)* roofing bond *(Vertragswesen)*
Dachrahmen *m (Hb, Konst)* roof framing
Dachrahmenträger *m (Hb, TK)* roof bearer
Dachrandprofil *n* edging board
Dachraum *m* attic space, attic, roof space, roof void, *(AE)* loft space, loft
Dachraum m/ausbaufähiger easy-to-finish attic
Dachraum m/halbschräger mansard

Dachreiter *m* 1. lantern light, lantern light roof, ridge lantern, ridge turret; 2. *(Arch)* roof spire
Dachreparatur *f* roof repair, roof making good
Dachreparaturmasse *f***/bituminöse** *(sl)* blackjack
Dachresche *f s.* Dachneigung
Dachrestaurant *n (Konst)* roof restaurant
Dachrinne *f* eaves rainwater gutter, eaves trough, rainwater gutter, guttering, gutter
Dachrinne *f***/aufgehängte** *(San)* hanging gutter
Dachrinne *f***/eingebaute** secret gutter, sunk gutter, *(AE)* concealed gutter *(in die Traufe)*
Dachrinne *f* **hinter der Brüstungsmauer** *(San)* parapet gutter
Dachrinne *f***/rechteckige** box gutter, parallel gutter
Dachrinne *f***/vorgehängte** bracket-mounted roof gutter, eaves gutter, eaves rainwater gutter, eaves trough
Dachrinnenabflussöffnung *f* gutter outlet, *(AE)* pap
Dachrinnenanbringung *f* **mit langen Nägeln und Blechmanschetten** *(San)* spike-and-ferrule installation
Dachrinnenendstück *n* 1. *(BT, San)* gutter stop end; 2. *(San)* stop end
Dachrinnenhalter *m* gutter hanger, gutter bearer, gutter bracket, gutter clamp
Dachrinnenkessel *m (San)* rainwater hopper
Dachrinnenlage *f (Hb, Konst)* storm sheet
Dachrinnenleitblech *n (San)* gutter bed
Dachrinnenstück *n***/gekröpftes** *(San)* swan-neck
Dachrinnentragbrett *n* lear board, in-layers board
Dachrinnenunterstützungsträger *m (BT, San)* gutter plate
Dachrinnenverbindungsstück *n (San)* union clip
Dachrohpappe *f* dry sheet
Dachrohr *n (San)* spout pipe
Dachsattelbrett *n***/gekerbtes** *(BT, Hb)* comb board
Dachsaumblech *n* **mit Teerkittabdichtung** *(San)* pitch pocket
Dachsbeil *n (BWG, Hb)* adze
Dachschaden *m* damage to the roof
Dachschalbrett *n* roof board
Dachschale *f* 1. *(Hb, TK)* roof boards; 2. *(Hb)* roof shell
Dachschalenelemente *npl* roof decking
Dachschalung *f* roof boarding, roof sheathing, board sheathing, roofing; sarking board *(bes. für Schiefer- und Ziegeldachdeckung)*
Dachschalung *f* **mit lichten Fugen** open boarding
Dachschiefer *m* roofing slate, roof slate, slate, healing stone, shindle; shiver *(mineralogisch)*
Dachschieferlatte *f* slate batten, slate lath, *(AE)* countess
Dachschieferplatte *f***/große** *(BM)* rag *(60 × 90 cm)*
Dachschieferplatten *fpl (BT)* slates
Dachschifter *m* crook rafter, knee rafter, angle rafter, hip rafter
Dachschilfrohr *n (BM)* thatch
Dachschindel *f* roof shingle, roofing shingle, shide, shingle
Dachschindel *f***/bituminöse** composition-roofing shingle, composition shingle
Dachschindelklammer *f* deck clip
Dachschindeln *fpl***/bituminöse** bitumen shingles, *(AE)* asphalt shingles
Dachschräge *f* pane of a roof, pitch of the roof, roof pitch, roof slope
Dachschutzmittel *n* roof preserver, roofing preservative, roofing preserver
Dachseite *f* pane of a roof
Dachsilhouette *f (Arch)* roofline
Dachspachtelmasse *f* dressing composition, dressing compound
Dachsparren *m* rafter, roof rib, roofing tree, spar *(s. a. Sparren)*
Dachsparren *m***/rechtwinkliger** *(BT, TK)* common rafter *(durchgehender Sparren vom Dachfuß zum Dachgrat)*
Dachsparren *m***/unterbrochener** *(Hb)* half principal
Dachsparrenankereisen *n* heel strap
Dachsparrenlage *f***/über den Giebel gezogene** *(Hb, Konst)* fly rafter
Dachspitzenaufsatz *m* roof tip, *(AE)* épi
Dachsplitt *m* roof chip, roofing chippings
Dachspriegel *m (Hb)* roof stick
Dachstahlträger *m (TK)* steel roof girder
Dachstein *m* roof tile, roofing stone, roofing tile, saddle stone, tile
Dachsteinformat *n* tile format
Dachsteinlegen *n (Te)* tile laying
Dachstockwerk *n* attic storey, *(AE)* loft
Dachstroh *n (BM)* thatch
Dachstube *f* attic room, *(AE)* garret
Dachstuhl *m* roof framework, roof structure, roof structure system, roof truss, main truss, principal
Dachstuhl *m***/belgischer** Belgian truss
Dachstuhl *m***/einfach stehender** *(Hb, Konst)* king post
Dachstuhl *m***/englischer** English truss
Dachstuhl *m* **mit Stichbalken** *(Konst)* hammer-beam roof
Dachstuhlarbeiten *fpl (Hb)* roof framing
Dachstuhlauflageplatte *f* roof plate
Dachstuhlauflagerplatte *f* roof plate
Dachstuhlbau *m (Hb)* roof framing
Dachstuhlstichbalken *m (Hb)* hammer beam
Dachstulpe *f (Konst)* pitch
Dachstütze *f (TK)* roof column
Dachtafel *f* roof-decking panel, roof panel, roofing panel, roofing slab
Dachtagesbeleuchtung *f* roof-light, roof-lighting
Dachterrasse *f* roof garden, roof terrace, rooftop terrace
Dachterrassenwohnung *f* penthouse
Dachterrassenwohnung *f***/exklusive** penthouse
Dachträger *m* roof girder
Dachtragwerk *n* roof structure system, roof structure
Dachtränkmasse *f* roof saturant, saturant
Dachtraufe *f* eaves
Dachtraufenverkleidung *f***/obere** top lined eaves
Dachtrauflage *f* dripping eaves
Dachtreppe *f* roof stair
Dachtribüne *f* covered spectator's stand
Dachüberstand *m* roof [eaves] overhang, upstand, water check
Dachübersteck *m s.* Dachüberstand
Dach- und Deckenverbundkonstruktion *f (Konst, TK)* composite construction method for roofs and floors
Dachunterlegpapier *n***/ungetränktes** slip sheet
Dachuntersatz *m* false attic
Dachunterseite *f* roof soffit
Dachventilator *m* 1. *(HLK, Konst)* roof ventilator; 2. *(HLK)* attic ventilator
Dachverankerung *f (Konst)* roof anchorage
Dachverband *m* roof structure system, roof structure, principal
Dachverblechung *f* plate roofing
Dachverglasung *f* roof glazing
Dachverglasung *f***/kittfreie** dry roof glazing
Dachverschalung *f* (roof) sheathing, board sheathing
Dachverschalung *f***/gespundete** *(Hb)* matched roof boards
Dachverschalungsstütze *f* ashlar piece
Dachverschalungsstützen *fpl* ashlaring
Dachversteifung *f (Hb)* roof bracing
Dachverwahrung *f* roof flashing
Dachverzierung *f (Arch)* roof ornament
Dachwärme *f* roof heat

Dachwasser *n* roof water, storm water
Dachwellplatte *f* corrugated roofing sheet
Dachwerk *n*/**sichtbares** gable-ended roof
Dachwohnung *f* attic flat
Dachwohnungsfenster *n* residential flat on pitched roof
Dachziegel *m* clay roofing tile, roofing tile, healing stone, tile *(EN 538, EN 539; EN 1304)* • **mit Dachziegeln decken** tile • **mit Dachziegeln eindecken** tile
Dachziegel *m*/**eineinhalbfacher** *(BM)* tile-and-a-half tile
Dachziegel *m*/**fast halbrunder** hog's-back tile
Dachziegel *m*/**flacher** plain tile
Dachziegel *m* **für überlappende Verlegung** *(BT)* clay roofing tile for discontinuous laying *(EN 538, EN 539)*
Dachziegel *m*/**geradlinig gehängter** straight joint tile
Dachziegel *m*/**konkav gewölbter** mission tile
Dachziegel *m* **mit halbkreisförmigem Querschnitt/ konvex gewölbter** mission tile, Spanish tile
Dachziegel *m* **mit Nase** nibbed tile
Dachziegel *m*/**senkrecht überlappter** single-lap tile
Dachziegel *m*/**S-förmiger** pantile
Dachziegel *m*/**U-förmiger** Roman tile
Dachziegel *mpl* **und Formziegel** *(BT)* clay roofing tiles and fittings *(EN 1304)*
Dachziegelankerdraht *m* tile tie
dachziegelartig imbricated
Dachziegeldeckung *f* tile roofing
Dachziegelende *n* tail
Dachziegelende *n*/**sichtbares** tail
Dachziegelfirstlage *f* top-course tiles
Dachziegelformat *n* tile format
Dachziegelhammer *m (BWG)* tile hammer
Dachziegelnagel *m* tile pin
Dachziegelstreifen *m*/**schräger** tile listing of abutment *(für Widerlagermauerwerk)*
Dachziegelteil *m*/**nicht überlappter** weather
Dachziegelteil *m*/**wetterexponierter** weather
Dachziegelunterlegpappe *f* sarking, sarking felt
Dachziegelverlegen *n (Te)* tile laying
Dachziegelwandverkleidung *f (Konst, OB)* weather tiling
Dachziegelwerk *n (BWG)* roofing tile factory
Dachzinne *f* roof flèche, *(AE)* Èpi
Dachzubehörteile *npl* roof accessories
Dachzwischenraum *m (Konst)* roof space
dagegen opposed, opposing
Dagoba *f (Arch)* dagoba
Dalbe *f (Wsb)* fender pile, dolphin *(Anlegepfahl)*; pile cluster
Dalben *m s.* Dalbe
Dalbenpfahl *m (Wsb)* dolphin pile
Damentoilette *f* ladies' toilet, female toilet, women's toilet, *(AE)* ladies' room, Ladies
Damenumkleideraum *m (Konst)* ladies' changing room
Damenzimmer *n* female room
Damm *m (Wsb)* dam, damming, dike, embankment, bank, levee, fill dam; weir • **einen Damm aufschütten** dam up
Damm *m*/**abgeschirmter** *(Umw)* screening embankment
Damm *m*/**befahrbarer** *(Erdb, Wsb)* bank
Damm *m*/**künstlicher** *(Wsb)* artificial dike
Dammanbelag *m* Damman asphaltic concrete, Damman cold asphaltic concrete
Dämmarbeiten *fpl (DIS, Te)* insulation installation
Dämmauskleidung *f* insulation lining
Dämmbahn *f* insulation sheeting
Dammbalken *m (Wsb)* stop-plank
Dammbalkenverschluss *m (Wsb)* emergency gate
Dämmband *n (BM, DIS)* tape covering
Dämmbauplatte *f (BT)* structural insulating board
Dammbauwerk *n (Wsb)* embankment structure
Dämmbeschichtung *f* insulation coating
Dämmbims *m* insulation pumice
Dämmbinde *f* insulation jacket
Dammböschung *f* embankment slope, slope of an embankment
Dammbruch *m* dam break, dam failure
Dämmdecke *f (DIS, Konst)* insulation floor
Dämmdiele *f* insulation plank
Dämmeigenschaft *f (DIS)* insulating property *(gegen Kälte, Schall)*
Dämmeinlage *f (DIS)* insulating insert
dämmen *v* 1. *(Wsb)* obstruct *(gegen Wasser)*; 2. *(DIS)* insulate *(gegen Kälte, Schall)*
Dammerde *f (Wsb)* meat-earth
Dammerhebung *f (Erdb)* heightening of a dam
Dämmerzeugnis *n* insulating product, insulation article
Dämmestrich *m* insulating screed material *(Baustoff)*; insulating screed *(verlegte Estrichschicht)*
Dämmfähigkeit *f* insulating property, insulation capacity, insulation power, insulation property, insulation quality *(gegen Kälte, Wärme, Schall)*
Dämmfaktor *m* sound insulation factor
Dämmfaserplatte *f* softboard
Dämmfilz *m* insulation felt
Dämmfolie *f* insulating foil, insulation-grade foil
Dämmformplatte *f* insulating form board
Dammfuß *m* 1. *(Erdb, Wsb)* toe of the dam; 2. *(Erdb)* toe
Dämmgipskartonplatte *f* insulating gypsum plasterboard
Dämmgipsplatte *f* insulating plasterboard
Dämmglas *n* insulating glass
Dämmhartschaumstoff *m (BM, DIS)* rigid insulating foam
Dammkanal *m* canal of embankment
Dammkante *f (Erdb, Verk, Wsb)* edge of embankment
Dämmkarton *m* insulating cardboard
Dammkern *m (Erdb)* core wall
Dämmkonstruktion *f (DIS, Konst)* insulation system
Dämmkork *m (BM, DIS)* insulation cork
Dämmkorkplatte *f* insulating corkboard, insulation-grade corkboard
Dammkörper *m (Wsb)* dam embankment
Dammkrone *f (Wsb)* dam crest, crest
Dämmkunststoff *m (DIS)* plastic insulating material
Dammlage *f* position on embankment
Dämmlage *f* insulation layer, insulating course; resilient layer *(für schwimmenden Bodenbelag)*
Dammlattenprofil *n (Verk)* gauge lath
Dämmmasse *f*/**ortverschäumte** *(DIS)* site-foamed insulation
Dämmmaterial *n* 1. *(BM, DIS)* insulating material; 2. *(DIS)* bat(t) insulation *(für Wärme-, Kälte- und Schalldämmung aus Glaswolle, Schlackenwolle, Steinfaserwolle)*
Dämmmaterial *n*/**anorganisches** inorganic insulation material
Dämmmaterial *n*/**hohlraumfüllendes** cavity fill insulation, loose-fill insulation, fill insulation
Dämmmaterial *n*/**imprägniertes** *(DIS)* impregnated insulating material
Dämmmatte *f* insulating blanket, insulating mat, insulation mat, quilt, *(AE)* insulation bat(t)
Dämmmatte *f*/**versteppte** sewn building quilt, sewn quilt, sewn building mat, sewn mat
Dämmmauerwerk *n (DIS, SB)* insulation masonry
Dämmpapier *n* insulating paper
Dämmpappe *f* insulating cardboard, composite board, insulating board, insulating slab, insulation sheet, slab insulant, softboard
Dämmplatte *f* insulating board [slab]
Dämmplatte *f* **aus Kork** insulating corkboard
Dämmplatte *f*/**halbsteife** *(BT, DIS)* semirigid insulation board
Dämmplatte *f*/**steife** *(BT, DIS)* rigid insulation board

Dämmplattenbandagieren *n (DIS, OB)* strip taping
Dämmplattendichten *n* **mit Fugenband** *(DIS, OB)* strip taping
Dämmputz *m* insulating plaster
Dammrutsch *m (Erdb)* slip of an embankment
Dämmschale *f (BT, DIS)* lagging section *(für Rohrisolierung)*
Dämmschaumstoff *m (BM, DIS)* insulating foam
Dämmschaumstoffplatte *f* insulating foam board
Dämmschicht *f* layer of insulation, insulation layer, insulating bed; insulating course *(Wärme, Schall)*; resilient layer *(für schwimmenden Bodenbelag)*
Dämmschicht *f*/**aufspritzbare** *(DIS)* spray-on insulation
Dammschüttmaterial *n (Erdb)* embankment material
Dämmschüttmaterial *n (Erdb)* loose-fill insulation
Dammschüttung *f (Erdb)* geotechnology for causeways
Dämmstein *m* insulating brick
Dämmstoff *m (BM, DIS)* insulating material *(gegen Wärme, Schall)* • **mit Dämmstoff belegt** *(DIS)* lagged • **mit Dämmstoff isolieren** *(DIS)* lag *(mit Dämmstoffen)*
Dämmstoff *m*/**anorganischer** inorganic insulation material
Dämmstoff *m*/**brennverzögerter** *(BM, DIS)* slow-burning insulation
Dämmstoff *m*/**körniger** *(DIS)* granular insulating material
Dämmstoff *m*/**ortverschäumter** *(DIS)* site-foamed insulation
Dämmstoffformteile *npl* moulded insulation parts, moulded insulation pieces
Dämmstoffplatte *f* insulating board, slab insulant
Dammstraße *f (Verk)* causeway *(in flacher Landschaft)*
Dämmstreifenunterlage *f (DIS)* resilient strip *(schwimmender Bodenbelag)*
Dämmtafel *f* insulating board, insulation panel
Dämmtorf *m* insulation peat
Dämmtrennwand *f* insulation partition wall
Dämmtür *f* insulated door, insulating door
Dämm- und Isolierspezialbetrieb *m* insulation contractor
Dämmung *f (DIS)* lagging *(für Rohrleitungen)*
Dämmung *f*/**brennverzögerte** *(DIS)* slow-burning insulation
Dämmung *f*/**schlechte** *(DIS)* low insulation
Dämmverbundglas *n* insulating laminated glass *(Wärmeschutz)*
Dämmverglasung *f* insulation glazing
Dämmverkleidung *f* insulation lining
Dämmvermögen *n* insulating property, insulation capacity, insulation power, insulation property, insulation quality *(gegen Kälte, Wärme, Schall)*
Dämmwand *f* insulation wall
Dämmwandplatte *f* insulating wallboard
Dämmwert *m (DIS)* insulation value
Dämmwirkung *f* insulation efficiency
Dämmwolle *f (BM, DIS)* insulating wool
Dämmziegel *m* insulating brick
Dämmziegel *m*/**feuerfester** insulating firebrick
Dämmzwischenlage *f* insulating intermediate layer
Dampf *m* 1. *(HLK)* steam; 2. *(BM, DIS)* water vapour • **mit Dampf nachbehandelt** steam-cured
Dampf *m*/**überhitzter** *(BB, HLK, Te)* superheated steam
Dampfaufsaugperiode *f (BB, Te)* soaking period *(Betonautoklavbehandlung)*
Dampfbehandlung *f* steam curing
Dampfbehandlungswartezeit *f* presteaming period, holding period
Dampfbehandlungszyklus *m (BB, Te)* steam-curing cycle
dampfbeständig *(BM)* vapour-resistant
Dampfblasenbildung *f (San, WVA)* vapour lock *(in Rohrleitungen)*
dampfdicht steam-proof, steam-tight, vapour-tight
Dampfdruck *m* steam pressure, vapour pressure; evaporation pressure
Dampfdruckausgleichsschicht *f (DIS, Konst)* vapour pressure equalizing layer
Dampfdruckentspannungsschicht *f (DIS)* vapour escape layer
Dampfdruckerniedrigung *f (BB, HLK, Te)* vapour pressure lowering
dampfdruckgehärtet autoclaved
Dampfdruckhärtekessel *m* autoclave
Dampfdruckhärtung *f (BB, Te)* autoclaving
Dampfdruckkurve *f (HLK)* steam pressure curve
Dampfdurchgang *m (BB, HLK, Te)* vapour transmission
dampfdurchlässig *(DIS)* pervious to vapour
Dampfdurchlässigkeit *f* vapour permeability
dampfen *v (BB, Te)* steam
dämpfen *v* 1. steam, treat with steam *(Dampfbehandlung)*; 2. cushion, damp, soften *(z. B. Stöße, Schläge, Schwingungen)*; 3. attenuate *(Vibrationen)*; 4. deaden, attenuate, muffle, damp, deafen *(z. B. Schall)*; 5. *(BM, DIS, HLK, Stat)* absorb *(z. B. Stoß)*; 6. subdue, dim *(Licht)*; 7. mute *(Farbe)*
Dämpfen *n* 1. steaming *(Dampfbehandlung)*; 2. damping *(Schwingungen, Schall)*; 3. deadening *(Schall)*; 4. absorbing, softening *(Stöße, Erschütterungen)*
dämpfend *(BM)* absorptive
Dampfentlüftungsrohr *n* vapour pipe
Dampfentspannung *f (DIS)* water vapour release
Dämpfer *m* 1. *(Konst, Stat)* cushion *(gegen Stoß)*; 2. damper, dashpot *(für Dampfbehandlung)*
Dampferhärtung *f* steam curing *(Beton)*
Dampferzeuger *m* steam generator, generator, boiler
Dampferzeugungsanlage *f (BWG)* steam rising plant
Dampffernheizung *f* long-distance steam heating
dampfförmig vaporous
dampfgehärtet steam-cured
dampfgesperrt *(DIS)* vapour-proof
Dampfhärtekessel *m* autoclave, pressure vessel
dampfhärten *v* treat with steam *(Beton)*
Dampfheizkörper *m (HLK)* steam radiator
Dampfheizmantel *m* steam jacket
Dampfheizung *f (HLK)* steam heating
Dampfheizungsanlage *f (HLK)* steam heating system
Dampfkammer *f* curing chamber, curing kiln, steam box, steam chamber, steam-curing room *(Betonnachbehandlung)*
Dampfkessel *m (HLK)* steam boiler
Dampflanze *f (BWG, Erdb, Te)* steam lance
Dampfleitung *f* steam line
Dampfleitungsrohr *n* steam pipe
dampfnachbehandeln *v* treat with steam *(Beton)*
Dampfnachbehandlung *f* atmospheric steam curing, atmospheric-pressure steam curing, steam curing *(von Betonwaren)*
Dampfnachbehandlungskammer *f* steam-curing room
Dampfnachbehandlungszyklus *m (BB, BM, BT, Te)* curing cycle *(Beton)*
Dampfprobe *f (BT)* steam test
Dampfprüfung *f (BT)* steam test
Dampframme *f* 1. *(BWG, Erdb)* steam-driven pile hammer; 2. *(Erdb)* steam pile driver
Dampfrohr *n* vapour pipe
Dampfsammelrohr *n (HLK)* dome steam pipe
Dampfsäule *f (BB, HLK, Te)* vapour column
Dampfschlange *f* steam coil
Dampfspannung *f (BB, HLK, Te)* vapour tension
Dampfsperrbahn *f (DIS)* vapour barrier sheet
Dampfsperre *f (DIS)* vapour barrier
dampfsperrend *(DIS)* vapour barring

Dampfsperrlage *f (DIS)* vapour barrier membrane
Dampfsperrschicht *f (DIS)* vapour barrier membrane
Dampfsteigleitung *f* steam riser
dampfstrahlreinigen *v* steam clean
Dampfstrahlreinigen *n (OB)* steam cleaning
Dampfstromluftbefeuchter *m* steam humidifier
Dampftraps *m (HLK)* bucket trap
Dampftrockenheitsgrad *m* quality of steam *(Heizung)*
Dampfübertragungszahl *f (BB, HLK, Te)* vapour transfer coefficient
Dampfumwälzanlage *f* steam system
dampfundurchlässig *(DIS)* vapour-proof
Dämpfung *f* 1. damping *(Schwingungen)*; 2. *(DIS)* deadening *(Schall)*; 3. steaming *(Dampfbehandlung)*; 4. *(DIS, Konst)* cushioning; 5. *(BM, DIS, Stat)* absorption *(von Stößen, dynamischen Bewegungen)*; 6. *(El)* attenuation
Dämpfungsfaktor *m* damping factor
Dämpfungslage *f* 1. *(Konst)* course layer; 2. *(DIS, Verk)* damping course
Dämpfungsschicht *f (DIS, Verk)* damping course
Dämpfungsvermögen *n (DIS, Stat)* damping capacity
Dampfverschluss *m (HLK)* bucket trap
Dampfverteilung *f* steam distribution
Dampfwalze *f* steam roller
Dampfwassergemisch *n* wet steam, partially dry steam
Dampfzufuhr *f* steam input
daraufliegend *(Bod)* superjacent *(geologisch)*
Darlehen geben *v* lend
Darlehensgeber *m* lender
Darre *f* hot floor *(z. B. für Keramik)*
Darrhaus *n* oast-house, oast
Darrofen *m* kiln
darstellen *v* describe *(beschreiben)*; represent, show, depict *(wiedergeben)*
darstellen *v*/**durch Freihandzeichnen** sketch freehand
darstellen *v*/**grafisch** graph, plot, plot a graph
darstellen *v*/**im Schnitt** *(Konst)* section
darstellen *v*/**schematisch** represent diagrammatically
darstellen *v*/**tabellarisch** tabulate
darstellen *v*/**zeichnerisch** figure, represent diagrammatically
darstellend representing
Darstellung *f* 1. describing, representation, depiction *(Beschreibung)*; 2. notation *(Berechnung)*; 3. representation, depiction *(Wiedergabe)*; 4. *(Arch)* demonstration *(Vorführung)*; 5. embodiment *(Gestaltung)*; 6. *(Konst)* figure *(zeichnerisch)*; 7. plot, diagram, graph *(grafisch)*
Darstellung *f*/**auseinandergezogene** exploded view
Darstellung *f*/**bildhafte** scenic design *(Tapetenmuster)*
Darstellung *f*/**bildliche** 1. *(Konst)* graphical representation; 2. *(Arch)* image
Darstellung *f* **der Axialkräfte/grafische** axial force diagram
Darstellung *f*/**dreidimensionale** *(Konst)* isometric drawing
Darstellung *f* **durch Freihandskizzieren** *(Arch)* freehand sketching
Darstellung *f*/**geometrische** *(Konst)* nomography
Darstellung *f*/**grafische** diagram, chart, graphic representation, graph, graphical representation, plot
Darstellung *f* **im Aufriss** elevational presentation
Darstellung *f*/**isometrische** isometric drawing, isometric projection
Darstellung *f*/**logarithmische** *(Stat)* log scale
Darstellung *f*/**schematische** schematic diagram, schematic representation, diagrammatic figure
Darstellung *f*/**zeichnerische** *(Konst)* construction
1:1-Darstellung *f* épure
Darstellungsmaßstab *m (Konst, Verm)* ruling scale
Darstellungsmethode *f (Konst)* method of presentation
Darstellungsweise *f (Arch)* representation
darüberliegend *(Bod)* superincumbent, superjacent *(geologisch)*; overlying
darunterlegen *v* underlay
darunterliegend subjacent
Datei *f* file
Daten *pl* data
Daten *pl*/**aktuelle** current data
Daten *pl*/**technische** technical data; specifications *(z. B. von Baustoffen, Bauteilen, Geräten, Ausrüstungen)*
Daten *pl*/**topographische** *(Verm)* topographic information
Datenaufnahme *f (Konst, Verk, VR)* data acquisition
Datenbank *f* data base
Datenblatt *n* data sheet
Datenerfassung *f* data acquisition, data collection, logging
Datenerfassung *f*/**mobile** *(Verk)* mobile data collection
Datenerfassungssystem *n (Konst, Verk, VR)* data acquisition system
Datenerhebung *f* data inquiry
Datengewinnung *f (Konst, Verk, VR)* data acquisition
Datenlücke *f (VR)* blank of data
Datenmerkmale *npl* data characteristics
Datenquelle *f* data source
Datenrate *f* data rate
Datensammlung *f* **zu verschiedenen Zeitpunkten** *(Stat)* multitime sampling
Datensatz *m (Stat)* set of data
Datenspeicherung *f* data storage
Datenstation *f (Stat)* terminal
Datenübertragung *f* data transfer
Datenübertragungssystem *n* data transmission system
Datenverarbeitung *f* data processing
Datenverdichtung *f* data compression
Datenverwaltung *f (VR)* data handling
Datenvorverarbeitung *f* data preprocessing
Datenzusammenstellung *f (Konst, Stat, VR)* logging
Datscha *f (Arch)* dacha *(vor allem in Russland)*
Datsche *f* s. Datscha
Datum *n* date
Daube *f (BT)* stave
Daubenschalbrett *n (BT)* stave
Dauer *f (VR)* term
Dauer... sustained ...
Dauerbeanspruchung *f* operating load, continuous strain, continuous stress
Dauerbelastung *f* permanent loading, continuous load, fatigue loading, constant load, sustained loading
Dauerbelastungsprüfung *f (BM)* sustained load test
Dauerbelastungsversuch *m (BM, Stat)* test at constant load
Dauerbeschilderung *f (Verk)* permanent road signing
Dauerbetrieb *m (BWG, HLK)* continuous operation
Dauerbewässerung *f (LB)* perennial irrigation
Dauerbiegebeanspruchung *f* continuous bending strain, continuous bending stress, *(AE)* repeated flexural stress
Dauerbiegebruch *m* endurance bending failure, fatigue bending failure
Dauerbiegefestigkeit *f* repeated flexural strength, fatigue resistance, bending endurance, bending fatigue strength, bending stress fatigue limit, flexing life
Dauerbiegefestigkeitsversuch *m (Stat)* pulsating fatigue bending test
Dauerbiegemomentengebiet *n (Stat)* region of constant bending moment
Dauerbiegeprüfung *f* pulsating fatigue bending test
Dauerbiegeprüfung *f*/**dynamische** pulsating fatigue bending test
Dauerbiegeversuch *m* fatigue bending test

Dauerbrandofen *m (HLK)* slow-combustion stove
Dauerbruch *m* endurance failure, endurance fracture, fatigue break, fatigue failure, fatigue fracture, fatigue rupture
Dauerbruchanriss *m* fatigue precrack
Dauerdehngrenze *f* fatigue yield limit
Dauerdränage *f* continuous drainage
Dauerdränung *f (Bod, Erdb)* continuous drainage
Dauereinwirkung *f* 1. permanent action; 2. *(Br, Stat)* fixed action *(Brücke)*
Dauerfestigkeit *f* endurance limit, fatigue limit, fatigue resistance
Dauerfestigkeit *f* **unter Schwellbelastung** pulsating fatigue resistance, pulsating fatigue strength
Dauerfestigkeitskurve *f* 1. *(BM, Stat)* stress-number curve; 2. *(BM)* Wöhler curve
Dauerfestigkeitsprüfung *f* endurance test, fatigue test
Dauerfestigkeitsschaubild *n (BM, Stat)* stress-number curve
Dauerfrostboden *m* permafrost soil, permafrost
Dauergesamtdehnungsprüfung *f* sustained deformation test
dauerhaft lasting, long-lasting, durable, firm, solid
Dauerheizung *f (HLK)* permanent heating
Dauerlast *f* 1. *(Konst, Stat)* constant load; 2. *(Stat)* continuous load; 3. *(El)* continuous load
Dauerlüftung *f (HLK)* permanent ventilation
dauernd perennial, permanent
Dauerparkgarage *f (Verk)* long-term car park
Dauerparkplatz *m (Verk)* long-term car park
dauerplastisch non-hardening
Dauerprüfung *f* static test
Dauerquelle *f (Bod, WVA)* perennial spring
Dauerriss *m* fatigue crack
Dauerschutz *m (OB)* long-term protection *(Korrosionsschutz)*
Dauerschwingbeanspruchung *f* cyclic loading, repeated alternating stress, fatigue loading, fatigue stressing, fluctuating load, vibration fatigue limit, endurance limit, fatigue limit, fatigue strength
Dauerschwingprüfung *f* vibration fatigue test
Dauerschwingspannung *f* cyclic stress
Dauerschwingungsbeanspruchung *f* cyclic loading, cyclic stressing, fatigue loading, fatigue stressing
Dauerschwingungsspannung *f* cyclic stress
Dauerschwingverhalten *n* fatigue behaviour
Dauerschwingversuch *m* fatigue test
Dauerschwingzugprüfung *f (BM)* sustained-load tension test
Dauerschwingzugversuch *m (BM)* sustained-load tension test
Dauerstandfestigkeit *f* fatigue endurance, fatigue strength *(dynamische Belastung)*
Dauerstandprüfung *f* long-duration static test, static load fatigue test
Dauertest *m* static test
Dauertest *m***/dynamischer** vibration fatigue test
Dauerverschleiß *m* **durch Verkehr** *(BM, Verk)* continuous traffic wear
Dauerversuch *m* long-term test, endurance test, live test
Dauerwechselbiegefestigkeit *f (BM, Stat, TK)* alternate bending strength
Dauerzählstelle *f (Verk)* permanent count
Dauerzugfestigkeit *f* endurance tensile strength
Dauerzugprüfung *f (BM)* tensile fatigue test
Dauerzugversuch *m* repeated tensile test
Daumen/über den rule of thumb
Daumentürdrehöffner *m (EB)* thumb knob *(meist eingelassen)*
Daumentürdrücker *m (El)* thumb piece

Dazit *m (BM, Bod)* dacite *(Eruptiva)*
dazwischenlagern *v* sandwich
dazwischenlegen *v* sandwich
dazwischenliegend interjacent, intermediate
dazwischenschieben *v* sandwich
dB *(DIS) s.* Dezibel
Dechsel *m (BWG, Hb)* adze
dechseln *v (Hb)* dub, *(AE)* adz, adze
Deckanstrich *m* opaque coat, cover coat, final coat of paint, paint topcoat, topcoat overcoat, overcoating, coating • **mit Deckanstrich versehen** finish, topcoat
Deckanstrich *m* **für Neulackierung** *(OB)* refinishing topcoat
Deckanstrich *m***/porenschließender** *(DIS, Konst)* sealing coat
Deckanstrichstoff *m* finish paint, topcoat, topcoat paint, finish
Deckbahn *f* cap sheet
Deckbeschichtung *f (OB)* topcoat
Deckblech *n* deck plate
Deckbrücke *f (Br, Verk)* deck slab bridge
Decke *f* 1. *(BT)* cover *(Schutzdecke)*; 2. ceiling *(Raumdecke, Zimmerdecke)*; 3. floor *(zwischen Geschossen)*; 4. deckhead *(Mansardendach)*; 5. *(Tun)* roof; 6. *(Verk)* surfacing, pavement, topping; 7. *(Konst)* underfloor *(von unten gesehen)* • **eine Decke einziehen** ceil • **eine Decke verputzen** ceil • **eine Decke verschalen** ceil *(Paneelverschalung)* • **eine Decke wiederherstellen** *(Verk)* resurface, repave *(mit Asphaltzugabe)* • **mit flacher Decke** flat-roofed
Decke *f***/abgehängte** counterceiling, dropped ceiling, false ceiling, architectural ceiling, suspended ceiling
Decke *f***/abnehmbare** *(Konst)* removable ceiling
Decke *f* **aus Streckmetall** expanded metal ceiling
Decke *f***/auskragende** cantilevered floor, oversailing floor
Decke *f***/biegeweiche** non-rigid floor, flexible floor
Decke *f***/dachgeformte** *(Konst)* false roof
Decke *f***/dekorative** *(Arch)* plafond
Decke *f***/durchgehende** continuous floor
Decke *f***/durchscheinende** *(Konst)* translucent ceiling
Decke *f***/eingehängte** counterceiling, dropped ceiling, false ceiling, architectural ceiling, hung ceiling, inserted ceiling, suspended ceiling
Decke *f***/eingeschalte** shuttered floor
Decke *f***/feuerhemmende** *(TK)* fire-resisting floor *(für eine Stunde)*
Decke *f***/frei konstruktive** open floor
Decke *f***/freitragende** *(TK)* suspended floor
Decke *f***/gespundete** *(Hb)* tongued and grooved ceiling
Decke *f***/gespundete und genutete** *(Hb)* tongued and grooved ceiling
Decke *f***/getäfelte** *(Konst)* panelled ceiling
Decke *f***/geteilte** *(TK)* compartment ceiling *(mit Deckentafeln)*
Decke *f***/gewölbte** arched ceiling, arched floor, concameration
Decke *f***/kassettierte** rectangular grid ceiling, waffle ceiling
Decke *f***/Kleine'sche** *(TK)* Kleine's ceiling
Decke *f***/kontinuierliche** continuous floor
Decke *f***/massive** *(TK)* non-combustible roof floor
Decke *f* **mit lichtdurchlässiger Verblendung** *(El, Konst)* luminous ceiling
Decke *f* **mit Querbalken ohne Träger** bridging floor
Decke *f* **mit sichtbaren Unterzügen** open floor
Decke *f* **mit verdeckten Versorgungsleitungen** combined service ceiling
Decke *f* **mit Versorgungsleitungen** *(Konst)* serviced ceiling

D

Decke *f* **mit voller Installation/eingehängte** *(Konst)* integrated ceiling *(Licht, Klimaanlage, Lautsprecher)*
Decke *f* **mit voller Installierung/eingehängte** service integrated ceiling, suspended ceiling for services *(Licht, Klimaanlage, Lautsprecher)*
Decke *f***/nicht starre** *(Verk)* non-rigid pavement *(Straße)*
Decke *f***/schallabsorbierende** *(BT, DIS)* acoustical ceiling
Decke *f***/tapezierte** papered ceiling
Decke *f***/unmittelbar befestigte** *(BT, Konst)* contact ceiling
Decke *f***/untergehängte** dropped ceiling, architectural ceiling, hung ceiling, inserted ceiling, counterceiling
Decke *f***/verschiebbare** *(Konst)* sliding ceiling
Decke *f***/vorgefertigte** precast floor
Decke *f***/vorkragende** oversailing floor
Deckel *m* cover, top, cap • **Deckel schließen** cover • **mit Deckel verschließen** cap
Deckeldole *f (Erdb, WVA)* slab culvert
decken *v* 1. cover, roof, thatch *(Dach)*; 2. cover *(z. B. Farbe, Anstriche)*
decken *v***/ein Dach** *(Te)* roof
decken *v***/mit Dachziegeln** tile
decken *v***/mit Schiefer** slate
decken *v***/mit Schindeln** shingle
decken *v***/neu** *(RS, Te)* retile *(Dach)*
decken *v***/sich** *(BT, Konst, Te)* coincide
Deckenabfluss *m* floor drain
Deckenabhängung *f* ceiling suspension
Deckenablauf *m* floor drain
Deckenanker *m* joist anchor, crown bar, roof bolt
Deckenaufbau *m (Verk)* pavement construction, pavement structure, paving
Deckenauffüllung *f* floor filling
Deckenaufheizgerät *n (Verk)* road heater
Deckenausbildung *f***/verzierte** *(Arch)* plafond
Deckenauslassöffnung *f***/überstehende** step-down ceiling diffuser, step-down ceiling register *(Klimaanlage)*
Deckenauslegung *f (Konst)* flooring layout
Deckenausschnittsöffnung *f* climbing aperture *(für Montagekran)*
Deckenbalken *m* 1. *(Hb, TK)* floor beam; 2. *(Hb)* floor joist; 3. *(BT, TK)* common joist
Deckenbalken *m***/vorgefertigter** prefabricated floor beam
Deckenbalkenlage *f (Hb)* floor joists
Deckenbalkenlage *f***/geschlossene** *(TK)* solid floor
Deckenbalkenlage *f***/nicht unterstützte** single floor
Deckenbalkenträger *m* floor beam
Deckenbandleuchte *f***/eingelassene** regressed luminaire band, *(AE)* troffer
Deckenbau *m* 1. floor construction; 2. *(Verk)* surfacing, paving
Deckenbauelement *n* floor building unit, floor member, floor component
Deckenbaustein *m* floor tile
Deckenbausystem *n* floor structural system, floor system, floor construction
deckenbeheizt floor-heated
Deckenbekleidung *f* covering of the ceiling
Deckenbelag *m* ceiling covering
Deckenbelagplatte *f* ceiling tile
Deckenbelastung *f* floor load
Deckenbeleuchtung *f* ceiling illumination, ceiling light, ceiling lighting; ceiling area lighting *(der gesamten Decke)*
Deckenbeleuchtung *f***/eingelassene** regressed luminaire
Deckenbeleuchtung *f***/versenkte** regressed luminaire
Deckenbelüftungsöffnung *f (BM, HLK)* air diffuser
Deckenbemessung *f* 1. design of a floor system; 2. *(Verk)* pavement design *(Straße)*; 3. *(Verk)* structural design, pavement design *(Straße)*
Deckenbereich *m* floor zone
Deckenbewehrung *f* floor reinforcement
Deckenbild *n* mural painting, mural
Deckenbinder *m* ceiling binder, floor binder; iron tie
Deckenblockstein *m* floor tile
Deckenbügel *m***/einfacher** plain loop of ceilings
Deckenbürste *f* brush for ceilings
deckend/gut *(BM, OB)* opaque *(Farben)*
Deckendämmfliese *f* ceiling board
Deckendeckleiste *f* ceiling strap
Deckendicke *f* floor depth, floor thickness; pavement depth *(Straße)*
Deckendiffusor *m (HLK)* ceiling diffuser, ceiling register
Deckendose *f (El)* ceiling outlet, ceiling outlet box; lighting outlet *(für Leuchte)*
Deckendurchbruch *m* floor breakthrough
Deckendurchsteigöffnung *f* floor opening
Deckeneckenlatte *f* Scotch bracketing *(als Stuckleistenbasis)*
Deckeneinbau *m* 1. floor construction; 2. *(Verk)* road surfacing, toplayer paving, surfacing, paving *(Straße)*
Deckeneinbauzug *m (Verk)* paving train, spreading and finishing machines *(Straßenbau)*
Deckeneinlass *m (HLK)* ceiling grille
Deckeneinlass *m***/regelbarer** *(HLK)* ceiling register
Deckenelementfeder *f* 1. *(BT, Hb, Konst)* feather slip tongue; 2. *(Konst)* spline *(eingehängte Decke)*
Deckenerneuerung *f (Verk)* pavement restoration, pavement reconstruction, pavement rehabilitation *(nach Asphaltausbau)*
Deckenerneuerung *f***/bituminöse** *(Verk)* bituminous surface dressing
Deckenfach *n (Konst)* floor bay
Deckenfarbe *f* ceiling paint
Deckenfeld *n* bay of floor, floor bay, ceiling panel, pan, severy
Deckenfeld *n***/quergeteiltes** travis, *(AE)* trave
Deckenfertiger *m (Verk)* finisher, paver, road finisher, road finishing machine
Deckenfertigteil *n* prefabricated floor member
Deckenfertigung *f (Verk)* road carpeting
Deckenflachbalken *m* flush beam
Deckenfläche *f* floor area
Deckenflacheisen *n (BT)* rider strip
Deckenfliese *f* ceiling tile, ceiling board
Deckenfreske *f (Arch)* ceiling fresco
Deckenfüllblockstein *m* concrete hollow filler block, concrete hollow filler
Deckenfüllkörper *m* ribbed slab filler, soffit block, filler tile
Deckenfüllkörper *m* **aus Stahlblech** steel tray
Deckenfüllplatte *f* filler slab
Deckenfüllstein *m s.* Deckenfüllkörper
Deckenfüllstoff *m* floor filling material, beam fill, beam filling, wind filling
Deckenfüllziegel *m* clay floor brick
Deckengemälde *n* mural painting, mural, tablature
Deckengewölbefeld *n* severy; *(AE)* trave *(durch Querbalken geteilt)*
Deckengewölbeverzierung *f***/dreidimensionale** *(Arch)* muqarnas *(islamische Form)*
Deckenhaken *m* ceiling hook
Deckenhängekonstruktionssystem *n* ceiling suspension system, ceiling suspension construction
Deckenhänger *m* ceiling hanger
Deckenhebeverfahren *n (BB, Te)* lift-slab construction
Deckenheizung *f (HLK)* ceiling heating

Deckenhöhe *f* ceiling clearance, floor height, floor-to-floor height
Deckenhohlkörper *m (BT)* hollow structural floor unit
Deckenhohlplatte *f* 1. *(BM)* core floor slab; 2. *(Konst, TK)* hollow floor slab
Deckenhohlträger *m* hollow floor girder
Deckenhohlziegel *m* hollow-expanded brick, hollow filler brick
Deckenhülsenrohr *n* floor sleeve *(Deckendurchbruch)*
Deckenisolierung *f (DIS)* floor insulation
Deckenkassette *f* pan, coffer, waffle, cassette
Deckenkassettenplatte *f (BT)* coffered flooring slab
Deckenkehlleiste *f* plaster cove
Deckenkonstruktion *f* 1. ceiling construction, floor construction, floor structural system, floor structure; 2. *(Verk)* pavement structure
Deckenkonstruktion *f***/gewölbeförmige** barrel ceiling
Deckenkonstruktion *f* **mit einfacher Bewehrung** *(Konst)* one-way flooring system
Deckenkonstruktionssystem *n* **mit kreuzweiser Bewehrung** two-way flooring structural system
Deckenkonstruktionssystem *n***/schallabsorbierendes** *(DIS, Konst)* acoustical ceiling system
Deckenkorkplatte *f* corkboard for ceilings
Deckenkragen *m* lift-slab collar, slab collar *(Hubdeckenverfahren)*
Deckenkühler *m (HLK)* ceiling coil
Deckenkühlung *f* panel cooling
Deckenlatte *f* ceiling lath
Deckenlattung *f* ceiling lathes
Deckenleiste *f* ceiling strip
Deckenleuchte *f* ceiling light fitting, *(AE)* surface-mounted luminaire
Deckenleuchte *f***/eingebaute** *(El)* recessed fixture
Deckenlicht *n* overhead light
Deckenlochplatte *f (BT)* perforated ceiling board
Deckenlufteinspeiser *m* ceiling diffuser
Deckenlüfter *m (HLK)* ceiling ventilator
Deckenlüftungssystem *n (HLK)* ventilating ceiling system
Deckenluke *f* hatch, hatchway, scuttle
Deckenoberlicht *n* lay light, overhead light
Deckenöffnung *f* hatchway
Deckenornament *n* ceiling ornament
Deckenplatte *f* ceiling board, floor panel, floor slab, structural floor panel
Deckenplatte *f***/konstruktive** structural floor panel
Deckenplatte *f***/schallschluckende** acoustical ceiling board, absorbent ceiling board
Deckenprofil *n* ceiling shape
Deckenputzkehle *f* plaster cove
Deckenquerschnitt *m* floor cross section
Deckenrafter *m* ceiling joist
Deckenraster *m* ceiling grid
Deckenreflektor *m* 1. *(Verk)* pavement light; 2. *(LB, Verk)* vault light *(für Straßendecken)*
Deckenrippe *f* floor rib
Deckenrohr *n* ceiling reed *(Putzträger)*
Deckenrosette *f* ceiling rosette, wood ceiling blocks
Deckenschaden *m (Verk)* pavement distress, pavement failure *(Straße)*
Deckenschalldämmung *f* sound insulation of floors
Deckenschallschutzplatte *f* acoustical ceiling board, absorbent ceiling board
Deckenschalung *f* 1. decking, ceiling boarding; 2. ceiling shuttering, floor formwork, slab formwork *(Betonbau)*
Deckenschalung *f***/genutete** *(Hb)* grooved match ceiling boarding
Deckenschalung *f***/gestülpte** *(Hb)* clincher-built ceiling boarding
Deckenschalung *f* **mit profilierten Fugenleisten** ceiling boarding with profilated joint borders
Deckenscheibe *f* floor disk
Deckenschiene *f* overhead track *(Türanlage)*
Deckensteckdose *f (El)* ceiling outlet, ceiling outlet box
Deckenstein *m* filler block, hollow tile, structural floor unit, stone for ceilings *(Beton, Keramik)*
Deckenstrahlungsheizung *f* radiant ceiling heating
Deckenstützsystem *n (Tun)* propping
Deckensystem *n* floor structural system, floor system, structural system
Deckentafel *f* ceiling panel, floor panel
Deckentafel *f***/geformte** plaster ceiling panel
Deckentafel *f***/schallabsorbierende** acoustical ceiling board, *(AE)* acoustical lay-in panel *(für eingehängte Decken)*
Deckentafelbefestigungsleiste *f* ceiling strap
Deckentapete *f* ceiling paper
Deckenteil *n***/herausgehobenes** plaster ceiling panel
Deckenträger *m* floor joist, floor beam, ceiling beam, floor girder, ceiling hanger, common joist
Deckenträger *m***/oben abgeschrägter** bevelled joist
Deckenträgerrandfeld *n (TK)* tail bay
Deckentragwerk *n (TK)* ceiling floor *(einer eingehängten Decke)*
Deckenunterbau *m* pavement bed *(Straße)*
Deckenunterschicht *f* ceiling
Deckenunterseite *f* **mit sichtbaren Trägern** beam ceiling
Deckenunterzug *m* 1. *(Hb, TK)* joist; 2. *(TK)* longitudinal deck beam
Deckenventilator *m* ceiling fan, propeller fan
Deckenverdrahtung *f (El)* underfloor wiring
Deckenverkehrslast *f* floor live load, imposed floor load, variable floor load
Deckenverkleidung *f* covering of the ceiling, ceiling facing, ceiling lining, ceiling surfacing
Deckenverstärkung *f (Verk)* overlay
Deckenverzierung *f* ceiling enrichment
Deckenweite *f* floor span
Deckenwinkellatte *f* Scotch bracketing *(als Stuckleistenbasis)*
Deckenzement *m* pavement cement
Deckenziegel *m* clay floor brick
Deckenziegelstein *m* hollow tile
Deckenzubehör *n* ceiling accessory
Deckenzustandsbewertung *f (Verk)* assessment of pavement condition *(Straße)*
Deckenzustandserfassung *f (Verk)* assessment of pavement condition *(Straße)*
Deckenzwischenraum *m* ceiling void, floor void
Deckfähigkeit *f* opacity, covering capacity, hiding power *(von Farben)*
Deckfarbe *f* 1. covering coat, opaque coat, finishing coat, final coat of paint, topcoat paint, finish paint, topcoat enamel *(Anstrich)*; 2. opaque colour, opaque paint, opaque pigment, covering colour *(Farbstoff)*
Deckfenster *n (Konst)* skylight
Deckflacheisen *n* top flange plate, narrow strap
Deckfliese *f* finish tile
Deckfolie *f* masking film, masking sheeting
Deckfuge *f* covering joint
Deckfurnier *n* decorative veneer, face veneer, skin
Deckgebirge *n* 1. *(Bod)* overburden, burden, cap; 2. *(Erdb)* capping mass
Deckgesims *n (BT, Konst)* top moulding
Deckgewebe *n* cover woven fabric
Deckholz *n* capping piece
Deckkappe *f* capping *(bei kittloser Verglasung)*

D

Deckkraft *f* opacity, coverage, covering capacity, hiding power *(von Farben)*
Decklack *m* finishing enamel, clear coat
Decklack *m***/eingebrannter** baked finish
Decklackierung *f (OB)* finishing system
Decklage *f* 1. *(OB, Verk)* finish layer; 2. *(Hb)* decking, face *(Holz)*
Decklage *f* **eines Fußbodens** *(Konst, OB)* wearing layer
Decklasche *f* cover plate
Decklatte *f (Hb)* staff; splice piece *(für Fenster)*
Deckleiste *f* 1. cover fillet, cover strip, banding, staff, trim, tringle, *(AE)* reglet; 2. dutchman *(z. B. für schlechte Fugen, Fehlstellen)*; 3. angle staff, backband *(bei Fenster und Türen)*; 4. base shoe *(Viertelstab)*
Deckleiste *f* **für Scheuerleisten** base moulding
Deckleiste *f* **für Sperrholzverkleidungen/H-förmige** deck clip
Deckleiste *f***/gebogene** bead, bent shoe
Deckleiste *f***/rechteckige** *(Arch)* listel
Deckmantel *m (Tun)* finishing coat
Deckpigmentfarbe *f (BM, OB)* masstone
Deckplatte *f* 1. cover slab, butt slab, butt plate, top slab, deck slab; 2. crown of a wall; crown plate *(z. B. einer Säule)*; 3. *(Arch)* raised table, abacus padstone *(griechisch-dorische Säulendeckplatte)*; 4. drop panel, thickened portion of the slab *(Pilzkopfplatte)*
Deckplatte *f* **aus Werkstein** ashlar coping, stone coping slab
Deckplattenstein *m* tablet
Deckputz *m* final rendering
Deckputzmasse *f* plaster stuff *(Innenputz)*
Deckputzmörtel *m* final coat exterior plaster mixture, *(AE)* final coat stucco mixture
Deckrost *m* covering grate
Deckschicht *f* 1. overcoat, overcoating, finishing cover, topcoat, final coat *(Farben, Anstriche)*; 2. *(Verk)* surface course, overlay, wearing course, upper layer, final course, surfacing, *(AE)* friction course *(Straße)*; 3. covering layer, finish layer, surface layer, superficial layer *(allgemein)*; 4. *(Bod)* surface formation *(geologisch, Erdstoff)*; 5. *(Bod)* surface stratum *(Boden, geologisches Profil)*; 6. *(OB)* top layer *(Beschichtung)*; 7. *(Verk)* topping *(Bodenabdeckung)* • **Deckschicht erneuern** *(Verk)* resurface
Deckschicht *f***/bituminöse** asphalt surface course, bituminous surfacing
Deckschicht *f* **der Ummantelung** *(Konst, OB)* finish casing
Deckschicht *f***/dünne** *(Arch, OB)* overlying film
Deckschicht *f***/halbstarre** *(Verk)* semirigid pavement
Deckschicht *f***/hohlraumreiche** macadam road *(nach dem Makadamprinzip als Tränk-, Einstreu- oder Mischmakadam)*
Deckschicht *f***/hohlraumreiche bituminöse** macadam road *(nach dem Makadamprinzip als Tränk-, Einstreu- oder Mischmakadam)*
Deckschicht *f* **im Hocheinbau** *(Verk)* overlay
Deckschicht *f***/oberste** road carpet
Deckschicht *f***/offene [offenporige]** porous surface layer; friction course
Deckschicht *f***/strukturierte** textured finish
Deckschichtbelag *m***/flexibler** flexible surfacing
Deckschichtbeton *m (Verk)* top concrete layer *(Straße)*
deckschichtbildend surfacing
Deckschichterneuerung *f (Verk)* rehabilitation *(nach Asphaltausbau)*
Deckschichtmaterial *n* finishing material
Deckschichtpigment *n* topcoat pigment
Deckschwelle *f (Hb)* sill cover
Deckstein *m* coping stone, capping stone, stone slate *(einer Mauer, Wand usw.)*
Deckstein *m* **mit Leiste** lipped floor brick
Deckstreifen *m (BT)* splat *(für Wandbauplatten)*
Deckstufe *f* step cover
Decküberzug *m (OB)* cover coat
Deck- und Binderschicht *f (Verk)* surfacing
Deckung *f* 1. *(BT)* cover *(Beton über der Bewehrung)*; 2. roof cladding, roof covering, roof sheathing, roofing *(Dach)*; 3. coincidence, congruence *(mathematisch)*; 4. coverage, covering *(Abdeckung)*
Deckung *f* **der Stützenmomente** *(Stat)* allowance for the moments at support
Deckung *f***/einfache** single coverage, single covering
deckungsgleich *(Arch, Konst)* congruent
Deckungskraft *f* body of paint, spreading rate, opacity, covering, hiding power *(von Farben)*
Deckvermögen *n s.* Deckungskraft
Deckwerk *n* pitching
Deckwerkstoff *m* covering material, finishing material
Deckwinkelverlaschung *f (Konst)* wrapper
Deckziegel *m (BM, BT)* convex tile
Defekt *m* 1. *(BM)* fault; 2. *(BM, St)* flaw
Defektdatum *n (VR)* defects date *(Bauablauf)*
Defektoskop *n (BM)* defectoscope *(Gerät zum Erkennen fehlerhafter Materialstruktur durch zerstörungsfreie Prüfung)*
definieren *v* define
Definitionsbereich *m (RP, Stat)* domain of definition
Defizit *n* deficiency, deficit, shortfall *(z. B. beim Leistungsaufmaß)*
Deformation *f* 1. deformation; distortion *(mechanisch)*; 2. *(Te)* straining *(Vorgang)*
Deformation *f***/bleibende** *(BM)* residual deformation
Deformation *f***/elastische** elastic deformation
Deformationsarbeit *f (Stat)* strain work
Deformationsauswirkung *f* deformation effect
Deformationsbedingung *f* deformation condition
Deformationsebene *f* deformation plane
Deformationsellipsoid *n* strain ellipsoid
Deformationsgrad *m* degree of deformation
Deformationsmethode *f (Stat)* equilibrium method
Deformationsmodul *m* modulus of deformation, static Young's modulus
deformieren *v* deform, strain
deformieren *v***/sich** deform
Deformierung *f* deformation
Degenerierung *f (Arch)* degeneracy
Dehn... tensile ...
Dehnbandprofil *n (BT)* continuous sealing element *(Fugenband)*
dehnbar 1. extensible, stretchable, elastic, expansible; 2. ductile, tensible, tensile, dilatable *(feste Körper)*; 3. elastic, flexible *(elastisch)*; 4. ductile *(plastisch)*; 5. malleable *(kaltverformbar)*
dehnbar/nicht *(BM)* inextensible
Dehnbarkeit *f* 1. elasticity, expansibility, extensibility, stretchability; 2. dilatability *(Baustoffausdehnung)*; 3. distensibility, ductility, tractility *(Streckbarkeit, z. B. von Bitumen, Metall)*
dehnen *v* 1. elongate *(ausdehnen)*; 2. *(Stat, Te)* strain *(bei Zugbeanspruchung)*; 3. *(BM, BT, Konst, Te)* stretch
dehnen *v***/sich** *(BM, BT, Konst, Te)* stretch
Dehnfuge *f* dilatation interval, dilatation joint, expansion joint, running joint, wall joint
Dehngeschwindigkeit *f* strain rate
Dehngrenze *f* ductility limit *(Streckgrenze)*; percentage proof stress, proof stress *(Dehnspannungsgrenze)*
Dehnhülse *f* resilient sleeve

Dehnprofil *n* expansion profile *(von Fugen)*
Dehnung *f* 1. *(BM, BT)* dilatation *(Baustoffausdehnung bei Wärme)*; 2. distension *(Streckung)*; 3. *(BM)* elongation *(verformende Ausdehnung)*; 4. expansion *(Gase, Körper)*; 5. *(BM)* extension *(mechanisch, bes. Metalle)*; 6. permanent strain, strain, *(AE)* unit strain *(bei Zug)*; 7. stretch, stretching *(elastisch)*; 8. *(BM)* yield *(über der Elastizitätsgrenze)*
Dehnung *f*/axiale axial strain
Dehnung *f*/bleibende offset *(Größe, bei Zug)*; inelastic strain, permanent strain, plastic strain
Dehnung *f*/ebene plane strain
Dehnung *f*/einachsige *(Stat)* uniaxial strain
Dehnung *f*/elastische elastic strain, stretch
Dehnung *f*/gleichförmige *(Stat)* uniform dilatancy
Dehnung *f*/linear veränderliche *(BM, Stat)* linearly varying strain
Dehnung *f*/lineare 1. *(BM, BT)* linear dilatation; 2. *(Stat)* uniaxial strain
Dehnung *f*/negative negative elongation, shortening
Dehnung *f*/plastische non-elastic strain, inelastic strain, permanent strain, plastic elongation, plastic strain
Dehnung *f*/thermische *(BM)* heat expansion
Dehnung *f*/zweidimensionale plane strain
Dehnungs... tensile ...
Dehnungsaufnahmeverstärker *m*/mechanischer mechanical strain amplifier
Dehnungsausgleicher *m (HLK, WVA)* extension bellows
Dehnungsbeiwert *m* expansion coefficient
Dehnungsbogen *m* expansion bend *(Rohr)*
Dehnungsbruch *m* tensile failure
Dehnungsdübel *m* expansion cap
Dehnungsenergie *f (Stat)* strain energy
Dehnungsenergieverteilung *f* strain energy density
Dehnungsfaktor *m (BM)* gauge factor *(Dehnungsmessung)*
Dehnungsfeld *n (Konst)* strain field
Dehnungsfuge *f (Verk)* construction joint, joint clearance; dilatation interval, dilatation joint, expansion joint; wall joint
Dehnungsfugenabdichtung *f* expansion joint sealing
Dehnungsfugenband *n* expansion joint waterstop
Dehnungsfugendeckband *n* expansion joint cover
Dehnungsfugendichtung *f* expansion joint seal
Dehnungsfugenfüllstoff *m* expansion strip, insulating strip
Dehnungsfugenkappe *f* expansion joint ridge capping
Dehnungsfugenkitt *m* expansion joint mastic
Dehnungsfugenprofil *n* expansion joint section
Dehnungsgeber *m* strain transducer
Dehnungsgefäß *n (HLK)* expansion tank *(Heizung)*
Dehnungsgeschwindigkeit *f* rate of strain
Dehnungsgesetz *n (Stat)* law of elongation
Dehnungsgrenze *f* ductility limit, elongation limit
Dehnungshülse *f* resilient sleeve
Dehnungsintensitätsfaktor *m* strain intensity factor
Dehnungskluft *f (Erdb)* tension joint
Dehnungskoeffizient *m (BM, Stat)* coefficient of linear extension
Dehnungskraft *f (Stat)* racking force
Dehnungslinie *f (BM, Stat)* elongation line
Dehnungsmarke *f* parting cast
Dehnungsmesser *m* dilatometer, extensometer, strain meter, strainometer
Dehnungsmessgerät *n* strain measuring device, strain measuring instrument
Dehnungsmessstreifen *m* expansion measuring strip, strain gauge, strain measuring tape, *(AE)* strain gage *(z. B. Betonprismen)*
Dehnungsmessung *f (BM)* strain measurement
Dehnungsmessung *f* mit dem Dehnungsmessstreifen *(BM)* strain gauging
Dehnungsmessverstärker *m s.* Dehnungsverstärker
Dehnungsmodul *m* elasticity modulus; strain modulus
Dehnungsriss *m* expansion crack, extension crack, tension fracture
Dehnungsrohr *n* expansion pipe
Dehnungsschlaufe *f* expansion bend *(Rohrleitungen)*; compensation device
Dehnungssystem *n (Konst)* strain system
Dehnungsverhalten *n* expansivity
Dehnungsversagen *n* tensile failure
Dehnungsverstärker *m* strain amplifier *(Messtechnik)*
Dehnungsverteilung *f* strain distribution
Dehnungsverträglichkeit *f (BM)* strain compatibility
Dehnungszahl *f* modulus of elongation
Dehnungszeit *f* expansion time
Dehnungsziffer *f* modulus of elongation
Dehnungszone *f (Konst)* expansion zone
Dehnweg *m* expansion distance, stretch
Dehnwelle *f (DIS)* irrotational wave *(Festkörperschall)*
Dehnzahl *f (BM, Stat)* coefficient of linear extension
Dehnziffer *f (BM, Stat)* coefficient of linear extension
dehydratisieren *v* dehydrate
Dehydratisieren *n* dehydration
dehydratisiert dehydrated
dehydrieren *v* dehydrate
dehydriert dehydrated
Deich *m (Wsb)* flood bank, dike, lode, levee; embankment *(bes. bei Flüssen)*
Deichanlage *f (Wsb)* embankment structure
Deichbruch *m (Wsb)* failing of dike, dike failure, dike burst, breaking of a dike
Deicherdstoff *m* embankment material
Deichfuß *m (Wsb)* toe of a dike
Deichgraben *m* dike drainage ditch
Deichland *n* dike land, innings
Deichsiel *n (Wsb)* overflow of tide
Dekadenrapport *m* progress report
Dekagon *n (Arch)* decagon
Dekantierbassin *n (San, WVA)* decantation tank
Dekantieren *n* decantation, levigation
Dekastylon *n (Arch)* decastyle *(Tempelbau)*
Deklarationsnorm *f* standard on data to be provided
Dekobaukeramik *f (Arch, BM)* decorative structural ceramics
Dekodecke *f (Arch, TK)* ornamental ceiling
Dekofolie *f* ornamental foil
Dekoform *f* decorative form
Dekontaminierung *f (Umw)* decontamination *(von Boden)*
Dekoplatte *f (Arch)* ornamental board
Dekor *n* decoration, ornamentation
Dekorakustikdecke *f (Arch, DIS)* ornamental acoustical slab
Dekorarchitektur *f (Arch)* ornamental architecture
Dekorarchivolte *f (Arch)* decorated archivolt
Dekoration *f* ornamentation, decoration, decorative finish, pattern
Dekoration *f*/plastische carved pattern
Dekorationsarbeit *f* ornamental work, decorative work
Dekorationsband *n* decorative band, ornamental band, continuous ornament
Dekorationsbaukunst *f* decorative architecture
Dekorationsbeschichtung *f* decorative finish, ornamental coating
Dekorationsbeschläge *mpl* ornamental hardware
Dekorationsbeton *m* ornamental concrete
Dekorationsdecke *f* decorative ceiling, ornamental ceiling
Dekorationsdeckenplatte *f* decorative ceiling board
Dekorationseigenschaft *f* decorative property
Dekorationseinfassung *f (Arch)* ornamental trim

D

Dekorationseisen *n* ornamental iron
Dekorationselement *n* decorative fixture
Dekorationsfähigkeit *f* decorative property
Dekorationsfenster *n* decorative window, ornamental window
Dekorationsfliese *f*/**handgefertigte** faience tile
Dekorationsform *f* ornamental form
Dekorationsformstein *m (Arch)* special decorative tile
Dekorationsfuge *f* ornamental joint
Dekorationsgiebel *m (Arch, Konst)* ornamental gable
Dekorationsglied *n (Arch)* ornament
Dekorationsleiste *f* applied trim, moulding
Dekorationsleiste *f*/**abgeschrägte** *(Arch)* splay moulding
Dekorationsleuchte *f (El)* ornamental luminaire
Dekorationsmotiv *n (Arch, Konst)* ornamental motif
Dekorationsmuster *n* ornamental pattern
Dekorationsoberfläche *f* ornamental surface, decorative surface
Dekorationspflanzung *f (Arch, LB)* ornamental planting *(Landschaftsbau)*
Dekorationsplatte *f* ornamental board, decorative tile
Dekorationsprofil *n* moulding, *(AE)* molding
Dekorationsprofilstein *m (Arch)* special decorative tile
Dekorationsputz *m* decorative finish
Dekorationsputz *m*/**persischer** *(Arch)* gatch
Dekorationsrahmen *m (EB)* surround
Dekorationssäule *f (Arch)* columella
Dekorationssäule *f*/**schmale** *(Arch)* colon(n)ette
Dekorationsstein *m* sculptural-type block
Dekorationsstil *m (Arch)* style of ornamentation
Dekorationsstil *m*/**geometrischer** Geometric style
Dekorationswand *f* decorative wall
Dekorationsziegel *m* ornamental brick
Dekorationsziegelmauerwerk *n* ornamental pattern brickwork, ornamental masonry
Dekorationszuschlagstoff *m* decorative aggregate
dekorativ decorative
Dekorbeschichtung *f* ornamental coating, decorative coat
Dekorbeton *m (Arch, Konst, OB)* fair concrete
Dekordecke *f* decorated ceiling
Dekorelement *n (Arch)* enrichment
Dekorfläche *f (Arch)* decorated area
dekorieren *v* decorate, dress
Dekorieren *n* decorating
dekoriert/kettenförmig *(Arch)* catenated
Dekorierung *f (Arch)* decoration
Dekorkassettenplatte *f* ornamental slab
Dekorplatte *f (Arch)* decorative board
Dekorziegel *m* decorative brick
Dekostein *m (Arch)* special decorative tile
Dekostütze *f* decorative column
Dekotür *f* decorated door
Delle *f* dint; dell *(in einer Gradiente)*; depression *(geographisch)*
Deltabucht *f* delta bay
Deltadamm *m (Wsb)* deltaic embankment
Deltaform *f* delta shape
Deltasediment *n* estuarine deposit, estuarine deposition
Deltasee *m* delta lake
Demonstrationsbau *m (Arch)* demonstration building
Demonstrationsbauvorhaben *n (Arch, RP)* sample community
Demonstrationsgebäude *n (Arch)* demonstration building
Demonstrationsprojekt *n (Arch, RP)* sample community
Demonstrationssiedlung *f (Arch, RP)* sample community
Demontage *f* disassembly, dismounting; dismantling, stripping *(einer Schalung)*; taking apart *(Hausinstallation)*
demontierbar demountable, collapsible, sectional
demontieren *v* 1. knock down, demount, disassemble, dismantle *(z. B. Gebäude)*; 2. remove, strip down *(Schalung)*; 3. take down, take to pieces *(Bauelemente, Installationen)*
Demulgator *m* demulsifier
demulgieren *v* demulsify
dendritisch dendritic
Denken *n*/**bildnerisches** *(Arch)* creative thought
Denkmal *n (Arch)* monument, memorial
Denkmalkirche *f (Arch)* Martyrium
Denkmalliste *f* National Register of Historic Places
Denkmalliste *f*/**nationale** National Register of Historic Places
Denkmalpflege *f* 1. *(Arch, Te)* historic preservation; 2. *(Arch)* preservation of monuments
Denkmalschutz *m (Arch)* protection of monuments
Denkmalschutzauflage *f (RS, Umw, VR)* conservation order
Denkmalsliste *f (Arch)* list of monuments
Denudation *f (Bod)* denudation *(geologisch)*
Deponie *f (Umw)* landfill, stockpile, storage site, waste dump, dumping ground, waste tip, repository
Deponie *f*/**abgeschlossene** *(Umw)* complete fill
Deponie *f*/**geordnete** 1. *(Te, Umw)* controlled dumping; 2. *(Umw)* sanitary landfill
Deponie *f*/**ungenehmigte** *(Umw)* phantom dump
Deponie *f*/**ungeordnete** open dump, uncontrolled tipping
Deponie *f*/**verfüllte** *(Umw)* complete fill
Deponieabdichtung *f (Umw)* landfill lining
Deponieauffüllart *f* tip-filling method
Deponiebetrieb *m (Umw)* waste site operation
Deponiefüllart *f* tip-filling method
Deponiegelände *n (Umw)* dumping site
Deponiegut *n* fill mass, waste mass
Deponieren *n*/**geordnetes** *(Umw)* sanitary landfilling
Deponiestandort *m (Umw)* landfill site
Deponietyp *m (Umw)* landfill design
Depot *n* depot
Depressionsfläche *f (Erdb)* surface of depression *(Grundwasserabsenkung)*
Derbholz *n (Hb)* compact wood
Derbstangen *fpl (BM, Hb)* compact bars
Derrick *m* derrick
Derrickhauptmast *m* derrick kingpost, derrick mast, pole
Derrickkran *m* derrick, *(AE)* stiff-leg derrick
Derrickkran *m*/**abgespannter** *(BWG, Te)* guy derrick
Derrickkran *m*/**feststehender** Scotch derrick
Derrickponton *m* derrick pontoon
Derrickunterbau *m* derrick foundation
Desaktivierung *f (BM, BT, OB, Te)* deactivation *(z. B. Entzug von korrosionsfördernden Substanzen)*
Design *n*/**ergonomisches** *(HLK, Umw)* ergonomic design
Desilifizierung *f* desilication
Dessinblech *n* fancy sheet metal
Dessindraht *m* profiled wire
destabilisieren *v* destabilize
Destillationsbitumen *n* solid bitumen, straight-run bitumen, *(AE)* straight-run asphalt
Destillationsbitumenerhitzer *m (BM, Te)* hot bitumen heater
Destillationsrückstand *m (BM)* residue by distillation
Destruktion *f* destruction
Destruktionsfäule *f (OB, RS)* brown rot
Detail *n* detail
Detail *n*/**plastisches** *(Arch)* sculptural detail
Detailaufnahme *f (Verm)* surveying of details
detaillieren *v* itemize
detailliert detailed
Detailreichtum *m (Arch)* richness of detail
Details *npl*/**wichtige** *(sl)* nuts and bolts

Detailzeichnung *f* detail drawing, detailed drawing
Detailzeichnung *f* **im wahren Maßstab** épure
Detektor *m***/getrennt aufnehmender** *(Verk)* selective detector
Detergens *n* synthetic detergent
Determinante *f (Stat)* determinant
Detonation *f* detonation
detritisch detrital
deuten *v***/geometrisch** explain geometrically, interpret geometrically
Deutscher Bauindustrieverband *m* German Construction Industry Association
Deval-Abriebtrommel *m (BM)* Deval testing machine
Devastierung *f (Umw, VR)* land degradation
Deviationsmoment *n (Stat)* deviation moment
Deviatorspannung *f* deviatoric stress, deviatory stress
Dextrin *n* dextrin, starch gum
Dezentralisierung *f (RP)* decentralization
Dezibel *n (DIS)* decibel, dB *(Kennwort für die Schallpegeldifferenz)*
Dezimetersystem *n (Konst)* decimetric system *(Maßordnung)*
Dezimeterziegel *m* metric modular unit
Diabas *m* diabase, green stone, greenstone
Diabas *m***/schwarzer** *(BM)* picrite
Diabasbims *m (BM)* greenstone tuff
diabasisch diabasic
Diabasporphyr *m* diabase porphyry
Diabasstruktur *f* diabasic texture
Diabastuff *m* diabasic tuff
Diagenese *f* diagenesis
Diagnose *f* diagnosis
diagonal *(Stat)* transverse
Diagonalaussteifung *f (Konst)* stiffening by diagonals
Diagonalaussteifung *f***/paarweise** *(Hb, Konst, St) (AE)* cross bridging
Diagonalbewehrung *f (BM)* web reinforcement
Diagonalbewehrungsstab *m (BM)* web bar
Diagonalbogen *m* diagonal arch
Diagonaldruck *m* diagonal compression
Diagonaldruckspannung *f (Stat, TK)* diagonal compression stress
Diagonaldruckstab *m* diagonal stay, diagonal strut
Diagonale *f* 1. *(BT, St)* lattice bar; 2. *(BT, TK)* oblique rod *(Stahlbau)*; 3. *(Konst, TK)* diagonal *(Mathematik)*; 4. diagonal bar, diagonal member, diagonal rod *(Tragwerke)*
Diagonalen *fpl (Konst)* lacing *(der Vergitterung)*
Diagonalfachwerkstab *m* raker
Diagonalfliese *f***/quadratische** quadrel
Diagonalglied *n* diagonal bar, diagonal member, diagonal rod; lattice bar *(Stahlbau)*
Diagonalgurt *m (BT)* truss rod
Diagonalität *f* diagonality
Diagonalkassettendecke *f* diagonal cassette ceiling, diagonal coffered soffit, diagonal waffle ceiling
Diagonalkernschicht *f (SB)* raking course
Diagonalkragziegel *m* toother *(Mauerwerk)*
Diagonallage *f* **der Dachschieferplatten** diagonal slating
Diagonalrahmen *m (Hb)* diagonal frame *(Holz)*
Diagonalraster *n* diagrid
Diagonalriegeltor *n* barred-and-braced gate
Diagonalrippe *f* diagonal rib; cross springer *(Gewölbe)*
Diagonalriss *m* diagonal crack
Diagonalschicht *f* **mit herausstehenden Ziegelecken** *(SB)* dog-tooth course
Diagonalschichtung *f (Bod)* tabular cross-bending
Diagonalschieferdeckung *f* **mit gebrochener Schieferspitze** honeycomb slating
Diagonalschieferlegung *f* diagonal slating
Diagonalschnitt *m* diagonal grain, oblique grain *(Holz)*
Diagonalstab *m* 1. diagonal bar, diagonal rod; 2. *(BT, St)* lattice bar *(Stahlbau)*; 3. racker *(Fachwerk)*; 4. *(BT)* strut *(Druckglied)*
Diagonalstellung *f (Arch, RP)* diagonal position
Diagonalstichbalken *m* dragon beam, dragon piece
Diagonalstrebe *f* diagonal brace, diagonal member, diagonal stay, cross stay, diagonal strut
Diagonalverband *m* diagonal bond, herringbone bond, raking bond *(Mauerwerk)*
Diagonalverband *m***/horizontaler** diagonal bridging
Diagonalverband *m* **mit abgehackten Diagonalziegelecken** *(SB)* clip bond
Diagonalverlegen *n* diagonal laying
Diagonalverlegung *f* diagonal layer, diagonal laying, stiffening by diagonals
Diagonalversteifung *f* **von Deckenträgern** 1. *(Konst, TK)* herringbone strutting; 2. *(Hb, Konst, St) (AE)* cross bridging
Diagonalzug *m* diagonal tension
Diagonalzugspannung *f (Stat)* diagonal tensile diagonal tension
Diagonalzugstab *m (TK)* diagonal tie
Diagramm *n* diagram, graphical representation, schema; chart, graph, plot • **als Diagramm dargestellt** shown diagrammatically
Diakonikon *n (Arch)* diaconicon *(Sakristei)*
Diamantbohrer *m (BWG)* diamond drill
Diamantfrässcheibe *f* diamond disc
Diamantierung *f (Arch)* diaper
Diamantkreissäge *f s.* Diamantfrässcheibe
Diamantrustikalmauerwerk *n* diamond-pointed rustication
Diamantschneider *m* cutting diamond
Diamantschnitt *m* diamond fret
Diamiktonmauer *f (Arch)* diamicton *(römische Architektur)*
Diaphragma *n* 1. *(Wsb, WVA)* diaphragm; 2. *(Erdb)* membrane
Diaspor *m (BM)* diaspore
Diasporerzeugnis *n (BM)* diaspore refractory product *(Tonerdefeuerfesterzeugnis)*
Diastylos *m (Arch)* diastyle *(weitsäulige Anordnung)*
Diatomeenerde *f* diatomaceous earth, diatomite, kieselguhr, tellurine
Diazoma *m (Arch)* diazoma *(Gang im griechischen Theater)*
Dicalciumsilicat *n (BM)* dicalcium silicate
dicht 1. leakproof, proof, waterproof, impervious *(undurchdringlich, undurchlässig)*; 2. dense, thick, heavy *(Verkehr, Körper)*; 3. *(BT, Konst)* close *(geschlossen)*; 4. *(BM)* close-grained *(Holz; Baumaterial)*; 5. *(BM)* compact *(Struktur; Aufbau)*; 6. solid *(kompakt, massiv)*; 7. *(Wsb)* staunch *(z. B. Lagerräume, Unterwasserbauwerke)*; 8. *(Konst)* thick *(aufeinanderfolgen)* • **dicht machen** proof, seal
Dichtbeton *m* dampproof concrete, dampproofing concrete
Dichte *f* 1. *(BM)* density; 2. *(Hb)* body *(Bauholz)*
Dichte *f***/absolute** absolute density
Dichte *f***/anstehende** in-situ density *(Erdstoff)*
Dichte *f***/relative** relative density, specific gravity
Dichte *f***/scheinbare** apparent density
Dichtebereich *m* density range *(verdichteter Baustoffe)*
Dichtebestimmungsgerät *n (Bod, Erdb)* densitometer *(z. B. für Erdstoffe)*
Dichtemessgerät *n***/radiometrisches** *(BM)* nuclear density meter
Dichtemessung *f* density logging
dichten *v* 1. make tight, caulk, pack; 2. *(DIS, Te)* seal *(z. B.*

D

Fugen); 3. stop, stop up *(gegen Feuchtigkeit, z. B. Mauerwerk)*; 4. lute *(Rohrverbindungen)*
Dichten *n* sealing
Dichteprüfung *f* density control, proofing test
Dichteunterschied *m* density contrast, density difference, difference in density
Dichtfilz *m* sealing felt
Dichtfläche *f* sealing face, packing surface
Dichtfuge *f (DIS, Konst)* sealing joint
Dichthaut *f* water-repellent membrane
Dichtheit *f* 1. *(BM, DIS)* impermeability; 2. *(BM, DIS)* imperviousness; 3. *(DIS)* tightness; 4. *(BT, Konst)* staunchness *(z. B. einer Verbindung)*
Dichtheitsgrad *m (DIS)* tightness degree
Dichtigkeit *f* 1. *(DIS)* tightness; 2. *(BT, Konst)* staunchness *(z. B. einer Verbindung)*
Dichtigkeitsgrad *m (DIS)* tightness degree
Dichtigkeitsprüfung *f* **mit Wasser** *(BM, DIS)* water test
Dichtlehm *m* puddle
Dichtmachen *n (DIS)* tightening
Dichtmaterial *n* dampproof material
Dichtmittelzusatz *m (BM, DIS)* dampproofing addition
Dichtmörtel *m* seal mortar
Dichtnaht *f* seal weld
Dichtnietung *f (St)* close riveting
Dichtpaste *f* sealing past
Dichtring *m* sealing ring
dichtsäulig *(Arch)* pycnostyle
dichtschweißen *v* seal-weld
Dichtschweißnaht *f* caulking weld, seal weld
Dichtstrick *m (San, WVA)* pouring rope
Dichtung *f* gasket, packing, proofing, seal, sealing
Dichtung *f***/anschwellende** intumescent strip
Dichtung *f***/äußere** *(DIS)* exterior sealing
Dichtung *f***/eingeschlossene** *(DIS)* integral waterproofing
Dichtung *f***/starre** gasket seal, static seal
Dichtung *f***/totale** *(DIS)* positive cut-off
Dichtungsanstrich *m* 1. *(BM)* sealing paint; 2. *(DIS, OB)* sealing coat
Dichtungsarbeiten *fpl (DIS)* sealing work, waterproofing work *(BS 8000-4, DIN 18336)*
Dichtungsbahn *f* 1. *(BM, DIS)* seal sheeting; 2. *(DIS)* liner sheet
Dichtungsband *n* caulking strip, sealing profile, sealing strip, water stop
Dichtungsbinde *f* sealing jacket
Dichtungsfläche *f* sealing face, sealing surface
Dichtungsfolie *f (BM, DIS)* sealing foil
Dichtungsgummi *m* sealing rubber
Dichtungshaut *f* dampproof membrane, water-repellent membrane; waterproofing membrane, watertight diaphragm, watertight screen *(Baugrund, Stauwerk)*
Dichtungsholz *n* timber seal
Dichtungskehle *f* caulking recess
Dichtungskern *m* 1. *(DIS, Konst, Wsb)* sealing core; 2. *(Erdb)* core wall; watertight core *(Stauwerk)*
Dichtungskitt *m* sealing cement, sealing putty, luting
Dichtungskragen *m (BT, DIS)* sealing collar
Dichtungslage *f* impermeable membrane, impervious course, barrier
Dichtungslatte *f* draught fillet
Dichtungsleder *n* leather sealing strip
Dichtungsleiste *f* face of joint, seal rail, sealing fillet; backband, wind stop *(für Fenster und Türen)*
Dichtungslippe *f* sealing lip, *(AE)* draft bead
Dichtungsmanschette *f* preformed gasket
Dichtungsmasse *f* caulking compound, sealer, sealing agent, sealing compound, sealing mass, tightening compound
Dichtungsmaterial *n* packing material, sealing end, sealing material
Dichtungsmittel *n* caulking medium, cementing agent, packing material, sealing medium; water repeller, waterproofing agent *(Zusatzmittel)*; densifier *(z. B. für Beton)*
Dichtungsmörtel *m* seal mortar
Dichtungsnagel *m* lead head nail
Dichtungspackung *f (San, WVA)* gland packing
Dichtungspapier *n* building paper
Dichtungspapier *n***/getränktes** lining paper
Dichtungsprofil *n* jointing section, gasket, sealing profile
Dichtungsprofil *n***/zugbeanspruchtes** *(BT, DIS)* tensional gasket
Dichtungsputz *m* parget, pargeting • **Dichtungsputz aufbringen** *(DIS, Te)* parge
Dichtungsputzschicht *f (DIS)* parge coat
Dichtungsring *m* ring gasket, sealing ring, washer, grommet
Dichtungsring *m***/aufblasbarer** inflatable gasket
Dichtungsring *m***/defekter** blown gasket
Dichtungsring *m* **für Rohrleitungen** pipe gasket
Dichtungsscheibe *f* gasket, grummet, grummet washer, washer
Dichtungsschicht *f* impervious blanket; waterproofing layer
Dichtungsschleier *m (Erdb)* grouted cut-off wall; waterproofing membrane, watertight diaphragm, watertight screen *(Baugrund, Stauwerk)*
Dichtungsschürze *f* 1. *(Erdb, Wsb)* waterproof blanket; 2. *(DIS)* blanket *(Stauanlage, Erddamm, Steinschüttdamm)*; 3. *(Wsb)* watertight facing *(Stauwerk)*
Dichtungsschürze *f***/wasserseitige** *(Wsb)* upstream side curtain
Dichtungsschweißung *f (St, Te)* seal welding
Dichtungsstoff *m* packing material, sealing material, sealant
Dichtungsstreifen *m* caulking strip, sealing strip, water stop
Dichtungsstreifenzerstörung *f* reversion of sealants *(durch chemische Reaktion)*
Dichtungsstrick *m* sealing rope, gaskin
Dichtungston *m (BM, Bod)* puddle clay
Dichtungsventil *n (BT, WVA)* compression valve *(Wasserleitung)*
Dichtungsverbindung *f* waterproofing joint
Dichtungsvorlage *f (Erdb, Wsb)* waterproof blanket *(Stauanlage, Erddamm, Steinschüttdamm)*
Dichtungswand *f* diaphragm wall; slurry wall
Dichtungswand *f***/äußere** *(Wsb)* retention wall
Dichtungswanne *f (Erdb)* tanking
dick thick; large *(massig)*; heavy, dense *(Verkehr)* • **dick werden** *(BM, OB)* body
Dickbeschichten *n (OB)* heavy-weight coating
Dickbettverfahren *n* mortar-bed method, thick-bed method *(Fliesenlegen)*
Dicke *f* thickness; depth *(Höhe, Stärke)*; build *(eines Anstrichs)* • **auf bestimmte Dicke bringen** *(Hb, Te)* thickness *(Holz)*
Dicke *f***/mittlere** mean thickness
Dickeklasse *f (Hb)* diameter class
Dickenbearbeitung *f (Hb)* thicknessing
Dickenbemessung *f (Verk)* thickness design *(Straße)*
Dickenhobel *m (Hb)* thicknesser
Dickenklasse *f (Hb)* diameter class
Dickenlehre *f* feeler gauge
Dickenmesser *m* calliper, thickness gauge
Dickenmesslehre *f* calliper
Dickenmessung *f* thickness measurement
Dickenquellung *f* thickness swell *(Holz)*

dickflüssig viscous • **dickflüssig werden** fatten, thicken *(z. B. während der Lagerung)*
Dickformat *n (BM, SB)* large format *(Mauerstein)*
Dicköl *n (BM)* bodied oil
dickplattig thick-shaly
Dickschicht *f (OB)* heavy-weight coating
Dickschichtanstrich *m (OB)* high-build coating
Dickschichtanstrichsystem *n (OB)* high-build coating system
Dickschlamm *m (WVA)* concentrated slurry
Dickte *f* ply *(Holzschicht)*
dickwandig heavy-wall, heavy-walled, thick-walled
Diele *f* 1. board, floorboard, plank, plank unit, sheet pile, *(AE)* deal *(meist aus Nadelholz)*; 2. lobby, floor, hall *(Empfangsraum)* • **Dielen legen** lay a floor, floor, board, plank
dielektrisch *(El)* non-conducting
dielen *v* lay a floor, board, floor, plank
Dielen *n* boarding, flooring, planking
Dielenbalken *m* boarding joist, floor joist
Dielenbalken *mpl (Hb)* naked flooring
Dielenbalkenlage *f* carcass flooring
Dielenbalkensystem *n (Hb)* floor framing
Dielenbelag *m* batten floor, batten flooring
Dielenblendmauer *f* spere *(England)*
Dielenbrett *n* floorboard, planch *(s. a. Diele 1.)*
Dielendecke *f (Hb)* plank floor
Dielenfußboden *m* batten floor, batten flooring, wood strip flooring, *(AE)* deal floor
Dielenfußboden *m*/**gefederter** *(Hb)* tongued and grooved flooring
Dielenklammer *f* floor clamp, floor dog
Dielenkopf *m (Arch)* mutule *(flacher Schrägstein eines dorischen Gesimses)*
Dielenlager *n* flooring sleeper
Dielenlagerholz *n* flooring sleeper
Dielennagelung *f*/**verdeckte** edge nailing
Dielenrahmen *m (Hb)* naked flooring
Dielung *f* batten flooring, batten floor, floor boarding, boarding, plank floor, plank flooring, flooring
Dielung *f* **aus geleimten Tafeln** *(EB, Hb)* glued slab flooring
Dielung *f*/**gefederte** *(Hb)* tongued flooring
Dielung *f*/**gespundete** *(Hb)* grooved and tongued flooring
Dielung *f*/**halbgespundete** *(Hb)* rebated boarding
Dienst *m* 1. service; 2. *(Arch)* engaged pillar *(gotische Kirchen)*; respond *(allgemein in gotischer Architektur)* • **im Dienst** on duty, in duty
Dienst *m*/**alter** *(Arch)* thicker shaft *(Gotik)*
Dienst *m*/**junger** *(Arch)* thinner shaft, vaulting shaft *(Gotik)*
Dienst *m*/**technischer** service
Dienstbarkeit *f (VR)* servitude *(Nutzungsrecht, Grundstücke)*
dienstbereit *(VR)* on duty, in duty
Dienstboteneingang *m (Konst)* service entrance
Dienstbotentreppe *f (Konst)* service stair
Dienstgebäude *n (Arch, Konst)* service building
Diensthabender *m* duty officer
Dienstleistung *f*/**fachmännische** *(VR)* specialist service
Dienstleistungsbranche *f (BWG)* service industry
Dienstleistungseinrichtungen *fpl* service facilities
Dienstleistungshaftung *f* service liability
Dienstleistungsindustrie *f (BWG)* service industry
Dienstleistungs-Leistungsbeschreibung *f* specification of services
Dienstleistungs- und Freizeiteinrichtung *f*/**kommunale** *(Arch, Konst, RP)* community centre
Dienstleistungs- und Freizeiteinrichtungen *fpl*/**kommunale** *(Arch, Konst, RP)* community facilities
Dienstleistungsvertrag *m* service contract
Dienstmietetagenwohnung *f* staff rental apartment
Dienstplan *m* duty schedule, duty rota
Dienststelle *f* authority, government office
Dienstvertrag *m (VR)* service contract
Dienstwohnung *f* official apartment, official residence
Dienstzimmer *n* office
Dieselnotstromaggregat *n (El)* standby diesel generator
Dieselöl *n* gas oil
Dieselramme *f (BWG)* diesel hammer
Dieselstraßenwalze *f (BWG)* diesel roller
Dietrich *m* picklock, skeleton key • **mit dem Dietrich öffnen** *(Te)* pick a lock
Differenz *f* difference
Differenzdruck *m (HLK, Stat, WVA)* differential pressure
Differenzdruckhöhe *f (WVA)* differential head
Differenzialbewegung *f* differential movement
Differenzialdruck *m* differential force
Differenzialflaschenzug *m* differential pulley block, differential tackle
Differenzialgleichung *f (Stat)* differential equation
Differenzialhöhenmessung *f (Verm)* differential levelling
Differenzialkraft *f* differential force
Differenzialquotient *m (Stat)* derived function
Differenzialrechnung *f* differential calculus
Differenzialthermoanalyse *f (BM)* differential thermal analysis
Differenziation *f* differentiation
Differenziationsprodukt *n (BM)* differentiation product
Differenziationsvorgang *m* differentiation process
Differenzmethode *f* difference method *(Bindemittelgehaltsbestimmung)*
Differenzmethode *f*/**finite** *(Stat)* finite-difference method
Differenzstandort-Bestimmungssystem *n*/**globales** differential global positioning system, DGPS
Differenzverfahren *n (Stat)* method of finite differences
Diffraktion *f* diffraction
Diffusion *f (DIS)* diffusion
Diffusionsbeschichten *n* diffusion coating
Diffusionsbeständigkeit *f* diffusion fastness
Diffusionsdampfsperre *f (DIS)* diffusion barrier
diffusionsdicht diffusion-tight
Diffusionsdurchlässigkeit *f* perviousness of diffusion, permeability of diffusion
Diffusionsfeuchtigkeit *f* diffusion humidity, diffusion moisture
Diffusionsgeschwindigkeit *f (DIS)* rapidity of diffusion
Diffusionskoeffizient *m* diffusivity coefficient
Diffusionskonstante *f (DIS)* diffusion coefficient
Diffusionssperrschicht *f* diffusion boundary layer, diffusion coating
diffusionsverchromen *v* chromize *(Metalloberfläche)*
Diffusionsvermögen *n (DIS, Erdb)* diffusivity
Diffusionsvorgang *m* diffusion process
Diffusionswiderstand *m* diffusion fastness, diffusion resistance
Diffusionszahl *f (DIS)* diffusion coefficient
Diffusor *m (HLK)* air diffuser, diffuser
diffusorförmig evasé
digitalisieren *v (Stat)* digitize
Diglyph *m (Arch)* diglyph
dihexagonal *(BM)* dihexagonal
Dikalziumsilikat *n (BM)* dicalcium silicate
Dilatanz *f (BM, BT)* dilatancy *(Volumenveränderung durch Schub)*
Dilatanzmodul *m* modulus of dilatancy
Dilatation *f (BM, BT)* dilatation
Dilatometer *n* dilatometer

D

Dimension *f* 1. dimension *(einer physikalischen Größe)*; 2. *(Konst)* size
dimensionieren *v* 1. *(Stat)* design, dimension; 2. determine save dimensions *(Konstruktion)*; 3. proportion *(z. B. Betonmischung)*; 4. *(Konst)* size *(Größen)*
dimensioniert designed; proportioned
Dimensionierung *f* 1. *(Stat)* design, dimensional analysis, calculation of dimensions, dimensioning; 2. proportioning, metering, batching *(z. B. Betonmischung)*; 3. *(Verk)* structural design, thickness design *(Straße)*; 4. *(Konst)* sizing *(Größen)*
Dimensionierungsregeln *fpl* dimensionally rules
Dimensionsholz *n* dimension timber
Dimensionsnaturstein *m (BM, SB)* dimension stone
Dimensionsstockholz *n (BM, Hb)* dimension stock
Dimmer *m (El)* dimmer
DIN® *s.* Industrie-Norm/Deutsche
Dinasstein *m* 1. *(BM, BT)* dinas brick; 2. *(BM, HLK)* ganister brick *(Feuerfestmaterial)*
Dinasstein *m*/**kalkgebundener** English dinas
Dinastein *m (BM)* siliceous brick
DIN-F-Träger *m (TK)* reinforced T-beam
DIN-Normen *fpl (Konst, VR)* German Standard
dioktaedrisch *(Arch)* dioctahedral
Dioptrie *f*/**anvisierte** *(Arch)* sighted alidade
Diorama *n* diorama *(Landschaftsdekorationsdarstellung)*
Diorit *m (BM)* diorite
Diorit *m*/**basischer** *(BM)* basic diorite
Diorit *m*/**feinkörniger** microdiorite
Diorit *m*/**hornblendereicher** hornblende diorite
Dioritgestein *n* dioritic rock
Dioritgranit *m (BM)* diorite
dioritisch dioritic
Diplomatenviertel *n (RP)* diplomat enclave
Diplomingenieur *m* 1. *(VR)* certificated engineer; 2. *(Arch, Konst, St)* graduate engineer
Diplomingenieur *m*/**lizenzierter** licensed engineer, professional engineer
dipteral *(Arch)* dipteral
Dipteraltempel *m (Arch)* dipteral temple
Diptychon *n (Arch)* diptych
direkt straight
Direktauftragnehmer *m (VR)* prime professional
Direktbeleuchtung *f* direct illumination
Direktheizung *f* direct heating
Direktion *f* board
Direktionsgebäude *n* director's block, board building
Direktionskraft *f (Stat)* directing force
Direktrix *f* directrix
Direktschall *m (Umw)* radiant noise
Direktumwandlung *f* direct conversion
Diskont *m (VR)* discount
Diskontinuität *f (Arch)* discontinuity
Diskontinuumtheorie *f (BM, Stat)* discontinuum theory
diskordant *(Bod, Erdb)* non-conformable
Diskordanz *f (Bod)* disconformity, discordance
Diskordanz *f*/**tektonische** *(Bod)* tectonic unconformity
Diskussionsraum *m* floor
Dislokation *f* disturbance
Disparität *f*/**räumliche** spatial disparity *(Städtebau)*
Dispergierbarkeit *f (BM, OB)* dispersibility
dispergieren *v (BM, OB)* disperse
Dispersion *f (BM, OB)* dispersion
Dispersionsanstrichstoff *m* water emulsion paint, latex coating material, latex paint
Dispersionsanstrichstoff *m* **für innen** interior emulsion paint
Dispersionsbindemittel *n* emulsion vehicle, latex binder, binder suspension *(Anstriche)*
Dispersionseigenschaft *f (BM, OB)* dispersion property
Dispersionsfarbe *f* emulsion-type water paint, water emulsion paint, water(-based) paint
Dispersionshärtung *f* dispersion hardening *(Anstrich)*
Dissoziationsgrad *m (BM, Umw)* dissociation degree *(Lösungen)*
Distanzblock *m (BT, Konst)* separator
Distanzhalter *m* slab spacer *(für Plattenbewehrung)*
Distanzklemme *f* spacer clamp
Distanzkorrektur *f* **durch Neigungsberücksichtigung** slope correction
Distanzstück *n* spacer, distance piece, spacing piece; reinforcing rod spacer
Distrikt *m (RP)* precinct
distyl *(Arch)* distyle *(antiker Tempelbau)*
ditetragonal ditetragonal
Ditriglyph *m (Arch)* ditriglyph *(Teilfläche aus 2 Triglyphen am Fries dorischer Tempel)*
ditrigonal ditrigonal
Divergenz *f*/**stilistische** *(Arch)* divergence of style
Dock *n* dock
Docke *f (Hb)* wooden baluster, baluster
Dodekastylos *m (Arch)* dodecastyle
Dogenpalast *m (Arch)* Ducal Palace, Doges' Palace
Dokument *n*/**normatives** *(Konst, VR)* normative document *(Normen, technische Spezifikationen, Vorschriften, Richtlinien usw.)*
Dokumentationsunterlagen *fpl (Konst, VR)* reference material
Dokumentenglas *n* document glass *(UV-absorbierend)*
Dole *f* 1. *(Erdb, Wsb, WVA)* culvert; 2. *(Erdb)* drain; 3. *(WVA)* sewer
Doleneinlauf *m* surface water gully
Dolerit *m* dolerite, whinrock, whinstone
Dolle *f (Hb)* dowel
Dollen *m (Hb)* dowel
Dolmengrab *n (Arch)* dolmen
Dolomit *m* dolomite
Dolomiterzeugnis *n* dolomite refractory
Dolomitfeinkalk *m (BM)* pulverized dolomitic lime
Dolomitgestein *n* dolomite
Dolomitkalk *m* dolomitic lime, magnesian lime, high magnesium lime
Dolomitkalkhydrat *n* dolomitic hydrate, hydrated dolomitic lime, hydrated magnesium lime
Dolomitkalkstein *m (BM)* dolomitic limestone
Dolomitmarmor *m* dolomite marble, magnesian marble
Dolomitmergel *m* dolomitic marl
Dolomitsand *m* dolomitic sand
Dolomitwerk *n* dolomite plant
Dolomitzement *m (BM)* dolomitic cement
Dolomitziegel *m (BM)* dolomite brick
Dom *m (Arch)* cathedral
domartig domelike; domal *(geologisch)*
Dombaumeister *m (Arch)* cathedral master builder
Domboden *m* cupola bottom
Domhalbkuppel *f (Konst)* semicircular dome
Domikalgewölbe *n (Arch)* domical vault
Dominante *f (Arch)* focal point
Dominikalgewölbe *n (Arch)* cloister vault
Dominikanerarchitektur *f (Arch)* Dominican architecture
Dominikanerkloster *n (Arch)* Dominican monastery
Domkapitel *n (Arch)* chapterhouse *(spezielle Form des Kapitelsaals englischer Klöster)*
Domkuppel *f (Arch)* cathedral dome
Domkuppelöffnung *f (Arch)* oculus
Domunterbau *m*/**runder** tholobate
Donjon *m (Arch)* donjon, keep *(Burg)*
Donjon *m*/**gemauerter** *(Arch)* shell donjon, shell dungeon

Doppelabzweig *m (San)* double bay
Doppelader *f (El)* pair
Doppelanschlagrahmen *m (BT)* communicating frame *(für zwei Einzelschwingtüren)*
Doppelbartschlüssel *m* two-way key
Doppelbecken *n (San)* twin bowls
Doppelbedachung *f (Konst)* close-boarded battened roofing
Doppelbettzimmer *n* double room
doppelbewehrt overreinforced
Doppelboden *m* double bottom, false bottom
Doppelbogen *m (Arch)* arch band, return bend; twin elbow *(bei Rohrleitungen)*
Doppelbogenmauer *f (Wsb)* double-arched dam
Doppelbohlenfertiger *m* twin screed finisher
Doppelbrücke *f* twin bridge
Doppeldach *n* **am Schornsteindurchbruch** chimney cricket
Doppeldacheindeckung *f (Konst)* close-boarded battened roofing
Doppeldeckung *f* double coverage, double roofing *(Dach)*
Doppeldurchfahrt *f* double archway
Doppelfalttür *f* bifolding door
Doppelfalz *m* double rabbet
Doppelfalz *m***/liegender** double-lock welt
Doppelfalzziegel *m (BM)* double Roman
Doppelfenster *n* double-hung window, double window, auxiliary sash, twofold window, winter window
Doppelfenster *n***/äußeres** *(BT, Konst)* storm window
Doppelfenster *n***/auswechselbares** *(BT)* combination window
Doppelflügel *m* two-pane sash *(Verbundfenster)*
doppelflügelig two-leaf
Doppelformatziegel *m* double-sized brick
Doppelfußboden *m* double floor, double-joisted floor, framed floor
Doppelgespann *n* biga *(Klassik)*
Doppelgestänge *n* coupled poles
Doppelgewindeschraube *f* double-threaded screw
Doppelgewölbe *n* double vault, bi-vault
Doppelgiebeldach *n (Konst)* trough roof
Doppelharmonikatür *f (BT)* two-screen expanding wall
Doppelhaus *n* double dwelling house, double house, twin house, *(AE)* duplex house; two semidetached houses
Doppelhaushälfte *f* semidetached house
Doppelhobel *m (Hb)* German jack plane
Doppelholzmast *m (Hb)* twin timber mast
Doppelkammer-Hauskläranlage *f (WVA)* dual compartment septic tank
Doppelkastenträger *m* double-box girder, double-twin-box girder
Doppelkehlnaht *f* double fillet weld *(Schweißen)*
Doppelkopfniete *f (St)* bullhead rivet
Doppelkreuz *n (Arch)* patriarchal cross
Doppelkreuzverband *m (SB)* Flemish cross bond
Doppelkrümmer *m* 1. *(San, WVA)* return bend; 2. *(BT, San, WVA)* S-bend; 3. *(BT, HLK, San, WVA)* U-bend *(Rohrleitungen)*
Doppelkuppel *f* double dome
Doppellage *f* double course *(z. B. von Schindeln)*
Doppellager *n* double bearing, duplex bearing
Doppelläufer *m* double stretcher *(Naturstein)*
Doppelleitung *f* 1. *(El, WVA)* looped line; 2. *(El)* pair of leads
Doppellinie *f* doublet
Doppellitze *f***/verdrillte** *(El)* twisted pair
Doppel-L-Schiene *f (St)* double angle
doppeln *v* fold
Doppelnippel *m* shoulder nipple
Doppelnivellierung *f (Verm)* reciprocal levelling
Doppelnut *f* double-squirrel cage *(Dachklempnerarbeiten)*
Doppelplinthe *f (Arch)* scamillus *(ionischer oder korinthischer Säulen)*
Doppelportal *n* dual portal
Doppelrahmen *m* double frame
Doppelrahmenfußboden *m* double-framed floor
Doppelrahmenwerk *n* double framing
Doppelrahmwerk *n* double framing
Doppelrippe *f* double rib
Doppelrohrbogen *m (Konst)* twin pipe elbow
Doppelrohr-Grundstücksentwässerung *f (WVA)* two--stack plumbing
doppelrohrig two-pipe, two-stack
Doppelsäule *f* double column, coupled column, twin column
Doppelschale *f (Konst)* double shell
doppelschalig two-leaf, two-withe, two-wythe, *(AE)* two--tier *(Wand, Mauer)*
Doppelschaufelabschneider *m (Umw)* double bucket collector
Doppelscheibeneinglasung *f* insulation glazing
Doppelschicht *f* double layer, dual layer; double coat *(Farb- und Putzschicht)*
doppelschichtig double-layer, two-layer
Doppelschiebefenster *n* double-hung sash window, sash and frame, twin sliding window
doppelschiffig *(Arch)* two-span
Doppelschifter *m* double jack rafter
Doppelschmiege *f* T-bevel
Doppelschneckenextruder *m (Umw)* twin screw extruder
Doppelschwelle *f* sleeper block
doppelseitig double-faced, double-sided
Doppelshedrahmen *m (Konst, TK)* twin saw-tooth frame
Doppelspannglied *n* divided tenon
Doppelsperrklinke *f* pair of pawls
Doppelspülbecken *n* twin dishwashing sink bowls
Doppelstangenmast *m (Hb)* twin timber mast
Doppelsteckdose *f (El)* duplex outlet, twin socket
Doppelstegblechträger *m* 1. *(BT, St)* double-webbed plate girder; 2. *(BT, TK)* twin-webbed plate girder; 3. *(TK)* two-webbed plate girder
doppelstegig twin-webbed, two-webbed, double-webbed
Doppelstegträger *m (BT, TK)* twin-webbed girder
Doppelstehfalz *m* double-skin partition
Doppel-Stichprobenprüfung *f* double-sampling inspection
Doppelstockbrücke *f (Br)* double-deck bridge
Doppelstrebenanordnung *f***/verstärkte** *(Konst)* reinforced double-strut assembly
Doppelstreichbalken *m (Hb)* double trimmer
Doppelstück *n* doublet
Doppelsturz *m* double lintel
Doppelsturzriegel *m (Hb)* double cross timber
Doppelstütze *f* double column, twin column, counter-bracket
Doppelstützenpfeiler *m (TK)* battened column
Doppelsymmetrie *f* double symmetry
doppelsymmetrisch double symmetric
doppelt dual
doppeltbewehrt *s.* bewehrt/doppelt
Doppeltempel *m (Arch)* temple with twin sanctuaries
Doppel-T-Profil *n* I-section
Doppeltreppe *f* double stairs, parallel stair, parallel stairs
Doppel-T-Stahl *m* H-beam section, H-section steel, H--steel, T-beam section
Doppel-T-Stoß *m (St)* double-T joint *(Schweißen)*
Doppel-T-Träger *m* double-T beam, American standard beam, flanged girder, H-beam, I-beam, *(AE)* universal beam

Doppeltür *f (BT, Konst)* double door
doppeltürig double-doored
Doppeltürme *mpl* twin towers
Doppelturmfassade *f (Arch)* twin-tower façade
doppeltürmig double towered, twin-towered
doppelüberlappend double-lapped
Doppelüberlappung *f* double-lap
Doppelumhüllung *f* double dressing *(Mischgut, Isolierung, Dämmung)*; double covering, double encasing, double jacket *(Ummantelung)*; double serving *(Kabel)*
Doppelumhüllung *f***/umgekehrte** *(BM)* inverted double dressing *(Mischgut, Isolierung, Dämmung)*
Doppelung *f (Konst)* lamination
Doppel-U-Profil *n* double channel section
Doppelverglasung *f* double glazing
Doppelverzapfung *f (Hb)* butterfly wedge
Doppel-V-Profil *n (St)* double channel section
Doppelwand *f (Konst)* double wall
doppelwandig double-walled, two-walled
Doppelwandplatte *f* wall tile glazed on both sides
Doppelwandung *f* jacketed wall
Doppelwellenzwangsmischer *m* twin pug, twin pug mill
Doppelwendelrampe *f* double-spiral ramp
Doppelwinkeleisen *n (St)* double angle
Doppelwinkelprofil *n* double angle section, *(AE)* zee
Doppelzapfen *mpl (Hb)* twin tenons
Doppelziegel *m* double brick, twin brick
Doppelzimmer *n* double room, twin bedded room, twin room
Doppelzirkel *m* double callipers
Döpper *m* rivet set, riveting set, riveting snap, setting punch, snap, snap die; snap hammer *(Bossierhammer)*
Dorf *n (RP)* village
Dorfanger *m (RP)* village green
Dörfchen *n (RP)* hamlet
Dorfgaststätte *f* 1. *(Konst, RP)* village-inn; 2. *(Arch) (AE)* ordinary
Dorfhalle *f***/große** choultry *(in Indien)*
Dorfkirche *f (Arch)* village church
Dorfkrug *m (Konst, RP)* village-inn
Dorfplatz *m* village square
Dorfwiese *f (RP)* village green
dorisch *(Arch)* Doric
Dormitorium *n (Arch)* dormitory, dorter
Dorn *m* 1. bolt, cotter, plug *(Schloss)*; 2. pile core, mandrel *(Pfahlgründungen)*; 3. *(Hb)* pin, tongue; 4. pin drift, hinge spindle, bolt, spur *(Beschläge)*
Dornbiegeprüfung *f (BM, St)* mandrel bending test
Dornen *n (Te)* opening out
Dornführungsschloss *n (EB)* release bolt lock
Dose *f (El)* jack
Dosenlibelle *f (Verm)* level indicator
Dosieranlage *f* dosing plant, batching plant, proportioning equipment, weight-batching unit
Dosierapparat *m* batch feeder, batcher
Dosierbehälter *m* dosing tank
Dosiereinrichtung *f* batching device
dosieren *v* measure, measure out, meter, dose, batch, gauge *(Baustoffe, Mischungsdosierungen)*
Dosieren *n* batching
Dosieren *n* **nach Gewicht** proportioning by weight
Dosieren *n* **nach Volumen** proportioning by volume
Dosierer *m* proportioner, proportioning device
Dosiergerät *n (BM, BWG, Te)* proportioning device
Dosierkasten *m* measuring box, measuring frame, batch box *(Baustoffmischungen)*
Dosierpumpe *f* metering pump, proportioning pump
Dosiersilo *n* batching silo
Dosierspritzmaschine *f* metering pump sprayer
Dosierturm *m* batching tower
Dosierung *f* mix proportion, mix proportioning, dosage, metering, batching, proportioning *(Baustoffmischungen)*
Dosierung *f***/gewichtsmäßige** gravimetric batching
Dosierung *f***/gravimetrische** gravimetric batching
Dosierung *f* **nach Raumteilen** *(BWG, Te)* volumetric batching *(Beton)*
Dosierung *f***/volumetrische** batching by volume, volumetric batching *(Beton)*
Dosiervorrichtung *f* dosing device, batcher, gauging device, proportioning device
Dosierwaage *f* weigh batcher, weight-batcher *(Mischwerk)*
Dosierwalze *f* metering roll
Dosierwasser *n (BB, BM, Te)* gauging water *(zum Betonanmachen)*
Dosierwassermenge *f* batched water
Dosiswirkung *f (Umw)* dose response
dossieren *v (Erdb, SB)* batter
dossiert battered *(Wand)*
Dossierung *f (Erdb)* batter *(künstliche Böschung)*
Douglasfichte *f (LB)* Oregon pine
Douglasie *f (LB)* Oregon pine
Douglastanne *f (LB)* Douglas fir
Douglastannenholz *n (AE)* yellow fire wood, yellow fire wood
Draht *m (BM)* wire • **Drähte verlegen** *(El)* wire
Draht *m***/bewehrter** *(El)* sheathed wire
Draht *m***/gezogener** drawn wire
Draht *m***/hochzugfester** high-tensile wire
Draht *m***/verseilter** stranded wire, twisted wire
Drahtabstandhalter *m (BT)* wire spacer
Drahtanker *m (BT)* wire anchor
drahtbewehrt wire reinforced
Drahtbewehrung *f* wire reinforcement, wire reinforcing, wire armouring
Drahtbügel *m* wire stirrup
Drahtbürste *f* wire brush, scratch brush
Drahtbürsten *n (OB)* wire brushing
Drahtbürstenreinigung *f (OB)* wire brushing
Drahtdicke *f (BM)* wire thickness
Drahtdurchmesser *m* wire diameter; wire gauge *(Lochgröße der Drahtlehre)*
Drahteinlage *f* layer of wire, wire core, wire insert, wire layer, wire reinforcement
Drahteinsatz *m (BM)* wire basket
Drahterzeugnisse *npl (BM)* wire articles
Drahtflachglas *n* wired flat glass
Drahtflechten *n* weaving of wire
Drahtgaze *f* wire gauze, gauze
Drahtgeflecht *n* wire fabric, wire netting, wirework; wire mesh, wire meshing *(als Putzträger)*; woven wire fabric, mesh *(als Verstärkungseinlage)*
Drahtgeflecht *n***/viereckiges** four-mesh wire netting *(Bewehrung)*
Drahtgewebe *n* metal cloth, metal fabric, wire gauze, woven wire fabric
Drahtgewebedeckenputz *m (SB)* Rabitz ceiling plaster
Drahtgitter *n* wire netting, mesh wire
Drahtgitterfenster *n* wire screen
Drahtgitterschutz *m* screen
Drahtglas *n* armoured glass, wire glass, wired glass
Drahtglas *n***/gewelltes** *(BM)* corrugated wire glass
Drahtglas *n***/starkes** Georgian glass
Drahthaken *m* wire hook
Drahthängeglied *n (BM, Konst)* wire hanger
Drahtkanal *m (Konst)* wire duct
Drahtkastenverbau *m (Wsb)* gabionnade
Drahtklemme *f* wire cable clamp
Drahtkorb *m (BM)* wire basket

Drahtkrampe *f* wire staple, staple
Drahtlehre *f* standard wire gauge, wire gauge *(Gerät für Drahtdurchmesserbestimmung)*
Drahtlitze *f* strand
Drahtmaschenbewehrungsmatte *f* wire-mesh reinforcement
Drahtmaschenmatte *f* wire-mesh reinforcement
Drahtmaschenzaun *m (BT, LB)* wire mesh fence
Drahtnagel *m* brad nail, wire brad, brad, wire brad
Drahtnetz *n* 1. *(BM)* wire netting; 2. *(BT)* wire gauze
Drahtnetzgewebe *n* **mit Pappe** *(BM)* wire lath *(als Putzgrund, Putzträger)*
Drahtornamentglas *n* ornamental wire glass, figured wire glass, wired patterned glass
Drahtputz *m* plaster on wire, plaster on wire lathing
Drahtputzdecke *f* wire plaster ceiling
Drahtputzdecke *f***/hängende** *(Konst)* wire lathing and plaster suspended ceiling
Drahtputzträger *m (BM, SB)* wire lathing
Drahtputzwand *f* wire lath and plaster wall
Drahtquerschnitt *m* wire section
Drahtschere *f* wire cutters
Drahtschlupf *m* wire slip
Drahtschotterkasten *m* gabion
Drahtseil *n* wire cable, wire rope, steel rope, tensioning cable, cable
Drahtseilbahn *f (Verk)* cable railway
Drahtseilbrücke *f (Konst, Verk)* wire suspension bridge
Drahtseildach *n* steel cable roof
Drahtseilklaue *f* wire rope grip
Drahtseilmachart *f* wire cable construction
Drahtseilsägemaschine *f* cable cutting machine
Drahtseilschwebebahn *f* 1. *(Konst, Verk)* overhead-cable railway; 2. *(Verk)* cable ropeway *(s. a. Drahtseilbahn)*
Drahtseilverankerung *f (BT)* wire cable anchorage
Drahtsicherheitsglas *n (BM)* wired laminated glass
Drahtsorte *f* wire grade
Drahtspannung *f* wire stress
Drahtspiegelglas *n* wired plate glass
Drahtspirale *f* wire helix *(Bewehrung)*
Drahtspiralseil *n* spiral-wound wire rope
Drahtstandardklassifikation *f* standard wire gauge
Drahtstärketabelle *f* wire gauge table
Drahtstift *m* wire nail, wire brad, sprig, tack
Drahtverbundglas *n* laminated wired glass, wired laminated glass
Drahtverbundsicherheitsglas *n* laminated wired glass
Drahtverflechten *n* weaving of wire
Drahtverglasung *f***/feuerhemmende** fire-retarding glazing
Drahtverhau *m (Konst)* wire entanglement
Drahtverputz *m* mixed plaster on wire lath
Drahtverspannung *f* incidence wire
drahtverstärkt wire reinforced
Drahtverstärkung *f (BM, Konst)* wire reinforcement
Drahtverzinkung *f* wire galvanizing
Drahtwaren *fpl (BM)* wire articles
Drahtweben *n (Te)* weaving of wire
Drahtwellengitter *n (BM)* woven wire mesh
Drahtzaun *m (BT, LB)* wire fence
Drahtzaunpfahl *m* wire fence post
Drahtzaunpfosten *m* wire fence post
Drahtziegel *m* reinforced brick
Drahtziegelgewebe *n (BM)* clay lathing
Drain *m s.* Drän
Drän *m (Erdb, LB, WVA)* drain
Drän *m***/unangebundener** *(Erdb, LB)* blind drain
Dränableitung *f* foul drain
Dränabschirmung *f* drainage shield
Dränabstand *m* drain spacing
Dränage *f (Erdb, LB)* drainage
Dränage *f* **in Rechteckform** *(Erdb, WVA)* gridiron drainage
Dränage *f***/offene** *(Erdb, WVA)* open drain
Dränageabflussrohrleitung *f* drainage pipeline
Dränageableitung *f* foul drain
Dränageabstand *m* drain spacing
Dränageanlage *f* draining system
Dränagearbeiten *fpl* land draining works
Dränagegraben *m* drainage trench
Dränageleitung *f (Erdb, WVA)* drain line
Dränagerohr *n* drainage pipe, draining pipe, drain, seepage pipe, *(AE)* drain tile
Dränagesammelleitung *f* drainage piping
Dränarbeiten *fpl (Erdb, LB)* drainage work *(BS 8000-14, DIN 18308)*
Dränasphalt *m* 1. *(Verk)* porous asphalt; 2. *(BM) (sl)* pop--corn mix
Dränaushub *m* drainage excavation
Dränbeton *m (Verk)* porous concrete
Dränbrunnen *m* 1. *(Erdb)* absorbing well; 2. *(Erdb, WVA)* waste well
dränen *v (Erdb, LB)* drain *(Boden)*
Dränfilter *n* drainage filter
Drängraben *m* drain ditch, drain trench, drainage ditch, trench
dränieren *v (Erdb, LB)* drain *(Boden)*
dräniert drained
Dränierung *f* drainage
Dränlage *f (Verk)* draining course
Dränleitung *f* 1. *(Erdb, WVA)* drain pipe; 2. *(Erdb, LB)* land drain
Dränleitung *f***/landwirtschaftliche** *(Erdb, LB, Wsb)* agricultural drain pipe
Dränleitung *f***/U-förmige** channel pipe
Dränmaterial *n* draining material
Dränmatte *f* geotextile membrane, geotextile fabric
Dränmittel *n* draining medium
Drännebenleitung *f (Erdb, LB)* soil branch
Dränrohr *n* drainpipe, drain, field drain pipe, seepage pipe, *(AE)* drain tile
Dränrohr *n***/gelochtes** perforated drain pipe
Dränrohrbogen *m* drain elbow
Dränrohrsystem *n (Erdb, LB)* drain pipework
Dränsammelrohr *n* bleeder pipe
Dränschacht *m* drainage manhole
Dränscheitel *m (LB, WVA)* head of drain
Dränschicht *f* 1. *(Erdb, LB, Verk)* drainage layer; 2. *(Verk)* draining course; 3. *(Erdb, Verk)* pervious blanket; 4. *(Wsb)* pervious shell *(bei Talsperren)*
Dränschichtmaterial *n* draining material
Dränstoff *m* draining medium
Dräntafel *f* drainage panel *(Bauwerkshinterfüllung)*
Drän- und Sauberkeitsschicht *f (Bod)* dry area
Dränung *f* drainage, underdrainage
drapieren *v (Arch)* drape
Drapieren *n (Arch)* draping
drapiert *(BB)* draped
Draufsicht *f* horizontal projection, plan view; top view *(Zeichnung)*
draußen outside
Dravidastil *m (Arch)* South Indian Style *(625-1750)*
Drechselarbeit *f* turned wood, turned woodwork, turnery *(fertige Gegenstände)*; wood turning *(Tätigkeit)*
Drechselmaschine *f* sticker machine, wood-turning lathe
drechseln *v* turn on a lathe, turn wood
Drechseln *n* 1. *(Hb, Te)* wood turning; 2. *(Hb)* turning *(Holz)*
Drechselwerkzeuge *npl (BWG, Hb)* turning tools
Drechsler *m (Hb, Te)* wood turner

D

Drechslerei *f* turnery
Drechslerrohr *n* turning gauge
Dreh... torsional ...
Drehachse *f* 1. axis of rotation, rotation axis; 2. *(Konst, Stat)* fulcrum *(Gelenkpunkt)*; 3. pivot hinge, pivotal axis *(bei Schwingflügelfenstern)*; 4. *(Stat)* rotational axis *(Darstellung, Aufbau)*; 5. axis of symmetry *(petrographisch, kristallographisch)*
Drehachse *f*/senkrechte *(Stat)* vertical axis of rotation
Drehbank *f* lathe
drehbar rotatable, traversable *(Ausbauelement)*; hinged *(Schwingflügelfester usw.)*
Drehbefestigung *f (BT)* swivel
Drehbelastung *f (Stat)* torque loading
Drehbeschlag *m (EB)* side fitting
Drehbewegung *f* movement of rotation
Drehbiegung *f (Stat)* torsion flexion
Drehbohren *n* rotary drilling
Drehbohrer *m* rotary drill
Drehbohrmeißel *m* rotary drill
Drehbolzen *m* turned bolt, pintle
Drehbrücke *f* 1. *(Br)* pivot bridge; 2. *(Verk)* turning bridge
Drehbühne *f (EB)* swinging platform
Drehdeckel *m* screw cap *(Abwasser)*
Drehellipsoid *n (Stat)* spheroid
drehen *v* 1. rotate, revolve, turn, spin, shift, roll; 2. swing *(schwingen)*; 3. pivot, swivel *(um einen Zapfen)*; 4. turn *(abdrehen von Holz, Metall usw.)*; 5. jigger *(Grobkeramik)*
drehen *v*/sich 1. rotate, revolve; 2. roll *(rollend)*; 3. *(Konst, Te)* swing *(Tür in den Angeln)*; 4. *(BWG, BT, TK)* swivel *(schwenken)*; 5. *(Konst, Te)* twist *(verwinden)*; 6. turning *(Abdrehen)*
Drehen *n* 1. jiggering *(Grobkeramik)*; 2. slewing *(Schwenken)*; 3. swinging *(Schwingen)*; 4. *(Hb)* turning *(Metall, Keramik)*
drehend/sich rotating
Drehfenster *n* pivot hung window, reversible window, swivel window, casement window
Drehfenster *n* mit Mitteldrehpunkt vertically pivoted window
Drehfestigkeit *f (Stat)* torsional strength
Drehfläche *f* rotating surface
Drehflügel *m* revolving leaf, swing leaf, casement *(Tür, Fenster)*; turning sash *(Fenster)*
Drehflügelfenster *n* casement window, side-hung window, swivel window
Drehflügelfenster *n*/einfaches simplex casement
Drehflügelsonde *f (Erdb)* vane
Drehflügeltür *f* revolving door, swing-door, pivoted door
Drehflügelviskositätsmessung *f (Erdb)* vane test
Drehgelenk *n* swivel, swivel joint
Drehgerüstramme *f (BWG, Erdb)* rotary-type pile-driving plant
Drehgeschwindigkeit *f* rotational speed
Drehgestell *n* bogie, *(AE)* truck *(Eisenbahnwagen)*
Drehgriff *m (EB)* twist handle
Drehhaus *n (Konst)* rotating house
Drehkappe *f* cowl
Drehkippbeschlag *m (EB)* side-bottom sash fitting
Drehkippfenster *n* side-bottom hung sash window
Drehkippfenster *n*/horizontales *(BT)* centre-hung sash
Drehkippfensterflügel *m (BT)* side-bottom hung sash
Drehkippflügel *m (EB)* tip-and-turn sash
Drehkippflügelfenster *n (BT)* tilt and turn window
Drehkippverschluss *m (EB)* tip-and-turn hardware
Drehknauf *m (EB)* knob
Drehknopf *m (EB)* knob
Drehkörper *m* moving member
Drehkraft *f* torsional force, twisting force
Drehkran *m (BWG)* revolving crane
Drehkran *m* mit Raupenfahrwerk caterpillar crane, tractor crane
Drehkreuz *n (BT)* turnstile
Drehkuppel *f (Arch, Konst)* dome of rotational symmetry *(rotationssymmetrisch)*
Drehleiter *f* turntable ladder
Drehmeißel *m* drag bit
Drehmoment *n* torque moment, moment
Drehmomentenkoeffizient *m* coefficient of torque
Drehofenzement *m* rotary kiln cement
Drehparaboloid *n (Stat)* rotational paraboloid
Drehparaboloidschale *f (Arch, Stat)* paraboloid shell of revolution
Drehplatte *f* hinged plate
Drehplattform *f* revolving platform, rotary platform
Drehpunkt *m (Stat)* moment centre, moment pole; centre of rotation; fulcrum; pivot
Drehregelventil *n* ground-key valve, plug cock, plug tap
Drehrestaurant *n (Konst)* revolving floor restaurant
Drehrichtung *f* hand *(Treppe)*
Drehriegel *m (EB)* rotary bolt
Drehriegelverschluss *m* rotary lever lock
Drehrohrofen *m* rotary furnace, rotary kiln, cement kiln
Drehsäulenkran *m (BWG)* slewing pillar crane
Drehschale *f (Konst, Stat)* shell of rotational symmetry
Drehschalter *m (El)* rotary switch
Drehschaufelsonde *f (Erdb)* vane
Drehschaufelsondierung *f (Erdb)* vane test
Drehscheibe *f (BT)* turntable
Drehschieber *m (Umw)* rotary valve
Drehschranke *f (BT)* swing gate
Drehschwelle *f (Hb)* swivelling saddle *(Holztür)*
Drehsinn *m* sense of rotation
Drehspannungselastizität *f* elasticity to the torsion stress
Drehspiegel *m* cheval glass
Drehsprenger *m (San)* revolving sprinkler
Drehspülbohren *n* rotary drilling
Drehstangenverschluss *m* espagnolette bolt
drehsteif torsion-proof, torsionally rigid, torsionally stiff
Drehsteifigkeit *f* rotational rigidity, rotational stiffness, torsional stiffness
Drehstellung *f* revolving position
Drehstift *m* hinge pin
Drehstrom *m (El)* rotary current
Drehstromgenerator *m (El)* alternator
Drehstuhl *m (EB)* swivel chair
drehsymmetrisch rotationally symmetric
Drehtisch *m (BT)* turntable
Drehtor *n* hinged gate; turnstile *(Durchgangsschutzeinrichtung)*
Drehtrommel *f (BWG)* tumbler
Drehtür *f* revolving door, rotary door
Drehtürflügel *m* 1. *(BT, Konst)* rotary leaf; 2. *(BT)* wing
Drehtürgehäuse *n* tambour; circular vestibule *(Windfang)*
Drehturm *m (Arch, Konst)* turret
Drehtürumkleidung *f* enclosure wall
Drehung *f* rotation, revolution; turn, torsion; gyration *(kreiselförmig)*
Drehung *f*/plastische plastic rotation
Drehung *f* um 360 Grad full-circle rotation
Drehungs... torsional ...
drehungsfrei restrained from rotating *(eingespannter Balken)*
Drehungskraft *f* torsional force
Drehventil *n* plug tap
Drehverformung *f* rotational deformation
Drehverschluss *m (EB)* turnlock fastener *(halbe Drehung)*
Drehwinkel *m* angle of distortion, angle of rotation

Drehwohnhochhaus *n* 1. *(Arch, Konst)* revolving apartment tower; 2. *(Konst)* rotary apartment tower
Drehwuchs *m* spiral grain *(Holz)*
drehwüchsig spiral-grained *(Holz)*
Drehzahl *f* speed
Drehzahlregler *m* governor, speed control device
Drehzapfen *m* pivot pin, pivot, spigot, swivel
Drehzapfen *m***/vertikaler** pintle
drehzapfengelagert pivoted
Drehzentrum *n* centre of rotation
dreiachsig triaxial
Dreiapsidenanlage *f (Arch)* triapsidal church
Dreiapsidenchor *m (Arch)* triapsidal chevet
Dreiapsidenkirche *f (Arch)* triapsidal church
dreiapsidial *(Arch)* triapsidal
Dreiaxialprüfung *f* standard triaxial test, triaxial compression test; cylinder test
Dreiaxialscherprüfung *f (Bod)* triaxial shear test
Dreibein *n* tripod, shear legs, gin
dreibeinig three-legged
Dreibinder *m* ternary link
Dreiblatt *n* 1. *(Arch)* tracery with four leaf-shaped curves, tracery with three leaf-shaped curves *(Gotik)*; 2. *(Arch)* trefoil
Dreibock *m (Erdb)* rig
Dreibogenöffnung *f (Arch)* trifora gallery, trifora, triforium, triforium arcade *(der normannisch-englischen Baukunst, emporenähnlich)*
dreibogig *(Konst)* triple-arched
dreidimensional three-dimensional, stereometric, spatial
Drei-Ebenen-Knoten(punkt) *m (Verk)* three-level interchange
Dreiebenensystem *n (Verk)* three-level system *(Flughafenabfertigung)*
Dreieck *n (Arch)* triangle
Dreieck *n***/rechtwinkliges** rectangular triangle
Dreieck *n***/sphärisches** *(Stat)* spherical triangle
Dreieckanker *m* triangular tie
Dreieckbalkenträger *m (TK)* triangular beam
Dreieckbinder *m (Hb, TK)* small-span triangulated truss
Dreieckbogen *m (Konst)* triangular arch
Dreieckfachwerk *n (TK)* triangulate lattice
Dreieckfachwerkbinder *m* triangular bracing, Fink truss, Belgian truss, French truss
Dreieckform *f (Arch)* triangular shape
Dreieckgestalt *f (Arch)* triangular shape
Dreieckgewölbe *n (Konst)* tripartite vault
Dreieckgiebel *m (TK)* triangular pediment
Dreieckgitterkonstruktion *f (Konst)* triangular lattice construction
Dreieckgrundriss *m* 1. *(Arch, Konst)* triangular ground--plan; 2. *(Arch, Konst)* triangular plan
dreieckig *(Arch)* triangular • **dreieckig gemacht** triangulated • **dreieckig gestaltet** triangulated • **dreieckig machen** triangulate
Dreieckinsel *f (Verk)* triangular island
Dreieckkanal *m (Erdb, LB, WVA)* triangular duct
Dreieckkuppel *f* triangular cupola, triangular dome
Dreiecklast *f (Stat)* triangular load
Dreieckleiste *f (EB)* triangular batten
Dreiecknetz *n (Konst)* triangular network
Dreieckplatte *f* triangular plate, triangular slab
Dreieckprofil *n* triangular section
Dreieckpyramide *f (Konst)* triangular pyramid
Dreieckrahmen *m* triangular frame
Dreiecksaufnahme *f (Verm)* triangulation *(geodätische Lagebestimmung von Geländepunkten)*
Dreiecksäule *f (Konst)* triangular column
Dreiecksbinder *m* 1. *(TK)* triangular truss; 2. *(Hb)* pitched truss
Dreieckskoordinaten *fpl (Verm)* trilinear coordinates
Dreiecksprengwerk *n* triangular falsework, triangulate(d) truss
Dreiecksrahmen *m (TK)* triangulated frame
Dreiecksrahmentragwerk *n (TK)* spandrel frame
Dreieckstufe *f (BT)* triangular winder
Dreieckstütze *f (Konst)* triangular column
Dreiecksverband *m (Konst)* triangulated bracing
Dreiecksvermessung *f (Verm)* triangulation *(geodätische Lagebestimmung von Geländepunkten)*
Dreiecksvermessung *f***/elektronische** *(Verm)* trilateration
Dreiecksvermessungsnetz *n (Verm)* triangulation web
Dreiecktafel *f* triangular panel
Dreieckträger *m* triangular girder, triangulate girder
Dreieckverband *m* diagonal bracing, diagonal tieing, diagonal tying *(Mauerwerk)*
Dreieckversteifung *f (Konst)* triangulation *(Dachbinder)*
Dreieinigkeitsfenster *n (Arch)* triplet
dreietagig three-floored
Dreifachfenster *n (BT)* three-light window
Dreifachglas *n* triplex glass
Dreifachkreuz *n (Arch)* triple cross
Dreifachlanzettfenster *n (Arch)* triple lancet window
Dreifachschließschloss *n* three-point lock
Dreifachschloss *n* three-point lock
Dreifachstecker *m (El)* three-pin plug
Dreifachumschalter *m (El)* three-way switch
Dreifachverbindungsknotenstück *n* three-way strap *(für Dachbinder)*
Dreifachverglasung *f (Konst)* triple-glazing
Dreifarbenanstrichsystem *n* three-coloured system
Dreifeldbalkenträger *m (TK)* three-span beam
Dreifelddach *n* roof covering over three spans
Dreifelddurchlaufbalkenträger *m (TK)* three-span continuous beam
Dreifeldrahmen *m* 1. *(TK)* three-bay frame; 2. *(Konst)* three--span frame
dreifeldrig *(Konst)* three-bay
dreiflächig *(Arch)* trihedral
Dreiflächner *m (Arch)* trihedron
dreiflügelig three-winged
Dreifuß *m* tripod, shear legs, gin
Dreifußkran *m* derrick, shear legs
Dreigelenkbogen *m (Konst)* triple-articulation arch
Dreigelenkbogenscheibe *f (Konst)* three-hinged arch slab
Dreigelenkdach *n* 1. *(Konst, TK)* triple-pinned roof; 2. *(Konst)* three-hinged roof
Dreigelenkfachwerkbogen *m (TK)* three-hinged trussed arch, trussed arch with three hinges
Dreigelenkfachwerkrahmen *m (TK)* three-hinged trussed frame
Dreigelenkgewölbe *n (Konst)* three-hinged arch
Dreigelenkhalbrahmen *m* three-hinge half frame
dreigelenkig three-hinged, three-pinned, triple-hinged, triple-pinned
Dreigelenkportalrahmen *m* triple-hinged portal frame, three-pinned portal frame, three-hinged portal frame
Dreigelenkrahmen *m (Konst)* three-hinged frame
Dreigelenkrechteckrahmen *m* three-hinged rectangular frame
Dreigelenkträger *m***/gekrümmter** three-hinged arched girder
dreigeschossig three-floored, three-storey, three-storeyed, *(AE)* three stories high
Dreigespannfigur *f (Arch)* triga
dreijochig *(Konst)* three-bay *(bes. Industriehallen)*

Dreikammerstein *m* three-core block
Dreikantdeckleiste *f* arris fillet *(am Schornsteinschaft)*
Dreikanteisen *n* triangular bar
Dreikantholz *n* arris rail
dreikantig three-edge, three-edged, triangular
Dreikantleiste *f* triangular cleat, triangular fillet, triangular strip, chamfer strip, *(AE)* cant strip
Dreikantpfette *f* arris rail
Dreikantprofil *n* triangular section
Dreikantträger *m* triangular girder
Dreikomponentenelement *n* three-component unit, three-part unit
Dreikomponentenmaterial *n* three-component unit, three-pack unit
Dreikonchenanlage *f (Arch)* triconch church
Dreikonchenchor *m (Arch)* trefoiled apse, triconch quire, triconch
Dreikonchenkirche *f (Arch)* triconch church
Dreikorbbogen *m (Arch)* three-centred arch
Dreilagenaufbau *m (Konst)* three-layered system
Dreilagenholz *n (BM, Hb)* three-ply wood
Dreilagenklebedachdeckung *f (Konst)* three-ply built-up roof cladding
Dreilagenplatte *f* three-layered plate, sandwich slab
Dreilagenputz *m* three-coat plaster
Dreilagenschale *f* sandwich shell
Dreilagenschichtplatte *f* sandwich slab
Dreilagenschichtschale *f* sandwich shell
Dreilagenschichtwand *f* sandwich wall
Dreilagensystem *n* 1. *(Konst)* three-layered system; 2. *(OB, SB)* three-coat system *(Anstriche)*
Dreilagenwand *f* sandwich wall
Dreilagerkuppel *f (Konst)* tripod dome
dreilagig three-layered, triple-layered; three-ply *(Schichtwerkstoffe)*; three-coat *(Anstrich)*
Dreileiterkabel *n (El)* three-conductor cable, triplex cable
Dreimomentengleichung *f (Stat)* theorem of three moments
Dreimomentensatz *m* three-moment equation, three-moment theorem
Dreipass *m* 1. *(Arch)* three-lobe tracery *(Gotik)*; 2. *(Arch)* trefoil
Dreipassbogen *m (Arch)* trefoiled tracery, trefoil arch
Dreipassmaßwerk *n (Arch)* three-foiled tracery
Dreipunktaufhängung *f (Konst)* three-point suspension
Dreipunktauflager *n (Konst)* three-point bearing
Dreipunktbefestigung *f (Konst)* three-point fixing
Dreipunktbelastung *f (Stat)* three-point loading
Dreipunktbiegeprobe *f* three-point bending specimen
Dreipunktlagerung *f (Konst)* three-point bearing
Dreiradwalze *f* three-legged roller, three-roll-type machine, three-wheel roller, three-wheeled roller *(Straßenbau)*
Dreiraumetagenwohnung *f* three-room living flat, *(AE)* three-room living unit
Dreiraumgeschosswohnung *f* three-room apartment, three-room flat
Dreiraumwohnung *f* three-room apartment, three-room dwelling, three-room flat, *(AE)* three-room dwelling unit
dreisäulig *(Arch)* tristyle
Dreischichtaufbau *m (OB)* three-coat paint system
Dreischichtbetriebbetonieren *n (BB, Te)* three-shift pouring
Dreischichtenaufbau *m* 1. *(Konst)* three-layered system; 2. *(OB, SB)* three-coat system *(Anstriche)*
Dreischichtenplatte *f* three-layered plate, three-layered slab
Dreischichtenspachteldeckung *f (Konst)* three-ply built-up roof cladding
Dreischichtensystem *n* 1. *(Konst)* three-layered system; 2. *(OB, SB)* three-coat system
Dreischichtentafel *f* three-layered panel, three-layered slab, sandwich plate, sandwich panel
Dreischichtentafelfassade *f (Arch, Konst)* three-layered panel façade
Dreischichtenwandtafel *f (BT)* three-layered wall panel
dreischichtig triple-layered; three-ply *(Schichtenwerkstoffe)*
dreischiffig 1. *(Arch)* three aisled, three-nave *(Kirchenbau)*; 2. *(Arch)* three-span; three-bay *(bes. Industriehallen)*
Dreischlitz *m (Arch)* triglyph *(Bauglied am dorischen Gebälk)*
Dreischlitzfries *m (Arch)* triglyph frieze
dreistegig *(BT)* three-webbed *(Träger)*
Dreistein *m (Arch)* trilithon *(Megalithportal)*
dreistöckig three-floored, three-storey, three-storeyed
Dreistoffbindemittel *n (BM)* three-part hydraulic binder *(aus Kalk, Trass und Zement)*
Dreistofflegierung *f (BM)* ternary alloy
Dreistoffsystem *n (BM)* triangular classification chart *(Zement, Erdstoff)*
Dreitagefestigkeit *f (BB)* early strength *(Beton)*
dreiteilig tripartite
Dreitoranlage *f (Arch)* three-way arch
dreitürmig three-towered
Dreiviertelbinder *m* three-quarter header
Dreiviertelbinderstein *m* three-quarter header
Dreiviertelblock *m (BM)* three-quarter block
Dreivierteldrehung *f* three-quarter turn *(Treppe)*
Dreiviertelkreisbogen *m (Arch)* Arabic arch
Dreiviertelnische *f (Konst)* three-quarter niche
Dreiviertelsäule *f* three-quarter column, bowtell
Dreiviertelstab *m (Arch)* three-quarter moulding
Dreiviertelstein *m* three-quarter block, three-quarter tile
Dreiviertelziegel *m* three-quarter brick, king closer, closer
Dreiwegehahn *m (San)* three-way cock
Dreiwegemischer *m (BWG)* three-way mixer
Dreizimmeretagenwohnung *f* three-room apartment, three-room flat, *(AE)* three-room living unit
Dreizimmergeschosswohnung *f s.* Dreizimmeretagenwohnung
Dreizimmerwohnung *f* three-room dwelling, *(AE)* three-room dwelling unit; two-bedroom flat *(Standard in GB und US, zwei Schlafzimmer, ein Wohnzimmer)*
Drempel *m* 1. jamb sill, mitre sill, *(AE)* miter sill; 2. *(Wsb)* clap sill
Drempelaufmauerung *f* dwarf wall
Drempeldach *n* jamb wall roof
Drempelerhöhung *f* jamb sill raising, *(AE)* bahut
Drempelmauer *f* dwarf wall, jamb wall
Drillbogen *m* fiddle drill, bow drill
Drillbohrer *m* drill
Drillbruch *m (BT, Stat)* torsional failure
Drillfestigkeit *f (Stat)* torsional strength
Drillgrad *m* degree of torsion
Drillingsbogen *m (Arch)* tripartite arch
Drillingsfenster *n* three-light window, tripartite window
Drillknicklast *f (Stat)* torsional buckling load
Drillkraft *f (Stat)* torsional force
Drillmodul *m (Stat)* twisting modulus
Drillmoment *n* torsional moment, twisting moment, torque moment, torque
Drillprobe *f* torsion test
Drillstahlbaumatte *f (BT, Te)* twisted-steel mat
Drillstem-Test *m (Umw)* drill stem test
Drillung *f* torsion, twisting
Drillungsmodul *m (Stat)* torsion modulus

Drillungswiderstandsmoment *n (Stat)* section modulus of torsion
Drillungswinkel *m* angle of torsion, angle of twist, torsional angle
Drillversuch *m* torsion test
Drillwinkel *m* angle of torsion, angle of twist, torsional angle
Drillwulststahl *m* twisted bar, twisted rod *(Bewehrung)*
Drittel *n*/**mittleres** middle third *(Holz)*
Drittelbogenachse *f*/**untere** *(Konst)* springing wall
Dritteldach *n (Konst)* roof with pitch 1:3
Drittelpunkt *m (Arch, Konst, Verm)* third point
Drittelpunkt *m*/**oberer** *(Stat)* highest point of the middle third
Drittelpunktbelastung *f (Stat)* third-point loading
Drittelpunktlast *f (Stat)* third-point load
Drittelsbogen *m* tiers-point arch
Dritter *m*/**unparteiischer** *(VR)* third party
Drittvertragsvereinbarung *f (Te, VR)* contracting out *(zu bisherigen eigenen Aufgaben)*
Drive-in-Anlage *f* drive-in lane
Dröhnen *n (DIS)* drumming
Dröhnhaftigkeit *f (DIS)* drumminess
Dröhnneigung *f (DIS)* drumminess
Dromos *m* 1. *(Arch)* dromos *(Gang zu altägyptischen Grabmälern)*; 2. *(Arch)* walled passage *(Gang zu einer Grabstätte)*
Drossel *f (BT)* throttle
Drosselklappe *f* 1. *(BT, San, WVA)* throttle valve; 2. *(BT)* throttle; 3. *(BT, HLK)* damper
Drosselklappenventil *n (Wsb)* butterfly valve
drosseln *v* cut down; throttle
Drosseln *n (Te)* throttling
Drosselschieber *m (BT, WVA)* throttle slide valve
Drosselventil *n* 1. *(BT, San, WVA)* throttle valve; 2. *(Wsb)* butterfly valve, butterfly gates, butterfly
Drosselvorrichtung *f (BT, HLK)* damper
Druck *m* 1. pressure; 2. thrust, compressive load *(Druckkraft)*; 3. *(Stat, TK)* compressive stress *(durch Längskräfte)*; 4. *(Stat)* compression *(dreidimensional)* • **Druck ablassen** release pressure, release the pressure • **unter Druck stehen** pressurized
Druck *m*/**absoluter** *(HLK, Stat, WVA)* absolute pressure
Druck *m*/**aktiver** *(Bod, Erdb, Stat)* active pressure
Druck *m*/**allseitiger** directionless pressure
Druck *m*/**äquivalenter** equivalent pressure
Druck *m*/**artesischer** *(Bod, Wsb)* artesian head
Druck *m*/**axialer** axial pressure
Druck *m* **der Wassersäule** hydrostatic pressure
Druck *m*/**direkter** direct compression
Druck *m*/**dynamischer** 1. *(Stat)* dynamic pressure; 2. *(Wsb)* ram pressure
Druck *m*/**einseitiger** directional pressure, unilateral pressure
Druck *m*/**hydrostatischer** hydraulic thrust, hydrostatic pressure
Druck *m*/**maximaler** maximum pressure
Druck *m*/**mittiger** axial pressure
Druck *m* **nach Rankin/aktiver** active Rankin pressure
Druck *m*/**negativer** *(Stat)* negative pressure
Druck *m*/**osmotischer** osmotic force, osmotic pressure
Druck *m*/**reiner** direct compression, pure compression
Druck *m*/**ruhender** static pressure
Druck *m*/**spezifischer** specific pressure
Druck *m*/**statischer** static pressure, statical compressive stress
Druck *m*/**zulässiger** *(Bod, Erdb, Stat)* allowable pressure
Druck... compressed ..., compressive ...
Druckabfall *m* loss of pressure, drop in pressure, pressure decline, pressure decrease, pressure drop; head loss *(in Rohrleitungen)*
druckabhängig pressure-dependent
Druckabnahme *f* decompression, decrease in pressure, pressure decrease
Druckänderung *f (Stat)* pressure change
Druckangleichungsperiode *f (HLK, WVA)* blowdown period
Druckanstieg *m (Stat, WVA)* pressure rise
Druckanstiegskurve *f (Stat, WVA)* pressure rising curve
druckarmiert *s.* druckbewehrt
Druckaufbau *m* pressure build-up
Druckausdehnungsgefäß *n* pressure-compensating tank
Druckausgleich *m* pressure compensation, pressure equalisation
Druckausgleichsbehälter *m* pressure-compensating tank
Druckausgleichsrohr *n (HLK, WVA)* surge column
Druckausgleichsschicht *f (Konst)* pressure compensation layer
Druckausgleichventil *n (HLK, Wsb, WVA)* balancing valve
Druckbaum *m* lifter
druckbeansprucht subject to compression, subjected to compression
Druckbeanspruchung *f* subjection to pressure
Druckbeanspruchung *f*/**veränderliche** *(Stat)* transient stress condition
Druckbedingungen *fpl (Stat)* pressure conditions
Druckbehälter *m* pressure tank
Druckbeiwert *m* pressure coefficient *(Windkraft)*
Druckbelastung *f (Stat, WVA)* pressure load
Druckbereich *m (HLK)* blowback *(Sicherheitsventil)*
Druckbereich *m*/**elastischer** elastic compression
Druckbeschläge *mpl (EB)* push hardware *(Tür)*
druckbeständig compression-resistant, pressure-resistant
Druckbeständigkeit *f* pressure resistance *(Baustoffe)*
druckbetätigt pressure-operated
druckbewehrt reinforced for compression
Druckbewehrung *f* 1. *(BM, TK)* compressed reinforcement; 2. *(BT, Konst)* compression reinforcement; 3. *(BM, BT, Konst, Stat)* compressive reinforcement
Druck-Biegebeanspruchung *f* strain-stress load
Druckbiegespannung *f (Stat)* compression-bending stress
Druckbild *n* decal *(Vordruckdekoraufbringung)*
Druckbildübertragung *f* decalcomania *(auf Glas oder Porzellan)*
Druckblock *m* stress-block
Druckbolzen *m (BT)* thrust bolt
Druckbruch *m (BM, BT, Stat)* compression rupture
Druck-Dehnungsbeziehung *f* stress-strain relationship
Druck-Dehnungsdiagramm *n* stress-strain diagram
Druck-Dehnungsverhältnis *n*/**bilineares** bilinear stress--strain relationship
Druckdiagonale *f* 1. *(TK)* diagonal in compression; 2. *(Stat, TK)* compressed diagonal
druckdicht pressure-tight
Druckdifferenz *f* pressure difference
Druckdose *f* capsule
Druckeigenspannung *f* residual compressive stress, expansive stress
Druckelastizität *f* elasticity of compression
Druckelastizitätsgrenze *f* elastic limit for compression
Druckelement *n*/**senkrechtes** *(TK)* pedestal *(nicht länger als der dreifache Durchmesser)*
druckempfindlich pressure-sensitive
drücken *v* 1. force *(durch Pressen)*; 2. bear *(Lasten)*; 3. press

D

(andrücken); 4. *(Stat)* push *(durch Schubkraft)*; 5. *(San, WVA)* blow *(durch Rohrleitungen)*
drücken *v* **auf** bear on
drücken *v* **gegen** bear against
Druckentlastung *f* 1. *(Stat)* decompression; 2. *(Stat, Te)* release of pressure; 3. *(Stat, WVA)* pressure relief
Drücker *m* handle *(Tür)*; latch, sneck *(Türschloss)*
Druckereigebäude *n (Arch)* printing block
Drückerfalle *f (EB)* thumb latch
Drückergarnitur *f* set of handles, door handles
Druckerhöhung *f* 1. *(San, WVA)* increase of pressure; 2. *(Stat, WVA)* pressure rise
Druckerhöhungsanlage *f (San)* boosted station, booster installation, booster station, pressurization device *(Wasser)*
Druckerhöhungspumpe *f (WVA)* booster pump
Drücker-Klappring-Garnitur *f* flush handle set *(Beschlag)*
Drückerrosette *f* rose
Druckfaser *f* fibre in compression, compression fibre, compressive fibre *(Festigkeitslehre)*
Druckfeld *n* pressure field
druckfest *(BM, BT, Te)* compression-resistant
Druckfestigkeit *f* 1. *(Stat)* crushing strength, compression strength, compressive strength; 2. pressure resistance *(Baustoffe)*; 3. resistance to crushing *(nur von Gestein)*; 4. strength in compression, resistance to compression *(Bauelemente)*
Druckfestigkeit f/mittlere *(BB, BM)* mean compression strength
Druckfestigkeitsbereich *m (BM, BT, Konst)* compression strength range
Druckfestigkeitsklasse *f (BM, BT, Konst)* compression strength class
Druckfestigkeitsprüfung *f* crushing test
Druckfestigkeitsprüfung *f* **mit unbehinderter Seitenausdehnung** *(Bod)* unconfined compressive strength test
Druckfläche *f (BT, Stat)* compression area
Druckflansch *m (BT, Konst, Stat, TK)* compression boom *(Fachwerk)*
Druckformung *f (BM, Te)* bag moulding *(plastischer Massen)*
Druckfühler *m (HLK, San)* pressure pickup
Druckfundament *n* (earth) abutment
Druckgasflasche *f* cylinder
Druckgefälle *n* pressure gradient; hydraulic gradient *(Wasser)*
Druckgießen *n* die-casting
Druckgleichheit *f (Umw)* isobarism *(Luftdruck)*
Druckglied *n* 1. *(St, TK)* member in compression *(Stahlbau)*; 2. *(Stat, TK)* compressed element; 3. *(BT)* strut *(Festigkeitslehre)*
Druckglied n/nicht biegesteifes *(TK)* unstiffened member
Druckglied n/verstärktes stiffened compression element
Druckgurt *m* compression chord, strut; compressed flange, compression boom, compression flange *(Fachwerk)*
Druckgussstück *n* die-casting
Druckhärtekessel *m (BB, Te)* pressure vessel
Druckheber *m (BWG)* air lift
Druckhöhe *f* 1. *(Stat)* static head; 2. *(WVA)* delivery head *(Bernoulli'sche Gleichung)*; 3. *(Wsb, WVA)* effective head; 4. *(WVA)* elevation head
Druckhöhe *f* **des Wassers** *(Tun, Wsb, WVA)* height of water
Druckhöhe f/kapillare capillary head
Druckhöhe f/kritische *(Wsb)* critical head
Druckhöhe f/piezometrische *(WVA)* piezometric head
Druckhöhenverlust *m (HLK, San)* loss of head
Druckholz *n (Hb, Konst, TK)* compression wood
druckimprägniert *(OB)* pressure-impregnated
Druckimprägnierung *f* **mit Kreosotöl** *(OB, Te)* pressure creosoting *(Holz)*
Druckinjektion *f (RS)* pressure grouting *(Mörtel, Zementleim)*
Druckkessel *m (BB, Te)* pressure vessel
Druckknopf *m* press button, push-button
Druckknopftaster *m (EB)* push-button station
Druckkomponente *f* compression component, pressure component
Druckkraft *f* compression force, compressive force, pressure force, thrust
Druckkraft f/axiale *(Stat)* axial compressive force
Druckkraft f/nach oben gerichtete *(Stat)* upthrust
Drucklast *f (Stat)* compressive load
Druckleiste *f* thrust strip
Druckleitung *f* delivery conduit, delivery pipe, pressure pipe
Druckleitung *f* **mit geringer Dimension** small (pressure) channel
Drucklinie *f (Stat)* line of pressure, axis line of pressure, pressure line, straining line; centre of pressure, funicular pressure line
drucklos unpressurized
Druckluftaufbruchhammer *m (BWG)* pneumatic breaker *(Straßenbau)*
druckluftbetätigt 1. *(BWG, Te)* air actuated; 2. *(BWG)* air--driven
Druckluftbetonzuführung *f (BB, Te)* pneumatic feeding
Druckluftbohrer *m* compressed-air drill, pneumatic drill, air drill
Druckluftcaisson *m (Erdb, Wsb)* compressed-air caisson
Drucklufterzeuger *m (BWG)* compressor
Druckluftgründung *f (Erdb)* pneumatic foundation
Drucklufthammer *m* compressed-air hammer, air hammer, pneumatic hammer, pneumatic pick
Drucklufthammer m/kleiner pneumatic chipping hammer
Drucklufttheber *m* air-lift pump, mammoth pump
Drucklufthebezeug *n (BWG)* air hoist
Druckluftkammer *f* caisson *(Unterwassergründungstechnologie)*
Druckluftkammergründung *f* 1. *(Erdb)* air caisson system; 2. *(Erdb, Wsb)* caisson system
Druckluftkasten *m* pneumatic caisson
Druckluftleitung *f* compressed-air line, ail line
Druckluftmeißel *m* pneumatic chipping hammer
Druckluftmeißelhammer *m* paving breaker
Druckluftniethammer *m* pneumatic riveter
Druckluftnietung *f* pneumatic riveting
Druckluftputzgerät *n* pneumatic plastering machine
Druckluftramme *f* 1. *(BWG)* air rammer; 2. *(BWG, Erdb)* pneumatic rammer
Druckluftrüttler *m* pneumatic vibrator
Druckluftschlagbohrer *m* pneumatic hammer drill
Druckluftsenkkasten *m* pneumatic caisson
Druckluftspatenhammer *m (BWG)* pneumatic digger
Druckluftspritze *f* pneumatic gun
Druckluftspritzpistole *f* pneumatic gun
Druckluftstampfer *m* air rammer, pneumatic tamper
Druckluftsteuerung *f* pneumatic control system
Drucklufttragehalle *f* air-supported structure, inflatable building
Drucklüftung *f (HLK)* plenum system ventilation *(zur Beheizung und Lüftung von Großräumen)*
Druckluftwinde *f (BWG)* air hoist
Druckmessdose *f* load cell, capsule, pressure cell
Druckmesser *m* manometer, pressure gauge; U-gauge *(Gasdruck, Wasserdruck)*
Druckmessring *m* load ring, steel proving ring

Druckminderer *m* 1. *(San, WVA)* air-pressure-reducing valve; 2. *(HLK, San)* reducing valve
Druckminderung *f (Stat, WVA)* pressure relief
Druckminderventil *n (HLK)* reducing pressure valve
Druckmuster *n (Arch)* printed design, printed pattern
Druckniveau *n (Stat, WVA)* pressure level
Druckpfahl *m (Erdb)* bearing pile; strut pile
Druckplatte *f* platen *(einer Presse)*
Druckpotenzial *n***/veränderliches** *(HLK, San, WVA)* variable head
Druckpressung *f (Stat)* compressive strength
Druckprobe *f* pressure test
Druckprüfpresse *f (BM, BWG, BT)* compression tester
Druckprüfung *f* 1. compression test, compressive test, pressure test *(Baustoffe, Beton usw.)*; 2. crushing test *(Gesteine)*; 3. collapse test, pressure test *(Leitungsrohre)*
Druckprüfung *f***/einfache** *(BM)* one-dimensional compression test
Druckprüfung *f* **mit behinderter Querdehnung** *(Erdb)* confined compression test
Druckprüfung *f* **mit behinderter Seitenausdehnung** *(Erdb)* direct shear test
Druckprüfung *f* **mit Luft** air test, pneumatic test
Druckpumpe *f (WVA)* forcing pump
Druckquerschnitt *m* 1. *(BT, Stat)* compression area; 2. *(Stat)* compression cross section
Druckreduzierventil *n (San, WVA)* pressure-reducing valve
Druckregler *m* pressure controller, pressure regulator
Druckring *m* compressed ring
Druckringbalkenträger *m* compression ring beam
Druckrohr *n (WVA)* pressure pipe
Druckrohrleitung *f* 1. *(WVA)* pressure pipeline; 2. *(San, WVA)* pen trough
Druckrohrleitungsarbeiten *fpl (WVA)* works for pressure pipelines *(DIN 18307)*
Druckrückgang *m* pressure decrease
Druckschale *f* pressure shell
Druckschicht *f* structural topping
Druckschlag *m* 1. *(WVA)* concussion *(Wasserleitung)*; 2. bevel, splaying *(Gewölbe)*
Druckschräge *f* diagonal stay, diagonal strut
Druckschwankung *f* transient pressure; pressure fluctuation *(Wasser)*
Druckschwellbelastung *f (Stat)* pulsating compressive loading
Druckspannung *f* 1. *(Stat)* compression stress; 2. *(Stat, TK)* compressive stress *(durch Längskräfte)*
Druckspannung *f***/innere** residual compressive stress, expansive stress
Druckspannungsfeld *n (Stat)* compressive stress field
Drucksparträkverfahren *n (Hb)* empty-cell process
Druckspeicher *m (San)* pressure-type water heater, pressurized hot-water tank
Druckspiegel *m (WVA)* piezometric level *(des Grundwassers)*
Drucksprühen *n* hydraulic spraying
druckspülen *v (Te, WVA)* pressure-flush *(Abwasserleitungen)*
Druckspülen *n (San)* flushing
Druckspüler *m (San)* flush valve
Druckstab *m* 1. *(St, TK)* member in compression *(Stahlbau)*; 2. *(Stat, TK)* compressed element; 3. *(BT)* thrust member *(Festigkeitslehre)*
Druckstab *m***/nicht verstärkter** *(TK)* unstiffened member
Druckstabilisierungsanlage *f* pressure-stabilizing plant, pressure-stabilizing unit *(Wasser)*
druckstark high-pressure
Drucksteife *f (BT, Stat, TK)* compression rigidity
Druckstollen *m* 1. *(Tun)* gallery *(Bergbau)*; 2. *(Wsb)* penstock, pressure tunnel
Druckstoß *m* surge pressure; water hammer *(in Wasserleitungen)*
Druckstrahlbagger *m* giant dredge, giant, monitor
Druckstrahlen *n (OB, Te)* pressure blasting
Druckstrebe *f (BT)* strut
Druckstück *n (BT)* thrust member
Druckstütze *f (BT, Konst, Stat, TK)* compression column
Druckstutzen *m* pressure joint
Drucktaste *f* push-button
Drucktastenschloss *n* cipher lock
Drucktastenschloss *n***/mechanisches** mechanical cipher lock
Druckträger *m* beam-column
Druckübertragung *f (Stat, WVA)* pressure transmission
Druckübertragung *f***/zentrische** centric transmission of pressure
Druckübertragungsverbindung *f (BT)* compression bearing joint
druckunabhängig pressure-independent
Druck- und Biegeprüfpresse *f (BM, BT)* compression and bending test machine
Druckventil *n* discharge valve
Druckveränderung *f (Stat)* pressure change
Druckverankerung *f* anchorage by pressure
Druckverformung *f (BM, BT)* upsetting deformation
Druckverhältnis *n (Stat, WVA)* pressure ratio
Druckverlauf *m* pressure curve
druckverleimt pressure-glued
Druckverlust *m* 1. pressure drop, pressure loss; 2. loss of head, loss of pressure *(Wasser)*; 3. *(HLK, San, WVA)* head loss *(in Rohrleitungen)*
Druckverringerung *f* pressure reducing *(bei Dampfheizungen)*
Druckverstärker *m (HLK, Te)* booster
Druckversuch *m* 1. *(BM, BT)* compression test *(Baustoffe, Beton usw.)*; 2. *(BM, BT)* crushing test *(Gesteine)*; 3. *(HLK, WVA)* collapse test *(Leitungsrohre)*
Druckversuch *m***/dreiaxialer** 1. *(Erdb)* standard triaxial test; 2. *(BM, Bod)* triaxial compression test
Druckversuch *m***/einaxialer** *(BM)* one-dimensional compression test
Druckverteilung *f* distribution of pressure, pressure distribution
Druckverteilung *f***/parabolische** *(Stat)* parabolic distribution of stress
Druckverteilungsblock *m* stress-block
Druckverteilungsschicht *f (Erdb, Konst)* subbase
Druckwasser *n* 1. *(San, WVA)* pressure water; 2. *(Bod)* water under pressure; 3. *(WVA)* power water
druckwasserbeständig *(DIS)* resistant to hydrostatic pressure
Druckwasserleitung *f* pressure water pipe, pressure water piping, power pipeline
druckwasserspülen *v (Bod, Erdb, Tun)* jet
Druckwasserstrahlpumpe *f (WVA)* ejector
Druckwasserversorgung *f (WVA)* boosted water supply
Druckwelle *f (HLK, Stat, WVA)* compression wave
Druckwiderstand *m (BM, BT, Stat, Te)* compression resistance
Druckwiderstandsfähigkeit *f (BM, BT, Stat)* crush resistance
Druckwiderstandzone *f* compression zone
Druckwirkung *f* pressure effect
Druckzementierung *f* squeeze cementing
Druckzone *f* compressed zone, compression zone; pressure area, pressure zone

D

Druckzone f/vorgedrückte *(Stat)* precompressed compression zone
Druckzuggebläse *n (HLK)* forced-draught blower
Druckzwiebel *f (Erdb, Verk)* pressure bulb, bulb *(Verdichtung)*
Drudenfuß *m (Arch)* pentacle of Salomon
Druse *f* nodule *(Geologie)*; druse, vug *(Hohlraum im Gestein)*
DTV *(Verk)* average daily traffic
dual dual
dualistisch dual
Dübel *m* 1. concrete insert, plug; 2. *(Hb)* dowel, connector, pin, peg, tree nail; 3. joggle *(für Ziegelverbindungen)* • **mit Dübeln befestigen** treenail
Dübel m/gerillter grooved dowel
Dübelankerschmiermittel *n* dowel lubricant
Dübelbalken *m* dowelled beam, dowelled timber beam, flitch beam, sandwich beam, wood ground
Dübelbalkenelement *n (Hb)* flitch
Dübelbalkenlage *f* system of timber beams
Dübelbaum *m (BT, Hb)* dowelled timber beam
Dübelblock *m (AE)* anchor block
Dübelbohren *n* plugging
Dübelbohrer *m* dowel bit, tap borer
Dübeldolle *f (Hb)* dowel basket
Dübeleinpresser *m* dowel driver
Dübeleinschießen *n* bolt shooting
Dübelholz *n* fixing slip, pallet, slip
Dübelklötzer *mpl* first fixings
Dübelleiste *f* fixing fillet, fixing slip, pallet, slip, ground
Dübelloch *n (Hb)* dowel hole
Dübelmaschine *f* mechanical dowel and tie bar installer
dübeln *v* dowel, fasten with a peg, peg, treenail
Dübelschmiermittel *n* dowel lubricant
Dübelstein *m* fixing block, fixing brick
Dübelverankerungseisen *npl* dowel-bar reinforcement
Dübelverbindung *f* 1. connector joint, key joint; 2. *(Hb)* dowel connection, dowel joint
Dübelziegel *m* breeze brick, pallet brick
Dublette *f* doublet
Dückdalbe *f (Wsb)* mooring post *(Hafen)*
Düker *m* (culvert) syphon, (inverted) siphon
Dükerdurchlass *m (Erdb, WVA)* syphon culvert
duktil ductile *(bes. Metall)*
Duktilität *f* ductility *(z. B. von Bitumen, Metall)*
Duktilitätsbestimmung *f* ductility test
Duktilitätsprüfung *f* ductility test
Duktilometer *n* ductilometer
Dumper *m (BWG)* dumper
Düne *f (Bod)* dune
Düne f/befestigte *(Erdb, Wsb)* fixed dune
Düne f/kleine *(Bod)* dene
Dünensand *m* dune sand
Dünenschutz *m (Umw)* dune protection
Dünenschutzwerk *n (Wsb)* defence of dunes
Dung *m (LB)* manure
Düngen *n (LB)* manuring
Düngererde *f (LB)* black mould
Düngung *f (LB)* manuring
Dunit *m* dunite, olivine-rock
dunkel dark, deep *(Farbanstrich)* • **dunkel werden** blacken • **sich dunkel färben** *(OB)* darken *(Farbanstrich)*
Dunkelarbeitsraum *m* darkroom
Dunkelfläche *f (El)* dark area *(Beleuchtung)*
Dunkelkammer *f* darkroom, photographic darkroom
Dunkelraum *m (Konst)* darkroom
Dunkelzone *f (El)* dark area *(Beleuchtung)*
dünn 1. *(BM)* thin *(Dimension)*; 2. fine *(z. B. Folie)*; 3. *(Konst)* slim *(schmal, schlank)*; 4. tabular *(flach)*; 5. thin, watery, weak *(z. B. Lösungen)*
dünn/sehr ultrathin
dünn/unendlich infinitesimally thin
dünnbankig thin-bedded *(Gestein, geologische Schichten)*
Dünnbeschichtung *f* lightweight coating
Dünnbettkleber *m* thin-bed adhesive, cement(-)based adhesive, cement adhesive
Dünnbettverfahren *n* thin-bed method, glue fixing method, cement fixing method *(Fliesenlegen)*
dünnblättrig thin-laminated
Dünnblech *n* tagger
Dünne *f (BT)* thinness
dünner machen *v (Te)* thin down *(Schichtdicken)*
dünnflüssig low-viscosity, non-viscous; thin, watery, thin--bodied *(Anstrich)*
Dünnformziegel *m* scone brick
Dünnglas *n* thin sheet glass
Dünnparkett *n* mosaic parquet
Dünnputz *m (SB)* thin plaster
dünnschalig thin-shell, thin-wall
Dünnschichtbelag *m* thin surfacing, micro-surfacing
dünnschichtig thin-laminated
Dünnschliff *m (BM)* thin section *(Prüftechnik)*
Dünnschnittfurnier *n* thin-cut veneer
dünnstegig *(BT)* thin-webbed *(Stegträger)*
dünnwandig thin-walled, light-walled
Dünnziegel *m* scone brick
Dunst *m* damp, haze
Dunstabzug *m (HLK)* ventilating pipe
Dunstabzughaube *f (HLK)* cooker hood
Dunsthaube *f (HLK)* hood
Dunstrohr *n* ventilating pipe, vent pipe, vent stack, outlet vent; soil ventilation pipe
Dunstrohrziegel *m* outlet vent tile
Dunstschicht *f (Umw)* smog
Duplexanstrichsystem *n* metal-plus-paint system
Duplexnagel *m* duplex-headed nail
Duplexschicht *f* duplex coating *(Anstrich)*
Duplexsystem *n* metal-plus-paint system
Duralumin *n* duraluminium
Duraluminium *n* duraluminium
durcharbeiten *v (Te)* work
Durchbiegefestigkeit *f* cross-breaking strength
durchbiegen *v* deflect, flex, bend down; deflect transversely *(seitlich)*
durchbiegen v/sich bend, sag
Durchbiegen *n* sagging bend
durchbiegend flexible
Durchbiegung *f* deflection, downward deflection, bending, bowing, flection, flexing, flexure, sag, sagging; hogging *(nach oben)*
Durchbiegung *f* **bei Belastung** bowing under load
Durchbiegung f/bleibende permanent set, permanent settlement *(Träger)*
Durchbiegung *f* **durch eigene Schwerkraft** natural sag, natural sagging
Durchbiegung f/elastische elastic bending, elastic deflection, rebound deflection
Durchbiegung f/maximale *(BM, Stat)* maximum deflection
Durchbiegung f/plastische inelastic deflexion, permanent deflection, permanent deflexion; permanent set, permanent settlement *(Träger)*
Durchbiegung f/statische static deflection
Durchbiegungsanzeiger *m* deflection indicator
Durchbiegungsfläche *f* deflected area, deflective area
Durchbiegungsformel *f (Stat)* deflection formula
Durchbiegungskomponente *f (Konst)* component of deflection

Durchbiegungskurve *f* 1. *(BM, Konst, Stat)* deformation curve; 2. *(Stat)* flexing curve
Durchbiegungsmesser *m* deflectograph, deflectometer
Durchbiegungsmesswertaufnehmer *m* deflection transducer
Durchbiegungsprüfgerät *n* deflectograph
durchbilden *v* 1. *(Arch)* design, work out *(entwerfen)*; 2. develop, improve, perfect *(z. B. Einrichtungen, Anlagen)*
Durchbildung *f*/bauliche structural design, structural detailing, detailing
Durchbildung *f*/räumliche *(Arch)* three-dimensional treatment
Durchbinder *m* tie closer
Durchblick *m* throughview, cross-vista, view
durchblickverhindernd obscure *(Glas)*
durchbohren *v* bore through, through-drill, perforate, pierce, puncture, stick; hole *(Löcher)*
Durchbohrung *f* borehole, perforation, *(AE)* lead hole
durchbrechen *v* break through, breach, break an opening, make an opening, through, hole, pierce
durchbrennen *v (El)* burn out
durchbrochen open, pierced
Durchbruch *m* 1. breakthrough, breach, break, opening, pigeonhole, hole *(z. B. in einer Mauer, Wand usw.)*; 2. *(Arch)* fretwork; 3. *(Konst)* gap *(Spalte, auch im Tunnelbau)*; 4. irruption *(Wasser)*
Durchbruch *m*/vorgebohrter bored hole
Durchbrucharbeit *f (Arch)* fretwork
Durchbruchspunkt *m (Tun)* leakage point *(Flüssigkeiten)*
durchdringen *v* 1. *(Verm)* intersect; 2. penetrate *(mechanisch)*; 3. permeate *(Wasser, Lösungen)*; 4. thrust *(durch Druck)*
durchdringen *v*/sich gegenseitig *(Konst)* interpenetrate
Durchdringung *f (Verm)* intersection; penetration *(mechanisch)*
Durchdringung *f* gefalteter Zylinderflächen *(Stat)* penetration of folded cylindrical surfaces
Durchdringung *f*/gegenseitige *(Konst)* interpenetration
Durchdringung *f*/räumliche *(Arch)* spatial penetration
Durchdringung *f* von Innen- und Außenraum penetration of internal and external space
Durchdringungslinie *f (Stat)* intersection
Durchdringungsvermögen *n* penetrating ability *(Penetriermittel, Anstriche usw.)*
durchdrücken *v (Te)* force through
Durchdrücken *n* bleed-through, bleeding *(Farbanstrich)*
Durchfahrt *f* 1. *(Verk)* passage, transit; 2. *(Verk)* thoroughfare *(z. B. durch ein Gebäude, eine Bebauung)*; 3. main archway, archway *(z. B. Stadttor)*
Durchfahrtshöhe *f* 1. *(Konst)* clearance height; 2. *(Konst, Verk)* clearance
Durchfahrtsöffnung *f* fairway arch, fairway span *(Brücke)*
Durchfahrtsprofil *n* maximum clearance of cars, clearance limit
Durchfahrtszeit *f*/befristete *(Tun)* restricted transit time
Durchfallast *m* loose knot
durchfallen *v (BM, Konst, VR)* fall through
durchfärben *v* dye thoroughly *(z. B. Beton)*
Durchfärbung *f* pigment dispersion, pigmentation
durchfeuchten *v* moisten completely, soak through
Durchfeuchtung *f (DIS)* penetration of dampness
Durchfeuchtung *f* durch Regen penetration of rain
Durchfeuchtungsschaden *m* damage due to penetration of moisture
Durchfeuchtungszustand *m (Erdb)* moisture condition
durchfluchten *v* line out, align
Durchfluchtungslinie *f (Verm)* line of sight
Durchfluss *m* flow, passage, passing; flow rate *(Flüssigkeitsmenge je Zeiteinheit)*
Durchfluss *m*/induzierender inducing flow
Durchflussgeschwindigkeit *f* flow velocity, speed of flow
Durchflussgeschwindigkeitsmesser *m* flow velocity meter
Durchflusskoeffizient *m* coefficient of discharge, flow coefficient
Durchflusskontrollventil *n (HLK, Wsb, WVA)* balancing valve
Durchflussmenge *f* flow rate, flow volume, rate of flow, discharge
Durchflussmengenmesser *m* flowmeter
Durchflussmesser *m* flowmeter
Durchflussmessung *f (Wsb, WVA)* flow measurement
Durchflussquerschnitt *m* 1. clearance opening, flow section, surface of flow; 2. *(Wsb)* wetted section
Durchflussradius *m (Wsb, WVA)* hydraulic radius
durchformen *v (Arch)* design
Durchformung *f (Arch)* design
Durchforstung *f (Umw)* forest clearing
Durchforstungsholz *n (BM, LB)* thinnings
durchfressen *v (OB)* eat through *(Korrosion)*
Durchfuhr *f (Verk)* transit
durchführbar feasible, viable, workable
Durchführbarkeit *f (Te)* feasibility
Durchführbarkeit *f*/konstruktive structural feasibility
Durchführbarkeitsstudie *f (RP)* feasibility study
Durchführbarkeitsstudie *f*/vorläufige prefeasibility study
Durchführbarkeitsuntersuchung *f*/vorläufige prefeasibility study
durchführen *v* 1. lead through, pass through *(z. B. Kabel)*; 2. *(El)* feed through; 3. carry out, execute, perform, implement, practice, accomplish *(Leistungen ausführen)*; 4. run *(Versuche)*; 5. *(Konst)* thread *(durchstecken, durchdrücken)*
durchführen *v*/Bohrungen *(Bod, Erdb)* make borings
durchführen *v*/schrittweise *(Te)* phase
Durchführung *f* 1. *(El)* lead-through, bushing *(z. B. Kabel)*; 2. *(El)* feed-through; 3. embodiment, execution, performance, procedure *(Leistungen ausführen)*; 4. threading, grommet *(Durchstecken)*; 5. *(Te)* performance; 6. *(Te, VR)* execution *(Vertrag)*
Durchführung *f* der Unterhaltung maintenance execution
Durchführungsdurchbruch *m* passing hole *(Leitungen)*
Durchführungsempfehlung *f (VR)* operating recommendation
Durchführungsgang *m* passage tunnel
Durchführungsgütebestimmungen *fpl (Konst, VR)* performance specifications
Durchführungshülse *f* conduit bushing, bushing, grommet
Durchführungshülse *f*/isolierte grommet
Durchführungsisolator *m (El)* wall-tube insulator
Durchführungsöffnung *f* passing hole
Durchführungsverordnung *f (VR)* by-laws
Durchgang *m* 1. passage, passing through *(Durchgehen)*; 2. connecting passage, gangway, throughpass, corridor, doorway, entry, *(AE)* areaway *(Verbindungsweg)*; *(AE)* enterclose *(zwischen Gebäuden und Gärten)*; 3. *(Arch)* passage, main archway *(z. B. Stadttor)*
Durchgang *m*/lichter shutter doorway
Durchgang *m*/schmaler *(Konst)* slip
Durchgang *m*/überdachter pawn
Durchgangsbahnhof *m (Verk)* through station
Durchgangshalle *f* open-ended shed
Durchgangshöhe *f* clearance height, clearance, headroom
Durchgangshotel *n* transient hotel
Durchgangsmuffe *f* straight joint
Durchgangsquerschnitt *m*/lichter free passage

Durchgangsschieber *m (HLK, WVA)* full-way valve
Durchgangsstraße *f* thoroughfare, throughroad, throughway, through street, *(AE)* throughput way; transit *(Fernverkehrsstraße)*
Durchgangstür *f (Konst)* pass door
Durchgangsverkehr *m (Verk)* extraneous traffic
Durchgangswohnzimmer *n* through-living room
durchgebogen *(BT)* sagged
durchgefärbt integrally coloured, pigmented, *(AE)* integrally colored
durchgehend continuous, straight, unbroken
durchgehend/nicht blind
durchgerostet *(RS)* rusted through
durchgesickert *(Bod, Erdb)* percolated
Durchgestalten *n* **der Umrisslinie** *(Arch)* profiling
durchgetrocknet through-dry
durchhalten *v (Konst, Te)* sustain
Durchhang *m* sag, slack *(von Seilen)*; dip *(von Leitungen)*
• **Durchhang beseitigen** take up slack
Durchhang *m* **durch eigene Schwerkraft** natural sag, natural sagging
durchhängen *v* 1. sag; 2. slack *(Seile)*; 3. dip *(Leitungen)*
Durchhängen *n* sagging; slack, slackening
durchhängend *(BT)* sagging
Durchhärten *n* through-hardening
Durchhärtung *f (BB, BM, St)* full hardening
Durchhieb *m (Tun)* gain
durchkonstruiert *(Konst)* scientifically designed
durchkonstruiert/mangelhaft ill-designed
Durchlass *m* 1. *(Erdb, Wsb, WVA)* culvert; 2. *(Wsb, WVA)* culvert syphon *(Dükerdurchlass)*; 3. *(Br, Wsb)* cut *(Brücke)*; 4. *(Arch)* aqueduct
Durchlass *m*/**abgetreppter** *(Verk)* cascade culvert *(in einer Straße)*
Durchlass *m* **aus Stahlrohr** *(WVA)* steel culvert
Durchlass *m*/**enger** *(Konst)* throat
Durchlass *m*/**englischer** *(WVA)* English culvert
Durchlass *m*/**gedeckter** *(Verk)* water channel
Durchlass *m*/**gemeinsamer** *(Konst, Wsb, WVA)* combined drain
Durchlass *m*/**geschlossener** *(Verk)* water channel
Durchlasscharakteristik *f* transmittance curve
Durchlassdimensionierung *f* culvert design
durchlassen *v* let pass, let through, pass; transmit *(Strahlen)*
Durchlassen *n (DIS, Konst, Te)* transmission *(z. B. von Strahlung)*
Durchlassende *n (Erdb, LB)* outfall
Durchlassfähigkeit *f* 1. *(Verk)* occupancy; 2. flow capacity, capacity *(speziell von Rohrleitungen)*
Durchlassfähigkeit *f*/**höchste** *(Verk)* maximum occupancy *(Straße)*
Durchlassfähigkeit *f*/**höchste praktische** *(Verk)* maximum occupancy *(Straße)*
Durchlassgrad *m (El)* transmittance *(für Licht)*
durchlässig permeable; pervious *(z. B. für Licht)*
Durchlässigkeit *f* 1. *(BM, Bod, DIS, Erdb)* permeability; 2. *(DIS)* perviousness; 3. *(BM, Erdb)* porosity *(Undichtheit)*; 4. *(Bod)* percolation; 5. transmissivity *(Licht)*; 6. conductivity *(Durchflussvermögen)*
Durchlässigkeit *f*/**relative** *(BM, Bod)* relative permeability
Durchlässigkeit *f*/**spezifische** transmissivity *(Licht)*
Durchlässigkeit *f*/**vertikale** vertical permeability
Durchlässigkeitsbeiwert *m* 1. permeability coefficient, coefficient of permeability *(Undichtheit)*; hydraulic conductivity *(Durchflussvermögen)*; 2. *(Bod)* percolation coefficient, percolation factor
Durchlässigkeitsgrad *m* total porosity *(Undichtheit)*; transmission factor *(Licht, Strahlung)*
Durchlässigkeitsgrenze *f* permeative boundary
Durchlässigkeitskoeffizient *m s.* Durchlässigkeitsbeiwert
Durchlässigkeitsversuch *m (Erdb)* permeability test; proofing *(von Materialien)*
Durchlässigkeitszahl *f (Bod, DIS, Erdb, HLK)* coefficient of permeability
Durchlasskanal *m* culvert
Durchlasskoeffizient *m (DIS)* transmission coefficient *(Licht, Strahlung)*
Durchlassprofil *n* flow profile
Durchlassquerschnitt *m* opening area; navigable width *(für Schiffe bei Brücken)*
Durchlassrohr *n* 1. *(Erdb, Wsb, WVA)* culvert; 2. *(Wsb, WVA)* culvert syphon *(Dükerrohr)*
Durchlassrohrschleuse *f* culvert lock
Durchlassschleuse *f* culvert lock
Durchlasswehr *n (Wsb)* sluice weir
Durchlaufbalken *m* 1. *(BT, Konst, Stat)* continuous girder; 2. *(TK)* through beam
Durchlaufbetonmischer *m (BWG)* continuous concrete mixer
Durchlaufbogen *m (Arch, Br, Konst)* continuous arch
Durchlaufdecke *f (Konst, Stat, TK)* continuous floor
durchlaufen *v* flow through, run through
Durchlaufen *n (Erdb, Wsb, WVA)* weepage
durchlaufend *(BT, Konst, Stat)* continuous
Durchlauferhitzer *m* 1. *(San)* non-storage calorifier; 2. *(HLK)* continuous-flow water heater; 3. *(HLK, San)* geyser
Durchlaufhandlauf *m (BT, Konst)* continuous handrail
Durchlaufmischer *m* continuous mixer; flow mixer *(Beton)*
Durchlaufpatentieren *n (Te, VR)* furnace patenting
Durchlaufpfette *f (BT, Konst)* continuous purlin
Durchlaufplatte *f (Konst, Stat)* continuous slab
Durchlaufrahmen *m (Konst, Stat)* continuous frame
Durchlaufstabbewehrung *f (BB, BT, Konst, Stat)* continuous rod reinforcement
Durchlaufsturz *m (Hb, Konst)* template
Durchlaufträger *m* 1. *(BT, Konst, Stat)* continuous beam; 2. *(BT, Konst, Stat)* continuous girder; 3. *(TK)* running girder
Durchlauftragwerk *n (TK)* through girder
Durchlaufwarmwasser *n (HLK, San)* instantaneous warm water
Durchlaufwirkung *f (Stat)* effect of continuity
Durchlicht *n* transmitted light
durchlochen *v* punch, puncture, pierce
durchlocht perforated, pierced
Durchlochung *f (Te)* punching
durchlüftet/gut *(Bod)* well-aerated
Durchmesser *m* diameter
Durchmesser *m*/**lichter** inside dimension, internal diameter; bore *(eines Rohres)*
durchmischen *v* intermix
Durchmischungsgrad *m (BM, Te)* amount of mixing
durchnässen *v* drench, soak through
durchörtern *v* 1. *(Erdb)* cut through, drive a heading, work through, hole; 2. *(Tun)* force through, hole, pierce
Durchörterung *f* 1. *(Erdb)* heading-through, soil piercing, holing; 2. *(Tun)* holing, piercing
durchpausen *v* trace
durchpressen *v* force through, press through
durchqueren *v (Konst)* traverse
durchregnen *v* rain through
Durchreiche *f* buttery hatch, service hatch, serving hatch, hatch, *(AE)* pass-through
Durchreichefenster *n* pass window, hatch
Durchreicheöffnung *f* hatch opening, serving-hatch opening
Durchreisehotel *n* transient hotel

durchrosten *v* rust through
Durchrosten *n (RS)* rusting-through
Durchrostung *f (RS)* rusting-through
durchrühren *v* agitate, stir
durchsägen *v (Hb, Te)* saw through
Durchsatz *m* flow rate, flow *(Flüssigkeitsmenge je Zeiteinheit)*; throughput *(z. B. von Materialien, Daten)*
Durchschallungsverfahren *n* transmission method *(Baustoffprüfung)*
durchschauen *v* see through
Durchscheinbeleuchtung *f (El)* transillumination
Durchscheinen *n* transparency, translucent; grinning, grinning-through *(z. B. von Mauerwerk durch Putzrisse)*
durchscheinend translucent
durchscheuern *v (BM, OB)* wear through
Durchschlag *m***/dielektrischer** *(El)* breakdown
Durchschlageisen *n* drift punch, solid punch
durchschlagen *v* 1. punch, pierce *(z. B. Öffnung, Loch)*; 2. *(Te)* knock through *(z. B. Nägel)*; 3. *(OB)* bleed through; 4. *(El)* break down *(Dielektrikum)*; 5. *(DIS)* come through *(Feuchtigkeit, Wasser)*
Durchschlagen *n* 1. puncturing *(Öffnungen)*; 2. *(OB)* bleed--through *(Farbanstrich)*; 3. *(Konst, RS)* show-through *(von Fehlstellen und Unebenheiten)*
Durchschläger *m* drift punch, solid punch
Durchschlaglast *f (Stat, Te)* snap-through load
Durchschlagnadel *f* drift pin
Durchschlagspannung *f (El)* breakdown voltage
Durchschlagstift *m* drift pin
Durchschlagtür *f* double-acting door
Durchschnitt *m* mean value, mean, average
durchschnittlich mean average, average
Durchschnittsprobe *f (BM)* composite sample
Durchschnittsstrahlungstemperatur *f (HLK)* mean radiant temperature
Durchschnittsverbrauch *m* average consumption
Durchschnittswert *m* mean value
durchschütteln *v* shake
durchsenken *v (St)* dint
Durchsenken *n (TK)* downward deflection
Durchsenkung *f (Stat)* flexure
Durchsenkung *f***/statische** static deflection
Durchsenkungsfläche *f* deflected area, deflective area
durchsetzen *v* implement
Durchsetzen *n* **von Vorschriften** law enforcement
durchsetzt *(BM)* interspersed *(Naturstein, Werkstein)*
Durchsetzung *f (BM)* interspersion *(Mineralien in Naturstein)*
Durchsicht *f* through-vision *(Glas)*
durchsichthemmend obscure *(Glas)*
durchsichtig 1. *(BM, BT)* clear; 2. *(BM, El)* transparent
durchsichtig/stellenweise *(OB)* hungry *(Farbanstrich)*
Durchsichtigkeit *f* clearness, see-through visibility, transmittance, transparency
Durchsichtsdarstellung *f (Konst)* sciagraph
Durchsichtsmuster *n (Arch)* telegraphing
durchsickern *v* 1. leak downward, leak, leach, ooze through, trickle through, pass through, seep through, soak, soak in; 2. *(Bod)* percolate
Durchsickern *n* 1. seepage, weepage, leak; 2. *(Bod)* percolation
Durchsickerung *f* 1. *(BM, Bod, Erdb)* oozing; 2. *(Wsb)* breakthrough; 3. *(BT, Erdb, WVA)* sweating
durchsieben *v* screen, sieve, sift, riddle
Durchsprechrohr *n (EB)* speaking tube *(zwischen zwei Räumen)*
durchspülen *v* flush, purge
durchstechen *v* 1. puncture, pierce, prick, stick; 2. *(Erdb)* cut through, dig through
durchstecken *v* 1. *(Konst)* thread; 2. *(Te)* perforate
Durchsteckschraube *f* bolt and nut, through bolt
Durchstich *m (Erdb)* pilot cutting, cut, cut-off, cutting
Durchstich *m* **eines Tunnels** *(Tun)* tunnelling
Durchstichabfluss *m (Wsb)* through cut
Durchstichstraße *f (Verk)* cut-up road
Durchstoß *m (Te)* puncture
durchstoßen *v* break through; pierce, push through; rod, open *(z. B. verstopfte Rohre)*
Durchstoßfestigkeit *f* puncturability, puncture resistance
Durchstrahlbeleuchtung *f (El)* transillumination
Durchstrahlungsprüfung *f* radiation test *(Baustoffe)*
Durchstrahlungsverfahren *n* radiographic testing, transmission method *(Baustoffprüfung)*
Durchströmen *n (Bod, Erdb)* percolation *(von Wasser)*
Durchströmungsprofil *n (San, WVA)* profile of flow
durchtränken *v* drench, imbibe, soak, penetrate
Durchtränken *n* impregnation
Durchtränkung *f* 1. *(BM)* imbibition; 2. *(BM, Te)* soaking
durchtreiben *v* punch; drive through *(z. B. einen Nagel)*
Durchtreiber *m* pin punch, solid punch
durchtrennen *v* sever
durchtrocknen *v* dry through well
Durchtrocknen *n* drying through
Durchtrocknung *f* drying through
durchtropfen *v* drip through, trickle through
Durchverdrahtung *f (El)* through-wiring
Durchwandern *n (DIS)* through migration *(Flüssigkeiten oder Lösungen durch Bauteile)*
Durchwerfen *n* riddling
Durchwurfsieb *n* riddle
Durchzeichnung *f (Konst, RS)* show-through *(von Fehlstellen und Unebenheiten)*
Durchziehloch *n* eyelet
dürftig lean *(Baustoffe)*
Durometer *n (BM)* durometer
Duroplast *m* thermosetting plastic, thermosetting resin
duroplastisch thermosetting
dürr arid *(Land)*
Dürre *f (Bod, Umw)* drought
Duschanlage *f* shower installation
Duschbad *n* shower bath, spray shower bath
Duschbatterie *f* shower mixer
Duschbecken *n (San)* shower pan
Duschbeckenabfluss *m (San)* shower-bath drain
Duschbeckenmetalldichtung *f (DIS) (AE)* shower pan *(unter dem Fliesenbett)*
Dusche *f* 1. *(San)* shower; 2. *(Konst, San)* shower bath *(Vorrichtung)*
Dusche *f* **mit gelochten Rohrleitungen** *(San)* needle bath
Duschecke *f* shower cubicle, shower stall
Duschenbedienung *f* shower control
Duschgarnitur *f* shower set, shower unit
Duschkabine *f* shower cabinet, shower stall
Duschkabinentür *f* shower stall door
Duschkopf *m (San)* spray shower head
Duschmischbatterie *f* shower mixer
Duschnische *f* shower cubicle, shower stall
Duschnischentrennwand *f (BT, San)* shower partition *(Fertigteil)*
Duschnischentür *f* shower stall door
Duschraum *m* 1. *(Konst, San)* shower bath; 2. *(Konst, San)* shower room
Duschraum *m***/kabinenloser** shower without cubicles
Duschsäule *f (San)* shower column
Duschschlauch *m* shower hose
Duschtasse *f (San)* shower pan
Duschventil *n* shower valve

D

Duschvorhang *m* shower curtain
Duschwand *f* shower wall
Duschwanne *f* shower pan, shower tube, trough for showers
Duschzelle *f* shower cabinet
Düsenbalken *m (BWG, OB, Verk)* spray bar
Düsenstrahlarbeiten *fpl (OB, Te)* jet grouting works *(DIN 18321)*
D-Versuch *m (Bod)* drained test, drained shear test
Dynamik *f (Stat)* dynamics
Dynamismus *m***/plastischer** *(Arch)* plastic dynamism
Dynamit *n (Bod, Erdb, Tun)* dynamite
Dynamitsprengung *f (Erdb, Tun)* dynamiting

E

EAPA *s.* Asphaltverband/Europäischer
Ebbe *f* low tide, low water, ebb-tide, low ebb, ebb
Ebbekrafterzeugung *f (Umw, Wsb)* ebb generation
Ebbelinie *f (Wsb)* low-water mark
Ebbetor *n (Wsb)* ebb-tide gate
eben 1. even, level, plain, planar *(Flächen)*; 2. flat, at grade, in plane, even *(z. B. Gelände)*; 3. fair-faced *(Mauerwerk)*; 4. smooth *(glatt)*; 5. flush *(Anschluss)*; 6. two-dimensional *(Strömung)*; 7. coplanar *(Kräfte)*
Ebene *f (Stat)* plane; flat • **in einer Ebene liegend** planar • **in gleicher Ebene** in-plane • **in zwei Ebenen** *(Verk)* two-level
Ebene *f* **des Kräftesystems** *(Stat)* plane of the force system
Ebene *f***/konjugierte** *(Arch, Stat)* conjugate plane
Ebene *f***/neutrale** *(Stat)* neutral surface *(eines Trägers)*
Ebene *f***/schiefe** inclined plane, incline, squint
Ebene *f***/vertikale** *(Verm)* vertical plane
Ebene *f***/zugeordnete** *(Arch, Stat)* conjugate plane
Ebene *f***/zweite** second level
ebenerdig on-grade, even with the ground, ground level, at ground level
ebenflächig evenly surfaced
Ebenflächigkeit *f* evenness, accuracy of level; surface smoothness
Ebenflächigkeitsgüte *f (OB, Verk, VR)* quality of evenness
Ebenheit *f* 1. evenness, flatness; 2. *(Erdb)* levelness *(auch topographisch)*; planeness, smoothness *(Oberfläche)*
Ebenheit *f* **der Straßendecke** pavement surface evenness, *(AE)* sidewalk surface evenness
Ebenheitsgrad *m* degree of flatness
Ebenheitsprüfgerät *n* flatness tester; smoothness tester
Ebenheitsprüfung *f (Verk)* evenness test
Ebenholz *n* ebony
Ebenmaß *n (Konst)* symmetry
ebnen *v* 1. level, even, even up; 2. *(Te)* flat; 3. *(Verm)* flush *(bündig machen)*; 4. planish *(Metalle)*; 5. smooth *(glattmachen)*
Ebnen *n* levelling off; flattening
Ebonit *n (BM)* ebonite
EC EC *(Eurocode)*
Echinus *m (Arch)* echinus *(griechische dorische Ordnung)*
Echo *n (DIS)* echo
Echogramm *n (Bod)* echogram
Echoschürfung *f (Bod)* echo prospecting
echt fast *(Farbe)*
Echtheit *f* proofness; lasting properties *(Anstrich)*; fastness *(von Farbe)*
Echtzeit *f (Verk)* real time
Echtzeit-Querschnittszählung *f (Verk)* online section counts
Echtzeitverkehrssteuerung *f (Verk)* real time traffic control
Eckakroterion *n (Arch)* end akroterion, end akroter
Eckanschluss *m (Konst)* corner connection
Eckaussteifung *f (BT, Konst)* corner truss
Eckbadewanne *f (BT, San)* corner bath
Eckbalkon *m (Konst)* corner balcony
Eckbank *f (BT)* corner bench
Eckbereich *m (Konst, RP)* corner region
Eckbeschlag *m (BT, Konst)* corner plate
Eckbewehrung *f* corner lath
Eckbewehrung *f* **zur Türrahmenhalterung** corner reinforcement
Eckbinder(stein) *m* corner [quoin] header, angle closer *(Mauerwerk)*
Eckblatt *n (Arch)* angle spur *(Ornament in einer gotischen Säule)*
Eckblech *n (BT, Konst)* corner plate
Eckblockstein *m* corner return block; angle block *(mit einem offenen Ende)*
Eckbogen *m* squinch
Eckbogen *m***/innerer** squinch
Eckbundziegel *m* angle closer
Eckdeckleiste *f (BT)* corner board
Ecke *f* corner, angle, coin • **Ecke mit Keilstein versehen** *(Te)* quoin • **mit ausgerundeten Ecken** round-cornered
Ecke *f***/äußere** external angle
Ecke *f***/ausspringende** arris
Ecke *f***/einspringende** *(Konst)* nook
Ecke *f***/geschlossene** tight corner
Ecke *f***/leicht abgerundete** eased edge
Ecke *f***/vorspringende** *(Konst)* cant
Eckenabbruch *m (Konst)* corner break
Eckenformkelle *f (BWG)* corner trowel
Eckenfüllleiste *f* inside corner moulding
Eckenputzkelle *f* paddle
Eckenreibebrett *n (SB)* inside-angle float
Eckenrundstab *m* staff bead *(zum Überdecken von Fugen zwischen Holzteilen und Mauerwerk)*
Eckenrundung *f (Konst)* corner radius
Eckenschutzschiene *f* corner bead
Eckenschutzschiene *f***/runde** bullnose
Eckerker *m (Arch)* corner oriel
Eckfenster *n (BT)* corner window
Eckfliese *f (BM, BT)* corner tile
Eckformbundziegel *m* angle closer
Eckgebäude *n (Arch)* corner building
Eckgelenk *n (Konst)* corner hinge
Eckgerüst *n* 1. *(Te)* batter boards; 2. *(Verm)* pegging of batter boards
Eckhaus *n (Arch)* corner house
Eckhohlleiste *f (Arch, BT, Konst)* corner bead
eckig cornered, angular
eckig/nicht *(St)* round
Eckkachel *f (BM, BT)* corner tile
Eckkamin *m (BT, HLK)* corner fireplace
Eckkraft *f (Stat)* corner force
Eckkragbogen *m* squinch
Eckküchenraum *m (EB)* peninsula-base kitchen cabinet
Eckmauerstein *m***/nicht rechteckiger** offset block
Ecknaht *f (St)* corner weld *(Schweißen)*
Eckpavillon *m (Arch)* wing pavilion
Eckpfeiler *m* 1. *(Konst)* crossing pier; 2. *(Konst, SB)* jambstone; 3. *(Arch)* anta

Eckpfosten *m* angle post, principal post
Eckprofil *n* corner bead
Eckpunkt *m* 1. *(Konst, Verm)* corner point; 2. *(Konst)* corner
Eckputzbewehrung *f* corner lath, corner reinforcement
Eckquader *m* stone quoin
Eckquaderstein *m* stone quoin
Ecksäule *f* 1. corner post, principal post; 2. *(Arch)* angle shaft *(normannische Baukunst)*
Eckschiene *f* angle bead
Eckschrank *m (BT)* corner cupboard
Eckschutzleiste *f* corner bead, protection guard, angle bead
Ecksel *n***/ausgerundetes** cove
Eckselfliese *f (BM, BT)* congé
Ecksimswerk *n (Arch, BT, Konst)* corner bead
Eckspom *m (SB)* spur
Eckständer *m (BT, Konst)* corner pillar
Ecksteife *f* 1. *(Hb, Konst)* corner brace; 2. *(Br, TK)* sway bracing *(Brückenbau)*
Eckstein *m* corner stone, angle block, angle coin, angle stone, pillar stone, quoin stone, head stone
Eckstein *m* **mit einer Abrundung** bullnose block
Ecksteinausbildung *f* quoining, quoin bonding
Ecksteinverband *m* quoin bonding
Eckstoß *m (St)* corner joint *(Schweißen)*
Eckstück *n* corner piece; elbow piece *(eines Rohres)*
Eckstütze *f* corner post, end post
Ecktermin *m (Te, VR)* main appointed date *(Bauablauf)*
Eckturm *m (Arch)* corner tower
Ecktürmchen *n (Arch)* corner turret
Ecküberblattung *f (Hb)* bevel corner halving *(mit Gehrung)*
Ecküberblattung *f***/hakenförmige** *(Hb)* hooklike corner halving
Ecküberblattung *f* **mit Gehrung** *(Hb)* bevelled corner halving
Ecküberblattung *f* **mit geradem Schnitt** *(Hb)* square corner halving
Ecküberblattung *f* **mit schrägem Schnitt** bevelled halving
Ecküberkragung *f* squinch
Eck- und Knotenpunkte *mpl (Konst)* corner and nodal points
Eckventil *n (HLK, San)* corner valve
Eckverband *m* 1. corner bond, quoin bonding; 2. *(Hb)* corner joint, corner cogging
Eckverkämmung *f (Hb)* corner cogging
Eckversteifung *f* 1. *(Hb, Konst, SB)* corner bracing; 2. *(BT, Konst)* corner stiffening; 3. *(Br, TK)* sway bracing *(Brückenbau)*
Eckverstrebung *f (BT, Konst)* knee brace
Eckverzapfung *f (Hb)* corner tenon jointing
Eckverzinkung *f* **mit sichtbarer Holzschnittfläche** *(Hb)* common dovetail
Eckwinkel *m (Konst)* corner angle
Eckwohnung *f (Arch, Konst)* corner flat
Eckziegel *m (BT, SB)* corner brick
edel precious
Edelbims *m* washed pumice gravel
Edelfurnier *n* decorative veneer
Edelgas *n (Umw)* inert gas
Edelholz *n* high-grade timber, luxury wood
Edelmetall *n* noble metal, precious metal
Edelputz *m* patent plaster, premix plaster, chemical plaster *(Baustoff)*; decorative rendering, plaster facing, ready-mixed coloured rendering *(fertige Putzfläche)*
Edelrost *m* patina, patination
Edelsplitt *m* high-grade chippings, twice crushed and screened chippings
Edelstahl *m* high-grade steel, high-quality steel, special steel, stainless steel, *(AE)* specialty steel
Edelstahl *m***/austenitischer** austenitic stainless steel
Edelstahl *m***/martensitischer** martensitic stainless steel
Edelstahl *m***/martensitischer rostfreier** martensitic stainless steel
Edelstahlblech *n* stainless sheet
Edelstahldecke *f* stainless steel ceiling
Edelstahldraht *m* stainless steel wire
Edelstahlfenster *n* stainless steel window
Edelstahlspültisch *m* stainless steel sink, stainless steel sink unit
Edelstahlverblendung *f* stainless steel facing
Edelstahlverkleidung *f* stainless steel facing
Edelstahlvorhangwand *f (Konst)* stainless steel curtain wall
Edelstein *m* precious stone
Edeltanne *f* silver fir, white pine
Edeltannenholz *n* white pine wood
Edelton *m* high-grade clay, pure clay
Edelzement *m* strontium cement
Efeublattschmuckprofil *n (Arch)* ivy-leaf moulding
Effekt *m***/synergetischer** synergic effect
Effektbeleuchtung *f* decorative lighting
Effektenspringbrunnen *m* architectural fountain
effektiv effective
Effektivität *f* effectiveness
Effektivität *f***/technische** technical efficiency
Effektivitätsmaßstab *m* measure of effectiveness
Effektivitätsnachweis *m (VR)* justification
Effektputz *m (Arch, SB)* ornamental finish
Effloreszenz *f (BB, OB, RS, SB)* efflorescence *(Mauerwerk, Beton)*
effloreszierend efflorescent
effusiv *(Bod)* effusive
Effusivgestein *n (BM)* effusive rock
egalisieren *v* even, level
Egalisieren *n (Erdb, Verm)* levelling off
Egalisiermörtel *m* levelling mortar
Egalisierspachtelmasse *f* levelling compound
EGW *s.* Einwohnergleichwert
Ehrenbogen *m (Arch)* monumental arch
Ehrengrabmal *n (Arch)* cenotaph
Ehrenhof *m (Arch)* cour d'honneur *(monumentaler Vorhof für einen barocken Palast)*
Ehrenkreuz *n (Arch)* memorial cross
Ehrenmonument *n (Arch)* memorial monument
Ehrenpfeiler *m (Arch)* obelisk
Ehrenpforte *f (Arch)* monumental arch
Ehrenstein *m (Arch)* memorial stone
Ehrentafel *f (Arch)* plaque
Ehrentempel *m (Arch)* pantheon
Eibenholz *n* taxus wood, yew, yew wood
Eichamt *n (VR)* weights and measures department
Eichbehälter *m* gauging basin
Eiche *f (LB)* oak
eichen *v* calibrate, adjust, gauge
Eichen *n* adjusting, gauging
Eichenbauholz *n* oak timber
Eichenfußboden *m (Hb)* oak flooring
Eichenholz *n* oak timber, oak wood, white oak wood
Eichenholz *n***/amerikanisches** *(BM, Hb)* red oak wood
Eichenholz *n***/angerauchtes** fumed oak wood, fumed oak
Eichenholz *n* **mit Räuchereffekt** fumed oak wood, fumed oak
Eichenholz *n***/weißes** white oak wood
Eichenholzparkett *n (BM)* oak parquet
Eichenlattenzaun *m* oak slat fence, oak stake fence
Eichenriemchenbelag *m* oak strip floor covering

E

Eichenriemenfußbodenbelag *m* oak strip floor covering
Eichenschindel *f* oak shingle
Eichenschwelle *f* oak threshold
Eichenspaltpfosten *m (Hb)* rent pale
Eichenstakete *n* oak slat fence, oak stake fence
eichenvertäfelt panelled in oak
Eichkurve *f* calibration curve
Eichmaß *n* gauge
Eichprobestück *n* dummy specimen
Eichung *f (VR)* calibration
Eierquerschnitt *m* egg-shaped cross section
Eierschalanstrich *m* eggshell paint
Eierschalenglanz *m* eggshell gloss
Eierschalenmattglanz *m* eggshell gloss
Eierschalentextur *f* eggshell
Eierstab *m (Arch)* cyma reversa, egg and dart, Ionic cyma *(Ornament)*
Eierstab *m***/griechischer** *(Arch)* leaf and dart moulding
Eierstabornament *n (Arch)* egg and dart moulding, heart and dart, heart and dart moulding
Eierwabenvorsatz *m (El)* eggcrate diffuser *(in Leuchten)*
eiförmig egg-shaped, oviform, ovoid
eigenartig specific
Eigenbau *m (Konst)* self build
Eigenfarbe *f* 1. *(BM)* natural colour; 2. *(OB)* inherent colour
Eigenfestigkeit *f* natural strength, inherent stability, inherent strength
Eigenfeuchte *f* natural moisture, water of composition
Eigenfeuchtigkeit *f* natural moisture, inherent moisture, water of composition
Eigenfrequenz *f* natural frequency, resonant frequency
Eigenfüller *m* 1. precipitation filler, reclaimed filler *(Asphalt)*; 2. reclaimed filler *(Entstaubungsfüller der Mischanlagen)*; 3. *(BM)* baghouse fines *(Gesteinsaufbereitung)*
Eigenfunktion *f (Stat)* normal mode *(mechanischer Körper)*
Eigengewicht *n* 1. *(Stat)* permanent weight; 2. *(Konst, Stat)* own weight *(z. B. einer Konstruktion)*
Eigengewichtsmoment *n* dead-weight moment, own weight moment
Eigenhärtung *f (BM)* self-condensation *(Kunstharze)*
Eigenheim *n* owner-occupied house, *(AE)* home
Eigenheim *n* **mit Garten** *(Arch)* homestead
Eigenheimbau *m* **in Nachbarschaftshilfe** *(VR)* house raising
Eigenheimbesitzer *m (VR)* owner-occupier
Eigenheimgrundstück *n (Arch) (AE)* homestead
Eigenheimsiedlung *f* owner-occupier buildings
Eigenkorrosion *f (OB)* self-corrosion
Eigenlast *f* 1. own load, own weight, dead load, dead weight, permanent load, permanent weight, self weight; 2. *(Stat)* fixed load
Eigenlast *f***/errechnete** *(Stat)* service dead load
Eigenlastdurchbiegung *f (Stat)* dead-load deflection
Eigenmasse *f* 1. *(Konst, Stat)* own weight; 2. *(Stat)* self weight; 3. *(Stat)* fixed load
Eigenreibung *f* internal friction *(in Festkörpern)*
Eigenschaft *f* property, capability, quality
Eigenschaft *f***/bauliche** *(BT)* structural capability
Eigenschaft *f***/bautechnische** structural property
Eigenschaft *f***/chemische** chemical property
Eigenschaft *f***/funktionelle** functional property
Eigenschaft *f***/funktionsbestimmende** functional characteristic
Eigenschaft *f***/funktionsbezogene** performance-related property
Eigenschaft *f***/hydraulische** hydraulic property *(Bindebaustoff)*
Eigenschaft *f***/mechanische** mechanical property *(von Baustoffen, z. B. Festigkeit)*
Eigenschaft *f***/puzzolanische** pozzolanic capability
Eigenschaft *f***/rheologische** *(BM)* rheological property
Eigenschaft *f***/technische** technical property, engineering property
Eigenschaft *f***/verbindliche** mandatory property
Eigenschaften *fpl***/aussteifende** stiffening properties
Eigenschaften *fpl***/elastische** elastic properties
Eigenschaften *fpl***/emulgierende** emulsification properties
Eigenschaften *fpl***/grundlegende** fundamental characteristics
Eigenschaften *fpl***/thermische** thermal properties
Eigenschaftsänderung *f* property alteration
Eigenschwingung *f* natural oscillation, inherent oscillation, inherent vibration
Eigensetzung *f* inherent settlement
eigensicher *(El)* inherently safe
Eigensicherheit *f (VR)* intrinsic safety
Eigenspannbeton *m* self-stressed concrete, self-stressing concrete
Eigenspannung *f* 1. *(BM, BT)* inherent tension; 2. *(BM, Konst)* internal stress; 3. *(BM)* internal tension; 4. *(Stat)* residual stress
Eigenspannung *f***/perfekte** perfect restraint
Eigenstabilität *f* inherent stability, inherent strength
Eigenstarrheit *f (Stat)* inherent rigidity
Eigensteifigkeit *f* 1. *(Arch)* natural rigidity; 2. *(Stat)* natural stiffness, inherent rigidity
eigentlich virtual; virtually
Eigentum *n* property
Eigentum *n***/bewegliches** chattel, goods and chattels *(juristisch)*
Eigentum *n* **der öffentlichen Hand** *(VR)* public property
Eigentum *n***/öffentliches** *(VR)* public property
Eigentum *n***/unbewegliches** fixture, immovable fixture
Eigentümerwohnung *f* owner-occupied flat
Eigentumserwerb *m (VR)* acquisition of property
Eigentumsnachweis *m (VR)* title search *(Einsicht in Grundbuchnachweise)*
Eigentumsüberschreibung *f (VR)* conveyance of ownership
Eigentumsübertragung *f (VR)* conveyance of ownership
Eigentumsverhältnisse *npl (VR)* property conditions
Eigentumswohnung *f* owner-occupied flat, *(AE)* condominium apartment
Eigenüberwachung *f* 1. *(VR)* factory control; 2. *(BM, Te, VR)* self-control
Eigenverbrauch *m (El)* power consumption *(z. B. von Messgeräten)*
Eigenverdunstung *f* spontaneous evaporation
Eigenwärme natural heat
Eignung *f (BM)* capability
Eignung *f***/konstruktive** *(BT)* structural capability
Eignungsbestimmung *f* functional determination
Eignungserstnachweis *m* initial suitability test
Eignungserstprüfung *f (BM)* initial type testing
Eignungsmischung *f (BM)* trial mix *(Beton, Asphalt)*
Eignungsnachweis *m* indication of suitability, initial suitability test, proof of suitability
Eignungsprobe *f s.* Eignungsprüfung
Eignungsprüfung *f* qualification examination, aptitude test, performance test, type testing; suitability test, preliminary test *(Baustoffe)*; trial mix *(Beton, Asphalt)*
Eignungsprüfung *f***/erweiterte** sensitivity analysis
Eignungsprüfung *f* **für Asphalt** *(BM)* asphalt design
Eignungsprüfungsrezeptur *f* design mix, design mixture
Eignungstest *m* qualification examination
Eikosanoid *n (Arch)* eicosagon

Eimerbagger *m* dredge-bucket, bucket excavator, ladder dredge, ladder dredger, *(AE)* elevator dredger
Eimerkettengrabenbagger *m (BWG)* ladder trencher
Eimerkettennassbagger *m (BWG, Erdb)* bucket dredger *(zum Nassbaggern)*
einachsig uniaxial
einarbeiten *v* 1. *(Konst, Te)* work in; 2. *(Te)* rake *(eine Masse)*
Einarbeiten *n* incorporation
Einarmzapfverbindung *f (Hb)* housed joint
Einarmzapfverbindung *f***/rechteckige** *(Hb)* housed joint
einätzen *v* intaglio
Ein-Aus on-off
Einbahnstraße *f (Verk)* one-way street
Einbahnstraßenbetrieb *m (Verk)* one-way operation
Einbalkung *f (Hb)* running beam
Einbau *m* 1. assembling, installation, mounting, fitting-in, incorporation, integration; 2. *(BB, Te)* placement; 3. *(Te)* placing *(von Beton)*; 4. *(Verk)* paving, surfacing *(Straße)*
Einbau *m***/deckenbündiger** mounting flush with the ceiling
Einbau *m* **der Wandverkleidung** fixing of cladding sheets
Einbau *m* **des Asphaltbetonbelags** *(Verk)* bituminous surfacing
Einbau *m* **in einer Lage** *(Te)* laydown
Einbau *m***/mehrschichtiger** stage construction *(z. B. im Straßen- oder Erdbau)*
Einbau *m* **und Verdichtung** *f (Te)* laydown and compaction
Einbau *m* **von Hand** *(Te)* hand fitting
Einbau... built-in ..., flush-mounted ...
Einbauabstand *m (Konst)* mounting distance
Einbauanforderung *f (VR)* laying requirement
Einbauausrüstung *f* 1. standing finish *(ständige Innenausstattung)*; 2. *(Verk)* laying equipment
Einbaubedingungen *fpl* placement conditions *(für Mörtel, Beton)*
Einbaubett *n***/kleines** bunk
Einbaubohle *f* paver screed plate, screed *(Fertiger)*
Einbaubreite *f (Verk)* operating width, width of spread *(Straße)*
Einbauchung *f (BT, Konst)* inward bulging
Einbaudeckenleuchtband *n (El) (AE)* troffer
Einbaudicke *f* 1. lift thickness; 2. *(Verk)* mat thickness *(Straßendecken)*
Einbaudose *f (El)* wall box
einbauen *v* 1. incorporate, build in, arrange, mount, insert, install, introduce, fit in, fit, put in, work in, house; 2. *(Te)* place *(z. B. Baumaterial, Beton, Mörtel)*; 3. *(Hb)* tail *(Trägerenden)*; 4. lay down *(einbauen in einer Lage)*
einbauen *v***/bündig** make flash, trim flash
einbauen *v***/lagenweise** place in layers
Einbauen *n* 1. *(HLK, San)* installation, mounting, fitting-in, boxing-in; 2. insertion *(Bauelemente)*; 3. building-in *(z. B. von Möbeln)*; 4. *(Hb)* tailing *(Trägerenden)*
Einbaufehler *m (San)* faulty mounting
einbaufertig *(HLK, San)* ready for installation, ready-to-fit, ready-to-mount
Einbaufertiger *m (Verk)* laying and finishing machine, laydown machine
Einbaugarnitur *f (EB)* mounting accessories
Einbaugegenstand *m (BT, San)* fitting
Einbaugröße *f* dressed size *(von Bauelementen)*
Einbauhöhe *f* installation height
Einbauhöhe *f***/lichte** daylight
Einbaukleiderschrank *m* built-in wardrobe, in-built wardrobe
Einbaukomplex *m (BWG, Verk)* paving train *(Straßenbau)*
Einbauküche *f* built-in kitchen, fitted kitchen
Einbauküchenfittings *pl* built-in kitchen fittings
Einbaukühlschrank *m* built-in refrigerator, reach-in refrigerator
Einbaulage *f* 1. *(BB, Te)* lift; 2. *(BB)* pour layer *(Beton)*
Einbaulehre *f* mounting template
Einbauleuchte *f* recessed light fixture, *(AE)* recessed luminaire
Einbaumethode *f* laying method
Einbaumöbel *npl* fitted furniture, built-in furniture; fitment
Einbauort *m* position of installation • **am Einbauort betoniert** cast-in-situ, poured-in-place
Einbauplan *m (Konst)* installation drawing
Einbaupunkt *m (Te)* locating place
Einbaurahmen *m (EB, Konst)* mounting frame
Einbauschalter *m (El)* flush switch
Einbauschicht *f* 1. *(BB, Te)* lift; 2. *(BB)* pour layer *(Beton)*
Einbauschichtfuge *f (BB, Konst, Te)* lift joint
Einbauschrank *m* built-in cupboard, built-in wardrobe, fitted cupboard
Einbauschrank *m***/begehbarer** *(EB)* walk-in closet
Einbauschranktür *f (EB)* closet door
Einbaustelle *f* installation site, locating site; laydown site
Einbauteile *npl* built-in units, in-built units, fittings, trim
Einbauten *mpl* insertions *(Bauelemente)*; built-in units, in-built units
Einbautiefe *f* installation depth *(horizontal)*; landing depth *(Rohrverlegung)*
Einbauvorrichtung *f (EB)* mount
Einbauwanne *f (EB)* built-in bathtub
Einbauwassergehalt *m* placement water content *(Beton)*
Einbauzug *m (Verk)* laying equipment
Einbehaltung *f* **des Rechtsanspruches** retention of title
Einbehaltungsbetrag *m (VR)* retention fee amount
einbetonieren *v* let into concrete, embed in concrete, concrete in, set in concrete, cast in
einbetoniert embedded in concrete, buried in concrete; concrete-encased *(Verbundstütze)*
einbetoniert/vollständig fully encased
einbetten *v* 1. bed in, embed; 2. *(Hb)* let in
Einbettmasse *f* ground mass; flood coat *(für Dachkies)*
Einbettung *f* embedding, bedding, interbedding
Einbettungsmasse *f* matrix
einbeulen *v* dent
Einbindelänge *f* embedment length, bond length, transfer length, transmission length *(Bewehrung)*
einbinden *v* 1. incorporate, fix-in *(Bauelemente)*; 2. *(Hb)* fix in *(Holzbauteile in Mauerwerk)*; 3. *(Hb)* feather *(z. B. neue in alte Baustoffe)*; 4. *(Hb)* tail *(Trägerenden)*
Einbinden *n* 1. fixing in; 2. *(Hb)* tailing
Einbinden *n* **des Fußbodens** dogging of a floor
Einbindeöffnung *f (BB, SB)* bonding pocket
Einbindetiefe *f (Erdb, Konst)* planting depth
Einbindung *f* 1. building-in, fixing in; 2. embedment *(z. B. Stützen)*; 3. *(Umw)* grain encapsulation
Einbindung *f***/teilweise** *(Konst)* partial fixing *(Träger)*
Einbindungsöffnung *f (SB)* indent *(Mauerwerk)*
Einbindungswinkel *m (Verk)* angle of entry
Einblasrohr *n (HLK)* aerator fitting *(Ventilation)*
einblatten *v (Hb) (AE)* adz, adze, join, halve
Einblatten *n (Hb)* joining, halving
einbrechen *v (Wsb)* blow out *(Befestigung, Damm)*
Einbrechen *n (Bod, Erdb)* caving *(z. B. von Erdmassen)*
Einbrechen *n* **des Meeres** *(Wsb)* incursion of the sea
Einbrennaluminiumfarbe *f (BM, OB)* stoved aluminium paint
Einbrennanstrich *m (BM, OB)* stoving paint
einbrennen *v* 1. *(Te)* fire on *(keramische Werkstoffe, Emaille)*; 2. bake, stove *(Anstriche, Farben)*
Einbrennen *n* baking, stoving *(von Farben)*
Einbrennfarbe *f* 1. *(OB)* baking paint; 2. *(BM, OB)* stoving paint
Einbrenngrundierung *f (BM, OB)* stoving primer

E

Einbrenngüte *f* stoving quality
Einbrennharz *n* stoving resin
Einbrennlack *m* baking varnish, stoving finish, stoving varnish, Japanese lacquer
einbrennlackiert *(OB)* stove-enamelled
Einbrennlackierung *f (OB)* stoved enamel finish
Einbrennofen *m (BWG)* stoving oven *(z. B. für Keramik)*
Einbrennspachtelmasse *f (BM, OB)* stoving stopper
einbringen *v* introduce; place *(Mörtel und Beton)*
einbringen *v*/**Beton** pour concrete, concrete, place
einbringen *v*/**Bewehrung** place reinforcing bars
einbringen *v*/**eine Tischvorlage** table
einbringen *v*/**in einzelne Lagen** place in separate layers
einbringen *v*/**vorher** preplace
Einbringen *n* 1. *(Konst, Te)* introduction; 2. *(Te)* placing *(von Mörtel, Beton)*
Einbringen *n* **der Bewehrung** *(Te)* steel fixing
Einbringen *n* **des Betons** placement of concrete, pouring of concrete
Einbringung *f* emplacement, placing *(von Mörtel, Beton)*
Einbruch *m* irruption *(Wasser)*
Einbruchalarmanlage *f s.* Einbruchmeldeanlage
Einbruchmeldeanlage *f* burglar alarm system, intrusion detection system, intruder alarm
Einbruchschutz *m* burglar protection
einbruchsicher burglar-proof, intruder-proof; unpickable *(z. B. Türschloss)*
Einbruchstelle *f (BB, SB, Wsb)* breach *(Damm)*
Einbuchtung *f* embayment, waist, indentation
eindämmen *v (Wsb)* dike, dike in, bank; stem *(Fluss)*
Eindämmen *n (Wsb)* damming
Eindämmung *f s.* Eindämmen
eindecken *v (Te)* roof
eindecken *v*/**mit Dachziegeln** tile
eindecken *v*/**mit Schindeln** shingle
eindecken *v*/**mit Stroh** thatch
eindecken *v*/**neu** reroof
Eindecken *n* roofing
Eindecken *n* **mit Pfannen** pantiling
Eindeckrahmen *m* covering frame *(Dachfenster)*
Eindecksystem *n* ribbon course *(mit wechselnder sichtbarer Ziegellänge)*
Eindeckungsmaterial *n* roofing material
eindeichen *v (Wsb)* dam in, dike, dike in, embank; levee *(Flüsse)*
Eindeichen *n (Wsb)* diking, damming
Eindeichung *f (Wsb)* embankment, diking
eindeutig clear, unambiguous
eindicken *v* fatten *(z. B. während der Lagerung)*; body, thicken *(Anstrichstoffe)*
Eindicken *n* fattening *(z. B. während der Lagerung)*; thickening *(Anstrichstoffe)*
eindiffundieren *v* permeate *(Feuchtigkeit, Gase)*
Eindiffundieren *n (DIS)* inward diffusion
eindimensional one-dimensional
eindringen *v* 1. penetrate *(in Baustoffe, Bauelemente)*; 2. entrain, permeate *(Wasser, Lösungen)*; 3. *(Erdb)* encroach *(Wasser in Schichten)*; 4. *(Bod)* intrude *(Gestein)*
Eindringen *n* 1. inward penetration, penetration, ingress *(in Baustoffe, Bauelemente)*; 2. irruption *(Wasser)*; 3. entry *(Feststoffe, Farbe, Schmutz)*
Eindringen *n* **des Anstrichs** sinking-in *(in porösen Streichgrund)*
Eindringfähigkeit *f* penetrating ability *(Penetriermittel, Anstriche usw.)*
Eindringhärte *f* penetration hardness
Eindringhärteprüfung *f* indentation hardness testing
Eindringlastkurve *f (Stat)* penetration load curve
Eindringmörtel *m s.* Einpressmörtel
Eindringprüfung *f* indentation test, penetration test *(s. a. Eindringversuch)*
Eindringtiefe *f* depth of penetration, penetration depth *(z. B. Asphaltprüfung)*
Eindringtiefe *f* **eines Rammpfahles pro Schlag** set of the pile
Eindringtiefenmesser *m (BM)* penetrometer
Eindringung *f* 1. entrainment *(Wasser)*; 2. entry *(Feinstoffe, Farbe, Schmutz)*; 3. implacement *(z. B. in eine Auflage, in Baugrund)*
Eindringvermögen *n* penetrating ability *(Penetriermittel, Anstriche usw.)*
Eindringversuch *m (Erdb)* penetration test
Eindringwiderstand *m (Erdb)* penetration resistance
Eindruck *m* 1. mark *(Kerbe, Ankörnung usw.)*; 2. impression *(Vertiefung)*; 3. indentation *(zu Prüfzwecken)*
eindrücken *v* impress
Eindrücken *n* impression, indentation; embedment *(z. B. von Splitt in eine Unterlage)*
Eindruckhärte *f* penetration hardness
Eindruckprüfung *f* indentation test *(Schutzschichthaftfestigkeit)*
Eindruckstempel *m* indenter *(Asphalt)*
eindrucksvoll grand
Eindrucktiefe *f* depth of penetration *(z. B. Asphaltprüfung)*
Eindrückung *f* indentation
Eindruckversuch *m* indentation test *(Schutzschichthaftfestigkeit)*
Einebenenbetrieb *m (Verk)* one-level operation *(Flughafen)*
Einebenensystem *n (Verk)* one-level system *(Flughafenabfertigung)*
einebnen *v* 1. level, level out; 2. *(Erdb)* plane down, grade; 3. *(Te)* bulldoze *(mittels Planierraupe)*; 4. flatten out *(Unterlage)*; 5. *(Verm)* flush *(angleichen, bündig machen)*; 6. smooth *(glätten)*
einebnen *v*/**die Schicht** level the layer
einebnen *v*/**völlig** *(RS)* raze *(Abbruchgebiet)*
Einebnen *n* 1. *(Erdb)* levelling; 2. *(Erdb, Verm)* levelling off; 3. *(Erdb)* planing-down; flattening *(Unterlagen)*
Eineinhalbebenensystem *n (Verk)* one and a half level system *(Flughafenabfertigung)*
Eineinhalbziegelwand *f* brick-and-a-half wall *(340 mm oder 13¼ dick)*
einengen *v* narrow
Einengung *f* 1. *(RP, Verk, VR, WVA)* confinement; 2. *(Verk, Wsb, WVA)* striction; 3. *(Verk)* bottle-neck
Einengungsmethode *f (BM)* increment method *(Probenahme und Vorbereitung)*
einetagig single-storey, one-storey
einfach simple; rustic; unalloyed *(unlegiert)*
Einfachabzweig *m* single-branch pipe
Einfachbedachung *f (Konst)* single roof cladding
Einfachdacheindeckung *f (Konst)* single roof cladding
Einfachfenster *n (BT)* single window
Einfachgelenkrahmen *m (TK)* simple hinged frame
Einfachkehlnaht *f* single fillet weld *(Schweißen)*
Einfachkragschale *f (TK)* single-cantilever shell
Einfachnagelung *f (Hb)* single nailing
Einfachschaltung *f (El)* simple switch
Einfachsims *m* simple cornice
Einfachsprengwerk *n* simple strutted frame
Einfachverglasung *f* single glazing
Einfachwand *f (Konst)* one-leaf wall
einfädeln *v (Verk)* merge
Einfädelspur *f (Verk)* merging lane
Einfädelverkehr *m (Verk) (AE)* merging traffic
Einfahrgeschwindigkeit *f (Verk)* speed of entry *(Anschlussstellen)*
Einfahrrampe *f (Verk)* on-ramp *(s. a. Einfahrtsrampe)*

Einfahrstand *m* reception stall *(Parkhaus)*
Einfahrt *f* access way, entryway, drive entrance; gateway, pass
Einfahrtsgeschwindigkeit f/freie *(Verk)* free approach speed
Einfahrtsöffnungsvorrichtung f/selbsttätige automatic entrance gate operator
Einfahrtsrampe *f* 1. in ramp, entrance ramp *(in Gebäuden, Anlagen usw.)*; 2. *(Verk)* entry slip road, on-ramp *(zu Autobahnen; Schnellstraßen usw.)*
Einfahrtsschleuse *f* entrance lock
Einfahrtstor *n* entrance gate
Einfahrtsweg *m (Verk)* access road
einfallen *v* 1. *(Stat)* collapse; 2. *(Konst, RS)* fall in *(einstürzen)*; 3. *(Bod)* founder *(Boden)*; 4. *(Bod)* hade *(Geologie)*; 5. *(Bod)* incline, dip *(Erdschichten)*; 6. *(RS)* tumble *(Damm)*
einfallen v/flach dip at low angles
einfallen v/steil 1. dip at high angles, dip steeply; 2. *(Bod, Erdb)* show deep dips
Einfallen *n* 1. collapse; 2. *(Bod)* dip; rake *(Abweichung von der Lotrechten)*
einfallend *(Bod)* dipping, hading
Einfallenschloss *n* single-latch bolt lock
Einfallrichtung *f (Bod)* direction of dip *(Bodenschichten)*
Einfallwinkel *m* angle of incidence
einfalzen *v (Hb)* fold in, join by rabbets, match boards *(in Kerbe)*; fold
Einfalzen *n (Hb)* joining
Einfalzung *f (Hb)* rabbet joint *(Holz)* • **durch eine Einfalzung miteinander verbinden** *(Hb)* rabbet
Einfamilienhaus *n (Arch)* one-family house
einfärben *v* colour integrally; dye *(Beton)*
Einfärben *n* dyeing
einfarbig monochromatic, monochrome, plain coloured
Einfärbung *f* pigmentation, pigment dispersion
einfassen *v* 1. edge, surround, hem; 2. border *(mit einem Kantenschutz versehen)*; 3. *(San)* flash *(Dachschornstein)*; 4. *(Konst, Te)* span *(umfassen)*; 5. *(Te)* welt *(einfalzen)*; 6. *(Verk)* line a road
Einfassen *n* skirting, bordering, flashing
Einfassprofil *n* sectional surround
Einfassung *f* 1. bordering, framing, surround; 2. case, ingoings, jamb *(von Türen, Fenstern)*; 3. *(BT, Konst, San)* tray *(z. B. Schornstein, Leitungsrohre)*; 4. *(San)* welt *(Falz)*
Einfassung f/schräge *(Konst)* raking flashing *(Dach)*
Einfassungsbrett *n* ligger *(um ein Strohdach)*
Einfassungskante *f* trim-edge
Einfassungsmauer *f (Konst, LB)* surrounding masonry wall
Einfassungsprofil *n* edge trim
Einfassungsstein *m* concrete edging
Einfegen *n (BB, Verk)* brooming *(frisch gegossene Betonoberflächen)*
Einfeld... single-span ...
Einfeldbrücke *f* single-span bridge, simple bridge
Einfelddecke *f* single floor
Einfeldplatte f/schiefe *(TK)* single skew slab
Einfeldrahmen *m* 1. *(TK)* simple frame; 2. *(Konst)* single-span frame
Einfeldrahmen m/starrer single-bay rigid frame
Einfeldstarrrahmen *m* single-bay rigid frame
Einfeldträger *m* one-span girder, single-span girder, simple beam, single-span beam
einfetten *v* grease
Einfetten *n* coating with grease
einfließend influent
einfluchten *v* 1. *(BT, Te)* align *(in Linie)*; 2. *(Verm)* flush *(mit der Oberfläche)*; 3. *(Verm)* run together *(Bauteile)*; 4. *(Verm)* range in, range out
Einfluchten *n* 1. aligning *(in Linien)*; 2. flushing *(mit der Oberfläche)*; 3. *(Verm)* running *(von Bauteilen)*; 4. *(Arch)* running *(Formen einer durchlaufenden Zierkante)*
Einfluchtung *f (Te, Verm)* alignment
Einflügelbau *m (Konst)* single-winged building
Einflügelgebäude *n (Konst)* single-winged building
Einflügelhubfenster *n* single-hung vertical sash, single-hung vertical window
einflügelig *(Konst)* one-leaf *(Tür, Fenster usw.)*
Einflügelschiebefenster *n* single-hung slide sash, single-hung slide window
Einflügeltür *f (Konst)* one-leaf door
Einflugschneise *f (Verk)* landing path, approach lane, approach path *(Flugplatz)*
Einfluss *m* inflow, influence
Einflussbeiwert *m* influence coefficient
Einflussbereich *m* influence zone
Einflussdiagramm *n (Stat)* influence diagram
Einflussfaktor *m (Stat)* influence factor
Einflussfläche *f (Stat)* influence surface, influence area
Einflussfläche f/negative *(Stat)* negative area of influence
Einflussfläche f/positive *(Stat)* positive area of influence
Einflussgröße *f* influence value *(Einzelwert)*; influence quantity *(Einflussmenge)*
Einflusslinie *f (Stat)* influence line, line of influence
Einflusslinie *f* **der Auflagerkraft** *(Stat)* influence line of reaction, A-line
Einflusslinie f/zehnteilige *(Stat)* ten-point influence line
Einflusslinienverfahren *n (Stat)* influence line analysis
Einflusswert *m (Stat)* influence value
Einflusszahl *f* influence coefficient
Einflusszone *f* influence zone
Einförmigkeit *f (Arch)* monotony
Einfräsung *f (Hb)* sinking
Einfräsverfahren *n (Erdb, Verk)* mixed-in-place construction *(Bodenstabilisierung)*
einfressen *v* pit *(z. B. Säuren)*
einfressen v/sich eat into *(Korrosion, Verschleiß)*; penetrate *(z. B. Staub)*
einfrieden *v* fence, fence in; hedge; rail in
Einfriedung *f* enclosure, boundary fence, defence, fence
Einfriedungsmauer *f* enclosing wall, boundary wall, defence wall, surrounding masonry wall
einfügen *v* 1. embed, engage, insert, inset; add; 2. *(Hb)* join, rabbet
Einfügen *n* 1. inserting; 2. *(Hb)* joining
Einfügen *n* **in das Gelände** *(Umw)* fitting into the site
Einfügung *f* 1. *(Konst)* situation of a building; 2. *(Arch, Konst)* location of a building *(z. B. eines Gebäudes)*; 3. joining, rabbet joint *(Holz)*
Einfühlung *f (Arch)* physiopsychological sympathy
einführen *v* 1. introduce *(neue Elemente)*; 2. entrain *(Luft in breiige Baustoffe)*
Einführung *f (Konst, Te)* introduction
Einführungsleitung *f (El)* drop wire
Einführungsöffnung *f (WVA)* inlet
einfüllen *v* infill; feed
Einfüllen *n* feed
Einfüllgut *n* feed
Einfüllöffnung *f* filling hole, filling inlet
Einfüllstutzen *m* inlet connector
Einfülltrichter *m* funnel
Eingabe *f (VR)* submission
Eingang *m* entrance; receipt *(von Sendungen, Geld usw.)*
Eingang m/schmaler *(Konst)* postern
Eingangsanlage *f (El)* entrance installation
Eingangsbereich *m* entrance area
Eingangsbogen *m* entrance arch
Eingangsdatum *n (VR)* date of receipt
Eingangsebene *f (Konst)* entrance level

E

Eingangsflur *m* entrance corridor, entrance lobby
Eingangsfront *f* entrance front
Eingangshalle *f* 1. *(Arch)* entrance hall; 2. *(Arch, Verk) (AE)* concourse; 3. *(Arch, Konst)* porch *(ein überdachter Eingang in ein Gebäude)*
Eingangskontrolle *f* receiving inspection; weigh office *(Wiegeprüfung)*
Eingangsleistung *f (El)* input
Eingangsmischer *m* single-pass stabilizer *(Bodenstabilisierung)*
Eingangspassage *f* entryway
Eingangsportal *n* entrance portal
Eingangsprüfung *f (VR)* receiving inspection
Eingangspylon *m* entrance pylon
Eingangsraum *m* entry, lobby
Eingangsseite *f (Arch)* access front
Eingangssprechanlage *f (EB, El)* entry phone
Eingangsstufe *f* entrance step
Eingangsterrasse *f* entrance terrace, *(AE)* stoop
Eingangsterrasse *f*/**kleine** *(AE)* stoop
Eingangstreppe *f* entrance stair
Eingangstür *f* entrance door, gate
Eingangsüberdachung *f (Konst)* marquee *(über einer Tür)*
Eingangsvorraum *m (Arch)* exonarthex *(Kirche)*
eingearbeitet inwrought, sunk
eingeätzt 1. etched-down; 2. *(OB)* encaustic *(Farbe mit Einbrenntechnik)*
eingebaut 1. fitted, built-in, flush-mounted, in-built, incorporated; 2. *(TK)* encastré *(Träger, Stütze)*; 3. self-contained *(abgeschlossen)*; 4. housed *(in einem Gehäuse)*; 5. *(Arch)* encastré *(Balkenstützen)*; 6. set *(z. B. Rohre)*
eingebaut/fest permanently fixed, permanently built-in, permanently mounted, permanently installed, permanently attached
eingebaut/heiß hot finished
eingebaut/maschinell machine-laid, mechanically laid
eingebaut/teilweise engaged
eingebaut/werkseitig factory-mounted *(Verteiler)*
eingeben *v (Stat, Verk)* enter *(Daten)*
eingebettet embedded, bedded, imbedded, interbedded
eingebogt engrailed
eingebrannt bakes, fired-on; encaustic *(Farbe in Enkaustik--Technik)*
eingebunden incorporated
eingebunden/fest engaged
eingedeicht diked
eingeebnet *(Erdb)* planed-down
eingefallen sunk
eingefärbt integrally coloured, pigmented
eingefasst *(BT)* welted
eingefluchtet *(Verm)* ranged in
eingefriedet/nicht unfenced
eingefügt *(Konst, Te)* added
eingeglast glass-clad, glassed-in
eingegossen poured in
eingehängt hinged • **eingehängt sein** hang
eingehauen *(Arch)* glyptic *(durch Meißeln oder Gravieren)*
eingehaust encased, housed
eingehen *v (VR)* undertake
eingehüllt draped, encased
eingekapselt enclosed
eingeklemmt jammed home • **eingeklemmt werden** get jammed
eingelagert embedded
eingelassen engaged, flush, flush-mounted; recessed
eingelegt inserted *(Intarsienarbeit)*
Eingelenkbogen *m* single-hinge arch
Eingelenkrahmen *m (TK)* one-hinged frame
Eingelenkträger *m* one-hinged arch girder
eingemauert walled
Eingemeindung *f (VR)* incorporation
eingemufft housed
eingepasst fitted, housed
eingerastet engaged
eingerichtet fitted
eingerückt engaged
eingesäumt *(BT)* welted
eingeschalt encased, timbered
eingeschäumt foamed in place
eingeschlagen *(Arch)* glyptic *(durch Meißeln oder Gravieren)*
eingeschlossen enclosed, close
eingeschnappt snap fitted into position
Eingeschosser *m* one-storey building, single-storey building, single-storey house
eingeschossig *(Konst)* one-storeyed
eingeschränkt restricted
eingesickert *(Bod)* percolated *(auch Abwasser)*
eingespannt 1. *(Stat)* fixed, rigid, restrained, hingeless, non-hinged; 2. end-fixed, with fixed end *(Balken)*; 3. *(TK)* without articulations; 4. *(Arch)* encastré *(Träger, Balken)*
eingespannt/beiderseitig *(Stat)* fully restrained, restrained at both ends
eingespannt/beidseitig *(Stat)* fully restrained, restrained at both ends
eingespannt/elastisch *(Konst)* elastically fixed
eingespannt/fest *(BT, Konst)* firmly secured
eingespannt/starr *(Konst)* rigidly restrained
eingespannt/teilweise *(Stat)* partially restrained, partially fixed
eingespannt/voll *(Stat)* fully restrained, fully fixed
eingesprengt disseminated *(Gesteinsmineralien)*
eingesprenkelt *(BM)* interspersed *(Naturstein, Werkstein)*
eingespült hydraulic filled *(Erdmassen)*
eingestellt/vorübergehend temporarily abandoned
eingestuft graded
eingestürzt *(BT, Konst, VR)* failed
eingesumpft *(BM, Te)* soaked to a putty
eingeteilt/zeitlich *(Te)* timed *(Gewerke)*
eingewölbt vault-covered
eingezäunt enclosed, fenced
eingezäunt/nicht unfenced
eingittern *v (LB)* rail in
einglasen *v* fit with glass, glass in, glaze in
Einglasen *n (EB)* glazing
Einglasen *n*/**kittloses** patent glazing, puttyless glazing
Einglasen *n* **mit Kitt** wet glazing
Einglasung *f*/**hängende** hung glazing
Einglasung *f* **mit Dichtungsprofilen** gasket glazing
Einglasungselement *n* glazing unit
Einglasungserzeugnis *n (BT)* glazing product
Einglasungsglas *n* glazing glass
Einglasungsgröße *f* glazing size
Einglasungsmaß *n* glazing dimension
Einglasungsmaterial *n* glazing material
Einglasungspfette *f* glazing purlin
Einglasungsselbstdichtung *f* glazing gasket
eingleisig *(Verk)* one-track, single-track, single-tracked
eingraben *v* bury
Eingraben *n* burial
eingravieren *v* engrave, inscribe, intaglio
Eingravierung *f*/**geätzte** intaglio
Eingrenzung *f* 1. *(RP, Verk, VR, WVA)* confinement; 2. *(Konst)* sectionalization
Eingriff/im engaged
Einhaken *v* hook, hitch, latch; clasp *(mit einer Klammer)*
einhalten *v* 1. meet, hold *(Abmessungen, Toleranzen)*; 2.

follow, observe *(z. B. Spezifikation, Bestimmungen)*; 3. adhere, adhere to *(Baurecht)*; 4. *(VR)* keep *(Liefertermin)*
Einhaltung *f (VR)* compliance *(z. B. von Terminen)*
Einhandstein *m (BM)* one-hand block *(kleiner Ziegel)*
Einhängefeld *n (Br, TK)* suspended span *(Brücke)*
einhängen *v* put in, hang, hang in, hang up; hinge
Einhängeträger *m* drop-in beam; suspended beam, suspended span *(Brücke)*
einhauen *v* inscribe
einhausen *v* encase, box, can, case, house, incase
Einhausen *n* boxing-in, encasing, casing
Einhebelbatterie *f (San)* single-lever mixer, single-lever mixing valve
einheimisch native, domestic
Einheit *f* item; unit of measurement, unity
Einheit *f*/**gestalterische** *(Arch)* unity of composition, unity of design
Einheit *f*/**stilistische** *(Arch)* stylistic unity
Einheitensystem *n*/**Englisches** English system
Einheitensystem *n*/**metrisches** metric system
einheitlich *(BM, BT)* uniform
Einheitlichkeit *f* uniformity, unity
Einheitsbauweise *f* 1. *(Konst)* standard type construction; 2. *(Arch, Konst)* unit construction
Einheitslast *f (Stat)* unit load *(Last je Flächeneinheit)*
Einheitsmasse *f* unit mass
Einheitspreis *m (VR)* unit price
Einheitspreisvertrag *m (VR)* measurement contract
einholen *v* request *(Angebote)*
Einholen *n* 1. request; 2. *(Verk)* overtaking
Einholung *f* **von Angeboten** *(VR)* request for bids
Einholung *f* **von Kostenvoranschlägen** inviting builders' estimates, inviting of builders' estimates
einhüllen *v* drape, envelop; coat *(z. B. Bindemittel die Materialkörner)*
einhüllen *v*/**in Beton** encase in concrete
Einhüllen *n (Arch)* draping
Einigkeitssatz *m* **der plastischen Grenzlastermittlung** uniqueness theorem of plasticity
Einjochgiebelrahmen *m (TK)* single-bay gable frame
Einkanalsystem *n (HLK)* single-duct system, single-duct air conditioning system
einkanten *(HLK)* border in
einkapseln *v* 1. enclose, box; 2. *(Umw)* seal
Einkapselung *f (Umw)* sealing *(Deponie)*
Einkaufkomplex *m (RP)* retail shopping complex
Einkaufsauftrag *m (VR)* purchase order *(Grunderwerb)*
Einkaufsebene *f (Konst)* shopping level
Einkaufsmarkt *m (Konst, RP)* supermarket
Einkaufspassage *f* shopping arcade, shopping passage
Einkaufsstätte *f* shop
Einkaufsstraße *f (RP)* retail shopping street
Einkaufs- und Dienstleistungszentrum *n (Arch, RP)* commercial centre
Einkaufs- und Wohnkomplex *m* shopping and living complex, shopping and residential complex
Einkaufsviertel *n (RP)* shopping area
Einkaufszentrum *n (RP)* shopping centre
Einkehlung *f* 1. neck channel; 2. *(Hb)* flute; roof valley, valley *(Dach)*
einkerben *v* 1. indent, jag, notch, nick, score; 2. *(Te)* serrate *(riefen)*; 3. *(Hb)* slot, latch
Einkerben *n* scoring, notch
Einkerbung *f* 1. *(Konst)* notching; 2. *(SB)* indent *(Mauerwerk)*
einklassifiziert *(BM)* classic
Einklauung *f (Hb)* birdsmouth, *(AE)* foot cut
Einklemmarmatur *f (San)* wafer-type valve
Einklemmventil *n (San)* wafer-type valve
einklinken latch
einknicken *v* buckle
Einkomponentenaktivgrund *m* one-component etching primer
Einkomponentenanstrichstoff *m* one-component coating, one-component package coating, one-part coating
Einkomponentenanstrichsystem *n* single-component system
Einkomponenten-Epoxidharzanstrichstoff *m* single package epoxy
Einkomponentenfarbe *f* single-component paint
Einkomponentengrundieranstrich *m* one-component primer
Einkomponentenhaftgrundiermittel *n* one-component etching primer
Einkomponentenkitt *m* single-component cement
Einkomponentenkleber *m (BM)* one-component adhesive
Einkomponentenprimer *m (BM, OB)* single pack primer
Einkomponentensystem *n* one-component system, one-pack system *(Anstriche)*
Einkorn... single-size ...
Einkornasphalt *m* single-size asphalt, *(sl)* pop-corn mix
Einkornbeton *m (BB)* like-grained concrete
Einkorngemisch *n* single-size mix, *(sl)* pop-corn mix
Einkorngut *n* grains of equal size
einkörnig single-sized, uniform *(Zuschlagstoff)*
Einkornkies *m* like gravel, uniform gravel
Einkornmaterial *n (BM)* single-size material
Einkornmörtel *m (BM)* like-grained mortar
Einkornsand *m (BM)* uniform sand
Einkornsplitt *m* single-size chippings
Einkornstruktur *f (BB)* single-grained structure
Einkornzuschlag *m* single-sized aggregate
Einkornzuschlagstoff *m* single-sized aggregate
Einkratzahle *f* scratch awl
einkratzen *v* scratch; score *(Linien)*
einkreisen *v* encircle
Einkriechen *n* **der Absiegelungsmasse** migration of sealant *(einer Dichtung)*
Einkünfte *pl* receipts
einkürzen *v* shorten
Einlage *f* 1. middle layer *(Mehrschichtbauplatte)*; 2. *(BM)* fabric *(z. B. Dachpappe)*; 3. filler, inlay, insert *(z. B. eine Furniereinlage)*; 4. sealing strip *(Dämmung)*; 5. spacer *(Zwischenstück)* • **mit Einlagen versehen** *(BB, St)* armour
Einlagenbrett *n* filler board
einlagern *v* 1. stock, store; stockpile *(Schüttgut)*; 2. sandwich *(Mehrschichtplatten)*; 3. incorporate *(Metall)*
Einlagerung *f* 1. embedment, interbedding *(im Material, Baustoff usw.)*; 2. inclusion *(Festkörper in Baustoffen)*; 3. *(Bod)* interstratification; 4. *(BM, Te, VR)* storage *(z. B. von Baumaterial)*
Einlagestreifen *m* filler strip
einlagig single-course, single-layer, single-layered; one-coat, single coat *(Putz, Anstrich)*
Einlass *m* 1. inlet, intake *(Abwasser)*; 2. *(HLK)* induction, introduction
Einlass *m* **mit schrägem Flansch** oblique saddle junction piece *(Kanal)*
Einlassbauwerk *n (Verk)* inlet structure
Einlassdübel *m* 1. lay-in connector, split ring connector; 2. *(Hb)* lay-in timber connector, lay-in wood connector
einlassen *v* 1. *(Hb)* let in *(Zapfen)*; 2. embed, flush, recess *(z. B. in Mauerwerk)*; 3. engage *(eingeschlossen)*
einlassen *v*/**bündig** trim flash
einlassen *v*/**korrekt** *(Te)* true *(z. B. eine Tür)*
Einlassen *n (Hb)* sinking

Einlassgrund *m* 1. *(OB)* impregnating primer; 2. *(BM, OB)* penetrating stopper
Einlassöffnung *f* inlet opening
Einlassprofil *n* lay-in shape
Einlassrohr *n (HLK)* induction pipe, inlet pipe
Einlassschacht *m (WVA)* intake well
Einlassturm *m (Wsb)* intake tower
Einlasszapfen *m (Hb)* tenon, tusk tenon
Einlauf *m* gully, inlet, intake
Einlaufbauwerk *n* 1. *(WVA)* inlet structure; 2. *(Wsb)* intake structure, intake construction
Einlaufbecken *n* 1. *(Wsb)* forebay *(Kraftwerk)*; 2. *(Wsb)* inlet reservoir; 3. *(WVA)* intake basin *(Kläranlage)*
Einlaufeinfassung *f* gully surround, inlet surround
Einlaufen *n* inflow, intake; shrinkage *(von Material)*
Einlaufkammer *f* inlet compartment
Einlaufkanal *m* 1. *(Erdb, Wsb)* inlet channel; 2. *(Wsb)* race
Einlaufmenge *f* intake
Einlaufmesser *m (San, Umw, Wsb)* inlet hydrograph
Einlauföffnung *f* gully opening, inlet opening, inlet port, intake
Einlaufrinne *f (Erdb, Wsb)* inlet channel
Einlaufrost *m* gully grate, inlet grate, intake screen
Einlaufschacht *m* gully shaft, inlet shaft, gully
Einlaufsieb *n* inlet strainer
Einlauftraps *m (San, WVA)* yard trap
Einlauftrichter *m* feed funnel *(Bauwerksentwässerung)*
Einlauftrompete *f (Wsb)* bellmouth intake
Einlegearbeit *f* 1. inlay work, inlay, inlaying, inlaid work; 2. intarsia, tarsia, marquetry, incrustation *(dekorative Einlage mit Holzstücken oder Elfenbein)*; 3. emblemata *(Mosaikornament im Fußboden)*; 4. entail *(Einkratztechnik)* • **mit Einlegearbeiten verzieren** entail
Einlegearbeit *f***/schachbrettartige** *(EB)* tessellated work
Einlegedecke *f* lay-in ceiling
Einlegeformleiste *f* rustication strip *(in die Betonschalung)*
Einlegeholz *n* patch *(zur Furnierreparatur)*
Einlegelatte *f* rustication strip *(in die Betonschalung)*
Einlegeleiste *f***/kantenbrechende** *(AE)* cant strip
Einlegematerial *n* inlay *(Holz, Stein, Metall)*
Einlegemontage *f* fitted assembly
einlegen *v* lay in, inlay, insert, introduce *(z. B. für Einlegearbeiten, Dichtungsband, Isolierung)*; place *(z. B. Bewehrung)*
einlegen *v***/die Eisen** place the bars
einlegen *v***/in Beton** embed in concrete
Einlegen *n* inlaying, introduction
Einlegerost *m (BT)* removable grate
Einlegetafel *f* lay-in panel
Einlegornament *n***/kleines** *(Arch)* tringle *(meist mit rechtwinkligem Querschnitt)*
Einleimer *m (Hb)* concealed edge band
Einleitbalkenträger *m* simply supported beam
einleiten *v* 1. initiate *(Vorgänge, Abläufe)*; 2. *(Te, Wsb, WVA)* pass into *(z. B. in einen Schacht)*; 3. *(Stat)* place *(Kräfte, Spannung usw.)*
Einleitung *f (Konst, Te)* introduction
Einleitungen *fpl* preambles *(Baurecht)*
Einleitungsanlage *f (Wsb, WVA)* discharge system
Einleitungsnorm *f* effluent standard
Einleitungsstandard *m* effluent standard
einloten *v (LB, Verm)* plumb
einlöten *v* solder in
einmal once
Einmannbedienung *f (Te)* one-man operation
einmanteln *v* box, can
einmauern *v (SB)* brick in
Einmauerung *f* bricking-in
einmessen *v (Te, Verm)* survey
einmischen *v* merge, mingle *(Anstriche, Baustoffe)*
Einmischverfahren *n* **an Ort und Stelle** *(Erdb, Verk)* mixed-in-place construction *(Bodenstabilisierung)*
Einmitten *n* centring
einmünden *v (Verk)* merge
Einmündung *f (Verk)* road junction; embouchure *(Gewässer)*
einnehmen *v* cover *(einen Raum, ein Gebiet)*
einnehmen *v***/wenig Platz** *(Konst)* take little floor space
einölen *v (Te)* oil
Einölen *n (BM)* oil treatment
einordnen *v* range, file
einordnen *v***/sich** *(Verk)* merge
einpacken *v* box *(in Kisten)*
einpassen *v* 1. fit, fit in, seat, adjust *(z. B. Montagefertigteile)*; 2. fay, position *(Feineinpassen)*; 3. *(Te)* true *(ausrichten)*; 4. inset *(einfügen)*
einpassen *v***/genau** fay, position
Einpassen *n* fitting-in, seating
Einpassen *n* **in die Landschaft** *(Umw)* fitting into the landscape
Einpassung *f* 1. *(BT, Konst, Te)* adjustment; 2. *(Konst)* seat *(z. B. von Montagefertigteilen)*
Einpasszapfen *m (Hb)* spigot
einpeilen *v* locate
Einpendler *m (RP, Verk)* commuter *(Verkehrsplanung)*
Einpfählung *f* fence of pales, paling, palisade
einphasig single-phase
Einplanieren *n* 1. *(Erdb)* blading *(Straßenbau)*; 2. *(Bod, Erdb)* planing
Einpolschalter *m (El)* single-pole switch
einprägen *v* impress; impose *(Spannung)*
Einpressarbeiten *fpl (RS, Te, Tun)* grouting work(s), jet grouting, grouting *(BS EN 12716, BS EN 12715, DIN 18309)*
Einpressbeton *m (BM, RS)* inject concrete
Einpressbohrung *f (Erdb, Tun)* inlet well
Einpressdruck *m (RS)* injection pressure
Einpressdübel *m* bolted connector
einpressen *v* 1. *(Te)* pressure; 2. *(Erdb, Te, Verk)* drive in *(Buchsen)*; 3. grout, grout in, grout under pressure, pressure grout, inject *(Zementierungsmittel, Bindemittellösungen, Beton usw.)*
Einpressen *n* grout injection, grouting *(von Zementmörtel)*
Einpressflüssigkeit *f* injection fluid
Einpresshohlraum *m (RS)* grout void
Einpresslänge *f (BB, RS)* grout length
Einpressloch *n* grouting hole, injection well
Einpressmörtel *m* intrusion mortar, intrusion grout
Einpressmörtel *m* **mit Feinkies** pea gravel grout
Einpressmörtelsand *m* grouting sand *(Korngröße < 0,8 mm)*
Einpressöffnung *f* groutnick, injection hole
Einpresspumpe *f* 1. *(BWG, RS, Tun)* grouting pump; 2. *(BWG, RS)* injection pump
Einpressrohr *n* injection pipe
Einpressspritzpistole *f* injection gun
Einpressstollen *m (Erdb, Tun)* grouting gallery *(Felssicherung, Tunnelbau)*
Einpresssuspension *f* grouting suspension
Einpressung *f* injection
Einpressung *f* **von Beton** concrete injection
Einpressung *f* **von Mörtel** *(RS)* mortar intrusion
Einpressverfahren *n* grouting technique
Einpressversuch *m (RS, Te)* trial grouting
Einputzrahmen *m* flush-mounting frame
einrahmen *v* 1. frame, box up; 2. *(Hb)* put in frame
Einrahmung *f* framing; casing *(Fenster, Tür)*
einrammen *v* 1. drive in, ram, pile-drive *(z. B. Pfähle)*; 2. beat

down, sink by driving *(Straße)*; 3. tamp *(z. B. Beton und Pflastersteine)*
Einrammen *n* driving, ramming *(von Pfählen)*
Einrastbolzen *m* drop-in pin
einrasten *v* latch, catch, snap; lock in position *(Raststellung)*
Einrasten *n* latching
Einrastknopf *m (EB)* lock knob
Einrastschloss *n (EB)* touch catch
Einrastvorrichtung *f (EB)* click-stop device
Einraumetagenwohnung *f* one-room apartment, one--room flat
Einräumung *f (VR)* concession
Einraumwohnung *f* one-room flat, bed-sitting room, bed--sitting room flat, single-room apartment, *(AE) (meist)* efficiency apartment
einregulieren *v (HLK)* regulate
einreiben *v* rub
Einreiber *m* casement fastener *(Fensterhalter)*
einreihen *v (Konst)* range
einreihig single-row
einreißen *v (RS, Te)* demolish *(Gebäude)*
Einreißfestigkeit *f* initial tearing resistance, tear resistance
einrichten *v* 1. equip, install *(z. B. ein Gebäude)*; 2. fit, fit out, furnish *(Räume)*; 3. establish, found *(Unternehmen)*; 4. *(VR)* organize *(Prozessabläufe, Bauausführungen)*; 5. *(Konst, RP)* orient *(Gebäudestellung ausrichten)*; 6. *(Arch)* decorate *(gestalterisch)*; 7. *(Te)* set *(Maschinen)*
Einrichten *n* provision of facilities
Einrichtung *f* 1. installation *(Versorgungsleitungen usw.)*; furniture, furnishing *(Ausstattungen)*; 2. *(VR)* organization *(von Prozessabläufen, Baudurchführung)*; 3. equipment, device, installation, appliance *(Ausrüstung)*; 4. establishment, foundation *(von Unternehmen)*; 5. facility *(spezielle Anlagen, Hafen, Flugplatz usw.)*; 6. furnishing, furniture *(Wohnung)*; 7. system *(z. B. Verkehrsanlagen, Anlagensysteme)*
Einrichtung *f*/**elektrische** electrical equipment
Einrichtung *f*/**elektronische** electronic device
Einrichtung *f*/**sanitäre** *(San)* sanitary fixture
Einrichtung *f*/**technische** *(Konst)* technical equipment
Einrichtung *f*/**zugelassene** *(VR)* approved body
Einrichtungen *fpl* **für Behinderte** disabled facilities
Einrichtungen *fpl*/**gesellschaftliche** social amenities
Einrichtungen *fpl*/**öffentliche** public amenities, social amenities
Einrichtungen *fpl*/**Photovoltaische** *(El)* photovoltaic devices *(EN 60904)*
Einrichtungen *fpl*/**sanitäre** sanitary equipment, sanitary facilities, sanitation
Einrichtungsgegenstände *mpl* fitments, appointments, fixtures, furnishings
Einrichtungsgut *n*/**bewegliches** furniture
Einrichtungsplan *m* site facilities program, plan of a site *(Bebauungsplan)*
Einrichtungsverzeichnis *n (EB)* facility register
Einriss *m (BM, St)* flaw *(Betonstahl)*
einritzen *v* scratch; score *(Linien)*; *(AE)* cut
Einritzen *n* scratching
Einrohr *n (HLK)* one-pipe *(Heizung)*
Einrohrgrundstücksentwässerung *f (WVA)* one-pipe plumbing
Einrohrheizung *f (HLK)* single-pipe heating system
Einrohrheizungssystem *n (HLK)* one-pipe system *(Zentralheizung)*
Einrohrsystem *n* 1. one-pipe system *(Schmutzwasser)*; 2. *(HLK)* single-pipe heating system
einrosten *v* 1. *(RS)* grow rusty; 2. *(OB, RS)* rust in; 3. *(BM, BT, RS)* rust up
einrücken *v* engage
Einrückhebel *m* engaging lever
einrühren *v* stir, mix
einrüsten *v* erect a scaffold, raise a scaffold, rig, rig up, scaffold, shore, stage
Einrüstkonstruktion *f (TK)* shoring system
Einrüststütze *f* shore column, shoring column
Einrüstung *f* scaffolding, shoring *(z. B. bei Unterfangung)*
einsacken *v (Bod, Konst)* subside *(in den Baugrund)*
Einsacken *n* sacking
Einsackwaage *f* bagging scale
einsägen *v* give a cut, with the saw, saw into
einsähen *v* seed *(Landschaftsbau)*
Einsammeln *n (Umw)* collection
Einsammeln *n* **von Altöl** *(Umw)* collection of waste oil
Einsammeln *n* **von Müllsäcken** *(Umw)* refuse sack collection
Einsatz *m* 1. application, use, introduction; 2. input *(Arbeitsaufwand)*; 3. insert, insertion, inset *(Einsatzstück)*; 4. adapter *(Passstück)*; 5. assignment, deployment *(Arbeitskräfte)*; 6. promotion *(Verfahren)*; 7. service *(Dienst)*
Einsatz *m* **bei hohen Temperaturen** high-temperature service
Einsatzbedingungen *fpl* 1. *(BM, BT)* full-scale conditions; 2. *(Te)* service conditions
Einsatzbedingungen *fpl*/**tatsächliche** *(BM, Te)* on-site conditions
einsatzfähig/nicht disabled
Einsatzgebiet *n (RP, VR)* service environment
einsatzgehärtet case-hardened *(Stahl)*
Einsatzklima *n (RP, VR)* service environment
Einsatzort *m (RP, VR)* service environment
Einsatzrohr *n* receiving pipe *(für Dichtungen)*
Einsatzsteuerung *f (Verk)* operation controlling
Einsatzstück *n* distance piece, insert, dutchman
Einsatz- und Störungsmanagement *n (RS)* operation management
einsaugen *v* suck up, imbibe, absorb *(Flüssigkeiten, Dämpfe, Gase)*
einsaugend 1. *(BM, Bod, DIS)* absorbent; 2. *(BM)* absorptive *(Flüssigkeiten, Dämpfe, Gase)*
Einsaugfähigkeit *f (BM, Bod, DIS)* absorbing capacity
einsäulig henostyle
einsäumen *v* edge
Einschachteln *n* boxing-in
einschalen *v* erect formwork, form, set up a mould, shutter, shutter up, timber; mould, encase
Einschalen *n* forming
einschalig 1. one-leaf, single-leaf, monolithic, single-shell *(Wand)*; 2. homogeneous *(Bauteil)*; 3. non-ventilated *(Dach)*
einschalten *v* switch on, turn on
Einschaltprogramm *n (Verk)* start up sequence *(Verkehrsampel)*
Einschalung *f* scaffolding, timbering
einschätzen *v* evaluate, assess
Einschätzung *f* evaluation, assessment, value
einschäumen *v (DIS, Te)* foam into place *(Dämmmaterial)*
Einscheibensicherheitsglas *n* prestressed glass, toughened glass
Einschichtbelag *m* homogeneous covering
Einschichtemail *n (OB)* one-coat enamel
einschichtig one-course, one-layer, single-course, single--layer, single-layered; single-coat *(Anstrich)*
Einschichtigkeit *f* homogeneity
Einschichtlack *m* one-coat finish, single-coat finish
Einschichtlackanstrich *m s.* Einschichtemail
Einschichtlackierung *f* one-coat finish
Einschichtspritzauftrag *m* single spray coat application, one-spray coat application

Einschichtsystem *n (OB)* one-coat paint system *(Anstriche)*
einschiebbar retractable
Einschiebeleiter *f (EB)* folding ladder
einschieben *v* 1. inset; 2. *(Hb)* put in frame
Einschiebetreppe *f* folding stair *(bes. zum Dachgeschoss)*; *(AE)* loft stair
Einschienenbahn *f (Verk)* monorail
Einschießbefestigung *f (Te)* explosive fixing
einschießen *v* shot-fire *(mit dem Bolzenschießgerät)*
einschiffig one-bay, one-span, single-bay, single-span *(Rahmenhalle)*
einschlagen *v* 1. knock in, cut down; 2. drive, beat in, hammer in *(z. B. Nägel)*; 3. *(Erdb, Te, Verk)* drive in *(z. B. Pfähle)*; 4. envelop, wrap *(einwickeln)*; 5. *(LB)* fell *(Holz)*; 6. beat down *(Fundament)*
einschlägig relevant; pertinent *(Vorschriften)*
Einschlagtiefe *f* driving depth
einschlämmen *v (Erdb, Tun)* flush *(Bohrtechnik)*
Einschlämmen *n* flushing
einschließen *v* 1. enclose, embed, include; 2. occlude *(Stoffe)*; 3. lock in *(verschließen)*; 4. entrap *(Luft, Wasser)*
Einschließen *n* entrapment *(Luft, Wasser)*
Einschließung *f* housing
einschlitzen *v* 1. slit; 2. *(Hb)* mortise
Einschluss *m* 1. entrapment *(Luft, Wasser)*; 2. incasement *(Baustoff, Werkstoff)*; 3. inclusion *(von Gasen oder Festkörpern in einem Material)*; 4. *(BB, RS)* pocket; 5. *(BB, Te)* segregation *(z. B. in einer Betonmischung)*; 6. enclave *(Bauland, Gebiet)*; 7. xenolith *(von Fremdgestein in Mineralien)*
Einschluss *m*/**exogener** xenolith *(von Fremdgestein in Mineralien)*
Einschluss *m*/**mechanischer** physical stabilization
einschnappen *v* snap
einschneiden *v* 1. cut in, make a cut; 2. notch, slot, slit, nick *(Kerbe)*; 3. *(Hb)* groove, slot, notch, nick; 4. recess *(Aussparung)*; 5. kerf *(Sägeschnitt)*; 6. incise *(schnitzen, eingravieren)*; 7. *(Te)* score *(Linien)*
einschneiden *v*/**eine Nut in eine Auskragung von unten** undercut
einschneiden *v*/**eine Nut in eine Kragschicht von unten** undercut
einschneiden *v*/**eine Rinne in eine Kragschicht von unten** undercut
einschneiden *v*/**Verzierungen** thurm
Einschneiden *n* 1. *(LB)* cut; 2. *(Te)* scoring
Einschnitt *m* 1. cut, incision; 2. *(Hb)* slot, slit, nick, indentation; notch *(Kerbe)*; groove *(Rillen)*; incision *(Schnitzgravur)*; 3. *(Erdb)* cut, cutting, excavation, open cut; 4. indent, indentation *(Vertiefung, z. B. im Mauerwerk)*; 5. jag *(Anschnitt, Geländeeinschnitt)*
einschnittig single-shear *(Niet- und Schraubverbindungen)*
Einschnittschräge *f (Erdb)* cutting slope
Einschnitttiefe *f (BT, Hb)* cut
einschnitzen *v* incise
einschnüren *v* 1. *(BT, San, Verk, WVA)* constrict; 2. *(BT, Wsb, WVA)* contract
einschnüren *v*/**sich** bottle *(Zugfestigkeitsprüfung)*
Einschnürung *f* 1. *(BT, Konst, Verk, WVA)* constriction; 2. *(BT, Wsb, WVA)* contraction; 3. neck, necking, necking down, formation of a neck *(Bohrpfahlgründung)*; 4. *(BT, Konst)* reduction in area; 5. *(BM)* reduction of area *(Zugprüfung)*; 6. *(Verk, Wsb, WVA)* striction *(mathematisch)*; 7. *(Konst)* waist *(konstruktive Verjüngung)*
einschränken *v* restrain; restrict
Einschränkung *f* restraint
Einschränkung *f*/**zeitweilige** temporary restriction
Einschränkungen *fpl*/**geforderte** *(Konst, VR)* regulatory limitations
einschraubbar threaded
einschrauben *v* drive
Einschraubsicherung *f* plug fuse, socket fuse
Einschraubstutzen *m* threaded bushing, threaded socket, screw union
Einschubbauweise *f (Te)* plug-in construction
Einschubbrett *n* packing board
Einschubdecke *f (Konst)* intermediate ceiling
Einschubrohr *n* insert tube
Einschubtreppe *f* folding ladder, folding staircase
einschwalben *v (Hb)* dovetail
Einschweißarmatur *f (San)* weld neck valve
einschweißbar weldable
Einschweißflansch *m* weld neck flange
einsehen *v* consult, inspect *(Bauunterlagen)*
einseitig unilateral
Einsenkschraubenbolzen *m* handrail bolt
Einsenkung *f* 1. dip; deflection, set; 2. *(Konst)* sag; 3. *(BT, TK)* sagging *(geologisch)*
Einsenkung *f*/**bleibende** permanent set, permanent settlement *(Baugrund)*
Einsenkung *f*/**plastische** permanent set, permanent settlement *(Baugrund)*
Einsenkungsmulde *f (Bod, Erdb, Verk)* deflection basin
einsetzbar applicable, serviceable
Einsetzbarkeit *f* applicability, capability
einsetzen *v* 1. insert, install, fit in, introduce, inset *(Einsatzstücke, Bauteile usw.)*; 2. *(Te)* batch *(anteilige Materialien bei Baustoffmischungen)*; 3. position, seat *(z. B. Montageteile)*; 4. deploy, assign *(Arbeitskräfte)*
Einsetzen *n* insertion, introduction; seating
Einsetzen *n* **eines Kragsteins** *(SB)* tailing-in
Einsetzöffnung *f*/**lichte** rabbet size *(Fensterglas)*
Einsetzträger *m* drop-in beam
einsickern *v* 1. penetrate, percolate, seep in, ooze, soak, soak in, seep; 2. *(Wsb)* leach, infiltrate *(versickern)*; 3. *(Erdb)* filter in
Einsickern *n* seepage, soaking-in
Einsickerung *f* 1. *(Bod)* infiltration; 2. *(Bod, Erdb)* weeping
einsinken *v (Bod, Konst)* yield
Einspannbedingung *f* 1. *(Stat)* fixed-end condition; 2. *(Konst, Stat)* terminal condition
Einspannbiegemoment *n (Stat)* fixed-end bending moment
einspannen *v* 1. *(Stat)* fix, restrain, constrain; 2. clamp, grip, hold *(Werkzeuge, Montageteile)*; 3. *(Hb)* frame
einspannen *v*/**gelenklos** *(Stat)* restrain
Einspannen *n* fixing; clamping
Einspänner *m* multistorey block with one apartment per floor, multistorey block with one flat per floor
Einspanngrad *m* degree of restraint, terminal degree
Einspannlänge *f* fixing length, encastré length
Einspannmoment *n (Stat)* fixed-end moment, moment at point of fixation, fixing moment, restraining end moment
Einspannpunkt *m* bearing edge *(fixierter Träger)*
Einspannstelle *f* point of fixation, point of rigid support
Einspannung *f* 1. fixation, rigid fixing; 2. *(Stat)* fixity, restraining, restraint, constraint
Einspannung *f*/**biegesteife** built-in mounting *(eines Balkens)*
Einspannung *f*/**elastische** elastic end-restraint
Einspannung *f*/**feste** *(Konst)* immovable end fixity *(Träger, Balken)*
Einspannung *f*/**seitliche** lateral restraint
Einspannung *f*/**steife** *(Konst)* rigid end-restraint
Einspannung *f*/**teilweise** partial fixity
Einspannung *f*/**volle** *(Konst, Stat)* full fixity

Einspannung *f***/völlige** *(Konst, Stat)* fixed support
Einspannung *f***/vollständige** *(Stat)* complete restraint
Einspannungsbedingung *f* fixed condition, terminal condition, terminal end condition
Einspannungsbügel *mpl* restraining straps
einspannungsfrei *(BT, TK)* unstrained
Einspannungsgrad *m* fixed-end degree, fixing degree, end degree, terminal degree
Einspannungsmoment *n (Stat)* fixed-end moment
Einspannvorrichtung *f* mounting device
Einspannzeit *f (Hb)* clamping time *(bei Leimverbindungen)*
Einsparen *n* saving
Einsparung *f* saving
einspeisen *v* supply, feed *(Wasser, Strom)*
Einspeisen *n* feed, feeding
Einspeiseöffnung *f (HLK)* terminal unit *(Klimaanlage)*
Einspeisung *f (El, San)* feed-in *(Vorgang)*; line entry *(Einspeisstelle)*
Einspeisungsentwässerungsleitung *f (WVA)* lateral sewer
Einsprenkelung *f (BM)* interspersion *(Mineralien in Naturstein)*
einspritzen *v* inject *(z. B. Zementmörtel)*
Einspritzung *f* injection
Einspruch *m (VR)* objection
einspülen *v* 1. *(Erdb, Tun)* flush *(Bohrtechnik)*; 2. *(Bod, Erdb, Tun)* jet *(mit Druck)*
Einspülen *n* flushing
Einspülen *n* **der Pfähle** *(Erdb)* jetting of piles
einspurig *(Verk)* single-lane, single track
einstampfen *v* 1. compact *(z. B. Verfüllung)*; 2. pulp *(Kalk)*; 3. *(Erdb, Te)* ram *(Pfähle)*; 4. *(Verk)* ram in *(Straßenunterbau)*
Einstau *m* 1. *(Wsb)* filling *(Talsperre)*; 2. *(Wsb)* pondage *(Speicherkapazität)*
Einstaumenge *f (Wsb)* pondage *(Speicherkapazität)*
einstechen *v (Te)* recess
Einstechen *n* cutting-in, recessing
Einsteckbolzen *m* stop pin
Einsteckende *n (HLK, San)* spigot *(Muffenrohr)*
Einsteckfallenschloss *n (EB)* mortise latch
Einsteckfeder *f (Hb)* loose tongue
Einsteckriegel *m* mortise knob latch
Einsteckschloss *n* mortise deadlock, mortise knob latch, mortise latch *(für Türen)*
Einsteckschloss *n* **für die Außentür** mortise lock for outside door
Einsteckstift *m (El)* male plug
einstegig single-web *(Träger)*
Einsteigedeckel *m* manhole cover for inspection shaft
Einsteigegalerie *f (Verk) (AE)* concourse *(Flugsteig)*
Einsteigeleiter *f (BT)* access ladder *(Schwimmbecken)*
Einsteigeschacht *m* manhole, manway, access shaft conduit pit
Einsteigeschachtdeckel *m s.* Einsteigedeckel
einstellbar *(BT, HLK, Konst)* adjustable
Einstellblech *n* shimming plate *(Auflagenhöhenanpassung)*
Einstelldruck *m (HLK, San)* setting pressure
einstellen *v* 1. *(BT, HLK, Te)* adjust *(z. B. Geräte, Temperatur)*; 2. *(Te)* set *(z. B. Messgeräte)* • **sich einstellen lassen** *(BT, HLK, Te)* adjust
einstellen *v***/richtig** adjust *(z. B. Geräte)*
Einstellplatz *m* parking stall *(im Parkhaus)*
Einstellung *f* 1. establishment *(z. B. eines Gleichgewichts)*; 2. *(BT, Konst, Te)* adjustment *(z. B. von Montagefertigteilen)*; 3. *(Verm)* sight
Einstellungsvorrichtung *f* adjustment
Einstemmband *n (Hb)* butt hinge *(Baubeschlag)*
einstemmen *v (Hb)* mortise
Einstemmen *n* 1. *(San, WVA)* letting-in flush *(Stemmband)*; 2. *(Hb)* mortising in, mortising; 3. flush fixing *(für Anschlussbleche)*
Einstemmen *n* **der Schlitze und Öffnungen für Türbeschläge** mortise preparation
Einstich *m* cutting-in
Einstieg *m* manhole, access, inspection door
Einstiegsdeckel *m s.* Einsteigedeckel
Einstiegsleiter *f* access ladder
Einstiegsluke *f* entrance hatch
Einstiegsöffnung *f* 1. *(Konst, RS, WVA)* manhole; 2. *(Konst)* access panel
Einstiegsschacht *m* manhole
einstöckig *(Konst)* single-floor
Einstreudecke *f (Verk)* dry penetration surfacing
Einstreuen *n* sprinkling
Einströmen *n* ingress; inpouring *(Wasser)*
Einströmen *n* **von Wasser** *(Erdb)* incursion
einströmend influent
Einströmung *f (HLK)* indraught *(Luft)*
Einströmungsöffnung *f* introduction
einstufen *v (Te)* grade *(nach bestimmten Merkmalen)*
Einstufenbeanspruchung *f (Stat)* single-stage stressing
Einstufung *f* classification, grading, sorting
Einstufung *f***/steuerliche** *(VR)* tax band
Einsturz *m* 1. *(RS)* cave-in; 2. *(Bod, Erdb)* caving; 3. *(Stat)* collapse *(z. B. Haus, Brücke)*; 4. *(Bod)* subsidence *(Bodenhohlräume)* • **das Haus steht kurz vor dem Einsturz** the house is about to collapse • **zum Einsturz bringen** cave in
Einsturzbecken *n (Bod)* subsidence basin *(geologisch)*
Einsturzbedingung *f (Stat)* collapse condition
einstürzen *v* 1. *(Konst, RS)* fall in; 2. *(Stat)* collapse *(z. B. Haus, Brücke)*; 3. cave in *(z. B. eine Straße)*; 4. *(RS)* tumble *(z. B. eine Wand)*; 5. fail *(Konstruktionen)*
Einsturzfestigkeit *f (BM)* failure strength
Einsturzgefahr *f (RS, VR)* danger of collapse • **Vorsicht Einsturzgefahr** danger - building is unsafe
Einsturzlast *f (BM, Stat)* collapse load
Einsturzmechanismus *m* failure mechanism
Einsturzschutt *m (Tun)* subsidence rubbish
Einsumpfdauer *f (BM, Te)* gauging time *(Kalk)*
einsumpfen *v* pulp, soak *(Kalk)*; wet *(z. B. Ton, Mörtel, Kalk)*
Einsumpfen *n* 1. *(BM, Te)* soaking *(von Kalk)*; 2. *(BM, Te)* gauging *(Mörtel, Kalk, Kitt)*
Einsumpfzeit *f* gauging period, gauging time, soaking period
eintauchen *v* dip, immerse, plunge
Eintauchen *n* dipping, immersion
Eintauchrüttler *m (BB, BWG)* immersion vibrator
einteilen *v* 1. *(VR)* calibrate *(Messgeräte)*; 2. *(BM, BT, VR)* classify; 3. *(Te)* grade *(nach bestimmten Merkmalen)*; 4. sectionalize, partition *(in Abschnitte)*; 5. space *(in Abstände)*
einteilen *v***/zeitlich** time, space *(Gewerke)*
einteilig one-piece, single-piece
Einteilung *f* 1. *(BM, BT)* classification *(nach Merkmalen)*; 2. *(VR)* calibration *(von Messgeräten)*
Eintontapete *f* plain wallpaper
Eintrag *m* 1. application *(Kräfte)*; 2. input *(von Wärme beim Schweißen)*; 3. entry *(mathematisch)*
eintragen *v* 1. *(Stat)* apply *(Kräfte)*; 2. record, register *(Werte, Messdaten, Konstruktionspunkte usw.)*; 3. plot *(Diagramm)*
Eintragen *n* plotting *(Diagramm)*
Eintragungslänge *f* transmission length *(Spannbeton)*
Eintragungsspannung *f (Stat)* transfer stress *(Spannbeton)*
eintreiben *v* drive, drive in, pile *(Pfähle)*
Eintreten *n* incidence
Eintrittsöffnung *f* inlet port

E

Eintrittsstelle *f* point of entry
eintrocknen *v* dry up
ein- und zweigeschossig *(Konst)* low-rise
Einwaage *f* original sample weight
einwachsen *v (OB, Te)* wax
Einwalzen *n* rolling
Einwand *m (VR)* objection
einwandern *v* entrain *(Wasser)*
Einwanderung *f* entrainment *(Wasser)*
einwandfrei flawless, perfect, sound, unobjectionable
einwandfrei/baulich *(VR)* structurally sound
Einwärtsfenster *n* in-swinging window
Einwässern *n (BM)* watering
Einwegventil *n* one-way valve, back-pressure valve, check valve
Einwegverpackung *f (BT, Umw)* throw-away-type packaging
Einweichanlage *f* macerator
einweichen *v* macerate, soak
Einweichen *n* maceration, soak
Einweiser *m* instructor
Einweisung *f* **von Personal** *(VR)* instruction of staff
Einwellenmischer *m* single shaft mixer
Einwellenzwangsmischer *m* single shaft mixer
einwickeln *v* envelop
einwickeln *v*/**mit Langstroh und Lehm** envelop in straw and clay, wrap-up in straw and clay
einwirken *v* act on *(z. B. ein Mittel)*; influence *(Kräfte)*; affect
einwirken *v*/**aufeinander** *(Verk)* interact; react
Einwirken *n*/**statisches** static actions
Einwirkung *f* action; influence
Einwirkung *f*/**dynamische** *(Stat)* dynamic action *(Bauwerke)*
Einwirkung *f*/**freie** *(Br, TK)* free action *(Brücke)*
Einwirkung *f*/**seismische** *(Bod, Stat)* seismic action
Einwirkung *f*/**wechselseitige** interaction
Einwirkungen *fpl* **auf Tragwerke** *(Konst, TK)* actions on structures *(Eurocode 1, EN 1991, DIN 1055-4)*
Einwirkungseffekt *m* effect of actions
Einwohner *m* inhabitant, resident *(einer Stadt)*
Einwohnergleichwert *m (WVA)* population equivalence *(Abwasser)*
Einwohnerschaft *f (RP)* resident population
Einwohnerzahl *f (RP)* number of inhabitants
einwölben *v* 1. *(Konst, TK)* arch; 2. *(Br, Konst, SB, Te)* concamerate; 3. *(BT, TK)* vault; 4. *(Konst, Te)* vault in
Einwölben *n* arching, barrel vaulting, vaulting
Einwölbung *f* **auf Schwalbenschwanz** *(Hb)* dovetail vaulting
Einzahnen *n* 1. *(SB)* toothing-in *(Mauer)*; 2. *(Hb)* notch, jag
Einzapfen *n (Hb)* notching
Einzapfung *f*/**schiefwinklige** oblique notching
einzäunen *v* enclose, fence, fence in, palisade, rail in
Einzäunung *f* enclosure, fencing
Einzäunungsmaterial *n* fence material
einzeichnen *v*/**überhöht** *(Arch, Konst)* foreshorten
Einzelanfertigung *f* individual fabrication
Einzelanordnung *f* individual mounting
Einzelanstrich *m* individual paint coat
Einzelanstrichschicht *f* individual coat
Einzelbalken *m* single beam, discontinuous beam
Einzelbalkon *m* private balcony
Einzelbauvertrag *m* single contract
Einzelbelastung *f (Stat)* single loading
Einzelbogen *m* one-row brick-on-edge arch *(Ziegel)*
Einzelbrenner *m (HLK)* single burner
Einzeldarstellung *f* detail drawing
Einzelfahrstreifenknoten *m (Verk)* junction of single carriageways
Einzelfahrzeugdaten *pl (Verk)* floating car data
Einzelfaser *f* filament
Einzelfeld *n (Konst)* single span
Einzelfeld... single-span ...
Einzelfertigung *f* single piece production
Einzelfundament *n* independent footing, independent foundation, individual footing, isolated footing, isolated foundation, pad foundation, separate footing, single footing; foundation block; column footing *(unterer Teil der Säule)*; footing *(eines Gebäudes)*
Einzelgebäude *n* free-standing building
Einzelgerät *n* plant item
Einzelgesamtplan *m* general drawing
Einzelgründung *f* independent footing, independent foundation, pad foundation, single footing, single foundation
Einzelhaus *n* detached house
Einzelhaus *n* **einer Reihe ähnlicher Häuser** row house
Einzelhausbewohner *m* house dweller
Einzelhausklärgrube *f* individual sewage-disposal system
Einzelhauttragwerk *n (TK)* single-skin structure
Einzelheit *f* detail • **in allen Einzelheiten vollendet** *(Arch)* elaborate
Einzelheit *f*/**bauliche** *(BT, Konst)* constructional detail
Einzelheiten *fpl*/**genaue** *(sl)* nitty-gritty
Einzelheiten *fpl*/**wichtige** *(sl)* nuts and bolts
Einzelheizung *f (HLK)* individual heating
Einzelherstellung *f* individual fabrication
Einzelkabinen-Schnelltransportsystem *n*/**individuelles** *(Verk)* personal rapid transit, PRT *(Einschienenbahnsystem)*
Einzelkanalheizsystem *n (HLK)* terminal reheat system
Einzelkornstruktur *f (Konst)* single-grain structure
Einzelkörnung *f* single-size aggregate
Einzelkosten *pl* component costs, itemized cost, itemized costs
Einzellast *f (Stat)* individual load
Einzellast *f*/**äquivalente** *(Verk)* equivalent single axle load
Einzellast *f* **in Feldmitte** 1. *(Stat)* midspan loading; 2. *(Stat)* centre load
Einzellast *f*/**wandernde** *(Stat)* moving single load
Einzellastverteiler *m (BT, TK)* separator of loads
Einzellos *n (VR)* item
Einzelmaß *n* intermediate controlling dimension
Einzelmotiv *n (Arch)* isolated motif
einzeln single, independent; detached *(Haus)*
Einzelne/bis ins *(Arch)* elaborately
Einzelpfahl *m (Erdb)* single pile
Einzelpfosten *m* post pole
Einzelplan *m* general drawing
Einzelpositionskosten *pl* itemized cost, itemized costs
Einzelprobe *f* increment, spot sample *(Baustoffe)*
Einzelsäule *f* single support
Einzelschale *f (Konst)* single shell
Einzelschicht *f* individual coat
Einzelstabbewehrung *f* single rod reinforcement
Einzelstütze *f* post pole, single support
Einzelteilchen *n* primary particle *(Pigment)*
Einzelteile für Anschlagmittel, selbstverriegelnde Haken components for slings, self-locking hooks *(EN 1677-3)*
Einzelteilfertigung *f* single piece production
Einzelträger *m (TK)* single beam
Einzelversorgung *f* individual supply
Einziehband *n (El)* snake
Einziehdraht *m (El)* snake
einziehen *v* 1. make recessed *(verjüngen)*; 2. move in, move into *(in eine Wohnung usw.)*
einziehen *v*/**eine Decke** ceil

Einziehen *n (Konst)* tapering
einzügig single-flue *(Schornstein)*
Einzugsgebiet *n (Wsb)* drain district, drainage area *(eines Flusses)*; encatchment area, feeding ground, catchment area, gathering ground *(von Wasser)*
Einzugsgebiet *n*/**abflussloses** *(Wsb)* endorheic drainage area
Einzugsgebiet *n*/**oberirdisches** *(Wsb)* topographical area
Einzugsgebiet *n*/**unterirdisches** *(Wsb)* subsurface catchment area *(Wassergewinnung)*
Eiprofil *n* 1. *(WVA)* oval-shaped sewer pipe; 2. *(BT, WVA)* egg-shaped profile
Eiprofilbetonrohr *n* egg-shaped concrete pipe
Eiprofilrohr *n* 1. *(BT, WVA)* egg-shaped pipe; 2. *(WVA)* oviform pipe
Eisansatz *m* ice accretion
eisartig icy
Eisbahn *f*/**künstliche** *(RP)* skating rink
Eisbeseitigung *f (Verk)* ice clearing
Eisbeton *m* ice concrete
Eisbildung *f (Verk)* formation of ice, ice formation, icing, icing up
Eisblumenbildung *f* frosting *(bei Anstrichen)*
Eisblumeneffekt/mit frosted
Eisblumenglas *n* arctic glass, glue-etched glass
Eisblumenlack *m* frosted finish, frosted varnish
Eisblumenmuster *n* spangle *(Anstrichtrocknung, Metallschutzschicht)*
Eisblumieren *n* glue-etching *(Glas)*
Eisbrecher *m (Br, Wsb)* ice apron
Eisdecke *f (Bod, Umw)* ice cover
Eisdruck *m (Stat)* ice pressure
Eisenabschneidevorrichtung *f* bar cutter
Eisenabstand *m* pitch of bars, rod spacing *(Bewehrung)*
Eisenarbeit *f* ironwork
Eisenarbeit *f*/**handgeschmiedete** *(St)* hand-forged ironwork
Eisenarchitektur *f* iron architecture
eisenarm low-iron, poor in iron
eisenartig ironlike
Eisenartikel *mpl* ferrous article, iron article
Eisenbahn *f* railway, *(AE)* railroad
Eisenbahnarchitektur *f (Arch)* railway architecture
Eisenbahnbau *m (Verk)* railway construction
Eisenbahnbauarbeiten *fpl* railway construction works, *(AE)* railroad track work
Eisenbahnbrücke *f* 1. *(Verk)* railway bridge; 2. *(Br) (AE)* railroad bridge
Eisenbahndamm *m (Erdb, Verk)* railway embankment
Eisenbahnfährschiff *n (Verk)* train ferry
Eisenbahngelände *n (Verk)* railway area
Eisenbahnknotenpunkt *m (Verk)* railway junction
Eisenbahnkran *m (BWG)* railway crane
Eisenbahnnetz *n (RP, Verk)* railway system
Eisenbahnoberbau *m* railway superstructure; permanent way
Eisenbahnschienen *fpl* 1. *(BM, Verk)* metals; 2. *(BT)* rails
Eisenbahnschotterung *f* railway ballasting
Eisenbahnschwelle *f* 1. *(BT, Verk)* railway sleeper; 2. *(Hb)* sleeper; 3. *(BT, Hb) (AE)* tie
Eisenbahnsicherung *f* railway control
Eisenbahnsicherungstechnik *f* railway signalling
Eisenbahnstation *f* railway station, *(AE)* railroad station, depot
Eisenbahnstrecke *f* railway line
Eisenbahntunnel *m (Tun, Verk)* railway tunnel
Eisenbahnüberführung *f* flyover junction, flyover, *(AE)* overpass; railway overbridge *(Straße)*
Eisenbahnübergang *m*/**schienengleicher** *(Verk)* level railway crossing
Eisenbahnunterbau *m* railway subgrade
Eisenbahnunterführung *f* fly-under junction, fly-under; railway underbridge, subway *(Straße)*; *(AE)* railroad underpass, underpass
Eisenbahnverkehr *m* railway traffic
Eisenbalken *m* iron beam
Eisenband *n* ferrule
Eisenbasis/auf *(BM)* iron-base
eisenbereift iron-shod
Eisenbeschläge *mpl (EB)* ironware
Eisenbeton *m* ferroconcrete, armoured concrete *(veraltet)*; reinforced concrete, steel concrete
Eisenbiegemaschine *f (BWG)* bar bender
Eisenbiegen *n* adapting of ironwork, adapting of the ironwork, bar bending *(für Stahlbewehrung)*
Eisenbiegen *n* **auf der Baustelle** field bending
Eisenbiegeplan *m (BB, St)* bending schedule
Eisenbiegeplatz *m* steel bending yard
Eisenbieger *m* bar bender, rod bender, steel bender, steel fixer
Eisenbiegerei *f* reinforcement shop, reinforcement yard *(Betonstahl)*
Eisenblau *n* 1. *(OB)* iron blue; 2. *(BM)* Chinese blue *(Farbstoff)*
Eisenblech *n* sheet iron
Eisenblech *n*/**dünnes** iron foil
Eisenblech *n*/**verzinktes** galvanized iron
Eisenblech *n*/**verzinntes** *(BM, St)* tinplate
Eisencarbonat *n (BM)* siderite
Eisendollen *m* iron dowel
Eisendraht *m* iron wire
Eisendraht *m*/**ausgeglühter** annealed iron wire, annealed wire
Eisendraht *m*/**geglühter** annealed iron wire, annealed wire
Eisendübel *m* iron dowel, iron pin
Eisenerzeugnis *n* iron article
Eisenerzzement *m* iron-ore cement
Eisenerzzuschlagstoff *m* iron-ore aggregate
Eisenfenster *n (BT)* steel casement
Eisenflechter *m* rod fixer, steel fixer
Eisenflechtertrupp *m* bar fixing gang
eisenfleckig iron stained
eisenfrei *(BM, WVA)* non-ferrous
Eisengegenstand *m* ferrous article, iron article
Eisengelbpigment *n* iron yellow
Eisenglimmerfarbe *f* micaceous iron oxide paint
Eisengussstück *n (St)* iron casting
eisenhaltig iron-containing, irony; ferrous, ferriferous *(Naturbaustein)*
eisenhaltig/nicht *(BM, WVA)* non-ferrous
Eisenholz *n (BM, Hb)* iron wood
Eisenhüttenwerk *n* steel mill, steel works
Eisenkarbonat *n (BM)* siderite
Eisenkernbewehrung *f* iron core
Eisenkitt *m* iron cement, iron-rust cement, rust cement
Eisenklammer *f* iron dog
Eisenkonstruktion *f* ironwork
Eisenkorrosion *f (OB)* iron corrosion
Eisenlänge *f*/**äquivalente** equivalent embedment length *(verglichen mit einem Haken)*
Eisenleger *m* steel fixer
Eisenmehl *n (BM)* iron dust
Eisenmennige *f (BM)* minium of iron
Eisenocker *m* ochreous iron ore, iron ochre, ochre
Eisenocker *m*/**roter** red ochre, *(AE)* red ocher
Eisenofen *m (BWG)* iron stove
Eisenoxid *n* iron oxide

E

Eisenoxidkitt *m* iron putty
Eisenoxidrot *n* iron oxide red, red iron oxide, red oxide *(Anstrich)*; Venetian red
Eisenoxidzement *m (BM, OB)* ferruginous cement
Eisenportlandzement *m* iron Portland cement, Portland blast-furnace cement, metallurgical cement, ferruginous cement
Eisenposition *f* bar mark *(Stahlliste)*
Eisenprodukt *n* ferrous product
Eisenprofil *n (Stat)* iron section
Eisenpulver *n* powdered iron
Eisenquerschnitt *m* iron cross section
eisenreich rich in iron
Eisenrohr *n* iron pipe
Eisenrohrdimension *f* iron-pipe size
Eisenrohrleitung *f* iron pipeline
Eisenrost *m* iron rust
Eisensandstein *m* iron sandstone
Eisenschalung *f* iron forms, iron formwork
Eisenschere *f* iron cutters
Eisenschlackenstein *m* breeze brick, scoria brick
Eisenschneidemaschine *f (BWG)* rod cutter
Eisenschrot *m* iron shot
Eisenschrotbeton *m* iron shot concrete
Eisenschrott *m* junk iron, scrap iron
eisenschüssig ferriferous *(Naturbaustein)*
Eisenskelettbau *m (Konst, St)* iron structural framework construction
Eisenspitze *f* spike *(z. B. von Zaunstäben)*
Eisenspundbohle *f (Erdb)* iron sheetpile
Eisensturz *m* iron lintel
Eisen-Tonerde-Spinell *m (Bod)* hercynite
Eisentor *n* iron gate
Eisenträger *m* iron girder, iron beam
Eisentraggerippebau *m (Konst, St)* iron structural framework construction
Eisenunterlagsplatte *f* billet *(unter einer Säule zur Lastverteilung)*
Eisenvitriol *n (BM, OB, WVA)* green vitriol
Eisenvorrichten *n* adapting of ironwork, adapting of the ironwork *(Stahlbau)*
Eisenwaren *fpl (EB)* hardware
Eisenwaren *fpl* **mit buntkörnig geschecktem Emailüberzug** *(EB)* graniteware
Eisenwerkarbeiten *fpl* adapting of ironwork, adapting of the ironwork *(Stahlbau)*
Eisenwerkstoff *m* iron-base material
Eisenzuschläge *mpl (BM)* iron aggregates
Eisenzuschlagstoffe *mpl (BM)* iron aggregates
Eisfach *n* bunker
Eisglas *n* frosted glass, iced glass
eishemmend *(BM)* ice-obstructing
Eishockeyanlage *f (RP)* rink
eisig icy
Eiskeller *m (Konst)* ice cellar
Eislagerhaus *n* icehouse
Eislast *f (Stat)* ice load
Eislaufanlage *f (RP)* skating rink
Eislaufhalle *f (Arch)* covered skating rink
Eislinse *f (Erdb)* ice lens
Eislückenfähre *f (Verk)* ice-road ferry
Eismeldeanlage *f (Umw, Verk, Wsb)* ice detection system
Eismelder *m (Umw, Verk, Wsb)* ice detector
Eispalast *m (Arch)* ice palace
Eisschicht *f* ice layer
Eisschutz *m* ice protection
Eisstadion *n (Arch)* ice palace
Eisstau *m (Umw, Wsb)* ice dam
Eisstein *m* cryolite
Eis- und Schneeschwelle *f (San)* ice dam *(an der Traufe)*
Eiszeit *f (Bod)* ice-age
eiszeitlich *(Bod)* glacial
Eiszerkleinerungsmaschine *f* ice-crushing machine *(für Beton)*
Ei- und Zungenverzierung *f (Arch)* egg and dart moulding
Eklektizismus *m (Arch)* eclecticism *(historisches Stilelementgemisch, neuzeitlich angewandt)*
Eklogit *m (Bod)* eclogite
Eklogitgestein *n (Bod)* eclogite
Ekonomiser *m (HLK)* economizer
El-Aksa-Moschee *f (Arch)* Mosque of al-Agsá *(Jerusalem)*
Elastikdichtung *f* elastic sealing
elastisch elastic, flexible, resilient; springy *(federnd)*; supple *(z. B. Material)*
elastisch/linear linearly elastic
elastisch/nicht inelastic
elastisch-perfekt-plastisch elastic-perfectly-plastic
Elastizität *f* elasticity, flexibility; resilience, springiness *(Federkraft)*
Elastizität *f***/ebene** plane elasticity
Elastizität *f***/lineare** linear elasticity
Elastizität *f***/theoretische** *(Stat)* theoretical elasticity
Elastizitätsbedingung *f (Stat)* elasticity condition
Elastizitätsbereich *m (BM)* range of elasticity
Elastizitätsgesetz *n* 1. *(BM)* law of elasticity; 2. *(BM, Stat)* Hooke's law
Elastizitätsgleichung *f* elasticity equation
Elastizitätsgrenze *f* limit of elasticity, elastic limit, elastic--plastic boundary, elasticity limit; load at elastic limit; yielding point *(metallische Baustoffe)*
Elastizitätsgrenze *f* **gegenüber Zug** elastic limit for tension
Elastizitätshysterese *f (BM)* elastic after-effect
Elastizitätskonstante *f* elastic constant
Elastizitätslinie *f (Stat)* elastic curve
Elastizitätsmodul *m* modulus of elasticity, elastic modulus, elasticity modulus; elongation modulus; coefficient of elasticity *(von Baustoffen)*; incompressibility modulus, stress modulus; resilient modulus, RM; Young's modulus
Elastizitätsmodul *m***/dauernder** *(BM)* long-term modulus of elasticity
Elastizitätsmodul *m***/dynamischer** dynamic modulus of elasticity, sonic modulus
Elastizitätsmodul *m***/mathematischer** *(Stat)* mathematical theory of elasticity
Elastizitätsmodulverhältnis *n* **von Baustahl zu Beton** modular ratio
Elastizitätsspannverlust *m (Te)* sequence-stressing loss *(beim Spannen der Bewehrung)*
Elastizitätstheorie *f* elastic theory, elasticity theory, theory of elasticity
Elastizitätstheorie *f***/ebene** *(Stat)* planar theory of elasticity
Elastizitätstheorie *f***/nicht lineare** *(Stat)* non-linear elastic theory
Elastizitätszahl *f (BM, Stat)* coefficient of linear extension
elastomer elastomeric
Elastomer(e) *n* elastomer
Elastomerlager *n (Br, TK)* elastomer support
Elastomermaterial *n* elastomer mass
Elastomerpaste *f* elastomer paste
Elastomerschichtlager *n (Br, TK)* laminated rubber bearing *(Brücke)*
elastoplastisch elastoplastic
Elastoplatte *f (Verk)* resilient sleeper pad
Elefantenhautbildung *f (OB)* alligatoring *(einer Asphaltoberfläche)*

Elefantenrüssel *m* elephant trunk, tremie *(Betoneinbringung)*
Elektriker *m* electrician
elektrisch electric, electrically
Elektrizität *f* electricity
Elektrizität *f***/statische** *(El)* static electricity
Elektrizitäts... electrical ...
Elektrizitätshauptanschluss *m* electrical supply main
Elektrizitätsversorgung *f* electricity supply
Elektrizitätswerk *n (Arch, El)* generating station
Elektro... electrical ...
Elektroabscheider *m* electrostatic precipitator
Elektroakustik *f (DIS)* electroacoustics
Elektroanlage *f* electrical installation, electrical system
Elektrobeleuchtung *f* electric illumination
Elektrobeschichtung *f* electrocoating
Elektrobohrer *m* electrodrill
Elektrobohrgerät *n (Bod, Erdb, Tun)* electric drill
elektrochemisch electrochemical
Elektrode *f* electrode
Elektroenergie *f* electric energy
Elektroenergiebedarf *m* electric power requirement
Elektroenergieverbrauchszähler *m* current meter
Elektroenergieversorgungsnetz *n (El)* power supply system
Elektroenergiezähler *m* current meter
Elektrofilter *m (HLK)* electrical precipitator, electrostatic precipitator
Elektrofußbodenheizung *f* electric heating ceiling
Elektrogebäude *n (Arch)* electric structure
Elektrogebläse *n (HLK)* electric blower
Elektrogeräte *npl* electrical equipment
Elektroglas *n* electro-copper glass method, *(AE)* copper-light glazing
Elektrohängebahn *f* telpher, telpherway
Elektrohauptleitung *f* electrical supply main
Elektroheißwasserbereiter *m* electric water heater
Elektroheißwasserspeicher *m (San)* electric storage water heater
Elektroheizgerät *n* electric heater
Elektroheizgewebe *n* electric heating fabric
Elektroheizkessel *m (HLK)* electric boiler
Elektroheizung *f* electric heating, electrical heating
Elektroherd *m* electric cooker, electric range
elektrohydraulisch electrohydraulic
Elektroinstallateur *m* electrical fitter, electrician
Elektroinstallation *f* electrical installation
Elektroinstallation *f***/sichtbare** *(El)* open wiring
Elektroinstallationsplan *m* electrical layout
Elektroinstallationsplanung *f* electrical design
Elektroinstallationsrohr *n* cable conduit
Elektroisolator *m* electric insulator, electrical insulator
Elektroisolierung *f (El)* electrical insulation *(durch nicht leitendes Material)*
Elektrokamin *m (HLK)* electrical fireplace
Elektrokeramik *f* electrical porcelain
Elektrokonvektor *m (HLK)* electric convector
Elektrolamellenheizkörper *m (El)* strip electric heater
Elektroleerrohr *n (El)* wiring conduit
Elektroleerrohrleitung *f (BT, El)* conduit line
Elektroleitungsführung *f***/offene** *(El)* cleat wiring
Elektroleitungsmast *m (El)* transmission post
Elektroleuchte *f* electric fixture
Elektrolichtanlage *f* electric lighting system
Elektrolyseverfahren *n (OB)* electrolytic method
Elektrolyt *m (BM)* electrolyte
elektrolytisch *(BM, OB)* electrolytic
Elektrolytkorrosion *f***/lokale** local electrolytic corrosion, localized electrolytic corrosion, *(AE)* oxygen starvation
Elektromotor *m* electric motor
Elektronen... electronic ...
Elektroneneingangsdetektor *m (Umw)* electron capture detector
Elektronensonde *f (BM)* electron probe *(Prüftechnik)*
Elektronenstrahlhärtung *f* electronic beam-curing *(Anstrich)*
Elektronenstrahltrocknung *f* electronic beam-curing *(Anstrich)*
Elektronetz *n* electrical network
elektronisch electronic
Elektroosmose *f (Te)* electroosmosis
Elektroosmoseentwässerung *f* electrical drainage *(von Mauerwerk)*
Elektro-Osmose-Verfahren *n* electroosmotic method
Elektrophorese *f (Te)* electrophoresis
Elektrophoresebeschichtung *f* electrocoating
Elektrophosphatierung *f (OB)* electrophosphating *(Korrosionsschutz)*
Elektroplattieren *n (OB)* electroplating
elektropolieren *v (OB, Te)* electropolish
Elektropolieren *n (OB, Te)* electropolishing
Elektroradiator *m* electric radiant heater
Elektroramme *f (Erdb)* electric driver
Elektroschließeinrichtung *f* electric operator *(z. B. für Fenster, Deckel, Klappen)*
Elektroschmelzzement *m* electric cement
Elektroschweißen *n* electric welding
Elektrospeicherheizgerät *n (San)* electrical storage heater
Elektrostahl *m* electric steel
Elektrostampfer *m* electric rammer
elektrostatisch *(Te)* electrostatic
Elektrostaubabscheider *m* electrostatic precipitator
Elektrostrahler *m* electric radiant heater, radiant electric heater
Elektrotauchanstrich *m (OB)* electropaint
Elektrotauchgrundierung *f (OB, Te)* electrodeposition primer coat
Elektrotauchlackfilm *m (OB)* electrocoating paint film
elektrotauchlackieren *v (OB)* electropaint
Elektrotauchlackierung *f* electrocoating
Elektrotauchlackierungsfilm *m (OB)* electrodeposited paint film
Elektrotauchlackierverfahren *n (OB)* electrocoating process
Elektrotauchlackschicht *f* electrocoating
Elektroüberlandmast *m (El)* transmission post
Elektroverdrahtung *f* electric wiring
Elektrovorspannung *f (BB, Te)* electrical prestressing
Elektrowandlerrohr *n (El)* wall conduit
Elektrozähler *m (El)* energy meter
Elektrozentralheizung *f (HLK)* electrical central heating
Element *n* 1. member *(Konstruktionselement)*; 2. unit, part *(Bausteinelement)*; 3. element *(meist chemisch)*; 4. *(El)* chemical cell; 5. item *(statistische Qualitätskontrolle)*
Element *n***/bekrönendes** *(Arch)* terminal member
Element *n* **der Stützenschalung/vertikales** column side, support side
Element *n***/dreidimensionales** space unit, spatial unit; special unit
Element *n***/elektrochemisches** *(El)* cell
Element *n***/feuerdämmendes** fire stop
Element *n***/finites** finite element
Element *n***/galvanisches** *(El)* voltaic cell
Element *n***/konvexes** *(Arch, BT)* convex part
Element *n***/krönendes** *(Arch)* crowning feature, terminal member
Element *n***/lasttragendes** load-bearing member

Element *n*/**lichtstreuendes** light-diffusing unit, lighting diffusor
Element *n*/**manieristisches** *(Arch)* Mannerist device
Element *n* **mit Freiheitsgraden** *(Stat)* floating element
Element *n*/**nicht metallisches** non-metallic element
Element *n*/**räumliches** space unit, spatial unit, three-dimensional unit; special unit
Element *n*/**tragendes** load-bearing member
Element *n*/**variables** *(Stat)* floating element
Element *n*/**wabenförmiges** *(BT)* honeycomb
Elementar... elementary ...
Elementartragwerk *n* elementary bearing structure, elementary structure
Elementbauweise *f (Konst)* prefabricated construction method
Elementetransport *m* haulage of prefabricated building units
Elementfassade *f* prefabricated façade
Elementgewicht *n (BT)* unit weight *(Bauelement)*
Elemi *n* elemi, elemi resin
Elemiharz *n* elemi resin, elemi
Elendsviertel *n (RP)* slum
Elendsviertelabbruch *m (RS)* slum clearance
Elephantenhautrisse *mpl (Bod, Verk)* meandering cracks
Elevator *m* paternoster, paternoster lift, *(AE)* elevator
Elevatorausleger *m (BWG, Te)* bucket elevator boom
Elfeck *n* endecagon, hendecagon, undecagon
Elfenbeinbildwerk *n (Arch)* ivory work
elfenbeinfarbig ivory-coloured
Elfenbeinglasur *f (OB)* ivory glazing
Elfenbeinschwarz *n* ivory black, ivory pigment
Elginkies *m (BM) (AE)* Elgin gravel *(Normalkies in USA für Baustoffprüfung)*
Elginsand *m (BM) (AE)* Elgin sand *(Normalsand in USA für Baustoffprüfungen)*
Eliminationsdeterminante *f (Stat)* eliminating determinant
eliminieren *v (Stat)* eliminate *(bes. mathematisch)*
Eliminierung *f (Stat)* elimination *(bes. mathematisch)*
E-Linie *f*/**Cullmann'sche** *(Stat)* Cullmann's method
Ellipse *f* ellipse
Ellipsen... elliptical ...
Ellipsenbogen *m* multicentred arch, oval arch, elliptical arch
Ellipsenbogen *m*/**mehrelementiger** *(Arch, Konst, Stat)* false ellipse
Ellipsendach *n* elliptical roof
Ellipsenfunktion *f* elliptical function
Ellipsengewölbe *n* elliptical vault
Ellipsenkabelhängedach *n (TK)* rope-suspended elliptical roof
Ellipsenquerschnitt *m* elliptical cross section
Ellipsensäule *f* elliptical column
Ellipsenzeichner *m (BWG, Konst)* trammel
ellipsoidisch ellipsoidal
Ellipsoidschale *f (Konst, TK)* ellipsoidal shell
Ellipsometrie *f* ellipsometry *(Oberflächenuntersuchung)*
ellipsometrisch ellipsometric
elliptisch elliptical
Eloxalschicht *f* anodic coating, anodic film *(bei Aluminium)*
eloxieren *v* anodize *(bei Aluminium)*
Eloxieren *n (OB)* anodic oxidation *(bei Aluminium)*
eloxiert anodized
Elternschlafzimmer *n* parents' bedroom, parents' bedroom, *(AE)* master room
Elternzimmer *n* parents' room, parents' bedroom
Elt-Installation *f* electrical system
Eluat *n (BM, Umw, WVA)* eluent *(herausgelöste Substanz)*
Eluatwert *m* eluate value
Eluieren *n (Umw)* elution
Elution *f (Umw)* elution
Elutionsanalyse *f (BM)* elution analysis *(von Baustoffen)*
Elutionsversuch *m (BM)* leaching test
eluvial eluvial
Email *n* enamel, porcelain enamel
Email *n* **cloisonné** cloisonné, cloisonné work
Emailbeglasung *f* enamel glazing
Emaildeckfarbe *f (OB)* deck enamel
Emailfarbe *f* enamel paint
Emailglasur *f* enamel glazed finish
Emailhaftung *f* enamel adhesion
Emaillack *m* enamel paint, enamel varnish
Emaillackfarbe *f* enamel paint
Emaille *f* enamel, enamel glazed finish
Emaillelackfarbe *f (OB)* hard-gloss paint
Emailleschicht *f (OB)* glass coating
emaillieren *v (OB, Te)* enamel
Emaillieren *n* vitreous enamelling
emailliert *(OB)* glass-lined
Emaillierung *f* enamelling, enamel glazing, ceramic coating, vitreous enamelling
Emailschicht *f (OB)* ceramic coating
Emailschutzschicht *f (OB)* enamel coating
Emblem *n* emblem
Emblemarbeit *f* emblemata *(Mosaikornament im Fußboden)*
Emission *f* emission, polluting matter *(Straße, Fabrikanlagen)*
Emissionsdaten *pl (Umw)* emission data
Emissionsgrenze *f (Umw)* emission limit
Emissionsmanagement *n (Umw)* emission management
Emissionsnorm *f (DIS, Umw)* emission standard *(Schall, Abluft)*
Emissionsort *m (Umw)* emission point
Emissionsquelle *f (Umw)* emission source
Emissionsquelle *f*/**ortsfeste** *(Umw)* stationary emission source
Emissionsschwellenwert *m (Umw)* warning threshold
Emissionsspektrum *n (Umw)* emission spectrum *(Strahlung)*
Emissionsstandard *m (DIS, Umw)* emission standard *(Schall, Abluft)*
Emissionsstelle *f* point of emission *(von Rauch und aggressiven Stoffen)*
Emissionsüberwachung *f (Umw)* emission management
Emissionsüberwachungsgerät *n* **für Abwasser** effluent monitor
Emissionsverhältnis *n* emissivity factor
Emissionsvermeidung *f (Umw)* avoidance of emissions
Emissionsvermögen *n* emissivity
Emissionsverzeichnis *n (Umw)* emission inventory
Emittanz *f* emittance
emittieren *v* emit
E-Modul *m* modulus of elasticity, elastic modulus; coefficient of elasticity *(von Baustoffen)*; stress modulus; elongation modulus; Young's modulus
Empfang *m* reception, reception desk *(in einem Hotel)*
empfangen *v* receive
Empfänger *m (Umw)* receptor
Empfängerbereich *m (Umw)* receptor region
Empfangsbüro *n* reception office
Empfangsdatum *n (VR)* date of receipt
Empfangsebene *f (Verk)* passenger and luggage handling level *(Flughafen)*
Empfangsgebäude *n (Verk)* passenger building; passenger terminal block, terminal, terminal building *(Flughafen)*
Empfangshalle *f* 1. *(Konst)* reception hall; 2. *(Verk)* passenger terminal *(Flughafen)*
Empfangsraum *m* 1. drawing room *(z. B. in einem Her-*

renhaus); 2. promotional lounge *(bei Ausstellungen)*; 3. sellaria, sellary *(Sitzhalle)*
Empfangssaal *m (Arch)* audience hall
Empfangsschalter *m* reception desk
Empfangstisch *m* reception desk, reception *(in einem Hotel)*
Empfangs- und Speiseetage *f (Arch)* piano nobile *(in Renaissancepalästen)*
Empfangszimmer *n* drawing room *(z. B. in einem Herrenhaus)*; *(AE)* parlor
empfehlen *v* recommend
Empfehlung *f* recommendation, provision
empfindlich susceptible *(gegenüber)*
Empfindlichkeit *f* sensitiveness, sensitivity, susceptibility; weighing sensitivity *(Waage)*
empfohlen recommended
Empirestil *m (Arch)* Empire style *(Schlussphase des Klassizismus zwischen 1804 und 1830 in Frankreich)*
Empirestil *m*/**klassizistischer** *(Arch)* Directoire style *(in Frankreich, 18. Jh.)*
empirisch empirical
Empirismus *m*/**Neuer** *(Arch)* New Empiricism *(in Skandinavien ca. 1940 ff.)*
Empore *f (Arch)* gallery, rood-loft, choir loft
Emporenarkade *f (Arch)* gallery arcade
Emporendach *n (Arch)* tribune roof, gallery roof
Emporenfenster *n (Arch)* tribune window
Emporengewölbe *n (Arch)* tribune vault, gallery vault
Emporenhalle *f (Arch)* galleried church *(Kirchenarchitektur)*
Emporennische *f (Arch)* tribune niche
Emporensäule *f (Arch)* tribune column
Emporenstockwerk *n (Arch)* galleried upper storey
emporheben *v* elevate
emporragen *v (Bod)* rise *(z. B. Gelände, Bauwerk)*
emportürmen *v*/**sich** tower
emportürmen *v* **zu** tower to
emporwachsen *v (Te)* arise *(Gebäude)*
Emscherbrunnen *m* 1. *(Erdb, WVA)* Emscher tank; 2. *(WVA)* Imhoff tank *(Abwasser)*
Emulgator *m* emulsifier, emulsifying agent, emulsion stabilizing agent
Emulgatorschicht *f* emulsifier layer
emulgierbar emulsifiable
Emulgierbarkeit *f* emulsibility
emulgieren *v* emulsify
emulgierend emulsive
emulgiert emulsified
Emulgierung *f (BM)* emulsification
Emulgierzusatz *m (BM)* emulsifier
Emulsion *f* emulsion • **Emulsionen zerstören** demulsify
Emulsion *f*/**schnellbrechende** rapid-setting emulsion
Emulsion *f*/**stabile** stable emulsion
Emulsion *f*/**umgekehrte** water-in-oil emulsion
Emulsion *f*/**unstabile** rapid-setting emulsion, water-in-oil emulsion
Emulsionsabsetzprüfung *f* sedimentation test
Emulsionsbasis *f* emulsion base
emulsionsbildend emulsive
Emulsionsbindemittel *n* emulsion binder
Emulsionsbinderfarbe *f* emulsion-type water paint
Emulsionsbrechen *n* breaking of an emulsion
Emulsionschemie *f (BM)* emulsion chemistry
Emulsionserzeugnis *n (BM)* emulsion product
Emulsionsfarbe *f* emulsion paint, emulsion-type water paint
Emulsionsgrundlage *f* emulsion base
Emulsionshaut *f* emulsion membrane
Emulsionsreinigen *n* emulsion cleaning
Emulsionsreiniger *m* emulsion cleaner
Emulsionsschlämme *f* emulsion slurry
Emulsionsstabilität *f (SB)* stability of emulsion
Emulsionswasser *n* emulsification water, emulsion water
End... *(Verk)* terminal ... *(auch für Leitungen)*; ultimate ...; final ...
Endabdeckung *f (Umw)* final cover
Endabnahme *f* final inspection
Endabrechnung *f* final settlement *(Bauleistung)*
Endabspannmast *m (BT)* terminal mast *(Leitungsbau)*
Endabstand *m (Hb)* end distance *(Holzbalken)*
Endanstrich *m* final coat of paint
Endauflager *n* 1. *(TK)* end support; 2. *(BT, TK)* abutment; 3. earth abutment *(Gründung, Erdwiderlager)*
Endauflagerung *f* end bearing
Endaufstrichschicht *f* final individual coat
Endausbaustufe *f (Te)* final complete stage
Endausgang *m* final exit
Endaushärtung *f* ultimate set *(Kunststoff)*
Endausschalter *m* ultimate limit switch
Endbahnhof *m* terminal railway station, *(AE)* terminal railroad station
Endbearbeitung *f (Te)* finishing
Endbeschichtung *f* finish coat
Endbetrag *m (VR)* total
Endblume *f (Arch)* flower-shaped ornament
Enddiagonale *f (St)* end diagonal *(Stahlbau)*
Enddruck *m* 1. *(OB)* final pressure; 2. *(Bod)* terminal pressure
Ende *n* end • **mit den Enden nach vorn [oben]** endwise, endways • **zu den Enden** endways, endwise • **zu Ende bringen** end • **zu Ende gehen** run out of
Ende *n*/**abgewalmtes** hip gable
Ende *n*/**bearbeitetes** *(BT)* work end *(Holz)*
Ende *n*/**bitteres** *(sl)* short end
Ende *n* **einer Schindel/dickes** butt
Ende *n* **eines Handlaufs/vertikales** monkeytail
Ende *n*/**eingelassenes** *(Konst)* tailing
Ende *n*/**eingemauertes** fang *(Mauerwerk)*
Ende *n*/**freies** *(Hb)* end distance *(Holzbalken)*
Ende *n*/**kurzes** splay end *(Schrägziegel)*
Ende *n*/**schmales** splay end *(Schrägziegel)*
Ende *n*/**stumpfes** butt
Ende *n*/**vorderes** front face
Endeinsatz *m* end use *(Baustoffe)*
Endeinspannung *f (Stat)* end fixing *(Balken)*
Endeinspannung *f*/**feste** *(Stat)* fixed fixity, immovable restraint, restraint
Endeinspannung *f*/**unverschiebbare** 1. *(Konst)* immovable end fixity *(Träger, Balken)*; 2. *(Stat)* immovable restraint
Endelemente *npl*/**auseinandergebogene** *(Wsb)* fish-tail *(Mauerwerk)*
Enden *npl*/**aufgebogene** *(Wsb)* fish-tail *(Mauerwerk)*
Enderweiterung *f (San, WVA)* flaring *(eines Rohres)*
Endfeld *n* end span; extreme span; tail bay *(z. B. Sparrenlage)*
Endfeldmoment *n (Stat)* moment in the end span
Endfertigstellung *f (Te)* final completion
Endfestigkeit *f* 1. *(BB)* final strength *(zeitlich)*; 2. *(BM, Stat)* breaking strength; 3. *(Stat)* ultimate strength *(Material)*
Endfilter *m (Umw, WVA)* afterfilter *(bei Klimaanlagen)*
Endfirstziegel *m* end ridge tile
Endfläche *f* end plane
Endfläche *f*/**glatte** plain end *(Holz)*
Endform *f* final shape
Endgestalt *f* final shape
endgültig final
Endhafen *m* terminal port
Endhaken *m* end hook, hook of rod *(Bewehrungsstab)*
Endknoten *m* end joint

Endknotenpunkt *m (Konst, St)* end connection
Endknotenverbindung *f (Konst, St)* end connection
Endkontrolle *f* final examination, final inspection, final test
Endkriechzahl *f* final creep coefficient *(Kompaktbaustoffe, Beton usw.)*
Endladerampe *f (Konst, Verk)* unloading ramp
Endladevorrichtung *f* discharger
Endlager *n* 1. *(Stat)* end-bearing support; 2. *(Umw)* disposal zone
Endlager *n* **für radioaktive Abfälle** *(Umw)* repository
Endlagerstätte *f (Umw)* burial site
Endlagerung *f (Umw)* final storage, ultimate storage; burial *(z. B. von radioaktiven Abfällen)*
Endlagerung *f* **von Abfällen** *(Umw)* permanent waste storage
Endlagerungsstätte *f (Umw)* disposal zone
endlich finite
Endloch *n (Br)* shore pier *(Brückenverankerung)*
Endmaß *n* end block *(in Balken)*
Endmast *m (BT)* terminal pole
Endmoment *n (Stat)* end moment
Endmontage *f (Te)* final assembly
Endmoräne *f (Bod)* end moraine
Endoskop *n* endoscope *(für unzugängliche Innenräume)*
Endosmose *f* end osmosis
endotherm endoergic, endothermic
Endpfeiler *m* end pier *(Brücke)*
Endpfette *f (Hb, Konst, St)* end rafter
Endphase *f (Te, VR)* end phase
Endprodukt *n*/**kubisches** *(BM)* cubical product *(Brechkorn)*
Endprüfung *f* final inspection
Endpunkt *m* finishing point
Endpunktsverdichtung *f* end block *(eines tragenden Elements)*
Endquerrahmen *m* cross-braced end frame
Endrahmen *m (Konst)* end frame
Endrahmenaussparung *f* recess for housing end frames
Endrechnung *f (VR)* final invoice *(Angebot, Vergabe)*
Endrillenrohr *n (Wsb, WVA)* grooved pipe
Endring *m* ferrule
Endschalter *m* limit switch, terminal limit switch, terminal switch, ultimate limit switch
Endschräge *f (St)* end diagonal *(Stahlbau)*
Endseiten/zu den endways, endwise
Endspannung *f (Stat)* final stress *(nach vollständiger Belastung)*
Endsparren *m* barge couple, barge rafter
Endspreize *f (Erdb)* face piece
Endstab *m*/**schräger** *(Konst)* inclined end post
Endstabilität *f* ultimate stability
Endstation *f (Verk)* terminal, terminal railway station, terminus, *(AE)* terminal railroad station
Endstück *n* termination piece
Endstütze *f* end column
Endtafel *f* end plate
Endtermin *m*/**frühester** *(Te, VR)* early finish time *(Netzplantechnik)*
Endüberlappung *f (Hb)* end lap; headlap, head lap
endverankert end-anchored
Endverankerung *f (BB, Te)* end anchorage *(Spannglied)*
Endverankerung *f* **der Schutzplanke** *(Verk)* terminal of safety barrier
Endverankerungsbereich *m (BB, Te) (Bewehrung)* end zone
Endverkämmung *f (Hb)* end cogging
Endverkämmung *f*/**schräge** *(Hb)* bevelled end cogging
Endverlappung *f (Hb)* end lap
Endverschluss *m* 1. end seal, sealing end; blank cap; 2. *(El)* termination
endverzapft *(Hb)* end-matched
Endverzierung *f (Arch)* terminal *(eines Pfeilers)*
Endvorkopf *m* end filler
Endvorspannkraft *f* final prestress, final prestressing force, final stress
Endvorspannung *f s.* Endvorspannkraft
Endwert *m (Stat)* ultimate value
Endzahlung *f* final payment
Energetik *f* energetics
Energie *f* energy • **mit Energie füllen** energize
Energie *f*/**aufgezehrte** *(HLK)* dissipated energy
Energie *f* **aus Abfall** *(Umw)* residue-derived energy
Energie *f* **der Lage** position energy, potential energy
Energie *f*/**elektrische** electric energy, energy
Energie *f*/**geothermische** geothermal energy
Energie *f*/**kinetische** kinetic energy, vis viva *(Dynamik)*
Energie *f*/**nutzbare** *(BWG, Te)* power
Energie *f*/**potenzielle** position energy, potential energy
Energie *f*/**regenerative** *(HLK)* renewable energy
Energieansatz *m (HLK)* energy approach
Energieanschluss *m (El)* power supply
Energieaufnahme *f (HLK)* energy absorption
Energieaustausch *m* energy exchange
Energiebedarf *m* energy requirement, power demand, power requirement
Energiebilanz *f (HLK)* energy balance
Energieeinsparung *f* energy saving, energy savings
Energieerhaltung *f (HLK)* conservation of energy
Energieerhaltungssatz *m (HLK)* law of conservation of energy
Energiefernversorgungsnetz *n (RP)* power grid
Energiegewinn *m (HLK)* gain in energy
Energiegewinnung *f (HLK)* energy extraction
Energiegewinnung *f*/**biologische** biological energy conversion
Energiehaushalt *m (HLK)* energy budget
Energiekanal *m* electricity cable duct
Energiekoeffizient *m (HLK)* energy coefficient
Energiemusterfaktor *m (Umw)* energy pattern factor
Energiequelle *f* energy source, energy well
energiereich energy-rich
Energieressourcen *fpl* energy resources
Energierückgewinnung *f* energy recovery
Energierückgewinnungsfaktor *m (Umw)* energy recovery factor
Energiesatz *m (HLK)* energy theorem
energiesparend *(HLK)* energy-saving
Energiesystem *n*/**variables** power variation system
Energietarif *m* electricity tariff
Energietechnik *f (Umw)* energy technology
Energieunterbrechung *f* power cut
Energieverbrauch *m* 1. *(HLK)* energy consumption; 2. *(El)* power consumption
Energieverbraucher *m (HLK)* energy consumer
Energieverbrauchszähler *m* electric supply meter, energy meter, supply meter
Energieverfahren *n* energy method
Energieverlust *m (DIS, HLK)* energy loss
Energievernichtungspfeiler *m (Verk)* baffle pie
Energieverschwendung *f (Umw)* waste of energy
Energieversorgung *f (El)* energy supply
Energieversorgungsanschluss *m* 1. *(El)* services connections; 2. *(El, Wsb)* service
Energieversorgungsnetz *n s.* Energieversorgungssystem
Energieversorgungssystem *n* electric distribution system, *(AE)* power system
Energieversorgungssystem *n*/**nicht unterbrechbares**

uninterruptible electric distribution system, *(AE)* uninterruptible power system
Energiewandler *m (El)* transducer
Energiewirtschaftlichkeit *f (HLK)* energy efficiency
Energiezufuhr *f (El)* energy supply
Energiezufuhrunterbrechung *f* power cut
Energiezulieferung *f* power feed(ing) *(Geräte, Maschinen)*
Energiezustand *m* energy state
eng narrow, close *(Raum, Toleranz usw.)*; intimate *(Kontakt)*; stout *(gedrungen)*
Enge *f* narrowness, strait, confinement
enger machen *v* narrow
enger werden *v* narrow *(z. B. Tunnel)*
engklassiert *(BM)* closely graded *(Zuschlagstoff)*
Englisch *n*/**dialektfreies** standard English
engmaschig narrow-meshed
Engobe *f* engobe *(z. B. für Dachziegel)*; slip *(dünner Glanzüberzug)* • **Engobe aufstreichen** engobe • **mit Engobe überziehen** slip *(z. B. Dachziegel)*
Engobeton *m* coating clay
engobieren *v* engobe, glaze, slip *(z. B. Dachziegel)*
Engobieren slipping
Engpass *m* narrow pass, narrows; gorge *(Geologie)*
engringig 1. *(BM, Hb)* narrow-ringed; 2. *(BM)* close-grained
engsäulig *(Arch)* pycnostyle
engstehend closely spaced
Engstelle *f* throat; *(sl)* bottleneck
Enkarpus *n (Arch)* encarpus *(Blumenornament an einem Fries oder Kapitell)*
Enkaustik *f (Arch)* encaustic painting
Enklave *f* enclave
entarretieren *v* unlock
entartet degenerated
Entartung *f (Arch)* degeneracy
Entasis *f (Arch)* entasis *(einer Säule)*
entballen *v (RP)* decentralize
Entballung *f (RP)* decentralization
entbinden *v (VR)* acquit *(Baurecht)*
Entbindungsabteilung *f (Konst)* maternity unit
Entbindungsstation *f* maternity unit
Entchlorung *f (BM, Umw, WVA)* dechlorination
entdröhnend *(DIS)* sound-deadening
entdröhnt *(DIS)* sound-deadened
Entdröhnung *f* antidrumming treatment, sound-deadening treatment
Entdröhnungsmasse *f* sound-deadening composition
Entdröhnungsmittel *n* 1. *(BM, DIS)* antidrumming agent; 2. *(BM, DIS)* sound-deadening agent
enteignen *v (VR)* expropriate
Enteignung *f* expropriation, *(AE)* eviction *(gerichtlich verfügt)*; *(AE)* condemnation *(von Land)*
Enteignungsbeschluss *m (VR)* expropriating order
Enteignungsrecht *n*/**(staatliches)** right to expropriate, *(AE)* (right of) eminent domain, power of eminent domain
Enteignungsverfahren *n (VR)* expropriating proceedings
enteisen *v* deice
Enteisenung *f* 1. *(WVA)* iron elimination; 2. *(Umw)* deferrization
Entemulgierbarkeit *f (BM)* demulsibility
Entenschnabellader *m* duckbill loader, duckbill
Entfärbemittel *n (BM, OB)* decolourizer
entfärben *v* decolour, decolourize, discolour, bleach
entfärben *v*/**sich** *(BM, OB)* discolour
Entfärber *m* decolourizer, decolourization, discoloration
Entfärbung *f* stain, decolourization
Entfärbungsschleier *m (OB)* milkiness *(z. B. auf Anstrichen)*
entfernbar removable
entfernen *v* remove; discard *(aussondern)*; eject *(Personal)*
entfernen *v*/**die unteren Äste** *(LB)* head up
entfernen *v*/**Geländehindernisse** *(LB)* snag *(Felsen, Baumstümpfe usw.)*
entfernen *v*/**Kesselstein** *(HLK)* descale
Entfernen *n* 1. removal, removing; 2. *(Bod)* easing *(z. B. von Material)*; 3. *(Te)* clearing *(z. B. von Erdmassen)*
Entfernen *n* **von Anstrichen** *(OB, Te)* paint stripping
Entfernen *n* **von Asphalt** *(Verk)* deasphalting
Entfernen *n* **von Kesselstein** descaling
Entferner *m (BM, OB)* remover
entfernt *(RP)* remote
entfernt/gleich weit equidistant
Entfernung *f* 1. distance, way; 2. removal • **die Entfernung bestimmen** *(Verm)* range • **eine Entfernung abschreiten** *(Verm)* pace a distance
Entfernungsmesser *m* mileometer, distance measuring equipment, odometer
Entfernungsmessgerät *n (Verm)* range finder
Entfernungsmessung *f (Verm)* taping *(mit Bandmaß)*
Entfernungsmessung *f* **mit Kette [Band]** *(Verm)* chaining
Entfernungsrahmen *m* distance piece
Entfernungstafel *f (Verk)* distance panel
entfestigen *v (BM, Konst)* weaken
Entfestigung *f* 1. destrengthening, strength loss; 2. *(Bod)* deconsolidation
entfetten *v* degrease
Entfettungsanlage *f* degreasing installation
Entfettungsmittel *n (OB)* grease stripper
entfeuchten *v* dehumidify *(z. B. Luft)*
Entfeuchter *m (HLK)* dehumidifier *(Apparat)*
Entfeuchtung *f (HLK)* dehumidification *(bes. von Luft)*
Entfeuchtung *f* **durch Elektroosmose** electrical drainage
Entfeuchtungsmittel *n (BM)* desiccant
entflammbar flammable, inflammable
entflammbar/nicht non-flammable, flame-proof
entflammbar/schwer uninflammable, non-inflammable, hardly inflammable, flame-proof
Entflammbarkeit *f (BM)* flammability
Entflammbarkeitsprüfung *f* inflammable test, flammability test, *(AE)* burning-brand test
Entflammbarkeitsprüfung *f* **einer Strahlungstafel** radiant panel test
entflammen *v* flame, inflame; flash
Entflammpunkt *m* flash point
Entflammungspunkt *m* flash point
Entflammungstemperatur *f (BM)* ignition temperature
Entflechtung *fVerk)* s. Entflechtungsstelle
Entflechtungsspur *f (Verk)* merging lane
Entflechtungsstelle *f (Verk)* point of divergence
entformen *v* demould, dismantle
Entformung *f* demoulding
Entgasung *f* 1. emission of gas, evaporation; 2. *(Umw)* degassing; degasification *(Deponie)*
Entgasungsmittel *n* no air *(Anstrich)*
entgegen opposing, opposite
entgegengesetzt 1. opposite *(Richtung)*; 2. opposed, contrary contrariwise *(Einflüsse)*; 3. inverse *(mathematisch)*; 4. reverse *(umgekehrt)*
entgegengestellt *(Konst)* opposed
entgegensetzen *v* oppose
entgegenstellen *v* oppose
entgegenwirken *v (VR)* counteract
Entgegnung *f (VR)* counter
entglasen *v* devitrify
Entglasung *f* devitrification
entgraten *v* deburr *(Metall)*; deflash *(Kunststoff)*; fettle *(z. B. Keramikerzeugnisse)*

E

Entgraten *n* deburring, burring; regrating *(behauener Stein)*
Enthalpie *f* 1. *(BB, HLK, Te)* enthalpy; 2. *(BB, HLK, Te)* heat content
enthalten *v* contain; include, comprise
enthalten/im Vertrag nicht not in (the) contract, not included in (the) contract *(Baurecht)*
enthaltend/Kammerräume hog-backed
enthärten *v (WVA)* soften *(Wasser)*
Enthärten *n* softening *(Wasser)*
enthüllen *v* reveal
entkalken *v* delime
Entkalken *n (WVA)* deliming
Entkalker *m* lime-incrustation remover
Entkalkung *f* lime removal, decalcification
Entkalkungsmittel *n* lime-incrustation remover
Entkieselung *f* desilication
Entkitten *n* removal of putty *(Verglasung)*
Entkohlung *f* decarburization *(von Stahl)*
Entkrustungshammer *m* scaling hammer
Entladebunker *m* unloading hopper
Entladefläche *f (Konst)* unloading area
entladen *v* unload, dump
entladen *v***/sich** *(El)* discharge
Entladepumpe *f* unloading pump
Entladerampe *f (Konst, Verk)* off-loading ramp
Entladevorrichtung *f* discharger
Entladung *f (El)* discharge; unloading, dumping
Entladungslampe *f (El)* discharge lamp
entlanggleiten *v (Te)* rid
entlasten *v* 1. *(Stat)* ease, relieve; 2. lighten, unload *(Lasten, Massen)*; 3. *(VR)* acquit *(Aufgaben, Pflichten)*; 4. eject *(Personal)*
entlasten *v***/sich** *(sl)* take a load
Entlasten *n* removing *(Lasten)*; acquittal *(Aufgaben, Pflichten)*
entlastet *(Stat)* balanced, relieved; unloaded; relaxed *(entspannt, erschlafft)*; acquitted
Entlastung *f (Stat)* relief, easing; reduction of load, relief of load
Entlastungsanlage *f (Erdb)* draw-off structure
Entlastungsautobahn *f (Verk)* motorway circuit
Entlastungsbogen *m* discharging arch, relieving arch, rough arch, safety arch *(Mauerwerk)*; reversed arch
Entlastungsflutgraben *m* inundation canal
Entlastungsfuge *f* clearance; relieving joint *(Flächenbeton)*
Entlastungsgewölbe *n* 1. *(Konst)* discharging vault; 2. *(Konst, Te)* relieving vault
Entlastungsgraben *m* inundation canal
Entlastungskurve *f (Stat)* unloading curve
Entlastungsleitung *f* **für Abwasser** relief sewer
Entlastungsmaßnahme *f (Verk)* relief operation
Entlastungsschnellstraße *f (Verk)* bypass motorway
Entlastungsstraße *f (Verk)* relief road, bypass road, auxiliary
Entlastungssturz *m* safety lintel
entleeren *v* dump, empty *(Massen usw.)*; drain, discharge, empty *(Gefäße)*
Entleeren *n (HLK, Wsb, WVA)* discharge
Entleerungshahn *m (San)* drain cock
Entleerungskanal *m* drain channel
Entleerungsleitung *f* dewatering conduit
Entleerungsöffnung *f* discharge gate, discharge opening
Entleerungsschraube *f* drain plug
Entleerungstrichter *m* discharge hopper
Entleerungsventil *n (San, WVA)* drain valve
entlüften *v* 1. remove foul air, vent, ventilate; 2. *(HLK)* de-aerate *(z. B. Heizung)*; 3. *(HLK)* de-air *(mittels Vakuum)*
Entlüften *n* 1. exhauster, extract ventilation unit, extractor, extractor fan, breather, uptake ventilator; 2. de-aeration *(z. B. Heizung)*; 3. de-airing *(mittels Vakuum)*
Entlüfter *m***/mechanischer** *(HLK)* mechanical extractor
Entlüfter *m***/seitlicher** *(HLK)* side vent
Entlüftung *f* extract ventilation, ventilation, exhaust, up-take ventilator, airing; de-aeration *(Heizung)*; de-airing *(mittels Vakuum)*
Entlüftungsfensterklappe *f* night vent, vent light *(eines Schiebefensters)*
Entlüftungsfirstkappe *f (HLK, Konst)* ridge ventilation cap
Entlüftungsgitter *n* ventilation grille
Entlüftungshahn *m (HLK)* air cock, air eliminator, air relief cock, bleeder, purge valve, release valve; pet cock *(Heizung)*
Entlüftungskanal *m (HLK)* vitiated air duct
Entlüftungskanal *m***/weiter** *(Tun)* large exhaust shaft
Entlüftungsklappe *f (HLK)* relief damper, relief opening
Entlüftungsleitung *f (WVA)* fixture vent *(vom Abwassersystem)*
Entlüftungsloch *n* vent draught, ventiduct
Entlüftungsöffnung *f* vent, ventiduct, ventilation opening, vitiated air opening, edge vent
Entlüftungsrohr *n* exhaust pipe, vent flue, vent pipe, ventilating pipe, venting pipe
Entlüftungsrohr *n* **eines Einzelabflusses** *(San)* individual vent
Entlüftungsrohr *n***/nasses** *(San)* wet vent
Entlüftungsrohrdeckkappe *f* vent cap, stack cap
Entlüftungsrohrkanal *m (HLK)* vent duct
Entlüftungsrohrzug(aufsatz)blech *n* ridge ventilation cap, *(AE)* ventilating jack
Entlüftungsschacht *m (HLK)* exhaust shaft
Entlüftungsschlot *m (HLK)* vitiated air chimney
Entlüftungssteigrohr *n (Tun)* evasé stack
Entlüftungsstutzen *m (HLK)* vent connection
Entlüftungsventil *n* pet cock, relief valve, cock, bleed valve; vapour lock device *(Heizung)*
Entlüftungsventilator *m* 1. *(HLK)* outlet ventilator; 2. *(HLK, Te)* air-exhaust ventilator
Entlüftungsziegel *m* outlet vent tile
entmineralisieren *v* demineralize
Entmischbarkeit *f* separation *(Baustoffgemische und -gemenge, Betone usw.)*
entmischen *v* segregate, separate, separate out *(Stoffgemische)*; settle *(Anstriche, Farben)*; demulsify *(Emulsionen)*
entmischen *v***/sich** 1. *(BB, Te)* segregate *(Beton)*; 2. *(BM, Te)* separate *(Stoffgemische)*; 3. *(BM, WVA)* settle *(z. B. Farbe)*
Entmischen *n* 1. *(BB, Te)* segregation *(von Beton)*; 2. *(BM)* settlement *(z. B. von Frischbeton)*; 3. *(BM, Te)* breakdown *(Bitumenemulsion)*
entmischt *(BB, BM)* segregated
Entmischung *f* 1. separation, mixture separation, unmixing, differentiation *(Baustoffgemische und -gemenge, Betone usw.)*; 2. *(BB, Te)* segregation *(Beton)*; 3. *(BB, BM)* exsolution *(Lösungen)*
Entmischungsausscheidungen *fpl* segregates
Entmischungsgefahr *f (BM)* risk of segregation *(Mörtel, Beton)*
Entmischungsneigung *f* segregation sensitivity, separation *(Baustoffgemische und -gemenge, Betone usw.)*
Entmischungsnest *n* rock pocket
Entmischungsstruktur *f* unmixing texture
Entmischungsverdichtung *f* overvibration
Entmischungsvibrationsverdichtung *f* overvibration
Entmörtelung *f (OB, RS)* scaling *(Mörtel, Beton, Asphalt)*
entnageln unnail
Entnahme *f* 1. take-off, withdrawal; 2. *(BM)* recovery *(für Rückgewinnung)*; 3. *(HLK)* draw-off *(z. B. von Heizwasser)*

Entnahmegerät *n (BWG)* extractor
Entnahmegrube *f (Erdb)* borrow pit
Entnahmerohr *n* draw-off pipe
Entnahmesonde *f*/**aufklappbare** *(BM)* splitspoon
Entnahmestelle *f (Erdb)* excavation site, tapping point
entnehmen *v* 1. take-out, withdraw; 2. *(Umw)* extract; 3. *(El)* draw *(Strom)*
entnehmen *v*/**Proben** sample
Entnietungshammer *m (BWG)* unriveting hammer
entölen *v* degrease
Entölen *n* oil removal
Entrelacs *n* interlace *(Ornament)*
entriegeln *v* unlock
entrinden *v* debark, bark, peel *(Holz)*
Entroden *n (LB, Te)* stripping *(einer Baustelle)*
Entropie *f* entropy
entrosten *v* derust, remove rust, remove the rust, unrust
Entrosten *n* derusting, rust removal
Entroster *m (BM, OB)* rust-removing agent
entrostet 1. *(BT, RS)* cleaned from rust; 2. *(OB)* unrusted
Entrostungsmittel *n* derusting agent, rust remover
Entrostungsverfahren *n (OB, Te)* rust-removing procedure
entsalzen *v* desalt, demineralize, desalinate, desalinify
Entsalzer *m* demineralizer
Entsalzung *f* desalting, demineralization, desalinization
Entsalzungsverfahren *n (Umw)* demineralization technique *(Abfall)*
Entschädigung *f (VR)* indemnity
Entschädigungssumme *f (VR)* penal sum *(bei Nichterfüllen des Bauvertrags)*
Entschädigungsverpflichtung *f (VR)* liability to indemnification
Entschädigungszahlung *f (VR)* payment of compensation
entschalen *v* demould, dismantle, remove forms, release, strike formwork, strike shutters; strip *(Beton)*
Entschalen *n* demoulding, removal of formwork, forms removal, release, shuttering removal; form stripping, stripping *(von Beton)*
Entschalen *n* **einer Decke** *(BB, Te, TK)* stripping of a floor
Entschalpaste *f* shuttering paste
entschalt stripped
Entschalungsarbeiten *fpl* demoulding work
Entschalungsfrist *f (BB, Te)* stripping time
Entschalungshilfe *f* shuttering sealer
Entschalungshilfsmittel *n* shuttering aid
Entschalungsmittel *n* demoulding agent, forms agent, forms sealer, shuttering agent
Entschalungsöl *n* release lube, release oil, shuttering lube
Entschalungspaste *f (BM)* release paste
Entschalungsplan *m (Te)* stripping schedule
Entschalungswachs *n* release wax
Entschäumer *m* defoamer, defoament, defoaming agent *(z. B. für Bitumen)*
Entschäumungsmittel *n (BM, Te)* antifoaming agent *(z. B. bituminöse Bindemittel)*
entscheiden *v* decide, rule; judge
entscheidend crucial
Entscheidung *f (VR)* decision
Entscheidung *f*/**gerichtliche** *(VR)* legal decision
Entscheidungsfindung *f (VR)* decision making
Entscheidungshilfe *f (Verk, VR)* deciduous tool
Entscheidungsverhalten *n (Verk)* decision behaviour
entschlammen *v (San)* desilt, desludge
Entschlammen *n* sludging, desilting
Entschleimung *f (BM, OB)* footing *(Lackfarbe)*
Entschrottung *f (Umw)* scrap metal separation
Entschuppungshammer *m* scaling hammer
entschwefeln *v* desulphurize
entschwefelt desulphurized
entseuchen *(Umw)* decontaminate *(Boden)*
entseucht *(Umw)* decontaminated *(Boden)*
Entseuchungsanlage *f (Umw)* decontaminating installation
entsorgen *v* dispose of *(Abfälle)*
Entsorgung *f (Umw)* waste disposal, disposal
Entsorgungsanlage *f (Umw)* disposal plant
Entsorgungsdienst *m*, **Entsorgungsdienstleistung** *f (Umw)* waste management
Entsorgungsleitung *f (Umw, WVA)* disposal line
Entsorgungslogistik *f* logistics of disposal
Entsorgungsschacht *m* disposal chute, disposal well, building service chute, service chute
Entsorgungsweg *m* disposal route
entspannen *v* 1. destress, unstress, stress-relieve; 2. *(BB)* detension; 3. *(BM, St)* untension *(Spannbeton)*; 4. relax *(Spannbetonbewehrung, Tragekonstruktion, Tragschicht)*; 5. *(Stat)* relieve, stress-relieve; 6. slacken *(Seil)*; 7. rubbelize *(Schichten durch Aufbrechen)*; 8. *(BM, St)* untension *(Feder)*
entspannen *v*/**sich** *(sl)* take a load
entspannen *v* **und festwalzen** *v* crack and seat *(Straßenbefestigung)*
Entspannen *n* detensioning; stress removal *(Metall)*
Entspannen *n*/**teilweises** partial release, partial restrain
Entspanner *m* antistress agent
entspannt neutral, stress-relieved; relaxed; slack
Entspannung *f* 1. *(Stat)* stress relief, reduction of tension, destressing; 2. *(HLK, Te)* decompression *(von Gasen)*; 3. relaxation *(Tragschicht, Tragekonstruktion)*; 4. *(Te)* release from tension *(Spannbeton)*
Entspannungsadditiv *n (BM)* surface-active agent *(Beton)*
Entspannungsmittel *n* antistress agent
Entspannungsraum *m (Arch)* schola *(in einem antiken römischen Haus)*
Entspannungsventil *n* 1. *(HLK)* expansion valve; 2. *(HLK, San)* relief valve
entsprechen *v (Konst, VR)* meet *(Forderungen, Standards)*
entsprechend analogous
entspringen *v* spring
entstabilisieren *v* destabilize
entstauben *v (BM, Te)* precipitate dust *(Zuschlagstoffe)*
Entstauber *m (HLK)* dust collector, collector
Entstaubung *f (Umw)* dedusting, dust removal, extraction of dust
Entstaubungsfüller *m* precipitation filler
entstehen *v (Te)* arise *(Gebäude)*
Entstehen *n* **von Spannungen** stress generation
Entstehung *f (Te)* formation
Enttrümmerung *f (RS)* rubble removal
ent- und bewässern *v (Erdb, LB)* meliorate
entwalden *v (LB, RP)* disafforest *(Waldgelände für anderweitige Nutzung frei machen)*
entwässern *v* 1. dewater, remove of water, unwater; 2. *(Erdb, LB)* drain *(Boden)*; 3. sewer *(mittels Abwassersystem)*; 4. dry *(durch Trocknen)*; 5. dehydrate, desiccate *(Baumaterialien)*
entwässern *v* **in** drain into
entwässert dehydrated; drained
Entwässerung *f* 1. *(Erdb)* dewatering, unwatering; 2. sewering, sewerage *(mittels Abwassersystem)*; 3. *(WVA)* drain; 4. *(Erdb, LB)* drainage; 5. *(Bod, Erdb, LB)* draining; 6. *(Erdb)* reclamation *(Boden, Land)*; 7. dehydration, desiccation *(Baumaterialien)*
Entwässerung *f* **durch Elektroosmose** electrical drainage
Entwässerung *f*/**unterirdische** subsoil drainage, subgrade drainage, underground drainage *(BS 8000-14)*

E

Entwässerungsabdeckung *f* drainage shield
Entwässerungsabflussleitung *f* drainage pipeline
Entwässerungsanlage *f (Bod)* dewatering system; drainage plant
Entwässerungsanlagen *fpl* **außerhalb von Gebäuden** drain and sewer systems outside buildings *(DIN EN 752, BS EN 752)*
Entwässerungsanlagen *fpl* **für Gebäude und Grundstücke** *(WVA)* drainage systems on private ground *(DIN 1986-100, BS 8000-13, BS 8000-14, DIN EN 12056, DIN EN 752)*
Entwässerungsanlagen *fpl* **innerhalb von Gebäuden [Schwerkraftanlagen]** *(San, WVA)* drainage systems inside buildings [gravity systems] *(DIN EN 12056)*
Entwässerungsarbeiten *fpl (Erdb, WVA)* drainage work, grounding drainage, above ground drainage and sanitary appliance *(BS 8000-13, BS 8000-14, DIN 18306, DIN 18307, DIN 18308, DIN 18310, DIN 1986-100)*
Entwässerungsaushub *m* drainage excavation
Entwässerungsbauteile *npl* drainage articles, drainage goods
Entwässerungsbauwerk *n (Erdb, Verk, WVA)* drainage structure
Entwässerungsbohrloch *n (Erdb, Wsb)* driven well *(Filterbrunnenentwässerung)*
Entwässerungsbrunnen *m (Erdb, LB)* drain well
Entwässerungsdurchlass *m* service bay
Entwässerungseinspeisstück *n (WVA)* side vent *(< 45°)*
Entwässerungserzeugnisse *npl* drainage articles
Entwässerungsfallrohr *n (San, WVA)* soil stack
Entwässerungsgebiet *n (Wsb)* drain district, drainage area *(eines Flusses)*
Entwässerungsgefälle *n* drainage slope
Entwässerungsgraben *m* open drain, drain, drain ditch, drainage ditch, drainage trench, field drain, catch drain
Entwässerungsgraben *m***/offener** *(Erdb, WVA)* open trench
Entwässerungsgraben *m***/unterer** *(Erdb)* ditch at foot of slope, toe ditch
Entwässerungshahn *m (HLK, San)* drip cock
Entwässerungskanal *m* 1. drainage canal, drainage duct; 2. *(Verk)* long culvert
Entwässerungskanäle *mpl* drainage ways
Entwässerungslage *f (Erdb, Verk)* pervious blanket
Entwässerungsleistungsgröße *f (San)* fixture unit *(in Liter pro Sekunde)*
Entwässerungsleitung *f* discharge line, drain line, drain pipe, drainage piping, sanitary sewer
Entwässerungsleitung *f***/druckbeanspruchte** pressure drainage
Entwässerungsleitungen *fpl* drainage ways
Entwässerungsleitungskreuzstück *n (San)* sanitary cross
Entwässerungsleitungsstücke *npl* sanitary fittings
Entwässerungsleitungs-T-Stück *n* sanitary tee
Entwässerungsleitungsverbindungsstück *n***/T-förmiges** *(WVA)* house slant
Entwässerungsleitungsverbindungsstücke *npl* sanitary fittings
Entwässerungsloch *n* 1. *(Erdb)* drain hole; 2. *(Erdb, Wsb)* weephole *(in einer Stützmauer)*
Entwässerungsmengenmesser *m (San, WVA)* drainage meter
Entwässerungsmittel *n (HLK)* dehydrating agent
Entwässerungsnetz *n* drainage network, drainage pattern, pattern of drainage
Entwässerungsöffnung *f* water outlet; edge vent *(Dach)*
Entwässerungsprüfung *f* dehydration test *(Bitumenemulsion)*
Entwässerungspumpe *f* displacement pump
Entwässerungsrinne *f* draining channel, drainage furrow; drainage gutter *(Tiefbau)*
Entwässerungsrinnen *fpl* draining channel
Entwässerungsrohr *n* drainage pipe, draining pipe, drain, bleeder, soil pipe
Entwässerungsrohr *n***/elastisches** flexible pipe
Entwässerungsrohrformstück *n* drainage pipe fitting
Entwässerungssammelleitung *f* sanitary sewer, separate sewer
Entwässerungsschacht *m* drainage shaft, ladder wall
Entwässerungsschacht *m***/senkrechter** *(Erdb, WVA)* vertical drain
Entwässerungsscheide *f (Bod)* drainage divide
Entwässerungsschicht *f* 1. *(Erdb, LB, Verk)* drainage layer; 2. *(Erdb, Verk)* pervious blanket
Entwässerungsschlauch *m* drainage hose
Entwässerungsschleuse *f* discharge sluice
Entwässerungsschlitz *m (Erdb, Wsb)* weephole
Entwässerungsstollen *m (Tun)* drainage gallery
Entwässerungssystem *n* drainage system, building-drainage system, drain and sewer system *(DIN EN 752)*
Entwässerungssystem *n* **mit natürlichem Gefälle** building gravity drainage system, gravity drainage system
Entwässerungssystem *n***/spalierartiges** *(Erdb, Verk, Wsb)* trellised drainage
Entwässerungssysteme *npl* **außerhalb von Gebäuden** *(WVA)* drain and sewer systems outside buildings *(DIN EN 752, BS EN 752)*
Entwässerungs- und Lüftungsrohr *n* soil and vent pipe
Entwässerungsverband *m* drainage board
Entwässerungsvermögen *n* drainability
Entwässerungswaren *fpl* drainage goods
entweichen *v (HLK, Umw)* escape *(z. B. von Gasen)*
entwerfen *v* 1. design, plan, project, construct, work out *(konstruktiv entwerfen)*; 2. sketch, outline *(in großen Zügen)*; 3. plan, work out, map out, prepare *(Programm, Bauablauf)*; 4. design, style, model *(gestalterisch)*; 5. lay out, plan *(Garten, Landschaftsbau)*; 6. draft, make a draft of, draft up *(Vertrag, Rede usw.)*; 7. draw, trace out *(zeichnen)*
Entwerfen *n* designing
entwickelbar *(RP)* developable
entwickeln *v* model; develop *(Verfahren, Technologien)*; open up *(Gelände)*
Entwicklung *f***/ertragbare** *(RP)* sustainable development
Entwicklung *f***/nachhaltige** sustainable development
Entwicklung *f***/rückläufige** *(Stat)* regression *(Berechnung)*
Entwicklung *f***/vielfache** multiple development
entwicklungsfähig *(RP)* developable
Entwicklungsingenieur *m* development engineer, developer
Entwicklungsstandort *m (RP, VR)* development site
Entwicklungsstufe *f* stage of development
Entwicklungs- und Bebauungsrecht *n (VR)* development right
entworfen/unzureichend ill-designed
Entwurf *m* 1. *(Arch, Konst)* design; 2. *(Konst)* plan; 3. *(Konst)* sketch; 4. design, model *(gestalterisch)*; 5. drawing *(gezeichnet)*; 6. lay-out *(grafisch dargestellt)*; 7. *(Konst)* draft *(Vertrag)*
Entwurf *m***/baulicher** *(Konst)* structural design
Entwurf *m***/computergestützter** computer-aided design, CAD
Entwurf *m***/dreidimensionaler** 1. *(Konst)* space design; 2. *(Arch, Konst)* spatial design
Entwurf *m***/endgültiger** *(Konst)* final design
Entwurf *m***/fertiger** *(Konst)* completed draft
Entwurf *m* **für industrielles Bauen** system design

Entwurf *m*/**ganzheitlicher** *(Arch, Konst, RP)* context--sensitive design
Entwurf *m*/**ingenieurtechnischer** *(Konst)* mechanical design
Entwurf *m*/**lebendiger** lively design
Entwurf *m*/**ordnungsgemäßer** *(Konst)* proper design
Entwurf *m*/**passender** *(Konst)* proper design
Entwurf *m*/**räumlicher** 1. *(Konst)* space design; 2. *(Arch, Konst)* spatial design
Entwurf *m*/**technischer** engineering design
Entwurf, Berechnung und Bemessung in der Geotechnik *(Bod)* geotechnical design *(Eurocode 7, EN 1997)*
Entwurfsangaben *fpl* design data
Entwurfsansatz *m*/**dreidimensionaler** *(Konst)* three-dimensional design method
Entwurfsaufgabe *f* design task
Entwurfsautomatisierung *f* design automation
Entwurfsbearbeitung *f* design development phase
Entwurfsbelastung *f* designed loading
Entwurfsbelegung *f (Verk)* design occupancy
Entwurfsberechnung *f (Konst)* geometric design
Entwurfsbericht *m (Konst)* project design report
Entwurfsdaten *pl* design data
Entwurfsfestigkeit *f*/**zulässige** design strength
Entwurfsgeschwindigkeit *f (Konst, Verk)* design speed *(Straße)*
Entwurfsgestaltung *f (Arch, Konst)* layout of a design
Entwurfsgrundlage *f* design basis, design fundamental
Entwurfshöhe *f* design level
Entwurfsingenieur *m* design engineer, project engineer, project manager
Entwurfsingenieur *m* **und Bauberater** *m* architect-engineer
Entwurfskosten *pl (VR)* costs of design
Entwurfslast *f* designed load
Entwurfsleistungsfähigkeit *f (Verk)* design capacity
Entwurfslösung *f* planning conception, design scheme
Entwurfsmaß *n* specified dimension
Entwurfsmerkmal *n* design feature
Entwurfsnorm *f* design standard
Entwurfsparameter *m* design parameter
Entwurfsplan *m* design plan, design blueprint, design chart
Entwurfsprogramme *npl* design software
Entwurfsprozess *m* design process
Entwurfsprüfung *f* design review
Entwurfsraster *m (Konst)* planning grid
Entwurfsregel *f* design rule
Entwurfsrichtlinie *f (Verk)* geometric design standard *(Straße)*
Entwurfsrichtlinie *f*/**geometrische** *(Konst, Stat)* geometric standard
Entwurfsrichtlinien *fpl (Konst, VR)* design specifications
Entwurfsschema *n* design scheme, *(AE)* parti
Entwurfsskizze *f (Arch, Konst)* scheme
Entwurfsspielraum *m* design latitude
Entwurfsstrategie *f* design strategy
Entwurfsstudie *f (Konst)* preliminary study
Entwurfsteam *n* architectural team
Entwurfstechnik *f* designing
Entwurfstheorie *f* design theory
Entwurfstragfähigkeit *f* design resistance
Entwurfsüberprüfung *f* design review
Entwurfs- und Ingenieurbüro *n* architect-engineer's office
Entwurfsverfahren *n (Konst, Stat)* method of design
Entwurfsverfahren *n*/**dreidimensionales** *(Konst)* three--dimensional design method
Entwurfsverfahren *n*/**räumliches** *(Konst)* three-dimensional design method
Entwurfsverfasser *m* designer, lay-out man
Entwurfsverfasser *m*/**grafischer** *(Konst)* graphic designer
Entwurfsverkehrsbelastung *f (Verk)* design traffic loading
Entwurfsvorschrift *f (Konst)* design code
Entwurfswiderstand *m* design resistance
Entwurfszeichnung *f* design drawing, preliminary drawing, *(AE)* draft
Entwurfsziel *n* design objective
Entzerren *n (Konst)* rectifying *(Darstellungen, Abbildungen)*
entziehen *v* remove, extract, withdraw
entziehen *v*/**Wärme** abstract
entziehen *v*/**Wasser** dewater, dehydrate
Entziehung *f (BM)* abstraction *(z. B. von Wärme)*
entzinken *v (St, Te)* dezincify
entzinnen *v* detin
Entzug *m* 1. removal, withdrawal, extraction; 2. *(BM)* abstraction *(z. B. Wärme)*
entzündbar flammable, inflammable, ignitable
entzündbar/leicht *(BM)* easily catching fire
Entzündbarkeit *f* flammability, inflammability, ignitability
entzünden *v* ignite, inflame
entzünden *v*/**sich** ignite, inflame
Entzünden *n* ignition
entzundern *v* descale, remove scale, scale, scour
Entzundern *n (OB, RS)* scaling
Entzundern *n* **durch Abschweißen** *(St, Te)* wash heating
Entzunderung *f* descaling, scaling-off, scouring
entzündlich/schwer hardly inflammable
Entzündung *f* ignition
ENV *s.* Vornorm/Europäische
EOTA *s.* Organisation für Technische Zulassung/Europäische
EOTC *s.* Organisation für Prüfung und Normung/Europäische
EP *m (BM)* softening point
Epidosit *m (BM, Bod)* epidosite
Epidositgestein *n (BM, Bod)* epidosite
Epikrantis *n (Arch)* epicrantis
Epistelseite *f (Arch)* epistle side *(Kirche)*
Epistyl *n (Arch)* architrave *(über Säulen, bes. in antiken Bauten)*
Epitaph *n (Arch)* memorial tablet, epitaph *(z. B. an Kirchenwänden, Pfeilern)*
Epithedes *n (Arch)* epithedes *(Ornament)*
Epizentrum *n* epicentre, *(AE)* epicenter
Epizyklode *f (Arch)* epicycloid
epochemachend epoch-making
Epoxid *n (BM)* epoxide • **mit Epoxid beschichtet** epoxy coated
Epoxidalkydharz *n (BM)* epoxidized alkyd
Epoxidaminanstrichstoff *m (BM, OB)* epoxy amine paint
epoxidbeschichtet epoxy coated
Epoxidbeschichtungsharz *n* epoxy coating resin
Epoxidharz *n* epoxy resin
Epoxidharz *n* **mit Bitumen** epoxy-bitumen material
Epoxidharzanstrich *m* epoxy coating
Epoxidharzanstrichfarbe *f* epoxy resin paint
Epoxidharzanstrichstoff *m* epoxy coating, epoxy paint
Epoxidharzanstrichstoff *m*/**lösungsmittelhaltiger** solution epoxy
Epoxidharzbitumenbindemittel *n* epoxy-bitumen material
Epoxidharzesteranstrichstoff *m* epoxy ester paint
Epoxidharzhaut *f* epoxy membrane
Epoxidharzklebstoff *m* epoxy resin adhesive
Epoxidharzmörtel *m* epoxy resin mortar, plastic mortar
Epoxidharzpaste *f* epoxy resin paste
Epoxidharzpulver *n* epoxy resin powder

E

Epoxidharzsystem *n* epoxy resin system
Epoxidhaut *f* epoxy membrane
Epoxidpech *n* epoxy pitch
Erbau *m* building, constructing *(Baurecht)*
erbauen *v* erect *(errichten)*; build, raise a building *(ein Gebäude)*
Erbauer *m* builder
erbaut built; planted
Erbauung *f* building construction, erection
Erbbaurecht *n (VR)* lease
Erbberechtigter *m (VR)* lessee
Erbbesitz *m* inheritance, hereditament
Erbe *n***/historisches** *(Arch)* historic heritage
erbieten *v***/sich** *(VR)* undertake
Erblinden *n* fogging *(Anstriche, Farben)*; tarnishing *(Glas)*
erblindet fogged *(Anstriche, Farben)*; tarnished, struck *(Glas)*
erbohren *v (BM, Te)* core
erbsenförmig pisiform
Erbsenstein *m* pisolite, pisolitic limestone
Erbskies *m (BM)* pea gravel
Erd… earthy …; terrestrial …, soil …, ground …
Erdabdeckung *f* earth covering *(Leitungen)*
Erdableitwiderstand *m (El)* earthing resistance, *(AE)* grounding resistance
Erdalkali *n (Bod)* alkaline earth
Erdanker *m* earth anchor, ground anchor, land tie, deadman
Erdanschluss *m (El)* ground connection
Erdantrag *m (Erdb)* soil filling-up
Erdanziehung *f (Stat)* earth's attraction
Erdanziehungskraft *f* gravitational force
Erdarbeiten *fpl* moving of earth, moving of soil, earth movement, earth moving, earthwork, ground-work, navvying *(DIN 18300, BS 8000-1)*
Erdarbeiter *m* 1. digger, *(AE)* excavator; 2. *(Verk, Wsb)* navvy
Erdauflaststützwand *f* cantilever retaining wall, cantilever wall
Erdaufschüttung *f* earth fill, bank, mound
Erdaufwurf *m (Erdb)* barricade
Erdausbreitungswiderstand *m (El)* earthing resistance
Erdaushub *m (Erdb)* excavated earth, excavation of earth, excavation
Erdbau *m* 1. *(Erdb)* earthwork, earthwork construction; 2. *(Verk, Wsb)* embankment, groundworks; 3. *(Erdb)* soil engineering *(Baufach, Ingenieurwissenschaft)*
Erdbauarbeiten *fpl* 1. *(Erdb)* earthwork, ground-work; 2. *(Verk, Wsb)* navvying, embankment works, groundwork
Erdbaulabor *n* earth materials laboratory, soil mechanics laboratory
Erdbaumaschinen *fpl* earthworking machinery
Erdbau- und Grundbautagung *f* earthwork and foundation engineering conference
Erdbauwerk *n* earth structure
Erdbeben *n* earthquake, seism, *(AE)* temblor • **den Auswirkungen von Erdbeben widerstehend** *(Konst, Stat)* aseismatic
Erdbeben… seismic …
Erdbebenbeanspruchung *f (Stat)* earthquake load
Erdbebenbelastung *f* earthquake load, seismic load, lateral load
Erdbebenbemessung *f (Stat)* seismic design *(s. a. Auslegung von Bauwerken gegen Erdbeben, DIN EN 1998)*
erdbebenbewusst *(Konst)* seismic-conscious
Erdbebenerschütterung *f* earthquake oscillation, earthquake vibration, seismic oscillation, seismic vibration
erdbebenfest *(Konst)* quake-proof
erdbebenfrei *(Bod)* aseismic *(Gebiet)*
Erdbebengebiet *n (Bod)* earthquake region
Erdbebenherd *m* seismic focus
Erdbebenkraft *f (Bod, Stat)* seismic force
Erdbebenkräfte *fpl* earthquake forces
Erdbebenmesser *m* seismograph, seismometer
erdbebensicher earthquake-resistant, quake-proof, aseismatic
Erdbebensicherheit *f* earthquake resistance
Erdbebenskala *f* earthquake scale
Erdbebenstoß *m* earthquake shock, seismic shock
Erdbebentechnik *f (Konst)* earthquake engineering
Erdbebenwarte *f* earthquake observatory
Erdbebenwelle *f (Bod)* seismic wave
Erdbebenwiderstandsfähigkeit *f (Konst, TK)* seismic resistance
Erdbebenzone *f (Bod)* earthquake region
Erdbecken *n* earth reservoir
Erdbehälter *m* underground tank
Erdbewegung *f* earth moving, earth-moving work, moving of earth, earth displacement, shifting of earth, moving of soil, soil shifting, soil transport, dirt moving; normal haul *(Leistungsposition, eingeschlossen im Bauangebot)*
Erdbewegungsanlage *f* earth-moving plant
Erdbewegungsarbeiten *fpl* earth-moving work *(s. a. Erdbewegung)*
Erdbewegungsmaschine *f* earth-moving machine
Erdbewegungsmaschinen *fpl* earth-moving plant
Erdbildmessung *f (Verm)* terrestrial photogrammetry
Erdbitumen *n (BM)* native asphalt
Erdboden *m* earth, ground, soil • **auf dem Erdboden** *(Erdb)* grade on
Erdboden *m***/loser** dirt
Erdbodengleiten *n (Bod, Erdb)* ground slide
Erdbodenkorrosion *f (Erdb, Umw)* underground corrosion
Erdbodenwiderstand *m***/spezifischer** *(El)* earth resistivity *(Erdung)*
Erdbogen *m* 1. *(Bod, Erdb)* dry arch; 2. *(TK)* reversed arch
Erdbohrer *m* 1. earth borer, earth drill; earth auger *(meist über 200 mm Durchmesser)*; churn drill, ground auger, helical auger, screw auger; 2. *(Erdb)* gouge bit *(Bergbau)*; 3. *(Erdb)* auger drill *(Gestein)*; 4. *(Erdb)* miser *(für Erkundungsbohrungen)*
Erdbohrung *f (Erdb)* boring of the earth
Erdböschung *f (Bod, Erdb)* earth slope
Erdböschung *f***/natürliche** *(Bod)* natural slope of earth
Erddamm *m* 1. *(Erdb)* earth bank, earth dam, earth fill dam; 2. *(Verk, Wsb)* embankment
Erddamm *m***/aufgespülter** *(Erdb, Wsb)* hydraulic-fill earth dam
Erddamm *m***/gespülter** *(Wsb)* hydraulic-fill dam
Erddamm *m***/gleichförmiger** *(Erdb)* homogeneous dam
Erddamm *m* **mit verdichteter Oberfläche** *(Erdb, Wsb)* terreplein
Erddruck *m* soil pressure, soil strain, *(AE)* earth load; earth pressure, thrust of the ground, thrust of the earth *(horizontal)*
Erddruck *m***/aktiver** *(Erdb)* active earth pressure
Erddruck *m***/passiver** *(Bod)* passive earth pressure, *(AE)* passive ground pressure
Erddruckbeiwert *m (Erdb)* coefficient of earth pressure
Erddruckberechnung *f* calculation of earth pressure, soil pressure calculation
Erddruckkoeffizient *m (Erdb)* earth pressure coefficient
Erddruckmessdose *f* earth pressure cell, soil pressure cell
Erddruck-Stellungslinie *f (Bod)* earth pressure line
Erde *f* 1. *(El)* earth; 2. *(Bod, LB, Umw)* soil; 3. *(El)* earth, *(AE)* ground • **an Erde legen** *(El)* earth, connect to earth, *(AE)* ground • **gegen Erde kurzschließen** *(El)* short to earth • **in die Erde verlegen** bury *(Leitungen)* • **über der Erde**

overground • **über der Erde befindlich** superterranean, superterrene • **über Erde** *(Konst)* above ground level
Erde *f*/**bewehrte** *(Erdb)* reinforced soil, reinforced earth
Erde *f*/**klumpige** *(Bod)* lumpy soil
Erde *f*/**lockere** loosened soil
Erde *f*/**seltene** *(BM, Bod)* rare earth *(Chemie)*
Erde *f*/**torfhaltige** *(LB)* peaty soil
Erde *f*/**über der befindlich** superterrene
Erde *f*/**vulkanische** *(Bod, LB)* volcanic soil
Erdeinsturz *m (BM)* fall of earth
Erdelektrode *f (El)* earth electrode
erden *v (El)* earth, connect to earth, return to earth, short to earth, *(AE)* ground
Erder *m (El)* earth electrode
Erdfall *m* 1. fall of earth, earth subsidence, subsidence, landfall, deep digging; 2. *(Bod)* sink
Erdfarbe *f* earth colour *(Farbton)*; earth pigment, natural pigment, mineral pigment *(Farbstoff)*
erdfarben earthy
erdfeucht earth-moist, naturally moist; harsh *(Beton)*
Erdfließen *n* earth flow
Erdgas *n* natural gas
Erdgeruch *m* earthy odour
Erdgeschoss *n* ground floor, rez-de-chaussée, *(AE)* first floor • **im Erdgeschoss** on the ground floor
Erdgeschoss *n*/**freitragendes** *(Konst)* suspended ground floor
Erdgeschossdecke *f* ground-floor floor
Erdgeschosseingang *m* ground entrance
Erdgeschosshöhe *f* ground height
erdgeschossig *(Konst)* single-storey
Erdgeschossplan *m* 1. *(Arch, Konst)* ground-floor plan; 2. *(Konst) (AE)* first-floor plan
Erdgeschossplatte *f* ground-floor slab
Erdgeschossstütze *f* ground column
Erdgeschosswohnung *f* ground dwelling, ground-floor dwelling, ground-floor flat, *(AE)* ground dwelling unit
Erdgeschosswohnung *f*/**eingeschossige** rambler
Erdgeschosswohnung *f* **mit Gartennutzung** *f* garden apartment
Erdgewölbe *n* 1. *(Erdb)* inflected arch; 2. *(Arch, Konst)* inverted vault; 3. *(TK)* reversed vault
Erdhobel *m (Erdb)* grader; scraper *(für Straßenbau)*
Erdhügel *m* earthen mound, mound, knoll
Erdhügelburg *f (Arch)* motte castle
erdig earthy; terreous
Erdkabel *n* 1. *(El)* buried cable; 2. *(El)* subterranean cable, underground cable
Erdkappe *f* vault in the soil
Erdkegel *m (Verk)* old man
Erdklumpen *m (Bod)* lump of earth, clod
Erdkonstruktion *f* earth construction
Erdkontakt *m* earth contact
Erdkörper *m* earth body, earth dam embankment, soil material; *(AE)* agger *(einer Straße in ebenem Gelände)*
Erdkörper *m*/**eben abgeglichener** levelled surface of embankment
Erdkörperfläche *f* surface of filling
Erdkörperfläche *f*/**konstruktive** surface of filling
Erdkörperoberfläche *f* surface of filling
Erdkörperoberfläche *f*/**konstruktive** surface of filling
Erdkruste *f (Umw)* earth's crust
Erdlader *m (BWG, Erdb)* scraper
Erdlager *n* earth depot
Erdlagerung *f* soil burial *(Prüftechnik)*
Erdleiter *m (El)* earth conductor, earth wire
Erdleitung *f (El)* earth connection
Erdmasse *f* earth mass, body of soil • **Erdmassen ermitteln** *(Erdb, Konst)* calculate the earthwork
Erdmassen *fpl*/**eingeschlämmte** *(Erdb)* hydraulic fill
Erdmassen *fpl* **in Kubikyard** *(Erdb)* yardage
Erdmassenausgleich *m (Erdb, Verk)* balanced earthworks, earthwork balance
Erdmassenbilanz *f*/**ausgeglichene** *(Erdb, Verk)* earthwork balance
Erdmassenermittlung *f* measurement of earthworks, quantification of earthworks, bank measure
Erdmassenmenge *f (Erdb)* bank measure
Erdmassenvermessung *f* quantity surveying
Erdmauerbau *m (Arch, Konst)* pisé
Erdoberfläche *f (Bod)* earth's surface • **unter der Erdoberfläche** underground
Erdoberschicht *f* top cap
Erdöl *n* 1. *(BM)* crude oil; 2. *(HLK)* petroleum • **mit Erdöl getränkt** *(BM, Bod)* petrolized • **mit Erdöl tränken** naphthalize
Erdöl *n*/**naphthenbasisches** naphthol dyestuff
Erdöl *n*/**schweres** naphtha
Erdölasphalt *m (BM)* oil asphalt
Erdölbitumen *n (BM)* oil asphalt
Erdölbohrzement *m (BM)* oil-well cement
Erdöldestillationsrückstand *m (BM)* petroleum distillation residue
Erdölerzeugnis *n* petroleum product
Erdölgebiet *n (Bod)* petroliferous area
erdölhaltig petroliferous
Erdölparaffinöl *n (AE)* kerosine
Erdölraffinerieanlage *f (BWG)* petroleum refinery plant
Erdpech *n* mineral pitch, native asphalt, earth pitch, asphalt, petroleum pitch, maltha
Erdpechputz *m (DIS)* bitumen plaster
Erdpfeiler *m (Bod)* earth column, earth pillar, earth pyramid
Erdpigment *n* earth pigment, natural pigment, mineral pigment
Erdpigment *n*/**braunes** *(BM)* umber
Erdplanum *n* 1. *(Erdb, Verk)* earth subgrade; 2. *(Erdb)* soil subgrade; 3. *(Bod)* subgrade
Erdpotenzial *n (El)* soil potential
Erdprobe *f* earth sample, soil sample
Erdpyramide *f (Bod)* earth column, earth pillar, earth pyramid, demoiselle
Erdreich *n* earth, subsoil
Erdreich *n*/**abgeschwemmtes** *(Bod, Erdb)* rainwash
Erdreich *n*/**schadstoffbelastetes** *(Bod, Umw)* pollutant--impacted ground
Erdruhedruck *m* earth pressure at rest
Erdrutsch *m* 1. *(Bod, Erdb)* landslide; 2. *(Bod, Erdb)* slip
Erdrutsch *m*/**kleiner** *(Bod, Erdb)* earth slip
Erdsammelleitung *f (El)* earth bus(bar)
Erdschicht *f* 1. *(Bod, Erdb)* layer of the earth; 2. *(Bod, Erdb)* stratum
Erdschicht *f* **im Anschnitt/natürlich gewachsene** *(Bod)* natural grade
Erdschicht *f*/**oberste** *(Bod, Erdb)* topsoil
Erdschicht *f*/**tragfähige** *(Bod, Erdb)* bearing stratum
Erdschicht *f*/**überlagernde** *(Bod)* burden
Erdschichten *fpl (Bod, Erdb)* strata
Erdschichten *fpl*/**überlagernde** *(Bod, Tun)* overburden
Erdschluss *m (El)* contact to earth, earth fault, earth--leakage fault, short circuit to earth
Erdschluss *m*/**absoluter** *(El)* dead earth
Erdschlussschutz *m (El)* earth-leakage protection
Erdschlussschutzsystem *n (El)* leakage protective system
Erdschlussstrom *m (El)* fault current
Erdschüttdamm *m* earth fill dam, earth dam
Erdschüttstaudamm *m (Wsb)* earthwork dam
Erdschutzwall *m (DIS, Erdb, LB)* protective earth wall

Erdschwarz *n (OB)* mineral black *(Farbe)*
Erdsenkung *f (Bod)* settling of soil
Erdsetzung *f (Bod)* settling of soil
Erdspalte *f (Bod, Erdb)* cleft
Erdspiralbohrer *m (Bod, Erdb)* earth drill
Erdspur *f* earth track
Erdstampfer *m* earth rammer
Erdstoff *m* earth, soil • **Erdstoff abbauen** break ground
Erdstoff *m*/**abgekippter** *(Erdb)* dumped fill
Erdstoff *m*/**anstehender** *(Bod)* bank material
Erdstoff *m*/**asphaltverfestigter** *(Erdb, Verk)* soil asphalt
Erdstoff *m*/**aufgeweichter** *(Bod)* weak soil
Erdstoff *m*/**ausgewitterter** *(Bod)* residual soil
Erdstoff *m*/**bindiger** binder soil, clay binder; rammed earth
Erdstoff *m*/**bituminös verfestigter** *(Erdb)* bitumen stabilized soil
Erdstoff *m*/**deformierter** remoulded soil
Erdstoff *m*/**dichtgelagerter** hard compact soil
Erdstoff *m*/**durchnässter** *(Bod)* wet soil
Erdstoff *m*/**fester [festgewachsener]** solid soil
Erdstoff *m*/**fließender** running ground, lost ground
Erdstoff *m*/**frostempfindlicher** frost-susceptible soil
Erdstoff *m*/**gestörter** remoulded soil
Erdstoff *m*/**kalkstabilisierter** *(Erdb)* lime-stabilized soil
Erdstoff *m*/**kohäsionsloser** 1. *(Bod)* cohesionless soil; 2. *(Bod, Erdb)* granular soil
Erdstoff *m*/**kohäsiver** binder soil
Erdstoff *m*/**körniger** granular soil, granular mineral
Erdstoff *m*/**loser** *(Erdb)* loose soil
Erdstoff *m* **mit größerer Bodenpressung als unter natürlicher Vorbelastung** *(Erdb)* overconsolidated soil
Erdstoff *m*/**mit Kalk und Kies gerammter** tabia *(Baumaterial in regenarmen Gebieten)*
Erdstoff *m*/**neutraler** *(Bod)* neutral soil *(pH-Wert 6,6-7,3)*
Erdstoff *m*/**nicht standfester** *(Bod)* unstable soil
Erdstoff *m*/**nicht tragfähiger** *(Bod, Erdb)* bad ground
Erdstoff *m*/**ölverseuchter** *(WVA)* oily soil
Erdstoff *m*/**organischer** *(Bod)* organic soil
Erdstoff *m*/**plastischer** plastic soil, heavy soil, bad soil
Erdstoff *m*/**rolliger** non-cohesive soil, sand ground
Erdstoff *m*/**sandiger** sand soil
Erdstoff *m*/**schwerer** heaving soil
Erdstoff *m*/**stabilisierter** stabilized soil, soil cement
Erdstoff *m*/**teerverfestigter** *(Erdb)* tar-stabilized soil
Erdstoff *m*/**toniger** *(Bod)* clay soil
Erdstoff *m*/**tonmineralfreier** non-cohesive soil
Erdstoff *m*/**tonmineralhaltiger** *(Bod)* cohesive soil
Erdstoff *m*/**tonmineralreicher** heavy soil
Erdstoff *m*/**überbelasteter** *(Erdb)* overconsolidated soil
Erdstoff *m*/**verdichteter** rammed earth
Erdstoff *m*/**verfestigter** stabilized soil; tabia *(Baumaterial in regenarmen Gebieten)*
Erdstoff *m* **vor Ort** *(Bod)* soil in place
Erdstoff *m*/**vorbelasteter** preconsolidated soil
Erdstoff *m*/**wabenförmiger** honeycomb structure
Erdstoff *m*/**wasserbindender** heaving soil
Erdstoff *m*/**zusammengesetzter** *(Bod)* composite soil
Erdstoffablagerung *f* earth store
Erdstoffabsperrung *f* soil separation *(Straße)*
Erdstoffanalyse *f* soil analysis
Erdstoffauffüllung *f*/**geprüfte** *(Erdb, Te, Umw)* controlled fill
Erdstoffaufschüttung *f (Erdb)* soil aggradation
Erdstoffauftrag *m (Erdb)* soil filling-up
Erdstoffaushub *m* excavation of earth, soil excavation
Erdstoffaushub *m*/**maximaler** *(Erdb, VR)* free haul *(ohne Mehrpreis nach Leistungsverzeichnis)*
Erdstoffbank *f (Erdb)* bank
Erdstoffbewegung *f* earth movement, earth moving
Erdstoffdichte *f (Bod)* soil density
Erdstoffdichte *f*/**anstehende** in-situ density
Erdstoffdruck *m* soil loading
Erdstoffeigenschaft *f* soil property
Erdstoffeigenschaften *fpl* soil characteristics
Erdstofferkundung *f (Bod)* soil survey
Erdstofffeuchtigkeit *f* soil moisture
Erdstoffformation *f (Bod)* soil formation
Erdstoffgruppe *f (Bod)* soil group
Erdstoffhorizont *m* soil horizon
Erdstoffkennwerte *mpl* soil parameter
Erdstoffklassifizierung *f (Bod)* soil classification
Erdstoffklassifizierungsuntersuchungen *fpl* soil classification test
Erdstoffknolle *f (Bod)* lump of earth
Erdstoffkonsolidierung *f (Erdb)* soil consolidation
Erdstofflabor *n* soil testing laboratory, soils lab, soils laboratory
Erdstofflösen *n (Erdb)* soil loosening
Erdstoffmasse *f (Erdb)* soil material
Erdstoffmassenaushub *m (Erdb)* heavy grading
Erdstoffmassenförderung *f (Erdb)* mass haul
Erdstoffmischgerät *n* soil stabilizer
Erdstoffmodifizierung *f* soil modification
Erdstoffoberschicht *f* top cap
Erdstoffpigment *n* earth pigment, natural pigment, mineral pigment
Erdstoffporosität *f* soil porosity
Erdstoffprobe *f* earth sample, soil sample
Erdstoffprobenehmer *m* soil borer
Erdstoffprobenentnahme *f* soil sample recovery
Erdstoffprobenentnahmegerät *n* soil sampler
Erdstoffprüflabor *n* soil testing laboratory
Erdstoffschicht *f (Bod)* soil layer
Erdstoffschicht *f*/**tragende** *(Bod)* foundation soil
Erdstoffseitenablage *f* **ohne Verdichtung** *(Erdb)* underconsolidated soil deposit
Erdstoffsetzung *f* 1. *(Bod)* earth consolidation; 2. *(Erdb)* soil consolidation
Erdstoffsperrung *f* soil separation *(Straße)*
Erdstoffstabilisierung *f* earth stabilization, artificial cementation of soil, soil solidification, soil stabilization, emulsion injection of soil *(mit Bitumen, Chemikalien)*
Erdstoffstabilisierung *f*/**bituminöse** bituminous stabilization of soil, *(AE)* asphalt soil stabilization
Erdstoffstabilisierung *f* **durch Körnungszusatz** granular stabilization
Erdstoffstraße *f*/**zementstabilisierte** soil-cement road
Erdstoffstruktur *f* soil structure
Erdstoffstufe *f (Bod, Erdb)* bench of ground
Erdstofftransport *m* soil transport
Erdstofftyp *m (Bod)* soil type
Erdstoffuntersuchung *f (Bod)* soil exploration
Erdstoffverbesserung *f (Erdb)* soil improvement *(durch Mischen)*
Erdstoffverdichtung *f* earth compaction, soil compaction
Erdstoffverdichtungsmessgerät *n* settlement meter
Erdstoffverfestiger *m* grout, soil stabilization agent
Erdstoffverfestigung *f* soil stabilization, cementation
Erdstoffverfestigung *f*/**mechanische** compaction
Erdstoffverfestigung *f* **mit Zement** *(Erdb)* soil cementation
Erdstoffverhalten *n* soil behaviour
Erdstoffvermörtelung *f (Erdb)* soil grouting *(chemisch)*
Erdstoffverwendungskatalog *m (Bod, Erdb)* soil use table
Erdstoffwiderlager *n (Erdb)* earth abutment
Erdstoff-Zement-Gemisch *n* soil-cement mix, soil-cement

Erdstoffzustand *m (Bod)* soil condition
Erdstoß *m (Bod)* seism
Erdstraße *f (Erdb, Verk)* earth road
Erdstraße *f*/**zementstabilisierte** soil-cement road
Erdstraße *f*/**zementverfestigte** *(Erdb, Verk)* soil-cement road
Erdstrom *m* earth current, soil current, leakage current
Erdstützmauer *f* earth-retaining wall
Erdtank *m* buried tank, underground storage tank
Erdteer *m (BM)* mineral tar
Erdtorf *m* earthy turf
Erdung *f (El)* earth connection, earthing, *(AE)* grounding
Erdungsanlage *f (El)* earthing system, *(AE)* grounding system
Erdungsbox *f (El)* earth box, *(AE)* ground box
Erdungsbuchse *f (El)* threaded earthing sleeve
Erdungsfeld *n (El)* earthing field, *(AE)* grounding field
Erdungskontakt *m (El)* earthing contact
Erdungsleiter *m (El)* earthing conductor
Erdungsleitung *f (El)* earth-continuity conductor
Erdungsmaterial *n (El)* earthing material
Erdungsmessgerät *n (El)* earth tester, *(AE)* ground tester
Erdungsmessschacht *m (El)* earthing well
Erdungsplatte *f (El)* earthing plate, earth plate, ground plate
Erdungsrohrschelle *f (El)* earthing pipe clamp, *(AE)* grounding pipe clamp
Erdungsschelle *f (El)* earth clamp
Erdungsschiene *f (El)* earth bar
Erdungsstab *m (El)* earthing bar, earth rod
Erdungssystem *n (El)* earthing system, electrical earthing system
Erdungswiderstand *m (El)* earthing resistance, *(AE)* grounding resistance
Erdverbindung *f (El)* earth connection
Erdverdichtung *f* soil compaction
Erdverkabelung *f (El)* underground cabling, underground laying
erdverlegt buried, underground
Erdverlegung *f (Konst)* underground laying *(Leitungen)*
Erdvermessung *f* geodesy *(Lehre)*
Erdwachs *n (BM)* ozokerite
Erdwall *m* 1. earth bank, earth dam, earthwork, barricade, protective earth wall, rampart, mound; 2. *(Wsb)* dike
Erdwallbarriere *f s.* Erdwallschutzbarriere
Erdwälle *mpl* **hinter einem Befestigungsgraben** *(Erdb)* parados
Erdwallschutzbarriere *f (Erdb)* earth mound barrier
Erdwalze *f* roller
Erdwärme *f* earth heat, ground heat, terrestrial heat • **mit Erdwärme** *(Bod, HLK)* geothermal
Erdwärmeheizung *f* geothermal water heating, geothermal water heating system
Erdwärmekraftwerk *n (BWG, HLK)* geothermal power station
Erdwiderlager *n (Erdb)* earth abutment
Erdwiderstand *m (El)* earth resistance, ground resistance *(Erdung)*
Erdwiderstandsbeiwert *m (Erdb)* coefficient of passive earth pressure
Erechtheion *n (Arch)* Erechtheion
ereignen *v*/**sich** occur
Ereignis *n* occurrence; event
Ereignis *n*/**unerwartetes** emergency
Erfahrung *f* experience
erfahrungsgemäß empirical
Erfahrungswert *m* empirical value
erfassen *v* register, record *(aufzeichnen)*; cover *(einen Bereich)*; map *(kartographisch)*
erfassen *v*/**mit Laserstrahl** laser-scan *(Bauvermessung)*
Erfassung *f* registration *(Aufzeichnung)*; coverage *(Bereich)*
Erfassungsbericht *m* survey report
Erfassungs- und Aufnahmetechnik *f (Verm)* survey technique
Erfassungsverfahren *n* survey process
Erfindungskraft *f (Konst, VR)* inventiveness
erfolgversprechend viable
erforderlich mandatory, prerequisite
Erfordernisse *npl*/**betriebliche** service requirements
Erfordernisse *npl*/**statische** *(Stat)* static requirements
erforschen *v* investigate
erforschend investigatory
Erforschung *f (VR)* investigation
Erfrischungsraum *m (Konst)* refreshment room
erfüllen *v*/**die Anforderungen** meet the conditions, meet the requirements
erfüllen *v*/**die Bedingungen** meet the conditions
erfüllt/nicht *(BT, Konst, VR)* failed
Erfüllung *f* 1. *(Te, VR)* execution *(von Bauarbeiten)*; 2. *(VR)* compliance *(z. B. von Bauvorschriften)*; 3. fulfilment, accomplishment, performance *(Aufgaben)*; 4. fulfilment, performance *(Vertrag)*
Erfüllung *f* **der Anforderungsvorgaben** *(BM, BT, VR)* conformity
ergänzend supplementary
Ergänzung *f* 1. *(Konst, VR)* amendment; 2. *(Konst)* appendix *(z. B. zu einer Zeichnung)*
Ergänzungsbauten *mpl (Arch, Konst)* supplementary structures
Ergänzungsbedingungen *fpl (Konst, Stat)* supplementary conditions
Ergänzungsbeleuchtung *f (El)* supplementary lighting
Ergänzungsbestimmungen *fpl* supplementary regulations
Ergänzungsleistung *f* complementary work, complementary works
Ergänzungsrechnung *f* supplementary invoice
Ergänzungs- und Berichtigungszeichnung *f (Konst)* clarification drawing
Ergänzungswinkel *m (Verm)* complementary angle
Ergänzungszeichnung *f* supplementary drawing
ergeben *v*/**sich** result
Ergebnis *n* result
Ergebnisabweichung *f (Stat)* error of result
Ergebnisfehler *m (Stat)* error of result
Ergebnisse *pl* data
ergiebig economical, high-yielding *(Farbe, Bindemittel, Baustoffe)*
ergiebig/wenig lean *(Baustoffe)*
Ergiebigkeit *f* mileage, spreading power, coverage, spreading rate *(eines Anstrichs, Farbmenge pro Flächeneinheit)*; yield *(Kalk, Zement, Farbe)*
Ergussgestein *n* 1. *(BM)* effusive rock; 2. *(BM, Bod)* extrusive rock
erhaben elevated, convex, raised, grand
Erhalt *m* receipt
erhalten *v* 1. keep in order, keep in shape, keep up, maintain, keep in good repair *(bauliche Anlagen)*; 2. receive *(empfangen)*; 3. *(LB, Umw)* sustain *(Landschaft, Umwelt)*
erhalten/gut *(BM, BT)* well-preserved
erhalten/wohl well-preserved
erhältlich available
Erhaltung *f* 1. *(RS)* maintenance; 2. *(RS, Umw)* conservation *(z. B. von Kulturbauten)*
Erhaltung *f*/**bauliche** *(RS)* structural maintenance
Erhaltung *f*/**wiederherstellende** *(RS, Te)* curative maintenance
Erhaltungskosten *pl (VR)* upkeep costs
Erhaltungsmanagement *n (Verk)* pavement management

Erhaltungsmaßnahmen *fpl (RS)* maintenance procedures
Erhaltungsmittel *npl (VR)* maintenance budget
Erhaltungspflicht *f (VR)* upkeep obligation
Erhaltungsplanung *f* 1. maintenance planning; 2. *(Verk)* pavement management (planning)
Erhaltungsstrategie *f* maintenance strategy
Erhaltungssystem *n (Verk)* pavement management
Erhaltungsvertrag *m (RS, VR)* maintenance contract
Erhaltungszentralmeisterei *f* maintenance centre
Erhaltungszustand *m (RS)* mode of presentation
erhärten *v* 1. harden *(z. B. Farben, Mörtel, Beton)*; 2. season *(Beton)*; 3. set, solidify *(z. B. Zement)*; 4. *(Bod)* lithify, indurate; 5. freeze *(Schmelze)*
erhärten *v*/**an der Luft** *(BM)* set in air
Erhärten *n* set, setting-up *(z. B. von Zement)*; hardening *(Beton)*
Erhärten *n* **an der Luft** *(BB, BM, Te)* air curing *(von Beton)*
Erhärten *n* **des Betons** 1. *(BB, BM)* concrete hardening; 2. *(BB, Te)* hardening of concrete
Erhärten *n*/**falsches** *(BM)* quick set
Erhärten *n* **in Luft** air-hardening
erhärtend/langsam slow-hardening
erhärtet hardened
Erhärtung *f* 1. hardening, seasoning *(Beton)*; 2. *(Bod)* induration; 3. set-up, solidifying *(Zement, Bindemittel)*
Erhärtungsbeginn *m (BB, BM)* commencement of setting
Erhärtungsbeschleuniger *m* hardening accelerator, rapid-cementing agent, rapid hardener *(Beton)*
Erhärtungsbeschleunigung *f* 1. *(BB, BM)* acceleration of hardening; 2. *(Te)* hardening acceleration
Erhärtungsgeschwindigkeit *f* hardening rate
Erhärtungsgrad *m* hardening degree
Erhärtungskurve *f* hardening curve, curvature of hardening *(Beton)*
Erhärtungsmittel *n* 1. *(BM)* accelerating additive; 2. *(BB, BM)* accelerator *(z. B. für Farben)*
Erhärtungsprozess *m* 1. *(BB, Te)* hardening process; 2. *(BB)* induration process; 3. *(BM, Te)* process of hardening
Erhärtungsprüfung *f* hardening test
Erhärtungsreaktion *f (BB, Te)* reaction of hardening
Erhärtungsspannung *f* hardening stress
Erhärtungstemperatur *f* hardening temperature
Erhärtungsverhalten *n* hardening behaviour
Erhärtungszeit *f* final setting time *(Bindemittel)*; hardening time *(Beton)*
erheben *v* elevate
erheben *v*/**sich** rise *(z. B. Gelände, Bauwerk)*; upheave *(Boden, Baugrund)*
Erhebung *f* elevation; high light *(Oberflächenmikroprofil)*; rise, uphill *(im Gelände)*
Erhebungslinie *f (RP)* screen line *(Verkehrsuntersuchung)*
Erhebungswinkel *m (Verm)* elevation angle
Erhebungswinkel *m* **der Sonne** solar altitude angle
Erhitzer *m (HLK)* heater
erhitzt warm
Erhitzung *f* heating
Erhitzungsverlust *m (BM)* loss of heating
erhoben raised
erhöhen *v* 1. raise, heighten *(z. B. eine Mauer)*; 2. increase *(Größe, Wert)*; 3. elevate *(Flächen, auch Temperaturen)*; 4. raise, increase, set up *(Produktion)*; 5. upgrade, enhance *(steigern)*
erhöhen *v*/**sich** increase *(Werte, Bauproduktion, usw.)*; rise *(z. B. Temperatur, Werte)*
Erhöhen *n* heightening *(Gebäude)*
erhöht raised
Erhöhung *f* 1. raise, raised part *(Gelände, Bebauungsgebiet)*; 2. *(HLK)* elevation *(Gelände, auch Temperatur)*; 3. prominence *(Erhabenheit, Vorsprung)*; 4. raising, increase, elevation, rise, enhancement *(Vorgang)*
erholen *v (RS)* recover
erholt revived
Erholung *f* recovery
Erholung *f*/**elastische** elastic recovery *(Baustoffbeanspruchung)*
Erholungsanlage *f* recreational facility
Erholungsbereich *m (RP)* recreation ground
Erholungsfläche *f (RP)* recreation area
Erholungsgebiet *n* 1. *(RP)* recreation area; 2. *(LB, RP)* leisure area
Erholungsheim *n* rest house
Erholungsort *m (RP)* resort
Erholungsraum *m* 1. recreation room; 2. *(Arch)* schola *(in einem antiken römischen Haus)*
Erholungszeitspanne *f (Verk)* recovery time *(Zählerfassung)*
Erholungszentrum *n* recreation centre, leisure centre, *(AE)* recreational center
erkalten *v* chill
Erkenntnis *f* finding *(wissenschaftlich, aus Erfahrungen)*
Erker *m* oriel, bay window, bow window, bay, jutty
Erker *m*/**gerundeter** bow window
Erker *m*/**polygonaler** cant bay
Erkerfenster *n* oriel window, bay window, bow window, cant-bay window, jutty window
Erkerfenster *n*/**polygonales** cant window
Erkerfenster *n*/**rundes** *(BT)* compass window
Erkertürmchen *n (Arch)* watch turret, bartizan *(auf Wehrmauern)*
erklären *v* elucidate, explain
erklären *v*/**abbruchreif** *(San, VR)* condemn
erklären *v*/**abrissreif** *(San, VR)* condemn
erklärt/als ungeeignet für Wohnzwecke *(VR)* condemned
Erklärung *f* explanation
Erklärung *f*/**eidliche** *(VR)* affidavit
Erkundigung *f* inquiry
Erkundung *f*/**geotechnische** *(DIN ISO/TS 17892)* geotechnical exploration
Erkundung *f* **und Untersuchung** *f*/**Geotechnische** *(Bod)* geotechnical investigation *(EN ISO 22476)*
Erkundungsarbeiten *fpl (Bod)* exploration work
Erkundungsbohrung *f* exploration well *(Baugrund)*
Erkundungsstollen *m (Tun)* exploratory heading
Erlass *m (VR)* executive orders
erlauben *v* permit, allow, approve *(Baurecht)*
erlauben *v*/**nicht** rule out
Erlaubnis *f (VR)* approval
erläutern *v* elucidate, explain
erläuternd explanatory
Erläuterung *f* explanatory note
Erläuterungsbericht *m* explanatory report *(z. B. zu Bauunterlagen)*
Erläuterungszeichnung *f (Konst)* explanatory drawing
Erle *f (LB)* alder
erleichtern *v (Stat)* ease
Erlenholz *n (BM, Hb)* alder wood
ermächtigen *v (VR)* authorize
ermächtigt *(VR)* authorized
Ermächtigung *f (VR)* authorization *(z. B. zur Bauabnahme)*
ermitteln *v* determine, evaluate
ermitteln *v*/**das Volumen** cube
ermitteln *v*/**Erdmassen** *(Erdb, Konst)* calculate the earthwork
ermitteln *v*/**genau** pinpoint *(Lage, Auflage)*
Ermitteln *n* determining
ermittelt/rechnerisch calculated

Ermittlung *f* determination
Ermittlung *f*/**grafische** *(Stat)* graphical solution
Ermittlung *f*/**rechnerische** *(Stat)* mathematical calculation
Ermittlung *f*/**zeichnerische** *(Stat)* graphical calculation
Ermittlungsergebnis *n* result of determination
Ermittlungsverfahren *n*/**empirisches** *(Stat)* trial-and-error-method
ermüden *v (BM, Konst)* fatigue
Ermüdung *f* fatigue *(von Material)*
Ermüdung *f* **bei geringem Lastwechsel** *(BM)* low cycle fatigue
Ermüdung *f*/**dynamische** *(BM)* vibratory fatigue
Ermüdungsanriss *m* fatigue precrack
Ermüdungsbeanspruchung *f* 1. *(Konst)* fatigue action; 2. *(Stat)* endurance action
Ermüdungsberechnung *f (Br, Stat)* fatigue calculation *(Brücke)*
Ermüdungsbruch *m* fatigue break, fatigue failure, fatigue fracture, fatigue rupture
Ermüdungserscheinung *f* fatigue, endurance phenomenon
Ermüdungsfestigkeit *f* endurance limit, pulsating fatigue limit, pulsating fatigue strength
Ermüdungsgesetz *n* fatigue law *(dynamische Beanspruchung)*
Ermüdungsgrad *m* endurance degree, fatigue degree
Ermüdungsgrenze *f* fatigue limit, limit of endurance *(Dauerbeanspruchung)*
Ermüdungslast *f (Stat)* fatigue load
Ermüdungslebensdauer *f* fatigue life
Ermüdungsleistungsfähigkeit *f* fatigue performance
Ermüdungsmerkmal *n* endurance characteristic, fatigue characteristic
Ermüdungsprozess *m* fatigue process
Ermüdungsprüfung *f* fatigue testing
Ermüdungsriss *m* fatigue crack, endurance crack
Ermüdungsschaden *m* fatigue damage
Ermüdungsschädigung *f* fatigue damage
Ermüdungsursachenuntersuchung *f* fatigue analysis
Ermüdungsverformung *f* fatigue deformation
Ermüdungsverhalten *n* fatigue behaviour
Ermüdungsversagen *n* fatigue failure
Ermüdungsverschleiß *m (BM)* fretting fatigue
Ermüdungsversuch *m* fatigue test
Ermüdungsversuchsstrecke *f* fatigue test track
Ermüdungswiderstand *m* fatigue resistance
ernennen *v* designate
erneuerbar renewable
erneuerbar/nicht non-renewable
erneuern *v* renew, renovate; replace *(austauschen)*
erneuern *v*/**eine Fassade** reface
Erneuerung *f* renewal, renovation, restoration, redevelopment
Erneuerungsanstrich *m (OB)* repainting
Erneuerungsarbeiten *fpl* renewal work
Erneuerungsaufstrich *m (OB, RS)* weather-coating renewal *(Dach, Fassade)*
Erniedrigung *f* depression *(z. B. von Druck)*
Erodierbarkeit *f* erodibility
erodieren *v* erode *(Gestein)*
erodierend erosive
Eröffnungstermin *m (Verk)* opening date
Erosion *f* erosion
Erosion *f*/**fortschreitende** head erosion, progressive erosion
Erosions... erosive ...
Erosionsangriff *m* erosion attack *(mechanisch)*
erosionsbeständig erosion-resistant
Erosionsfläche *f* denudation surface
Erosionsgefahr *f (Bod)* risk of erosion
Erosionsgeschwindigkeit *f* erosional rate, rate of erosion
Erosionskorrosion *f* erosion attack, erosion corrosion
Erosionsschutz *m* erosion protection, erosion control
Erosionstätigkeit *f* erosive action, erosive work
Erosionsterrasse *f* erosional terrace
Erosionsvermögen *n* erosive capacity
erosiv erosive
Erprobung *f* experimentation; trial *(Gebäudeinstallation)*
Erprobungsergebnisse *npl* performance data *(Baustoffe)*; service data
errechnen *v (Konst, Stat)* compute • **errechnen aus** *(Stat)* calculate from
Erreger *m (Umw)* exciter
erreichbar *(Konst)* accessible *(z. B. Bauteile, Gebäudeflächen)*
erreichen *v (Te)* achieve
errichten *v* 1. erect, construct, build, engineer, rear *(Gebäude, Brücke, Bauwerk)*; 2. build up, raise, plant *(z. B. Anlagen, Montagebauwerke)*; 3. *(Te)* set up; 4. *(El, HLK, San, Te)* install *(Leitungen)*; 5. practise *(herstellen)*; 6. edify *(Großelemente)*; pitch *(aufstellen, z. B. Zeltkonstruktionen)*
errichten *v*/**im Freivorbau** cantilever *(Brücke)*
errichten *v*/**in Gleitbauweise** *(Te)* slip-form
errichtet/sicher *(Konst)* well-built
Errichtung *f* 1. erection, construction, building *(Gebäude, Brücke, Bauwerk)*; 2. establishment *(einer Fabrik)*
Ersatz *m* replacement, substitute, surrogate, *(AE)* standby
Ersatz... spare ...
Ersatzbalkenträger *m (TK)* reference beam
Ersatzbalkenverfahren *n (Bod)* equivalent beam method
Ersatzfachwerk *n (TK)* transformation framework
Ersatzgenerator *m* standby generator
Ersatzkraft *f* equivalent force
Ersatzlast *f* 1. equivalent load; 2. *(Bod)* replacement load
Ersatzpumpe *f (WVA)* standby pump
Ersatzstab *m* fictitious bar, transformation member
Ersatzteil *n* replacement part, spare part, duplicate
Ersatzverfahren *n*/**Henneberg'sches** *(Konst, Stat)* Henneberg's method
Erschaffung *f* creation
Erscheinung *f* aspect *(Äußeres)*
Erscheinungen *fpl* **des unsäglichen Raumes** *(Arch)* phenomena
erschlaffen *v* 1. go slack *(Bewehrung)*; 2. relax *(Spannbetonbewehrung, Tragekonstruktion, Tragschicht)*; 3. slacken *(z. B. Seile)*; 4. get loose *(Spannung)*
erschlafft relaxed
erschließbar *(RP)* developable
erschließen *v* 1. develop *(Gebiete, Standorte)*; 2. make accessible *(für den Verkehr)*; 3. *(RP)* open up *(Baustofflagerstätten)*
erschließen *v*/**verkehrstechnisch** open up to traffic
Erschließung *f (Erdb, RP, VR)* development *(Bauland)*
Erschließung *f*/**stadttechnische** *(RP)* servicing
Erschließung *f* **von Baugelände** *(RP, Te)* land development
Erschließungsabgabe *f (RP, VR)* development fee
Erschließungsgebiet *n (RP)* development area
Erschließungskarte *f (RP)* base map *(Stadtplanung)*
Erschließungskosten *pl (VR)* land development fees
Erschließungsnetz *n (Verk)* spider-web network
Erschließungsplan *m (RP)* development plan
Erschließungsplanungskosten *pl (RP, VR)* development fee
Erschließungsstraße *f (Verk)* estate road
Erschließungs- und Betreiberkonzession *f* lease, improve and operation concession
erschlossen/nicht *(RP)* undeveloped *(Bauland)*

E

erschöpfen *v* impoverish *(Boden)*
erschöpft depleted *(abbaumäßig)*
erschüttern *v (Te)* shake
Erschütterung *f* oscillation, vibration, jarring, percussion, shock; concussion *(Wasserleitung)* • **Erschütterungen vermeiden** avoid shaking
Erschütterung *f* **durch Maschinenbetrieb** *(DIS, Konst)* machinery vibration
Erschütterung *f*/**seismische** *(Bod)* seismic disturbance
Erschütterung *f*/**verkehrsverursachte** *(Umw)* traffic-induced vibration
Erschütterungsausgang *m* vibration source
Erschütterungsbeständigkeit *f (Stat)* stability against oscillation
Erschütterungsdämpfer *m (DIS)* isolator
Erschütterungsdämpfung *f (DIS)* oscillation damping
Erschütterungsdauer *f* period of oscillation, period of vibration
Erschütterungsenergie *f* vibration energy
erschütterungsfest shakeproof
Erschütterungsfestigkeit *f* 1. *(Stat)* dynamic strength; 2. *(BM)* vibration resistance
erschütterungsfrei oscillation-less
Erschütterungsisolierung *f (DIS)* oscillation insulation
Erschütterungsnachweis *m (Stat)* oscillation check
Erschütterungsquelle *f* source of oscillation, source of vibration
Erschütterungsschaden *m (Umw)* vibrating damage
Erschütterungsschutz *m (Konst)* protection against oscillation
erschütterungssicher vibration-proof
Erschütterungsstärke *f* intensity of oscillation
Erschütterungsübertragung *f (Konst, Te)* vibration transmission
Erschütterungsursache *f* oscillation source
Erschütterungszeitdauer *f* period of oscillation, period of vibration
Erschwernis *f* impediment
ersetzen *v* replace, substitute, exchange
Ersetzen *n* replacement, substitution
Ersetzung *f* substitution
Erstanstrich *m* initial paint coating, initial protective coating
erstarren *v* 1. *(BM)* set; 2. freeze *(Schmelze)*; 3. solidify *(verfestigen)*; 4. gel *(verdicken, eindicken)*
erstarren lassen *v* solidify
Erstarren *n* freezing, solidification
Erstarren *n*/**falsches** hesitation setting *(Beton)*
erstarrend/langsam initially slow-setting, slow setting *(Zement)*
Erstarrung *f* 1. *(BB, BM)* final setting *(Beton, Mörtel)*; 2. *(BM)* set *(z. B. von Zement)*
Erstarrungsbeginn *m* initial hardening
Erstarrungsdauer *f (BB, Te)* time of initial set *(hydraulisch gebundene Baustoffe)*
Erstarrungseigenschaft *f* power of initial setting
Erstarrungsende *n* final set
Erstarrungsfrist *f (BB, Te)* time of initial set *(hydraulisch gebundene Baustoffe)*
Erstarrungsgeschwindigkeit *f* rate of initial set, initial set rate *(mit Bindemittel)*; rate of drying *(durch Trocknen)*
Erstarrungsgestein *n* eruptive rock, intermediate igneous rock
Erstarrungskurve *f* solidus curve, solidus line
Erstarrungsprozess *m (BM, Te)* process of initial setting
Erstarrungsprüfung *f* initial set test
Erstarrungspunkt *m* setting point
Erstarrungsreaktion *f* initial set reaction, reaction of initial setting
Erstarrungsregler *m* set-controlling admixture *(Betonzusatz)*
Erstarrungsverlauf *m* initial set process, process of initial setting
Erstarrungsvermögen *n* power of initial setting
Erstarrungsverzögerer *m* retarder *(für Zement oder zementartige Stoffe)*
Erstarrungsvorgang *m* initial set process, process of initial setting
Erstarrungszeit *f* 1. *(BM)* setting time; 2. *(BB, Te)* time of initial set *(hydraulisch gebundene Baustoffe)*
Erstarrungszeitraum *m* time of set *(hydraulische Bindemittel)*
Erstattung *f* reimbursement
Erstaushub *m* **von gewachsenem Boden** *(Bod, Erdb)* primary excavation
Erstbeastung *f* early loading
Erstbelastungssetzung *f (BM, Erdb)* primary consolidation *(Erdstoffe)*
erste first
Erste-Hilfe-Raum *m* first-aid room
erster first
ersticken *v* decay *(Holz)*
erstklassisch first
Erstluft *f (HLK)* primary air *(Heizung)*
erstrecken *v*/**sich** extend, range; reach *(z. B. Baugebiet, Verkehrsanlagen)*; stretch *(z. B. ein Gebiet)*
erstrecken *v* **auf/sich** cover
erstrecken *v* **über/sich** extend over, span
ertönen *v (DIS)* sound *(Akustik)*
Ertrag *m (VR)* earnings
ertragbar *(Umw)* sustainable
erträglich *(Umw)* sustainable
Ertragsrechnung *f (VR)* profitability calculation
Eruptivgestein *n* eruptive rock, magmatic rock, igneous rock, volcanic rock, lava flow
Eruptivgestein *n*/**basisches** whinstone *(allgemein)*
Eruptivgestein *n*/**klastisches** *(BM)* clastic eruptive rock
Erwachsenenräume *mpl* master suite
erwärmen *v (HLK, Te)* heat *(z. B. Bindemittel, Zuschlagstoffe)*
erwärmen *v*/**sich** 1. *(HLK, Te)* heat; 2. *(BM, BT)* heat up
erwärmen *v*/**wieder** reheat
Erwärmen *n* warming, heating
Erwärmung *f* warming
Erwärmung *f*/**zunehmende** incremental heating
Erwärmungsgeschwindigkeit *f* 1. *(HLK, Te)* rate of warming; 2. *(HLK)* warming period rate
erwarten *v* anticipate *(Belastungen)*
Erwartungshaltung *f (VR)* level of expectation
Erwartungshorizont *m (VR)* level of expectation
erweichen *v* soften; flux *(Kunststoffe)*; plasticize *(bes. Kunststoffe)*
Erweichungsbereich *m* softening range
Erweichungsmittel *n* emollient *(für Bitumen, Kunststoffe)*
Erweichungsprüfung *f* softening test
Erweichungspunkt *m (BM)* softening point
Erweichungspunkt *m* **mit Ring und Kugel** *(BM)* ring--and-ball softening point *(Bitumen)*
Erweichungspunkterhöhung *f* fallback *(Bitumen)*
Erweichungszustand *m (BM)* softening stage
erweiterbar extendable
erweitern *v* 1. enlarge *(vergrößern, verlängern)*; 2. expand, extend *(ausdehnen)*; 3. *(Konst, Te)* widen *(aufweiden)*; 4. increase *(steigern)*; 5. *(Verk)* widen, enlarge
erweitert expanded
erweitert/konisch flare-shaped
Erweiterung *f* 1. enlargement *(Vergrößerung)*; 2. expansion *(Ausdehnung)*; 3. *(Arch)* extension *(eines Gebäudes)*; 4.

(Konst, Te) widening *(Aufweidung)*; 5. development *(Ausbau)*
Erweiterung f/etappenweise *(Konst)* phased development
Erweiterung f/konische *(Arch)* conical widening
Erweiterung f/trichterförmige bellmouthing
Erweiterungsabschnitt *m (RP)* extension stage
Erweiterungsarbeiten *fpl* expansion work
Erweiterungsbau *m* extension building, extension, addition, annexe, *(AE)* annex
Erweiterungsbohrer *m (BWG)* reamer *(Bauwerksdurchbrüche)*
Erweiterungsbohrmeißel *m* enlarging bit
Erweiterungsgrundstück *n (RP, VR)* development site
Erweiterungsmeißel *m* enlarging bit, reaming bit
Erweiterungsplan *m (RP)* extension plan
Erweiterungsstück *n* increaser, taper pipe *(Rohrverbindung)*
Erwerb *m (VR)* acquisition
erzeugen *v* 1. manufacture, produce *(Bauelemente)*; 2. generate *(Energie, Dampf)*; 3. prepare *(Mörtel, Beton, Asphaltmischgut)*
Erzeugende *f* generator, generatrix *(mathematisch)*
Erzeugende f/gerade straight generator
Erzeuger *m* maker, manufacturer
Erzeugerkennzeichen *n (VR)* maker's mark
Erzeugerqualitätsnachweis *m (VR)* manufacturer's certificate
Erzeugerqualitätsprüfung *f (VR)* maker's test
Erzeugnis *n* product, article, make
Erzeugnis n/bituminöses bituminous product
Erzeugnis *n* **der Bauindustrie** *(Arch, BT)* construction product
Erzeugnis n/gebranntes burned product
Erzeugnis n/geschweißtes welded product
Erzeugnis n/keramisches ceramic article
Erzeugnisauswahl *f* selection of products
Erzeugnisse *npl* goods, products, ware
Erzeugnisse npl/sanitärkeramische sanitary ware
Erzeugung *f* 1. generation *(Energie, Dampf usw.)*; 2. *(Te)* production *(z. B. Bauteilfertigprodukte)*; 3. *(Te)* preparation *(Beton, Mörtel, bituminöses Mischgut)*
Erzfall *m (Bod)* ore shoot
erzwingen *v* force
Erzzement *m (BB, BM)* Ferrari cement
Esche *f* ash
Eschefurnier *n (Hb)* ash veneer
Eschenholz *n* ash wood
E-Schweißen *n* electric welding
Eselsrücken *m (SB)* saddleback *(Mauer)*
Eselsrückenbogen *m* ogee arch; saddleshaped arch *(Spitzschweifbogen)*
Eselstahl *m* fine steel
Eskimohaus *n* igloo
Espagnolettenverschluss *m* espagnolette bolt
Espe *f* asp tree, aspen
Espenholz *n* aspen wood
Esplanade *f (RP)* esplanade
Esplanadenweg *m (Arch, RP)* esplanade
Essbereich *m* dining zone
Esse *f* chimney, flue, smokestack; volcanic vent *(geologisch)*
Essecke *f* dining recess, dining area, *(AE)* dinette
Essensausgabeschalter m/beheizter food display counter
Essküche *f* dining kitchen, dweller kitchen, *(AE)* eat-in kitchen
Essnische *f* dining nook, dining recess, dining area, *(AE)* dinette
Essplatz *m* dining space
Essterrasse *f* dining terrace
Esszimmer *n* dining room
Ester *m (BM)* ester
Esterharz *n* esterified natural resin, rosette ester
Esterharzklarlack *m* 1. *(BM, OB)* esterified natural resin varnish; 2. *(BM, OB)* rosette ester varnish
Estobitumen *n (BM)* esto-bitumen
Estrade *f (Arch)* estrade, halfplace, dais, platform
Estrich *m* floor screed, screed *(Baustoff)*; screed topping, screed flooring, floor pavement *(fertiger Belag, DIN 18560-1 bis 7, BS 8000-9, BS 8204)*
Estrich m/abgezogener floated screed
Estrich m/bituminöser bituminous screed
Estrich m/hochbeanspruchter *(BB, SB)* heavy-duty screed *(DIN 18560-7, BS 8000-9)*
Estrich m/magnesiagebundener *(Konst)* magnesium oxychloride composition
Estrich m/schwimmender floating floor, floating layer
Estrich m/venezianischer *(BM)* Venetian wash floor
Estrichabsiegelung *f (OB)* screed sealing
Estricharbeiten *fpl (BB, SB, Te)* floor screed work, screed work *(BS 8000-9, DIN 18353)*
Estrichbeschleuniger *m (BM)* screed accelerating agent
Estrichfeld *n* screed bay
Estrichfuge *f (Konst)* screed joint
Estrichfuge *f* **über einer Dehnfuge** *(Konst)* topping joint
Estrichfußboden *m* screed topping, seamless floor, seamless flooring
Estrichfußbodenbelag *m* screed floor cover, screed floor covering
Estrichgips *m* floor plaster
Estrichglätten *n* **mit Stahlkelle** steel trowelling
Estrichglätter *m* trowelling machine
Estrichlage *f* topping, traffic deck surfacing
Estrichlagenverlegung f/fixierte fixed screed height laying
Estrichmörtel *m (BM)* screed mortar *(DIN EN 13813, DIN 18560-1 bis 7)*
Estrichoberfläche *f* screed surface
Estrichstärke *f* screed height
Estrichunterlage *f (Konst)* screed base
Estrichversiegelung *f (OB)* screed sealing
Estrichzusatzmittel *n* screed agent
E-Stück *n* flanged socket
ETA *s.* Zulassung/Europäische Technische
etablieren *v* establish, set up *(z. B. Baugebiet, Bauunternehmen)*
etablieren v/sich in einem Haus settle down in a house
Etage *f* storey, floor; tier *(Theater, Stadion)*; *(AE)* story
Etage f/erste first floor, *(AE)* first storey
Etagen fpl/versetzte staggered floors, staggered storeys, *(AE)* staggered stories
Etagenabsatz *m* floor landing, storey landing *(Treppe)*
Etagenbau *m (Arch)* multifloor building
Etagenbogen *m* swan neck *(Abwasser)*
Etagenbrücke *f (Br)* double-deck bridge
Etagendecke *f (Konst, TK)* intermediate floor
Etagenebene *f* storey level
Etageneckwohnung *f (Arch, Konst)* corner flat
Etageneigentum *n (Arch, VR) (AE)* condominium
Etagenflur *m* flat
etagenförmig arranged in tiers
Etagengrundriss *m (Konst)* floor plan
Etagenhaus *n* block of flats, *(AE)* apartment house
Etagenheizung *f* individual central heating, single-storey heating system
etagenhoch of storey height
Etagenhöhe *f* storey floor height, storey height

Etagenleitung *f* 1. *(El, WVA)* floor branch; 2. *(WVA)* storey branch
Etagenofen *m (HLK)* multiple-hearth incinerator
Etagenpodest *n* floor landing
Etagentrockner *m* shelf drier
Etagenverkehr *m* interfloor traffic
Etagenwand *f* storey wall
Etagenwohnung *f* flat, *(AE)* apartment
Etagenwohnungsfläche *f* flat floor space
Etagere *f* shelf
Etat *m (VR)* budget
Eternit® *n* eternit, asbestos cement
Ethylalkohol *m*/**vergällter** spirit
Ethylsilikat *n* ethyl silicate
etikettieren *v* label
Etikettierung *f (VR)* labelling
Ettringit *m* ettringite, cement bacillus *(Zementbeton)*
Eukalyptusholz *n (BM, Hb)* gumwood
EU-Richtlinie *f* EU-guideline
Eurocode *m* Eurocode, EC
Euronorm *f (Konst, VR)* Euronorm, European Standard
eustylisch *(Arch)* eustyle *(mit Säulenabstand von zwei Durchmessern)*
Eutektikum *n (St, Te)* eutectic system
eutektisch *(St, Te)* eutectic
Euthynterie *f (Arch)* euthynteria *(griechischer Tempelbau)*
Eutrophierung *f (Umw)* eutrophication
evakuieren *v (VR)* evacuate *(Personen)*
Evakuierungsaufzug *m* evacuation lift
Evangelienseite *f (Arch)* Gospel side
evaporieren *v* evaporate
Eventualposition *f (VR)* contingency item
eventuell optional
Evolute *f (Arch)* evolute
Evolvente *f (Arch)* involute
evolventenförmig involute • **evolventenförmig gekrümmt** involute
Evolventengeometrie *f (Arch)* involutometry
exakt 1. accurate, exact; 2. *(Stat)* rigorous
Exaktheit *f* **der Bezugnahme** *f (Stat, VR)* precision of reference
Exedra *f* 1. *(Arch)* exedra *(rückwärtiger Saal eines antiken Wohnhauses)*; 2. *(Arch)* apse *(halbrunde oder vieleckige Raumform als Kirchenabschluss für die Aufnahme des Altars)*
exekutiv executive
exgeschützt, ex-geschützt *(El)* explosion-proof
Exhaustor *m (HLK)* exhauster
expandieren *v* expand
expandiert expanded
Expansion *f* expansion
Expansionsgrad *m* degree of expansion
Expansionsventil *n (HLK)* expansion valve
Experiment *n* experiment
Experimentalbau *m* experimental building
Experimentalhaus *n* experimental house
experimentell experimental
Experte *m (VR)* expert
Expertenurteil *n (VR)* expert witness
Expertise *f (VR)* expertise
explodieren *v* explode, burst, blow up
Exploitation *f (Bod)* exploitation
Explosion *f* detonation, explosion
Explosionsdruck *m (Erdb, Tun)* explosion pressure
explosionsgeschützt *(El)* explosion-proof
Explosionsramme *f* 1. *(BWG)* combustion rammer; 2. *(BWG, Erdb)* internal combustion rammer; 3. *(BWG, Erdb)* frog rammer
Explosionsschweißen *n (St)* explosive welding
explosionssicher *(El)* explosion-proof
Explosionsstampfer *m (BWG, Erdb)* power rammer
Explosionswelle *f* explosion wave
Explosivstoffe *mpl* explosive materials
Exponentialfunktion *f (Stat)* exponential function
Exponentialgesetz *n* **der Kornverteilung** *(BM)* law of particle size distribution
exponieren *v* expose *(einer Einwirkung)*
exponiert/frei exposed outdoors
Expositionsdauer *f* length of exposition *(Baustoffe)*
Expressionismus *m (Arch)* Expressionism
Expressspachtel *m (BM, OB)* hard stopping
extern external
Extrahart-Holzfaserplatte *f* tempered hardboard
Extrahartplatte *f* tempered hardboard
extrahieren *v* extract
extrahiert *(HLK)* extracted
Extrakosten *pl* surcharge
Extraktbitumen *n (BM) (AE)* extracted asphalt
extrastark *(Bod)* extra-strong
Extremfall *m* extreme case
Extrempunkt *m* bending point, turning point
Extremwert *m* 1. extreme value *(mathematisch)*; 2. *(El)* peak value, crest value
extrudieren *v (BM)* extrude *(Kunststoffe)*
Extrusion *f* extrusion
Exzenterlast *f* off-centre load, off-centre loading
exzentrisch off-centre, out-of-centre, eccentric
Exzentrizität *f (TK)* eccentricity
exzessiv *(Umw)* excessive *(z. B. Niederschlag)*

F

Fabrik *f* factory
Fabrikanlage *f* 1. *(BWG)* manufacturing plant; 2. *(BWG, RP)* plant
Fabrikat *n* make, product
Fabrikation *f (Te)* production
Fabrikbau *m* factory construction
fabrikfertig factory-built, factory-finished
Fabrikgebäude *n* factory building, industrial building, factory block, industrial block
fabrikgefertigt factory-made; ready-made *(z. B. Anstriche, Einbauteile)*; precast *(Betonteile)*
Fabrikgelände *n* factory site, industrial ground, mill site
Fabrikhalle *f* factory block; factory shed
Fabrikleuchte *f (El)* industrial luminaire
Fabrikschornstein *m* factory chimney
Fabrikstilllegung *f* industrial dereliction
Fabrikvorfertigung *f* factory precasting *(Betonelemente)*; factory prefabrication *(Montageteile)*
Fabrikwasser *n (WVA)* general service water
fabrizieren *v* fabricate
fabriziert fabricated
Facette *f* facet, bevel *(geschliffene Schrägfläche)*
Facettenglas *n (BM)* bevelled glass
facettieren *v* facet
facettiert *(Arch)* with facets
Fach *n* 1. *(Konst, TK)* bay *(Balkenfeld)*; 2. *(Konst)* coffer *(einer Decke)*; 3. pigeonhole *(Post)* • **in Fächer abteilen** box off • **in Fächer teilen** box off • **mit Fächern versehen** *(Te)* shelve

Fach... special ...
Facharbeiter *m* craftsman, skilled worker, trained workman
Fachausschuss *m* specialist commission
Fachbelegschaft *f* skilled personnel
Fachbeurteilung *f (VR)* expertise
Fachboden *m* shelf *(Einlegeboden)*
fächeln *v (HLK)* fan
Fächer *m (HLK)* fan
fächerartig 1. fan-shaped, fanlike; 2. *(Arch)* flabelliform *(Ornament)*
Fächerbogen *m (Arch)* multifoil arch
Fächerbrücke *f (Br)* radiating bridge
Fächerdachziegel *m* imbrex *(konvexer Hohlziegel zum Überdecken einer Fuge zwischen zwei Flachziegeln)*
Fächerfenster *n* fan-shaped window; fanlight *(halbrundes Fenster über Türen)*
fächerförmig fan-shaped
Fächergerüst *n (Arch)* fantail
Fächergewölbe *n* fan vault, conoidal vault
Fächergewölbeausbildung *f*/**ornamentale** *(Arch)* fan tracery
Fächergitter *n* fan-shaped gate
Fächermethode *f (Umw)* cell method
Fächerornament *n (Arch)* fanlike ornament
Fächerregal *n (EB)* shelving
Fächertorschleuse *f (Wsb)* wing gate sluice
fächerüberwölbt fan vaulted
fachgerecht workmanlike
Fachkenntnis *f* expertise, special experience
Fachkönnen *n*/**handwerkliches** *(Konst, VR)* workmanship
Fachkunde *f (VR)* expertise
fachkundig expert, competent, proficient
Fachliteratur *f* specialist literature
Fachmann *m* professional, specialist
fachmännisch professional, skilful, workmanlike
Fachmannschaft *f* skilled personnel
Fachpersonal *n* technical staff, skilled personnel
Fachterminologie *f*/**technische** technology
Fachwand *f (Konst)* panel wall
Fachwandriegel *m (BT)* rail of a framework
Fachwerk *n* framework, lattice, latticework, truss, framing, frame, square-framed work, skeleton; panelling *(Tischlerarbeit)*; structural framework, skeleton framing *(Tragwerk)*; timber framing *(Holz)*; timbered building *(Gebäude)*
Fachwerk *n* **aus Senkrechtstreben** *(TK)* studding
Fachwerk *n*/**ausgesteiftes** braced frame, braced framework
Fachwerk *n*/**bewegliches** *(Konst)* instable frame
Fachwerk *n*/**ebenes** plane frame, plane framework, plane truss, single-plane truss
Fachwerk *n*/**einfaches** *(TK)* simple framework
Fachwerk *n*/**ideales** *(Stat)* ideal framework
Fachwerk *n*/**kinematisch bestimmtes** kinematically determinate truss, stable truss
Fachwerk *n*/**kinematisch überbestimmtes** kinematically overdefined truss, kinematically overdetermined truss
Fachwerk *n*/**kinematisch unbestimmtes** *(Stat)* kinematically unstable truss
Fachwerk *n*/**kinematisch unterbestimmtes** kinematically underdefined truss, kinematically underdetermined truss
Fachwerk *n*/**labiles** *(Stat)* kinematically unstable truss
Fachwerk *n*/**mehrteiliges** multiple latticework
Fachwerk *n*/**mit Zwischenstreben unterteiltes** *(Konst)* subdivided truss
Fachwerk *n*/**nicht einfaches** *(Konst)* non-simple truss
Fachwerk *n*/**nicht standsicheres** unstable frame
Fachwerk *n*/**nicht standsicheres ebenes** unstable frame
Fachwerk *n*/**radiales** *(Konst)* fan truss
Fachwerk *n*/**räumliches** space frame, space frame structure, space truss, three-dimensional framework, fan truss, lattice plate; latticework in space *(Brücke)*
Fachwerk *n*/**stabiles** stable truss, kinematically determinate truss
Fachwerk *n*/**ständerloses** French truss
Fachwerk *n*/**statisch bestimmtes** statically defined frame, statically defined truss, statically determinated [determined] framework
Fachwerk *n*/**statisch unbestimmtes** indeterminate truss, over-rigid frame, over-rigid truss, redundant truss, hyperstatic truss
Fachwerk *n*/**verstrebtes** braced frame, braced framework, full frame
Fachwerkanalogie *f* framework analogy
Fachwerkausmauerung *f* nogged bay work, backfilling, brick nogging
Fachwerkbalkenbrücke *f* trussed girder bridge, bridge with trellis main booms
Fachwerkbau *m* framework construction, timber building, timber-frame construction, timber-framed construction, wood-frame construction, frame house
Fachwerkbauart *f* frame type of construction, framework construction method
Fachwerkberechnung *f (Stat)* framework calculation
Fachwerkbinder *m* lattice truss, open-web girder, braced beam, framed beam, roof frame; truss girder, trussed girder, truss *(Träger)*
Fachwerkbinder *m* **aus Verbundbaustoff** *(Konst, TK)* composite roof truss
Fachwerkbinder *m*/**durchlaufender** *(BT, Konst, Stat, TK)* continuous truss
Fachwerkbinder *m*/**parallelgurtiger** parallel-chord truss, flat truss
Fachwerkbinderdach *n (Konst, TK)* trussed roof
Fachwerkbinderdachstuhl *m* trussed-rafter roof
Fachwerkbogen *m* lattice arch, arch in trellis work, trelliswork arch, truss arch, trussed arch
Fachwerkbogen *m*/**offener** *(TK)* braced arch
Fachwerkbogenbrücke *f (Br)* trussed arch bridge
Fachwerkbogengerüst *n (BT, Te)* truss centre
Fachwerkbogenstahlträger *m (TK)* steel trussed arch girder
Fachwerkbolzenbohrer *m* pin drill
Fachwerkbrücke *f (Br)* lattice bridge
Fachwerkdach *n* framed roof
Fachwerkdiagonalstab *m*/**durchgängiger** *(Konst, TK)* main diagonal
Fachwerkendglied *n* end post
Fachwerkendstab *m (Konst)* inclined end post
Fachwerkfeld *n* truss bay, framework panel, panel • **mit engräumigen Fachwerkfeldern** half-timbered
Fachwerkfeld *n*/**mittleres** *(Konst)* intermediate truss
Fachwerkfeldlänge *f* framework panel length, panel length
Fachwerkfeldstrebe *f*/**vertikale** *(BT, TK)* subvertical
Fachwerkfußholz *n (BT)* pendant post
Fachwerkgewölbe *n (Konst)* panel vault
Fachwerkgurt *m (BT)* truss rod
Fachwerkhängebrücke *f* lattice suspension bridge, trelliswork suspension bridge
Fachwerkhaus *n* timber framework building, framework house, frame house, half-timbered house, timber-framed building, timber-framed house
Fachwerkhaus *n* **mit Stülpschalbrettverkleidung** *(Arch) (AE)* clapboard house
Fachwerkhinterputz *m (AE)* backplastering

Fachwerkholzträger *m (Hb, TK)* trussed wooden beam
Fachwerkknoten *m* framework joint, truss joint; gusset *(Stahlbau)*
Fachwerkknotenbelastung *f (Stat)* panel load
Fachwerkknotenpunkt *m* gusset *(Stahlbau)*
Fachwerkkonstruktion *f (Konst)* truss structure
Fachwerkkuppel *f* truss cupola, truss dome
Fachwerkmauer *f* post and pane wall, post and pane
Fachwerkpfette *f* 1. *(BT)* lattice purlin; 2. *(BT, Konst)* latticed purlin
Fachwerkrahmen *m (TK)* trussed frame
Fachwerkrahmenbau *m (Konst, TK)* framed building
Fachwerkrahmenöffnung *f (Konst)* trussed wall opening
Fachwerkrundfigur *f (Arch, Konst)* scheme of framework
Fachwerkschwelle *f* sill of framework
Fachwerksenkrechtelement *n* truss vertical member
Fachwerksichelbogen *m (TK)* sickle-shaped trussed arch
Fachwerkstab *m* frame member, truss bar, truss member, truss rod, web member
Fachwerkstahlträger *m (TK)* steel trussed girder
Fachwerkstrebe *f* frame member
Fachwerkstütze *f (TK)* trussed column
Fachwerktheorie *f (Stat)* truss theory
Fachwerktheorie *f*/**kinematische** *(Stat)* kinematic theory of framework
Fachwerkträger *m* trussed beam, trussed girder, truss girder, braced beam, frame girder, triangulated girder
Fachwerkträger *m* **als Pfette/leichter** *(TK)* trussed purlin
Fachwerkträger *m*/**gekrümmter** 1. *(Konst, TK)* truss arch; 2. *(TK)* trussed arch
Fachwerkträger *m*/**statisch unbestimmter** *(Stat, TK)* statically indeterminate lattice girder
Fachwerkträger *m*/**strebenloser** *(TK)* truss without diagonal members
Fachwerktrennwand *f* framed partition, trussed partition
Fachwerkverband *m (Hb, Konst, SB)* diagonal tieing, diagonal tying *(Mauerwerk)*
Fachwerkverstärkungsstrebe *f*/**senkrechte** *(BT, TK)* subvertical
Fachwerkwand *f* frame wall, stud wall
Fachwerkwand *f*/**doppelte** double-framed wall
Fachwerkwand *f*/**unvollständige** *(Konst)* incomplete trellis work
Fachwerkwand *f*/**vollständige** *(Konst, TK)* complete trellis work
Fachzeitschrift *f* specialist journal, trade journal
Facility-Management *n (VR)* facility management
fadenartig filamentary
Fadenbilden *n (OB)* stringing *(Farbspritzen)*
Fadendiopter *m (Verm)* cross-wire sight *(Optik)*
fadenförmig filamentous
Fadenkreuz *n* 1. *(Verm)* cross hairs; 2. *(Verm)* graticule
Fadenlunker *m (BM, St)* coky centre
Fadenziehen *n (OB)* stringing *(Farbspritzen)*
fadenziehend ropy
Fadeometer *n (BWG, OB)* fadeometer *(z. B. für Kunstharz, Beschichtungen)*
Fähigkeit *f* capability, competence, efficiency
Fahnenmast *m* flagstaff
Fahnenstange *f* flagpole
Fahrbahn *f (Verk)* carriageway *(mit Hilfsfahrstreifen)*; roadway *(auch auf Brücken)*; travelled way *(ohne Hilfsfahrstreifen)*; *(AE)* roadway, pavement *(Straße)*; lane *(Fahrspur)*; runway *(Kran)* • **die Fahrbahn aufhängen** *(Br, Verk)* suspend the roadway
Fahrbahn *f*/**abgesenkte** *(Verk)* half-sunk roadway
Fahrbahn *f*/**aufgehängte** *(Br, Verk)* suspended deck *(Brücke)*
Fahrbahn *f*/**befestigte** roadway *(auch auf Brücken)*
Fahrbahn *f*/**einbahnig zweistreifige** two-lane single carriageway
Fahrbahn *f*/**flache** *(Verk)* plane roadway
Fahrbahn *f*/**nasse** wet pavement
Fahrbahn *f*/**orthotrope** *(Verk)* orthotropic deck *(Brücke)*
Fahrbahn *f*/**selbstheilende** *(Verk)* self-repairing pavement
Fahrbahn *f*/**untenliegende** low-lying roadway
Fahrbahn *f*/**unterhaltungsfreie** *(Verk)* zero maintenance pavement
Fahrbahn *f*/**versenkte** roadway below bottom boom
Fahrbahn *f*/**zweispurige** *(Verk)* double-laned roadway
Fahrbahnabschlussprofil *n* 1. *(BT, Verk)* roadway border *(Brücke, längs)*; 2. *(Br, BT)* roadway end beam *(Brücke, quer)*
Fahrbahnabsenkung *f* pavement subsidence
Fahrbahnalterung *f (Verk)* pavement aging
Fahrbahnaufbau *m* pavement construction, pavement structure
Fahrbahnaufweitung *f* flare
Fahrbahnbaustoff *m* pavement material
Fahrbahnbedingungen *fpl* road conditions
Fahrbahnbedingungen *fpl*/**winterliche** *(Verk)* wintry road conditions
Fahrbahnbefestigung *f* covering of the roadway
Fahrbahnbefestigung *f*/**flexible** *(Verk)* flexible pavement
Fahrbahnbefestigung *f* **mit überwachten Sekundärbaustoffen** *(Verk)* pavement using controlled waste
Fahrbahnbefestigung *f*/**selbstverdichtende** *(Verk)* self--compacting pavement
Fahrbahnbefestigung *f*/**starre** *(Verk)* rigid pavement *(Straße)*
Fahrbahnbefestigung *f*/**vorgefertigte** prefabricated pavement
Fahrbahnbefestigungen *fpl* **aus Beton** *(DIN EN 13863)* concrete pavements (for road covering)
Fahrbahnbefestigungsversuch *m* **im Maßstab 1:1** full--scale pavement test
Fahrbahnbegrenzung *f (Verk)* white line
Fahrbahnbelag *m (Verk)* carriageway surfacing
Fahrbahnbewertung *f s.* Fahrbahnzustandsbewertung
Fahrbahnbord *m* pavement kerb
Fahrbahnbreite *f (Verk)* width of carriageway
Fahrbahndecke *f* road surface, roadway covering, road flooring, road carpet, topping
Fahrbahndecke *f* **aus Stahl** steel deck
Fahrbahndecke *f*/**selbstschließende** *(Verk)* self-repairing pavement
Fahrbahneinengung *f (Verk)* narrow section of road, road narrow(ing)
Fahrbahneinengungszeichen *n (Verk)* narrow section sign
Fahrbahnentwässerung *f* pavement drainage
Fahrbahnfuge *f* pavement joint
Fahrbahngebrauchsverhalten *n (Verk)* pavement performance
Fahrbahngriffigkeit *f (Verk)* road friction
Fahrbahnheizung *f (Verk)* road heating
Fahrbahnhöcker *m (Verk)* speed hump *(zur Geschwindigkeitsreduzierung)*
Fahrbahnimprägnierung *f (Verk)* road oiling
Fahrbahninsel *f (Verk)* refuge
Fahrbahnkontrolle *f* pavement inspection
Fahrbahnkörper *m* traffic way, *(AE)* roadway
Fahrbahnleuchtknopf *m (Verk)* reflecting stud
Fahrbahnmarkierung *f* carriageway marking, road marking, horizontal road marking, lane marking, lane marker
Fahrbahnmarkierungsgerät *n (Verk)* road-marking machine

Fahrbahnoberflächenbeobachtung *f (Verk)* road surface monitoring
Fahrbahnoberflächenschaden *m* road surface deficiency
Fahrbahnoberflächentemperatur *f (Verk)* road surface temperature
Fahrbahnpfeil *m* pavement arrow
Fahrbahnplatte *f* carriageway slab, paving slab, top slab *(Straße)*; bridge deck, deck slab, floor plate *(Brücke)*
Fahrbahnplatte f/orthotrope *(Verk)* orthotropic deck *(Brücke)*
Fahrbahnplattenentwässerung *f (Verk)* deck drainage
Fahrbahnplattenflattern *n (Verk)* (slab) rocking
Fahrbahnplattenkippeln *n (Verk)* (slab) rocking
Fahrbahnplattenoberflächensystem *n (Verk)* deck surfacing system
Fahrbahnplattenpumpen *n (Verk)* slab pumping *(Betonstraße)*
Fahrbahnquerbalken *m* road hump, sleeping policeman *(Tempolimitierung)*
Fahrbahnrandüberfahrspur *f (Verk)* path-widening side plough
Fahrbahnreibung *f (Verk)* road friction
Fahrbahnreparatur *f (RS, Verk)* pavement repairing
Fahrbahnrost *m (BT)* floor grid *(Brücke)*
Fahrbahnrückverformung *f (Verk)* pavement reshaping
Fahrbahnschaden *m* pavement distress, pavement failure *(Straße)*
Fahrbahnscheitelpunkt *m* crown of carriageway, crown of pavement
Fahrbahnschwelle *f (Verk)* road hump, hump; speed bump, speed hump *(zur Verkehrsberuhigung)*
Fahrbahnschwellenteiler *m (Verk)* raised divider
Fahrbahnseite f/entgegenkommende *(Verk)* oncoming lane, off-side lane, off-side
Fahrbahnsetzung *f* pavement subsidence
Fahrbahnstreifen *m (Verk)* lane *(Straße)*
Fahrbahntafel *f (Br, Verk)* decking
Fahrbahntafel f/untere *(Verk)* lower deck
Fahrbahnteiler *m (Verk)* central reserve
Fahrbahnteilerspitze *f (Verk)* gore area
Fahrbahnteppich *m* road carpet
Fahrbahnunterbau *m (Verk)* pavement foundation
Fahrbahnunterhaltung *f* pavement in service
Fahrbahnverengung *f (Verk)* narrow section of road, lane closure
Fahrbahnverformung *f (Verk)* pavement deformation
Fahrbahnverstärkung *f (Verk)* pavement strengthening
Fahrbahnwölbung *f* camber
Fahrbahnzustandsbewertung *f (Verk)* pavement rating, rating of pavement, pavement evaluation
Fahrbahnzustandsverschlechterung *f (Verk)* pavement deterioration
Fahrbahnzwickel *m (Verk)* taper
fahrbar movable; travelling; mobile *(z. B. Werkstatt)*
Fährbrücke *f* ferry bridge, aerial ferry, trail bridge, trail ferry
Fahrbühne *f (EB)* cage beam *(eines Aufzugs)*
Fahrdamm *m* 1. *(Erdb, Wsb)* bank; 2. *(Verk)* carriageway
Fahrdamm m/erhöhter *(Erdb)* dike
Fähre *f (Verk)* ferry
Fähre f/seilgeführte *(Verk)* cable ferry
Fahrebene *f (Verk)* vehicle level
fahren *v* 1. run *(Fahrzeuge, verkehren)*; 2. drive *(Fahrzeuge lenken)*; 3. ride *(mit einem Verkehrsmittel)*; 4. operate, run *(Anlagen)*; 5. *(Tun)* gang, go *(auch Baustoffbergbau)*
Fahrenheitskala *f (HLK)* Fahrenheit scale
Fahrer *m* driver
Fahrfehler *m* driver error
Fahrgasse *f (Konst)* aisle way
Fahrgasthafen *m* passenger berth
Fahrgastschalter *m* passenger counter
Fahrgastwechsel *m (Verk)* passenger-exchange *(Eisenbahn)*
Fahrgerüst *n* tower scaffold
Fahrgestell *n* bogie *(Förderanlagen)*; chassis, *(AE)* truck *(Nutzfahrzeuge)*
Fährhafen *m (Verk, Wsb)* ferry terminal
Fährhaus *n* ferry house
Fahrkartenschalterhalle *f (Konst, Verk)* ticket hall
Fahrkomfort *m (Verk)* riding quality
Fahrkorb *m* lift cage, lift car, cage *(eines Aufzugs)*; *(AE)* car
Fahrkorbbodenfläche *f* lift car platform
Fahrkorbträger *m (EB)* cage beam
Fahrkorbtürsicherung *f* cage door contact, car door contact, *(AE)* elevator car door contact
Fahrkran *m* portable crane
Fahrlader *m (BWG)* tractor shovel
fahrlässig careless, reckless, negligent *(Handlung, Person)*; caused by negligence *(Unfall)*
Fahrlässigkeit *f* negligence
Fahrleistung *f* mileage
Fahrleitung *f* overhead conductor line, conductor line, traction line
Fahrleitungsausleger *m* bracket arm
Fahrleitungsjoch *n* arched catenary support
Fahrleitungskreuzung *f* overhead crossing
Fahrleitungsmast *m* traction line pole, traction pole, catenary support; tram tower
Fahrleitungsspanner *m* catenary wire strainer
Fahrleitungsspannung *f (El)* catenary voltage
Fahrleitungsstoßklemme *n* splicing fitting
Fahrleitungsweiche *n* overhead frog, contact-wire frog
Fahrmischer *m* 1. agitating lorry, truck mixer, ready-mix truck, inclined-axis mixer, *(AE)* agitating truck; concrete mixer on truck *(Wagen und Mischer als feste Einheit)*; 2. *(Verk)* paving mixer *(Straßenbau)*; truck agitator *(für Transportbeton)*
Fahrmischertrommel *f (BWG, Te)* agitator body
Fahrmischerwasserfüllung *f* wash water *(Spülwasser in Extratank zum Reinigen nach Entleerung)*
Fahrmischfertiger *m (Verk)* paving mixer *(Straßenbau)*
Fahrplan *m (Te)* schedule
Fahrprüfung *f* driving test
Fahrrad *n* cycle
Fahrradabstellraum *m* cycle room
Fahrradstand *m* cycle stand, bicycle park, bicycle racks, rack stand
Fahrradstandplatz *m* bicycle racks
Fährrampe *f (Verk)* gate ramp
Fahrrecht n/ausschließliches *(Verk, VR)* exclusive right of way
Fahrrinne *f (Wsb)* navigable water, shipping channel, channel
Fahrrinne f/nicht unterbrochene *(Wsb)* continuous channel
Fahrsausbildung *f* driver training
Fahrschacht *m* lift shaft, hoistway, *(AE)* elevator shaft
Fahrscheinlesegerät-Schranke *f* ticket-reading gate
Fahrscheinsperre f/automatische ticket-reading gate
Fahrschiene *f (Verk)* rail
Fahrsilo *n* horizontal silo, clamp silo
Fahrspur *f (Verk)* traffic lane, lane *(Straße)*; rut *(Fahrzeugeindrückspur)*
Fahrspur f/am stärksten beanspruchte *(Verk)* road-bed *(einer Straße)*
Fahrspur f/überbreite *(Verk)* extra lane width
Fahrspur f/zusätzliche *(Verk)* auxiliary lane
Fahrspuranzeichnung *f (Verk)* lane delineation

Fahrspuraufhebung *f (Verk)* lane closure
Fahrspurbeibehaltung *f (Verk)* lane keeping
Fahrspur-Bindemittelanreicherung *f (Verk)* tracking *(Straße)*
Fahrspurbreite *f (Verk)* lane width
Fahrspurenkapazität *f (Verk)* lane capacity
Fahrspurenkennzeichnung *f (Verk)* lane designation
Fahrspurenversatz *m (Verk)* staggered section
Fahrspurlinie *f (Verk)* lane line
Fahrspursperrgitter *n (Verk)* lane closure fence
Fahrspursteuerungsbeschilderung *f (Verk)* lane control signing
Fahrspurtrennstreifen *m (Verk)* lane divider
Fahrspurzunahme *f (Verk)* lane gain
Fahrsteig *m* moving pavement, moving walk, travelator
Fahrstraße *f (Verk)* carriageway, travelled road, carriage-road
Fahrstreifen *m (Verk)* lane, traffic lane *(Straße)*
Fahrstreifen *m* **des Gegenverkehrs** *(Verk)* counterflow lane
Fahrstreifen *m* **für Durchgangsverkehr** *(Verk) (AE)* through travelled way
Fahrstreifen *m* **für Gegenverkehr** *(Verk)* shuttle lane
Fahrstreifen *m***/linker** *(Verk)* left hand lane
Fahrstreifen *m***/mittlerer** *(Verk)* centre lane
Fahrstreifen *m***/rechter** *(Verk)* right hand lane
Fahrstreifen *m***/verzogener** *(Verk)* tapered lane
Fahrstreifen *m***/vormarkierter** *(Verk)* designated lane
Fahrstreifenaufteilung *f* lane division
Fahrstreifenbreite *f (Verk)* lane width
Fahrstreifendurchflussmenge *f (Verk)* lane flow
Fahrstreifenmarkierung *f (Verk)* lane marking
Fahrstreifennutzungsbeschränkung *f (Verk, VR)* lane use restriction
Fahrstreifenschild *n (Verk)* lane designation sign
Fahrstreifensignalreg(e)lung *f* lane control
Fahrstreifensperrung *f (Verk, VR)* closure of lane
Fahrstreifenteilung *f* lane division
Fahrstreifenverpachtung *f (Verk, VR)* lane rental
Fahrstreifenverziehung *f (Verk)* tapered lane
Fahrstreifenzuweisung *f* allocation of traffic lanes
Fahrstreifenzwickel *m (Verk)* tapered lane
Fahrstuhl *m (EB)* lift
Fahrstuhl *m* **mit Selbststeuerung** self-service lift, *(AE)* self-service elevator
Fahrstuhlanlage *f* passenger hoist
Fahrstuhlausrüstung *f* lift equipment, *(AE)* elevatoring equipment
Fahrstuhlgerüst *n (EB)* lift frame
Fahrstuhlschacht *m* lift shaft, hoistway, well, *(AE)* elevator shaft
Fahrstuhlschachtanlage *f* lift well facility
Fahrstuhlschachttür *f* hoistway door
Fahrstuhltür *f (EB)* lift door
Fahrt *f* trip
Fahrtreppe *f* moving staircase, moving stairway, motorstair, *(AE)* escalator
Fahrtrichtung *f (Verk)* traffic direction
Fahrtrichtungsanzeiger *m (Verk)* trafficator, indicator
Fahrtroutenberechnung *f***/dynamische** *(Verk)* dynamic route computation
Fahrtroutenempfehlung *f (Verk)* route advice
Fahruntersatz *m* carrier *(Baumaschinentransport)*
Fahrverkehr *m (Verk)* vehicle traffic
Fahrwasser *n (Wsb)* navigable water, waterway
Fahrwasserkanal *m (Wsb)* sea lane
Fahrweg *m* **mit Spurführung** *f (Verk)* guideway
Fahrzeug *n (Verk)* vehicle
Fahrzeug *n* **für den Erdbau/geländegängiges** *(BWG, Erdb)* off-road truck for earthwork
Fahrzeugabstand *m (Verk)* vehicle spacing
Fahrzeugabstand *m* **bei Sättigungsbelegung** *(Verk)* saturation headway
Fahrzeugaufzug *m (Konst)* vehicular lift
Fahrzeugausschwenkspur *f (Verk)* vehicle-swept path
Fahrzeugbetriebskosten *pl* vehicle operating costs
Fahrzeugbrüstung *f (Br)* vehicle parapet *(Brücke)*
Fahrzeugbulk *m (Verk)* platoon
Fahrzeugdichte *f (Verk)* vehicle density
Fahrzeugfolge *f (Verk)* traffic file
Fahrzeugfolgezeit *f (Verk)* headway
Fahrzeuglärm *m (Umw)* vehicle noise
Fahrzeuglichtraumprofil *n (Verk)* vehicle clearance envelope
Fahrzeugpark *m* rolling stock, vehicle fleet
Fahrzeugplakette *f (VR)* tag
Fahrzeugrückhaltesystem *n (Verk)* vehicle restraint system *(Straße)*
Fahrzeugrückhaltesysteme *npl* **an Straßen** *(Verk)* road vehicle restraint systems
Fahrzeugschlange *f (Verk)* queue of vehicles
Fahrzeugstrom *m (Verk)* traffic stream
Fahrzeugüberwachungssystem *n (Verk)* vehicle monitoring system
Fahrzeugunfallbeteiligungsrate *f (Verk)* vehicle involvement rate
Fahrzeugwendefläche *f (Verk)* vehicle-turning area
Fahrzeugzählung *f (Verk)* vehicle counting
Fahrzeugzufahrt *f (Verk)* vehicular access
Fahrzone *f***/kritische** *(Verk)* critical stage
Fäkalien *pl (Umw, WVA)* soil
Fäkalienfallrohr *n* sewage drain pipe, soil pipe
Fäkalienschlamm *m (Umw, WVA)* night soil
faktisch virtual, virtually
Faktor *m (Stat)* factor
Faktor *m***/ökologischer** ecological factor
Faktor *n***/spannungserhöhender** *(Stat)* stress raiser
faktoriell factorial
Fakultät *f* **für Architektur und Bauwesen** *(Arch)* Department of Architecture, Civil Engineering and Building Construction
Fakultät *f* **für Hochbau und Wohnungswesen** *(Arch)* Department of Building and Housing
fakultativ optional
Fakultätsgebäude *n* department block, department building
Fall *m* 1. decrease *(Abfallen)*; 2. *(El, HLK, WVA)* drop *(z. B. von Temperaturen)*; 3. fall *(von Körpern)*
Fall *m***/freier** free fall *(z. B. des Betons in die Form)*
Fall *m***/ungünstigster** *(Konst, VR)* worst case
Fallbär *m (Erdb)* drop hammer
Fallbeschreibung *f* case history
Fallbirne *f* demolition ball, drop ball, breaking ball, skull cracker, wrecking ball, *(AE)* ball breaker
Fallbirnenzerkleinern *n (RS)* drop-balling
Fallbirnenzertrümmerung *f (RS)* drop-balling
Falle *f* pitfall, trap, latch bolt *(Schloss)*
fallen *v* 1. decrease *(Abfallen)*; 2. decline, descend *(senken, abfallen, z. B. Messwerte, Kurven, Böschungen)*; 3. drop *(z. B. Temperaturen, Druck)*; 4. fall *(Körper)*
fallen lassen *v* drop
fällen *v* 1. cut down, fell, hew down, *(AE)* log, cut *(Bäume)*; 2. drop *(Lot)*; 3. *(BM, Te)* precipitate *(ausfällen, Chemie)*
Fallen *n* lowering *(Rückgang, Abfallen, Senkung)*
Fallen *n* **einer geologischen Schicht** *(Bod)* dip of the stratum
Fällen *n* cut, *(AE)* cutting *(von Holz, Bäume)*

fallend *(Konst, Verk, Verm)* declivitous *(Gradiente)*
Fallenfeder *f* latch spring
Fallenfeststeller *m* latch bolt stop
Fallenkopf *m* latch head
Fallenriegel *m* drop latches
Fallenschloss *n (EB)* latch lock
Fallfenster *n* drop window, guillotine window, sash window
Fallgatter *n* portcullis *(einer Burg)*
Fallgewicht *n (BM)* drop weight
Fallgewichts-Einsenkungsmessgerät *n* falling weight deflectometer
Fallgewichtsgerät *n* falling weight deflectometer
Fallgitter *n* portcullis *(einer Burg)*
Fallgittertür *f* portcullis *(einer Burg)*
Fallhammer *m* 1. *(Erdb)* pile driver, pile hammer, tup *(Pfahlgründung)*; 2. *(BM)* compaction rammer *(Marshall--Verdichtungstest, Proctor-Test)*
Fallhöhe *f* 1. *(Wsb)* head; 2. height of fall *(eines Körpers)*
Fallhöhe *f***/freie** free fall *(des Betons)*
Fälligkeitstermin *m* settlement date, *(AE)* due date
Fallkerb *m (Hb)* felling notch, scarf cut, undercut
Fallkugel *f (BM)* dropping ball
Fallleitung *f (San)* fall pipe, rising main *(Abwasser)*
Falllinie *f (Verm)* slope line
Fallluft *f* 1. downdraught *(z. B. in Schornsteinen)*; 2. *(San)* eddy wind
Fallmischer *m* tumbler
Fällmittel *n (BM, WVA)* coagulant
Fallout *m (Umw)* fallout
Fallplatte *f* falling weight deflectometer
Fallrecht *n* case law *(Baurecht)*
Fallriegel *m (EB)* latch bolt
Fallrohr *n* 1. fall pipe, downpipe, gutter pipe, rain pipe, rainwater pipe, *(AE)* rain leader *(Ableitung vom Dach)*; 2. *(San)* waste pipe, drain pipe, drain spout, vertical drainage, spout pipe *(Abwasser)*; soil pipe *(Fäkalien)*
Fallrohranschluss *m* downpipe connection
Fallrohrauslauf *m* shoe
Fallrohre *npl (San)* falls
Fallrohreinlauftrichter *m* rainwater head, *(AE)* leader head, leader header *(Dachentwässerung)*
Fallrohreinmündungsstück *n* **am Balkon** balcony outlet
Fallrohrschelle *f (San)* band clamp
Fallschloss *n (EB)* spring lock
Fallschutzbrett *n* toeboard *(um eine Plattform oder ein Dach)*
Fallschutzdach *n (Konst)* bridge
Fallstrang *m (HLK)* drop *(Heizung)*
Fallstudie *f* case study
Fallstufe *f (Wsb)* cascade
Falltür *f* trap door, scuttle, hatch
Fällung *f (BM, WVA)* coagulation
Fällungsbecken *n* coagulation tank *(Abwasser)*
Fällungsmittel *n (BM, WVA)* coagulant
Fallvorhang *m (EB)* drop curtain
Fallwind *m (San)* eddy wind
falsch improper
Falschluft *f (HLK)* false air
Falt... folding ..., collapsible ...
Faltblechrand *m (San)* tag *(Dach)*
Faltbohrmast *m (BWG, Erdb)* jackknife drilling mast
Faltdach *n* folded-plate roof, multipitch roof
Falte *f* 1. wrinkle, crease *(Furche, auch Blechbearbeitung)*; 2. lap *(Überlappung)*; 3. *(Bod)* fold *(Fehler, auch geologisch)*; 4. ply *(Schichtbaustoff)*; 5. *(Arch)* reed *(Ornament)*; V-unit *(Faltwerk)*
Faltecke *f* dog-ear
falten *v* fold; ply
falten *v***/sich** fold
Falten *fpl (Arch)* reediness *(Ornament)* • **in Falten legen** *(Arch)* drape
Faltenbildung *f* 1. crinkling, shrivelling, wrinkling *(von Anstrichen)*; 2. ridging *(Dachhaut)*
Faltenfläche *f (Konst)* folded area *(Faltwerkdach)*
Faltenkapitell *n (Arch)* scalloped capital
Faltfenster *n* folding casement, folding window
Faltfensterladen *m* boxing shutter
faltig kinky, creased
Faltjalousette *f (EB)* accordion blind
Faltohr *n* dog-ear
Faltprüfung *f* 1. *(BM, St)* folding test; 2. *(BM, St)* double test
Faltrollo *n (EB)* accordion blind
Faltscharnier *n (EB)* pocket butt *(für einen Faltflügel)*
Faltschiebetor *n***/dreiflügeliges** *(BT)* three-leaf sliding folding shutterdoor
Faltschiebetür *f* folding sliding door, sliding folding door, multifolding door
Falttor *n***/dreiflügeliges** three-leaf folding shutter
Falttrennwand *f* folding partition wall, folding partition, accordion partition
Falttür *f* multifolding door, accordion door, flexible door, folding door
Faltung *f* folding
Faltung *f***/abgeschrägte** *(Konst)* sloping folding
Faltung *f***/gegenläufige** *(Konst)* opposite folding
Faltung *f***/steile** *(Bod)* steep folding
Faltversuch *m* 1. *(BM, St)* folding test; 2. *(BM, St)* double test
Faltwand *f* folding partition wall, folding partition, accordion partition
Faltwerk *n* folded plate, hipped-plate construction, prismatic shell, prismatic shell structure, prismatic slab, prismatic slab structure, V-unit
Faltwerk *n***/abgewalmtes** hipped plate
Faltwerk *n***/dünnwandiges** prismatic shell structure, prismatic shell
Faltwerk *n***/prismatisches** prismatic shell, prismatic shell structure
Faltwerkbeton *m* folded concrete
Faltwerkdach *n* folded-plate roof, *(AE)* tilted-slab roof
Faltwerkdach *n***/abgewalmtes** *(Konst)* hipped slab roof
Faltwerkkante *f* quoin
Faltwerkkonstruktion *f (Konst, TK)* folded-plate construction
Faltwerkkuppel *f* folded-plate dome
Falz *m* 1. *(Hb)* rabbet, rebate; half groove *(halber Spund)*; 2. turn-up, bent-up, welt, seam, hem *(Blechbearbeitung; Metallplattenverkleidung)*; 3. *(Konst, San)* welted seam *(Metalldach)*; 4. plough *(Kehle)*
Falz *m***/stehender** *(Konst, San)* welted standing seam
Falzabstand *m* seam spacing
Falzarbeit *f (San)* seaming work *(Dachklempnerarbeit)*
Falzdachziegel *m* broken-joint tile
Falzeisen *n* seamer, seaming pliers *(für Klempnerarbeiten)*
falzen *v* 1. *(Hb)* rabbet, rebate; 2. bend, seam *(Blech)*; 3. *(Te)* welt *(Metalldach)*; 4. fold *(Papier)*
Falzen *n* beading, bending *(Blech)*
Falzfräser *m* 1. *(BWG)* notching cutter; 2. *(BWG, Hb)* rabbeting cutter
Falzfuge *f (Hb)* rebated joint
Falzhobel *m* 1. *(BM, Hb)* rabbet plane; 2. *(BWG, Hb)* rebate plane
Falzhobel *m***/rechtwinkliger** *(BWG, Hb)* square rabbet plane
Falzkehlleiste *f* glazing moulding *(für Fensterscheiben)*
Falzleiste *f* glazing bar *(kittlose Verglasung)*; welt *(Metalldach)*
Falzmeißel *m* groover

Falzranddachziegel *m*/**glatter** English tile
Falzsaum *m* grooved seam
Falzsaum *m*/**flacher** flat seam
Falzsaum *m*/**überworfener** *(Konst, San)* welting strip *(Metallbedachung)*
Falzstoß *m* seam joint
Falztür *f* rebated door
Falzüberlappung *f (Hb)* feather boarding
Falzung *f* feather edge
Falzverbindung *f*/**gewalzte** roll joint
Falzverbindung *f*/**stehende** *(San)* standing seam *(Metallbedachung)*

F

Falzziegel *m* interlocking tile, gutter tile, single-hip tile
Falzziegel *m*/**doppelter** double gutter tile
Falzziegel *m*/**französischer** French tile
Falzziegeldach *n* roof in gutter tiles
Familienunterkünfte *fpl* married quarters
Familienwohnung *f* family dwelling, *(AE)* family dwelling unit
Fang *m (San)* intercepting trap, interceptor
Fangbuhne *f (Wsb)* weir
Fangdamm *m (Wsb)* cofferdam, box dam, cross dike, batardeau
Fangdamm *m*/**oberer** *(Wsb)* upstream cofferdam
Fangdamm *m*/**offener** *(Wsb)* upstream cofferdam
Fangdamm *m*/**unterer** *(Wsb)* downstream cofferdam
Fangdrän *m (Erdb, LB)* intercepting drain
Fangedamm *m (Wsb)* cofferdam *(s. a. Fangdamm)*
Fangeinrichtung *f (El)* arrester device *(Blitzschutz)*
Fanggraben *m* 1. *(Erdb, LB, Wsb)* catch drain; 2. *(Erdb, LB)* trap trench; 3. road bump *(Fahrweg)*
Fangkette *f* safety chain
Fangleitung *f (El)* arrester line *(Blitzschutz)*
Fangschacht *m (WVA)* intercepting chamber
Fangvorrichtung *f (EB)* safety catch *(Aufzug)*
Fantasiearchitektur *f (Arch)* fantastic architecture
Fantasiebaukunst *f (Arch)* fantastic architecture
Farbabbrennlampe *f* paint-burning lamp
Farbabweichung *f* 1. *(BT, OB)* difference in colour; 2. *(OB)* offshade
Farbanschluss *m*/**streichfähiger** live edge
Farbanstrich *m* paint coat, painting
Farbanstrich *m*/**mattglänzender** eggshell gloss
Farbanstrich *m* **mit geruchsfreien Stoffen** odourless paint
Farbanstrichdicke *f*/**optimale** *(OB)* full coat
Farbanstrichdruckstelle *f* pockmarking
Farbanstricherhärtung *f* setting-up
Farbanstrichmustern *n (OB)* printing
Farbanstrichschaden *m* paint coat failure
Farbanwendungsspezifikation *f* painting specification
Farbart *f* chromaticity *(von Licht)*
Farbaufhellung *f (BM, OB)* tint
Farbaufrollen *n (OB, Te)* roller coating
Farbaufstrich *m (OB)* paint coat
Farbauftrag *m* paint application, painting
Farbauftrag *m*/**dicker** *(OB)* impastation
Farbauftragswalze *f (BWG, OB)* inker
Farbbeize *f* pigment stain, varnish stain; stain *(für Glas)*
Farbbereich *m (OB)* range of colours
farbbeständig *(BM, OB)* colourfast *(Materialien)*
Farbbeständigkeit *f* colour fastness, colour stability *(von Materialien)*
Farbbindemittel *n (BM)* colour agglutinant
Farbbrillanz *f (OB)* brilliancy *(Anstrich)*
Farbchemiker *m* paint chemist
Farbe *f* 1. *(BM)* colour *(physikalisch)*; 2. dye, ink *(Färben; Auftragfarbe für Drucken usw.)*; 3. paint, distemper *(für Wände, Decken)*; 4. stain *(für Holz, Glas)*; 5. *(OB)* pigment *(Farbkörper)* • **die Farbe wechseln** *(OB)* change colour • **Farben abstimmen** match colours • **ohne Farbe** plain
Farbe *f*/**absolut deckende** *(BM, OB)* masstone
Farbe *f*/**achromatische** achromatic colour
Farbe *f*/**anstrichfertige** paint prepared for use, ready-mixed paint
Farbe *f*/**aufgetragene** *(OB)* colouring matter
Farbe *f*/**bakterienabweisende** *(OB)* bactericidal paint
Farbe *f*/**beständige** fast paint
Farbe *f*/**bewuchsverhindernde** *(BM, OB)* marine anti-fouling paint
Farbe *f*/**dünn aufgetragene** *(BM, OB)* wash
Farbe *f*/**echte** fast paint, permanent colour
Farbe *f*/**eingedickte** fatty paint
Farbe *f*/**frisch gestrichene** wet paint
Farbe *f*/**frische** wet paint
Farbe *f*/**gebrauchsfertige** paint prepared for use, ready-mixed paint
Farbe *f*/**giftige** toxic paint
Farbe *f*/**grelle** *(OB)* glaring colour
Farbe *f*/**hochviskose** heavy-bodied paint
Farbe *f*/**kalkechte** *(OB)* lime-fast pigment
Farbe *f*/**latexgebundene** latex paint, rubber-emulsion paint
Farbe *f*/**nachleuchtende** phosphorescent paint
Farbe *f*/**phosphoreszierende** phosphorescent paint
Farbe *f*/**proteingebundene** casein paint
Farbe *f*/**rutschfeste** *(OB)* non-skid paint
Farbe *f*/**satte** saturated colour
Farbe *f*/**selbstleuchtende** 1. *(BM, OB)* luminescent paint; 2. *(BM, OB)* radioluminous paint
Farbe *f*/**texturierbare** texture-finished paint, textured paint, plastic paint
Farbe *f*/**thixotrope** *(BM, OB)* thixotropic paint
Farbe *f*/**tropffreie** non-drip paint
Farbe *f*/**unbunte** achromatic colour
Farbe *f*/**unechte** fugitive colour
Farbe *f*/**verdickte** fatty paint
Farbe *f*/**wärmebeständige** heat-resistant paint, heat-resisting paint
Farbe *f*/**wasserresistente** *(BM, OB)* marine paint
Farbe *f*/**wasserverdünnbare** *(BM)* water-thinnable paint
Farbe *f*/**wasserverdünnte** *(BM)* water-thinned paint
Farbe *f*/**weißfreie** saturated colour
Farbe *f*/**zähflüssige** heavy-bodied paint
Farbe *f*/**zementechte** cement pigment
farbecht 1. *(OB)* fade-resistant; 2. *(BM, OB)* colourfast *(Materialien)*
Farbechtheit *f (OB)* colour fastness
Farbechtheitsmessgerät *n (BWG, OB)* fadeometer *(z. B. für Kunstharz, Beschichtungen)*
Färbemittel *n* dye, dyestuff, stain
Farbemulsion *f* medium emulsion
färben *v* colour, dye; stain *(Holz, Glas)*
färben *v*/**schwarz** *(OB)* blacken
färben *v*/**sich** colour
Färben *n* colouring, dyeing; staining *(Holz, Glas)*
Farbendispersion *f* medium dispersion
farbenfreudig *(AE)* gay in colors
Farbenhersteller *m* paint manufacturer
Farbenkarte *f* colour chart
Farbenkegel *m*/**Ostwald'scher** Ostwald double cone, Ostwald system
farbenprächtig *(AE)* gay in colors
Farbenschadstoff *m* paint-destroying agency
Farbenschwelgerei *f (Arch)* polychromatic opulence
Farbentemperatur *f* colour temperature
Farbentferner *m (BM, OB)* paint stripper
Färberröte *f (BM, OB)* madder plant

Färbevermögen *n* tinting power, tinting strength
Farbfleck *m (OB)* spot
Farbfliese *f* colour tile, pigmented tile
Farbfließen *n (OB)* sagging
Farbgebung *f (BM, Te)* colouring
Farbgelierung *f (BM)* gelling
Farbglas *n* coloured glass, tinted glass
Farbglasfenster *n (Arch, BT)* stained-glass window
Farbglasmosaik *n* smalto
Farbgussasphalt *m* pigmented mastic asphalt
Farbhaltung *f (BT)* colour retention
Farbhaut *f* paint skin, skin
Farbholz *n* dyeing wood, dyewood
farbig coloured
Farbkennzeichnung *f (BT, VR)* colour marking *(von Rohren)*
Farbkonsistenz *f* paint consistency
Farbkonzentrat *n* masterbatch
Farbkoordinaten *fpl (Arch)* colour coordinates
Farbkörper *m (OB)* pigment *(z. B. in Anstrichstoffen)*
Farbkratzer *m* paint scraper
Farbkreis *m (Arch)* circle of hues
Farblack *m* lacquer enamel, coloured lake, toner
Farblacküberzug *m (OB)* lacquer finish
Farblinie *f* run line
Farblinienkante *f* run line
farblos colourless, uncoloured, clear
Farblösungsmittel *n (BM, OB)* paint stripper
Farbmarkierung *f (BM, VR)* colour coding
Farbmembrane *f* paint film
Farbmesser *m (BWG)* colorimeter
Farbmessgerät *n (BWG)* colour measuring instrument
Farbmischen *n* mixing of colours, mixing of pigment
Farbmischen *n* **durch Ineinanderschütten** *(AE)* boxing *(mit Kannen)*
Farbmischung *f* mixture of colours, colour mixing
Farbmittel *n (BM)* colouring matter
Farbmühle *f (BWG)* colour grinder
Farbmusterfliese *f* ornamental colour tile
Farbmusterfliese *f***/spanische** azulejo
Farbnase *f* paint tear, tear, fat edge *(herabgelaufener Farbanstrich)*
Farbnebel *m* paint mist
Farbpaste *f* paste paint
Farbpigment *n* coloured pigment, colouring pigment; stainer *(für Holz, Glas)*
Farbpigment *n***/passives** inert pigment
Farbpigment *n***/reaktionsträges** inert pigment
Farbpigment *n***/zusammengebackenes** caking of paint, caking
Farbprobe *f* brushout
Farbqualität *f* chromaticity
Farbrand *m***/frischer** live edge
Farbraum *m (Arch)* colour space
Farbreinheit *f* chromaticity
Farbroller *m* paint roller, roller
Farbrückstand *m* paint residue
Farbruß *m (BM)* channel black
Farbsättigung *f (BM, OB)* saturation
Farbschattierung *f (OB)* tone
Farbschicht *f* individual paint coat
Farbschlamm *m (Umw, WVA)* sludge *(Waschbecken)*
Farbschlamm *m***/abgewaschener** paint sludge
farbschwach feebly coloured
Farbschwund *m* 1. *(OB)* colour fading; 2. *(BM, OB)* fading
Farbspritzen *n (OB)* spray painting
Farbspritzpistole *f* paint spray gun
Farbspritzpistole *f***/kleine** *(BWG, OB)* air brush
Farbspritzschicht *f***/sehr dünne** *(OB)* mist coat
Farbsteife *f* paint consistency
Farbstoff *m* 1. dyestuff, dye, colouring matter *(für Färben, Drucken)*; 2. *(OB)* pigment *(z. B. in Anstrichstoffen)*; 3. stainer *(für Holz, Glas)*
Farbstoff *m***/klarer organischer** *(BM, OB)* toner *(ohne Inertstoffe)*
Farbstoff *m***/löslicher** soluble dyestuff
Farbstoff *m***/natürlicher** natural dyestuff
Farbstoff *m***/organischer** organic dyestuff
Farbstoff *m***/unlöslicher organischer** insoluble organic dyestuff
Farbstoff *m***/weißer** *(BM, OB)* white
Farbstoff-Grundmasse-Verhältnis *n* pigment-to-binder ratio
Farbstofflösung *f* solution of dyestuff
Farbstoffpulver *n* powdered colouring agent
Farbstoffsuspension *f* dyestuff suspension
Farbstreifigkeit *f (OB)* stripiness
Farbtechniker *m* paint technician
Farbteilchen *n* paint particle
Farbterrazzo *m* **mit organischem Bindemittel** special matrix terrazzo
Farbton *m* 1. *(OB)* hue; 2. *(Konst)* shade; 3. *(OB)* paint clay *(Stoff)*
Farbton *m***/voller** *(BM, OB)* masstone *(eines Pigments)*
Farbtonänderung *f (OB)* change in colour
Farbtonbeständigkeit *f* colour stability
Farbtonkreis *m (Arch)* circle of hues
Farbtonmodifizierung *f* **durch dünnen Farbüberstrich** *(OB)* undertone
Farbtonplatte *f (OB)* standard hardboard
Farbträger *m* paint base
Farbträger *m***/passiver** inert base *(Anstrich)*
Farbtupfen *n* scumbling
Farb- und Reinigungsreste *mpl (OB)* smudge *(als Grundanstrich)*
Färbung *f* 1. *(BM, Te)* colouring; 2. *(OB)* tinge
Färbung *f* **des Zements** *(BM)* colouring of cement
Farbuntergrund *m* paint base *(für Farbanstriche)*
Farbveränderung *f (BM, OB)* discoloration
Farbverbundglas *n (BM)* coloured laminated glass
Farbverdünner *m* paint thinner; cheapener *(mit Additiven)*
Farbvergleich *m (Arch, OB)* comparing of colours
Farbverlängerer *m* extender; cheapener *(mit Additiven)*
Farbwahl *f* colour selection, *(AE)* color selection
Farbwechsel *m (OB)* fugitive
Farbwerk *n* paint mill
Farbzement *m (BM)* coloured cement
Farbzusatz *m* addition of colour; stainer
Farbzusatz *m* **zum Zement** *(BM)* colouring for cement
Farm *f* farm, grange
Farmhaus *n* farmhouse, *(AE)* ranch house
Faschine *f (Wsb)* fascine, faggot, hurdle, wattle
Faschinen *fpl (LB, Wsb)* basket work
Faschinenanlage *f (Erdb, LB)* wattlework
Faschinenbau *m* 1. *(LB, Wsb)* fascine work; 2. *(LB, Wsb)* faggotting
Faschinenbuhne *f (Wsb)* kid
Faschinendamm *m* 1. *(LB, Wsb)* fascine barrier wall; 2. *(LB)* causeway of fascines
Faschinendraht *m (LB, Wsb)* faggot wire
Faschineneinbau *m* fascine work, faggotting
Faschinenfahrbahn *f (LB, Verk, Wsb)* fascine roadway
Faschinengründung *f (LB, Wsb)* fascine foundation
Faschinenholz *n (BM, LB)* fascine wood
Faschinenmatte *f (LB)* fascine mattress
Faschinenpack *m (LB)* fascine mattress
Faschinenpackung *f* 1. *(LB)* fascine dam; 2. *(BT, LB)* fascines

F

Faschinenpackwerk *n* faggotting, fascine mattress, fascine work
Faschinenschutzwerk *n (Erdb, LB)* wattlework
Faschinenverbau *m (LB, Wsb)* faggotting
Faschinenverbauung *f* fascine work
Faschinenwand *f (LB)* fascine dam
Faschinenwerk *n* fascine work
Faschinenwurst *f* 1. *(Erdb, LB)* saucisse; 2. *(LB)* wipped fascine
Fase *f* bevelled edge, bevelling, bevel, margin; chamfer *(mit 45°)*
Fase *f***/gekehlte** hollow chamfer
Fase *f* **mit 45°/profilierte** moulded chamfer
Faser *f* 1. fibre, *(AE)* fiber; 2. grain *(Holz)* • **Fasern enthaltend** fibrated
Faser *f***/aufgeraute** raised grain *(Holz)*
Faser *f***/mit gewundener** spiral-grained *(Holz)*
Faser *f***/neutrale** *(Stat)* neutral fibre; neutral axis *(Festigkeitslehre)*
Faser *f***/organische** *(BM)* organic fibre
Faser *f***/spannungsfreie** neutral axis *(Festigkeitslehre)*
Faser *f***/spannungslose** *(Stat)* neutral fibre
Faser *f***/zerrissene** torn grain *(Furnier)*
Faser *f***/zerschnittene** torn grain *(Furnier)*
faserarmiert fibrated *(Baustoff)*
Faserarmierung *f* fibre reinforcement
Faserasbest *m (BM)* fibrous asbestos
Faserbauplatte *f (BT)* structural fibreboard
Faserbaustoff *m* fibrous material
Faserbeton *m* fibrated concrete
Faserbetonplatte *f (BT, DIS)* fibrated concrete slab
Faserbewehrung *f* fibre reinforcement
Faserdämmplatte *f* fibre insulating board, insulating fibreboard
Faserdämmschicht *f* fibre insulation layer
Faserdämmstoff *m (BM, DIS)* fibre insulating material
Faserdämmstoff *m***/pflanzlicher** *(BM, DIS)* vegetable fibre insulation material
Faserdämmstofflage *f (DIS)* resilient quilt
Faserdämmstoffschicht *f (DIS)* resilient quilt
Fasereinlage *f* fibrous jointing material
Faserfilz *m* mat of fibres, fibre mat
Faserfilzplatte *f* mat of fibres, fibre mat
faserfrei non-fibrated
Fasergeflecht *n* fibre netting
Fasergewebe *n***/vorimprägniertes** *(BM) (mit härtbaren Kunststoffen)* preimpregnated material
Fasergips *m* fibrous gypsum, haired gypsum, satin spar
Faserglas *n* fibre glass
faserhaltig fibrated
Faserhartplatte *f* fibre hardboard
Faserhartplattenbelag *m* hardboard finish
Faserholz *n (BM)* pulpwood
faserig fibrated, stringy
Faserkalk *m* fibrous limestone, satin spar
Faserkiesel *m (BM)* sillimanite
Fasermasse *f* fibrated compound
Faserplatte *f* fibre slab, fibreboard, wood fibreboard
Faserplatte *f***/gehärtete** tempered fibreboard, tempered board
Faserplatte *f***/hartverpresste** hardpressed fibreboard
Faserplatte *f***/harzgebundene** resin-bound chipboard, resin-bound fibreboard
Faserplatte *f***/mittelschwere** medium-density fibreboard
Faserplatte *f***/zementgebundene** *(BT, DIS)* cement fibre slab
Faserpressplatte *f* compressed fibreboard, hardboard
Faserrichtung/in *(Hb)* lengthwise of the grain
Faserrichtung/quer zur *(Hb)* cross-grained
Faserschichtglas *n (BM)* plyglass *(Verbundglas)*
Faserschnitt *m* torn grain
Faserspannung *f* fibre stress
Faserstoff *m* fibrous material
Faserstrick *m* fibre rope
Faserstruktur *f* fibrous structure; grain *(von Holz)*
Faserträgerschicht *f* fibre base
Faserunterlage *f* fibre base
Faserverbundbaustoff *m (BM)* fibrous composite
Faserverlauf *m* grain of wood
faserverstärkt fibre-reinforced
faserverstärkt/nicht non-fibrated
Faserverstärkung *f* fibre reinforcement
Faservlies *n (BM)* non-woven fabric
Faserzugabe *f (Te)* fibre addition *(Asphalt, Beton)*
Faserzusatz/ohne non-fibrated
Fass *n (BM, WVA)* barrel
Fassade *f* façade, facade, front face, frontage, frontal • **die Fassade erneuern** reface
Fassade *f***/achtsäulige** *(Arch)* octastyle
Fassade *f***/angelsächsische** Saxon façade
Fassade *f***/aufgegliederte** *(OB)* articulated elevation
Fassade *f***/ebene** flat façade
Fassade *f***/erneuerte** refaced façade
Fassade *f***/gewellte** undulating façade
Fassade *f***/griechisch-römische** Graeco-Roman façade
Fassade *f***/hinterlüftete** ventilated façade
Fassade *f***/nicht tragende** non-load bearing façade
Fassade *f***/orgelförmige** organ-shaped façade
Fassade *f***/sächsische** Saxon façade
Fassade *f***/vorgehängte hinterlüftete** *(Konst, OB)* ventilated curtain walling, ventilated façade lining *(DIN 18351, EN 1364-4, EN 13125)*
Fassade *f***/zurückgesetzte** set-back (façade)
Fassadenanstrich *m* paint coat on façade, protective coat of façade
Fassadenausschnitt *m* detail of façade
Fassadenbearbeitung *f (OB)* elevational treatment
Fassadenbehandlung *f (OB)* elevational treatment
Fassadenbekleidung *f* façade lining, façade surfacing
Fassadenbeleuchtung *f (El)* front lighting
Fassadenbeschichtung *f (OB)* façade coat
Fassadenbogen *m* facing arch
Fassadenelement *n* façade building unit
Fassadenerker *m (Arch)* wall oriel
Fassadenerneuerung *f* refacing; face-lifting, face-lift *(meistens Fassadenanstrich)*
Fassadenfarbe *f* house paint
Fassadenfeld *n* (face) bay
Fassadenfluchten *fpl***/gegeneinander versetzte** *(Arch)* staggered perspectives
Fassadenfuge *f* face joint
Fassadengerüst *n* façade scaffolding
Fassadengestaltung *f* **über Tür und Fenster** *(Arch)* frontispiece
Fassadengliederung *f* façade articulation, façade division
Fassadenimprägniermittel *n (BM)* waterproofing compound
Fassadenkalkstein *m (SB)* sand-lime facing block
Fassadenklinker *m (BM, OB)* engineering facing brick
Fassadenlift *m* window-cleaning cradle
Fassadenmauer *f* façade wall
Fassadenplatte *f* façade panel
Fassadenputz *m* façade rendering, facing plaster
Fassadenreinigung *f* façade cleaning
Fassadenschmuck *m (Arch)* dressings
Fassadenstein *m* facing block, facing stone
Fassadentafel *f* façade panel
Fassadentragwerk *n (Konst, OB)* facing framework

Fassadenverkleidung *f* façade lining
Fassadenwand *f* façade wall, front masonry wall
Fassadenwandvorsprung *m (Arch)* avant-corps
fassartig tubby
fassen *v* 1. catch *(Wasser)*; 2. catch, grasp, seize *(ergreifen, Werkzeug)*; 3. contain, hold *(ein bestimmtes Volumen)*; 4. kerb *(Quelle)*
Fassen *n* **von Wasser** *(WVA)* catchment of water
Fassfuge *f (BT, Konst)* coopered joint
Fassgewölbe *n* 1. *(Arch)* circular vault; 2. *(Konst)* waggon vault, *(AE)* wagon vault
Fassung *f* 1. *(El)* lamp holder, socket; 2. *(EB)* mount *(Glaselemente)*; 3. frame *(Darstellungen, Ornamente)*; 4. *(Konst) (AE)* draft *(eines Entwurfs)*
Fassungsröhre *f* dip pipe
Fassungsvermögen *n* content, capacity
Fassungsvermögen *n* **eines Bassins** *(Wsb)* reservoir capacity
Faszie *f (Arch)* fascia *(Bauglied an ionischen Säulen)*
Faulanlagen *fpl (San, Umw)* digestion plants
Faulbecken *n (San)* digestion tank, septic tank; putrefaction basin *(Kläranlage)*
Faulbehälter *m (San)* digestion tank, digestion sump, digester, sludge digester
Fäule *f (OB, RS)* rot
faulen *v* putrefy, digest *(Schlamm)*
Faulfähigkeit *f (BM)* putrescibility
Faulgas *n* digester gas, fermentation gas, biogas, sewage gas, sewer gas, sludge gas
Faulgrube *f (San)* septic tank; dry well
Faulholz *n* unsound wood
faulig *(RS, Umw)* foul
Fäulnis *f* 1. *(Hb, Umw)* decomposition *(Verwesung)*; 2. rottenness, pocket rot, rot, dote *(z. B. von Holz)*; 3. *(San)* septicity, putrefaction *(Kläranlage)*
Fäulnisbakterien *fpl (Umw)* putrefactive bacteria
fäulnisbeständig 1. rotproof, antirot *(Holz)*; 2. *(San)* imputrescible, indigestible
fäulnisfähig *(BM, Umw)* putrescible
fäulnisfest *(BM)* rotproof
Fäulnisgärung *f* putrefactive fermentation
Fäulnisnest *n (Hb, RS)* pocket rot *(Holz)*
Fäulnisschutz *m (DIS)* rot protection *(z. B. von Holz)*
fäulnisverhindernd antirot
Fäulnisverhütungsmittel *n* rot-proofing agent
Faulraum *m (San, Umw)* digesting compartment, digestion sump
Faulschlamm *m* 1. *(San, Umw)* digested sludge, digesting sludge, putrid mud, sapropel, sludge; 2. *(Wsb)* vegetable slim
Faulschlammsediment *n (Umw)* foul-bottomed sediment
Faulteich *m (Umw)* anaerobic lagoon
Faulturm *m (Umw)* digestion tower
Faulung *f (Umw)* digestion *(Abwasser)*
Faulung *f***/anaerobe** *(Umw)* anaerobic digestion
Fäustel *m* lump hammer, mallet, hammer
Faustformel *f* rule of thumb
Fausthobel *m* small plane
Faustregel *f (sl)* rule of thumb
Faustskizze *f* 1. *(Arch, Konst)* free-hand drawing; 2. *(Arch)* freehand sketch
Fayence *f* crockery, faience, fayance *(Tonware)*
Fayencefliese *f* faience tile
Fayencekleinfliesen *fpl* faience mosaics
Fazies *f (Bod)* facies *(von Sedimentgestein)*
Feder *f* 1. *(Hb)* joint tongue, joint tringle, feather, key, match splint, tongue, spline *(Holzverbindung)*; 2. spring *(Zugfeder, Druckfeder)*; 3. nib *(Zeichenfeder, Schreibfeder)* • **mit Federn versehen** *(Hb)* feather
Feder *f***/gerade** *(Hb)* straight tongue
Feder *f* **und Nut** *f (Hb)* tongue and groove
Federausgleich *m* spring balance *(Schiebefenster)*
Federband *n* helical hinge, spring hinge *(Tür)*
federbelastet spring-loaded
Federbolzen *m* spring bolt, cabinet lock, spring hanger pin
Federbund *m* spring clamp
Federdruck/mit spring-loaded
Federfalle *f* spring latch
Federfuge *f (Hb)* feather joint
Federgegenkraft *f* spring balance *(Schiebefenster)*
Federhalteklammer *f* spring clamp
Federhobel *m (Hb)* dovetail plane, featherplane, tonguing plane
Federkeil *m (Hb)* feather joint tongue, feather tongue
Federkennwert *m* spring constant
Federkraft *f* elasticity
Federkrafthalteklammer *f* spring clamp
federn *v* 1. be springy, be elastic, be resilient *(Unterlage)*; 2. *(Hb)* tongue; 3. spring *(abfedern)*
Federn *n* 1. springing; 2. *(Hb)* tonguing
federnd elastic, resilient, springy
Feder-Nut-Verbindung *f (Hb)* groove joint, weakened--plane joint
Federpuffer *m* spring buffer
Federring *m* lock washer, spring washer
Federrohrbogen *m***/U-förmiger** U-shaped expansion pipe
Federscharnier *n (EB)* spring hinge *(Tür)*
Federschloss *n (EB)* spring lock
Federspannung *f* spring tension
Federspreizbolzen *m* toggle bolt
Federstab *m* torsion bar, torsion rod
Federstahl *m (St)* spring steel
Federstärke *f* spring strength
Federung *f* spring, springing; resilience *(Federkraft)*
Federverbindung *f* 1. *(Hb)* plough-and-feathered joint; 2. *(Hb)* tongue-and-groove joint, tongue joint, board and brace
fegen *v (Te)* sweep
Fegen *n (BB, Verk)* brooming *(frisch gegossene Betonoberflächen)*
Fehlalarmrate *f* false alarm rate
Fehlbedarf *m* 1. *(Te, VR)* deficiency; 2. *(VR)* shortage
Fehlboden *m* sound boarding, sound-boarded ceiling, dead floor
fehlen *v* lack
Fehlentwurf *m (Konst)* faulty design
Fehler *m* 1. error, mistake, slip; 2. defect *(Funktion, Anlagen)*; 3. fault, failure, flaw *(z. B. eines Werkstoffs, z. B. Risse)*; 4. blemish *(in Holz- oder Marmoroberflächen)*; 5. *(Konst, VR)* non-conformance; 6. *(VR)* lack *(der Ausführung, Material)*
Fehler *m***/entwurfsbedingter** design failure
Fehler *m***/großer** *(VR)* major non-conformance
Fehler *m***/kleiner** minor non-conformance
Fehler *m***/konstruktiver** *(RS)* structural fault
Fehler *m***/mittlerer** *(BM, Stat)* standard deviation *(Statistik)*
Fehler *m***/systematischer** 1. *(BM, VR)* bias; 2. *(BM)* constant error *(Baustoffprüfung)*
Fehler *m***/wahrscheinlicher** *(BM)* probable error *(Baustoffprüfung)*
Fehler *mpl***/systematische** *(BM, Stat)* systematic errors
Fehleranteil *m* fraction nonconforming
Fehlerbeseitigung *f* 1. *(Te, VR)* elimination of defects; 2. *(Te)* failure recovery; 3. *(RS)* removal of faults
Fehlerfortpflanzung *f (Stat)* error propagation
fehlerfrei flawless; sound
fehlerhaft defective, faulty; unsound
Fehlerkurve *f***/Gauß'sche** Gauss error distribution curve

F

F

Fehlerlosigkeit *f (VR)* soundness
Fehlerquelle *f* source of errors
Fehlerstromschutzschalter *m s.* Fehlstromschutzschalter
Fehlersuche *f (Te)* trouble shooting
Fehlertheorie *f (Stat)* error theory
Fehlerverteilungskurve *f*/**Gauß'sche** Gauss error distribution curve
Fehlerzustand *m* failure mode
fehlfleckig *(OB)* hungry *(Farbanstrich)*
Fehlgewicht *n* underweight
Fehlgut *n* misplaced material
Fehlkante *f (Hb)* wane
Fehlkonstruktion *f (Konst)* faulty design
Fehlkorn *n* misplaced size, outsize *(eines Gekörns, Zuschlagstoffes)*
Fehlkornbestimmung *f* outsize determination
Fehlmenge *f* 1. *(Te, VR)* deficiency; 2. *(VR)* shortfall *(z. B. beim Leistungsaufmaß)*
Fehlschnitt *m* diagonal grain *(Konstruktivholz)*
Fehlschuss *m* misfire *(Sprengen)*
Fehlspannungsschutzschalter *m (El)* voltage-operated earth-leakage
Fehlstelle *f* 1. *(OB)* sanded skip; 2. *(Hb, OB)* sanding skip *(bei Holzoberflächenbehandlung)*
Fehlstellen *fpl* skips, *(AE)* bug holes *(z. B. in Holzoberflächen, Farbanstrichen usw.)* • **ohne Fehlstellen** void-free *(Schutzschicht)*
fehlstellenfrei void-free *(Schutzschicht)*
Fehlstromschutzschalter *m (El)* earth fault circuit interrupter, *(AE)* ground fault circuit interrupter
Fehlverhalten *n* error
Feierlichkeit *f* **des Stiles** *(Arch)* solemnity of style
Feilarbeit *f* filing
Feile *f* file
Feile *f*/**einhiebige** single-cut file
feilen *v* file
Feilen *n* filing
Feilspäne *mpl* filings
fein fine; slim
Feinabgleichen *n (Erdb)* fine levelling
Feinanteile *mpl* fines
Feinanteilhochpumpen *n* pumping of fines
Feinausfüller *m (OB)* fine filler
Feinausgleichen *n (Erdb)* fine levelling
Feinbeton *m* fine concrete, fine-grained concrete
Feinbeton *m* **zur Fachwerkfüllung** *(Arch, BM) (AE)* pierrotage *(Architektur der amerikanischen Südstaaten)*
Feinbiegeeisen *n* hairpin
Feinblech *n* sheet metal, tagger, thin sheet, true annealed sheet
Feinblech *n*/**trapezprofiliertes** trapezoidal sheet
Feinbrechen *n (Te)* fine crushing
Feinbrechsand *m* fine manufactured sand
Feindehnungsmesswertgeber *m* linear variable differential transducer
feindispers finely dispersed
Feinegalisieren *n (Erdb)* fine levelling
Feines *n* fines
feinfasrig fine-fibrous
feingemahlen fine-ground
Feingeröll *n* pebbles
feingeschichtet 1. fine-bedded; 2. *(Erdb)* fine-stratified
feingeschlämmt levigated
feingezahnt denticular, having dentils
Feingleitung *f* fine slip
Feingranitzuschlag *m* chert *(für Sichtbeton)*
Fein-Grob-Zuschlagstoffverhältnis *n* sand-coarse aggregate ratio
Fein-Grob-Zuschlagverhältnis *n* sand-coarse aggregate ratio
Feingut *n* screen fines
Feinheit *f* sensitivity
Feinheit *f* **nach Blaine** *(BM)* Blaine fineness
Feinheitsbestimmung *f* fineness determination
Feinheitsgrad *m* degree of fineness, fineness degree; turbidimeter fineness *(in cm^2/g, im Trübemesser bestimmt)*
Feinheitsgrenze *f* fineness limit
Feinheitsmodul *m* fineness modulus
Feinheitsprüfung *f* **nach Blaine** *(BM)* Blaine test *(Baustoffprüfung)*
Feinheitszahl *f* fineness modulus
feinjährig 1. *(BM, Hb)* narrow-ringed; 2. *(BM)* closely ringed *(Holz)*
Feinkalk *m* finish lime, pulverized lime
Feinkalkmörtel *m* fine stuff
Feinkies *m* fine-grained gravel, fine gravel, grail, pea gravel
Feinkiesbett *n* fine gravel bed
Feinkorn *n* fine aggregate, fine grain, screen fines, screen undersize grain
Feinkornabstufung *f (BM)* fine-size grading
Feinkornbereich *m* fine-size range
Feinkornboden *m* fine soil
feinkörnig fine, fine granular, fine-grained *(Zuschlagstoff)*; fine-textured, close-grained *(z. B. Gestein)*
Feinkornmischung *f* fine grain mixture
feinkristallin fine-crystalline, finely crystalline *(Gestein, Naturstein)*
Feinlehm *m (BM, Bod)* light silt
Feinmahlen *n* finish grinding *(Zement)*; final grinding
Feinmahlung *f* finish grinding *(Zement)*; final grinding
feinmaschig fine-mesh
feinmaserig fine-textured
Feinmaterial *n* fine grains, fines
Feinmaterial *n*/**verdichtetes** *(BM)* compacted fine material
Feinmörtel *m* fine mortar
Feinmühle *f (BWG)* pulverizer
Feinnivellement *n (Verm)* precise levelling
Feinnivellieren *n (Erdb)* fine levelling
Feinnivellierinstrument *n (Verm)* precise levelling instrument
Feinnivellierlatte *f (Verm)* precise levelling rod
Feinplanieren *n* fine grading, finish grade
Feinplaniergerät *n (BWG, Erdb)* precision subgrader
Feinplanierhobel *m (BWG, Erdb)* precision subgrader
Feinplanierung *f* fine grading, final grading
Feinplanum *n* 1. *(Erdb)* final grade, *(AE)* grade; 2. *(Verk)* formation
Feinplanumshöhe *f (Erdb, Verm)* formation level
Feinpolieren *n (OB)* fine polishing
Feinpore *f* ultrapore *(Baustoffe)*
feinporig fine-pored
Feinputz *m* final coat plaster, fining coat, finish coat, plaster facing, skim coat, skin coat; plaster stuff *(Innenputz)*; set, setting coat *(Mehrlagenputz)*
Feinputzmörtel *m* final rendering stuff, fine stuff; plaster stuff *(Innenputz)*
Feinputzschicht *f* final rendering; skim coat *(ca. 3 mm)*
Feinrechen *m (Umw)* fine screen
Feinreg(e)lung *f (HLK)* fine adjustment
Feinreinigung *f* final cleaning
Feinriss *m* craze
Feinsäge *f* panel saw, tenon saw
Feinsand *m* fine sand
Feinsand *m*/**schluffiger** *(Bod)* loamy fine sand
Feinsand *m*/**weißer** silver sand
Feinsandboden *m*/**schluffiger** loamy fine soil

feinsandig fine-sandy

Feinsandstein *m*/eingekieselter *(BM, Bod)* ganister

Feinsandstein *m*/schluffiger silty fine sandstone

feinschleifen *v* lap, hone

Feinschleifen *n* lapping, fine grinding

Feinschluff *m* fine silt

Feinschmirgelpapier *n* garnet paper

Feinschotter *m* fine broken rock, fine rubble

Feinsieb *n* fine screen

Feinspachtel *m* fine filler, fine stopping

Feinspachtelmasse *f (OB)* fine stopper

Feinspanplatte *f* fine chipboard, sliver board

Feinspitzen *n* scutching *(Stein)*

Feinsplitt *m* fine chippings, chippings; keystone *(bituminöse Deckschicht)*

Feinstbearbeitung *f (Konst, OB)* superfinishing

Feinsteingut *n (San)* semichina

Feinstes *n (BM)* ultra-fine material

Feinstgut *m (BM)* ultra-fine material

Feinstkorn *n* finest grain, ultra-fine material *(Korngröße < 0,02 mm)*

Feinstkorngehalt *m* **in Prozent** percent fines *(Korngröße < 0,02 z. T. auch 0,074 mm)*

feinstkörnig ultra-fine grained *(Füllstoff)*

Feinstoffe *mpl* fines, ultra-fine material *(< 0,02 mm)*

Feinstpore *f* microvoid

Feinstsand *m* 1. *(BM, Bod)* inorganic silt; 2. *(Bod)* silt; 3. *(BM)* very fine sand *(0,0625 - 0,125 mm)*

Feinstzuschlagstoff *m (BM)* superfine aggregate

Feinteilanreicherung *f*/oberflächliche pumping of fines

Feintextur *f* microtexture, fine texture

Feintischlerarbeit *f (EB)* cabinet work

Feintrennfolie *f*/thermoplastimprägnierte film glue *(Furnierarbeiten)*

feinverteilen *v* divide fine, disperse

feinverteilt finely divided, dispersed, intimately disseminated

Feinwalzen *n (Verk)* finish rolling *(Straße)*

Feinzuschlag *m* fine aggregate

Feinzuschlagstoff *m* fine aggregate

feinzuschlagstoffarm undersanded

Feld *n* 1. *(LB, RP)* field *(Landschaftsbau, El, Wissensgebiet)*; 2. *(Konst, TK)* bay *(Balkenfeld)*; 3. *(BT, Konst)* compartment *(Fachwerk, Gewölbe, Brücke)*; 4. *(Konst)* span *(eines Balkens, Bogens, auch Brücke)*; 5. cell *(Tabelle)*; 6. panel *(Fachwerk, Ausfachung)*

Feld *n*/eingehängtes *(TK)* suspended span *(Stahlbau)*

Feld *n*/geothermisches geothermal field

Feld *n*/gerades *(Hb, Konst, Stat)* straight span

Feld *n*/schiefes skew span

Feld *n*/vertieftes *(Arch)* lacunar *(einer Kassettendecke)*

Feldahorn *m (LB)* field maple

Feldarbeit *f (Verm)* field work

Feldarbeiten *fpl*/geologische field geological works, field investigation *(EN ISO 22282, EN ISO 22476)*

Feldbahn *f* 1. *(Verk)* light railway; 2. *(Erdb)* portable railway *(Erdbau)*

Feldbahngleise *npl (Verk)* narrow-gauge rails

Feldbahnschiene *f* light rail, field rail

Feldbahnschienenprofil *n* light rail section

Feldbaustein *m* erratic block

Feldbelastung *f (Stat)* span loading

Feldbrandofen *m (AE)* scove kiln *(Ziegelbrennen)*

Feldbreite *f (Konst)* span width

Feldbrennofen *m* clamp *(Ziegelherstellung)*

Feldbuch *n (Verm)* field book, field record

Feldbuchrahmen *m* surveyor's field frame

Felddaten *pl* field data

Felder *npl*/untereinander verbundene interconnected spans *(Brücke)*

Felderzahl *f (Konst)* number of bays *(Decke)*

Feldimpedanz *f (DIS)* specific acoustic impedance

Feldinterview *n* roadside interview

Feldkirche *f (Arch)* field church

Feldlast *f (Stat)* span load

Feldleitungsbau *m (El)* field line construction

Feldmesskette *f (Verm)* land measuring chain

Feldmessung *f (Verm)* field measurement

Feldmitte *f (Stat)* midspan

Feldmoment *n (Stat)* moment in the span, moment of span, field moment

Feldofen *m* clamp *(Ziegelherstellung)*

Feldofenziegel *m* stock brick *(z. B. als Hintermauerziegel)*

Feldortsbrust *f (Tun)* toe of stope

Feldprüfung *f s.* Feldversuch

Feldrüster *f (Hb)* field elm

Feldschmiede *f (BWG)* field forge

Feldskizze *f* esquisse

Feldspat *m* feldspar

feldspathaltig *(BM)* feldspathic *(Gestein)*

Feldspatsandstein *m* 1. *(BM)* feldspathic sandstone; 2. *(BM, Bod)* arkose

Feldstativ *n (Verm)* field tripod

Feldstein *m* fieldstone, cobblestone; erratic block, fieldstone *(als Baustein)*

Feldsteinbeton *m* rubble concrete

Feldsteinkamin *m (HLK, Konst)* rubble fireplace

Feldsteinmauerwerk *n (SB)* ordinary rubble masonry

Feldsteinpflaster *n* cobblestone pavement

Feldtank *m (BWG)* lease tank

Feldtorpfosten *m (BT)* band post

Felduntersuchung *f*/geotechnische *(Bod)* geotechnical field test, field investigation *(EN ISO 22282, EN ISO 22476)*

Feldvermessung *f (Verm)* plane surveying

Feldversuch *m* outdoor test, field test, field trail, test in situ
• **im Feldversuch geprüft** *(BM)* field-tested

Feldweg *m* 1. *(LB)* estate road; 2. *(LB, Verk)* parish road

Feldweite *f* bay division, width of bay; span width, span of a beam, span *(eines Balkens)*

Feldziegelofen *m (BM, Te)* clamp kiln

Fels *m* 1. rock; 2. *(Bod)* solid rock

Fels *m*/anstehender *(Erdb)* ledge, native rock, bedrock

Fels *m*/fauler *(Bod)* brittle rock

Fels *m*/Heiliger *(Arch)* Sacred Rock *(zu Jerusalem)*

Fels *m*/spröder *(Bod)* brittle rock

Felsabtrag *m* rock excavation

Felsanker *m* rock anchor

Felsanschnitt *m (Erdb)* shelf

Felsarchitektur *f (Arch)* rock-cut architecture

Felsbank *f (Erdb)* ledge, bench of ground

Felsbaukunst *f (Arch)* rock-cut architecture

Felsbehausung *f*/eingehauene *(Arch, Bod)* rock-cut

Felsblock *m (Bod)* boulder *(< 25 cm ∅)*

Felsboden *m* bedrock, rock floor, lithosol

Felsböschung *f (Bod)* rock slope

Felsbrecheisen *n* chisel breaker

Felsbrecher *m (BWG)* rock cutter

Felsen *m*/gewachsener bed rock

Felsengarten *m (LB)* rock garden

Felsengrab *n (Arch)* rock-cut tomb

Felsengrabkammer *f (Arch)* rock-hewn sepulchre

Felsenhalle *f (Arch)* rock-cut hall

Felsenkammer *f (Tun)* rock chamber

Felsenkammergrab *n (Arch)* rock-hewn tomb

Felsenkirche *f (Arch)* rock-cut church

Felsentempel *m (Arch)* rock-hewn temple

Felsen-Tschaitya-Halle *f (Arch)* rock-cut chaitya hall *(indisches kirchenartiges Höhlenheiligtum - meist dreischiffig)*
Felsformation *f (Bod)* rock formation
Felsgestein *n* rock material
Felsgestein *n*/**hartes blaues** blue metal *(als Splitt für Makadamdecken)*
Felsgrab *n (Arch)* rock-hewn tomb
Felsgraben *m* rock-hewn ditch
Felsgründung *f* foundation in rock
Felshöhle *f (Arch, Bod)* rock-cut
felsig rocky, ragged, skerry
Felsit *m (BM)* petrosilex
Felsitfels *m (BM)* felsite *(Quarzporphyr)*
Felslage *f (Bod)* rock layer
Felsmechanik *f (Bod, Tun)* rock mechanics
Felsoberfläche *f* rock surface
Felsophyr *m (BM)* felsite *(Quarzporphyr)*
Felsplatte *f*/**natürliche** natural raft
Felsriss *m*/**horizontaler** bed joint
Felsrutsch *m (Bod)* rock slide
Felsschutt *m (Bod)* slide rock
Felssicherung *f (Tun)* rock protection
Felssohle *f (Bod)* bedrock
Felssprengung *f (BWG, Te, Tun)* rock blasting
Felsuntergrund *m (Bod)* rock bed
Felszacken *m (Bod)* jag
Fender *m (Wsb)* fender
Fenn *n (Bod, Umw)* fen
Fenster *n* window, light
Fenster *n*/**ausgekragtes** outwindow, cabinet window
Fenster *n*/**bewegliches** open light *(Gegensatz: dead light)*
Fenster *n*/**bleiverglastes** *(Arch, Konst)* lead glazing
Fenster *n*/**diokletianisches** *(Arch)* thermal window
Fenster *n*/**dreiflügeliges** *(BT)* three-fold window
Fenster *n*/**dreiteiliges** *(BT)* triple window
Fenster *n*/**durchlaufendes** *(Arch, BT, Konst)* continuous window
Fenster *n*/**einflügeliges** *(BT)* single-sashed window
Fenster *n*/**einteiliges** single-casement window
Fenster *n*/**festes** fixed sash
Fenster *n*/**feststehendes** stand sheet
Fenster *n*/**feuerhemmendes** fire window
Fenster *n*/**französisches** French door, casement door
Fenster *n*/**gewölbtes** camber window, cambered window
Fenster *n*/**giebelförmiges** gable window
Fenster *n*/**großflächiges** *(Konst)* picture window
Fenster *n*/**hervorstehendes** jutting window
Fenster *n* **in einer geneigten Wand** cant window
Fenster *n*/**kleines** fenestral
Fenster *n*/**liegendes** lying window
Fenster *n* **mit Dichtlippe** *(Konst)* sealed window
Fenster *n* **mit einem Fensterflügel/kombiniertes** casement combination window
Fenster *n* **mit Giebel** pedimented window
Fenster *n* **mit Luftschlitzlamellen** louvre window, *(AE)* louver window
Fenster *n* **mit überwölbtem Mittelflügel/dreiteilig getrenntes** Palladian motif, Palladian window
Fenster *n* **mit zwei horizontal und zwei vertikal angeordneten Fensterfeldern** *(BT)* two-light window
Fenster *n*/**rahmenloses** fixed sash
Fenster *n*/**rundbogiges** *(Konst)* round-arched window
Fenster *n*/**schräges** splayed window *(im Verhältnis zur Wandfläche)*
Fenster *n*/**starres** dead light
Fenster *n*/**venezianisches** *s.* Venezianerfenster
Fenster *n*/**verschließbares** operable window
Fenster *n*/**vorgetäuschtes** dead window
Fenster *n*/**zweiflügeliges** *(Konst)* two-light window
Fenster *n*/**zweiteiliges** gemel window
Fensterabdichtstreifen *m* window deep draft, window gasket, *(AE)* draft bead
Fensterabdichtungsstreifen *m* window deep bead, window gasket, *(AE)* window draft bead; ventilating bead *(aus Holz zur gleichzeitigen Belüftung)*
Fensterabmessung *f* window dimension, arrangement of windows; fenestration *(in der Fassade)*
Fensteranordnung *f* arrangement of windows, fenestration
Fensteranschlag *m* 1. back fillet; 2. *(Hb)* rabbet, window rabbet
Fensteranschlag *m*/**äußerer** external window rabbet, outer window rebate
Fensteranschlag *m*/**innerer** guide bead, inner bead, inside stop
Fensterarretierung *f* terminated stop, hospital stop, sanitary stop
Fensterart *f (Konst)* window type
Fensteraufteilung *f (Arch, Konst)* fenestration *(in der Fassade)*
Fensterausschrägung *f (Konst)* window splay
Fensteraussparung *f* window opening
Fensteraussparungsform *f* window brick moulding
Fensterbalken *m*/**horizontaler** *(EB)* transom bar
Fensterbalkon *m*/**vergitterter** *(Arch)* moucharaby
Fensterband *n* 1. *(Arch, Konst)* continuous light; 2. *(Konst)* ribbon windows; 3. *(El)* row of windows; 4. *(Arch)* strip windows; 5. window band, hinge plate, window hinge *(Beschlagteil)*
Fensterbank *f* window sill [cill], window ledge, window seat, banquette
Fensterbank *f*/**äußere** external window sill [cill]
Fensterbank *f*/**nachträglich einsetzbare** slip sill [cill]
Fensterbankkanal *m* window sill [cill] duct
Fensterbankplatte *f (BT)* window sill [cill] slab
Fensterbankstein *m* brick for window sill [cill]
Fensterbau *m (Konst, Te)* window manufacture
Fensterbauer *m* window builder
Fensterbeleuchtung *f* side daylight illumination, side daylighting, side natural lighting
Fensterbeschlag *m (EB)* window furniture
Fensterbeschläge *mpl* window fittings, window hardware
Fensterblech *n*/**äußeres** external sill of sheet metal
Fensterblei *n* window lead
Fensterblendleisten *fpl (Konst)* window lining
Fensterblendmaßwerk *n (Arch, Konst)* window openwork gablet
Fensterblendrahmen *m* blind casing, window casing
Fensterbogen *m (Arch)* arch, window arch
Fensterbogeneisen *n (EB)* window arch bar
Fensterbrett *n* window board, window stool, stool, sill
Fensterbrettschwellholz *n (Hb)* rough sill
Fensterbrettüberstand *m* horn *(seitlich)*
Fensterbrüstung *f* window back, window breast, breast, window parapet, window sill [cill], apron wall
Fensterbrüstungsvertäfelung *f (OB)* breast lining
Fensterdichtleiste *f* window sealing fillet
Fensterdichtungsprofil *n* window gasket, window structural gasket
Fensterdurchformung *f (Arch)* window design
Fenstereckenstift *m* glazier's point *(zum Verglasen)*
Fenstereinrastung *f (EB)* window catch
Fenstereisen *n* window bar, button *(Bankeisen)*
Fensterelement *n* prefabricated window, window panel *(Montagebau)*
Fensterfach *n (Konst)* window bay
Fensterfalz *m* window groove rabbet, window rebate
Fensterfeld *n* sash square, window bay; light *(Oberlicht)*

Fensterfernbedienungsgeräte *npl (El)* remote window controls
Fensterfertigteilwand *f (Konst)* prefabricated window wall *(installiert)*
Fensterfeststeller *m* casement stay, stay bar, window catch
Fensterfläche *f (Konst)* window area
Fensterflügel *m* leaf, window casement, casement, wing
Fensterflügel *m***/schiebbarer** *(Hb)* sash
Fensterflügelbeschläge *mpl (EB)* rim *(außer Scharnieren)*
Fensterflügelhalter *m* casement adjuster
Fensterflügelrahmen *m* window casement frame; sash
Fensterflügelscharnier *n* casement hinge
Fensterflügelvorderkante *f* leading edge of a window, lock edge, strike edge
Fensterform *f* shape of window, window shape
Fensterformgebung *f (Arch)* window design
Fensterfries *m (Arch)* windowed frieze
Fensterführungsschiene *f* window guide rail
Fensterfutter *n (Konst)* window lining
Fenstergaden *m (Arch)* clerestory, overstorey *(im Mittelschiff einer Basilika)*
Fenstergaze *f (EB)* window screen
Fenstergesims *n* plain moulding, window cornice
Fenstergewände *n (Konst)* window lining
Fenstergewölbebogen *m***/innerer** *(Konst)* rear vault
Fenstergitter *n* window grating, window grille, window protection screen, protection screen
Fenstergitter *n***/leichtes** protection screen
Fenstergitter *n***/schmiedeeisernes** wrought window grille
Fenstergitterschutz *m (BT)* security screen
Fensterglas *n* window glass, flat glass, glass sheet, clear glass, soft glass, transparent glass
Fensterglas *n***/gewölbtes** crown glass
Fensterglasflügel *m* glazed sash
Fenstergleitleiste *f* parting bead
Fenstergleittrennleiste *f* parting bead
Fenstergriff *m* window handle, window lift; sash lift
Fenstergröße *f (Arch, Konst)* window size
Fenstergruppierung *f (Arch, Konst)* fenestration *(in der Fassade)*
Fensterhaken *m (EB)* window stay
Fensterhaspen *m (EB)* knuckle
Fensterhelligkeit *f (Konst)* window brightness
Fensterherstellung *f (Konst, Te)* window manufacture
Fensterhöhe/in sill-high
Fensterjoch *n* window yoke
Fensterkämpfer *m (EB)* window transom
Fensterkitt *m* bedding putty, glazier's putty, glazing putty, oil putty
Fensterklimaanlage *f (HLK)* window air conditioner
Fensterklimagerät *n* window air-conditioning unit
Fensterknopf *m* olive butt, olive, button, window button
Fensterkorb *m (Arch)* curved window grille *(kunstvoll geschmiedetes Gitter vor den Fenstern)*
Fensterkreuz *n (Konst)* window cross
Fensterladen *m* window blind, window shutter, exterior shutter, shutter
Fensterladenbeschläge *mpl (EB)* shutter butt
Fensterladenflügel *m* shutter leaf
Fensterladengriff *m (EB)* shutter lift
Fensterladenkasten *m* window boxing
Fensterladenscharnier *n (EB)* shutter butt
Fensterladenschlitzbrett *n (EB)* louvre board, *(AE)* louver board
Fensterladenverschlussstange *f (EB)* shutter bar
Fensterlage *f (Arch)* window location
Fensterlehre *f (Konst)* window template
Fensterleibung *f* window flanning, window reveal, scuncheon
Fensterleibung *f***/nach innen abgeschrägte** *(EB)* embrasure
Fensterleibungsbearbeitung *f (Konst, Te)* window dressing
Fensterleiste *f* window moulding
Fensterlicht *n* day
Fensterliste *f* window schedule *(eines Gebäudes)*
fensterlos *(Arch, Konst)* windowless
Fensterlüftung *f (HLK)* window ventilation
Fenstermantel *m* draught rug
Fenstermaß *n (Konst)* window dimension
Fenstermauer *f (SB)* window masonry wall
Fenstermetallziergitter *n* window guard
Fenstermittelpfostenabdeckung *f* mullion cover
Fenstermittelsäule *f (Hb)* mullion
Fenstermittelsteg *m***/gleich starker** window plain rail
Fenstermittelstegpfosten *m***/gleich starker** window plain rail
Fenstermodul *m (Konst, SB)* window module
Fensternetzwerk *n***/senkrechtes** *(Arch)* panel tracery, perpendicular tracery
Fensternische *f* 1. *(Konst)* window niche; 2. *(Arch)* fenestella *(ornamentiert, in Kirchen)*
Fensternischenbogen *m (Konst)* window recess arch
Fenster- oder Türblendrahmen *m***/vorgefertigter** packagetrim for windows and doors *(als Bündel geliefert)*
Fensteröffnung *f* window opening, day
Fensteröffnungsfußschicht *f* sill course *(für die Sohlbank)*
Fensteröffnungsmechanismus *m* mechanical window operator, multiple-window operator
Fensteröffnungsrandverblendung *f* brick moulding *(aus Holz)*
Fensterornament *n (Arch)* bar tracery *(eines gotischen Fensters)*
Fensterpaar *n* coupled windows
Fensterpfeiler *m* window column, window pier
Fensterpfeilerbreite *f* interfenestration
Fensterpfosten *m (Hb)* monial
Fensterpinsel *m* sash tool *(Farbpinsel)*
Fensterprofil *n* window section
Fensterputzerhaken *m (EB)* window cleaner's anchor
Fensterputzwagen *m* cradle machine, window-cleaning cradle, window-washing cradle, wall lift
Fensterquerholz *n (EB)* transom bar
Fensterquerstrebe *f (Hb)* interduce, intertie, window intertie
Fensterrahmen *m* casement frame, window frame, sash
Fensterrahmen *m***/ausgearbeiteter** solid window frame, solid frame
Fensterrahmen *m***/äußerer** outside casing
Fensterrahmen *m***/feststehender** fast window sheet
Fensterrahmen *m* **für obenöffnendes Klappfenster** hopper frame
Fensterrahmen *m* **mit Wasserabtropfleisten** *(Konst)* water-checked casement
Fensterrahmen *m***/regendichter** *(Konst)* water-checked casement
Fensterrahmen *m***/schiebbarer** sash
Fensterrahmen *m***/sichtbarer** *(BT)* window casing
Fensterrahmenabdeckung *f* inside trim
Fensterrahmenanpassbolzen *m (BT)* receptor
Fensterrahmengewölbeeisen *n* window arch bar, arch bar
Fensterrahmenholz *n (Hb)* sash timber
Fensterrahmennut *f* sash fillister *(zur Aufnahme der Fensterscheibe)*
Fensterrahmenpasselement *n (BT) (AE)* receptor

F

Fensterrahmenpfosten *m (BT)* window post
Fensterrahmenseilzug *m (BT)* frame pulley *(Schiebefenster)*
Fensterrahmenverblendung *f* panel lining for a window
Fensterrandsprosse *f* window marginal bar, marginal bar
Fensterreiber *m* casement fastener
Fensterreihe *f* window band, window tier
Fensterreihe *f*/**geschlossene** ribbon windows, window band
Fensterreinigungswagen *m* window-washing cradle, cleaning cradle, roof cradle
Fensterrelief *n* coronet *(über dem Sturz)*
Fensterrelief *n*/**kronenartiges** coronet *(über dem Sturz)*
Fensterriegel *m* window latch, window lock, window rail, window transom; sash lock, sash rail
Fensterrippung *f*/**gotische** *(Arch)* foliation
Fensterrose *f* 1. *(Konst)* fanlight; 2. *(Arch)* traceried rose window, rose window *(gotisches Rundfenster)*
Fensterrosette *f (Arch)* wheel window
Fenstersäule *f* window column, window stud
Fensterschallleiste *f* window apron
Fensterscharnier *n (EB)* fast-pin hinge
Fensterscheibe *f* window pane, windowlight; sash pane *(eines Schiebefensters)*
Fensterscheiben *fpl (EB)* glazing
Fensterscheibenfach *n*/**rhombisches** quarrel *(speziell beim Maßwerkfenster)*
Fensterschiene *f* check rail
Fensterschließer *m* window fastener
Fensterschloss *n (EB)* window lock
Fensterschmiege *f* wind splay, *(AE)* fluing
Fensterschnapper *m* window spring bolt; sash spring bolt
Fensterschräge *f (Konst)* window splay
Fensterschubriegelschließer *m (AE)* cremone bolt
Fensterschutzdach *n (Konst)* window hood
Fensterselbstdichtung *f* window gasket
Fenstersims *m* plain moulding, window cornice
Fenstersims *m*/**überlanger** lug sill *(in das Mauerwerk hineinreichend)*
Fenstersimsblendleiste *f (EB)* pelmet board
Fenstersitz *m (EB)* banquette
Fenstersitzplatz *m*/**eingebauter** *(Konst)* window bay stall
Fenstersohlbank *f*/**nachträglich einsetzbare** slip sill
Fenstersonnenblende *f* window sunblind, awning blind
Fenstersonnenschutzanlage *f (Konst)* window sunblind
Fenstersprosse *f* window bar, window glazing bar, window transom, glass bar, glazing bar, rail, *(AE)* muntin; sash bar
Fenstersprosse *f*/**horizontale** lay bar, transom
Fensterstab *m* sash bar
Fensterständer *m (Konst)* window stud
Fensterstift *m* glazier's point, glazing sprig *(zum Verglasen)*
Fenstersturz *m* window lintel, lintel, window head, ancon; transom *(Holz, Stein)*
Fenstersturz *m* **mit eingebauten Gegengewichtskästen** window yoke
Fensterstütze *f* window column
Fenstertafel *f* window panel
Fenstertageslichtbeleuchtung *f* side daylight illumination, side daylighting, side natural lighting, window-lighting
Fenstertechnik *f (Konst)* window engineering
Fenstertrassierung *f (Arch)* tracery
Fenstertür *f* casement door, glazed door, French door
Fensterüberdachung *f (Hb, Konst)* weather moulding
Fensterübergesims *n* pelmet
Fensterübergesims *n*/**dekoratives** pelmet
Fensterumrahmung *f (Konst)* window framing
Fensterventilator *m* window fan
Fensterverdachung *f* 1. *(Hb, Konst)* weather moulding; 2. *(Konst)* weather table
Fensterverglasung *f* window glazing
Fensterverzierung *f*/**gotische** *(Arch)* geometric tracery
Fenstervorhang *m* window curtain
Fensterwerk *n (Arch, Konst)* fenestration
Fensterwimperg *m (Arch, Konst)* window openwork gablet
Fensterwirbel *m* window lock, turn button
Fensterzarge *f* 1. *(EB)* window case; 2. *(Arch, BT)* window trim; 3. *(Hb)* sash frame
Fensterziergiebel *m (Arch, Konst)* window openwork gablet
Fensterziergitter *n* window guard
Fensterzierkonsole *f (Arch)* ancon
Fensterzierleiste *f* window moulding
Fensterzubehör *n* window accessories
Fensterzwischenabstand *m* interfenestration
Ferienhaus *n* holiday house, tourist house, *(AE)* vacation house
Ferienhotel *n* holiday hostel, holiday hotel, resort hotel, *(AE)* vacation hostel [hotel]
Ferienlager *n (Arch, RP)* holiday camp
Ferienwohnheim *n* holiday hostel
Ferienwohnung *f* holiday dwelling
fern long-distance
Fern... remote ...
Fernbahnhof *m (Verk)* long-distance train station
Fernbedienung *f* remote control, teleoperation
Fernfühler *m* remote sensor
Ferngasleitung *f* gas transmission line, grid gas line
Ferngasnetz *n (RP)* long-distance gas grid
Fernheizleitung *f* long-distance heating line, district heating line
Fernheizung *f* district heating
Fernheizung *f*/**örtliche** *(HLK)* local district heating
Fernheizungsleitung *f (HLK)* heat pipeline
Fernheizwerk *n* district heating plant, heating station
Fernkontrollsystem *n (El, Te)* remote surveillance system
Fernlastenbahnhof *m (Verk)* lorry terminal
Fernlastverkehr *m (Verk)* long-distance road haulage
Fernlastwagenbahnhof *m (RP, Verk) (AE)* truck terminal
Fernleitung *f* 1. pipeline *(Rohrleitung)*; 2. *(El)* trunk line; 3. *(El)* transmission line
Fernleitungskabel *n (BT, Verk)* transmission cable
Fernleitungsmast *m* transmission-line tower
Fernmeldeanlage *f (BT, EB)* communication system
Fernmeldekabel *n* post office cable, telecommunication cable, GPO cable
Fernmeldeleitung *f (El)* post office line
Fernmeldeleitungsbau *m (El, Te)* telegraph construction
Fernmeldenetz *n (El, RP)* telecommunication system
Fernmeldeturm *m* post office tower, telecommunication tower, telephone tower
fernmessen *v (Verm)* telemeter
Fernmessen *n (Verm)* telemetering
Fernmessung *f (Verm)* telemetering
Fernsehantenne *f (BT)* television aerial
Fernsehgebäude *n (Arch, Konst)* television building
Fernsehturm *m (Arch, Konst)* television tower
Fernsprechanlage *f (El)* telephone installation
Fernsprechanschlussstelle *f (El)* phone point
Fernsprechinstallation *f (El)* phone installation
Fernsprechkabelkanal *m (El)* phone duct
Fernsprechkabine *f* telephone call box, *(AE)* phone booth
Fernsprechleitung *f* phone line, telephone line
Fernsprechnetz *n (RP)* telephone network
Fernsprechstelle *f (BT)* telephone station
Fernsprechzelle *f* telephone call box, phone box, telephone cabin, *(AE)* telephone booth, phone booth
Fernsprechzelle *f*/**öffentliche** public call box
Fernsteuerung *f* remote control

Fernstraße *f s.* Fernverkehrsstraße
Fernstraßenfinanzierungsgesetz *n* Highway Private Financing Law
Fernstraßennetz *n (AE)* interstates
Fernüberwachung *f* remote monitoring
Fernverarbeitung *f* remote processing
Fernverkehr *m* long-distance traffic
Fernverkehrsstraße *f* main road, major road, trunk road, arterial road, highway, *(AE)* highroad
Fernversorgungsnetz *n (El, HLK)* grid *(Gas, Strom)*
Fernwärme *f (RP)* long-distance heat
Fernwärmerohrleitung *f* long-distance heat supply pipeline
Fernwärmeversorgung *f* 1. *(RP)* long-distance heat supply; 2. *(HLK)* municipal heating
Fernwasserrohrleitung *f (RP, WVA)* long-distance water supply pipeline
Fernwasserversorgung *f (RP, WVA)* long-distance water supply
Ferrarizement *m* Ferrari cement, iron-ore cement
Ferrioxid *n* iron oxide
Ferrit *m (BM)* ferrite
ferritisierend ferritizing
Ferritstahl *m (BM, St)* ferrite steel
Ferrosilizium *n* high-silicon iron, silicon iron
Ferrozement *m* ferrocement
fertig finished, complete, ready; prepared
Fertig... prefabricated ... *(Bauelemente)*; precast ... *(Beton)*
Fertiganstrich *m (OB)* last coating of paint
Fertigausbauabschnitt *m (Te)* final complete stage
Fertigbauteil *n* prefabricated building unit, prefabricated compound unit
Fertigbauverfahren *n* system building method
Fertigbauweise *f (Konst)* prefabricated construction method
Fertigbeton *m* ready-mixed concrete, central-mixed concrete, central-mix concrete
Fertigbetonplatte *f* precast slab
Fertigbetonwerk *n (BB, BWG)* ready-mix plant
Fertigdecke *f* precast floor, prefabricated concrete floor
Fertigdeckenbalken *m* precast floor beam, prefabricated floor beam
Fertigdeckenelement *n* precast floor slab
Fertigelement *n* prefabricated component, prefabricated unit
Fertigelementbefestigung *f (BT)* modular element paving
fertigen *v* manufacture, fabricate, process
Fertigen *n* fabricating
Fertigen *n***/rechnergestütztes** *(Te)* computer-aided manufacturing
Fertiger *m (Verk)* finisher, laying machine, asphalt paver, road finisher, road finishing machine
Fertiger *m* **mit Rüttelbohle** *(Verk)* vibrofinisher
Fertigerbohle *f* screeding beam
Fertigerfahrer *m* paver operator
Fertigerkübel *m* paver hopper
Fertigerspur *f (Te)* finishing line
Fertigerzeugnis *n* ready material
Fertigerzeugnisse *npl* finished goods
Fertigfassade *f* industrialized façade, prefabricated façade
Fertigfenster *n* 1. *(Konst, Te)* prefabricated window; 2. *(Konst)* window unit
Fertigfliesentafel *f* prefabricated tiling
Fertigfußboden *m* finished floor *(Höhenmaß)*
fertiggemischt mill-mixed, ready-mixed *(Mörtel, Beton)*
fertiggestellt completed
Fertighaus *n* factory-built house, prefabricated building, prefabricated house, ready-built house, unit built house, *(AE, sl)* prefab
Fertighausbau *m* prefabricated home construction
Fertigkeit *f (Te)* skill
Fertiglackierung *f* finish varnishing
Fertigleim *m* ready-mixed glue *(mit Beschleuniger)*
Fertigmaß *n* finish size, finished size • **auf Fertigmaß arbeiten** size, customize
Fertigmasse *f (BM)* body *(keramische Baustoffe)*
Fertigmaterialien *npl* products
Fertigmaterialienabnahme *f (VR)* acceptance of products
Fertigmörtel *m* ready-mixed mortar, prepacked mortar
Fertigpackung *f (Umw)* prepackaging
Fertigpfahl *m (BT, Erdb)* prefabricated pile
Fertigplattenbelag *m (BT)* modular element paving
Fertigprodukt *n* ready material
Fertigputz *m* premix plaster
Fertigputzmasse *f (BM)* ready-mixed stuff
Fertigreiben *n (OB, Te)* finishing *(Putz)*
Fertigschildertafel *f (Verk)* manufactured sheet
Fertigschornstein *m* factory-built chimney
Fertigschweißen *n (St)* final welding
fertigstellen *v* 1. *(Te)* finish; 2. *(Te, VR)* complete *(Bauwerk)*
Fertigstellung *f* 1. *(Te)* finishing; 2. *(VR)* completion *(eines Bauwerks)*
Fertigstellung *f***/abschnittsweise** *(RP)* stage-by-stage completion *(von Baugebieten, Verkehrstrassen)*
Fertigstellung *f* **der Arbeiten** *(OB, Te)* finishing off *(speziell Oberflächenabschlüsse)*
Fertigstellung *f* **der Leistungen** *(Te, VR)* completion of work
Fertigstellungsfrist *f (VR)* time of completion
Fertigstellungstermin *m* date of completion, date of substantial completion, completion date, substantial completion, time limit, time limit set for completion; target date *(geplant)*
Fertigsturz *m* prefabricated lintel, precast lintel
Fertigtafel *f* prefabricated panel
Fertigteil *n* prefabricated building unit, prefabricated element, prefabricated unit, building component, unit; prefabricated concrete unit, precast concrete unit • **aus Fertigteilen gebaut** built by industrialized methods
Fertigteilausrüstung *f (EB)* unit furniture
Fertigteilaußenwandelement *n (BT, Te)* precast concrete wall panel
Fertigteilbalken *m* precast beam *(Beton)*
Fertigteilbalkenträger *m* precast beam *(Beton)*
Fertigteilbau *m* industrialized residential building, system building, system-built structure, system of building construction
Fertigteilbauverfahren *n* system building method
Fertigteilbauweise *f* panel construction, prefabricated construction, prefabricated construction method, prefabrication, system building method; precast concrete construction, precast construction *(aus Betonfertigteilen)*
Fertigteilbauweise *f* **mit Skelett und Ausfachungsplatten** frame and panel construction
Fertigteilbauwerk *n (Te)* industrialized structure
Fertigteilbetonbalken *m* cast beam
Fertigteilbetonplatte *f (BT)* prefabricated concrete slab
Fertigteilbetonwerk *n (BWG)* precast concrete manufacturing yard
Fertigteilbrücke *f (Br)* prefabricated bridge
Fertigteilbrückenbauweise *f (Br)* unit construction bridge system
Fertigteildachbinder *m* prefabricated roof truss
Fertigteile *npl* **für den Ausbau** *(BT)* stock *(Türen, Tafeln, Fenster)*
Fertigteilelemente *npl***/dünnwandige** *(BT)* thin-shell precast units *(Stahlbeton)*
Fertigteilfassade *f* system-built façade

Fertigteilgarage *f (Konst)* prefabricated garage
Fertigteilgebäude *n* industrialized residential building, industrially-built structure
Fertigteilhaubendurchlass *m* prefabricated box culvert *(Abwasser- und Kabelkanal)*
Fertigteilhochbau *m* industrial building
Fertigteilhochhaus *n (Arch, Konst)* system-built tower block
Fertigteilindustrie *f* prefabricated materials industry
Fertigteilkonstruktionsbeton *m (BM)* precast structural concrete
Fertigteilmassivdecke *f* prefabricated fireproof floor
Fertigteilmontagebau *m* system building
Fertigteilmontagesystem *n (Konst, Te)* precasting system
Fertigteilplatte *f* precast slab
Fertigteilsäule *f (BT)* prefabricated column
Fertigteilschale *f (TK)* prefabricated shell
Fertigteilschornstein *m* factory-built chimney
Fertigteilstütze *f (BT)* prefabricated column
Fertigteiltafelbauweise *f* prefabricated panel construction, prefabricated construction
Fertigteilträger *m (BM, EB)* precast concrete beam
Fertigteiltreppe *f* prefabricated staircase, prefabricated stair
Fertigteilverfahren *n (Konst, Te)* precasting system
Fertigteilwand *f* system-built wall
Fertigteilwandelement *n* **mit installiertem Fenster** window wall
Fertigteilwohnbau *m* industrialized residential building
Fertigteilwohnungsbau *m (RP, Te)* prefabricated housing
Fertigtrennwand *f* factory-built partition
Fertigtrockenmischung *f* prepacked mixture *(meist für Hobby- und Reparaturarbeiten)*
Fertigtür *f (Hb, Konst)* prehung door
Fertigtürelement *n* factory-built door element
Fertigung *f* fabrication, processing, production, manufacture
Fertigung *f* **im Werk** *(Te)* off-site fabrication
Fertigungsanstrich *m* fabrication primer, factory application, initial prefabrication primer, prefabrication primer, shop coat • **mit Fertigungsanstrich** *(OB, Te)* factory--coated • **mit Fertigungsanstrich versehen** *(OB)* mill--primed
Fertigungsanstrichstoff *m* fabrication primer
Fertigungsbahn *f (Te)* finishing line
Fertigungseigenüberwachung *f* factory production control
Fertigungseinheit *f* manufacturing unit
Fertigungsfehler *m* manufacturing fault
Fertigungshalle *f (Arch, Te)* production hangar
Fertigungskosten *pl* making costs, manufacturing costs, manufacturing costs, fabricating costs, fabrication costs
Fertigungslos *n (Te, VR)* run
Fertigungsmaß *n* manufacturing dimension
Fertigungsmethode *f (Te)* fabricating method
Fertigungsschalung *f*/**wiederverwendbare** fit-up *(mehrfach verwendbar)*
Fertigungstechnik *f (Te)* fabricating technique
Fertigungstechnologie *f (Te)* fabricating technology
Fertigungstoleranz *f (BT, Te)* work tolerance *(Bauteil, Montageelement)*
Fertigungsverfahren *n (Te)* manufacturing process
Fertigungsvorlage *f* fabricating drawing
Fertigungsvorlagezeichnung *f* fabricating drawing
Fertigungszeichnung *f (Konst)* manufacturing drawing
Fertigungszyklus *m (Te)* making cycle
Fertigwand *f* system-built wall
fest 1. *(Bod)* firm, solid, compact, compacted, hard; 2. stable, permanent *(Beständigkeit)*; 3. strong, sturdy *(widerstandsfähig, Stärke)*; 4. *(Konst)* firm *(physikalisch)*; 5. fast, firmly attached *(gut befestigt)*; 6. rigid, fixed *(starr)*; 7. stable, stout *(mechanisch)*; 8. surfaced *(Straße)*; 9. tight, proof *(Dichtigkeit, auch Boden)*; 10. solid, tough *(kompakt, massiv)*; 11. immovable, permanent *(Einrichtungen, Ausrüstungen)*; 12. resistant, proof *(widerstandsfähig, z. B. gegen Chemikalien)* • **fest werden** 1. firm, bind, gel *(z. B. Bindemittel, Baustoffe)*; 2. *(Bod)* consolidate; 3. harden *(z. B. Farben)*; 4. *(BM)* set *(z. B. Zement)*
fest/besonders *(Bod)* extra-strong
Festangebot *n* firm offer
Festbeton *m* hardened concrete
Festbeton *m*/**farbig gestrichener** *(BB, OB)* coloured concrete
festbinden *v* tie up; lash *(Bewehrung)*
festbrennen *v* sinter
Festbrennstoffkessel *m (HLK)* solid fuel boiler
Festbrennstoffofen *m* solid fuel-fired stove
Feste *f (Arch)* fort, fortilage, stronghold
Festeinspannlagerung *f (TK)* restrained bearing
Festeinwirkung *f (Br, Stat)* fixed action
Festfenster *n* non-opening window, fast sheet; fixed sash
Festflansch *m* fixed flange
festfressen *v*/**sich** gall *(Stahl)*; seize *(Lager)*
Festfressen *n* galling *(Stahl)*; seizing *(Lager)*
festgefressen seized
festgehalten/seitlich *(Konst)* laterally restrained
festgeklemmt jammed home • **festgeklemmt werden** get stuck
festgelegt defined
festgelegt/genau defined
Festgestein *n* hard rock
festgestellt locked
festhaftend tenacious
festhaken *v*/**sich** hitch; clog *(Kreissäge)*
Festhalle *f (Arch)* festival hall
Festhaltekonstruktion *f (EN 1337-8)* restrained bearing *(für Führungslager)*
Festhaltemoment *n (Stat)* holding moment
festhalten *v (Konst)* restrain
Festhalterung *f* securing device
Festhaltung *f* retention
festigen *v* stabilize
Festigkeit *f* 1. strength *(Material)*; 2. resistance, resistivity *(Widerstandsfähigkeit)*; 3. steadiness, firmness, stability *(Stabilität)*; 4. fastness *(Farbenhaltbarkeit)*; 5. sturdiness, tenacity *(Beständigkeit)*; 6. *(Konst)* staunchness *(z. B. eines Fundaments, einer tragenden Wand)*
Festigkeit *f*/**ansteigende** increasing strength, rising strength
Festigkeit *f* **bei plastischer Verformung** *(Stat)* plastic strength
Festigkeit *f*/**durchschnittliche** average strength
Festigkeit *f*/**dynamische** *(Stat)* dynamic strength
Festigkeit *f*/**erreichte** actual allowance strength, actual strength
Festigkeit *f*/**mechanische** mechanical strength, firmness, strength *(Material)*
Festigkeit *f*/**mittlere** mean strength
Festigkeit *f*/**optimale** optimum strength
Festigkeit *f*/**statische** *(TK)* static strength
Festigkeit *f*/**tatsächlich erreichte** actual allowance strength, actual strength
Festigkeit *f*/**vorgegebene** *(BB)* preset strength *(Beton)*
Festigkeit *f*/**zunehmende** *(BM)* rising strength
Festigkeitsabbau *m* reduction in strength
Festigkeitsabfall *m* loss in strength, falling-off in strength, reduction in strength, strength decrease, strength drop, strength reduction

Festigkeitsabnahme *f* 1. *(BM, Konst)* falling-off in strength; 2. *(BM, Stat, TK)* strength reduction
Festigkeitsanforderung *f* strength requirement
Festigkeitsanstieg *m (BB, BM)* increase in strength
Festigkeitsbedingung *f (Stat)* strength condition
Festigkeitsberechnung *f* calculation for strength
Festigkeitsbereich *m* range of strength, strength range
Festigkeitseigenschaft *f* physical property, strength capability
Festigkeitseigenschaften *fpl* strength properties, strength-related properties
Festigkeitseinbuße *f (BM, Stat, TK)* strength loss
Festigkeitsentwicklung *f* development of strength *(Beton)*
festigkeitserhöhend strength increasing
Festigkeitserhöhung *f* strength increase
Festigkeitserhöhungsdauer *f* strength gaining time
Festigkeits-Gewichts-Verhältnis *n* strength-weight ratio
Festigkeitsgewinn *m* strength increase
Festigkeitsgrad *m* degree of fastness, fastness degree; degree of resistance; degree of strength, strength class, strength grade
Festigkeitsgrenze *f* 1. *(Stat)* limit of resistance; 2. *(BM, Stat)* breaking point
Festigkeitsgruppe *f (BM, Stat, TK)* strength group
Festigkeitshypothese *f (Stat)* hypothesis of strength of materials
Festigkeitsklasse *f* strength class, strength group
Festigkeitsklassenholz *n (BM, Hb) (AE)* stress-graded lumber
Festigkeitskontrollfaktor *m* control factor *(Verhältnis der Mindestfestigkeit zur Durchschnittsfestigkeit des Betons)*
Festigkeitskriterien *npl (Stat)* strength criteria
Festigkeitslehre *f (Stat)* mechanics of materials
festigkeitsmäßig strength-wise
Festigkeitsminderung *f* 1. *(BM, Konst)* falling-off in strength; 2. *(BM, TK)* strength drop; 3. *(BM, Stat, TK)* strength reduction
Festigkeitsmodul *m* modulus of resistance
Festigkeitsnachweis *m (Stat)* strength checking
Festigkeitsnormwert *m (BM, VR)* specified characteristic strength
Festigkeitsprüfgerät *n (BM)* strength tester
Festigkeitsprüfung *f (BM)* strength test
Festigkeitsprüfung f/dreiachsige 1. *(Erdb)* standard triaxial test; 2. *(BM, Bod)* triaxial compression test
Festigkeitsreduktion *f (BM, Stat, TK)* strength reduction
Festigkeitsreserve *f* reserve of strength, strength reserve
Festigkeitsstadium *n* stage of strength
festigkeitssteigernd strength increasing
Festigkeitssteigerung *f (BB, BM)* increase in strength
Festigkeitsstreuung *f (BM)* scattering of strengths
Festigkeitstesthammer *m (BM)* ball hammer
Festigkeitsverhalten *n (BM, Stat, TK)* strength behaviour
Festigkeitsverlust *m* loss in strength, reduction in strength, strength loss; age softening *(infolge Alterns)*
Festigkeitsverlustrisse *mpl (Verk)* durability cracking *(Betonfahrbahn)*
Festigkeitsvoraussage *f (Stat)* strength forecast
Festigkeitswert *m (BM, Stat)* strength value
Festigkeitszahl *f* modulus of resistance
Festigkeitszunahme *f* increase in strength, strength increase; age hardening *(von Beton)*
Festigkeitszunahmedauer *f* strength gaining time
festigkeitszunehmend strength increasing
festkeilen *v* wedge, impact
festklammern *v* staple, tighten
festkleben *v* adhere, adhere to; freeze *(Beton)*; stick *(Stoffe)*
Festkleben *n* freezing *(des Betons)*
festklemmen *v* 1. clamp, clip, jam, lock in position, lock; 2. bolt *(mit Bolzen)*; 3. jam *(verklemmen)*; 4. choke *(verkeilen)*; 5. immobilize *(blockieren)*
festklemmen v/sich get jammed; seize *(Metall)*
Festklemmen *n* locking, clamping; seizing *(Metall)*
Festklopfen *n* ramming
Festkörper *mpl (BM)* solids *(in Bindemitteln, Anstrichen usw.)*
Festkörperanteil *m* total solids *(Anstrich, Farbe)*
Festkörpergehalt *m* solids content
Festkörpermechanik *f* solid mechanics
festkörperreich have a good build *(Anstrich)*
Festland *n (Bod)* mainland
festlegen *v* 1. locate, set up *(Standorte, Trassen usw.)*; 2. lay down, set up *(Regeln, Pläne, Grundsätze)*; 3. determine, fix, define, delimit *(Grundstücksgrenzen, Flächengrenzen)*; 4. establish *(Vorschriften, Auflagen)*; 5. *(VR)* assign *(z. B. Aufgaben, Termine)*; 6. specify *(präzisieren, genau festlegen)*; 7. commit *(Verpflichtung, Bindung)*
festlegen v/vertraglich stipulate
Festlegen *n* determining *(Grundstücksgrenzen, Flächengrenzen)*
Festlegen *n* **der Höhenfestpunkte** *(Verm)* benchmarking
Festlegen *n* **der Leistungskriterien** *(Konst, VR)* benchmarking
Festlegung *f* determination *(s. a. Festlegen)*; commitment *(Verpflichtung, Bindung)*
Festlegung f/funktionelle performance provision *(für die Gebrauchstauglichkeit)*
Festlegung *f* **von Bedingungen** stipulation of conditions *(Bauvertrag)*
Festlegung *f* **von Bedingungen/vertragliche** stipulation of conditions *(Bauvertrag)*
Festlegungstermin *m* **zum Untersuchungsrahmen** *(RP)* scoping termin *(erste Stufe zur Aufnahme einer Planung)*
festmachen *v* 1. fasten, fix *(befestigen)*; 2. attach, stick, paste *(ankleben)*; 3. arrange, fix, settle *(Vereinbarungen)*; 4. grapple *(verankern, verklammern)*; 5. hitch *(festhaken)*
Festmachepfahl *m (Wsb)* mooring post *(Hafen)*
Festmaß *n* solid measure *(Festmeter)*
festnageln *v (Te)* nail down
Feston *n (Arch)* festoon, garland *(Schmuckelement, Ornament)*; swag *(Schmuckelement der Renaissance)*
Festonblatt *n (Arch)* festoon leaf; swag leaf
Festpreis *m (VR)* firm price
Festpreisangebot *n* firm offer, *(AE)* firm-price proposal
Festpreisvertrag *m (VR)* firm-price contract
festpressen *v* impact
Festpunkt *m (Verm)* fixed datum, datum, fixed point, benchmark, observation point; fiducial mark, fiducial point *(am Vermessungsgerät)*; station *(im Bauabschnitt)*
Festpunkt m/amtlicher *(Verm)* geodetic monument
Festpunkt m/geodätischer *(Verm)* geodetic monument
Festpunkt m/vermarkteter *(Verm)* monument
Festpunkthöhe *f (Verm)* reference height
Festpunktnetz *n (Verm)* observation grid
festrammen *v (Verk)* ram in *(Straßenunterbau)*
Festsaal *m* festival room, banquet room, banquet hall, banqueting hall, grand chamber, ballroom
Festscharnier *n (EB)* fast-pin hinge
Festscheibe *f* fast pulley
festschlagen *v* attach at the hook
festschrauben *v* screw tight; bolt *(mit Bolzen)*
festsetzen *v* 1. immobilize *(z. B. Ausrüstungen)*; 2. appoint, fix, name *(Ort, Zeit usw.)*; 3. peg out *(Geländefixpunkte)*
festsitzen *v* stick fast
festsitzend fast; seized; stuck
festspannen *v* guy *(mit Seilen)*
Festspannen *n* stretching *(Tragwerk)*

F

Festspielhaus *n* festival theatre
feststampfen *v (Erdb)* ram, stamp, tamp *(auch Beton)*
feststecken *v* stick fast
feststehend fixed, static, stationary
feststellbar lockable
feststellen *v* 1. lock, lock in position *(Schließeinrichtungen, Verankerungen usw.)*; 2. establish, determine *(mathematisch)*; 3. assess *(Schaden)*; 4. realize *(erkennen)*; 5. *(VR)* verify *(nachweisen)*; 6. state *(festhalten, bemerken)*
feststellen *v*/**ziffernmäßig** rank (order) *(Auswahlkriterien)*
Feststeller *m* casement stay, window stay, stay
Feststellung *f (VR)* statement
Feststellvorrichtung *f* locking device, catch; retainer; stop
Feststoffabfall *m (Umw)* solid waste
Feststoffanteil *m* solid content, solids content
Feststoffe *mpl (BM)* solids *(in Bindemitteln, Anstrichen usw.)*
Feststoffgehalt *m* solid content; total solids *(Anstrich, Farbe)*
Feststoffrechen *m (Wsb)* rack catcher *(Kläranlage)*
Feststoffteilchen *n (Umw, WVA)* solid particle
Feststoffvolumen *n* solid substance volume
Festsubstanz *f*/**kolloide** *(BM)* colloidal solid substance
Festung *f (Arch)* castrum, stronghold; citadel; fort
Festungseingang *m*/**enger** *(Arch)* gorge
Festungsgang *m*/**unterirdischer** *(Arch)* sally port
Festungsgraben *m (Arch)* moat
festungshaft fortress-like
Festungsmauer *f (Arch)* fortress wall
Festungsmauerbogen *m (Arch)* through arch
Festungsmauerwerk *n*/**griechisches** *(Arch)* emplecton *(innen mit Bruchsteinen gefüllt)*
Festungsstadt *f (Arch)* fortress town
Festungsturm *m* 1. *(Arch)* keep; 2. *(Arch)* military tower
Festungsverband *m* oblique bond, herringbone bond, raking bond *(Mauerwerk)*
Festungswall *m* rampart
Festungswerk *n (Arch)* fort
Festverglasung *f* fixed glazing
Festwerden *n* 1. *(BM)* set *(z. B. von Zement)*; 2. solidification *(z. B. von Erdstoffen, Bindebaustoffen)*
Festzeit *f* fixed time
Festzeitbetrieb *m (Verk)* fixed time operation
Festzeitsignale *npl (Verk)* fixed time signals
Festzeitsignalsteuerung *f* **des Knotens** *(Verk)* fixed time intersection signal control
Festzeitsteuerung *f (Verk)* fixed time method of control
Festzeitsteuerungssystem *n (Verk)* fixed time control system
Festzeitzyklenbetrieb *m (Te)* fixed cycle operation
festziehen *v* drive home; tighten *(Montageverbindung)*
festziehen *v*/**sich** tighten up
Festziehen *n (Te)* tightening *(Montageverbindung, Schraubverbindung)*
fett 1. *(OB)* long oil *(Anstrich)*; 2. fat *(Mörtel, Beton, Ton)*; rich *(z. B. Beton)*
Fettabscheider *m (Umw)* grease trap, skimming tank *(Abwasserbehandlung)*
fettbeständig grease-resistant, resistant to grease
Fettbeständigkeit *f* grease resistance, resistance to grease
Fettdichtung *f* grease seal
fetten *v* lubricate
Fettfang *m (WVA)* grease trap *(Abwasserbehandlung)*
Fettfilm *m* grease film
Fettfilter *n (EB, HLK)* grease filter *(Dunstabzugshaube)*
Fettfluid *n* grease paint
fetthaltig *(BM)* fat
Fettheit *f* **des Betons** *(BB, Te)* fatness of concrete
Fettigkeit *f* greasiness *(Oberfläche)*
Fettkalk *m* fat lime, high-calcium lime, rich lime
Fettkante *f (OB)* fat edge *(herabgelaufener Farbanstrich)*
Fettlösungsmittel *n* grease solvent
Fettmörtel *m* fat mortar, rich mortar
Fettrückstand *m (Umw, WVA)* grease residue *(Abwasser)*
Fettton *m (Bod, Te)* fat clay
fettverschmutzt grease polluted
feucht 1. moist, damp *(Boden, Beton, Farbe)*; 2. wet *(Klima, Oberflächen)*; 3. humid *(Luft)*; 4. *(Bod, Umw)* soggy *(sumpfig)*; 5. green *(Keramikrohling)*; 6. wettish *(benetzt)* • **feucht halten** keep moist, moisten, cure • **feucht werden** moisten, dampen, grow damp
Feuchtabfall *m (Umw)* humid waste
Feuchtdichte *f*/**optimale** critical density *(eines Erdstoffs)*
Feuchte *f* moisture, dampness *(Baustoffe, Boden)*; humidity *(Luft)*
Feuchte *f*/**absolute** absolute humidity
Feuchte *f*/**aufgesaugte** *(BM, DIS)* absorbed moisture
Feuchte *f*/**eingeschlossene** entrapped humidity; entrapped moisture
Feuchte *f*/**gebundene** *(BM)* bound moisture
Feuchte *f*/**relative** percentage humidity, relative humidity
feuchtebeladen moisture-carrying
feuchtebeständig humidity-resistant
Feuchtebeständigkeit *f (BM)* moisture resistance
Feuchtedichtmittel *n (DIS)* dampproofing material
Feuchtedurchgang *m* moisture passage
Feuchtedurchlässigkeit *f (DIS)* moisture permeability
Feuchteeintritt *m (DIS)* moisture entry
Feuchtefühler *m (HLK)* humidistat
Feuchtegehalt *m* moisture content *(Baustoffe, Boden)*; humidity ratio *(Luft)*; temper *(Sand)*
Feuchtegrenze *f* humidity limit
Feuchtemesser *m* moisture meter, moisture tester; hygrometer *(Luft)*
feuchten *v* damp
Feuchtereg(e)lung *f* moisture control
Feuchtesperre *f* moisture barrier, moisture stop; humidity seal, humidity stop
feuchteunempfindlich insusceptible to moisture
Feuchtewanderung *f (DIS)* humidity migration
Feuchtgebiet *n (Bod, LB, Umw)* wetland
Feuchtgewicht *n (BM)* humid weight
Feuchthalten *n* moist-curing, water curing *(von Beton)*
Feuchthaltung *f* moist-curing, water curing *(von Beton)*
Feuchtigkeit *f* moisture, damp, dampness *(Boden, Baustoffe, Farbe)*; humidity *(Luft)*; wetness *(Oberflächen)* • **durch Feuchtigkeit härtend** moisture-curing • **Feuchtigkeit entziehen** dehumidify *(z. B. Luft)* • **mit Feuchtigkeit beschlagen** *(DIS, HLK, OB)* become covered with moisture • **mit Feuchtigkeit gesättigt** moisture-laden • **mit Feuchtigkeit nachbehandeln** *(BB)* moist-cure
Feuchtigkeit *f*/**absolute** absolute humidity
Feuchtigkeit *f*/**aufsteigende** *(DIS)* rising humidity
Feuchtigkeit *f*/**stehende** *(Bod)* water logging
Feuchtigkeitsabdichtung *f* moisture proofing, weatherproofing, vapour barrier, *(AE)* vapor barrier *(an Bauwerken)*
Feuchtigkeitsabdichtung *f* **mit Folien** *(DIS, Erdb)* membrane waterproofing
Feuchtigkeitsabgabe *f* moisture desorption, release of humidity
Feuchtigkeitsaufnahme *f* moisture absorption, moisture pick-up *(flüssig)*; humidity absorption *(Luftfeuchte)*
Feuchtigkeitsausdehnung *f* moisture expansion
Feuchtigkeitsbeanspruchung *f* exposure to moisture
Feuchtigkeitsbelag *m* moisture cover; humidity cover
feuchtigkeitsbeständig proof to moisture, resistant to

moisture, dampproof *(Wasser)*; humidity-resistant *(Luftfeuchte)*
Feuchtigkeitsbeständigkeit *f* moisture resistance, resistance to moisture *(Wasser)*; humidity resistance *(Luftfeuchtigkeit)*
Feuchtigkeitsdefizit *n* moisture deficiency
feuchtigkeitsdicht moisture-proof, damp-proof
Feuchtigkeitsdichtungsarbeiten *fpl (DIS)* moisture proofing
Feuchtigkeitsdurchgang *m* moisture passage, moisture penetration
feuchtigkeitsdurchlässig *(DIS)* permeable to moisture
Feuchtigkeitsdurchlässigkeit *f (DIS)* moisture permeability
Feuchtigkeitseintritt *m (DIS)* moisture entry
feuchtigkeitsempfindlich 1. *(BM, Bod, Erdb)* sensitive to moisture; 2. *(BM)* susceptible to moisture *(Wasser)*
Feuchtigkeitsempfindlichkeit *f (BM)* susceptibility to moisture
Feuchtigkeitsfestigkeit *f* resistance to moisture
Feuchtigkeitsfilm *m* moisture film, film of moisture
Feuchtigkeitsgefälle *n* moisture gradient
Feuchtigkeitsgehalt *m* moisture percentage *(Baustoffe, Boden)*; humidity content *(Luft)*
Feuchtigkeitsgehaltkontrolle *f* moisture content control
feuchtigkeitsgeschützt *(DIS)* moisture-proof
Feuchtigkeitsgrad *m* degree of humidity
Feuchtigkeitsgrenze *f* moisture limit; humidity limit
feuchtigkeitshärtend moisture-curing
Feuchtigkeitsindex *m* moisture index
feuchtigkeitsisolierend *(DIS)* dampproof
Feuchtigkeitsisoliermaterial *n (BM, DIS)* fibrated dampproofing
Feuchtigkeitskorrosion *f (OB, San)* aqueous corrosion
Feuchtigkeitslagerprüfung *f* moisture test
Feuchtigkeitsmangel *m (BM, Te)* lack of moisture
Feuchtigkeitsmenge *f* humidity quantity
Feuchtigkeitsmesser *m* hygrometer
Feuchtigkeitsprüfung *f* moisture test *(Baustoffe, Boden)*; humidity testing *(Luft)*
Feuchtigkeitsregelung *f (HLK)* moisture control; humidity control
Feuchtigkeitsregime *n (Erdb)* moisture regime
Feuchtigkeitsreglung *f s.* Feuchtigkeitsregelung
feuchtigkeitsregulierend moisture controlling
Feuchtigkeitsschaden *m* damage due to humidity
Feuchtigkeitsschutz *m* 1. *(DIS)* moisture proofing; 2. *(DIS, OB)* dampproofing *(an Bauwerken gegen Wasser)*
Feuchtigkeitssperre *f* moisture barrier, moisture seal *(gegen Wasser)*; humidity seal, humidity stop, vapour barrier *(gegen Dampf- und Luftfeuchte)*
Feuchtigkeitssperre *f*/**abgestufte** *(DIS)* stepped DPC
Feuchtigkeitssperre *f*/**chemische** chemical dampproof course, chemical dpc
Feuchtigkeitssperre *f*/**waagerechte** horizontal damp-proof course
feuchtigkeitssperrend *(DIS)* dampproof
Feuchtigkeitssperrhaut *f (DIS, OB)* dampproof membrane
Feuchtigkeitssperrlage *f (DIS)* moisture barrier
Feuchtigkeitssperrschicht *f* moisture seal, moisture stop, damp course, wall damp-proof course *(gegen Wasser)*; humidity barrier, humidity seal, humidity stop *(gegen Dampf- und Luftfeuchte)*
Feuchtigkeitssperrstoff *m (BM, DIS)* waterproofing agent
Feuchtigkeitssperrung *f (DIS)* humidity insulation
Feuchtigkeits- und Temperaturmessung *f*/**kombinierte** *(HLK)* humiture
feuchtigkeitsundurchlässig *(DIS)* moisture-proof
Feuchtigkeitsundurchlässigkeit *f (DIS)* moisture impermeability
feuchtigkeitsunempfindlich insusceptible to moisture
Feuchtigkeitsverlagerungseffekte *mpl* moisture movement *(auf Mörtel, Zement, Stein)*
Feuchtigkeitsverlust *m (BM, HLK)* moisture loss
Feuchtigkeitswanderung *f* moisture migration, moisture movement; humidity migration
Feuchtigkeitszahl *f* moisture index
Feuchtigkeitszuwachs *m* moisture increase
Feuchtkammer *f* fog room
Feuchtkammernachbehandlung *f (BB)* fog curing
Feuchtkastenlagerung *f* standard curing *(Zement- und Betonprüfung)*
Feuchtlagerprüfung *f (BB, BM)* high humidity and condensation test
Feuchtlagerraum *m (San)* moist room
Feuchtlagerung *f* wet storage *(Prüfkörper)*
Feuchtlagerversuch *m (BM)* humidity test
Feuchtluft *f (HLK)* moisture-laden air
Feuchtluftabzug *m* condensation gutter
Feuchtluftabzug *m* **mit gegeneinander schließenden Lamellen** *(HLK)* opposed-blade damper
Feuchtluftabzug *m* **mit parallelen Lamellen** *(HLK)* parallel-blade damper
Feuchtmüll *m (Umw)* humid waste
Feuchtnachbehandlung *f (BB, Te)* moist-curing *(von Beton)*
Feuchtraum *m* damp room, wet room; humid room
Feuchtraumabdichtung *f* wet room dampproofing; humid room dampproofing
Feuchtraumanlage *f (El)* moisture-proof installation
Feuchtraumarmatur *f (El)* moisture-proof fitting, dampproof fitting
Feuchtraumausstattung *f (BM, DIS, El)* dampproof equipment
Feuchtraumgewicht *n* moist unit weight
Feuchtrauminstallation *f (El)* damp room services
Feuchtrauminstallationen *fpl (El)* wet room services
Feuchtraumkammer *f (BB, Te)* humidity cabinet
Feuchtraumlagerung *f* wet storage *(Prüfkörper)*
Feuchtraumleitung *f (El)* moisture-proof cable, damp room installation cable
Feuchtraumleuchte *f (El)* dampproof lighting fixture
Feuchtwetterperiode *f (Bod)* wet weather spell
Feuer *n* fire
Feuerabschwächung *f* fire suppression
Feueralarm *m* fire alarm
Feueralarmanlage *f (El)* fire-alarm system
Feueraltar *m (Arch)* towered fire-temple
Feueraluminieren *n (OB)* hot-dip aluminizing
Feueraluminiumschutzschicht *f (OB)* hot-dipped aluminium coating
Feuerangriff *m* fire attack
Feueranweisung *f* fire notice
Feueranzeiger *m* fire detector
Feuerausbreitgeschwindigkeit *f (Tun)* fire growth rate
Feuerausbreittest *m* chamber test *(für Fußböden)*
Feuerausbreitung *f* spread of fire
Feuerausbruch *m* outbreak of fire, fire outbreak
Feueraussetzung *f (BM, BT)* fire exposure *(Bauelement)*
Feuerausweitung *f* fire spread
Feuerbekämpfung *f* fire-fighting
Feuerbekämpfungsreaktion *f* fire response
feuerbeschädigt fire-damaged
feuerbeständig fire-proof, fire-resistant, resistant to fire *(Baumaterial)*
Feuerbeständigkeit *f* fire durability, fire-proofness, fire-resistance *(Baumaterial)*

Feuerbeständigkeitsprüfung *f (BM, Te)* fire test
feuerblank *(OB)* fire finished
Feuerblänke *f (OB)* glaze
Feuerblankheit *f (OB)* fire finish
Feuerdecke *f* fire blanket
Feuereimer *m* fire bucket
Feuereinwirkung *f* fire action
feuerfest fire-proof; refractory *(keramische Stoffe)*; resistant to fire *(Baumaterial)*
Feuerfestanstrich *m* refractory coat
Feuerfestbeton *m* castable refractory concrete, heat-resistant concrete, refractory concrete

F

Feuerfestdämmbeton *m* refractory insulating concrete
Feuerfestigkeit *f (BM)* refractoriness *(Baustoffe)*
Feuerfestindustrie *f (BWG)* refractory industry
Feuerfestmachen *n* fire-proofing
Feuerfestmasse *f* refractory composition *(keramisch)*
Feuerfestmassen *fpl* plastic refractories *(Massen aller Konsistenz auf Feuerfestbasis, z. B. Schamotte, Magnesit, Chromerz, Korund, Silimanit usw.)*
Feuerfestmörtel *m*/**hydraulischer** hydraulic refractory cement
Feuerfestrohstoff *m (BM, Bod)* refractory raw material *(keramisch)*
Feuerfeststein *m* fire-proof brick
Feuerfeststein *m*/**basischer** basic brick
Feuerfestverglasung *f*/**kupferisolierte** electro-copper glass method, *(AE)* copperlight glazing
Feuerfestzement *m (BM)* refractory cement
Feuerforschung *f* fire research *(Brandforschung)*
Feuerfortpflanzung *f* fire propagation
Feuerfuge *f (Konst)* fire cut
Feuergefahr *f* danger of fire, fire hazard, risk of fire
feuergefährlich highly inflammable, inflammable, combustible
Feuergefährlichkeitsklassifizierung *f* fire-hazard classification
feuergeschützt fire-protected, protected
Feuergitter *n (HLK)* fire grate *(Kamin)*
Feuerhahn *m* fire hydrant, *(AE)* fire-plug
Feuerhaken *m* poker
Feuerheftigkeit *f (BM, Konst, RS)* severity of fire
feuerhemmend fire-retardant, fire-stopping, flame-retardant
Feuerhemmstoff *m* fire-retardant
Feuerhitzeabklinggeschwindigkeit *f* fire heat release rate
Feuerkorb *m* brazier *(für offenes Feuer)*
Feuerleiter *f* 1. fire escape, fire ladder, emergency ladder *(an Gebäuden)*; 2. firefighter's ladder, aerial ladder, turntable ladder *(Feuerwehr)*
Feuerlöschanlage *f (HLK, San)* extinguishing system
Feuerlöschanlage *f*/**automatische** fire-extinguishing system; automatic fire vent *(durch Brandlüftung)*
Feuerlöschanlage *f*/**frostgeschützte** non-freeze sprinkler system
Feuerlöschanlage *f*/**frostsichere** non-freeze sprinkler system
Feuerlöschausrüstung *f* fire-fighting equipment
Feuerlöschbrause *f (San)* sprinkler
Feuerlöschbrausekopf *m (San)* sprinkler head
Feuerlöscher *m* fire extinguisher
Feuerlöschgerät *n* fire extinguisher, fire-fighting appliance
Feuerlöschgeräteschrank *m* fire-protection equipment cabinet
Feuerlöschkasten *m* fire cabinet
Feuerlöschleitung *f (HLK, San)* extinguishing line
Feuerlöschpumpe *f*/**automatische** automatic fire pump
Feuerlöschschaum *m* fire-fighting foam
Feuerlöschsprenganlage *f (San)* sprinkler system
Feuerlöschsystem *n (HLK, San)* extinguishing system
Feuerlöschsystem *n* **mit Temperatur- und Rauchsensoren/automatisches** *(San)* preaction sprinkler system
Feuerlöschteich *m* 1. *(Umw, Wsb, WVA)* fire pond; 2. *(LB, Wsb, WVA)* firewater pond
Feuermauer *f* party wall
Feuermeldeanlage *f* fire alarm
Feuermeldeanlage *f*/**automatische** *(BT)* automatic fire alarm
Feuermeldeleitung *f* fire-alarm line, *(AE)* fire department connection
Feuermelder *m (El)* fire-alarm box
feuermetallisch *(OB)* hot-dipped
feuermetallisiert *(OB)* hot-dip coated
Feuermetallisierung *f (OB)* hot dipping
Feuermetallschutzschicht *f* hot-dipped coating
feuern *v (HLK, Te)* fire *(Kesselanlagen)*
Feuerraum *m* combustion chamber, furnace, furnace chamber
Feuerraumgewölbe *n (Arch)* arch
Feuerrichtlinie *f* fire policy
Feuerrisiko *n* fire risk
Feuerschaden *m (VR)* fire damage
Feuerschutz *m*/**baulicher** *(Konst)* structural fire precaution
Feuerschutzanlage *f* **mit wasserfreiem Rohrsystem** dry-pipe sprinkler system *(bei Nichtgebrauch)*
Feuerschutzanstrich *m (OB)* fire-proof coat
Feuerschutzausbauteile *npl* fire assembly
Feuerschutzberieselungsanlage *f* fire sprinkler system, fire sprinkler
Feuerschutzbestimmungen *fpl (VR)* fire regulations
Feuerschutzdamm *m (Erdb, Konst)* fire dam
Feuerschutzdecke *f* fire blanket, asbestos blanket
Feuerschutzelement *n* fire-proofing component
Feuerschutzfarbe *f* fire-resisting finish, fire-retardant finish, flame-proofing paint
Feuerschutzfliese *f* fire-proofing tile
Feuerschutzklasse *f* 1. *(BT, VR)* fire grading; 2. *(Konst, VR)* construction class
Feuerschutzklasse *f* **einer Tür** door class
Feuerschutzklassifikation *f* 1. *(VR)* fire grading class; 2. *(BT, VR)* fire rating class; 3. *(BM, VR)* class *(von Klasse A bis F)*
Feuerschutzladen *m* fire shutter
Feuerschutzmasse *f*/**aufgespritzte** sprayed fireproofing
Feuerschutzmembran *f* membrane fireproofing *(geputztes Lattengerüst)*
Feuerschutzmittel *n* fire-proofing agent, fire-retardant
Feuerschutzputzträgertafel *f* **aus Gipskarton** *(BT)* type X wallboard
Feuerschutzsprenganlage *f* sprinkler system, *(AE)* drencher system *(außerhalb des Gebäudes)*
Feuerschutzspritzmasse *f* sprayed fireproofing
Feuerschutzstreichputz *m (SB)* vermiculite plaster
Feuerschutzstreifen *m (RP)* firebreak
Feuerschutztür *f* fire door, smoke door, smoke hatch
Feuerschutztür *f*/**gütegekennzeichnete** labelled door
Feuerschutztür *f*/**metallbeschlagene** metal-clad fire door, *(AE)* kalamein fire door
Feuerschutztür *f* **mit mehrfacher Sperrholzfüllung und Terneblechbeschlag** *(BT, Konst)* tin-clad fire door
Feuerschutztür *f*/**selbstschließende** self-closing fire door
Feuerschutzüberzug *m (OB)* fire-retardant coating
Feuerschutzverbundtür *f (BT)* composite fire door
Feuerschutzzone *f* fire area

Feuerschutzzonengrenze *f* fire limits
Feuerschweißen *n* 1. *(St)* fire welding; 2. *(St, Te)* forge welding
feuersicher fire-proof
Feuerstätte *f* fire
Feuerstätte *f***/geschlossene** openable burning appliance, openable burning furnace
Feuerstätte *f***/häusliche** domestic fire
Feuerstättenanlage *f* furnace installation
Feuerstättenraum *m (HLK)* fire room
Feuerstein *m* firestone, flint, ignescent stone
feuersteinartig flinty
Feuerstein-Bruchstein *m* flint rubble
feuersteinhaltig flinty
Feuerstelle *f* 1. *(HLK)* fireplace; 2. *(BWG, HLK)* hearth *(Feuerstellenboden)*
Feuerstelle *f***/offene** *(HLK)* open fire
Feuerstellenboden *m* hearth
Feuertest *m* **für Dachhäute** *(BM) (AE)* burning-brand test
Feuerton *m* fireclay, refractory clay
Feuertonartikel *mpl* fireclay ware
Feuertonerzeugnisse *npl* fireclay ware
Feuertreppe *f* fire escape, fire staircase
Feuertreppenschacht *m (Konst)* fire tower *(feuergeschützt)*
Feuertür *f* fire door, smoke door, smoke hatch
Feuerturm *m* lighthouse
Feuertürschließer *m* fire door closing device, automatic closing device, self-closing device
Feuerübergriff *m* fire penetration
Feuerüberwachung *f* fire control
Feuerung *f* 1. firing, heating *(Beheizung)*; 2. stocking *(Kesselanlage)*; 3. *(HLK)* fuel *(Brennmaterial)*; 4. furnace, furnace chamber *(Feuerungsanlage)*; 5. fireplace, hearth *(Feuerstelle)*
Feuerung *f***/geschlossene** openable burning furnace
Feuerung *f* **mit Schwerkraft** *(HLK)* gravity furnace
Feuerungsanlage *f* fire installation, furnace installation, furnace
Feuerungsbaumasse *f (BM)* refractory compound *(keramisch)*
Feuerungsgewölbe *n (HLK, Konst)* furnace arch
Feuerungsraum *m (HLK)* fire room
Feuerungsrückstand *m* furnace residue
Feuerunterdrückung *f* fire suppression
Feuerversicherung *f* fire insurance
feuerverzinken *v* hot-galvanize, galvanize
Feuerverzinken *n (OB, Te)* galvanization *(s. a. Feuerverzinkung)*
feuerverzinkt 1. *(OB)* hot-dip galvanized; 2. *(BM, OB)* zinc-dipped
Feuerverzinkung *f* hot-dip galvanizing, galvanizing, zinc dipping
feuerverzinnt hot-dip tinned, tin-coated *(Baukleineisenteil)*
Feuerverzinnung *f* hot-dip tinning, tin coating
Feuerwache *f (VR)* fire station
Feuerwehr *f* fire brigade, fire department
Feuerwehrmann *m* fire fighter, fireman
Feuerwehrschlauch *m* fire hose
Feuerwehrschlauchlagerraum *m* fire-hose cabinet *(Schrank)*
Feuerwehrzufahrt *f (Konst, Verk)* access for fire services
Feuerwiderstandsfähigkeit *f* fire resistance *(Bauwerk)*; fire classification *(Baustoff)*
Feuerwiderstandsgrad *m* **einer Tür** *(BT, VR) (AE)* fire-door rating
Feuerwiderstandsklasse *f* fire classification, fire-resistance period, fire-resistance rating
Feuerwiderstandsprüfung *f (EN 15080)* fire-resistance test
Feuerwiderstandsprüfung *f* **für Dächer** *(BT, VR)* fire-resistance test for roof(s) *(EN 1365-2)*
Feuerwiderstandszeit *f* fire grading period, fire endurance *(einer Konstruktion)*
Feuerzinkschutzschicht *f* hot-dipped zinc coating, zinc-dipped coating
Feuerzinnschutzschicht *f (OB)* hot-tinned coating
Feuerzugschließer *m***/automatischer** *(El)* fire-control damper *(Steuerungsgerät)*
Fialbaldachin *m (Arch, BT)* pinnacled canopy
Fiale *f* 1. *(Arch)* buttress pinnacle *(Kirchenbau)*; 2. *(Arch)* pinnacle *(gotisches Ziertürmchen als Pfeileraufsatz)*
Fiberglas *n* fibreglass, *(AE)* fiberglass
Fichte *f (LB)* spruce
Fichtenholz *n* spruce wood, white deal
Fichtenschindel *f (BT)* spruce shingle
Fiedelbohrer *m* fiddle drill
Figur *f (Arch)* figure
Figur *f***/mathematische** *(Arch)* geometrical pattern
Figuratives *n (Arch)* figurative character, figurative element
Figurenplastik *f (Arch)* figure sculpture
Figurenskulptur *f (Arch)* figure sculpture
figürlich figural
fiktiv notional
Fiktivberechnung *f* notional calculation
Fiktiventwurf *m* notional design, notional project
Filethobel *m (Hb)* fillet plane
Filigrandecke *f (Konst)* filigree floor
Filigranornament *n (Arch)* filigree enrichment, filigree ornament
Filigranrippendecke *f (Konst)* filigrane rib floor
Filigranverzierung *f (Arch)* filigree enrichment
Filigranwirkung *f* filigree effect
Film *m* film • **mit einem Film bedecken** film *(Korrosionsschutz)*
Film *m***/spröder** brittle film *(Anstrich)*
filmbeständig film-proof
filmbildend film-building, film-forming *(Anstriche)*
Filmbildner *m* film former, film-forming component, film-forming substance, film medium
Filmbildung *f* film formation; coalescence *(bei Emulsionsfarben)*
Filmbildung *f* **durch teilweise Entmischung** *(OB)* spewing *(Anstrich)*
Filmdicke *f* film thickness
Filmdickenmesser *m (OB, Te)* film thickness gauge
Filmgelierdauer *f (OB)* gel time *(Anstrich)*
Filmleim *m* sheet glue
Filmspanstück *n* film piece
Filmtheater *n (AE)* motion-picture theater
Filter *n* filter, strainer
Filter *n***/offenes** gravity filter
Filteranlage *f* 1. filter plant; 2. *(Umw)* filtering unit
Filterasche *f* pulverized fuel ash *(Bindemittel)*
Filterbett *n* filter bed
Filterbrunnen *m (Bod)* filter well, well point, soakaway; spring well
Filterbrunnenaggregat *n (WVA)* battery of filters
Filterdrän *m (Erdb, LB, WVA)* stone-filled trench
Filterentstaubung *f* dust filter
Filterentwässerungsleitungen *fpl* **mit Sandbett** *(Erdb, WVA)* sand filter trenches
Filtergeschwindigkeit *f* speed of filtration, filtration rate
Filtergewebe *n* filter fabric
Filterkies *m* filter gravel, filter material
Filterkuchen *m* filter cake
Filterlage *f (Erdb, Wsb, WVA)* filter bed

Filterlaufzeit *f (HLK)* filter run
Filtermaterial *n* filter material, filtering medium
Filtermatte *f (BM)* woven filter medium
filtern *v* 1. *(WVA)* filter; 2. *(BM, Te, WVA)* strain
Filtern *n* filtering, straining
Filterpapier *n* filter paper
Filterrohr *n* filter drain; filter pipe *(für Brunnen)*
Filterrohrsaugstange *f (WVA)* well point
Filtersand *m* filter sand, filter material
Filterschicht *f (Erdb, Wsb, WVA)* filter bed
Filterschlacke *f* filter slag
Filtersediment *n* filter sediment
Filtersieb *n* filter screen
Filterstandzeit *f (HLK)* filter run
Filterstein *m* filter block
Filterströmung *f (HLK)* filter flow
Filtertasche *f (HLK)* bag
Filterung *f* filtration, straining
Filterventilatoreinheit *f (HLK)* filter-fan unit
Filtration *f* filtration, straining
Filtrationsanlage *f (WVA)* filtration plant
Filtrierabscheidung *f* separating by filtration
filtrierbar filterable
Filtrierbarkeit *f* filterability
filtrieren *v* 1. *(WVA)* filter; 2. *(BM, Te, WVA)* strain
filtrieren lassen *v*/**sich** *(WVA)* filter
Filtrieren *n* filtering, filtration, straining
Filtrierung *f*/**natürliche** *(WVA)* natural filtration
Filtrosplatte *f* filtros
Filz *m* felt, felted fabric; hair felt • **mit Filz mattschleifen** *(OB, Te)* felt down *(Anstriche)*
Filzband *n* felt strip
Filzbrett *n* felt rubbing board, angle paddle, carpet float
Filzdämmung *f (DIS)* felt insulation
Filzdichtung *f (DIS)* felt seal
Filzeinlage *f* felt insert
filzen *v (OB, Te)* felt
filzig felty
Filzmatte *f* felt mat
Finanzierungsbeteiligung *f*/**private** private sector participation
Finanzplanung *f (VR)* budgeteering *(für einen Ausgabesektor)*
Findling *m* 1. *(BM, Bod, SB)* erratic block; 2. *(Bod) (AE)* boulder
Findling *m*/**eiszeitlicher** *(BM, Bod)* glacial boulder
Finger *m* 1. *(Konst, Verk)* finger; 2. *(Verk) (AE)* concourse *(Flugsteig)*
Fingerflugsteig *m (Konst, Verk)* finger
Fingerflugsteigform *f* finger layout
Fingerflugsteigkopf *m* finger head
Fingerflugzeugzugang *m (Konst, Verk)* finger
Fingerform *f* finger layout
fingerförmig digitate
Fingergriff *m* cup escutcheon *(an einer Schiebetür)*
Fingerkopf *m* finger head
Fingernagelprüfung *f (BM)* fingernail test
Fingerplatten *fpl (Br)* finger plates *(Brückenübergangselement)*
Fingerschutzstreifen *m (EB)* finger guard *(Tür)*
Fingersystem *n (Verk)* finger system *(Flugsteiganordnung)*
Fingervertiefung *f* cup escutcheon *(an einer Schiebetür)*
Fink-Binder *m* Fink truss
Firma *f (VR)* firm
Firmenbauleiter *m (VR)* contractor's agent
Firmenverwaltungsgebäude *n (Arch)* company's administration building
Firnis *m* oil varnish, boiled oil
Firnispinsel *m* dabber
firnissen *v (OB, Te)* varnish
First *m* ridge, roof ridge, rider strip *(Dach)*; crest *(Bergkamm)*
Firstabdeckung *f* ridge cap, ridge capping, ridging
Firstabdeckverbindungsblech *n (San)* ridge stop *(an einer Wand)*
Firstabfänger *m* ridge starting tile
Firstanfänger *m (BT)* starter ridge tile
Firstanschlussziegel *m* ridge starting tile
Firstaufsatzgerüst *n* saddle scaffold
Firstaufstand *m* cresting *(auf den Firstziegeln)*
Firstausbildung *f (Konst)* ridge form
Firstbalken *m* ridge beam, roof coping, roof tree, roofing tree, top beam, top plate, tree coping
Firstbalkenträger *m (Hb, TK)* ridge line piece
Firstblech *n (San)* ridge plate
Firstblume *f (Arch)* crope, flower-shaped ornament
Firstbohle *f* ridge beam, ridge board, saddle board, *(AE)* pole piece
Firstbrett *n (Hb)* saddle board
Firstdeckbohle *f* saddle board
Firstdeckholz *n*/**rundes** *(Arch)* ridge roll
Firste *m* 1. *(Tun)* roof; 2. soffit *(Rohrscheitel)*
Firstecke *f* ridge corner tile *(Ziegel)*
Firstenausbau *m (Tun)* roof support
Firstende *n* **eines Sparrens** *(Konst)* top cut
Firstendruck *m (Tun)* roof pressure, top pressure
Firstendurchbiegung *f (Tun)* roof deflection
Firstenläufer *m* crown runner
Firstennachreißen *n (Tun)* roof ripping
Firstentlüfter *m (HLK)* ridge ventilator
Firstfaltung *f (Konst)* ridge folding
Firsthaube *f* ridge cap, ridge capping, comb
Firsthaube *f*/**verzierte** ornamental ridge covering
Firsthöhe *f* ridge height
Firstkamm *m (BT)* comb
Firstkappe *f* ridge capping tile, ridging tile
Firstkappenlage *f* crown course *(von Asbestformteilen)*
Firstknotenblech *n* peak joint plate, peak joint sheet
Firstknotenholz *n* peak joint timber
Firstknotenplatte *f* peak joint slab
Firstkrone *f* roof crest, roof cresting
Firstlaterne *f* monitor roof, *(AE)* monitor
Firstlinie *f* ridge line, rider strip, ridge *(Dach)*
Firstlüfter *m (HLK)* ridge ventilator
Firstoberlicht *n* ridge-type rooflight
Firstpfette *f* 1. *(Konst)* ridge purlin; 2. *(Hb, Konst, St)* combing
Firstpfettenauflager *n* support of ridge purlin
Firstpfosten *m (Hb)* king post
Firstpunkt *m* ridge point, ridge joint
Firstraupe *f (Konst)* ridge-type skylight
Firstschar *f (Konst)* ridge course
Firstschindel *f* ridge shingle
Firstschnörkel *m (Arch)* ridge roll
Firstschwelle *f (BT, Hb)* top plate
Firstsparren *m (Hb)* roofing tree
Firstsprengung *f (Tun)* heading blast
Firststein *m* crown tile, ridge tile
Firststoß *m (Konst)* peak joint
Firststück *n (Hb)* ridge board
Firstträger *m (TK)* ridge girder
Firstverbindung *f (Konst)* peak joint
Firstverzierung *f* roof crest, roof cresting
Firstziegel *m* ridge tile, crest tile, hip tile, arris hip tile, crown tile, *(AE)* head
First-zu-First-Faltung *f (Konst)* ridge-to-ridge folding
First-zu-Kehle-Faltung *f (Konst)* ridge-to-valley folding
Fischband *n* 1. *(Hb)* butt hinge; 2. *(EB)* pin hinge *(Baubeschlag)*

Fischband *n*/**dreiteiliges** *(EB)* three-leaf pin hinge *(Baubeschlag)*
Fischbauch *m (TK)* fish-belly *(Trägerform)*
fischbauchig fish-bellied
Fischbauchklappe *f* fish-bellied flap
Fischbauchträger *m (TK)* fish beam
Fischgerinne *n (Wsb)* fish pass
Fischgraben *m (Wsb)* fish pass
Fischgrätendränungssystem *n (Erdb, LB)* herringbone drainage
Fischgrätenform *f* herringbone pattern *(Parkett)*
Fischgrätenklinkerpflaster *n (Verk)* herringbone paving
Fischgrätenmuster *n* herringbone pattern, herringbone matching
Fischgrätenparkett *n* herringbone parquet
Fischgrätenspundung *f (Hb)* herringbone matching
Fischgrätenverband *m (SB)* herringbone bond
Fischleim *m (BM)* fish glue
Fischleiter *f (Wsb)* fish pass
Fischrechen *m* fish grid
Fischschwanzrohrverlegung *f (HLK)* fishtail ducting
Fischzaun *m* fish screen
fiskalisch *(VR)* fiscal
Fitschband *n* 1. *(Hb)* butt hinge; 2. *(EB)* pin hinge *(Baubeschlag)*
Fitsche *f* butt hinge, hinge plate, pin hinge, surface-fixed hinge *(Baubeschlag)*
Fitschenband *n* let-in flap, surface-fixed hinge
Fitschenbeitel *m* plugging chisel, star bit
Fitschenlappen *m* let-in flap
Fitting *n(m) (San)* fitting, fittings, pipe fitting, pipe fittings
Fittingzwischenrohr *n* pipe fitting branch, pipe fitting union
fixiert fixed
Fixierungsverputz *m (SB)* tack coat
Fixpunkt *m (Verm)* fixed point, benchmark, fixed element
flach 1. flat; 2. level, flat, even, plane, plain *(eben, z. B. Land)*; 3. shallow *(nicht tief, z. B. Wasser)*; 4. flat *(mathematisch, z. B. Kurve)*; 5. low *(Gebäude)*; 6. tabular *(tafelförmig)*; 7. *(Wsb)* shoaly *(seicht, untief)* • **flach machen** *(Konst)* shallow
flach/einigermaßen flattish
Flach... flat ...; flat-topped ...; even ...; level ...
Flachabdichtung *f* gasket seal
Flachanbau *m* single-storey annex, single-storey annexe
Flachaushub *m* areal excavation
Flachbaggerung *f* shallow digging, shallow excavation, shallow grading, surface digging
Flachbau *m* 1. *(Konst)* low building; 2. *(Arch, Konst)* flat building
Flachbauappartement *n* **mit Garten** garden apartment
Flachbaugrube *f (Erdb)* shallow building pit
Flachbiegung *f* plane bending
Flachblechbeplankung *f (Konst, OB)* flat sheet covering
Flachboden *m* flat bottom
Flachbogen *m* flat arch, jack arch; segmental arch; surbased arch, *(AE)* scheme arch, shallow arch
Flachbogengewölbe *n (Konst)* segmental vault
Flachbogenträger *m (TK)* segmental arched girder
Flachbohrung *f (Bod)* shallow boring, shallow hole
Flachbord *m* flush kerb
Flachbordinsel *f (Verk)* low-kerbed island
Flachböschung *f (Erdb)* shallow embankment
Flachbrunnen *m (WVA)* shallow well
Flachdach *n* flat roof, decking; terrace roof; cut roof *(abgestumpftes Dach)* • **mit Flachdach** flat-roofed
Flachdach *n*/**begehbares** roof-deck
Flachdach *n*/**bleiblechgedecktes** *(AE)* lead flat roof
Flachdach *n*/**einschaliges** *(DIS, Konst)* non-ventilated flat roof
Flachdach *n* **mit Bleitafeldeckung** *(AE)* lead flat roof
Flachdach *n* **ohne Wasserabfluss** dead-level roof
Flachdachanbau *m* flat roof annexe
Flachdachaufbau *m* penthouse; flat roof system, flat-roofed structure *(Konstruktionssystem)*
Flachdachbauwerk *n* flat-roofed structure
Flachdachdeckung *f* **mit Kiesdämmung** tar-and-gravel roofing
Flachdachdichtung *f* composition roofing, felt-and-gravel roofing, built-up roofing
Flachdacheinfassung *f* deck curb
Flachdachentwässerung *f* flat roof drainage
Flachdachfläche *f* deck
Flachdachgebäude *n* flat-roofed building, flat-topped building
Flachdachhaus *n (Arch)* flat roof house
Flachdachpfanne *f* flat clay roofing tile
Flachdachrand *m* gravel fillet
Flachdachsparren *m (Hb)* roof joist
Flachdachsteinlage *f* roof dry course
Flachdachtrakt *m* flat-topped unit
Flachdachüberdeckung *f* deck-on-hip
Flachdachwohnung *f* penthouse apartment, *(AE)* penthouse living unit
Flachdachziegel *m* flat tile
Flachdecke *f* flat ceiling
Flachdichtung *f* preformed gasket, static seal
flachdrücken *v (Te)* flatten
Fläche *f* 1. flat, level, plain *(Ebene)*; 2. area, region, stretch *(Gebiet)*; 3. face, side *(Wand)*; 4. superficies *(Gelände, geologisch)*; 5. surface *(Oberfläche)* • **auf geebneter Fläche** at grade • **Flächen bündig machen** make flush
Fläche *f*/**abfallende** *(Konst)* sloping area
Fläche *f*/**angenommene** transformed area *(Stahlbetonberechnung)*
Fläche *f*/**bebaute** built-up area, coverage, architectural area, building area
Fläche *f*/**befestigte** paved area
Fläche *f*/**belastete** loaded area
Fläche *f*/**beleuchtete** *(El)* illuminated area
Fläche *f*/**berippte** extended surface
Fläche *f*/**ebene** 1. *(Bod)* flat surface; 2. *(Stat)* plane
Fläche *f* **eines Einsteckschlosses/sichtbare** lock face
Fläche *f*/**einfach gekrümmte** singly curved plane
Fläche *f*/**eingeglaste** glassed-in area, glazed area
Fläche *f*/**eingeschalte** *(Konst, Te)* contact form area
Fläche *f*/**eingezäunte** fenced-in area, pale
Fläche *f*/**erfasste** coverage
Fläche *f*/**erschlossene** *(RP)* developed area
Fläche *f*/**exakt planparallele** *(Arch, Verm)* levelling surface
Fläche *f*/**geflieste** *(Konst)* tile surface
Fläche *f*/**gekrümmte** warped surface
Fläche *f*/**geneigte** inclined surface, sloping area, incline, cant
Fläche *f*/**geschlossene** *(Konst)* closed area
Fläche *f*/**geschnittene** sawn finish *(Stein)*
Fläche *f*/**geschüttete** *(Erdb)* surface of filling
Fläche *f*/**geschützte** *(Umw)* protected area
Fläche *f*/**gespitzte** *(OB, SB)* scabbled area
Fläche *f*/**gewölbte** vaulted area
Fläche *f*/**ideelle** transformed area *(Stahlbetonberechnung)*
Fläche *f* **in Quadratyard** *(Stat)* yardage
Fläche *f*/**mattierte** *(OB)* mat
Fläche *f*/**nicht bebaubare** non-development area
Fläche *f*/**nutzungsgeteilte** space-shearing area
Fläche *f*/**öffentliche** *(LB)* public land

Fläche *f*/polierte polished surface
Fläche *f*/ruhende bearing area
Fläche *f*/schiefwinklige *(Konst)* splay
Fläche *f*/schraffierte *(Konst)* shaded area
Fläche *f*/sensible *(Umw)* sensitive area
Fläche *f*/tragende bearing area, supporting surface; land *(einer Nut)*
Fläche *f*/überdachte covered area
Fläche *f*/untere *(Verk)* lower flange *(Stahlbau)*
Fläche *f*/verglaste glassed-in area, glazed area
Fläche *f*/vergrößerte extended surface
Fläche *f*/verzierte dressing
Fläche *f*/wirksame effective area
Flacheisen *n* flat bar, flat iron
Flacheisen *n*/gekröpftes cranked flat iron
Flacheisenreifen *m* *(BT)* band clip
Flacheisenzapfen *m* lug bolt
Flachelement *n* facia
Flachelement *n*/säulengestütztes *(Arch)* fascia
Flächen *fpl*/einander durchschneidende *(Stat)* intersecting surfaces
Flächen *fpl*/morphologische *(Bod)* morphological plains
Flächen... areal ...
Flächenabtrag *m* *(Erdb)* surface removal
Flächenaktionsplan *m* *(Verk)* area action scheme
Flächenauflast *f* *(Bod)* surface load
Flächenaufnahme *f* *(Verm)* survey of area
Flächenaufteilung *f* *(Konst)* space arrangement
Flächenaushub *m* areal excavation
Flächenausleuchtung *f* *(AE)* luminous coverage
Flächenbearbeiten *n* *(OB, Te)* surfacing *(z. B. von Gebäudeaußenflächen, Dächern, Fußböden)*
Flächenbearbeitungsprogramm *n* area treatment programme *(Raumplanung)*
Flächenbefestigung *f* paved area
Flächenbeleuchtung *f* *(El)* area lighting
Flächenberäumung *f* *(Te, Umw)* land clearing
Flächenberechnung *f* calculation of areas, mensuration
Flächenbettungszahl *f* *(Erdb)* modulus of the foundation *(Fundamentunterseite)*
flächenbündig flush, flush with the adjacent areas
Flächendekoration *f* *(Arch)* surface decoration
Flächendenkmal *n* *(Arch, RP, Umw)* conservation area
Flächendruck *m* *(Stat)* surface pressure
Flächeneinheit *f* unit of area
Flächenentwicklung *f* *(RP)* area development *(Raumplanung)*
Flächenfraß *m* *(OB)* general corrosion
Flächenfundament *n* spread footing, spread foundation
Flächengerüst *n* areal scaffolding
Flächengründung *f* spread footing, spread foundation
flächenhaft/nicht plastic
flächenhaft wirkend/nicht plastic
Flächenheizkörper *m*/elektrischer electric panel heater
Flächenheizung *f* *(HLK)* panel heating
Flächenheizung *f*/elektrische electric panel heater
Flächenhelle *f* *(veraltet)* luminance
Flächenhobelmaschine *f* *(Hb)* planing machine
Flächeninhalt *m* area, superficial contents, surface content
Flächeninhalts... areal ...
Flächeninhaltsbestimmung *f* quadrature
Flächeninhaltsmesser *m* planimeter
Flächenkorrosion *f* *(OB)* general corrosion
Flächenkrümmung *f* *(Arch, Konst)* surface curvature
Flächenlast *f* 1. *(Stat)* area load, distributed load; 2. *(Bod)* surface load
Flächenleuchte *f* area light, *(AE)* surface luminaire, surface-mounted luminaire
Flächenmessung *f* 1. *(Konst)* measurement by planimeter; 2. *(Verm)* planimetry
Flächenmittelpunkt *m* *(Stat)* centroid
Flächenmoment *n* *(Stat)* moment of area, area moment, areal moment
Flächenmoment *n*/statisches *(Stat)* statical moment of area
Flächenmoment *n* zweiten Grades/polares *(Stat)* second polar moment of area
Flächenmuster *n* modular grid
Flächennivellement *n* *(Verm)* levelling of surface
Flächennutzungsfreigabe *f* *(RP)* opening-up
Flächennutzungsgrad *m* floor-space efficiency
Flächennutzungsplan *m* *(RP)* master plan
Flächennutzungsplanung *f* *(RP)* land-use planning
Flächenornament *n* *(Arch)* flat ornament
Flächenornamentierung *f* *(Arch)* surface decoration
Flächenpressung *f* surface pressure, specific pressure, unit pressure; ground pressure *(vertikal)*
Flächenraster *n* *(Konst)* bay unit
Flächenraum *m* surface content
Flächenrüttelung *f* *(BWG, Te)* surface vibration
Flächenrüttler *m* surface-vibrating machine
Flächenschrift *f* *(RP, Verm)* variable area recording
Flächensenkrechte *f* *(Arch)* surface normal
Flächenstrahlen *n* *(OB, Te)* surface blasting
Flächentafel *f* flush panel
Flächenträgheitsmoment *n* *(Stat)* moment of plane area
Flächenträgheitsmoment *n*/axiales *(Stat)* geometrical moment
Flächenträgheitsmoment *n*/polares *(Stat)* second polar moment of area
Flächentragwerk *n* *(TK)* area-covering structural element
Flächentragwerk *n*/ebenes plane area-covering structural element
Flächentragwerk *n*/räumliches *(TK)* three area-covering structural element
Flächentür *f* flush door
Flachentwässerungsrinne *f* *(Erdb, WVA)* shallow surface water channel
Flächenverzierung *f* *(Arch)* surface decoration
Flachfassade *f* flat façade
Flachgaupe *f* flat dormer
Flachgebäude *n* low block, low building, flat building
Flachgelenk *n* 1. *(BT, Konst)* flat hinge; 2. *(BT)* prop joint
flachgeneigt low-gradient
Flachgewölbe *n* straight vault, straight vaulting, drop vault, Dutch vault, *(AE)* jack vault
flachgewölbt surbased
Flachglas *n* flat glass, plate glass, sheet glass
Flachglas *n*/geriffeltes fluted rolled glass
Flachgründung *f* shallow foundation, flat foundation, flat footing, spread footing, spread foundation, pad foundation
Flachhalle *f* *(Konst)* low hall
Flachhaus *n* low house, flat house
Flachheit *f* flatness
Flachkopfniet *m* *(St)* flat-head rivet
Flachkopfschraube *f* flat-head screw
Flachkuppel *f* flat dome, saucer dome, shallow-rise dome
Flachlamelle *f* flat slat
Flachland *n* 1. *(Bod, RP)* flat country; 2. *(Bod)* level country *(großflächig)*; 3. *(Bod, RP, Umw)* flat ground
Flachleuchte *f* shallow light, *(AE)* shallow luminaire
flachliegend flat-lying
Flachlöffelbagger *m* *(BWG)* skimmer
Flachmeißel *m* flat chisel, chipping chisel, chisel bit
Flachmetall *n* flat metal
Flachmetall *n*/aufgesplittetes broken edge metal
Flachmetalldachdeckung *f* flexible metal roofing

Flachmetallleiste *f* flush metal threshold
Flachmuffe *f* flush bushing *(Installation)*
Flachnaht *f (St)* flush weld *(Schweißen)*
Flachpinsel *m* flat brush
Flachplatte *f* **aus Beton** flat concrete slab
Flachpresse *f (BB, Te)* flat jack *(Spannbeton)*
Flachprofil *n* flat section, flat
Flachrampe *f (Konst)* slightly inclined ramp
Flachrand *m (Konst)* lip curb
Flachrelief *n (Arch)* low relief, bas-relief, diaglyph
Flachrelieffries *m (Arch)* low relief frieze, bas-relief frieze
Flachrohr *n (San)* rectangular pipe
Flachrundkopfniet *m* truss head rivet
Flachs *m* flax
Flachschale *f (Konst)* low-rise shell
Flachschicht *f* brick-on-bed, flat course, flat course of bricks, flat layer *(Mauerwerk)*
Flachschichtmauerwerk *n* **aus Naturstein** *(SB)* rag work
Flachschiene *f* flat rail, strap rail
Flachschliff *m* diaglyph *(Glas)*
Flachschneiden *n* flat cutting, *(AE)* flatting *(von Holz)*
Flachschrägbordstein *m (Verk)* lip kerb
Flachsolarkollektor *m (El, San)* flat plate solar collector
Flachsplatte *f* flax felt, flaxboard *(aus Flachsstroh)*
Flachspülbecken *n (San)* shallow pan *(Toilette)*
Flachspülklosett *n* low down closet, shallow bowl water closet, shallow pan closet
Flachspültoilette *f (San)* shallow pan closet
Flachssackleinen *n* flax hessian
Flachsschäbenplatte *f* flaxboard *(aus Flachsstroh)*
Flachsspanplatte *f* flax shive board, flaxboard *(aus Flachsstroh)*
Flachstab *m* flat bar
Flachstahl *m* flat steel, rolled steel, flat bar, flats
Flachstichel *m (Hb)* flat graver
Flachstreckmetall *n* flattened expanded mesh
Flachstütze *f (Konst, TK)* flush bracket
Flachverzierung *f***/schmale** bandelet, bandelette *(z. B. über einer Säule)*
flachwandig plain-sided
Flachwasser *n (Bod)* shallow water
Flachwasserablagerung *f (Bod, Wsb)* shallow water deposit
Flachwölbebogen *m* camber arch
Flachwulst *f* bead flat
Flachwulstprofil *n* bulb plate
Flachwulststahl *m* flat bulb iron, bulb plate
Flachziegel *m* flat clay roof tile, flat clay roofing tile, flat tile
flackern *v* flare *(z. B. Licht)*
Flamboyantmaßwerk *n (Arch)* flamboyant tracery
Flamboyantüberzug *m (OB)* flamboyant finish
flammbeständig non-flammable
Flammbeständigkeit *f* 1. *(BM)* flame resistance; 2. *(BM, BT)* non-flammability
Flammenausbreitungsprüfung *f (BM)* spread-of-flame test *(z. B. der Dachhaut)*
Flammenbogen *m* flamboyant arch
flammengespritzt flame-sprayed
flammenhemmend flame-retardant
Flammenlötung *f* flame soldering
Flammenmetallspritzen *n* flame metal spraying
Flammenphotometrie *f* flame photometry
Flammenschutzmittel *n* fire-proofing agent, fire-retardant
Flammenschutzwand *f* flash wall
Flammenspritzen *n* flame metal spraying
Flammenspritzpistole *f* spraying torch
flammgespritzt *(OB)* gas-sprayed
Flammhärten *n* flame hardening
Flammpunkt *m* flash point, point of ignition
Flammrohr *n* fire tube, flame tube, flue; boiler flue *(Schornstein)*
Flammschutzmittel *n* fire-proofing agent, fire-retardant
flammsicher flameproof
Flammspritzverzinkung *f* flamesprayed zinc coating
flammstrahlen *v* flame-clean
Flammstrahlen *n* flame cleaning, flame descaling
Flammstrahlentrosten *n* flame cleaning, flame descaling
flammstrahlreinigen *v* burn off, flame-clean
Flammstrahlreinigen *n* 1. *(OB)* flame cleaning; 2. *(OB, Te)* paint burning
flammwidrig flame-resistant
Flanke *f* flank
Flankenturm *m (Arch)* flanking tower *(seitlicher Befestigungsbau eines bewehrten Tores)*
Flankenübertragung *f* flanking transmission *(Schalldämmung)*
flankiert flanked
Flansch *m* flange, boom; chord *(Tragwerk)*
Flansch *m***/aufgeschweißter** *(BT, Konst, St)* welded flange
Flansch *m***/blinder** blank flange
Flansch *m***/fester** *(Konst, St)* fast flange
Flansch *m***/gewölbter** saddle flange
Flansch *m***/passender** *(BT)* companion flange
Flansch *m***/weitauskragender** wide flange
Flanschanschluss *m* flanged end
Flanschaussteifung *f (St)* boom stiffening
Flanschbolzen *m* flange bolt
Flanschbreite *f* flange width, width of flange, chord width
Flanschdichtung *f* flanged gasket
Flansche *mpl***/gleichschenklige** equal webs
Flanscheinschnitt *m* flange cut
flanschen *v* flange
Flansch-Flansch-Verbindung *f (Konst)* flange union
Flanschgussrohr *n* flanged cast-iron pipe
Flanschkniestück *n (BT, Konst)* flanged spring
Flanschkrümmer *m* flange bend
Flanschmuffe *f* flanged socket
Flanschpassstück *n* flanged adapter
Flanschplatte *f***/versteifende** liner plate
Flanschrohr *n* flanged pipe
Flanschträger *m* flange beam
Flanschverbindung *f* flange joint, flanged connection, flanged joint
Flanschverbindung *f***/gas- und wasserdichte** *(BT)* mechanical joint
Flanschverstärkung *f***/teilweise** partial cover plate
Flanschverstärkungsplatte *f* sole plate
Flanschwinkel *m (Konst)* flange angle
Flasche *f* cylinder; fall block *(eines Flaschenzugs)*
Flaschenbierabfüllhalle *f* bottling hall
Flaschenbierlager *n* bottle beer store
Flaschenkeller *m* bottle cellar
Flaschenpyknometer *n* density bottle, weighing bottle *(Dichtebestimmung)*
Flaschenrüttler *m* internal vibrator, poker vibrator, spud vibrator *(Tauchrüttelverfahren)*
Flaschensiphon *m (San)* bottle trap
Flaschenverschluss *m (San)* bottle trap
Flaschenwinde *f* bottle jack
Flaschenzug *m* lifting block, lifting blocks, block and tackle, hoisting tackle, set of pulleys, tackle block, winding tackle
Flaschenzugblock *m (BWG)* floating block
Flaschner *m* plumber *(süddeutscher Raum)*
Flaschnerarbeiten *fpl* plumber's work, sheet metal work *(süddeutscher Raum)*
Flatterecho *n (DIS)* flutter echo *(Raumakustik)*
Flattern *n* rocking; vibration

F

Flaum *m (OB)* bloom *(auf Farbanstrich)*
flechten *v* 1. lattice; interlace *(Flechtwerk, Flechtornament; verwinden)*; 2. bind, tie *(Stahlbetonbewehrung)*
Flechten *n* 1. interlacing *(Flechtwerk, verwunden)*; 2. binding, tying *(Stahlbetonbewehrung)*
Flechtwerk *n* 1. *(Arch)* lattice *(Flechtornament in Holz)*; mat--pattern *(Verzierung)*; basket work *(Ornament)*; 2. *(Arch)* tracery *(Maßwerkflechtung)*; 3. *(Arch, LB)* hurdle work *(Faschinenwerk)*; 4. *(LB)* treillage *(Pflanzwerkspalier)*; 5. *(Arch)* trellis *(Gitterwerk, Kästelwerk, Fachwerk)*; 6. *(Erdb, LB)* wattle *(Holzflechtwerk, auch Faschinen)* • **Flechtwerk anlegen** *(Arch, LB)* trellis
Flechtwerkkuppel *f (Arch)* trellis cupola, trellis dome
Flechtwerkmantel *m (Konst)* trellis casing
Flechtwerktrennwand *f (Konst)* stud and mud
Flechtwerktrennwand *f***/geputzte** *(Konst)* wattle and daub *(Fachwerk)*
Flechtwinkel *m* angle of torsion, angle of twist
Flechtzaun *m (LB)* hurdle fence
Fleck *m* 1. spot, mark, smudge *(Schmutz)*; 2. mottle *(Sprenkelung, z. B. Marmor, Anstriche)*; 3. nub *(Knoten, Vorsprung)*; 4. dot *(punktartig, z. B. grafische Darstellungen)*; 5. blemish *(in Holz- oder Marmoroberflächen)*; 6. *(OB)* stain *(z. B. durch Korrosion)* • **Flecken bekommen** take stains
Fleck *m***/aufgeweichter** weak spot *(Straße)*
Fleck *m***/bindemittelüberfüllter** *(Verk)* fat spot *(Bitumenstraßendecke)*
Fleck *m* **eines Lacküberzugs/stumpfer** *(OB)* sleepiness
Fleck *m***/kleiner** bird peck *(im Holz)*
flecken *v* speck, speckle *(z. B. Anstrich)*
Fleckenbeseitigung *f* stain removal
fleckenbeständig resistant to staining, stain-resistant
Fleckenbeständigkeit *f* resistance to staining, stain resistance
Fleckenbildung *f* specking, spotting; staining; mottling *(in Anstrichen)*; *(AE)* sheariness
Fleckenentfernung *f* stain removal
Fleckenfestigkeit *f (BM, OB)* stain resistance
fleckenfrei spotless, stain-free
fleckenlos speckless
Fleckenüberstreichen *n* 1. *(OB)* spot finishing; 2. *(OB, Te)* spotting-in
fleckig spotted, spotty *(gefleckt, befleckt)*; stained *(Korrosion)*; patched, patchy *(geputzte Flächen)*; dappled *(tüpflig, scheckig)* • **fleckig machen** spot • **fleckig werden** spot *(mit Farbe)*; stain *(Korrosion)*
Fleckigwerden *n* spotting *(von Anstrichen)*; staining *(Korrosion)*
Fleckschiefer *m* maculose rock, mottled schist, patched slate, spotted schist
Fledermausluke *f (Arch)* oval luthern
Fleisch *n (BM, BT)* thickness *(Materialstärke)*
fleischfarben *(OB)* sarcoline
Fletton-Ziegel *m (BM, SB)* fletton *(aus rosabrennendem Oxfordton)*
Fleuron *m (Arch)* fleuron *(an Säulen)*
flexibel flexible
Flexibilität *f* flexibility
Flickarbeit *f (RS)* patchwork
flicken *v* 1. repair, mend, patch *(Material, Bauteile, Oberflächen)*; 2. fettle *(Feuerfestbau)*; 3. *(RS)* revamp *(ausbessern, rekonstruieren)*; 4. botch, bungle *(unsachgemäß, mangelhaft)*
Flicken *n (RS)* patching • **mit Flicken** patched
Flickerei *f (VR)* tinker work
Flickfräs- und Spritzmaschine *f* patcher
Flickholz *n* router patch, patch
Flickmasse *f* patching composition, patching compound, repair composition, repair compound
Flickmaterial *n* badigeon *(für Löcher)*
Flickmischgut *n (Verk)* maintenance mix *(meist Kaltmischgut)*
Flickmörtel *m* patch mortar, patching mortar, repair mortar
Flickmörtelmischanlage *f* patch plant *(Straße)*
Flickputz *m* patching plaster, repair plaster
Flickstelle *f* patched spot, patch
Flickstück *n* dutchman
Fliegendraht *m* fly wire
Fliegenfenster *n* fly-proof screen, insect screen, window screen
Fliegengaze *f* insect cloth
Fliegengitter *n* fly-proof screen, fly screen
Fliegenmaschendraht *m* fly wire
Fliegennetz *n* insect cloth
Fliegenschutz *m* fly-proofing
Fliegenschutzfenster *n* window screen
Fliegenschutzgitter *n* fly-proof screen
Fliehkraft *f (Stat, Verk)* centrifugal force
Fliehkraftabscheider *m* centrifugal separator
Fliese *f* tile; flag, slab *(größer formatig)* • **Fliesen legen** tile • **mit Fliesen belegen** flag *(z. B. Wege)*
Fliese *f***/glasierte** glazed tile
Fliese *f***/glatte** smoke-finish tile
Fliese *f* **mit Aussparung** header tile
Fliese *f* **mit eingebranntem Dekor** encaustic tile
Fliese *f* **mit großer Wasseraufnahmefähigkeit** non--vitreous tile
Fliese *f* **mit Opakglasur** opaque ceramic-glazed tile
Fliese *f***/mittragende** load-bearing tile
Fliese *f***/rutschfeste** slip-resistant tile
Fliese *f***/rutschsichere** slip-resistant tile
Fliese *f***/unglasierte** natural finish tile, unglazed tile
Fliese *f* **zweiter Wahl** second-quality tile
fliesen *v* tile, set tiles; flag *(z. B. Wege)*
Fliesen *n* wall tiling
Fliesen *fpl***/bleiglasierte** hafner ware
Fliesen *fpl* **mit Distanzelementen** self-spacing tile
Fliesen *fpl***/säurefeste** acid-proof floor tile
Fliesenarbeiten *fpl (Te)* tile laying works, tile fixing *(DIN 18352, BS 8000-11.1)*
fliesenartig flaggy
Fliesenbelag *m* tiling, tilework, tile finish, tile surface; floor pavement, tile pavement, tile flooring *(Fußboden)*; brick flooring *(Material)*
Fliesenbettung *f* **mit Fliesenstückchen für Ecken** galleting
Fliesenbild *n* tile pattern
Fliesendecke *f (Konst)* tile ceiling
Fliesenfuge *f (Konst)* tile joint
Fliesenfurnier *n (BM, BT, OB)* adhesion-type ceramic veneer
Fliesenfußboden *m* tile floor, tile flooring, tiled floor
Fliesenfußbodenbelag *m (BT)* tile floor covering
Fliesengemälde *n (Arch)* tile composition
Fliesenglasur *f* tile glazing
Fliesenhammer *m (BWG)* tile pick
Fliesenlager *n* tile store
Fliesenlegen *n* tile fixing, tile laying, tile setting
Fliesenleger *m* tile fixer, tile layer, tile setter, tiler, fixer mason, fixer
Fliesenlinoleum *n* sheeting linoleum
Fliesenmörtel *m* tiling mortar
Fliesenmuster *n* tile pattern
Fliesenraster *n* tile pattern
Fliesenreiniger *m* tile cleaning agent
Fliesenrückseite *f (BM)* key

Fliesenscherben *m* tile stone
Fliesenschneider *m* tile cutter
Fliesenseite **f/raue** *(BM)* key
Fliesentafel *f* tile panel; tile-board *(mit Metallträgerplatte)*
Fliesen- und Plattenarbeiten *fpl (SB, Te)* tile laying works, tile fixing works *(DIN 18352, BS 8000-11.1, 11.2)*
Fliesenverkleidung *f (Konst)* tile lining
Fliesenverkleidungsplatte *f* tile-board *(mit Metallträgerplatte)*
Fliesenverlegen *n* tile fixing, tile setting, tiling
Fließ... *(Umw)* flow ...; yield ... *(Baustoffe)*
Fließband *n (BWG, Te)* assembly line *(Fertigung)*
Fließbeton *m (BM)* Colcrete
Fließbild *n* 1. *(Te)* flow chart; 2. *(Te, Verk)* flow map
Fließdehnung *f (BM)* yield strain
Fließdiagramm *n* flow chart
Fließdruck *m (San, WVA)* flow pressure
Fließeigenschaft *f* flow behaviour, flow property, rheological property
fließen *v* 1. flow, run *(Wasser, Flüssigkeit)*; 2. stream, pour *(in Strömen)*; 3. move *(Verkehr)*; 4. creep *(Stoffe; Baustoffe)*; 5. run, flow *(Schüttgüter)*; 6. *(HLK, San, Wsb, WVA)* flow *(Anstrich)*; 7. *(BM)* yield *(Werkstoffe)*
fließen *v*/**pulsierend** slug, surge
Fließen *n* 1. *(HLK, San, Wsb, WVA)* flow *(einer Flüssigkeit)*; 2. creep *(Baustoffe)*; 3. flux *(Schmelze, Fluxmittel)*; 4. *(BM, Bod, Erdb)* volume yield; 5. *(BM)* yield
Fließen *n* **lockerer Sedimente** *(Bod)* sediflection
Fließen *n*/**plastisch-elastisches** plastoelastic flow
Fließen *n*/**plastisches** plastic flow, plastic yield, tertiary creep
fließend *(Verk)* moving
fließend/träge *(Bod, Wsb)* sluggish *(Gewässer)*
Fließfähigkeit *f* fluidity, flowability *(von Flüssigkeiten)*
Fließfertigung *f (Te)* flow-line construction
Fließfestigkeit *f (BM)* yield strength
Fließformel *f* flow formula
Fließgelenkverfahren *n (Stat)* plastic-hinge method
Fließgeschwindigkeit *f* 1. flow velocity, velocity of flow, rate of flow *(Flüssigkeiten, Wasser)*; 2. *(Wsb)* rapidity of flow; velocity of current *(Strömungsgeschwindigkeit)*
Fließgeschwindigkeit *f* **des Grundwassers** *(Bod)* velocity of underground flow
Fließgeschwindigkeitsbeziehung *f (Verk)* speed-flow relation
Fließgesetz *n* yield law
Fließgleichgewicht *n (Stat)* steady state
Fließgrenze *f* 1. *(Bod)* liquid limit; 2. *(BM)* strain limit *(Dehnungsverformung)*; 3. *(BM)* yield criterion
Fließgrenzenbestimmung *f (Bod)* liquid-limit test
Fließgrenzengerät *n (Bod)* liquid-limit device
Fließgrenzversuch *m* liquid limit test
Fließkriterium *n* yield criterion, yield criterium *(metallische Baustoffe)*
Fließlehre *f* rheology *(Baustoffe)*
Fließlinie *f (Te)* flow line *(Fertigung)*
Fließmoment *n (Stat)* moment of flow
Fließpunkt *m (BM)* flow point
Fließreibung *f (Wsb, WVA)* hydraulic friction
Fließrichtung direction of flow, direction of flowage
Fließsand *m (Bod, Erdb)* quicksand, shifting sand
Fließsandaufsteigen *n (Bod, Erdb)* sand boil, sand boiling
Fließsandausbruch *m (Bod, Erdb)* sand boil, sand boiling
Fließschema *n (Te)* flow chart form
Fließschlamm *m (Bod, Erdb)* soil suspension
Fließspannung *f* flow stress; yield stress
Fließstraße *f* assembly line, production line *(Fertigung)*
Fließton *m* quick clay
Fließverfestigung *f* rheopexy
Fließverformung *f (Stat)* plastic flow
Fließverhalten *n* flow behaviour; rheological behaviour
Fließverhältnisse *npl (Bod)* quick condition
Fließverkehr *m (Verk)* free flow
Fließwert *m (BM)* flow value *(Marshallprüfung für Baustoffe)*
Fließwiderstand *m* backpressure
Fließzeit *f* time of flow
Fließzustand *m (St)* flow state *(Baustahl)*
Flint *m* flint, firestone
Flintbaustein *m* calyon
Flintbruchstein *m* flint rubble
Flintglas *n* flint glass
Flintkonglomerat *n* puddingstone
Flintstein *m* flint, pebble; silex *(Mineral)*
Flintstein **m/gespaltener** knapped flint, cleaved flint *(für Sichtflächen)*
Flintsteineinlegemauerwerk *n* flushwork
Flintsteinknollen *m (Bod)* flint pebble
Flintton *m (Bod)* flint clay
Flitschfurnier *n* flitch veneer
Flitterglas *n* flake glass, aventurine, frost
Floatglas *n (BM)* float glass
Flocke *f* flake
Flockendämmstoff *m (Erdb)* loose-fill insulation
Flockengips *m (BM, DIS)* flocculent gypsum *(Isolierung)*
flockig flaked
Flockung *f (OB)* flocculation
Florentinerbogen *m (Arch)* Tuscan arch
Florteppich *m (EB)* pile carpet
Floß *n (Wsb)* raft
Floßbrücke *f (Br, Wsb)* raft bridge
Flosse *f (BWG)* fin *(Mischer)*
flößen *v* float, raft *(Holz)*
Floßholz *n* 1. *(BM)* floated timber; 2. *(BM, Hb)* rafted wood
flotieren *v* float *(Aufbereitung)*
Fluatanstrich *m (DIS, OB)* fluate coat
Fluataufstrich *m (DIS, OB)* fluosilicate coat
Fluatieren *n* 1. *(DIS, OB, Stat, Te)* fluate treatment; 2. *(DIS, OB)* fluosilicate treatment
Fluatierung *f (DIS, OB)* fluosilicate treatment
Fluatierungsmittel *n (DIS)* fluate
Flucht *f* alignment, row, *(AE)* line • **aus der Flucht** *(Verm)* out-of-line • **außer Flucht** misaligned, out-of-alignment, out-of-true, out of line • **außer Flucht bringen** *(Konst, Verm)* misalign • **genau in Flucht** *(Verm)* true in alignment • **in Flucht** in line, in alignment, in-line
Fluchtabweichung *f (Verm)* misalignment *(in der Flucht)*
fluchteben flush
fluchten *v* align, be in alignment, bring into alignment, arrange in alignment; align axially *(die Achslinie)*
Fluchten *n (Verm)* axial alignment *(in Achslinie)*
fluchtend in line, in alignment, in-line
fluchtend/genau true alignment
fluchtend/nicht misaligned, out of alignment
fluchtentsprechend true to alignment
Fluchtfenster *n* escape window
fluchtgenau true to alignment
Fluchtgenauigkeit *f (Verm)* accuracy of alignment
fluchtgerecht *(Verm)* true in alignment
flüchtig transient; volatile *(z. B. Lösungsmittel)*
flüchtig/nicht non-volatile *(z. B. Anstrich)*
Flüchtiges *n* volatile matter
Flüchtigkeit *f* volatility *(Lösungsmittel, flüchtige Stoffe)*
Fluchtkorridor *m* escape corridor
Fluchtleiter *f* emergency ladder
Fluchtlinie *f* 1. *(Verm)* alignment; 2. *(Verm)* frontage line; 3. *(Arch, Verm)* frontage *(Baufluchtlinie)*; 4. *(Arch)* vanishing line *(in Bildperspektiven)* • **in Fluchtlinie** *(Verm)* in alignment

Fluchtlinie *f* **des Werksteinmauerwerks** ashlar line
Fluchtlinien *fpl (Verm)* perspective lines
Fluchtmöglichkeit *f (Konst, VR)* provision for escape of occupants
Fluchtmöglichkeiten *fpl (Verm)* means of escape
Fluchtpunkt *m (Verm)* directing point
Fluchtschnur *f* bricklayer's line
Fluchtstab *m (Verm)* lining peg, boning rod, range pole, range rod, surveyor's staff
Fluchtstange *f (Verm)* boning rod, rod, target
Fluchtstangenlot *n (Verm)* rod level
Fluchttafel *f (Verm)* boning rod
Fluchttreppe *f* emergency stair, emergency staircase, escape stair
Fluchtung *f (Verm)* axial alignment
Fluchtungsfehler *m (Verm)* misalignment *(in der Flucht)*
Fluchtweg *m* emergency route, escape route, escape way, fire route, *(AE)* means of egress
Fluchtzeit *f (Konst, Te, VR)* time for escape
Flugasche *f* flue ash, fly ash, quick ash, shiftings *(als Bindebaustoff)*
Flugaschensintergranulat *n* sintered fly ash
Flugaschenzuschlag *m* fly ash aggregate *(Beton)*
Flugaschenzuschlagstoff *m* fly ash aggregate *(Beton)*
Flugbetriebsfläche *f* airport pavement
Flugdach *n* 1. *(Konst)* pent roof; 2. *(Konst, TK)* shed roof
Flügel *m* 1. *(Konst)* wing *(z. B. Gebäudeflügel, Mauerflügel)*; 2. *(BWG)* blade
Flügel *m* **des Kaminmauerwerks/anlaufender** chimney wing
Flügel *m***/oberer** *(BT)* top leaf *(Tor, Tür)*
Flügel *m***/vorspringender** *(Arch)* paraskenion *(antikes griechisches Theater)*
Flügelaltar *m (Arch)* folding altar
Flügelast *m (BM, Hb)* splay knot
Flügelbohrer *m (BWG)* wing auger
Flügeldach *n* butterfly roof
Flügelfenster *n* folding casement, casement window; sash window *(Hubflügel, Drehflügel)*
Flügelfenster *n***/drehbares** bottom-hinged sash, bottom-hung sash
Flügelfenster *n***/leichtes** residence casement
Flügelfensterpaar *n* folding casement
flügelförmig wing-shaped, aliform
Flügelmauer *f* wing masonry wall, wing wall, side wall; return wall, flare wall *(Stirnmauer)*; head wall *(Brücke)*
Flügelmauer *f***/parallele** *(Br)* side wall *(Brücke)*
Flügelmauerdeckstein *m* wing coping
Flügelmutter *f* butterfly nut, thumb nut, wing nut
Flügelpumpe *f (BWG, Erdb, WVA)* vane pump
Flügelross *n (Arch)* winged horse
Flügelschergerät *n (Erdb)* vane
Flügelschraube *f* thumb screw, wing bolt
Flügelsondenprüfung *f (Bod, Erdb)* vane shear test
Flügelstier *m (Arch)* winged bull
Flügelstier *m* **mit Menschenkopf** *(Arch)* man-headed winged bull
Flügelstirnmauer *f* return wall
Flügeltür *f* wing door, door with two leaves, leaf door; folding door
Flügeltürdeckleiste *f* split astragal
Flügeltürranddeckleiste *f* split astragal
Flugfeld *n (Verk)* airfield, landing field, aviation course
Fluggastbrücke *f (Konst, Verk)* passenger walkway
Fluggastraum *m (Konst, Verk)* passenger room
Flughafen *m (Verk)* airport
Flughafenabfertigungsgebäude *n* air terminal
Flughafengebäude *npl (Arch, Verk)* airport buildings
Flughafenrollweg *m (Verk)* taxiway
Flugpiste *f* flight strip
Flugplatz *m (Verk)* aviation course
Flugplatz *m***/kleiner** *(Verk)* airfield
Flugrost *m (OB)* film rust
Flugsand *m (Bod)* drifting sand, heaving sands, shifting sand, strays, wind-driven sand
Flugstaub *m* 1. *(Bod)* airborne dust; 2. flue dust, fine dust *(z. B. in Feuerungen)*
Flugsteig *m (Arch, Konst, Verk)* gate
Flugsteigstandzeit *f (Verk)* gate occupancy time *(Flugplatz)*
Flugwerfthalle *f (Verk)* maintenance hangar
Flugzeugabgas *n (Umw)* aircraft waist
Flugzeugabstellfläche *f (Verk)* ramp
Flugzeughalle *f (Arch, Konst, Verk)* hangar
Flugzeughallenvorfläche *f (Verk)* hangar apron
Flugzeugwartungshalle *f* 1. *(Verk)* maintenance hangar; 2. *(Konst)* technical aircraft hangar
Fluidität *f* fluidity *(Größe, Kehrwert der Viskosität)*
Fluorchlorkohlenwasserstoff *m (Umw)* chlorofluorocarbon
Fluoreszenz *f (OB)* fluorescence
Fluoreszenzfarbe *f* 1. *(BM, OB)* luminous paint; 2. *(OB)* fluorescent paint
Fluoreszenzpigmente *npl (OB)* fluorescent pigments
fluoreszierend *(BM, OB)* fluorescent
Fluoridierung *f* fluoridation *(Abwasser)*
Fluorit *n* fluorite
Fluorokieselsäure *f* hydrofluosilicic acid
Fluorosilikat *n* fluosilicate, fluorosilicate, silicofluoride *(Oberflächenhärtesalz für Beton)*
Flur *m* 1. *(Arch, Konst)* corridor; 2. *(Arch)* entrance hall; 3. field, land, plain
Flur *m***/öffentlicher** public corridor
Flurbeleuchtung *f (El)* corridor lighting
Flurbereinigung *f* 1. *(RP)* reallocation; 2. *(RP, VR)* land consolidation
Flurgarderobe *f* coat rack
Flurkanal *m (Konst, San, WVA)* corridor duct
Flurziegel *m (BM)* paving brick
Fluss *m* 1. *(HLK, San, Wsb, WVA)* flow *(einer Flüssigkeit)*; 2. flux *(Schmelze)*; 3. *(St, Te)* fluxing agent *(Schweißen)*; 4. *(Bod, Wsb)* river; 5. *(Bod, Umw, Wsb)* stream
Fluss *m***/beständiger** *(Wsb)* antecedent river
Fluss *m***/dauernd wasserführender** *(Wsb)* perennial river
Fluss *m* **mit Hochwasser** *(Bod)* river in spate
Fluss *m***/perennierender** *(Wsb)* perennial river
Fluss *m***/plastischer** plastic loss, creep *(von Stoffen)*
Fluss *m***/schiffbarer** navigable river
Fluss *m***/schmaler** rivulet, *(AE)* creek
Fluss *m***/verjüngter** *(Wsb)* rejuvenated river, revived river
Fluss... fluvial ..., fluviatile ...
Flussablagerung *f* fluvial deposit, fluvial sediment, fluviatile detritus, river deposit
Flussablenkung *f (Wsb)* river deflection
flussabwärts downriver, downstream
Flussachse *f* stream centre line
Flussaue *f (Bod)* river meadow
Flussaufschotterung *f (Wsb)* dam gradation
Flussaufstauung *f***/natürliche** *(Wsb)* raft lake
flussaufwärts *(Bod, Wsb)* upriver
Flussauskolkung *f (Bod, Wsb)* stream scour
Flussbau *m (Wsb)* river engineering, river improvement, river training
Flussbauarbeiten *fpl (Wsb)* river training work
Flussbauten *mpl (Wsb)* river structural works
Flussbauwerk *n (Wsb)* river training structure
Flussbauwerke *npl (Wsb)* river training works
Flussbecken *n (Bod)* river basin

Flussbegradigung *f (Wsb)* rectification of river
Flussbett *n* river bed, stream bed, stream channel, channel, madre, runway
Flussbett *n***/altes** *(Wsb)* old course
Flussbett *n***/künstliches** *(Wsb)* artificial river bed
Flussbett *n***/natürliches** *(Bod, Wsb)* natural river-bed
Flussbett *n***/stabiles** *(Bod, Umw, Wsb)* stable channel
Flussbettauskleidung *f (Wsb)* stream lining
Flussbettverlegung *f (Wsb)* shifting of the river
Flussbiegung *f (Bod, Wsb)* bight
Flussbogen *m* river bend
Flussbrücke *f* bridge across a river
Flüsschen *n (Bod, LB)* rivulet
Flussdamm *m (Wsb)* river wall
Flussdeich *m (Wsb)* river levee
Flussdiagramm *n (Te)* flow diagram
Flusseinzugsgebiet *n* river basin
Flussenge *f (Bod, Umw, Wsb)* narrow
Flusserosion *f* 1. *(Umw, Wsb)* fluvial erosion; 2. *(Bod, Umw)* stream erosion
Flussfarbe *f* flowing colour *(Steingut)*
Flussgebiet *n* river basin
Flussgefälle *n (Bod)* river gradient
Flussgeröll *n (BM, Bod)* river pebble
Flusshafen *m (Wsb)* river port
flüssig liquid, fluid • **flüssig machen** fluidify, flux
Flüssig... 1. liquid ...; 2. *(Umw)* fluid ...
Flüssigbeton *m* fluid concrete, sloppy concrete, chuted concrete
Flüssigbett *n (Umw)* fluidized bed
Flüssigbitumen *n* liquid asphaltic material, road oil
Flüssigbitumen *n* **mittlerer Viskosität** medium-curing asphalt, medium-curing cutback
Flüssigchromatographie *f (Umw)* fluid chromatography
Flüssigharz *n* liquefied resin, liquid resin
Flüssigkeit *f* fluid
Flüssigkeit *f***/abfließende** outflow, effluent
Flüssigkeit *f***/ablaufende** effluent
Flüssigkeit *f***/abtropfende** drip
Flüssigkeit *f* **des Verkehrs** *(Verk)* smoothness of the traffic
Flüssigkeit *f***/zulaufende** inflow
Flüssigkeitsabscheider *m* 1. *(WVA)* liquid separator; 2. *(Te, Umw, WVA)* fluid separator
Flüssigkeitsaufnahme *f (BM)* imbibition
Flüssigkeitsbehälter *m* cistern, tank
flüssigkeitsdicht liquid-tight
Flüssigkeitsdruck *m* fluid pressure, hydraulic pressure, hydrostatic pressure • **mit Flüssigkeitsdruck arbeitend** *(BWG)* hydraulic
Flüssigkeitsdruckmessdose *f* 1. *(San, WVA)* hydraulic load cell; 2. *(HLK, Wsb)* hydraulic capsule
Flüssigkeitsfilm *m* liquid film
Flüssigkeitsheber *m* siphon *(Abwasser)*
Flüssigkeitsmigration *f (BM, DIS)* fluid redistribution
Flüssigkeitsstandmesser *m (HLK, San, WVA)* liquid level gauge
Flüssigkeitsunze *f* fluid ounce *(28,41 ml)*
Flüssigkleber *m (BM)* liquid adhesive
Flüssigkomponentenverglasung *f* wet glazing
Flüssigpolymer *n* liquid polymer
Flüssigschlamm *m (WVA)* liquid sludge
Flüssigseifenspender *m (EB)* liquid soap dispenser
Flüssigsikkativ *n* liquid siccative
Flussinsel *f***/kleine** *(Bod, Wsb)* eyot
Flusskies *m* fluvial gravel, river gravel, stream gravel, bench gravel, chad
Flusskraftwerk *n (Wsb)* river station
Flusslauf *m* course of a river
Flussmäander *m (Bod)* river meander
Flussmittel *n* 1. *(St, Te)* flux paste; 2. *(BM, St)* paste flux *(Löttechnik)* • **Flussmittel zugeben** flux *(Keramik, Metall)*
Flussmittelzusatz *m (BM, Te)* flux addition
Flussmündung *f* river mouth, embouchure
Flussmündung *f***/trichterförmige** *(Bod, Wsb)* estuary *(den Gezeiten ausgesetzt)*
Flussmündungshafen *m (Wsb)* estuary harbour
Flussmündungssand *m* estuarine deposit, estuarine deposition
Flussnetz *n***/gitterförmiges** *(Wsb)* trellis drainage pattern
Flussnetz *n***/verzweigtes** *(Umw, Wsb)* dendritic drainage pattern
Flussniederung *f (Bod)* river valley
Flussprojektierung *f (Wsb)* run-of-river scheme
Flussregulierung *f* 1. *(Wsb)* correction of a river, improvement of the river channel, regulation of a river, river improvement, river realignment, river training, river training work, watercourse regulation *(Flussbauarbeiten)*; 2. *(Wsb)* river control *(Wasserstandssteuerung)*
Flussrinne *f* stream channel
Flusssand *m* fluvial sand, grit, river sand, warp sand
Flusssand *m***/scharfer** bank sand
Flusssandbank *f (Bod, Wsb)* hirst
Flusssäure *f* hydrofluoric acid
Flussschleuse *f (Wsb)* river lock
Flusssediment *n* 1. *(Bod)* stream-born sediment; 2. *(BWG, Bod)* stream-laid sediment
Flussspat *m* fluor spar, fluorite
Flussstahl *m* low-carbon steel, mild steel, ingot iron, ingot steel *(0,15-0,25 % C)*
Flussstahlrohr *n* mild steel pipe
Flussstahlwalzprofil *n (BT)* rolled mild steel
Flusssystem *n (Bod, Umw)* stream system
Flusstal *n (St)* flow delta
Flussterrasse *f* fluvial terrace, river terrace
Flusston *m (BM, Bod)* fluvial clay
Flussufer *n* 1. *(Bod)* river bank; 2. *(Bod, Wsb) (AE)* bench
Flussufer *n***/flaches** *(Bod, Wsb)* gentle river bank
Flussverlagerung *f (Wsb)* river changing
Flussverlegung *f (Wsb)* deformation of river bed, river diversion, river shifting
Flussverschmutzung *f (Umw)* river pollution
Flusswehr *n (Wsb)* river weir
Flüsterasphalt *m (Verk)* low-noise asphalt
Flüstergewölbe *n (Arch)* whispering gallery *(z. B. in der St.-Pauls-Kathedrale)*
Flüsterkuppel *f (Arch)* whispering cupola
Flut *f* 1. *(Umw)* flood *(Überschwemmung)*; 2. *(OB)* tide; 3. *(Umw)* tide water *(Gezeitenflut)*
Flutbecken *n* 1. *(Wsb)* closed basin; 2. *(Wsb)* tidal basin; 3. *(Wsb)* wet dock *(Werft)*
Flutbrecher *m (Wsb)* jetty head
Flutbrücke *f* flood bridge, inundation bridge, shore bay, shore bridge, tide span
fluten *v* flood
Flutgebiet *n (Bod, Umw)* tidal land
Flutgrenze *f (Umw, Wsb)* land wash
Flutkanal *m (Wsb)* inundation canal
Flutkraftwerk *n* tidal power station
Flutlack *m* flow coat
Flutlackieranstrich *m* flood coat
Flutlackieren *n (OB)* flow coating
Flutlicht *n (El)* floodlight
Flutlichtanlage *f (El)* floodlight installation
Flutlichtbeleuchtung *f (El)* floodlighting
Flutlichtmast *m* floodlight mast
Flutlichtscheinwerfer *m (El)* floodlight projector
Flutlinie *f (Wsb)* high-water mark
Flutöffnung *f (Wsb)* flood span

Flutpegel *m (Wsb)* high-water mark
Flutrinne *f (Bod, Wsb)* storm channel
Flutschleuse *f (Wsb)* floodgate
Flutschreiber *m (Umw, Wsb)* marigraph
Flutseite *f (Wsb)* upstream slope *(Deich)*
Flutströmung *f (Umw)* flood tide
Flutverkehrsführungsplan *m (Verk)* tidal flow scheme
Flutverlust *m (Umw)* flood loss
fluvial fluvial
Fluxbitumen *n (BM)* fluxed bitumen
fluxen *v* flux *(Keramik, Metall, Erdölfraktionen)*
Fluxen *n* fluxing
Fluxmittel *n* flux oil *(für Bitumen)*
Foamglas *n* foam glass
Fokalpunkt *m (Arch)* focal point
Folge *f* rank *(Gütestufe)*; result *(Ergebnis)*
Folgeanstrich *m* subsequent coat, successive coat
Folgekosten *pl* subsequent costs, resultant costs
Folgekraftproblem *n (Stat)* problem concerning follower forces
Folgenutzung *f (RS, VR)* afteruse
Folgeregelsystem *n (HLK)* servo system *(Klimaanlage)*
folgerichtig *(Konst, Stat, VR)* consistent
folgerichtig/nicht inconsistent
Folgezeitlücke *f (Verk)* follow-up time gap
Folie *f* sheet, film *(aus Kunststoff)*; foil *(Metall)*
Folie *f*/hochreflektierende *(Verk)* high-intensity sheet
Folie *f*/thermoplastische *(BM)* thermoplastic film
Folienabdeckung *f (DIS)* foil covering
Folienbahn *f* foil sheet
Foliendach *n* film roof, film roofing
Foliendehnmessstreifen *m* foil strain gauge
Foliendehnungsmessstreifen *m* foil strain gauge
Folieneinlage *f (BT)* foil insert
Folienisolierung *f (DIS)* foil insulation
Folienkonstruktion *f (Konst)* membrane structure
Folienoberflächenisolierung *f* foil surface isolation
Fondtapete *f* ground wallpaper
Fontäne *f (Arch, Wsb)* fountain
Footcandle *f (El)* foot-candle *(englische Einheit der Beleuchtungsstärke; 1 foot-candle = 10,76 Lux)*
Foot-Pound-Sekunde-System *n* English system
Fordbecher *m (BM)* ford cup *(Viskositätsmessung)*
Förde *f (Bod, Umw, Wsb)* narrows
Förder... conveying ..., hauling ...
Förderanlage *f* conveyor equipment, conveyor system, conveyor, handling equipment, handling plant
Förderband *n* 1. *(BWG, Te)* belt conveyor; 2. *(BWG)* conveying belt
Förderband *n* **mit Messeinrichtung** *(BWG, Te)* metering belt
Förderbandgerüst *n (BWG)* conveyor structure
Förderbandskimmer *m (Umw)* belt skimmer
Förderbrücke *f (BWG)* conveying bridge
Fördereinrichtung *f* 1. *(BWG, Te)* conveyor equipment; 2. *(BM, BWG, Te)* handling equipment
Förderer *m (BWG, Te)* conveyor
Förderer *m*/pneumatischer *(BWG)* air lift
Fördergestell *n* hoisting cage, *(AE)* elevator cage
Fördergurt *m (BWG)* belt
Fördergüter *pl* handling materials
Förderhaspel *f (BWG)* windlass
Förderhöhe *f* 1. hoisting height, lifting height *(z. B. eines Krans)*; 2. *(WVA)* delivery head *(Bernoulli'sche Gleichung)*; 3. discharge head, pressure head, pump head, pumping head *(einer Pumpe)*
Förderkorb *m* skip car, hoisting cage, *(AE)* elevator cage, *(AE)* elevator car
Fördermaschine *f* 1. *(BWG, Erdb)* hauling plant; 2. *(BWG)* winding engine
Fördermenge *f* discharge, displacement, pumping delivery, pumping discharge, displacement, delivery *(einer Pumpe)*
Fördermittel *npl (BM, BWG, Te)* handling equipment
fordern *v* require, demand
fördern *v* 1. transport, convey; haul; 2. hoist, handle, lift *(senkrecht)*; 3. lift, deliver, discharge *(z. B. durch Pumpen)*; 4. promote, further *(z. B. Projekte)*; 5. transfer *(weitergeben)*
Förderplanierraupe *f (BWG, Erdb)* hauling plant
Förderrinne *f (Te)* feed chute
Förderrohr *n* screw elevator
Förderschnecke *f* 1. *(BWG)* conveyor screw; 2. *(BWG, Te)* screw conveyor
Förderseil *n* hoisting rope, haulage rope
Förderstrecke *f* haulage drift *(Erdstoff)*
Förderturm *m* 1. *(BWG, Te)* hoist tower; 2. *(EB)* lift frame
Forderung *f* 1. demand; 2. *(Stat)* requirement • **den Forderungen genügen** *(Stat)* meet the requirements, meet the conditions, comply with the requirements • **den Forderungen nicht genügen** *(Konst, VR)* fail to meet requirements
Forderung *f*/verbindliche *(Konst, VR)* mandatory requirement
Förderung *f* 1. materials handling, transport, haulage, handling; 2. delivery, discharge, pumping delivery, pumping discharge, displacement *(z. B. durch Pumpen)*; 3. promotion *(Projekte)*
Förderung *f* **mittels Pumpen** pumping *(z. B. von Beton)*
Forderungserfüllungsnachweis *m (VR)* verification
Förderwagen *m* 1. *(Tun)* tramway *(Bergbau)*; 2. *(BWG, Verk)* trolley *(Steinbruch, Tunnelbau)*; 3. *(BWG, Te)* truck *(Erdstoffe, Gestein)*
Form *f* 1. form, shape; 2. figure, profile *(Umriss)*; 3. mould, formwork, *(AE)* mold *(Schalung)*; 4. pattern, model *(Muster)*; 5. design, styling *(Gestaltung)*; 6. mode *(Zustandsform, Umstand)*; 7. master *(Schablone, Matrize)*; 8. *(Konst)* type *(Ausführungsart)* • **aus der Form nehmen** *(BB, Te)* demould
Form *f*/abgeleitete derivative form
Form *f*/äußere mould
Form *f*/bauliche *(Arch)* structural shape
Form *f*/biegesteife rigid mould
Form *f* der Beanspruchung mode of stressing
Form *f*/funktionelle *(Arch, Konst)* functional form
Form *f*/gebrochene curb form
Form *f*/geometrische geometrical shape
Form *f*/klassische *(Arch, Konst)* classical form
Form *f*/konkave *(Arch, BT)* concavity
Form *f*/längliche oblongness
Form *f* mit gebrochener Ecke curb form
Form *f*/natürliche *(Arch)* naturalistic form
Form *f*/offene open architectural form
Form *f*/schlanke slender form
Form *f*/unausgereifte *(Arch)* immature form
Form *f* und Funktion *f (Arch)* form and function
Form *f*/unreife *(Arch)* immature form
Form *f*/veränderte deformity
Form *f*/verstellbare *(Te)* adjustable mould *(Gießform)*
Formähnlichkeit *f (Arch)* homomorphism
Formaldehydharz *n (BM)* formaldehyde resin
Formalismus *m (Arch)* formalism
Formalismus *m*/Neuer *(Arch)* New Formalism *(Wiederanwendung klassischer Stilelemente)*
Formänderung *f* deformation, shape change; dilatancy *(Schubverformung)*; strain *(Spannungsverformung)*
Formänderung *f*/axiale *(Stat)* axial deformation

Formänderung *f*/bleibende irreversible deformation, permanent deformation
Formänderung *f*/doppelte double deformation
Formänderung *f*/ebene *(BT, Stat)* plane deformation
Formänderung *f*/elastische elastic deformation
Formänderung *f*/endliche *(Stat)* finite deformation
Formänderung *f*/homogene *(BM)* homogeneous deformation
Formänderung *f*/infinitesimale *(BM)* infinitesimal deformation
Formänderung *f*/plastische plastic deformation, non--elastic deformation
Formänderung *f*/räumliche spatial deformation, three--dimensional deformation, general state of strain
Formänderung *f*/seitliche *(BT)* lateral deformation
Formänderung *f*/sekundäre secondary deformation
Formänderung *f*/virtuelle *(Konst)* virtual deformation
Formänderungsarbeit *f* deformation work, work of deformation; strain energy
Formänderungsarbeit *f*/äußere strain energy
Formänderungsauswirkung *f* deformation effect
Formänderungsbedingung *f* deformation condition
Formänderungsbereich *m (BM, Stat)* region of deformation
Formänderungsbereich *m*/plastischer plastic deformation zone, plasticity range
Formänderungseigenschaft *f* deformation property *(Baustoffe)*
Formänderungsgesetz *n (BM, Stat)* constitutive law
Formänderungskoeffizient *m (BM)* coefficient of deformation
Formänderungskurve *f (BM, Konst, Stat)* deformation curve
Formänderungsmodul *m (Stat)* deformation modulus
Formänderungsrichtung *f* direction of deformation
Formänderungstheorie *f (Stat)* theory of deformation
Formänderungsvermögen *n* deformability, deformation workability, plastic workability
Formänderungsvermögen *n* **des Betons** capacity of shape alteration of concrete
Formänderungswiderstand *m (BM, Umw)* consistency
Formänderungswirkung *f* deformation action, deforming action
Formänderungszahl *f* modulus of deformation
Formänderungszustand *m* deformation state; state of strain *(Dehnung)*
Formänderungszustand *m*/ebener *(Stat)* plane deformation state, state of plan deformation
Format *n* format
Formationskunde *f* stratigraphy
Formatkurzzeichen *n (BM, VR)* format symbol
Formatleiste *f (Hb)* former strip
formbar formable, mouldable
Formbarkeit *f* formability
formbeständig form-retentive, shape-retentive
Formbeständigkeit *f* form retentiveness, shape retentiveness, stability of shape; stability of size *(von Bauelementen)*; dimensional stability *(von Baustoffen, bes. von Kunststoffen)*
Formbewehrung *f* section steel reinforcement
Formbild *n*/kubisches cubic form
Formblech *n* profiled sheet iron, shaped sheet
Formblech *n*/emailliertes enamelled profiled sheet iron
Formblockstein *m* special-purpose block
Formdachfenster *n* **aus Kunststoffglas** moulded plastic skylight
Formdraht *m* profiled wire
Formeisen *n* 1. *(Stat)* iron section; 2. *(BM, St)* section iron
Formel *f*/empirische empirical formula
formen *v* 1. form; 2. mould, *(AE)* mold *(mit Schalungsform)*; 3. design, style *(entwerfen, gestalten)*; 4. *(Arch, Te)* sculpture *(gestalterisch, darstellend)*; 5. shape *(Gestein, Ton)*
Formen *n (Te)* moulding
Formen *n* **der Fugen** tooling *(mit Werkzeug)*
Formenbau *m* mould construction, mould making
Formenfertigteil *n* cast unit, cast *(Beton)*
Formengefühl *n (Arch)* sense of design
Formenideal *n (Arch)* perfect form
Formenkanon *m (Arch)* idiom of form
Formenlehre *f (Arch)* theory of form and design
Formenmaterial *n* boxing
Formenöl *n (BWG)* mould-release agent *(Betonschalung)*
Formensiegelmasse *f* liquid-membrane curing compound *(Beton)*
Formensprache *f (Arch)* architecture symbolism, style
Formensymbolismus *m (Arch)* symbolism of form
Formentrennmittel *n* mould-release agent, demoulding agent, release agent
Formenvokabular *n (Arch)* stylistic idiom
Formenwiederholung *f* **in einer Ecke** *(Arch, SB)* reprise *(Mauerwerk)*
Formfaktor *m (Stat)* shape coefficient *(Windlast)*
Formfliese *f* precast tile, special-purpose tile
Formfräsmaschine *f (Hb)* moulder
Formfuge *f* 1. *(BT, Konst)* coped joint; 2. *(Konst)* scribed joint
Formgebung *f* 1. forming, moulding, shaping, modelling; figuring *(Durchführung)*; 2. design, artistic formation *(Produkt)*; 3. pattern of deformation *(Bewehrung)*
Formgebung *f* **aus Vollmaterial** *(Hb, Te)* stuck moulding *(Holz)*
Formgebung *f*/räumliche three-dimensional modelling
Formgebungsdruck *m* forming pressure
formgenau *(BT)* of accurate shape
Formgenauigkeit *f* accuracy of shape, geometrical accuracy
Formgestaltung *f*/industrielle *(Arch)* industrial design
Formgrat *m (BB, Te)* fin
Formgussteil *n* casting
formhaltig undeformable, undeformed
Formhaltigkeit *f* trueness of shape
Formideal *n (Arch)* perfect form
Formkachel *f* purpose-made tile, special-purpose tile, hearth trimmer
Formkasten *m* moulding box
Formkasten *m*/steigender rampant mould
Formlehm *m (BM)* moulding clay
Formlehre *f* 1. profile gauge; 2. *(Hb)* form gauge; 3. *(Arch)* theory of form and design
Formleiste *f*/konkave coving
Formling *m* 1. *(BT)* moulding; 2. *(BM, Te)* green tile *(Baukeramik)*
Formmasse *f* moulding batch, moulding compound
Formmeister *m (Arch)* master designer
Formnegativ *n* mould pattern, pattern
Formöffnung *f* mould opening
Formpressen *n* 1. *(BT, Te)* compression moulding; 2. *(Te)* moulding
Formpressholz *n* moulded plywood, plyplastic
Formpressziegel *m* sticky-mud brick, stiff-mud brick
Formprozess *m*/steifplastischer *(Te)* stiff-plastic making *(Feuerfestformlinge)*
Formquerschnitt *m (Konst)* shaped cross section
Formsand *m* moulding sand
Formschluss *m* solid pairing
formschön esthetically pleasing, aesthetically pleasing, shapely, well-shaped
Formspachtel *m* paddle

Formstahl *m* shaped steel, sectional bar, sections, steel section, steel sections, structural steel section; section steel, sectional steel *(für Bewehrung)*
Formstahl *m*/**schwerer** heavy steel sections, heavy sections
Formstahlbewehrung *f* section steel reinforcement, high-bonded reinforcement
Formstein *m* shaped stone, special-purpose block, standard special block; shaped brick
Formstück *n* 1. *(BM)* specimen *(Muster)*; 2. formed product, shaped part; 3. making-up piece *(an Maschinen)*; 4. *(BT, San)* fitting *(Rohr)*
Formstück *n*/**frisches** green product *(meist für Baukeramik)*
Formteil *n* 1. formed part, shaped part, shape; 2. *(BT)* moulding • **Formteile herstellen** *(Te)* mould *(durch Gießen)*
Formteil *n*/**konvexes** *(Arch)* fusarole *(an Säulenkapitellen)*
Formton *m (BM)* moulding clay
Formtrennmittel *n (BB, Te)* form release agent *(Schalung)*
Formtrennwand *f* bulkhead *(Betonform)*
formtreu *(BM)* shape-retentive
Formtreue *f* shape retentiveness
Formung *f* forming, modelling; shaping *(Gestein, Ton)*
Formung *f*/**dreidimensionale** three-dimensional modelling
Formverband *m*/**diagonalzentrischer** *(SB)* heart bond
Formvorstellung *f (Arch, Konst)* concept of form
Formwerk *n*/**eingearbeitetes** *(Arch)* flush moulding
Formwille *m (Arch)* concept of expressive form
Formziegel *m* moulded brick, purpose-made brick, shaped brick, standard special brick, facing brick
Formziegelstein *m s.* Formziegel
Formzuganker *m* form tie
forschen *v* research
Forscher *m* investigator
Forschung *f* research
Forschung *f* **und Entwicklung** *f* research and development
Forschung *f*/**vornormative** *(BM, Konst, VR)* prenormative research
Forschungsanstalt *f* research institute
Forschungsarbeit *f* research project
Forschungsbericht *m* research report
Forschungseinrichtung *f* research establishment
Forschungsinstitut *n (VR)* research institute
Forschungsnehmer *m* investigator
Forschungsprojekt *n* research project
Forst *m* forest; managed forest
Forst *m*/**bewirtschafteter** managed forest
Förste *f* ridge line
Forsterit *m* forsterite
Forsthütte *f* lodge
Forstland *n (Bod, LB, RP, Umw)* woodland
Forstwirtschaftsforschung *f (LB)* forestry research
Fort *n (Arch)* fort
Fortbewegung *f* propulsion
Fortbewegungsmittel *npl* means of locomotion
Fortgang *m* progress
Fortleitungsfaktor *m (Stat)* carry-over factor *(Momentenausgleich)*
Fortluft *f (HLK)* outgoing air
Fortluftklappe *f* exhaust air damper
fortschaffen *v (Te)* transport
Fortschaffen *n (Te, Verk)* transport
fortschieben *v* move
fortschwemmen *v (BM, Bod)* sweep away
fortziehen *v* draw along
Forum *n (Arch)* forum *(Marktplatz im alten Rom)*
Fotogrammmetrie *f* photogrammetry
Fotometrie *f (El)* photometry
Foyer *n* 1. foyer, entrance hall; hotel foyer; lobby, crush-room *(Hotel, Theater)*; 2. prodomos *(im römischen Haus)*
fps-System *n* English system
Fracht *f (BM, EB)* goods
Frachtgebäude *n* cargo block, cargo handling building
Frachtterminal *m (Verk)* lorry terminal
Frachtterminal *m*/**intermodaler** *(Verk)* intermodal terminal
Frachtumschlagplatz *m (Verk)* freight platform
fragen *v*/**um Rat** *(VR)* consult
Fraktion *f* 1. fraction *(Destillation)*; 2. size fraction *(Kornfraktion)* • **in Fraktionen zerlegen** *(BM)* fractionate
Fraktion *f*/**allerfeinste** finest fraction
Fraktionieraufsatz *m (BM, Te)* fractionating column
fraktionieren *v (BM)* fractionate
Fraktionierturm *m (BM, Te)* fractionating tower
Franki-Bohrpfahl *m s.* Franki-Pfahl
Franki-Pfahl *m (Erdb)* Franki pile
Fräsarbeit *f* milling work, milling
Fräsbohrer *m* router
fräsen *v* 1. mill, cut *(Metall, Oberflächen)*; 2. shape *(Holz)*
Fräsen *n* 1. milling *(Metall)*; 2. shaping *(Holz)*
Fräsenmischung *f* mixed-in-place construction *(Bodenstabilisierung)*
Fräser *m* milling tool
Fräsmaschine *f* 1. milling machine, miller *(für Metall)*; 2. *(Hb)* shaper
Fräsmischung *f* mixed-in-place construction *(Bodenstabilisierung)*
Fraßmehl *n (Hb, OB, RS)* frass
Fräswerkzeug *n* **für Vielkeilverzahnung** spline cutting tool
Frauengemach *n (Arch)* bower *(einer Burg)*
Frauengemächer *npl (Arch)* harem
Frauenhutwalmziegel *m* bonnet hip tile, bonnet tile
Frauenumkleideraum *m* ladies' changing room, female changing, women's changing room
frei open *(offen, zugänglich)*; unbound *(ungebunden)*
frei von devoid of
Frei... free ..., aerial ..., open ..., open-air ..., outdoor ...
freiarbeiten *v* make recesses
Freibad *n* open-air bath, outdoor bath; open-air swimming pool, swimming pool
Freibalkon *m* exterior balcony
Freibau *m* outdoor-type plant
freibeweglich free to move, floating
freibewittert fully exposed outdoors
Freibewitterung *f (BM)* open-air weathering
Freibewitterungsprüfung *f (BM)* exterior exposure testing
Freibiegeversuch *m (BM, St)* free bend test *(Schweißnaht)*
Freifallbohrung *f (Erdb, Tun)* free-fall boring
Freifallmischer *m* 1. *(BB, BWG, Te)* free-fall mixer; 2. *(BWG, Te)* gravity mixer; 3. *(BWG)* rotary-drum mixer; 4. *(BWG, Te)* mixer with staggered baffles *(Beton, Mörtel)*
Freifallmischer *m* **mit Gegenlaufentleerung** *(BWG)* reversing-drum mixer
Freifallramme *f (Erdb)* drop pile hammer
Freifläche *f* 1. open area, wide-open space *(großräumlich bzw. nicht bebaubar)*; open field, open site, free space *(noch unbebaut)*; 2. *(LB)* open-air space *(z. B. auf Ausstellungsgelände)*; 3. *(Verk) (AE)* concourse *(z. B. an Straßenkreuzungspunkten, in Parkanlagen)*; 4. flank *(an Gebäuden, Wänden usw.)*
Freifläche *f*/**öffentliche** 1. *(LB)* public open area; 2. *(LB, RP)* public space

Freifläche f/städtische (öffentliche) *(LB)* urban public space
Freiflächenausrüstung f/städtische *(BT, Konst)* urban furniture
Freiflächenplanung *f* open space planning, landscape architecture, landscaping
Freigabe *f* 1. *(Verk)* opening; clearance; 2. release *(z. B. eine Blockierung)*; 3. *(VR)* waiver *(Verzicht auf Baugrund, Gebäude usw.)*; 4. approval *(zur Bauausführung)*
Freigabevermerk *m (VR)* approval note
Freigabezeit f/kürzeste *(Verk)* minimum green (time)
Freigabezeit f/maximale *(Verk)* maximum green (time)
Freigabezeitverlängerung *f (Verk)* green extension
Freigabezeitversatz *m (Verk)* staggered end of green, staggered start of green *(Verkehrsampel)*
freigelegt *(El)* exposed *(z. B. Bauteile, Leitungen)*
Freigeschoss *n (Konst)* open storey
Freihandskizze *f (Arch, Konst)* free-hand drawing
Freihandskizzierung *f (Arch, Konst)* hand sketching
Freihandzeichnung *f* 1. *(Arch, Konst)* free-hand drawing; 2. *(Arch)* freehand sketch
Freiheit *f* **der Raumgestaltung** *(Arch)* flexible handling of space
Freiheitsgrad *m (Stat)* degree of freedom
Freilagerfläche *f* open-air storage area, open storage ground, outdoor storage area
Freilagerplatz *m* open storage ground
Freilagerprüfung *f* **mit Probeplatten** panel exposure test *(Anstrichprüfung)*
Freilagerung *f* open-air storage, outdoor storage
Freilandbedingungen *fpl* field conditions
Freilandbewitterung *f* field exposure
Freilandbewitterungsprüfung *f (BM)* outdoor test
Freilandprüfung *f (BM)* outdoor test
Freilandprüfung *f* **mit Probeplatten** *(BM)* field panel test
Freilandrostprüfung *f (DIS)* field corrosion test
Freilandwerte *mpl (Konst, Verm)* field data
Freilänge *f (Konst)* unsupported length
Freilaufstall *m* loose-housing shed
freilegen *v* lay bare, expose, uncover, lift; clear *(Baufläche, Bauwerk)*
Freilegen *n* laying bar; clearing *(eines Bauwerks)*
Freilegung *f s.* Freilegen
Freileitung *f (El)* open-wire line, aerial long-distance line, overhead line; overhead long-distance line
Freileitungseinführung *f (El)* overhead service entry
Freileitungshausanschluss *m (El)* drop wire
Freileitungskabel *n (El)* overhead live cable
Freileitungsseil *n* overhead rope
Freilichtbühne *f* open-air stage, outdoor stage
Freilichtkino *n* open-air cinema, outdoor cinema
Freilichtmuseum *n (Arch)* open-air museum
Freiliegen *n* **der Zuschlagstoffe** aggregate exposure
freiliegend exposed
Freiluft... open-air ...
Freiluftanlage *f* 1. *(Arch, Konst)* open-air plant; 2. *(El)* outdoor plant *(Umspannwerk)*
Freiluftauslagerung *f* field exposure
Freiluftbau *m* open-air building, open-air plant, outdoor--type plant
Freiluftbauwerk *n* open-air building, open-air plant
Freiluftbewitterungsprüfung *f (BM)* outdoor exposure testing
Freiluftbewitterungsversuch *m (BM)* outdoor exposure test
Freiluftsportanlage *f (Arch, Konst)* open-air sports facility
Freilufttrockenschuppen *m (BM, Te)* drying shed
Freimachen *n (Te)* clearing *(einer Baustelle)*
Freipfeiler *m (Arch)* pillar
Freipfeiler *mpl***/gebündelte** *(Arch, Konst, TK)* clump of pillars
Freiraum *m (Konst)* open space
freiräumen *v (Te)* clear *(z. B. Baustellen)*
Freisäule *f* isolated column, free-standing column
freisetzen *v* release
Freisetzung *f (Umw)* release
Freisitzfläche *f (LB)* outdoor living area
Freispannsystem *n (Konst)* free-span system
Freispann- und Kragsystem *n (Br, Te)* free-span and cantilever system *(Brückenbau)*
Freisparren *m (Hb)* edge rafter
Freispiegelgrundwasser *n (Bod, WVA)* unconfined ground water
Freistadium *n* open-air stadium
Freistehwanne *f (San)* isolated tube
Freistütze *f* isolated support
Freiterrasse *f* 1. *(Arch, LB)* open-air terrace; 2. *(Arch, Konst)* outdoor terrace
freitragen *v* suspend
freitragen unsupported
freitragend self-supporting, overhanging, overhung; cantilever(ed) *(Träger)*
Freiträger *m* 1. *(Arch, BT, Konst, TK)* corbel beam *(auf einem Kragstein liegend)*; 2. *(TK)* cantilever beam; 3. hanging steps *(Stufen)*
Freiträger-Methode *f (Br)* cantilever method *(Brückenbau)*
Freiträgertreppe *f* hanging stairs
Freitreppe *f* fliers, flight of front stairs, front stairs, terrace of front steps
Freitreppenanlage f/große *(Arch, Konst)* perron
Freitreppenpodest *n (Konst)* perron landing
Freiverlegung *f (Konst, Te)* trenchless laying *(Versorgungsleitungen)*
Freivorbau *m* 1. *(Br)* erection without scaffolding; 2. *(Br, Te)* cantilever construction; 3. *(Br, Te)* free-cantilevered construction • **im Freivorbau errichten** cantilever *(Brücke)* • **im Freivorbau errichtet** cantilevered *(Brücke)* • **im Freivorbau herstellen** cantilever *(Brücke)*
Freivorbausystem *n (Br, Te)* free-span and cantilever system *(Brückenbau)*
Freiwange *f* face string, finish string, finish stair string
freiwillig optional *(wahlfrei, z. B. Statik, Bauelementeinsatz, Gewerk)*
Freizeitanlagen *fpl (LB, RP)* leisure facilities, recreation facilities
Freizeiteinrichtung *f* recreation centre
Freizeitfläche *f (LB, RP)* leisure area
Freizeitpark *m (RP)* theme park
Freizeitraum *m* hobby room, game room, recreation room
Freizeitzentrum *n* 1. *(RP)* leisure centre; 2. *(Konst, RP)* recreation centre
Fremdbelüftung *f (HLK)* extraneous ventilation
Fremdbestandteil *m* impurity *(z. B. in Wasser, in Erdstoffen)*
Fremdemission *f (Umw)* foreign emissions
Fremdenheim *n* boarding-house, guest-house, hospice
Fremdenzimmer *n* guest-room *(privat oder Hotel)*
Fremdfüller *m (BM)* fill aggregate • **mit Fremdfüller** *(BM)* fillerised
Fremdfüllmaterial *n (Erdb)* import fill *(von einer Seitenentnahme)*
Fremdgegendruck *m (Stat)* superimposed backpressure
Fremdkörper *m* foreign matter, inclusion
Fremdstoffniederschlag *m (Umw)* contamination fallout
Fremdstoffspurenkontamination *f (Umw)* trace contamination
Fremdstrom gespeist/mit *(El)* impressed-current
fremdstromgespeist *(El)* impressed-current

Fremdüberwacher *m (VR)* inspection body
Fremdüberwachung f/unabhängige *(VR)* surveillance by an approved body
Fremdzufuhr *f (Umw)* external input
Frequenz *f (DIS)* frequency
Frequenzbereich *m (DIS)* frequency range
Frequenzkurve *f (BM, DIS)* frequency curve *(Dämmung)*
Frequenzmesser *m (DIS, Verk)* frequency meter
Freske *f* fresco, wall picture
freskenbemalt *(Arch)* frescoed
Freskenmalerei *f* fresco painting, mural painting, mural
Freskenmalerei *f* **auf trockenem Putz** *(Arch)* fresco secco
Freskenputz *m* fresco plaster
Freskenschmuck *m (Arch)* frescoed decoration
Fresko *n (Arch)* fresco
freskobemalt *(Arch)* frescoed
Freskoputz *m* fresco plaster
Freskoschmuck *m (Arch)* frescoed decoration
fressen *v* eat away, fret *(durch Verschleiß, Korrosion usw.)*; freshwater supply fret *(z. B. durch Wasserkorrosion)*
Frettbohrer *m* auger gimlet
Frettsäge *f (BWG, Hb)* fretsaw
Friedhof *m (Arch)* cemetery
Friedhofskapelle *f (Arch)* cemetery chapel
Friedhofskirche *f (Arch)* cemetery church
frieren *v* frost
Fries *m (Arch)* frieze, string course, moulding, *(AE)* molding
Fries m/dorischer *(Arch)* Doric frieze
Fries m/konvexer *(Arch)* pulvinated frieze, cushioned frieze, swelled frieze
Fries m/normannischer *(Arch)* nebulé moulding
Fries m/rundbogiger *(Arch)* round-arched corbel table
friesähnlich *(Arch)* frieze-like
Friesboden *m* framed flooring
Friesbrett *n (Hb)* frame board
Friesfußboden *m* framed floor covering
Friesschaft *m (Arch)* shank
Frigidarium *n (Arch)* frigidarium
frisch green
Frisch... fresh ...
Frischbeton *m* fresh concrete, fresh mixture of concrete, freshly mixed concrete, green concrete, ready-mixed concrete, wet concrete, concrete mix; mixed batch *(Transportbeton)*
Frischbeton m/mäßig steifer moderately stiff fresh concrete
Frischbetonansatz *m (Te)* cold joint *(an erhärtetem Beton)*
Frischbetonmischung *f* wet batch
Frischbetonreißen *n* plastic cracking
Frischbetonrohdichte *f* fresh concrete density
Frischbetonwassergehalt m/spezifischer unit water content
Frischbetonwerk *n* 1. *(BWG)* concrete batching plant; 2. *(BB, BWG)* ready-mix plant
Frischdampf *m (HLK, Te)* live steam
Frischluft *f (HLK)* fresh air
Frischluftanlage *f (HLK)* air supply system
Frischluftberechnung *f (Tun)* fresh-air calculation
Frischluftbetrieb *m (HLK, Tun)* fresh-air operation
Frischluftheizung *f (HLK)* fresh-air heating
Frischluftkanal *m* fresh-air duct, fresh-air inlet, fresh-air intake, air supply system
Frischluftzufuhr *f (HLK)* induction *(Klimaanlage)*
Frischmörtel *m* fresh mortar, green mortar
Frischprodukt *n* green product
Frischschlamm *m (Umw)* fresh sludge
Frischstabilität *f* green stability
Frischwasser *n (HLK, WVA)* fresh water
Frischwasserleitung *f (WVA)* freshwater line
Frischwasserversorgung *f (WVA)* freshwater supply
Frist *f (VR)* deadline
Fritte *f (BM)* frit
fritten *v (BM, Te)* frit
Frittieren *n (BM, Te)* fritting
Frittung *f (BM)* vitrification *(z. B. Ziegel, Kacheln)*
FR-Leuchte *f (El)* dampproof lighting fixture
Front *f* 1. *(Arch, Konst)* façade; 2. *(Arch, Verm)* frontage; 3. *(Arch)* front face *(eines Gebäudes)*
frontal head-on
Frontalebene *f* frontal plane
Frontalzusammenstoß *m (Verk)* head-on collision
Frontansicht *f* front view
Frontbogen *m* facing arch
Frontgitter *n (HLK)* front grille
Frontispiz *n (Arch)* frontispiece *(über einem Mittelrisalit)*
Frontkipper *m (BWG)* dumper
Frontlader *m* loading shovel, front-end loader
Frontmauer *f* façade wall
Fronton *m (Arch)* fronton, pediment *(über Türen und Fenstern)*
Frontplatte *f* face plate
Fronträumer *m* dozer, bulldozer, tractor dozer
Frontsäule *f (Arch)* prostyle column, prostyle; front column
Frontschaufellader *m* loading shovel, front-end loader
Frontschürze *f* apron flashing *(am Schornstein)*
Frontschürzenblech *n* apron flashing *(am Schornstein)*
Frontvorhangwand *f (Konst, OB)* front curtain wall
Frontwand *f (Arch, OB)* front wall
Frontziermuster *n (Arch)* allover
Frosch *m* jumping frog, leaping frog, detonating rammer, vibrotamper
Froschmaul *n (Arch)* semicircular dormer window
Froschperspektive *f (Arch)* worm's eye view
Froschramme *f* jumping frog, leaping frog, detonating rammer, vibrotamper
Frost *m (Umw)* frost • **vom Frost losgelöst** frost-broken
Frostabblätterung *f (BM)* frost scaling
Frostangriff *m* frost attack
Frostaufbruch *m* frost heave, frost boil, boil hole *(Baugrund, Straße)*
frostbeständig frost-resistant *(Material)*
Frostbeständigkeit *f (BM)* frost resistance
Frostbeständigkeitsprüfung *f (BM)* frost-susceptible test
Frostbeule *f* frost boil *(Beton)*; frost heaving *(Baugrund, Straße)*
Frostboden *m* frozen earth, frozen ground, nival soil
Frosteindringtiefe *f (Bod)* frost penetration depth *(im Boden)*
Frosteinfluss *m* 1. *(BM)* frost action; 2. *(BM, Bod, Erdb, OB)* frost effect
Frosteinwirkung *f* effect of frost, action of frost, frost action • **Frosteinwirkungen ausgesetzt** *(BM)* subjected to frost attack
frostempfindlich frost-susceptible, subject to frost attack
Frostempfindlichkeit *f* frost susceptibility, susceptibility to frost
Frostempfindlichkeitsklasse *f (Bod, Erdb)* frost-susceptible soil class
Frostfestigkeit *f (BM)* freezing resistance
frostfrei frost-protected *(Fundament, Rohr)*
Frostgefahr *f* danger of freezing
frostgefährdet/nicht frostproof *(z. B. Lage)*
Frostgrenze *f* depth of frost penetration, frost level, frost line *(im Boden)*
Frosthebung *f* frost heave, frost heaving, boil hole *(Baugrund, Straße)*; frost boil *(z. B. auf Straßen, bei Beton)*; earth hummock

Frostindex *m (Bod, Umw)* frost index
Frostloch *n* frost hollow
Frostmauer *f* ice wall
Frostriss *m* frost crack
Frostschaden *m* frost damage
Frostschadstelle *f* frost boil *(Beton)*
Frostschürze *f (Konst)* ice wall
Frostschutz *m* frost protection, protection against frost
Frostschutzkies *m* frost blanket gravel
Frostschutzmaßnahme *f (Te)* frost precaution
Frostschutzmauer *f (Konst)* ice wall
Frostschutzmittel *n* antifreeze agent, antifreeze
Frostschutzmittel *n*/**plastifizierendes** plasticizing frost protection
Frostschutzschicht *f (Verk)* antifreeze layer, frost blanket, frost layer, frost-resistant layer, subbase layer, subbase *(Straße)*
Frostschutzschichtlage *f* frost blanket course
frostsicher 1. frost-resistant *(Baustoffe, Bauelemente)*; 2. frost-protected *(Fundament, Rohr)*; 3. frostproof *(z. B. Lage)*
Frostsicherheit *f (BM)* resistance to frost attack
Frostspalte *f* frost crack
Frostsprengung *f* frost splitting, frost weathering *(von Material)*
Frost-Tau-Haltbarkeit *f* freeze-thaw durability
Frost-Tau-Prüfung *f (BM)* freezing and thawing test
Frost-Tau-Versuch *m (BM)* freezing and thawing test
Frost-Tau-Wechselprüfung *f* freezing and thawing test, freeze-thaw test
Frost-Tau-Widerstand *m* freeze-thaw resistance
Frost-Tau-Wirkung *f* freeze-thaw effect, frost effect
Frosttiefe *f* depth of frost penetration, frost level, frost line *(im Boden)*
frostunempfindlich frost-proof
Frostunempfindlichkeit *f (BM)* resistance to frost attack
Frostverwitterung *f* frost weathering *(von Material)*
Frostwirkung *f* frost action
Frostzone *f (BM)* zone of freezing
Fruchtfeston *n (Arch)* fruit work
Fruchtgewinde *n (Arch)* fruit work
Fruchtgirlande *f (Arch)* fruit work
Fruchtschiefer *m (BM)* fruchtschiefer *(Werkstein)*
Fruchtschnur *f (Arch)* festoon *(Ornament)*
Frühausfall *m (Te, VR)* early failure
Frühbarock *m (Arch)* early baroque
Frühbarock *m*/**deutscher** *(Arch)* Early German baroque
Früherstarrung *f* early stiffening, false set, plaster set, rubber set, early strength *(Beton, Mörtel)*
Frühfestigkeit *f (BB)* early strength
Frühgotik *f (Arch)* Early Gothic
Frühgotik *f*/**englische** *(Arch)* Early English style *(etwa 1180-1270)*
Frühgotik *f*/**französische** *(Arch)* Early French Gothic style
frühhochfest high-early-strength *(Zement)*
Frühhochfestigkeit *f* 1. *(BB, Te)* early life high strength; 2. *(BB)* high early strength
Frühhochstandfestigkeit *f (BB, Te)* early high stability
Frühholz *n* early wood
Frühjahrsholz *n* early wood
Frühlingsmaximum *n (Umw)* spring maximum of fallout
Frühnachbehandlungszeit *f (BB)* early curing period
Frührenaissance *f (Arch)* Early Renaissance
frühromanisch *(Arch)* Early-Roman
Frühstadium *n (Te)* early stage
Frühstücksessecke *f* breakfast nook
Frühstücksküche *f* breakfast kitchen
Frühstücksnische *f* breakfast nook
Frühstücksraum *m* breakfast room, morning room
Frühverbund *m (BB, Te)* initial bond *(Spannbeton)*
Frühwarnsystem *n (Verk, VR)* early warning system
Frühwerk *n (Arch)* early work
Fuchs *m* smoke flue, flue *(eines Schornsteins)*
Fuchsauskleidung *f* flue lining
Fuchsbrücke *f* flue bridge
Fuchsende *n* flue end *(des Ofens)*
Fuchskanal *m* main flue, flue connection to stack, uptake
Fuchsschwanz *m* mitre saw, handsaw, tenon saw
Fuchsschwanzsäge *f* pad saw
Fuchsverlust *m* flue loss
Fuder *n* cart load
Fuge *f* 1. joint, meeting *(Stoßfuge)*; 2. *(Hb)* gain, mortise, rabbet, rabbet join; 3. gap, interstice *(Spalt, Zwischenraum, Riss)*; 4. weld groove, welding groove, groove *(Schweißen)*; 5. hole *(Kerbe)*; 6. seam *(Mauerwerk)* • **auf Fuge legen** imbricate *(Dachziegel)* • **die Fugen auskitten** *(DIS)* stop the joints • **Fugen abdichten** slush joints • **Fugen ausstreichen** slush joints • **Fugen stopfen** caulk joints • **Fugen verfüllen** caulk (joints) • **Fugen verstopfen** caulk (joints)
Fuge *f* **auf Fuge** straight joint *(Mauerwerk)*
Fuge *f*/**ausgehungerte** hungry joint, starved joint
Fuge *f*/**ausgekratzte** raked joint, stripped joint *(Mauerwerk)*
Fuge *f*/**ausgemörtelte** hungry joint
Fuge *f*/**bündige** flush joint
Fuge *f*/**eingerüttelte** *(Konst, Verk)* vibrated joint *(Straße)*
Fuge *f*/**eingesägte** *(Konst)* sawed joint *(Beton)*
Fuge *f*/**entwässerte** *(Konst)* drained joint
Fuge *f*/**gefalzte** interlocking joint
Fuge *f*/**gefederte** *(Hb)* plough-and-tongue joint, spline joint, tongue-and-groove joint
Fuge *f*/**gekrümmte** *(BT, Konst)* coopered joint
Fuge *f*/**gepresste** *(Konst)* squeezed joint
Fuge *f*/**geschnittene** *(Konst)* sawed joint *(Beton)*
Fuge *f*/**geschobene** push joint, shoved joint *(Mörtel wird vom Bett mit dem Ziegel in die senkrechte Fuge geschoben)*
Fuge *f*/**gestoßene** push joint, shoved joint *(Mörtel wird vom Bett mit dem Ziegel in die senkrechte Fuge geschoben)*
Fuge *f*/**glatte** *(Hb)* straight joint
Fuge *f*/**haarfeine** hair joint, hairline joint
Fuge *f*/**handgeformte** hand-formed joint
Fuge *f*/**harte** monolithic joint, gap-filled joint
Fuge *f*/**hohlrunde** *(Konst, SB)* concave joint
Fuge *f*/**konzentrische** *(BT, Konst)* concentrical joint
Fuge *f*/**leicht hervorstehende** *(SB)* bastard pointing *(Mauerwerk)*
Fuge *f* **mit Ablauf** *(Konst)* drained joint
Fuge *f* **mit Stegabstand** open joint
Fuge *f*/**mörtellose** dry joint
Fuge *f*/**offene** open joint, hollow joint; drained joint *(Tafelbauweise)*
Fuge *f*/**rechtwinklige** square joint *(Holz)*
Fuge *f*/**reibungsbehindernde** sliding joint
Fuge *f*/**schiefwinklige** oblique joint
Fuge *f*/**schräge** sloping joint
Fuge *f*/**schräglaufende** sloping joint
Fuge *f*/**sichtbare** face joint
Fuge *f*/**stumpfwinklige** *(Konst)* obtuse angular joint
Fuge *f*/**tiefliegende** *(SB)* stripped joint
Fuge *f*/**überlappte** covered joint
Fuge *f*/**unsichtbare** blind joint, bastard joint
Fuge *f*/**verankerte** interlocking joint
Fuge *f*/**verdeckte** secret joint
Fuge *f*/**verschmierte** *(SB)* slushed joint
Fuge *f*/**versenkte** hollow joint
Fuge *f*/**versetzte** filled-up joint

Fuge f/vertiefte recessed joint, rustic joint
Fuge f/verzahnte castellated joint; slip joint *(Mauerwerksverbindung)*
Fuge f/wasserdichte waterproof(ing) joint
Fuge f/zurechtgehauene tooled joint
Fugeisen *n* jointer
fugen *v (Hb)* rabbet
fügen *v* 1. *(Hb)* join, rabbet, scarf; 2. mate *(Passung)*
Fugen *fpl*/**versetzte** broken joints, staggered joints
Fügen *n* 1. joining; 2. match boards *(in Kerbe)*
Fugenabdeckblech *n* cover flashing *(Dach)*
Fugenabdeckleiste *f (AE)* reglet
Fugenabdichtungsmittel *n (BM)* joint sealant
Fugenabdichtungsprofil *n* preformed gasket
Fugenabstand *m (Konst)* joint spacing
Fugenanstrich *m* pencilling of joints, *(AE)* penciling of joints *(Mauerwerk)*
Fugenaufreißer *m* joint raker
Fugenaufstrich *m*/**weißer** pencilling, *(AE)* penciling *(Mauerwerk)*
Fugenausbildung *f* 1. *(Konst)* joint configuration; 2. *(Konst)* joint finishing *(Grundbau, Tiefbau)*; 3. tooling *(mit Werkzeug)*
Fugenausfräsen *n* joint milling
Fugenauskratzen *n* joint stripping
Fugenaussägen *n* joint sawing
Fugenband *n* joint tape, insulating strip, prefabricated joint filler, sealing strip; water stop; expansion strip *(für Bewegungsfugen)*
Fugenband *n*/**vorgeformtes** preformed joint sealant, preformed sealant
Fugenbefestigung *f* joint fixing
Fugenbereich *m* joint zone
Fugenbeton *m* joint concrete
Fugenbewegung *f (Konst)* joint movement
Fugenbewehrung *f (BT, Konst)* tie bar *(Straßenbetondecke)*
Fugenbreite *f* joint width
Fugenbrett *n* filler board
Fugendeckband *n* joint masking tape
Fugendeckblech *n* apron flashing
Fugendeckleiste *f* 1. overlapping astragal, profile border, wraparound astragal; welt *(Falzleiste)*; 2. *(Arch)* architrave *(über Türen und Fenstern)*
Fugendeckleiste f/äußere *(BT)* weather strip
Fugendeckleisten *fpl (BT)* lacing
Fugendeckstreifen *m (BT)* splat *(für Wandbauplatten)*
fugendicht joint-tight
Fugendichten *n* joint filling, filling
Fugendichtheit *f* impermeability of joints, tightness of joints
Fugendichtigkeit *f* impermeability of joints
Fugendichtmasse *f* jointing compound
Fugendichtmasse f/elastische elastic joint sealing compound
Fugendichtstoff *m* jointing material
Fugendichtung *f* joint packing, grout jointing, water stop
Fugendichtung f/vorgefertigte preformed joint sealant, preformed sealant
Fugendichtungsausfließen *n (RS)* sagging
Fugendichtungsmasse *f* jointing compound
Fugendimensionierung *f (Konst)* joint design
Fugendübel *m* joint dowel
Fugendurchlässigkeit *f (Konst)* joint permeability
Fugendurchlasskoeffizient *m* joint permeability coefficient
Fugeneinlage *f (EN 14840)* joint filler, joint lining, joint profile, joint sealing strip, jointing strip, premoulder filler; extension joint filler *(für Bewegungsfugen)*
Fugeneinlage f/fasrige fibrous jointing material
Fugeneinteilung *f (Konst)* joint pattern
Fugeneisen *n* jointing iron, iron for making joints
Fugenfestigkeit *f* joint strength
Fugenfüllelemente *npl*/**vorgefertigte** prefabricated joint filler
Fugenfüllen *n* **mit Steinscherben** pinning-in
Fugenfüllen *n* **mit Steinsplittern** galleting, *(AE)* garreting
Fugenfüller *m (EN 14840)* joint filler, jointing compound
Fugenfüllereinspritzen *n* joint sealant extrusion
Fugenfüllkitt *m* gap-filling adhesive, gap-filling glue
Fugenfüllmaschine *f (Verk)* joint sealing machine
Fugenfüllpatrone f/flexible caulking cartridge
Fugenfüllpistole *f* caulking gun, pressure gun
Fugenfüllspritze *f* caulking cartridge
Fugenfüllstoff *m (EN 14840)* joint sealant
Fugenfüllstreifen *m (BM, Konst)* joint filler strip
Fugenfüllung *f (Te)* jointing
Fugengips *m* joint plaster
fugenhobeln *v* gouge
Fugenkelle *f* jointing spoon, filling trowel, sett feeder, sett jointer, sword, tuck cement pointer
Fugenkitt *m* joint filling compound, joint cement
Fugenleiste *f* joint strip, cover fillet, *(AE)* reglet; stripping piece *(Schalung)*
fugenlos jointless
Fugenlötbegrenzer *m* stop-off
Fugenlötmaterialbegrenzer *m* stop-off
Fugenmasse *f* joint sealer
Fugenmasse f/elastische elastic joint sealing compound
Fugenmasseneinpressen *n* joint sealant extrusion
Fugenmaterial *n* jointing material
Fugenmesser *n* joint cutter
Fugenmittenabstand *m* joint centre
Fugenmodell *n* joint model
Fugenmörtel *m* joint mortar, jointing mortar, pointing mortar
Fugenmörtel *m*/**weißer** white masonry mortar, white pointing mortar
Fugennase f/verdeckte secret joint *(Stein)*
Fugennetz *n (Konst)* joint grid
Fugenöffnung *f* joint opening
Fugenperlstab *m (Arch)* rabbet bead
Fugenprofil *n* joint profile, jointing section
Fugenprofilleiste *f* panel divider *(für Verkleidungen)*
Fugenreinigen *n (SB)* raking-out
Fugenreißer *m* joint raker
Fugenrichtscheit *n (BWG)* jointing rule
Fugenriss *m* joint crack, gaping of a joint
Fugenrolle *f* roller for joints
Fugensäge *f (Verk)* pavement saw, concrete saw *(Straßenbau)*
Fugensäubern *n* **und Neuverfugen** *n* pointing
Fugenschablone *f* joint rule
Fugenschaden *m* expansion joint failure
Fugenschneiden *n* joint sawing
Fugenschneider *m (Verk)* joint cutter, pavement saw *(Straßenbau)*
Fugenschnitt *m* joint cutting, stereotomy *(in Stein)*
Fugenschnitt *m*/**englischer** English style of bed joints
Fugenschutzklebestreifen *m* taping strip *(Betonfugen)*
Fugenspalt *m* joint distance, joint gap
Fugenstreifen *m* joint sealing strip, jointing strip; premoulder filler
Fugentiefe *f* joint depth
Fugentoleranz *f (Konst, Te)* joint allowance
Fugenüberbrückung *f (Konst)* joint bridging
Fugenüberbrückungsbewehrung *f* scrim
Fugenüberdeckung *f* joint cover, joint covering
Fugenundurchlässigkeit *f* impermeability of joints, tightness of joints

Fugenverfüllen *n* joint filling, jointing, filling
Fugenvergießen *n* **mit Messing/langsames** *(St, Te)* step brazing
Fugenverguss *m* joint pouring, joint sealing *(Vorgang)*; joint sealer *(Vergussmasse)*
Fugenvergussmaschine *f (Verk)* joint sealing machine
Fugenvergussmasse *f* 1. joint filling compound, joint pouring compound, joint sealing compound; 2. *(Verk)* asphalt joint filler, asphalt joint sealer, bituminous grout, bituminous joint filler, paving joint sealer
Fugenvergussmasse *f*/**treibstoffbeständige** *(BM)* fuel--resistant joint sealing compound
Fugenverkleidung *f* architrave *(über Tür und Fenster)*
Fugenversatz *m (Konst)* breaking joints
Fugenverschiebung *f* deformation of joints
Fugenversiegeln *n (Te)* joint sealing
Fugenversiegelungsmasse *f* joint sealant, caulking compound
Fugenverstopfen *n* pinning-in
Fugenverstreichmasse *f* pointing compound
Fugenverstrich *m (SB)* pointing
Fugenweißen *n* pencilling, *(AE)* penciling *(Mauerwerk)*
Fugenwerk *n (Konst)* joint grid
Fugenwerkzeug *n* jointing and pointing tools
Fugenwinkel *m* angle of joints; groove angle *(Schweißnaht)*
Fugenzement *m (BM)* white joint mortar
Fugenzwischenraum *m (Konst)* joint spacing
Fühler *m* sensing element, sensor
Fühler *m*/**optischer** optical probe
führen *v* 1. manage *(leiten)*; 2. run, guide *(Leitungen)*; 3. drive, operate *(z. B. Anlagen, Kran usw.)*; 4. lead *(Aussprache: li:d; z. B. Medien)*
Führerhaus *n* operator's cabin, cabin
Führerscheinprüfung *f* driving test
Fuhrpark *m* rolling stock
Führung *f* 1. guidance, guide, run *(von Leitungen, Kabeln)*; 2. *(BT)* slide *(Gleitschiene)*; 3. *(Tun)* forcing *(Vortriebsführung, Vorgabe der Richtung)*
Führung *f*/**untere** lower guide, bottom guide
Führungsaussparung *f* guide groove, guide pocket, guide sinking; *(AE)* regle *(Tür, Fenster)*
Führungsbahn *f* guide track, slideway, track
Führungsblech *n*/**senkrechtes** vertical side plate
Führungsdielenbrett *n* key board, key
Führungsdraht *m* guide wire
Führungsfase *f* margin
Führungskraft *f (Stat)* reaction of constraints
Führungslager *n (EN 1337-8)* guide bearing *(Auflager)*
Führungsleiste *f* guide fillet, gib; back lining *(Schiebefenster)*
Führungsleiste *f* **aus Bronze** bronze guide
Führungsmast *m (Verk)* guide mast
Führungsmauerwerk *n* lead masonry
Führungsnut *f* guide groove, *(AE)* regle *(Tür, Fenster)*
Führungsrolle *f* guide pulley
Führungsschaft *m* guide
Führungsschiene *f* guide rail, guide bead, guide bar, track, rail *(z. B. für Türanlagen)*
Führungsschiene *f*/**seitliche** *(BT)* side track
Führungsstange *f* guide rod, sliding bar, guide pole
Führungszapfen *m* guide, spigot, pilot
Füllbaustoff *m* infilling material
Füllbeton *m* hardcore filling, infilling concrete, backfill concrete
Füllboden *m (Erdb)* fill, filling
Füllbrett *n* panel board
Fülldeckenziegel *m* filler brick
Fülldruck *m (HLK, San)* prepressure
Füllelement *n* infill panel
füllen *v* 1. fill; 2. crowd *(voll stopfen)*; 3. charge *(z. B. einen Mischer)*; 4. load *(mit Füllstoffen oder Zusätzen, z. B. Farben, Kunstwerkstoffe)*
Füllen *n* filling
Füller *m* 1. fill aggregate, bitumen filler, filler *(z. B. für Asphaltbeton, bituminöse Stoffe)*; 2. fines, mineral dust, granular dust *(Zuschlag)*; 3. badigeon *(für Löcher, Flickmaterial)*; 4. inert filler *(z. B. für Kunststoffe)* • **mit Füller versehen** fillerise *(Bitumen)*
Füller *m*/**mineralischer** mineral filler
Fülleranreicherung *f (BM)* fillerising
Füller-Bindemittel-Verhältnis *n (BM)* dust proportion
Fullererde *f* Fuller's earth *(Tonart)*
Füllergehalt *m* filler content
Fullerkurve *f* Fuller's curve, Fuller's parabola *(Sieblinie für Zuschlagstoffe)*
Fullerlinie *f* s. Fullerkurve
füllern *v* fillerise *(Bitumen)*
Füllern *n* fillerising, filling *(von Bitumen, Farbe)*
Füllerplatte *f* filler plate
Fullerregel *f (BM)* Fuller's rule
Füllerschnecke *f* filler screw conveyor, filler screw *(Mischwerk)*
Füllersilo *n* filler silo
Füllerüberschuss *m* excess of filler
Füllerwirkung *f* filler activity
Füllerzugabe *f (BM)* fillerising
Füllerzusatz *m* filler adding
Füllgrund *m* primer filler
Füllgut *n (BM)* charge *(z. B. für einen Mischer)*
Füllhöhe *f* filling height, fill height, filling level, innage
Füllholz *n* packing piece, filler
Füllholzbalkenstück *n* filling-in piece
Füllkasten *m* hopper *(Beton)*
Füllkitt *m (BM)* stopper
Füllkorn *n* fill grain, fill grains, filling grain, filling grains, filling aggregate
Füllkörper *m* filler block, hollow block, hollow tile; infill block, infiller block *(Decke)*
Füllkörperdecke *f* filler block floor, filler concrete slab, hollow-tile floor
füllkräftig have a good build *(Anstrich)*
Füllkreide *f* Fuller's chalk
Füllleiste *f* stripping piece *(Schalung)*
Füllmasse *f* joint filling compound, filling compound
Füllmasse *f*/**abbindende** insulating cement
Füllmassen *fpl (Erdb)* borrow material
Füllmaterial *n* 1. filling material, filler load; 2. *(BM)* loading material; 3. feed *(Einfüllgut, Beschickungsmaterial)*; 4. *(Erdb)* filling material, fill, infill, borrow material; backup material *(Hinterfüllung)*
Füllmauer *f* 1. *(BB, Konst)* coffer-wall; 2. *(SB)* rubble walling *(ausgefüllte Mauer)*
Füllmauerstein *m (SB)* internal-quality block
Füllmauerwerk *n* 1. infilling masonry, filling-in work; hearting *(Inneres der Mauer)*; 2. *(Arch)* opus emplectum *(altes Rom)*
Füllmauerziegel *m (SB)* internal-quality brick
Füllmenge *f* unmixed batch capacity *(Betonmischer)*
Füllmittel *n* extender *(bes. für Farben)*
Füllmittel *npl* runnings *(Streckmittel)*
Füllmörtel *m* lean mortar, *(AE)* pierrotage *(Architektur der amerikanischen Südstaaten)*
Füllpaste *f* paste filler
Füllplatte *f* infiller slab
Füllpulver *n* filling powder
Füllschicht *f (BT, Konst, SB)* backup
Füllsplitt *m* 1. fill chippings, fill chips, filling chips, inter-

mediate aggregate *(als Zuschlag)*; 2. choke stone, intermediate aggregate *(für Packlage)*
Füllstab *m* web member, element
Füllstand *m* filling level
Füllstandsanzeiger *m* level indicator, level meter
Füllstandsmesser *m* level indicator, level meter
füllstark have a good build *(Anstrich)*
Füllstein *m* filling brick; sneck *(Bruchsteinmauerwerk)*
Füllsteindecke *f (TK)* soffit block floor
Füllsteine *mpl (SB)* spalls
Füllstoff *m* 1. filling material, filler *(z. B. für Asphaltbeton)*; 2. chock *(Steine)*; 3. *(BM)* loading material *(z. B. für Beschwerung)*; 4. inert filler, paint extender *(z. B. für Farben, Kunststoffe)*; 5. *(BM)* surfacer *(für Poren, Risse)*
Füllstoff *m*/**mineralischer** mineral filler
Füllstoff *m*/**pflanzlicher** *(BM)* vegetable filling material
Füllstück *n (SB) (AE)* expletive *(Stein zum Ausfüllen einer Vertiefung im Mauerwerk)*
Füllsystem *n* bracing system
Fülltafel *f (BT, Konst)* infiller panel
Fülltrichter *m* feeding hopper, charging hopper
Füllung *f* 1. charge, charging *(z. B. eines Mischers)*; 2. infilling, filling *(von Fachwerk, von Hohlräumen)*; 3. packing *(Abdichtung)*; 4. *(Hb)* panel; 5. *(DIS, Konst)* pugging *(durch Einschütten von Dämmstoffen jeder Art)*; 6. *(BM)* load *(Beschwerung)*
Füllung *f*/**eingespülte** *(Erdb)* hydraulic fill
Füllung *f*/**überhobene** raised field
Füllung *f*/**zurückgesetzte** *(Hb)* sunk panel
Füllungshalteleiste *f*/**innere** inner casing, inside casing, interior casing *(Tür)*
Füllungsrahmen *m* panelled framing
Füllungsstab *m* web member, bar; rod *(Träger)*
Füllungsstäbe *mpl* stays
Füllungssystem *n* cradling, bracing system
Füllungstafel *f (BT, Konst)* filler panel *(Ausfachung)*
Füllungstür *f* panel framed door
Füllvolumen *n* filling volume, feeding volume, charging volume
Füllwand *f (Konst)* panel wall
Füllwände *fpl* panel infillings to framed structure *(Skelettbau)*
Füllzellenmauer *f (Arch)* diamicton *(römische Architektur)*
Füllziegel *m* filler brick
Füllzierleiste *f (AE)* reglet
Fundament *n* 1. footing, foundation, ground-work *(Gebäude, Bauwerke, BS 8004)*; 2. basement *(Gründungsmauer, Säule)*; 3. *(Erdb)* pinning *(Mauerwerksunterfangung)*; 4. *(Erdb)* base *(Untergrund)*; 5. socle *(z. B. einer Säule)*; 6. underbase, basement slab *(Gründungsplatte)* • **Fundamente legen** lay foundations, found
Fundament *n*/**abgetrepptes** benched footing, step(ped) footing
Fundament *n* **aus Sperrbeton** *(Erdb)* watertight concrete foundation
Fundament *n*/**flexibles** *(Erdb)* flexible foundation
Fundament *n*/**geneigtes** *(Erdb)* sloped foundation
Fundament *n*/**kegelförmiges** *(Erdb)* tapered foundation
Fundament *n*/**kreuzweise bewehrtes** *(Erdb)* two-way reinforced footing
Fundament *n* **mit abgeschrägter Seitenfläche [Oberfläche]** *(Erdb)* sloped footing
Fundament *n*/**monolithisches** *(Erdb)* monolithic footing
Fundament *n*/**schwimmendes** *(Erdb, Stat)* buoyant foundation
Fundament *n*/**übergroßes** *(Erdb)* mass foundation
Fundament *n*/**verfülltes** *(Erdb)* sunk foundation
Fundamentabsatz *m* base of foundation, step of a foundation, footing form
fundamental *(Konst)* fundamental
Fundamentarbeit *f* foundation work
Fundamentationsschicht *f (Verk)* foundation layer
Fundamentauflagehöhe *f* 1. *(Erdb)* level of foundation; 2. *(Erdb)* depth of foundation; 3. *(Erdb, Verm)* formation level
Fundamentaushub *m* foundation excavation, excavation for foundation
Fundamentauskragung *f* foundation toe, toe
Fundamentaußenlinie *f (Erdb, Konst)* outside foundation line
Fundamentbankett *n* foundation toe, toe
Fundamentbeton *m (BB, BM)* footing concrete
Fundamentblock *m* footing block, foundation block
Fundamentblock *m*/**isolierter** *(Erdb)* inertia block
Fundamentbohrmaschine *f* caisson drill
Fundamentbolzen *m* foundation bolt, holding-down bolt, plate bolt
Fundamentbreite *f* foundation width
Fundamentdrän *m (Erdb)* foundation drain
Fundamentdränleitung *f* foundation drainage tile *(Rohr)*
Fundamentdruck *m (Bod, Erdb, Stat)* footing pressure
Fundamenterder *m (El)* foundation earthing
Fundamentfläche *f* foundation area
Fundamentgewölbe *n* footing vault, inflected arch, inverted arch, inverted arch foundation, countervault
Fundamentgraben *m* footing trench, foundation trench
Fundamentgrube *f* foundation pit
fundamentieren *v* lay foundations, found
Fundamentkante *f* **mit höchster Bodenpressung** *(Erdb, Konst)* pressed edge foundation
Fundamentkantenlinie *f (Erdb, Konst)* outside foundation line
Fundamentklotz *m* foundation block
Fundamentkonstruktion *f (Erdb)* substructure
Fundamentmauer *f* foundation wall, ground wall
Fundamentmauerwerkslage *f (SB)* footing course
Fundamentpfeiler *m (Erdb, Konst)* footing pier
Fundamentplan *m* foundation plan, foundation drawing
Fundamentplatte *f* 1. foundation plate, basement slab, base slab, bottom plate, subbase, foundation raft, raft *(Plattengründung)*; 2. *(BT, Konst)* base plate *(aus Metall, z. B. für Anlagen)*
Fundamentplatte *f*/**über die Mauern hinausgehende** enlarged foundation slab
Fundamentplatte *f*/**verbundene** *(Erdb, Konst)* combined footing *(für mehrere Stützen)*
Fundamentrasterebene *f (Konst, Verm)* footing grid plane
Fundamentrost *m* grillage footing, grillage, foundation mat, mat, platform footing; grating *(aus Holzbalken)*
Fundamentschaftaushub *m (Erdb)* belled excavation
Fundamentschicht *f* base course *(Untergrund)*; foundation course *(Gebäude)*
Fundamentschraube *f* foundation bolt, holding-down bolt, rag bolt; lag bolt, lag screw *(mit quadratischem Kopf)*
Fundamentschwingung *f* 1. *(Erdb, Stat)* oscillation of a foundation; 2. *(Stat)* vibration of a foundation
Fundamentsims *m (SB)* reprise
Fundamentsockel *m* foundation base
Fundamentsohle *f* 1. base of foundation, bottom of foundation, foundation level; 2. *(Erdb)* final grade
Fundamentsohle *f*/**verbreiterte** cantilever footing
Fundamentstein *m (BM, BT, SB)* corner stone
Fundamentstreifen *m* foundation strip, strip footing, strip foundation • **die Fundamentstreifen ausschachten** *(Erdb)* excavate the trenches
Fundamenttiefe *f* foundation depth, foot depth; planting depth *(Einbindetiefe)*
Fundamentträger *m* foundation beam, foundation girder, grade beam

Fundamentuntergrund *m (Bod, Erdb)* natural foundation
Fundamentverankerung *f (Erdb, Konst)* footing anchorage
Fundamentzeichnung *f* footing drawing, foundation plan
Fundamentziegelmauerwerk *n (SB)* footing brick masonry
fundieren *v* found
Fünfblatt *n (Arch)* cinquefoil, cincfoil *(gotisches Maßwerk)*
fünfblattförmig *(Arch)* cinquefoil, quinquefoil
Fünfblattmuster *n (Arch)* cinquefoil *(gotisches Maßwerk)*
fünfblättrig *(Arch)* cinquefoil
Fünfeckbastei *f (Arch)* pentagonal bastion
Fünfeckbastion *f (Arch)* pentagonal bastion
Fünfeckfliese *f* pentagonal tile
Fünfeckgebäude *n (Arch)* pentagon
Fünfeckgrundriss *m* pentagonal ground plan, pentagonal plan
Fünfeckplatte *f* pentagonal tile
Fünfecksternmotiv *n (Arch)* pentacle *(Gotik)*
fünfelementig *(Arch)* quincunx *(Anordnung mit einem Mittelelement und vier umgebenden Gestaltungselementen)*
fünfflächig *(Arch)* pentahedral
fünfjochig *(TK)* five-bay
fünflagig five-ply *(Dach)*
Fünfpass *m (Arch)* five-lobe tracery
fünfsäulig *(Arch)* pentastyle
Fünfschichtensystem *n* five-coat system
fünfseitig five-sided
Fünfstern *m (Arch)* pentacle of Salomon
fünfteilig *(Arch)* quinquepartite
Fünftelsbogen *m (Arch)* quint-point arch
fünfzackig five-pointed
Fünfzehneck *n (Arch)* quindecagon
Fünfzentrenbogen *m (Konst)* five-centred arch
fungitoxisch fungitoxic
fungizid *(BM)* fungicidal
Fungizid *n* fungicide, fungus repellent
Fungizidanstrich *m (OB)* fungicidal paint
Funkbake *f* beacon
Funkenbildung *f (Umw)* spark formation
Funkenfang *m* spark arrester, spark catcher *(Schornstein)*
Funkenfänger *m* spark guard
Funkenflugschutznetz *n* bonnet
Funkenregen *m (St, Te)* shower of sparks
Funkenschutz *m* spark guard
Funkenschutzgitter *n* spark arrester, spark catcher *(Schornstein)*
funkensicher spark resistant
Funkfeuer *n* beacon
Funkmast *m* 1. *(Konst)* radio mast; 2. *(El, Konst)* wireless mast
Funkpersonenrufanlage *f (EB, El)* radio paging system
Funksprechverkehr *m* radio telephony
Funktelefon *n (El)* radiotelephone
Funktion *f* function
Funktion *f***/elliptische** elliptical function
Funktion *f***/lineare** *(Stat)* linear function
Funktion *f***/trigonometrische** 1. *(Stat, Verm)* trigonometrical function; 2. *(Stat)* circular function
funktional functional
Funktionalarchitektur *f***/internationale** *(Arch)* International style *(entwickelt in den 20er-Jahren unseres Jahrhunderts in den USA und Westeuropa und weltweit angewendet)*
Funktionalbelastung *f (Stat)* imposed load
Funktionalismus *m (Arch)* functionalism
Funktionalismus *m***/weißer** *(Arch)* white Functionalism *(Greenough - 19. Jh., Bauhaus)*
funktionieren *v* 1. *(Te, VR)* operate; 2. *(Konst)* work; 3. behave *(z. B. Maschinen)*; 4. run *(Geräte)*
funktionierend/nicht einwandfrei *(sl)* on the blink
Funktionsanalyse *f* functional analysis
Funktionsanforderung *f (VR)* functional requirement
Funktionsbauvertrag *m (VR)* functional construction contract
Funktionsbereich *m* sphere of function, zone of function
funktionsbestimmend functional
Funktionsbestimmung *f* functional determination
Funktionsdarstellung *f* nomogram
funktionsfähig functional, serviceable
Funktionsfähigkeit *f* 1. *(Te, VR)* performance; 2. *(Konst, RS)* reliability
Funktionsfähigkeit *f***/bauliche** *(Konst)* structural reliability
Funktionsgrenzzustand *m (Konst, VR)* serviceability limit state
Funktionskontrolle *f* function controlling support
Funktionsprüfung *f (VR)* trial *(Gebäudeinstallation)*
Funktionssicherheit *f (VR)* functional safety
Funktionsstil *m***/technischer** *(Arch)* technical form of expression
funktionstüchtig *(Konst)* serviceable
Funktionstüchtigkeit *f (BWG, Konst)* serviceability
Funktionsüberlagerung *f* mixed development *(Städtebau)*
Funktions- und Leistungsfähigkeit *f* **der Straßenbauverwaltung** performance of road administration
Funktionsverhalten *n (BWG)* service behaviour
Funktionszyklusanalyse *f (Verk)* life cycle analysis, LCA
Funkturm *m (Konst)* radio tower
Funkverkehr *m* radio communication, radio telephony
Furanharz *n (BM)* furan(e) resin
Furche *f* 1. furrow; stria *(Riefe, Streifen)*; 2. *(Hb)* groove; trough *(Rille, Rinne)*
furchen *v* 1. riffle; 2. *(Hb)* ridge, plough; striate *(Oberflächengestaltung)*
Furchenbildung *f* grooving *(Erosion)*; striation
furchig furrowed; striated
Furnier *n* veneer, *(AE)* flitch
Furnier *n* **aus Baumauswachsungen** *(Hb)* burl
Furnier *n* **für Rückseiten** back veneer
Furnier *n***/gabelförmig gemustertes** feather crotch
Furnier *n***/gemasertes** figured veneer
Furnier *n* **mit abwechselnd hellen und dunklen Streifen** ribbon-stripe veneer
Furnier *n* **mit rechten Jahresringen zur Schnittfläche** quarter-cut veneer
Furnier *n***/papierkaschiertes** paper-covered veneer
Furnieranker *m (BT)* veneer tie *(Wand)*
Furnierarbeiten *fpl (Hb, Te)* veneering work
Furnierausbesserung *f (Hb, Te)* veneer patching
Furnieraußenseite *f* tight side of veneer, tight side
Furnierbild *m* matched veneer
Furnierblatt *n* sheet of veneer, veneer, lamina
Furnierdurchbruch *m* open defect
furnieren *v* veneer, inlay
Furnieren *n (Hb, Te)* veneering
Furnieren *n***/symmetrisches** book matching
Furnierfärbung *f* bleed-through, strike-through *(durch durchdrückenden Tischlerleim)*
Furnierfläche *f***/abgehobene** veneer blister
Furnierfügen *n* edge jointing of veneer
Furnierhalter *m (BT)* veneer tie *(Wand)*
Furnierholz *n (BM)* veneer wood
Furnierkreissäge *f* segment saw
Furnierpaneel *n (BT)* veneer panel
Furnierplatte *f* veneer board, veneer panel, veneer plywood, scale board, plywood assembly, three-ply wood, plywood, ply

Furnierplatte f/dreilagige three-ply wood, three-ply
Furnierrundschneiden *n* rotary veneer cutting, rotary cutting
Furniersäge *f* veneering saw, slitting saw
Furnierschaustück *n (BM)* swatch
Furnierseite *f* **in Richtung Stammmitte** slack side
Furniersteinmauerwerk *n* **mit durchgehender horizontaler Fuge** coursed veneer
Furniertafel *f* veneer panel, flitch
furniertäfeln *v (Hb)* flitch
Furniertür *f (BT, Hb)* veneered door
Furnierunterseite *f* key of plywood, key
Furnierverarbeitung *f (Hb, Te)* veneering
Furnierverleimung *f* lay-up *(zu Sperrholz)*
Fürsorge *f* provision
Furt *f (Wsb)* ford
fusionieren *v* merge
Fuß *m* 1. *(Erdb, Wsb)* foot; 2. *(BT)* toe *(z. B. Böschung, Stützmauer, Damm)*; 3. base; bottom *(Fußpunkt; Unterteil)*; 4. *(BT, Konst)* base plate *(z. B. einer Säule)*; 5. eaves *(Traufe)*; 6. *(Erdb, Wsb)* foot *(SI-fremde Einheit der Länge; 1 ft = 30,48 cm)*
Fuß *m* **des Turmes** tower base
Fußabstreicher *m* foots scraper
Fußabstreifmatte *f* foot scraper mat
Fußabtreter *m* doormat
Fußauflagerflansch *m (BT)* toe
Fußausbildung *f* base attachment *(einer Säule)*
Fußbalken *m* 1. foot piece, ground beam, ground sill; sole piece *(für Stützen)*; foot-plate *(einer Dachkonstruktion)*; ground plate *(Unterlagen für Holzrahmentragwerk)*; 2. *(Hb)* plate; 3. *(Hb)* sleeper *(Holzbalken als Unterlage für eine Stütze)*
Fußbalken *m* **der Dachsparren** *(Hb)* eaves plate
Fußbalkenauflagerinne *f* eaves channel
Fußbalkenlager *n* barge couple, rafter couple *(eines Giebeldachs)*
Fußbalkensicherungsbolzen *m* plate bolt
Fußballfeld *n (RP)* soccer field
Fußband *n (Hb)* strut
Fußblech *n* edging strip, toeplate *(Tür)*
Fußboden *m* floor • **Fußböden legen** *(Te)* put in floors
Fußboden *m* **auf Doppelkreuzrahmen** double-framed floor
Fußboden *m* **auf Doppelrahmen** double-framed floor
Fußboden *m*/**beheizter** heated floor, heating floor
Fußboden *m*/**bituminöser** bituminous floor cover
Fußboden *m*/**erhöhter** *(Arch)* platform
Fußboden *m*/**fugenloser** jointless floor, jointless flooring, seamless floor, seamless flooring
Fußboden *m*/**gedielter** boarded floor, planch
Fußboden *m*/**gedoppelter** framed floor
Fußboden *m*/**gefalzter** *(Hb)* rebated floor
Fußboden *m*/**geteilter** *(Konst)* sectile floor
Fußboden *m* **rings um einen Kamin/feuerfester** hearth
Fußboden *m*/**treppenförmiger** stepped floor *(Theater, Hörsaal)*
Fußbodenabdeckschicht *f* finish floor, finish flooring
Fußbodenabdeckung *f* drop cloth *(vorübergehend, z. B. während Malerarbeiten)*
Fußbodenabschluss *m* finish floor, finish flooring
Fußbodenabsiegler *m* floor sealer
Fußbodenabsieglungsmittel *n* floor sheen
Fußbodenabstandsleisten *fpl* floor furring *(für Leitungszwischenraum)*
Fußbodenabstreichvertiefung *f* mat sink, mat well
Fußbodenankerplatte *f (Konst)* floor plate *(Geschoss)*
Fußbodenarbeiten *fpl* floor work, flooring work
Fußbodenauflagerrahmen *m* floor ground frame, ground frame
Fußbodenausbildung *f* floor covering
Fußbodenaussparung *f* floor pit
Fußbodenbalken *m* 1. *(Hb, TK)* floor beam; 2. *(Hb)* sleeper
Fußbodenbalkenlage *f (Hb)* floor framing
fußbodenbeheizt *(HLK)* floor-heated
Fußbodenbelag *m* floor covering, floor finish, floor surfacing, floor topping, flooring, walked-on finish; planching *(Material)*; floor decking *(aus Bohlen und Planken)*
Fußbodenbelag *m*/**ableitfähiger** conductive flooring
Fußbodenbelag *m*/**elastischer** resilient flooring
Fußbodenbelag *m*/**elektrisch neutraler** conductive flooring
Fußbodenbelag *m*/**fugenloser** seamless floor, seamless flooring, composition
Fußbodenbelag *m* **mit Fugen** joint flooring
Fußbodenbelag *m*/**wechselbarer** 1. *(EB)* access flooring system; 2. *(Hb, Konst)* raised flooring system
Fußbodenbelaggewebe *n* stuffers
Fußbodenbelaggrundgewebe *n* stuffers
Fußbodenbelagunterlage *f (EB)* underlayment for floor covering
Fußbodenbelüftung *f* floor ventilation
Fußbodenbrett *n* floorboard
fußbodenbündig level with the floor, flush with the floor
Fußbodendeckschicht *f* finish floor, finish flooring
Fußbodendeckschichtleger *m* wearing layer
Fußbodendiele *f* plancier
Fußbodendielung *f* floor boarding, planking, wood flooring
Fußbodeneinlauf *m* floor drain
Fußbodenentlüftungsleiste *f (HLK)* ventilating skirting board
Fußbodenestrich *m* floor screed
Fußbodenfliese *f* floor tile, paver tile, paver, paving tile, floor brick • **mit Fußbodenfliesen belegen** pave with tiles
Fußbodenfliese *f*/**geriffelte** *(BM, BT)* ship-and-galley tile
Fußbodenfliese *f*/**griffige** antislip tile
Fußbodenfliese *f*/**unglasierte** *(BM, BT)* clay tile
Fußbodenfliese *f*/**unprofilierte** plain floor tile
Fußbodenfliesenbelag *m* flooring tiling
Fußbodenformplatte *f* **aus Presskork** *(BM, BT)* cork tile
Fußbodenführung *f* floor guide *(Schiebetür)*
Fußbodenhartbelag *m* hard floor covering
Fußbodenheizanlage *f* electric underfloor heating system
Fußbodenheizung *f* floor heating, electric underfloor heating system, screed heating, underfloor heating
Fußbodenheizungsanlage *f (HLK)* embedded electric heating system
Fußbodenherstellung *f* flooring, planching
Fußbodenhöhenmarkierung *f* floor line
Fußbodenholz *n (Hb)* floor timber
Fußbodenisolierung *f (DIS)* floor insulation
Fußbodenkabelschacht *m*/**abgedeckter** covered floor cable duct, covered flooring cable duct
Fußbodenkanal *m (San)* floor duct
Fußbodenkantenheizung *f* baseboard heater, baseboard heating
Fußbodenkehlfliese *f (BM, BT)* congé
Fußbodenkitt *m* putty for wooden flooring
Fußbodenklinker *m (BM, Verk)* floor brick
Fußbodenkonstruktion *f*/**austauschbare** 1. *(EB)* access flooring system; 2. *(Hb, Konst)* raised flooring system
Fußbodenkontakt *m (El)* floor contact
Fußbodenleger *m* wearing layer
Fußbodenleiste *f* baseboard, skirting board
Fußbodenluftheizung *f*/**römische** *(Arch)* hypocaust
Fußbodenmaterial *n* flooring material, flooring, planching

Fußbodenmosaik *n* floor mosaic
Fußbodenmuster *n***/neuartiges** novelty flooring
Fußbodenmuster *n***/ungewöhnliches** novelty flooring
Fußbodennagel *m* flooring nail
Fußbodenöffnung *f* floor hole *(zur Installation)*
Fußbodenplatte *f* floor slab, floor tile, promenade tile, quarry tile, deck; flagging *(für Gehwege)*
Fußbodenplatte *f***/ebene** plain floor tile
Fußbodenplatte *f***/geriffelte** grooved tile
Fußbodenplatte *f***/gleitsichere** antislip tile
Fußbodenplatte *f***/nicht unterkellerte** slab on grade *(Beton)*
Fußbodenplatte *f***/profilierte** patterned floor covering tile
Fußbodenplatte *f***/rutschsichere** antislip tile
Fußbodenplattenbelag *m* floor paving *(Fliesenbelag)*
Fußbodenprofilfliese *f* patterned floor covering tile
Fußbodenradiator *m***/flacher niedriger** baseboard radiator unit, baseboard radiator
Fußbodenschalldämmung *f* sound absorption of floor, sound insulation of floor; pugging *(durch Einschütten von Dämmstoffen jeder Art)*
Fußbodenschalter *m (El)* floor contactor
Fußbodenschleifmaschine *f* floor sander
Fußbodenschwerbelag *m* floor decking
Fußbodensteckdose *f (El)* floor outlet, floor plug connector, floor receptacle, floor socket, *(AE)* floor box
Fußbodenträgersystem *n (Konst, TK)* floor skeleton
Fußbodentrageskelett *n (Konst, TK)* floor skeleton
Fußboden-Tür-Höhe *f* floor clearance
Fußboden- und Deckentürangel *f (EB)* vertical spring--pivot hinge
Fußbodenunterlage *f* flooring subbase, rough floor
Fußbodenunterlagsmaterial *n* rough flooring material, rough flooring
Fußbodenverschleißschicht *f (Konst, OB)* wearing layer
Fußbodenversiegelungsmittel *n (BM)* penetrating floor sealer
Fußbodenversieglungsmittel *n* floor sheen
Fußbodenvertiefung *f* floor recess
Fußbodenwürfelmosaik *n (Arch)* Roman mosaic, opus tessellatum *(altes Rom)*
Fußbrett *n* guard board
Fußeinfassung *f (Stat)* end fixing *(Säulen)*
Fußgängerabsperrung *f* pedestrian barrier
Fußgängerbereich *m (RP)* pedestrian precinct
Fußgängerbrücke *f (Verk)* foot-bridge
Fußgängerbrüstung *f* pedestrian parapet
Fußgängerdeck *n (Konst, Verk)* pedestrian deck
Fußgängerebene *f* pedestrian level, pedestrian deck
Fußgängereinrichtungen *fpl* pedestrian facilities
Fußgängerführung *f (Verk)* pedestrian lead
Fußgängergrünsymbol *n (Verk)* green man symbol
Fußgängerhochführung *f (Verk)* skyway
Fußgängerinsel *f (Verk)* pedestrian island, pedestrian refuge island, traffic refuge
Fußgängerkanalisierung *f* pedestrian channelling
Fußgängerkomfort *m* pedestrian amenity
Fußgängermittelinsel *f (Verk)* refuge
Fußgängerphase *f* pedestrian stage *(Lichtzeichenanlage)*
Fußgängerplattform *f***/bewegliche** *(EB, Konst)* moving ramp
Fußgängerrampe *f* pedestrian ramp
Fußgängerschaltstufe *f***/ausreichende** *(Verk)* full pedestrian stage
Fußgängerschranke *f (Verk)* wicket gate
Fußgängerschutzbarriere *f* pedestrian guard rail
Fußgängerschutzgeländer *n* pedestrian guard rail
Fußgängerschutzinsel *f (Verk)* pedestrian island, pedestrian refuge island, street refuge, refuge
Fußgängerschutzweg *m* pedestrian crossing, zebra crossing, *(AE)* crosswalk
Fußgängersignal *n (Verk)* pedestrian signal
Fußgängerstraße *f* foot-road, pedestrian walk, *(AE)* pedestrian mall *(Einkaufspassage)*
Fußgängerstreckenführung *f* pedestrian route
Fußgängertransportsystem *n* pedestrian conveyance system
Fußgängertunnel *m* pedestrian tunnel, pedestrian subway, walk-through, pedestrian underpass, *(AE)* sidewalk tunnel *(s. a. Fußgängerunterführung)*
Fußgängerüberweg *m* pedestrian crossing, pedestrian crossing at road level, pedestrian crossing point, pedestrian overpath, zebra crossing, *(AE)* crosswalk, *(AE)* X-ing
Fußgängerüberweg *m***/markierter** pedestrian crossing point, Penguin crossing
Fußgängerüberweg *m* **mit fußgängerbetätigtem Signal** *(Verk)* pelican crossing
Fußgängerüberweg *m* **mit Mittelinsel** *(Verk)* mid-block pedestrian crossing
Fußgängerüberweg *m***/niveaugleicher** pedestrian crossing at road level, pedestrian crossing
Fußgängerüberweg *m* **ohne Signalsteuerung** *(Verk)* uncontrolled pedestrian crossing
Fußgängerüberweg *m***/signalisierter** *(Verk)* pelican crossing
Fußgängerüberweg *m***/versetzter** *(Verk)* staggered pedestrian crossing
Fußgängerunterführung *f (Verk)* pedestrian subway
Fußgängerverkehr *m (Verk)* pedestrian traffic
Fußgängerverkehrsanlagen *fpl (Verk)* pedestrian infrastructure
Fußgängerweg *m* pedestrian way, footway, pathway, *(AE)* side walk; footpath *(abseits jeder Straße)*
Fußgängerweg *m***/gedeckter** *(Verk)* covered walkway
Fußgängerwegenetz *n (Verk)* pedestrian network
Fußgängerzone *f* pedestrian zone, pedestrian precinct, pedestrian area, *(AE)* mall *(mit Grünstreifen)*; transit mall *(im Mischverkehr)* • **in eine Fußgängerzone umwandeln** mall a downtown *(Teile der Innenstadt)*
Fußgängerzugang *m (Konst)* pedestrian access
Fußgelenk *n (Konst, Stat)* ball-and-socket footing *(Rahmen, Stütze)*
Fußhalterung *f* **für runde Stahlstützen** *(St)* cup base
Fußhebelblechschere *f (BWG, St)* lever shears
Fußholz *n* ground beam, ground sill; bottom rail *(Tür, Fenster)*; foot-plate, pole plate *(einer Dachkonstruktion)*; ground plate *(Unterlagen für Holzrahmentragwerk)*; shoe moulding, shoe rail, stair shoe *(Geländer)*; sole piece *(für Stützen)*
fußkalt *(DIS, HLK, Konst)* cold underfoot *(Wohnung)*
Fußkantholz *n* heel
Fußkratzer *m* foots scraper
Fußkreis *m (Arch)* circular base-line
Fußlage *f* eaves course *(Dachtraufe)*; ground course *(eines Mauerwerks)*
Fußlager *n* step bearing *(Treppe)*
Fußleiste *f* 1. baseboard, scrub board, skirting board, washboard, *(AE)* base; 2. *(SB)* kick plate *(Geländer)*; 3. plinth *(Unterteil einer Säule)*; 4. step bearing *(Treppe)*; 5. *(EB)* sanitary cove *(gerundet)*; 6. toeboard *(Randbrett eines Baugerüsts)*
Fußleiste *f***/abgeschrägte** *(EB)* splayed baseboard
Fußleisteneckholz *n* skirting block
Fußleistenheizung *f* mop-board heating, skirting heating, skirting board heating
Fußmaß *n (Konst)* foot-measure
Fußmauer *f (Erdb, Konst)* toe wall
Fußmoment *n (Stat)* moment at base, foot moment

Fußpfahl *m (Erdb)* bulb pile *(Gründung)*
Fußpfette *f (Hb)* inferior purlin; eaves purlin *(Dachtraufe)*
Fußplatte *f* 1. bed-plate; 2. *(Hb)* sole plate *(Fundament)*
Fußpunkt *m* base point
Fußpunkt *m* **des Uferschutzes** *(Wsb)* bottom of the bank protection
Fußrohrkrümmer *m* duckfoot bend
Fußschalbrett *n (Hb)* starting board
Fußschalter *m (El)* footstep switch
Fußschiene *f* shoe moulding, shoe rail, stair shoe *(Geländer)*
Fußschlagblech *n* toeplate *(Tür)*
Fußsockel *m (Arch)* stylobate *(Unterbau einer antiken Säule)*
Fußsparrenträger *m (Hb)* eaves plate
Fußsteg *m (Verk)* foot-bridge
Fußsteig *m* pavement, *(AE)* sidewalk
Fußstein *m* **eines Rinngewölbes** *(SB)* label stop *(verziert)*
Fußstück *n (BT)* toe
Fußstückverbreiterung *f* toe widening
Fuß- und Kopfprofileisen *n* top-and-bottom cap *(Metalltür)*
Fußventil *n (San)* foot valve *(Abwasser)*
Fußverbreiterung *f (Erdb)* underream *(Pfahlgründung)*
Fußverkehr *m (RP, Verk)* footstep traffic
fußwarm *(HLK)* warm to the tread
Fußwärme *f (HLK)* treading warmth
Fußwaschbecken *n* foot-bath
Fußweg *m* footway, pavement, walk, *(AE)* sidewalk, *(AE)* banquette; footpath *(abseits jeder Straße)*; path *(z. B. Gartenweg)*; walkway *(überdachter Fußgängerweg)*
Fußweg *m*/**baumgesäumter** *(LB)* tree-lined footpath
Fußweg *m*/**erhöhter** *(AE)* banquette
Fußweg *m* **mit Bordstein** *(Verk)* kerbed footway
Fußwegauskragung *f (Br)* cantilever for footway
Fußwegebau *m* footway construction *(s. a. Gehwegbau)*; path construction *(abseits von Straßen)*
Fußwegesystem *n* pedestrian network; path network *(abseits jeder Straße)*
Fußwegesystem *n* **mit Baumbestand** *(RP) (AE)* mall
Fußwegkies *m* path gravel
Fußwegkragträger *m (Br)* footway cantilever bracket *(Brücke)*
Fußwegsetzmuster *n (Konst)* poyntel *(mit quadratischen und Diagonalelementen)*
Fußwegsetzmuster *n*/**diagonales** pointel, pointelle *(mit quadratischen und Diagonalelementen)*
Fußwegüberfahrt *f (Verk)* crossover
Fußwegüberwachung *f* path monitoring
Fußzapfen *m* stub tenon; heel tenon *(eines Mastes)*
Futter *n* 1. liner, lining *(z. B. von Rohren)*; 2. bush *(Zwischenlage)*; 3. packing *(Fachwerk)*
Futterblech *n* filling plate, stiffener plate *(Stahlbau)*
Futtergang *m (LB)* feeding passage *(Stall)*
Futterhochsilo *n(m) (LB)* fodder tower
Futterholz *n* cabinet filler, furring piece, furring, firring, infiller block, packing piece; liner
Futterkrippe *f* manger
Futterleiste *f* filling rod; backing *(Fußbodendielung)*
Futtermauer *f* lining wall, prop wall, protection wall, revetment wall
Futterrahmen *m* **mit Blendleiste** *(BT)* wraparound frame
Futterrohr *n* lining pipe, lining wall; casing pipe, casing tube, guide tube *(Bohrtechnik)*; well casing *(Brunnenschacht)*
Futterrohr *n*/**verlorenes** permanent tube
Futterröhre *f* pipe liner
Futterstein *m* lining brick
Futterstück *n (Hb)* filler
Futterstufe *f (BT)* riser board *(Treppe)*
futterstufenlos riserless
Futtertrog *m* manger
Fütterungsstab *m* web member
Futterziegelstein *m* lining brick
Futurismus *m (Arch)* Futurism

Gabbro *m* gabbro
gabbroartig *(BM, Bod)* gabbroic
Gabbrodiorit *m (BM)* gabbro diorite
Gabbrogranit *m* gabbro
gabbroid *(BM, Bod)* gabbroic
Gabel *f (Hb)* bird's-mouth
Gabelanker *m* forked tie
Gabelband *n* 1. forked strap; 2. *(Hb)* two-way strap
Gabelbolzen *m* forked bolt
gabelförmig forked, furcate
Gabelgelenk *n (Konst)* knuckle joint
Gabelholz *n (Hb)* forked wood
Gabelholzfurnier *n* crotch veneer
Gabelkopf *m* 1. *(BT)* clevis *(U-förmig für Bolzenanker)*; 2. *(San)* yoke *(Rohrverbindung)*
Gabelmuffe *f* 1. *(BT)* trifurcating joint; 2. *(San)* Y-joint *(Rohrverbindung)*
gabeln *v* fork; ramify *(z. B. Leitungen)*
gabeln *v*/**sich** bifurcate, furcate; fork *(z. B. Straßen)*
Gabelprüfung *f (OB)* fork test *(Korrosionsprüfung)*
Gabelrohr *n* 1. forked pipe; side vent *(< 45°)*; 2. *(San)* breeches pipe
Gabelrohranschluss *m* breeching fitting
Gabelrohrstück *n* side vent *(< 45°)*
Gabelschmiege *f (Hb)* bird's-mouth
Gabelschweißung *f (St)* cleft weld
Gabelstapler *m* fork-lift truck
Gabelstapler *m*/**handgeführter** *(BWG)* manual forklift
Gabelstück *n* 1. *(BT, San, WVA)* wye branch; 2. *(San)* yoke *(Rohrverbindung)*
Gabelstütze *f (TK)* fork
Gabelung *f* 1. fork, furcation, bifurcation, Y-junction *(z. B. Straße)*; 2. *(Hb)* crotch *(gegabelte Stange)*; 3. embranchment, ramification, divarication *(zweigartig, z. B. Leitungen)*
Gabelung *f*/**planfreie** *(Verk)* grade-separated fork junction
Gabelzapfen *m (Hb)* forked mortise and tenon joint, forked tenon
Gabione *f* gabion *(aus Draht)*
Gabionenbau *m (Wsb)* gabionnade
Gaden *m (Arch)* clerestory, overstorey *(im Mittelschiff einer Basilika)*
Gaize *f (BM)* gaize
Gaizezement *m (BM)* gaize cement
Galerie *f* 1. *(Arch)* arcade, alure, gallery, loft; walk; 2. upper balcony, balcony *(Theater)*; 3. *(Konst)* gallery *(Ausstellungen, auch Korridor)*
Galeriegrabstätte *f (Arch)* gallery grave
Galgenstütze *f (Konst, TK)* gallows bracket
Galle *f (Bod)* nodule *(Geologie)*
gallertartig gelatinous, jellous
Gallone *f (BM, HLK, Stat)* gallon *(4,546 l; gallon AE 3,7854 l)*
galvanisieren *v* galvanize, electroplate, plate
galvanisiert galvanized

Galvanisierung *f* galvanizing, electrodeposition, electroplating
Gammasonde *f (Umw)* gamma probe
Gang *m* 1. *(Arch)* fauces *(römisch)*; aisle *(in einem Auditorium oder Saal)*; alure *(Wehrgang)*; gallery; 2. *(Konst)* aisle way *(z. B. in einem Geschäftsgebäude)*; 3. *(Konst, Verk)* alley *(zwischen Gebäuden und Gärten)*; 4. corridor, floor, hallway, hall *(im Gebäude)*; 5. walkway, gangway, passageway *(Laufgang, Verbindungsgang)*; 6. *(BWG, Te)* run *(z. B. Maschinen, Anlagen)*; 7. *(Te)* start *(Bewegung)* • **in Gang bringen** start • **in Gang setzen** trip
Gang *m*/**durchfensterter** *(Arch)* transparent passageway *(Sakralbauten)*
Gang *m*/**gedeckter** 1. *(Konst)* roofed way; 2. *(Arch)* cloister *(um einen Hof)*
Gang *m*/**offener** 1. *(Arch, Konst)* outdoor corridor; 2. *(Arch)* exterior corridor; 3. *(Arch)* transparent passageway *(Sakralbauten)*
Gang *m*/**öffentlicher** public corridor
Gang *m*/**überdachter** 1. roofed passage, roofed walk, roofed way, covered passage, public corridor; 2. *(Arch)* arch
Gang *m*/**unterirdischer** *(Tun)* tunnel
gangartig *(Tun)* veined
Gangbildung *f (Bod, Tun)* veining *(Gestein)*
Ganggestein *n (BM)* vein rock
Ganggrab *n (Arch)* gallery grave
Ganghöhe *f* **der Spiralbewehrung** pitch of spiral
Ganglagerstätte *f (BM, Bod)* vein deposit *(Gestein)*
Ganglinie *f* 1. centre line of stairs, pitch line *(einer Treppe)*; 2. *(El)* load curve
Gangmaterial *n (BM, Bod)* vein material *(Gestein, Gips usw.)*
Gangspalte *f* vein fissure *(Steinbruch)*
Gangspind *m(n) (BT)* corridor locker
Gangsystem *n (Bod)* vein system *(Gertsein)*
Gangteil *m*/**abbauwürdiger** *(BM, Bod)* vestry *(Gestein, Mineral)*
Ganister *m (BM, Bod)* ganister *(feinkörniger Quarzit)*
ganz 1. total, all; 2. full, complete *(vollständig)*; 3. intact *(unbeschädigt)*
Ganzbeton... all-concrete ...
Ganzfeldplatte *f* one-span slab *(Brücke)*
Ganzglasfassade *f* all-glass façade
Ganzglaskonstruktion *f (Arch, Konst)* all-glass construction
Ganzglastür *f* all-glass door, fully glazed door
Ganzglaswand *f (Konst)* all-glass wall
ganzheitlich integrated
Ganzholz *n* timber, *(AE)* round stock, lumber
Ganzholzausführung *f (Hb)* all-wood construction
Ganzholzbalken *m (BM, Hb)* whole beam
Ganzholzbauweise *f (Hb)* all-wood construction method *(Verfahren)*
Ganzholztür *f (BT)* all-timber door
ganzkristallin holocrystalline
gänzlich total
Ganzmetallbauweise *f (Konst, St)* all-metal construction method
Ganzmetallfenster *n (BT, St)* all-metal window
Ganzmetallkonstruktion *f (Konst, St)* all-metal construction
Ganzmetalltafel *f (BT, St)* all-metal panel
Ganzstahlkonstruktion *f (St)* all-steel design
ganzverglast fully glazed
Ganzziegel *m* all-brick, whole brick
Ganzziegelwand *f (Konst, SB)* whole-brick wall *(mit einer Dicke gleich Ziegellänge, > 15 cm)*
Garage *f (Arch)* garage
Garage *f*/**angebaute** attached garage
Garage *f*/**öffentliche** 1. *(Verk)* car park; 2. *(Konst, Verk)* public garage
Garagenanlage *f (Verk)* garaging facility
Garagenanlage *f*/**vielgeschossige** *(Konst)* multistorey car park
Garagenauffahrt *f* garage driveway
Garagenbau *m* building of garages, garage construction
Garageneinfahrt *f* garage drive
Garageneinstellplatz *m (Konst, Verk)* sheltered car place
Garagengebäude *n* parking garage
Garagenhof *m (Verk)* garage yard
Garagenklapptür *f* overhead-type garage door
Garagenschwingtor *n (BT)* swing-up garage door
Garagenstandplatz *m (Konst, Verk)* sheltered car place
Garagentor *n* garage door
Garagenzufahrt *f* garage drive
Garantie *f (VR)* guarantee • **Garantie geben** *(VR)* give a guarantee
Garantieanspruch *m* claim under guarantee, right to claim under guarantee, warranty claim
Garantiebedingungen *fpl (VR)* guarantee terms
garantieren *v (VR)* give a guarantee
Garantierückhaltebetrag *m (VR)* retention money
Garantie- und Ausführungsbürgschaft *f (VR)* retained sum
Garantieverjährungsfrist *f (VR)* guarantee limitation period
Garantieverletzung *f (VR)* breach of warranty
Garantiezeitraum *m* period of guarantee, guarantee, period of warranty; maintenance period, retention period
garbenförmig sheaflike
Garbrand *m* maturing *(Ziegel)*
garbrennen *v* mature *(Ziegel)*
Garderobe *f* 1. cloakroom, coat room, coatroom, vestiary, *(AE)* checkroom *(in öffentlichen Gebäuden, im Theater)*; 2. *(EB)* wardrobe *(Kleiderbestand, z. B. Arbeitsschutzkleidung)*
Garderobeneinbauschrank *m* built-in wardrobe, coat closet
Garderobenraum *m* coat room, coatroom
Garderobenraumeinrichtung *f* coatroom equipment
Garderobenschrank *m* cloakroom locker, locker
Garderobenständer *m* hall-stand, *(AE)* clothes tree
Gardine *f* 1. curtain; 2. sag, curtain *(Anstrichfehler)*
Gardinenbildung *f (OB)* curtaining *(Lackanstrichfehler)*
Gardinenbogen *m (Arch)* curtain arch
Gardinenleiste *f* curtain board, pelmet board, traverse rod
Gardinenschiene *f* curtain rail, curtain track
Gardinenstange *f* curtain rod, curtain track
gargeln *v (Hb)* notch
garnieren *v (BT, Te, WVA)* stick on *(Steinzeugrohre)*
Garnieren *n* sticking on *(Steinzeugrohre)*
Garnisonhaus *n* garrison house
Garnisonkirche *f* garrison church
Garnisonshaus *n* garrison house
Garnitur *f* 1. *(EB)* set; 2. *(San)* fittings
Garten *m (LB)* garden
Garten *m*/**abgetreppter** *(Arch)* terraced garden
Garten *m*/**botanischer** botanical garden
Garten *m*/**hängender** *(Arch)* terraced garden
Garten *m*/**japanischer** *(LB)* tea garden
Garten *m*/**mauerumgebener** *(LB)* walled garden
Garten *m* **mit Wasserbecken** *(Arch, LB)* water garden
Garten *m*/**öffentlicher** public gardens
Garten *m*/**zoologischer** *(Konst, RP)* zoological garden
Gärten *mpl*/**Hängende** *(Arch)* Hanging Garden *(Babylon)*
Gartenamt *n* public gardens department

Gartenanlage *f* 1. laying out of a garden *(Errichtung)*; 2. *(LB)* garden
Gartenanlagenbau *m (LB)* garden making
Gartenarchitekt *m* garden architect, landscape gardener
Gartenarchitektur *f (Arch, LB)* garden architecture
Gartenbank *f* garden bench, garden seat
Gartenbau *m* 1. *(LB)* gardening *(Betrieb)*; 2. *(LB)* garden making *(Errichtung)*
Gartenbaukunst *f (Arch, LB)* garden architecture
Gartenboden *m (Bod, LB)* hortisol
Gartenеinrichtungen *fpl* outdoor life facilities *(z. B. Blockhütte, Gartenmöbel usw.)*
Gartenerde *f* mould
Gartenfront *f* garden front
Gartengestaltung *f* 1. *(LB)* garden making *(Errichtung)*; 2. horticultural landscaping, garden architecture *(Entwurf)*
Gartengrundstück *n* garden plot
Gartenhaus *n* garden house, summerhouse; garden shed *(für Gartengeräte)*
Gartenhof *m* garden court, court garden, courtyard garden
Gartenkeramik *f (BM)* garden tile
Gartenklarglas *n* horticultural sheet glass
Gartenland *n (LB)* garden ground
Gartenlaube *f* arbour, summerhouse, gazebo; bower *(Blattwerk)*
Gartenlaubestil *m (Arch)* keepsake style, giftbook style
Gartenmauer *f (LB)* garden wall
Gartenmauerverband *m (SB)* garden-wall bond
Gartenparterre *n (Konst)* parterre
Gartenpavillon *m* 1. *(LB)* garden pavilion; 2. *(Arch)* pavilion
Gartenraum *m (Konst)* room facing the garden
Gartenrestaurant *n* garden restaurant, open-air restaurant, outdoor restaurant
Gartenrohglas *n* 1. *(BM)* horticultural glass; 2. *(BM, LB)* plain rolled glass
Gartenschauhaus *n*/**öffentliches** *(Arch, Konst, LB)* conservatory
Gartenschaukel *f* garden swing
Gartenschirm *m* garden umbrella
Gartenschuppen *m* garden shed *(für Gartengeräte)*
Gartensiedlung *f (LB, RP)* garden colony
Gartenstadt *f (RP)* garden city
Gartentor *n* garden gate
Gartenvorstadt *f (RP)* garden suburb
Gartenweg *m (LB)* garden path
Gartenwohnkolonie *f (RP)* garden housing estate
Gartenzaun *m (LB)* garden fence
Gartenzimmer *n (Konst)* room facing the garden
Gärtnereigebäude *n (LB)* horticultural building
Gärtnereiglas *n* horticultural glass, pain rolled glass
Gärtnerglas *n s.* Gärtnereiglas
Gärung *f*/**anaerobe** *(Umw, WVA)* anaerobic digestion
Gas *n* gas • **mit Gas versorgen** supply with gas, gas
Gasabrohr *n* gas vent pipe
Gasabsperrschieber *m* gas shut-off valve
Gasabzug *m* gas vent
Gasabzugsrohr *n* gas vent pipe, fume pipe, vent pipe
Gasabzugsrohrleitungen *fpl (HLK)* vent system
Gasanschluss *m* 1. *(HLK, San)* gas supply *(Versorgung)*; 2. *(San)* gas outlet *(an der Gasleitung)*
Gasanstalt *f* gasworks
Gasarmatur *f (San)* gas fitting
Gasaschenbeton *m (BB)* gas-ash concrete
Gasbadeofen *m* gas-fired water heater, geyser
Gasbehälter *m (San)* gas holder, gasholder
gasbeheizt gas-fired, gas-heated, gas-warmed
Gasbeleuchtung *f* gas illumination, gas lighting
Gasbeton *m* expanded concrete; *(veraltet)* aerated concrete, autoclaved aerated concrete, gas concrete, porous concrete
Gasbetonblockstein *m* gas concrete block, gas hollow block
Gasbetonplatte *f* gas concrete slab
Gasbetonstein *m* gas concrete block, gas hollow block; *(veraltet)* aerated cement block
gasbildend gas-forming
Gasbläschen *n* gas bubble
Gasbrenner *m (HLK)* gas burner
Gaschromatographie *f (BM)* gas chromatography
gasdicht gastight
Gasdichtigkeit *f* gastightness
Gasdichtung *f* gas seal
Gasdruck *m* gas pressure
Gasdruckprüfung *f (VR)* test for gas pressure
Gasdurchflusszähler *m* 1. *(HLK, San)* gas-flow counter; 2. *(HLK, San) (AE)* flowmeter
Gasdurchlauferhitzer *m* gas geyser
Gaseinschluss *m* gas bubble, blow-hole
Gasentladungslampe *f (BWG, El)* gas discharge lamp
Gasentschwefelung *f* gas desulphurization
gasentwickelnd gas-forming
gaserwärmt gas-warmed
Gasfernleitung *f* long-distance gas main, gas transmission line
Gasfeuerung *f* gas firing
Gasflasche *f* gas bottle, gas cylinder
gasförmig gaseous
gasgefeuert gas-fired
Gasgenerator *m (BWG, HLK)* gas producer
Gasgeneratorasche *f* gas generator ash
Gashahn *m* gas cock, gas tap
Gashauptleitung *f* gas main
Gashauptversorgungsleitung *f* gas main
Gashausanschlussleitung *f* gas main
Gasheizkörper *m* gas convector, gas heater
Gasheizung *f* gas-fired heating, gas heating system, heating by gas • **mit Gasheizung** *(HLK)* gas-fired
Gasheizwert *m (HLK)* gas calorific value
Gasherd *m* gas cooker, gas oven, gas range
Gasinstallateur *m* gas fitter
Gasinstallation *f* gas installation, internal gas installation
Gasinstallationsarbeiten *fpl (San)* internal gas installation work
Gaskalk *m* gas lime
Gaskonvektor *m (HLK)* gas convector
Gasleitung *f* 1. gas line, gas pipe, gas piping *(in Gebäuden)*; 2. gas main conduit, gas conduit *(Hauptleitung)* • **eine Gasleitung legen** lay on gas, lay a gas line
Gasleitungsrohr *n* gas pipe *(in Gebäuden)*
Gaslöten *n* torch brazing
Gasmesser *m* gas meter
Gasnetz *n* gas grid
Gasofen *m* gas stove; gas furnace *(Industrie)*
Gasöl *n* gas oil
Gasometer *m (San)* gas holder, gasholder
Gasortsnetz *n (RP)* local gas network
Gasrohr *n s.* Gasröhre
Gasröhre *f* gas tube
Gasrohrleitung *f (HLK, San)* gas piping
Gasrohrzange *f* gas pliers
Gasrückfluss *m (HLK)* gas recirculation
Gasrückgewinnung *f* gas recovery
Gasschaumkunststoff *m* chemically foamed plastic
Gasschaumstoff *m* chemically foamed plastic
Gasschmelzschweißen *n* gas welding
Gasschornstein *m* **mit Abgasrohr** *(HLK)* vent system
gasschweißen *v* gas-weld, torch-weld

Gasschweißen *n* gas welding, torch-welding
Gasse *f* lane, narrow lane, narrow street; alley *(zwischen Gebäuden und Gärten)*
Gasse f/schmutzige verwahrloste *(RS)* slum
Gassilikat *n (BM)* gas silicate
Gasspüranlage *f (HLK, Tun)* gas detector system
Gasstandrohr *n (San)* service riser
Gasstrahler *m* gas radiant heater
Gasstrahlungsheizgerät *n* gas radiant heater
Gastarbeiter *m* foreign worker
Gastbett *n* spare bed
Gästeauffahrt *f* guest drive *(Hotel)*
Gästehaus *n* 1. *(Arch)* guest-house; 2. *(Arch)* xenodocheum *(Antike)*
Gästevorfahrt *f* guest drive *(Hotel)*
Gästezimmer *n* spare bedroom, spare room, guest-bedroom *(privat)*; sitting-room, lounge *(z. B. Pension)*; taproom, parlour *(Wirtshaus)*; guest-room *(privat oder Hotel)*
Gasthaus *n* 1. restaurant; 2. inn, small hotel, guesthouse *(mit Unterkunft)*; 3. public house, tavern, pub, *(AE)* saloon *(Schänke, Schankhaus)*
Gasthof *m s.* Gasthaus
Gaststätte *f* restaurant, tavern, bar, hostry, public house, *(AE)* saloon; *(sl)* pub
Gaststätte f/an Landstraßen gelegene roadhouse
Gaststube *f* 1. restaurant; 2. taproom, lounge, parlour, bar; 3. *(Konst)* ordinary *(mit festen Preisen)*
Gasuhr *f* gas meter
Gasverbrauch *m* gas consumption
Gasversorgung *f (HLK, San)* gas supply
Gasversorgungsanlage *f* gas supply system
Gasversorgungsgesellschaft *f* gas supply company
Gasversorgungsleitung *f* gas connection, gas supply pipe
Gasversorgungsnetz *n* gas grid
Gasverteilung *f* distribution of gas
Gasverteilungsanlage *f (HLK, San)* gas distribution installation
Gas-, Wasser- und Abwasserinstallationsarbeiten *fpl (HLK, San)* gas, water and sewage installation work
Gaswerk *n* gasworks, *(AE)* gashouse
Gaszähler *m* gas meter
Gaszentralheizung *f (HLK)* gas central heating
Gaszuführung *f (HLK, San)* gas supply
Gatter *n* 1. lattice, work, barrier gate *(Tor)*; 2. saw frame, saw gate *(Säge)*
Gattersäge *f* mechanical saw, frame saw, gang saw
Gattersägemaschine *f* frame saw
Gattersägen *n* deep cutting, breaking-down *(Baumstämme)*
Gattertor *n* barrier gate
gattieren *v (Te)* make a mixture
Gattierungswaage *f* multiple scale batcher, charge scales
Gattungsbegriff *m* generic term
Gaube *f s.* Gaupe
Gaupe *f* dormer, gabled dormer, dormer window
Gaupe f/durchgehende shed dormer
Gaupe f/halbkreisförmige *(Arch)* semicircular dormer window
Gaupendach *n* dormer roof
Gaupendachrinne *f (San)* side gutter
Gaupenfenster *n* dormer window, dormer, external dormer, luthern
Gaupenfenster n/integriertes internal dormer window, internal dormer
Gauß-Verteilung *f (Stat)* Gaussian distribution *(Messwertsummenkurve)*
Gaze *f* wire gauze, gauze, cloth, *(AE)* lawn
Gazebeschlag *m* screen wire *(einer Gazetür)*
Gazefenster *n* gauze window, insect screen, wire screen
Gazeschutzfenster *n* insect screen
Gazetür *f (EB)* screen door
Geäder *n (BM, OB)* veining *(Naturstein)*
geadert interveined, veined, veiny *(Naturstein)*; speckled *(z. B. Holz)*
geädert *s.* geadert
gealtert/nicht *(BM)* unaged
gearbeitet/aus einem Stück monolithic
geätzt etched
Gebälk *n* 1. *(Arch)* entablature *(Säulenverbindung der klassischen Architektur)*; 2. beams, frame of joists, binders and joists, joists of a floor, floor joists; roof beams *(Dach)*
Gebälkarchitektur *f (Arch)* trabeated architecture *(altes Griechenland)*
Gebälkbau *m (Arch)* trabeated construction, trabeated system
Gebälkbaukunst *f (Arch)* trabeated architecture *(altes Griechenland)*
Gebälkgebäude *n (Arch)* trabeated building
Gebälkträger *m (Arch)* atlas *(männliche Karyatide)*
gebändert *(Bod)* ribboned
gebaucht bulged, curved
Gebäude *n* building; block, house, structure • **ein Gebäude errichten** *(Te)* raise a building • **mit vielen Gebäuden** *(RP)* multibuilding *(Bauabschnitt, Anlage)*
Gebäude n/abgeputztes *(Arch, Konst)* rendered building
Gebäude n/achteckiges *(Arch)* eight-sided building
Gebäude n/aufgestocktes heightened building, heightened block, raised building, raised block
Gebäude *n* **aus Adoben** *(Arch)* adobe house
Gebäude *n* **aus ungebrannten Lehmziegeln** *(Arch)* sun-dried brick construction
Gebäude n/bestehendes existing building
Gebäude n/eingebautes enclosed building
Gebäude n/einzelnes block
Gebäude n/fensterloses windowless building, blackout building
Gebäude n/feuerbeschädigtes fire-damaged building
Gebäude n/frei stehendes free-standing building, isolated building
Gebäude *n* **für wissenschaftliche Arbeiten** *(Arch)* science building
Gebäude n/gewerbliches *(Arch)* commercial building
Gebäude n/historisches *(Arch)* historic building
Gebäude n/im Bau befindliches *(Te)* building under construction
Gebäude *n* **in Hallenbauweise** *(Arch, Konst)* hall-type building
Gebäude *n* **in Montagebauweise** industrially-built structure
Gebäude n/intelligentes *(EB, El)* intelligent building *(mit Hightech ausgerüstet)*
Gebäude n/klassisches *(Arch)* classical building
Gebäude n/krankes *(RS, Umw)* sick building *(durch Schadstoffe belastet)*
Gebäude n/leichtes *(AE)* taxpayer *(mit geringem Nutzen)*
Gebäude n/leichtes temporäres *(AE)* taxpayer *(mit geringem Nutzen)*
Gebäude n/mangelhaft ausgeführtes easy-go-lightly building
Gebäude n/mehrgeschossiges *(Arch, Konst)* medium-rise building
Gebäude n/mehrteiliges *(Arch)* conjugated structure
Gebäude *n* **mit durchgehenden Geschossen** *(Konst)* tier building
Gebäude *n* **mit einer umlaufenden Säulenreihe** *(Arch)* peripteros *(Tempelbau)*
Gebäude *n* **mit gekrümmtem Grundriss** curved block

Gebäude *n* **mit geringer Geschosszahl** low-rise building
Gebäude *n* **mit Hundert Säulen** *(Arch)* hecatonstylon *(antiker Tempelbau)*
Gebäude *n***/mit Mörtel [Beton] gebautes** *(Konst, SB)* wet construction *(Gegensatz: Trockenbau)*
Gebäude *n* **mit nicht entflammbaren Elementen und Lagergut** *(Konst)* low-hazard contents building
Gebäude *n* **mit normalem Feuerwiderstand** protected ordinary construction *(eine Stunde)*
Gebäude *n* **mit offenen Außenwänden** *(Arch, Konst)* open-sided building
Gebäude *n* **mit offener Etagenfläche** *(Arch, Konst)* open--plan building
Gebäude *n* **mit Schwimmbecken** *(Arch, Konst)* *(AE)* natatorium
Gebäude *n* **mit strahlenzentrischen Flurgängen** *(Arch)* panopticon
Gebäude *n* **mit Trägern und Stützen** *(Arch)* trabeated building
Gebäude *n* **mit ungeteiltem Raum** *(Arch)* *(AE)* loft building
Gebäude *n* **mit unterschiedlicher Dachhöhe** *(Arch)* hypostyle hall, hypostyle hall *(Antike)*
Gebäude *n* **mit vier Toren** *(Arch)* tetrapylon *(antike Baukunst)*
Gebäude *n***/neues** *(Arch)* new block
Gebäude *n***/nicht unterkellertes** *(Konst)* non-based building
Gebäude *n***/oberirdisches** *(Arch, Konst)* surface building
Gebäude *n***/öffentliches** 1. *(Arch)* public building; 2. *(Arch, VR)* public utility building
Gebäude *n* **ohne Umfassungswände** open-sided building
Gebäude *n***/präfunktionalistisches** *(Arch)* pre-functionalist building
Gebäude *n***/strahlengeschütztes** rayproof building
Gebäude *n***/strahlensicheres** rayproof building
Gebäude *n***/stützenfreies** *(Arch, Konst)* clear-span building
Gebäude *n***/teilweise überdachtes** *(Arch)* hypaethron *(antiker Tempelbau)*
Gebäude *n***/temporäres** temporary building
Gebäude *n***/theoretisches** *(Arch)* notional building
Gebäude *n***/turmartiges** tower-house *(z. B. Wasserturm)*
Gebäude *n***/umbautes** enclosed building
Gebäude *n***/unterirdisches** *(Konst)* underground block
Gebäude *n***/zugehöriges** *(Arch)* dependency *(zu einem Hauptgebäude)*
Gebäude *n***/zweiflügeliges** *(Arch, Konst)* dipteral building, double-winged building, two-winged building
Gebäude *npl***/angrenzende** adjacent buildings
Gebäude *npl***/bezugsfertige** buildings ready for occupancy, buildings ready for occupation, buildings all ready for occupancy, buildings all ready for occupation
Gebäude *npl***/denkmalgeschützte** *(Arch)* listed buildings
Gebäude *npl***/landwirtschaftliche** agricultural building, farm buildings, farm offices, farm building
Gebäude *npl***/öffentliche** public buildings
Gebäude *npl***/schlüsselfertige** *s.* Gebäude/bezugsfertige
Gebäude *npl***/zugehörige** adjacent buildings
Gebäudeabflussleitung *f (San, WVA)* sanitary building drain
Gebäudeabwasserleitung *f* 1. *(San)* building drain; 2. *(WVA)* building sewer
Gebäudeanordnung *f* 1. *(Arch)* layout of buildings; 2. *(Konst)* scheme
Gebäudeanschlusskasten *m* sealing box
Gebäudeanschlussleitung *f* 1. *(WVA)* branch line *(Rohrleitung)*; 2. *(El, WVA)* house connection *(an eine Ver- oder Entsorgung)*
Gebäudeart *f (Konst)* type of block
Gebäudeaufnahme *f* 1. *(RS, VR)* building survey; 2. *(Verm)* survey
Gebäudeaufsatz *m* appurtenant structure
Gebäudeaufteilung *f* **für Flächennutzung** schedule of accommodation
Gebäudeausrüstung *f* building equipment, building system
Gebäudeausrüstung *f***/technische** mechanical services, technical equipment, *(AE)* (building) services *(mit allen Versorgungsleitungen)*
Gebäudeaußenhaut *f* shell; exterior finish *(Putz)*
Gebäudeausstattung *f***/technische** *s.* Gebäudeausrüstung
Gebäudebelegung *f* building occupants
Gebäudebestandteil *m (Konst)* part of a building
Gebäudebetriebsanlagen *fpl s.* Gebäudeausrüstung/technische
Gebäudebetriebseinrichtungen *fpl* building operational equipment, *(AE)* services
Gebäudeblock *m (Arch)* group of buildings
Gebäudebreite *f* depth of building
Gebäudedämmplatte *f (BT, DIS)* building insulating board
Gebäudedämmung *f (DIS)* building insulating *(gegen Kälte, Wärme und Schall)*
Gebäudedeformation *f (RS)* structural failure
Gebäudedurchgang *m (Konst)* slip
Gebäudedurchgang *m***/schmaler** *(Arch)* slype
Gebäudeecke *f* coin, quoin, coign
Gebäudeecke *f***/säulendekorierte** *(Arch)* canton
Gebäudeeigentumsanspruch *m (VR)* title
Gebäudeeingang *m* entrance to a building, building entrance, block entrance
Gebäudeeinsichtsdarstellung *f (Konst)* sciagraph
Gebäudeeinteilung *f* 1. *(Arch)* disposition of a building; 2. *(Konst)* subdivision of a building
Gebäudeentfernung *f* **von der Straßengrenze** *(Konst, RP)* set-back
Gebäudeentwässerung *f (WVA)* drainage of a building
Gebäudeentwässerungsrohr *n* soil-waste pipe
Gebäudeertragswert *m (VR)* commercial value
Gebäudeerweiterung *f* addition to a building, building extension
Gebäudefläche *f***/von Brandmauern eingegrenzte** fire area
Gebäudeflucht *f* frontage line, building line
Gebäudeflügel *m* building wing, wing, limb
Gebäudeform *f* building form
Gebäudefront *f (Arch)* front of building
Gebäudefundament *n* building foundation
Gebäudegefährdungsklassifizierung *f (Konst, VR)* contents hazard classification
Gebäudegerippe *n (Konst)* building skeleton
Gebäudegesamtausrüstung *f* building system
Gebäudegestalt *f* building shape
Gebäudegröße *f (Konst)* overall dimensions
Gebäudegrundrissfläche *f* area of a building
Gebäudehauptanschluss *m (WVA)* building main *(Wasser)*
Gebäudehöhe *f* building height, height of building, structural height
Gebäudehöhenmarke *f (Verm)* building grade
Gebäudehülle *f* external envelope, envelope
Gebäudeinnenbauteil *m (Arch)* internal part of building
Gebäudeinnenhof *m* inner courtyard, inner court
Gebäudeinneres *n* building interior
Gebäudeinstallation *f* indoor installation, *(AE)* building

services *(Anlage)*; indoor installation work *(Tätigkeit)*; *(AE)* services installation work *(Tätigkeit)*
Gebäudeinstallation f/sanitäre *(San)* internal plumbing
Gebäudeinstandhaltung *f* building maintenance, maintenance, upkeep of buildings
Gebäudeisolierung *f* building insulation
Gebäudekern *m* concrete core, core *(Montagebauweise)*
Gebäudekomplex *m* building complex, block buildings, complex of blocks, complex of houses, group of buildings
Gebäudekomplex *m*/**viereckiger** *(Arch)* quadrangle
Gebäudekonstruktionskörper *m* shell of a building
Gebäudekonstruktionssystem *n* structural system of a building, building system
Gebäudekörper *m* shell of a building
Gebäudekrone *f (Arch)* crown-like top
Gebäudelage *f* building orientation, house orientation
Gebäudelärm *m (DIS)* indoor noise
Gebäudeleitung *f (El)* building line
Gebäudemanagement *n (VR)* building management *(DIN 32736)*
Gebäudenummer *f* building number, street number
Gebäudenutzfläche *f (Konst)* floors
Gebäudenutzung *f* 1. *(Konst, VR)* use of a building; 2. *(VR)* occupancy
Gebäudenutzung *f*/**gemischte** *(Konst, VR)* mixed occupancy *(mit verschiedenen Sicherheitsklassen)*
Gebäudenutzung *f*/**industrielle** industrial occupancy
Gebäudeplanung *f (Konst)* planning of buildings
Gebäuderahmen *m* building framework, building frame, block frame, structural frame, house frame
Gebäuderohbau *m* building carcass
Gebäudeschaden *m (RS)* damage of a structure
Gebäudeschaden *m*/**allgemeiner** *(Bod, RS, Umw)* general damage to buildings *(Stärke 9 der Erdbebenskala)*
Gebäudeschnittzeichnung *f* sectional drawing
Gebäudesegment *n (Arch, Konst)* segment
Gebäudeseite *f* flank of a building, flank, pane
Gebäudesektion *f (Konst)* section
Gebäudesilhouette *f (Arch)* building silhouette
Gebäudeskelett *n* building framework, building frame, carcass, skeleton *(Traggerippe)*
Gebäudestellung *f* 1. *(RP)* location; 2. *(Konst)* situation of a building
Gebäudestellung *f*/**sonneneinstrahlungsorientierte** solar orientation
Gebäudestütze *f* building column
Gebäudeteil *m (Konst)* part of a building
Gebäudeteil *m*/**besonders hervorstehender** *(Arch)* avant-corps
Gebäudeteil *m*/**feuergeschützter** fire separation
Gebäudeteil *m*/**hervorstehender** *(Arch)* avant-corps
Gebäudeteil *m*/**innerer** *(Arch)* penetralia *(eines Tempels oder Palastes)*
Gebäudeteil *m*/**temperaturgesteuerter** *(HLK)* controlled zone *(Klimaanlage)*
Gebäudetrakt *m* section of a building, unit, portion
Gebäudetrennwand *f* party wall
Gebäudetrümmer *pl (RS)* building ruins
Gebäudetyp *m (Konst)* type of block
Gebäudeumbau *m* building alteration(s), house alteration(s)
Gebäude- und Anlagenmanagement *n (VR)* facility management
Gebäudeunterhaltung *f* building maintenance
Gebäudeverbindungsgang *m (Konst)* horizontal exit
Gebäudeverfall *m* dilapidation of a building, dilapidation
Gebäudeverkleidung *f* 1. *(Konst, OB)* facing; 2. *(DIS, OB)* cladding; 3. *(Konst)* revetment
Gebäudeverkleidungsgitter *n* screen façade
Gebäudeverkleidungsgitterwerk *n* screen façade
Gebäudevermietung *f (VR)* lease
Gebäudeversicherung *f* building insurance, owner's liability insurance, property insurance, title insurance
Gebäudeversorgung *f* building services
Gebäudeversorgungseinrichtungen *fpl* utilities *(Gas, Wasser, Elektrizität)*
Gebäudeversorgungsschacht *m* building services channel, building services shaft, services channel, services shaft
Gebäudeversorgungssystem *n* **mit spezifischer Funktion** 1. *(EB, HLK, San)* building subsystem; 2. *(El, HLK, WVA)* subsystem *(z. B. Klimaanlage)*
Gebäudeviereck *n (Arch)* quadrangle
Gebäudewartung *f* building maintenance
Gebäudezeile *f (RP)* row of buildings
Gebäudezerstörungen *fpl*/**allgemeine** *(Bod, RS, Umw)* general destruction to buildings *(Stärke 10 der Erdbebenskala)*
Gebäudezufahrt *f (Konst, Verk)* vehicular access
gebaut constructed, built
gebaut/aus Steinböcken megalithic
gebaut/fest staunch *(z. B. Fundament, tragende Wand)*
gebaut/gut well-built
gebaut/individuell custom-built *(auf Kundenbestellung)*
gebaut/mit Trägersystem trabeated
gebaut/noch nicht *(RP)* unbuilt
gebaut/schlecht jerry(-built)
gebaut sein *v*/**bogenförmig** bow
gebaut/serienmäßig built by standardized methods, factory-made, factory-built; volume-built *(z. B. Fertighäuser, Nasszellen)*
gebaut/solide well-built; staunch *(z. B. Fundament, tragende Wand)*
Gebeinhaus *n* charnel house
gebeizt *(OB)* stained
Gebetshalle *f (Arch)* large praying chamber
Gebetsnische *f (Arch)* mihrab, prayer niche *(Moschee)*
Gebetsplatz *m (Arch)* bethel *(in Kapellen)*
gebettet bedded
gebettet/elastisch elastically bedded
Gebiet *n* 1. district, area, region, zone, precinct *(Gegend, Bezirk)*; 2. area; terrain *(Landfläche; Gelände)*; 3. scope, region *(großes Gebiet)*; 4. field, domain *(Fachgebiet)*; subject *(Lehre)*; 5. territory *(Staatsgebiet)* • **ein Gebiet einschließen** *(RP)* enclave • **ein Gebiet versorgen** *(El, RP, WVA)* serve a district
Gebiet *n*/**baufälliges** *(RS)* blighted area *(heruntergekommenes Wohnviertel)*
Gebiet *n*/**bebautes** built-up area
Gebiet *n*/**dicht bebautes** *(RP)* closely built-up district
Gebiet *n*/**dicht besiedeltes** *(RP)* agglomeration *(durch Zusammenwachsen mehrerer Siedlungseinheiten)*
Gebiet *n*/**dräniertes** *(Bod, LB)* drained area
Gebiet *n*/**dünn besiedeltes** *(RP)* low-density area
Gebiet *n*/**erschöpftes** depleted area *(Bergabbaugebiet)*
Gebiet *n*/**geschütztes** *(Arch, RP, Umw)* conservation area
Gebiet *n*/**großes** scope
Gebiet *n*/**ländliches** 1. *(RP)* countryside; 2. *(Bod, RP)* rural area
Gebiet *n*/**landschaftsgestaltetes** *(LB, RP)* landscaped area
Gebiet *n* **mit überschrittenen Luft(verschmutzungs)-grenzwerten** *(Umw) (AE)* non-attainment area
Gebiet *n*/**nicht bebautes** *(RP)* non-built up area
Gebiet *n*/**städtebauliches** *(RP)* zoning
Gebiet *n*/**von der Befestigungsmauer umgebenes** *(Arch)* enceinte
Gebiet *n*/**vulkanisches** *(Bod)* volcanic zone

Gebiet *n*/**wieder urbargemachtes** *(LB)* reclaimed area
Gebiet... territorial ...
Gebietsabgrenzung *f (RP)* zoning *(Raumplanung)*
Gebietsaktionsprogramm *n (Verk)* area action scheme
Gebietsbebauungsplan *m (RP)* regional planning
Gebietskoordinator *m (Verk)* area coordinator
Gebietsplan *m (RP)* zoning
Gebietsplanung *f (RP)* regional planning
Gebietsstraßen(bau)verwaltung *f (Verk)* local highway authority
Gebietsverkehrssteuerung *f (Verk)* area traffic control
Gebietswasserversorgung *f (RP, WVA)* district water supply
gebietsweise *(RP)* regional
Gebinde *n* 1. *(Hb, TK)* pair of rafters; 2. *(BT)* truss *(Sparrendach)*
Gebindefußbalken *m* main tie
Gebindeschließbalken *m* main tie
Gebindewinkel *m (San)* soaker
Gebirge *n*/**mildes** *(Tun)* hacking
gebirgig mountainous, mountainy
Gebirgs... mountainous ...
Gebirgsanker *m (Tun)* roof bolt
gebirgsartig montiform
Gebirgsbahn *f (Verk)* mountain railway
Gebirgsflussebene *f (Bod)* intermount floor
Gebirgsgelände *n* mountainous ground, hilly ground, hilly terrain
Gebirgskamm *m (Bod)* ridge
Gebirgskette *f (Bod)* mountain range
Gebirgsmassiv *n (Bod)* massif
Gebirgsmechanik *f (Bod, Tun)* rock mechanics
Gebirgspass *m (Verk)* mountain pass, pass, gate, col; nek *(südafrikanisch)*
Gebirgsstraße *f (Verk)* mountain road
Gebläse *n* fan, blower
Gebläsebrenner *m (St)* blowlamp
Gebläseluft *f (HLK)* blast
gebleicht etiolated
gebleit leaded
gebogen 1. bent, curved, flexed; 2. crooked *(krumm, verzogen)*; 3. arcuate *(bogenförmig)*; 4. hooked *(hakenartig)*
gebohnert polished
gebördelt beaded
geböscht sloped
gebosselt *(SB)* rough-hewn
Gebotszeichen *n (Verk)* mandatory sign *(Straße)*; *(AE)* regulatory traffic sign
gebrannt 1. kilned, backed, burnt, burned *(Grobkeramik, z. B. Ziegel)*; 2. calcined, quick, live *(Kalk)*; 3. coctile, fired *(Baustoffe)*
gebrannt/nicht unburned
Gebrauch *m* use *(z. B. technische Systeme)* • **in Gebrauch** in service, in use
Gebrauch *m*/**übermäßiger** overuse
gebrauchen *v* 1. use, make use; 2. employ *(anwenden)*; 3. *(Tun)* use up, use
Gebrauchsabnahme *f (VR)* final acceptance
Gebrauchsabnahmebescheinigung *f (VR)* certificate of occupancy
Gebrauchsanforderung *f* functional requirement, performance requirement
Gebrauchsanleitung *f* instruction book
Gebrauchsbedingungen *fpl* service conditions, conditions of use
Gebrauchsdauer *f* functional life, useful life, service life, usable lifetime, working live
Gebrauchseigenschaft *f* functional property; performance characteristic *(Baustoffe, Bauwerke, Einrichtungen)*
Gebrauchseignung *f (BM, BT, Konst)* usability *(Baustoffe)*
Gebrauchserhaltungsmaßnahme *f* performance measure
gebrauchsfertig ready for use, ready-to-use *(Anstrich, Bindemittel)*
Gebrauchsklasse *f* performance-grade
Gebrauchslast *f* occupancy load, use load; service load, safe working load, working load *(eines Tragwerks)*
Gebrauchslastverfahren *n (Stat)* working stress design
Gebrauchsprüfung *f* practical test
Gebrauchsspannung *f* working stress
gebrauchstauglich usable
Gebrauchstauglichkeit *f* fitness for purpose, fitness for the intended use
Gebrauchstauglichkeit *f*/**bedingte** fitness for limited use
Gebrauchstauglichkeitsanforderung *f* fitness for purpose requirement
Gebrauchsverhalten *n (Te, VR)* performance • **am Gebrauchsverhalten orientiert** *(Konst)* performance related
Gebrauchsverhaltensauswertung *f (VR)* performance evaluation
Gebrauchsverhaltensprognose *f* performance prediction
Gebrauchsverhaltensziel *n (VR)* performance objective
Gebrauchswasser *n* potable water
Gebrauchswert *m* utility value; usability *(Baustoffe)*
Gebrauchswertdauer *f* useful life; operating life, service life *(einer Maschine)*
Gebrauchszustand *m* performance condition, functional condition, service
gebraucht *(sl)* second hand
gebrettert boarded
gebrochen 1. broken *(Mauerwerk)*; 2. fractured, failed *(Tragkonstruktion)*; 3. crushed *(Gestein)*; 4. chamfered *(Kante, Rand, Ecke)*; 5. *(Hb)* bevelled *(Kante)*; 6. *(Hb, RS)* sprung *(Holzbalken)*
gebrochen/nicht unbroken *(Mauerwerk)*; uncrushed *(Zuschlagstoff, Gestein)*
gebuchtet embayed; sinuate
Gebühr *f* charge; fee *(für Architekten)*; toll *(Straßenbenutzung)*
Gebührenbrücke *f (Verk)* toll bridge
gebührenpflichtig subject to charge, subject to toll, chargeable
Gebührensichtmarke *f (Verk)* vignette *(Mautstraße)*
Gebührenstraße *f* toll road, *(AE)* turnpike
Gebührenzahlhaus *n (Konst, Verk)* toll house
Gebührenzahlkabine *f (Konst, Verk)* toll booth
gebunden bound
gebunden/mineralisch *(BM)* mineral bound
gebürstet *(OB)* satin-polished *(Leichtmetall)*
Gedächtnisbau *m (Arch)* commemorative structure
Gedächtnisbogen *m (Arch)* memorial arch
Gedächtnishalle *f (Arch)* memorial hall
Gedächtniskirche *f (Arch)* memorial church
Gedächtnismonument *n (Arch)* memorial monument
Gedächtnisstein *m (Arch)* memorial stone
Gedächtnistafel *f (Arch)* plaque
Gedächtnistempel *m (Arch)* mortuary temple
gedämmt insulated *(Wärme, Kälte; Schall)*
gedämmt/nicht *(DIS)* uninsulated
gedämpft 1. *(Stat)* restrained; 2. heated in steam *(Holzbearbeitung)*; 3. damped, attenuated *(Schwingungen)*
Gedämpftheit *f (Arch)* scumble *(Darstellungen)*
Gedankenbild *n (Arch)* mental image
Gedankengang *m*/**grundlegender** *(Konst, Stat, VR)* rationale
gedeckt covered; roofed *(Dach)*

G

gedehnt stretched
Gedenkbogen *m (Arch)* monumental arch
Gedenkfigur *f (Arch)* memorial figure
Gedenkkreuz *n (Arch)* memorial cross
Gedenkmonument *n (Arch)* memorial monument
Gedenkpfeiler *m (Arch)* obelisk
Gedenksäule *f (Arch)* monumental column
Gedenksäule f/mit Schiffsschnäbeln verzierte *(Arch)* rostral column, rostral pillar
Gedenkstein *m (Arch)* memorial stone
Gedenktafel *f* memorial tablet, plaque; brass *(aus Messing oder Bronze)*
Gedenktafel *f* **für Verstorbene** *(Arch)* epitaph *(z. B. an Kirchenwänden, Pfeilern)*
gediegen *(BM)* virgin
gedopt *(BM, OB)* doped
gedrängt *(BT, Konst)* close
gedrosselt *(HLK)* throttled
gedrückt depressed, compressed, surbased
gedrungen compact, stout; stubby
Gedrungenheit *f (Erdb)* compactness *(geometrisch)*
gedübelt *(Hb)* dowelled
geebnet flattened
geeicht gauged
geeignet applicable, suitable, usable, convenient, fit; appropriate, fitting *(passend)*; likely *(beschaffen)*; eligible, qualified *(befähigt)*
geerdet *(El)* earthed, *(AE)* grounded
geerdet/nicht *(El)* unearthed, *(AE)* ungrounded
Gefach *n (Konst)* compartment *(Fachwerk)*
Gefahr *f* danger *(Bedrohung)*; distress *(durch Schaden)*; risk, hazard *(Wagnis, Risiko)* • **auf Rechnung und Gefahr** at the responsibility *(Baumateriallieferung)*
Gefahr *f* **von Holzfäule** risk of rot
gefährden *v* endanger
Gefährdungsgrad *m* degree of endangering
Gefahrenanalyse *f* risk assessment
Gefahrenfunktion *f* emergency function
Gefahrengrad *m* level of risk, level of hazard
Gefahrenklasse *f (VR)* danger class
Gefahrenpotenzial *n (VR)* danger potential
Gefahrensituation *f* episode
Gefahrenzeichen *n* 1. *(BT, VR)* danger sign; 2. *(Verk)* warning sign
Gefahrenzulage *f (VR)* hazard bonus
Gefahrgutbeauftragter *m (VR)* official responsible for hazardous goods
Gefahrgutumschlag *m (Umw)* transshipment of hazardous goods
gefährlich dangerous; hazardous
Gefahrstoffkataster *m(n) (Umw)* register of hazardous substances
Gefahrstoffkontrolle *f (Umw)* control of hazardous materials
Gefälle *n* 1. descent, descending grade, inclination, downgrade, slant, declivity, falling gradient, *(AE)* grade *(z. B. im Gelände, einer Straße)*; 2. *(Wsb)* head *(Wasserkraftwerk)*; drop *(eines Flusses)*; 3. *(Konst)* pitch; 4. fall, falling gradient *(z. B. von Gelände)*; 5. *(Erdb)* acclivity *(steiler Böschungsabfall)*; 6. (falling) gradient *(z. B. von Druck, Temperatur)* • **mit Gefälle abdecken** flaunch *(einen Schornstein)* • **mit Gefälle verlegt** *(Konst, Te)* laid to falls
Gefälle n/gleichsinniges *(Verm)* graded slope
Gefälle n/hydraulisches hydraulic gradient
Gefälle n/kritisches *(Wsb)* critical head
Gefälle n/natürliches *(Bod)* natural fall
Gefälle n/nutzbares *(Wsb, WVA)* effective head
Gefälle n/starkes steep declivity, *(AE)* steep grade
Gefälleänderung *f (Konst)* slope change
Gefällebahnhof *m (Verk)* multilevel marshalling yard
Gefällebeton *m* sloping concrete
Gefälledach *n (Konst)* sloping roof
Gefälleestrich *m (BM, Konst)* sloping screed
Gefällefuge *f* sloping joint
Gefällehinweiszeichen *n (Verk)* sloping arrow
Gefällelage *f* 1. *(Bod)* sloping layer; 2. *(Konst)* sloping course
Gefällelinie *f* 1. *(Verk)* gradient *(Höhenverlauf einer Straße im Aufriss)*; 2. *(Verk)* inclination *(nur eines Gefälles)*
gefällelos non-sloping, flat, planar, plane
Gefälleneigung *f* slope ratio
Gefallenendenkmal *n (Arch)* war memorial
Gefällepunkt m/tiefster *(Verm)* low point of the slope
Gefällerangierbahnhof *m (Verk)* multilevel marshalling yard
Gefällerichtung *f* sloping direction
Gefälleschicht *f* 1. *(Konst)* sloping course; 2. *(Bod)* sloping layer
Gefällestrecke *f (Verk)* downgrade
Gefällestrecke f/steile *(Verk)* steep downgrade
Gefällestufe *f (Wsb)* fall step, terrace
Gefälleunterschied *m* difference of head
Gefälleverlust *m (WVA)* loss of head
gefällig *(Arch, Konst)* eye-pleasing *(Entwurf)*
gefällt precipitated *(aus einer Lösung)*
gefaltet folded
gefalzt beaded, welted *(Blech)*; rebated, rabbet *(Holz)*
Gefängnisbau *m (Konst, RP)* prison construction
Gefängnisgebäude *n (Konst)* prison building
Gefängnistür *f* detention door
Gefängniszelle *f* prison cell, jail cell
gefärbt *(BT)* coloured
gefärbt/azurblau azure-coloured, *(AE)* azure-colored
gefasert fibrated *(Baustoffe)*
Gefäßreinigungsanlage *f (BWG, OB)* tank-cleaning plant
gefast bevelled
gefedert 1. spring-loaded; 2. *(Hb)* tongued
gefertigt fabricated
gefertigt/aus einem Stück one-piece
gefertigt/frisch newly-made
gefertigt/maschinell *(Te)* machine-made
gefertigt/roh newly-made
gefertigt/serienmäßig series produced, mass produced, built by standardized methods; volume-built *(z. B. Fertighäuser, Nasszellen)*
gefiltert screened *(Farben, Anstriche; Baustoffe)*
gefilzt felted *(Putz)*
geflammt evasé
geflanscht *(San)* flanged
Geflecht *n* matting, netting *(Bewehrung)*; lattice work, plaiting, hurdle *(Holz, Metall)*; network *(Leitungen usw.)*
gefleckt spotted, speckled, dappled; mottled *(Marmor)*; variegated *(in der Farbgebung abgestuft)*
gefliest tiled; flagged *(großformatig)*
geflochten *(BB, St)* bound *(Bewehrung)*
Geflügelhalle *f (LB)* poultry hall
gefluxt fluxed *(z. B. Bitumen)*
gefordert specified
gefördert/öffentlich *(VR)* publicly assisted
geformt shaped; moulded *(mit Formen)*
geformt/nicht unshaped
geformt/schön *(Arch)* shapely
geformt/trocken dry formed *(Feuerfesttechnologie)*
geformt/unregelmäßig bastard *(Bauelemente)*
Geformtes *n* mould *(z. B. Ornament)*
Gefrieranlage *f* freezing plant, freezer plant, refrigerant system, refrigeration plant, freezer
Gefrierbeton *m (BB, Te)* frozen concrete

gefrieren *v* freeze
Gefrieren *n* freezing *(des Betons)*
Gefriergründung *f* foundation by means of freezing
Gefrierlagerhaus *n* frozen food store
Gefriermittel *n* freezing agent
Gefrierpunkt *m* freezing point
Gefrierraum *m* freezer room
Gefrierschrank *m (EB)* freezer
Gefrierschutzzusatz *m* antifreeze agent, antifreeze
Gefriertunnel *m (EB, Konst)* tunnel freezer
Gefrierverfahren *n (Te)* method of freezing *(Baugrundverfestigung)*
gefrittet vitrified *(Feuerfestkeramik)*
gefroren frozen

G

Gefüge *n* 1. *(BM)* fabric; 2. texture, grain, structure *(von Gestein, Beton)*; 3. *(BM)* structure *(eines Gebäudes)*; 4. *(Bod)* structure *(geologisch)*
Gefüge *n*/**bröckeliges** shredded structure *(Gestein, Beton)*
Gefüge *n*/**dichtes** dense texture, denseness *(Gestein)*
Gefüge *f*/**fadenförmiges** filiform texture *(Gestein, Baustoffe)*
Gefüge *n*/**martensitisches** *(BM, St)* martensitic structure
Gefüge *n*/**offenes** open grain structure
Gefüge *n*/**poriges** porous structure
Gefüge *n*/**porphyrisches** porphyritic texture
Gefüge... structural ...
Gefügeanalyse *f (Bod)* petrofabric analysis *(auch petrographisch)*
Gefügeanalyse *f*/**röntgenographische** *(BM)* X-ray texture analyse
Gefügeaufbau *m (BM, Bod)* structural composition *(Gestein)*
Gefügebestandteil *m (BM, BT)* constituent
Gefügekorrosion *f (Konst, OB)* structural corrosion
gefügelos *(BM, Bod)* structureless
Gefügesymmetrie *f* symmetry of fabric
gefugt checked back; bonded *(eine Wand)*
gefügt/glatt *(Hb)* square-framed *(Holz)*
Gefühl *n*/**ästhetisches** aesthetic feeling
gefüllert *(BM)* fillerised
gefüllt filled
gefurcht furrowed
gefußt surmounted; stilted *(überhöhter Bogen)*
gegabelt *(Konst)* furcate
Gegebenheiten *fpl*/**örtliche** *(RP)* local conditions
gegehrt *(BT)* mitred
Gegen... opposed ...; adverse ...
Gegenangebot *n (VR)* counteroffer
Gegenbogen *m* 1. *(TK)* reversed arch; 2. *(Erdb)* inflected arch; 3. *(Arch, Erdb, Konst)* inverted arch
Gegenböschung *f (Erdb)* counterslope
Gegend *f* place, area
Gegend *f*/**abgelegene** *(RP)* outback
Gegendiagonale *f (BT, Konst)* counter-diagonal
Gegendrehmoment *n* antitorque, antitorque moment
Gegendruck *m* counterpressure, reaction pressure, back-pressure
Gegendruck *m*/**äußerer** superimposed back-pressure
Gegendruckrolle *f* mandrel pressure roll *(Dachpappentechnologie)*
Gegendruckventil *n* back-pressure valve
Gegenentwurf *m (Konst, VR)* alternative plan
Gegenfahrbahn *f (Verk)* lane for opposing traffic flow, oncoming lane, counterflow lane
Gegenflansch *m* mating flange, companion flange
Gegenfluss *m (HLK, Te)* counterflow
Gegengefälle *n* reverse gradient
Gegengewicht *n* counterweight, balanced weight
Gegengewichtsbalken *m* balance beam, balance bar
Gegengewichtshubfenster *n* counter-balanced window; hanging sash, hung sash *(vertikal)*
Gegengewichtshubfensterflügel *m* hanging sash, hung sash *(vertikal)*
Gegengewichtslaufkasten *m* weight box, window box *(Hubfenster)*
Gegengewichtstor *n* balanced door
Gegengewölbe *n (TK)* reversed vault
gegenhalten *v* dolly, buck, hold on *(beim Nieten)*
Gegenhalter *m* dolly, hand dolly, head cup, holder-on, rivet dolly *(beim Nieten)*
Gegenhang *m (Erdb)* reversal of slope
Gegenkraft *f (Stat)* opposed force
Gegenkrümmung *f (Verk)* reversed curve *(Schiene)*
Gegenkurve *f (Verk)* reverse curve
Gegenlagerstück *n (Konst, TK)* heel piece *(Abstützung)*
gegenläufig reversed
Gegenlicht *n (El, Verk)* counterlight
Gegenmaßnahmen *fpl (VR)* counter measures
Gegenmutter *f* counternut, back nut, check nut, lock-nut
Gegenneigung *f* 1. *(Erdb)* counterslope; 2. *(BT, OB, Verm)* adverse slope; 3. *(Bod, Konst, Verm)* reverse gradient
Gegenprobe *f* 1. *(BM)* duplicate test; 2. *(VR)* retest *(Baustoffprüfung)*
Gegenprüfung *f (BM)* duplicate test
Gegenrichtung *f* opposite direction
Gegenseite *f* opposite side, reverse
Gegenseitigkeit *f* reciprocity
Gegenseitigkeitssatz *m (Stat)* reciprocal theorem
gegensinnig reverse, reversed
Gegensperre *f (Wsb)* auxiliary dam
Gegensprechanlage *f* intercommunication system, intercom, interphone, entry phone
Gegenstab *m (BT, Konst)* counter flange
Gegenstand *m (VR)* item
Gegenstände *mpl* goods, products, ware
Gegenstrebe *f (Konst, Stat)* counterbrace *(Fachwerk)*
Gegenstrom *m* 1. *(Verk)* contraflow; 2. *(HLK, Te)* counterflow
Gegenstromfilter *n (HLK)* reverse flow filter
Gegenstromkessel *m (HLK)* countercurrent boiler
Gegenstrommischer *m* countercurrent mixer
Gegenstromprinzip *n* countercurrent method
Gegenstromsystem *n* countercurrent system, countercurrent method *(Heizung)*
Gegenströmung *f (HLK, Wsb)* cross current
Gegenstromverfahren *n (HLK, Te)* countercurrent system *(Trockentrommel)*
Gegentretschiene *f* kick rail *(Tür)*
gegenüber opposite
gegenüberliegend 1. opposed, opposite; 2. *(Arch, Konst)* facing
gegenüberliegend/einander opposed
gegenüberstehend *(Arch, Konst)* facing
Gegenverkehr *m (Verk)* oncoming traffic, opposing traffic, contraflow traffic, contraflow, two-way traffic
Gegenverkehr *m*/**temporärer** contraflow
Gegenverkehrsfahrbahn *f (Verk)* two-way carriageway
Gegenverkehrsfahrstreifen *m (Verk)* shuttle lane
Gegenverkehrssteuerung *f (Verk)* shuttle working control
Gegenverkehrsstraße *f (Verk)* two-way road
Gegenverkehrszeichen *n (Verk)* two-way traffic sign
gegiebelt *(Konst)* gabled
geglättet flattened, smooth, smoothed
gegliedert 1. sectionalized *(z. B. Gebäude)*; 2. articulated, jointed, membered *(Balken, Träger, Tragwerk)*; 3. braced *(Fachwerk)*; 4. dissected *(Gelände)*

gegossen/im Ganzen monolithic *(Beton)*
gegossen/in einem Stück integrally cast
Gehalt *m* 1. *(BM, BT)* content *(an Stoffen)*; 2. *(BM)* concentration *(z. B. Feststoffe in Anstrichen)*; 3. salary *(Lohn)*
Gehalt *m* **an löslichem Bindemittel** *(BM)* soluble binder content *(Asphalt)*
Gehalt *m* **an Trockensubstanz** dry content *(z. B. bei Farbe)*
Gehalt *m* **an Unlöslichem** *(BM)* insoluble content
Gehalt *m***/prozentualer** percentage content
gehalten/durch Klammern [Schellen] bracketed
Gehaltsnebenkosten *pl* incidental salary costs
gehämmert hammered
Gehänge *n* 1. *(Arch)* encarpus *(Blumenornament an einem Fries oder Kapitell)*; 2. *(Arch)* garland, hanging ornaments *(Schmuckelement)*; 3. *(Arch)* swag *(Schmuckelement der Renaissance)*
Gehängeblatt *n (Arch)* swag leaf, festoon leaf
Gehängelehm *m (Bod)* slope wash
Gehängeschutt *m* talus material
gehärtet cured *(Beton, Kunststoffe)*; case-hardened *(Stahl)*
gehärtet/nur teilweise *(BM)* undercured *(Beton, Kunststoffe)*
Gehäuse *n* 1. box, case; 2. case, cabinet, casing, housing *(von Geräten)*; 3. body, frame *(Baukörper)*; 4. capsule, encasement *(Hülle)*; 5. *(Konst)* shell *(Bauhülle)* • **in ein Gehäuse einbauen** house • **in einem Gehäuse einschließen** case • **mit Gehäuse versehen** can
Gehbelag *m* walked-on finish
Gehbelag *m***/weichfedernder** soft walked-on finish
geheftet *(BT)* stitched
Gehege *n* fenced-in area, enclosure, fencing
Geheimtür *f* hidden door, gib door, jib door
Gehentfernung *f (Verm)* walking distance
Gehfläche *f* pedestrian concourse, walking surface
Gehflügel *m* active leaf
Gehgewohnheit *f (RP, Verk)* walking habit
Gehilfe *m* mate
Gehlinie *f (Konst)* walking line *(einer Treppe)*
gehobelt planed
gehoben heaved, raised; emerged *(aus dem Wasser)*
Gehöft *n* farm, farmstead, steading
Gehölz *n* 1. *(LB)* small wood; 2. *(Bod, LB, Umw)* wood
Gehölzgruppe *f (LB)* bosket *(z. B. in Gärten der Renaissancezeit)*
Gehre *f (Hb, Te)* mitre
gehren *v* mitre, *(AE)* miter
Gehrfuge *f (Hb)* mitre joint
Gehrmaß *n* mitre square, mitre rule, bevel way
Gehrstoß *m* mitre joint
Gehrung *f* 1. *(Hb)* mitre, mitring, *(AE)* miter *(rechtwinklig)*; bevel, bevelling *(nicht rechtwinklig)*; 2. *(Hb)* backing *(Gratsparren)* • **auf Gehrung geschnitten** *(BT)* mitred • **auf Gehrung schneiden** *(Hb, Te)* mitre
Gehrung *f***/nach außen gerichtete** reverse bevel *(Tür)*
Gehrung *f***/stumpfwinklige** *(Konst)* standing bevel
Gehrungsfläche *f (Hb)* mitre surface
Gehrungsfuge *f***/gefederte** *(Hb)* tongued mitre
Gehrungsfugenfeder *f (Hb)* loose-tongue mitre
Gehrungshobel *m* mitre plane
Gehrungsholz *n***/geschnittenes** *(Hb)* mitre block
Gehrungsknie *n (Hb)* mitre knee *(Handlauf)*
Gehrungslehre *f* mitre gauge
Gehrungssäge *f* mitre saw, saw for mitre cutting
Gehrungssägen *n* bevel sawing
Gehrungsschneidehalter *m (BWG, Hb)* bevel jack
Gehrungsschnitt *m (Hb)* mitre cut, mitre, mitring
Gehrungsschnittkasten *m (BWG, Hb)* mitre box
Gehrungsschnittlehre *f (BWG, Hb)* mitre box
Gehrungsschnittmaßbrett *n (Hb)* mitre board
Gehrungsschraubzwinge *f* mitre clamp, mitre cramp
Gehrungsstanzmaschine *f* mitre-cutting machine
Gehrungsstein *m (SB)* mason's mitre
Gehrungsstoß *m (Hb)* mitre joint
Gehrungsverbindung *f (Hb)* mitre joint
Gehrungsverbindung *f* **mit ineinandergreifenden Enden** lock mitre
Gehrungswinkel *m* mitre angle, mitre square, shifting square
Gehrungswinkelmesser *m* bevel square, sliding bevel
Gehrungswulst *f* **eines Zapfens** *(Hb)* tusk
Gehrungsziegel *m* mitred-closer
Gehrungszinke *f***/geschlossene** *(Hb)* mitre dovetail, secret dovetail, secret dovetailing
Gehrungszwinge *f* mitre clamp, mitre cramp
gehsicher *(OB)* non-slip
Gehsicherheit *f (VR)* sure-footed safety
Gehsteig *m* pavement, *(AE)* sidewalk
Gehweg *m* 1. pavement, *(AE)* sidewalk; banquette *(in den Südstaaten der USA, Bürgersteig)*; 2. footpath *(abseits von Straßen)*; 3. *(LB)* pathway; 4. *(LB)* walkway
Gehweg *m***/ausgekragter** *(Br)* overhanging footway *(Brücke)*
Gehweg *m***/befestigter** pavement, *(AE)* sidewalk; banquette *(Südstaaten der USA)*
Gehweg *m* **mit Bordstein** curbed footway
Gehweg *m***/rollender** 1. *(EB)* passenger conveyor; 2. *(Verk)* pedestrian conveyor; 3. *(Konst, Verk)* travelator; 4. *(EB, Konst)* moving ramp
Gehweg *m***/überdachter** pawn *(in einem Basar)*
Gehweg *m***/vorgekragter** salient sideway *(Brücke)*
Gehwegbau *m* pavement construction, *(AE)* sidewalk construction
Gehwegbemessung *f* sidewalk design
Gehwegplatte *f* pavement flag, paving flag, paving stone, paving tile, *(AE)* sidewalk paving flag; path tile *(Fliese)*; flagstone, flag *(Naturstein)*
Gehwegplattenbelag *m* flagstone pavement
Gehwegtunnel *m* pedestrian tunnel, pedestrian underpass
Gehwegunterführung *f (Verk)* sidewalk tunnel
Geigerzähler *m (Umw)* Geiger counter
Geißfuß *m (Hb)* corner chisel, dog-leg chisel, bird's-mouth *(Handwerkzeug)*
gekalkt limy
gekämmt *(OB)* combed *(Oberflächen)*
gekantet canted
gekapselt encased
gekästelt pierced
gekehlt 1. grooved, furrowed; 2. channelled *(Ornament)*; fluted *(Säulenornament)*; 3. moulded *(Holz)*; 4. *(Konst)* throated *(Wasserablauf am Gebäudeüberstand)*; 5. coved *(breit)*
gekehlt/spitz quirked
gekennzeichnet labelled, marked
gekennzeichnet/farbig colour-coded
gekerbt notched, grooved
gekippt canted
geklinkert *(OB, SB)* clinker-built
geknüpft *(Konst)* woven *(Bewehrung)*
gekoppelt geminated
Gekörn *n (BM)* grains
Gekörn *n***/füllerarmes** *(BM)* open-graded aggregate
Gekörn *n***/gebrochenes** *(BM)* macadam aggregate
Gekörn *n***/gleichkörniges** grains of equal size
Gekörn *n* **mit fehlender Zwischenkorngröße** gap-graded aggregate, gap-graded material *(Zuschlagstoffgemisch)*
Gekörn *n***/monodisperses** *(BM)* uniformly sized grains

G

gekörnt grained, granular, granulated
gekörnt/abgestuft poorly graded *(Sieblinie)*
gekörnt/gleichmäßig even-grained, evenly graded
gekörnt/schlecht poorly-graded *(Sieblinie)*
gekratzt scraped *(Putz)*
gekreppt creped
gekreuzt crosswise *(z. B. Träger)*; cross-linked *(Rohrleitung, Windverband)*
gekrönelt *(SB, Te)* tooled by crandall
gekrönt battlemented
gekröpft kneed; goose-necked, swan-necked *(Rohr)*
gekrümmt 1. curved, curvilinear, cambered; 2. *(BB)* draped *(Spannbetonglieder)*; 3. *(Arch)* arched; 4. arcuate *(bogenförmig)*; 5. bent *(gebogen)*; 6. *(BT, Konst)* twisted *(verdreht)*; 7. warped *(verzogen)*

G

gekrümmt/doppelt doubly curved, warped
gekrümmt/evolventenförmig *(Arch)* involute
Gel *n* gel
gelagert/frei simply supported *(Träger)*
gelagert/in feuchter Luft moist-cured *(Beton)*
gelagert/locker loose-packed
gelagert/übereinander *(Bod, BT, Konst)* superimposed
Gelände *n* 1. ground, field, land *(Baugelände)*; site *(Baustellengelände)*; 2. *(RP, VR)* premises; 3. *(Bod, LB, RP)* grounds *(z. B. Schul- oder Industriegelände)*; 4. rough grounds *(unwegbares Gelände)*; 5. *(Bod)* terrain *(nutzbares Gelände)*; 6. plot, lot *(Parzelle)* • **Gelände erschließen** *(RP)* develop ground
Gelände *n*/abfallendes *(Bod)* sloping ground
Gelände *n*/ansteigendes *(Bod)* rising ground
Gelände *n*/aufgefülltes filled ground
Gelände *n*/aufgeschüttetes *(Erdb)* made-up ground
Gelände *n*/bergiges *(Bod)* mountain relief
Gelände *n*/bewegtes dissected topography
Gelände *n*/ebenes level terrain
Gelände *n*/freies *(LB, RP)* open ground
Gelände *n*/geneigtes *(Bod)* sloping topography
Gelände *n*/geschütztes *(Umw)* protected land
Gelände *n*/hochliegendes high ground
Gelände *n*/hügliges rolling hills, sloping terrain
Gelände *n*/natürliches *(BM, Bod)* original ground
Gelände *n*/sensitives *(Umw)* sensitive area
Gelände *n*/unebenes *(Bod, Erdb)* rough ground
Gelände *n*/zerklüftetes *(Bod)* jagged terrain
Gelände *n*/zerschnittenes dissected topography
Gelände... territorial ...
Geländeabschnitt *m* 1. *(RP)* area; 2. *(Bod, RP)* terrain sector
Geländeauffüllung *f*/gesundheitsschädliche *(Erdb, Umw)* offensive filling of ground
Geländeaufnahme *f (Verm)* mapping, ground survey, survey of (a) country, survey of land, site survey; topographical survey, reconnaissance
Geländeaufnahme *f*/fotografische *(Verm)* terrain photosurvey
Geländeaufnahme *f*/vorläufige *(Bod, Verm)* prospecting of the site
Geländeaufnahmeplan *m (Verm)* site survey plan
Geländebegehung *f (LB, RP)* field checking
Geländeberäumung *f (Bod, RP)* terrain clearance
Geländebruch *m* 1. *(Bod, Erdb)* base failure; 2. *(Bod, Erdb)* sliding
Geländeerhöhung *f (Bod)* raised table
Geländeerkundung *f* reconnaissance, site exploration
Geländeform *f (Bod)* surface form
Geländegefälle *n* 1. *(Bod)* natural fall; 2. *(Bod, Verm)* fall of ground
Geländehöhe *f* 1. *(Verm)* level of ground; 2. *(Erdb, Verm)* grade level
Geländehöhe *f*/natürliche *(Bod)* natural grade
Geländekarte *f (Verm)* topographical chart
Geländekategorie *f (Verk)* terrain category
Geländekontrolle *f (LB, RP)* field checking
Geländemodell *n* terrain model
Geländemulde *f* depression of ground, vale
Geländeneigung *f (Bod, Verm)* fall of ground
Geländenutzungsanalyse *f (RP)* land-use analysis
Geländeoberfläche *f* ground surface, terrain surface • **unter Geländeoberfläche** *(Bod, Erdb)* sublevel *(Planebene)*
Geländeplan *m* 1. *(RP)* estate layout; 2. *(Verm)* terrain layout
Geländeplanierung *f (Erdb)* land levelling
Geländer *n* 1. balustrade, handrail, rail *(Treppe)*; 2. balcony railing, parapet, balustrade *(Balkon)*; 3. *(Konst)* guardrail; 4. *(BT)* side rail *(z. B. einer Brücke)* • **mit Geländer versehen** *(Konst)* rail
Geländer *n*/offenes balustrade *(Balkon, Treppe, Brücke)*
Geländerampe *f (Verk)* ramp
Geländeräumschild *m (BWG, Erdb)* brush rake *(eines Bulldozers)*
Geländerausfachung *f* paling
Geländerbaustoff *m (BM)* railing material
Geländerbolzen *m* rail bolt
Geländerdocke *f (BT)* baluster of a staircase
Geländereisen *n* beaded iron
Geländerelief *n (Arch)* relief
Geländerhöhe *f (Konst)* railing height
Geländermaterial *n (BM)* railing material
Geländerpfosten *m (BT)* rail post
Geländerrohr *n (BM)* railing barrel
Geländersäule *f (BT)* rail post
Geländerstab *m (Hb)* baluster
Geländerstab *m*/gedrehter *(BT)* spindle
Geländeschwelle *f (Bod)* rising ground
Geländesetzung *f* ground settlement
Geländestreifen *m* **mit Bau- und Unterhaltungsrecht für Leitungen und Trassen** *(RP, VR) (AE)* right-of-way
Geländestück *n (RP, VR)* tract
Geländestudien *fpl (Bod)* reconnaissance studies
Geländeunebenheit *f (Bod)* terrain roughness
Geländeuntersuchung *f* reconnaissance
Geländevermessung *f (Verm)* terrain survey
gelappt *(Konst)* lobed
gelartig gel-like, jellous
gelassen undisturbed
Gelatineputzform *f* gelatin mould
Gelatinieren *n* gelling
gelatinös gelatinous
Gelb *n*/blinkendes *(Verk)* flashing yellow
Gelb *n*/Leipziger 1. *(OB)* Leipzig yellow; 2. *(BM, OB)* chrome yellow
Gelb *n*/Pariser Paris yellow
Gelbguss *m* 1. *(BM)* yellow brass; 2. *(St)* high brass
Gelbildung *f* 1. *(BB, Te)* gelatination; 2. *(BM)* gelling
Gelbkieferholz *n* 1. *(BM, Hb)* yellow pine; 2. *(BM)* pitch pine
Gelbkreuzstreifenmarkierung *f (Verk)* yellow box marking
Gelblicht *n (Verk)* yellow light, amber light *(Leichtzeichenanlage)*
Gelbmetall *n* Muntz metal
Gelbpigment *n (BM, OB)* yellow pigment
Gelbzeit *f (Verk)* yellow period *(Ampel)*
Geldbuße *f (VR)* fine
Geldeinbehaltung *f* retention of money
Geldgeber *m* lender
Geldhinterlegung *f* **für Projektunterlagen** *(VR)* deposit for bidding documents
Geldmittel *npl (VR)* resources

Geldstrafe *f (VR)* fine
gelegen/flussaufwärts *(Bod, Wsb)* upstream
gelegen/oben uphill
gelegen/stromabwärts downstream
gelegen/tiefer subjacent
Gelegenheitsarbeiter *m* tinker
gelegentlich *(VR) (sl)* off and on
Gelenk *n* 1. *(Konst)* joint; 2. hinge *(Scharnier)*; 3. *(Konst)* articulation *(Gelenkverbindung)*; 4. pair *(Kinematik)* • **durch Gelenke verbinden** *(Konst)* articulate
Gelenk *n*/**axiales** axial hinge
Gelenk *n*/**bewegliches** *(Konst)* movable hinge
Gelenk *n*/**einschnittiges** *(BT)* single-shear joint
Gelenk *n*/**eisernes** iron hinge
Gelenk *n*/**festes** *(Stat)* fixed hinge
Gelenk *n*/**mehrschnittiges** multiple shear joint
Gelenk *n*/**plastisches** *(EB)* plastic hinge
Gelenk *n*/**reibungsloses** *(Stat)* perfect hinge
Gelenk... joint ...; articulated ...; hinge ...
Gelenkband *n (EB)* joint hinge
Gelenkbefestigung *f* hinge fitting
Gelenkbinder *m (Konst, TK)* hinged truss
Gelenkblatt *n* pendulum leaf; pendulum plate *(Pendelgelenk)*
Gelenkbogenträger *m* pinned arched girder
Gelenkbolzen *m* joint bolt, hinge bolt
Gelenkbolzenfachwerk *n* pin-connected truss, pin-jointed truss
Gelenkfuge *f (Konst)* warping joint
gelenkig jointed; articulated *(gelenkverbindend)*; hinged *(scharnierartig)*
Gelenkknoten *m* pin joint
Gelenkkupplung *f* 1. *(BT, Konst)* jointed coupling; 2. *(Konst, TK)* articulated coupling
Gelenklager *n* 1. *(Konst, TK)* hinge bearing; 2. *(BT, TK)* rocker bearing *(Brücke)*
Gelenkloch *n* hinge hole
gelenklos 1. *(Stat)* fixed, rigid; 2. no-hinged, without articulations
Gelenkmechanismus *m* hinged mechanism
Gelenkpfahl *m (Verk)* hinged pier
Gelenkpfette *f*/**feste** *(Konst)* rigid pin-jointed purlin
Gelenkpolygon *n* funicular polygon, string polygon
Gelenkpunkt *m* pivot point, fulcrum point, hinge point, hinged point, hinge, pivot
Gelenkrahmen *m* hinge(d) frame, linked frame, articulated frame, pin-jointed frame
Gelenkrahmen *m*/**einfacher** *(TK)* simple hinged frame
Gelenkrohr *n* articulated pipe
Gelenkschild *m (BWG, Wsb)* articulated shield
Gelenkstab *m (Konst)* hinge bar
Gelenkstoß *m* articulated joint *(s. a. Gelenkverbindung)*
Gelenkstoßblech *n (EB)* pin plate
Gelenkstrebe *f (Konst, TK)* joint strut
Gelenkstück *n* hinge block
Gelenksystem *n (Konst, Stat)* articulated system
Gelenkträger *m* articulated beam, cantilevered and suspended beam, Gerber girder, hinged girder, slung span continuous beam, continuous articulated beam
Gelenkverbindung *f* hinge(d) joint, link joint, articulated joint, articulation
Gelenkverfahren *n*/**plastisches** *(Stat)* plastic-hinge method
Gelenkviereck *n* articulated quadrangle, articulated quadrilateral
Gelenkwerk *n* articulated system, hinge(d) system, linked system, pin-jointed system
Gelharzüberzug *m* gel coat *(Baustoff)*
geliefert/bauseitig *(VR)* provided by the owner
geliefert/bauseits *(VR)* supplied by the owner
geliefert/nur supplied only *(Baustofflieferverträgsbedingung)*
gelieren *v* liver *(bes. Farben)*; gel *(Zement)*
Gelieren *n* livering, feeding *(flüssiger Farben, Anstriche usw.)*; gelatinization, gelation, gelling *(z. B. Zement)*
Geliermittel *n* gelling agent
Gelierung *f* gelation
Gelifluxion *f (Bod, Erdb)* gelifluxion
gelocht perforated, pierced
gelocht/unregelmäßig random perforated
gelöscht run to putty, slaked *(Kalk)*
gelöst dissolved
gelötet soldered
Gelpore *f* gel pore
Gelstruktur *f* gel structure
Gelteilchen *n* gel particle
gelten *v* **für** apply to *(Baurecht)*
Geltungsdauer *f (VR)* validity period
Gelüberzug *m* gel coat *(Baustoff)*
gelüftet 1. *(BM, HLK)* aerated; 2. *(HLK)* ventilated
gelüftet/gut *(HLK)* well-ventilated
Gelwasser *n (BB, Te)* gel water
Gelzustand *m (BB, Te)* gel condition *(Zement)* • **in den Gelzustand übergehen** gel *(Zement)*
Gemach *n* chamber
gemahlen ground
Gemäldegalerie *f (Arch)* picture gallery
Gemäldesammlung *f* pinacotheca
gemasert marbled, speckled, streaked *(Farbanstrich)*; grained, veined *(z. B. Holz)*
gemasert/gleichmäßig even-textured *(Holz)*
gemäßigt *(Umw)* temperate *(Klima)*
Gemäuer *n* walling, masonry
gemauert masoned, brick-built, bricked up
Gemeinde *f* 1. *(RP, VR)* municipality *(Verwaltungsbezirk)*; 2. local government, municipal authorities, local authorities *(Verwaltung)*; 3. commune, parish *(Land)*; *(AE)* township; 4. municipal office *(Gemeindeamt)*; 5. *(VR)* community *(Gemeinschaft)*
Gemeinde... municipal ..., parish ...
Gemeindeamt *n* municipal office
Gemeindebedarfseinrichtungen *fpl* public buildings
Gemeindehaus *n* church house
Gemeindehaus *n*/**kirchliches** *(Arch)* parochial house
Gemeindeland *n (VR)* common
Gemeindeordnung *f* municipal regulations, municipal law; by-laws *(örtliche Bauordnung in England)*; *(AE)* building codes *(örtliche Bauordnung)*
Gemeindeplanung *f (RP)* community planning
Gemeindevertretung *f (VR)* corporation
Gemeindeverwaltung *f (VR)* corporation
Gemeindeverwaltungsgebäude *n* community administration building
Gemeindewasserversorgung *f* public water supply
Gemeindeweg *m (LB, Verk)* municipal road
Gemeindezentrum *n* parish centre, community centre, *(AE)* community center
Gemeineigentum *n (VR)* common property
Gemeinkosten *pl* overhead expenses, indirect expenses, establishment charges, general expenses, indirect cost(s), overheads, working expenses
Gemeinkostenzeit *f (VR)* non-productive time
gemeinsam 1. common *(Interessen)*; 2. joint *(Erfindung)*; 3. joint, combined, united *(Planung)*
gemeinschaftlich corporate; common
Gemeinschaftsanlage *f* 1. *(Arch, RP)* common consumer system; 2. *(RP)* communal consumer system

Gemeinschaftsantenne *f* 1. *(EB)* central receiving aerial; 2. *(BT)* community aerial
Gemeinschaftsarbeit *f (VR)* joint venture work
Gemeinschaftsdusche *f* shower without cubicles
Gemeinschaftseinrichtungen *fpl* 1. *(Arch, RP)* common services; 2. *(RP)* communal services
Gemeinschaftsküche *f (EB, Konst)* communal kitchen
Gemeinschaftsnutzfläche *f (Arch, Konst)* common area *(für die Bewohner eines oder mehrerer Häuser)*
Gemeinschaftsraum *m* 1. *(Konst)* multifunctional room; 2. *(Arch, BT, Konst)* common room
Gemeinschaftsräume *mpl (EB, Konst)* communal premises *(Innen- und Außenräume)*
Gemeinschaftsstellplatz *m* **mit Überdachung** *(Konst)* common carport
Gemeinschaftsunterkunft *f (VR)* shared accommodation
Gemeinschaftsunternehmen *n (VR)* joint venture
Gemeinschaftswäscherei *f* communal laundry, laundry club
Gemeinschaftswaschküche *f s.* Gemeinschaftswäscherei
Gemeinschaftswaschraum *m (BT, Konst)* common washroom
Gemeinschaftszentrum *n* 1. *(RP, VR)* civic centre; 2. *(Konst, RP)* social centre
Gemeinwesen *n (VR)* community
Gemenge *n* mixture, combined materials; composition *(Mischgut)*
gemessen measured
gemessen/im Lichten measured inside, measured in the interior
gemessert knife-cut, flat-cut, sliced *(Furnier)*
Gemisch *n* mixture, mix, combined materials, compound, mass
Gemisch *n* **aus Gipsputz Leim und Weißfarbe** gesso *(Spachtelmasse für Basreliefs)*
Gemisch *n***/fettes** rich mixture, rich mix
Gemisch *n* **gemäß Eignungsprüfung** design mixture, design mix
Gemisch *n***/hydraulisch gebundenes** *(BM)* hydraulically bound mixture *(EN 14227, EN 13286)*
Gemisch *n***/hydraulisches** hydraulic mixture
Gemisch *n***/ungebundenes** *(EN 13286)* unbound mixture
Gemischaufbau *m (BM)* mixture composition
Gemischauswahl *f (BM)* selection of mixture
Gemischdosierung *f* mixture proportioning
Gemischkomponente *f* mixture component
gemischt *(BM, BT)* composite
gemischt/maschinell *(BM)* plant-mixed
gemischt/verbrauchsfertig ready-mixed *(Mörtel)*
Gemischtbauweise *f* mixed construction
gemischtkörnig mixed-grained
Gemischtverkehrsspur *f (Verk)* mixed lane
Gemischwaage *f* multiple scale batcher
Gemischwahl *f* choice of mixture
Gemischzusammensetzung *f (BM)* mixture composition
Gemme *f* **mit vertieften Figuren** intaglio
gemufft boxed, housed
Gemüsegarten *m* kitchen garden, vegetable garden
Gemüsekeller *m (Konst)* vegetable cellar
Gemüselager *n (Konst)* vegetable storage
Gemüsewaschtisch *m (San)* vegetable sink
genagelt nailed
genagelt/verdeckt secret-nailed
genarbt granular, grained
genau exact, accurate, precise
Genaubreite *f* exact width
Genauhöhe *f (Verm)* exact height
Genauigkeit *f* accuracy • **mit Genauigkeit** *(Arch)* elaborately
Genauigkeit *f***/geforderte** required accuracy
Genauigkeit *f***/geometrische** geometrical accuracy
Genauigkeitsgrad *m* degree of accuracy, margin
Genauigkeitsklasse *f* accuracy class
Genauigkeitsprüfung *f* precision control
Genauigkeitssollwert *m* required accuracy
genehmigen *v* 1. *(VR)* approve *(zustimmen)*; 2. *(VR)* authorize *(amtlich)*; 3. permit *(Baustoffe, Bauelemente)*
genehmigt approved
genehmigt als anwendbar [verwendbar] *(VR)* approved equal *(Vertragswesen)*
Genehmigung *f* 1. *(VR)* approval *(Zustimmung)*; 2. authorization, permission *(amtlich)*; 3. *(VR)* permit *(Baustoffe, Bauteile)* • **zur Genehmigung** on approval *(Bauunterlagen)*
Genehmigung *f***/amtliche** authorization, official approval
Genehmigung *f***/städtebauliche** *(RP, VR)* zoning permit
Genehmigungsbehörde *f* statutory authority
genehmigungspflichtig subject to authorization, subject to approval
geneigt 1. inclined, sloped, sloping, shelving, hading *(Fläche, Böschung, Gelände usw.)*; 2. pitched, inclined *(Dach)*; 3. tilted *(Gebäude)*; 4. angled *(Sparren, Pfette)*; 5. declivitous, declivous *(Gradiente)*; 6. battered *(anlaufend, z. B. Wand)*; 7. slanted, slanting *(abgeschrägt, z. B. Hang, Böschung)*; 8. raking *(stark geneigte Fläche)* • **geneigt sein** 1. incline *(geologische Schichten)*; 2. ramp *(Fahrrampe)*; 3. slope, pitch *(z. B. Dach)*
geneigt/allseitig quaquaversal
geneigt/nach oben *(Konst)* upwardly inclined *(Fläche)*
geneigt/seitlich sidelong
Generalauftragnehmer *m (VR)* main contractor
Generalbauvertrag *m (VR)* general construction contract
Generalbebauungsplan *m (RP)* master plan
Generaldirektor *m* managing director
Generalhauptschlüssel *m* grandmaster key
Generalschlüssel *m (EB)* master key
Generalstraßenverkehrsplan *m* road master plan
Generalstraßenverkehrsplan *m***/nationaler** *(Verk)* national road master plan
Generalunkosten *pl (RS)* overhead
Generalunternehmer *m* master builder
Generalunternehmerauftrag *m (VR)* general contractor order
Generalverkehrsplan *m* 1. *(RP)* master traffic plan; 2. *(RP, Verk)* traffic master plan
Generalverkehrsübersicht *f (RP)* land-use transportation survey
Generator *m* 1. generator; 2. producer
Generatorasche *f* gas generator ash, generator ash
Generatorgebäude *n (Arch)* generator building
Generatorraum *m* generator room
Generatorteer *m (BM)* producer-gas pitch
Genesungsheim *n (Arch)* convalescent home
genietet riveted
genietet/doppelreihig double-riveted
genietet/dreireihig triple-riveted
genietet/einreihig single-riveted
genietet/zweireihig *s.* genietet/doppelreihig
genormt 1. *(BM, BT)* standard; 2. *(BM, BT)* unitized
genügen *v (Stat)* satisfy
genügen *v***/den Bedingungen** *(Stat)* satisfy conditions
genügen *v***/den Forderungen** comply with the requirements, meet the requirements
genügen *v***/den Forderungen nicht** fail to meet the requirements
genutet grooved, keyed, trenched

genutet/lang *(BM)* keyed
Geobiologie *f (Bod, Umw)* geobiology
Geochemie *f (Bod, Umw)* geochemistry
Geodäsie *f* geodesy *(Lehre)*
Geodäsie f/niedere *(Verm)* plane surveying
Geodät *m (Verm)* geometrician
geodätisch *(Verm)* geodetic
Geode *f (BM, Bod)* geode
Geogitter *n* geogrid, geogrids *(ISO EN 10320; ISO EN 132... - alle Ausführungsarten und ISO EN 13249 - 13265)*
Geogittereigenschaften *fpl* properties of geogrids, geogrids properties *(ISO EN 13249 - 13265)*
geographisch geographic
Geohydraulik *f (Bod)* geohydraulics
Geohydrologie *f (Bod, WVA)* geohydrology
geohydrologisch *(Bod, WVA)* geohydrological
Geo-Informationssystem *n (RP)* geographic information system *(Landesplanung)*
Geologe *m* geologist
Geologenhammer *m* geologist's hammer
Geologenkompass *m* geologist's compass
Geologie *f* geology
Geologie f/allgemeine *(Bod)* general geology
Geologie f/angewandte *(Bod)* economical geology
Geologie f/technische engineering geology
geologisch *(Bod)* geological
Geomechanik *f (Bod, Erdb, Tun)* geomechanics
Geomembrane *f* geomembrane
Geomembrane f/bituminöse *(DIS)* bituminous geomembrane
Geomembranverkleidung *f (DIS)* geomembrane liner
Geometrie f/darstellende 1. *(Konst, Stat)* descriptive geometry; 2. *(Arch, Stat)* solid geometry
Geometrie *f* **der Kräfte** *(Stat)* geometry of forces
geometrisch geometric, geometrical
Geomorphologie *f (Bod)* morphological geology
Geophon *n (Bod, Tun)* geophone
Geophysik *f (Bod)* geophysics
Geophysik f/allgemeine *(Bod)* general geophysics
geophysikalisch *(Bod, Tun)* geophysical
geordnet 1. *(Umw)* controlled; 2. ordered *(mathematisch)*; 3. orderly, tidy, neat
geosynthetisch geosynthetic
Geotechnik *f (Bod)* geotechnics
geotechnisch *(Bod)* geotechnical
Geotextil *n* geotextile, geotextiles *(ISO EN 110320; ISO 132...- alle Ausführungsarten und ISO 13249 - 13265)*
Geotextileigenschaften *fpl* properties of geotextiles, geotextiles properties *(ISO 13249 - 13265)*
Geotextilien *npl (BM)* geotextiles *(DIN EN 13250 bis 13257)*
Geotextilmatte *f* geotextile membrane *(ISO EN 13249 - 13265)*
geothermal *(Bod, HLK)* geothermal
geothermisch *(Bod, HLK)* geothermal
Geovlies *n* geofabric *(ISO EN 110320)*
Geowissenschaft *f (Bod)* earth science
gepaart paired
Gepäckabfertigungsanlage *f* baggage facility
Gepäckablage *f* baggage shelf
Gepäckaufbewahrung *f* left-luggage office, left-luggage room, cloakroom, *(AE)* checkroom
Gepäckaufzug *m* baggage lift, luggage lift; *(AE)* baggage elevator, luggage elevator
Gepäckausgabe *f (Verk) (AE)* baggage claim *(auch Flugplatz)*
Gepäckausgabebereich *m* baggage reclaim area
Gepäckausgaberaum *m (Konst, Verk)* baggage claim area
Gepäckdurchlauf *m* baggage flow
Gepäckförderanlage *f* baggage-conveyance system
Gepäckkarussell *n* baggage roundabout, luggage roundabout, marry-go-round for baggage
Gepäckraum *m (AE)* baggage room, luggage hold, luggage room, cloakroom
Gepäckschalter *m* baggage-handling counter
Gepäckschuppen *m* baggage shed
Gepäckwagen *m (BWG)* trolley
gepanzert armoured, *(AE)* armored
gepfuscht jerry-built
geplant planned
geplant/entwurfsmäßig nicht off-design
geplant/fehlerhaft *(Konst, VR)* defectively designed
geprägt embossed
gepresst/hydraulisch hydraulically pressed
gepulvert in powder, pulverized
geputzt plastered
Geradbogen *m (Konst, TK)* straight arch
gerade 1. straight *(nicht krumm)*; 2. even, flat *(flach, z. B. Flächen)*; 3. erect, upright, right *(aufrecht)*; 4. edge-shot *(Holz)*; 5. endways, endwise *(axial)*; 6. square-headed *(Türöffnung, Fensteröffnung)* • **gerade machen** straighten, straighten out
gerade/nicht off-straight
Gerade *f* 1. *(Arch, Stat, Verm)* straight line; 2. *(Stat)* right line; 3. *(Verk, Verm)* straight *(Trasse)*
Gerade f/konjugierte conjugate line
Gerade f/zugeordnete conjugate line
Geradeausverkehr *m (Verk)* straight ahead traffic
geradehobeln *v (Hb)* shoot
geradfaserig straight-grained *(Holz)*
Geradgewölbe *n* straight vault, straight vaulting
Geradheit *f* straightness
Geradheit *f* **der Oberfläche** *(Arch)* surface flatness
geradläufig straight
geradlinig straight-lined, straight, right-lined, rectilinear
Geradlinigkeit *f* straightness, rectilinearity
geradnutig straight-fluted
geradstämmig straight-boled
gerammt/zu stark overdriven *(Pfahl)*
Gerät *n* device; apparatus; unit; set; appliance; utensil
Gerät n/elektronisch gesteuertes electronic device
Geräteanordnung *f* instrument arrangement
Geräteausstattung *f* equipment fleet, instrumentation
Geräteerdungsleitung *f (El)* equipment earth conductor, *(AE)* equipment ground
Geräteführer *m (Bod)* rig operator
Gerätegrundausstattung *f (BWG)* ground equipment
Gerätegrundprogramm *n (Verk)* base program of traffic signals, controller configuration of traffic signals *(Verkehrssignalsteuerung)*
Gerätehof *m* plant depot
Gerätekosten *pl* operating expenditure
Gerätepark *m* equipment fleet, plant depot
Geräteraum *m* store equipment room, storeroom, toolroom
Gerätesatz *m (BWG)* equipment set
Geräteschnur *f (El)* lamp cord
Geräteschrank *m* equipment cupboard, tool shed; implement shed *(Landwirtschaft)*
Geräteständer *m* housing
Gerätesteckdose *f* coupler socket; convenience receptacle *(Hausgeräte)*
Gerätestecker *m (El)* connector
Gerätetechnik *f* plant equipment, implementation
Gerätschaften *fpl (BWG)* implements
geräumig spacious; roomy, commodious *(z. B. ein Haus)*
Geräumigkeit *f* 1. *(Arch)* spaciousness; 2. *(Konst, RP)* vastness; 3. *(Arch, Konst)* roominess *(z. B. eines Hauses)*
Geräusch *n (DIS)* noise

Geräusch *n*/**durch Luft übertragenes** *(DIS, Umw)* airborne sound *(in einem Gebäude)*
Geräusch *n*/**kanalerzeugtes** *(HLK)* duct-generated noise *(Klimaanlage)*
Geräuschabsorptionswert *m (DIS)* noise reduction coefficient *(von Schalldämmstoffen)*
geräuscharm low-noise, quiet
geräuschdämmend noise-controlling
Geräuschdämmung *f (DIS)* isolation of noise
geräuschdämpfend noise-absorbent, noise-deadening, antinoise, silencing
Geräuschmeldeanlage *f (El)* sonic alarm system
Geräuschmessung *f* noise measurement
Geräuschminderung *f (DIS, Umw)* sound reduction
Geräuschpegel *m (DIS, Umw)* noise level
Geräuschpegel *m*/**üblicher** *(DIS)* general noise level
Geräuschpegelanzeiger *m (Umw)* weighted noise level indicator
Geräuschquelle *f* noise source
Geräuschstärke *f* noise intensity
Geräuschstärke *f*/**allgemeine** *(DIS)* general noise level
Geräuschstörpegel *m (DIS)* level of background noises
Geräuschübertragung *f (DIS)* noise transmission
Geräuschübertragung *f* **außerhalb der Zwischenwand** flanking transmission of noise
Geräuschübertragung *f*/**indirekte** indirect noise transmission
geraut granular
gerautet *(Arch)* with diamond pattern, diamond-patterned
Gerberfachwerkbinder *m* articulated beam
Gerbergelenk *n* Gerber hinge, Gerber joint, bucket handle joint
Gerberpfette *f (Konst, TK)* hinged ridge purlin
Gerberträger *m* hinged girder system, slung span continuous beam; articulated beam *(Fachwerk)*; suspended span *(Stahlbau)*
Gerberträgerbrücke *f* 1. *(Br, TK)* double cantilever girder bridge; 2. *(Konst, TK)* hinged cantilever girder bridge
Gerbsäure *f (BM)* tannic acid
gereinigt 1. *(OB)* clean; 2. *(BT, OB)* cleaned
Gericht *n (VR)* court
gerichtet directional *(richtungsorientiert)*; straightened *(linienförmig)*; flattened *(flächenförmig)*
gerichtet/maschinell machine-straightened *(z. B. Blech)*
gerichtet/quer transverse
gerichtet/zugrunde *(RS)* ruined
Gerichtsgebäude *n* courthouse
Gerichtsraum *m*/**islamischer** *(Arch)* divan
Gerichtssaal *m* courtroom
Gerichtsverhandlungen *fpl (VR)* tribunal proceedings
geriefelt *s.* geriffelt
gerieft *s.* geriffelt
gerieft/senkrecht tooled *(Werkstein)*
geriffelt 1. grooved, fluted, reeded *(gerillt)*; 2. *(Arch, Konst)* serrated *(gezahnt)*; 3. finned, ripped *(gerippt)*; 4. corrugated *(gewellt)*; 5. *(Arch)* channelled *(kanneliert, gekehlt)*; 6. striated *(Säule)*
gerillt 1. furrowed, grooved, reeded; 2. *(BM)* keyed *(lang genutet)*; 3. *(Arch, Konst)* serrated *(gezahnt; s. a. geriffelt)*
gerillt/senkrecht tooled *(Werkstein)*
gering light *(mit wenig Substanz, z. B. Bindemittel, Pigment usw.)*
geringfügig marginal, negligible *(Toleranz, Umfang)*
geringwertig low-grade, inferior
Gerinne *n* 1. gutter channel, channel, drain *(Oberflächenwasserableitung)*; 2. chute, raceway *(Abwasser)*; 3. *(Wsb)* flume, race, raceway; 4. *(Bod, LB)* rivulet
Gerinne *n*/**künstliches** *(Wsb)* flume
Gerinne *n*/**offenes** open channel, open gutter
gerinnen *v* clot
Gerippe *n* 1. *(Konst)* skeleton; 2. *(TK)* structural skeleton *(Traggerippe)*; 3. *(Konst)* studding; 4. *(TK)* studs *(Tragelemente)*; 5. *(Konst, TK)* framing
Gerippe *n*/**kinematisch unbestimmtes** deficient framework, deficient truss
Gerippebauart *f (Konst)* studs construction type
Gerippegebäude *n (Konst)* skeleton building
Gerippetrennwand *f (Hb)* stud partition
Gerippewand *f* framed partition, stud wall
gerippt 1. *(BT)* ribbed; 2. finned *(mit Lamellen)*; 3. fluted, corrugated *(mit Rillen versehen)*; 4. *(Arch)* ribbed, fluted
gerissen cracked; gaped *(z. B. Mauerwerk)*
gerissen/nicht uncracked
Geröll *n* 1. *(Bod)* boulders; 2. *(BM, Wsb)* rubble *(großteilig)*; 3. pebble(s), pebble stone *(Kieselsteine)*; 4. detritus, debris, pebbles, rubble, gravel *(Geologie)*; 5. *(Bod)* scree
Geröllblock *m (Bod)* boulder *(< 25 cm ∅)*
Geröllfang *m* 1. *(Wsb)* shingle trap; 2. *(Verk)* rock trap
Geröllfeld *n* scree, talus
Geröllhalde *f (Bod)* scree *(geologisch)*
Geröllkies *m (BM)* pebble gravel
Geröllstein *m* pebble stone
gerollt rolled; coiled *(Stahl)*
Geruch *m (Umw)* odour
Geruch *m*/**erdiger** earthy odour
geruchdicht *(Konst, San, WVA)* odour-tight
Geruchfang *m* cove
geruchfrei inodorous
geruchlos inodorous
Geruchsausbreitung *f (Umw)* odour emission
Geruchsbekämpfung *f* odour control
Geruchsbelästigung *f* odour nuisance, *(AE)* odor nuisance
Geruchsbeseitigung *f* deodorization, deodorizing
Geruchsbeseitigungsmaterial *n* deodorizing material
Geruchsemission *f (Umw)* odour emission
Geruchssperre *f (San)* odour barrier
Geruchstest *m* 1. peppermint test; 2. *(San)* scent test, smell test *(Rohrleitungen)*
Geruchsverhütung *f (San)* odour control *(Toilettenanlage)*
Geruchsverschluss *m (San)* drain trap, odour trap, air trap, siphon water seal, running trap, seal, siphon trap, stench trap, stink trap, trap, water seal trap, water trap; interceptor, intercepting trap *(außerhalb eines Gebäudes)* • **mit Geruchsverschluss** trapped • **ohne Geruchsverschluss** untrapped
Geruchsverschluss *m* **mit innerem Trennblech** *(San)* internal-partition trap
Geruchsverschluss *m* **mit innerer Trennwand** *(San)* internal-partition trap
Geruchsverschluss *m*/**S-förmiger** S-trap, bag trap
Geruchsverschluss *m*/**U-förmiger** *(San)* half S-trap
Geruchsverschluss *m*/**zylindrischer** drum trap
Geruchsverschlussrohr *n (San)* running trap
Geruchsverschlusswasserstand *m (San)* seal
Geruchverschluss *m s.* Geruchsverschluss
Gerümpel *n* litter
gerundet 1. rounded, convex, curving; 2. radiused *(z. B. Kanten)*; 3. *(Stat)* round *(Zahlen)*; 4. *(Arch)* orbicular *(kreisrund)*
gerundet/mittelmäßig subrounded
Gerüst *n* 1. scaffold, (timber) scaffolding *(Baugerüst)*; 2. mason's scaffold, staging, stage *(Bockgerüst)*; 3. *(TK)* structural framework; 4. *(Konst, TK)* framing *(Traggerüst)*; 5. trestle, trestlework, rack *(Gestell, Traggestell)*; 6. falsework *(Schalungsgerüst)*; 7. piling frame *(Rammgerüst)* • **das Gerüst abbauen** *(Te)* unscaffold • **das Gerüst bauen** scaffold • **ein Gerüst aufstellen** raise a scaffold • **ein**

Gerüst benötigend scaffold-high *(Gebäude)* • **mit einem Gerüst versehen** *(Te)* scaffold *(z. B. Haus)*
Gerüst *n*/**an der Mauer verankertes** outrigger scaffold
Gerüst *n*/**bewegliches** mobile scaffold
Gerüst *n*/**deckenhängiges** interior hung scaffold
Gerüst *n*/**fahrbares** portable scaffold, jumbo
Gerüst *n*/**fenstergestütztes** *(BT, Te)* window jack scaffold
Gerüst *n*/**fliegendes** hanging stage
Gerüst *n*/**hängendes** *(Te)* flying scaffold
Gerüst *n*/**mauerabgestütztes** wall-supported scaffold
Gerüst *n*/**metallstrebengestütztes** bracket scaffold
Gerüst *n*/**mittelschweres** medium-duty scaffold *(250 kg/m^2)*
Gerüst *n* **über dem First** saddle scaffold
Gerüst *n*/**von Eckhölzern getragenes** needle (beam) scaffold
Gerüst *n*/**von Einsteckhölzern getragenes** needle scaffold, jumbo
Gerüstabbau *m (Te)* scaffold dismantling
Gerüstankereisen *n* grappler
Gerüstaufstellen *n (Konst, Te)* scaffold erection
Gerüstbau *m* scaffold erection, scaffolding; staging
Gerüstbauer *m* scaffolder
Gerüstbaum *m* pole of a scaffold, scaffold pole
Gerüstbelastung *f*/**maximale** maximum rated scaffold load, maximum rated load
Gerüstbock *m* horse, trestle
Gerüstboden *m* assembling floor, assembling stage, scaffold floor, scaffold stage, stage
Gerüstbogen *m* centring of vault *(Schalung)*
Gerüstbohle *f* scaffold plank, scaffold board, scaffolding plank
Gerüstbrett *n* scaffold board
Gerüstbrücke *f* scaffold bridge, trestle bridge
Gerüstbrücke *f*/**provisorische** temporary gantry
Gerüstebene *f (Te)* lift
Gerüsteisen *n* scaffold clamp
gerüstet ready
Gerüstetage *f (Te)* lift
Gerüstfußbrett *n* guard bar, bumper bar
Gerüsthalter *m* builder's jack, window jack *(am Fenstersims befestigt)*
Gerüstholz *n* scaffold timber
Gerüstholz *n*/**horizontales** putlog, *(AE)* ligger
Gerüsthubbrücke *f* rising scaffold bridge, rising stage bridge
Gerüsthubhöhe *f* scaffold height
Gerüstkeil *m* slack block
Gerüstknebel *m* scaffold clamp
Gerüstkupplung *f* coupler
Gerüstloch *n* putlog hole *(in der Wand)*
Gerüstpfeiler *m* pier of erecting stage
Gerüstpfosten *m* scaffold pole
Gerüstpfostenbelastung *f*/**zulässige** *(Stat)* safe leg load
Gerüstrahmen *m (Konst)* scaffolding frame
Gerüstrohr *n* scaffolding tube
Gerüstschale *f* lining of boards *(aus Brettern)*
Gerüststabverbindungspunkt *m* junction of scaffold members
Gerüststange *f* scaffold pole; putlog *(horizontal)*
Gerüststangenverlängerungsstück *n (BT, Te)* upright extension of a scaffold
Gerüststrebe *f* footing piece
Gerüststütze *f (BT, Konst)* counterbracket
Gerüststützholz *n*/**horizontales** *(AE)* ligger
Gerüstteil *n*/**auskragendes** extending part of scaffold
Gerüstwandklammer *f* reveal pin
Gerüstzange *f (BT, Konst)* scaffolding tie
gesackt bagged, sacked *(Baustoffe)*
gesägt sawn; sawed *(Werkstein)*
gesägt/diagonal *(SB)* arris-ways *(Holz)*
gesägt/zu Holzbrettern rift-sawn
gesamt total
Gesamt... total ..., overhead ...
Gesamtablagerung *f (Umw)* total deposition
Gesamtabmessung *f* total dimension, overall dimension, aggregate dimension
Gesamtabnahme *f (VR)* general acceptance
Gesamtangriff *m (OB)* general attack *(Korrosion)*
Gesamtansicht *f* 1. *(Arch, Konst)* general view; 2. *(Arch)* total view
Gesamtanstrichaufbau *m* paint system, master system
Gesamtanzahl *f* total number, aggregate number
Gesamtauflagerkraft *f* total reaction force, total reactive force
Gesamtauftragnehmer *m (VR)* main contractor
Gesamtauftragssumme *f* total contract sum
Gesamtaußenmaß *n* overall dimension
Gesamtbaukosten *pl* overall construction cost, aggregate cost, total building costs, total construction cost
Gesamtbaupreisermittlung *f* billing
Gesamtbauvolumen *n* 1. *(Konst, VR)* overall volume of construction; 2. *(Konst)* total volume of construction
Gesamtbebauungsplan *m (RP)* general development plan
Gesamtbedingungen *fpl* overall conditions
Gesamtbelastung *f* total load, total loading
Gesamtbelastung *f*/**maximale** *(Stat)* maximum total load
Gesamtbeleuchtung *f (El)* general lighting
Gesamtbewehrungsfläche *f (Konst)* total steel area
Gesamtbreite *f* overall width, total width
Gesamtbruch *m* total failure
Gesamtdeckendicke *f (Konst)* total floor depth
Gesamtdehnung *f* total strain
Gesamtdehnung *f*/**konstante** *(BM, BT)* sustained deformation
Gesamtdicke *f* overall thickness, total thickness
Gesamtdruck *m (Stat)* total pressure
Gesamtdurchschnitt *m* overall average, total average
Gesamteindruck *m (Arch)* overall appeal
Gesamterdungswiderstand *m* total earth resistance, *(AE)* total ground resistance
Gesamtevakuierung *f (VR)* total evacuation *(baurechtlich)*
Gesamtfallhöhe *f (Wsb)* total head
Gesamtfensterfläche *f* total window space *(Raum, Gebäude)*
Gesamtfläche *f* total area
Gesamtform *f* overall form
Gesamtformänderung *f (BM, Stat, TK)* total deformation
Gesamtgeschossfläche *f* 1. *(Konst)* total floor space; 2. *(Konst, VR)* aggregate floor space
Gesamtgesteinsprobe *f (BM)* total rock sample
Gesamtgewicht *n* total weight, gross weight
Gesamtgewicht *n*/**zulässiges** permissible overall weight
Gesamtgrundfläche *f* 1. *(Konst, RP)* architectural area; 2. *(Arch)* gross floor area
Gesamthärte *f (WVA)* total hardness *(Wasser)*
Gesamtheit *f* totality
Gesamthöhe *f* overall height, total height; overall depth, total depth *(Träger)*
Gesamthülle *f (Tun)* total enclosure
Gesamtinhalt *m* total capacity
Gesamtkapazität *f* total capacity
Gesamtkorrosion *f (OB)* over-all corrosion
Gesamtkorrosionsschutzsystem *n* master system
Gesamtkosten *pl* overall cost, aggregate cost, total cost
Gesamtlänge *f* overall length, total length
Gesamtlärmpegel *m* overall noise level
Gesamtlast *f* total design load, total load, total loading

Gesamtluftgehalt *m (BM)* total air content
Gesamtmaß *n* overall dimension, total dimension, aggregate dimension
Gesamtmasse *f* total mass
Gesamtmoment *n (Stat)* total moment
Gesamtplan *m* 1. *(Arch, Konst)* overall plan; 2. *(Konst)* total plan
Gesamtplanung *f* overall planning, overall planning scheme, total planning
Gesamtporosität *f* gross porosity, total porosity, true porosity
Gesamtpreis *m* total price, total, cover price
Gesamtpreisermittlung *f* billing
Gesamtproduktion *f* gross production, ultimate production

G

Gesamtquerschnitt *m* gross cross section
Gesamtquerschnittsfläche *f (Stat)* gross cross-sectional area
Gesamtreibung *f* total friction
Gesamtschichtdicke *f (DIS)* total coating thickness *(Anstriche, Beschichtungen)*
Gesamtschutzsystem *n* master system
Gesamtstabilität *f (Stat)* overall stability
Gesamtsteifigkeit *f (Stat)* overall rigidity
Gesamtstützdruck *m (Stat)* total reaction
Gesamtstützkraft *f (Stat)* total reaction
Gesamtsumme *f (VR)* total
Gesamtübersicht *f (Konst)* layout plan
Gesamtverbrauch *m* cumulative consumption, total consumption
Gesamtverformung *f (BM, Stat, TK)* total deformation
Gesamtverformung *f***/konstante** *(BM, BT)* sustained deformation
Gesamtverlust *m* total loss
Gesamtvorspannkraft *f* total prestressing force, total stressing force, total tensioning force
Gesamtwandfläche *f (Konst)* total wall area
Gesamtwärmebedarf *m (HLK)* total heat requirement
Gesamtwasser *n* total water *(Betonmischung)*
Gesamtwindkraft *f (Stat)* total wind force
Gesamtwirkung *f* total efficiency
Gesamtwirkungsgrad *m* overall efficiency
Gesamtzusammenbruch *m* overall collapse
gesättigt saturated
gesäubert *(BT, OB)* cleaned
Geschäft *n* shop, *(AE)* store
geschäftig at work
Geschäftsabschluss *m* business deal, secured contracts
Geschäftsbau *m (Arch)* commercial building
Geschäftsbuch *n* account book
geschäftsfähig legally capable
geschäftsführend executive
Geschäftsführer *m* managing director, manager, executive director
Geschäftsgebäude *n* 1. *(Arch)* commercial block; 2. *(Arch, Konst)* utilitarian building
Geschäftsgebiet *n (RP)* business district
Geschäftsgeheimnis *n* trade secret
Geschäftsgrundstück *n***/bebautes** *(VR)* commercial premises
Geschäftsgrundstücke *npl (RP, VR)* office premises
Geschäftshaus *n* 1. *(Arch)* commercial block; 2. *(Arch, Konst)* utilitarian building
Geschäftshochhaus *n (Arch)* commercial tower
Geschäftskomplex *m (RP)* retail shopping complex
Geschäftskosten *pl***/allgemeine** *(RS)* overhead
Geschäftskostenaufschlag *m (VR)* overhead charge
Geschäftsleben *n* business
Geschäftsmann *m* tradesman
Geschäftsstraße *f (RP)* business street
Geschäftsunfähigkeit *f (VR)* legal disability
Geschäftsunkosten *pl* operating expenses *(s. a. Gemeinkosten)*
Geschäftsverhalten *n***/unlauteres** *(sl)* monkey business
Geschäftsviertel *n* 1. *(RP)* business district; 2. *(Arch, RP)* city area
Geschäftsviertel *n***/zentrales** *(RP)* central business district
Geschäftszimmer *n* office
geschätzt/reichlich conservatively estimated
geschäumt foamed
geschehen/unlängst *(Te)* recent
Geschichte *f* **der Baukunst** *(Arch)* history of architecture
geschichtet 1. lamellar, laminated, sheeted *(in Platten, z. B. Holz, Glas, Gips)*; 2. in layers, layered, coursed *(Mauerwerk)*; 3. racked *(Holz)*; 4. *(Bod)* stratified; 5. *(Bod, BT, Konst)* superimposed *(schichtig überlagert)*; 6. tabular *(blättrig geschichtet)*
geschichtet/dickbankig *(Erdb)* massively bedded *(geologisch)*
geschichtet/dünn *(Bod)* straticulate *(geologisch)*
geschichtet/eben *(Bod)* evenly laminated
geschichtet/gleichmäßig 1. *(Bod)* even-bedded, evenly bedded; 2. *(Erdb, Tun)* uniformly bedded *(Erd- und Felsschichten)*
geschichtet/schräg *(Bod, Erdb)* obliquely bedded
geschichtet/undeutlich *(Bod, Erdb)* rudely bedded
geschichtet/unregelmäßig *(Bod, Erdb)* warped
geschickt skilful, skilled, knacky
Geschiebe *n* 1. (glacial) drift *(Geologie, z. B. eiszeitliche Geschiebemassen)*; 2. boulders, pebble stone *(steinig)*; 3. *(BM)* shingle *(an Meeresufern)*
Geschiebebeton *m (Bod)* stony clay
Geschiebelehm *m* 1. *(Bod, Erdb)* glacial clay; 2. *(BM, Bod)* glacial till; 3. *(Bod)* till
Geschiebemergel *m* 1. *(Bod)* boulder clay; 2. *(BM, Bod)* glacial till
Geschiebemergel *m***/alluvialer** *(Bod)* silttill
Geschiebemergelschicht *f (Bod)* till layer
Geschiebesand *m (BM, Bod)* glacial sand
Geschiebeton *m (Bod)* boulder clay *(s. a. Geschiebelehm)*
Geschirrspülmaschine *f (San, WVA)* dishwasher
geschlagen/von unten repoussé *(Relief)*
geschlängelt 1. serpentine, winding *(z. B. Straße)*; 2. *(Arch)* festooned, vermicular *(z. B. Ornamentierung)*; 3. meandering, winding *(Fluss)*; 4. wavy *(Linie)*
geschleudert centrifugally cast, spun *(z. B. Betonrohrproduktion)*
geschliffen ground
geschlitzt slotted; notched *(Holz)*
geschlossen 1. dense, dense-graded *(dicht)*; 2. compact, continuous *(Bauweise, Front)*; 3. *(BT, Konst)* close *(eingeschlossen)*; 4. capped *(abgedeckt)*; 5. plain *(Wandfläche)* • **in sich geschlossen** self-contained
Geschlossenheit *f* 1. compactness *(Bauweise)*; 2. self-containedness *(einer Wohnung)*; 3. unity *(Darstellung)*
geschlossenzellig with closed cells *(Kunststoffe)*
geschmeidig 1. *(BM)* mouldable *(z. B. Kunststoffe)*; 2. ductile, flexible; plastic *(Werkstoffe)*; 3. *(BM, Te)* fat *(Mörtel, Beton, Ton)*; 4. *(BT)* willowy *(z. B. Weidenholz)*; 5. malleable *(Schmiedewerkstücke)*
geschmiedet forked
geschmückt ornamented, decorated, enriched; ornate *(prunkvoll, z. B. große Objekte)*
geschmückt/reich highly decorated [ornamented], richly decorated [ornamented]
geschmückt/überreich *(Arch)* profusely enriched, lavishly ornamented

geschnitten cut; sawn, cut *(Holz)*
geschnitten/diagonal *(SB)* arris-ways *(Holz)*
geschnitten/flach 1. flat-sawn *(Holz)*; 2. *(Hb)* plain-sawn, slash-sawn, through-and-through sawn *(zu den Jahresringen, Holz)*; tangent-sawn *(Holz, < 45° zu den Jahresringen)*; 3. *s.* geschnitten/tangential
geschnitten/gerade edge-shot *(Holz, Kante)*
geschnitten/glatt und rechtwinklig planed and square-edged *(Holz)*
geschnitten/radial quarter-cut, quarter-sawn, quartered, radial-cut *(Holz)*
geschnitten/schräg edge-grained, rift-grained, vertical-grained *(Holz)*
geschnitten/tangential tangent(ial)-sawn, flat-sawn, through-and-through-sawn *(Holz, < 45° zu den Jahresringen)*; *(AE)* flat grain(ed), bastard-sawn
Geschoss *n* storey, floor, *(AE)* story • **um ein Geschoss erhöhen** *(Konst, Te)* add a storey
Geschoss *n*/**erstes** first floor
Geschoss *n*/**fensterloses** blindstorey
Geschoss *n* **in Straßenhöhe** street floor, street-level floor
Geschoss *n* **mit dem Haupteingang** principal entrance storey
Geschoss *n*/**oberes** *(Konst)* overstorey
Geschoss *n*/**oberstes** top floor
Geschoss *n*/**technisches** mechanical floor
Geschoss *n*/**überstehendes** jutting piece
Geschoss *n*/**unteres** lower floor, lower storey
Geschossbalkenstütze *f (TK)* storey post
Geschossbalkenträger *m (TK)* storey post
Geschossbau *m (Konst)* multistorey building
Geschossdecke *f* floor, intermediate floor
Geschossdecke *f*/**kassettierte** *(TK)* waffle slab floor
Geschossdeckenverjüngung *f (Konst)* waist
Geschosse *npl*/**versetzte** *(Konst)* split levels
Geschossebene *f* floor level, storey level
Geschossfläche *f* floor area, floor space, floorage
Geschossfläche *f*/**nutzbare** *(Konst)* usable floor area
Geschossflächenindex *m* floor space index
Geschossflächenverhältnis *n (Konst)* plot ratio
Geschossflächenzahl *f (GFZ)* plot ratio, floor space ratio, FSR
Geschossflächenziffer *f* floor space index
Geschossgarage *f* multifloor garage
Geschossgebäude *n (Konst)* multistorey building
Geschossgrundriss *m (Konst)* floor plan
geschosshoch of storey height
Geschosshöhe *f* floor height, floor-to-floor height, storey floor height, storey height
geschossig *(Konst)* storeyed
Geschossleitung *f (WVA)* storey branch
Geschossnettonutzfläche *f (Konst)* usable floor area
Geschossplatte *f*/**eingehängte** *(Konst)* suspended floor
Geschosspodest *n* floor landing
Geschossquerbalken *m (Hb, Konst)* summer beam
Geschossrahmen *m (Konst, TK)* storey frame
Geschossrampe *f* ramp between floors, ramp between storeys
Geschossregelgrundriss *m (Konst)* typical floor ground-plan
Geschosstafel *f (BT)* storey panel
Geschosstreppe *f* interfloor stair
Geschossverkehr *m* interfloor traffic
Geschosswand *f* storey wall
geschuppt scaly
geschützt protected; screened
geschützt/gesetzlich *(VR)* proprietary
geschützt/gut *(BM, BT)* well-preserved
geschützt/unzureichend underprotected
geschützt/voll fully protective
geschwächt *(Konst)* weakened
geschweift curved
geschweißt welded
geschweißt/durchgehend *(St)* long-welded *(Schiene)*
Geschwindigkeit *f* 1. speed, velocity, rate *(physikalisch; Tempo)*; 2. quickness, fastness, swiftness *(Schnelligkeit)*
Geschwindigkeit *f*/**empfohlene** *(Verk)* recommended speed
Geschwindigkeit *f*/**freie** *(Verk)* free speed
Geschwindigkeit *f*/**kritische** *(Tun)* critical velocity
Geschwindigkeit *f*/**punktuelle** *(Verk)* spot speed
Geschwindigkeitsänderungsspur *f (Verk)* speed-change line
Geschwindigkeitsdiagramm *n* velocity diagram
Geschwindigkeitsdruck *m* velocity pressure
Geschwindigkeitshöhe *f (Wsb, WVA)* velocity head *(Flüssigkeit)*
Geschwindigkeitsmesser *m* speedometer
Geschwindigkeitsmesssystem *n (Verk)* speed-measuring system
Geschwindigkeitspotenzial *n (DIS)* velocity potential
Geschwindigkeitsverteilung *f (Te, Verk, Wsb)* velocity distribution
Geschwindigkeitswarnanlage *f (Verk)* active speed warning signs, ASWS
Geschwindigkeitszahl *f (Wsb)* velocity index
geschwungen curved, curtail(ed)
Geselle *m* journeyman
Gesellschaft *f* corporation, association *(wirtschaftlich)*
Gesellschaftsbau *m* 1. *(Arch, RP)* community building construction; 2. *(Arch)* public building
Gesellschaftshaus *n (Arch)* casino
Gesellschaftsraum *m* general public room *(Hotel)*
Gesellschaftssaal *m* reception hall; general public room, saloon *(bes. im Hotel)*
Gesenk *n* die-forging, forging die, set hammer, swage *(Schmieden)*
Gesenkblock *m* 1. *(St)* die-block; 2. *(BWG, Te)* swage block
Gesenkplatte *f (BWG, Te)* swage block
Gesenkschmieden *n* die-forging, die work
Gesenkschmiedeteil *n* die-forging
Gesenkstahlbauteil *n (St)* pressed steel building component
Gesenkstahlprofil *n (BT, St)* pressed steel trim
gesenkt depressed, dropped
Gesetz *n (VR)* law
Gesetz *n*/**Abram'sches** *(BM)* Abram's law *(Wasser-Zement-Verhältnis)*
Gesetz *n*/**Hooke'sches** 1. *(BM)* law of elasticity; 2. *(BM, Stat)* Hooke's law
Gesetz *n*/**Stock'sches** *(BM)* Stockes' formula
Gesetz *n* **zur Reinhaltung der Luft** *(Umw, VR)* Clean Air Act
Gesetze *npl* **von Raum und Farbe** *(Arch)* laws of space and colour
Gesetzesänderungen *fpl* changes in the law
Gesetzesbuch *n (VR)* code
Gesetzesüberwachung *f* law enforcement
Gesetzesvollzug *m* law enforcement
Gesetzgebung *f (VR)* legislation
gesetzt/senkrecht zur Schichtung 1. *(SB)* edge-bedded; 2. *(St, Te)* face-bedded *(Naturstein)*
gesichert/elektrisch *(El)* fused
Gesichtspunkt *m* 1. criterion; 2. aspect *(Betrachtungsweise)*
gesiebt screened, graded *(Mineralstoffe)*
Gesims *n* 1. ledge, moulding *(aus dem Mauerwerk hervortretender waagerechter Streifen)*; 2. *(Arch, Konst)* cornice

(an Wänden und Gebäuden) • **das Gesims anlegen** *(Konst, Te)* cope
Gesims *n*/**einlagiges** simple cornice
Gesims *n*/**gestütztes** *(BT, Konst)* console cornice
Gesims *n*/**offenes** open cornice
Gesimsband *n* 1. *(Arch)* band course, belt course *(Ornament)*; cordon *(mit kordelförmigem Ornament)*; 2. string course, string *(Gurtgesims zwischen den Geschossen)*
Gesimsband *n*/**dorisches** *(Arch)* taenia
Gesimsbrett *n* fascia board, eaves fascia
Gesimseckstück *n* base shoe corner
Gesimshöhe *f (Konst)* cornice level
Gesimskante *f* 1. *(BT, Konst)* larmier; 2. *(Arch, Konst)* corona
Gesimskante *f*/**konkav gewölbte** *(Arch)* cavetto
Gesimskragsteinende *n (Konst)* tailing *(eingebunden)*
Gesimskranzecke *f* 1. *(BT, Konst)* larmier; 2. *(Arch, Konst)* corona
Gesimsleiste *f* base shoe *(über dem Fußboden)*
Gesimsleistenausbildung *f (Arch)* crown moulding
Gesimsschalung *f* cornice boarding
Gesimsschließbrett *n* plancier piece
Gesimsstein *m (BT)* cornice stone
Gesimssteinlage *f* **mit geschnittenen Formen** *(SB)* curstable
Gesimsunterseite *f* plancier
Gesimsverschalung *f* cornice boarding
Gesimsweiterführung *f (Konst)* cornice return
gesintert sintered, vitrified *(Feuerfestkeramik)*
gespalten 1. knapped, flerry *(Gestein)*; 2. cleaved, cloven *(Keramik)*; 3. split *(z. B. Holz)*; 4. fissured *(rissig)*; 5. divided, split *(Grundstücke)*
gespalten/vielfach multipartite
gespannt 1. taut, tight, tense *(z. B. Seile)*; 2. *(Stat)* tensioned, stressed, stretched *(durch Zugspannung)*; 3. *(Bod, WVA)* entrapped *(Grundwasser)*
gespannt/einachsig *(Konst)* spanning in one direction
gespannt/zweiachsig *(Konst)* spanning in two directions
Gespärre *n (Hb)* rafters
gespeichert retained
gespeist/mit Fremdstrom *(El)* impressed-current
gesperrt 1. off, shut-ff; 2. *(VR)* condemned *(z. B. Gebäude, Wohnung)*; 3. inaccessible *(Zugänge)*
gespitzt pointed *(Natursteinbearbeitung)*
gespleißt spliced
Gesprächszimmer *n (AE)* parlor
gesprenkelt 1. speckled, spotted, sprinkled; 2. mottled, dappled *(gescheckt)*; 3. marbled *(Stein)*; 4. freckled *(getüpfelt)*
gespundet tongued and grooved, matched
gespundet und genutet *(Hb)* tongued and grooved
Gestade *n (Bod)* waterside
gestaffelt 1. *(Konst)* staggered *(z. B. Gebäude)*; 2. benched *(abgestuft)*; 3. in echelon *(gestaffelt gegliedert)*
Gestalt *f* 1. shape, form, figure; 2. *(Arch, BM, OB)* configuration *(strukturförmig)*; 3. mould *(Abgeformtes)*
Gestaltänderung *f* 1. *(BM)* shape change; 2. deformation *(Formänderung durch Krafteinwirkung)*
Gestaltänderungsauswirkung *f* deformation effect
Gestaltänderungsbedingung *f* deformation condition
Gestaltänderungswirkung *f (BM, BT, Stat)* deformation action
Gestaltanisotropie *f (Arch)* shape anisotropy
gestalten *v* 1. shape, form *(Gestein, Ton)*; 2. *(Arch, Te)* mould *(mittels Form)*; 3. *(Arch)* dress; sculpture *(eine Plastik)*; 4. chase *(Metalldekoration an Außenflächen)*; 5. *(Arch)* design; 6. *(Arch, Konst)* plan *(entwerfen)*
gestalten *v*/**bildhauerisch** *(Arch, Te)* sculpture *(eine Plastik)*
gestalten *v*/**eine Landschaft** *(LB)* landscape
gestalten *v*/**harmonisch** harmonize
gestalten *v*/**landschaftlich** *(LB)* landscape
gestalten *v*/**neu** refashion; redevelop
gestalten *v*/**städtisch** *(Arch, Konst, RP)* urbanize
gestalten *v*/**weicher** scumble *(Malerei)*
Gestalten *n* designing
Gestalten *n* **von Ornamenten und Sichtformen** dressing
Gestalter *m* designer
gestaltet/gut *(Arch)* shapely, well-designed
gestaltet/kompliziert *(Konst)* awkwardly shaped
Gestaltlosigkeit *f (Arch)* shapelessness
Gestaltung *f* 1. *(Arch)* style, design, artistic formation; 2. embodiment *(darstellend)*; 3. *(Arch, Konst)* configuration *(Strukturierung)*; 4. shaping, forming, form *(Gestein, Ton)*
Gestaltung *f*/**innenarchitektonische** *(Arch)* interior decoration *(eines Raumes)*
Gestaltung *f*/**künstlerische** *(Arch)* artistic design
Gestaltung *f*/**landschaftliche** landscaping
Gestaltung *f*/**städtebauliche** *(RP)* urban design
Gestaltungselement *n* architectural feature element
Gestaltungselement *n*/**keramisches** architectural terra--cotta *(größer als Ziegel)*
Gestaltungsfläche *f (Arch, OB)* champ *(Behauen, Gratieren)*
gestampft rammed; tampered *(Gussasphalt)*
Gestänge *n* bars, rods
Gestängebohrung *f (Bod)* sounding by pole *(Erdstoffprobe)*
gestapelt racked *(Holz)*
gestapelt/luftig *(BM, Hb)* spacing-piled *(Holz)*
gestatten *v* permit
Gestattungsrecht *n (VR)* dominant estate *(z. B. Wegerecht auf einem Privatgrundstück)*
Gestehungskosten *pl* first cost, initial cost, prime cost, production cost, flat cost *(Arbeit und Material)*
Gestein *n* rock, stones, mineral, stone
Gestein *n*/**anstehendes** 1. *(Tun)* rock in place; 2. *(Erdb)* underlying rock
Gestein *n*/**basaltisches** whinstone
Gestein *n*/**basisches** basic rock, subsilicic rock
Gestein *n*/**bröckeliges schiefriges** *(Bod)* shab
Gestein *n*/**brüchiges** *(BM)* shatter rock
Gestein *n*/**entwässertes** dehydrated rock
Gestein *n*/**faules** *(Bod)* soft rock
Gestein *n*/**fest anstehendes** *(Bod)* solid rock
Gestein *n*/**gebrochenes** crushed rock, crushed stone
Gestein *n*/**gefrittetes** *(BM, Bod)* fritted rock
Gestein *n*/**gelöstes** *(BM)* loosened rock
Gestein *n*/**geschichtetes** layered rock, stratified rock
Gestein *n*/**geschiefertes** *(BM, Bod)* foliated rock
Gestein *n*/**gesundes** sound rock, source rock, unaltered rock
Gestein *n*/**gewachsenes** native rock, main bottom
Gestein *n*/**gipsreiches** gypsstone
Gestein *n*/**glasiges** *(BM)* vitreous rock
Gestein *n*/**hartes** hard rock, rip; burr, burstone *(quarzhaltig)*
Gestein *n*/**kiesiges** crumbling rock
Gestein *n*/**klastisches** *(BM)* clastic rock
Gestein *m*/**körniges** grained rock
Gestein *n*/**kristallines** crystalline rock
Gestein *n*/**leicht verwitterbares** *(BM, Bod)* weak rock
Gestein *n*/**lockeres** scall
Gestein *n*/**massiges** massive rock
Gestein *n*/**metamorphes** *(BM)* metamorphic rock
Gestein *n*/**mürbes** *(BM)* friable rock
Gestein *n*/**plutonisches** *(BM)* plutonite
Gestein *n*/**poröses** porous rock

Gestein *n*/**rohgeschiefertes** *(BM, Bod)* rag
Gestein *n*/**saures** *(BM)* acidic rock
Gestein *n*/**saures vulkanisches** siliceous volcanic rock
Gestein *n*/**schiefriges** shale rock
Gestein *n*/**sekundäres** deuterogene rock
Gestein *n*/**sprödes** *(Bod)* brittle rock
Gestein *n*/**taubes** *(Bod)* parting *(geologisch)*
Gestein *n*/**tonhaltiges** linsey
Gestein *n*/**überlagerndes** burden (rock)
Gestein *n*/**übersättigtes** oversaturated rock
Gestein *n*/**ultrabasisches** *(BM)* ultrabasic rock
Gestein *n*/**unverfestigtes** *(BM)* unconsolidated rock
Gestein *n*/**unverwittertes** *(BM)* primary rock
Gestein *n*/**verwittertes** decayed rock, decomposed rock
Gestein *n*/**vorgesiebtes** *(BM, Te)* scalp rock
Gestein *n*/**vulkanisches** volcanic rock, eruptive rock, traprock
Gestein *n*/**wasserführendes** *(Bod)* water ground
Gesteinsabfall *m* rock waste
Gesteinsabriebwert *m (BM)* aggregate abrasion value
Gesteinsabschleifung *f (Bod)* corrasion *(durch wind-, wasser- oder gletscherbewegtes Material)*
Gesteinsanker *m* 1. rock bolt; 2. *(Tun)* roof bolt
Gesteinsart *f* type of rock
gesteinsartig lithoidal
Gesteinsaufbereitungsanlage *f (BWG)* rock plant
Gesteinsaufbereitungsanlage *f*/**fahrbare** *(BWG)* portable crushing and screening plant
Gesteinsbestandteil *m* rock component
Gesteinsbestimmung *f (BM)* rock identification
Gesteinsbezeichnung *f* designation of rock
gesteinsbindend rock forming
Gesteinsblock *m* gobbet
Gesteinsboden *m (Bod)* lithosol
Gesteinsbohren *n (Tun)* rock drilling
Gesteinsbohrer *m* 1. *(BWG)* rock drill; 2. *(Erdb)* auger drill
Gesteinsbohrmaschine *f* rock drill(ing machine)
Gesteinsbruchstück *n* rock fragment
Gesteinscharakter *m* petrological character
Gesteinseigenschaften *fpl* lithologic properties
Gesteinsfaser *f* rock fibre
Gesteinsfaserwolle *f* silicate cotton
Gesteinsfestigkeit *f* rock strength
Gesteinsformation *f (Bod)* rock formation
Gesteinsfüller *m* ground rock
Gesteinsgang *m (Bod, Tun)* vein
Gesteinsgerüst *n* stone skeleton
Gesteinshärte *f* rock hardness, rock strength
Gesteinshauer *m* stone miner, stoneman, stone drifter, rock driller
Gesteinshaufwerk *n* rock pile
Gesteinskorn *n (BM)* grain
Gesteinskörnung *f (BM)* mineral aggregate
Gesteinskunde *f* petrography, science of rocks, lithology
gesteinskundlich petrographical, petrological
Gesteinslage *f (Bod)* rock layer
Gesteinslinse *f (Bod)* lens
Gesteinsmassiv *n* rock mass
Gesteinsmaterial *n* rock material
Gesteinsmaterial *n*/**gesundes** sound material
Gesteinsmaterial *n*/**grobes** *(BM)* rip-rap
Gesteinsmehl *n* mineral powder, rock flour, stone dust, meal, ground rock
Gesteinsmeißel *m* rock bit
Gesteinsoberfläche *f*/**glatte** plain ashlar
Gesteinsoberfläche *f*/**maschinell geschliffene** *(OB)* smooth planer finish
Gesteinsplatte *f* slab of rock, stone slab, slab
Gesteinsprüfung *f* rock test
Gesteinssäge *f* rock cutting saw, rock saw, cutting machine
Gesteinsschicht *f* 1. *(Bod)* rock bed; 2. *(Bod, Erdb)* stratum
Gesteinsschicht *f*/**flache** rock blanket
Gesteinsschicht *f*/**lockere** *(Bod, Erdb)* unconsolidated strata
Gesteinsschicht *f*/**tragfähige** *(Erdb)* competent bed of rock, competent bed of rock
Gesteinsschichten *fpl (Bod, Erdb)* strata *(speziell als Bodenprofilfolge)*
Gesteinsschutt *m* 1. debris, detritus *(Geologie)*; 2. *(Bod)* scree
Gesteinssilo *n* aggregate storage bin
Gesteinssplitter *m* spall
Gesteinssprengung *f (BWG, Te, Tun)* rock blasting
Gesteinssprödigkeit *f* rock brittleness
Gesteinsstaub *m* rock dust, stone dust, mineral dust, breaker dust
Gesteinsuntersuchung *f* petrographic analysis
Gesteinsverlust *m (Verk)* ravelling *(Bitumendeckschicht)*
Gesteinsverwitterung *f* rock weathering, weathering of rocks, decay of rocks, rock decay
Gesteinsvorratssilo *n* aggregate storage bin
Gesteinswolle *f* mineral wool, rock wool, silicate cotton
Gesteinswollefaser *f (BM, DIS)* rock wool fibre
Gesteinswolleplatte *f (BT, DIS)* rock wool building board
Gesteinszerfall *m* rock decay, rock disintegration
Gesteinszerfallprodukte *npl*/**anstehende** geest *(Baugrund)*
Gesteinszerklüftung *f (Bod)* fissuring of rock
Gesteinszersetzung *f* chemical weathering
Gesteinszusammensetzung *f* petrographical composition
Gesteinszuschlag *m* stone aggregate
Gesteinszuschlagstoff *m* stone aggregate
Gestell *n* 1. *(TK)* bent; 2. *(Konst)* framework *(Fachwerk)*; 3. rack, shelf *(Regal)*; 4. scaffold(ing), timber scaffold *(Gerüst)*; 5. *(Konst)* stillage *(Plattform)*; 6. *(TK)* trestle *(Bock)*
gestellt/quer transeptal
gestellt/schräg tilted
gestelzt surmounted; stilted *(überhöhter Bogen)*
gesteppt *(BT)* stitched
gestockt bush-hammered, granulated *(Oberfläche)*
gestört disturbed *(Strömung)*; out-of-action *(Gerät)*
gestört/tektonisch *(Bod)* tectonically disturbed
gestoßen butted
gestoßen/knirsch *(Konst)* touching laid *(Steinlage)*
gestreckt elongated, extended, oblong; square-headed *(Türöffnung, Fensteröffnung)*
gestreift striped; striated
gestrichelt intermittent *(Zeichnung)*
gestrichen 1. struck *(glattgestrichen)*; 2. painted, coated
gestrichen/hell light-painted
gestrichen/weiß *(OB)* white-painted
Gestrüpp *n* 1. *(Bod, LB)* scrub; 2. *(LB)* trash
Gestrüppbeseitigung *f* brushwood cleaning, bush clearing
Gestrüpplage *f* bush layer, scrub layer
gestrüppreich *(Bod, LB)* scrubby
gestuft *(Konst)* stepped
gestülpt *(Hb)* clincher-built
gestürzt overthrown *(Kapitell)*
gestützt/punktweise supported pointwise
Gesundheit *f* **und Komfort** *m (HLK)* health und comfort
gesundheitsgefährdend *(Umw, VR)* dangerous to health
gesundheitsschädlich dangerous to health, deleterious
Gesundheitstechnik *f* sanitary engineering, sanitation engineering, public health engineering
gesundheitstechnisch *(San)* sanitary

Getäfel *n* 1. *(BT, EB, Hb, Konst)* panel; 2. *(Hb)* wainscot
geteert tarred, asphalted
geteilt 1. divided; 2. split *(Holz)*; 3. partite, spaced *(abgeteilt)*; 4. louvred, *(AE)* louvered *(schlitzförmig)*
geteilt/in Querfelder traviated, *(AE)* travated
geteilt/ungleich unevenly spaced
geteilt/ungleichmäßig *(Konst)* irregularly spaced
geteilt/vielfach multipartite
getont toned
getönt tinted
getränkt saturated, impregnated
Getreidesilo *n (Konst, LB)* grain silo
Getreidespeicher *m* 1. *(Konst, LB)* grain silo; 2. *(Arch)* corn loft; 3. *(LB) (AE)* elevator
Getreidestroh *n* straw
getrennt 1. separate, divorced *(abgetrennt, z. B. Räume, Toiletten)*; 2. independent *(einzeln, separat, z. B. Gebäude)*; 3. *(El)* isolated; 4. unconnected *(unverbunden)*
getrieben embossed
getrocknet baked
getrocknet/künstlich kiln-dried; hot-air seasoned *(Holz)*
getrocknet/zu schnell case-hardened *(Bauholz)*
Gewächs *n*/**mehrjähriges** *(LB)* perennial plant
gewachsen/langsam *(BM, Hb)* slow-grown *(Holz)*
gewachsen sein *v (Te, VR)* cope
Gewächshaus *n* 1. *(LB)* glass-house; 2. *(Arch, Konst, LB)* conservatory
Gewächshaus *n*/**aufklappbares** *(LB)* Dutch light house
Gewächshaus *n* **mit Tragluftdach** *(Konst, LB)* inflated-roof greenhouse
Gewächshaus *n*/**nicht heizbares** coldhouse
Gewächshaus *n*/**niedrigtemperiertes** *(Arch, HLK, LB)* coldhouse
Gewächshaus *n*/**temperiertes** *(Arch, LB)* coolhouse
Gewächshausglas *n* greenhouse glass
Gewagtheit *f* riskiness
gewählter *(Arch)* ornate style
gewähren *v (VR)* allow
gewährleisten *v (VR)* guarantee
Gewährleistung *f* guarantee, warranty
Gewährleistung *f*/**kollaterale** *(VR)* collateral warranty
Gewährleistungsabnahme *f (VR)* warranty inspection
Gewährleistungsanspruch *m (VR)* claim under guarantee
Gewährleistungszeit *f* warranty period
Gewährung *f* grant *(von Krediten)*
Gewaltbruch *m* 1. *(Konst, RS, Stat)* fast mechanical fracture; 2. *(Stat)* forced rupture
gewalzt rolled
gewalzt aus rolled [formed] from
Gewände *n* jambs, jambstone, jamb, ingoings *(Tür, Fenster)*; door-case, flanning *(Tür)*
Gewändeaufstand *m* ingoing footing, jamb footing
Gewändeleibung *f* flanning *(Tür)*
Gewändepfosten *m* jamb post, ingoing post, jamb, ingoing *(Fenster, Tür)*; flanning *(Tür)*
Gewändeportal *n (Arch)* portal jamb
Gewändesäule *f s.* Geländerpfosten
Gewändestein *m (Konst, SB)* jambstone
Gewandhaus *n (Arch)* cloth hall
Gewässer *n* water, watercourse
Gewässer *n*/**fließendes** 1. *(Wsb)* body of running water; 2. *(Bod, Umw, Wsb)* stream
Gewässeraufsicht *f* water policy, regulatory agency
Gewässeraufsichtsbehörde *f* regulatory agency
Gewässerbelastung *f (Umw)* water pollution
Gewässerkunde *f (Umw)* land hydrology, hydrography
Gewässerschutz *m (Umw)* river and lake protection, water conservation, water pollution control, water protection, protection of water, pollution abatement
Gewebe *n* (woven) fabric, web, cloth, *(AE)* fiber
Gewebe *n*/**gummiertes** rubber-coated fabric, rubberized fabric
Gewebe *n*/**imprägniertes** impregnated cloth
Gewebebahn *f (BT)* cloth sheet
Gewebebauplatte *f (BT)* jute board
Gewebebeschichtung *f (BM, OB)* fabric coating *(z. B. mit Epoxidharz)*
gewebebewehrt *(BT)* cloth-reinforced
Gewebeeinlage *f* cloth insert
Gewebefilter *n (HLK, Te)* fabric filter
Gewebe-Kunstleder *n* coated cloth
Gewebelage *f (BT)* cloth ply
Geweberand *m* selvage
Gewebeträger *m (BM)* cloth base
Gewebeträgermaterial *n* cloth backing
Gewebeunterlagsschicht *f (BM)* cloth base
gewebeverstärkt *(BT)* cloth-reinforced
Gewebeverstärkung *f* fabric reinforcement; scrim *(Material)*
Gewehrschießstand *m* rifle range
gewellt corrugated; wavy, undulated
Gewerbe *n* business, trade
Gewerbeabfall *m (Umw) s.* Abfall/gewerblicher
Gewerbegebiet *n (RP)* commercial area
Gewerbenutzung *f (VR)* office occupancy *(eines Gebäudes)*
Gewerbesteuer *f (VR)* business tax
Gewerk *n* trade, craft
Gewerk *n*/**mechanisches** mechanical trade
Gewerkablauf *m* sequence of trades, sequence of works
Gewerkabschluss *m*/**spätester** *(Te, VR)* latest event occurrence time
Gewerke *npl*/**arbeitsaufwendige** *(Te)* labour-consuming trades
Gewerkschaft *f (VR)* trade union
Gewicht *n* gravity; *(nicht mehr empfohlen)* weight
Gewicht *n*/**spezifisches** specific gravity; unit gravity *(Baustoffe)*; *(veraltet)* specific weight
Gewichtigkeit *f (BM)* weightiness
Gewichtsangabe *f* indication of weight
Gewichtsannahme *f* weight assumption, weight hypothesis
Gewichtsanteil *m* fraction weight, part by weight, percent by weight
Gewichtsausgleich *m* equilibration
Gewichtsbegrenzung *f* **in der Tauperiode** *(Verk)* weight limit during thaw conditions *(Straße)*
Gewichtsbeschränkung *f* load reduction, weight limit
Gewichtsbestimmung *f* weight determination
Gewichtsdosierung *f* proportioning by weight
gewichtseinsparend *(Konst)* weight-saving
Gewichtseinsparung *f* saving in weight
Gewichtsermittlung *f* weight determination
Gewichtsersparnis *n* saving in weight
Gewichtskraft *f (Stat)* weight
Gewichtskraft *f*/**längenbezogene** *(Stat)* weight force per unit length
Gewichtsmauer *f* gravity wall
Gewichtsmauer *f* **mit Überfall** *(Wsb)* gravity spillway dam
Gewichtsprozent *m* percentage by weight
Gewichtsspannung *f* load-tensioning *(Spannbeton)*
gewichtssparend *(Konst)* weight-saving
Gewichtsstaumauer *f (Wsb)* gravity dam
Gewichtsstützmauer *f* gravity wall
Gewichtstabelle *f* table of weights, weight schedule *(für Normgewichte von Baustoffen, Bauteilen und Belastungselementen)*
Gewichtsveränderung *f (BM, Konst)* weight change

Gewichtsverhältnis *n* ratio by weight, loss in weight
Gewichtsverlust *m* loss of weight, loss in weight, mass loss, weight loss
Gewichtsverteilung *f (Stat)* distribution of load
Gewichtswiderlager *n (Br, Erdb)* gravity abutment
Gewichtszunahme *f* increase in weight, weight gain
Gewinde *n* 1. *(Arch)* encarpus *(Blumenornament an einem Fries oder Kapitell)*; garland *(Schmuckelement)*; swag *(Schmuckelement der Renaissance)*; wreath *(kranzartiges Ornament)*; 2. thread *(einer Schraube)* • **Gewinde bohren** *(Te)* tap • **Gewinde schneiden** *(Te)* thread
Gewinde *n***/konisches** tapered thread
Gewinde *n***/metrisches** metric thread
Gewindeanker *m (BT, TK)* threaded anchorage
Gewindeanschluss *m* threaded connection
Gewindeblatt *n (Arch)* swag leaf
Gewindebohrer *m* screw-tap
Gewindebolzen *m (BT)* screwed bolt
Gewindedreher *m* pipe threader *(Abwasser)*
Gewindeende *n* threaded end
Gewindeflansch *m (BT)* threaded flange
Gewindegang *m* thread
Gewindehaken *m (BT)* threaded bracket *(z. B. Betonanker)*
Gewindehülse *f* threaded bush *(z. B. in Beton)*
gewindelos threadless
Gewindemuffe *f* screw socket
Gewindenachbohrer *m* plug tap
Gewinderohr *n* threaded pipe
Gewindeschneiden *n* thread cutting
Gewindeschneidkluppe *f* die stock
Gewindestab *m* threaded bar
Gewindesteigung *f* lead *(Aussprache: li:d)*; lead of a thread, thread pitch, pitch
Gewindestift *m* stud bolt
Gewindestopfen *m* screw plug
Gewindetiefe *f* thread depth
Gewindeverbindung *f (BT)* threaded joint *(Rohre)*
Gewinn *m* 1. profit, earnings, gain, proceeds; 2. *(Umw)* yield
Gewinn *m***/entgangener** *(VR)* loss of profit
Gewinn *m***/indirekter** *(VR)* indirect gain
gewinnbringend profitable
gewinnen *v* gain; get *(Gestein)*; reclaim *(Baustoffe, meist für wiedergewinnen)*; extract *(durch Extraktion z. B. Bindemittel)*
gewinnen *v***/Bohrproben** *(Bod, Erdb)* make borings
Gewinnspanne *f (VR)* profit margin
Gewinn- und Verlustrechnung *f (VR)* profit and loss account
Gewinnung *f (RS, Te)* reclamation *(Baumaterial)*
Gewinnung *f***/marine** *(Te)* ocean mining *(Kies, Sand)*
Gewinnungsgrube *f (Erdb)* borrow source *(für Füllmassen)*
Gewinnungsklasse *f* excavation class *(Erdstoff)*
Gewinnungsstätte *f* source
Gewitter *n (Bod, Umw)* storm
Gewitterüberlauf *m* storm overflow *(Entwässerung)*
Gewohnheitsrecht *n (VR)* established right
Gewohnheitsrecht *n* **der Landnutzung** *(VR) (AE)* squatter's right *(ohne legalen Besitz)*
Gewölbe *n* 1. *(Arch)* arch, vault, vaults, vaulting; 2. *(Arch, Br, Konst, SB)* concameration *(gewölbte Räume)*; 3. *(Arch)* arch *(Feuerraumgewölbe)* • **ein Gewölbe schließen** *(SB, Te)* close a vault
Gewölbe *n***/abgeflachtes** surbased vault
Gewölbe *n***/achtteiliges** octopartite vault
Gewölbe *n***/angelsächsisches** *(Arch)* fan tracery
Gewölbe *n***/ansteigendes** 1. *(Konst)* rising vault; 2. *(Arch, Konst)* rampant vault
Gewölbe *n***/aufgelöstes** hollow vault
Gewölbe *n***/dekoratives** *(Arch, Konst)* decorative vault
Gewölbe *n***/dreiteiliges** *(Konst)* tripartite vault
Gewölbe *n***/echtes** *(Konst)* true vault
Gewölbe *n***/einfaches** simple vault
Gewölbe *n***/einhüftiges** 1. *(Arch, Konst)* rampant vault; 2. *(Konst)* rising vault
Gewölbe *n***/ellipsoidisches** ellipsoid vault
Gewölbe *n***/feuerfestes** *(Konst)* refractory arch *(Feuerraum)*
Gewölbe *n***/gedrücktes** surbased vault
Gewölbe *n***/gerades** direct vault
Gewölbe *n***/geschobenes** *(Konst)* rising vault
Gewölbe *n***/gewundenes** helical vault
Gewölbe *n***/gotisches** *(Arch, Konst)* pointed Gothic vault
Gewölbe *n***/halbgeschlossenes** half-open vault
Gewölbe *n***/halbhochgekreuztes** underpitch vault, Welsh groin
Gewölbe *n***/konisches** 1. *(Arch)* conical vault; 2. *(Konst)* trompe
Gewölbe *n***/konoidisches** *(Arch, Konst)* conoidal vault
Gewölbe *n***/mehrteiliges** *(Konst, SB)* multipartite vault
Gewölbe *n* **mit schmalen Zwischenrippen** *(Arch, Konst)* lierne vault(ing)
Gewölbe *n***/offenes** *(Konst)* vault on pillars
Gewölbe *n* **ohne Gelenke** *(Konst)* non-articulated arch
Gewölbe *n***/parabolisches** parabolic arch, parabolic vault
Gewölbe *n***/pseudosechsteiliges** *(Arch)* pseudo-sexpartite vault
Gewölbe *n***/scheitgerechtes** straight arch
Gewölbe *n***/scheitrechtes** straight arch, straight vault(ing), jack vault
Gewölbe *n***/schiefes** oblique vaulting, skew vault
Gewölbe *n***/schiefliegendes** arch barrel
Gewölbe *n***/schiefwinkliges** *(Konst)* skew-arched vault
Gewölbe *n***/schräges** *(Arch, Konst)* rampant vault
Gewölbe *n***/sechsteiliges** *(Arch)* ploughshare vault, sexpartite vault
Gewölbe *n***/selbsttragendes** self-supporting vault
Gewölbe *n***/steinernes** *(Konst, SB)* stone vault
Gewölbe *n***/syrisches** *(Arch)* Syrian vault
Gewölbe *n***/überhobenes** surmounted vault
Gewölbe *n***/überhöhtes** surmounted vault
Gewölbe *n***/umgekehrtes** *(Arch, Konst)* inverted vault
Gewölbe *n***/unterschrägtes** underpitch vault, Welsh groin
Gewölbe *n***/verankertes** *(Konst)* grappled vault
Gewölbe *n***/verkehrtes** 1. *(Konst)* countervault; 2. *(Erdb)* inflected arch; 3. *(Arch, Erdb, Konst)* inverted arch
Gewölbe *n***/vielteiliges** *(Konst, SB)* multipartite vault
Gewölbe *n***/vierteiliges** four-part vault, quadripartite vault; multipartite
Gewölbe *n***/viertelteiliges** *(Arch)* cul-de-four
Gewölbe *n***/wellenförmiges** *(Konst)* undulated vault
Gewölbe *n***/zusammengesetztes** *(Arch, Konst)* compound vault
Gewölbe *n***/zylindrisches** cylindrical vault
Gewölbeabdeckung *f* 1. vault capping, vault coping; 2. *(Tun)* coping vault
Gewölbeabteilung *f* bay of a vault, severy
Gewölbeachse *f (Konst)* vault axis
Gewölbeanfang *m (Konst, SB)* spring of a vault
Gewölbeanfänger *m* vault springer, springer, coussinet
Gewölbeanker *m (BT)* tie anchor
Gewölbeauskleidung *f* vault facing, vault lining
Gewölbeaußenseite *f* extrados
Gewölbebasilika *f (Arch)* vaulted basilica
Gewölbebau *m* 1. arched construction, arcuated construction, arcuation construction; 2. *(Konst, TK)* vault construction; 3. *(Konst, Te)* vaulting construction
Gewölbebauwerk *n (Arch)* vaulted edifice; vaulted structure

G

Gewölbebedeckung *f* arch covering
Gewölbebildung *f (Erdb, Te)* bridging *(von Schüttgütern)*
Gewölbebogen *m (Arch)* arch, arch of a vault, soffit arch, vault(ed) arch
Gewölbebogen *m***/voller** *(Arch)* semicircular arch
Gewölbebrücke *f (Br)* stone arch bridge
Gewölbedach *n* vault(ed) roof, vaulted ceiling
Gewölbedicke *f (Konst)* vault depth
Gewölbedruck *m (Stat)* vault pressure
Gewölbedurchlass *m (Wsb)* arched culvert
Gewölbefeld *n* 1. severy; gore *(halbkreisförmiger Aufsatz über einer Tür bzw. einem Fenster)*; 2. *(Konst)* vault bay *(durch Rippen begrenzt)*
Gewölbefeld *n***/spitzes** gore *(halbkreisförmiger Aufsatz über einer Tür bzw. einem Fenster)*
Gewölbefertigteil *n* vaulting cell
Gewölbefläche *f* 1. *(Konst)* vaulting surface; 2. sectroid *(Segment)*; 3. *(BB, Konst, SB)* extrados *(äußerer Bogen)*; 4. intrados *(innere Wölbungsfläche)*
Gewölbefläche *f***/äußere** vault back, vault extrados
Gewölbeflur *m (Arch)* vaulted corridor, vaulted walk
Gewölbeform *f* type of vault, vault pattern
Gewölbeformstein *m* voussoir quoin, voussoir
Gewölbefrontstein *m (SB)* ring stone
Gewölbegang *m (Arch)* vaulted corridor, vaulted walk
Gewölbegebäude *n (Arch, Konst)* vaulted building
Gewölbegrat *m (Arch)* vault groin, groin
Gewölbehalle *f (Arch)* vaulted hall
Gewölbehöhe *f* vault rise
Gewölbehohlziegel *m (BM, SB)* vaulting tile
Gewölbehorizontalschub *m* vault thrust
Gewölbeinnenseite *f* intrados
Gewölbekammer *f (Arch)* vaulted chamber
Gewölbekämpfer *m* vault impost
Gewölbekämpferlinie *f (Konst, SB)* spring line of the vault
Gewölbekantenstein *m* voussoir quoin
Gewölbekappe *f* vault cap, vault head, sectroid, cell; web *(Rippengewölbe, Tonnengewölbe)*
Gewölbekappe *f***/unterschrägte** *(Konst)* underpitch groin
Gewölbekappenfläche *f* sectroid
Gewölbekegel *m* vaulting cone
Gewölbekeilstein *m (BT, SB)* vault wedge block
Gewölbekirche *f (Arch)* vaulted church
Gewölbeleibung *f (Arch)* intrados
Gewölbelinie *f* 1. *(Arch)* funicular curve; 2. *(Konst)* vault outline
Gewölbemalerei *f (Arch)* vault painting
Gewölbemauerwerk *n (SB)* vaulted masonry
Gewölbemittellinie *f (Konst)* vault axis
Gewölbepfeiler *m (Br)* arched buttress
Gewölbeprofil *n (Konst)* outline of arch
Gewölberaster *m (Konst)* vault grid
Gewölberaum *m (Konst)* vault interior
Gewölbering *m* vault order, order *(Mauerwerk)*
Gewölberippe *f* 1. vault(ing) rib, ridge rib, rib; 2. *(Konst)* formeret; 3. *s.* Gewölberippe/doppelte
Gewölberippe *f***/doppelte** *(Arch)* tierceron *(gotisches Gewölbe)*
Gewölberippe *f* **eines gotischen Gewölbes/diagonale** *(Konst)* ogive
Gewölberücken *m* back of vault, vault back, vault extrados, extrados
Gewölberückenfläche *f (Arch, Konst)* back of vault
Gewölbeschale *f (Konst)* vaulting
Gewölbescheitel *m* crown of the arch, vault crown, vault key, top line, summit line
Gewölbescheitelpunkt *m* vault apex, vault crown, vault top, vault vertex
Gewölbeschenkel *m* haunch of vault, vault haunch, flank
Gewölbeschlussstein *m***/kleiner** knot
Gewölbeschub *m* tangential thrust of vault, vault thrust, outward thrust, overturning thrust
Gewölbesenkung *f (TK)* sagging of the vault
Gewölbespannweite *f (Konst)* vault span
Gewölbesperrmauer *f (Wsb)* arch dam
Gewölbespiegel *m* mirror of a vault
Gewölbestärke *f (Konst)* vault depth
Gewölbestein *m* arch stone, vault block, voussoir quoin, voussoir, wedge edged stone; radiating brick, arch brick, radius brick, wedge-shaped brick *(bei Ziegelgewölbebögen)*
Gewölbestein *m***/erster** *(SB)* bottom stone *(über dem Kämpfer)*
Gewölbestein *m***/hohler** *(SB)* hollow-gauged brick
Gewölbestichhöhe *f* vault rise
Gewölbestil *m (Arch)* vault style
Gewölbestirnmauer *f (Konst, SB)* spandrel wall
Gewölbesystem *n (Arch)* vaulted work, arching, vaulting
Gewölbesystem *n***/romanisches** *(Arch)* Roman vaulting system, Romanesque vault system
Gewölbeteil *n* vaulting cell
Gewölbetheorie *f (Stat)* vault theory
gewölbetragend *(Arch)* arcuated
Gewölbe- und Bogenkonstruktion *f (Arch, Br, Konst, SB)* concameration
Gewölbeuntersicht *f* vault soffit
Gewölbeverband *m* vault bond
Gewölbeverkleidung *f* vault facing, vault lining
Gewölbevortrieb *m***/oberer** *(Tun)* top centre heading
Gewölbewange *f (Arch)* respond
Gewölbewiderlager *n (Konst, SB)* springing
Gewölbewinkelrippe *f (Arch)* angle rib *(gotisches Gewölbe)*
Gewölbewirkung *f* arch action, vault action
Gewölbewulstrippe *f* surface rib
Gewölbeziegel *m* voussoir brick
Gewölbezwickel *m (Arch)* pendentive, spandrel (of vault), spandrel of vault *(dreieckiger sphärischer Zwickel)*
Gewölbezwischenrippe *f (Arch)* lierne rib, lierne, intermediate rib
Gewölbezwischensegment *n (Konst)* sectroid
gewölbt 1. *(Arch)* arched, convex *(z. B. Decke)*; 2. domed *(als Kuppel)*; 3. bellied, gibbous *(ausgebaucht)*; 4. cambered *(z. B. Holzteile oder Straßenoberfläche)*; 5. pulvinated *(z. B. ein Fries)*
gewölbt/auswärts embowed *(z. B. eine Fenstervertiefung)*
gewölbt/konvex pulvinated *(z. B. ein Fries)*
gewölbt/nach außen convex
gewölbt/nach oben *(Arch, BT)* convex
gewölbt/nicht unvaulted; square-headed *(Türöffnung, Fensteröffnung)*
gewölbt/stark strongly arched
geworfen warped *(z. B. Holz)*
gewunden 1. *(BT, Konst)* twisted; 2. moulded *(Bogen)*; 3. flexuous *(schlängelnd)*; 4. *(Arch)* sinuate; 5. *(Verk)* snaky *(Trasse)*; 6. *(Arch)* vermicular *(z. B. Ornamentierung)*; 7. *(Wsb)* meandering *(Fluss, Strom)*
Gewundenheit *f (Arch, Verk, Wsb)* sinuosity *(wellenförmig)*
gewürfelt *(Arch)* tessellated
gezackt 1. serrated, jagged, ragged *(z. B. Konturen von Hochhäusern)*; 2. notched, indented *(mit Kerben)*
gezahnt dentated, denticular, denticulated, saw-tooth, serrated, toothed
gezähnt *s.* gezahnt
gezeichnet/maßstäblich drawn to scale
Gezeiten *fpl (OB)* tide
Gezeiten... tidal ...
Gezeitenablagerung *f (Bod)* tidal mud deposits

Gezeitenbereich *m (Bod)* tidal range
Gezeitenbewegung *f (Umw)* tidal movement
Gezeitenenergie *f* tidal power
Gezeitenkraftwerk *n (BWG, El)* tidal power plant
Gezeitenmesser *m* tide gauge
Gezeitenmühle *f (Wsb)* tide mill
Gezeitenprisma *n (Umw)* tidal prism
Gezeitenstrom *m* tidal current
Gezeitentor *n (Wsb)* tide gate
Gezeitenwehr *n (Wsb)* tidal barrage
geziert enriched
gezinnt battlemented
gezogen drawn
GFZ *s.* Geschossflächenzahl
Gibbsit *m* 1. *(BM)* gibbsite; 2. *(BM, Bod)* hydrargillite
Gibbsiterzeugnis *n (BM)* gibbsite refractory *(Feuerfestmaterial)*
Giebel *m* 1. *(Arch)* pediment; fronton *(über Türen und Fenstern)*; 2. gable, gable end • **ohne Giebel** unpedimented
Giebel *m***/abgetreppter** step(ped) gable
Giebel *m***/abgewalmter** hip gable, *(AE)* clipped gable
Giebel *m***/durchbrochener** *(Arch, Konst)* openwork gable
Giebel *m***/falscher** false front, flying façade front
Giebel *m***/geschweifter** curved gable, shaped gable
Giebel *m***/verzierter** *(Arch)* aetoma, aetos; pediment *(über Türen und Fenstern)*
Giebel... gable(d) ...
Giebelabdeckung *f* gable coping
Giebelabschlussstein *m***/auskragender** barge stone
Giebelbalken *m (BT, Hb)* top beam
Giebelblendbrettträger *m (Hb)* gable post
Giebelblume *f (Arch)* crope, flower-shaped ornament
Giebelbodendecke *f* tray ceiling
Giebelbogen *m (Konst)* triangular arch
Giebelbrett *n* verge board; barge vault, barge board *(auch verziert)*
Giebeldach *n* gable-ended roof, gable roof, saddle roof, V-roof
Giebeldach *n***/gleichseitiges** *(Konst)* span roof
Giebeldach *n* **mit 60° Dachneigung** equilateral roof
Giebeldach *n***/niedriges** low-pitch gable roof, slightly pitched gable
Giebeldreieck *n (Arch)* frontispiece *(über einem Mittelrisalit)*; triangular pediment
Giebeldreieckraum *m (Arch)* tympanum *(am antiken Tempel)*
Giebelecke *f (Arch)* pediment foot *(griechischer Tempel)*
Giebelfassade *f* end façade
Giebelfeld *n* 1. *(Konst)* razed table; 2. *(Arch)* tympanum *(am antiken Tempel)*
Giebelfenster *n* gable window
Giebelfirst *m (Arch)* pediment apex *(griechischer Tempel)*
Giebelfirstabdeckung *f* raking coping
Giebelfront *f* flank front
Giebelfronthaus *n* gable-fronted house
Giebelfuß *m* gable shoulder
Giebelfußmauerwerk *n* gable shoulder
Giebelfußplatte *f* skew table
Giebelfußstein *m* 1. *(Konst, SB)* kneeler; 2. *(SB)* gable springer
Giebelfußwinkelplatte *f* skew table
Giebelgaube *f s.* Giebelgaupe
Giebelgaupe *f* gabled dormer
Giebelhaus *n* gable-fronted house
giebelig gable-like, gabled
Giebelkante *f (Konst)* verge *(Dach)*
Giebelkreuz *n (Hb, Konst)* gable cross
Giebelmalerei *f (Arch)* gable painting
Giebelmaßwerk *n (Arch)* gable tracery
Giebelmauer *f (SB)* gable masonry wall
Giebelmauerabdeckung *f* gable coping
Giebelmauerabdeckung *f***/gestufte** fractables
Giebelrahmen *m (Hb, Konst)* gable frame
Giebelrandunterfütterung *f (Konst)* skew fillet *(Schieferdach)*
Giebelrandverkleidung *f (Hb, St)* skew flashing
Giebelsäule *f (Arch)* prostyle column
Giebelschlussstein *m* apex stone
Giebelschnecke *f (Arch)* side-scroll, side-volute
Giebelschrägzierkante *f (Arch)* raking cornice
Giebelseite *f* 1. gable end, flank; 2. *(Arch)* frontispiece
Giebelseiteneinfassung *f (Hb, St)* skew flashing
Giebelseitensäule *f (Arch)* prostyle column
Giebelsimsstein *m (SB)* skew corbel
Giebelspitze *f* gable peak
Giebelstein *m (SB)* gable slate *(Dach)*
Giebelstreckholz *n (Hb)* gable post
Giebelstufe *f (Arch, Konst)* corbiestep
Giebelsturm *m***/spiralförmiger** *(Arch)* spiral minaret
Giebelstütze *f* gable column
Giebelturm *m* gable(d) tower
Giebeltürmchen *n* bell cote
Giebel- und Traufkanten *fpl* gable and eaves edges
Giebelvolute *f (Arch)* side-volute
Giebelwalm *m (Konst)* gabled hip
Giebelwand *f* gable (end) wall, flank wall, end wall
Giebelzierkante *f (Arch)* raker cornice
Giebelzierleiste *f (Arch)* verge fillet
Giebelzimmer *n* attic room, *(AE)* loft room
Giebelzinne *f (Arch)* acroter, acroterium
Gierfähre *f* aerial ferry, trail ferry, trail bridge
gießbar castable *(Metall, auch Beton)*; pourable *(z. B. Beton)*
Gießbarkeit *f* 1. *(BB, Te)* castability; 2. *(Te)* pourability
gießen *v* found, cast *(Metalle, auch Beton)*; pour *(Beton, Kunststoffe usw.)*
gießen *v***/Beton** pour concrete, cast concrete
Gießen *n* casting *(von Metall, Beton; Vorgang)*; pouring *(von Beton, Vorgang)*
Gießerei *f (BWG, St)* foundry
Gießereiformsand *m* moulding sand
Gießereischlacke *f (BB, BM)* foundry slag *(Zuschlagstoff)*
Gießfehler *m* casting defect
Gießform *f* casting form, casting mould
Gießharz *n* casting resin
Gießkanne *f (LB)* watering can
Gießlackieren *n* lacquer curtain coating
Gießlöffel *m (BM, BWG, Te)* ladle
Gießmaschine *f* casting machine
Gießmörtel *m* casting mortar
Gießrohr *n* articulated drop chute
Gießton *m (BM)* ladle clay
Gießturm *m (BB, Te)* elevator tower *(für Beton)*
Gieß- und Einwalzverfahren *n (DIS)* mopping method *(Heißbitumenisolierung)*
Gift *n (Umw)* poison
Gift... toxic ...
Giftdusche *f (Umw)* decontaminating shower
giftfrei *(BM, Umw)* non-toxic
Giftgefahr *f (Umw)* toxic hazard
giftig *(Umw)* toxic
Giftigkeit *f* toxicity
Giftmüll *m (Umw)* poisonous waste
Giftmüllentsorgungsanlage *f (Umw)* toxic waste-disposal plant
Giftschrank *m* 1. *(Umw, VR)* dangerous drug cupboard; 2. *(VR)* poison cupboard
Giftstoff *m (Umw)* toxic agent, toxic material, toxicant

Gigantomachie *f (Arch)* gigantomachy *(Pergamon)*
Gildehaus *n (Arch)* guildhall
Gillmorenadeln *fpl* Gillmore needles *(zur Betonerstarrungsprüfung)*
Gilsonit *m (BM)* gilsonite
Gilsonitasphalt *m (BM)* gilsonite
Gipfelhöhe *f (Bod)* summit altitude *(Gelände)*
Gips *m* 1. *(Bod)* gypsum *(Mineral)*; 2. plaster stone, plaster, tiling plaster *(Gipsputz, Stuck)* • **aus Gips bestehend** gypseous • **Gips brennen** burn gypsum, calcine gypsum • **Gips zusetzen** *(BM, Te)* add gypsum
Gips *m***/dick angemachter** stiff plaster
Gips *m***/doppelt gebrannter** tiling plaster, Keene's cement, Keene's plaster
Gips *m***/gebrannter** anhydrous gypsum, burnt gypsum, plaster of Paris
Gips *m***/gemahlener** ground gypsum, powdered gypsum
Gips *m***/kalzinierter** hemihydrate plaster, plaster of Paris
Gips *m***/steifplastischer** stiff plaster
Gips *m***/wasserfreier** anhydrite, anhydrous gypsum
Gipsabfall *m* waste gypsum
gipsähnlich gypseous
Gipsanhydrid *n* anhydrous calcium sulphate
gipsartig gypsitic
Gipsausblühung *f* efflorescence of gypsum
Gipsbauplatte *f* gypsum plaster slab, gypsum plasterboard, plaster slab, plasterboard
Gipsbeton *m* gypsum concrete, plaster concrete
Gipsbeton *m***/faserbewehrter** *(BB, BM)* gypsum fibre concrete
Gipsbett *n* fillet of plaster *(Stuckarbeiten)*
Gipsblockstein *m* gypsum block, gypsum tile
Gipsbrei *m* gypsum paste
Gipsdeckenplatte *f* ceiling plate
Gipsdeckputz *m* gypsum trowel finish, gypsum veneer plaster, veneer plaster
Gipsdeckstreifen *m* rock lath *(als Putzträger)*
Gipsdiele *f* gypsum plank, gypsum plasterboard, gypsum slab, plasterboard
Gipsdielenstift *m* lath nail
gipsen *v* plaster
Gipserbeil *n* lath(ing) hammer, lathing hatchet
Gipserscheibe *f (SB)* float *(für Gipsputz)*
Gipserspachtel *f* wall scraper
Gipsestrich *m* gypsum flooring coat, gypsum floor, plaster screed, plaster finish, plaster floor, plaster jointless floor
Gipsfaserplatte *f***/durchlochte** perforated fibrous plaster sheet
Gipsfaserwandplatte *f* fibrous plaster sheet, gypsum wallboard
Gipsfels *m (Bod)* compact gypsum *(dichter Gips)*
Gipsflockendämmfüllung *f (DIS)* gypsum insulation
Gipsformstück *n* prefabricated gypsum product
Gipsformteil *n* gypsum backing board, backing board *(Schalldecke)*
Gipsfugendeckstreifen *m* gypsum lath, rock lath *(als Putzträger)*
gipsführend *(Bod)* gypsiferous
Gipsgestein *n* gypsolith, plaster rock
Gipsglattputz *m* gypsum veneer plaster, smooth gypsum plaster, veneer plaster
Gipsgrundplatte *f (BT, DIS)* gypsum backerboard
Gipshalbhydrat *n* calcium sulphate hemihydrate, hemihydrate
Gipshalbhydrat *n***/abbindeverzögertes** retarded hemihydrate
gipshaltig gypseous, gypsiferous, gypsum-based
Gipshinterbauplatte *f (BT, DIS)* gypsum backerboard
Gipshohlblock *m* hollow gypsum block
Gipshohlblockstein *m* hollow gypsum block
Gipsit *m* gypsite
Gips-Kalk-Binder *m* selenitic cement, selenitic lime
Gips-Kalk(kitt)deckputz *m* gauging plaster
Gipskalkmörtel *m* gypsum-lime mortar
Gipskartonbauplatte *f* unplastered gypsum plasterboard
Gipskartondecke *f* dry ceiling
Gipskartondeckenbauplatte *f* unplastered gypsum ceiling plasterboard
Gipskartondeckenplatte *f* unplastered gypsum ceiling plasterboard
Gipskartonplatte *f* gypsum backerboard, gypsum plasterboard, plasterboard, alabaster board, unplastered gypsum plasterboard
Gipskartonplatte *f***/gelochte** perforated plasterboard
Gipskartonplattenwandverschalung *f* wall gypsum sheathing
Gipskartonputzträgerplatte *f (BT)* wall gypsum baseboard
Gipskartonstuckwandplatte *f* wall gypsum baseboard
Gipskartonwandplatte *f* wall gypsum baseboard
Gipskartonwandplatten *fpl* drywall finish
Gipskerndachplatte *f (BT, Konst)* gypsum plank
Gipskernwandplatte *f* gypsum sheathing
Gipslager *n (Bod)* gypsum deposit *(geologisch)*
Gipsleichtbauplatte *f (BT, DIS)* aerated gypsum board
Gipsleistenhalter *m (El)* clip
Gipsmehl *n* ground gypsum, powdered gypsum, gypseous marl
Gipsmergel *m* gypsite
Gipsmörtel *m* gypsum mortar, gypsum stuff, plaster mortar, plaster; staff *(für Stuckarbeit)*
Gipsnaturbaustein *m (BM, Bod)* selenite
Gipsplatte *f* gypsum plasterboard, plaster panel, plaster slab, plasterboard; gypsum tile
Gipsplatte *f***/einseitig mit Aluminiumfolie belegte [beschichtete]** foil-backed gypsum board
Gipsplattendecke *f* dry ceiling
Gipsplattenfugenband *n (BM)* perforated tape
Gipsplattenputz *m* board finish plaster, dry plaster
Gipsplattenwand *f* plaster slab partition wall, wall in plaster panels
Gipspulver *n* powdered gypsum
Gipsputz *m* anhydrous gypsum plaster, gypsum finish, gypsum plaster, plaster stucco, stucco, veneer plaster
Gipsputz *m***/abgemagerter** patent plaster; sanded plaster
Gipsputz *m***/faserbewehrter** fibrous plaster
Gipsputz *m***/glatter** smooth gypsum plaster
Gipsputz *m* **mit Holzfasern** wood-fibred plaster
Gipsputz *m***/sandabgemagerter** sanded plaster
Gipsputzdecke *f (Arch, SB)* lathed and plastered ceiling
Gipsputzmörtel *m* gypsum stuff
Gipsputzunterlage *f* **aus Streckmetall** furring
Gipsrohbauplatte *f* veneer base *(Ausbau)*
Gipsrohplatte *f* veneer base *(Ausbau)*
Gipssandputz *m (BM, SB)* sand-gypsum plaster
Gipsschlackenzement *m* gypsum slag cement
Gipsspat *m* specular gypsum, specular stone
Gipsstein *m* natural gypsum
Gipsstreifen *m* gypsum lath *(als Putzträger)*
Gipsstuck *m* plaster stucco
Gipsträgerplatte *f (BT)* veneer base *(Ausbau)*
Gipsüberzug *m* plaster finish
Gipsunterputz *m* gypsum plaster, hardwall plaster, hardwall, sulphate plaster
Gipsunterputz *m***/harter** gypsum base coat plaster
Gipsunterputz *m* **mit Vermiculitzuschlag** gypsum vermiculite plaster

G

Gipsverkleidungsplatte f/einseitig mit Alu-Folie belegte insulating plasterboard
Gipsvollbauplatte *f (BT)* solid gypsum board
Gipswandplatte *f* gypsum panel, gypsum wallboard
Gipswandplatte f/feuerhemmende *(BT)* type X wallboard
Gipszement *m* tiling plaster, Keene's cement
Gipszement *m* **mit Borax** *(BM)* Parian cement
Girlande *f (Arch)* encarpus *(Blumenornament an einem Fries oder Kapitell)*; garland, wreath *(Schmuckelement)*; swag *(Schmuckelement der Renaissance)*
Girlande f/bogenförmige festoon *(Ornament)*
Girlandenblatt *n (Arch)* festoon leaf, swag leaf
Gispe *f* seed *(Glas)*
Gitter *n* 1. lattice, trellis, trelliswork, grille *(Fenster)*; 2. *(Konst)* railing *(Geländer)*; 3. (wire) mesh *(Bewehrung, Verstärkungseinlage)*; 4. fence, gate *(Zaun)*; 5. *(Verm)* grid; 6. *(BT)* grate; 7. bars *(Gitterrost)*; 8. *(Arch)* parclose screen *(mittelalterliche Kirche)*; 9. screen *(Trägerrost)*
Gitter n/schmiedeeisernes grille
gitterartig lattice-like, latticed; gridlike
Gitterausleger *m (BWG)* lattice boom *(Bagger)*
Gitterbalken *m* girder beam, girder pole
Gitterbauelement *n (BT, Konst)* grillwork
Gitterblockstein *m* grille block
Gitterbrücke *f* lattice bridge
Gittereisen *n* fence bar *(Zaun)*
Gitterfachwerk *n* 1. *(BT, TK)* lattice girder; 2. *(Konst)* latticed girder; 3. *(TK)* latticework
Gitterfenster *n* lattice window, trellis window
Gittergerüst *n* lattice shell
Gittergewebe *n* mesh lath
Gittergewebematte *f* mesh lath
Gittermast *m* 1. *(Konst, TK)* lattice-form mast; 2. *(Konst, St, TK)* lattice mast; 3. braced steel mast, braced steel tower, trellis mast; 4. *(Arch)* pylon
Gittermauer *f (Konst)* screen wall *(Abschirmung)*
Gittermauerwerk *n* 1. chequer-work, *(AE)* checkerwork *(mit Schachbrettmuster)*; 2. *(Konst)* screen wall *(Abschirmung)*
Gitternetzkarte *f (Verm)* gridded map
Gitterpfette *f* lattice(d) purlin, trellis purlin
Gitterpfosten *m* trellis post
Gitterplatte *f* grid plate
Gitterrost *m* grille; area grating, grid, grating *(im Fußboden, in der Straßendecke)*; cattle grid *(Viehübergehschutz)*; *(AE)* cattle guard
Gitterrost m/aufgelegter lay-on grading
Gitterrost m/dreieckiger triangulated grid framework
Gitterrostabdeckung *f* metal grating *(über Öffnungen und Schächten)*; area grating covering *(in Verkehrsflächen)*
Gitterrostwalze *f* grid roller
Gittersäule *f* girder pole
Gitterschale *f* lattice shell
Gitterschutz m/V-förmiger chevron slat
Gitterstab *m* 1. laced member, latticed member, element *(Tragwerk)*; 2. lattice(d) bar *(Stahlbau)*; 3. screen bar
Gittersteg *m* lattice web *(eines Trägers)*
Gitterstein *m* grille block; multihole brick
Gitterstruktur *f (Konst)* lattice structure
Gitterstütze *f* lattice(d) column
Gittertor *n (BT)* spar gate
Gitterträger *m* lattice(d) girder, lattice truss, open-web girder, bar joist
Gitterträger m/geschweißter *(Konst, St)* welded truss
Gitterträger m/hölzerner *(Hb, TK)* timber lattice girder
Gitterträgerbrücke *f (Br)* lattice bridge
Gittertragwerk n/räumliches space lattice
Gittertür *f* lattice gate
Gitterwerk *n* 1. *(TK)* latticework; 2. *(Konst)* lattice structure; 3. *(Konst, TK)* latticed girder construction; 4. *(Hb, LB)* lattice *(Tragelement)*; 5. grating, grid *(in Verkehrsflächen, Fußböden usw.)*; 6. trelliswork *(Fenster)* • **mit einem Gitterwerk auskleiden** honeycomb
Gitterwerk n/radiales radial grating
Gitterwerk n/räumliches space lattice
Gitterwerk n/umkehrbares *(Arch)* reversible grating
Gitterwerkdecke *f (Konst, TK)* grid ceiling
Gitterwerkgurt *m (Konst)* trelliswork boom
Gitterwerkornament *n (Arch)* trellis moulding
Gitterzaun *m (LB)* trellis fence
Gitterziegel *m* perforated brick
Glanz *m* 1. gloss, glossiness, sheen, lustre, *(AE)* luster *(z. B. von Materialien, Oberflächen)*; 2. brightness *(Farben)*
Glanz... bright ...; gloss ...
Glanzanstrich *m (OB)* gloss coat
Glanzaufstrich *m (OB)* gloss coat
Glanzbeglasung *f* glossy glazing
glanzbeschichtet *(OB)* wet-look
Glanzbeschichtung *f (OB)* wet look
glanzbeständig glossproof
Glanzbeständigkeit *f* gloss retention
Glanzbestimmung *f* gloss measurement
Glanzbrenne *f (OB, St)* bright dip *(bes. für Kupfer)*
Glanzbrennen *n* bright dip
glanzecht glossproof
Glanzemaillelack *m (OB)* gloss enamel
glänzen *v* buff *(Terrazzo)*; shine *(Oberflächen)*
Glänzen n/chemisches bright dip
glänzend 1. lustrous, sheeny, shiny, shining *(Materialoberflächen)*; 2. bright *(Farben)*; 3. glistening, glossy *(Glasuren)*
glänzend/brillant *(OB)* resplendent
glänzend/glasartig *(OB)* subvitreous shining
Glänzendwerden *n* glossing up
Glanzfehlstelle *f* flat spot *(Lackanstrich)*
Glanzfirnis *m* glazing varnish
Glanzglasur *f* glossy glazed coat, glossy glazing
Glanzhaltung *f* gloss retention
Glanzklarlack *m* gloss varnish
Glanzlack *m* glazing varnish, gloss paint, gloss varnish
glanzlos 1. lustreless, matt, mat, blind, cloudy *(Anstrich, Oberflächen)*; 2. matt, mat *(mattiert)*; 3. dull, flat, non-bright *(Farben)* • **glanzlos machen** dull, matt *(z. B. Oberflächen)* • **glanzlos werden** cloud *(Lack)*
Glanzlosigkeit *f* 1. mattness; 2. dullness *(z. B. Oberflächen)*; 3. *(BM, OB)* cloudiness *(Lacke)*; 4. *(OB)* flatness *(Farben)*
Glänzlösung *f (OB, St)* bright dip
Glanzmessung *f* gloss measurement
Glanzoberfläche *f (AE)* slick
Glanzpech *n (BM)* glance pitch
Glanzruß *m (HLK)* shining soot
Glanzschicht *f (OB)* lustrous coating
Glanzschiefer *m (BM)* lustrous schist
glanzschleifen *v* polish; burnish *(auf Hochglanz)*
Glanzüberzug *m (OB)* satin finish
Glanzverlust *m* 1. *(OB)* loss of brightness *(Farben)*; 2. *(OB)* loss of gloss *(Glasuren)*; 3. loss of lustre, lustre loss, dulling *(Anstriche, Oberflächen)*
glanzverzinkt bright galvanized
Glanzwert *m* gloss value
Glas *n (BM)* glass *(s. a. Glas im Bauwesen)* • **mit Glas versehen** *(EB, Te)* glass
Glas n/abblendendes *(BM) (AE)* non-glare glass
Glas n/beschichtetes glass with reflective coating, reflecting glass, reflective glass
Glas n/drahtbewehrtes *(BM)* wire-reinforced glass

Glas *n*/**durchscheinendes** obscure glass, translucent glass
Glas *n*/**durchsichtiges** *(BM)* clear glass
Glas *n*/**fertiggeschliffenes** smoothed glass
Glas *n*/**feuerfestes** heat-resisting glass
Glas *n*/**flammenfestes** ovenproof glass
Glas *n*/**flammenwidriges** ovenproof glass
Glas *n*/**geblähtes** frothed glass
Glas *n*/**gefrittetes** *(BM)* fritted glass
Glas *n*/**gegossenes** pressed glass
Glas *n*/**gehärtetes** *(BM)* tempered glass
Glas *n*/**gemustertes** patterned glass *(für Trennwände)*
Glas *n*/**geriffeltes** fluted sheet
Glas *n*/**geschliffenes** ground glass, polished glass, cut glass

G

Glas *n*/**gespaltenes** *(BM)* cleaved glass
Glas *n*/**getrübtes** opaque glass
Glas *n*/**gewalztes** rough-cast glass
Glas *n*/**gezogenes** drawn glass
Glas *n*/**gispiges** seedy glass
Glas *n*/**hitzeabweisendes** heat-reflective glass
Glas *n* **im Bauwesen** *(EN 1036, EN 1051)* glass in building
Glas *n*/**kanneliertes** fluted sheet
Glas *n*/**keramisch gefrittetes** ceramic-faced glass
Glas *n*/**krakeliertes** crackle glassware
Glas *n*/**kugelsicheres** bulletproof glass, bullet-resisting glass *(Verbundglas)*
Glas *n*/**leuchtendes** luminescent glass
Glas *n*/**lichtempfindliches** photosensitive glass
Glas *n*/**lichtstreuendes** light-diffusing glass
Glas *n*/**mattiertes** depolished glass, frosted glass
Glas *n*/**mineralisches** natural glass
Glas *n* **mit Metallflitterbeschichtung** hammered glass
Glas *n* **mit Strahlungselementen** radiant glass
Glas *n*/**opakes** opaque glass
Glas *n*/**opalisierendes** opalescent glass
Glas *n*/**organisches** organic glass, light-admitting plastic material, light-passing plastic
Glas *n*/**rautenförmig gemustertes** lozenge glass
Glas *n*/**reflexfreies** non-reflecting glass
Glas *n*/**satiniertes** satin-finish glass, velvet finish glass
Glas *n*/**savonniertes** smoothed glass
Glas *n*/**schalldämmendes** sound-insulating glass, sound-resistive glass, sound-control glass
Glas *n*/**splitterfestes** *(BM)* non-shattering glass
Glas *n*/**splitterfreies** safety glass
Glas *n*/**ungefärbtes** *(BM)* colourless glass
Glas *n*/**unzerbrechliches** unbreakable glass
Glas *n*/**vergütetes** annealed glass
Glas *n*/**vorgespanntes** *(BM)* toughened glass
Glas *n*/**wärmeabweisendes** heat excluding glass, heat-absorbing glass
Glas *n*/**zähes** *(BM)* tempered glass
Glasabfall *m (Umw)* waste glass
Glasanschlaghöhe *f* rabbet depth *(Fenster)*
Glasarchitektur *f (Arch)* glass architecture
Glasart *f (BM)* type of glass
glasartig glass-like, glassy; hyaline *(Geologie)*; vitreous *(z. B. Ziegel, Kacheln)*
Glasätzung *f* glassware etching
Glasätzung *f* **zur Verzierung** *(Arch)* French embossing
Glasauflagerand *m* glazing bead *(zur Verglasung)*
glasausgekleidet *(OB)* glass-lined
Glasaussichtsfläche *f* glass lookout area
Glasbauhohlstein *m* hollow glass block
Glasbaukunst *f (Arch)* glass architecture
Glasbaustein *m (EN 1051)* glass block, hollow glass block, glass brick, glass paver
Glasbausteindecke *f (Konst)* glass-block floor
Glasbausteine *mpl (EN 1051) (AE)* structural glass, *(BE)* glass blocks and glass pavers
Glasbausteinmauerwerk *n (SB)* glass-block masonry
Glasbedachung *f* glass roof cladding
Glasbehälter *m* bottle bank
Glasbelagplatte *f* glass tile
glasbeschichtet *(OB)* glass-coated
Glasbeton *m* glascrete, glass concrete, translucent concrete
Glasbiberschwanz *m* plain glass roofing tile
glasbildend glass-forming
Glasbläschen *n* glass bubble, bleb
Glasbruch *m* cullet
Glascontainer *m* bottle bank
Glasdach *n* glass roof, glazed roof • **mit Glasdach** glass-roofed
Glasdachraupe *f* glass skylight
Glasdachsprosse *f* glass bar
Glasdachstein *m* glass roofing tile, glass slate
Glasdachziegel *m (BM)* glass slate
Glasdecke *f* glass ceiling
Glasdeckenöffnung *f (Konst)* floor light *(in der Decke)*
Glasdeckleiste *f* window glazing bar, window bar, glazing bed, *(AE)* muntin
Glaseindeckung *f* glass roofing, roof glazing
Glaseinsatz *m* glass insert
Glasemail *n (OB)* glass enamel
Glaser *m* glazier
Glaserarbeiten *fpl* glazier's work, glazing work, glazing
Glaserdiamant *m* diamond pencil, glazier's diamond
Glaserei *f* glazier's shop
Glaserhandwerk *n* glazing trade
Glaserkitt *m* glazier's putty, painter's putty, sash putty, betting putty, oil putty
Glaserkitt *m*/**weißer** white lead cement, white lead putty
Glaserkittbett *n* bedding
Glasernagel *m* glazing sprig
Glasfalz *m* rebate for glazing
Glasfaser *f* fibre glass, glass fibre, *(AE)* glass fiber
Glasfaserbahn *f* blanket insulation, glass fibre blanket insulation
Glasfaserbeton *m* fibrous concrete
Glasfaserbetonform *f (BB, BWG)* pan
glasfaserbewehrt *(BM)* glass-fibre reinforced
Glasfaserbewehrungsmaterial *n*/**vorimprägniertes** preimpregnated glass-fibre reinforcement
Glasfaserdachrinne *f* glass-fibre gutter
Glasfaserdämmmaterial *n*/**flexibles** *(BM, DIS)* glass fibre blanket insulation
Glasfaserdämmstoff *m*/**flexibler** *(BM, DIS)* flexible glass fibre blanket insulation
Glasfaserdämmung *f* **für Klimaluftzüge** *(DIS, HLK)* duct lining
Glasfasergewebe *n* glass cloth, glass fabric, glass-fibre fabric, glass-fibre tissue
Glasfaserisoliermaterial *n*/**flexibles** flexible glass fibre blanket insulation
Glasfaserisolierung *f* **für Klimaanlagen** glass-fibre duct lining
Glasfaserkabel *n (BT, El)* optical fibre cable
Glasfaserkitt *m* polyester putty
Glasfaserkunststoff *m (BM)* glass-reinforced laminate
Glasfasermatte *f* glass-fibre quilt, *(AE)* glass-fiber quilt
Glasfasermörtel *m (BM)* glass-fibre reinforced mortar
Glasfaserputz *m* glass-fibred plaster
Glasfaserschalung *f* glass-fibre formwork, pan
Glasfaserschichtstoff *m* fibre-glass reinforced laminate, glass-fibre laminate
Glasfaserstoff *m* fibre glass

Glasfaserstoff *m*/**vorimprägnierter** *(BM, Te)* preimpregnated glass fibre
glasfaserverstärkt glass-fibre reinforced, glass-reinforced
Glasfaservlies *n* glass-fibre veil, chopped strand mat *(Dämmmaterial)*
Glasfaserwolle *f (BM, DIS)* mineral wool
Glasfassade *f* glass façade
Glasfassadengebäude *n* glass-façade building, glass-façade block
Glasfenster *n (Konst)* glass window
Glasfliese *f* glass tile
Glasflügeltür *f* glazed leaf door
Glasfüllung *f (EB)* glass panel *(z. B. einer Tür)*
Glasfüllungstür *f* 1. *(EB)* half-glass door; 2. *(BT, Hb)* sash door
Glasgang *m* glass corridor
Glasgewebeschichtstoff *m* glass cloth laminate
Glasglanz *m (OB)* vitreous lustre
Glasgrieß *m* granulated glass
Glashütte *f (BM, BWG)* glassworks
glasieren *v* glaze *(z. B. Keramik)*
Glasieren *n (OB)* glazing
glasiert frosted
glasiert/nicht unglazed
glasiert/schwach semivitreous *(Fliesen, Kacheln)*
Glasierung *f (OB)* ceramic coating
Glasierungsverfahren *n (Te)* glazing method
glasig 1. glassy, glazy; 2. *(Bod)* hyaline *(Geologie)*; 3. *(BM)* vitreous *(z. B. Ziegel, Kacheln)*
Glaskassette *f* glass panel, glass core
Glaskeramik *f* glass ceramic, devitrified glass
Glasklebekitt *m* glass cement
Glaskonstruktion *f* 1. *(Arch, Konst)* glass construction; 2. *(Konst)* glass system
Glaskopf *m* vitrified stock brick
Glaskugeln *fpl* glass beads *(Abstrahlmittel)*
Glaskuppel *f* glass cupola, glass dome
Glasleiste *f* window glazing bar, window bar, window guard
Glaslichtkuppel *f (Konst)* glass domed roof-light
Glas-Metall-Verbindung *f*/**dichte** *(Konst)* glass-to-metal seal
Glasmosaik *n* glass mosaics
Glasmosaikplatte *f* quarry glass
Glasmosaikplatte *f*/**kleine** quarry glass
Glasmusterung *f*/**leichte** shallow glass pattern
Glasnut *f* sash fillister *(zur Aufnahme der Fensterscheibe)*
Glasoberfläche *f*/**fehlerhafte** fuzzy texture *(mit geschlossenen und geplatzten Bläschen)*
Glasornamentierung *f*/**leichte** shallow glass pattern
Glaspapier *n*/**feines** glass paper
Glaspendeltür *f* glass swing door
Glasperlen *fpl* glass beads *(Abstrahlmittel; Reflexionsperlen)*
Glasperlenstreugerät *n (BWG, Verk)* glass beads dispenser *(Straßenmarkierung)*
Glasphase *f* vitreous phase, glassy phase *(Keramik)*
Glasplatte *f* glass plate, glass slab, glass tile, quarry glass
Glasplatte *f*/**kleine** quarry glass
Glaspolierung *f* **mit Säure** *(OB, Te)* acid polishing of glass
Glasraupe *f* glass skylight
Glasrohr *n (WVA)* glass pipe
Glasrohrleitung *f (WVA)* glass pipeline
Glassand *m* glass sand
Glassandpapier *n*/**feines** glass paper, sandpaper
Glasscheibe *f* glass pane, glass sheet, pane of glass, pane • **mit Glasscheiben versehen** glaze
Glasscheibe *f* **für bleiverglaste Fenster** quarrel
Glasscheibenauflageklötzchen *n* setting block
Glasscheibenhalteklammer *f* glazing clip
Glasscheibenhalteklammerfeder *f* glazing clip
Glasscheibenhalteleiste *f* glazing fillet
Glasscheibenhalter *m* glazing bead, glazing stop, glass stop; glazing spacer block *(im Rahmen)*
Glasschiebetür *f (EB)* glass sliding door
Glasschliffverbindung *f (EB, San, WVA)* ground glass joint
Glasschneider *m* glass-cutter, glazier's diamond
Glasschutzschicht *f (OB)* glass coating
Glasschwingflügeltür *f* glass swing door
Glasseide *f* glass silk
Glasseidengrobgespinst *n (BM)* rove
Glasseidenmatte *f* chopped strand mat *(Dämmmaterial)*
Glasseiden-Roving *m* glass-fibre roving, glass-fibre strand, roving
Glassorte *f (BM)* type of glass
Glassplitter *m* splinter of glass
Glasstab *m* glass bar
Glasstahlbeton *m* reinforced glass concrete, glass concrete
Glasstange *f* glass bar
Glasstein *m* glass block, glass brick
Glassteine *mpl* glass blocks, *(AE)* structural glass
Glasstift *m* storm clip *(Fenster)*
Glasstück *n*/**bearbeitetes** *(BT)* glass chip *(für Einbauzwecke)*
Glastafel *f* glass pane, glass sheet, sheet glass
Glastechnologie *f (BM, Te)* glass technology
Glasterrasse *f* glass terrace
Glastrennwand *f* glass partition wall, glazed partition (wall), glass screen
Glastür *f* full glass door
Glastür *f*/**mehrfach geteilte** *(Arch)* divided light door
Glasumriss *m* glaze craze
Glasumrissbildung *f* glaze crazing
Glas- und Metallstil *m (Arch)* glass-and-metal-style
Glasunterdecke *f* glass counter ceiling
Glasur *f* 1. *(OB)* glaze; 2. enamel *(auf Metall)*; 3. *(OB)* lustre *(Glanzüberzug)* • **mit Glasur überziehen** glaze *(z. B. Keramik)*
Glasur *f*/**farblose** *(OB)* clear glaze
Glasur *f*/**gebrannte** *(OB)* fired glaze
Glasur *f*/**gefrittete** *(OB)* fritted glaze
Glasur *f*/**kratzfeste** scratch-resisting glaze
Glasur *f*/**opake** enamel glazed finish
Glasurbeton *m (BB, OB)* glazed concrete
Glasurdachziegel *m* glazed roofing tile
Glasurfehlstellenbildung *f (OB)* blistering
Glasurhaarriss *m* fire crack *(Keramik)*
Glasurornamentierung *f* in-glaze decoration
Glasurriss *m* shivering
Glasurschicht *f* glaze coating
Glasurstein *m* glazed brick, enamelled brick
Glasursteinzeug *n* glazed stoneware
Glasurverfahren *n (Te)* glazing method
Glasurziegel *m* glazed brick, enamelled brick
Glasveranda *f* glass veranda, glazed veranda, *(AE)* sun parlor
Glasverblendung *f* glass face work
Glasvlies *n* glass-fibre felt, glass-fibre mat, glass felt, glass mat
Glasvlieslochbahn *f* perforated mat sheet
Glaswand *f* glass wall
Glaswandbauelement *n* glass wall unit
Glaswandelement *n* glass wall unit
Glaswandtafel *f (BT, EB)* glass wall panel
Glaswatte *f* 1. *(BM)* glass wadding; 2. *(BM, DIS)* spun glass
Glaswerk *n (BM, BWG)* glassworks
Glaswiederverwertung *f (Umw)* glass recycling
Glaswolle *f* 1. *(BM, DIS)* glass wool; 2. *(BM, DIS)* spun glass

Glaswollebaumatte *f* glass-wool mat
Glaswolledämmung *f* glass-wool insulation, glass-wool lagging
Glaswolleisolierung *f* glass-wool insulation, glass-wool lagging
Glaswollematte *f* glass-wool mat
Glaswolleplatte *f (BM, DIS)* glass-wool slab
Glaszelle *f (BM)* glass cell
Glasziegel *m* glass tile, glass brick
Glaszuschlagstoff *m* glass aggregate
glatt 1. even, plane, smooth *(Flächen, Oberflächen)*; 2. fair--faced *(Mauerwerk)*; 3. flush *(bündig)*; 4. glossy *(glänzend)*; 5. *(OB, Verk)* slippery *(z. B. Straße)*; 6. unperforated *(ungelocht, z. B. Steine, Bleche)*
glatt und konvex plano-convex *(z. B. sonnengetrocknete Ziegel)*
Glattbeton *m (BB)* smooth concrete
Glättbohle *f* 1. finishing beam, finishing screed, compacting beam, screed board *(Straßenfertiger)*; strike, smoothing board *(Abstreichbrett)*; 2. smoothing beam *(Abziehbohle)*; 3. *(BWG, Verk)* smoothing iron *(Glätteisen)*
Glättbohle *f* **für Oberbeton [Deckenschluss]** final float for road surfacing
Glättbrett *n (SB)* float
Glätte *f* 1. evenness, smoothness *(Flächen, Oberflächen)*; 2. slickness *(z. B. Putzflächen, Erdschichten)*; 3. *(OB)* slipperiness *(Schlüpfrigkeit)*; 4. *(Verk)* skidding conditions *(Straßen)*
Glättebildung *f* 1. *(Umw, Verk)* icing up *(durch Eis)*; 2. *(Verk)* polishing *(Verschleißflächen)*
Glättebildung *f***/stellenweise** *(Verk)* icy stretches
Glatteis *n (Verk)* glazed frost
Glatteisbekämpfung *f (Verk)* ice control
Glatteisbeseitigung *f (Umw)* ice clearing
Glätteisen *n (BWG)* sleeking steel
Glatteiswarnanlage *f (Verk)* ice warning system
glätten *v* 1. level, even, flat, flatten, planish *(z. B. Gelände)*; 2. *(Te)* level; 3. *(Verm)* flush *(Oberflächen, Anschlüsse usw. bündig machen)*; 4. *(Hb)* plane *(mittels Hobel)*; 5. trowel, screed, smooth(en), finish-smooth, finish-fair, float, sleeken *(Betonoberflächen, Putzflächen)*; 6. *(Te)* polish; 7. *(OB)* burnish *(polieren)*
glätten *v***/Steine** scour stones
Glätten *n* 1. flattening *(z. B. Gelände)*; 2. floating, trowelling, smoothing *(Beton, Putz)*; 3. *(Verk)* finishing *(Straßenoberfläche)*; 4. burnishing, polishing *(Polieren)*
Glätter *m* 1. *(Verk)* finisher *(Straße)*; 2. finishing trowel, smoothing trowel, trowel *(Glättkelle, Glätteisen)*
glattflächig self-faced *(Naturstein)*
glattgerollt smooth-rolled
glattgestrichen struck
glattgewalzt smooth-rolled
Glattheit *f* evenness *(einer Fläche)*
glatthobeln *v* plane smooth, plane, surface
Glättkelle *f* finishing trowel, smoothing trowel, trowel
Glättkelle *f***/pneumatische** *(BWG)* air float
glattmachen *v* smooth
Glattmantelwalze *f (Verk)* smooth roller *(Straße, Weg)*
Glättmaschine *f* trowelling machine, power trowel
Glättpinsel *m* smoothing brush
Glattputz *m* fair-faced plaster, smooth finish, smooth plaster, stucco
Glattputzen *n* running-off *(Metall)*; polish *(Putz)*
glattrandig smooth-edged
Glattreiben *n* floating
Glättscheibe *f* smoothing trowel, power trowel, smoothing wheel
Glättschicht *f* float(ed) coat, topping coat
Glattschlagen *n (SB)* backing *(Steinvorlage)*
glattschleifen *v* smooth
Glättspachtel *m* floated filler
Glättstein *m* float stone
glattstreichen *v* smooth; trowel *(mit Kelle)*; strike *(Fugen)*
Glattstreichen *n (OB, SB, Te)* struck levelling *(z. B. von Fugen, Oberflächen)*
Glattstrich *m* trowel finished layer
Glattverputz *m (SB)* smooth finish
Glattwalze *f* smooth roller
glattwandig smooth-walled
Glättwerkzeug bearbeiten *v***/mit einem** *(Te)* sleeken
Gläubigerverzicht *m (VR)* lien waiver
Glaukonit *n (Bod)* glauconite
Glaukonitkalk *m (BM)* glauconitic limestone
Glaukonitsandstein *m (BM)* glauconitic sandstone
Glaukonitton *m (BM, Bod)* glauconitic clay
glazial glacial
Glazialgeschiebe *n (BM, Bod)* glacial drift
Glazialkies *m (BM, Bod)* glacial gravel
gleich *(Stat)* equal
gleichachsig equiaxed
Gleichartigkeit *f* homogeneity
Gleichbehandlung *f* equal treatment
gleichbleibend *(BM, BT)* constant
gleichförmig *(BM, BT)* uniform
Gleichförmigkeit *f (BM)* uniformism
Gleichgewicht *n* equilibrium, balance • **im Gleichgewicht** *(Arch, Konst)* balanced • **ins Gleichgewicht bringen** equilibrate, right
Gleichgewicht *n***/biologisches** biological equilibrium
Gleichgewicht *n* **der Kräfte** *(Stat)* force equilibrium
Gleichgewicht *n***/dynamisches** *(Stat)* steady state
Gleichgewicht *n***/instabiles** *(Stat)* instable equilibrium
Gleichgewicht *n***/isostatisches** *(Stat)* isostatic balance
Gleichgewicht *n***/labiles** *(Stat)* unstable equilibrium
Gleichgewicht *n***/ökologisches** ecological balance
Gleichgewicht *n***/plastisches** *(Stat)* plastic equilibrium
Gleichgewicht *n***/stabiles** *(Stat)* stable equilibrium
Gleichgewicht *n***/statisches** *(Stat)* static balance
Gleichgewichtsbedingung *f***/statische** *(Stat)* condition of static equilibrium
Gleichgewichtsbedingungen *fpl (Stat)* equations of equilibrium, equilibrium conditions
Gleichgewichtsdiagramm *n (Stat)* equilibrium phase diagram
Gleichgewichtsdruck *m (WVA)* equilibrium pressure
Gleichgewichtsforderung *f (Stat)* equilibrium requirement
Gleichgewichtsgleichung *f (Stat)* equilibrium equation
Gleichgewichtsgleichung *f***/statische** static equilibrium equation
Gleichgewichtsgrenze *f* equilibrium limit
Gleichgewichtslage *f (Stat)* neutral position, equilibrium position, position of equilibrium, steady position
Gleichgewichtslösungsansatz *m (Stat)* equilibrium approach
Gleichgewichtsmodell *n* equilibrium model
Gleichgewichtspolygon *n (Stat)* equilibrium polygon
Gleichgewichtsprinzip *n (Stat)* principle of equilibrium
Gleichgewichtsverschiebung *f (Stat)* displacement of equilibrium
Gleichgewichtszustand *m* equilibrium state, state of equilibrium
Gleichgewichtszustand *m* **des Gezeitenwechsels** *(Bod, Umw, Wsb)* equilibrium tide
Gleichgewichtszustand *m***/statischer** *(Stat)* static equilibrium state
gleichkörnig even-grained, even-granular, single-sized, like-grained, equigranular, uniform *(Zuschlagstoffe)*
Gleichlast *f (Stat)* uniformly distributed load

gleichmachen *v* bring flush
Gleichmaßgrenze *f (Stat)* limit of proportionality
gleichmäßig even; constant, homogeneous, uniform, regular; well balanced
Gleichmäßigkeit *f* homogeneity; consistence, consistency; regularity
Gleichmäßigkeitskoeffizient *m* uniformity coefficient *(Sand, Kies)*
gleichschenklig isosceles
Gleichschlag *m* long lay *(eines Seils)*
Gleichstrom *m* 1. *(El)* direct current; 2. parallel flow *(Trockentrommel)*
Gleichung *f* **dritten Grades** *(Stat)* third-order equation
Gleichung *f* **ersten Grades** first-order equation
Gleichung *f*/**kubische** *(Stat)* third-order equation
Gleichung *f*/**lineare** first-order equation
Gleichung *f*/**mathematische** *(Stat)* mathematical equation
Gleichung *f*/**quadratische** second-order equation
Gleichung *f*/**statische** static equation
Gleichung *f*/**vereinfachte** *(Stat)* simplified equation
Gleichung *f* **zweiten Grades** second-order equation
gleichwertig equivalent
Gleichwinkelbogenmauer *f (Wsb)* constant-angle arch dam
gleichzeitig simultaneous
Gleichzeitigkeitsbeschickung *f (Te)* ribbon loading
Gleichzeitigkeitsgleichung *f (Stat)* simultaneous equation
Gleis *n (Verk)* rail, rail track, track • **Gleise rücken** *(Verk)* shift tracks • **Gleise stopfen** pun, tamp
Gleis *n*/**abzweigendes** *(Verk)* diverted track
Gleis *n*/**durchgehendes** *(Verk)* through line
Gleisanlage *f (Verk)* railway lines, railway trackage, track system, *(AE)* railroad lines, trackage
Gleisanschluss *m* siding
Gleisanschlussstein *m (BT)* rail border stone
Gleisarbeiten *fpl (Verk)* track-laying; line repairs, track repairs
Gleisbankett *n (Verk)* track bench
Gleisbau *m* railway construction
Gleisbauarbeiten *fpl* track construction work
Gleisbaumaschine *f (BWG, Verk)* track-laying machine
Gleisbauwagen *m (Verk)* track construction car
Gleisbett *n* track bed(ding)
Gleisbettreinigungsmaschine *f (Verk)* track cleaner
Gleisbettung *f (Verk)* bedding of track
Gleise *npl*/**lückenlose** *(Verk)* welded track
Gleise *npl*/**stoßfreie** *(Verk)* welded track
gleisgebunden rail-bound, rail-born
Gleisjoch *n* track span
Gleiskette *f* crawler track, caterpillar chain, track
Gleiskettenfahrzeug *n* track vehicle, caterpillar
Gleiskettenfertiger *m (BWG)* track-laying finisher
Gleiskettengerät *n (Verk)* tracked plant
Gleiskörper *m (Verk)* rail track, track
Gleiskreuzung *f* crossing of lines, crossover
Gleiskreuzung *f*/**einfache** *(Verk)* normal crossing
Gleiskreuzung *f*/**spitzwinklige** *(Verk)* diamond crossing
Gleiskurve *f (Verk)* curved track
Gleislage *f (Verk)* track layout
Gleislegemaschine *f* track laying machine
Gleisoberbau *m (Verk)* permanent way
Gleisplatte *f* track base plate
Gleisprüfwagen *m* track recording coach
Gleisrücken *n* rail shifting, shifting of tracks, track shifting
Gleisrückmaschine *f* 1. *(BWG, Verk)* rail shifting machine; 2. *(BWG, Verk)* track shifting machine
Gleisschleife *f (Verk)* loop-line
Gleisschotter *m (BM, Verk)* railway ballast, track ballast
Gleissenkung *f (Verk)* track subsidence
Gleissteigung *f* 1. *(Verk)* gradient of track; 2. *(Verk, Verm)* track gradient
Gleisstopfen *n* rail tamping, track tamping
Gleisstopfmaschine *f* 1. *(Verk)* power ballaster track tamping machine; 2. *(BWG, Verk)* sleeper packing machine; 3. *(BWG, Verk)* track tamping machine
Gleisstraße *f (Verk)* flagged roadway
Gleisstrecke *f* track rail, *(AE)* trackage
Gleistrageplatte *f* track base plate
Gleisübergang *m* level (railway) crossing
Gleisverbindung *f (Verk)* track connection
Gleisverlegearbeiten *fpl (Verk)* track-laying
Gleisverlegemaschine *f (BWG, Verk)* track-laying machine
Gleisverlegung *f* track laying
Gleisverrücken *n* rail shifting, shifting of tracks, track shifting
Gleisverwerfung *f (Verk)* track warping
Gleiswaage *f* waggon balance, weighbridge, *(AE)* freight car scales
Gleitarbeitszeit *f (VR)* staggered working hours
Gleitbahn *f* 1. chute, slide *(Transportrutsche)*; 2. coulisse, timber slide *(aus Holz für Holztransport)*; 3. *(Te)* sliding track *(Montage)*
Gleitbauweise *f* slip-form construction • **in Gleitbauweise errichten** *(Te)* slip-form
Gleitbeiwertmesser *m (Verk)* skew resistance tester
Gleitbereich *m (Bod)* slip area *(Böschung)*
Gleitbewegung *f (Bod)* gliding movement, sliding motion
Gleitbruch *m* 1. *(BM, Bod, Stat)* ductile fracture; 2. *(Bod)* shear failure, sliding failure
Gleitebene *f (Bod)* glide plane, plane of rupture, plane of sliding, plane of slip, slide plane, sliding plane, slip plane
gleiten *v* 1. glide, slide; 2. *(Bod)* shear *(Scherbewegung, auch Erdstoffe)*; 3. skid, slip *(rutschen)*
Gleiten *n* 1. gliding, sliding; 2. *(Bod)* gliding, slide, sliding; 3. slipping *(Rutschen)*
gleitend sliding
Gleitfalttrennwand *f (Konst)* sliding folding partition
Gleitfertiger *m* slip-form paver *(Straßenbau)*
gleitfest *(OB, Verk)* slip-resistant
Gleitfläche *f (Bod)* plane of sliding, plane of slip, sliding plane, sliding surface, slip lane; slip face, slip surface, surface of sliding *(Böschung, Damm)*
Gleitflächen *fpl (Bod, Erdb, Konst)* conjugate sections
Gleitflächenbruch *m (Bod)* lateral slide
Gleitfuge *f* sliding joint, slip joint *(Montagebau)*
Gleitgefahr *f* danger of sliding, danger of slipping
Gleitgelenk *n (BT)* sliding joint
Gleithöhe *f* sliding height *(Gleitschalung)*
Gleitkanal *m* cable duct, sheath(ing) *(Spannbeton)*
Gleitkreis *m (Bod, Erdb)* friction circle, glide circle, glide curve, slip circle
Gleitlager *n* 1. *(TK)* slide bearing; 2. *(BT, TK)* sliding bearing
Gleitleiste *f* slip piece
Gleitlinie *f* line of slide, slip line
Gleitmaß *n* modulus of transverse elasticity, modulus of rigidity
Gleitmodul *m* shear modulus, modulus of rigidity
Gleitmodul *m*/**dynamischer** dynamic shear modulus
Gleitmodul *m* **G** *(Stat)* shearing modulus G
Gleitpassung *f* easy fit
Gleitplatte *f (BT, Te)* slipper *(Gleitschalung)*
Gleitpreisklausel *f (VR)* gliding price clause *(Bauvertrag)*
Gleitreibung *f* skidding friction, sliding friction, sliding resistance, dynamic friction
Gleitreibungsbeiwert *m (Verk)* kinetic coefficient of friction

Gleitreibungsgleitwert *m (Verk)* coefficient of longitudinal friction *(Straße)*
Gleitreibungszahl *f (Verk)* coefficient of sliding friction *(Straße)*
Gleitriegel *m* sliding bolt
Gleitringdichtung *f (BT)* slide ring packing *(Pumpe)*
Gleitrinne *f* chuter
Gleitrohr *n (Erdb, Konst, San, Te, Wsb)* brass lining
Gleitschalung *f* 1. *(BWG, Te)* slip-form *(Straßenbau)*; 2. slip shuttering, sliding falsework, sliding form(work), sliding shuttering *(Betonhochbau)*; 3. sliding mould, mobile form *(z. B. für Wände)*; 4. *(Tun)* travelling form, travelling forms, travelling formwork *(für horizontale Bewegung, z. B. für Tunnelbau, Kanalbau)*; 5. moving formwork, moving shutter(s) *(meist Kletterschalung)*
Gleitschalung f/senkrechte vertical slip form
Gleitschalungsbauweise *f (Te)* sliding moulding method
Gleitschalungsfertiger *m* slip-form paver *(Straßenbau)*
Gleitschalungstafel *f (BT, Te)* sliding panel
Gleitscherfestigkeit *f (Bod)* residual shear strength, residual strength
Gleitschicht *f* 1. slip membrane, parting plane; 2. *(Bod, Erdb)* slickenside, slickensiding; 3. *(Bod)* nappe *(Geologie)*
Gleitschiene *f* 1. slide rail, sliding rail, sliding bar, guide bar *(z. B. Türen, Fenster)*; 2. gliding channel *(U-förmig)*; 3. gliding track, slideway *(Abgleitschiene, z. B. Werftanlagen)*; 4. guide bar *(Führungsschiene)*
Gleitschienenbegrenzer *m* **für Schiebefenster** horn
Gleitschienenführung *f* sliding rail
Gleitschuh *m (BT, Te)* slipper *(Gleitschalung)*
Gleitschutzanstrich *m* non-skid paint, non-slippery paint, antiskid paint
Gleitschutzfarbe *f* non-slippery paint, skidproof paint
Gleitschutzteppich *m (EB)* skidproof mat
gleitsicher 1. *(OB, Verk)* skidproof; 2. *(OB)* antiskid
Gleitsicherheit *f (Bod)* stability against gliding, stability against sliding *(Böschung)*
Gleitspur *f* slip trace
Gleitstange *f (BT, Te)* jack rod *(Gleitschalung)*
Gleitstein *m* sliding block
Gleitung *f* 1. slippage, slipping; 2. *(Bod)* gliding, slide, sliding *(Böschung)*; 3. *(Bod)* shear, shearing strain *(Schergleiten zur Bodenparameterbestimmung)*
Gleitwiderstand *m* sliding resistance
Gleitwinkel *m (Bod)* glide angle
Gletscher *m* glacier
Gletscherablagerung *f (BM, Bod)* glacial deposit
Gletscherkies *m (BM, Bod)* glacial gravel
Gletscherschutt *m* glacial debris, glacial-borne debris, glacial drift, glacier drift, moraine chippings
Gletschersee *m (Bod, Umw)* glacial lake
Glied *n* 1. member, component, element, bar *(Tragwerksglied, Bewehrungsglied, Bauwerksteil)*; 2. rot, bar *(einer Bewehrung)*; 3. fold *(Gliedermaßstab)*; 4. link, ring *(Kette)*; 5. *(Stat)* term *(einer Gleichung, einer Matrix)*
Glied n/architektonisches *(Arch, Konst)* ornamental element
Glied n/bewegliches movable link, movable member
Glied *n* **eines Dachfachwerks/senkrechtes** *(Hb, Konst, St)* crown post
Gliedablenkung *f* 1. *(Konst)* member slope; 2. *(Konst, Stat)* element slope; 3. *(Stat)* rod slope
Gliedachse *f (Konst, Verm)* rod centre line
Gliedanschluss *m* member connection, element connection, rod connection *(Stabwerk)*
Gliedbelastung *f (Stat)* member loading
Glieder *npl***/gelenkig verbundene** pin-connected bars
Glieder *npl***/mit Bolzen gelenkig verbundene** pin-connected bars
Gliederebene *f* plane of elements
Gliederheizkörper *m (HLK)* radiator
Gliederkessel *m (HLK)* sectional boiler *(Heizkessel)*
Gliedermaßstab *m* multiple-folding rule, folding rule, zigzag rule
Gliederreihe *f (Konst)* row of elements
Gliederung *f* subdivision; echelon *(Staffelung)*
Gliederung f/bauliche *(Konst)* structural division
Gliederung f/vertikale *(Konst)* vertical ordering
Gliedfeld *n* 1. *(TK)* member field; 2. *(Konst, Stat)* element field; 3. *(Stat, TK)* rod field *(Tragwerk)*
Gliedform *f* member shape, rod shape
Gliedgröße *f* element size *(Tragwerk)*; rod size *(Stabwerkkonstruktion)*
Gliedknickung *f* 1. *(Konst, Stat)* element buckling; 2. *(Stat)* bar buckling
Gliedlänge *f* member length
Gliedmittellinie *f (Konst, Verm)* rod centre line
Gliedmoment *n (Stat)* member moment
Gliedquerschnitt *m* member cross section, element cross section, bar cross section, rod cross section
Gliedspannung *f (Konst, Stat)* element stress
Gliedzahl *f* number of elements, number of members
glimmen *v* 1. *(El)* glow; 2. *(Umw)* smoulder
Glimmer *m* 1. mica *(petrographisch)*; 2. *(BM, Bod) (sl)* glist *(Schmuckelemente)*
Glimmer m/blättchenförmiger *(BM)* flake mica
Glimmer m/heller potash mica, Muscovy glass
Glimmeranstrich *m (OB)* mica paint
Glimmerblähen *n (BM, DIS)* exfoliation of vermiculite
Glimmerfarbe *f (OB)* mica paint
glimmerführend micaceous
glimmerhaltig micaceous
Glimmerisolierung *f (DIS)* mica covering
Glimmerporphyr *m* micaceous porphyry, micaphyre
Glimmersand *m* micaceous sand
Glimmersandstein *m* micaceous sandstone
Glimmerschiefer *m* mica schist, mica slate, micaceous schist
Glimmerschiefer m/serizitischer *(BM)* sericite schist
Glimmerschiefermehl *n* mica powder *(für Bitumenschindeln und als Füller)*
Glimmerschuppen *fpl* mica flakes
Glimmerspaltung *f* mica cleavage
Glimmerton *m* 1. *(Bod)* mica clay; 2. *(BM)* illite
Glimmlampe *f (El)* glow lamp
Glimmlampe *f* **mit Neonfüllung** *(El)* neon lamp
Glimmzünder *m (El)* starter *(Leuchtstofflampe)*
glitschig *(OB, Verk)* slippery
glitzernd glistening
Glocke *f* 1. bell; 2. cap *(Dachdeckung)*
Glockenarm *m* bell crank, angle lever
Glockenbogen *m* bell arch
Glockendach *n* bell-cast roof, bell roof
Glockenflur *m* bell deck
glockenförmig bell-shaped, campaniform
Glockengestell *n* bell frame, belfry
Glockenhaus *n (Arch)* bell house
Glockenkapitell *n (Arch)* bell capital
Glockenkuppel *f* bell-shaped dome
Glockenmuffenfitting *n (BT, WVA)* recessed fitting
Glockenmuffenpresse *f (BWG, WVA)* socket press
Glockenmuffenverbindung *f* 1. *(BB, St, WVA)* bell-and--spigot joint; 2. *(Konst)* spigot joint *(Rohrleitung)*
Glockenraum *m* bell deck
Glockenspiel *n* chime of bells, chimes
Glockenstuhl *m* bell frame, belfry
Glockenträgerbalken *m* headstock
Glockenturm *m* bell tower, carillon, clock tower, belfry

Glockenturm *m*/**frei stehender** *(Arch)* campanile
Glockentürmchen *n* bell turret, spirelet
Glockenventil *n* bell-shaped valve
Glockenverschluss *m (San)* bell trap *(Geruchsverschluss)*
Glockenwand *f* wall belfry
glühen *v* 1. *(El)* glow; 2. anneal *(Metalle)*; 3. *(BM, Te)* bake *(Keramik)*; 4. calcine *(z. B. Kalkstein)*
Glühfadenlampe *f* filament lamp
Glühlampe *f (El)* filament lamp
Glühlampe *f*/**gasgefüllte** gas-filled incandescent lamp
Glühlampe *f* **mit blaugrünem Glas** *(El)* incandescent daylight lamp
Glühlampenaustausch *m*/**kompletter** group relamping *(eines Beleuchtungssystems)*
Glühlampenspannung *f (El)* lamp voltage
Glühschmelzer *m* heating melter *(Tiefbohrung)*
Glühstein *m (HLK, RS, San)* scale *(auf Kupfer)*
Glühverlust *m* loss on ignition, ignition loss
Glykol *n (HLK, OB)* glycol
Glyphe *f (Arch)* glyph
glyphisch *(Arch, OB)* glyphic
Glyptalharz *n* glyptal resin
Glyptothek *f (Arch)* glyptotheca
Gnadenbild *n (Arch)* miraculous image
Gneis *m* gneiss, trade granite
gneisartig gneissic
Gneisgestein *n* gneiss, bastard granite
Gneiszuschlag *m* chert *(für Sichtbeton)*
Gneiszuschlagstoff *m* chert *(für Sichtbeton)*
Goldarbeit *f* gold-work
Goldbronze *f* gold bronze, ormolu
Goldbronzefarbe *f (BM, OB)* ormolu varnish
Goldbronzepaste *f* ormolu
Goldeinbrennlack *m* gold stoving varnish
Goldfluss *m (Bod)* aventurine
Goldfolie *f (BM, OB)* gold foil
Goldgrundöl *n* gold size
Goldleim *m* gold size
Goliathsockel *m (El)* mogul base, screw cap
Goniometer *n (Verm)* goniometer
Goniometrie *f (Verm)* goniometry
Göpel *m* gin
Gopura *m (Arch)* gopura *(Tempeleingangstor in Indien)*
Gospelseite *f (Arch)* Gospel side
Gosse *f* gutter, gutter channel, sewer
Gossenstein *m* kennel
Gotik *f (Arch)* Gothic
Gotik *f*/**burgundische** Burgundian Gothic style, Burgundian style
Gotik *f*/**englische** Decorated style, English Gothic architecture, Geometric style *(13. und 14. Jh.)*; Perpendicular style *(Spätgotik bis zum 16. Jh.; letzte Phase der Gotik in England)*
Gotik *f*/**französische** *(Arch)* French Gothic
Gotik *f*/**frühe englische** *(Arch)* Early English style *(etwa 1180-1270)*
Gotik *f*/**geometrische** *(Arch)* Geometrical Gothic
Gotik *f*/**normannische** *(Arch)* Norman Gothic style
Gotik *f*/**posthume** *(Arch)* revived Gothic style
Gotik *f*/**späteste** *(Arch)* very end of the Late Gothic style
Gotik *f*/**weltliche** *(Arch)* non-ecclesiastical Gothic style
Gotikverband *m (SB)* English bond
gotisch *(Arch)* Gothic
gotisiert *(Arch, Konst)* Gothicized
Göttertempel *m (Arch)* processional temple
gottgeweiht *(Arch)* agalma
Gouache *f (Arch, OB)* gouache *(mit gummigemischten Wasserfarben)*
Goudron *m (BM)* goudron *(Asphalt mit Erdölrückständen)*
Goudronator *m* bitumen heater and sprayer, bitumen spraying machine, binder sprayer
GPS-unterstützt *(Verk, Verm)* GPS-based
Grabarbeit *f (LB)* trenchwork
Grabarchitektur *f (Arch)* tomb architecture
Grabaufbau *m (Arch)* (burial) monument
Grabbau *m (Arch)* tomb building
Grabbaukunst *f (Arch)* sepulchral architecture, tomb architecture
Grabdenkmal *n (Arch)* funerary monument
Grabeinfassung *f (Arch)* grave surround
graben *v* 1. *(Erdb, Wsb)* dig; 2. *(LB)* grub; 3. *(Erdb)* excavate; 4. trench *(Gräben)*
graben *v*/**einen Brunnen** *(Erdb, Te, WVA)* sink a well
Graben *m* 1. ditch *(flach, schmal)*; trench *(tief)*; drain, drainage trench, lade *(Wassergraben)*; 2. culvert, drainage trench *(Abzugsgraben)*; 3. *(Wsb)* fosse; 4. *(Arch)* moat *(Burggraben)* • **einen Graben ausheben** ditch, excavate a trench, trench • **einen Graben ziehen** cut a ditch, ditch • **ohne Graben** *(LB)* trenchless
Graben *m*/**breiter** dike
Graben *m*/**V-förmiger** V-ditch
Graben *n* dig, digging *(Tätigkeit)*
Grabenabdichtung *f (Wsb)* lining of channel
Grabenanlegen *n (Erdb, Te)* trenching
Grabenarbeiten *fpl (Erdb, LB, Te)* trenchwork
Grabenaushub *m* ditching, trenching
Grabenaushubausrüstung *f* backhoe *(eines Baggers)*
Grabenauslass *m (Erdb, LB)* outfall
Grabenaussteifschalung *f* trench box
Grabenaussteifstrebe *f*/**verstellbare** trench brace, *(AE)* strut
Grabenaussteifung *f* (trench) sheathing, skeleton sheeting, sheeting
Grabenaussteifung *f*/**durchbrochene** *(Erdb)* open sheeting
Grabenaussteifung *f* **mit undichter Schalung** *(Erdb)* open sheeting
Grabenaussteifungsschalung *f*/**geschlossene** tight sheeting
Grabenbagger *m* ditch digger, ditcher, backacter (shovel), trench digger, trench excavator, trencher, *(AE)* backhoe *(ziehend arbeitender Löffelbagger)*
Grabenbaggerung *f* mechanical cutting of trenches, trench digging
Grabenbauweise *f (Tun)* open cut
Grabenböschung *f (Erdb)* bank of ditch
Grabenbreite *f* trench width
Grabenerdarbeit *f (LB)* trenchwork
Grabenfräse *f* trencher, trench excavator
Grabenfräser *m s.* Grabenfräse
Grabenherstellung *f* trenching
grabenlos *(LB)* trenchless
Grabenmethode *f (Umw)* trench method *(Deponie)*
Grabenöffnung *f* trench opening
Grabenprofilgreifer *m* trench forming shovel
Grabenramme *f* trench rammer, trench tamper, backfill rammer
Grabenräumer *m (BWG)* ditch cleaner
Grabenreinigung *f (RS)* ditch cleaning out
Grabenschalung *f*/**geschlossene** tight sheeting
Grabenschild *m* trench shield *(Schildvortrieb)*
Grabensohle *f* basement soil of a ditch, bottom of a ditch, subgrade of a ditch, trench bottom
Grabenspreize *f* 1. *(BT, Te)* trench brace; 2. *(BT) (AE)* strut
Grabenspreizwinde *f* trench jack
Grabenstrebe *f*/**verstellbare** *(AE)* trench brace, *(AE)* strut
Grabentiefe *f* trench depth

G

Grabenverbau *m* trench sheathing, trench sheeting, trench support
Grabenverdichter *m (BWG, Erdb)* trench compactor
Grabenverfahren *n (Umw)* trench method *(Deponie)*
Grabenverfüller *m* backfiller
Grabenverfüllgerät *n* backfiller
Grabenverfüllung *f* trench backfill
Grabenwalze *f* trench compactor
Grabenziehen *n (Erdb, Te)* trenching
Grabenziehmaschine *f* ditcher, trencher, trenching machine
Grabgewölbe *n* 1. *(Arch)* burial vault; 2. *(Arch)* crypt
Grabhügel *m* 1. burial mound; 2. *(Arch)* tumulus, barrow *(antik oder prähistorisch)*
Grabkammer *f (Arch)* sepulchral chamber
Grabkammer f/steinerne *(Arch)* stone tomb
Grabkreuz *n (Arch)* sepulchral cross
Grabmal *n (Arch)* burial monument, monument, tomb
Grabmalsbaukunst *f (Arch)* funeral art
Grabmonument *n (Arch)* sepulchral monument
Grabmoschee *f (Arch)* tomb mosque
Grabplatte *f (Arch)* monumental brass
Grabpyramide *f (Arch)* tomb chamber pyramid
Grabstätte *f (Arch)* sepulchre
Grabtempel *m (Arch)* sepulchral temple
Grabtholos *f(m) (Arch)* tomb tholus
Grabung *f* dig
Grabvorgang *m* trenching; crowding *(eines Löffelbaggers)*
Grad *m* 1. degree *(Skala)*; 2. order *(Mathematik, Gleichung)*; 3. degree *(Qualität)*; 4. rate *(Veränderung)* • **in Grade einteilen** *(Stat)* graduate
Grad *m* **Celsius** degree centigrade *(Celsius)*; °C, deg C
Grad *m* **der Gefährdung** degree of endangering
Grad *m* **der statischen Unbestimmtheit** degree of static(al) indeterminacy, redundancy
Grad *m* **der Überbelastung** *(Verk)* level of overloading *(Straße)*
Grad *m* **Fahrenheit** degree Fahrenheit, deg Fahrenheit, °F
Grad m/messerscharfer razor back
Gradbogen *m* 1. *(Verm)* limb *(Winkelmessgerät)*; 2. *(Verm)* graduated arc
Gradeinteilung *f (Stat)* graduation
Grader *m* blade grader, road grader, grader *(Baumaschine)*
Grades/statisch unbestimmt ersten *(Stat)* statically indeterminate to the first degree
Grades/statisch unbestimmt zweiten *(Stat)* statically indeterminate to the second degree
Grades/überzählig zweiten *(Stat)* redundant to the second degree
Grades/unbestimmt ersten *(Stat)* hyperstatic to the first degree
Gradient *m* 1. *(HLK)* gradient *(z. B. von Druck, Temperatur)*; 2. *(Erdb)* degree of slope
Gradiente *f* 1. *(Verk)* gradient *(Höhenverlauf einer Straße im Aufriss)*; 2. *(Verk)* inclination *(Neigungslinie, Gefällelinie)*
Gradienten(höhen)abweichung *f* grade depression *(Straße)*
Gradientenmesser *m (Verm)* gradiometer
Gradientenzug *m (Verm)* line of levels
Gradierwerk *n (Arch, HLK, Konst, Umw)* cooling tower
Gradiometer *n (Verm)* gradiometer
Gradlinie *f* piend
Gradtag *m (HLK)* degree-day *(Heizenergiebedarf eines Hauses pro Tag)*
graduell gradual, slight, marginal
graduieren *v* 1. *(Stat)* graduate; 2. *(Te, Verm)* scale
Graduierung *f (BM)* graduation
Grafik *f* graph, diagram, chart
grafisch graphic, graphical, diagrammatic
Gral m/Heiliger *(Arch)* Holy Grail
Granat *m (Bod)* garnet *(Mineral)*
Granatfels *m (BM, Bod, Umw)* garnet rock
Granit *m (BM)* granite
Granit m/feinkörniger granitelle
Granit m/grauer grey granite
Granit m/weißer *(BM)* white granite
Granit m/zerkleinerter *(BM)* crushed granite
Granit... granitic ...
granitartig granite-like, granitic, granitoid
Granitauskleidung *f (OB, SB)* granite surfacing *(z. B. von Oberflächen)*
Granitblock *m* granite boulder, granitic boulder
Granitbordstein *m* granite kerb, granite kerb-stone, *(AE)* granite curb(stone)
Granitfußbodenstein *m* granite flagstone, granite floor slab
Granitgneis *m (BM)* granite-gneiss
granitisch granitic
Granitmauerwerk *n (SB)* granite masonry work
Granitpflasterstein *m* granite (paving) sett, pitcher
Granitplatte *f* granite slab
Granitplattenboden *m* granite slab floor
Granitplattenfußboden *m* granite slab floor
Granitplattenpflaster *n* granite-block paving
Granitporphyr *m* granophyre, porphyroid granite
Granitsand *m* granite sand
Granitschotter *m* broken granite
Granitsplitt *m* granite chippings, granite chips
Granitstein *m* grey stone
Granitstufe *f* granite step
Granitverkleidung *f (OB, SB)* granite surfacing *(z. B. von Oberflächen)*
Granitverputz *m (OB)* granite finish
Granitwürfel *m* granite cube
Granodiorit *m* granodiorite *(granitähnliches Gestein)*
Granophyr *m* granophyre
Granulat *n* granular material, granules
Granulat n/emulsionsgebundenes emulsion-bound aggregate
Granulatformung *f* powder moulding *(Kunststoff)*
Granulation *f* granulation
Granulator *m (BM, BWG)* granulator
granulieren *v* granulate, grain, shot
Granulieren *n* granulating
granuliert grained, granular, granulated
Granulierung *f* granulation
Granulit *m (BM)* granulite
granulitisch granulitic
Granulometrie *f (BM)* granulometry
Graphit *m (BM)* graphite
Graphitfarbe *f (BM, OB)* graphite paint
graphitisch graphitic
Graphit-Tonerzeugnis *n* plumbago refractory
Graphitzement *m* iron-rust cement
Graphostatik *f (Stat)* graphical statics
Gras *n (LB)* grass • **Gras einsäen** *(LB)* grass
Gras n/grobes *(LB, Umw)* fog *(ungemäht)*
Grasaussaat *f* grass sowing
grasbewachsen *(Bod)* grass-covered
Grasboden *m* grassed area, sod
Grasböschung *f (LB)* grass slope
Grasland *n* 1. *(LB)* grassland; 2. *(LB, RP, Umw) (AE)* lea
Grasnarbe *f* 1. *(LB)* mat of grass; 2. *(Bod, LB)* grass cover
Grassaat *f s.* Grasaussaat
Grasstreifen *m (LB)* grass strip
Grat *m* 1. *(Arch)* groin *(Gewölbe)*; 2. *(Arch)* rib of an arched roof *(Gratbogen)*; 3. arris, verge *(Dach)*; 4. ridge, crest

(geographisch, geologisch); 5. burr *(Schneidwerkzeuge)*; flash, barb *(an Stahl- und Gussteilen)*
Gratanfänger *m* hip starting tile
Gratbalken *m* angle rafter, hip, hip of a roof, hip rafter *(Dach)*
Gratbinder *m* hip truss
Gratblech *n (San)* ridge plate
Gratbogen *m* diagonal arch, groin arch, rib of an arched roof
Gratbrett *n* hip board, hip support
Gratdachziegelhalter *m* hip hook, hip iron
Gratformwerk *n* hip knob
Gratfußende *n* hipped end
Grathobel *m* dovetail plane, rabbet plane, rebate plane, fillister
Gratlinie *f* arris, piend
Gratrippe *f (Arch)* nervure, diagonal rib, groin rib *(Gewölbe)*
Gratschifter *m* hip (jack) rafter, jack rafter, dwarf rafter
Gratsparren *m (Hb)* hip rafter
Gratsparrenabdeckung *f (Hb)* hip capping
Gratsparrendach *n (Hb, Konst)* hip-and-gable roof
Gratsparrenformwerk *n (Hb)* hip moulding
Gratstein *m* arris hip tile, hip tile
Gratstichbalken *m (Hb)* creeping rafter
Gratverband *m (SB)* herringbone work *(Mauerwerk)*
Gratverbindung *f* hip joint
Gratziegel *m* arris hip tile, crest tile, hip tile
Gratziegel *m***/gewölbter** bonnet (hip) tile, cone tile
grau grey
Grauguss *m* grey cast iron *(Material)*
Grau-in-Grau-Anstrich *m (OB)* grisaille *(Dekorativanstrich)*
Graukalk *m* magnesian lime, dolomitic lime, grey (stone) lime, poor lime
Graupappe *f* greyboard, millboard, news board
Grausandstein *m* grey bands
Graustein *m* grey stone
Grauwacke *f (BM)* greywacke
Grauwacke *f***/schiefrige** greywacke schist
Grauwackenkalk *m* greywacke limestone, transition lime
Grauwackenschiefer *m* greywacke slate
Gravierarbeit *f (Arch)* incised decoration
gravieren *v* engrave, incise
Gravieren *n* engraving
Gravitation *f (Stat)* gravity
Greenheart-Holz *n* greenheart *(tropisches Hartholz)*
Greifbagger *m* excavator, grabbing crane; grab dredger *(für Baggerarbeiten unter Wasser)*
Greifdorneisen *n (BT, Hb)* claw
greifen *v* grab, grapple, grasp, seize; grip *(z. B. mit Zangen)*
Greifenfreske *f (Arch)* griffin fresco, fresco of griffins
Greifer *m* 1. excavator grab *(Greifbagger)*; 2. grab, grabbing bucket *(eines Baggers)*; 3. scoop, (planing) skib *(Kübel eines Baggers)*; 4. clamshell, clamshell bucket *(eines Zweischalengreifers)*; 5. law *(eines Greiferkübels)*
Greifer *m***/automatischer** automatic bucket
Greiferbagger *m* grab dredger *(für Baggerarbeiten unter Wasser)*
Greiferbrückenkran *m* grabbing bridge crane
Greiferkorb *m* clamshell, clamshell bucket, half-scoop; grab bucket *(z. B. eines Baggers)*
Greiferkran *m* grab crane
Greiferkübel *m* excavating bucket, bin, grab bucket *(eines Baggers)*
Greiferlaufkatze *f* grab trolley
Greiferschaufelvolumen *n* grab capacity
Greifervolumen *n* grab capacity
Greifkorb *m* grab
Greifkübel *m* excavating bucket, grab bucket *(eines Baggers)*
Greifschwimmbagger *m* grab dredger *(für Baggerarbeiten unter Wasser)*
Greifzirkel *m* calliper
grell 1. garish, harsh *(Farbanstrich)*; 2. dazzling, glaring *(Licht)*
Grenz... terminal ..., limit ...
Grenzabmessung *f* limiting dimension
Grenzabstand *m***/seitlicher** *(VR)* distance between buildings
Grenzabweichung *f (Verm)* limiting deviation
Grenzabweichung *f***/obere** *(Stat, VR)* upper limiting deviation
Grenzbeanspruchung *f* limit load, maximum admissible strain
Grenzbeanspruchung *f***/zulässige** maximum admissible strain
Grenzbedingung *f* boundary condition; limiting condition
Grenzbelastung *f* 1. *(Stat)* limit load; 2. *(BM)* load limit
Grenzbelastung *f***/rechnerische** design ultimate load; factored load *(Belastung mal Lastfaktor)*
Grenzbogen *m* party arch *(zwischen zwei Häusern)*
Grenzdruck *m* limiting pressure
Grenze *f* 1. border, frontier *(Land)*; 2. bound, boundary, boundary line *(Grundstück)*; 3. limit *(physikalisch, Beschränkung)*; 4. division *(Trennungsgrenzlinie)*
Grenze *f* **der statischen Stabilität** *(BM, Stat, TK)* steady-state stability limit
Grenze *f* **der Wölbung** limit of camber
Grenze *f***/obere** upper limit
Grenze *f***/untere** low limit
Grenze *f* **vom Sollwert/zulässige** permissible limit
Grenzeinwilligung *f (VR)* acquiescence *(Zustimmung zur Bebauungsgrenze)*
grenzen *v* **an** adjoin, border on
Grenzenbestimmung *f (RP, VR)* boundary determination
grenzenlos unbonded
Grenzfall *m* limiting case, borderline case
Grenzfestigkeit *f* ultimate strength, strength ceiling, critical strength
Grenzfestigkeit *f***/dynamische** ultimate mechanical strength
Grenzfläche *f* limit plane; contact surface, interface
grenzflächenaktiv surface-active
Grenzflächenaktivität *f (OB)* surface activity
Grenzflächenkräfte *fpl* film forces *(Flüssigkeiten)*
Grenzflächenspannung *f (BM)* interfacial tension
Grenzflächenwirkung *f* interfacial activity
Grenzformänderung *f* limit deformation
Grenzfreistreifen *m (VR)* side line
Grenzgeschwindigkeit *f* **der Rissausbreitung** critical crack propagation rate
Grenzgiebel *m***/frei stehender** boundary gable
Grenzgleichgewicht *n (Stat)* limiting equilibrium
Grenzgleichung *f (Stat)* limiting equation
Grenzgraben *m* 1. *(RP, VR)* boundary ditch; 2. *(LB)* sunk fence *(Weidefläche)*
Grenzhöhe *f* limiting height
Grenzkonzentration *f (Umw)* limiting concentration
Grenzkorn *n* limit screen size, near-mesh grain, near-mesh material *(Zuschlag)*
Grenzkriterien *npl* ultimate criteria
Grenzlast *f* ultimate load, critical load, limit load, safe load
Grenzlast *f***/plastische** plastic limit load
Grenzlast *f***/theoretische** *(Stat)* theoretical load
Grenzlastannahme *f* design ultimate load; factored load *(Belastung mal Lastfaktor)*
Grenzleistung *f* operating limits
Grenzlinie *f* limit line, division

Grenzmarkierung *f* landmark, boundary mark, hoarstone; limit mark
Grenzmarkierungszeichen *n* boundary sign *(auch Verkehrsleiteinrichtung)*
Grenzmaß *n* dimensional limit, size limit, limit
Grenzmaß *n*/**oberes** limiting dimension, limiting size
Grenzmaß *n*/**unteres** minimum limit
Grenzmaße *npl (BT, Te)* toleranced dimensions *(Montage)*
Grenzmauer *f* 1. enclosure wall, *(AE)* lot-line wall; 2. party wall *(zwischen zwei Gebäuden)*
Grenznachbar *m* neighbouring owner
Grenzpfahl *m* boundary pole, boundary post
Grenzpfosten *m* boundary pole, boundary post
Grenzschicht *f* 1. boundary layer *(physikalisch)*; 2. *(BM, BT)* interface *(Berührungsfläche)*; 3. limiting layer *(Schichtenlage)*
Grenzschlankheit *f (BT, Stat)* limiting slenderness *(von Bauelementen)*
Grenzsieblinie *f* limiting grading curve, gradation limit, grading limit, particle distribution limit *(Zuschlagstoffe)*
Grenzspannung *f* 1. limit(ing) stress, threshold stress intensity *(im Elastizitätsbereich)*; 2. *(El)* critical voltage
Grenzspannung *f*/**untere** minimum stress
Grenzstadt *f (RP)* border town
Grenzstein *m* border stone, boundary stone, landmark
Grenzsteinmarkierung *f (Verm)* monument
Grenztiefe *f (Bod)* limit depth
Grenztragfähigkeit *f* ultimate (load) bearing capacity
Grenzüberbauung *f (VR)* encroachment *(nicht erlaubt)*
Grenzvermessung *f (Verm)* boundary survey
Grenzwall *m (Arch)* frontier wall; limes *(römisch)*
Grenzwandbogen *m* party arch *(zwischen zwei Häusern)*
Grenzwert *m* 1. limit, limes, lim *(mathematisch)*; 2. liminal value, limit(ing) value, threshold level [value], ultimate value *(Schwellenwert)*; 3. marginal value *(wirtschaftlich)*
Grenzwert *m* **der Spannungsintensität** *(Stat)* threshold stress intensity
Grenzwert *m*/**empfohlener** *(Konst, VR)* threshold limit value
Grenzwert *m* **nach Vorschrift** *(Konst, VR)* specification limit
Grenzwert *m*/**oberer** upper limiting value
Grenzwerte *mpl (Konst, Stat)* boundary conditions
Grenzwertgeber *m* limit (value) indicator
Grenzwertüberwachung *f (HLK)* limit control
Grenzwiderstandsmoment *n (Stat)* ultimate moment of resistance
Grenzwinkel *m* limit(ing) angle
Grenzzeitlücke *f (Verk)* critical time gap
Grenzzone *f (BT, Konst, Stat, TK)* boundary zone
Grenzzustand *m* limit(ing) state, ultimate state
Grenzzustand *m* **bei Formänderung** deformation limit state
Grenzzustand *m* **der Gebrauchsfähigkeit** *(Konst, VR)* serviceability limit state
Grenzzustand *m* **der Tragfähigkeit** *(Stat)* ultimate limit state (of load-bearing capacity)
Grenzzustand *m*/**oberer** *(Stat)* passive state
grießig gritty, seedy *(z. B. Anstrich)*
Grießigkeit *f* seediness *(Anstrich)*
Grießkörnigkeit *f* seediness *(Anstrich)*
Griff *m* 1. grip, grasping power *(Griffigkeit)*; 2. haft, helve *(Messer, Werkzeug)*; 3. stock *(Halter)*
Griffelement *n* manual element
Griffelschiefer *m* grapholite, grapholith, pencil slate
grifffest 1. dried to touch, resistant to finger marking, touch-dry, resistant to touch *(Anstriche, Beschichtungen)*; 2. grip fast
Grifffestigkeit *f* resistance to finger marking, resistance to touch *(Anstriche, Beschichtungen)*
Griffhilfe *f* handling device
griffig non-skid, antiskid • **griffig machen** *(Verk)* skidproof *(Straße)*
Griffigkeit *f* 1. non-skid property, grip *(Oberfläche)*; 2. *(Verk)* skid resistance, skidding resistance, grip *(Straße)*
Griffigkeitsanforderung *f (Verk)* skid resistance requirement
Griffigkeitseigenschaften *fpl (Verk)* skid-resisting properties
Griffigkeitsindex *m*/**internationaler** *(Verk)* international friction index
Griffigkeitsmessgerät *n (Verk)* friction tester
Griffigkeitsmessung *f (Verk)* friction measurement
Griffigkeitsmittel *n* antiskid aggregate
Griffigkeitsverhalten *n (Verk)* skid-resisting properties
Griffigkeitswert *m (Verk)* grip value
Griffloch *n* handling device
Grifföffnung *f* handling device
Griffschieber *m (BT)* thumb slide
Griffschlitz *m* handling slot
Griffstange *f* grab bar
Griffverschluss *m* locking handle
Griffzwinge *f* handle collar
Grillbratküche *f (EB)* grill room
Grillenwerk *n (Arch)* grotesque
Grillraum *m (EB)* grill room
grob 1. *(BM)* coarse *(Korn, z. B. Kies)*; 2. rough, uneven *(Oberflächen)*; 3. coarse, thick *(Faser, Draht)*; 4. ragged *(Bodenoberfläche, Gelände)*; 5. heavy *(Konsistenz; Tätigkeit)*
Grobabsieben *n (BM, Te)* scalping
Grobabsiebung *f (BM, Te)* scalping
Grobanalyse *f* rough analysis
Grobarbeiten *fpl* roughing-in *(an einem Gebäude)*
Grobbearbeitung *f (Hb)* roughing-out
Grobbeton *m (BM)* coarse concrete
Grobblech *n* heavy metal plate, heavy plate, plate, thick (sheet) plate
Grobbruchsteinmauerwerk *n (SB)* rustic
grobfas(e)rig coarse-textured, coarse-fibrous *(Holz)*
Grobfelsgestein *n (BM, Erdb, Wsb)* rip-rap coarse rock *(für Fundamente)*
Grobfraktion *f (BM)* coarse fraction
Grobfurchputz *m (SB)* rustic plaster
Grobgarn *n (BM)* rove
Grobgefüge *n* 1. macrostructure, macrotexture *(Gestein, Betonstein)*; 2. open-grain structure *(von Zuschlägen)* • **mit Grobgefüge** open-grained
Grobgut *n* coarse material, screen oversize, oversize material, oversize product *(Zuschlagstoffe)*
Grobhobel *m* scrub plane
Grobholz *n* rough wood
grobjährig wide-ringed *(Holz)*
Grobkeramik *f* 1. heavy ceramics *(Fachgebiet)*; 2. heavy clay product, heavy clay ware, earthenware
Grobkeramikerzeugnis *n* heavy clay article
Grobkies *m* 1. *(BM)* coarse gravel; 2. *(BM, Wsb)* rubble; 3. *(Verk)* ballast *(für Beton)*
Grobkiesschüttung *f* coarse gravel filling
Grobkieszuschlag *m* coarse gravel aggregate, cobble gravel
Grobkieszuschlagstoff *m* coarse gravel aggregate, cobble gravel
Grobkonglomerat *n*/**tertiäres** *(BM)* nagelfluh
Grobkorn *n* coarse fraction, coarse grain, oversize material, oversize product, screen oversize *(Zuschlagstoffe)*
Grobkornabstufung *f (BM)* coarse grading

Grobkorngefüge *n* open-grain structure, coarse-grained structure *(von Zuschlägen)*
Grobkorngranit *m (BM)* pegmatite
grobkörnig coarse-grained, large-grained, open-grained, chiselly, coarse, rough-grained
Grobkörnigkeit *f* coarseness
Grobkornstruktur *f (BM)* coarse-grained structure
grobkristallin *(BM)* coarse-crystalline
Grobmörtel *m* coarse mortar
grobporig *(BM)* coarse-pored
Grobputzlage *f* 1. backing coat, floating coat, base coat *(innen)*; 2. *(SB)* scratch coat
Grobputzlage f/zweite *(SB)* second undercoat
Grobputzschicht *f* pricking-up coat
Grobrechen *m (Umw)* coarse screen
Grobreinigen *n (Te)* precleaning
Grobreinigung *f (Te, WVA)* preliminary cleaning
Grobsand *m* coarse sand, grit *(0,063 - 2,0 mm)*
Grobsand *m*/**lehmiger** loamy coarse sand
Grobsandstein *m* gritstone
Grobschlag *m (BM, Wsb)* rubble
Grobschlagbeton *m* rubble concrete
Grobschluff *m* coarse silt *(0,02 - 0,06 mm)*
Grobschmied *m* blacksmith
Grobschotter *m* 1. *(BM)* coarse-broken stone; 2. *(Verk)* ballast *(für Gleisbau)*
Grobschotterzuschlag *m* coarse-crushed aggregate
Grobschotterzuschlagstoff *m* coarse-crushed aggregate
Grobseil *n* hay-band
Grobsieb *n* riddle, scalper *(für Stein)*
grobsieben *v* riddle, scalp
Grobsiebung *f* coarse screening, riddling, rough screening
Grobspalten *n* blocking, sledging
Grobsplitt *m (BM)* broken stone
Gröbstkorn *n* maximum aggregate size, particle top size
Grobstruktur *f* rough texture
Grobtextur *f* open-grain structure *(von Holz)*
grobverzahnt coarse-pitched *(Splittgerüst)*
Grobzerkleinern *n (BM, Te)* crushing
Grobziegelmauerwerk *n (SB)* rough work
Grobzuschlag *m* coarse aggregate
Grobzuschlag *m*/**zerkleinerter** crushed coarse aggregate
Grobzuschlagstoff *m* coarse aggregate
Grobzuschlagstoff *m*/**entmischter** loose core
Grobzuschlagstoff *m*/**künstlicher** man-made coarse aggregate
Grobzuschlagstoff *m*/**zerkleinerter** crushed coarse aggregate
Grobzuschlagstoffe *mpl* ballast, ballast material, ballasting material
Grobzuschlagstoffgemenge *n (BM)* coarse blended aggregate
groß 1. large *(Ausdehnung, Umfang)*; spacious *(Zimmer)*; 2. big *(Masse, Volumen)*; 3. great *(Wert, Zahl)*; 4. *(Arch)* grand *(Stil)*; 5. *(Konst)* strong *(bedeutend)*
groß/übermäßig oversize; overlarge *(überlang)*
Großblock *m* 1. *(Arch, BM)* large block *(1. Baustein; 2. Wohngebäude)*; 2. *(Arch)* large blockhouse *(Wohngebäude)*
Großblockbauweise *f* large-block construction, large-block method [system], large-sized block construction
Großblockhohlziegel *m* cellular block
Großblocklochziegel *m* hollow block
Großblocksteinversetzen *n* blocklaying
Großbohrloch *n (Erdb)* large-diameter hole
Großbohrpfahl *m* large-diameter pile, *(AE)* cylinder
Großbrand *m* major fire

Größe *f* 1. dimension, extent *(Ausmaß)*; 2. size, format *(Format)*; 3. *(VR)* amount *(Betrag)*; 4. *(Stat)* quantity *(Mathematik, Physik)*
Größe f/ausgefallene odd size
Größe f/gegebene *(Konst)* datum
Größe f/geschnittene *(BM, Hb)* offsaw *(Bauholz)*
Größe f/natürliche natural size, full scale
Größe f/tatsächliche 1. *(BT, Konst)* actual dimension; 2. *(BT, Konst)* actual size; 3. *(BT)* real size
Größe f/überzählige *(Stat)* redundancy
Größe f/unbekannte *(Stat)* unknown quantity
Größe f/veränderliche variable size
Größe f/von abnormer bastard
Größen *fpl*/**unsortierte** random widths
größenabgestuft graded
Größenbemessung *f (Konst)* sizing
Größenordnung *f* order of magnitude, dimension, magnitude
Großentlüftungsschacht *m (Tun)* large exhaust shaft
größenunveränderlich dimensionally stable *(bei Temperatur- und Feuchtigkeitseinwirkung)*
Größenwert *m (Konst, VR)* value of a quantity
Großflächenplatte *f (BT, Erdb, Konst)* concrete raft *(für Fundamente)*
Großflächensiedlungsanlage *f (RP)* large housing estate
Großformat *n (BM, SB)* large format *(Mauerstein)*
großformatig of large format
Großformatplatte *f* large format board
Großgarage *f* large-capacity garage, car park
Großgebäude *n (Arch)* edifice
Großhändler *m (VR)* distributor
Großkassettendecke *f (TK)* compartment ceiling
Großkipper *m (BWG, Verk)* ballast truck
Großklima *n* regional climate
Großmarkthalle *f* 1. *(Arch, RP)* municipal hall; 2. *(Arch, Konst)* wholesale market
Großmarktlagergebäude *n (Arch, Konst)* wholesale building
Großmischer *m* **für Beton** *(BB, BWG)* volume-production concrete mixer
Großpflaster *n* large sett *(Stein)*; (large) sett paving *(Plasterdecke)*
Großpflasterdecke *f (Verk)* large sett paving
Großpflasterklinker *m* double format paving stone, *(AE)* double format pavior *(Straßenbau)*
Großpflasterstein *m* large paving sett
Großpflasterstraße *f (Verk)* sett-paved road
Großplatte *f* large panel, large-sized panel, large slab; room-sized panel, room-sized wall panel *(Wandplatte)*
Großplattenbau *m* 1. *(Arch)* large-panel building; 2. *(Arch, Konst)* panellized house; 3. *(Arch, Konst, Te)* panellized structure
Großplattenbauweise *f (Te)* large-panel construction
Großplattenbauwerk *n (BWG)* large-panelled structure
Großplattentrennwand f/bewegliche *(Konst)* operable partition
Großporigkeit *f* coarse porosity
Großprojekt *n (Arch, RP)* large-scale project
Großraumbunker *m* large-bulk bunker
Großraumbüro *n* landscaped office room, office landscape, open office, open-plan office
Großraumdach *n* large-scaled roof
Großraumetagengebäude *n (Arch, Konst)* open-plan building
Großraumplan *m* open-plan
Großraumplanung *f* open spatial planning
Großraumwasserversorgung *f (RP, WVA)* district water supply
Großrohrpfahl *m (Erdb)* large bored pile

Großschieferplatte *f (BT)* princess *(350 × 600 mm)*
Großserienfertigung *f (Te)* large-batch production
Großsiedlung *f (RP)* large housing estate
Großsilo *n* giant silo, giant store
Großspeicher *m (Wsb)* large reservoir
Großstadt *f* 1. *(RP)* metropolis; 2. *(Arch, RP)* city
Großstadtgebiet *n (RP)* metropolitan area
Großsteinblockmauerwerk *n* megalithic masonry
Großsteinmauerwerk *n* megalithic masonry
großstückig large in pieces
Größtabmessung *f* maximum dimension
Größtabstand *m* maximum distance, maximum spacing
Großtafel *f* large-sized panel • **aus Großtafeln montiert** *(Te)* large-panelled
Großtafelbauweise *f (Te)* large-panel construction
Großtafelbauwerk *n (BWG)* large-panelled structure
Großtafelwand *f* large-panel wall
Größtdicke *f* maximum thickness
Größtdrucklinie *f (Stat)* maximum pressure line
Größtfestigkeit *f* maximum strength
Größtkorn *n* maximum aggregate size, maximum grain, particle top size
Größtkorn *n*/**maximal zulässiges** *(BM)* maximum size of aggregate
Größtmaß *n* 1. maximum dimension; 2. maximum limit *(Toleranzmaß)*
Größtmoment *n (Stat)* maximum moment
Größtrissbreite *f* maximal crack width
Größtsparrenabstand *m (Konst)* maximum rafter distance
Größtwert *m* maximum value
Großversuch *m* large-scale test(ing)
Großziegel *m* oversize brick, jumbo brick *(größer als Normalformat)*
Großziegelstein *m s.* Großziegel
Groteskenornament *n (Arch)* grotesque
Grotte *f* grotto
Grottenarchitektur *f (Arch)* rock-cut architecture
Grottenbaukunst *f (Arch)* rock-cut architecture
Grottentempel *m (Arch)* rock-hewn temple
Grottenwerk *n (Arch)* grotto work *(Ausgestaltung der Heiligtumsgrotten)*
Grübchen *n* dig *(Glasfehler)*
Grübchenoberfläche *f (OB)* dimpled surface
Grube *f* 1. *(Erdb)* excavation; 2. pit, mine *(Bergbau)*; 3. *(Umw)* trench landfill *(Deponie)*; 4. *(Umw)* pit, cesspool *(Abwasser)*
Grubenabdeckung *f (Erdb)* pit covering
Grubenausbau *m (Erdb, Tun)* pit arch
Grubenbahn *f (Tun)* mine railway
Grubenbau *m (Tun)* mine working
Grubendeckel *m* pit cover
Grubengebäude *n (Konst)* pit building
Grubenkies *m* pit gravel, pit-run gravel, quarry gravel
Grubensand *m* pit sand
Grubenschlacke *f* pit slag
Grubenwasser *n* mine water, pit water, swallet
Grubenzins *m (VR)* royalty
Grubenzuschlagstoff *m*/**unklassifizierter** *(BM)* bank-run aggregate
Gruft *f (Arch)* crypt, tomb, vault
Gruftgewölbe *n (Arch)* burial vault, undercroft
grün green
Grün *n*/**Braunschweiger** Brunswick green
Grün *n*/**frühes** *(Verk)* early green
Grün *n*/**vorgezogenes** *(Verk)* early green
Grünabbiegesignal *n (Verk)* turn green
Grünanfang *m (Verk)* start of green *(Lichtzeichenanlage)*
Grünanlage *f (LB, RP)* green space
Grünanlage *f*/**öffentliche** *(LB)* public green area
Grünanlagen *fpl* 1. *(LB)* lawn and planting; 2. *(LB, RP)* green area
Grünbeginn *m*/**gestaffelter** *(Verk)* staggered start of green *(Verkehrsampel)*
Grünblinken *n (Verk)* blinking green
Grund *m* 1. ground, plot, estate, land *(Baugelände)*; 2. soil, earth *(Boden)*; 3. *(OB)* base coat *(z. B. Farbgrundierung)*; 4. reason, grounds • **auf planiertem Grund** at grade • **den Grund hobeln** *(Hb)* rout • **den Grund wegspülen** *(Wsb)* wash away
Grund *m*/**fester** firm ground
Grund *m*/**mattierter** *(OB)* mat
Grund *m* **und Boden** *(VR)* soil and ground
Grund *m*/**verschlammter** *(Bod)* muddy ground
Grund... basic ...
Grundabflussleitung *f* house drain
Grundablass *m* 1. dewatering conduit, bottom outlet; 2. *(Wsb)* sluiceway
Grundabmessungen *fpl* basic assumption
Grundannahme *f (Stat)* basic assumption
Grundanstrich *m* 1. *(OB)* flat coat *(bes. für Holz)*; 2. ground coat, prime coat *(Farbschicht)*; 3. initial prefabrication primer, prefabrication primer *(Werksanstrich)*; 4. primary coat, priming coat *(fertiger Anstrich)*; 5. primer *(Anstrichstoff)*; 6. priming *(Vorgang)* • **mit Grundanstrich versehen** shop-applied priming coat
Grundanstrich *m*/**bituminöser** asphalt prime coat
Grundanstrich *m* **einer Metalloberfläche** metal primer
Grundanstrich *m*/**haftsicherer** wash primer coat
Grundanstrich *m*/**stark pigmentierter** *(OB)* surfacer
Grundanstrich *m*/**überschweißbarer** *(BM, OB)* weldable primer
Grundanstrich *m*/**zweiter** second priming
Grundanstrichfarbe *f* priming paint, first paint, flat paint
Grundanstrichmittel *n (BM, OB)* primer
Grundanstrichmittel *n*/**bituminöses** *(DIS, OB)* asphalt primer
Grundanstrichpigment *n (OB)* primer pigment
Grundanstrichschicht *f* filler coat
Grundanstrichstoff *m* fabrication primer
Grundanstrichstoff *m* **einer Metalloberfläche** metal primer
Grundanstrichstoff *m*/**lösungsmittelhaltiger** solvent-borne paint
Grundausführung *f* basic design
Grundausrüstung *f* standard equipment
Grundausstattung *f* basic equipment, small-scale equipment, standard equipment
Grundausstattung *f*/**technische** basic equipment, small-scale equipment
Grundbalken *m* ground beam; ground timber *(Holzbalken)*
Grundbau *m* foundation engineering, foundation practice, soil engineering, earthwork and foundations *(Eurocode 7, EN 1997)*
Grundbau *m* **und Bodenmechanik** *f (Bod, Erdb)* foundation engineering and soil mechanics
Grundbaustein *m (Konst)* basic module
Grundbaustoff *m* basic building material
Grundbauwissenschaft *f (Bod, Erdb)* foundation theory
Grundbegriff *m* fundamental term, basic concept
Grundbesitz *m* land ownership, land property, freehold property, ownership, ownership of land, real estate; lands *(pl, s. a. Grundeigentum)*
Grundbesitzer *m (VR)* land holder
Grundbitumen *n* base bitumen, *(AE)* base asphalt
Grundbogen *m* reversed arch
Grundbruch *m* 1. *(Bod)* ground failure, base failure, shear failure, shearing failure, failure by rupture, subsidence; 2. *(Bod, Erdb)* fretting *(Straße)*

Grundbruch *m* **durch Untergrundwasserbewegung** piping
Grundbruch *m*/**hydraulischer** *(Bod, Erdb)* hydraulic ground heave, ground seepage, seepage failure
Grundbruchuntersuchung *f (Bod)* circular arc method, soil failure investigation
Grundbuch *n* 1. *(VR)* land register; 2. *(RP) (AE)* plat
Grundbuchamt *n (VR)* land office
Grundbucheintragung *f (VR)* land registry entry
Grundbuchüberprüfung *f (VR)* land registry search
Grunddamm *m (Wsb)* overflow dam
Grunddienstbarkeit *f (VR)* easement
Gründe *mpl (Konst, Stat, VR)* rationale
Grundeigenschaften *fpl (BM, BT)* fundamental properties
Grundeigentum *n* land ownership, land property, estate, ownership of land, (estate) property; lands *(pl, s. a. Grundbesitz)*
Grundeigentum *n*/**erbrechtlich gebundenes** estate (in) fee tail
Grundeigentum *n*/**freies** *(VR)* freehold property
Grundeigentum *n*/**unbeschränkt veräußerliches** estate fee simple
Grundeigentum *n*/**uneingeschränktes** estate in fee simple
Grundeigentümer *m (VR)* land holder
Grundeigentümer *m*/**alleiniger** sole owner
Grundeigentumsrecht *n* fee
Grundeigentumsrecht *n*/**uneingeschränktes** estate (in) fee simple
Grundeigentumsurkunde *f (VR)* title deed
Grundeinheit *f* basic term
Grundeinrichtungs- und Ausstattungskosten *pl (VR)* establishment charges
Grundemaillierung *f (OB)* ground-coat enamelling
gründen *v* 1. establish, found, form *(Unternehmen)*; 2. *(Erdb, Verk)* bottom *(Straße)*; 3. *(Erdb)* found; 4. *(Erdb, Te)* lay foundations *(Fundament legen)*; 5. build *(Mauer)*
gründen *v* **auf** *(Erdb, Te)* base on
Gründer *m (VR)* founder
Grunderwerb *m (VR)* land purchase
Gründerzeit *f (Arch)* period of promoterism
Grundfachwerk *n* basic truss
Grundfarbe *f* priming paint, first paint, flat paint
Grundfläche *f* floor area, floor space *(eines Gebäudes)*
Grundfläche *f*/**bebaute** coverage
Grundfläche *f*/**quadratische** *(Arch, Konst)* square base
Grundgefüge *n* matrix
Grundgeräusch *n* background noise, noise floor
Grundgerüst *n (Konst, TK)* framework
Grundgesamtheit *f* population *(statistische Auswertung)*
Grundgeschoss *n (Konst) (AE)* underground floor
Grundgesetz *n* principle; basic law *(Baurecht)*
Grundgewölbe *n* 1. *(Arch, Konst)* inverted vault; 2. *(TK)* reversed vault
Grundglas *n* parent glass
Grundgleichung *f (Stat)* basic equation
Grundhalter *m (Erdb)* dolly
Grundhelligkeit *f* background brightness
Grundhobel *m* ground plane, router
Grundholz *n* abutment, *(AE)* abutment piece *(Fachwerk)*
Grundieranstrich *m* primer *(Anstrichstoff)*; priming *(Vorgang; s. a. Grundanstrich)*
Grundieranstrich *m*/**haftsicherer** wash primer coat
Grundieremulsion *f (BM, OB)* priming emulsion
grundieren *v* prime, prime-coat, ground, precoat; size *(Anstrichtechnik)*
Grundieren *n (OB, Te)* priming *(Vorgang)*
Grundierfarbe *f* priming paint, first paint, flat paint
Grundierfüller *m* primer filler
Grundierlack *m* ground varnish, primer
Grundierlösung *f* priming solution
Grundiermalerbürste *f (BWG, OB)* ground brush
Grundiermasse *f* sizing material, size, *(AE)* flatting putty
Grundiermittel *n* wash primer, primer, size
Grundiermittel *n*/**bituminöses** *(DIS)* bituminous primer
Grundierschicht *f* ground
grundiert precoated, primed
grundiert/nicht *(OB)* unprimed
Grundierüberzug *m* wash coat
Grundierung *f* 1. *(OB, Te)* priming; 2. *(OB)* grounding *(Vorgang)*; 3. ground coat, precoat, primary coat, first coat, prime coat, priming coat, undercoat *(fertiger Anstrich)*; 4. primer *(Anstrichstoff)*
Grundierung *f*/**wasserverdünnbare** *(BM, OB)* water base primer
Grundierungsfilm *m (OB)* primer film
Grundierungsschicht *f* ground coat, prime coat *(Farbschicht)*
Grundkonzentration *f* instantaneous concentration
Grundkosten *pl (VR)* basic cost(s)
Grundlack *m* base lacquer, precoat, primer
Grundlage *f* base, basis • **als Grundlage dienen** *(Konst)* serve as base
Grundlagen *fpl* fundamental characteristics, fundamentals
Grundlagenforschung *f* basic research
Grundlast *f* 1. *(El, Stat)* base load; 2. *(El)* basic load
grundlegend basic, fundamental
Grundleitung *f* 1. drainage system, house drain *(Abwasser)*; 2. *(El)* ground line, earth line
Grundlinie *f* base line, ground line
Grundlohn *m (VR)* basic wage
Grundmaß *n* basic dimension, basic size, standard dimension; module *(Bauraster)*
Grundmasse *f* ground mass, matrix
Grundmaterial *n* 1. basic material, key material; 2. backing material *(z. B. für Beschichtungen)*
Grundmauer *f* masonry foundation wall, base wall, foundation wall, table stones
Grundmauerwerk *n* 1. *(Erdb)* foundation brickwork; 2. *(SB)* foundation masonry
Grundmetall *n (St)* parent metal *(Schweißen)*
Grundmodul *m (Konst)* basic module
Grundmodul *m* **M** *(Konst)* standard module
Grundmoräne *f (Bod)* ground moraine
Grundmörtel *m* grubstone mortar
Grundmuster *n* basic pattern
Grundpächter *m s.* Grundstückspächter
Grundparzelle *f s.* Grundstücksparzelle
Grundpfahl *m (Erdb)* foundation pile
Grundplan *m* plan view *(Zeichnung)*
Grundplatte *f* 1. floor plate, floor slab *(eines Geschosses)*; 2. *(TK)* bearing plate *(z. B. für Träger)*; 3. foundation raft *(Fundament)*; 4. invert, sole plate *(z. B. von Kanälen, Tunneln)*; 5. *(BT, Konst, TK)* wall plate *(z. B. für Wände)*; 6. base plate, bottom plate, underbase *(für Anlagen, Einrichtungen usw.)*
Grundprinzip *n (Konst, Stat, VR)* rationale
Grundprogramm *n (Te)* base program
Grundputz *m (SB)* undercoat plaster
Grundputzmethode *f*/**doppelte** double-up
Grundputzschicht *f (SB)* undercoat
Grundquadrat *n* basic square, square base; component square *(Mosaik)*
Grundriss *m* 1. *(Arch, Konst)* ground-floor plan; 2. *(Arch, Konst)* ground plan; 3. *(Konst)* top view; 4. plan, plan view *(Zeichnung)*; 5. *(Konst)* trace *(militärisch)*
Grundriss *m*/**basilikaner** *(Arch)* basilican plan
Grundriss *m*/**gekrümmter** curved plan

Grundriss *m*/**hakenkreuzförmiger** *(Arch)* pinwheel groundplan
Grundriss *m*/**kreisförmiger** circular ground plan, round plan
Grundriss *m*/**polygonaler** polygonal ground-plan
Grundriss *m*/**rautenförmiger** lozenge-shaped ground plan
Grundriss *m*/**runder** circular plan, round plan
Grundriss *m*/**sechseckiger** *(Arch)* hexagonal ground-plan
Grundriss *m*/**vieleckiger** polygonal ground-plan
Grundrissabmessung *f (Konst)* least dimension on plan
Grundrissabmessung *f*/**kleinste** minimum dimension on plan
Grundrissanordnung *f (Konst)* layout plan
Grundrissart *f* ground-plan type
Grundrissdarstellung *f (Konst)* ichnography *(in Zeichnungen)*
Grundrissebene *f* ground projection plane
Grundrissfläche *f* ground-plan area
Grundrissform *f* ground-plan shape
Grundrissgeometrie *f (Arch)* ground-plan geometry
Grundrisskrümmung *f (Konst, Verm)* curvature in ground
Grundrissmarkierung *f (Konst)* ichnography
Grundrissplan *m (Konst, Verm)* layout
Grundrisszeichnung *f (Konst, Verm)* layout drawing
Grundsatz *m* basic term, principle
Grundsatz *m*/**konstruktiver** constructional principle, structural principle
Grundsatzprüfung *f (BM, VR)* proving test
Grundschicht *f* 1. back coat, background, base, ground *(z. B. für Putz)*; 2. back coat, underpaint coat *(Anstriche)*; 3. *(Verk)* base *(Straße)*; 4. primary layer, underlayer *(z. B. Mauerwerk)*
Grundschicht *f*/**vorspringende** *(SB)* offset base
Grundschubspannung *(Stat)* basic shear strength
Grundschuld *f (VR)* legal charge
Grundschule *f* primary school
Grundschwelle *f* 1. doorsill, door saddle, door strip, sill, sill plate *(Tür)*; 2. foundation sill, foot-plate *(bei Gründungen)*; 3. ground plate, ground sill *(Grundbalken bei Holzkonstruktionen)*; 4. pendant post, ground beam, *(AE)* piece *(Fachwerk)*
Grundspannungszustand *m (Stat)* basic stress state
Grundspezifikation *f (BM, Konst)* basic specification
Grundstandard *n* basic standard
Grundstein *m* 1. *(SB)* base block *(z. B. bei einer Mauer)*; 2. foundation stone *(eines Fundaments)*; 3. *(BT)* pilaster base *(eines Wandpfeilers)* • **den Grundstein legen** *(Erdb, Te)* lay the foundation stone
Grundsteinblock *m (Erdb, SB)* bed-stone
Grundsteinlage *f* foundation stone
Grundsteinlegung *f* laying of fundament stone, laying of the foundation stone, foundation ceremony
Grundsteuer *f (VR)* land tax
Grundstoff *m*/**natürlicher** native element *(Ökobau)*
Grundstoff *m*/**reiner** native element *(Ökobau)*
Grundstreifen *m (Bod, VR)* strip of ground
Grundstück *n* 1. (real) estate, property, reality *(juristisch)*; area *(größeres Anwesen)*; 2. parcel of land, piece of land, lot (of land), *(AE)* plot; 3. (building) site *(Baugrundstück)*
Grundstück *n*/**bebautes** built-up property, developed property, property; premises *(z. B. Schul- oder Industriegelände)*
Grundstück *n*/**eingefriedetes bebautes** *(RP, VR)* compound *(z. B. Industriegebäude)*
Grundstück *n*/**erschlossenes** *(RP, VR)* land with access to all services
Grundstück *n*/**großes** estate
Grundstück *n*/**niedrigliegendes** low-laying stretch of land, swale
Grundstück *n*/**terrassiertes** *(Bod, RP)* multiterraced site
Grundstück *n*/**unbebautes** *(RP)* undeveloped property
Grundstücke *npl (VR)* soil and ground
Grundstücke *npl*/**baufertige** *(RP, VR)* developed quarter
Grundstücksbegrenzungsmauer *f* common wall, party wall, *(AE)* lot-line wall *(zwischen zwei angrenzenden Reihenhäusern)*
Grundstücksbelastung *f (VR)* encumbrance *(auf Gebäuden, Grundstücken)*
Grundstücksbrief *m (VR)* tenement letter *(Pachtbrief, Vertragswesen)*
Grundstückseigentum *n (VR)* real property
Grundstückseigentümer *m (VR)* site owner
Grundstückseigentumsanspruch *m* remainder *(auf Lebenszeit)*
Grundstücksentwässerung *f* 1. *(WVA)* estate drainage; 2. *(Erdb, WVA)* site drainage *(Baustelle)*
Grundstücksentwässerungsanlage *f (San, WVA)* building-drainage system
Grundstücksgrenze *f* front plot line, property line, land boundary, *(AE)* plot line
Grundstücksgrenze *f*/**seitliche** 1. *(Verm, VR)* side plot line; 2. *(Verm)* side property line
Grundstücksgrenze *f*/**vordere** *(Verm, VR)* front property line
Grundstücksgrenzenabstand *m* **eines Gebäudes** *(Konst, RP)* set-back
Grundstücksgrenzlinie *f (Verm)* property line
Grundstücksgrenzmauer *f* property-line wall
Grundstücksgröße *f (Konst)* size
Grundstücksinanspruchnahme *f (VR) (AE)* eviction *(gerichtlich verfügt)*
Grundstücksmakler *m (VR)* estate agent
Grundstücksmanagement *n (VR)* land management
Grundstücksmarkt *m (VR)* property market
Grundstücksmauer *f* 1. property-boundary wall, property-line wall; 2. common wall, parting wall, party wall *(zwischen zwei angrenzenden Reihenhäusern)*
Grundstücksnutzungsvereinbarung *f (VR) (AE)* restrictive covenant
Grundstückspächter *m* leaseholder, *(AE)* land holder
Grundstückspachtvertrag *m* leasehold agreement, leasehold deed
Grundstücksparzelle *f* plot of ground
Grundstücksplanung *f (RP)* plot planning
Grundstückspolitik *f (RP, VR)* land policy
Grundstücksrandstreifen *m* property side line, side line
Grundstücksräumung *f* land clearing
Grundstücksrecht *n (VR)* land law
Grundstücksseitenhof *m (Konst)* side yard *(zwischen Gebäude und Nachbargrenze)*
Grundstücksspekulant *m* property speculator, land jobber
Grundstücksspekulation *f (VR)* property speculation
Grundstücksumlegung *f* reallocation
Grundstücksumverlegung *f* reallocation
Grundstücksverfügbarkeit *f (RP, VR)* land availability
Grundstücksvermessung *f* metes and bounds, metes and bounds survey *(nach Koordinaten und Winkeln)*; real estate survey
Grundstücksverzeichnis *n* 1. *(VR)* real estate register; 2. *(RP, Verm) (AE)* cadastre
Grundstücksvordergrenze *f* front plot line
Grundstückswertermittlung *f (RS)* land valuation survey
Grundstückszwangsverkauf *m (VR)* foreclosure sale
Grundton *m* pure tone *(Akustik, sinusförmige Schallschwingung)*

Grundtyp *m* basic type
Gründung *f* 1. establishment *(von Unternehmen)*; 2. footing, foundation *(Fundament)*; 3. *(Erdb)* wall base
Gründung *f*/**abgestufte** benched foundation
Gründung *f*/**abgetreppte** benched foundation
Gründung *f* **auf Beton und Pfahlrost** *(Erdb)* concrete and pile foundation
Gründung *f*/**bewehrte** reinforced footing
Gründung *f*/**eingelassene** *(Erdb)* sunk foundation
Gründung *f*/**konische** *(Erdb)* cone foundation
Gründung *f*/**künstliche** *(Erdb, Wsb)* artificial foundation
Gründung *f* **mit Unterbrechungen** non-continuous foundation
Gründung *f* **mittels Schachtabteufung** *(Erdb, Tun)* foundation by pit sinking
Gründung *f*/**monolithische** *(Erdb)* monolithic fundament
Gründung *f*/**offene** *(Erdb)* open foundation method
Gründung *f*/**schwimmende** *(Erdb)* floating foundation
Gründung *f*/**starre** *(Erdb)* rigid foundation
Gründung *f*/**ununterbrochene** *(Erdb, Konst)* continuous foundation
Gründungsarbeiten *fpl* foundation work, groundwork
Gründungsart *f* foundation type
Gründungsbalken *m (Erdb)* grade beam
Gründungsblöcke *mpl (Erdb, Konst)* pell-mell blocks
Gründungsbrunnen *m (Erdb)* foundation well
Gründungsdruck *m* foundation pressure
Gründungsfläche *f* bearing area
Gründungshöhe *f (Erdb)* level of foundation
Gründungsmitglied *n (VR)* founder-member
Gründungspfahl *m* 1. *(Erdb)* foundation pile; 2. *(Br, Stat)* pier
Gründungspfeiler *m (Erdb)* foundation pier
Gründungsplatte *f* foundation plate, foundation raft, base plate, underbase, raft, *(AE)* grade slab
Gründungsplatte *f*/**vergrößerte** enlarged foundation slab
Gründungsrasterebene *f* foundation grid plan
Gründungsrost *m* grit foundation, grillage (foundation); grating *(aus Holzbalken)*
Gründungsrostplatte *f* grid foundation (slab)
Gründungsschacht *m (Erdb)* foundation well
Gründungsschale *f* foundation shell
Gründungsschicht *f* 1. *(Verk)* base course, foundation course *(Straße)*; 2. *(Bod)* foundation stratum *(im Erdreich)*
Gründungsschwelle *f (Erdb)* grade beam
Gründungssohle *f* 1. level of foundation, base level, foundation base, foundation (base) level *(Fundament)*; 2. *(Erdb, Verm)* formation level
Gründungsstein *m* footing stone
Gründungstiefe *f (Erdb)* depth of foundation
Gründungsverankerung *f* foundation anchorage
Gründungswand *f (Erdb)* masonry foundation wall
Gründungswanne *f (Erdb)* foundation tank, tank
Gründungszeichnung *f (Erdb, Konst)* foundation drawing
Grunduntersuchung *f (RP)* valuation survey
Grundwasser *n* ground water, subsoil water, subsurface water, subterranean water, phreatic water, level water, underground water, underwater; underflow, underground flow *(freibeweglich)*
Grundwasser *n*/**gespanntes** 1. *(Bod, Erdb)* confined ground water; 2. *(Bod)* water of head
Grundwasser *n*/**sickerndes** gravitational water, free water
Grundwasser *n*/**ungespanntes** 1. *(Bod, WVA)* non-artesian water; 2. *(Bod)* free ground water
Grundwasserabdichtung *f* 1. *(Erdb, Tun)* ground-water packing; 2. *(DIS)* subsoil water packing
Grundwasserabfluss *m* 1. *(Bod)* ground-water discharge; 2. *(Tun)* ground-water runoff
Grundwasserabsenkung *f (Erdb)* lowering of subsoil water
Grundwasserabsenkung *f* **mit Vakuumbrunnen** *(Erdb)* vacuum method of drainage
Grundwasserabsenkungsanlage *f (Erdb)* ground-water lowering installation
Grundwasserabsenkungsanlage *f* **mit Filterbrunnen** 1. *(Erdb)* well point installation; 2. *(Bod)* dewatering installation
Grundwasserabsenkungskurve *f (Bod, Erdb)* recession curve of ground water
Grundwasserabsenkungsmaß *n (Erdb)* drawdown
Grundwasserabsenkungssystem *n (Bod)* dewatering system, well-point system
Grundwasserader *f (Bod)* ground-water artery
Grundwasserbelastung *f (Bod, Erdb, Tun)* impact on ground water
Grundwasserbeobachtungsbrunnen *m (Erdb, Tun)* ground-water observation well
Grundwasserbeobachtungsrohr *n (Bod, Erdb, Wsb)* gauge tube, gauge, ground-water check borehole
Grundwasserdichtungsschicht *f* basement waterproofing
Grundwasserdichtungsstoff *m (DIS, Erdb)* ground-water waterproofing material
Grundwasserdränage *f* ground-water drainage
Grundwassereinbruch *m (Erdb, Tun)* ground-water inrush
Grundwassereinzugsgebiet *n (Bod, WVA)* ground-water basin
Grundwasserergiebigkeit *f (Bod, WVA)* yield of an aquiferous layer
Grundwassererkundung *f (Bod, WVA)* ground-water exploration
Grundwasserfassung *f (WVA)* ground-water captation
Grundwassergleichen *fpl* subsoil water-level contours
Grundwassergüte *f* ground-water quality
Grundwasserhaltung *f* ground-water lowering, unwatering
Grundwasserhaushalt *m (Bod, Umw)* ground-water balance
Grundwasserhöhe *f* ground-water level
Grundwasserhöhenlinie *f (Bod)* water table isohypse
Grundwasserhydraulik *f* ground-water hydraulics
Grundwasserleiter *m* aquifer layer, permeable bed, water-bearing horizon, aquifer
Grundwasserlinie *f* 1. *(Bod, Erdb, Tun)* ground-water saturation line; 2. *(Bod)* saturation line
Grundwasserlinse *f* ground-water lens
Grundwassermessstelle *f (WVA)* ground-water measuring point
Grundwasserpegelrohr *n* ground-water check borehole
Grundwasserressourcen *fpl (Bod, Umw, WVA)* ground-water resources
Grundwasserrücklauf *m (Bod, Erdb)* recharge of ground water, recharge
Grundwasserschicht *f* ground-water layer
Grundwasserschutz *m (Umw)* ground-water protection
Grundwasserschutzgebiet *n (Umw)* ground-water protection area
Grundwasserschutzzone *f (Umw)* ground-water protection area
Grundwassersohle *f (Bod, WVA)* ground-water bottom
Grundwasserspeicherung *f (WVA)* ground-water storage
Grundwasserspiegel *m* ground-water table, ground-water level, phreatic surface, phreatic nappe, subsoil water table, subsoil water level, level of underground water, surface of subsoil water, water table, water level
Grundwasserspiegel *m*/**artesisch gespannter** false water table

Grundwasserspiegel *m*/**artesischer** *(Bod, WVA)* piezometric surface
Grundwasserspiegel *m*/**erhöhter** *(Bod, Erdb)* perched water table *(einer begrenzten Fläche durch undurchlässige Bodenschicht)*
Grundwasserspiegel *m*/**gespannter** *(Bod, WVA)* piezometric surface
Grundwasserspiegel *m*/**natürlicher** natural ground-water level
Grundwasserspiegel *m*/**ungesenkter** natural ground-water level
Grundwasserspiegelabsenkung *f (Erdb)* lowering of the table water
Grundwasserspiegelgefälle *n (Bod)* water table gradient
Grundwasserspiegellinie *f* hydraulic gradient
Grundwasserspiegelschwankung *f* ground-water table fluctuation
Grundwasserstand *m (Bod, Erdb)* ground-water level
Grundwasserstau *m (Bod, Erdb, Tun)* ground-water swell
Grundwasserstockwerke *npl (Bod)* water-bearing layers
Grundwasserstrom *m (Bod)* flow of ground water
Grundwasserstromsickerung *f (Wsb)* underseepage
Grundwasserströmung *f* ground-water flow, ground-water current
Grundwasserverschmutzung *f* ground-water contamination
Grundwasserverunreinigung *f* ground-water pollution
Grundwasservorräte *mpl (Bod, Umw, WVA)* ground-water resources
Grundwasserwanne *f* basement tank, foundation tank, basement waterproofing
Grundwasserzutritt *m (Erdb, Tun)* ground-water inrush
Grundwehr *n (Wsb)* flush weir, incomplete overfall, submerged overfall
Grundwerk *n (Erdb, Wsb)* ground knives
Grundwerkstoff *m* base material; substrate material
Grundzapfen *m (Hb)* wedged tenon
Grundzustand *m (Stat)* basic condition
Grünende *n (Verk)* end of green *(Lichtzeichenanlage)*
Grünerde *f (Bod)* green earth
Grünerdepigment *n (BM, OB)* green earth pigment
Grünfäule *f* mildewed wood *(Holz)*
Grünfläche *f* 1. *(LB, RP)* green area; 2. *(LB, Umw)* green; 3. *(LB)* grassed area • **Grünflächen anlegen** *(LB, Te)* lay out green spaces
Grünflächenentwicklung *f (Umw)* green space development
Grünflächenplanung *f* open space planning
Grüngelände *n (LB, RP)* green ground
Grünglas *n* green glass
Grüngürtel *m (RP)* green belt *(Stadtplanung)*
Grünholz *n* greenheart *(tropisches Hartholz)*
Grüninsel *f (AE)* enchanted island *(in Gebäuden)*
Grünland *n (LB)* meadowland
Grünlandfläche *f (LB)* meadow *(Landschaftsbau)*
Grünling *m* green tile, sun-dried brick *(Grobkeramik)*
Grünnetz *n (LB, RP)* green network *(Stadtgrünbereiche)*
Grünpfeil *m (Verk)* green arrow
Grünpfeilfilter *m (Verk)* green filter arrow
Grünpfeilschaltstufe *f (Verk)* filter stage
Grünphase *f*/**effektive** *(Verk)* effective green (time)
Grünpigment *n* green pigment
Grünsandstein *m (BM)* green sandstone
Grünschiefer *m* green schist
Grünsiegel *n* green seal *(Betondichter)*
Grünspan *m* 1. *(BM)* verdigris; 2. *(BM, OB) (AE)* aerugo
Grünstadt *f (RP)* landscaped town
Grünstein *m* diabase, green stone, greenstone
Grünstreifen *m* 1. *(Verk)* landscape strip; 2. *(LB, Verk)* green strip *(Städtebau)*; 3. *(Verk)* mall, planted area *(Straße)*
Grünterrasse *f (Konst)* landscaped terrace
Grünverbau *m (LB)* hydroseeding
Grünverbund *m (LB, RP)* green network *(Stadtgrünbereiche)*
Grünzeit *f (Verk)* green period, actual green *(Lichtzeichenanlage)*
Grünzeitende *n*/**gestaffeltes** *(Verk)* staggered end of green *(Verkehrsampel)*
Grünzeitverschiebung *f (Verk)* green time transfer
Grünzeitverteilung *f (Verk)* green time distribution
Grünzone *f* 1. *(LB, RP)* green area *(eines Gebiets)*; 2. *(RP)* green belt *(Stadtplanung)*
Grünzwischenzeit *f (Verk)* intergreen *(Verkehrsampel)*
Gruppe *f* group, cluster *(z. B. von Häusern)*; family *(Baustoffgruppe, Gesteinsgruppe)* • **in Gruppen anordnen** group
Gruppenabzweigventil *n* group vent
Gruppenentlüfter *m (San)* group ventilator
Gruppenindex *m* group index
Gruppenschaltung *f (El)* multiple series, group connection
Gruppenschlüssel *m (EB)* submaster key
Gruppenwaschbeckenanlage *f (San)* wash fountain
Gruppenzeitschalter *m (Verk)* group timer
Gruppierung *f* grouping, layout, arrangement
Gruppierung *f*/**dorfähnliche** *(RP)* village-type arrangement
Grus *m* 1. grouan, breeze *(Betonzusatz)*; 2. grit *(geologisch)*
Guaschmalerei *f (Arch, OB)* gouache *(mit gummigemischten Wasserfarben)*
Gudronator *m* bitumen heater and sprayer, bitumen spraying machine, binder sprayer
Guillochierung *f (Arch)* guilloche
Gülle *f (WVA)* slurry
Güllebecken *n* slurry lagoon, slurry pit
Güllebehälter *m* liquid manure store
Güllegrube *f* liquid manure pit, manure pit, slurry pit
Gully *m* gully, inlet, road inlet, street inlet *(DIN 4052)*
Gullydeckel *m (BT, WVA)* gully cover
Gullygeruchsverschluss *m (San, WVA)* yard trap
Gullysaugrohr *n* gully sucker
gültig effective
Gültigkeit *f (VR)* validity *(eines Vertrages)*
Gültigkeitserneuerung *f (VR)* revalidation
Gültigkeitsverlängerung *f (VR)* revalidation
Gummi *m(n) (BM)* rubber • **mit Gummi beschichten** rubber, rubber-coat
Gummi *m*/**ölbeständiger** oil-resistant rubber *(z. B. Nitrilkautschuk)*
Gummi *m*/**ölresistenter** oil-resistant rubber *(z. B. Nitrilkautschuk)*
Gummi *m*/**poröser** cellular rubber, porous rubber
Gummi *m*/**regenerierter** *(BM)* reclaimed rubber
Gummiabdichtungsfuge *f* rubber joint
Gummiabdichtungsring *m* rubber washer
Gummiabstandhalter *m* rubber spacer
gummiähnlich rubber-like, rubbery
Gummianschlag *m* rubber stop
Gummiarabikum *n* gum arabic, acacia gum, Senegal gum
gummiartig rubber-like, rubbery, elastomeric
Gummiasphalt *m* asphalt rubber
Gummiauflagerung *f* elastomeric bearing
gummiausgekleidet rubber-lined
Gummiauskleidung *f* rubber lining
Gummibahn *f (BM, DIS)* rubber sheet
Gummibahnware *f* sheet rubber
Gummiband *n* rubber band
Gummibarriere *f (Verk)* rubber barrier

Gummibaumhartholz *n* gum tree hardwood
Gummibelag *m* rubber coating, rubber covering
gummibeschichtet rubber-coated, rubber-faced, rubber-surfaced
Gummibeschichtung *f* rubber coating
Gummibitumen *n (BM)* rubber(ized) bitumen, *(AE)* asphalt rubber, rubberized asphalt, rubber-bitumen
Gummi-Bitumen-Gemisch *n (BM)* rubberized asphalt
Gummibitumen-Zuschlagstoff-Mischung *f* rubber-asphalt paving mixture
Gummidichtstreifen *m* 1. *(BT, DIS)* rubber silencer; 2. *(BT)* silencer *(zur Schalldämmung)*
Gummidichtung *f* rubber gasket, rubber packing
Gummidichtung *f*/**flache** rubber gasket
Gummidichtungsfuge *f* rubber joint
Gummidichtungsmaterial *n* rubber-based sealant
Gummidichtungsring *m* grommet, rubber washer
Gummieinlage *f* rubber ply
gummieren *v* gum, rubber, rubber-coat, rubberize
gummiert rubber-lined
Gummifliese *f* rubber paving block
Gummifliesenbelag *m* rubber tiling
Gummifugenband *n* rubber waterstop
Gummifugeneinlage *f (BT)* rubber filler
Gummifußbodenbelag *m* rubber floor cover(ing)
gummigekuppelt rubber-coupled *(Flüssigkeitsrohrleitung)*
gummigelagert rubber-cushioned
Gummigranulat *n (BM)* rubber aggregate
Gummihandschuhe *mpl* rubber gloves
Gummiharz *n* gum resin
Gummikabel *n*/**flexibles** cab-tyre cable
Gummikabel *n*/**schweres** cab-tyre cable
Gummilager *n (TK)* rubber bearing
Gummilasche *f* rubber strip
Gummilippendichtung *f* rubber lip sealing
Gummilösung *f* rubber solution, rubber glue, rubber cement, *(AE)* mucilage
Gummimanschette *f* rubber collar
Gummimehl *n (BM)* powdered rubber
Gummipackung *f* rubber packing
Gummipflaster *n* rubber paving block
Gummipfropfen *m* rubber stopper
Gummiplane *f* rubber blanket
Gummiplattenbelag *m* rubber tiling
Gummiprofil *n* rubber profile, rubber section, rubber shape, rubber trim, rubber unit
Gummipuffer *m* rubber buffer
Gummipulver *n (BM)* powdered rubber
Gummiradwalze *f (Verk)* rubber-tyred roller, rubber wheel roller, pneumatic-tyred roller, pneumatic roller *(Straßenbau)*
Gummiring *m* rubber ring
Gummirohr *n* rubber tube
Gummirohrkupplung *f* rubber coupling
Gummisack-Pressverfahren *n* bag moulding *(plastischer Massen)*
Gummisackverfahren *n* bag moulding *(plastischer Massen)*
Gummischlauch *m* rubber hose, rubber tube, rubber tubing
Gummischlauch *m* **auf der Fahrbahnoberfläche** *(Verk)* road tube, road hose *(Verkehrserfassung)*
Gummischlauchauskleidung *f* ducttube
Gummischlauchschalung *f* ducttube
Gummischwabber *m* rubber squeegee *(für Schlämmeauftrag)*
Gummistopfen *m* rubber stopper
Gummistreifen *m* rubber strip
Gummitopflager *n (Br, TK)* rubber pot bearing *(Brücke)*
Gummiunterlage *f* rubber underlay
Gummiverglasungsprofil *n* rubber glazing channel
Gummizusatz *m (BM)* rubber aggregate
Gummizwischenlage *f* rubber packing
Gurt *m* 1. chord, boom, girt, girth *(für Stahlkonstruktion)*; 2. ranger, *(AE)* waling, waler *(bei Spundwänden)*; 3. *(Stat)* tape; 4. girt, boom *(eines Fachwerkträgers)*; 5. *(Arch)* fascia *(Ziergurt)*; band *(Ornament)*; 6. *(BWG)* belt *(Förderband)*
Gurt *m*/**ausgelegter** compression boom *(Fachwerk)*
Gurt *m*/**äußerer** compression boom *(Fachwerk)*
Gurt *m*/**zusammengesetzter** *(TK)* packed chord *(Träger)*
Gurtband *n* 1. *(BWG, Te)* conveyor belt; 2. *(BWG)* belt; 3. *(Arch)* girdle
Gurtbandaufnehmer *m (BWG)* belt loader
Gurtblech *n (BT, Konst)* flange angle
Gurtbogen *m (Konst)* main arch of a vault
Gurtbreite *f* chord width, flange width
Gürtel *m* 1. *(Bod)* belt *(Geologie)*; 2. *(Bod)* zone *(geographisch)*
gürten *v* girdle
Gurtförderer *m* 1. *(BM, BWG)* band conveyor; 2. *(BWG, Te)* belt conveyor
Gurtgesims *n* 1. *(Arch)* belt course, belt *(Ornament im Mauerwerk und an Säulen)*; 2. string course *(zwischen den Geschossen)*
Gurtgewölbe *n* 1. *(TK)* ribbed vault; 2. *(Konst)* vaulting with dentated springing lines
Gurtholz *n* ledger beam runner, ledger runner, ranger; *(AE)* waling, waler *(für Spundwand)*
Gurtplatte *f* reinforcing plate; boom plate, chord plate, flange plate *(für Stahlkonstruktionen)*
Gurtplatte *f*/**aufgeschweißte** welded cover plate *(zur Abdeckung)*
Gurtplatte *f*/**untere** sole plate
Gurtplattenteilstück *n* partial cover plate
Gurtrippe *f* decorative rib
Gurtsims *m (Arch)* fascia
Gurtstab *m* boom member, chord member, flange member
Gurtstreifen *mpl*/**zusammengesetzte** fasciated bands
Gurtung *f* flange of girder, boom, webbing *(für Stahlkonstruktionen)*
Gurtung *f*/**gebrochene** boom in form of a broken line
Gurtung *f*/**zweiwandige** *(St)* boom of the open box *(Träger)*
Gurtungsblech *n* flange plate
Gurtungsstab *m* boom member
Gurtungsstange *f* flange member
Gurtungsverstärkung *f (St)* boom stiffening
Gurtwinkel *m (BT, Konst)* flange angle
Guss *m* 1. cast, castings *(Erzeugnis)*; 2. casting *(Vorgang)*; pouring *(von Beton, Vorgang)*
Guss *m*/**schmiedbarer** *(BM, St)* malleable iron
Gussasphalt *m* 1. poured asphalt, gussasphalt, mastic asphalt, melted mastic asphalt *(EN 12970; Baustoff)*; 2. mastic flooring *(Belag, Deckschicht)*
Gussasphalt *m*/**eingefärbter** pigmented mastic asphalt
Gussasphaltarbeiten *fpl (DIS, SB, Te)* asphalt flooring works *(DIN 18354, BS 8000-9)*
Gussasphaltaufbereiter *m (DIS)* asphalt oven
Gussasphaltbrot *n* mastic block
Gussasphaltdachdeckung *f* liquid roofing *(Dachdeckung)*
Gussasphaltkocher *m* mastic cooker, road kettle
Gussasphaltkollermühle *f (BWG)* mastic asphalt pug mill
Gussasphaltstreicher *m* asphalt layer
Gussasphaltverlegung *f*/**maschinelle** machine casting of asphalt, machine pouring of asphalt, machine casting
Gussbeton *m* cast concrete, chuted concrete, moulded concrete
Gussblase *f* 1. *(BM, OB)* blister *(an der Oberfläche)*; 2. blow-

G

hole *(innen)*; 3. bleb *(bes. bei Glas)*; 4. *(St)* honeycomb *(Porosität bei Metallguss)*
Gussblock *m (St)* ingot
Gusseisen *n (St)* cast iron
Gusseisen *n* **mit Schrottzusatz** semisteel
Gusseisenflansch *m* cast-iron flange
Gusseisenrohr *n* cast-iron pipe
Gusseisenträger *m* cast-iron girder
Gusserker *m (Arch)* machicolation, brattice *(Wehrburg)*
Gussfehler *m* casting defect
Gussform *f* casting form, casting mould, moulding frame, mould
Gussglas *n* cast glass, roughcast glass
Gusshaut *f* casting skin, skin
Gussmastix *m* master mastic
Gussmörtel *m* grout, *(AE)* larry • **mit Gussmörtel vergießen** grout
Gussputz *m***/faserbewehrter** *(BM, BT)* stick-and-rag work
Gussradiator *m* cast-iron radiator
Gussrand *m* burr
Gussrohr *n* cast-iron pipe, cast pipe
Gussrohrbogen *m* **mit Auflageflansch** cast-iron base elbow, base elbow
Gussstahl *m* cast steel, mild steel *(z. B. als Baustahl, Betonstahl)*
Gussstein *m (San)* sewer
Gussstößel *m* cast-iron rammer
Gussstück *n* casting
Gussteil *n* casting
Gusswand *f (BB)* cast-in-situ wall *(aus Beton)*
Gut *n* 1. *(BM)* material; 2. *(BM, EB)* goods
Gut *n***/ausgehobenes** excavated material
Gut *n***/bewegliches** chattel *(juristisch)*
Gut *n***/einkörniges** grains of equal size
Gut *n***/gebranntes** burnt product
Gut *n***/getrocknetes** dry product
Gut *n***/gleichkörniges** grains of equal size, uniformly sized grains
Gut *n***/körniges** granular product
Gut *n***/schwer siebbares** *(BM)* difficult-to-screen material
Gut *n***/zu behandelndes** material to be handled
Gut *n***/zu siebendes** material to be graded, material to be screened
Gutachten *n* 1. expert's report, expert's opinion, survey; 2. *(VR)* approval of plans *(Bauvorhaben)*; 3. *(VR)* certificate *(Bauelemente, Montageteile, Baustoffe)*
Gutachter *m* expert, expert witness
Güte *f* quality
Güte *f* **des Zuschlagstoffs** *(BM)* quality of aggregate
Güte *f***/hochzugfeste** high-tensile quality
Güteanforderungen *fpl* quality requirements
Gütebedingungen *fpl* quality conditions, quality specifications
Gütebeschreibung *f* quality description
Gütebestimmungen *fpl* quality regulations, specifications
Güteeigenschaft *f* characteristic quality
Güteeigenüberwachung *f (VR)* factory control
Gütefaktor *m* quality factor *(Q-Faktor)*
Güteforderungen *fpl* quality requirements
Gütegemeinschaft *f (VR)* quality control association
Güteklasse *f* quality class, quality grade, grade, class • **Güteklasse gekennzeichnet** *(VR)* grade marked
Güteklasse *f***/bezeichnete** marked grade
Güteklasse *f***/vermerkte** marked grade
Güteklassenbeschreibung *f* grade description, quality grade description
güteklassiert graded
Güteklausel *f (VR)* quality clause *(im Vertrag)*
Gütekontrolle *f* quality control, inspection
Gütekontrolleur *m (VR)* inspector
Gütekontrollkarte *f (VR)* quality control chart
Gütenachweis *m* 1. certificate of quality, proof of compliance, quality certificate *(amtlich)*; 2. quality check, quality checking *(Eigenüberwachung)*
Gütenorm *f* code of quality, quality standard
Güteprüfung *f* quality test(ing), quality check(ing)
Güter *npl (BM, EB)* goods
Güteraufzug *m* material hoist
Güterbahnhof *m (Verk)* freight station
Güterfernverkehr *m (Verk)* long-distance goods traffic
Güterterminal *m (Verk)* goods terminal
Gütertransport *m (Verk)* freight traffic
Güterumschlagzentrum *n (RP, Verk)* cargo handling centre
Güterverkehr *m (Verk)* freight traffic
Güterverkehr *m***/kommunaler** *(Verk)* public haulage
Güterverladerampe *f (Verk)* freight platform
Güterwagen *m* waggon, *(AE)* wagon
Güterzug *m (Verk)* goods train
Güteschutz *m* registered trade mark scheme, registered certification trade mark scheme
Güteschutzmarke *f* registered certification, registered certification trade mark
Güteschutzzeichen *n* registered certification, registered certification trade mark
Gütesicherung *f* assurance of quality, quality assessment, quality audit, quality control
Gütestreuung *f* dispersion in quality, scattering of qualities
Güteüberprüfung *f* quality check(ing)
Güteüberwachung *f* quality audit, quality control
Güteüberwachungspersonal *n (VR)* quality-control staff
Güteüberwachungstabelle *f (VR)* quality control chart
Güte- und Lieferbestimmung *f***/technische** *(VR)* commercial standard
Gütezeichen *n* quality control mark
Gütezeichen *n***/amtliches** *(VR)* seal of approval
Gutshof *m***/kleiner** *(Arch, LB)* grange
Guttae *fpl (Arch)* drops *(in der dorischen Ordnung)*
Gyrator *m* gyratory compactor, gyratory shear compactor
Gyratorprüfgerät *n* gyratory testing machine, GTM

H

Haareinmischgerät *n* hair hook *(für Mörtel)*
Haareinrührstab *m* rab *(für Haarmörtel)*
Haarentferner *m* hair beater *(vom Putz)*
Haarfang *m (San)* hair catcher
Haarfasereinmischgerät *n* hair hook *(für Mörtel)*
Haarfilz *m* hair felt
Haargips *m* haired gypsum
haargrau dead true
Haarkalkmörtel *m* hair(ed) mortar
Haarkies *m* millerite
Haarmörtel *m* hair(ed) mortar
Haarnadelanker *m* hairpin *(in Frischbeton)*
Haarnadelkurve *f (Verk)* hairpin bend, hairpin curve, sharp turn *(Straße)*
Haarnetz *n (EB)* hair net *(Fenster)*
Haarriss *m* hair crack, hairline crack, fine crack, capillary crack, small crack, microfissure; check *(z. B. im Stahl bei*

schnellem Kühlen); hair check, plastic shrinkage crack *(z. B. in Beton oder Farbe)*; sleek *(Glas)*
Haarrissbildung *f* hair(line) cracking; hair checking, crazing *(z. B. bei Beton)*; crizzling *(z. B. auf Keramikfliesen)*
Haarrisse *mpl* crazing
Haarrissfestigkeit *f* hair cracking resistance
Haarrissliniennetz *n* pattern cracking
Haarsieb *n* hair sieve
Haarzementmörtel *m* haired cement mortar
Haarzirkel *m* hair compasses
Habitat *n (Umw)* habitat
Hackboden *m (Erdb)* hacking
Hacke *f* pickaxe, pick, hack
hacken *v* pick, peck, hack, hoe
Hackmeißel *m (BWG, Hb)* bolster
Hackschnitzel *npl* chippings
Hackspan *m* chip
Hafen *m* port, harbour, *(AE)* harbor; wharf *(Kai)*
Hafen *m*/**künstlicher** *(Wsb)* artificial harbour
Hafenankerstein *m (Wsb)* fixed mooring
Hafenanlagen *fpl* harbour facilities, port installations, docks
Hafenbahn *f* harbour railway, *(AE)* harbor railroad
Hafenbau *m (Wsb)* harbour engineering
Hafenbecken *n* 1. *(Wsb)* harbour basin; 2. *(Verk, Wsb)* basin
Hafendamm *m* jetty, wharf, mole, harbour bar, pier; breakwater *(als Schutz)*
Hafendock *n* 1. *(Wsb)* gate dock; 2. *(Verk, Wsb)* basin
Hafeneinrichtungen *fpl (Wsb)* port facilities
Hafenerschließung *f* wharf development
Hafengebäude *n (Arch, Konst)* harbour structure
Hafengebiet *n (Wsb)* waterfront
Hafengebietserschließung *f (Wsb)* waterfront development, wharf development
Hafengleis *n s.* Hafenbahn
Hafenkran *m* 1. *(BWG, Te)* harbour crane; 2. *(BWG, Wsb)* wharf crane
Hafenmole *f (Wsb)* harbour mole
Hafenpier *m (Wsb)* harbour jetty
Hafenschleuse *f (Wsb)* harbour lock
Hafenstadt *f* port, seaport
Hafenterminal *m (Verk)* harbour terminal
Hafenverkehr *m* port traffic
Haft *m* crook, tack
Haft... adhesive ...
Haftanreger *m* antistripping additive, antistripping agent
Haftanstrich *m (OB)* bond coat
haftbar liable, accountable
Haftbeton *m* bonding concrete
Haftbrücke *f* bond(ing) course, bonding interlay, bonding layer, bond coat
Haftbrückenbeton *m* bonding concrete
Haftbrückenmörtel *m* bonding mortar
Hafte *f s.* Haft
Hafteigenschaft *f s.* Haftfestigkeit
haften *v* 1. adhere (to), stick, cling, attach (to); 2. held liable, liable *(rechtlich verantwortlich sein)*; 3. be responsible (for) *(z. B. für Mängel)*
haften *v* **an** attach to
Haften *n (Te)* sticking
Haften *n*/**schlechtes** poor adhesion
haftend adherent, adhesive, sticky
haftend/gut *(BM, OB)* well-adherent
haftend/locker loosely adherent *(Bindemittel, Anstrich usw.)*
haftend/nicht non-adherent, loose
haftend/schlecht poorly adherent
haftfähig adherent, adhesive; tack-dry *(z. B. Anstriche)*
Haftfähigkeit *f* adhesion capacity, adhesiveness, bonding capacity, bonding power, adhesion; tackiness *(z. B. Anstriche)*
haftfest *(BM, OB)* well-adherent
Haftfestigkeit *f* adhesive strength, bond strength; tenacity *(Zähigkeitshaftung)*; bonding (strength), gripping *(Stahlbeton)*
Haftfestigkeit *f*/**mangelnde** *(OB)* lack of adhesion *(Anstriche)*
Haftfestigkeitsverbesserer *m* adhesion promoting agent, antistripping additive, antistripping agent; wetting agent, doping of binders *(hydraulische Bindemittel)*
Haftfilm *m (OB)* tack coat
Haftfläche *f* area of adhesion; bond(ing) area
Haftgipsputz *m* bonding plaster
Haftgrenze *f* sticky limit
Haftgrund *m* 1. *(OB)* keying surface *(Putz, Beschichtung, Anstrich)*; 2. paint base, base *(für Farbanstriche)*; 3. self--etch(ing) primer, etching primer *(Anstrichtechnik)*; wash primer; 4. prepared surface *(Schweißen)*
Haftgrund *m*/**passiviert-phosphatierter** *(OB)* phosphate-chromate etch primer
Haftgrundierung *f* 1. keyed surface *(Grundieroberfläche)*; 2. etching primer, wash primer *(Grundiermaterial)*
Haftgrundlage *f (OB)* keying surface *(Putz, Beschichtung, Anstrich)*
Haftgrundmittel *n* wash primer, etching primer
Haftkleber *m* contact adhesive, dry-bond adhesive, pressure-sensitive adhesive, lap cement
Haftkleber *m*/**feuchtigkeitsunempfindlicher** *(BM)* wet--use adhesive
Haftkorn *n (BM)* adherent particle
Haftkraft *f (BM, OB)* adhesive force
Haftlage *f* bonding interlay, bonding layer
Haftlänge *f* bond length, grip length, transfer length, transmission length *(Bewehrung)*
Haftmittel *n* adhesion agent, adhesive, antistripping additive, antistripping agent, bonding agent, sticker
Haftmittelzusatz *m* doping of binders
Haftmörtel *m* bonding mortar
Haftnagel *m* fastening nail
Haftoberfläche *f (OB)* keying surface *(Putz, Beschichtung, Anstrich)*
Haftpflicht *f* liability
Haftpflicht *f*/**berufliche** *(VR)* professional indemnity
Haftpflichtbestimmungen *fpl* statutory liability provisions
Haftpflichtgrenze *f (VR)* limit of liability
Haftpflichtversicherung *f (VR)* liability insurance
Haftpflichtversicherung *f*/**berufliche** *(VR)* professional indemnity insurance
Haftprüfung *f (BM)* aggregate stripping test *(Bitumen an Zuschlagstoffen)*
Haftputz *m* bond plaster, bond(ing) finish; concrete bond
Haftreibung *f* 1. static friction, frictional binding, *(AE)* sticking, striction; 2. *(Verk)* cohesive friction
Haftreibung *f* **in Längsrichtung** *(Stat)* longitudinal friction
Haftreibungsschwund *m (Verk)* loss of grip
Haftrille *f* gripping groove
Haftschicht *f* bonding course, bonding interlay, bonding layer, slush coat
Haftspannung *f* 1. adhesive stress, stress of adhesion, adhesion force; 2. bond(ing) stress, gripping stress *(bei Bewehrung)*
Haftspannung *f*/**mittlere** average bond stress *(der Bewehrung)*
Haftstoff *m (BM, OB)* adhesive
Haftung *f* 1. *(BM)* adhesion; 2. bond(ing), gripping *(Stahlbeton)*; 3. liability *(für Bauleistungen)*; *(AE)* warranty
Haftung *f*/**beschränkte** *(VR)* limited liability
Haftung *f*/**bituminöse** binding

Haftung f/passive *(BM)* passive adhesion
Haftung f/unlösliche non-breakable bond
Haftung f/unzerstörbare non-breakable bond, unbreakable bond
Haftungsbegrenzung *f* **des Bauunternehmers** limitation of contractor's liability
Haftungsbiegebruch *m* bending bond failure
Haftungsklausel *f (VR)* liability clause
Haftungsschwund *m (BM)* loss of cohesion
Haftungsverlust *m* loss of adhesion *(Klebeverbindungen)*; loss of cohesion *(gebundene Gemische)*
Haftungsversagen *n (BB)* bonding failure *(Stahlbeton)*
Haftungszeitraum *m (VR)* liability period
haftverankert self-anchored *(Spannbeton)*
Haftverankerung *f (BB, Te)* self-anchorage *(Spannbeton)*
Haftverbesserer *m* antistripping additive, antistripping agent
haftverbessernd bond-improving, antistripping
Haftverbund *m* bonding interlay, bonding; gripping *(Stahlbeton)*
Haftverbundverlust *m* bonding failure *(Stahlbeton)*
Haftverbundvermeidung *f* bond prevention
Haftverhalten *n* 1. *(BM, OB)* adhesion behaviour; 2. *(OB)* bonding performance
Haftverhinderer *m* bond breaker, bond breaking agent *(zum Ablösen, chemisch wirkend)*
Haftverlust *m* loss of adhesion *(Klebeverbindungen)*; loss of cohesion *(gebundene Gemische)*; debonding, bonding failure *(Stahlbeton)*
Haftvermittler *m (BM, OB)* adhesion agent
Haftvermögen *n* adhesion capacity, adhesion power, adhesiveness; grip, gripping *(Stahlbeton)*
Haftvermögensverlust *m (Verk)* loss of grip
Haftwasser *n* 1. hanging water, pellicular water, pendular water *(auf Oberflächen)*; 2. residual water, retained water, retention water, wetting water *(Erdstoffe, Boden)*
Haftzwischenschicht *f* bonding interlay
Hagel *m (Umw)* hail
Hagioskop *n (Arch)* hagioscope, squint window *(Kirche)*
Hahn *m* tab, *(AE)* faucet; cock, stopcock *(Absperrhahn)*
Hahnenbalken *m* 1. *(BT, Hb)* top beam; 2. *(Hb, Konst)* wind beam
Hahnenbalkendach *n* top beam roof
Hahnholz *n (BT, Hb)* strap
Hahnholz n/doppeltes 1. *(Hb, Stat)* footing beam; 2. *(Hb)* tie beam
Hahnloch *n (San)* tap hole
Hahnschieber *m (WVA)* plug valve
Hahnschlüssel *m* plug key
Hahnventil *n* plug top; cock, plug cock *(Absperrventil)*
Hain *m* **von Olympia/Heiliger** *(Arch)* sacred grove at Olympia
Hainbalken *m (BT, Hb)* top beam
Hainbalkendach *n* top beam roof
Haken *m* 1. hook; 2. claw, clutch *(Klaue)*; 3. clasp *(Lasche)*; 4. *(Hb)* crook; 5. concave tile *(Rinnenziegel)*; 6. hitch *(Zughaken an Fahrzeugen)* • **mit einem Haken versehen** hooked
Haken *m* **und Öse** *f (EB)* hook and eye
hakenartig hook-shaped, hooked
Hakenbewehrungseisen *n (BB, St)* hooked bar
Hakenbiegen *n* hook bending
Hakenblatt *n (Hb)* notching, hook-like halving, scarf and key, splice
Hakenblatt n/gerades *(Hb)* tabled scarf
Hakenblatt n/schräges *(Hb)* oblique scarf, French joint, splayed indent scarf
Hakenblatt n/verbogenes *(Hb)* oblique scarf
Hakenbolzen *m* hook bolt, rag bolt, screw hook
Hakenbrett *n* pin rail
Hakenflasche *f* fall block *(eines Flaschenzugs)*
Hakenflügel *m* return wind
Hakengelenkband *n (BT, EB)* band-and-hook hinge *(Torband)*
Hakenkamm *m (Hb)* scarf and key
Hakennagel *m* 1. *(EB)* hook-nail; 2. *(BT, Hb)* claw
Haken-Schlaufen-Halterung *f (EB)* hook-and-eye fastener
Hakenschloss *n (EB)* hook lock
Hakenschraube *f* hook bolt, hook screw
Hakenstein *m* 1. concave tile *(Dachziegel)*; 2. toed voussoir *(beim Gewölbe)*
Hakenstift *m* hooked nail, sprig bolt
Hakensturz *m* joggle lintel
Hakentoleranz *f* hook allowance
Hakenverriegelung *f (EB)* hook lock
Hakenweg *m* hook track *(Kran)*
Halb... half ..., semi ...
Halbbalken *m* 1. half-beam; 2. *(Hb)* half-timber
halbberuhigt *(BM, St)* semikilled *(Stahl)*
Halbbinder *m* half truss
Halbblockstein *m* half block
Halbbogen *m* semiarch, compass-headed arch
Halbbogendach *n (Arch, Konst)* compass roof
Halbbrandstein *m* semiengineering brick
Halbdach *n* monopitch roof, half-span roof, penthouse roof, pitched roof, shed roof; lean-to roof *(an einer Wand; s. a. Pultdach)*
halbdurchscheinend subtransparent
halbdurchsichtig semitransparent, subtranslucent, translucent
Halbebene *f* half-plane
halbeingelassen *(Konst)* semiflush
halbeingeschlossen engaged *(z. B. eine Säule)*
Halbeisen *n* half-round bar
Halbeisen *npl* half rounds
Halbelement *n (BT)* semimember
Halbellipse *f* half-ellipse
Halbellipsenbogen *m (Konst)* semielliptical arch
halbfertig half-finished, semifinished
Halbfertigerzeugnis *n (BT, Te)* primary product
halbfest semifirm, semisolid
Halbfeuchtrennung *f (Umw)* semiwet sorting
halbfeuerfest semirefractory
halbflach half flat
halbgebrochen 1. half-broken *(Bauelement)*; 2. *(BM)* half--crushed *(Brechgut)*
halbgedreht half-turn *(Treppe)*
Halbgeländerstab *m* half baluster
halbgerundet subrounded
Halbgeschoss *n (Arch)* mezzanine, entresol
Halbgeschosshaus *n* split-level house *(Hanghaus)*
halbgewendelt half-turn *(Treppe)*
Halbgiebel *m (Arch)* aileron *(z. B. bei Kirchen)*
Halbglanz *m* semigloss
Halbglanz... semiglossy ...
halbglänzend semigloss, semiglossy
halbglasiert semivitreous *(Fliesen, Kacheln)*
Halbhartfaserplatte *f* intermediate fibreboard
Halbhartplatte *f* medium hardboard
Halbholz *n* half-timber, *(AE)* half-log; half-balk, half-baulk; half-round wood; scantling *(bis zu 100 mm × 125 mm im Durchmesser)*
Halbholz n/gespaltenes *(Hb)* split stuff
Halbholzaußenverkleidung f/raue half-moon siding
Halbholzbalken *m* half-timber, half(-timber) beam

Halbhölzerkonstruktion *f (Arch, Konst)* Cologne colombage
Halbholzverkleidung *f (Hb) (AE)* log-cabin siding
halbieren *v* cut in two, halve
halbiert halved
Halbinsel *f (Bod)* peninsula
Halbkippfenster *n* **doppelter Breite** *(BT) (AE)* classroom window
Halbkleeblattkreuzung *f (Verk)* half-cloverleaf junction
Halbkopfstein *m* half header
Halbkreisabseite *f (Arch)* semicircular exedra
Halbkreisapside *f (Arch)* semicircular exedra
Halbkreisapsis *f (Arch)* half-round exedra, semicircular apse, semicircular apsis, semicircular exedra
Halbkreisbau *m (Arch, Konst)* hemicycle
Halbkreisbogen *m (Arch)* half-round arch
Halbkreisbogenfenster *n (Konst)* round-arched window
Halbkreisbogenfries *m (Arch)* round-headed corbel table
Halbkreisbogenzinne *f (Arch)* round-arched merlon
Halbkreisdachziegel *m* imbrex *(konvexer Hohlziegel zum Überdecken einer Fuge zwischen zwei Flachziegeln)*
Halbkreisdecke *f* half-round ceiling
Halbkreisexedra *f (Arch)* half-round exedra, semicircular exedra
Halbkreisfenster *n* half-round window
Halbkreisfläche *f* semicircular area
halbkreisförmig semicircular
Halbkreiskonche *f (Arch)* half-round exedra
Halbkreisnische *f* half-round niche, semicircular niche, hemicycle
Halbkreisprofil *n* half-round profile, half-round section
Halbkreisquerbogen *m* half-round transverse arch
Halbkreisrippe *f* half-round rib, semicircular rib
Halbkreisschnitt *m* half-round profile, half-round section
Halbkreisturm *m* half-round tower
Halbkugel *f* hemisphere
halbkugelförmig hemispherical
Halbkugelkuppel *f (Konst)* semicircular dome
Halbkuppel *f* half-cupola, half-dome, semicupola *(ein Viertel-Kugelgewölbe)*
Halblauf *m* half flight *(bei Treppen)*
halbmassiv semisolid
halbmatt half-matt, semimatt(e), semiflat, semigloss, semiglossy *(Lack)*
Halbmesser *m (Stat)* radius
Halbmesserlehre *f* radius gauge
Halbmetall *n* metalloid
Halbmetope *f (Arch)* semimetope
Halbmondformelement *n (Arch)* lunette
halbmondförmig lunar, semilunar
Halbmondöffnung *f (Arch)* lunette
Halböl *n* penetrating finish, wetting oil *(Anstrichstoffe)*
Halbparabelbrücke *f (Br)* hogbacked bridge
Halbparabelträger *m* semiparabolic girder, hog-backed girder
Halbpfeiler *m* half-pier
Halbportal *n (Arch)* half-portal
Halbportalkran *m* semigantry crane
Halbportikus *m (Arch)* half-portico, half-frame
Halbporzellan *n (San)* half-chinaware, semichina, vitreous china
Halbquerschnitt *m* half cross section
Halbrahmen *m (Konst)* half-frame
Halbraum *m (Arch, Konst)* semispace
Halbrelief *n* demirelief, mezzo-relievo
Halbrispe *f (TK)* single-post truss
Halbrohrschale *f (WVA)* half split pipe
halbrund half-round, semicircular, radiused
Halbrundabschlussanbau *m (Arch)* apse aisle
Halbrundeisen *n* half-round iron
Halbrundfenster *n* half-round window
Halbrundkopf *m* button head *(z. B. einer Schraube)*; round (snap) head *(Niet)*
Halbrundkopfschraube *f* button-half-round screw, button-headed screw
Halbrundläufer *m (Hb)* half-round stretcher
Halbrundniet *m* half-round rivet, half-spherical head rivet, semicircular rivet, spherical head rivet
Halbrundprofil *n* half-round section, half-round moulding
Halbrundquerbogen *m* half-round transverse arch
Halbrundschieferdach *n* circular slate roof
Halbrundsimswerk *n* half-round moulding
Halbrundstab *m* baguette *(Zierleiste)*
Halbrundstahl *m* half-round steel, half-round bar
Halbrundstange *f* half-round rod
Halbsäule *f* 1. demi-column, half column, semicolumn; 2. *(Arch)* pilaster, attached column
Halbschale *f* open channel, spherical shell
Halbschlitz *m* half groove *(Triglyphe am dorischen Fries)*
Halbschrägblick *m (Arch)* three-quarter view
Halbschrankenanlage *f (Verk)* level crossing half-gate
halbstabil medium-breaking, medium-setting, normal-setting *(Bitumenemulsion)*
Halbstammaußenwandverkleidung *f (Hb) (AE)* log--cabin siding
halbstarr semirigid
halbsteif semirigid
halbsteil *(Bod, Erdb)* semisteep
Halbstein *m* half block
halbsteindick half-brick
Halbsteinmauer *f (SB)* half bat wall
halbsteinstark half-brick-thick
Halbsteinwand *f* half-a-brick wall, half-brick wall
Halbtonnengewölbe *n (Konst)* half tunnel vault
Halbtränkung *f (DIS)* semigrouting
halbtrocken semidry; cheesy *(Farbanstrich)*
Halbturm *m (Arch, Konst)* semicircular tower
halbüberdacht *(Arch)* hypaethral; semicovered; semiroofed
halbunendlich semiinfinite
halbversenkt half-sunk, semiflush
Halbwahrscheinlichkeits-Bemessungsverfahren *n (Stat)* semiprobabilistic design method
Halbziegel *m* half-brick; snapped header *(Binder)*
Halbzwischenfeld *n (Konst)* semimetope
Halde *f* 1. *(Bod, Erdb)* spoil heap; 2. *(Umw)* waste heap; 3. *(Bod, Erdb, Tun)* heap; 4. *(Erdb, Tun)* mound *(Erdaufschüttung)*; 5. stockpile, deposit, tip *(Materialvorratshalde)*
Haldenfläche *f (Tun)* spoil area
Haldenmaterial *n (BM)* stockpiled material
Haldenrutsch *m (Bod)* dump slip
Halit *m (Bod, Erdb)* halite
Hall *m (DIS)* reverberation *(Bauakustik)*
Hall... reverberant ... *(Bauakustik)*
Halle *f* 1. *(Arch, Konst)* hall; 2. *(Arch)* entrance hall; 3. *(Konst)* reception hall; 4. shed *(z. B. Werk)*; 5. hanger *(Flugzeughalle)*
Halle *f*/**kleine** shed *(Werkhalle)*
Halle *f*/**luftgetragene** air-supported building, air-supported structure, inflatable building
Halle *f* **mit Durchgang** open-ended shed
Halle *f* **mit Hängekragdach** *(TK)* suspended-cantilever hangar
Halle *f*/**zweischiffige** *(Konst)* two-nave shed *(Industrie- und Werkhalle)*
Hallenbad *n* covered swimming pool, indoor swimming bath, indoor swimming pool, *(AE)* natatorium

H

Hallenbahnhof *m* 1. *(Arch, Verk)* covered railway station; 2. *(Arch, Verk)* roofed railway station
Hallenbau *m* hall construction
Hallenbausystem *n (Konst)* hall construction system
Hallenbauten *mpl (Konst)* industrial shed structures
Hallenchor *m (Arch)* hall-quire
Hallendach *n* hall roof
Hallenfläche *f* hall ground area
Hallenform *f* hall-form
Hallengebäude *n (Arch, Konst)* hall-type building
Hallenkirche *f (Arch)* aisled church, hall church
Hallenkuppel *f* hall cupola, hall dome
Hallenquerhaus *n* hall-transept
Hallenraum *m (Arch)* hall *(Kirche)*
Hallenschiff *n* 1. *(Arch)* hall-nave *(Kirche)*; 2. *(Konst)* span; 3. *(Arch)* bay *(Industriehalle)*
Hallenstadion *n (Arch)* indoor arena
Hallenvorfeld *n (Verk)* apron *(z. B. auf Flughafengelände)*
hallig *(DIS)* reverberant
Halloysit *m (Bod)* halloysite *(Tonmineral)*
halogenhaltig *(BM, Bod)* halogen-containing
Halogenlampe *f* metal halide lamp, halide lamp
Halogenmetalldampflampe *f* metal halide lamp, halide lamp
Hals *m* 1. *(Konst)* neck; 2. *(BT)* collar *(Halsring)*; 3. *(Arch)* hypotrachelion *(z. B. einer Säule)*
Halseisen *n* hinge eye
Halsglied *n* 1. *(Arch)* gorgerin, collaring *(z. B. bei Säulen)*; 2. *(BT)* column neck; 3. *(Arch)* necking
Halsgraben *m (Arch)* fortress castle-ditch
Halskerbfuge *f (Arch)* hypotrachelium
Halslager *n* neck bearing
Halsrohrschelle *f (San)* holderbat
Halsstück *n* 1. *(Arch)* colarin *(z. B. einer dorischen oder ionischen Säule)*; 2. *(Konst)* throat *(z. B. Verjüngung am Kaminschornstein)*
Halt *m***/kurzer** *(Verk)* short stay
haltbar 1. long-lasting, durable, stable *(z. B. Material)*; 2. fast *(z. B. Anstriche)*; 3. imperishable *(nicht zerstörbar)* • **haltbar machen** *(OB, RS, Te)* preserve *(Mauerwerk)*; stabilize • **haltbar sein** be durable, wear *(z. B. Material)*
Haltbarkeit *f* 1. lasting quality, durability, endurance, permanency *(Bauelemente, Baumaterialien)*; 2. *(BM, BT)* persistence *(unzerstörbares)*; 3. fastness, preservability *(Anstrich, Baustoff)*; 4. fastness *(Farbe)*
Haltbarkeitsdauer *f (VR)* length of life
Haltbarmachung *f* preservation *(Holz)*
Haltebolzen *m* holding bolt
Haltebrett *n (BT, Te)* toehold *(Dachdeckung)*
Haltebucht *f (Verk)* draw-in
Halteeinrichtung *f* holding device
Halteeisen *n* **für Deckenkonstruktionen** carrying channel
Haltegelblicht *n (Verk)* stopping amber light
Haltegriff *m* 1. grip, handle *(an Geräten)*; 2. *(EB)* handrail *(z. B. an Badewannen)*; 3. grab bar *(speziell bei Duschen)*
Halteklammer *f* fixing clip, carriage clamp, clamp, hold--down clip
Halteklötzchen *npl* first fixings
Haltekonus *m* retainer cone
Haltekraft *f* holding force
Haltelasche *f (St)* cleat
Halteleiste *f* gib
Halteleistennut *f* glazing moulding *(für Fensterscheiben)*
Haltelinie *f (Verk)* stop line, yield line *(Straße)*
halten *v* 1. hold, support, truss *(festhalten, stützen)*; 2. hold, keep, maintain *(einen Zustand)*; 3. last, wear, be durable *(Materialdauerhaftigkeit)*; 4. *(Umw)* sustain *(Zustand der Landschaft, Umwelt usw.)*; 5. *(VR)* keep *(Liefertermin)*
halten *v***/feucht** keep moist, moisten *(z. B. Beton)*
halten *v***/instand** keep in good repair, carry out maintenance work, service; keep in order, keep in shape *(z. B. ein Haus)*; maintain *(z. B. Maschinen)*
halten *v***/konstant** stabilize
halten *v***/lange** be durable *(z. B. Material)*
halten *v***/straff** *(Te)* keep taut *(z. B. Seile)*
Haltepfahl *m (Wsb)* mooring post *(Hafen)*
Halteplatz *m (Verk)* berth
Halteprofil *n* fixing profile
Halter *m* 1. fastener, clamp, clip *(Halteklammern)*; 2. holder, keeper *(Halterung)*; veil *(für Handtücher)*; 3. pod *(Sockel)*; 4. stock *(Griff)*
Haltering *m* locking spring
Halterung *f* 1. mount, mounting bracket, mounting *(z. B. Haltevorrichtung an einer Wand)*; 2. support, anchor rod *(Konsole)*; 3. hold-down clip, holder *(Halteklammer)*; 4. retainer *(Feststellvorrichtung)*; 5. *(EB)* keeper *(z. B. eines Schlosses)*
Halterung *f***/seitliche** lateral restraint
Halteschlaufe *f (EB)* strap
Halteseil *n (Konst)* guy
Haltesicherung *f* retention
Haltesichtweite *f (Verk)* stopping sight distance *(Straßenführung)*
Haltespur *f (Verk)* lay-by, emergency stopping lane
Haltestange *f (EB)* handrail *(z. B. an Badewannen)*
Haltestelle *f (Verk)* stop, *(AE)* station
Haltestelleninsel *f (Verk)* tram stop island *(Straßenbahn)*
Haltestock *m* bench hook *(einer Zimmermannsbank)*
Haltestreifen *m (Verk)* kerb loading zone *(parallel zum Bord)*
Halteverbot *n (Verk)* stopping prohibited, no stopping
Haltevorrichtung *f* fixture, holder, holding device *(s. a. Halterung)*
Haltewinkel *m* mounting angle
Haltezeit *f* **der höchsten Temperatur** *(BB, Te)* maximum temperature period *(im Autoklaven)*
Haltlinie *f (Verk)* yield line, stop line, give way line
Hämatit *m* 1. *(BM, OB)* hematite; 2. *(BM)* ferric oxide
Hammer *m* hammer; mallet *(aus Holz)*; maul *(schwerer Hammer)*
Hammer *m***/Schmidt'scher** *(BB, BM)* Schmidt hammer
hämmerbar malleable, ductile
hammerbehauen *(BM, SB)* hammer-dressed *(Stein)*
Hammerbohrmaschine *f* hammer drill, reciprocating drill
Hammerbrecher *m* hammer crusher
Hammerbreitende *n* poll
Hammerfläche *f* hammer face
hammergetrieben enchased *(Metalloberfläche)*
Hammerkran *m* giant cantilever
Hammermühle *f* hammer crasher, hammer mill *(Splittaufbereitung)*
hämmern *v* 1. hammer, strike, pound; 2. *(St, Te)* forge *(schmieden)*; 3. beat *(bearbeiten, z. B. Steine)*; 4. sledge *(zerteilen, zerschlagen)*; 5. pane, peen *(aushämmern)*
Hämmern *n* 1. *(WVA)* hammering; 2. peening *(Aushämmern)*; 3. sledging *(Zerschlagen, Zerteilen)*
Hammernieten *n (St)* impact riveting
Hammernieter *m* vibrating riveter
hammerrecht *(SB)* roughly squared *(Naturstein)*
Hammerschlag *m* 1. *(OB)* blow of a hammer; 2. hammertone *(Hammerschlaglack)*; 3. hammer scale, smithy scales *(Eisenoxid)*
Hammerschlaglack *m (OB)* hammertone enamel
Hammerschlaglackanstrich *m (OB)* hammer finish
Hammerschlaglackierung *f* hammertone finish
hammerschweißen *v* hammer-weld
Hammerschweißung *f (St)* hammer welding
Hammerstiel *m* haft, handle

Hand/von manual
Hand... manual ...
Handabsperrklappe *f (HLK)* hand-operated shut-off valve
Handabweiser *m* hand rejector *(Schutzeinrichtung)*
Handarbeit *f* manual labour, handicraft, handiwork, *(AE)* manual labor
Handauflage *f* hand rest
Handauftrag *m (Te)* hand application
Handaufzug *m* 1. *(EB)* dumbwaiter *(für Speisen)*; 2. hand hoist *(für Material)*
handbedient hand operated, manually operated
Handbedienung *f* manual control
Handbeil *n* hatchet
handbemalt hand-painted
handbetätigt manually operated, hand-operated
Handbetrieb *m* manual operation, hand operation
handbetrieben manually operated, hand-operated
Handbohren *n* hand drilling
Handbohrer *m* hand brace, drill, handauger
Handbohrhammer *m* hammer rock drill
Handbohrmaschine *f* hand drill, portable drill
Handbrause *f (San)* hand shower
Handbuch *n* manual, guide book
Handbuch *n* **für die Bemessung von Straßenverkehrsanlagen** *(Konst, VR)* highway capacity manual
Handcomputer *m (BWG, Stat)* laptop
Handdosierung *f* manual proportioning control
Handdruck *m* hand printing *(Tapete usw.)*
Handdurchschläger *m* nail set
Handdusche *f (San)* movable shower
Handeinbau *m* hand placement, hand placing, hand spreading *(z. B. Beton, Mörtel)*
Handeinbringung *f* hand placement, hand placing *(z. B. von Beton, Mörtel)*
Handel *m (Te, Verk)* traffic
Handelsbezeichnung *f (VR)* trade designation
Handelsform *f (VR)* commercial form
Handelsgüte *f (VR)* commercial grade
Handelshölzer *npl (BM, Hb)* common timbers
Handelslänge *f (BM, BT, VR)* commercial length
Handelsmaße *npl* trade measurements *(z. B. Holz, Bauelemente)*
Handelsname *m (VR)* trade name
Handelspreis *m* trade price
Handelsregister *n* trade register, commercial register
handelsüblich industrial
Handelsverband *m* trade association
Handelsvertretung *f* trade organisation
Handentrostung *f* hand cleaning
Handfertiger *m (BWG, Verk)* hand finisher *(für Straßenbau)*
Handfeuerlöscher *m* hand fire extinguisher, portable fire extinguisher
Handformen *n* hand moulding
Handformerei *f* hand moulding, hand moulding shop
Handformgebung *f* hand moulding
Handformstein *m* hand-made brick, dobie
Handfuge *f* hand-formed joint
Handgasabsperrschieber *m (BT, WVA)* manual gas shut-off valve
handgeformt hand-moulded
Handgeländer *n* hand bar, *(AE)* banister *(Treppe)*; handrail *(z. B. einer Galerie)*
handgemacht handmade
Handgemälde *n* hand painting
handgemalt hand-painted
handgemischt *(BM)* hand-mixed
handgesteuert manually operated
Handglätter *m* handfinisher
Handgriff *m* 1. handhold, handle *(Werkzeug, Tür)*; grab bar *(speziell an einer Dusche)*; 2. grasp, strap *(zum Festhalten)*
handhabbar/schwer awkward
handhaben *v* 1. manage *(Betriebsablauf)*; 2. *(Te, VR)* operate *(Anlagen, Einrichtungen)*; 3. handle *(z. B. Werkzeuge)*
Handhabung *f* manipulation, operation; handling
Handhebel *m* hand lever
Handhobel *m (BWG, Hb)* hand plane
Handinjektionsrohr *n* injection lance
Handkarren *m* hand barrow, wheelbarrow
Handkurbel *f* crank handle
Handlanger *m* 1. labourer, helper, *(AE)* help; 2. mason's labourer *(beim Mauern)*; 3. paviour's labourer, *(AE)* pavior's laborer *(beim Pflastern)*; 4. hodman tray-man *(speziell auf der Baustelle)*
Handlauf *m* 1. grab bar *(speziell an einer Dusche)*; 2. hand bar, *(AE)* banister *(Treppe)*; 3. *(EB)* handrail *(z. B. einer Galerie)*
Handlauf *m***/kontinuierlicher** *(BT, Konst)* continuous handrail *(für eine gewinkelte Treppe)*
Handlaufende *n***/zungenförmiges** lamb's-tongue (of a handrail)
Handlaufkrümmling *m* wreath (of a handrail)
Handlaufschraube *f* handrail bolt
Handlaufspirale *f (EB)* handrail scroll
Händler *m* trader, dealer, merchant
Handleuchte *f (El)* portable light
Handlungsbefugter *(VR)* authorized representative
Handlungsbevollmächtigung *f* **zur Bauherrenvertretung** power of attorney
Handmeißel *m* hand chisel
Handmischung *f (BM)* hand mixing
Handmontage *f (Te)* hand fitting
Handniethammer *m* hand riveting machine
Handnietung *f* manual riveting, hand riveting, riveting by hand
Handpolieren *n* manual polishing, hand polishing
Handprobe *f (Bod)* hand specimen
Handprüfsiebung *f (BM)* hand test sieving
Handputzaufbringer *m* hand float
Handputzen *n* hand plastering; hand rendering *(außen)*
Handrad *n* handwheel
Handramme *f* 1. hand ram(mer), hand tamper, punner *(für Bodenverdichtung)*; 2. hand rammer, paving beetle, maul, mall *(Straßen- und Tiefbau)*; 3. hand-driven winch pile driver *(für Pfähle)*; *(sl)* bishop
Handraueisen *n* hand roughing stamp
Handreg(e)lung *f* manual control
Handreinigung *f* hand cleaning
Handsäge *f* handsaw
Handschachten *n* excavating by hand, shovel work, shovelling, spading
Handschaufel *f* hand shovel
Handschieneneisen *n* hand-railing iron
Handschrapper *m* hand scraper, pull scraper, manually guided drag skip
Handschutz *m* 1. hand guard *(an Maschinen)*; 2. hand protection *(z. B. Handschuhe)*
Handschutzschild *m* welding handshield
Handsiebung *f* hand sieving *(Prüfsiebung)*
Handsondiergerät *n* manual penetrometer
Handsortierung *f (Umw)* manual separating, manual sorting
Handspaltung *f* hand method *(Schieferherstellung)*
Handspiralbohrer *m* hand auger
Handsprech(funk)gerät *n (El) (AE)* walkie-talkie
Handspritze *f* hand gun
Handspritzen *n* manual spraying, hand spraying
Handspritzgerät *n* hand sprayer

Handspritzpistole *f* hand gun
Handsprühlanze *f (Bod, Erdb, Tun)* hand spray lance
Handstampfen *n (Te)* rodding *(Beton)*
Handstampfer *m* hand tamper, punner
Handstemmung *f* caulking by hand
Handsteuerpult *n (BWG)* manual control panel
Handsteuerung *f* manual control, manual backup
Handsteuerung *f* **der Mischgutzusammensetzung** manual proportioning control
Handsteuerung *f* **des Mischprozesses** *(BWG)* manual cycling control
Handstrahlpistole *f* hand blast gun
Handstrichziegel *m* hand-formed brick, hand-made brick
Handstück *n (Bod)* hand sample *(Gesteinsprobe)*
Handtuchhalter *m* towel holder, towel rack
Handtuchspender *m (EB)* towel dispenser
Handtuchstange *f* towel bar, towel rail
Handverdichtung *f (Te)* compacting by hand
Handverlegung *f* hand placement, hand placing
Handverputz *m* manual plastering, hand plastering *(innen)*; manual rendering, hand rendering *(außen)*
Handwagen *m (BWG)* trolley
Handwaschbecken *n* 1. *(San)* handbasin; 2. *(EB, San)* basin
Handwerk *n* handicraft, trade, craft
Handwerker *m* craftsman, tradesman
Handwerkerkolonne *f (Te, VR)* trade gang
Handwerkszeug *n* set of tools, tackle; implements
Handwinde *f* hand winch
Handwindeeinrichtung *f* hand cable winch
Hanf *m* hemp
Hanfdichtung *f (San, WVA)* hemp packing
Hanfeinlage *f* hemp core
Hanfgrobgewebe *n* hemp sacking
Hanfkern *m* hemp core
Hanfpackung *f (San, WVA)* hemp packing
Hanfschnur *f* hemp cord
Hanfseil *n* 1. hemp rope, Manila rope; 2. *(San)* gaskin *(zum Abdichten)*
Hanfwerg *n (San)* hemp tow
Hang *m* 1. *(Bod, Erdb)* slope; 2. *(Bod)* slope of a hill; 3. *(Erdb)* batter *(Böschung einer Mauer)*; 4. squint *(Neigungsebene)*; 5. pitch, descent *(Neigung)*
Hang *m*/**ansteigender** *(Erdb)* acclivity
Hang *m*/**terrassierter** *(Erdb, LB)* ledgy slope
Hangar *m (Arch, Konst, Verk)* hangar
Hangarchitektur *f (Arch)* hillside architecture
Hangarvorfeld *n (Verk)* hangar apron
Hangböschung *f (Bod, Erdb)* hillside slope
Hangdränage *f (Erdb)* slope drainage
Hänge *f* hinge pin
Hänge... suspended ..., hinged ...
Hängeanker *m* hold-down clip
Hängebahn *f* 1. overhead railway; 2. *(Verk)* overhead conveyor
Hängebalken *m* suspended beam, suspension girder
Hängebalkenträger *m (Br, TK)* suspended beam
Hängebalkenwerk *n*/**einfaches** king-post truss
Hängeband *n* hanging tie
Hängebaugerüst *n* boat scaffold
Hängebauwerk *n* suspension structure
Hängeblock *m*/**umgekehrter einfacher** single-strut trussed beam
Hängebock *m* 1. *(Hb, TK)* simple truss frame; 2. *(Konst, TK)* truss frame; 3. *(TK)* trussing
Hängebock *m*/**doppelter** *(Hb, TK)* queen post truss
Hängebock *m*/**einfacher** king-post truss
Hängeboden *m* 1. built-in storage shelf, hanging floor *(in einer Wohnung)*; 2. garret, *(AE)* loft
Hängebogen *m (Konst, TK)* hinged arch
Hängebrücke *f (Br)* suspension bridge
Hängebrücke *f*/**erdverankerte** shore-anchored suspension bridge
Hängebrücke *f* **mit Ketten** *(Br)* chain bridge
Hängebrücke *f* **mit steifer Fahrbahntafel** *(Br)* stiffened cable suspension bridge
Hängebrückenkörper *m (Br)* suspended bridge deck
Hängebühne *f* 1. cradle, hanging scaffold *(Gerüst)*; 2. *(EB)* suspended platform *(bewegliche Arbeitsbühne)*; 3. *(EB)* suspension stage *(im Theater)*
Hängedach *n* suspended roof, rope-suspended roof, cable-suspended roof; hanging truss *(Hängewerk)*
Hängedecke *f* suspended ceiling, hung ceiling, dropping ceiling, false ceiling
Hängedecke *f*/**leitungslose** unserviced hung ceiling, unserviced suspended ceiling
Hängedecke *f* **ohne Installationsleitungen** unserviced hung ceiling, unserviced suspended ceiling
Hängeeisen *n* 1. hanger, hanging, U-strap; 2. *(BT, Konst)* suspension rod; 3. *(TK)* drag-iron; 4. stirrup *(zur Bewehrung)*
Hängeführung *f* suspended guide
Hängegebäude *n (Arch, Konst)* suspension building
Hängegerüst *n* suspended scaffold(ing), hanging scaffold, swinging scaffold, two-point suspension scaffold, flying scaffold, hung scaffold
Hängegewölbe *n* hanging vault
Hängegirlande *f*/**bogenförmige** festoon *(Ornament)*
Hängeglied *n (Hb)* suspender
Hängegurtung *f (Konst)* suspension boom
Hangeinschnitt *m (Erdb)* sidehill
Hängekette *f (El)* suspension chain
Hängeklappenverschluss *m (WVA)* swing check valve
Hängekonstruktion *f* suspended construction, suspended construction system, suspended structure, suspension system
Hängekonstruktionssystem *n (Konst, TK)* suspension construction
Hängekorb *m* cradle *(Gerüst)*
Hängekran *m* suspension crane
Hängekuppel *f* sail vault; spherical dome
Hängelager *n (TK)* hanger
Hängelampe *f* drop-light, suspended lamp, swing lamp, pendant
Hängelaufkatze *f (BWG, BT)* suspended trolley *(Kran, Kabelkran)*
Hängelehrgerüst *n (BT, Te)* suspension centring
Hängeleiter *f* hanging ladder
Hängeleuchte *f* suspension light fitting, suspended lamp, swing lamp, pendant, *(AE)* suspension luminaire fixture
Hängelichtmast *m (El)* hinged lighting column
Hängelinie *f* funicular tension line
hängen *v* hang
hängen *v*/**schräg** lean on
hängenbleiben *v* 1. *(BM, OB)* adhere (to); 2. *(Te)* seize *(klemmen)*; 3. lock *(blockieren)*; 4. stick *(kleben)*
Hängenbleiben *n (BWG, Te)* seizing *(Klemmen)*
hängend suspended, pendent
hängend/oben top-hung *(Schiebetor)*
Hangendes *n* 1. *(Tun)* roof, top wall; 2. *(Bod, Erdb, Tun)* overlying layer; 3. hanging wall *(Geologie)*
Hangendschichten *fpl (Tun)* overlying beds
Hängepfosten *m (Hb)* suspender; suspension post *(Stahlbau)*
Hängeplatte *f* 1. *(Konst)* suspended plate; 2. *(BT, Konst)* suspended sheet; 3. *(Arch)* mutule *(flacher Schrägstein eines dorischen Gesimses)*; corona, larmier *(Geison)*
Hängeputzdecke *f* hung plaster ceiling

Hänger *m (Br, Konst, TK)* hanger *(z. B. einer Brücke)*
Hängerabitz *m (SB)* suspended metal lath
Hängeregal *n (EB)* hanging shelf
Hängerinne *f (San)* hanging gutter
Hängerüstung *f s.* Hängegerüst
Hängesatteldach *n* cable saddle roof
Hängesäule *f* 1. hinge post, king post, middle post *(unter dem First)*; 2. *(Konst)* princess; 3. *(BT, Hb)* truss post; 4. *(Hb, Konst)* queen post *(Dachstuhl, unter der Pfette)*; 5. *(Hb)* suspender; 6. suspension post, sag tie *(Stahlbau)*
Hängesäule *f* **zum Gewölbefuß** *(Arch)* vaulting shaft *(Gotik)*
Hängesäulenbolzen *m (Hb, Konst)* queen bolt
Hängesäulenstützpfosten *m (TK)* princess post
Hängeschale *f* hung shell, suspended shell *(Deckenkonstruktion)*
Hängeschalter *m (El)* pendant switch
Hängeschalung *f* suspended formwork, suspended shuttering
Hängeschiene *f* suspended rail, suspension rail
Hängeseil *n* vertical suspension rope, hanger *(z. B. einer Brücke)*
Hängeseilbündel *n (BT, TK)* set of hangers
Hängesprengwerk *n***/zusammengesetztes** *(TK)* composite truss frame
Hängestab *m* hanger *(Dachstuhl)*; sag tie *(Stahlbau; s. a. Hängesäule)*
Hängestange *f (Hb)* suspender; suspension rod, hanger rod *(Dachstuhl)*
Hängesteckdose *f (El)* drop box
Hängestrebe *f* suspension stay, suspension strut; sag bar *(Stahlbau)*
Hängesystem *n (TK)* suspension system
Hängesystem *n***/verdecktes** *(BT, Konst, Te)* concealed suspension system
Hängeträger *m* suspension girder
Hängeträger *m***/durchlaufender** *(BT, Konst, Stat)* continuous suspension girder
Hängetreppe *f (Konst)* suspended stair
Hängetür *f* hinged (bulkhead) door, overhung door
Hängeverglasung *f* hung glazing
Hängewand *f (Konst)* suspended partition
Hängewarmluftheizer *m (HLK)* suspended-type furnace
Hängewerk *n* 1. hanging truss, suspension truss, suspended truss; simple trussed beam; suspension structure, shed truss; 2. truss frame (with truss on top) *(Dachstuhl)*
Hängewerk *n***/doppeltes** *(Hb, TK)* queen post truss
Hängewerk *n***/einfaches** *(Hb, TK)* simple truss frame
Hängewerk *n* **mit einer Säule** *(TK)* single-post truss
Hängewerk *n***/umgekehrtes** *(TK)* belly-rod truss
Hängewerk *n***/umgekehrtes einfaches** inverted king truss, single-strut trussed beam
Hängewerk *n***/umgekehrtes zweisäuliges** *(TK)* double-strut trussed beam
Hängewerkbrücke *f* hanging truss bridge, king-truss bridge, truss framed bridge, pendant-framed bridge
Hängewerkdach *n (Konst)* hanging truss roof
Hängewerkstragzapfen *m (Hb)* king bolt *(Dachstuhl)*
Hängewerkträger *m* suspension girder
Hängezange *f (Hb, St, Te)* hanging brace
Hängezapfen *m (Hb)* king bolt *(Dachstuhl)*
Hängezwickel *m* pendentive
Hanggefälle *n (Bod, Erdb)* dip of slope
Hanggelände *n (Bod)* sloping terrain
Hanghaus *n (Arch, Konst)* stepped hillside house
Hangkanal *m (Umw)* headrace canal
Hanglage *f (Bod)* location on a slope
Hangrutsch *m* earth slide
Hangschutt *m (Bod)* slide rock, talus
Hangschuttablagerungen *fpl (Bod)* talus deposits
Hangsicherung *f* 1. *(Erdb, LB)* slope protection; 2. *(Erdb)* slope stabilization
Haraion *n (Arch)* Temple of Hera
Hardschiefer *m* hard schist
Hardware *f (El)* hardware *(Computer)*
Harem *m (Arch)* harem
Harfensieb *n (BM, BWG, Te)* harp mesh screen
Harke *f* rake
Harmonikatrennwand *f* concertina partition (wall), folding partition (wall), sliding partition (wall), accordion door
Harmonikatür *f* accordion door, bellow-framed door, concertina door, flexible door, folding door
Harmonikawand *f s.* Harmonikatrennwand
harmonisch harmonic
harmonisieren *v* harmonize
Harnstoff *m (BM)* urea
Harnstoffformaldehydharz *n* urea formaldehyde resin
Harnstoffharz *n* urea resin
Harnstoffharzkleber *m* urea resin adhesive
Harnstoffharzlack *m (BM, OB)* urea resin varnish
Harnstoffharzschaumstoff *m (BM, DIS)* urea resin foam
Harnstoffharzschichtstoff *m* urea resin laminated plastic
Harnstoffkleber *m* urea resin adhesive
Harnstofflackharz *n* urea varnish resin
hart 1. hard *(z. B. Werkstoffe)*; 2. harsh *(Farbanstrich)*; 3. *(BM)* rigid *(z. B. Baustoffe, Kunststoff)*; 4. solid *(z. B. Boden)*; 5. *(BM)* strong *(z. B. Gestein)*; 6. tough *(zähhart)*; 7. severe *(Bedingungen)* • **hart werden** 1. bind, set *(z. B. hydraulische Bindemittel)*; 2. harden *(z. B. Farben, Bindemittel)*; 3. indurate *(z. B. Boden)*
Hartasphalt *m* hard asphalt, asphaltene, hard mastic asphalt
härtbar 1. *(BM, OB)* curable *(Kunststoffe, Anstriche)*; 2. hardenable *(Metalle)*; 3. temperable *(Stahl)*
Härtbarkeit *f* 1. curability *(von Kunststoffen, Anstrichen)*; 2. hardenability *(z. B. von Metall)*; 3. temperability *(bes. von Stahl)*
Hartbauplatte *f (BT)* rigid sheet *(Trockenbau)*
Hartbelag *m* hard floor covering
Hartbeton *m* hard concrete, granolithic concrete
Hartbitumen *n* solid bitumen, *(AE)* high-vacuum asphalt
Hartblei *n* hard(ened) lead; regulus metal, antimonial lead *(Legierung)*
Hartbleirohr *n* antimonial lead pipe
Hartboden *m* 1. granolithic concrete floor *(Fußboden)*; 2. *(Bod)* sticky soil *(Erdboden)*
Hartbrandfliese *f (BM)* unglazed tile
Hartbrandklinker *m* special-quality clinker [brick], engineering clinker [brick], cistern clinker *(Ziegel mit hoher Bruchfestigkeit)*
Hartbrandstein *m* engineering brick [clinker], hard-burnt stock brick, hard-fired brick, hard stock, well-burnt brick *(Ziegel mit hoher Bruchfestigkeit)*
Hartbrandziegel *m (BM, BT)* clinker *(s. a. Hartbrandstein)*
Hartdämmmaterial *n (BT, DIS)* rigid insulation material
Hartdämmplatte *f (BT, DIS)* rigid insulation board
Hartdämmstoff *m (BT, DIS)* rigid insulation material
Härte *f* hardness, toughness
Härte *f* **des Kupferblechs** dead-soft temper *(für Dachdeckungen)*
Härte *f***/natürliche** natural hardness
Härte *f***/vorübergehende** temporary hardness *(Wasser)*
Härtebereich *m* hardness range, range of hardness
Härtebestimmung *f (BM)* hardness determination
Härteermittlung *f (BM)* hardness determination
Härtegrad *m* degree of hardness, hardness degree, hardness; temper *(Metall)*

Härtegrad *m*/**deutscher** *(WVA)* German degree *(Wasserhärte)*
Härtegrad *m*/**englischer** *(Umw)* English degree *(Wasserhärte)*
Härtekammer *f (BB, Te)* hardening chamber
Härteklasse *f* class of hardness, hardness class
Härtemittel *n* 1. hardening compound; 2. curing agent *(für Kunststoffe, Farben)*; 3. *(BM)* hardener *(z. B. für Beton, Farben)*; 4. hardening oil *(für Farben und Lacke)*
härten *v* 1. mature *(Beton, Mörtel)*; 2. cure *(Kunststoffe, Farben)*; 3. chill, quench *(durch Abschrecken)*; 4. harden *(z. B. Metalle)*; temper *(Stahl)*; 5. indurate *(meist für selbsthärtend)*; 6. *(Te)* strengthen; 7. *(BM)* condition
härten *v*/**in Öl** *(St, Te)* oil-harden *(Stahl)*
härten *v*/**oberflächlich** *(OB, Te)* surface-harden
Härten *n* curing *(Kunststoffe, Farbe)*; chilling, quenching *(Abschrecken, z. B. Stahl)*
Härten *n* **in Luft** air-hardening
Härtepaste *f* composition, compo
Härteprozess *m (BM, Te)* process of hardening
Härteprüfer *m (BM)* hardness tester
Härteprüfung *f* hardness test(ing)
Härteprüfverfahren *n* hardness testing
Härter *m* 1. hardening compound; 2. curing agent *(für Kunststoffe, Farben)*; 3. *(BM)* hardener *(z. B. für Beton, Farben)*; 4. hardening oil *(für Farben und Lacke)*
Härter *m*/**flüssiger** liquid hardener
Härteriss *m* hardness crack
Härteskala *f (BM)* hardness scale
Härteskala *f*/**Mohs'sche** Mohs' (hardness) scale
Härtespannung *f* internal hardening stress; quenching stress *(bei Metallen)*
Härtestofffüller *m (BM)* hardened filler
Härtetest *m (BM)* hardness test
Härteverlauf *m* 1. *(BB, Te)* hardening process; 2. *(BM, Te)* process of hardening
Härteverlust *m* loss of hardness, hardness loss
Härteverzug *m* quenching deformation
Härtezahl *f* hardness number
Härtezeit *f (BB, Te)* hardening time
Härtezusatz *m* hardening additive
Härtezyklus *m (BB, BM, BT, Te)* curing cycle *(Beton)*
Hartfaser *f* hard fibre
Hartfaserplatte *f* hardboard, hard fibreboard, moulded fibreboard, compressed fibreboard, perforated hardboard
Hartfaserplatte *f*/**harzgetränkte** *(BT)* tempered board
Hartfaserplatte *f* **mit Aussparungen für Haken und Dübel** pegboard
Hartfaserplatte *f* **mit Metallbeplankung** metal-faced hardboard
Hartfuge *f* monolithic joint, gap-filled joint
hartgebrannt hard-burnt, hard-fired, well-burnt
hartgelötet brazed
Hartgestein *n* hard rock, hard stone
Hartgestein *n*/**polierbares** marble
hartgetrocknet hard-dry *(Anstrich)*
Hartglanz *m (OB)* hard gloss
Hartglas *n* hard glass, toughened glass, silica glass, tempered (safety) glass *(1. hitze- und chemikalienbeständiges Glas; 2. Glas mit hohem Schmelzpunkt)*
Hartglasur *f (OB)* hard glazed coat
Hartgummi *m (BM)* hard rubber • **mit Hartgummi ausgekleidet** hard rubber-lined
Hartgummilager *n* elastomeric bearing
Hartgummileitung *f* hard rubber pipe
Hartgummistab *m* hard rubber bar
Hartguss *m (BM)* white cast iron
Hartgussasphaltestrich *m* hard mastic asphalt
Hartharz *n (BM)* hard resin
Hartholz *n* hardwood, deciduous wood, non-coniferous wood
Hartholz *n*/**poriges** diffuse-porous wood
Hartholz *n*/**tropisches** tropical hardwood
Hartholzbaum *m* deciduous tree
Hartholzdübel *m (Hb)* coak *(zur Holzverbindung)*
Hartholzfaserbeton *m (BB, DIS)* hard-textured chipped wood concrete
Hartholzfaserplatte *f* hardwood fibre slab
Hartholzkonus *m (San)* tampion *(Bleirohrverlegung)*
Hartholzschwelle *f (Hb)* covering sill
Hartholzvertäfelung *f (EB)* cabinet finish
Hartholzzapfen *m*/**eingelegter** *(Hb)* false tenon
Hartkalksandstein *m* dense sand-lime block
Hartkalkstein *m* hard limestone
Hartklebemasse *f* steep asphalt *(für Dächer)*
Hartklinker *m (BM, SB)* hard resistant engineering brick
Hartklinker *m*/**gelber** Dutch clinker
Hartkopal *m (BM)* hard copal
Hartkreide *f (BM)* hard chalk
Hartlot *n* hard, solder, brazer, brazing solder
hartlöten *v* hard-solder, braze
Hartlöten *n* hard soldering
Hartlöten *n*/**elektrisches** *(St, Te)* resistance brazing
Hartlöten *n* **mit Brenner** torch brazing, torch soldering
Hartlötung *f* brazing
Hartlötverbindung *f (St)* brazed joint
Hartlötverbindung *f*/**gasdichte** *(HLK, San)* high-temperature brazed joint
Hartmattlack *m (OB)* dull clear varnish
Hartmeißel *m* hammer-head(ed) chisel, cold chisel
Hartmergel *m* galt
Hartmetall *n (BM)* tungsten carbide
Hartmetallbesatz *m* hard-facing *(Bohrkrone)*
Hartmetallschneide *f* carbide tip, cemented carbide tip
Hartmörtel *m* hard mortar
Hartoberfläche *f* hard surface
Hartpapier *n* hard paper, kraft board, kraft paper, laminated paper
Hartpappe *f* hardboard, panel board, resin board
Hartparaffin *n* hard paraffin, solid paraffin, wax
Hartpech *n* hard pitch, dry-pitch
Hart-PE-Rohr *n* rigid polythene pipe
Hartplatte *f* moulded fibreboard, compressed fibreboard
Hartplatte *f*/**kaschierte** plastic-laminated hardboard
Hartplatte *f*/**ölgehärtete** oil-tempered hardboard
Hartplattenbelag *m* hardboard finish
Hartplattenbodenbelag *m* hardboard flooring
Hartplattendämmung *f (DIS)* rigid insulation
Hartpolyäthylen *n s.* Hartpolyethylen
Hartpolyethylen *n (BM)* rigid polyethylene [polythene]
Hartpolyethylenrohr *n* rigid polyethylene [polythene] pipe
Hartputz *m* hard plaster
Hartputz *m* **aus Gips** hardwall (plaster)
Hartputzgips *m* hard gypsum plaster
Hart-PVC *n* rigid PVC, rigid vinyl
Hart-PVC-Rohr *n (BT)* rigid vinyl pipe
Hartsandstein *m* hard sandstone, galliard
Hartschaum *m* rigid foam
Hartschaum *m*/**extrudierter** *(BM, DIS)* extruded rigid foam
Hartschaumfüllung *f* rigid foam filling
Hartschaumkernwandtafel *f (BT, DIS)* rigid foam core panel
Hartschaumkleber *m* rigid foam adhesive
Hartschaumkunststoff *m (BM, DIS)* rigid foam plastic
Hartschaumkunststoff-Dämmstoff *m* rigid foam plastic insulating material
Hartschaumkunststoffplatte *f* rigid foam plastic sheet

Hartschaumstoff *m* rigid foam
Hartschaumstoffbauelement *n (BT, DIS)* rigid foam building unit
Hartsiegel *m* hardening sealer *(Beton)*
Hartspachtelmasse *f (BM, OB)* hard stopping
Hartstein *m* hard rock
Härttemperatur *f* hardening temperature
Hartton *m (Bod)* flint clay
Härtung *f* 1. hardening treatment; 2. *(BB, BM)* final setting *(Beton, Mörtel)*; 3. *(BM, Te)* hardening *(von Metall)*
Härtung f/chemische chemical hardening
Härtungsbeschleuniger *m* hardening accelerator
Härtungsenergie *f (BB, St)* energy of hardening
Härtungsgeschwindigkeit *f (BM, Te)* rate of hardening
Härtungsgrad *m* degree of hardening
Härtungskurve *f* hardening graph
Härtungsmechanismus *m* mechanism of hardening
Härtungsmittel n/flüssiges liquid hardener
Härtungsmittelfüllstoff *m (BM)* hardened filler
Härtungsspannung *f* internal hardening stress
Härtungsverfahren *n* hardening treatment
Härtungsvermögen *n* hardening power, power of hardening
Härtungsversuch *m* hardening test
hartverchromt hard-chromed
Hartwachs *n (BM)* solid melting wax
Hartwerden *n* 1. *(BM, Te)* hardening *(z. B. Anstriche)*; 2. *(BM)* setting *(Beton, Mörtel)*
Hartzink *m (BM)* zinc dross
Hartzuschlag *m (BB, BM)* hard aggregate
Harz *n (BM)* resin • **mit Harz tränken** *(DIS, Te)* resin
Harz n/künstliches man-made resin
Harz n/rezentes *(BM)* tapped resin
Harz n/wärmehärtbares heat-reactive resin
Harzader *f* pitch streak *(Holz)*
harzartig resin-like, resinous
Harzauge *n (BM)* pitch knot *(Holz)*
Harzbasis *f* resin base
Harzbestandteil *m* resin component
Harzbindemittel *n* resin binder, resin vehicle
Harzemulsion *f (BM)* resin emulsion
Harzester *m* resin ester, ester gum
Harzgalle *f* resin pocket *(im Holz)*
Harzgang *m (BM, Hb)* resin canal *(im Holz)*
harzgebunden *(BM)* resin-bound
harzgetränkt 1. *(DIS)* resin impregnated; 2. *(BM, DIS)* resin saturated
Harzgrundlage *f* resin base
harzhaltig resin(-)based; resinous *(Holz)*
harzig resinous *(Holz)*
Harzkitt *m* resinous putty, resinous cement
Harzkleber *m (BM)* resin adhesive
Harzlack *m (BM, OB)* resinous varnish
Harzmörtel *m (BM)* resin grout
Harzölfirnis *m* resin oil varnish
Harzpresspapier n/mittleres medium-density overlay
Harzschliere *f* resin streak *(im Holz)*
Harzspritzmantel *m (Konst, OB)* extrusion coating
Harzstreifen *m (BM, Hb)* resin canal *(im Holz)*
Harzsuspension *f* resin suspension
Harztasche *f* 1. *(BM)* pitch pocket *(im Holz)*; 2. resin pocket *(Pressfehler bei Kunststoffen, auch z. T. für Holzharz)*
Harzträger *m* resin binder; filler *(bes. bei Kunststoffen)*
Harzträne *f* pitch streak *(Holz)*
Haselnussbinderute *f (BT)* sway
Haspe *f* 1. *(EB)* hasp; 2. *(Hb)* pin *(z. B. an Türbändern)*; staple *(Krampe)*
Haspe f mit Krampe *(EB)* hasp and staple *(z. B. für Vorhängeschlösser an Türen)*
Haspel *f(m)* capstan winch, reel; winder *(Antrieb für Seilaufzug)*
Haspeln *n (Te)* winding
Haspelwinde *f (BWG, Te)* hoist
Haspen *m (BT)* cramping
Haspenband *n (Hb)* long cross garnet, long tee hinge
hässlich *(Arch)* unsightly
Hathorkapitell *n (Arch)* Hathor-headed capital
Hathorsäule *f (Arch)* Hathor column
Hathortempel *m (Arch)* Hathor temple
Haubank *f* siege
Haube *f* 1. cap; cupola, lantern *(Dachaufsatz)*; 2. *(BT, Konst, SB)* coping *(Mauerwerksabdeckung)*; 3. *(EB, Konst)* lid *(Deckel)*
Haubendach *n* capped roof
Haubendurchlass *m (Br, Erdb, Verk)* box culvert *(für Wasser, z. B. unter Straßen)*
Haubenkuppel *f (Arch)* polygonal domical vault
Haubenscharnier *n* bonnet hinge
Hauchbildung *f (OB)* hazing *(Anstrich)*
Haue *f* hack, pick, pickaxe
hauen *v* hew
Hauer *m* hewer *(Steinbruch)*
Haufen *m* heap, pile, stockpile, bunch; cluster *(Gruppe)* • **über den Haufen werfen** *(Konst, VR)* gum-up *(Projekt)*
häufig frequent
Häufigkeit *f* frequency, incidence
Häufigkeit f/relative relative frequency
Häufigkeitsdiagramm *n (BM)* frequency diagram
Häufigkeitsdichte *f (BM)* frequency density
Häufigkeitskurve *f* 1. *(BM, DIS)* frequency curve; 2. frequency distribution curve *(statistische Qualitätskontrolle)*
Häufigkeitsmesser *m (DIS, Verk)* frequency meter
Häufigkeitssummenkurve *f (BM, Konst)* cumulative frequency curve
Häufigkeitsverteilung *f* frequency distribution
Häufigkeitsverteilungskurve *f* frequency distribution curve *(statistische Qualitätskontrolle)*
Haufwerk *n* 1. *(Erdb, Tun)* heap of debris; 2. *(BM, Bod, Erdb)* debris *(Bergbau)*; 3. *(Bod)* particulate media, head; 4. feed *(Aufbereitungsaufgabe)*
Haufwerk n/geschlossenes *(BM, Tun)* muck
Haufwerk(auf)laden *n (Tun)* muck loading
haufwerksporig porous *(Beton)*
Haufwerksporigkeit *f (BM)* internal porosity of aggregate particles
Haufwerksprobenahme *f (BM)* fractional sampling *(Zuschlagstoffe)*
Haupt *n* 1. face *(Außenseite einer Mauer)*; 2. header *(Balken)*; 3. *(Arch)* pyramidion
Haupt... primary ..., principal ..., major ..., chief ...
Hauptablaufplan *m (Te, VR)* master plan for appointed dates *(Bauausführung)*
Hauptabmessung *f* principal dimension
Hauptabmessungen *fpl* main dimensions, specifications
Hauptabsperrschieber *m* master gate *(Wasser)*
Hauptabsperrung *f (San, WVA)* main shut-off valve
Hauptabwasserkanal *m* main sewer
Hauptabwasserrohr *n* main (sewage) drain pipe, outfall sewer
Hauptabzugskanal *m (HLK)* main flue *(Feuerung)*
Hauptabzweigung *f (San)* main tapping
Hauptachse *f* 1. *(Verm)* main axis line; 2. *(Verk)* axis of reference, principal axis
Hauptachsen fpl/abgesteckte *(Verm)* set-out principal axes
Hauptaltar *m (Arch)* high altar, principal altar, main altar
Hauptanforderung *f (VR)* main requirement, core requirement

Hauptangebot *n (VR)* main tender
Hauptansicht *f (Arch, Konst)* face plan
Hauptapsis *f (Arch)* principal apsis, main apse
Hauptauftragnehmer *m (VR)* main contractor, general contractor, prime contractor, prime professional, principal contractor, contractor, sponsor
Hauptbadezimmer *n (Konst) (AE)* master bathroom *(in einem Haus)*
Hauptbahnhof *m* main station, central (railway) station
Hauptbalken *m* main beam, primary beam, principal beam; footbeam, floor beam
Hauptbalken *m*/**den Oberbau tragender** *(Arch)* architrave *(über Säulen, bes. in antiken Bauten)*
Hauptbalkenträger *m* primary beam, principal beam
Hauptbau *m* 1. *(Arch, Konst)* main building; 2. *(Konst)* main structure; 3. *(Arch)* principal building
Hauptbauglied *n (Konst)* primary member
Hauptbaustoff *m* direct material
Hauptbauwerk *n* main structure
Hauptbebauungsplan *m* master plan
Hauptbeleuchtung *f (El)* main lighting
Hauptbestandteil *m* main constituent, principal component, principal constituent
Hauptbewehrung *f* main reinforcement, main reinforcement bars, main bars, principal reinforcement
Hauptbiegeebene *f (Stat)* principal plane of flexure *(eines Balkens)*
Hauptbiegespannung *f (Stat)* primary bending stress
Hauptbinder *m (Hb)* main truss
Hauptbogen *m* 1. chief arch; 2. *(Verk)* principal arch, centre arch, principal vault *(Brücke)*
Hauptbühne *f* principal stage
Hauptbüro *n (VR)* principal office
Hauptchor *m (Arch)* principal quire
Hauptdachkehle *f* main valley
Hauptdaten *pl (Stat)* main data
Hauptdehnung *f* 1. *(Stat)* principal elongation; 2. *(Stat)* principal strain, principal extension
Hauptdiagonale *f* 1. *(Konst, TK)* main diagonal; 2. *(Konst, Stat)* principal diagonal
Hauptdiagonale *f*/**schlaffe** *(Konst, TK)* loose main diagonal
Hauptdiagonalrippe *f (Konst)* main diagonal rib
Hauptdrän *m* 1. *(Erdb, WVA)* main drain; 2. *(Erdb, LB, WVA)* leader drain
Hauptdruckspannung *f (Stat)* main compression stress
Hauptdurchgangsstraße *f* thoroughfare, *(AE)* thrufare
Hauptebene *f (Stat)* main plane, principal plane
Haupteigenschaften *fpl (Konst)* fundamentals
Haupteinfahrt *f* main gate, front gate
Haupteingang *m* main entrance, principal entrance, main approach; front door *(eines Gebäudes)*
Haupteingangsgröße *f (Verk)* main input
Haupteingangshalle *f (Konst)* main entrance hall
Hauptentlüftungsrohr *n (WVA)* main stack *(Entwässerung)*
Hauptentwässerungskanäle *mpl*/**städtische** *(San)* town mains
Hauptentwässerungsleitung *f (San)* main sewer
Haupterdungskasten *m (El)* main earth box, *(AE)* main ground box
Haupterschließung *f (RP)* main services *(Bauland)*
Hauptfahrbahn *f (Verk)* main carriageway
Hauptfassade *f* main façade, principal façade
Hauptfehler *m (VR)* major non-conformance
Hauptfeld *n (Konst)* main span *(Brücke)*
Hauptfenster *n* main window, prime window
Hauptfluss *m (Wsb)* trunk stream
Hauptforschungsnehmer *m* principal researcher [investigator]
Hauptfußgängerbereich *m (RP, Verk)* main pedestrian zone
Hauptgang *m (Konst)* aisle way *(z. B. zwischen Sitzreihen in einem Saal)*
Hauptgang *m* **eines Einkaufszentrums** mall of a shopping centre
Hauptgang *m* **eines Kaufparks** mall of a shopping centre
Hauptgebäude *n* main building, main block, main structure, principal building, principal block, principal structure
Hauptgeschoss *n* main floor, main storey
Hauptgesims *n* cornice top, principal cornice
Hauptgewölbe *n (Konst)* main vault
Hauptgleis *n (Verk)* main track
Haupthahn *m* 1. main(s) cock, principal cock; 2. *(BT, San, WVA)* corporation cock [stop] *(am Anschluss zum öffentlichen Versorgungsnetz)*
Haupthalle *f (Arch, Konst)* principal hall
Haupthub *m* main lift *(Kran)*
Hauptinstandsetzung *f (RS)* major maintenance
Hauptkabel *n (El)* main cable, principal cable
Hauptkanal *m* main sewer
Hauptkapelle *f (Arch)* main chapel, Capilla mayor, principal chapel
Hauptkehle *f* main valley
Hauptkirche *f (Arch)* parish church
Hauptklärbecken *n (WVA)* main settling basin
Hauptkomponente *f (Stat)* principal component
Hauptkontrollschieber *m (WVA)* master control valve
Hauptkrümmung *f* main curvature, principal curvature
Hauptkrümmungslinie *f* line of principal curvature
Hauptkuppel *f (Konst)* main dome
Hauptlager *n (Br, TK)* main bearing *(Brücke)*
Hauptlagerplatz *m* main storage yard
Hauptlängskraft *f* main longitudinal force, principal longitudinal force
Hauptlast *f (Stat)* main load
Hauptlastabtragung *f (TK)* major load transfer
Hauptlastfall *m (Stat)* main loading case
Hauptleitung *f* 1. *(El)* main, electric mains; 2. *(El)* feeder *(an Kraftwerken)*; 3. pipeline *(Hauptfernleitung)*; 4. *(WVA)* trunk main *(für Abwasser, Gas)*
Hauptleitungen *fpl*/**unterirdische** underground mains
Hauptleitungserdung *f (El)* service main, *(AE)* service ground
Hauptleitungsnetz *n (RP, WVA)* mains *(Gas, Wasser)*
Hauptleitungsrohr *n* main pipe *(Gas und Wasser)*
Hauptlichtquelle *f (El)* primary light source
Hauptlinie *f* 1. *(Verk)* main line; 2. *(El)* trunk line *(Eisenbahn und Telefonfernleitung)*
Hauptmaß *n* principal dimension
Hauptmieter *m* main tenant
Hauptmoment *n (Stat)* main moment
Hauptnetz *n (El)* main supply
Hauptnormale *f (Stat)* main normal, principal normal
Hauptnormalspannung *f (Stat)* principal normal stress
Hauptpfeiler *m (TK)* main pier
Hauptportal *n* main portal, principal portal
Hauptposition *f* major item *(Bauleistungsposition)*
Hauptpostamt *n* General Post Office
Hauptquelle *f* major source
Hauptquerhaus *n (Arch)* main transept
Hauptquerschiff *n (Arch)* main transept
Hauptrahmen *m (Konst, TK)* main frame
Hauptraster *m* main grid, principal grid
Hauptrevisionsschacht *m (RS, WVA)* main inspection chamber
Hauptrichtung *f* main direction, principal direction
Hauptrohr *n* 1. main, main pipe *(Gas und Wasser)*; 2. main sewage drain pipe *(Abflussrohr)*

Hauptrohrleitung *f* pipeline
Hauptrohrstrang *m* 1. main *(eines Leitungssystems)*; 2. supply pipe *(für Gas und Wasser)*
Hauptrücklauf *m (HLK)* primary return
hauptsächlich first
Hauptsammelkanal *m* main drain, main sewer, interceptor sewer
Hauptsammler *m* 1. *(WVA)* main collector; 2. *(Erdb, WVA)* main drain
Hauptsammlerfertigteil *n* prefabricated pipe conduit system
Hauptsäule *f* principal column
Hauptschalter *m (El)* main switch, master switch
Hauptschaltraum *m (El)* principal switch room
Hauptschalttafel *f (El)* principal switch board
Hauptschieber *m* 1. *(WVA)* main sluice valve *(Schleusenschieber)*; 2. master gate *(Wasser)*
Hauptschiff *n (Arch)* middle vessel, church nave, nave
Hauptschiffarkade *f* nave arcade
Hauptschiffpfeiler *m* nave pier
Hauptschlafzimmer *n (Konst) (AE)* master bedroom *(in einem Haus)*
Hauptschlüssel *m (EB)* master key
Hauptschlüsselanlage *f* grandmaster keyed system, master key system
Hauptschnitt *m* principal section *(einer Darstellung)*
Hauptschnittkraft *f (Stat)* vertical force
Hauptschräge *f (Konst, TK)* main diagonal
Hauptschräge *f***/schlaffe** *(Konst, TK)* loose main diagonal
Hauptschublinie *f (Stat)* line of maximum shearing stress
Hauptschubspannung *f (Stat)* main shearing stress
Hauptsicherung *f (El)* main fuse, principal fuse
Hauptspannung *f* principal component of stress, principal stress, principal tension
Hauptspannung *f***/ideale** *(Stat)* ideal main stress
Hauptspannung *f***/mittlere** *(Stat)* intermediate principal stress
Hauptspannung *f***/reduzierte** *(Stat)* reduced main stress
Hauptspannungsachse *f (Stat)* principal axis of stress
Hauptspannungsebene *f (Stat)* principal plane of stress
Hauptspannungslinie *f (Stat)* principal stress trajectory, isostatic line, stress line, stress trajectory
Hauptspannungsrichtung *f* direction of main stress, direction of principal stress
Hauptspannungstrajektorie *f (Stat)* principal stress trajectory
Hauptsparren *m (Hb)* principal rafter
Hauptstab *m* main bar, principal bar *(Stahlbewehrung)*
Hauptstabstützelement *n (TK)* secondary truss member
Hauptstadt *f (RP)* capital city
Hauptsteigleitung *f* 1. *(WVA)* main riser; 2. *(El, San, WVA)* principal riser
Hauptsteuergerät *n (Verk)* master controller
Hauptstrang *m* 1. *(El)* main *(eines Leitungssystems)*; 2. *(El)* main
Hauptstraße *f* 1. *(Verk)* main street; 2. *(Verk)* priority road *(verkehrstechnisch)*
Hauptstraßennetz *n (Verk)* main road network, primary roads
Hauptstrecke *f (Verk)* main line
Hauptstreckung *f (Stat)* principal stretch(ing)
Hauptstromkreis *m (El)* main circuit
Hauptstütze *f* main column, principal column
Haupttempel *m (Arch)* principal temple
Haupttragegebinde *n (Hb, TK)* main couple *(Dach)*
Hauptträger *m* 1. bearer; 2. *(Br, TK)* main girder; 3. *(TK)* principal girder *(Brückenbau)*; 4. *(Arch)* cephalophorous *(griechische Architektur)*
Haupttragglied *n (TK)* main bearing member
Hauptträgheitsachse *f (Stat)* main axis of inertia
Hauptträgheitsmoment *n (Stat)* main moment of inertia
Haupttragwerk *n (TK)* main load-bearing structure
Haupttreppe *f* main staircase, main stairs, principal stairs
Haupttribüne *f (Konst)* grandstand
Hauptunternehmer *m* main contractor, principal contractor
Hauptunterzug *m* main runner *(einer abgehängten Decke)*
Hauptunterzugsbalken *m* main runner *(einer abgehängten Decke)*
Hauptventil *n* 1. *(WVA)* main valve; 2. *(HLK)* king valve
Hauptverband *m* **der Deutschen Bauindustrie** *(VR)* German Construction Industry Association
Hauptverformung *f* main deformation, principal strain
Hauptverkehrsader *f* arterial road, traffic arterial road, traffic artery
Hauptverkehrsstraße *f* 1. main street, principal street, major street, principal road, major road, arterial highway, primary distributor, thoroughfare *(innerorts und städtische Randbereiche)*; 2. *(Verk)* main highway
Hauptverkehrsstraße *f***/innerstädtische** *(Verk)* inner urban major road
Hauptverkehrsstraße *f***/städtische** main street, urban arterial street, major street, principal street *(s. a. Hauptverkehrsstraße 1.)*
Hauptverkehrsstrom *m (Verk)* main stream (of traffic)
Hauptverkehrszeit *f* peak traffic time, peak hour(s), rush hour(s)
Hauptversorgungsleitungen *fpl* 1. *(El, WVA)* main supply *(eines Mediums)*; 2. street mains *(aller Medien)*
Hauptversorgungsleitungen *fpl***/in der Straße verlegte** street mains *(aller Medien)*
Hauptverteiler *m (El)* main distribution panel
Hauptverteilungsleitung *f* principal distribution line, main supply line
Hauptverteilungstafel *f (El)* principal distribution panel
Hauptverwaltungsgebäude *n (Arch)* head-office building
Hauptwasserleitung *f (San, WVA)* water main
Hauptwasserzufluss *m* main tapping
Hauptwindrichtung *f (Umw)* main wind direction
Hauptzeichen *n (Stat)* main symbol, principal symbol
Hauptzentrale *f***/technische** *(BWG)* principal service centre *(eines Großgebäudes)*
Hauptzentrum *n* main centre, principal centre
Hauptzufahrt *f (Konst)* main approach
Hauptzugang *m (Konst)* main access
Hauptzugbewehrung *f* main tensile reinforcement, principal tensile reinforcement
Hauptzugspannung *f***/schiefe** diagonal tensile
Hauptzuleitung *f (WVA)* transmission main *(Wasser)*
Haus *n* house, building, *(AE)* home
Haus *n***/allein stehendes** detached house
Haus *n***/aufzugloses** walk-up apartment house
Haus *n***/ebenerdiges** single-storey house, *(AE)* basement house
Haus *n***/eineinhalbgeschossiges** *(Arch, Konst)* storey-and-a-half house
Haus *n***/eingeschossiges** single-storey house
Haus *n***/industriell gefertigtes** factory-built house
Haus *n* **mit geringer Geschosszahl** low-rise building
Haus *n* **mit Grundeigentum** *(RP, VR)* premises *(z. B. Schul- oder Industriegelände)*
Haus *n* **mit niedrigem Energieverbrauch** *(HLK, VR)* low-energy consumption house
Haus *n* **mit Traufe nach vorn** eaves-fronted house
Haus *n* **mit Zimmerzwischengeschossen** split-level house *(Hanghaus)*
Haus *n* **ohne Aufzug** *(Konst) (AE)* walk-up
Haus *n***/sonnengeheiztes** *(HLK, Konst)* solar house

Haus *n*/**vorgefertigtes** prefabricated house
Haus *n*/**Weißes** *(Arch)* White House *(US-Regierungssitz)*
Haus... domestic ..., domiciliary ... *(häusliche Gestaltung und Angelegenheiten)*; indoor ... *(Einrichtungen, Ausstattungen)*
Hausabbruch *m (RS)* house breaking
Hausabfälle *mpl (Umw)* domestic wastes
Hausabflussrohr *n (San)* soil-waste pipe, waste pipe
Hausabflussrohr *n* **ohne Kanalanschluss** *(San, WVA)* protected waste pipe
Hausabwässer *npl (WVA)* home sewage
Hausanschluss *m* 1. *(El, San, Verk)* street connection, house connection, service connection(s) *(an eine Ver- oder Entsorgung)*; 2. *(El)* house connection line; 3. *(San)* service connection, branch *(Wasser)*; 4. *(San)* home sewage connection *(Abwasser)*; 5. *(El)* private connection *(Telefon)*
Hausanschlusseintrittsleitung *f (El)* service entrance conductors
Hausanschlusserdung *f (El) (AE)* service ground
Hausanschlusskabel *n (El)* consumer's cable, service cable
Hausanschlusskabelkanal *m (El)* service raceway
Hausanschlusskanal *m (WVA)* service lateral
Hausanschlusskasten *m (El)* house connection box, sealing box, *(AE)* service switch cabinet
Hausanschlussleitung *f* 1. *(El)* house connection line, service conductor(s); service drop *(letztes Teilstück einer Freileitung)*; 2. *(San)* service line, branch line to a house
Hausanschlussraum *m (RP) (AE)* utility room *(Wasser, Gas, Strom etc.)*
Hausanschlussschieber *m (WVA)* meter stop *(Wasserleitung)*
Hausanschlussschutzrohr *n (El)* service pipe
Hausausrüstung *f*/**technische** domestic installation
Hausausstattung *f*/**technische** domestic installations
Hausbau *m* building construction, house-building, house construction
Hausbedachungselement *n (BT)* home roofing slab
Hausbeleuchtung *f* residential illumination
Hausbesetzer *m (VR)* squatter
Hausbesetzung *f (VR)* squatting
Hausbesitzer *m (VR)* landlord
Hausbestand *m (RP)* number of house properties
Hausbockkäfer *m (Umw)* wood-boring beetle
Hausbrücke *f* covered timber bridge
Häuschen *n* cottage
Häuschen *n*/**einfaches** cottage; chalet
Hausecke *f (Konst)* quoin
Hauseinbruch *m* house-breaking
Hauseingang *m* house entrance, building entrance
Hauseintrittsleitung *f (El)* service entrance conductors
Hausentwässerung *f (WVA)* house drainage
Hausentwässerungsanschluss *m (WVA)* house slant
Hausentwässerungsleitung *f* 1. *(San, WVA)* sanitary building drain; 2. *(WVA)* slant *(mit natürlichem Gefälle)*
Häuserblock *m* 1. *(Arch)* block of houses; 2. *(RP)* square *(Häuserblockviertel)*; 3. block of dwellings, block of flats *(ein Wohnhausblock, ein Wohnhochhausblock)*; 4. *(Arch)* quadrangle
Häuserfabrik *f* factory for precast concrete houses, housing factory
Häuserfluchtlinie *f (Verm)* building restriction line
Häusergruppe *f (Arch)* house complex
Häuserkomplex *m* group of houses, house complex, *(AE)* clump of buildings
Häusermakler *m* estate agent, property developer
Häuserquadrat *n* housing square
Häuserseite *f* **des Bürgersteigs** inside of the pavement
Häuserviertel *n* block of houses, block
Häuser-Vorfertigungsbetrieb *m* factory for precast concrete houses
Hauserweiterung *f* building extension
Häuserzeile *f (RP)* row of houses
Hausetage *f* floor, storey
Hausfachwerk *n (TK)* platform frame
Hausfernsprechanlage *f (El)* porter system *(im Hausflur)*
Hausflur *m (Arch)* entrance hall
Hausgang *m* hallway
Hausgarten *m (LB)* domestic garden
Hausgeräteraum *m* household storeroom
Hausgrundstück *n* plot, property; *(AE)* curtilage *(juristischer Begriff)*
Haushalt *m* 1. *(VR)* budget *(Finanzhaushalt)*; 2. household *(häuslich privat)*
Haushaltsabfälle *mpl (Umw)* house refuse
Haushaltsabwasser *n* 1. *(San, WVA)* domestic sewage; 2. *(WVA)* house sewage
Haushaltsauflösung *f (VR)* house clearance
Haushaltsbefragung *f (VR)* household interview
Haushaltsdefizit *n (VR)* budget shortfall
Haushaltsgerät *n* domestic appliance
Haushaltsheißwasserbereiter *m (HLK, San, WVA)* domestic hot-water heater
Haushaltsinstallation *f* domestic installation
Haushaltskleingerät *n (EB)* small appliance
Haushaltsmüll *m* domestic refuse
Haushaltswaren *pl (EB)* hardware
Haushaltswasser *n* drinking water
Haushauptschalter *m (El)* main switch, service entrance switch
Hausinstallation *f* 1. indoor installation, domestic installation; 2. *(San)* plumbing; 3. *(El)* house wiring *(Anlage)*; 4. *(El, HLK, San, Te)* indoor installation work; 5. *(El)* indoor wiring work *(Tätigkeit)*; 6. *(San)* plumbing work *(für Wasser und Gas)*
Hausinstallationen *fpl (El, San)* service equipment
Hausinstallationseinrichtungen *fpl* **und Geräte** *npl*/**elektrisch betriebene** *(BT, El) (AE)* utilization equipment
Hauskanalisierung *f (San, WVA)* water-carriage system
Hauskapelle *f (Arch)* private chapel
Hauskern *m* 1. core of stability, concrete *(z. B. eines mehrgeschossigen Hauses)*; 2. service core, *(AE)* utility core *(für Versorgungsleitungen)*
Hausklimatisierung *f* residential air-conditioning
Hauslage *f (RP)* house orientation
Hauslaube *f (Konst)* loggia
häuslich domestic
Hausmädchenzimmer *n (Konst)* maid's room
Hausmakler *m (VR)* house agent
Hausmakleragentur *f (VR)* house agency
Hausmeister *m* caretaker, resident manager; porter
Hausmeister *m*/**im Hause wohnender** resident manager
Hausmeisterraum *m* porter's room
Hausmeisterwohnung *f* caretaker's flat; porter's dwelling, porter's flat
Hausmüll *m* consumer waste, domestic refuse, domestic wastes, house refuse, municipal waste, *(AE)* household rubbish, household waste, *(AE)* household garbage
Hausmülldeponie *f (Umw)* municipal waste landfill
Hausmüllsammlung *f* waste collection, *(AE)* garbage collection
Hausnummer *f* street number
Hauspumpe *f* general pump
Hausrahmen *m* house frame
Haussanitärinstallation *f (San)* internal plumbing
Hausschwamm *m (Konst)* house fungus *(Pilz)*
Hausschwamm *m*/**Echter** dry rot fungus
Hausschwammbefall *m (Hb)* fungus attack

Hausschwimmbecken *n (Konst)* residential swimming pool
Haussilhouette *f (Arch)* house silhouette
Haussprechanlage *f* interphone; interphone set *(Apparat)*
Haustechnik *f* mechanical services, domestic engineering, installations
Haustein *m* quarry stone, stone ashlar, cut stone; freestone *(meist Kalk- oder Sandstein)*
Hausteinmauerwerk *n* **mit Bruchsteinhinterfüllung** *(SB)* rubble ashlar masonry work
Haustelefon *n (El)* house telephone
Haustreppe *f* building staircase
Haustür *f* house door, building entrance door, front door, street door
Haustürsprechanlage *f (El)* front door telephone
Haustürtelefon *n (El)* front door telephone
Hausumbau *m (RS)* house alteration(s)
Hausverbrauch *m* domestic consumption
Hausverdrahtung *f (El)* residential wiring
Hausversorgungsausrüstungen *fpl (El, San)* service equipment
Hausversorgungspumpe *f* general pump
Hausversorgungsverteilung *f (El)* service box
Hauswand *f* building wall
Hauswart *m* caretaker; porter
Hauswasseranschlussventil *n (AE)* curb cock [stop] *(auf der Straße)*
Hauswasserbehälter *m (WVA)* house tank
Hauswasserenthärter *m (BM, WVA)* home water softener
Hauswasserversorgung *f* 1. *(WVA)* individual water supply; 2. *(San, WVA)* water-supply to buildings
Hauswechselsprechanlage *f* two-way telephone system
Hauszähler *m (El)* domestic electricity meter
Hauszufahrt *f (Konst, Verk)* vehicular access
Hauszwangsversteigerung *f (VR)* foreclosure sale
Haut *f* 1. membrane *(Dämmung)*; 2. film *(dünne Schicht)*; 3. skin *(z. B. auf Anstrichen, Farben)*
Haut *f*/**dünne** membrane
hautbildend skin-forming
Hautbildung *f* 1. *(OB)* skinning; 2. *(BM, OB)* skin formation *(Farbe)*
Hautbildungsverhinderungsmittel *n* antiskinning agent *(Anstrichstoffe)*
Häutchenwasser *n* pellicular water
Hautleim *m* skin adhesive, skin glue
Hautverhinderungsmittel *n* antiskinning agent *(Anstrichstoffe)*
Hautwirkung *f (OB)* skin effect *(Korrosionsprüfung)*
havariebedingt *(Umw)* accidental
H-Band *n (EB)* H-hinge
Hebeanlage *f (WVA)* pump station *(Abwasser)*
Hebebock *m* jack, derrick
Hebebrücke *f (Br)* lift bridge
Hebebühne *f (BWG, Te)* lifting platform
Hebebühne *f*/**hydraulische** hydraulic lift
Hebebühnenheber *m (EB, Te)* apron lift *(für eine Theaterbühne)*
Hebedock *n (Wsb)* lifting dock
Hebefenster *n (Hb)* lifting window
Hebefensterbeschläge *mpl (EB)* lifting window fittings
Hebegerät *n*/**einfaches** gin block, gin *(zum Heben schwerer Gegenstände)*
Hebehaken *m* load hook
Hebekraft *f* lifting force
Hebekran *m (BWG)* lifting crane
Hebel *m* lever (handle), prize
Hebelantrieb/mit lever operated
Hebelarm *m* 1. lever arm *(Bedienungselement)*; 2. moment arm, arm, arm of force *(Kraft)*
Hebelarmzugbrücke *f (Br)* lever drawbridge
Hebelbedienung/mit lever operated
Hebeleisen *n* pry, pry bar
Hebelgesetz *n* law of the lever, lever principle
Hebelgriff *m* lever handle
Hebelkraft *f* prize, leverage
Hebelschere *f* lever shears, crocodile shears, alligator shears
Hebelträger *m (Konst, Stat)* fulcrum bracket
Hebelübersetzung *f*/**ideale** ideal mechanical advantage
Hebelübersetzung *f*/**theoretische** ideal mechanical advantage
Hebelwinde *f (BWG)* lever jack
Hebelwirkung *f* prize, lever action, leverage
Hebemechanismus *m* lifting mechanism
heben *v* 1. raise, elevate, heave; 2. hoist, lift, uplift *(mit Kran)*; 3. jack (up) *(mit Hebebock)*; 4. *(Bod)* heave, upheave *(z. B. Baugrund, Deckenkonstruktionen, Oberflächen)*
heben *v*/**Schultern** shoulder *(Straßenbau)*
heben *v*/**sich** 1. heave, upheave *(bei Entlastung)*; 2. heave, swell *(Straßenbelag durch Frost)*
Heben *n* elevating; jacking
Heber *m* lift jack, jack, lifter
Heberbock *m (BT, Te)* yoke *(Gleitschalung)*
Heberbockausrüstung *f (BWG)* yoke assembly *(Gleitschalung)*
Heberleitung *f* siphon conduit, siphon pipe
hebern *v* syphon
Heberwirkung *f (WVA)* siphonic action
Heberwirkung *f*/**rückläufige** *(Umw, WVA)* back siphonage *(Schmutzwasserabheberung)*
Hebeschiebetür *f* 1. *(Hb)* lifting sliding door; 2. *(BWG)* sliding lifting door
Hebeschlaufe *f* handling hook
Hebetür *f (Hb)* lifting door
Hebetürbeschlag *m (EB)* lifting door fitting
Hebetürsicherung *f (EB)* security lock for lifting doors
Hebevorrichtung *f* lifting appliance, lifting device, elevating mechanism
Hebewerk *n* 1. *(Wsb)* mechanical lift; 2. *(BWG, Te) (AE)* elevator
Hebewinde *f* boom-lifting winch, boom hoist, hoist
Hebezange *f* 1. crampon, nippers, *(AE)* crampoon *(Hebevorrichtung)*; 2. stone tongs *(Stein- und Betonplattenverlegung)*
Hebezeug *n* 1. lifting appliance, lifting equipment, lifting gear, elevating equipment, winch *(Kran, Kranwinden)*; 2. hoisting equipment *(Hebebockanlage)*; 3. lifting tackle, tackle block
Hebung *f (Bod, Erdb)* heave, upheaval
Hecke *f (LB)* hedge
Hecke *f*/**lebende** quicksand hedge
Heckensystem *n (LB)* maze
Heckenzaun *m (LB)* hedge
Heft *n* grip *(Werkzeug)*; haft *(Messer)*
heften *v* 1. fasten, tack *(z. B. mit Nieten, Klammern)*; 2. pin *(mit Stiften)*; 3. staple *(mit Draht und Heftklammern)*; 4. stitch *(Gestaltungsarbeiten, Dekoration)*
Heften *n* stapling, tacking *(mit Heftklammern)*; stitching *(Dekorationsarbeiten)*
heftig *(Stat)* impetuous *(Belastung)*
Heftnagel *m* fastening nail, pilot nail, tack
Heftniet *m* 1. *(St, Te)* dummy rivet; 2. *(BT, St)* stitch rivet; 3. *(St, Te)* tack rivet
heftnieten *v (St, Te)* tack-rivet
Heftnieten *n* stitch riveting, tack riveting
heftschweißen *v (St, Te)* tack-weld
Heftschweißen *n* tack welding, stitch welding, positional welding

Heftschweißung *f* tack welding, stitch welding, positional welding
Heftzwecke *f (AE)* thumbtack
Heide *f* heathland, land
Heideboden *m (Bod, LB)* heath soil
Heideland *n* 1. *(Bod, LB)* heathland; 2. *(Bod, LB, RP)* heath
Heidemoor *n (Bod)* moor
Heidentempel *m (Arch)* pagan temple
Heidesand *m (BM, Bod)* heath sand
Heiligenbild *n (Arch)* image of saint
Heiligenkirche *f (Arch)* saint's church
Heiligenschein *m (Arch)* mandorla, aureole *(bildliche Darstellung)*
Heiligkreuzkirche *f (Arch)* Holy Cross church
Heiligtum *n (Arch)* sanctuary
Heilquelle *f (Bod)* medicinal spring
Heil- und Pflegeanstalt *f* mental institution
Heim *n* 1. home; 2. centre, institution *(Anstalt)*; 3. *(Arch)* hostel *(Herberge)*
Heimatstil *m (Arch)* local style, native style
Heimbau *m* hostel building
Heimsauna *f (EB)* home sauna
Heimwerker *m (VR)* do-it-yourselfer
Heimwerkerausrüstung *f (BWG)* do-it-yourself kit
heiß hot; warm, thermal
Heißanstrich *m* 1. hot mopping *(Vorgang)*; 2. mopping of asphalt bitumen, mopping of hot bitumen *(fertiger Anstrich)*
Heißanwendung *f* hot application
Heißasphalt *m (EN 12697)* hot-rolled asphalt
Heißasphalt *m***/gummimodifizierter** asphalt rubber hot mix
Heißasphalt *m* **mit Gummigranulatzusatz** asphalt rubber hot mix
Heißasphalt *m* **mit Gummizusatz** asphalt rubber hot mix
Heißasphaltbeton *m (AE)* hot asphalt concrete
Heißasphaltdeckschicht *f (Verk)* hot-rolled finish
Heißbaustoffgemisch *n* hot-laid mixture
Heißbecherelevator *m* hot-bucket elevator *(Heißmischwerk)*
Heißbiegen *n* hot bending
Heißbindemittel *n* hot binder
Heißbitumen *n* hot bitumen, penetration-grade bitumen, refinery bitumen of penetration-grade, solid bitumen, *(AE)* hot asphalt
Heißbitumenkies *m (BM, Verk) (AE)* hot asphalt-coated gravel
Heißdachklebemasse *f (BM)* hot dressing compound
Heißdachspachtelmasse *f (BM)* hot dressing compound
Heißdeckenbau *m (Verk)* hot coating
Heißeinbau *m (Verk)* hot-laying, hot rolling *(Asphalt)*
Heißeinbaudecke *f (Verk)* hot-laid surfacing *(Straße)*
Heißeinbaumischgut *n* hot-laid mixture, hot mix
Heißelevator *m* hot elevator *(Heißmischanlage)*
Heißextraktionsgerät *n* hot extractor *(z. B. für Asphalt)*
Heißfugenvergussmasse *f (EN 13880) (BM)* hot joint pouring compound
Heißgießmasse *f* hot-pouring compound
heißhärtend heat-curing *(Anstrich)*
Heißklebemasse *f (BM)* hot adhesive compound
Heißkleber *m* 1. *(BM)* hot glue; 2. *(DIS)* hot-setting adhesive
Heißklebung *f* 1. *(DIS, Te)* hot bonding; 2. *(DIS)* hot sealing
Heißleimen *n* hot gluing, hot glueing
heißlöten *v* hot-solder
Heißluft *f* hot air, heated air • **mit Heißluft nachbehandeln** *(BB, OB, Te)* heat-cure
Heißluftbehandlung *f (BB, Te)* hot-air treatment *(von Beton)*
Heißluftgebläse *n (HLK)* hot-air blower
Heißluftheizung *f (HLK)* hot-air heating
Heißluftkachelofen *m (HLK)* hot-air stove
Heißluftkanal *m (HLK)* hot-air duct
Heißluftofen *m* hot-air furnace, *(AE)* latrobe
Heißluftofenanlage *f* hot-air furnace, *(AE)* latrobe
Heißlufttrocknung *f* hot-air drying; desiccation *(Holz)*
Heißmarkierung *f (Verk)* hot-sprayed marking
Heißmischanlage *f* batch heater plant *(Chargensystem)*
Heißmischgut *n* hot-coated material, hot-laid mixture, hot mix *(Asphalt, Polymergemische)*
Heißmischrecycling *n* hot-mix recycling *(Asphalt)*
Heißmischung *f (BM, Verk)* hot mix
Heißmischverfahren *n (Te)* hot plant mixing
Heißmischwerk *n* batch heater plant *(Chargensystem)*
Heißniet *m (St)* hot-driven rivet
Heißphosphatieren *n (OB)* hot phosphatizing *(Oberflächen, Passivieren)*
Heißplastikmasse *f (Verk)* thermoplastic material *(Fahrbahnmarkierung)*
Heißpressleimverfahren *n* hot-pressing *(Holz)*
Heißpressverfahren *n* hot-pressing *(Holz)*
Heißsilo *n* hot silo, hot bin *(z. B. für Asphalt)*
Heißspritzen *n (OB)* hot-air spraying
Heißspritzmarkierung *f (Verk)* hot-sprayed marking
heißtauchen *v (OB)* hot-dip *(zum Aufbringen von Schichten)*
Heißtauchen *n* hot-dip coating
Heißtauchmasse *f* hot-melt coating
Heißtauchschicht *f (OB)* hot-dip coating
Heißteer *m (BM)* hot tar
Heißteerung *f (OB, Te)* hot tarring
Heißvergießen *n* hot pouring
Heißverguss *m* hot pouring
Heißvergussmasse *f* hot-pouring compound
Heißverkleben *n* 1. *(DIS, Te)* hot bonding; 2. *(St)* heat sealing *(von Kunststoffen)*
Heißverschweißen *n* 1. *(St)* heat sealing; 2. *(Te)* thermal sealing *(von Kunststoffen)*
Heißversiegelung *f (DIS)* hot sealing
Heißwalzasphalt *m* hot-laid rolled asphalt, hot-rolled asphalt
Heißwasserbehälter *m (San)* hot-water tank
Heißwasserbereiter *m (San)* hot-water heater
Heißwassererzeuger *m* 1. *(HLK)* calorifier; 2. *(San) (sl)* hot well
Heißwasserheizung *f (HLK)* superheated water heating
Heißwasserheizungsrohr *n (HLK) (AE)* caliduct
Heißwasserheizungssystem *n (HLK)* superheated water--heating system
Heißwasserleitungsdruck *m* superheated water-circulating head, superheated water-circulating pressure
Heißwasserprüfung *f (BM)* hot-water test *(Porosität)*
Heißwasserspeicher *m* boiler, hot-water reservoir, hot--water tank, storage (water) heater
Heißwasserversorgungssystem *n***/geschlossenes** superheated water supply circuit, superheated water supply system
Heiz... heating ...
Heizanlage *f s.* Heizungsanlage
Heizanlage *f***/zentrale** heating plant *(auch für eine Gebäudegruppe)*
Heizausrüstung *f* heating equipment
Heizbohle *f (BWG, Verk)* smoothing iron *(Straßenfertiger)*
Heizdraht *m* heating wire
Heizeffekt *m (HLK)* heating effect
Heizelement *n* heating element, heating unit
heizen *v* 1. *(HLK, Te)* fire *(Öfen)*; 2. heat *(z. B. Räume)*
Heizen *n (HLK)* heating
Heizenergieaufnahme *f (HLK)* pick-up load *(einer Heizung beim Anheizen)*
Heizfläche *f* heater surface, heating surface

Heizfußbodenbelag *m (HLK)* radiant floor covering
Heizgas *n* fuel gas
Heizgebläse *n (HLK)* heater fan
Heizgerät *n* heater, heating unit
Heizgerät *n***/elektrisches** heater
Heizgitter *n (BT, HLK)* heating grid
Heizkanal *m (Konst)* heating duct
Heizkessel *m* heating boiler, boiler
Heizkesselfläche *f (HLK)* heating area of boiler
Heizkörper *m* heating element, heater, radiator, convector
Heizkörper *m***/elektrischer** electric heater, heating element
Heizkörperanstrich *m* radiator coat
Heizkörperfarbe *f (BM, OB)* radiator paint
Heizkörpergitter *n* radiator grill
Heizkörperglied *n (HLK)* radiator element
Heizkörpernische *f (Konst)* radiator niche
Heizkörperregelventil *n (San)* radiator control valve
Heizkörperrippe *f* radiator rib, gill, fin
Heizkörperventil *n***/thermostatisches** *(BT, HLK)* thermostatic radiator valve
Heizkörperverkleidung *f* radiator cover, radiator guard, wall grille
Heizkreis *m* heating circuit
Heizlast *f* heating load
Heizleistung *f* heating capacity, heating output
Heizleitung *f* heating line
Heizleitungsentwurf *m (HLK)* estimated design load *(eines Heizungssystems)*
Heizmantel *m* heating mantle, heating jacket
Heizmantelrohr *n* jacket(ed) pipe
Heizmaterial *n* fuel
Heizmatte *f (El)* electric blanket, electric heating fabric, heater mat *(Fußbodenheizung)*
Heizmedium *n* heating medium, *(AE)* heat sink *(Luft, Wasser, Öl usw.)*
Heizmittel *n* heating medium
Heizmittel *n***/gasförmiges** gaseous heating fuel
Heizöl *n (BM, HLK)* heating oil
Heizöl *n***/mittelviskoses** heavy fuel oil
Heizölabscheider *m (Umw)* fuel oil interceptor
heizölbeständig *(BM)* heating oil-resistant
heizöldicht heating oil-tight
heizölfest *(BM)* heating oil-resistant
Heizöllagerraum *m (Konst, Umw)* heating oil store
Heizöllagerung *f (BWG, HLK)* oil storage
Heizölsperre *f (Konst, Umw)* heating oil barrier
Heizöltank *m* 1. *(HLK, Konst)* heating oil tank; 2. *(HLK)* fuel tank
heizölundurchlässig heating oil-tight, oil-tight
Heizpatrone *f (San)* cartridge heater
Heizplatte *f* heating panel; hot plate
Heizraum *m* boiler room
Heizregister *n* heating grid, heating register *(Kessel)*
Heizrippe *f* radiator rib, gill, fin
Heizrohr *n* 1. *(HLK)* fire tube *(im Kessel)*; 2. heating pipe, heating tube, *(AE)* caliduct *(Leitungsrohr)*
Heizrohrkessel *m* fire-tube boiler
Heizrohroberfläche *f (San)* flue surface *(Boiler)*
Heizrohrschlange *f* heating coil, coil
Heizsaison *f* heating season
Heizschlange *f* heating coil, coil
Heizstoff *m* heating fuel
Heizstrahler *m (El, HLK)* radiant heater
Heizstrang *m* heating section
Heiztafel *f* heating panel
Heizträgerzwangsumlauf *m (HLK)* forced convection
Heiztür *f* fire door
Heizung *f* heating, heating system
Heizung *f***/abzugslose** *(HLK)* unflued heater
Heizung *f***/elektrische** electric heating
Heizung *f* **für Wohnhäuser** domestic heating
Heizung *f***/induktive** *(El, HLK)* induction heating
Heizung *f* **und Warmwasserversorgung** *f***/kombinierte** *(HLK, San, WVA)* combined heating and hot water supply system
Heizungsanlage *f* heating system, heating installation, domestic heating system, central heating, central heating system *(EN 15316, DIN 4758)*
Heizungsanlage *f* **mit Zwangsumlauf** *(HLK)* forced heating (system)
Heizungsanlage *f***/zentrale** heating plant *(auch für eine Gebäudegruppe)*
Heizungsanlage *f***/zusätzliche** *(HLK)* auxiliary heating system
Heizungsbauunternehmer *m (VR)* heating contractor
Heizungsberechnung *f (HLK)* heating calculation
Heizungsfachmann *m* heating expert
Heizungsfläche *f* heating surface
Heizungsgerät *n* heating appliance
Heizungsinstallateur *m* installer for heating installations
Heizungskeller *m* basement boiler room, heating cellar, furnace room, boiler room
Heizungskellergeschoss *n (Konst)* heating basement
Heizungskessel *m* heating boiler
Heizungsleitung *f* heating line
Heizungsluft *f* heating air
Heizungsmonteur *m* fitter for heating installation, installer for heating installations
Heizungsnettoleistung *f (HLK)* net load, heating net load
Heizungspumpe *f* heating pump
Heizungsraum *m (Konst)* heating plant room
Heizungsrippenrohr *n* externally ripped pipe, externally finned pipe
Heizungsrohr *n* heating pipe, heating tube, *(AE)* caliduct
Heizungsrohrsystem *n***/geschlossenes** *(HLK)* closed heating pipe system
Heizungsrücklaufrohr *n (HLK, San)* return pipe
Heizungssystem *n***/direktes** direct (heating) system
Heizungssystem *n***/indirektes** indirect (heating) system
Heizungssystem *n***/zentrales** *(HLK)* central heating system
Heizungstechnik *f (HLK)* heating engineering
Heizungstechniker *m* heating technician
Heizungsumlauf *m* heating circuit
Heizungsumwälzpumpe *f (HLK)* heating circulating pump
Heizungs- und Lüftungsanlage *f (HLK)* heating and ventilation system
Heizungsvorlaufrohr *n (HLK)* flow pipe
Heizungswärme *f* heating heat
Heizungswärmemenge *f (HLK)* heating heat capacity
Heizungswasser *n* heating water
Heizungszubehör *m* heating accessories
Heizwasser *n* heating water
Heizwerk *n (BWG, HLK)* heating plant
Heizwert *m* heating value, calorific value, thermal value
Heizzentrale *f* 1. *(HLK)* central heating plant; 2. *(BWG, HLK)* heating plant
Helikoide *f* helicoid
Heliport *m* heliport, helistop
Heliumleuchte *f (El)* helium light
Helix *f (Arch)* helix
hell light, luminous, bright, clear *(Licht)*; bright, clear, white, light *(Farbe)* • **hell werden** clear
Helldunkel *n (El)* clare-obscure
hellfarbig light-coloured, white
hellhörig *(DIS)* not soundproof
Helligkeit *f* 1. brightness, light intensity, luminosity *(Licht)*; 2.

H

(El) brightness; 3. *(OB)* lightness *(Anstrich)*; 4. opacity *(Durchsichtigkeit)*
Helligkeit f/gleichmäßige uniform brightness
Helligkeit f/relative *(El)* relative brightness
Helligkeitsgrad *m* degree of brightness, brightness degree
Helligkeitsregler *m (El)* dimmer
Helligkeitsschwankung *f (El, OB)* variation of brightness
Helligkeitsverhältnis *n* **Tages- zu Kunstlicht** daylight factor
Hellschatten *m (El)* clare-obscure
Hellstunden *fpl* daylight hours
Helm *m (VR)* helmet
Helmdach *n* 1. *(Konst)* helm roof; 2. *(Arch)* polygonal spire, flèche *(schlanker Kirchturm)*
Helmstange *f (Hb)* broach post
Hemlocktanne f/Nordamerikanische Eastern hemlock
hemmen *v* 1. lock, choke *(anhalten)*; 2. lock, block *(sperren)*; 3. inhibit *(Korrosion)*; 4. retard *(z. B. Abbindeprozesse, Korrosionsprozesse)*
hemmend obstructive, inhibitive
Hemmkeil *m* chock
Hemmnis *n* obstacle, obstruction
Hemmschiene *f (Verk)* skid track
Hemmstoff *m* 1. *(BM, OB)* inhibitor *(Korrosion)*; 2. *(BM)* retarder *(hydraulische Abbindung)*
Hemmstoffeffekt *m* inhibitor effect
Hemmvorrichtung *f* checking device, breaking device; door check, door stop *(für eine Tür)*
Hemmwirkung *f* 1. impeding action *(physikalisch)*; 2. check action *(Tür)*; 3. *(OB)* inhibitive action *(korrosionshemmend)*; 4. restraining action *(entspannen)*
Henkel *m (EB)* handle
Henkelkreuz *n (Arch)* potent cross
Hephästostempel *m (Arch)* Theseion *(Agora von Athen)*
heptaedrisch *(Arch)* heptahedral
Heptagon *n (Arch)* heptagon
Heptastylos *m (Arch)* heptastyle *(antike Baukunst)*
Heptastylostempel *m (Arch)* heptastyle temple
herabfallen *v* drop
herabfließen *v* descend
Herabführung *f (El)* down lead *(eines Kabels)*
herabhängen *v* hang
herabhängend pendent, pendulous; hanging
herabsetzen *v* decrease, reduce
Herabsetzung *f (Stat)* reduction
Herabsetzungsbeiwert *m* coefficient of reduction, reduction coefficient
herabtropfen *v* drop
Heraion *n (Arch)* heraeum
Heraion n/olympisches *(Arch)* Heraion at Olympia
Heraklithplatte *f (BT, DIS)* Heraklith insulating board
Herangehen n/empirisches *(Konst, Stat)* trial-and-error approach
Hera-Tempel *m (Arch)* heraeum, Temple of Hera
Herausforderung *f* challenge
herausgeben v/zur Angebotsabgabe *(VR)* put out to tender
herausgezogen extracted
herausheben *v* lift; extract
Herausheber *m (BWG)* extractor
herausholen *v* extract
herauslösen *v* disengage
herausmeißeln *v (Arch, Te)* sculpture
Herausputzen *n (Te)* trimming *(Anlagen, Einrichtungen, Gebäude usw.)*
Herausquellen *n* bulging
herausragen *v (Konst)* stand proud
herausreißen *v* tear
heraussägen *v* saw out
herausschlämmen *v* elutriate *(Feinstoffe)*
Herausschleudern *n* **von Splitt** *(Verk)* whip-off of chippings
herausschwemmen *v (Erdb, Wsb)* flush out
herausspülen *v (Wsb, WVA)* wash out
Herauswaschen *n (Umw)* elution
herausziehen *v* extract; pull out *(z. B. Nägel)*
Herberge *f* lodging house, hostel, hostelry, inn
Herbizid *n (Umw)* herbicide
Hercynit *m (Bod)* hercynite
Herd *m* cooking stove, cooker, stove; kitchen range *(Kohleherd)*; hearth *(eines Industrieofens)*
Herdabzugslüfter *m* range hood
Herdbaustein *m* hearth stone
Herdgitter *n* hearth margin
Herdmauer *f* invert, toe wall
Herdplatte *f* hearth tile
Herdraum *m* heating chamber, hearth chamber
Herdstein *m* hearth stone
Herdsteinmauer f/kleine fender wall *(im Keller unter dem Kaminplatz)*
hereinbrechen *v* fall
hergestellt fabricated
hergestellt/im Schleudergussverfahren *(BB, Te)* spun
hergestellt/maßgerecht made to scale
hergestellt/monolithisch *(Te)* poured-in-place
hergestellt/synthetisch man-made
herkömmlich conventional
Herkunft *f (Verm, VR)* origin
Herleitung *f* derivation
Herme *f (Arch)* herm, terminal figure, terminal statue *(Bauplastik)*
Hermenpfeiler *m (Arch)* terminal pedestal, terminal post
Hermessäule *f (Arch)* herm *(Bauplastik)*
hermetisch hermetic, hermetically sealed; staunch *(z. B. Lagerraum)*
Heroon *n (Arch)* heroum *(Heldengrabskulptur)*
Herrenhaus *n* 1. manor house, mansion; 2. *(Arch)* megaron *(Troja, Tyrins, antikes Griechenland)*; 3. *(Arch)* Roman gentlemen's house *(römisch)*
Herrentoilette *f* 1. *(San)* men's toilet; 2. *(Konst, San)* male toilet
Herrenumkleideraum *m (Konst)* men's changing room
Herrscherpalast *m (Arch)* palace of the emperor
herstellen *v* 1. make, manufacture, produce, fabricate; 2. *(Te)* prepare *(z. B. Beton, Asphalt)*; 3. establish *(z. B. ein Gleichgewicht)*
herstellen v/eine Gehrungsverbindung in einem Schieberahmen frank
herstellen v/liegend form horizontally *(Betonelemente)*
herstellen v/nach Mischungsrezept *(BM)* compound
Herstellen *n* fabricating, fabrication
Hersteller *m* maker, manufacturer, producer
Herstelleranwendungshinweise *mpl* maker's instructions, manufacturer's instructions
Herstellerkennzeichnung *f (VR)* maker's mark
Herstellerprüfung *f (VR)* manufacturer's test
Herstellerrisiko *n* producer's risk
Herstellerzertifikat *n (VR)* maker's certificate
Herstellerzeugnis *n (VR)* maker's certificate
Herstellung *f* 1. *(Te)* production; 2. *(Te)* preparation *(Beton, Mörtel, bituminöses Mischgut)*; 3. establishment *(z. B. eines Gleichgewichtes)*
Herstellung *f* **in Ortbeton** *(BB, Te)* cast-in-place
Herstellung f/monolithische *(BB, Te)* cast-in-place
Herstellungsabmessung *f* manufacturing dimension
Herstellungsalgorithmus *m (Te)* processing algorithm
Herstellungsbestimmungen *fpl (VR)* manufacturing regulations

Herstellungsfehler *m* manufacturing fault, fabrication defect
Herstellungskosten *pl* fabricating costs, fabrication costs, factory cost, production cost
Herstellungslänge *f* factory length, random length *(z. B. von Rohren)*
Herstellungspreis *m (VR)* cost price
Herstellungstechnik *f (Te)* manufacturing technique
Herstellungstechnologie *f (Te)* fabricating technology
Herstellungsüberwachung *f* process control
Herstellungsverfahren *n (Te)* manufacturing method
Herstellungszeichnung *f (Konst)* manufacturing drawing
Herstellungszyklus *m (Te)* making cycle
herumdrehen *v (BWG, BT, TK)* swivel
herumführen *v* bypass, pass round *(Straße)*
herunterfallen *v (Konst, RS)* fall down
heruntergleiten *v (Bod)* slide down, slip downward
herunterhängen lassen *v* suspend
herunterkühlen *v (HLK)* cool down
herunterlassen *v* lower
heruntertropfen *v* drip from
herunterziehen *v* shut down
hervorbringen *v* generate, produce
Hervorbringung *f* generation
hervorquellen *v* bulge
hervorragend *(Arch, Konst)* outstanding *(geometrisch)*
hervorstehen *v* project, protrude stand out, jut, sail over
hervorstehend *(Arch, Konst)* outstanding *(geometrisch)*
hervortreten *v* overhang, bulge
hervortreten lassen *v (Arch)* set off
Hervortreten *n* bulging
hervortretend/bauchig bulgy
Herz *n* heart
Herz *n*/**morsches** *(AE)* brittleheart
Herzblattpolierschaufel *f* heart trowel
Herzbrett *n (BM, Hb)* heart plank
herzförmig heart-shaped
Herzlaub *n (Arch)* heart-leaves
Herzschnitt *m (BM, OB)* heart-cut *(Destillation)*
Herzstück *n* frog *(Schiene)*
Herzzierleiste *f* open-heart moulding
Heuboden *m* haunching-loft
Heuschuppen *m (LB)* hay shed
hexagonal *(Arch)* dimetric
Hexastylos *m (Arch)* hexastyle *(Tempelbau)*
Hexastylosportikus *m (Arch)* hexastyle portico
Hexastylostempel *m (Arch)* hexastyle temple
Hexastylosvorhalle *f (Arch)* hexastyle porch
Hickoryholz *n* hickory wood, hickory
Hilfs... auxiliary ...
Hilfsabstützung *f* reshoring *(Montage)*
Hilfsarbeiter *m* help, helper
Hilfsauflager *n (Te)* auxiliary bearing
Hilfsaussteifung *f (TK)* temporary shoring
Hilfsbasis *f (Verm)* secondary base
Hilfsbaumaterial *n* indirect material
Hilfsbauwerk *n* auxiliary structure
Hilfsbeleuchtung *f* emergency lighting
Hilfsbewehrung *f (BB)* auxiliary reinforcement
Hilfsblech *n* backplate
Hilfserder *m (El)* auxiliary ground connection *(Blitzschutz)*
Hilfsfahrstreifen *m (Verk)* auxiliary lane
Hilfsgerüst *n* 1. *(Te)* auxiliary gantry *(z. B. bei einem Kran)*; 2. *(TK)* shoring *(z. B. bei Unterfangung)*
Hilfsgerüstfläche *f* staging *(eines Baugerüsts)*
Hilfsjoch *n (TK)* temporary frame
Hilfsjochstütze *f (TK)* temporary stud
Hilfskessel *m (HLK)* supplementary boiler
Hilfskonstruktion *f* auxiliary construction
Hilfskraft *f (Stat)* auxiliary force
Hilfsmittel *n* auxiliary agent, remedy
Hilfspfeiler *m* 1. *(BT, TK)* adjoining post; 2. *(Hb, Konst)* prick post *(Dachstuhl)*; 3. *(Tun)* man-of-war pillar *(auch Bergbau)*
Hilfsphasenextrusion *f* split-section extrusion
Hilfsplatten *fpl* accessory plates *(Beschläge)*
Hilfsquelle *f (Umw)* resource
Hilfsrohr *n (HLK, San, WVA)* auxiliary pipe
Hilfsrüstung *f* shoring
Hilfssäule *f* subsidiary shaft *(an Bogenportalen von Kirchen)*
Hilfsschieber *m (WVA)* gate valve
Hilfssparren *m* auxiliary rafter, cushion rafter
Hilfsstromanlage *f* auxiliary power station
Hilfsstromkreis *m (El)* subcircuit
Hilfsstütze *f* temporary column, flying shore
Hilfsstützen *fpl* erection bracing • **unterstützt mit Hilfsstützen** propped
Himmel *m*/**künstlicher** *(Arch)* artificial sky
Himmelsausschnitt *m* patch of sky *(Tageslichtermittlung)*
Himmelsgewölbe *n (Konst)* sky-vault
Himmelslage *f (RP)* house orientation
Himmelslichtanteil *m (Konst)* sky component
Himmelslichtblendung *f (Konst)* sky-glare
Himmelsrichtung *f (RP, Verm)* cardinal point
hinab down
hinabstürzen *v* precipitate
hinausschieben *v* defer, postpone *(z. B. bauliche Unterhaltung)*
hinauswerfen *v* eject *(Pächter, Mieter)*
Hindernis *n* obstacle, obstruction, barricade
Hindernis *n*/**seitliches** side obstacle
hindeuten *v* **auf** purport
hindurchdringen *v* ooze *(z. B. Gase, Licht)*
hindurchströmen *v* flow through, pass, flow
Hindutempel *m (Arch)* Hindoo temple
hineinbringen *v* entrain
hineinfahren *v (Erdb, Te, Verk)* drive in *(Verkehr)*
hineingearbeitet inwrought
Hineinmischen *n* incorporation
hineinschlagen *v* hammer into *(z. B. in die Wand)*
hineinschlagen *v* **in** *(Te)* knock into
hineinströmen *v* 1. flood in; 2. *(Erdb)* rush in *(Wasser)*
Hineinströmen *n (Wsb)* inpouring *(Wasser)*
hineintreiben *v (Tun)* force in
Hinnivellierung *f (Verm)* outward levelling
hinten rear
hinter back, rear
Hinter... back ..., rear ...
Hinteransicht *f* back view, rear view; back elevation *(Hinterfront eines Gebäudes)*
Hinterbeton *m* backfill concrete, backing concrete
Hinterbogen *m* back arch
Hinterdeich *m (Wsb)* inner dike
Hintereingang *m (Konst)* rear access *(zu einem Gebäude)*
hinterfangen *v (Arch)* set off
Hinterfenster *n* back window
Hinterfront *f* backfaçade, back elevation *(Hinterfront eines Gebäudes)*
Hinterfüllbeton *m* backfill concrete
hinterfüllen *v (Erdb)* back-fill, fill in, fill
Hinterfüllung *f (Erdb)* backfilling, backing, infill
Hinterfüllung *f*/**hydraulisch wirksame** *(Br, Erdb)* hydraulic backfill
Hinterfüllung *f*/**verdichtete** *(Erdb)* compacted backfill
Hintergebäude *n (Arch)* outhouse
Hintergrund *m* background
Hintergrundhelligkeit *f* background brightness
hinterherziehen *v (Te)* tow

Hinterhof *m* courtyard, backyard; rear yard *(in voller Grundstücksbreite)*
Hinterkitt *m* back putty
Hinterlage *f* substrate, substratum
Hinterland *n*/**sumpfiges** *(Bod, RP)* backswamps
Hinterlegung *f (Konst)* underlayment
hinterlüften *v (HLK)* ventilate *(eine Vorhangwand)*
hinterlüftet *(HLK)* ventilated
Hinterlüftung *f (HLK)* ventilation
Hinterlüftungsraum *m (DIS, Konst)* ventilation space *(Dämmung, Sperrung)*
Hintermauerblock *m* backup block, internal-quality block
hintermauern *v (SB, Te)* back-up
Hintermauern *n (SB)* backing-up
Hintermauerstein *m* backup brick
Hintermauerung *f* masonry backup, backing masonry, backup masonry, backing-up, backup, backfilling
Hintermauerungsziegel *m* backup brick, internal-quality brick
Hintermauerziegel *m* backup brick, common brick, internal-quality brick
Hintermauerziegel *m*/**englischer** *(BM, SB)* fletton *(aus rosabrennendem Oxfordton)*
Hinterraum *m* 1. back room; 2. *(Arch)* opisthodomos *(griechische Tempel)*
Hinterseite *f* back side, rear side, yard side; back elevation *(Hinterfront eines Gebäudes)*
hinterstreichen *v* back-mop *(Dachpappenunterseite beim Aufkleben)*
Hinterstube *f* back room
Hintersturz *m* safety lintel
Hinterstützungsrohr *n (Konst, St)* back stay
Hinterterrasse *f* back terrace, back patio
Hintertreppe *f* back stairs
Hintertür *f* back door, rear door
hin- und herbewegen *v (Konst, Te)* swing
hin- und herbewegen *v*/**sich** *(Konst, Te)* swing
Hinweis *m* guide note
hinweisen *v* indicate, refer, point out to, inform
hinweisend informatory
Hinweisschild *n* guide board; indicating label
Hinweistafel *f* signboard
Hinweiszeichen *n* 1. *(Verk, VR)* indication sign; 2. *(Verk)* sign; 3. *(Verk)* information sign, informatory sign
Hinweiszeichen *n*/**wandmontiertes** wall sign
hinzufügen *v* append; add *(auch Kräfte)*
hinzukommend additional
hinzusetzen *v (BM, HLK, Konst, Stat, Te)* add *(auch Kräfte)*
Hippodrom *m* hippodrome
Hirnfläche *f* end-grain surface, cross-cut end *(Holz)*
Hirnholz *n* cross-cut wood, end-grain wood, grain-cut timber; end grain *(Holzstruktur)*
Hirnholzfläche *f* end-grain surface
Hirnholzklotz *m* end-grain wood block, end-grain core block, end-grain block
Hirnholzplatte *f* cross-grain leaf
Hirnholzverbindung *f* end-to-end-grain joints
Hirnschnitt *m (Hb)* cross-cut, end-grain cutting, end grain
Hirnschnittfläche *f* 1. *(Hb)* cross-cut end, end-grain surface; 2. *(Hb)* top surface
Histogramm *n (Stat)* histogram
Hitzbeständigkeit *f (BM)* stability to heat
Hitze *f* 1. *(HLK)* heat; 2. *(Erdb)* tally of blows *(Pfahlrammen)*
hitzeabwehrend heat-repelling
hitzeabweisend heat-repelling
Hitzeaussetzung *f (BM, BT)* fire exposure *(Bauelement)*
Hitzebelästigung *f* heat nuisance
hitzebeständig heatproof, heat-resistant, resistant to heat, thermally stable
Hitzebeständigkeit *f* 1. *(BM, BT)* heat-proofness; 2. *(BM)* heat fastness
hitzeempfindlich heat-sensitive, sensitive to heat
hitzefest *(BM, BT)* heatproof
Hitzefestigkeit *f (BM)* heat fastness
hitzehärtbar thermosetting
hitzehärtend heat-curing *(Anstrich)*
Hitzewiderstand *m (BM)* heat fastness
Hobbyraum *m* hobby room
Hobel *m* plane
Hobel *m*/**kleiner** block plane
Hobelbank *f* carpenter's bench, joiner's bench, working bench
Hobelbrettern gesägt/zu rift-sawn
Hobeleisen *n* plane iron, cutter, bit
Hobelfläche *f (OB)* work face *(Holz)*
Hobelkasten *m* plane stock
Hobelmaschine *f (Hb)* planing machine, planer, surface machine
Hobelmeißel *m* 1. paring chisel; 2. *(Hb)* planer
Hobelmesser *n* plane iron
hobeln *v* 1. plane, dress; 2. *(Verk)* shave
hobeln *v*/**eine Nut** *(Hb)* rout
hobeln *v*/**hochkant** joint boards
Hobeln planing
Hobelnase *f* handle of a plane
Hobelspan *m* shaving
Hobelspäne *mpl* parings of wood, planing chips, wood shavings, parings
Hobelspanplatte *f (BT)* shaving board
Hobelwerkzeug *n* planing tool
hoch high; elevated *(erhöht)*; tall *(schlank)* • **hoch sein** stand
Hoch... high ..., raised ...; overhead ...
hochabriebfest highly abrasion-proof
hochaktiv high-active, highly active *(Haftkraft)*
hochalkalisch highly alkaline, superalkaline
Hochaltar *m (Arch)* high altar
Hochaluminiumzement *m (BB, BM)* fondu
hochaufragend lofty, tall
Hochbahn *f* elevated railway, aerial railway, overhead railway, high-level railway, *(AE)* high-level railroad
hochbasisch highly alkaline
Hochbau *m* building construction, building engineering, construction engineering; overhead construction *(Leitungsbau)*
Hochbau *m*/**schlüsselfertiger** *(VR)* turnkey building
Hochbauabteilung *f* building department
Hochbauarbeiten *fpl* building construction work, building works
Hochbaubeton *m* construction concrete, building concrete
Hochbaubetrieb *m* building contractor, building firm
Hochbauelemente *npl* fabricated structural parts
Hochbaufirma *f* building contractor, building firm, construction firm, construction contractor
Hochbauindustrie *f* building industry
Hochbauingenieur *m* building engineer, construction engineer, structural engineer
Hochbaukosten *pl (VR)* costing of building
Hochbaumaterial *n* building material
Hochbaunorm *f* building standard
Hochbaupassung *f* building fit
Hochbauschaden *m (RS)* building failure
Hochbausektor *m* building field
Hochbaustahl *m (BM)* steel for building construction
Hochbauten *mpl* 1. *(Arch)* high-rising structures; 2. *(Arch, Konst)* rising structures
hochbeanspruchbar heavy-duty
hochbeansprucht highly stressed, subject to high stress

Hochbecken *n (Wsb)* elevated reservoir *(Wasserkraftanlage)*
Hochbehälter *m* 1. *(WVA)* elevated tank; 2. *(Wsb, WVA)* high-level tank; 3. *(WVA)* above ground store *(oberirdischer Lagerbehälter)*; 4. *(WVA)* roof cistern; 5. service reservoir, service reservoir for water supply *(nur für Wasserversorgung)*
Hochbelastbarkeit *f* heavy load capacity
Hochbiegen *n* hogging bend
Hochbiegung *f* hogging
hochbildsam highly plastic
Hochbord *m* kerb, raised kerb, *(AE)* curb, raised curb
Hochbord *m* **mit abgerundeter Kante** *(Verk)* rolled kerb
Hochbordinsel *f* high-kerbed island
Hochbordstein *m* raised kerb, upstanding kerb, *(AE)* raised curb
Hochbordstein *m* **mit abgerundeter Kante** *(Verk)* rolled kerb
Hochbordverkehrsinsel *f* high-kerbed island
hochbrechen *v* blow up *(Betonfahrbahnplatten)*
Hochbrücke *f (Br)* viaduct
Hochbunker *m* overhead bin, overhead hopper *(Baustofflagerung)*
Hochburganlage *f* **mit Siedlung** *(Arch)* acropolis
Hochchor *m (Arch)* choro alto, raised choir, upper choir, upper quire, choro
Hochdamm *m (Erdb, Wsb)* high dam
Hochdeutsch *n (VR)* standard German
Hochdruckanlage *f* 1. *(HLK, San, WVA)* high-pressure system; 2. *(HLK)* high-pressure installation *(Heizung)*
Hochdruckbehälter *m (WVA)* high-pressure tank
Hochdruckbohrung *f (Erdb, Tun)* high-pressure well
Hochdruckdampf *m* high-pressure steam
Hochdruckdampferhärtung *f (BB, Te)* high-pressure steam curing *(des Betons)*
Hochdruckdampfheizungssystem *n (HLK)* high-pressure steam heating system
Hochdruckfugenverfüllung *f (Te)* high-pressure grouting
Hochdruckheizung *f (HLK)* high-pressure heating
Hochdruckinduktionsgerät *n* induction unit
Hochdruckkessel *m (HLK)* high-pressure boiler
Hochdruckleitung *f (San, WVA)* high-pressure pipeline
Hochdruckpumpe *f* high-pressure pump
Hochdruckrohr *n* solid pipe
Hochdruckschlauch *m* high-pressure hose
Hochdruckspülfahrzeug *n* **für die Kanalreinigung** *(BWG, WVA)* sewer jetting truck
Hochdruckwasserkraftwerk *n (Wsb)* high-head water power plant
Hochdruckwasserleitung *f* high-pressure water main, high-pressure water pipe
Hochebene *f (Bod)* elevated tableland
hocheffektiv highly effective
Hocheinbau *m (Verk)* overlay
hochelastisch 1. *(BM, Konst)* highly elastic; 2. *(BM)* snappy *(Fugendichtstoff)*
hochempfindlich highly sensitive, highly susceptible
hochentwickelt highly developed
hochfest high-strength
Hochfestigkeit *f* high strength
hochfeuerbeständig highly fire-resistant
hochfeuerfest high-refractory
hochfeuergefährlich high-fire-risk
Hochfläche *f*/**flache** *(Bod)* flat upland area
Hochflutsee *m (Wsb)* overflow lake
Hochformat *n* high format
Hochformathochlochblockstein *m* high format coring block
Hochformatziegel *m* high format brick
Hochfrequenzfertiger *m (BWG, Te, Verk)* high-frequency finisher
Hochfrequenzschallschutz *m* high-frequency sound insulation
Hochfrequenzverdichtung *f (BB, Te, Verk)* high-frequency compaction
Hochgarage *f* multifloor garage
hochgelegen *(Bod, RP)* upland
Hochgeschwindigkeitsspur *f (Verk)* high-speed track *(Eisenbahn)*
Hochgeschwindigkeitszug *m (Verk)* high-speed train
Hochgewölbe *n* high vault
hochgewölbt high-vaulted
Hochglanz *m* high lustre, high gloss, shining lustre, full gloss, mirror finish, full brightness, supergloss • **auf Hochglanz poliert** *(OB)* heavily polished
hochglänzend fully bright, heavily polished, high-gloss, highly lustrous
Hochglanzfarbe *f (OB)* full-gloss paint
Hochglanzlack *m* high-gloss finish
Hochglanzlackierung *f* high-gloss finish
Hochglanzpolieren *n (OB)* high-lustre polishing
hochglanzpoliert mirror-finished, extra-bright, press-polished
Hochgotik *f*/**englische** *(Arch)* Decorated style, Geometric style, Curvilinear style *(13. und 14. Jh.)*
Hochgotik *f*/**spanische** *(Arch)* Spanish High Gothic style
Hochgrab *n (Arch)* high tomb
hochgradig high
hochhaltig high-grade
Hochhaus *n* high-rise building, high-riser block, tall building, tall block, tower building, *(sl)* high-riser, *(AE)* skyscraper
Hochhausbau *m* tower building
Hochhausfassade *f* tower block façade
Hochhausgarage *f* flat multistorey car park
Hochhauswohnung *f* high flat, *(AE)* high apartment, high living unit
hochheben *v* 1. lift, lift up *(Lasten)*; 2. *(Bod, Erdb)* heave *(Baugrund, Straße, Frosthebungen)*; 3. put up, take up; raise
Hochheben *n* lifting *(Last)*
hochhitzebeständig high-temperature resistant
Hochhitzebeständigkeit *f (BM, BT)* high-temperature resistance
Hochhub *m (Te)* elevation
hochkant on edge, edgewise, upright
hochkanten *v* raise on edge, tip up
Hochkantschicht *f* edge course *(eines Mauerwerks)*
Hochkantstellen *n (BT, SB)* edgewise placing
Hochkantziegelhohlmauer *f (SB)* all-rowlock wall
Hochkantziegelreihe *f* brick-on-edge course, rowlock
Hochkantziegelreihe *f*/**sichtbare** rowlock
hochkippen *v* tip up
Hochkonjunktur *f (VR)* boom
hochkorrosionsbeständig *(BM, OB)* strongly corrosion-resistant
hochkorrosionsfest 1. *(OB)* highly corrosion-proof; 2. *(BM, OB)* strongly corrosion-resistant
hochkorrosiv *(OB)* highly corrosive
Hochkreuz *n (Arch)* High Cross
Hochlage *f (Konst)* upper position
Hochland *n (Bod)* highland
Hochland *n*/**flaches** *(Bod) (AE)* mesa
hochlegiert high(ly) alloyed
Hochleistung *f* first-class performance, high-performance
Hochleistungs... heavy-duty ...
Hochleistungsbaustoff *m* high-performance material
Hochleistungsbeton *m* high-performance concrete

H

Hochleistungseinsteckschloss *n* heavy-duty mortise lock
Hochleistungsfilterung *f (Umw)* high-rate filtration
Hochleistungsleuchtstofflampe *f (El)* high-efficiency fluorescent lamp
Hochleistungsstrecke *f (Verk)* high-performance traffic route
hochliegend overhead, high-lying
Hochlochziegel *m* honeycomb brick, vertical coring brick, vertically perforated brick, V-brick *(215 × 215 × 65 mm)*
Hochlöffel *m* face shovel, crowd shovel
Hochlöffelbagger *m* face shovel, crowd shovel, forward shovel, power shovel, power navvy
Hochmastbeleuchtung *f (El)* high-mast lighting
hochmauern *v* bring up, carry up (a wall), wall
Hochmauern *n* bringing up
hochmodern state-of-the-art
Hochmoor *n* high moor, emerged bog, high bog, raised bog, moor
Hochmotte *f (Arch)* motte-top
Hochofen *m (BWG, St)* blast furnace
Hochofenfutter *n* inwall
Hochofenfuttermauerwerk *n* inwall
Hochofengestell *n (Konst)* blast-furnace framework
Hochofenmauerstein *m* inwall brick
Hochofenschacht *m* blast-furnace shaft, shaft
Hochofenschaumschlacke *f* lightweight slag, expanded cinder
Hochofenschlacke *f* blast-furnace slag, blast slag, iron blast-furnace slag, lump slag; iron cinder *(als Zuschlag)*; *(AE)* cinder
Hochofenschlacke *f*/**granulierte** granulated blast-furnace slag, granulated slag; slag sand
Hochofenschlacke *f*/**luftgekühlte** *(BM)* air-cooled blast-furnace slag
Hochofenschlacke *f*/**schaumige** lightweight slag
Hochofenschlackenbeton *m* blast-furnace slag concrete, slag concrete
Hochofenschlackenmehl *n*/**hydraulisches** ground granulated blast-furnace slag
Hochofenschlackensand *m (BM) (AE)* cinder sand
Hochofenschlackenstein *m* slag sand block
Hochofenschlackenzuschlag *m* iron blast-furnace slag aggregate, iron slag aggregate
Hochofenschlackenzuschlagstoff *m* iron blast-furnace slag aggregate, iron slag aggregate
Hochofenschmelzschlacke *f (BM)* molten blast-furnace slag
Hochofenstückschlacke *f* lump slag, *(AE)* lump cinder
Hochofenumkleidung *f (Konst, OB)* blast-furnace jacket
Hochofenzement *m* blast-furnace slag cement, blast-furnace cement, Portland blast-furnace cement, slag cement, metallurgical cement
hochpigmentiert *(OB)* highly pigmented
hochplastisch highly plastic
hochpolierbar highly polishable
hochporös highly porous
Hochpunkt *m (Verm)* high point
Hochpunkt *m* **des Dränsystems** *(LB, WVA)* head of drain
Hochpunkt *m* **eines Fahrbahnquerschnittes** *(Verk)* crown of a carriageway
hochragen *v* tower
Hochrahmen *m* elevated frame
Hochregallager *n (EB)* high-bay warehouse
Hochrelief *n (Arch)* alto-relievo, full relief, high relief
Hochrenaissance *f (Arch)* High Renaissance
Hochrenaissance *f*/**römische** *(Arch)* Roman High Renaissance
Hochreservoir *n (WVA)* elevated tank
hochresistent *(BM, OB)* highly resistant
Hochromanik *f (Arch)* High Romanesque
hochschlagfest highly shock resistant; highly impact-resistant *(Kunststoff)*
Hochschule *f* **für bildende Kunst** *(Arch)* College of Fine Art
Hochschule *f* **für Gestaltung** *(Arch)* College of Design
Hochschulgelände *n* campus, university ground
hochschwefelhaltig high-sulphur
Hochsicherheitsabsperrung *f (Konst, VR)* high-containment barrier
hochsiliziert *(BM)* high-silicon
Hochsilo *n (Konst)* tower silo
Hochspannungsfernleitung *f (El)* high-voltage transmission line, high-tension overhead transmissions line
Hochspannungsleitung *f (El)* high-voltage transmission line
Hochspannungsmast *m* 1. *(El)* high-voltage transmission tower, transmission tower; 2. *(Arch)* pylon
Hochspeicher *m (Wsb)* elevated reservoir *(Wasserkraftanlage)*
Hochspeicherbecken *n (Wsb, WVA)* high-level reservoir
hochspringen *v* jump
Hochspülkasten *m* high-level flushing cistern, high-level flushing tank
Höchst... maximum ...
Höchstabmessung *f* maximum dimension
Höchstabstand *m* maximum distance, maximum spacing
Höchstbeanspruchung *f (Stat)* maximum stress
Höchstbelastung *f (Stat)* maximum load
Höchstbetrag *m* ceiling
Höchstbietender *m (VR)* highest bidder
Höchstdichte *f* maximum density
Höchstdicke *f* maximum thickness
Höchstdruck *m* extreme pressure
Höchstdrucklinie *f (Stat)* maximum pressure line
hochstegig deep-webbed *(Träger)*
Hochsteigtreppe *f (BT, Konst)* upstairs
Hochstelle *f (Bod, RP)* raised part *(Gelände, Bebauungsgebiet)*
hochstemmen *v (Te)* prize up
höchster uppermost, upper-most
Höchstfestigkeit *f* maximum strength
Höchstgebot *n (VR)* highest offer
Höchstgrenze *f* maximum limit
Höchstlast *f (Stat)* maximum load
Höchstlast *f*/**rechnerische** *(Konst, Stat)* computed maximum load
Höchstlast *f*/**zulässige** maximum permissible load
Höchstleistung *f* operating limits
Höchstleistung *f* **bei Nennwindgeschwindigkeit** *(Umw)* maximum power at rated speed
Höchstmaß *n* maximum dimension
Höchstnennlast *f* **für Gerüste** *(Konst)* maximum rated (scaffold) load
Höchstpreise *mpl*/**garantierte** *(VR)* guaranteed maximum prices
Hochstraße *f* 1. elevated road, high-level road, *(AE)* overhead roadway, elevated highway; elevated freeway *(kreuzungsfrei)*; 2. *(Verk)* flyover (junction) *(im Kreuzungsbereich)*
Höchstrissbreite *f* maximal crack width
Höchstschweißstrom *m* maximum welding current
Höchstsparrenabstand *m (Konst)* maximum rafter distance
Höchsttemperatur *f*/**zulässige** highest permissible temperature
Höchstwassermenge *f (Wsb)* maximum discharge
Höchstwert *m* maximum value, upper limiting value

hochsulfidhaltig *(BM, St)* high-sulphide
Hochtechnologie *f (Te)* high technology
hochtemperaturbeständig high-temperature resistant
Hochtemperaturbeständigkeit *f* high-temperature durability, high-temperature resistance, high-temperature stability
Hochtemperaturbeton *m* high-temperature concrete
Hochtemperaturdämmstoff *m (BM, DIS)* high-temperature insulant
Hochtemperaturkorrosion *f* hot corrosion
Hochtemperaturmaterial *n* high-temperature material
Hochtemperaturprüfung *f (BM)* high-temperature testing
Hochtemperaturschutzanstrich *m (OB)* high-temperature coating
Hochtemperaturversprödung *f (BM)* high-temperature embrittlement
Hochtreppe *f*/**viertelgedrehte** *(AE)* box stoop *(zu einem Hauseingang)*
Hochtür *f (Arch, Konst)* overdoor
Hoch- und Tiefbau *m* building (construction) and civil engineering
hochunedel highly active *(Metall, Korrosionsanfälligkeit)*
Hochvakuumbitumen *n* hard grade bitumen, *(AE)* high--vacuum asphalt
hochverdichtet highly (com)pressed; high-compacted *(z. B. Baustoffe, Untergrund)*
Hochverdichtungsleistung *f* high-compacting power
hochverschleißfest highly wear-resistant
hochviskos high-viscosity, highly viscous
hochviskos/scheinbar *(BM, OB)* false-body *(Farbe)*
hochwachsen *v (Te)* arise *(Gebäude)*
Hochwald *m (LB, Umw)* timber of forest
Hochwasser *n* 1. *(Umw, Wsb)* high water; 2. high flood, high tide, flood *(Höchststand der Gezeitenflut)*
Hochwasser *n*/**höchstes** highest high-water level
Hochwasser *n*/**mittleres jährliches** *(Wsb)* mean annual flood
Hochwasserabführung *f (Wsb)* flood relief
Hochwasserbecken *n (Wsb)* flood pool
Hochwasserbegrenzung *f (Umw, Wsb)* inundation limit
Hochwasserbereich *m (Umw, Wsb)* flood area
Hochwasserbett *n* 1. *(Umw, Wsb)* high-water bed; 2. *(Wsb)* flood bed
Hochwasserdamm *m (Erdb, Wsb)* levee
Hochwasserdurchlass *m (Wsb)* high-water section, high--water span, storm-water flow
Hochwasserentlastungsanlage *f (Wsb)* spillway
Hochwasserflutkanal *m (Wsb)* spill channel
Hochwasserhäufigkeit *f (Umw, Wsb)* flood frequency
Hochwasserlauf *m (Wsb)* high-river
Hochwassermarke *f* 1. *(Wsb)* high-water mark; 2. *(Umw, Wsb)* high tide mark *(Gezeitenhochwasser)*
Hochwasserregulierung *(Wsb)* high-water regulation; flood control
Hochwasserrückhaltebecken *n (Wsb)* high-water basin, retaining basin, retardation basin, stopping basin
Hochwasserschaden *m (Umw, VR)* flood damage
Hochwasserschutz *m (Wsb)* inundation protection; flood control, flood protection
Hochwasserschutzbauten *mpl (Wsb)* inundation protection structures; flood control structures, flood protection structures
Hochwasserschutzdamm *m (Wsb)* flood bank
Hochwasserschutzdeich *m (Wsb)* flood-control levee, flood levee
Hochwasserschutztalsperre *f (Wsb)* flood dam
Hochwasserspeicherung *f (Wsb)* flood control storage
Hochwasserspitze *f* high-water peak, peak flow, flood peak
Hochwasserstand *m* high-water level, high level, flood (water) level
Hochwasserstand *m*/**höchster** highest high-water level
Hochwasserstand *m*/**mittlerer** mean high-water level
Hochwasserstandsmesser *m (Wsb)* high-mark gauge
Hochwasserstrand *m (Umw)* storm beach
Hochwasserüberschwemmungsgebiet *n* flood plain, flood area
Hochweg *m (Verk)* skyway
Hochwegsystem *n (Verk)* skyway
hochwertig high-grade, high-quality
hochwinden *v* hoist; lift by jack, jack up
hochwuchten *v (Te)* prize up
hochziehen *v* 1. erect, build *(ein Gebäude)*; 2. carry up, rise *(eine Mauer)*; 3. hoist, winch *(mit einer Winde)*; 4. draw up, lift *(Wasser)*; 5. lift *(alte Farbschicht)*
Hochziehen *n* lifting *(einer alten Farbschicht durch Quellen und Lösen)*
Hochziehen *n* **einer Mauer** *(Te)* wall raising
Hochziehvorhang *m* fly curtain *(Theater)*
hochzinkhaltig high-zinc
hochzugfest high-tensile
Hochzugfestigkeit *f* high-tensile strength, HTS
Höcker *m* 1. bump, hump *(Erhebung in der Straßenoberfläche)*; 2. *(Verk)* hump; 3. *(Bod)* knob *(im Gelände)*; 4. *(Bod)* knob *(Erhabenheit)*; 5. gibbosity *(Wölbung, Buckel)*
höckerig *(Bod, Verk)* hummocky
Hockklosett *n (San)* squatting W.C. pan
Hof *m* 1. court, courtyard, yard; 2. *(Arch)* quadrangle
Hof *m* **mit Säulengang an allen vier Seiten** *(Arch)* tetrastoon *(antike griechische Baukunst)*
Hofablauf *m* yard gully, yard inlet
Hofarchitekt *m* court architect
Hofbalkon *m (Konst)* rear balcony
Hofbefestigung *f* court pavement, yard pavement
Hofdränung *f (Erdb, WVA)* yard drain
Hofeingang *m* court entrance, yard entrance
Hofeinlauf *m (WVA)* yard gully
Hofentwässerungsanlage *f (WVA)* yard drainage system
hoffnungslos *(Konst, VR)* terminal *(Aufgaben, Probleme)*
Hofgarten *m* court garden, back garden
Hofgully *m (WVA)* yard gully
Hofhalle *f*/**einseitig offene** *(Arch)* iwan *(eines parthischen Hauses)*
Hofkapelle *f (Arch)* court chapel
Hofmauer *f (Konst)* yard masonry wall
Hofraum *m* 1. courtyard, yard space; 2. *(Konst)* room facing a yard
Hofseite *f* 1. *(Konst)* yard side; 2. *(Arch)* back elevation *(Hinterfront eines Gebäudes)*
Hofsinkkasten *m (WVA)* yard gully hole
Hoftheater *n (Arch)* court theatre
Hoftor *n (BT)* yard gate
Hofzimmer *n (Konst)* room facing a yard
Höhe *f* 1. *(Verm)* level *(Niveau)*; 2. *(Arch)* height *(eines Bauwerks)*; 3. altitude, height *(über dem Boden)*; 4. depth *(Baumaschinen, Bauelemente)*; 5. elevation *(Höhe über NN)* • **auf gleicher Höhe mit** *(Verm)* level with • **in die Höhe richten** 1. lift up *(Lasten)*; 2. *(Te)* cock • **in gleicher Höhe** flush
Höhe *f*/**absolute** *(Verm)* absolute height
Höhe *f*/**amtliche** ordnance datum
Höhe *f*/**anvisierte** *(Verm)* sighted level
Höhe *f*/**beschränkte** reduced height, limited height; *(sl)* haircut place
Höhe *f* **bis zum Abfluss** sludge clear space
Höhe *f* **der Bewehrung** reinforcement level, steel level
Höhe *f* **der Dammkrone** *(Wsb)* height of weir

H

Höhe *f* **der Wasserspiegellinie** *(Wsb, WVA)* hydraulic head
Höhe *f* **des natürlichen Geländes** *(Verm)* original ground level
Höhe *f* **des Scheitelpunktes** *(Konst)* height
Höhe *f***/freie** height clearance
Höhe *f***/hydrostatische** head of water, hydrostatic head
Höhe *f***/lichte** 1. *(Konst)* clear height; 2. *(Konst, Verk)* clearance; 3. (clearance) headroom, headway, overhead clearance *(im Gebäude)*; 4. stair clearance *(Treppe)*; 5. ceiling clearance, inside height *(eines Zimmers)*; 6. daylight width, maximum daylight, daylight *(für Fenster)*; 7. bottom car clearance *(eines Fahrkorbs zum Boden)*
Höhe *f***/natürliche** *(Verm)* original ground level
Höhe *f***/piezometrische** *(WVA)* static head
Höhe *f* **über dem Meeresspiegel** *(Verm)* elevation above sea level
Höhe *f* **über NN** *(Verm)* elevation above sea level
Höhe *f***/wirtschaftliche** economic height
Höhe *f* **zwischen Faulschlammoberkante und Abfluss** *(Konst, WVA)* sludge clear space
Höhe *f* **zwischen Fußboden und Türblatt/lichte** floor clearance
Höhenabmessung *f* height dimension
Höhenabsteckungslinie *f (Verm)* mark-out line of grade
Höhenabweichung *f (Konst, Verm)* tolerance in level
Höhenabweichung *f***/zulässige** tolerance in level
Höhenaufnahme *f* survey of heights, levelling, *(AE)* leveling
Höhenberechnung *f* 1. *(Verm)* calculation of elevations; 2. *(Konst)* computation of elevations; 3. *(Verk)* computing elevation
Höhenbeschränkung *f* height restriction, restrained height
Höhenbestimmung *f* levelling, *(AE)* leveling
Höhenbezugspunkt *m (Verm)* datum level, benchmark, point of reference
Höhenbolzen *m (Verm)* batter peg
Höhen-Breitenverhältnis *n* height-to-width ratio
Höhendifferenz *f (Verm)* altitude difference
Höheneinstellung *f (Verm)* level adjustment
Höhenfestpunkt *m (Verm)* benchmark *(im Gelände)*
Höhenfestpunktfixierung *f (Verm)* benchmarking
Höhenförderer *m (BWG, Te) (AE)* elevator
Höhenfries *m***/äußerer** *(Arch)* stile *(z. B. Holztür)*
höhengerecht level with, at-grade, at level
höhengleich 1. at level, at-grade; 2. *(Verk)* single-level
Höhengleichheit *f (Konst, Stat)* isometry
Höhenjustierschraube *f* levelling screw
Höhenjustierung *f (Verm)* level adjustment
Höhenkontrollpunkt *m* check level
Höhenkorrektur *f (Verm)* elevation correction
Höhenkote *f* height indication
Höhenlage *f* altitude; level; elevation; height
Höhenlage *f***/planmäßige** design level
Höhenlängsschnitt *m* longitudinal section
Höhenlinie *f* level line, line of levels *(vermessen)*; contour line, surface contour line *(Oberflächen)*
Höhenlinienabstand *m (Verm)* contour interval
Höhenlinienkarte *f (RP, Verm)* contour map
Höhenmarke *f (Verm)* datum level, datum point, point of reference; benchmark *(im Gelände)*
Höhenmarkenserie *f (Verm)* level control
Höhenmaß *n (Verm)* measure of altitude
Höhenmaßstab *m* height gauge, scale of heights
Höhenmesser *m (Verm)* altimeter
Höhenmessung *f* 1. height measurement; 2. *(Verm)* levelling; 3. *(Verm)* depth measurement *(Baumaschinen, Bauelemente)*; 4. *(Verm)* altitude measurement *(absolute Höhenlage)*
Höhenmessung *f***/direkte** *(Verm)* direct levelling
Höhenpfahl *m (Verm)* grade stake
Höhenplan *m* 1. *(Verk)* gradient diagram, grading plan, longitudinal section; 2. contour map *(Landvermessung)*
Höhenpunkt *m (Verm)* datum level, bench-mark, point of reference
Höhenpunkt *m***/markierter** *(Verm)* spot elevation *(Geländekarte)*
Höhenschichtenkarte *f (Verm)* hypsometric map
Höhenschichtlinie *f* contour line, surface contour line
Höhen-Spannweiten-Verhältnis *n (Konst, TK)* depth-to--span ratio *(einer Konstruktion)*
Höhentoleranz *f (Konst, Verm)* tolerance in level
höhenungleich *(Verk)* two-level, grade-separated
Höhenunterschied *m (Verm)* difference in elevation; level difference; rise, fall
Höhenvermarkung *f* **am Bauwerk** *(Verm)* level control
Höhenversatz *m* sudden change of level
höhenverstellbar height adjustable
Höhenwechsel *m* change of levels
Höhenwinkel *m (Verm)* elevation angle
Höhenzielmarke *f (Verm)* height marker
Höhenzug *m (Verm)* line of levels
Höhenzug *m***/flacher** *(Bod)* subdued ridge
Höhenzulage *f (VR)* height money
höherer upper
höherstufen *v* upgrade
hohl hollow; cored, concaved • **hohl werden** *(Hb)* hollow
hohl/rückseitig hollow-backed *(Stein, Holz)*
Hohl... hollow ...
Hohlartikel *m* hollow article
Hohlbalken *m* hollow beam, hollow girder, box beam, box girder
Hohlbalkendecke *f (TK)* tube floor *(mit kreisförmigen Hohlräumen)*
Hohlbalkendeckenelement *n* tube floor slab
Hohlbalkenträger *m* box beam, hollow girder
Hohlbeitel *m* firmer gouge, gouge
Hohlblock *m* cavity block, hollow block, hollow concrete block
Hohlblockstein *m* hollow block, cavity block, hollow concrete block, hollow masonry unit, A-block
Hohlbohrer *m (Hb)* rose bit, trepanning cutter
Hohlbohrkrone *f (BWG)* concave plug bit
Hohlbolzen *m* hollow pin
Hohldeckenleichtträger *m* H-runner
Hohldiele *f* hollow-core plank, hollow-core floor slab, hollow plank, cavity slab, concrete plank
Hohldiele *f* **aus Schlackenbeton** *(BT)* clinker slab
Höhle *f* 1. *(Bod)* cave; 2. hollow, hole, cavity *(Hohlraum)*
Hohleisen *n* gouge
Höhlenarchitektur *f (Arch)* rock-cut architecture
Höhlenbaukunst *f (Arch)* rock-cut architecture
Höhlengebetshalle *f (Arch)* rock-cut chaitya hall *(indisches kirchenartiges Höhlenheiligtum - meist dreischiffig)*
Höhlenkirche *f (Arch)* rock-cut church
Höhlentempel *m (Arch)* rock-hewn temple
Höhlen-Tschaitya-Halle *f (Arch)* rock-cut chaitya hall *(indisches kirchenartiges Höhlenheiligtum - meist dreischiffig)*
Höhlenwohnung *f***/vorgeschichtliche** *(Arch)* penpit
hohlflächig concave; curved
Hohlform *f* 1. concavity, hollow form; 2. hollow mould, die *(Gussform)*; 3. *(Arch)* cup *(Hohlgefäß, hohlformatig)*
Hohlformdecke *f (Konst)* coved ceiling
Hohlfuge *f* hollow joint, recessed joint, open joint, keyed joint, recessed pointing
Hohlfugeneisen *n* metal capping
Hohlgefäß *n (Arch)* cup
Hohlgesims *n (Arch)* cavetto

Hohlgewölbe *n* hollow vault
hohlgewölbt *(Arch, BT, Konst)* concave
Hohlglas *n* hollow glass, round glass
Hohlglas *n***/weißes** flint glass, flint
Hohlgründungspfahl *m* hollow foundation pile
Hohlheit *f* hollowness
Hohlkante *f* hollow chamfer
Hohlkanteneisen *n* fluted bar iron, fluted bar
Hohlkasten *m* box beam
Hohlkastenmittelträger *m (BT)* central box girder
Hohlkastenquerschnitt *m (St, TK)* box section
Hohlkastenrahmenkonstruktion *f* box-section frame construction
Hohlkastenstütze *f* box column *(aus Stahlprofilen geschweißt)*
Hohlkastenträger *m* box beam, box girder, hollow beam
Hohlkehle *f* 1. concave moulding, hollow moulding, fillet; round corner; 2. *(Hb)* mould, furrow, hollow; groove *(längs an Säulen)*; 3. cove *(an Decken)*; 4. *(Arch)* ogee; cyma recta *(am Säulenkapitell)*; cavetto *(Viertelhohlkehle)*; trochilus; 5. quirk *(am Gesims)*; 6. *(Arch, Konst)* scotia *(am Säulenfuß, Säulenschaft)*; 7. *(Konst) (AE)* gorge *(am Säulenschaft)*
Hohlkehle *f***/flache** flat flute
Hohlkehle *f* **mit scharfen Kanten** sharp fluting
Hohlkehle *f* **zwischen Fußboden und Wand** *(BT, Te)* congé
Hohlkehlenausbildung *f***/ägyptische** *(Arch)* Egyptian gorge
Hohlkehlendecke *f (Konst)* coved ceiling
Hohlkehlnaht *f* hollow weld *(Schweißen)*
Hohlkehlperlstab *m (Arch)* flush bead, quirk bead, recessed bead
Hohlkehlung *f***/tiefe** casement
Hohlkehlverfugung *f* key joint pointing, keyed pointing
Hohlkelle *f* cove
Hohlkern *m* cellular core
Hohlkerntür *f* hollow-core door
Hohlkörper *m* 1. hollow building member, hollow building unit, hollow member, hollow unit *(Baukörper)*; 2. *(Konst, WVA)* vessel *(gefäßartig)*; 3. filler block, hollow body *(Stahlbeton)*; 4. *s.* Hohlblock
Hohlkörperdecke *f* hollow concrete floor, hollow brick ceiling, hollow filler block floor
Hohlkörperdeckenkonstruktionssystem *n (TK)* rib and tile floor system
Hohlkörpergründung *f (Erdb)* coffered foundation
Hohlleiste *f (Arch)* cyma recta *(am Säulenkapitell)*
Hohlmaß *n* liquid measure, measure of capacity
Hohlmast *m* hollow pole
Hohlmauer *f* 1. cavity wall, hollow wall; 2. *(Wsb)* cavity dam, hollow dam, gravity dam
Hohlmauer *f***/zweischalige** two-leaf cavity wall
Hohlmauerbau *m (BB, Konst, SB, Wsb)* cavity construction
Hohlmauertrennwand *f (DIS)* double partition
Hohlmauerwand *f (Konst, SB)* hollow masonry wall
Hohlmauerwerk *n (SB)* masonry cavity wall
Hohlmauerwerksverband *m* **mit stehendem Läufer und Binder** *(SB)* rattrap bond
Hohlmeißel *m* 1. hollow chisel; 2. *(Hb)* gouge
Hohlniet *m* hollow rivet, tubular rivet
Hohlpfahl *m (Bod, Erdb)* hollow foundation pile, hollow pile, tubular pile
Hohlpfeiler *m (Br, TK)* hollow pillar
Hohlplatte *f* 1. core slab, hollow slab *(auf Erdniveau verlegt)*; 2. cored panel, hollow sheet, hollow section
Hohlprofil *n***/stranggepresstes** hollow-extruded section
Hohlprofilträger *m (BT, TK)* hollow section girder
Hohlpyramidenmuster *n* hollow square moulding
Hohlpyramidenmusterleiste *f* hollow square moulding
Hohlrahmenprofil *n* hollow frame section
Hohlraum *m* 1. cavity, open space; 2. void, pore, gap, vacuity *(porenartig)*; 3. cell, cavity, core hole, core *(Loch in Ziegeln, Blocksteinen usw.)*; 4. *(HLK)* ceiling plenum *(als Luftrückflusssammelraum bei Klimaanlagen)*; 5. interstice *(Gemischbaustoff)*
Hohlraum *m***/ausgefüllter** filled cavity
Hohlraum *m***/belüfteter** vented cavity
Hohlraum *m***/bergmännisch hergestellter** mined space
Hohlraumanteil *m (BM)* void content *(Baustoff)*
hohlraumarm dense-graded, close-graded
Hohlraumauffüllung *f* cavity filling
Hohlraumausfüllungsgrad *m (Verk)* voids filled with bonder, *(AE)* voids filled with binder asphalt
Hohlraumbildung *f* cavitation, void formation; rathole formation *(z. B. im Zementsilo, Füllersilo)*
Hohlraumdeckenplatte *f (Konst, TK)* hollow floor slab
Hohlräume *mpl (BM, SB)* core area *(im Blockstein)* • **ohne Hohlräume** *(BM)* voidless
Hohlräume *mpl* **im Asphalt** voids in the asphalt
Hohlräume *mpl* **im Gesamtgemisch** voids in the total mix
Hohlräume *mpl* **im Mineralgemisch** voids in mineral aggregate
Hohlraumfeuchtigkeitssperre *f* cavity wall dampproof course, cavity wall DPC
hohlraumfrei free of cavities, voidless
Hohlraumfüllung *f* cavity fill *(Dämmung)*
Hohlraumgehalt *m* 1. percentage of voids, porosity, voids content *(Baustoffe)*; 2. *(Verk)* voids in the total mix
Hohlraumgehalt *m* **am Marshallkörper** Marshall voids
Hohlraumgehalt *m* **im Gesamtgemisch** *(Verk)* voids in the total mix
Hohlraumisolierung *f (DIS)* cavity insulation
Hohlraumverhältnis *n* pore ratio, void ratio
Hohlraumverschluss *m* cavity barrier
Hohlraum-Zement-Verhältnis *n* void-cement ratio
Hohlsäule *f* hollow stanchion
Hohlsäule *f***/gusseiserne** cast-iron hollow column
hohlschlagen *v (Arch)* emboss
Hohlschliff *m* hollow grinding
Hohlschraube *f* banjo bolt
Hohlstab *m (Arch)* cove, hollow moulding, coving
Hohlstein *m* cavity block, hollow block
Hohlstein *m***/poriger** hollow porous brick *(Ziegel)*
Hohlsteindecke *f* hollow-block floor, hollow brick ceiling, hollow floor slab, hollow-tile floor, pot floor
Hohlstelle *f (Hb)* hollow
Hohlstellen *fpl* blistering
Hohlsturz *m* hollow lintel
Hohlstütze *f* hollow stanchion
Hohltafel *f* cored panel, cavity panel
Hohlträger *m* hollow girder, box girder, hollow-web girder
Hohlumschlag *m* hollow roll, seam roll *(Metallbedachung)*
Hohlumschlagsfuge *f* hollow roll, seam roll joint *(Metallbedachung)*
Höhlung *f* cavity, hollow; recess *(Vertiefung in der Wand)*
Hohlverbundplatte *f (BT)* hollow composite slab
Hohlwanddose *f* hollow wall box
hohlwandig cavity-walled, hollow-walled, double-walled
Hohlweg *m* 1. *(Verk)* narrows; 2. *(Erdb, Umw, Verk)* defile
Hohlwürfelmuster *n* hollow moulding
Hohlziegel *m* hollow brick, cavity brick, hollow tile, building tile, *(AE)* structural clay tile; bottle brick *(für Leitungen, Armierung usw.)*
Hohlziegeldach *n* clay curved tile roof, roof in hollow tiles
Holding *f (VR)* holding
Hollandfliese *f* Dutch tile
Hollocast-Decke *f (Konst, TK)* Hollocast floor
Holm *m* 1. ladder beam, runner *(Leiter)*; 2. cross beam,

H

horse, brow post *(Treppe)*; 3. capping beam, capping piece, beam piece *(Rostschwelle)*; 4. *(BT)* strut *(Sprengstrebe)*
holoedrisch *(Arch, Konst)* holohedral
holokristallin holocrystalline
Holz *n* 1. wood; timber, *(AE)* lumber *(Bauholz, Schnittholz)*; 2. *s.* Schwellholz • **aus Holz** *(BM)* wooden • **Holz imprägnieren** *(Hb, Te)* paynize • **Holz konservieren** *(Hb, OB, Te)* preserve wood • **Holz masern** spot • **Holz mit dem Beil zurichten** *(Hb, Te)* trim timber with the hatchet • **Holz schneiden** mill timbers • **Holz spalten** chop • **maschinell Holz schneiden** mill timbers • **mit Holz auskleiden** *(Hb)* timber • **mit Holz verkleiden** *(Hb, Te)* wainscot
Holz *n*/**angemodertes** pecky timber
Holz *n*/**astreines** *(BM, Hb)* clean wood
Holz *n* **auf dem Stamm** standing timber
Holz *n*/**auf Vierkant behauenes** *(Hb)* hewn-squared timber
Holz *n*/**aufbereitetes** processed wood
Holz *n*/**beilbearbeitetes** *(BM, Hb)* adzed work
Holz *n*/**dampfgetrocknetes** *(BM, Hb)* reconditioned wood *(zur Verzugsbeseitigung)*
Holz *n*/**drehwüchsiges** cross-grained wood
Holz *n*/**druckgetränktes** densified impregnated wood
Holz *n*/**druckimprägniertes** densified impregnated wood
Holz *n*/**dünnes** fitch
Holz *n*/**einheimisches** domestic wood, home-grown timber, native wood, indigenous wood
Holz *n*/**entharztes** bleb timber
Holz *n*/**faules** rotten wood
Holz *n*/**fehlerhaftes** defective wood
Holz *n*/**flüssiges** wood cement, wood filler, *(AE)* spackle
Holz *n*/**frisches** green wood
Holz *n*/**gebogenes** *(Hb)* kneewood, knee
Holz *n*/**geformtes** bentwood
Holz *n*/**genutetes und gespundetes** matched timber, matched wood
Holz *n*/**geringwertiges** *(BM)* wrack
Holz *n*/**geschältes** disbarked wood
Holz *n*/**gespundetes** matchboard
Holz *n*/**gestreiftes** ribbon-grained wood
Holz *n*/**gesundes** sound wood
Holz *n*/**getränktes** steeped wood, treated wood
Holz *n*/**getrocknetes** dried wood, dry wood, dry stock
Holz *n*/**grobjähriges** coarse-grained timber
Holz *n*/**grobringiges** coarse-grained timber
Holz *n*/**grünes** green wood, live wood
Holz *n*/**harzgetränktes** superwood
Holz *n*/**harziges** resinous wood
Holz *n*/**harzimprägniertes** resin-impregnated wood
Holz *n*/**harzreiches** highly resinous wood
Holz *n*/**hochstämmiges** lofty timber
Holz *n*/**imprägniertes** impregnated wood, treated wood, behaved wood
Holz *n*/**kernrissiges** heart-shaken wood
Holz *n*/**knetbares** plastic wood
Holz *n*/**krankes** unsound wood
Holz *n*/**kunstharzgetränktes** resin-impregnated wood, resin-treated wood
Holz *n*/**kunstharzgetränktes und gepresstes** *(BM)* compressed wood
Holz *n*/**kunstharzgetränktes und verpresstes** improved wood
Holz *n*/**kunstharzverpresstes** *(AE)* impreg
Holz *n*/**lamelliertes** glulam timber, glulam
Holz *n*/**minderwertiges** *(BM, Hb)* low-rate timber
Holz *n* **mit Trockenzugspannung** tension wood
Holz *n*/**morsches** decayed wood, rotten wood
Holz *n*/**muffiges** frowzy timber
Holz *n* **nach Stückliste** *(AE)* factory lumber, shop lumber
Holz *n*/**poröses** porous wood
Holz *n*/**schadhaftes** defective wood
Holz *n*/**schichtverleimtes** laminated timber
Holz *n*/**spaltbares** *(BM, Hb)* cleavable wood
Holz *n*/**splint-holzkäferanfälliges** lyctus-susceptible wood
Holz *n*/**überschnell gewachsenes** reaction wood
Holz *n*/**unbearbeitetes** unprocessed wood, natural wood, new wood
Holz *n*/**verblautes** blue timber
Holz *n*/**verfaultes** decayed wood, unsound wood
Holz *n*/**verkientes** resinous wood
Holz *n*/**verleimtes** laminated timber, laminated wood, bonded wood
Holz *n*/**versteinertes** silicified wood, dendrolite
Holz *n*/**verstocktes** pecky timber
Holz *n*/**verworfenes** *(BM)* warped timber
Holz *n*/**verzogenes** *(BM)* warped timber
Holz *n* **von abgestorbenen Bäumen** *(LB, Umw)* deadwood
Holz *n*/**wahnkantiges** wane-edged wood
Holz *n*/**waldkantiges** wane-edged wood
Holz *n*/**wurmstichiges** *(BM)* worm-eaten timber
Holz *n*/**zugbeanspruchtes** tension wood
Holzabdeckung *f* timber planking
Holzabfall *m* 1. *(Umw)* wood waste; 2. *(Te)* abatement *(bei Holzbearbeitung)*
Holzabfallplatte *f (BT)* wood waste board
Holzabfuhr *f (Te)* wood hauling
Holzabmessung *f (BM)* timber dimension
holzähnlich *(BM)* woody
Holzanstrich *m (BM, OB)* wood paint
Holzarbeit *f* 1. woodworking *(Tätigkeit)*; 2. woodwork *(Produkt)*
Holzarbeit *f*/**baumkantige** *(Hb)* rustic woodwork
Holzarbeit *f*/**bebeilte** *(BM, Hb)* adzed work
Holzarbeiten *fpl (Hb, Te)* timberwork *(BS 8000-5, DIN 18334)*
Holzarchitektur *f* timber architecture
holzartig woody, ligneous, xyloid
Holzasbest *m* ligneous asbestos
Holzauskleidung *f* 1. *(BT, Hb, OB)* wooden board lining; 2. *(Hb, Konst, OB)* wooden lining; 3. *(BT, Hb)* timber lining
Holzaussteifung *f* cribbing, cribwork
Holzaxt *f* 1. felling axe, *(AE)* felling ax; 2. wood axe, *(AE)* wood ax, chopper
Holzbaldachin *m (Arch)* timber ciborium
Holzbalken *m* timber beam, timber, wood(en) beam; needle beam *(kurzer, dicker Stützbalken)*
Holzbalken *m*/**gesägter** *(BT, Hb)* whole timber
Holzbalken *m*/**handbehauener** dull-edged beam
Holzbalken *m*/**starker** *(BT, Hb)* heavy joist *(mindestens 200 mm breit)*
Holzbalken *m*/**verfachter** trussed beam
Holzbalkenanker *m*/**leichter** *(Hb)* framing anchor
Holzbalkenboden *m (Hb, TK)* wooden joist floor
Holzbalkenbolzen *m* hanger bolt
Holzbalkenbolzenschraube *f* hanger bolt
Holzbalkendachdecke *f (Hb)* timber joist roof floor
Holzbalkendecke *f* wood(en) joist ceiling, wooden beam floor, timber joist floor, single timber floor
Holzbalkenfußbehandlung *f (OB)* butt-end treatment *(mit Holzschutzmittel)*
Holzbalkenkopfplatte *f* shear plate
Holzbalkenkopfverstärkungsplatte *f* shear plate
Holzbalkenlage *f*/**doppelte** *(Hb)* two-layers of wooden joists

Holzbalkenstoßverbindung f/glatte *(Hb)* heading joint
Holzbalkenträger *m (BT, Hb)* wooden beam
Holzbalkenverbindung f/schräge toe joint *(z. B. Sparren und Wand)*
Holzbalkenverbindungseisen *n* joist connector, structural timber connector, timber connector, *(AE)* spike grid
Holzbalkenverbindungsglied n/verjüngtes *(Hb)* haunched tenon
Holzbalkenverbindungsringeisen *n* split ring connector
Holzbalkenzugankerverbindung *f (Hb)* haunched mortise-and-tenon joint
Holzbaracke *f* timber hut, wooden hut
Holzbasisleiste *f* wood lath
Holzbau *m* 1. building in timber, building in wood, timber construction, wood(en) construction, wood(en) building; 2. *(Hb)* timber engineering *(Fachgebiet)*
Holzbau m/schwer entflammbarer *(Hb)* slow-burning construction
Holzbauarbeiten *fpl (Hb)* timberwork *(BS 8000-5, DIN 18334)*
Holzbauarchitektur *f* timber architecture
Holzbauart *f* timber construction type, timber type of construction, wooden construction type
Holzbauelemente *npl* joinery, prefabricated joinery *(z. B Türen, Fenster, Treppen)*; *(AE)* millwork
Holzbaukunst *f (Arch)* timber architecture
Holzbauteil *n* joinery component, joinery unit
Holzbauteile *npl* joinery, prefabricated joinery *(z. B Türen, Fenster, Treppen)*; *(AE)* millwork
Holzbauten *mpl (EN 1995-1-1/A1) (Hb)* timber structures
Holzbauweise *f* timber construction, wood construction, timber technology
Holzbauwerk *n (Hb)* timber structure
holzbearbeitend wood-working
Holzbearbeitung *f (Hb, Te)* woodworking
Holzbearbeitungsmaschine *f (BWG)* woodworking machine
Holzbearbeitungsmesser *n (AE)* sloyd knife
Holzbefestigungsleiste *f* wood lath
Holzbehandlung *f (OB, Te)* wood treatment
Holzbehandlung f/chemische chemical staining of timber
Holzbeize *f* 1. *(BM)* wood stain; 2. *(BM, OB)* stain
Holzbeize f/wasserlösliche *(BM, OB)* water stain
Holzbekleidung *f* wooden lining
Holzbelag *m* timber planking, wood covering
Holzbergepfeiler *m* chock *(Innenausbau)*
Holzbeton *m* wood-cement concrete, wood chip concrete, wood concrete
Holzbetonbelag *m* cement-wood floor
Holzbetonblockstein *m* wood chip concrete block
Holzbetonplatte *f (BM)* wood chip concrete slab
Holzbetonstein *m* wood chip concrete block, wood concrete block
Holzbildhauer *m (Arch)* wood carver
Holzbinder *m* timber roof frame, timber truss, wooden roof frame
Holzbinder m/leichter *(Hb)* lightweight timber truss
Holzbinderbalken *m (Hb, TK)* wooden binding beam
Holzblock *m* wood brick *(für Befestigungszwecke)*
Holzblock *m* **mit 45°-Schnittwinkel** *(Hb)* mitre block
Holzblockfußboden *m* block flooring
Holzbock *m* timber jack, wooden stand
Holzbogen *m* 1. *(Konst)* timber arch; 2. *(Hb, Konst)* wooden arch
Holzbogen m/laminierter *(Hb)* laminated arch
Holzbogenbrücke *f (Br)* arched bridge
Holzbogenfachwerk *n (Konst, Te)* Belfast truss
Holzbohle *f* timber plank; batten *(ca. 65 mm dick, 150 mm breit)*
Holzbohlenhaus *n (Hb, Konst) (AE)* slab house
Holzbohrer *m* 1. wood-boring tool, auger bit, wood auger twist bit *(Werkzeug)*; 2. gimlet *(Nagelbohrer)*; 3. wood borer; carpenter moth *(Facharbeiter)*
Holzbohrer m/gespreizter expanded bit
Holzbohrer m/kleiner gimlet
Holzbohrer m/spreizbarer expansion bit
Holzbrandmalerei *f (Arch)* poker-work, pyrography
Holzbrandtechnik *f s.* Holzbrandmalerei
Holzbrechwiderstandstest *m* crib test *(bei Feuereinwirkung)*
Holzbrett n/gespundetes matchboard
Holzbrücke *f (Br, Hb)* timber bridge, wooden bridge *(EN 1995-2, DIN 1074)*
Holzbrücke *f* **mit geleimten Trägern** *(Br, Hb)* glued laminated bridge
Holzbundbalken *m (Hb, TK)* wooden binding beam
Holzbundstiel *m* wooden principal post, wooden stud, timber wood
Holzdach *n* 1. *(Konst)* timber roof; 2. *(Hb, Konst)* wooden roof
Holzdachbinder *m* timber roof truss, timber truss, wooden truss
Holzdachrinne *f (BT)* wood gutter
Holzdachrinnenverbindung *f (San)* lap scarf
Holzdachschindel *f (BM)* wood shake *(keilförmig)*
Holzdachsparren *m (BT, Hb)* wooden rafter
Holzdalbe *f (Wsb)* timber dolphin
Holzdecke *f (Hb)* wood ceiling
Holzdecke f/einfache *(Hb)* simple wood ceiling
Holzdecke f/freitragende *(Hb, TK)* wooden suspended floor
Holzdecke f/gewölbte cambered wood ceiling
Holzdecke *f* **mit sichtbarem Unterzug** open-timber floor
Holzdecke f/unten offene open-timber floor
Holzdeckenausbildung *f* **mit Trägerimitation** beam ceiling
Holzdeckenbalken *m* 1. *(Hb)* timber joist; 2. *(BT, Hb)* wooden joist; 3. *(BT, TK)* common joist
Holzdicke *f* timber thickness
Holzdielenfußboden *m* boarded floor
Holzdollen *m* timber dowel, wooden dowel
Holzdrehbank *f* wood-turning lathe
Holzdruck *m* 1. *(Arch)* wood-block printing, xylography *(Verfahren)*; 2. *(Arch)* wood-block print *(Produkt)*
Holzdübel *m* wood dowel, wood plug, wood nog, structural timber connector, timber connector, *(AE)* spike grid, anchor block
Holzdübelstein *m* nog
Holzdübelstift *m* nog
Holzeckpfosten *m (BT, Konst)* corner post
Holzeinbau m/verlorener *(Hb)* non-recoverable timbering
Holzeinbauteile *npl* wood in-built units, wood built-in units, wood fixtures, wood trim, wood mill work, mill work
Holzeinbauten *mpl s.* Holzeinbauteile
Holzeinfassung *f* 1. *(Hb, Konst)* timber surround; 2. *(Hb, Konst)* wooden surround
Holzeinlage *f* insertion of wood; footing stop *(in Betonierfuge)*
Holzeinlegearbeit *f* mosaic woodwork, inlay work in wood, wood inlay, mosaic work, marquetry *(z. B. in Möbeln)*
Holzeinlegereparaturstück *n* router patch
Holzeinlegestück *n* router patch
Holzeinschlag *m* 1. *(LB)* tree felling; 2. *(Bod, LB, Umw)* wood cutting
holzen *v* fell trees, cut [down] trees
hölzern *(BM)* wooden

Holzertrag *m* timber yield
holzerzeugend wood-producing
Holzfachwerk *n* cross-timbered truss, timber framing, framework; timber framework *(eines gesamten Gebäudes)*
Holzfachwerkbau *m* 1. *(Hb, TK)* timber-frame construction; 2. *(Arch, Hb, Konst)* wooden frame construction
Holzfachwerkhaus *n* timber-framed house, timber framework building, wooden framed house, wooden framework building
Holzfachwerkträger *m* timber trussed girder, timber truss
Holzfachwerkwand *f* timber-framed wall, timber frame wall, wooden framework wall
Holzfahrbahn *f* 1. *(Hb, Verk)* wood-paved roadway; 2. wood deck *(Brücke)*
Holzfällen *n (LB)* felling
Holzfäller *m* woodcutter, *(AE)* lumberjack
Holzfalttür *f* timber folding door, wooden folding door
Holzfarbe *f (BM, OB)* wood paint
Holzfärbung *f* wood staining, ligneous fibre
Holzfaser *f* wood fibre
Holzfaser *f*/**verdrehte** twisted grain *(Furnierholz)*
Holzfaser *f*/**verzogene** twisted grain *(Furnierholz)*
Holzfaserbauplatte *f (BT)* wood-fibre building board
Holzfaserbeton *m* wood-fibre concrete
Holzfaserdämmplatte *f (BT, DIS)* softboard
Holzfaserdämmung *f (DIS, Hb)* wood-fibre insulation
Holzfaserdruck *m* wood-grain print
Holzfasergipsputz *m* gypsum wood fibred plaster
Holzfaserhartplatte *f* hardboard
Holzfasern *fpl*/**ungleichmäßige** *(BM)* uneven grain *(entsprechend den Jahreszeiten)*
Holzfaserplatte *f* wood fibreboard, hardboard, fibreboard, *(AE)* masonite (board)
Holzfaserplatte *f*/**halbharte** medium hardboard
Holzfaserplattendecke *f* wood fibreboard ceiling
Holzfaserplattenraumdecke *f* wood fibreboard ceiling
Holzfaserputz *m* wood-fibred plaster
Holzfaserputzträgerplatte *f (BT, SB)* wood-fibre plaster baseboard
Holzfaserstoff *m* wood fibre, wood cellulose, *(AE)* wood fiber
Holzfäule *f* wood rot, timber decay, timber decomposition, dry rot, dote
Holzfäule *f*/**beginnende** incipient decay
Holzfaulstelle *f (Hb, RS)* peck
Holzfehlstelleneinlage *f* insert
Holzfender *m (Wsb)* timber fender
Holzfenster *n* wood(en) window, timber window
Holzfensterbrett *n (BT)* wood sill
Holzfensterladen *m* timber shutter
Holzfertigbau *m (Hb, Konst)* timber prefabricated construction
Holzfertighaus *n* 1. *(Arch, Konst)* prefabricated timber house; 2. *(Konst) (AE)* prefab *(sl)*
Holzfertigteilbau *m (Hb)* wooden prefabricated construction
Holzfestigkeit *f* wood strength, timber strength
Holzfestungsturm *m (Arch)* timber tower
Holzfestungsturm *m*/**mittelalterlicher** *(Arch)* brattice *(mit auskragendem Wehrgang)*
Holzfeuchte *f* wood moisture, timber moisture
Holzfeuchtigkeit *f* wood moisture, timber moisture
Holzfeuerung *f* firing [heating] with wood
Holzfigur *f (Arch)* wooden figure, wooden statue
Holzflachdach *n* 1. *(Hb, Konst)* wooden flat roof; 2. *(Konst)* timber flat roof
Holzflechtwerk *n (Erdb, LB)* wattle
Holzfleck *m* fleck *(durch unregelmäßige Maserung)*
Holzfloß *n (Wsb)* timber raft
Holzflößerei *f* log-running, rafting of timber
Holzflügelfenster *n (BT)* wooden casement window
Holzform *f* wooden mould, timber mould
Holzfräsen *n (Hb, Te)* shaping
Holzfräser *m* 1. *(Hb)* shaper, milling cutter *(Werkzeug)*; 2. *(Hb)* carving machine cutter *(Fachmann)*
Holzfräsmaschine *f* 1. *(BWG, Hb)* shaping machine; 2. *(BWG)* wood milling machine
holzfrei wood-free
holzfressend lignivorous, xylophagous
Holzfugendeckleiste *f (EB)* wooden batten
Holzfurnier *n (BM)* wood veneer
Holzfußbalken *m (Hb)* summer beam
Holzfußboden *m* boarded floor, wooden floor, timber floor
Holzfußbodenbelag *m* timber flooring finish, wooden floor covering
Holzfußleiste *f (BT)* wooden base board
Holzfußweg *m* boardwalk, duckboard *(Bretterweg)*; *(AE)* board way; strake *(Plankenweg um ein Haus)*
Holzgas *n* wood gas
Holzgasgenerator *m* wood-gas producer
Holzgebälk *n* 1. *(TK)* binders and joists; 2. *(Hb, TK)* joists
holzgedeckt roofed in wood
Holzgehweg *m s.* Holzfußweg
Holzgerippe *n* timber studs
Holzgerippebau *m (Hb, TK)* wood skeleton structure
Holzgerippetrennwand *f* timber-stud partition, timber studs, wood stud partition
Holzgerippewand *f (Hb, Konst)* wood stud wall
Holzgerüst *n* timber scaffolding
holzgetäfelt wood-panelled, wainscotted
Holzgewebe *n* xylem *(des Holzes)*
Holzgewinde *n* wood-screw thread
Holzgewölbe *n* 1. *(Hb, Konst)* timber vault; 2. *(Hb, TK)* wooden vault
Holzgitter *n* wood(en) grill
Holzgitterbalken *m* 1. *(Hb, TK)* timber lattice girder; 2. *(BT, Hb)* wooden lattice beam
Holzgitterfenster *npl*/**kunstvoll geschnitzte** *(Arch)* mouchàraby *(in der maurischen Architektur)*
Holzgitterträger *m (BT, Hb)* wooden lattice girder
Holzgitterwerk *n (BT, SB)* wood lathing *(Putzträger)*
Holzgrundanstrich *m (BM, OB)* wood primer
Holzgrundierer *m (BM, OB)* wood primer
Holzgrundiermittel *n (BM, OB)* wood primer
Holzgrundplatte *f (BT)* wooden baseplate
Holzgummi *m* wood gum
Holzgurtgesims *n* stringer
Holzgüte *f* timber quality
Holzhacker *m* woodchopper
Holzhackermethode *f (Te) (sl)* slash and burn mode
Holzhalle *f (Hb)* balloon hangar *(genagelt)*
holzhaltig containing wood, ligneous
Holzhammer *m* mallet
Holzhammer *m*/**großer** beetle
Holzhammer *m*/**schwerer** mall, maul
Holzhandel *m* wood [timber] trade, *(AE)* lumber trade
Holzhandlauf *m* wooden handrail
Holzhändler *m* wood [timber] merchant, *(AE)* lumber merchant
Holzhaus *n* wooden house, wooden cottage, timber house, timber cottage, chalet
Holz-Holz-Verbindung *f* wood-to-wood connection, wood-to-wood joint, timber-to-timber connection
Holzhütte *f* wooden hut, timber hut, wooden cottage, wooden shack, log cabin
holzig woody, ligneous
Holzimprägnieranlage *f* wood-impregnating plant, *(AE)* lumber preserving plant

Holzimprägnierung *f* 1. *(BM, Hb)* impregnation of wood; 2. *(Te)* wood steeping; 3. *(OB, Te)* wood treatment
Holzimprägnierungsmittel *n (BM)* wood preservative
Holzindustrie *f* wood [timber] industry, *(AE)* lumber industry
Holzinnenausbau *m (Hb)* wood finishings
Holzjalousie *f* wooden slatted roller blind
Holzkanzel *f (Arch)* timber pulpit
Holzkasten *m* chock *(Innenausbau)*
Holzkehlleiste *f* wood moulding
Holzkeil *m* timber wedge • **auf Holzkeile aufsetzen** chock
Holzkern *m* 1. heart; 2. *(Konst)* wood roll *(Blechdach)*
Holzkirche *f* 1. *(Arch, Hb)* wooden church; 2. *(Arch)* timber church
Holzkirche f/skandinavische *(Arch)* stave church
Holzkitt *m* wood putty, wood cement, crack filler, plastic wood, stopper; water putty *(mit Wasser angerührt)*
Holzklammer *f* timber dog
Holzklotz *m* billet *(zum Heizen)*; (wood) block, block of wood *(Fußboden, Holzpflaster)*
Holzklötzchen *n* small block of wood
Holzkohle *f* wood charcoal, burned wood, burnt wood, xylanthrax, charcoal
Holzkonditionierung *f (Hb, Te)* wood conditioning
Holzkonservierung *f (BM, DIS, OB)* wood preservation
Holzkonservierungsmittel *n (BM)* wood preservative
Holzkonsole f/temporäre needle
Holzkonstruktion *f* building in timber, building in wood, timber construction, wood(en) construction, framing of timber, wooden structure
Holzkonstruktion *f* **mit feuerhemmender Schutzbehandlung** *(Hb)* slow-burning construction
Holzkonstruktion *f* **mit sichtbarem Verband** *(Hb)* open-timbered construction
Holzkonstruktion f/verleimte *(Hb, Konst)* glued wood construction
Holzkonstruktionssystem *n (Hb, Konst)* wooden structural system
Holzkörper *m* xylem *(des Holzes)*
Holz-Kunststofferzeugnisse *npl* wood plastic articles
Holz-Kunststofffenster *n* wood plastic window
Holzkuppel *f* timber dome
Holzlack *m (BM, OB)* wood finishing lacquer
Holzlack m/gelber orange shellac
Holzladen *m* timber shutter
Holzlage f/dünne lamina
Holzlager *n* dumping place
Holzlagerplatz *m* wood yard, timber stacking ground, timber (stacking) yard, stockyard, *(AE)* lumber yard
Holzlamelle *f* wooden slat
Holzlängsverbindung *f (Hb)* scarf
Holzlasche *f (BT)* timber bracket
Holzlatte *f* wooden batten, timber batten
Holzleibung *f* jamb lining
Holzleimbau *m* 1. *(Hb)* bonded wood construction; 2. *(Hb, Konst)* glued wood construction
Holzleiste *f* batten, timber batten, wooden batten, strip of wood, wood ledge, wood border; beading, beadwork *(dekorativ)*
Holzleiste f/dekorative beading
Holzleisteneinlageverband *m (Hb)* ranging bond *(Nagelleisten)*
Holzleistenlehre *f* **für Putzarbeiten** nib guide, nib rule *(Deckengesims)*
Holzleiter *f* timber ladder
Holzloch *n* open defect
Holzmalerei *f (Arch)* painting of wood
Holzmaserung *f* streak, vein
Holzmaserungsauge *n (Hb, OB)* cat's eye
Holzmaserungsimitation *f* **durch Bürstenstrich** *(OB)* brush graining
Holzmaß *n (BM, Hb)* scantling gauge
Holzmassenaufnahme *f* measurement of standing timber
Holzmast *m (BT, Hb)* wooden mast
Holzmehl *n* wood flour *(fein)*; wood meal *(grob)*
Holzmehltapete *f* oatmeal wallpaper
Holzmeißel *m (BWG)* wood chisel
Holz-Metallverbindung *f* wood-to-metal connection, wood-to-metal joint, timber-to-metal connection, timber-to-metal joint, metal timber connector
Holzmoderfleck *m (Hb, RS)* peck
Holzmole *f (Wsb)* timber jetty
Holzmontagebau *m (Hb)* wooden prefabricated construction
Holzmosaik *n s.* Holzeinlegearbeit
Holzmuster n/farbiges pigment figure
Holznagel *m* wood(en) nail, wood(en) peg, wood(en) nog, tree nail
Holznagelleiste f/eingebaute *(BT, Hb)* wood ground
Holzoberfläche *f* **nach Ofentrocknung/braune** *(Hb, Te)* kiln brown stain
Holzoberflächenbehandlung *f (OB, Te)* wood finishing
Holzoberflächenentfärbung *f* bleed-through, strike-through *(durch durchdrückenden Tischlerleim)*
Holzoberflächenstrukturierung *f (OB)* cissing *(durch Schwammanfeuchtung)*
Holzoberschwelle *f* timber lintel, wooden lintel
Holzofen *m* wood(-burning) stove
Holzöl *n (BM, OB)* wood oil
Holzöl n/Chinesisches China wood oil, tung oil
Holzopal *m (BM)* xylopal
Holzornamentschnitzerei *f (Arch)* chip carving, wood ornamentation
Holzpalisadenzaun *m (LB)* wooden palisade fence
Holzparkett *n* parquet, wood mosaic
Holzpavillon *m* wood(en) pavilion
Holzpech *n* wood pitch
Holzpfahl *m* 1. *(Erdb)* wood pile, tabular pile, timber pile, spile; 2. pale *(für Palisadenzaun)*; 3. *(BT)* stake *(Zaunpfahl)*
Holzpfahlrost *m (Erdb)* wood pilework
Holzpfette *f (BT, Hb)* wooden purlin
Holzpflaster *n* 1. block flooring, solid floor, solid-wood floor, wood block floor(ing) *(Fußboden)*; 2. timber pavement, timber paving, wood block paving, wooden (block) pavement, wooden (block) paving *(Straßen- und Wegepflasterung)*; 3. *(BM)* wooden road-paving blocks
Holzpflasterarbeiten *fpl* timber paving work, wooden paving work
Holzpflasterbefestigung *f* wood block paving
Holzpflasterboden *m (BM)* wood block floor(ing)
Holzpflasterdecke *f* wooden block pavement, wooden block paving
Holzpflasterklotz *m* 1. wooden block, wood block floor, wood block flooring *(für Fußboden)*; 2. wood(en) paving block, wooden paver *(für Straßen- und Wegebefestigung)*
Holzpflasterstein *m (BM)* wooden set
Holzpflock *m* timber peck, nog, spile; timber post, wooden post *(für Zäune)*
Holzpfropfen m/kleiner spile
Holzplastik *f (Arch)* sculpture in wood
Holzplatte *f (BT)* wood panel
Holzplatte *f* **mit horizontaler Faserung** lying panel
Holzplatz *m* timber stacking ground, timber stacking yard, timber yard, wood yard, stockyard
Holzpolierwachs *n (OB)* carnauba wax
Holzputzmörtelträger *m (BT, SB)* wooden lathing for plastering
Holzpyramidenturmdach *n (Hb, Konst)* timber spire

Holzqualität *f* timber quality
Holzquerschnitt *m* timber section
Holzrahmen *m* wooden frame(work), timber frame, timber underframe, wooden rigid frame
Holzrahmen *m*/**starrer** *(Konst)* timber rigid frame
Holzrahmenbauwerk *n (TK)* timber-framed structure
Holzrahmenende *n*/**überstehendes** horn
Holzrahmenfassade *f* wood-frame façade
Holzrahmenfenster *n* wooden window
Holzrahmenhaus *n* **der Kolonialzeit** *(Arch)* garrison house *(befestigtes Blockhaus der nordamerikanischen Siedler)*
Holzrahmenkonstruktion *f* structural wood framing system *(Konstruktionssystem)*; timber-framed construction, wood-frame construction, timber(-framed) building *(Produkt)*
Holzrahmenöffnung *f*/**raue** *(Hb)* stud opening
Holzrahmentafel *f* timber frame panel
Holzrahmentor *n (BT, Hb)* timber framing gate
Holzrahmentragwerk *n (Hb, TK)* wooden space bearing structure
Holzrahmentrennwand *f (Konst)* trussed partition
Holzrahmenwerk *n* timbering
Holzraspel *f (BWG)* wood rasp
Holzriegel *m* wooden rail, nogging piece
Holzriegelmauerverband *m (SB)* timber bond
Holzriegelwand *f* timber-framed wall, wooden framework wall
Holzringankerrahmen *m (BT, Hb, Konst)* continuous header
Holzrinne *n* box gutter, trough gutter
Holzrinne *n*/**ausgebohrte** *(San)* eaves gutter
Holzrohbau *m* carpentry
Holzrollladen *m* timber rolling shutter, wooden slatted roller blind
Holzrollladenabschluss *m (BT)* timber rolling shutter
Holzrost *m* timber grid, wooden grid, wooden grating; timber grille, timber grillage, wooden grillage, pontoon *(Gründungsrahmen)*
Holzrostfundament *m* timber grid footing, timber grillage footing, wooden grillage footing
Holzsäule *f (BT, Hb)* wooden column
Holzschädling *m s.* Holzschädlingsfolgen
Holzschädlingsfolgen *fpl (Umw)* timber pest
Holzschale *f* 1. *(Hb, TK)* roof boards; 2. *(Hb, Konst)* wooden sheathing
Holzschalendach *n (Hb, Konst)* timber shell roof
Holzschalung *f* 1. timber formwork, timber shuttering, wooden formwork, wooden sheathing, wooden shuttering, timber forms *(Schalungsformteile)*; 2. *(Hb)* roof boarding; 3. *(Hb, TK)* roof boards *(Dachschalung)*
Holzscheit *n* billet
Holzscheuerleiste *f* 1. *(BT)* wooden base board; 2. *(EB)* wooden sanitary cove
Holzschindel *f (BM)* wood shingle
Holzschindeldach *n (Hb, Konst)* wooden shingle roof
Holzschindelimprägnierfarbe *f (BB)* shingle stain
Holzschlaghammer *m* bossing mallet
Holzschleifen *n* wood sanding
Holzschleifmaschine *f* wood sander
Holzschneidekunst *f (Arch)* wood engraving, xylography
Holzschneider *m* wood engraver, xylographer
Holzschnitt *m (Arch)* wood engraving, woodcut, xylograph
Holzschnittmaß *n* nominal size
Holzschnitzel *n* wood chip; flake *(Spanplatte)*
Holzschnitzer *m* (wood) carver
Holzschnitzerei *f (Arch, Te)* wood carving
Holzschraube *f* woodscrew, wooden screw
Holzschutz *m* timber preservation, timber proofing, wood preservation
Holzschutz *m*/**vorbeugender** preventive wood protection
Holzschutzanstrich *m* protective coat of timber, protective coat of wood
Holzschutzmittel *n* 1. *(BM, OB)* timber preservative; 2. *(BM)* wood preservative
Holzschutzmittel *npl*/**insektenwidrige** *(Hb, Umw)* insecticide for timber
Holzschutzmittel *n*/**lösliches** *(BM, DIS, Hb)* solvent preservative
Holzschutzmittel *n*/**wasserlösliches** *(BM, OB)* water--soluble wood preservation
Holzschutzmittel *n*/**wässriges** aqueous wood preservative
Holzschutzsalz *n* wood-protecting salt
Holzschwamm *m* dry rot
Holzschwelle *f* 1. timber sill, sole plate *(z. B. Türschwelle)*; 2. wooden sleeper *(Eisenbahn)*
Holzsiegellack *m*/**gelber** orange shellac
Holzsims *m* wood moulding
Holzskelett *n* timber framework *(eines gesamten Gebäudes)*
Holzskelettbau *m* 1. *(Hb, TK)* wood skeleton structure; 2. *(Hb, Konst, TK)* wooden skeleton construction
Holzskulptur *f (Arch)* sculpture in wood, wooden sculpture
Holzsockelleiste *f* timber skirting, wooden sanitary cove, *(AE)* lumber baseboard
Holzsorte *f* kind of wood, species of wood, grade of timber
Holzspachtel *f s.* Holzspachtelmasse
Holzspachtelmasse *f* wood filler, *(AE)* spackle
Holzspaltkeil *m* timber splitting wedge
Holzspan *m* (wood) chip, (wood) sliver, wood shaving
Holzspanakustikdeckenplatte *f (BT, DIS, Konst)* wood chip acoustic ceiling board
Holzspanbaustoff *m* wood-particle material
Holzspanbeton *m* wood chip concrete
Holzspäne *mpl* wood shavings
Holzspannungen *fpl*/**normale** timber stresses
Holzspannungen *fpl*/**zulässige** timber stresses
Holzspanplatte *f* wood(en) chipboard, wood(en) particle board, hardboard
Holzspanwerkstoff *m* wood-particle material
Holzsparren *m (BT, Hb)* timber rafter
Holzspiralbohrer *m* spiral wood drill
Holzspitzkirchturm *m (Hb, Konst)* timber spire
Holzsplint *m* splint
Holzsplitter *m* splinter
Holzspreize *f (BT)* timber spreader
Holzsprengwerk *n (Hb, TK)* timber truss frame
Holzspundwand *f (Erdb, Hb)* timber sheet piling
Holzstabdübel *m* timber dowel
Holzstabwerk *n (BT, SB)* wood lathing *(Putzträger)*
Holzständerkonstruktion *f (Hb, Konst)* wooden post-and--beam structure
Holzstandöl *n* 1. *(BM, OB)* wood stand oil; 2. *(BM, DIS, OB)* tung oil *(für Oberflächenbehandlung)*
Holzstange *f* wood lath, wood ledge
Holzstapel *m* stack of wood
Holzstapelplatz *m (Hb, Te)* lumber yard
Holzsteg *m* wooden foot bridge, *(AE)* ligger *(über einem Graben)*
Holzsteife *f (Erdb)* soldier
Holzsteifrahmen *m* wooden rigid frame
Holzstein *m* woodstone
Holzstempel *m (Erdb)* timber prop, wood prop
Holzstift *m* wooden peg, nog
Holzstock *m* wooden stick
Holzstöckel *m (BM)* wooden block

Holzstocksprengen *n (LB)* blockholing
Holzstoff *m* lignin
Holzstöpsel *m***/konischer** *(BT)* conical wooden plug
Holzstück *n***/angesetztes** *(Hb)* pieced timber
Holzsturz *m* timber lintel, wood(en) lintel, timber stanchion, wooden column
Holzstütze *f (BT, Hb)* wooden support
Holzstützenbalken *m***/gebogener vertikaler** *(Hb)* crutch
Holztafel *f* wood(en) panel, timber panel *(zur Wandverkleidung)*
Holztafelbauweise *f (Hb)* wood panel construction
Holztäfelung *f* 1. (wooden) panelling *(Vorgang)*; 2. wainscot, wooden panelling, wooden panel *(Produkt)*
Holzteer *m* wood tar
Holztor *n* timber gate, wooden gate
Holztragelemente *npl***/geleimte** 1. *(BM, Hb)* structural glued-laminated timber; 2. *(Hb)* glu-lams
Holzträger *m* 1. timber girder, wood(en) girder; wooden support *(Unterstützungsträger)*; 2. *(Hb)* apron piece *(für Holztreppenhäuser)*
Holzträger *m***/schichtverleimter** *(BT, Hb)* laminated beam
Holztraggerüst *n (Hb)* sole plate *(Fundament)*
Holztragrahmen *m* timber underframe
Holztragwerk *n (Hb, TK)* wooden loadbearing structure
Holztränkung *f* 1. *(BM, Hb)* impregnation of wood; 2. *(Te)* wood steeping
Holztransport *m (Te)* wood hauling
Holztrennwand *f* board partition (wall), timber partition, wooden partition
Holztreppe *f (Hb, Konst)* timber stairs, timber stair(case), wooden stair(case)
Holztreppe *f***/vorgefertigte** *(Hb, Konst)* prefabricated timber stairs *(EN-TS 15680)*
Holztrockenofen *m* drying kiln
Holztrockenofen *m* **mit Mehrkammersystem** *(BM, Hb)* compartment kiln
Holztrocknung *f* 1. *(Te)* timber drying; 2. *(Hb, Te)* kilning *(Ofentrocknung)*
Holztrocknung *f***/künstliche** kiln drying *(von Bauholz)*
Holztür *f (BT)* timber door
Holztür *f***/verglaste** glass(es) timber door
Holzturm *m (Arch)* timber tower
Holztürrahmen *m* 1. *(Hb)* timber door frame; 2. *(BT, Hb)* wooden door frame
Holztürrahmen *m***/eingebauter** buck frame
Holztürschwelle *f* wooden door threshold
Holzumzäunung *f* timber fencing, wood fencing
Holzung *f* small forest, small wood
Holzunterbau *m* crib
Holzunterboden *m (Hb, Konst)* wooden subfloor
Holzunterdecke *f* wooden counter ceiling, timber counter ceiling
Holzuntergrund *m* timber base, timber ground, wooden base
Holzunterkonstruktion *f (Konst, SB)* wooden firring *(Putzträger)*
Holzunterlage *f* 1. *(BT, Hb)* timber support; 2. *(Hb)* apron moulding *(unter dem Zimmerfußboden)*
Holzunterlegen *n* blocking
Holzuntersicht *f* timber soffit
Holzunterstützung *f* crib
Holzverarbeitung *f* woodworking
Holzverband *m (Hb)* wood construction
Holzverbau *m (Hb)* timbering
Holzverbinder *m* timber connector, timber fastener, wood(en) fastener *(z. B. Bolzen, Patentdübel, Spannschrauben)*
Holzverbindung *f* 1. *(Hb, Te)* timber assembling *(Montage)*; 2. timber connection, timber joint, wood connection, wood joint
Holzverbindung *f***/gestoßene** *(Hb)* abutting joint
Holzverbindungsfuge *f***/genutete** *(Hb)* breaking joint *(speziell für Holzdielung)*
Holzverbindungsmittel *n (EB)* wooden fastener
Holzverbindungsverfahren *n* 1. *(Hb, Konst)* timber joining method; 2. *(Hb, Te)* wood jointing method
Holzverbundbaustoff *m* wood composite
Holzverbundstoff *m* wood composite
Holzverdrehung *f***/spiralförmige** *(Konst)* winding
Holzveredlung *f* wood processing
Holzverfall *m* timber decay
Holzverfärbung *f (OB)* wood staining
Holzverkeilung *f* blocking
Holzverkleidung *f* wood covering, wood board lining, wooden lining, timber lining, timber surfacing; wood lagging, timber lagging *(für Dämmungszwecke)* • **mit Holzverkleidung** timbered
Holzverkleidung *f***/diagonale** diagonal sheathing
Holzverkleidung *f***/waldkantige** *(Hb)* rustic woodwork *(für Wände)*
Holzverlängerung *f (Hb)* lengthening of timber
Holzverlattung *f* lathing, battening
Holzverschalung *f* 1. *(Hb, Konst)* timbering; 2. *(Hb)* planking; 3. *(BB, Hb)* clamping with boards; 4. timber sheathing, wooden sheathing *(für Wände)*; 5. *(Hb)* poling boards *(eines Schachts)*; 6. *(Hb)* weather-boarding *(Außenwandverschalung, Wetterschürze)*; 7. *(DIS, Hb, Konst)* wood lagging *(für Bögen)*; 8. cribbing, cribwork *(aussteifende, tragende Verschalung)*; timber decking
Holzverschalung *f***/senkrechte** *(Hb)* balloon framing *(über die volle Höhe)*
Holzverschlag *m* wooden crate, wooden shed, wooden partition
Holzverschnitt *m (Te)* abatement *(bei Holzbearbeitung)*
Holzversieglung *f* impregnation of wood
Holzvertäfelung *f* 1. panelling *(Vorgang)*; 2. wainscot, wood panelling, panel
Holzverzierungen *fpl* wood moulding
Holzvollschutz *m (Hb)* full protection of wood
Holzvollwandbalken *m* timber plain webbed beam, timber solid webbed beam, timber solid webbed girder, wooden plain web beam, wooden solid web beam
Holzvollwandbalkenträger *m s.* Holzvollwandbalken
Holzwand *f* timber wall, wooden wall
Holzwandschindel *f* wood(en) siding shingle
Holzwange *f* 1. *(BT, Konst)* timber string; 2. *(BT, Hb)* wooden string *(einer Treppe)*
Holzwaren *fpl* wooden ware, wooden articles
Holzwechselbalken *m (BT, Hb)* timber header
Holzweg *m* wood path
Holzwerk *n* timbering, woodwork
Holzwirtschaft *f s.* Holzindustrie
Holzwolle *f* wood-wool, wood shavings, excelsior, *(AE)* wood excelsior
Holzwollebauplatte *f* excelsior building slab
Holzwollebeton *m* wood-wool concrete, excelsior concrete, *(AE)* wood excelsior concrete
Holzwollebetonplatte *f* wood-wool concrete slab, *(AE)* wood excelsior concrete slab
Holzwolledämmung *f* wood-wool insulation, excelsior insulation
Holzwolleleichtbauplatte *f (BT)* wood-wool building slab *(DIN 1102)*
Holzwolleplatte *f (BT)* wood-wool board
Holzwurm *m* death-watch beetle, timber worm, furniture beetle, furniture borer, death-watch, woodworm *(Käferlarve)*

Holzwurmloch *n (Hb, RS)* shot-hole
Holzwurmmehl *n (Hb, OB, RS)* frass
Holzzahn *m (Hb)* cog
Holzzapfen *m (Hb)* slip
Holzzaun *m* 1. *(Hb)* timber fence; 2. *(LB)* wooden fence
Holzzaunfußbrett *n* gravel board
Holzzellstoff *m* wood cellulose, wood pulp
Holzzement *m (BM)* wood putty
Holzzementdach *n* Häusler roofing
Holzzerfall *m* timber decay, timber decomposition
Holzzersetzung *f* timber decay, timber decomposition
Holzziborium *n (Arch)* timber ciborium
Holzziegel *m* wood brick, timber brick, nog, fixing block, nailing block
Holzzimmerung *f (BT, Hb)* timber lining
homogen homogeneous
homogen/nicht *(BM)* non-homogeneous
Homogenität *f* homogeneity
Homogenitätsfehler *m* homogeneity bug, homogeneity defect
homolog homologous
honen *v (OB)* hone
Honigstein *m (BM, Bod)* melilite
Honorarordnung *f* **für Architekten und Ingenieure** *(HOAI) (VR)* honorarium code for architects and engineers *(s. a. Verordnung über die Leistungen der Architekten und Ingenieure)*
Honorarvertrag *m* **nach Istkostenabrechnung** *(VR) (AE)* cost-plus-fee agreement
hörbar aural
Hörbarkeit *f (DIS)* audibility
Hörbarkeitsbereich *m* audibility range, range of audibility
Hörbarkeitsverhältnisse *npl* aural conditions
Hörbereich *m* audibility range, range of audibility
Hörempfinden *n (DIS, Konst)* aural impression *(Raumakustik)*
Hörempfindlichkeitsbereich *m* auditory sensation area
Horizont *m* horizon
Horizont *m*/**gemalter** *(Arch)* horizon cloth
Horizont *m*/**sichtbarer** *(Arch)* visible horizon
Horizont *m*/**wahrer** *(Verm)* true level
horizontal horizontal, level; flat *(geologisch)*
Horizontalabstand *m* ground distance
Horizontalabsteifung *f (Konst)* horizontal shoring
Horizontalabstützungselemente *npl* horizontal shoring members, horizontal shoring timbers
Horizontalabwassersammelleitung *f (WVA)* horizontal branch
Horizontalabzweigung *f (WVA)* horizontal branch
Horizontalaussteifung *f* horizontal stiffening
Horizontalbalken *m* horizontal beam; string piece *(bei einem Dachstuhl)*
Horizontalbelastung *f (Stat)* horizontal loading
Horizontalbewegung *f* horizontal movement
Horizontalbogen *m (Konst, TK)* straight arch
Horizontale *f* horizontal (line)
Horizontalebene *f* 1. *(Konst, Stat)* horizontal plane; 2. *(Verm)* ground plane
Horizontalelement *n (Hb, St)* horizontal member
Horizontalfräsmaschine *f (Hb)* plain milling machine
Horizontalgliederung *f* horizontal division, layer-cake form of elevation
Horizontalkomponente *f (Stat)* horizontal component
Horizontalkraft *f (Stat)* horizontal force
Horizontallast *f (Stat)* horizontal load
Horizontalmontage *f* horizontal assembly, horizontal erection
Horizontalmörtelfuge *f* coursing joint, bed joint *(in Mauerwerk)*
Horizontalprojektion *f* 1. *(Konst)* horizontal projection; 2. *(Arch, Konst)* ground plan
Horizontalschiebefenster *n* horizontal sliding window
Horizontalschiebefensterrahmen *m (EB)* horizontally sliding sash
Horizontalschiebetür *f (EB)* horizontal sliding door
Horizontalschnitt *m* horizontal section, sectional plan
Horizontalschub *m (Stat)* horizontal thrust
Horizontalschub *m* **durch Wärmedehnung** horizontal thrust due to temperature
Horizontalschweißen *n (St)* horizontal welding
Horizontalsteife *f* horizontal stiffener
Horizontalstrebe *f* horizontal shore, horizontal strut, flying shore
Horizontaltrommel *f* horizontal barrel *(Baustoffaufbereitung)*
Horizontalüberbrückung *f (Konst)* horizontal bridging
Horizontalunterstützungsleiste *f* ribbon board
Horizontalverankerung *f* horizontal anchorage
Horizontalverband *m* horizontal joint, horizontal wind bracing
Horizontalvergitterung *f (Konst)* horizontal bracing
Horizontalverkleidung *f (OB)* horizontal lagging
Horizontalverschiebung *f* horizontal translation; sidesway *(Gebäude)*
Horizontalverstrebung *f (Konst)* horizontal bracing
Horizontalwinkel *m (Verm)* horizontal angle
Horizontalzusammenbau *m* horizontal erection
horizontieren *v (Te)* level
Horizontlinie *f* horizon, skyline
Horizontvorhang *m (Arch)* horizon cloth
Hornantenne *f (El)* horn aerial
Hornast *m (BM, Hb)* splay knot
Hornblende *f (BM)* hornblende
Hornblendeasbest *m* 1. *(BM, Bod)* amphibole asbestos; 2. *(BM)* amphibolite
Hornblendegelbasbest *m (BM, Bod)* amosite
Hornblendegestein *n (BM)* amphibolite *(metamorphes Gestein)*
Hornblendegranit *m (BM)* hornblende granite
Hornblendeporphyr *m* hornblendic porphyry
Hornblendeschiefer *m* hornblende schist
Hörnerblitzableiter *m (El)* horn arrester
Hornfelsgestein *n* hornfels
Hörsaal *m* auditorium, lecture hall, lecture theatre
Hörschwelle *f (DIS)* threshold of audibility
Hörverhältnisse *npl* aural conditions
Hosenrohr *n (San)* breeches pipe, Y-ducting, Y-tube, wye
Hosenstück *n (San)* wye branch, Y-branch, Y-ducting *(Rohrverbindung)*
Hospital *n (Arch)* hospital
Hospiz *n (Arch)* hospice
Hotel *n* hotel, inn
Hotelbau *m* hotel construction
Hotelempfangsraum *m* reception lounge, *(AE)* parlor
Hotelgebäude *n (Arch)* hotel building
Hotelhalle *f* hotel foyer, hotel lobby
Hotelrestaurant *n* hotel restaurant
Hotelschwimmbad *n* hotel swimming pool
Hourdi *m (BT)* clay pot
Hourdis *m (SB)* hollow-gauged brick
Hoyer-Balken *m (TK)* Hoyer beam
H-Querschnitt *m* H-section
HR *(St) s.* Rockwellhärte
H-Rahmen *m* H-frame
H-Stahlrammpfahl *m (BT, Erdb, St)* H-pile
H-Stein *m* open-end block
H-Stütze *f* H-column, H-shaped column
H-Träger *m (BT, St)* H-beam

Hub *m (Stat)* lift
Hubarbeitsbühne *f (BWG)* elevating work platform *(DIN EN 280)*
Hubbard-Field-Asphaltprüfung *f (Verk)* Hubbard Field test
Hubbrücke *f* 1. *(Br)* lift bridge; 2. *(BWG, Konst)* vertical lift(ing) bridge
Hubbühne *f (BWG)* hoisting platform, elevating platform *(s. a. Hubarbeitsbühne)*
Hubbühne *f*/**fahrbare** *(BWG)* mobile elevating platform, portable hoisting platform
Hubdach *n* lift-slab roof
Hubdecke *f (BB, TK)* lift-slab concrete floor *(Beton)*
Hubdeckenbauwerk *n (Arch, Konst)* lift-slab structure
Hubdeckenplatte *f* lift slab
Hubdeckenstütze *f (TK)* lift-slab column
Hubdeckenverfahren *n (Te)* slab-lift method
Hubeinlage *f* lifting insert
Hubfenster *n* 1. *(Hb)* sash window; 2. *(BT)* vertical sash
Hubfenster *n* **mit Gegengewichten** *(BT)* vertically balanced sash
Hubfenster *n* **mit mehreren Flügeln** vertical sliding window
Hubfensterarretierung *f* sash fast(ener)
Hubfensterband *n* sash ribbon
Hubfenstergewicht *n* sash counterweight
Hubfenster-Gewichtsaufnahmekasten *m* pocket piece (of a sash) window
Hubfenstergewichtsausgleich *m*/**obenliegender** sash overhead balance
Hubfenstergewichtskette *f (EB)* sash chain
Hubfenstergewichtslaufbahn *f* sash pocket
Hubfenstergewichtsschnur *f* sash cord
Hubfenstergriff *m (EB)* lift
Hubfenstermetallband *n* sash ribbon
Hubfensteröffnungshaken *m* sash-pole socket, sash socket
Hubfensterrahmen *m (BT)* window stile
Hubfensterschiene *f* sash pulley stile, sash run
Hubfensterseilrolle *f* sash pulley
Hubfensterzentriereinrichtung *f* sash centring device, sash centre
Hubfensterzug *m* **mit Einrastung** *(EB)* sash lift and hook
Hubgerüst *n* mast assembly
Hubgeschwindigkeit *f* hoisting speed
Hubhöhe *f* hoisting height, lifting height, lift
Hubinsel *f (Erdb, Wsb)* jack up
Hubkette *f* lifting chain
Hubklinke *f (EB) (AE)* lift latch
Hubklinkenriegel *m (EB) (AE)* lift latch
Hubkorb *m*/**freibeweglicher** cherry picker
Hubladeplattform *f (Konst, Verk)* loading dock leveller
Hublader *f* lifting shovel
Huböse *f* lifting eye
Hubplatte *f* lift slab
Hubplattenbauweise *f (BB, Te)* lift-slab construction
Hubplattendecke *f* lift-plate floor, lift-slab floor
Hubplattenverfahren *n (BB, Te)* lift-slab construction
Hubplattform *f* lifting platform, elevating platform
Hubpresse *f* lift jack
Hubrohr *n* lift pipe
Hubschiebefenster *n* **mit mehreren Flügeln** vertical sliding window
Hubschiebetür *f (BWG)* sliding lifting door
Hubschrauberdachlandeplatz *m* rooftop heliport, elevated heliport
Hubschrauberflugplatz *m* heliport
Hubschrauberlandedeck *n (Verk)* helicopter deck
Hubschrauberlandeplatz *m (Verk)* helicopter ground
Hubschrauberplatz *m (Verk)* helicopter ground
Hubseil *n* hoist line, hoisting rope
Hubstange *f* lifting rod, pull rod *(Hubdeckenmethode)*
Hubstapler *m* fork-lift truck
Hubtechnik *f (Te)* lifting construction technique *(Hubdeckenverfahren)*
Hubtor *n* lift gate *(Schleuse)*
Hubvolumen *n* displacement
Hufeisenapsis *f (Arch)* horseshoe apsis
Hufeisenbogen *m (Arch)* Arabic arch, horseshoe arch
Hufeisenbogen *m*/**maurischer** *(Arch)* Moorish arch, Moorish horseshoe arch, Moorish multifoil arch, pointed horseshoe arch
Hufeisenbogengewölbe *n (Arch)* horseshoe arch
Hufeisengewölbe *n (Arch)* horseshoe vault
Hufeisenprofil *n (Tun)* horseshoe profile, horseshoe section
Hufeisenrundbogen *m (Arch)* horseshoe arch, Arabic arch
Hufeisenspitzbogen *m (Arch)* Moorish horseshoe arch, pointed horseshoe arch
Hufeisenspitzbogen *m*/**maurischer** *(Arch)* Moorish arch
Hügel *m* 1. *(Bod)* hill; 2. *(Erdb, Tun)* mound *(Erdhaufen)*; 3. height *(Anhöhe)*; 4. *(Bod)* elevation *(Bodenerhebung)*
Hügel *m*/**kleiner** hillock, hump
hügelförmig hill-shaped
Hügelgelände *n (Bod)* sloping terrain
hügelig hilly, mountainy
Hügelland *n* hilly country, hilly ground, hilly terrain, downs
Hügelland *n*/**grasbedecktes** downs
Hügelstadt *f (RP)* hill-city
Hühnerstall *m (LB)* fowl-house
Hülle *f* 1. cover, covering, coat, wrapper, wrapping, enclosure *(Umhüllung)*; 2. encasement, envelope, capsule, can, sleeving *(Ummantelung, Gehäuse)*; 3. carcass, envelope *(eines Gebäudes)*; 4. sheath(ing) *(z. B. von Bauteilen und Leitungen, Hüllrohr)*
Hülle *f*/**bauliche** carcass *(eines Gebäudes)*
Hülle *f*/**partielle** *(Tun)* partial enclosure
Hüllkurve *f* envelope *(eines Gebäudes)*
Hüllkurve *f*/**Mohr'sche** *(Bod)* Mohr's envelope, rupture curve
Hüllrohr *n* cable duct, encasing tube, sheathing; sheath *(Spannbeton)*
Hülse *f* 1. socket; sleeve, shell, bushing, case; 2. *(HLK, St, WVA)* barrel *(Rohrhülse)*; 3. *(Konst, Te)* sheath *(Spannbeton)*; 4. cylinder *(Gehäuse)*
Hülsenanker *m (BT)* tapped sleeve anchor *(mit Innengewinde)*
Hülsenentstauber *m (HLK)* sleeve dust remover
Hülsenfundament *n* sleeve foundation, socket base, socket foundation
Hülsenkörner *m* plug-centre punch
Hülsenrohr *n* sleeve piece, barrel; pipe sleeve *(Mauerwerkdurchbruch)*
Hülsenrohrleitung *f*/**biegsame** *(El)* flexible metal conduit
Hülsenstoß *m* sleeve splice
Huminstoff *m (LB, Umw)* ulmous substance
Huminstoffe *mpl (BM, LB)* humates
humos *(Bod, LB)* humous, humic
Humus *m* humus, soil ulmin, vegetable mould
Humusboden *m* humus soil, humic soil, organic soil, mould
Humuserde *f* 1. *(Bod, LB)* humus earth; 2. *(LB)* ulmous earth *(Landschaftsbau)*
Humusgehalt *m* humus content, organic carbon content *(Betonzuschlagstoffe)*
humusreich humous
Humussäure *f* 1. *(Bod)* humic acid; 2. *(LB, Umw)* ulmic acid
Humusschicht *f (Bod, LB)* humic layer
Humusstoff *m* humic substance

Humusverfüllung *f* **der Hohlräume** filling of openings with humus soil
Hund *m***/laufender** *(Arch)* running dog, wave scroll *(Ornament)*
Hundehütte *f* kennel
Hundertsäulengebäude *n (Arch)* hecatonstylon
Hundertsäulenhalle *f (Arch)* Hall of the Hundred Columns *(Persepolis)*
Hundezahnornament *n (Arch)* dog-tooth ornament, dogtooth
Hürdengalerie *f* hurdles
Hürdenzaun *m (LB)* hurdle fence
Hutabdeckung *f* top hat (cover piece)
Hutquerschnitt *m* top-hat section
Hütte *f* 1. hut, cabin, cot, cottage; 2. hovel, *(AE)* shanty, shack *(ärmliche Hütte)*; 3. smeller, smelting works metallurgical plant *(Metallurgie)*; 4. alpine hut, mountain lodge *(Berghütte, Schutzhütte)*; hunting lodge *(Jagdhütte)*; 5. building shed *(Baustellenhütte)*

H

Hüttenbims *m* expanded blast-furnace slag, expanded slag, foamed slag, pumice slag
Hüttenbimshohlblock *m* hollow-expanded cinder concrete block
Hüttenbimshohlblockstein *m* hollow-expanded cinder concrete block
Hüttenglas *n* blank
Hüttenkunde *f (BWG)* metallurgy
Hüttensand *m* cinder sand, granulated slag
Hüttenstein *m* breeze brick
Hüttenwerk *n (BWG)* blast-furnace works
Hüttenwesen *n (BWG)* metallurgy
Hüttenwolle *f (BM, DIS)* slag wool
Hüttenwolledämmung *f (DIS)* slag wool insulation
Hüttenwollestein *m* silicate cotton block
Hüttenzement *m* blast-furnace (slag) cement, metallurgical cement, slag cement
Hüttenzink *m (BM)* roasted zinc
HV Vickers hardness, diamond pyramid hardness
HV-... high-tensile ...
HV-Schraube *f* high-tensile bolt
HV-Schraubenverbindung *f* 1. *(Konst, St)* high-strength friction grip; 2. *(Konst, St)* friction grip-bolt connection
hyalin *(Bod)* hyaline *(Geologie)*
Hybrid-Betonkonstruktion *f (BB, Konst, St)* hybrid concrete construction
Hydrant *m (WVA)* fire hydrant
Hydrantsäule *f (WVA)* standpipe
Hydrargillit *m* 1. *(BM, Bod)* hydrargillite; 2. *(BM)* gibbsite
Hydrat *n (BM)* hydrate
Hydratation *f* hydration
Hydratationsgeschwindigkeit *f* hydration rate, rate of hydration
Hydratationsgrad *m* hydration degree
Hydratationsprozess *m* hydration process, process of hydration
Hydratationstemperatur *f* hydration temperature, temperature of hydration
Hydratationsverlauf *m* process of hydration
Hydratationswärme *f* heat of hydration, hydration heat
Hydratationswasser *n (BM)* hydration water, water of hydration *(Zementsteinbildung)*
Hydratationszustand *m* hydration state
Hydrathülle *f (BM)* hydration sheath
Hydration *f* hydration
hydratisieren *v* hydrate, aquate *(Kalk)*
hydratisiert hydrated
Hydratisierung *f* hydration
Hydratwasser *n* hydration water, water of hydration *(Zementsteinbildung)*

Hydraulik *f* hydraulics
Hydraulik *f***/angewandte** *(Wsb, WVA)* applied hydraulics
Hydraulikdruckheber *m (BWG, WVA)* hydraulic jack
Hydraulikleitung *f* hydraulic line
Hydraulikpresse *f* hydraulic press
hydraulisch *(BM)* hydraulic
Hydraulizität *f* hydraulicity
Hydrodynamik *f (Wsb, WVA)* hydrodynamics
hydrodynamisch hydrodynamic
Hydrofluorchlorkohlenwasserstoff *m (HFCK)* hydrochlorofluorcarbon, HCFC
Hydrogeologie *f* 1. *(Bod)* hydrogeology; 2. *(Bod, WVA)* geohydrology
Hydrographie *f (Bod)* hydrography
Hydrolisierbarkeit *f* hydrolyzability
Hydrologe *m* hydrologist
Hydrologie *f* hydrology
hydrologisch hydrological
hydrolysieren *v (BM, RS)* hydrolyze
Hydromechanik *f* 1. *(Wsb, WVA)* hydromechanics; 2. *(WVA)* mechanics of liquids; 3. *(HLK, Konst)* fluid mechanics
Hydroment *n* Hydroment *(Mischbinderart)*
hydrophib *(BM)* hydrophibic
hydrophil *(BM)* hydrophilic
Hydrophilie *f (BM)* hydrophily
Hydrophilzerfall *m* deliquescence *(von Putz aufgrund Feuchtigkeitsabsorption durch Salzgehalt)*
hydrophob hydrophobic, non-absorbent, water-fearing, water-hating, water-repellent
Hydrophobie *f* hydrophobicity
Hydrophobiermittel *n* hydrophobic agent, hydrophobing agent
Hydrophobierung *f (DIS, Te)* water-repellent treatment
Hydrophobierungsmittel *n* hydrophobic agent, water--repellent agent
Hydropulsor *m (Umw)* hydraulic ram
Hydrosol *n* hydrosol
Hydrostatik *f (Stat)* hydrostatics
hydrostatisch *(Stat)* hydrostatic
Hydrotechnik *f* 1. *(Wsb)* hydraulic engineering; 2. *(Wsb, WVA)* water engineering
hydrothermal hydrothermal
Hydrowissenschaft *f (Bod, WVA)* hydroscience
Hydroxid *n* hydroxide
hygienisch sanitary
Hygrometer *n (HLK)* hygrometer
hygroskopisch *(BM)* hygroscopic
Hygroskopizität *f (BM)* hygroscopicity
Hyperbel *f (Stat)* hyperbola
Hyperbelparaboloid *n* 1. *(Konst)* hyperbolic paraboloid; 2. *(Stat)* hypar
Hyperboloid *n (Konst, Stat)* hyperboloid
Hyperboloid *n***/einschaliges** *(Konst)* hyperboloid of one sheet
Hyperboloidschale *f (Konst)* hyperboloidal shell
Hyperoon *n (Arch)* hyperoon *(Obergeschoss eines altgriechischen Wohnhauses)*
Hypokaustum *n (Arch)* hypocaust
Hypophyge *f (Arch)* hypophyge *(z. B. unter einem dorischen Kapitell)*
Hypostylos *m (Arch)* hypostyle, hypostyle hall
Hypothek *f (VR)* mortgage • **mit Hypotheken belasten** *(VR)* mortgage
Hypothekenaufnahme *f (VR)* assumption of mortgage
Hypothekenbelastung *f (VR)* encumbrance *(auf Gebäuden, Grundstücken)*
Hypothekengläubiger *m* mortgagee
Hypothekenkündigung *f (VR)* foreclosure

Hypothekenpfandbrief *m* mortgage bond
Hypothekenschuldner *m (VR)* mortgager
Hypothese *f (Stat)* hypothesis
Hypothese *f* **der maximalen Dehnung** *(Stat)* maximum strain theory *(Festigkeit)*
Hypothese *f* **des elastischen Grenzzustandes nach Mohr** *(Bod)* Mohr's theory
Hypotrachelion *n (Arch)* hypotrachelium
Hysterese *f (BM)* hysteresis
HZK *f (höchstzulässige Konzentration) (Umw)* TLV, threshold limit value
HZK *f* **am Arbeitsplatz** *(Umw)* TLV, in the workplace
HZK *f* **in der Umwelt** *(Umw)* TLV, in the free environment

I

I-A-Fitting *n (San)* service fitting
I-A-Winkelfitting *n (San)* service ell
Ickselkelle *f (SB)* inside-angle tool
Iddingsit *m (Bod)* iddingsite
Idealgebäude *n (Arch)* ideal building
Idealgeschwindigkeit *f (Umw, Verk)* ideal velocity
Idealgrundriss *m (Arch)* ideal ground-plan
idealisiert idealized
Idealisierung *f* idealization
Idealkörper *m (BT)* continuum
Idealkörpermechanik *f (Stat)* continuum mechanics
Idealkuppel *f* ideal cupola, ideal dome
Idealschnitt *m (Arch)* ideal section
Idealsiebkurve *f (BM)* ideal grading curve
Idealsieblinie *f (BM)* ideal grading curve
Idealspannung *f (Stat)* ideal stress
Idee *f (RP)* notion *(Bebauungskonzeption)*
Ideenwettbewerb *m (VR)* ideas competition
Identifikation *f* identification
Identifizierung *f (VR)* identification
Identitätsprüfung *f* identification test
Identitätszertifikat *n (Konst, VR)* attestation of conformity
idiotensicher *(sl)* foolproof
Iglu *m(n)* igloo
Ikone *f (Arch)* icon
Ikonographie *f (Arch)* iconography
Ikonostas *m (Arch)* iconostasis *(Bilderwand in orthodoxen Kirchen)*
Ikonostase *f (Arch)* iconostasis *(Bilderwand in orthodoxen Kirchen)*
Ikosaeder *n (Arch)* icosahedron
Illit *m (BM)* illite
Illumination *f* decorative lighting
Ilmenit *m (BM, Bod)* ilmenite *(Eisenmineral)*
Ilmenitschwarz *n (OB)* ilmenite black
Ilmenitzuschlag *m* ilmenite aggregate
Ilmenitzuschlagstoff *m* ilmenite aggregate
Imbissküche *f (AE)* pantry
Imbissstand *m* hot-dog stall, hot-dog stand
Imbissstube *f* snack bar
Imhoff-Brunnen *m (WVA)* Imhoff tank *(Abwasser)*
Imhoff-Trichter *m (BM)* Imhoff cone *(Abwasser)*
imitiert sham
immerwährend perennial
Immission *f (Umw)* immission
Immissionsgrenzwert *m (Umw)* emission limit value
Immissionsgrenzwert *m* **der Luft** *(Umw)* ambient air emission standard
Immissionskonzentration *f***/maximale** *(Umw)* maximum immission concentration
Immobilie *f* real property, *(AE)* realty
Immobilien *fpl* property, real property, landed property, *(AE)* real estate
Immobilienagentur *f* house agency, property agency
Immobilienbesitz *m* property, *(AE)* realty, real estate
Immobilienbüro *n (VR)* estate agency, estate office, *(AE)* real estate office
Immobiliengesellschaft *f (VR)* property company, *(AE)* real estate company
Immobilienhändler *m (VR)* broker, estate agent, vendor, *(AE)* real estate agent, realtor
Immobilienmakler *m s.* Immobilienhändler
Immobilienmarkt *m (VR)* property market
Immobilienwert *m***/negativer** *(VR)* negative equity
Impaktion *f (Stat)* impaction
Impastierung *f (OB)* impastation
Impedanz *f (DIS)* impedance *(Akustik)*
Impedanzmessung *f (DIS)* impedance measurement *(Prüfung)*
Imperfektion *f* imperfection
Impermeabilität *f* impermeability
Impfkompostrückführung *f (Umw)* recycling of inoculated compost
Impluvium *n (Arch)* impluvium *(römischer Hauswassertank)*
Imprägnieranlage *f* impregnating plant, saturating plant
Imprägnieranstrich *m* waterproof(ing) coat, waterproof sealing
imprägnierbar impregnable
Imprägnierbarkeit *f (BM)* impregnability
Imprägnierbehandlung *f (DIS, Te)* water-repellent treatment
Imprägnierbitumen *n* penetration-grade bitumen, refinery bitumen of penetration-grade, saturating asphalt
Imprägnierdauer *f* saturation time
imprägnieren *v* impregnate, imbibe, proof, waterproof; penetrate, saturate, soak *(mit Flüssigkeiten)*; preserve, treat *(Holz)*; temper *(wasserabweisend)*; varnish *(mit Lacken, Kunstschichtstoffen)*
Imprägnieren *n* 1. *(Te)* impregnating; 2. *(DIS)* soak
Imprägnierharz *n (BM)* impregnating resin
Imprägnierlack *m* coating varnish
Imprägnierlösung *f (BM, DIS)* water-repellent solution
Imprägniermischung *f* impregnating mixture
Imprägniermittel *n* impregnant, saturant, saturating agent, impregnating composition, saturating composition, waterproofing compound
Imprägniermittel *n***/feuerhemmendes** fire-retardant impregnating agent
Imprägnieröl *n (BM)* oil preservative
imprägniert impregnated, proofed
Imprägnierung *f* impregnation, saturation, imbibition, penetration, waterproofing; preservation, treatment *(Holz)*; finish, varnishing *(mit Lacken, Kunststoffschichten usw.)*
Imprägnierungsbad *n* saturation bath
Imprägnierungsbehandlung *f (DIS, Te)* treatment with preservatives
Imprägnierungsgrad *m* impregnation degree, saturation degree
Imprägnierungslasur *f (OB)* impregnating scumble
Imprägnierungslösung *f* 1. *(DIS)* repellent solution; 2. *(BM)* waterproofing solution
Imprägnierungsmittel *n* impregnant
Imprägnierungsprüfung *f (BM)* impregnation test
Imprägnierungsstoff *m (BM)* waterproofing compound
Imprägnierzeit *f* impregnation period

Impsonit *n (BM)* impsonite *(asphaltisches Pyrobitumen)*
Impuls *m* momentum *(Masse × Geschwindigkeit)*; impulse *(Kraft × Zeit)*
Impuls *m* **der Bewegung** *(Stat)* momentum
Impuls *m***/linearer** momentum *(Masse × Geschwindigkeit)*
Impulslärm *m (DIS)* impact noise
Impulsschall *m (DIS)* impact noise
Imputzschalter *m (El)* semiflush switch
inaktiv inactive
Inanspruchnahme *f* effort
Inbetriebnahme *f* 1. initiation, commissioning *(Projekte)*; 2. starting-up *(Anlagen, Maschinen)*
inchromieren *v* chromize *(Metalloberfläche)*
Index *m* index
Indexmessung *f* measurement of the index
Indigo *n* indigo
Indigo *m***/künstlicher** *(BM, OB)* synthetic indigo
Indigoblau *n (OB)* indigo-blue
Indikator *m* indicator
Indikator *m***/biochemischer** *(Umw)* biochemical tracer
Indikatorfärbung *f* indicator colouring
Indirektbeleuchtung *f* concealed illumination, concealed lighting, indirect lighting
Indischrotpigment *n (OB)* Indian red pigment
Individualistenkunst *f (Arch)* individual form of art
Individualverkehr *m* private transport, private vehicle traffic
Individualverkehr *m***/motorisierter** private motor traffic
Induktionshartlöten *n* induction brazing
Induktionshärtung *f (St)* induction hardening
Induktionsheizung *f (El, HLK)* induction heating
Induktionslöten *n* induction brazing, induction soldering
Induktionsschleife *f* 1. *(El)* induction loop *(Ampelschaltung)*; 2. *(Verk)* vehicle detector pad *(Straße)*
Induktionsschleifenaufnehmer *m (Verk)* loop sensor
Induktionsschleifenerfassung *f (Verk)* loop detection
Induktionsschleifenkennzeichnung *f (Verk)* loop signature
Induktionsschleifenverkehrszählung *f (Verk)* loop count
Induktionsschleifenzählung *f (Verk)* loop count
Induktionsschweißen *n (St)* induction welding
industrialisiert industrialized
Industrialisierung *f* **des Bauwesens** industrialization of building
Industrie *f* **für Steine und Erden** *(BWG)* pit and quarry industry
Industrie *f***/Rohstoffe verarbeitende** primary industry
Industrie... industrial ...
Industrieabfall *m (Umw)* industrial refuse, industrial waste, commercial waste
Industrieabgase *npl (Umw)* industrial fumes
Industrieabwasser *n* 1. *(Umw, WVA)* trade wastes; 2. *(WVA)* trade effluent; 3. *(Umw, WVA)* works effluent
Industrieabwässer *npl (Umw, WVA)* industrial sewage
Industrieanlage *f* industrial plant
Industrieanlage *f***/offene** *(Arch, Konst, RP)* open industrial structure
Industrieansiedlungsgebiet *n (RP)* industrial development area
Industrieanstrichstoff *m (OB)* industrial coating
Industriearchitektur *f (Arch)* industrial architecture
Industrieatmosphäre *f (Umw)* industrial vapours
Industrieaufbaugebiet *n* industrial development area, business development area
Industriebahn *f (Verk)* industrial railway
Industrieballung *f (RP)* industrial centralisation
Industrieballungsgebiet *n (RP)* industrial agglomeration
Industriebau *m* industrial construction, factory building, plant construction
Industriebau *m***/freier** *(Arch, Konst, RP)* open industrial structure
Industriebaukunst *f (Arch)* industrial architecture
Industriebauplatte *f* **mit Dämmzwischenschicht** building board for industrial construction, building panel for industrial construction, insulating board for industrial construction
Industriebaustelle *f* industrial construction site, industrial erection site
Industriebaustoff *m* man-made building material
Industriebauten *mpl* industrial buildings and structures
Industriebitumen *n* industrial bitumen
Industrieboden *m* industrial flooring
Industriebodenbelag *m* industrial flooring
Industriedach *n* industrial roof
Industriedesign *n (Arch)* industrial design
Industriedübel *m (BT)* connector
Industrieeinbrennanstrichstoff *m* industrial stoving paint
Industrieentballung *f* industrial decentralisation
Industrieentlüfter *m* industrial extraction unit
Industrieentwicklungsgebiet *n* industrial development area, business development area
Industrieestrich *m (BB, Konst)* industrial screed, heavy--duty screed *(DIN 18560-7, BS 8000-9)*
Industriefenster *n* industrial window, factory window, *(AE)* commercial projected window
Industriefußboden *m* industrial flooring
Industriefußbodenbelag *m* heavy-duty industrial covering
Industriegebäude *n (Arch)* industrial building
Industriegebäude *n* **mit ungeteilter Bodenraumfläche** *(Arch, Konst)* industrial loft building
Industriegebiet *n* industrial area, industrial estate, industrial region, industrial ground, industrial premises
Industriegebietsanschlussstraße *f (Verk)* industrial access road
Industriegeschossgebäude *n* industrial storeyed block, *(AE)* industrial storied block
Industrieglas *n* industrial glass
Industriegleis *n* industrial railway, *(AE)* industrial railroad
Industriegrundstück *n***/bebautes** industrial premises, industrial property
Industriehafen *m (Wsb)* industrial port
Industriehalle *f* factory building, workshop
Industriehygiene *f (VR)* industrial hygiene *(Arbeitshygiene)*
Industrieklima *n (Umw)* industrial environment
Industriekomplex *m (RP)* industrial complex
Industrielackierung *f* industrial finish
Industrielärm *m (Umw)* industrial noise
Industrieleuchte *f (El)* industrial luminaire
industriell industrial
Industrieluft *f (Umw)* industrial vapours
Industriemilieu *n (Umw)* industrial environment
Industriemüll *m (Umw)* industrial solid waste
Industriemülldeponie *f (Umw)* industrial landfill
Industrienebenprodukt *n* industrial by-product
Industrie-Norm *f***/Deutsche** *(DIN®)* German Industrial Standard, DIN®
Industrieofen *m* industrial furnace
Industriereiniger *m* industrial cleaner, industrial detergent
Industrie-Rohrrahmentür *f* industrial tubular door
Industriesäure *f* industrial acid
Industrieschornstein *m* factory chimney, chimney stack; big brick chimney *(gemauert)*
Industriestadt *f (RP)* industrial quarter
Industriestandort *m (RP)* industrial site
Industriestaub *m (Umw)* industrial dust
Industrieverglasung *f* industrial glazing
Industrieviertel *n (RP)* industrial quarter

Ineinanderflechten *n (Arch, Konst)* weaving *(von Schindelrandstreifen)*
ineinandergreifen *v* interdigitate, interlock *(verflechten, verzahnen)*; engage, mesh *(mechanisch)*; be interlocked, be coordinated *(Arbeitsgänge)*
Ineinandergreifen *n* interlocking *(von Montageelementen)*
ineinanderpassen *v* 1. fit together; mate; 2. *(Hb)* join
ineinanderschachteln *v* nest
ineinanderstecken *v* insert
inert *(BM)* inert
Inertpigment *n (OB)* inactive pigment
Infiltration *f* 1. *(Bod)* infiltration; 2. *(Bod, Erdb, Wsb)* influent seepage
Infiltrationsbeiwert *m (Bod)* infiltration coefficient
Infiltrationsgebiet *n (Bod, WVA)* water basin
Infiltrationskapazität *f (Bod)* infiltration capacity *(Boden)*
Infiltrationswasser *n (Erdb, Umw)* infiltration water
infiltrieren *v* infiltrate
Informationsstand *m* information counter
Informationsübertragung *f* **und Anzeige** *f*/**statische** radio data system, RDS *(EU-Standard)*
Informationsumfang *m* quantity of information
informatorisch informatory
infrarot infrared
Infrarot... infrared ...
Infrarothärtung *f* infrared stoving *(Anstriche)*
Infrarotheizgerät *n (Verk)* infrared heater, infra-ray heater
Infrarotheizung *f (El, HLK)* infrared heating
Infrarotlampe *f (El)* infrared lamp
Infrarotschranke *f (El)* infrared barrier
Infrarotspektroskopie *f (BM)* infrared spectroscopy *(Untersuchung auf Organisches)*
Infrarotstrahler *m* infrared emitter, infrared radiator, infrared radiation
Infrarotstrahlungsheizung *f* heating by infrared radiation
Infrarottrocknung *f* 1. *(OB)* infrared drying; 2. *(Te)* radiant-heat drying
Infrastruktur *f (RP)* infrastructure *(Grundeinrichtung eines Territoriums)*
Infrastrukturanlagen *fpl*/**unterirdische** *(RP)* underground infrastructure
Infrastrukturbestand *m (RP)* existing infrastructure stock
Infusorienerde *f* infusorial earth
Ingenieur *m*/**beratender** consulting engineer, professional adviser, professional consultant
Ingenieur tätig sein *v*/**als** engineer
Ingenieurbau *m* 1. *(Arch, VR)* civil engineering *(Fachgebiet)*; 2. engineering construction *(Bauwerke)*
Ingenieurbau *m*/**konstruktiver** structural engineering (construction)
Ingenieurbaustoffe *mpl (BM)* civil engineering materials
Ingenieurbauwerk *n* (civil) engineering structure, public work
Ingenieurbüro *n* 1. engineering office *(unternehmensintern)*; 2. engineering consultancy firm, consulting engineers (centre)
Ingenieurgeologie *f* engineering geology
Ingenieurgeophysik *f (Bod)* engineering geophysics
Ingenieurhochbau *m (Konst)* structural engineering
Ingenieurholzbau *m (Hb)* timber engineering
Ingenieurtief- und Verkehrsbau *m (Arch, Konst, VR)* civil and traffic engineering
Ingenieurwesen *n* engineering
Inhalt *m* content; capacity *(Volumen)*
Inhalt *m* **der Kanalhaltung** *(Umw)* pondage
Inhaltsstoffe *mpl* ingredients
inhibieren *v* inhibit *(Korrosion)*; stifle *(Reaktionen)*
inhibierend *(OB)* inhibitive
Inhibitionswirkung *f (OB)* inhibitive action
Inhibitor *m (BM, OB)* inhibitor
Inhibitorwirksamkeit *f (OB)* effectiveness of inhibition *(Korrosion)*
Inhibitorwirkung *f* inhibitor effect, stifling action
inhomogen inhomogeneous, non-homogeneous
Inhomogenität *f (BM)* inhomogeneity
Initialsetzung *f (Erdb)* initial settlement
Initialsprengstoff *m* initiating explosive, primary explosive, primer
Injektion *f* injection; grouting *(Bodenverfestigung)*; pressure grouting *(Mörtel, Zementleim)*
Injektion *f*/**chemische** chemical grouting
Injektionsanker *m* grout anchor
Injektionsarbeiten *fpl (RS, Te, Tun)* grouting work
Injektionsbeton *m* grouted-aggregate concrete
Injektionsflüssigkeit *f* injection fluid
Injektionsgang *m (Erdb, Tun)* grouting gallery *(Felssicherung, Tunnelbau)*
Injektionsgerät *n (BWG, Erdb, RS, Tun)* grouting machine
Injektionsgerüstbeton *m (BM)* preplaced-aggregate concrete
Injektionsgut *n* grouting material, grouting material
Injektionsharz *n* injection resin
Injektionsleitung *f* grouting pipe
Injektionsloch *n (RS)* injection hole
Injektionsmittel *n (BM, RS)* grout
Injektionsmörtel *m* intrusion mortar, intrusion grout
Injektionsmörtelloch *n* grouting hole
Injektionspistole *f* grouting gun
Injektionsschleier *m (BB, RS)* grout curtain
Injektionsschürze *f (BB, RS)* grout curtain
Injektionssuspension *f* grouting suspension
Injektionstechnik *f* grouting technique
Injektionszement *m* grouting cement
injizieren *v* grout (in); grout under pressure, inject *(Zementierungsmittel)*
Injiziergerät *n (BWG)* injecting device
Injizieröffnung *f* grouting hole
Injizierspritze *f* injection gun
Inkaarchitektur *f (Arch)* Inca architecture *(12.-16. Jh.)*
Inklinationsmesser *m (Verm)* inclinometer
inkohärent 1. *(Bod)* incoherent; 2. *(Bod, Erdb)* non-cohesive *(Erdstoff, Boden)*
inkompatibel incompatible
Inkompatibilität *f* incompatibility
inkompressibel incompressible
Inkompressibilität *f* incompressibility
Inkrustation *f* incrustation *(z. B. von Rohrleitungen)*; inlay *(Gestein)*
Inlaidlinoleum *n* inlaid lino
inländisch domestic
Inlandsabfertigungsgebäude *n (Verk)* domestic terminal building *(Flugplatz)*
Inlandsquelle *f (VR)* internal source
Inlandsverkehr *m (Verk)* inland traffic
Inlayholz *n (BM, Hb)* boxwood
"in-line"-Mischung *f (Te)* in-line blending
Inlösunggehen *n (BM, Umw)* dissolution
innen inside
Innen... indoor ..., inside ..., interior ...
Innenabdichtung *f (DIS)* interior seal
Innenansicht *f (Arch)* interior view
Innenanstrich *m* inside painting, interior finish, interior painting, inside [inner, internal] coat, indoor finish
Innenanstricherneuerung *f* renewal of interior painting
Innenanstrichfarbe *f* indoor paint, interior paint, internal paint, inner paint
Innenanstrichstoff *m* indoor finish
Innenanwendung *f* service indoors

Innenarchitekt *m* interior designer, house decorator
innenarchitektonisch *(Arch)* interior decorating
Innenarchitektur *f* interior design; interior decorating, interior decoration *(eines Raumes)*
Innenarchitekturarbeiten *fpl (Arch)* interior decorating
Innenaufteilung *f* internal layout
Innenausbau *m* completion of the interior, internal finish(-ing), interiorwork; inner [inside] fixtures
Innenausbau *m*/**fertiger** inner fixtures
Innenausbauarbeiten *fpl (Arch)* internal finishing
Innenausbauelemente *npl* internal fixtures
Innenausbaugewerk *n* trade for finishing work, trade for interior work
Innenausbauholz *n (EB, Hb)* interior wood
Innenausbauteile *npl* internal fixtures
Innenausbauten *mpl* interior fixtures, inside [inner] fixtures
Innenauskleidung *f* inner lining
Innen-Außen-Verbindungsstück *n (San)* service fitting
Innen-Außen-Winkelrohrstück *n (San)* service ell
Innenausstattung *f* indoor decoration; interior furnishings
Innenbauteil *m* **eines Gebäudes** *(Arch)* internal part of building
Innenbecken *n* inner basin
Innenbehandlung *f* internal treatment *(Behälter)*
Innenbeleuchtung *f* indoor lighting, interior lighting, internal illumination
Innenbeschichtung *f* interior coating, inner coating, second-surface coating
Innenbogen *m* inner arch
Innenbuchse *f* flush bushing *(Installation)*
Innendämmung *f (DIS)* inside insulation
Innendeckanstrich *m* interior finishing coat
Innendekoration *f* interior decoration, decorative scheme, *(AE)* decor
Innendruck *m* internal pressure
Innendurchmesser *m* internal dimension, inside dimension; inside diameter, calibre, bore *(speziell von Rohren)*
Inneneck *n* inner corner
Innenecke *f* inner corner
Inneneinrichtung *f* interior fittings *(eines Gebäudes)*
Inneneinsatz *m* indoor service, service indoors
Innenentwicklung *f (RP)* inner urban development *(Städtebau)*
Innenexponierung *f* indoor exposure
Innenfarbe *f* inner paint, internal paint
Innenfeld *n* interior span
Innenfenster *n* borrowed light; inside window, inner window *(beim Doppelfenster)*
Innenfläche *f* inside face, inner surface
Innenfliese *f*/**glasierte** glazed interior tile
Innenganghaus *n (Arch)* interior-corridor (type) building
Innengarten *m* inner garden, *(AE)* enchanted island *(in Gebäuden)*
Innengerippe *n* internal carcass
Innengestalten *n* internal [interior, inner] decorating, indoor decor, inside decor, interior decoration
Innengewinde *n* internal thread, female thread
Innengewindefitting *n(m)* tapped fitting, female thread fitting
Innengewindekupplung *f* female coupling
Innengrundieranstrich *m* interior primer, inner primer
Innengrundierung *f* interior primer, inner primer
Innenhaut *f* interior skin, inner skin
Innenhof *m* 1. inner court(yard), court, area; 2. *(Arch)* patio; 3. *(Arch)* quadrangle *(in Klöstern und englischen Colleges)*
Innenhof *m*/**offener** *(Arch)* hypaethron *(eines antiken Tempels)*
Innenhofgarten *m (Arch)* garth *(eines Klosters)*
Innenholzeinbauten *mpl (EB, Hb)* inside joinery
Inneninspektion *f (VR)* endoscopy *(für unzugängliche Innenräume)*
Inneninstallation *f (El)* indoor wiring
Innenisolierung *f (DIS)* internal insulation
Innenjalousie *f* inner slatted blind
Innenkabelverfahren *n (BB, Te)* internal cable method *(Spannbeton)*
Innenkarnies *n (Arch)* epicrantis
Innenkern *m (Konst)* inside core
Innenklarlack *m* indoor varnish
Innenklima *n (HLK)* indoor climate
Innenlack *m*/**farbloser** indoor varnish, clear varnish
Innenlack *m*/**hellgelber** oak varnish
Innenlackfarbe *f* indoor lacquer
Innenlärm *m* 1. *(DIS)* indoor noise; 2. *(DIS, Umw)* ambient noise
Innenlaubengang *m* inner gallery
Innenlaubenganghaus *n (AE)* interior gallery apartment building
Innenleibung *f* inner reveal, inside reveal, interior reveal
Innenmarmor *m* indoor marble, inner marble
Innenmaß *n* clear dimension, internal dimension, internal size; inside width *(Rohrinnendurchmesser)*
Innenmaßwerk *n (Arch)* internal tracery
Innenmoment *n (Arch)* internal moment
Innenperspektive *f* interior perspective, interior view
Innenpfosten *m (Konst)* inner stud
Innenputz *m* interior plaster(ing), internal plaster(ing), interior finish
Innenputzarbeit *f* internal plastering
Innenradius *m* inside radius
Innenraum *m* interior (space)
Innenraum... indoor ...
Innenraumatmosphäre *f (Arch)* indoor atmosphere
Innenraumaufteilung *f* interior layout, internal layout
Innenraumbeanspruchung *f* indoor exposure
Innenraumbeleuchtung *f* indoor lighting
Innenraumklima *n (HLK)* indoor environment
Innenraumlagerung *f* indoor storage
Innenraumlicht *n* indoor light; borrowed light *(durch ein Innenfenster)*
Innenraumschutz *m* indoor protection
Innenrenovierung *f* inner redecoration, inside redecoration, internal redecoration
Innenringstraße *f (Verk)* inner ring road
Innenriss *m* internal crack; clink *(durch Spannung verursacht)*
Innenrüttler *m* concrete internal vibrocompactor, immersion vibrator, internal vibrator; poker vibrator *(Rüttelflasche)*; spud vibrator *(Tauchrüttelverfahren)*; needle vibrator *(für enge Zwischenräume, dichte Bewehrung)*
Innenrüttlung *f (BB, Te)* internal vibration
Innensäule *f* interior column
Innenschale *f* internal leaf *(Hohlwand)*
Innenschutz *m* internal treatment *(Behälter)*
Innenschutzanstrich *m* interior coating
Innenschutzschicht *f* inner coating
Innensehgerät *n* endoscope *(für unzugängliche Innenräume)*
Innenseite *f* inside
Innenseitenverblendung *f* inside trim, interior trim *(Tür, Fenster)*
Innenspannung *f (BM, Konst)* internal stress
Innenstadt *f* centre of the town, downtown, central district, city (area), business district
Innenstadtbesiedlung *f* **durch Wohlhabende** *(RP)* gentrification
Innenstadtreaktivierung *f* inner city revitalization
Innenstadtwiederbelebung *f* inner city revitalization

Innenstrecke *f (Tun)* interior zone
Innenstruktur *f (BM)* internal structure *(Baustoffe, Bauelemente)*
Innentaster *m* inside callipers *(Tastzirkel)*
Innenteil *m* **eines Tiefreliefs/eingeätzter** incavo
Innentemperatursteuerung *f (HLK)* room temperature control
Innentür *f* inner door, inside door, interior door, room door
Innenverglasung *f* internal glazing
Innenverkehr *m (Verk)* internal traffic
Innenverkleidung *f* inner lining, panelling, wainscot; inside trim *(Holz- und Metallverzierungen)*; surfacing finish, interior finish *(Wandputz)*
Innenverputzarbeit *f* internal plastering
innenverputzt plastered
Innenwand *f* inside wall, interior wall, internal wall
Innenwand *f* **aus wasserempfindlichen Baustoffen** drywall, dry wall *(Gips, Pappe, Holz)*
Innenwand *f***/tragende** *(SB, TK)* spine wall
Innenwandgestaltung *f* interior finish
Innenwandplatte *f* interior finish board
Innenwandverkleidungsplatte *f* interior finish board
Innenwange *f* inner string, inner stringboard *(Treppe)*
Innenwärme *f (HLK)* room heat
Innenweite *f* inner span
inner inner
Inneres *n* inside, interior *(z. B. eines Gebäudes)* • **im Innern** inside
innerhalb inside
innig intimate *(Baustoffe)*
Innovationsvorschlag *m (VR)* innovative proposal
innovativ innovative
Inschrift *f* inscription; graffito *(in eine Wand eingeritzt)*
Inschriftplatte *f* tablet *(am Denk- oder Grabmal)*
Insektenbefall *m* insect attack, insect outbreak
insektenbeständig *(BM)* insect proof
insektenfest *(BM)* insect proof
Insektenschutzgitter *n* insect screen
Insektenschutztür *f (EB)* screen door
Insel *f* **mit Hochbord** *(Verk)* high-kerbed island
Inselpfosten *m (Verk)* bollard *(Straßenbau)*
insgesamt (sum) total
In-situ-Verschäumung *f (DIS, Te)* foam-in-place moulding *(von Dämmmaterial)*
Inspektion *f* inspection, review
Inspektionsbühne *f* inspection platform
Inspektionsschacht *m (RS)* lamphole
Inspektor *m* surveyor
Inspektor *m***/amtlicher** surveyor
Inspektor *m* **der staatlichen Aufsichtsbehörde** *(VR) (AE)* building official
Inspektor *m* **der staatlichen Baubehörde** *(VR)* building inspector
inspizieren *v* inspect
instabil instable, unstable, liable, astable, non-equilibrium • **instabil machen** destabilize
Instabilität *f (Stat)* instability
Instabilität *f* **durch Gleiten** *(Stat)* instability due to sliding
Instabilitätswirkung *f* instability effect
Installateur *m* 1. fitter, gas fitter, plumber, tinner, *(AE)* installer; 2. *(HLK)* steam fitter
Installation *f* 1. installation (services), fitting, fitting-in, plumbing system; *(AE)* carcassing *(Gas)*; utility *(Gas, Wasser, Abwasser, Strom)*; 2. *(El)* wiring
Installation *f* **nach den Putzarbeiten** *(SB)* second fixings
Installation *f***/offene** *(San)* open plumbing
Installation *f***/sanitäre** *(San)* plumbing
Installationsableitung *f (San)* fixing drain *(z. B. von einem Geruchsverschluss)*
Installationsarbeiten *fpl* installation work, plumber's work, plumbing (work) • **Installationsarbeiten ausführen** carry out plumbing work, plumb
Installationsblock *m (BT, EB)* unitized unit
Installationsblockbauweise *f (Konst)* unitized unit method
Installationselemente *npl* fixtures, installation parts
Installationsgang *m (El, Konst, San, WVA)* service vault
Installationsgang *m***/begehbarer** installation vault
Installationsgeräte *npl* installation equipment, *(AE)* utility equipment
Installationsgeschoss *n* mechanical floor
Installationshalterung *f* fixture
Installationskanal *m (El)* (cellular) raceway *(für Elektroleitungen)*
Installationskern *m* mechanical core; plumbing core, plumbing unit *(für Wasser, Gas und Heizung)*; *(AE)* utility core *(für Versorgungsleitungen)*
Installationsleitung *f* fixture drain *(z. B. von einem Traps)*
Installationsmaterial *n* 1. material for services, plumbing fitting; 2. *(El)* material for electrical installations
Installationsnetz *n (El) (AE)* house mains
Installationsobjekte *npl* fixtures and fittings *(technische Gebäudeausrüstung)*
Installationsraum *m* 1. *(HLK, Konst)* mechanical equipment room; 2. *(RP) (AE)* utility room *(Wasser, Gas, Strom etc.)*
Installationsrohr *n* installation pipe
Installationsschacht *m* shaft with services, plumbing stack
Installationsschlitz *m* installation chase
Installationsstütze *f (Konst, San)* column with services
Installationssystem *n* plumbing (system) *(für Wasser und Gas)*
Installationstechnik *f* domestic engineering, installation engineering
Installationsverbindungsleitung *f* fixture branch
Installationswand *f* wall with pre-installed services; plumbing wall *(für Rohre)*
Installationszeichnung *f (Konst)* installation drawing
Installationszelle *f* unitized unit; plumbing unit *(für Wasser, Gas und Heizung)*; *(AE)* utility core *(für Versorgungsleitungen)*
Installationszellenbauweise *f (Konst)* modular housing
installieren *v* install, fit in, mount, put in
installiert/fest permanently fixed, permanently installed
Installierung *f* installation (work)
Instandhaltung *f* upkeep(ing), maintenance, servicing, service
Instandhaltung *f***/regelmäßige** periodical maintenance
Instandhaltung *f***/vorbeugende** *(RS)* preventive maintenance
Instandhaltungsanstrich *m* maintenance coat(ing)
Instandhaltungsanstrich *m***/vorbeugender** *(OB)* preventive maintenance painting
Instandhaltungsanstrichstoff *m (BM, OB)* maintenance coating
Instandhaltungsanstrichsystem *n* maintenance paint system
Instandhaltungsarbeiten *fpl* maintenance works, routine repair work
Instandhaltungsaufwand *m (RS, VR)* maintenance requirement
Instandhaltungsbetrieb *m* maintenance workshop, upkeep undertaking
Instandhaltungseinrichtungen *fpl* maintenance facilities
Instandhaltungsfrist *f (RS, Te)* term of maintenance
Instandhaltungshängebühne *f* maintenance cradle
Instandhaltungsklausel *f* maintenance clause

Instandhaltungskolonne *f* maintenance gang
Instandhaltungskosten *pl (VR)* maintenance charges
Instandhaltungsmalerarbeiten *fpl* maintenance painting (work)
Instandhaltungsmaßnahmen *fpl (RS)* maintenance procedures
Instandhaltungspersonal *n* maintenance personnel, maintenance staff
Instandhaltungspflicht *f* 1. *(VR)* upkeep obligation; 2. *(RS)* maintenance obligation *(Gebäude, Straße)*
Instandsetzen *n* 1. *(RS)* making good; 2. *(RS, Te)* repairing
Instandsetzung *f (RS)* making good
Instandsetzung *f*/**punktuelle** local repair
Instandsetzungsarbeiten *fpl (RS)* repair work
Institut *n*/**anerkanntes** *(VR)* approved body
Institut *n* **für Städtebau** town planning institute
Institution *f (VR)* institution
Institution *f* **für Forschung in Bauwesen** Building Research Establishment, BRE
Institution *f*/**unabhängige** *(VR)* third party
Instruktion *f* instruction
Instrumentenhöhe *f (Verm)* height of instrument
Insula *f (Arch)* insula *(antiker römischer Mietshausblock)*
Intarsia *f* mosaic woodwork
Intarsie *f* 1. *(Arch)* inlay; 2. *(EB)* tarsia
Intarsienarbeit *f* mosaic woodwork; intarsia *(dekorative Einlage mit Holzstücken oder Elfenbein)*
Integral *n*/**bestimmtes** *(Stat)* definite integral
Integral *n*/**unbestimmtes** indefinite integral
Integraltürrahmen *m* integral frame
Integration *f*/**bildliche** *(Arch)* visual integration
Integration *f*/**grafische** 1. *(Stat)* graphical integration; 2. *(Arch)* visual integration
Integration *f*/**partielle** partial integration
Integration *f*/**zeichnerische** 1. *(Stat)* graphical integration; 2. *(Arch)* visual integration
Integrationsbahnhof *m (Verk)* intermodal transfer terminal
Integrationskonstante *f* constant of integration, integration constant
integriert integrated
Intensität *f* intensity, strength
Intensitätsdichte *f*/**spektrale** spectral density
Intensitätsverteilung *f*/**spektrale** spectral power distribution *(Beleuchtungstechnik)*
Intensivkurs *m (VR)* crash course
Interaktion *f* interaction
Interaktionsdiagramm *n* interaction diagram
Interessenkonflikt *m (VR)* conflict of interest
Interferenz *f* interference
Interferenzfarbe *f (OB)* interference colour
interferieren *v* interfere
Interkolumnium *n (Arch)* intercolumniation
Interkostalträger *m* intercostal girder
intermittieren *v* intermit
Internatskindergarten *m* residential kindergarten
Internatsschule *f* residential school, boarding school, boardschool
Internetinhaltübertragung *f* **auf das Handy** *(Verk)* wireless application protocol, WAP
Interpolation *f (Stat)* interpolation
Interpolation *f*/**lineare** linear interpolation
Interpolationsformel *f* interpolation formula
Interpretation *f (Stat)* interpretation
interstitiell interstitial
Intervall *n* interval
intrudieren *v (Bod)* intrude *(in Gestein)*
Intrusivgestein *n (BM, Bod)* intrusive rock
Inundationsfläche *f (RP, Umw)* flood ground
Invariante *f* **des Spannungstensors** invariant of stress
Invariante *f* **des Spannungszustands** invariant of stress
Invariante *f* **des Streckungstensors** *(Stat)* invariant of stretching
Inventar *n* 1. *(VR)* inventory; 2. *(Te, VR)* stock
inventarisieren *v* make an inventory, inventory
Inventarverzeichnis *n* inventory
Inventur *f (VR)* stocktaking
invers reverse
Inversionsschicht *f (Umw)* atmospheric inversion
Investbauleiter *m* resident engineer, site supervisor
investieren *v (AE)* ante up
Investition *f (VR)* investment
Investitionshauptauftraggeber *m (VR)* prime professional building owner
Investitionskosten *pl (VR)* investment cost
Involute *f (Arch)* involute
inwendig inner
Ionenaustausch *m (BM)* ion exchange
Ionenaustauscher *m (BM, Te)* ion exchanger
Ionensonde *f (BM)* ion detector *(Prüftechnik)*
ionisch *(Arch)* Ionic
I-Profil *n* I-section
IR-... *s.* Infrarot...
Irisglanz *m (OB)* iridescence
Irokoholz *n (BM, Hb)* iroko *(afrikanisches Nutzholz)*
irregulär exocyclic, heterotactous
irreversibel irreversible
Irrgarten *m* 1. *(Arch, LB)* labyrinth; 2. *(LB)* maze
irrtümlich erroneous
Isistempel *m (Arch)* Temple of Isis
ISO *s.* Organisation für Standardisierung/Internationale
Isohypse *f (Verm)* surface contour line
Isolation *f s.* 1. Isolierung; 2. Isoliermaterial
Isolationsfehlstelle *f (El)* insulation fault
Isolationsplatte *f (nicht mehr empfohlen, besser: Dämmplatte)* composite (insulator) board
Isolationsschüttmaterial *n (nicht mehr empfohlen, besser: Dämmschüttmaterial)* loose(-fill) insulation
Isolator *m (El)* insulator
Isolieranstrich *m* insulating coat, sealer
Isolierband *n (El)* insulating tape, rubber tape, tape, varnished cambric, *(AE)* friction tape
Isolierband *n*/**thermoplastisches** thermoplastic insulating tape
Isolierbauplatte *f* structural insulating board
Isolierbeton *m* insulating concrete
Isolierdicke *f* insulation thickness
Isoliereinlage *f* insulation insertion
isolieren *v* 1. *(El)* insulate; 2. coat and wrap *(z. B. Rohrleitungen)*; *(nicht mehr empfohlen)* insulate
isolieren *v*/**mit Dämmstoff** *(DIS)* lag *(nicht mehr empfohlen)*
Isolierfarbe *f* insulating paint; impenetrable paint *(wasserabweisend)*
Isolierfaserplatte *f* insulating fibre board
Isolierflüssigkeit *f (El)* askarel
Isolierfolie *f* insulation [insulating] foil
Isolierformplatte *f* insulating form board
Isoliergewebe *n*/**imprägniertes** impregnated cloth
Isolierglas *n* sound-control glass
Isolierhaut *f* insulation skin
Isolierkarton *m (BM)* waterproofing paper
Isolierkitt *m* insulating cement
Isolierkörper *m (El)* insulator
Isolierkunststoff *m* plastic insulating material
Isolierlack *m (El)* insulating varnish
Isoliermantel *m (DIS)* insulating jacket
Isoliermasse *f* 1. *(DIS)* damp-resistant compound; 2. *(El)* insulating compound, non-conducting material

Isoliermasse f/brennverzögerte slow-burning insulation
Isoliermasse f/ortverschäumte site-foamed insulation
Isoliermaterial *n* 1. *(El)* insulating material, insulant; 2. *(nicht mehr empfohlen)* insulation *(für Wärme-, Kälte- und Schalldämmung aus Glaswolle, Schlackenwolle, Steinfaserwolle, Schaumstoff)*
Isoliermaterial *n*/**hohlraumfüllendes** (cavity) fill insulation, loose-fill insulation
Isoliermaterial *n*/**imprägniertes** impregnated insulating material
Isoliermatte *f* insulating mat [blanket], insulating quilt, *(AE)* insulating bat(t)
Isoliermatte f/versteppte sewn (building) mat
Isolieröl *n (El)* askarel
Isolieröl *n*/**nicht brennbares** *(El)* askarel
Isolierpapier *n* 1. kraft board, kraft paper, water-repellent paper *(als Absperrmittel)*; 2. *(El)* insulating paper, varnish paper
Isolierplatte *f (nicht mehr empfohlen, besser: Dämmplatte)* insulating board [slab], slab insulant, *(AE)* bat(t) insulation *(Wärme-, Kälte- und Schallisolierung; s. a. Dämmplatte)*
Isolierplatte *f* **aus Kork** insulating corkboard, compressed cork
Isolierplatte f/halbsteife semirigid insulation board
Isolierplatte f/steife rigid insulation board
Isolierporzellan *n* electrical porcelain
Isolierputz *m* waterproof(ing) plaster
Isolierrohr *n*/**eingeputztes** concealed and embedded conduit, concealed and embedded insulating tube
Isolierrohr *n*/**verschraubtes** screwed conduit, screwed insulating tube
Isolierschelle *f (El)* cleat
Isolierschicht *f* insulation layer, insulating course [layer], layer of insulation, insulating bed; dampproof course *(Sperrschicht)*
Isolierschicht f/aufgespritzte sprayed insulation
Isolierschicht f/aufspritzbare spray-on insulation
Isolierschlauch *m (El)* insulating tubing, insulation sleeving
Isolierschlauch *m*/**flexibler nicht metallischer** loom
Isolierstein *m* insulating brick
Isolierstein *m*/**feuerfester** insulation refractory, insulating firebrick
Isolierstoff *m (El)* insulating material
isoliert *(El)* insulated, isolated
Isolierteppich *m* insulating mat
Isolierung *f* 1. *(El)* (electrical) insulation *(durch nicht leitendes Material)*; 2. *(nicht mehr empfohlen für Dämmung und Sperrung)* insulation *(Dämmung gegen Schall, Wärme, Kälte)*; lagging *(mit Dämmstoffen)*
Isolierung f/brennverzögerte slow-burning insulation
Isolierung *f* **eines Kellergeschosses/wasserdichte** tanking
Isolierung *f* **mit Dämmstoffen** *(DIS) (nicht mehr empfohlen)* lagging *(für Rohrleitungen)*
Isolierung f/örtlich verschäumte site-foamed insulation
Isolierung f/schlechte low insulation
Isolieruntergrund *m* insulation base
isolierverglast thermopane-glazed
Isolierverglasung *f (Konst)* thermopane glazing
Isoliervermögen *n (El)* insulating property
Isolierwert *m (DIS)* insulance
Isometrie *f (Konst, Stat)* isometry
Isophone *f (DIS)* equal noise contour
Isostasie *f (Stat)* isostasy
isostatisch *(Stat)* isostatic
isotherm *(DIS, Umw)* isothermal
Isotherme *f (DIS, Umw)* isotherm
isothermisch *(DIS, Umw)* isothermal
Isotopenraum *m (Konst)* isotope room
isotrop isotropic *(Eigenschaften)*
Istabmaß *n* 1. *(EB, Konst)* real allowance; 2. *(BT, Konst)* actual allowance
Istabmessung *f* real allowance, actual dimension
Istabrechnung *f (VR)* force account *(ohne vorher kalkuliertes Angebot)*
Istbauzeit *f (Te, VR)* real construction time
Istgröße *f (BT)* real size
Istmaß *n* 1. *(BT, Konst)* actual dimension; 2. *(BT, Konst)* actual size
Istmoment *n (Stat)* actual moment
Istostate *f (Stat)* isostatic line
Istpersonalbestand *m (Te, VR)* real staff
Istquerschnitt *m* real cross section
Istsieblinie *f (BB, BM)* actual grading curve *(der Zuschlagstoffe)*
Isttraglast *f* real (design) load factor
I-Stütze *f* I-bracket, I-pin
Istwert *m (HLK, Konst, WVA)* actual value
Istzustand *m* actual condition, existing situation, existing state
Iterationsfolge *f (Stat)* iteration sequence
Iterationslösung *f (Stat)* iteration solution
Iterationsverfahren *n (Stat)* iteration method
Iterationsvorschrift *f (Stat)* iteration process
I-Träger *m* I-beam, I-girder, flanged girder, double-T beam; American standard beam
Iwan *m (Arch)* iwan *(eines parthischen Hauses)*

J

jacquardgemustert jacquardet
Jacquardware *f (Arch)* jacquard
Jade *m(f) (BM, Bod)* jade *(von Jadeit oder Nephrit stammender Edelstein)*
Jadeit *m* jadeite
Jagdhaus *n (Arch)* hunting lodge
Jagdzapfen *m (Hb)* mitred tenon
Jahr *n* **der Errichtung** *(VR)* year of construction
Jahr *n* **der Grundsteinlegung** *(VR)* year of foundation
Jahres... annual ...
Jahresabflussmenge *f* annual discharge [flow] *(von Gewässern)*
Jahresbericht *m* annual report
Jahresdurchschnitt *m* annual average
Jahresgeschäftsbericht *m* company's annual report
Jahresmittel *n* **der Abflussmengen** *(Umw, Wsb)* mean annual runoff
Jahresplansoll *n (VR)* annual target
Jahresring *m* annual growth ring, annual ring, ring of growth, tree ring *(Holzwachstumsring)* • **mit breiten Jahresringen** wide-ringed *(Holz)*
Jahresspeicher *m* annual storage
Jahresverbrauch *m* annual consumption
Jahreswasserstand *m*/**mittlerer** *(Wsb)* mean annual water level
Jahreszahlschild *n (Verk)* year plate *(Erbauungsjahr; Brücke)*
Jahreszeit *f* season
jährlich annual
Jakarandaholz *n (BM)* palisander
Jalousette *f* jalousette, slatted shade [sun] screen, blind

shade *(mit Kunststofflamellen, meist innen)*; louvre *(meist fensterartig)*
Jalousie *f* 1. *(EB)* jalousie; 2. *(EB)* Venetian blind *(im Winkel verstellbar)*; 3. window blind, blind *(Rollladen)*; 4. louvre, *(AE)* louvers *(meist für Ventilatorjalousie, auch allgemein)*
jalousieartig slatted
Jalousieauslass *m (HLK)* discharge register, outlet grille
Jalousiebrett *n* louvre board, *(AE)* louver board
Jalousiedrosselklappe *f (HLK)* multilouvre damper
Jalousiefenster *n* louvre window, *(AE)* louver window
Jalousiekasten *m* back flap, back shutter, shutter box
Jalousiekurbel *f (EB)* rotooperator
Jalousiekurbelsystem *n* rotooperator system
Jalousieladen *m (EB)* Venetian blind *(Fensterladen)*
Jalousielamelle *f (EB)* louvre slat, *(AE)* louver slat
Jalousieschrank *m* roll-top cabinet
Jalousietür *f* jalousie door, slatted blind door, shutter door
Japaner *m* concrete buggy, concrete cart, wheelbarrow for concrete, buggy concrete
Japanlack *m (OB)* Japanese lacquer
Jarrahholz *n (BM, Hb)* jarrah
Jaspé *n (BM, EB)* jaspé lino
Jaspélinoleum *n (BM, EB)* jaspé lino
Jasperware *f (EB)* Jasper ware
jaspiert marbleized
Jauchegrube *f* 1. *(Umw, WVA)* liquid manure pit; 2. *(WVA)* manure pit
Jetpumpe *f (Erdb, WVA)* jet pump
Joch *n* 1. *(Br, BT, TK)* crown bar *(Träger)*; 2. *(Hb, Konst, St)* cross plate *(Jochscheibe, Jochriegel)*; 3. *(Br, Erdb, TK)* bent; 4. (pile) trestle, bent *(Pfahljoch, Gründung)*; 5. *(Arch)* bay *(Gewölbeabschnitt in Sakralbauten)*; 6. *(Arch)* bay span *(in der Antike)*; 7. *(TK)* standard *(Säule)*; 8. *(Konst)* yoke *(am Fensterkasten)*
Joch *n*/**quadratisches** square bay
Jochaufhängung *f (Konst)* yoke suspension
Jochbalken *m* 1. *(Hb)* straining piece; 2. *(BT, Konst)* strutting piece
Jochbalkenplatte *f*/**äußere** *(Br, TK)* outside studding plate
Jochbauwerk *n* trestlework
Jochbrücke *f (Konst, Te)* trestle bridge
Jochfeld *n* panel of a bridge
Jochsäule *f* 1. *(TK)* partition stud; 2. *(BT, TK)* stud
Jochstütze *f* 1. *(TK)* partition stud; 2. *(BT, TK)* stud
Jochträger *m* crown bar
Joint Venture *n (VR)* joint venture
Joint-Venture-Arbeit *f (VR)* joint venture work
Judenpech *n (BM)* Jew's pitch
Jugendheim *n* youth centre, youth club; young people's home *(Wohnheim)*
Jugendherberge *f* 1. *(Arch, Konst)* youth hostel; 2. *(Arch)* hostel
Jugendstil *m (Arch)* Art Nouveau; Modern Style
Jugendstil *m*/**italienischer** *(Arch)* Italian Art Nouveau
Jugendstil *m*/**später** *(Arch)* Late Modern Style
Jungarchitekt *m* intern architect
Jurakalkstein *m* jura limestone, Jurassic limestone
justierbar *(BT, HLK, Konst)* adjustable
Justiereinrichtung *f* adjusting device
justieren *v* 1. adjust, fit *(z. B. Montagefertigteile)*; 2. *(Verm)* position *(die Lage)*
Justierfehler *m* adjusting error
Justiergenauigkeit *f* adjusting accuracy
Justiermutter *f* adjusting [levelling] nut
Justierplatte *f* trimming plate
Justierschraube *f* adjusting [trimming] screw; levelling bolt
Justierstift *m* adjusting pin
Justierung *f (Verm)* tram
Jute *f* jute; jute fibre, gemnay fibre, *(AE)* burlap
Jutedichtung *f* jute packing
Jutefaser *f* jute fibre
Jutefilz *m* felted jute
Jutekaschierung *f* jute lamination
Juteleinen *n* gunny cloth, gunny, *(AE)* burlap
Juteunterlage *f* jute backing

Kabel *n* 1. *(El)* cable; 2. *(El)* cable; wire rope, rope *(mechanisch)* • **ein Kabel legen** *(El)* run a cable • **ein Kabel verlegen** *(El)* run a cable • **ein Kabel ziehen** lay a cable • **mit Kabel befestigen** cable
Kabel *n*/**bewehrtes** 1. *(El)* armoured cable; 2. *(El)* sheathed cable
Kabel *n*/**biegsames** *(El, St)* flexible cable
Kabel *n*/**dreiadriges** *(El)* three-conductor cable, three-core cable
Kabel *n* **für Erdverlegung** *(El)* underground cable
Kabel *n*/**isoliertes** *(El)* insulated cable
Kabel *n*/**kleines** cablet *(mit einem Umfang < 10 Zoll)*
Kabel *n*/**kunststoffumhülltes** *(El)* plastic-sheathed cable
Kabel *n*/**umhülltes** 1. *(El)* covered cable; 2. *(El)* sheathed cable
Kabel *n*/**verdrilltes** twisted cable; stranded cable *(Spannbeton)*
Kabel *n*/**verseiltes** twisted cable; stranded cable *(Spannbeton)*
Kabel *n*/**wasserdichtes** *(El)* watertight cable
Kabel *n*/**zweiadriges** *(El)* twin-core cable
Kabelabdeckhaube *f* cable cover
Kabelabdeckstein *m* cover brick, cable cover, clay cable cover
Kabelanker *m (BT)* wire anchor
Kabelasphalt *m* cable compound
Kabelaufhänger *m* cable suspender, cable bearer
Kabelbagger *m (BWG)* slack-line excavator
Kabelbaum *m (El)* cable trunk
Kabelboden *m (Konst)* raised floor
Kabelbrücke *f (Br)* cable bridge
Kabelbrunnen *m* 1. cable vault; 2. *(El)* draw-in pit
Kabelcode *m* cable code
Kabeldach *n (Konst)* steel cable roof
Kabeldeckziegel *m (BT)* clay cable cover
Kabeldraht *m* cable wire
Kabeldurchführung *f* cable bushing
Kabeldurchhang *m* rope sag; cable sag *(Brücke)*
Kabeleinbau *m* laying of cables, cable laying, placing of cables
Kabeleinführung *f* cable entry
Kabeleinführungsöffnung *f* cable entry slot
Kabeleinzugschacht *m (El)* draw-in pit
Kabelendverschluss *m* 1. cable end box, cable terminal; 2. *(El)* pothead
Kabelformbrett *n (BT)* lacing board
Kabelformstein *m* cable tile, *(AE)* conduit tile
Kabelformstein *m*/**zweizügiger** two-way cable conduit, two-way cable duct
Kabelführung *f* 1. cable line, cable routing; 2. *(El)* cable run *(im Gebäude)*
Kabelführungskanal *m*/**auf Putz montierter** *(Konst)* surface metal raceway

Kabelführungsrohr *n (El)* rigid metal conduit
Kabelführungsrohr *n* **mit überschobener Verbindung** slip-joint conduit
Kabelführungsrohr *n***/steifes** *(El)* rigid metal conduit
Kabelgehäuse *n* cable housing
Kabelgraben *m* cable trench
Kabelhalter *m* 1. cable bearer, cable clip; 2. *(El)* wire holder
Kabelhängedach *n* cable-suspended roof, rope-suspended roof, rope suspension roof
Kabelhängedach *n***/elliptisches** *(TK)* rope-suspended elliptical roof
Kabelhauptleitung *f* cable trunking
Kabelhochführschacht *m* cable chute
Kabelhochführungsschacht *m* cable chute
Kabelhülle *f* 1. *(BB)* cable housing *(Spannbeton)*; 2. *(El)* cable sheathing
Kabelisolierung *f* cable cover
Kabelkanal *m* 1. cable channel, cable conduit, cable duct, cable tunnel; 2. *(El)* raceway, conduit, duct, wireway; 3. troughing *(bei Eisenbahnen)*
Kabelkanal *m***/in die Decke eingelassener** underfloor cable duct
Kabelkanal *m***/muldenförmiger** *(BT, El)* tray
Kabelkanalformstein *m s.* Kabelformstein
Kabelkanalstein *m s.* Kabelformstein
Kabelkeller *m* cable store, underground distribution chamber
Kabelkern *m (BT, El)* core of a cable
Kabelklemme *f* cable clip, cable connecting terminal, cable terminal screw
Kabelkragdach *n* cable-suspended cantilever roof, rope--suspended cantilever roof
Kabelkran *m* 1. *(BWG, Te)* cable crane; 2. *(BWG)* overhead cableway
Kabelkrangegenturm *m (BWG, Te)* tail tower
Kabellager *n* cable store
Kabellegung *f* cable laying, cable placing
Kabelleiter *f* cable ladder
Kabelleiter *m (El)* core of cable
Kabelleitungstiefbauarbeiten *fpl (El, Erdb)* cable laying works *(DIN 18322)*
Kabellitze *f* cable strand
Kabelmachart *f* wire cable construction
Kabelmantel *m* cable jacket, cable sheath
Kabelmarkierungszeichen *n (El)* cable marker
Kabelmast *m* cable pole, cable post
Kabelmerkstein *m* cable marker
Kabelmesser *n (El)* cable stripping knife, hacking knife
Kabelmontage *f* cable assembly
Kabelmuffe *f* 1. cable fitting, cable joint (box), cable sleeve; 2. *(El)* splice sleeve
Kabelnetz *n* cable network
Kabelpritsche *f (El)* cable tray
Kabelraum *m* cable compartment
Kabelrinne *f* cable channel, cable conduit, cable trough
Kabelrohr *n* 1. *(BB)* cable housing *(Spannbeton)*; 2. *(El)* cable conduit duct, conduit
Kabelrolle *f* cable drum, cable reel
Kabelsammler *m (El)* gallery
Kabelsammler *m***/begehbarer** *(El)* gallery
Kabelsatz *m* set of cables
Kabelschacht *m* 1. cable manhole chimney, cable chute, cable manhole, cable shaft, manhole chimney; 2. *(El)* draw--in pit
Kabelschachtkreuzungspunkt *m***/begehbarer** *(Konst)* manhole junction box
Kabelschale *f* cable trough
Kabelschelle *f* cable clamp, cable clip, cable shackle, *(AE)* cable strap
Kabelschrank *m* cable distribution box, cable terminal box
Kabelschuh *m* 1. cable socket; 2. *(El)* cable lug, lug
Kabelschutz *m* 1. cable protection; 2. cable protective sheath, cable sheath, protective covering of cables
Kabelschutzhaube *f* cable tile
Kabelschutzhülle *f* cable protective sheath
Kabelschutzrohr *n* 1. cable protection pipe, cable protective sheath, cable duct, cable tube; 2. *(El)* electric cable protection pipe, electric cable pipe
Kabelschutzrohrbauweise *f (El)* electrical metallic tubing
Kabelseele *f* cable core
Kabelstahl *m (BM, St, TK)* cable steel
Kabelsteigtrasse *f* cable ladder
Kabelstein *m* cable cover
Kabelstollen *m* cable subway
Kabelstumpf *m* cable end
Kabelsuchgerät *n* cable detector
Kabelsystem *n* 1. *(TK)* rope system; 2. *(El)* cable system
Kabeltragekasten *m* cable support box
Kabelträger *m* cable bearer
Kabeltragschiene *f* cable tray
Kabeltrasse *f* location line of the cable, cable route, cable run
Kabeltrommel *f* cable drum, cable reel
Kabeltunnel *m* 1. cable tunnel, cable subway; 2. *(El)* gallery
Kabelübergangsbox *f (El)* pothead terminal
Kabelübergangskasten *m* 1. cable transmission box; 2. *(El)* terminal box
Kabelummantelung *f (El)* cable sheathing
Kabelunterstützung *f* cable support
Kabelverankerung *f* 1. *(Konst, TK)* cable anchorage; 2. *(BT)* wire cable anchorage
Kabelverbindung *f* 1. cable connection; 2. *(El)* cable joint
Kabelverbindungskasten *m (El)* pothead terminal
Kabelverbindungsstelle *f (El)* cable joint
Kabelvergussmasse *f* cable compound, cable filling compound, cable sealing compound
Kabelverlegemaschine *f* cable layer
Kabelverlegeplan *m* cable layout drawing
Kabelverlegung *f* laying of cables, cable laying, placing of cables, cable placing, cabling
Kabelverlegung *f* **in Kabelschächten** *(El)* draw-in system
Kabelverteilerkasten *m (El)* cable distribution box
Kabelverzweigung *f (El)* cable branch
Kabelwarnband *n* cable warning tape
Kabelweg *m (El, Konst)* run of cable
Kabelweiche *f***/unterirdische** cable vault
Kabelwirkung *f* cable action, rope action
Kabine *f* 1. cabin, cabinet; 2. *(Arch, Konst)* cubicle *(z. B. zur Anprobe)*; 3. booth *(Telefon, Wahlkabine)*; 4. cable car *(Seilbahn)*; 5. *(EB, Konst)* locker room *(Sportstätte)*
Kabinett *n* closet; exhibition room, gallery *(Ausstellungen)*
Kachel *f* tile; stove tile, Dutch tile *(Ofenkachel)*
Kachel *f* **mit Aussparung** header tile
Kachel *f* **mit großer Wasseraufnahmefähigkeit** non--vitreous tile
Kachel *f***/mittragende** load-bearing tile
Kachel *f***/rutschsichere** slip-resistant tile
kacheln *v* set tiles, tile
Kacheln *fpl***/Delfter** delft, delft pottery, delftware
Kachelofen *m* tile(d)stove
Kachelung *f (Konst)* tiling
Kadmium *n (BM)* cadmium
Kadmiumbeschichtung *f (OB)* cadmium coating
Kadmiumgelb *n (OB)* cadmium yellow
Kadmiumrotpigment *n (OB)* cadmium red pigment
Kadmiumüberzug *m (OB)* cadmium coating
Kaffeestube *f (Arch)* coffee shop
Kahlschlag *m (LB)* clear-felling *(Waldrodung)*

K

Kai *m (Wsb)* quay
Kaianlage *f (Wsb)* quayside
Kaibenutzung *f (Te, Verk, Wsb)* wharfage
Kaimauer *f (Wsb)* quay wall
Kaischuppen *m (Te, Verk)* transit shed
Kaiserblau *n* smalt *(Kobalt-Kalium-Silikat gemahlen als Färbemittel)*
Kaiserdach *n (Arch)* imperial roof
Kaiserdom *m (Arch)* imperial cathedral
Kaiserpalast *m (Arch)* palace of the emperor, imperial palace
Kaiserschloss *n (Arch)* palace of the emperor, imperial palace
Kaiserstiel *m (Hb)* broach post
Kaiserzeitstil *m***/römischer** *(Arch)* Imperial Roman style
Kalathus *m (Arch)* calathus
Kaldaune *f* naked wall
kalfatern *v* caulk, fuller *(im Schiffbau, Teer auf Holz aufbringen)*
kalfatert calked, fullered
Kaliber *n* calibre *(speziell von Rohren)*
kalibrieren *v* calibrate, gauge
Kalibrierstück *n* dummy specimen
Kalibrierung *f (VR)* calibration
Kaliglas *n* potash glass, potassium carbonate glass
Kaliglimmer *m* Muscovy glass, common mica, potash mica
Kalisalpeter *m* potassium nitrate, nitre
Kaliumcarbonat *n* potassium carbonate
Kaliumchlorid *n* potassium chloride
Kaliumcyanid *n (Umw)* potassium cyanide
Kaliumfluat *n (BM, OB)* potassium fluosilicate
Kaliumkarbonat *n* potassium carbonate
Kaliumnitrat *n* potassium nitrate, nitre
Kaliumpermanganat *n (BM)* potassium permanganate
Kaliumsilikat *n (BM)* potassium silicate
Kaliumsulfat *n (BM, OB)* potassium sulphate
Kaliwasserglas *n (BM)* potassium silicate
Kalk *m* lime • **Kalk brennen** burn lime • **Kalk hauen** *(BM, Te)* beat mortar • **Kalk mischen** larry (up) • **mit Kalk streichen** *(OB, Te)* limewash
Kalk *m***/an der Luft erhärtender** non-hydraulic lime
Kalk *m***/dolomitischer** magnesium lime
Kalk *m***/eingesumpfter** *(BM)* pit lime
Kalk *m***/erdiger** earthy lime
Kalk *m***/fetter** high-calcium lime
Kalk *m***/freier** *(BM)* free lime
Kalk *m***/gebrannter** fired lime, quicklime
Kalk *m***/gelöschter** calcium hydrate, calcium hydroxide, hydrated lime, slaked lime, water-slaked lime
Kalk *m***/gewöhnlicher** ordinary lime
Kalk *m***/halbhydraulischer** semihydraulic lime
Kalk *m***/hochhydraulischer** eminently hydraulic lime, masonry lime, masonry cement, Roman cement
Kalk *m***/hydraulischer** hydraulic lime, water lime, grey stone lime, lime cement, masonry cement, masonry lime, natural cement, quick-hardening lime
Kalk *m***/mergeliger** calcareous marl
Kalk *m***/salpetersaurer** *(BM)* nitrate of lime
Kalk *m***/schnell abbindender hydraulischer** selenitic lime, selenitic cement
Kalk *m***/schwach hydraulischer** feebly hydraulic lime
Kalk *m***/steifer** lean lime
Kalk *m***/ungelöschter** unslaked lime, quicklime
Kalk... calcareous ...
kalkablagernd lime-depositing
Kalkalabaster *m (BM)* onyx marble
Kalkalkaligranit *m* calc granite
Kalkansammlung *f (Bod)* accumulation of lime
Kalkansatz/mit lime-encrusted
Kalkanstrich *m* limewash coat, limewhiting, limewhiting coat, whitening coat, whitewash coat
Kalkart *f (BM)* lime type
kalkartig calcareous, limey, limy
Kalkausblühung *f (OB, RS)* lime bloom *(am Beton)*
Kalkaußenverputz *m (OB, SB)* lime external rendering
Kalkbasis *f* lime base
Kalkbeigabe *f* lime addition
kalkbeständig *(BM, OB)* lime-proof
Kalkbeständigkeit *f* resistance to lime, lime resistance; lime fastness, fastness to lime *(von Farben)*
Kalkbeton *m* lime concrete, *(AE)* béton
Kalkblase *f (Bod)* accumulation of lime
Kalkblau *n (OB)* lime blue
Kalkboden *m (Bod)* limy soil
Kalkbrei *m* lime paste, plasterer's putty
Kalkbrei *m***/hydraulischer** lime putty
Kalkbrennen *n* lime burning, burning of limestone, calcination of limestone
Kalkbruchstein *m (BM)* limestone rubble
Kalkbrühe *f* 1. *(OB)* limewash; 2. *(BM, OB)* whitewash
kalkecht lime-fast fast to lime *(Farben)*
Kalkechtheit *f* resistance to lime, lime resistance; fastness to lime, lime fastness *(von Farben)*
Kalkeinschluss *m* lime pocket
Kalkemulsion *f* lime emulsion
kalken *v* limewash, limewhite, whiten, whitewash; lime *(Erdstoffstabilisierung)*
Kalken *n* limewashing, limewhiting, whitewashing; liming *(Erdstoffstabilisierung)*
Kalkerde *f* calcareous earth, dusty chalk
Kalkerzeugnis *n* lime product
Kalkestrich *m* lime floor, lime mortar floor, mortar floor
Kalkfarbe *f* 1. *(BM)* colour for limewash; 2. *(OB)* lime-fast cement pigment *(Zementfarbe)*
Kalkfeldspat *m* lime feldspar, anorthite
kalkfest *(BM, OB)* lime-proof
Kalkfestigkeit *f (Stat, TK)* resistance to lime
Kalkflecken *mpl* butterflies *(im Putz)*
Kalkflugaschenstein *m* fly ash-lime block
kalkfrei lime-free
kalkgebunden *(BM)* lime-bound
Kalkgehalt *m* lime content
kalkgesättigt *(Bod, LB)* lime-saturated
Kalkgestein *n* lime rock
Kalkgips-Hartputz *m* hard finish
Kalkgipsmörtel *m* lime-gypsum mortar
Kalkgipsputz *m* gauged mortar plaster, gauged stuff, gauging plaster, *(AE)* ganged stuff
Kalkglattverputz *m (SB)* smooth lime finish
Kalkgrün *n* lime green
Kalkgrundlage *f* lime base
kalkhaltig lime-containing, lime-based, lime-bearing, limey, limy, calcareous
Kalkhydrat *n* calcium hydrate, calcium hydroxide, hydrated lime, dry hydrate, hydrate
kalkig limey, limy, calcareous
Kalkkies *m* limy gravel, calcareous gravel
Kalkkitt *m* chalk putty, lime mastic, lime paste
Kalkkorn *n* lime grain
Kalkkörnchen *npl* pits of lime
Kalkkrücke *f (BWG)* mortar beater *(zum Kalkrühren)*
Kalkleichtbeton *m* lightweight lime concrete, lime-bound aerated concrete
Kalklöschbank *f* slaking trough
Kalklöschen *n* lime slaking; air slaking *(von Kalk in feuchter Luft)*
Kalklöschgefäß *n* slaking vessel
Kalklöschkasten *m* lime slaking box

Kalklöschmaschine *f* lime hydrating machine, slaking machine
Kalklöschmulde *f (Te)* slaking basin
Kalklöschprozess *m* slaking process
Kalklöschrinne *f* slaking trough
Kalklöschtrommel *f* 1. *(BWG)* lime slaking drum; 2. *(BWG, Te)* slaking drum
Kalklöschvorgang *m (Te)* lime slaking process
Kalkmarmor *m* limestone marble
Kalkmergel *m* lime marl, calcareous marl
Kalkmilch *f* milk of lime, slurry of lime, limewash, whitewash
Kalkmilchanstrich *m* limewhiting coat, whitewash coat
Kalkmilchprüfung *f* chalk crack test
Kalkmilchrissprüfung *f* chalk crack test
Kalkmörtel *m* lime mortar, ordinary (lime) mortar
Kalkmörtel *m***/hydraulischer** hydraulic mortar
Kalkmörtelputz *m (SB)* lime stuff
Kalkmühle *f (BWG)* lime crusher
Kalkofen *m (BWG)* lime kiln
Kalkonyx *m (BM)* onyx marble
Kalkoolith *m* oolitic limestone
Kalkpaste *f* lime paste, neat lime
Kalkphyllit *m (BM, Bod)* limestone phyllite
Kalkpisee *m* rammed lime
Kalkpulver *n* powdered lime
Kalkputz *m* 1. *(SB)* lime plaster; 2. *(BM)* ungauged lime plaster
Kalkputzmörtel *m***/fetter** lime putty
Kalkputzoberfläche *f* lime finish, fine stuff surface, sand finish
Kalkputzoberfläche *f***/verriebene** sand finish
kalkreich lime-rich, rich in lime
Kalk-Rinde-Beton *m (BB, BM)* tabby
Kalkrührer *m* lime raker
Kalksalpeter *m (BM)* nitrate of lime
Kalksand *m* lime sand
Kalksandlochstein *m* perforated sandlime brick
Kalksandmörtel *m* coarse stuff
Kalksandstein *m* 1. calcareous sandstone, chalky sandstone, lime sandstone, sandy limestone, arenaceous lime *(petrographisch)*; 2. sand-lime block, lime-sand brick, calcium silicate brick *(Baustein)*; *(sl)* scrubstone
Kalksandstein *m***/grobkörniger** *(BM, SB)* ragstone
Kalksandsteinvollstein *m* solid calcium silicate brick, solid lime-sand brick
Kalksandsteinziegel *m* lime-sand brick
Kalksandverblender *m (SB)* lime-sand facing brick
Kalksandverblendstein *m (SB)* lime-sand facing brick
Kalksandvollstein *m* solid calcium silicate brick, solid lime-sand brick, solid sand-lime brick
Kalksättigung *f (Bod, LB)* lime saturation
Kalksättigungsgrad *m (Bod, LB)* lime saturation degree
Kalkschachtofen *m* shaft lime kiln, vertical lime kiln
Kalkschicht *f* limy bed
Kalkschiefer *m* lime shale, limestone shale, platy limestone, slabby limestone
Kalkschlackemörtel *m* black (ash) mortar
Kalkschlämme *f* lime slurry, neat lime
Kalkschutt *m (RS)* plastering refuse
Kalksilikat *n* calcium silicate
Kalksilikatfels *m* lime silicate rock
Kalksilikathydrat *n (BM)* hydrated calcium silicate
Kalksilo *n (BWG)* lime silo
Kalksinter *m* calcareous sinter
Kalksorte *f* sort of lime
Kalkspat *m* lime spar, calcspar, calcite *(Calciumcarbonat)*
kalkstabilisiert *(Bod)* lime-stabilized
Kalkstein *m (BM)* limestone
Kalkstein *m***/dichter** *(BM)* compact limestone
Kalkstein *m***/dolomitischer** *(BM)* dolomitic limestone
Kalkstein *m***/drusiger** *(BM)* vugular limestone
Kalkstein *m***/grobkörniger** ragstone
Kalkstein *m***/grobkristalliner** sparry limestone
Kalkstein *m***/körniger** granular limestone
Kalkstein *m***/kristalliner** limestone marble
Kalkstein *m***/massiger** *(BM)* massive limestone
Kalkstein *m***/mergeliger** *(BM)* marly limestone
Kalkstein *m***/oolithischer** oolitic limestone
Kalkstein *m***/sandiger** arenaceous lime, ragstone
Kalkstein *m***/spröder brüchiger** ganil
Kalkstein *m***/toniger** argillaceous lime
Kalkstein *m***/verkieselter** *(BM)* siliceous limestone
Kalkstein *m***/verwitterter** famp
Kalksteinbank *f (Bod)* limestone bank
Kalksteinbeton *m (BB)* limestone concrete
Kalksteinblock *m* limestone block
Kalksteinbrechsand *m* broken limestone sand
Kalksteinbruch *m (BWG)* limestone quarry
Kalksteinbruchstein *m (BM)* limestone rubble
Kalksteinfels *m***/fester** limestone rock
Kalksteinfüller *m (BM)* limestone filler
Kalksteinkies *m* limestone gravel, calcareous gravel
Kalksteinmastix *m* limestone mastic
Kalksteinmauerwerk *n (SB)* limestone masonry
Kalksteinmehl *n* limestone dust, powdered limestone, limestone powder
Kalksteinschiefer *m* limestone slate
Kalksteintafel *f* limestone panel
Kalksteinteermakadam *m (Verk)* limestone tarmacadam
Kalksteinzusatz *m* limestone addition, limestone aggregate
Kalksteinzuschlag *m* limestone aggregate, limestone addition
Kalksteinzuschlagstoff *m* limestone aggregate, limestone addition
Kalkstreuer *m (Erdb, LB)* lime spreader
Kalkstück *n* lime lump
Kalksumpfdauer *f* lime gauging period, gauging period
Kalksumpfen *n (BM, Te)* lime gauging
Kalksuspension *f (BM)* suspension of lime
Kalktalgtünche *f (BM, OB)* lime-tallow wash
Kalkteig *m* lime paste, plasterer's putty
Kalkteilchen *n* lime grain
Kalkton *m (BM)* lime clay
Kalktongestein *n* cement rock
Kalktonschiefer *m* calcareous slate
Kalktrassmörtel *m (BM)* lime-trass mortar
Kalktreiben *n* lime blowing, lime popping
Kalktuff *m* calcareous tuff, tufaceous limestone, tophus, travertine
Kalktuff *m***/klastischer** detrital lime tuff
Kalktünche *f (OB)* limewash
Kalktüncher *m* limer
Kalkulation *f* calculation, cost accounting, pricing *(Gewerkeverpreisung)*
Kalkulationsabteilung *f* cost department, pricing department
Kalkulationsformblatt *n* calculating work sheet
Kalkulationsvordruck *m (VR)* work sheet
Kalkulator *m* calculator, cost estimator, estimator, quantity surveyor
Kalkunterschicht *f* lime base coat
Kalkverputz *m* lime finish
Kalkverträglichkeit *f (BM)* lime compatibility
Kalkwasser *n* lime water
Kalkwerk *n* 1. *(BWG)* lime burning plant; 2. *(BM, BWG)* lime plant
Kalkzement *m* lime cement, calcareous cement

Kalkzementaußenputz *m* lime-cement exterior plaster, *(AE)* lime-cement stucco
Kalkzementmörtel *m* lime-and-cement mortar, lime-cement mortar, cement-lime mortar, compo mortar
Kalkzementputz *m (SB)* lime-cement plaster
Kalkzementverputz *m* lime-cement finish, lime-cement mixed plaster
Kalkzerfall *m* lime disintegration
Kalkzugabe *f* lime addition
Kalorimeter *n (BM, HLK, Te)* calorimeter
Kalorimetrie *f (HLK)* calorimetry, measurements of heat capacities
kalorisiert calorized *(Stahl)*
Kalotte *f (Arch)* calotte, spherical segment *(das Innere einer kleinen Kuppel)*
kaltabbindend *(BM, Te)* cold-curing
Kaltanstrich *m (BM, OB)* cold coat
Kaltanstrichmittel *n (BM, OB)* cold liquid coating
Kaltanstrichstoff *m (BM, OB)* cold liquid coating
Kaltasphalt *m* cold (mix) asphalt *(Straßenbau)*
Kaltasphalt *m***/farbiger** *(BM, Verk)* cold colour asphalt
Kaltasphaltbelag *m* asphalt cold pavement *(Verkehrsflächen)*
Kaltasphaltfeinbeton *m* fine cold asphalt
Kaltasphaltmastix *m* cold mastic
Kaltaufbringung *f (OB, Te)* cold application
Kaltauftragung *f (OB, Te)* cold application
Kaltaufweiten *n (BT, Te)* cold expanding *(Rohr)*
kaltaushärten *v* work-harden
Kaltaushärtung *f (BM)* work hardening
Kaltbearbeitung *f (BM, Te)* cold working
Kaltbelag *m* 1. cold pavement; 2. *s.* Kaltasphaltbelag
kaltbiegen *v (Te)* cold-bend
Kaltbiegen *n (Te)* cold bending
Kaltbiegeprüfung *f (BM)* cold-bending test *(Stahl)*
Kaltbitumen *n* cold bitumen, *(AE)* cold asphalt *(Straßenbau)*
Kaltbitumen *n* **für Oberflächenbehandlung** *(BM, Verk)* cold surface treating bitumen
kaltbrüchig *(BM)* cold-short *(Metall)*
Kaltbrüchigkeit *f (BT)* cold shortness
Kaltdach *n* cold roof, ventilated roof, ventilated flat roof
Kälteanlage *f* cooling plant, refrigerant system, refrigerating plant, refrigerator
Kältebehandlung *f (Te)* subzero treatment *(Vergüten)*
kältebeständig cold-resistant, resistant to cold
Kältebeständigkeit *f* resistance to cold, low-temperature resistance, fastness to cold
Kältebrücke *f* 1. *(DIS, HLK)* cold bridge; 2. *(Konst)* thermal bridge
Kältedämmstoff *m* cold insulant, cold insulating material
Kältedämmung *f* cold insulation, insulation for cold, low-temperature insulation
kältefest resistant to cold
Kältefestigkeit *f* fastness to cold, resistance to cold
Kälteisoliermaterial *n (veraltet, besser: Kältedämmstoff)* cold insulant, cold insulating material
Kälteisolierung *f s.* Kältedämmung
Kältekammer *f (Konst)* refrigerated chamber
Kältemaschine *f* refrigerating machine
Kälteschutz *m (DIS)* cold insulation
Kältespeicherung *f (HLK)* accumulation of cold
Kältetechnik *f* low-temperature technology, refrigeration engineering
Kälteträger *m* refrigerant, refrigerating medium
Kaltextraktion *f (BM, Te)* cold extraction
Kaltfarbasphalt *m (BM, Verk)* cold colour asphalt
Kaltfassade *f***/zweischalige** *(Konst)* ventilated façade
Kaltflickung *f* cold patch(ing) *(Straßenoberfläche)*
Kaltfräse *f* milling machine
Kaltfräsen *n (Verk)* cold milling *(Asphalt)*
kaltgereckt *(BM)* cold-strained *(Stahl)*
kaltgewalzt *(BM)* cold-rolled
Kaltglasurüberzug *m (OB)* vitreous surfacing
Kaltgrobasphalt *m (BM, Verk)* coarse cold asphalt
kalthämmern *v (Te)* peen
kalthärtend 1. *(BM)* cold-hardening; 2. *(BM, Te)* cold-curing *(Kunststoffe)*
Kalthärtung *f* cold-curing *(Kunststoffe)*
Kaltkeramik *f (OB)* vitreous surfacing
Kaltkleber *m (BM)* cold-setting adhesive
Kaltklebstoff *m s.* Kaltkleber
Kaltlagerraum *m (DIS, HLK, Konst)* cold room
Kaltlagerung *f (BM, Te)* cold storage
Kaltleim *m (BM)* cold glue
Kaltleimung *f (BM, Te)* cold glueing
Kaltluftkanal *m (BT, HLK)* cool air duct
Kaltluftsenke *f* frost hollow
Kaltluftstrom *m (HLK)* cool air flow
Kaltmastix *m* cold mastic
Kaltmeißel *m* cold chisel
Kaltmiete *f (VR)* rent exclusive of heating (charges)
Kaltmischgut *n* 1. *(BM)* cold mixture; 2. *(BM, Verk)* cold bitumen *(Straßenbau)*
Kaltmischguteinbau *m* cold patch(ing) *(Straßenoberfläche)*
Kaltniet *m (BM, St)* cold-driven rivet
kaltnieten *v (St)* cold-rivet
Kaltnietung *f (St)* cold riveting
Kaltplastikmarkierung *f (Verk)* cold plastic marking material
Kaltplastikmarkierungsstoff *m (Verk)* cold plastic marking material
Kaltplastikmasse *f (BM)* cold hardening material
kaltpressen *v (Te)* cold-press
Kaltpressschweißen *n (BM, Te)* cold welding
Kaltrecyclingbauweise *f (Te, Verk)* cold recycling construction
kaltschlagen *v* 1. *(St)* drive cold; 2. *(St, Te)* cold-drive *(Niete)*
Kaltschornstein *m* low-temperature chimney
Kaltschrotmeißel *m* cold chisel
Kaltschweißen *n (BM, Te)* cold welding
Kaltschweißstelle *f (St)* cold shut *(z. B. Falte, Einschnürstelle)*
kaltspröde *(BM)* cold-short *(Metall)*
Kaltteer *m (BM)* cold tar
kaltverfestigen *v***/sich** work-harden
kaltverfestigt 1. *(BM)* cold-strained; 2. *(St)* strain-hardened *(Stahl)*
Kaltverfestigung *f* 1. *(BM)* work hardening; 2. *(BM, Te)* cold strengthening *(z. B. von Kleber, Asphalt, Bindemitteln)*; 3. *(St, Te)* strain hardening *(von Stahl)*
Kaltverformung *f* 1. *(St, Te)* cold forming; 2. *(BM, Te)* cold working *(von Baustahl)*
kaltvergießbar *(BM, Te)* cold pourable
kaltvergießen *v (BM, Te)* cold-pour
kaltvergossen *(BM, Te)* cold-poured
kaltverlegt *(BM, Te)* cold-laid
Kaltverlegung *f (Te)* cold laying
Kaltversieglung *f* cold sealing *(offenporiger Oberflächen)*
kaltverzinken *v* cold-galvanize
Kaltwalzen *n (Te)* cold rolling
Kaltwalzstahl *m (BM, St)* cold-rolled steel
Kaltwasser *n* cold water *(Abwasser)*
Kaltwasserhahn *m* cold water tap
Kaltwasserhärten *n (Te)* quench hardening *(Stahl für Werkzeuge)*
Kaltwasserleitung *f (HLK, WVA)* cold-water line

K

Kaltwasserversorgung *f* cold-water service, cold-water supply
Kaltwetterbetonieren *n* cold weather concreting
Kaltwetterschutz *m (DIS, Konst)* cold weather protection
Kaltzugabe *f (BM, Te)* cold feed *(Mischwerk)*
kalzinieren *v* calcine, burn *(z. B. Kalkstein)*
Kalzit *m* calcite, calcspar *(Calciumcarbonat)*
Kalzium *n (BM, OB)* calcium
Kalziumchlorid *n (BM)* calcium chloride
Kalziumhydroxid *n* calcium hydroxide, calcium hydrate
Kalziumkarbonat *n* calcium carbonate
Kalziumoxid *n* calcium oxide, construction quicklime
Kalziumsilikat *n* calcium silicate
Kalziumsilikathydrat *n (BM)* hydrous calcium silicate
Kalziumsilikatstein *m* calcium silicate brick *(Baustein)*
Kamelhaarpinsel *m*/**schmaler** camelhair brush, camelhair mop
Kamin *m* 1. fireplace; ingle *(Schottland)*; 2. chimney (stack), funnel, smokestack *(Schornstein)*; 3. flue *(Abzugsrohr)*
Kamin *m*/**englischer** chimney with bevelled jambs
Kamin *m*/**französischer** chimney with rectangular jambs
Kamin *m*/**offener** *(HLK)* open fire
Kaminablage *f (HLK)* hob
Kaminablagebank *f* mantelshelf
Kaminaufsatz *m* chimney pot
Kaminbalken *m (BT)* randle bar
Kaminbaustein *m (HLK)* hearth stone
Kaminbock *m* andiron
Kaminbodensichtfläche *f* outer hearth *(aus Stein)*
Kaminbogen *m*/**flacher** *(Konst)* trimmer arch
Kaminecke *f* chimney corner; ingle nook *(Schottland)*
Kamineinfassung *f* chimney piece
Kamineinfassung *f*/**gestaltete** mantlepiece
Kamineinsatz *m*/**gusseiserner** *(BT, HLK)* mantle register
Kaminfeuer *n* open fire; ingle *(Schottland)*
Kaminflachbogen *m (Konst)* trimmer arch
Kaminfläche *f (BWG, HLK)* hearth
Kaminflächenstein *m (HLK)* hearth stone
Kaminformstein *m* special chimney unit, *(AE)* chimney block *(für Schornsteine)*
Kaminformstück *n* chimney member
Kamingesims *n (Arch)* overmantel
Kamingewölbebogen *m* chimney arch
Kamingewölbeeisen *n* chimney bar, arch bar, turning bar
Kamingitter *n* fire screen, fireguard, hearth margin; fender *(Vorsetzer)*
Kaminhals *m* fireplace throat, chimney throat(ing)
Kaminhaube *f* 1. chimney hood, chimney jack; flying shelf *(klein)*; 2. *(HLK)* hood, cowl *(Drehkappe eines Schornsteines)*
Kaminherd *m (HLK) (AE)* fireside
Kaminhut *m* chimney head
Kaminkammer *f* smoke chamber
Kaminkehrer *m* chimney-sweep
Kaminmauerwerk *n* chimney jamb
Kaminöffnungsbogen *m* mantle, mantletree
Kaminöffnungswangen *fpl* chimney cheeks
Kaminplatz *m* fireplace, *(AE)* fireside
Kaminputztür *f* soot door of chimney, clearing door, soot door
Kaminrahmen *m* mantlepiece
Kaminrohr *n* chimney pipe
Kaminrost *m* fire grate
Kaminschacht *m (HLK)* flue
Kaminschutzgitter *n* fireguard
Kaminsims *m* mantlepiece, mantleshelf
Kaminsimsplatte *f (HLK)* flying shelf *(auskragend)*
Kaminsitzecke *f* ingle nook
Kaminstein *m* chimney unit
Kaminsturz *m* mantletree, mantle
Kaminumkleidung *f (HLK)* mantle
Kaminummauerung *f* mantle, *(AE)* mantel
Kaminverwahrung *f* chimney flashing
Kaminvorsetzer *m* fender
Kaminvorsprung *m* chimney breast, chimney piece; parrel *(meist ornamentiert)*
Kaminwangen *fpl* parrel *(meist ornamentiert)*
Kaminwirkung *f* chimney effect
Kaminzug *m* draught
Kamm *m* 1. comb, cog; 2. *(Hb)* cog, combed joint; 3. crest, ridge *(eines Berges)*
Kamm *m*/**gerader** *(Hb)* square cogging
Kamm *m*/**schräger** *(Hb)* bevelled cogging
kämmen *v (Te)* comb *(Naturstein)*
Kämmen *n (OB)* combing *(Außenputz)*
Kammer *f* 1. *(SB)* core hole *(im Ziegel oder Blockstein)*; 2. cubby-hole, boxroom, storeroom *(Abstellkammer)*; 3. cavity, cell *(Hohlraum)*; 4. chamber *(z. B. in technischen Öfen)*; 5. *(Konst)* small room *(Raum)* • **Kammern enthaltend** hog-backed • **mit Kammern** hog-backed • **mit Kammern versehen** hog-backed
Kammer *f*/**kleine** *(Konst)* closet
Kammerbedampfung *f (BB, Te)* room steam-curing *(Betonhärtung)*
Kammergrab *n (Arch)* chamber tomb
Kammerofen *m* chambered kiln
Kammerschleuse *f (Wsb)* chamber lock
Kammertrocknung *f* kiln drying *(von Bauholz)*
kammgestrichen *(OB)* combed *(Oberflächen)*
Kammputz *m (OB)* comb plaster
kammscharrieren *v (Te)* comb *(Naturstein)*
Kämmung *f* drawing lines *(Glasfehler)*
Kammverbindung *f (Hb)* combed joint, laminated joint, finger joint
Kammverputz *m (OB)* comb rendering
Kämpfer *m* 1. abutment, vault abutment *(Bogenkämpfer)*; earth abutment *(Kämpferwiderlager)*; 2. *(Arch)* impost *(eines Gewölbes)*; 3. transom, crossbar, springer, impost *(horizontales Zwischenstück über Fenstern und Türen)*; 4. skewback *(Kämpferlinie, Kämpferstein)*
Kämpfer *m* **Bogenanfang** *m (Konst, SB)* springing
Kämpfer *m* **eines Gewölbes** *(Konst, SB)* spring of a vault
Kämpferdach *n (Konst)* springing plane
Kämpferdruck *m (Tun)* pressure on abutment
Kämpferdruck *m*/**vorderer** *(Tun)* front abutment pressure
Kämpferdruck *m*/**voreilender** leading abutment pressure
Kämpferebene *f* impost level
Kämpfererdwiderlager *n* earth abutment
Kämpferfläche *f (Konst, SB)* springing
Kämpferfuge *f (SB)* spring joint of vault
Kämpferhöhe *f* impost level
Kämpferholz *n* 1. *(BT)* timber transom; 2. *(BT, Hb)* wooden transom *(Fenster, Tür)*
Kämpferkapitell *n (Arch, SB)* impost capital
Kämpferleiste *f* impost moulding
Kämpferlinie *f* skewback, springing line
Kämpferplatte *f*/**feste** *(Hb, St)* fixed transom *(fester Querriegel)*
Kämpferpunkt *m (Konst, SB)* springing
Kämpferreaktion *f* reaction of imposts
Kämpferriegel *m* transom
Kämpferschicht *f (Konst, SB)* springing course
Kämpferschnitt *m (SB)* impost section
Kämpfersockel *m* impost block
Kämpfersockelstein *m* 1. impost block; 2. *(Arch)* superabacus, supercapital
Kämpferstein *m* 1. springing stone, springer, skewback, coussinet; 2. *(SB)* bearing block *(Brückenbau)*; 3. *(Arch)*

impost *(eines Gewölbes)*; 4. stone transom *(Anfangsstein eines Fensterkämpfers)*
Kämpferstein m/entgegengesetzt gewölbter discontinuous impost *(im Gegensatz zum Bogen)*
Kämpferwiderlager *n* earth (impost) abutment
Kampfstoff m/chemischer *(Umw)* toxic agent
Kampus *m* campus, university ground
Kanal *m* 1. *(WVA)* channel *(natürlich)*; 2. *(Wsb)* canal *(künstlich)*; 3. *(Wsb)* race *(Einlaufkanal)*; 4. *(Wsb)* flume, conduit *(Bewässerungskanal, Gerinne, Ablaufkanal)*; 5. *(Wsb)* fosse, trough *(Rinne, Graben)*; 6. sewer, drain, conduit, tunnel conduit *(Abwasser)*; 7. *(HLK, San)* duct; 8. *(Bod, Wsb)* port *(Öffnung zum Meer)*
Kanal m/ausgekleideter *(WVA)* paved channel
Kanal m/begehbarer tunnel
Kanal m/künstlicher *(Wsb)* canal
Kanal m/natürlicher channel
Kanal m/rechtwinkliger *(Erdb, WVA)* box drain *(für Abwasser)*
Kanal m/schiffbarer *(Wsb)* navigable channel
Kanal m/überlasteter *(WVA)* surcharged drain *(Abwasser)*
Kanal m/verpresster grouted duct
Kanalabdeckung *f* duct cover
Kanalauslauf *m* channel outlet
Kanalbau *m* 1. canal building, canal construction, canalisation; 2. duct construction *(für Leitungen)*; 3. sewage building, sewer construction *(Abwasser)*
Kanalbemessung *f (Erdb, LB, WVA)* duct design
Kanalbildung *f (Umw)* channelling
Kanalböschung *f* canal slope
Kanalböschungssicherung *f (Erdb, Wsb)* canal slope protection
Kanaldamm *m (Wsb)* embankment
Kanaldeckel *m* canal cover, manhole cover; duct cover
Kanaldichtungsdeckel *m (Verk)* sealed manhole cover
Kanaldiele *f* trench sheeting
Kanaldüker *m* sewer culvert, sewer pipe
Kanaleiprofil *n (WVA)* oval-shaped sewer pipe
Kanalentlüftung *f (WVA)* sewage ventilation
Kanalführung *f* ducting *(Installation)*
Kanalgang *m (Konst)* subway
Kanalgas *n* sewer gas, foul air
Kanalgeräusch *n (HLK)* duct-generated noise *(Klimaanlage)*
Kanalgraben *m* duct trench
Kanalis *m (Arch)* canalis *(ionisches Kapitell)*
Kanalisation *f* 1. canalisation, channel system *(Flüsse, fließende Gewässer)*; 2. sewage system, sewerage system, public sewer(s), drains *(Abwasser)*; sewage collection system *(Abwassermischsystem)* • **mit Kanalisation versehen** sewer
Kanalisationsanschluss *m* 1. *(San, WVA)* connection to the (public) sewer; 2. *(WVA)* sewer connection
Kanalisationsbau *m (WVA)* sewer construction
Kanalisationsbauarbeiten *fpl* sewer construction work
Kanalisationsgraben *m (Erdb, Wsb, WVA)* ditch for canalization
Kanalisationskarte *f (WVA)* map of sewers
Kanalisationsnetz *n* 1. *(WVA)* network of sewers; 2. *(RP, WVA)* sewerage system
Kanalisationsrohr *n* sewage pipe, sewer (pipe)
Kanalisationsstollen *m (Umw, WVA)* refuse water tunnel
Kanalisationssystem *n (WVA)* sewer system
Kanalisationstechnik *f (WVA)* sewerage and sewage disposal
kanalisieren *v* 1. *(Wsb)* canalize *(Flussläufe)*; 2. sewer *(Abwasser)*
Kanalisierung *f* 1. *(Verk)* channelization; 2. canalization *(Flussläufe)*
Kanalkachel *f* sewer tile
Kanalkeilklinker *m* wedge sewer brick
Kanalklinker *m* sewer brick, tunnel engineering brick
Kanalkomplettierungselemente *npl (WVA)* sewer appurtenances
Kanalkurvenleitblech *n (HLK)* turning vane *(Klimaanlage)*
Kanallänge *f (Wsb)* length of channel
Kanalleitung *f (HLK)* ductwork *(Klimaanlage)*
Kanalmulde *f* canal basin
Kanalnetz *n (WVA)* sewage system
Kanalnetz n/städtische municipal sewer system
Kanalöffnung *f* duct opening
Kanalplatte *f* sewer tile
Kanalquerschnitt *m* canal cross section
Kanalreinigung *f (WVA)* sewer cleaning
Kanalrohr *n* sewage pipe, sewer pipe, pipe sewer
Kanalschacht *m* sewer manhole, sewer manway
Kanalschlammabsauggerät *n (BWG, WVA)* sewer mud extractor
Kanalschleuse *f (Wsb)* canal lock
Kanalsohle *f* 1. *(Wsb)* canal bottom; 2. sewer bottom, sewer invert, invert *(Abwasserkanal)*
Kanalspülung *f* sewer flushing, sewer rinsing
Kanalstein *m* sewer brick
Kanalstollen *m* sewage tunnel, sewage gallery, sewer gallery
Kanalstrebe *f* trench shore, trench shoring strut *(für Grabenwände)*
Kanalsystem *n* 1. *(Wsb, WVA)* channel system *(fließende, natürliche Gewässer)*; 2. *(WVA)* system of sewerage *(Abwasser)*; 3. *(HLK)* ductwork *(Klimaanlage)*
Kanaltunnel *m (Arch)* Channel Tunnel
Kanalverstopfung *f* channel obstruction
Kanalverzweigung *f (WVA)* offtake
Kanalwartung *f* sewer maintenance
Kanalziegel *m* sewer brick
Kandelaber *m (Arch, El)* candelabra
Kanephore *f (Arch)* canephora
Kanister *m* can
kannelieren *v* 1. channel *(auskehlen, auch Arch)*; 2. *(Hb)* chamfer, groove; 3. *(Arch)* flute
kanneliert channelled, fluted, grooved *(z. B. Ornament)*
kanneliert/nicht unfluted
Kannelierung *f* 1. *(Arch)* channelling; fluting *(am Säulenschaft)*; 2. *(Hb)* grooving *(Herstellung)*; 3. *(Arch)* flute, fluting, channel, channelure; 4. *(Hb)* groove *(Produkt)*
Kannelierung f/verstäbte *(Arch)* cabled fluting, cabling, rudenture
Kannelüre *f* 1. *(Hb)* chamfer, groove; 2. *(Arch)* cannelure *(in Längsrichtung an einer Säule)*; channel; flute *(in Längsrichtung)*
Kantbeitel *m (Hb)* cant chisel
Kante *f* 1. edge, skirt; 2. verge *(Giebelaußenkante, Gebäudekante)*; 3. lipping *(Türanschlagkante)*; 4. nosing *(z. B. einer Sohlbank)*; 5. *(Hb, St)* bevel *(Schrägkante)*; 6. arris *(scharfe Ziegel- oder Putzkante)*; 7. border *(Umrandungskante)*; 8. scarcement *(im Mauerwerk)* • **eine Kante abschrägen** bevel, edge • **Kanten abschlagen** spall • **Kanten behauen** spall • **Kanten beschädigen** *(SB)* splinter *(Naturstein)* • **Kanten beschneiden** list • **Kanten glatthobeln** *(Hb)* shoot • **plan an der Kante** edge-shot
Kante f/abgefaste chamfered edge
Kante f/abgerundete round edge; nosing *(z. B. einer Sohlbank)*
Kante f/aufgebogene *(San)* coaming *(Dachöffnung, Deckenöffnung)*
Kante f/eckige square edge
Kante f/eingelegte inlaid border
Kante f/gerade straight edge

Kante f/geschliffene earth edge
Kante f/geschlossene *(San)* compact edge
Kante f/geschnittene cut edge
Kante f/scharfe keen edge, feather edge
Kante f/schießschartenverzierte *(Arch)* crenellated moulding
Kante f/vorspringende cant
Kante f/vorstehende cant
kanten *v* cant, edge, square off, tip
kanten *v***/rechtwinklig** *(Hb)* dub
Kanten *fpl* **eines Werksteins/glatt behauene** margin draft
Kantenabbruch *m* edge break, corner break
kantenabgerundet rounded at the edges
Kantenabrundung *f* edging *(Beton)*
Kantenbegradigung *f (Verk)* verge trimming
Kantenbehandlung *f* edging *(Beton)*
kantenbelastet edge loaded
Kantenblech *n* diamond plate
Kantendachziegel *m* marginal clay tile
Kantendeckung *f* edge coverage
Kantendichtung *f* edge sealing
Kanteneffekt *m (Stat)* edge effect
Kantenfestigkeit *f* edge fastness
Kantenformkelle *f* edger
Kantenformrolle *f (Verk)* squeezer *(Straßenwalze)*
Kantenformteil *n* edge form
Kantenformung *f* edge moulding; edging *(Beton)*
kantengerundet subangular
Kantenhobel *m (Hb)* edger, edge trimmer, chamfer plane
Kantenkehlung *f* edge moulding
Kantenleiste *f* rand
Kantenpresser *m (Verk)* squeezer *(Straßenwalze)*
Kantenpressung *f* edge pressure
Kantenprofil *n* edge trim
Kantenquerriss *m (RS)* transverse corner crack
Kantenriegel *m* flush bolt *(mit Decklasche)*
Kantenriss *m* joint crack; edge crack *(von der Kante her einreißend)*
Kantenruck *m (Stat)* edge thrust
Kantenrundstab *m* staff bead *(zum Überdecken von Fugen zwischen Holzteilen und Mauerwerk)*
Kantenschloss *n* flush lock
Kantenschutz *m* 1. edge protection; 2. arris protection *(am Bauwerk)*; 3. *(Verk)* pier guard *(Pfeileranfahrschutz)*; 4. nosing *(z. B. an Solbänken, Sturzbalken)*
Kantenschutzeisen *n (EB)* metal edge protection strip
Kantenschutzleiste *f* edge protection guard, edging (strip), angle bead, strip; nosing
Kantenschutzprofil *n* corner bead
Kantenschutzschiene *f* nosing
Kantenschutzwinkel *m* metal angle bead
Kantenschutzwinkel *m* **aus Metall** metal angle bead
Kantenspannung *f (Stat)* edge stress
Kantenüberdeckung f/äußere outside corner moulding
Kantenverrunden *n* edge radiusing
Kantenwinkel *m* edge angle
Kantenwirkung *f (Stat)* edge action
Kantenwölbung *f* edge camber
Kantenziehen *n (Te)* fitchering *(Mörtel, Beton)*
Kantenzwinge *f (BWG)* corner clamp
Kantharus *m (Arch) (historisch)* cantharus
Kantholz *n* 1. rectangular timber, squared timber, dressed timber, square log, stuff, *(AE)* structural lumber, planed lumber, stock lumber, wrought lumber; 2. *(BM, Hb)* strip of timber *(dünne Abmessungen)*; 3. die-squared timber *(mindestens 100 × 100 mm im Durchmesser)*; 4. *(Hb)* balk *(über 100 mm × 125 mm im Durchmesser)*; 5. *(BM, Hb)* scantling *(bis zu 100 mm × 125 mm im Durchmesser)*; 6. *(BM, Hb)* strip of timber *(dünne Abmessungen)*; 7. *(BM, Hb) (AE)* yard lumber *(bis 125 mm dick)*; 8. log-cut square edged timber *(Blockbohle)*
Kantholzboden *m (Hb) (AE)* cant deck
Kantholzgerüst *n* gabbard scaffold *(regionale Bezeichnung in Schottland)*
kantig *(Konst)* cornered
Kantigkeit *f (BM, BT)* angularity
Kantine *f* buttery; canteen *(in Universitäten)*
Kantinengebäude *n* canteen building
Kantinenlager *n* canteen store
Kantstein *m* edge stone
Kanzel *f (Arch)* pulpit *(Kirchenkanzel)*
Kanzelbaldachin *m (Arch)* pulpit baldachin
Kanzelkapitell *n (Arch)* pulpit capital
Kanzlei *f (VR)* chancery
Kaolin *m(n) (BM)* kaolin
kaolinhaltig kaolinic
Kaolinisierung *f (BM, Bod)* kaolinisation
Kaolinit *m (BM, Bod)* kaolinite
kaolinitisch kaolinic
Kaolinsand *m* kaolin sand
Kap *n (Bod)* ness
Kapazität *f* 1. capacity; 2. *(El)* capacitance
Kapazität f/maßgebende *(Te, Verk)* basic capacity
Kapazitätsbeschränkung *f* capacity restraint
Kapazitätsbetrachtung *f* capacity examination
Kapazitätsermittlung *f (Verk)* capacity calculation
Kapazitätsindex *m* capacity index
Kapelle *f (Arch)* chapel
Kapelle f/innerkirchliche *(Arch)* chantry (chapel) *(Votivkapelle)*
Kapelle f/Sixtinische *(Arch)* Sistine chapel
Kapellenarkade *f (Arch)* chapel arcade
Kapellenfenster *n* chapel window
Kapellengewölbe *n (Arch)* chapel vault
Kapellenkranz *m (Arch)* surrounding chapels
Kapellenreigen *m (Arch)* surrounding chapels
Kapellenvorraum *m (Arch)* antechapel
kapillar capillary
Kapillaranstieg *m (Erdb)* capillary flow
Kapillaranziehung *f* capillary attraction, capillarity
Kapillarbewegung *f* capillary movement
kapillarbrechend 1. *(DIS, Erdb)* anticapillary; 2. *(BM, Erdb)* capillary-breaking *(Schichten)*
Kapillarbruch *m (Erdb)* capillary break
Kapillardränage *f (DIS, Erdb)* capillary drainage
Kapillardränung *f (DIS, Erdb)* capillary drainage
Kapillardruck *m (BM)* capillary pressure
Kapillarfitting *n* capillary fitting
Kapillarität *f (BM, OB)* capillarity
Kapillarpore *f* capillary pore
Kapillarpotenzial *n* capillary potential
Kapillarraum *m (BM)* capillary space
Kapillarsperre *f* 1. *(Erdb)* capillary break; 2. *(DIS, Erdb)* capillary groove
Kapillarwasser *n* capillary water, water of capillarity, capillary moisture, moisture of capillarity, fixed ground water, fringe water, held water
Kapillarwasserbewegung *f (Erdb)* capillary flow
Kapillarwirkung *f* capillarity, capillary action
Kapital *n* capital
Kapitäl *n (Arch)* capital
Kapitalaufwand *m (VR)* capital expenditure
Kapitalkosten *pl* capital costs
Kapitalwertmethode *f* net present value [NPV] method
Kapitel *n (Arch)* chapterhouse *(spezielle Form des Kapitelsaals englischer Klöster)*

Kapitelhaus *n (Arch)* chapterhouse *(spezielle Form des Kapitelsaals englischer Klöster)*
Kapitell *n* 1. cap *(Schornsteinkappe)*; 2. *(Arch)* capital *(Kopf, z. B. einer Säule)*
Kapitell *n*/**dorisches** *(Arch)* Doric capital
Kapitell *n*/**gezacktes** *(Arch)* scalloped capital
Kapitell *n*/**griechisch-dorisches** Greek Doric capital
Kapitell *n*/**ionisches** *(Arch)* Ionic capital
Kapitell *n*/**korinthisches** *(Arch)* Corinthian capital
Kapitell *n*/**maurisches** *(Arch)* Moorish capital
Kapitell *n* **mit historischen Figuren** *(Arch)* historiated capital
Kapitell *n* **mit Palmenblattmuster** *(Arch)* palm capital
Kapitell *n* **mit Papyrusblüten** *(Arch)* papyriform capital
Kapitell *n*/**römisch-dorisches** *(Arch)* Roman Doric capital
Kapitell *n*/**römisch-ionisches** *(Arch)* Roman Ionic capital
Kapitell *n*/**römisch-korinthisches** *(Arch)* Roman Corinthian capital
Kapitelldeckplatte *f (Arch)* abacus *(an antiken Säulen)*
Kapitellgurtband *n (Arch)* balteus *(an ionischen Säulen)*
Kapitellhohlformausbildung *f (Arch)* hypophyge *(z. B. unter einem dorischen Kapitell)*
Kapitellornament *n* cilery
Kapitellplastik *f* capital carving
Kapitellplatte *f* 1. *(Arch)* padstone; 2. *(BT)* raised table; 3. *(Arch)* abacus *(an antiken Säulen)*
Kapitellplatte *f*/**gotische** *(Arch)* Gothic abacus
Kapitellsäule *f (Arch)* banded column, column with capital, *(AE)* rusticated column
Kapitellzierband *n (Arch)* necking
Kapitelsaal *m (Arch)* chaplethall
Kapo *m* head mason
Kappe *f* 1. cap, coping, cover; 2. *(HLK)* hood; 3. cowl *(Schornsteinkappe)*; 4. *(Konst)* crown *(Gewölbe)*; 5. *(San)* capping *(Rohrkappe)*; 6. pile cap *(Pfahlkopfplatte zur gleichmäßigen Lastverteilung)*; 7. *(Arch)* vault
Kappe *f*/**preußische** *(Arch)* Prussian cap vault
kappen *v* cut off
Kappen *n (Wsb)* piracy *(des Flusslaufes im Oberlauf)*
Kappenanschluss *m* stepped cap flashing, stepped counter flashing
Kappenbeton *m (BB, Br)* capping concrete *(Brücke)*
Kappenfläche *f (Konst)* sectroid
Kappengesims *n (Konst)* hood mould *(für Tür oder Fenster)*
Kappengewölbe *n*/**scheitrechtes** *(Konst)* straight cap vault
Kappenschale *f* domelike shell
Kappgesims *n (Arch, BT)* label *(Ornament über einer Tür oder einem Fenster)*
Kappstreifen *m* cap flashing, cap piece
Kapsel *f* 1. case, box *(Behälter, Hülse)*; 2. capsule *(Flaschenkapsel)*; can *(Deckel)*; 3. enclosure *(Umhüllung)*
kapseln *v* encase, enclose *(ummanteln, umhüllen)*; can *(einhausen, mit Gehäuse versehen)*
Kapselung *f* encasing
Kar *n (Bod, Erdb)* corrie
Karabinerhaken *m (EB)* spring hook
Karawanserei *f (Arch)* caravansary, khan
Karbidkalk *m* carbide lime, carbio-lime, acetylene lime
Karbidkalkteig *m* hydrated lime putty
Karbolineum *n (BM, OB)* carbolineum
Karbolpech *n* cresol pitch
Karbolsäure *f* carbolic acid, phenol, coal-tar creosote
Karbonat *n* carbonate • **in ein Karbonat umwandeln** *(BB, OB, RS)* carbonate *(Beton, Kalk)*
Karbonatgehalt *m* carbonate content
Karbonatgehaltsbestimmung *f* carbonate quantification
Karbonathärte *f* temporary hardness *(Wasser)*
karbonatisieren *v (BB, OB, RS)* carbonate *(Beton, Kalk)*
Karbonatisierung *f* 1. *(BB, OB, RS)* carbonation; 2. *(BM)* carbonation treatment *(künstlich)*
Karbonatisierung *f* **im eingebauten Zustand** in-service carbonation
Karbonatnester *npl* carbonate pockets
Karbonitrierung *f* carbonitriding
Karborund *n* 1. *(BM, St)* carbon silicate; 2. *(BM)* silicon carbide
Karborunderzeugnis *n (BM)* silicon carbide refractory
Karborundspitze *f* carbide tip
kariert chequered, *(AE)* checkered
Karmalit *n* mineral fibre
Karnaubawachs *n* 1. *(OB)* carnauba wax; 2. *(BM)* Brazil wax
Karnies *n* 1. *(Arch, Konst)* cornice *(an einer Außenwand)*; 2. *(Arch)* cyma *(konkav-konvex profiliertes Bauglied, z. B. an Gesimsen)*; 3. ogee, talon moulding *(Ogive, spitzbogiges Leistenprofil)*
Karnies *n*/**steigendes** *(Arch)* reversal ogee moulding
Karniesbogen *m* reversed ogee arch
Karnieshobel *m (BWG, Hb)* ogee plane
Karniesluftseite *f* ogee-shaped downstream face
Karniesrinne *f (Hb, San)* ogee gutter
Karrag(h)een *n (BM, OB)* carragheen *(z. B. als Emulgator)*
Karrbohle *f* barrow run, barrow way, run plank, runway plank
Karren *m* barrow, cart, truck
Karren *m*/**alter** jalopy *(Baustellentransport)*
Karst *m (Bod)* karst
Karstlandschaft *f (Bod)* karst
Karstrelief *n (BT)* karst topography
Kartätsche *f* long float, darby, darby float, slicker *(zum Putzverreiben)*
Kartause *f (Arch)* charterhouse
Kartäuserhaus *n* 1. *(Arch)* charterhouse; 2. *(Arch)* priory
Karte *f* map, chart *(Geländekarten)* • **auf einer Karte eintragen** *(Verm)* map
Karte *f*/**geologische** geological map
Karte *f*/**topographische** *(Verm)* topographical chart
Kartenaktualisierung *f (Verk)* map updating
Kartengitter *n (Verm)* grid
Kartenmaßstab *m (Verm)* scale of chart
Kartennetz *n (Verm)* graticule
Kartenschalterhalle *f (Konst, Verk)* ticket hall
Kartenskizze *f* 1. *(Konst, Verm)* sketch map; 2. *(Konst)* topographical drawing
kartieren *v (Verm)* map, chart, protract
Kartierer *m (Verm)* mapper *(Vermessung)*
Kartiergerät *n (Verm)* mapping instrument
Kartierinstrument *n (Verm)* cartographic instrument
Kartierung *f (Verm)* mapping, mapping out
Kartierung *f*/**regionale** *(Verm)* regional mapping
Kartierungsmessung *f (Verm)* location survey
Kartoffelkeller *m (Konst)* potato cellar
Kartoffelstärke *f (BM)* potato starch
Kartoffelstärkekleister *m (BM)* potato starch paste
Karton *m* cardboard, heavy paper, board
Kartusche *f (Arch)* cartouche *(Ornament)*
Karyatide *f (Arch)* caryatid *(gebälktragende Frauengestalt)*
Karyatidenhalle *f* **von Erechtheion** *(Arch)* southern porch
kaschieren *v* laminate, cover
Kaschieren *n (Hb, Te)* laminating
Kaschiermasse *f* laminating composition
kaschiert laminated
Kaschierung *f (OB)* lamination
Kasein *n* casein
Kaseinbindemittel *n* casein binder
Kaseinfarbe *f* casein paint, casein distemper

Kaseinleim *m (BM, OB)* casein glue
Kasematte *f (Arch)* casemate
Kaserne *f* caserne, barracks
Kasernenbau *m* barracks construction
Kasernengebäude *n* barracks building
Kasino *n (Arch)* casino
Kaskade *f (Wsb)* cascade • **Kaskaden anlegen** *(Erdb, Wsb)* cascade
Kaskadendurchlass *m (Verk)* cascade culvert *(in einer Straße)*
Kaskadenmaschine *f (EB)* cascade system *(Kühlhaus)*
Kaskadenrinne *f (Wsb)* cascade
Kaskadenrinnensystem *n (Wsb)* cascade system
Kasse *f (EB)* cash desk
Kassenraum *m* customer service area, bank(ing) hall; box office *(Theater, Kino)*
Kassette *f* 1. *(Arch)* lacunar; coffer, caisson *(Tragwerkselement)*; waffle *(einer Kassettendecke)*; 2. *(Konst, TK)* bay *(Deckenfeld)*; 3. *(Wsb)* landfill cell *(Polder)* • **in Kassetten ausbauen** coffer *(Decke)* • **in Kassetten teilen** coffer *(Decke)*
Kassette f/beleuchtete *(Verk)* illuminated caisson
Kassettendachplatte *f (BT)* waffle-roof slab
Kassettendecke *f (Arch)* lacunar, cassette ceiling, caisson ceiling, coffered ceiling, pan ceiling, panelled ceiling, rectangular grid ceiling, waffle ceiling
Kassettendeckenelement *n* cored-out floor unit, lacunar
Kassettendeckleiste *f* panel strip
Kassettenfeld *n (Konst)* coffer *(einer Decke)*
Kassettengeschossdecke *f (TK)* waffle slab floor
Kassettengeschossplatte *f* floor slab; waffle slab *(Stahlbeton)*
Kassettengestaltung *f (Konst, OB)* coffering *(von Sichtflächen)*
Kassettenmuster *n* waffle pattern
Kassettenplatte *f* cassette slab, caisson slab, waffle panel, waffle plate
Kassettentafel *f (BT)* waffle
Kassettenuntersicht *f* cassette soffit, caisson soffit, pan soffit, waffle soffit
Kassettenunterzugdecke *f (Konst, TK)* pan joist floor
kassettiert coffered, cored
Kassettierung *f (BT, Konst)* coring *(einer Decke)*
Kassiterit *m* tinstone
Kastanienholz *n* chestnut, chestnut wood
Kästel *n* pigeonhole *(Wand)*
Kastell *n (Arch)* castle, castrum
Kästelmauerwerk *n* 1. *(SB)* trellis masonry work; 2. *(Arch, Konst)* trelliswork
Kästelverband *m* trellis bond, pierced bond, pigeonhole bond
Kasten *m* 1. case, box, chest, coffer *(Behälter, Kiste)*; 2. crate *(Verschlag)*; 3. *(Konst)* body *(Gehäuse)*; 4. hutch *(trogförmig)*
Kastenbalken *m* box beam, hollow beam
Kastenbalken m/gerader *(TK)* straight box beam
Kastenbalken m/kreisförmiger circular box beam
Kastenbalkenträger *m* box beam, hollow beam
Kastenbau *m* pisé, pisé building
Kastenbauart *f* box construction type
Kastenblechträger *m* box plate girder
Kastenbrücke *f* bridge of air-proof cases
Kastendachrinne *f* box roof gutter, trough gutter
Kastendrän *m (Erdb, WVA)* box drain
Kastendüker *m s.* Kastendurchlass
Kastendurchlass *m (Br, Erdb, Verk)* box culvert *(für Wasser, z. B. unter Straßen)*
Kastenfangdamm *m (Wsb)* cofferdam, box dam
Kastenfenster *n* box-type window, winter window
Kastenfundament *n (Erdb)* box footing
Kastenpfahl *m* steel box pile
Kastenprofil *n* box profile, box section *(eines Trägers)*
Kastenprofil n/einfaches simple box section
Kastenpumpe *f (WVA)* bucket pump
Kastenquerschnitt *m* box (beam) section *(eines Trägers)*
Kastenrahmen *m* **für Innentür** framed grounds
Kastenrammpfahl *m* steel box pile
Kastenrinne *f* box drain, box gutter, rectangular section gutter, trough gutter, parallel drain
Kastenschloss *n* cased lock, box lock, rim lock, straight lock
Kastenschloss n/zusätzliches auxiliary rim lock
Kastenträger *m* box girder, hollow-web girder
Kastenträgerbrücke *f (Br)* box girder bridge
Kastenverteiler *m* spreader box
Kastenwerk *n* rammed-earth construction, rammed-loam construction, *(AE)* beaten cobwork
Katakombe *f (Arch)* catacomb, underground burial place
Katakombengrab *n (Arch)* tomb niche
Katalog *m* index
Katalysator *m (BM, Te)* catalyst
Kataster *m(n)* 1. *(RP, Verm)* cadastre; 2. *(VR)* land register; 3. *(RP) (AE)* plat
Katasteraufnahme *f (Verm)* cadastral survey
Katasterblatt *n* survey map
Katasterkarte *f* 1. *(Verm)* cadastral map; 2. *(Verm, VR)* deed
Katasterparzellenplanung *f (RP)* lot planning
Katastervermessung *f (Verm)* cadastral survey
Katastrophenaufräum- und Hilfsarbeiten *fpl (RS)* relief works
Katastrophenhochwasser *n (Umw)* disaster flood
Katastrophenverhütung *f (VR)* disaster prevention
Katastrophenwarnung *f (VR)* disaster warning
Kate *f* cot, hut, *(AE)* shanty
Katharinenrad *n (Arch)* Catherine-wheel window, wheel window *(gotischer Kathedralen)*
Kathedrale *f (Arch)* cathedral
Kathedralglas *n* cathedral glass, configurated glass, rippled glass, stained glass, diffusing glass
Katodenschutzanlage *f* **mit Opferanoden** sacrificial scheme
Katze *f (BWG)* trolley *(eines Kabelkrans)*
Katzenbalken *m (BT, Hb)* top beam
Katzenbalkendach *n* top beam roof
Katzenkopf *m* cobblestone, *(sl)* nigger head *(Pflasterstein)*
Kaufauftrag *m (VR)* purchase order *(Grunderwerb)*
Käufer *m (VR)* buyer
Kaufhalle *f* shopping hall
Kaufhaus *n* department store, stores; custom-house *(historisch)*
Kaufkomplex *m (RP)* retail shopping complex
Kauritleim *m (BM) (AE)* urac
Kautschuk *m (BM)* natural rubber
Kautschuk m/synthetischer *(BM)* synthetic rubber
Kautschukderivat *n (BM)* rubber derivate
Kautschukemulsion *f* natural rubber emulsion, raw rubber emulsion
Kautschukfarbe *f* rubberized paint
Kautschukkitt *m* rubber cement
Kautschuklatex *m* rubber latex
Kautschuklösung *f* rubber solution
Kautschukprofil *n* rubber gasket
Kautschukprofildichtung *f* rubber gasket
Kavalierperspektive *f* cavalier projection, axonometry, oblique projection *(Schrägperspektive)*
Kaverne *f (Bod)* cavern *(z. B. im Gestein)*
Kavernenkraftwerk *n (El, Tun, Wsb)* underground hydroelectric plant, underground power station

Kavitation *f (Wsb)* cavitation
Kavitationsschaden *m (Wsb)* cavitation damage *(am Beton)*
Kegel *m* 1. *(BT)* cone; 2. *(Konst)* taper
Kegelband *n* cross garnet, tee hinge, T-hinge *(Baubeschlag)*
Kegelbrecher *m (BM, Te)* cone crusher
Kegeldach *n* conical (broach) roof
Kegeleindringprüfung *f (BM, Bod, Erdb)* cone test
Kegeleindringungsversuch *m* cone penetration test, cone test
kegelförmig conical, wedge-shaped
Kegelfußpfahl *m* caisson pile, belled caisson *(Gründung)*
Kegelgewinde *n* taper(ed) thread
Kegelgewölbe *n* cone vault, conical vault, fluing arch, splaying arch, trumpet arch, expanded vault
kegelig machen *v* taper
Kegelknopfnagel *m* casing nail
Kegelkopfniet *m (BT, St)* cone head rivet
Kegelkuppe *f (Arch, Konst)* conical dome
Kegelschaft *m* tapered shaft
Kegelschale *f (Arch)* cone shell
Kegelschneidfurnier *n (BM, Hb)* cone-cut veneer
Kegelstift *m* taper pin
Kegelstumpf *m* frustum of a cone
Kegelstumpfkuppel *f (Arch)* truncated dome
Kegelturm *m (Arch, Konst)* tapered tower
Kegelverankerung *f (BT)* cone anchorage
Kegelwalm *m* 1. *(Arch)* cone hip; 2. *(Arch, Konst)* conical hip *(Dach)*
Kegelwiderstand *m (Erdb)* cone resistance
Kehlanschluss *m (San)* valley flashing *(Dach)*
Kehlbalken *m (Hb)* collar beam, span piece, spanner, spar piece, strut beam, top beam; wind beam, valley beam, valley girder *(Dach)*
Kehlbalkenbinder *m* collar beam truss
Kehlbalkendach *n (Konst)* collar beam roof
Kehlbalkenholzanker *m (BT)* collar tie
Kehlbalkenlage *f (Hb)* system of span pieces
Kehlbalkenpfosten *m (Hb)* side post
Kehlbalken-Sparren-Verbindung *f (BT, Konst)* collar joint
Kehlbalkenstütze *f (Hb)* side post
Kehlbalkenverstärkungsglied *n (BT, Konst)* collar brace
Kehlbeitel *m* gouge
Kehlblech *n* 1. *(St)* flashing *(am Schornstein)*; 2. *(San)* valley flashing *(Dach)*
Kehlblech *n***/verdecktes** *(BM, BT)* concealed flashing
Kehlblechknick *m* feint
Kehlblechrinne *f* sheet-metal valley gutter
Kehlbrett *n* valley board
Kehldach *n (Konst)* valley roof
Kehldachhaut *f***/exakt anliegende** mitred valley, mitred valley roofing
Kehldachziegel *m* valley clay roof tile
Kehle *f* 1. *(Hb)* gain, groove; 2. plough *(Falz)*; 3. roof valley, valley, valley of a roof *(Dach)*; 4. *(Arch, BT)* fillet *(Hohlkehle)*
Kehle *f***/eingebundene** *(Konst)* laced valley *(Dach)*
Kehle *f***/verdeckte** secret valley
kehlen *v (Hb)* chamfer, flute, groove; channel *(Wand)*
Kehlendach *n (Arch, Konst)* intersecting roof
Kehlenschlitten *m* section mould *(Putzprofilformung)*
Kehlfugenblech *n* cover flashing *(Dach)*
Kehlfußbrett *n* valley board
Kehlfußschindel *f (BM)* valley shingle
Kehlgebälk *n (Hb)* system of span pieces
Kehlgratbalken *m (Hb)* valley rafter
Kehlgratsparren *m* valley rafter
Kehlgratstichbalken *m* valley jack, valley jack rafter
Kehlhalt *m* stop chamfer
Kehlhobel *m* fluting plane, hollow plane, plough

kehlig groined
Kehlleiste *f* 1. *(Hb)* moulding, fillet (strip); 2. valley batten *(Dach)*; 3. *(Arch)* cyma, cyma reversa *(Ornament)*
Kehllinie *f (Konst)* valley
Kehlmaschine *f (Hb)* moulder, moulding machine
Kehlnaht *f* fillet weld *(Schweißnaht)*
Kehlnaht *f***/äußere** *(St)* corner weld *(Schweißen)*
Kehlnaht *f***/überwölbte** reinforcement weld
Kehlnahtschweißung *f* fillet welding
Kehlplatte *f (BT)* valley slab *(Dach)*
Kehlriefelung *f* ribbed fluting
Kehlrinne *f* 1. neck channel, channel; 2. chimney weathering *(Schornsteineinfassung)*; 3. *(Konst)* valley; 4. *(San)* valley gutter
Kehlrinnenuntersicht *f (Konst)* valley soffit *(Dach)*
Kehlrinnenweg *m* valley gutter walkway
Kehlrispe *f (TK)* single-post truss
Kehlschifter *m* valley jack, valley jack rafter
Kehlschweißung *f (St)* cleft weld
Kehlsparren *m* valley rafter
Kehlstein *m* vault block, hip slate, hip stone; valley tile *(Dach)*
Kehlstellwinkel *m (Konst)* valley bevel
Kehlstoß *m* 1. *(Hb, Konst, St)* bolection; 2. *(Konst)* bolection moulding; 3. *(Arch)* cyma reversa *(Ornament)*
Kehlstütze *f (Hb, Konst)* valley post *(Dach)*
Kehlung *f* 1. channel moulding, throat, coving, throating, bead; weather check; 2. *(Hb)* moulding
Kehlung *f***/S-förmige** ogee moulding
Kehlziegel *m* valley clay roof tile, valley tile *(Dach)*
Kehlzierleiste *f (Arch)* raised moulding
Kehre *f (Verk)* sharp turn, turning bend *(Straße)*
kehren *v (Te)* sweep
Kehricht *m* sweepings
Kehrmaschine *f* road sweeper, sweeper
Kehrwert *m (Stat)* reciprocal value
Keil *m* 1. *(BWG)* wedge; 2. *(Hb)* key; feather *(Federkeil)*; 3. *(BM)* cotter *(Stahlkeil)*; 4. coin, quoin, quoin stone *(Eckstein)*; 5. chock *(Hemmkeil)* • **mit Keil spalten** *(Te)* wedge
Keil *m***/hydraulischer** hydraulic splitter
Keil *m***/kleiner** page
keilartig 1. wedgelike; 2. *(Hb)* feather-edged
Keilblockstein *m* wedge-shaped block
Keilbolzen *m* key bolt
Keilbrett *n (Hb)* feather-edge board
Keileinschnitt *m (Konst)* V-cut
keilförmig wedge-shaped, wedgelike, cuneiform, cuneate
Keilfuge *f (Konst)* wedge-shaped joint
keilgesichert *(Konst)* wedged
Keilklaue *f* lewis
Keillängsnut *f* keyway
Keillappung *f (Hb)* feather boarding
Keilleiste *f* gib strip
Keilnut *f* key, key groove
Keilpflug *m (Erdb, LB)* V-blade
Keilplatte *f* key plate, sandwich plate
Keilschalendachziegel *m* tapered-roll pantile
Keilschloss *n (EB)* gib and cotter
Keilsplitt *m (SB)* intermediate aggregate
Keilspundbohle *f* taper sheet pile
Keilspundung *f (Hb)* vee grooving and tonguing
Keilstein *m* 1. wedge-shaped block, wedge-shaped stone; wedge-shaped brick; 2. radius brick, radiating brick, arch brick *(bei Ziegelgewölbe)*; 3. arch-voussoir, sagitta *(eines Gewölbes)*
Keilstein *m* **mit einem rechteckigen Ende** stepped voussoir *(bei einem Gewölbe)*
Keilstück *n (Arch, Konst)* gore
Keiltreiber *m* drift pin

K

Keilverankerung *f* wedge anchorage *(Spannbeton)*
Keilverbindung *f (Hb)* key(ed) joint, keying
Keilzapfen *m* wedged tenon; tang *(z. B. für Werkzeuge)*
Keilzapfenverbindung *f (Hb)* wedged mortise and tenon joint
Keilziegel *m* key brick, feather-compass brick, feather--edge brick, gauged brick, wedge finger jointing, compass brick, voussoir brick, *(AE)* footstone
Keilzinkung *f (Hb)* wedge finger jointing
keimfrei *(Umw)* germ-free
keimtötend germicidal
Kelasa *m (Arch)* kelasa *(Indien)*
Kelchkapitell *n (Arch)* bell capital
Kelchung *f (San, WVA)* flaring *(eines Rohres)*
Kelle *f (BWG)* trowel • **die Kelle aufschlagen** *(Te)* strike • **mit der Kelle abreiben** trowel off • **mit der Kelle auftragen** *(Te)* trowel
kellengerecht trowelable *(Putzwurf)*
Kellenglattstreichen *n* trowelling
Kellenglattstrich *m* trowel finish, trowel finished layer
Kellenlage *f (SB)* trowel coat
Kellenputz *m (SB)* trowel plaster
Kellenschicht *f (SB)* trowel coat
Keller *m* cellar
Kellerabfluss *m* cellar sink
Kellerausguss *m* cellar sink
Kelleraushub *m* cellar excavation
Kellerausschachtung *f* cellar excavation
Kellerbaugrube *f* cellar hole, cellar pit
Kellerbeleuchtungsfenster *n* stallboard light *(unter einem Schaufenster)*
Kellerdecke *f* basement floor, cellar floor
Kellereingang *m* basement entrance, cellar entrance
Kellerfalltür *f* cellar trapdoor; cellar flap *(nach unten öffnend)*
Kellerfalltür *f***/äußere** *(AE)* bulkhead
Kellerfenster *n* basement window, cellar window
Kellerfensterschacht *m (Konst)* pavement light
Kellergarage *f* underground parking
Kellergeschoss *n* basement, basement storey, lower basement, *(AE)* underground floor; *(AE)* American basement *(etwa zur Hälfte im Erdreich)*; cellar *(für Lagerzwecke)* • **ohne Kellergeschoss** basementless
Kellergeschoss *n***/ausbaufähiges** *(Konst)* unfinished basement
Kellergeschoss *n* **in Bruchsteinmauerwerk** *(Konst, SB)* basement with random-rubble walls
Kellergeschoss *n***/oberes** upper basement
Kellergeschoss *n***/zweites** *(Konst)* subbasement
Kellergeschossdecke *f* basement floor, cellar floor
Kellergeschossgarage *f* basement garage
Kellergeschosslichtschacht *m* basement light well
Kellergeschossmauer *f* basement wall, foundation wall
Kellergeschosswand *f* basement wall, cellar wall
Kellergeschosswohnung *f* basement flat
Kellergesimsschicht *f (SB)* ledgement table
Kellergewölbe *n* cellar vault
Kellergitter *n* basement grating
Kellergrube *f* cellar pit
Kellergründung *f* basement foundation, cellar foundation
kellerlos cellarless
Kellermauer *f* basement wall, foundation wall, cellar wall
Kellernische *f* cellar recess
Kelleroberlicht *n* 1. *(Konst)* pavement light; 2. *(LB, Verk)* vault light
Kellerplatte *f* cellar slab
Kellerputz *m* basement parget(ing)
Kellertank *m* basement tank
Kellertreppe *f* basement stairs, cellar stairs, *(AE)* below-stairs; service stair
Kellertür *f* basement door, cellar door
Kellertür *f***/niveaugleiche** *(Konst)* sidewalk door *(direkt mit dem Gehweg abschließend)*
Kellerverlies *n (Arch)* oubliette
Kellerwandummauerung *f (SB)* blind area
Kellerwohnung *f* basement flat, cellar dwelling
Kellnerbüfett *n (EB)* service bar
Kemenate *f (Arch)* bower *(einer Burg)*
Kenndaten *pl (VR)* characteristic data
Kenndiagramm *n (HLK, Konst, Stat, VR)* characteristic diagram
Kennfarbe *f* identification colour
Kennimpedanz *f* characteristic impedance
Kennwert *m* characteristic value, parameter
Kennzeichen *n* brand, distinguishing mark, sign, feature; mark, identification mark *(Baustoff, Werkstoff, Bauelement)*
kennzeichnen *v* brand, indicate, sign; designate, characterize; mark *(Baustoffe, Werkstoffe; Bauelemente)*
kennzeichnend typical
Kennzeichnung *f* labelling, notation, designation, indication, identification; identification mark, marking *(Baustoff, Werkstoff, Bauelement)*
Kennzeichnungsschildchen *n (VR)* tag
Kennzeichnungssystem *n (VR)* marking system
Kennziffer *f (BM, BM, Konst, VR)* code number
Kennziffern *fpl (Konst)* specifications *(z. B. von Baustoffen, Bauteilen, Geräten, Ausrüstungen)*
Keramik *f* ceramics
Keramik... ceramic ...
Keramikbodenfliese *f* ceramic floor tile
Keramikdeckenplatte *f* ceramic ceiling tile
Keramikelemente *npl (BT)* clayware
Keramikerzeugnisse *npl* ceramic goods, ceramics
Keramikfliese *f* ceramic tile, clay tile
Keramikfliese *f***/geformte** trimmer
Keramikfliese *f***/glasierte** glazed ceramic tile
Keramikfliese *f***/unglasierte** natural clay tile
Keramikfurnier *n***/klebefähiges** *(BM, BT, OB)* adhesion--type ceramic veneer
Keramik-Fußbodenplatte *f***/gleitsichere** ship-and-galley tile
Keramik-Fußbodenplatte *f***/rutschsichere** ship-and--galley tile
Keramikhochglanzglasur *f (OB) (AE)* bright glaze
Keramikkabelabdeckstein *m (BM)* earthenware cable cover
Keramikmosaik *n* ceramic mosaic
Keramikmosaikfliese *f* mosaic clay tile
Keramikmuster *npl***/eingeschmolzene** in-glaze decoration
Keramikplatte *f***/glasierte** glazed ceramic tile
Keramikschicht *f* ceramic coating
Keramikschutzschicht *f* ceramic coating
Keramiksichtfassade *f* ceramic façade, ceramic veneer
Keramikverkleidung *f* ceramic facing
Keramikwandfliese *f* ceramic wall tile
Keramikwandplatte *f* ceramic wall tile
Keramikwaschbecken *n* ceramic washbasin
Keramikwerkstoff *m* ceramic material
keramisch *(BM)* ceramic
Keramsit *n* Keramzite, mineral fibre, mineral wool *(künstlicher Leichtzuschlag- und Dämmstoff, z. B. aus Mineralwolle, Blähton)*
Keramsitbeton *m (BM)* Keramzite concrete *(Leichtbeton in Russland)*
Keramsitplatte *f (BT, DIS)* mineral fibre tile *(akustische Decke)*

K

Keratin *n (BM)* keratin *(für Gipsmörtel)*
Keratophyr *m* keratophyre
Kerb *m* score
Kerbbereich *m* notched area
Kerbbiegeprüfung *f (BM, St)* nick-band test *(Stahl)*
Kerbe *f* 1. notch, nick, score, mark, cut, bullet; 2. *(Hb)* groove, sinking in timber, jag; incision *(Schnitzkerne)*; slot *(Schlitz)*; 3. hole *(Fuge)*
kerbempfindlich notch sensitive
Kerbempfindlichkeit *f* notch sensitivity
kerben *v* 1. nick, notch; 2. dent, indent *(zahnförmig)*; 3. *(Hb)* jag, scarf
Kerbfestigkeit *f (BM)* notch strength
Kerbnut *f* V-groove
Kerbornament *n* notch ornament, notched moulding, saw-tooth moulding
Kerbschlagbiegeversuch *m (BM, St)* notch-bend test
Kerbschlagfestigkeit *f (St)* notch impact strength
Kerbschlagprobe *f* notched bar test, bending test on notched bar, impact test
Kerbschlagversuch *m* notched bar test, bending test on notched bar, impact test
Kerbschlagversuch *m* **nach Charpy** *(BM)* Charpy (impact) test
Kerbschlagwert *m (St)* notch impact strength
Kerbschlagzähigkeit *f* toughness
Kerbspannung *f* notch stress
Kerbsprödigkeit *f (St)* notch brittleness
Kerbstab *m (BT, Konst)* notched bar
Kerbtiefe *f* notch depth
Kerbung *f* notching, nicks
Kerbunterschnitt *m (Konst)* V-cut *(Stein)*
Kerbverbindung *f (Konst)* notch joint
Kerbwirkung *f* notch effect
Kerbzähigkeit *f* impact resistance, impact strength, toughness
kerbzähnig groove-toothed
Kerbzinne *f (Hb, St)* dovetailed merlon
Kern *m* 1. *(BM, BT)* core *(auch Stahlbetonkern eines Gebäudes)*; 2. *(Konst)* centre *(z. B. Stadtkern)*; 3. middle third, heart, pith *(Holz)*; 4. *(Erdb)* dumpling *(Erdstoffkern)* • **einen Kern ausbohren** *(BM, Te)* core • **einen Kern ziehen** *(BM)* extract a core • **mit Kern** *(BT)* cored
Kernabfalllagerung *f (Umw)* nuclear waste storage
Kernbeton *m* core concrete; kern concrete *(bewehrte Säule)*
kernbohren *v* 1. *(BM, Te)* core; 2. *(BM, Te)* trepan *(zur Kerngewinnung)*
Kernbohrer *m* core bit, core drill, trepanning cutter
Kernbohrloch *n (BM, Te)* core hole
Kernbohrung *f (BM)* coring *(zur Betonprobengewinnung)*
Kernbrett *n* middle plank, centre plank, heart plank *(Holz)*
Kerndämmung *f* core insulation
Kerndichtungswand *f (Erdb)* core wall
kernen *v (BM, Te)* core
Kernfäule *f* heart rot, rot of the heart *(Holz)*
Kernfestigkeit *f (Stat)* kern strength
Kernfläche *f (Stat)* kern *(Normalkraftfläche)*
Kernform *f* 1. *(BT, Konst)* core mould; 2. *(BM, BT)* core shape
Kernfüllung *f* core fill; hearting
Kerngrenze *f (Stat)* kern limit
Kernherstellung *f (BT, Te)* coring *(Bauplatte)*
Kernholz *n* heart, heartwood, duramen *(Holz)*
Kernholz *n***/brüchiges** *(AE)* brittleheart
Kernholz *n* **für Furnierschnitt** *(AE)* lumber core
Kernholz *n***/rissefreies** free stuff
Kernholz *n***/rotes** red heart
Kernknoten *m***/kleiner** pith knot *(Holz)*
Kernkraftwerk *n (BWG, Umw)* nuclear power plant
Kernkraftwerksschutzhülle *f (BB, Konst, Umw)* containment
Kernmaserung *f***/schwarze** pith fleck
Kernmoment *n (Stat)* kern point moment
Kernnagel *m* core nail
Kernquerschnitt *m (Stat)* kern cross section, kern line
Kernreaktor *m (BWG)* nuclear reactor
Kernriss *m* heart shake, shake *(im Holz)*
kernrissig *(BM)* quaggy *(Holz)*
Kernrohr *n* pipe core; core pipe *(Betonrohr)*
Kernrohr *n* **mit Kernzieher** basin-type core barrel *(Betonrohr)*
Kernschäle *f* ring shake *(Holz)*
kernschälig ring-shaky, with internal annular shakes *(Holz)*
Kernschneidrohr *n (BWG, BT)* core barrel
Kernseitenbrett *n* side board
Kernspirale *f (BT, Hb, St)* helical spring
Kernstab *m (BB, BT)* central tube *(Spannbeton)*
Kernstadt *f (RP)* central city
Kernstoßbohren *n* punching
Kerntafel *f (BT)* cored panel
kerntechnisch *(Umw)* nuclear
kerntrocken thorough-dry
Kernwand *f (Erdb)* core wall, diaphragm wall
Kernzone *f* (central) business district *(Städtebau)*
Kerzenbeleuchtung *f* candle lighting
Kerzenträgerbalken *m* candle beam
Kessel *m* 1. tank, reservoir *(Behälter)*; 2. *(HLK)* boiler
Kessel *m***/gasbeheizter** *(HLK)* gas-fired boiler
Kessel *m* **mit natürlichem Zug** natural-draught boiler
Kessel *m***/ölbeheizter** *(HLK)* oil-fired boiler
Kessel *m***/Schottischer** Scotch boiler *(Zylinderboiler)*
Kesselanlage *f (HLK)* boiler group
Kesselausrüstung *f* boiler equipment
Kesselbauer *m* boiler manufacturer
Kesselblech *n* boiler plate
Kesseldampf *m***/heißer** *(HLK, Te)* live steam
Kesseldruck *m (HLK)* boiler pressure
Kesselhaus *n* boiler house
Kesselheizfläche *f (HLK)* heating area of boiler
Kessellagerböcke *mpl* boiler seatings
Kesselmauerwerk *n (SB)* boiler brickwork
Kesselraum *m* boiler room
Kesselregelung *f* boiler control
Kesselschuss *m (BT)* shell belt
Kesselspeisewasser *n* boiler feed water, BFW
Kesselstein *m* mineral scale, sediment in boilers, encrustation, fur, incrustation, scale • **Kesselstein ansetzen** 1. *(HLK)* fur; 2. *(RS, San, WVA)* scale *(Leitungen)* • **Kesselstein entfernen** *(HLK)* descale • **mit Kesselstein besetzt** *(HLK)* furred
Kesselsteinansatz *m (HLK, San)* furring, scale crust
Kesselsteinbildner *m* scale former
Kesselsteinbildung *f* 1. *(HLK)* encrustation; 2. *(HLK, RS, San)* scaling
Kesselsteinentfernung *f (HLK)* descaling, scale removal
Kesselsteinschale *f* scale crust
Kesselsteinschicht *f* scale layer
Kesselsteuerung *f* boiler control
Kesselthermostat *n (HLK)* boiler thermostat
Kesselverkleidung *f* boiler jacket
Kesselwagen *m (Verk)* tank car *(Schiene)*
Kesselwärmeschutz *m* thermal insulation of a boiler
Kesselzentrale *f (HLK)* central boiler installation
Kesselzug *m* boiler flue *(Schornstein)*
Keton *n (BM)* ketone
Ketonharz *n (BM)* ketone resin
Kette *f* chain • **mit Ketten befestigen** chain

Kette f/kinematische *(Stat)* kinematic chain
Kettelhaken *m (BT)* stay
Kettenabsperrung *f* chain barrier
Kettenaufhängung *f (Konst)* suspension by catenary
Kettenauflager *n (Br)* chain saddle
Kettenbrücke *f (Br)* chain bridge
Kettenbügel *m* chain shackle
Kettenfahrzeug *n* track(ed) vehicle
Kettenfertiger *m (Verk)* tracked paver
Kettenflaschenzug *m* chain hoist
Kettenförderer *m* chain conveyor
Kettenfräsmaschine *f (BWG)* chain cutter moulding machine
Kettenhaken *m (EB)* window stay
Kettenkurve *f (Verm)* catenary *(Absteckung)*
Kettenlinie *f (Verm)* catenary *(Absteckung)*
Kettennietung *f (St)* chain riveting
Kettenornament *n* chain moulding
Kettenrohrzange *f* chain pipe wrench, chain tongs
Kettensäge *f (BWG)* chain saw
Kettenverankerung *f* chain anchoring
Kettenzug *m* chain hoist
Keupermergel *m (Bod)* Keuper marl
Keupersandstein *m (BM)* Keuper sandstone
K-Fachwerk *n (Konst)* K-truss
K-Faktor *m* 1. *(Bod, Stat)* K-factor; 2. *(BM)* gauge factor *(Dehnungsmessung)*
K-Glas *n* K glass
Kiefer *f* pine
Kiefernharz *n (BM)* pine resin
Kiefernholz *n* pine, pine wood
Kiefernholz n/japanisches matsu wood
Kiefernschindel *f* pine shingle
Kieferriemenbodenbelag *m* red fire strip floor
Kiel *m (Arch)* keel *(Verzierung, Formkante)*
Kielbogen *m (Arch)* keel arch, ogee arch, four-centred arch
Kielbogenformkanten *fpl (Arch)* keel moulding
Kielende *n (Arch)* keel *(Verzierung, Formkante)*
Kienholz *n* resinous wood
Kienöl *n* pine oil *(Farbe)*
Kies *m* gravel; all-in gravel *(unklassiert)*; grit, pebble *(grobkörnig)* • **Kies verdichten** impact gravel • **mit Kies abstrahlen** grit-blast • **mit Kies bestreuen** gravel, grit • **mit Kies strahlen** grit-blast
Kies m/abgesiebter screened gravel
Kies m/abgestufter graded gravel
Kies m/dichtgelagerter tight gravel
Kies m/einkörniger like gravel
Kies m/engkörniger monogenetic gravel
Kies m/feiner granule roundstone
Kies m/gebrochener broken gravel
Kies m/gesiebter graded gravel, screened gravel
Kies m/gleichkörniger uniform gravel, like gravel
Kies m/grober *(BM)* shingle
Kies m/hydraulisch gebundener cement-bound granular material
Kies m/monogener monogenetic gravel
Kies m/sandiger path gravel
Kies m/ungesiebter und ungewaschener as-raised gravel
Kies m/unklassierter bank gravel, run-of-bank gravel
Kies m/verfestigter cement gravel
Kiesablagerung *f (Bod)* gravel deposit
Kiesabsiebung *f* gravel screening
kiesartig gravelly
Kiesaufbereitung *f* gravel dressing, gravel preparation
Kiesaufbereitungsanlage *f* gravel plant
Kiesauffüllung *f* gravel backfill
Kiesballast *m* shingle ballast
Kiesbank *f (Bod, Wsb)* gravel bench *(im Flussbett)*
Kiesbeton *m* gravel concrete
Kiesbetonplatte *f* gravel concrete slab, slab in ballast concrete
Kiesbett *n* gravel bed
Kiesbettung *f (Erdb, Verk)* gravel-ballast course
Kiesboden *m* gravelly soil, flinty ground
Kiesbremsstreifen *m* gravel strip, gravel stop, *(AE)* slag strip *(bei abgekiesten Dächern)*
Kiesdamm *m (Erdb)* shingle raising
Kiesdecke *f* gravel covering, gravel surfacing, layer of gravel
Kiesdeckeninstandsetzung *f (Verk)* regravelling
Kiesdrän *m* gravel drain
Kieseinbettmasse *f* gravel flood coat *(Dachbekiesung)*
Kiesel *m* pebble, pebble stone *(Kieselsteine)*
kieselartig flinty
Kieselerde *f* 1. *(Bod)* siliceous earth; 2. *(BM, Bod)* silica
kieselerdehaltig siliceous
Kieselgel *n* silica gel, synthetic silica
Kieselgeröll *n (BM)* shingle *(an Meeresufern)*
Kieselgeröll n/verfestigtes *(BM)* conglomerate *(Trümmergestein)*
Kieselglas *n* silica glass, vitreous silica, fused glass
Kieselgur *f* kieselguhr, diatomaceous earth, diatomite, guhr, tellurine
Kieselgurbeton *m (BB)* kieselguhr concrete
Kieselgurplatte *f* kieselguhr slab
Kieselgurschale *f* preformed kieselguhr
Kieselgurziegel *m* kieselguhr brick
kieselhaltig gravelly, siliceous
kieselig quartziferous, flinty
Kieselkalkstein *m* siliceous limestone, malmstone, hearthstone
Kieselkonglomerat *n* silcrete *(Quarzitart)*
Kieselkreide *f* siliceous chalk, chalk flint
Kieselkruste *f (RS)* silcrust
kieselsauer *(Bod)* silicic
Kieselsäure *f* silicic acid
Kieselsäuregel *n* silica gel
Kieselschiefer *m* siliceous schist, flinty shale, flinty slate, chert
Kieselsinter *m (BM)* siliceous sinter
Kieselstein *m* gravelstone; cobble *(Rollkiesel)*; pebble, pebble stone, shingle *(Grobkies; größere Kieselsteine)*
Kieselstein m/amorpher *(BM, Bod)* flint
Kieselsteinfüllung *f* **zwischen Außenwänden** moellon
Kieselsteinmauer *f (Konst, SB)* pebble wall
Kieselstrukturwand *f* paretta
Kieseltuff *m* siliceous sinter, tufaceous quartz sinter
kiesen *v* gravel
Kiesfang *m* 1. *(Erdb, Wsb, WVA)* gravel catchment *(Entwässerung)*; 2. gravel stop, gravel strip *(Halteleiste am Flachdach)*
Kiesfilter *n* rubble filter, ballast filter
Kiesfilterpackung *f* gravel filter (layer)
Kiesfilterschicht *f* gravel filter layer, gravel filter
Kiesflachdach *n* gravel roofing
Kiesfläche *f* gravelled area
Kiesfraktion *f* gravel fraction
Kiesfüllung *f (Erdb, LB, Verk)* gravel packing
Kiesgewinnung *f* gravel extraction
Kiesgewinnung *f* **und -aufbereitung** *f* gravel extraction and preparation, gravel production
Kiesgrube *f* gravel pit
kieshaltig gravelly, gritty
Kieshaube *f* strainer
Kieshinterfüllung *f* gravel backfill
kiesig gravelly, chiselly, gritty, pebbly

Kieskörner *npl* pebbles
Kieskorngröße *f* gravel size
Kieskörnung *f* gravel fraction
Kieslagerstätte *f (Bod)* gravel deposit
Kiesleiste *f* gravel fillet; gravel stop, gravel strip, *(AE)* slag strip *(bei abgekiesten Dächern)*
Kiesnassbagger *m* gravel dredger
Kiesnest *n* gravel pocket, pocket of loose gravel
Kiespacklage *f (Erdb, LB, Verk)* gravel packing
Kiespackung *f* gravel filter layer, gravel filter
Kiespolstergründung *f (Erdb)* compacted earth fill foundation
Kiessand *m* gravel sand, gravel and sand, gravellous sand, sandy gravel
Kiessand *m*/**hydraulisch gebundener** cement-bound granular material
Kiessand *m*/**tonhaltiger** *(BM)* hoggin
Kiessandgemisch *n*/**bindiges** *(BM)* hoggin
Kiessandmischung *f* gravel-sand mixture
Kiessandstein *m* pebbly sandstone
Kiessandvorkommen *n* gravel-sand deposit, gravel-sand formation
Kiesschicht *f* 1. gravel layer, gravel blanket, gravel bed; 2. *(Bod, Erdb)* pebble bed
Kiesschotter *m (Verk)* ballast *(für Gleisbau)*
Kiesschüttflachdach *n* gravel roofing
Kiesschüttung *f* gravel filling, gravel packing
Kiessieb *n* gravel screen
Kiessiebung *f* gravel screening
Kiessohle *f* gravel bottom
Kiessplitt *m* gravel chippings, gravel chips
Kiesstraße *f* gravel(-surfaced) road; dusting road
Kiesstraßenreprofilierung *f (Verk)* regravelling
Kiesstreifen *m* gravel fillet
Kiesstreuer *m (BWG)* grid spreader
Kiesunterbau *m* gravel substructure, road gravelling
Kiesunterbettung *f (Erdb)* underlayer of gravel
Kiesverfüllung *f* gravel fill
Kiesvorkommen *n (Bod)* gravel deposit
Kieszuschlag *m* gravel aggregate
Kieszuschlagstoff *m* gravel aggregate
Kieszuschlagstoff *m*/**gleichkörniger** single-size gravel aggregate
Kilo *n* kilo *(kilogram, kilogramme)*
Kilogramm *n* kilogram, kilogramme
Kilokalorie *f* kilocalorie
Kilometerpfosten *m (Verk)* kilometre post
Kilometerstein *m (Verk)* kilometre post
Kilonewton *n* kilonewton
Kilopond *n (AE)* kip *(453,59 kp)*
Kilowatt *n* kilowatt
Kilowattstunde *f* kilowatt-hour
Kinderbalken *m (EB, Hb)* bridging joist *(Dielung)*
Kinderbecken *n* children's pool, wading pool
Kindergarten *m* kindergarten, nursery school
Kinderheim *n* children's home
Kinderhort *m* day-nursery, crèche
Kinderkrippe *f* nursery, crèche
Kinderschlafzimmer *n* children's bedroom
Kinderskulptur *f* **der Renaissance** putto
Kinderspielhaus *n (AE)* playhouse
Kinderspielplatz *m* children's playground
Kinderspielzimmer *n* nursery
Kindertagesstätte *f* nursery
Kinderwagenraum *m* pram storage room
Kinderwohnheim *n* children's hostel
Kinderzimmer *n* nursery
Kinematik *f (Stat)* kinematics
kinematisch *(Stat)* kinematic
Kinetik *f* kinetics
kinetisch kinetic
Kino *n* cinema, pictures; *(AE)* motion-picture theater, *(AE)* movie theater
Kinoausstattung *f* cinema equipment
Kinogebäude *n* cinema building
Kiosk *m* kiosk, stall
kippbar hinged
Kippe *f* 1. *(Umw)* tip, waste tip, waste area, waste dump, dump ground *(Müll)*; 2. *(Erdb)* landfill, dumped fill
kippen *v* 1. *(Konst, Te)* tip *(Schüttgüter, Erde)*; 2. dump out, dump *(auskippen)*; 3. tilt, overturn, topple, cant *(umkippen)*
Kippen *n* 1. dumping *(Auskippen)*; 2. overturning, overturning failure *(z. B. Stützmauer, Bauwerk)*; tilting *(Gebäude)*; toppling *(Umkippen)*
Kippengelände *n (Umw)* dumping site
Kipper *m* dumper, tipper truck, tipping lorry
Kipperentladebunker *m* truck dump hopper *(Gestein, Sand)*
Kipperfahrzeug *n* tipping lorry, dumper track
Kippfenster *n (BT)* pivot hung window
Kippfenster *n*/**horizontales** hopper window, hospital sash [window]
Kippflügel *m* 1. top-hung sash, hopper sash, balanced sash, top-hung window; 2. *(Konst)* fanlight *(Oberlicht über einer Tür)*
Kippflügel *m*/**nach innen aufgehender** hopper light
Kippflügelfenster *n* top-hung window, hopper window, bottom-hinged sash, bottom-hung sash, top-hung sash
Kippfreiheit *f (Stat)* freedom to rock *(Auflager)*
Kippgebühr *f (Umw)* dumping fees
Kipphebelschalter *m* tumbler switch
Kipphöhle *f* dumping height
Kippkarren *m* buggy, concrete buggy, concrete cart
Kippkraft *f (Stat)* overturning force
Kippkübel *m* dumping bucket, tipping bucket
Kipplager *n* hinged bearing, tilting bearing; pivot bearing, rocker bearing *(Brücke)*
Kipplore *f* tipping wagon
Kippmischer *m* tilting-drum mixer, tilting mixer, tilting concrete mixer
Kippmoment *n* 1. *(Stat)* overturning moment, tilting moment, tipping moment; 2. *(El)* pull-over torque
Kippregel *f (Stat)* levelling alidade
Kippriegel *m* rocker bar
Kippschalter *m* toggle switch, tumbler switch
Kippschute *f (Verk, Wsb)* tipper barge *(Kahn)*
kippsicher safe against overturning
Kippsicherheit *f* 1. *(Stat)* safety against overturning; 2. *(Stat)* stability, stability against gliding, stability against tilting
Kippstellung *f (Konst)* tilting position
Kipptor *n* glide-over door, overhead door of the swing-up type, up-and-over door
Kipptrogmischer *m (BWG)* tipping trough mixer *(für Beton)*
Kipptrommelmischer *m* tilting-drum mixer, tilting mixer, tilting concrete mixer
Kippvorrichtung *f* tipping device
Kippwinkel *m* 1. *(Konst, Verk, Verm)* angle of inclination; 2. *(Stat)* tipping angle
Kippwirkung *f (Stat)* overturning effect
Kippzapfen *m (BT)* pivot pin
Kippzapfenlager *n* rocker bearing *(Brücke)*
Kippzapfenlager *n*/**bewegliches** *(Konst, TK)* movable rocker bearing
Kirche *f* church
Kirche *f*/**einschiffige** *(Arch)* side aisleless church
Kirche *f*/**gotische** *(Arch)* Gothic church
Kirche *f*/**romanische** *(Arch)* Romanesque church

Kirche f/zweiteilige *(Arch)* bipartite church
Kirchenarchitektur *f* church architecture, religious architecture
Kirchenarchitektur f/christliche Christian church architecture
Kirchenarchitektur *f* **spanischer Orden** *(Arch)* mission architecture *(in Mexiko im 18. Jh.)*
Kirchenbank *f (EB)* pew *(geschlossen)*
Kirchenbau *m* church building
Kirchenbaukunst *f (Arch)* religious architecture
Kirchenbaukunst f/christliche Christian church architecture
Kirchendenkmal *n* church monument
Kircheneinbauten *mpl* church fittings
Kirchenfassade *f* church façade
Kirchenfenster *n* church window
Kirchenform *f* church form
Kirchenfreske *f* church fresco
Kirchengemeindehaus *n* parish house
Kirchengemeindesaal *m* parish hall
Kirchengrabstätte *f (Arch)* sepulchre
Kirchenkeller *m (Arch)* crypt
Kirchenkellergewölbe *n (Arch)* undercroft
Kirchenmittelachse *f* nave
Kirchenmittelschiff *n (Arch)* nave
Kirchenmonument *n* church monument
Kirchennordseite *f (Arch)* Gospel side
Kirchenseitenschiff *n (Arch)* church aisle
Kirchenvorplatz m/quadratischer *(Arch)* parvis
Kirchenzentrum *n (Arch)* parish centre
Kirchhof *m* churchyard
Kirchturm *m* church tower, steeple
Kirchturm *m* **mit Zeltdach** *(Arch, Konst)* spired church tower
Kirchturmspitze *f* church steeple, spire, steeple
Kirschholz *n* cherry wood
kirschrot cherry-red
Kissen *n* 1. *(BT, Konst, TK)* cushion *(Puffer, Dämpfer)*; 2. cushion piece *(Bettungsschicht)*; 3. pad *(Fundament)*
Kissenförmig *(Arch)* pulvinated *(z. B. ein Fries)*
Kissenornamentwerk *n (Arch)* pillow work
Kiste *f* box, case, coffer
Kistvaen *n (Arch)* cistvaen *(keltische Steinflachkammer)*
Kitt *m* 1. putty *(Glaserkitt)*; 2. lute *(Dichtungsmasse, Füllkitt)*; 3. bonding cement, cementing compound, cement *(Klebekitt)*
Kitt m/hydraulischer hydraulic binder
Kitt m/plastischer plastic putty
kitten *v* 1. putty *(Glas)*; 2. lute *(Rohrverbindungen)*; 3. cement *(z. B. Fugen)*
Kitten *n* cementation *(Kleben, bindig Fügen)*
Kittentfernungsmesser *n* hacking knife
Kittfalz *m* 1. putty rebate, rebate for glazing, rebate *(Fenster)*; 2. fillister *(kittlose Verglasung)*
Kittfuge *f* putty joint
Kittleiste f/entfernbare removable stop
Kittmesser *n* putty knife, spattle, stopping knife
Kittsaum *m* putty seam
Kittstoff *m* cementitious material
Kitt- und Kalkputz *m (BM)* gauging *(zur Beschleunigung des Abbindens)*
Kittverglasung *f* putty glazing
Kittzement *m* sulphur cement
Klaffen *n* **einer Fuge** gaping of a joint
klaffend gaping *(Riss, Fuge)*
Klafter *n (BM, Hb)* cord *(altes Raummaß für Schichtholz; 1 Klafter = 3,625 m^3)*
Klage *f (VR)* complaint
Klagemauer *f (Arch)* Wailing Wall *(Jerusalem)*
Klammer *f* 1. cramp, cramp iron, clasp, forked clamp; brace *(konstruktiv)*; 2. *(Hb)* clamp, clip; dog *(U-förmig, für Balken)*; staple *(Kramme, Krampe)*; 3. holdfast *(Zwinge)* • **durch Klammern gehalten** bracketed • **mit einer Klammer befestigen** dog
Klammerlasche *f* 1. *(Verk)* fishplate *(Metallverbindungsstück für Balken)*; 2. *(Verk)* fishplate
Klammerlaschenstoß *m* fish joint
klammern *v* cramp, clasp; clip
Klammerplatte *f (BT, Hb)* clamping plate *(zur Verstärkung von Holzbalkenverbindungen)*
Klammerverbindung *f (Konst)* clamp joint
Klang *m* sound
Klangreinheit *f (DIS, El)* clarity
Klapp... folding ...
Klappaltar m/dreiteiliger *(Arch)* three-fold altarpiece, triptych
Klappbett *n (EB)* folding bed
Klappbohrmast *m (BWG, Erdb)* jackknife drilling mast
Klappbrücke *f (Verk)* balance bridge, bascule bridge, flap bridge, folding bridge
Klappdeckel *m* drop lid, hinged lid, lid
Klappe *f* 1. flap; 2. *(EB, Konst)* lid *(Klappdeckel)*; 3. *(Wsb)* gate, trap; stop-plank *(Wehrklappe)*; 4. hatch *(Falltür)*; 5. *(HLK)* register *(Heizungs- oder Lüftungsschieber)*; 6. *(San, WVA)* valve *(Ventilklappe)*
klappenförmig valviform
Klappenkammer *f* back lever chamber
Klappenscharnier *n* flap hinge
Klappenventil *n* clack valve, flap valve *(z. B. bei Pumpen)*
Klappenwehr *n (Wsb)* lever weir, shutter dam
klapperfrei *(DIS, Konst)* rattle free
klappersicher *(DIS, Konst)* rattle free
Klappfenster *n* hinged (sash) window, awning window, trap window; day dormer-ventilator opening *(im Dach)*
Klappfensterladen *m* folding shutter
Klappfensterschnappverschluss *m (EB)* fanlight catch
Klappflügel *m* top-hung sash, top-hung window
Klappflügelfenster *n* top-hung window, top-hung sash, awning window
Klappladen *m* exterior shutter, box shutter, shutter; folded shutter, folding shutter *(Fensterladen)*
Klappladenring *m (BT)* trap ring
Klappluke *f* hinged hatch
Klapprost *m* hinged grating
Klappschornstein *m (BT, HLK)* collapsible funnel
Klappschütz *m (El)* tilting gate
Klappsitz *m* folding seat
Klapptisch *m* flap table
Klapptor *n* flap gate
Klapptür *f* trap door, hinged door, overhead door; overhead-type garage door
Klappventil *n* flap valve, clapper valve
Klappverkehrszeichen *n (Verk)* box sign
klar 1. clear; clean; 2. *(BM, El)* transparent *(durchsichtig)*; 3. bright, clear *(z. B. Farben, Lacke)*
Kläranlage *f* clarification plant, purification plant, sewage clarification plant, sewage treatment plant, sewage treatment works, sewage works, sewerage plant, treatment plant, waste water purification plant, waste water treatment plant; absorption field *(Klärfeld)*; absorption bed *(Klärschicht)*; detritus pit *(Klärgrube)*
Kläranlage f/biologische *(WVA)* biological clarification plant
Kläranlage f/individuelle individual sewage-disposal system
Kläranlage f/kommunale *(WVA)* municipal sewage works
Kläranlage f/mechanische *(WVA)* primary clarification plant

K

Klaranstrich *m* clear coating, transparent coating
Klärbecken *n* clarification basin, clarification tank, clarifying basin, settling basin, settling pond, settling pool, settling tank, stillpot, settler, cesspool; absorption bed
Klärbehälter *m* 1. *(San, Umw, WVA)* clarification tank; 2. *(San, WVA)* clarifying tank; 3. *(San, WVA)* clearing basin; 4. *(San)* septic tank
Klärbrunnen *m (WVA)* sedimentation tank
klären *v* 1. clarify, clean, purify *(Abwässer)*; 2. *(Te)* cleanse *(reinigen)*; 3. settle, filter, defecate *(Flüssigkeiten)*; 4. clear (up), straighten out *(Sachlagen, Angelegenheiten)*
Klärfeld *n* 1. *(WVA)* absorption field; 2. *(Umw, WVA) (AE)* leaching field
Klärflüssigkeitshöhe *f (Konst, WVA)* sludge clear space *(Klärgrube)*
Klärgas *n* sewage gas, sewer gas, sludge gas
Klarglas *n* clear glass, colourless glass, transparent glass
Klärgrube *f* 1. pervious cesspool, cesspool; 2. *(San)* septic tank
Klärgrube *f* **mit Versickerung des Flüssiganteils** leaching pit, leaching well
Klärgrubenbetonrohrfilter *n (BT, San, WVA)* filter block of a cesspit
Klarheit *f*/**klassische** *(Arch)* classical purity
Klarlack *m* clear varnish, transparent varnish
Klarlackanstrich *m* clear coating
Klarlacküberzug *m* clear coat, translucent coating, transparent coating
Klärschlamm *m* sewage sludge, waste water sludge, active sludge, sludge
Klarsichtfolie *f (BM)* transparency
Klarstellung *f (Konst, OB, VR)* clarification
Klärteich *m* settling pond, settling pool
Klärung *f* purification
Klarverglasung *f (Konst)* vision light
Klärwasser *n* effluent waste-water, clarified water, settling water, effluent water
Klärwerk *n* purification plant, sewage disposal facility, sewage disposal plant, sewage treatment plant, sewage treatment works, sewage works, waste water treatment plant
Klasse *f* class, grade, quality, rank *(Qualitätsstufe, Güte)*; sort *(Art, Marke)*
Klasse *f*/**erste** first class
Klassenbreite *f (BM)* class width
Klassengrenze *f (BM, BT)* class limit
Klassenmitte *f (BM, BT)* class midpoint
Klassenraum *m (Arch, Konst)* classroom
Klassenraumgebäude *n (Arch)* classroom building
Klassenraumtrakt *m (Arch, Konst)* classroom unit
Klassenzimmer *n* classroom, schoolroom
Klassieranlage *f (BWG)* sizing plant *(Baustoffaufbereitung)*
Klassierapparat *m (BWG)* classifier
klassieren *v* 1. *(BM, Te)* classify; 2. *(BM, Te)* grade *(nach Güte, Qualität; z. T. auch für Körnungen)*; 3. *(Te)* sort *(nach Merkmalen)*; 4. screen, screen in sizes, size; separate *(Zuschlagstoffe)*
Klassieren *n (BM, Te)* sizing *(Zuschlagstoffe)*
Klassiergut *n* material being screened, material being sized
Klassiersieb *n* assorting screen, classifying screen, screen, separator *(Zuschlagstoffaufbereitung)*
klassiert graded
Klassier- und Waschmaschine *f (BWG)* sizing and washing machine *(für Baustoffe)*
Klassierung *f* 1. *(BM, BT, VR)* classification; 2. *(BM)* grading; 3. *(BM, Te)* screening
klassifizieren *v* classify, grade; assort
klassifiziert graded
Klassifizierung *f (BM, BT)* classification
Klassifizierung *f*/**überwachte** supervised classification *(Baustoffaufbereitung)*
Klassifizierung *f*/**unüberwachte** *(BM)* unsupervised classification *(Primärbaustoffe)*
Klassifizierungseigenschaft *f* classification property, index property
klassisch 1. *(Arch)* classical; 2. *(BM)* classic
klassisch/streng *(Arch)* strictly classical
Klassizismus *m (Arch)* classicism, Classic Revival *(als Wiederholung der römischen und griechischen Baukunst)*
Klassizismus *m* **der Goethezeit** Classic Revival *(als Wiederholung der römischen und griechischen Baukunst Classic Revival 1770-1830)*
Klassizismus *m*/**französischer** *(Arch)* French classicism
Klassizismus *m*/**früher** *(Arch)* Romantic classicism
Klassizismus *m*/**palladianischer** *(Arch)* Palladian Classicism
Klassizismus *m*/**utilitaristischer** *(Arch)* utilitarian classicism
klassizistisch *(Arch)* classicizing
klassizistisch-symmetrisch *(Arch, Konst)* classically symmetrical
klastisch *(Bod)* clastic *(Geologie)*
Klaue *f* 1. *(Hb)* claw, dog, toe-jointing, birdsmouth joint; 2. *(EB)* door catch; 3. *(Arch)* griffe, spur *(Ornament)*
Klaue *f* **mit Zapfen** *(Hb)* bridge joint
Klaue *f* **mit Zapfen im Nest** *(Hb)* bridle joint
Klauenbeil *n (BWG)* claw hatchet
Klaueneisen *n (BT, Hb)* claw plate *(zur Rundholzverbindung)*
Klauenhammer *m (BWG)* claw hammer
Klauenschiftung *f (Hb)* bird's-mouth attachment
Klauenschraube *f* rag bolt, stone bolt
Klausel *f (VR)* clause
Klausur *f (Arch)* monastic cell, clauster *(Teil eines Klosters)*
Klavierband *n (EB)* piano hinge
Klebeanker *m (BT, Konst)* adhesive anchor
Klebeband *n* adhesive tape, tape adhesive
Klebeband *n*/**mehrschichtiges** multiple-layer adhesive (tape)
Klebebindung *f* adhesive bond
Klebedichtung *f* 1. *(BM, DIS)* adhesive sealing; 2. *(DIS)* bonding sealing
Klebefestigkeit *f* adhesive strength, bonding strength, dry strength
Klebefilm *m* sheet glue
Klebefilter *n (HLK)* viscous filter *(Klimaanlage)*
Klebefläche *f* glue line
Klebeflüssigkeit *f (BM)* liquid adhesive
Klebefolie *f* sheet glue
Klebefugenkitt *m* gap-filling adhesive, gap-filling glue
Klebekitt *m* adhesive cement, bonding cement
Klebekonstruktion *f (Hb)* bonding system
Klebelack *m* 1. *(BM, OB)* adhesive varnish; 2. *(BM)* dope
Klebelösung *f* cement *(z. B. für Gummi)*
Klebemasse *f*/**bituminöse** bituminous adhesive composition
Klebemittel *n* adhesive, agglutinant, bonding agent, cementing compound, glue
kleben *v* 1. glue, paste, bond, join by adhesive, stick; 2. adhere, adhere to, cling *(haften)*; 3. paste *(kleistern)*; 4. agglutinate *(verkleben, zusammenballen)*; 5. *(OB, Te)* pitch *(mit Teer)*
klebend adherent, adhesive *(haftend)*; agglutinant *(verklebend)*; sticky *(klebrig)*
Klebepaste *f* adhesive paste, bonding paste, cementing paste
Klebepatrone *f* bonding cartridge *(für Ankerdübel)*
Klebeprüfung *f* bonding test

Kleber *m* adhesion agent, adhesive, glue, bonding agent, cement
Kleber *m***/fertiggemischter** mixed glue *(mit Härter)*
Kleber *m***/heißabbindender** hot-setting adhesive
Kleber *m***/heißhärtender** hot-setting adhesive
Kleber *m***/metallkeramischer** *(BM)* ceramic adhesive
Kleber *m* **mit Lösungsmittel** *(BM)* solvent adhesive
Kleber *m***/organischer** *(BM)* organic adhesive
Kleber *m***/wasserfester** hydraulic glue
Klebeseite *f* interior face *(Dach)*
Klebestreifen *m* adhesive tape, tape adhesive
Klebestreifenprüfung *f* tape test *(Schutzschichtenhaftfestigkeit)*
Klebetechnik *f* cementing technique *(bes. für Kunststoffe)*
Klebeverbindung *f* adhesive bond, glue joint
Klebeverfahren *n* glue fixing method, cement method, thin-bed fixing technique *(Fliesenlegen)*
Klebeverglasung *f* structural glazing
klebfähig adhesive; tack-dry *(z. B. Anstriche)*
Klebfläche *f* glue line
Klebfreiheit *f (OB)* tack freedom *(Anstrich)*
Klebhaftung *f (BT, Konst)* adhesive bond
Klebkitt *m* adhesive cement, bonding cement, cementing compound, cement
Klebkraft *f* adhesiveness; tack *(einer Farbe)*
kleblos stick-free
klebrig 1. gluey, sticky; 2. *(BM, Te)* fat *(Mörtel, Beton, Ton)*; 3. ropy *(zähflüssig, fadenziehend)*; 4. tacky, cheesy, tacky dry *(Farbe)*; gummy *(Anstrich)*
klebrig/nicht stick-free
klebrig/nicht mehr tack-free dry *(Farbanstrich)*
Klebrigkeit *f* 1. gluiness, stick(i)ness; 2. tack, tackiness *(Farbe)*; aftertack, residual tack *(eines Anstrichs infolge langsamen Trocknens oder Abbindens)*
Klebstelle *f (Konst)* joining point
Klebstelle *f***/magere** starved joint
Klebstoff *m (EN 15274)* adhesive, binding material, glue, cement, gum, paste
Klebstoff *m***/bei mittlerer Temperatur abbindender** intermediate-temperature-setting adhesive, warm-setting adhesive
Klebstoff *m* **für strukturellen Klebeverbund** *(EN 15274)* adhesive for structural assembly
Klebstoff *m***/geschäumter** foamed adhesive
Klebstoff *m***/hitzehärtbarer** *(BM)* thermosetting adhesive
Klebstoff *m***/thermoplastischer** heat-activated adhesive
Klebstoff *m***/wasserlöslicher** sizing material
Klebtechnik *f* cementing technique *(bes. für Kunststoffe)*
Klebverbindung *f* glue joint
Klebverfahren *n (SB, Te)* thin-bed method *(Fliesen)*
Klebvermögen *n (BM, OB)* adhesiveness
Kleeblatt *n***/halbes** *(Verk)* half-cloverleaf junction, partial cloverleaf *(Autobahn)*
Kleeblattarkade *f (Arch)* trefoiled arch
kleeblattartig *(Arch)* trefoil-like
Kleeblattbogen *m (Arch)* foil arch, foil, three-foiled arch, trefoiled tracery, trefoil arch
Kleeblattbogenarkade *f (Arch)* three-foiled arcade
kleeblattbogenförmig trefoiled, trefoliate
Kleeblattchor *m (Arch)* triconch, triconch quire
kleeblattdekoriert *(Arch)* foiled, trefoiled
Kleeblattform *f (Arch)* trefoil shape
kleeblattförmig *(Arch)* foiled, trefoil, trefoil-shaped, trefoiled, trefoliate
Kleeblattgrundriss *m (Arch)* trefoiled ground-plan
Kleeblattkreuzung *f (Verk)* cloverleaf, cloverleaf intersection *(Autobahnkreuzung)*
Kleeblattlösung *f (Konst, Verk)* cloverleaf solution
Kleeblattornament *n (Arch)* trefoil

Klei *m* tidal mud, clay
Kleiderablage *f* cloakroom, coat rack, coat stand, wardrobe
Kleiderbügeltragestange *f (EB)* closet pole
Kleidereinbauschrank *m (EB)* clothes closet
Kleiderhaken *m* coat hook, robe hook
Kleiderhakenbrett *n* coat hook strip
Kleiderkammer *f (Konst) (AE)* closet
Kleiderschrank *m* 1. *(EB)* wardrobe; 2. *(Konst) (AE)* closet
Kleiderspind *m* dressing locker
Kleiderspindraum *m (EB)* clothes-locker room
Kleiderständer *m* coat rack, coat stand
klein 1. small, little *(z. B. Haus)*; 2. fine *(fein, dünn)*; 3. small-size(d) *(z. B. Fläche)*
Kleinappartement *n (AE)* efficiency apartment
Kleinbahn *f (Verk)* narrow-gauge railway
Kleinbaracke *f* small-sized hut
Kleinbaustelle *f* small-scale site
Kleindumper *m* power barrow, power buggy
Kleineisenbauelemente *npl (EB)* small hardware
Kleineisenzeug *n (EB)* small hardware
Kleinformat *n (BM)* small format
kleinformatig *(Konst)* of small format
Kleinformatzeichen *n (Verk)* small-sized sign
Kleingarten *m (VR)* allotment
Kleingedrucktes *n (VR) (sl)* small print *(Verträge)*
kleingehämmert *(Arch)* stippled *(Glasgestaltung)*
Kleingerät *n (EB)* small appliance
Kleinhaus *n (Arch)* small house
Kleinigkeit *f (sl)* pushover
Kleinkies *m* grouan
Kleinkinderspielplatz *m (RP)* pre-school children's playground
Kleinkläranlage *f (Umw, WVA)* small wastewater treatment system *(EN 12566-4)*
Kleinklima *n (Umw)* local climate
kleinkörnig small-grained, small-size *(z. B. Zuschläge)*
Kleinküche *f* kitchenette, small-sized kitchen
Kleinlanzettfenster *n (Arch, Hb, Konst)* miniature lancet
Kleinlochung *f* small coring *(Ziegel)*
Kleinmaterial *n* incidentals *(Installation)*
Kleinmosaik *n* small-sized mosaic
Kleinpark *m (Verk)* vest-pocket park
Kleinparkett *n* mosaic parquet, fingers
Kleinparkettlamelle *f* mosaic finger
Kleinpflaster *n* small-sized paving sett, small cobbles, pebble pavement
Kleinpflasterbruchstein *m (BM)* ragstone
Kleinpflasterdecke *f (Verk)* small-sized sett paving
Kleinpflasterstein *m* 1. *(BM, Konst)* small sett; 2. *(BM)* small cobblestone
Kleinrohrheizung *f (HLK)* small-bore system
Kleinschlag *m (Verk)* hardcore
Kleinspannrahmen *m (Konst)* small-span frame
Kleinstabmessung *f (Konst)* minimum dimension
Kleinstadt *f (RP)* small town
Kleinstetagenwohnung *f* flatlet
Kleinstkorn *n (BM)* least grain size
Kleinstkrankenhaus *n (Arch)* cottage hospital
Kleinstmaß *n* minimum limit
Kleinstmoment *n (Stat)* least moment, minimum moment
kleinstückig small-size(d) *(z. B. Zuschläge)*
Kleintafel *f* small panel
Kleintafelbau *m (Konst)* small panel construction
Kleintür *f* dwarf door
Kleinumwelt *f* subenvironment
Kleinversuch *m* laboratory test
Kleinwohnung *f* small-sized dwelling, apartment, *(AE)* small-sized dwelling unit, efficiency

K

Kleinwohnung f/komfortable apartment
Kleinziergarten *m* **mit enger Holzgruppenpflanzung** *(LB)* knot garden *(meist stark beschnitten)*
Kleister *m* paste, size • **mit Kleister bestreichen** paste
Kleisterdurchschlag *m* paste spot
kleistern *v* paste
Klemmbolzen *m* clamping bolt, toggle bolt
Klemmdose *f (El)* connecting box
Klemme *f* clamp, cleat, clip, holder, holdfast
klemmen *v* 1. choke, clip, jam *(festklemmen)*; 2. grip *(festklemmen)*; 3. lock *(blockieren)*; 4. nip *(abkneifen)*; 5. pinch *(abklemmen)*
Klemmfestigkeit *f* binding strength
Klemmkasten *m (El)* terminal box
Klemmlänge *f* grip, grip length *(z. B. bei Nieten)*
Klemmplatte *f* face plate; clamping plate *(zur Verstärkung von Holzbalkenverbindungen)*
Klemmring *m* locking ring, clamping collar, clamping ring
Klemmschließer *m* friction catch, friction latch
Klemmschraube *f* locking screw, clamping screw; adjusting screw *(Montage)*
Klemmung *f (Konst)* pinching *(Befestigung)*
Klemmverbinder *m* terminal connector
Klemmverbindung *f (Konst)* clipped connection
Klemmvorrichtung *f (Hb, St, Te)* clamp
Klempner *m* plumber, tinner
Klempnerarbeiten *fpl (San)* plumber's work *(BS 8000-15, DIN 18339)*
Klempnerei *f* plumber's shop, plumbery
Klempnersperrhaken *m (San)* horn stake
Klempnerwerkstatt *f* plumber's shop, plumbery
Klettereisen *npl* climbing irons, foot iron, access hook
Kletterkran *m (BWG)* climbing crane
klettern *v (Te)* climb
Kletterpflanze *f (LB)* creeper *(an Mauerwerk)*
Kletterschalung *f* climbing shuttering, climbing formwork, climbing forms, moving shutter(s), moving formwork
Kletterstange *f (BT, Te)* jack rod *(Gleitschalung)*
Klienteninteresse *n* client's interest
Klimaänderung *f (Umw)* climatic variation
Klimaanlage *f* air-conditioning equipment, air-conditioning installation, air-conditioning plant, air conditioner, heating and cooling system, room air-conditioning system; air-handling system *(mit spezieller Luftaufbereitung)*
Klimaanlage f/automatische *(HLK)* automatic air-conditioning plant
Klimaanlage *f* **mit automatischer Luftmengenregulierung** *(HLK)* variable-volume air system
Klimaanlage *f* **mit einem Luftkanal für verschiedene Öffnungen** single-duct air conditioning system, single-duct system
Klimaanlage f/zentrale central air-conditioning system, central conditioning plant, central conditioning system
Klimaanlagenhauptkanal *m (HLK)* riser
Klimaanlagenheiz- und Kühlelement *n* **mit Filter und Gebläse** *(HLK)* fan-coil unit
Klimaanlagenraum *m (Arch, HLK)* conditioning equipment room
Klimadecke *f (HLK)* air-conditional ceiling, air-conditioned ceiling
Klimafestigkeit *f (BM, Konst)* weathering resistance
Klimagerät *n* air-conditioning unit, air-conditioning equipment, air conditioner, unit conditioner, conditioner
klimageregelt *(HLK)* conditioned
Klimakammer *f* environmental test chamber
Klimakanal *m (HLK)* conditioning duct
Klimakarte *f* design temperature map
Klimaprüfkammer *f* environmental chamber
Klimaprüfschrank *m (BM)* climatic test cabinet
Klimaprüfung *f* environmental test *(eines Baustoffes, Anstriches usw.)*
Klimaregelung *f* air conditioning, conditioning
Klimastation *f* central air-conditioning system, central conditioning plant, central conditioning system
Klimatechnik *f* air-conditioning duct
Klimatgerät *n s.* Klimagerät
klimatisieren *v (HLK)* air-condition, condition
klimatisiert *(HLK)* air-conditioned
Klimatisierung *f* air conditioning, conditioning, room air conditioning
Klimatisierungsanlage *f* air-conditioning installation, air-conditioning plant
Klimatisierungsgerät *n* air conditioner
Klimatruhe *f (HLK)* air-conditioning unit
Klimaveränderung *f (Umw)* climatic fluctuation
Klimazone *f (Konst, Umw, VR)* climatic zone
Klingel *f* bell
Klingelanlage *f (El)* bell system
Klingeldraht *m* bell wire, ringing wire
Klingeldrücker *m* trigger of a door bell
Klingelknopf *m (El)* bell button
Klingeltransformator *m (El)* bell transformer
klingen *v (DIS)* sound *(Akustik)*
Klingstein *m* clinkstone, phonolite
Klinik *f (Arch)* clinic
Klinke *f* handle, lever handle latch, ratchet; door catch, pawl *(Sperrvorrichtung)*; sneck *(Türschloss)*
Klinkenschloss *n (EB)* thumb latch
Klinkenseite *f* hand *(Tür)*
Klinker *m* 1. clinker, clinker brick, klinker (brick), vitrified brick; 2. cement clinker *(Zementzwischenprodukt)*
Klinkerbildung *f (BM, Te)* clinker formation
Klinkerbrennen *n* 1. firing to clinker, burning to clinker; 2. firing to cement clinker, burning to cement clinker
Klinkerfliese *f* vitrified tile
Klinkerisierung *f (BM, Te)* clinker formation
Klinkerkachel *f* vitrified tile
Klinkerkanal *m (WVA)* brick sewer
Klinkermahlung *f (BM, Te)* clinker grinding *(für Zement)*
Klinkermineral *n (BM)* clinker mineral
Klinkerpflaster *n (Verk)* clinker pavement
Klinkerpflasterdecke *f* paving of engineering bricks
Klinkerphase *f (BM, Te)* clinker phase *(Zement)*
Klinkerplatte *f* clinker slab
Klinkerstein *m* clinker brick, blue brick
Klinkerstraße *f (Verk)* road with engineering brick paving
Klinkerung *f (BM, Te)* partial vitrification *(Baustoffherstellung)*
Klinkerverkleidung *f (OB)* clinker brick facing
Klinkerziegel *m* clinker brick, clinker, blue brick
Klinkerzusammensetzung *f (BM)* clinker composition
Klinometer *n* 1. *(BM, BWG)* clinometer; 2. *(Verm)* inclinometer
Kloake *f* 1. *(San)* cloaca; 2. *(WVA)* cesspit
Kloben *m* 1. pulley, block *(Flaschenzug)*; 2. *(BM, Hb)* log *(Holzkloben)*; 3. *(Hb)* dog; 4. *(Hb)* pin *(Fensterdrehzapfen)*
klöpfeln *v* mall *(Gestein)*
klopfen *v* 1. knock; 2. beat *(z. B. Steine)*; 3. *(Te)* rap *(Betonform)*; 4. *(Te)* strike *(aufschlagen)*
Klopfer *m* knocker, door knocker; beater
Klosett *n* lavatory, toilet, closet
Klosett n/chemisches chemical closet
Klosett... *siehe auch: Toiletten...*
Klosettbecken *n (San)* lavatory pan
Klosettbecken n/wandhängiges *(San)* wall-hung water closet
Klosettbeckenbefestigungsschraube *f (EB, San)* closet bolt

K

Klosettsitz *m* 1. *(San)* lavatory seat; 2. *(EB)* toilet seat
Klosettsockel *m (San)* sanitary base
Klosetttank *m* sanitary tank
Kloster *n* 1. *(Arch)* cloister; 2. *(Arch)* monastery; 3. *(Arch)* convent
Kloster... monastic ..., cloister ..., claustral ...
Klosterarchitektur *f (Arch)* monastic architecture
Klosterbaukunst *f (Arch)* monastic architecture
Klostergarten *m (Arch)* monastery garden
Klostergebäude *n (Arch)* monastic building
Klostergewölbe *n* 1. *(Arch)* cloister vault; 2. *(Arch)* polygonal domical vault
Klosterhof *m (Arch)* cloister garth
Klosterkirche *f (Arch)* monastic church
Klosterkrankenhaus *n (Arch)* firmary
klösterlich monastic, claustral, convent
Klosterschreibstube *f (Arch)* scriptorium
Klosterspeisesaal *m (Arch)* monastic hall
Klothoide *f* 1. *(Konst, Verk)* clothoid *(mathematisch)*; 2. *(Verk)* spiral curve *(Straße)*
Klotz *m* block *(Fußboden, Holzpflaster)*; trunk *(Holz)*
Klotz *m*/**dichter** *(BM)* compact block
Klotzenschlacke *f (BM)* lump slag
Klotzlager *n (BT, TK)* segmental bearing
Klotzstufe *f* solid rectangular step, massive tread *(einer Treppe)*
Klubgebäude *n* club building, club block
Klubhaus *n* club building, club block, casino
Klubraum *m* club room
Klubzimmer *n* club room
Kluft *f* 1. cleft, gap, fissure, crack, crevice *(Spalt)*; 2. *(Tun)* fault, joint *(auch Steinbruch)*; 3. chasm, abyss *(Abgrund)*; 4. *(Bod)* crevasse *(z. B. nach Erdbeben)*
klüftig jointy
Kluftwasser *n* 1. *(Bod)* joint water; 2. *(Erdb)* crack water
klumpen *v* clot; lump *(Baustoffe)*
Klumpen *m* 1. clod, clot, clump *(z. B. Erdstoff)*; 2. knot, node *(Knoten)*; 3. cluster *(Gruppe)*; 4. hump *(Haufen)* • **Klumpen bilden** clot; lump *(Anstriche, Bindebaustoffe)*
Klumpenbildung *f* lump formation; back-set, pack set *(Zement, Kalk)*
klumpenfrei *(BM)* lump free
klumpig lump(y), nodular, cloddy • **klumpig werden** *(BM)* lump *(Anstriche, Bindebaustoffe)*
Knagge *f* 1. angle cleat, angle clip; 2. *(Hb)* dog, bearing block, cleat
Knaggenanschluss *m (Konst, St)* cleated joint
K-Naht *f* double-bevel butt weld *(Schweißen)*
knapp 1. scarce, short, short supply *(Materialvorräte)*; 2. stringent, tight, close *(Finanzrahmen)*; 3. tight, close-fitting *(Bauelemente)* • **knapp werden** run short of
Knappheit *f (VR)* scarcity
Knarre *f (EB)* ratchet
Knarrenbohrer *m* ratchet drill
Knauf *m* knobboss
Knauf *m*/**gotischer** *(Arch)* finial
Knebel *m* 1. *(Hb)* crutch head; 2. *(BT)* toggle
Knebelgriff *m* locking handle
Knebelverschluss *m* slotted head locking device
kneifen *v* nip
Kneifzange *f* nippers, pincers
Kneipe *f* pub(lic house); *(AE)* saloon
Knetaufbereitung *f (BM, Te)* tempering *(Ton, Kaolin)*
knetbar kneadable, plastic, workable
kneten *v* knead, work; pug, temper *(Lehm, Ton)*
Kneten *n (BM, Te)* tempering *(Ton, Kaolin)*
knetfähig *(BM)* kneadable
Knetmischer *m* pug mill mixer *(Beton)*
Knettest *m (BM)* kneading test
Knetverdichter *m (Te)* kneading compactor
Knetverdichtung *f (Te)* kneading compaction
Knick *m* 1. *(BT)* bend *(z. B. Straße)*; 2. *(Konst, Stat)* kink *(in Draht)*; 3. *(Konst)* roof curb *(in der Dachfläche)*; 4. crack *(rissartig)*; 5. buckle, bend *(Metall)*; 6. knee, bend *(Rohr)*; 7. sharp drop, falling-off *(Bauleistung)*
Knickarbeit *f (Stat)* buckling work
Knickaussteifung *f (Stat)* reinforcing against buckling, stiffening against buckling
knickbeansprucht *(Stat)* subject to buckling
Knickbeanspruchung *f (Stat)* buckling action, buckling stress
Knickbeginn *m* initial buckling
Knickbeiwert *m (Stat)* buckling coefficient
Knickbelastung *f (Stat)* buckling stress, buckling loading, collapsing stress, collapsing loading
Knickberechnung *f (Stat)* buckling analysis
Knickbereich *m* buckled region, buckling region
knicken *v* 1. buckle *(z. B. Träger)*; 2. *(Stat)* collapse *(zusammenknicken)*; 3. fold *(biegen, Flächentragwerke)*
Knicken *n (Konst, TK)* buckling
Knicken *n*/**dynamisches** dynamic buckling
Knicken *n*/**elastisches** elastic buckling
Knicken *n*/**örtliches** *(BT, Stat, TK)* local buckling
Knicken *n*/**plastisches** plastic buckling
Knicken *n*/**überkritisches** *(Stat)* post-buckling
Knicken *n* **unter Belastung** *(Stat)* load buckling
Knickermüdung *f* buckling fatigue
Knickfestigkeit *f* buckling resistance, buckling stability, buckling strength, resistance to buckling, cross-breaking strength, resistance to lateral bending, lateral stiffness; ultimate column resistance, ultimate column stability, column strength *(Stützen)*
Knickfestigkeit *f*/**überkritische** *(Stat)* post-buckling strength
Knickformel *f* buckling formula; formula for columns
Knickformeln *fpl*/**Euler'sche** *(Stat)* Euler's formulae for columns
Knickgefahr *f* buckling risk, risk of buckling
Knicklabilität *f* buckling instability
Knicklänge *f (Stat)* effective length, buckling height, buckling length, free length of column, reduced length, reduced length of column
Knicklänge *f*/**freie** *(Konst, Stat)* unsupported length of column
Knicklast *f* buckling load, crippling load
Knicklast *f*/**Euler'sche** *(Stat)* Euler's crippling load
Knickmodul *m* **nach Kárman** reduced modulus of elasticity
Knickprüfung *f* buckling test; column test *(Stahl)*
Knickpunkt *m* deflection point, point of inflection; nickpoint *(im Gefälle)*
knicksicher *(BT)* safe against buckling
Knicksicherheit *f (Stat)* buckling safety, safety against buckling
Knickspannung *f (Stat)* buckling stress, column stress, collapsing stress, critical stress
Knickspannung *f*/**Euler'sche** *(Stat)* Eulerian buckling stress
Knickstab *m (Stat)* member subject to buckling, rod subject to buckling, column
Knickstabilität *f (Stat)* buckling stability, buckling strength, ultimate column resistance, ultimate column stability
knicksteif buckleproof
Knicksteifigkeit *f* buckling stiffness
Knicktheorie *f (Stat)* theory of buckling
Knickung *f* buckling; collapse; breaking; folding; kink
Knickung *f*/**örtliche** *(BT, Stat, TK)* local buckling
Knickverhalten *n* buckling behaviour

Knickverstärkung *f (Konst)* reinforcing against buckling
Knickversteifung *f (Konst)* reinforcing against buckling
Knickversuch *m* buckling test
Knickwert *m* buckling value
Knickwiderstand *m* buckling resistance
Knickzahl *f (Stat)* buckling coefficient
Knickzollstock *m* multiple-folding rule
Knickzone *f (BT, Stat, TK)* buckled region
Knie *n* quarter bend, elbow, knee *(Rohr)*
Kniefitting *n* level collar, angle collar *(für Rohre)*
Kniegelenk *n (Hb)* knuckle joint, toggle, toggle joint
Kniehebel *m (BT)* toggle
Kniehebelbackenbrecher *m (BWG)* toggle crusher
Kniehebelschalter *m (El)* toggle switch
Kniehebelwaschbecken *n (San)* scrub sink
Knieholz *n (Hb)* knee timber, crook
Knierohr *n* bent pipe, pipe bend, quarter bend
90°-Knierohr *n* square bend
Kniestock *m (Konst)* jamb wall
Kniestockwand *f (Konst)* jamb wall
Kniestück *n* knee pipe, knee, elbow joint, elbow piece, pipe bend, quarter bend *(Rohr)*
Knieverschluss *m (San)* S-trap
Knirschfuge *f* non-bonded joint, dry joint
knochenhart *(BM, Bod)* white hard
Knochenhaus *n* charnel house
Knochenleim *m (BM)* bone glue
Knochenschwarz *n (OB)* bone black
Knolle *f* 1. *(Arch)* crocket *(Ornament der Gotik)*; 2. *(WVA)* tubercle *(in Wasserleitungsrohren)*; 3. nodule, nug *(Geologie)*
Knollen *m* lump, clod *(Erdstoffknollen)*
Knollenfußpfahl *m (Erdb)* underreamed pile
Knollenkalk *m (BM, Bod)* nodular limestone
Knollenkapitell *n (Arch)* bud capital
knollig lumpy, nodular, cloddy
Knopf *m* 1. knob *(Drehknopf)*; 2. button *(Drucktaste)*; 3. nub *(Vorsprung)*
Knopfbeschlag *m (EB)* knob (door) fitting
Knopfbolzenhalteplatte *f (Hb)* knob rose
Knorpeltang *m (BM, OB)* carragheen *(z. B. als Emulgator)*
Knorren *m* knot, knur, knurl *(im Holz)*
Knorrenbüschel *n* knot-cluster *(Holz)*
knorrig knotted, gnarled *(Holz)*
Knorrmusterholz *n* **der Fichte** knotty pine
Knospenkapitell *n (Arch)* crocket capital, bud capital
Knoten *m* 1. joint, panel point *(Fachwerk)*; 2. knot, knur, knurl, knag, catface *(im Holz)*; 3. *(Stat)* node, node point, assemblage point, node *(Stabwerk)*; 4. nub *(Vorsprung)*; 5. *(Verk)* junction, intersection *(s. a. Knotenpunkt)*
Knoten *m*/**biegesteifer** fixed joint, stiff joint
Knoten *m*/**kreuzungsfreier** *(Verk)* elevated road crossings *(Straße)*
Knoten *m*/**untergeordneter** *(Verk)* minor junction *(s. a. Knotenpunkt)*
Knoten... nodal ...
knotenartig nodular
Knotenausstattung *f* interchange facility *(Fußgänger)*
Knotenbahnhof *m (Verk)* junction station
Knotenbelastung *f* node (point) loading, joint loading
Knotenbewegung *f (Konst)* joint movement
Knotenblech *n* 1. *(BT, Konst, St)* joint plate; 2. *(Konst, St)* junction plate; 3. *(BT, Konst, St, Stat)* connecting plate; 4. *(Konst, St)* gusset plate
Knotenblech *n* **aus Flussstahl** *(St, Stat)* connection made from mild-steel plate
Knotenblechverbindung *f (Konst, St)* gusseted connection
Knotendrehung *f (Konst)* joint rotation
Knotenfesthaltemoment *n* joint holding moment
Knotenfestigkeit *f* node (point) strength
knotenförmig nodular
Knotengelenk *n (Stat, TK)* multiple joint
Knotengeschwindigkeit *f (Konst)* joint velocity
Knotengleichgewicht *n (Stat)* node (point) equilibrium
Knotengleichung *f (Stat)* joint equation
Knotenkurve *f* nodal curve *(mathematisch)*
Knotenlast *f (Stat)* node (point) load; panel load, joint load *(Fachwerk)*
Knotenmaserung *f (OB)* swirl *(Holz)*
Knotenmechanismus *m (Stat)* joint mechanism
Knotenmoment *n* node (point) moment; joint moment
Knotennummer *f (Verk)* interchange number
Knotenornament *n (Arch)* knotwork
Knotenpinsel *m* knot brush
Knotenplatte *f (BT, Konst, St)* joint plate
Knotenpunkt *m* 1. *(Stat)* nodal point, node, node point, truss joint; 2. panel point, pin, joint *(Fachwerk)*; 3. point of junction (of members) *(Tragwerk)*; 4. *(Verk)* junction, intersection, point of intersection
Knotenpunkt *m*/**biegesteifer** fixed joint, stiff joint
Knotenpunkt *m*/**einfacher** simple intersection
Knotenpunkt *m*/**erhöhter** *(Verk)* raised junction
Knotenpunkt *m*/**innerörtlicher** *(Verk)* urban junction, *(AE)* urban intersection *(s. a. Straßenknotenpunkt)*
Knotenpunkt *m*/**kanalisierter** *(Verk)* channelized intersection
Knotenpunkt *m*/**komplexer** *(Verk)* compound junction, compound intersection
Knotenpunkt *m*/**lichtzeichengesteuerter** signallised intersection, controlled intersection
Knotenpunkt *m* **mit Einzelfahrstreifen** *(Verk)* junction of single carriageways
Knotenpunkt *m*/**planfreier** *(Verk)* grade separated junction, *(AE)* grade separated intersection, multilevel intersection, two-level intersection, split-level junction
Knotenpunkt *m*/**plangleicher** *(Verk)* at-grade junction, junction at grade, *(AE)* at-grade intersection
Knotenpunkt *m*/**signalgeregelter** *(Verk)* signal-controlled junction
Knotenpunkt *m*/**signalgesteuerter** *(Verk)* controlled junction
Knotenpunkt *m*/**vorfahrtgeregelter** *(Verk)* unsignalled junction, *(AE)* unsignaled intersection
Knotenpunkt *m*/**wasserseitiger** *(Verk, Wsb)* upstream junction
Knotenpunktausfahrt *f (Verk)* junction exit
Knotenpunktausstattung *f* interchange facility *(Fußgänger)*
Knotenpunktbahnhof *m (Verk)* junction station
Knotenpunktbelastung *f* 1. *(Stat)* node loading, node point loading; 2. joint loading *(Fachwerk)*; 3. *(Verk)* junction load
Knotenpunktbetriebsweise *f (Verk)* junction operation
Knotenpunkteinfahrt *f (Verk)* junction entry
Knotenpunktentwurf *m (Verk)* junction design
Knotenpunktfestigkeit *f (Stat)* node strength, node point strength
Knotenpunktform *f (Verk)* junction geometry
Knotenpunktgestaltung *f (Verk)* junction design
Knotenpunktgleichgewicht *n (Stat)* node equilibrium, node point equilibrium
Knotenpunktgrundriss *m (Verk)* road crossing layout
Knotenpunktkapazität *f (Verk)* junction capacity
Knotenpunktlast *f (Stat)* node load, node point load
Knotenpunktleistungsfähigkeit *f (Verk)* junction capacity
Knotenpunktmarkierung *f (Verk)* junction marker

Knotenpunktmoment *n (Stat)* node moment, node point moment
Knotenpunktring *m (Verk)* interchange loop
Knotenpunktsbelastung *f (Verk)* junction load
Knotenpunktschenkel *m (Verk)* junction arm
Knotenpunktschleife *f (Verk)* interchange loop
Knotenpunktskurve *f* nodal curve *(mathematisch)*
Knotenpunktsteuerung *f (Verk)* intersection traffic control, junction traffic control
Knotenpunktsteuerung *f* **mit Festzeitsignalen** *(Verk)* fixed time intersection [junction] signal control
Knotenpunktverbindung *f* joint connection, knee bracket plate, nodal joint *(Fachwerk)*
Knotenpunktverbindung *f***/steife** *(Konst, TK)* rigid joint
Knotenpunktverfahren *n (Stat)* method of joints
Knotenpunktverkehrssteuerung *f (Verk)* junction traffic control
Knotenpunktverlaschung *f (Konst, Stat)* fish plate
Knotenpunktversatz *m (Verk)* junction offset
Knotenpunktweg *m (Stat)* node trajectory, node point trajectory
Knotenpunktzählung *f (Verk)* intersection count (for traffic) *(Verkehrszählung)*
Knotenpunktzufahrt *f (Verk)* junction access
Knotenpunktzufahrtsstraße *f (Verk)* junction access road
Knotenschiefer *m (Bod)* knotted schist
Knotenschnur *f (Arch)* twisted fillet
Knotenverbindung *f* 1. *(Konst, St, TK)* joint connection; 2. *(Konst)* hub *(Stahlbau)*; 3. knee bracket plate, joint connection, nodal joint *(Fachwerk)*; 4. fishplate *(Klammer- und Zuglasche)*
Knotenverbindung *f***/starre** *(Konst)* rigid nodal point
Knotenverfahren *n (Stat)* method of joints
Knotenverrückung *f (Konst, TK)* joint displacement
Knotenverschieblichkeit *f (Konst, TK)* joint mobility
Knotenverschiebung *f (Konst, Stat)* joint translation
Knotenverzierung *f (Arch)* knotwork
Knotenweg *m (Stat)* node trajectory, node point trajectory, joint trajectory
knotig knobby, knotted, knotty *(Holz s. a. knorrig; Gestein)*; nodule *(Geologie)*
Knottendolomit *m* knotty dolomite
Knottensandstein *m* knotten sandstone
Knüpfdraht *m* binding wire *(Stahlbetonbewehrung)*
knüpfen *v (Te)* fix
Knüpfpunkt *m (Te)* tying point *(Bewehrung)*
Knüpfrute *f (BM)* withe *(Strohdach)*
Knüpfstelle *f (Te)* tying point *(Bewehrung)*
Knüppeldamm *m (LB)* log road
Knüppelweg *m* 1. *(LB)* log causeway; 2. *(Arch) (AE)* corduroy road
Koagulation *f* 1. *(BM, WVA)* coagulation *(Emulsion)*; 2. *(OB)* flocculation *(Anstrichstoffe)*
Koaleszenz *f (BM, OB)* coalescence
Koaxialkabel *n* coaxial cable
Kobalt *n* cobalt
Kobaltaluminat *n* cobalt aluminate
Kobaltblau *n* cobalt blue *(Pigment)*
Kobaltglas *n* cobalt glass
Kobaltgrün *n* cobalt green
Kobaltschwärze *f* asbolite
Kobalttrockenstoff *m* cobalt drier
Kobaltviolett *n* cobalt violet
kochen *v (BM)* boil
kochen lassen *v (BM)* boil
kochen *v***/Leim** heat glue
Köcherfundament *n* bucket foundation, hole footing, sleeve foundation
Kochnische *f* kitchenette
Kochofen *m (HLK)* cooking stove
Kochprüfung *f (BM)* boiling test *(Zement)*
Kochsalz *n* sodium chloride
Kochstelle *f* cooking place
Kode *m (VR)* code
kodifizieren *v (VR)* codify
Kodifizierung *f (VR)* codification
Koeffizient *m (Stat)* factor
Koeffizient *m* **der inneren Reibung** *(BM)* coefficient of internal friction
Koffer *m* pavement bed *(Straße)*
Kofferaufbau *m (Verk)* coffer structure
Kofferaufbau *m***/frostsicherer** *(Erdb, Verk)* frost-resistant pavement
Kofferaufbau *m***/wechselnder** *(Verk)* inverted pavement
Kofferleitdamm *m (Erdb)* filled jetty
Kofferraum *m* luggage store
Kofferschicht *f* pavement bed *(Straße)*
kohärent *(BM)* coherent
Kohäsion *f (BM)* cohesion
Kohäsionsdruck *m (Bod)* intrinsic pressure
Kohäsionsfestigkeit *f* 1. tear(ing) resistance; 2. *(Bod)* cohesive strength
kohäsionslos *(Bod, Erdb)* non-cohesive
Kohäsionsverlust *m (BM)* loss of cohesion
kohäsiv/nicht *(Bod, Erdb)* non-cohesive
Kohle *f* carbon; coal *(als Brennstoff)*
Kohlebergbaustadt *f* coal-mining town
Kohlefilter *n (HLK)* carbon filter
Kohlegrubeabfall *m (BM)* colliery spoil
Kohlelichtbogenschneiden *n (St)* carbon-arc cutting
Kohlelichtbogenschweißen *n (St)* carbon-arc welding
kohlen *v* carbonize *(z. B. Holz)*; char *(Holzkohle)*
Kohlenascheschlacke *f (BM)* coal-ash slag
Kohlenbunker *m* coal bunker, coal storage bin
Kohlendioxidtreibhauseffekt *m (Umw)* carbon dioxide greenhouse effect
Kohlenfeuerung *f* coal firing
Kohlengrube *f (Bod, Konst, RP)* colliery
Kohlenkalk *m* carboniferous limestone
Kohlenkalksandstein *m* carboniferous sandstone
Kohlenkeller *m (HLK, Konst)* coal cellar
Kohlenlagerplatz *m* coal storage yard, coal store
Kohlenmonoxid *n (Umw)* carbon monoxide
Kohlenrutsche *f (BT, HLK)* coal chute
Kohlensäure *f (BM, Umw)* carbonic acid
Kohlenschachtabdeckung *f* coal manhole cover
Kohlenschlacke *f* breeze
Kohlenschuppen *m (HLK, Konst)* coalshed
Kohlensilo *n (HLK, Konst)* coal bunker
Kohlenstaub *m* powdered coal
Kohlenstoff *m* carbon
Kohlenstoffanreicherung *f* carbonization
Kohlenstoffanteil *m (BM, St)* carbon content
Kohlenstoffbaustahl *m* carbon structural steel
Kohlenstoffgehalt *m* carbon content; temper *(von Stahl)*
Kohlenstoffgummi *m***/elektrostatisch ableitender** *(BM, El)* conductive rubber
Kohlenstoffnietstahl *m* carbon rivet steel
Kohlenstoffpigment *n* carbon black
Kohlenstoffstahl *m* carbon steel, medium carbon steel *(0,3-0,6 % C)*
Kohlenteerpech *n (BM)* coal-tar pitch
Kohlenwasserstoff *m (BM)* hydrocarbon
Kohlenwasserstoff *m***/aliphatischer** *(BM)* aliphatic hydrocarbon
Kohlenwasserstoff *m***/aromatischer** *(BM)* aromatic hydrocarbon

K

Kohlenwasserstoff *m*/**polyzyklischer aromatischer** *(Umw)* polycyclic aromatic hydrocarbon
Kohlenwasserstoff *m*/**ungesättigter** *(BM)* unsaturated hydrocarbon
Kohlenwasserstoffe *mpl*/**aliphatische** *(Arch)* saturates
Kohlenwasserstoffe *mpl*/**aromatische** *(BM)* aromatics
kohlenwasserstoffhaltig hydrocarbonaceous
Kohlenwasserstoffharz *n* hydrocarbon resin
kohlenwasserstofflöslich hydrocarbon soluble
Kohlenwasserstofflösungsmittel *n* hydrocarbon solvent
Kohlenwasserstoffverbindung *f* hydrocarbon compound
Kohlenwasserstoffverbindung *f*/**hochmolekulare** *(BM)* mix of hydrocarbons of high molecular weight
Kohleofen *m (HLK)* coal-fired stove
Kokosfaser *f* coir
Kokosfaserdämmmatte *f* coconut fibre mat, coir (building) mat
Kokosfaserdämmstoff *m (BM, DIS)* coconut fibre insulation material
Kokosfaserdiele *f* coir-reinforced gypsum plank
Kokosmatte *f (BM, BT)* coir door mat
Kokoswandplatte *f (BT, DIS)* coir wallboard
Koksaschenbeton *m (BM)* breeze concrete *(mit Sand und Portlandzement)*
Koksfeuerung *f* coke furnace, coke firing
koksgefeuert *(HLK)* coke-fired
Kokskessel *m* coke boiler
Kokskorb *m* 1. fire devil, brazier *(für offenes Feuer)*; 2. *(BB, BWG, Te)* salamander *(zur Frischtemperaturhaltung oder Baustellenheizung)*
Koksofen *m (BB, BWG, Te)* salamander *(zur Frischbetontemperaturhaltung oder Baustellenheizung)*
Kolk *m (Wsb)* erosional cavity
Kolkschutz *m (Wsb)* protection against scour, erosion control
kolksicher/nicht *(Wsb)* liable to be undermined
Kolkung *f (Wsb)* scour
Kolkvertiefung *f (Bod, Wsb)* scoured hole
Kolkwirbel *m (Wsb)* eddy
kollateral collateral *(bei Garantieansprüchen)*
Kollektivwohnungsbau *m (Konst, RP)* collective dwellings
Kollektor *m* 1. *(WVA)* header; 2. *(WVA)* collector *(Abwasser)*
Kollektorleistungsvermögen *n (Umw)* collector efficiency
Kollergang *m (BWG)* pug mill
kollimieren *v (El, Verm)* collimate
kolloid colloidal
Kolloid *n*/**lyophiles** lyophile colloid
Kolloid *n*/**lyophobes** lyophobe colloid
kolloidal colloidal
Kolloidbeton *m* colloidal concrete, grouted-aggregate concrete
Kolloidemulsion *f (BM)* colloidal emulsion
Kolloiderdstoff *m (Bod)* colloidal soil
Kolloidfeinmörtel *m (BM)* colloidal grout
Kolloidlösung *f (BM)* colloidal dispersion
Kolloidmörtel *m (BM)* colloidal mortar
Kolloidmörtelmischer *m (BWG)* colloidal mixer
Kolloidschlämme *f (BM)* colloidal grout
Kolonialarchitektur *f (Arch)* Colonial architecture *(in den USA, 18. Jh.)*
Kolonialhaus *n* garrison house *(befestigtes Blockhaus der nordamerikanischen Siedler)*; saltbox (house) *(in Neuengland, USA, mit einseitig herabgezogenem Satteldach)*
Kolonialholzrahmenhaus *n* saltbox (house) *(in Neuengland, USA, mit einseitig herabgezogenem Satteldach)*
Kolonialstilhaus *n (Arch)* colonial house
Kolonnade *f (Arch)* colonnade; loggia *(im Innenhof eines Gebäudes)*
Kolonnade *f*/**geradlinige** *(Arch)* orthostyle
Kolonnade *f* **mit vier Säulen** *(Arch)* tetrastyle colonnade
Kolonnade *f*/**überdachte** *(Arch)* xyst(us) *(im antiken Griechenland und Rom)*
Kolonnadengebäude *n* loggia (building)
Kolonne *f* 1. crew, gang *(Bau- bzw. Unterhaltungskolonne)*; 2. *(Verk)* platoon
Kolonnenbildung *f (Verk)* platooning, *(AE)* bunching *(Straßenverkehr)*
Kolophonium *n* colophony; resin, rosin, rosette *(natürlich oder synthetisch)*
Kolossalfigur *f (Arch)* colossal statue
Kolossalordnung *f (Arch)* colossal order *(über mehrere Geschosse reichende Säulenordnung)*; giant order *(Säulen)*
Kolossalstatue *f*/**sitzende** *(Arch)* seated colossal statue
Kolosseum *n (Arch)* coliseum, colosseum
Kolumbarium *n* 1. *(Arch)* columbarium *(Gewölbe oder Nische mit Vertiefungen für Urnen)*; 2. columbarium, pigeon house
Kombi *m (Verk) (AE)* station wagon
Kombientlüftungssystem *n (Tun)* combined ventilation system
Kombinationshobel *m (BWG)* combination plane
Kombinationsschloss *n (EB)* combination lock
Kombinationssicherheitsschloss *n* combination safety lock
Kombinationsspachtelmasse *f (BM)* combination stopper
Kombinationszange *f* combination pliers, pliers
Kombinatorik *f (Stat)* combinatorial analysis
kombinierbar *(BM, OB)* compatible
kombinieren *v (Te)* combine
Kombiwagen *m (Verk) (AE)* station wagon
Kombizange *f* combination pliers, pliers
Komfort *m*/**thermischer** human thermal comfort
Komfortbefeuchtung *f (HLK)* comfort humidification
Komforttemperatur *f (HLK)* comfort temperature
Komfortzonenkarte *f (HLK)* comfort chart
Komitee *n* **für Normung/Europäisches** *(CEN)* European Committee for Standardisation *(CEN)*
Komitee *n*/**technisches** *(VR)* technical committee
Kommode *f* chest of drawers, *(AE)* tallboy
Kommode *f*/**hochbeinige** *(AE)* tallboy
Kommode *f*/**hohe** *(AE)* highboy *(aus Ober- und Unterteil bestehend)*
kommunal communal
Kommunalbau *m (Arch, VR)* public utility building
Kommunalbauwesen *n (Arch, RP)* community building construction
Kommunalbehörde *f* local authorities, local authority *(s. a. Kommunalverwaltung)*
Kommunalgebäude *n (Arch)* communal building
Kommunalkanalisation *f (WVA)* municipal sewerage
Kommunalverband *m* association of communities
Kommunalverwaltung *f* local government, municipal administration *(s. a. Kommunalbehörde)*
kompakt 1. dense *(z. B. Gestein)*; 2. compact, solid *(Struktur)*
Kompaktbau *m (Arch, Konst)* compact building
Kompaktfeuerstein *m (BM)* petrosilex
Kompaktheizkessel *m* packaged boiler
Kompaktheizkessel *m*/**kompletter** packaged boiler
kompaktiert *(BM)* compacted
Kompaktierung *f (Umw)* compaction
Kompaktklimagerät *n* compacted air-conditioning unit
Kompaktor *m (Erdb, Umw)* landfill compactor, packer unit
Kompass *m (Verm)* compass

Kompassdiopter *m (Verm)* sight vane
Kompassvermessung *f (Verm)* compass survey
Kompatibilität *f (BT, Konst)* compatibility
Kompensation f/gesetzlich geforderte *(VR)* enacted compensation
Kompensationsmaßnahme *f (Umw)* compensation measure *(bei Eingriffen in Natur und Landschaft)*
Kompensationsrohr *n* expansion pipe
Kompensator *m* compensation device, bellows expansion joint
Kompetenz *f (VR)* competence
Kompetenzbescheinigung *f (VR)* certificate of competence
Komplementärfarbe *f (BM, OB)* complementary colour
Komplementärwinkel *m (Verm)* complementary angle
komplett *(VR)* complete
komplettieren *v (Te)* complete
komplettiert completed, ready-made; prefabricated
Komplettierung *f (Te, VR)* completion
Komplettierungsgrad *m* degree of completion, degree of prefabrication
Komplett-WC-Kombination *f (EB, San)* close-coupled tank and bowl *(WC-Becken mit Spülkasten)*
Komplex *m (Arch, RP)* complex
Komplexerkundung *f (Bod)* integrated survey *(Baugrund, Lagerstätten)*
Komponente *f (Stat)* component *(der Kraft)*; constituent
Komponentenlack *m (BM)* cold-curing paint
Komponentenzerlegung *f (BWG, Stat, Umw)* decomposition
Komposition f/raumdynamische *(Arch)* spatio-dynamic composition
Komposition f/räumliche *(Arch)* three-dimensional composition
Kompositkapitell *n (Arch)* composite capital
Kompositsäule *f (BT, TK)* composite column *(Formstahl und Beton)*
Kompositzement *m (BM)* composite cement
kompostierbar *(Umw)* compostable
Kompostierung f/beschleunigte *(LB, Umw)* mechanical composting
Kompostierung f/geschlossene *(LB, Umw)* mechanical composting
Kompound *n (BM)* compound
Kompressibilität *f (BM)* volume compressibility
Kompressibilität f/adiabatische *(BB, HLK, Te)* adiabatic coefficient of bulk compressibility
Kompression *f (BM, Erdb, HLK, Te)* compression
Kompressionsbeiwert *m (BM, Bod, Erdb)* compression index
Kompressionsgeschwindigkeit *f* speed of compression
Kompressor *m* 1. *(BWG)* compressor; 2. *(HLK, Te)* air pump
komprimierbar/nicht incompressible
Komprimierbarkeit *f (BM, Bod, Erdb, Te)* compressibility
komprimieren *v (Erdb, Stat, Te)* compress
Konak *m (Arch)* khan
Koncha *f (Arch)* apse *(halbrunde oder vieleckige Raumform als Kirchenabschluss für die Aufnahme des Altars)*; concha *(Kuppelschale einer Apsis)*; semicupola *(ein Viertel-Kugelgewölbe)*
Konche *f s.* Koncha
Kondensat *n* 1. *(HLK)* condensate *(z. B. Dampf)*; 2. *(HLK, San)* condensation moisture
Kondensation *f (HLK, San)* condensation
Kondensation f/trockene *(DIS)* surface condensation
Kondensationsharz *n (BM)* condensation resin
Kondensationskern *m (Umw)* condensation nucleus
Kondensationskernzähler *m (Umw)* condensation nucleus counter
Kondensationswärme *f (HLK)* heat of condensation
Kondensatleitung *f (HLK)* condensate piping
Kondensatleitungen *fpl (HLK)* condensate pipework
Kondensator *m (HLK)* condenser
Kondensatorimpulsschweißen *n (St)* condenser discharge welding
Kondensatschutz *m (OB)* protection against condensation
kondensieren *v (HLK, San)* condense
Kondenstopf *m (HLK)* steam trap
Kondenswasser *n* condensate water, condensation water, dripping water; condensate *(z. B. Dampf)*; perspiration water *(Innenräume)*
Kondenswasserablaufrohr *n* condensate drip
Kondenswasserabscheider *m (HLK)* condensate drainage
Kondenswasserbildung *f* condensation *(beabsichtigt)*; sweating *(z. B. in Räumen)*
Kondenswasserentstehung *f (DIS, HLK)* formation of condensate
kondenswasserlos *(HLK)* condensateless
Kondenswasserputz *m* anticondensation plaster
Kondenswasserreg(e)lung *f* condensation control
Kondenswasserrinne *f* condensation gutter
Kondenswassersammel- und -pumpeinrichtung *f (HLK)* condensate unit
Kondenswasserschlange *f (HLK)* condensing coil
Kondenswasserschutz *m (OB)* protection against condensation
Kondenswasserschutzputz *m* anticondensation plaster
Kondenswassersperrung *f (DIS)* condensation damp-proofing
konditionieren *v (HLK)* air-condition, condition
Kondominium *n* condominium, *(AE)* apartment house
Konferenz *f (VR)* consultation
Konferenzraum *m (Arch)* conference room
Konferenzsaal *m (Arch)* conference hall
Konferenztrakt *m (Arch)* conference block
Konferenzzimmer *n s.* Konferenzraum
Konfessio *f (Arch)* confessio(n) *(Grabraum unter dem Altar frühchristlicher Kirchen)*
Konfliktzeitmatrix *f (Te, Verk)* conflict time matrix *(Verkehrssteuerung)*
Konformität *f (BM, BT, VR)* conformity
Konformitätsbescheinigung *f (Konst, VR)* attestation of conformity
Konformitätsbewertung *f* evaluation of conformity, type evaluation *(Projektentwürfe)*
Konformitätserklärung *f* declaration of conformity
Konformitätsnachweis *m* verification of conformity
Konformitätsprüfung *f* 1. *(Konst, VR)* conformity test; 2. *(VR)* proof of compliance
Konformitätssicherung *f* assurance of conformity
Konformitätsüberprüfung *f (BM, BT, VR)* conformity check
Konformitätsüberwachung *f* conformity surveillance
Konformitätszeichen *n (VR)* mark of conformity
Konformitätszertifikat *n* certificate of conformity
Konglomerat *n (BM)* conglomerate *(Trümmergestein)*
Konglomerat n/vulkanisches volcanic conglomerate *(Gestein)*
Konglomeratsandstein *m* conglomerate sandstone, coarse sandstone
Konglomeratstein *m* conglomerate stone, coarse stone
kongruent *(Arch, Konst)* congruent
Konifere *f* 1. *(Hb, LB)* conifer; 2. *(LB)* cone-bearing tree
Koniferenholz *n* conifer (wood)
königlich royal
Königs... royal ...
Königsblau *n (BM, OB)* royal blue

Königsgelb *n (BM, OB)* litharge
Königsgemächer *npl (Arch)* queen's suite, royal suite
Königsgrab *n (Arch)* royal tomb
Königskapelle *f (Arch)* royal chapel
Königspalast *n (Arch)* royal palace
Königspyramide *f (Arch)* royal pyramid
Königsschloss *n (Arch)* royal castle
Königssuite *f (Arch)* royal suite
Königszapfen *m (Hb)* king pin
konisch 1. *(Arch, BT)* conical; 2. *(Konst)* tapered • **konisch machen** taper
konkav *(Arch, BT, Konst)* concave
Konkav-Konvex-Dachziegel *m* pan-and-roll roofing tile, Italian tiling
Konkavornament *n (Arch)* oxeye moulding
Konkurrent *m (VR)* competitor
Konkurrenzfirma *f (VR)* competitor
Konkurrenzmaterial *n* candidate material
konkurrierend *(VR)* competitive
Konkurs *m (VR)* bankruptcy
Konoid *n*/**parabolische** *(Stat)* parabolic conoid
Konoiddach *n (Arch, Konst)* conoidal roof
Konoidfläche *f (Arch)* conoidal surface
Konoidform *f (Arch)* conoidal form
Konoidschale *f (Arch, Konst)* conoidal shell
Konservatorium *n* music conservatory, conservatoire
konservieren *v (OB, RS, Te)* preserve *(Mauerwerk)*
Konservierung *f (RS)* preservation *(Gebäude, historisches Bauwerk)*
Konservierungsmittel *n* means of preservation, preservative (agent), protecting agent, protective agent
Konsistenz *f* 1. *(BM, Umw)* consistency; 2. *(BM, OB)* body *(z. B. von Farben, Ölen)*
Konsistenz *f*/**plastische** plastic consistency
Konsistenzbeiwert *m (BM, Umw)* consistency coefficient
Konsistenzbestimmung *f* measurement of consistency
Konsistenzgrad *m* 1. *(BM, Bod)* consistency degree; 2. *(Bod)* relative consistency
Konsistenzgrenzen *fpl (BM, Bod, Erdb)* consistency limits
Konsistenzmesser *m (BM)* consistometer
Konsistenzprüfung *f (BB, BM)* consistency test *(Betonprüfung)*
Konsistenzstabilität *f* **mit höchstem Wassergehalt** *(BM, Te)* wet stable consistency
Konsistenzzahl *f (BM, Bod, Erdb, Umw)* consistency index
Konsistometer *n (BM)* consistometer
Konsolbalken *m* cantilever girder, semibeam, semigirder
Konsolbewehrung *f* cantilever reinforcement
Konsolbogen *m* shouldered arch
Konsole *f* 1. bracket, bracket console, shoulder, corbel *(für Mauerwerk)*; 2. *(TK)* cantilever *(Kragkörper)*; 3. *(Arch)* ancon; 4. *(TK)* perch *(Kragstein)*; 5. support, anchor rod *(Halterung)*; 6. *(BT)* truss *(Tragwerkskonsole)*
Konsole *f*/**gemauerte** masonry corbel
Konsole *f*/**vertikale** *(BT)* vertical cantilever element
Konsolengeländerpfosten *m* bracket baluster *(im rechten Winkel im Mauerwerk)*
Konsolengerüst *n* carpenter's bracket scaffold
Konsolenschlussstein *m (SB)* key console
Konsolentisch *m* bracket table, console table
Konsolgerüst *n* carpenter's bracket scaffold
Konsolidation *f* consolidation
konsolidiert *(Bod)* consolidated
Konsolidierung *f (Bod)* consolidation
Konsolidierungssetzung *f (Bod, Erdb)* consolidation settlement *(bei bindigen Erdstoffen, z. B. Ton)*
Konsollager *n* bracket pedestal
Konsolsims *m (BT, Konst)* console cornice
Konsolträger *m (BT, TK)* propped cantilever (beam)
konstant *(BM, BT)* constant
Konstante *f (Stat)* constant
Konstante *f*/**Poisson'sche** *(Stat)* Poisson constant *(Quotient Dehnung zu Querkürzung bzw. Querkontraktion)*
Konstantlast *f (Konst, Stat)* constant load
konstruieren *v* construct, design, engineer
Konstruieren *n*/**rechnergestütztes** *(Konst, Stat)* computer-aided design
konstruiert/unzweckmäßig ill-designed
Konstrukteur *m* designer
Konstrukteur *m* **mit grafischer Methode** *(Konst)* graphic designer
Konstruktion *f* 1. construction, structure, building; 2. design *(Entwurf)*; 3. designing *(Entwurfs- und Konstruktionsarbeit)*; 4. *(Arch)* construction; 5. *(Konst)* model *(Bauweise)*
Konstruktion *f*/**bituminöse** *(Verk)* asphalt pavement structure *(Straßenbau)*
Konstruktion *f*/**demontierbare** *(Hb, Konst, St)* demountable structure
Konstruktion *f*/**elastische** *(Konst)* elastic system
Konstruktion *f*/**feuerhemmende** fire-retardant construction
Konstruktion *f*/**gefährliche** dangerous structure
Konstruktion *f*/**geschützte** 1. *(Hb)* structure being protected; 2. *(OB, St)* structure under protection *(Korrosionsschutz)*
Konstruktion *f*/**geschützte nicht entflammbare** *(Konst)* protected non-combustible construction *(mit zwei Stunden Feuerwiderstand)*
Konstruktion *f*/**grundwassergesperrte** *(DIS)* waterproof construction *(z. B. Grundwasserwanne)*
Konstruktion *f*/**kabelgetragene** *(Konst, TK)* cable-supported construction
Konstruktion *f*/**mehrlagige** multilayer system, laminated system; multiply construction *(Straße)*
Konstruktion *f*/**mehrschichtige** laminated system
Konstruktion *f*/**monolithische** *(Te)* monolithic system
Konstruktion *f*/**orthogonale** *(TK)* orthogonal framework (of girders) *(Fachwerk)*
Konstruktion *f*/**perspektivische** *(Arch, Konst)* perspective construction
Konstruktion *f*/**rechnergestützte** 1. *(Konst, Stat)* computer-aided design; 2. *(Konst)* computerized design
Konstruktion *f*/**schallabsorbierende** *(DIS)* acoustic construction
Konstruktion *f*/**starre** rigid [construction] system
Konstruktion *f*/**steife** *(Konst)* rigid system
Konstruktion *f*/**tragende** load-bearing structure, support structure
Konstruktion *f*/**unterirdische** *(Erdb)* underground structure
Konstruktion *f*/**vielschichtige** *(Konst)* multilayer system
Konstruktion *f*/**zugbeanspruchte** *(TK)* tensile system
Konstruktions... constructional ..., structural ...
Konstruktionsachse *f (Konst, Stat)* structural axis
Konstruktionsbaustahl *m (BM, St)* structural grade steel
Konstruktionsbaustoff *m* carcassing material
Konstruktionsbeton *m* structural concrete, architectural concrete
Konstruktionsblech *n* structural sheet plate, structural steel sheet, structural steel iron
Konstruktionselement *n* 1. *(BT, Konst)* constructional detail; 2. *(BT)* structural detail
Konstruktionselemente *npl (Arch, BT, Konst)* constructive details
Konstruktionsfeinblech *n (BM, BT)* construction sheet material

K

Konstruktionsfertigteil *n* precast structural concrete member, precast structural concrete unit *(aus Beton)*
Konstruktionsform *f (Konst)* structural form
Konstruktionsfuge *f (BT, Konst)* construction joint *(Betonbau)*
Konstruktionsglied *n (BT, Konst)* structural member
Konstruktionshöhe *f (Stat)* construction depth
Konstruktionshohlprofil *n* hollow structural section, structural hollow section
Konstruktionsholz *n* carcassing timber, framing timber
Konstruktionsklebstoff *m* structural bonding adhesive
Konstruktionskonzept *n* 1. *(Konst)* architectural design scheme; 2. *(Arch, Konst) (AE)* parti
Konstruktionsleichtbeton *m (BB, Konst)* lightweight structural concrete
Konstruktionslösung *f* structural solution
Konstruktionsmerkmal *n* structural characteristic, construction feature
Konstruktionsmetall *n* structural metal
Konstruktionsnorm *f* design standard
Konstruktionsortbeton *m (BB)* structural in-situ cast concrete
Konstruktionsraster *m (Konst)* planning grid
Konstruktionsrippe *f* load-bearing rib, load-carrying rib, structural rib, structural fin, supporting rib
Konstruktionsrohr *n* structural pipe, structural tube
Konstruktionsschaden *m (RS)* structural damage
Konstruktionsschicht *f* 1. *(Verk)* layer, foundation layer *(Straße)*; 2. *(Verk)* structural layer *(Kofferaufbau)*
Konstruktionsschnittholz *n (BM, Hb)* sawn engineering timber
Konstruktionsschweißen *n* strong welding
Konstruktionsstahl *m* constructional steel
Konstruktionssystem *n* 1. *(Arch, Konst)* construction system; 2. *(Konst)* structural system
Konstruktionssystem *n***/steifes** *(TK)* rigid construction system
Konstruktionstafel *f* structural panel
konstruktionstechnisch *(Arch, Konst)* constructional
Konstruktionsteil *n (BT)* structural element
Konstruktionstrennwand *f (Konst)* structural partition
Konstruktionsunterkante *f* lowest line of structure *(Stahlbau)*
Konstruktionsunterlagen *fpl (Konst, VR)* reference material
Konstruktions-U-Stahl *m* structural channel
Konstruktionsverbindung *f* structural connection, structural joint
Konstruktionsverleimung *f (Hb, Te)* structural gluing
Konstruktionsversagen *n (RS)* structural failure
Konstruktionswand *f* load-carrying wall, bearing wall, structural wall, weight-carrying wall
Konstruktionszeichner *m* draughtsman, *(AE)* draftsman
Konstruktionszeichnung *f (Arch, Konst)* design
konstruktiv structural, load-bearing
Konstruktivismus *m (Arch)* Constructivism *(russischer leicht abstrakter Baustil)*
Konsulatsgebäude *n (Arch)* consulate building
Konsultation *f (VR)* consultation
konsultieren *v (VR)* consult
Konsumgüter *npl***/langlebige** *(EB)* durables *(z. B. Wohnungsausstattungen)*
Kontakt *m* 1. *(Konst)* contact; 2. *(El)* contact • **Kontakt haben** *(El)* contact • **Kontakt herstellen** *(El)* connect
Kontaktdruck *m* effective stress
Kontaktfläche *f* 1. *(Konst)* contact area; 2. *(Konst, OB)* contact surface
Kontaktgeber *m (El)* contactor
Kontaktgestein *n (BM, Bod)* contact rock
Kontaktkleber *m* contact adhesive, dry-bond adhesive, close-contact glue
Kontaktklebstoff *m* contact adhesive, dry-bond adhesive, close-contact glue
Kontaktknopf *m (BT, El)* contact button
Kontaktkorrosion *f* 1. *(BM, OB)* contact corrosion; 2. *(OB)* galvanic corrosion; 3. *(DIS)* two-metal corrosion
Kontaktlösung *f (BT)* contact solution
Kontaktschädigung *f (OB)* envenomation *(bei Kunststoffen)*
Kontaktschlammverfahren *n (Umw)* sludge contact process
Kontaktschwelle *f (Verk)* vehicle detector pad *(Straße)*
Kontaktstück *n (El)* contact
Kontakttermin *m* contact date *(Baurecht)*
Kontaktwinkel *m* contact angle *(Bitumen)*; coating angle, wetting angle *(bei Farbanstrichen)*
Kontaminant *m (Umw)* contaminant, pollutant
Kontamination *f (Umw)* contamination
Kontaminationsschutz *m (Umw)* pollution control
Kontaminationsüberwachung *f (Umw)* contamination control
kontaminieren *v (Umw)* contaminate *(mit Schadstoffen)*
kontaminiert *(Umw)* contaminated
kontaminiert/nicht *(Umw)* uncontaminated
Kontergewölbe *n* 1. *(Arch, Konst)* inverted vault; 2. *(TK)* reversed vault
Konterlattung *f (Hb)* counterlathing, cross lathing
Kontermutter *f* lock-nut, check nut
Kontingenzwinkel *m (Stat)* angle of contingency
kontinuierlich 1. *(BWG, HLK)* continuous *(Betrieb)*; 2. *(BT)* unbroken *(Bauteile)*
Kontinuität *f (Arch, BT, Konst, Stat, Te)* continuity
Kontinuitätsbedingung *f (Konst, Stat, Te)* continuity condition
Kontinuitätsfläche *f (Arch)* surface of conformity
Kontinuum *n (BT)* continuum
Kontinuummechanik *f (Stat)* continuum mechanics, mechanic of continua
Kontinuumsmechanik *f s.* Kontinuummechanik
Kontraktion *f (BM, BT)* contraction
Kontraktion *f***/lineare** linear contraction
Kontraktionsfuge *f* contraction joint, shrinkage joint
Kontraktionskoeffizient *m (BB, BM)* coefficient of contraction
Kontraktorbeton *m (BB)* tremie concrete
Kontraktorverfahren *n (Te)* tremie method
kontrastreich *(OB)* rich in contrast
Kontroll... inspection ..., monitoring ..., observation ...
Kontrollanalyse *f* check analysis *(Baustoffe)*
Kontrollbrunnen *m (Umw)* monitoring well, observation well
Kontrolldeckel *m* ferrule *(einer Stahlrohrleitung)*
Kontrolle *f* 1. check, inspection, supervision *(Überwachung, Prüfung)*; checking, checkout *(von Baustoffen)*; 2. *(Te, Verk, VR)* control *(Überwachung und Steuerung)*
Kontrolleur *m (HLK)* controller
Kontrollfaktor *m* control factor *(Verhältnis der Mindestfestigkeit zur Durchschnittsfestigkeit des Betons)*
Kontrollfläche *f* inspection area *(Oberflächen, Korrosionsschutz)*
Kontrollgang *m* crawl space *(z. B. für Rohrleitungen, Installationen)*; inspection gallery *(Gebäudeteil)*
Kontrollgerät *n* monitor
Kontrollgrenze *f (BM, BT, HLK, VR, Wsb, WVA)* control limit
Kontrollgröße *f* control date
kontrollieren *v* 1. check, inspect *(Prüfung)*; 2. *(Te, VR)* monitor; 3. *(VR)* control *(überwachen und steuern)*
kontrolliert controlled

K

Kontrollklappe *f* ferrule *(einer Stahlrohrleitung)*
Kontrollkörner *m* centre punch *(Werkzeug)*
Kontrolllampe *f* indicator light, pilot lamp, pilot light
Kontrollmessung *f* check measurement
Kontrollmodi *mpl* modus of control
Kontrollöffnung *f* inspection door [eye, opening]
Kontrollprüfung *f* 1. *(BM, BT)* check test; 2. *(VR)* compliance test
Kontrollpunkt *m* control point, check point
Kontrollpunktvermessung *f (Verm)* control survey
Kontrollraum *m* control centre
Kontrollrechnung *f (Konst, Stat, VR)* check calculation
Kontrollschablone *f* **für Handläufe** *(Hb)* falling mould
Kontrollschacht *m* 1. *(San, Wsb, WVA)* conduit pit; 2. *(San, WVA)* inspection manhole
Kontrollschicht *f (OB)* guide coat *(für Farbanstriche)*
Kontrollschieber *m* 1. *(San, WVA)* balancing cock; 2. *(HLK, Wsb, WVA)* balancing valve
Kontrollschloss *n* check lock *(eines großen Hauptschlosses)*
Kontrollsystem *n (VR)* control system
Kontrolltaktik *f (VR)* control tactics
Kontrolluntersuchungsprobe *f (BM, BT)* control sample
Kontrollventil *n (HLK, San, WVA)* check valve
Kontrollversuch *m (BM, BT)* check test
Kontrollwinkel *m (BWG)* master square
Kontur *f (Arch)* contour
Konturen *fpl***/fließende** flowing contours, flowing lines
Konus *m (BT)* cone
Konusbolzen *m (BT)* conical bolt
Konusgerät *n* cone penetrometer
Konusprüfgerät *n* cone penetrometer
Konusprüfung *f* slump test *(der Betonkonsistenz)*
Konusrohr *n (BT)* tapered pipe
Konussenkung *f* slump test *(der Betonkonsistenz)*
Konusverankerung *f (BT)* cone anchorage
Konusziegel *m* cant brick, splay brick
Konvektion *f (HLK)* convection
Konvektion *f***/freie** *(HLK)* free convection
Konvektion *f***/natürliche** *(HLK)* natural convection *(z. B. von Luft, Wasser in geschlossenen Anlagen, Rohren usw.)*
Konvektionsheizer *m (HLK)* convector radiator
Konvektionsheizgerät *n* convector, heating convector
Konvektionsheizung *f (HLK)* convection heating
Konvektionsluft *f (HLK)* convected air
Konvektionswärme *f (HLK)* convected heat
Konvektionswärmeverlust *m (DIS, HLK)* convected heat loss
Konvektor *m* convector, heating convector, finned radiator
Konvektorheizkörper *m* convector heating element
Konventualkirche *f (Arch)* monastic church
Konversionsschicht *f* surface-conversion coating
konvex convex, bellied, vaulted, dishes
Konvexelement *n (Arch)* torus
Konvexstreifenmuster *n***/kleines** *(Arch)* reed
Konvexstreifenornament *n (Arch)* reediness *(Ornament)*
Konvexzierelement *n (Arch)* torus, baston
Konvexzierleiste *f***/schmale flache** thumb moulding
Konzentration *f (BM)* concentration
Konzentration *f* **der Umweltschadstoffe** ambient pollutant concentration
Konzentration *f***/höchstzulässige** *s.* HZK
Konzentration *f***/tödliche** *(Umw)* lethal concentration
Konzentrationsgrad *m (BM, Umw)* factor of concentration
konzentrieren *v (BM, DIS, HLK)* concentrate *(an einem Punkt)*
konzentriert concentrated
konzentrisch *(Arch, Konst)* concentric
Konzept *n* 1. *(Konst, Te)* concept; 2. *(Konst) (AE)* draft
Konzeption *f***/stilistische** stylistic concept, stylistic idea
Konzernleitung *f (VR)* holding
Konzerthalle *f (Arch)* concert hall
Konzertpavillon *m* bandstand
Konzessionserteilung *f* grant *(z. B. für eine Kiesgrube)*
Konzessionsinhaber *m (VR)* licensee
konzipiert/plastisch plastically conceived
Koog *m (Wsb)* diked land, polder, polder dike
Koordinate *f (Verm)* coordinate
Koordinaten *fpl***/schiefwinklige** *(Verm)* oblique coordinates
Koordinatenabstand *m (Verm)* latitude
Koordinatenabstand *m* **eines Punktes von einer Ost--West-Achse/rechtwinkliger** *(Verm)* lathing latitude
Koordinatenachse *f (Verm)* coordinate axis
Koordinatenachsverschiebung *f* displacement of coordinate axis
Koordinatenpapier *n (Konst)* quadrille paper
Koordinatensystem *n* 1. *(Verm)* coordinate system; 2. *(Arch, Konst)* system of coordinates
Koordinatensystem *n***/kartesisches** *(Verm)* Cartesian coordinate system
Koordination *f (Konst, Te, VR)* coordination
koordinieren *v* coordinate *(Bauleistungen)*; pool *(koordinierend zusammenfassen)*
Koordinierung *f***/abgestufte** *(Verk)* stepped coordination
Kopal *m (BM)* copal
Kopalfirnis *m (BM)* copal varnish
Kopalharz *n (BM)* copal
Kopalharz *n***/fossiles** *(BM)* hard copal
Kopallack *m (BM)* copal varnish
Kopalspachtelmasse *f (BM)* copal stopper
Köpergewebe *n (Arch)* twilled weave
Kopf *m* 1. *(Arch)* head *(z. B. eines Pfeilers)*; 2. half bat *(Ziegelkopfende)* • **mit dem Kopf zuerst** head-on • **über Kopf** overhead
Kopf *m***/eingelassener** recessed head *(Befestigungselement)*
Kopfanker *m* beam anchor, beam tie, iron tie
Kopfansicht *f* head-on view
Kopfausbildung *f* head attachment, head construction *(Säule)*
Kopfbahnhof *m* terminal station, terminus, *(AE)* stub terminal, dead-end (railroad) station
Kopfbalken *m* top plate, raising piece
Kopfband *n (Hb)* angle brace tie, knee brace, shoulder tree strap, upper strut, strut, raker, brace, tie
Kopfbandpfette *f (Hb)* strutted ridge purlin
Kopfbaum *m (LB)* pollard *(Landschaftsbau)*
Kopfbinde *f (Arch)* taenia
Kopfbolzendübel *m (Hb)* shear connector *(Verbundbalken)*
Kopfende *n (Hb)* head-end, head, marked face, butt-end *(Bauholz)*
Kopfende *n***/sichtbares** *(SB)* clean back *(eines Bindersteins)*
Kopffalz *m* head groove
Kopffläche *f (Hb)* top surface
Kopfhöhe *f* clearance height, headroom *(z. B. unter Treppen, Gewölben)*
Kopfholz *n* raising piece
Kopfholzbalken *m* plate
kopflastig top-heavy
Kopflatte *f* narrow strap
Kopfmacher *m* rivet(ing) set, riveting snap, setting punch *(Nietkopfsetzer)*
Kopfmoment *n (Stat)* moment at head, head moment
Kopfmontage *f (EB)* transom mounting *(Türschließer)*
Kopfplatte *f* 1. top flange plate, cap plate, cap, rider strip; head slab *(Säule)*; 2. *(Hb)* end stiffener

K

Kopfquerbalken *m* raising piece
Kopfrahmenmast *m* head frame mast
Kopfrasen *m (LB)* head turf
Kopfraum *m* head clearance
Kopfriegel *m* end clamp; top rail *(Tür, Fenster)*
Kopfschablone *f (Konst)* traversing template
Kopfschicht *f* brick-on-end
Kopfschiene *f*/**gegabelte** *(Hb)* two-way strap
Kopfschraube *f* cap bolt, cap screw
Kopfstauchwerkzeug *n* heading tool
kopfstehend upside-down, inverted
Kopfstein *m* 1. *(SB)* header; 2. cobblestone, nigger head *(Pflasterstein)*
Kopfsteinpflaster *n* cobblestone pavement, cobbles
Kopfsteinschicht *f* header course
Kopfsteinwildpflaster *n (Verk)* rubble pavement
Kopfstrebe *f* 1. *(BT, Hb)* top plate; 2. *(Hb)* strut
Kopfstück *n* head
Kopfstütze *f* head rest
Kopftrageholz *n* raising piece
Kopfverband *m* header bond
Kopfverbundbügel *m* 1. *(Hb, St)* halter; 2. *(BT, Hb)* strap
Kopfwand *f* end wall
Kopfwulst *f (Arch)* taenia
Kopie *f* copy, duplicate, reproduction; replica *(auch architektonisch)*
kopieren *v* copy, duplicate; replicate *(auch architektonisch)*
Kopieren *n* duplicating
Kopierschablone *f* master plate, master, former plate
Koppel *f* paddock
Koppelbalken *m* 1. *(Hb)* tie beam; 2. *(Hb)* binding piece
koppeln *v* couple
Koppelträger *m (Stat, TK)* cantilevered and suspended beam
Korallensand *m (BM)* coral sand
Korallenschlick *m (Bod, Erdb)* coral mud
Korallenzuschlag *m* coral aggregate
Korallenzuschlagstoff *m* coral aggregate
Korbbogen *m* more-centred arch, basin-handle arch, basket-handle arch, compound curve, three-centred arch, three-elliptical arch
Korbbogen *m*/**fünfpunktiger** *(Konst)* five-centred arch
Korbbogen *m* **mit fünf Leierpunkten** *(Konst)* five-centred arch
Korbgewebemuster *n (Arch)* natte
Korbhenkelgewölbe *n (Arch)* basket-handle vault
Korbkapitell *n (Arch)* basket capital
Korbornamentausbildung *f (Arch)* corbeil, pannier
Korbträgerin *f (Arch)* canephora
Kordelrand *m (OB)* knurling
Kordgewebe *n (BM)* cord cloth
Kordon *m (Arch)* cornice
Kordonsims *m (Arch)* cordon *(mit kordelförmigem Ornament)*
Kordonzählung *f (Verk)* cordon survey
Kore *f (Arch)* caryatid *(gebälktragende Frauengestalt)*
Korinaholz *n (BM)* korina
korinthisch Corinthian
Kork *m (BM)* cork
Kork *m*/**gekörnter** granulated cork
Korkbelag *m* cork covering *(Dämmung)*
Korkbodenbelag *m* cork flooring, cork floor covering
Korkdämmplatte *f* insulating corkboard
Korkdämmung *f* 1. *(DIS, Konst)* cork insulation; 2. *(DIS)* cork lagging
Korken *m (BT, San)* cork
Korkerzeugnis *n (BM)* cork article
Korkfilz *m* felt with cork
Korkfliese *f (BM, BT)* cork tile
korkgedämmt *(DIS)* cork-lagged
korkhaltig *(BT)* cork-based
Korkholz *n (BM)* cork wood
Korklinoleum *n (BM)* cork carpet
Korkmehl *n* cork flour, granulated cork, ground cork
Korkpflasterstein *m (BT)* cork sett
Korkplatte *f* cork slab, cork tile, corkboard
Korkplatte *f*/**expandierte** *(BM, DIS)* expanded cork sheet
Korkrinde *f (BM)* cork crust
Korkschrot *m* granulated cork
Korkschüttung *f (BM)* cork filling
Korkstein *m (BM, BT)* cork block
Korksteinplatte *f* cork slab
Korkunterboden *m (DIS, Konst)* cork subfloor
Korkunterlage *f (BM, BT)* cork backing
Korn *n* grain, granule, particle
Korn *n*/**gebrochenes** crushed particle
Korn *n*/**kantiges** angular grain
Korn *n*/**plattiges** flaky grain
Korn *n*/**scherbiges** flaky grain
Korn *n*/**ungebrochenes** uncrushed particle
kornabgestuft graded
kornabgestuft/gut *(BM)* well graded
kornabgestuft/hohlraumarm dense graded
kornabgestuft/schlecht poor graded
Kornabstufung *f* particle gradation, granulometric gradation, aggregate gradation, aggregate grading, gradation, grading
Kornabstufung *f*/**gleichmäßige** uniform gradation, uniform grading
Kornabstufung *f*/**offene** *(BM)* open gradation
Kornabstufung *f*/**stetige** *(BM)* continuous grading
Kornanalyse *f* mechanical analysis
Kornanordnung *f* grain arrangement
Kornanteil *m (BM)* fraction weight
kornartig graniform
Kornaufbau *m* granulometric composition, particle gradation, grain distribution, grain structure • **mit stetigem Kornaufbau** *(BM)* close-graded
Kornausbruch *m (Verk)* grain dropping, popout *(an der Belagoberfläche)*
Kornbegrenzung *f (BM)* grain boundary
Kornbeschaffenheit *f* grain character
Kornbindung *f* grain bond
Körnchen *n* granule
Korndurchmesser *m* grain diameter, particle diameter
Korndurchmesser *m*/**mittlerer** mean grain diameter, mean particle diameter
Korneigenporigkeit *f* particle porosity, porosity of grains, grain porosity
Körnen *n* granulation
Körner *m* centre punch, prick punch, punch, puncher *(Werkzeug)*
Körner *npl (BM)* particles
Körnerkollektiv *n (BM)* collective grains
Körnerschalenlack *m (BM, OB)* seedlac
Kornfeinheit *f* grain fineness, particle fineness
Kornfestigkeit *f* grain strength, particle strength
Kornfläche *f* grain face
Kornfolge *f* sequence of grain sizes
Kornform *f* grain shape, particle shape, shape of grain, shape of particle *(z. B. von Zuschlägen)*
Kornformfaktor *m* particle shape factor
Kornformprüfung *f (BM)* particle shape test
Kornformschiebelehre *f* shape calliper
Kornfraktion *f* grading fraction, grain-size fraction, grain-size range, size fraction, fraction
Korngefüge *n* 1. microfabric *(Gestein)*; 2. *(BM)* grain structure *(Zuschlagstoffgemenge)*

Korngemenge *n (BM)* mixed grains
korngerecht *(BM)* correctly sized
Korngerüst *n* grain skeleton, granular skeleton
Korngrenze *f* grain limit, particle-size limit
Korngrenzenbruch *m* intercrystalline fracture, intergranular fracture
Korngrenzöffnung *f* limiting screen aperture
Korngröße *f* 1. grain size, size of grain, particle size, screen size, grade, fraction *(von Zuschlägen)*; 2. nature of grain *(Baustoffe allgemein)* • **nach Korngrößen trennen** *(BM, Te)* size *(Zuschläge)* • **von gleicher Korngröße** *(BM)* equigranular *(Zuschlagstoff)*
Korngröße *f*/**gleichmäßige** uniform grain size
Korngröße *f*/**nominelle** nominal grain size, nominal particle, ideal grain size, ideal particle size
Korngröße *f*/**wirksame** effective grain size
Korngrößenanalyse *f* mechanical grain analysis, grain-size analysis, granulometric analysis, particle-size analysis, screen analysis, mechanical grain analysis, mechanical analysis
Korngrößenanteil *m* grain-size content
Korngrößenbereich *m* particle-size range, grading range, granulometric range, size bracket
Korngrößenbestimmung *f* grain-size determination, particle-size determination, grain determination, size analysis, size grading
Korngrößeneinteilung *f (BM)* grain classification
Korngrößenindex *m (BM)* size range index
Korngrößenklasse *f* grain-size range, particle-size range, size fraction, size grade
Korngrößenmessgerät *n* granulometric gauge
Korngrößenmessung *f (BM)* granulometry
Korngrößentrennung *f (BM)* grading *(z. B. von Zuschlagstoffen)*
Korngrößenverteilung *f* distribution of particle size, aggregate gradation, grading, grain-size distribution, particle-size distribution, size distribution *(Sieblinien, Kornverteilungslinien)*
Korngrößenverteilung *f* **eines gemischten Zuschlagstoffs** combined-aggregate grading
Korngrößenverteilung *f*/**enge** *(BM)* narrow grading
Korngrößenverteilung *f*/**gleichmäßige** uniform gradation, uniform grading
Korngrößenverteilung *f*/**hohlraumreiche** open grading
Korngrößenverteilung *f*/**kontinuierliche** *(BM)* continuous grading
Korngrößenverteilung *f*/**weitgespannte** wide grading
Korngrößenverteilungskurve *f* granulometric curve
Korngrößenzusammensetzung *f* grain distribution
Korngruppe *f* particle-size fraction, grain-size fraction, size range, split size
Kornhärte *f (BM)* grain hardness
körnig grained, granular, granulous, gritty; seedy *(z. B. Anstrich)* • **körnig machen** 1. grain, granulate *(zerkleinern)*; 2. nodulize *(durch Agglomeration)*
körnig/ungleichmäßig uneven-grained
Körnigkeit *f* graininess, granularity, granulation
Kornklasse *f* particle-size class, grading fraction, fraction, size category, size fraction, size
Kornklasseneinteilung *f (BM)* grade scale
Kornklassenfraktion *f* size category fraction, size distribution fraction
Kornklassengrenze *f* grain limit
Kornmischung *f* grain mixture, mixed grains
Kornmischung *f* **ohne Füller/abgestufte** *(BM)* open-graded aggregate
Kornoberfläche *f* grain surface, particle surface
Kornpackung *f* (grain) packing
Kornporigkeit *f* grain porosity
Kornschüttung *f* grains in bulk, heap of granular material
Kornstruktur *f* grain structure
Korntrennung *f*/**mechanische** mechanical classification
Körnung *f* grading range, particle-size fraction, granulation, granulometric range, size bracket, grade *(z. B. Zuschlagstoffe)*; grit *(Schleifpapierkörnung)*
Körnungsaufbau *m (BM)* size distribution
Körnungsband *n* grading envelope
Körnungsbereich *m* granulometric range, size range
Körnungsfaktor *m* size factor
Körnungsgemisch *n* grain mixture, mixed grains
Körnungskennlinie *f* size-distribution curve
Körnungskurve *f* granulation curve
Körnungslehre *f (BM)* grading
Körnungslinie *f (BM)* grain distribution curve
Körnungsmodul *m* fineness modulus
Körnungsnetz *n* grain distribution diagram
Körnungsziffer *f* grading coefficient
Kornverfeinerung *f* grain refinement, refinement of grain *(Baustoffaufbereitung)*
Kornvergröberung *f* excessive grain growth, grain coarsening
Kornverteilung *f* grain distribution, size distribution, aggregate gradation, gradation
Kornverteilungskennwert *m (BM)* granulometric criterion
Kornverteilungskurve *f* grain distribution curve, granulometric curve, particle-size distribution curve, size-distribution curve, sieve curve, aggregate grading curve
Kornverzahnung *f* particle interlock, interparticle friction
kornzerfallsanfällig susceptible to sensitization
kornzerfallsempfindlich/stark susceptible to sensitization
Kornzusammensetzung *f* 1. granulometric composition *(Gesteinsgemenge)*; 2. texture *(Gestein, petrographisch)*
Kornzusammensetzungsfaktor *m* grading factor
Körper *m* 1. *(Konst)* body *(Grundkörper, Trägerbasis)*; 2. *(Konst)* body *(z. B. von Farben, Ölen)*; 3. building unit, member, component *(z. B. Tragelemente)*; 4. solid *(geometrisch, fest)*
Körper *m*/**elastischer** elastic body
Körper *m*/**fester** solid
Körper *m*/**geometrischer** solid
Körper *m*/**inhomogener plastischer** non-homogeneous plastic body
Körper *m*/**isotroper** *(BM)* isotropic body
Körper *m*/**kugelförmiger** sphere *(Geometrie)*
Körper *m*/**nicht-linear-elastischer** non-linearly elastic body
Körper *m*/**plastischer** *(BM)* plastic body
Körper *m*/**starrer** rigid body
Körperberechnung *f (Stat)* mensuration
körperhaft plastic
Körperkante *f* edge
Körperkante *f*/**unsichtbare** *(Konst)* hidden edge *(technische Zeichnung)*
körperlich physical
Körperlichkeit *f* solid character, solid element
Körperschaft *f (VR)* organization
körperschaftlich *(VR)* corporate
Körperschall *m* solid-borne sound, structure-borne sound, impact sound, surface acoustic wave
Körperschalldämmung *f (DIS)* structure-borne noise insulation
Körperschalldämpfer *m* structure-born sound absorber
Körperschalldämpfungsfaktor *m (DIS)* impact-noise rating
Körperschallstärke *f (DIS)* structure-borne sound intensity
Körperverletzung *f (VR)* injury
korporativ *(VR)* corporate

Korrasion *f (Bod)* corrasion *(durch wind-, wasser- oder gletscherbewegtes Material)*
korrekt/ästhetisch *(Arch)* aesthetically correct
Korrektur *f (Konst, VR)* correction
Korrektur *f* **auf Bezugsniveau** *(Verm)* elevation correction
Korrekturmaßnahme *f (Konst, RS, VR)* corrective action
Korrelation *f (Konst)* correlation
Korridor *m* corridor, hall, hallway
Korridor *m***/ökologischer** *(Umw)* ecological corridor
Korridorgeschoss *n (Arch, Konst)* corridor storey
Korridorsteuerung *f (Verk)* corridor control
Korridortür *f* hall door
korrodierbar/nicht *(OB)* incorrodible
korrodieren *v* corrode, eat away, stain
korrodierend corrosive
korrodierend/leicht *(BM, OB)* freely corroding
korrodierend/nicht non-corroding *(Werkstoffe)*
korrodiert/nicht uncorroded, unattacked
korrodiert werden *v (BM, BT, OB)* corrode
Korrosion *f (OB)* corrosion *(bei Eisen)* • **Korrosion auslösen** initiate corrosion • **vor Korrosion schützen** *(OB)* protect against corrosion • **zur Korrosion neigend** tend to corrode
Korrosion *f***/bakterielle** *(OB, Umw)* bacterial corrosion
Korrosion *f***/biologische** biological corrosion
Korrosion *f* **durch Meerwasser** sea water corrosion
Korrosion *f* **durch Salze** *(OB, RS)* salt corrosion
Korrosion *f* **durch Salzwasser** *(OB, RS)* salt water corrosion
Korrosion *f* **durch Streuströme** *(BM, OB)* electrocorrosion
Korrosion *f***/elektrochemische** electrochemical corrosion, galvanic corrosion
Korrosion *f***/elektrolytische** electrochemical corrosion
Korrosion *f***/flächenhafte** *(OB)* overall general corrosion
Korrosion *f* **in feuchter Atmosphäre** *(OB)* humid atmospheric corrosion
Korrosion *f* **in Wasser** *(OB)* immersed corrosion
Korrosion *f***/innere** subsurface corrosion *(durch Sauerstoff, Schwefel, Wasserstoff oder Stickstoff)*
Korrosion *f***/konstruktiv bedingte** *(OB)* engineering corrosion
Korrosion *f***/mechanische** mechanical corrosion
Korrosion *f***/mikrobielle** *(OB)* microbiological corrosion
Korrosion *f* **mit Rissbildung** *(Konst, OB)* corrosion with crack formation
Korrosion *f***/örtliche** *(OB)* local corrosion
Korrosion *f***/punktförmige** *(OB)* point corrosion
Korrosion *f***/rückwärts schreitende** retrogressive erosion
Korrosion *f***/schichtenförmige** *(OB)* exfoliation corrosion
Korrosion *f***/schichtförmige** *(OB)* lamellar corrosion
Korrosion *f***/sulfatische** sulphate corrosion
Korrosion *f***/wabenförmige** honeycomb corrosion
Korrosionsabtrag *m (OB)* eating away
korrosionsanfällig sensitive to corrosion, susceptible to corrosion, sensitive to attack, prone to corrosion
Korrosionsanfälligkeit *f (OB)* susceptibility to corrosion
Korrosionsangriff *m* corrosive attack, attack
Korrosionsart *f (OB)* form of corrosion
Korrosionsbeginn *m (OB)* start of corrosion
Korrosionsbekämpfung *f (OB)* corrosion control
Korrosionsbeschleunigung *f (OB)* increasing corrosion
korrosionsbeständig corrosion-resistant, resistant to corrosion, immune to corrosion, non-corroding, incorrodible
Korrosionsbeständigkeit *f* 1. *(BT, Konst, OB)* corrosion resistance; 2. *(BM, OB)* resistance to corrosion; 3. *(OB)* immunity to corrosion
Korrosionsbruch *m* stress-corrosion cracking *(durch elektrochemische Oberflächenkorrosion)*
korrosionsempfindlich sensitive to corrosion, susceptible to corrosion, sensitive to attack, prone to corrosion, freely corroding
Korrosionsempfindlichkeit *f (OB)* corrosion sensitivity
Korrosionsermüdung *f (Konst, OB, Stat)* corrosion fatigue
korrosionsfest corrosion-resistant, resistant to corrosion, non-corroding, incorrodible
Korrosionsfestigkeit *f (BM, OB)* resistance to corrosion
korrosionsfördernd *(OB)* corrosion-promoting
Korrosionsform *f (OB)* form of corrosion
Korrosionsfortgang *m (OB)* progress of corrosion
Korrosionsfortschreiten *n (OB)* progress of corrosion
Korrosionsfraß *m (OB)* pitting
korrosionsfrei *(OB)* free from corrosion
Korrosionsgefahr *f (OB)* risk of corrosion
Korrosionsgefährdung *f (OB)* susceptibility to corrosion
korrosionsgeschützt corrosion-proof
Korrosionsgeschwindigkeit *f* 1. *(OB)* corrosion rate; 2. *(BM, OB)* rate of corrosion
Korrosionsgrad *m (OB)* degree of corrosion
Korrosionsgrundanstrichstoff *m (OB)* inhibitive primer
korrosionshemmend *(BM, OB)* corrosion-inhibiting
Korrosionshemmer *m* corrosion-inhibiting agent, corrosion inhibitor, *(AE)* synergizing agent *(Wasseraufbereitung)*
Korrosionshemmstoff *m (BM, OB)* corrosion inhibitor
Korrosionshemmzusatz *m* corrosion-inhibiting additive, *(AE)* synergizing agent *(Wasseraufbereitung)*
Korrosionsmittel *n (BM, OB)* corrodent
Korrosionsnarbe *f (OB)* wide pit
Korrosionsschaden *m (OB)* corrosion damage
Korrosionsschutz *m* corrosion protection, anticorrosive protection, protection against corrosion
Korrosionsschutz *m***/anodischer** anodic protection
Korrosionsschutz *m***/galvanischer** *(OB)* electrolytic protection
Korrosionsschutz *m* **metallischer Werkstoffe** *(OB)* protection of metallic materials against corrosion *(DIN EN 12500)*
Korrosionsschutz *m* **mit Elektrolytanstrich** *(OB, Te)* sacrificial protection
Korrosionsschutz *m* **von Meerwasserbauten** *(Wsb)* off-shore corrosion protection
Korrosionsschutzanstrich *m* 1. *(BM, OB)* corrosion-preventive coating; 2. *(BM, OB, Te)* corrosion-protective coating; 3. *(OB)* anticorrosive paint coating
Korrosionsschutzanstrich *m***/graphithaltiger** *(BM, OB)* graphite paint
Korrosionsschutzanstrichstoff *m (BM, OB)* corrosion-preventive coating *(bei Eisen)*
Korrosionsschutzbehandlung *f* **auf der Baustelle** *(OB, Te)* on-site corrosion treatment
Korrosionsschutzbinde *f* corrosion protection tape, protective tape
Korrosionsschutzeigenschaften *fpl (OB)* inhibitive properties
Korrosionsschutzfarbe *f* corrosion-protective paint, anticorrosive paint
Korrosionsschutzfett *n (BM)* slushing grease
korrosionsschutzgerecht *(BT, Konst, OB)* corrosion-proof *(z. B. Konstruktion)*
Korrosionsschutzmörtel *m (BM, OB)* corrosion protection mortar
Korrosionsschutzöl *n (BM)* slushing compound
Korrosionsschutzpigment *n* 1. *(BM, OB)* corrosion protection pigment; 2. *(OB)* inhibitive pigment
Korrosionsschutzschicht *f* protective scale
Korrosionsschutzverfahren *n (OB)* method of protection

K

korrosionssicher 1. *(BT, Konst, OB)* corrosion-proof; 2. *(BT, Konst, OB)* corrosion-resistant
Korrosionsstelle *f* location of corrosion
Korrosionstest *m (BM, OB)* corrosion test
Korrosionstyp *m (OB)* form of corrosion
korrosionsverhindernd *(OB)* preventing corrosion
Korrosionsverhütung *f (OB)* corrosion prevention, prevention of corrosion
Korrosionsverlust *m (Konst, OB)* corrosion loss
Korrosionsverstärkung *f (OB)* increasing corrosion
Korrosionsvorgang *m (OB)* corrosion process
Korrosionswirkung *f (OB)* corrosive action
Korrosionszunahme *f (OB)* increasing corrosion
korrosiv *(OB)* corrosive
korrosiv/nicht non-corrosive *(Medium)*
korrosiv/schwach mildly corrosive
Korund *m (BM, BWG)* corundum
Korundmehl *n (BM)* corundum powder
Korundpulver *n (BM)* corundum powder
Korundstein *m* corundum brick, corundum refractory brick, rub brick
Kosmetikraum *m* powder room
kostbar precious
kosten *v (VR)* cost
Kosten *pl* costs, charge • **Kosten anrechnen** charge • **Kosten tragen** defray • **Kosten übernehmen** defray
Kosten *pl*/**feste** fixed costs
Kosten *pl* **für umbauten Raum** *(VR)* volume cost
Kosten *pl* **für unvorhergesehene Arbeiten** contingency cost
Kosten *pl*/**geringfügige** *(VR)* marginal cost
Kosten *pl*/**laufende** running costs
Kosten *pl*/**ungefähre** rough estimate of costs
Kosten *pl*/**unvorhergesehene** *(VR)* cash allowance
Kosten *pl*/**veranschlagte** *(VR)* estimating costs
Kostenanalyse *f*/**wesentliche** *(VR)* elemental cost analysis
Kostenanschlag *m* estimating of cost, quotation, estimate; tender *(bei Angeboten)* • **Kostenanschläge aufstellen** establish cost estimates
Kostenanschlag *m*/**überschlägiger** provisional estimate (of cost)
Kostenanteil *m (VR)* cost component
Kostenanteil *m*/**abgeschriebener** *(VR)* depreciation cost
Kostenaufschlüsselung *f (VR)* cost breakdown
Kostenaufteilung *f (VR)* cost allocation
Kostenaufwand *m (VR)* expenditure
kostenaufwendig *(VR)* costly
Kostenberechnung *f (VR)* cost calculation
kosteneffektiv cost-effective
Kosteneinsparung *f (VR)* cost effectiveness
Kostenermittlung *f* **nach Raummaß** *(VR)* cube method
Kostenersparnis *f (VR)* saving of expense(s)
Kostenerstattung *f* cost reimbursement
Kostengliederung *f (VR)* cost breakdown
Kostengrenze *f (VR)* cost limit
kostengünstig *(VR)* cost-effective
Kostenkalkulation *f* calculation of cost, costing; pricing *(Verpreisung der Gewerke)*
Kostenkennzahl *f (VR)* cost key
Kostenkontrolle *f (VR)* cost control
Kostenlenkung *f (VR)* cost control
kostenlos free of charge, complimentary
Kostenmodell *n (VR)* cost model
Kosten-Nutzen-Analyse *f* cost benefit analysis
Kosten-Nutzen-Berechnung *f (VR)* cost benefit calculation
Kosten-Nutzen-Programm *n* cost benefit program, *(AE)* cost benefit programme
Kosten-Nutzen-Verhältnis *n (VR)* cost benefit ratio
Kostenplaner *m* quantity surveyor, estimator
Kostenplanung *f (VR)* cost planning
Kostenrechnung *f (VR)* cost accounting
Kostenschätzung *f* cost estimation, cost estimate, estimating of cost, approximate cost
Kostenschätzung *f* **nach umbautem Raum** *(VR)* area method (of cost estimation)
Kostenschätzung *f*/**ungefähre** *(VR)* rough estimate of costs
kostensenkend *(VR)* cost reducing
kostensparend *(VR)* cost-effective
Kostensteuerung *f (VR)* cost control
Kostenstudie *f (VR)* cost study
Kostenteilanschlag *m* quotation
Kostenüberprüfung *f* cost check
Kostenuntersuchung *f (VR)* cost investigation
Kostenvergleich *m (VR)* cost benefit comparison
Kostenverteilung *f (VR)* cost distribution
Kostenvoranschlag *m* preliminary estimate (of cost), provisional estimate (of cost), rough estimate of costs, statement of probable construction cost, cost estimate
Kostenvoranschlag *m* **des Bauauftragnehmers** contractor's estimate
Kostenvoranschlag *m* **des Bauunternehmers** contractor's estimate
Kostenvoranschlag *m*/**vorläufiger** preliminary cost estimate
Kostenvoranschlagsabforderung *f (VR)* inviting (of) builders' estimates
kostenwirksam *(VR)* cost-effective
Kostenwirksamkeit *(VR)* cost effectiveness
Kostenwirksamkeitsuntersuchung *f* cost-effectiveness analysis
Kote *f (Verm)* elevation, height notation, level
Kote *f* **über Normalnull** *(Verm)* height above zero level *(Kote über NN)*
Krabbe *f (Arch)* crocket *(Ornament der Gotik)*
Krabbenkapitell *n (Arch)* crocket capital *(Gotik)*
Kraft *f* 1. *(Stat)* force *(physikalisch)*; 2. *(BWG, Te)* power *(Elektroinstallation)*; 3. *(Stat)* momentum *(Bewegungskraft: Masse × Beschleunigung)*; 4. load *(Ruhekraft)* • **Kräfte abbauen** *(Stat)* decompose forces • **Kräfte zerlegen** *(Stat)* decompose forces
Kraft *f*/**aerodynamische** *(Stat)* aerodynamic force
Kraft *f*/**angreifende** acting force
Kraft *f*/**aufwärts wirkende** upward force
Kraft *f*/**äußere** outside force, external force
Kraft *f*/**dynamische** *(Stat)* dynamic force
Kraft *f*/**elektromotorische** electromotive force
Kraft *f*/**innere** *(Stat)* internal force
Kraft *f*/**nicht konservative** *(Stat)* non-conservative force
Kraft *f*/**parasitäre** *(Stat)* redundant stress
Kraft *f*/**resultierende** *(Stat)* resultant force
Kraft *f*/**spezifische** intensity *(auf Flächengröße, z. B. N/mm²)*
Kraft *f*/**statische** static force
Kraft *f*/**überzählige** *(Stat)* redundant force
Kraft *f*/**virtuelle** *(Stat)* virtual force
Kraft *f*/**wasserbindende** *(Bod, Erdb)* water-holding capacity *(eines Erdstoffes bzw. Bodenschicht)*
Kraft *f*/**wirkende** acting force
Kraftanbringung *f (Stat)* force application
Kraftangriff *m (Stat)* application of a force
Kraftangriff *m*/**ausmittiger** off-centre application of force
Kraftangriff *m*/**zentrischer** *(Stat)* centric application of force
Kraftangriffspunkt *m (Stat)* point of application of a force
Kraftanlage *f (Umw)* powerhouse

K

Kraftarm *m* moment arm, force arm, power arm
Kraftaufnehmer *m (BM)* load cell
kraftbetrieben power-driven
Kraftdreieck *n* force triangle
Kraft-Duktilitätsprüfung *f (BM)* force ductility method
Kräfte *fpl*/**entgegengesetzt gleiche** *(Stat)* equal and opposite forces
Kräfte *fpl* **in der Ebene** *(Stat)* forces in plane
Kräfte *fpl* **mit verschiedenem Schnittpunkt** *(Stat)* non-concurrent forces
Kräfte *fpl*/**nicht in einer Ebene liegende** *(Stat)* non-coplanar forces
Kräfte *fpl*/**nicht regelmäßig verteilte** *(Stat)* non-coplanar forces
Kräfte *fpl*/**zusammenwirkende** *(Stat)* concurrent forces
Kräfte *fpl*/**zwei sich aufhebende** *(Stat)* forces compensating one other
Kräfteaddition *f (Stat)* summation of forces
Kräftebild *n (Stat)* system of forces
Krafteck *n (Stat)* force polygon
Krafteckseite *f* side of force polygon
Kräftediagramm *n (Stat)* diagram of forces
Kräftedreieck *n (Stat)* triangle of forces
Kräfteermittlung *f (Stat)* member-force analysis
Kräfteerteilung *f*/**räumliche** *(Stat)* three-dimensional distribution of forces
Kräftefeld *n* field of forces
Kräftefluss *m (Stat)* flow of forces
Kräftefolge *f (Stat)* sequence of forces
Kräfte-Formänderungsdiagramm *n* force-deformation diagram
Kräftegleichgewicht *n (Stat)* equilibrium of forces
Kräftegleichung *f (Stat)* equation of forces
Kräftegruppe *f*/**parallele** *(Stat)* parallel system of forces
Kräftegruppe *f*/**räumliche** *(Stat)* three-dimensional system of forces
Krafteintragung *f*/**außermittige** *(Stat)* eccentric action of force
Kräftemaßstab *m (Stat)* scale factor
Kräftemoment *n (Stat)* moment of a force
Kräftepaar *n (Stat)* couple
Kräfteparallelepiped *n (Stat)* parallelepiped of forces, force parallelogram, parallelogram of forces
Kräfteplan *m (Stat)* diagram of forces
Kräfteplan *m*/**Cremona'scher** Cremona's polygon of forces, stress diagram
Kräfteplan *m*/**Maxwell'scher** *(Stat)* Maxwell polygon of forces
Kräfteplan *m*/**reziproker** *(Stat)* reciprocal force polygon
Kräftepolygon *n* polygon of forces
Kräfterechtkant *m (Stat)* parallelepiped of forces
Kräfteschema *n (Stat)* scheme of forces
Kräftespiel *n (Stat)* interplay of forces
Kräftesymbolik *f (Stat)* symbolism of forces
Kräftesystem *n (Stat)* system of forces
Kräftesystem *n*/**ebenes** plane force system, plane system of forces, system of coplanar forces
Kräftesystem *n*/**zweidimensionales** plane system of forces
Kräfteverlauf *m (Stat)* variation of forces
Kräfteverteilung *f (Stat)* force distribution
Kräfteverteilung *f*/**dreidimensionale** *(Stat)* three-dimensional distribution of forces
Kräfteverteilung *f*/**räumliche** *(Stat)* spatial distribution of forces
Kräfteverteilungsdiagramm *n* force-deformation diagram
Kräftevieleck *n (Stat)* force polygon
Kräftezerlegung *f (Stat)* decomposition of forces
Kraftfahrerzimmer *n* driver's room
Kraftfahrstraße *f s.* Kraftfahrzeugstraße
Kraftfahrzeug *n* vehicle, car
Kraftfahrzeugstilllegung *f (AE)* dead parking *(ohne Nutzung der Fahrzeuge)*
Kraftfahrzeugstraße *f (Verk)* motor road, motorway, *(AE)* speedway, thruway, freeway
Kraftgrößenverfahren *n* force method
kräftig powerful; rich *(Farbe)*
kräftigen *v* energize
Kraftkomponente *f* force component
Kraftleitung *f (El)* power line
Kraftleitungsmast *m* 1. power-line tower; 2. *(Arch)* pylon
Kraftlinie *f (Stat)* line of force
Kraftlinien *fpl (Stat)* strain lines
Kraftlinienfeld *n (El)* field of forces
Kraftmaschine *f (BWG)* prime mover
Kraftmessgerät *n*/**dynamisches** dynamometer
Kraftmessring *m* load ring, steel proving ring
Kraftmesswertgeber *m (BM)* load cell
Kraftmoment *n* force moment
Kraftmomentdiagramm *n (Stat)* force-moment diagram
Kraftpapier *n* kraft board, kraft paper
Kraftpolygon *n (Stat)* force polygon
Kraftrichtung *f* direction of force, force direction
Kraftschlussbeiwert *m* **mit dem schräglaufenden Rad** *(Verk)* sideway force coefficient, SFC
Kraftschlussseitenbeiwert *m (Verk)* sideway force coefficient
Kraftsteckdose *f (El)* power socket
Kraftstein *m (Arch, BT, Konst)* corbel
Kraftstichsäge *f* power(-driven) piercing saw, power fret saw, *(AE)* saber saw
Kraftstromleitung *f (El)* fixed equipment circuit
Kraftturm *m (Umw)* power tower
Kraftübertragung *f* 1. *(BM)* aggregate interlock *(durch Verzahnung der Zuschlagstoffkörner)*; 2. *(Stat)* transfer of forces *(Spannbeton)*; 3. power transmission *(mechanisch, auch El)*
Kraftübertragungslänge *f* transfer length *(Spannglied)*
Kraftübertragungslänge *f*/**erforderliche** transfer length, transmission length *(Spannglied)*
Kraftumlenkung *(Stat)* redirection of forces
Kraftvektor *m (Stat)* force vector
Kraftverkehr *m (Verk)* motor traffic
Kraftverstärkung *f*/**ideale** ideal mechanical advantage
Kraftverteilung *f (Stat)* distribution of forces
Kraftwerk *n* 1. *(BWG)* power station; 2. *(BWG, RP)* power plant; 3. *(Arch, El)* generating station; 4. *(BWG, El) (AE)* powerhouse
Kraftwerk *n*/**geothermisches** *(BWG, HLK)* geothermal power station
Kraftwinde *f* power winch
Kragarm *m* cantilever(ed) bracket, bracket arm, jib; cantilever *(Beton- oder Metallkragbalken)*
Kragarmbefestigung *f* bracket fixing
Kragarmlast *f* cantilever load
Kragbalken *m* cantilever beam, projecting beam, overhanging beam, cantilever girder, semibeam, semigirder
Kragbelastung *f* cantilever load
Kragbelastung *f*/**einseitige** *(Stat)* unilateral cantilever load
Kragbinder *m* **mit Zugstab** *(TK)* truss with tension rod
Kragblockstufe *f* solid rectangular cantilever step
Kragbogen *m (Arch)* corbel arch *(ohne Bogentrageffekt)*
Kragbrücke *f (BWG, Br)* cantilever bridge *(Kran)*
Kragdach *n* cantilevered roof, cantilevering roof, canopy; dorse *(Vordach)*
Kragdecke *f* cantilevered floor, oversailing floor

Kragelement *n* cantilevered component; jetty *(überhängendes Teil)*
Kraggewölbe *n (Arch, Konst)* corbel vault
Kraghängedachhalle *f (TK)* suspended-cantilever hangar
Kragklotzstufe *f* solid rectangular cantilever step
Kragkonoid *n (Konst)* oversailing conoid
Kraglage *f (Konst, SB)* corbel course *(Mauerwerk)*
Kraglänge *f* cantilevered length, cantilevering length, protruding length
Kraglast *f* cantilever(ed) load
Kragmassivstufe *f* solid rectangular cantilever step
Kragmauerwerk *n (Arch, Konst, SB)* corbel masonry
Kragplatte *f* cantilever plate, cantilever slab
Kragrostfundament *n (Erdb, TK)* grid cantilever footing
Kragrüstung *f* projecting scaffold(ing), outrigger scaffold, needle scaffold
Kragschale *f (Konst, TK)* cantilevered shell
Kragscheibe *f* cantilever diaphragm
Kragsparren *m (Konst, TK)* overhanging rafter
Kragstein *m* natural stone corbel, natural stone shoulder, stone bracket, rest brick, bracket console, corbel, ancon, console, perch, support
Kragstein *m*/**schräger** summer stone
Kragsteinbogen *m (Konst)* false vaulting
Kragsteinschicht *f (Konst, SB)* corbel course *(Mauerwerk)*
Kragstufen *fpl* hanging steps
Kragstütze *f* bracket
Kragstützengerüst *n* outrigger scaffold
Kragsystem *n (Konst, Stat)* cantilevering system
Kragträger *m* cantilever(ed) girder, cantilever(ed) beam, overhanging girder, overhanging beam, projecting girder, projecting beam, semigirder, semibeam, side arm; corbel beam *(auf einem Kragstein liegend)*; *(AE)* outrigger *(Hängegerüstträger)*
Kragtreppe *f* cantilevered stair, cantilevered steps, hanging stairs
Kragtreppenpodest *n* cantilever landing
Kragwirkung *f* cantilever effect
Kragziegel *m (BT, SB)* corbel brick
Krähenfüße *mpl (OB)* crow's feet
Krählarm *m (Umw)* rabble arm
Kralle *f (BT, Hb)* claw
Krallenplatte *f* claw plate, bulldog connector
Krallenringdübel *m (Hb, SB)* circular spike
Krampe *f* cramp, cramp iron, clip, staple, link
Krampe *f* **mit Überwurf** staple and hasp
Krampenschießgerät *n (BWG)* staple gun
Krampenschläger *m (BWG)* staple hammer
Krampziegel *m (BM, BT)* clay flap tile
Kran *m (BWG)* crane
Kranarm *m* jib
Kranausleger *m* crane jib, jib, *(AE)* outrigger
Kranbahn *f* crane runway, crane-way
Kranbahn *f*/**hochverlegte** overhead runway *(Brückenkran)*
Kranbahnschiene *f* crane rail
Kranbahnschiff *n* crane bay *(Werkhalle)*
Kranbahnträger *m* crane girder, crane beam
Kranbauwerk *n* crane structure
Kranbrücke *f* crane bridge
Krangang *m* crane aisle
Krangerüst *n (BWG, Te)* gantry
Krangleis *n* crane track
Krankenhaus *n (Arch)* hospital
Krankenhaus *n*/**allgemeines** general hospital
Krankenhausbau *m* hospital construction
Krankenhausbetriebsanlage *f* hospital service system
Krankenhausgebäude *n* hospital building, hospital block
Krankenhausgelände *n* hospital grounds, hospital premises
Krankenhausstation *f* ward unit, ward
Krankenhaustür *f*/**breite** hospital door
Krankenhaustüröffner *m (EB)* hospital arm pull *(ohne Gebrauch der Hände)*
Krankenstation *f* ward unit, ward, infirmary
Krankenverbandskrankenhaus *n (Arch, Konst, VR)* welfare hospital
Krankenzimmer *n* sickroom, infirmary
Krankenzimmeretage *f (Konst)* ward floor
Krankenzimmergebäude *n (Konst)* ward block
Krankenzimmergeschoss *n (Konst)* ward floor
Krankheitsabwesenheit *f* sick leave
Krankübel *m* crane skip
Kranlaufbahn *f* crane-way
Kranschiff *n* crane bay *(Werkhalle)*
kranversetzbar crane-displaceable
Kranwagen *m* breakdown lorry *(zum Abschleppen)*
Kranz *m (Arch)* wreath *(Ornament)*
Kranzbogen *m (Arch)* annular arch
Kranzgesims *n (Arch)* cornice
Kranzleiste *f (Arch, BT)* label *(Ornament über einer Tür oder einem Fenster)*
Kranzornamentierung *f (Arch)* chaplet
Krapp *m (BM, OB)* madder plant
Krappe *f (Arch)* crocket *(Ornament der Gotik)*
krappenverziert crocketed
Krapplack *m* madder lake
Kraterbildung *f (OB)* cratering *(Anstrich)*
Kratzbagger *m* chain dredger
Kratzband *n* scraper conveyor
Kratzbarkeit *f* scratchability
Kratzbrett *n* nail float, devil float *(Putzkratzen)*
Kratzbürste *f* wire comb, wire scratcher, scratch tool *(Putzkratzen)*
Kratze *f* paddle, rake
Kratzeisen *n* hand scraper, scratch tool, raker *(Werkzeug)*
kratzen *v (Te)* scrape
Kratzen *n* scratch brushing
Kratzer *m* 1. wiring scratcher, wire comb *(Putzkratzen)*; 2. excavator *(Baumaschine)*; 3. graze *(Glas)*; 4. scar, score *(Oberfläche)*; 5. scratch *(in Material)*; 6. *(Erdb)* squeegee
Kratzerarm *m* scraping arm
Kratzerbeseitigung *f (OB, RS)* scratch removal
kratzfest resistant to scratching, scratch-resistant *(Fliese, Marmor)*
Kratzfestigkeit *f* resistance to scratching, scratch resistance, mar resistance
Kratzförderer *m* scraper conveyer, drag conveyor, arm conveyer
Kratzgrund *m (SB)* scratchwork
Kratzgrundmaterial *n* sgraffito material
Kratzhobel *m (BWG, Erdb)* scraper *(für Straßenbau)*
Kratzkelle *f* raker *(Werkzeug)*
Kratzkettenförderer *m (BM, BWG, Te)* drag slat conveyor
Kratzmattieren *n* scratch brushing
Kratzputz *m (SB)* scraped rendering
Kratzputzmaterial *n* sgraffito material
Kratzriss *m* galling
Kratzspur *f (OB)* chatter mark
Kräuseleffekt *m (Arch, OB)* ripple finish *(Anstrich)*
Kräuseln *n* wrinkling, crinkling *(von Anstrichen)*
Kraushammer *m (BWG, SB)* granulating hammer
Kreide *f (BM)* chalk
Kreide *f*/**feingemahlene** whiting
Kreide *f*/**sandige** sandy chalk
Kreidegestein *n* chalk(y) stone
Kreidegrund *m* whiting
kreidehaltig chalky
Kreidekalk *m*/**weißer** *(BM)* white chalk

Kreidemasse *f (BM)* clunch
kreiden *v* chalk
Kreiden *n* chalking *(von Anstrichen)*
Kreideschnur *f (Te, Verm)* chalk line
Kreideschnurlinie *f (Te)* chalk line
kreideweiß chalky
Kreideweiß *n* whiting
Kreidezeichnung *f (Arch)* chalk drawing
kreidig chalky
Kreis *m* circle; ring
Kreis... circular ..., annular ...
Kreisabschnitt *m (Konst)* segment
kreisähnlich near-circular
Kreisausschnitt *m* sector
Kreisbecken *n (Umw)* clarification basin
Kreisbogen *m* 1. arc of a circle, circular arc *(Geometrie)*; 2. arc span *(Tragbogen)*; 3. *(Verm)* graduated arc
Kreisbogen *m***/einfacher** *(Arch)* simple circular arch
Kreisbogengewölbe *n* circular arch
Kreisbogenlineal *n* curve gauge
Kreisbogenträger *m* circular arch girder
Kreisdach *n* circular roof, round roof
Kreisel *m* 1. gyroscope *(physikalisch)*; 2. *(Verk)* rotary traffic, roundabout (junction), *(AE)* rotary circle, traffic circle
Kreisel *m***/doppelter** *(Verk)* double roundabout
Kreiselbrecher *m* gyratory breaker, gyratory crusher, rotary crusher, gyrator
Kreisellüfter *m* centrifugal fan
Kreiselmischer *m* gyro(-axis) mixer
Kreiselpumpe *f (BWG, WVA)* centrifugal pump
Kreiselscherverdichter *m (BWG, Te)* gyratory shear compactor
Kreiselverdichter *m* gyratory compactor
kreisen *v (HLK, WVA)* circulate
kreisend rotary, rotating, rotational
Kreisfaltdach *n* circular folded plate roof
Kreisfaltwerkdach *n* circular folded plate roof
Kreisfläche *f* circle
kreisförmig circular
Kreisfrequenz *f* angular velocity
Kreisfundament *n (Erdb)* round foundation
Kreisgewölbe *n* circular vault
Kreisgründung *f* circular foundation
Kreiskolonnade *f* **mit freiem Mittelraum** *(Arch)* cyclostyle
Kreiskuppel *f (Arch)* circular dome
Kreiskurve *f* circular curve
Kreislast *f* circular load
Kreislauf *m* 1. *(HLK, San)* circulation *(Gas, Wasser)*; 2. *(Umw)* cycle, cycling
Kreislaufwirtschaft *f (RS, Umw)* recycling economy
Kreislinie *f* circular line, circular curve
Kreislinienlast *f (Stat)* circular linear load
Kreismittelpunkt *m* centre of circle
Kreispfeiler *m* round pier, cylinder
Kreisplatte *f (Konst)* round plate
Kreisquerschnitt *m* circular (cross) section
Kreisringplatte *f* annular slab, circular ring-shaped plate
kreisrund circular, round, orbicular
kreisrund/fast orbicular
Kreissäge *f* circular saw, mechanical saw, *(AE)* buzz saw
Kreisschacht *m (WVA)* round manhole
Kreisschaft *m (Konst)* round shaft
Kreisschale *f (Konst)* circular shell
Kreisscheibe *f* circular plate, round plate, round slab
Kreisschuppen *m* circular shed
Kreissegment *n (Arch)* lobe *(Verzierungswerk)*
Kreisstollen *m (Arch, Tun, Verk)* circular gallery
Kreisstraße *f (Verk)* county road
Kreisstraßenmeister *m* county surveyor
Kreisumfang *m* circumference, periphery of a circle
Kreisverkehr *m* rotary traffic, gyratory traffic, roundabout (traffic) *(Anlage mit Mittelinsel)*; *(AE)* rotary (traffic)
Kreisverkehrsanlage *f* roundabout (junction), *(AE)* rotary circle, traffic circle
Kreisverkehrsinsel *f (Verk)* rotary island
Kreisverkehrsknoten *m* rotary intersection, rotary junction
Kreisverkehrskreuzungspunkt *m* rotary intersection, rotary junction
Krematorium *n* crematorium
Krempblech *n* flanged plate
Krempe *f* flap *(Dachstein)*
Kremper *m* flap *(Dachstein)*
Krempziegel *m* flap tile *(Dachstein)*
krenelieren *v (Arch)* crenellate
kreneliert battlemented, crenellated
Kreosolpech *n* creosol pitch
kreosotieren *v* creosote
Kreosotöl *n (BM)* creosote (oil)
Krepidoma *n (Arch)* crepidoma *(dorisch)*
kreppen *v* crepe *(Papier)*
Kreppen *n* creping
Krepppapier *n* creped paper
Krepsis *m (Arch)* crepidoma *(dorisch)*
Kreuz *n***/ägyptisches** *(Arch)* crux commissa, Tau cross
Kreuz *n***/burgundisches** *(Arch)* Saltire cross
Kreuz *n***/dreifaches** *(Arch)* papal cross
Kreuz *n***/griechisches** 1. *(Arch)* Greek cross; 2. *(Arch)* St George's Cross
Kreuz *n***/keltisches** *(Arch)* Celtic cross, Runic cross
Kreuz *n***/lateinisches** *(Arch)* Latin cross, crux immissa
Kreuz *n***/päpstliches** *(Arch)* papal cross, triple cross
Kreuz/über crosswise
Kreuz... criss-cross ...
Kreuzarm *m* 1. limb of cross, transverse arm; 2. cross arm *(Kirchenbau)*
Kreuzbalken *m (Hb, Konst)* cross beam
Kreuzbalkendachstuhl *m (Konst)* two-way joist construction
Kreuzbalkendecke *f (TK)* two-way joist construction
Kreuzband *n* 1. *(Hb)* cross bar, cross stay; 2. *(Br, BT)* wrapper *(Brückenbau)*
Kreuzbau *m (Arch, Konst)* cruciform building
kreuzbewehrt *(BB, Konst)* two-way reinforced
Kreuzbewehrung *f* two-way reinforcement
Kreuzblume *f (Arch)* flower-shaped ornament, crope, finial
Kreuzblume *f***/verlängerte** *(Arch)* guglia
Kreuzbogen *m* cross arch, diagonal arch, annular arch, composite arch
Kreuzbogengewölbe *n (Arch)* cross-arched vault
Kreuzbohrer *m* cross bit
Kreuzbohrmeißel *m* plugging chisel, star bit
Kreuzeisen *n***/gewundenes** twisted bar
kreuzen *v* 1. cross, traverse *(z. B. Leitungen, Träger)*; 2. *(Verm)* intersect *(Linien)*; 3. *(Verk)* intersect *(plangleich)*; pass over *(planfrei)*
kreuzen *v***/sich** cross *(z. B. Leitungen)*
kreuzend/sich interfering
Kreuzfachwerk *n (TK)* latticework
Kreuzfachwerkbinder *m (TK)* lattice truss
Kreuzfahrerarchitektur *f (Arch)* crusader architecture
Kreuzfeld *n (Arch, Konst)* crossing
Kreuzfenster *n* cross(-bar) window, mullion window
Kreuzflügel *m (Arch)* transverse arm
kreuzförmig cruciform
Kreuzfuge *f* cross joint
Kreuzgang *m (Arch)* cloister *(z. B. im Kloster)*

K

Kreuzganghof *m (LB)* paradise
Kreuzgebälk *n (Hb, St)* diagonal struts
kreuzgefaltet cross-folded
kreuzgerippt cross-ribbed
Kreuzgesims *n (Arch)* tabling
Kreuzgewölbe *n* cross vault(ing), groin(ed) vault
Kreuzgewölbe *n*/**doppeltes** *(Arch)* double cross vault(ing)
Kreuzgewölbe *n*/**gotisches** *(Arch, Konst)* Gothic cross vault
Kreuzgewölbe *n*/**halbrundes** *(Arch, Konst)* half-round cross-vault
Kreuzgewölberippe *f (Arch, Konst)* groined rib
kreuzgittervernetzt cross-linked *(Polymere)*
Kreuzgleis *n* crossing track
Kreuzgruft *f* cruciform crypt
Kreuzgurtung *f (Hb)* diagonal ties
Kreuzhacke *f* pickaxe, flat pick, pick
Kreuzholz *n* 1. *(Hb)* quarter timber; 2. *(BM, Hb)* scantling
Kreuzkamm *m (Hb)* cross cogging, cross corking
Kreuzkappe *f (Arch)* intersecting barrel
Kreuzkappengewölbe *n (Arch)* circular domical vault
Kreuzkappenwölbung *f (Arch, Konst)* intersecting vaulting
Kreuzkirche *f (Arch)* cruciform church
Kreuzkuppelkirche *f (Arch)* cross-domed church, cruciform-domed church, ambulatory church
Kreuzlatte *f* brace and counterbrace, brace; cross pawl *(Windkreuzlatte)*
Kreuzlattenzaun *m (LB)* trellis fence
Kreuzlibelle *f* cross bubble *(Wasserwaage)*
Kreuzlochschraube *f* capstan screw
Kreuzmaß *n* cross
Kreuzmeißel *m* cross-cut chisel, bent chisel, bolt chisel, cope chisel, cape chisel, star bit
Kreuzmuffe *f (HLK, San, St)* cross sleeve
Kreuzmuster *n (Arch)* diamond pattern
Kreuznagel *m* lease peg, lease pin
Kreuzpfahl *m (Wsb)* cross pole
Kreuzpfeiler *m*/**regelmäßiger** symmetrical cruciform pier
Kreuzprobe *f* cross check
Kreuzrippe *f* diagonal rib
Kreuzrippengewölbe *n* quadripartite vault
Kreuzrippengewölbe *n*/**vierteiliges** quadripartite cross rib vault
Kreuzrohrstück *n* cross pipe, sanitary cross, cross
Kreuzsäule *f* cruciform column
Kreuzschaltung *f (El)* cross mounting
Kreuzscheibe *f* cross-staff head
Kreuzschicht *f (SB)* broken course *(Mauerwerk)*
Kreuzschichtung *f (Erdb)* cross-bedding
Kreuzschlitzkopf *m* (cross-)recessed head, *(AE)* Phillips head
Kreuzschlitzschraube *f* recessed-head screw, *(AE)* Phillips screw
Kreuzschlitzschraubenkopf *m (AE)* Phillips head
Kreuzschraffierung *f* cross hatching, counter hatching
Kreuzschraffur *f* cross hatching, counter hatching
Kreuzspreizbolzen *m (BT)* star expansion bolt
Kreuzsprosse *f* crossing bar
Kreuzstake *f* herringbone strut
Kreuzstock *m (Konst)* window cross
Kreuzstoß *m (St)* cross joint *(Schweißen)*
Kreuzstrebe *f* cross stud, diagonal stay, diagonal strut, tension diagonal, X-brace, spanner
Kreuzstreben *fpl* 1. *(Hb, St)* diagonal struts; 2. *(Arch)* St Andrew's Cross
Kreuzstück *n* cross piece, cross *(Rohrstück)*
Kreuzstütze *f* cross-shaped column, cross support
Kreuzsymmetrie *f* cruciform symmetry
Kreuz- und Quervermengung *f* criss-cross mixing
Kreuzung *f* 1. *(Verk)* crossing *(Straße, Eisenbahn)*; crossroads, intersection *(Straße)*; *(AE)* X-ing, *(AE)* xing, intersection; 2. crossing, crossing area *(Stahlbau)* • **an einer Kreuzung** at a crossroads
Kreuzung *f*/**einspurige plangleiche** *(Verk)* single track level crossing
Kreuzung *f*/**gleichberechtigte** *(Verk)* uncontrolled junction *(Straße)*
Kreuzung *f*/**höhengleiche** *(Verk)* crossing at grade, level crossing, grade intersection, grade junction, intersection at grade
Kreuzung *f*/**höhenungleiche** *(Verk)* grade-separated junction, grade-separated intersection, grade-separated crossing
Kreuzung *f* **in drei Ebenen** *(Verk)* three-level interchange
Kreuzung *f* **mit Gelbkreuzbalkenmarkierung** *(Verk)* yellow box junction
Kreuzung *f* **mit Vorfahrtregelung** *(Verk)* priority junction
Kreuzung *f*/**niveaufreie** *(Verk)* scissors crossover
Kreuzung *f*/**plankreuzungsfreie** *(Verk)* flyover (junction)
Kreuzung *f*/**ranggeordnete** *(Verk)* priority junction
Kreuzung *f*/**rechtwinklige** *(Verk)* rectangular crossing
Kreuzung *f*/**schiefwinklige** *(Verk)* scissors intersection, oblique intersection
Kreuzung *f*/**schräge** *(Verk)* skew crossing
Kreuzung *f*/**versetzte** *(Verk)* staggered junction
Kreuzungsbauwerk *n (Verk)* flyover (junction), interchange
Kreuzungsbauwerk *n*/**dreigeschossiges** *(Verk)* three--level grade separation structure
Kreuzungsbereich *m* crossing area
Kreuzungsdose *f (El)* wiring box
kreuzungsfrei *(Verk)* unintersected *(Straße)*
Kreuzungspunkt *m* 1. crossing point, cross; 2. *(El)* node
Kreuzungspunktbezeichnung *f (Verk)* interchange name
Kreuzungsraum *m (Arch)* interstitium *(Kirche mit Querschiff)*
Kreuzungsräumen *n (Verk)* junction clearing
Kreuzungsräumphase *f (Verk)* junction clearing
Kreuzungsschaltzyklus *m (Verk)* junction signal cycle
Kreuzungssteuergerät *n (Verk)* junction controller
Kreuzungsstück *n* frog *(Schiene)*
Kreuzungswinkel *m* 1. *(Verm)* intersecting angle; 2. *(Verk)* angle of entry
Kreuzungszufahrt *f (Verk)* intersection approach
Kreuzverband *m* 1. cross bond, diagonal bracing, English cross bond, Flemish bond, Dutch bond, silver-lock bond *(Mauerwerk)*; 2. *(Hb)* cross stay; 3. *(Hb, St)* diagonal struts *(Stahlbau)*; 4. *(Arch)* St Andrew's Cross
Kreuzverbinder *m (BT)* cross connector
Kreuzverbindung *f (BT, Konst)* spider connection
Kreuzverbindung *f*/**überlappte** cross-lap joint
Kreuzverstrebung *f* diagonal cross bracing, X-bracing
Kreuzverzapfung *f (Hb)* cross joint
kreuzweise criss-cross, crosswise
Kreuzwerk *n* crossing, girder grille
Kreuzzapfen *m (Hb)* cross pin, double-halved joint
Kreuzziegel *m* boulet tile
Kriechbeiwert *m* creep coefficient, coefficient of creep
Kriechblume *f (Arch)* crocket *(Ornament der Gotik)*
Kriechblumenkapitell *n (Arch)* crocket capital *(Gotik)*
Kriechblumenverziert *(Arch)* crocketed
Kriechbruchfestigkeit *f* creep rupture strength *(z. B. von Beton)*
Kriechdehnung *f* creep strain, inelastic strain, non-elastic strain
Kriechdurchbiegung *f (BM)* inelastic deflexion
Kriecheinfluss *m* creep effect
Kriecheinwirkung *f (BB)* effect of creep
kriechen *v* 1. crawl *(Anstrich)*; 2. creep *(Stoffe)*

Kriechen *n* 1. *(OB)* crawling *(von Anstrichen)*; 2. creep(ing), plastic loss, time yield *(von Baustoffen)*; 3. *(El)* creep *(des Stroms)*
Kriechen *n* **des Betons** *(BB, BM)* creep of concrete
Kriechen *n***/sekundäres** steady-state creep
Kriechen *n***/stationäres** steady-state creep
Kriechen *n***/tertiäres** tertiary creep
Kriechen *n* **unter Biegebeanspruchung** *(BB)* flexural creep
Kriechen *n* **unter Zugspannung** creep under tensile stress
Kriechendwert *m (BB)* ultimate creep value *(Beton)*
Kriechfahrstreifen *m* creep lane
kriechfest creep-resistant
Kriechfestigkeit *f* creep strength, resistance to creep
Kriechformänderung *f* creep deformation, non-elastic deformation, inelastic deformation
Kriechgang *m (Konst)* creep trench *(für Wartungszwecke)*
Kriechgeschwindigkeit *f* creep rate, rate of creep
Kriechgrenze *f* limit of creep, creep limit
Kriechgröße *f (BB)* magnitude of creep
Kriechkeller *m* crawlway
Kriechkurve *f* creep curve, time-extension curve
Kriechmaß *n (BB)* magnitude of creep
Kriechmechanismus *m* mechanism of creep
Kriechmodul *m* creep modulus
Kriechprüfung *f* creep test
Kriechriss *m* creep crack
Kriechspannung *f* creep stress
Kriechspur *f (Verk)* creep lane, crawler lane, climbing lane, slow(-moving) lane *(Straße)*; *(AE)* truck climbing lane
Kriechsteifigkeit *f* creep compliance, creep stiffness
Kriechstreifen *m (Verk)* climbing lane
Kriechtheorie *f* theory of creep
Kriechverformung *f (Stat)* plastic deformation
Kriechverhalten *n* creep behaviour, creep compliance
Kriechverlust *m (BB)* loss due to creep
Kriechvorgang *m* creep process
Kriechwert *m (BB, BM)* creep value
Kriechzahl *f (BB)* modulus of creep *(Beton)*
Kriegerdenkmal *n (Arch)* war memorial
Kriegerehrenmal *n (Arch)* war memorial
Krispelholz *n (Arch)* pommel *(Dekoration)*
Kristallaufbau *m (BM)* crystal structure
Kristallglas *n* crystal glass, flint glass
Kristallglas *n***/böhmisches** *(BM)* potash-lime glass
Kristallhaftverbund *m* chemical bond
kristallin/nicht non-crystalline, amorphous
kristallisieren *v* crystallize
Kristallpalast *m (Arch)* crystal palace
Kristallsandstein *m* gritstone
Kristallspiegelglas *n* polished plate glass
Kristallstruktur *f (BM)* crystal structure
Kriterium *n* criterion
kritisch crucial
Kritische-Pfad-Analyse *f* critical path analysis *(Baurecht)*
Kritische-Pfad-Methode *f* critical path method *(Baurecht)*
Krokodilglas *n* crackle glassware
Krokodilhautbildung *f* crocodiling *(von Anstrichen)*
Krone *f* 1. *(BT, Konst, SB, Wsb)* crown *(Mauer, Damm)*; 2. *(BT, Konst, SB)* coping *(Mauer)*; 3. *(Konst)* crest *(Dachkrone, auch Mauerkrone)*; 4. *(Arch)* crowning *(Ornament)*
kröneln *v* 1. *(Te)* tool with the roughing hammer; 2. *(SB, Te)* kernel *(Stein)*
Kronenbreite *f* crest width *(Damm, Deich)*
Kronendach *n* crown-tile roof
Kronenhöhe *f* crest level *(Dach)*
Kronenmutter *f* castellated nut, horned nut
Kronglas *n* crown glass
Kronleuchter *m* chandelier, *(AE)* electrolier
kröpfen *v* 1. crank *(ein Werkstück)*; 2. double-bend, offset, bend at right angles *(Stäbe)*; 3. joggle *(zahnend)*; 4. *(Arch)* return, mould; 5. *(Hb)* wreath
Kröpfling *m (Hb)* string wreath
Kropfstück *n* 1. crank(ed) piece; 2. *(Hb)* string wreath
Kröpfung *f* crank, goose-neck
Krösel *m* granulated glass
Kröseleisen *n* grooving iron, rabbet iron
Krotzen *fpl (Verk)* hand-broken metal
Krücke *f* 1. *(BT)* support for pipes; 2. *(Verm)* boning rod
krümelig crumbly
krumm 1. crooked, bent; 2. hooked *(hakenförmig)*; 3. curved *(geschweift, gekrümmt)*; 4. twisted, awry *(verdreht, verbogen)*; 5. warped *(verworfen, verzogen)* • **krumm werden** *(BM, BT)* warp *(z. B. Holz)*
Krumme *f (Verk)* turn of a road, curve, bend
Krümme *f***/scharfe** *(Verk)* sharp turn *(Straße)*
krümmen *v* 1. crook, bend; 2. hook *(Haken)*; 3. curve, arch *(Bauelemente)*; buckle *(flächenhaft)*; 4. bow, warp *(Holz)*; 5. camber *(Bogen formen, Stich geben)*; 6. inflect *(Tragelemente)*; 7. turn, curve, bend *(Straße)*; 8. bend, wind, meander *(Fluss)*; 9. contort, twist *(verdrehen)*
krümmen *v***/einwärts** incurve
krümmen *v***/sich** 1. crook; 2. curve, bend *(z. B. Straße)*; 3. become warped *(z. B. Holz)*; 4. *(Arch, BT, Konst)* contort *(verdrehend)*; 5. *(BT)* sweep *(z. B. Mauer)*
krümmen *v***/sich nach oben** hog *(Bauteil)*
Krümmer *m* bend, elbow (union); bent pipe, conduit bend
90°-Krümmer *m* quarter bend
Krümmer *m***/konischer** *(BT)* tapered bend
Krümmerüberwurf *m* elbow union *(Abwasser)*
Krummfaser *f (BM, Hb)* wavy grain *(Holz)*
krummfaserig *(BM, Hb)* wavy-grained *(Holz)*
Krummholz *n* crooked timber, compass timber
Krümmling *m* 1. *(Hb)* camber slip; 2. *(Hb)* string wreath *(Handlauf)*; wreath, wreath piece *(Treppe)*
krummlinig curved, curvilinear
Krummschnitt *m* slanting cut *(Holz)*
Krümmung *f* 1. crook; 2. curvature, curve inflection, bend(ing) *(Biegung)*; 3. bow, sweep, arch *(Bogen)*; 4. camber, cambering *(von Oberflächen)*; 5. flection, flexion, *(AE)* inflection *(Tragelemente)*; 6. turn(ing), winding *(Straße, Fluss)*; 7. *(BM, Hb)* twisting *(Holztrocknung)*; 8. camber *(senkrecht)*; 9. *(Arch, Verk, Wsb)* sinuosity *(wellenförmig)*
Krümmung *f* **einer Mauer** *(Konst)* sweep
Krümmung *f***/einfache** *(Arch)* single curvature
Krümmung *f***/elliptische** elliptical curvature
Krümmung *f***/Gauß'sche** *(Stat)* Gaussian curvature *(Messwertverteilung)*
Krümmung *f***/hyperbolische** *(Stat)* hyperbolic curvature
Krümmung *f* **mit engem Radius** *(Verk)* knuckle bend
Krümmung *f***/ursprüngliche** initial curvature
Krümmungsanfangspunkt *m* (initial) tangent point *(Straße)*
Krümmungsbeginn *m (Verk)* bend entrance *(Straße, Schiene)*
Krümmungsende *n (Verk)* bend exit *(Straße, Schiene)*
Krümmungsendpunkt *m* (final) tangent point *(Straße)*
Krümmungsfuge *f (Konst)* warping joint *(Straße)*
Krümmungsgrad *m* degree of curvature
Krümmungshalbmesser *m* radius of curvature
Krümmungslinie *f* curvature in line
Krümmungsmaß *n* degree of curvature
Krümmungsradius *m* radius of curvature
Krümmungsradius *m* **der Biegelinie bzw. Einsenkmulde** radius of curvature of deflection
Krümmungsradius *m***/normaler** normal radius of curve
Krümmungsreibung *f* curvature friction *(Spannglieder)*

Krüppelwalm *m* half hip, hip gable *(Dach)*
Krüppelwalmdach *n* false hip roof, gambrel roof, half--hipped roof
Kruste *f* crust, encrustation, incrustation, scale *(z. B. Rohrablagerungen)*; daub *(Putzschicht)* • **eine Kruste bilden** encrust, incrust • **mit einer Kruste überziehen** incrust
Krustenbildung *f* incrustation
Kryolith *m* cryolite
Krypta *f (Arch)* crypt, undercroft
Kubatur *f* 1. *(Konst, Verm)* cubage; 2. *(Arch, Konst, VR)* cubature
Kübel *m* pail • **wie aus Kübeln gießen [regnen]** *(sl)* rain in buckets
Kübelaufzug *m* elevator hoist, skip elevator, skip hoist *(Mischer)*
Kübelfördergerät *n* bucket conveyer
Kubik... cubic ...
Kubikinhalt *m* cubage content, cubic content
Kubikmaßeinheit *f* cubic measure
Kubikwindgeschwindigkeit *f (Umw)* cubed wind velocity
kubisch cubic
Kubismus *m (Arch)* Cubism
Kubus *m* cube
Kubus *m*/**reiner** *(Arch)* plain cube
Küche *f (EB, Konst)* kitchen
Küche *f*/**frei stehende** *(EB)* island-base kitchen cabinet *(Anrichte)*
Küche *f*/**herausgezogene** *(EB)* peninsula-base kitchen cabinet
Kuchen *m* 1. *(BM)* pat *(Zement)*; 2. cake *(Masse)*
Küchenabfallbehälter *m* 1. *(San)* dustbin; 2. *(Umw) (AE)* garbage container
Küchenabfallbeseitigung *f (Umw) (AE)* garbage disposal
Küchenabfallzerkleinerer *m* waste-food grinder, waste--disposal unit, *(AE)* garbage-disposal unit *(zur Abfallentfernung von Speiseresten mit Abwässern)*
Küchenabstellregal *n*/**rundes drehbares** *s.* Küchenabstellregal/rundes schwenkbares
Küchenabstellregal *n*/**rundes schwenkbares** revolving shelf, *(AE)* lazy susan
Küchenabwasser *n* 1. *(San)* dishwater; 2. *(WVA)* sink water
Küchenabzug *m* range hood
Küchenanlage *f (EB, El, San)* kitchen system
Küchenarbeitsplatte *f* table top
Küchenausstattung *f* kitchen fitments, kitchen fittings
Kücheneinbaumöbel *npl* kitchen fitments
Kücheneinrichtung *f* 1. *(EB, El, San)* kitchen installation; 2. *(EB, El, San)* kitchen system
Küchenetage *f* kitchen floor
Küchenfußbrett *n* toeboard *(an einem Küchenschrank)*
Küchengarten *m* kitchen garden
Küchenherd *m* kitchen oven, kitchen range, cooker, range
Kücheninstallation *f* 1. *(EB, El, San)* kitchen installation; 2. *(EB, El, San)* kitchen system
Kücheninstallationszelle *f (BT, EB)* unitized kitchen
Küchenluftabsauger *m* **mit Fettabscheidung** grease extractor
Küchenmöbel *n* kitchen furniture
Küchenmüll *m (Umw)* kitchen waste
Kuchenprobe *f (BM)* pat test
Küchenraumzelle *f (BT, EB)* unitized kitchen
Küchenschrank *m (EB)* kitchen cabinet
Küchenspül- und Waschkombinationsteil *n* kitchen combination fixture
Küchenstockwerk *n* kitchen floor
Kugel *f* 1. ball, globe; 2. sphere *(geometrisch, mathematisch)*; 3. *(Arch)* pellet *(Ornament)*; globe, ball *(z. B. auf Turmspitzen)*; balloon *(auf Pfeilern)*
Kugel... spherical ...
Kugelabschnitt *m* spherical segment
Kugelausschnitt *m (Stat)* spherical sector
Kugelbasalt *m* ellipsoidal basalt, spherical basalt
Kugelbolzen *m* ball pin
Kugelbolzenrastschloss *n* knob bolt
Kugelbürste *f* brush for ceilings
Kugeldruckprüfung *f (BM)* ball test
Kugeldruckprüfung *f* **nach Brinell** *(St)* Brinell (hardness) test
Kugeleinschnapper *m (EB)* ball catch *(für Türen)*
Kugelfallprüfung *f* drop-ball test, dropping-ball test, falling ball test
Kugelfallversuch *m s.* Kugelfallprüfung
Kugelfläche *f* spherical plane
kugelförmig globular, spherical
Kugelgehäuse *n* globe housing, spherical housing
Kugelgelenk *n* ball-and-socket joint, ball joint
Kugelgewölbe *n (Konst)* spherical dome
Kugelgranit *m* orbicular granite
Kugelgraphitguss *m (St)* nodular cast iron
Kugelgriff *m* knob top, knob
Kugelhahn *m* ball valve, ball cock
Kugelhammer *m* 1. *(BM)* ball hammer; 2. *(BWG)* ball-peen hammer
Kugelhärteprüfung *f* ball hardness test
Kugelhaube *f* 1. *(Konst)* spherical cap; 2. *(Arch)* calotte
Kugelhaus *n (Arch)* spherical house
kugelig spherical, nodular
Kugelkalotte *f (Konst)* spherical cap
Kugelkappe *f (Konst)* spherical segment *(das Innere einer kleinen Kuppel)*
Kugelkappengewölbe *n (Konst)* shallow-rise dome
Kugelkipplager *n* rocking ball bearing
Kugellavaablagerung *f* ellipsoidal lava *(Gestein)*
Kugelmühle *f (BM, BWG, Te)* ball mill
Kugelmütze *f (Arch)* calotte
Kugelring *m* sphere ring
Kugelröhre *f* bulb tube
Kugelrückflussventil *n* ball-check valve
Kugelschale *f* spherical shell
Kugelschale *f*/**flache** flat spherical shell, shallow spherical shell, low-rise spherical shell
Kugelschale *f*/**schwach gekrümmte** flat spherical shell, shallow spherical shell
Kugelschalenkonstruktion *f* spherical shell
Kugelschieber *m (Wsb)* rotary valve
Kugelschieberventil *n (Wsb)* rotary valve
Kugelschlag *m* sphere impact
Kugelschlagprüfgerät *n (BB, BM)* sphere impact tester
Kugelschlagprüfung *f* 1. *(BB, BM)* dynamic ball-impact test; 2. *(BM)* ball impact test
Kugelschnitt *m (Arch)* calotte
Kugelsektor *m (Stat)* spherical sector
kugelsicher bullet-resistant, bulletproof
Kugelstrahlen *n* shot peening *(Oberflächenverfestigung)*
Kugeltensor *m (Stat)* spherical tensor
Kugelventil *n* ball valve, globe valve; ball cock *(Hahn)*
Kugelventilpumpe *f (San, WVA)* ball pump
Kugelventilschwimmer *m* ball valve float
Kugelwalm *m (Konst)* spherical hip
Kugelzapfenkipplager *n (Br, Konst, TK)* ball-jointed rocker bearing
Kugelziehviskosimeter *n* ball-draw viscometer
Kugelzierleiste *f* pellet moulding
kühl *(HLK)* cool
Kühlaggregat *n (EB)* refrigerant compressor unit
Kühlanlage *f* cooling plant, refrigeration plant, refrigeration system
Kühlbassin *n (HLK, Umw, WVA)* cooling pond

Kühlbereich *m (HLK)* cooling range
Kühlcontainer *m* refrigerating container, refrigerator
kühlen *v* cool, chill
Kühlen *n (BM, Te)* chilling
kühlend *(HLK)* cooling
Kühler *m* 1. *(BT, HLK)* cooler; 2. *(HLK)* condenser
Kühlhaus *n* 1. *(Arch)* coolhouse; 2. *(Arch, Konst)* chill block; 3. *(Arch, DIS, HLK, Konst)* cold-storage depot
Kühlhausaufbewahrung *f (BM, Te)* cold storage
Kühlkammer *f (HLK)* cooling chamber
Kühllast *f* cooling load
Kühlleitung *f (HLK)* cooling pipes
Kühlluftauslass *m (HLK)* coolant outlet
Kühllufteinlass *m (HLK)* coolant inlet
Kühlmantel *m (HLK)* cooling jacket
Kühlmittel *n* 1. *(HLK)* coolant; 2. *(BM)* refrigerant
Kühlraum *m* cold storage room, cold store, refrigerated chamber, refrigerator room
Kühlraumtür *f* cold storage door
Kühlrippe *f (HLK)* cooling fin
Kühlrohr *n (HLK)* cooling pipe
Kühlschacht *m (BT, HLK)* cooling shaft
Kühlschrank *m* refrigerator
Kühlstockwerk *n (HLK)* cooling floor
Kühlsystem *n***/direktes** *(HLK)* direct system
Kühlteich *m* 1. *(HLK, Umw, WVA)* cooling pond; 2. *(HLK)* spray pond
Kühlturm *m (Arch, HLK, Konst, Umw)* cooling tower
Kühlturmstützstreben *fpl* dunnage
Kühl- und Gefrierhausbau *m (DIS, Konst)* low-temperature construction
Kühl- und Heizmittelhauptleitung *f (HLK)* supply mains
Kühlung *f (HLK)* cooling
Kühlungsventilator *m (HLK)* cool fan
Kühlventilator *m (HLK)* cooling fan
Kühlvorrichtung *f (BT, HLK)* cooler
Kühlwandung *f (BT, HLK, Konst)* cooling wall
Kühlwasserbehälter *m (HLK)* cooling-water tank
Kühlwasserkreislauf *m* cooling load
Kühlwassersystem *n (HLK)* circulating water system
Kühlwerk *n (Arch, HLK, Konst, Umw)* cooling tower
Kühlwirkung *f (HLK)* cool effect
Kühlzelle *f***/begehbare** walk-in (cooling) box, walk-in cooling cell
Kühlzelle *f***/zerlegbare** sectional cold room
Kühlzement *m* Kühl cement
Kuhstall *m* cowshed, byre
Küken *n* plug *(an einem Hahn)*
Külbel *m* parison *(Glasformrohling)*
Kulisse *f* scenery, *(AE)* coulisse
Kulissenfrontmauer *f* flying façade front, false front
Kulissenraum *m (Konst)* property room *(Theater)*
Kulissenstück *n* 1. *(Arch)* piece of scenery; 2. *(EB)* scene
Kulissentischlerei *f* scene shop
Kulmkalk *m* carboniferous lime, carboniferous limestone
Kulmkalkstein *m* carboniferous limestone
Kultivierung *f (LB)* cultivation *(von Land)*
Kultstandbild *n (Arch)* cult statue
Kultstätte *f (Arch)* place of worship
Kulttempel *m (Arch)* processional temple, cult temple, cult statue
Kulturbewegung *f (Arch, VR)* cultural movement
Kulturboden *m* 1. *(LB)* cultivated soil; 2. *(Bod, LB)* agricultural soil
Kulturbodenabtrag *m (LB)* topsoil stripping
Kulturbodenandeckung *f (LB)* topsoil replacement *(Landschaftsbau)*
Kulturbodenauftrag *m (LB, RS)* resoiling *(Rekultivierung)*
Kulturbodenschicht *f (Bod, Erdb)* topsoil
Kulturdenkmal *n (Arch)* cultural monument
Kulturhaus *n (RP)* cultural centre
Kultur- und Dienstleistungszentrum *n (Arch, Konst, RP)* community centre
Kultur- und Geschäftsbereich *m (RP, VR)* cultural and commercial zone
Kulturzentrum *n* cultural centre, arts centre, *(AE)* arts center
Kumaronharz *n (BM) (AE)* cumar gum
Kunde *m* customer
Kundendienstabteilung *f (VR)* service department
Kündigung *f* termination, cancel notice, give notice of termination *(Vertrag)*
Kündigungsfrist *f* period of termination
Kunst *f***/dekorative** *(Arch)* decorating art, ornamental art
Kunst *f***/gestaltende** *(Arch)* constructive art
Kunst *f***/ökologische** *(Arch)* ecological art
Kunst... artificial ...
Kunstbau *m (Arch)* constructional work
Kunstbaustoff *m* man-made building material
Kunstbauten *mpl (Verk)* engineering structures
Kunstbauwerk *n* public work; highway structure *(im Straßenkörper)*
Kunstbrunnen *m* architectural fountain
Kunstdenkmal *n* artistic monument
Kunsterzeugnis *n* artifact
Kunstfaser *f* man-made fibre, synthetic fibre
Kunstfasergewebe *n (BM)* man-made fibre fabric
Kunstfaserstoff *m* synthetic fibre material
Kunstform *f* art form
Kunstgewerbeschule *f* College of Applied Art, school of applied art
Kunsthandwerk *n* handicraft
Kunstharz *n* artificial resin, plastic (resin), synthetic resin, man-made resin
Kunstharz *n***/hitzehärtbares** thermosetting resin [plastic]
Kunstharzaußenanstrich *m (BM, OB)* synthetic-resin exterior coat
Kunstharzbeschichtung *f* synthetic-resin coating, synthetic plastic coating, plastics coating, resin-bound surface dressing
Kunstharzbindemittel *n* resin cement
Kunstharzbodenplatte *f (BT)* thermoplastic tile
Kunstharzdispersionsputz *m* plastic finish
Kunstharzemulsion *f* synthetic-resin emulsion
Kunstharzemulsionsfarbe *f* resin-emulsion paint
Kunstharzerzeugnis *n (BM)* synthetic-resin product
Kunstharzfarbe *f* synthetic paint
Kunstharzfuge *f* epoxy joint
Kunstharzfugenkitt *m* synthetic-resin building mastic
Kunstharzfugenmasse *f* synthetic-resin building mastic
Kunstharzfugenmastix *m* synthetic-resin building mastic
Kunstharzfußbodenfliese *f (BT)* thermoplastic tile
kunstharzgebunden 1. *(BM, BT)* synthetic-resin-bound; 2. *(BM)* resinoid-bonded
kunstharzgeleimt *(BM, BT)* synthetic-resin-bound
Kunstharzgrundieranstrich *m* synthetic-resin prime coat
Kunstharzgrundierung *f* synthetic-resin prime coat
kunstharzhaltig synthetic-resin based
Kunstharzinjektion *f (RS)* synthetic-resin injection
Kunstharzkitt *m (BM)* synthetic-resin cement
Kunstharzkleber *m* synthetic-resin adhesive
Kunstharzklebstoff *m* synthetic-resin adhesive
Kunstharzlack *m* synthetic-resin varnish, alkyd varnish, synthetic enamel
Kunstharzlackfarbe *f (OB)* hard-gloss paint
Kunstharzleim *m* resin adhesive, resin glue
Kunstharzmörtel *m (BM)* resin-based mortar
Kunstharzpappe *f* resin board

Kunstharzpressholz *n* resin-bound chipboard, resin-bound fibreboard, synthetic wood, compressed wood, *(AE)* compregnated wood
Kunstharzpressplatte *f* resin-bound chipboard, resin-bound fibreboard
Kunstharzprodukt *n (BM)* synthetic-resin product
Kunstharzputz *m (Konst, OB)* synthetic resin plaster
Kunstharzrohr *n (San, WVA)* resin pipe
Kunstharztafel *f* resin panel
Kunstharzüberzug *m (OB)* resin coating
Kunstharzüberzugslack *m* synthetic-resin finish
kunstharzvergütet synthetic-resin modified
kunstharzverleimt 1. *(BM, BT)* synthetic-resin-bound; 2. *(BM)* resin-bound
Kunstholz *n* compressed wood, wood dough, *(AE)* compregnated wood
Kunstholzfußboden *m (BM, BT)* compressed wood laminate flooring
Künstleratelier *n* artist's studio
Künstlerkreis *m* artistic circle, cultural circle
Künstlerstudio *n* (artistic) studio, *(AE)* studio apartment
Künstlerzimmer *n (EB)* green room *(Theater)*
künstlich artificial, man-made, factitious; virtual *(Computerdarstellung)*
Kunstmarmor *m* artificial marble, imitation marble, man-made marble, manufactured marble, marezzo
Kunstmuseum *n* art museum
Kunstpflasterstein *m* paving unit *(Weg)*
Kunstpressstoff *m (BM)* moulded plastic
Kunstramme *f* automatic ram pile driver *(für Pfähle mit automatischer Steuerung)*
Kunstrasenlängsstrukturierung *f* astroturf longitudinal structuring
Kunstrichtung *f* art form
Kunstsammlung *f* art collection
Kunstsandstein *m* artificial sand
Kunstschmiedearbeit *f* ornamental ironwork, decorative ironwork, wrought-iron work, ironwork
Kunstschmiedearbeiten *fpl (Arch)* artist locksmith's works
Kunstschule *f* art school
Kunststein *m* artificial stone, synthetic stone, precast stone, cast stone, cement brick, patent stone, reconstituted stone, simulated masonry
Kunststeinstufe *f* artificial step
Kunststoff *m* plastic, synthetic material
Kunststoff *m*/bestrahlter irradiated plastic
Kunststoff *m*/duroplastischer thermosetting plastic, thermosetting resin
Kunststoff *m*/elastomerer elastomeric plastic
Kunststoff *m*/faserverstärkter fibre-reinforced plastic
Kunststoff *m*/glasfaserverstärkter glass-fibre reinforced plastic, glass-reinforced laminate
Kunststoff *m*/gummiartiger elastomeric plastic
Kunststoff *m*/hitzehärtbarer thermosetting plastic, thermosetting resin
Kunststoff *m*/thermoplastischer *(BM)* thermoplastic
Kunststoff... *siehe auch: Plast...*
Kunststoffabdichtungsmittel *n* plastic sealing material
Kunststoffabfall *m* plastic waste
Kunststoffabschirmwand *f* plastic shielding wall
Kunststoffabsiegelung *f* plastic sealing
Kunststoffanschlussstreifen *m* plastic flashing piece
Kunststoffarmatur *f (San)* plastic fitting
Kunststoffausfüller *m* plastic stopper
Kunststoffauskleidung *f* plastic lining
Kunststoffbahn *f* plastic foil sheeting, plastic sheet, plastic sheeting, sheeting plastic
Kunststoffbasis *f* plastic base
Kunststoffbauelement *n (BT)* plastic building unit
Kunststoffbausystem *n (Konst)* plastic construction
Kunststoffbedachungsmaterial *n (Konst)* roofing membrane
kunststoffbeschichtet plastic-coated, plastic-faced, plastic-surfaced
Kunststoffbeschichtung *f (OB)* plastic coating
Kunststoffbewehrung *f (Konst)* lay-up
Kunststoffdachdeckung *f* roofing membrane
Kunststoffdacheindeckung *f* roofing membrane
Kunststoffdachfarbe *f* plastic dressing paint
Kunststoffdachfolie *f (BM)* plastic film for roofing
Kunststoffdachrinne *f (San)* plastic roof gutter
Kunststoffdecke *f* plastic ceiling
Kunststoffdeckenputz *m* plastic ceiling plaster
Kunststoffdichtungsmittel *n* plastic sealing material
Kunststoffdispersion *f* plastic dispersion
Kunststoffdränagerohr *n* plastic drainage pipe
Kunststoff-Dreischichtensystem *n (BM)* plastic sandwich system
Kunststoffe *mpl*/glasfaserverstärkte *(BT)* fibreglass-reinforced plastics
Kunststoffeckendeckstreifen *m* inside corner moulding
Kunststoffeimer *m* plastic pail
Kunststoffeinlegetafel *f* plastic lay-in panel
Kunststoffelement *n* plastic element
Kunststoffemulsion *f* plastic emulsion
Kunststofferzeugnis *n* plastic product
Kunststofffassade *f* plastic façade
Kunststofffenster *n (BT)* plastic window
Kunststofffliese *f* plastic tile
Kunststofffolie *f* plastic foil, thin-sheet plastic, plastic film, plastic sheet(ing); sheet plastic *(z. B. als Sperrung)*
Kunststofffolienbahn *f* plastic foil sheeting
kunststofffolienbeschichtet plastic-laminated
Kunststofffolienschweißgerät *n* plastic foil welder
Kunststoffformmasse *f* plastic moulding material
Kunststofffugenband *n (BT)* plastic waterstop
Kunststofffurnier *n* plastic veneer
Kunststofffußbodenbelag *m* plastic floor covering
Kunststofffußbodenmaterial *n* plastic flooring
Kunststoffgebinde *n* plastic container
kunststoffgebunden plastic-bound
kunststoffgetränkt plastic-impregnated
Kunststoffglas *n* light-admitting plastic material, light-passing plastic, plastic-sheathing
Kunststoffgrund *m* plastic base
Kunststoffgrundlage *f* plastic base
kunststoffhaltig plastic-based
Kunststoffhülle *f* plastic-sheathing
Kunststoffhüllrohr *n* plastic-sheathing
kunststoffimprägniert plastic-impregnated, plastic-proofed
Kunststoffkaltkleber *m* plastic cold bonding agent
Kunststoffklebeband *n* plastic adhesive tape
Kunststoffkleben *n* plastic bonding
Kunststoffkleber *m* plastic glue, plastic binder
Kunststofflichtbahn *f (El)* light-admitting sheet plastic
Kunststoffmantelkabel *n* plastic-sheathed cable
Kunststoffmarkierung *f (Verk)* plastic roadline
Kunststoffmasse *f* plastic composition
Kunststoffmembran(e) *f (BT, Konst, Umw)* synthetic membrane, plastic membrane
Kunststoffmischung *f* plastic composition
kunststoffmodifiziert plastic-modified
Kunststoffmontageschiene *f* plastic mounting channel
Kunststoffoberlichtabdeckung *f* plastic skylight *(Dach)*
Kunststoffoberlichtkuppel *f* plastic dome

Kunststoffplatte *f* plastic board, plastic sheet
Kunststoffpresspulver *n* moulding plastic powder
Kunststoffprodukt *n* plastic product
Kunststoffprüfmaschine *f* plastic testing machine
Kunststoffraupe *f* plastic skylight *(Dach)*
Kunststoffrecycling *n (Umw)* plastics recycling
Kunststoffrohr *n* plastic pipe, plastic conduit
Kunststoffrohrleitungssysteme *npl (WVA)* plastic piping systems *(EN 1229 , EN 15012, EN 15014, EN 15015, EN ISO 10931, EN 14802)*
Kunststoffschale *f* plastic shell
Kunststoffschalung *f* plastic formwork
Kunststoffschichtenplatte *f* plastic laminate
Kunststoffschlauch *m* plastic hose
Kunststoffschweißen *n* plastic(s) welding
Kunststoffschwimmbecken *n* plastic swimming pool
Kunststoffspachtelmasse *f* plastic stopper
Kunststoffsperrmittel *n (DIS)* plastic barrier material
Kunststoffspritzbedachung *f (DIS)* sprayed-on roof membrane
Kunststoffstab *m* plastic element
Kunststoffstreckmittel *n* plastic extender
Kunststoffsuspension *f* plastic suspension
Kunststofftafel *f* plastic panel
Kunststofftechnik *f* plastics engineering
Kunststofftragwerk *n (Konst)* plastic load-bearing structure
Kunststofftür *f* plastic door
kunststoffüberzogen plastic-(sur)faced
Kunststoffverarbeitungstechnik *f* plastics technique
Kunststoffverformung *f* shaping of plastics
kunststoffvergütet plastic-modified
Kunststoffverkleidung *f* plastic lining
Kunststoffverkleidung *f*/**konstruktive** plastic structural cladding
Kunststoffverpackung *f* plastic packing material, plastic container
Kunststoffverschalung *f* plastic siding
Kunststoffverschnittmittel *n* plastic extender
Kunststoffversiegelung *f* plastic sealing
Kunststoffverwertung *f (Umw)* plastics recycling
Kunststoffwellplatte *f* plastic corrugated board, plastic corrugated sheet
Kunststoffwetterschirm *m* plastic siding
Kunststoffzierleiste *f* plastic moulding
Kunststoffzisterne *f (WVA)* plastic cistern
Kunststoffzusatz *m* plastic addition; plastic additive *(Bitumen)*
Kunststoffzusatzmittel *n* plastic admixture
Kunststoffzusatzstoff *m* plastic additive *(Bitumen)*
Kunsttischlerei *f* cabinet-making
Kunsttravertin *m* artificial travertine, imitation travertine, man-made travertine, manufactured travertine
Küpenfarbstoff *m* vat dye
Küpenfarbstoff *m*/**löslicher** *(BM, OB)* soluble dye
Kupfer *n (BM)* copper
Kupferabdeckung *f (Arch, BT, Konst, San)* copper roof covering
Kupferacetat *n*/**basisches** verdigris
Kupferanschluss *m (BT, Konst, San)* copper flashing
Kupferanschlussblech *n (BT, Konst, San)* copper flashing
kupferartig copperlike, cupreous
Kupferauskleidung *f (BT, HLK, OB)* copper lining
Kupferbedachung *f (Arch, BT, Konst, OB, San)* copper roofing
Kupferbelag *m (Arch, BT, Konst, San)* copper roof covering
Kupferblech *n* copper sheet, sheet copper
Kupferblechdachdeckung *f (Arch, BT, Konst, San)* copper roof covering
Kupferbogen *m* copper elbow
Kupfercarbonat *n* carbonate of copper
Kupferdach *n* copper roof(ing)
Kupferdachblech *n (BT, OB, San)* copper roof sheet
Kupferdacheindeckung *f (Arch, BT, Konst, OB, San)* copper roofing
Kupferdichtung *f (BT, HLK, San)* copper gasket
Kupferdraht *m (BT, El)* copper wire
Kupferfitting *n* copper fitting
Kupferformstück *n (BT, HLK, OB, San)* copper fitting
Kupferglasur *f*/**schillernde** *(OB)* flambé glaze *(auf Keramik)*
kupferhaltig cupreous
Kupferkarbonat *n* carbonate of copper
Kupferkastenrinne *f (BT)* copper box gutter
Kupfermantel *m (BT, El, OB)* copper cladding
Kupfernagel *m (BM, BT)* copper nail
Kupferpassung *f (BT, HLK, OB, San)* copper fitting
Kupferrohr *n* 1. *(BT)* copper pipe; 2. *(BT, HLK, San)* copper tube
Kupferrohrkrümmer *m (BT, HLK)* copper bend
Kupfersammelschiene *f (El)* copper bus bar
Kupferschindel *f (BM, BT, OB, San)* copper shingle
Kupferschlacke *f (BM)* copper slag
Kupferschlackenblockstein *m (BM)* copper slag block
Kupferschlackenpflasterstein *m (BM)* copper slag paving stone
Kupferschmied *m* coppersmith, brazier
Kupferspat *m* 1. *(BM, RS)* copper spar; 2. *(BM, Bod)* malachite
Kupferstechkunst *f (Arch)* chalcography
Kupferstich *m (Arch)* copper-engraving
Kupferverbindungsstück *n (BT, HLK, OB, San)* copper fitting
Kupferverkleidung *f (BT, HLK, OB)* copper lining
kupieren *v* crop
Kuppe *f* 1. *(Konst)* summit *(meist spitz)*; 2. *(Verk, Wsb)* crest; 3. knoll, hilltop *(geographisch, Bergkuppe)*; 4. pinhead projection *(Oberfläche)*; 5. rounded head *(Schraube, Bolzen usw.)*
Kuppel *f* 1. *(Arch, Konst)* dome; 2. *(Arch, Konst)* cupola *(klein)* • **mit einer Kuppel versehen** domed
Kuppel *f*/**gedrückte** *(Konst)* shallow-rise dome
Kuppel *f*/**geodätische** *(Verm)* geodesic dome
Kuppel *f*/**orientalische** *(Arch)* oriental cupola
kuppelartig dome-shaped, domical
Kuppelauge *n (Arch)* opaion
Kuppelbasilika *f (Arch)* domed basilica
Kuppelbauwerk *n* domed structure
Kuppelboden *m* cupola bottom
Kuppelbolzen *m (BT, Konst)* draw bolt
Kuppeldach *n* dome roof, dome-shaped roof, domed roof, domical roof, dome
Kuppelform *f* dome-shaped form
kuppelförmig dome-shaped, domed, domical
Kuppelgewölbe *n* dome vault, domical vault
Kuppelgewölbe *n* **über elliptischem Raum** *(Arch, Konst)* elliptical dome
Kuppelgewölbe *n* **über quadratischem Grundriss** *(Arch, Konst)* square dome
Kuppelgrab *n* **des Agamemnon** *(Arch)* Tomb of Agamemnon *(Mykene)*
Kuppelkämpfer *m* dome impost, cupola impost
Kuppelkapelle *f (Arch)* domed chapel
Kuppelkirche *f (Arch)* domed church
Kuppelmauer *f* dome dam, cupola dam
kuppeln *v* couple *(ankuppeln)*; connect *(verbinden)*; engage *(ineinandergreifen)*
Kuppeloberfläche *f* dome surface, cupola surface

Kuppelring *m* dome ring
Kuppelschale *f (Konst, TK)* dome-shaped shell
Kuppelscheitel *m* cupola vertex
Kuppelscheitelpunkt *m* dome vertex
Kuppelsims *m* cupola cornice
Kuppelstange *f* coupled pole, double pole
Kuppeltragwerk *n (Arch)* domical roof
Kuppeltürmchen *n* domed diminutive tower
Kuppelunterbau *m (Arch)* drum, tambour
Kuppelunterbau *m***/polygonaler** *(Konst)* polygonal drum
Kuppelunterbau *m***/runder** tholobate
Kuppelzunge *f (Arch)* rib of dome
Kuppelzwischenraum *m (Arch)* intercupola
Kuppenausrundung *f (Verk)* vertical curvature, summit curve *(Straßenbau)*
Kuppenradius *m (Verk)* vertical curvature
Kuppenübergangsausrundung *f (Verk)* summit transition curve
Kupplung *f* coupling; connection *(z. B. Bauelemente, Träger)*; clutch *(Maschine)*
Kurbel *f* crank
Kurbelschlüssel *m* crank handle
Kurbelvorrichtung *f (EB)* winder
Kurgarten *m (LB)* health resort garden
Kurhotel *n (Arch)* health resort hotel
Kurierrufanlage *f (El)* messenger calling system
Kurort *m (RP)* health resort
Kurpark *m (LB)* health resort garden
Kurpromenade *f (LB)* health resort promenade
Kurs *m* course
Kurve *f* 1. *(Verk)* curve, turn, bend *(Straße)*; 2. curve *(mathematisch)*; 3. *(Verm)* trace *(Messwertkurve, Aufzeichnung)*
Kurve *f***/ausgezogene** *(Konst)* full curve
Kurve *f***/dreidimensionale** *(Stat)* three-dimensional curve
Kurve *f***/enge** narrow curve, narrow bend, sharp bend *(Straße)*
Kurve *f* **im Grundriss** *(Verk)* horizontal curve
Kurve *f* **ohne Durchsicht** *(Verk)* blind curve
Kurve *f***/räumliche** *(Stat)* three-dimensional curve
Kurve *f***/scharfe** sharp bend *(Straße)*
Kurve *f***/schiefe** *(Verk)* skew curve
Kurve *f***/S-förmige** *(Verk)* sigmoid (curve)
Kurve *f***/spitze** *(Verk)* peaked curve
Kurve *f***/überhöhte** *(Verk)* banked curve
Kurve *f***/unübersichtliche** *(Verk)* blind curve
Kurvenauslauf *m (Verk)* bend exit *(Straße, Schiene)*
Kurvendiagramm *n (Konst)* graph
kurvenförmig curvilinear
Kurvenleiteinrichtung *f (Verk)* bend marker *(Straße)*
Kurvenlineal *n* multicurve, French curve(s), pliable rule
Kurvenradius *m (Verk)* bend radius *(Straße, Schiene)*
kurvenreich winding, flexuous
Kurvenreprofilierung *f (Verk)* bend reprofiling *(Straße)*
Kurvensäge *f (BWG)* scroll saw
Kurvenschar *f* target
Kurvenspiegel *m (Verk)* bend marker
Kurvenstein *m* curved stone
Kurvenüberhöhung *f (Verk)* superelevation (of curves), bend superelevation
Kurvenverbesserung *f (Verk)* realignment (of curve), bend correction
Kurvenverlauf *m (Verk)* shape of a curve
Kurvenziehklinge *f* spokeshave
Kurvenzug *m (Verk)* combined curve *(Straße)*
Kurvigkeit *f (Verk)* bendiness
kurz short *(räumlich, zeitlich)*; transient *(vergänglich, wechselnd)* • **vor Kurzem** *(Te)* recent • **zu kurz** short
Kurzarbeiter *m* short-time worker
Kurzbalken *m (Hb)* stub beam
Kurzbewitterung *f* accelerated weathering *(Alterungsprüfung)*
kürzen *v* shorten *(z. B. Bauelemente, Stäbe)*; cut (off) *(Holz)*
kürzer machen *v* reduce, shorten
kurzfasrig short fibred
Kurzfeldbrücke *f* small-span bridge
kurzfristig short-term
Kurzhobel *m* strike block; shaper *(für Metall)*
Kurzhobeln *n (Te)* shaping *(Metall)*
Kurzpfahl *m (Erdb)* short pile, stub pile
Kurzprüfung *f (BM)* rapid test
Kurzrampe *f* short ramp
Kurzrippe *f* jack rib *(für ein Gewölbe)*
kurzsäulig short-columnar
kurzschließen *v (El)* short, short-circuit
Kurzschluss *m (El)* short circuit
Kurzschlussstrom *m (El)* short-circuit current
Kurzspanndach *n* short-span roof
Kurzspanntonnengewölbe *n (Konst)* short-span barrel vault
Kurzspannweitenkonstruktion *f (TK)* short-span structure
Kurzspleiß *m* short splice
Kurztext *m* **des Angebots** *(VR)* streamlined specification *(mit allen technischen Informationen)*
Kurzträger *m* stub section
Kurzversuch *m* short-term test, accelerated test
Kurzzeitalterung *f* short-term ageing
Kurzzeitbeanspruchung *f (BM, Konst)* short-term exposure
Kurzzeitbelastung *f* short-term loading, short-continued loading
Kurzzeitbewitterung *f* accelerated weathering *(Alterungsprüfung)*
kurzzeitig short-term
Kurzzeitprüfung *f* short-term test
Kurzzeitverhalten *n* 1. *(BM, Konst)* short-term behaviour; 2. *(Konst)* short-continued behaviour
Kurzzeitversuch *m* accelerated test
Kurzzylinderschale *f (Konst)* short cylindrical shell
Küste *f* coast, sea cost, seaside, shore, waterside • **an der Küste** inshore • **an der Küste liegend** inshore
Küstenbau *m (Wsb)* marine construction
Küstenbauten *mpl* marine structures, marine works, shore structures
Küstengebiet *n* coastal area, littoral zone, seaboard
Küstengliederung *f (Bod)* indentation of the coast
Küstenkies *m* bench shingle
Küstenklima *n* 1. *(Bod)* shore climate; 2. *(Umw)* marine climate
Küstenland *n* coastland
Küstenlandschaft *f* costal landscape
Küstenlinie *f* coastline, seaboard
Küstensand *m (BM)* beach sand
Küstenschlick *m (Bod)* sea mud
Küstenschutz *m* coast protection, coastal defence, shore protection
Küstenschutzbau *m* sea defence construction, coastal engineering
Küstenschutzbauten *mpl* coastal protection works, sea defence construction, seaworks, shore structures, waterfront structures, coast works
Küstenschutzkonstruktion *f* sea defence construction *(s. a. Küstenschutzbauten)*
Küstensediment *n (Bod)* shore sediment
Küstensicherung *f* coast protection, shore protection
Küstenstadt *f* town on the coast, coastal town
Küstenstraße *f* coastal road

K

Küstenstreifen *m* coastal strip
Küstenstrich *m* seaboard
Küstensumpf *m (Bod, Umw)* marine marsh
Küstenvorland *n (Bod)* foreshore
Küstenwasserbau *m* coastal engineering
K-Wert *m* transmissions constant *(Wasserdurchlässigkeit)*
kyanisieren *v (OB)* kyanize *(Holz konservieren durch Tränken mit Quecksilberchloridlösung)*
Kyma *n***/ionisches** *(Arch)* Ionic cyma
Kymation *n (Arch)* cymatium *(Blattwellenfries)*
K-Zahl *f (Bod, Stat)* K-factor

L

L. V. *(Konst, VR)* bill of quantities *(Leistungsverzeichnis)*
labil 1. *(Konst, Stat)* labile; 2. *(Stat)* instable; 3. *(TK)* unstable
Labilität *f (Stat)* lability
Labilität *f* **durch Gleiten** lability due to sliding
Labilitätseinsturz *m (Konst)* failure due instability
Labilitätswirkung *f* lability effect, instability effect
Labilitätszahl *f (Stat)* lability coefficient
Labor *n* laboratory
Labor *n* **für Bodenmechanik** soil mechanics laboratory, soil testing laboratory
Labor *n* **für Geotextilien** geotextile laboratory
Laborabzug *m (HLK, Umw)* laboratory fume hood
Laborant *m* operator
Laboratorium *n* laboratory
Laborauslaugverfahren *n* laboratory leaching procedure
Labormessung *f* laboratory measurement
Labormischer *m* laboratory mixer
Laborprobe *f (BM)* laboratory sample
Laborresultat *n (VR)* laboratory result
Laborschaufel *f (BWG, Erdb)* scoop
Laborschnellversuch *m* accelerated laboratory test
Labortest *m* laboratory test
Labortischfliese *f* laboratory bench tile
Laboruntersuchung *f (BM)* laboratory investigation
Laborverfahren *n* laboratory procedure
Laborversuch *m* laboratory test, bench test
Labyrinth *n* 1. *(Arch, LB)* labyrinth; 2. *(LB)* maze
Labyrinthfugenband *n (DIS, Konst)* labyrinth waterstop
Labyrinthgang *m (Arch, Konst)* labyrinth path
Labyrinthmuster *n (Arch)* labyrinth pattern
Labyrinthornament *n (Arch)* labyrinth fret; meander *(griechische Antike, Klassizismus)*
Lachenbildung *f (Bod)* ponding
Lack *m* 1. lac *(pflanzlicher oder tierischer Herkunft)*; 2. *(OB)* lacquer *(physikalisch trocknend)*; 3. *(BM, OB)* varnish paint
Lack *m***/bituminöser** *(OB)* bituminous varnish
Lack *m***/eingebrannter** baked finish
Lack *m***/halbfetter** medium-oil varnish
Lack *m***/kalthärtender** *(BM)* cold-curing paint
Lack *m***/klarer** varnish *(chemisch trocknend)*
Lack *m* **mit geringem Ölgehalt** short-oil varnish
Lack *m* **mit mittlerem Ölgehalt** medium-oil varnish
Lack *m***/ofentrocknender** stoving varnish, stoving finish, backing vanish
Lack *m***/pigmentierter** lacquer enamel
Lack *m***/wasserverdünnbarer** *(BM, OB)* water base enamel
Lackanstrich *m* lacquer coat(ing), varnish coat(ing)
Lackanstrich *m***/farbloser** *(OB)* natural finish
Lackausscheidung *f* seediness *(Anstrich)*
Lackband *n (El)* tape, varnished cambric
Lackbenzin *n* mineral spirit(s), petroleum spirit(s), white spirit
Lackbindemittel *n* lacquer vehicle, enamel vehicle
Lackentferner *m* lacquer remover, varnish remover, stripper
Lackfarbe *f* 1. varnish paint, varnish stain *(zum Grundieren)*; 2. lacquer, enamel paint, topcoat enamel, shellac *(Decklack, physikalisch trocknend)*; 3. lake dye, lake pigment *(Farbstoff)*
Lackfarbe *f* **für Außenanstrich(e)** exterior lacquer, exterior enamel
Lackfarbe *f* **für innen** interior lacquer, interior enamel, medium-oil varnish
Lackfarbenlösung *f* lacquer solution
Lackfilm *m (OB)* lacquer film
Lackfilmmattheit *f (OB)* sleepiness *(Lackfehler)*
Lackfirnis *m (BM, OB)* shellac
Lackgießen *n* lacquer curtain coating
Lackgießverfahren *n* lacquer curtain coating
Lackglanzverlust *m* gum bloom
Lackhaftung *f* enamel adhesion
Lackharz *n* lacquer(-grade) resin, varnish resin, coating resin, paint resin
Lackieranlage *f* painting plant
lackieren *v* 1. *(OB, Te)* lacquer *(mit physikalisch trocknendem Lack)*; 2. *(OB, Te)* enamel *(mit Emaillack)*; 3. *(OB)* japan *(mit Hitzehärtung)*; 4. paint *(mit Farblack)*; 5. *(OB, Te)* varnish *(mit Klarlack)*
lackieren *v***/neu** *(OB, Te)* refinish
Lackieren *n* lacquering *(mit physikalisch trocknendem Lack)*; enamelling *(mit Emaillack)*; varnishing *(mit Klarlack)*
Lackieren *n***/elektrostatisches** *(OB, Te)* electrostatic painting
Lackierer *m* lacquerer, varnisher, japanner
Lackierflachpinsel *m* flat enamel brush
Lackierpinsel *m* varnishing brush
Lackierung *f* lacquer finish, lacquering *(mit physikalisch trocknendem Lack)*; enamelling *(mit Emaillack)*; varnish coating, varnishing *(mit Klarlack)*
Lackkunstharz *n (BM, OB)* synthetic lacquer-grade resin
Lackleinöl *n* refined linseed oil, varnish oil
Lackmus *n(m)* litmus
Lackmuspapier *n* litmus (test) paper
Lackmuspapier *n***/rotes** *(BM)* red litmus paper
Lacknase *f (OB)* varnish run
Lacköl *n* varnish oil
Lackplatte *f* enamelled hardboard
Lackrohstoff *m (BM)* varnish raw material
Lackrunzelbildung *f* **durch Behandlung mit Kohlegasflammen** *(Arch)* gas checking *(Gestaltungstechnik)*
Lackschicht *f (OB)* layer of varnish
Lackschicht *f***/hochglänzende** *(OB)* high-gloss enamel
Lackschlamm *m* paint sludge
Lackschutzschicht *f (OB)* enamel coating
Lacksystem *n (BM, OB)* varnish system
Lackträgersubstanz *f (BM)* vehicle
Lacktrockner *m* varnish drier
Lacktrocknungszeit *f (OB)* lap-time *(Anstrich)*
Lacktröpfchen *n* lacquer droplet
Lacküberzug *m* finishing varnish, varnish [finish] coat, topcoat, finish coat; paint coat
Lacküberzug *m***/farbloser** translucent coating
Lackverdünnungsmittel *n* lacquer thinner
Lackvertiefung *f* pockmarking
Lackzusatz *m***/härtender** hard(-dry) oil additive
Lacunarie *f (Arch)* lacunar *(einer Kassettendecke)*

Ladebagger *m* excavator-loader
Ladebaum *m* derrick *(Schiff)*; *(AE)* cargo boom
Ladebrücke *f* loading bridge, loading deck
Ladebucht *f (Verk)* loading bay
Ladebühne *f (Konst, Verk)* loading ramp
Ladeeinheit *f* loading unit
Ladeflächenansprühmittel *n* truck release agent *(Asphalttransport usw.)*
Ladeflächentrennmittel *n* truck release agent *(Asphalttransport usw.)*
Ladegerät *n (BWG)* loader
Ladegleis *n (Verk)* loading siding
laden *v* 1. load; 2. *(El)* charge
Laden *n (Te)* loading
Laden *m* shop, parlor, *(AE)* store
Laden *n* **mit dem Bagger** shovelling
Ladenaußenseite *f (AE)* storefront
Ladenbau *m* shop fitting
Ladenebene *f (Konst)* shopping level
Ladeneinrichtung *f* shop fittings
Ladenetage *f (Konst)* shop storey
Ladenfassade *f (Konst, RP)* shop front
Ladenfenster *n* shop window; display window
Ladenfront *f* enclosure of a shop, shop front, *(AE)* storefront
Ladengasse *f* shopping lane
Ladengebäude *n (Arch)* shopping block
Ladenkomplex *m (RP)* retail shopping complex
Ladenlokal *n* shop premise
Ladenpassage *f* shopping passage
Ladenstockwerk *n (Konst)* shop storey
Ladenstraße *f (RP)* shopping street
Ladentisch *m (BT)* counter
Ladenzeile *f* row of stores
Ladenzentrum *n (RP)* shopping centre
Ladeplattform *f* loading platform, loading dock, dock, stillage
Ladeplattformschutzdach *n* loading dock shelter
Ladeplatz *m* loading place, place of loading, loading bay
Ladeplatz *m*/**überdeckter** loading shed
Lader *m (BWG)* loader
Laderampe *f* loading and unloading ramp, loading platform, loading ramp
Ladeschaufel *f* loading shovel
Ladeschaufler *m* bucket loader, carrying scraper
Ladestelle *f* loading station
Ladetank *m* cargo tank
Ladung *f* 1. *(Verk)* load; 2. *(El)* charge
LAGA *s.* Länderarbeitsgemeinschaft für Abfall
Lage *f* 1. layer, course, ground course, row *(z. B. Mauerwerk, Ziegel)*; 2. *(Verk)* layer *(Straße)*; 3. *(BB, Te)* lift; 4. *(Konst)* placement *(Einbaulage, z. B. Beton)*; 5. location, lie, site *(z. B. eines Baugrundstückes)*; aspect, position *(eines Gebäudes)*; 6. ply *(eines Schichtbaustoffes, Holz usw.)*; 7. *(BM)* sheet *(dünne Schicht, Bahn)* • **in eine bestimmte Lage bringen** situate • **in eine Lage bringen** situate • **in Lage bringen** locate • **in senkrechte Lage bringen** *(Te)* right
Lage *f* **der Schweißnaht** *(Konst, St)* weld pass
Lage *f*/**einfallende** tumbling course
Lage *f*/**engfugige** narrow joints between courses *(Ziegel)*
Lage *f*/**erste** 1. first coat *(Putzschicht)*; 2. full coat, ground coat *(Farbschicht)*; 3. base sheet sarking felt, underlayment, underlining felt *(Bedachung)*
Lage *f*/**exzentrische** *(TK)* eccentricity
Lage *f*/**feste** stable position *(eines Bauteils)*
Lage *f*/**freie** *(RP)* exposed position
Lage *f*/**geographische** *(RP, Verm)* geographic location
Lage *f*/**geschützte** *(RP)* sheltered site *(Grundstück)*
Lage *f*/**horizontale** horizontality
Lage *f*/**lotrechte** verticality
Lage *f*/**mehrschichtige** multiple layer
Lage *f*/**oberste** *(Konst)* top layer *(Straße, Mauerwerk)*
Lage *f*/**stabile** stable position *(eines Bauteils)*
Lage *f*/**ungeschützte** *(RP)* exposed position
Lage *f*/**unterste** *(Erdb, Verk)* hypobasis
Lage *f*/**ursprüngliche** original position
Lage *f*/**versetze** *(Konst)* staggered course *(Dachziegeldeckung)*
Lage *f*/**vertikale** verticality
Lagegenauigkeit *f (Konst)* position accuracy *(Bauteil, Montageteil)*
Lagehöhe *f (Verm)* elevation head
Lagekarte *f (Verm)* layout chart
Lagen *fpl* plies *(Baustoffe)* • **in einzelnen Lagen einbringen** *(Te)* place in separate layers
Lagendicke *f* 1. *(Verk)* layer thickness; 2. coat thickness *(Anstrich)*
Lagengneis *m (Bod, BT)* ribbon gneiss
Lagenhöhe *f* course depth *(Mauerwerk)*
Lagenschüttung *f* layer-construction
Lagentextur *f* layered structure
lagenweise in plies
Lageplan *m* 1. location plan, plan of site, site plan *(Baustelle)*; 2. *(Konst)* layout plan; 3. *(Konst, Verm)* layout drawing; 4. *(RP)* estate layout *(Gebäudelage)*; 5. *(Konst)* block plan *(mit kleinem Maßstab, der die Gebäudeumrisse zeigt)*; 6. *(Verm)* siting *(Anordnung, Lage)*; 7. *(RP) (AE)* plat *(mit Grenzmarkierungen)*
Lager *n* 1. *(DIN EN 13378)* abutment, earth abutment *(z. B. bei Brücken)*; 2. *(DIN EN 13378)* support, bed *(Auflager)*; 3. bearing *(Maschinenauflager)*; 4. stock, store, storeroom, store space, depot *(Warenlager, Lagerraum)*; stacking area *(Stauraum, Zwischenlager)*; 5. deposit, layer *(geologisch, z. B. Gestein, Kies)* • **ab Lager** *(VR)* from stock • **auf Lager** in stock • **lieferbar ab Lager** available from stock
Lager *n*/**ebenes** surface bearing
Lager *n*/**eingespanntes** *(TK)* restrained bearing
Lager *n*/**festes** *(TK)* restrained bearing
Lager *n*/**freibewegliches** freely movable bearing
Lager *n*/**hartes** lower bed *(Werkstein)*
Lager *n* **im Bauwesen** *(DIN EN 13378)* structural bearings
Lager *n*/**konstruktives** *(BT, TK)* structural bearing
Lager *n*/**mörtelloses** dry course *(direkt auf der Dachhaut)*
Lager *n*/**reibungsarmes** *(Br)* antifriction bearing *(Brücke)*
Lager *n*/**unteres** lower bed *(Werkstein)*
Lager *n*/**verankertes** *(Br, TK)* anchored bearing
Lager *n*/**verstellbares** *(BT)* adjustable bearing
Lager *n*/**weiches** top bed, upper bed *(Werkstein)*
Lagerbalken *m* carrier bar; support beam; sole piece
Lagerbalkenrost *m (EB, Hb)* bridging joist *(Dielung)*
Lagerbedingungen *fpl (BM, Te)* storage conditions
Lagerbehälter *m* store tank
Lagerbehälter *m*/**oberirdischer** *(WVA)* above ground store
Lagerbestand *m* 1. *(Te, VR)* stock; 2. *(Te)* store; 3. *(VR)* inventory
Lagerbeständigkeit *f* stability in storage, storage stability *(Bindemittel, Anstriche, Bitumenemulsion usw.)*
Lagerbeständigkeitsprüfung *f* **durch Sieben** residue on sieving test *(Emulsion)*
Lagerbett *n* 1. *(Erdb, Verk)* bearing bed; 2. *(SB)* palliasse *(Mauerwerk)*
Lagerbock *m* 1. *(SB)* bearing block *(Brückenbau)*; 2. bearing chair *(Hochbau)*
Lagerbuchse *f* bearing bush
Lagerbunker *m* 1. receiving bin *(Vorratsbunker)*; 2. *(Umw)* refuse bunker *(Abfallbunker)*
Lagerdauer *f (BM, Te)* storage period

L

Lagerdichtung *f* lining of the bearing
Lagerdruck *m* reaction at support, bearing pressure
Lagereisen *n* bearing bar
Lagerfähigkeit *f* 1. *(BM)* storing properties *(Material)*; 2. keeping power, pack(age) stability *(Farbe, Zement)*; 3. shelf life *(von Kleber, Farbe)*
Lagerfläche *f* 1. supporting surface, support *(eines Auflagers)*; 2. bed, horizontal joint *(z. B. Mörtelbett, Werksteinauflagefläche)*; 3. stacking ground, stacking yard, storage yard, store area *(Material, Baustoffe)*
Lagerfläche *f*/**obere** top bed, upper bed *(Werkstein)*
Lagerfläche *f*/**untere** lower bed, bottom bed *(Werkstein)*
Lagerfries *m* border *(Fußboden)*
Lagerfuge *f* course joint, bed joint, horizontal joint *(Mauerwerk)*
Lagerfugenfläche *f* bed joint surface
Lagerfugenschablone *f* pointing template
Lagerfuß *m* foot of bearing
Lagergebäude *n* 1. *(Konst)* storage building; 2. *(Konst, Te)* storage warehouse; 3. *(Arch, Konst, Te)* store
Lagergröße *f* stock size *(von Material)*
Lagergut *n* fill mass
Lagergut *n*/**gefährliches** *(Umw)* high-hazard contents *(in einem Gebäude)*
Lagerhalter *m* storekeeper
Lagerhaus *n s.* Lagergebäude
Lagerhäuser *npl* wharfs, wharves
Lagerhof *m* stacking ground, stacking yard
Lagerholz *n (Hb)* floor batten
lagerichtig in correct position
Lagerichtung *f* orientation *(eines Gebäudes in Ost-West--Richtung)*
Lagerkammer *f (Konst, Umw)* storage chamber *(für radioaktive Abfälle)*
Lagerkapazität *f* storage capacity
Lagerkeller *m* storage cellar, store cellar
Lagerkissen *n* bearing pad
Lagerliste *f* inventory
Lagermöglichkeit *f (Bod)* storage facility
Lagermörtel *m* bed(ding) mortar
lagern *v* 1. carry, bear, support *(Tragelemente, lasttragende Bauelemente)*; 2. *(Bod, BT, Konst)* superpose *(übereinander lagern, schichten)*; 3. stock, store *(Baumaterial)*; stockpile *(Schüttgut)*; keep *(aufbewahren)*
lagern *v* **auf** bear on, rest on
lagern *v*/**drehbar** pivot
lagern *v*/**in feuchter Luft** *(BM, Te)* store in damp atmosphere
lagern *v*/**übereinander** *(Bod, BT, Konst)* superpose
lagern *v*/**unter Wasser** *(BM)* keep under water
Lagerpaar *n* duplex bearing
Lagerplatz *m* 1. dumping place *(meist Abfall; auch Holzlagerplatz)*; 2. stacking ground, stacking yard *(bes. für Fertigteile)*; 3. *(Konst)* stockyard; 4. *(Konst, Te)* storage yard
Lagerplatzdränung *f (Erdb, WVA)* yard drain
Lagerplatzentwässerung *f* storage yard drain
Lagerpunkt *m* 1. *(BT, TK)* pivot point; 2. *(Konst)* pivot
Lagerraum *m* storage room, storage space, storeroom, store space
Lagerraum *m*/**kleiner** cubby *(Kammer)*
Lagerraum *m* **mit feuer- und explosionsgefährlichen Stoffen** storage space for hazardous goods, hazardous area
Lagerraumtür *f*/**feuersichere** *(BT)* vault door
Lagerreibung *f* bearing friction *(Brücke)*
Lagerschicht *f* bedding course *(erste Mörtelschicht)*
Lagerschuppen *m (Konst, Te)* storage shed
Lagerschutz *m* storage protection
Lagerschwelle *f* dormer
Lagersilo *n* storage bin, silo
Lagerstabilität *f* storage stability *(Bindemittel, Anstriche, Bitumenemulsion usw.)*
Lagerstätte *f* 1. storage facility, repository; 2. deposit *(Geologie)*
Lagerstätte *f*/**abbauwürdige** *(BM, Bod)* payable deposit *(Gestein, Kies, Sand usw.)*
Lagerstätte *f*/**eluviale** *(Bod)* eluvial deposit *(Sand, Kies)*
Lagerstätte *f*/**oberflächennahe** *(Bod)* superficial deposit *(Sand, Kies, Gestein)*
Lagerstätte *f*/**sedimentäre** *(Bod)* sedimentary deposit
Lagerstein *m*/**hochstehender** orthostate
Lagerstein *m*/**kleiner** pinner
Lagerstift *m* hinge pin
Lagerstuhl *m* 1. bearing chair *(Hochbau)*; 2. *(SB)* bearing block *(Brückenbau)*; 3. *(TK)* saddle *(Tragseilauflager bei Brücken)*
Lagerstuhl *m*/**beweglicher** *(TK)* movable bearing
Lagerstuhl *m*/**gusseiserner** *(Konst, TK)* cast-iron bearer
Lagerstuhlschleuse *f (Br, TK)* bearing lock
Lagertank *m* storage tank
Lagerträger *m (TK)* hanger
Lagertrakt *m* storage unit, store block
Lagertürgriff *m*/**schwerer** *(EB)* store door handle
Lager- und Verarbeitbarkeitsdauer *f* storage life *(Kleber, Farbe)*
Lager- und Verarbeitungsdauer *f s.* Lager- und Verarbeitbarkeitsdauer
Lagerung *f* 1. bearing *(Tragelemente)*; 2. bed, bedding *(Werksteinschichten, auch für Fundamentauflagerung und Unterbettungsschichten)*; 3. stockpiling *(von Schüttgut)*; 4. *(BM, Te, VR)* storage *(z. B. von Baumaterial)*; 5. *(Bod, Erdb)* stratification *(Geologie)*
Lagerung *f*/**dichte** dense packing
Lagerung *f*/**direkte** *(Br, TK)* direct support
Lagerung *f*/**diskordante** *(Bod)* disconformable contact
Lagerung *f*/**einfache** simple bearing
Lagerung *f*/**elastische** elastic support
Lagerung *f* **in geschlossenen Räumen** indoor storage
Lagerung *f*/**indirekte** indirect support
Lagerung *f*/**linsenförmige** *(Erdb, Tun)* lenticular bedding
Lagerung *f*/**ungleichförmige** *(Bod)* disconformable contact, disconformity, discordance
Lagerung *f*/**unterirdische** underground storage
Lagerung *f*/**vorläufige** temporary storage
Lagerung *f*/**waagerechte** *(Erdb)* horizontal stratification *(geologisch)*
Lagerungsbeständigkeit *f* stability in storage
Lagerungsdichte *f* 1. level of compaction; state of compaction; packing density *(körnige Baustoffe)*; 2. *(Erdb)* compaction state, ness
Lagerungsebene *f (Bod)* plane of stratification *(Geologie)*
Lagerungseigenschaften *fpl (BM)* storing properties *(Material)*
Lagerungsform *f (Bod, Erdb)* nature of deposition
Lagerungsverhältnisse *npl (BM, Bod, Tun)* geological conditions *(geologisch)*
Lagerverankerung *f*/**bewegliche** *(Konst, TK)* movable anchorage of bearing
Lagerverwalter *m* storekeeper
Lagerzeit *f (BM, Te)* storage period
Lageskizze *f* location sketch, site sketch
Lagespezifikation *f (Konst)* specification of position
Lagetoleranz *f (Te)* positional tolerance *(Bauteil, Montageteil)*
lageungenau *(Konst)* mislocated
Lagevermessung *f (Verm)* location survey
Laibung *f s.* Leibung
lakustrisch *(Bod, Umw)* lacustrine

L

Lambris *m (Hb)* wainscot
lamellar lamellar
Lamellargefüge *n (BM, OB)* lamination
Lamelle *f* 1. lamella, lath, slat *(Fensterladen, Jalousie)*; 2. bar, segment, rib, fin *(Stahlbau)*; 3. finn(e) *(Heizlamelle)* • **mit Lamellen** finned
lamellenartig lamellar
Lamellenbrett *n (EB)* louvre board *(für eine Jalousie)*
Lamellendach *n* segmental arch roof
Lamellenelement *n* **eines Gewölbes** lamella
Lamellenfaltdach *n* lamella roof
Lamellenfensterladen *m* lath shutter
Lamellengraphit *m* flake graphite
Lamellenheizkörper *m* finned radiator, grilled heater, ribbed radiator
Lamellenheizrohr *n (HLK)* finned heating tube
Lamellenhubtor *n (BT)* slat lift shutter door
Lamellenjalousie *f* lamella screen, lath screen, slat screen, Venetian blind
Lamellenkuppel *f* lamella cupola, lamella dome, lattice(d) cupola
Lamellenparkett *n* mosaic finger, mosaic parquet, fingers
Lamellenrahmen *m (Hb, Konst, TK)* glued laminated frame
Lamellenrohr *n* finned pipe, finned tube, grilled pipe, grilled tube, ribbed (heating) tube *(meist Heizung oder Kühlung)*
Lamellenrollladen *m (BT)* slat rolling shutter
Lamellenschalendach *n* glued laminated timber shell roof
Lamellenschluss *m* slat closure *(Jalousie)*
Lamellensparren *m* laminated (timber) rafter
Lamellenstruktur *f (BM)* lamellar structure *(Baustoffe)*
Lamellensystem *n* lamella system
Lamellentiefe *f*/**mittlere** mean segment depth
Lamellenträger *m (BT, Hb, TK)* glued laminated timber girder
Lamellentür *f* louvre door, *(AE)* louver door
Lamellenverfahren *n (Konst)* slice method
lamellenverleimt *(Hb)* glue-laminated, *(AE)* glued laminated
Lamellenvorhang *m* slatted curtain
lamellieren *v* laminate
lamelliert laminated *(Holz)*
Lamellierung *f* slatting *(Jalousie)*
laminar laminar, leaved
Lamination *f (BM, OB)* lamination
laminieren *v (OB)* laminate
laminiert laminated *(Erdstoff)*
Lampe *f (El)* lamp
Lampe *f*/**erschütterungssichere** vibration service lamp
Lampe *f*/**ewige** *(Arch)* perpetual lamp
Lampe *f*/**gasgefüllte** *(El)* gas-filled lamp
Lampe *f*/**mattierte** pearl lamp
Lampe *f*/**verspiegelte** reflector lamp
Lampenaufhängung *f*/**geschwungene** *(El)* sweep fitting
Lampenfassung *f* lamp holder, lamp socket
Lampenglas *n* **mit Tageslichteffekt** daylight glass
Lampenglocke *f* lamp globe, globe
Lampenhalter *m* lamp bracket, fixture
Lampenhalter *m*/**verzierter** torchère
Lampenkolben *m* lamp bulb, bulb
Lampenkolben *m*/**äußerer** lamp jacket
Lampenmast *m* lamp pole, lamp post
Lampenraum *m* lamp compartment
Lampenschirm *m* lampshade, lamp hood, shade
Lampensockel *m* lamp cap
Lampenspektrum *n (El)* lamp spectrum
Lampenträger *m* lamp bracket
Lampenwechsel *m (El)* relamping
Lamprophyr *m (BM, Bod)* lamprophyre
Lamprophyr *m*/**metamorpher** *(BM)* lamproschist

Land *n* 1. *(Bod)* land; 2. *(RP, VR)* state *(Staat, Distrikt)*; 3. *(Bod)* soil, ground • **Land aufteilen** 1. *(RP, VR)* parcel; 2. *(RP, VR)* partition • **über Land** overland
Land *n*/**bestellbares** *(Bod, LB, VR)* arable land
Land *n*/**bestelltes** *(LB)* tilth
Land *n*/**erschlossenes** *(RP, VR)* serviced land
Land *n*/**unbebautes** *(RP)* uncultivated land
Land *n*/**unberührtes** *(LB)* virgin area
Land *n*/**ungepflügtes** *(LB)* virgin soil
Land... territorial ...
Landasphalt *m* land asphalt, land pitch *(Trinidad)*
Landatmosphäre *f (Bod, LB, RP)* rural atmosphere
Landauffüllung *f* landfill
Landaufnahme *f*/**ingenieurtechnische** 1. *(RP, Verm)* construction survey; 2. *(Verm)* engineering survey
Landaufnahme *f*/**tachymetrische** tachymetric land survey
Landaufnahme *f*/**topographische** *(Verm)* land survey
Landbauwesen *n* 1. *(Konst, LB, RP)* agricultural building; 2. *(LB)* rural construction
Landbesitz *m* ownership of land, property of land, land property, domain; real property, real estate *(alle Rechte einschließend)*
Landbrücke *f* shore bay, shore bridge
Lande/zu overland
Landebahn *f*/**befeuerte** *(Verk)* flare path *(Flugplatz)*
Landebrücke *f* pier
Landeigentümer *m* land holder, land proprietor
Landentwässerung *f (Erdb, LB)* land drainage
Landeplatz *m (Verk)* landing area
Länderarbeitsgemeinschaft *f* **für Abfall** (LAGA) *(VR) (in Deutschland)* Federal States Working Group on Waste
Ländereien *pl (VR)* domain
Landerschließung *f* reclamation of land
Landesamt *n* **für Straßenbau** *(VR)* state highway agency
Landesaufnahme *f* survey of (a) country
Landeskartierung *f (Verm)* national mapping
Landespflege *f (RP, Umw)* land conservation
Landesplanung *f (RP)* national planning
Landesstraße *f* provincial road, state highway
Landesstraßenbauverwaltung *f* state highway agency
Landesstraßenverwaltung *f* state highway agency
Landestreifenfeuer *n* 1. *(Verk)* landing light; 2. *(LB, Verk)* strip light *(Flugplatz)*
Landesvermessung *f*/**amtliche** Ordnance Surveying *(in Großbritannien)*
Landesvermessungsnetz *n* triangulation network
Landgaststätte *f*/**größere** *(AE)* caravansary
Landgaststätte *f* **mit großem Innenhof** choultry *(subtropische Länder)*
Landgemeinde *f (RP)* rural community
Landgestaltung *f (LB)* landscape design
Landgewinnung *f (LB)* reclamation of land
Landgut *n* 1. *(RP, VR)* estate; 2. *(LB)* manor; 3. *(Arch, LB)* hacienda *(in spanischsprechenden Ländern)*
Landhaus *n* country-house, bower, *(AE)* ranch house
Landhaus *n*/**flaches** *(AE)* rambler
Landhaus *n*/**kleines** *(Arch)* cottage
Landherrenhaus *n (Arch)* manor house
Landkarte *f (Verm)* map
Landkarte *f*/**1:250 000-er** *(Verm)* degree map
Landkarte *f* **im Maßstab 1:250 000** *(Verm)* degree map
Landkartenrisse *mpl* map cracking *(einer Betondecke)*
Landkrankenhaus *n (Konst, RP)* rural hospital
ländlich 1. *(Bod, RP)* rural; 2. *(Arch)* rustic
Ländlichkeit *f (Bod, RP)* rurality
Landmarke *f (Verm)* landmark
Landmesser *m* surveyor
Landneuverteilung *f (RP, VR)* land reallocation

L

Landnutzung *f (LB)* land use
Landnutzungspotenzial *n (Umw)* land potential
Landnutzungsübereinkunft *f (VR) (AE)* restrictive covenant
Landpfeiler *m* 1. *(Verm)* land pier; 2. *(Br)* end abutment *(Brücke)*
Landpoller *m (Wsb)* snubbing post
Landschaft *f* 1. *(Bod)* landscape; 2. *(Bod, LB)* scenery • **eine Landschaft gestalten** *(LB)* landscape
Landschaft f/unberührte *(LB, RP, Umw)* wilderness
Landschaft f/verbaute spoiled landscape
Landschaft f/verschandelte spoiled landscape
Landschaft f/weite und offene *(Bod, LB, RP)* weald
Landschaftsanalyse *f (Umw)* landscape analysis
Landschaftsarchitekt *m (Arch, LB)* landscape architect
Landschaftsarchitektur *f* 1. *(Arch, LB)* landscape architecture; 2. *(LB, RP)* landscape planning
Landschaftsbau *m* landscape work, landscaping
Landschaftsbauarbeiten *fpl* landscaping work(s) *(DIN 18320)*
Landschaftsbearbeitung *f (Umw)* landscape treatment
Landschaftsbegrünung *f (LB)* green landscaping
Landschaftsbild *n (Bod, LB)* scenery
Landschaftscharakterbauwerk *n (Arch, Umw)* landmark
Landschaftsdurchdringung *f (Umw)* landscape permeability
Landschaftsgarden m/englischer English landscape garden
Landschaftsgarten *m (LB)* landscape garden
Landschaftsgartenbau *m (LB)* landscape gardening
Landschaftsgärtner *m (LB)* landscape gardener
Landschaftsgärtnerin *f (LB)* landscaper
landschaftsgärtnerisch landscaping
Landschaftsgestaltung *f* 1. *(Arch, LB)* landscape architecture; 2. *(LB)* landscape design; 3. *(LB, RP)* landscape planning
Landschaftsgestaltung f/schwierige *(Umw)* hard landscaping
Landschaftsgestaltungsarbeiten *fpl* landscaping work(s)
Landschaftsökologie *f (Umw)* landscape ecology
Landschaftspark *m* landscape park, countryside park
Landschaftspflege *f* 1. *(LB, RS)* landscape preservation; 2. *(LB)* landscape conservancy; 3. *(LB, Umw)* landscape conservation
Landschaftspflege-Begleitplan *m* landscape conservation nature support plan
Landschaftsplan *m* land-use plan *(Nutzungsplan)*
Landschaftsplaner *m (Arch, LB)* landscape architect
Landschaftsplanung *f* 1. *(LB, RP)* landscape planning; 2. *(RP)* country planning
Landschaftsschutz *m* 1. *(LB, Umw)* landscape conservation; 2. *(Umw)* nature preservation
Landschaftsschutzgebiet *n* 1. *(Umw)* landscape protection area; 2. *(LB, RP, Umw)* wilderness
Landschaftsschutzkommission *f (VR)* Countryside Commission *(UK)*
Landschaftsstudie *f (Umw)* landscape study
Landsenke *f* depression *(Topographie)*
Landsitz *m* country-house, country mansion, manor castle, mansion
Landsitz m/französischer château *(Schloss)*
Landspitze *f (Bod)* ness
Landstraße *f* 1. country road, district road, provincial road, regional road, state road *(Klassifizierungsbezeichnung)*; county road *(in einem bestimmten Kreis)*; 2. *(Verk)* main road
Landstraße f/abgefahrene worn-out highway
Landstraße f II. Ordnung secondary road
Landstraße f/verschlissene worn-out highway
Landstraßenmaßnahme *f (Verk)* highway act
Landstreifen *m (RP, VR)* strip
Landstrich *m* scope
Landstrich m/weiter scope
Landstück *n* 1. *(RP, VR)* lot; 2. *(RP, VR)* parcel
Landstück n/niederes feuchtes *(LB, RP)* swale
Landungsbrücke *f* 1. *(Verk)* landing bridge; 2. *(Verk, Wsb)* landing pier; 3. *(Wsb)* pier; 4. *(Wsb)* landing stage
Landverfügbarkeit *f (RP, VR)* land availability
Landvermesser *m (Verm)* geometrician
Landvermessung *f (Verm)* land surveying
Landvermessung f/amtliche Ordnance Surveying *(in GB)*
Landvermessung f/geodätische geodetic survey, geodetic surveying *(größerer Gebiete)*
Landvermessungsnetz *n (Verm)* triangulation net(work)
Landvorbehalt *m (RP)* land reservation
Landweg *m* 1. *(Verk)* overland route *(als Transportroute)*; 2. *(Verk)* country road, lane, dust road, *(AE)* dirt road *(als bauliche Anlage)* • **auf dem Landweg** by land, overland
Landwiedergewinnung *f (Bod, Erdb, LB, RP)* land reclamation
Landwirtschaft *f* agriculture *(Fachgebiet)*; farming *(Betrieb)*
landwirtschaftlich agricultural
Landwirtschaftsgebäude *n* agricultural building
Landzunge *f* neck of land
lang elongated
lang und dünn elongate
lang zu! *v (sl)* grub up!
Langband *n (Hb)* long cross garnet, long tee hinge, tee--hinge, T-hinge *(Scharnier)*
Langbau *m (Arch)* long structure
Langbauwerk *n (Arch)* long structure
Langchor *m (Arch)* straight-sided choir, straight-sided quire
Länge *f* length; stretch *(Dehnlänge)*; scope *(Leitung usw.)* • **auf Länge sägen** *(Hb)* saw to length • **der Länge nach aufschneiden** split • **der Länge nach aushöhlen** *(Te)* tunnel • **in die Länge gezogen** elongate
Länge f/abgewickelte *(Verk)* developed length *(auch bei Rohrleitungen)*
Länge f/ausgezogene *(BT)* throw *(Bolzen)*
Länge f/bewehrte embedment length
Länge f der Position length of each bar *(Bewehrungsliste)*
Länge f des Übergangsbogens *(Verk)* transition length *(Straße)*
Länge f/geographische 1. *(Verm)* geographical longitude; 2. *(Bod, Umw, Verm)* terrestrial longitude
Länge f/gerollte developed length *(einer Rohrleitung)*
Länge f in Fuß/laufende *(Stat, Verm)* foot-run
Länge f/kritische critical length
Länge f/tragende bearing length
Länge f zwischen Einspannung und Aussteifung unbraced length *(Bauelement)*
Längemaserungsstoß *m s.* Längenmaserungsstoß
längen *v* lengthen, extend; stretch
Längenabnahme *f* shortening
Längenänderung *f* length change, change of length, linear deformation
Längenänderung f durch Zug elongation due to tension, elongation due to pull
Längenausdehnung *f* linear extension, longitudinal extension
Längenbegrenzung *f* longitudinal dead limit
Längendehnung *f (BM, BT)* linear dilatation
Längengewichtskraft *f (Stat)* weight force per unit length
Längengleichheit *f (Konst, Stat)* isometry
Längenmaserungsstoß *m* edge joint
Längenmaß *n* length dimension, linear dimension, measure of length

L

Längenmaßstab *m (Verm)* scale of lengths
Längenmessung *f (Verm)* length measurement
Längenschrumpfung *f (BM, BT)* length shrinkage
Längenverkürzung *f*/**elastische** elastic shortening *(Beton)*
Längenzunahme *f* 1. *(BM, BT)* lengthening; 2. *(BM)* elongation
länger als breit oblong
langfasrig long fibred
Langfenster *n* 1. *(Arch, Konst)* continuous light; 2. *(Konst)* ribbon windows
Langform *f* oblongness
langfristig long-term
Langhaarpinsel *m* rigger
Langhaarpräzisionspinsel *m* rigger
Langhaus *n (Arch)* main block, nave, principal building *(Kirchenhalle)*
Langhausgewölbe *n (Arch)* main block vault, principal building vault *(Kirche)*
Langhauskirche *f (Arch)* long church, longitudinal church
Langhausschiff *n (Arch)* middle vessel *(Kirche)*
Langhobel *m* smoothing plane, trying plane
Langholz *n* long-cut wood, long logs, tree-length logs
langlebig *(BM, BT, EB)* long-lasting
Langlebigkeit *f (VR)* longevity
länglich longish, oblong, elongate
Langloch *n* oblong hole, elongated hole; horizontal core *(Baustein)*
Langlochbohrer *m (BWG)* router bit
Langlochfräser *m* router
Langlochplatte *f* horizontal core slab, horizontally perforated block, cored panel; core slab *(auf Erdniveau verlegt)*
Langlochstein *m* horizontally perforated block, burnt-clay hollow block, side construction tile (with horizontal cavities), building tile, partition tile, *(AE)* structural clay tile *(für nicht tragende Wände)*
Langnagel *m*/**dünner** *(Hb)* panel pin
Langnutzholz *n* long timber, stem timber, stem wood
Längsabscheren *n* longitudinal shear
Längsabstand *m* longitudinal spacing, longitudinal interval *(Bewehrung)*
Längsabsteifung *f (Konst)* longitudinal stiffening
Längsachse *f (Konst, Verm)* longitudinal axis
langsam slow
Langsamfahrspur *f (Verk)* slow lane, slow-moving lane *(Straße)*
Langsamscherprüfung *f (Bod)* drained (shear) test
Längsanschlag *m* longitudinal stop
längsausgesteift longitudinally stiffened
Längsaussteifung *f (Konst)* longitudinal stiffening
Längsaussteifungsträger *m* longitudinal stiffener
Längsbalken *m* longitudinal beam, string, *(AE)* stringer; string piece *(bei einem Dachstuhl)*
Längsband *n* tie plate
Längsbeanspruchung *f (Stat)* thrust load
längsbelastend load-bearing in longitudinal direction
Längsbetonierfuge *f* longitudinal construction joint
Längsbewehrung *f* longitudinal reinforcement, main reinforcement, principal reinforcement, main bars
Längsbiegefestigkeit *f (BM)* longitudinal bending strength
Längsbiegemoment *n (Stat)* longitudinal bending moment
Längsbiegespannung *f* longitudinal bending stress
Längsbiegung *f* longitudinal bending
Langschwelle *f (Wsb)* running sleeper *(Rostgründung)*
Längsdehnung *f* linear strain, elongation strain, tension strain
Längsdichtung *f* longitudinal seal
Längsdruck *m (Stat)* longitudinal compression
Längsdurchlass *m (Erdb, WVA)* longitudinal culvert *(Straße)*
Längsebenheit *f (BT)* longitudinal evenness
Längseinlagen *fpl* longitudinal reinforcement, main reinforcement bars, principal reinforcement, main bars *(Bewehrung)*
Längseisen *npl* main (reinforcement) bars *(Bewehrung)*
Langseite *f* longer side
Langseitenschifter *m (Hb)* longitudinal jack rafter
Längsentwässerung *f (Verk, WVA)* horizontal drainage
Längsentwässerungsgraben *(Erdb, WVA)* longitudinal culvert *(überdeckt)*
Längsfalz *m* longitudinal fold
Längsfasernagelung *f (Hb)* end-grain nailing
Längsfuge *f* lane joint, longitudinal joint, lane joint, bed joint *(in Mauerwerk)*
Längsfugenschaden *m (RS)* longitudinal joint distress
längsgewellt longitudinally corrugated
Längshaftreibung *f (Stat)* longitudinal friction
Längshalbstein *m* **mit der Bruchfläche nach außen** split-face block
Längshalbsteinziegel *m* queen closer, queen closure
Längshalbziegel *m* split
Längshalbziegelschicht *f* split course
Längshalteeisen *n (BT, Konst)* runner *(z. B. für eingehängte Decken, Verkleidungen, Trennwände)*
Längshohlraum *m* longitudinal cavity
Längsholm *m* spar
Längsholz *n (BT, Te)* runner *(Schalung)*
Längskeil *m (Hb)* key
Längskirche *f (Arch)* longitudinally-panned church
Längskraft *f (Stat)* longitudinal force, direct force, axial force, thrust
Längskraft *f* **mit Biegung** *(Stat)* axial stress and bending, direct stress and bending
Längskraft *f* **ohne Biegung** *(Stat)* direct stress
Längskraftdiagramm *n* axial force diagram
Längskreis *m (Verm)* meridian
Längslast *f (Stat)* axial load; longitudinal load
längslaufend longitudinal
Längslaufträger *m (TK)* longitudinal running girder
Längslochstein *m* side construction tile
Längsluftstrom *m (Tun)* longitudinal airflow
Längslüftung *f (Tun)* longitudinal ventilation
Längsmarkierung *f (Verk)* longitudinal marking *(Straße)*
Längsmaserungsstoß *m* edge joint
Längsmittelfuge *f (Verk)* longitudinal centre joint *(Straße)*
Längsmoment *n (Stat)* longitudinal moment
Längsnaht *f* longitudinal seam
Längsneigung *f (Verk)* longitudinal gradient
Längsnut *f* longitudinal groove
längsnuten *v (Hb, Te)* spline
Längsöffnung *f* longitudinal opening
Längspassage *f (Arch)* aisle *(zwischen Sitzreihen)*
Längsplanke *f* length panel
Längspressfuge *f* longitudinal compression joint
Längsprofil *n* longitudinal profile
Längsprofil *n*/**bewertetes** weighted longitudinal profile, WLP
Längsprofilauswerter *m (Verk)* longitudinal profile analyser
Längsquartier *m (BM)* soap brick
Längsrahmen *m (Konst, TK)* longitudinal frame
Längsrand *m* longitudinal edge
Längsrichtung *f* longitudinal direction • **in Längsrichtung** lengthwise, longitudinal, in longitudinal direction
Längsrichtungssteuerung *f* longitudinal control

Längsrichtungsverkehrssteuerung *f* longitudinal control
Längsriefelung *f (OB)* fluting *(am Säulenschaft)*
Längsrippe *f (Konst)* longitudinal rib
Längsriss *m* longitudinal crack; check *(z. B. in Holz, Beton)*; through shake *(Holzbalken)*
Längsrissbildung *f* longitudinal splitting
längssägen *v* rip *(Holz)*
Längssägen *n (Te)* rip-sawing
Längsschalungsseite *f* beam side *(einer Trägerform)*
Längsscheitel *m (Konst)* longitudinal ridge *(Gewölbe)*
Längsschlupf *m* longitudinal slip
Längsschneiden *n* cutting with the grain, rip-sawing *(Holz)*
Längsschnitt *m* 1. *(Konst, Verm)* longitudinal section *(fertige Schnittfläche)*; 2. cutting with the grain, rip-sawing *(Tätigkeit, Holz)*
Längsschnitt *m* **des Rundholzes** *(BM, Hb, Te)* conversion
Längsschnittsäge *f (BWG)* rip-saw
Längsschub *m* end thrust
Längsschweißnaht *f* longitudinal weld, straight weld
Längsschwelle *f* 1. *(Hb)* ground timber; 2. *(Wsb)* running sleeper *(Rostgründung)*
Längsschwindung *f* longitudinal shrinkage
Längsseite *f* side; long face *(eines Läufers)*
Längsseitenstreifen *m (Verk)* length margin
Längsspannglied *n* longitudinal tendon
Längsspannung *f (Stat)* axial stress; longitudinal stress
Längsspund *m (Hb)* spline
Längsstab *m* longitudinal bar, longitudinal rod; main bar *(Stahlbewehrung)*
Längsstabgitter *n* bar-type grating *(Gründung)*
Längsstabilität *f (Stat)* longitudinal stability
Längsstabilität *f***/statische** static longitudinal stability
Längsstabrost *m* bar-type grating *(Gründung)*
Längsstange *f* ledger *(Holzgerüst)*
Längsstarrheit *f (BT, Stat, TK)* longitudinal rigidity
Längssteife *f* longitudinal stiffener
Längssteifigkeit *f* 1. *(Konst)* longitudinal stiffness; 2. *(BT, Stat, TK)* longitudinal rigidity
Längsteiler *m* traffic divider
längstragend load-bearing in longitudinal direction, load-carrying in longitudinal direction, bearing in longitudinal direction, supporting in longitudinal direction, weight-carrying in longitudinal direction
Längsträger *m* 1. *(TK)* longitudinal girder, longitudinal beam, secondary longitudinal beam, longitudinal member, *(AE)* (ladder) stringer; 2. *(Br, TK)* main girder; 3. *(Konst)* frame side bar *(Rahmentragwerk)*
Längsträger *m* **erster Ordnung** longitudinal girder
Längsträger *m* **zweiter Ordnung** *(Stat, TK)* intercoastal longitudinal girder
Längsträgerschiene *f (BT, Konst)* runner *(z. B. für eingehängte Decken, Verkleidungen, Trennwände)*
Langstreckenfördergerät *n (BWG)* long-distance conveyor
Längstrennen *n* deep cutting *(von Bauholz)*
Längsüberdeckung *f* longitudinal overlap, forward lap
Längsüberlappung *f* longitudinal overlap
Längsunebenheit *f (Verk)* longitudinal unevenness *(Straße)*
Längsunebenheitsmesser *m (Verk)* longitudinal profile analyser
Längsverband *m* 1. longitudinal bond *(Mauerwerk)*; 2. *(Br, TK)* longitudinal bracing *(Brückenbau)*
Längsverbindung *f (Hb)* splice
Längsverformung *f (BM)* longitudinal deformation
längsverstärkt longitudinally stiffened
Längsverteilung *f* longitudinal distribution; longitudinal spacing *(Bewehrung)*
Längsvertiefung *f* **einer Wand** *(Konst)* pan
Längsvorspannung *f* longitudinal prestressing
Längswand *f* longitudinal wall
Längswandbauweise *f (Konst)* spine-wall construction
Längswirkung *f (Stat)* longitudinal action
Längszufahrt *f* linear approach
Längszugspannung *f (Stat)* longitudinal tension stress
Lang- und Kurzwerk *n (Arch)* long-and-short work, long-and-short technique
Längung *f* 1. *(BM, BT)* lengthening; 2. *(BM)* elongation; 3. *(BM, BT, Te)* stretching
Langzeitalterung *f (BM)* long-term ageing *(Baustoffe)*
Langzeitbeanspruchung *f (Stat)* long-term exposure
Langzeitbefestigung *f (Konst)* long-continued strength
Langzeitbelastung *f (Stat)* long-term loading
Langzeitbewitterung *f (BM, Umw)* long-term atmospheric exposure
Langzeiteffekt *m* long-term effect
Langzeitfestigkeit *f* long-term strength
Langzeitgebrauchsverhalten *n* long-term performance
Langzeitlast *f* long-term load, long-continued load
Langzeitparken *n* long-term parking, *(AE)* dead parking *(ohne Nutzung der Fahrzeuge)*
Langzeitparkhaus *n (Verk)* long-term car park
Langzeitprüfung *f* long-period test, long-term testing, live test
Langzeitschutz *m (OB)* long-term protection *(Korrosionsschutz)*
Langzeitsetzung *f (Bod, Erdb)* consolidation settlement
Langzeitspeicher *m* long-term store, carry-over storage
Langzeitverhalten *n* long-term behaviour
Langzeitversuch *m* long-period test, long-time test, extended-time test
Langzeitwirkung *f* long-term effect
lanzenförmig lance-shaped, lanciform
Lanzettbogen *m (Arch)* lancet arch
lappen *v* tongue
läppen *v* lap
Läppen *n (OB, Te)* lapping
Läppgemisch *n (BM, OB)* lapping compound
lappig *(Konst)* lobed
Läppmittel *n* lapping abrasive, lapping compound
Läppscheibe *f (BWG, OB)* lapping wheel
Laptop *m (BWG, Stat)* laptop
Lärche *f* larch, tamarack
Lärche *f***/Ostamerikanische** tamarack
Lärchenholz *n* 1. *(BM)* larch wood; 2. *(BM, Hb)* tamarack
Lärchenschindel *f* larch shingle
Lärm *m (DIS)* noise
Lärmabminderungskoeffizient *m (DIS)* noise reduction coefficient *(von Schalldämmstoffen)*
Lärmabschirmung *f (Umw)* masking of noise
Lärmabwehr *f (DIS, Umw)* noise suppression
lärmarm *(DIS)* noise-reduced
Lärmbekämpfung *f* 1. *(DIS)* noise abatement; 2. *(DIS, Umw)* noise control
Lärmbelästigung *f* noise nuisance, noise pollution, sound pollution
Lärmbelastungsprognose *f (RP, Umw)* noise exposure forecast
Lärmbereich *m (Umw)* range of noises
Lärmdämmung *f* noise insulation, sound insulation
lärmdämpfend noise-deadening
Lärmdämpfung *f* noise damping, noise abatement, noise attenuation
Lärmentwicklung *f (Umw)* noise-development
Lärmforschung *f (DIS, Umw)* noise research
lärmgemindert *(DIS)* noise-reduced
Lärmgeräusche *npl***/gemischte** *(Umw)* composite noise
Lärmkarte *f (Umw, Verm)* noise diagram

Lärmkriterium *n* noise criterion
Lärmminderung *f* noise abatement, noise reduction, sound reduction, noise suppression
Lärmminderungskonzept *n* 1. *(DIS, Umw)* noise reduction conception; 2. *(Umw)* project of actual noise reduction
Lärmminderungskosten *pl* noise reduction costs
Lärmpegel *m (DIS, Umw)* noise level
Lärmpegel *m*/**niedriger** *(DIS)* low-level noise
Lärmpegelkriterium *n* noise criterion
Lärmquelle *f (Umw)* noise source, source of noise
Lärmquelle *f*/**feststehende** *(Umw)* stationary noise source
lärmreich *(Umw)* noisy
Lärmsanierung *f* noise reduction measure
Lärmschirm *m* noise screen
Lärmschutz *m* noise protection, noise insulation, protection against noise, noise control, sound control, quieting
Lärmschutz *m* **an Straßen** *(Umw, Verk)* road traffic noise *(EN 14388, EN 14389-2, EN 1793)*
Lärmschutz *m* **auf Baustellen** *(Umw)* noise and vibration control on construction and open sites *(BS 5228, VwV Baulärm)*
Lärmschutz *m*/**passiver** passive noise protection
Lärmschutzanlagen *fpl* noise protection facilities, noise protection systems
Lärmschutzbauwerk *n (DIS, Konst, Umw)* noise reduction construction
Lärmschutzeinhausung *f* noise protection housing, noise reduction housing
Lärmschutzeinrichtungen *fpl* **an Straßen** *(Umw, Verk)* road traffic noise reducing devices *(EN 14389, EN 1793, EN 1794, s. a. Lärmschutz an Straßen)*
Lärmschutzfenster *n* noise protection window
Lärmschutzmauer *f (Verk)* noise protection wall
Lärmschutzsperre *f (DIS, Verk)* noise barrier
Lärmschutzwall *m (Verk)* noise barrier, noise bund; noise protection embankment *(Erdaufschüttung, oft bepflanzt)*
Lärmschutzwall *m*/**pflanzlicher** *(Umw)* plant screen
Lärmschutzwand *f (Verk)* noise protection wall
Lärmschutzzaun *m* noise screen, acoustic fencing
Lärmschutzzone *f* noise-abatement zone
Lärmstärke *f (DIS)* intensity of noise
lärmtechnisch noise technical
Lärmtesthammer *m* sounding hammer
Lärmübertragung *f (DIS)* noise transmission
Lärmübertragung *f* **außerhalb der Brandmauer** *(DIS)* flanking transmission of noise *(z. B. bei Reihenhäusern)*
Lärmübertragung *f*/**indirekte** *(DIS)* indirect noise transmission
Lärmvorsorge *f (Umw)* prevention of noise pollution
Lärmvorsorgemaßnahmen *fpl (DIS, Konst, Umw)* acoustic treatment *(Lärmschutzplanung)*
Lärmwiderhall *m (DIS)* resounding *(Schallschutz)*
Lärmzone *f (Umw)* noise zone
Larnit *m (BM)* larnite
Larssenbohle *f (BT, Erdb, St)* Larssen sheet pile
Lasche *f* 1. *(Hb)* tie piece, joint piece, fish bar, scab; fitch plate, fishplate, splice piece *(Stahlverstärkung für Balken)*; 2. cover strap, strip *(Stoßlasche)*; 3. latch, shackle *(Türschloss)*; 4. shin, fishplate *(Schienenverbindung)*; 5. *(San)* ear; clip *(Schelle)*; 6. *(BT)* tab *(Öse)*; 7. bond, lashing *(Seilschlinge, z. B. Kran)*; 8. butt plate *(Deckplattenlasche)* • **mit Laschen verbinden** *(Konst, Te)* strap
laschen *v (Hb)* scarf
Laschenanschluss *m (Konst, St)* cleated joint
Laschenbolzen *m* fish bolt
Laschengelenk *n (BT)* shackle joint
Laschennietung *f (Konst, St, Te)* riveted butt joint
Laschenschraube *f* fish bolt
Laschenstoß *m* fish joint, strap joint
Laschenstoß *m*/**zweischnittiger** double-covered butt joint
Laschenverbindung *f* 1. *(Hb)* splice joint, end scarf, scarf; 2. *(Konst)* strap connection
Laschenvernietung *f* butt(-joint) riveting
Laschung *f (Hb)* scarf
Laserentfernungsmesser *m* laser distance measuring unit
Laserentfernungsmessung *f (Verm)* laser range finding
Lasergerät *n* laser
Lasernivellierung *f (Verm)* laser beam levelling
Lasertechnik *f* laser technology
Lasertheodolit *m* laser theodolite
Laserwasserwaage *f* laser spirit level
lasieren *v* scumble; glaze *(farbig)*
Lasieren scumbling
Last *f* 1. *(Stat)* load; 2. *(Stat)* burden; 3. evenly shared load *(gleichmäßig verteilte)* • **Last aufbringen** *(Stat)* load • **Last auflegen** *(Stat)* load • **Last aufnehmen** accept, carry • **Last übertragen auf** bear on • **unter Last** on--load
Last *f*/**allmählich aufgebrachte** *(Konst)* gradually applied load
Last *f*/**angenommene** *(Stat)* assumed load
Last *f*/**aufgebrachte** 1. *(Te)* load applied; 2. *(Stat)* loading; 3. *(Stat)* imposed load, superimposed load
Last *f*/**aufgenommene** *(Konst, Stat, TK)* accepted load
Last *f*/**äußere** external load
Last *f*/**bewegliche** moving load, rolling load
Last *f*/**direkte** *(Stat)* direct-acting load
Last *f*/**dynamische** dynamic load, alternate load
Last *f*/**endgültige** *(Stat)* final load
Last *f*/**exzentrische** *(Stat)* eccentric load
Last *f*/**feste** fixed load
Last *f*/**gemischte** *(Stat)* mixed load
Last *f*/**gleichförmig verteilte statische** *(Stat)* uniformity of static load
Last *f*/**gleichmäßig verteilte** evenly shared load, continuous load, uniformly distributed load
Last *f*/**gleitende** *(Stat)* sliding load
Last *f*/**konstante** fixed load
Last *f*/**konzentrierte** *(Stat)* point load
Last *f*/**kurzzeitige statische** *(Stat)* short-time static load
Last *f*/**mittige** *(Stat)* concentric load
Last *f*/**ortsfeste** fixed load
Last *f*/**pulsierende** *(Stat)* pulsating load
Last *f*/**reine** *(Stat)* pure load
Last *f*/**ruhende** dead load, static load
Last *f*/**seitlich angreifende** *(Stat)* sideways load
Last *f*/**ständige** permanent load, permanent weight, dead load
Last *f*/**statische** static load, dead load
Last *f*/**symmetrische** *(Stat)* symmetrical load
Last *f*/**tote** dead load
Last *f*/**ungleichmäßig verteilte** *(Stat)* non-uniform load
Last *f*/**unveränderliche** *(Stat)* non-changeable load
Last *f*/**verteilte** *(Stat)* distributed load
Last *f*/**wandernde** *(Stat)* mobile load
Last *f*/**zentral angreifende** *(Stat)* centre load
Last *f*/**zulässige** permissible load, allowable load, design load, safe load, working load
Last *f*/**zusammengesetzte** *(Stat)* combined load
Last... load ...
Lastabfall *m* load drop
Lastableitung *f (Stat)* transfer of load
Lastangriff *m (Stat)* load application
Lastangriff *m*/**stufenweiser** *(Stat)* incremental application of load

Lastangriffspunkt *m (Konst, Stat)* point of load application
Lastangriffspunkte *mpl (Stat)* loading points
Lastannahme *f (Stat)* loading assumption, assumption of load, design load, estimate of loading, assumed load
Lastanordnung *f (Konst)* load arrangement
Lastansatz *m (Stat)* design load
Lastäquivalent *n (Stat)* load equivalent
Lastarm *m* load arm *(eines Hebels)*
Lastaufbringung *f (Stat)* load application
Lastaufbringung *f***/wiederholte** *(Stat)* repeated load application
Lastaufnahme *f***/maximale** *(Stat, TK)* maximum load
Lastaufnahmevermögen *n (Stat)* load capability
Lastausgleichung *f* load compensation
Lastbeanspruchung *f* load stress
Lastbedingung *f (Stat)* load condition
Lastbeiwert *m (Stat)* load coefficient
Lastbereich *m* load range
Lastbeschränkung *f (Verk)* loading restriction
Lastbogen *m (Konst, TK)* arch ring
Lastbruch *m* break-off load
Lastdauer *f* load duration
Last-Dehnungskurve *f (Stat)* load-deflection curve, load-strain curve
Lastdiagramm *n (Stat)* load-deformation diagram
Lastdreieck *n (Stat)* load triangle
Lastdurchbiegungsdiagramm *n* load-deflection diagram
Lasteinwirkung *f* load action
Lastenanordnung *f (Stat)* loading density
Lastenaufzug *m* material hoist, freight elevator, freight lift, trunk lift, goods lift, *(AE)* service elevator, trunk elevator
Lastenbeförderung *f***/automatische** telpherage
Lastenbeförderung *f***/automatische elektrische** telpherage
Lastenfreiheit *f* freedom of load
Lastengruppe *f (Stat)* group of loads
Lastenplattenprüfung *f (Bod)* plate loading test
Lastenschema *n (Stat)* loading density
Lastensumme *f (Stat)* sum of loads
Lastermittlung *f (Stat)* load determination
Lastfahrzeugabfahrt *f (Verk)* lorry exit
Lastfahrzeugbelästigung *f (Umw, Verk)* lorry nuisance
Lastfahrzeugsperrung *f (Verk)* lorry ban
Lastfaktor *m (Stat)* load factor
Lastfall *m* load(ing) case, load scheme, loading condition
Lastfälle *mpl* loading conditions
Lastfläche *f* loaded area, area of loading
Lastformänderungsbeziehung *f (Stat)* load-deformation relation
Lastformänderungsdiagramm *n (Stat)* load-deformation diagram
Lastformänderungskurve *f* load-deformation curve
Lastformveränderung *f (BM, Stat, TK)* deformation under load
Lastfrequenz *f* loading frequency
Lastgleichwert *m (Stat)* load equivalent
Lastglied *n* load(ing) term
Lastgrenzwert *m (BM)* load limit
Lastgröße *f* load magnitude
Lastgruppe *f (Stat)* group of loads
Lastgurt *m* load chord, load boom
Lasthaken *m* lifting hook, lifting tong, load hook, crane hook, hook
Lasthebebaum *m (BWG)* heaver
Lasthebezange *f* lifting tong
Lastkombination *f* load combination
Lastkomponente *f (Stat)* load component
Lastkraftwagen *m* lorry, *(AE)* truck
Lastkraftwagen *m***/wärmeisolierter** insulated lorry
Lastkraftwagen... *siehe auch: Lastwagen...*
Lastkraftwagenzug *m***/überlanger** *(Verk)* road train
Lastkurve *f* load curve
Lastlinie *f (Stat)* line of load
Lastminderung *f* load reduction
Lastmoment *n (Stat)* load moment
Lastneigung *f (Bod)* load inclination
Lastöse *f* shackle
Lastplatte *f* 1. *(Erdb, Verk)* load plate; 2. *(TK)* bearing plate; 3. *(Erdb)* loading plate *(Tragfähigkeitsprüfung)*
Lastplattendruckversuch *m (Bod, Erdb)* plate load test
Lastpunktverschiebung *f* **auf tragfähigem Baugrund** arching
Lastschalter *m (El)* circuit breaker
Lastschätzung *f* load estimating
Lastscheibe *f* fast pulley
Lastscheide *f* load separation point
Lastschwankung *f* load variation
Lastschwellungsdiagramm *n (Stat)* load-swelling diagram
Lastseil *n* hoisting rope
Lastsenkungsschreiber *m* load yield recorder
Lastsetzung *f (Bod)* secondary consolidation
Lastsetzungsdiagramm *n (Bod, Erdb, Verk)* load-settlement diagram
Lastsetzungskurve *f (Bod, Erdb, Verk)* load-settlement curve
Lastspannung *f* load stress
Lastspiel *n* 1. load(ing) cycle, cycle of load, cycle of stress *(zyklisch)*; 2. repeated load application, repeated load; variation of load *(wiederholt)*; 3. stress cycle, cycle of stress, stress *(spannungszyklisch)*; 4. *(Stat)* fatigue cycle *(zur Ermüdungsprüfung)*
Lastspiele *npl (Stat)* repeated loadings
Lastspiele *npl* **bis zum Versagen** *(Stat)* repeated loadings to failure
Lastspielzahl *f* number of loading cycles, cycles of load stressing, endurance
Laststärke *f* load intensity, intensity of load
Laststärkediagramm *n (Stat)* load intensity diagram
Laststellung *f* load position, position of load
Laststellung *f***/ungünstigste** *(Stat)* worst possible position of load
Laststreifen *m* load strip
Laststufe *f* 1. load increment, load stage; 2. *(Verk)* load category
Laststufendarstellung *f* load stage diagram
Laststufendiagramm *n* load stage diagram
Lastsystem *n* load system, system of loads
Lasttafel *f* load table
lasttragend 1. *(Stat, TK)* weight-carrying; 2. *(Stat)* supporting
Lasttransporter *m* **mit Bodenentleerung** *(AE)* bottom dump truck *(Schüttgüter)*
Lastübertragung *f* load transfer, load transmission, transmission of load
Lastübertragung *f* **in den Fugen** load transfer at joints
Lastübertragungssystem *n* load-transfer system
Lastuntersuchung *f***/dynamische** *(Stat)* dynamic analysis
Lastvektor *m (Stat)* load vector
Lastverformungsbeziehung *f (Stat)* load-deformation relation
Lastverformungsdiagramm *n* load-deflection diagram, load-deformation curve
Lastverformungskurve *f* load-deformation curve
Lastverhalten *n (Stat)* behaviour under loading
Lastverkehr *m (Verk)* goods traffic
Lastverkehrsspur *f (Verk)* truck lane *(Straße)*
Lastverlust *m* load loss

L

lastverteilend load-distributing, load-spreading
Lastverteilung *f* load distribution, load-spreading, distribution of load, spreading of the load
Lastverteilungsfläche *f* area of loading
Lastverteilungsholz *n (Hb)* foot-plate
Lastverteilungskurve *f (Stat)* load-distributing curve
Lastverteilungsplatte *f* 1. *(BT, Konst, TK)* wall plate; 2. *(BT, Konst)* base plate *(aus Metall)*; 3. *(Erdb)* cap plate *(bei Raumpfählen)*
Lastverteilungsprinzip *n* load-distribution concept, load--sharing concept
Lastverteilungsrost *m* grating, grillage *(Gründungsrost)*
Lastverteilungsschicht *f (Verk)* load-bearing layer
Lastverteilungsvermögen *n* 1. *(Stat)* load-distributing ability; 2. *(TK)* load-distribution ability; 3. *(Stat, TK)* load--spreading ability
Lastvorgabe *f (Stat)* estimate of loading
Lastwagen *m* lorry, *(AE)* truck
Lastwagenanhänger *m* truck trailer
Lastwagenaufbaubagger *m* fast-travel excavator
Lastwagenbagger *m* fast-travel excavator
Lastwagenfahrer *m* trucker
Lastwagentransport *m (AE)* truckage
Lastwechsel *m* 1. load reversal, variation of load, fluctuation of load; 2. stress cycle, reversal of stress, stress reversal *(Lastspannungswechsel)*
Lastwechselzyklus *m (Stat)* cycle of load
Lastwegnahme *f* load removal
Lastwert *m***/dynamischer** *(Stat)* dynamic load
Lastwinde *f (BWG)* lever jack
Lastzahl *f (Stat)* load coefficient
Lastzone *f* load zone
Lastzunahme *f* load increase, load increment, increment of load
Lastzusammenstellung *f* load compilation
Lastzustand *m* load state
Lasur *f* 1. *(OB)* natural finish; 2. *(BM, OB)* transparent coating *(für Holz)*; 3. *(BM, OB)* scumble *(z. B. für Beton)*; 4. *(OB)* glaze
Lasuranstrichmittel *n* scumble glaze
Lasuranstrichstoff *m* scumble glaze
Lasurblau *n* ultramarine blue
Lasurtechnik *f (Te)* scumbling technique
latent *(BM, Konst, Te, VR)* latent
Lateritkies *m (BM)* laterite gravel
Lateritsplitt *m (BM)* laterite chips
Lateritstraße *f (LB, Verk)* laterite road
Laterne *f* 1. lantern, high-light window, skylight turret; cupola *(Dachaufsatz)*; 2. *(Arch)* clerestory
Laternendach *n* lantern light, lantern light roof, lantern roof
Laternenoberlicht *n* skylight
Laternenöffnung *f (Arch)* opaion
Laternenpfahl *m* lamp pole, lamp post
Laternenträger *m (El)* lantern girder
Latex *m (BM)* latex
Latexanstrich *m (OB)* latex coat
Latexanstrichstoff *m* latex coating
Latexbindemittel *n* latex binder
Latexemulsion *f* latex emulsion
Latexfarbe *f* latex paint, rubber-emulsion paint
Latexfarbe *f* **für innen** interior latex paint
Latexfußbodenbelag *m* latex flooring
Latexkleber *m* latex cement
Latexleim *m* latex glue
Latexmastix *m (BM)* latex mastic compound
Latexschaum *m* foamed latex
Latexschaumgummi *m* latex foam, latex foam rubber, foamed latex
Latex-Zement-Vergussmasse *f* latex-cement sealing compound
Latrine *f (San)* latrine
Latte *f* lath, narrow board, batten, slat, strip, wood ledge
Latte *f***/doppeltstarke** double lath
Latte *f***/leichte** lag, half batten
Latte *f* **mit Pappen(rück)schicht** paper-backed lath
Latten *fpl* lathing • **mit Latten** slatted • **mit Latten benageln** *(LB, Te)* lath • **mit Latten versehen** slatted
Latten... slatted ...
Lattenablesung *f (Verm)* rod reading
Lattendielung *f* hardwood strip flooring, parquet strip flooring, strip flooring, flooring strips
Lattenfachwerk *n* studwork
Lattengerüst *n (BT)* latticework
Lattengerüsthütte *f (LB)* lath-house *(zum Überwachsen mit Pflanzen)*
Lattengestell *n* lath-work
Lattengitterlage *f* strip lath *(Putzarbeit)*
Lattenholz *n* lathwood
Lattenkonstruktion *f* slatting, boarding
Lattenkreuz *n* brace and counterbrace
Lattenkreuzgitterzaun *m* interlaced fencing, woven board
Lattenpegel *m (Verm)* staff gauge
Lattenrahmentrennwand *f* stud partition, stud wall
Lattenrost *m* lath grating, lath grid, lath floor
Lattenstift *m* lath nail
Lattenstreifenkreuzgitterzaun *m* interlaced fencing, interwoven fencing, woven board
Lattenträger *m (Verm)* rodman, staffman
Lattentrennwand *f* stud partition, stud wall
Lattentür *f* batten door, *(AE)* heck
Lattenumzäunung *f (LB)* paling
Lattenverschlag *m* lath-partition, lathed partition, lathed space
Lattenwand *f* lattice wall, batten wall, strapped wall
Lattenwerk *n* lathwork, lattice, studwork
Lattenzaun *m* lath fence, lattice fence, batten fence, pale fenc(ing), paling, picket fence, slat fence, stockade
Lattenzierleiste *f* lattice moulding
Lattenzierwerk *n* lattice
Lattung *f* lathing, roof battening
Laubbaum *m* leaf-bearing tree, deciduous tree, hardwood tree
Laubbaumholz *n (Hb)* leaf wood
Laube *f* 1. *(Arch)* summerhouse; 2. arbour, bower; bay *(aus Pflanzen, Büschen und Bäumen)*
Laubengang *m* 1. *(Arch, Konst)* outdoor corridor; 2. *(Arch)* exterior corridor; 3. *(Konst)* roofed walk
Laubengang *m***/äußerer** *(Arch, Konst)* outside gallery
Laubenganghaus *n* balcony access block, gallery block
Laubengangwohnung *f* balcony access apartment
Laubenhaus *n* garden house, summerhouse, lath-house
Laubfang *m* leaf trap, leaves catch, leaves trap *(Entwässerungssystem)*
Laubfangkorb *m* leaf collector *(Entwässerung, s. a. Laubfang)*
Laubfries *m (Arch)* leafy frieze
Laubholz *n* leaf wood, hardwood, non-coniferous wood
Laubholzbaum *m* leaf tree, deciduous tree, hardwood tree
Laubsäge *f* coping saw, bracket saw, fretsaw
Laubschnittholz *n (BM, Hb)* sawn hardwood *(DIN 4074-5)*
Laubwald *m (Umw)* deciduous forest
Laubwerk *n***/plastisch gestaltetes** *(Arch)* hewn foliage
Laubwerk *n***/romanisches** *(Arch)* Romanesque foliage, Romanesque leaves
Laubwerkfries *m* leafy frieze, foliage frieze
laubwerkverziert *(Arch)* foliated

Lauf *m* 1. flight, stair flight *(Treppe)*; 2. run(ning), work *(von Maschinen, Aggregaten)*; 3. *(Te)* travel *(Bewegung)*
Lauf *m*/**exzentrischer** run-out
Lauf... travelling ...
Laufbahn *f* running track
Laufband *n* conveyor, sash ribbon
Laufbohle *f* run(way) plank, walk plank, access board
Laufbohlensteg *m* gang-boarding
Laufbreite *f* flight width *(Treppenbreite)*
Laufbrett *n* 1. barrow run, barrow way *(für Schubkarre)*; 2. roof-platform, toeboard *(um eine Plattform oder ein Dach)*
Laufbrücke *f* rising scaffold bridge, rising stage bridge
Laufbuchse *f* bush(ing), cylinder
laufen *v* run; sag *(Anstrichstoffe)*
Laufen *n (OB)* veiling *(Anstrich)*
laufend/oben top-hung *(Schiebetor)*
laufend/quer transversal
Läufer *m* 1. stretcher (block), outbond brick; 2. curtain, sag *(Anstrichfehler)*; 3. *(EB)* runner *(für Flure)*
Läufer *m* **als Eckbinder** quoin header
Läufer *m*/**geteilter** outband
Läufer *m* **mit abgerundeter Ecke** bull stretcher
Läufer *m* **mit sichtbarer Seite** bull stretcher
Läuferbildung *f (OB)* sagging
Läufer-Binder-Wechselverband *m (SB)* in-and-out bond *(Mauerwerk)*
Läuferblendmauer *f (Konst, SB)* outbond
Läuferhalter *m* tackless strip, tackless carpet strip
Läuferlage *f* course of stretchers, stretcher course, stretching course
Läuferschicht *f* course of stretchers, flat course of bricks, stretcher course, stretching course, through course *(Mauerwerk)*
Läuferschichtseite *f* stretcher face
Läuferstein *m* stretcher, stretcher block
Läuferstein *m*/**geteilter** outband
Läuferverband *m* stretcher bond, stretching bond, running bond, facing bond, longitudinal bond *(Mauerwerk)*
Läuferverband *m* **mit gelegentlichem Binder** *(SB)* flying bond
Läuferziegel *m* stretcher brick
Laufgang *m* 1. passageway; gallery *(Korridor)*; 2. *(Konst)* gallery; 3. *(Konst)* walk; 4. *(BWG)* walkway *(Bedienungssteg für Anlagen)*; 5. *(Arch)* trifora gallery, wall passage *(Sakralbauten)*; 6. catwalk *(Fußgängergang auf Brücken; Dachlaufgang)*
Laufgang *m*/**vorgeblendeter** *(Arch)* blind triforium *(gotischer Kathedralen)*
Laufgewicht *n* sliding weight, moving poise, rider
Laufkatze *f* crane crab, crane trolley, crab, jenny, travelling crab, travelling winch, travelling trolley *(Kran)*; trolley *(eines Kabelkrans)*
Laufkatzenträger *m* trolley beam
Laufkraftwerk *n (BWG, Wsb)* run-of-river station
Laufkran *m (BWG)* overhead crane
Lauflinie *f* pitch line, walking line *(einer Treppe)*
Laufplanke *f* gang-board
Laufplanken *fpl* gang-boarding, gangboards
Laufrad *n* 1. rotor; 2. barn-door stay *(eines Schiebetors)*; 3. *(HLK)* impeller *(Ventilator)*
Lauframme *f (Erdb)* bell-rope hand
Laufring *m* ball race
Laufrolle *f* idler pulley, idler, roller; trolley *(eines Schiebetores)*
Laufschiene *f* guide rail, running rail, trolley track, gliding channel; door runner rail *(Schiebetür)*
Laufschiene *f*/**obere** *(BT)* top track *(Schiebetor)*
Laufschritt *m* footstep *(Schalldämmung)*
Laufsicherheit *f (VR)* sure-footed safety
Laufstall *m* loafing barn, loafing shed
Laufsteg *m* 1. duckboard *(für Dachdecker)*; 2. catwalk *(für Fußgänger)*; 3. *(Konst)* gangway *(für Wartungszwecke)*; 4. *(Arch, BT, Konst)* dais *(für Auftritte)*
Laufsteg *m*/**drehbarer** *(Br, Konst)* turnable foot bridge *(für Fußgänger)*
Laufträger *m* 1. *(TK)* running girder; 2. *(BT)* stringboard *(einer Treppe)*
Laufweg *m* passage, walking way
Laufzeit *f* operating time, running time, working time *(Maschinen, Anlagen)*
Lauge *f* lye; liquor *(Lösungsmittel)*
laugenartig *(BM, Bod, WVA)* lixivial
laugenbeständig 1. *(BM)* lye-proof; 2. *(BM, OB)* alkali--proof
Laugenbeständigkeit *f* resistance to alkalie(s)
laugenfest resistant to alkalie(s)
laugenhaft alkaline
Laughöhle *f (Erdb)* leaching cavity
Laugungsmittel *n* leaching agent
laut noisy *(Dämmung)*
läutern *v* clarify, clean, purify *(Aufbereitung)*
Läutern *n (Te)* refining *(Glas)*
Läuterung *f* purification *(Aufbereitung)*; refining, fining *(Glas)*
Läutewerk *n* electric bell; ringing mechanism; chimes *(Glockenläutwerk)*
Lautheit *f (DIS)* loudness *(z. B. eines Raumes)*
Lautsprecheranlage *f (El)* public-address system
Lautstärke *f* loudness, sound volume; loudness level *(in Phon)*
Lautstärkemesser *m* loudness level meter, sound (level) meter
Lautstärkemessung *f* loudness measurement, sound measurement
Lautstärkepegel *m (DIS)* volume level
Lavabeton *m* foamed lava concrete, scoria concrete
Lavaschlacke *f* foamed lava, scoriaceous lava, scoria
Lawine *f (Umw)* avalanche
Lawinengalerie *f (Konst, Verk)* avalanche gallery
lawinengeschützt avalanche-proof
Lawinenschutz *m* avalanche protector, protection against avalanches
Lawinenwehr *f* avalanche screen
Lazarett *n* military hospital
L-Balken *m (TK)* L-beam
lbf *(Stat)* pound-force *(englische, SI-fremde Einheit der Kraft; 1 lbf = 4,448 N)*
lbf/in² *(Stat)* pound(-force) per square inch *(englische, SI--fremde Einheit des Drucks; 1 psi = 6,8947 10^3 N/m²)*
LDPE *s.* Polyethylen niedriger Dichte
Lebensdauer *f* lifetime, operable life, operating life, life cycle, length of life; durability, fatigue life *(Dauerfestigkeit)*; failure time *(bis zu Störungen)*; service (life) expectancy, service life *(von Geräten)*
Lebensdauer *f*/**funktionsmäßige** *(VR)* functional life
Lebenserwartung *f (Konst, VR)* life expectancy
lebensgroß *(Arch)* life-size
Lebensqualität *f (Umw)* quality of life
Lebensraum *m* 1. *(RP, Umw)* life district; 2. *(Umw)* habitat
Lebensraum *m*/**städtischer** 1. *(RP)* municipal living--space; 2. *(RP, Umw)* town living-space
Lebenszyklusbewertung *f (VR)* life cycle assessment
Lebenszykluskostenberechnung *f (VR)* life cycle costing
lebhaft bright *(z. B. Farben)*
leck leaky
Leck *n* spillage
Leckage *f (Umw)* leakage
Leckanzeigegerät *n* leak detector
Leckbestimmung *f (San, WVA)* leak detection

L

lecken *v* leak, run *(undicht sein)*; drop, seep, bleed *(tropfen)*
Lecken *n* bleeding
Leckflüssigkeit *f* seepage
Leckleitung *f* drain tube
Leckloch *n* weep hole
lecksicher *(BT, Konst)* leakless
Leckstelle *f* leak(age)
Leckstellenabdichtung *f (San, WVA)* leak plugging
Leckstrom *m (El)* leakage current
Lecksucher *m* leak detector
Leckverlust *m* leakage loss
Leckwasserablauf *m* leakage water outlet
Leder *n (BM)* leather
lederähnlich leather-like
Lederdichtung *f* leather sealing ring, leather washer, leathering
lederfarben buff-coloured
Lederhärte *f* leather-hardness *(Steinzeug)*
Lederhobel *m* spokeshave
Ledermanschette *f* leather packing, leathering
Ledermembrane *f* leather diaphragm
Ledertapete *f* leather hanging, Spanish leather
Ledertür *f* leather door
Ledigen(wohn)heim *n* bachelor's hostel, hostel for single people
leer 1. empty *(z. B. Wohnungen; Behälter)*; 2. unfurnished *(Zimmer)*; 3. *(VR)* vacant; 4. *(San, WVA)* void *(Gebäude)*; 5. *(San, WVA)* void *(Leerstellen)*
leerblasen *v* blow (off)
Leere *f* void
leeren *v* empty
Leergebinde *n* 1. *(BT, Konst)* common truss frame; 2. *(Hb)* intermediate rafter; 3. *(Konst)* intermediate truss
Leergewicht *n* empty weight
Leergrab *n (Arch)* cenotaph
Leerlauf *m* idle running
leerlaufen *v* drain
leerpumpen *v* pump off
Leerrohr *n (El)* conduit
Leerrolle *f* loose pulley
Leersparren *m* 1. *(BT, TK)* common rafter; 2. *(Hb)* intermediate rafter
leerstehend empty *(z. B. Wohnungen)*
Leeseite *f (Bod)* lee side
legen *v* 1. lay, install, put *(Kabel, Rohre, Leitungen)*; 2. *(Te)* place *(z. B. Steine, Schichten)*; 3. *(Bod, BT, Konst)* superpose *(übereinanderlegen)*
legen *v*/**an Erde** *(El)* earth, short to earth, *(AE)* short to ground
legen *v*/**auf Fuge** imbricate
legen *v*/**Dielen** floor
legen *v*/**eine Leitung** run a cable
legen *v*/**Fußboden** floor
legen *v*/**in Verband** *(SB)* bond *(Steine)*
legen *v*/**Rohre** pipe
legen *v*/**unter etwas** underlie
Legen *n* **der ersten Schichten** *(SB, Te)* planting
Legen *n* **der Schlusslage** *(SB, Te)* top out
Legende *f* legend, coding legend, key; caption
legiert *(BM, St)* alloyed
Legierung *f (BM)* alloy
Legierung *f*/**beruhigte** *(BM, St)* stabilized alloy
Legierung *f*/**eutektische** *(St)* eutectic alloy
Legierung *f*/**leicht schmelzende** fusible alloy, low-melting alloy
Legierung *f*/**plattierte** *(BM)* clad alloy
Legierung *f*/**stabilisierte** *(BM)* quiet alloy
Legierungsbetonstahl *m* alloy reinforcing, special reinforcement steel
Legierungsstahl *m (BM, St)* special steel
Legierungsstoff *m (BM, St)* alloying material
Legierungstechnik *f (St, Te)* alloying technique
Legierungszusatz *m* alloying addition, temper
Legionärskrankheit *f (San)* legionnaire's disease *(Warmwasserbereitung)*
Lehm *m* loam, common clay, clay • **mit Langstroh und Lehm einwickeln** *(Konst, Te)* wrap up in straw and clay
Lehm *m*/**fetter** *(BM, Bod)* heavy loam
Lehm *m*/**hochplastischer** fat clay
Lehm *m*/**kieshaltiger** *(Bod)* gravelly loam
Lehm *m*/**klebriger** lute
Lehm *m*/**lockerer** *(Bod)* mellow loam
Lehm *m*/**mergeliger** *(BM, Bod)* marl loam
Lehm *m*/**sandiger** sandy loam, paddy field soil
Lehm *m*/**sandig-toniger** sandy clay loam
Lehm *m*/**schluffiger** silt loam
Lehm *m*/**toniger** *(Bod)* medium silt
Lehmanstrich *m* clay floor *(Fußboden)*
Lehmauffüllung *f* loam filling
Lehmaufreißer *m (BWG)* clay spade
Lehmbatzen *m* mud brick
Lehmbau *m* loam construction, loam walling, loam walling work
Lehmbaustein *m* mud brick
Lehmbauten *mpl (Arch, Konst)* loam structures
Lehmbeton *m* loam concrete
Lehmboden *m* 1. *(Bod)* loam ground; 2. *(Bod, LB)* loamy ground
Lehmdichtlage *f (Wsb)* clay blanket
Lehmerde *f (Bod)* clay soil
Lehmestrich *m* loam flooring, dirt screed, clay floor
Lehmform *f (BM, BWG)* clay mould
Lehmfüllung *f (Konst)* clay filling
Lehmfußboden *m* clay floor
Lehmgrube *f (BM, Bod)* loam pit
Lehmhaus *n* loam house, *(AE)* adobe house *(aus luftgetrockneten Ziegeln, meist in USA-Südstaaten und Mexiko)*
lehmig loamy, argillaceous
Lehmkern *m* loam core, clay core, puddle core *(Dichtungskern bei Staudämmen)*
Lehmkies *m* loamy gravel
Lehmmauern *n (Konst, Te, Wsb)* puddling
Lehmmergel *m (BM)* loamy marl
Lehmmörtel *m* loam mortar, clay mortar, clay puddle, puddle
Lehmmühle *f (BWG)* pug mill
Lehmputz *m (SB)* loam rendering *(Außenputz)*
Lehmquader *m* clay block
Lehmschicht *f (Bod, Erdb)* loam layer
Lehmschlamm *m (Bod)* mud
Lehmschürze *f (Wsb)* clay blanket
Lehmschürzendichtung *f (Erdb, Wsb)* soil waterproofing
Lehmstampfbau *m* cob construction, pisé (building), rammed-earth construction, rammed-loam construction, *(AE)* beaten cobwork
Lehmwall *m (Erdb, Wsb)* clay barrier
Lehmwand *f* loam wall, cob wall
Lehmzementboden *m* loam concrete
Lehmziegel *m* loam brick, clay brick, sun-dried brick, unburnt brick; brick *(< 33,7 × 22,5 × 11,3 cm)*; cob (brick) *(mit Stroheinlage)*; *(AE)* adobe (brick) *(in einigen Südstaaten der USA und Mexiko)*
Lehmziegel *m*/**luftgetrockneter** adobe *(in einigen Südstaaten der USA und Mexiko)*
Lehmziegelhaus *n* cob house, *(AE)* adobe house
Lehrbogen *m* cradling
Lehrbrett *n* reverse
Lehrbrief *m* certificate of apprenticeship

Lehre *f* 1. *(Arch)* negative form *(für Verzierungen)*; 2. gauge, gauge system, *(AE)* gage, *(AE)* caliber *(z. B. Blechdicken)*; 3. *(Konst)* pattern *(Modell)*; 4. setting jig, reverse, template *(Bauelemente, Mauer usw.)*; 5. setting jig, jig *(Bohrlehre)*; 6. strickle, strickle board *(Lehrlatte, z. B. Putzstärke)*
Lehre *f*/**mitlaufende** slipper guide
Lehrenform *f (Konst)* master form *(Modell)*
Lehrennummer *f* gauge-No.
Lehrgebäude *n* teaching block, teaching building
Lehrgerüst *n* 1. falsework, falsework structure *(Abstützung)*; 2. scaffolding of a centre vault, soffit scaffolding, centre, centring *(Gewölbe- und Bogenbau)*; 3. *(Tun)* rib
Lehrgerüst *n* **als Bogen mit Zugband** bowstring centring
Lehrgerüst *n*/**freitragendes** self-carrying centring
Lehrgerüst *n* **für einen zusammengesetzten Bogen** *(AE)* mixed centering
Lehrgerüst *n* **mit mittlerem Abstützpunkt** centre with central hip
Lehrgerüstfachwerk *n (Konst, Te)* Belfast truss
Lehrgerüstschalung *f* **eines Bogens** *(Te)* lagging
Lehrjahre *npl* apprenticeship
Lehrlatte *f* strickle board
Lehrling *m* apprentice
Lehrmodell *n (Konst)* mock-up
Lehrschwimmbecken *n (Konst, Wsb)* teaching pool
Lehrsparren *m* guiding rafter
Lehrstuhl *m* **für Architektur** *(Arch, VR)* chair of architecture
Lehrtrakt *m* teaching unit
Lehrvertrag *m* articles of apprenticeship
Lehrwerkstatt *f (VR)* training workshop
Leibung *f* 1. jamb, scuncheon, reveal *(Tür, Fenster)*; 2. flanning *(Tür)*; 3. *(Arch)* intrados, soffit of arch, haunch *(Bogenfläche)*
Leibung *f*/**schräge** *(Konst)* splayed jamb
Leibungsbogen *m* scoinson arch, scuncheon arch
Leibungsfläche *f (Arch, Konst)* intrados surface *(eines Bogens)*
Leibungsfläche *f*/**obere** top face
Leibungsfläche *f*/**untere** *(St)* bottom face
Leibungsschräge *f* jamb splaying
Leichenhalle *f (Arch)* mortuary
leicht light; light *(Erdstoff mit wenig Lehm und Ton)*; lightweight *(Gewicht)*
Leichtbalken *m (TK)* lightweight beam
Leichtbau *m (Konst)* light construction
Leichtbaudach *n (Konst)* lightweight roof
Leichtbauelement *n* lightweight building component, lightweight building unit, breeze block
Leichtbauerzeugnis *n*/**keramisches** lightweight structural clay product
Leichtbaufachwerkträger *m (TK)* lightweight trussed girder
Leichtbaufertigplatte *f (BT)* lightweight precast concrete panel
Leichtbaugegenstand *m*/**keramischer** lightweight structural clay product
Leichtbaukonstruktion *f (Konst)* light construction
Leichtbauplatte *f* light(weight) building board, light(weight) building sheet, light(weight) concrete slab, fibre building board, fibre building slab, fibre slab
Leichtbauplattenelement *n s.* Leichtbauplatte
Leichtbaustoff *m* lightweight building material
Leichtbauträger *m (TK)* lightweight girder
Leichtbauwand *f (Konst)* lightweight wall
Leichtbauweise *f* light(weight) construction method
Leichtbelastung *f (Stat)* lightweight loading
Leichtbeton *m* 1. light(weight) concrete *(haufwerksporig)*; 2. cinder concrete, slag concrete *(mit Leichtzuschlagstoffen)*
Leichtbeton *m*/**haufwerksporöser** *(BB)* short-range aggregate concrete
Leichtbeton *m*/**konstruktiver** structural lightweight concrete
Leichtbeton *m* **mit Koksaschenzusatz** *(BM)* breeze concrete
Leichtbeton *m* **mit Vermiculit** *(BB, BM)* vermiculite concrete
Leichtbeton *m*/**vorgespannter** *(TK)* prestressed light concrete
Leichtbetonblockstein *m* lightweight concrete building block
Leichtbetondeckenplatte *f (BT, Konst)* lightweight concrete floor slab
Leichtbetonelement *n* precast lightweight building component, precast lightweight building unit
Leichtbetonestrich *m* lightweight concrete screed
Leichtbeton-Hohlblockstein *m* lightweight concrete hollow block
Leichtbetonträger *m (TK)* lightweight concrete girder
Leichtblock *m* lightweight tile
Leichtblockstein *m (BM, SB)* lightweight block
Leichtblocksteinwand *f (SB)* lightweight block partition
Leichtdämmbeton *m (DIS)* lightweight insulating concrete
Leichtdämmplatte *f (DIS)* lightweight insulation board
Leichtdecke *f (TK)* lightweight floor
leichter machen *v* lighten
leichtern *v (Stat)* ease
Leichtestrich *m* lightweight screed
Leichtfahrzeug *n (Verk)* light vehicle
Leichtfassade *f (OB, St)* lightweight façade
leichtflüchtig easily volatilized
Leichtflüssigkeitsabscheider *m (Umw, WVA) (AE)* gasoline separator
leichtgewichtig light
Leichtgewichtigkeit *f* lightweight, lightness
Leichtgewichtsbeton *m* lightweight concrete
Leichtgewölbe *n* lightweight vault
Leichtheit *f (BM, OB)* lightness
Leichthochlochziegel *m (BM)* vertically perforated lightweight block
Leichtkernelement *n* hollow-core construction (unit)
Leichtlanglochstein *m (BT, SB)* horizontal coring block
Leichtlanglochziegel *m* hollow partition tile, horizontal cell tile, horizontal coring brick *(für nicht tragende Wände)*
Leichtmauerwerk *n (SB)* lightweight masonry
Leichtmetall *n* light(weight) metal
Leichtmetallbau *m* light-metal construction
Leichtmetallbauarbeiten *fpl* light-metal work
Leichtmetallbaubeschlag *m (EB)* light-metal builder's furniture
Leichtmetallbauprofil *n (BM, St)* light-metal construction section
Leichtmetallbautechnik *f (Konst, St)* light-metal structural engineering
Leichtmetallbedachung *f* light-metal roof cladding
Leichtmetalldachdeckung *f* light-metal roof cladding
Leichtmetallfachwerkbinder *m (BT, TK)* light-metal roof truss
Leichtmetallfachwerkträger *m (TK)* light-metal trussed girder
Leichtmetallfassade *f* lightweight metal façade
Leichtmetallfenster *n (BT, St)* light-metal window
Leichtmetalljalousie *f* light-metal slatted bind
Leichtmetalllamelle *f* light-metal blind slat
Leichtmetalllegierung *f* light alloy, light-metal alloy
Leichtmetallrahmen *m (BT, St)* light-metal frame

Leichtmetallraumtragwerk *n (TK)* light-metal space bearing structure
Leichtmetallrolljalousie *f (EB)* lightweight metal slatted roller blind
Leichtmetallrollladen *m (EB)* lightweight metal slatted roller blind
Leichtmetalltor *n* lightweight metal shutter door
Leichtmetallträger *m (St, TK)* light-metal latticed girder
Leichtmetalltrennwand *f (Konst)* lightweight metal partition
Leichtmetalltür *f (BT, St)* light-metal door
Leichtmetall-Vollwandbalkenträger *m (St, TK)* light-metal plain web beam
Leichtpfahlramme *f (Erdb)* light-duty driver
Leichtprofil *n* lightweight section
Leichtrohr *n* lightweight pipe, merchant pipe
Leichtrohreisen *n* merchant pipe
Leichtspannbeton *m (TK)* prestressed light concrete
Leichtstein *m* lightweight block, lightweight tile
Leichtsteinmauerwerk *n (SB)* lightweight block masonry
Leichtstuckformung *f* carton pierre
Leichtträger *m (TK)* lightweight beam
Leichtträgerdecke *f (TK)* lightweight floor
Leichtverputz *m* lightweight plaster
Leichtziegel *m* lightweight (clay) brick
Leichtziegelplatte *f* lightweight prefabricated brick panel, burnt lightweight panel
Leichtzuschlag *m* lightweight aggregate
Leichtzuschlagbeton *m* lightweight aggregate concrete, concrete with lightweight aggregate
Leichtzuschlagstoff *m* light(weight) aggregate
Leichtzuschlagstoff *m***/mineralischer** lightweight mineral aggregate
Leichtzuschlagstoffbeton *m* lightweight aggregate concrete
Leichtzuschlagstoff-Spannbeton *m* prestressed light aggregate concrete
Leier *f (BT)* rotating templet
Leierpunkt *m (BT, Te)* centre *(Bogen)*
Leihgebühr *f (AE)* rent
Leim *m* adhesive, glue, sizing material, size • **Leim kochen** heat glue • **mit Leim bestreichen** *(OB, Te)* size
Leim *m***/chemischer** chemical adhesive
Leim *m***/fertiggemischter** mixed glue *(mit Härter)*
Leim *m* **mit geringer Klebkraft** *(AE)* mucilage
Leim *m***/wasserfester** marine glue
Leimabbindezeit *f (Hb, Te)* glue setting time
Leimauftragung *f* glue spreading
Leimbarkeit *f* gluability
Leimbinder *m* glued truss
Leimbürste *f* glue brush
Leimdachbinder *m* glued truss
leimen *v* glue, size
Leimen *n (Te)* sizing
Leimfarbe *f* size colour, non-washable distemper; distemper, calcimine *(Wand- und Deckenfarbe)* • **mit Leimfarbe streichen** *(OB, Te)* distemper
Leimfarbenanstrich *m (OB)* distempering
Leimfolie *f* sheet glue
Leimfuge *f* glue joint, glue line
Leimgrundierung *f* glue priming
Leimholz *n* glued laminated timber, glulam timber, bonded wood
Leimholzkonstruktion *f* 1. *(Hb)* laminated timber construction; 2. *(Hb, Konst, TK)* glued laminated timber construction
Leimkitt *m* glue putty
Leimklammer *f* glue press, web clamp, cramp
Leim-Nagel-Verbindung *f (Hb, Konst)* glue-nail joint
Leimpulver *n* glue powder, powdered glue
Leimschicht *f* glue layer, glue line
Leimschichtenbauholz *n* built-up timber
Leimschichtenholz *n* built-up timber
Leimung *f (Te)* glueing
Leimverarbeitungszeit *f (Hb)* open assembly time
Leimverbindung *f* glue joint, glued assembly, rubbed joint
Leimverbindung *f***/zusammengeriebene** rubbed joint
Leimvermögen *n* gluability
Leine *f (SB)* line
Leinöl *n* linseed oil, flax-seed oil, pale-bodied oil
Leinöl *n***/eingedicktes** *(BM)* bodied linseed oil
Leinöl *n***/rohes** raw linseed oil
Leinölalkydharz *n (BM, OB)* linseed alkyd
Leinölbasis *f* linseed oil base
Leinölfirnis *m* boiled (linseed) oil
Leinölgrundierung *f (OB)* priming with linseed oil
Leinölgrundlage *f* linseed oil base
leinölhaltig linseed oil-bearing
Leinöl-Holzöl-Standöl *n* linseed oil wood oil stand oil
Leinölkitt *m* linseed oil putty
Leinöl-Terpentin-Farbverdünnungsmittel *n* megilp
Leinöltrocknung *f (Hb, OB)* linseed oil-drying
Leinpfad *m (Konst)* tow-path
Leinpflanze *f* flax
Leinsamenöl *n* linseed oil
Leinwandkleben *n* marouflage
Leinweg *m (Konst)* tow-path
L-Eisen *n (St)* L-iron
Leistchen *n* listel
Leiste *f* 1. batten, bato(o)n, strip, cover moulding *(Deck- und Fugenleiste)*; 2. ledge *(Türquerleiste)*; 3. lath *(Putzträger)*; 4. *(Konst)* lip *(für Deckenziegel)*; 5. *(Hb)* mould, moulding; reglet *(Zierleiste)*; 6. *(Arch)* cordon *(mit kordelförmigem Ornament)*; cornice *(Gesimsband)*; fillet *(Zier- und Kehlleiste auch an Säulen der klassischen Architektur)*; 7. *(Arch)* fascia *(an der Dachtraufe)*; 8. gib *(Keilleiste)*; 9. slat *(Lamellenleiste)* • **mit Leiste** gibbed
Leiste *f***/französische** *(Konst)* rib *(Metallbedachung)*
Leiste *f***/gespaltene** riven lath
Leiste *f***/kleine** bandelet, bandelette, listel
leisten *v* achieve, perform
leisten *v***/Nothilfe** *(VR)* relieve
Leistendach *n (Konst)* roll-jointed cardboard roof
Leistendach *n***/französisches** *(Konst)* rib roof
Leistenhobelmaschine *f (Hb)* moulding machine, fillet moulding machine
Leistenverbindung *f***/französische** *(Konst)* ribbed joint
Leistung *f* 1. capacity; 2. *(Te, VR)* performance *(z. B. mechanisch; Vertragsleistung)*; 3. power *(Stärke)*; yield, output *(Produktion, z. B. einer Maschine)*; 4. *(VR)* work; 5. *(Te, VR)* performance *(z. B. zur Vertragserfüllung)*; 6. service *(Dienstleistung)* • **Leistung auflisten** *(VR)* bill for quantities
Leistung *f***/abgegebene** output *(von Maschinen)*
Leistung *f***/aufgenommene** *(El)* input
Leistung *f***/erbrachte** 1. *(VR)* output; 2. *(BM, BWG, Konst, Te)* yield *(von Personen, Anlagen usw.)*
Leistung *f***/installierte** installed capacity; installed power
Leistung *f***/zugeführte** *(El)* put-in energy
Leistungen *fpl***/zusätzliche** *(Stat)* auxiliary work *(zum Projekt)*
Leistungsabgabe *f* power output
Leistungsanforderung *f* performance requirement *(an das Gebrauchsverhalten)*
Leistungsaufnahme *f (El)* power consumption, power input, input
Leistungsbeschreibung *f* quantity description, specification

leistungsbestimmend performance-based
Leistungsdaten *pl* benchmarks
Leistungsdichte *f* power density
Leistungserfüllung *f*/annähernde substantial performance
Leistungsfähigkeit *f* capacity, efficiency, performance, productivity
Leistungsfähigkeit *f*/funktionsgerechte functional capability
Leistungsfähigkeit *f*/grundlegende *(Te, Verk)* basic capacity
Leistungsfähigkeit *f* in Wartung und Betrieb performance in service
Leistungsfähigkeit *f*/mögliche possible capacity
Leistungsfähigkeit *f*/wirtschaftliche *(VR)* economic capacity
Leistungsfähigkeitsanalyse *f (VR)* performance evaluation
Leistungsfähigkeitskurve *f* performance curve
Leistungsfähigkeitsprognose *f* performance prediction
Leistungsfaktor *m (El)* power factor
Leistungsindikator *m* performance indicator
Leistungsklasse *f* performance-grade
Leistungskoeffizient *m* power coefficient
Leistungskurve *f* power curve
Leistungsniveau *n (Te, VR)* performance level
Leistungsnorm *f* standard in performance terms
Leistungsphase *f (Te)* preinvestment phase
Leistungsphase *f* **1 und 2** *(Konst)* preliminary planning
Leistungsposition *f (VR)* contract item
Leistungsposition *f* **mit Einheitspreis** pay item
Leistungsprobe *f* performance test
Leistungsprogramm *n* performance program
Leistungsprüfung *f* 1. performance test; 2. *(El)* consumption test
Leistungsqualität *f* level of service, quality of service
Leistungsschalter *m (El)* circuit breaker
Leistungsstufe *f (Te, VR)* performance level
Leistungstransformator *m (El)* power transformer
Leistungsumfang *m* scope of work, work content
Leistungsvermögen *n* capability, (working) capacity, efficiency, power
Leistungsvertrag *m* fixed price contract
Leistungsverzeichnis *n (Konst, VR)* bill of quantities *(Leistungsverzeichnis)*
Leistungsverzeichnis *n*/ausgefülltes *(Konst, VR)* priced bill of quantities
Leistungsverzeichnis *n*/verpreistes *(Konst, VR)* priced bill of quantities
Leistungsvorgabe *f (Te, VR)* target *(Bauleistung)*
Leistungsziffer *f (HLK)* coefficient of performance *(bei Klimaanlagen)*
Leistungszulage *f* incentive award, incentive bonus
Leitbake *f (Verk)* marker post
Leitbalken *m (Verk, Wsb)* racking balk
Leitblech *n (HLK)* deflector *(Ablenkblech)*; baffle, baffle plate *(z. B. Materialstrom, Schüttgüter)*
Leiteinrichtung *f*/horizontale *(Verk)* lane indicator, horizontal road marking
Leiteinrichtung *f*/vertikale *(Verk)* vertical guide device, *(AE)* guide sign *(Straße)*
leiten *v* 1. guide, *(Aussprache: li:d)* lead *(führen)*; 2. manage *(Unternehmen, Abläufe)*; 3. *(BM, DIS, El, San)* conduct *(Wärme, Elektrizität)*; 4. transmit *(Schall)*; 5. curry, pipe *(Flüssigkeiten)*; 6. route, direct, rule *(lenken; verfügen)*; 7. control *(steuern)*
Leiten *n (Konst, Te, VR)* controlling
leitend/elektrisch electrically conducting
leitend/nicht non-conducting, non-conductive; insulating
Leiter *f* 1. ladder; 2. cat ladder *(für Dachdecker)*
Leiter *f*/ausfahrbare extending ladder, extension ladder
Leiter *m (El)* conductor; core *(in einem Kabel)*
Leiter *m*/biegsamer *(El)* flexible conductor
Leiter *m*/stromführender live wire
Leiteraufgang *m* ladder access
Leiterbaum *m* 1. *(BT)* ladder beam; 2. *(BWG, TK)* beam *(Ausleger)*
Leitergang *m* ladder access, ladder lode
Leitergerüst *n* ladder (jack) scaffold, ladder scaffolding
Leiterhaken *m (San)* ladder hook *(Dach)*
Leitermaterial *n (BM, El)* conductive material
Leiterpaar *n (El)* pair of leads
Leitersprosse *f* ladder step, rime, rung, step, round
Leitertreppe *f* stairs with treads between strings, open-riser stair
Leiterverbinder *m (El) (AE)* bonding jumper
Leitfaden *m* application guide, guide book, guidelines, manual; code of practice
leitfähig conductive
Leitfähigkeit *f (BM, HLK)* conductivity *(für Wärme, Elektrizität)*
Leitfähigkeit *f*/elektrische electric conductance, electric(al) conductivity
Leitfähigkeitsmessung *f* electrical conductivity measurement
Leitgedanke *m (VR)* key note
Leitgröße *f* guidance figure
Leithorizont *m (Erdb)* lead *(Aussprache: li:d; geologisch)*
Leitinsel *f (Verk)* directional island, guide island
Leitkanal *m* 1. *(Wsb)* conduit; 2. *(HLK, Wsb, WVA)* guide passage
Leitkegel *m* traffic cone
Leitkurve *f* directrix
Leitlinie *f* 1. directrix; 2. *(Verk)* centre line, highway striping, stripe *(Straße)*
Leitlinien *fpl (Konst, VR)* guidelines
Leitmauer *f (Wsb)* guide wall *(für Flussströmung)*
Leitmotiv *n* 1. *(Arch)* main motif; 2. *(Arch)* principal motif
Leitpfosten *m (Verk)* marker post, delineator, guide marker, guide-post
Leitpfosten *m*/flexibler flexible marker post
Leitplanke *f (Verk)* crash barrier, safety railing, guardrail, side rail
Leitrahmen *m (Konst, Te)* guide frame
Leitsäule *f (Verk)* delineator
Leitsäule *f*/elastische flexible marker post
Leitschiene *f* 1. *(Verk)* check rail, side rail, safety railing; 2. *(Verk)* guardrail *(Gleisbau)*; 3. guide rail *(z. B. für Türanlage)*
Leitstreifen *m (Verk)* stripe *(Straße)*
Leitsystem *n* guidance
Leitung *f* 1. pipe, piping, pipeline, run *(Flüssigkeiten, Gas)*; 2. *(BM, DIS, El, HLK, San)* conduction *(Wärme, Elektrizität)*; 3. *(El)* transmission line; lead *(Zuleitung)*; wire, cable line *(Nachrichtenleitung)*; 4. management *(z. B. Projekte)*; board *(Gremium)* • **eine Leitung legen** 1. *(El)* install a line, install a main; 2. lay a pipe; lay a pipeline; 3. *(San)* install a pipe, install a pipeline • **eine Leitung ziehen** *(El)* run a cable, wire • **Leitungen sichtbar verlegen** *(Konst, Te)* run wires overhead
Leitung *f*/freitragende span line
Leitung *f*/liegende horizontal line
Leitung *f*/oberirdische *(El, WVA)* above ground line
Leitung *f*/tote *(El)* dead wire
Leitungen *fpl*/biegsame flexible tubing
Leitungsabzweig *m (El)* T-splice *(Kabelabzweig)*
Leitungsabzweig *m*/rechtwinkliger branch cell *(Wasserinstallation)*

Leitungsanschluss *m* branch circuit connection *(Leitung)*; line terminal, supply terminal *(Anschlusspunkt)*
Leitungsbündel *n* bunch of trunks
Leitungsbündel *n*/**gemeinsames** *(El)* common trunk
Leitungsdichtheitsversuch *m* **mit Pfefferminzöl** peppermint test
Leitungsdraht *m (El)* wire
Leitungsdruck *m (San, WVA)* flow pressure
Leitungsdurchgang *m (Konst)* service penetration
Leitungsführung *f (El)* route; cable run *(im Gebäude)*
Leitungsführung *f* **in Isolierrohren** *(El)* conduit wiring
Leitungsführung *f*/**offene** *(El)* open wiring
Leitungsgraben *m* ditch for conduits, service trench, *(AE)* utility trench
Leitungskabel *n (El)* cable, lead *(Aussprache: li:d)*
Leitungskanal *m* 1. *(HLK, San)* duct, service duct, U-troughing, mains subway, *(AE)* utility run; chase *(in Wänden, z. B. für Unterputzverlegung)*; 2. *(El)* raceway, node
Leitungsmast *m (El)* mast, line pole, transmission-line tower
Leitungsnetz *n* supply grid, supply network; electric mains
Leitungsplan *m* 1. line-routing plan; 2. *(El)* wiring diagram
Leitungsprüfer *m (El)* circuit tester
Leitungsreibungsdruckverlust *m* friction head loss
Leitungsreibungsverlust *m* friction head loss
Leitungsrohr *n* 1. *(HLK, San)* conduit pipe, line pipe, pipe, tube, water main; 2. *(El)* conduit (pipe), cable conduit, duct
Leitungsrohr *n*/**ausgepresstes** grouted duct
Leitungsrohr *n*/**flexibles** flexible pipe
Leitungsrohr *n*/**halbsteifes** semirigid pipe
Leitungsrohr *n*/**starres** *(San, WVA)* rigid pipe
Leitungsschacht *m (El, Konst, San, WVA)* shaft with services
Leitungsschelle *f (El)* clip
Leitungsschiene *f (El)* line bar
Leitungsschnur *f (El)* (flexible) cord
Leitungsschnur *f*/**flexible** *(El)* flex
Leitungsschutzrohr *n* cable conduit
Leitungsschutzschalter *m (El)* line protection breaker
Leitungsstraße *f* line route
Leitungsstraßengelände *n (AE)* right-of-way
Leitungssystem *n* 1. piping; 2. *(El)* line system
Leitungsverlegung *f* 1. line installation; 2. *(El)* wiring
Leitungsverlegung *f* **auf Putz** surface wiring
Leitungsverlegung *f* **unter Putz** buried installation; buried wiring
Leitungsverlust *m (HLK)* piping (heat) loss *(Heizung)*
Leitungswasser *n* municipal water, city water, tap water, town water, mains water
Leitvermögen *n* conductivity
Leitwand *f (Wsb)* training wall, guide wall *(Flusslauf)*
Leitwerk *n (Wsb)* training wall *(Flusslauf)*
Leitwert *m* electric conductance
Leitzahl *f* index number, code number
Leitzentrale *f (El, Verk)* control room
Leitzunge *f (BWG, Te, Wsb)* baffle
lenken *v* 1. control, guide, head, rule *(Abläufe, Prozesse)*; 2. drive *(Anlagen)*; 3. *(Umw)* channel
Lenkung *f* guidance, controlling
Lesbarkeit *f* legibility
Lesbarkeitsabstand *m (Verm)* visibility distance
Lesbarkeitsentfernung *f (Verk)* legibility distance
Leseband *n* picking belt
Lesene *f (SB)* lesena *(hervortretender Mauerstreifen)*
Lesenische *f* 1. *(Arch, Konst)* cubicle; 2. *(EB)* carrel *(in einer Bibliothek)*
Lesepult *n* lectern
Lesesaal *m* reading room, *(AE)* browsing room *(einer Bibliothek)*
Letten *m* loam, potter's clay *(grauer Ton)*
lettenartig *(Bod)* clayey
Lettenton *m* firm clay, ball clay, loam
lettig loamy
Lettner *m (Arch)* rood screen *(zwischen Chor und Mittelschiff angeordnete Trennwand)*
Lettnerempore *f (Arch)* jube
Lettnermittelbogen *m (Arch)* rood arch
letzte final
letzter final
letztes *(Verm, VR)* terminal
Leuchtbake *f (Verk)* light beacon
Leuchtband *n* luminous row, strip-line light fixtures
Leuchtdecke *f* light diffusing ceiling, luminescent ceiling, luminous ceiling, diffusing ceiling, illuminated ceiling
Leuchtdeckenkonstruktion *f* light-diffusing ceiling system
Leuchtdichte *f* luminance, brightness
Leuchtdichtefaktor *m* luminance coefficient, luminance factor
Leuchtdichtefaktor *m* **bei Retroreflektoren** *(Verk)* coefficient of retroreflexed luminance
Leuchtdichtekoeffizient *m (El)* coefficient of luminous intensity
Leuchtdichtemesser *m* luminance meter
Leuchtdichtemessung *f* luminance measuring
Leuchte *f* lighting fitting, lighting fixture, lighting unit, luminaire, lantern, *(AE)* luminaire fixture
Leuchte *f*/**indirekte** indirect lighting fitting
Leuchte *f*/**mehrarmige** *(El)* girandole *(verzierter Kandelaber)*
Leuchte *f*/**versenkte** *(El)* recessed lantern
leuchten *v* light, emit light, glow, shine
Leuchten *n* glow, shining
Leuchtenanordnung *f* fitting arrangement
leuchtend luminescent, luminous; bright *(z. B. Farben)*
Leuchtenfuß *m* lamp cap
Leuchtenglocke *f* lamp globe, globe
Leuchtenhalter *m (EB, El) (AE)* electrolier
Leuchtenleiste *f (El)* linear light source
Leuchtenmast *m* lamp pole, lighting mast
Leuchtenschale *f* lamp bowl, lighting bowl, bowl; bowl tray *(Straßenbeleuchtung)*
Leuchtenschirm *m* lamp hood, lampshade, shade
Leuchtenwirkungsgrad *m* light output ratio of a fitting, luminaire efficiency
Leuchter *m* candlestick; lustre *(Kronleuchter)*
Leuchter *m*/**mehrarmiger** *(Arch)* chandelier
Leuchtfarbe *f* 1. *(BM, OB)* luminescent paint; 2. *(OB)* fluorescent paint
Leuchtfarbe *f*/**radioaktive** radioactive paint, radioluminous paint
Leuchtfeld *n (El)* indicator panel
Leuchtfolie *f* luminescent foil
Leuchtglas *n* luminescent glass
Leuchtkörper *m (El)* illuminant
Leuchtkörpersatz *m s.* Leuchtkörper
Leuchtkraft *f* luminous power, illuminating power; brightness, brilliancy *(Anstrich)*
Leuchtkraftschwund *m* lamp depreciation *(Glühlampe)*
Leuchtleitspur *f (El)* light path
Leuchtmasse *f (El)* fluorescent compound
Leuchtmittel *n (El)* illuminant
Leuchtmittel *n* **für Lichtzeichenanlagen** *(Verk)* lamp for traffic signals
Leuchtmittelspannung *f (El)* lamp voltage
Leuchtpfeil *m (Verk)* light arrow
Leuchtpigment *n (BM, OB)* luminescent pigment
Leuchtpigment *n*/**radioaktives** radioluminous pigment

Leuchtreklame *f (El)* luminous advertisement
Leuchtreklamenstützrahmen *m* neon sign frame
Leuchtröhre *f* luminescent tube, fluorescent lamp, cold-cathode tube, cold-cathode fluorescent tube, tubular discharge lamp
Leuchtspur *f (El)* trace
Leuchtstärke *f* luminosity
Leuchtstoff... fluorescent ...
Leuchtstoffbeleuchtung *f* fluorescent lighting
Leuchtstofflampe *f (El)* fluorescent lamp
Leuchtstofflampe *f***/komplette** *(El)* fluorescent lighting fixture
Leuchtstofflampe *f***/kreisförmige** *(El)* circline
Leuchtstofflampenleiste *f* fluorescent strip
Leuchtstoffreflektorlampe *f* fluorescent reflector lamp
Leuchtstoffröhre *f* luminescent tube, fluorescent lamp
Leuchtstoffröhre *f***/kreisförmige** *(El)* fluorescent circling lamp
Leuchtstoffröhre *f* **mit geringem Verbrauch** *(El)* low-consumption fluorescent tube
Leuchtstoffröhrenlampe *f* tubular discharge lamp
Leuchtstromkreis *m (El)* lighting circuit
Leuchttastschalter *m* luminescent momentary-contact push button
Leuchtturm *m* lighthouse
Leuchtturm *m* **zu Alexandria** *(Arch)* Pharos lighthouse at Alexandria
Leuchtwand *f* luminescent wall, illuminated wall
Leucit *m (BM, Bod)* leucite
Leucitbasalt *m (BM)* leucite-basalt
Leucittuff *m* leucitic tuff
Leuzit *m s.* Leucit
Liaskalk *m* blue lias lime
Libelle *f (Verm)* level glass, spirit level, air level, bubble level, tube
licht 1. light, bright, white *(Farbe)*; 2. *(BT, Konst)* clear *(Abstand)*; 3. inner *(Rohr)*
Licht *n* 1. *(El)* light; 2. window opening, opening
Licht *n***/auffallendes** incident light
Licht *n***/blendungsfreies** *(El)* glareless light
Licht *n***/diffuses** diffuse light
Licht *n***/direktes** directed light
Licht *n***/dunstiges** hazy light
Licht *n***/einfallendes** *(El)* incident light
Licht *n***/einfarbiges** monochromatic light
Licht *n***/gedämpftes** *(El)* subdued light
Licht *n***/gerichtetes** directed light
Licht *n***/gestreutes** diffuse light
Licht *n***/grelles** dazzling light, glaring light, discomfort glare
Licht *n***/indirektes** *(El)* indirect light
Licht *n***/kaltes** *(El)* cold light
Licht *n***/natürliches** natural radiation
Licht *n***/periodisches** *(El)* intermittent light
Licht *n***/polarisiertes** *(El)* polarized light
Licht *n***/reflektiertes** *(El)* reflected light
Licht *n***/ultraviolettes** *(El)* ultraviolet light
Licht *n***/unpolarisiertes** ordinary light
Licht *n***/weiches** *(El)* soft light
Licht *n***/weißes** *(El)* white light
Lichtabsorption *f (El)* light absorption
Lichtalterung *f (BM)* photo-ageing
Lichtanlage *f* light(ing) installation, lighting furniture, light plant, lighting set
Lichtaufsaugung *f (El)* light absorption
Lichtausbeute *f* light efficiency, luminous efficiency, light yield *(Lichtquelle)*; *(AE)* luminous efficacy *(Lumen per Watt)*
Lichtausnutzungsverhältnis *n (El)* coefficient of utilization
Lichtaussetzung *f* luminous exposure
Lichtausstrahlung *f* luminous emittance
Lichtausstrahlung *f***/spezifische** *(El)* radiance
Lichtband *n* 1. lighting row, luminous row, strip-line light fixtures; 2. *(El)* row of windows
Lichtband *n***/aufgelockertes** *(El)* interrupted row
lichtbeständig lightfast, light-resistant, lightproof, daylight-proof, fast to light, proof to light, resistant to light, stable to light *(Farben, Kunststoffe usw.)*
Lichtbeständigkeit *f* lightfastness, lightproofness, light resistance, fastness to light, resistance to light, stability to light *(Farben, Kunststoffe usw.)*
Lichtblende *f (HLK)* louvre
Lichtbogenauftragsschweißen *n (St)* manual electric arc welding
Lichtbogensauerstoffschweißen *n* oxygen arc welding
Lichtbogenschneiden *n (St)* arc cutting
Lichtbogenschweißen *n* electric arc welding, arc weld(-ing)
Lichtbogenspritzen *n (St)* electric arc spraying
Lichtbogenspritzpistole *f* electric arc gun
lichtbrechend refringent
Lichtbrechung *f* diffraction of light, refraction of light, refractivity, refringence
Lichtbrechungsindex *m (El)* refractive index
Lichtbrechungsvermögen *n* refractive power
Lichtdach *n (Konst)* transparent roof
Lichtdecke *f* light diffusing ceiling, luminescent ceiling, luminous ceiling, diffusing ceiling, illuminated ceiling
Lichtdeckenkonstruktion *f* light-diffusing ceiling system
lichtdicht light-tight
Lichtdiffusion *f (El)* diffusion of light
lichtdurchlässig light-admitting, light-passing, diaphanous, translucent, transparent
Lichtdurchlässigkeit *f* 1. *(BM)* light permeability; 2. *(El)* translucence; 3. *(BM, El)* transparency
Lichtdurchlässigkeitsgrad *m (BM, El)* light transmittance efficiency
lichtecht lightfast, lightproof, light-resistant, fade-resistant, fadeless, fast to light, proof to light, resistant to light, unaffected by light; colourfast
Lichtechtheit *f* lightfastness, lightproofness, fade resistance, stability to light; colour fastness
Lichteffektivitätsgrad *m* luminaire efficiency, *(AE)* luminous efficacy *(Lumen per Watt)*
Lichteinfallskuppel *f* dome light
lichteinlassend light-passing
Lichteintritt *m* light penetration
Lichteinwirkung *f* effect of light, action of light
lichten *v* clear
Lichten gemessen/im measured inside, measured in the interior
Lichtenergie *f* luminous energy
Lichterkette *f (El)* festoon lighting
Lichtfeld *n* optical yield
Lichtfenster *n (Hb)* light
Lichtfilter *n* light filter
Lichtfläche *f* glass area *(Fenster)*
Lichtfluss *m* luminous flow
Lichtfühler *m* light sensitive device
Lichtgaden *m (Arch)* clerestory, overstorey *(im Mittelschiff einer Basilika)*
Lichtgeschoss *n (Konst)* open storey
Lichtgesimsleiste *f (BT)* cornice lighting
Lichtgitter *n* light-admitting grill
Lichthof *m* 1. glass-roofed inner court, inner court(yard); 2. *(Arch)* patio
Lichthofmauer *f* patio masonry wall
Lichthülle *f (Tun)* light cover
Lichtjalousette *f* light blind
Lichtjalousette *f***/völlig schließbare** *(EB)* lightproof blind

Lichtkuppel *f* light cupola, dome light, domed roof-light, glass light cupola
Lichtlast *f (El)* light load
Lichtleiste *f (El)* batten light fitting
Lichtleitung *f* lighting line *(innen)*
Lichtleitungen *fpl (El)* lighting mains
lichtlenkend light-directing
Lichtloch *n* 1. eyelet; 2. *(Arch)* lunette *(Gewölbeöffnung)*
Lichtlot *n (Verm)* electrical light gauge
Lichtmaß *n* clear dimension
Lichtmast *m* lamp pole, lamp post, lighting mast, lighting pylon, lighting column
Lichtmast *m* **mit Hängeleuchten** *(El)* hinged lighting column
Lichtmenge *f* quantity of light, luminous energy
Lichtmengenmessung *f (El)* photometry
Lichtmesser *m (El)* light meter
Lichtnetz *n (El)* supply line
Lichtöffnung *f* light opening, light-passing opening (grill), *(AE)* areaway *(eines unter der Erdoberfläche liegenden Gebäudes)*
Lichtöffnung *f*/**begehbare** *(Konst)* floor light *(in der Decke)*
Lichtpause *f* blueprint, trace, tracing, print
Lichtplatte *f* light-admitting board, light-admitting sheet, light-passing sheet
Lichtpunktquelle *f (El)* point source
Lichtquelle *f (El)* light source
Lichtquellenabstand *m (El)* light centre length *(von einem Fixpunkt)*
Lichtquellenanordnung *f (El)* arrangement of light sources
Lichtquellenhöhe *f* throw distance, throw
Lichtraster *m* luminaire grid, *(AE)* ring louver *(einer Leuchte)*
Lichtrasterdecke *f (El, Konst)* luminaire grid suspension ceiling
Lichtraum *m (Arch)* lunette
Lichtraumgewölbe *n (Arch, Konst)* lunette vault
Lichtraumprofil *n (Verk)* structure gauge, clearance gauge *(Brücke)*
Lichtraumprofil *n*/**eingeschränktes** limited clearance, limited headroom
Lichtreflektor *m* reflecting diffuser, reflector
Lichtreflexionswert *m (El)* light reflection value
Lichtregler *m* lamp dimmer
Lichtreklame *f (El)* luminous advertisement
lichtrichtend light-directing
lichtsäulig *(Arch)* araeostyle, wide-spaced
Lichtschacht *m* light shaft, light well, lamphole, well
Lichtschacht *m*/**offener** *(Konst)* open light shaft
Lichtschalter *m (El)* (light) switch
Lichtschein *m (El)* light
Lichtschlitztür *f* narrow-light door
Lichtschranke *f (El)* light barrier
Lichtschutz *m* protection from light
Lichtsignal *n* 1. *(El)* warning light; 2. *(Verk)* traffic light, traffic signal
Lichtsignalanlage *f (Verk)* signal lights, light signal, traffic lights, light-signal device
lichtsignalgesteuert signal-controlled
Lichtsignalkoordinierung *f* signal coordination
Lichtsignalregelung *f* light signalisation
Lichtsignalregelung *f*/**koordinierte** *(Verk)* linked signals, linked traffic lights
Lichtsignalsteuerung *f (Verk)* signalisation
Lichtsignalsteuerung *f* **für Autobahnzufahrt** *(Verk)* ramp metering
Lichtsignalsteuerung *f*/**koordinierte** traffic signal coordination
Lichtsignalsteuerung *f*/**modellbasierte** *(Verk)* adaptive signal control
Lichtsignalsteuerung *f*/**multimodale** multimedial signal control
Lichtspalt *m* light gap
Lichtspielsaal *m* cinema auditorium
Lichtspieltheater *n* picture, cinema, *(AE)* movie theater
Lichtspur *f (El)* light path
Lichtstärke *f* luminous intensity, candlepower *(SI-Einheit: Candela)*
Lichtstrahl *m (El)* streak
Lichtstrahlausnutzungskoeffizient *m (El)* coefficient of beam utilization
Lichtstrahlbündel *n (El)* light beam
Lichtstrahlung *f* light radiation
Lichtstrahlung *f*/**natürliche** natural radiation
Lichtstrahlwinkel *m* light beam divergence, light beam spread *(eines Strahlenbündels)*
Lichtstreuelement *n* light-diffusing unit
Lichtstreuglas *n* light-diffusing glass
Lichtstreukörper *m (El)* diffuser
Lichtstreuschirm *m* diffusing screen *(Leuchtenabdeckung)*
Lichtstreutafel *f* light-diffusing panel, lighting panel, diffusing panel
Lichtstreuung *f (El)* light diffusion
Lichtstreuvorsatz *m*/**eierwabenförmiger** *(El)* eggcrate diffuser *(in Leuchten)*
Lichtstrom *m* lighting current, luminous flux *(SI-Einheit: Lumen)*
Lichtströmung *f* luminous flow
Lichtsystem *n (El)* illuminated system
Lichttastschalter *m* luminescent momentary-contact push button
Lichttechnik *f (El)* lighting engineering
Licht- und Schattenmuster *n (Arch)* pattern of light and shade
lichtundurchlässig opaque to light, opaque
Lichtundurchlässigkeit *f* opacity, opaqueness
Lichtverhältnisse *npl (El)* light conditions
Lichtverlust *m* light loss
Lichtverteilung *f* light distribution
Lichtwand *f* luminescent wall, illuminated wall
Lichtwange *f (BT, Hb)* face string
Lichtwiderstand *m* light resistance *(Kunststoffe, Farben)*
Lichtwiderstandskraft *f* s. Lichtwiderstand
Lichtzähler *m* light meter
Lichtzeichen *n*/**einfarbiges** one-coloured signal
Lichtzeichenanlage *f* traffic signals *(Straße)*
Lichtzeichensignalisierung *f*/**koordinierte** interconnected (traffic) signals
Lichtzeichensteuerung *f* s. Lichtsignalsteuerung
Lichtzeichensteuerung *f* **einer Kreuzung** *(Verk) (AE)* intersection signal control
Lichtzutritt *m (El)* admission of light
Lieferangebot *n (VR)* tender
Lieferant *m* contractor, supplier
Lieferanteneingang *m (Konst)* goods entrance *(Hotel)*
Lieferantenraum *m* delivery room
Lieferantentür *f* delivery door
Lieferbauholz *n* stuff, *(AE)* stock lumber
Lieferbedingung *f*/**technische** *(VR)* technical condition
Lieferbedingungen *fpl* delivery terms, terms of delivery, terms of supply, *(AE)* conditions of sale
Lieferbeton *m* 1. *(BB)* ready-mixed concrete; 2. *(BB, Te)* truck-mix(ed) concrete
Liefereingangstür *f* service door
Lieferetage *f* supply floor
Liefergarantie *f (VR)* performance guarantee
Liefergröße *f* stock size *(von Material)*
Lieferholz *n (BM, Hb)* stuff

Lieferklausel *f (VR)* delivery term
Lieferkörnung *f (BM)* aggregate product size
Lieferlänge *f* mill length, factory length, random length *(z. B. von Rohren)*
Liefermenge *f (VR)* quantity of shipment
liefern *v* deliver, supply
liefern *v* **und einbauen** *v (VR)* furnish and install *(Leistungsbeschreibung)*
Liefern *n* delivering, supply, shipping
Lieferrampe *f* delivery ramp, supply ramp
Lieferschein *m* delivery note, delivery slip, delivery ticket
Lieferstandard *m* fabrication standard, fabrication code
Lieferstockwerk *n* supply floor
Lieferstraße *f (Verk)* supply road
Liefertermin *m (VR)* delivery date
Liefertermin *m***/zugesagter** *(VR)* delivery promise
Liefertoleranzen *fpl (BT, VR)* delivery tolerances
Lieferumfang *m (VR)* scope of supply
Lieferung *f* delivery, supply, shipment
Lieferung *f* **auf Rechnung und Gefahr** *(VR)* delivery at the responsibility
Lieferung *f* **frei Verwendungsstelle** *(VR)* free delivery
Lieferzeichnung *f (Konst, VR)* shipment drawing
Lieferzertifikat *n (BM)* works certificate *(für Baustoffe, Bauteile)*
Liegefigur *f (Arch)* recumbent effigy
liegen *v* lie
liegen *v* **auf** rest on
liegen *v***/schief** slant
liegend/ähnlich *(Arch)* homothetic *(geometrische Figuren)*
liegend/ähnlich und ähnlich *(Arch)* homothetic *(geometrische Figuren)*
liegend/am Ufer *(RP)* riparian
liegend/darauf *(Bod)* superjacent *(geologisch)*
liegend/darüber *(Bod)* superincumbent, superjacent *(geologisch)*; overlying
liegend/in einer Ebene planar
Liegendes *n* 1. *(Tun)* footwall, pavement; 2. *(Erdb, Tun)* underlying bed, underlying stratum, underwall; 3. *(Bod)* subjacent bed
Liegendschicht *f (Bod)* subjacent stratum
Liegenschaft *f (RP, VR)* land holding
Liegenschaftsverkäufer *m (VR)* vendor
Liegenschaftsvermessung *f (Verm)* metes and bounds (survey) *(nach Koordinaten und Winkeln)*
Liegeplatz *m (Verk)* berth *(Schiff)*
Lierne *f (Arch)* lierne, lierne rib
Liernengewölbe *n (Arch, Konst)* lierne vault(ing)
Lift *m (EB)* lift
Lift-Slab-Verfahren *n* lift-slab construction
Lignin *n* lignin
Lignit *m (BM)* lignite
lignitartig ligneous
Lignitbraun *n (BM, OB)* Vandyke brown
Lilie *f (Arch)* fleur-de-lis *(bourbonisch)*
Limbaholz *n* limba wood, limba, korina wood *(westafrikanischer Baum)*
limitiert limited
Limonit *m (BM)* limonite *(als Schwerzuschlag für Strahlenschutzbeton)*
Lindenholz *n* linden (wood), limewood, *(AE)* basswood
Lindenholz *n***/amerikanisches** *(AE)* basswood
Lineal *n* rule, ruler
linear uniaxial
linear/nicht non-linear
Linearausdehnung *f (RP)* linear expansion
Linearbelastung *f* linear loading
Linearität *f* linearity
Linearprojektion *f (Konst, Verm)* linear projection
Linearspannung *f (Stat)* linear stress
Linie *f* 1. *(Stat)* line; 2. *(Verm)* trace • **außer Linie** askew • **die Linie verbessern** *(Verk)* re-align • **eine Linie anreißen** *(Te)* snap the line *(mit Schnur)* • **eine Linie trassieren** plot a line • **eine Linie zeichnen** plot a line • **in einer Linie angeordnet** lined-up • **in Linie angeordnet** lined-up • **in Linie ausrichten** line up, align
Linie *f***/ausgezogene** *(Konst)* continuous line
Linie *f* **der Mittelkraft** *(Stat)* axis line of pressure
Linie *f* **der Mittelpunkte** *(Arch)* locus of centres *(Geometrie)*
Linie *f* **des maximalen Gefälles** *(Bod, Verm)* line of maximum slope
Linie *f***/durchgezogene** *(Konst)* continuous line
Linie *f***/eingeritzte** score
Linie *f***/elastische** 1. *(Konst, Stat)* elastic line; 2. *(Stat)* bending line
Linie *f***/erzeugende** generator, generatrix
Linie *f* **für Alternativobjekte/gestrichelte** *(Konst)* phantom line *(Zeichnung)*
Linie *f***/gerade** *(Arch, Stat, Verm)* straight line
Linie *f***/gestrichelte** intermittent line, dash line, broken line
Linie *f* **gleichen Drucks** *(Bod, Erdb, Stat)* constant-pressure line
Linie *f* **gleicher Scherspannung** *(Stat)* line of equal shear
Linie *f***/neutrale** neutral axis
Linie *f***/punktierte** dotted line
Linie *f***/strichpunktierte** dash and dot line, dot and dash line
Linie *f***/unterbrochene** dashed line
Linie *f***/verdeckte** *(Konst)* hidden line *(technische Zeichnung)*
Linie *f***/weiße** *(Verk)* white line
Linien *fpl***/großzügig fließende** *(Arch)* generous flowing lines
Linienanpassung *f* line modulation
Linienbelastung *f* line loading, linear loading
Linienbestimmung *f (Verk)* selection of line
Linienbildung *f* **eines Anstrichs/feine** *(OB)* silking
Linienführung *f* 1. *(RP, Verk, Verm)* route; 2. *(Verk)* routing *(Verkehrsmittel)*; 3. route mapping, routing, road alignment *(Straße)*
Linienführung *f***/elastische** *(Arch)* gently modulated lines
Linienführung *f* **im Höhenplan** *(Verk)* vertical alignment
Linienführung *f* **im Lageplan** *(Verk)* horizontal alignment
Linienführung *f* **im Längsschnitt** *(Verk)* vertical alignment
Linienführung *f***/räumliche** *(Arch, Verk)* spatial alignment
Linienführung *f* **von Straßen/räumliche** 1. *(Verk)* spatial road alignment; 2. *(RP, Verk)* three-dimensional road alignment
liniengelagert *(BT, TK)* line supported
Linienintegral *n (Stat)* line integral *(Vektor)*
Linienkipplager *n (Konst, TK)* pin bearing
Linienlager *n (Konst, TK)* line bearings
Linienlast *f* 1. *(Stat)* knife-edge load(ing); 2. *(Stat)* line load, strip load
Linienmuster *n* linear pattern
Liniennetz *n (RP)* route network
Linienornament *n (Arch)* line ornament, ornamental band
Linienschnittverfahren *n (Stat)* line intersection method
Linienspiel *n (Arch)* flowing contours, flowing lines
Linienverbesserung *f (Verk)* realignment
Linienzug *m***/geschlossener** continuous line; circuit *(Mathematik)*
lini(i)eren *v* line, rule
Lini(i)eren *n* lining, ruling
Lini(i)erung *f* ruled lines, ruling, lines
Lini(i)erungsstrich *m* ruling
links *(Konst)* near-side *(Großbritannien)*

Linksabbiegefahrstreifen *m (Verk)* left-turn lane
Linksabbiegefahrstreifen *m* **im Geradeausstreifen** *(Verk)* left-turning lane
Linksabbiegen *n (Verk)* opposed turn
Linksabbiegerspur *f (Verk)* left-turn lane
Linksabbiegespur *f (Verk)* left-turn lane
Linksabbiegeverkehr(sstrom) *m (Verk)* left-turning stream
Linkskrümme *f (Verk)* left-hand bend
Linkskurve *f (Verk)* left-hand bend, curve to the left
Linksparken *n* on-left parking
Linksspur *f (Verk)* left-hand lane
Linkstür *f (Hb, Konst)* left-hand door
Linksverkehr *m (Verk)* left-hand traffic
linkswirkend left-hand *(z. B. Tür)*
Linksziegel *m* left-hand side tile
Linoleat *n (BM)* linoleate
Linoleum *n* linoleum
Linoleumarbeiten *fpl (EB)* linoleum work
Linoleumbelag *m* linoleum cover
Linoleumfliesen *fpl* linoleum tiles
Linoleumfußbodenbelag *m (EB)* linoleum floor covering
Linoleumkleber *m* linoleum bonding adhesive
Linoleumklebstoff *m* linoleum bonding adhesive
Linoleumverlegung *f* linoleum-laying
Linse *f***/optische** *(El)* lens
linsenförmig 1. lens-shaped, lenslike; 2. *(Bod)* lenticular *(auch für Oberflächenerscheinungen)*
Linsenkopfschraube *f* fillister-head screw, cheese-head screw
Linsenschichtung *f (Erdb, Tun)* lenticular bedding
Linsenträger *m (TK)* fish beam *(Fachwerkträger)*
Lippe *f (Konst)* lip
Lippendichtung *f (HLK, San, WVA)* lip sealing
Lippendichtungsring *m* lip sealing ring
liquidieren *v (VR)* wind up *(Unternehmen)*
Liquiduslinie *f* liquidus line
Liquidustemperatur *f* liquidus temperature
Lisene *f* 1. *(Konst)* pilaster strip; 2. *(SB)* lesena *(hervortretender Mauerstreifen)*; 3. *(Hb)* strengthening strip
Liste *f* bill; slate *(auf der Baustelle)*
Liste *f***/schwarze** *(VR)* black list *(Bieterausschlussliste)*
Listenpreis *m (VR)* list price
Litfaßsäule *f* poster pillar
Lithographenkalk *m* lithograph stone
Lithographenstein *m* lithograph stone
Litholgelb *n (OB)* lithol yellow
Lithologie *f (BM, Bod)* petrology *(Gesteinskunde)*
Litholrot *n (OB)* lithol red
Lithopone *f* lithopone *(Farbe)*
Litze *f* 1. *(Arch)* braid, lace *(Borde)*; 2. *(El)* cord *(Kordel)*; 3. *(El)* flex, strand, stranded wire, braided wire; 4. strand stretching cable *(Spannbeton)*
Litze *f***/geflochtene** *(El)* pigtail
Litzenablenken *n (BB, Te)* raising of strands *(Spannbeton)*
Litzenanhebeverfahren *n (BB, Te)* deflected-strand technique *(Spannbeton)*
Litzenheben *n (BB, Te)* raising of strands *(Spannbeton)*
Lizenzgebühr *f (VR)* royalty
Lizenzinhaber *m (VR)* licence holder
Lkw *m*, **LKW** *m* lorry, *(AE)* truck
Lkw-Ausfahrt *f (Verk)* lorry exit
Lkw-Bahnhof *m* 1. *(Verk)* lorry terminal; 2. *(RP, Verk) (AE)* truck terminal
Lkw-Fahrverbot *n (Verk)* lorry ban
Lkw-Notspur *f* **mit Bremsbett** *(Verk)* emergency escape ramp
Lobby *f* lobby

Loch *n* hole, opening; borehole; core hole, cavity *(im Ziegel oder Blockstein)* • **in ein Loch einrasten** enter a hole
Loch *n***/durchgängiges** bottomless hole
Loch *n***/feines** pinhole *(Fehlstelle in verschiedensten Materialien)*
Loch *n***/gestemmtes** *(Hb, Konst)* peck
Loch *n***/kleines** 1. bird peck *(Schadstelle im Holz)*; 2. perforation *(Baustein)*
Loch *n***/nicht durchgebohrtes** blind hole
Lochbahn *f* perforated sheeting
Lochband *n* perforated steel strip
Lochbild *n* perforation pattern
Lochblech *n* perforated plate, punched plate
Lochblechsieb *n* hole screen, perforated screen
Lochbohrer *m (Hb)* rose bit
Lochdurchmesser *m* hole diameter
Locheisen *n* hollow punch; mandrel *(Dorn zum Aufweiten)*
lochen *v* 1. make a hole, punch, perforate, pierce; 2. *(Hb)* bore
Locher *m* punch(er), perforator
Löcherschießen *n (Te)* well shooting *(in die Decke mittels Bolzenschießgeräts)*
Lochfassade *f (Arch)* punctuated façade
Lochfeile *f (BWG)* riffler *(Rundfeile)*
Lochfraß *m* localized corrosion, breakthrough pitting, pitting *(Korrosion)*
Lochfraß *m***/kraterförmiger** *(OB)* cratering *(Korrosion)*
Lochfraßanfälligkeit *f (BM, OB)* susceptibility to pitting *(Korrosion)*
lochfraßig werden *v* pit *(Oberfläche, Anstrich)*
Lochfraßstelle *f* pit *(Korrosion)*
Lochfüllmasse *f (BM)* stopper
Lochgipsfaserplatte *f* perforated fibrous plaster sheet
Lochglasbaustein *m* perforated glass block
Lochlehre *f* plug gauge *(Lochlehre)*
Lochleibung *f (St)* bearing pressure of projected area
Lochleibungsdruck *m* specific pressure on hole
Lochmetall *n (BM, DIS, St)* perforated metal
Lochnaht *f* plug weld
Lochpappe *f* cored paper
Lochplatte *f* perforated board, swage block, boss
Lochreihe *f (Konst)* coring row
löchrig pitted
Lochrohr *n* perforated pipe
Lochrohrlinie *f* distribution line
Lochsäge *f* key(hole) saw, lock-saw, crown saw, cylinder saw, compass saw, piercing saw, *(AE)* saber saw
Lochschweißnaht *f* plug weld
Lochstein *m* perforated block
Lochsteinmauerwerk *n (SB)* cored block masonry
Lochtaster *m* inside callipers *(Tastzirkel)*
Lochung *f* 1. punch(ing), perforation; 2. *(BT, SB)* coring *(Ziegel)*; 3. *(Hb)* boring
Lochversuch *m* punching test
Lochzange *f* holing pincers, punch pincers
Lochziegel *m* hollow brick, cored brick, cellular brick, perforated brick, perforated unit
locker 1. loose, loosened; non-adherent *(nicht haftend)*; 2. porous; 3. slack *(z. B. Seil, Spannglied)*; 4. *(Bod)* soft, mellow, unconsolidated
Lockerboden *m* 1. *(Bod, LB)* friable soil; 2. *(LB)* hover ground
Lockergestein *n* 1. *(Bod)* loose rock; 2. *(BM)* unconsolidated rock; 3. *(Bod, Erdb)* unconsolidated strata
Lockergestein *n***/bindiges** *(Bod)* cohesive loose rock
Lockermassen *fpl (BM, Erdb)* loose masses
lockern *v* 1. loosen, strip *(Schraube)*; 2. slacken *(Seil, Spannglied)*; 3. ease *(entlasten)*; 4. break up *(Boden)*
lockern *v***/sich** loosen; slack

Lockern *n* 1. loosening *(Schraube)*; 2. easing *(Entlasten)*; 3. slackening *(Seil, Kabel)*
Löffel *m* 1. *(BWG, Erdb)* scoop; 2. *(BWG)* shovel bucket
Löffelbagger *m* shovel excavator, mechanical shovel, power shovel, navvy excavator, navvy, digger, dipper dredger, excavator, *(AE)* mechanical navvy
Löffelbohrer *m* 1. spoon auger, shell auger, screw auger, shell bit; pump borer, borer *(Schrotbohrer)*; 2. *(Erdb)* gouge bit; spoon bit *(Baugrunduntersuchung)*
Logarithmus *m (VR)* log
Logbuch *n (VR)* log
Logeion *n (Arch)* logeion, speaking-place *(griechisches Theater)*
Loggia *f (Konst)* loggia
Loggiabrüstung *f* loggia parapet
Loggiafenster *n* outwindow
Logierhaus *n* lodging house, rooming house
Logierhotel *n* apartment hotel
logisch *(Konst, Stat, VR)* consistent
Lohn *m* wage
Lohnanteil *m (VR)* wage fraction *(Baupreis)*
Lohnarbeiter *m* paid labourer
Lohnbüro *n* wages department, wages office
Lohngleitklausel *f (VR)* gliding wages clause *(Bauvertrag)*
Lohnkosten *pl* personnel costs; labour costs
Lohnnebenkosten *pl* ancillary wage costs
Lohnnebenleistungen *fpl* fringe benefits
Lohnniveau *n (VR)* wage level
Lohnstunden *fpl* wage hours
Lohntag *m* pay day
Lohn- und Gehaltskosten *pl* wage and salary costs
Lokalbahn *f (Verk)* local railway
Lokalelementbildung *f* electrochemical corrosion, galvanic corrosion
Lokomotivschuppen *m (Verk)* locomotive shed
Longitudinalbauwerk *n (Arch)* long structure
Lorbeerblatt *n (Arch)* laurel leaf
Lorbeerblattdekoration *f (Arch)* bay leaf (ornament)
Lorbeerblattfeston *n (Arch)* laurel-leaf swag
Lorbeerblattgirlande *f (Arch)* laurel-leaf swag
Lore *f* lorry, waggon, *(AE)* wagon, truck, open goods wagon, *(AE)* car; tipping wagon, tipper *(Kipplore)*; trolley *(Steinbruch, Tunnelbau)*
Los *n (VR)* lot
Los-Angeles-Abriebwert *m* Los Angeles abrasion value, LA-value
Los-Angeles-Prüfung *f* rattler test *(Straßenzuschläge)*
lösbar 1. disconnectable *(Verbindung)*; 2. removable *(z. B. Anstriche)*; 3. soluble *(Mathematik)*
lösbar/nicht permanent
Löschanlage *f* 1. *(Konst, WVA)* fire-extinguishing system, fire-extinguishing equipment; 2. *(Verk)* unloading facility; 3. *(BM)* lime-slaking plant
Löschbecken *n* 1. *(Te)* slaking basin; 2. *(Wsb)* tumbling bay *(ein Wehr)*
Löschbeton *m (BM)* cinder concrete
Löscheinrichtung *f* extinguishing installation, fire-extinguishing equipment *(s. a. Löschwassereinrichtungen)*
löschen *v* 1. extinguish, put out *(z. B. Feuer)*; 2. hydrate, quench, slake *(Kalk)*
löschen *v***/trocken** dry-slake
Löschen *n* hydrating, running to putty *(Kalk)*
Löscher *m* extinguisher
Löschgefäß *n* slaking vessel
Löschgerät *n* extinguishing device
Löschgrube *f* slaking pit
Löschkalk *m* hydrated lime, slaked lime, water-slaked lime, dry hydrate
Löschkasten *m* slaking box
Löschmaschine *f* hydrator, slaking machine *(Kalk)*
Löschmittel *n* extinguishing agent
Löschschaum *m* fire foam
Löschschlacke *f* pan breeze
Löschschlackenzuschlag *m* pan breeze aggregate
Löschschlackenzuschlagstoff *m* pan breeze aggregate
Löschschnecke *f (BM, Te)* hydrator
Löschtrog *m* slaking box
Löschtrommel *f (BWG, Te)* slaking drum
Löschvorgang *m* slaking process
Löschwasser *n* firewater
Löschwasseranlagen *fpl s.* Löschwassereinrichtungen
Löschwassereinrichtungen *fpl (Konst, WVA)* water conduit for fire extinguishing, firewater extinguishing equipment *(DIN 14462)*
Löschwasserrohrsystem *n (WVA)* fire line, water conduit for firewater
Löschwasserteich *m (Umw, Wsb, WVA)* fire pond
lose 1. loose, in bulk; 2. *(BM, OB)* non-adherent *(nicht haftend)*; 3. *(BT)* slack *(Seil, Spannglied)*
Lösefähigkeit *f* solvent power *(Farblösungsmittel)*
Lösemittel... *siehe auch: Lösungsmittel...*
lösen *v* 1. loosen, slacken *(lockern)*; 2. unfasten, unlock *(loslösen, losmachen)*; 3. disconnect, disjoint *(unterbrechen)*; 4. *(Bod)* ease; 5. unlock, unlatch *(Verrieglung)*; 6. untie, undo *(aus der Befestigung; losbinden)*; 7. solve *(mathematisch; chemisch; Problem)*
lösen *v***/sich** go into solution *(auflösen)*
Lösen *n* 1. loosening *(Lockern)*; 2. *(BM, Umw)* dissolution *(Auflösen)*; 3. *(Bod)* easing; 4. slackening *(z. B. von Schrauben; Seilen)*; 5. solubilization *(chemisch)*; 6. *(Erdb, Tun)* bed separation, bedding plane *(auch geologisch)*
Lösen *n* **und Fördern** *n* **von Boden** soil displacement
Lösevermögen *n* solvent power *(Farblösungsmittel)*
Losflansch *m* lapped flange *(z. B. bei Ankerbolzen)*
Losgröße *f (Verk)* size of lot, lot size
Losgröße *n***/kleine** 1. *(Te)* job size; 2. *(Te, VR)* short run
Losgröße *f***/ökonomische** *(Te, VR)* economic batch size *(eines Bauloses)*
Losholz *n (BT)* timber transom *(über Fenster, Tür)*
losklopfen *v (Te)* rap *(Betonform)*
löslich soluble *(Stoffe)* • **löslich machen** solubilize
löslich/leicht freely soluble, easily dug
löslich/nicht non-soluble, insoluble
löslich/schwer difficulty soluble, sparingly soluble, slightly soluble
Löslichkeit *f* solubility
Löslichkeitskurve *f* solubility curve
Löslichkeitsprüfung *f* solubility test
Löslichkeitsvermögen *n* solvency *(Farblösungsmittel)*
loslösen *v* disengage
Loslösung *f (BT, TK)* detachment
Losnummer *f* batch number *(Fliesen, Farbe)*
losreißen *v (Te)* pull off
losrütteln *v* rap
Löss *m (Bod)* loess
Löss *m***/umgelagerter** *(Bod)* reassorted loess
Lössboden *m (Bod)* loess soil
losschrauben *v* unscrew, unbolt
Lösslehm *m (Bod)* loess clay
lossprengen *v* dynamite off *(Gestein)*
lostrennen *v* sever
Lösung *f* dissolution; solution • **in Lösung gehen** go into solution
Lösung *f***/einfache** *(Stat)* simple solution
Lösung *f***/Euler'sche** *(Stat)* Eulerian solution
Lösung *f***/kinematische** *(Stat)* upper bound solution
Lösung *f***/punktuelle** *(Konst)* point treatment
Lösung *f***/technische** *(Konst)* technical solution

L

Lösung f/zeichnerische *(Stat)* graphical solution
Lösungsansatz *m (Konst, Stat)* approach *(theoretisch)*
Lösungsbeispiel *n* 1. *(Stat)* solution example; 2. *(Stat)* worked example
Lösungsbenzin *n* mineral spirit(s), petroleum spirit(s)
Lösungskalorimeter *n* solution calorimeter
Lösungskeramik *f* solution ceramics *(Aufbringen dünner Silikatschutzschichten)*
Lösungsmittel *n* medium, solvent, vehicle
Lösungsmittel *n*/**flüchtiges** *(BM)* volatile solvent
Lösungsmittel *n*/**hochsiedendes** slow-evaporating solvent
Lösungsmittel *m*/**inaktives** inactive solvent, non-solvent
Lösungsmittel *n*/**latentes** latent solvent
Lösungsmittel *n*/**leichtflüchtiges** fast solvent
Lösungsmittel *n*/**organisches** organic solvent
Lösungsmittel *n*/**schwerflüchtiges** slow(-evaporating) solvent
Lösungsmittel *n*/**unbedenkliches** safety solvent
Lösungsmittelabgabe *f (OB)* solvent release *(Anstriche)*
lösungsmittelabstoßend lyophobe
Lösungsmittelanstrich *m (OB)* solvent coating
lösungsmittelanziehend *(BM)* lyophile
Lösungsmittelbasis *f (BM)* solvent base
Lösungsmittelbenzin *n* mineral spirit(s)
lösungsmittelbeständig solvent-proof
Lösungsmitteldämpfe *mpl* solvent vapours
Lösungsmittelfarbe *f (BM, OB)* solvent-carried paint
lösungsmittelfrei solvent-free
lösungsmittelgesättigt solvent-saturated
Lösungsmittelgrundlage *f (BM)* solvent base
lösungsmittelhaltig solvent-based, solvent-born
Lösungsmittelkleber *m (BM)* solvent adhesive
Lösungsmittellack *m* solution paint
lösungsmittellos solvent-less
lösungsmittellöslich solvent-soluble
Lösungsmittelreinigung *f* solvent-washing, solvent wiping
Lösungsmittelrückgewinnung *f (Te, Umw)* recovery of solvent
Lösungsmittelrückgewinnungsanlage *f* solvent recover unit
Lösungsmittelrückstand *m* residual solvent
Lösungsmittelschleier *m (OB)* blush *(in Lacken, Farben)*
Lösungsmitteltrocknung *f* solvent drying
lösungsmittelverdünnt solvent-thinned
Lösungsmittelverlängerungsmittel *n* inactive solvent
Lösungspolymerisation *f (BM, Te)* solution polymerisation
Lösungsverfahren *n* solution procedure
Lösungswärme *f (BM)* heat of solution
Lösungswärmemesser *m* solution calorimeter
Lösungsweg *m* mathematical procedure, approach
Lösungszustand *m* solution state of matter
Lot *n* 1. solder, brazing solder *(Löten)*; 2. plumb (bob), plummet, mason's level, *(Aussprache: led)* lead, hand lead; 3. perpendicular, normal *(mathematisch-Senkrechte)* • **aus dem Lot** *(Verm)* out-of-plumb • **ein Lot fällen** drop a perpendicular • **im Lot** plumb • **ins Lot bringen** *(LB, Verm)* plumb • **nicht im Lot** *(Verm)* out-of-plumb
Lot *n*/**optisches** *(Verm)* optical plummet
Lotabweichung *f* deflection of the plumb line, deviation of the plumb line, plumb line deviation
Lötbrenner *m (BWG, St)* soldering torch
Lötbrüchigkeit *f* soldering embrittlement
Lötdraht *m* solder wire
Lotecke *f* 1. *(SB)* lead *(Aussprache: li:d)*; 2. *(San, SB) (AE)* corner lead *(Richtmauerwerk)*
Löteisen *n* soldering iron
loten *v* plumb; sound *(Ultraschall)*
löten *v (Te)* solder
Loten *n*/**optisches** *(Verm)* optical plumbing
Löten *n* soldering
Löterhitzer *m* plumber's furnace
Lötfett *n* soldering paste
Lötflansch *m* soldered flange
Lötflussmittel *n* soldering flux
Lötfuge *f* brazing seam, wiped joint
Lotgewicht *n* plumb bob
Löthafter *m* cleat, soldered cleat, soldered metal cleat *(Metallbedachung)*
Lothaltigkeit *f* verticality
Lötkolben *m* electric soldering iron, hatchet iron, soldering iron, copper bit
Lötlampe *f* soldering lamp, blowlamp, brazing lamp
Lötlegierung *f (St)* solder alloy
Lötmassenstopp *m* soldering stop-off, stop-off
Lötmetall *n* solder
Lötnaht *f* 1. *(Konst, St)* soldered seam; 2. *(St)* brazed joint
Lötofen *m* soldering oven
Lotosblatt *n (Arch)* lotus leaf
Lotosblütenkapitell *n (Arch)* lotus blossom capital
Lotosknospenkapitell *n (Arch)* lotus bud capital
Lotosornament *n (Arch)* lotus ornament
Lötpaste *f* soldering paste, flux paste
Lötpistole *f (BWG, St)* soldering gun
lotrecht normal; plumb; vertical *(z. B. Flächen)*
lotrecht/nicht *(Verm)* out-of-plumb
Lotrechte *f* 1. *(Stat)* normal; 2. *(BT)* vertical
Lötrohr *n* soldering blowpipe, soldering torch
Lotschnur *f* plumb line
Lotsetzwaage *f (Verm)* plumb level
Lötstelle *f* soldered joint, soldering, soldering point
Lötstelle *f*/**kalte** dry joint
Löttemperatur *f* soldering temperature
Lotung *f*/**optische** *(Verm)* optical plumbing
Lotungslinie *f (Verm)* sounding line
Lotusblattornament *n (Arch)* water leaf
Lötverbindung *f* soldered joint, soldering
Lötverbindung *f*/**gasdichte** *(BT, St)* sweat joint *(Rohr)*
Lötverfahren *n (St, Te)* soldering method
Lotwaage *f* builder's level, carpenter's level, spirit level, *(AE)* plumb and level
Lötzange *f* soldering tongs, brazing tongs, hawkbill
Lötzinn *n* soldering tin, plumber's solder, tin-lead solder, tin solder
Lötzinn *n*/**pulverisiertes** powdered solder
Löwe *m*/**Geflügelter** *(Arch)* Winged Lion
Löwenfries *m (Arch)* lion frieze; Lion Gate, Gate of lions *(Mykene)*
LP-Beton *m (BM)* air-entrained concrete
LP-Stoffe *mpl (BM)* air-entraining agent
LP-Zement *m* air-entraining cement, air-entraining hydraulic cement
L-Stahl *m* steel angle, angle *(Profilstahl)*
L-Träger *m (TK)* L-beam
Lücke *f* 1. spacing, gap *(räumlich)*; 2. *(BM, Bod, Konst)* break *(Zeit, Ablauf)*; 3. fissure, crack, chink *(Spalte)* • **auf Lücke** *(Konst)* staggered *(z. B. Gebäude)* • **auf Lücke setzen** *(Konst, SB, Te)* stagger • **mit Lücken** open
Lücke *f*/**kritische** *(Verk)* critical gap
Lückenbau *m* lock-up, in-fill building
Luft *f* 1. air; 2. *(Konst)* clearance; 3. *(Konst)* play *(zwischen Bauteilen)* • **an der Luft erhärten** *(BM)* set in air • **an der Luft trocknen** *(BM, Te)* air-dry • **der Luft aussetzen** 1. *(BM, HLK)* aerate; 2. *(HLK)* air • **in die Luft sprengen** blow up • **in feuchter Luft gelagert** moist-cured *(Beton)* • **in feuchter Luft lagern** *(BM, Te)* store in damp atmosphere • **mit Luft versetzen** *(BM, HLK)* aerate

Luft f/abgestandene *(HLK)* stale atmosphere
Luft f/eingeschlossene dead air, close air, entrapped air *(Beton)*
Luft f/erwärmte *(HLK)* warmed air
Luft f/gesättigte saturated air *(z. B. mit Wasserdampf)*
Luft f/klimatisierte *(HLK)* conditioned air
Luft f/verbrauchte vitiated air, stale atmosphere
Luft f/vorgewärmte *(HLK)* preheated air
Luft... aerial ...
Luftabbinden *n* 1. *(BB, BM, Te)* air curing; 2. *(BM)* air-set *(Beton)*
luftabbindend *(BB, BM)* air-setting *(z. B. Beton)*
Luftabscheider *m (BWG, Te)* air separator
Luftabzugsgitteröffnung *f (HLK)* return grill
Luftabzugsleitung *f* vent stack
Luftabzugsrohr *n* vent stack
Luftansauger *m* air-exhaust (ventilator)
Luftansaugung *f (HLK)* air admission
Luftaufbereiter *m (BWG, HLK)* air conditioner
Luftaufbereitungsanlage *f (HLK)* air-handling unit *(einer Klimaanlage)*
Luftaufnahme *f (Verm)* aerial photograph
Luftausfällung *f (Umw)* air shed
Luftauslass *m (HLK)* air outlet
Luftauslassschlitz *m (HLK)* slot outlet *(Klimaanlage)*
Luftausströmgeschwindigkeit *f (HLK)* terminal velocity *(Klimaanlage)*
Luftaustritt *m* exfiltration *(durch Fugen und Wände)*
Luftaustrittsgitter *n (HLK)* exhaust grille *(Klimaanlage)*
Luftaustrittsöffnung *f (HLK)* air outlet
Luftbefeuchten *n (HLK)* humidifying
Luftbefeuchter *m (HLK)* air humidifier, humidifier; atomizing-type humidifier *(durch Wasserversprühung)*
Luftbefeuchter *m* **mit Dampfdüsenrohr** steam-jet humidifier *(Luftkanal)*
Luftbefeuchtung *f (HLK)* air humidification
Luftbehandlung *f (BM)* air treatment
Luftbelastung *f (Umw)* air load
Luftbesen *m (OB, Te)* air lance
luftbeständig 1. *(BM, OB)* air-resistant; 2. *(BM)* stable in air
Luftbeton *m (BM) (veraltet)* aerocrete
luftbetrieben *(BWG)* air-operated
Luftbewegung *f (HLK)* air movement
Luftbewegungsabstand *m***/kürzester** *(HLK)* developed distance
Luftbild *n (Verm)* aerial photograph
Luftbildaufnahme *f (Verm)* aerial photography
Luftbildkarte *f* aerial (photo)map, photomap
Luftbildkarte f/zusammengesetzte *(Verm)* aerial photomosaic *(einer größeren Erdoberfläche)*
Luftbildplan *m (Verm)* rectified mosaic, controlled mosaic
Luftbildskizze *f* photomosaic
Luftbildvermessung *f* aerial survey, air survey, survey by aerial photographs
Luftblase *f* 1. *(BM, HLK, WVA)* air bubble; 2. *(DIS, HLK, WVA)* air lock *(in Leitungssystemen)*; 3. blow-hole, gas pocket *(im Beton)*; 4. steam blow *(gesperrtes Holz, Furnier)*; 5. blub *(im frischen Putz)*
Luftblasenhohlräume *mpl (BB) (AE)* bug holes *(in eingebrachtem Beton)*
Luftbürstenstreichmaschine *f (BWG, OB)* air brush
luftdicht 1. *(Konst, San)* air-proof; 2. *(DIS, Konst)* air-tight; 3. *(Wsb)* staunch *(z. B. Lagerraum)*
Luftdichtigkeit *f* air tightness
Luftdiffusor *m (BM, HLK)* air diffuser
Luftdruck *m (Umw)* air pressure
Luftdruckkammer *f (HLK, San, WVA)* air vessel *(in Leitungssystemen)*
Luftdurchflussgitter *n***/regelbares** *(HLK)* transfer register *(Klimaanlage)*
Luftdurchgang *m (HLK)* passage of air
luftdurchlässig air-permeable, permeable to air, pervious to air
Luftdurchlässigkeit *f* permeability to air
Luftdurchlässigkeitstest *m (BM)* air permeability test *(z. B. bei Zement, Feinstoffen)*
Luftdurchtritt *m (Konst)* air leakage *(durch Fenster oder Türen)*
Luftdüse *f* 1. *(HLK, Te)* air nozzle; 2. *(OB, Te)* air lance; 3. *(Te)* air blowpipe *(zur Reinigung)*
Lufteinführen *n* entrainment of air
Lufteinführung *f (BM, Te)* air entrainment *(in Frischbeton)*
Lufteinlass *m (HLK)* air inlet
Lufteinlassrohr *n (HLK)* air inlet pipe
Lufteinschluss *m* included air; entrapped air, air entrainment, entrainment of air *(bei mörtelartigen Baustoffen zur Luftporenbildung, z. B. Beton)*
Lufteinspeisegitter *n (HLK)* supply grille *(Klimaanlage)*
Lufteinspeisungsgitter *n* **mit Richtungslamellen** vaned outlet *(meist regelbar)*
Lufteintritt *m (HLK)* air intake
Lufteintrittsrohr *n (BT, HLK)* air chimney *(Wrasenabzug)*
lüften *v* aerate; air *(Räume auf natürliche Weise)*; ventilate *(meist für künstlich; eine Vorhangwand)*
Lüfter *m (HLK)* air-moving device, ventilator, fan, aerator; blower *(Gebläse)*; cooling fan
Lüfterbauwerk *n (HLK)* ventilation plant
Lüftergaupe *f (DIS)* dormer ventilator
Lufterhärtung *f (BB, BM, Te)* air curing *(von Beton)*
Lüfterhaube *f (HLK)* fan guard
Lufterhitzer *m (HLK)* air heater
Lufterhitzer *m* **ohne Lüfter** *(HLK)* duct furnace *(Klimaanlage)*
Lüfterkanal *m (HLK)* fan drift
Lüfterstein *m (BT)* ventilator tile
Luftfeuchte *f* air humidity, air moisture, humidity
Luftfeuchtemesser *m (HLK)* hygrometer
Luftfeuchtigkeit *f* atmospheric moisture, humidity of air
Luftfeuchtigkeit f/absolute *(HLK)* absolute humidity
Luftfeuchtigkeit f/relative relative humidity, percentage humidity *(Raumklima, Zementbetonnachbehandlung)*
Luftfeuchtigkeitsmesser *m* hygrometer, psychrometer
Luftfilter *n (BT, HLK)* air filter
Luftfußbodenheizung *f (HLK)* air floor heating
Luftfußbodenheizung f/römische *(Arch)* hypocaust
Luftgehalt *m* air content
Luftgeschwindigkeitsmesser *m* anemometer
luftgetrocknet air-dried; sun-baked, sun-dried *(Lehmziegel)*
Luftgewölbe *n (HLK, Konst)* air arch
Luftgitter *n* air grate, air grating, ventilating grille, ventilator grate, grille
lufthärtend air-hardening
Lufthärtung *f (BM)* air-hardening
Lufthaushalt *m (HLK)* air balance *(Gebäude, Klimaanlage)*
Luftheizofen *m (HLK)* air heater
Luftheizung *f (HLK)* air heating
Lufthohlraum *m* air space *(Dämmung)*
Luftisolierung *f (El)* air insulation
Luftkabeltragseil *n* 1. *(BT, TK)* messenger wire; 2. *(BT)* supporting wire for air cables
Luftkalk *m* air-hardening lime, non-hydraulic lime, building lime, common lime, mason's lime
Luftkammer *f* 1. *(HLK, Wsb)* compressed-air chamber; 2. *(HLK, Te, WVA)* air chamber *(z. B. einer Pumpe)*; 3. *(HLK)* plenum chamber *(Klimaanlage)*
Luftkammerraum *m (HLK)* plenum chamber *(Klimaanlage)*

Luftkanal *m (HLK, San)* air channel, air-conditioning duct, air duct, air flue, air trunk(ing), vent, duct, flue *(z. B. für Heizung, Belüftung)*
Luftkanalblechmaterial *n (HLK)* duct sheet
Luftkanalsystem *n (HLK)* duct system
Luftkasten *m (HLK, Te, WVA)* air chamber *(z. B. einer Pumpe)*
Luftkissen *n* 1. *(Erdb, Te)* air cushion; 2. *(Erdb)* air pillow
Luftkissenfahrzeug *n (Verk)* air cushion vehicle
Luftklappe *f* air register, air shutter *(Klimaanlage)*
Luftklassierer *m* 1. *(BM, Te)* air classifier; 2. *(BWG, Te)* air separation plant
Luftklimatisierungsanlage *f* air-conditioning installation, air-conditioning plant, air-conditioning system
Luftkompressor *m (BWG)* air compressor
Luftkompressorbohrer *m* percussion drill
Luft-Kondenswasserrückfluss *m (HLK)* dry return *(Dampfheizung)*
Luftkonditionierer *m (HLK)* air conditioner *(EN 14511)*
Luftkühler *m (BWG, Te)* air cooler
Luftkühlung *f (HLK)* air cooling
Luftlack *m* 1. *(BM, OB)* air-proof varnish; 2. *(BM, OB)* spar varnish
Luftlandeplatz *m (Verk)* airfield
Luftleck *n (Konst)* air leakage
Luftleistung *f (HLK)* air-handling capacity
Luftleitung *f* air pipes, air piping, air tubes, air line
Luftlenkblech *n* air deflector
Luftlinie *f* 1. *(Verm)* air line; 2. *(Verm)* slant range *(zwischen zwei Punkten verschiedener Höhe)*
Luftloch *n* 1. vent air hole, vent hole, vent draught *(durch Unterdruck)*; 2. *(HLK, Wsb, WVA)* back vent *(in einem Leitungssystem zur Vermeidung von Unterdruck)*; 3. eyelet *(Beobachtungsloch im Mauerwerk)*
Luftlöschen *n (BM, Te)* air slaking *(von Kalk in feuchter Luft)*
Luft-Luft-Wärmepumpe *f (HLK)* air-to-air pump
Luftmischkammer *f (HLK)* dual-duct terminal unit, drying-duct terminal unit *(Klimaanlage)*
Luftmörtel *m (BM, SB)* non-hydraulic mortar
Luftnachwärmung *f (HLK)* reheating
Luftnest *n* air pocket *(Beton)*
Luftofen *m (HLK)* central fire
Luftöffnung *f* ventilating opening, ventilation opening, vent
Luftöffnungsbaustein *m* air brick
Luftöffnungsschlitz *m* louvre
Luftöffnungsstein *m* air brick
Luftpolster *n* 1. *(HLK, Te, WVA)* air buffer; 2. *(Erdb, Te)* air cushion; 3. *(Erdb, Wsb)* air vessel *(gegen Wasserschlag)*
Luftporen *fpl* air voids, voids *(z. B. Baustoffgemische, Erdstoffe)*; entrained air *(im Beton)*
Luftporenanteil *m (BM)* air voids ratio
Luftporenbeton *m (BM)* air-entrained concrete
Luftporenbildner *m (BM)* air-entraining admixture
Luftporenbildung *f* 1. *(BM, Te)* air entraining; 2. *(BM)* air entrainment *(im Beton)*
Luftporeneinschluss *m* air entrainment *(im Beton)*
Luftporengehalt *m* air voids content, voids content, air content *(in Mörtel, Beton; Erdstoff; Baustoffgemischen)*
Luftporenmessgerät *n* 1. *(BM)* air entrainment meter; 2. *(BM, Te)* air meter
Luftporenminderer *m (BM)* air-reducing agent
Luftporenreduzierer *m (BM, Te)* air-detraining agent (admixture)
Luftporenzement *m (BM)* air-entraining (hydraulic) cement
Luftputz *m* lime plaster
Luftpyknometer *n* air pycnometer
Luftqualität *f (Umw)* air quality
Luftqualitätsdaten *pl (Umw)* air quality data
Luftqualitätsnorm *f (Umw)* air quality standard
Luftraum *m* air space *(Wand)*; plenum *(Zwischenraum für Klimaanlagen)*
Luftregelklappe *f* air shutter *(Klimaanlage)*
Luftregulierungsdüse *f (HLK)* air regulator
Luftreinheit *f (Umw)* air purity
Luftreiniger *m (BM, HLK)* air cleaner
Luftreiniger *m*/**elektrostatischer** *(HLK)* electrostatic precipitator
Luftreinigung *f* 1. *(HLK, Te)* air cleaning; 2. *(Umw)* air purification
Luftrichtungsweiser *m (HLK)* foot piece *(Klimaanlage)*
Luftrohr *n* air pipe, air tube, puff pipe
Luftrost *m* air grate, air grating, ventilator grate
Luftsack *m* 1. *(HLK, WVA)* air bag *(Sicherheitsposter)*; 2. *(HLK, San, WVA)* air hole *(Luftloch)*; 3. *(DIS, HLK, WVA)* air lock; 4. *(HLK, San, WVA)* air pocket *(in Leitungssystemen)*
Luftsäule *f (HLK)* air column
Luftsäule *f*/**fallende** downdraught *(z. B. in Schornsteinen)*
Luftschacht *m* air-shaft, ventilating shaft, well
Luftschadstoff *m (Umw)* air pollution
Luftschadstoffbelastung *f (Umw)* air pollutant burden
Luftschadstoffgrenzwert *m (Umw)* air pollutant limiting
Luftschall *m (DIS, Umw)* airborne sound
Luftschalldämmung *f* airborne sound insulation
Luftschallpegel *m* airborne sound level
Luftschallschutzmaß *n (DIS, Umw)* airborne sound-insulation margin
Luftschicht *f* 1. *(HLK)* air layer; 2. *(Konst, SB)* air space *(Wand)*
Luftschleiertür *f (HLK)* air curtain door
Luftschleuse *f* air(-bound) lock, antechamber, *(AE)* man lock *(z. B. eines Caissons)*
Luftschlitz *m* louvre, *(AE)* louver, abat-vent, vent cavity
• **mit Luftschlitzen** louvred
Luftschlitz *m*/**gelochter** *(Konst)* punched louvre
Luftschlitzöffnung *f* **mit Eierwabenausbildung** *(HLK)* eggcrate louvre
Luftschlitztürfüllung *f (EB)* pierced louvre
Luftschornstein *m* vent stack
Luftschürze *f (HLK)* air curtain
Luftschütz *m (El)* air-break contactor
Luftschutz *m*/**baulicher** *(Konst)* civil defence construction
Luftschutzbau *m (Konst)* civil defence construction
Luftschutzbunker *m s.* Luftschutzraum
Luftschutzraum *m* 1. *(Konst)* air-raid shelter; 2. *(BB, Konst)* bomb shelter
Luftseilbahn *f (Verk)* aerial ropeway
Luftseite *f (Wsb)* downstream face, air-side face *(einer Talsperre)*
Luftsortierer *m* 1. *(BM, Te)* air classifier; 2. *(BWG, Te)* air separation plant
Luftspalt *m* 1. *(EB, WVA)* air gap; 2. *(Erdb)* air drain *(bei Fundamenten zur Trennung vom Erdreich)*
Luftstrahlsiebung *f (BM)* elutriation analysis
Luftstrahltrennung *f* elutriation
Luftstrom *m (HLK)* air current
Luftstromerhitzer *m (HLK)* blast heater
Luftstromfall *m* 1. *(HLK)* air current drop; 2. *(El, HLK, WVA)* drop *(Klimaanlage)*
Luftstromlänge *f* **im Raum** *(HLK)* air current throw
Luftstrommessung *f (HLK)* air flow measurement
Luftstromprüfung *f* **mit Rauch** *(Umw)* smoke test
Luftstromtür *f (HLK)* air curtain door
Luftströmung *f*/**fallende** *(Umw)* downdraught
Lufttragegebäude *n* air-supported building, air-supported structure, inflatable building
lufttrocken air-dry, air-dried
Lufttrockenfilter *n (HLK)* dry filter

lufttrocknend 1. *(BM)* air-drying; 2. *(BM, Hb)* air-seasoning *(z. B. Holz)*; 3. *(BB, BM)* air-setting *(z. B. Bindemittel)*
Lufttrockner *m (HLK)* dehumidifier *(Apparat)*
Lufttrocknung *f* 1. *(BM, Te)* air drying; 2. *(BM)* air seasoning *(Holz)*
Lufttürmchen *n (Arch) (AE)* flèche *(zur Lüftung)*
Luftüberschuss *m* excess air
Luftumlauf *m (HLK)* air circulation
Luftumwälzung *f* air circulation
luftundurchlässig *(DIS, Konst)* air-tight
Luftundurchlässigkeit *f (BM, BT)* air-tightness
Lüftung *f* 1. *(HLK, San, WVA)* airing *(natürlich)*; 2. *(HLK)* ventilation *(meist künstlich)*
Lüftung *f***/freie** natural aeration, natural ventilation
Lüftung *f***/künstliche** *(HLK)* artificial ventilation
Lüftung *f***/natürliche** natural aeration, natural ventilation
Lüftung *f***/ungeregelte** *(HLK)* uncontrolled ventilation
Lüftung *f* **von Gebäuden** *(HLK)* ventilation for buildings *(DIN EN 15243)*
Lüftungsakustikdecke *f (DIS, HLK)* ventilating acoustical ceiling
Lüftungsanlage *f (HLK)* odour removal equipment
Lüftungsanlagenraum *m (Konst)* ventilation plant room
Lüftungsdaube *f* vent stave
Lüftungsdecke *f (HLK)* air-conditional ceiling, air-conditioned ceiling, vent(ilat)ed ceiling, ventilating ceiling
Lüftungseinlegedecke *f (HLK, Konst)* ventilating lay-in ceiling
Lüftungsesse *f* vent stack
Lüftungsfenster *n* vent(ilating) window, top-hinged in--swinging window
Lüftungsfirst *m (HLK)* vent ridge
Lüftungsfläche *f (HLK)* vent area
Lüftungsflügel *m* 1. *(BT)* window vent; 2. *(EB)* projected sash
Lüftungsflügel *m***/unterer** hopper light
Lüftungsflügelfenster *n* projected window
Lüftungsgeräte *npl (HLK)* ventilation equipment
Lüftungsgeräusch *n (HLK)* fan noise
Lüftungsgitter *n* air-conditioning grille, air grate, air grating, vent(ilating) grille
Lüftungshaube *f (HLK)* ventilating capping
Lüftungsjalousie *f (BT, HLK)* ventilation louvre
Lüftungskanal *m (HLK)* air channel
Lüftungskanäle *mpl (HLK)* ventilating ducts
Lüftungsklappe *f (HLK)* ventilation flap
Lüftungslamelle *f (HLK)* louvre, *(AE)* louver
Lüftungslamellen *fpl* vent louvre
Lüftungsleitung *f* vent(ilation) line
Lüftungsloch *n* vent hole
Lüftungsluft *f* ventilating air
Lüftungsöffnung *f* vent(ilating) opening, air opening
Lüftungsprojekt *n (HLK)* ventilation design
Lüftungsrohr *n (HLK, San)* duct, air pipes, air piping, ventilation pipe
Lüftungsschacht *m* air-shaft, ventilating shaft, ventilation funnel, funnel
Lüftungsschacht *m***/offener** *(HLK)* open shaft
Lüftungsscheuerleiste *f (HLK)* ventilating skirting board
Lüftungsschlitz *m (Konst)* ventilation slot
Lüftungsschutzgitter *n* air-conditioning grille
Lüftungsstation *f* ventilating station
Lüftungsstein *m (BT)* ventilation block
Lüftungsstellung *f* vent(ilator) position
Lüftungsstück *n* vent piece
Lüftungstechnik *f (HLK)* ventilation engineering
Lüftungstür *f (BT, Konst)* ventilating door
Lüftungs- und Klimakanäle *mpl (HLK)* ventilation and air--conditioning ducts
Lüftungszentrale *f* ventilating station
Lüftungsziegel *m (HLK, Konst, SB)* air brick
Luftverflüssigung *f* liquefaction of air
Luftvergiftung *f (Umw)* air poisoning
Luftvermessung *f (Verm)* photographic aerial survey, aerial survey, air survey
Luftvermischung *f (HLK)* aspiration *(bei Klimaanlagen an den Lufteinspeisungen)*
Luftverschmutzung *f* air pollution, atmospheric pollution, pollution of the air
Luftverschmutzung *f* **durch Rauch** *(Umw)* smoke pollution
Luftverschmutzungsvorhersage *f (Umw)* air pollution forecast
Luftverteiler *m* 1. *(BM, HLK)* air diffuser; 2. *(HLK)* diffuser
Luftverteilung *f* air distribution
Luftverteilung *f***/lineare** *(HLK)* linear air distribution
luftverunreinigend *(Umw)* air-polluting
Luftverunreinigung *f (Umw)* air pollution, pollution of the air
Luftverunreinigungsemission *f (Umw)* air pollution emission
Luftverunreinigungsereignis *n (Umw)* air pollution incident
Luftverunreinigungsgefahrensituation *f (Umw)* air pollution episode
Luftvorhang *m (HLK)* air curtain
Luftvorhangtür *f (HLK)* air curtain door
Luftvorwärmansatz *m (HLK)* economizer, air preheat coil, air preheater
Luftvorwärmer *m* air preheater
Luftwärmeaustauscher *m (HLK)* air preheater *(im Heizungssystem)*
Luft-Wasser-Strahl *m (BWG, OB)* air-water jet *(zur Reinigung von Beton und Gesteinsoberflächen)*
Luftwechsel *m (HLK)* air change, change of air
Luftwechselzahl *f (HLK)* number of air changes
Luftweg *m***/kürzester** *(HLK)* developed distance
Luftwiderstandsbeiwert *m (Stat)* coefficient of drag
Luftwirbel *m* 1. *(HLK)* air eddy; 2. *(HLK, Te)* air vortex
Luftziegel *m* air brick, loam brick, day brick, sun-dried brick, unburnt brick; cob *(ungebrannter Ziegel mit Stroh)*
Luftzirkulation *f (HLK)* air circulation
Luftzirkulationsraum *m (HLK, Konst)* airway *(bei Kaltdächern)*
Luftzufuhr *f (HLK, Te)* air supply
Luftzuführung *f* 1. *(HLK)* air input; 2. *(Te)* aeration *(von Porenbeton)*
Luftzug *m (HLK)* draught *(Abgasführung)*
Luftzugregler *m***/automatischer** *(HLK)* barometric draught regulator *(bei Heizungen)*
Luftzutritt *m (HLK)* access of air
Luftzwischenraum *m* 1. *(EB, WVA)* air gap *(z. B. in einem Tank, Boiler)*; 2. *(DIS, HLK, WVA)* air lock *(z. B. bei Wärmedämmung)*; 3. air space *(Wand)*
Luftzwischenraum *m* **einer Schalenwand** *(Konst, SB)* air space of a cavity wall
Lukarne *f (Konst)* lucarne *(Dacherker)*
Luke *f* hatch, hatchway, trap door
Lukendeckel *m* hatch cover
Lukenfenster *n* cant-bay window
Lukentür *f* hatch cover
Lumineszenzfarbe *f (BM, OB)* luminescent paint
lumineszierend luminescent
Lumpen *mpl* rags
Lumpenfaser *f (BM)* rag fibre
Lumpenfaserbitumenpappe *f* rag felt
Lunapark *m* amusement park
Lunette *f* 1. *(Arch)* lunette *(Gewölbeöffnung)*; 2. *(Arch,*

Konst) gore *(halbkreisförmiger Aufsatz über einer Tür bzw. einem Fenster)*
Luppe *f* ball
Luppenstahl *m* bloom(ing) steel
Luppenwalzwerk *n* blooming mill
Lüster *m* 1. *(OB)* satin finish; 2. *(Arch)* chandelier
Lustgarten *m (Arch, LB)* pleasure garden
Lustschloss *n (Arch)* palace of delights
Lux *n (El)* lux *(SI-Einheit der Beleuchtungsstärke)*
Luxusetagenwohnung *f (Konst)* luxury flat
Luxushotel *n (Arch)* luxury hotel
Luxuswohnung *f (AE)* high-class apartment
Luxuswohnung *f***/große** *(Konst)* mansion
lx *(El)* lux *(SI-Einheit der Beleuchtungsstärke)*
lyophil *(BM)* lyophile
lyophob lyophobe
LZR *(Luftzwischenraum)* air gap

M

Mäander *m (Arch)* meander, fret *(griechische Antike, Klassizismus)* • **in Mäandern fließen** *(Bod, Wsb)* meander *(Flusslauf)*
Mäander *m***/gebrochener** *(Arch)* fret
Mäander *m***/rechtwinklig gebrochener** *(Arch)* key pattern; Greek fret
Mäanderbildung *f (Bod, Wsb)* meandering *(Flusslauf)*
Mäanderdurchbruch *m (Wsb)* meander cut-off
Mäanderelement *n***/rechtwinklig gebrochenes** *(Arch)* Greek fret
Mäanderfluss *m (Bod, Wsb)* snaking stream
mäandern *v* 1. *(Bod, Wsb)* meander; 2. *(Bod, Wsb)* wind about *(Flusslauf)*; 3. *(Arch)* meander *(ornamentieren)*
Mäandertal *n (Bod)* meandering valley
mäandrieren *v (Bod, Wsb)* meander *(Flusslauf)*
mäandrisch 1. *(Arch)* meandering *(Ornament)*; 2. winding, meandering *(Fluss)*
Maar *n* maar
machbar feasible, possible
Machbarkeit *f* feasibility
Machbarkeitsstudie *f* feasibility study
Mächtigkeit *f (BM, BT)* thickness
Mächtigkeit *f***/geringe** *(Bod)* slight thickness
Madenschraube *f* grub screw, headless pin
Madersa *f (Arch)* madrasah
Madrasa *f (Arch)* madrasah
Magazin *n* magazine *(z. B. für Werkzeuge)*; store, warehouse
Magazinhalter *m* storekeeper
magazinieren *v* store *(Werkzeuge)*
Magazinraum *m (Konst, Te)* store chamber
Magazinverwalter *m* storekeeper
mager 1. lean; weak *(Baustoffe, z. B. Beton)*; 2. arid *(dürr)*
Magerbeton *m* inferior concrete *(minderwertig)*; poor concrete, lean concrete *(bindemittelarm)*; weak concrete *(sehr weich, flüssig)*
Magerbeton *m***/gewalzter** *(Verk)* dry-rolled concrete
Magerbetonfundamentunterbettung *f (Erdb)* cap
Magerbetonsauberkeitsschicht *f (BB, Erdb)* blinding
Magerkalk *m* lean lime, lean quicklime, meagre lime, poor lime, magnesian lime
Magerlehm *m (BM)* short clay
Magermischung *f* lean mix
Magermörtel *m* lean mortar, bad mortar, cement-lime mortar
Magersand *m* sand poor in clay
Magerton *m* lean clay, green clay
Magerwalzbeton *m* lean rolled concrete
Magistrale *f (RP, Verk)* thoroughfare *(in der Stadt)*
Magnesia *f (BM)* magnesia
Magnesia *f***/gebrannte** calcined magnesium oxide
Magnesia *f***/geglühte** dead burnt magnesia, heavy magnesia
Magnesia *f***/kalzinierte** calcined magnesium oxide
Magnesiabinder *m (BM)* magnesia cement *(hydraulische Magnesia)*
Magnesiadämmstoff *m* magnesia insulation
Magnesiaestrich *m* magnesium oxychloride composition *(Baustoff)*; magnesium oxychloride flooring, magnesium oxychloride screed *(fertig verlegter Estrich)*
Magnesiaestrichschicht *f* magnesium oxychloride screed *(fertig verlegter Estrich)*
Magnesiahärte *f* magnesia hardness
Magnesiaplatte *f* magnesite slab
Magnesiastein *m (BM)* periclase brick
Magnesiaweiß *n (OB)* magnesia white *(Farbe)*
Magnesiazement *m (BM)* magnesia cement *(hydraulische Magnesia)*
Magnesit *m* magnesite, carbonate of magnesia
Magnesitbauplatte *f (BT)* magnesite board
Magnesit-Chromerzeugnis *n (BM)* magnesite-chrome refractory *(Feuerfestmaterial)*
Magnesiterzeugnis *n (BM)* magnesite refractory
Magnesitestrich *m* stone-wood flooring
Magnesitfußboden *m* magnesite floor(ing)
Magnesitstein *m* magnesite rock, magnesite brick
Magnesitziegel *m* magnesite brick
Magnesium *n* magnesium
Magnesiumcarbonat *n* magnesium carbonate
Magnesiumchlorid *n* magnesium chloride
magnesiumhaltig magnesian
Magnesiumhydroxid *n (BM)* magnesium hydroxide
Magnesiumkarbonat *n* magnesium carbonate
Magnesiumlegierung *f* magnesium alloy
Magnesiumolivin *m* forsterite
Magnesiumoxid *n* magnesia, magnesium oxide
magnesiumreich high magnesium *(Bindemittel, Gestein)*
Magnesiumsilikat *n* magnesium silicate, silicate of magnesium
Magnesiumsilikatpigment *n (BM, OB)* magnesium silicate pigment
Magnetabscheider *m (Te)* magnetic separator
Magnetabscheidung *f (Umw)* magnetic separation *(von Müll, Bauschutt)*
Magneteisensteinzuschlag *m* magnetite aggregate *(Schwerstbeton)*
Magnetitbeton *m (BB)* magnetite concrete
Magnetitzuschlag *m* magnetite aggregate *(Schwerstbeton)*
Magnetitzuschlagstoff *m* magnetite aggregate *(Schwerstbeton)*
Magnetkissenaufhängung *f* magnetic levitation
Magnetkissenbahn *f (Verk)* magnetic cushion railway
Magnetrührer *m* magnetic stirrer
Magnetschalter *m (El)* magnetic switch
Magnetschwebebahn *f (Verk)* magnetic suspension railway
Magnetsortierung *f (Umw)* magnetic separation *(Müll, Bauschutt)*
Magnetventil *n (HLK, San, WVA)* solenoid valve
Magnetverschluss *m (EB)* magnetic catch

Mahagoni *n* mahogany
Mahagoni *n***/australisches** *(BM, Hb)* jarrah
mahagoniausgekleidet mahogany-faced
Mahagonibeize *f (BM)* abraum
Mahagonibraun *n (OB)* mahogany brown
Mahagoniholz *n* mahogany
Mahagoniholz *n***/weißes** avodire
Mahagoniholz *n***/westindisches** carapa
mahagoniverkleidet mahogany-faced
mähen *v (LB, Te)* mow
Mahlanlage *f* 1. crushing plant, breaking plant *(für grobes Mahlgut)*; 2. *(BWG)* grinding plant *(für feines Mahlgut)*
Mahlbarkeit *f (BM)* grindability
mahlen *v* 1. mill, grind *(keramische Baustoffe, Füllstoffe)*; 2. crush, break *(Gestein)*
mahlen *v***/trocken** ground dry
Mahlen *n* milling, grinding; disintegration
Mahlfeinheit *f* grinding fineness, fineness of grind *(Zement, Pigment)*
Mahlgut *n* 1. grinding stock *(zum Vermahlen)*; 2. grist *(Gestein)*; ground stock *(Mahlprodukt)*
Mahlstein *m* grindstone; millstone *(auch geologisch)*
Mahlzerkleinerer *m (BWG)* grinding mill
mahlzerkleinern *v* mill *(keramische Baustoffe, Füllstoffe)*
Mahnmal *n (Arch)* memorial
Maisonette *f* maisonette
Maisonette-Wohnung *f* maisonette, *(AE)* duplex apartment
Majolika *f* majolica, majolica ware *(Töpferware)*
Majolikaarbeit *f* majolica
Majolikaglasur *f (OB)* majolica glazed coat
Majolikamosaik *n* majolica mosaic
Majolikawandfliese *f (EB)* majolica wall tile
Makadam *m(n) (Verk)* macadam *(für Makadamstraßendecke)*
Makadam *m***/asphaltgebundener** *(Verk)* asphaltic macadam
Makadam *m***/heißgemischter** *(BM, Verk)* hot-mixed macadam
Makadam *m***/mörtelverfüllter** *(Verk)* grouted macadam
Makadam *m***/offenporiger** pervious macadam
Makadam *m***/wassergebundener** waterbound macadam
Makadambauweise *f (Verk)* macadam construction method
Makadamdecke *f* macadam surface, macadam surfacing • **eine Makadamdecke aufbringen** *(Verk)* macadamize
Makadamgemisch *n (BM, Verk)* open-graded bituminous mix(ture)
Makadamgesteinszuschlagstoff *m s.* Makadamzuschlagstoff
makadamisieren *v* macadamize
Makadamisierung *f* macadamization
Makadamschicht *f***/verfestigte** *(Verk)* improved macadam
Makadamstraße *f (Verk)* macadam road
Makadamtragschicht *f (Verk)* macadam roadbase
Makadamzuschlag *m* macadam aggregate
Makadamzuschlagstoff *m* macadam aggregate
Makel *m* blemish
makellos spotless
Makler *m* broker, agent
Makrobereich *m* macrorange
Makrobestandteil *m* macroconstituent
Makroklima *n* regional climate
Makrokomponente *f* macroconstituent
Makropore *f (BM)* macropore
Makroriss *m* macrocrack *(mit dem Auge gut erkennbar)*
Makrotextur *f* macrotexture
Makulatur *f* 1. waste; 2. lining paper *(zum Tapezieren)*

MAK-Wert *m (Umw, VR)* maximum allowable concentration *(von gas- und staubförmigen Schadstoffen)*
Malachit *m (BM, Bod)* malachite
Maleinatharz *n (BM)* rosin-modified maleic resin
malen *v* paint; coat
Maler *m* painter, decorator
Malerabbrennlampe *f* painter's torch
Malerarbeiten *fpl* paint(ing) works, painter's work, painting *(BS 8000-12, DIN 18363)*
Malerbürste *f* distemper brush
Malereimer *m* paint kettle
malerfertig *(BM, OB)* ready-to-paint
Malergewerbe *n* painter's trade
Malergips *m* painter's gypsum
Malergold *n* ormolu
malerisch *(Arch)* picturesque
Malerkitt *m (BM)* painter's putty
Malerlager *n* paint store
Malerleiter *f* painter's steps, painter's step-ladder
Malerpinsel *m* paint(er's) brush
Malerpinsel *m***/schmaler** fitch brush
Malerschablone *f* stencil
Malerwerkstatt *f* paint shop
Malm *m (Bod)* malm *(Kalktonboden)*
Maltene *pl* maltenes
Malteserkreuz *n (Arch)* Maltese cross *(Architekturelement)*
Mammutpumpe *f* 1. *(Erdb, WVA)* mammoth pump; 2. *(BWG, WVA)* air-lift pump
Management *n* **für Straßenerhaltung** maintenance management system, PMS
Managementvertrag *m* management contract
Manager *m* manager
Mandapa *m* 1. *(Arch)* mandapam *(indischer Tempelpavillon)*; 2. *(Arch)* mandarah *(altägyptische Empfangshalle)*
Mandat *n (VR)* mandate
Mandel *f (BM, Bod)* geode
Mandorla *f (Arch)* mandorla
Manganblau *n (OB)* manganese blue
manganhaltig manganous
Manganhartstahl *m* austenitic manganese steel
Manganphosphatierung *f* manganese phosphating
Manganschwarz *n (OB)* manganese black
Manganstahl *m (St)* manganese steel
Mangantrockenstoff *m (BM, OB)* manganese drier *(in Anstrichen, Manganacetat)*
Manganzement *m (BM)* manganese cement
Mangel *m* 1. defect, fault, flaw *(Materialfehler)*; 2. *(VR)* lack; 3. *(Te, VR)* deficiency *(Knappheit; Vorratsmangel)*
Mangel *m***/baulicher** *(RS)* structural fault
Mangel *m***/konstruktiver** *(RS)* structural defect
Mangel *m***/verborgener** latent defect
Mangel *m***/versteckter** latent defect
Mängel *mpl (VR)* failings • **für Mängel haften** warrant for defects, warrant for faults, be liable (for) • **ohne Mängel** *(BM)* sound
Mängelbehebung *f* correction of deficiencies, rectification, making good, remedy of defects
Mängelbericht *m (VR)* non-conformance report
Mängelbeseitigung *f s.* Mängelbehebung
Mängelfreiheit *f (VR)* soundness
mangelhaft faulty, defective, unsound, flawed; incomplete *(unfertig)*
mangelhaft/baulich *(RS)* structurally deficient
mangelhaft/in konstruktiver Hinsicht *(RS)* structurally deficient
Mangelhaftigkeit *f (VR)* unsoundness
Mängelhaftung *f (VR)* liability for defects
Mängelliste *f (VR)* completion list
Mängelprotokoll *n (VR)* non-conformance report

Mängelverzeichnis *n (VR)* list of defects *(Abnahme)*
Maniak *n (BM)* glance pitch
manieriert *(Arch)* mannered
Manierismus *m (Arch)* Mannerism *(Spätrenaissance)*
Manilahanf *m* Manila hemp, Manila fibre, abaca
Männertoilette *f* 1. *(Konst, San)* male toilet; 2. *(San)* men's toilet
Männerumkleideraum *m (Konst)* men's changing room
Mannigfaltigkeit *f (BM, Konst)* variety
Mannkörpersäule *f (Arch)* telamon *(männliche Karyatide)*
Mannloch *n (Konst, RS, WVA)* manhole
Mannlochbügel *m* manhole dog
Mannlochdeckel *m* manhole cover, manlid
Mannlochrahmen *m (Konst)* manhole frame
Mannlochring *m* manhole ring
Mannlochrost *m* manhole grid
Mannschaft *f* crew, gang, squad
Manometer *n* manometer, pressure gauge; U-gauge *(Gasdruck, Wasserdruck)*
Mansarddach *n* mansard roof, kerb roof
Mansarde *f* mansard, attic, attic room
Mansardenbinder *m (Hb)* mansard truss
Mansardendach *n* mansard roof, curb roof, gambrel roof, knee roof, kerb roof
Mansardendach *n***/abgewalmtes** *(Konst)* double-pitched roof
Mansardendach *n* **mit durchgehender Firstsäule** *(Konst)* mansard roof with king post resting on tie beam
Mansardendachfenster *n* mansard dormer window, attic window
Mansardendachsparren *m***/oberer** *(Hb, St)* curb rafter
Mansardenflachdach *n* mansard flat roof, *(AE)* deck roof
Mansardenpultdach *n* lean-to mansard roof
Mansardenstützpfette *f* purlin plate
Mansardenwalmdach *n (Konst)* hipped mansard roof
Manschette *f* collar, sleeve; gasket *(Manteldichtungsprofil)*; masking frame *(für Aufputzeinbauten)*
Manschettendichtung *f* gasket seal, static seal
Manschettenrohr *n (BT)* thimble
Mantel *m* 1. mantle, jacket, casing, sheath(ing) *(Ummantelungen von Bauteilen, z. T. auch Leitungen)*; 2. envelope, sleeving *(Umhüllung)*; 3. *(BT)* cover *(Abdeckung)*; 4. serving, sheath *(für Kabel)*; 5. *(BT, Konst)* shell *(Umschalung)*; 6. cage, encasement, casing, can *(Einhausung)*
Mantelbeton *m* haunching concrete
Manteldruck *m (Stat)* peripheral pressure
Mantelfläche *f (Arch)* surface shell
Mantelhülse *f (BT, HLK)* thimble *(Rauchrohr, Ofenrohr)*
Mantelkabel *n (El)* sheathed cable
Mantelkasten *m* open caisson
Mantelleitung *f* plastic-sheathed cable
Mantelpfahl *m (Erdb)* cased pile *(Gründung)*
Mantelreibung *f* 1. *(Erdb, Konst)* friction action; 2. *(Erdb)* skin friction *(Gründungspfahl)*
Mantelreibung *f***/negative** *(Erdb)* down drag
Mantelreibungspfahl *m (Erdb)* displacement-friction pile, displacement pile, suspended pile
Mantelrohr *n* 1. lining pipe, jacket(ed) pipe; 2. casing pipe, casing tube, casing *(Bohrtechnik)*; 3. protecting tube, cylinder *(Schutzrohr)*
Mantelrohrpfahl *m* caisson pile
Mantelschuss *m (BT)* shell belt
manuell manual
Märchenbildertapete *f (EB)* storytelling wallpaper
Märchengotik *f (Arch)* fairy-tale Gothic style
Marienglas *n* micanite, gypseous spar, satin spar, sparry gypsum, specular gypsum, specular stone, selenite
Marienkapelle *f (Arch)* Lady Chapel
Marina *f* marina *(Bootshafen)*
Mark *n* pith *(Holz)*
Markasit *m* marcasite
Marke *f* 1. brand, label, tag *(Kennzeichnung)*; 2. *(Verm)* mark, datum level; 3. *(VR)* make; 4. sort *(Güteklassifizierung, Gütemarke)*
Markenartikel *m (BT, VR)* proprietary product
Markenerzeugnis *n (BT, VR)* proprietary product
Markenfabrikat *n (BT, VR)* proprietary product
Markenname *m* branded name, proprietary name
Markentür *f* proprietary door
markieren *v* 1. mark, sign, inscribe *(beschriften)*; 2. mark, mark off *(Straße; Verlegeanordnungen)*; 3. beacon *(mit Baken)*; 4. tagging *(mit Anhängeetikett, meist für Metallprodukte)*
Markiernadel *f* scratch awl
Markierschablone *f (Konst)* tracing pattern
Markierstift *m* marking crayon
markiert labelled, marked
markiert/nicht unmarked, unlabelled
Markierung *f* 1. *(VR)* label; 2. *(VR)* marking *(Straße; Verlegungsmarkierung)*; 3. *(VR)* tag
Markierung *f***/ablösbare** *(Verk)* removable marking
Markierung *f***/eingelegte** *(Verk)* marking set in road surface
Markierung *f* **mit Zweikomponentenfarbe** two-component marking
Markierung *f***/temporäre** *(Verk)* temporary marking
Markierung *f***/unterbrochene** *(Verk)* disrepair
Markierung *f***/vorläufige** *(Verk)* preliminary marking
Markierungsanstrich *m (OB)* marking coat
Markierungsbeton *m (BM, Verk)* concrete for pavement markings
Markierungseisen *n* scribing iron
Markierungsfarbe *f* 1. *(BM, Verk)* line marking paint; 2. *(BM, OB)* tracer colour *(nur Anmarkierung)*
Markierungsfarbschicht *f (OB)* guide coat *(für Farbanstriche)*
Markierungsfolie *f* preformed road marking
Markierungsglasperlen *fpl (OB, Verk)* glass beads *(Straßenmarkierungsmaterial)*
Markierungsknopf *m* road stud, street marker
Markierungslinie *f (BM)* marker line
Markierungsmaschine *f (BWG, Verk)* marking machine *(Straße)*
Markierungsperlen *fpl* glass beads, microbeads *(Straße)*
Markierungspfahl *m (Verm)* ring peg
Markierungspfeil *m* marked arrow
Markierungspunkt *m (Verm)* monument
Markierungsrinne *f (AE)* lockspit
Markierungsstab *m (Te, Verm)* arrow
Markierungsstoff *m (OB)* marking material
Markierungsstreifen *m* 1. marking strip; 2. *(Verk)* roadway stripe
Markierungsstrich *m (Verk)* traffic line *(Straße)*
Markierungszeichen *n***/vorgefertigtes** *(Verk)* preformed line *(Straße)*
Markierzeichen *n (Verk)* marker
Markise *f* outside awning blind; sunblind, awning
Markisolette *f (EB)* window awning blind
Markmauer *f* common wall, party wall
Markscheide *f (Bod, RP)* boundary line
Markstein *m* 1. *(Verm)* cairn *(Pyramide aus aufgeschichteten Steinen)*; 2. s. Grenzstein
Marksteinsäule *f (Arch)* cippus *(im antiken Rom)*
Markstrahl *m* medullary ray *(Holzfurnier)*
Markt *m* market, market place
Marktbude *f* market stall, booth
Marktführer *m (VR)* market leader
Marktgebäude *n (Konst, RP)* market building

M

Markthalle *f* market hall, covered market, roofed market
Marktplatz *m* 1. *(RP)* marketplace, market place; 2. *(Arch)* agora *(im antiken Griechenland)*
Marktstadt *f (RP)* market town
Markusplatz *m (Arch)* St Mark's Square
Marmor *m* marble • **aus Marmor** marbled • **mit Marmor verkleidet** marbled
Marmor *m***/bunter** fancy marble
Marmor *m***/einheimischer** *(BM)* domestic marble
Marmor *m* **für Außenanwendung** outside marble
Marmor *m* **für innen** inner marble
Marmor *m* **für Innenanwendung** indoor marble
Marmor *m* **für römische Bauten/schwarzer** lucullite
Marmor *m***/inländischer** *(BM)* domestic marble
Marmor *m***/künstlicher** marezzo
Marmor *m***/pentelischer** *(Arch)* pentelic marble *(antikes Griechenland)*
Marmor *m***/persischer** *(BM)* Parian marble
Marmor *m***/roter** 1. *(BM)* pavonazzo; 2. *(Arch)* Phrygian marble *(in antiken römischen Gebäuden)*
Marmor *m***/schwarzer** jet
Marmor *m***/weißer** white marble, pure marble
Marmor *m***/weißer italienischer** *(Arch)* white Italian marble
Marmoragglomerat *n* marble gravel, reconstituted marble
Marmorarbeiten *fpl* marble work
marmorartig marblelike
Marmorbauwerk *n (Arch, Konst)* marble structure
Marmorbearbeitung *f (Te)* marble dressing
Marmorbelag *m* marble flag pavement *(für Fußböden)*
Marmorbeton *m* artificial marble, imitation marble
Marmorbodenbelag *m* marble floor
Marmorbruch *m* lumps of marble, marble quarry
Marmorbruch *m***/gepresster** *(BM)* reconstituted marble
Marmoreinlegearbeit *f (Arch)* marble inlay
Marmorfassade *f* marble façade
Marmorfensterbank *f (EB)* marble window sill [cill]
Marmorfigur *f* marble
Marmorfliese *f* marble tile
Marmorgips *m* Keene's cement
Marmorhauer *m* marble cutter
marmorieren *v* 1. *(OB, Te)* marble; 2. *(OB, Te)* vein
Marmorieren *n (OB)* marbling
Marmorierpinsel *m* mottler
marmoriert marbled, marbleized *(z. B. Farbanstriche)*; jaspure, veined, veiny *(Musterung, Gesteinsmusterung)*
Marmorierung *f* marbled texture, marbled effect, mottled texture, mottle, mottling
Marmorisierung *f (OB)* marbling
Marmorkalk *m* marble lime
Marmorkalkstein *m (BM)* compact limestone
Marmorkamin *m* marble fireplace
Marmorleger *m* marble setter
Marmormehl *n* (fine) marble powder
Marmor-Metall-Gitterwerk *n (Arch)* transenna *(um einen Schrein)*
Marmormosaik *n* marble mosaic
Marmormosaikarbeit *f (Arch)* Cosmati work
Marmormusterung *f (BM)* marbled effect
marmorn marbled
Marmorornament *n (Arch)* marble ornament
Marmorplatte *f* marble plate, marble tile; marble slab *(groß)*
Marmorplattenpflaster *n* marble flag pavement *(für Fußböden)*
Marmorrelief *n (Arch)* marble relief
Marmorsäule *f* marble column
Marmorschmuck *m* marble decorative finish
Marmorsplitt *m* marble gravel
Marmorstatue *f (Arch)* marble statue
Marmorstaub *m* marble dust
Marmorstaubfeinputz *m* intonaco, scialbo *(für Freskenmalerei)*
Marmorstuck *m* marble stucco
Marmorstück *n***/zurechtgehauenes** chip *(für bestimmte Verwendungszwecke)*
Marmorstuckputz *m* 1. marble stucco; 2. *(Arch)* stucco-lustro
Marmorverkleidung *f* marble facing
Marmorverleger *m* marble setter
Marmorverzierung *f* marble decorative finish
Marmorzuschlagkorn *n***/ovalgetrimmtes** *(BM)* oval marble aggregate
Marmorzuschlagstoff *m (BM)* marble aggregate
Marsch *f (Bod)* marsh
Marsch *f***/eingedeichte** diked land
Marschboden *m* marshy ground, marshy soil
Marschheide *f (Bod)* land
Marschland *n* 1. *(Bod)* marsh; 2. *(Bod, Umw)* marshland
Marschland *n***/eingedeichtes** *(Wsb)* polder, polder dike
Marshallfließwert *m (BM)* Marshall flow value
Marshallhammer *m* Marshall hammer, Marshall compactor
Marshallpresse *f* Marshall press
Marshall-Prüfkörper *m* Marshall test specimen
Marshallprüfpresse *f* Marshall press, Marshall cylindrical test-head
Marshallprüfung *f* Marshall (stability) test, Marshall stability
Marshallstabilität *f* Marshall stability
Marshallstabilitätsversuch *m* Marshall (stability) test
Marstall *m (Arch)* court stables
Martyria *f (Arch)* Martyrium, memorial church
Masche *f* mesh
Maschenabdruckseite *f* screen side *(Hartfaserplatte)*
Maschenbewehrung *f (BB, BT, Te)* mesh
Maschenbewehrung *f***/punktgeschweißte** welded-wire fabric reinforcement
Maschenbreite *f* width of mesh
Maschendichte *f* mesh density
Maschendraht *m* mesh wire, screen wire, wire netting, fencing wire • **Maschendraht annageln** *(LB, Te)* lath
Maschendrahtabtrennung *f* mesh partition, wire-mesh partition
Maschendrahtbewehrung *f***/geschweißte** *(BM)* welded--wire fabric reinforcement
Maschendrahtgewebe *n* mesh wire
Maschendrahttrennwand *f* mesh partition, wire-mesh partition
Maschendrahtzaun *m* mesh (wire) fence, wire mesh fence, wire netting fence
Maschengitter *n* mesh
Maschenmaßwerk *n (Arch)* reticulated tracery *(Ornament)*
Maschenrollladentür *f (EB)* rolling grille door
Maschensieb *n* (mesh) sieve
Maschentextur *f (Konst, OB)* reticulated structure
Maschenweite *f* mesh size *(Korngrößenweite)*
Maschenzahl *f* mesh *(eines Siebs, pro Zoll linear)*
Maschikuli *m (Arch)* machicolation *(Wehrburg)*
Maschikulis *mpl (Arch)* machicolations
Maschinen *fpl* **und Geräte** *npl* **für die Straßeninstandhaltung** *(BWG, RS, Verk)* machinery and equipment for road maintenance
Maschinenanlage *f* machinery
Maschinenausstattung *f (BWG)* machine train
Maschinenbolzen *m* machine bolt
Maschinenflur *m* generator floor
Maschinenfundament *n (Erdb, Konst)* machine base
Maschinenfundament *n***/elastisches** flexible mounting

M

Maschinenfundament n/isoliertes *(Erdb)* inertia block
maschinengefertigt *(Te)* machine-made
maschinengemischt *(BM)* plant-mixed
Maschinengeschoss *n* generator floor
Maschinengründung *f (Erdb, Konst)* machinery base
Maschinenhalle *f* machinery hall, machinery building
Maschinenlärm *m (DIS)* machinery noise
Maschinenmischen *n* plant mixing
Maschinenpark *m* 1. *(BWG)* stock of machinery; 2. *(BWG, RP)* plant
Maschinenputz *m (SB)* machine-applied plaster
Maschinenrahmen *m* machine assembly, assembly
Maschinenraum *m* machine room, engine room, power room
Maschinenraumanordnung *f* engine room layout
Maschinenschindel *f* sawn shingle
Maschinenschraube *f* machine bolt
Maschinenstillstandszeit *f (Te)* idle machine time
Maschinenunterlagsplatte *f* engine base plate, base plate
Maschinenzeichnung *f* mechanical drawing, engineering drawing
Maschinenzentrale *f* machinery station
Maschinist *m* mechanic, operator; mixer driver *(für Betonmischanlagen)*
Maschinistenplattform *f* operations area
Maserfurnier *n* fancy veneer, patterned veneer
Maserholz *n* variegated wood, veined wood
Maserholz n/farbiges variegated wood
maserig streaked; raised-grain *(Holz)*
masern *v* grain, vein
masern v/Holz spot
Masern *n* graining *(Holzmalerei)*
Maserrichtung *f* grain direction *(Furnier)*
Maserstruktur *f (OB)* streaked structure
Masertapete *f (EB)* rare veneer
Maserung *f* vein; grain(ing), grain of wood; figure *(im Holz)*
Maskenornament *n (Arch)* mascaron
Maß *n* dimension, measure; degree *(Ausmaß)* • **das lichte Maß genommen** measured inside, measured in the interior • **nach Maß anfertigen** customize • **nach Maß bearbeiten** *(Hb, SB)* square *(Stein)* • **unter Maß** bare
Maß n/bearbeitetes face edge, work edge *(Holz)*
Maß *n* **der Erhebung** *(Verm)* measure of altitude
Maß n/gehobeltes work edge *(Holz)*
Maß n/lichtes *(BT, Konst)* clear dimension
Maß n/toleriertes dimension with tolerance
Maßabweichung *f* 1. off-size, deviation *(unzulässig)*; error in measurement *(durch Messfehler)*; 2. allowance, tolerance, margin *(zulässig)*
Maßabweichung f/zulässige margin
Massageraum *m* massage room
Maßanalyse *f (BM)* volumetric analysis
Maßänderung *f* dimensional change
Maßangabe *f* measure
Maßangaben *fpl* dimensional data • **mit Maßangaben versehen** dimension *(Zeichnung)*
Maßaufnahme *f* survey
Maßband *n* (measuring) tape
Maßbereich *m* dimensional range
maßbeständig permanent to size *(Bauteil)*
Maßbeständigkeit *f* dimensional stability, permanence of dimension, stability of size *(von Bauelementen)*
Maßbeziehung *f* dimensional relationship
Maßbezugssystem *n* dimensional reference system
Masse *f* 1. mass *(physikalisch)*; weight *(Gewicht der Masse)*; 2. matter *(Bauhilfsmittel, Bauhilfsstoffe)*; 3. mass, material, quantity *(z. B. Baustoffmenge, Ausgangsmasse)*; bulk *(Schüttgut)*; 4. *(BM)* body *(keramische Baustoffe)*; 5. *(El)* earth, *(AE)* ground; 6. *(BB, Te)* slurry *(Gasfrischbeton)*; 7. compound composition *(chemisch zusammengesetzt)* • **an Masse legen** *(El)* short to earth
Masse f/bituminöse bituminous compound
Masse f/breiige pulp
Masse f/elastische elastic compound, elastic mass
Masse f/plastische plastic mass, plastic material
Masse f/plastoelastische plastoelastic composition
Masse f/spezifische specific mass
Masseanteil *m s.* Massenanteil
Massedosierung *f* gravimetric batching, weight-batching
Maßeinheit *f* measure, dimensional unit, unit of measurement
Maßeinteilung *f (Konst, Verm)* scale *(an Messgeräten)*
Masseklumpen *m* slug form *(keramischer Baustoffe)*
Massenänderung *f* quantity variation
Massenanteil *m* mass fraction
Massenausgleich *m* 1. *(Erdb)* balancing of masses; 2. *(Stat)* dynamic balancing *(bewegliche Systeme)*; 3. *(Erdb)* balanced earthworks
Massenausgleichsdiagramm *n (Verk)* mass-haul diagram
Massenausgleichung *f s.* Massenausgleich
Massenauszug *m (Konst, VR)* bill of quantities *(Leistungsverzeichnis)*
Massenberechner *m* quantity surveyor
Massenberechnung *f* mensuration, quantity surveying; taking off *(Bauleistungsverzeichnis)*
Massenbestimmung *f* weight measurement
Massenbeton *m* mass(ive) concrete, bulk concrete, concrete-in-mass
Massenbeton *m* **mit Großblockzuschlägen** cyclopean concrete
Massenbewegung *f* 1. *(Erdb)* mass haul *(Erdstoffe)*; 2. *(Bod)* mass movement *(natürlich)*
Massendichte *f (BM)* density
Massendusche *f* shower without cubicles
Massenentnahme *f (Erdb)* borrow *(von Erdstoffen)*
Massenermittler *m* quantity surveyor
Massenermittlung *f* quantity surveying, bill of quantities; taking off *(Bauleistungsverzeichnis)*
Massenermittlung f/vorläufige preliminary quantity survey
Massenermittlungsdienstleistungen *fpl (Verm, VR)* quantity surveying services
Massenfundament *n (Erdb)* mass foundation
Massengeschmack *m (Arch)* popular taste
Massengesetz *n* mass law
Massengestein *n* massive rock, primary rock, unstratified rock
Massengut *n* bulk material
Massenguttransport *m* mass transportation
Massenkalk *m* massive limestone
Massenkalkstein *m* massive limestone
Massenkraft *f* body force
Massenkräfte *fpl (Stat)* mass forces
Massenmittelpunkt *m* centre of mass, centroid
Massenpunkt *m* mass point, centroid
Massenrüttelbeton *m (BB)* vibrated bulk concrete
Massenschwerpunkt *m (Stat)* centre of mass
Massenstahl *m (BM, St)* ordinary steel
Massenträgheitsmoment *n (Stat)* mass moment of inertia
Massentransport *m* mass transportation
Massenübergang *m* mass transfer
Massenüberschuss *m (Erdb)* mass flow
Massenveränderung *f (BM, Konst)* weight change
Massenverkehrsmittel *n (Verk)* means of mass transportation
Massenverlust *m* mass loss, weight loss

Massenverlustrate *f* mass lost rate
Massenverzeichnis *n* bill of quantity
Massenwiderstandstafel *f (BT)* heavy panel
Massenzunahme *f* weight gain
Massenzusammenstellung *f* bill of quantities
Masseprozent *n* percentage by weight
Masseschelle *f (El)* earth clamp
Masseschluss *m (El)* earth-leakage fault
Masseteile *mpl* quantities by weight *(Dosierung von Baustoffen)*
Masse-Volumen-Verhältnis *n* weight-to-volume ratio
Massezunahme *f* increase in weight, gain in weight
maßgebend required, decisive, relevant
maßgenau true (to measure)
Maßgenauigkeit *f* dimensional accuracy
Maßgenauigkeitsgrenze *f* limit of accuracy
maßgerecht dimensionally accurate, of correct dimensions, true to dimensions, true to size, true; true to scale *(Zeichnung)*
maßgetreu *(Verm)* true to scale
maßgleich isometric
maßhaltig true to size; dimensionally stable *(bei Temperatur- und Feuchtigkeitseinwirkung)*
maßhaltig/nicht *(BT)* out-of-tolerances
Maßhaltigkeit *f* dimensional consistency; dimensional stability *(von Bauteilen)*
Maßhaltigkeitsabweichung *f* dimensional discrepancy
Massicot *m (BM, OB)* massicot *(Farbe)*
massig 1. compact, massy; 2. *(Bod, Erdb)* massive
Massigkeit *f* massiveness
massiv 1. massive, heavy-solid; 2. *(Bod)* compact *(Gestein)*; 3. *(Bod, Erdb)* solid, massive; 4. *(Arch)* one-piece; 5. *(Konst)* sturdy *(standfest, robust)*
Massivbau *m* 1. *(Arch, Konst)* massive type of construction; 2. *(Arch, Konst)* solid construction
Massivbetonmauer *f (Wsb)* massive concrete dam
Massivbewehrungsstab *m* billet bar *(Dickstab)*
Massivboden *m* solid floor
Massivbogen *m* massive arch, arc doubleau
Massivbrücke *f (Br)* solid bridge
Massivdach *n (Konst)* monolithic roof
Massivdämmung *f (DIS)* solid insulation
Massivdecke *f (TK)* solid ceiling
Massivdecke *f* **mit Tonhohlplatten [Tonhohlsteinen]** Ackermann's ceiling
Massivholz *n* solid timber, solid wood
Massivholz *n*/**vergütetes** 1. *(BM, Hb)* modified solid wood; 2. *(BM, Hb)* improved solid wood
Massivkabel *n (El)* solid cable
Massivmontagetreppe *f* prefabricated fireproof floor
Massivplatte *f* solid slab
Massivsäule *f (TK)* solid column
Massivstufe *f* solid rectangular step, flyer
Massivturm *m (Arch)* pele *(im alten England und Schottland)*
Massivwand *f (Konst, SB)* solid wall
Maßkasten *m* gauging box, gauge box, *(AE)* gage box *(Betonherstellung)*
Maßlehre *f* limit gauge
Maßlinie *f* dimension(al) line
Maßmauerwerk *n (SB)* gauged brickwork
Maßnahme *f* measure • **Maßnahmen ergreifen** take measures
Maßnahme *f* **für die Funktionsfähigkeit** performance measure
Maßnahme *f*/**genehmigte** statutory measure
Maßnahme *f*/**vorbeugende** preventive action, preventive measure
Maßnahmen *fpl*/**besondere** *(Te, VR)* particularities *(Baubeschreibung)*
Maßnahmenplanung *f (Konst)* schemes management
Maßnahmenumfang *m* scope of measures
Maßnahmeumsetzung *f (Te, VR)* measure realization
Maßnehmen *n* measuring
Maßordnung *f* dimensional coordination; modular coordination
Maßordnungslänge *f* modular length
Maßpfeil *m* arrow head
Maßprüfung *f (VR)* gauging
Maßschindeln *fpl* dimension shingles
Maßschwankung *f* dimensional variation
Maßsprung *m* increment
Maßstab *m* measure, scale; rule *(zum Messen, z. B. Gliedermaßstab)* • **den Maßstab festlegen** *(Verm)* scale • **im Maßstab ... : ... gezeichnet** drawn to a scale of ... : ... • **im Maßstab verkleinern** *(Konst, Verm)* reduce in scale • **in kleinem Maßstab** *(Konst, Verm)* small-scale *(Zeichnung)*
Maßstab *m* **1:1** *(Konst)* natural scale
Maßstab *m*/**optischer** *(Verm)* visual scale
Maßstab *m*/**vergrößerter** enlarged scale, scale of enlargement
Maßstab *m*/**verkleinerter** 1. *(Stat, Verm)* reduced scale; 2. *(Konst, Verm)* scale of reduction; 3. *(Verm)* tapering scale
Maßstabeffekt *m* scale effect
Maßstabfaktor *m (Verm)* scaling factor
Maßstabfehler *m (Konst)* imperfection of the scale
maßstabgerecht according to scale, in scale, to scale, true to scale, scaled
maßstabgerecht/nicht *(Konst)* not to scale
maßstäblich correct to scale, according to scale, scaled, true to scale *(Zeichnung)*
maßstabsgerecht *s.* maßstabgerecht
Maßstabslineal *n* architect's scale
Maßstabsmodell *n (Konst, Verm)* scale model
Maßstabüberhöhung *f (Konst)* exaggeration of the vertical scale
Maßstabzeichnung *f (Konst, Verm)* scale drawing
Maßstein *m* bedding stone *(für die Ebenheit von Steinmetzarbeiten)*
Maßsystem *n* system of units, dimensional framework
Maßsystem *n*/**englisches** imperial (system of) measures, English system
Maßsystem *n*/**metrisches** metric system, metric measures
Maßsystem *n*/**nicht metrisches** imperial (system of) measures
Maßtabelle *f* schedule of sizes
Maßtoleranz *f (BT)* dimensional tolerance
Maßverhältnis *n* proportion, ratio
Maßverkörperung *f* material measure
Maßwerk *n* 1. *(Arch)* tracery; 2. *(Arch)* foil *(bes. Gotik)* • **mit Maßwerk** traceried • **mit Maßwerk versehen** traceried
Maßwerk *n*/**durchbrochenes** *(Arch)* openwork tracery
Maßwerk *n*/**durchdringendes** *(Arch, Konst, Stat)* intersecting tracery
Maßwerk *n*/**fließendes** *(Arch)* curvilinear tracery, flowing tracery, undulating tracery
Maßwerk *n*/**geometrisches** *(Arch)* geometric tracery
Maßwerk *n*/**gotisches** *(Arch)* Gothic tracery
Maßwerk *n*/**rechtwinkliges** *(Arch)* rectilinear tracery
Maßwerk *n*/**spätgotisches** *(Arch)* stump tracery *(in Deutschland)*
Maßwerk *n*/**vierteiliges** 1. *(Arch)* four-part tracery; 2. *(Arch, Konst)* quadripartite tracery
Maßwerkblende *f (Arch)* traceried opening

Maßwerkfenster *n (Arch)* traceried window, tracery window
Maßwerkfries *m (Arch)* tracery frieze
Maßwerkfüllung *f (Arch)* tracery filling
Maßwerkgiebel *m (Arch)* traceried gable
Maßwerkmotiv *n (Arch)* tracery motif
Maßwerkmuster *n (Arch)* tracery pattern
Maßwerkornamentik *f (Arch)* tracery decorating art, tracery ornamental art
Maßwerkrose *f (Arch)* traceried rose window
Maßwerkrosenfenster *n (Arch)* traceried rose window
Maßwerkstab *m (Arch)* stone bar
Maßwerksystem *n (Arch)* tracery pattern
Maßwerkzierkunst *f (Arch)* tracery decorating art, tracery ornamental art
Maßzahl *f* dimension figure
Maßzeichnung *f* dimensioned drawing
Mast *m* 1. mast, pole *(aus Holz oder Beton)*; 2. *(Konst, TK)* column *(Stütze)*; 3. *(Arch)* pylon; tower *(Gittermast)*; 4. tree *(Mastbaum)* • **einen Mast setzen** *(Te)* sink a pole
Mast *m***/angeschuhter** *(BT)* shoed pole
Mast *m* **des Derricks** derrick kingpost, derrick mast, pole
Mast *m***/imprägnierter** *(BT)* treated pole *(Leitungsbau)*
Mastaba *f (Arch)* mastaba *(ägyptisches Massivgrab)*
Mastabagrab *n (Arch)* mastaba *(ägyptisches Massivgrab)*
Mastabstand *m (Konst)* pole spacing
Mastanker *m* mast anchor(age), pole anchor(age), *(AE)* pole guy, guy
Mastarm *m* mastarm
Mastaufsatzleuchte *f* post-top light fitting
Mastausleger *m* 1. *(BWG)* column bracket; 2. *(BT, Konst)* side arm; 3. *(TK)* mast arm *(Beleuchtungsmast)*
Mastbaum *m* tree, mast *(Stahlbau, Derrick)*
Mastbeleuchtung *f (El)* tower lighting
Mastenbauweise *f (Konst)* pole construction
Mastenkran *m (BWG)* derrick
Mastfundament *n (Erdb)* mast foundation
Mastfuß *m* mast base, pole footing; tower base
Masthängeleuchte *f (Verk)* pole-hung lantern *(Straße)*
Mastix *m* mastic; asphalt mastic
Mastixabsieglung *f* mastic sealing
Mastixasphalt *m* poured mastic asphalt *(BS 1447)*
Mastixausfugung *f* mastic pointing
Mastixbedachung *f* liquid roofing *(Dachdeckung)*
Mastixbrot *n* mastic block
Mastixdichtungsmasse *f* caulking compound *(mit Silikon und Bitumen)*
Mastixfuge *f (Konst)* mastic joint
Mastixfugenausfüllung *f* mastic pointing
Mastixharz *n* mastic
Mastixhaut *f (DIS)* mastic membrane
Mastixkocher *m (BWG)* mastic cooker
Mastixmembrane *f* mastic membrane
Mastixvergussmasse *f* mastic filler
Mastixversieglung *f* mastic sealing
Mastixzement *m* mastic cement
Mastkirche *f (Arch)* stave church
Mastkranfundament *n* derrick foundation
Maststange *f (BT)* pole
Mastverlängerung *f (Konst)* mast extension
Material *n* 1. *(BM)* material *(Stoff, Baustoff, s. a. Werkstoff)*; 2. *(BT)* stock *(Materialbestand)*
Material *n***/abbaufähiges** *(BM, Bod)* pay material *(Erdstoff, Kies)*
Material *n***/angeschwemmtes** *(BM, Bod)* washed-up material
Material *n***/anorganisches** inorganic material
Material *n***/anstehendes** *(Erdb)* in-situ material *(auch Wandkies, Rohsand, Gestein usw.)*
Material *n***/bituminöses** bituminous substance
Material *n***/dauerhaftes** solid material
Material *n***/druckwasserhaltendes** *(DIS, Erdb)* ground--water waterproofing material
Material *n***/eingebautes** placed material
Material *n***/elastisches** elastic mass
Material *n***/feuerfestes** refractory material
Material *n***/gebrochenes** crushed material, broken product, broken material
Material *n***/gebrochenes und nicht klassiertes** *(BM)* crusher-run material
Material *n***/geringwertiges** marginal material
Material *n***/gesiebtes** screened material
Material *n***/hohlraumenthaltendes** hollow article
Material *n***/inertes** *(BM)* inert material
Material *n***/klassifiziertes** graded material
Material *n***/klebefähiges** cementitious material
Material *n***/kornabgestuftes** graded material
Material *n***/körniges** granular material, granular product
Material *n***/loses** incoherent material; loose ground *(Erdstoffe)*
Material *n***/örtliches** local material, near-by material
Material *n***/rolliges** granular material
Material *n***/saugfähiges** *(BM)* absorbent
Material *n***/schädliches** deleterious material
Material *n***/steiniges** hard and stony material
Material *n***/suspendiertes** material in suspension
Material *n***/ungebrauchtes** *(BM)* virgin material
Material *n***/ungebundenes** unbound [unbonded] material
Material *n***/verfestigtes** solidified material
Material *n***/wiedergewonnenes** *(RS, Te)* salvage
Material *n***/wiederverwendetes** recycled material
Material *n* **zum Mauern** *(BM)* walling
Material *n***/zylindrisches** roll
Materialabtrag *m* removal of material
Materialaufbereitung *f* 1. *(BM, BWG, Te)* materials preparation; 2. *(Te)* processing
Materialaufgeber *m* feeder
Materialaufzug *m* goods lift, trunk lift, *(AE)* goods elevator, trunk elevator; hoist for building material *(Bauaufzug)*
Materialausdehnung *f* **durch Wasseraufnahme** moisture expansion
Materialausdehnung *f* **durch Wasserdampfaufnahme** moisture expansion
Materialausnutzung *f* material utilization
Materialauswahl *f* material selection, selection of materials
Materialauswahlkriterium *n* materials selection criterion
Materialbeanspruchung *f (Stat)* stress
Materialbedarf *m* material(s) requirement
Materialbeschädigung *f (RS)* material damage
Materialbezeichnung *f* material designation
Materialbilanz *f (VR)* regimen
Materialdepot *n* depot, stock of materials *(für alle Baustoffe und Bauteile)*
Materialeigenschaft *f* material property
Materialeinheitspreis *m (VR)* material unit price
Materialeinsatz *m***/unwirtschaftlicher** waste
Materialeinsparung *f (VR)* economy of materials
Materialfehler *m* material defect, fault in material, faulty material, flaw in material, flaw
Materialfestigkeit *f (BM)* strength of materials
Materialförderschacht *m (Konst)* wind hatch
Materialgleitklausel *f* material fluctuation clause, material fluctuation variation
Materialhalde *f* stockpile, storage heap
Materialien *npl***/feuerfeste** *(BM)* refractories
Materialien *npl* **mit begrenzter Brennbarkeit** material of limited combustibility
Materialientauglichkeit stability of materials

Materialkennwert *m* material constant, material specifications
Materialkennwerte *mpl* material characteristics
Materialknappheit *f* material(s) shortage
Materiallager *n* material stock, stockyard
Materialliefern *n* **und Verlegen** *n (VR)* materials and laying
Materialliste *f* material(s) list, bill of materials
Materialmenge *f* material(s) quantity, quantity of material
Materialnutzung *f* material utilization
Materialplaner *m* estimator
Materialpreisgleitklausel *f* materials variation clause
Materialpreiskleidklausel *f* materials fluctuation clause
Materialprüfanstalt *f (BM, VR)* materials testing institute
Materialprüfstelle *f (BM, VR)* materials testing laboratory
Materialprüfung *f (BM)* materials testing
Materialprüfung *f* **gemäß Spezifikationen** specification test
Materialriss *m* toe crack *(Schweißen)*
Materialrückgewinnung *f* material recovery
Materialschaden *m* material damage, defect
Materialsicherheitsdatenblatt *n (VR)* material safety data sheet
Materialstärke *f (BM, BT)* thickness
Materialüberalterung *f* physical deterioration
Materialüberwachung *f* 1. *(VR)* material inspection; 2. *(BM, VR)* inspection
Materialuntersuchung *f*/**spannungsoptische** photoelastic investigation
Materialveränderung *f* change of material
Materialverbrauch *m* material(s) consumption
Materialverformung *f* **unter konstanter Spannung** cold flow
Materialverhalten *n* material behaviour
Materialverknappung *f* materials shortage
Materialversorgung *f (VR)* materials (supplying)
Materialvorschrift *f (VR)* specification
Materie *f* matter
Matrix *f* matrix, ground mass
Matrix *f*/**symmetrische** *(Konst)* symmetrical matrix
Matrize *f* 1. mould, *(AE)* mold, casting mould, casting bed *(Fertigelementherstellung)*; 2. die, bed die *(Gussform)*; lower die, lower bottom *(Schmiedearbeiten)*; *(AE)* swage *(für Metallarbeiten)*; 3. matrix *(mathematisch)*
Matrizenmethode *f (Stat)* matrix method
Matrizenrechnung *f (Stat)* matrix algebra
Matrizenverfahren *n (Stat)* matrix method
matschig sludgy, muddy
matt 1. flat, dead, non-bright, pale *(Farbton)*; 2. matt-finished, lacklustre, lustreless, cloudy *(Anstriche)*; 3. dull, matt, lustreless, hazy *(Oberflächen)*; 4. blind, frosted *(Glas)*; 5. tarnished *(Metall)* • **matt machen** tarnish *(Oberfläche)* • **matt werden** 1. dull *(Oberflächen)*; 2. blind *(Glas)*; 3. cloud *(Lack)*
mattätzen *v* frost *(z. B. Glas)*
Mattätzen *n* acid etching, frosting *(z. B. von Glas)*
mattauftrocknen *v* dry flat
Mattblech *n* black plate, terneplate *(Dachdeckung)*
Matte *f* mat, quilt; pad *(Fundament)* • **mit Matten belegen** mat
Matte *f*/**geschweißte** welded fabric
Matte *f*/**schallabsorbierende** *(BT, DIS)* acoustic blanket
Mattenarmierung *f* mesh reinforcement *(Betonbewehrung, Bauplattenbewehrung)*
Mattenbekleidung *f (Erdb, LB)* mat revetment *(Böschungen, Ufer)*
Mattenbelag *m* matting
mattenbewehrt mesh-reinforced
Mattenbewehrung *f* matt reinforcement, mesh reinforcement, fabric reinforcement, wire-mesh reinforcement
Mattendeich *m (Wsb)* mat dike
Mattenverkleidung *f (Erdb, LB)* mat revetment *(Böschungen, Ufer)*
Mattfarbe *f* flat paint
mattgeätzt obscured *(z. B. Glas)*
Mattglanz *m* low lustre, matt finish, flat gloss
mattglänzend eggshell
Mattglas *n* matt-surfaced glass, obscure glass, depolished glass, diffusing glass, frosted glass
Mattglasfenster *n* obscuring window
Mattglaslampe *f (El)* frosted lamp
Mattglasur *f* eggshell
Mattheit *f* 1. mattness, dullness *(z. B. Oberflächen)*; 2. *(OB)* flatness
mattieren *v* 1. mat, deaden, dull *(z. B. Oberflächen)*; 2. flat *(Anstriche)*; 3. frost, obscure *(Glas)*; 4. rub down *(Putz)*; 5. tarnish *(Metalloberflächen)*
Mattieren *n* obscuring *(Glas)*; dulling *(Oberflächen)*
mattiert mat, matt *(Oberflächen)*; frosted, obscured *(Glas)*
Mattierung *f* obscuring *(Glas)*; deadening *(von Oberflächen)*
Mattierungsmittel *n* 1. dulling agent, gloss reducer *(für Oberflächen)*; 2. *(OB)* flatting agent *(Farbe)*
Mattierungsöl *n* flatting oil *(Farbe)*
Mattierungsstoff *m* matting agent
Mattierungsverfahren *n (OB, Te)* matting process
Mattine *f (BM, OB)* gloss reducer
Mattlack *m* matt varnish, flat finish, flat varnish, flatting putty
Mattlackfarbe *f (OB)* flat enamel
Mattreiben *n* rubbing, *(AE)* flatting down
mattscheinend frosted
mattschleifen *v* mat
Mattschleifen *n* flatting, rubbing, *(AE)* flatting down
Mattschleifen *n* **mit Filz** *(OB, Te)* felting-down
Mattschliff *m* frosting
Mattwerden *n* loss of brightness, loss of gloss, loss of lustre, lustre loss, dulling *(Anstriche, Oberflächen)*; blinding, tarnishing *(Glas)*
Mauer *f (SB)* masonry wall • **die Mauern verankern** *(SB)* tie back the wall • **eine Mauer hochziehen** erect • **eine Mauer verfugen** 1. *(SB)* joint a wall; 2. *(SB, Te)* point a wall • **eine Mauer ziehen** erect, build, wall • **mit einer Mauer umgeben** *(SB)* wall
Mauer *f*/**abgeböschte** *(Konst, SB)* sloping masonry wall
Mauer *f*/**aufgehende** *(SB)* above-grade masonry
Mauer *f* **aus halben Steinen** *(SB)* half-brick wall
Mauer *f*/**balkentragende** bearing wall
Mauer *f*/**beanspruchte** loaded wall, stressed wall
Mauer *f*/**blinde** dead wall
Mauer *f*/**Chinesische** *(Arch)* Great Wall of China
Mauer *f*/**durchbrochene** *(SB)* perforated wall
Mauer *f*/**einschalige** *(SB)* monolithic masonry wall
Mauer *f*/**frei stehende** free wall, self-supporting wall, wall standing by itself
Mauer *f*/**geböschte** *(SB)* sloped wall
Mauer *f* **in Steinstärke** one-brick wall
Mauer *f* **mit Zinnen** *(Arch)* battlement
Mauer *f*/**steinstarke** one-brick wall
Mauer *f*/**unterfangene** *(Erdb, Konst)* underpinned wall
Mauer *f*/**vollflächige** dead masonry
Mauer *f*/**wuchtige** *(SB)* massive masonry wall
Mauerabdeckung *f* (wall) cope, (wall) coping, coping of a wall, wall capping; top course *(oberste Mauerlage)*; reprise *(Gesimsabdeckung)*; parapet weathering *(einer frei stehenden Mauer)*
Mauerabdeckung *f*/**schräge** feather-edged coping, feather-splayed coping, splayed coping
Mauerabkragung *f (SB)* splay of masonry wall
Mauerabsatz *m* 1. *(SB)* offset; 2. *(Konst, SB)* set-off; 3.

bench table *(als Sitzmauer)*; 4. *(SB)* scarp wall *(einer Befestigungsanlage)*
Mauerabschlusszierkante *f (Arch)* epicrantis
Mauerabschrägung *f (SB)* splay of masonry wall
Maueranker *m* masonry anchor, masonry tie, concrete anchor, anchor, tie iron, wall tie; wall clamp *(zwischen zwei Mauern oder Hohlmauern)*
Maueransatz *m*/**gegossener** *(SB)* stub wall *(mit Fußbodenestrich)*
Maueranschluss *m* 1. *(SB)* junction of masonry walls; 2. *(Konst)* wall crossing
Maueranschluss *m*/**rechtwinkliger** *(Konst, SB)* rectangular junction of masonry walls
Maueranschluss *m*/**schiefwinkeliger** skewed junction of masonry walls
Maueranschlusspfosten *m* wall post
Maueranstrichfarbe *f* masonry paint
Maueranstrichstoff *m* masonry paint
Maueraussparung *f (BB, SB)* break
Mauerband *n* 1. *(SB)* blocking course; 2. *(Arch)* band course; 3. string course *(Gurtgesims zwischen den Geschossen)*
Mauerbewurf *m s.* Verputz
Mauerblock *m (SB)* body of wall
Mauerblockquerschnitt *m* **ohne Hohlräume** net cross--sectional area
Mauerbogen *m (Konst)* wall arch
Mauerbohrer *m* masonry drill, stone drill
Mauerdamm *m (Wsb)* masonry dam
Mauerdämmung *f (DIS)* insulation of the wall
Mauerdecklage *f (SB)* top course
Mauerdübel *m (BT)* wall dowel
Mauerdurchdringung *f*/**schiefwinkelige** *(SB)* skew notch penetration of masonry walls
Mauerdurchführung *f (El)* wall bushing
Mauerecke *f (Konst)* quoin
Mauerecke *f*/**gebrochene** bay quoin
Mauerecke *f*/**spitze** *(Konst)* pigeonhole corner
Mauerecke *f*/**spitzwinklige** *(SB)* squint quoin
Mauereckengestaltung *f (SB)* quoining
Mauereinbindturm *m* half-round tower
Mauereinputzrahmen *m* flush-mounting frame
Mauerfeld *n* field of a wall, pane of a wall
Mauerfläche *f (Konst)* wall area
Mauerfläche *f*/**glatte** naked wall
Mauerflucht *f (Konst, Verm)* wall line
Mauerflügel *m (Konst, SB)* wing of wall
Mauerfraß *m* rot of wall, efflorescence, building bloom
Mauerfuge *f (Konst)* wall joint
Mauerfuge *f*/**verfüllte** grouted joint, slushed joint
Mauerfugegerät *n (BWG)* wall-pointing machine
Mauergesims *n* entablature *(Säulen-Gebälk-Konstruktion)*
Mauergründung *f* wall base, wall footing, wall foundation *(Einzelfundament für Gebäude oder Wand)*
Mauergurtung *f* hoop-iron bond
Mauerhaken *m* masonry cavity tie, crampet, wall hook, wall tie, spike
Mauerhalbsäule *f (SB)* lesena
Mauerhut *m (HLK)* hood
Mauerkante *f* edge of wall, wall edge
Mauerkante *f*/**stumpfe** *(SB)* obtuse quoin of wall
Mauerkante *f*/**überstehende** *(Konst, SB)* projecting belt course
Mauerkappe *f (HLK)* hood; wall cope
Mauerklammer *f* masonry tie, wall tie
Mauerklinker *m* engineering brick, engineering clinker *(Ziegel mit hoher Bruchfestigkeit)*
Mauerkopf *m* 1. masonry wall head; 2. *s.* Mauergesims
Mauerkopfnut *f* eaves channel
Mauerkreuzung *f (Konst)* wall junction
Mauerkreuzung *f*/**schiefwinkelige** *(SB)* skew notch penetration of masonry walls
Mauerkrone *f* wall crown, coping of a wall, crest (of wall), top of wall, wall coping, wall top; top course *(oberste Mauerlage)*
Mauerlatte *f (BT, Konst, TK)* wall plate *(in Dachkonstruktion)*
Mauerlattenkranz *m (SB)* circle of wall plates
Mauermittellage *f*/**diagonale** *(SB)* raking course
Mauermörtel *m* masonry mortar
Mauermörtelzement *m* masonry cement
Mauermuster *n (Arch)* walling pattern
mauern *v* lay bricks, lay blocks, mason, do mason's work, brick, bring up, build with stones
mauern *v*/**im Verband** *(SB)* bond
mauern *v*/**mit Ziegeln** brick
mauern *v*/**über die Hand** *(SB, Te)* lay bricks overhand
mauern *v*/**versetzt** offset
Mauern *n* bricklaying, bringing up, walling
Mauern *n* **mit Ziegeln** bricking
Mauern *n*/**rationelles** pick and dip, New England method, *(AE)* Eastern method
Mauern *n* **von der Außenseite** *(SB)* overhand bricklaying
Mauern *n*/**zweihändiges** *(AE)* Eastern method
Mauern... mural ...
Mauernagel *m* masonry nail
Mauerneigung *f* batter of a wall
Maueröffnung *f (Konst)* wall opening *(mindestens 75 cm × 45 cm)*
Maueröffnung *f*/**kleine** fenestral
Maueröffnung *f*/**provisorische** *(Te)* wall run
Mauerpfeiler *m* 1. *(SB)* pier of wall; 2. *(Konst)* sleeper wall
Mauerpfeilerwand *f (SB)* honeycomb wall
Mauerputz *m* plaster
Mauerregel *f (SB)* masonry principle
Mauerrosette *f (Arch)* wall rosace
Mauersäule *f* wall column
Mauerschicht *f* course
Mauerschicht *f*/**auskragende** *(SB)* oversailing course
Mauerschlitz *m* 1. keyway chase, keyway wall chase, chase *(für Rohrleitungen an und in Wänden, Unterputzverlegung)*; 2. *(Arch)* slit window
Mauerschnur *f* plumb cord, line
Mauerschräge *f (SB)* splay of masonry wall
Mauerschrägneigung *f* batter of a wall
Mauerschutzabdeckung *f* parapet weathering *(einer frei stehenden Mauer)*
Mauerschwingbogen *m (Konst, SB)* wall sweep
Mauerschwungbogen *m (Konst)* sweep
Mauerseite *f*/**bündige** facework
Mauersetzfuge *f*/**einfache** plain-cut joint; hick joint, rough-cut joint *(mit Hochkantziegeln)*
Mauerständerrahmenkonstruktion *f (Konst, TK)* post--and-beam framing
Mauerstärke *f* 1. *(SB)* thickness of a wall; 2. *(Konst, SB)* wall thickness
Mauerstein *m* masonry block, masonry brick, masonry unit, unit masonry, walling component, walling unit
Mauerstein *m*/**beidseitig sichtbarer** perpend
Mauerstein *m*/**beliebiger** brick *(< 33,7 × 22,5 × 11,3 cm)*
Mauerstein *m*/**eingezahnter** *(SB)* tusk
Mauerstein *m*/**feuerfester** refractory brick
Mauerstein *m*/**genormter** solid (masonry) unit
Mauerstein *m* **mit Entlüftungsöffnung** ventilating block, ventilating brick
Mauersteinbinderlage *f* binder course, intermediate course
Mauersteinelement *n*/**vorgemauertes** prefabricated masonry panel

M

Mauersteinschicht *f*/**geneigte** tumbling course
Mauersteinverband *m*/**quadratischer** *(SB)* basket bond
Mauerstiel *m* bond timber, chain timber
Mauerstoß *m*/**rechtwinkliger** *(Konst, SB)* rectangular junction of masonry walls
Mauerteer *m (BM)* goudron *(Asphalt mit Erdölrückständen)*
Mauerung *f (SB)* walling
Mauerverband *m (SB)* masonry bond
Mauerverband *m* **mit Holzbalkenverstärkung** *(SB)* timber bond
Mauerverband *m* **mit Schlussstein** effective bond
Mauerverblendung *f* masonry veneer, brick facing
Mauerverflechtung *f (Arch, Konst)* weaved courses (in a gable) *(am Giebel)*
Mauerverkleidung *f (BT)* wall cladding
Mauerverkleidung *f*/**dünne** veneer
Mauerversteifung *f (Konst)* counterfort
Mauervertiefung *f* niche, recess
Mauervorlage *f* 1. *(SB)* attachment to a masonry wall; 2. *(Konst, SB)* projection from a masonry wall
Mauervorsprung *m* 1. *(Konst, SB)* projection from a masonry wall; 2. *(BB, SB)* break; 3. *(SB)* spur
Mauervorsprung *m* **auf Kragsteinen** *(Arch, Konst)* corbel table
Mauervorsprung *m*/**horizontaler** table in a wall, tabling
Mauervorsprung *m*/**innerer** bench table *(als Sitzmauer)*
Mauerwandbild *n* mural (painting)
Mauerwerk *n* masonry, masonwork *(aller Art, DIN 1053)*; stonework *(aus Naturstein)* • **mit Mauerwerk ausgefüllt** masonry-filled
Mauerwerk *n*/**angelsächsisches** *(Arch, SB)* Anglo-Saxon masonry
Mauerwerk *n*/**aufgehendes** above-grade masonry (work)
Mauerwerk *n* **aus gehauenen Steinen** *(SB)* punch-dressed masonry
Mauerwerk *n* **aus glasierten Ziegeln** *(OB, SB)* glazed work
Mauerwerk *n*/**ausgegossenes** grouted masonry
Mauerwerk *n*/**auskragendes** *(SB)* bearing-out masonry
Mauerwerk *n*/**bewehrtes** *(SB)* reinforced masonry
Mauerwerk *n*/**bewehrungsgebundenes** *(SB)* chain bond masonry
Mauerwerk *n*/**bündiges** fair-faced brickwork
Mauerwerk *n*/**durchbrochenes** 1. *(SB)* trellis masonry work; 2. *(Arch, Konst)* trelliswork
Mauerwerk *n*/**durchgehendes** blank wall, blind wall
Mauerwerk *n* **für Schornsteinbrüstung** breastwork
Mauerwerk *n*/**geschichtetes** course work, coursed masonry, range masonry
Mauerwerk *n*/**geschlossenes** *(SB)* plain masonry
Mauerwerk *n*/**hammerrechtes** ashlar masonry, broken rangework
Mauerwerk *n*/**hintermauertes** backed-up masonry
Mauerwerk *n*/**im Verbund gemauertes** *(SB)* bonded masonry
Mauerwerk *n*/**konkav geformtes** circular sunk face of wall
Mauerwerk *n*/**konvex geformtes** *(SB)* circular face of wall
Mauerwerk *n*/**massives** *(SB)* solid masonry wall
Mauerwerk *n*/**megalithisches** *(SB)* cyclopean masonry
Mauerwerk *n* **mit Halbbindern** *(SB)* snapped work
Mauerwerk *n* **mit Lattenverstärkung** *(SB)* studwork
Mauerwerk *n* **mit prismatischen Ziegeln** *(SB)* prismatic rustication *(Elisabethanische Architektur)*
Mauerwerk *n*/**profiliertes** *(SB)* moulded masonry
Mauerwerk *n*/**römisches** opus latericium
Mauerwerk *n*/**scharriertes** *(BM, SB)* axed work
Mauerwerk *n*/**tragendes** *(SB)* load-bearing masonry
Mauerwerk *n*/**unbewehrtes** *(SB)* plain masonry
Mauerwerk *n*/**ungeputztes** exposed masonry
Mauerwerk *n*/**unregelmäßiges** *(SB)* random range ashlar
Mauerwerk *n* **unter der Geländeoberfläche** below grade masonry
Mauerwerk *n*/**unverputztes** *(SB)* rough work
Mauerwerk *n*/**verbundenes** *(SB)* bonded masonry
Mauerwerk *n*/**vorkragendes** *(Arch, Konst, SB)* corbel masonry
Mauerwerk *n*/**zu verputzendes** brickwork for rendering
Mauerwerk... *siehe auch Mauerwerks...*
Mauerwerkabwasserkanal *m (WVA)* masonry conduit--type sewer
Mauerwerkanker *m (BT)* masonry cavity tie
Mauerwerkart *f* masonry type
Mauerwerkausfachung *f* in-fill masonry, in-fill masonwork
Mauerwerkaussteifungsholz *n (Hb)* nogging piece
Mauerwerkbau *m (SB)* masonry construction
Mauerwerkbehandlung *f (SB)* masonry treatment
Mauerwerkbogen *m* 1. *(Konst)* masonry arch; 2. *(Konst, SB, TK)* brick arch
Mauerwerkbogenbrücke *f (Br)* masonry bridge
Mauerwerkdübel *m* masonry dowel
Mauerwerkflächenornament *n*/**dünnes** *(Arch)* placage
Mauerwerkimprägniermittel *n (BM)* masonry moisture sealing agent
Mauerwerköffnung *f* masonry opening
Mauerwerks... *siehe auch Mauerwerk...*
Mauerwerksanker *m* concrete anchor, masonry anchor
Mauerwerksanker *m*/**hölzerner** bond timber, chain timber
Mauerwerksarbeiten *fpl* masonry
Mauerwerksbau *m* masonry structure
Mauerwerksbaustein *m* masonry block, masonry unit, unit masonry
Mauerwerksdehnfuge *f* brickwork expansion joint, brickwork movement joint
Mauerwerksfuge *f* 1. *(Konst, SB)* masonry joint; 2. *(BB, Konst, SB)* abreuvoir *(noch mit Mörtel zu füllen)*
Mauerwerksfuge *f*/**abgeschrägte** weather-struck joint, weather-struck point
Mauerwerksfuge *f*/**abgestrichene** *(SB)* struck joint
Mauerwerksfuge *f*/**bündige** flat joint
Mauerwerksfuge *f*/**nach innen abgeschrägte** *(SB)* struck joint
Mauerwerksgewölbe *n* masonry arch, masonry vault
Mauerwerkshydrophobierung *f (DIS)* hydrophobic treatment of masonry
Mauerwerksichtblende *f (SB)* masonry screen
Mauerwerkskonsole *f* masonry corbel
Mauerwerkskörper *m* body of masonry
Mauerwerkskreuzverband *m*/**englischer** English cross bond
Mauerwerkslänge *f*/**vorgetäuschte** blind header
Mauerwerkslehre *f (SB)* gauge rod
Mauerwerksöffnung *f* aperture
Mauerwerkspassfuge *f* ground joint
Mauerwerkspfeiler *m (SB, TK)* masonry pier
Mauerwerkspitzfuge *f* V-joint
Mauerwerksschornstein *m (SB)* masonry chimney
Mauerwerkssichtstein *m* masonry trimstone
Mauerwerksstein *m*/**gestalteter sichtbarer** *(SB)* trimstone
Mauerwerksstoßfuge *f (SB)* heading joint
Mauerwerkstafel *f (BT)* masonry panel
Mauerwerksteinstärke *f* **plus Fugendicke** nominal dimension
Mauerwerkstil *m (Arch, SB)* masonry style
Mauerwerkstufe *f* jump
Mauerwerksubstanz *f (SB)* solid mass

Mauerwerksverankerung *f (BT, Konst)* tieing of the brickwork, masonry anchorage
Mauerwerksverbindungsfuge ***f*/konkave** *(Konst, SB)* concave joint
Mauerwerksverblender *mpl* masonry facing material, masonry facing stones
Mauerwerkverband *m* masonry bond
Mauerwerkverband ***m*/englischer** English bond
Mauerwerkverband ***m*/sächsischer** Saxon masonry bond
Mauerwerkversetzung *f (Konst)* skew notch on masonry wall
Mauerwerkwand ***f*/bewehrte** *(SB)* reinforced masonry wall
Mauerzacke *f* 1. *(Arch, BT, Konst)* cop; 2. *(Arch)* merlon *(in einer Burgmauer)*
Mauerzaun *m* enclosure wall
Mauerzement *m* masonry cement
Mauerziegel *m* masonry brick, building brick
Mauerziegel ***m*/roter** baked brick
Mauerziegel ***m*/spitzer** squint
Mauerziegelverband *m (SB)* brick bond
Mauerzinne *f (Arch, Konst)* pinnacle
Maukanlage *f* souring plant, tempering plant
Mauken *n (BM, Te)* souring
Maukhalle *f (Konst, Te)* tempering house
Maukhaus *n (Konst, Te)* tempering house
Maukturm *m* souring tower
Maulschlüssel *m* monkey wrench, spanner
Maurer *m* bricklayer, waller; mason *(bes. für Naturstein-mauerwerk)*
Maurerarbeiten *fpl* masonry work, bricklaying, masonry *(DIN 18330, BS 8000-3)*
Maurergerüst *n* mason's scaffold, bricklayer's scaffold
Maurergerüst ***n*/heb- und senkbares** mason's adjustable multiple-point suspension scaffold
Maurerhammer *m* mason's hammer, brick axe, bricklayer's hammer, scutch, *(AE)* axhammer
Maurerhammer ***m*/spitzer** pick mattock
Maurerhammerschneide *f* blade of the scutch
Maurerhandwerk *n* bricklaying craft, bricklaying trade, bricklayer's trade, bricklayer's craft
Maurerkelle *f* laying trowel, brick trowel, trowel
Maurerkelle ***f*/quadratische** *(BWG)* square pointed trowel
Maurerlehre *f* mason's profile
Maurermeister *m* master bricklayer, master mason
Maurerpinsel *m* whitewash brush
Maurerpolier *m* bricklayer charge hand
Maurersand *m* masonry sand, building sand
Maurerscheibe *f (SB)* mason's board
Maurerschnur *f* mason's line, bricklayer's line
Maurerwaage *f (SB, Verm)* mason's level
Maureske *f (Arch)* Moresque
maurisch *(Arch)* Moorish
Mausoleum *n (Arch)* mausoleum
Maut *f* (road) toll
Mautabschnitt *m (Verk)* area charging
Mautbrücke *f (Verk)* toll bridge
Mautgebiet *n (Verk)* area charging
Mauthäuschen *n (Konst, Verk)* toll booth
Mautstraße *f* toll road, *(AE)* pike, *(AE)* pike road
Mautzahlstelle ***f*/einspurige** *(Verk)* single-lane payment station
Maximalabmessung *f* maximum dimension
Maximalabstand *m* maximum distance, maximum spacing
Maximalbelastung *f (El)* maximum demand
Maximalbelastung ***f*/zulässige** maximum permissible load
Maximaldichte *f* maximum density
Maximaldicke *f* maximum thickness
Maximaldrucklinie *f (Stat)* maximum pressure line
Maximalfestigkeit *f* maximum strength
Maximallast *f (Stat)* maximum load
Maximalmaß *n* maximum dimension
Maximalmoment *n (Stat)* maximum moment
Maximalmomentenbereich *m (Stat)* maximum moment region
Maximalsparrenabstand *m (Konst)* maximum rafter distance
Maximalwert *m* maximum value
maximieren *v* maximize
Maximum-Minimum-Schalter *m* limit control
Maximumprinzip *n (Stat)* maximum principle
Maya-Architektur *f (Arch)* Maya(n) architecture
Maya-Baukunst *f (Arch)* Maya(n) architecture
Maya-Spitzbogen *m (Arch)* Maya(n) arch
Mechanik *f* mechanics
Mechanik ***f*/angewandte** *(Stat)* applied mechanics
Mechaniker *m* mechanic
mechanisieren *v* mechanize
Mechanismus *m* mechanism
Mechanismus ***m*/ideal-plastischer** *(Stat)* perfectly plastic mechanism
Medaillonornament *n* ro(u)ndel
Medaillonornamentierung *f (Arch)* medallion moulding
Medienwert ***m*/statischer** *(Stat)* median
Medium ***n*/flüssiges** liquid environment
Meer *n* sea
Meerenge *f* sound, straits
Meeresboden *m* ocean bottom, ocean floor, seabed
Meeresbohrung *f (Erdb, Wsb)* subsea drilling venture
Meeresbucht ***f*/schmale** *(Bod)* creek
Meeresdeich *m (Wsb)* sea dyke
Meeresgrund *m (Bod)* sea bottom
Meereshöhe *f (Verm)* sea level
Meereskies *m* marine gravel
Meeresküste *f* sea coast, seaside
Meeressand *m* marine sand
Meeresspiegel *m (Verm)* sea level
Meeresspiegel ***m*/mittlerer** *(Verm)* mean sea level
Meeresspiegelbezugsebene *f* sea level datum plane
Meeresstrand *m* ocean beach, ocean shore
Meeresstraße *f (Bod)* straits
Meerestiefe *f* sea depth
Meereston *m* marine clay, sea clay
Meeresverschmutzung *f (Umw)* marine pollution
Meereswasserkorrosion *f (OB)* marine corrosion
Meereswasserschwimmbad *n (Konst, RP, Wsb)* seawater swimming bath
Meereswasserwellenbad *n (Konst, RP, Wsb)* seawater wave swimming pool
Meerkies *m* marine gravel
Meersalz *n* marine salt
Meerschaum *m (BM)* sepiolite
Meerton *m* marine clay
Meerwasser *n* seawater
Meerwasserbautenkorrosionsschutz *m (Wsb)* off--shore corrosion protection
Meerwasserbauwerk *n (Wsb)* off-shore structure
Meerwasserbeton *m (BB)* seawater concrete
Meerwasserkorrosion *f* sea water corrosion
Megalith *m (Arch, Bod)* megalith
Megalithbauwerk *n (Arch)* megalithic monument
Megalithgrab *n (Arch)* dolmen
Megalithmauerwerk *n (SB)* megalithic masonry
Megalopolis *f (RP)* megalopolis *(z. B. in den USA Boston und Washington)*

M

Meganewton *n* meganewton
Megapond *n* megapond
Megaron *n (Arch)* megaron *(Hauptraum eines antiken griechischen Hauses)*
Mehlkorn *n (BM)* fine grain
Mehlkornsand *m* flour sand *(Zuschlagstoff)*
Mehlsand *m* mealy sand, very fine sand *(0,0625 - 0,125 mm)*; flour sand *(Zuschlagstoff)*
Mehlsandstein *m* very fine sandstone
mehr... multi...
mehradrig *(El)* multicore *(Kabel)*
Mehrarbeit *f (VR)* extra work
Mehrarbeiten *fpl (Stat)* auxiliary work *(zum Projekt)*
mehrarmig multiway
Mehraufwand *m* extra expenses, additional expenses, excess figure
Mehraufwand *m***/finanzieller** excess figure
Mehrbackengreifer *m (BWG)* grapple
mehrbalkig multibeam
Mehrbereichs... multigrade ..., multirange ...
Mehrbeton *m (BB, Te)* remaining concrete
Mehrblatt *n (Arch)* multifoil
mehrblättrig *(Arch)* multifoil, polyfoil *(z. B. Ornament)*
Mehrblatttür *f* multileaf door
Mehrdeckersieb *n* multideck screen
mehrdimensional *(Konst)* multidimensional
mehreckig canted *(Pfeiler)*
Mehreckturm *m (Arch)* multiangular tower
Mehrelementspannung *f (Stat)* multielement prestressing *(Spannbetonbewehrung)*
Mehretagenanordnung *f* 1. *(Te)* multistorey arrangement; 2. *(Br, Te, TK)* multideck arrangement *(z. B. Brücken)*
Mehretagenrahmenbau *m (TK)* multistorey(ed) frame structure
Mehretagensystem *n* **aus Dreigelenkrahmen** *(TK)* multistorey system composed of three-hinge frames
mehretagig multistoreyed, *(AE)* multistoried
mehrfach multi
Mehrfachanstrich *m* multicomponent coating, multilayer coating
Mehrfachfunktionalität *f* multifunctional concept
Mehrfachkastenprofil *n (BT, TK)* multiple box section
Mehrfachmauer *f (Konst)* multiple masonry wall
Mehrfachschichtsystem *n (OB)* multicoating (protective) system
Mehrfachschutzanstrich *m* multicomponent coating, multilayer coating
Mehrfachschutzschicht *f (OB)* multicoating (protective) system
Mehrfachsteckdose *f (El)* multiple outlet box, outlet box, *(AE)* receptacle outlet
Mehrfachsteckdoseneinrichtung *f (El)* multioutlet assembly
Mehrfachverbindung *f (BT, Konst)* composite joint
Mehrfachverglasung *f* multiple glazing
Mehrfachverstrebung *f* multiple-strut bracing
Mehrfamilienbauten *mpl* multifamily housing
Mehrfamilienhaus *n* multifamily building, multiple dwelling (building), *(AE)* apartment house
Mehrfamilienhaus *n* **mit Eigentumswohnungen** *(Arch, VR) (AE)* condominium
Mehrfamilienhäuser *npl* multifamily housing, tenement buildings
Mehrfamilienwohnhaus *n* multifamily building, multiple dwelling (building), *(AE)* apartment house
Mehrfarbenanstrich *m* multicolour coat, multicolour finish
mehrfarbig coloured, polychromatic, polychrome
Mehrfarbigkeit *f* polychromatism, polychromy
Mehrfeld... multibay ..., multispan ...
Mehrfeldbogen *m (Arch, Br, Konst)* continuous arch
Mehrfeldplatte *f (Konst, Stat)* continuous slab
Mehrfeldplatte *f***/kreuzweise bewehrte** *(Konst, Stat, TK)* continuous two-way slab
Mehrfeldrahmen *m* 1. *(Konst, TK)* multibay frame; 2. *(Konst, Stat)* continuous frame; 3. *(Konst, TK)* cellular frame
mehrfeldrig *(Konst)* multibay
Mehrfeldstarrrahmen *m (Konst, TK)* multispan rigid frame
Mehrfeldträger *m* 1. *(TK)* multispan girder; 2. *(BT, Konst, Stat)* continuous girder
Mehrfüllungstür *f* multiple-panel door
Mehrgeschossbau *m (Arch)* multifloor building
Mehrgeschosser *m (Arch, Konst)* medium-rise building
mehrgeschossig medium-rise; multistorey *(bis 5 Geschosse)*
Mehrgiebelstil *m (Arch)* many-gabled style
mehrgliedrig *(BT)* many-membered
Mehrkammerprofil *n* multichamber profile *(Fugenband)*
mehrkantig polygonal
Mehrkantprofil *n* polygon profile
Mehrkomponentenanstrichstoff *m (BM, OB)* polymerised coating
Mehrkomponentenemulsion *f (BM)* multiple emulsion
Mehrkomponentenepoxidharz *n (BM)* multicomponent epoxy resin
Mehrkomponentenschutzanstrich *m* multicomponent coating
Mehrkomponentensystem *n (BM)* multicomponent system
Mehrkosten *pl (VR)* additional charges
Mehrlagenabdichtung *f* multiple-layer(ed) waterproofing
Mehrlagendichtung *f* multiple-layer(ed) waterproofing, multiple-layered seal
Mehrlagenisolierung *f* multiple-layered insulation
Mehrlagenpappe *f* filled board; multilayered roofing, composition roofing *(Dachpappe)*
Mehrlagensperrung *f* multiple-layer(ed) waterproofing
mehrlagig multilayer(ed), multiple-layer(ed); sandwich, laminated *(Platten aus Holz, Gips, Glas usw.)*
mehrläufig *(Hb, Konst)* multiflight *(Treppe)*
Mehrpass *m (Arch)* multilobe tracery, multiple-lobe tracery
Mehrpassbogen *m (Arch)* multifoil arch
Mehrphasenlegierung *f* multiphase alloy
Mehrpunkterdung *f (El)* multiple-point earthing
Mehrraumwohnung *f* multiple-room dwelling, multiroom dwelling
Mehrreihenschießen *n s.* Mehrreihensprengen
Mehrreihensprengen *n (Tun)* more row shooting *(auch Steinbruch)*
mehrsäulig *(Arch)* polystyle
mehrschalig multiple-layered, multiple-leaf; multiple--withe, multiwithe *(Wand)*
Mehrscheibenisolierglas *n (BT, DIS)* laminated insulating glass
Mehrscheibenisolierverglasung *f (DIS, Konst)* laminated insulating glazing
Mehrschicht... multilayer ...
Mehrschichtdämmplatte *f* laminated insulating board, laminated insulation-grade board
Mehrschichtenanstrich *m* multiple-layered paint coating
Mehrschichtendämmplatte *f* laminated insulating board, laminated insulation-grade board
Mehrschichtendichtung *f (DIS)* multiple-layered seal
Mehrschichtenglas *n* laminated glass
Mehrschichtenleichtbauplatte *f* laminated lightweight building slab
Mehrschichtenlösung *f* multiple-layered insulation
Mehrschichtenplatte *f* laminated board, multilayer board, multiple sandwich slab, sandwich panel, sandwich plate

M

Mehrschichten-PVC-Belag *m* laminated PVC covering
Mehrschichtenschalplatte *f* laminated formwork board
Mehrschichtenüberzug *m (OB)* laminated topping
Mehrschichtenwand *f (Konst)* multiple-layered wall
Mehrschichtenwandelement *n* laminated wall component, laminated wall panel
mehrschichtig *s.* mehrlagig
Mehrschichtleichtbauplatte *f* laminated lightweight building slab, sandwich composite panel *(DIN 1102)*
Mehrschichtplatte *f* multiple sandwich slab, sandwich panel, sandwich plate
Mehrschichtprinzip *n* multibarrier principle
Mehrschicht-PVC-Belag *m* laminated PVC covering
Mehrschichtschalplatte *f* laminated formwork board
Mehrschichtsystem *n* multilayer theory, multilayer system
Mehrschichtwand *f* multiple wall
mehrschiffig *(Arch)* multiple-span
mehrseitig multilateral
mehrspurig *(Verk)* multilane *(Fahrbahn)*
mehrstöckig *(Konst)* multistorey *(bis 5 Geschosse)*
Mehrstofflegierung *f (BM)* multicomponent alloy
Mehrstoffsystem *n (BM)* multicomponent system
mehrstreifig *(Verk)* multilane *(Fahrbahn)*
Mehrstufen... multistage ...
mehrstufig multistage
mehrteilig multipart, multipartite, complex
Mehrverstrebung *f* multiple-strut bracing
Mehrwertsteuer *f* value-added tax, VAT
mehrwinklig multiangular
Mehrzellensilo *n(m)* multicellular bin, multicompartment bin
mehrzügig multiflue *(Schornstein)*
Mehrzweck *m* multipurpose
Mehrzweckanstrich *m (OB)* multipurpose liquid coating
Mehrzweckanstrichmittel *n (OB)* multipurpose liquid coating
Mehrzweckbühne *f* multipurpose stage
Mehrzweckfahrzeug *n* general-purpose vehicle
Mehrzweckgebäude *n (Arch, Konst)* multipurpose building
Mehrzweckhalle *f* multiple-use hall, multipurpose hall
Mehrzweckkleber *m* multipurpose adhesive
Mehrzweckklebstoff *m* multipurpose adhesive
Mehrzweckraum *m* family room, all-purpose room
Mehrzweckstadion *n* multipurpose stadium
Mehrzweckstein *m* multipurpose building block
Mehrzweckverwendung *f* multiple use, multipurpose use
Meierei *f (Arch, Konst, LB)* milk farm
Meile *f (Stat)* mile *(1,60931 km)*
Meilenstein *m* milestone, milepost *(Straße)*
Meiler *m* kiln, *(AE)* scove kiln *(Ziegelbrennen)*
Meilerholz *n (BM, HLK)* charcoal wood
Meißel *m* 1. chisel; 2. drove, carving tool *(Steinmetzwerkzeug)*; 3. sett, broad *(Breitmeißel für Ziegelspalten)*; 4. *(Erdb)* auger drill *(Gestein)*; 5. boring bit *(Tiefbohren)*; 6. single-point tool *(Werkzeug)*
Meißel *m*/**abgesetzter** offset tool
Meißel *m*/**geschmiedeter** forged bit
Meißelbohrer *m* chisel jumper, pitching borer
Meißelbohrung *f* chiselling
Meißelhammer *m* caulking hammer, chipper, spalling hammer
meißeln *v* chisel; carve out, char, chip *(Stein)*
Meißeln *n* carving *(von Stein)*
Meißelschärfstein *m* slip stone
Meistbietender *m (VR)* highest bidder
Meister *m* master, foreman
Meistergehilfe *m* charge hand
meisterhaft masterly, brilliant
Meisterquartier *n* queen closer, queen closure, soap, soap brick
Meisterstück *n* master-piece
Melamin-Alkydharz *n* melamine-alkyd resin
Melaminformaldehydharz *n* melamine formaldehyde resin
Melaminharz *n* melamine resin
melaminharzbeschichtet melamine resin coated
Melaminlackharz *n* melamine varnish resin
Melaminleim *m (BM)* melamine adhesive
Melamin/Urea-Formaldehyd *n* melamine/urea formaldehyde
Melaphyr *m (BM)* melaphyre
Melaphyrporphyr *m (BM)* porphyric melaphyre
Melder *m* annunciator, warning device; alarm *(Feuer)*
Meldung *f* entry
meliert mottled; blended *(Teppichboden, Textilien)*
Melinit *m (BM, Bod)* melilite
Melioration *f* 1. *(Erdb, LB)* melioration; 2. *(LB)* amelioration; 3. *(Erdb)* betterment *(Kulturland)*
meliorieren *v* 1. *(Erdb, LB)* meliorate; 2. *(LB)* ameliorate
Membran *f* 1. *(Konst)* membrane; 2. *(Wsb, WVA)* diaphragm
Membranberechnung *f (Konst, Stat)* membrane analysis
Membrankraft *f (Stat)* membrane force *(Zugkraft)*
Membranlängswirkung *f* longitudinal membrane action
Membranpumpe *f (WVA)* diaphragm pump
Membranrippe *f (Konst)* membrane rib
Membranschale *f (Konst)* membrane shell *(dünne Schale)*
Membranschub *m* membrane thrust
Membranschubkraft *f (Stat)* membrane shearing force
Membranschutz *m* membrane protection
Membranspannungszustand *m (Stat)* membrane state of stress
Membrantheorie *f (Stat)* membrane theory *(Schalenwerkberechnung)*
Membranventil *n* diaphragm valve
Membranwirkung *f (Stat)* membrane action
Memnonium *n (Arch)* mortuary temple
Memnonium *n* **Ramses des II.** *(Arch)* Rameseum
Memorialbau *m (Arch)* mortuary temple, commemorative structure
Memorialhalle *f (Arch)* memorial hall, commemorative hall
Memorialkreuz *n (Arch)* memorial cross
Menge *f* mass, quantity; amount *(Betrag)* • **in kleinen Mengen** *(BM)* small-scale • **Mengen erfassen** quantify
Menge *f*/**große** bulk
mengen *v (Te)* merge *(Anstriche, Baustoffe)*
Mengen *fpl*/**eingebaute** *(Te, VR)* quantities placed
Mengenänderung *f* quantity variation
Mengenberechnung *f (Erdb, Konst)* calculation of quantities
Mengeneinheit *f* quantity unit
Mengenleistung *f* rate
Mengenregler *m (El, HLK, San, WVA)* governor
Menhir *m (Arch)* monolith, menhir *(prähistorischer Totenstein)*
Mennige *f* 1. *(OB)* lead oxide red; 2. *(BM, OB)* red lead; 3. *(BM, OB)* minium *(Rostschutzanstrich)*
Mennige *f*/**geschlagene** lapping
Mennigeanstrich *m* coating of red lead
Mennigekitt *m* minium-based mastic, red lead cement, red lead putty
Mensa *f* hall *(speziell in englischen Colleges)*; refectory *(in Colleges, Universitäten)*; canteen *(in Universitäten)*; *(AE)* commons *(in Colleges)*
Mensagrab *n (Arch)* table tomb
Mergel *m* 1. *(Bod)* marl; 2. *(BM)* plaster stone
Mergel *m*/**harter** galt
Mergel *m*/**schiefriger** marl shale, marl slate

Mergelboden *m (Bod)* marl earth
Mergelerde *f* earthy marl
Mergelgrube *f (Bod)* marl pit
Mergelhartbrandziegel *m* marl brick
mergelig *(Bod)* marlaceous
Mergelkalk *m* marlaceous lime
Mergellehm *m* marly clay, boulder clay, blaes
Mergelsandstein *m* marly sandstone
Mergelschiefer *m* marl shale, marl slate, marlslate, slaty marl, margode
Mergelschlamm *m (Bod)* marly silt
Mergelstein *m* marlstone
Mergelton *m* marl(y) clay, argillaceous marl, chalky clay, shale
Mergelziegel *m* malm brick, marl brick
Mergelziegel *m***/weicher** *(BM)* malm rubber *(in jede Form reibbar)*
Mergelziegelrohmasse *f***/künstliche** malm
Meridanrippe *f* meridian rib
Meridian *m (Verm)* meridian
Meridianbiegung *f* meridional bending
Meridiankraft *f* meridional force
Meridianseil *n* meridional cable
Meridianspannung *f (Stat)* meridian stress
Merkblatt *n (VR)* information sheet
Merkblatt *n* **für Baunormen** *(VR)* code of practice *(in England)*
Merkmal *n* mark; characteristic feature, feature *(eines Bauwerks)*
Merkmal *n***/funktionsbestimmendes** functional indicator
Merkmal *n***/geometrisches** geometric characteristic
Merkmal *n***/kontinuierliches** *(Arch, Konst)* continuous characteristic
Merkmal *n***/petrographisches** petrographic characteristic
Merkmalsniveau *n* level of characteristics
Messabweichung *f* error of measurement
Messabweichung *f***/zufällige** random error of measurement
Messabweichung *f***/zulässige** *(BT, Konst)* amount of variation permitted
Messanker *m (Wsb)* measurement bolt
Messanlage *f* measuring installation
Messanzeige *f* indication of measuring instrument
Messband *n* measuring tape, tape measure
messbar measurable
Messbecher *m* measuring cup, measure
Messbedingung *f* measurement condition, measuring condition
Messbehälter *m* measuring tank, rating tank *(Mischanlage)*
Messbereich *m* measurement range, measuring range, span
Messbildverfahren *n* photogrammetry
Messbolzen *m (Verm)* measuring bolt *(Höhenbolzen)*
Messbrücke *f* strain transducer *(Baustoffprüfung)*
Messdaten *pl (Verm)* measurement data
Messdorn *m* feeler
Messdosierung *f***/kumulative** cumulative batching
Messdübel *m (Verm)* measuring plug
Messe *f* exhibition
Messebene *f* measuring plane
Messegebäude *n (RP)* fair building
Messegelände *n (RP)* fair grounds
Messehalle *f* exhibition hall, fair pavilion
Messeinheit *f* unit of measurement
Messeinrichtung *f* measuring system
messen 1. measure; gauge *(ausmessen, zumessen)*; 2. *(Verm)* observe
messen *v* **mit/sich** *(Te, VR)* cope
Messen *n* measurement, measuring
Messer *n* 1. knife; 2. meter *(Messgerät, Messinstrument)*; 3. gauge *(Lehre, Schablone, Pegel usw.)*
Messerauftrag *m (Te)* knife application
Messerfurnier *n* knife-cut veneer, knife veneer, carved veneer, sliced veneer
Messergebnis *n* result of measurement
Messergebnis *n***/unberichtigtes** raw result
Messerspachtelmasse *f* knifing filler
Messfahrzeug *n***/im Verkehr mitfahrendes** *(Verk)* floating car
Messfehler *m* measurement error, error of measurement
Messfehlerausgleich *m (Verm)* tape correction
Messfläche *f* measuring area
Messfühler *m* measurement transducer, sensor, sensing device, sensitive element, probe
Messgefäß *n* measuring frame, batch box *(z. B. für Beton)*
Messgehilfe *m (Verm)* rodman
Messgenauigkeit *f* measurement accuracy, measuring accuracy, accuracy of measurement
Messgerät *n* measuring instrument, meter
Messgerät *n***/registrierendes** *(BM, Verk)* recording instrument
Messglas *n* measuring jug
Messgröße *f* measurand
Messing *n* brass, yellow brass
Messingbeschlag *m* brass fitting
Messingbeschläge *mpl (EB)* brass hardware
Messingblech *n* brass plate, brass sheet, sheet brass, latten brass
Messinglot *n* brass solder, brazing solder
Messinglötung *f* hard soldering
Messingnagel *m (BM)* composition nail
Messingrohr *n* brass pipe, brass tube
Messingstab *m* brass rod
Messingstatue *f* brass statue
Messingüberzug *m (OB)* brass lining
Messingverguss *m (St, Te)* step brazing
Messkanal *m (Wsb)* measuring flume
Messkasten *m (BM, Te)* measuring box *(Baustoffmischung)*
Messkegel *m (Verk)* old man
Messkette *f (Verm)* measuring chain, measurement chain, engineer's chain, band chain, (land) chain, chain tape, surveyor's chain
Messkluppe *f (Verm)* calliper gauge
Messkolben *m* volumetric flask
Messkunde *f (Verm)* surveying
Messlatte *f* 1. *(Verm)* measuring rod; 2. *(BT, Konst, Verm)* staff; 3. *(Verm)* surveyor's rod, stadia, target, target rod; graduated rod, stadia
Messlatte *f***/bezifferte zweiteilige** *(AE)* Philadelphia leveling rod
Messlatte *f* **mit Ablesemarkierungen** *(Verm)* self-reading levelling rod
Messlatte *f* **mit Anzeige** *(Verm)* target levelling rod
Messlattenlesefeld *n (Verm)* rod target
Messlattenträger *m* staff holder
Messlattenzielscheibe *f (Verm)* rod target
Messlehre *f* calliper
Messlinie *f (Verm)* observation line
Messmarke *f (Verm)* datum point, pop mark
Messnadel *f* chaining pin, taping arrow, taping pin
Messnadelstift *m* surveyor's arrow
Messpflock *m (Verm)* measuring plug
Messprofil *n (Verm)* measuring profile
Messpunkt *m (Verm)* measuring point
Messrad *n* surveying wheel
Messrohr *n* gauge pipe
Messschablone *f (SB)* face mould *(für Maurerarbeiten)*

Messschwelle *f* measuring sill *(fließende Flüssigkeit)*
Messsignal *n* measurement signal
Messstab *m (Verm)* measuring rod
Messstand *m* measuring booth, booth
Messstation *f (Wsb)* gauging station
Messstelle *f (Wsb)* gauging station
Mess-, Steuerungs- und Regeleinrichtungen *fpl* measuring and control equipment
Messstift *m* surveyor's arrow
Messsystem *n*/**satellitengestütztes** global positioning system, GPS
Messtechnik *f* measurement technique, mensuration technique
Messtechnologie *f* measurement technology
Messtisch *m (Verm)* plane table, surveyor's board, surveyor's table
Messtischaufnahme *f (Verm)* plane table survey, survey with plane-table
Messtischblatt *n (Verm)* plane table map, plane table survey sheet
Messtrupp *m* surveying party
Messumformer *m* measuring transducer
Mess- und Mischeinrichtung *f* dosing and mixing system
Messung *f* measurement, measuring, mensuration; gauging
Messung *f* **vor Ort** in situ measurement
Messunsicherheit *f* uncertainty of measurement
Messverfahren *n* measurement procedure, method of measurement
Messvorgang *m* measurement process
Messvorlage *f* graduated receiver
Messvorrichtung *f* measuring device
Messwehr *n (Wsb)* measuring weir
Messwert *m* measured value; test result • **Messwerte aufnehmen** *(Te)* record
Messwertaufnahme *f (VR)* record
Messwertfehler *m* datum error
Messwertwandler *m* 1. *(El)* transducer; 2. *(BM, El)* transmitter *(Prüftechnik)*
Messzeitraum *m* measurement period
Messzylinder *m* graduated cylinder
Metall *n* metal • **mit Metall überziehen** metallize
Metall *n*/**aufgeschweißtes** weld metal
Metall *n*/**eingeschweißtes** weld metal
Metall *n* **mit niedrigem Schmelzpunkt** fusible metal *(Feuerschutztechnik)*
Metall *n*/**phosphatiertes** *(OB)* phosphated metal
Metallabdeckung *f* metal decking
Metallabfall *m* metal waste
metallähnlich metal-like, metallike, metalline
Metallanker *m* metal tie
Metallankerband *n*/**verdecktes** *(BT)* concealed cleat *(bei Dachdeckung mit Blechtafeln)*
Metallanker-Verankerung *f* metal-tying
Metallanschluss *m* metal flashing *(Schornstein)*
Metallanschluss *m*/**oberer** metal cap flashing *(am Schornstein)*
Metallanschluss *m*/**unterer** metal base flashing *(am Schornstein)*
Metallarm *m (BT)* wall beam *(als Wandanker)*
metallartig metalliform
Metallaufdampfen *n (OB, Te)* vacuum coating
Metallaufdampfschicht *f (OB)* vaporized metal coating
metallausgekleidet metal-clad
Metallauskleidung *f* metal lining, metal cladding
Metallaußenwandverkleidung *f (Konst, OB)* metal structural cladding
Metallbarometer *n (Verm)* surveying aneroid barometer
Metallbau *m* metal construction *(Bauweise)*; metal structure *(als fertiger Bau)*
Metallbauarbeiten *fpl* metal (construction) work
Metallbaumaterial *n (BM, St)* metal building material
Metallbauprofil *n (BT)* metal section
Metallbautafel *f* metal panel
Metallbautafel *f*/**handelsübliche** *(BT)* utility sheet *(für Installationen)*
Metallbauweise *f (Konst, St)* metal construction
Metallbauwerk *n* metallic structure
Metallbedachung *f* **aus flachen Blechen** sheet-metal roofing, sheet-metal roof cladding
Metallbelag *m* 1. *(Konst, OB)* metal lining; 2. *(OB)* metallization
Metallbeplankung *f (Konst, OB)* sheet-metal covering
Metallbeschichten *n*/**chemisches** *(OB)* electroless coating
Metallbeschichtung *f* 1. *(OB, St)* metal coating; 2. *(OB)* metal finish
metallblank *(OB)* white-metal blast
Metallblendrahmen *m* metal frame *(Tür, Fenster)*
Metallbolzen *m* metal bolt; gate hook *(für ein Tor)*
Metallbundpfosten *m (Konst, TK)* metal stud
Metallbundsäule *f (Konst, TK)* metal stud
Metallbundstiel *m (Konst, TK)* metal stud
Metalldachbelag *m* flexible metal roofing
Metalldachkehle *f (Konst)* metal valley
Metalldachnagel *m* lead head nail
Metalldeckenkassette *f* metal panel
Metalldeckleiste *f* metal cover strip
Metalldekoration *f*/**gestaltete** *(Arch)* celature
Metalldekorfolie *f* **im Ornamentwerk** paillette
Metalldichtung *f (San, WVA)* metal packing
Metalldreilagenwand *f (Konst)* metal sandwich wall
Metalldreischichtenwand *f* metal sandwich wall
Metalldübel *m* metal connector *(für Holz)*
Metalleffektlackierung *f (OB)* metallic finish
Metalleinlage *f* metal insertion
Metallermüdung *f* metal fatigue, metal fatigue
Metallfassade *f (Konst)* metal façade
Metallfenster *n* metal window; metal window frame
Metallfensterflügel *m* metal sash
Metallfensterrahmen *m* metal window frame, metal window
Metallfirstabdeckung *f*/**runde** metal ridge roll, ridge roll
Metallflachrelief *n (Arch)* metal base-relief
Metallflachstück *n* flat metal
Metallflammenspritzen *n (OB)* flame metal spraying
Metallfolie *f* metal foil
Metallfolie *f* **im Ornamentwerk** paillette
Metallfolieneinlage *f* metal foil insertion
Metallform *f* metal moulding
Metallfries *n (Arch)* metal frieze
Metallfugenband *n* metal waterstop
Metallfugendeckleiste *f* metal batten
Metallführungsleiste *f (San)* metal bead
Metallfußgängerplanke *f* pedestrian guard rail
Metallfußleiste *f* metal skirting
metallgekapselt metal-enclosed
Metallgeländer *n (Konst)* metal railing
Metallgerippe *n (Konst, TK)* metal studs
Metallgerüstbauer *m* rigger
metallgespritzt *(OB)* metal-sprayed
Metallgewebe *n* metal fabric, metal lathing; wire mesh *(als Putzträger)*
Metallgewebeputzträger *m* metal lathing
Metallgitter *n* metal lattice
Metallgitterfußbodenabdeckung *f* metal grating *(über Öffnungen und Schächten)*

Metallglanz *m* metallic lustre, metallic-splendent lustre
metallglänzend metallic-splendent
Metallgriff *m (EB)* metal handle
Metallgrundierung *f (OB)* metal primer
Metallgrundierungsmittel *n* metal primer
Metallhalogenlampe *f (El)* metal halide lamp
Metallhalteklammer *f* **für eingehängte Decken** channel clip, furring clip
metallhaltig metal-bearing
Metallhandlauf *m* metal ribbon rail, ribbon rail *(für Treppen)*
Metallhängesäule *f (Hb, Konst)* queen bolt *(Dachkonstruktion)*
Metallheißspritzen *n (OB)* hot-metal spraying
Metallhohlschiene *f***/gefederte** resilient channel *(Schalldecke)*
Metallhohltür *f* hollow-metal door, sheet-metal door
Metall-Holz-Laminierung *f* metal-to-wood laminating
Metallic-Lack *m (BM, OB)* metal paint
Metallinertgasschweißen *n (DIS, Te)* metal inert gas welding
metallisch metallic
metallisch/nicht non-metallic
metallisieren *v* metallize
Metallisieren *n***/chemisches** *(OB)* electroless coating
Metallkanal *m (HLK)* metal duct
Metallkante *f* pressed metal edging
Metallkantenschoner *m* metal angle bead
Metallkaschierung *f (OB)* metal facing
Metallkassette *f* metal panel
Metallkehle *f***/verdeckte** *(BT, Konst)* concealed valley *(eines Dachs)*
Metallkern *m* metal core
Metallkitt *m* iron-rust cement
Metallklammer *f* metal cramp
Metallkleben *n* metal bonding
Metallkleber *m* metal adhesive
Metallklebstoff *m* metal adhesive
Metallkorrosion *f* metallic corrosion
Metallkunde *f* science of metals
metallkundlich metallographic
Metallkurzträger *m* wall beam *(als Wandanker)*
Metallladen *m* fire shutter *(z. B. für Fenster und Türen)*
Metalllasche *f* metal strap
Metallleichtbau *m* lightweight metal construction
Metalllochlatte *f* sheet(-metal) lath
Metallluftkanal *m (HLK)* metal duct
Metallmanschette *f* metal collar
Metallmantelkabel *n* metal sheathed cable
Metallmaueranker *m* metal wall anchor
Metalloberfläche *f* metal(lic) surface
Metalloberfläche *f***/strukturierte** boss
Metalloberflächenveredlung *f (OB)* metal finishing
metallographisch metallographic
Metalloxid *n (BM)* metallic oxide
Metalloxidation *f* metal oxidation
Metallpanzerung *f (Konst, OB)* metal sheeting
Metallpfeiler *m (TK)* metal pier
Metallpfosten *m* metal pole
Metallpigment *n* metal(lic) pigment
Metallpigmentanstrichstoff *m* metal pigmented paint, metallic paint
Metallprobe *f (BM)* assay
Metallprofil *n (BT)* metal section
Metallputzträger *m* metal lathing, steel lathing
Metallrahmen *m* metal frame *(Tür, Fenster)*
Metallrahmenaußenwand *f (Konst, OB)* metal curtain wall
Metallrahmenhohltür *f* **mit Sperrkern** *(EB)* hollow-metal fire door
Metallrahmenkonstruktion *f***/nicht feuergeschützte** unprotected metal construction
Metallrahmentragwerk *n* **für eingehängte Decken** ceiling suspension system
Metallrahmentür *f* **mit Blechbeplankung beiderseits** hollow-metal, sheet-metal door
Metallrahmentür *f* **mit vollkommener Metallbeplankung** full-flush door
Metallraster *n (Konst)* metal louvre, *(AE)* metal louver
Metallreiniger *m* metal cleaner
Metallriffelrohr *n (BM, BT)* corrugated metal pipe
Metallriss *m (RS)* season crack
Metallrohr *n* metal pipe
Metallrohrkonstruktion *f (Konst)* tubular metal construction
Metallsaumverbindung *f***/überlappte** lap seam
Metallschalung *f* metal forms *(Betonelementherstellung)*; metal formwork, metal shuttering *(konstruktiver Betonbau)*
Metallschalung *f***/demontierbare** *(Te)* collapsible steel shuttering
Metallscheuerleiste *f* metal skirting
Metallschichtenwand *f* metal sandwich wall
Metallschiene *f* metal rail
Metallschindel *f* metal shingle
Metallschlacke *f* scoria
Metallschlauch *m* flexible metal hose
Metallschornstein *m (Konst)* metal chimney
Metallschuh *m* metal hanger
Metallschutz *m (OB)* metal protection
Metallschutzdünnschicht *f (OB)* flash metallic coating
Metallschutzlack *m* metal protective paint
Metallschutzschicht *f***/chemisch hergestellte** *(OB)* electroless plate
Metallschutzschiene *f (BT, Verk)* metallic rail
Metallschweißen *n (St, Te)* metal welding
Metallsilo *n (WVA)* metal silo
Metallskelett *n (Konst, TK)* metal studs
Metallskelettwand *f* 1. *(Konst)* metal stud partition; 2. *(Konst, TK)* metal stud wall
Metallsortieranlage *f (Umw)* metal separator
Metallsperrholz *n* plymetal, armourply *(Verbundmaterial)*
Metallspritzbeschichten *n (OB, Te)* metal spraying
Metallspritzen *n* 1. *(OB, Te)* metallizing; 2. *(OB, Te)* sputtering *(z. B. von Brückenbauteilen als Korrosionsschutz)*
Metallspritzschicht *f* sprayed metallization
Metallspritzverfahren *n* metal spraying, metal spraying process
Metallsprosse *f* metal rung
Metallstab *m (BT)* wall beam *(als Wandanker)*
Metallstreifen *m* metal strip
Metallstufenplatte *f* tread plate *(Treppe)*
Metallstütze *f* 1. *(St, TK)* metal column; 2. *(TK)* metallic support
Metalltafel *f* metal panel
Metalltafelüberlappung *f* overcloak *(Dach)*
Metalltorbogen *m (Arch)* overthrow
Metalltorüberspannung *f* overthrow
Metalltorüberspannung *f***/verzierte** overthrow
Metallträger *m* wall beam *(als Wandanker)*
Metallträgerauflage *f***/durchbrochene** metal pan, perforated metal pan *(Schalldecke)*
Metalltragsystem *n (Konst, TK)* metal load bearing system
Metalltragwerk *n (Konst, TK)* metal load bearing system
Metalltür *f* **mit gesäumter Metalltürbeplankung** lock seam door
Metalltür *f***/nahtlose** seamless door
Metalltür *f* **ohne Türblattnaht** seamless door
Metalltür *f* **ohne Türblattnahtfuge** seamless door
Metalltürenverstärkung *f* lock reinforcing unit

M

Metalltürrahmen *m* cabinet jamb
Metalltürverstärkung *f (Konst)* reinforcing unit (for metal doors)
Metallüberspannung *f* metal overthrow *(über einem Metalltor)*
Metallüberspannung f/verzierte metal overthrow *(über einem Metalltor)*
metallüberzogen *(OB)* metal faced
Metallüberzug *m* metal cladding *(Verkleidung, Bekleidung)*; metal coating *(Beschichtung)*
Metallüberzugsschicht *f (OB)* metal finish
Metallunterdecke *f* metal counter ceiling
Metalluntergrund *m* metal substrate
Metallurgie *f (BWG)* metallurgy
Metallverbau *m (Erdb)* metal support
Metallverbindung f/überlappte lap seam
Metallverbindungsbolzen *m* gudgeon
Metallverbindungsdübel *m* metal connector *(für Holz)*
Metallverfalzung *f (San)* metal bead
Metallverkleidung *f (Konst, OB)* metal lining
Metallverkleidung f/nicht belastete *(Konst, OB)* metal structural cladding
Metallverschalung *f* metal siding *(meist für Außenwände)*
Metallvoranstrichstoff *m* metal protective undercoat
Metallvorhang *m (Konst, OB)* metal curtain wall
Metallvorhangwand *f (Konst, OB)* metal curtain wall
Metallvorhangwandtafel *f* metal curtain wall panel
Metallwebgitterzaun *m* chain link fence
Metallwetterverschalung *f* metal siding
Metallwolle *f* metal wool
metamorph *(BM)* metamorphic
Meter *m* metre, *(AE)* meter
Meter n/laufendes running meter *(Aufmaß)*
Metermaß *n* metre rule
Metermodul *n* metre module
Methan *n* methane gas
Methangärung *f (Umw)* alkaline fermentation, methane digestion
Methanol *n* methanol, methyl alcohol
Methode *f (Te)* method
Methode *f* **der finiten Elemente** *(Stat)* finite element method
Methode *f* **der kleinsten Quadrate** least square method
Methode f/elastisch-plastische *(Stat)* elastic-plastic method
Methode f/genehmigte *(VR)* approved method
Methode f/geschützte trademark method, trademark system
Methode f/grafische *(Stat)* graphical method
Methode f/handgesteuerte *(Te)* manual mode
Methode f/handwerkliche *(Te)* crafting method
Methode f/numerische *(Stat)* numerical method
Methode f/statische *(Stat)* statical method
Methode *f* **wiederholter Momentenverteilung** method of moment distribution
Methylalkohol *m* methanol, methyl alcohol
Methylcellulose *f* methyl cellulose *(Farbbasis)*
Methylenablauftest *m (Umw)* methylene blue test
Methylethylenketon *n* methyl ethyl ketone *(Farblösungsmittel)*
Methylorange *n (BM, OB)* methyl orange
Methylrot *n (BM, OB)* methyl red
Metope *f (Arch)* metope *(im Fries einer dorischen Säule)*
metrisch metric
Metroon *n (Arch)* metroum *(Olympia)*
Mezzanin *n (Arch)* mezzanine
Mezzaninfenster *n* half-window
Mezzaningeschoss *n (Arch)* mezzanine
Mg-Branntkalk *m* dolomitic lime
Miet... rental ...
Mietbeihilfe *f (VR)* rent allowance
Mietbetrag *m (VR)* rental
Miete *f* rent, rental
mieten *v (VR)* rent *(z. B. Wohnung)*
Mieter *m* lessee, tenant, *(AE)* renter
Mieterhöhung *f* rent increase
Mieterschutz *m (VR)* tenant's protection
Mietetagenwohnung *f* rental flat, rental apartment (unit), *(AE)* rental living unit
Mietfläche *f* rental area
mietfrei rent-free
Mietgeschosswohnung *f* rental flat, rental apartment (unit), *(AE)* rental living unit
Mietgrundstück *n (VR)* leasehold
Mietkosten *pl* rental charge
Mietpreisbindung *f* rent control
mietpreisgebunden rent-controlled
Mietreihenhaus *n* rental row house, rental town house
Mietshaus *n* block of flats, block of rented flats, tenement house, *(AE)* apartment house
Mietskaserne *f* tenement house, barracks, *(AE)* rookery *(Slum)*
Mietung *f (VR)* hiring
Mietvertrag *m* leasehold agreement, leasehold deed, lease
Mietwert *m (VR)* rent value
Mietwohnbauten *mpl* 1. *(RP)* rental housing; 2. *(Arch, Konst, RP)* residential housing
Mietwohnung *f* rental flat, rented flat, rental unit, tenement
MIG-MAG-Schweißbrenner *m (BWG)* torch for MIG--MAG welding
Migration *f* 1. *(RP)* migration; 2. *(Bod, Erdb, Wsb)* travel
migrieren *v* migrate *(z. B. penetrieren)*
Mikanit *m (BM)* micanite
Mikasandstein *m* micaceous sandstone
Mikroasphaltdeckschicht *f (Verk)* thin asphalt overlay
Mikrobeton *m* microconcrete
mikroglasig vitriphyric *(Porphyrgefüge)*
Mikrogranit *m* microgranite
Mikrohärte *f* microhardness
Mikrohärteprüfer *m* microhardness tester
Mikroklima *n (Umw)* microclimate
Mikroorganismus *m (Umw)* microorganism
Mikropfähle *mpl (Erdb)* micropiles *(BS EN 14199)*
Mikropore *f* microvoid
mikroporig *(BM)* microporous
mikroporös *(BM)* microporous
Mikroporosität *f* microporosity
Mikrorauigkeit *f* microroughness
Mikroriss *m (BM, OB)* microcrack
Mikroriss(e)bildung *f (OB)* microcracking, microcrazing
mikrorissig microcracked
Mikrostruktur *f (BM)* microstructure
Mikrotextur *f (BM, OB)* microtexture
Mikroverschmutzer *m (Umw)* micro-pollutant
Mikroverschmutzung *f (Umw)* micropollution
Milchglas *n* milk glass, opaque glass, translucent glass, vellum glaze
milchig opaque
Milchraum *m (LB)* milk parlour *(einer Milchviehanlage)*
Milchverarbeitungsbetrieb *m (Arch, Konst, LB)* milk--processing plant
mildern *v* mitigate
Milieu *n* milieu *(innen)*; environment *(Umgebung)*
Milieu n/oxidierendes oxidizing environment
Milieu n/reduziertes *(Umw)* reducing environment
Militärarchitektur *f (Arch)* military architecture
Militärbau *m* military construction
Militärfriedhof *m (Arch)* military cemetery

M

Militärgebäude *n (Arch)* military building
Militärgelände *n (RP)* military ground
Militärhochbauwesen *n* military building construction
Militärstraßen *fpl* military roads
Militärstraßennetz *n (Verk)* military road network
Millerit *m* millerite
Millimeter *m* millimetre, *(AE)* millimeter
Millimeterpapier *n* squared paper
Mimbar *m (Arch)* mimbar *(Moscheekanzel)*
Minarett *n (Arch)* minaret
Minarett *n*/**türkisches** *(Arch)* Turkish minaret
Minderdurchfluss *m (Wsb, WVA)* underflow
mindern *v* impair
Minderung *f (Stat)* reduction; deduction
Minderungsbeiwert *m* coefficient of reduction
Minderungsfaktor *m (Stat)* impairing factor
Minderungszahl *f (Stat)* reduction coefficient
minderwertig low-grade, inferior, substandard, *(sl)* turkey
Mindestabmessung *f* 1. *(BT)* least dimension; 2. *(Konst)* minimum dimension
Mindestabstand *m* least distance, minimum distance, minimum spacing
Mindestabstandsforderungen *fpl (RP)* building space requirements
Mindestbelastung *f (Stat)* minimum loading
Mindestbetondeckung *f* minimum (concrete) cover
Mindestbewehrung *f* minimum reinforcement
Mindestbiegezugfestigkeit *f* minimum bending tension stress
Mindestbiegungshalbmesser *m (Verk)* minimum radius of curve *(Kurve)*
Mindestbreite *f* minimum width
Mindestdachneigung *f (Konst)* minimum roof slope
Mindestdicke *f* minimum thickness
Mindestdruckfestigkeit *f* minimum compressive strength, minimum failure strength
Mindestdrucklinie *f (Stat, WVA)* line of least pressure
Mindestdurchflussquerschnitt *m*/**effektiver** effective opening
Mindestfestigkeit *f (Konst)* minimum strength
Mindestfestigkeitswert *m* minimum value of strength
Mindestfläche *f* minimum area
Mindestgehalt *m* minimum content
Mindestgüte *f* minimum quality
Mindestkorn *n (BM)* least grain size
Mindestlängsneigung *f* minimum gradient *(Wasserabfluss)*
Mindestlängsvorspannung *f* minimum longitudinal prestressing
Mindestlast *f (Stat)* least load
Mindestlichtraum *m (Verk)* minimum clearance
Mindestmaß *n* 1. *(BT)* least dimension; 2. *(Konst)* minimum dimension
Mindestmittelwert *m* minimum average value
Mindestmoment *n (Stat)* least moment
Mindestneigung *f* minimum gradient *(Wasserabfluss)*
Mindestquerschnitt *m (Konst)* minimum cross section
Mindestradius *m (Verk)* minimum radius of curve *(Kurve)*
Mindestschallschutz *m* minimum sound insulation
Mindestschichtdicke *f (OB)* minimum coating thickness *(Schutzschichten)*
Mindestsparrenabstand *m (Hb, Konst)* minimum rafter spacing
Mindeststreckgrenze *f (St)* minimum yield point
Mindesttiefe *f* minimum depth
Mindesttragfähigkeit *f (Stat)* minimum load-bearing capacity
Mindestverkehrslast *f* minimum variable load
Mindestvorspannung *f* minimum prestressing
Mindestwanddicke *f* minimum wall thickness
Mindestwärmedämmung *f (DIS)* minimum thermal insulation
Mindestwärmeschutz *m (DIS, HLK)* minimum heat insulation
Mindestwasserbedarf *m (BB, Te)* minimum water requirement
Mindestwert *m* lower limiting value, lower specification limit
Mindestwürfelfestigkeit *f (BB)* minimum cube strength *(Betonwürfel)*
Mindestzementgehalt *m (BB)* minimum cement content
Mindestzementmenge *f (BB)* minimum cement content
Mindestzugfestigkeit *f (Konst, Stat)* minimum tensile strength
mineralabgestreut mineral-faced
Mineralanalyse *f* mineral analysis
Mineralbaustoff *m* **zweiter Wahl** secondary mineral
Mineralbestand *m* mineral composition
Mineralbeständigkeitszahl *f (BM, Te)* mineral stability number *(einer Bitumenemulsion)*
Mineralbestandteil *m* mineral constituent
mineralbestreut mineral-faced
Mineralbestreuung *f* mineral granules, mineral surfacing
Mineralbeton *m* mineral concrete, water-bound macadam, wet mix macadam, wet mix material, scalpings *(ohne Bindemittel)*
Mineralbetondecke *f (Verk)* water-bound macadam
Mineralbetontragschicht *f* crusher-run base *(auch mit Bindemittel)*
Mineralboden *m (Bod)* mineral soil
Mineralfarbanstrich *m (OB)* water-glass paint coat
Mineralfarbe *f* 1. *(OB)* mineral colour; 2. *(BM, OB)* water--glass paint
Mineralfaser *f* mineral fibre
Mineralfaserdämmplatte *f* insulating fibreboard
Mineralfasereinlage *f* mineral fibre filling
Mineralfasermatte *f (BT, DIS)* mineral fibre mat
Mineralfaserplatte *f (BT, DIS)* mineral fibre slab
Mineralfaserplatte *f*/**gebundene** *(BT, DIS)* mineral fibreboard
Mineralfaserwolle *f* mineral wool, rock wool, slag wool
Mineralfüller *m* mineral dust, mineral filler
Mineralgekörn *n*/**unstetig abgestuftes** *(BM)* discontinuously-graded aggregate
Mineralgemenge *n* mineral aggregate mix, mineral grain mix
Mineralgemisch *n*/**hohlraumarmes** dense-graded aggregate, dense mineral aggregate, close-graded aggregate
Mineralgemisch *n*/**ungleichmäßig aufgebautes** *(BM)* discontinuously-graded aggregate
Mineralgerüst *n* mineral skeleton
Mineralhärte *f* scratch hardness
Mineralkorn *n* mineral grain
Mineralmasse *f*/**dichte** *(BM)* close-graded aggregate
Mineralmasse *f*/**diskontinuierlich abgestufte** *(BM)* discontinuously-graded aggregate
Mineralmehl *n* powdered mineral, rock dust, stone dust
Mineraloge *m (Bod)* mineralogist
Mineralogie *f* mineralogy
Mineralpigment *n* inorganic pigment, synthetic inorganic pigment
Mineralpulver *n* powdered mineral
Mineralquelle *f (Bod, Umw)* mineral spring
Mineralsäurehärte *f* permanent hardness
Mineralstaub *m* rock dust, stone dust
Mineralstoff *m* mineral matter
Mineralstoff *m*/**künstlicher** artificial aggregate

Mineralstoff *m*/**natürlicher** natural aggregate
Mineralstoff *m*/**schlackenverfestigter** slag-bound aggregate
Mineralstoff *m*/**synthetischer** synthetic aggregate
Mineralstoff *m*/**wiederverwendeter** recycled aggregate
Mineralstoffabbaurecht *n (VR)* mineral claim
Mineralstoffart *f (BM)* aggregate type
Mineralstoffdeponie *f* aggregate pile, mineral aggregate stockpile
Mineralstofffüller *m* mineral filler
Mineralstoffgemengehohlräume *mpl*/**fiktive** voids in mineral aggregate
Mineralstoffgemisch *n (BM)* aggregate mix
Mineralstoffheißsilo *n* hot aggregate storage bin
Mineralstoffkörnung *f (BM)* mineral aggregate
Mineralstofflagerstätte *f* mineral deposit
Mineralstoffpolierwert *m* polish stone value, PSV
Mineralstoff-Polierwiderstandswert *m* polished stone value
Mineralstoff-Schlagzertrümmerungswert *m (BM)* aggregate impact value
Mineralstoffsilo *n* aggregate storage bin
Mineralstoff-Zertrümmerungsprüfung *f (BM, Te)* aggregate crushing test
Mineralstoff-Zertrümmerungswert *m* aggregate crushing value
Mineralwolle *f* mineral wool, mineral fibre, rock wool
Mineralwolleabpolsterung *f (DIS)* mineral fibre pad *(an einer Metallakustikdecke)*
Mineralwolledämmung *f (DIS)* mineral wool insulation
Mineralzuschlag *m* stone aggregate
Minicomputer *m (Verk)* personal digital assistant, PDA *(Verkehrsinformation)*
Minikreisverkehr *m (Verk)* mini-roundabout
Minikreisverkehrsknoten *m (Verk)* mini-roundabout
Minikreisverkehrsplatz *m (Verk)* mini-roundabout
Minimalausstattung *f* small-scale equipment
Minimalmoment *n (Stat)* minimum moment
Minimalschub *m (Stat)* minimum thrust
minimieren *v* minimize *(Last, Spannung)*
Ministerium *n* ministry, department
Mirakelbild *n (Arch)* miraculous image
Mischanlage *f* mixing plant
Mischanlage *f* **für bituminöses Mischgut** asphalt plant, central mix bituminous plant
Mischanlage *f* **für Unterhaltungsarbeiten** patch plant *(Straße)*
Mischanlage *f*/**stationäre** stationary mixing plant
Mischanlage *f*/**transportable** *(BWG)* mobile factory
Mischanlage *f*/**zentrale** central mixing plant
Mischanlagensteuerung *f* mixing-plant control
mischbar miscible; compatible *(z. B. Farben)*
mischbar/nicht non-miscible, immiscible
Mischbarkeit *f (BM)* miscibility
Mischbarkeitsprüfung *f* **mit Wasser** miscibility with water test
Mischbatterie *f (San)* mixer tap, mixing tap, shower mixer, *(AE)* combination faucet
Mischbatterie *f* **mit Brausekopf** shower mixer
Mischbauweise *f* mixed development *(Städtebau)*
Mischbebauungsgebiet *n* mixed development area, mixed development zone
Mischbehälter *m* mixing bowl, mixing tank
Mischbeize *f (BM, OB)* mixed acid pickle
Mischbelag *m (Verk)* premix surfacing *(Straße)*
Mischbeton *m*/**farbpigmentierter** *(BM)* coloured concrete
Mischbinder *m* mixed binder, hydraulic binder, cement binder *(hydraulisches Bindemittel)*
Mischboden *m (Bod)* mixed soil
Mischbodenaushub *m (Erdb)* muck
Mischbottich *m* mixing tank
Mischbrett *n* gauging board
Mischbühne *f* mixing platform, mixing stage
Mischbunker *m* mixing bin
Mischdauer *f (Te)* mixing cycle *(gesamt)*
Mischdecke *f (Verk)* premix surfacing *(Straße)*
Mischdeponie *f (Umw)* codisposal landfill
Mischdiffusor *m (HLK)* aspirator
Mischeinrichtung *f* agitator *(für Beton und Mörtel)*; blender *(Verschneiden mit Binde- bzw. Lösungsmitteln)*
mischen *v* 1. mix, prepare *(z. B. Mörtel, Beton, Asphalt)*; 2. merge, mingle *(Anstriche, Baustoffe)*; 3. blend *(verschneiden)*; 4. *(BM, Te, WVA)* agitate *(durch Rühren)*; 5. *(BM)* compound *(nach Mehrkomponentenrezepturen)*
mischen *v*/**Kalk** larry up
mischen *v* **mit** immix
mischen *v*/**Mörtel** larry up
mischen *v*/**sich** mix
mischen *v*/**von Hand** *(BB, Te)* spade *(Beton)*
Mischen *n* mixing; blending
Mischen *n* **an Ort und Stelle** *(Te)* mix-in-place *(Beton, Mörtel)*
Mischen *n* **in der Pumpleitung** *(Te)* in-line blending
Mischen *n*/**maschinelles** mechanical mixing
Mischentwässerung *f (WVA)* combined drainage
Mischer *m* mixer; blender
Mischer *m*/**halbautomatischer** *(BWG)* semiautomatic batcher
Mischer *m*/**handbedienter** manual batcher
Mischer *m*/**volumetrischer** *(BWG)* volumetric batcher
Mischerarm *m* mixer paddle, paddle
Mischerbeton *m* machine-mixed concrete
Mischerbühne *f* mixer platform
Mischercharge *f* mixed batch capacity
Mischerfahrer *m* mixer driver, mixer operator
Mischerfahrzeug *n* 1. *(BWG)* transit mixer; 2. *(BB, BWG, Te)* truck mixer
Mischerfertiger *m (Verk)* paving mixer, mixer paver, combined paver *(Straßenbau)*
Mischerfüllung *f* (batch) charging
Mischerfüllung *f*/**stufenweise** *(Te)* split-batch charging
Mischerinhalt *m* mixed batch capacity
Mischermörtel *m (SB)* machine-made mortar
Mischerschaufel *f* mixer paddle
Mischertrommel *f* mixing drum
Mischfahrzeug *n* truck mixer, transit mixer
Mischfarbe *f (BM, OB)* tinter
mischfertig ready for mixing, ready-to-mix
Mischfertiger *m* **für Straßendecken** *(BWG)* combined paver
Mischgebiet *n* mixed-use area, mixed-use zone *(Städtebau)*
Mischgerät *n* mixer
Mischgeräusche *npl (Umw)* composite noise
Mischgestein *n* mixed rock, hybrid rock
Mischgut *n* mix, mixture; mixed material, material being mixed, mixed product *(bituminöses Mischgut, Beton)*
Mischgut *n*/**bituminöses** bituminous mixture, asphaltic mixture
Mischgut *n* **für Unterhaltungsarbeiten** *(Verk)* maintenance mix *(meist Kaltmischgut)*
Mischgut *n*/**lagerfähiges** premixed material *(Straßenreparatur)*
Mischgut *n*/**maschinengemischtes bituminöses** plant-mixed bituminous mix
Mischgutart *f* mix type, type of mixture
Mischgutbestandteile *mpl (BM)* components of mixture

Mischguteignungsprüfung *f* mix design
Mischgutklasse *f* mix class
Mischgutkomponenten *fpl (BM)* components of mixture
Mischgutsilo *n (BWG, Te)* mixed material storage hopper *(Asphalt)*
Mischgutsorte *f* mix sort
Mischgutübergabefahrzeug *n* mix transfer vehicle
Mischgutverhältnis *n* mixture ratio
Mischgutverteiler *m (Verk)* paver-spreader
Mischgutzusammensetzung *f (BM)* mix composition
Mischhahn *m (San)* blending valve
Mischintensität *f* **eines Mischers** mixer efficiency
Mischkammer *f (HLK)* air-mixing plenum *(einer Klimaanlage)*
Mischkanal *m* sewer for combined foul and surface water
Mischkanalisation *f (WVA)* combined drainage system
Mischkies *m* coated gravel *(mit Bindemittel)*
Mischlack *m* mixing varnish *(für Anstrichstoffe)*
Mischmakadam *m* mixed macadam, coated macadam, plant-mixed macadam, premix macadam
Mischmakadam *m*/**bituminöser** mixed bituminous macadam
Mischmakadamdecke *f* macadam surface, macadam surfacing
Mischmaschine *f* mixing plant
Mischpigment *n (OB)* mixed pigment
Mischpodest *n* gauging board, gauging platform
Mischpolymerisat *n (BM)* copolymer
Mischprobe *f* composite sample, sample of the mix
Mischrezept *n (BM, Te)* formulation
Mischrezeptur *f* mixing formula, proportion of ingredients
Mischrezepturauswahl *f (BM)* selection of mixture
Mischrezepturbestätigung *f* mix design approval
Mischspiel *n (Te)* mixing cycle
Mischsplitt *m* open-graded bituminous mix, open-graded bituminous mixture, coated chippings, coated chips
Mischstation *f*/**zentrale** central mixing plant
Mischstil *m (Arch)* combined style
Mischstrecke *f (HLK)* mixing section
Mischsystem *n* combined drainage system, combined sewerage system *(Entwässerung)*
Mischtopf *m (BWG)* mixing bowl
Mischtrommel *f* mixing drum, pug mill, tumbling mixer
Mischtrommelgeschwindigkeit *f* mixing speed
Mischturm *m* 1. *(BWG)* mixing tower; 2. *(BB, BWG)* plant tower
Mischturm *m* **für bituminöses Mischgut** *(BWG)* tower--type bituminous mixing plant
Mischung *f* 1. mixture, mix, batch *(z. B. Beton, Asphalt)*; 2. *(BM)* alligation *(Legierungsherstellung)*; 3. blend, blending *(z. B. Anstriche, Farben)*; 4. *(BM)* compound *(chemische Stoffe)*; 5. temper *(z. B. Mörtel)* • **die Mischung benetzen** *(Te)* moisten the mixture
Mischung *f*/**erste** *(BB, Te)* firsting *(Beton)*
Mischung *f*/**fette** fat mix(ture), rich mix(ture)
Mischung *f*/**frische** *(BB, Te)* mixed batch *(Transportbeton)*
Mischung *f*/**grobkörnige** *(BM)* coarse-grain mixture
Mischung *f*/**hydraulische** hydraulic mixture
Mischung *f*/**magere** lean mix
Mischung *f* **mit niedrigem Wasser-Zement-Wert [W/Z-Wert]** low W/C mix
Mischung *f*/**nasse** wet mix
Mischung *f*/**starke** fat mix(ture)
Mischung *f*/**wasserarme** dry mix
Mischungsbestandteil *m* mixture component
Mischungsdosierung *f* mixture proportioning
Mischungsentwurf *m* mix design *(Berechnung)*
Mischungsformel *f (BM)* mix formula
Mischungskonsistenz *f* mix consistency, consistency of the mixture
Mischungskontrolle *f* mix control
Mischungsregel *f (BM)* alligation
Mischungsverhältnis *n* mix proportion, mix proportioning, mix proportions, mix-ratio, mixing rate, mixing ratio, proportion of ingredients, proportion of mixture, ratio of mixture *(Baustoffe)*
Mischungsverhältnis *n* **nach Gewichtsteilen** mix proportions by weight
Mischungsverhältnis *n* **nach Raumteilen** *(BM, Te)* mix proportions by volume
Mischungszusammensetzung *f* mix(ture) composition
Mischunterlage *f* banker *(zum Mischen von Mörtel)*
Mischventil *n (San)* mixing valve
Mischverhältnis *n* mix-ratio • **Mischverhältnis dosieren** proportion
Mischverkehrsstraße *f (Verk)* mixed street
Mischvorgang *m* mixing operation
Mischwasser *n* mixing water, gauging water *(zum Betonanmachen)*
Mischwasserkanal *m* combined building sewer, combined sewer, sewer for combined foul and surface water
Mischwasserkanal *m*/**gemeinsamer** *(WVA)* common sewer
Mischwassersammler *m (WVA)* combined sewer
Mischwassersystem *n* combined sewerage system *(Entwässerung)*
Mischwassertemperatur *f* mixing water temperature
Mischwerk *n* mixing plant, coating plant
Mischwerk *n*/**eingehaustes** enclosed mixing plant
Mischwerk *n*/**kontinuierlich arbeitendes** continuous proportioning plant, continuous mixing plant
Mischwerk *n*/**stationäres** stationary plant
Mischwerkzeug *n (BWG)* fin *(Mischer)*
Mischzeit *f* mixing time, time of mixing *(nach Bindemittelzugabe)*
Mischzeitmesser *m* batchmeter
Mischzement *m* mixed cement, blended cement
Mischzyklus *m (Te)* mixing cycle
misslungen *(BT, Konst, VR)* failed
Missstand *m (Umw)* nuisance
Missstand *m*/**visueller** visual nuisance
Mitbewerber *m (VR)* competitor
Mitbietender *m (VR)* competitor
Miterbauer *m* joint architect
mitnageln *v* nail
Mitnehmer *m* nosing *(Türriegel)*
Mitnehmerstange *f* grief stem *(Bohrtechnik)*
mitschwingen *v* resonate
Mitschwingen *n (DIS)* resonance
Mitte *f* 1. centre, *(AE)* center; 2. mid-depth, middle *(z. B. von Flächen)*; 3. midpoint *(Mittelpunkt)* • **auf Mitte** *(Arch, Konst, Te)* central
Mitte *f* **des Querschnittes** mid-depth
Mitteilung *f (VR)* notice
Mittel *n* 1. substance, agent; matter *(z. B. Bauhilfsmittel, Bauhilfsstoffe, Wirkstoffe)*; 2. average, mean average *(Durchschnitt)*; 3. means *(Verfahren, Wirkungsmittel)*; 4. medium *(z. B. für Farben)*; 5. appliance *(Anwendung; Vorrichtung)* • **das Mittel bilden** average
Mittel *n*/**angreifendes** corrodent
Mittel *n*/**hydrophobierendes** *(BM)* hydrophobing agent
Mittel *n*/**korrodierendes** corrodent
Mittel *n*/**korrosives** corrodent
Mittel *n*/**wasserabstoßendes** repellent *(Bauhilfsstoff)*
Mittel *pl*/**öffentliche** public funds
Mittel... mean ...; central ...
Mittelabmessung *f (Stat)* medium dimension

M

Mittelachse *f* 1. *(Konst, Verm)* central axis; 2. *(Konst, Verk, Verm)* central line
Mittelaltar *m (Arch)* central altar
mittelalterlich *(Arch)* medieval
Mittelbau *m (Konst)* central structure
Mittelblech *n* medium plate, light plate, jobbing sheath
Mittelbogen *m (Arch, Verk)* central arch
Mittelbogen *m* **mit zwei seitlichen gestreckten Bogen** *(Arch)* Queen Anne arch
Mittelbrandziegel *m* medium-baked brick
mitteldicht *(Bod)* medium-dense
Mitteldimension *f (Stat)* medium dimension
Mitteldruck *m* medium pressure
Mitteldruckdampfkessel *m (HLK)* medium-pressure boiler
Mitteldurchgang *m (Konst)* central archway
Mittelebene *f* median plane, middle plane
Mitteleingang *m (Konst)* central entrance
Mittelfahrbahn *f (Verk)* intermediate lane
Mittelfarbe *f* middle colour
mittelfein middle-sized
Mittelfeld *n* central span, interior span, central bay, centre bay *(z. B. eines Gewölbes, Tragwerkes)*
Mittelfeld *n***/eingehängtes** *(Br, TK)* suspended centre bay *(Tragwerk, Brücke)*
Mittelfeldmoment *n (Br, Stat)* moment at mid span *(Brücke)*
Mittelfläche *f* middle plane, middle surface; neutral surface *(eines Trägers)*
Mittelfrequenzbetonfertiger *m (BWG, Verk)* medium--frequency (concrete) finisher *(Straße)*
Mittelfrequenzschallschutz *m* medium-frequency sound insulation
Mittelfuge *f (BT, Konst)* central joint
Mittelgang *m* central corridor, centre corridor; broad aisle *(Kirche)*
Mittelgang *m* **eines Einkaufszentrums** mall of a shopping centre
Mittelgang *m* **eines Kaufparks** mall of a shopping centre
Mittelgebirge *n (Bod)* uplands
Mittelgewölbe *n* central vault, centre vault
Mittelgiebel *m* main gable, central gable
Mittelhalle *f (Arch)* middle bay
Mittelhaupt *n (Wsb)* middle gate *(Schleuse)*
mittelhoch medium-rise
Mittelhof *m* 1. *(Arch, Konst)* central court(yard); 2. *(Arch)* open court(yard); 3. *(Arch)* atrium *(eines alten römischen Hauses)*
Mitteljoch *n* 1. *(Konst, TK)* central bay; 2. *(Konst)* centre bay; 3. *(St)* middle span *(Stahlbau)*
Mittelkern *m (Konst)* central core *(Säule, Gebäude)*
Mittelkies *m* medium-grained gravel, medium gravel *(ca. 5--18 mm)*
Mittelkorn *n* medium grain, medium-grained material
mittelkörnig medium-grained, middle-sized
Mittelkraft *f (Stat)* resultant force
Mittelkraft *f***/unendlich kleine** *(Stat)* infinitely small resultant
Mittelkraftlinie *f (Stat)* thrust line, funicular pressure line
Mittelkuppel *f (Arch, Konst)* central cupola
Mittellage *f* 1. *(Konst)* central position; 2. *(Hb)* core
Mittellage *f* **einer Spanplatte** particle-board core stock
Mittellängsfuge *f (Verk)* longitudinal centre joint *(Straße)*
Mittellängswand *f (SB, TK)* spine wall
Mittellast *f* medium-weight load
Mittelleiter *m (El)* neutral conductor
Mittelleitplanke *f (Verk)* central barrier
Mittellinie *f* 1. *(Verm)* centre line; 2. *(Konst, Verk, Verm)* central line; 3. *(Arch, Konst)* median; 4. mid-depth *(Statik, Festigkeit)*; 5. midline, median line *(mathematisch)*; 6. neutral zone *(physikalisch)*
Mittellinienmarkierung *f (Verk)* centre line marking
Mittelmaß *n (Stat)* medium dimension
mittelmäßig second-rate; average, medium
Mittelmosaik *n* medium-sized mosaic
mitteln *v* average
Mittelöffnung *f (Konst)* main span
Mittelornament *n* centre-piece *(einer Decke)*
Mittelpfeiler *m* central pillar, centre pier
Mittelpfette *f* centre purlin
Mittelpfosten *m* centre shaft *(einer Drehtür)* • **durch Mittelpfosten abteilen** *(Hb)* mullion *(z. B. Fenster)*
Mittelpfosten *m***/hohler** boxed mullion *(Fenster)*
Mittelpfosten *m***/schräger** *(BT)* splayed mullion *(Fenster)*
Mittelpfosten *m***/senkrechter** *(Hb)* mullion
Mittelpunkt *m* midpoint, centre
Mittelpunkt *m* **der Kronenkurve** centre of a crest circle
Mittelpunkt *m***/städtischer** focal centre, focal centre point
Mittelpunktsleiter *m (El)* neutral wire
Mittelrahmen *m (Konst, TK)* central frame
Mittelsand *m* medium-grained sand, medium sand *(ca. 0,25-0,5 mm)*
Mittelsäulenreihe *f (Konst)* central row of columns
Mittelschiene *f* middle rail
Mittelschiff *n (Arch)* middle bay, middle vessel *(Kirche)*
Mittelschiffarkade *f* nave arcade
Mittelschifter *m (Hb)* intermediate jack rafter *(Dachkonstruktion)*
Mittelschluff *m (Bod)* medium silt
Mittelschutzplanke *f (Verk)* median barrier
Mittelschwelle *f* intermediate sleeper; cross-sleeper *(Gleisbau)*
mittelschwer 1. medium-heavy; 2. *(Bod)* medium-dense
Mittelsplitt *m* medium-sized chips
Mittelsprosse *f (Hb)* middle muntin *(Fenster)*
Mittelspur *f (Verk)* median lane, middle lane, centre lane *(Straße)*
Mittelstandsunternehmen *n (VR)* small business enterprise
Mittelsteg *m (BT)* centre bulb *(Fugenband)*
Mittelstiel *m* centre support *(Rahmen)*
Mittelstreifen *m (Verk)* median strip, middle strip, midstrip, central strip, central island; central reserve, separating strip *(Straße)*
Mittelstreifen *m***/bepflanzter** *(Verk)* mall *(Straße)*
Mittelstreifenöffnung *f (Verk)* central reserve gap
Mittelstreifenplanke *f (Verk)* central barrier
Mittelstreifenüberfahrt *f (Verk)* crossover
Mittelstreifenzwischenraum *m (Verk)* central reserve gap
Mittelstück *n* centre-piece; connecting piece
Mittelstütze *f (BT, TK)* central support
Mittelteil *n (Konst)* central section
Mittelträger *m* centre span [beam], spine beam; middle support
Mittelträger *m* **mittig getragener Stufen** centre stringer *(Treppe)*
Mittelwall *m* curtain *(einer Burg)*
Mittelwand *f* centre wall; interior wall
Mittelware *f* second lengths *(Holz)*
Mittelwasser *n (Wsb)* mean tidal range, mean tide, mean water
Mittelwasserführung *f***/jährliche** *(Wsb)* mean annual discharge
Mittelwert *m* mean value, mean, average; normal *(statistische Qualitätskontrolle)*
Mittelwert *m***/geometrischer** geometric mean
Mittelwulst *f (BT)* centre bulb *(Fugenband)*
Mittelzapfen *m (Hb)* king bolt, king pin, king rod *(Dachstuhl)*

Mittenabstand *m* centre spacing
mittig central, centric(al), axial; concentric
mittig/genau dead central, in dead centre
mittig/nicht off-centre
mittlere mean
mittlerer mean
mittleres mean
mittragend effective
Mitursache *f (Konst, Te, VR)* contributory cause
mitwirkend/statisch nicht non-supporting, non-weight--carrying
M/max. maximum bending moment
mm-Regenhöhe *f (Umw)* rainfall intensity
100 mm-Wand *f* **mit Wandpfeiler** *(SB) (AE)* economy wall *(als Tragewand)*
Möbelgarnitur *f (EB)* suite of furniture
Möbellack *m* furniture varnish
Möbelpolitur *f* French polish
Möbelschloss *n* cabinet lock
Möbelschreiner *m s.* Möbeltischler
Möbeltischler *m* cabinet maker
Möbeltischlerei *f* cabinet-making
Möbelwagen *m (Verk)* removal van
mobil mobile, portable
Mobilbagger *m (BWG)* self-propelled excavator
Mobiliar *n* furnishings, furniture
Mobilität *f***/ertragbare** *(Verk)* sustainable mobility
Mobilität *f***/umweltfreundliche** *(Umw)* sustainable mobility
Mobilitätsberater *m***/mobiler elektronischer** *(Verk)* personal travel assistant, PTA
Mobilitätskonzepte *npl (Verk)* mobility draughts
Mobilkran *m* truck crane
möblieren *v* furnish, upholster
Modalität *f* mode
Modell *n* 1. *(Konst)* model; 2. mould, *(AE)* mold *(Form)*; 3. type; style *(Bauform; Gestaltungsart)*
Modell *n***/belastungsabhängiges** capacity-restrained model
Modell *n* **des Gebrauchsverhaltens** *(Konst, VR)* performance model
Modell *n***/hydraulisches** hydraulic model
Modell *n* **in Beton** *(Arch, Konst)* concrete blinding
Modell *n***/maßstabgerechtes** scale model
Modell *n***/maßstabsgerechtes** scale model
Modell *n***/numerisches** *(Stat)* numerical model
Modell *n***/stochastisches** stochastic model
Modellbau *m (Konst)* model making
Modellbauer *m* modeller
Modellbauwerk *n (Konst)* model structure
Modellgips *m (BM)* moulding plaster
modellieren *v* model
Modellieren *n (Te)* moulding
Modellierung *f (Konst)* modelling
Modelllichtquelle *f* heliodon
Modelllösung *f (OB)* standardized test solution *(Korrosionsprüfung)*
Modellmaßstab *m* model scale
Modellstatik *f (Stat)* model analysis
Modellstudie *f (Konst)* model study
Modelltest *m* model test
Modelltischler *m* modeller, patternmaker
Modelltischlerei *f* wood-pattern shop
Modellversuch *m* model experiment, model test
Modellversuch *m***/hydraulischer** *(Wsb)* hydraulic model test
Modellvorstellung *f (Konst)* model assumption
Moder *m* 1. decay, decomposition, putrefaction *(Fäulnis)*; 2. mould, mildew *(Schimmel an Holz, Mauerwerk)*
moderbeständig mould resistant
Moderbeständigkeit *f (OB)* mould resistance
moderig mildewy
modern modern
modernisieren *v* 1. *(RS, Te)* modernize; 2. *(RS)* refurbish *(Gebäude)*
Modernisierung *f* 1. *(RS)* modernization; 2. *(VR)* upgrading *(Gebäude)*; 3. *(OB, RS)* face-lift(ing) *(von Fassaden)*
Modernisierung *f* **durch den Mieter** tenant's improvement
Modernismus *m (Arch)* Modernism
Modernität *f (Arch)* modernity
Modifikation *f (Konst)* modification
modifizieren *v* modify
modifiziert modified
Modifizierungsmittel *n* modifier
Modillion *n (Arch)* modillion, uncut modillion *(am Sims korinthischer Säulen)*
Modul *m* modulus *(Materialkonstante, Mathematik)*
Modul *m* **der Bruchverformungsenergie** modulus of toughness
Modul *m* **der Formänderungsenergie** modulus of resilience
Modul *m***/hydraulischer** *(Wsb, WVA)* hydraulic modulus
Modul *m***/statischer** *(BM, Stat, TK)* static modulus
Modul *m* **von 10 cm** *(Konst)* standard module
Modul *m***/Young'scher** *(BM)* elastic modulus
Modul *n (Konst)* module *(Bauraster)*
Modulabmessung *f (Konst)* modular dimension
Modulabweichung *f* modular deviation
modular modular
Modularrasterebene *f (Konst)* modular plane
Modulbau *m* 1. *(Konst)* modular construction; 2. *(Arch, Konst)* unit construction
Modulbauelement *n* modular building unit
Modulbauweise *f* modular building system • **in Modulbauweise** modular
Modulbreite *f* modular width
Modulelement *n* modular building unit
Modulformat *n (Konst)* modular format
Modulgebäude *n (Arch, Konst)* module-built block
Modulgröße *f (Konst)* modular size
Modullänge *f* modular length
Modulmaß *n (Konst)* modular dimension
Modulor *m* scale of ratios
Modulordnung *f* **im Bauwesen** *(Konst)* modular coordination in building *(DIN 18000, BS 6750)*
Modulraster *n* modular grid
Modulspiel *n (Konst)* modular gap
Modulsystem *n* modular system, dimensional framework
Modus *m***/koordinierter** *(St)* interconnected mode *(Steuerung)*
möglich potential • **etwas nicht für möglich halten** rule out
Möglichkeit *f* possibility; chance; means *(Mittel)*
Möglichkeit *f***/potenzielle** *(VR)* potential
Möglichkeit *f***/technische** potential
Möglichkeit *f* **zur Spurrinnenbildung** *(Verk)* rutting potential *(Straße)*
Mogularchitektur *f (Arch)* Mogul architecture *(muslimische Baukunst in Indien 16.-18. Jh.)*
Mogulbaukunst *f s.* Mogularchitektur
Mohnkapselkopf *m (Arch)* poppyhead *(an Bänken gotischer Kirchen)*
Mohnkapselverzierung *f (Arch)* poppyhead *(an Bänken gotischer Kirchen)*
Molch *m (San, WVA)* go-devil
Mole *f (Wsb)* mole, jetty, pier; sea pier *(Hafen)*
molekular molecular

Molekularanalyse *f* molecular analysis
Molekularkräfte *fpl (BM, Bod)* molecular forces
Molekularstruktur *f (BM)* molecular structure
Molekülsieb *n* molecular sieve
Molenkopf *m (Br, TK, Wsb)* pier head
Molererde *f* moler *(eine Diatomeenerde)*
Molersplitt *m* moler chips
Molerstein *m* moler brick *(Isolierziegel aus Kieselgur)*
Molerzement *m (BM)* moler cement
Molkerei *f (Arch, Konst, LB)* milk farm
Molkereigebäude *n* dairy building
Molsieb *n* molecular sieve
Molybdänlegierung *f (St)* molybdenum alloy
Molybdänstahl *m (St)* molybdenum steel
Molybdatorange *n (OB)* molybdate orange *(Farbe)*
Molybdatrotpigment *n (BM, OB)* molybdate red pigment
Molzement *m* moler cement
Moment *n (Stat)* moment *(Physik, Mathematik)*
Moment *n*/**aufnehmbares** *(Stat)* moment capacity
Moment *n*/**äußeres** *(Stat)* external moment
Moment *n* **der inneren Kräfte** *(Stat)* internal moment
Moment *n* **des Winddrucks auf die Verbindung** *(Stat)* moment due to wind pressure on joint
Moment *n* **dritten Grades** *(Stat)* elastic modulus
Moment *n* **eines Kräftepaares** *(Stat)* moment of a couple (of forces)
Moment *n*/**eingetragenes** *(Stat)* applied moment
Moment *n*/**endgültiges** *(Stat)* final moment
Moment *n*/**freies** *(Stat)* free moment
Moment *n*/**höheres** *(Stat)* moment of a higher order
Moment *n*/**inneres** *(Stat)* internal moment
Moment *n*/**konzentriertes** *(Stat)* concentrated couple
Moment *n*/**linksdrehendes** *(Stat)* left-handed moment
Moment *n*/**maximales** *(Stat)* maximum moment
Moment *n*/**negatives** *(Stat)* negative moment
Moment *n*/**plastisches** *(Stat)* plastic moment
Moment *n*/**positives** positive moment
Moment *n*/**quadratisches** *(Stat)* square moment
Moment *n*/**rechtsdrehendes** positive moment
Moment *n*/**reduziertes** *(Stat)* reduced moment
Moment *n*/**statisches** static moment, first moment (of area), mass moment
Moment *n*/**tatsächliches** *(Stat)* actual allowance moment
Moment *n*/**überzähliges** *(Arch)* redundant moment
Moment *n*/**umgelagertes** *(Stat)* secondary moment *(Mechanik)*
Momentalplastik *f (Arch)* monumental sculpture
Momentenabminderung *f (Stat)* reduction in moments
Momentenachse *f* moment centre axis, moment centre line
Momentenanschluss *m (Stat)* moment connection
Momentenanteil *m (Stat)* moment percentage
Momentenausgleich *m (Stat)* moment balancing
Momentenausgleich *m*/**direkter** direct moment distribution
Momentenausgleichsverfahren *n (Stat)* method of moment distribution, moment distribution method, Cross method
Momentenausgleichsverfahren *n* **nach Cross** *(Stat)* Cross method
Momentenbedingung *f (Stat)* moment condition
Momentenbeiwert *m (Stat)* moment coefficient
Momentendeckung *f (Stat)* moment allowance
Momentendiagramm *n (Stat)* moment diagram
Momentendrehpunkt *m (Stat)* centre of moment(s)
Momentendreieck *n (Stat)* moment triangle
Momentenermittlung *f (Stat)* moment determination
Momentenfläche *f (Stat)* moment area
Momentenfläche *f*/**Gerber'sche** *(Stat)* Gerber's diagram of moments
Momentenflächenverfahren *n (Stat)* moment area method
momentenfrei *(Stat)* moment-free
Momentenfreiheit *f (Stat)* absence of moments
Momentengefälle *n (Stat)* moment differential
Momentengleichgewicht *n (Stat)* moment equilibrium
Momentengleichsetzen *n (Stat)* equating the moments
Momentengleichung *f (Stat)* moment equation
Momentengleichung *f*/**Ritter'sche** *(Stat)* Ritter's equation of moments
Momentenknickung *f (Stat)* moment buckling
Momentenkurve *f (Stat)* moment curve
Momentenlast *f (Stat)* applied moment
Momentenlinie *f (Stat)* moment curve
momentenlos *(Stat)* moment-free
Momentenmaßstab *m (Stat)* scale of moments
Momentenmethode *f (Stat)* moment method
Momentennachweis *m (Stat)* moment checking
Momentennulllinie *f* moment centre axis, moment centre line
Momentennullpunkt *m (Stat)* moment zero point, point of zero moment, zero point of moments, centre of inflection, centre of moment, centre of moments, inflection point, point of contraflexure, point of inflection, point of moments
Momentenplan *m (Stat)* moment diagram
Momentenpunkt *m (Stat)* moment pole
Momentenschaubild *n (Stat)* moment diagram
Momententabelle *f (Stat)* table of moments
Momententragfähigkeit *f*/**plastische** *(Stat)* plastic resistance moment
Momentenüberlagerung *f (Stat)* superposition of moments
Momentenübertragung *f* moment(um) transfer, transfer of moments
Momentenumkehr *f (Stat)* moment reversal
Momentenumlagerung *f (Stat)* redistribution of moments
Momentenvektor *m (Stat)* momental vector
Momentenverfahren *n (Stat)* moment method
Momentenverlauf *m (Stat)* moment curvature
Momentenvermögen *n (Stat)* moment capacity
Momentenverteilung *f (Stat)* moment distribution
Momentgeschwindigkeit *f (HLK, Verk, Wsb)* individual spot speed
Mönch *m* 1. mission tile, convex tile, overtile; 2. *(Hb)* newel; 3. *(Hb, Konst)* solid newel *(einer Treppe)*
Mönch-Nonne-Ziegeldachdeckung *f* mission tiling
Mönchskloster *n (Arch)* monastery
Mönchskloster *n*/**befestigtes** *(Arch)* walled monastery
Mönchszelle *f (Arch)* clauster
Mönchziegel *m* mission tile, convex tile, Spanish tile
Mondpyramide *f (Arch)* Pyramid of the moon *(Teotihuacán/Mexiko)*
Mondring *m (BM, Hb)* included sapwood
Mondsichelform *f (Arch, Konst)* lune *(Kugelzweieck)*
Moniergewebe *n (Konst)* Monier reinforcing netting
Monierplatte *f (LB)* Monier slab
Monierverkleidung *f (Konst)* Monier lining
monofunktional monofunctional
Monolith *m (Konst, TK)* monolith
Monolithbau *m (Konst)* monolithic construction
Monolithbeton *m* monolithic concrete
Monolith-Betonwand *f* wall cast in-situ
Monolithdecke *f (TK)* monolithic floor
monolithisch monolithic *(Beton)*
Monolithkonstruktion *f (Konst)* monolithic construction
Monolithträgerstraßenbrücke *f (Br)* monolithic girder road bridge

monometrisch monometrical
Monomodalität *f (Verk)* monomodality
Monopteros *m (Arch)* monopteros *(Rundtempel mit Säulenkranz, ohne Cella)*
Montage *f* 1. assembly, assemblage, assembling *(Zusammenbau)*; 2. fitting, fit-up, installation *(Einbau)*; 3. millwrighting, mounting, setting-up *(Montagearbeit)*; 4. erection *(im Fertigteilbau)*; fabrication, construction *(Stahlbau)*; 5. rigging, rig-up *(von Anlagen, Einrichtungen)* • **mit der Montage beginnen** *(Te)* start assembling
Montage *f*/**kostengünstige** low-cost assembly
Montage *f*/**vibrationsfreie** antivibration mounting
Montageablauf *m* erection sequence; sequence of assembly
Montageablauf *m*/**provisorischer** *(Te)* fitting-up *(ohne endgültige Verbindung)*
Montageablaufplan *m* erection schedule
Montageanker *m* mounting anchor
Montageanweisung *f (Te)* instruction for erection
Montagearbeit *f (Te)* millwrighting
Montagearbeiten *fpl* mounting work; erection work, assembling work, assembly work *(im Fertigteilbau)*
Montagearbeiter *m* erector
Montageaufzug *m* erection tower
Montageaufzugsgerüst *n* erection tower
Montageband *n (BWG, Te)* assembly line
Montagebau *m* 1. *(Te)* industrialized building; 2. *(Arch, Konst)* system of building construction
Montagebauarbeiter *m* erector
Montagebauteil *n (BT)* prefabricated compound unit
Montagebauverfahren *n* 1. *(Konst)* prefabricated construction method; 2. *(Konst, Te)* system building method
Montagebauweise *f* 1. industrialized building method, industrialized construction method; 2. precast (concrete) construction *(aus Betonfertigteilen)*; 3. *(Konst)* prefabricated construction; 4. *(Konst, Te)* system building method *(Systemmontagebau)*; 5. dry(-wall) construction *(ohne Mörtel)*
Montagebauweise *f* **nach Camus** Camus system *(Fertigteilbau)*
Montagebauwerk *n* 1. *(Te)* industrialized structure; 2. *(Arch, Konst)* system-built structure
Montagebeanspruchung *f (Konst, Te)* fitting load
Montagebelastung *f* erection stress, fitting load
Montagebetonbalken *m (BM, EB)* precast concrete beam
Montagebewehrung *f* 1. *(BB, Te)* erection reinforcement; 2. *(BB)* assembly steel *(Stahlbetonvorfertigung)*
Montagebinder *m (AE)* prefabricated roof truss
Montagebolzen *m* erection bolt, fitting-up bolt, assembling bolt, temporary bolt
Montagebrücke *f (Br, Te)* temporary bridge
Montagebügel *m* fixing bracket
Montagebühne *f (Te)* movable platform
Montagederrick *m* erecting derrick, erection derrick
Montageeisen *n* erection bar, hanger bar
Montageelement *n (BT)* prefabricated building member
Montageelement *n*/**keramisches** ceramic building unit
Montagefassade *f* industrialized façade, prefabricated façade, system-built façade
Montagefenster *n (Konst, Te)* prefabricated window
montagefertig ready for assembly, ready-to-erect, ready-to-mount
Montagefestigkeit *f* erection strength
Montagefläche *f* assembling area, working area
Montagefolge *f* erection sequence, fitting sequence, setting-up sequence
Montagefortschritt *m* assembling speed
Montagegerüst *n* erection bracing, erection scaffold, assembling scaffold
Montagegesamtzeit *f (Te)* overall erection time
Montagegrube *f* maintenance pit
Montagegruppe *f* assembly
Montagehalle *f* fitting shop; erection shop *(Stahlbau)*
Montagehalterung *f* assembling bolt
Montagehilfe *f* erection aid
Montagehilfsschraube *f* fitting-up bolt
Montagehochbau *m (Konst, Te)* system building
Montagehochhaus *n* high-rise building erected by industrialized methods, prefabricated high-rise building
Montagehof *m* assembly yard
Montagehöhe *f* installation height
Montagehülse *f* fitting sleeve
Montageingenieur *m* engineer for erection
Montagejoch *n (TK)* temporary frame
Montagekennzeichen *n* erection mark
Montagekolonne *f* erection crew, erection gang, erection party
Montagekran *m* 1. *(BWG)* mobile tower crane; 2. *(BWG, Te)* erection crane
Montagemassivbauweise *f* prefabricated construction system, system building [construction]
Montagemittel *npl* means of erection
Montageniet *m* field rivet
Montageort *m* installation site
Montagephase *f* erection stage, assembly stage
Montageplan *m* erection schedule, assembly schedule
Montageplatte *f* mounting plate
Montageplatz *m* assembly yard
Montagerüstung *f* erection scaffold
Montageschablone *f* mounting template
Montageschale *f (TK)* prefabricated shell
Montageschiene *f* mounting channel
Montageschlosser *m* millwright
Montageschnittzeichnung *f (Konst)* sectional assembly view
Montageschraube *f* field bolt
Montageschweißen *n* 1. *(St, Te)* erection welding; 2. *(St)* field welding
Montageseilbahn *f* erection ropeway
Montagespannung *f* temporary stress
Montagespannungen *fpl* erection stress, assembly stress
Montagespannweite *f* span during erection
Montagesprechgerät *n (El) (AE)* walkie-talkie
Montagespritzen *n* on-site spraying
Montagestoß *m* erection joint; site connection *(Stahlbau)*
Montagestütze *f* mounting bracket, erection column
Montagestützwerk *n* erection bracing
Montagetechnik *f (Te)* mounting technique
Montageteil *n* prefabricated compound, prefabricated unit
Montageteile *npl* builder's elements
Montagetoleranz *f* erection tolerance
Montageträger *m* factory-built girder, built-up beam, built-up girder; prefabricated girder *(Fertigträger)*
Montagetrennwand *f* factory-built partition
Montagetreppe *f* prefabricated stair(case)
Montageungenauigkeit *f (Te)* inaccuracy of erection
Montageverbindung *f (Te)* field connection
Montageverfahren *n (Te)* procedure
Montagevertrag *m* erection contract
Montagevorgang *m* erection procedure, fitting procedure, setting procedure, setting-up procedure
Montagevorrichtung *f* erection device
Montagewand *f (Konst)* system-built wall
Montagewand *f*/**verschiebbare** *(Konst)* demountable division wall
Montagewinkelauflageeisen *n* seat angle
Montagewinkeleisen *n* seat angle
Montagewohnungsbau *m* industrialized domestic con-

struction, industrialized housing construction, prefabricated housing
Montagezeichnung *f* erection drawing, general assembly drawing
Montagezeit *f (VR)* time of construction
Montagezustand *m* erection state
Montanwachs *n* montan wax, ozokerite
Montanwachszusatzstoff *m (BM)* montan wax additive
Monteur *m* 1. millwright *(z. B. für Maschinen und Anlagen)*; 2. fitter, *(AE)* installer; 3. rigger *(z. B. für Krane)*; 4. assembler, assembly man *(für Zusammenbau)*; 5. maintenance man *(Instandhaltung)*
Monteurgerüst *n (BWG, Te)* rigger's scaffold
Monteurrüstung *f (BWG, Te)* rigger's scaffold
montieren *v* 1. erect, construct *(auf der Baustelle)*; 2. edify *(Großelemente)*; 3. fabricate *(Stahlbau)*; 4. fit, install *(einbauen)*; 5. *(Te)* assemble *(zusammenbauen)*; 6. rig, rig up *(Anlagen aufstellen)*; 7. *(Te)* mount *(aufstellen)*; 8. *(Te)* set up *(z. B. Maschinen)*
montieren *v*/**ein Tragwerk** *(Te, TK)* frame
Montieren *n (Te)* assembling
Montieren *n* **des Kopfteils** *(Te)* top out
montiert built-up
Montmorillonit *m (BM, Bod)* montmorillonite *(Tonmineral)*
Monument *n (Arch)* monument
Monumentalarchitektur *f (Arch)* monumental architecture
Monumentalbau *m (Arch)* monumental building, monumental structure, edifice
Monumentalbaukunst *f (Arch)* monumental architecture
Monumentalbauwerk *n (Arch)* monumental structure
Monumentalbogen *m (Arch)* triumphal arch
Monumentalbogen *m*/**ägyptischer** propylon
Monumentaleingang *m (Arch)* monumental entrance
Monumentalfassade *f* monumental façade
Monumentalgebäude *n (Arch)* monumental building
Monumentalität *f (Arch)* monumentality
Monumentalkirche *f (Arch)* monumental church
Monumentalportal *n (Arch)* monumental portal
Monumentalskulptur *f (Arch)* monumental sculpture
Monumentalstil *m (Arch)* monumental style
Monumentaltorbogen *m*/**ägyptischer** *(Arch)* propylon
Monumentaltreppe *f (Arch)* monumental stairway
Moor *n* moor(land), swamp(land), bog, fen
Moorboden *m* marshland, marshy ground, marshy soil, fenland, boggy soil, peat land, peaty earth, peaty soil, quagmire, swampy land, swampy soil, moss hag
Moorentwässerung *f (Bod, Erdb, Umw)* marsh drainage
Moorerde *f* bog earth, peaty soil
Moorgebiet *n (Bod, Umw)* moor country
Moorgegend *f* swamp area
Moorgrund *m* bog soil, quagmire
moorig 1. *(Bod)* moory; 2. *(Bod, Umw)* fenny; 3. *(Bod, LB, Umw)* paludal
Moorland *n* swampland, moorland, fenland, marshland
Moormergel *m* marsh marl
Moorsenke *f (Erdb)* slew
Moorsprengung *f* bog blasting
Moorwasser *(Bod)* bog water
Moos *n*/**irisches** *(DIS)* Irish moss
Moosdecke *f (Bod, Umw)* moss cover
Moosgummiabdichtung *f (DIS)* sponge rubber sealing
Moosgummidichtung *f (DIS)* sponge sealing
Moräne *f (Bod)* moraine
Moränekies *m* moraine gravel
Moränenablagerung *f (Bod)* moraine deposit
moränenbedeckt moraine-covered
Moränenkies *m (BM)* moraine gravel
Moränenlandschaft *f (Bod)* moraine topography
Moränenschutt *m (BM, Bod)* moraine chippings
Moränesand *m* moraine sand
Moränesee *m (Bod, Umw)* glacial lake
Moränesplitt *m* moraine chippings
Morast *m* 1. *(Bod, Umw)* morass; 2. *(Bod, LB, Umw)* slough; 3. mud, mire *(Schlamm)*
morastig 1. *(Bod, Umw)* marshy; 2. *(Bod, LB)* quaggy; 3. *(Bod)* swamped; 4. miry, muddy *(schlammig)*
Morphologie *f (Bod)* morphology
morphologisch *(Bod)* morphological
morsch 1. decayed, rotten *(Holz)*; 2. crumbling *(Mauer)*; 3. ruinous, dilapidated, ramshackle *(Gebäude)*; 4. frail, fragile *(hinfällig)* • **morsch werden** tender; become rotten, rot, decay *(Holz)*
Mörser *m* mortar, porcelain mortar
Mörtel *m* mortar, mortar mix • **den Mörtel umschaufeln** *(SB)* turn the mortar • **mit Mörtel ausgießen** pour out with mortar *(innen)*; seal with mortar *(außen)* • **mit Mörtel auspressen** pressure-grout • **mit Mörtel verpressen** pressure-grout • **Mörtel anmachen** prepare mortar • **Mörtel ausbreiten** *(SB, Te)* lay mortar • **Mörtel mischen** larry, larry up • **Mörtel stampfen** *(BM, Te)* beat mortar
Mörtel *m*/**aktivierter** *(BB, BM, SB)* activated mortar
Mörtel *m*/**alkaliarmer** non-staining mortar
Mörtel *m*/**bewehrter** reinforced mortar
Mörtel *m*/**bindemittelreicher** fat mortar, rich mortar
Mörtel *m*/**bituminöser** bituminous mortar
Mörtel *m*/**chemischer** chemical mortar
Mörtel *m*/**erdfeucht verarbeiteter** earth-moist-used mortar
Mörtel *m*/**feiner** *(BM)* grout
Mörtel *m*/**feinstoffreicher** fat mortar, rich mortar
Mörtel *m*/**fetter** fat mortar, rich mortar
Mörtel *m*/**feuerfester** *(BM)* refractory mortar
Mörtel *m*/**hydraulischer** *(BM)* water mortar
Mörtel *m*/**magerer** lean mortar
Mörtel *m*/**maschinell gemischter** *(SB)* machine-made mortar
Mörtel *m*/**maschinenangespritzter** pneumatically applied mortar
Mörtel *m* **mit geringem freien Alkaligehalt** non-staining mortar
Mörtel *m*/**nicht aggressiver** non-staining mortar
Mörtel *m*/**plastifizierter** plastic mortar, plasticized mortar
Mörtel *m*/**pneumatisch aufgespritzter** *(BB, BM, OB)* gun mortar
Mörtel *m*/**pneumatisch aufgetragener** pneumatic mortar
Mörtel *m*/**schlaffer** bad mortar
Mörtel *m*/**tonplastifizierter** *(BM)* clay-mortar mix
Mörtel *m*/**trockener** dry mortar
Mörtel *m*/**weißer** *(BM)* white mortar
Mörtelabfälle *mpl* mortar droppings
Mörtelanalyse *f* mortar analysis
Mörtelanmachen *n* mixing of mortar
Mörtelanteile *mpl* mortar ratios
Mörtelanteilverhältnisse *npl* mortar ratios
Mörtelart *f* class of mortar, type of mortar
Mörtelaufbereitung *f* mortar fabrication, mortar mixing
Mörtelaufstreichen *n* buttering
Mörtelauftrag *m* application of mortar, *(AE)* rendering
Mörtelaufziehbrett *n* mortar board, hawk, *(AE)* ligger
Mörtelausbrechen *n* peeling
Mörtelausbreitung *f (SB, Te)* stringing of mortar *(für mehrere Steine)*
Mörtelauspressloch *n* grout hole
Mörtelauspressung *f (RS)* grout injection
Mörtelausschaber *m* badger *(aus Rohren)*
Mörtelband *n* mortar filling

Mörtelbart *m* mortar burr
Mörtelbedarf *m* quantity of mortar required
Mörtelbehälter *m (SB)* mortar carrier
Mörtelbereitung *f* mortar mixing
Mörtelbestandteil *m* mortar ingredient
Mörtelbett *n* mortar base, mortar bed • **im Mörtelbett** embedded in cement mortar
Mörtelbettung *f* bed, bedding
Mörtelbildner *m* hydraulic binder material
Mörtelbindeschicht *f* bonding layer
Mörtelbrett *n* mortar board, hawk, *(AE)* ligger
Mörteldeckung *f* mortar cover
Mörteldichter *m* mortar waterproofer
Mörteldichter *m***/flüssiger** liquid mortar densifier
Mörteldichtmittel *n* mortar densifying agent, mortar integral waterproofing agent
Mörteldichtmittel *n***/flüssiges** liquid mortar densifier
Mörteldichtung *f (DIS)* mortar seal
Mörteldruckfestigkeitsprüfung *f (BM)* mortar cube test
Mörteleinpresser *m* 1. *(BWG, RS)* grout packer; 2. *(RS, Te)* packer
Mörteleinpressung *f* 1. *(RS)* grout injection; 2. *(Erdb)* grouting *(von Zementmörtel)*
Mörtelestrich *m* mortar floor
Mörtelfangholz *n* cavity batten *(beim Mauern von Hohlwänden)*
Mörtelfestigkeit *f (BWG)* mortar strength
mörtelfrei dry
Mörtelfuge *f* mortar joint; abreuvoir *(noch mit Mörtel zu füllen)*
Mörtelfugenbewehrung *f* mortar joint reinforcement
Mörtelfurchen *n* furrowing
Mörtelgemisch *n* mortar mixture
Mörtelgips *m (BM) (AE)* retarded plasticized plaster
Mörtelgruppe *f* mortar class, class of mortar
Mörtelhaftung *f* mortar bond
Mörtelinjektion *f* 1. *(RS)* mortar intrusion; 2. *(Erdb)* grouting *(von Zementmörtel)*
Mörtelinjektionsloch *n* grout hole
Mörtelinjektionsmenge *f* grout injection quantity, lift
Mörtelinjektionspumpe *f (BWG, RS, Tun)* grouting pump
Mörtelkehlen *n* **mit der Kelle** furrowing
Mörtelkelle *f* mortar trowel
Mörtelkelle *f***/kleine** buttering trowel
Mörtelklasse *f (BM)* class of mortar
Mörtelklumpen *m* mortar lump
Mörtelkomponente *f* mortar ingredient
Mörtelkriechen *n* mortar creep
Mörtelkruste *f* mortar droppings
Mörtellage *f***/V-förmige** mason's joint, mason's V-joint pointing
Mörtellager *n* bedding course *(erste Mörtelschicht)*
Mörtellegen *n***/maschinelles** *(SB)* mechanical application (of mortar)
Mörtelleiste *f* fat board
Mörtellöffel *m (BM, BWG, Te)* ladle
mörtellos dry
Mörtelmakadam *m (Verk)* grouted macadam
Mörtelmauerwerk *n* mortar walling
Mörtelmischanlage *f* mortar batch(ing) plant
Mörtelmischen *n* mortar mixing
Mörtelmischer *m* mortar batch mixer, mortar mill, mortar mixer, batch mixer
Mörtelmischkasten *m* mortar box
Mörtelmischplatte *f* gauging board
Mörtelmischspaten *m* larry
Mörtelmischtisch *m* 1. *(SB)* mortar board; 2. *(BWG)* spot board
Mörtelmischung *f* mortar mixture
Mörtelmischungsverhältnis *n* mortar mix proportions, mortar mix ratio
Mörtelmischwerk *n (BWG)* mortar mill
Mörtelmulde *f* mortar trough
mörteln *v (Te)* mortar
Mörtelnest *n* mortar pocket
Mörtelpaste *f* mason's putty
Mörtelpatrone *f* mortar cartridge *(für Dübel)*
Mörtelpflaster *n (Verk)* mortar paving
Mörtelpigment *n* mortar pigment
Mörtelplastifizierungsmittel *n (BWG)* mortar workability agent
Mörtelplastizität *f* mortar workability, temper
Mörtelpumpenschlauch *m* delivery hose
Mörtelpumpschlauch *m* material hose, mortar delivery hose
Mörtelputzleiste *f* mortar screed *(aus Mörtel als Vorlage)*
Mörtelrest *m* mortar splashing
Mörtelrisse *mpl***/flache** check cracks *(auf der Oberfläche)*
Mörtelrührstange *f* rab *(für Haarmörtel)*
Mörtelsand *m* masonry sand, mortar aggregate, mortar sand
Mörtelschicht *f (SB)* mortar course
Mörtelschutt *m (RS)* plastering refuse
Mörtelsorte *f* type of mortar
mörtelsparend mortar reducing
Mörtelsperrmittel *n***/flüssiges** liquid mortar densifier
Mörtelsperrzusatz *m* mortar waterproofer
Mörtelsperrzusatzmittel *n* mortar waterproofer
Mörtelspritze *f* 1. *(BWG)* mortar gun; 2. *(BB, RS, Te)* cement gun
Mörtelstärke *f* mortar batch
Mörtelstrich *m* mortar strip *(zum Vermörteln von Dachziegeln)*
Mörtelüberstand *m (Te)* cold pie
Mörtel- und Ziegeltragekasten *m* mason's hod, hod
Mörtelunterbettungsschicht *f* 1. *(SB)* mortar underbed; 2. *(Erdb, Verk)* underbed
Mörtelunterlage *f (SB)* mortar base
Mörtelverarbeitungshilfsstoff *m (BWG)* mortar workability agent
Mörtelverband *m* mortar bond
Mörtelverflüssiger *m (BWG)* mortar workability agent
Mörtelverhältnisse *npl* mortar ratios
Mörtelverkleidung *f* mortar lining
Mörtelverlust *m (OB, RS)* scaling *(Mörtel, Beton, Asphalt)*
Mörtelverstrich *m* 1. *(Konst, Te)* torching; 2. *(SB)* underdrawing *(Dachdeckung)*
Mörtelzusammensetzung *f* mortar composition
Mörtelzusatz *m* mortar additive, mortar admixture
Mörtelzusatzmittel *n* mortar admixture
Mörtelzuschlagstoff *m* mortar aggregate
Mosaik *n (BM)* mosaic
Mosaik *n* **mit dreieckigen Mosaiksteinchen** *(Arch)* trigonon *(in der Antike)*
Mosaikarbeiten *fpl (Te)* mosaic work
mosaikartig mosaic
mosaikausgekleidet *(OB)* mosaic-surfaced
Mosaikbelag *m* mosaic covering, mosaic flooring *(Fußboden)*
Mosaikblock *m* mosaic block
Mosaikfassade *f* mosaic façade
Mosaikfläche *f (Arch)* tesserae *(im antiken Rom)*
Mosaikfliese *f* 1. mosaic tile, ceramic mosaic tile; 2. *(Arch)* abaciscus *(im antiken Griechenland)*
Mosaikfußboden *m* mosaic flooring, *(AE)* mosaic pavement, mosaic paving
Mosaikfußweg *m (Verk)* tessellated pavement
Mosaikgewölbe *n (Konst)* mosaic vault

Mosaikgold *n* ormolu
Mosaikkünstler *m* mosaic artist
Mosaikkuppel *f* mosaic cupola
Mosaikmuster *n (Arch)* mosaic pattern
Mosaikparkett *n* mosaic parquet, wood mosaic, fingers
Mosaikpflaster *n* mosaic pavement, mosaic paving
Mosaikpflasterstein *m* mosaic paving sett
Mosaikschmuck *m (Arch)* mosaic decoration, mosaic decorative finish
Mosaikstein *m* 1. mosaic paving sett; 2. *(Arch)* abaciscus *(im antiken Griechenland)*; tessera *(im antiken Rom)*
Mosaiksteinchen *n* mosaic piece, mosaic tessera, ceramic mosaic tile
Mosaikterrazzo *m (BM)* mosaic terrazzo
mosaikverkleidet *(OB)* mosaic-surfaced
Mosaikverlegung *f* ruderation
Mosaikverzierung *f* mosaic decorative finish
Mosaikwandverkleidung *f***/diagonale** *(Arch)* reticulatum opus *(im antiken Rom)*
Mosaikzementplatte *f* mosaic cement slab
Moschee *f (Arch)* mosque
Moscheehochschule *f (Arch)* madrasah
Moscheenarchitektur *f (Arch)* mosque architecture
Moscheenbaukunst *f (Arch)* mosque architecture
Motel *n* motel, *(AE)* auto court
Motelhütte *f* tourist cabin
Motelschlafhütte *f* tourist cabin
Motiv *n (Arch)* motif
Motiv *n***/gemaltes** painted motif
Motiv *n***/geometrisches** *(Arch)* geometrical motif
Motivobjekt *n (Arch)* subject for a motif
Motor *m* motor • **durch Motor angetrieben** power-driven
Motorengeräusch *n (Umw)* power train noise
Motorgenerator *m (El)* motor-generator set
Motor-Generator-Aggregat *n (El)* motor-generator set
Motorglätter *m* mechanical float
Motorgrader *m (BWG, Verk)* motor grader
Motorisierungsgrad *m (Verk)* car ownership rate, vehicle ownership rate
Motorisierungsprognosemodell *n* car ownership model
Motorkipper *m (BWG)* dumper
Motorkipperkarre *f* power barrow, power buggy
Motorrammer *m (BWG, Erdb)* power rammer
Motorsäge *f* power saw
Motorschleifer *m* power sander
Motorschrapper *m* 1. *(BWG, Erdb)* self-propelled scraper; 2. *(BWG, Verk)* motor scraper
Motorschürfkübel *m* tractor scraper
Motorstraßenhobel *m (BWG, Verk)* motor grader
Motorstraßenwalze *f* power-driven roller
Motorwalze *f* motor roller, power-driven roller, self-propelled roller
Motte *f (Arch)* motte *(Turmhügelburg aus prähistorischer Zeit)*
Motteburg *f (Arch)* motte castle
mottenecht *(BM)* mothproof
mottensicher *(BM)* mothproof
MP-Legierung *f* multiphase alloy
MSR-Einrichtungen *fpl* measuring and control equipment
Mudde *f (Bod)* mud
Mudéjarchitektur *f (Arch)* Mudéjar architecture *(maurisch--gotischer Mischstil in Spanien)*
Muffe *f* 1. muff, bell, sleeve (clamp), socket *(Rohrverbindung)*; 2. *(El)* coupling, sealing connecting box; 3. bush(-ing), sleeve *(Hülse, Büchse)*; 4. hose *(Schlauchmuffe)*
Muffenende *n* bell, hub *(Rohr)*
Muffenkitt *m* sewer joint(ing) compound
Muffenkrümmer *m* angle collar, bevel collar *(für Rohre)*
Muffenkupplung *f (Konst)* sleeve coupling
muffenlos sleeveless
Muffenrohr *n* bell-and-spigot pipe, bell pipe, socket pipe
Muffenrohrverbindung *f* spigot joint
Muffenschraubverbindung *f* screwed sleeve joint
Muffensteckverbindung *f (Konst)* Normandy joint
Muffenstopfen *m* socket plug *(Rohrleitungen)*
Muffenstoßverfahren *n* sleeve method of splicing reinforcing bars
Muffenstück *n (BT)* thimble
Muffenventil *n (BT, San, WVA)* socket valve
Muffenverbindung *f* 1. bell-and-spigot joint, sleeve coupling, slip joint, socket fitting, socket joint, spigot joint, ferrule, tailpiece; 2. screwed sleeve joint *(verschraubt)*; 3. *(El)* box coupling
Muffenverbindung *f***/aufgeschraubte** screwed and socketed joint, screwed sleeved joint
Muffenverbindungsrohre *npl (BT)* spigot and socket joint pipes
Muffenverschraubung *f (BT)* threaded sleeve joint
Mühlengraben *m (Wsb)* mill-race
Mühlengrabenabdämmung *f (Wsb)* milldam
Mühlensandstein *m* millstone grid
Mühlgerinne *n (Wsb)* mill course, mill flume
Mühlgraben *m (Wsb)* leat, mill course, mill flume, penstock
Mühlstein *m* grindstone; millstone *(auch geologisch)*
Mulch *m (LB)* mulch
mulchen *v (LB)* mulch *(von Grünstreifen)*
Mulchen *n (LB, Te)* mulching
Mulde *f* 1. trough, tray, hutch *(Trog, Kasten)*; 2. hollow, depression *(flache Vertiefung)*; 3. low grounds *(topographisch)*; syncline, basin *(geologisch)*; 4. *(BM)* frog *(auf einem Ziegelstein)*; 5. gutter *(Dach)*; 6. dump body, trough *(Kippermulde)*
Muldenentwässerung *f (Erdb, WVA)* open channel
Muldenfalzziegel *m* interlocking clay roof tile, trough gutter tile
muldenförmig shallow, trough-shaped
Muldengewölbe *n (Konst)* trough vault
Muldenheber *m* skip hoist *(Mischer)*
Muldenkipper *m* dumper, skip lorry, skip truck
Muldenplattenelement *n (BM)* troughed tile
Muldenprofil *n* troughed profile
Muldenreflektor *m (El) (AE)* troffer
Muldenrinne *f* curved channel
Muldenstein *m* trough(ed) block, trough(ed) tile, open channel
Muldentransporter *m* skip lorry, *(AE)* skip truck
Mull *m* gauze
Müll *m* 1. *(Umw)* refuse; 2. *(Te, Umw)* waste *(Industriemüll)*
Müll *m***/kommunaler** *(Umw)* municipal refuse
Müllabfuhr *f* refuse collection (service), refuse cartage, rubbish collection, rubbish disposal; waste cartage, waste collection *(Industriemüll)*; *(AE)* garbage collection
Müllabfuhr *f***/getrennte** selective collection
Müllabfuhr *f***/kommunale** municipal services
Müllabladeplatz *m* dump ground, dump site, refuse tip, rubbish tip, *(AE)* garbage dump, *(AE)* garbage tip
Müllablagerung *f***/kontrollierte** *(Te, Umw)* controlled dumping
Müllablagerung *f***/wilde** open dump, uncontrolled tipping
Müllabwurfschacht *m* refuse chute, rubbish chute, rubbish dumper; waste disposer *(für Industriemüll)*
Müllanfall *m* waste formation, waste production *(Industrie)*
Müllaufbereitung *f* 1. *(Te, Umw)* conditioning waste; 2. *(Umw)* waste treatment *(Industrie)*
Müllaufbereitungsanlage *f* waste treatment plant
Müllbehälter *m* rubbish container, dustbin, *(AE)* garbage can, *(AE)* garbage container
Müllbeseitigung *f (Umw)* disposal of refuse

Müllbrennstoff *m* refuse-derived fuel
Müllcontainer *m (Umw)* roll-out container
Mülldeponie *f* dump ground, dumping site, refuse dump, refuse tip, rubbish dump, tip, *(AE)* trash disposal site; waste area *(für Industriemüll)*; landfill *(meist für Erdstoffablagerung)*
Mülldeponie *f*/**ungeordnete** dump
Mülleimer *m* rubbish bin
Mülleinfülltrichter *m (EB, Umw)* loading hopper
Müllgrube *f (Umw)* refuse pit
Müllhalde *f s.* Mülldeponie
Müllhalde *f*/**ungeordnete** waste dump
Müllhaufen *m (Umw)* midden
Mullit *m (BM)* mullite *(Zementklinkermineral)*
Müllkasten *m* refuse box, rubbish box; waste box *(für Industriemüll)*
Müllkippe *f s.* Mülldeponie
Müllkübelschrank *m (EB, San)* dustbin chamber
Müllpresse *f* 1. *(BWG, Umw)* rubbish press; 2. *(BWG, Umw) (AE)* garbage press
Müllsack *m* refuse sack
Müllsammelfahrzeug *n* refuse collection vehicle, *(AE)* garbage truck
Müllsammelraum *m* waste collecting chamber
Müllsammlung *f (Umw)* rubbish collection
Müllsammlung *f*/**getrennte** selective collection
Müllschacht *m* refuse chute, refuse duct, rubbish dumper; waste chute, waste disposer *(für Industriemüll)*
Müllschlacke *f* 1. *(BM, Umw)* refuse clinker; 2. *(BM)* rubbish cinder
Müllschlucker *m* refuse chute, rubbish chute, *(AE)* disposal-all
Müllschluckerschacht *m* refuse chute, *(AE)* garbage chute
Müllsortierung *f*/**automatische** *(Umw)* mechanical separation
Müllsortierungsanlage *f (OB, RS)* refuse separation plant
Mülltonne *f* dustbin, rubbish container
Mülltransporter *m* refuse vehicle, waste vehicle, *(AE)* garbage truck
Müllverbrenner *m* incinerator, rubbish destructor, rubbish incinerator, *(AE)* garbage incinerator; waste destructor, waste incinerator *(für Industriemüll)*
Müllverbrennung *f (Umw)* incineration
Müllverbrennungsanlage *f* incineration plant, refuse destructor, refuse destructor furnace, refuse incinerator, refuse incinerator plant, *(AE)* garbage-disposal plant, *(AE)* garbage incineration plant, *(AE)* garbage incinerator
Müllverbrennungsanlage *f*/**städtische** *(Umw)* municipal destructor
Müllverbrennungsasche *f* refuse incineration ash, refuse incinerator ash
Müllverbrennungseinrichtung *f (BWG, Umw) (AE)* garbage incinerator
Müllverbrennungsofen *m (Umw)* destructor
Müllverdichter *m* landfill compactor, packer unit
Müllverdichtung *f* (refuse) compaction
Müllverschwemmen *n (Umw)* water-carrier method
Müllverwertung *f* 1. *(Umw)* refuse disposal; 2. *(RS, Umw)* refuse utilization
Müllwagen *m s.* Müllsammelfahrzeug
Müllwiedergewinnungsanlage *f* waste recycling plant
Müllwolf *m (Umw)* mechanical refuse grinder
Müllzerkleinerer *m (Umw)* refuse grinder
Multicoloranstrich *m* multicolour coat, multicolour finish
Multicolorfarbe *f (OB)* multicolour paint
Multimodalität *f (Verk)* multimodality
Multimodul *m* multimodule
Multiplikationsfaktor *m (VR)* multiplier *(für Bauberatungskosten)*
Mündung *f* 1. mouth, orifice, aperture *(technisch, Auslauf)*; 2. mouth, entry *(Fluss)*; estuary *(im Gezeitenbereich)*; 3. issue *(Austrittsöffnung)*
Mündungsbauwerk *n (Wsb)* outfall structure, outfall works, outlet structure
Münster *n (Arch)* minster
Muntzmetall *n* Muntz metal
Münzenornament *n (Arch)* bezant
Muqarnas *m (Arch)* stalactite work *(stalaktitenartige Stuckdekoration islamischer Herkunft)*
mürbe 1. decayed, rotten *(Holz)*; 2. friable, crumbly *(Gestein)*; 3. brittle *(spröd)*
Mürbheit *f* friability
Muscharabije *pl (Arch)* moucharaby
Muschelbeton *m (BB, BM)* oyster-shell concrete
Muschelbühne *f (Arch)* band shell
muschelförmig *(Arch, BM, BT, Konst)* conchoidal
muschelig conchoidal, shell-like *(z. B. gebrochene Gesteinsoberfläche)*
Muschelkalk *m* lacustrine limestone, shell lime(stone), shelly limestone
Muschelkalkstein *m* shell lime(stone), shelly limestone, *(AE)* coquina
Muschelkurve *f (Arch)* scallop *(Ornament)*
Muschelmarmor *m* shell limestone
Muschelmergel *m (BM, Bod)* shell marl
Muschelsandstein *m* shelly sandstone
Muschelschale *f (Arch)* oyster-shell
Muschelschalenbeton *m (BB, BM)* tabby
Muschelschalengehalt *m* shell content *(im Sand, Kies, Kalk usw.)*
Muschelschalenzuschlag *m* shell aggregate
Muschelwerk *n (Arch)* scrollwork *(Ornament der Renaissance)*; shell work *(Ornament der Spätrenaissance)*
Muschelzuschlag(stoff) *m* shell aggregate
Museum *n (Arch)* museum
Museum *n* **für bildende Künste** *(Arch)* Museum of Visual Art
Museum *n* **für Moderne Kunst** *(Arch)* Museum of Modern Art
Museumsgebäude *n (Arch)* museum building
Musikpavillon *m (Arch)* band shell
Musiktheaterhalle *f (Arch)* odeum
Muskovit *m* common mica, potash mica
Muskovitgranit *m* muscovite granite
Muskovitschiefer *m* muscovite schist
Musselinglas *n* muslin glass
müssen *v* shall *(Gebot)*
Muster *n* 1. model; mock-up *(in natürlicher Größe)*; 2. pattern, design *(gestalterisch)*; 3. *(BM)* sample *(Probe)*; 4. specimen *(Probestück, Musterstück)*
Muster *n*/**geometrisches** geometric pattern
Muster *n*/**gezahntes** *(Arch)* indented moulding
Muster *n* **in Originalgröße** full-size pattern
Muster *n*/**plastisches** carved pattern
Muster *n*/**regelmäßiges** geometric pattern
Musterbau *m (Arch, Konst)* prototype building
Musterbeispiel *n* classic example
Musterbuch *n* sketch book
Musterexemplar *n* fine specimen
Musterhaus *n* model house, model home, display house
Musterküche *f* demonstration kitchen
Musterleistungsverzeichnis *n (Konst, VR)* specimen bill for quantities
mustern *v (Arch)* give a decorative finish
Musterprobe *f (BM)* paradigm
Musterrolle *f* running mould, horse mould, peg mould *(Putz)*

Musterschlüssel *m (EB)* sample key
Musterstück *n* specimen
Musterverband *m (SB)* pattern bond
Musterwiederkehr *f* repeat design *(Tapete, Furnier)*
Mutter *f* nut
Mutter *f* **und Bolzen** *m* nut and bolt
Mutterboden *m* 1. *(Bod, LB)* native soil; 2. *(Bod, Erdb)* topsoil
Mutterbodenabtrag *m* 1. *(Erdb, LB)* stripping of topsoil; 2. *(LB)* topsoil stripping; 3. *(Bod)* skimming *(natürlich)*
Mutterform *f* 1. master mould *(Ziegel)*; 2. die *(Gussform)*; 3. *(BM, BT)* upper mould *(Gestaltung, z. B. Stuckform)*
Muttergestein *n* mother rock, bedrock, parent rock
Muttergewinde *n* internal thread
Mutterglas *n* parent glass
Mutterpause *f* negative transparency, transparent positive original, blue print
Mutterschraube *f* bolt, bolt and nut
Mutter-und-Kind-Raum *m (Konst, VR)* cry room *(schalldicht)*
Mutulus *m (Arch)* mutule *(flacher Schrägstein eines dorischen Gesimses)*
MwSt. value-added tax, VAT
Myzel *n (BM, RS)* mycelium *(z. B. im Holz)*

N

Nachabdichtung *f* 1. *(DIS)* subsealing; 2. *(DIS, RS)* undersealing
nachaltern *v (BM)* afterage *(Baustoffe; s. a. nacherhärten)*
Nachanstrich *m* repainting coat
Nacharbeit *f* rework(ing); overhauling of the work *(bei Nichtabnahme)*
nacharbeiten *v* 1. rework, refinish *(Mängelbeseitigung)*; 2. joint *(Mörtelfugen)*; 3. fettle *(z. B. Keramikerzeugnisse)*; 4. finish *(abschließender Arbeitsgang für die Abnahme)*
Nacharbeiten *fpl* 1. refinishing work, reworking, removal of faults *(Mängelbeseitigung)*; 2. finishing work *(abschließende Arbeitsgänge zur Abnahme)*
Nacharbeiten *n* **der Kanten** touching-up the edges
Nachaufstrich *m* repainting coat
Nachauftrag *m (VR)* suborder
Nachauftragnehmer *m (VR)* subcontractor
Nachauftragnehmergarantie *f (VR)* construction approved bond
Nachauftragnehmer-Kostenanschlag *m* subcontractor's quotation *(Preisangebot)*
Nachauftragnehmervertrag *m (VR)* subcontract
Nachauftragsvergabe *f (VR)* subletting (of contract)
Nachausfugen *n* rejointing, repointing
Nachbar... adjacent ...
Nachbarbaulos *n (Te, VR)* adjacent contract section
Nachbarbebauung *f (Konst, VR)* adjacent buildings
Nachbarfeld *n* neighbouring opening *(Brücken)*; neighbouring span *(Tragwerk)*
Nachbargebäude *n* neighbouring building, adjacent building, adjacent house, adjoining house
Nachbargebäude *npl (Konst, VR)* adjacent buildings
Nachbargelände *n (RP, VR)* adjacent property
Nachbargrenze *f* boundary line
Nachbargrenze *f* **eines Gebäudes** *(Konst, VR)* boundary line of the neighbouring building
Nachbargrundstück *n* 1. *(VR)* neighbouring property; 2. *(RP, VR)* adjacent property
Nachbarhaus *n* neighbouring house, house next door, adjoining house
Nachbaröffnung *f* neighbouring opening *(Brücken)*; neighbouring span *(Tragwerk)*
Nachbarrecht *n* law relating to neighbouring owners
Nachbarschaft *f* neighbourhood, *(AE)* neighborhood; vicinity *(Baugebiet)*
Nachbarwand *f* neighbouring wall
Nachbau *m (Arch)* replication *(eines historischen Gebäudes)*
nachbearbeiten *v* finish, touch up *(zur Endfertigstellung)*; refinish *(Mängelbeseitigung)*
Nachbearbeiten *n* refinishing work; dressing *(Holz)*
Nachbearbeiten *n* **des Natursteinquaders** *(SB, Te)* refinishing of the ashlar
Nachbearbeitung *f* finishing *(Oberflächen)*
Nachbearbeitungswerkzeug *n* dresser
nachbehandeln *v* cure *(Beton)*; aftertreat *(z. B. Baustoffe)*; retreat *(nachbessern)*
nachbehandeln *v***/feucht [mit Feuchtigkeit]** moist-cure, damp-cure
nachbehandeln *v***/mit Heißluft** *(BB, OB, Te)* heat-cure
Nachbehandlung *f* 1. cure, curing, seasoning *(von Beton)*; 2. aftertreatment, post-treatment *(z. B. von Baustoffen)*; 3. secondary treatment *(Oberfläche)*; 4. *(Te)* retreat *(Nachbesserung)*
Nachbehandlung *f***/adiabatische** *(BB, Te)* mass curing
Nachbehandlung *f***/elektrische** electro-thermal curing *(Beton)*
Nachbehandlung *f***/elektrothermale** electric curing *(von Beton)*
Nachbehandlung *f***/feuchtlose** dry curing *(Beton)*
Nachbehandlung *f* **mit Dichtungsmittel** *(BB, Te)* liquid--membrane curing
Nachbehandlung *f* **mit Wasser** water curing *(von Beton)*
Nachbehandlung *f* **unter einer Schutzschicht [Schutzfolie]** membrane curing
Nachbehandlungsfilm *m (BB, Te)* curing membrane *(auf Frischbeton)*
Nachbehandlungsmatte *f* 1. *(BB, BT, Te)* curing blanket; 2. *(BB, BT, Te)* concrete curing blanket *(für Beton)*
Nachbehandlungsmittel *n* curing compound, sealing compound *(Beton)*
Nachbehandlungsmittel *n* **auf Paraffinbasis** paraffin base concrete curing
Nachbehandlungsmittel *n* **auf Wachsbasis** *(BM)* wax curing compound
Nachbehandlungsplatz *m (BB, Te)* curing yard *(Beton)*
Nachbehandlungsraum *m* curing chamber, concrete curing chamber *(Betonsteinherstellung)*
Nachbehandlungstuch *n* 1. *(BB, BT, Te)* curing blanket; 2. *(BB, BT, Te)* concrete curing blanket *(für Beton)*
Nachbehandlungstunnelofen *m* tunnel curing kiln *(Beton)*
Nachbehandlungswasser *n (BB, BM)* curing water
Nachbehandlungszeit *f* curing period
Nachbehandlungszyklus *m* **im Autoklaven** *(BB, Te)* autoclaving cycle *(Beton)*
nachbeizen *v (OB)* sadden *(Anstrich)*
Nachbelastung *f (Stat)* reloading
nachbessern *v* 1. make good, repair, mend; 2. *(Te)* adjust *(z. B. ebene Flächen)*; 3. *(RS)* patch up *(z. B. Maurer- und Malerarbeiten)*; 4. *(Te)* touch up *(Anstriche)*
Nachbesserung *f* 1. *(RS)* patching; 2. *(OB, Te)* touching up *(z. B. Anstriche, Beschichtungen, Putz)*
Nachbieter *m (VR)* subbidder *(als Nachauftragnehmer)*
nachbilden *v* 1. model, pattern; 2. reconstruct, rebuild

(bauliche Zustände); 3. *(Arch)* replicate *(Sichtelemente)*; 4. *(Arch, Konst)* copy *(nachzeichnen, kopieren)*
Nachbildung *f* model; replica *(Sichtelement)*
nachbohren *v* bore up, rebore; underream *(Bodenbohrung)*
Nachbohren *n (Erdb)* redrilling
Nachbohrmaschine *f (BWG)* reamer *(Bauwerksdurchbrüche)*
Nachbrechen *n* fine crushing, recrushing *(von Zuschlagstoffen)*
Nachbrecher *m* second(ary) crusher
nachbrennen *v* refire *(z. B. Keramiken)*
Nachbrennkammer *f (Umw)* afterburner chamber, secondary combustion chamber
Nachdehnung *f (BM)* afterexpansion
nachdichten *v (DIS)* reseal *(nachträglich abdichten)*
Nachdicken *n* thickening *(Anstrich, Farbe)*
Nachdruck *m* replica *(Nachbildung)*
nachdunkeln *v (OB)* become darker
Nacheindecken *n (RS)* reroofing
nacheinglasen *v* reglaze
nacherhärten *v* mature, afterharden *(Beton, Mörtel)*
Nacherhärtung *f* maturing, afterhardening, age hardening, rehardening *(z. B. Mörtel, Beton)*
Nachfall *m (OB)* sinkage *(Anstrich)*
Nachfiltern *n (WVA)* refiltration
nachfirnissen *v (OB)* revarnish
Nachfluss *m (San)* afterflush *(von Wasser bei der WC--Spülung)*
Nachformen *n* reproduction
Nachforschung *f* inquiry
Nachfrage *f* inquiry
Nachfragemodell *n (Verk)* demand model
nachfragen *v* demand
Nachfugen *n (SB)* pointing
nachfüllen *v* fill up, replenish
Nachfüllmaterial *n* make-up material
nachgeahmt man-made
nachgeben *v* 1. back away, give way *(ausweichen)*; 2. sag, yield *(z. B. Balken unter Last)*; 3. slacken *(z. B. Seile)*; 4. *(BM, BT, Konst, Te)* stretch *(durch Dehnung)*; 5. *(Bod, Erdb)* yield, subside *(Baugrund)*
Nachgeben *n* **des Stützenfundaments** *(Erdb, RS)* punching shear
nachgebend *(BM, Bod)* yielding *(Material, Erdstoff)*
Nachgebühr *f (VR)* surcharge
nachgemacht dummy, factitious
nachgesättigt resaturated
nachgeschliffen reground
nachgetränkt resaturated
nachgiebig 1. *(BM, Bod)* yielding *(Erdstoff, Tragelemente)*; 2. pliable, pliant *(biegsam)*; 3. supple *(elastisch)*
Nachgiebigkeit *f* yield(ing)
Nachgiebigkeitsmodul *m* **der elastischen Unterlage** *(Stat)* deflection modulus of the elastic support
Nachglühen *n (BM)* afterglow *(eines Materials nach Feuereinwirkung)*
Nachhall *m* echo, repercussion, reverberation (sound) *(Schall, Bauakustik)*
Nachhalldämpfung *f (DIS)* reverberation damping
nachhallend *(DIS)* reverberant
nachhallfrei non-reverberant
Nachhallpegel *m (DIS)* reverberant level
Nachhallraum *m (DIS)* reverberant room
Nachhallregulierung *f (DIS)* reverberation control
Nachhallschall *m (DIS)* multireflected sound
Nachhallschallpegel *m (DIS)* reverberation level
Nachhallschluckbeiwert *m (DIS)* reverberant sound absorption coefficient
Nachhallzeit *f (DIS)* reverberation time
nachhärten *v* 1. afterharden *(Beton, Mörtel)*; 2. *(BM)* afterbake *(Kunststoffe)*; 3. *(BM, St)* age *(Metalle)*
Nachhärtung *f* 1. afterhardening, rehardening *(Beton, Mörtel)*; 2. postcure, afterbake *(Kunststoffe)*; 3. *(BB, BM)* age hardening *(von Metallen)*
Nachhydratation *f (BM)* rehydration
Nachimprägnieren *n (DIS, OB)* resaturating
Nachimprägnierung *f* reimpregnation
Nachimpressionismus *m (Arch)* Post-Impressionism
Nachinstallation *f (El, HLK, San)* subsequent installation
Nachklärbecken *n* 1. *(Umw, WVA)* final settling tank; 2. *(WVA)* secondary clarifier
Nachklärung *f***/biologische** *(Umw, WVA)* secondary sewage treatment
nachkommen *v* 1. *(Konst, VR)* meet *(technische Forderungen, Standards)*; 2. satisfy *(z. B. den Zahlungsverpflichtungen)*
Nachkriegsarchitektur *f* post-war architecture
Nachkriegsgebäude *n (Arch, Konst)* post-war building
Nachlass *m (VR)* discount
nachlassen *v* 1. relax *(Spannbetonbewehrung, Tragekonstruktion, Tragschicht)*; 2. *(Stat)* subside *(äußere Einflüsse)*; 3. *(BM, Konst)* weaken *(entfestigen)*; 4. release the pull *(Spannbeton)*; 5. get loosen *(z. B. Baugrundtragfähigkeit)*; 6. cease *(Abläufe)*
Nachlässigkeit *f* negligence
Nachlöschen *n (BM)* caving *(Kalk)*
Nachmahlen *n* regrinding
nachmessen *v* check the dimension, remeasure, verify the measure, measure again
Nachmessung *f (Verm)* remeasurement
Nachmischen *n* **mit Wasserzusatz** *(RS)* retempering *(bei Mörtel und Beton mit Erstarrungsbeginn)*
Nachmischer *m* truck agitator *(für Transportbeton)*
nachmittelalterlich *(Arch)* post-mediaeval
Nach-Nachauftragnehmer *m* sub-subcontractor
nachnormannisch *(Arch)* post-Norman
Nachnutzung *f (RS, VR)* afteruse
Nachpolieren *n* final polishing
Nachpressen *n* repressing
nachprüfen *v* 1. check, control; 2. *(VR)* verify *(nachweisen)*; 3. retest *(im Versuch)*
Nachprüfen *n* 1. check, recheck, second check; 2. *(VR)* verification *(Nachweisen)*
Nachputzen *n* replastering
Nach-Putz-Installation *f (SB)* second fixings
Nachquellen *n (BM)* afterexpansion
nachräumen *v (Erdb)* underream *(Bodenbohrung)*
Nachräumer *m (Tun)* reamer
nachrechnen *v* 1. *(Konst, VR)* check; 2. *(VR)* recalculate
nachrechnen *v***/statisch** *(Stat)* reanalyze
Nachrechnung *f* 1. *(Konst, Stat, VR)* check calculation; 2. *(Stat)* recalculation
Nachrechnung *f***/statische** reanalysis, structural reanalysis
Nachreinigung *f* final cleaning
Nachreinigung *f***/biologische** *(Umw, WVA)* secondary sewage treatment
nachrichten *v* 1. readjust *(Einstellungen)*; 2. relevel, re-align *(z. B. mit der Wasserwaage)*; 3. *(Te)* restraighten *(gerade machen)*
Nachrichten- und Fernsprechverkehr *m (Verk)* traffic
nachrosten *v (OB)* rerust
nachrüsten *v (HLK, RS)* retrofit *(z. B. Heizungsanlagen)*
Nachrütteln *n (Te)* revibration *(von Beton)*
Nachschießen *n* secondary blasting *(Zerkleinern)*
Nachschlagebuch *n* reference book
Nachschlagtabelle *f (Konst, Stat)* reference table
nachschleifen *v (Te)* regrind

Nachschleifen *n* resharpening, sharpening
Nachschlüssel *m (EB)* skeleton key
Nachschwinden *n* 1. *(BB, BM)* aftercontraction; 2. *(BB)* post-shrinkage
Nachsetzung *f (Bod, Erdb)* secondary consolidation, secondary time-effect
Nachsieben *n* rescreening
Nachsorge *f (Umw)* monitoring after site closure *(Deponie)*
Nachspannelastizitätsverlust *m s.* Nachspannverlust
nachspannen *v (BB, Te)* post-tension
Nachspannen *n* post-tensioning, secondary tensioning *(Bewehrung)*
Nachspannen *n*/**individuelles** non-simultaneous pre-stressing *(Bewehrung)*
Nachspannverlust *m (Te)* sequence-stressing loss *(beim Spannen der Bewehrung)*
nachsprengen *v* bulldoze *(Gestein durch Knäpperschießen)*
Nachsprengen *n* secondary blasting *(Zerkleinern)*
nachstellen *v* readjust
Nachstemmen *n* recaulking
nachstreichbar repaintable
nachstreichen *v (OB)* repaint
Nachstreichen *n (OB)* repainting
Nachstreumaterial *n (OB, Verk)* drop-on material
Nachstreumittel *n s.* Nachstreumaterial
Nachtabsenkung *f* night economy *(Heizung)*
nachtapezieren *v* repaper
Nachtaufheizzeit *f (HLK)* off-peak charging
Nachtbeleuchtung *f* night illumination, night lighting; protective lighting
Nachtdämmung *f* night insulation *(Schall)*
Nachteerung *f (OB, RS)* retarring
Nachteil *m* disadvantage, harm
nachteilig *(Konst, Umw)* adverse
Nachtenergie *f (El)* off-peak electric current
Nachtisolierung *f (veraltet) s.* Nachtdämmung
Nachtönen *n* tinting *(Anstrichfarben)*
Nachtrag *m (VR)* addition
Nachtragsangebot *n (VR)* revised tender
Nachtragsarbeit *f* 1. *(Stat)* auxiliary work; 2. *(VR)* supplementary work *(zum Projekt)*
Nachtragszusatz *m (VR)* addendum *(Teil der vorläufigen Bauvertragsunterlagen vor der Submission)*
Nachtränken *n (DIS, OB)* resaturating
Nachtränkung *f* reimpregnation
Nachtriegel *m* night bolt, deadbolt, dead bolt
Nachtriegelschloss *n* night latch *(von innen mittels Drehknopf, von außen mittels Schlüssel zu betätigen)*
Nachtschicht *f* night shift
Nachtschloss *n* night latch *(von innen mittels Drehknopf, von außen mittels Schlüssel zu betätigen)*
Nachtspeicherheizgerät *n* night(-time) storage heater
Nachtspeicherheizung *f* 1. *(El)* night storage heating; 2. *(HLK)* off-peak electricity heating
Nachtstrom *m (El)* night current
Nachtstromspeicherheizung *f* 1. *(El)* night storage heating; 2. *(HLK)* off-peak electricity heating
Nachtstromtarif *m* off-peak tariff
Nachtstromversorgung *f (El)* off-peak electricity supply
Nachtstromzähler *m (El)* off-peak electricity supply meter
Nachttresor *m (EB)* bank depository
Nachtverkehr *m (Verk)* off-peak traffic
Nachunternehmer *m* subcontractor
Nachverarbeitung *f* post-fabrication
nachverdichten *v (Te)* recompact
Nachverdichtung *f* 1. *(Te)* post-compaction; 2. *(Te)* revibration *(von Beton)*
nachverfugen *v* repoint
Nachverfugen *n* rejointing, repointing
nachvergießen *v* regrout
nachverglasen *v* reglaze
Nachvermessung *f (Verm)* resurvey
Nachverpachtung *f (VR)* sublease
nachverziert postiche, postique
Nachwärmen *n* 1. postheat *(beim Schweißen)*; 2. *(HLK)* reheating
Nachwärmer *m (HLK)* reheater
Nachweis *m* 1. *(Stat)* static proof, proof; check, check calculation, checking *(auch für Qualitätsnachweise)*; 2. conformation test, detection (test) *(z. B. eines Baustoffes, Elementes)*; 3. voucher, document, evidence *(Nachweisdokument)*; 4. *(VR)* assessment *(Bewertungsnachweis, z. B. Immobilien, Grundstücke)* • **den Nachweis führen** *(Stat)* prove
Nachweis *m* **der Güteeigenschaften** *(Te, VR)* quality check(ing)
Nachweis *m* **der Vertragsmäßigkeit** *f (VR)* proof of compliance
Nachweis *m*/**grafischer** *(Stat)* graphical check
Nachweis *m*/**statischer** *(Stat)* static proof
nachweisbar traceable
Nachweisbarkeit *f (Te)* traceability
nachweisen *v* 1. establish *(mathematisch)*; 2. *(Stat)* check, prove; 3. *(VR)* verify *(bestätigen)*
Nachweisgerät *n (BM, Umw)* detector
Nachweisgrenze *f* detection limit
Nachweisprüfung *f (BM, VR)* proving test
Nachwirkung *f (BM)* hysteresis
Nachwirkung *f*/**elastische** *(BM)* elastic after-effect
Nachwirkungen *fpl* aftermath
nachzeichnen *v* 1. *(Arch, Konst)* copy; 2. *(Konst)* trace *(z. B. Zeichnungen mit Farbe)*
nachzerkleinern *v* 1. recrush, regrind *(nachbrechen)*; 2. bulldoze *(Gestein durch Knäpperschießen)*
Nachzerkleinern *n* recrushing, regrinding
nachziehen *v* 1. bind *(Bewehrung)*; 2. retighten, screw up *(z. B. Schrauben, Bolzen)*; 3. retrace, trace *(z. B. Zeichnungen mit Farbe)*; 4. *(Te)* tighten *(Montageverbindung)*
nackt 1. dry *(Straßenbaugestein ohne Bindemittel)*; 2. *(El)* bare *(Draht)*; 3. uncoated *(ohne Belag)*
Nacktes *n* **einer Zarge** *(Konst)* nude of a frame
Nadelbaum *m (Hb, LB)* conifer
Nadelbaumholz *n* softwood
Nadeleindringprüfung *f (BM)* needle penetration test
Nadeleindringversuch *m*/**statischer** *(Bod)* static penetration test
Nadelfilz *m (BM, DIS)* needle felt
Nadelfliesbelag *m* tufted flooring cover(ing)
nadelförmig needle-shaped; acicular *(z. B. Kristall)*
Nadelhammer *m (BWG, OB)* needle hammer *(Aufrauen, Entrosten usw.)*
Nadelholz *n* coniferous wood, softwood, deal
Nadelholzharzöl *n* pine oil *(Farbe)*
Nadelholzschindel *f* pine shingle
Nadelloch *n* pinhole *(Fehlstelle in verschiedensten Materialien)*
Nadellochkorrosion *f* pinhole corrosion
Nadelpenetration *f* needle penetration
Nadelpistole *f (BWG, OB)* needle gun *(Betonaufrauung)*
Nadelplatte *f* punched metal plate fastener
Nadelschieber *m* needle drive, needle
Nadelschnittholz *n (DIN 4074-1)* coniferous sawn timber, softwood timber, *(AE)* softwood lumber
Nadelspitze *f* pinpoint
Nadelventil *n (San, WVA)* needle valve
Nadelvliesteppichboden *m* tufted floor covering
Nadelwälder *mpl (Umw)* softwoods

Nagara *m (Arch)* sikhara *(indischer Tempelkuppelturm)*
Nagekäfer *m* death-watch, death-watch beetle
Nagel *m* 1. nail, brad; 2. spike *(Schienennagel)*; 3. brad, stud *(Stift)*; 4. tack *(kurzer Nagel)*; 5. tree nail *(Holznagel)* • **mit Nägeln befestigen** nail • **mit Nägeln beschlagen** stud
Nagel *m***/galvanisierter** shingle nail
Nagel *m***/gestauchter** lost head nail
Nagel *m***/gewellter** mitre brad, wiggle nail
Nagel *m***/handgeschmiedeter** wrought nail
Nagel *m***/kopfloser** glazing sprig
Nagel *m***/verzinkter** galvanized nail
Nagelabstand *m* 1. *(Konst)* nail distance; 2. *(Hb)* nail spacing, row spacing
Nagelanschlussblech *n (Hb, Konst)* nail plate
nagelbar nailable
Nagelbarkeit *f* nailability, nail-holding property *(von Werkstoffen)*
Nagelbausystem *n (Hb, Konst)* nailed construction
Nagelbauweise *f* nailed construction (method)
Nagelbinder *m* nailed framework, nailed truss, plank truss
Nagelbohrer *m* brad-awl, gimlet
Nagelbrett *n (BWG, SB)* nail float
Nageldachbinder *m (Hb, Konst)* nail roof truss
Nageldurchmesser *m* nail diameter
Nageleisen *n* nail puller, box chisel, goose-neck claw bar
nagelfest mar-resistant, resistant to marring
Nagelfestigkeit *f* mar resistance, resistance to marring
Nagelfluh *f (BM)* nagelfluh
Nagelhaftlänge *f* grip length of nail
Nagelhaltefestigkeit *f (Konst)* nail holding
Nagelklaue *f* nail claw
Nagelknotenblech *n (Hb, Konst)* nail plate
Nagelkonstruktion *f (Hb, Konst)* nailed construction
Nagelkopf *m* nail head
Nagelkopfornament *n* nail head ornament
Nagelkopfverzierung *f* diamond ornament
Nagellänge *f* nail length
Nagellasche *f* nailing strip
Nagelleiste *f* lathing board, nailing strip, nail(ing) batten, backup strip
Nagelloch *n* nail hole
Nagellochsplint *m* spile
nageln *v* nail; tack *(mit kurzen Nägeln)*
nageln *v***/in die Schräge** *(Te)* nail inclined
Nageln *n* nailing
Nagelschablone *f (Hb, Te)* nailing marker
Nagelschaft *m* shank
Nagelspitze *f* nail point
Nagelstellenmarkierung *f (Hb, Te)* nailing marker
Nagelstift *m* stud; brad *(für Dielenbretter)*; sprig *(ohne Kopf)*
Nagelträger *m (Hb, TK)* nailed girder
Nageltreiber *m* nail punch, nail set
Nagelung *f***/direkte** direct nailing, face nailing, straight nailing
Nagelung *f***/verdeckte** concealed nailing, secret nailing, blind nailing, edge nailing
Nagelungsmuster *n* nailing pattern
Nagelverbindung *f* nail(ed) joint, nailed connection, nail fastening
Nagelwerkstoff *m* nail material
Nagelzieheisen *n* nail puller, box chisel, goose-neck claw bar
Nagelzieher *m* nail extractor, nail puller
nagetiersicher rodent-proof
Nagetiersperre *f (WVA)* rodent barrier *(Kanal)*
Nahansicht *f* close-up, close-up view
nahe near, close; at hand
nähen *v* stitch
nähern *v***/sich** approximate
Näherung *f* approximation
Näherungsannahme *f (Stat)* approximate assumption
Näherungslösung *f (Stat)* approximate solution
Näherungsschalter *m (El)* proximity switch *(sensorgesteuert)*
Näherungsverfahren *n (Stat)* approximation method
Näherungswert *m (Konst, Stat)* approximate value
nahezu virtually
Nahrungsmittelbetrieb *m (Konst)* food processing plant
Naht *f* 1. seam; weld *(Schweißnaht)*; 2. *(Konst)* joint *(Verbindung, Fügung)*; 3. burr *(Grat)*
Nahtkante *f***/flach auslaufende** tapered joint
Nahtkante *f***/schräge** tapered joint
Nahtlehre *f* weld gauge
nahtlos seamless
Nahtmesslehre *f* weld gauge
Nahtroller *m* seam roller
Nahtschweißen *n* 1. *(St, Te)* continuous seam welding; 2. *(St, Te)* seam welding
Nahtüberdeckung *f* joint lapping, lap joint
Nahtüberlappung *f* joint lapping, lap joint
Nahtverbindung *f* seam joint *(Schweißen)*
Nahtverklebung *f* 1. *(Te)* joint bonding; 2. *(DIS)* seam bonding
Nahtwalze *f* seam roller
Nahverkehrssystem *n* short-distance traffic system, suburban traffic system, *(AE)* transit system
Nahverkehrszug *m (Verk)* commuter train
Nähzimmer *n (Konst)* sewing room
Naiskos *m (Arch)* naiskos *(kleiner Kulttempel)*
Namensschild *n* 1. nameplate; 2. scutcheon *(am Wappen)*
Naos *m (Arch)* naos, statue chamber *(Statuennische im antiken Tempel)*
Naphtha *n(f) (BM)* naphtha *(Erdölfraktion)*
Naphthalin *n* naphthalene, naphthene basic oil
Naphtholfarblack *m* naphthol lake colour
narbig rough, grained; pitted, pitty *(bes. Metallflächen)*
Narthex *m (Arch)* narthex *(Atrium der altchristlichen Basilika)*
Nase *f* 1. nose; projection, lug *(Ansatz)*; 2. nib, cog, stub *(z. B. am Dachziegel)*; 3. *(Arch)* cusp *(eines gotischen Maßwerks)*; 4. *(HLK)* deflector *(Ablenkblech)*; 5. *(OB)* run *(Anstrichfehler)*; 6. *(BT, Konst)* curved slab *(gekrümmte Platte)*
Nasenbildung *f* 1. *(OB)* curtaining *(Lackanstrichfehler)*; 2. *(Arch)* cuspidation, cusping
Nasenbogen *m (Arch)* cusped arch
Nasenleiste *f (Arch)* crenellated moulding, *(AE)* embattled molding *(Ornament)*
Nasenprofil *n (Konst)* nose section
Nasenschraube *f* snug bolt
Nasenschwungbogen *m (Arch)* lobed arch, cusped arch, foiled arch *(gotischer Bogen)*
Nasenverzierung *f (Arch)* cuspidation, cusping *(Gotik)*
nass wet
Nass... wet ...
Nass-auf-Nass-Beschichtung *f* wet-on-wet coating
Nass-auf-Nass-Methode *f* wet-on-wet method
Nass-auf-Nass-Streichen *n (OB, Te)* wet-on-wet painting *(Anstrichtechnik)*
Nassbagger *m* dredge(r), floating dredger, dipper (dredger)
Nassbaggerarbeiten *fpl (Erdb)* dredging work(s) *(DIN 18311)*
nassbaggern *v (BM, Te)* dredge *(in Wasser)*
Nassbaggerung *f (Te, Wsb)* dredging *(in Wasser)*
Nassdach *n (Konst)* wet roof
Nassdampf *m* wet steam
Nässe *f* dampness, wetness
Nassemaillieren *n (OB, Te)* wet enamelling
nässen *v* make wet, moisten
Nassentstauber *m* wet dust collector

Nassentstaubung *f* wet dust collection
Nässeputz *m* **gegen Schlagregen** rendering resisting pelting rain
Nässer *m* water-absorbing stone
Nassfäule *f* soft rot, wet rot *(Holz)*
Nassfestigkeit *f* 1. wet strength *(z. B. Kleber, Baupappe)*; 2. green strength *(Keramikrohling, Werkstein)*
Nassfilm *m* wet film
Nassfilmdicke *f* wet film thickness
nassgelöscht run to putty, slaked *(Kalk)*
Nassgewicht *n* soaked weight *(z. B. von Baustoffen)*
Nassgleitschleifen *n (OB, Te)* wet barrel finishing
Nass-in-Nass-Verfahren *n (OB, Te)* wet-on-wet coating
Nassinstallationszelle *f (San)* bathroom building-block module
Nassklassieren *n* hydraulic classification *(Baustoffaufbereitung)*
Nassklassierung *f* wet classification, wet sizing *(Aufbereitung von Zuschlagstoffen, Baustoffprüfung)*
Nasskühlung *f (HLK)* wet cooling
Nasslagerung *f (BM)* wet storage *(Prüfkörper)*
Nasslagerungsfestigkeit *f* wet strength *(Kleber)*
Nasslöschen *n* hydrating, slaking, running to putty *(Kalk)*
nassmahlen *v* wet-grind
Nassmischzeit *f* wet mixing period
Nasspresse *f (BWG)* stream machine
Nassraum *m (San)* moist room, wet room
Nassraumabdichtung *f* moist room dampproofing
Nassraumdichtung *f* moist room dampproofing, wet room dampproofing
Nassrauminstallation *f* moist room service, wet room installation
Nassrauminstallationen *fpl (El)* wet room services
Nassraumleuchte *f (El)* moist room luminaire
Nassraumsperrung *f (DIS)* wet room dampproofing
Nassreinigung *f (OB, Te)* wet washing
Nasssandnachbehandlung *f* sand curing *(Beton)*
Nasssandstrahlen *n* wet blasting, hydroblasting, liquid blasting, vapour blasting, water blasting
Nasssandverfahren *n (Verk)* wet-aggregate process, wet sand process *(bituminös)*
Nassschicht *f* wet film
Nassschichtdicke *f* wet film thickness
Nassschlamm *m (WVA)* liquid sludge
Nassschleifen *n* wet grinding
Nasssiebung *f* wet sieving, wet sizing *(Aufbereitung von Zuschlägen, Baustoffprüfung)*
Nassspritzbeton *m (BB, OB, Te)* wet-mix shotcrete
Nassstrahlen *n* wet blasting, liquid blasting, hydroblasting, water blasting
Nasstonziegel *m* soft-mud brick
Nassverfahren *n* 1. *(Verk)* wet-aggregate process; 2. wet cast method, wet cast process *(Betonrohrfertigung)*; 3. wet method, wet process *(Zementherstellung)*
Nasszelle *f (San)* bathroom building-block module, sanitary block, sanitary building block
Nasszerkleinerung *f (Te)* wet crushing *(Baustoffaufbereitung)*
Nationaldenkmal *n (Arch)* National monument
Nationalpark *m (OB, RP, Umw)* national park
Nationalromantik *f (Arch)* National Romantic style
Nationalstraße *f (Verk)* national highway, national road
Nationalstraße *f***/zweitrangige** *(Verk)* secondary national road
Natrium *n* sodium
Natriumaluminat *n (BM)* sodium aluminate
Natriumaluminiumsilikat *n* sodium aluminium silicate
Natriumcarbonat *n* sodium carbonate
Natriumchlorid *n* sodium chloride
Natriumdampflampe *f* sodium-vapour lamp
Natriumkarbonat *n* sodium carbonate
Natriumlampe *f* sodium-vapour lamp
Natriumsilikat *n* silicate of soda, sodium silicate
Natriumverbindung *f* sodium compound, sodium system
Natriumwasserglas *n* silicate of soda
Natronglas *n* soda glass
Natronkalkglas *n (BM)* soda-lime glass
Natronseife *f* sodium soap
Natronwasserglas *n* sodium silicate
Natur *f* nature
Natur... natural ...
Naturablagerung *f (Bod, LB, Umw)* natural deposit
Naturarchitektur *f* Organic architecture *(Anfang des 20. Jahrhunderts)*
Naturasphalt *m* native asphalt, lake asphalt, maltha, mineral pitch, earth pitch, asphalt(um), rock asphalt
Naturasphalt *m***/flüssiger** maltha
Naturasphalt *m***/gereinigter** épuré
Naturasphaltgestein *n (BM)* gilsonite
Naturasphaltmastix *m* natural rock asphalt mastic
Naturbaustein *m* building stone, stone ashlar, structural stone
Naturbaustein *m* **mit natürlicher Oberfläche** self-faced stone
Naturbaustein *m* **mit unbearbeiteter Oberfläche** self--faced stone
naturbedingt natural
naturbelassen *(Hb)* natural finish *(Holz)*
Naturbewitterungsprüfung *f* field testing
Naturbims *m* expanded perlite, pumice, pumicite
Naturbimsbaustoff *m* pumice building material
Naturbimsbeton *m* gas pumice concrete
Naturbimsgasbeton *m* gas pumice concrete
Naturbimssand *m* pumice sand
Naturbimssplitt *m* pumice chippings
Naturbitumen *n (BM)* native asphalt
Naturblocksteinmauerwerk *n* **mit durchgängigen Blöcken** *(SB)* perpend wall
Naturboden *m (Bod, LB)* natural soil
Naturbordstein *m* natural kerb(stone), *(AE)* natural curb(-stone)
Naturdenkmal *n* natural monument, nature sanctuary
Natureckstein *m* perpend
Naturfarbe *f* natural colour
naturfarben natural colour
naturfarbig natural colour
Naturfarbstoff *m (OB)* natural colouring matter
Naturform *f***/organische** *(Arch)* organic form of nature
Naturgarten *m* natural garden
Naturgas *n* natural gas
naturgetreu natural, true to nature *(z. B. Abbildungen)*
Naturgips *m* natural gypsum, plaster rock
Naturglas *n* natural glass
Naturgröße *f* natural size
Naturgrund *m***/tragfähiger** *(Bod, Erdb)* good bearing soil
Naturhaarpinsel *m (OB)* bristle brush
Naturhärte *f* natural hardness
Naturharz *n* natural resin, plant resin
Naturhaushalt *m (Umw)* natural balance
Naturholzfarbe *f (OB)* natural wood colour
Naturholzlack *m* oleoresinous varnish
Naturkautschuk *m* natural rubber (latex)
Naturkorrosionsprüfung *f (DIS)* field corrosion test
Naturleim verleimt/mit *(Hb, Te)* wet glued
natürlich native, from natural sources; natural *(z. B. Abbildungen)*
Naturmarmor *m* natural marble
Naturölharz *n (BM, OB)* oleoresin *(für Anstriche)*

Naturpark *m* nature reserve
Naturpflaster *n* natural pavement
Naturpflasterstein *m* natural paving sett
Naturpigment *n* organic pigment
Naturpotenzial *n* potential of the (area of) unspoiled nature
Natursand *m* natural sand
Natursandzuschlagstoff *m* natural-sand fine aggregate
Naturschiefer *m (BM)* natural slate
Naturschutz *m (Umw)* nature preservation
Naturschutzanforderungen *fpl* environmental requirements
Naturschutzauflage *f (RS, Umw, VR)* conservation order
Naturschützer *m (Umw)* conservationist
Naturschutzgebiet *n* National Nature Reserve; natural preserve, nature reserve, wilderness
Naturschutzpark *m (Umw)* national park
Natursichtstein *m* natural face stone
Naturstein *m* natural stone, quarry stone, rock, stone
Naturstein *m***/baufertig bearbeiteter** *(BM, SB)* dimension stone
Naturstein *m***/gebrochener** *(Verk)* macadam *(für Makadamstraßendecke)*
Naturstein *m***/geschnittener** cut stone
Naturstein *m* **mit natürlicher Oberfläche** self-faced stone
Naturstein *m* **mit unbearbeiteter Oberfläche** self-faced stone
Naturstein *m* **mit zu den Rändern anlaufender Sichtfläche** pitched stone
Naturstein *m***/scharrierter** nidged ashlar
Naturstein *m***/wassersaugender** water-absorbing stone
Naturstein *m* **zur Wandverkleidung** facing stone
Naturstein *m***/zurechtgeschlagener** *(BM, SB)* scabbled stone
Natursteinabdeckung *f* stone capping; stone coping *(einer Mauer)*
natursteinähnlich natural stone-like, stone-like
Natursteinarbeit *f* ashlar masonry work
Natursteinarkade *f* natural stone arcade, stone arcade
Natursteinbalken *m (BT)* stone beam
Natursteinbaumaterialien *npl (BM)* stone construction materials
Natursteinbaustoff *m* natural stone construction material
Natursteinbaustoffe *mpl (BM)* stone construction materials
Natursteinbauwerk *n (SB)* hewn stone structure
Natursteinbearbeitung *f* natural stone curving, natural stone cutting, stone hewing work, stone shaping work, curved work, dressing, carving, milling
Natursteinbearbeitungsbetrieb *m* stone dressing plant
Natursteinblock *m* ashlar
Natursteinblock *m***/scharrierter** nidged ashlar
Natursteinblöcke *mpl***/zu schneidende** cutting stock
Natursteinblockreihe *f* stone row
Natursteinborde *f* natural stone kerb, *(AE)* natural stone curb
Natursteinbordstein *m s.* Natursteinborde
Natursteindachreiter *m (Arch)* stone roof spire
Natursteindeckplatte *f* copestone, coping stone, stone capping
Natursteine *mpl***/bearbeitete** *(SB, Te)* stonework
Natursteine *mpl***/zugerichtete** dressed stonework
Natursteineinfriedungsmauer *f (SB)* stone boundary wall
Natursteinfassade *f* 1. *(SB)* natural stone façade; 2. *(Arch, Konst, SB)* stone façade
Natursteinfeinbearbeitung *f* natural stone finishing
Natursteinfertigbearbeitung *f (SB, Te)* stone finishing
Natursteinfigur *f* stone figure
Natursteinfries *m (Arch)* natural stone frieze, stone frieze
Natursteinfundament *n (Erdb, SB)* natural stone foundation
Natursteingebäude *n* 1. *(Arch, SB)* natural stone-built building; 2. *(Arch, Konst)* stone building
Natursteingestaltung *f* stone art, stone curving
Natursteingewölbe *n (Konst, SB)* natural stone vault
Natursteingewölbebrücke *f* stone-vaulted bridge
Natursteingranulat *n* natural rock aggregate
Natursteinkonsole *f* 1. *(SB)* natural stone corbel; 2. *(SB, TK)* natural stone shoulder
Natursteinkreuz *n* stone cross
Natursteinkreuzfenster *n* stone mullioned window
Natursteinmauer *f* natural stone wall, rough wall, rubble wall, stone wall
Natursteinmauerstein *m* natural walling stone
Natursteinmauerwerk *n* natural stone masonry, rubble ashlar masonry work, rubble masonry, ashlar masonry, stone block masonry
Natursteinmauerwerk *n* **aus unregelmäßigen Steinen** pocket rash
Natursteinmauerwerk *n***/unregelmäßiges** *(SB)* rockwork
Naturstein-Mosaik-Verlegung *f* ruderation
Natursteinnachbearbeitung *f (SB, Te)* stone finishing
Natursteinoberfläche *f* rock surface
Natursteinoberfläche *f***/bearbeitete** natural stone finish
Natursteinoberfläche *f***/bruchraue** quarry face
Natursteinoberfläche *f* **durch Steingattersägen/raue** chat-sawn finish
Natursteinoberfläche *f***/sandabgeschmirgelte** *(OB, SB)* sand-rubbed finish
Natursteinpfeiler *m* natural stone pier, stone pier, stone pillar
Natursteinpflaster *n* natural stone paving
Natursteinpflasterdecke *f* stone block pavement
Natursteinpflasterplatte *f* natural flag
Natursteinplastik *f (Arch)* sculpture in natural stone, natural stone sculpture, stone sculpture
Natursteinplatte *f* natural stone slab; flagstone, promenade tile, quarry tile
Natursteinplatte *f* **für Wandverkleidungen** facing stone
Natursteinplattenpflaster *n* natural stone-block paving
Natursteinportal *n* 1. *(Arch, Konst)* natural stone portal; 2. *(Arch, Konst, SB)* stone portal
Natursteinprodukte *npl (DIN EN 12058)* products of natural stone
Natursteinsäule *f (BT)* stone column
Natursteinsäulenordnung *f* stone Order
Natursteinschichtenmauerwerk *n* coursed ashlar work, *(AE)* coursed ashlar, rangework
Natursteinschichtenmauerwerk *n***/regelmäßiges** *(SB)* regular-coursed ashlar work
Natursteinschmuck *m (Arch)* stonework decorative finish
Natursteinschneiden *n* stone cutting
Natursteinschutzmittel *m* natural stone preservative
Natursteinschwelle *f* natural stone threshold
Natursteinsichtfläche *f* natural stone finish
Natursteinskulptur *f (Arch)* sculpture in natural stone, stone sculpture
Natursteinsplitt *m* natural stone chippings, stone chippings, stone chips
Natursteinstaumauer *f (SB)* masonry dam
Natursteinstufe *f* stone step
Natursteinsturz *m (Arch)* architrave
Natursteintempel *m (Arch)* stone temple
Natursteintisch *m (Arch)* stone table
Natursteintrennen *n* stone cutting
Natursteinverband *m (Konst)* natural stone bond

Natursteinverblendung *f* bastard ashlar *(mit wenig behauenen Steinen)*
natursteinverkleidet *(OB)* rock-faced
Natursteinverkleidung *f* natural stone facing, ashlar facing, stone facing; ashlar work *(Ergebnis)*
Natursteinverlegearbeit *f* ashlar masonry work
Natursteinverwitterungskruste *f* sand-vent
Natursteinverzierung *f (Arch)* stonework decorative finish
Natursteinvorsatzplatte *f* stone-faced panel
Natursteinwand *f (SB)* stone wall
Natursteinwassergehalt *m* quarry sap
Natursteinzuschlag *m* stone aggregate
Naturumlauf *m (HLK)* natural circulation *(Wasser, Luft)*
Naturwandbaustein *m (BM)* walling stone
Naturwerkstein *m* ashlar, hewn stone
Naturwerksteinmauerwerk *n* rubble ashlar masonry work
Naturwinkelstein *m* perpend
Naturwissenschaft *f* science
Naturwissenschaft *f* **und Technik** *f* science and technology
Naturzement *m* natural cement
N-Binder *m* Howe truss *(ein Dachbinder)*
NE-... non-ferrous ...
Neapelgelb *n* Naples yellow, antimony yellow
Nebel *m* 1. *(Umw, Verk)* mist; 2. *(LB, Umw)* fog
Nebel *m***/dichter** *(Umw)* thick fog
Nebelbank *f* radiation fog
Nebeldetektor *m (Verk)* fog detector
Nebeleis *n (Verk)* mist ice *(Straße)*
Nebelmelder *m (Verk)* fog detector
Nebelwahrscheinlichkeitsindex *m (Umw)* fog potential index
Nebelwarnsystem *n (Verk)* fog warning system
Nebenachse *f (Stat)* secondary axis *(Mathematik)*
Nebenaltar *m (Arch)* side altar, subordinate altar
Nebenangebot *n (VR)* innovative proposal
Nebenanschluss *m* 1. *(El)* extension; 2. *(El, San, WVA)* secondary connection *(Telefon)*
Nebenarbeiten *fpl* 1. *(VR)* secondary work; 2. *(Te)* minor works
Nebenausgang *m* side exit
Nebenbahnlinie *f (Verk)* branch line, side line
Nebenbalken *m (Hb)* short-tie beam
Nebenbau *m* appurtenant structure
Nebenbetrieb *m* ancillary establishment
Nebenbiegemoment *n (Stat)* secondary bending moment
Nebenbiegespannung *f* secondary bending stress
Nebenbogen *m (Konst)* subarch
Nebeneffekt *m* side effect
nebeneinanderliegend 1. *(BT, Konst, VR)* adjacent; 2. *(Konst)* side-by-side
nebeneinanderstellen *v* juxtapose
Nebeneinanderstellung *f* juxtaposition
Nebeneingang *m (Konst)* side entrance
Nebeneingang *m***/kleiner** *(Konst)* postern *(Privateingang)*
Nebenfehler *m* minor non-conformance
Nebenfenster *n (BT)* side window
Nebenflächen *fpl (Tun)* off-road area
Nebenfluss *m (Wsb)* tributary, effluent, confluent
Nebengebäude *n* 1. *(Arch, Konst)* outbuilding; 2. *(Arch)* outhouse; 3. dependent building, dependency, accessory building, ancillary building, auxiliary building, subordinate block, subordinate building, subsidiary building, limb *(zu einem Hauptgebäude)*; 4. appurtenant structure *(nur für Gebäudetechnik)*; 5. *(Konst)* penthouse
Nebengelass *n (Konst)* closet
Nebengemach *n (Arch, EB, Konst)* alcove
Nebengestein *n* surrounding rock, adjoining rock, partition rock, inclosing rock *(Steingewinnung)*; dead rock; burr *(Ziegelschmolz)*
Nebengewerke *npl (Te)* minor works
Nebengleis *n (Verk)* service track, side track, siding, spur track
Nebengraben *m (Erdb, WVA)* secondary ditch
Nebenkanal *m (Wsb)* tributary channel
Nebenkosten *pl* ancillary cost(s)
Nebenkostenaufwand *m (VR)* secondary expenditure
Nebenleistungen *fpl* fringe benefits, supplementary work
Nebenleistungen *fpl* **zum Bauvertrag/notwendige** necessary work auxiliary to the accomplishment of the contract
Nebenleitung *f (San, WVA)* secondary branch *(z. B. Wasserleitung)*
Nebenluft *f* secondary air
Nebennetz *n (Verk)* spider-web network
Nebenöffnung *f (Br)* side bay *(Brücke)*
Nebenpfosten *m (Hb, Konst)* prick post *(Dachstuhl)*
Nebenposition *f* minor item
Nebenprodukt *n* by-product
Nebenprodukt *n***/giftiges** *(Te, Umw)* toxic by-product
Nebenprodukt *n***/industrielles** industrial by-product
Nebenprodukte *npl***/verwendbare** usable by-products
Nebenraum *m (Konst)* adjoining room
Nebenraum *m***/versteckter kleiner** closed shelving
Nebensammler *m* branch sewer *(Abwasserleitung)*
Nebensäule *f* subsidiary shaft
Nebenspannung *f (Bod)* secondary stress
Nebenspeiseleitung *f (El)* subfeeder
Nebensperre *f* s. Nebensperrmauer
Nebensperrmauer *f (Wsb)* lateral check dam, subsidiary dam
Nebenstraße *f* 1. side street, off-street *(städtische)*; minor road, minor street *(unbedeutende städtische)*; 2. secondary road, subsidiary road, link road, by(e)-road, byroad, side road *(Landstraße)*
Nebenstraße *f***/ländliche** minor road
Nebenstraßennetz *n* minor street network
Nebenstraßennetz *n***/städtisches** minor street network
Nebentätigkeit *f* additional employment, sideline job
Nebenteil *n (Konst)* adjunct *(Anhängsel)*
Nebentor *n***/schmales** *(Konst)* postern
Nebentragwerk *n* secondary load-bearing structure, secondary supporting structure
Nebentrakt *m (Arch, Konst)* secondary portion
Nebenursache *f (Konst, Te, VR)* contributory cause
Nebenverdienst *m* additional income
Nebenweg *m (Verk)* byway
Nebenwirkung *f* side effect
Nebenwohnung *f* second home
Nebenzentrum *n (RP)* satellite centre
Nebenzugang *m (Konst)* secondary access
nehmen *v***/etwas in die Hand** *(VR)* undertake
neigen *v* 1. incline; tilt, tip, cant *(abkippen)*; 2. *(Te)* rake *(abschrägen)*; 3. slope *(Böschung, Gelände)*; 4. *(Konst)* weather *(Dach, Abdeckung für Wasserabfluss)*
neigen *v***/sich** 1. lean, lean on, incline, tilt, slant *(Neigung haben)*; 2. pitch, slope, slope down, decline *(Dach, Fläche, Gelände usw.)*; 3. dip, sink, decline *(Gelände)*; 4. tilt, tip, cant *(kippen)*; 5. nutate *(wanken)*; 6. *(Konst)* shelve *(sanft abfallen)*
neigen *v***/sich nach innen** tumble home *(stürzen)*
Neigung *f* 1. inclination; slope, gradient, squint *(Steigung)*; 2. *(Stat)* tilt *(Kipplage)*; 3. dip, declination, decline *(Abschüssigkeit)*; 4. pitch(ing), slope, incline *(Dach, Fläche usw.)*; 5. fall, falling gradient *(Gelände, Fluss)*; 6. *(Konst)* slant *(z. B. Querneigung einer Straße)*; 7. *(Bod, Erdb)* de-

scent *(Einsenkung, z. B. Straße, Gelände)*; 8. *(Erdb)* acclivity *(sehr starke Neigung, steile Böschung usw.)*; 9. rake, leaning *(Abweichung gegen die Senkrechte, auch geologisch)*; 10. *(Erdb)* batter *(Anlaufneigung, z. B. Mauer)*; 11. liability, disposition *(fachlich; zu einer Entscheidung)* • **Neigung geben** *(Erdb, SB)* batter • **Neigung haben** slant
Neigung *f* **einer Böschungsfußsicherung** *(Konst)* talus
Neigung *f*/**künstlich hergestellte** *(Erdb)* man-made slope
Neigung *f*/**vertikale** vertical gradient
Neigung *f* **zur Spurrinnenbildung** *(Verk)* rutting potential *(Straße)*
Neigungslehre *f* batter rule; pitch board *(Treppe)*
Neigungslinie *f (Verk)* inclination
Neigungsmessbrett *n* batter stick *(hängend)*
Neigungsmesser *m* 1. *(Verm)* batter level; 2. clinometer, inclinometer, declinometer; 3. *(Erdb)* slope level
Neigungsmessung *f* directional surveying; directional deviation logging
Neigungsverhältnis *n* ratio of inclination, rise and run
Neigungswinkel *m* 1. angle of ascent, angle of gradient, angle of inclination, angle of slope, elevation angle, slope angle, inclination angle; 2. *(Verm)* altitude; 3. *(Konst)* pitch *(gegen Horizont)*
Neigungswinkelmesser *m* clinometer, inclinometer
Nennabmessung *f* nominal dimension, theoretical dimension
Nennbeanspruchung *f* nominal stress
Nennbereich *m* nominal range
Nennbetondeckung *f* nominal cover
Nenndauerlast *f (El)* continuous rating
Nenndicke *f* nominal thickness
Nenndruck *m* nominal pressure, rated pressure
Nenndurchmesser *m* nominal diameter
Nenner *m*/**kleinster gemeinsamer** *(Stat)* least common denominator
Nennfestigkeit *f (BM)* nominal strength
Nenngröße *f* nominal value, theoretical size
Nenngrößtkorn *n* nominal maximum size
Nennheizleistung *f* nominal heating output
Nennhöhe *f* nominal height, theoretical height
Nennlast *f* 1. nominal load-bearing capacity *(für die Tragfähigkeit)*; nominal load *(z. B. Fahrzeuge)*; 2. rated load *(Aufzug)*
Nennleistung *f* 1. nominal output, rated capacity; 2. *(El)* rated power
Nennmaß *n* nominal dimension, nominal measurement, nominal size, basic dimension, real measure, theoretical dimension, work measurement
Nennmaßbereich *m* nominal dimension range
Nennprüfung *f* rating test
Nennquerschnitt *m* nominal cross section
Nennschichtdicke *f (OB)* nominal coating thickness
Nennspannung *f* 1. nominal stress *(mechanisch)*; 2. *(El)* rated voltage
Nennstrom *m* nominal current
Nennweite *f* nominal width; nominal diameter; nominal bore, bore *(Innendurchmesser eines Rohres)*
Nennwert *m* nominal value
Neobarock *m (Arch)* neo-Baroque
Neogotik *f (Arch)* neo-Gothic, Gothic Revival, Revival (Gothic) architecture, revived Gothic style
Neoklassik *f (Arch)* neo-Classicism
neoklassisch *(Arch)* neo-classical
Neoklassizismus *m* neo-Classicism
Neoklassizismus *m*/**griechischer** *(Arch)* Greek Revival
neo-mittelalterlich *(Arch)* neo-medieval
Neonglimmlampe *f (El)* neon lamp
Neonlampe *f* neon lamp, neon tube
Neonlicht *n* neon light
Neonröhre *f* neon tube, cold-cathode tube, cold-cathode fluorescent tube
Neopren® *n* neoprene® *(ein Elastomer)*
Neoprendichtungsband *n* neoprene gasket, neoprene sealing
Neoprendichtungsprofil *n* neoprene gasket, neoprene sealing
Neopreneinlage *f* neoprene insert
Neoprenfugenband *n* neoprene waterstop
Neoprengrundlage *f* neoprene base
Neoprenkleber *m* neoprene adhesive
Neoprenlager *n (BT, TK)* neoprene bearing
Neoprenlagerkissen *n (BT, TK)* neoprene bearing bed
Neoprenschaumstoff *m (DIS)* neoprene foam
Neoprentopflager *n (Br, BT, TK)* neoprene pot bearing *(Brücke)*
Neopren-U-Profil *n* neoprene channel
Neoprenverglasung *f* neoprene glazing
Neorenaissance *f (Arch)* neo-Renaissance
Nephelin *m (BM)* nephelite
Nephelinbasalt *m (BM)* nepheline basalt
Nephrit *m* nephrite
Nerothermen *fpl (Arch)* Thermae of Nero
Nest *n* 1. nest, pocket *(im Festbeton)*; 2. *(BB, Te)* segregation *(z. B. in einer Betonmischung)*; 3. void *(in einem Festkörper)*
Nesterbildung *f (BB, Te)* formation of pockets *(Beton)*
netto net
Netto... net ...
Nettoabmessung *f (Konst)* neat size *(Bauteil, Bauraum)*
Nettobelastung *f*/**maximale** *(Erdb)* allowable bearing pressure *(eines Erdstoffs)*
Nettofläche *f (Konst)* net area
Nettogeschossfläche *f (Konst)* net floor area
Nettogewicht *n (Stat)* net weight
Nettomasse *f* net mass
Nettoöffnungsquerschnitt *m (HLK)* free area *(einer Luftöffnung)*
Nettoproduktion *f* net production
Nettoquerschnitt *m* net section, net transformed section
Nettoumrisslinie *f* net line
Netz *n* 1. net; 2. *(El, San)* network; 3. *(Konst, RP)* system *(Verkehrswege, Leitungssysteme)*; 4. *(El)* mains, power supply system network *(Versorgungsnetz)*; transmission network *(Übertragungsnetz)*; telephone network; 5. *(Verm)* triangulation net; grid, graticule *(Kartennetz)*; 6. gridiron *(Rohre, Straßen, Schienen)*; 7. gauze, web *(Gazenetz, Gewebenetz)* • **mit einem Netz überspannen** *(Te)* web • **mit einem Netz überziehen** *(Te)* web
Netz *n*/**isostatisches** *(Stat)* isostatic net
Netz *n*/**labiles** *(Konst)* instable frame
Netz *n*/**verzweigtes** *(Verk)* ramification network *(Straße, Schiene)*
netzabhängig mains-operated
Netzanschluss *m* 1. *(El, WVA)* mains connection; 2. *(El)* power supply • **für Netzanschluss ausgelegt** main-operated
Netzarmierung *f* mesh reinforcement *(Betonbewehrung)*
netzartig *(Konst)* reticulated
Netzbarkeit *f (BM)* wettability
Netzbeeinflussungsanlage *f (Verk)* rerouting via variable message signs
Netzbetrieb *m* mains power supply
netzbetrieben mains-operated
netzbewehrt mesh-reinforced
Netzbewehrung *f* mat reinforcement
Netzbildung *f* netting
Netzbrummen *n* mains noise
Netzdichte *f (Verk)* network density *(Straße)*

Netzdichte *f* **klassifizierter Straßen** *(RP, Verk)* density of road networks
Netzdruck *m (WVA)* mains pressure *(Wasser, Gas)*
Netzeigenschaft *f (BM, OB)* wetting property
netzen *v* moisten, wet
Netzflechtwerk *n* netting
netzförmig netlike, reticulated
Netzgerät *n* power supply unit
Netzgeräusch *n* mains noise
Netzgewebe *n* net
Netzgewölbe *n* 1. reticulated vault(ing), decorated; 2. *(Arch)* tracery vault
Netzkabel *n (El)* mains cable
Netzknoten *m (Verk)* network junction point
Netzlinie *f (Konst)* system line
Netzmasche *f (Verk)* mesh of network
Netzmaßwerk *n (Arch)* net tracery, perforated tracery, reticulated tracery *(Ornament)*
Netzmittel *n* antistripping additive, antistripping agent; wetting agent
Netzmittel *n***/kationisches** *(OB)* cationic wetting agent
Netzmittel *n***/synthetisches** *(BM, OB)* synthetic wetting agent
Netzmosaikarbeit *f* reticulated mosaic work, reticulated work
Netzplan *m (Te)* network layout
Netzplandiagramm *n (Te)* network
Netzplantechnik *f (Te)* network analysis
Netzriegel *m* ledger board, *(AE)* girt strip *(Gerüstbau)*
Netzrippengewölbe *n (Konst)* net vault
Netzrisse *mpl* crazing *(Putz, Mörtel)*; *(sl)* alligator cracking
Netzrisse *mpl***/feine** crazing
Netzspannung *f (El)* line voltage
Netzsteckdose *f (El)* power outlet, wall socket
Netzsteuerung *f (Verk)* network signal control
Netzstromversorgung *f (El)* mains current supply
Netzsystem *n***/kreuzförmig gespanntes** cruciform network
Netztextur *f (Konst, OB)* reticulated structure
Netzverband *m* 1. *(Konst, St)* lattice bracing *(Stahlbau)*; 2. *(Konst)* rectangular work *(Stahlbau, Holzbau)*; 3. *(SB)* net masonry *(Mauerwerk)*
Netzvermögen *n (BM)* wetting ability
Netzversorgung *f (El, WVA)* mains supply
Netzwerk *n* 1. *(Te)* network *(Planung)*; 2. *(Konst)* rectangular work *(Stahlbau, Holzbau)*; 3. *(Arch)* lacework *(Posamentierarbeit)*; tracework *(Maßwerk)*; 4. *(Arch, Konst)* trelliswork *(Gitter)*
Netzwerk *n***/doppeltes** *(TK)* double bracing *(Träger)*
Netzwerk *n***/elektrisches** electrical network
Netzwerk *n***/neuronales** *(Verk)* neural network
Netzwerk *n***/regional erweitertes** *(El, Te, VR)* wide area network *(Datenaustausch)*
Netzwerkanalyse *f (Te)* network analysis
Netzwerkbildner *m* network former *(Glas)*
Netzwerkdiagramm *n (Te)* network diagram
Netzwerkfenster *n (Arch)* reticulated window
Netzwerkgefüge *n* network structure
Netzwerkkuppel *f* network cupola
Netzwerkplanung *f* network planning
Netzwerkstruktur *f* cellular structure
Netzwerktechnik *f* network planning
Netzwerkverzierung *f (Arch)* tracery
neu *(Te)* recent • **neu machen** *(RS)* revamp
Neuanstrich *m (OB)* new finish (paint)
neuartig innovative
Neuaufnahme *f (Verm)* resurvey; relevelling *(Höhenaufnahme)* • **eine Neuaufnahme machen** *(Verm)* resurvey
Neuausmauerung *f (RS, SB)* rebricking
Neuausschreibung *f (VR)* renewed calling for tenders
Neubarock *m (Arch)* neo-Baroque
Neubau *m* new building, new block, new house; building under construction
Neubaugebiet *n (RP)* new growth area
Neubaukrankheit *f (HLK)* sick building syndrome *(durch Klimaanlage)*
Neubauwohnung *f* new flat, flat in a new building
Neubegrünung *f (LB)* replacing of the flora *(Landschaftsbau)*
Neubelebung *f (RP)* revitalization *(von Stadtkernen)*
Neugestaltung *f (RS)* remodelling
Neugestaltung *f***/bauliche** *(RS)* renovation
Neugestaltung *f***/städtebauliche** *(RS)* urban redevelopment
Neugotik *f (Arch)* neo-Gothic, Gothic Revival, Revival architecture, revived Gothic style
neugotisch *(Arch)* neo-Gothic
Neulackierung *f (OB, RS)* refinishing
Neuland *n* 1. *(LB, RP)* virgin land; 2. *(LB)* virgin soil; 3. *(RP)* uncultivated land • **Neuland gewinnen** *(LB)* reclaim
Neuland *n***/aufgespültes** *(Erdb)* innings
Neumessing *n (BM)* yellow metal
neunsäulig *(Arch)* enneastyle
Neuordnung *f* rearrangement
Neuplanung *f (RS, Te)* redevelopment *(Siedlungsbau)*
Neuprofilieren *n (RS)* reprofiling
Neurenaissance *f (Arch)* neo-Renaissance
Neusilber *n* nickel silver
Neustadt *f (RP)* new town
neutral neutral; inactive
Neutralbereich *m* neutral range
Neutrale *f* axis of zero
Neutralebene *f (Stat)* neutral plane
Neutralisationsmittel *n* neutralizer, neutralizing agent
neutralisieren *v* neutralize *(Oberflächen)*
Neutralisierung *f (BM, WVA)* neutralization
Neutralpunkt *m* neutral point *(beim Biegen)*
Neu- und Brachland *n (LB, RP)* virgin and idle lands
Neuvermessung *f (Verm)* resurvey
New Town *(RP)* new town *(nach 1946 in England entstanden zur Entlastung großstädtischer Ballungsgebiete)*
NF normal format *(von künstlichen Bausteinen, 24 × 12 × 6 cm)*
n-fach *(Stat)* m-times
nibbeln *v (Te)* nibble *(schmale Streifen)*
Nichtabnahme *f (VR)* rejection *(eines Gebäudes)*
Nichtbrennbarkeit *f* non-combustibility, incombustibility
Nichtcarbonathärte *f* permanent hardness
Nichteinhaltung *f* non-compliance, non-conformance *(Normen)*
Nichteisen... non-ferrous ...
Nichteisenmetall *n* non-ferrous metal
Nichtelastizität *f (BM)* inelastic behaviour
Nichtentflammbarkeit *f (BM, BT)* non-flammability
Nichterfüllen *n* **der Anforderungen** defect
Nichterfüllung *f (VR)* non-fulfilment
Nichtgebrauch *m* disuse
nichtig null, void
Nichtkarbonathärte *f* permanent hardness
Nichtkomprimierbarkeit *f* incompressibility
Nichtkonformität *f* non-conformity
Nichtmischbarkeit *f* immiscibility *(Bindemittel, Baustoffe, Anstrichstoffe usw.)*
Nichtsättigung *f (BM, Bod)* unsaturation
Nichtübereinstimmung *f (Konst, VR)* non-conformance
Nichtverwendung *f* disuse
Nickelblech *n (BM)* nickel sheet
Nickelbronze *f* silver bronze

nickelhaltig nickel-bearing, nickelous
Nickeloxidbeschichtung *f* nickel oxide coating
Nickelschicht *f*/dünne *(OB)* nickel flash
Nickelstahl *m (BM, St)* nickel steel
niederbringen *v (Br, Te)* sink *(einen Schacht)*
Niederbringen *n (Erdb, WVA)* sinking *(eines Schachts)*
Niederdruck *m* low pressure
Niederdruckanlage *f (HLK)* low-pressure system
Niederdruckdampfbehandlung *f (BB, Te)* low-pressure steam curing *(von Beton)*
Niederdruckdampfheizung *f (HLK)* low-pressure steam heating system
niederdrücken *v* weigh down, press down; depress
Niederdruckgerät *n* low-pressure equipment, atmospheric equipment
Niederdruckheizung *f (HLK)* low-pressure heating
Niederdruckkesselzentrale *f (HLK)* central atmospheric--pressure boiler station
Niederdruckleitung *f* low-pressure piping
Niederdruckreiniger *m* low-pressure washer
Niederdruckrohrleitung *f* low-pressure piping
Niederdruckspritzen *n (OB, Te)* low-pressure spraying
Niederdrucksystem *n (HLK)* atmospheric system *(Heizung)*
Niederdruckverpressung *f* low-pressure grouting *(von Fugen)*; perimeter grouting *(um eine Fläche herum)*
Niederflurwaggon *m (Verk)* low-floor wagon
niedergebrannt destroyed by fire, ruined by fire, burnt down, fire-gutted, gutted
niederreißen *v* destroy, tear down *(Gebäude)*; wreck *(Gebäude)*; dismantle *(allg. Baulichkeiten)*
Niederreißen *n (RS, Te)* wrecking *(von Gebäuden)*
Niederschlag *m* 1. rain, rainfall; precipitation, fallout *(atmosphärisch)*; 2. *(HLK)* condensate *(z. B. Dampf)*; 3. precipitate *(chemisch)*; 4. *(Bod)* sediment *(Rückstand)*
Niederschlag *m*/atmosphärischer atmospheric fallout
Niederschlag *m*/jährlicher *(Umw, Wsb)* annual rainfall
Niederschlag *m*/saurer *(Umw)* acid fallout
niederschlagen *v*/sich precipitate; sediment, settle *(Bodensatz)*
Niederschlagen *n (HLK, San)* condensation
Niederschlagmesser *m s.* Niederschlagsmesser
Niederschlags-Abfluss-Beziehung *f (Umw)* rainfall-run--off relation
Niederschlags(einzugs)gebiet *n* 1. drainage area *(eines Flusses)*; 2. area of precipitation
Niederschlagshäufigkeit *f (Bod, Umw)* precipitation frequency
Niederschlagshöhe *f* depth of rainfall, rainfall coefficient
Niederschlagsmenge *f (Umw)* rainfall
Niederschlagsmesser *m* rain gauge, rainfall recorder, *(AE)* rain gage
Niederschlagsmessgerät *n* rainwater collector
Niederschlagssammler *m (WVA)* precipitation collector
Niederschlagsschwankung *f (Umw)* variation of precipitation
Niederschlagsvorfall *m (Umw)* precipitation event
Niederschlagswasser *n* 1. *(Umw, Wsb, WVA)* atmospheric water; 2. *(Umw)* rainwater; 3. *(WVA)* storm water; 4. *(HLK, San)* condensed water; 5. *(Bod, Umw, WVA)* precipitated water
Niederschlagswasserkanal *m* storm(water) sewer
Niederschlagswasserüberschreitung *f* excess rainfall *(Entwässerung)*
Niederschraubabsperrventil *n* screw-down stop valve
Niederschraubhahn *m* screw-down cock
Niederschraubventil *n (BT, HLK)* screw-down valve
Niederschrift *f (VR)* minutes
Niederspannung *f (El)* low voltage
Niederspannungshauptverteilung *f (El)* low-tension main distribution station
Niederspannungsrelaisschaltung *f (El)* low-voltage lighting control
Niederspannungssystem *n (El)* low-voltage system
Niederspannungsverteilung *f (El)* secondary distribution feeder
Niederspülklosett *n* low down closet
Niederung *f (Bod)* low grounds
Niederungsmoor *n (Bod, Umw)* fen
Niederwald *m (LB)* coppice
niedrig 1. low; 2. low-ceiling *(Zimmer)*; 3. *(Konst)* low-rise
Niedrigangebot *n (VR)* low tender
Niedrigbelastungsmethode *f (Umw)* low-impact method
Niedrigenergiehaus *n (Umw)* low-energy building
niedriger lower; inferior
Niedrigmauer *f* dwarf wall
Niedrigverbrauch-Leuchtstoffröhre *f (El)* low-consumption fluorescent tube
niedrigviskos low-viscosity
Niedrigwasser *n* low water, minimum flow
Niedrigwasserabschalter *m (San)* low-water cutoff *(Wasserboiler)*
Niedrigwasserbett *n (Wsb)* minor bed
Niedrigwasserstand *m* low water level
nierenförmig *(Arch)* reniform
Nießbrauch *m (VR)* usufruct
Nießbraucher *m (VR)* usufructuary
Niet *m* rivet
Niet *m*/kopfloser headless rivet
Nietabstand *m* distance between rivets, interval between rivets, pitch of rivets, spacing of rivets, rivets interval, rivet centres, rivet pitch
Nietanordnung *f* rivet pattern
Nietbarkeit *f* rivetability
Nietbehälter *m (St, WVA)* riveted tank
Nietberechnung *f* rivet calculation
Nietbild *n* rivet arrangement, rivet pattern
Nietbolzen *m* 1. *(St)* clench bolt; 2. *(BT, St)* shank of rivet
Nietbolzenkette *f* pin chain
Nietdraht *m* rivet wire
nieten *v* rivet, fix by a rivet, snap
nieten *v*/überlappt *(St, Te)* lap-rivet
Nieten *n (St, Te)* riveting
Nieten *n*/elektrisches electric riveting
Nietenschlagen *n (St, Te)* rivet driving
Nieter *m* riveter
Nietfeld *n* riveted section
Nietflansch *m* riveted flange
Niethammer *m* rivet(ing) hammer, snap
Nietkolonne *f* riveting gang
Nietkopf *m* rivet head, rivet point, button head • **Nietköpfe machen** snap
Nietkopf *m*/gehämmerter *(St)* hand-made rivet head
Nietkopfsetzer *m* rivet(ing) set, riveting snap, setting punch, heading set
Nietlinie *f* rivet line
Nietloch *n* rivet hole
Nietmannschaft *f* riveting gang
Nietmaschine *f* riveter, riveting machine
Nietmeißel *m* rivet chisel
Nietnaht *f (St)* row of rivets
Nietnaht *f*/überlappte *(Konst, St)* lap-riveted seam
Nietplatte *f* riveted plate
Nietpresse *f* riveter, riveting press
Nietquerschnitt *m* rivet cross section
Nietquetscher *m (BWG, St)* rivet buster
Nietrahmen *m (St, TK)* riveted frame
Nietreihe *f (St)* row of rivets

Nietrisslinie *f* rivet line, gauge line
Nietschaft *m* rivet shank, shank of rivet
Nietschneider *m (BWG, St)* rivet buster
Nietstahl *m (BM, St)* rivet steel
Nietstempel *m* snap die
Nietteilung *f* rivet pitch, spacing of rivets
Nietträger *m (St, TK)* riveted girder
Nietung *f* 1. rivet fastening, riveting *(Tätigkeit)*; 2. rivet(ed) joint *(fertige Nietung, Nietstelle)*
Nietung *f*/**mechanische** *(St, Te)* machine riveting
Nietung *f*/**mehrreihige** multiple-riveted joint
Nietverbindung *f* 1. *(St, Te)* rivet fastening *(Tätigkeit)*; 2. rivet joint, riveted connection, riveted joint *(fertige Nietstelle)*
Nietverbindung *f*/**einreihige** *(Konst, St)* single-riveted joint
Nietverbindung *f*/**mehrreihige** multiple-riveted joint
Nietverbindung *f*/**verjüngte** *(St)* lozenge riveted joint
Nietwerkstoff *m* rivet material
Nietwiderstand *m (St, Te)* resistance of rivet
Nietzeichen *n (Konst)* rivet symbol
Nippel *m* nipple
Nipptide *f (Umw)* neap tide
Nische *f* 1. niche, recess; 2. *(Arch)* exedra *(im antiken Griechenland und Rom)*; *(AE)* housing *(meist für Statuen)*
Nische *f*/**halbrunde** *(Arch)* exedra *(im antiken Griechenland und Rom)*
Nische *f* **in Fußbodenhöhe** ground niche
Nische *f*/**ökologische** niche
Nischendreieck *n (Konst)* niche pediment
Nischengewölbe *n* niche-vaulting
Nissenhütte *f* Nissen hut *(z. B. als Behelfsunterkunft)*
Nitrat *n* nitrate
Nitrid *n* nitride
Nitridhärten *n* nitrogen case-hardening *(Stahl)*
nitrieren *v* nitride *(Stahl)*
Nitrieren *n* nitriding, nitrogen case-hardening *(Stahl)*
nitrierhärten *v* nitride *(Stahl)*
Nitrierhärtung *f* nitriding
Nitrierstahl *m* 1. *(BM, St)* nitralloy *(Stahl für Nitrierhärtung)*; 2. *(St)* nitriding steel *(Fertigprodukt)*
nitriert nitro
Nitrilgummi *m* nitrile rubber, nitrile-butadiene rubber
Nitrilkautschuk *m s.* Nitrilgummi
Nitriterzeugnis *n* nitride refractory material
Nitro... nitro ...
Nitroanstrich *m* pyroxylin paint
Nitroausfüller *m* cellulose stopper
Nitrobenzol *n* nitrobenzole
Nitrocelluloseanstrich *m* pyroxylin paint
Nitrocellulosespachtelmasse *f* nitrocellulose stopper
Nitrofarbe *f (BM, OB)* nitrocellulose paint
Nitrofarbstoff *m (BM, OB)* nitro dyestuff
Nitrolack *m* nitrocellulose lacquer, cellulose nitrate lacquer
Nitroverdünner *m* lacquer thinner
Niveau *n* level, level of ground, ground level, grade, height
Niveau *n* **der Bauausführung** 1. *(Konst, Te, VR)* standard of workmanship; 2. reasonable care and skill, *(AE)* due care
Niveau *n*/**höchstzulässiges** *(Stat, Wsb)* maximum permissible level
Niveau *n*/**hydrostatisches** *(Stat, Wsb)* hydrostatic level
Niveau *n*/**örtliches** *(VR)* local level
Niveauänderung *f (Verm)* shift of level
niveaueben level to flush, dead-level
niveaugleich at grade
niveaugleich/nicht *(Verk)* multilevel *(Straßenknoten)*
Niveaukreuzung *f (Verk)* level intersection
Niveauliniendarstellung *f (Konst, Verm)* level map
Niveaurohr *n (HLK, San, WVA)* levelling tube
Niveauschalter *m (El, San, Wsb)* level switch
Niveauschwankung *f (Wsb)* level fluctuation
Niveauunterschied *m* 1. *(Konst, Verm)* difference of level; 2. *(Verm)* altitude difference
Niveauverschiebung *f (Verm)* shift of level
Nivellement *n (Verm)* levelling
Nivellementbezugspunkt *m* reference point of levelling, ordnance benchmark, datum
Nivellier *n* leveller, levelling instrument, engineer's level, builder's level
Nivellier *n* **mit Reiterlibellenfernrohr** *(Verm)* wye theodolite
Nivellier *n*/**selbstjustierendes** *(Verm)* self-adjusting level
Nivellierarbeiten *fpl* levelling work
Nivellierautomatik *f* **der Einbaubohle** automatic screed control
nivellieren *v* level, take (the) level, flush
Nivellieren *n* 1. *(Verm)* levelling; 2. *(Erdb, Verm)* levelling off; 3. *(Verm)* boning-in *(Tafeln, Einmessen)*
Nivellierestrich *m* levelling screed material *(Baustoff)*; levelling screed *(fertiger Estrich)*
Nivellierfernrohr *n (Verm)* telescope level
Nivelliergerät *n (Verk)* land leveller
Nivellierinstrument *n* level, leveller, levelling instrument, engineer's level, builder's level, surveyor's level
Nivellierinstrument *n*/**handgehaltenes** *(Verm)* hand level
Nivellierinstrument *n* **mit Fernrohr** *(Verm)* telescope level
Nivellierinstrument *n* **mit Parallelplatte** *(Verm)* self-adjusting level
Nivellierinstrument *n* **mit Reiterlibellenfernrohr** *(Verm)* wye theodolite
Nivellierkreuz *n* levelling rod
Nivellierlage *f* levelling course; levelling underlay *(Mauerwerk)*
Nivellierlaser *m* levelling laser
Nivellierlatte *f* level(ling) rod, levelling board, levelling pole, levelling staff, levelling stave, sighting rod; marked levelling staff, stadia, graduated rod *(mit Lesemarken)*; hub *(fester Vermessungspunkt)*
Nivellierlatte *f*/**ausziehbare** *(Verm)* Sopwith staff
Nivellierlatte *f* **mit Anzeige** target levelling staff, target levelling rod
Nivelliernetz *n (Verm)* levelling net
Nivellierpunkt *m (Verm)* levelling point
Nivellierscheibe *f (Verm)* sliding vane
Nivellierung *f (Verm)* levelling
Nivellierung *f*/**durchgehende** *(Verm)* continuous levelling
Nivellierung *f*/**tachometrische** *(Verm)* stadia levelling
Nivellierung *f*/**trigonometrische** trigonometrical levelling
Nivellierungsarbeiten *fpl* levelling work, grading work
Nivellierwaage *f (Verm)* spirit level
Nivellierzielpunkt *m (Verm)* target
NN *(Verm)* mean sea level *(Meereshöhe)*
Nockenbelagplatte *f* studded tile
Nockenfliese *f* studded tile
Nockenkörper *m*/**trapezförmiger** *(BT)* trapezoidal piece
Nockenrippenstab *m (BT)* ribbed indented bar
Nockenstab *m* indented bar *(Bewehrung)*
Nominalmerkmal *n* nominal characteristic
Nominalwert *m* nominal value
Nomogramm *n* nomogram
Nomographie *f (Konst)* nomography
Nonius *m (Verm)* vernier *(verschiebbarer Maßstab)*
Nonne *f* mission tile, concave tile
Nonnenkirche *f (Arch)* nunnery church
Nonnenkloster *n (Arch)* nunnery
Nonnenziegel *m* mission tile
Noppe *f* nap
Noppensetzteppich *m (EB)* tufted carpet

N

Nordbeleuchtung *f* north lighting
Nordorientierung *f (Verm)* north lighting orientation
Nordrichtung *f*/**wahre** *(Verm)* true north
Norit *m* norite *(magmatisches Ganggestein)*
Noritporphyrit *m* norite *(magmatisches Ganggestein)*
Norm *f* 1. *(Konst, VR)* standard; 2. *(Konst)* rule • **unter der Norm** *(BM, VR)* substandard
Norm *f*/**britische** British Standard, BS
Norm *f* **für anzugebende Daten** standard on data to be provided
Norm *f*/**harmonisierte** *(VR)* harmonized standard
Norm *f*/**identische** identical standard
Norm *f*/**vorläufige** *(AE)* provisional standard
Normachse *f* standard axle
normal normal, regular
Normal... normal ...
Normalabmessung *f* normal dimension, standard dimension
Normalabmessungsbereich *m* nominal dimension range
Normalabweichung *f* standard tolerance *(z. B. bei Fertigteilen)*
Normalanschlag *m* standard mounting *(Beschläge)*
Normalausführung/in standard
Normalbedingungen *fpl* 1. normal conditions, standard conditions; 2. *(Te)* moderate conditions *(Baudurchführung)*; 3. *(Umw)* normal temperature and pressure *(0 °C und 101,325 kPa)*
Normalbelastung *f (Stat)* standard loading
Normalbeton *m* normal concrete, normal-weight concrete
Normalbett *n (Wsb)* mean water bed, mean water channel
Normale *f* 1. *(Stat)* normal; 2. *(BWG)* master
Normaletage *f (Konst)* standard floor
Normalfixpunkt *m (Verm)* datum point
Normalformat *n* standard size; normal format, standard format *(von künstlichen Bausteinen, 24 × 12 × 6 cm)*
Normalgewichtsbeton *m* normal-weight concrete
Normalgleis *n (Verk)* standard railway track
normalglühen *v* normalize *(Stahl)*
Normalgröße *f* standard size
Normalhorizont *m (Verm)* true level
normalisieren *v* normalize *(Stahl)*
Normalkomponente *f (Stat)* normal component
Normalkomponente *f* **der Kraft** *(Stat)* normal force
Normalkraft *f (Stat)* normal force
Normallast *f (Stat)* normal load
Normalluft *f (Umw)* standard air
Normalmaß *n* normal dimension, standard measure, nominal dimension, nominal size
Normalnull *n* 1. *(Verm)* mean sea level *(Meereshöhe)*; 2. *(Verm)* datum level, zero level, zero of level
Normalprobestab *m* standard test bar
Normalprofil *n* normal section, standard section *(Walzstahl)*
Normalprofil *n*/**britisches** British Standard Section
Normalquerschnitt *m (Verk)* typical cross section
Normalrohr *n* standard pipe
Normalsand *m* graded standard sand, standard sand *(Zementprüfung)*
Normalschichtung *f (Bod, Erdb)* true bedding
Normalspannung *f* 1. *(Stat)* normal stress, direct stress, uniaxial stress, axial stress; 2. *(El)* normal voltage, standard voltage
Normalspannung *f*/**effektive** *(Stat)* normal effective stress
Normalspur *f* standard gauge *(Eisenbahn)*
Normalspurweite *f* standard gauge *(Eisenbahn)*
Normalstab *m* standard test bar
Normalstahl *m (BM, St)* ordinary strength steel
Normalstampfer *m* standard rammer
Normalsteifigkeit *f* nominal stiffness
Normalstein *m* standard block, standard brick, square brick, straight brick
Normalstockwerk *n (Konst)* standard floor
Normaltemperatur *f* **und -druck** *m (Umw)* normal temperature and pressure *(0 °C und 101,325 kPa)*
Normalverformung *f (Stat)* pure strain; normal consolidation *(Boden)*
Normalverkehrsmessung *f (Verk)* sample traffic survey
Normalverkehrszeit *f (Verk)* off-peak period
Normalverteilung *f* normal distribution, Gaussian distribution *(Messwertsummenkurve - Verteilungsfunktion)*
Normalverteilung(skurve) *f*/**Gauß'sche** Gaussian distribution (curve), probability curve *(s. a. Gauß-Verteilung)*
Normalwalzprofil *n*/**britisches** British Standard Section
Normalwasserstand *m (Bod, Wsb)* normal level
Normalwürfel *m (BM)* typical test cube *(Betonprüfung)*
Normalzement *m (BM)* ordinary cement
Normalziegel *m* ordinary red brick
Normalziegelbogen *m (SB)* rough arch *(Mauerwerk)*
Normalziegelgröße *f* standard brick gauge, brick gauge
Normalziegelstein *m* ordinary red brick; straight brick
Normalzugkraft *f (Stat)* one-dimensional tension
Normalzugspannung *f (Stat)* normal tensile stress, direct tensile stress
Normalzugspannungsprüfung *f* direct tensile test
normativ normative
Normbedingungen *fpl* standard conditions
normen *v* standardize, unitize
Normen *fpl (BM, BT, Konst, Stat, VR)* consensus standards • **Normen setzend** normative
Normenangebotsvorschriften *fpl (VR)* standard tender specifications
Normenbaustoff *m* standardized material
Normenbrandklassenkurve *f* standard fire rating curve
Normenbrandprüfung *f* standard fire test
Normenbrandversuch *m* standard fire test
Normenbreite *f* standard width
Normendruckfestigkeit *f (BM)* standard crushing strength
Normenentwurf *m* draft standard
Normenerzeugnis *n* standard product
Normenfenster *n (BT)* standard window
Normenfestigkeit *f (BM, VR)* standard strength
Normengeländer *n* standard railing
normengemäß standard, standard size(d)
normengemäß/nicht sub-standard
normengerecht standard size(d)
normengerecht/nicht not up to standard
Normengüte *f (VR)* standard quality
Normenkalk *m* standard lime
Normenkantholz *n* standard timber, stock timber, *(AE)* stock lumber
Normenlast *f (Stat)* standard load
Normenleuchte *f (El)* ordinary lantern
Normenlösung *f (OB)* standardized test solution *(Korrosionsprüfung)*
Normenmischung *f* standard mix(ture) *(Zementprüfung)*
Normenmörtel *m* standard mortar
Normen-Portlandzement *m* standard Portland cement
Normenprobekörper *m* standard test specimen
Normenprogramm *n* standards programme
Normenprüfkörper *m* standard test specimen
Normenprüfung *f* standard test
Normenprüfzylinder *m (BM)* standard cylinder for compression testing
Normenqualität *f (VR)* standard quality
Normenquerschnitt *m* standard cross section
Normenreihe *f* series of standards
Normensand *m* graded standard sand, cement testing sand, standard sand *(Zementprüfung)*

Normensand *m* **aus Ottawa** Ottawa sand
Normensickergraben *m (Erdb, WVA)* standard absorption trench *(30-90 cm breit, mit 30 cm Kiesfüllung und 30 cm Erdüberdeckung)*
Normenverschnittbitumen *n* standard cut-back bitumen
Normenverzeichnis *n* list of standard specifications
Normenwalzprofil *n (BT, St)* standard rolled section
Normenwürfel *m* standard test cube
Normenzeichnung *f (Konst)* standard drawing
Normenzeichnungen *fpl (Konst)* standard plans
Normfarbtafel *f* International Commission on Illumination diagram
Normformat *n* standard specification format
normgerecht according to standards, conforming to standards, conforming with standards
normieren *v* calibrate *(auf genaues Maß bringen)*
Normkörper *m* standard test specimen
Normnachbehandlung *f* standard curing *(Zement- und Betonprüfung)*
Normprojekt *n (VR)* standard project
Normputzmörtel *m*/**aufgespachtelter** gauged skim coat
Normsand *m* standard sand *(Zementprüfung)*
Normung *f (VR)* standardization
Normungsebene *f* level of standardization
Normungsgegenstand *m* subject of standardization
Normungsinstitut *n* standards body, standards organisation
Normungsorganisation *f (VR)* standards body
Normungsprogramm *n* standards programme
Normungsvorhaben *n (VR)* standard project
Normversuch *m* standard test
Normvorschrift *f (VR)* standard specification
Normzement *m* standard cement
Normziegel *m* standard brick
Normziegelmaß *n* brick gauge
Not... emergency ...
Notabschluss *m (Wsb)* emergency gate
Notabsperrventil *n (WVA)* emergency valve
Notabstieg *m*/**senkrechter** vertical exit *(Feuerleiter, Feuertreppe)*
Notaufnahmestation *f* emergency and accident department
Notausgang *m* emergency exit, emergency door, fire escape, fire exit *(Gebäude)*
Notausgangsbeleuchtung *f (El)* emergency-exit lighting
Notausgangstreppenhaus *n (Konst)* fire tower *(feuergeschützt)*
Notausgangstürschloss *n* emergency release
Notausgangsverriegelung *f* fire-exit bolt, panic exit device
Notausstiegfenster *n* emergency-exit window, fire escape window
Notbehelf *m* makeshift, stopgap
Notbeleuchtung *f* emergency lighting, escape lighting, standby lighting
Notbeleuchtungsschalter *m* emergency-lighting switch, hospital switch
Notbrücke *f* 1. *(Br)* provisional bridge; 2. *(Br, Verk)* emergency bridge; 3. *(Br, Te)* temporary bridge
Notdeich *m (Wsb)* temporary dike
Notdienst *m* emergency duties
Note *f* note
Notfall *m* emergency
Notfalleingriff *m (Verk)* emergency intervention
Notfallmanagement *n (Tun)* emergency management
Notfallnische *f (Tun)* emergency services recess
Notfallöffner *m* emergency release
Notfallspur *f (Verk)* emergency escape ramp
Notfallstreifen *m (Verk)* escape road
Notfenster *n* escape window, fire window
Notgenerator *m* emergency generator
Notgerüst *n* safety floor of a scaffold
Nothaltespur *f (Verk)* emergency lane, escape lane
Nothaltestreifen *m (Verk)* emergency (stopping) lane, escape lane, lay-by; hard shoulder *(Bankettstreifen)*
Notifizierung *f* notification
Notkorridor *m* escape corridor
Notlampe *f* pilot lamp, pilot light
Notlandebahn *f (Verk)* crash landing strip
Notleiter *f* emergency ladder, escape stair, fire escape *(an Gebäuden)*
Notreparatur *f (RS)* temporary repairing
Notrufanlage *f (El)* emergency call system
Notrufanlage *f*/**handbediente** *(El)* manual emergency call
Notrufeinrichtung *f (El)* emergency call box
Notrufsäule *f (El)* emergency call telephone
Notruftelefon *n (El)* emergency call telephone
Notschalter *m* emergency stop
Notschaltseil *n* slack-rope switch
Notschlüssel *m* emergency key
Notschlüsselfunktion *f* emergency key function
Notstandsarbeiten *fpl (RS)* relief works
Notstromaggregat *n* 1. mains-failure set, standby unit, *(AE)* main-failure set *(bei Netzausfall)*; 2. emergency power generating set *(ohne Netzversorgung, auf Baustellen usw.)*
Notstromgenerator *m* emergency generator, standby generator
Notstromhauptaggregat *n (El)* prime standby power source
Notstromversorgung *f (El)* emergency power supply
Notstütze *f (TK)* temporary column
Nottreppe *f* emergency stair(case), escape stair
Nottür *f* emergency door
Notunterkunft *f* emergency accommodation
Notwasserversorgung *f (WVA)* emergency water supply
Notweg *m* emergency route
notwendig prerequisite
n-Problem *n (Stat)* m-problem
Nuancieren *n* tinting *(Anstrichfarben)*
nüchtern *(Arch)* unadorned, unenriched, unornamented
nuklear *(Umw)* nuclear
Nuklearschutzbunker *m* fallout shelter
null und nichtig *(VR)* null and void
Nullachse *f (Stat)* neutral axis, zero line
Nullenzirkel *m* bow compass, spring-bow compass
Nullhypothese *f* null hypothesis
Nullleiter *m (El)* neutral conductor, neutral wire, zero conductor
Nulllinie *f* axis of zero, zero line, neutral axis
Nulllinie *f*/**plastische** *(Stat)* plastic neutral axis
Nullpegel *m* 1. *(Verm, Wsb)* zero gauge; 2. *(Bod, Umw)* dead level
Nullpunkt *m* zero, neutral point, origin *(z. B. im Koordinatensystem)*
Nullpunkt *m*/**amtlicher** ordnance datum
Nullriss *m (Stat, Verm)* zero line
Nullspannung *f (BM)* zero stress *(mechanisch)*
Nullstab *m (Stat)* unstrained member *(eines Fachwerks)*
Nullstarrheit *f (Stat)* zero stiffness
Nullsteifigkeit *f (Stat)* zero stiffness
Nullung *f (El)* protective multiple earthing
numerisch numerical
Nuraghe *f (Arch)* noraghe *(prähistorisches Sardinien)*
Nussbaumholz *n* nutwood, walnut wood; butternut *(nordamerikanischer Walnussbaum)*
Nut *f* 1. *(Hb)* groove, plough groove, rabbet, gain, *(AE)* mortise, dap; keyway *(Keilnut)*; 2. flute, slot *(Einkerbung, Schlitz)*; 3. joggle *(Ziegelstein)*; 4. quirk *(am Gesims)* • **eine**

Nut hobeln *(Hb)* rout • **eine Nut schneiden** *(Hb)* gain, dap
Nut *f* **der Zarge** *(Hb)* rebate of the frame
Nut *f* **und Feder** *f (Hb)* groove and tongue, matching • **durch Nut und Feder verbinden** *(Hb)* tongue
nuten *v* 1. *(Hb)* groove, plough, kerf, flute, gain, channel slot; keyway *(Keilnutenfräsen)*; 2. *(Hb)* slot *(Metall)*
nuten *v* **und spunden** *v (Hb)* match, matchboard, tongue and groove
Nuten *n* **und Spunden** *n (Hb, Te)* matchboarding
Nuteneisen *n* channel iron
Nutenfräser *m* groover
Nutenhobel *m* match plane, fluting plane, grooving plane, hollow plane, rabbet plane
Nutenreißer *m (BWG)* router gauge
Nutenschneider *m* groover
Nutenziegel *m* keyed brick
Nuthobel *m* grooving plane, fluting plane, match plane, hollow plane, plough, plough plane, rebate plane; *(sl)* old woman's tool; sash fillister, sash plane *(für Fensterrahmen)*
Nutkehle *f (Hb)* plough groove
Nutkerbe *f (Konst)* key
Nutkopfhöhlung *f (BM)* counterbore
Nutleiste *f* plough strip
Nutmaschine *f (Hb)* gainer
Nutschindel *f (BT)* tongued and grooved shingle
Nutschneider *m (Hb)* gainer
Nut- und Federbrett *n* matchboard
Nut- und Federholz *n (BT, Hb)* matchboard
Nut- und Federverbindung *f* **mit Fugenfüllleiste** *(Hb)* plough-and-tongue joint
Nut- und Spundfräser *m (BWG, Hb)* slot-and-key cutter
Nutung *f (Hb)* grooving
Nutverbindung *f* dap joint
Nutverschalung *f (Hb)* German siding
Nutwand *f (Hb)* cheek of a groove
Nutzanteil *m (El, Te)* effective fraction
nutzbar useful, effective
Nutzbau *m***/zeitweiliger** temporary building
Nutzbreite *f* net width, useful width
Nutzdruck *m* effective pressure
Nutzeffekt *m* efficiency
nutzen *v (Tun)* use (up)
nützen *v (VR)* benefit
Nutzen *m* use, utility • **Nutzen ziehen** *(VR)* benefit
Nutzen *m***/individueller** *(VR)* individual value of benefit
Nutzer *m* user
Nutzerfinanzierung *f (VR)* user-based financing
Nutzerkosten *pl* **(im Hochbau)** *(VR)* user costs (of buildings) *(DIN 18960)*
Nutzfahrzeug *n* utility vehicle, commercial vehicle
Nutzfläche *f* 1. effective area, service area, useful area; 2. net floor area, floor area, (useful) floor space *(eines Gebäudes)*
Nutzfläche *f***/landwirtschaftliche** *(LB, RP)* farm land
Nutzfläche *f***/tatsächliche** net floor area
Nutzförderhöhe *f* operating head *(von Pumpen)*
Nutzform *f (Arch, Konst)* functional form
Nutzgestein *n (BM)* useful rock
Nutzhöhe *f* efficient height, useful height; effective depth *(Stahlbeton)*
Nutzholz *n* timber, commercial timber, straight timber; converted timber *(aus Bauholz geschnitten)*; *(AE)* lumber, straight lumber
Nutzholz *n* **auf dem Stamm** standing timber
Nutzholz *n***/einheimisches** domestic timber
Nutzlänge *f* bearing length, useful length
Nutzlast *f* 1. *(Stat)* live load; 2. *(Stat)* dynamic load, imposed load, incidental load, superimposed dead load
Nutzleistung *f* 1. *(El)* effective capacity; 2. *(El)* net capacity
nützlich useful
Nützlichkeits... utilitarian ...
Nützlichkeitselement *n* utilitarian element
Nutzquerschnitt *m* net section, useful section, useful cross section; effective area of reinforcement
Nutzraum *m (Konst)* useful volume
Nutzung *f* utilization; service
Nutzung *f* **als Geschäftsräume** *(VR)* office occupancy
Nutzung *f* **eines Gebäudes** *(VR)* occupancy
Nutzung *f* **für Bildungszwecke** educational occupancy
Nutzung *f* **für Wohnzwecke** residential occupancy *(von Wohnungen)*
Nutzung *f***/gewerbliche** commercial occupancy, *(AE)* mercantile occupancy *(Räume, Gebäude, Flächen)*
Nutzung *f***/spezielle industrielle** special-purpose industrial occupancy *(von Gelände, Gebäuden)*
Nutzung *f***/umweltfreundliche** *(Umw)* sustainable use *(Naturressourcen)*
Nutzungsänderung *f* change of use
nutzungsbereit *(VR)* ready for occupancy *(z. B. Gebäude)*
Nutzungsbeschränkung *f (VR)* restriction of use *(Land, Grundstück)*
Nutzungsdauer *f* operating life, functional life, service life, useful life, working life, lifetime, life cycle
Nutzungsdauer *f***/angemessene** economically reasonable working life
Nutzungsdauer *f***/normative** life expectancy, service life expectancy
Nutzungserklärung *f (VR)* condemnation *(für ein Gebäude zur allgemeinen Nutzung)*
Nutzungsgebühr *f (VR)* royalty
Nutzungsgenehmigung *f (VR)* occupancy permit
Nutzungskosten *pl (VR)* costs of use
Nutzungsrecht *n* **des Luftraums** *(VR)* air right *(über einem Baugrundstück)*
Nutzungssicherheit *f* safety in use
Nutzvolumen *n (Wsb)* useful storage volume *(Stauwerk)*
Nutzwasser *n* service water, industrial water, process water
Nutzwasserraum *m (Wsb)* useful storage volume *(Stauwerk)*
Nutzwert *m* utility (of goods)
Nutzwertanalyse *f (VR)* value analysis
Nutzwertfunktion *f* utility function
n-Verfahren *n (Stat)* m-design, m-method, modular ratio method *(Stahlbeton)*
Nylongewebe *n (BM)* nylon cloth
Nylongitter *n* nylon grille *(Insektenschutz)*
Nylonschutzgitter *n* nylon grille *(Insektenschutz)*
Nylontrosse *f (BM)* nylon hawser
Nymphäum *n (Arch)* nymphaeum *(dekorierter Pflanzen- und Skulpturraum der Antike)*
Nymphensaal *m (Arch)* s. Nymphäum

Obdachlosenheim *n (Arch)* home for the homeless
Obelisk *m* 1. *(Arch)* obelisk; 2. *(Arch)* spine *(in römischer Arena)*
Obenbeleuchtung *f* overhead lighting, top illumination
Obeneinglasung *f* overhead glazing
obenliegend overhead

Obenschwingtor *n* overhead door
Obenverglasung *f* overhead glazing
Ober... aerial ...
Oberbau *m* 1. *(Konst, Verk)* superstructure *(Hochbau, Bahn)*; 2. *(Verk)* pavement structure, *(AE)* pavement *(Straße)*
Oberbau *m*/**halbstarrer** *(Verk)* composite pavement
Oberbau *m*/**vollbituminöser** *(Verk)* full-depth bituminous pavement
Oberbau-Baustoff *m (Verk)* material for the permanent way *(Gleisbau)*
Oberbaubeanspruchung *f* pavement stress
Oberbaubemessung *f* pavement thickness design
Oberbaubemessungsmodell *n (Verk)* road structure design model
Oberbauleiter *m* contract(or's) manager, superintendent, *(AE)* job superintendent *(des Auftragnehmers)*; project manager, project representative *(des Auftraggebers)*
Oberbaumaterial *n (Verk)* material for the permanent way, permanent way equipment, track equipment, track material *(Gleisbau)*
Oberbauplanum *n (Verk)* surface of formation *(Eisenbahn)*
Oberbauprüfung *f* **eins zu eins** full-scale pavement test
Oberbauschichten *fpl* **aus Asphalt** *(Verk)* top layers of asphalt *(DIN 18317, s. a. Asphaltoberbau)*
Oberbauschichten *fpl* **mit hydraulischen Bindemitteln** *(Verk)* top layers with hydraulic binders *(DIN 18316)*
Oberbauschichten *fpl* **ohne Bindemittel** *(Verk)* top layers without binders *(DIN 18315)*
Oberbecken *n (Wsb)* upper reservoir
Oberbegriff *m* generic term
Oberbeleuchtung *f (El)* top-lighting
Oberbeton *m (Verk)* top concrete layer *(Straße)*
Oberbetonschicht *f (BT)* topping slab
Oberboden *m (Bod, Erdb)* topsoil
Oberbodenabtrag *m* stripping of topsoil
Oberbodenandeckung *f (LB)* topsoil cover
Oberbodenauftrag *m (LB)* topsoil filling
Oberbund *m (BT, Hb)* top binding
Oberburg *f (Arch)* upper citadel
Oberchor *m (Arch)* raised choir, upper choir, upper quire
Oberdruckhammer *m* double-acting hammer *(für Rammpfähle)*
oberer upper
obererdig *(Konst)* above-grade
Oberfläche *f* surface, face; surface area *(größer)*; superficies *(Gelände)* • **die Oberfläche bearbeiten** *(OB, Te)* surface • **die Oberfläche behandeln** 1. *(OB, Te)* surface; 2. *(OB)* finish • **die Oberfläche erneuern** reface; resurface *(Straße)* • **eine Oberfläche regulieren** *(Te)* regulate • **eine Oberfläche zurückformen** reshape • **sich an die Oberfläche anschmiegen** *(BT, OB)* conform to the surface
Oberfläche *f*/**abgezogene** float finish
Oberfläche *f*/**aufgeraute** keyed surface *(Putz, Anstrich)*
Oberfläche *f*/**äußere** external surface
Oberfläche *f*/**bearbeitete** *(OB)* work face *(Holz)*
Oberfläche *f*/**ebene** *(OB)* smooth surface
Oberfläche *f*/**geerdete** *(El)* dead-front *(eines elektrischen Geräts)*
Oberfläche *f*/**geglättete** trowel finish
Oberfläche *f*/**geplatzte** plucked finish *(Stein)*
Oberfläche *f*/**gereinigte** *(OB)* stripped surface
Oberfläche *f*/**geriebene** semirubbed finish
Oberfläche *f*/**gerippte** ribbed surface
Oberfläche *f*/**geschliffene** *(OB)* rubbed finish
Oberfläche *f*/**gespachtelte** trowel finish
Oberfläche *f*/**gespitzte** *(OB, SB)* picked finish *(Stein)*
Oberfläche *f*/**gestockte** bush hammer finish, granulated finish
Oberfläche *f*/**glasierte** *(OB)* glazed finish
Oberfläche *f*/**glasige** glaze, glazed surface
Oberfläche *f*/**glattgewalzte** planished finish *(Metall)*
Oberfläche *f*/**glatte** flush surface, *(AE)* slick
Oberfläche *f*/**griffige** *(OB, Verk)* non-skid surface
Oberfläche *f*/**heiße** hot surface *(Heizungsinstallation)*
Oberfläche *f*/**hochalkalische** hot surface *(Bauchemie)*
Oberfläche *f*/**innere** inner surface
Oberfläche *f*/**irisierende** *(OB)* lustre *(Glanzüberzug)*
Oberfläche *f*/**knotige** knot, knotty surface
Oberfläche *f*/**konoidische** *(Arch)* conoidal surface
Oberfläche *f*/**lichtstreuende** light-diffusing surface
Oberfläche *f*/**matte** matt surface
Oberfläche *f*/**mit matter rauer** frosted
Oberfläche *f* **mit offener Textur** *(OB)* open-textured surface
Oberfläche *f*/**narbige** *(OB)* pitted surface
Oberfläche *f*/**nitrierte** nitrided surface
Oberfläche *f*/**offene** *(OB)* open-textured surface
Oberfläche *f*/**polierte** *(OB)* honed finish
Oberfläche *f*/**profilierte** *(OB)* profiled surface
Oberfläche *f*/**raue** *(OB)* rough surface
Oberfläche *f*/**sandabgeriebene** *(OB, SB)* sand-rubbed finish
Oberfläche *f*/**schallstreuende** *(DIS, OB)* sound-diffusing surface
Oberfläche *f*/**schalungsraue** *(OB)* ex-mould finish *(Beton)*
Oberfläche *f*/**scharriert bearbeitete** batted work, tooled finish
Oberfläche *f*/**scharrierte** batted work, tooled finish
Oberfläche *f*/**schillernde** polychromatic finish
Oberfläche *f*/**selektive** selective surface
Oberfläche *f*/**spezifische** *(BM)* specific surface
Oberfläche *f*/**spiegelnde** reflective surface, specular surface
Oberfläche *f*/**stark absorbierende** *(OB)* absorptive surface
Oberfläche *f*/**verriebene** *(OB)* swirl finish
Oberflächen *fpl*/**strukturierte und profilierte** *(OB)* textured and profiled finishes
Oberflächen... superficial ...
Oberflächenabbindeverzögerer *m* surface retardant
Oberflächenabdruck *m (Arch)* replica
Oberflächenabfluss *m* direct runoff, runoff, surface runoff
Oberflächenabflusswasser *n* surface water
Oberflächenablagerung *f* 1. *(Bod)* superficial deposit; 2. *(Bod)* surface deposit *(Umwelt, Sand, Erdstoff)*
Oberflächenableitung *f (WVA)* surface inlet *(Wasser)*
Oberflächenablösung *f* scaling, scabbing
Oberflächenabrieb *m (Verk)* loss of surface aggregates
Oberflächenabschluss *m* 1. *(Verk)* blinding *(dünne Splitt-, Sand- oder Kiesschicht auf Straßen)*; 2. finishing off, skinning over *(Anstrich)*
Oberflächenabschneider *m* skimmer
Oberflächenabsiegelungsmasse *f* pavement sealer, asphalt pavement sealer
Oberflächenabsiegelungsschicht *f* asphalt seal coat
Oberflächenabspülung *f (Erdb)* surface wash of rain *(Böschungen)*
Oberflächenabtrag *m (Erdb)* surface removal
Oberflächenabtragung *f (Erdb)* surface removal
Oberflächenabwasser *n* liquid waste
oberflächenaktiv surface-acting
Oberflächenaktivität *f (OB)* surface activity
Oberflächenangriff *m (OB)* surface attack
Oberflächenanstrichstoff *m (DIS)* surface waterrepeller
Oberflächenart *f* kind of surface
Oberflächenauffrischung *f* surface regeneration
Oberflächenausbildung *f*/**sichtbare** *(OB)* exposed finish

Oberflächenausmagerung *f (Verk)* loss of surface aggregates
Oberflächenaussehen *n* surface appearance
Oberflächenbearbeitung *f* 1. surface finishing, surface treatment, surface working; 2. *(Verk)* (surface) retexturing *(Straße)*
oberflächenbehandeln *v (OB, Te)* reface
Oberflächenbehandlung *f* 1. surfacing, finishing, surface finishing, surface treatment; 2. *(Verk)* surface coating, surface dressing, surface treatment *(Straßenbau)*
Oberflächenbehandlung *f*/**bituminöse** 1. *(DIS, Verk)* asphalt coating; 2. *(DIS, Verk)* bituminous surfacing
Oberflächenbehandlung *f*/**chemische** chemical surface treatment
Oberflächenbehandlung *f* **der Fahrbahn** *(Verk)* carriageway surfacing
Oberflächenbehandlung *f* **der freien Strecke** *(Verk)* link treatment
Oberflächenbehandlung *f*/**doppelte** double chipping surface dressing, double surface treatment
Oberflächenbehandlung *f*/**einfache** single surface dressing
Oberflächenbehandlung *f*/**einfache bituminöse** *(Verk)* single bituminous surface treatment
Oberflächenbehandlung *f*/**gestockte** *(OB, SB)* granulated finish
Oberflächenbehandlung *f*/**mehrfache** multiple surface dressing
Oberflächenbehandlung *f* **mit Bitumen** asphalt treatment *(Straßenbau)*
Oberflächenbehandlung *f* **mit Heißbindemittel** hot surface treating
Oberflächenbehandlung *f* **mit Kunststoffbindemitteln** cured resin binder dressing
Oberflächenbehandlungsbaustelle *f* surface site
Oberflächenbelag *m (BT, OB)* surfacing
Oberflächenbereich *m (Bod)* surface area, surface region
Oberflächenberührungskorrosion *f (BM, OB)* contact corrosion
Oberflächenberührungszersetzung *f (OB)* envenomation *(bei Kunststoffen)*
Oberflächenbeschaffenheit *f* kind of surface, nature of surface, surface state, surface condition *(natürliche, vorhandene)*; surface finish, finish *(bearbeitete)*
Oberflächenbeschichtung *f (OB)* surface coating
Oberflächenbeschichtungspapier *n* **für Spanplatten/mittelschweres** medium-density overlay
Oberflächenbewässerung *f (LB)* surface irrigation
Oberflächenbewuchs *m (OB, Umw)* fouling *(Pilze, Algen usw.)*
Oberflächenbezirk *m (Konst)* surface region
oberflächenbildend surfacing
Oberflächenbitumendachguss *m* flood coat
Oberflächenbrennprüfung *f (BM)* tunnel test *(von Baustoffen)*
Oberflächenbrunnen *m (WVA)* surface well
Oberflächendecke *f* superficial covering
Oberflächendichtmittel *n (DIS)* surface waterproofing agent
Oberflächendichtungsstoff *m (DIS)* surface waterproofing agent
Oberflächendiffusion *f (DIS)* surface diffusion
Oberflächendünnschicht *f (OB)* surface film
Oberflächenebenheit *f* surface smoothness
Oberflächeneffekt *m* surface effect
Oberflächeneigenschaft *f* surface property, surface quality
Oberflächeneigenschaften *fpl (BM)* surface characteristics
Oberflächeneinlauf *m* 1. *(San, WVA)* area drain; 2. *(WVA)* surface inlet *(Wasser)*
Oberflächenentflammbarkeit *f* flame spread *(von Baustoffen)*
Oberflächenentlastungsanlage *f (Wsb)* overfall spillway
Oberflächenentwässerung *f* 1. *(WVA)* surface water drainage; 2. *(LB)* surface drainage *(Melioration)*
Oberflächenerder *m (El)* surface earthing electrode
Oberflächenerdung *f (El)* surface earthing
Oberflächenerneuerung *f (OB, Verk)* surface retread
Oberflächenerosion *f (Bod)* surface erosion
Oberflächenfehler *m (OB)* surface defect
Oberflächenfestigkeit *f* surface stability
Oberflächenfeuchtigkeit *f (BM, Bod)* surface moisture
Oberflächenfilm *m* surface film, overlaying film; body coat *(eines Anstrichs)*
Oberflächenflickarbeit *f* skin patching
Oberflächenflutweg *m (Wsb)* overfall spillway
Oberflächenform *f (Bod)* surface form
Oberflächenfurnier *n (OB)* face veneer
Oberflächengefälle *n (Bod, Erdb)* surface slope
Oberflächengeometrie *f* **der Fahrbahn** *(Verk)* road geometry
Oberflächengestalt *f (Arch)* superficial configuration
Oberflächengestaltung *f* 1. *(Arch)* surface modulation; 2. *(Konst, OB)* surface configuration
Oberflächengestaltung *f* **mit Eisblumeneffekt** *(Arch, OB)* frosted work
Oberflächengestein *n (BM, Bod)* surface rock
Oberflächenglanz *m* surface lustre, gloss, lustre *(z. B. von Materialien)*
Oberflächengrenzschicht *f (Bod)* surface boundary layer *(geologisch)*
Oberflächengüte *f* quality of (surface) finish, surface condition, surface finish, finish
Oberflächenhaftung *f* surface bond
Oberflächenhaftwasser *n (BM)* surface water *(Zuschlagstoff)*
Oberflächenhämmerung *f (OB)* surface peening
Oberflächenhärte *f* surface hardness, superficial hardness, skin hardness
oberflächenhärten *v (OB, Te)* surface-harden
Oberflächenhärten *n* surface hardening
Oberflächenhärtesalz *n* fluosilicate *(Beton)*
Oberflächenhärtung *f* surface hardening
Oberflächenhärtungsmittel *n* surface hardener
Oberflächenhaut *f (OB)* surface skin
Oberflächenhöhe *f* surface level
Oberflächenhydrant *m (WVA)* surface hydrant
Oberflächenkartierung *f (Verm)* surface mapping
Oberflächenkonservierung *f* surface conservation
Oberflächenkorrosion *f (OB)* surface corrosion
Oberflächenkraft *f* surface force
Oberflächenmangel *m (OB)* surface defect
Oberflächenmarkierung *f* screed marks *(durch Fertigerbohle)*
Oberflächenmarkierungen *fpl* **mit Einbaubohle** screed markings *(Straße)*
Oberflächenmessgerät *n (BM)* profilometer *(für Straßenoberfläche)*
Oberflächenmethode *f* surface method *(Ablagerungstechnik)*
Oberflächenmittel *n (BM, OB)* surfacer
Oberflächenmoräne *f (Bod)* superglacial moraine
Oberflächenmusterung *f (Arch)* surface decoration, surface ornamental finish
Oberflächenmusterung *f*/**plastische** *(Arch)* contre-imbrication *(durch dahinterliegende Elemente)*

Oberflächennachbehandlung *f (Verk)* resurfacing, retreatment *(Straße)*
oberflächennah *(Bod)* near-surface
Oberflächennässe *f (BM, Bod)* surface moisture
Oberflächenneubeschichtung *f (RS, Verk)* resurfacing
Oberflächenoxidation *f (OB)* surface oxidation
Oberflächenpassivierung *f (OB)* surface passivation *(Korrosionsschutz)*
Oberflächenplanieren *n (Bod)* regulating
Oberflächenplanierung *f* finish grade, surface regulation
Oberflächenpolieren *n (OB)* surface polishing
Oberflächenpore *f* surface void
Oberflächenprofil *n* surface profile
Oberflächenprüfung *f* surface analysis
Oberflächenqualität *f* surface quality
Oberflächenrauheit *f (OB)* surface roughness
Oberflächenrauigkeit *f (OB)* surface coarseness
Oberflächenreaktion *f* surface reaction
Oberflächenreibung *f* surface friction
Oberflächenreinheit *f (OB)* surface cleanliness
Oberflächenreinigung *f (OB, Te)* surface cleaning
Oberflächenrelief *n (Arch)* surface contour
Oberflächenriss *m* surface crack, skin crack, superficial crack, surface flaw
Oberflächenrost *m* superficial rust, surface rust
Oberflächenrotationsglätter *m* rotary float, power float
Oberflächenrüttler *m* 1. paving spreader *(Straßenoberfläche)*; 2. surface vibrator *(für Betonverdichtung)*
Oberflächenrüttlung *f (BWG, Te)* surface vibration
Oberflächenschaden *m* 1. *(OB, RS)* surface damage; 2. *(OB)* surface defect; 3. *(RS)* surface deterioration; 4. *(Verk)* road surface defect
Oberflächenschale *f (Tun)* finishing coat
Oberflächenschallwelle *f* surface acoustic wave
Oberflächenschicht *f* superficial layer, surface layer; skin
Oberflächenschicht *f*/**dünne** skin
Oberflächenschicht *f*/**kunstharzverpresste** high-pressure overlay
Oberflächenschicht *f*/**poröse** porous surface layer
Oberflächenschluss *m* **mit Bindemittelfilm** *(Verk)* seal coat, *(AE)* fog seal *(Straße)*
Oberflächenschluss *m* **mit Mineralstoffen** *(Verk)* aggregate seal *(Straße)*
Oberflächenschmuck *m (Arch)* surface decoration
Oberflächenschmutz *m* surface dirt, surface soil
Oberflächenschutt *m (Bod)* surface debris *(Gestein)*
Oberflächenschutz *m* surface protection, preservation of surface *(Verkleidung, Naturstein)*
Oberflächenschutz *m*/**dekorativer** *(OB)* decorative finishing
Oberflächenschutzschicht *f (Verk)* surface treatment, surface dressing, cold asphalt wearing [surface] course, slurry surfacing *(Straße)*
Oberflächenschutzschicht *f*/**bituminöse** *(Verk)* asphalt seal coat
Oberflächenschutzstoff *m* surface repelling admixture
Oberflächensenkung *f (Bod)* submergence of surface, surface damage, surface depression *(durch geologische Hohlräume)*
Oberflächensickerwasser *n (Bod)* free surface water
Oberflächenspannung *f* surface tension, surface stress
Oberflächensperrmittel *n*/**flüssiges** liquid surface waterproofing agent
Oberflächensperrstoff *m*/**flüssiger** liquid surface waterproofing agent
Oberflächensperrzusatzstoff *m* surface repelling admixture
Oberflächenstruktur *f* 1. finish texture, textured finish; 2. *(Bod)* surface structure *(Geländeoberfläche)*
Oberflächenstruktur *f*/**körnige** granular surface structure
Oberflächenstruktur *f*/**unregelmäßige** random texture
Oberflächenstrukturkarte *f (Umw, Verm)* surface structure map *(Gelände)*
Oberflächentastgerät *n (BM)* profilometer
Oberflächentemperatur *f (HLK)* surface temperature
Oberflächentextur *f (OB)* surface texture
Oberflächentexturwiederherstellung *f (OB, RS)* retexturing
Oberflächenthermometer *n* surface thermometer
oberflächentrocken saturated-surface-dry, sand-dry *(Anstrich)*
Oberflächentrockner *m (BWG)* surface drier
Oberflächentrocknung *f*/**schnelle** skin drying, surface drying *(Farbe)*
Oberflächenunebenheit *f* surface irregularity
Oberflächenunregelmäßigkeit *f* surface irregularity
Oberflächenuntersuchung *f* surface analysis
Oberflächenverbesserung *f* surface improvement, surface modification, retexturing
Oberflächenverdichter *m (BWG)* surface compactor
Oberflächenverdichtung *f (Te)* superficial compaction
Oberflächenverdrückung *f (Erdb, Verk, Verm)* grade depression
Oberflächenvergüten *n* surface improvement
oberflächenvergütet *(OB)* surface-improved
Oberflächenvermarkung *f (Verm)* surface demarcation *(Vermessung)*
Oberflächenverschlussmasse *f* (surface) sealing compound *(Beton)*
Oberflächenversiegelung *f* 1. *(Erdb, OB)* final cover; 2. *(Verk)* seal(ing) coat; road oiling *(ungebundene Decken)*
Oberflächenverunreinigung *f* surface contamination, surface impurity
Oberflächenverwitterung *f (Bod)* surface weathering
Oberflächenvorbehandlung *f* surface preparation, surface pretreatment
Oberflächenwasser *n* superficial water, surface water, surface moisture; storm water *(Regenwasser)*; land water *(Kulturflächen)*; liquid waste *(Schmutzwasser)*
Oberflächenwasserabfluss *m*/**städtischer** *(WVA)* urban runoff
Oberflächenwasserbindung *f (Bod)* surface retention *(Boden)*
Oberflächenwasserkanal *m (WVA)* storm-water sewer
Oberflächenwelle *f (Bod, Verk)* surface undulation
Oberflächenwiderstand *m (El)* surface resistance
Oberflächenwirkung *f* surface effect
Oberflächenzerstörung *f (RS)* superficial deterioration
Oberflächenzustand *m* surface condition, surface state, surface finish
oberflächlich superficial
Oberflansch *m* 1. *(BT, Hb)* top boom; 2. *(BT)* top chord; 3. *(BT, Konst)* upper flange
Oberflanschknotenblech *n* 1. *(BT)* top boom junction plate; 2. *(BT, Konst)* upper chord junction plate
Oberflügel *m (BT)* top sash
Obergaden *m (Arch)* clerestory, overstorey *(im Mittelschiff einer Basilika)*
Oberganze *n* superwhole
Obergeschoss *n* upper floor, upper storey, upstairs • **im Obergeschoss** upstairs • **im Obergeschoss gelegen** upstairs
Obergeschossrohbauplan *m (Konst)* upper storey plan
Obergesims *n* 1. *(Arch, Konst)* cornice; 2. *(BT)* surbase
Oberglied *n (Arch)* epithedes *(Ornament)*
Obergraben *m (Wsb)* leat
Obergurt *m* 1. *(BT, Hb)* top boom; 2. *(BT)* top chord; 3. *(BT, Konst)* upper chord

Obergurt *m***/einwandiger** upper boom with single web
Obergurtgelenkknotenpunkt *m* pin connection in top boom
Obergurtgelenkkupplung *f (BT)* tie bar joint in upper boom
Obergurtknotenblech *n* 1. *(BT)* upper boom junction plate; 2. *(BT, Konst)* upper chord junction plate
Obergurtlamelle *f* top boom plate
Obergurtplatte *f (BT)* top boom junction plate
Obergurtstab *m* top boom member, top chord member, upper chord member *(Stahlbau)*
Obergurtung *f (BT, Konst)* upper chord
oberhalb 1. above; 2. *(Wsb)* upstream *(Fluss)*
oberhalb/weiter higher up, further up
Oberholm *m* head beam
oberirdisch overground, overhead, above-grade, above ground, aerial
Oberkammer *f (Wsb)* head bay *(Schleuse)*
Oberkanal *m (Wsb)* head race
Oberkante *f* 1. upper edge; 2. level of floor *(Deckenhöhe)*; 3. *(Hb, Konst, St)* back *(Sparren, Dach, Querträger)*
Oberkopflader *m* flip-over bucket loader
Oberkuppel *f* light cupola
Oberland *n* upland, highland
Oberlauf *m (Wsb)* upper course *(Fluss)*
Oberleitung *f* 1. *(El)* overhead line, overhead wires; 2. chief management, top management, overall control
Oberleitungstragseil *n (Verk)* main catenary suspension wire
Oberlicht *n* 1. skylight, daylight, lay light, rooflight, glass skylight *(Tageslicht)*; 2. *(El)* top-lighting *(Dauerbeleuchtung)*; 3. fanlight *(halbrundes Fenster über Türen)*; 4. barrel light *(Dachgaupenfenster)*; 5. transom window *(über der Tür)*
Oberlicht *n***/begehbares** *(Konst)* floor light *(in der Decke)*
Oberlicht *n***/fächerförmiges** fanlight *(halbrundes Fenster über Türen)*
Oberlicht *n***/festgeschlossenes** dead light
Oberlicht *n***/pyramidenförmiges** pyramidal light
Oberlichtbeleuchtung *f (El)* lighting by roof light
Oberlichtbezug *m* skylight cover
Oberlichtdach *n (Konst, TK)* saw-tooth roof
Oberlichtelement *n (Konst)* roof-light sheet
Oberlichtfenster *n* 1. high-light window, abat-jour; 2. *(Arch)* clerestory *(vertikal)*
Oberlichtfenster *n***/flaches** flat skylight *(in der Decke)*
Oberlichtfenster *n***/pyramidenförmiges** pyramidal light
Oberlichtgaden *m (Konst)* over-storey, *(AE)* over-story
Oberlichthaube *f (Konst)* skylight turret
Oberlichthof *m (Arch)* atrium *(Hotel, Kaufhaus usw.)*
Oberlichtkonstruktion *f* roof-light system
Oberlichtkuppel *f* dome light
Oberlichtöffner *m* roof-light opener, scissors stay for transom lights
Oberlichtöffnung *f* 1. skylight, lay light, daylight, rooflight; 2. *(Konst)* fanlight *(halbrundes Fenster über Türen)*; 3. barrel light *(Dachgaupenfenster)*
Oberluft *f (HLK)* secondary air
Oberpfahl *m* head mast
Oberplatte *f* upper slab *(Kastenträger)*
Oberpolier *m* general foreman
Oberputz *m* finish coat, fining coat, final rendering, second coat; setting coat, setting stuff, sett *(Mehrlagenputz)*
Oberputzmörtel *m* plaster stuff *(Innenputz)*
Oberquerträger *m (BT)* upper bar
Oberrandstab *m (BT)* upper boom
Oberschicht *f (Verk)* topping
oberschlächtig *(Wsb)* overshot
Oberschwelle *f* header joist, head rail, lintel, header
Oberschwelle *f***/geschweifte** cambered window *(über der Tür)*
Oberseite *f* upper side, top
Oberspeicherbecken *n (Wsb)* upper reservoir
oberster uppermost
Oberstrebe *f* upper prop
Oberströmungslinie *f (Wsb)* line of seepage
Oberstütze *f* upper prop
Oberteil *n* upper part, top
Oberteil *n* **eines Skulpturensockels** *(Arch)* vagina
Obertor *n* 1. *(Wsb)* head gate; 2. *(Wsb)* upper flood gate
Oberwasser *n (Wsb)* head bay, upstream head *(Schleuse)*
Oberwasserkanal *m (Wsb)* intake canal
Oberwasserstand *m (Wsb)* upstream water level
Oberzug *m (Hb)* suspender beam *(Oberbalken)*
Objekt *n* target
Objekt *n***/gestaltetes** artifact
Objektivierung *f (Arch)* objectivization
Objektmanagement *n (VR)* facility management
obligatorisch mandatory, obligatory, compulsory
Obmann *m* convenor
Observatorium *n (Arch, Konst)* observatory
Obsidian *m (BM)* obsidian *(natürliches Glas)*
Obstgarten *m (LB)* fruit garden
Obstspalier *n (LB)* treillage *(Gestell)*
O-Bus *m (Verk)* trolley
Ochsenauge *n* 1. *(Arch)* oculus; 2. *(Arch, Konst)* bull's eye *(Gaupe)*; 3. *(Konst)* oxeye; 4. *(Arch, Konst)* roundel *(rundes Fenster)*
Ocker *m(n)* ochre, yellow earth
Ocker *m***/gelber** *(BM, OB)* yellow ochre
Ocker *m***/roter** ruddle
ockerartig *(BM)* ochreous
Ockerbraun *n (BM) (AE)* Cologne earth *(aus amerikanischem braunem Ton)*
Ockererde *f***/gelbe** *(BM, OB)* sil
Ockererde *f***/rote** *(BM, OB)* red bole
Ockerfarbe *f* ochre
ockerfarben *(OB)* ochrey
ockergelb *(OB)* ochre-yellow
Ockergestein *n* ochreous rock
ockerhaltig *(BM)* ochreous
ockerig *(BM)* ochreous
Ocratbeton *m (BB, BM)* ocrated concrete *(mit SiF)*
Ocratieren *n* ocrating *(Betonverfestigung unter Druck mit Siliziumtetrafluoridgas)*
Odeum *n (Arch)* odeum
Ödland *n (Bod, LB)* waste ground
Odometer *n (Verm)* odometer
Ödometer *n (Bod)* oedometer *(Kompressibilitätsmessgerät)*
Oecus *m (Arch)* oecus *(hellenisches Haus, röm. Wohnraum)*
Ofen *m* 1. *(BWG)* stove *(meist Zimmerofen)*; 2. *(BWG)* furnace *(Industrieofen)*; 3. kiln *(Brennofen, Darrofen)* • **im Ofen härten** stove *(Anstriche, Farben)* • **im Ofen trocknen** bake *(z. B. Ziegel)*; stove *(Anstriche, Farben)*
Ofenabzugskanal *m* furnace flue
Ofenanschluss *m (BT)* stove connection
Ofenausmauerung *f* furnace brick lining
Ofenbau *m* furnace construction
Ofenbauer *m* furnace designer
Ofenbaustein *m* kiln-brick
Ofenbrennprodukte *npl***/unsortierte** kiln-run
Ofendämmung *f (DIS)* kiln insulation
ofengetrocknet oven-dried, kiln-dried, stove-dried, hot-air seasoned *(Holz)*
Ofengewölbe *n* furnace crown
Ofengrundstein *m (BWG, Te)* flagstone of the furnace *(Hüttenwesen)*
Ofenhartlötung *f* furnace brazing, furnace hard soldering

Ofenheizung *f (HLK)* stove heating
Ofenkachel *f* stove tile, tile
Ofenkanal *m* furnace flue
Ofenklappe *f (BT, HLK)* damper
Ofenlöten *n (St, Te)* oven soldering *(Schutzgaslöten im Muffelofen)*
Ofenrohr *n (BT)* stove pipe
Ofensau *f (BWG)* salamander
Ofenschacht *m* furnace shaft
Ofenschaft *m* furnace shaft
Ofenschaum *m (Te)* kiln scum
Ofenschlacke *f* 1. *(BM)* slag; 2. *(BB, BM)* furnace clinker *(Betonzuschlagstoff)*
Ofensetzer *m* stove fitter
ofentrocken *(BM, Hb)* oven-dry
Ofentrocknung *f* stove drying, stoving
Ofentür *f* fire door
Ofen- und Herdarbeiten *fpl (VR)* stove and range work *(Leistungsposition)*
offen 1. open; 2. *(El)* exposed *(z. B. Bauteile, Leitungen)*; 3. unroofed *(unüberdacht)*
offenporig open-pored, porous
Offenscheune *f (LB)* Dutch barn
Offenstellung *f (Arch, Konst)* open position
Öffentlichkeit *f* general public
Öffentlichkeitsarbeit *f* public relations
öffentlich-rechtlich *(VR)* under public law
Offerte *f* contractor's proposal, offer, bid, proposal, tender
öffnen *v* open; turn on *(Hahn)*
öffnen *v***/sich** open
Öffnen *n* **mittels Dietrich** picking
öffnend/nach innen in-swinging, inward-swinging
Öffnung *f* 1. opening, cutout; sight *(Sichtöffnung)*; 2. *(Konst)* gap *(Spalte)*; 3. wall chase *(für Rohrleitungen in Wänden)*; 4. pore *(Hohlraum)*; 5. orifice; mouth *(Ausflussöffnung; Mündungsöffnung)*; 6. aperture *(Mauerwerksöffnung)*; 7. *(BB, SB, Wsb)* breach; 8. *(BM, Bod, Konst)* break *(Bruchstelle, Durchbruchsöffnung, Einbruchsöffnung)*; 9. *(Bod, Wsb)* port *(Kanalöffnung)*; 10. *(Br, Konst)* span *(eines Bogens)*; 11. *(HLK)* vent *(Luftöffnung, Rauchöffnung)*
Öffnung *f***/feuerresistente** *(BT)* protected opening *(Tür, Fenster)*
Öffnung *f***/klaffende** gaping hole
Öffnung *f***/übermessbare** non-deductible opening
Öffnung *f***/übermessene** *(Konst, WVA)* non-deducted opening
Öffnung *f***/verglaste** glass opening
Öffnung *f***/vorläufige** temporary opening
Öffnung *f* **zur Zuführung von Tageslicht** fenestration
Öffnungen *fpl* **im Diffusorgrill** *(HLK)* core area *(Klimaanlage)*
Öffnungsbalken *m* template, templet
Öffnungsbegrenzer *m* chain door fastener
Öffnungsbewegung *f* opening movement
Öffnungsbreite *f* opening width
Öffnungsfläche *f* sight size, sight width *(Fenster)*
Öffnungsgitter *n (HLK)* grille
Öffnungshöhe *f* opening height
Öffnungshüllrohr *n* escutcheon *(z. B. für Türschlösser)*
Öffnungsklausel *f (VR)* escape clause
Öffnungslängen *fpl***/symmetrische** *(Br, Konst)* symmetrical spans *(bei Brücken)*
Öffnungsmaß *n* opening angle *(z. B. Tür)*
Öffnungsrahmen(fach)werk *n* timber framing *(für Türen, Fenster)*
Öffnungsrand *m***/überhöhter** *(San)* coaming *(Dachöffnung, Deckenöffnung)*
Öffnungsstellung *f* opening position
Öffnungstemperatur *f (HLK)* response temperature *(z. B. Sprinkler)*
Öffnungs- und Schließvorrichtung *f***/selbsttätige** *(AE)* automatic operator *(Garagentor)*
Öffnungsverschluss *m* opening protective
Öffnungswange *f (Treppe)* external string
Öffnungswinkel *m* 1. groove angle, included angle *(Schweißnaht)*; 2. included angle of crest *(Dachkonstruktion)*
Offshore-Konstruktion *f* offshore structure
Offshore-Rohrleitung *f* offshore pipeline
ogival *(Arch)* ogival
Ogive *f (Arch, Konst)* ogive
Öhr *n* eye
Ohrengewölbe *n (Arch, Konst)* lunette vault
Ohrgewölbe *n (Arch)* Welsh arch
Ökologie *f* ecology
ökologisch *(Umw)* ecological
ökonomisch economic
Ökosystem *n* ecological system, ecosystem *(Landschaftsplanung)*
Ökoton *m (RP, Umw)* ecotone *(Grenzbereich zwischen zwei Landschaften)*
Okratbeton *m (BB, BM)* ocrated concrete *(mit SiF)*
Okratieren *n (Erdb)* ocrating *(Betonverfestigung unter Druck mit Siliziumtetrafluoridgas)*
Oktaeder *n (Arch)* octahedron
Oktaederfläche *f* octahedral face
oktaedrisch octahedral
Oktastylos *m (Arch)* octastyle *(Gebäude mit acht Säulen)*
Oktastylostempel *m (Arch)* octastyle temple *(antikes Griechenland)*
Oktogon *n (Arch)* octagon
Öl *n***/nicht trocknendes** non-drying oil *(Anstrich)*
Öl *n***/vegetarisches trocknendes** *(BM, OB)* vegetable drying oil *(Anstriche)*
Ölabfall *m (Umw, WVA)* oily waste
Ölabscheider *m (WVA)* oil collector
Ölabscheidung *f* oil removal
Ölabziehstein *m* oil-wetted sharpening stone
Ölanstrich *m* drying oil paint
Ölanstrichfarbe *f* oil-based paint, oil-type paint
Ölanstrichstoff *m* linseed oil paint, oil paint
Ölaufbereitungsanlage *f (BWG)* oil regeneration plant
Ölbad *n* oil bath *(Baustofflabor)*
Ölbasis *f (BM)* oil-base
ölbeheizt *(HLK)* fuel-heated
Ölbeheizung *f* oil-fired heating, oil heating
Ölbeize *f* oil-based stain, oil stain
ölbeständig oilproof, oil-resistant, resistant to oils
Ölbeständigkeit *f* oil-resistance, resistance to oil
Ölbindemittel *n* oil vehicle *(Anstriche)*
Ölbinder *m (Umw)* oil remover
Öl-Bleimennigegrundfarbe *f* red lead oil primer
Ölbrenner *m (HLK)* oil burner
öldicht oil-tight, heating oil-tight
Öldichtungskitt *m* oil-based mastic
Öldruckpresse *f (BWG)* hydraulic jack
ölempfindlich oil-susceptible
ölen *v* lubricate
Ölfarbe *f* oil-based paint, oil paint; linseed oil paint, drying oil paint *(Leinölbasis)*
Ölfarbenaußenanstrich *m***/dicker** maintenance finish *(für Industriegebäude)*
Ölfarbenaußenanstrich *m***/schwerer dicker** maintenance finish *(für Industriegebäude)*
Ölfass *n* oil drum
ölfest oil-resistant, oilproof
Ölfestigkeit *f (BM)* oil-resistance

O

Ölfeuerstätte *f (HLK)* oil-burning appliance
Ölfeuerung *f* oil-burning appliance, oil furnace *(Anlage)*; oil firing *(Betrieb)*
Ölfeuerungsanlage *f* oil burning system
Ölfilm *m* oil film
Ölfirnis *m* oil varnish, boiled oil
Ölfleck *m* oil stain
ölfrei *(BM, Bod, Umw)* oil-free
Ölfugenmasse f/plastische oil-based mastic
Ölfugenmastix *m* oil-based mastic
ölgefeuert *(HLK)* oil-burning
Ölgehalt *m (BM)* oil length *(Anstrichstoff)*
ölgekühlt oil-cooled
Ölglanz *m* oil gloss
Ölgrundfarbe *f* drying oil primer
Ölgrundlage *f (BM)* oil-base
ölhaltig oleiferous
ölhärten *v (St, Te)* oil-harden *(Stahl)*
Ölhärtung *f (St, Te)* oil hardening *(Stahl)*
Ölharzlack *m* oil varnish, oleoresinous varnish
Öl/Harz-Verhältnis *n (BM)* oil/resin ratio
Ölheizung *f* oil-fired heating (system), oil furnace *(Anlage)*; oil heating, fuel heating *(Betrieb)*
Ölheizungsanlage *f (HLK)* oil-heating system
Ölholz *n (BM)* oil-impregnated wood
ölig oily, fat
Öl-in-Wasser-Emulsion *f* oil-in-water emulsion
Olive *f (EB)* handle
Olivenscharnier *n* olive butt, olive hinge, olive knuckle hinge
Olivenstab *m* bead *(Ornament)*
Olivin *m (BM, Bod)* olivine
Olivinbasalt *m* olivine basalt
Olivinerzeugnis *n* olivine refractory material
Olivinfels *m* olivine-rock
Olivinstein *m* olivine-rock *(natürlich)*; olivine brick, dunite *(künstlich)*
Ölkitt *m* oil putty, fat lute
Öllack *m* oil varnish, oleoresinous varnish, spar varnish
Öllack m/fetter long-oil varnish, long varnish
Öllack m/magerer short-oil varnish
Öllackfarbe *f* oleoresinous paint, resin oil paint, varnish paint
Öllagerung *f (BWG, HLK)* oil storage
Öllänge *f (BM)* oil/resin ratio
Öllasur *f (BM, OB)* oil-type scumble glaze
Öllasurfarbe *f (BM, OB)* oil-type scumble glaze
öllos *(BM, Bod, Umw)* oil-free
öllöslich *(BM)* oil-soluble
Ölpapier *n* oil-impregnated paper, oil(ed) paper
Ölraffinerie *f (BWG)* refinery
Ölregenerat *n (Umw)* recovered oil
Ölrückstand *m* oil residue
Ölschiefer *m* oil shale
Ölschieferzement *m (BM)* oil shale cement
Ölschmutzwasser *n (Umw, WVA)* oily waste
Ölstandsanzeiger *m* oil gauge
Ölstein *m (BM)* oilstone
Ölstoßdämpfer *m* oil shock absorber
Ölstrick *m* oil-saturated hemp rope *(Rohrstoßdichtstrich)*
Öltank *m (BWG)* oil tank
ölundurchlässig heating oil-tight
Ölverbrauch *m (HLK)* oil consumption
ölverschmutzt *(Umw)* oil polluted
Ölverschmutzungsnotfall *m (Umw)* oil pollution emergency
ölverseucht *(Umw)* oil-contaminated
Ölverträglichkeit *f (BM)* oil compatibility
Ölvorwärmung *f (HLK)* preheating of oil
Ölwannenbeschichtung *f (BM, OB, Umw)* oil-proof rendering
Öl-Zentralheizung *f (HLK)* heating oil-fired central heating
Omega-Verfahren *n (Stat)* Omega method
Omniabetondecke *f (Konst, TK)* Omnia concrete floor
Omniadach *n (Konst)* Omnia roof
Omnia-Gitterträger *m (BT, TK)* Omnia lattice
Onyx *m* onyx
Oolith *m (BM)* oolite
oolithisch ovoid
OPA *(Verk)* porous asphalt
Opaion *n (Arch)* opaion
opak opaque
Opakglas *n* opaque glass
Opal *m* opal
Opalglas *n* opal glass, plyglass *(ein Trübglas)*
Opalglasglühlampe *f (El)* opal lamp
Opalglasleuchte *f (El)* opal lamp
Opalinglas *n* opaline glass
Opalisiermittel *n* opacifier
Opallampe *f* opal lamp, pearl lamp
Opäum *n (Arch)* opaion
Opazität *f* opacity
Operationssaal *m* operating theatre *(Klinik)*; *(AE)* operating room; surgery *(Behandlungsraum)*
Opernhaus *n (Arch)* opera house
Opferanode *f (El, Te)* sacrificial anode • **durch Opferanoden geschützt** galvanically protected
Opfergabenhaus *n (Arch)* almonry
Opferkapelle *f (Arch)* offering-chapel
Opfermetallschicht *f (HLK, OB)* galvanic coating
Opfernische *f (Arch)* thole, tholos
Opferschale *f (Arch)* patera
Opisthodomos *m (Arch)* opisthodomos, rear portico *(griechischer Tempel)*
ÖPNV *m s.* Personennahverkehr/öffentlicher
ÖPP *s.* Partnerschaft/öffentlich private
optimal/statisch nicht random
Optimalkapazität *f* optimum capacity
optimieren *v* optimize
Optimieren *n* **der Raumaufteilung** *f (Arch, Konst)* making fullest use of available space
Optimierung *f (VR)* optimization
Optimierungsmaßnahme *f (Konst, VR)* optimization measure
Optimierungsverfahren *n (Stat)* optimizing method
Optionsklausel *f (VR)* contractor's option *(Bestimmung in den Projektunterlagen, nach der der Auftragnehmer Ausrüstungen, Materialien und Methoden seiner eigenen Wahl ohne Änderung der Bausumme festlegen kann)*
optisch optical
Opus *n* 1. *(Arch)* opus *(Mauerwerk)*; 2. *(Arch)* opus *(Arbeitstechnik der römischen Antike für bestimmte Baugewerke und -künste)*
Oralkuppel *f (Arch)* oral cupola
Orangenschaleneffekt *m (Arch)* pebbling, pockmarking
Orangerie *f (LB)* orangery
Orangeschaleneffekt *m (OB)* orange peeling *(Gestaltungstechnik)*
Orangeschalenschein *(BM, OB)* greyness *(Glasfehler)*
Orangeschellack *m (BM, OB)* orange shellac
Orchestergraben *m* orchestra pit
Orchesterlaufsteg *m (EB)* runway *(Theater)*
Orchesterpavillon *m (Arch)* bandstand
Orchesterraum *m* orchestra pit
Orchesterstand *m (Konst)* orchestra floor
Orchestra *f (Arch)* orchestra *(Tanzplatz des griechischen Theaters)*

O

Ordenshaus *n (Arch)* chapterhouse *(spezielle Form des Kapitelsaals englischer Klöster)*
Ordinatenachse *f* axis of ordinates, y-axis
ordnen *v* order *(Bauelemente, Gebäude)*
ordnen v/neu *(Te)* rearrange
Ordnung *f* 1. *(Konst)* order *(z. B. von Bauelementen)*; 2. *(Stat)* deflection theory • **in Ordnung bringen** straighten (out); adjust • **ohne Ordnung** arbitrary
Ordnung *f*/**dorische** Doric order
Ordnung *f*/**griechische** Greek order
Ordnung *f*/**große** *(Arch)* giant order
Ordnung *f*/**ionische** Ionic order, Ionic of architecture
Ordnung *f*/**korinthische** Corinthian order
Ordnung *f*/**römische** *(Arch)* Roman order
Ordnung *f*/**toskanische** *(Arch)* Tuscan order
Organisation *f (VR)* organization
Organisation *f* **für Entwässerung** drainage board
Organisation *f* **für Prüfung und Normung/Europäische** *(EOTC)* European Organisation for Testing and Certification, EOTC
Organisation *f* **für Standardisierung/Internationale** *(ISO)* International Organization for Standardization, ISO
Organisation *f* **für Technische Zulassung/Europäische** *(EOTA)* European Organisation for Technical Approvals, EOTA
organisch organic
Organisches *n (BM)* organic matter *(Zuschläge)*
organisieren *v (VR)* organize
organoleptisch *(Arch)* organoleptic
Organosol *n* organosol *(organischer Harzeinbrennlack)*
Orgelbühne *f (Arch, Konst)* organ loft
Orgelchor *m* organ loft, organ gallery
Orgelempore *f (Arch, Konst)* organ gallery
Orgelprospekt *m* 1. *(Konst)* organ case; 2. *(Arch)* front view of the organ
Orgelschauseite *f (Konst)* organ front
Orgelspieltisch *m* organ console table
orientiert/nicht non-oriented
Orientierung *f (Konst, RP)* orientation *(eines Gebäudes nach Osten)*
Original *n* original document; original, master copy *(z. B. Zeichnung)*
Originalgröße *f* full size, whole size; actual size
Originalkopie *f* replica
Originalzustand *m* original state • **den Originalzustand wiederherstellen** *(RS)* restore the original state
Orkanprüfung *f* hurricane test *(z. B. für Fenster)*
Ornament *n (Arch)* ornament, enrichment, garnish • **mit Ornamenten überladen** overornamented • **mit Ornamenten verzieren** enrich
Ornament *n*/**angebrachtes** *(Arch)* planted moulding
Ornament *n*/**einfallendes** *(Arch)* raking moulding
Ornament *n*/**eingehauenes** *(Arch)* glyph *(in Stein)*
Ornament *n*/**geometrisches** *(Arch)* geometrical ornament
Ornament *n*/**geschnitztes** *(Arch)* carved ornament
Ornament *n* **mit Hohlkehlabstufung** *(Arch)* quirk moulding
Ornament *n*/**römisches** *(Arch)* Roman ornament
Ornament *n*/**schneckenförmiges** *(Arch)* scribbled ornament
Ornament *n*/**sechsblättriges** *(Arch)* sexfoil *(gotisches Maßwerk)*
Ornamentalbeschichtung *f (Arch, OB)* ornamental coating
Ornamentaldecke *f (Arch, TK)* ornamental ceiling
Ornamentalplatte *f (Arch)* ornamental board
Ornamentanhydrit *m* vulpinite
Ornamentanreißer *m (BWG)* router gauge
Ornamentarbeit *f* ornamental work
Ornamentarchitektur *f (Arch)* ornamental architecture
Ornamentarchivolte *f (Arch)* decorated archivolt
Ornamentbeschläge *mpl* ornamental hardware, decorative hardware
Ornamentbeton *m (Arch, Konst, OB)* fair concrete
Ornamentblockstein *m* sculptural-type block
Ornamentdecke *f* decorated ceiling
Ornamenteinfassung *f (Arch)* ornamental trim
Ornamenteisen *n* ornamental iron
Ornamentfenster *n* ornamental window, decorative window
Ornamentfirstziegel *m* cress tile
Ornamentfläche *f (Arch)* decorated area
Ornamentfliese *f* ornamental tile, decorative tile
Ornamentfolie *f* ornamental foil
Ornamentform *f* ornamental form, decorative form
Ornamentformblock *m (Arch)* special decorative tile
Ornamentformstein *m (Arch)* special decorative tile
Ornamentgewoge *n (Arch)* riotous welter of ornament
Ornamentgiebel *m (Arch, Konst)* ornamental gable
Ornamentgitter *n* ornamental grille, ornamental lattice
Ornamentglas *n* ornamental glass, figured glass, architectural glass; stained glass *(geätzt, farbig)*; patterned glass *(für Trennwände)*; pyramid glass, small pyramid glass *(Pyramidalfeinglas)*
Ornamentglas *n*/**farbiges** stained glass
Ornamentglasfenster *n (Arch, BT)* stained-glass window
Ornamentglassegment *n* carreau
Ornamentglied *n (Arch, Konst)* ornamental element
ornamentieren *v* give a decorative finish, pattern, decorate
Ornamentieren *n* decorating
ornamentiert/blattförmig foliated
Ornamentierung *f (Arch)* pattern
Ornamentik *f (Arch)* ornamental art
Ornamentik *f*/**gotische** *(Arch)* Gothic decoration art
Ornamentkante *f*/**überhängende** *(Arch)* raking moulding
Ornamentkunst *f* ornamental art, decorating art
Ornamentleiste *f*/**abgeschrägte** *(Arch)* splay moulding
Ornamentleuchte *f (El)* ornamental luminaire
Ornamentmauerwerk *n*/**durchbrochenes** openwork
Ornamentmotiv *n (Arch, Konst)* ornamental motif
Ornamentmotiv *n*/**eierförmiges** *(Arch)* ovum
Ornamentmuster *n* ornamental pattern
Ornamentparkettfußboden *m (EB)* parquetry
Ornamentpflaster *n* decorative set paving
Ornamentplatte *f* ornamental tile, decorative board, decorative tile
Ornamentprägung *f (Arch)* decorative embossment
Ornamentprofilstein *m (Arch)* special decorative tile
Ornamentputz *m (Arch, SB)* ornamental finish
Ornamentsäule *f (Arch, TK)* ornamental column
Ornamentstabformung *f* beading, beadwork
Ornamentstein *m* sculptural-type block
Ornamentstil *m (Arch)* ornamental style, decorative style, style of ornamentation
Ornamenttafel *f* 1. *(Arch)* plaque *(Plakette)*; 2. *s.* Ornamentfliese
Ornamentteil *n*/**quadratisches** nulling
Ornamenttür *f (Arch)* ornamental door
Ornamentverband *m (SB)* diamond work
Ornamentwerk *n*/**durchbrochenes** openwork
Ornamentziegel *m (Arch, BM)* ornamental brick
Ornamentzierkranz *m* **mit Tierkopfabbildungen** *(Arch)* catshead
Ort *m* 1. *(RP)* place; 2. geometrical locus; 3. *(Tun)* facing • **vor Ort** in-situ • **vor Ort betoniert** *(BB)* cast-in-situ
Ort *m*/**geometrischer** geometrical locus
Ortbalken *m (BT, Hb)* top beam
Ortbau *m* in-place construction

O

Ortbauverfahren *n* in-situ construction method, in-place method, site work
Ortbeton *m* monolithic concrete, cast-in-place concrete, cast-in-situ concrete, concrete cast-in-situ, in-situ concrete, poured-in-place concrete, site(-placed) concrete • **in Ortbeton hergestellt** *(Te)* poured-in-place • **in Ortbeton herstellen** cast-in-place, cast-in-situ
Ortbetonbauwerk *n* in-situ concrete structure, poured-in--place concrete structure, site-placed concrete structure
Ortbetonböden *mpl***/erdgelagerte** ground-supported in--situ concrete floors
Ortbetonbrücke *f (Br)* in-situ bridge
Ortbetondecke *f (TK)* site-placed concrete floor
Ortbetonfüllung *f* site-placed concrete filling
ortbetoniert poured-in-place, cast-in-situ, in-situ-cast
Ortbetonpfahl *m* cast-in-place pile, in-situ concrete pile, moulded-in-place pile
Ortbetonpfahlwand *f* cast-in-place pile sheeting
Ortbetonrahmen *m (Konst)* poured-in-place concrete frame
Ortbetonschale *f* poured-in-place concrete shell, site--placed concrete shell
Ortbetonwand *f* wall cast in-situ
Ortblech *n (San)* verge flashing
Ortgang *m (Konst)* verge *(Dach)*
Ortgangbrett *n* barge board, verge board
Ortgangrinne *f (San)* verge gutter
Ortgangverwahrung *f (San)* verge flashing
orthogonal orthogonal
orthogonal-anisotrop *(TK)* orthotropic *(Stahlbetonplatte)*
Orthogonalbewehrung *f (Konst)* orthogonal reinforcement
Orthogonalität *f (Konst)* orthogonality
Orthographie *f (Arch, Konst)* orthography
Orthoklas *m (BM, Bod)* orthoclase
Orthoklasporphyr *m (BM)* orthophyre
Orthophyr *m s.* Orthoklasporphyr
Orthophyrpflasterstein *m* porphyric sett
Orthophyrtuff *m (BM)* porphyric tuff
orthotrop *(TK)* orthotropic *(Stahlbetonplatte)*
örtlich local
Ortmörtel *m (SB)* poured mortar
Ortpfahl *m* moulded-in-place pile, cast-in-place concrete pile
Ortpfahlwand *f* cast-in-place pile sheeting
ortsansässig resident
Ortsbehörde *f* local authorities, local authority
Ortsbesichtigung *f* site survey, reconnaissance
Ortsbestimmung *f* determination of the geographical position
Ortsbrust *f (Tun)* face, heading, heading face, working face, toe of stope
Ortschaft *f* built-up area, place, town
Ortschaum *m (DIS)* in-situ foam
Ortschaumstoff *m (BM, DIS)* foam-in-place material
Ortsdurchfahrt *f (Verk)* through street, cross-town link, traverse, urban street *(Straße)*
Ortsdurchfahrtslinie *f (Verk)* cross-town line
Ortsdurchfahrtsstrecke *f (Verk)* cross-town line
Ortsentwässerung *f* 1. *(WVA)* local sewerage system; 2. *(RP, WVA)* sewerage
ortsfest stationary
Ortsfunktion *f* position function
Ortsgestaltungskonzeption *f (RP)* urban design concept
Ortshöhe *f (Verm)* elevation head
Ortsichtbeton *m* fair-faced in-situ concrete, fair-faced site--placed concrete
Ortsstatut *n (VR)* by-laws *(Bauordnung)*
Ortsstoß *m (Tun)* heading face; highwall *(mit angeschnittenem Hangenden)*
Ortsstraße *f (Verk)* street *(„street" bezeichnet immer eine Innerortsstraße)*
Ortstafel *f* place identification sign, place name sign *(Straße)*
Ortstahlbeton *m* reinforced in-situ concrete
Ortstein *m* 1. *(Bod, Erdb)* ortstein, hardpan; 2. gable slate, margin tile *(Dach)*
Ortsteinhorizont *m (Konst)* layer of iron pan
Ortsteinschicht *f* layer of hardpan, layer of iron pan
ortsüblich customary at a place
Ortsumgehung(sstraße) *f* by-pass, bay-pass road
ortsveränderlich mobile
Ortsverbindungsstraße *f (Verk)* link road
Ortsverkehr *m (Verk)* local traffic
Ortszentrum *n (RP)* local centre
Ortszufahrt *f (Verk)* local access
Ortverschäumung *f (DIS, Te)* foam-in-place moulding *(von Dämmmaterial)*
Ortverschäumung *f* **für Dämmung** *(DIS, Te)* foamed-in--place insulation
Ortverschäumungsdämmung *f (DIS)* site-foamed insulation
Ortziegel *m (BT)* verge roof brick
Öse *f* 1. eyelet, eye, ear; ring *(einer Kette)*; 2. loop, noose *(Schleife)*; 3. *(El)* lug
Ösenbolzen *m* eye bolt
Ösenstab *m (BB, BT)* eyebar *(Stahlbeton)*
Osirispfeiler *m (Konst, TK)* Osiris pillar
Osmose *f* osmosis
Osmoseverfahren *n (Erdb)* osmotic method
osmotisch osmotic
Ostchor *m (BM, Hb, LB)* eastern quire
osten *v* orient *(z. B. Längsachse einer Kirche)*
Osten (aus)richten *v***/nach** *(Konst, RP)* orient *(z. B. Längsachse einer Kirche)*
Ostkapelle *f (Arch)* eastern chapel *(Sakralbau)*
Ostorientierung *f (Arch)* east orientation *(Bauwerksstellung)*
Ostseite *f (Arch)* east end *(Kirche)*
Oszillation *f (DIS, Stat)* oscillation
oszillatorisch *(OB, Stat)* oscillatory
Oszillograph *m* oscillograph
oval oviform, ovoid
Ovalornament *n* **mit Zierkantenumrahmung** mirror
Ovalplatte *f (Arch, Konst)* oval plate
Ovalsäule *f* oval column
Ovalstütze *f* oval column
Ovaltürknopf *m* oval knob
Overheadprojektor *m* overhead
ovoid ovoid
Oxalatschicht *f* oxalate coating
Oxalatschutzschicht *f* oxalate coating
Oxalsäure *f* oxalic acid *(betonfestigend)*
Oxidanstrichfarbe *f* oxide paint
Oxidation *f* oxidation • **der Oxidation unterliegen** *(OB)* undergo oxidation
Oxidation *f***/flächenhafte** *(OB)* overall oxidation
oxidationsanfällig *(BM, OB)* susceptible to oxidation
Oxidationsanfälligkeit *f (OB)* susceptibility to oxidation
oxidationsbeständig resistant to oxidation
Oxidationsbeständigkeit *f* resistance to oxidation
Oxidationsbitumen *n* oxidized bitumen, (air-)blown bitumen
Oxidationsgeschwindigkeit *f (OB)* rate of oxidation
Oxidationsgraben *m (Umw)* oxidation ditch
Oxidationsmittel *n* oxidant, oxidation agent, oxidizing agent

Oxidationsteich *m (Umw)* oxidation pond, sewage oxidation pond, aerated lagoon *(Abwasserbehandlung)*
Oxidationsverhalten *n* oxidation behaviour
Oxidationsverlust *m* oxidation loss
Oxidbelag *m (OB)* surface oxide film
Oxidbildung *f* oxide formation
Oxidfarbe *f* oxide paint
Oxidfilm *m (OB)* surface oxide film
oxidfrei oxide-free
Oxidhaut *f* oxide film, oxide skin, surface oxide film
oxidierbar oxidizable
oxidieren *v*/**anodisch** anodise
oxidieren *v*/**elektrolytisch** anodise
Oxidieren *n*/**anodisches** anodic oxidation
Oxidieren *n*/**elektrolytisches** anodic oxidation
oxidierend oxidizing
oxidierend/nicht *(BM, OB)* non-oxidizing
Oxidrot *n* red oxide *(Anstrich)*
Oxidschicht *f* oxidation scale, oxide coating, oxide scale, anodic coating
Oxidschutzschicht *f* protective oxide film, protective oxide skin
Ozokerit *m (BM)* ozokerite
ozonbeständig *(BM)* ozone-resistant
ozonfest *(BM)* ozone-resistant
Ozonloch *n (Umw)* hole in the ozone layer
Ozonschicht *f (Umw)* ozone layer

P

Paar *n* pair
paarig paired
Paarkräfte *fpl (Stat)* pair forces
paarweise geminate
Pacht *f* 1. ground rent, rent, rental; 2. *s.* Pachtbesitz
Pacht *f* **auf Zeit** *(VR)* lease for a term of year
Pacht... rental ...
Pachtbesitz *m* leasehold (property), tenancy, tenure by lease
Pachtbetrag *m (VR)* rental
pachten *v* rent, take a rent *(Grund und Boden)*
Pächter *m* leaseholder, lessee, *(AE)* renter; tenant *(meist für landwirtschaftliche Anwesen)*
Pacht-, Erschließungs- und Betreiberkonzession *f (VR)* lease, improve and operation concession
Pachtgeld *n* rent
Pachtland *n (VR)* leasehold
Pachtverhältnis *n* tenancy
Pachtvertrag *m* leasehold agreement, leasehold deed, contract of lease, lease
Packen *n (DIS, Te)* stuffing *(ein Abdichtverfahren)*
Packerei *f* bag-packing department *(Zementwerk)*
Packlage *f (Verk)* bottoming, penning, stone pitching *(Setzpacklage)*; hardcore *(Schüttpacklage)*
Packlage *f*/**handgesetzte** hand-packed hardcore, hand--packed rubble
Packlageschicht *f (Verk, Wsb)* hardcore layer
Packmaterial *n (Verk)* hardcore
Packstoff *m (Umw)* packaging material
Packstone *m* packstone
Packungsstopfbuchse *f (San, WVA)* gland packing
Packwerk *n* 1. stone packing, stone fitting, enrockment; 2. *(Wsb)* fascine fitting, wattlework
Paddelbecken *n (WVA)* paddle tank *(Abwasserbehandlung)*
Pagode *f (Arch)* pagoda
Pagodenspitze *f (Arch)* tee
PAK *(Umw)* polycyclic aromatic hydrocarbon
Palais *n* palace, palatial house
Palaisstil *m (Arch)* palatial style
Palast *m* 1. palace; 2. *(Arch)* seraglio *(Sultanspalast)*
Palast *m*/**arabischer** *(Arch)* kasr
Palast *m*/**befestigter** *(Arch)* walled palace
Palast *m* **der Künste** *(Arch)* Palace of the Arts *(Brasilia)*
Palast *m* **zu Ktesiphon** *(Arch)* Palace at Ctesiphon *(Sassanidenreich)*
Palast... palatial ...
Palastanlage *f* palace complex
Palastanlage *f* **von Khorsabad** *(Arch)* Palace of Sargon
Palastarchitektur *f (Arch)* palace architecture
palastartig palatial
Palastbau *m* palace building, palace construction
Palastbaukunst *f (Arch)* palace architecture
Palastflügel *m* palace wing
Palastgebäude *n (Arch)* palace building
Palastinnenhof *m (Arch)* cortile
Palastkomplex *m* palace complex
Palästra *f (Arch)* palaestra *(Ringschule im antiken Griechenland)*
Palastruine *f (Arch)* ruined palace
Palastterrasse *f (Arch, Konst, LB)* palace terrace
Palette *f* pallet, lift slab
Palisade *f (LB)* palisade
Palisadenzaun *m* 1. *(LB)* palisade; 2. *(Hb)* stockade; 3. *(Arch)* palisade fence
Palisanderholz *n* 1. *(BM)* palisander; 2. *(BM, Hb)* jacaranda (wood); 3. *(Hb)* black wood
palladianisch *(Arch)* Palladian
Palladianismus *m (Arch)* Palladianism *(von italienischer Renaissance abgeleitete Stilrichtung, 17. und 18. Jh. in Westeuropa, bes. England)*
Palladio-Motiv *n (Arch)* Serlian motif
palmenblattartig *(Arch)* flabelliform *(Ornament)*
Palmenblattmotiv *n (Arch)* palmate
Palmenblattornament *n (Arch)* palm leaf ornament
Palmenblattverzierung *f (Arch)* palmette
palmenförmig palmiform
Palmengewölbe *n (Arch, Konst)* palm vault
Palmenkapitell *n (Arch, Konst)* palmate
Palmensäule *f (Arch)* palm shaft column *(antikes Ägypten)*
Palmette *f (Arch)* palmette
Panathenaiastraße *f (Arch)* Panathenaic way *(Agora von Athen)*
Paneel *n* 1. *(BT, EB, Hb, Konst)* panel; 2. *(EB, Hb, Konst)* panelling; 3. *(BT, EB)* strip; 4. *(Hb)* wainscot
Paneel *n*/**arabeskes** *(Arch)* diaper
Paneel *n*/**horizontal angebrachtes** lying panel
Paneel *n*/**liegendes** lying panel
Paneel *n*/**versenktes** sunk panel
Paneeldecke *f* ceiling panelling
Paneelfaltdach *n* folded-plate roof
Panel *n*/**schubkraftübertragendes** *(BT, TK)* shear panel
Panikbeleuchtung *f* safety lighting
Panikdrückergarnitur *f* panic handle set
Panikriegelfallenschloss *n (EB)* antipanic bolt lock
Panikverschluss *m (EB)* panic exit device
Panoptikum *n (Arch)* panopticon
Panoramaansicht *f (Arch, Bod, LB)* scenic view
Panoramaaussicht *f* panoramic view
Panoramafenster *n (Konst)* panoramic window

Panoramastraße *f* panoramic highway, panoramic road, scenic highway, scenic road
Pantheon *n (Arch)* pantheon
Pantheonkuppel *f (Arch)* pantheon dome
Pantograph *m (Konst)* pantograph
Panzerblech *n* armour(ed) plate
Panzerglas *n* bulletproof glass, bullet-resisting glass *(Verbundglas)*
Panzerglas *n***/durchsichtiges** *(BM)* clear wire glass
Panzerkabel *n (El)* metal sheathed cable, shielded cable
panzern *v* 1. *(Konst, Te)* metal-sheathe; 2. *(BB, St)* armour, *(AE)* armor; 3. *(St)* hard-face
Panzerraum *m (Konst)* strong room
Panzerrohr *n (El)* armoured conduit, *(AE)* armored conduit
Panzerrolltor *n* shutter curtain
Panzerschlauch *m* armoured conduit, *(AE)* armored conduit
Panzertür *f* armoured (fireproof) door, detention door
Papier *n* paper
Papier *n***/bituminiertes** asphalt paper, bituminous roofing paper, tarred paper
Papier *n***/getränktes** saturated paper, insulating paper *(Absperrmittel)*
Papier *n***/imprägniertes** *(BM)* saturated paper
Papier *n***/kariertes** squared paper
Papier *n* **mit Adhäsionsfolie** release paper
papierabgedeckt paperfaced
Papierabwurfanlage *f (EB)* paper disposer
Papierbahn *f* paper web
Papierband *n* paper tape
papierbeschichtet paper-covered
Papiereinlage *f* paper insert
Papierfestigkeit *f* paper strength
Papiergewebe *n (BM)* tissue paper
Papierhandtuchspender *m (San)* paper towel dispenser
Papierholz *n (Umw)* pulpwood
Papierlage *f* paper layer
Papiermaché *n* papier-mâché, carton pierre
Papiermehl *n* paper meal
Papiermüll *m (Umw)* paper refuse
Papierschlucker *m (EB)* paper disposer
Papierstuck *m* carton pierre
Papiertapete *f***/bedruckte** printed wallpaper
Papiertapete *f***/gedruckte** printed wallpaper
Papierunterlage *f (Verk)* concrete subgrade paper, road lining paper, road subsoil paper, road underlay paper *(Betonstraßenbautechnologie)*
Papierverkleidung *f* paper liner *(einer Strohplatte)*
Pappbedachung *f* roof cladding with felt, roof cladding with roll roofing, roof covering with felt, roof covering with roll roofing, roof sheathing with felt, roof sheathing with roll roofing
Pappdach *n* felt roof(ing), cardboard roof
Pappdach *n***/ebenes** flat cardboard roof
Pappe *f* millboard, cardboard, board, paperboard, paper
Pappe *f***/unbesandete** smooth-surface roofing paper
Pappe *f***/ungetränkte** dry sheet
Pappeinlage *f* cardboard lining, insertion of cardboard
Pappel *f* poplar
Pappelholz *n (BM, Hb)* poplar wood
Pappennase *f* fish mouth *(auf einer Dacheindeckung)*
Pappenplatte *f* paper board, paper sheet, sheet of paper
pappig heavy
Pappmaché *n* papier-mâché, carton pierre
Pappmaterial *n***/bituminös gebundenes** asphalt lamination
Pappnagel *m* nail for tarred felt, tack
Pappschaumstoffhaus *n (Konst) (AE)* throw-away-type house *(für 30-40 Jahre)*
Pappschindel *f* composition(-roofing) shingle, prepared-roofing shingle, *(AE)* asphalt shingle
Pappunterlage *f* felt back, paper back
Papyruskapitell *n (Arch)* papyrus capital
Papyrusknospenkapitell *n (Arch)* papyrus-bud capital
Papyrussäule *f (Arch)* papyrus column *(antikes Ägypten)*
Parabel *f***/kubische** *(Konst, Stat)* cubic parabola
Parabel *f* **zweiten Grades** *(Stat)* second-degree parabola
Parabelbelastung *f* parabolic load(ing)
Parabelbogen *m (Konst)* parabolic arch
Parabelbogen *m***/schräger** *(Konst)* sloping parabolic arch
Parabelbogenträger *m (TK)* parabolic arched girder
Parabeldachbinder *m (TK)* parabolic truss
Parabelfachwerk *n (TK)* parabolic truss
Parabelform *f (Stat)* parabolic form
Parabelgleichung *f (Stat)* parabola equation
Parabelkonoid *n (Stat)* parabolic conoid
Parabelkuppel *f (Arch)* parabolic cupola, parabolic dome
Parabelrippe *f (Arch)* parabolic rib
Parabelträger *m (TK)* parabolic girder
parabolisch *(Stat)* parabolic
paraboloid paraboloid
Paraboloid *n (Stat)* paraboloid
Paraboloid *n***/hyperbolisches** *(Konst)* hyperbolic paraboloid
Paraboloid *n***/rechteckig hyperbolische** rectangular hyperbolic paraboloid
Paraboloiddach *n***/hyperbolisches** hypar, hyperbolic paraboloid (conoid)
Paraboloid-Regenschirmschalendach *n (Konst, TK)* paraboloid umbrella shell root
Paraboloidschale *f* 1. *(TK)* paraboloid shell; 2. *(Konst)* hypar shell
Paraboloidschale *f***/hyperbolische** 1. *(Konst)* hyperbolic paraboloid; 2. *(Konst, Stat)* hypar
Paradiesgartenanlage *f (LB)* paradise
Paraffin *n (BM)* paraffin
Paraffinabschirmwand *f* paraffin radiation shielding wall *(gegen Strahlung)*
Paraffingehalt *m (BM)* wax content *(Bitumen)*
paraffinieren *v (BM, Te)* paraffinize
Paraffinlösung *f* paraffin solution
Paraffinöl *n* paraffin oil
Paraffinpapier *n* paraffin paper, wax paper
Paraffinschutzwand *f* paraffin radiation shielding wall *(gegen Strahlung)*
Parallelabzweigspur *f (Verk)* parallel diverging
Parallelausbiegung *f* offset bend
Parallelenzug *m* parallel trace of lines
Parallelfachwerk *n* parallel-chord truss, flat truss
Parallelfachwerkbinder *m* parallel-chord truss, flat truss
Parallelfahrstreifen *m (Verk) (AE)* outer separation *(einer Hauptverkehrsstraße)*
Parallelfalzziegel *m* parallel gutter tile
Parallelflügel *m (Arch, Konst)* parallel wing
Parallelgitterkuppel *f (Arch)* parallel lattice cupola
Parallelgitterträger *m (TK)* parallel lattice girder
parallelgurtig with parallel chords, with parallel booms
Parallelgurtträger *m (TK)* parallel-chord truss
Parallelität *f* parallelism
Parallelkompressor *m* booster compressor
Parallellineal *n (Konst)* adjustable parallels
Parallelnietung *f (St)* chain riveting
Parallelogrammgesetz *n (Stat)* principle of the parallelogram of forces
Parallelogrammplatte *f***/schiefwinklige** *(Konst)* skewed parallelogram plate
Parallelogrammregel *f s.* Parallelogrammgesetz
Parallelperspektive *f* axonometry, parallel projection

P

(Darstellung räumlicher Gebilde durch Parallelprojektion auf eine Ebene)
Parallelprobe *f (BM)* duplicate specimen
Parallelprojektion *f* parallel projection
Parallelrampe *f (Verk)* parallel ramp
Parallelreißer *m* marking gauge
Parallelriss *m* parallel projection
Parallelschichten *fpl (Bod, Erdb)* conformable strata
Parallelschlitzsägen *n (Te)* kerfing
Parallelseilsystem *n***/einfaches** *(Konst)* simple parallel cable system
Parallelstoß *m* edge joint
Parallelstraße *f (Verk) (AE)* frontage street
Parallelstreifen *m (Verk)* parallel stripe
Parallelstrom *m* parallel flow *(Trockentrommel)*
Parallelsystem *n***/ebenes** *(Stat)* planar parallel system
Parallelsystem *n***/räumlich versetztes** *(Konst)* spatial parallel system *(Seilkonstruktion)*
Parallelträger *m* parallel girder
Parallelträger *m* **mit Dreiecksverband** Warren girder, Warren truss
Paralleltreppe *f (Konst)* parallel stair(s)
Parallelverband *m (SB)* stack bond
Parallelverschiebung *f (Konst)* translational shift
Parameter *m***/technischer** technical parameter
Parapett *n (Arch, Konst)* parapet *(Brüstungsform)*
Pararot *n* para red, paranitraniline red
Paraskenium *n (Arch)* paraskenion *(antikes griechisches Theater)*
Parianalabaster *m* Parian plaster
Parianzement *m* Parian plaster
Park *m* park, public gardens
Park *m***/französischer** *(Arch)* formal garden *(Barock)*
Park *m***/öffentlicher** *(LB, RP)* public park
Park *m***/schmaler** *(Verk)* vest-pocket park
Park-and-Ride-Parkplatz *m* park-and-ride yard, *(AE)* park-and-ride lot
Parkanlage *f (LB)* park
Parkbox *f* vehicular stall
Parkbucht *f (Verk)* parking bay *(Straße)*
Parkbucht *f***/markierte** *(Verk)* marked bay
Parkdeck *n (Konst, Verk)* parking deck
Parkebene *f* parking level
Parken *n* **abseits der Straße** *(Verk)* off-street parking
Parken *n***/zeitbegrenztes** *(Verk)* timed-limited parking
Parken-und-Reisen-Parkplatz *m (Verk)* park-and-ride yard
Parketage *f* parking deck, parking floor, parking storey, parking tier
Parkett *n* 1. parquet, parquetry, parqueted floor, inlaid floor; 2. *(EB)* parterre *(im Theater)* • **mit Parkett auslegen** parquet, inlay • **Parkett legen** parquet, inlay
Parkettabsiegelung *f (OB)* finishing varnish
Parkettarbeiten *fpl (EB, Te)* parquet work(s) *(DIN 18356, DIN 18365, DIN EN 13227, 13228)*
Parkettdiele *f* parquet deal
Parkettfußboden *m* parquet floor, inlaid floor
Parkettholz *n* parquet timber, parquet wood
parkettieren *v* parquet, inlay
Parkettlamelle *f (EB, Hb)* finger
Parkettreihe *f (EB)* stall *(Theater)*
Parkettriemchen *n* parquet fillet
Parkettstab *m* parquet block, parquetry-fillet *(DIN EN 13227, 13228)*
Parketttafel *f* parquet block
Parkettverbund *m***/rechteckiger** *(EB, Hb)* basket bond
Parkettversiegelung *f* parquet sealing
Parkfassungsvermögen *n (Verk)* parking capacity
Parkfläche *f* parking area, parking, *(AE)* parking lot; parking stall *(im Parkhaus)*
Parkfläche *f***/befestigte** hardstand
Parkfläche *f***/markierte** parking space *(eines Parkplatzes)*
Parkgarage *f* parking garage, *(AE)* parking ramp
Parkgebäude *n***/mehrgeschossiges** *(Konst, Verk)* multi-floor parking building
Parkgebühr *f* parking fee
Parkgelände *n (LB)* park area
Parkgeschoss *n* parking floor, parking storey, parking tier
Parkhalle *f (Verk)* parking shed
Parkhaus *n* multistorey car park, parking building, parking garage, parking structure; public garage
Parkhaus *n* **mit versetzten Geschossebenen** *(Konst)* staggered floor car park
Parkhaus *n***/offenes** open parking structure
Parkhaus *n***/öffentliches** driver parking building
Parkhaus *n***/vielgeschossiges** *(Konst, Verk)* multifloor parking building
Parkhaus *n***/wandoffenes** open parking structure
Parkhauspforte *f* parking gate
Parkhochhaus *n* high parking building, high-rise parking building, multi-storey car park
Parkierungsvorschriften *fpl* parking regulations
Parkinformationssystem *n***/dynamisches** *(Verk)* dynamic parking information
Parkkapazität *f (Verk)* parking capacity
Parkleitsystem *n (Verk)* parking guidance system
Parklücke *f* parking space
Parkmöglichkeiten *fpl* parking facilities
Parkordnung *f* parking regulations
Parkplatz *m* parking area, park(ing), car park, parking space, *(AE)* parking lot
Parkplatz *m***/ebenerdiger** *(Verk)* ground level car park
Parkplatz *m***/mechanisierter** *(Verk)* mechanical car park
Parkplatz *m***/öffentlicher** *(Verk)* public car park
Parkplatzanlagen *fpl* parking facilities
Parkplatzbeschilderung *f (Verk)* car park signing
Parkplatzeingang *m* parking gate
Parkrampe *f* parking ramp
Parkraum *m* parking space *(eines Parkplatzes)*
Parkraumauslastung *f (BT, Verk)* utilization of parking space
Parkraumnot *f* shortage of parking space
Parkraumsteuerung *f (Verk)* parking control
Parkscheibe *f (Verk)* parking disc
Parkspur *f* parking strip *(eines Parkplatzes)*
Parkstadt *f (RP)* landscaped town
Parkstockwerk *n (Konst, Verk)* parking storey
Parkstraße *f* 1. *(Verk)* parking street; 2. *(LB)* park road
Parkstreifen *m* 1. *(Verk)* lay-by; parking lane, parking strip *(eines Parkplatzes)*; 2. *(Verk)* vest-pocket park *(kleiner Stadtpark)*
Parksuchverkehr *m (Verk)* park search traffic
Parksystem *n***/kompaktes** *(Verk)* solid parking
Parkturm *m* parking tower, pigeonhole parking structure, autosilo
Parküberwacher *m* traffic warden
Parkverbot *n (Verk)* parking ban, parking prohibited
Parkverbotszone *f* no parking zone
Parkweg *m (LB)* park path
Parlamentsgebäude *n* parliament block, parliament building, *(AE)* capitol
Parlatorium *n* parlatory, speakhouse
Parterre *n* ground floor, *(AE)* first floor
Parterreanlage *f (Konst)* parterre
Parterrewohnung *f* ground-floor dwelling, ground-floor flat
Parthenon *m (Arch)* Parthenon *(Teil der Akropolis in Athen)*
Parthenonfries *n (Arch)* Panathenaic frieze

Partialdruck *m (Stat)* partial pressure
partiell partial
Partienummer *f* batch number
Partikel *f* particulate material
Partikeldichte *f* particle density
Partikelsubstanz *f*/**gesamte** *(Umw)* total particulate matter
Partikularintegral *n* particular integral
Partnerschaft *f*/**öffentlich private** *(ÖPP)* public private partnership, PPP
Partnerschaft *f*/**Privat-Öffentliche** private sector participation *(s. a. PPP)*
Parzelle *f* 1. *(RP, VR)* land parcel; 2. *(RP, VR)* lot; 3. *(VR)* allotment
Parzellenaufteilungsplan *m* plot plan
Parzellengrenze *f* lot line
Parzellenland *n (RP, VR)* plot
parzellieren *v* lot, divide into lots, parcel (out), partition *(Landbesitz)*
Parzellierung *f* parcelling-out *(Vorgang)*
Pass *m* 1. *(Arch)* lobe, foil; 2. *(Verk)* pass *(Gebirgspass)*; nek *(südafrikanisch)*
Passage *f* passage, pass, *(AE)* areaway
Passage *f*/**baumbestandene [beschattete]** mall
Passagierabfertigungsanlage *f* passenger-handling facility, passenger-handling installation
Passagiergebäude *n (Verk)* passenger(-handling) building
Passagierinformation *f*/**dynamische** *(Verk)* dynamic passenger information
Passagierschalter *m* passenger counter
Passblock *m* datum block
Passeinsatz *m* gauge piece, *(AE)* gage piece
passend 1. fit(ting) *(z. B. Montageteil, Installation)*; 2. appropriate *(z. B. Gestaltung)*; 3. matching *(farblich)*; 4. convenient, suitable *(Zeitablauf, Zeitpunkt)* • **passend machen** fit; tailor (to) *(Montage)*
Passende *n (Hb)* coak *(eines Holzstücks)*
Passfeder *f (Konst)* spline
Passfeder *f*/**zitronenförmige** lemon spline
Passfläche *f* locating surface, faying surface
Passfurnier *n* edge jointing veneer
passgerecht machen *v* fay
Passgröße *f (Konst)* size limit
Passierbarkeit *f (Verk)* trafficability *(einer Straße)*
Passionskreuz *n (Arch)* Latin cross
passiv/nicht non-passive *(Korrosion)*
Passivator *m (BM, OB)* inhibitor
passivierbar *(BM)* passivatable
passivieren *v* 1. *(BM, OB)* passivate; 2. *(OB)* immunize; 3. *(OB, Te)* render passive *(Metalloberflächen)*
Passivieren *n* 1. *(BM, OB)* passivating; 2. *(OB, Te)* passivating treatment *(Metall)*
passivierend *(OB)* immunizing
Passivierung *f* passivation *(von Metall)*
Passivierungsanstrich *m (OB)* immunizing coat
Passivierungsmittel *n* passivator
Passkeil *m*/**eingeschnittener** *(Hb, Konst, St)* cathead
Passleiste *f* datum block; backing *(Fußbodendielung)*; *(AE)* base moulding
Passmaß *n (Konst)* size limit
Passrohr *n* adapting pipe; making-up piece *(an Maschinen)*
Passstift *m* dowel, dowel pin
Passstraße *f (Verk)* pass road
Passstück *n* 1. fitting member, diminishing piece, gauge piece; 2. *(El)* adapter *(z. B. für Rohre)*
Passung *f* fit
Passungsgüte *f* class of fit, quality of fit
Passverzierung *f (Arch)* foliation
Passwerkbogen *m (Arch)* lobed arch, cusped arch, foil(ed) arch *(gotischer Bogen)*
Pastas *m (Arch)* pastas *(Wohnhausvorhalle - antikes Griechenland)*
Paste *f* paste
Paste *f*/**thixotrope** thixotropic paste
Pastellfarbe *f* pastel colour
Pastellmalerei *f (Arch)* pastel painting
Pastellton *m (OB)* pastel shade
pastenförmig paste-like, pasty
Pastenharz *n* paste resin
Pastenputz *m* neat plaster
Pastille *f* cake
pastös paste-like
patelliform patelliform
Patentbautafel *f (BT)* patent board
Patentdecke *f* patented floor
Patentgebühr *f (VR)* royalty
Patentieren *n (Te)* patenting *(Drahttechnologie)*
patentiert patented, proprietary
Patentputz *m* chemical plaster
Patentrezept *n (sl)* magic formula
Patera *f (Arch)* patera
Paternoster(aufzug) *m* paternoster, paternoster lift, rotary lift
pathogen *(Umw)* pathological
Patina *f (OB)* patina • **Patina ansetzen** *(OB)* patinate
Patina *f*/**künstliche** *(BM, OB)* synthetic patina
Patinabildung *f* patination
Patinadachstein *m (BM)* pre-patinated roof clay tile *(mit künstlicher Patina)*
patinieren *v (OB)* patinate
Patinieren *n* pre-patinating *(extra Aufbringen der Patina)*
Patio *m (Arch)* patio *(spanisch-maurischer Innenhof)*
Patriarchalkreuz *n (Arch)* patriarchal cross
Patrone *f (Erdb, Tun)* cartridge
Patronenheizelement *n (San)* cartridge heater
Patronensicherung *f (El)* non-renewable fuse
Patschputz *m (SB)* rustic plaster
Pauliträger *m (TK)* inverted bow-and-chain girder
pauschal *(BM, Bod)* lump
Pauschalabfindung *f (VR)* lump-sum settlement
Pauschalarrangement *n* package deal
Pauschalauftrag *m (VR)* lump-sum contract
Pauschalbaupreis *m* firm price
Pauschalberatungspreis *m* multiple of direct personnel expense
Pauschalbetrag *m (VR)* lump-sum
Pauschaleinkauf *m (VR)* lump-sum purchase
pauschalieren *v* estimate at a flat rate *(Baupreisanbietung)*
Pauschalierung *f (VR)* flat rate settlement
Pauschalnutzergebühr *f (VR)* lump-sum user fee
Pauschalpreis *m (VR)* lump(-sum) price, all-in price, firm price, fixed-price
Pauschalpreisangebot *n (VR)* lump-sum tender, firm--price tender, firm-price offer, fixed-price bid, fixed-price tender, *(AE)* firm-price bid, *(AE)* firm-price proposal
Pauschalpreisvertrag *m (VR)* firm-price contract, fixed--price contract
Pauschalsatz *m* flat rate
Pauschalsumme *f* lump-sum, flat charge
Pauschalsumme *f* **zur Baufertigstellung** bonus-and--penalty clause
Pauschalsumme *f* **zur Begleichung von Änderungen während der Bauausführung** *(Te, VR)* contingency allowance
Pauschalvertrag *m* lump sum contract
Pauschalzahlung *f* lump sum payment

Pauschalzuschlag- und -abschlagsumme *f* **zur Baufertigstellung** *(VR)* bonus-and-penalty clause
Pause *f (Konst)* copy • **eine Pause machen** *(Konst, Te)* take a break
pausen *v* copy, print, trace
Pausen *n* duplicating, tracing
Pausenhof *m* recreation court
pausfähig reproducible *(Zeichnung)*
Pausraum *m* duplicating room, tracing room
Pavillon *m* 1. exhibition hall *(Messepavillon)*; 2. *(LB)* garden pavilion; 3. *(Arch)* pavilion; 4. kiosk *(Verkaufspavillon)*; 5. *(Arch)* pavilion *(aus der Fassade stark heraustretender Gebäudeteil)*
pavillonähnlich *(Arch)* pavilion-like
Pavillonbauwerk *n (Arch)* pavilion structure
Pavimentum *n (Arch)* pavimentum *(aus abgestuftem Steingemisch und hydraulischem Bindemittel)*
PC polycarbonate
PE polyethylene
Pech *n (BM)* pitch
Pech *n***/griechisches** *(BM)* colophony
pechartig pitchy
Pechbitumen *n* pitch bitumen
pechen *v (OB, Te)* pitch
Pechharz *n* 1. *(BM)* mastic pitch; 2. *(BM, DIS)* pitch resin
Pechkitt *m* pitch mastic
Pechkoks *m (HLK)* pitch coke
Pechnase *f (Arch)* machicolation *(Wehrburg)*
Pechnasenkranz *m (Arch)* machicolations
Pechschieferteer *m (BM, Bod)* shale tar
pechschwarz coal black, jet-black, *(sl)* as black as pitch
Pechtorf *m (BM)* pitch peat
Pegel *m (Wsb)* measured level, level, gauge, stream gauge, water gauge *(in Gewässern)*
Pegelablesung *f (Wsb)* gauge reading
Pegelbrunnen *m (Erdb)* gauge well
Pegeldruck *(Wsb)* gauge pressure
Pegelhöhe *f (Wsb)* level of the water gauge, gauge height
Pegelkontrolle *f (Wsb)* level control
Pegellatte *f* 1. *(Verm)* staff gauge; 2. *(San)* water gauge
Pegelmesser *m (Erdb, Wsb)* water-level gauge
Pegelmessung *f (Erdb, Wsb)* gauging
Pegelstand *m (Bod, Umw)* tide mark
Pegelstation *f (Wsb)* limnimetrical station, gauging station, gauge station
Pegelwarnung *f (Umw, Wsb)* gauge warning
Pegmatit *m (BM)* pegmatite
Peil *m (San)* water gauge *(in Gewässern)*
peilen *v (Verm)* take a bearing
Peillinie *f* collimation line
Peilrohr *n* sounding pipe
Peilstange *f (Bod)* sounding rod
Peilung *f (Verm)* direction finding
Peilvorrichtung *f (Verm)* level metering device
peitschen *v* whip
Peitschenmast *m* 1. *(BT)* upsweep arm column; 2. *(El)* whip-shaped lamp post; 3. *(Verk)* gantry *(Straßenbeleuchtung)*
Peitschenschlagstil *m (Arch)* whiplash style *(Belgien)*
pelletieren *v* nodulize
Pelletierung *f* pelletization
Pelletisierung *f s.* Pelletierung
Pendel... pendulous ...
Pendelaufhängung *f* pendulum suspension
Pendelblech *n* pendulum leaf
Pendelkreissäge *f* pendulum saw
Pendellager *n* 1. *(TK)* pendulum bearing; 2. *(Te, TK)* tumbler bearing *(Stahlbau)*
Pendelleuchte *f* pendant light fitting, pendulum fitting, pendant, *(AE)* pendant luminaire
Pendel-Montageschiene *f (Te)* pendant mounting channel
pendeln *v* oscillate, swing
Pendeln *n (Konst, Te)* swing
pendelnd pendulous, swinging, floating
Pendelpfeiler *m* 1. *(Konst, TK)* gantry post *(Montagederrick)*; 2. *(Verk)* hinged pier, rocking pier *(Brücke)*
Pendelplatte *f (Konst, TK)* pendulum plate
Pendelportal *n (Konst)* articulated portal
Pendelsäge *f* pendulum saw, swing saw
Pendelsäule *f* column with ball and socket seating, socketed column, socketed pier, stanchion *(Stahlbau)*; gantry post *(Montagederrick)*
Pendelschlagversuch *m* **nach Izod** *(St)* Izod impact test
Pendelseilbahn *f (Konst, Verk)* jigback ropeway
Pendelstab *m* rocker member *(Tragwerk, Schwinglader)*
Pendelstütze *f* 1. hinge(d) column, floating support, pin-ended column; 2. *(Verk)* hinged pier, rocking pier *(Brücke)*; 3. socketed column, socketed pier, stanchion *(Stahlbau)*; 4. *(Konst, TK)* gantry post *(Montagederrick)*
Pendeltür *f* double-acting door, swing door, draught door
Pendeltürband *n* helical hinge
Pendeltürbeschläge *mpl (EB)* swing-door fittings
Pendeltürschnapper *m (EB)* snaplock
Pendelverkehr *m* shuttle traffic, shuttle service
Pendentif *n (Arch)* pendentive *(dreieckiger sphärischer Zwickel)*
Pendentifkuppel *f (Arch)* pendentive dome
Pendler *m (RP, Verk)* commuter *(Verkehrsplanung)*
Pendlerverkehr *m (Verk)* commuter traffic
Penetration *f* penetration
Penetrationsbitumen *n* penetration (graded) bitumen
Penetrationsindex *m* penetration index, PI
Penetrationsmessgerät *n* penetrometer
Penetrationsnadel *f* penetration needle
penetrieren *v* penetrate
Penetrierfarbstoff *m* dye
Penetrierholzöl *n* penetrating finish, penetrating oil
Penetrierlack *m (BM)* penetrating finish
Penetriermittel *n* penetrating agent, penetrating oil, ooze
Penetrieröl *n* penetrating oil, penetrating finish
Penetrometer *n (BM)* penetrometer
Pension *f* boarding-house, guest-house, private hotel, rooming house, tourist house
Pensionshaus *n* boardhouse
Pensionsschule *f* boardschool
pentaedrisch *(Arch)* pentahedral
Pentagramm *n (Arch)* pentacle of Salomon
Pentastylos *m (Arch)* pentastyle *(antike Baukunst)*
Pentastylostempel *m (Arch)* pentastyle temple
Penthaus *n* penthouse, appentice, superstructure; lookum *(für Aufzugswinden und Dachkrane)*
Peperin *m* peperino
Peptisation *f (WVA)* peptizing *(Feinstoffteilchen einer Flüssigkeit)*
Peptisationsmittel *n (BM, WVA)* peptizing agent
Peptisierungsmittel *n (BM, WVA)* peptizing agent
perennierend perennial
perforieren *v* perforate, pierce
perforiert/nicht unperforated
Pergamentpapier *n* parchment, parchment paper, vellum, vellum paper
Pergamonfries *m (Arch)* Pergamum frieze
Pergola *f* pergola, portico, porticus, arbour, prostoon; trellis
Peribolos *m (Arch)* peribolos, sacred precinct, temenos
Peridotit *m (BM)* peridotite
Periklas *m (BM)* periclase
peripher *(Konst, RP)* peripheral

Peripherie *f* periphery • **an der Peripherie befindlich** *(Konst, RP)* peripheral
Peripheriekern *m (RP)* peripheral core
peripteral *(Arch)* peripteral *(antike Baukunst)*
Peripteralgebäude *n (Arch)* peripteral building, peripteros
Peripteralrundtempel *m (Arch)* round peripteral temple
Peripteraltempel *m (Arch)* peripteral temple
Peripteros *m (Arch)* peripteral building, peripteral temple
Peripterostempel *m* **von 8 zu 17 Säulen** *(Arch)* peripteral octastyle temple with seventeen columns on the flanks
Peristyl *n (Arch)* peristyle
Peristylhaus *n (Arch)* peristyle building, peristyle house
Peristylhof *m (Arch)* peristyle court, peristyle garden
Perkussion *f* percussion
Perle *f (Arch)* pellet *(Ornament)*
Perleffektpigment *n (OB)* pearl essence *(Anstrich)*
perlen *v (BM, OB, Te)* bubble
Perlen *fpl*/**vorgemischte** *(Verk)* premix glass beads *(Fahrbahnmarkierung)*
perlenförmig beaded
Perlenkante *f* pellet moulding
Perlenmoschee *f* **der Feste Agra** *(Arch)* Pear Mosque of Agra
Perlenstreugerät *n (Verk)* glass beads dispenser
Perlit *m (BM)* perlite
Perlitdämmung *f* perlite insulation
perlitisch perlitic
Perlitisolierung *f s.* Perlitdämmung
Perlitleichtzuschlag *m (BM)* perlite
Perlitputz *m* perlite plaster
Perlkies *m (BM)* pea gravel
Perlleiste *f (Arch)* pearl moulding
Perlmoos *n (DIS)* Irish moss
perlmuttartig *(OB)* pearly
Perlmutterglanz *m* nacreous lustre, pearly lustre, pearly • **mit Perlmutterglanz** nacreous
Perlmutterschicht *f* nacreous layer
Perlmuttglanz *m* nacreous lustre, pearly lustre, pearly
perlmuttglänzend nacreous, pearly
Perlmuttschicht *f* nacreous layer
perlschnurförmig beaded
Perlstab *m* cock bead, recessed bead, bead *(Ornament)*
Perlstab *m* **mit Nutrand** *(Arch)* flush bead
Perlstabumlenkung *f (Arch)* return bead
Perlstabverzierung *f (Arch)* pearl moulding
Permafrostboden *m* permafrost soil
Permanentblau *n (OB)* permanent blue
Permanentgelb *n (OB)* permanent yellow
Permanentgrün *n (OB)* permanent green
Permanentrot *n (OB)* permanent red
Permanenttrennwand *f* permanent partition, permanent partition wall
Permanentweiß *n* permanent white
Permeabilität *f (BM, Bod, DIS, Erdb)* permeability
permeable permeable
Permeameter *n (BM)* permeameter *(für Erdstoffe)*
Permeanz *f (DIS)* permeance *(Wasserdampfdurchlässigkeit)*
PE-Rohr *n* polyethylene pipe
Perpendikularstil *m (Arch)* Rectilinear Style *(Spätphase der englischen Gotik 1360-1550)*
persistent *(Umw)* persistent
Personal *n (VR)* staff
Personalaufzug *m* passenger lift, *(AE)* passenger elevator
Personalbestand *m* staff, manpower
Personalbestand *m*/**tatsächlicher** *(Te, VR)* real staff
Personaleingang *m* staff entrance, personnel entrance, staff lock *(z. B. in öffentlichen Gebäuden)*
Personalgang *m (Konst)* staff aisle
Personalkantine *f (Konst)* personnel canteen
Personalkosten *pl* personnel costs, staff costs
Personalkostenanteil *m (VR)* personnel costs
Personalraum *m* staff room
Personalschleuse *f* personnel lock, staff lock *(z. B. in öffentlichen Gebäuden)*
Personalschulung *f* staff training, personnel training
Personalspeiseraum *m* personnel dining room
Personaltoilette *f (San)* staff toilet
Personalumkleideraum *m* staff changing room, personnel changing room
Personalverkehr *m* staff traffic
Personalwohnbaracke *f* housing of staff
Personenaufzug *m* passenger lift, lift, high-speed lift, high--speed passenger lift, *(AE)* passenger elevator; passenger hoist *(Bauaufzug)*
Personenbahnhof *m* passenger railway station
Personen-, Bahn-, Schiffs-, Straßen- und Güterverkehr *m*/**öffentlicher** *(Verk)* traffic
Personenbahnsteig *m (Verk)* passenger platform
Personenbauaufzug *m* passenger hoist
Personenfahrzeug *n* **mit Mindestbesatzung** *(Verk) (AE)* high-occupancy vehicle, HOV
Personenfernverkehr *m (Verk)* passenger long-distance travel
personengesteuert attendant-controlled
Personennahverkehr *m*/**öffentlicher** public transport, *(AE)* public transit
Personenschleuse *f (Erdb) (AE)* man lock *(z. B. eines Caissons)*
Personensuchanlage *f (El)* staff location system
Personenverkehr *m (Verk)* passenger traffic
Personenverkehrsorganisation *f*/**öffentliche** *(Verk)* public transport management
Personenverkehrspassagier *m* public transport passenger
Personenverkehrsplanung *f* **des öffentlichen Personennahverkehrs** *(Verk)* public transport planning
Personenverkehrssubvention *f* public transport subsidy
Personenverkehrsunternehmer *m* public transport operator
Personenwarnsystem *n (El)* personnel warning system
Personenzahl *f*/**zulässige** *(VR)* occupant load *(eines Gebäudes oder Gebäudeteils)*
Perspektivbauweise *f (Arch, Konst)* perspective construction
Perspektivblick *m (Konst, Verk)* vista *(Straßenentwurf)*
Perspektive *f (Arch, Konst)* perspective • **die Perspektive verkürzen** *(Arch, Konst)* foreshorten
perspektivisch perspective, scenographic
Perspektivplan *m (RP)* outline plan *(Bebauungsplanung)*
Perspektivplanung *f (RP)* outline planning
Perspektivprojektion *f (Arch, Konst)* perspective projection
Perspektivpunkt *m (Arch)* perspective centre
Perspektivzeichnung *f* perspective drawing, drawing in perspective
Peterskirche *f* **in Rom** *(Arch)* Templum vaticanum
PETRIFIX-Verfahren *n (Umw)* PETRIFIX process *(Verfestigungsverfahren für Sonderabfälle)*
Petrischale *f* Petri dish
Petrochemie *f (BWG)* petrochemistry
Petrographie *f* petrography *(Naturstein)*
petrographisch petrographical
Petrologe *m* petrologist
petrologisch *(BM)* petrological
Petrolpech *n* petroleum pitch
Pfad *m (LB) (AE)* trace
Pfahl *m* 1. *(Erdb)* pile *(Gründungspfahl)*; 2. pole, post, spile *(Holz)*; 3. *(TK)* standard *(Pfeiler)*; 4. *(Verm)* peg, piquet; 5.

(BT) stake *(Zaun)*; 6. prop, support *(Stütze)*; 7. piquet *(Pflock)* • **auf Pfählen** *(Erdb)* pile-supported • **die Pfähle setzen** *(Erdb)* drive the piles • **einen Pfahl ankohlen** *(LB, Te)* char a pole • **einen Pfahl ziehen** *(Erdb)* extract a pile • **mit Pfählen umfrieden** palisade
Pfahl *m* **auf Reibung** *(Bod)* suspended pile
Pfahl *m*/**kannelierter** grooved pile
Pfahl *m* **mit angeschnittenem Fuß** *(Erdb)* underreamed pile
Pfahl *m* **mit Fußverbreiterung** *(Erdb)* bulb pile
Pfahl *m*/**schwebender** *(Erdb)* floating pile
Pfahl *m*/**senkrechter** plumb pile
Pfahl *m*/**verbundener** bracket pile
Pfahl *m*/**zusammengesetzter** *(Erdb)* composite pile
Pfahlabschnitthöhe *f* pile cut-off level
Pfahlabschnittshöhe *f* pile cut-off level
Pfahlabstand *m (Erdb, Konst)* pile spacing
Pfahlabweichung *f (Erdb)* pile deflection
Pfahlabweichung *f*/**vertikale und horizontale** pile tolerance
Pfahlabweichungstoleranz *f*/**vertikale und horizontale** pile tolerance
Pfahlanordnung *f* 1. *(Erdb, Konst)* pile layout; 2. *(Erdb)* piling
Pfahlanordnung *f*/**versetzte** *(Erdb)* staggered piling
Pfahlaufsatz *m (Erdb)* dolly *(ein Hartholzblock zum Schutz der Rammhaube)*
Pfahlbau *m* pilework
Pfahlbauten *mpl* lacustrine dwellings, pile-dwellings, lake-dwellings
Pfahlbelastung *f (Erdb)* pile loading
Pfahlbelastung *f*/**maximal erlaubte** *(Erdb, Stat)* allowable pile bearing load
Pfahlbewehrung *f* pile reinforcement
Pfahlbrücke *f (Br, Erdb)* pile bridge
Pfahlbündel *n (Erdb)* piled dolphin
Pfahldorf *n* pile village, lake village
Pfahldurchmesser *m (Erdb)* pile diameter
Pfahleindringwiderstand *m* pile driving resistance
Pfahleinspülen *n (Erdb)* pile jetting
Pfahlende *n (Erdb)* pile foot
Pfahlfuß *m (Erdb)* pile foot
Pfahlfußspitzenschuh *m* shoe
Pfahlfußspitzenschutz *m (Erdb)* pile shoe
Pfahlfußtragkraft *f (Erdb, Stat)* pile point bearing capacity
Pfahlfußverbreiterung *f* belling *(Gründung)*
Pfahlgerüst *n* **mit einseitiger Wandbefestigung** single-pole scaffold
Pfahlgerüst *n* **mit Wandbefestigung** single-pole scaffold
Pfahlgründung *f (Erdb)* pile foundation • **mit Pfahlgründung** *(Erdb)* pile-supported
Pfahlgründung *f*/**stehende** bearing pile foundation
Pfahlgruppe *f* pile cluster, pile group
Pfahlhaftreibung *f (Erdb)* pile friction
Pfahljoch *n* pile bent, pile pier, pile trestle, bent
Pfahlkopf *m* head of a pile, pile head, pile top
Pfahlkopfband *n* pile cap, pile hoop, pile ring, driving band, drive band
Pfahlkopfbandeisen *n s.* Pfahlkopfband
Pfahlkopfeinbindung *f (Erdb)* pile cap
Pfahlkopffläche *f (Erdb)* area of pile head
Pfahlkopfplatte *f (Erdb)* pile cap
Pfahlkopfring *m* hoop of a pile
Pfahllänge *f* pile length
Pfahllasttest *m* pile load test
Pfahllinie *f (Erdb)* line of piles
Pfahlloch *n (Erdb)* posthole
Pfahlmantel *m* pile shaft
Pfahlneigung *f (Erdb)* pile batter
Pfahlpier *m* pile pier
Pfahlplan *m (Erdb, Konst)* pile layout
Pfahlpositionsabweichung *f (Erdb)* pile eccentricity
Pfahlprobebelastung *f (Erdb)* pile load test
Pfahlproberammung *f (Erdb)* trial pile driving
Pfahlquerschnitt *m (BB, Erdb, Wsb)* cross section of pile
Pfahlrammanlage *f (Erdb)* rig, pile-driving rig
Pfahlrammarbeiten *fpl* pile driving works
Pfahlramme *f* pile driver, piling frame, piling hammer, fistuca
Pfahlrammkappe *f (Erdb)* mandrel
Pfahlrammung *f* pile driving
Pfahlrammversuch *m* pile-driving test
Pfahlreibung *f (Erdb)* pile friction
Pfahlreibung *f*/**negative** *(Erdb)* negative friction
Pfahlreibungskraft *f (Erdb)* pile friction (force)
Pfahlreihe *f (Erdb)* line of piles
Pfahlring *m* hoop of a pile, pile ferrule
Pfahlrohr *n* piling pipe
Pfahlröhre *f s.* Pfahlrohr
Pfahlröhrenmantel *m (Erdb)* pipe pile
Pfahlrost *m* pile-foundation grill, pilework *(Gründung)*
Pfahlrost *m*/**hochliegender** elevated foundation grill
Pfahlrost *m*/**tiefer** deep level foundation grill
Pfahlrostbau *m* pilework
Pfahlrostbauwerk *n (Erdb)* pile-foundation structure
Pfahlrostplatte *f (Erdb)* pile cap
Pfahlschaft *m* pile shaft
Pfahlschuh *m* pile shoe, shoe
Pfahlschuh *m*/**eingeschobener** pile shoe fitted in
Pfahlschuhspitze *f (Erdb)* drive shoe
Pfahlschutzrohr *n* piling pipe
Pfahlspitze *f* pile point, pile toe, point of pile
Pfahlspitzentragfähigkeit *f (Erdb, Stat)* pile point bearing capacity
Pfahltragfähigkeit *f* 1. *(Erdb)* pile bearing capacity; 2. *(Erdb, Stat)* pile resistance
Pfahltreiben *n (Erdb)* piling
Pfahl- und Spundwandramme *f (Erdb)* pile and sheet-pile driver
Pfählung *f (Wsb)* tamping *(Abdämmung)*
Pfahlverankerung *f* pile strutting
Pfahlwand *f* pile wall, pilework, land ties, rank of piles, row of piles, *(AE)* pile dike
Pfahlwerk *n* 1. *(Erdb, LB)* pale work; 2. *(LB)* paling; 3. *(Erdb)* stockade
Pfahlzieher *m* pile drawer, pile extractor, pile puller, pile ferrule
Pfahlzwinge *f* pile ferrule
Pfandbürgschaft *f* **für Material und Leistung** *(VR) (AE)* mechanic's lien *(des Gläubigers an Haus und Grund)*
Pfanne *f* bent tile, pantile; pan *(flach, Dachstein)*
Pfannendach *n (Konst)* pantiled roof
Pfannendacheindeckung *f* pantiling
Pfannenziegel *m (BT)* clay pantile *(s. a. Pfanne)*
Pfarrhaus *n* parish house, parsonage building, priest's house; rectory *(in England)*
Pfarrkirche *f (Arch)* parish church
Pfarrwohnung *f* parsonage
Pfefferstein *m* peperino
Pfeife *f (Arch)* reed
Pfeifen *fpl (Arch)* reediness *(Ornament)*
pfeifenartig pipelike
Pfeifenkapitell *n (Arch)* scalloped capital
Pfeil *m* **des Bogens** rise of arch
Pfeiler *m* 1. *(Br, Stat)* pier *(Brücke)*; 2. *(Arch)* pillar; 3. *(Konst, TK)* column *(Säule)*; 4. *(Konst, SB)* buttress; 5. *(TK)* standard; 6. *(Tun)* prop *(Stütze)*; 7. *(BT, TK)* post *(Tür)*; 8. *(Tun)* prop *(auch Bergbau)* • **mit Pfeilern schmücken**

P

(Konst, Te) pillar • **mit Pfeilern versehen** pillar • **mit Pfeilern verstärken** pillar
Pfeiler *m***/achteckiger** *(Konst, TK)* octagonal pier
Pfeiler *m***/gegliederter frei stehender** *(Arch, Konst, TK)* clump of pillars
Pfeiler *m***/gemauerter** *(SB, TK)* masonry pier
Pfeiler *m***/gotischer** *(Arch, Konst)* Gothic pillar *(frei stehend)*
Pfeiler *m***/kantonierter** *(Arch, Konst)* cantoned pier
Pfeiler *m***/kreisrunder** circular pier
Pfeiler *m***/rechteckiger** *(Konst, TK)* rectangular pier
Pfeiler *m***/spiralgekehlter** *(Arch)* spiral pier
Pfeiler *m***/ungegliederter** *(Konst)* massive pier
Pfeiler *m***/zusammengesetzter** *(Arch, BT)* compound pier *(mit Kern und ringsherum gruppierten kleinen Pfeilern)*
Pfeileranfahrschutz *m* pier guard
Pfeilerarkade *f (Arch, Konst)* pier arcade
Pfeilerarkadenbogen *m (Arch, Konst)* pier arcade arch
Pfeilerarkadur *f* pier arcading
Pfeileraufsatz *m* pier cap
Pfeilerbasilika *f (Arch)* pier basilica
Pfeilerbasis *f* pier base
Pfeilerbau *m (Konst, TK)* pier construction
Pfeilerbogen *m (Konst)* pier arch
Pfeilerbogengang *m* pier arcading
Pfeilerbogenlaube *f* pier arcading
Pfeilerbündel *n* bundle pier, clump of piers
Pfeilerdamm *m (Wsb)* buttress dam
Pfeilerfassade *f (Arch)* stylar façade
Pfeilerflügel *m (Arch)* alette *(römische und klassizistische Baukunst)*
pfeilerförmig pillar-shaped
Pfeilerfuß *m* pier base
Pfeilergründung *f (Erdb)* pier foundation
Pfeilerhalle *f (Arch)* pillared hall
Pfeilerhaupt *n (Br, Konst)* starling *(als Eisschutz)*
Pfeilerhaus *n***/hochgelegtes** *(Arch)* pilotis
Pfeilerkämpfer *m* pier impost
Pfeilerkapitell *n (Arch)* pier capital
Pfeilerkasten *m* pillar box
Pfeilerkopf *m* pier head, pier cap; upstream nosing, cutwater *(Brücke)*
Pfeilerkopf *m***/aufgehender** *(LB)* vaulting capital
pfeilerlos without piers, astylar
Pfeilermauer *f (Konst)* buttressed wall
Pfeilermauerwerk *n (SB)* pier masonry
Pfeilerpaar *n* pair of piers
Pfeilerreihe *f* row of piers
Pfeilerschaft *m* pier shaft
Pfeilerschutz *m* pier guard
Pfeilerspiegel *m* 1. pier glass; 2. *(Arch)* trumeau
Pfeilerspiralwindung *f (Arch)* spiral shaft
Pfeilerstaumauer *f (Wsb)* buttress dam
Pfeilerstützbolzen *m***/auskragender** pillar bolt
Pfeilerverband *m* pier bond(ing), pier masonry bond
Pfeilervorlage *f (Br, Erdb, Wsb)* buttress of pier
Pfeilerwand *f (Konst, TK)* wall of pier construction
Pfeilerweite *f (Br, Konst)* bay
Pfeilhöhe *f (Konst)* camber of an arch
Pfeilhöhenverhältnis *n (Konst)* rise-span ratio
Pfeilverhältnis *n (Konst)* rise ratio *(Gewölbe)*
Pferderennbahntribüne *f (Konst)* turf grandstand
Pferdeschwanzstruktur *f (Arch)* horsetail structure
Pferdestall *m (LB)* horse stable
Pferdestärke *f***/englische** horsepower, HP *(SI-fremde, englische Einheit der Leistung; 1 hp = 745,7 W)*
Pferdesteigplatte *f (EB)* horse block *(meist an einem Tor)*
Pfette *f* purlin, roof purlin, binding rafter
Pfette *f***/aussteifende** *(Hb, St)* braced purlin
Pfette *f***/dreidimensionale** space purlin, spatial purlin
Pfette *f***/gegliederte** *(Hb, St)* braced purlin
Pfette *f***/obere** *(Konst)* subpurlin *(Dach)*
Pfette *f***/räumliche** space purlin, spatial purlin, trussed box purlin
Pfettenabstand *m (Konst)* purlin spacing
Pfettenanker *m (BT)* purlin anchor
Pfettenanordnung *f* purlin arrangement
Pfettenaufhängeriegel *m* sag bar *(Stahlbau)*
Pfettendach *n (Konst)* purlin roof
Pfettendach *n***/abgestrebtes** *(Konst)* strutted purlin roof
Pfettendach *n***/einstieliges strebenloses** *(TK)* single--post purlin roof
Pfettendach *n* **mit stehendem Stuhl** purlin roof with king post
Pfettendach *n***/zweistielig abgestrebtes** queen-post truss roof
Pfettendach *n***/zweistielig strebenloses** queen-post truss roof
Pfettenhaltekeil *m* purlin cleat
Pfettenklammer *f* purlin cleat
Pfettenlage *f (Konst)* purlin course
Pfettenlast *f* purlin load
Pfettennagel *m* purlin nail
Pfettenplan *m (Konst)* purlin layout
Pfettenriegel *m* sag bar *(Stahlbau)*
Pfettenstoßverbindung *f (BT, Konst)* purlin butt joint
Pfettenstützholz *n (BT, Hb)* purlin post
Pfettentraverse *f (Hb)* sag bar *(Stahlbau)*
Pfettenüberstand *m* purlin projection *(Dach)*
Pflanzarbeiten *fpl (LB)* planting
Pflanzbehältnis *n (LB)* plant tub
Pflanzbett *n (Umw)* plant bed
Pflanzboden *m (LB)* vegetable soil *(Landschaftsbau)*
Pflanze *f (LB)* plant • **aus lebenden Pflanzen bestehend** quicksand
Pflanze *f***/ausdauernde** *(LB)* perennial plant
Pflanze *f***/heckenbildende** quicksand hedge
Pflanzenbecken *n (Konst, LB)* planter *(zum Gebäude gehörig)*
Pflanzenbestand *m* vegetation; planted area *(einer Fläche)*
Pflanzenbewuchs *m* vegetation
Pflanzendecke *f* 1. *(LB)* plant covering; 2. *(Bod, LB, Umw)* vegetable blanket
Pflanzendekoration *f (Arch)* plant decoration
Pflanzeneinlegerabatte *f (LB)* carpet bedding
Pflanzenfaserstoff *m (BM)* vegetable fibre material
Pflanzengummi *n (BM)* gum
Pflanzenkübel *m* plant tub
Pflanzenleim *m* vegetable glue, *(AE)* mucilage
Pflanzenmotiv *n (Arch)* plant motif
Pflanzenornament *n***/gewundenes** *(Arch)* rinceau
Pflanzenranke *f (Arch)* plant scroll
Pflanzenschale *f* plant bowl
Pflanzenschutz *m (Umw)* plant protection
Pflanzenschutzgesetz *n (Umw)* Plant Protection Act
Pflanzentrog *m* plant trough
Pflanzenverzierung *f (Arch)* plant decoration
Pflanzenwuchs *m (LB)* vegetable carpet
Pflanzerde *f (LB)* vegetable mould
Pflanzgrube *f (LB)* planting pit
Pflanzkübel *m* plant tub, planting box
Pflanzplan *m* plant(ing) layout
Pflanzschale *f* plant bowl
Pflanztrog *m* plant trough
Pflanzung *f (LB)* plantation
Pflanzungsentwurf *m (Umw)* plant sketching
Pflanzunterlage *f (Umw)* plant bed
Pflanzverbund *m (Umw)* plant association

Pflaster *n* block pavement, stone pavement, pitching, pavement, paving *(Gesamtbefestigungsbelag)* • **Pflaster verlegen** pave
Pflaster *n* **mit Rautenverband** diamond pavement
Pflaster *n***/regelmäßig gesetztes** stone block paving, sett paving
Pflasterbelag *m* block pavement, sett paving, pavement, paving *(Gesamtbefestigungsbelag)*; *(AE)* sidewalk paving flag *(Gehweg)*
Pflasterberme *f* paved shoulder, laying course
Pflasterbett *n* setting bed, paving bed
Pflasterblock *m* paving sett, paving stone, stone sett, paver
Pflasterdecke *f* 1. *(LB, Verk)* stone pavement *(DIN 18318)*; 2. *(Konst)* paving *(Gesamtbefestigungsbelag)*
Pflasterer *m* pavement-layer, paver, paviour, *(AE)* pavior
Pflasterhammer *m* paver's hammer, paving hammer, sledge hammer
Pflasterholz *n* paving wood
Pflasterklinker *m* paving clinker, paving brick, floor brick, Dutch clinker, *(AE)* double format pavior *(Straßenbau)*
Pflasterklinker *m* **mit Drahtschnittseite nach oben** *(BM)* vertical-fibre brick
Pflasterklotz *m* paving wood
Pflasterkopfstein *m* nigger head
Pflasterleitstreifen *m (Verk)* zone marking block
Pflastermuster *n (Konst)* poyntel *(mit quadratischen und Diagonalelementen)*
pflastern *v* lay pavement, pave, pitch, cube, floor; flag *(mit Platten)*
Pflastern *n* 1. *(Te)* paving; 2. *(Verk)* stonework
Pflasterplatte *f* paving slab, paving flag
Pflasterramme *f* 1. *(BWG)* paving beetle; 2. *(BWG, Erdb, Verk)* mall *(für Pflastersteine)*
Pflasterrinne *f (WVA)* paved gutter
Pflasterrückenstütze *f* edge restraint
Pflasterspaltmaschine *f (BWG)* sett-making machine
Pflasterstein *m* paving sett, paving stone, paver, road stone, stone sett, cube sett, cobblestone, cube, sett
Pflasterstein *m* **aus Naturstein** *(BM)* sett of natural stone *(EN 1339, EN 1342)*
Pflasterstein *m***/runder** cobblestone
Pflastersteinherstellung *f (Te)* sett-making
Pflasterstraße *f* paved road, cobblestone road
Pflasterung *f* 1. *(Te)* paving *(Vorgang)*; 2. *(LB, Verk)* pavement; 3. *(Verk)* stonework *(Belag)*
Pflasterverband *m* paving bond
Pflasterverbund *m* paving bond
Pflasterverkehrsfläche *f (Verk)* paving stone pavement
Pflasterweiche *f (Verk)* tramway switch
Pflasterziegel *m (BM)* paving brick
Pflege *f* maintenance *(Unterhaltung, Wartung)*; care *(Sorgfalt)*
Pflegeheim *n* 1. *(Arch, Konst)* nursing home; 2. *(Konst)* retreat *(meist privat)*
Pflegeheim *n***/medizinisches** extended-care facility
Pflegekrankenhaus *n* infirmary
Pflegemaßnahme *f (RS)* preventative remedy
pflegen maintain, attend *(z. B. Maschinen)*; preserve *(Altbausubstanz)*
Pflegeschutzanstrich *m (OB, RS)* weather-coating renewal *(Dach, Fassade)*
Pflicht *f (VR)* duty
Pflichtenheft *n (VR)* contract specifications, conditions of contract; job specifications, user requirements
Pflock *m* 1. spile *(Holz)*; 2. *(Verm)* peg, stake, piquet, picket
Pflöckchen *n* linchpin
Pflugbagger *m (BWG, LB)* elevating grader
Pförtchen *n* dwarf door
Pforte *f* 1. gate, gate door, gateway, entrance; 2. *(Arch)* portal
Pforte *f***/Goldene** *(Arch)* Golden Gateway *(Spaleto)*
Pförtnerhaus *n* lodge, gatehouse, porter's lodge, porter's room
Pförtnerwohnung *f* porter's dwelling
Pfosten *m* 1. *(BT, TK)* post; 2. *(BT)* pole; 3. *(TK)* standard; 4. *(Konst)* leg; 5. vertical strut, framing column *(Fachwerk)*; timber pillar, wooden pillar *(Holzfachwerk)*; puncheon, leg *(kurzer Holzpfosten beim Fachwerk)*; 6. side post, jamb *(Tür, Fenster)*; 7. door jamb, doorpost *(Tür)*; 8. *(Arch)* pillar; 9. pale, stake *(Zaun)*; 10. baluster, banister *(Geländer)*
Pfosten *m* **nahe einer Mauer** wall post
Pfostenfachwerk *n (TK)* Vierendeel truss
Pfostenfachwerk *n* **mit steigenden und fallenden Diagonalen** *(Konst, TK)* Pratt truss
Pfostenfenster *n (Hb)* mullion window
Pfostenfundament *n (Erdb)* post foundation
Pfostenfundamentstein *m* heel stone
Pfostenhaus *n (Konst)* post-and-beam house
Pfostenramme *f (Erdb)* post driver
Pfostenzaun *m* picket fence
Pfostenzieher *m (Erdb)* post puller
Pfriem *m* awl
pfropfen *v (Te)* plug
Pfropfen *m* 1. plug, stopper; 2. *(Erdb, San, WVA)* clot *(Klumpen)*
Pfuscharbeit *f* 1. *(Te, VR)* careless work; 2. *(VR)* slipshod work
Pfuschbau *m* jerry-building, jerry-built house
pfuschen *v* bungle, work carelessly
Pfuscher *m* jerry-builder, slipshod worker, bungler
Pfütze *f* puddle
Phantasiearchitektur *f (Arch)* fantastic architecture
Phantasiebaukunst *f (Arch)* fantastic architecture
Phase *f* phase *(allg.)*; stage, stadium *(Bauphase)*
Phase *f***/feste** *(BM)* solid phase
Phasendiagramm *n* 1. phase diagram; 2. *(Verk)* stage diagram *(auch Bauablauf)*
Phasenkoeffizient *m (DIS)* phase change coefficient
Phasenkonstante *f (DIS)* phase constant
Phasenreihenfolge *f***/variable** *(Verk)* variable stage order *(Verkehrssteuerung)*
Phasensteuerung *f (Verk)* stage control
Phasentrennung *f (BM)* phase separation *(Baustoffe, Umwelt)*
Phasenverschiebung *f* phase lag
phasenverschoben out of phase
Phasenwinkel *m* phase angle
Phenol *n* phenol, carbolic acid, coal-tar creosote
Phenolalkydharz *n* phenolic-modified alkyd
Phenolformaldehydharz *n (BM)* phenol-formaldehyde resin *(Phenoplast)*
Phenolharz *n* phenol resin, phenolic resin
Phenolharzanstrichstoff *m* phenolic coating
Phenolharzhartschaum *m* rigid expanded phenol resin
Phenolharzhartschaumstoff *m* rigid expanded phenol resin
Phenolharzkunststoff *m* phenolic-resin plastic
Phenolharzlack *m* 1. *(OB)* phenolic lacquer; 2. *(BM, OB)* phenolic-resin varnish
Phenolharzschaum *m (BM, OB)* phenolic-resin foam
Phenolharzschichtstoffplatte *f (DIS)* phenolic laminated board
phenolharzverleimt phenolic-resin bonded
Phenollackharz *n* phenolic varnish resin
Phenolpech *n* cresol pitch
Phenolphthalein *n* phenolphthalein
Phenolplast *n* phenolic resin

Phenolschaumstoff *m (BM, DIS)* phenolic foam
Phenolweichharz *n* soft phenolic resin
Phenoplast *m (BM)* phenoplast
Phenoxyharz *n* phenoxy resin
Philharmonie *f (Arch)* philharmonic hall
Phonolith *m* phonolite, clinkstone, sound stone
Phosphatbeschichtung *f (OB)* phosphate coating
Phosphatgestein *n (BM)* phosphatic rock
phosphatieren *v* phosphate
Phosphatieren *n* phosphating, phosphating treatment *(Korrosionsschutz)*
phosphatiert *(OB)* phosphate-coated
phosphatisch *(OB)* phosphatic
phosphatisiert *(OB)* phosphatized
Phosphatkreide *f (BM)* phosphatic chalk
Phosphorbronze *f (BM, OB)* phosphor bronze
Phosphoreszenz *f (OB)* phosphorescence
phosphorhaltig phosphatic, phosphoric
Phosphorhartlot *n* phosphor-solder
Photogrammmetrie *f* photogrammetry
Photometrie *f* photometry
photovoltaisch *(El)* photovoltaic
Photozelle *f* photoelectric cell, electric eye
phreatisch phreatic
Phthalatharz *n* phthalic resin
Phthalocyaninfarbstoff *m (BM, OB)* phthalocyanine dyestuff
Phthalocyaninpigmente *npl* phthalocyanine pigments *(blau und grün)*
Phyllit *m (BM)* phyllite
Phyllitschiefer *m (BM)* phyllite
physikalisch physical
PIACR *s.* Weltstraßenverband
Pickel *m* pick
picken *v (Te)* pick
Pickhammer *m* pick, pneumatic pick
Piedestal *n* 1. *(San)* pedestal; 2. *(Arch)* statue pedestal
Piedestal *n*/**dekoratives** *(Arch)* gaine *(Säule)*
Pier *m(f) (Wsb)* pier
Piezometer *n* seepage pipe, piezometer *(Boden)*
piezometrisch piezometric
Pigment *n (OB)* pigment *(z. B. in Anstrichstoffen)*
Pigment *n*/**aktives** *(BM, OB)* reactive pigment
Pigment *n*/**anorganisches** inorganic pigment
Pigment *n*/**ausgefälltes** precipitated pigment
Pigment *n* **für Beton** *(BM)* pigment for concrete *(EN 12878)*
Pigment *n*/**gelbes** *(BM, OB)* yellow pigment
Pigment *n*/**grünes organisches** *(BM, OB)* green organic pigment
Pigment *n*/**metallisches** *(BM, OB)* metal pigment
Pigment *n*/**natürliches** 1. *(BM, OB)* natural pigment; 2. *(OB)* mineral pigment
Pigment *n*/**organisches** organic pigment, lake
Pigment *n*/**passives** *(OB)* inactive pigment
Pigment *n*/**pflanzliches** *(BM, OB)* vegetable pigment
Pigment *n*/**radioaktives** *(BM, OB)* radioactive pigment
Pigment *n*/**rostschützendes** rust-inhibiting pigment
Pigment *n*/**selbstleuchtendes** radioluminous pigment, radioactive pigment
Pigment *n*/**violettes** *(BM, OB)* violet pigment
Pigmentabsetzen *n (OB)* pigment settlement
Pigmentanreicherung *f (OB)* pigment obscurity
Pigment-Bindemittel-System *n (BM, OB)* pigment--binder system
Pigment-Bindemittel-Verhältnis *n* pigment-to-binder ratio
Pigmente *npl*/**bleihaltige** *(OB)* lead-containing pigments
Pigmentergiebigkeit *f (OB)* pigment obscurity
Pigmentfarbstoff *m (OB)* pigmentary dyestuff
Pigmentfeinheit *f* pigment fineness; finely crushed basalt chippings *(als Basaltfeinstfüllstoff)*
Pigmentfüllstoff *m* loading pigment
pigmenthaltig *(BM, OB)* pigmented
pigmentiert *(BM, OB)* pigmented
pigmentiert/weiß *(BM)* white pigmented
Pigmentierung *f* pigmentation, pigment dispersion
Pigmentklumpen *m* caking
Pigmentkörnchen *n* pigment grain
Pigmentmischbarkeit *f* pigment miscibility
Pigmentmischung *f* pigment blend
Pigmentpartikel *n* pigment particle, pigment grain
Pigmentpaste *f (BM, OB)* pigment paste
Pigmentpulver *n* pigment powder
Pigmentschicht *f*/**dicke** *(AE)* impasto *(Anstrich)*
Pigmentschlamm *m* pigment sludge
Pigmentteilchen *n* pigment particle
Pigmentträger *m* paint base
Pigmentüberschuss *m (OB)* excess pigment dispersion
Pigmentverträglichkeit *f* pigment compactibility
Pigmentvolumen *n* pigment volume *(Anstrich)*
Pigmentvolumenkonzentration *f (BM, OB)* pigment volume concentration
Pigmentwanderung *f (OB)* pigment migration
Pikeisen *n* spike
Pikrit *m (BM)* picrite
Pilaster *m (Arch)* pilaster
Pilasterfassade *f* pilastered façade
Pilasterreihe *f* pilastrade
Pilasterstreifen *m* 1. *(Konst)* pilaster strip; 2. *(SB)* lesena *(hervortretender Mauerstreifen)*
Pilgeraltar *m (Arch)* pilgrimage altar
Pilgerstraße *f (Arch)* pilgrimage road
Pillowlavaablagerung *f* ellipsoidal lava *(Gestein)*
Pilotis *f (Arch)* pilotis
Pilotisgebäude *n (Arch)* pilotis
Pilotprojekt *n (Konst)* pilot project
Pilotstollen *m (Tun)* pilot tunnel
pilzabweisend *(BM)* fungicidal
Pilzaktivität *f (OB, RS)* fungal activity *(Zerstörung durch Pilzbefall)*
Pilzanfälligkeit *f (Hb)* susceptibility to fungal degradation
Pilzbefall *m* 1. *(Hb, OB)* fungal attack; 2. *(Hb)* fungus attack; 3. *(Hb, OB)* fungus infestation; 4. *(BM, Hb)* growth of fungi
pilzbeständig resistant to fungal attack
Pilzbeständigkeit *f* resistance to fungal attack
Pilzbewuchs *m (Hb, OB)* fungus growth
Pilzdach *n* station roof
Pilzdecke *f* mushroom construction, mushroom floor, station roof, flat-slab floor; two-way flat slab *(kreuzweise bewehrte Stahlbetonplatte)*
Pilzdeckenbau *m* mushroom construction, flat-slab construction
Pilzdeckenplatte *f* 1. *(Konst, TK)* mushroom floor slab; 2. *(BB, TK)* flat slab
Pilzfestigkeit *f* resistance to fungal attack
pilzförmig fungiform, mushroom-shaped
Pilzgeflecht *n* mycelium *(z. B. im Holz)*
Pilzgrundplatte *f (Konst)* inverted flat slab foundation
Pilzhyphengeflecht *n* mycelium *(z. B. im Holz)*
Pilzkonservierungs- und -bekämpfungsmittel *n* fungicide
Pilzkonstruktion *f* mushroom construction
Pilzkopf *m* mushroom head, dropped panel, column capital, flared column head, flared haunch, flared head, drop, support head, splayed head *(einer Pilzdecke, meist aus Stahlbeton)*
Pilzkopfverstärkung *f* drop panel
Pilzlüfter *m (HLK)* mushroom ventilator

Pilzmischer *m (BWG)* sweetie barrel
Pilzschale *f (Konst)* umbrella shell
pilztötend fungicidal
Pilzventil *n (BT)* mushroom valve
pilzwiderstandsfähig *(BM)* fungicidal
Pilzwiderstandsfähigkeit *f (BM, Hb)* fungal resistance
Pilzwuchs *m (BM, Hb)* growth of fungi
Pinakothek *f* pinacotheca
Pinne *f* 1. peg, plug; 2. *(BWG)* peen
Pinsel *m* brush, paint brush
Pinsel *m***/weicher** dabber
Pinselauftrag *m* brush painting
Pinselputz *m* brush coat plaster
Pinselspuren *fpl* brush marks, ropiness *(Anstrichfehler)*
Pinselstriche *mpl* brush marks, ropiness *(Anstrich, auch gestalterisch)*
Pinseltupfoberflächengestaltung *f (OB)* sparrow peck *(Putz)*
Pionierbrücke *f (Br)* military bridge
Pionierkorps *n***/königlich englisches** Royal Engineers
Pionierlöffelbagger *m (BWG)* skimmer
Pioniertechnik *f* military engineering
Pipeline *f* pipeline
Pisee *m* pisé, cob
Piseebau *m* pisé building, pisé, cob construction, rammed--earth construction, rammed-loam construction, *(AE)* beaten cobwork
Piseewand *f* cob wall
Pisolith *m* pisolite, pisolitic limestone
Piste *f (Verk)* runway *(Flugplatz)*
Pistenfeuer *n (El, Verk)* runway light
Pistole *f* spray gun *(bes. für Anstriche)*; welding gun *(Schweißen)*
pistolenaufgespritzt gun-applied *(z. B. Farben)*
pistolenaufgetragen gunned, sprayed-on
pistolengespritzt gunned, sprayed-on
Pistolenschießstand *m* pistol range
Pitot-Rohr *n (Bod, Erdb, Wsb)* Pitot tube, gauge tube
Pkw-Box *f* car stall
Pkw-Einheit *f (Verk)* passenger car unit *(Verkehrsplanung)*
Pkw-Rampe *f* car ramp
Pkw-Stellfläche *f* car place
Pkw-Streifen *m (Verk)* fast lane
Pkw-Unterstand *m* carport
Plaggenrasen *m (LB)* lining turf
Plaintest *m (BM)* air permeability test *(z. B. bei Zement, Feinstoffen)*
Plakattafel *f* poster panel
plan plane, transversely, smooth
plan an der Kante edge-shot
Plan *m* 1. plan, project, preliminary scheme *(Vorhaben)*; 2. *(Konst)* design; 3. *(Konst, Verm)* layout; 4. plan, scheme, draft, drawing, design, *(AE)* draft *(Zeichnung, grafische Darstellung)*; blue print *(Blaupause, Mutterkopie)*; 5. map, chart, plan *(geographisch)*; 6. plan(ning), programme *(Ablaufplan, Wirtschaftsplan, Finanzplan)*; 7. *(Te)* schedule *(zeitlicher Ablaufplan)*
Plan *m***/baureifer** drawing "issued for construction"
Plan *m* **der Abschlagssummenzahlungen** *(VR)* schedule of values
Plan *m* **der tragenden Elemente** framing plan
Plan *m***/genehmigter** 1. *(Konst, RP, VR)* approved plan; 2. *(Konst, VR)* statutory plan
Pläne *mpl***/detaillierte** detailed plans
Pläne *mpl* **für das Planfeststellungsverfahren** planning brief
Planebenheit *f* accuracy of level, evenness, surface smoothness
planen *v* 1. *(Arch, Konst)* plan; 2. *(Konst, Te)* project *(vorausplanen)*; 3. plan, design, lay out *(entwerfen)*; 4. draft, design *(zeichnerisch)*; 5. schedule *(zeitliche Abläufe)*
planen *v***/neu** *(Konst)* replan
planen *v***/zeitlich** time, schedule
Planen *n***/rechnergestütztes** *(Konst, Stat)* computer-aided planning
Planer *m* planner
Planetarium *n (Arch)* planetarium
Planfestlegung *f* plan fix
planfrei *(Verk)* grade-separated, two-level, multilevel *(Straßenknoten)*
plangemäß on schedule
Plangeodäsie *f (Verm)* plane surveying
plangleich 1. at-grade, in-plane; 2. *(Verk)* single-level, at--grade
Planhobelmaschine *f* surface planing machine, surface planer; surfacer *(für Holz)*
Planierarbeiten *fpl* grading work, grading
Planiereinrichtung *f (BWG, Erdb)* leveller
planieren *v* 1. plane, planish, flatten *(Metall)*; 2. *(Erdb)* level, level the layer, make level, grade, regulate, skim, trim; drag, doze, bulldoze *(mittels Planierraupe)*
Planieren *n* 1. planishing, finishing *(Metall)*; 2. *(Erdb)* planing, planing-down, levelling, grading, blading, shaping, top dressing, flattening, finishing; dragging *(mittels Planierraupe)*
Planieren *n***/mechanisches** *(Erdb)* mechanical levelling
Planiergerät *n (Erdb)* grader, planing machine, planer
Planiermaschine *f (BWG, Erdb)* levelling machine *(s. a. Planiergerät)*
Planierraupe *f* grade-builder dozer, drag, bulldozer
Planierschaufel *f* blade
Planierschild *m* planing blade, dozer blade, pusher blade, breast, blade, apron
Planierschleppe *f (Erdb)* drag
Planierschürfer *m (BWG, Erdb)* tournadozer
Planierstange *f (Verm)* leveller
Planierung *f (Erdb)* flattening, top dressing *(Erdstoffe)*
Planierwalze *f (Verk)* grader roller
Planimeter *n (Konst, Verm)* planimeter
Planimetrie *f* 1. *(Verm)* planimetry; 2. *(Konst)* measurement by planimeter
Planimetrierung *f (Te, Verm)* planimetration
Planke *f* plank, barrier; board
Plankenholz *n* plank timbers
plankonvex plano-convex *(z. B. sonnengetrocknete Ziegel)*
Planlatte *f (SB)* gauge rod
planmäßig as planned
Planograph *m (Verk)* rolling straight edge
planparallel *(Arch)* plane-parallel
Planrost *m* horizontal grate
Planschbecken *n* paddling pool, wading pool, children's pool
Planstudie *f (Konst)* planning study *(Großprojekt)*
Plantafel *f* flat panel, flat-run panel
Plantage *f (LB)* plantation
Plantagenhaus *n (LB)* plantation house
Planum *n* 1. base course, foundation course, levelled ground *(Gebäude)*; 2. *(Verk)* subgrade, foundation course, levelled ground, soil *(Straße, Schiene)*; track formation *(Schiene)* • **unter Planum** below grade, below ground
Planum *n***/aufgeschüttetes** artificial subgrade
Planum *n***/kalkbehandeltes** *(Erdb)* lime-improved subsoil
Planum *n***/verbessertes** improved subgrade
Planumsauskofferung *f (Erdb)* subgrade excavation
Planumshöhe *f* formation level *(Schiene)*; level on base course *(Gebäudegründung)*; subgrade level *(Straße)*
Planumsmodul *m (Bod, Erdb)* modulus of subgrade reaction

Planumsverbesserungslage *f (Verk)* subgrade improvement layer
Planung *f (Konst)* planning
Planung *f*/**abfallwirtschaftliche** *(RP, Umw)* waste-economical planning
Planung *f* **der Bodennutzung** *(RP)* land-use planning
Planung *f* **der Unterhaltungs- und Erhaltungsmaßnahmen** *(RS)* maintenance planning
Planung *f*/**städtebauliche** *(Konst, RP)* town planning
Planung *f*/**technische** engineering
Planung *f*/**übergeordnete** overall planning, overall planning scheme
Planung *f*/**übergreifende** overall planning, overall planning scheme
Planung *f* **von Verkehrssicherheitsmaßnahmen** *(Verk, VR)* road safety planning
Planungsabteilung *f* planning department
Planungsarbeit *f* planning work
Planungsbehörde *f (VR)* planning authority
Planungsbeschränkung *f (RP)* planning restriction
Planungsbüro *n* planning office, design office
Planungsermächtigung *f* planning authorization
Planungsfehler *m* design error
Planungsflexibilität *f* planning flexibility
Planungsgebühr *f (VR)* fee
Planungsgemeinschaft *f* planning group
Planungsgruppe *f* planning group, planning team
Planungskarte *f (RP)* base map
Planungsleistung *f* planning work
Planungsphase *f* step of design
Planungsraster *n* planning grid
Planungsüberprüfung *f* design review
Planungsunterlagen *fpl (Konst)* planning documents
Planungsverband *m* panning board *(territorialer)*
Planungswettbewerb *m* planning competition
Planungszulassung *f* planning authorization
Planziel *n (Te, VR)* plan target
Plasmalichtbogenschneiden *n (St, Te)* plasma arc cutting
Plasmaschneiden *n (St, Te)* plasma cutting
Plasmaschweißbrenner *m* torch for plasma welding
Plasmaspritzen *n (OB, Te)* plasma spraying *(Oberflächenschutz)*
Plasmaspritzpistole *f* spraying torch
Plasmatrennen *n (St, Te)* plasma cutting
Plast *m siehe auch: Kunststoff*
Plast... *siehe auch: Plastik... und Kunststoff...*
Plastarmatur *f* plastic fitting
plastausgekleidet plastic-lined
Plastbandage *f* plastic bandage
plastbeschichtet plastic-coated
Plastbeschichtungspulver *n (BM, OB)* powder paint
Plastbinde *f* plastic tape
Plastezement *m* resin cement
Plastfolie *f* plastic foil, thin-sheet plastic
plastfolienbeschichtet plastic-laminated
Plastfolienschweißgerät *n* plastic foil welder
Plastformmasse *f* plastic moulding material
Plastifikator *m* plasticizer, water-reducing agent, water-reducing admixture
plastifizieren *v* plasticate, plasticize, soften *(bes. Kunststoffe)*; flux *(Bitumen, Anstriche, Kunststoffe)*
Plastifizieren *n* plastication, plasticizing, plastification, softening
plastifizierend plasticizing
Plastifizierer *m* plasticizer, softener
plastifiziert plasticized
Plastifizierung *f* plastication, plasticisation, plasticization
Plastifizierungsöl *n* non-drying oil *(Anstrich)*
Plastik *f* 1. *(Arch)* plastic, art of sculpture, sculpture, statue; 2. *s.* Kunststoff
Plastik... *siehe auch: Plast... und Kunststoff...*
Plastikanstrich *m* ornamental modelled coat
Plastikator *m s.* Plastifikator
Plastikaufstrich *m* ornamental modelled coat
Plastikausschmückung *f (Arch)* sculptural decoration
Plastikfolie *f* plastic foil, plastic sheet, plastic sheeting
Plastikhülsenrohr *n*/**flexibles** *(El)* flexible non-metallic tubing *(zur Leitungsverlegung)*
Plastikkapitell *n (Arch)* carved capital *(Säule)*
Plastikkleber *m (BM)* plastic glue
Plastikschlauch *m* plastic hose
Plastikton *m* plastic clay
Plastikverzierung *f (Arch)* sculptural decoration
Plastikzement *m (BM)* compo
plastisch plastic, inelastic, non-elastic, ductile
plastisch/leicht low plastic
plastisch/schwach feebly plastic, stiff-plastic *(Beton)*
plastisch-elastisch *(BM)* plastoelastic
Plastisol *n (BM)* plastisol
plastizieren *v* soften *(z. B. Kunststoffe)*
Plastizität *f* plasticity, ductility
Plastizität *f*/**ideale** *(BM)* ideal plasticity
Plastizitätsgesetz *n (Br)* plasticity law
Plastizitätsgrad *m (Bod)* relative consistency
Plastizitätsgrenze *f (Bod, Erdb)* plastic limit
Plastizitätsindex *m* 1. *(BM, Bod)* index of plasticity; 2. *(Br, Erdb)* plasticity index *(z. B. von Erdstoffen)*
Plastizitätslehre *f*/**steife** rigid plastic theory
Plastizitätsmesser *m* plasticimeter
Plastizitätsmodul *m (BM)* modulus of plasticity
Plastizitätsprüfung *f (Bod)* Atterberg test *(von Erdstoffen)*
Plastizitätstheorie *f* plastic theory, theory of plasticity
Plastizitätstheorie *f* **der Baustatik** *(Stat)* plastic methods of structural analysis
Plastizitätstheorie *f*/**ideale** *(Stat)* theory of ideal plasticity
Plastizitätszahl *f (Br, Erdb)* plasticity index *(nach Atterberg)*
Plastmörtel *m* plastic mortar
plastoelastisch *(BM)* plastoelastic
Plastomer *n* plastomer
Plastomere *n* plastomer
Plastpresspulver *n* moulding plastic powder
Plastpulverbeschichtung *f (OB)* plastic powder coating
Plastschutzschicht *f* plastic coating, plastic finish
Plastschwimmbecken *n* plastic swimming pool
Plasttechnik *f* plastics engineering
Plastverarbeitungstechnik *f* plastics technique
Plastwerkstoff *m (BWG)* plastic
Plastzement *m* plastic cement, resin cement, plastic binder
Plastzusatzstoff *m* plastic-additive *(z. B. für Bitumen)*
Plateauaufpflasterung *f (Verk)* speed table
Platereskenstil *m (Arch)* Plateresque style *(überladener spanischer Baustil im 16. Jh.)*
Platine *f (BM)* plate
Plättchen *n (BT)* fillet *(auch an klassischen Säulen)*
plättchenförmig *(BM)* lamellous
Platte *f* 1. *(Stat)* plate, slab; disk; 2. *(BT)* slab *(Beton, Marmor usw.)*; 3. *(BT)* sheet; 4. *(Stat)* plate *(Metall, Glas)*; 5. panel, large panel *(Wandbauplatte)*; 6. *(Arch)* dalle *(verziert, meist in Sakralbauten)*; 7. flagstone, flagging, tile *(für Gehwege)*; 8. tabletop, top *(Tisch)*; 9. *(TK)* disk *(scheibenförmig)*; 10. board *(Holzplatte)*
Platte *f*/**am Rand eingespannte** plate clamped at the rim
Platte *f* **aus Naturstein** flagstone of natural stone *(EN 1341)*
Platte *f*/**ausgesteifte** stiffened panel
Platte *f*/**behauene** quarry tile
Platte *f*/**durchlochte** *(BT)* perforated board

P

Platte f/einfache simple plate, simple slab
Platte f/einsinnig bewehrte *(Konst, TK)* one-way slab
Platte f/elastische elastic plate, resilient board, resilient sheet
Platte f/frisch geformte newly-made slab, green panel
Platte f/frisch gegossene newly-made slab
Platte f/geknickte 1. *(Konst, Stat)* kinked plate; 2. *(St, TK)* buckled plate
Platte f/gekrümmte *(BT, Konst)* curved slab
Platte f/gerillte *(BT)* combed-finish tile
Platte f/geschlitzte slotted plate
Platte f/gewölbte *(BT, TK)* vaulted plate
Platte f/großformatige large format board
Platte f/grundierte prime-coated board
Platte f/isotrope 1. *(BT, Konst, Stat)* isotropic plate; 2. *(Br, Konst, Stat)* isotropic slab *(Brücke)*
Platte f/kleinformatige small slab
Platte f/kreisförmige round slab
Platte f/kreuzweise bewehrte *(Konst)* two-way reinforced slab
Platte f/kreuzweise vorgespannte *(Konst)* two-way prestressed slab
Platte f/längsgespannte *(BT)* slab spanning in the longitudinal direction
Platte f/leicht flexible *(BT)* semihardboard
Platte f/linksschiefe leftward skew slab
Platte f mit Außenrand *(Konst, OB)* exterior panel
Platte f mit Balkenunterzug *(TK)* raft with beams underneath
Platte f mit Längsbewehrung *(Konst, TK)* one-way slab
Platte f mit Randbalken slab with edge beam
Platte f/monolithische *(Konst, TK)* monolithic slab
Platte f/orthogonale nicht isotrope orthogonal anisotropic plate
Platte f/orthotrope *(TK)* orthotropic plate
Platte f/planparallele slab of constant depth
Platte f/pyramidenförmige pyramid-shaped plate
Platte f/quadratische *(BT, Konst)* square plate
Platte f/quergespannte *(BT)* slab spanning in the transverse direction
Platte f/randverstärkte thickened edge plate, thickened edge slab
Platte f/randversteifte slab with edge beam
Platte f/rechtsschiefe *(BT, Konst)* rightward skew slab
Platte f/runde circular plate
Platte f/schallabsorbierende *(BT, DIS)* acoustic board
Platte f/schalldämpfende *(BT, DIS)* sound-deadening board
Platte f/schiefe *(Konst)* skew plate
Platte f/schiefwinklige oblique-angled slab
Platte f/schwach gekrümmte shallow shell
Platte f/schwingende vibrating plate
Platte f/Solnhofe(ne)r *(BT)* Solnhofer stone
Platte f/trapezförmige *(Konst)* trapezoidal slab
Platte f/unendliche *(Stat)* infinite plate, infinite slab
Platte f/ungeschwächte unweakened plate, unweakened slab
Platte f/vierseitig aufgelagerte *(TK)* slab resting on four sides
Platte f zur Innenwandgestaltung interior finish board
Platte f zweiter Wahl second-quality tile
Platten *fpl* sheets • **in Platten zersägen** slab • **mit Platten belegen** plate *(aus Metall)* • **zu Platten verarbeiten** slab
Platten *fpl* **mit eingebauten Fenstern** panels with built-in window heads, jambs and sills
Platten fpl/unsortierte mill run *(Holz)*
Plattenabdeckung *f* flagstone covering
Plattenarbeiten *fpl (SB, Te)* tiling works *(DIN 18352, BS 8000-11.1, 11.2)*
Plattenart *f* type of board
plattenartig slab-shaped, slablike, sheetlike
Plattenaufgabe *f (Stat)* plate problem, slab problem
Platten-Aufricht-Bauweise *f* tilt-up construction, tilt-up method
Plattenauskragen *n (Konst)* slab cantilevering
Plattenauskragung *f (Konst)* slab cantilevering
Plattenbalken *m* 1. *(BT, TK)* beam and slab; 2. *(TK)* slab and beam; 3. *(BT, TK)* T-ribbed beam; 4. *(BT)* T-beam
Plattenbalken m/doppelstegiger *(TK)* twin-webbed T-beam
Plattenbalken m/doppelstetiger two-webbed T-beam
Plattenbalken m/einseitiger ell-beam
Plattenbalken *m* **mit hohem Steg** *(BT, TK)* deep-ribbed slab
Plattenbalken *m* **mit oberer Platte** *(TK)* raft with beams underneath
Plattenbalken m/zweistegiger *(TK)* twin-webbed T-beam
Plattenbalkenbrücke *f (Br)* combined truss and plate bridge
Plattenbalkendecke *f (TK)* beam-and-slab floor
Plattenbankhobel *m (BWG)* skew plane
Plattenbasalt *m (BM)* laminated basalt
Plattenbau *m* 1. slab block, panelled structure; 2. *s.* Plattenbauweise
Plattenbauweise *f* large-panel construction, panel construction, panel method, panel system, slab method
Plattenbedachung *f* sheet roofing
Plattenbefestigung *f* 1. plate fixing; 2. *(Te)* slab paving
Plattenbekleidung *f (Konst)* slab lining
Plattenbelag *m* slab covering, slab pavement, slabbing, flagging *(Steinplatten)*; tile finish, tilework, tiling *(meist für Fliesenplatten)*
Plattenbelag *m* **aus Tonfliesen** earthenware tile pavement
Plattenbelegen *n (Te)* slab paving
Plattenberechnung *f (Stat)* plate calculation, slab analysis, slab calculation
Plattenbeschichtungssystem *n (Verk)* deck surfacing system
Plattenbetonieren *n (Te)* slab concreting
Plattenbewegung *f* slab slackening
Plattenbiegen *n* plate bending
Plattenbiegung *f* plate bending, slab bending
Plattenbodenbelag *m* slab floor cover, slab floor covering *(Steinplatten)*; tile floor covering *(Fliesenplatten)*
Plattenbreite *f* plate width, slab width
Plattenbreite f/mitwirkende *(Stat, TK)* effective slab width
Plattenbrücke *f (Br)* plate bridge
Plattendach *n (Konst)* slab roof
Plattendach n/strebenfreies *(Konst, TK)* non-trussed purlin roof
Plattendachbelag *m* sheet roofing
Plattendämmstoff *m (BT, DIS)* slab insulant
Plattendämmung *f* board insulation
Plattendecke *f* slab floor
Plattendecke *f* **zwischen Trägern** girder floor
Plattendicke *f* plate depth, slab depth
Plattendrehung *f* plate rotation, slab rotation
Plattendruck *m* plate load
Plattendruckgerät *n* plate bearing device
Plattendruckprüfung *f (Erdb)* plate bearing test
Plattendruckversuch *m s.* Plattendruckprüfung
Plattendurchlass *m (Erdb, WVA)* slab culvert
Plattendurchlass m/doppelter *(Erdb, WVA)* twin slab culvert

P

Plattenecke f/ungenügend bewehrte *(BT)* unprotected corner
Platteneffekt *m* slab effect
Plattenelement *n* structural panel
Plattenerder *m (El)* earth plate
Plattenerneuerung *f (Verk)* slab replacement
Plattenfaltdach *n* folded-slab roof
Plattenfaltwerk *n (Konst, TK)* folded-plate structure
Plattenfassade *f (Arch)* slab façade
Plattenfeld *n* 1. *(TK)* plate span; 2. *(Konst)* slab span *(von Trägern überspannt)*
Plattenfestigkeit *f* plate strength, slab strength
Plattenfliese *f* square tile
Plattenformelement *n* **zur Dämmung** insulating form board
plattenförmig platy
Plattenformling *m* newly-made slab
Plattenfrischling *m* newly-made slab
Plattenfuge *f* 1. panel joint, slab joint; tile joint; 2. *(Verk)* road joint *(Betonstraßen)*
Plattenfundament *n* foundation raft, raft foundation, slab footing, slab foundation
Plattenfußboden *m* 1. *(Konst)* sectile opus *(römisch-antike Verlegetechnik)*; 2. slab floor cover(ing) *(Steinplatten)*; 3. tile floor(ing), tiled floor *(Fliesenplatten)*
Plattengebäude *n* panelled structure, panellized house, slab block
Plattenglasur *f* tile glazing
Plattenglimmer *m* mica in sheets, sheet mica
Plattengründung *f* raft foundation, slab foundation, mat foundation
Plattenguss *m* plate casting
Plattenheben *n* **durch Mörtelunterpressung** *(RS)* mud-jacking
Plattenhebung *f (Verk)* slab jacking *(Betonstraße)*
Plattenheizkörper *m* heating panel, panel heating unit, panel radiator
Plattenheizung *f (HLK)* panel heating
Plattenhöhe f/wirksame effective depth of slab
Plattenkalk *m* 1. *(BM, Bod)* laminated limestone; 2. *(BM)* platy limestone
Plattenkern *m* 1. *(BT)* board core; 2. *(Konst)* slab core
Plattenkleber *m* sheet bonding adhesive
Plattenklebstoff *m* sheet bonding adhesive
Plattenlager *n* 1. *(Br, TK)* plate bearing *(Brücke)*; 2. tile store
Plattenlast *f* plate load, slab load
Plattenlegearbeiten *fpl (Te)* tile fixing
Plattenlegen *n s.* Plattenverlegen
Plattenleger *m* fixer mason, tile fixer, floor tiler, tiler; paver, fixer
Plattenluftverteiler *m* plaque
Plattenmalerei *f (Arch, OB)* panel pointing
Plattenmoment *n (Stat)* plate moment, slab moment
Plattenmosaik *n (Arch)* opus sectile *(altes Rom)*
Plattenmuster *n* 1. tile pattern; 2. *(BM)* test panel *(meist für Beschichtungsprüfungen)*
Plattenpfeilermauer *f (Wsb)* flat-slab deck dam, slab and buttress dam, Ambursen dam
Plattenpfeilerstaumauer *f (Wsb)* Ambursen dam
Plattenpflasterung *f (Te)* slab paving
Plattenpresse *f* slab moulding machine
Plattenproblem *n (Stat)* plate problem, slab problem
Plattenpumpen *n* pavement pumping *(Betonstraße)*
Plattenquerschnitt *m* slab cross section
Plattenrahmenbrücke *f* slab frame bridge
Plattenrand *m* plate edge, slab edge
Plattenreflexion *f* slab reflection *(bei Überbauung)*
Plattenreinigungsmittel *n* tile cleaning agent
Plattenrost *m* stratified rust
Plattenrostdecke *f (TK)* slab-on-grade floor
Plattenrüttler *m* 1. *(BWG, Erdb)* plate vibrator; 2. *(BWG)* vibrating plate compactor
Plattenschalldecke *f (BT, DIS, Konst)* acoustical tile ceiling
Plattenschalung *f* slab forms, slab formwork, slab shuttering
Plattenscherben *m* tile stone
Plattenschiefe *f* slab skew
Plattenschleifautomat *m* automatic slab grinder
Plattenschwingung *f (Stat)* vibration of plate
Plattensprungbildung *f* faulting *(von Betonplatten)*
Plattenstampfgerät *n* plate compactor
Plattenstatik *f (Stat)* plate analysis, slab analysis
Plattensteife *f* slab stiffness
Plattensteifheit *f* slab rigidity
Plattensteifigkeit *f (Stat)* plate rigidity, slab rigidity, slab stiffness
Plattenstein *m* flagstone
Plattenstoß *m (Konst)* slab joint
Plattenstufenbildung *f (Verk)* stepping *(Straße)*
Plattentafel *f* tile panel; prefabricated tiling
Plattenteilbelastung *f* loading on part of area
Plattentheorie *f (Stat)* plate theory, slab theory
Plattenträger *m* plate girder
Plattenträger m/aufgebauter plate girder
Plattentragwerk *n (TK)* plate load-bearing structure
Plattentrennwand *f (Konst)* slab partition wall
Plattenumfang *m* slab circumference
Plattenunterseite *f* slab soffit
Plattenverblendmauer *f* panel masonry wall
Plattenverblendung *f* slab dressing
Plattenverkleidung *f* slab dressing, slab lining
Plattenverlegen *n* tile fixing, tile setting, tiling, flagging
Plattenverrückung *f (Verk)* plate displacement
Plattenversagen *n (Stat)* plate failure, slab failure
Plattenverschiebung *f* 1. slab displacement, slab faulting; 2. *(Verk)* stepping *(Straße)*
Plattenverstärkung *f* plate thickening, slab thickening
Plattenvibrator *m (BWG, Te)* float vibrator
Plattenvollbelastung *f* loading over the entire area
Plattenvolllast *f* load over the entire area
Plattenwand *f (Konst)* panel wall
Plattenwand f/freitragende self-contained slab partition wall
Plattenwandverkleidung *f* tile hanging
Plattenweg *m* flagged path, tile path
Plattenwerk *n* precast concrete manufacturing yard, precasting plant
Plattenwirkung *f (Stat)* plate action, slab action, slab effect
Plattenwulst *m(f)* base plate plug
Plattenziegel *m* flat clay roof tile
Plattform *f* 1. *(Arch)* platform; 2. *(Arch)* platform; 3. *(BT, Te)* stage; 4. *(Konst)* stillage; 5. deck *(Etage)*
Plattform f/ausladende 1. *(Konst, TK)* projecting platform; 2. *(Konst)* sponson
Plattform f/selbsttragende self-contained platform
Plattform f/untere *(Verk)* lower deck *(Brücke)*
plattieren *v (OB, Te)* clad
Plattieren *n* mechanical plating, metal cladding, cladding
Plattiermaterial *n* veneer of metal
plattiert clad, cladded, tiled
Plattierüberzug *m* 1. *(DIS, OB)* cladding; 2. *(OB)* overlay cladding
Plattierung *f* metal cladding
plattig platy, plate-shaped, slabby, flaggy, flaky
Plattigkeit *f* flakiness
Plattkornindex *m (BM)* flakiness index *(von Kiessand)*
Plattung *f* halving
Platz *m* 1. place, spot *(Lage, Stelle)*; 2. *(RP)* location; 3.

room, space, place *(verfügbarer Platz, Raum)*; 4. pace, public square, square; trading centre *(in Städten)*; 5. stand, position *(Standort)* • **Platz sparen** spare room • **wenig Platz einnehmen** *(Konst)* take little floor space
Platz *m*/**begrenzter** restricted place
Platz *m*/**eingeschlossener** *(Arch)* seraglio
Platz *m*/**erhöhter** *(Arch, BT, Konst)* dais
Platz *m*/**freier** *(RP)* esplanade
Platz *m*/**geschützter** *(Arch)* seraglio
Platz *m*/**öffentlicher** 1. *(RP)* place; 2. *(LB, RP)* public square
Platz *m*/**runder** *(Arch, Verk)* circus *(mit Straßenkreuzungen)*
Platzanlage *f (RP)* square *(in Städten)*
Platzbeleuchtung *f* local lighting
platzen *v* 1. burst, explode, blow up; 2. crack *(reißen)*; 3. *(Wsb)* blow out *(Befestigung, Damm)*; 4. check, spring *(Holz, Gussteile)*
platzieren *v* locate
Platzmangel *m* lack of room, lack of space, restricted place
Platzregen *m* sudden downpour, cloud burst
platzsparend *(Konst)* space-saving
Plenarsaal *m (Konst)* main assembly hall
Plexiglas® *n* Plexiglas(s)®, light-admitting plastic material, light-passing plastic; Perspex® *(Polymethacrylat)*
Plinthe *f (Arch)* plinth
Plinthefliese *f* plinth tile
Plinthemauerwerk *n (SB)* plinth masonry wall
Plintheziegel *m (BM)* plinth brick
Plombe *f* seal, sealing
plombiert sealed
Plumbago *m (BM)* plumbago
Plutonit *m* 1. *(BM)* plutonite; 2. *(BM, Bod)* intrusive rock
Pluviometer *n* rain gauge
PmB *(AE)* polymer-modified asphalt binder
pneumatisch pneumatic, air actuated, air-operated
Pochstempel *m* dolly, stamp
pockennarbig werden *v* pit *(Oberfläche, Anstrich)*
Podest *n(m)* 1. landing, halfpace, stair landing, stair platform *(Treppe)*; 2. rostrum, platform, pedestal *(z. B. für Darbietungen, Redner)*
Podest *n*/**teilweise umschlossenes** enclosed platform
Podestbalken *m (BT, Hb)* stair horse
Podestplatte *f* landing base
Podeststufe *f* last step, stairhead, top step
Podeststufenplatte *f* landing tread
Podestträger *m* joists of a landing, bearer
Podesttreppe *f* stairs with landing
Podestunterplatte *f* subplatform *(Metallplatte)*
Podestwechselbalken *m (Hb)* landing trimmer
Podium *n* 1. *(Arch)* masonry podium *(Antike)*; rostrum *(Forum Romanum)*; 2. podium, (raised) platform *(Bauteil)*; 3. stage, strade *(Bühne)*; 4. dais, podium *(Podest für Darbietungen)*
Podium *n* **einer Synagoge** *(Arch, BT)* tebam
Podsolboden *m (Bod)* podzol soil
Polarkraft *f (Stat)* polar force
Polder *m (Wsb)* polder, polder dike, diked land, landfill cell
Polderdeich *m (Wsb)* polder, polder dike
Polier *m* foreman, gang foreman, general foreman, labour foreman, head mason, shift boss, charge hand, boss
Polierasche *f (BM, OB)* putty powder
Polierätzen *n* polish etching
polierbar buffable *(z. B. Terrazzo)*; polishable *(Naturstein)*
Polierbarkeit *f* buffability; polishability
Polierbarkeitsschnellprüfung *f* accelerated polishing test
Polierbeständigkeit *f* resistance to polishing
Polieremulsion *f* liquid polishing compound
polieren *v* 1. polish, smooth, shine; burnish *(Hochglanz)*; 2. *(OB)* buff *(Terrazzo)*; 3. planish *(Walzgut)*; 4. glaze *(glasierte Flächen)*; 5. plane *(glätten)*; 6. *(OB, Te)* rub *(abschleifen)*
polieren *v*/**elektrolytisch** *(OB, Te)* electropolish
polieren *v*/**farbig** stain *(Holz)*
Polieren *n* 1. *(Te)* polishing; 2. *(OB)* burnishing; 3. *(OB)* buffing *(Terrazzo)*; 4. *(OB, Te)* glazing *(glasierte Flächen)*
Polieren *n*/**mechanisches** mechanical polishing
polierfähig polishable *(Naturstein)*
Polierhobel *m* smoothing plane
Polierkalkstein *m* rotten stone
Poliermaschine *f* **mit biegsamer Welle** *(BWG)* polishing machine with flexible shaft
Poliermasse *f* polishing compound
Poliermittel *n* polishing abrasive, polishing agent, polish; abrasive
Polierpaste *f* polishing paste, paste polish
Polierprüfung *f* polishing test
Polierresistenz *f* polishing resistance
Polierscheibe *f* polishing wheel
Polierschicht *f (OB)* polish layer
Polierspuren *fpl* polishing scratches
Polierstein *m* snakestone *(für Terrazzo, Putz)*
poliert/schlecht insufficiently polished
Polierversuch *m* polishing test
Polierwiderstand *m (BM, OB)* polishing resistance *(Straßenbauzuschlagstoffe)*
Poliklinik *f* outpatient clinic, outpatient department
Politesse *f* traffic warden
Politur *f* polishing agent
Polizeigebäude *n (Arch)* police building
Polizeistation *f (VR)* police station
Polizist *m*/**Toter** ramp; *(sl)* sleeping policeman *(Verkehrsberuhigung)*
Poller *m* 1. *(Wsb)* mooring bitt; 2. *(Verk)* bollard; 3. *(Verk)* bollard *(Verkehr)*
Pollinie *f* polar line, funicular line
Polonceauträger *m* French truss
Polster *n (BT, Konst, TK)* cushion
Polsterdämmung *f (DIS)* quilt insulation
Polsterholz *n (Hb)* bolster
polstern *v* cushion, pad, upholster *(Auflager)*
Polstertür *f (EB)* padded door
Polstrahl *m* funicular line
poltern *v* rumble
Polyacrylat *n* polyacrylate, acrylic resin
Polyamid *n* polyamide
polyamidhärtend polyamide-curing
Polyamidharz *n* polyamide, polyamide resin
Polyäthylen *n s.* Polyethylen
Polybeton *m (BM)* polyester concrete
Polycarbonat *n* polycarbonate
Polychloropren *n* polychloroprene
Polychloroprenkautschuk *m (BM)* polychloroprene rubber
polyedrisch *(Arch)* polyhedral
Polyester *m (BM)* polyester
Polyester *m*/**bewehrter** reinforced polyester
Polyesteranstrich *m* polyester coating
Polyesteranstrichstoff *m* polyester paint, polyester coating
Polyesterbeton *m (BM)* polyester concrete
Polyesterfarbe *f (BM, OB)* polyester paint
Polyestergießharz *n* polyester casting resin
Polyesterhartschaum *m* rigid expanded polyester, rigid polyester foam
Polyesterhartschaumstoff *m* rigid expanded polyester
Polyesterharz *n* polyester resin
Polyesterharz *n*/**gesättigtes** saturated polyester resin
Polyesterharz *n*/**ungesättigtes** unsaturated polyester

Polyesterharzbeschichtung *f (OB)* polyester resin finish
Polyesterharzfolie *f (BM, DIS)* polyester resin film
Polyesterharzmörtel *m (BM)* polyester resin mortar
Polyesterharzverbindung *f (BM)* polyester compound
Polyesterplatte *f (BT)* polyester board
Polyesterschaumstoff *m* polyester foam
Polyesterspachtel *m (BM, OB)* polyester stopper
Polyesterwellplatte *f (BM, BT)* corrugated polyester board
Polyethylen *n* polyethylene
Polyethylen *n* **niedriger Dichte** low-density polyethylene *(PE weich)*
Polyethylenbahn-Feuchtigkeitssperrschicht *f (DIS)* polyethylene sheet dampproofing course
Polyethylenbinde *f* polyethylene bandage, polyethylene tape
Polyethylenfolie *f* polyethylene foil, polyethylene film
Polyethylenmantel *m* polyethylene sheathing
Polyethylenrohr *n* polyethylene pipe
Polyethylenschutzschicht *f (OB)* polyethylene coating
Polyethylenummantelung *f* polyethylene sheathing
Polygon *n* 1. *(Arch)* polygon; 2. *(Verm)* traverse
Polygon *n* **im Uhrzeigersinn** *(Verm)* clockwise polygon
Polygon *n***/offenes** *(Stat)* unclosed traverse
Polygon *n***/sphärisches** *(Stat)* spherical polygon
polygonal polygonal, multiangular
Polygonalchor *m (Arch)* polygonal quire *(Gotik)*
Polygonaldach *n* pavilion roof, Ardand type polygon roof, hammer-beam roof
Polygonaldachfaltwerk *n (Konst, TK)* polygonal hipped--plate roof
Polygonalfaltwerk *n* polygonal folded plate, polygonal folded slab, *(AE)* polygonal tilted-slab
Polygonalgebäude *n* polygonal building, polygonal block, multiangular building, multiangular block
Polygonalgewölbe *n (Konst)* multiangular vault
Polygonalgrundriss *m* polygonal ground-plan
Polygonalkirche *f (Arch)* multiangular church
Polygonalmauerwerk *n* cobweb masonry
Polygonalmauerwerkverband *m (SB)* polygonal masonry bond
Polygonalornament *n (Arch)* polygonal ornament
Polygonalpfeiler *m* polygonal pier
Polygonalplatte *f* 1. *(BT)* polygonal plate; 2. *(Arch)* multiangular slab
Polygonalrahmen *m (Konst)* multiangular frame
Polygonalseite *f* **des Kräftezuges** side of force polygon
Polygonalstab *m (Konst)* multiangular bar
Polygonalstütze *f (TK)* multiangular column
Polygonalturm *m (Arch)* multiangular tower
Polygonaltürmchen *n* 1. *(Arch)* polygonal turret; 2. *(Arch)* polygonal diminutive tower
Polygonaufnahme *f (Verm)* traverse survey
Polygonausbau *m (Tun)* cockering
Polygonbinder *m* Parker truss
Polygonbogenträger *m* arched girder with polygonal outline
Polygonchor *m (Arch)* polygonal choir *(Gotik)*
Polygondach *n* polygonal roof, pavilion roof, Ardand type polygon(al) roof, hammer-beam roof
Polygondachbinder *m* hammer-beam truss
Polygonfachwerkbinder *m* Parker truss
Polygongewölbe *n (Konst)* polygonal vault
polygonieren *v (Verm)* traverse
Polygonierung *f (Verm)* traverse survey
Polygonkirche *f (Arch)* polygonal church
Polygonmauerwerk *n (SB)* polygonal masonry
Polygonpflasterdecke *f (Verk)* polygonal sett paving
Polygonplatte *f* polygonal slab
Polygonpunkt *m (Arch, Konst, Verk)* turning point
Polygonrahmen *m (Konst)* polygonal frame
Polygonverband *m* polygon(al) bond
Polygonzug *m (Verm)* traverse
Polygonzug *m***/geknickter** *(Verm)* chain traverse
Polygonzug *m***/geschlossener** *(Verm)* closet traverse
Polygonzug *m* **mit Richtungswinkel** *(Verm)* azimuth traverse
Polyisobutylen *n* polyisobutylene
Polyisobutylenfolie *f (DIS)* polyisobutylene sheeting
Polykarbonat *n* polycarbonate
Polykondensation *f* polycondensation
polymer polymeric
Polymer *n* polymer
Polymeradditiv *n* plastic additive *(Bitumen)*
Polymerbeton *m (BM)* polymer concrete
Polymerbetongießmaschine *f* casting machine for polymer concrete
Polymerbitumen *n (BM)* polymer bitumen
Polymerdispersion *f* polymer emulsion
Polymere *n* polymer
Polymeremulsion *f* polymer emulsion
Polymerisat *n (BM)* polymerizate
Polymerisation *f (Te)* polymerisation
Polymerisationsharz *n* polymerisation resin
polymerisierbar *(BM)* polymerisable
polymerisiert polymerised
Polymerkunststoff *m* synthetic polymer
polymermodifiziert polymer-modified
Polymerschutzschicht *f* polymer coating
Polymerweichmacher *m* resinous plasticizer
Polyolefin *n* polyolefin
Polypropylen *n* polypropene, polypropylene
Polypropylen *n***/wiedergewonnenes** recycled polypropylene
Polypropylenfolie *f* polypropene sheeting, polypropylene sheeting
Polypropylenrohr *n* polypropene pipe, polypropylene pipe
Polypropylenschaum *m* polypropene foam, polypropylene foam
Polypropylenschaumstoff *m* polypropene foam, polypropylene foam
Polyreaktion *f* polycondensation reaction
Polystyrol *n (BM)* polystyrene
Polystyroldämmstoff *m (DIS)* polystyrene insulation material
Polystyrol-Extruderschaum *m (BM, DIS)* extruded polystyrene foam
Polystyrolfolie *f (DIS)* polystyrene sheeting, polystyrene film
Polystyrolhartschaum *m (BM, DIS)* rigid polystyrene foam
Polystyrolprofil *n (BT)* polystyrene profile
Polystyrolschaum *m* polystyrene foam
Polystyrolschaumstoff *m* polystyrene foam
Polystyrolwandfliese *f* polystyrene wall tile
Polysulfidpolymer *n (BM)* polysulphide polymer
Polytrifluorchlorethylen *n* polytrifluorochloroethylene
Polyurethan *n (BM)* polyurethane
Polyurethananstrich *m* urethane coating
Polyurethananstrichstoff *m (BM, OB)* polyurethane coating
Polyurethanband *n* polyurethane strip
Polyurethandämmstoff *m (DIS)* polyurethane insulant
Polyurethandecklack *m* polyurethane clearcole
Polyurethanfarbe *f (BM, OB)* polyurethane paint
Polyurethanfußbodenbelag *m* polyurethane floor
Polyurethanfußbodensiegelmasse *f* polyurethane floor sealer
Polyurethangrundlage *f* polyurethane base
Polyurethanhartlackanstrich *m* polyurethane finish

Polyurethanhartschaum *m (BM, DIS)* rigid polyurethane foam
Polyurethankitt *m (BM)* polyurethane cement
Polyurethanklarlack *m* polyurethane varnish
Polyurethanlack *m* urethane lacquer, urethane coating
Polyurethanlackanstrich *m* polyurethane finish
Polyurethanlackfarbe *f (BM, OB)* polyurethane enamel
Polyurethanmasse *f* polyurethane composition, polyurethane mass, polyurethane material
Polyurethanschaum *m* foamed polyurethane, polyurethane foam
Polyurethanschaumstoff *m* polyurethane foam
Polyurethansiegelmasse *f* polyurethane floor sealer
Polyurethanzweikomponentenkleber *m* polyurethane two-part adhesive
Polyvinylacetal *n* polyvinyl acetal, polyvinyl acetate, PVAC
Polyvinylacetatdispersion *f* polyvinyl acetate emulsion
Polyvinylacetatleim *m* polyvinyl acetate glue
Polyvinylchlorid *n (BM)* polyvinyl chloride
Polyvinylchlorid-Fußbodenbelag *m* flexible PVC floor cover
Polyvinylchloridmehrschicht(en)belag *m (Konst)* laminated polyvinyl chloride covering
Polyvinylklebstoff *m* polyvinyl bonding medium
polyzentrisch polycentric
polyzyklisch *(Umw)* polycyclic *(bituminöse Baustoffe, Kohlenwasserstoffe)*
Ponceau *m (OB)* ponceau
Ponceaufarbstoff *m (OB)* ponceau
Ponton *m* 1. *(Erdb)* pontoon; 2. *(Verk)* dummy
Pontonbrücke *f* 1. *(Br)* pontoon bridge; 2. *(Br, Wsb)* raft bridge; 3. *(Br, Verk)* boat-bridge
Pontonkran *m* 1. *(Erdb)* pontoon crane; 2. *(BWG, Wsb)* floating crane
PÖP *s.* Partnerschaft/Privat-Öffentliche
Pore *f* 1. pore, void; 2. cell *(z. B. in Schaumstoffen)*; 3. interstice *(Gemischbaustoff)*; 4. pinhole *(Fehler in Farb- oder Schutzschichten)*
Porenabdichtung *f (BM, OB)* pore sealing
Porenanteil *m* pore content, porosity ratio, void ratio, porosity index
Porenanteil *m***/auffüllbarer** effective pore volume
Porenanteil *m* **in Prozent** percentage of voids
Porenart *f* pore type
Porenbaustoff *m* porous building material, porous construction material
Porenbestimmung *f* porosity determination
Porenbeton *m* porous concrete, high-porosity concrete, cellular concrete, aerated concrete, gas concrete, autoclaved aerated concrete
Porenbetonplanstein *m* aerated concrete precision block, autoclaved aerated concrete precision block
Porenbetonstein *m* aerated cement block, aerated concrete masonry unit, autoclaved aerated concrete masonry unit
Porenbildung *f* pore formation
Porendruck *m* pore pressure
Porendurchmesser *m* pore diameter
Porenestrich *m (BM, BT)* aerated cement screed
Porenfläche *f (BM)* pore area
Porenform *f* pore form, pore shape
porenfrei pore-free, non-porous, free from porosity
Porenfreiheit *f* freedom from porosity
Porenfüller *m* pore filler, sealer, filler
Porenfüllmasse *f* pore sealant
Porenfüllung *f* pore filling, interstitial filling
Porengefüge *n (BM)* aerated structure
Porengehalt *m (BM)* pore content
Porengestalt *f* pore form, pore shape
Porengips *m (BM)* aerated gypsum
Porengipsplatte *f (BT, DIS)* aerated gypsum board
Porengröße *f* pore size
Porengrößenverteilung *f* pore size distribution
Porenindex *m (Bod)* void ratio, voids index
Porenlack *m (OB)* pore filler
Porenleichtbeton *m (BB, DIS)* foamed concrete
Porenlosigkeit *f* non-porosity
Porenmerkmal *n* pore characteristic
Porenprüfgerät *n* holiday detector *(Anstriche)*
Porenprüfung *f (BM)* porosity testing
Porenraum *n* pore volume, void volume, pore space, void
Porenraum *m***/offener** effective porosity *(Haufwerke, Körper)*; interconnected voids *(Betone)*
Porenraum *m***/prozentualer** *(BM)* percentage of pore space
Porenraum *m***/wirksamer** effective pore volume, effective porosity
Porenraumverteilung *f* porosity distribution
Porenrestwasser *n (BM)* residual pore water
Porensaugwasser *n* capillary moisture, capillary water, water of capillarity, held water
Porensaugwasser *n***/ruhendes** *(BM, Bod)* suspended water
Porensaugwirkung *f* capillary attraction
Porenschluss *m* seal(ing) coat
Porensinter *m* sintered aerated (concrete) aggregate, lightweight expanded clay (aggregate), expanded clay, aerated sintered aggregate
Porenspannbeton *m (BM, BT)* prestressed aerated concrete
Porensuchgerät *n* holiday detector *(Anstriche)*
Porenverschluss *m* pore filling
Porenverteilung *f* distribution of pores, pore distribution, void spacing
Porenvolumen *n* pore volume, void volume, voidage, pore space
Porenvolumen *n***/freies** *(BM)* void volume
Porenvolumen *n***/prozentuales** *(BM)* percentage of pore space
Porenvolumen *n***/relatives** porosity, voidage
Porenwasser *n* 1. *(Bod)* fixed ground water, subsoil water; 2. interstitial water, pore fluid, pore water, void water, evaporable water *(Beton)*
Porenwasser *n***/fest gebundenes** *(BM)* monolayer water
Porenwasser *n***/freies** *(BM, Bod)* free pore-water
Porenwasser *n***/labil gebundenes** polylayer water
Porenwasserdruck *m* pore(-water) pressure
Porenwasserdruck *m***/momentaner** *(BM, Bod)* transient pore-water pressure
Porenwasserdruck *m***/negativer** *(Bod)* negative pore--water pressure
Porenwasserdruckmesser *m (WVA)* piezometer *(Boden)*
Porenwassergehalt *m (BM, Erdb)* pore-water content
Porenwasserüberdruck *m (Bod, Erdb)* pore excess pressure
Porenziffer *f (Bod)* void ratio, pore ratio, voids ratio
Porenziffer *f* **bei optimaler Dichte** critical void ratio *(eines Erdstoffs)*
porig porous, pored, cellular, foamed, mushy
Porigkeit *f* 1. *(BM, Erdb)* porosity; 2. *(BM)* sponginess
porig-zellig expanded *(Kunststoffe, Gummi)*
porös porous, pervious, spongy
porös/nicht imporous
Porosität *f* 1. *(BM, Erdb)* porosity; 2. *(BM, Bod)* voidage
Porosität *f***/freie** *(BM)* unfilled porosity
Porosität *f***/offene** effective porosity
Porosität *f***/scheinbare** *(BM)* apparent porosity
Porosität *f***/wahre** true porosity, total porosity

Porositätsbestimmung *f* porosity determination
Porositätsgrad *m (BM)* degree of porosity
Porositätsprüfung *f (BM)* porosity testing
Porositätstest *m* porosity test
Porphyr *m* porphyry
Porphyr *m***/schwarzer** *(BM)* melaphyre
Porphyrit *m (BM)* porphyrite
Porphyroid *m (BM)* porphyroid
Porphyrpflasterstein *m* porphyric sett
Porphyrsäule *f (BM, TK)* porphyry column
Porphyrtuff *m (BM)* porphyric tuff
Portal *n* 1. *(Arch)* portal; 2. *(BWG, Te)* gantry *(eines Krans)*
Portal *n***/fünfsäuliges** *(Arch)* pentastyle *(antike Baukunst)*
Portal *n***/siebensäuliges** *(Arch)* heptastyle *(antike Baukunst)*
Portalarchitektur *f* portal architecture
Portalbau *m (Arch)* gateway *(massiver turmartiger Baukörper an Eingangstoren, z. B. antiker Tempel)*
Portalbaukunst *f* portal architecture
Portalbekrönung *f (Arch)* sopraporta
Portalbogen *m (Arch)* portal arch
Portalkran *m* 1. *(BWG, Te)* gantry crane; 2. *(BWG)* portal crane
Portalkrönung *f (Arch)* hyperthyrum
Portalmast *m (Konst)* portal structure
Portal-Methode *f (Stat)* portal method
Portalpfosten *m (Konst)* portal leg
Portalrahmen *m (TK)* portal frame
Portalrelief *n (Arch)* sopraporta
Portalsäulen *fpl (Arch)* in antis
Portalstiel *m (Konst)* portal leg
Portalträger *m (TK)* portal girder
Portalüberdachung *f* false portal
Portalverband *m (Konst, St)* portal bracing *(Stahlbau)*
Portalwegweiser *(Verk)* sign bridge, gantry
Portalwirkung *f* portal effect
Portier *m* doorman
Portikus *m (Arch)* porticus, portico, prostoon
Portikus *m***/fünfsäuliger** *(Arch)* pentastyle *(antike Baukunst)*
Portikus *m***/sechssäuliger** *(Arch)* hexastyle portico
Portikussäulen *fpl (Arch)* in antis
Portlandflugaschezement *m (BM)* Portland fly ash cement
Portlandhüttenzement *m* Portland slag cement
Portlandit *m (BM)* portlandite *(Calciumhydroxid)*
Portlandkalksandsteinzement *m* Portland limestone cement
Portlandkompositzement *m (BM)* Portland composite cement
Portlandölschieferzement *m* Portland oilshale cement
Portlandpuzzolanzement *m* Portland puzzolana cement
Portlandschieferzement *m* Portland burnt shale cement
Portlandsilikastaubzement *m (BM)* Portland silica fume cement
Portlandstein *m* Portland stone, Portland limestone
Portlandzement *m (BM)* Portland cement
Portlandzement *m***/gewöhnlicher** ordinary Portland cement
Portlandzement *m* **mit mittlerer Hydratationswärme** modified Portland cement
Portlandzement *m***/schnell abbindender** quick-setting Portland cement
Portlandzement *m***/schnell erhärtender** rapid-hardening Portland cement
Portlandzement *m***/sulfatbeständiger** sulphate-resisting Portland cement
Portlandzement *m***/sulfatresistenter** *(BM)* sulphate cement
Portlandzement *m***/weißer** white Portland cement, snowcrete
Portlandzement *m***/weißer eisenoxidfreier** snowcrete
Portlandzementbeton *m (BM)* Portland cement concrete
Portlandzementklinker *m (BM, Te)* Portland cement clinker
Portlandzementmineral *n (BM)* larnite
Porträt *n (Arch)* portrait
Porzellan *n* porcelain
Porzellanabflussrohr *n* porcelain draining pipe
Porzellanerde *f (BM)* china clay
Porzellanfliese *f* porcelain tile
Porzellanisolierstoff *m (El)* electrical porcelain
Porzellanmalerei *f (Arch)* china painting
Porzellanrohr *n (San)* porcelain tube
Posamentierarbeit *f (Arch)* lacework
Poseidontempel *m (Arch)* Temple of Poseidon
Position *f* 1. *(RP)* position; 2. *(VR)* item *(z. B. in einem Leistungsverzeichnis)* • **in Position bringen** locate
positionieren *v (Verm)* position
positioniert/ungeschützt exposed outdoors
positionsgenau in correct position
Positionsliste *f* 1. *(Konst, VR)* item list; 2. *(Br, Te)* list of parts *(Brücke)*
Positionsnummer *f (Te)* placement number *(Montagebau)*
Postament *n* 1. base, post, footstall; 2. *(Arch)* dado, (statue) pedestal
Posten *m* batch *(z. B. von Holz)*
Postgebäude *n* post office, postal building
Poststelle *f (Konst, VR)* mailing facilities *(einer Firma usw.)*
Potenzial *n (VR)* potential
Potenzial *n* **der Schallschnelle** *(DIS)* velocity potential
Potenzial *n***/elektrisches** electric potential, tension
Potenzialausgleich *m (El)* equipotential bonding
Potenzialausgleichsschiene *f (El)* equipotential busbar
Potenzialfunktion *f* **der Torsion** *(Stat)* potential function of torsion
Potenzialgefälle *n* electric potential gradient
Potenzialgleichung *f (Stat)* potential equation
Potenzialmethode *f (Stat)* potential method
Potenzialströmung *f (El)* potential flow
potenziell potential
Pottasche *f* potassium carbonate
Pound-Force *n (Stat)* pound-force
Pound/Quadratzoll *n (Stat)* pound(-force) per square inch
Pozzuolanerde *f* pozzolana
PP polypropene, polypropylene
PP-Folie *f* polypropene sheeting, polypropylene sheeting
PPP *(Private Projekterstellung für die öffentliche Hand)* private project partnership, private sector participation
PP-Rohr *n* polypropene pipe, polypropylene pipe
P+R park-and-ride yard
prächtig resplendent, grand
Prachtkegel *m (Arch)* spine
Prachtkirche *f (Arch)* stately church
Prachtportal *n (Arch)* stately portal
Prachtstraße *f* boulevard, avenue
Prachttor *n (Arch)* stately gateway
Prachttreppe *f* grand stairway
Prägearbeit *f* embossing, embossment
Prägemuster *n* embossed design, embossed pattern
prägen *v (Arch)* emboss *(Schmuckelemente)*
Prägen *n* embossing, pressing
Prägestruktur *f* embossed texture
Prägetafel *f* embossed panel
Prägung *f* embossing
Prahm *m* pram, barge, pontoon
Prahmdrehbrücke *f (Erdb, Wsb)* pontoon swing bridge
Prahmgerüst *n (Wsb)* erecting pontoon stage

praktisch utilitarian, virtually
praktizieren *v* practise
Prall *m (Stat)* impact *(auf eine Oberfläche)*
Prallblech *n* baffle plate
Prallbodenverdichtung *f* impact compaction
Prallbrecher *m (BM, BWG)* impact crusher
prallen *v* bounce; bump *(gegen)*
Prallfläche *f* baffle wall; deflector plate
Prallhang *m (Wsb)* undercut slope
Prallplatte *f (BWG, Te, Wsb)* baffle
Prallschlagbodenverdichtung *f* impact compaction
Prallstrahlablenker *m* deflector plate; baffle wall
Prallwand *f* baffle wall; deflector plate
Prämie *f* **für vorzeitige Fertigstellung** *(VR)* bonus for early completion
Präparat *n (BM)* preparation
Präriehaus *n (Arch)* prairie house *(von Frank Lloyd Wright entwickelt)*
Präriestil *m (Arch)* Prairie style
Prätorium *n (Arch)* pretorium *(Gouverneurssitz im Römischen Reich)*
Pratt-Dachbinder *m* 1. *(Konst, TK)* Pratt truss; 2. *(TK)* N-truss
präventiv preventive
Präventivmaßnahme *f* preventive measure, preventive action
Praxisbedingungen *fpl* 1. *(BM, BT)* full-scale conditions; 2. *(Te)* service conditions
Praxiserfahrung *f (VR)* practical experience
präzis *(BT, Te)* accurate
präzise precise
Präzisionsdrehbolzen *m* turned bolt
Präzisionsmessung *f (BM, Verm)* high-precision measurement
Präzisionsnivellement *n (Verm)* precise levelling
Predella *f (Arch)* predella
Preis *m* price
Preis *m*/**angemessener** reasonable price, fair price
Preis *m*/**vereinbarter** agreed price
Preisabsprache *f (VR)* price fixing
Preisabsprache *f*/**unzulässige** conspiratorial price fixing, common pricing
Preisangebot *n* quotation of price, quotation, price offer
Preisermittlung *f* pricing
Preisermittlung *f* **für Straßenbenutzung** *(Verk, VR)* road pricing
preisgekrönt *(Arch)* prize-winning
Preisgleitklausel *f (VR)* gliding price clause *(Bauvertrag)*
Preisgrenze *f* price limit
Preisindex *m* **im Bauwesen** *(VR)* building index
Preiskalkulation *f* pricing, calculation of costs and works
Preiskontrolle *f* price controls
Preisleistungsverhältnis *n (VR)* value for money
Preisliste *f* price list
Preisminderung *f (VR)* penalty
Preisniveau *n (VR)* price level
Preispauschale *f* all-in price
Preiße *f* convex tile *(Dachziegel)*
Preistabelle *f (VR)* table of prices
Preisverzeichnis *n (VR)* schedule of prices
preiswert *(VR)* inexpensive
Prellbalken *m (Wsb)* fender beam
Prellbock *m* 1. *(Verk)* bumping post, bumper *(Straße)*; 2. *(Verk)* buffer stop, buffer *(Eisenbahn)*; 3. *(Wsb)* fender beam *(Hafen)*
Prellpfahl *m (Wsb)* fender pile, fender
Prellstein *m (Verk)* bollard, spur stone *(Straße)*
Prellvorrichtung *f* buffer
Prepaktbeton *m* prepacked (aggregate) concrete, preplaced-aggregate concrete, Colcrete
Prepreg *n (BM)* preimpregnated material
Presbyterium *n (Arch)* presbytery, sanctuary *(1. Priesterraum; 2. Chorraum einer Kirche)*
Pressblechdachrinne *f* pressed steel gutter
Pressdachsteinplatte *f* pressed roofing tile
Pressdachziegel *m* pressed roofing tile
Pressdichtung *f (BM, BT)* compression seal
Pressdruck *m (Stat)* squeeze
Pressdruck *m* **pro Flächeneinheit** specific pressure
Presse *f (BWG)* press
Pressegebäude *n (Arch, Konst)* press building
Pressekabine *f* press box
pressen *v* 1. *(Te)* press; 2. *(Stat)* force, press, stress; 3. compact *(verdichten)*; 4. squeeze *(auspressen)*; 5. compress *(einzwängen)*; 6. *(Te)* mould *(Kunststoffe)*
Pressen *n* pressing; squeeze
Pressenspannung *f* jacking stress *(Spannbeton)*
Pressform *f* mould, pressing mould
Pressfuge *f (BT, Konst)* compression joint
Pressglas *n* pressed glass, pressed ware, *(AE)* pressware
Pressholz *n* pressed wood, bentwood, wood dough, *(AE)* compregnated wood, resin-treated wood
Pressholz *n*/**harzgetränktes** *(BM)* moulded impregnated wood
Pressholzbrett *n* composition board; composition flooring
Pressiometer *n (Bod)* pressiometer
Pressiometerversuch *m (Bod)* pressiometric test
Presskork *m* compressed cork
Presskorkplatte *f (BM, DIS)* compressed cork slab *(Dämmplatte)*
Pressling *m* cake
Pressluft... *siehe auch: Druckluft...*
Presslufthammer *m (BWG)* jack hammer
Pressluftnieter *m* pneumatic riveter
Pressmüllwagen *m (Umw)* packer lorry
Pressnietmaschine *f (BWG)* compression riveting machine
Pressolit *m* extrusion concrete
Presspappe *f* pressboard
Presspassung *f* 1. *(St, Te)* forced fit; 2. *(Te)* interference fit; 3. *(Stat) (AE)* tight fit
Pressprofil *n* pressed profile, pressed section, pressed shape
Pressschichtholz *n* glued laminated timber, *(AE)* impreg
Pressschweißen *n* pressure welding
Pressspan *m* pressboard
Pressspanplatte *f* pressboard, fibreboard, chipboard
Presssperrholz *n* densified plywood, high-density plywood, superpressed plywood
Pressstahl *m (St)* pressed steel
Pressstahlprofil *n (BT, St)* pressed steel trim
Pressstahltürrahmen *m (EB, St)* pressed steel door frame
Pressstein *m* pressed (clay) brick
Pressstoff *m* moulding compound, plastic compound
Pressstoffdämmung *f (DIS)* moulded insulation
Pressstroh *n (BM)* compressed straw
Pressstrohplatte *f* strawboard
Presstafel *f (BM)* pressed panel
Pressteil *n (BT)* moulded part
Presstorf *m* compressed peat
Pressung *f* pressing; compression
Pressverbindung *f (Konst)* squeezed joint
Pressverleimung *f* blocking
Pressvollholz *n* densified wood
Pressziegel *m* pressed (clay) brick
Preußischblau *n* 1. *(OB)* Prussian blue; 2. *(BM, OB)* royal blue

Preventer *m (San, WVA)* preventer
Priel *m (Bod, LB, Umw)* slough
Primärbaustoff *m (BM)* primary building material
Primärbinder *m* primary truss
Primärboden *m (Bod, Erdb)* primary soil
Primärkonstruktion *f (Konst)* primary structure
Primärluft *f (HLK)* primary air
Primärschlamm *m (Umw)* primary sludge
Primärteilchen *n* primary particle *(Pigment)*
Prinzip *n (Konst, Stat)* principle
Prinzip *n* **der Übertragbarkeit von Kräften** *(Stat)* principle of transmissibility of forces
Prinzip *n* **der virtuellen Arbeit** *(Arch)* theorem of virtual work
Prinzip *n* **der virtuellen Kräfte** *(Stat)* principle of virtual forces
Prinzip *n* **der virtuellen Verrückung(en)** *(Arch)* theorem of virtual displacements, virtual-displacement law, law of virtual displacements
Prinzip *n* **vom Minimum der Formänderungsarbeit** *(Stat)* principle of least work of deformation
Prinzipskizze *f (Konst)* diagrammatic figure
Prisma *n* prism
prismatisch prismatic
Prismendruckfestigkeit *f* prismatic beam crushing strength
Prismenfläche *f* prism face
prismenförmig prismatic
Prismenkuppel *f* prismatic cupola
Prismenstab *m (BT)* prismatic member
Prismentragwerk *n (TK)* prismatic load-bearing structure
Prismenwanne *f (El)* prismatic diffuser
Prismenzierkante *f* prismatic billet moulding
Prismoiddach *n (Konst)* prismoidal roof
Privataufgang *m* private stairway
Privateigentum *n (VR)* private property
Privateinfahrt *f* driveway
Privatfahrweg *m* private driveway
Privatfinanzierung *f (VR)* private financing
Privatgebäude *n* private building
Privatgelände *n* private ground
Privatgrundstück *n (VR)* private area
Privathaus *n* private building
Privathaus *n***/römisches** *(Arch)* domus
Privaträume *mpl* private rooms
Privatunternehmen *n (VR)* private enterprise
Privatweg *m* private way, private path, private road
Privatwohnhaus *n* private dwelling house
Privatwohnungshaus *n* private dwelling house
Privatzufahrt *f* private drive
Probarockbaukunst *f (Arch)* proto-Baroque architecture
Probe *f (BM)* sample • **eine Probe nehmen** *(BM, Te)* take a sample • **Proben entnehmen** sample • **Proben nehmen** *(BM)* take samples
Probe *f***/gestörte** *(Bod)* disturbed sample
Probe *f***/ungestörte** *(Bod)* undisturbed sample
Probe *f***/unkontaminierte** *(BM, Umw)* uncontaminated sample
Probeabschnitt *m (Verk)* test section
Probeabsenkung *f (Erdb, Wsb)* trial pumping *(Grundwasser)*
Probeanstrich *m (OB)* trial coat
Probeaufstrich *m (VR)* test application
Probeauftrag *m (VR)* test application
Probeauswahl *f* screen survey
Probebelastung *f* load test, test loading, trial loading
Probebelastung *f* **eines Pfahls** *(Erdb)* pile load test
Probebetrieb *m (Te)* test operation
Probebohrung *f* experimental drilling, exploration drilling, test drilling
Probebrunnen *m (Bod, Erdb, WVA)* sampling well
Probedauer *f (Te)* testing time
Probedruck *m* test pressure
Probeentnahme *f* sampling
Probeentnahme *f* **gleicher Menge** *(Umw)* constant-volume sampling
Probeentwurf *m (BM, Konst)* trial design
Probeerdbohrung *f (Bod)* misering
Probeflasche *f* sample bottle
Probegemisch *n* trail mixture
Probegrube *f (Bod)* trial pit
Probegründungspfahl *m (Erdb)* test foundation pile
Probekern *m (BM)* sample core
Probekörper *m* specimen, test piece; test sample
Probekörperbeton *m (BB, BM)* comparative concrete
Probekörperform *f* test sample mould
Probekörperherstellung *f* specimen preparation
Probelauf *m* experimental run, test run, trial run
Probelöffel *m* sampling spoon
Probemengenzerkleinerung *f* sample size reduction
Probemischung *f (BM)* trial mix *(Beton, Asphalt)*
Probenabmessungen *fpl* specimen dimensions
Probenahme *f* sampling, taking of samples
Probenahme *f* **an der Einbaustelle** site sampling
Probenahme *f***/erneute** resampling
Probenahme *f***/periodische** *(BM)* periodic sampling
Probenahme *f***/repräsentative** *(BM, VR)* representative sampling
Probenahme *f***/systematische** systematic sampling
Probenahmedatum *n* 1. *(BM, VR)* date of sampling; 2. *(VR)* sampling date
Probenahmefehler *m* sampling error
Probenahmegerät *n* sampling device, sampling tool, sampler
Probenahmeplan *m* sampling schedule
Probenahmeschaufel *f* sampling scoop
Probenahmesonde *f* spoon sampler *(Bodenuntersuchung)*
Probenahmestutzen *m* sample tube
Probenahmetermin *m (VR)* sampling date
Probenahmeumfang *m* sampling size
Probenahmeverfahren *n* method of taking samples, sampling method
Probenahmevorschrift *f* 1. *(BM, VR)* sample specification; 2. *(VR)* sampling specification
Probenausformgerät *n* extruder, extrusion jack
Probenauspressgerät *n* extruder
Probenauspressvorrichtung *f* extrusion jack
Probenbaustoff *m (BM)* specimen material
Probenbehälter *m* sample container
Probenehmen *n* sampling
Probenehmer *m* sampler *(Person)*
Probenentnahme *f* sampling
Probenentnahme *f* **auf der Baustelle** site sampling
Probenentnahme *f***/erneute** resampling
Probenentnahmestelle *f* sampling point
Probenflasche *f* sample bottle
Probenform *f* mould
Probengeometrie *f* specimen geometry
Probengestell *n (BM)* support rack
Probenglas *n* specimen jar
Probenglasgefäß *n (BM)* glass jar
Probengröße *f* specimen size
Probenhalter *m* sample holder
Probenlagerung *f (BM)* storage of samples *(probengerecht)*
Probenmaterial *n (BM)* specimen material

Probenmischer *m* sample mixer
Probennahme *f s.* Probenahme
Probenreduzierung *f (BM)* sample reduction
Probenschale *f* sample pan
Probenschauglas *n* specimen jar
Probenteiler *m* sample divider, sample splitter *(Zuschlagstoffe)*
Probenvorbereitung *f* preparation of samples
Probenwerkstoff *m (BM)* specimen material
Probenzylinder *m* cylindrical mould, sample tube
Probepfahl *m* test pile, trial pile
Probeplatte *f* 1. *(OB)* flat panel; 2. *(BM)* test panel *(Anstriche, Beschichtungen)*
Proberammpfahl *m* trial pile, test pile
Probeschichtung *f (Erdb)* butte
Probeschüttung *f (Bod)* test fill(ing), trial filling
Probesonde *f* sampler
Probesondierung *f* exploratory sounding, sounding test
Probestab *m* rod coupon, test bar, tension bar *(Zugprobe)*
Probestrecke *f (Verk)* trial road section, trial section, test section
Probestück *n* specimen, test piece; sample
Probeverdichtung *f* trial compaction
Probewürfel *m (BM)* test cube
Probezeit *f (Te)* testing time
Probezugstück *n* tensile specimen, tensile test piece *(für eine Zugprüfung)*
Probezylinder *m* test cylinder
Problem *n***/räumliches** three-dimensional problem
Problem *n***/statisch unbestimmtes** *(Stat)* indeterminate hyperstatic problem
Proctordichte *n (Bod, Erdb)* Proctor density, relative compaction, optimum Proctor density
Proctor-Hammer *m* Proctor hammer
Proctor-Kurve *f (Bod)* Proctor curve
Proctor-Nadel *f (Bod)* Proctor penetration needle
Proctor-Nadeltest *m (Bod)* standard penetration test
Proctor-Nadelwiderstand *m (Bod)* Proctor penetration resistance, standard penetration resistance
Proctoroptimaldichte *f (Bod, Erdb)* Proctor optimum
Proctorprüfung *f***/modifizierte** *(Erdb)* modified Proctor test
Proctor-Test *m (Bod)* Proctor compaction test, standard compaction test, laboratory compaction test; *(AE)* standard AASHO method *(nach AASHO)*; standard ASTM method *(nach ASTM)*
Proctor-Topf *m* Proctor mould
Proctorverdichtungshammer *m (BWG, Bod, Erdb)* Proctor hammer
Proctor-Verdichtungsversuch *m s.* Proctor-Test
Produkt *n* product
Produkt *n***/äußeres** *(Stat)* outer product, cross product, vector product
Produkt *n***/frisch geformtes** green state
Produkt *n***/zugelassenes** *(VR)* approved product
Produkthaftung *f (VR)* product liability
Produktion *f (Te)* production
Produktion *f***/stabilisierte** *(Te)* settled production
Produktionsabfall *m* process waste
Produktionsabteilung *f* manufacturing bay, fabrication bay
Produktionsanlage *f* plant
Produktionsarbeiter *m* direct labour
Produktionsausstoß *m (Te)* output
Produktionseinschränkung *f* restriction of production
Produktionshalle *f* 1. *(Arch, Te)* production hangar; 2. *(Arch, Konst)* machine shop
Produktionsindex *m* productivity index
Produktionskontrolle *f***/werkseigene** factory production control
Produktionskosten *pl* fabricating costs, fabrication costs
Produktionsmethode *f (Te)* fabricating method
Produktionsreife *f* production-line status
produktionsspezifisch process-specific
Produktionstechnik *f (Te)* fabricating technique
Produktionstechnologie *f (Te)* fabricating technology
Produktivität *f* productivity
Produktnorm *f* product standard
Produktstandard *m* product standard
Produzent *m* producer
produzieren *v* fabricate, manufacture
Produzieren *n* fabricating
Profanarchitektur *f (Arch)* profane architecture, non-ecclesiastical architecture, civic architecture, secular architecture
Profanbau *m (Arch)* profane building, secular building
Profanbaukunst *f s.* Profanarchitektur
Profanbaustil *m (Arch)* profane architecture
Profanbauten *mpl (Arch)* profane structures, non-ecclesiastical structures, secular structures
Profanbauwerk *n* profane building, non-ecclesiastical building, civic structure, secular structure
Profanbauwerk *n***/gotisches** secular Gothic structure
Profangebäude *n s.* Profanbauwerk
Profangotik *f (Arch)* profane Gothic
Profanmonument *n (Arch)* profane monument, secular monument
Profil *n* 1. profile, (cross) section, sectional shape, lateral section; 2. *(Konst)* profile; 3. *(Arch)* outline; 4. *(Arch)* shape, form; 5. templet *(Profillehre, Musterprofil)*; 6. *(Bod)* line; 7. *(Konst)* profile *(geologisch)* • **ein Profil herstellen** 1. *(Konst)* profile; 2. *(Bod, Verk)* shape • **ein Profil rundziehen** mitre a cornice • **mit Profil versehen** profile; profiled *(fertig)*
Profil *n***/geologisches** 1. *(Bod)* geological column; 2. *(Bod, Tun)* geological profile
Profil *n***/gepresstes** pressed profile, pressed section, pressed shape
Profil *n***/gezogenes** drawn profile, drawn shape
Profil *n***/nicht genormtes** *(BM, VR)* non-standard profile
Profil *n***/quadratisches** *(BT)* square
Profil *n***/unregelmäßiges** *(Verk)* random profile *(Straße)*
Profilanalyse *f* profile analysis
Profilansicht *f* profile view
Profilaufnahme *f (Verm)* plotting of profiles
Profilaufnehmer *m (Verk)* profile detector *(Straße)*
Profilbewehrung *f* section reinforcement
Profilblech *n* sectional sheet, troughed sheeting
Profilblech *n***/schachbrettartiges** chequered plate
Profilbleche *npl* profile steel sheeting
Profilbordstein *m (BT)* profiled kerb
Profilbrett *n (BT, Hb)* matchboard
Profilbretter *npl* **für Wandtäfelung** *(BM, Hb)* wainscotting
Profildarstellung *f (Konst)* profile
Profildichtungsstreifen *m* **für Verglasungen** glazing gasket
Profildraht *m* profiled wire, shaped wire
Profile *npl* sections
Profileisen *n* 1. *(St)* figured iron; 2. *(Stat)* iron section; 3. *(BM, St)* section iron
Profilelement *n* profiled element
Profilfeinblech formed sheet
Profilfuge *f* scribed joint, true to profile
Profilglas *n* figured glass
Profilgrobblech *n* profiled plate, former plate

P

Profilherstellen *n (Bod, Verk)* shaping
Profilhersteller *m (BWG)* shape maker
Profilherstellung *f (Verk)* finishing, shaping
Profilhöhe *f* depth of section
profilieren *v* 1. *(Konst)* profile; 2. *(Verk)* shape, profile; 3. *(Hb)* mould; 4. *(Erdb, Te)* trim; 5. *(Bod, Verk)* shape *(Bodenoberfläche)*
profilieren *v*/**neu** *(Verk)* reform
Profilieren *n (Erdb, Te)* trimming *(Bodenoberfläche)*
Profilierschicht *f (Erdb, Konst, Verk)* filler course
profiliert profiled
Profilierung *f* 1. profiling, shaping *(Straßenbau)*; 2. *(Arch)* profiling
Profilklopfen *n* bossing *(Metall)*
Profilkörper *m* mandrel; pile core
Profillehre *f* 1. *(BWG, OB)* screed template; 2. *(BWG, Konst, Te)* template
Profilleiste *f* profiled strip
Profillinie *f* line, section line
profillos unshaped
profilmaserig raised-grain *(Holz)*
Profilmessgerät *n* profilometer
Profilmessung *f* profiling
Profilnivellierung *f (Verm)* profile levelling
Profilograph *m (BM)* profilometer *(für Straßenoberfläche)*
Profilplatte *f* profile(d) board
Profilquerschnitt *m* shape of cross section
Profilradius *m (Wsb, WVA)* hydraulic radius
Profilschere *f* secret cutter
Profilschneider *m* secret cutter
Profilschnitt *m* cut section, profile, section
Profilschreiber *m (BM)* profilometer
Profilskizze *f (Konst)* sketch profile
Profilspitze *f* high light *(Oberflächenmikroprofil)*
Profilstahl *m* 1. *(BM, St)* sectional steel; 2. *(St, Te)* profiled concrete steel
Profilstahl *m*/**trogförmiger** trough section, troughing
Profilstahlbewehrung *f* section reinforcement
Profilstahldeck *n* profile steel deck
Profilstahlkonstruktion *f* sectional steel construction
Profilstange *f* profiled rod
Profilstein *m* special-purpose block, profiled brick, purpose-made brick, purpose-made tile
Profilstufe *f* purpose-made step
Profiltafel *f* profiled panel, Q-floor unit
Profiltiefe *f* height of profile
Profilträger *m (TK)* sectional girder
Profilübergangsbogen *m (Verk)* profile transition curve *(Straße)*
Profiluntersuchungsauswertung *f (Verk)* profile analyser *(Straße)*
Profilverglasung *f* gasket glazing
Profilziegel *m* profiled brick
Profilzylinder *m* profile cylinder
Profit *m* profit
Prognose *f* 1. *(RP, Te, Verk)* forecast; 2. *(Konst, Stat, VR)* prediction
Prognosebelastung *f (Verk)* anticipated traffic loading *(Verkehrsweg)*
Prognosebelegung *f (Verk)* forecast road occupancy
Prognosezeitraum *m (RP)* forecast period *(Bauplanung)*
Programm *n (Konst)* scheme
Programmbildung *f* **ohne Rechnerunterstützung** *(Verk)* off-line plan generation
Projekt *n* 1. *(Konst)* project; 2. *(Konst)* design *(als Entwurf)*
Projekt *n* **auf der grünen Wiese** *(RP)* grass roots scheme
Projekt *n*/**einheimisches** internal design
Projekt *n*/**laufendes** *(Konst, Te, VR)* ongoing project
Projekt *n*/**schlüsselfertiges** *(VR)* turnkey job
Projekt *n*/**technisches** engineering project
Projektabteilung *f* planning department
Projektänderung *f* variation order, plan change
Projektänderung *f*/**offizielle** change order, variation order *(an den Bauauftragnehmer über Bauausführungsänderungen)*
Projektant *m* designer, planner
Projektbeauftragter *m* **des Auftraggebers** project representative
Projektbeschreibung *f (Konst)* project design report
Projektdatenerfassung *f (Konst, Verm)* survey
Projektebene *f (Konst, Te)* project level
Projektentwurf *m*/**ordnungsgemäßer** *(Konst)* proper design
Projektfinanzierung *f (VR)* funding of projects
Projektfixierung *f* plan fix
Projektgruppe *f* planning team
projektieren *v* 1. *(Konst, Te)* project; 2. *(Arch, Konst)* plan; 3. *(Konst)* plan and design
Projektieren *n*/**angepasstes** *(Konst)* proper design
Projektieren *n*/**zweckmäßiges** *(Konst)* proper design
projektiert/mangelhaft *(Konst, VR)* awkwardly designed
Projektierung *f (Konst)* planning
Projektierungsbüro *n* planning and design office, engineer's office, architect-engineer's office
Projektierungsgebühr *f (VR)* fee
Projektierungsphase *f* design development phase, design stage
Projektierungsvereinbarung *f* owner-architect agreement
Projektingenieur *m* project engineer, planning engineer *(für Projektplanung)*; project manager, project representative, field representative *(für Bauausführung, Projektrealisierung)*
Projektingenieur *m* **der Behörde** authority engineer
Projektion *f (Konst)* projection *(Ansicht)*
Projektion *f*/**abstandstreue** equidistant projection
Projektion *f* **auf eine Bildebene** *(Arch, Konst)* pictorial projection
Projektion *f*/**dreidimensionale** *(Konst)* isometric projection
Projektion *f*/**flächentreue** equiareal projection, equivalence projection
Projektion *f*/**isometrische** isometric projection
Projektionsebene *f (Konst)* projection plane
Projektionsfläche *f* projected area
Projektionskuppel *m* projection cupola
Projektionslänge *f* projection length
Projektionsstrahl *m* projecting ray
Projektionsverfahren *n (Konst)* projection method
Projektionswinkel *m* **einer Linie gegen Gitter Nord** *(Verm)* grid bearing
Projektkosten *pl (VR)* cost of a project
Projektleiter *m* project manager
Projektleitung *f* project management
Projektorraum *m* projection booth
Projektplanung *f (Konst)* schemes management
Projektplanungs- und -ausführungskosten *pl (VR)* project cost
Projektschlussbericht *m* project completion report
Projektstudie *f* 1. *(Konst, RP)* project study; 2. *(Arch, Konst)* *(AE)* projet
Projektstudienbestandsdauer *f* project design life
Projektsumme *f* project budget, project cost *(einschließlich Landerwerb, Einrichtung der Baustelle usw.)*
Projektsumme *f*/**geplante** project budget
Projektüberwachung *f (Te, VR)* project monitoring
Projektumfang *m (Konst)* scope of project
Projektunterlagen *fpl (Konst)* project

Projektvorbereitungsphase *f (Te)* preinvestment phase
Promenade *f* 1. *(LB)* promenade; 2. *(Arch, RP)* esplanade; 3. *(RP) (AE)* mall
Pronaos *m (Arch)* pronaos
Propan-Fällungsbitumen *n (BM)* propane-precipitated bitumen
Propellergebläse *n* propeller fan
Propellerventilator *m* propeller fan
Proportion *f (Te)* ratio
Proportion f/harmonische *(Arch)* harmonic proportion
proportional/direkt *(Stat)* directly proportional
Proportionalität *f* proportionality
Proportionalitätsgesetz *n (Stat)* law of proportionality
Proportionalitätsgrenze *f* limit of proportionality, proportional(ity) limit *(Festigkeit)*
proportioniert/gut proportionate
Proportionsgefühl *n (Arch)* sense of proportion
Proportionsskala *f* scale of ratios
Propstei *f (Arch)* priory
prospektieren *v (Bod)* prospect *(Baugrund, Lagerstätten)*
Prospektion *f* prospection
Prostasis *m (Arch)* pastas *(Wohnhausvorhalle - antikes Griechenland)*
Prostylostempel *m (Arch)* prostyle temple
Prothesis *f (Arch)* prothesis *(frühchristlicher Kirchennebenraum)*
protodorisch *(Arch)* proto-Doric
protoionisch *(Arch)* proto-Ionic
Protokoll *n (VR)* protocol
Protokollbuch *n (VR)* log book
protokollieren *v (Te)* record
Protorenaissancebaukunst *f (Arch)* proto-Renaissance architecture
Provinzstraße *f (Verk)* provincial road
provisorisch temporary, makeshift
Prozenterfüllungszahlung *f* percentage fee
Prozentsatz *m* percentage; proportion
Prozentsatz *m* **der Einbehaltung** retention percentage
Prozentsatz *m* **der Vorfertigung** factory fraction
Prozess *m (Te)* process
Prozessablauf *m* processing *(technologisch)*
Prozessabläufe *mpl*/**ferngesteuerte** remote processing
Prozessgrenzen *fpl* process limits
Prozessieren *n (VR)* litigation
Prozessionsgang *m (Arch)* processional walk, procoeton *(Wohnung im alten Rom und Griechenland)*
Prozessionsweg *m (Arch)* processional circuit *(Tempel)*; sacred street *(Delphi)*
Prozesslage *f*/**mittlere** process average
Prozesslenkung *f* process control
Prozessqualitätsüberwachung *f* process quality control
Prozesssteuerer *m (HLK)* controller
Prozesssteuerer *m*/**koordinierter** interconnected controller
P+R-Parkplatz *m* park-and-ride yard
PR-Parkplätze *mpl (Verk) (AE)* park-and-ride lots
Prüf... *siehe auch: Test...*
Prüfablaufplan *m (VR)* inspection schedule
Prüfanordnung *f (Konst)* test set-up
Prüfanweisung *f (VR)* inspection protocol
Prüfaufbau *m (Konst)* test set-up
Prüfaufzeichnung *f* test record
Prüfausrüstung *f* testing kit
Prüfbeanspruchung *f* test exposure *(Feldprüfung)*
Prüfbedingungen *fpl (BM, Konst, Te)* test conditions
Prüfbefund *m* test result
Prüfbelastung *f* test load(ing)
Prüfbericht *m* 1. inspection record, inspection report *(Bauwerk)*; 2. test record, test report, trial record *(Ergebnis der Untersuchung, des Prüfablaufes)*; test certificate *(der bestandenen Kontrollprüfung)*
Prüfbescheinigung *f* test certificate; inspection certificate *(Bauüberwachung)*
Prüfbestimmungen *fpl* test specifications
Prüfdaten *pl (BM, VR)* test data
Prüfdauer *f* testing time; length of exposition *(Baustoffe)*
Prüfdruck *m* test(ing) pressure
Prüfdurchgang *m* test round, test stage
Prüfeinrichtung *f* testing facility, checking feature
prüfen *v* 1. *(BM, Te)* test *(erproben, z. B. Materialien)*; 2. check *(Merkmale, Standardvergleich)*; 3. examine *(sichten, überprüfen, untersuchen)*; 4. *(Te)* vet *(genau prüfen, speziell auf Sicherheit)*
prüfen *v* **auf** test for
prüfen *v*/**erneut** re-check
prüfen *v*/**genau** *(Te)* vet
prüfen *v*/**schnell nach Augenschein** *(sl)* give a once over
Prüfen *n* testing
Prüfen *n* **mit den Sinnen** *(VR)* organoleptic test *(Geruch, Geschmack, Hören, Fühlen)*
Prüfen *n* **unter Betriebsbedingungen** *(Te)* plant test
Prüfer *m* examiner
Prüfergebnis *n* test result
Prüfergebnis *n*/**signifikantes** *(BM, VR)* significance test result
Prüfergebnisse *npl (BM, VR)* test data
Prüffehler *m*/**systematischer** *(BM, VR)* bias of test result
Prüffeld *n (Konst)* test ground
Prüffläche *f (Konst)* test area
Prüfformular *n (BM, BT, Konst, VR)* check list
Prüfgelände *n* test(ing) ground
Prüfgenauigkeit *f (VR)* test precision
Prüfgerät *n* test apparatus, tester
Prüfgrundsatz *m (VR)* testing principle
Prüfhäufigkeit *f (VR)* test frequency
Prüfingenieur *m* test(ing) engineer
Prüfinstitut *n* testing institute
Prüfinstitut *n*/**autorisiertes** authorized institute
Prüfkammer *f*/**temperaturgesteuerte** environmental control chamber
Prüfkorn *n s.* Prüfkorngröße
Prüfkorngröße *f* particle test size
Prüfkörper *m*/**eingespannter** restraint specimen
Prüfkörperform *f* test sample mould
Prüfkörpervorbereitung *f* specimen preparation
Prüflabor *n (BM, Konst)* testing laboratory
Prüflabor *n*/**amtlich zugelassenes** *(BM, VR)* accredited laboratory
Prüflabor *n*/**behördliches** public works laboratory
Prüflaboranerkennung *f*/**amtliche** *(VR)* laboratory accreditation
Prüflaboratorium *n s.* Prüflabor
Prüflaborbegutachtung *f (VR)* laboratory assessment
Prüflast *f (Stat)* test load
Prüflehre *f (BWG)* master
Prüfliste *f (BM, BT, Konst, VR)* check list
Prüfmarke *f* mark of approval
Prüfmaschine *f (BWG)* testing machine
Prüfmaterial *n* test material, material to be tested; material being tested *(während des Tests)*
Prüfmerkmal *n* test characteristics
Prüfmethode *f* test(ing) method, kind of test, testing technique
Prüfmittel *n* testing agent
Prüfmuster *n (BM)* test specimen
Prüfnorm *f* test standard, testing method standard
Prüfparameter *m(pl)* testing parameter
Prüfplan *m (VR)* inspection schedule

Prüfplatte *f (OB)* flat panel *(Anstriche, Beschichtungen)*
Prüfpresse *f (BWG)* test machine
Prüfprogramm *n (Te, VR)* testing programme
Prüfprotokoll *n (VR)* inspection sheet *(Aufnahmeprotokoll)*
Prüfraum *m (Konst)* test room
Prüfreihe *f (BM, Konst, Te)* test series
Prüfsieb *n* test(ing) sieve
Prüfsiebeinsatz *m* mesh bottom
Prüfsiebgröße *f* sieve number
Prüfsiebnummer *f* sieve number
Prüfsiebsatz *m* nest of screens, sieves *(für Baustoffe)*
Prüfsiebung *f* grading test, sieve analysis
Prüfstand *m* test stand, test station, test bench, test rig
Prüfstand *m***/hydraulischer** *(WVA)* bench for hydraulic test
Prüfstandeinrichtung *f* test installation
Prüfstation *f (BWG)* test station
Prüfstelle *f* testing laboratory
Prüfstrecke *f (Verk)* trial section
Prüfstreuung *f* scattering of tests
Prüfstück *n* test piece, test specimen; test sample
Prüfsystem *n***/klimagesteuertes** *(AE)* environmental conditioning system
Prüftafel *f (BM)* test panel *(meist für Beschichtungsprüfungen)*
Prüftätigkeit *f* testing work *(Bauwerksprüfung)*
Prüftechnik *f (Konst)* testing technique
Prüfung *f* 1. test, testing *(Erprobung, z. B. Baustoffe, Bauelemente)*; 2. *(Konst, VR)* check; 3. *(VR)* inspection *(Überwachung, Besichtigung, Bauaufsichtskontrolle)*; 4. examination *(Überprüfung, Sichtung, Untersuchung)*; 5. vetting *(Sicherheitsüberprüfung)*
Prüfung *f***/amtliche** *(VR)* official test
Prüfung *f* **auf Vertragsgemäßheit** *(VR)* compliance test
Prüfung *f***/bauakustische** *(DIS, VR)* acoustic testing of buildings
Prüfung *f* **der geometrischen Eigenschaften von Gesteinskörnung** *(DIN EN 933-5)* testing of the geometrical properties of mineral aggregate
Prüfung *f***/empirische** *(BM)* trial-and-error test
Prüfung *f* **im Rotationskolben** *(BM)* rotating flask test
Prüfung *f* **in einem weiten Bereich** sweep test
Prüfung *f* **in großem Maßstab** large-scale test(ing)
Prüfung *f***/mikroskopische** microscopic examination
Prüfung *f* **mit konstanter Belastung** *f* static load test
Prüfung *f* **mit konstanter Gesamtverformung** sustained deformation test
Prüfung *f* **nach Augenschein** 1. *(BM, BT, VR)* visual examination; 2. *(VR)* cold inspection
Prüfung *f***/nicht zerstörungsfreie** destructive test *(von Baustoffen)*
Prüfung *f***/schnelle visuelle** *(VR) (sl)* once-over
Prüfung *f***/statistische** statistical test
Prüfung *f* **unter Betriebsbedingungen** in-plant test
Prüfung *f* **unter Einsatzbedingungen** operational test, practical test, service test
Prüfung *f***/verkehrsunabhängige** *(Verk, VR)* off-road test
Prüfung *f***/visuelle** *(BM, BT, VR)* visual examination
Prüfung *f***/wärmeschutztechnische** heat insulation test, thermal insulation test
Prüfung *f***/zerstörende** destructive test *(von Baustoffen)*
Prüfung *f***/zerstörungsfreie** non-destructive testing *(von Baustoffen)*
Prüfungsanweisung *f (VR)* protocol
Prüfungsdruck *m (Stat)* testing pressure
Prüfungsergebnis *n* experimental result
Prüfungsingenieur *m (VR)* test engineer
Prüfungsnachweis *m* 1. *(Stat)* proof; 2. *(VR)* test certificate *(Bauüberwachung)*
Prüfungsstandard *m (VR)* testing method standard
Prüfvariation *f (Te)* test variable
Prüfverfahren *n* method of testing, test(ing) method, testing procedure
Prüfverfahren *n* **für Naturstein** *(DIN EN 14157, EN 14188, EN 14579, EN 12057, EN 12058)* methods of testing of natural stone, testing methods of natural stone
Prüfverfahren *n***/genormtes** *(BM, VR)* standard test method
Prüfverfahren *n***/mechanisches** *(BM)* mechanical testing
Prüfverfahren *n***/verhaltensorientiertes** performance related test method
Prüfverfahren *npl* **für Asphalt** *(DIN EN 12697)* test methods for asphalt
Prüfverfahren *npl* **für Mineralstoffe** test methods for aggregates
Prüfverfahren *npl* **für Zement** test methods for cement
Prüfverfahrensfehler *m***/systematischer** *(BM, VR)* bias of measurement method
Prüfverhalten *n (BM, Te)* test performance
Prüfverschlusspfropfen *m (BT)* test plug *(Dränrohr)*
Prüfversuch *m (BM, BT)* check test
Prüfvorrichtung *f* test apparatus
Prüfvorschrift *f (VR)* inspection specification
Prüfvorschriften *fpl* test regulations, test specifications, testing regulations, specifications
Prüfwaage *f (BM)* assay balance
Prüfwert *m* test result
Prüfwinkel *m (BWG)* master square
Prüfwürfel *m (BM)* test cube
Prüfzeichen *n* test mark, test symbol, mark of approval
Prüfzeit *f (Te)* testing time
Prüfzeugnis *n***/amtliches** *(VR)* agreement certificate
Prüfzyklus *m* test cycle
Prüfzylinder *m* test cylinder
Prügelweg *m* 1. *(LB)* log causeway; 2. *(Arch) (AE)* corduroy road
Prunktor *n (Arch)* portal
Prunktorbaukunst *f* portal architecture
Prunktreppe *f* grand stairway
Pryteneum *n (Arch)* prytaneion *(Publikumshalle im antiken Griechenland)*
PS *(BM)* polystyrene
PS-Dämmmaterial *n (DIS)* polystyrene insulation material
Pseudobasilika *f (Arch)* pseudo-basilica
pseudodipteral *(Arch)* pseudodipteral
Pseudodipterostempel *m (Arch)* pseudodipteral temple
Pseudokieselgur *m (BM)* gaize
pseudo-klassisch *(Arch)* pseudo-classical
Pseudomoment *n* pseudomoment
Pseudostil *m (Arch)* pseudo-style
Pseudovolute *f (Arch)* pseudo-volute, pseudo-scroll
PS-Folie *f (DIS)* polystyrene film
psi *(Stat)* pound(-force) per square inch
PS-Profil *n (BT)* polystyrene profile
PS-Wandfliese *f* polystyrene wall tile
Psychrometer *n* psychrometer
Pteron *m (Arch)* pteroma *(Zwischenkranzfläche des griechischen Tempels)*
PTFCE polytrifluorochloroethylene
Ptolemäertempel *m (Arch)* Ptolemaic temple
puddeln *v* puddle
Puffer *m* buffer *(Dämmung; Bahn)*; bumper *(Straße)*; pad, cushion *(Lagerung)*
Puffer *m***/thermischer** thermal buffer
Pufferraum *m (Konst)* crush-room
Pufferschicht *f (Konst)* buffer layer
Pulpe *f* pulp
Pulpitum *n (Arch)* pulpitum

pulsieren *v* pulsate
Pult *n* desk; pulpit *(Kanzel)*
Pultabdeckung *f* feather-edged coping, splayed coping
Pultanbau *m (Konst)* lean-to
Pultdach *n* monopitch roof, single-pitch roof, pitched roof, half-span roof, lean-to roof, shed roof *(Halbdach)*; aisle roof *(Abseitendach)*; pen roof *(Schleppdach)*; pent(house) roof *(Flugdach)*
Pultdach *n*/**freitragendes** *(Konst, TK)* single-pitch roof
pultförmig lopsided, desk-type
Pulver *n*/**färbendes** powdered colouring agent
Pulveradditiv *n* powdered additive
pulverartig powdery, pulverulent
pulverbeschichten *v (OB)* powder-coat
pulverbeschichtet *(OB)* powder-coated
Pulverbeschichtung *f (OB)* powder organic coating *(EN 13438)*
Pulverbeschichtungsverfahren *n (OB, Te)* powder coating technique *(EN 13438)*
Pulverflammspritzen *n* powder combustion spraying
pulverförmig in powder, powdered, powdery, pulverized, pulverulent
pulverig *s.* pulverförmig
pulverisieren *v* pulverize, powder, triturate, grind *(z. B. zu Füller)*
pulverisiert in powder, powdered, powdery, pulverized *(Füller, Zement, Pigment, Isolier- und Dämmstoffe)*
Pulverisierung *f (BM, Te)* trituration
Pulverisolierung *f (DIS)* powder insulation
Pulverkalk *m* powdered lime
Pulverlack *m (BM, OB)* powder paint
Pulverlackbeschichtung *f (OB)* powder coating
Pulverlöscher *m* dry chemical fire extinguisher
Pulvermetallurgie *f* powder metallurgy
Pulverspritzpistole *f* powder gun *(für Pulverspritzverfahren)*
Pulverspritzschicht *f (OB)* powder sprayed coating
Pulverspritzverfahren *n (OB, Te)* powder spraying method *(Spritzmetallisierung)*
Pulververzögerer *m* powdered retarder
Pulvinafries *m (Arch)* pulvinated frieze
Pulvinus *m* 1. *(SB)* impost block; 2. *(Arch)* dosseret, superabacus, supercapital
Pulvinusfries *m (Arch)* swelled frieze
pulvrig powdery, pulverized, nesh *(Pigment, Füller)*
Pumpanlage *f* pumping installation, pumping unit
Pumpanlagen *fpl (RP, Wsb, WVA)* waterworks
Pumpbeton *m* pumpcrete, pumped concrete, pumping of concrete
Pumpbetoneinbringung *f (BB, Te)* pumpcrete placement
Pumpbetonleitungsende *n* slick line *(Pumpbeton)*
Pumpbetonleitungsende *n*/**bewegliches** slick line *(Pumpbeton)*
Pumpe *f* pump
Pumpe *f* **mit Rückschlagventil** *(San, WVA)* ball pump
pumpen *v (Te)* pump
Pumpen *n* pumping *(z. B. Wasser, Beton)*; surging *(Verdichter)*
Pumpenbagger *m* pump dredger
Pumpenbrunnen *m (Erdb)* pump well
Pumpenentwässerungssystem *n* 1. *(Erdb, WVA)* subbuilding drainage system; 2. *(WVA)* subgrade drainage system
Pumpenkorb *m* tube filter
Pumpenleitung *f* pump piping
Pumpenraum *m* pump room
Pumpenschacht *m* sump shaft, pump pit *(Baugrube)*
Pumpensod *m (Erdb)* pump well
Pumpensumpf *m* pump pit, pump well, sump, suction well *(Baugrube)*
Pumpfähigkeit *f* pumpability
Pumpförderleistung *f* pumpage
Pumpsauger *m (San)* plunger, *(sl)* plumber's friend
Pumpspeicherkraftwerk *n (Wsb)* pump(ed) storage station, pump-fed power station
Pumpspeicherung *f* power storage, pumped storage
Pumpversuch *m (Bod)* pumping test, test pumping
Punkt *m* 1. point, place, spot *(Stelle)*; 2. point *(mathematisch)*; 3. dot, speck, spot *(kleiner Fleck)*
Punkt *m*/**aufsteigender** ascending point
Punkt *m*/**trigonometrischer** *(Verm)* station, triangulation point, triangulation station, trigonometrical point
Punktbelastung *f* 1. *(Stat)* point loading; 2. *(Konst, Stat)* concentrated loading
Punktbrunnen *m (Erdb, Wsb, WVA)* well point
Punkte *mpl* **der Gegenbiegung** *(Verm)* points of contraflexure
Punkteisen *n (BM)* zax
Punkten *n* scutching, scotching *(Stein)*
Punkterdung *f (El)* single-point earthing, *(AE)* single-point grounding
Punktevermarkung *f (Verm)* marking of points
Punktfestigkeit *f (Stat)* spot strength
punktförmig punctiform
punktgeklebt *(Te)* spot-glued
punktgeschweißt spot-welded
Punkthaus *n* point block, point building
Punkthochhaus *n* point building, tower block, tower building
Punkthöhe *f (Verm)* spot elevation
punktieren *v* dot, stipple *(z. B. Zeichnungen)*
Punktkipplager *n (Br, TK)* spherical bearing *(Brücke)*
Punktkleben *n (OB, Te)* spot mopping *(Dachpappe)*
Punktklebung *f* spot bonding, spot fixing
Punktkraft *f (Stat)* point force
Punktlast *f (Stat)* point load
Punktlast *f*/**mittige** *(Stat)* central point load
Punktlastspannung *f* point-load stress concentrated load stress
Punktlastsystem *n* point-load system
Punktmoment *n (Stat)* concentrated couple
Punktnaht *f* spot weld
Punktquelle *f* dimple spring
punktschweißen *v* spot weld
Punktschweißen *n (St, Te)* spot welding
Punktschweißnaht *f* spot weld
Punktschweißung *f* spot welding
Punktstrahler *m (El)* spotlight
punktverklebt *(Te)* spot-glued
Punktverklebung *f* spot bonding, spot fixing
punzen *v (Arch)* emboss
punzieren *v (Arch)* emboss
punziert embossed
pur *(Arch)* unmixed
PUR *(BM)* polyurethane
PUR-Anstrichstoff *m (BM, OB)* polyurethane coating
PUR-Basis *f* polyurethane base
PUR-Dämmstoff *m (DIS)* polyurethane insulant
PUR-Decklack *m* polyurethane clearcole
PUR-Farbe *f (BM, OB)* polyurethane paint
PUR-Hartschaum *m (DIS)* polyurethane rigid foam
PUR-Kitt *m (BM)* polyurethane cement
PUR-Klarlack *m* polyurethane varnish
PUR-Masse *f* polyurethane composition, polyurethane mass, polyurethane material
Purpur *m (OB)* purple
Purpurpigment *n (OB)* purple pigment

PUR-Schaum *m* foamed polyurethane, polyurethane foam
Putte *f* putto
Putz *m* 1. mixed plaster *(Baustoff)*; 2. plaster, finish *(fertig aufgetragen)* • **auf Putz** on plaster (surface) • **auf Putz montiert** *(Konst)* surface-mounted • **auf Putz verlegen** expose on the surface *(Leitung)*; wire on the surface *(Leitung)* • **den Putz abfilzen** *(OB, Te)* felt-treat • **doppelschichtigen Putz aufbringen** render and set • **ein Muster in den Putz drücken** print • **mit Putz bewerfen** daub, plaster, sparge • **Putz erneuern** *(RS, SB)* resurface • **über Putz verlegen** wire on the surface *(Leitung)* • **unter Putz** concealed, flush • **unter Putz verlegen** *(El)* wire concealed
Putz *m*/**abgeriebener** *(OB, SB)* sand-float finish
Putz *m*/**abgezogener** screed coat
Putz *m* **auf Drahtgeflecht** plaster on wire, plaster on wire lathing
Putz *m* **auf Holzstabträgergeflecht** *(SB)* plaster on wooden lathing
Putz *m* **auf Metallputzträger** plaster on metal, plaster on metal lathing
Putz *m* **auf Putzträgergewebe/einlagiger** lath and plaster
Putz *m* **auf Rohrgewebe** plaster on reed, plaster on reed lathing
Putz *m* **auf Trägergewebe/einlagiger** *(SB)* one-coat work
Putz *m*/**aufgezogener** float coat, topping coat
Putz *m*/**dreilagiger** three-coat plaster, three-coat work, three-coat work on walls, render(,) float and set, RFS, float and set, bastard stucco • **dreilagigen Putz aufbringen** render, float, and set
Putz *m*/**dreischichtiger** three-coat plaster
Putz *m*/**geglätteter** screed coat
Putz *m*/**gestockter** granulated plaster
Putz *m*/**gipsfreier** *(BM)* ungauged lime plaster
Putz *m*/**hydraulischer** hydraulic finish
Putz *m*/**in den Putzträger eingedrückter** *(SB)* key
Putz *m*/**maschinell aufgetragener** *(SB)* machine-applied plaster
Putz *m*/**maschinell gemischter** *(SB)* machine-made plaster
Putz *m* **mit Schlackensand** slag plaster
Putz *m*/**nicht anziehender** *(SB)* short-working plaster
Putz *m*/**nicht sichtbarer** *(AE)* backplastering
Putz *m* **ohne Zuschlagstoffe** neat plaster
Putz *m*/**schallabsorbierender** *(BM, DIS)* acoustical plaster
Putz *m*/**schlagregensicherer** rendering resisting pelting rain
Putz *m*/**treibender** *(SB)* unsound plaster
Putz *m*/**wasserhemmender** *(BM, DIS)* water-retardant plaster
Putz *m*/**wassersperrender** *(BM, DIS)* waterproofing plaster
Putz *m*/**zweilagiger** *(SB)* two-coat work • **zweilagigen Putz aufbringen** render and set
Putzabschlussleiste *f* casing bead
Putzabstandshalter *m* furring
Putzabstandsleisten versehen/mit furred
Putzabziehlatte *f* plasterer's derby
Putzabziehlehren *fpl* striking-off lines
Putzanwurf *m* throwing-on, thrown-on finish
Putzarbeit ausführen *v (AE)* parget
Putzarbeiten *fpl* plaster and stucco work(s), plastering, plasterwork, rendering and plastering work *(DIN 18350)*
Putzarchitektur *f (Arch)* stucco architecture
Putzaufbau *m (SB)* plaster scheme
Putzaufbringung *f*/**isolierte** furring
Putzaufkratzblech *n* drag
Putzaufspritzen *n*/**pneumatisches** *(BB, SB, Te)* pneumatic placement
Putzausgleichsschicht *f* levelling coat
Putzbauwerk *n (Arch, Konst)* rendered structure
Putzbestandteil *n* plaster ingredient
Putzbewehrung *f* plaster reinforcement
Putzbrettchen *n* finishing tool
Putzbund *m* plaster base
Putzbürste *f* finishing brush, splash brush, stock brush
Putzdecke *f* plastered ceiling
Putzdecke *f*/**abgehängte** hung plaster ceiling
Putzdeckel *m* 1. *(HLK, San)* cleaning cover; 2. *(HLK, San)* cleanout cover; 3. *(BT, San, WVA)* rodding cover
Putzdeckelrohr *n (San)* capped pipe
Putzdeckenkante *f* plaster cornice
Putzdicke *f (SB)* thickness of finish
Putzdrahtgeflecht *n (BM, SB)* wire lathing
Putzdrahtgewebe *n (BM, SB)* wire lathing
Putzdünnschicht *f (SB)* skin of plaster
Putzeckleiste *f* corner bead
Putzeisen *n* **für Ecken mit 45°-Abschnittswinkel [45°--Schnittwinkel]** mitre rod
putzen *v* 1. plaster, finish, render, *(AE)* parget; 2. scour *(eine Oberfläche glätten, blankputzen)*; 3. chip *(abgraten)*; 4. *(OB)* blast *(z. B. Brückenteile)*; 5. refine *(säubern)*
Putzen *n* plastering, plasterwork
Putzen *n*/**maschinelles** mechanical application (of mortar), mechanical plastering
Putzen *n*/**zweilagiges** two-coat plastering
Putzen *n*/**zweischichtiges** two-coat plastering
Putzer *m* plasterer
Putzergerüst *n* plasterer's scaffold
Putzerrüstung *f* plasterer's scaffold
Putzerzirkel *m* radius rod, radius tool, gig stick
putzfähig ready for plastering
Putzfassade *f* rendered façade
Putzfläche *f* plaster area
Putzfleck *m* plaster stain
Putzflecken *mpl*/**dunkle** pattern staining
Putzformlehre *f* radius rod, radius tool, gig stick
Putzformstück *n (BT, San, WVA)* rodding fitting
Putzfries *m* plaster frieze
Putzfugenleistenlage *f* strip lath *(Putzarbeit)*
Putzführstreifen *m* running screed *(Zierkante)*
Putzgebäude *n (Arch, Konst)* rendered building
Putzgerät *n*/**mechanisches** *(BWG, SB)* mechanical trowel
Putzgips *m* plaster of Paris
Putzglätten *n (SB)* running-off
Putzgrund *m (SB)* plaster base
Putzhaar *n (BWG, SB)* plasterer's hair
Putzhaarrisse *mpl* check cracks
Putzhaftung *f* plaster bond
Putzhängedecke *f* hung plaster ceiling
Putzhobel *m* fine plane
Putzhöhenlatte *f* spot ground, rod
Putzkalk *m* finish(ing) lime
Putzkamm *m* drag, comb
Putzkantenleiste *f* plaster ground *(Tür, Fenster)*
Putzkantenschoner *m* plaster bead, plaster head, plaster staff, staff angle, corner bead, angle staff
Putzkantenschützer *m s.* Putzkantenschoner
Putzkelle *f* plastering trowel, finishing tool, rendering, spoon
Putzkomponente *n* plaster ingredient
Putzkratzer *m (BWG)* comb
Putzkuppel *f (SB)* plaster cupola
Putzlage *f* skin of plaster, facework, facing, slip
Putzlage *f*/**schwache** slip

P

Putzlage *f*/zweite *(SB)* second coat *(bei Dreilagenputz)*
Putzlatte *f* browning rod
Putzleder *n* washleather
Putzlehre *f* 1. spot ground *(Lattenlehre)*; 2. bedding dot *(Putzleiste)*; 3. screed for plastering *(Mörtelputzleistenvorlage)*; 4. nib guide, nib rule *(Deckengesims)*; 5. screed rail *(waagerecht)*
Putzlehrschiene *f* screed; screed strip *(senkrecht)*
Putzleiste *f* 1. angle staff, bedding dot, screed, staff angle; 2. mortar screed *(aus Mörtel als Vorlage)*; 3. window bar, window bead *(Fensterputzleisten)*
Putzleisten *fpl (BT)* counterlathing *(als Putzträger)*
Putzleitkante *f* running screed *(Zierkante)*
Putzmagnesia *f (BM)* magnesium hydroxide
Putzmaschine *f* plaster-throwing machine, plastering machine
Putzmasse *f* mixed plaster, stuff
Putzmaterial *n (BM, SB)* plastering material
Putzmethode *f* plastering method
Putzmörtel *m* plaster, plastering mix, stuff
Putzmörtel *m*/farbpigmentierter *(BM)* coloured finish
Putzmörtel *m*/magerer lean mix
Putzmörtel *m* mit Dichtungsmittelzusatz parget(ing), placard
Putzmörtelträger *m* plaster lath
Putzöffnung *f* cleaning opening, rodding opening, cleaning eye *(z. B. in Rohrleitungen)*
Putzöffnung *f*/unbehandelte plaster arch
Putzornament *n (Arch)* parget(ing)
Putzpinsel *m* finishing brush
Putzplattenhalter *m* sheeting clip
Putzprägekante *f* run moulding
Putzrichtlatte *f* rod
Putzrichtscheit *n (SB)* levelling rule
Putzriffel *f* base screed, basebead
Putzringformlehre *f* radius rod, radius tool, gig stick
Putzriss *m* plaster crack
Putzrisse *mpl* eggshelling; chip cracks *(tief, durchgehend)*
Putzrohr *n* plastering reed
Putzsand *m* plaster aggregate
Putzschicht *f* plaster(ing) coat, rendering coat; face plaster, facing, dub *(Deckputz)*
Putzschicht *f*/dritte *(SB)* third coat
Putzschicht *f*/mittlere floating *(beim dreilagigen Putz)*
Putzschicht *f*/obere face coat, final coat, final plaster, fining coat, finish coat
Putzschicht *f*/untere *(SB)* undercoat
Putzschutzleiste *f* staff angle, angle staff
Putzspachtel *m(f)* rendering trowel
Putzspritzbürste *f* splash brush
Putzstelle *f*/fehlerhafte catface
Putzstelle *f*/hohle *(AE)* gaul
Putzstelle *f*/raue catface
Putzstellen *fpl*/losgelöste blistering
Putzstopfen *m* rodding plug, rodding screw
putzstrahlen *v (OB)* blast *(z. B. Brückenteile)*
Putzstrahlen *n (OB)* blast cleaning
Putzstruktur *f* textured finish
Putzstück *n* cleanout piece
Putzsystem *n (SB)* plaster scheme
Putztafel(guss)form *f* panel mould, pan mould
Putztragelattenwerk *n* strapping
Putzträger *m* plaster base, plaster lath, lathwork, lathing, back
Putzträger *m* aus Leisten counterlathing
Putzträgerabstandsleiste *f* furring strip
Putzträgerdämmplatte *f (BT, DIS)* lath insulating mat
Putzträgerdecke *f (Konst)* lath ceiling
Putzträgerdiele *f* plank lathing
Putzträgerdrahtgeflecht *n (BM)* wire mesh lathing
Putzträgergeflecht *n* lath mesh
Putzträgergewebe *n* fabric lath, fabric lathing, cloth lath, woven fabric lathing
Putzträgergitter *n (SB)* lathwork
Putzträgerleiste *f* furring strip
Putzträgermatte *f* lath mesh
Putzträgernagel *m* plaster-base nail, self-furring nail, furring nail
Putzträgernagelung *f (AE)* brandering
Putzträgerplatte *f (BT)* plaster baseboard
Putztragewerk *n* strapping
Putztreiben *n (SB)* popping
Putztreibstelle *f* popping
Putz- und Stuckarbeiten *fpl (SB, Te)* plaster and stucco works *(DIN 18350)*
Putzunteransicht *f* plaster soffit
Putzunterdecke *f* plastered counter ceiling
Putzuntergrund *m* **mit Haltekanten** *(SB)* splayed ground
Putzunterlage *f (SB)* rendering base
Putzuntersicht *f* plaster soffit
Putzverankerung *f* plaster bond
Putzverankerung *f*/mechanische plaster bond
Putzverfahren *n* plastering method
Putzwagen *m (BWG, OB)* cleaning cradle *(für Fenster und Fassaden)*
Putzwand *f* plastered wall
Putzwerfer *m* 1. *(BWG, LB, SB)* plaster sprayer; 2. *(BWG, SB, Te)* plaster-throwing machine
Putzwinkel *m* plaster angle
Putzwurfwand *f (SB)* thrown-on plaster wall
Putzzeugraum *m* store equipment room
Putzzierleistenformung *f* horsing-up
Putzzuschlag *m* plaster aggregate
Putzzuschlagstoff *m* plaster aggregate
puzzolanartig pozzolanic
Puzzolane *f* pozzolanic material, pozzuolana
Puzzolanerde *f* pozzolana
Puzzolanerde *f*/natürliche natural pozzolana
puzzolanhaltig pozzolanic
Puzzolanität *f* pozzolanity
Puzzolanmörtel *m (BM)* pozzolanic mortar
Puzzolanportlandzement *m* Portland-pozzolana cement, Portland pozzolanic cement
Puzzolanzement *m* pozzolan cement, pozzolanic cement, masonry cement
PVA-Beton *m* cement-polyvinyl acetate emulsion concrete, PVA-concrete
PVAC *(BM)* polyvinyl acetate
PVC 1. *(BM, OB)* pigment volume concentration; 2. *(BM)* polyvinyl chloride
PVC-Bahn *f* PVC sheet(ing)
PVC-Basis *f* PVC base
PVC-beschichtet *(BT, OB)* PVC-coated
PVC-Bodenbelag *m* flexible PVC floor cover, PVC floor finish
PVC-Dichtung *f (DIS)* PVC sealing
PVC-Fliese *f* PVC tile
PVC-Folie *f* PVC film, PVC insulating film
PVC-Fugenband *n* PVC waterstop
PVC-gebunden *(BM)* PVC-based
PVC-Grundlage *f* PVC base
PVC-Hohlprofil *n* PVC hollow profile
PVC-Mehrschichtbelag *m* laminated PVC covering
PVC-Mehrschichtenbelag *m* laminated PVC covering
PVC-Regenablaufsystem *n* PVC rainwater system
PVC-Rohr *n* PVC pipe
PVC-Schaumstoff *m (BM, DIS)* PVC foam

PVC-Wandplatte *f* PVC tile, PVC wall board
PVC-Weichfolie *f (BM)* flexible PVC film
P-Verschluss *m* p-trap *(Abwasser)*
Pyknometer *n (BM)* pycnometer, pyknometer
Pylon *m* 1. *(Arch)* pylon *(Brücke)*; 2. *(Arch)* gateway (tower) *(massiver turmartiger Baukörper an Eingangstoren, z. B. antiker Tempel)*
Pylone *f s.* Pylon
Pylonenpaar *n* pair of gateways; pair of pylons
pyramidal pyramidal
Pyramidalfein *n (BM)* small pyramid glass
Pyramide *f* pyramid, true pyramid
Pyramide *f***/abgestumpfte** *(Arch)* truncated pyramid
Pyramide *f***/eigentliche** *(Arch)* true pyramid
Pyramide *f***/stufenlose** true pyramid
Pyramide *f***/umgekehrte** inverted pyramid
Pyramidenbau *m (Arch)* pyramid building
Pyramidendach *n* pyramid roof, pyramidal hipped roof, spire roof
Pyramidendach-Kirchturm *m (Arch, Konst)* spired church tower
Pyramidenflechtwerk *n (BT, Konst)* lattice steeple
Pyramidenform *f (Arch)* pyramid shape
pyramidenförmig pyramidal
Pyramidengestalt *f (Arch)* pyramid shape
Pyramidenkappe *f (Arch)* pyramidion
Pyramidenstumpf *m (Arch)* truncated pyramid
Pyramidenturmdach *n* spire roof
Pyramidenturmdach *n***/kleines** *(Arch, Konst)* spirelet
Pyrit *m* pyrite
pyrithaltig pyritous
Pyrolyse *f (BM)* pyrolysis
Pyrometer *n* pyrometer
Pyrophyllit *m* pyrophyllite
Pyroxen *n (BM, Bod)* pyroxene *(ein Silikatmineral)*
Pyroxenit *m* pyroxenite
PZ *(BM)* Portland cement

QMS quality management system, QMS
Quader *m* ashlar, quader stone, hewn stone, squared stone *(Naturstein)*
Quadermauer *f* wall in ashlar
Quadermauerwerk *n* 1. ashlar masonry, ashlar stonework, regular-coursed ashlar work, rockwork; 2. *(Arch)* isodomum of blocks, Greek masonry
Quadermauerwerk *n* **in gleichen Schichten** coursed ashlar, *(AE)* rangework
Quaderpflasterblock *m* sett
Quadersandstein *m (BM)* mitchell
Quaderstein *m s.* Quader
Quaderstein *m***/bearbeiteter** *(SB)* tooled ashlar
Quaderstein *m***/ebener** plain ashlar
Quaderstein *m***/fertig bearbeiteter** smooth ashlar
Quaderstein *m***/gespitzter** *(SB)* pointed ashlar
Quaderstein *m***/großer behauener** block-in-course
Quadersteingewölbe *n* ashlar masonry arch
Quadersteinmauer *f* wall in ashlar
Quaderverband *m* 1. quader (stone) bond, ashlar bond; 2. *(Arch)* Greek masonry, isodomum of blocks
Quadrant *m (Verm)* quadrant; quadrant *(für Höhenwinkel)*
Quadrat *n (Arch)* square • **zu einem Quadrat umbilden** quadrate
Quadrat... square ... *(Mathematik)*
Quadratfuß *m* square foot *(ca. 0,093 qm)*
Quadratgrundriss *m* square ground-plan, square plan
Quadrat-Inch *n (Stat)* square inch *(ca. 6,45 qcm)*
quadratisch quadrate, square, quadriform; quadratic *(mathematisch)*
quadratisch/geometrisch quadrate
Quadratloch *n* square mesh
Quadratlöcher *npl* square holes
Quadratlochöffnung *f* square aperture, square punching
Quadratlochsieb *n* square-mesh sieve *(z. B. für Zuschläge)*
Quadratmeter *m* square metre
Quadratoberlicht *n* square roof-light
Quadratöffnung *f* square hole
Quadratpfeiler *m (BT, TK)* square pier
Quadratplatte *f (BT, Konst)* square plate
Quadratprofil *n (BT)* square
Quadratquerschnitt *m (BT)* square cross section
Quadratraster *m* square planning grid, squared structural grid
Quadratraum *m (Arch)* square chamber *(sakraler Nebenraum)*
Quadratrohr *n* square pipe
Quadratröhre *f* squared tube
Quadratrohrprofil *n* squared tubing
Quadratspitzgewölbe *n* domical vault, cloistered vault, cloistered arch
Quadratspitzgewölbe *n***/flaches** coved vault
Quadratspundung *f (Hb)* square grooving and tonguing
Quadratturm *m (Arch, Konst)* squared tower
Quadratur *f* 1. *(Arch)* quadratura; 2. *(Arch)* quadratura *(oft dreidimensionale quadratische Flächengestaltungsmuster des Barocks)*
Quadraturmaler *m (Arch)* quadratura painter
Quadratverfahren *n* **für Stufenverziehung** *(Hb, Stat, Te)* method for correcting the winders of a stair
Quadratwurzel *f* square root
Quadratyard *n (Stat)* square yard *(ca. 0,836 qm)*
Quadratzentimeter *m* square centimetre
Quadratzoll *m (Stat)* square inch *(ca. 6,45 qcm)*
Quadriga *f (Arch)* quadriga, four-horsed chariot *(Klassizismus)*
Qualität *f* quality, grade; sort, type
Qualität *f***/bauliche** *(VR)* structural quality
Qualität *f* **der Baustoffe** building materials quality
Qualität *f***/funktionstüchtige** functional quality
Qualität *f***/hohe** high grade
Qualität *f***/minderwertige** inferior quality
Qualitätsanforderung *f (VR)* required quality
Qualitätsaudit *n* quality audit
Qualitätsbeanstandung *f* quality complaint
Qualitätsbeschreibung *f* quality description
Qualitätsbeurteilung *f* quality assessment
Qualitätsbewertung *f (Konst, Te, VR)* quality evaluation
Qualitätsdokument *n* quality document
Qualitätseinstufung *f* quality assessment
Qualitätserhöhung *f* improvement in quality
Qualitätsfaktor *m* quality factor *(Q-Faktor)*
Qualitätsfenster *n* high-quality window
Qualitätsfenster *n* **mit garantiertem Feuerwiderstand** labelled window
Qualitätsforderungen *fpl* quality requirements
Qualitätsgrenzlage *f* quality level
Qualitätsgrenzlage *f***/abnehmbare** acceptable quality level, AQL
Qualitätsgrenzlage *f***/zurückzuweisende** rejectable quality level, RQL

Qualitätsindikator *m (VR)* quality indicator
Qualitätskontrolle *f* quality control
Qualitätskontrolle *f*/**statistische** 1. *(Stat, VR)* statistical quality control; 2. *(BM, VR)* acceptance sampling
Qualitätskontrollkarte *f (BM, BT, Konst, Te)* control chart
Qualitätskreis *m* quality loop
Qualitätslage *f*/**mittlere** process average
Qualitätslenkung *f* quality control
Qualitätslenkung *f*/**firmenweite** company-wide quality control
Qualitätslenkung *f* **in der Produktion** manufacturing quality control
Qualitätsmanagement *n* quality management
Qualitätsmanagementsystem *n* quality management system, QMS
Qualitätsmerkmal *n* quality indicator, quality characteristic
qualitätsmindernd quality-reducing
Qualitätsminderung *f (VR)* reduction in quality
Qualitätsnachweis *m (VR)* certificate of quality
Qualitätsniveau *n* quality level, level of quality
Qualitätsniveau *n*/**annehmbares** acceptable quality level
Qualitätsniveau *n*/**nicht annehmbares** *(VR)* rejectable quality level
Qualitätsnorm *f* quality standard
Qualitätspolitik *f* quality politics
Qualitätsprüfung *f* quality control
Qualitätssicherung *f* 1. *(VR)* assurance of quality; 2. *(Te, VR)* quality assurance
Qualitätssicherungsbewertung *f* quality review
Qualitätssicherungsdokument *n* quality document
Qualitätssicherungshandbuch *n* quality manual
Qualitätssicherungsplan *m* quality assurance plan, quality plan
Qualitätssicherungssystem *n (QSS)* quality assurance system, quality system, quality management system, QMS
Qualitätsstahl *m* high-grade steel, quality control
Qualitätsstufe *f (VR)* grade
Qualitätssystem *n (VR)* quality system
Qualitätstechnik *f* quality engineering
Qualitätsüberwachung *f* quality surveillance
Qualitäts- und Lieferbedingung *f* warranty deed
Qualitäts- und Lieferbescheinigung *f (VR)* warranty deed
Qualitätsverbesserung *f* improvement in quality, upgrading
Qualitätsvorschriften *fpl (VR)* quality specifications
Qualitätszertifikat *n* quality document
Qualm *m (LB, Umw)* smoke
quantifizieren *v* quantify
Quantil *n* quantile
Quantität *f* quantity
Quartier *n* 1. accommodation, lodging *(Unterkunft)*; 2. *(RP)* residential quarter
Quartierstück *n (SB)* quarter bat
Quarz *m (BM, Bod)* quartz
Quarz... quartzose ...
Quarzdiorit *m (BM)* quartz-diorite
Quarzdolerit *m* quartz-dolerite
Quarzergussgestein *n* siliceous volcanic rock
quarzfrei quartz-free
Quarzgestein *n* quartz rocks
Quarzglas *n* quartz glass, silica glass, fused quartz, fused silica
Quarzglas *n*/**unreines** fused silica
Quarzglimmerschiefer *m (BM, Bod)* quartz mica schist
Quarzhalogenlampe *f (El)* quartz halogen lamp
quarzhaltig quartz-containing, quartz-bearing, quartzic, quartziferous, quartzose
quarzig quartzic, quartzose
Quarzit *m* quartzite, gritstone
Quarzitgestein *n* quartzite rock, quartzitic rock
quarzitisch quartzitic
Quarzitplatte *f* quartzite slab
Quarzitsandstein *m (BM)* quartzite
Quarzitschiefer *m (BM, Bod)* quartzite-schist
Quarzitstein *m* quartzite brick
Quarzkeratophyr *m (BM)* quartz-keratophyre
Quarzkies *m* quartz pebbles
Quarzkorn *n* quartz grain
Quarzmehl *n* silica dust
Quarzporphyr *m* quartz-porphyry, elvan
Quarzporphyrit *m* quartz-porphyrite
quarzreich quartz-rich
Quarzsand *m* quartz sand, silica sand, siliceous sand
Quarzsandstein *m* silica sandstone, siliceous sandstone
Quarzschamottestein *m (BM)* semisilica refractory brick
Quarzschiefer *m* quartz-schist, firestone
Quarzsinter *m (BM)* siliceous sinter
Quarzsplitt *m* quartz chippings
Quarzstaub *m* silica dust
Quarzsyenit *m* quartz-syenite
Quarztrachyt *m (BM, Bod)* quartz-trachyte
Quarzzement *m* quartz cement
Quarzzuschlagstoff *m* quartz aggregate
Quassiaholz *n (BM, Hb)* quassia *(tropisches Holz)*
Quattrocento *n (Arch)* North Italian Quattrocento, vestigially period *(italienische Frührenaissance des 15. Jahrhunderts - "1400")*
Quecksilber *n* mercury
Quecksilberdampflampe *f (El)* mercury-vapour lamp
quecksilberhaltig mercurial
Quecksilberhochdrucklampe *f (El)* high-pressure mercury lamp
Quecksilberniederdrucklampe *f (El)* low-pressure mercury lamp
Quecksilberschalter *m (El)* mercury switch
Quecksilberschaltröhre *f (El)* mercury switch
Quellausplatzung *f (SB)* pitting *(Putz)*
quellbar *(BM, Bod)* swellable
quellbeständig swelling-resistant, resistant to swelling, non-swelling
Quellbeständigkeit *f* 1. *(BM, Bod)* resistance to swelling; 2. *(BM)* swelling fastness
Quellbeton *m* expansive-cement concrete, high-expansion concrete
Quellboden *m (Bod)* expansive soil
Quellbrunnen *m (WVA)* spring well
Quelldruck *m (Bod)* swelling pressure
Quelle *f* 1. *(Verm, VR)* origin *(Fachquelle, Informationsquelle)*; 2. *(Bod, WVA)* source *(Rohstoffe, Materialien)*; 3. *(Bod, WVA)* spring *(z. B. eines Flusses)*
Quelle *f*/**periodische** *(Bod)* intermittent spring
quellen *v* 1. expand *(Beton)*; 2. *(Bod)* heave, swell; 3. spring *(Wasser)*; 4. heave, lift *(Anstrich)*
Quellen *n* 1. expansion *(Beton)*; 2. *(Bod)* heaving, swelling(--up); 3. lifting *(eines Anstrichfilmes)*
Quellen *fpl*/**geothermische** *(Bod, WVA)* geothermal resources
Quellen *fpl*/**identifizierte** *(Bod)* identified resources
Quellergiebigkeit *f (Bod, WVA)* discharge of spring
Quellfähigkeit *f* swelling capacity, swelling power *(z. B. von Baustoffen)*
Quellfassung *f (Wsb, WVA)* water chamber
quellfest resistant to swelling, swelling-resistant, non--swelling
Quellfestigkeit *f* 1. *(BM, Bod)* resistance to swelling; 2. *(BM)* swelling fastness
Quellfluss *m* headstream

Quellgebiet *n* 1. *(Bod, WVA)* headwater region; 2. *(Bod)* head; 3. *(Bod, WVA)* field of source
Quellgummi *m* swelling rubber
Quellmaß *n* swelling value
Quellmittel *n* expanding agent, swelling agent
Quellprüfung *f* swell(ing) test
Quellschweißen *n (St, Te)* solvent welding
quellsicher resistant to swelling
Quell- und Zielverkehr *m (Verk)* origin and destination traffic
Quell- und Zielverkehrsuntersuchung *f (Verk)* origin--destination study
Quellung *f (BM)* gelling
Quellungsdruck *m (Bod)* swelling pressure
Quellungsprüfung *f* swelling test
Quellverhalten *n* swelling behaviour, swelling properties *(z. B. von Baustoffen)*
Quellverkehr *m (Verk)* originating traffic
Quellvermögen *n* swelling capacity, swelling power *(z. B. von Baustoffen)*; ACC test *(Prüfung)*
Quellversuch *m* swell test, ACC-test
Quellvolumen *n* moisture expansion, bulking *(eines Massenguts)*
Quellwasser *n* spring water
Quellwirkstoff *m* expansive agent
Quellwirkung *f* swelling effect
Quellzement *m* expanded cement, expansive cement, high-expansion cement, sulphoaluminate cement
Quellzement *m*/**schwindungskompensierender** shrinkage-compensating cement
Quellzone *f (Bod)* outflow area *(Boden)*
Quellzusatzmittel *n* expansive agent
Quenastbetonplatte *f (BT)* quenast concrete flag
quer 1. transversal, transverse *(quer laufend)*; 2. across, widthwise *(nach der Breite)*; 3. at right angles, crosswise, across *(rechtwinklig)*; 4. lateral *(seitlich quer)*; 5. bias, diagonally *(schräg)*
Quer... transversal ...
Querabmessung *f* lateral dimension
Querabstand *m (Konst)* transverse interval
Querachse *f (Stat)* transverse axis
Querarbeitsfuge *f (Konst)* transverse construction joint
Querauflageholz *n (Hb)* spur beam
Queraussteifung *f* cross bracing, transverse stiffening
Queraxt *f* cross-grain axe, mortise cleaner
Querbalken *m* 1. transverse beam, cross beam, *(AE)* trave, brow post; 2. *(Hb, TK)* joist *(Holzdeckenbalken)*; 3. diaphragm beam *(Brücke)*; 4. needle (beam) *(kurzer, dicker Holzstützbalken)*; 5. *(BT, Hb)* transom *(Tür)* • **mit Querbalken versehen** *(Konst, Te)* joist • **Querbalken legen** *(Konst, Te)* joist
Querbalken *m* **auf Schwellenholz** *(Hb)* sleeper joist
Querbalken *m*/**ausgeklinkter** notch joist
Querbalken *mpl* **in einer Richtung** *(TK)* one-way joist construction
Querbalkendecke *f* bridged floor
Querbalkenfußboden *m (Hb)* plank-on-edge floor
Querbalkenlage *f* **für temporäre Nutzung** needling
Querbalkenstabilisierungssystem *n (VR)* system with transverse stabilization beams
Querbalkenüberdeckung *f*/**einfache** *(Konst)* single bridging
querbelastet laterally loaded, load-bearing in transverse direction
Querbelastung *f (Stat)* lateral loading • **mit Querbelastung** *(Stat)* laterally loaded
Querbewehrung *f* lateral reinforcement, transverse reinforcement, cross reinforcement, distribution(-bar) reinforcement, secondary reinforcement *(Stahlbeton)*
Querbewehrungsstab *m (BT, Te)* temperature stress rod
Querbiegefestigkeit *f* lateral strength, cross-breaking strength
Querbiegemoment *n (Stat)* transverse bending moment
Querbiegeprüfung *f* transverse bending test
Querbiegesteifigkeit *f (Stat)* transverse bending rigidity
Querbiegewirkung *f* transverse bending action
Querbogen *m (Konst)* transverse arch
Querbruchfestigkeit *f (Stat)* transversal strength
Querdamm *m (Wsb)* spur jetty
Querdehnung *f* lateral expansion, lateral extension, lateral strain, transverse elongation, transverse expansion, transverse strain
Querdehnungszahl *f* transverse elongation ratio, modulus of sliding movement
Querdehnungszahl *f*/**Poisson'sche** Poisson's ratio
Querdehnungsziffer *f* transverse expansion
Querdeich *m (Wsb)* cross dike
Querdimensionen *fpl* cross dimensions
Querdruck *m (Stat)* lateral pressure
Querduktilität *f* transverse ductility
Querebenheit *f* transverse evenness
Quereinflusslinie *f (Stat)* transverse line of influence
Quereisen *n* bar joist
Querelastizitätsmodul *m (BM)* modulus of sliding movement
Querfaltversuch *m (BM)* transverse flat bend test
Querfalz *m* cross-welted seam
Querfenster *n* lying window
Querfestigkeit *f (Stat)* transverse strength
Querformänderung *f (Stat)* transverse deformation
Querfries *m* meeting rail, bottom rail *(Vertikalschiebefenster)*
Querfries *m*/**plangleiches** plain rail *(Schiebefenster)*
Querfries *m*/**unterer** lower rail
Querfuge *f (Konst)* transversal joint
Querfurnier *n* cross-grain veneer
Quergallerie *f (Tun)* transverse gallery
Quergebäude *n* cross building
Quergefälle *n (Verk)* crossfall, transverse crossfall, superelevation rate *(einer Straße)*; transverse slope *(z. B. einer Fläche, eines Geländes)*
quergenutet trenched
quergerippt transverse-ribbed
quergewellt transversely corrugated
Quergewölbeausbildung *f* groining *(zu einem Bezugsgewölbe)*
Querglättbohle *f (BWG, Verk)* transverse screed finisher *(Straße)*
Quergriffigkeit *f (Verk)* transverse friction
Quergurt *m (Konst)* transverse arch
Quergurtbogen *m (BT)* transversal rib
Querhalle *f (Arch)* transverse hall *(Sakralbau)*
Querhalter *m* cross-tie
Querhaus *n (Arch)* transept, cross aisle *(Kirchengebäude)*
Querhaus *n*/**westliches** *(Arch)* west transept
Querhaus... transeptal ...
Querhausabseite *f (Arch)* transeptal apsis
Querhausapsis *f (Arch)* transeptal apsis
Querhausarm *m (Arch)* transverse arm
Querhausbasilika *f (Arch)* transeptal basilica
Querhausbogen *m (Arch)* transeptal arch
Querhausfassade *f (Arch)* transeptal façade
Querhausflügel *m (Arch)* transverse arm
querhausfrei transept-less
Querhausgewölbe *n (Arch)* transeptal vault
Querhausgiebel *m* transept gable
Querhauskapelle *f (Arch)* transeptal chapel
Querhausportal *n (Arch)* transeptal portal

Querhobeln *n* crossplaning, crosswise planing
Querholz *n* cross bar *(s. a. Querbalken)*; bar *(Verschlussstange, z. B. für Tore)*; cross rail *(in Rahmenkonstruktionen)*
Querholz *n*/**deckentragendes** ceiling joist
Querholz *n*/**gezapftes** notch joist
Querholz *n*/**tragendes** girt *(für Stahlkonstruktionen)*
Querholzmarkierung *f (Hb)* transverse bar marking
Querholzrafteraussteifung *f* solid bridging, solid strutting, *(AE)* block bridging
Querholzunterstützungshölzer *npl* **am Hauptbalken** *(Hb)* ledger plate
Querholzverbindung *f (Hb)* horizontal bridging
Querkeil *m (BM)* cotter *(Stahlkeil)*
Querkomponente *f (Stat)* transverse component
Querkontraktion *f* lateral contraction, transverse contracting strain
Querkontraktionszahl *f* transverse contraction ratio, Poisson's ratio *(Quotient Querkürzung bzw. Querkontraktion zu Dehnung)*
Querkraft *f (Stat)* lateral force
Querkraft *f*/**äußere** external transverse force
Querkraftbewehrung *f* shear reinforcement
Querkraftbiegung *f (Stat)* transverse bending
Querkraftdiagramm *n (Stat)* shear diagram
Querkraftdichte *f (Stat)* transverse force density
Querkraftfläche *f* area of shearing force
Querkraftlinie *f* transverse force line; shearing stress line
Querkrafttragfähigkeit *f (Stat)* lateral force resistance
Querkraftübertragung *f* shear force transmission
Querkrümmung *f* transverse curvature
Querlast *f (Stat)* lateral load
Querlatte *f* brace
Querleiste *f* ledge; rail *(z. B. im Türrahmen)*
Querlinie *f* transverse line, cross line
Querlochblockstein *m* end-construction tile
Querlochstein *m* end-construction tile
Querlüftung *f* 1. cross ventilation; 2. *(Tun)* transverse ventilation
Quermarkierung *f (Verk)* transverse marking
Quermole *f (Wsb)* spur jetty
Quermoment *n (Stat)* lateral moment
Quernaht *f* cross seam
Querneigung *f (Verk)* lateral inclination, crossfall, superelevation rate; transverse slope, cross slope *(z. B. einer Fläche, eines Geländes)*
Querneigung *f*/**dachförmige** *(Konst)* roof crossfall *(Straße)*

Q

Querneigungsmesser *m* cross-level
Querprofil *n* cross-sectional profile, transverse profile, lateral section, cross section, transverse section
Querprofil *n*/**geologisches** geological cross section
Querprofillehre *f* camber board
Querrahmen *m* 1. *(Konst)* transverse frame; 2. *(Hb)* cross frame; bent *(Schichtholz)*
Querrahmenholz *n*/**unteres** lower rail
Querrahmenstück *n* rail
Querrahmenstück *n*/**mittleres** *(Hb)* lock rail *(Tür)*
Querrahmenstück *n*/**oberes** 1. *(BT, Hb)* top door rail; 2. *(BT, Konst)* upper rail; 3. *(BT)* top rail *(Tür, Fenster)*
Querreibung *f* lateral friction, transverse direction
Querrichtung *f* lateral direction • **in Querrichtung** crosswise; sideways; in transverse direction, transversely • **in Querrichtung beweglich** *(Konst, Stat)* laterally movable
Querriegel *m* 1. tie beam, tie piece, footing beam, cross bar, cross bracket; 2. *(Hb, Konst)* wind beam; 3. *(Hb)* collar beam *(Kehlbalken)*; 4. roof tie, top beam, spar piece *(Dachkonstruktion)*; 5. diaphragm beam *(Brücke)*; 6. *(Arch)* Auvergne-type transept *(gestaffeltes Querhaus romanischer Kirchen, bes. der Auvergne)*
Querriegel *m* **unter der obersten Türfüllung** frieze rail
Querriegeldach *n (Hb, Konst)* tie-beam roof
Querrinne *f* 1. cross-drain *(Bergflächenwasser)*; 2. *(Verk)* transverse depression, sudden sag *(Straße)*
Querrippe *f* cross rib, transverse rib *(eines Kreuzgewölbes)*
Querrippenförderband *n (BWG)* slat conveyor
Querrippenplatte *f* transverse rib slab
Querriss *m* transverse crack; edge crack *(von der Kante her einreißend)*
Quersaal *m (Arch)* transverse hall *(Sakralbau)*
Quersägen *n* cross-cutting
Querscheibe *f* diaphragm, transverse diaphragm; diaphragm beam *(Brücke)*
Querscheitel *m (LB)* transverse ridge *(eines Gewölbes)*
Querscherung *f (Stat)* transverse shear
Querschiff *n (Arch)* transept, cross aisle *(Kirchengebäude)*
querschiffig transeptal
Querschlag *m* 1. mortar strip *(zum Vermörteln von Dachziegeln)*; 2. *(Tun)* intermediate shaft, gain
Querschlaghammer *m* cross peen, cross peen hammer
querschleifen *v* grind across the grain
Querschliff *m (BM)* transverse section *(Prüftechnik)*
Querschlitz *m* transverse slot; cross-drain *(Entwässerung)*; cross slot *(einer Schraube)*
querschneiden *v* trim *(Langholz)*
Querschneider *m* cutter
Querschnitt *m* 1. cross section, section, cut section; 2. *(Hb)* transverse section, transversal section *(Konstruktionsschnittdarstellung)*; 3. *(Hb)* cross-cutting, end-grain cutting, cutting across the grain *(Vorgang)*; 4. cross-cut; end-grain cut *(fertiger Schnitt)*; lateral section • **im Querschnitt** in cross section
Querschnitt *m*/**basilikaler** *(Arch)* basilican cross section
Querschnitt *m*/**doppelter** *(Konst)* twin cross section
Querschnitt *m*/**dünnwandiger** thin-walled section
Querschnitt *m*/**eiförmiger** egg-shaped cross section
Querschnitt *m*/**elastischer** elastic section
Querschnitt *m*/**elliptischer** elliptical cross section
Querschnitt *m*/**gefährdeter** dangerous cross section
Querschnitt *m*/**gleichbleibender** *(BT, Konst, Verk, Wsb, WVA)* constant section
Querschnitt *m*/**gleichmäßiger** *(Hb)* uniform depth
Querschnitt *m* **im Scheitel** crown section
Querschnitt *m*/**komplizierter** *(Konst)* complicated section
Querschnitt *m*/**konstanter** *(BT, Konst, Verk, Wsb, WVA)* constant section
Querschnitt *m*/**kreisförmiger** circular cross section
Querschnitt *m*/**kreuzförmiger** cruciform cross, cruciform cross section
Querschnitt *m*/**kritischer** critical cross section, critical section
Querschnitt *m*/**lichter** 1. *(Konst, Verk, Wsb, WVA)* clear cross section; 2. *(Konst)* clearance opening
Querschnitt *m*/**maulförmiger** two-centre cross section
Querschnitt *m*/**nutzbarer** *(Konst)* useful cross section
Querschnitt *m*/**plastischer** plastic section
Querschnitt *m*/**schiefwinkliger** oblique section
Querschnitt *m*/**tatsächlicher** real cross section
Querschnitt *m*/**veränderlicher** variable cross section
Querschnitt *m*/**verjüngter** *(Konst)* tapered section
Querschnitt *m*/**wirksamer** *(Stat)* effective cross section, effective section
Querschnitt *m*/**zusammengesetzter** *(Konst)* compound section
Querschnitt *m*/**zweiteiliger** *(Konst)* twin cross section
Querschnittfläche *f* area of cross section, sectional area
Querschnittkern *m (Stat)* kern *(Normalkraftfläche)*

Querschnittsänderung *f***/sprunghafte** *(Konst)* abrupt change of cross section

Querschnittsfläche *f* cross-sectional area, area of cross section, sectional area

Querschnittsform *f* cross-sectional shape

Querschnittsformbeiwert *m (Stat)* shape factor *(Stahl)*

Querschnittsmaserung *f* end grain

Querschnittsprofil *n* shape of cross section

Querschnittsveränderung *f (Konst)* alteration of cross section

Querschnittsvergrößerung *f* increase of cross section

Querschnittsvergrößerung *f* **am Ende** end block *(eines tragenden Elements)*

Querschnittsverminderung *f* reduction of sectional area

Querschnittszählung *f (Verk)* counts at a point

Querschub *m (Stat)* transverse shear

Querschwelle *f* 1. *(Hb)* spreader bar; 2. railway bar, *(AE)* railroad bar; 3. *(Wsb)* traverse beam *(Tragrost)*

Querschwellenträger *m (Hb)* sleeper bearing girder

Querschwinger *m (BWG)* transverse vibrator

Querspannglied *n (BT, Te)* transverse tendon

Querspannung *f* transverse stress, transverse tension

Querstab *m* transverse bar, transverse rod *(Bewehrung)*

Querstabilität *f***/statische** static lateral stability

Querstabmarkierung *f* transverse bar marking

Quersteg *m* transverse web *(Hohlblockstein)*

Quersteifigkeit *f (Stat)* transverse rigidity

Querstollen *m (Tun)* transverse gallery, cross tunnel

Querstraße *f* cross-road, crossway, byroad; cross street, side-street *(Stadtstraße)*

Querstrebe *f* cross brace, cross member, cross piece, cross-tie; diagonal stay, diagonal strut *(Diagonaldruckstab)* • **mit Querstreben versehen** *(Konst)* rail

Querstrebentor *n (Hb)* barred gate

Querstrecke *f* breakoff *(Steinbruch)*

Querstreifenauflage *f* wall piece, wall plate

Querstrom *m (HLK, Wsb)* cross current

Querströmung *f (HLK, Wsb)* cross flow, cross current, transverse flow

Querstück *n* cross traverse, horizontal member *(Riegel)*

Quertonnengewölbe *n (Arch)* transverse barrel vault, transverse wagon vault

quertragend load-bearing in transverse direction, load--carrying in transverse direction, supporting in transverse direction, weight-carrying in transverse direction

Querträger *m* 1. cross girder, cross beam, cross bar, cross member, cross arm, crosshead, bridge over, *(AE)* trave, X--arm; 2. cross traverse, traverse, rail *(Riegel)*; 3. diaphragm beam *(Brücke)*; 4. *(Konst, TK)* wind brace *(Dachbinder)*; 5. *(TK)* secondary beam *(Zwischenträger)*; 6. *(Wsb)* transverse beam, transverse plank *(Bodenschwelle)*

Querträger *m***/bündiger** *(Hb)* raised girt

Querträger *m***/einseitiger** *(TK)* side arm

Querträger *m***/schwerer** *(BT, TK)* channel runner *(in Deckenkonstruktionen)*

Querträger *m***/waagerechter** horizontal diaphragm

Querträgerstützholz *n***/eingelassenes** 1. *(Hb)* ledger plate; 2. *(Konst)* ribbon strip *(an den Jochsäulen)*

Querträgerverbindungswinkel *m (BT)* shelf angle

Querträgerzwischenraum *m (Konst)* interjoist *(Decken)*

Quertraverse *f* movable bar

Quertrennwand *f (Konst)* cross partition

Quertunnel *m* cross-cut

Querverband *m* 1. *(Hb)* cross bracing; 2. *(Konst, TK)* transversal bracing; 3. *(Konst, TK)* transverse bracing; 4. *(Konst)* sway bracing

Querverbindung *f* 1. cross binding, cross-connection, interconnection; 2. *(Verk)* cross-sleeper *(Gleisbau)*

Querverbindungsstraße *f (Verk)* intermediate road

Querverformung *f* 1. *(BT)* lateral deformation; 2. *(Stat)* transverse deformation

Querverkehr *m* cross traffic

Querverschiebung *f (Konst)* transverse launching

Querversteifung *f* 1. *(Konst, TK)* transverse bracing; 2. *(Konst)* transverse stiffener

Querversteifung *f***/vorläufige** *(TK)* temporary bracing

Querverstrebung *f (Hb)* cross bracing

Querverstrebung *f***/untere** *(Konst, TK)* low lateral bracing *(Fachwerk)*

Querverstrebung *f***/zweifache** *(Konst, TK)* double bridging

Querverteilung *f (Konst, Stat)* transverse distribution

Querverzerrung *f* transverse strain *(Kürzung oder Dehnung)*

Quervorspannung *f* transverse prestress(ing), transverse tensioning

Querwand *f* crosswall, transverse wall; diaphragm *(Abschlusswand)*

Querwandbauweise *f* crosswall construction

Querwandplatte *f* crosswall panel

Querwegzufahrt *f* cross-cutting approach

Querwelle *f* rotational wave *(Schubkraftübertragung, Körperschall)*; shear wave *(Körperschall)*

Querwellen *fpl***/waschbrettartige** *(Verk)* washboarding *(Straße)*

Querzahl *f (Stat)* Poisson constant *(Quotient Dehnung zu Querkürzung bzw. Querkontraktion)*

Querzufahrt *f* cross-cutting approach

Querzug *m (Stat)* transverse pull

Querzusammendrückung *f (BM, BT)* lateral compression

quetschen *v* 1. squeeze, pinch; 2. crush *(Feststoffe brechen)*

Quetschen *n* squeeze, pinching

Quetschfalte *f* fold *(Fehler)*

Quetschgrenze *f (BM, BT, Stat)* compressive yield point *(Festigkeitsprüfung)*

Quetschhahn *m* pinch-cock

Quetschnietung *f (Konst, St)* squeeze riveting

Quetschung *f* 1. *(Stat)* squeeze; 2. *(Konst)* pinching *(Befestigung)*

Quetschwalze *f (OB)* squeegee roller *(Anstrichauftrag)*

Quicksand *m* quicksand

Quickton *m* quick clay

Quirinal *m (Arch)* Quirinal *(italienischer Königspalast)*

Quittung *f* receipt

Quote *f* rate

Quotient *m (Te)* ratio

Rabatt *m (VR)* discount

Rabatte *f* border, bed

Rabitzarbeiten *fpl* Rabitz type work

Rabitzauskleidung *f* Rabitz type surfacing

Rabitzbau *m* Rabitz construction, wire lathing construction, wire lattice construction, woven wire fabric construction

Rabitzbauart *f* Rabitz type

Rabitzdecke *f (SB)* wire plaster ceiling

Rabitzdeckenputz *m (SB)* Rabitz ceiling plaster

Rabitzgewebe *n* Rabitz lathing, Rabitz woven fabric lath-

ing, Rabitz woven wire fabric lathing, plaster fabric, wire lathing
Rabitzhaken *m* Rabitz hook, hooked lath nail
Rabitzmantel *m* Rabitz type casing
Rabitzmatte *f* 1. *(BT)* combined Rabitz wire cloth and reed lathing; 2. *(BM, SB)* woven wire fabric lathing
Rabitzmörtel *m* Rabitz (type) mortar *(Stuckgips-Kalk--Mörtel)*
Rabitzputz *m (SB)* Rabitz finish
Rabitzputzart *f* Rabitz type
Rabitzsims *m* Rabitz type cornice
Rabitzstreifengewebe *n* Rabitz strip cloth lath
Rabitzummantelung *f* casing with wire netting
Rabitzverkleidung *f* Rabitz type surfacing
Rabitzwand *f* 1. *(Konst, SB)* Rabitz wall; 2. *(Konst, SB)* plaster fabric wall; 3. *(SB)* wire plaster wall
Radabstand *m* wheelbase
Radabweiser *m (Verk)* bollard, guard post, fender post, spur stone
Radabweispfosten *m* spur post
Radachse *f* axle
Radar *n* **zur Fahrbahnschichtdickenmessung** ground penetration radar, GPR
Radarbildspur *f (El)* trace
Radarmessgerät *n (Verk)* radar meter
Radarmessgerät *n*/**zur Schichtdickenmessung** ground penetration radar
Radarpistole *f (Verk)* radar gun
Radbagger *m* excavator on wheels
Raddruck *m (Stat, Verk)* wheel pressure
Rädeldraht *m s.* Rödeldraht
Radfahrersignal *n (Verk)* bicycle signal
Radfahrspur *f (Verk)* bicycle lane
Radfahrweg *m s.* Radweg
Radfahrweg *m*/**befestigter** *(AE)* cyclist pavement
Radfahrzeichen *n (Verk)* cycle symbol
Radfenster *n (Arch)* rose window, wheel window *(Katharinenfenster gotischer Kathedralen)*
Radialbalkenträger *m (TK)* radial beam
Radialbelastung *f (Stat)* radial loading
Radialbiegemoment *n (Stat)* radial bending moment
Radialbiegespannung *f (Stat)* radial bending stress
Radialblockstein *m* radial tile
Radialbogendach *n (Konst)* radial arch roof
Radialdach *n (Konst)* bicycle-wheel roof
Radialdeckenlüfter *m (HLK)* radial roof fan
Radialdehnung *f (Stat)* radial strain
Radialdruck *m (Stat)* radial pressure
Radialeinstellung *f (Verm)* radial adjustment
Radialformat *n* radial format, radiating format
Radialfuge *f* bed joint *(in Bögen)*
Radialhartbrandziegel *m* radial well-burnt brick
Radialklinker *m* radial engineering brick
Radialkuppel *f* radial dome; radome *(für Radarantennen)*
Radiallast *f (Stat)* radial load
Radiallastkomponente *f* radial component of load
Radialläufer *m (SB)* radial stretcher
Radiallinie *f (Stat)* radial line
Radialnetz *n (Verk, WVA)* radial system *(Abwasser)*
Radialrichtung *f* radial direction
Radialrippe *f (Konst)* radial rib
Radialrippenkuppel *f* radial-rib cupola
Radialriss *m* radial crack
Radialrissbildung *f* radial cracking
Radialscherung *f (Stat)* radial shear
Radialschnitt *m (BM, Hb)* radial conversion *(Holz)*
Radialschub *m (Stat)* radial shear
Radialschwindung *f* radial shrinkage *(Holz)*
Radialspannung *f (Stat)* radial stress
Radialstadtanlage *f (RP)* radial system
Radialstein *m* radial tile, compass block, compass tile, *(AE)* chimney block
Radialsteinplatte *f (BM, BT)* compass tile
Radialstraße *f (Verk)* radial road, radial
Radialstrebe *f* radial strut
Radialstrebebogen *m (Arch)* fantail
Radialstrecker *m* compass header *(Naturstein)*
Radialträger *m (TK)* radial girder
Radialventilator *m (HLK)* radial fan
Radialvollblockstein *m* radiating solid block
Radialvollstein *m* radiating solid block
Radialziegel *m* radial brick, compass brick, *(AE)* chimney brick
Radiant *m (Stat, Verm)* radian *(SI-fremde Einheit des ebenen Winkels)*
Radiator *m (HLK)* radiator
Radiatorfarbe *f (BM, OB)* radiator paint
Radiatorgitter *n* radiator grill
Radiatorglied *n (HLK, San)* radiator section
Radiatorheizung *f* radiator heating, radiator heating system
Radiatornische *f (Konst)* radiator niche
Radiatorrippe *f (HLK)* fin
Radiatorrohr *n (HLK)* externally ribbed tube
Radiatorverkleidung *f* radiator guard
Radienlineal *n* radius gauge, fillet gauge
Radienschablone *f* radius gauge, fillet gauge
Radikal *n*/**einwertiges** *(BM, OB)* univalent radical
radioaktiv radioactive
Radioaktivität *f*/**natürliche** natural radioactivity
Radiofunksignal *n* radio beacon
radiometrisch radiometric
Radius *m (Stat)* radius
Radius *m* **des Krümmungsbogens** *(Konst)* radius of sweeping
Radius *m*/**mittlerer** *(Verk)* mean radius
Radiuslehre *f* fillet gauge
Radkurve *f (Konst)* cycloid
Radlader *m (BWG)* wheeled loader
Radlast *f (Stat, Verk)* wheel load
Radlenker *m (Verk)* guardrail *(Gleisbau)*
Radlinie *f (Konst)* cycloid
Radmessgerät *n* road measuring wheel
Radon *n (Umw)* radon
Radonausschluss *m* **in Gebäuden** *(Umw)* radon exclusion in buildings
Radonrisiken *npl (Umw)* risks from radon
Radrennbahn *f* 1. *(Konst, RP)* cycle racing track; 2. *(Konst)* velodrome *(geschlossenes Gebäude)*
Radschrapper *m* wheel scraper, can
Radschürfgerät *n (BWG, Erdb)* tournadozer
Radspur *f* 1. *(Verk)* track; 2. wheel path; rut *(tiefe Straße)*
Radspur *f*/**tief eingefahrene** rut
Radspuren *fpl* wheel tracks
Radspurtiefe *f (Verk)* rut depth
Radspurzwang *m (Verk)* mandatory cycle lane
Radstand *m* wheelbase
Radübergang *m (Verk)* wheel pass *(Straße)*
Radverkehr *m* bicycle traffic, cycle traffic, *(AE)* biketraffic
Radverkehrsführung *f* bicycle traffic lead, cycle traffic lead, *(AE)* biketraffic lead
Radverkehrsplanung *f* cycling planning, planning for cycling, bicycle traffic planning
Radverkehrsstreifen *m (Verk)* cycle lane
Radweg *m* cycle track, bicycle track, cycle route, cycle path, cycleway, *(AE)* bikeway; cyclist pavement, bicycle lane *(an einer Straße)*
Radweg *m*/**zweispuriger** *(Verk)* two-way cycle track

R

Radwegampel *f (Verk)* cycle signals
Radwegegebot *n (Verk)* mandatory cycle lane
Radwegkreuzung *f (Verk)* cycle crossing
Radwegnetz *n* bicycle traffic layout, bicycle traffic plan
Radwegspur *f (Verk)* cycle lane
Raffinierrückstände *mpl (Umw)* refinery waste
Rähm *m (Hb)* head runner, top rail, head rail, header joist
Rahmen *m* 1. *(Konst)* framework; 2. *(TK)* structural frame *(Konstruktionsrahmen, Tragrahmen)*; 3. braced box frame, box frame *(Fensterkasten)*; 4. frame *(z. B. einer Tür)*; 5. *(EB, Hb, Konst)* panelling *(Tischlerarbeit)*; 6. *(EB, Konst)* rack *(Gestell)*; 7. *(Hb, Konst)* timber framing *(von Gebäudeteilen, z. B. Dach, Trennwand, Decke usw.)*
Rahmen *m*/**begrenzt steifer** semirigid frame
Rahmen *m*/**beweglicher** *(Konst)* movable frame
Rahmen *m*/**biegesteifer** rigid frame, portal frame; bent *(Schichtholz)*
Rahmen *m*/**dreidimensionaler** *(TK)* three-dimensional frame
Rahmen *m*/**ebener** 1. *(Konst)* flat frame; 2. *(TK)* planar frame
Rahmen *m*/**einfach eingespannter** 1. *(Konst, Stat)* fixed simple frame; 2. *(TK)* simple fixed frame
Rahmen *m*/**einfacher** *(TK)* simple frame
Rahmen *m*/**einfacher offener** *(Konst)* U-frame
Rahmen *m*/**eingespannter** fixed frame
Rahmen *m*/**einhüftiger** *(Konst)* half-frame
Rahmen *m*/**elastischer** *(TK)* elastic frame
Rahmen *m*/**feststehender** stationary frame, stationary base
Rahmen *m*/**freitragender** *(Konst)* cantilever frame
Rahmen *m* **für eine einflügelige Schwingtür** single--swing frame
Rahmen *m* **für Türnamensschild** card frame
Rahmen *m*/**geschlossener** *(Br, Konst)* closed frame *(Brücke)*
Rahmen *m*/**geschweißter starrer** *(Konst, St)* welded rigid frame
Rahmen *m*/**glatter** *(BT, Hb)* square and flat frame *(Tür)*
Rahmen *m*/**halbstarrer** semirigid frame
Rahmen *m*/**halbsteifer** semirigid frame
Rahmen *m*/**komplexer** *(BT, TK)* complex frame
Rahmen *m*/**mehrstöckiger** *(TK)* tall building frame *(Gebäudetragwerk)*
Rahmen *m* **mit starren Ecken** *(TK)* rigidly jointed framework
Rahmen *m* **nicht in einer Fläche** *(Konst)* non-planar frame
Rahmen *m*/**offener** *(Tun)* open frame
Rahmen *m* **ohne Aussteifung** unbraced frame
Rahmen *m*/**perfekter** *(Stat)* perfect frame, isostatic frame
Rahmen *m*/**quadratischer** *(Konst)* square frame
Rahmen *m*/**räumlicher** *(TK)* space frame
Rahmen *m*/**rechteckiger** *(Konst)* rectangular frame
Rahmen *m*/**schiefer** *(TK)* skewed frame
Rahmen *m*/**schiefwinkliger** *(Konst)* skew frame
Rahmen *m*/**starrer** rigid frame, stiff frame
Rahmen *m*/**statisch bestimmter** *(Stat)* statically determinate [determined] frame
Rahmen *m*/**statisch unbestimmter** *(Stat)* hyperstatic frame, statically indeterminate [undetermined] frame
Rahmen *m*/**steifer** rigid frame
Rahmen *m*/**steifknotiger ebener** rigid-jointed flat frame
Rahmen *m*/**unverschieblicher** *(Konst, TK)* non-sway frame
Rahmen *m*/**versteifter** *(TK)* trussed frame
Rahmen *m*/**verstrebungsfreier** unbraced frame
Rahmenachse *f (Verm)* frame axis
Rahmenbalken *m* frame beam, frame girder
Rahmenbau *m (Konst)* frame construction
Rahmenbau *m*/**mehrgeschossiger** *(TK)* tier structure
Rahmenbau *m*/**vielgeschossiger** *(TK)* multistorey(ed) frame structure
Rahmenbauwerk *n (Konst)* framed structure
Rahmenbauwerk *n*/**räumliches** *(TK)* spatial structure
Rahmenberechnung *f* frame analysis
Rahmenbrücke *f (Br)* portal bridge
Rahmendach *n* framed roof
Rahmendeckleiste *f* window (glazing) bar, *(AE)* muntin *(Fenstersprosse)*
Rahmendiagramm *n (Stat)* frame diagram
Rahmenfenster *n* frame window; guide opening
Rahmenfensterhalter *m (BT)* cockspur fastener
Rahmenform *f* frame shape
rahmenfrei frameless
Rahmenfreiheit *f* edge clearance *(einer Füllung)*
Rahmenfußholz *n (Hb)* plate
Rahmenfutterbreite *f* bite *(einer Glasauflage)*
Rahmengebäude *n* 1. *(Konst, TK)* framed building; 2. *(Konst)* skeleton building
Rahmengelenk *n (Konst, Stat)* frame hinge
Rahmengestalt *f* frame shape
Rahmenglied *n* frame member, frame bar
Rahmenhalle *f (Konst)* industrial frame(d) building
Rahmenholm *m (Konst)* frame side bar
Rahmenholz *n (Hb)* head rail, header joist, ranger, wale(r); rail *(in Rahmenkonstruktionen)*
Rahmenkante *f*/**sichtbare** *(Konst)* margin
Rahmenkonstante *f* frame constant
Rahmenkonstruktion *f* 1. *(Konst)* frame construction; 2. *(Konst, TK)* frame system
Rahmenkonstruktion *f* **mit geringem Feuerwiderstand** protected wood-frame construction *(Tür, Fenster)*
Rahmenkonstruktion *f*/**offene** *(Tun)* open frame
Rahmenkonstruktion *f*/**verkleidete** *(BB, Konst)* veneered wall *(aus Stahl oder Holz, verkleidet, z. B. mit Marmor, Glas usw.)*
rahmenlos frameless
Rahmenpfosten *m* frame post, frame column, frame leg, supporting member; vertical bar *(Tür, Fenster)*
Rahmenplan *m (RP)* outline plan *(Bebauungsplanung)*
Rahmenprofil *n* frame profile, frame section
Rahmenputzleiste *f* plaster ground *(Tür, Fenster)*
Rahmenquerträger *m (BT, Konst, TK)* framed joist
Rahmenriegel *m* horizontal member; roof girder
Rahmenschenkel *m* frame leg, frame piece, mullion wing, clamping batten
Rahmenschiene *f* frame rail, *(AE)* brandrith *(um eine horizontale Öffnung)*
Rahmenschiff *n (Konst)* frame bay
Rahmensockel *m* framed dado
Rahmenstab *m* frame bar, frame member, framed rod, battened member
Rahmenstab *m*/**horizontaler** horizontal framed member, horizontal framed rod, girt
Rahmenstahlriegel *m (TK)* steel roof girder
Rahmenstatik *f* frame analysis
Rahmensteg *m*/**sichtbarer** *(Konst)* margin
Rahmensteifigkeit *f* frame rigidity
Rahmenstiel *m* framing column, supporting member
Rahmenstiel *m*/**eingespannter** *(Konst, Stat)* fitting column
Rahmenstütze *f* frame post, frame column, (portal) frame leg, supporting member
Rahmenstützweite *f (Konst)* frame span
Rahmensystem *n (Konst, TK)* frame system
Rahmensystem *n*/**schnell erstellbares** *(Konst)* rapid frame system
Rahmenträger *m (BT, TK)* open-frame girder

R

Rahmenträgerbrücke *f (Verk)* rigid-frame bridge, portal frame bridge
Rahmentragwerk *n* frame load-bearing structure, framed supporting structure; bent *(zweidimensional)*
Rahmentragwerk *n*/**dreidimensionales** spatial frame supporting structure
Rahmentragwerk *n*/**ebenes** *(TK)* planar framework
Rahmentragwerk *n*/**kinematisch unbestimmtes** deficient framework, deficient truss
Rahmentragwerk *n*/**räumliches** space frame, spatial framework, spatial frame supporting structure
Rahmentür *f* framed door, braced door
Rahmentür *f*/**ausgefachte** framed and ledged door
Rahmentür *f* **mit Füllung** panel(led) door
Rahmenunterbau *m (TK)* stationary frame
Rahmenverbiegung *f* frame crippling
Rahmenvereinbarung *f (VR)* framework agreement
Rahmenverzerrung *f* frame distortion
Rahmenvorschrift *f* sectional specification
Rahmenweite *f*/**lichte** *(Konst)* inside width of a frame
Rahmenwerk *n* framework, framing, carcass, fabric *(Tragwerk eine Gebäudes)*
Rahmenwirkung *f (Stat)* frame action
Rahmenzellendecke *f* framed cellular floor
Rahmholz *n* head runner
Rähmstück *n (BT, Hb)* summer beam *(bei Fachwerkwänden)*
Rahmwerk *n* framing
Rameseum *n (Arch)* Rameseum
Rammanlage *f* pile-driving plant, piling unit
Rammarbeit *f* pile driving (work), pile-driving operations
Rammarbeiten *fpl (Erdb)* pile and sheet-pile driving work *(DIN 18304, CP 2004)*
Rammausrüstung *f (Erdb)* piling equipment *(EN 996)*
Rammbär *m* pile driver, driver block, piling hammer, pile hammer, ram (block), monkey, tup *(einer Pfahlramme)*
Rammbär *m*/**einfach wirkender** *(Erdb)* single-acting hammer
Rammblock *m (Erdb)* drive block
Rammbock *m (Erdb)* bell-rope hand
Rammbrunnen *m* 1. *(Erdb, Wsb)* driven well; 2. *(WVA)* Abyssinian well
Ramme *f* 1. hand ram(mer), mall, ram(mer) *(Straßenbau)*; 2. *(BWG)* paving rammer *(für Pflastersteine)*; 3. maul, punner *(für Bodenverdichtung)*; 4. pile driver, pile-driving frame, pile frame, driving rig, pile-driving plant *(für Pfähle, Pfahlgründung)*
Ramme *f*/**automatisch gesteuerte** automatic ram pile driver *(für Pfähle)*
Rammebene *f (Erdb)* base for piledriving
rammen *v* 1. *(Bod, Erdb)* pun, tamp; 2. tamp, ram *(z. B. Pflastersteine)*; 3. drive, pile, ram *(Pfähle)*
Rammen *n* driving, spilling *(von Pfählen)* • **durch Rammen setzen** *(Erdb, Te)* sink by driving • **durch Rammen verdichten** compact by tamping
Rammformel *f (Erdb)* driving formula, dynamic pile formula, pile-driving formula
Rammfrosch *m (BWG, Erdb)* frog rammer
Rammgerüst *n* pile-driving frame, pile frame, piling frame, piling rig, rig
Rammhammer *m* 1. drop hammer, ram hammer; 2. pile hammer, pile driver, double-acting hammer *(für Rammpfähle)*
Rammhaube *f* driving cap, head packing, pile cap, pile helmet, cushion head *(Pfahlgründung)*
Rammklotz *m (Erdb)* drive block
Rammpfahl *m* pile for driving, ram pile, displacement pile, pile; driven pile *(fertiggerammt)*
Rammpfahl *m*/**hölzerner** *(Erdb)* wood pile
Rammpfahl *m* **in der See** *(Erdb, Wsb)* marine pile
Rammpfahl *m*/**schräger** batter pile, brace pile, spur pile
Rammpfahlwand *f (Erdb)* rammed-pile wall
Rammpfosten *m (Verk)* engaged bollard
Rammplan *m (Erdb)* piling plan
Rammplanum *n (Erdb)* base for piledriving
Rammpodest *n (Erdb)* base for piledriving
Rammponton *m (Erdb, Wsb)* pile-driving barge
Rammprotokoll *n (Erdb)* driving record
Rammschläge *mpl* **per Längeneinheit** *(Erdb)* blow count
Rammsetzmaß *n (Erdb)* set
Rammsonde *f (Bod)* driving rod, percussion probe
Rammsondierung *f (Bod, Erdb)* percussion penetration method, drop-penetration testing, driving test
Rammsondierung *f*/**dynamische** *(Bod)* dynamic penetration test
Rammträger *m (Erdb)* driving support
Rammträgerverbau *m (Erdb)* beam-type retaining construction *(Stützmauer)*
Rammverfahren *n (Erdb)* pile-driving technique
Rammwiderstand *m (Erdb)* driving resistance
Rammwiderstand *m*/**dynamischer** *(Bod)* dynamic pile--driving resistance
Rammwinde *f* pile-driving hoist
Rampe *f* 1. ramp, ascent, slope *(Auffahrt)*; 2. (loading) platform, ramp
Rampe *f*/**stufenförmige** stepped ramp
Rampenaufgang *m* ramp incline
Rampenlicht *n* footlights
Rampenlicht *n*/**indirektes** *(El)* indirect footlight *(Theater)*
Rampenparkhaus *n (Konst, Verk)* ramp-type garage
Rampenschräge *f (Konst)* ramp incline
Rampenspur *f (Verk)* ramp lane
Rampenturm *m (Arch)* ziggurat *(Tempelturm im babylonisch-assyrischen Raum der Antike)*
Rampenzufahrt *f (Verk)* ramp
Rand *m* 1. edge, border; rim *(eines runden Gegenstands)*; 2. margin *(Begrenzung)*; 3. fringe, outskirts *(einer Stadt)*; 4. *(RP, VR)* boundary *(Umgrenzungsrand)*; 5. skirt, surround *(Einfassung)* • **am Rande** marginal • **die Ränder rund aufbiegen** turn up the edges • **mit einem Rand versehen** margin
Rand *m*/**aufgebogener** offset edge
Rand *m*/**eingespannter** *(Stat)* restrained edge
Rand *m*/**erhabener** *(Arch)* cock bead
Rand *m*/**freier** free edge
Rand *m*/**überhängender** *(Konst)* lip
Rand *m*/**vorspringender** *(Konst)* shoulder
Rand... marginal ..., peripheral ...
Randabdichtung *f* edge sealing
Randabschlussprofil *n (San)* surround profile
Randabschnitt *m* edge section, rand
Randabsenkung *f (Erdb, Verk)* edge settlement
Randabsperrung *f (Stat)* edge locking
Randabstand *m* edge distance
Randausbildung *f* edge design
Randausfahrspur *f (Verk)* path-widening side plough
Randaussteifung *f* edge stiffening
Randbalken *m* edge beam, perimeter beam, rim beam
Randbedingung *f* marginal condition, edge condition, end condition, fringe condition
Randbefestigungsgrenze *f (VR)* construction limits *(Straße)*
randbelastet edge loaded
Randbereich *m* edge region
Randbewehrung *f* edge reinforcement
Randbezirk *m (RP)* suburb *(Städtebau)*
Randbiotop *m (RP, Umw)* ecotone *(Grenzbereich zwischen zwei Landschaften)*

Randbogen *m* extreme arch, boundary arch
Randdiele *f* margin strip
Randdrillmoment *n (Stat)* marginal torque moment
Randeffekt *m* edge effect, surround effect
Randeinfassung *f* edging, border, surround
Randelement *n (Stat)* edge element *(Statik)*
Rändeln *n (OB)* knurling
Randentwässerungsrinne *f (Verk, WVA)* fin drain
rändern *v* mill *(Ummantelung, Abschluss)*
Randfalzleiste *f***/überstehende** *(Konst, San)* welting strip
Randfliese *f* border tile, end tile
Randform *f* edge form
Randfuge *f* edge joint
Randfutter *n* lining plate *(Metalltafeldachdeckung)*
Randfutterblech *n* lining plate *(Metalltafeldachdeckung)*
Randgebiet *n* marginal area, outskirts, fringe area, peripheral area *(Städtebau)*; border area *(Land, Gebiet)*
Randgebirge *n (Bod)* foothill
Randgitterträger *m* edge lattice beam
Randglied *n (Stat)* edge element *(Statik)*
Randgraben *m (Erdb, WVA)* side channel
Randholz *n* margin strip
Randkachel *f* end tile
Randkanal *m (Wsb)* belt canal
Randkraft *f (Stat)* edge force
Randlängsschnitt *m (Konst)* longitudinal edge section
Randlast *f* edge load
Randleiste *f* wood border; cornice *(z. B. an Möbeln)*
Randlinie *f (Verk)* edge marking (line), edge of carryway marking, edge line
Randmarkierung *f (Verk)* edge marking
Randmoment *n (Stat)* boundary moment
Randmörtelbett *n* **mit mörtelfreier Kernzone** *(SB)* hollow bed
Randpfette *f* edge purlin
Randpressung *f (Stat)* edge compression
Randprofil *n* edge trim
Randpunkt *m (Stat)* end point *(mathematisch)*
Randriegel *m* edge horizontal member
Randriss *m* edge crack
Randschubkraft *f (Stat)* shear along edges
Randspannung *f (Stat)* edge stress, extreme fibre stress, rim strain, tension on edge
Randspannung *f***/radiale** radial rim strain
Randsparren *m (Hb)* edge rafter
Randstadt *f (RP)* border town
Randsteg *m* end bulb *(Dichtung, Fugenband)*
Randstein *m* kerbstone, edge stone, *(AE)* curbstone; border stone *(eines Gehwegs)*
Randstörung *f (Stat)* edge perturbation
Randstreichbalken *m* tail trimmer
Randstreifen *m* 1. *(Verk)* edge strip, side strip, (highway) shoulder, benching, offset, verge; marginal strip *(unbefestigt, Straße)*; 2. *(Arch)* stripe *(Wandgestaltung)* • **Randstreifen anlegen** margin • **Randstreifen befestigen** shoulder
Randstreifen *m***/befestigter** *(Verk)* hard shoulder, shoulder
Randstreifen *m***/befestigter äußerer** *(Verk)* paved outer shoulder
Randstreifen *m***/höhengleicher** *(Verk)* flush shoulder
Randstreifen *m***/unbefestigter** unpaved shoulder, soft shoulder, verge, marginal strip *(Straße)*
Randstreifenbefestigung *f (Verk)* shouldering *(Straßenbau)*
Randstreifensäuberung *f (Verk)* verge trimming
Randtorsionsmoment *n (Stat)* marginal torque moment, marginal torsion moment, marginal twist moment, fringe torque moment
Randträger *m* outside girder, edge girder, edge beam, boundary beam, rim beam, outside beam
Randverklebetechnik *f (Te)* perimeter bonding technique
randverstärkt *(Konst)* edge-stiffened
Randverstärkung *f (Konst)* reinforced border
randversteift *(Konst)* edge-stiffened
Randversteifung *f* edge stiffening
Randverwindungsmoment *n (Stat)* marginal torque moment, marginal torsion moment, marginal twist moment
Randverzierung *f* edge moulding, edging
Randwertbedingung *f* marginal condition
Randwirkung *f* 1. *(Stat)* marginal effect; 2. *(Konst)* boundary action
Randwulst *m* 1. end bulb *(Dichtung, Fugenband)*; 2. *(OB)* fat edge *(herabgelaufener Farbanstrich)*
Randziegel *m* 1. barge course, verge course *(Mauerwerk)*; 2. margin tile *(Dach)*
Randzone *f* marginal area, fringe area, outskirts *(Stadt)*; boundary zone *(Land, Gebiet)*
Rang *m* 1. circle, gallery, *(AE)* balcony *(Theater)*; 2. terrace *(Zuschauerrang im Stadion)*; 3. rank, position *(Stellung)*
Rang *m***/erster** first gallery
Rang *m***/höchster** *(Arch)* gallery *(im Theater)*
Rang *m***/zweiter** *(Konst)* upper circle *(Theater)*
Rangierbahnhof *m (Verk)* shunting station
rangieren *v* switch *(Züge)*
Rangiergleis *n (Verk)* shunt track, switching track, yard track, siding
Rangierlok *f* shunting engine, *(AE)* switching engine
Rangierwinde *f (Verk)* shunting winch, switching winch
Rangordnung *f (Arch, Konst)* order
Rangsitzreihe *f***/erste** *(EB)* grand tier *(Theater)*
Ranke *f (Arch)* foliage scroll, scroll
Ranken *fpl (Arch)* floral pattern
Rankenwerk *n (Arch)* scrollwork *(Ornament der Renaissance)*
Rankenwerk *n***/arabisches** *(Arch)* Moresque
Rankenzierelement *n* scroll moulding, scroll ornament
Rankindruck *m***/passiver** *(Stat)* passive Rankin pressure
Rankwerk *n (Arch)* floral pattern
Rapputz *m* rendering coat, rock dash, rough-cast, rough plaster, slap dash, pebble dash, squirted skin
Rasen *m* lawn, grass; green *(Sportplatz)*; greensward, sward, turf, turfed area *(Rasendecke, Rasenfläche)* • **mit Rasen bedecken** *(LB)* grass • **mit Rasen belegen** *(LB)* turf *(z. B. Böschung)*
Rasen *m* **für Spiele** *(LB)* bowling green
Rasen *m***/gepflegter** lawn
Rasenanlegen *n (LB)* sowing down to grass
Rasenansaat *f* grass seed
Rasenarbeiten *fpl (LB)* turfing
Rasenboden *m* swardy soil, sod, soddy soil, turf
Rasenböschung *f (LB)* sodded slope
Rasendecke *f* grass cover, turf; sodded slope *(an Böschungen)*
Rasenfläche *f* lawn, sward, turfed area, grass plot
Rasenfläche *f***/ebene** greensward
Rasenfläche *f***/gepflegte** *(LB)* lawn
Rasengitterplatte *f (LB)* grass grid concrete slab
Rasengitterstein *m (LB)* grass paver
Rasenlage *f (LB)* sod
Rasennarbe *f (LB)* mat of turf
Rasenplatz *m* 1. *(LB, RP)* greens; 2. *(LB)* lawn
Rasensäen *n* grass seed
Rasensode *f* turf, turfsod, sod square, (piece of) sod
Rasensodenabdecken *n (LB)* turfing by sodding
Rasensodenabdeckung *f (LB)* sodding
Rasensodenbedeckung *f (LB)* planting sods
Rasensodenbelegen *n (LB)* turfing by sodding

Rasensodenverlegen *n (LB)* planting sods
Rasensohle *f (LB)* surface level
Rasensprenganlage *f* turf sprinkler system
Rasensprenganlage f/fest installierte turf sprinkler system
Rasensprengsystem *n (LB)* lawn sprinkler system
Rasenstein *m (LB)* grass paver
Rasenstück *n* sod, turf
Rasenteppich *m* carpet of lawn, carpet of grass
Rasentrennstreifen *m (Verk)* landscape strip
Rasiersteckdose *f (El)* razor socket
Raspel *f* rasp, grater, riffler *(Rundfeile)*; surform tool *(Raspelsäge)*
Raspelfeile *f (BWG)* rasp file
raspeln *v* rasp, grate
Raspelsäge *f* surform tool
Rastanlage *f (Verk)* service area *(Straße, Autobahn)*
Rastbolzen *m* stop bolt, index bolt
Raster *n* 1. modular grid, grid, planning grid *(Entwurfsraster)*; 2. *s.* Rastermaß
Raster m/dreidimensionaler *(Konst)* modular space grid
Raster m/senkrechter *(EB)* vertical grid
Rasterabmessung *f (Konst)* raster dimension *(Bauraster)*
Rasteranordnung *f* grid formation
Rasterbaukastensystem *n (Konst)* podul system *(Montagebau)*
Rasterbild *n (BM)* scanning electron micrograph
Rasterdecke *f (Konst, TK)* grid ceiling
Rasterdeckensystem *n* grid suspension system
Rasterebene *f* grid plane
Rasterfassade *f* grid façade, grid-pattern façade
Rastergebäude *n (Arch, Konst)* grid-pattern building
Rastergrundmaß *n* module
Rastergrundriss *m* modular grid
Rasterlage *f* grid position
Rasterlinie *f* modular line, grid line; setting-out line *(Abstecken)*
Rastermaß *n (Konst)* raster dimension
Rastermaßkonstruktionssystem *n (Konst)* modular system
Rasternetz *n* 1. *(Konst, Verm)* grid plan; 2. *(Konst)* reference grid
Rasterplatte *f* grid plate
Rasterpunkt *m* modular point
Rasterstadt *f (RP)* grid town
Rastersystem *n* 1. *(Konst)* grid system; 2. *(Konst, Verm)* grid network
Rasterteilung *f (Konst, Verm)* grid spacing
Raster- und Kragsystem *n (Konst)* bay-and-cantilever system
Rasterzelle *f (San)* podul *(z. B. Nasszelle, Sanitärzelle)*
Rastfeder *f* stop spring
Rasthaus *n (Verk)* motorway restaurant, rest house, roadhouse
Rasthebel *m* engaging lever
Rastplatz *m (Verk)* rest area, lay-by, waiting bay; picnic area *(an der Autobahn)*; *(AE)* turnout *(Parkplatz an einer Autostraße)*
Rastrahmenleiste *f* sash stop, window stop
Raststätte *f (Verk)* roadhouse, roadside restaurant, service area, rest area
Raststellenhinweiszeichen *n (Verk)* service sign
Raststift *m* latch pin, stop pin
Rastzapfen *m* drop-in pin
Rat fragen v/um *(VR)* consult
Rat *m* **für Forschung/Internationaler** *(CIB)* International Council for Building Research Studies and Documentation, CIB
Rate *f* rate
Ratebogen *m (Arch)* more-centred arch
Rathaus *n* town hall, *(AE)* city hall
Ratiometer *n (BM)* ratiometer
Rationalismus *m* **strenger Observanz** *(Arch)* strict rationalism
Ratsche *f (EB)* ratchet
Ratschenhebel *m (BWG)* ratchet wrench
Rattenschutzlage *f (SB)* rat stop *(Mauerwerk)*
rattensicher *(Konst)* ratproof
Rattensperre *f (WVA)* rat barrier *(im Kanal)*
Rattensperrvorrichtung *(WVA)* rat barrier *(im Kanal)*
rattern *v* rattle, chatter, rumble
rau 1. rough; course *(grob)*; uneven, rugged *(uneben)*; unsmooth *(Oberfläche)*; 2. *(SB)* keyed *(Putzunterlage)*; 3. *(BM)* crude *(unbearbeitet)*; 4. *(OB)* hacked *(aufgeraut)*; 5. ragged *(gezahnt aufgeraut)*; 6. rugged *(Boden, Weg)*; 7. unplaned *(Holz)* • **rau werden** rough, roughen
Raubank *f* trying plane
Raubbau *m (Umw)* overuse *(Natur, Umwelt)*
Raubelag *m (Verk)* friction course
Raubelag m/hohlraumreicher open graded friction course
Raubeton *m (BB)* rough concrete
Rauch *m (Umw)* fumes *(chemisch)*; smoke *(Verbrennungsprodukt)*
Rauchabzug *m* 1. flue *(bei Öfen und Kaminen)*; 2. smoke funnel; smoke extract, smoke outlet *(für Rauchgase bei einem Brand)*
Rauchabzugkanal *m (HLK)* smoke outlet duct
Rauchabzugschacht *m* smoke outlet shaft
Rauchabzugshaube *f (HLK)* fume hood
Rauchabzugsquerschnitt m/lichter flueway
Rauchabzugsrohr *n* flue pipe, funnel *(Schornstein)*
Rauchabzugsschachtfenster *n* smoke tower window *(Hochhaus)*
Rauchabzugsventilator *m (HLK)* femerell *(Dachaufbau über Küchen)*
Rauchausbreitung *f* smoke spread, spread of smoke
Rauchausstoß *m (Umw)* emission of smoke
rauchbefrachtet smoke-laden
Rauchbelästigung *f (Umw)* smoke nuisance
rauchdicht smoke-tight
Rauchemission *f (Umw)* emission of smoke
Rauchentwickler *m (San)* smoke rocket, rocket tester *(zur Dichtigkeitsprüfung von Abwasserleitungen)*
Rauchentwicklungsklassifikation *f* smoke development rating *(Baustoffe)*
Rauchentwicklungs-Leitungsprüfer *m (San)* smoke rocket
Rauchfangkammer *f* smoke chamber
rauchfarbig smoke-coloured
rauchfrei *(Umw)* smokeless
Rauchgas *n (HLK, Umw)* fumes
Rauchgasabsaugventilator *m* fire ventilator
Rauchgasanschluss *m* breeching
Rauchgasanschlussrohr *n* breeching
rauchgasdicht flue-gas-tight
Rauchgase *npl (HLK, Umw)* fumes
Rauchgasentschwefelung *f (Umw)* flue gas desulphurization
Rauchgasentstaubung *f (Umw)* particulate collection
Rauchgaskanal *m* chimney flue, smoke flue, waste-gas flue, flue *(eines Schornsteins)*
Rauchgasmelder *m* smoke detector, smoke alarm
Rauchgasprüfung *f* flue gas test, smoke test
Rauchgasschieber *m (HLK)* sliding flue damper, smoke damper
Rauchgasschieber m/automatischer *(HLK)* (smoke) damper

R

Rauchgastür *f* smoke door, smoke hatch
Rauchgasüberwachung *f* smoke control
Rauchgasventilator *m* fire ventilator
Rauchgasverhalten *n* smoke behaviour
rauchgelb *n* royal yellow
rauchgesättigt smoke-laden
rauchgeschwängert smoke-laden
Rauchglas *n (BM)* smoked glass
Rauchkamin *m* smoke chimney
Rauchkammer *f (HLK)* smokebox
Rauchkanal *m* smoke flue, flue *(eines Schornsteins)*
Rauchkanal *m* **zum Fuchs** flue gathering
Rauchlast *f (Umw)* smoking load
Rauchloch *n (Arch)* opaion
rauchlos *(Umw)* smokeless
Rauchmantel *m (HLK)* hood; flare *(Kamin)*
Rauchmelder *m* automatic smoke detector, smoke alarm, smoke detector
Rauchöffnung *f* smoke outlet
Rauchöffnung *f* **im Dach** louvre
Rauchöffnungsverschluss *m* smoke-stop
Rauchöffnungsverschluss *m*/**automatischer** smoke--stop
Rauchrohr *n* 1. chimney flue, flue tube *(am Kamin oder Ofen)*; 2. smoke pipe, smoke tube *(Kesselbauteil)*; 3. *(HLK)* vent *(Rauchabzug)*
Rauchrohrkessel *m* fire-tube boiler, smoke tube boiler
Rauchschieber *m (HLK)* smoke slide valve
Rauchschieberöffnung *f (HLK)* slide damper opening
Rauchschornstein *m* smoke chimney
Rauchteilchen *n (Umw)* smoke particle
Rauchtest *m* smoke test
Rauchverhütung *f (Umw)* smoke prevention
Rauchverzehrer *m* smoke consumer
Rauchzimmer *n* smoking room; smoke-room *(z. B. im Hotel)*; divan *(historisch)*
Raufaseraufstrich *m* ingrain wallpaper coat
Raufasermakulatur *f* engrain lining paper, ingrain lining paper
Raufasertapete *f* oatmeal wallpaper, rough-textured wallpaper, engrain wallpaper, ingrain wall covering, ingrain wallpaper, wood chip wallpaper
Raufe *f* manger lath
Raufenlatte *f* manger lath
raugekratzt dragged
Rauheit *f* 1. roughness, rugosity *(einer Oberfläche)*; coarseness *(grob)*; 2. ruggedness *(Gelände)*; 3. *(OB, Verk)* roughness *(Straße)*; 4. texture *(Materialstruktur)*
Rauheit *f*/**hydraulische** *(Wsb, WVA)* hydraulic roughness
Rauheit *f*/**isotrope** *(Verk)* isotropic texture
Rauheitsmessgerät *n* texture meter
Rauigkeit *f s.* Rauheit
Rauigkeitsgrad *m (OB, Verk)* roughness *(einer Straße)*
Rauigkeitskoeffizient *m (OB, Verk)* coefficient of roughness
Rauigkeitsspitze *f* high light *(Oberflächenmikroprofil)*
Rauigkeitszahl *f (OB, Verk)* coefficient of roughness
Raum *m* 1. room *(Zimmer)*; chamber *(Kammer)*; compartment *(Abteil)*; 2. hold *(Laderaum)*; 3. space *(Platz, Freiraum)*; 4. expanse, width, expansion *(Ausdehnung)*; 5. volume *(Rauminhalt)*; 6. area, region, zone *(Gegend, Gebiet)* • **Raum sparen** spare room
Raum *m*/**bewohnbarer** occupiable room, room fit to live in, habitable room; housing space *(eines Hauses)*
Raum *m*/**bewohnter** *(Konst)* residence
Raum *m*/**dreigeschossiger** *(Konst)* three-decker
Raum *m*/**echofreier** anechoic room, free-field room
Raum *m*/**ein der Sonne ausgesetzter** *(Konst)* solar *(in der oberen Etage eines vornehmen Wohngebäudes in England)*
Raum *m*/**explosionsgefährdeter** hazardous area; hazardous room
Raum *m*/**feuergeschützter** fire area
Raum *m*/**freier** unoccupied room, vacant room *(Zimmer)*; free passage *(Durchgang)*; free site *(Baugebiet)*
Raum *m* **für den Tagesaufenthalt** morning room
Raum *m* **für Heizungs- und Klimageräte** *(HLK, Konst)* mechanical equipment room *(in einem Gebäude)*
Raum *m* **für Heizungs- und Lüftungsgeräte** *(HLK, Konst)* machinery room *(in einem Gebäude)*
Raum *m* **für Rollstühle/vorgesehener** *(Konst)* wheelchair space
Raum *m* **für Versorgungseinrichtungen** *(RP) (AE)* utility room
Raum *m*/**gemeinnütziger** *(Konst)* public space
Raum *m*/**gesamt umbauter** *(Tun)* total enclosure
Raum *m*/**geschlossener** *(Konst)* closed space
Raum *m*/**kleiner** cubicle, cabinet *(Nische, Alkoven)*
Raum *m*/**kleiner abgeteilter** cubicle *(Nische, Alkoven)*
Raum *m*/**klimatisierter** *(HLK)* conditioned space
Raum *m*/**lichter** 1. *(Konst, Verk)* clearance; 2. *(Konst)* area *(in einem Gebäude)*
Raum *m* **mit drei Ebenen** *(Konst)* three-decker *(z. B. Versammlungsraum, Kirchenraum)*
Raum *m* **mit gewölbter Decke** *(Arch)* camera
Raum *m* **mit hohem Echopegel** *(DIS)* live room
Raum *m* **mit Morgensonne** morning room
Raum *m*/**reflexionsfreier** dead room
Raum *m*/**ruhiger** *(DIS)* quiet room
Raum *m*/**schalltoter** dead room, anechoic room, free-field room
Raum *m*/**spezifischer** specific volume
Raum *m*/**temporär bewohnbarer** temporary occupiable room
Raum *m*/**toter** dead space
Raum *m*/**umbauter** enclosed space, architectural volume, building room; cubature, cubic contents, cubic yardage, cubical content, enclosed space *(Maß)*
Raum *m*/**ummauerter** walled enclosure
Raum *m*/**umschlossener** *(Konst)* closed area
Raum *m*/**ungestörter** den
Raum *m*/**ungeteilter** *(Konst)* uninterrupted space
Raum *m*/**unterirdischer** 1. *(Konst)* underground room; 2. *(Erdb, Konst)* subterranean chamber
Raum... spatial ...; cubic ...; indoor ...
Raumabschluss *m* enclosure of space, shutter
Raumabschluss *m*/**vierteiliger** quadripartite shutter
Raumakustik *f (DIS)* room acoustics
Raumänderung *f (BM, BT)* volume change
Raumänderungsarbeit *f*, **Raumänderungsenergie** *f (Stat)* strain energy due to the change of volume
Raumänderungsprüfung *f (BM)* volumetric test
Raumanordnung *f (Konst)* room layout
Raumanteil *m (Konst)* part by volume
Raumaß *n (BM, Hb)* nominal measure *(Holz)*
Raumatmosphäre *f (Arch)* indoor atmosphere
Raumaufteilung *f* 1. *(Arch, Konst)* layout of rooms; 2. *(Konst)* partitioning of all available space
Raumaufteilungsoptimierung *f (Arch, Konst)* making fullest use of available space
Raumaufteilungstechnik *f (Konst)* spacemanship
Raumausdehnungskoeffizient *m* coefficient of volume expansion
Raumauslastung *f*/**maximale** *(Konst, RP)* optimum use of space
Raumausnutzung *f* space utilization
Raumausnutzung *f*/**optimale** *(Konst, RP)* optimum use of space
Räumbalken *m* squeegee *(für den Straßendienst)*

Raumbausystem *n* 1. *(TK)* spatial construction; 2. *(Konst)* spatial structural system
Raumbauwerk *n* space structure
Raumbedarf *m* 1. space requirement, spatial requirement; 2. *(Konst)* overall dimensions; 3. *(RP)* required overall dimensions *(Flächennutzungsplan, Städteplanung)*
Raumbehaglichkeitstemperatur *f (HLK)* room temperature comfort
Raumbeleuchtung *f (El)* room illumination
Raumbelüftung *f***/künstliche** *(HLK)* mechanical ventilation
Raumbereich *m* **für Versorgungseinrichtungen** *(Konst)* service space
raumbeständig 1. *(BM)* constant-volume; 2. *(BB)* sound *(Beton)*
Raumbeständigkeit *f* constancy of volume, volume constancy; soundness *(speziell von Beton)*; stability of volume *(Zement)*; volume stability *(von Baustoffen)*
Raumbeständigkeitsprüfung *f* volume stability test method; soundness test *(Beton)*
Raumbild *n (Arch)* space image, spatial image, three-dimensional image, view of space
Raumbreite *f (Konst)* room width
Raumdecke *f* ceiling
Raumdehnung *f (BM)* volume strain
Raumdichte *f* space density, volume density, volumetric density; bulk specific gravity *(Schüttgutraumdichte)*
Raumdichte *f* **des Frischbetons** *(BM)* concrete wet density
Raumdisposition *f (Arch)* space layout, spatial layout, three-dimensional layout
Raumdisposition *f***/fließende** *(Arch)* flowing plan form
Raumdosierung *f* batching by volume
Raumdurchdringung *f* 1. *(Arch, Konst)* interpenetration of spaces; 2. *(Stat)* penetration of space
Räume *mpl***/einbündig angeordnete** *(Konst)* single-depth rooms
Raumeigenschaften *fpl***/akustische** *(DIS, Konst)* acoustics
Raumeinheit *f* space unit, unit of space, unit of volume, unit volume
Raumeinheit *f***/temperaturgeregelte** *(HLK)* temperature-controlled zone, zone *(Klimaanlage)*
Raumeinsparung *f* space economy, space saving
Raumeinteilung *f* interior partitioning, partitioning
Raumelement *n* space unit
räumen *v* 1. *(Erdb)* doze; 2. *(Te)* bulldoze *(mittels Planierraupe)*; 3. leave, evacuate, vacate, empty *(Häuser, Wohnungen, Gebäude)*; 4. *(Wsb)* dredge, clean up *(Gewässer)*; 5. *(Verk)* clear *(Straßen, Gleise)*; 6. *(Te)* clean *(z. B. Bohrlöcher)*
räumen *v***/beiseite** side *(z. B. Bauschutt, Schnee)*
Raumentwicklung *f (RP)* spatial development
Räumer *m (Erdb, Verk)* scraper, reamer
Raumerhitzer *m (HLK)* space heater
Raumfachwerk *n* three-dimensional framework, space truss, lattice plate, latticework, grid frame, grid structure, space frame
Raumfachwerk *n***/prismatisches** *(TK)* prismatic space truss
Raumfachwerk *n***/pyramidenförmiges** pyramidal space truss
Raumfachwerk *n***/zweischaliges** *(TK)* two-layer space frame shell
Raumfachwerkkuppel *f* space framework cupola
Raumfachwerkträger *m (TK)* spatial lattice girder
Raumfassungsvermögensverhältnis *n* volume-capacity ratio
Raumfenster *n* room window
Raumfeuchte *f (HLK)* indoor humidity
Raumfeuchtigkeit *f s.* Raumfeuchte
Raumfigur *m (Arch)* space configuration, three-dimensional configuration
Raumfläche *f (Konst)* room area
Raumfläche *f***/nutzbare** *(Konst)* usable room area
Raumform *f* spatial form
Raumform *f***/zentrale** *(Arch)* central feature
raumfressend space-consuming
Raumfuge *f (Konst)* expansion joint
Raumfugenband *n* expansion joint waterstop
Raumfugeneinlage *f* expansion joint filler
Raumgefühl *n (Arch)* sense of space
Raumgerade *f (Arch)* line of space
Raumgestalt *f* spatial form
Raumgestalter *m (Arch)* house decorator
Raumgestaltung *f* interior design, interior decoration
Raumgewicht *n (BM)* unit weight *(Baustoffe)*
Raumgewinn *m* gain in space, space gain
Raumgitter *n (Konst)* spatial grid
Raumgliederung *f (Konst)* spatial division *(eines Gebäudes)*
Raumgrenze *f* space limit
raumgroß room-sized
Raumgröße *f (Konst)* room size
Raumheizer *m (HLK)* room heater
Raumheizgerät *n (HLK)* room heater
Raumheizkörper *m (HLK)* radiator
Raumheizung *f (HLK)* room heating
Raumheizung *f***/elektrische** electric space heating
Raumheizungsanlage *f (HLK)* room heating system
Raumhelligkeit *f* room brightness
raumhoch room-high
Raumhöhe *f* depth of room, room height
Raumhülle *f* enclosure of space
Rauminhalt *m* cubage content, cubic content, volume
Rauminhaltsberechnung *f (Konst, Verm)* cubage
Rauminnenmaß *n (Konst, Stat)* net room area
Raumklima *n (HLK)* indoor climate
Raumklimaanlage *f (HLK)* room air conditioner
Raumklimatisierung *f (HLK)* room air conditioning
Raumkomfort *m***/thermischer** *(HLK)* room temperature comfort
Raumkomforttemperatur *f (HLK)* room temperature comfort
Raumkomposition *f (Arch)* space composition, spatial composition, three-dimensional composition
Raumkonstanz *f (BM)* volume stability *(von Baustoffen)*
Raumkontinuität *f* continuity of space
Raumkühler *m (HLK)* unit cooler *(mit Wasserverdunstung)*
Raumkurve *f (Stat)* space curve
räumlich three-dimensional, spatial, stereometric; triaxial *(z. B. Spannungszustände)*
räumlich-baulich physical
Räumlichkeit *f* 1. spatiality, three-dimensional character, three-dimensionality; 2. premises *(eines Gebäudes)*
Räumlichkeit *f***/akustische** auditory ambience, auditory perspective
Raumlicht *n (El)* ambient light
Räumlöffel *m* raker
Raumluft *f (HLK)* indoor air
Raumlufterhitzer *m (El)* unit heater
Raumluftfeuchtigkeit *f (HLK)* inner relative moisture
Raumluftkanal *m (HLK)* air flue
Raumluftqualität *f* indoor air quality
Raumlufttechnik *f (HLK)* room ventilation technique
Raumlüftung *f (HLK)* room ventilation
Raumluxus *m (Arch)* spatial luxury
Raummangel *m* lack of room, lack of space

Raummaß *n* measure of capacity, cubic measure, capacity measure, volumetric measure
Raummasse *f* bulk density, B.D.
Raummasse *f***/kubische** cubical mass
Raummeter *n* stacked cubic metre *(auch für Naturstein)*
Raummindesthöhe *f* minimum room height
Raummodell *n* spatial model
Raummodell *n***/akustisches** *(DIS, Konst)* acoustical model
Raumnische *f* recess, nook; niche *(z. B. für Skulpturen)*
Raumnutzfläche *f (Konst, Stat)* net room area
Raumnutzung *f* space utilization
Raumordnung *f* environmental planning, regional development, physical planning
Raumordnungsplanung *f (RP)* rural planning
Raumordnungsverfahren *n (RP)* regional planning method
Raumperspektive *f (Arch)* space perspective
Räumpflug *m (Erdb, Verk)* bulldozer
Räumphase *f (Verk)* clearance period
Raumplanung *f* development planning, physical planning; space planning *(Landesplanung)*
Raumprozent *n* volume percent(age)
Raumraster *m (Konst)* modular space grid
Raumschall *m (DIS)* room sound
Raumschalldämmung *f (DIS)* room sound insulation
Raumschalung *f* space shuttering
Raumschüttdichte *f* bulk specific gravity
raumsparend space-saving, economical of space
Raumstetigkeit *f* continuity of space
Raumteile *mpl* parts by volume, percent by volume, quantities by volume *(Dosierung von Baustoffen)*
Raumteiler *m* room divider, division element, partition
Raumteiler *m***/frei stehender** *(DIS, Konst)* office landscape screen *(teilweise mit Schalldämmung)*
Raumteilung *f* partitioning
Raumteilung *f***/halbhohe** dwarf partitioning
Raumteilungselement *n (Konst)* room divider
Raumtemperatur *f (HLK)* room temperature
Raumtemperatursteuerung *f* room [indoor] temperature control, inner temperature control, internal temperature control
Raumthermostat *m (HLK)* room thermostat
Raumtragwerk *n (TK)* space load-bearing structure
Raumtragwerke *npl (Stat, TK)* geodesics
Raumtragwerkkonstruktion *f (TK)* spacer structural system
raumtrennend room-dividing
Raumtrennung *f (Konst)* space separation *(zum Brandschutz)*
Raumtür *f* room door, chamber door
Raumüberspannung *f (Konst)* space spanning
raumumschließend space-enclosing
Raumumschließung *f* space enclosure, spatial enclosure
Raumunbeständigkeit *f (BM)* inconstancy of volume
Raum- und Formansprache *f (Arch)* formal and spatial concept
Räumung *f* 1. vacation, clearing *(Gebäude, Wohnungen)*; evacuation *(wegen Gefahr)*; 2. *(Te)* clearing *(einer Baustelle)*; 3. ejectment, *(AE)* eviction *(zwangsweise)* • **auf Räumung klagen** sue for eviction
Räumung *f***/zwangsweise** ejectment
Räumungsarbeit *f (LB, Te)* stripping *(einer Baustelle)*
Räumungserlass *m (VR)* eviction order
Räumungszeit *f* evacuation time
Raumverringerung *f* volume decrease
Raumverschwendung *f (Konst)* waste of space
Raumverteilung *f (Arch, Konst)* layout of rooms
Raumvorstellung *f (Arch)* spatial image
Raumwand *f (Konst)* room wall
raumwandgroß room-wall-sized, wall-sized
Raumwärme *f (HLK)* room heat
raumweise room-by-room
Raumwinkel *m (Verm)* solid angle
Raumwirkung *f (Arch)* space effect, three-dimensional effect
Raumwirkung *f***/akustische** auditory ambience, auditory perspective
Räumzeit *f* 1. evacuation time *(Gebäude bei Gefahr)*; 2. *(Verk)* clearance time *(z. B. Ampelkreuzung)*
Raumzelle *f* three-dimensional element [block], modular component, modular unit, box, spatial module
Raumzelle *f***/bewegliche** *(Konst)* mobile home
Raumzelle *f***/geschlossene** *(Konst)* closed building block module
Raumzellenbauweise *f* modular construction method, modular housing, module method, unitized unit method
Raumzunahme *f* increase in volume, volume increase
Raupe *f* 1. caterpillar tractor, track; 2. *(Konst)* skylight *(liegendes Dachoberlicht)*
Raupenbagger *m* crawler excavator, excavator on caterpillars
Raupenfahrzeug *n* track(ed) vehicle, caterpillar, crawler
Raupenfertiger *m (Verk)* caterpillar finisher, caterpillar paver, tracked paver
Raupenkette *f* crawler chain, crawler track, caterpillar chain, track
Raupenkettentraktor *m* crawler(-type) tractor, caterpillar, track-laying tractor
Raupenschlepper *m* crawler(-type) tractor, creeper tractor, caterpillar, track-laying tractor, crawler
Raupenschürze *f* caterpillar gate
Raupenschweißen *n (St)* bead welding
Rauputz *m* rough plaster, rough-dash, rock dash, slap dash, pebble dash; rendering coat *(Grobputzschicht)*
Raureif *m (Umw, Verk)* hoarfrost
Rauschalung *f* rough forms, rough shuttering
Rauschgelb *n* orpiment yellow, arsenic yellow, orpiment
rauschleifen *v* rough down
Rauschrot *n (BM, OB)* realgar
Rauspund *m* 1. *(Hb)* tongued and grooved rough boarding; 2. *(BM, Hb)* rough T and G boarding
Rauspundbretter *npl (BM, Hb)* rough T and G boarding
Raute *f* 1. lozenge, diamond *(dekoratives Element)*; 2. *(Verk)* diamond interchange *(Kreuzungsbau)*; 3. *(Arch)* rhombus *(Geometrie)*
Rautenblech *n* diamond plate
Rautendach *n (Konst)* helm roof
Rautendrahtgitter *n* diamond wire lattice
Rautenfachwerk *n* 1. *(TK)* diamond girder; 2. *(Konst)* quadrangular truss
Rautenfachwerkträger *m (TK)* diamond girder
Rautenfensteröffnung *f* lozenge, lozenge window
rautenförmig rhomboidal, lozenge-shaped, diamond-shaped
Rautenfries *m (Arch)* lozenge frieze, diamond frieze *(romanisches Ornament)*
Rautengewebe *n* lozenge cloth, diamond cloth
Rautengewölbe *n (Konst)* net vault
Rautenglas *n* lozenge glass
Rautengrobblech *n (St)* lozenge plate
Rautenknoten *m (Arch)* diamond junction
Rautenmasche *f (BM)* lozenge mash
Rautenmaschengewebe *n* lozenge cloth
Rautenmotiv *n (Arch)* lozenge motif
Rautenmuster *n (Arch)* lozenge pattern
Rautennetzwerk *n (Arch)* lozenge network
Rautenstab *m (Arch)* lozenge fret

Rautenstreckmetall *n (BM)* lozenge expanded metal
Rautexturziegel *m* rustic brick, texture brick
Rautiefe *f (OB)* surface anchor
Rautiefe f/mittlere mean texture depth
Rauwerden *n (Verk)* ravelling
Rauwerk *n* 1. *(SB)* undercoat; 2. rendering coat, scratch coat *(Grobputzschicht)*
Rauziegel *m* rustic brick
Ravelin *m (Arch, Konst)* ravelin *(Militärschutzanlage)*
Reagenzglas *n* test tube
reagieren *v* react, respond *(auch chemisch)*
reagierend reactive
Reaktion *f* reaction
Reaktion f/elastische elastic response
Reaktion f/elektrochemische electrochemical reaction
Reaktion f/exotherme exothermic reaction *(z. B. Zementhydratation)*
Reaktion *f* **mit den Zuschlägen/basische** *(BB, BM)* alkali-aggregate reaction *(im Beton)*
Reaktionsanstrichstoff *m (BM, OB)* reaction coating
Reaktionsbeschleuniger *m* 1. *(BM, Te)* reaction accelerator; 2. *(BM)* hardener
Reaktionseigenschaft *f* reaction power
Reaktionsfähigkeit *f* reaction capacity, reaction property
Reaktionsfähigkeit f/basische *(BM)* alkaline reactivity
reaktionsfreudig reactive
Reaktionsgeschwindigkeit *f* reaction rate
Reaktionsgrad *m* reaction rate
Reaktionsgrundiermittel *n* etch primer, wash primer
Reaktionsharz *n (BM)* reaction resin
Reaktionskleber *m* cold-setting adhesive
Reaktionsklebstoff *m s.* Reaktionskleber
Reaktionskomponentenkleber *m* cold-setting adhesive
Reaktionskraft *f* reaction force, reaction of constraints, reactive force
Reaktionslack *m (BM)* cold-curing paint
Reaktionsmechanismus *m* reaction mechanism
Reaktionsmittel *n (Umw)* solidifying agent
Reaktionsprimer *m* self-etching primer *(Anstrichtechnik)*
Reaktionssichtweite *f (Verk)* reaction distance
Reaktionstemperatur *f* reaction temperature, temperature of reaction
Reaktionsturbine *f (Wsb)* reaction turbine
Reaktionsvermögen *n* reaction power
Reaktionsverzögerer *m* retarding agent, retarder
Reaktionswärme *f (BB, Te)* heat of reaction
Reaktivität *f* reactivity
Reaktorabschirmung *f (Konst, Umw)* reactor shield(ing)
Reaktorbeton *m (BB)* reactor-shielding concrete
Reaktorgebäude *n* reactor block, reactor building
Reaktorkuppel *f (Konst)* reactor cupola
Reaktorschirmwand *f (Konst, Umw)* shield
Reaktorsicherheitshülle *f (Umw)* reactor containment
Realgar *m (BM, OB)* realgar
realisierbar viable
realisieren *v* implement
Realisierung *f* embodiment, implementation
Realisierungsphase *f (Te)* implementing phase
Realität f/virtuelle virtual reality
Rebpfahl *m (LB)* vineyard pole
Rechen *m (Wsb)* rack, rake, rack catcher, screen *(Einlaufrechen, z. B. an Kanaleinläufen, Klärwerken)*
Rechenanlage *f* 1. *(Wsb)* bar rack; 2. *(BM, BWG, Te)* gridwork *(Aufbereitung)*
Rechenannahme *f (Stat)* calculation assumption
Rechenformel *f* calculating formula
Rechengang *m (Stat)* mathematical procedure
Rechengröße *f* 1. *(Stat)* calculable value; 2. *(Konst, Stat, Verk)* computable value
Rechengrundlage *f* calculation basis
Rechengut *n (Wsb)* screenings, rakings
Rechenhaus *n (Wsb)* screening chamber *(Rechenanlage)*
Rechenklassierer *m (BM, BWG)* rake classifier
Rechenmodell *n (Stat)* mathematical model
Rechenreiniger *m (WVA)* screen rake
rechenschaftspflichtig *(VR)* accountable
Rechenschritte *mpl***/standardisierte** *(Stat)* standardized computational methods
Rechentafel *f* nomogram
Rechentechnik *f (Konst, Stat)* computation
Rechenverfahren *n* calculation method
Rechenvorteil *m (Stat)* short method
Rechenzentrum *n (Konst, Te, Verk)* computer centre
rechnen *v (Konst, Stat)* compute
rechnergesteuert *(Konst, Te, Verk)* computer-controlled
rechnergestützt *(Stat, Te)* computer-aided
rechnerisch computational; designed
Rechnernachweis *m (Stat, TK)* computer check
Rechnung *f* 1. calculation *(Berechnung)*; 2. invoice *(Firmenrechnung, Warenrechnung)*; bill, account *(laufende Rechnungen)*; 3. *(AE)* check *(schriftliche Kostenforderung)* • **auf eigene Rechnung** on one's own account • **für Rechnung und Gefahr** for account and risk • **in Rechnung stellen** charge • **Rechnungen bezahlen** *(VR)* settle accounts
Rechnung f/laufende account, bill
Rechnungsprüfer *m (VR)* accountant
Rechnungswesen *n (VR)* accounting
Rechteck *n* rectangle, oblong
Rechteckapsis *f (Arch)* rectangular apse
Rechteckbasis *f (Arch)* quadra *(Säulenplatte)*
Rechteckbauwerk *n (Arch)* rectangular structure
Rechteckchor *m (Arch)* rectangular choir
Rechteckdeckleiste *f* rectangular staff, square staff
Rechteckfachwerk *n* **mit gekreuzter Verstrebung** *(Konst)* quadrangular truss
Rechteckfläche *f* 1. *(Stat)* rectangular area; 2. *(Arch)* quadrangle
rechteckförmig rectangular-shaped
Rechteckfundament *n (Erdb)* rectangular footing
Rechteckgebäude *n (Arch, Konst)* rectangular building
Rechteckgewölbejoch *n (Arch, Konst)* rectangular bay
rechteckig rectangular, oblong
Rechteckigkeit *f* squareness
Rechteckkanal *m (Wsb, WVA)* rectangular conduit
Rechteckleiste *f (EB)* square staff
Rechteckpfeiler *m (Konst, TK)* rectangular pier
Rechteckplatte *f* rectangular plate, rectangular slab, quarter panel, panel
Rechteckprofil *n* rectangular profile, rectangular section
Rechteckpyramide *f (Arch, Konst)* rectangular pyramid
Rechteckquerschnitt *m* rectangular cross section
Rechteckrahmen *m (Arch)* quadra *(z. B. an einem Basrelief)*
Rechteckraster *n (Konst)* rectangular grid
Rechteckrohr *n (San)* rectangular pipe
Rechtecksäule *f (Arch)* rectangular column
Rechtecksäule f/hohle box column *(aus Stahlprofilen geschweißt)*
Rechteckschnitt *m* rectangular section
Rechtecksenkkasten *m (Wsb)* square caisson
Rechteckspitzsäule *f (Arch, Konst)* rectangular pyramid
Rechteckstahl *m (BM, St)* rectangular steel
Rechtecktafel *f* rectangular panel
Rechtecktafeltrennwand *f (Konst)* quartered partition
Rechteckverzierung *f (Arch)* quadra
Rechteckvorhof *m (Konst)* rectangular forecourt
Rechteckwandanker *m***/geschlossener** rectangular tie

R

rechts *(Konst, VR)* offside *(in Großbritannien)*
Rechtsabbieger *m (Verk)* right-turning vehicles
Rechtsabbiegespur *f (Verk)* right turn lane, right-turning lane, right turn filter
Rechtsabteilung *f (VR)* law department
Rechtsanspruch *m (VR)* legal claim
Rechtsanspruch *m* **auf Landeigentum** *(VR)* title to land (ownership)
Rechtsanspruchsüberprüfung *f* **auf Landeigentum** *(VR)* title search
Rechtsanwalt *m (VR)* solicitor
Rechtsanwaltshonorar *n (VR)* solicitor's fee
Rechtsband *n (EB)* right-hand hinge *(Tür- und Fensterbeschläge)*
Rechtsberater *m (VR)* legal adviser
Rechtsbezeichnung *f (VR)* right-hand designation
Rechtsbiegung *f (Verk)* right-hand bend
rechtskräftig *(VR)* legally valid
Rechtskrümme *f (Verk)* right-hand bend
Rechtskurve *f* curve to the right
Rechtsnachfolge *f (VR)* legal succession
Rechtsnachfolger *m (VR)* legal successor, assignee, successor in title
Rechtsschloss *n (EB)* right-hand lock
Rechtsstreit *m (VR)* litigation
Rechtsträger *m (VR)* legally responsible authority
Rechtstür *f* right-hand door
Rechtsübertreter *m (VR)* offender
rechtsungültig *(VR)* invalid
rechtsverbindlich *(VR)* legally binding, mandatory
Rechtsverkehr *m (Verk)* right-hand traffic
Rechtsverletzung *f (VR)* law violation
Rechtsverordnung *f (VR)* statutory instrument *(Bauplanung)*
rechtswidrig *(VR)* illegal, unlawful
Rechtswirksamkeit *f (VR)* validity *(eines Vertrages)*
Rechtsziegel *m* right-hand side tile *(Dachziegel)*
Rechtszuwiderhandlung *f (VR)* law violation
rechtverbindlich *(VR)* mandatory
rechtwinklig right-angled, orthogonal, square, kneed
• **rechtwinklig machen** *(Hb, SB)* square *(z. B. Holz)*
Rechtwinkligkeit *f* right angularity, orthogonality, squareness
Rechtwinkligschneiden *n (Hb, Te)* squaring
Recycling *n* recycling
Recycling *n* **im Mischwerk** plant recycling
Recycling *n* **in der Mischanlage** off site recycling
Recycling *n* **vor Ort** in situ recycling
Recyclinganlage *f* recycling plant
Recyclingbaustoff *m* recycling material
Recyclingbaustoffe *mpl* recycled construction materials
recyclingfähig recyclable
Recyclingkörnung *f* recycled aggregate
Recyclingpapier *n* recycled paper
Recyclingprodukt *n* recycled product
Recyclingprozess *m* recycling process
Recyclingzuschlagstoff *m* recycling aggregate
Redan *m (Arch, Konst)* redan *(kleiner Ravelin)*
Rednerbühne *f s.* Rednertribüne
Rednertribüne *f* 1. platform, speaker's stand, floor, tribune; 2. *(Arch)* rostrum *(Forum Romanum)*
Redoute *f (Arch, Konst)* redoubt
Reduktionsfaktor *m (Bod)* reduction factor
Reduktionsgotik *f (Arch)* reduction Gothic style
Reduktionskreuzstück *n* reducing cross
Reduktionsmaßstab *m (Konst, Verm)* reduction scale
Reduktionsmittel *n (BM)* reducing agent
Reduktionsmuffe *f* 1. *(San)* reducing sleeve; 2. *(BT, San, WVA)* withdrawal sleeve
Reduktionssatz *m (Stat)* reduction theorem
Reduktionsstück *n* decreaser, reducing fitting
Reduktionsverfahren *n (BM, Te)* reducing process
Reduzierbarkeit *f (Konst)* reducibility
reduzieren *v* reduce, lower, cut down; reduce, abate *(z. B. Spannungen)*; thin down *(Schichtdicken)*
reduzieren *v***/auf Grundformen** *(Arch)* stylize
Reduziermuffe *f* 1. *(San)* reducing sleeve; 2. *(BT, San, WVA)* withdrawal sleeve
Reduzierrohr *n (San, WVA)* reducing pipe
Reduzierstück *n* reducing adapter, reducing coupling, diminishing piece; reducing pipe (fitting), increaser *(Rohrverbindung)*
Reduzier-T-Stück *n (San)* reducing tee
Reduzierung *f (Stat)* reduction
Reduzierventil *n (HLK, San)* reducing valve
Refektorium *n (Arch)* monastic hall
Referenz *f (Konst, VR)* reference
Referenzabschnitt *m* reference section
Referenzbedingung *f* reference condition
Referenzmaterial *n* reference material
Referenzmodell *n* reference model
Referenzpunkt *m (Verm)* working point *(auf Zeichnungen)*
Referenzsystem *n* dimensional reference system
Reflektanz *f* reflection power
reflektieren *v (El)* reflect
reflektieren *v***/Sonnenlicht** *(El)* reflect sun rays
reflektierend reflecting, reflective, reverberatory *(z. B. Wärme)*
Reflektierung *f* reflection
Reflektor *m* reflector
Reflexanstrich *m***/farbiger** polychromatic finish
Reflexfarbe *f* reflecting paint, reflective paint, reflective traffic paint
reflexfrei non-reflecting
Reflexglasperle *f (BM, Verk)* reflective glass bead *(Straße)*
Reflexion *f* reflection
reflexionsarm low-reflectivity
Reflexionsfarbe *f* reflecting (aluminium) paint, aluminium paint, reflecting traffic paint, reflective paint, reflective traffic paint
Reflexionsfolie *f* reflective sheet
reflexionsfrei anechoic
Reflexionsgesetz *n (El, Stat)* law of refraction
Reflexionsglas *n* reflecting glass, heat-reflective glass
Reflexionsgrad *m (El)* level of reflection
Reflexionsisolierung *f* reflective insulation *(Wärme)*
Reflexionskoeffizient *m* reflection coefficient
Reflexionsleuchtstoffröhre *f* fluorescent reflector lamp
Reflexionslicht *n* 1. *(El)* reflective light; 2. *(El, Verk)* flare light
Reflexionslichtquelle *f* secondary light source
Reflexionsmarkierung *f (Verk)* reflecting marking, reflective marking
Reflexionsmaterial *n (BM, El)* reflective material
Reflexionsmessung *f* reflection measurement, reflectometry *(z. B. Straßenmarkierungsfarben)*
Reflexionsriss *m* reflective crack *(Fahrbahnbefestigung)*
Reflexionsrissbildung *f* reflective cracking
Reflexionsseismik *f* seismic reflections
Reflexionsverkehrszeichen *n* reflective sign
Reflexionsvermögen *n* reflection power, reflectivity
Reflexionswärmedämmung *f* reflective insulation
Reflexionswinkel *m* angle of reflection, specular angle
Reflexionszeichen *n* reflective sign
Reflexlicht *n (El)* reflected light
Reflexstoff *m* reflectorized material
Refraktion *f* refraction
Regal *n* rack, shelf
Regal *n***/offenes** open shelving

Regalbrettbolzen *m* shelf rest
Regalbrettbolzen *m*/**verstellbarer** shelf rest
Regalbretter *npl (EB)* shelving
Regalbretter *npl*/**verstellbare** *(EB)* adjustable shelving
Regalbretthaltebolzen *m (EB)* shelf rest
Regalfach *n* 1. *(Konst)* stack; 2. *(EB)* pigeonhole *(Briefablage)*
Regalholzkonsole *f* shelf console, shelf nog, shelving bracket
Regalkonsole *f* shelf bracket [console]
Regalstütze *f (EB)* shelf bracket
Regaltrageleiste *f* shelf cleat, shelf strip
Regel *f* 1. *(Konst)* rule; 2. *(VR)* law; 3. guiding rule *(Richtlinie)* • **in der Regel** as a rule • **Regeln setzend** regulatory
Regel *f*/**anerkannte** approved rule
Regel *f*/**Simpson'sche** *(Stat)* Simpson parabolic rule
Regelabweichung *f* deviation
Regelanlage *f (BWG, HLK, WVA)* control system
Regelausführung *f* conventional design, standard design
Regelbreite *f* standard width, typical width
Regeldicke *f* typical thickness
Regeleinrichtung *f (HLK)* controlling equipment, controller
Regeletagengrundriss *m (Konst)* typical floor ground-plan
Regelfläche *f* regulus, ruled surface
Regelgerät *n* control instrument
Regelgröße *f* standard size
Regelgrundriss *m (Konst)* type-ground-plan
Regelklappe *f (HLK)* turning vane
Regellast *f (Stat)* standard loading
Regellichtraum *m (Verk)* minimum clearance
regellos 1. ruleless; 2. irregular, erratic, uneven *(unregelmäßig)*; 3. disorderly *(ungeregelt)*; 4. arbitrary *(zufällig, ungeordnet)*; inordinate, random *(ungeordnet)*
regelmäßig regular, even
Regelmäßigkeit *f* regularity
regeln *v* 1. *(Te)* regulate; 2. *(HLK)* control *(steuern, z. B. Luftzufuhr)*; 3. *(BT, HLK, Te)* adjust *(einstellen, z. B. Temperatur)*; 4. determine *(durch Vorschriften)*; 5. direct *(Verkehr)*; 6. arrange *(vereinbaren)*
Regelprofil *n* typical profile
Regelprüfung *f* routine testing, routine inspection
Regelquerschnitt *m* standard cross section, typical cross section *(Straße, Gebäude)*
Regelschale *f* typical shell
Regelspur *f* standard gauge *(Eisenbahn)*
Regelspurweite *f* standard gauge *(Eisenbahn)*
Regelstütze *f (BT)* typical column
Regeltemperaturfühler *m (BT, HLK)* thermostatic regulator
Regelthermostat *m (BT, HLK)* thermostatic regulator
Regelung *f* 1. *(HLK, Te)* control; 2. *(HLK, WVA)* controlling equipment *(Steuerung, z. B. Klimaanlage)*; 3. *(Te)* adjustment *(Einstellung, z. B. Temperatur)*; 4. arrangement *(Vereinbarung)*; 5. regulation *(von Werten)*
Regelung *f*/**witterungsgeführte** *(HLK)* weather-dependent control *(Heizung)*
Regelventil *n* 1. *(BT)* control valve; 2. *(HLK, San, WVA)* regulating valve
Regelverband *m* 1. *(SB)* normal masonry bond; 2. *(Konst)* typical bond
Regelwerk *n (VR)* regulation manual
Regelwerk *n*/**technisches** technical standards, technical regulation manual
Regelwürfel *m* 1. *(BB, BM)* normal test cube; 2. *(BM)* typical test cube *(Betonprüfung)*
Regen *m* rain; precipitation *(atmosphärischer Niederschlag)*
Regen *m*/**saurer** *(Umw)* acid fallout
Regen... *siehe auch: Regenwasser...*
Regenabfluss *m (WVA)* rain discharge
Regenablaufeinrichtung *f (WVA)* rainwater system
Regenablauffläche *f (Konst)* weathering
Regenablaufkonstruktion *f (WVA)* rainwater system
Regenabtropfkante *f*/**horizontale** *(San)* larmier
Regenabtropfrinne *f* drip mould(ing), drip throat
Regenabwasser *n (WVA)* storm sewage
Regenabwasserleitung *f* storm sewer
regenabweisend *(DIS)* rain-repelling
Regenabweiser *m* rain repeller, storm-water repeller
Regenauffangbehälter *m (San)* rain trap
Regenbecken *n (Arch)* impluvium *(römischer Hauswassertank)*
Regenbehälter *m (Arch)* impluvium *(römischer Hauswassertank)*
Regenbeständigkeit *f* rain resistance
Regency-Stil *m (Arch)* Regency (style) *(Stilphase der englischen Architektur, 1790-1830)*
regendicht rainproof, shower-proof
Regendichte *f (Umw)* rainfall intensity
Regendichtheit *f* impermeability to rain, rain imperviousness, rainproofness, raintightness
Regendichtigkeit *f (DIS)* impermeability to rain
Regendurchfeuchtung *f (DIS)* lateral rain penetration
Regenentwässerung *f (WVA)* storm sewer system *(Straße)*
Regenerat-Cellulosefaser *f* rayon *(z. B. für Baustoffgewebe, Faserzusätze für Gemische)*
Regeneration *f (Umw)* regeneration
regenerativ *(Umw)* renewable
Regenerativheizung *f (HLK)* regenerative heating
Regenerativluftvorwärmer *m (HLK)* regenerative-type air preheater
Regenerativofen *m* regenerative furnace
Regenerator *m (HLK)* regenerator *(Wärme)*
regenerierbar/nicht non-renewable
regenerieren *v* 1. *(RS, Te)* regenerate; 2. *(RS)* revitalize; 3. *(RS, Te)* rework
Regenerierung *f* regeneration; purification *(Altöl)*
Regenerierungsstoff *m* recycling agent
Regenfallrohr *n* downpipe, fall pipe, stack pipe, *(AE)* conductor
Regenfleckigkeit *f* 1. *(OB)* rain spottedness *(eines Anstrichs)*; 2. *(OB)* rain spotting *(Regenschadflecken)*
Regenfurche *f (San)* rain rill *(natürlich)*
regengeschützt protected from rain, sheltered from rain
Regenintensität *f (Umw)* rainfall intensity
Regenkappe *f (BT)* rain cap *(Schornstein)*
Regenkarte *f* rainfall map
Regenleiste *f (BT)* storm-water deflector
Regenmaschine *f (BM)* raining machine
Regenmengenkarte *f* rainfall map
Regenmesser *m* rain gauge, pluviometer, udometer
Regenmessung *f (Umw)* udometry
Regenrinne *f* 1. eaves rainwater gutter, roof gutter, guttering, rainwater gutter; 2. drip mould(ing) *(Abtropfrinne)*; 3. *(San)* rain rill *(natürlich)*
Regenrinnen *fpl (San)* rainwater goods
Regenrinnenkasten *m* 1. *(BT, San)* cistern head; 2. *(San)* *(AE)* conductor head
Regenrohr *n (San)* rain pipe
Regenrohrschelle *f* storm-water pipe clamp
Regenrückhaltebecken *n (Wsb)* rainwater retention basin, retardation basin, storm-water retention basin
Regenschaden *m (RS)* rain damage
Regenschirmschale *f (Konst)* umbrella shell
Regenschirmschalendach *n (Konst)* umbrella roof
Regenschutz *m* protection against rain, rain protection
Regenschutzhaube *f (Konst)* slab cap *(Schornstein)*
Regenschutzmauer *f (Konst)* rainproof masonry wall
Regenschutzschiene *f* storm-water deflector

regensicher sheltered from rain
Regenspende *f (Umw)* rainfall per second per area
Regenstärke *f* rainfall depth
Regentenstil *m (Arch)* Regency (style) *(Stilphase der englischen Architektur, 1790-1830)*
Regentropfenornament *n (Arch)* raindrop figure
regenundurchlässig rainproof
Regenundurchlässigkeit *f (DIS)* impermeability to rain
Regenverdeckleiste *f* eyebrow
Regenwasser *n* 1. *(Umw)* rainwater; 2. *(WVA)* storm water
Regenwasser *n***/verschmutztes** *(Umw)* polluted rainwater
Regenwasser... *siehe auch: Regen...*
Regenwasserabfluss *m* 1. *(WVA)* rainwater flow; 2. *(Verk)* storm flow *(Straße)*
Regenwasserabflussschacht *m* gully, inlet; rainwater outlet *(im Abwasserablaufbereich)*
Regenwasserabführung *f (Erdb, WVA)* removal of rainwater
Regenwasserablauf *m (WVA)* rainwater inlet
Regenwasserableitung *f (WVA)* rainwater removal
Regenwasserablenkschiene *f* check fillet *(auf einem Dach)*
Regenwasserauffangbecken *n* **mit Überlauf** *(Umw, Wsb, WVA)* contour basin
Regenwasserauslauf *m* rainwater outlet
Regenwasserbecken *n s.* Regenwasserrückhaltebecken
Regenwasserdrän *m* 1. *(Erdb)* rainwater drainage; 2. *(Erdb, WVA)* storm drain
Regenwassereinlauf *m (WVA)* storm-water inlet
Regenwasserentwässerung *f (WVA)* storm drain system
Regenwasserfallrohr *n (San)* rainwater downpipe
regenwasserfest rainproof
regenwassergeschützt *(DIS)* rainproof
Regenwasserkanal *m (WVA)* rain-drainage channel
Regenwasserleiste *f* dip throat, throating
Regenwasserleitblech *n* check fillet *(auf einem Dach)*
Regenwasserleitung *f* 1. *(Erdb, WVA)* building storm drain *(im Gebäudebereich)*; 2. storm-water drain, storm-water sewer, surface water drain *(meist unterirdisch)*
Regenwassernutzung *f (Umw)* utilization of rainwater
Regenwasserrückhaltebecken *n* storm-water basin
Regenwassersammelbecken *n* 1. *(WVA)* drip sink *(als Abflusssammler)*; 2. *(Erdb, WVA)* rainwater tank
Regenwassersammelkasten *m* 1. *(WVA)* sump *(am Dach)*; 2. *(San)* cesspit *(in einer Dachrinnenkonstruktion, von der das Fallrohr abzweigt)*
Regenwassersammelleitungen *fpl (WVA)* storm sewer system
Regenwassersammler *m* 1. *(Erdb, WVA)* building storm sewer; 2. *(WVA)* storm sewer
Regenwasserschacht *m (WVA)* sump *(Sammelkasten)*
Regenwasserschutzleiste *f* throating
Regenwasserspeicher *m (AE)* cistern
Regenwasserspeicher *m***/unterirdischer** *(AE)* cistern
Regenwassersperre *f (Erdb, San)* rainwater barrier
Regenwasserzisterne *f (WVA)* rainwater cistern
Regenzeitsperre *f (Umw, Verk)* wet season barrier
Regenziegel *m* imbrex *(konvexer Hohlziegel zum Überdecken einer Fuge zwischen zwei Flachziegeln)*
Regiebau *m (Konst)* departmental construction
Regierungsgebäude *n* government block, government building
Regime *n (El, Te)* regime
regional *(RP)* regional
Regional(gebiets)einrichtung *f* regional service facility, regional utility
Regionalplanung *f (RP)* regional planning
Regionalschnellverkehrssystem *n (RP, Verk)* regional rapid transit system
Regionalstraße *f (Verk)* regional road
Regionalversorgungsgebiet *n* regional service area [zone], regional supply area [zone]
Regionalversorgungsleitung *f (RP)* regional service line
Regionalversorgungsnetz *n (RP)* regional service (line) network
Registerrohr *n (HLK)* grid pipe
registrieren *v (Te)* record
Registriergerät *n* recorder
Registrierung *f (VR)* record
Regler *m* 1. *(BT)* control unit; 2. *(HLK)* controller; 3. *(El, HLK, San, WVA)* governor
regnen *v (Umw)* rain
Regnerwurfreichweite *f* sprinkler reach
Regnerwurfweite *f* sprinkler reach
Regression *f (Stat)* regression *(Berechnung)*
Regressionsanalyse *f* regression analysis
Regressionsberechnung *f* regression analysis
Regressionsrechnung *f* regression analysis
Regresspflicht *f (VR)* liability to recourse
regulär normal
regulierbar *(BT, HLK, Konst)* adjustable
regulieren *v* 1. *(Te)* regulate; 2. *(BT, HLK, Te)* adjust *(einstellen, z. B. Geräte)*; 3. *(HLK)* control *(steuern, z. B. Luftzufuhr)*
Regulieröffnungsgrill *m (HLK)* air register
Reguliersegment *n* regulation quadrant
Regulierung *f* regulation
Regulierung *f* **des Wasserspiegels** *(Wsb)* regulation of level
Regulierungsbauwerk *n (Wsb)* headworks
Regulus *m (Arch)* regulus *(s. a. Regelfläche)*
Reibahle *f (BWG)* reamer
Reibebrett *n* float, plasterer's float, mason's float, hawk
Reibebrettchen *n* angle paddle
Reibeisen *n* rasp
reiben *v* 1. *(Te)* rub; 2. scratch *(kratzen)*; 3. scrub *(scheuern, schruppen)*; 4. fret *(abreiben, abnutzen)*
reiben *v***/grob** *(Hb, St, Te)* grate
Reiben *n* galling *(gleitender Teile)*
Reiben *n* **in den frischen Anstrich** *(OB, Te)* scouring in the wet paint
Reibepfahl *m (Verk, Wsb)* fender pile
Reibeputz *m* float and set, float finish
Reibeputzoberfläche *f (OB, SB)* sand-float finish
Reibeschale *f* porcelain mortar
Reibestein *m* rub brick, rubbing block *(zur Marmorpolitur)*
Reibholz *n (Wsb)* spar fender, fender beam *(Hafen)*
Reibkorrosion *f (OB)* chafing corrosion
Reibscheit *n (BWG)* cross-grained float
Reibschluss *m* frictional grip, grip *(Bolzenverbindung)*
Reibung *f* friction, rubbing
Reibung *f***/innere** internal friction *(in Festkörpern)*
Reibung *f***/statische** static friction, *(AE)* sticking
Reibungsabnutzung *f (Verk)* friction wear
Reibungsbeiwert *m (BB, Te)* wobble coefficient *(Spannbeton; s. a. Reibungskoeffizient)*
Reibungsbeiwert *m* **am schräglaufenden Rad** *(Verk)* sideway-force coefficient *(Straße)*
Reibungselektrizität *f (El)* static electricity
Reibungsfaktor *m (Konst, Verk)* friction factor
Reibungsfläche *f* friction surface, rubbing surface
Reibungskennwert *m (Verk)* friction constant
Reibungskoeffizient *m* coefficient of friction, friction coefficient, index of friction
Reibungskoeffizient *m* **der Bewegung** *(Verk)* kinetic coefficient of friction

R

Reibungskraft *f* friction(al) force
Reibungskreis *m* friction circle
reibungslos frictionless
Reibungspfahl *m (Erdb)* friction pile
Reibungsscharnier *n* friction hinge *(zur Positionshaltung)*
Reibungsschluss *m (Verk)* friction grip
Reibungsspannung *f (Konst)* frictional stress
Reibungstest *m* friction test
Reibungsverankerung *f* anchorage by friction, friction-type anchorage, friction-type anchoring
Reibungsverbund *m* 1. *(Konst)* friction bond; 2. *(Konst, Te)* friction connection
Reibungsverlust *m* friction(al) loss
Reibungsverschleiß *m (BM, Konst)* friction-caused wear
Reibungswiderstand *m* friction(al) resistance, resistance of friction *(Pfahlgründung)*
Reibungswinkel *m* angle of friction, angle of shearing resistance
Reibungswinkel *m***/innerer** *(BM)* angle of internal friction
Reibungszahl *f* coefficient of friction, friction coefficient
Reibungszugkraft *f (Stat)* frictional drag *(Windkraft)*
Reibverbindung *f (Konst, Te)* friction connection
Reibverschleiß *m (OB, Verk)* fretting
Reibwirkung *f (Erdb, Konst)* friction action *(Pfahlgründung)*
reichen *v* 1. extend, stretch, reach *(sich erstrecken, z. B. Baugebiet, Verkehrsanlagen)*; 2. *(Konst)* range *(von … bis)*
reichlich full, large; ample *(z. B. Mittel)*
Reichweite *f* outreach, reach, range *(z. B. Baugebiet)*; operational range, radius *(Funktionsreichweite, Wirkungskreis)*
Reichweite *f***/mittlere** *(Bod, Erdb, Wsb)* mean range *(Grundwasserabsenkung)*
Reif *m (Umw)* frost
Reifen *m* hoop
Reifen-Fahrbahn-Geräusch *n (Umw)* tyre-roadway noise
Reifenkontaktdruck *m* tyre contact pressure *(Fahrbahnbefestigung)*
Reifenkontaktfläche *n* tyre contact area
Reifglätte *f (Umw, Verk)* icing up
Reifungsbecken *n (WVA)* maturation lagoon *(Kläranlage)*
Reihe *f* 1. *(SB)* layer *(Mauerwerk)*; 2. *(Arch, Konst)* line; 3. *(RP)* row *(z. B. von Häusern)*; 4. course *(von Ziegeln)*; 5. *(Konst)* range *(von Säulen)*; 6. series, run *(z. B. Messreihen)* • **in Reihe** seriate • **in Reihe angeordnet** seriate • **in Reihe(n) anordnen** 1. seriate; 2. *(Konst)* range
Reihe *f***/metrische** metric series
Reihen… serial …
Reihenanlage *f* row installation
Reihenanordnung *f (Konst)* seriation
Reihenbau *m* 1. *(Arch, Konst)* row construction; 2. *s.* Reihenhaus
Reihenbebauung *f* 1. *(RP)* strip building; 2. *(Arch, Konst, RP)* terraced housing
Reihendusche *f* gang showers
Reihenfamilienhaus *n* row home, row house
Reihenfolge *f* sequence, succession, order
Reihenform *f* gang mould
Reihenhaus *n* row house, group house, back-to-back house; terrace house
Reihenhausbebauung *f* row-house development
Reihenhäuser *npl (Arch, Konst, RP)* terraced housing
Reihenklosett *n (San)* range closet
Reihenpfahl *m (Erdb)* subsidiary station peg
Reihenpflaster *n* coursed pavement, paving in rows, square dressed pavement, peg-top paving *(Pflasterdecke)*
Reihenpflasterung *f* paving in rows
Reihenschaltung *f (El)* series mounting
Reihenverband *m (SB)* stack bond
Reihenwaschbecken *n (EB)* range lavatory basin
Reihenwaschtisch *m (EB)* range lavatory basin
Reihenwohnungsbau *m (Konst, RP)* repetitive housing *(standardisierter Wohnungsbau)*
rein 1. clean, cleaned *(z. B. Oberflächen)*; speckless *(fleckenlos)*; 2. pure, virgin *(unvermischt, ohne Verunreinigungen)*; 3. *(Arch)* unmixed
rein/metallisch *(OB)* grey blast
Rein… net …
Reinaluminium *n (BM, St)* pure aluminium
reinblasen *v* purge *(Rohrleitungen säubern)*
Reindichte *f (BM)* real specific gravity
Reindichte *f***/echte** *(BM)* absolute specific gravity
Reineisen *n* pure iron
Reinerhaltung *f (RS, Umw)* conservation *(der Natur)*
Reinertrag *m (VR)* net profit(s)
Reingas *n* natural gas *(Heizung)*
Reingewicht *n (Stat)* net weight
Reinhaltung *f* prevention of pollution; conservancy *(z. B. von Wasser)*
Reinhaltung *f***/stilistische** *(Arch)* stylistic purity, purity of style
Reinhaltungsbescheid *m (RS, Umw, VR)* conservation order
Reinheit *f* purity
Reinheit *f***/stilistische** *(Arch)* purity of style, stylistic purity
Reinheitsgrad *m* degree of purity *(Flüssigkeiten)*; preparation grade *(Baustoffe)*; standard of cleanliness *(Oberflächen, Anstrichflächen)*
reinigen *v* 1. clean (up) *(meist ohne Wasser)*; cleanse *(z. B. Oberflächen mit Wasser)*; 2. clear, purify *(z. B. Luft, Wasser)*; 3. *(BM, Te)* refine *(z. B. Bitumen, Anstrichöle, Asphalte)*; 4. *(Te)* scavenge *(bes. Straßen)*; 5. *(OB, Te)* scour *(abputzen)*; 6. scrub *(scheuern, schruppen)*; 7. *(WVA)* treat *(z. B. Abwasser)*; 8. *(Umw, WVA)* clarify *(Aufschlämmungen)*; 9. *(OB)* decontaminate *(von Gefahrstoffen)*; 10. *(Umw, WVA)* defecate *(Flüssigkeiten)*; 11. *(San, Te, WVA)* open *(verstopfte Rohre)*
Reinigen *n* 1. *(Te)* clean-up *(Arbeits- und Ausrüstungsgeräte)*; 2. *(OB, Te)* scouring *(Abputzen)*
Reiniger *m* 1. *(BM, OB)* cleaner; 2. *(BM, Te)* cleaning agent
Reinigung *f* cleansing *(Oberflächen mit Wasser)*; clarification *(Aufschlämmungen)*; clearing *(z. B. Kanäle)*; purification *(Abwässer)*
Reinigung *f***/bakteriologische** *(WVA)* bacteriological purification
Reinigung *f***/mechanische** mechanical cleaning
Reinigung *f***/natürliche** *(Umw, WVA)* natural purification
Reinigungsanlage *f* purification plant, pollution abatement facility *(von Abwasser, Abluft)*
Reinigungsbürste *f (BWG)* cleaning brush
Reinigungsbürste *f***/wassergetriebene** *(San, WVA)* go-devil
Reinigungsdeckel *m* 1. *(HLK, San)* cleaning cover; 2. *(HLK, San)* cleanout cover; 3. *(WVA)* inspection cover; 4. *(BT, San, WVA)* rodding cover
Reinigungsdeckelrohr *n (San)* capped pipe
Reinigungsdraht *m (San)* snake, fish tape
Reinigungselektrolyt *m (OB)* electrolytic cleaner
Reinigungsfähigkeit *f (OB)* cleanability *(eines Farbanstrichs)*
Reinigungsfällung *f (Umw)* below-cloud scavenging
Reinigungsflügel *m (BT)* cleaning sash *(eines Fensters)*
Reinigungsformstück *n* 1. *(San)* cleanout fitting; 2. *(BT, San, WVA)* rodding fitting
Reinigungsgrad *m* degree of clarification *(Schlämme, Abwasser)*; standard of cleanliness *(Oberflächen, Anstrichflächen)*
Reinigungshängewagen *m* wall lift
Reinigungskraft *f (OB)* detergency

Reinigungslösung *f* detergent solution
Reinigungsmittel *n* cleaner, cleaning agent, detergent
Reinigungsmittel *n***/synthetisches** synthetic detergent
Reinigungsöffnung *f* cleaning opening, inspection junction, cleanout opening, rodding opening, access hole; access eye, cleaning eye, rodding eye, cleansing eye, *(AE)* cleanout *(Sanitärleitungen)*
Reinigungsöffnungstür *f (HLK)* cleanout door
Reinigungsrechen *m (WVA)* screen rake
Reinigungsrohr *n* 1. *(San, WVA)* cleanout tube; 2. *(San, WVA)* inspection tube
Reinigungsschacht *m* 1. *(HLK)* cleaning chamber; 2. *(WVA)* inspection chamber
Reinigungsschraube *f* inspection plug, inspection screw
Reinigungsstoff *m (BM, OB)* cleaner
Reinigungsstopfen *m* inspection plug, rodding plug, rodding screw
Reinigungsstufe *f***/dritte** *(WVA)* tertiary sewage treatment
Reinigungsvermögen *n* purification capacity, detergency
Reinigungsverschluss *m (HLK, San)* cleanout opening
Reinigungswagen *m (BWG)* cradle machine *(für Fassaden)*
Reinigungswirkung *f (OB)* detergent action
Reinluft *f (HLK)* clean air
Reinluftzufuhr *f* clean air input, purified aeration, purified air input
Reinraum *m* clean room
Reinregen *m (Umw)* clean rain
Reinschrift *f* master copy
Reinwasserbehälter *m (WVA)* clear-water basin
Reise *f* trip
Reiseabfall *m (Umw)* travel waste, *(AE)* garbage waste
Reiseweg *m* itinerary, travelling route, route
Reisholz *n (BM, LB)* fascine wood
Reisig *n (LB)* brush
Reisigbündel *n (Wsb)* faggot, fascine, bundle of brushwood, hurdle
Reißbarkeit *f* rippability
Reißbrett *n* drawing board
Reißbrettlineal *n* architect's scale
Reißbrettzeichnung *f* mechanical drawing
reißen *v* 1. crack, fracture *(z. B. Mauerwerk, Beton)*; 2. crackle, alligator *(Farbanstrich, Asphalt)*; 3. craze, chap *(rissig werden, brechen)*; 4. break *(Emulsionen, Bitumenemulsion)*; 5. *(BM, BT, OB)* check *(Holz, Gussteile)*; 6. chink *(aufreißen, sich spalten)*; 7. snap *(z. B. Seil)*; 8. spring *(aufplatzen, zerspringen)*; 9. tear *(1. zerreißen; 2. abreißen, z. B. Gebäude)*; 10. scribe *(anreißen, anzeichnen)*
Reißen *n* 1. cracking *(z. B. Mauerwerk, Beton)*; 2. *(OB)* crazing *(Brechen, Risse bekommen)*; 3. crocodiling, checking *(Anstrich)*; 4. scribing *(Anreißen, Anzeichnen)*; 5. tear *(Zerreißen)*
Reißen *n* **des plastischen Betons** plastic cracking
Reißfeder *f* drawing pen, ruling pen
Reißfestigkeit *f* tear(ing) resistance
Reißlack *m* crackle lacquer, crackle varnish
Reißlast *f (Stat)* maximum tensile load
Reißlehre *f* scribing gauge, *(AE)* scribing gage
Reißmaß *n (Konst)* scribing dimension
Reißnadel *f* marking tool, point, scriber
Reißschiene *f (Konst)* tee square
Reißspitze *f* scribing awl
Reißstift *m* scriber
Reisstärkekleister *m* rice starch paste
Reißverschlussverkabelungsrohr *n (El)* zippertubing
Reißzahn *m* scarifier tooth
Reißzeug *n* drawing instruments, drawing set, set of drawing instruments
Reißzwecke *f* drawing pin, thumb pin, *(AE)* thumbtack
Reiterdenkmal *n (Arch)* equestrian monument
Reiterfries *m (Arch)* horseman frieze
Reiterlibelle *f (Verm)* wye level
Reitersparren *m* dormer rafter
Reitlibelle *f (Verm)* reversible level, striding level
Reitweg *m* riding trail, bridle path, path
Reiz *m***/ästhetischer** *(Arch)* aesthetic appeal, aesthetic charm
Reizschwelle *f (DIS, HLK, Umw)* threshold of discomfort *(Innenraumklima)*
Reklamation *f (VR)* complaint
Reklameschild *n (BT)* advertising sign
Reklametafel *n* hoarding, *(AE)* billboard
Reklamevorhang *m (BT)* advertisement curtain *(im Theater)*
Reklamewand *f* advertising wall, hoarding
rekonstruieren *v* reconstruct, modernize, revamp, redevelop, refurbish *(Gebäude)*; rehabilitate *(Städtebau)*; re--equip *(mit neuer Technik ausstatten)*
Rekonstruktion *f* 1. *(RS)* reconstruction; 2. *(RS, Te)* redevelopment *(von Gebäuden)*
Rekonstruktionsarbeiten *fpl (RS)* rehabilitation work
Rekontamination *f (Umw)* recontamination
rekultivieren *v (LB)* reclaim
Rekultivieren *n (RS, Umw)* land restoration
Rekultivierung *f* land restoration, reclamation (of land), restoration, revegetation
Relais *n (El)* relay
Relaisschaltsystem *n (El)* relay connection circuit
Relativbewegung *f* relative movement
Relaxation *f* relaxation *(Tragschicht, Tragekonstruktion)*
Relaxationsmodul *m (BM, Stat)* relaxation modulus
Relaxationsverfahren *n (BM, BT)* relaxation method
Relaxationszeit *f* relaxation time
Relief *n* 1. relief, relievo, raised work *(auf Flächen)*; 2. embossing *(Prägearbeit)* • **als Relief ausarbeiten** *(Te)* abate • **mit Relief verzieren** *(Arch)* snarl
Relief *n***/eingearbeitetes** *(Arch)* hollow relief
Relief *n***/flaches** *(Arch)* flat relief
Relief *n***/geringes** *(Arch)* subdued relief
Relief *n***/halberhabenes** middle relief, bas-relief
Relief *n***/halbhoch hervorstehendes** mezzo-relievo
Relief *n***/topographisches** topographical relief
Reliefabdruck *m (Arch)* in cavetto
Reliefarbeit *f (Arch)* celature
Reliefarbeiten *fpl (EB, OB)* embossment
Reliefauftragen *n (Arch)* laying on *(auf Porzellan)*
Relieffries *m (Arch)* relief frieze
Reliefgesims *n (Arch)* raised moulding
Reliefgestaltung *f (Arch)* relief work
Reliefkarte *f* embossed map, hypsometric map, relief map
Reliefnegativ *n (Arch)* in cavetto
Reliefornamentierung *f (Arch)* relief work
Reliefstele *f (Arch)* relief stele
Reliefüberdeckung *f (Arch)* raised moulding
Reliquienhügel *m (Arch)* stupa, dagoba *(buddhistisch)*
Reliquienraum *m (Arch)* feretory *(in Kirchenbauten)*
Reliquienschrein *m (Arch)* sepulchre
Remarkierung *f***/temporäre** *(Verk)* temporary delineation
REM-Aufnahme *f (BM)* scanning electron micrograph
Remise *f* 1. *(Arch, Konst)* outbuilding; 2. *(Arch)* carriage house
Renaissance *f (Arch)* Renaissance
Renaissance *f***/deutsche** *(Arch)* German Renaissance
Renaissance *f***/französische** *(Arch)* French Renaissance
Renaissance *f***/italienische** *(Arch)* Italian Renaissance
Renaissance *f***/ottonische** Ottonian Renaissance
Renaissance *f***/reiche** *(Arch)* opulent Renaissance
Renaissance *f***/römische** *(Arch)* High Renaissance

Renaissancearchitektur *f (Arch)* Renaissance architecture
Renaissancearchitektur *f* **des 16. Jahrhunderts** *(Arch)* Cinquecento architecture *(in Italien)*
Renaissancearchitektur *f*/**italienische** *(Arch)* Quattrocento architecture *(15. Jh.)*
Renaissancearkade *f (Arch)* Renaissance arcade
Renaissancegebäude *n (Arch)* Renaissance building
Renaissancestil *m*/**holländischer** *(Arch)* Dutch Renaissance
Rendite *f (VR)* rate of return
Rendite *f*/**interne** *(VR)* internal rate of return
Rennbahn *f (Konst, RP)* racecourse
Rennplatztribüne *f (Konst)* turf grandstand
renovieren *v* renovate, decorate, embellish, redecorate *(Innenräume)*; facelift *(Fassaden)*; refurbish *(Gebäude)*
Renovierung *f* renovation, decoration, decorative work, embellishment, redecoration work; face-lift(ing) *(meistens Fassadenanstrich)*; refurbishment *(von Gebäuden)*
Renovierungsanstrich *m* renovation coat
Renovierungsarbeiten *fpl* redecoration work, renovation work
rentabel *(VR)* cost-effective
Rentabilität *f* economic viability, profitability
Reparatur *f (RS)* repair
Reparatur *f*/**punktuelle** local repair
reparaturbedürftig *(sl)* on the blink
Reparaturbild *n*/**geometrisches** *(Verk)* geometric treatment *(Straße)*
Reparaturhaken *m* roof hook *(Dacharbeiten)*
Reparaturhandbuch *n* service manual
Reparaturhochbauarbeiter *m* jobber
Reparaturkosten *pl (RS, VR)* repair cost
Reparaturlack *m* repair enamel, touch-up paint
Reparaturmaterial *n* remedy
Reparaturmethode *f* remedy
Reparaturverglasung *f* repair glazing
Reparaturwerkstatt *f* repair shop, workshop, shop; garage service station *(bes. für Autos)*
reparieren *v* 1. *(RS)* repair; 2. *(RS, Te)* mend *(laufende Unterhaltung)*
reparieren *v*/**von Grund her** overhaul
Reparieren *n* 1. *(RS, Te)* repairing; 2. *(RS)* making good
Repaveverfahren *n* repave process *(Straßenbefestigung)*
Repetitionstheodolit *m (Verm)* repeating theodolite
Replastifizierbarkeit *f* remouldability *(Mörtel, Beton)*
Replastifizierbarkeitsprüfung *f* remoulding test
Replastifizieren *n* remoulding *(von Beton)*
Replastizierbarkeit *f* remouldability *(Mörtel, Beton)*
Replastizierbarkeitsprüfung *f* remoulding test
Replastizieren *n* remoulding *(von Beton)*
Repräsentationsbau *m* prestige building, prestige type building
repräsentativ representative
Reproduktion *f* reproduction, replica
reproduzierbar reproducible *(Zeichnung)*
Reproduzierbarkeit *f (Konst)* reproducibility *(einer Zeichnung)*
reproduzieren *v (Arch)* replicate *(Sichtelement)*
Repulsionskraft *f (Stat)* repulsive power *(Dynamik)*
Reserve *f (AE)* standby
Reserveabgang *m* bypass stop valve *(für Leitungsumleitungen)*
Reserveanlage *f* back-up system
Reservebestuhlung *f* overflow seating
Reservegerät *n* standby
Reservepumpe *f (WVA)* standby pump
Reserveventil *n* bypass stop valve *(für Leitungsumleitungen)*
Reservierung *f (VR)* reservation
Residenz *f* residency
resistent non-degradable *(Schadstoffe)* • **resistent sein** withstand
Resol *n* resol
Resonanz *f (DIS)* resonance • **in Resonanz kommen [sein]** resonate
Resonanzabsorber *m* resonant absorbent material
Resonanzeffekt *m (DIS)* resonance effect *(Brücke)*
Resonanzerscheinung *f (DIS)* resonance effect *(Brücke)*
Resonanzerschütterung *f* resonance vibration, resonant vibration
Resonanzfrequenz *f* frequency of resonance, resonance frequency, resonant frequency
Resonanzkurve *f (DIS)* resonance curve
Resonanzlast *f (Stat)* resonant load
Resonanzpfahlramme *f (BWG, Erdb)* resonant pile driver
Resonanzschallschlucker *m* resonant absorbent material
Resonanzschwingung *f* resonance vibration, resonant oscillation, resonant vibration
Resonanzsieb *n (BM, BWG, Te)* resonance screen *(Aufbereitung)*
Resonanzwirkung *f (DIS)* resonance action
Resonator *m (DIS)* resonator *(Schallabsorption)*
Resonatorwand *f* resonator wall
resorbieren *v* reabsorb
Resorcin-Formaldehyd *n (RF)* resorcinol-formaldehyde, RF
Resorcinkleber *m (BM)* resorcinol adhesive
Resorption *f* resorption *(Stoffe)*
Resorzin-Formaldehyd *n (RF)* resorcinol-formaldehyde, RF
Resorzinkleber *m (BM)* resorcinol adhesive
respirieren *v (Umw)* respire
Ressourceneinsatz *m* use of resource
Rest *m* remains, leftover, residue *(Überreste)*; discard *(Aufbereitungsabfall, z. B. Berge)*; residue *(chemisch)*
Rest... residual ...
Restarbeitenliste *f (Te)* snagging list
Restarbeitsliste *f* s. Restarbeitenliste
Restaurant *n* restaurant
Restaurantetage *f (Konst)* restaurant floor
Restaurantgeschoss *n (Konst)* restaurant floor
Restaurantstockwerk *n (Konst)* restaurant floor
Restaurator *m* restorer
restaurieren *v* 1. *(RS)* restore; 2. *(RS, Te)* reconstruct
Restaurierung *f (RS)* restoration
Restboden *m (Bod)* residual soil
Restdehnung *f* remanent elongation, residual strain
Restdruck *m* residual pressure
Reste *mpl* litter
Restelemente *npl*/**gotische** *(Arch)* Gothic survival
Restfehler *m (VR)* residual error
Restfeuchte *f* remaining humidity, residual humidity, residual moisture *(von Baustoffen)*
Restfeuchtigkeit *f* s. Restfeuchte
Resthärte *f (WVA)* residual hardness *(Wasser)*
Resthohlräume *mpl (BM)* residual voids
Restmomentvermögen *n (Stat)* residual moment capacity
Restnutzungsdauer *f* residual life
Restsalz *n* residual salt *(Winterdienst)*
Restscherfestigkeit *f (Bod)* residual shear strength
Restspannung *f (Stat)* residual stress
Reststoff *m* remainder
Reststoffdeponie *f (Umw)* residue landfill
Restsubstanz *f* residual structure *(z. B. Fahrbahn)*
Restsubstanzgebrauchsdauer *f* residual structural life
Restverformung *f (BM)* residual deformation

Restvorspannkraft *f (Konst, Stat)* residual tensioning force
Restwasser *n (BM)* residual water
Restwert *m* residual value
Resultat *n* result
resultieren *v* result
Resultierende *f (Stat)* resultant
Retabel *n (Arch)* altar piece, altar screen, retable *(Aufsatz hinter der Mensa eines Altars)*
Retention *f* retention
Retentionsflächen *fpl (Wsb)* retention areas *(Flussauen)*
Retexturierung *f (OB, RS)* retexturing
Retrochor *m (Arch)* retro-choir *(Umgang hinter dem Hochaltar englischer Kathedralen der Gotik)*
Retroflexion *f* retroflection
retten *v*/**selbst** *(Tun)* self-rescue
Rettungsfahrweg *m (Verk)* emergency vehicle routing
Rettungsfahrzeugstreckenführung *f (Verk)* emergency vehicle routing
Rettungsleitung *f (Tun)* emergency management
Rettungsplan *m (VR)* emergency plan
Rettungsstollen *m (Tun)* secondary duct
revers reverse
reversibel reversible
Reversionslibelle *f (Verm)* reversible level
Revision *f* revision, inspection
Revisionsplan *m* 1. inspection scheme; 2. as-built drawing
Revisionsschacht *m (San, WVA)* inspection manhole
Revisionsstück *n (San)* inspection fitting
Revisionszeichnung *f* 1. *(Konst)* revise drawing; 2. *(Konst, VR)* acceptance drawing; 3. *(Konst, VR)* as-completed drawing
Reynoldszahl *f* Reynolds' number
Reyon *m(n) (BM)* rayon *(z. B. für Baustoffgewebe, Faserzusätze für Gemische)*
Rezension *f* review
Rezept *n (BM, Te)* recipe *(Baustoffzusammensetzung)*
Rezeptgemisch *n* recipe mix(ture)
rezeptieren *v* formulate *(Baustoffmischungen)*
Rezeptionstisch *m* desk
Rezeptur *f* compositional recipe, formulation, recipe *(Baustoffzusammensetzung)*; slate *(auf der Baustelle)* • **nach Rezeptur arbeiten** formulate
Rezepturanweisung *f* compositional recipe
Rezepturgemisch *n (BM, Te)* recipe mix
Rezepturvorgabe *f (BM)* compositional recipe *(Mischwerk)*
reziprok reciprocal
Reziprozität *f* reciprocity
Reziprozitätssatz *m (Stat)* reciprocal theorem
RF *s.* Resorcin-Formaldehyd
Rheologie *f* rheology *(Baustoffe)*
Rheometer *n* rheometer
Rheopexie *f* rheopexy
Rheostat *m (El)* rheostat, variable resistor
Rhombendach *n (Konst)* helm roof
Rhombendodekaeder *n (Arch)* rhombic dodecahedron
Rhombenfachwerk *n (TK)* diamond girder
Rhombenfachwerkträger *m (TK)* diamond girder
Rhombenmuster *n (Arch)* lozenge
Rhombenzierkante *f (Arch)* lozenge fret
rhombisch diamond-shaped
rhomboidisch *(Arch)* rhomboidal
Rhombus *m (Arch)* rhombus *(Geometrie)*
Rhyolit *m (BM, Bod)* rhyolite
Rhyolittuff *m (BM)* rhyolitic tuff
Ribbungsfaktor *m* rib factor
Richtauf-Bauweise *f* tilt-up construction, tilt-up method
Richtauf-Tafel *f (BT, Te)* tilt-up panel
Richtauf-Wand *f* tilt-up wall
Richtblei *n* plummet
Richtdorn *m* bending iron
Richteisen *n* bending iron
richten *v* 1. straighten, flatten *(z. B. Blech)*; 2. align, level up, true *(ausrichten)*; 3. lift up, raise up, tilt up *(aufrichten)*; 4. roof, put the roof *(Dachstuhl)*; 5. *(Te, Verk)* gag *(Eisenbahnschienen mittels eines Ballhammers)*; 6. prepare *(vorbereiten)*
richten *v*/**die Bauflucht** *(Verm)* establish lines of direction
richten *v*/**in die Höhe** lift up, raise up; tilt up
Richten *n* mangling, straightening *(von Platten, Blech usw.)*
Richterskala *f (Bod)* Richter scale
Richtfest *n* roofing ceremony, builder's treat, roof wetting party, topping-out ceremony
Richtfläche *f (Arch, Verm)* levelling surface
Richtgeschwindigkeit *f (Verk)* recommended speed, advisory
Richtkonus *m (San, WVA)* drift plug *(zum Geradestrecken von Weichmetallleitungen)*
Richtkraft *f (Stat)* directing force
Richtlatte *f* 1. level, floating rule, browning rod, straight edger; 2. *(BB, Te)* grade strip *(beim Betonieren, Estrichverlegen)*; 3. *(Verm)* guiding rod, measuring staff
Richtlatte *f*/**stadiometrische** *(AE)* stadiometric straight edge
Richtlinie *f* guideline, guide note, guideline specification
Richtlinien *fpl (Konst, VR)* guidelines
Richtlinien *fpl*/**bautechnische** *(VR)* code of practice *(in England)*
Richtlinienquerschnitt *m* standard cross section
Richtlot *n* plumb bob
Richtmaß *n* nominal measurement, standard of measure, gauge, guiding centre distance, standard
Richtmauerwerk *n (SB)* lead *(Aussprache: li:d)*
Richtpfahl *m* guide pile, standard pile
Richtpreis *m (VR)* target price
Richtpunkt *m (Verm)* fixed datum, point of reference
Richtscheit *n* level, batten, floating rule, straight edger
Richtschnur *f* 1. plumb line, chalk line; 2. guideline
Richtstab *m (San, WVA)* drift plug *(zum Geradestrecken von Weichmetallleitungen)*
Richtstellung *f (Arch)* aiming position
Richtstollen *m (Tun)* pilot drift
Richtstrecke *f (Tun)* tunnel heading
Richtung *f* 1. direction; 2. course *(Verlauf, z. B. einer Straße)*; 3. hand *(Richtungsseite)*; 4. *(Arch)* style • **die Richtung ändern** deviate • **in mehreren Richtungen** polydirectional • **in seitlicher Richtung** sideways • **mit Gefälle in zwei Richtungen** double-pitched *(mit zwei Dachstulpen)*
Richtung *f*/**entgegengesetzte** opposite direction • **in entgegengesetzter Richtung** *(HLK, Konst, Verk)* contrariwise
Richtung *f*/**freie** *(Arch)* Leicester free style
Richtungs... directional ...
Richtungsabweichung *f (Verm)* misalignment *(in der Flucht)*
Richtungsänderungswinkel *m (Te, Verm)* angle of deviation
Richtungsfahrbahn *f*/**breite** wide direction lane; wide carriageway
Richtungsfahrbahn *f*/**mehrstreifige** multilane direction lane; multilane carriageway
richtungslos directionless, non-directional, non-oriented
Richtungspfeil *m* 1. directional arrow, direction arrow; 2. pavement arrow *(auf der Straßenoberfläche)*
Richtungsschild *n (Verk)* guide board
Richtungstrennung *f* **des Verkehrs** *(Verk)* traffic separation by direction
richtungsunabhängig isotropic *(Eigenschaften)*

Richtungsverkehr *m (Verk)* unidirectional traffic, one direction traffic *(Straße, Autobahn)*
Richtungsverkehrssteuerung *f (Verk)* directional control
Richtungsverkehrswechselbeschilderung *f (Verk)* variable direction signing
Richtungswechselspur *f (Verk)* reversible lane, (reversible) one-way cycle track
Richtungswechselverkehr *m (Verk)* reversible lane system
Richtungswinkel *m* bearing *(horizontaler Winkel eines Bezugspunkts zur Achse des Quadranten)*
Richtungswinkel *m* **gegen Gitter Nord** *(Verm)* azimuth
Richtwaage *f (Verm)* level
Richtwert *m* approximate value, *(AE)* threshold limit value
Richtzahl *f* approximate value
Richtzeichen *n* informatory sign
Richtzeichnungen *fpl (Konst)* standard plans
Riechtest *m (San)* scent test *(Rohrleitungen)*
Ried *n* reed, fenland • **mit Ried decken** cane *(Dach)*
Rieddach *n* reed roof, reed roofing, thatched roof
Riedgras *n* 1. reed; 2. *(BM)* sedge
Riefe *f* 1. *(Konst)* flute *(Kannelierung am Säulenschaft)*; 2. *(Hb)* groove *(z. B. Hohlkehle)*; 3. ridge *(Rippenfurche)*; 4. scratch, mark, stria *(Kratzer)*
Riefelung *f (Hb)* groove
riefen *v* 1. *(OB, Te)* flute *(senkrecht furchen)*; 2. *(Hb)* groove *(kehlen)*; 3. mill *(Ummantelung, Abschluss)*; 4. *(BT, Te)* corrugate *(z. B. Bleche)*; 5. furrow *(furchen, auskehlen)*; 6. ridge *(mit Rillen versehen)*; 7. *(Te)* serrate *(einzacken)*; 8. *(OB, Te)* striate *(furchen zur Oberflächengestaltung)*
Riefen *fpl (OB)* striation
riefig 1. fluted *(senkrecht kanneliert)*; 2. marked *(kratzriefig)*; 3. tooled *(Werkstein)*
Riefung *f* 1. *(BT, Konst)* corrugation *(z. B. in Blechen)*; 2. *(Hb)* grooving
Riegel *m* 1. ledger, ledger beam, horizontal member, rail, ranger, *(AE)* ribband *(Rahmenriegel)*; 2. *(BT, Hb)* wale(r) *(Grabenverbau)*; 3. *(Hb)* nogging piece *(Wandaussteifung)*; 4. cross, horizontal member, rail *(Geländer, Zaun, Treppe)*; 5. *(BT, Hb)* transom *(Fensterquerholz, Türquerholz)*; 6. framework rail *(Fachwerk)*; 7. locking bolt, latch, door rail, bolt *(Schließriegel)*; cross bar, bar *(Verschlussstange)*; 8. *(Hb)* ranger • **den Riegel auslösen** release the bolt lock
Riegelbolzen *m* bolt
Riegelbrett *n* ledger board, girt strip, ledge
Riegelfachwerk *n* framed partition; framed wall *(tragend)*
Riegelfachwerkwand *f s.* Riegelfachwerk
Riegelholz *n* ledger beam, ledger
Riegelsperre *f (EB)* ward
Riegelsystem *n (Konst)* bridging
Riegelwand *f* 1. *(Konst)* framework wall; 2. *(SB)* studwork
Riegelzaun *m* rail fence
Riemchen *n* 1. *(Arch)* listel; 2. queen closer [closure], soap closer [brick], quarter brick, *(AE)* brick slip; 3. *(DIS, SB)* furring brick *(gerillter Ziegelstein)*
Riemchenfußboden *m* inlaid strip floor, wood strip flooring
Riemchenspaltmaschine *f (BWG)* split-face machine
Riemen *m* 1. *(Arch)* listel *(an Säulen)*; 2. *(BT)* fillet *(Saumriemen, auch senkrecht)*; 3. beading, beadwork, matchboarding *(Fußboden)*
Riemenantrieb *m* belt drive
Riemenfußboden *m* inlaid strip floor
Riemenscheibe *f* fast pulley
Riemenscheibe *f/feste* fast pulley
Riemenstein *m* 1. *(DIS, SB)* furring brick; 2. *(BM)* soap brick
Riemenstück *n* quarter brick, soap
Rieselanlage *f (LB)* trickling installation
Rieselfähigkeit *f* flowability *(von Schüttgütern)*
Rieselfeld *n* disposal field, irrigation district, irrigation field *(Klärfeld)*
Rieselfeldabzugsfilter *n (WVA)* subsurface sand filter
Rieselfeldersystem *n (Umw, WVA)* sewage farming
Rieselfläche *f (LB, Umw, WVA)* irrigated surface
Rieselfurche *f* irrigation furrow
Rieselkühler *m (HLK)* trickling filter *(Klimaanlage)*
rieseln *v* 1. run *(z. B. Sand, Kalk)*; 2. *(DIS, Erdb)* trickle *(bes. Flüssigkeiten)*
Rieselwasser *n* 1. *(LB)* irrigation water; 2. *(Umw, WVA)* sewage water *(Abwasser)*; 3. *(Bod, Erdb, WVA)* trickling water
Riesenaltar *m (Arch)* great altar *(Pergamon)*
Riesenordnung *f (Arch)* colossal order *(über mehrere Geschosse reichende Säulenordnung)*
Riesenstatue *f (Arch)* colossal statue
Riesenstein *m (Arch, Bod)* megalith
Riesentempel *m (Arch)* colossal temple
Riffel *m (BWG, SB)* screed
Riffelbeton *m* grooved concrete
Riffelblech *n* channelled plate, chequered plate
Riffeldraht *m* indented wire
Riffeleisen *n (BWG)* riffle file
Riffelfeile *f (BWG)* riffle file
Riffelfolie *f* channelled foil, chequered foil
Riffelglas *n* corrugated glass, ribbed glass
Riffelmuster *n (OB)* knurling *(gerillte Fläche)*
riffeln *v* 1. riffle *(furchen mit einer Feile)*; 2. *(Hb)* groove, channel *(nuten, kehlen)*; 3. *(OB, Te)* flute *(senkrecht furchen)*; 4. *(Te)* rib *(rippen)*; 5. *(Te)* serrate *(einzacken, einkratzen)*
Riffeln *n (OB)* knurling *(gestalterisch)*
Riffelstahl *m* fluting steel
Riffelung *f* 1. *(BT, Konst)* corrugation *(z. B. in Blechen)*; 2. *(OB)* fluting *(z. B. an Säulen)*; 3. *(Hb)* groove channelling; 4. *(OB)* striation *(Furchenbildung)*; 5. *(OB)* knurling *(gestalterisch, z. B. Riffelmuster, Kordelmuster)*
Riffelung *f/kalottenförmige* dimpling
Riffelwalze *f* indentation roller
Riffgestein *n (BM, Bod)* hermatolith
Riffkalkstein *m (BM)* reef
Rigipsplatte® *f* plasterboard
Rigole *f* drain trench, blind drain, gravel-filled drain trench *(Entwässerungsgraben)*
Rigolet *f (Erdb, LB)* blind drain *(Entwässerungsgraben)*
Rigolstein *m (BM, Erdb)* rip-rap stone *(Naturbruchstein)*
Rille *f* 1. flute, cannelure *(in Längsrichtung an einer Säule)*; 2. *(Hb)* channel, gain *(Nut)*; 3. indentation *(Einschnitt)*; chase *(für Rohrleitungen an und in Wänden)*; 4. furrow *(Furche)*; 5. ridge *(Riefenfurche, Rippenfurche)*; 6. score *(Kerbe)*; 7. *(Konst)* trough *(Wasserabflussrille)* • **mit Rillen versehen** ridge
Rille *f/auslaufende* *(Konst)* stopped flute
Rille *f* **über dem oberen Säulenschaft** *(Konst)* stopped flute
rillen *v s.* riefen
Rillenblock *m* channel tile
Rillenfliese *f* grooved tile
Rillenherstellung *f* grooving
Rillenoberfläche *f* nicked-bit finish *(Naturstein)*
Rillenschlagoberfläche *f* nicked-bit finish *(Naturstein)*
Rillenschneiden *n* grooving; diamond disc groover grinding
Rillenstein *m* channel tile
Rinde *f* bark
Rindenbrett *n* outer board
Rindeneinschluss *m* bark pocket, inbark, ingrown bark
Rindengalle *f* rind gall *(Holz)*
Rindentrenneisen *n* ripping chisel

Rinderlaufstall *m (LB)* cattle yard
Rinderstall *m* cowshed, cattle barn, cattle building, neat--house
Ring *m* 1. ring, circle *(Kreis)*; 2. loop, ring, band *(Öse und Schleife)*; 3. *(BT)* collar *(Abstandsring, Manschettenring)*; 4. washer *(Dichtungsring)*; 5. ring *(Kette)*; ferrule *(Eisenring)*; 6. *(Verk)* ring road *(Ringstraße)*; 7. *(Stat)* toroid *(mathematisch)*
Ring *m*/**äußerer** *(Verk)* outer ring road
Ring... annular ...
Ringanalyse *f (BM)* interlaboratory study *(Baustoffprüfung)*
Ringanker *m* ring beam, peripheral tie beam, spandrel beam
Ringanker *m* **am Schornstein** strengthening ring round a chimney
Ringanker *m*/**äußerer** exterior ring earth connection *(Blitzschutz)*
Ringanker *m*/**umlaufender** *(Konst, Stat)* all-round anchorage
Ringaussteifung *f (TK)* ring stiffening
Ringautobahn *f (AE)* beltway
Ringbahn *f* circular railway; circular line *(Stadtbahn)*; *(AE)* belt line
Ringbalken *m* ring beam, ring joist
ringbewehrt hooped
Ringbewehrung *f* lateral reinforcement, hoops
Ringblockstein *m (BM)* compass block
Ringbogen *m* circular arch
Ringbolzen *m* eye bolt, chain dog(s)
Ringdamm *m (Wsb)* encircling dam
Ringdehnung *f* annular strain
Ringdeich *m (Wsb)* encircling dam
Ringdruckverfahren *n (Tun)* ring compression theory
Ringdübel *m* joint ring
Ringerder *m*/**äußerer** *(Blitzschutz)* exterior ring earth connection, *(AE)* ring ground
Ringerdersystem *n (El)* ring earthing system, *(AE)* ring ground system
ringförmig ring-shaped, toroidal, annular
Ringförmigkeit *f* annularity
Ringfuge *f* ring joint
Ringfundament *n (Erdb)* ring footing
Ringgewölbe *n* annular vault
Ringgründung *f* circular foundation, ring foundation
Ringhallentempel *m (Arch)* round peripteral temple
Ringkanalsystem *n (WVA)* perimeter system
Ringkluft *f* annular shake *(Holz)*
Ringkonsole *f* perimeter bracket
Ringkopfnagel *m* ring-shank nail
Ringkörner *m (BWG)* centre-dot and ring punch
Ringkraft *f (Stat)* hoop force
Ring-Kugelmethode *f* ring-and-ball method *(zur Bestimmung des Erweichungspunkts)*
Ringleiste *f* annulet, bandelet, bandelette, square and rabbet, shaft ring
Ringleitung *f* 1. *(El)* loop-line, loop system, circuit, ring main; 2. circular main, ring main *(Rohrleitung)*
Ringmauer *f (Arch)* ring work
Ringnetz *n (El, Wsb)* ring main
Ringofen *m (BM)* circular kiln
Ringpinsel *m* round brush
Ringplatte *f (BT)* ring slab
Ringpolygon *n (Verm)* closed traverse
Ringquerschnitt *m* annular cross section
Ringraster *m (El) (AE)* ring louver *(einer Leuchte)*
Ringriss *m* ring shake, shell shake *(Holz)*
Ringsäule *f (Arch)* banded column, *(AE)* rusticated column
Ringschale *f (Konst)* toroid shell
Ringschertest *m (BM)* ring-shear test
Ringseil *n* ring cable
Ringspannung *f* circumferential stress, hoop stress *(Spannbeton)*
Ringstein *m* radial tile
Ringstraße *f* ring road, loop road, *(AE)* belt highway, *(AE)* beltway
Ringstraße *f*/**innere** *(Verk)* inner ring road
Ringstück *n*/**konisches** *(BT)* conical socket
Ringträger *m* circular girder, circular beam, ring girder, ring beam
Ring-und-Kugel-Methode *f* ring-and-ball method *(zur Bestimmung des Erweichungspunkts)*
Ringverformung *f* hoop deflexion
Ringverspannung *f* ring strainers
ringversteift *(TK)* ring-stiffened
Ringversuch *m* group analysis test *(Baustofflaborvergleichstest)*; *(sl)* round robin test
Ringvorspannung *f* circumferential prestressing *(Spannbeton)*
Ringwall *m (Arch)* ring wall
Ringwasserleitung *f (WVA)* ring water main
Ringzellenbauweise *f (Konst)* annular cell construction method
Ringziegel *m (BM)* compass brick
Ringzugspannung *f* hoop tension; peripheral tensile stress *(Ringanker)*
Rinnbahn *f (WVA)* racecourse
Rinne *f* 1. launder, drain, gutter, gully, trough *(zur Entwässerung)*; 2. *(Hb)* groove, hollow; 3. race channel *(für Leitungen)*; wall chase, chase *(für Rohrleitungen an und in Wänden)*; 4. chute *(Transportrutsche)*; 5. *(Wsb)* fosse, canal, trench; 6. furrow, rill *(Furche)*; 7. *(EB)* gorge *(am Fensterschaft)*; 8. *(Bod)* runnel *(Bächlein, Wildbach)*; 9. *(BT, WVA)* split duct • **Rinnen bilden** channel
Rinne *f*/**gepflasterte** *(WVA)* paved gutter
Rinnenbalken *m* valley beam
Rinnenbalkenträger *m* valley beam
Rinnenblech *n* gutter sheet
Rinnenboden *m* end filler
Rinnenbordstein *m* channel kerb
Rinnendeckel *m* gully cover
Rinneneisen *n* gutter hanger, gutter support
Rinnenfirst *m* gutter ridge
rinnenförmig furrowed
Rinnenfraß *m* grooving *(Erosion)*
Rinnenhaken *m* gutter bracket, gutter hook, gutter support
Rinnenhalter *m (BT, San)* gutter bracket
Rinnenkessel *m* 1. *(BT, San)* cistern head; 2. *(San)* rainwater gutter
Rinnenmuster *n (Arch)* meandering channel pattern *(mäandrierender Fluss)*
Rinnenstahl *m* trough section, troughing
Rinnenstein *m* channel kerb; gutter paving sett *(Straße)*
Rinnenstutzen *m* gutter outlet
Rinnenträger *m* 1. *(San)* gutter bearer; 2. *(TK)* valley beam
Rinnenwinkel *m* gutter angle
Rinnenziegel *m (BM, BT)* concave tile
Rinnhaken *m (BT, San)* gutter bracket
Rinnleiste *f* 1. *(BT)* weather moulding; 2. *(Arch)* cyma, cima, sima *(Dekorationsleiste)*
Rinnsal *n* 1. *(Bod, LB)* run, rivulet, trickle; 2. *(Bod)* runnel, rill
Rinnstein *m* 1. gutter stone, gutter sett, gutter channel, kennel gutter; road bump *(quer zum Fahrweg)*; 2. kerb, kerbstone, *(AE)* curb, *(AE)* curbstone *(Bordstein)*
Rippe *f* 1. *(Arch)* lierne, groin, lierne rib; 2. *(HLK)* fin; 3. *(Konst)* rib *(z. B. eines Heizkörpers)*; 4. *(Konst)* rib; 5. *(BT)* web *(zur Versteifung)*; 6. *(Konst)* stem *(Balken)* • **mit Rippen** groined *(Gewölbe)* • **mit Rippen versehen** fin; finned • **mit Rippen versteifen** *(TK)* rib
Rippe *f*/**geschwungene** *(Arch)* sweeping rib

Rippe f/gotische *(Arch)* lierne, lierne rib
Rippe f/parabolische *(Arch)* parabolic rib
Rippe f/tragende *(Konst)* load-carrying rib
rippen *v* 1. rib, fin; web *(mit Rippen versehen, verstärken)*; 2. *(BT, Te)* corrugate *(z. B. Bleche)*; 3. *(OB, Te)* flute *(senkrecht riefen, kannelieren)*
Rippen *fpl* **eines Gewölbes/gebogene** *(Konst)* pendentive cradling *(als Putzunterstützung)*
Rippenabstand *m (Konst)* rib spacing
Rippenbalken *m (BT, TK)* T-ribbed beam
Rippenbalkenträger *m (TK)* ribbed beam
Rippenbelastung *f (Stat)* rib loading
Rippenbogen *m* ribbed arch
Rippenbogensegment *n* cell
Rippendecke *f* 1. *(TK)* ribbed ceiling; 2. *(Konst, TK)* ribbed floor
Rippendeckenschalung *f* rib-span forms
Rippenentwässerungsrinne *f (Verk, WVA)* fin drain
Rippenfeinblech *n* ripple metal sheet
rippenfrei ribless
Rippenfurche *f* ridge
Rippengewölbe *n (TK)* ribbed vault
Rippengewölbe *n***/quadratisches** *(Arch)* square rib-vault
Rippengewölbe *n***/vierteiliges** *(Arch, Konst)* quadripartite rib vault
Rippengewölbebau *m (Arch, Konst)* rib-vaulted construction
Rippengewölbebauwerk *n (Arch, Konst)* rib-vaulted edifice
Rippengewölbekirche *f (Arch)* rib-vaulted church
Rippenheizkörper *m* ribbed heater [radiator], grilled heater, fin-type radiator, finned radiator, gilled heater [radiator]
Rippenheizrohr *n (HLK)* finned heating tube
Rippenhöhe *f* rib depth
Rippenkonstruktion *f (TK)* ribbing
Rippenkreuzgewölbe *n (Konst, TK)* rib-groined vault
Rippenkuppel *f* ribbed cupola, ribbed dome
Rippenleiste *f* rib lath
Rippenlochmetall *n* ribbed perforated metal
rippenlos ribless
Rippenmuster *n (Arch)* reed
Rippenneigung *f* rib slope
Rippennetz *n (Konst)* rib system
Rippenoberfläche *f* ribbed surface
Rippenplatte *f* 1. *(TK)* ribbed slab; 2. *(BT)* ribbed panel *(Wandtafel)*
Rippenplattenbauweise *f* 1. pan construction *(Fertigteilbauweise)*; 2. rib(bed) floor slab construction *(Ortbetonbauweise)*
Rippenplattenbrücke *f (Br)* beam-and-slab bridge
Rippenplattendeckenbauweise *f* 1. pan construction *(Fertigteilbauweise)*; 2. rib(bed) floor slab construction *(Ortbetonbauweise)*
Rippenplattengewölbe *n (Konst, TK)* rib and panel vault
Rippenprofil *n* profile of rib, rib-profile, ribbed profile [shape, section, trim]
Rippenrohr *n* 1. *(HLK, San)* ribbed tube; 2. *(HLK)* finned pipe
Rippenrohr *n* **mit Querrippen** *(BT)* transversely ribbed tube
Rippenschalung *f* ribbed form
Rippenschnittpunkt *m* rib intersection
Rippenstahl *m* ribbed steel (bar), deformed (high-bond) bar, grip bar, high-bond bars, ribbed bar *(Bewehrung)*
Rippenstahlbewehrung *f* 1. *(BB)* deformed reinforcement, high-bonded reinforcement; 2. *(BT, Te)* twisted-type deformed reinforcement
Rippenstreckmetall *n* rib mesh
Rippensystem *n (Konst)* rib system
Rippentafel f/dünnschalige thin-shell rib panel, thin-shell rib slab
Rippenteilung *f* pitch of fins
Rippenträger *m (TK)* ribbed girder
rippenversteift *(TK)* rib-strengthened
Rippenversteifung *f (TK)* ribbing
Rippenwerk *n* 1. *(Konst)* rib system; 2. *(Arch, Konst)* meshes *(Netzgewölbe)*
rippig ribbed, finned; groined *(Gewölbe)*
Rippung f/ausgekehlte ribbed fluting
Risalit *m (BT, Konst)* projection
Risiko *n (VR)* risk
Risiko *n***/kalkuliertes** calculated risk
Risikobereich *m (Verk)* high-risk area
Risikobereitschaft *f* riskiness
Risikobewertung *f* risk evaluation
Risikoeinschätzung *f* risk assessment
Risikogröße *f* risk value
Risikostufe *f* level of risk
Risikoübernahme *f (VR)* risk taking
Risikozuschlag *m (VR)* risk allowance
Riss *m* 1. crack, chink *(z. B. im Mauerwerk)*; 2. break, breakage, fracture, disruption *(Bruch)*; 3. fissure, cleavage *(Feinriss, z. B. Gestein, Mauer)*; 4. elevation, projection, drawing, *(AE)* draft; 5. *(Bod, Erdb)* cleft; 6. *(Bod)* rift *(Spalt)*; 7. *(St)* honeycomb *(wabenförmig, z. B. Anstrich, im Gussblock)*; 8. interstice *(Sprung, Absatz, Zwischenraum, z. B. in einer Wand)*; 9. rent *(keramische Baustoffe)*; 10. rift, scissure *(im Gestein)*; 11. *(Bod)* rima *(Geologie)*; 12. shake *(im Holz)* • **Risse bilden** crack; alligator *(Farbanstrich, Asphalt)*
Riss *m***/durchgehender** through-crack, through shake *(Holzbalken)*
Riss *m***/laufender** running crack
Riss *m***/mikroskopischer** *(OB)* microfissure
Riss *m***/sichelförmiger** crescent shaped crack
Riss *m***/teilweise durchgehender** part-through crack, partial-thickness crack
Riss *m***/unregelmäßiger** meandering crack
Riss *m***/wilder** random crack
Riss *m* **zwischen Nietlöchern** seam rip
Rissabstand *m* crack interval, crack spacing
rissanfällig prone to cracking, susceptible to cracking
Rissanfälligkeit *f* propensity for cracking, susceptibility to cracking
Rissanfang *m* crack starter
Rissanordnung *f* pattern of cracks, network of cracks
Rissansatzzeichen *n* inception of cracks
Rissart *f* mode of cracking, mode of failure
Rissausbreitung *f* crack propagation, spreading of cracks
Rissauspressung *f* crack injection
Rissausweitung *f* elongation of cracks
Rissbeobachtung *f* crack control *(Brücke, Tragwerk)*
Rissbewehrung *f* crack-control reinforcement, anticrack reinforcement, upper reinforcement
Rissbild *n* fracture pattern, pattern of cracks, network of cracks
Rissbildung *f* 1. cracking, crack formation, crack initiation, formation of cracks, inception of cracks; 2. crawling *(Oberflächenglasurfehler bei Fliesen)*; 3. *(OB)* crazing *(in Keramik)*; 4. fissuration, formation of fissures *(Feinrissbildung)*; 5. *(OB)* alligatoring; 6. *(BM, BT, OB)* checking *(Anstrich)*
Rissbildung f/feine map fissuration, cracking *(z. B. im Mörtel)*
Rissbildung f/frühzeitige *(BM)* early-stage cracking
Rissbildung f/hydraulische hydraulic fracturing
Rissbildung f/innere subsurface cracking
Rissbildung f/unterirdische subsurface cracking

Rissbildung f/V-förmige *(OB)* crowsfooting *(z. B. bei Anstrichen)*
Rissbildung f/wabenförmige honeycombing
Rissbildung f/wilde random cracking
Rissbildung f/zentrische *(OB)* cratering *(Anstrich)*
Rissbildungsgrenzzustand *m* limit state of cracking, cracking limit state
Rissbildungsschutz *m (RS)* crack prevention
Rissbildungszustand *m* state of cracking
Rissbreite *f* crack width, width of cracks
Rissbreitenbeschränkung *f (Stat)* crack width limitation
Rissbreitenmesser *m* crack gauge, crack-measuring gauge
Rissdehnung f/elastische elastic cracking strain
Rissdichtung *f* sealing of cracks
Rissebene *f (Konst)* projection plane
Rissebeschränkung *f* limitation of cracks
rissefrei free from cracking, free from cracks
Rissefreiheit *f* uncracked condition *(Beton, Stahlbeton--Zustand)*
Risseinlage *f* crack inducer
rissempfindlich prone to cracking, susceptible to cracking
Rissempfindlichkeit *f (BT, TK)* susceptibility to cracking
rissfest crack-resistant
Rissfestigkeit *f* cracking strength, extensibility, resistance to cracking
Rissfleck *m* turtleback *(Putz)*
rissfrei free from cracking, free from cracks, uncracked, flawless
Rissfüllstoff *m (BM, OB)* chinking
Rissgefahr *f* cracking risk
Rissgeometrie *f* crack geometry
rissig cracked, cracky, chinky; fissured *(z. B. Gestein)*; gaped *(z. B. Mauerwerk)*; slippery, slippy, split *(z. B. Oberfläche, Holz)* • **rissig werden** crack, chap, crackle; craze, fissure *(fein)*; split *(z. B. Holz)*
Rissigkeit *f* alligatoring *(Anstriche)*; shakiness *(z. B. von Holz)*
Rissindex *m* crack index
Risslinie *f* 1. scribed line, *(AE)* layout line; 2. *(Bod)* line of slide *(Grundbruch)*
Rissneigung *f* propensity for cracking, tendency to crack(ing)
Rissnetzwerk *n* network of cracks
Rissprüfung *f* crack detection
Rissschließung f/natürliche *(BB, SB, Te)* autogenous healing *(in Beton oder Mörtel durch Feuchthalten)*
Rissschutzbeschichtung *f (OB)* anticrack coating
Rissschutzeinlagen *fpl* anticrack reinforcement
Rissschutzstahleinlagen *fpl* anticrack reinforcement
risssicher crack-proof
Risssicherheit *f* safety against cracking
Rissspannung *f* cracking stress
Risstiefe *f* depth of cracking, flaw depth
Rissüberbrückung *f (RS)* crack bridging
Riss- und Blasenbildung *f (OB)* cissing *(z. B. in Farbanstrichen)*
Rissverfahren *n (Konst)* projection method
Rissverhütung *f* avoidance of cracking
Rissvermeidung *f (RS)* crack prevention
Rissverpressung *f* crack injection
Rissversiegelung *f* crack sealing
Risswahrscheinlichkeit *f* probability of cracking *(Betontragverhalten)*
Risszähigkeit *f* fracture toughness
Risszustand *m* **I** *(Stat)* cracking in the calculated limits *(Stahlbeton)*
Risszustand *m* **II** cracked state *(Stahlbeton)*
Ritterdach *n* crown-tile roof, high-pitched roof
Rittergutshaus *n (Arch)* manor house
Ritzbarkeit *f* scratchability
ritzbeständig scratch-resistant, scratchproof *(Fliese, Marmor)*
Ritze *f* 1. chink *(z. B. in der Wand)*; 2. seam, crevice *(z. B. zwischen Platten)* • **eine Ritze abdichten** *(DIS)* stop up a chink *(in der Wand)* • **Ritzen verschmieren [zuschmieren]** 1. *(OB, Te)* fill in chinks; 2. *(BT, OB)* chink
ritzen *v* scratch, *(AE)* cut
ritzfest resistant to scratching, scratchproof
Ritzgerät *n (BM)* scraper tool *(Abriebfestigkeitsprüfung)*
Ritzhärte *f* resistance to scratching, scratch hardness
Ritzhärteprüfer *m* sclerometer
Ritzhärteprüfung *f* scratch test
Ritzprüfung *f* scratch test, scribe test *(Anstriche, Haftfestigkeitsprüfung)*
Ritzversuch *m s.* Ritzprüfung
robust 1. *(BWG, Konst)* rugged; 2. *(Konst)* sturdy *(standfest)*
Robustheit *f* 1. *(BWG, Konst)* ruggedness; 2. *(Stat)* sturdiness *(Standfestigkeit)*
Rockwellhärte *f (HR) (St)* Rockwell hardness, R.H.
Rockwellhärte *f* **B** *(St)* Rockwell B
Rockwellhärte *f* **C** *(St)* Rockwell C
Rockwellhärteprüfer *m (BWG)* Rockwell hardness tester
Rockwellhärteprüfung *f (BM, St)* Rockwell hardness test
Rödeldraht *m* tying wire, binding wire, lashing wire, annealed (iron) wire, tie wire, twisted tie wire *(Bewehrung)*
rödeln *v (Te)* lash
Rödeln *n* **der Bewehrung** reinforcement binding, tying reinforcement
Rödeln *n* **von Bewehrung** reinforcement tying
Rödelung *f* reinforcement binding, reinforcement tying, binding, tying *(Bewehrung)*
roden *v* 1. clear, cultivate *(Wald, Land)*; 2. grub up, uproot *(Wurzeln und Baumstümpfe entfernen)*
Roden *n* 1. clearing, cultivating *(Wald, Land)*; 2. grubbing (up) *(von Baumstümpfen)*
Rodetraktor *m (BWG, LB)* tree-dozer
Rodung *f (LB)* uprooting
Rogenstein *m (BM)* oolite
roh 1. raw, crude, untreated *(unbehandelt)*; 2. unsquared, unplaned *(Holz)*; 3. unpaint(ed), uncoated *(ungestrichen)*; 4. dry, uncoated *(Straßenbaugestein ohne Bindemittel)*; 5. green *(Steinrohlinge, ungebrannte Keramik)*; 6. *(BM)* undressed *(unbehauen, z. B. Naturstein)*; 7. *(BM)* unmanufactured *(unbearbeitet, z. B. Rohmaterial, Rohkörper)*; 8. unplastered *(ungeputzt, Mauer, Wand)*; 9. virgin *(Erdstoff, Boden)*
Roh... crude ...
Rohabwasser *n* crude foul water, crude refuse water, crude waste, raw sewage, raw waste-water, untreated sewage
Rohanalyse *f* rough analysis
Rohasphalt *m* raw asphalt
Rohbau *m* carcass, shell construction, shell of a building, main walls, fabric, preliminary building works, rough work • **im Rohbau** unplastered
Rohbauarbeiten *fpl* carcass work, carcassing, fabric work, main works, rough work, exterior work *(an der Bauhülle)*; *(AE)* roughing-in *(an einem Gebäude)*; shell work *(bes. in Kanada)*
rohbaufertig structurally completed, topped-out
Rohbaufertigstellung *f* carcassing
Rohbauholz *n* carcassing timber
Rohbaulichtmaß *n (Konst)* clear opening dimensions
Rohbaumaß *n* dimension in unfinished state, work measurement
Rohbaumaßangabe *f (Konst)* rough dimension
Rohbaumaterial *n* carcassing material
Rohbauöffnung *f (Konst)* buck opening

Rohbauöffnungsweite *f (Konst)* buck opening
Rohbaurahmen *m* rough buck; subcasing, subframe *(für Fenster und Türen)*
Rohbauraster *n* layout grid
Rohbauskelett *n (Konst)* shell
Rohbearbeitung *f* 1. *(SB, Te)* knobbing; 2. *(Te)* skiffling *(Naturstein, Werkstein)*
Rohbehauen *n* pick dressing, rough dressing *(von Stein)*
Rohblock *m* 1. raw ingot *(Gussblock)*; 2. rough quarry block *(Naturstein)*
Rohboden *m* 1. *(Bod)* raw soil; 2. *(LB)* virgin soil
Rohbodenbegrünung *f* virgin soils vegetation establishment, establishment of vegetation on virgin soil
Rohdachpappe *f* dry felt, fabric for roofing, roofing-base paper, roofing felt base
Rohdecke *f*/**massive** *(TK)* non-combustible uncovered floor
Rohdichte *f* density in raw state, apparent density, apparent specific gravity, specific gravity; bulk density, bulk specific gravity *(Holz, Schüttgüter)*; settled apparent density *(speziell Zuschlagstoffe)*
Rohdichte *f*/**scheinbare** apparent (specific) density
Roheisen *n (BM, St)* pig iron
Rohfilzpappe *f* dry felt, untarred roofing felt
Rohfliese *f* body of a tile
Rohfußboden *m* unfinished floor
Rohgestein *n* 1. *(BM, Bod)* crude rock; 2. *(Bod)* raw stone
Rohgesteinsblock *m* rough quarry block *(Naturstein)*
Rohgewicht *n s.* Rohwichte
Rohgips *m* natural gypsum, gypsum rock, plaster rock
Rohglas *n* blank
Rohgraphit *m (BM)* plumbago
Rohholz *n* rough timber, log timber, *(AE)* rough lumber
Rohholz *n*/**geschnittenes** *(BM, Hb)* undressed timber
Rohholzbalken *m* dull-edged beam
Rohhumus *m* mor, mor humus, duff
Rohkies *m (BM)* raw gravel
Rohkreide *f (BM)* natural chalk
Rohling *m* blank *(Metall)*; rough casting *(Betonelement)*; green block, green product, green tile *(ungebrannt, Keramikbaustein)*; rough wood *(Holz)*
Rohlingsfestigkeit *f* green stability
Rohmaß *n (Konst)* rough dimension
Rohmassebrennen *n* burning of raw material
Rohmaß-Endmaß-Abstand *m (Konst, SB)* setting space
Rohmaterial *n (BM, Te)* raw material
Rohmateriallagerung *f (Bod)* raw materials storage
Rohmaterialvorkommen *n (Bod)* raw material deposit *(Steine und Erden)*
Rohmauerung *f (SB)* rough walling
Rohmauerwerk *n (SB)* crude masonry work
Rohmehl *n (BM, Te)* raw meal *(Zementtechnologie)*
Rohmehlmühle *f (BWG)* raw mill *(Zementtechnologie)*
Rohmüll *m (Umw)* raw refuse
Rohöl *n* 1. *(BM)* crude oil; 2. *(HLK)* petroleum
Rohpappe *f* felt
Rohpappenbahn *f (BM)* web of dry felt
Rohplanieren *n (Erdb)* rough grading
Rohplanum *n (Erdb)* rough grading
Rohputz *m* coarse plaster, rough-cast, squirted skin, rendered skin
Rohr *n* 1. tube, pipe; 2. canal, duct *(Kanal)*; 3. *(San, WVA)* conduit *(z. B. für elektrische Leitungen)*; 4. flue *(Abzugsrohr)*; 5. cylinder *(Buchse, Hülse)*; 6. cane, reed *(pflanzliche Baustoff)* • **Rohre legen** pipe • **Rohre verlegen** pipe
Rohr *n*/**aufgespaltetes** *(BT, WVA)* split duct
Rohr *n*/**dünnwandiges** thin-walled tube
Rohr *n*/**durchlöchertes** perforated pipe
Rohr *n*/**eingewalztes** expanded tube
Rohr *n*/**gabelförmiges** bifurcated pipe
Rohr *n*/**gekehltes** channelled tube
Rohr *n*/**gekröpftes** *(BT, San, WVA)* saddle bend
Rohr *n*/**gelochtes** perforated pipe
Rohr *n*/**gerades** straight pipe
Rohr *n*/**geschweißtes** welded pipe, welded tube
Rohr *n*/**gewalztes** rolled tube
Rohr *n*/**gewindeloses** *(BT)* threadless pipe
Rohr *n*/**gezogenes** drawn tube
Rohr *n*/**glasausgekleidetes** glass-lined pipe
Rohr *n*/**halbiertes** *(WVA)* half split pipe
Rohr *n*/**halbstarres** semirigid tube
Rohr *n*/**hammergeschweißtes** *(St)* hammer-welded pipe
Rohr *n*/**längsgeschweißtes** welded tube
Rohr *n* **mit Außenrippen** *(HLK)* externally ribbed tube
Rohr *n* **mit Dichtungsprofil** gasketed pipe
Rohr *n* **mit einer Muffe** single-hub pipe
Rohr *n* **mit konstanter Bohrung und Wanddicke** *(HLK, St, WVA)* barrel
Rohr *n* **mit Putzöffnung** inspection pipe, rodding pipe
Rohr *n* **mit Selbstdichtung** gasketed pipe
Rohr *n* **mit Sonderprofil** profiled pipe
Rohr *n* **mit Überschiebmuffe** *(BT)* sleeved pipe
Rohr *n*/**nahtloses** seamless pipe [tube], weldless pipe [tube]
Rohr *n*/**nicht genormtes** junk pipe
Rohr *n*/**nicht metallisches** *(El)* flexible non-metallic tubing *(zur Leitungsverlegung)*
Rohr *n*/**profiliertes** profiled pipe
Rohr *n*/**senkrechtes** *(Erdb, WVA)* vertical pipe
Rohr *n*/**spiralgeschweißtes** spiral-welded pipe
Rohr *n*/**stehendes** stationary tube
Rohr *n*/**trichterförmiges** funnelled tube
Rohr *n*/**verstopftes** blocked pipe, choked pipe, clogged--up pipe
Rohr *n*/**verzinktes** galvanized pipe
Rohr *n*/**wärmeisoliertes** *(BT, DIS)* lagged pipe
Rohr *n*/**wasserdurchlässiges** *(Erdb)* porous pipe
Rohr *n*/**widerstandsfähiges** solid pipe
Rohr... tubular ...
Rohrabmessung *f* pipe sizing
Rohrabrichte *f* dresser *(Bleirohr)*
Rohrabschneider *m* pipe cutter
Rohrabschnitt *m* pipe section
Rohrabschnitt *m* **mit Wasserdurchfluss** *(San)* wet vent
Rohrabzweig *m* pipe junction, pipe inlet, oblique-angled pipe junction
Rohranbindung *f* pipe connection, pipe joint
Rohranbindung *f*/**gebogene** swing joint *(beweglich)*
Rohranschluss *m* pipe connection
Rohranschluss *m*/**gewinkelter** swing joint *(beweglich)*
Rohraufhängung *f* pipe bracket, pipe hook, pipe suspension
Rohrauflage *f* pipe bedding
Rohrauflager *n (BT, San)* pipe bracket
Rohraufweitepresse *f (BWG)* tube-expanding press
Rohraufweiter *m (BWG)* splaying device
Rohrausdehnungsstoß *m* pipe expansion joint
Rohraußendurchmesser *m* pipe outside diameter
Rohrbandage *f* pipeline wrapping tape
Rohrbau *m* pipework
Rohrbefestigung *f* pipe fixing
Rohrbelüfter *m* antisiphonage device, antivacuum device, puff pipe
Rohrbeschichtung *f* pipe coating
Rohrbewehrung *f* pipe steel reinforcement
Rohrbiegegerät *n* tube bender
Rohrbiegemaschine *f (BWG, San)* pipe bender

R

Rohrbieger *m* conduit-bender; pipe-bender, tube-bender, *(AE)* hickey
Rohrbiegewerkzeug *n* tube bender
Rohrbiegezange *f* conduit-bender; pipe-bender, tube bender, *(AE)* hickey
Rohrboden *m* header plate
Rohrbogen *m* elbow, ell
Rohrbogen *m* **mit Befestigungsösen** strapped elbow
Rohrbogen *m* **mit großem Radius** long-radius elbow
Rohrbogenstück *n (BT)* conduit bend
Rohrbohrer *m* tap borer *(für Bleirohre)*
Rohrbolzenschloss *n (EB)* tubular lock
Rohrbruch *m* pipe burst, pipe failure
Rohrbruchsicherung *f (San, WVA)* isolation valve
Rohrbrücke *f* pipe(line) bridge tubular bridge
Rohrbrunnen *m (Wsb)* tube well, tubular well, artesian well
Rohrbündel *n* nest of tubes, tube nest
Rohrdach *n* reed roof(ing), thatching roof
Rohrdachdeckung *f* reed roofing, reed thatching
Rohrdachpfette *f* barrel purlin
Rohrdämmfilz *m (DIS)* lining felt
Rohrdämmschale *f (DIS)* pipe insulating section
Rohrdämmung *f* pipe insulation, pipe lag(ging)
Rohrdämmungsmantel *m* pipe covering
Rohrdeckel *m* pipe cap
Rohrdehnungsstoß *m* pipe expansion joint
Rohrdichter *m* casing expander
Rohrdichtung *f* pipe gasket
Rohrdoppelkrümmer *m* pipe return bend
Rohrdorn *m* pipe mandrel
Rohrdraht *m (El)* sheathed wire
Rohrdrän *m* pipe drain, tile drain(age)
Rohrdübel *m (BT, Hb)* tube connector *(Holzverbindung)*
Rohrdüker *m* pipe syphon
Rohrdurchfluss *m***/gesättigter** *(WVA)* full pipe flow
Rohrdurchführung *f* passing a pipe through a wall
Rohrdurchführungsdichtung *f* lead sleeve, lead slate, copper slate *(Dach)*
Rohrdurchgang *m* pipe penetration
Rohrdurchlass *m (Erdb, Wsb, WVA)* pipe culvert
Rohrdurchpressen *n* pipe jacking
Röhre *f* tube, pipe; sheathing
Röhre *f***/gemauerte** brick culvert pipe
Röhre *f***/runde** cylindrical tube
Rohre *npl* **und Armaturen** *fpl* pipes and fittings *(Gewerksposition)*
Rohreinmündung *f* pipe inlet
Rohreinsteckende *n* pipe spigot
Rohrelevator *m* casing elevator
Röhren... tubular ...
röhrenartig tubulous
Röhrenbohrer *m (BWG)* core drill
Rohrende *n* **für Steckverbindungen** *(Konst)* spigot
Rohrende *n***/totes** dead end
röhrenförmig tubular
Röhrenheizkörper *m (HLK)* tubular heating element
Röhrenlampe *f (El)* festoon lamp
Röhrenlibelle *f* spirit-air level, (sighting) tube
Röhrenpfahl *m (Erdb)* pipe pile
Röhrensiphon *m* sink trap
Rohrentlüfter *m (San, WVA)* antivacuum device
Röhrentour *f***/zementierte** cemented casing
Röhrenventilator *m (HLK)* tube-axial fan *(Klimaanlage)*
Rohrerdung *f (El)* pipe earthing
Rohrfarbkennzeichnung *f* pipe marking
Rohrfestpunkt *m* pipe pier, pipe support
Rohrfitting *n* plumbing fitting
Rohrflansch *m* pipe flange
Rohrflechtrute *f (BM)* withe *(Strohdach)*
Rohrform *f* pipe shape
Rohrformstück *n(m)* pipe fitting
Rohrfreileitung *f* span line, span pipeline
Rohrführung *f* pipe-run, *(AE)* piperun
Rohrfuß *m* pipe base
Rohrfuß *m***/geschweißter** welded base
Rohrgefälle *n* pipe gradient
Rohrgeflecht *n* lath *(als Putzträger)*
Rohrgeländer *n* pipe railing, tube railing
Rohrgeräusch *n* pipe noise
Rohrgerippe *n* 1. *(TK)* pipe skeleton; 2. *(Konst)* tube skeleton; 3. *(Konst, TK)* tubular skeleton
Rohrgerüst *n* tubular scaffolding
Rohrgestalt *f* pipe shape
Rohrgewebe *n* reed lath(ing), reed tissue *(Putzträger)*
Rohrgewebeverputz *m (SB)* reed lathing plaster
Rohrgewinde *n* pipe thread, taper thread
Rohrgewindebohrer *m* pipe tap
Rohrgittermast *m (TK)* tubular lattice pole
Rohrgraben *m* 1. *(Erdb)* pipe chase; 2. *(WVA)* pipe trench; 3. *(Erdb, WVA)* pipe top
Rohrgrabenaussteifkasten *m***/beweglicher** trench box
Rohrhaken *m* pipe hook
Rohrhalter *m* **an einer Rohrverbindung** tap lug, tap ear, *(AE)* faucet ear
Rohrhandlauf *m* pipe handrail, tube handrail, tubular handrail, barrel handrail
Rohrheizkörper *m (El)* tubular heater
Rohrheizregister *n (HLK)* pipe grid
Rohrhülse *f* tube-jointing sleeve, tube sleeve, tube socket
Rohrinnenmaß *n* inside pipe size
Rohrinnenseite *f* pipe back, pipe bore side
Rohrisolierband *n* pipe covering tape
Rohrisoliermantel *m* pipe covering
Rohrisolierung *f* pipe insulation, pipe lag(ging)
Rohrkanal *m* pipe duct, pipe bay, pipe trench
Rohrkanalelement *n***/vorgefertigtes** prefabricated pipe conduit system
Rohrkanalschalldämpfer *m* packaged attenuator
Rohrkappe *f* pipe cap
Rohrkeller *m* pipework cellar
Rohrkennzeichnung *f* pipe marking
Rohrkitt *m* pipe cement
Rohrklemme *f* pipe bracket, pipe clamp
Rohrknie *n* elbow, spring, spring bend
Rohrkonstruktionssystem *n (TK)* tubular structure system
Rohrkopf *m* casing head
Rohrkopfende *n* pipe head
Rohrkorrosionsschutz *m* pipe protection against corrosion
Rohrkrümmer *m* pipe bend; quadrant-pipe *(im rechten Winkel)*
90°-Rohrkrümmer *m* quarter pipe bend
Rohrkrümmung *f* bent pipe, pipe offset, offset
Rohrkunststoff *m* pile plastic
Rohrkupplung *f (BT)* pipe coupling
Rohrlauf *m* pipe run
Rohrlegekran *m* pipe layer
Rohrleger *m* pipe fitter, pipe layer, plumber
Rohrleitung *f* 1. tubing, piping line, pipeline, piping, run; 2. conduit *(für elektrische Leitungen)* • **eine Rohrleitung verlegen** *(San)* install a pipe(line)
Rohrleitung *f***/erdverlegte** underground pipeline, underground piping
Rohrleitung *f***/freitragende** span pipeline
Rohrleitung *f* **mit Stoßfuge** *(Konst, San, WVA)* open--jointed pipe
Rohrleitung *f***/nahtlose** *(San, WVA)* seamless tubing

R

Rohrleitung f/schwimmende floating pipeline
Rohrleitung f/unterirdische *(Konst)* underground pipeline
Rohrleitung f/unterseeische *(Wsb)* submarine pipeline
Rohrleitung f/verlegte buried pipework
Rohrleitungsanlage *f* pipeline system, mains *(Gas, Wasser)*
Rohrleitungsbau *m* pipeline construction
Rohrleitungsdämmung *f* pipe insulation, pipe lagging, tubular insulation
Rohrleitungsfitting *n (San, WVA)* water-pipe fitting
Rohrleitungsflansch *m* pipeline flange
Rohrleitungsgehäuse *n* pipe housing
Rohrleitungsgeräusch *n* pipe(line) noise
Rohrleitungsheizung *f (HLK)* pipeline heater
Rohrleitungsinstallation *f* pipe fitting
Rohrleitungskellergeschoss *n* pipework basement
Rohrleitungskonsole *f* pipe hook
Rohrleitungslänge *f* developed length *(in der Achse gemessen)*
Rohrleitungsnetz *n* network of piping, ducting, pipe network, pipe system, pipework
Rohrleitungsplan *m* piping plan
Rohrleitungsquerschnitt *m* pipe cross section
Rohrleitungssystem *n* pipe(line) system, pipework system, plumbing system
Rohrleitungsteile *npl* pipeline parts, piping parts
Rohrleitungstrasse *f* pipeline route, pipeway
Rohrleitungsverlegen *n* pipe lining
Rohrleitungsverlegung *f* pipe laying
Rohrleitungszubehör *n (BT)* conduit fittings
Rohrmanschette *f* pipe collar
Rohrmast *m* barrel mast, pipe mast, tube mast, tubing mast, tubular mast, tubular pole
Rohrmaterial *n* 1. pipe material, tube material, barrel material; 2. reed lathing material, reed material *(Putzträger)*; 3. reed roof(ing) material, thatch(ing) material *(Dach)*
Rohrmatte *f* cane mat, reed mat *(Putzträger)*
Rohrmuffe *f (San)* coupling, connecting sleeve, pipe joint, pipe socket; blown joint *(verlötet)*; pipe sleeve *(Mauerwerkdurchbruch)*
Rohrmuffe *f* **mit Spiel** expansion sleeve
Rohrmuffe f/zweiteilige *(BT)* split sleeve
Rohrnagel *n (BM)* nail for reed *(für Dacheindeckungen)*
Rohrnennweite *f (Konst)* nominal pipe size
Rohrnetz *n s.* Rohrleitungsnetz
Rohrnetzkorrosion *f (San)* corrosion of mains *(Entwässerung)*
Rohrnippel *m* pipe connector, pipe nipple
Rohrpfahl *m (Erdb)* tube pile, tubular pile
Rohrpfeiler *m* **mit Verbindungsstreben** *(BT)* tubular post complete with railings
Rohrpfette *f* barrel purlin(e), pipe purlin(e), tubular purlin(e)
Rohrplan *m* piping plan
Rohrplatte *f* reed sheet; reed board *(Dachdeckung)*
Rohrpost *f* pneumatic dispatch(ing) system; pneumatic tube plant, pneumatic tube system
Rohrpostanlage *f* pneumatic tube installation, pneumatic tube plant, pneumatic tube system
Rohrpostkanal *m (EB, Konst)* rabbit channel *(Strahlenschutz)*
Rohrpresse *f* press for pipes, tube extruding press
Rohrprofil *n* pipe profile, pipe section, tube, tubing
Rohrputz *m* plaster on reed (lathing)
Rohrquerschnitt *m* (pipe) cross section
Rohrrahmen *m* 1. *(TK)* pipe frame, barrel frame; 2. *(Konst)* tube frame
Rohrrammen *n (Bod, Erdb, Tun)* pipe driving
Rohrreduzierstück *n* diminishing pipe, pipe reducer
Rohrregister *n (HLK)* pipe grid
Rohrreibung *f (Wsb)* resistance of pipes
Rohrreibwiderstand *m (Wsb)* resistance of pipes
Rohrreiniger *m (San, WVA)* go-devil
Rohrreinigung *f* pipe cleaning; rodding *(mit Stangen)*
Rohrreinigungsmittel *n* pipe cleaning agent
Rohrreinigungsrute f/gebogene bent ferrule
Rohrriegel *m* **des Windverbands** *(BT, Konst)* tubular cross bar of lateral bracing
Rohrsattel *m* pipe saddle, pipe hanger
Rohrschacht *m* 1. *(Erdb, WVA)* pipe shaft; 2. *(WVA)* pipe trench *(Graben)*
Rohrschale *f (BT, WVA)* split duct
Rohrschalldämpfer *m* packaged attenuator
Rohrscheitel *m* pipe top, soffit
Rohrscheitelabzweig *m (San, WVA)* top pipe branch
Rohrscheiteleinlaufstück *n (San, WVA)* top pipe branch
Rohrschelle *f* pipe bracket [clamp, hanger, strap], tube clip, holder bat; wall clamp *(für Wandbefestigung)*
Rohrschlange *f (HLK)* serpentine pipe *(Heizung)*
Rohrschlosser *m* pipe fitter
Rohrschlüssel *m* pipe wrench
Rohrschneider *m* pipe cutter, casing cutter, tube cutter
Rohrschnitt *m* pipe section
Rohrschraube *f* black bolt
Rohrschraubstock *m* pipe vice, *(AE)* pipe vise
Rohrschüttdämmung *f* pipe insulation loose fill
Rohrschutz *m* pipeline protection
Rohrschutzschicht *f* pipe coating
Rohrschutzwulstring *m* flashing ring *(Durchführungsschutz)*
Rohrschwachende *n* pipe spigot
Rohrschweißung *f (St, Te)* tube welding
Rohrschweißverbindung *f (Konst, St)* welded pipe joint
Rohrseitenabzweig *m* 1. *(San, WVA)* side pipe branch; 2. *(San, WVA)* oblique-angled pipe junction
Rohrskelett *n* 1. *(Konst, TK)* barrel skeleton; 2. *(TK)* pipe skeleton; 3. *(Konst)* tube skeleton
Rohrsonde *f* sampling spoon, *(AE)* drivepipe
Rohrspannungsuntersuchung *f* pipe stress analysis
Rohrspindel *f* pipe newel *(Treppe)*
Rohrspitzende *n* pipe spigot
Rohrstahl *m* pipe steel
Rohrsteckverbindung *f (Konst)* spigot joint
Rohrstegverbinder *m (BT)* pipe separator *(Walzträger)*
Rohrstirnfläche *f* pipe end
Rohrstopfen *m* pipe plug, sealing stopper
Rohrstrang *m* pipe string, pipeline, tubing, run
Rohrstrebe *f* tubular strut
Rohrstütze *f* support for pipes, pipe column, tubular column, tubular prop
Rohrstutzen *n* pipe socket, joining pipe, socket
Rohrsystem n/geschweißtes welded pipe system
Rohrsystem n/offenes *(San, WVA)* open pipe system
Rohrsystem n/senkrechtes *(HLK, San, WVA)* stack pipe system
Rohrsystem n/voll geschweißtes *(San, St, WVA)* welded system *(für Flüssigkeiten)*
Rohrträger *m* tubular girder
Rohrtrasse *f* pipeway
Rohrübergang *m* tapered fitting
Rohrübergangsmuffe *f* pipe joint
Rohrumhüllung *f* pipewrap
Rohrummantelung *f* pipe covering
Rohrung *f* reed mat
Rohrunterbrecher *m* 1. *(HLK, WVA)* back siphonage preventer; 2. *(San, WVA)* *(AE)* vacuum breaker
Rohrunterlage *f* pipe bedding
Rohrventil n/automatisches *(San, WVA)* self-closing valve

Rohrventilator *m (HLK)* vaneaxial fan *(Klimaanlage)*
Rohrverbindung *f* pipe connection, pipe coupling, pipe joint, tube joint; blown joint *(gelötet)*
Rohrverbindung *f*/**aufgesattelte** saddle fitting, service clamp
Rohrverbindungsstück *n* pipe union, fitting *(Rohr)*
Rohrverengung *f* pipe restriction
Rohrverkrustung *f (WVA)* pipe incrustation
Rohrverlegekran *m* pipe layer
Rohrverlegung *f* laying of pipes, pipe laying, pipe installation, piping, piping-up
Rohrverlegung *f*/**unterirdische** underground piping
Rohrverschluss *m* sealing stopper, tube end plug
Rohrverschraubung *f* bolted pipe connection, bolted pipe joint, pipe screwing, screwed pipe union, threaded pipe union, tube fitting
Rohrverstopfung *f (San, WVA)* pipe blockage
Rohrverteiler *m (San, WVA)* pipe manifold
Rohrverwindung *f*/**doppelte** *(San, WVA)* double offset
Rohrverzweigung *f* pipe branching, pipe crotch, wye
Rohrverzweigungskasten *m* compartment box, pipe compartment box
Rohrverzweigungsleitung *f (San, WVA)* pipe manifold
Rohrvortrieb *m (Bod, Erdb, Tun)* pipe driving
Rohrwand *f* tube plate, tube wall, header plate
Rohrweite *f* pipe diameter
Rohrweiter *m (San)* tampion *(Bleirohrverlegung)*
Rohrwerk *n (TK)* pipe works
Rohrwickler *m* pipe twister
Rohrwiderstand *m (San, WVA)* pipe resistance
Rohrwinkelstück *n*/**unterstütztes** pipe rest bend
Rohrzange *f* alligator wrench, pipe tongs, pipe wrench, gas-pipe wrench, gas wrench
Rohrziegelmauerwerk *n (SB)* rough work
Rohrzuleitung *f (WVA)* penstock
Rohschlacke *f (BM)* raw slag
Rohschlamm *m* raw sludge, raw slurry *(Zementtechnologie)*
Rohschnittholz *n* undressed timber, unwrought timber, *(AE)* rough lumber
Rohskizze *f* esquisse
Rohsplitt *m* uncoated chips
Rohstahl *m* crude steel, raw steel
Rohstoff *m (BM, Te)* raw material
Rohstoff *m*/**mineralischer** mineral raw material
Rohstoff *m*/**pflanzlicher** *(Umw)* vegetable material
Rohstoffgewinnung *f (BM)* quarrying, quarring
Rohstofflagerung *f (Bod)* raw materials storage
Rohstoffrückgewinnung *f (RS)* resource recovery
Rohstoffvorkommen *n (Bod)* raw material deposit *(Steine und Erden)*
Rohteer *m (BM)* crude tar
Rohton *m* raw clay, unburned clay
Rohvaseline *f* petroleum jelly
Rohwasser *n* 1. *(Umw, WVA)* raw water; 2. *(WVA)* untreated water
Rohwichte *f (BM)* apparent specific gravity
Rohzink *n* raw zinc, spelter
Rohzuschlagstoffe *mpl (BM)* all-in aggregate
Rokoko *n (Arch)* Rococo
Rokokoarchitektur *f (Arch)* Rococo architecture
Rolandsäule *f (Arch)* statue of Roland *(Norddeutschland)*
Rollabdeckung *f* roller shutter
Rollbahn *f* 1. taxi strip, taxiway, runway, landing field, *(AE)* airstrip *(Flugplatz; s. a. Start- und Landebahn)*; 2. *(EB)* moving carpet *(Rollteppich)*; 3. flagged roadway *(Plattentransportstraße)*; 4. slide *(Gleitbahn)*
Rollbahn *f* **für Personen** *(EB, Konst)* moving pavement
Rollbahnbelastungswert *m (Verk)* load classification number *(Flugplatz)*
Rollbahnbelastungswert *m*/**zulässiger** *(Verk)* load classification number *(Flugplatz)*
Rollbahnstraße *f* flagged roadway
Rollbandmaß *n (Verm)* tape measure
Rollbewegung *f* rolling
Rollbogen *m* one-row brick-on-edge arch *(Ziegel)*
Rollbrücke *f* 1. roller bridge, rolling bridge, drawbridge; 2. pulley, gin block, roller *(an einer Bauwinde)*; 3. *s.* Rolle 1.
Rollbrücke *f*/**lose** *(BWG)* floating block
Rolldichtung *f (DIS)* rolling O-ring joint
Rolle *f* 1. *(Arch)* cartouche *(Ornament)*; 2. roll *(Rollware)*; coil, reel *(z. B. von Draht)*; 3. roller, gin block, pulley *(an einer Bauwinde)*; 4. wheel *(Gleitrolle)*; 5. spool *(Aufwickelrolle)*
Rolle *f*/**lose** running block *(eines Flaschenzugs)*
rollen *v* roll
rollen *v*/**sich** *(BM, BT)* coil
Rollen *n* rolling
Rollenanstrich *m* roller application
Rollenauflager *n (Br, TK)* roller support
Rolleneisen *n* ripping chisel
Rollenfries *m* roll billet frieze
Rollenlager *n* 1. *(TK)* roller bearing; 2. *(Br, TK)* rolling bearing
Rollenlagerwalzen *fpl (Br)* expansion rollers *(an beweglichen Brückenauflagern)*
Rollenlänge *f* roll length
Rollenlaufwerk *n (BWG, Konst)* ball roller
Rollennahtschweißen *n* line welding
Rollentor *n* rolling (saddled) shutter door
Rollentürschnapper *m (EB)* single-roller catch
Rollfalle *f* roller bolt
Rollfeld *n* runway airfield, aerodrome
Rollgabelschlüssel *m (BWG)* adjustable wrench
Rollgehweg *m* moving walk, passenger conveyor, pedestrian conveyor, *(AE)* travolator
Rollgeräusch *n (Umw)* rolling noise
Rollgerüst *n* mobile scaffold, rolling scaffold
Rollgitter *n* roller grille, rolling grille
Rollgrenze *f* plastic limit
rollig *(Bod, Erdb)* non-plastic, granular
Rolljalousie *f (EB)* roller jalousie
Rolljalousie *f*/**sonnengesteuerte** solar controlled Venetian blind
Rolljalousie *f*/**sonnenstrahlungsgesteuerte** solar controlled Venetian blind
Rolljalousiekasten *m* 1. *(EB, Konst)* roller jalousie housing; 2. *(BT)* slatted roller blind housing
Rollkies *m* round gravel
Rollkiesel *m* roundstone
Rollkieselstein *m* roundstone
Rollkiespflaster *n* pebble pavement
Rollklappbrücke *f (Br)* roller bascule bridge
Rollkurve *f*/**zyklische** *(Konst)* cycloid
Rollladen *m* roller blind, roller shutter, slatted roller blind, roller jalousie, revolving shutter, rolling shutter; Spanish blind *(ausstellbar)*; roll-up door *(Torrollladen)*
Rollladenabdeckung *f* roller shutter
Rollladenarbeiten *fpl* roller jalousie work
Rollladenaussparung *f* back flap, back shutter
Rollladenbedienungseinrichtung *f* shutter operator, shutter worker *(innen)*
Rollladenkasten *m* roller jalousie housing, shutter box, slatted roller blind housing
Rollladentor *n (EB, Konst)* roll-up door
Rollladentür *f (EB, Konst)* roll-up door
Rollmesser *n* rotary cutter
Rollo *n* roller blind, dark blind; dark slatted blind
Rollpinsel *m* roller

Rollprägeputzleiste *f* run moulding
Rollrasen *m (LB)* rolled turf
Rollreibung *f* rolling friction
Rollreibungszahl *f* coefficient of rolling friction
Rollring *m* rolling O-ring gasket
Rollsand *m (BM)* round sand
Rollschar *f* 1. rowlock, rolock, rolok *(Ziegelschicht zur Mauerwerksabdeckung)*; 2. *s.* Rollschicht
Rollschicht *f* course of bricks laid on edge, edge course, barge course, brick-on-edge course, rowlock, upright course of bricks, verge course *(Mauerwerk)*
Rollschichtpflaster *n* rowlock paving *(Klinker)*
Rollschneider *m s.* Rollmesser
Rollschrank *m* shutter cabinet
Rollschuhbahn(anlage) *f (RP)* roller-skating rink
Rollsplitt *m (Verk)* loose chippings
Rollsplitt(verkehrs)zeichen *n (Verk)* loose gravel sign
Rollspuren *fpl* wheel tracks
Rollsteig *m* moving pavement, moving walk, passenger conveyor, pedestrian conveyor, *(AE)* travolator
Rollstein *m* 1. *(SB)* upright brick *(einer Rollschicht)*; 2. boulder *(< 25 cm ∅)*; boulder stone, boulder stone *(Naturstein)*
Rollstraße *f (Verk)* rolling road
rollstreichen *v* roller-coat, roller-paint
Rollstreichen *n* roller coating, roller painting
Rollstuhl *m* wheelchair
Rollstuhlanlagen *fpl (Konst)* wheelchair facilities
rollstuhlfest resistant to wheel-chairs
rollstuhlgeeignet *(Konst)* suitable for wheelchairs
Rollstuhlplatz *m (Konst)* wheelchair space
Rollstuhlrampe *f (Konst)* wheelchair ramp
rollstuhlsicher resistant to wheel-chairs
rollstuhlwiderstandsfähig resistant to wheel-chairs
Rollstuhlzugang *m (Konst, Verk)* access for wheelchairs
Rollteppich *m (EB)* moving carpet
Rolltor *n* overhead door of the roll-up type, roll-up door
Rolltrennwand *f (Konst)* rolling partition wall
Rolltreppe *f* moving stair(case), moving stairway, motor-stair, *(AE)* escalator
Rolltreppenantrieb *m* escalator driving machine
Rolltreppenförderhöhe *f* travel (of an escalator)
Rolltür *f* 1. *(EB, Konst)* roll-up door *(vertikal)*; 2. *(BT)* sliding door *(horizontal)*
Rollverbindung *f (DIS)* rolling O-ring joint
Rollvorhang *m (EB)* roller blind
Rollweg *m* 1. *(Verk)* taxiway *(Flugplatz)*; 2. *(Arch)* cartouche, scrollwork *(Ornament der Renaissance)*; 3. *(Verk)* rolling road
Rollwerk *n (Arch)* cartouche, scrollwork *(Ornament der Renaissance)*
Rollwiderstand *m* rolling resistance
Romanik *f (Arch)* Romanesque style, Romanesque architecture *(11. und 12. Jh.)*
Romanik *f*/**französische** *(Arch)* French Romanesque style
Romanik *f*/**italienische** *(Arch)* Italian Romanesque
Romanik *f*/**schwere** *(Arch)* heavy Romanesque style
romanisch Romanesque
Romankalk *m (BM)* natural cement
Romantik *f*/**englische** *(Arch)* English Romanesque
Romantik *f*/**malerische** *(Arch)* picturesque Romantic style
Romantizismus *m (Arch)* Romanticism
Romanzement *m (BM)* natural cement
Römerbauwerk *n (Arch)* Roman structure
römisch *(Arch)* Roman
Romulustempel *m (Arch)* Temple of Romulus
Ronde *f (HLK, San, WVA)* circular blank *(Dichtungsdruckscheibe)*
Rondell *n* 1. *(Arch)* rondel; 2. *(Arch)* circular flowerbed; 3. *(Arch)* round tower *(Rundteil an einer Bastei)*
Röntgenanlage *f (BWG, El)* X-ray unit
Röntgenbeugungsbild *n (BM)* X-ray interference pattern
Röntgenbild *n (BM)* X-ray pattern *(Baustoffprüfung)*
Röntgendiffraktionsanalyse *f (BM)* X-ray diffraction analysis
Röntgendurchstrahlung *f* radiographic examination
Röntgenfluoreszenzanalyse *f (BM)* X-ray fluorescence analysis
Röntgenprüfung *f (BM)* radiographic testing
Röntgenraumschutzbeton *m* concrete for X-ray rooms
Röntgenschutzbeton *m* X-ray protective concrete
Röntgenstrahlenabschirmung *f (Umw)* X-ray shielding
Röntgenstrahlenschutz *m (Umw)* X-ray protection
Röntgenstrahlenschutzbeton *m (BB, BM)* X-ray shielding concrete
Röntgenstrahlenschutzglas *n (BM)* X-ray protection glass
Röntgenstrahlenschutzputz *m (BM, Konst)* X-ray protection plaster
Röntgenstrahlungsschutzbeton *m s.* Röntgenschutzbeton
Röntgenstrukturanalyse *f (BM)* X-ray analysis *(Baustoffuntersuchung)*
Röntgenuntersuchung *f (BM)* radiographic testing
Rosalinglas *n (BM)* pink glass
Rose *f (Arch)* marigold window
Rose *f*/**gotische** *(Arch)* wheel window
Rosenfenster *n (Arch)* rose window, Catherine-wheel window, traceried rose window, marigold window, wheel window *(gotisches Rundfenster)*
Rosenholz *n (BM, Hb)* rosewood
Rosenholz *n*/**brasilianisches** *(BM)* palisander
Rosenlaube *f (Arch)* rose-arbour
Rosenmuster *n (Arch)* rose pattern
Rosenornament *n (Arch)* rosette
Rosenzierkante *f (Arch)* rose moulding
Rosette *f (Arch)* rosette, rose, patera; marigold window
Rosette *f*/**durchbrochene** *(Arch)* openwork rosette
Rosettenfenster *n (Arch)* rose window *(gotisches Rundfenster)*
Ross *n*/**geflügeltes** *(Arch)* winged horse
Rost *m* 1. grate, grid, gridiron, grille *(Trägerrost)*; 2. *(HLK)* grate *(Feuerung)*; 3. rust, scale stain *(Korrosion)* • **gegen Rost schützend** antirust • **mit einem Rost versehen** *(Te)* grate
Rost *m*/**amerikanischer** *(Erdb)* American foundation platform *(Gründung)*
Rost *m*/**feinmaschiger** *(Erdb)* close mesh grating
Rost *m*/**gerippter** *(BT)* serrated grating
Rost *m*/**grüner** green rust
Rost *m*/**weißer** *(OB, RS)* white rust
rostanfällig *(BM, OB)* prone to rusting
Rostanfälligkeit *f (BM, OB)* liability to rust
Rostanflug *m* rust bloom
rostartig rust-like
Rostbalken *m* grid beam
rostbedeckt *(OB)* rust-covered
Rostbelag *m* rust film
Rostbeseitigungsmittel *n* rust remover
rostbeständig resistant to rusting, rustproof, rust-resistant, antirust, stainless
Rostbeständigkeit *f* resistance against rust, resistance to rusting, rust-resistance
rostbildend rust-forming
Rostbildung *f* formation of rust, rust formation, rusting
rostbraun rusty-brown

R

Rostdecke f/hölzerne *(Erdb)* timber platform
Rosteinwirkung *f* rust action
rostempfindlich *(BM)* liable to rust
rosten *v* 1. *(OB)* rust; 2. *(BM, BT, OB)* corrode *(bei Eisen)*
Rosten *n* rusting, corrosion *(bei Eisen)*
rostend/nicht stainless, rust-proof, rust-resistant, non--rusting
rostentfernend rust-removing
Rostentferner *m (BM, OB)* rust-removing agent
Rostentfernung *f (OB)* rust removal
Rostentfernungsmittel *n* derusting agent, rust remover, rust-removing agent
Rostentfernungsöffnung *f (San, WVA)* rust pocket *(Rohrleitung)*
Rostentfernungsverfahren *n (OB, Te)* rust-removing procedure
rostfarben rust-coloured, ferruginous, *(AE)* rust-coloured
Rostfilm *m* rust film
Rostfläche *f* grate area *(Tragrost)*
Rostfleck *m* rust patch, rust spot, rust stain
Rostfleckbildung *f (OB)* rust staining
Rostflecken *mpl (OB)* rust staining
rostfleckig rust-stained, rusty
Rostfleckigkeit *f (OB)* rust staining
rostfrei free from rust, non-rusting, stainless
Rostfundament *n* grid footing, grillage; grating *(aus Holzbalken)*
Rostfußboden *m* lath floor
Rostgefahr *f (OB)* risk of rusting
rostgeschützt rust-proofed
Rostgeschwindigkeit *f (OB)* rate of rusting
Rostgrad *m* degree of rusting, rust grading, rusting degree
rosthemmend rust-inhibiting, rust-retardant, rusting--inhibiting, rusting-preventing
rostig rusty • **rostig werden** *(OB)* rust
Rostkitt *m* rust cement, iron cement
Rostkittdichtung *f* rust joint
Rostkonstruktionssystem *n* grid construction
Rostmaterial *n (BT, Konst)* grillwork
Rostneigung *f* 1. *(BM, OB)* rustiness; 2. *(BM)* rusty quality
Rostpfahl *m (Erdb)* bearing pile, grille foundation pile
Rostschaden *m (RS)* rust damage
Rostschicht *f (OB, RS)* rust layer
Rostschicht f/dünne rust film
Rostschutz *m* rust protection, rust inhibition, rust prevention
Rostschutz... antirust ..., rust-inhibiting ..., rust-preventing ...
Rostschutzanstrich *m* antirust coat, rust-inhibiting paint, rust-preventing coating, corrosion-preventive coating *(bei Eisen)*
Rostschutzanstrichstoff *m* rust-protection paint, rust--inhibiting paint
Rostschutzbehandlung *f (OB)* rustproofing
Rostschutzeigenschaften *fpl (BM)* rust-inhibiting properties
rostschützend *(OB)* rust-preventing
Rostschutzfarbe *f* antirust paint, rust-inhibiting paint, rust--protective paint, rustproofing paint
Rostschutzfett *n (BM)* slushing grease
Rostschutzgrundiermittel *n (BM, OB)* rust primer
Rostschutzgrundierung antirust primer, rust-inhibiting primer, rustproofing primer
Rostschutzmittel *n* antirust agent, rust-preventing agent, rust preventive, rustproofing agent, slush, slushing compound • **mit Rostschutzmittel einstreichen** *(OB, Te)* slush
Rostschutzpigment *n* (rust-)inhibiting pigment *(Farbe)*
Rostschutzüberzug *m (OB)* antirust coat
Rostschwelle *f* mudsill, grillage beam, sill
rostsicher *(BM)* rust-resistant
Rostsicherheit *f* 1. *(BM)* resistance against rust; 2. *(BM, OB)* rust-resistance
Rostspuren *fpl (OB)* traces of rust
Roststab *m* grate bar, bearing bar, grate rod, grizzly bar
Roststelle *f* rust patch, rust spot
Rostsystem *n* grid construction
rostträge rust-inhibiting
Rostträger *m (TK)* grillage beam
Rosttragewirkung *f* grid action
Rosttreppe *f (Konst, St)* grate step
Rostumwandler *m* rust-converting primer
Rostumwandlung *f* rust conversion
Rostverbindung *f* rust joint
rostverhindernd rust(ing-)inhibiting, rust(ing-)preventing
Rostvorgang *m* rusting
Rostwalze *f* grid roller
Rostwerk *n (Erdb, Konst, TK)* raft
Rostwirkung *f* 1. grid action *(Tragwirkung)*; 2. rust action
Rotarybohren *n (Erdb, Tun)* rotary drilling
Rotarybohrmeißel *m* rotary drill
Rotarymeißel *m* rotary drill
Rotation *f* 1. rotation, revolution; 2. *(Wsb, WVA)* curl *(Wasserströmung)*
Rotationsabziehscheibe *f* rotary power float
Rotationsachse *f* rotational axis, axis of rotation *(Darstellung, Aufbau)*
Rotationsbohren *n* rotary drilling
Rotationsdrucktapete *f* roller-printed wallpaper
Rotationsellipsoid *n (Stat)* ellipsoid of rotation
Rotationsgeschwindigkeit *f* speed of rotation
Rotationshyperboloid *n (Stat)* hyperboloid rotational symmetry
Rotationskapazität *f* rotation capacity
Rotationskuppel *f (Arch, Konst)* dome of rotational symmetry *(rotationssymmetrisch)*
Rotationsofen *m* rotary furnace
Rotationsparaboloid *n (Stat)* rotational paraboloid
Rotationsschale *f* 1. *(Konst)* rotational shell; 2. *(Konst, Stat)* shell of rotational symmetry
rotationssymmetrisch rotationally symmetric
Rotationssystem n/ebenes *(Stat)* plane rotational system
Rotationsverdampfer *m (BWG)* rotary evaporator *(Baustofflabortechnik)*
Rotationsviskosimeter *n* rotational viscometer, torque viscometer
Rotbuche *f* red beech, European beech
Rotbuchenholz *n* red beech, red beechwood
Roteisenocker *m (BM, OB)* red iron ochre
Roteisenstein *m (BM)* ferric oxide
Roterde *f* 1. *(BM, Bod)* red earth; 2. *(Bod, LB)* red soil; 3. *(BM, Bod)* orthid
Rotguss *m* red brass, red-brass alloy
Rothaltesignal n/blinkendes *(Verk)* flashing red stop signal
Rotholz *n (BM, Hb)* redwood
Rotholzrinde f für Wärmedämmzwecke *(BM, DIS) (AE)* redwood bark for insulation
rotieren *v* rotate
rotieren lassen *v* rotate
rotieren v/schnell spin
rotierend rotary
Rotlicht *n (Verk)* red light *(Verkehrsampel)*
Rotlichtfahrer *m (Verk)* red light runner *(Verkehrsampel)*
Rotocker *m* red ochre, *(AE)* red ocher
Rotpigment *n* red pigment
Rotsandstein *m (BM, Bod)* red sandstone
Rotsiegel *n (BM, OB)* red seal *(Mörteldichtstoff)*

Rotte *f (Te)* gang
Rottedeponie *f* digestion deposit
Rotunde *f (Arch)* rotunda
Rotundebogen *m (Arch)* rotunda arch
Rotzedernholz *n* red cedar (wood), giant arbor vitae, Pacific red cedar (wood) *(von Juniperus virginia)*; *(AE)* thuja (wood), western red cedar (wood), *(AE)* aromatic cedar wood
Rotzeit *f (Verk)* red period *(Verkehrsampel)*
Rouleau *n* roller blind, dark blind, dark slatted blind
Route *f (Verk)* route
Routenberechnung *f (Verk)* route computation
Routenbeschilderung *f (Verk)* route signing
Routenbeschilderungsplan *m (Verk)* route signing plan
Routendarstellung *f (Verk)* route presentation
Routenoptimierung *f (RP, Verk, Verm)* route optimization
Routenumleitung *f (Verk)* route diversion
Rowdytum *n (VR)* vandalism
Rückansicht *f* back view, backfaçade, rear view
rückbar *(EB, Konst)* shiftable
rückbiegen *v* rebend
Rückbiegen *n* rebending
Rückbiegeprüfung *f (BM, St)* rebending test
Rückbiegung *f* reverse bending
Rückbildung *f*/**elastische** elastic rebound
Rückblick *m (Verm)* backsight, plus sight, review
Rückdehnung *f (BM)* elastic recovery *(Baustoffbeanspruchung)*
rücken *v* move, push along; jack *(mit Hebevorrichtung)*
rücken *v*/**Gleise** *(Verk)* shift tracks
Rücken *m* 1. *(Hb, Konst, St)* back *(Sparren, Dach, Querträger)*; 2. *(Konst)* ridge • **Rücken an Rücken** *(Arch)* addorsed *(z. B. Tierfiguren)*
Rückenlehne *f (EB)* back *(Stuhllehne)*
Rückenlinie *f*/**äußere** *(BB, Konst, SB)* extrados
Rückenschicht *f* backup
Rückenschutz *m* safety cage *(Dachschornsteinleiter)*
Rückenstütze *f* edge restraint, haunching *(z. B. Bord)*
Rückenträgerschicht *f* backup
Rückerstattungsbetrag *m* reimbursable expenses *(zusätzlich zur Bauvertragssumme)*
Rückfallplan *m* fall back plan
Rückfederung *f* springiness
Rückfließen *n* reverse flow
Rückfluss *m* 1. *(Wsb, WVA)* backflow; 2. *(HLK, San)* return flow
Rückflussleitungssystem *n* backflow connection system
Rückflussrohr *n (HLK, San)* return pipe
Rückflussschieber *m (WVA)* backflow valve
Rückflussschutzklappe *f (WVA)* swing check valve
Rückflussschutzventil *n* 1. *(San, WVA)* backflow preventer; 2. *(San)* siphon breaker
Rückflusssicherung *f* 1. *(San, WVA)* backflow preventer; 2. *(San)* siphon breaker
Rückflusssystem *n*/**direktes** *(HLK)* direct return system
Rückflussventil *n s.* Rückflussschutzventil
Rückfluten *n (Wsb, WVA)* backflow
Rückforderung *f (VR)* reclamation
rückformen *v (Verk)* reform, reshape *(Fahrbahnbefestigung)*
rückformen *v*/**mit Asphaltzugabe** remix, repave
rückformen *v*/**ohne Asphaltzugabe** *(Verk)* reform, reshape *(Straßendecke)*
Rückfuge *f*/**glatte** *(SB)* backjoint
Rückführung *f (HLK)* return
Rückführungsleitung *f (HLK, San)* repressure line
Rückgang *m* decrease, decline; lowering, drop *(z. B. von Temperaturen, Wasserstand)*
rückgewinnbar recoverable
rückgewinnen *v* recover *(z. B. nutzbare Baustoffe)*
Rückgewinnung *f* 1. *(BM)* recovery; 2. *(RS, Te)* reclamation *(Baumaterial)*; 3. *(RS, Umw)* recycling *(Kunststoffe, Baustoffen)*
Rückgewinnungsanlage *f (BWG, RS)* reclamation plant
Rückgewinnungsarbeiten *fpl (RS, Te, Umw)* recycling works
Rückgewinnungsausrüstung *f (BWG, RS, Umw)* recycling equipment
Rückgewinnungsfüller *m* 1. *(BM, Te)* reclaimed dust; 2. *(BM)* baghouse fines *(Gesteinsaufbereitung)*
Rückgewinnungsgerät *n (BWG)* recovery apparatus
Rückgewinnungskessel *m (San)* recovery boiler
Rückgewinnungsstaub *m (BM, Te)* reclaimed dust
Rückgewinnungsverfahren *n (RS, Te)* recovery method
Rückhalle *f (Arch)* opisthodomos, rear portico *(griechischer Tempel)*
Rückhaltebecken *n (Wsb)* retention basin, laying-up basin, detention basin, detention reservoir, flood retention basin, retaining basin, retardation basin, retention reservoir, stopping basin, storage reservoir, water reservoir
Rückhaltedamm *m*/**geschlossener** *(Wsb)* surrounding embankment
Rückhalteflächen *fpl (Wsb)* retention areas *(Flussauen)*
Rückhaltekapazität *f* retention capacity
Rückhaltesystem *n* restraint system
Rückhaltesysteme *npl* **an Straßen** road restraint systems
Rückhalteträger *m* hold-back carrier
Rückhaltevolumen *n (Wsb)* retention storage, detention storage
Rückholfischband *n (EB)* spring hinge *(Tür)*
Rückkopplung *f* feedback
Rückkopplungsheizung *f (HLK)* regenerative heating
Rücklage *f* 1. *(BT, Konst, SB)* backup *(Überfluss in einem Leitungssystem)*; 2. *(Konst, SB)* backlayer; 3. *(BT, Konst, SB)* backup *(Hintermauerung)*; 4. *(Konst)* substrate *(Trägerschicht, z. B. bei Anstrichen)*; 5. *(Erdb, Konst)* underlay; 6. *(Konst)* underlayment *(Unterlage, Bettungsschicht)*
Rücklagenwand *f* retention wall
Rücklauf *m (HLK)* return flow, return
Rücklaufleitung *f (HLK)* return line, return pipe
Rücklaufleitungen *fpl (HLK)* return mains
Rücklauflufteintritt *m* return-air intake
Rücklaufrohr *n (HLK)* return pipe, drop *(Heizung)*
Rücklaufschlamm *m (Umw)* return sludge, recycle sludge
Rücklaufschrott *m* home scrap
Rücklaufsystem *n*/**direktes** *(HLK)* direct return system
Rücklauftemperatur *f (HLK)* return temperature
Rücklaufventil *n (BT, HLK, San, WVA)* reflux valve
Rücklaufwasser *n (HLK)* return water
Rückleiste *f* back ledge
Rückleitung *f (HLK)* return, return pipe
Rückluft *f (HLK)* return air
Rückluftanlage *f (HLK)* return-air system
Rücklufteintritt *m* return-air intake
Rückluftkanal *m (HLK)* return-air duct
Rückluftsystem *n (HLK)* return system *(Klimaanlage)*
Rückprall *m* 1. *(Stat)* rebound; 2. *(Erdb)* pile bounce *(Pfahlgründung)*
Rückprallbeton *m (BB, OB, Te)* rebound concrete *(Torkretieren)*
rückprallen *v* rebound; bounce *(beim Rammen)*
Rückprallhammer *m* 1. *(BB, BM, BWG)* rebound tester; 2. *(BB, BM)* scleroscope
Rückprallhärte *f (BB)* scleroscope hardness
Rückprallhärteprüfung *f* **nach Shore** Shore hardness test
Rücksatz *m* break joint, breaking in the joint *(im Mauerwerk)*
Rücksatzentfernung *f (Konst)* set-back
Rückschlag *m* reaction

Rückschlagklappe *f* 1. *(HLK, WVA)* non-return valve; 2. *(WVA)* swing check valve
Rückschlagventil *n* 1. *(HLK, WVA)* non-return valve; 2. *(HLK, San, WVA)* check valve
Rückseite *f* reversal side, reverse; backfaçade, rear back *(Gebäude)*
Rücksicht *f (Verm)* backsight, plus sight
Rücksichtslosigkeit *f (VR)* risk taking
Rücksprung *m* 1. *(Konst)* recess *(Aussparung in der Wand)*; 2. *(SB)* offset; 3. *(Konst, SB)* set-off *(im Mauerwerk)*
Rücksprunghärte *f* **nach Shore** *(BM)* Shore hardness
Rücksprunghärteprüfung *f* **nach Shore** Shore scleroscope hardness test
Rücksprunghöhe *f* rebound height
Rückstand *m* residue; screen residue *(Filtertechnik)*
Rückstand *m* **in Prozent** percentage of residue
Rückstand *m***/nicht verwertbarer** *(Umw)* waste product *(unverwertbar)*
Rückstand *m***/unaufgeschlossener** insoluble residue
Rückstandsasphalt *m (BM)* residual asphalt
Rückstandsdeponie *f (Umw)* residue landfill
Rückstandserzeugnis *n (BM)* residual product
Rückstau *m (Wsb, WVA)* backpressure
Rückstauablauf *m* antiflooding gully
Rückstaudamm *m (Wsb)* flood dam; retired embankment
Rückstaudruck *m (Wsb, WVA)* backpressure
Rückstauebene *f* backpressure level
rückstauen *v* dam up
Rückstauklappe *f (Wsb)* trap
Rückstauschieber *m (San, WVA)* antiflooding valve
Rückstauventil *n (San, WVA)* antiflooding valve
Rückstauverhinderer *m* backpressure preventer
Rückstauvolumen *n (Wsb, WVA)* backwater storage *(z. B. eines Regenrückhaltebeckens)*
Rückstauwasser *n (Wsb, WVA)* backwater
Rückstauwirkung *f* backwater effect
rückstellend/elastisch *(BM)* recoverable
rückstellend/nicht elastisch non-recoverable
Rückstellprobe *f (BM)* check sample
Rückstellung *f***/elastische** *(BM)* elastic recovery *(Baustoffbeanspruchung)*
Rückstoß *m (Stat)* repercussion *(Kräfte)*
Rückstoßkraft *f (Stat)* repulsive power *(Dynamik)*
Rückstrahlanteil *m* reflected component
Rückstrahler *m* reflector
Rückstrahlfolie *f (BM)* reradiation foil *(z. B. eines Radiators)*
Rückstrahlung *f* reradiation *(Wärme, Strahlung)*
Rückstrahlungsgrad *m (El)* reflection factor
Rückstrahlungsvermögen *n* reflectance
Rückstreuung *f (El)* backscatter(ing) *(Strahlung)*
rückverfolgbar traceable
Rückverfolgbarkeit *f (Te)* traceability
rückverformen *v (RS, Te)* repave *(Asphaltstraße)*
rückverformen *v* **mit Asphaltzusatz** *(Verk)* remix
Rückverformen *n (RS, Verk)* repaving *(von Asphalt)*
Rückverformung *f***/elastische** elastic rebound, elastic recovery *(Baustoffbeanspruchung)*
Rückverformungsvermögen *n***/elastisches** *(Stat)* resilience
Rückvergütungsvertrag *m (VR)* cost reimbursement contract
Rückversatz *m* 1. *(SB)* offset; 2. *(Konst)* retreat; 3. *(Konst, SB)* set-off *(im Mauerwerk)*
Rückwand *f* back wall, rear wall; back *(Gebäude)*; splashback *(z. B. an Handwaschbecken)*
Rückwandtür *f* rear door
Rückwärtsaufreißer *m (BWG, Erdb, Verk)* back ripper
Rückwärtsaufstellplatz *m (Verk)* back-in place
Rückwärts(ein)parken *n (Verk)* back-in parking
Rückwärtsstellplatz *m s.* Rückwärtsaufstellplatz
Rückwirkung *f* interaction
Rückzugsweg *m* emergency route, fire route
Rudiment *n* vestige
rudimentär *(Konst)* vestigial
Rufanlage *f (EB, El)* call system
Ruflampe *f* emergency call lamp
Ruhe/in at rest
Ruhe... static(al) ...
Ruhebank *f* rest bench
Ruhebelastung *f (Stat)* static loading
Ruhedruck *m (Stat)* pressure at rest
Ruhedruckbeiwert *m (Erdb)* coefficient of earth pressure at rest, coefficient of pressure at rest
Ruhelage *f (Stat)* neutral position, equilibrium, equilibrium position, rest • **in Ruhelage sein** rest
ruhen *v* **auf** rest on
ruhend *(Stat)* static, statical, at rest; dead *(Last)*
Ruheplattform *f (Konst)* resting platform
Ruheplatz *m* resting place *(am Treppenpodest)*
Ruhepunkt *m* 1. *(Arch, Konst)* dead centre; 2. *(Stat)* repose
Ruheraum *m (Konst, San)* rest room
Ruhereibung *f* static friction
Ruhezustand *m* state rest, passive state, repose, state of rest, stationary state
ruhig quiet
Ruhmeshalle *f (Arch)* Hall of Fame, Valhalla
Rührapparat *m* 1. *(BB, BWG, Te)* agitator; 2. *(BB, BWG, Te)* stirrer
Rührdauer *f (Te)* stirring period
Ruhreibung *f (AE)* sticktion
Rühreisen *n (BB, BWG, Te)* stirrer *(Beton)*
rühren *v* stir, agitate
Rühren *n* stirring *(Vermischen)*; agitation *(zur Vermeidung von Entmischung)*
Rührgeschwindigkeit *f (Te)* agitating speed
Rührschaufel *f (BWG)* agitator blade
Rührstab *m* stirrer, stirring rod; puddling rod *(zum Verdichten)*
Rührstange *f* rabble, rake, stirring rod
Rührwerk *n* 1. *(BB, BWG, Te)* agitator; 2. *(BB, BWG, Te)* stirrer
Rührwerkszwangsmischer *m (BB, BWG)* agitator-type compulsory mixer *(zur Betonwarenherstellung)*
Ruine *f (RS)* ruin
Ruinen *fpl (RS)* ruins
Ruinenhügel *m* ruins hill
ruinenübersät *(RS)* ruin-sown
ruinieren *v* spoil
ruiniert *(RS)* ruined
Rummelplatz *m* amusement park
Rumpelfläche *f (Verk)* rumble area
rumpeln *v* rumble
Rumpelstreifen *m (Verk)* rumble strip *(Straße)*
Rumpf *m (Konst)* shaft
rund round, circular; perfect *(vollkommen)* • **rund machen** *(Te)* round (off) *(z. B. Ecken)*
rund/vollkommen well-rounded
Rund... circular ...
Rundabakus *m (Arch)* circular abacus, circular raised table
Rundabseite *f (Arch)* round apse, round exedra
Rundapside *f (Arch)* round apse
Rundapsis *f (Arch)* round exedra
Rundbalkenträger *m (TK)* round beam
Rundbastion *f (Arch)* round bastion, squat round tower
Rundbau *m* 1. cylindrical building, circular building, circular-plan building; 2. *(Arch)* rotunda, round; tholos, tholus *(griechische Rundbau)*
rundbiegen *v* roll-bend, hog

Rundbildfries *m (Arch)* medallion moulding
Rundblech *n* circular plate
Rundbogen *m* 1. round [semicircular] arch, full-centred arch, half-round arch, perfect arch; 2. *(Arch)* Roman arch *(Boden der klassischen römischen Baukunst)*; Norman arch *(normannischer Bogen)*
Rundbogen *m*/**stumpfwinkliger** *(Konst)* obtuse angle arch
Rundbogenfenster *n* 1. *(Konst)* round-arched window; 2. *(BT, Konst)* semicircular arched window
Rundbogenfries *m (Arch)* round-arched corbel table, round-headed corbel table; blank arches *(romanisches Ornament)*
Rundbogengewölbe *n (Konst, TK)* vault in full centre
Rundbogenzinne *f (Arch)* round-arched merlon
rundbogig *(Arch)* round-arched
Rundbolzen *m* shoulder stud
Rundbolzenriegel *m* round bolt
Runddach *n* round roof, circular roof, bicycle-wheel roof, compass roof
Runddichtung *f (BM, BT)* gasket
Runde *f (Te)* game
Rundeck *n* half-round fillet *(Leiste)*
Rundeisen *n (BT, St)* round bar *(Bewehrung)*
Rundell *n* 1. *(Arch)* rondel; 2. *(Arch)* round tower *(Rundteil an einer Bastei)*
runden *v* round off
Rundexedra *f (Arch)* round apse, round exedra
Rundfaltdach *n* circular folded plate roof
Rundfassade *f (Arch)* round façade
Rundfeile *f* round file, rat-tail file
Rundfenster *n* circular window
Rundfenster *n*/**großes** *(Arch)* wheel window *(gotischer Kathedralen)*
Rundfenster *n*/**kleines** *(Arch)* oculus
Rundfirst *m* round ridge
Rundfries *m (Arch)* round moulding
Rundgang *m* circular corridor
Rundgebäude *n* 1. *(Arch)* circular building; 2. *(Arch, Konst)* cylindrical building
Rundgehweg *m* circular walkway
Rundgiebel *m* curved gable, shaped gable
Rundhalle *f* circular shed *(Industriehalle)*
Rundhaus *n* circular house, round house
Rundhobel *m* compass plane, spout plane
Rundhöhlung *f (Arch, BT)* concavity
Rundholz *n* round log, round timber, roundwood, *(AE)* round stock; pole *(Stangenholz)*; spar *(Dachkonstruktion)*
Rundholz *n*/**konstruktives** roundwood
Rundholz *n*/**schweres** spar *(Dachkonstruktion)*
Rundholzabschluss *m (Arch)* pommel *(Ornament)*
Rundhölzer *npl* rickers
Rundholzmetallverbindung *f (Hb)* circular spike *(mit Metallspitzen)*
Rundholzstange *f (Hb)* ricker
Rundholzzaun *m* picket fence
Rundkant *n(m)* half-round nosing
rundkantig with round edges, round-edged
Rundkapelle *f (Arch)* round chapel, circular chapel
Rundkapitell *n (Arch)* round capital, circular capital
Rundkapitellplatte *f (Arch)* circular abacus
Rundkehle *f* disk plough
Rundkehlhobel *m* spout plane
Rundkern *n (Konst)* round core *(Hochhaus)*
Rundkies *m* bench shingle; shingle *(an Meeresufern)*
Rundkirchenbau *m (Arch)* round church
Rundkolben *m* round bottom flask
Rundkopf *m* button head, round head
Rundkopfbolzen *m* button-head bolt
Rundkopfschraube *f* button-head screw, round-head screw
Rundkorn *n* spherical grain; round particle, round grain *(Zuschlagstoffe)*; spherical grain
Rundkornsand *m (BM)* round sand
Rundkreuzstein *m* **eines Kreuzrippengewölbes/ebener** orb
Rundkuppel *f (Arch, Konst)* semicupola *(ein Viertel-Kugelgewölbe)*
Rundlauf *m* circular track, circuit
Rundlauffehler *m* eccentricity
Rundlaufprüfung *f (BM, Verk)* concentricity test *(Beläge)*
Rundlaufteststreifen *m (BM, Verk)* circular test track *(Fahrbahnbelagsversuchsanlage, Verkehrs- und Fußbodenflächenprüfung)*
Rundling *m* pale
Rundlingszaun *m* pale fenc(ing)
Rundlochsieb *n (BM, BWG)* round-hole screen
Rundlötkolben *m* plumber's round iron
Rundmaßwerkfenster *n (Arch)* round traceried window
Rundmauern *n (SB)* turning
Rundnasenstufe *f* round step
Rundnische *f (Arch, Konst)* roundel *(z. B. für Plastiken)*
Rundornament *n (Arch)* patera, round, round moulding
Rundpassung *f (Hb, Konst, St)* cylindrical fit
Rundpfeiler *m* round pier, cylinder
Rundplatte *f (Konst)* round plate
Rundportikus *m (Arch)* cyrtostyle
Rundprofil *n* round profile, circular profile, round
Rundquerschnitt *m* circular cross section
Rundrelief *n (Arch)* tondo
Rundröhre *f* round tube
Rundsäule *f* circular column, round column
Rundschacht *m* cylindrical manhole, circular manhole, circular manway, round manhole
Rundschaft *m* circular shaft, round shaft
Rundschale *f (Konst)* circular shell
Rundschälen *n (Hb)* rotary cutting
Rundscheibe *f (Konst)* round plate
Rundschnittberechnungsverfahren *n (Stat)* method of joints
Rundschnittverfahren *n (Stat)* method of joints
Rundschnurbanddichtung *f* toroidal sealing
Rundschnurdichtung *f* toroidal sealing
Rundschornstein *m* cylindrical chimney, circular chimney, round chimney
Rundschuppen *m (Verk) (AE)* roundhouse
Rundsilo *n* circular silo, round silo
Rundstab *m* 1. round bar, round rod, rod; round-bar steel *(Bewehrung)*; 2. *(Arch)* astragal, bead, bead moulding, roll moulding
Rundstab *m*/**biegesteifer** rigid rod
Rundstab *m*/**starrer** rigid rod
Rundstabbrett *n (BT)* beaded board
Rundstableiste *f* bead moulding
Rundstabstahl *m* round (steel) bars, rounds
Rundstabverzierung *f (Arch)* reediness *(Ornament)*
Rundstahl *m* round steel, round bar *(Bewehrung)*
Rundstahlbewehrung *f* rod reinforcement
Rundstähle *mpl*/**punktverschweißte** *(BT)* spot-welded round bars
Rundstahlfachwerkträger *m (TK)* rounds-type truss
Rundstahlstütze *f (St)* cylindrical steel column
Rundstein *m* **eines Kreuzrippengewölbes/ebener** orb
Rundstütze *f* cylindrical column
Rundtempel *m (Arch)* round temple
Rundträger *m (TK)* round girder
Rundtreppe *f* circular stairs, round stair(case)

R

Rundturm *m* 1. circular tower; 2. *(Arch)* round tower *(speziell in Irland)*
Rundturm *m*/**kleiner** *(Arch)* round diminutive tower
Rundtürmchen *n (Arch)* round diminutive tower, round turret
Rundumgelbblinken *n* overall flashing yellow
Rundumsicht *f (Arch, Konst)* all-round visibility
Rundung *f* roundness
Rundung *f*/**zierliche** *(Arch)* graceful sweep
Rundwulst *m(f) (Arch)* torus *(an ionischen Säulen)*
Rundwulstabdeckung *f (Konst)* torus roll flashing
rundziehen *v*/**ein Profil** mitre a cornice
Rundzugprobestab *m (BM)* round tensile bar
Rune *f (Arch)* runic character
Runzel *f (OB)* wrinkle *(in Anstrichen)*
Runzelbildung *f* 1. gas checking *(bei verschiedenen Lacken durch Ofentrocknung mittels Leuchtgas)*; 2. wrinkling, crinkling, shrivelling *(von Anstrichen)*
runzeln *v*/**sich** shrink *(Farbe, bes. auf Beton)*; wrinkle *(Anstrich)*
Rushhour *f (Verk)* rush hours
Ruß *m* soot; carbon-black, lamp-black *(Pigment)*
Rußbildung *f (Umw)* soot formation
rußig grimy
Rußleimanstrich *m (OB)* plumber's soil
Rußpartikel *n (Umw)* soot particle
Rußsammelkasten *m (BT)* soot pocket
Rußschieferschwarz *n* slate black
Rußsperre *f (HLK, Konst)* soot barrier
Rußtür *f (BT)* soot door (of chimney)
Rußverschmutzung *f (Umw)* pollution by soot
Rußvorlage *f* soot receiver *(zur Aufnahme von Ruß)*
Rüstbalken *m* putlog
Rüstbrett *n* scaffold board, scaffold plank
rüsten *v* raise a scaffold, rig (up), scaffold, stage *(ein Gerüst bauen)*
Rüsterholz *n (BM, Hb)* elm wood
rüsthoch scaffold-high
Rüstholz *n* putlog
Rustika *f* rock-faced masonry work, rustication, rustic ashlar, rusticated ashlar
Rustika... rustic ...
Rustikafuge *f* rustic joint
rustikal *(Arch)* rustic
Rustikalmauerwerk *n (SB)* rock-faced masonry work
Rustikamauerwerk *n (SB)* rustic ashlar
Rustikaverband *m (Arch)* opus rusticum *(altes Rom)*
Rustizierung *f* rusticity
Rüstloch *n* putlog hole *(in der Wand)*
Rüstmaterial *n* scaffolding
Rüststange *f* scaffold pole, putlog, grip; putlock *(kurz)*
Rüstung *f* scaffold; timber scaffolding *(s. a. Gerüst)*
Rüstung *f* **des Bogens** centring of arches
Rüstzeit *f* set-up time
Rute *f* switch, verge, rod; came *(H-förmig, für Fenster)*; rood *(altes Längenmaß)*
Rutil *m (BM, Bod)* rutile *(Mineral)*
Rutilpigment *n (BM, OB)* rutile pigment
Rutschbereich *m (Bod)* slip area *(Böschung)*
Rutsche *f* hopper chute, shoot, tip chute, chute
rutschen *v* 1. crawl *(Anstrich)*; 2. chute *(auf Transportrutschen)*; 3. slide, glide *(Böschungen; Erdstoffe)*; 4. *(Verk)* skid, slip
Rutschen *n* 1. *(Bod, Erdb)* sliding *(Gleiten, z. B. Erdstoffe)*; 2. *(Verk)* slip(page), slipping, skidding
rutschfest 1. *(OB, Verk)* skidproof; 2. *(OB)* non-slip
Rutschfläche *f (Bod, Erdb)* glide plane, plane of sliding, slickenside, sliding surface; slip face, slip plane, plane of slip *(glatte Oberflächen)*
rutschfördern *v* chute
Rutschgebiet *n* slide zone
Rutschgefahr *f* slip-hazard, skid hazard
Rutschholz *n* slip piece
rutschig *(OB, Verk)* slippery *(z. B. Straße)*
Rutschkanal *m (BB, Te)* flume
Rutschmasse *f (Bod)* slide mass
rutschsicher antislip, slip-resistant, non-skid, antiskid
Rutschung *f (Bod, Erdb)* earth slip, slide, slumping *(Böschung)*
Rutschung *f* **durch Verflüssigung** *(Erdb)* liquefaction failure
Rutschungsbruch *m (Bod)* sliding failure
Rutschungsgebiet *n* slide zone
Rutschweg *m (Verk)* skidding distance
Rutschwinkel *m* 1. angle of repose, angle of rest *(von Schüttgütern)*; 2. *(Erdb)* slide angle *(Böschung)*
Rüttelabziehbohle *f (BWG)* vibrating screed
Rüttelbeton *m* vibrated concrete, jolted concrete; form-vibrated concrete *(durch Schalungsrüttler)*
Rüttelbewegung *f (Te)* vibration
Rüttelbohle *f* vibrating beam, vibrobeam, vibratory plank, compacting beam *(Verdichtung)*
Rüttelbohlenfertiger *m (BWG, Verk)* vibrating beam finisher *(Straße)*
Rütteldichte *f (BM)* compacted dry density
Rütteldruckverfahren *n (Bod)* vibrofloatation method
rüttelfest shakeproof
Rüttelflasche *f* poker vibrator, vibrating cylinder *(Betonverdichtung)*
Rüttelformung *f*/**schockende** *(BB, Te)* jolt moulding
Rüttelgerät *n* shaker
Rüttelhammer *m* vibrating hammer
Rüttelmaschine *f* shaker
rütteln *v* jog, joggle, rap, shake; vibrate *(Beton)*
Rütteln *n* jarring; vibrating, vibration
rüttelnd vibratory
Rüttelplatte *f* vibrating pan, vibrating plate, vibratory plate, plate vibrator
Rüttelpressbetonrohr *n (BT)* vibrated and pressed concrete pipe
Rüttelramme *f (BWG)* vibratory pile driver
Rüttelschaffußwalze *f (Erdb)* vibrating sheepsfoot roller
Rüttelschotter *m* vibrated crushed rock
Rüttelschurre *f* shaker chute
Rüttelsieb *n* vibration sieve, vibrating screen, riddle [sieve], oscillating screen *(Zuschlagtrennung)*
Rüttelsieben *n* riddling
Rüttelstampfer *m* vibrating tamper, vibrotamper
Rütteltisch *m* jarring plate, shaker table, table vibrator, vibrating table, vibrator table, vibratory table
Rüttelung *f*/**schockende** *(BB, Te)* jolting
rüttelverdichten *v* jolt, jar; vibrate *(Beton)*
Rüttelverdichten *n (BB, Te)* jolting
Rüttelverdichter *m* vibrating compactor
Rüttelverdichtung *f* 1. *(Te)* vibrocompaction; 2. *(BB, Erdb, Te)* dynamic compaction; 3. *(BB, Erdb, Te)* vibratory compaction *(z. B. Erdstoff)*; 4. *(BB, Te)* vibratory method of compaction *(Beton)*
Rüttelverfahren *n (BB, Te)* vibratory method of compaction *(Beton)*
Rüttelwalze *f (Erdb)* vibrating roller, vibratory roller
Rüttelzeit *f (Te)* vibration limit *(Beton)*
Rüttler *m (BWG)* vibrator
Rüttlerflasche *f (BB, BWG)* immersion vibrator
Ryse *m (Arch)* pyramidion

S

Saal *m (Arch, Konst)* hall
Saalbau *m* hall building
Saalbestuhlung *f* auditorium seating, theatre seating
Saalkirche *f (Arch)* hall church, side aisleless church
Saat *f* seed
Saatgut *n* seed
sachdienlich *(VR)* pertinent *(Vorschriften)*
sachgemäß proper, appropriate
Sachkenntnis *f* special experience
sachkundig expert, experienced
sachlich objective
Sachlichkeit *f*/**Neue** *(Arch)* neo-objectivity, new objectivity *(Architekturstil)*
Sachschaden *m (VR)* property damage
Sachverständigenaussage *f (VR)* expert witness
Sachverständigengutachten *n* expert's report, expert's opinion, survey
Sachverständiger *m*/**juristischer** *(VR)* legal expert
Sachwalterbefugnis *f* power of attorney
Sack *m* bag, sack • **in Säcke verpacken** *(BM, Te)* bag
Sackaufzug *m* sack hoist
Sackbahnhof *m* dead-end (railway) station, *(AE)* dead-end (railroad) station
Sackdämmung *f* insulation in bag
sacken *v* give way, yield, settle *(Gebäude)*
Sackgasse *f* dead-end street, blind alley, blind street, no-through road, dead end, cul-de-sac, close
Sackkarre *f (BWG)* trolley
Sackkorridor *m* dead-end(ed) corridor
Sackleinen *n* coarse canvas, hessian (canvas), sacking, gunny (cloth), *(AE)* burlap
Sackloch *n* blind hole *(Bohrtechnik)*
Sackmaß *n (BB)* slump *(Beton)*
Sackrutsche *f* sack shoot, sack chute
Sackzement *m (BM)* sacked cement
säen *v (LB)* sow
Safe *m* safe
Säge *f* saw
Säge *f* **mit auseinanderstehenden Zähnen** rack saw
Säge *f* **mit hin- und hergehender Schnittbewegung** reciprocating saw
sägeartig 1. *(Arch)* saw-tooth; 2. *(Arch, Konst)* serrated
Sägebank *f* saw bench, saw table
Sägeblatt *n* saw blade
Sägeblock *m* saw log
Sägebock *m* saw horse, *(AE)* sawbuck
Sägedach *n* saw-tooth roof
Sägedachbinder *m* shed roof truss, north-light truss
Sägefuge *f (Konst)* sawed joint *(Beton)*
Sägefurnier *n* saw(n) veneer
Sägegatter *n* log frame saw, saw frame, saw gate
Sägekranz *m (Erdb)* calyx *(Tiefbohren)*
Sägemaschine *f* sawmachine
Sägemehl *n (BM)* sawdust
Sägemehlbetonfußboden *m* cement-wood floor
Sägemühle *f (BWG)* sawmill
sägen *v (Hb, Te)* saw
sägen *v*/**Dreheffektverzierungen** *(Hb)* thurm
Sägen *n* sawing
Sägen *n* **in Holzfaserrichtung** *(Te)* rip-sawing
Sägenut *f (Te)* kerf
sägerau rough-sawn, as sawn
Sägeschnitt *m* saw cut, saw groove, kerf, bite
Sägespäne *mpl (BM)* wood sawings
Sägespänebeton *m (BB, BM)* sawdust concrete
Sägetisch *m (BWG, Hb)* saw table
Sägewerk *n (BWG)* sawmill
Sägezahn *m* saw tooth • **Sägezähne schränken** set the teeth of a saw
Sägezahndach *n* saw-tooth roof, shed roof, north-light roof
Sägezahndachzylinderschale *f (Arch, Konst)* saw-tooth cylindrical shell
Sägezahndecke *f (Arch, Konst)* saw-tooth ceiling
Sägezahnfries *m (Arch)* toothed frieze, saw-tooth frieze *(romanisch-normannisches Ornament)*
Sägezahnprofil *n (Arch)* serrated profile
Saisonpflanzen *fpl (LB)* bedding plants *(Landschaftsgestaltung)*
Saisonspeicher *m (Wsb)* seasonal storage *(für Wasser)*
Saitenbeton *m* 1. *(BM)* prestressed wire concrete; 2. *(BB)* Hoyer concrete
Sakralbau *m (Arch)* sacred building
Sakralbaugotik *f (Arch)* religious Gothic style
Sakralbauwerk *n (Arch)* religious structure
Sakraldenkmal *n (Arch)* religious monument
Sakralgebäude *n* sacred building, ecclesiastical building, religious building
Sakralmonument *n (Arch)* religious monument
Sakramentshaus *n (Arch)* sacrament house *(kunstvoller, turmartiger Schrein zur Aufbewahrung der geweihten Hostie in gotischen Kirchen)*
Sakramentskapelle *f (Arch)* sacrament chapel
Sakristei *f (Arch)* sacristy, vestry
Sala *m (Arch)* sala *(Versammlungsraum buddhistischer Klöster)*
Sala *f* **terrena** *(Arch)* sala terrena *(Gartensaal eines Schlosses)*
Salbraum *m (Arch)* elaeothesium, unctuarium *(eines römischen Bades, antikes Rom)*
Salmiak *m* 1. *(BM)* sal ammoniac; 2. *(BM, OB)* ammonium chloride
Salmiakgeist *m* volatile alkali
Salmiaksalz *n* 1. *(BM)* sal ammoniac; 2. *(BM, OB)* ammonium chloride
Salon *m* 1. drawing room, *(AE)* parlor *(z. B. in einem Herrenhaus)*; 2. *(Arch)* salon *(für Kunstausstellungen)*; 3. *(Konst)* saloon *(bes. im Hotel)*
Salpeter *m* saltpetre, potassium nitrate, nitre
Salpeterausblühung *f (DIS, RS)* wall saltpetre
Salpeterfraß *m* 1. *(RS, SB, Umw)* damage by efflorescence; 2. *(BB, OB, RS, SB)* efflorescence
Salpetersäure *f* nitric acid
salpetrig nitrous
Salz *n* salt
Salz *n*/**ausblühendes** salt causing unsightly efflorescence
Salz *n*/**ausblühfähiges** soluble salt
Salz *n*/**auswitterungsfähiges** soluble salt
Salz *n*/**leicht lösliches** deliquescent salt
Salz *n*/**lösliches** soluble salt
Salz *n*/**wasserlösliches** *(BM)* water-soluble salt
salzähnlich *(Bod)* haloid
salzartig saline, salinous
Salzausblühen *n* efflorescence of salt
Salzausblühung *f* 1. *(OB, RS)* salt efflorescence; 2. *(DIS)* flower of salt; 3. *(BM)* kallar *(Mauerwerk)*
Salzbadlöten *n* salt bad brazing
Salzbeständigkeit *f* salt resistance
Salzboden *m (Bod)* alkali soil
Salzen *n* **der Fahrbahn** road salting
salzfrei salt-free, non-saline
salzführend *(Bod)* saliferous *(Baugrund)*
Salzgehalt *m* 1. *(BM)* salinity; 2. *(BM, Bod)* salt level
Salzgestein *n* saline rock, halite
Salzglasieren *n (OB)* salt glazing

Salzglasurfliese *f* salt-glazed tile
Salzglasurziegel *m* salt-glazed brick
Salzglasurziegelstein *m* salt-glazed brick
salzhaltig saline, salinous, salt-containing; saliferous *(Baugrund)*
Salzhaltigkeit *f (BM)* salinity
Salzkruste *f (BM, Bod)* saline crust
Salzlagerhalle *f* salt shelter, salt barn, salt store
Salzlösung *f* salt solution
Salzluft *f* salt-laden air
Salzsäure *f* hydrochloric acid
Salzsole *f (OB, Umw)* brine
Salzstaub *m* salt dust
Salzstreubehälter *mpl* salt bins
Salzstreuen *n* spreading salt *(Straßenwinterdienst)*
Salzstreuen *n***/kuratives** *(Verk)* post salting *(Winterdienst)*
Salzstreugerät *n* salt spreader
Salzstreuung *f (Verk)* salt spreading
Salzsumpf *m* salt swamp
Salzton *m* saliferous clay
Salztonboden *m (Bod)* saline clay soil
Salzwasser *n* salt water; seawater
salzwasserbeständig resistant to salt water, salt water-resistant, saltwater-proof
Salzwasserbeständigkeit *f* resistance to salt water
Salzwerk *n (BWG)* saline plant
Salzzusatz *m (BM)* addition of salt
Samarraminarett *n (Arch)* spiral minaret
Samen *m* seed
SAMI *f (Verk)* stress absorbing membrane interlayer, SAMI
Sammelabwasserkanal *m (WVA)* intercepting sewer
Sammelband *n* gathering conveyor *(Mischanlage)*
Sammelbecken *n (Wsb)* water storage basin, laying-up basin, collecting pond; receptacle
Sammelbehälter *m* collecting basin, collecting tank, collecting receiver; sump, sump pan *(für Sickerwasser)*
Sammeldrän *m* collector drain, intercepting drain, French drain
Sammelfuchs *m (HLK, Konst)* collecting flue *(Schornstein)*
Sammelgarage *f* garage compound
Sammelgebiet *n (Wsb)* drain district, catchment area *(Wasserwirtschaft)*
Sammelgraben *m (Erdb, WVA)* collector ditch
Sammelgrube *f (Erdb, Wsb)* catch basin *(z. B. für Schlamm)*
Sammelkammer *f* well chamber
Sammelkanal *m (WVA)* main collector
Sammelkanäle *mpl***/unterirdische** underground mains
Sammelkessel *m* tank
Sammelkläranlage *f* joint sewage treatment plant
Sammelleitung *f* collecting main, collecting line, ring main, manifold *(Rohrleitung)*
sammeln *v***/sich** *(BM, DIS, HLK)* concentrate *(an einem Punkt)*
Sammelparkplatz *m (Verk)* parking compound
Sammelprobe *f* bulk sample
Sammelring *m (WVA)* collector ring *(Abwassersystem)*
Sammelrohr *n (San)* collecting pipe
Sammelrohrleitung *f* collecting pipeline
Sammelschacht *m* disconnecting chamber; vent stack *(Lüftung)*
Sammelschiene *f (El)* omnibus bar, bus, bus-bar *(Schaltanlage)*
Sammelschornsteinzug *m* common flue
Sammelstraße *f* local distributor road
Sammeltank *m (HLK, WVA)* collection tank
Sammeltrichter *m (BWG, Te)* collecting hopper
Sammelzug *m s.* Sammelschornsteinzug
Sammler *m* 1. *(WVA)* catch drain; 2. *(Erdb, LB)* intercepting drain *(Abwasser)*
Sammler *m***/städtischer** public sewer
Sammlerbogenstein *m (SB)* segmental sewer block
Sammlersystem *n (WVA)* sewage system *(Abwasser)*
Sammlung *f* **von Hausmüll** *(Umw)* rubbish disposal
Samttapete *f* velvet flock paper, flock paper
Samtteppich *m (EB)* velvet carpet
Sanarium *n (EB, San)* sanarium, sanarium bath
Sanatorium *n* 1. *(Arch, Konst)* sanatorium; 2. *(Arch)* convalescent home
Sand *m* sand; grit, grail • **mit Sand abdecken** sand • **mit Sand abstrahlen** sandblast • **mit Sand bestreuen** *(OB)* sand • **mit Sand strahlen** *(OB, Te)* grit-blast • **mit Sand zudecken** sand • **ohne Sand** *(BM)* neat *(Mörtel)*
Sand *m***/abgesiebter** screened sand
Sand *m***/abgestufter** graded sand
Sand *m***/aufbereiteter** manufactured sand
Sand *m***/bindiger** heavy sand
Sand *m***/gesiebter** screened sand
Sand *m***/gewaschener** *(BM)* washed sand
Sand *m***/gleichkörniger** *(BM)* uniform sand
Sand *m***/gleichmäßig abgestufter** graded sand
Sand *m***/humoser** *(Bod, LB)* humous sand
Sand *m***/kieselsäurehaltiger** siliceous sand
Sand *m***/lehmiger** loamy sand
Sand *m***/magerer** *(BM)* weak sand
Sand *m***/scharfer** sharp sand
Sand *m***/scharfkörniger** sharp sand
Sand *m***/schlammiger** miry sand
Sand *m***/schwer durchlässiger** *(Bod)* tight sand
Sand *m***/schwerer** grit
Sand *m***/toniger** clayey sand, shaly sand
Sand *m***/tonmineralstabilisierter** clay-stabilized sand *(Verkehrsbau)*
Sand *m***/tonstabilisierter** clay-stabilized sand *(Verkehrsbau)*
Sand... sand ..., sandy ...
Sandablagerung *f (Bod, Wsb)* sand deposit
Sandabscheider *m* settling basin *(in Gräben, Einläufen usw.)*; sand trap, sand interceptor *(z. B. in Kanalisation)*
Sandabstreuen *n* spreading of sand, *(AE)* sand seal *(Straße)*
Sandanreicherungsstreifen *m* **an Betonoberflächen** *(Te)* sand streak *(durch Entwässerung von Frischbeton)*
Sandanteil *m* sand content
Sandäquivalent *n* sand equivalent
Sandäquivalentbestimmung *f (BM)* sand equivalent test
Sandäquivalentprüfung *f (BM)* sand equivalent test
sandarm undersanded
sandartig sandlike
Sandasphalt *m* sand asphalt, *(AE)* sheet asphalt
Sandasphaltdeckschicht *f* sand asphalt carpet, asphalt sand carpet, *(AE)* sheet asphalt
Sandaufbereitung *f* sand preparation; sand reclamation, sand recovery *(Wiedergewinnung)*
Sandauffüllung *f* sand fill, filled sand
Sandaufschüttung *f (Erdb, Verk, Wsb)* sand fill
Sandaufstreuen *n* spreading of sand
Sandbahn *f* dirt track
Sandballastkasten *m* sand box
Sandbank *f* bar of sand, sandbar, sand spit, shallows, sand, shoal
Sandbarre *f* bar of sand
Sand-Bentonitschlämme *f* sand-bentonite slurry
Sandbett *n* bed of sand, sand bed, sand underlay, sand cushion, sand fill; pavement base, sand base *(Straßenbau)*
Sandbettung *f* sand bedding, sand filling
Sand-Bitumen-Mischung *f* sand mix
Sandboden *m* 1. sand(y) soil, sand(y) ground; 2. *(Bod)* regosol

Sandböschung *f (Bod, Erdb)* sand slope
Sanddamm *m* sand dam
Sanddrän *m (Erdb)* sand drain
Sanddrän *m*/**senkrechter** *(Erdb)* vertical sand drain
Sanddränpfahl *m* sand pile
Sanddüne *f (Bod)* sand dune
Sandeinschluss *m* sand inclusion
Sandeinspülung *f* hydraulic filling
Sanden *n* 1. *(OB, Te)* grit blasting *(Sandabstrahlen)*; 2. *(OB, Te)* sanding *(von Holz)*
Sander *m (Tun)* vibrating grinder *(Bergbau)*
Sandersatz *m (BM, Erdb)* sand replacement
Sandersatzmethode *f (Erdb)* calibrated sand method
Sandfang *m* 1. sand catcher, sand collector sand trap, sand interceptor *(z. B. in Kanalisation)*; grit chamber *(Abwasserklärung)*; 2. *(Erdb)* desander
Sandfanganlage *f* grit chamber, sand trap
Sandfangbecken *n* sand catch basin, sand catch pit
sandfarbig sand-coloured
Sandfilter *n (Erdb, WVA)* sand filter
Sandfilterlage *f (Erdb, Wsb, WVA)* filter bed
Sandfilterschicht *f* sand filter, (sand) filter bed
Sandfleckmethode *f (Verk)* sand patch method, volumetric sand patch test *(Texturprüfung, Rauheit)*
Sandfleckprüfmethode *f s.* Sandfleckmethode
Sandfleckprüfung *f (Verk)* (sand) patch test, volumetric sand patch test *(Texturprüfung)*
Sandfleckverfahren *n s.* Sandfleckmethode
Sandformation *f* sand formation
Sandfraktion *f* sand fraction
Sandfüllung *f (Erdb, Verk)* sand filling
Sandgatterschnittfläche *f* sand-sawn finish *(Naturstein)*
Sandgehalt *m* sand content
sandgestrahlt sandblasted, shot-blasted
Sandgrube *f* sand-pit, sand quarry, gravel pit, sand working *(zur Sandgewinnung)*
Sandhalde *f* sand stockpile
sandhaltig sandy, gritty, arenaceous
sandhaltig/sehr oversanded *(Mörtel, Beton)*
Sandhaufen *m* heap of sand, sand heap, sand pile
Sandhinterfüllung *f* sand backfill
sandig sandy, gritty, arenaceous
sandig/schwach *(Bod)* slightly sandy *(Erdstoff)*
Sandigkeit *f* grittiness
Sandkasten *m* sand-pit *(Spielkasten)*
Sandkorn *n* sand grain
Sandlage *f*/**verlorene** *(Erdb, Verk)* dead sand
Sandlehm *m* loamy sand
Sandlinse *f (Bod)* pocket of sand
Sandmergel *m* 1. *(Bod)* sandy marl; 2. *(BM)* clay grit
Sandmesskasten *m (Te)* sand measure box
Sandmörtel *m* sand mortar
Sandmühle *f (BWG)* sand crusher
Sandnassbaggerung *f* sand dredging
Sandoberflächenschutz *m (AE)* sand seal *(Straße)*
Sandpapier *n* sandpaper
Sandpapieroberfläche *f (OB)* sandpaper surface
Sandpapierschleifer *m* sander *(Holz)*
Sandpfahl *m* sand pile
Sandpolstergründung *f* compacted earth fill foundation, sand cushion foundation
Sandprobe *f (BM)* sand test
Sandprobenahmegerät *n* sand sampler
Sandprüfung *f (BM)* sand test
Sandpumpe *f* sludger (pump)
sandreich oversanded *(Mörtel, Beton)*
Sandrückgewinnung *f* sand reclamation, sand recovery
Sandsack *m* sand bag
Sandschicht *f* sand layer, sand underlay, sand cushion; sand stratum *(Geologie)*
Sandschiefer *m* arenaceous shale, schistous sandstone, slaty grit
Sandschüttlage *f (Erdb, Verk)* sand bedding
Sandschüttung *f* sand fill(ing)
Sandsieb *n* sand screen, *(AE)* temse
Sandstein *m* sandstone, sandrock
Sandstein *m*/**arkosischer rotbrauner** brownstone
Sandstein *m*/**eisenschüssiger** iron sandstone
Sandstein *m*/**feinkörniger** packsand
Sandstein *m*/**glatter harter** galliard
Sandstein *m*/**glimmerhaltiger** micaceous sandstone
Sandstein *m*/**grauer** *(BM) (sl)* grey post
Sandstein *m*/**grober** *(BM)* rockgrit
Sandstein *m*/**grobkörniger** coarse sandstone, sandstone grit
Sandstein *m*/**kalkhaltiger** lime cemented sandstone
Sandstein *m*/**kieselgebundener** siliceous sandstone
Sandstein *m*/**kieseliger** siliceous sandstone
Sandstein *m*/**mergeliger** marlstone
Sandstein *m*/**mittelkörniger** medium-grained sandstone
Sandstein *m*/**plattiger** *(BM, Bod)* flags
Sandstein *m*/**quarzitischer** quartzitic sandstone
Sandstein *m*/**schiefriger** *(BM, Bod) (sl)* faikes
Sandstein *m*/**toniger** clayey sandstone, dirty sandstone, argillaceous sandstone
Sandstein *m*/**verkieselter** ganister, quartzitic sandstone
Sandsteinbord *m* sandstone kerb
Sandsteinbordstein *m* sandstone kerb
Sandsteinbruch *m (BWG)* sandstone quarry
Sandsteinkurtine *f (Arch)* sandstone curtain
Sandsteinplatte *f (BT)* sandstone slab
Sandsteinportal *n* sandstone portal
Sandsteinschiefer *m* schistous sandstone
Sandsteinstück *n* rubbing block *(zur Marmorpolitur)*
Sandsteinverkleidung *f* sandstone facing, sandstone masonry facing
Sandsteinwerkstein *m* sandstone ashlar
Sandstoß *m (Tun)* face of sand
Sandstrahl *m* sandblast • **mit Sandstrahl mattieren** sandblast *(Glas)*
Sandstrahlanlage *f (BM)* sandblasting plant
sandstrahlen *v* sandblast
sandstrahlen *v*/**metallisch blank** sandblast to white metal
Sandstrahlen *n* 1. *(OB)* blast cleaning; 2. *(OB, Te)* grit blasting; 3. *(Te)* sandblasting *(1. Reinigung; 2. Glasmattierung)*
Sandstrahlen *n*/**metallisch blankes** *(OB, Te)* white surface sandblasting
Sandstrahlen *n*/**nasses** 1. *(OB, Te)* liquid blasting; 2. *(OB)* hydroblasting; 3. *(OB, Te)* vapour blasting
Sandstrahlen *n*/**schräges** angle blasting
Sandstrahler *m* sandblasting machine
Sandstrahlgebläse *n* sandblasting machine, sandblast equipment
sandstrahlgereinigt *(OB)* blast-cleaned
Sandstrahlprobe *f* sandblasting test
Sandstrahlprüfung *f* sandblasting test
Sandstrahlputzen *n (OB, Te)* sandblast cleaning
Sandstrahlreinigung *f (OB, Te)* sandblast cleaning
Sandstrahlsäubern *n (OB, Te)* sandblast cleaning
Sandstreifen *m (Bod)* dene
Sandstreuer *m (Verk)* gritter; sander *(Straße, Dachpappe)*
Sandton *m* sand(y) clay, mild clay
Sandtonboden *m* clayey sandsoil, *(sl)* dauk
sandtrocken sand-dry *(Anstrich)*

S

sandunterbemessen undersanded *(Beton, Asphalt, Mörtel)*
Sandunterbettung *f* sand bedding
Sandunterbettungsschicht *f (Erdb, Verk)* dead sand
Sandweg *m* sand road, *(AE)* dirt road
Sandwerkstein *m* sandstone ashlar
Sandwichbalken *m* sandwich beam, flitch beam
Sandwichbauweise *f (Konst)* sandwich construction
Sandwichdecklage *f* skin
Sandwichelement *n* sandwich member
Sandwichkonstruktion *f (Konst)* sandwich construction
Sandwichplatte *f* sandwich slab, sandwich panel, composite board, flitch plate; sandwich plate *(Spannbeton)*
Sandwichplatte *f*/beidseitig beschichtete *(OB)* balanced construction
Sandwichschale *f (BT)* sandwich shell
Sandwichstruktur *f (Konst)* sandwich structure
Sandwichtafel *f (BT)* three-layered panel
Sandwich-Wand *f (Konst)* sandwich wall
Sandwüste *f (Bod, Umw)* erg
Sand-Zement-Schlämme *f* sand cement grout
Sandzugabe *f* addition of sand, sand addition
Sandzumesskasten *m (Te)* sand proportioning box
Sandzusatz *m* addition of sand, sand addition
sanft *(Bod)* undulating *(Hügel)*
Sanidin *m (BM)* sanidine
Sanidinfeldspat *m (BM)* sanidine feldspar
Sanidintrachyt *m* sanidine-trachyte
sanieren *v* redevelop, rehabilitate *(Städtebau)*; clear *(Slums)*; stabilize *(Unternehmen)*
Sanierung *f* redevelopment, reconstruction, rehabilitation, sanitation *(Bausubstanz, Städtebau)*; slum clearance *(von Armenwohngebieten, Slums)*; stabilization, reorganisation *(Unternehmen)*
Sanierung *f*/komplexe *(RS)* comprehensive redevelopment *(größerer Wohnviertel)*
Sanierung *f* **von Wohngebieten** *(RS)* clearance
Sanierungsabdichtung *f* 1. *(DIS)* subsealing; 2. *(DIS, RS)* undersealing
Sanierungsarbeiten *fpl (RS)* rehabilitation work
Sanierungsgebiet *n* redevelopment area, urban renewal area; blighted area *(zur Sanierung vorgesehen)*
Sanierungsgebiet *n*/städtisches urban renewal area
Sanierungsmaßnahme *f (RS)* measure of redevelopment
sanitär *(San)* sanitary
Sanitär... sanitary ...
Sanitärabwasser *n (San, WVA)* sanitary sewage
Sanitäranlage *f (San)* sanitary fixture
Sanitäranlagen *fpl (San)* sanitary facilities
Sanitärarmatur *f* sanitary fitting
Sanitärarmaturen *fpl (San)* sanitary appliances
Sanitärartikel *mpl* sanitary articles, sanitary goods
Sanitärbauelemente *npl (San)* sanitary ware
Sanitäreinrichtungen *fpl (San)* internal plumbing
Sanitärerzeugnisse *npl* sanitary goods
Sanitärgegenstände *mpl* sanitary goods
Sanitärinstallation *f (San)* sanitary installations
Sanitärinstallationsblock *m (San)* sanitary block module
Sanitärinstallationszelle *f s.* Sanitärinstallationsblock
Sanitärkeramik *f* sanitary ware, china (sanitary) ware, sanitary china
Sanitärleitung *f (San)* plumbing line
Sanitärleitungen *fpl (San)* plumbing piping
Sanitärporzellan *n* china (sanitary) ware, sanitary china
Sanitärporzellanware *f (San)* porcelain ware
Sanitärräume *mpl* sanitary facilities
Sanitärrohr *n (San)* plumbing pipe
Sanitärsteingut *n* sanitary earthenware
Sanitärsteinzeug *n* sanitary stonework
Sanitärtechnik *f (San)* public health engineering
Sanitärwaren *fpl* sanitary goods
Sanitärzelle *f* sanitary (building) block; pod *(vorgefertigt)*
Sanitätszimmer *n* first-aid room
Sanktuarium *n (Arch)* sanctuary
Santorinerde *f (Bod)* santorin earth
Santorintuff *m (Bod)* santorin
Sargonsburg *f (Arch)* Palace of Sargon
Sarkophag *m (Arch)* sarcophagus
Sartoriuswaage *f (Erdb)* apparatus for mechanical soil analysis
SAS *s.* Straßensicherheitsaudit
Sassanidenarchitektur *f (Arch)* Sassanian architecture *(3.-7. Jh. n. Chr.)*
Satellitenstadt *f (RP)* satellite town
Satellitenstadtkreis *m (RP)* satellite city
Satinholz *n (BM, Hb)* satinwood
satiniert satin-finish, velvet finish *(Glas)*
Satinweiß *n (BM, OB)* satin white
satt deep *(Farbanstrich)*; rich, saturated *(Farbe)*
Sattdampf *m (BB, HLK, Te)* saturated steam
Sattel *m (TK)* saddle
Sattelabdeckung *f (SB)* saddleback *(Mauer)*
Sattelbogen *m (Arch)* ogee arch, saddleshaped arch *(Spitzschweifbogen)*
Satteldach *n* saddle(back) roof, gable-ended roof, gable roof, pitched roof, close-couple roof, couple roof
Satteldach *n*/doppeltes *(Konst)* M-roof
Satteldach *n*/gebrochenes gambrel roof
Satteldach *n*/halbes 1. *(Konst, TK)* shed roof; 2. *(Konst)* penthouse roof
Satteldach *n* **mit gewölbten Sparren** rainbow roof
Satteldach *n* **mit gleich stark geneigten Dachflächen** span roof
Satteldach *n* **mit leicht gewölbten Sparren** rainbow roof
Satteldach *n* **mit 45°-Neigung** *(Konst)* square roof
Satteldach *n* **ohne Balkenlage** couple roof without beams
Satteldach *n* **ohne Kehlbalken** coupled roof
45°-Satteldach *n (Konst)* square roof
Sattelfläche *f* saddle surface
Sattelform *f (Konst)* saddle form
sattelförmig saddle-form, selliform
Sattelholz *n* 1. *(Hb, Konst)* corbel piece; 2. *(Hb)* crown plate; 3. *(TK)* saddle
Sattelholz *n* **mit Stoß** *(Hb)* butted bridging joist
Sattelkehle *f* top edge rib, gutter
Sattellager *n (Hb, TK)* saddle support *(Auflager)*
Sattellaterne *f (BT)* saddle-type lantern light
Satteloberlicht *n* double-inclined skylight
Sattelplatte *f (BT, Konst, TK)* wall plate
Sattelraupe *f (BT)* saddle-type skylight
Sattelschale *f* saddle shell
Sattelschiene *f* bearing rail
Sattelschlepper *m* tractor-trailer, articulated lorry, *(AE)* semitrailer (truck)
Sattelschwelle *f (Hb)* girt *(Balken)*
Sattelsegment *n* saddle segment
Sattelwange *f* open string(er), stepped string(er), cut stringer *(Treppe)*
Sattelwange *f* **mit Gehrungseinschnitt** *(Hb)* mitred-and--cut string *(Treppe)*
sättigen *v (DIS, Te)* saturate *(z. B. Lösungen zum Holzschutz)*
Sättigung *f (BM, OB)* saturation *(z. B. von Lösungen)*
Sättigung *f*/kapillare *(BM)* capillary saturation
Sättigung *f*/unvollkommene *(BM, Bod)* subsaturation
Sättigungsdampfdruck *m* saturated vapour pressure

Sättigungsdruck *m* saturated vapour pressure, saturation pressure, vapour pressure
sättigungsfähig saturable
Sättigungsgrad *m* degree of saturation, percentage of saturation, saturation ratio, saturation value
Sättigungsgrad *m*/**natürlicher** *(Bod)* field moisture equivalent *(Erdstoff)*
Sättigungskurve *f* saturation curve, line of saturation
Sättigungspunkt *m* saturation point
Sättigungsrate *f* **des Durchflusses** *(Verk)* saturation flow rate
Sättigungstemperatur *f* saturation temperature
Sättigungszone *f* saturation zone, zone of saturation
Sättigungszustand *m (HLK)* state of saturation *(Luft)*
Saturationsschlamm *m (BM)* saturation slurry *(Kalkschlamm für Füllstoffe)*
Satz *m* 1. set, nest, series *(z. B. von Geräten)*; 2. residue, sediment *(Rückstand)*; 3. *(BWG)* aggregate *(Maschinen)*; 4. *(Stat)* theorem; 5. rate, proportion *(Verhältnis)*
Satz *m*/**kinematischer** *(Stat)* kinematic theorem
Satz *m*/**Maxwell'scher** Maxwell theorem
Satz *m*/**statischer** *(Stat)* static theorem
Satz *m* **vom Minimum der Formänderungsarbeit** *(Stat)* least-work theorem
Satz *m* **vom Parallelogramm der Kräfte** *(Stat)* principle of the parallelogram of forces
sauber 1. *(OB)* clean; 2. *(BM, BT)* clear *(klar, durchsichtig)*; 3. spotless *(fleckenfrei)*; 4. pure, unpolluted *(nicht verunreinigt)*
Sauberkeitsschicht *f (Verk)* granular subbase, base course; lift layer, soling, subbase *(Straße)*; foundation course *(Gebäudegründung)*
Sauberkeitsschiene *f (EB)* sanitary cove *(zwischen Tritt- und Setzholz)*
säubern *v* 1. *(Te)* clean *(meist ohne Wasser)*; 2. *(Te)* cleanse *(z. B. Oberflächen mit Wasser)*; 3. *(OB)* decontaminate *(z. B. Oberflächen)*; 4. *(Te)* scavenge *(bes. Straßen)*; 5. *(Te)* clear *(räumen, z. B. Gelände)*
Säubern *n (Te)* trimming
Säubern *n* **mit Lösungsmittel** solvent wiping
Säuberung *f* **mit Lösungsmitteln** *(OB, Te)* solvent--washing
Säuberungsgrad *m (OB)* standard of cleanliness *(Oberflächen, Anstrichflächen)*
sauer acid
säuern *v* acidify
Säuern *n* acidification, aciding, acid treatment
Sauerstoff *m (OB, WVA)* oxygen
Sauerstoffangriff *m (BM, OB)* oxygen attack *(Oxidation)*
Sauerstoffaufnahme *f* 1. *(BM, OB, WVA)* oxygen absorption; 2. *(BM, OB)* oxygen uptake
Sauerstoffbedarf *m* oxygen requirement
Sauerstoffbohren *n* oxygen lancing
Sauerstoffbrennschneiden *n* **mit Flussmittel** *(St)* chemical flux cutting
Sauerstoffgehalt *m* 1. *(BM, WVA)* oxygen content; 2. *(Umw, WVA)* oxygen level
Sauerstoffkorrosion *f (OB)* oxygen-type reaction
Sauerstofflanze *f* oxygen lance
Sauerstoff-Lichtbogen-Schneiden *n (St, Te)* oxy-arc cutting, oxygen arc cutting
sauerstoffreich *(BM, WVA)* well-aerated *(Wasser)*
Sauerstoffschneiden *n (St, Te)* oxygen cutting
Sauerstoffschneiden *n*/**elektrisches** *(St, Te)* oxy-arc cutting
Sauerstoffverbrauch *m (St, Te)* oxygen consumption
Sauerstoffversorgungssystem *n (HLK)* bulk oxygen system
Sauerstoffzufuhr *f (St, Te)* oxygen supply
Sauerstoffzutritt *m (BM, OB, WVA)* oxygen access
Saugbagger *m* suction dredger, flushing dredger, pump dredge(r), hydraulic dredge(r)
Saugbeton *m (BB)* vacuum concrete
Saugbetonverfahren *n (BB, Te)* vacuum concrete process
Saugdrän *m* collecting drain
saugen *v* suck up
saugen *v*/**sich voll** soak
saugfähig *(BM, Bod, DIS)* absorbent
Saugfähigkeit *f* suction capacity, suction power, suction property, suction quality, absorbing capacity
Saugfilter *m (Erdb, WVA)* suction filter
Sauggebläse *n (HLK)* exhauster
Saugheber *m (WVA)* siphon
Saughöhe *f* suction head, lift
Saugkehrmaschine *f* suction sweeper
Saugkorb *m* pump strainer, suction pipe check valve and screen
Sauglast *f* suction load
Saugleitung *f* suction pipe (line), suction line
Säuglingsheim *n* baby-care unit, home for babies
Säuglingstrakt *m* baby-care unit *(in einem Heim)*
Sauglüfter *m* exhaust ventilator, exhauster, aspirator
Sauglüftung *f (HLK)* extraction system, suction ventilation, suction venting, vacuum system ventilation
Saugmatte *f (BWG, Te)* suction pad *(Fertigteilheben)*
Saugmund *m* suction port
Saugnapf *m (Erdb)* sucker
Saugpipette *f* syringe with rubber bulb
Saugpumpe *f* 1. *(BWG)* suction pump; 2. *(Erdb, WVA)* lift pump
Saugreiniger *m* vacuum cleaner
Saugrohr *n* suction pipe, sucker
Saugrohrleitung *f (Erdb, WVA)* suction line
Saugschalung *f (BT)* absorbent shutter
Saugseite *f* suction side *(Ventilator)*
Saugspülklosett *n (San)* siphonic closet
Saugstrahlpumpe *f (WVA)* ejector
Saugvermögen *n* suction capacity, suction power, suction property, suction quality, suction, absorbency
Saugwirkung *f (BWG, Bod, WVA)* suction
Saugzug *m (HLK)* induced draught
Saugzuglüfter *m* exhauster
Saugzugventilator *m (HLK)* extract fan
Säule *f* 1. *(Arch)* column *(mit rundem Querschnitt, bestehend aus Basis, Schaft und Kapitell)*; 2. *(Arch)* pillar *(Pfeiler, Pfosten)*; style *(antike Baukunst)*; 3. support, upright *(Stütze)*; 4. *(BT, TK)* post; 5. *(Konst)* leg *(Fachwerkstiel)*; 6. *(BT)* timber pillar *(Holzfachwerk)* • **mit dorischen Säulen** *(Arch)* Doric-columned • **mit kreuzweise [gegenüberstehend] angeordneten Säulen** amphistylar *(klassische Tempel)* • **mit Säulen umbaut** *(Arch)* pseudoperipteral *(antike Baukunst)* • **mit Säulen umgeben** stoa-surrounded • **ohne Säulen** *(Arch, Konst)* astylar • **von Säulen umgeben** *(Arch)* pseudoperipteral *(antike Baukunst)*
Säule *f*/**bügelbewehrte** hooped column, tied column
Säule *f*/**durchgehende** passing column, through column
Säule *f*/**einfache** simple column
Säule *f*/**eingebundene** 1. *(BT, Konst)* applied column; 2. *(Konst)* attached column
Säule *f*/**eingespannte** *(Konst, Stat, TK)* fixed column
Säule *f*/**eiserne** iron column
Säule *f*/**elliptische** elliptical column
Säule *f*/**frei stehende** isolated column
Säule *f*/**gedrehte** *(Arch)* salomónica *(z. B. in der St. Peterskirche in Rom)*; spiral column
Säule *f*/**geriffelte** *(Arch, TK)* fluted column
Säule *f*/**griechisch-römisch korinthische** *(Arch)* Graeco-Roman Corinthian column

Säule f/halbeingebaute embedded column, engaged column *(in eine Wand)*
Säule *f* **in Wandmitte/tragende** *(TK)* mid-wall column
Säule f/ionische *(Arch)* Ionic column
Säule f/kleine small column, colon(n)ette
Säule f/knickfeste short column
Säule f/konische tapered column
Säule *f* **mit Bügelbewehrung** tied column
Säule *f* **mit Girlandendekoration** *(Arch)* wreathed column
Säule *f* **mit Knotenornament** *(Arch, TK)* knotted pillar
Säule *f* **mit kurzem dicken Schaft/balusterförmige** *(BT)* baluster column
Säule f/monolithische monolithic column
Säule f/persische *(Arch)* Persian column
Säule f/protodorische *(Arch)* proto-Doric column
Säule f/quadratische square column
Säule f/römische *(Arch)* Roman column
Säule f/spiralbewehrte spiral column
Säule f/spiralförmig bewehrte spiral column
Säule f/spiralförmig umschlungene *(Arch)* wreathed column
Säule f/toskanische *(Arch)* Tuscan column
Säule f/überschlanke long column
Säule f/verbügelte hooped column, tied column
Säule f/verknotete *(Arch, TK)* knotted pillar
Säule f/versetzte transfer column *(mehrgeschossige Rahmenkonstruktion)*
Säulen *fpl***/gekuppelte** coupled columns
Säulenabstand *m (Arch)* intercolumniation, picnostyle
Säulenanalogie *f (Arch)* column analogy
Säulenanordnung *f (Arch)* order, order of architecture
Säulenanordnung f/enge *(Arch)* accouplement
Säulenanordnung f/klassische classical order
säulenartig *(Arch)* columnar
Säulenaufsatzblock *m* **als Dachholzauflage** pila
Säulenbasalt *m (BM, Bod)* columnar basalt
Säulenbasilika *f (Arch)* column basilica
Säulenbasis *f (Erdb)* base
Säulenbasiswulstring *m (Arch)* torus *(an ionischen Säulen)*
Säulenbaukunst *f (Arch, Konst)* column architecture
Säulenbestandteile *mpl* parts of the column
Säulenbewehrung *f (BT, Te)* column reinforcement
Säulenbreite *f (BT)* column width
Säulenbrunnen *m (WVA)* pedestal-type drinking fountain
Säulenbündel *n (Arch, Konst, TK)* cluster of columns
Säulendeckenteil *m (BT)* column strip
Säulendeckplatte *f* 1. *(BT)* column strip; 2. *(Arch)* padstone
Säulendeckplatte f/gotische *(Arch)* Gothic abacus
Säulendurchmesser *m* column diameter
Säulenfassade *f (Arch)* stylar façade
Säulenfigur *f (Arch)* column figure
Säulenform *f (Konst)* column shape
säulenförmig 1. *(Arch)* columnar; 2. *(Konst)* pillarlike
Säulenfundament *n* 1. *(Erdb)* column foundation *(in der Erde)*; 2. *(Erdb)* individual footing *(Einzelfundament)*; 3. foot block, foundation block *(Stützenfundament)*
Säulenfuß *m* 1. *(Erdb)* base; 2. *(BT)* column socle; 3. *(Erdb, Konst)* patten
Säulenfuß m/attischer *(Arch)* Attic base, moulded base *(attisch-ionischer Säulenfuß)*
Säulenfußschwelle *f (Erdb, Konst)* patten
Säulenfußverzierungen *fpl (Arch)* spira
Säulengalerie *f* arcaded gallery
Säulengang *m* 1. *(Arch, Konst, TK)* colonnade; 2. *(Arch)* portico; 3. *(Arch)* stoa *(griechisch-hellenistisch)*
Säulengang m/gedeckter *(Arch)* cloister *(um einen Hof)*
Säulengang m/gerader orthostyle
Säulengang m/halbkreisförmiger *(Arch)* cyrtostyle
Säulengebälk *n* trabeation, entablature
Säulengebäude *n (Arch)* columnar building
Säulengewölbe n/zweigeschossiges supercolumniation
Säulengrundplatte *f (BT, Konst)* column base plate
Säulengruppe *f* grouped columns
Säulengürtel *m (Arch)* girdle
Säulenhalle *f* 1. columned hall, hall of columns, columnar interior; 2. *(Arch)* hypostyle (hall); 3. *(Arch)* portico; 4. *(Arch)* stoa *(griechisch-hellenistisch, Säulenumgang)*
Säulenhals *m* 1. *(Konst)* neck; 2. *(Arch, Konst)* neck moulding; 3. *(Arch)* hypotrachelium
Säulenhalseinschnürung *f (Konst)* neck
Säulenhalskehlausformung *f (Arch, Konst)* neck moulding
Säulenhalsring *m* necking-groove
Säulenkapitell *n (Arch, Konst)* column capital
Säulenkapitellkelch *m* tambour
Säulenkapitellrundkerbung *f (Arch)* hypotrachelium
Säulenkehle *f (Arch)* apophyge
Säulenknicklänge *f (Stat)* effective height of a column *(Stütze)*
Säulenkonsollager *n* post bracket
Säulenkopf *m* 1. *(Arch)* head, head of column; 2. drop, dropped panel *(Pilzdecke)*
Säulenkopfband n/schmales *(Arch)* gorge
Säulenkopfzierleiste *f (Arch)* ridge fillet
Säulenleistenkombination *f (Arch)* fasciate combination
säulenlos *(Arch, Konst)* astylar
Säulenmuffe *f (BT)* column muffle attachment
Säulenordnung *f (Arch)* order, order of architecture
Säulenordnung f/dorische Doric order
Säulenordnung f/griechisch-dorische Greek Doric order
Säulenordnung f/griechische Greek order
Säulenordnung f/ionische Ionic order (of architecture)
Säulenordnung f/klassische classical order
Säulenordnung f/komposite *(Arch)* compound order
Säulenordnung f/korinthische Corinthian order
Säulenordnung f/römische *(Arch)* Roman order
Säulenordnung f/römisch-ionische *(Arch)* Roman Ionic order
Säulenordnung f/toskanische *(Arch)* Tuscan order
Säulenornament *n (Arch)* columnar ornament
Säulenpaar *n* pair of columns, paired columns, coupled columns
Säulenpfette *f* queen post purlin
Säulenplatte *f* 1. *(Arch)* acropodium, plinth, pedestal; lower torus *(Rundplatte)*; 2. *s.* Säulensockel
Säulenportal *n (Arch)* columnar portal
Säulenportikus *m (Arch)* portico of columns
Säulenraum *m (Arch)* columned hall
säulenreich *(Arch, Konst)* many-columned
Säulenreihe *f* 1. *(Arch)* row of columns; 2. *(Arch, Konst)* range of columns • **mit doppelter Säulenreihe** dipteral • **mit drei Säulenreihen** tripteral • **von einer Säulenreihe umgeben** *(Arch)* peripteral *(antike Baukunst)*
Säulenrille *f (Arch)* striga, strix, channel, flute *(in Längsrichtung)*
Säulenring ring of columns
Säulenrippe *f* rib of column
Säulenrumpf *m* (column) shaft, (column) shank
Säulenrundbau *m (Arch)* tholus, circular hut
Säulensaal *m* hall of columns, columnar interior
Säulenschaft *m* 1. column shaft, shaft, fust, shank, tige, verge; 2. *(Arch)* scapus, stylos *(des antiken Tempels)*
Säulenschaftanordnung *f* 1. *(Arch, Konst)* column shafting; 2. *(Konst)* shafting
Säulenschaftband *n (Arch)* cymbia
Säulenschalung *f* column form *(für Stützen)*

Säulenschalungsklammer *f* column clamp
Säulenschaubild *n (Stat)* histogram
Säulenschlankheitsgrad *m (Stat)* slenderness degree of column
Säulensockel *m* (column) pedestal
Säulensockelplatte *f*/**zweite** subplinth
Säulensteifigkeit *f (Stat)* column rigidity
Säulenstein *m* drum
Säulenstellung *f (Arch, Konst)* range of columns
Säulenstil *m (Arch)* columnar style
Säulenstoß *m (Konst)* column splice
Säulenstuhl *m (Arch)* stylobate *(Unterbau einer antiken Säule)*
Säulentextur *f (BM, Bod)* columnar structure *(Stein)*
Säulentrommel *f* tambour, column drum, drum *(Teil eines Säulenschafts)*
Säulenumgang *m (Arch)* portico of columns
säulenumrandet stoa-surrounded
Säulenumschnürung *f*/**schraubenförmige** *(BB, St)* helical reinforcement
säulenumstanden stoa-surrounded
Säulenunterbau *m (Konst)* column pedestal
Säulenverschalung *f* post casing
Säulenweite *f (Arch)* centre-to-centre distance of columns *(Achsabstand)*
Säulenwulst *m* 1. upper torus; 2. *(Arch)* echinus *(griechische dorische Ordnung)*; torus *(an ionischen Säulen)*
Säulenzierband *n (Arch)* cincture
Säulenziergesims *n (Arch)* cincture
Säulenzwischenabstand *m (Arch)* intercolumniation, picnostyle
Säulenzylinder *m* tambour
Saum *m* 1. seam *(Metallplattenverkleidung)*; fillet *(Leiste)*; 2. flash, seam, lap joint *(Naht)*
Saumbiotop *m (RP, Umw)* ecotone *(Grenzbereich zwischen zwei Landschaften)*
säumen *v* hem; seam *(Blech)*; welt *(einfassen)*
Saumholz *n* 1. listing; 2. curbbeam
säumig slow
Saumkippeinrichtung *f* seamer
Saumlade *f s.* Saumlatte
Saumlatte *f (Hb)* chantlate, eaves lath
Saumleiste *f (BT)* fillet
Saumlötkolben *m* plumber's round iron
Saumschwelle *f (Hb)* girt *(Balken)*
Saumverbindung *f* **von Dachmetalltafeln** lock joint, lock seam
Saumziegel *m* marginal clay tile
Sauna *f* sauna, sauna bath
Saunaanlage *f (Konst)* sauna installation
Saunabau *m (Konst)* sauna installation
Saunaofen *m* sauna stove
Säure *f*/**organische** *(BM, Bod, LB, WVA)* organic acid
Säure *f*/**schweflige** sulphurous acid
Säureangriff *m (OB)* acid attack
Säureätzen *n (Te)* acid etching *(z. B. von Glas)*
Säurebelastung *f (Umw)* acid loading, acid stress
säurebeständig acid-proof, acid-resistant, fast to acid, resistant to acid(s)
Säurebeständigkeit *f* 1. *(BB, BM, San, WVA)* acid resistance; 2. *(BM)* resistance to acid(s)
säureecht 1. *(BM)* fast to acid; 2. *(BB, BM, San, WVA)* acid-resistant
säureempfindlich *(BM)* acid-sensitive
Säurefällung *f (Umw)* acid precipitation
säurefest acid-proof, acid-resistant, resistant to acid(s)
Säurefestigkeit *f* 1. *(BB, BM, San, WVA)* acid resistance; 2. *(BM)* resistance to acid(s)
säurefrei acid free
Säurefuge *f (BT, San, WVA)* acid-resistant joint
Säuregehalt *m (BM)* acid content
Säuregrad *m (Bod, Umw)* acidity level
Säureindex *m (BM)* index of acidity
Säurekitt *m (BM)* acid-proof cement
Säureklinker *m (BM, San, WVA)* acid-resistant brick
Säurekonzentration *f (Umw)* acid concentration
Säureneutralisierungsvermögen *n (Umw)* acid-neutralizing capacity
Säurepolieren *n (OB, Te)* acid polishing
Säureschock *m (Umw)* acid shock
Säureschutzfarbe *f* acid(proof) paint
Säuretest *m* acid test
Säureverträglichkeit *f (BM, BT)* acid tolerance
Säurevorstufe *f (Umw)* acidic precursor
Säurewiderstandsfähigkeit *f (BM, BT)* acid tolerance
SBA *s.* Streckenbeeinflussungsanlage
S-Bahn *f* suburban train system, metropolitan railway, *(AE)* metropolitan railroad, urban railway, urban rapid transit system
S-Bogen *m (HLK, San, WVA)* goose-neck *(Rohr)*
Scagliola *f (BM, OB)* scagliola *(Gipsspatmasse)*
Schab *n* shave hook
Schabeeisen *n* shave hook *(Rohrlöten)*
Schabeisen *n* scraper
schaben *v (Te)* scrape
Schaber *m* scraper
Schablone *f* 1. face mould *(für Maurerarbeiten)*; templat(e) *(für Stuckelemente)*; gauge, *(AE)* gage, strickle, reverse *(Lehre)*; 2. master [former] plate *(Kopierschablone)*; 3. pattern, model *(Muster)*; 4. stencil *(Malschablone)*; 5. mask *(Abdeckblech)*
Schablonenabdeckung *f* masking *(Anstrich)*
Schablonenaufklebeband *n* masking tape
Schablonenbeschriftung *f (Konst)* stenciling
Schablonenmalerei *f (Arch)* stencil pattern
Schablonenschiefer *m*/**sechseckiger** hexagonal template slate
Schabputz *m (SB)* scraped finish
schachbrettartig chequered, *(AE)* checkered, tessellated
Schachbrettfries *m (Arch)* chequerwork, *(AE)* checkerwork *(romanisches Ornament)*
Schachbrettmuster *n* chequered pattern, chequerwork, grid pattern; basket weave *(Ziegelmauerwerk)*
Schachbrettverband *m* chequer board, chequered bond
Schachbrettverzierung *f* 1. *(Arch)* diamond moulding; 2. *(Arch)* square billet
Schacht *m* 1. *(HLK)* shaft; 2. *(Erdb)* well *(für Treppen, Lüftung im Gebäude)*; 3. *(HLK, San)* duct; 4. *(WVA)* canal *(für Leitungen)*; 5. *(Konst, RS, WVA)* manhole *(Einstiegsschacht)*; 6. *(BWG)* stack *(eines Hochofens)*; 7. *(Erdb)* well *(Brunnen)*; 8. *(Tun)* pit *(auch im Bergbau)* • **einen Schacht niederbringen** sink a shaft
Schacht *m*/**gemauerter** masonry shaft
Schachtabdeckung *f* cover, manhole cover(ing), manhole top, cowl; manhole head *(Deckel mit Rahmen)*
Schachtabdeckung *f*/**befahrbare** *(WVA)* carriageway cover
Schachtabsenkung *f (RS)* manhole subsidence
Schachtabteufung *f (Tun)* shaft sinking
Schachtanlage *f (Tun)* mine *(Bergbau)*
Schachtaufzug *m*/**leichter** light tower hoist
Schachtausbau *m* 1. *(Te, Tun)* coffering; 2. *(Konst)* timbering of a shaft
Schachtauskleidung *f* shaft lining
Schachtaussteifungsbretter *npl (Erdb)* pit boards, well curbing
Schachtbrunnen *m* 1. *(Wsb, WVA)* dug well; 2. *(WVA)* filter well

Schachtbrunnenwand *f* well lining
Schachtdeckel *m* manhole cover, manhole top, manlid
Schachtdeckel *m***/gusseiserner** cast-iron manhole cover
Schachtdeckel *m* **mit Dichtring** *(Verk)* sealed manhole cover
Schachtdeckelgriff *m* manhole dog
schachteln *v* nest
Schachthaus *n* 1. *(Konst)* pit building; 2. manhole masonry
Schachtmauerung *f* shaft masonry (work)
Schachtmauerwerk *n* inwall, shaft masonry (work)
Schachtmeister *m* labour foreman
Schachtofen *m (BWG)* shaft kiln
Schachtofenkalk *m* shaft kiln lime
Schachtofenmauerwerk *n* stack brickwork
Schachtöffnung *f* shaft opening, shaft orifice, funnel opening, shaft opening orifice
Schachtrahmen *m* 1. *(Konst)* manhole frame; 2. *(Erdb, Wsb, WVA)* frame of manhole
Schachtring *m (Konst)* manhole section
Schachtrohr *n (Tun)* shaft cylinder
Schachtrost *m* manhole grid
Schachtsohle *f* manhole bottom, shaft bottom
Schachtstein *m* radial brick
Schachttreppe *f (Konst)* shaft stair
Schachttür *f* manhole door
Schachtüberfall *m (Wsb)* closed-conduit spillway
Schachtverschluss *m (BT, WVA)* chamber interceptor
Schachtwand *f (Konst)* shaft wall
Schachtwasser *n (Tun)* mine water
Schaden *m* 1. *(VR)* damage *(Beschädigung)*; 2. defect, trouble *(Mangel)*; failure *(Versagen durch Störung)*; 3. *(VR)* distress *(Notstand, Gefahr durch Mängel)*; 4. *(VR)* harm *(durch Nachteil)*; 5. *(VR)* loss *(finanziell)* • **Schäden beheben** *(RS)* repair
Schaden *m***/baulicher** *(RS)* structural defect
Schaden *m***/ökologischer** ecological damage
Schäden *mpl* **an Gebäuden** *(Bod, Umw, VR)* damage to buildings *(durch Erdbeben)*
Schadenersatz *m* indemnity, award of damages, damage compensation
Schadenersatz *m***/bezifferter** *(VR)* liquidated damages
Schadenersatzanspruch *m (VR)* claim for compensation
Schadenersatzklausel *f (VR)* liquidated damages *(bei Vertragsverletzung)*
Schadensart *f* 1. type of damage; 2. distress type *(Notstandsart)*; 3. failure mode *(Versagensart)*
Schadensausdehnung *f s.* Schadensausmaß
Schadensausmaß *n* extent of damage, extent of distress
Schadensbegrenzung *f (VR)* limitation of damages
Schadensbehebung *f (Te, VR)* elimination of defects
Schadensbeschreibung *f (VR)* distress identification
Schadenserfassung *f* **und -bekämpfung** *f (Te)* trouble shooting
Schadensersatz *m (VR)* damages • **Schadensersatz leisten** pay damages
Schadensersatzforderung *f (VR)* claim for damages
Schadenshöhe *f* damages
Schadenslinie *f* damage curve *(Festigkeit)*
Schadensmuster *n (OB, RS)* damage model
Schadensschweregrad *m (RS)* severity of distress
Schadenstelle *f (RS)* point of failure
Schadensumfang *m (VR)* extent of damage
Schadensverhütung *f (Konst, VR)* prevention of damage
Schadensvorbeugung *f (Konst, VR)* prevention of damage
schadhaft damaged; defective; faulty; unsound
Schadhaftwerden *n (RS, VR)* damaging
Schädigung *f (RS, VR)* damaging
Schädigung *f* **einer Kunststoffoberfläche** *(OB)* envenomation *(bei Kunststoffen)*
Schädigungsfaktor *m* distress identification
Schädigungsmechanismen *mpl* mechanism of damages
schädlich deleterious; harmful
Schädlichkeit *f* harmfulness
Schädlingsbefall *m (LB, Umw)* pest infestation
Schädlingsbekämpfung *f (Umw)* pest control
Schädlingsbekämpfungsmittel *n* biocide
Schadstoff *m* 1. *(Umw)* deleterious substance; 2. *(Umw)* toxic substance; 3. aggressive matter, aggressive substance *(ätzende Stoffe)*; 4. *(Umw)* pollutant *(Luft- und Wasserschadstoff)*
Schadstoffablagerung *f (Umw)* pollutant deposition
Schadstoffausbreitung *f (Te, Umw)* propagation of pollutant
Schadstoffausstoß *m (Umw)* pollutant emission
Schadstoffausstoßreduzierung *f (Umw)* pollution reduction
Schadstoffaustrag *m (Umw)* pollutant discharge
Schadstoffbelastung *f (Umw)* pollution burden
Schadstoffemission *f (Umw)* pollutant emission
Schadstoffgrenzwert *m (Umw)* pollution limiting
Schadstoffkonzentration *f (Umw)* pollutant concentration *(s. a. Schadstoffniveau)*
Schadstofflast *f (Umw)* pollutant load
Schadstoffniveau *n (Umw)* pollution level
Schadwasser *n (OB, Umw)* aggressive water
Schadwirkung *f* damaging effect
Schäferdeich *m (Wsb)* back dike
Schäferhütte *f (LB)* herdsman's hut
Schaffung *f* **der Baufreiheit** *(VR)* clearing operations
Schaffußrüttelwalze *f* vibrating sheepsfoot roller
Schaffußwalze *f (Erdb)* sheepsfoot roller, tamping roller *(Straße)*
Schaft *m* 1. shaft, shank, trunk, fust *(einer Säule)*; 2. *(Konst)* shaft; 3. *(EB)* handle *(Stiel, z. B. von Werkzeugen)*; 4. body shank *(einer Schraube)*; 5. *(BM)* stem; 6. *(Konst)* shaft *(Stamm)*
Schaft *m* **einer Büschelsäule** bowtell
Schaft *m***/konischer** tapered shaft
Schaftausrundung *f (Arch, BT)* fillet
Schaftbolzenschraube *f* carriage bolt
Schaftlänge *f* length of shoulder
Schaftring *m* shaft ring, annulet; square and rabbet
Schaftverbindung *f (Hb)* scarf joint
Schäkel *m (BT)* shackle
Schalarbeit *f (Te)* shuttering work
Schalboden *m* soffit boards
Schalbohle *f (BT)* close poling board
Schalbohle *f***/unterste** *(Hb)* starting board
Schalbrett *n* 1. shuttering board, slab board, slab, form board; 2. paling board, poling board *(für Baugruben)*; 3. roof board, roofer, sheathing *(für Dächer)*
Schalbretter *npl (BB, BM)* boarding
Schalbretter *npl***/angefaste** *(BM, Hb)* shiplap
Schalbrettmuster *n (BB)* board finish
Schalbrettmusterbeton *m (BB)* board finish concrete
Schale *f* 1. shell, shell plate; 2. skin, tier *(einer Wand)*; 3. leaf, wythe *(einer Hohlwand)*; 4. bowl, cup, tray *(Gefäß)*; pan *(flach)*; 5. *(Konst)* shell structure *(eines Gebäudes)*; 6. *(BT, Konst)* trough *(Rinne)*
Schale *f***/auskragende** *(Konst, TK)* cantilevered shell
Schale *f***/äußere** outer leaf, external cavity wall
Schale *f***/dicke** *(Konst)* thick shell
Schale *f***/doppelt gekrümmte** *(Stat)* shell of double curvature
Schale *f***/drehsymmetrische** *(Konst)* rotational shell
Schale *f***/dünnwandige** *(Konst)* thin shell
Schale *f***/einfach gekrümmte** shell of single curvature,

simply curved shell, single curvature shell, singly curved shell
Schale f/flache shallow shell
Schale f/flachgekrümmte *(Konst)* low-rise shell
Schale f/gekrümmte curved shell
Schale f/innere inner leaf, internal cavity wall *(Hohlwand)*
Schale f/konische *(Arch)* cone shell
Schale f/konstruktive *(TK)* structural shell
Schale f/lange long shell
Schale f/negativ gekrümmte *(Stat)* shell of negative curvature
Schale f/plastische plastic shell
Schale f/positiv gekrümmte *(Stat)* shell of positive curvature
Schale f/vorgefertigte *(TK)* prefabricated shell
Schäleisen *n* paring chisel
schalen *v* shutter (up), line
schälen *v* 1. preturn, roughturn; 2. debark, peel, pare *(Holz)*
Schälen *n (Hb, Te)* paring
Schalenachse *f* shell axis, shell centre line
Schalenanalogie *f (Stat)* shell analogy
Schalenaufgabe *f (Stat)* shell problem
Schalenbaustoff *m (BM)* shell material
Schalenbauweise *f* shell construction (method), monocoque construction; stressed-skin construction
Schalenbauwerk *n* shell (building), shell structure
Schalenbelastung *f (Stat)* shell loading
Schalenberechnung *f (Stat)* shell calculation
Schalenbeton *m* shell concrete, thin-shell concrete
Schalenbetondach *n* shell concrete roof
Schalenbeulung *f* shell buckling
Schalenbewehrung *f* shell reinforcement
Schalenbiegetheorie *f (Stat)* shell bending theory
Schalenbogen *m (Konst)* thin shell
Schalenbreite *f (Konst)* shell width
Schalendach *n* shell(-type) roof
Schalendach n/hyperbolisches *(Konst)* hyperbolic shell roof
Schalendurchbiegung *f* shell deflection, shell deflexion
Schaleneigenlast *f (Stat)* shell dead load
Schalenelement *n (BT, DIS)* lagging section *(für Rohrisolierung)*
Schalenelementgussverfahren *n (Te)* shell moulding
Schalenfigur *f* shell configuration
Schalenfläche *f* shell area
Schalenform *f* 1. *(Konst)* shell form; 2. *(BB, BT, Te)* back form *(Betonschalenteile)*
Schalenform f/obere shell top form; top form *(Beton)*
Schalenformel *f (Stat)* shell formula
schalenförmig shell-shaped, shelly, concave
Schalenforschung *f (Stat)* shell research
Schalengeometrie *f* geometry of shells
Schalengewölbe *n (TK)* shell vault
Schalengleichung *f (Stat)* shell equation
Schalengründung *f (Erdb, Konst)* shell foundation
Schalengussherstellung *f (Te)* shell moulding
Schalenhalbmesser *m* shell radius
Schalenkonstante *f (Stat)* shell constant
Schalenkonstruktion *f* shell construction; shell load-bearing system, shell structure *(als Tragwerk)*; pan construction *(Geschossdecke)*; stressed-skin construction *(gespannte Schale)*
Schalenkraft *f (Stat)* shell force
Schalenkuppel *f* shell cupola, shell dome
Schalenmembran *f (BT, Konst)* shell membrane
Schalenmittellinie *f* shell axis, shell centre line
Schalenmodell *n* shell model
Schalenmoment *n (Stat)* shell moment
Schalenneigung *f* shell slope
Schalennormale *f (Stat)* shell normal
Schalenpunkt *m* shell point
Schalenquerschnitt *m (Konst, Stat)* shell cross section
Schalenradius *m* shell radius
Schalenrand *m* shell boundary, shell edge
Schalenrandspannungsresultierende *f (Stat)* shell-boundary stress resultant
Schalenrippenplatte *f* thin-shell rib panel, thin-shell rib slab
Schalenscheitel *m* shell crown, shell key
Schalenscheitelpunkt *m* shell apex, shell top, shell vertex
Schalenschwingung *f* shell oscillation, shell vibration
Schalensegment *n* shell segment
Schalensektor *m* shell sector
Schalenspannungsbild *n (Stat)* shell stress pattern
Schalenstatik *f* shell analysis
Schalenstatik f/elementare elementary statics of shells
Schalenstaudamm *m (Wsb)* thin arch dam
Schalenstein *m (SB)* gutter block
Schalentheorie *f (Stat)* shell theory
Schalentheorie f/lineare *(Stat)* linear shell theory
Schalentotlast *f (Stat)* shell dead load
Schalentragwerk *n* shell load-bearing system
Schalenturm *m* semicircular tower, half-round tower
Schalenwand *f* cavity wall, sheeting concrete wall
Schalenwirkung *f* shell action, shell effect
Schalenzuschlag *m* shell aggregate
Schalenzuschlagstoff *m* shell aggregate
Schalfläche *f (Konst, Te)* contact form area *(fertig eingeschalte Fläche)*
Schalfrist *f* stripping time
Schälfurnier *n* rotary(-cut) veneer, peeled veneer, moving veneer
Schalgerüst *n* falsework *(z. B. für Bögen)*
Schalholz *n* 1. poling board *(z. B. für Baugruben)*; 2. *(BB, BM, Te)* supporting timber *(für Beton)*
Schälholz *n* barked timber
schalig scaly, scabby *(Natursteinbearbeitung)*
Schalkern *m (BT, Konst)* core
Schall *m* sound • **Schall aussenden** emit sound • **vor Schall dämmen** *(DIS, Te)* soundproof
Schall m/durchgelassenen *(DIS)* transmitted sound
Schall m/im Baukörper übertragener *(DIS)* structure-borne sound
Schall... sonic ...
Schallabnahme *f (DIS)* decay of sound
Schallabschattung *f (DIS)* sound abatement
Schallabschirmkonstruktion *f (DIS)* plenum barrier *(in einer abgehängten Decke über einer Trennwand)*
Schallabschirmung *f (DIS)* sound abatement
Schallabsorber *m (DIS)* noise absorber
Schallabsorber m/poröser *(DIS)* porous absorbent material
schallabsorbierend *(DIS)* sound-absorbent
Schallabsorption *f (DIS)* acoustic absorption
Schallabsorptionsbauweise *f (DIS, Konst)* sound-absorbing construction method
Schallabsorptionsbehandlung *f (DIS, Te)* sound-absorbing treatment
Schallabsorptionsdecke *f (DIS, Konst)* acoustical ceiling system
Schallabsorptionsgrad *m* acoustic absorption coefficient, sound absorption coefficient, sound absorption factor
Schallabsorptionshinterfüllung *f* sound absorbent backing, sound-absorbing backing, sound-control backing
Schallabsorptionskassette *f* sound absorbent panel
Schallabsorptionsmaterial *n (BM, DIS)* sound absorbent

Schallabsorptionsmatte *f* sound-absorbing blanket, sound-control blanket
Schallabsorptionsmauer *f (DIS, Konst)* sound-absorbing masonry wall
Schallabsorptionsputz *m* sound absorbent plaster, sound-absorbing plaster
Schallabsorptionsstoff *m (BM, DIS)* sound absorbent material
Schallabsorptionsvermögen *n (DIS)* sound absorption property
Schallabstrahlung *f (DIS, Umw)* sound projection
Schallalarmanlage *f* 1. *(El)* sonic alarm system; 2. *(DIS, El, Umw)* sound warning system
schallarm *(DIS)* sound-reduced
Schallart *f (DIS)* sound type
Schallbrechung *f* refraction of sound, acoustic refraction
Schallbrett *n* luffer board
Schalldachbrett *n* luffer board
Schalldämmdecke *f* 1. *(BT, DIS)* acoustical ceiling; 2. *(DIS, Konst)* sound-absorbing ceiling
Schalldämmelement *n (BT, DIS)* sound absorbent partition
schalldämmend *(DIS)* sound-absorbent
Schalldämmfenster *n* sound insulation window
Schalldämmklasse *f* sound reduction class, *(AE)* sound transmission class
Schalldämmmaß *n* sound reduction index, *(AE)* transmission loss
Schalldämmmaß *n***/bauübliches** sound reduction index
Schalldämmmaß *n***/bewertetes** *(DIS, Umw)* airborne sound-insulation index
Schalldämmplatte *f* sound-insulating sheet, sound insulation board, sound insulation sheet, acoustic board
Schalldämmstoff *m* sound absorbent, sound-deadening material, sound insulation material, sound-insulating material
Schalldämmtafel *f* sound-deadening board, sound insulation board
Schalldämmung *f* 1. *(DIS)* insulation from sound; 2. *(DIS, Umw)* sound insulation • **mit schlechter Schalldämmung** *(DIS)* poorly soundproofed
Schalldämmung *f* **von Gebäuden** *(DIS)* structural sound insulation
Schalldämmungsmaßnahme *f (Umw)* sound-insulating measure
Schalldämmwand *f (DIS, Konst)* sound insulation partition
Schalldämmzahl *f* coefficient of sound damping, sound insulation factor, sound reduction index
schalldämpfend sound-damping, sound-deadening, silencing
Schalldämpfer *m* sound absorber, silencer, deadener; sound trap; damper, muffler *(an Kraftmaschinen)*
Schalldämpfung *f (DIS)* sound damping
Schalldämpfungsfaktor *m (DIS)* sound reduction index
Schalldämpfungsgrad *m (DIS)* sound reduction index
Schalldämpfungsmaterial *n* sound damping material
Schalldämpfungszahl *f* sound reduction index, *(AE)* sound transmission loss, TL
Schalldecke *f***/abgehängte** suspended acoustical ceiling
Schalldecke *f***/aufgehängte** suspended acoustical ceiling
Schalldecke *f***/durchgehend angeordnete** *(DIS, Konst)* continuous acoustical ceiling
Schalldecke *f***/geputzte** *(BT, DIS, Konst)* acoustical plaster ceiling
Schalldecke *f* **mit Belüftungsöffnungen** *(HLK, Konst)* air-distributing acoustical ceiling
Schalldecke *f***/unterbrochene** interrupted acoustical ceiling
Schalldeckenelement *n (BT, DIS)* unit absorber
Schalldeckenkonstruktion *f***/unverkleidete** exposed (acoustical) suspension system
schalldicht *(DIS)* soundproof • **schalldicht machen** 1. *(DIS, Te)* soundproof; 2. *(DIS)* deafen, deaden *(z. B. Wände)*
schalldicht/nicht *(DIS)* non-soundproof
Schalldichte *f* energy density of sound
Schalldichtheit *f* sound impermeability
Schalldichtigkeit *f* sound impermeability
Schalldruck *m* 1. *(DIS, Umw)* sound pressure; 2. *(DIS)* sonic pressure
Schalldruck *m***/effektiver** effective sound pressure
Schalldruckmesser *m* sound level meter
Schalldruckpegel *m* sound (pressure) level
Schalldruckspektrum *n* sound pressure spectrum
Schalldurchgang *m* transmission of sound; ceiling sound transmission *(zu Nachbarräumen durch eingehängte Decken)*
Schalldurchgangsrate *f (DIS)* ceiling sound transmission class
schalldurchlässig *(DIS)* poorly soundproofed
Schalleiste *f* ribbon *(für Schalungen)*
Schallempfindung *f (DIS)* loudness
schallen *v (DIS)* sound *(Akustik)*
Schallenergie *f* sound energy, sound power, acoustical power
Schallenergiedichte *f* energy density of sound, sound energy density
Schallenergiepegel *m* sound energy level, sound power level
Schallentstehung *f* sound generation
Schallfeld *n* sound field
Schallfeld *n***/diffuses** diffuse (sound) field
Schallflankenübertragungsweg *m (DIS)* sound flanking path
Schallflügel *m***/hydrometrischer** acoustic current meter
schallgedämmt *(DIS)* sound-insulated
schallgedämpft/nicht *(DIS)* non-soundproof
schallgeschützt *(DIS)* soundproof
Schallgeschwindigkeit *f (DIS, Umw)* sound velocity
Schallgewölbe *n (DIS, Konst)* acoustic vault
schallhart sound-reflecting
Schallimpedanz *f* specific acoustic impedance, characteristic impedance
Schallimpedanz *f***/spezifische** *(DIS)* unit-area impedance
Schallintensität *f (DIS)* sound volume
Schallisolationsmaterial *n (BM, DIS)* acoustic insulating materials
Schallisolierung *f (DIS)* acoustical insulation
Schallleistung *f* sound power
schallleitend *(DIS)* sound-conducting
Schallleiter *m (DIS)* sound conductor
Schallleitung *f (DIS)* sound conduction
Schallmesser *m (DIS)* sonometer
Schallpegel *m* sound (pressure) level
Schallpegel *m***/äquivalenter** equivalent noise level
Schallpegelmessgerät *n* sound level meter
Schallquelle *f (DIS, Umw)* sound source
Schallreflektion *f (DIS, Umw)* sound reflection *(s. a. Schallreflexion)*
Schallreflexion *f* sound reflection, resounding *(Schallschutz)*
Schallreflexionsgrad *m (DIS)* sound energy reflection coefficient
Schallrichtung *f (DIS)* sound direction
Schallschirm *m* baffle collector
Schallschluckbaustoff *m* acoustical material, sound absorbent
Schallschluckbauweise *f (DIS, Konst)* sound-absorbing construction method

Schallschluckbehandlung *f (DIS, Te)* sound-absorbing treatment
Schallschluckdecke *f* 1. *(DIS, Konst)* sound-absorbing ceiling; 2. *(BT, DIS)* acoustical ceiling
Schallschluckdeckenplatte *f* **aus Spanholz** *(BT, DIS, Konst)* wood chip acoustic ceiling board
schallschluckend *(DIS)* sound-absorbent
schallschluckend/gering live
Schallschlucker *m*/**poröser** *(DIS)* porous absorbent material
Schallschluckfähigkeit *f (DIS)* sound absorption property
Schallschluckgrad *m* sound absorption coefficient, sound absorption factor
Schallschluckhinterfüllung *f* sound absorbent backing, sound-absorbing backing
Schallschluckkassette *f (BT, DIS)* sound absorbent panel
Schallschluckmaterial *n (BM, DIS)* sound absorbent material
Schallschluckmaterial *n*/**aufgehängtes** suspended (sound) absorber
Schallschluckmatte *f* sound-absorbing blanket, sound-control blanket, acoustic blanket, acoustical pad, blanket
Schallschluckmauer *f (DIS, Konst)* sound-absorbing masonry wall
Schallschluckplatte *f (BT, DIS)* acoustic board
Schallschluckplatte *f* **für Decken** *(BT, DIS)* acoustical ceiling board
Schallschluckputz *m* sound absorbent plaster, sound-absorbing plaster, acoustical plaster
Schallschluckstoff *m* acoustical material, sound absorbent
Schallschlucktafel *f*/**gewellte** *(BT, DIS)* corrugated acoustic panel
Schallschluckung *f (DIS)* absorption of sound
Schallschluckvermögen *n (DIS)* sound absorption property
Schallschluckzahl *f* noise reduction coefficient, NRC *(von Schalldämmstoffen)*
Schallschmerzschwelle *f*/**physiologische** painfully loud sound
Schallschnelle *f (DIS)* particle velocity *(Akustik)*
Schallschutz *m* sound control, sound insulation, noise control, noise insulation, noise prevention, quieting; soundproofing *(eines Raumes)*
Schallschutz *m*/**baulicher** *(DIS)* structural sound insulation
Schallschutzfenster *n* noise-insulation window, sound-insulating window
Schallschutzklasse *f* noise-insulation class, *(AE)* sound transmission class
Schallschutzmauer *f (DIS, Konst)* sound barrier
Schallschutzmessung *f* sound insulation measurement
Schallschutztür *f* sound attenuating door, sound door
Schallschutzwand *f* sound-absorbing wall, double partition
Schallschwingung *f* sound oscillation, sound vibration
Schallspektrum *n (DIS)* sound spectrum
Schallsperre *f (DIS, Konst)* sound barrier
Schallspritzputz *m (DIS)* sprayed acoustical plaster
Schallstärke *f* 1. *(DIS, Umw)* sound intensity; 2. *(DIS)* sound volume
Schallstrahlung *f (DIS)* sound wave radiation
Schallstrahlungsdruck *m (DIS)* radiation pressure of sound
Schallstudie *f* acoustic investigation
Schalltechnik *f (DIS)* sound engineering
schalltot acoustically dead, acoustically inactive; anechoic, aphonic, dead *(Raum)*
Schalltür *f* sound attenuating door, sound door

S

Schallüberlagerungsfläche *f* sound focus
Schallübertragung *f (DIS)* sound transmission
schallundurchlässig *(DIS)* impermeable to sound
Schallundurchlässigkeit *f* sound impermeability
Schallverhaltensstudie *f* acoustic investigation
Schallverstärkung *f* acoustic gain; sound reinforcement *(mittels Anlagen)*
Schallwand *f (DIS, Konst)* baffle
Schallweg *m* sound path
Schallwelle *f* sound wave
Schallwellen *fpl (DIS)* sound waves
Schallwellendämpfungsrate *f* (sound) decay rate
Schallzwischendecke *f*/**unterbrochene** interrupted acoustical ceiling
Schälmaschine *f* paring chisel *(Holz)*
Schalmauer *f* lining wall
Schälmesser *n* shave knife *(Furnier)*
Schalölflecken *mpl* formwork lubricant stains, formwork oil stains, *(AE)* formwork lube stains
Schälprüfung *f* peeling test *(Leimfestigkeit, Haftfestigkeit)*
Schalrahmen *m*/**verstellbarer** *(BT, Te)* adjustable frame
Schälriss *m* lathe-check *(Holzfurnier)*
schälrissig shaky *(Holz)*
Schalrohr *n* casing pipe, casing tube *(Bohrtechnik)*
Schalstein *m* 1. open-end block; 2. schalstein *(Naturstein)*; greenstone *(Diabastuff)*
Schalsteinmauerwerk *n* grouted masonry
Schalstocherbeton *m* puddled concrete, rodded concrete
Schaltafel *f* shutterboard, shuttering panel, formwork panel
Schaltafeln *fpl (BT, Te)* sheeting
Schaltbild *n (El)* diagram of connections, circuit diagram, wiring diagram
Schaltbolzen *m (EB)* index bolt
Schaltbrett *n (El)* electrical control board, switch panel
Schalteinrichtung *f* switching equipment
Schaltelement *n (El)* controller, switching device
schalten *v* 1. trip *(Betrieb setzen)*; 2. *(El)* switch
schalten *v*/**momentan [schnell]** *(El)* quick-break
Schalten *n* switching
Schalten *n*/**schnelles** *(Verk)* early start *(Lichtzeichenanlage)*
schaltend/momentan *(El)* quick-break
schaltend/schnell *(El)* quick-break
Schalter *m (El)* circuit breaker, switch; cutout *(z. B. an Maschinen)*
Schalter *m*/**eingelassener** recessed switch
Schalter *m* **für Aufputzverlegung** *(El)* surface switch
Schalter *m* **für Imputzverlegung** *(El)* semiflush switch
Schalter *m* **für zwei Kreise** *(El)* double-pole switch
Schalter *m* **mit Schutzkasten** *(El)* protected switch
Schalter *m*/**versenkter** sunk (wall) switch
Schalter *m*/**zweipoliger** *(El)* double-pole switch
Schalterbrett *n (El)* lighting panel
Schalterfenster *n* wicket
Schalterfenster *n*/**vergittertes** wicket
Schalterhalle *f* main hall, customer service area, booking hall, central hall *(in Bahnhöfen, auf Flughäfen)*
Schalterraum *m* box office *(Theater, Kino)*
Schaltertür *f* dwarf door
Schaltfeld *n (El)* control panel, panel board, switch panel, switchboard
Schaltgebäude *n (El)* control building
Schaltgerät *n* switching device
Schalthahn *m* switch cock *(Abwasser)*
Schaltkasten *m (El)* control box, switch box
Schaltkreisanordnung *f (El)* circuit layout
Schaltperiode *f*/**verlängerte** *(Verk)* extension period *(Lichtzeichenanlage)*
Schaltplan *m (El)* circuit layout, circuit diagram, connection

diagram, wiring diagram; wall map *(Großschalttafelübersichtsplan)*
Schaltpult *n (El, HLK, Verk, WVA)* desk
Schaltraum *m*/**elektrischer** *(El)* switch room, cabinet
Schaltrupp *m* forming crew
Schaltschrank *m* 1. *(El)* switch cabinet; 2. *(El, Verk)* side-road cabinet *(Straßendatenermittlung)*
Schaltschütz *n (El)* contactor
Schalttafel *f (El)* control panel, panel board, switchboard
Schalttafel *f* **für Kraftstromschaltungen** *(El)* power panelboard
Schalttafelbeleuchtung *f (El)* panel lamp
Schaltuhr *f (El)* switch clock, time switch, timer
Schaltung *f (El)* circuit arrangement, switching, switching operation
Schaltung *f* **durch Photozelle** photoelectric control
Schaltungsanordnung *f* circuitry
Schaltverbindung *f (El)* circuit connection
Schaltvorgang *m* switching operation
Schaltwarte *f (El)* control room
Schalung *f* 1. shutter, shuttering, sideform; concrete formwork, form *(z. B. für Beton)*; falsework *(für Abstützungen)*; 2. boarding, timbering, clamping with boards *(Verkleidung mit Holzsichtbrettern)*; 3. mould *(für Formteile, Steine, Bauelemente usw.; s. a. Schalungsform)*; 4. *s.* Schalungsgerüst • **die Schalung entfernen** dismantle • **Schalung stellen** shutter (up)
Schalung *f* **aus Holzbrettern** *(BB, Hb)* clamping with boards
Schalung *f*/**doppelseitige** *(Erdb)* double-side shuttering *(im Erdreich)*
Schalung *f*/**einhäuptige** one-side formwork
Schalung *f*/**gehobelte** wrought formwork, wrought [wrot] shuttering
Schalung *f*/**gespundete** 1. *(Hb)* matched siding; 2. *(DIS, Hb)* drop siding *(Holzaußenwand)*
Schalung *f*/**glatte** smooth framework
Schalung *f* **mit Wellblechtafeln** casing of corrugated iron
Schalung *f*/**verlorene** permanent form(work), permanent shuttering
Schalungsabdruck *m* béton brut
Schalungsabdruck *m* **am Beton** béton brut
Schalungsabnahme *f* 1. formwork dismantling, formwork stripping; falsework dismantling, falsework stripping; 2. acceptance of formwork, inspection of falsework *(Freigabe)*
Schalungsanker *m* forms tie, formwork tie, shuttering tie
Schalungsarbeiten *fpl* boxing work, shuttering work; falsework erection
Schalungsaufhänger *m* form(work) hanger
Schalungsauskleidung *f* form(s) lining, formwork lining, shuttering lining *(meist für Sichtbeton)*
Schalungsbau *m* formwork construction, forming
Schalungsbrett *n* formwork board, shuttering board; roof board *(Dachabschalung)*
Schalungsbrett *n*/**gespundetes** *(BT, Hb)* rebated weather board *(Dach)*
Schalungsdämmung *f (BB, Te)* form insulation *(zur Erhaltung der Hydratationswärme)*
Schalungsdruck *m (Stat, Te)* pressure of forms
Schalungseinlage *f* form liner *(Sichtbeton)*
Schalungsfarbe *f (BM)* shuttering paint
Schalungsfolie *f* forms sheeting
Schalungsform *f* casting form, casting mould, mould, form *(z. B. für Steine, Formteile, Einzelelemente)*; formwork, shutter *(für größere Bauteile und -flächen)*
schalungsfrei formworkless, shutteringless
Schalungsfrist *f* stripping time
Schalungsfuß *m* starter frame, kicker
Schalungsgerüst *n* scaffold, formwork; falsework *(z. B. für Bögen)*
Schalungsgerüstbewegungsanzeiger *m (BT)* telltale
Schalungskeile *mpl* easing wedges, striking wedges
Schalungsklammer *f* form anchor
Schalungskolonne *f* forming crew
Schalungskunststofffolie *f* shuttering sheeting
schalungslos formworkless, shutteringless
Schalungsmaterial *n* shuttering material
Schalungsmauerwerk *n* **zwischen Trägern** *(SB)* masonry filler unit
Schalungsmittel *n* shuttering aid, shuttering sealer
Schalungsöl *n* mould oil, form oil, release agent, shuttering lube
Schalungspaste *f* shuttering paste
Schalungspfosten *m (Erdb)* soldier
Schalungsplan *m* layout of forms
Schalungsplatte *f* steel sheet
schalungsrau rough as cast, rough-shuttered *(Beton)*; board-marked, natural *(Holzschalung)*
Schalungsrüttelverdichtung *f (BB, Te)* external vibration
Schalungsrüttler *m* form vibrator, external vibrator, clamp-on vibrator
Schalungssatz *m* form-set
Schalungsschiene *f* shuttering rail; road form *(Straßenbau)*
Schalungsschlüsselstück *n (Konst)* wrecking strip
Schalungsseitenbrett *n* **für einen Träger** haunch board *(Dach)*
Schalungsspanndraht *m* tie wire
Schalungssteife *f*/**waagerechte** horizontal shore
Schalungstafel *f* formwork panel, shutterboard, shuttering panel; fit-up *(mehrfach verwendbar)*
Schalungstafelhartbeschichtung *f* high-density overlay
Schalungsträger *m* horizontal shuttering support
Schalungstrennmittel *n (BB, Te)* form release agent
Schalungswachs *n* shuttering wax
Schalungszeichnung *f (Br, Te)* general arrangement *(Brücke)*
Schalwagen *m* jumbo
Schalwand *f* 1. *(BT, Te)* sheeting; 2. *(Hb, Te)* plank partition • **eine Schalwand aufstellen** *(Te)* set up a sheeting
Schamotte *f (BM)* chamotte
Schamotte *f*/**gemahlene** grog
Schamotteartikel *mpl* fireclay ware
Schamotteauskleidung *f* chamotte facing, chamotte lining, chamotte surfacing, fireclay lining
Schamottebeton *m* chamotte concrete, refractory concrete
Schamottebrocken *m* grog
Schamottebruch *m* grog
Schamotteerzeugnis *n*/**hochsaures** siliceous refractory
Schamottefutter *n* chamotte lining
Schamotteleichtstein *m* lightweight chamotte brick
Schamottemehl *n* chamotte flour
Schamottemörtel *m* chamotte mortar, fireclay mortar, grog mortar, refractory mortar
Schamottestein *m* chamotte brick, fireclay brick, refractory brick, refractory clay brick
Schamottestein *m*/**gemahlener** *(BM)* clay brick
Schamottesteinverkleidung *f (HLK, Konst)* firebrick lining
Schamotteton *m* fireclay, seggar-clay
Schamotteverkleidung *f* chamotte facing, chamotte surfacing
Schamottewandplatte *f* chamotte wall tile
Schamotteziegel *m* chamotte brick, firebrick, refractory brick, whelp
Schandfleck *m (OB)* chatter mark
Schandfleck *m*/**kleiner** bird peck *(Holz)*
Schappe *f (Erdb, Tun)* mud auger

Schappenbohrer *m* 1. *(BWG, Bod)* shell auger; 2. *(BWG)* wimble scoop
Schar *f* 1. *(Stat)* sheaf; 2. course *(Ziegel- oder Schindelreihe)*
scharf 1. sharp; keen *(Werkzeug)*; 2. pointed *(spitz)*; 3. sharp, close, keen *(genau)*
Schärfe *f* keenness *(Werkzeuge)*
schärfen *v* sharpen; whet *(wetzen)*; grind *(schleifen)*; point *(spitzen)*
Schärfen *n* sharpening, resharpening
scharfkantig with sharp edges, feather-edged, sharp--cornered, sharp-edged
Scharfkantwehr *n (Wsb)* notch
Schärfschräge *f* bezel *(Axt, Meißel)*
scharfwinklig sharp-angled
Scharlachfarbe *f* scarlet
Scharnier *n* 1. hinge joint, hinge fitting, hinge; 2. *(EB)* piano hinge *(Stangenscharnier)*; 3. *(EB, Konst)* fast-joint butt; 4. *(EB)* fast-pin hinge; 5. *(Konst)* articulation *(Gelenkverbindung)*; 6. hanging *(Aufhängung)*; 7. *(BT)* pivot *(Türangel)*; 8. *(BT)* swivel *(Angel, Drehbefestigung)* • **mit Scharnier befestigen** *(EB)* hinge
Scharnier *n***/aushängbares** *(EB)* lift-off hinge
Scharnier *n* **für planebene Aufhängung** *(EB)* full-surface hinge
Scharnier *n* **mit lösbaren Scharnierbolzen** *(EB)* loose--pin hinge
Scharnier *n***/schmetterlingförmiges** *(EB)* butterfly hinge
Scharnierabstand *m* hinge backset *(vom Türrand)*
Scharnierband *n* hinge band, joint hinge, butt hinge, flap hinge
Scharniergelenk *n* knuckle, hinge joint
Scharnierplattenverstärkung *f* hinge reinforcement
Scharnierriegel *m* hinge hasp
Scharnierstift *m* hinge pin, hinge bolt, hinge plug, hinge spindle, hinged pin, pin of a hinge, plug
Scharnierstreifenverbindung *f (EB)* rule joint
Scharnierunterlageplatte *f* hinge reinforcement
Scharnierverkleidung *f* hinged cover
Scharriereisen *n* charring chisel, nidging chisel, nigging chisel, broad tool, broad chisel, batting tool, bush chisel; boaster, drag; *(AE)* drove *(für Steinmetzarbeiten)*
scharrieren *v* chisel, bush(-hammer); char, axe, boast, hack *(Stein)*; *(AE)* drove; nidge *(mit Hammer)*; granulate *(stocken, abspitzen)*
Scharrieren *n* charring, bush hammering; hacking, boasting *(Stein)*; *(AE)* droving
Scharrierhammer *m* bush hammer, *(AE)* facing hammer
Scharrierhammerwerkzeug *n* bush hammer (tool), *(AE)* crandall
scharriert chiselled, charred, nidged
Scharrierung *f* broached work, charring stroke, *(AE)* drove(n) work
Scharte *f (Arch)* slit, slit window *(Festungsbau)*
Scharwachturm *m (Arch)* échauguette; bartizan *(auf Wehrmauern)*
Schattenbaumart *f* shade-bearer, shade-bearing species, shade-bearing tree species
Schattendach *n (LB)* summerhouse *(z. B. im Garten)*
Schattenfuge *f* dummy joint
Schattengang *m (LB) (AE)* alameda *(mit Bäumen zu beiden Seiten)*
Schattenhang *m (Bod, RP)* shady side *(Grundstücklage)*
Schattenholzart *f* shade-bearing (tree) species, shade--bearer
Schattenkegel *m* shadow cone
Schattenschirm *m (EB)* shade
Schattenseite *f (Bod, RP)* shady side *(Grundstücklage)*
Schattenvorhang *m* shade, blind
Schattenwand *f* solar screen
Schattierung *f* 1. shading, shade, tinge; 2. tint, nuance, hue, tone *(Farbtönung)*; 3. hachure *(Schraffierung)*
schattig shady, shadowy
Schattigkeit *f* shadowiness
schätzen *v* 1. estimate; rate; value *(bewerten)*; 2. suppose, reckon *(annehmen, vermuten)*
Schätzfehler *m* error of estimation
Schatzhaus *n (Arch)* thesaurus, treasure-house, treasury
Schatzkammer *f***/sakrale** *(Arch)* cimeliarch
Schätzung *f* estimation; valuation *(Bewertung)*; appraisal *(z. B. von Land oder Einrichtungen)*
Schätzung *f***/grobe** rough estimate
Schätzung *f***/vorsichtige** *(Konst, VR)* conservative estimate
schätzungsweise on estimate, approximately, rough
Schätzwert *m (VR)* estimated value *(z. B. eines Grundstückes)*
Schaubild *n* diagram, diagrammatic sketch, chart, graph, plot
Schaubild *n***/räumliches** three-dimensional diagram
Schaubogen *m (Arch)* archivolt
Schaufel *f* 1. shovel, digging shovel; 2. paddle, blade, agitator blade, fin *(Mischer, Rührwerk)*
Schaufel *f***/flache** flat spade
Schaufelbagger *m* 1. *(BWG, Erdb)* bucket dredger; 2. *(BWG)* shovel dredger *(zum Nassbaggern)*
Schaufelbecken *n (WVA)* paddle tank *(Abwasserbehandlung)*
Schaufelblatt *n* 1. shovel; 2. blade, paddle *(eines Mischers)*
Schaufelblattkehrmaschine *f* shovel sweeper
Schaufelentnahmegerät *n* scraper extractor
Schaufelinhalt *f* bucket capacity
Schaufellader *m* loading shovel, shovel loader, front-end loader, scoop dozer, scoop loader, shovel dozer, tractor loader, tractor shovel
Schaufelmischer *m* blade mixer, paddle mixer
schaufeln *v* shovel
Schaufeln *n* shovel work
Schaufelprobenahme *f (BM)* shovel sampling
Schaufelrad *n* bucket wheel
Schaufelradbagger *m* 1. *(BWG, Erdb)* bucket-wheel excavator; 2. *(BWG)* rotary bucket excavator
Schaufelradmischer *m* turbine mixer
Schaufelreihe *f* line of buckets *(Förderer)*
Schaufelstiel *m* shovel handle
Schaufenster *n* 1. shop window, storefront window, storefront sash, *(AE)* show window; 2. display window *(eines Gerätes)*
Schaufensterbank *f* **mit Stützrahmen** *(AE)* stallboard
Schaufensterfront *f* shop front, *(AE)* storefront
Schaufenstersims *m (AE)* stallboard
Schauglas *n* inspection glass, sight glass
Schaukasten *m* 1. show cabinet, show case, *(sl)* silent salesman; 2. display case *(eines Gerätes)*
Schaukelbrücke *f (Br)* roller bascule bridge
Schaukelförderer *m* jigging conveyor
schaukeln *v (Konst, Te)* swing
Schauloch *n* eye-sight, eyehole, inspection hole, sight hole
Schaum *m* foam • **Schaum bilden** 1. *(DIS, Te)* foam; 2. *(BM, Te)* froth
Schaum *m***/vorgemischter** *(BM, OB)* preformed foam *(Schaumbaustoffe)*
Schaumanstrich *m* intumescent paint
schaumbedeckt foamy
Schaumbeton *m* foamed concrete, aerated concrete, cellular concrete, gas concrete, porous concrete
Schaumbildner *m* foaming agent, expanding chemical
Schaumbildung *f* foaming, froth formation

Schaumbildung *f* **an Ort und Stelle** 1. *(DIS, Te)* foaming in-situ; 2. *(DIS, Te)* froth in-situ
Schaumbitumen *n (BM, DIS, Verk)* foamed bitumen
Schaumdämmung *f* foamed insulation
Schaumdämpfer *m (BM, Te)* antifoaming agent *(z. B. bituminöse Bindemittel)*
schäumen *v* 1. foam, expand *(Kunststoffe, z. B. als Dämmung)*; 2. *(DIS, Te)* froth; 3. effervesce *(Bindemittel, z. B. Bitumen)*
Schäumen *n* 1. foaming, expansion *(von Kunststoffen)*; frothing *(Dämmschaum)*; 2. effervescence *(Bindemittel)*
schäumend foamy
Schaumgips *m (BM)* aerated gypsum
Schaumglas *n* foam(ed) glass, expanded glass, multicellular glass, cellular glass
Schaumgummi *m* foam rubber, expanded (natural) rubber, sponge rubber
Schaumgummiband *n* expanded rubber band, foamed rubber tape
schaumig foamy
Schaumisolierung *f* foamed insulation
Schaumkunststoff *m* foamed plastic, expanded plastic, cellular plastic, plastic foam
Schaumlage *f* layer of foam, foam layer
Schäummittel *n* foaming agent
Schaummörtel *m* mortar aerated with foam
Schäumplastzement *m* thermal insulating cement *(zur Dämmung)*
Schaumpolystyrol *n* foamed polystyrene, expanded polystyrene, polystyrene foam
Schaumregulierer *m (BM, DIS, Te)* foam concrete agent
Schaumregulierungsmittel *n (BM, DIS, Te)* foam concrete agent
Schaumschicht *f* layer of foam, foam layer
Schaumschichtanstrich *m* intumescent paint
Schaumschlacke *f* foamed blast-furnace slag, foamed slag
Schaumsilikat *n (BM, DIS)* foam-silicate
Schaumsilikatbeton *m (BB, DIS)* foam-silicate concrete
Schaumstoff *m* foamed plastic, expanded plastic, cellular plastic, plastic foam
Schaumstoff *m***/fester** rigid foam
Schaumstoff *m***/harter** rigid foam
Schaumstoff *m***/weicher** flexible foam
Schaumstoffdämmplatte *f* insulating foam board
Schaumstoffdämmung *f (DIS)* plastic foam insulation
Schaumstoffschicht *f* expanded plastic film
Schaumstopper *m* defoaming agent
Schaumton *m* foamclay *(Leichtzuschlagstoff)*
Schaumverhinderungsmittel *n* defoamer, defoament
Schäumzement *m* thermal insulating cement *(zur Dämmung)*
Schaumzwischenlage *f (DIS)* intermediate foam layer
Schaumzwischenschicht *f (DIS)* intermediate foam layer
Schauöffnung *f* sight hole, inspection hole
Schauseite *f* visible face, visible side
Schauspielhaus *n (Arch)* theatre
Schautafel *f* decorative screen
Schauwand *f* ornamental screen
Schauzeichen *n* annunciator
Schebe *f* shive *(Flachstroh für Leichtbauplatten)*
scheckig *(OB)* variegated *(in der Farbgebung abgestuft)*
Scheibe *f* 1. *(Stat)* membrane; 2. crosswall, shear wall *(Wandscheibe)*; 3. disc, disk, sheet *(Tragwerk)*; 4. pane *(Fensterscheibe)*; 5. *(BT, Te)* sheave; 6. *(BWG)* belt *(Riemenscheibe)*; 7. gasket, washer *(Dichtungsscheibe)*; 8. *(Arch)* reel *(Astragal)* • **in dünnen Scheiben abtragen** *(Hb, Te)* pare *(Holz)* • **mit Scheiben versehen** pane
Scheibe *f***/lastbringende** *(TK)* supported diaphragm
Scheibe *f***/lasttragende** *(TK)* load-bearing diaphragm
Scheibenabschöpfer *m (Umw) (AE)* disk skimmer
Scheibenauflagerand *m* glass stop, glazing stop
Scheibenbalken *m (BT, TK) (AE)* Clarke beam
Scheibenbauart *f (Konst)* plate construction type
Scheibenbauweise *f s.* Scheibenbauart
Scheibeneinklebeband *n* glazing tape
scheibenförmig discoidal
Scheibenfries *m* disk frieze
Scheibengummi *m* glazing gasket
Scheibenhalteklammer *f* storm clip *(Fenster)*
Scheibenhaus *n* slab-type building, slab-type block, slab block, straight-line block, straight-line building
Scheibenhochhaus *n* high-rise slab block
Scheibenklammer *f* storm clip *(Fenster)*
Scheibenklemmblättchen *n* glazing clip
Scheibenlager *n* disk bearing
Scheibenleiste *f* glazing bar
Scheibenornament *n (Arch)* bezant, besant
Scheibenrippe *f (Konst)* membrane rib
Scheibenschnitt *m* slicing cut
Scheibenschnitt *m***/senkrechter** slicing cut
Scheibentheorie *f* theory of membranes, theory of sheets, theory of disks
Scheibentragwerk *n* structural sheet
Scheibentragwerk *n***/dreiflächiges** *(TK)* sheet-type bearing system with three areas
Scheibentrennung *f (Konst)* pane separation *(Fenster)*
Scheibenverzierung *f* besant
Scheibenwand *f* 1. division wall, partition (wall) *(Trennwand)*; 2. diaphragm (wall), membrane, shear wall *(Tragwerk)*
Scheibenwirkung *f* diaphragm action, disk action, sheet action
Scheibenzähler *m* disk meter; by-meter *(Wasserzähler)*
Scheidetank *m (San, WVA)* decantation tank
Scheidewand *f* 1. division wall, partition (wall) *(Trennwand)*; 2. *(Erdb)* membrane; 3. *(Wsb, WVA)* diaphragm *(Tragwerk)*; 4. *(Arch)* parclose *(Chor)*
Schein *m* 1. light *(Licht)*; 2. *(El)* gleam
Schein *m***/matter** satin sheen *(Anstrich)*
Schein... dummy ...
Scheinarchitektur *f (Arch)* mock architecture
Scheinarkade *f (Arch)* mock arcade
Scheinbelastung *f (Stat)* fictitious load
Scheindecke *f (Konst)* false ceiling
Scheinecke *f (EB)* sash angle *(Baubeschläge)*
scheinen *v* shine
scheinend/hell bright, light
scheinend/sehr hell *(OB)* resplendent
Scheinfenster *n* dead window
Scheinfuge *f* false joint, *(AE)* dummy joint, contraction joint, control joint
Scheinfugenfüllung *f (BM)* control-joint grouting
Scheingewölbe *n* blind vault, blind arch
Scheinkohäsion *f* apparent cohesion
Scheinkraft *f (Stat)* fictitious force
Scheinporosität *f (BM)* apparent porosity
Scheinruine *f* sham ruin
Scheintür *f* false door
Scheinwerfer *m* 1. *(El)* searchlight; 2. floodlight (projector), spotlight *(Flutlichtanlage)*
Scheinwerfer *m***/mitlaufender** *(El)* follow spot(light)
Scheinwerferbeleuchtung *f* 1. *(El)* floodlighting; 2. *(El)* searchlight illumination
Scheinwerferkontrollraum *m (El, Konst)* spotlight booth
Scheinwerferlicht *n (El)* floodlight • **im Scheinwerferlicht** *(El)* floodlit

Scheinwerferstrahl *m*/**waagerechter** horizontal searchlight beam
Scheinwiderstand *m (Stat)* impedance
Scheitel *m* 1. *(Arch)* crown, sagitta *(eines Bogens)*; 2. top, peak, summit; apex, vertex *(höchster Punkt)*; 3. crest *(Kamm, eines Bergs)*
Scheitelbogen *m* 1. *(Konst)* soffit arch; 2. *(Arch)* Dutch arch
Scheitelbruchlast *f* apex crushing load
Scheiteldruck *m* 1. *(Stat)* thrust on crown; 2. *(Tun)* top pressure
Scheiteldruckfestigkeit *f (Stat)* crushing strength *(Rohre)*
Scheitelform *f (SB)* apex mould *(Formstein)*
Scheitelfuge *f* crown joint, apex joint, top joint, vertex joint
Scheitelgelenk *n* crown hinge, top hinge, apex hinge, vertex hinge, key hinge
Scheitelhöhe *f (Konst)* soffit level
Scheitelkapelle *f (Arch)* Lady Chapel
Scheitelknoten *m (Hb)* thole *(Holzgewölbe)*
Scheitellinie *f* crown line, summit line, top line
Scheitelmitte *f* centre of apex, centre of crown, centre of top
Scheitelöffnung *f (Arch)* opaion
Scheitelpfette *f (Konst)* ridge purlin
Scheitelpunkt *m* 1. *(Konst)* crown *(eines Bogens)*; 2. apex, top *(höchster Gebäudepunkt)*; 3. *(Verk, Verm)* apsis *(einer Kurve)*; 4. vertex *(höchster Punkt, auch mathematisch)*; 5. *(Verk)* summit of curve *(Trasse)*
Scheitelpunkt *m* **der Fahrbahndecke** crown of pavement [road]
Scheitelrahmenholz *n (Hb)* solid rib *(eines Bogens)*
Scheitelrippe *f (BT)* ridge rib
Scheitelsenkung *f* crown sag, top sag
Scheitelstärke *f* thickness at crown
Scheitelstein *m* crown stone, crown block, top block, vertex block, vertex stone
Scheitelüberhöhung *f (Konst)* apex hog
Scheitelwert *m* crest, summit *(z. B. im Spannungs-Verformungs-Diagramm)*
scheitrecht straight, flat, horizontal and straight
Scheitrechtsturz *m (Konst, TK)* straight arch
Schellack *m* shellac, lac *(pflanzlicher oder tierischer Herkunft)*
Schellackfirnis *m* shellac varnish
Schellacklösung *f* shellac varnish
Schellack-Spiritus-Lack *m* shellac varnish
Schelle *f* 1. clamp, clip, strap, pipe hanger; 2. *(El)* brace, wire holder • **durch Schellen gehalten** bracketed
Schellhammer *m* set hammer, snap hammer *(Bossierhammer)*
Schellkopfnietung *f (St, Te)* snap riveting
Schellniethammer *m* snap hammer *(Bossierhammer)*
Schema *n* 1. schema *(System)*; 2. scheme, diagram *(Übersicht)*; 3. *(Arch, Konst)* pattern *(Muster)*
Schema *n*/**basilikales** *(Arch)* basilican cross section
schematisch schematic; diagrammatic; stiffened *(Abläufe)*
Schematisierung *f (Arch)* schematization
Schematismus *m* schematism
Schemazeichnung *f* 1. *(Arch)* schematic illustration; 2. schematic diagram *(technisch)*
Schemenbild *n* 1. *(Te)* flow diagram; 2. *(Arch, Konst)* schematic drawing
Schenkel *m* 1. side, flange *(Winkel)*; leg *(Winkelstahl)*; 2. *(Konst)* haunch; 3. *(BT, TK)* rein *(Gewölbe)*; 4. *(BT)* web *(Träger)*; 5. *(Verm)* limb *(Manometer)*
Schenkel *m*/**abstehender** outstanding flange, projecting flange
Schenkel *m*/**oberer** *(BT)* top rail *(Tür, Fenster)*
Schenkellänge *f (Konst)* length of flange
Schenkelröhre *f* elbow pipe
Schenkelschräge *f* inclined haunch
Schenkelteil *n (Konst)* haunch
Scherbe *f* fragment *(Bruchstück)*; shiver *(Splitter)*
Scherbeanspruchung *f*/**oszillatorische** *(Stat)* oscillatory shear
Scherbelastung *f* shear(ing) load
Scherben *fpl* shatter
Scherben *m*/**gebrannter** stone *(englische, SI-fremde Gewichtseinheit, entspricht 14 pounds = 6,35 kg)*
Scherbenindex *m (BM)* flakiness index *(von Kiessand)*
Scherbewehrung *f (BM)* web reinforcement
scherbig flaky
Scherbruch *m* 1. rupture by shearing, shear fracture, sliding fracture; 2. *(Bod)* failure by rupture, shear failure
Scherbruchbelastung *f (Stat)* ultimate shear stress
Scherbruchspannung *f (Stat)* ultimate shear stress
Scherbüchse *f (Erdb)* shear box
Scherdübel *m (Hb)* shear connector
Schere *f* 1. scissors; 2. cutters *(für Draht)*; 3. *(BWG)* shears *(z. B. für Blech)*
Scherebene *f* plane of shear, shear plane
Scherelastizität *f* elasticity in shear
scheren *v (Te)* shear
Scheren *n* shearing, shearing action
Scheren *n*/**horizontales** *(Stat)* horizontal shear
Scherengitter *n* slidable lattice grate, worm fence
Scherenverbindung *f (Hb)* slit and tongue joint
Scherenzapfen *m (Hb)* forked mortise and tenon joint
Scherfestigkeit *f* 1. *(Stat)* shear strength; 2. *(BM, Stat)* strength in shear
Scherfläche *f* plane of shear, shearing plane, shear area, shearing surface, plane of weakness
Scherfuge *f* shear joint
Scherhaftfestigkeit *f*/**wahre** *(Bod)* true cohesion
Scherkraft *f (Stat)* shear force
Scherkrafthauptlinie *f (Stat)* shear centre
Scherkraftplatte *f* batten plate
Scherkreis *m (Bod, Erdb)* circle of sliding
Schermodul *m (Stat)* rigidity modulus
Schermodul *m*/**dynamischer** dynamic shear modulus
Schermoment *n (Stat)* shear moment
Schernachweis *m* shearing check
Scherparameter *m (Stat)* shear value
Scherprobe *f* shear test
Scherprüfung *f (BM)* shearing test
Scherprüfung *f*/**direkte** *(Erdb)* direct shear test
Scherprüfung *f*/**entwässerte** *(Bod)* drained (shear) test
Scherrheometer *n*/**dynamisches** *(BM)* dynamic shear rheometer
Scherriss *m* shearing crack
Scherspannung *f* shear, shearing stress; bond stress *(am Bewehrungseisen)*
Scherspannungsnachweis *m* shearing check
Scherspannungsübertragungselement *n* shear splice
Scherspannungsverformung *f* shear strain
Scherung *f* shear, shearing, shearing action • **einer Scherung aussetzen** *(Stat)* shear
Scherung *f*/**einfache** simple shear
Scherung *f*/**reine** pure shear, simple shear
Scherung *f*/**transversale** *(Stat)* transverse shear
Scherungs... *siehe auch: Scher...*
Scherungsstärke *f (Stat)* intensity of shearing
Scherverformung *f* shear strain
Scherverhalten *n (Stat)* shearing behaviour
Scherversuch *m (BM)* shearing test
Scherwinkel *m* angle of shear
Scherzone *f* shear zone
Scherzugprüfung *f (BM)* shear tension test
scheuerbar *(OB)* scrubbable

scheuerbeständig *(BM, OB)* abrasion-proof
scheuerfest scrubbable, scrub-resistant *(z. B. Fußbodenkeramik)*
Scheuerfestigkeit *f* 1. *(BM, OB)* wear resistance; 2. *(BM)* abrasion resistance *(von Gewebe)*
Scheuerleiste *f* skirting board, scrub board, washboard, mop-board, baseboard, *(AE)* base; sanitary cove [shoe] *(gerundet)*
Scheuerleiste *f*/**anlaufende** *(EB)* splayed baseboard
Scheuerleistenheizung *f* scrubboard heating, skirting (board) heating
Scheuerleistenkreuzblock *m* skirting block
Scheuermaschine *f* scouring machine
scheuern *v* 1. scrub, scour; 2. rub, chafe *(Seile, Taue)*; 3. gall *(abreiben; festfressen)*
Scheuern *n* 1. scrubbing; 2. rubbing *(Seile, Taue)*; 3. galling *(gleitender Teile)*
Scheuerpfahl *m (LB)* vertical cattle-guard *(Landbau)*
Scheune *f* barn, shed
Schewe *f* shive *(Flachstroh für Leichtbauplatten)*
Schicht *f* 1. layer; film *(dünn)*; lamella *(Blättchen)*; 2. course, layer, row *(Mauerwerk)*; 3. ply, lamination, layer *(Holz)*; 4. *(Verk)* course, layer *(Straße)*; 5. daub *(Putzschicht)*; 6. coat (of paint) *(Anstrich)*; 7. *(Bod)* stratum, bed, streak *(geologisch)*; 8. deposit *(aufgetragene Schicht)*; 9. *(BT)* cover *(Überzugsschicht, Hülle)*; 10. *(VR)* shift • **die Schicht ebnen** level the layer • **die Schicht einebnen** level the layer • **nach der Schicht spalten** split plane *(Naturstein)*
Schicht *f*/**abgelagerte** deposit
Schicht *f*/**abgerundete oberste** *(SB) (AE)* bahut *(einer Brüstungsmauer)*
Schicht *f*/**abgezogene** *(OB)* rubbed finish *(Mauerwerk)*
Schicht *f*/**anodisch hergestellte** anodic coating
Schicht *f*/**aufgetragene** deposit
Schicht *f*/**aufliegende** 1. *(Bod)* superposed bed; 2. superposed layer *(Grundbau, Straßenbau, Konstruktionsschicht)*
Schicht *f*/**auskragende** *(Konst)* corbelling
Schicht *f*/**ausstreichende** *(Bod)* outcrop *(Geologie)*
Schicht *f*/**bituminöse** bituminous layer
Schicht *f*/**dünne** film, sheet, flake
Schicht *f*/**dünne elektrochemisch hergestellte** *(OB)* plate
Schicht *f*/**durchlässige** 1. permeable layer; 2. *(Bod, Erdb)* pervious bed, pervious stratum
Schicht *f*/**ebene** 1. plane layer, plane section; 2. plane lamina *(Schichtstoffe)*
Schicht *f*/**einfache** *(SB)* single course *(Mauerwerk)*
Schicht *f*/**einlagige** *(Verk)* unilayer *(Tragschicht)*
Schicht *f*/**elektrolytisch hergestellte** anodic coating
Schicht *f*/**erste** 1. first coat *(Putzschicht)*; 2. *(SB)* grade course
Schicht *f*/**gesputterte** *(OB)* sputtered film
Schicht *f*/**gut tragfähige** *(Bod, Erdb, Tun)* hardpan
Schicht *f*/**kapillarbrechende** 1. *(Bod)* layer destroying capillary action, dry area; 2. *(Verk)* anticapillary course, capillary-breaking layer, frost layer
Schicht *f*/**liegende** *(Bod)* subjacent bed
Schicht *f*/**matte** matt finish
Schicht *f*/**nicht zusammenhängende** *(BM, Bod, Erdb, OB)* confined layer
Schicht *f*/**obere** 1. finishing layer; 2. *(Bod)* superstratum *(geologisch, Bodenprofil)*
Schicht *f*/**oberste** 1. upper layer, top course, top layer *(Straße)*; 2. *(Erdb)* uppermost bed
Schicht *f*/**schalldämmende** *(DIS)* resilient layer
Schicht *f*/**spannungsabbauende** *(Verk)* stress absorbing membrane, SAM, anticracking layer
Schicht *f*/**tragende** 1. *(Verk)* load-bearing layer; 2. *(Bod, Erdb)* bearing bed, bearing stratum
Schicht *f*/**überlagernde** *(Bod)* superimposed bed, superimposed stratum, superjacent stratum *(geologisch)*
Schicht *f*/**ungebundene** unbonded layer
Schicht *f*/**untere** 1. *(Erdb, Konst)* bottom layer; 2. *(Bod)* bottom stratum
Schicht *f*/**unterlagernde** *(Bod)* subjacent stratum
Schicht *f*/**wasserdichte** *(DIS)* damp course
Schicht *f*/**wasserführende** water-bearing horizon, water formation, water stratum *(hydrogeologisch)*
Schicht... sandwich ...
schichtähnlich layer-like
Schichtanordnung *f* coursing
Schichtbaustoff *m* **mit Wabenkern** honeycomb sandwich material
Schichtbegrenzung *f* strata boundary *(geologisch)*
Schichtdicke *f* 1. *(OB)* layer thickness; 2. *(Konst)* thickness of layer; 3. film build, coating thickness, film thickness, build *(eines Anstrichs)*; 4. *(Bod)* stratum thickness
Schichtdicke *f* **über der tragfähigen Bodenschicht** *(Bod)* overburden
Schichtdickenbestimmung *f (BM)* thickness determination
Schichtdickenmessgerät *n (OB, Te)* film thickness gauge
Schichtdickenmessgerät *n*/**magnetisches** magnetic thickness tester *(meist für Anstriche)*
Schichtdickenmessradar *n* ground penetration radar, GPR
Schichtebene *f* 1. *(Bod, Erdb)* surface of bedding *(Gründung)*; 2. surface of lamination *(Schichtenbaustoff)*; 3. *(Bod)* surface of stratification *(Bodenprofil)*
Schichteigenschaft *f* coating property
Schichtelement *n* sandwich member, sandwich unit, sandwich
schichten *v* 1. pile, stack, arrange in layers *(stapeln)*; 2. *(Te)* stratify *(z. B. Schüttgüter)*; 3. *(Bod, BT, Konst)* superpose *(übereinander anordnen)*; 4. laminate *(Schichtbaustoffe, Laminate)*; 5. *(Te)* stratify *(geologisch)*
Schichten *fpl* plies *(Baustoffe, Laminate)* • **in Schichten liegen** *(Bod)* stratify *(Gestein)* • **in Schichten zerfallen** delaminate • **in Schichten zerlegen** delaminate
Schichten *fpl*/**ausstreichende** *(Erdb)* exposed strata
Schichten *fpl*/**gefaltete** *(Bod)* folded beds *(geologisch)*
Schichten *fpl*/**horizontalgelagerte** *(Erdb, Tun)* level--bedded strata
Schichten *fpl*/**wasserführende** *(Bod)* water-bearing layers
Schichtenanordnung *f (SB)* coursing *(Mauerwerk)*
Schichtenaufbau *m* 1. structure of layers; structure of courses *(Straße)*; 2. *(Bod)* strata sequence, stratigraphical arrangement *(geologisch)*
Schichtenausstrich *m (Erdb)* coming-up to grass; outcrop *(Geologie)*
Schichtenbalken *m* built-up beam, *(AE)* Clarke beam
Schichtenbauholz *n (Hb)* built-up timber
Schichtenbauweise *f (Konst, Te)* layer construction
Schichtenbildung *f (BM, OB)* lamination
Schichtenbodenprobe *f (Bod)* stratified sample
Schichtenbrett *n*/**geleimtes** strip core board *(mit Holzlattenkern)*
Schichtendicke *f (Bod)* depth of strata
Schichtenfehler *m (Te)* substrate failure *(einer weichen Betonlage)*
Schichtenfolge *f* 1. *(Erdb)* sequence of bedding, succession of layers, succession of beds; 2. *(Bod)* sequence of strata, strata sequence, stratigraphical sequence, succession of strata, geological column *(geologisch)*

S

schichtenförmig 1. laminated *(Schichtbaustoff)*; 2. in layers, regular-coursed *(Mauerwerk)*; 3. *(Bod)* stratiform
Schichtengrenze *f (Bod)* strata boundary
Schichtenholz *n (BM, Hb)* glulam
Schichtenlänge *f (Konst, SB)* range *(Mauerwerk)*
Schichtenmächtigkeit *f (Bod)* stratum thickness
Schichtenmauerwerk *n (SB)* block-in-course masonry
Schichtenmauerwerk *n*/**hammerrechtes** hammer-dressed ashlar masonry
Schichtenmauerwerk *n*/**regelmäßiges** 1. *(Arch)* opus quadratum *(altes Rom)*; 2. *(SB)* range masonry
Schichtenmauerwerk *n*/**unregelmäßiges** hacking, irregular-coursed rubble; random course work *(Naturstein)*
Schichtenpappe *f* paste board
Schichtenprobe *f s.* Schichtenbodenprobe
Schichtenprofil *n (Bod, Erdb)* soil profile, strata profile; strata spring; stratigraphical section *(geologisch)*
Schichtenquelle *f (Bod)* strata spring
Schichtenschleiflackierung *f* bodying in, bodying up
Schichtenschließer *m* half header
Schichtenstörung *f (Erdb)* leap *(geologisch)*
Schichtenstruktur *f (BM, BT)* laminated structure
Schichtenverbund *m (SB)* layer adhesion
Schichtenverzeichnis *n* borehole log *(Baugrunduntersuchung)*
Schichtenwandfaserplatte *f (BT) (AE)* laminated fiber wallboard
Schichtenwasser *n* 1. *(Bod)* foreign water *(Fremdeinwirkung)*; 2. *(Bod)* stratum water, sheet of water
Schichtenwasseraustritt *m (Bod)* strata spring
Schichtenwechsel *m (Arch)* alternating band *(Wechsel von Mauerschichten aus unregelmäßigen und regelmäßigen Steinen)*
schichtenweise in plies
Schichtfachwerkträger *m (BT, Hb, TK)* glued laminated timber truss
Schichtfertiger *m (Verk)* coater *(Auftragmaschine)*
Schichtfestmeter *n* stacked cubic metre *(für Holz)*
Schichtfläche *f*/**kapillarbrechende** *(Bod)* dry area
Schichtfolge *f (Bod)* series of strata
Schichtfolie *f (BM)* laminating film
schichtförmig *s.* schichtenförmig
Schichtführer *m* shift boss
Schichtgestein *n* sedimentary rock, stratified rock, bedded rock
Schichtgittersilikat *n (BM)* clay mineral
Schichtglas *n* laminated glass; overlay glass *(farbig)*
Schichtglas *n*/**farbiges** cased overlay glass
Schichtglied *n* sandwich member
Schichthöhe *f* course depth *(Mauerwerk)*
Schichtholz *n* laminated timber, laminated wood, glued laminated timber, *(AE)* laminated lumber
Schichtholzbalken *m*/**gebogener** laminated curved beam
Schichtholzbrücke *f (Br, Hb)* glued laminated bridge
Schichtholzrahmen *m (Hb, Konst, TK)* glued laminated frame
Schichtholzsparren *m (BT, Hb)* glued laminated rafter
Schichtholzträger *m (Hb)* laminated timber girder
schichtig *(Bod)* floored *(geologisch)*
Schichtkonstruktion *f*/**verleimte** *(Hb, Konst)* glued laminated construction
Schichtkorrosion *f (OB)* lamellar corrosion
Schichtkorrosionsanfälligkeit *f (OB)* exfoliation susceptibility
Schichtleistung *f* output per shift *(Produktionsprozess)*
Schichtmaß *n (BM, Hb)* piled measure *(Holz)*
Schichtmauerwerk *n*/**hammerrechtes** coursed rubble
Schichtnutzholz *n* 1. *(BM, Hb)* corded timber; 2. *(Hb)* stacked timber
Schichtplatte *f* laminated board, laminated sheet, laminate
Schichtplattenlage *f* ply *(Holz)*
schichtpressen *v (OB)* laminate
Schichtpressholz *n* stacked wood glulam timber, *(AE)* compregnated wood
Schichtpresskunststoff *m* laminated plastic
Schichtpressstoff *m* laminated material, laminate, laminated plastic, moulded laminated plastic, glued laminate
Schichtpressstoffplatte *f (BT)* laminated plastic board
Schichtquelle *f (Bod, WVA)* gravity spring
Schichtspaltung *f (BM)* delamination
Schichtstoff *m* laminated material, laminate
Schichtstoffartikel *m* laminated article, laminated product
Schichtstofferzeugnis *n* laminated article, laminated product
Schichtstoffgegenstand *m* laminated article
Schichtstoffglied *n* sandwich member
Schichtstoffplatte *f (BT)* all-paper laminate
Schichtstoffplatte *f* **mit Papierbahnen** *(BT)* paper-based laminated board
Schichtstoffplattenelement *n* laminated board
Schichttrageholz *n*/**verleimtes** glued laminated timber
Schichttrennung *f (BM)* delamination
Schichtung *f* 1. lamination; 2. layer, bedding, layering *(Baugrund, Aufschüttung)*; 3. *(Bod, Erdb)* stratification *(von Schütt- und Verdichtungsbaustoffen)*; 4. stratification, striation, bedding *(Gestein, Erdstoff)*; 5. *(Konst)* superposition *(Anordnung)* • **senkrecht zur Schichtung gesetzt** 1. *(SB)* edge-bedded; 2. *(St, Te)* face-bedded *(Naturstein)*
Schichtung *f* **in waagerechter Richtung** horizontal lamination
Schichtung *f*/**knollige** *(Bod, Erdb)* nodular bedding
Schichtung *f*/**mächtige** *(Erdb)* heavy stratification *(geologisch)*
Schichtung *f*/**ursprüngliche** original bedding *(geologisch)*
Schichtung *f*/**waagerechte** 1. *(Erdb)* horizontal stratification *(geologisch)*; 2. *(SB)* horizontal lamination *(Werkstoffe)*
Schichtungsebene *f (Bod)* plane of stratification *(Geologie)*
schichtungslos *(Erdb, Tun)* unstratified *(Erdstoffe und Felsgestein)*
Schichtverbund *m* 1. bonding interlay *(mit Verbundschicht)*; 2. layer bond *(ohne Verbundschicht)*
Schichtverleimen *n (Hb, Te)* laminating
schichtverleimt *(Hb)* glue-laminated, glulam, *(AE)* glued laminated
Schichtverteilung *f (SB)* dividing of the courses *(Mauerwerk)*
Schichtwasser *n (Bod, Erdb)* layer water, formation water, held water, stratum water; perched water *(Stauwasser)*
schichtweise in layers; layer in layers *(Beschichtungstechnik; s. a. schichtenweise)*
Schichtwerkstoff *m (BM)* sandwich
Schiebebrücke *f (Br)* drawbridge
Schiebebühne *f* 1. *(BT)* transporter bridge; 2. *(BWG, BT)* travelling platform; 3. *(BWG)* transfer table; 4. *(BT, Te)* traverser *(Arbeitsbühne)*
Schiebedecke *f (Konst)* sliding ceiling
Schiebefalttür *f* sliding and folding door, folding sliding door
Schiebefenster *n* sliding window, gliding window; hang(-ing) sash, sash window *(vertikal)*; sliding hatch *(Luke)*
Schiebefenster *n*/**horizontales** horizontal sliding window
Schiebefenster *n*/**komplettes** *(Hb)* sash and frame
Schiebefenster *n* **mit Drehflügel** *(BT)* ventilator
Schiebefenster *n* **mit Festfenstern und einem Hubfenster** *(BT)* Yorkshire light

S

Schiebefenster *n* **mit Fußscharnier** *(BT)* top-hinged in-swinging window
Schiebefenster *n* **mit Gegengewichten** *(BT)* vertically sliding balanced sash
Schiebefenster *n* **mit Gewichtsausgleich** hung sash
Schiebefenster *n***/nach innen klappbares** *(BT)* top-hinged in-swinging window
Schiebefenster *n***/vertikales** sash window
Schiebefensterausgleich *m* sash balance
Schiebefensterband *n* sash tape balance
Schiebefensterbandseil *n* sash tape balance
Schiebefensterbeschläge *mpl (EB)* sash hardware
Schiebefensterdrehverschluss *m (EB)* sash sweep lock
Schiebefenstereinschiebekasten *m* sash pocket
Schiebefensterfedergewichtsausgleich *m* spiral balance
Schiebefensterfeststeller *m (EB)* sash adjuster
Schiebefenstergegengewicht *n* sash counterweight
Schiebefenstergewichtsausgleich *m* sash balance, spiral balance
Schiebefenstergewichtsausgleich *m* **durch Federkraft** spiral balance
Schiebefenstergleitschienenbegrenzer *m* horn, sash horn
Schiebefenstergriff *m* bar sash lift
Schiebefensterhalteleiste *f* sash stop, window stop
Schiebefensterrahmen *m* sliding sash, sash frame, window sash; ventilator frame *(Belüftungsfenster)*
Schiebefensterraster *m (EB)* sash check stop
Schiebefensterschließer *m* sash fast(ener)
Schiebefensterschnappraster *m* sash spring bolt, spring snib
Schiebefensterverschluss *m* casement fastener
Schiebefensterziehgriff *m* sash pull, window pull
Schiebeglastür *f (BT)* sliding glass door
Schiebeladen *m* sliding shutter *(Fensterladen)*
Schiebelänge *f (Konst)* run *(Schiebetür, -fenster)*
Schiebeleiter *f* travelling ladder, folding ladder
Schiebeluke *f* sliding hatch
schieben *v* 1. shove, push, thrust; 2. slip, slide *(gleiten lassen)*; 3. manoeuvre, *(AE)* maneuver *(in Position)*
schieben *v***/beiseite** side *(z. B. Bauschutt, Schnee)*
Schieben *n (Stat)* shoving
Schiebe-Normfenster *n* sliding standard window
Schieber *m* 1. *(San, WVA)* slide; 2. slide valve, slide door, valve door *(Ventil)*; 3. *(Wsb)* slide gate, sluice valve; 4. *(HLK)* register *(Heizungs- oder Lüftungsschieber)*; 5. *(BT, HLK)* damper *(Ofenklappe)*; 6. squeegee *(für den Straßendienst)*
Schieberführung *f (BT, HLK)* damper guide *(Ofen)*
Schiebergehäuse *n* valve body *(Wasserleitung)*
Schieberkappe *f (San)* service box
Schieberschütz *n (Wsb)* sluice gate
Schieberstange *f* valve rod; slide rod *(Schubstange)*
Schieberventil *n (Wsb)* slide gate valve
Schiebetor *n* 1. *(BT)* sliding door; 2. *(Wsb)* slide gate
Schiebetoraufhängung *f* barn-door hanger
Schiebetreppe *f* folding stair *(bes. zum Dachgeschoss)*; *(AE)* loft stair, *(AE)* loft ladder
Schiebetür *f* sliding door; overhung door
Schiebetür *f***/seitliche** *(EB)* horizontal sliding door
Schiebetüraufnahmeöffnung *f* door pocket, pocket
Schiebetürbeschläge *mpl (EB)* sliding door fittings
Schiebetürführung *f* floor guide
Schiebetürführung *f***/untere** floor guide
Schiebetürrad *n* door roller
Schiebetürraster *m* sliding door check stop, check stop
Schiebetürschiene *f* sliding door rail, sliding door track
Schiebetürschloss *n (EB)* sliding door lock
Schiebewand *f* sliding partition, sliding panel, sliding partition wall
Schieblehre *f (BWG)* vernier calliper
Schiebung *f (Stat)* shear, shearing strain
Schiedsverfahren *n (VR)* arbitration
schief 1. slanting, out-of-true, skew *(schräg)*; leaning *(z. B. ein Turm)*; 2. inclined *(geneigt, z. B. Flächen; mathematisch)*; sloped, sloping *(schräg abfallend)*; lopsided *(nach einer Seite hängend, pultförmig)*; 3. oblique, inclined *(Geometrie)*; 4. off-straight, out-of-true, skew *(Linien)*; crooked *(nicht parallel)*; 5. askew *(außer Lage, nicht rechtwinklig)*
Schiefbogen *m* 1. *(Arch)* oblique arch; 2. *(Konst)* skew arch
Schiefbrücke *f (Br)* skew bridge
Schiefe *f* 1. obliqueness, obliquity *(Geometrie, z. B. eines Winkels)*; 2. *(Bod, Verm)* inclination *(Neigung)*; 3. skewness *(Linien)*; 4. *(Konst)* slope *(Schrägabfall)*
Schiefer *m* schist, shale, slate • **mit Schiefer decken** slate
Schiefer *m***/bituminöser** naphtholite, bituminous shale
Schiefer *m***/eineinhalbfacher** *(BM)* slate-and-a-half slate *(Breite)*
Schiefer *m***/geblähter** expanded shale, bloated slate
Schiefer *m***/gebrannter** burnt shale
Schiefer *m***/geschnittener** sized slate
Schiefer *m***/kristalliner** crystalline schist, schist
Schiefer *m***/metamorpher** transformed schist
Schiefer *m***/polierter** polished slate
Schiefer *m***/sandiger** schistous sandstone
Schiefer *m***/sortierter** sized slate
Schiefer *m***/toniger** leck
Schiefer *m***/unregelmäßiger** random slate, rustic slate
Schiefer *m***/unsortierter** *(BM)* peggies
Schieferabdeckung *f* **für Hauswände** slate hanging
schieferartig schistous, shaly, slatelike, slaty
Schieferbedachung *f* slate covering, slate roof cladding
Schieferbestreuung *f (BM)* granulated slate surfacing
Schieferbitumen *n (BM, Bod)* shale tar
Schieferbruch *m* slate quarry
Schieferdach *n (Konst)* slate roof
Schieferdacharbeiten *fpl* roof slating, slating
Schieferdachkehle *f (Konst)* slate valley
Schieferdachreiter *m* slate ridge, slate roll
Schieferdachverschalung *f (Konst)* slate boarding
Schieferdecker *m* slate fixer, slater
Schieferdeckung *f* 1. slate roof cladding, slate roof cladding *(fertiggedecktes Dach)*; 2. roof slating, half slating *(Dachdeckerarbeiten)*
Schieferdeckung *f***/diagonal gelegte** drop-point slating
Schieferdeckung *f***/englische** rectangular slating
Schieferdeckung *f* **mit Zwischenraum** open slating
Schiefereindeckung *f* slate roof cladding [covering, sheathing]
Schieferende *n* slate tail, tail
Schieferfußbodenbelag *m* slate floor cover(ing)
Schiefergebirge *n (Bod)* slate mountains
schiefergedeckt slate-covered
Schiefergestein *n* schistose rock
schiefergrau slate-grey
Schiefergraumasse *f* filling-up *(Ölspachtel)*
Schiefergrube *f (BM, BWG)* slate pit
Schiefergrün *n (OB)* mountain green
Schieferhammer *m* shingling hatchet
Schieferkalk *m* shaly limestone
Schieferlage *f* **einer Schiefergröße** *(Konst)* graduated course
Schieferlage *f***/verjüngte** *(Konst)* graduated course
Schieferleger *m* slate fixer
Schieferlehre *f* scantle, size stick
Schiefermarmor *m* hard calcareous slate

Schiefermehl *n* slate flour, shale powder, slate dust, slate powder *(Füller, Füllstoff)*
Schiefermergel *m (Bod)* slaty marl
Schiefernagel *m* slate nail, slate peg, slating nail, roofing nail, composition nail
Schiefernagelung *f* **kurz über der Mittellinie** centre nailing
Schieferpapier *n* slate paper
Schieferpigment *n* slate powder
Schieferplatte *f* slate slab, tablet of slate, slate
Schieferplatte *f***/rohe** *(BM)* rag
Schieferplattenbelag *m* slate floor cover(ing)
Schiefersandstein *m (BM, Bod)* shaly sandstone
Schieferschlacke *f* slate slag
Schieferschneider *m* slate cutter
Schieferschneidlehre *f* scantle, size stick
schieferschuppig foliaceous
Schieferschwarz *n* slate black
Schiefersplitt *m* crushed slate, broken slate, slate cladding
Schiefersplittabstreuung *f (BM)* granulated slate surfacing
Schiefertafel *f* slate panel
Schieferteer *m (BM, Bod)* shale tar
Schieferton *m* shale clay, shaly clay, slate clay, clay shale, alum shale
Schieferton *m***/dünnblättriger** *(Bod)* poker chips
Schieferton *m***/gebrannter** burned shale
Schieferton *m***/haftender** sticky shale
Schieferton *m***/sandiger** sandy shale, metal stone
schiefertonig shale-like, shaly
Schiefertonziegel *m* shale clay brick, shale brick, cliff brick, bing brick
Schieferung *f* 1. *(Bod)* foliation; 2. bedding, bedding cleavage *(Geologie)*
Schieferunterlegpappe *f* slater's felt
Schieferunterlegschicht *f (Konst)* sarking
Schieferunterseite *f* slate bed, bed
Schieferverkleidung *f***/abgehängte** hung slating
Schieferwandplatte *f (BT)* slate wall panel
Schieferwandtafel *f (BT)* slate wall panel
Schieferwandverkleidung *f* slate hanging, hung slating, weather slating
Schieferzylinderdachreiter *m* slate ridge, slate roll
Schiefgewölbe *n (SB)* skewed vault
Schiefgewölbe *n***/achtzelliges** *(Arch)* octopartite vault, skewed octopartite vault
schiefrig slaty, shaley, flaky; foliated *(z. B. Gestein)*
Schiefrigkeit *f* foliated structure, foliation; fissility *(Gestein)*
schiefrigschuppig fissile *(Gestein)*
schiefwinklig skew, bevel; oblique-angled, oblique *(Geometrie)*
Schiene *f* 1. *(Verk)* rail *(Eisenbahn)*; 2. track, rail *(Führungsschiene)*; sliding bar *(Gleitschiene)*; 3. *(EB)* clout *(Schutzblech, z. B. für Holz)*; 4. glazing bar *(kittlose Verglasung)*
Schiene *f***/bewegliche** moving roller path
schienen *v* clout
Schienen *fpl***/durchgehend geschweißte** *(Verk) (AE)* ribbon rails
Schienenbagger *m (BWG)* rail-mounted excavator
Schienenbefestigung *f* 1. *(BT)* rail attachment; 2. *(Verk)* rail fastening
Schienenflansch *m* rail shoe
Schienenfuß *m* rail base
schienengebunden *(Verk)* rail-borne
schienengebunden/nicht railless
Schienengleis *n* tram track
Schienenheber *m* rail jack
Schienenkopf *m* head of rail, rail head
Schienenkörper *m (Verk)* road-bed
Schienenkreuzung *f***/höhengleiche** *(Verk) (AE)* grade crossing
Schienenlasche *f* splice bar, shin
Schienenlegemaschine *f (BWG, Verk)* track-laying machine
Schienenlegen *n (Verk)* track-laying
schienenlos railless
Schienennagel *m* rail spike, dog spike, track spike, spike
Schienenprofil *n* rail section
Schienenrichtgerät *n (Verk)* gauge setting device
Schienenschraube *f* coach screw, sleeper screw
Schienenschwelle *f (Hb)* sleeper, tie
Schienenspurweite *f* rail gauge, track gauge
Schienensteg *m* rail web
Schienenstoß *m* rail connection, rail joint
Schienenstoß *m***/aufliegender** *(Konst, Verk)* supported rail joint
Schienenstoß *m***/schwebender** *(Verk)* suspended joint, suspended rail joint
Schienenstrang *m (Verk)* railway line, track
Schienenstrang *m***/stoßfreier** *(Verk)* ribbon rails
Schienenträger *m* rail track girder
Schienenturmdrehkran *m (BWG)* rail-mounted tower crane
Schienenüberhöhung *f (Verk)* superelevation of rails
Schienenunterbau *m (Verk)* road-bed
Schienenunterlegeplatte *f***/elastische** *(Verk)* resilient sleeper pad
Schienenverbinder *m* 1. *(Verk)* track rail bond, bond; 2. *(El)* conductor-rail bond
Schienenverbindungslasche *f (Verk)* fishplate
Schienenverkehr *m (Verk)* rail-bound transportation
Schiene-Straße-System *n (Verk)* rail-road system
Schiene-Straße-Verkehrsanlagen *fpl (Verk)* combined rail and road transport facilities
Schierlingstannenholz *n (BM, Hb)* hemlock
Schießarbeit *f* 1. *(Erdb, Tun)* blasting; 2. *(Tun)* blasting work; 3. *(BM, Erdb, Tun)* shot-firing
Schießbaumwolle *f* nitrocellulose, nitrocotton, gun-cotton
schießen *v (Erdb)* fire; blast, shoot, shot-fire *(Gestein)*
Schießmeister *m* firer, blaster, shooter, shot-firer
Schießöffnung *f (EB)* port-hole
Schießscharte *f (Arch)* loophole
Schießschartenkreuz *n (Arch)* balistraria *(in Burgen)*
Schießschartenstand *m (Arch)* embrasure
Schießschartenzwischenmauer *f (Arch)* merlon *(in einer Burgmauer)*
Schießstand *m (Konst)* range
Schiff *n (Arch)* nave *(Kirche)*; aisle *(Seitenschiff)*
schiffbar machen *v (Wsb)* canalize *(Flussläufe)*
Schifffahrtsdurchfahrt *f* fairway arch, fairway span *(Brücke)*
Schifffahrtsehrensäule *f (Arch)* rostral column, rostral pillar
Schifffahrtsgebäude *n (Arch, Konst)* marine terminus building
Schifffahrtskanal *m (Wsb)* artificial (navigation) waterway, navigation canal, canal
Schiffpfeiler *m (Wsb)* aisle pier
Schiffsanlegestelle *f (Wsb)* landing stage, landing place, lay-by
Schiffscontainer *m (Verk)* shipping container
Schiffsdrehbrücke *f (Erdb, Wsb)* pontoon swing bridge
Schiffshebeanlage *f s.* Schiffshebewerk
Schiffshebewerk *n (Wsb)* barge lift, ship hoist, lift lock, (mechanical) boat lift, *(AE)* boat elevator
Schiffskanzel *f (BT)* ship pulpit
Schiffstransport *m (Verk)* water carriage

S

Schiffswerft *f (Wsb)* dockyard
Schifter *m (Hb)* creeping rafter, dwarf rafter, jack rafter
Schiftsparren *m (Hb)* creeping rafter, dwarf rafter, jack rafter, rafter trimmer
Schikane *f (Verk)* baffle block *(Fahrbahn)*
Schild *m* 1. *(Konst, Umw)* shield; 2. *(BWG, Konst, Wsb)* apron; 3. *(Verk)* sign; 4. *(Verk)* traffic sign
Schildbauweise *f* (tunnelling) shield driving method *(Kanal- und Tunnelbau)*
Schildbogen *m* 1. *(Konst)* formeret; 2. *(Arch)* shallow arch
Schilderbrücke *f* 1. *(Verk)* gantry *(Signalbrücke)*; 2. *(Verk)* sign-bridge, sign-gantry *(Straße)*
Schildertafel *f (Verk)* sign
schildförmig shield-shaped
Schildpatt *n* tortoise shell
Schildplatte *f* backplate *(Türbeschlag)*
Schildschutz *m* shield protection
Schildvertrieb *m s.* Schildvortrieb
Schildvortrieb *m (Tun)* shield driving, shield tunnelling, tunnelling shield driving method
Schildvortriebbauweise *f* shield driving method *(Kanal- und Tunnelbau)*
Schilf *n* cane, reed • **mit Schilf eindecken** *(Konst, Te)* thatch • **mit Schilf versehen** reed *(Dachdeckung, Putzträger)*
Schilfdach *n (Konst)* reed thatched roof
Schilfdacheindeckung *f (Konst)* thatching
Schilfmatte *f* reed mat *(Putzträger)*
Schilfplatte *f* reed sheet *(Dämmung)*; reed board *(Dachdeckung)*
Schilfrohr *n* cane, reed, reed thatch • **mit Schilfrohr decken** cover with reed • **mit Schilfrohr versehen** cane, reed *(Dachdeckung, Putzträger)*
Schilfrohrdach *n (Konst)* reed roof(ing)
Schillbeton *m* 1. *(BB, BM)* oyster-shell concrete; 2. *(BB, BM)* tabby
schillern *v (OB)* iridize *(in Regenbogenfarben)*
Schimmel *m* 1. mildew *(an Holz, Mauerwerk)*; 2. mould *(Wand)*
schimmelbeständig mildew-resistant, resistant to mildew; mould resistant
Schimmelbeständigkeit *f* 1. *(OB)* mould resistance *(Wand)*; 2. resistance to mildew *(Holz)*
Schimmelbildung *f (OB)* mould formation
Schimmelgeruch *m (Umw)* mouldy odour
schimmelig mildewy
Schimmelpilz *m* mould
Schimmelpilzbewuchs *m (OB, Umw)* mildew growth
Schimmelverhütungsmittel *n* mildewcide; mouldicide
Schimmelwuchs *m (OB)* mould growth
Schimmer *m* gleam *(Glanz)*; lustre, *(AE)* luster *(z. B. von Materialien)*
Schindel *f* 1. *(BM)* shingle; 2. *(BM, BT) (AE)* clapboard; 3. *(BT, Hb)* lap siding *(Wandverkleidung)* • **mit Schindeln decken** shingle • **mit Schindeln eindecken** shingle • **Schindeln aufspalten** *(Te)* rive
Schindel *f*/**gesägte** sawn shingle
Schindel *f*/**handgefertigte** handmade shingle, *(AE)* shake *(aus Holz)*
Schindel *f*/**handgespaltene** hand-cleft shingle
Schindel *f*/**verschieden breite** random shingle
Schindelbeize *f (BB)* shingle stain
Schindeldach *n* shingle roof
Schindeldachdeckerhammer *m* shingling hatchet
Schindeldachdeckung *f* shingle roof cladding, shingle roof covering
Schindeldacheindeckung *f* shingle roof cladding, shingle roof covering
Schindeldeckung *f* shingle roof cladding, shingle roof covering
Schindeldeckung *f* **mit senkrechter Zwischenfuge** shingle roof with half slating, shingle roof with open spaced slating
Schindeleindeckung *f*/**senkrechte** hanging shingling
Schindelende *n*/**unteres** tab
Schindelfußreihe *f* eaves course, shingle eaves course *(Trauflage)*
Schindelhammer *m* shingling hatchet
Schindelholz *n* shingle-wood
Schindellage *f*/**erste** shingle undercourse *(Dach)*
Schindelleger *m* shingle applicator, shingler
Schindellegung *f*/**holländische** *(Te)* Dutch lap (of shingles)
Schindelnagel *m* shingle nail, roofing nail, deck clip
Schindelplatte *f* strip shingle
Schindelschirm *m (Konst)* shingle covering
Schindelschneider *m* shingle cutter
Schindelspaltmesser *n* riving knife
Schindelstreifen *m* strip shingle
Schindelteil *m*/**nicht überlappter** weather
Schindelteil *m*/**wetterexponierter** weather
Schindeltür *f* louvre door, *(AE)* louver door
Schindelüberlappung *f*/**halbe** *(Te)* common lap
Schindelunterlage *f (Konst)* shingle backer
Schindelunterlegfolie *f (Konst)* shingle backer
Schindelverlegelehre *f* siding gauge, *(AE)* clapboard gage *(für Wandverkleidung)*
Schindelwand *f* shingle wall
Schippe *f* digging shovel, shovel
schippen *v* shovel
Schippenband *n (EB)* hinge strap
Schirmbrett *n* luffer board *(Dach)*
Schirmdach *n* station roof
schirmen *v* screen
Schirmform *f (Konst)* umbrella form
Schirmgewölbe *n (Arch)* parachute vault, umbrella vault
Schirmständer *m (EB)* umbrella stand
Schirting *n* shirting *(Anstrichträger)*
Schlachthaus *n* 1. *(Konst)* slaughterhouse; 2. *(Arch, RP)* abattoir
Schlachthof *m* 1. *(Arch, RP)* abattoir; 2. *(Konst)* slaughter establishment
Schlacke *f* slag, blast-furnace slag, cinder, scum; clinker *(bes. von Kohle)*; scoria *(vulkanisch)*; breeze *(Asche)*
Schlacke *f*/**abgesiebte** screened slag
Schlacke *f*/**gesiebte** screened slag
Schlacke *f*/**vulkanische** *(BM, DIS)* volcanic slag
Schlacken *fpl* skimming *(metallurgisch)*
schlackenartig slaggy; scoriaceous *(vulkanisch)*
Schlackenaschebetonblock *m* breeze block
Schlackenascheziegel *m* breeze brick
Schlackenbeton *m* slag concrete, cinder concrete, clinker concrete; breeze concrete *(mit Sand und Portlandzement)*
Schlackenbetonblock *m* breeze block
Schlackenbetonhohlstein *m* hollow clinker block
Schlackenbetonplatte *f (BT)* clinker slab
Schlackenbetonstein *m* cinder block
Schlackenbetonvollblock *m* solid clinker block
Schlackenblockstein *m (BM)* clinker block
Schlackendiele *f (BT)* slag plank
Schlackeneinschluss *m* slag inclusion *(beim Schweißen)*
Schlackenfaser *f* cinder fibre
Schlackengasbeton *m* gas-slag concrete
Schlackenhalde *f* slag heap
Schlackenmauerstein *m* breeze brick
Schlackenmehl *n (BM)* slag flour, ground basic slag
Schlackenpacklage *f (Verk)* slag base *(Straße)*

Schlackenpflasterstein *m* cinder sett, slag paving stone
Schlackenpuzzolanzement *m (BM)* slag pozzolanic cement
Schlackensand *m* granulated blast-furnace slag, slag sand, manufactured sand
Schlackenschotter *m* crushed blast-furnace slag, crushed slag course
Schlackensinter *m (BM)* sintered clinker
Schlackensplitt *m* cinder chippings
Schlackenstein *m* slag block, slag sand block, slag stone, cinder tile, iron brick, dam; scoria brick *(aus Vulkanschlacke)*
Schlackenvollblockstein *m* solid clinker block
Schlackenwall *m (Arch)* vitrified wall
Schlackenwolle *f (BM, DIS)* slag wool
Schlackenzement *m* Portland blast-furnace cement, slag cement, clinker cement, blended cement
Schlackenziegel *m* slag brick, breeze brick
Schlackenzuschlag *m* cinder aggregate, slag aggregate; pan breeze
Schlackenzuschlagstoff *m* cinder aggregate, slag aggregate
Schlacke- und Flugaschezement *m* slag and fly ash cement
schlackig slaggy; scoriaceous *(vulkanisch)*
Schlafdeich *m (Wsb)* spare dike
schlaff slack, flabby, loose; unstressed *(Bewehrung)*
• **schlaff werden** go slack, slack *(Bewehrung)*; slacken *(z. B. Seile)*
Schlaffheit *f* slackness, slackening, looseness
Schlafkoje *f (Konst)* sleeping bunk
Schlafraum *m* sleeping room, bedroom; guest bedroom *(Hotel)*
Schlafsaal *m* dormitory
Schlafstadt *f* dormitory suburb, dormitory town
Schlaftrakt *m* dormitory block
Schlaf- und Wohnzimmer *n*/**kombiniertes** bed-sitting room
Schlafzimmer *n* sleeping room, bedroom
Schlafzimmer *n* **am Dielenende** hall bedroom
Schlafzimmereinbauschrank *m* wardrobe closet, bedroom closet
Schlafzimmergeschoss *n* bedroom floor, bedroom storey
Schlafzimmerschrankwand *f (EB)* bank of bedroom closets
Schlag *m* 1. blow, shock, impact, strike; bump *(von der Oberfläche)*; 2. stroke *(dynamische Belastung)*; run-out *(exzentrische Unwucht)*; 3. eccentricity *(z. B. eines Seiles)*; 4. percussion *(Stoß, Erschütterung)*
Schlag *m*/**elektrischer** electric shock
Schlaganarbeiten *fpl (AE)* droving *(Sandstein)*
Schlagbaum *m* lifting barrier, barrier, turnpike
Schlagbaumschranke *f* lifting barrier
Schlagbeanspruchung *f* impact load(ing), impact stress; shock load
Schlagbeanspruchung *f* **bei wechselnder Belastung** *(Konst, Stat, Te)* alternating impact (bending) stress
schlagbeständig resistant to impact
Schlagbiegefestigkeit *f* impact bending strength
Schlagbiegeprüfung *f* blow bending test, impact bending test, shock bending test, transverse impact test, drop test
Schlagbiegeversuch *m s.* Schlagbiegeprüfung
Schlagbohren *n* boring by percussion, hammer drilling, percussion drilling
Schlagbohren *n*/**hydraulisches** hydraulic hammer drilling
Schlagbohrer *m* impact drill, percussion drill
Schlagbohrmaschine *f* impact drill, percussion drilling machine
Schlagbohrung *f* percussion drilling

S

Schlagbolzengerät *n* piston-type impact tool
Schlagbrecher *m* impact crusher, percussion breaker
Schlageisen *n* narrow indented chisel, batting tool, broad chisel
Schlageisenbearbeitung *f (AE)* droving *(Sandstein)*
schlägeln *v* mall *(Gestein)*
schlagen *v* 1. strike, bit; 2. shutter, crush *(zertrümmern)*; 3. *(SB, Te)* hew *(Naturstein)*; 4. whip *(peitschen, z. B. Putz, Oberflächen)*
Schlagen *n* 1. striking, pounding; 2. *(WVA)* hammering *(in der Wasserleitung)*; 3. crushing *(Zertrümmerung)*
schlagend/einwärts inward-swinging
schlagend/nach innen in-swinging
Schlagenergie *f (Stat)* impact
schlagfest impact-resistant, impact-resisting, resistant to impact, shock-resistant, shockproof
Schlagfestigkeit *f* impact resistance, impact strength, resistance to impact, shock resistance
Schlagfestigkeitsprüfung *f* impact resistance test, toughness test
Schlagfestigkeitswert *m (BM)* aggregate impact value *(von Zuschlägen)*
Schlagfläche *f* impact surface
Schlaggerät *n* impact tool
Schlaghammer *m* impact sledge
Schlaghärte *f (BM)* impact hardness
Schlaghaube *f* helmet, pile cover, pile helmet *(für Rammpfähle)*
Schlagklopfmaschine *f* tapping machine *(zur Schallmessung auf Decken)*
Schlagladen *m* hinged shutter
Schlagleiste *f* rabbet ledge, rebated joint at meeting stiles *(Fenster, Tür)*
Schlagleiste *f*/**drehbare** turnable rebated joint
Schlagloch *n* pothole *(Straße)*
Schlaglochflicken *n* **mit Lkw-Überrollverdichtung** *(RS) (AE)* throw-and-roll technique
Schlaglochflickung *f (RS, Verk)* pothole patching *(Straße)*
Schlaglochfüllen *n* **ohne Verdichtung** *(RS) (AE)* throw--and-go technique *(Straße)*
Schlaglochstrecke *f (Verk)* spoon drain *(Straße)*
Schlaglochverfüllung *f (RS, Verk)* pothole patching *(Straße)*
Schlagmeißel *m* percussion bit
Schlagnieten *n (St, Te)* percussion riveting
Schlagprüfgerät *n* impact machine, impact tester
Schlagprüfung *f* 1. shock test; aggregate impact test *(Gestein)*; 2. impact test *(Stahl)*
Schlagregen *m* driving rain, pelting rain, wind-driven rain
Schlagregen *m*/**schwerer** *(Umw)* heavy pelting rain
Schlagregenbeständigkeit *f* resistance against pelting rain
Schlagregendichtung *f (DIS, San)* tile creasing
schlagregensicher resistant to heavy rain
Schlagregensicherheit *f* resistance to heavy rain
Schlagschnur *f (Te, Verm)* chalk line
Schlagschrauber *m* impact wrench, power wrench
Schlagschwelle *f* 1. *(Hb)* saddleback board; 2. *(Hb, Konst)* threshold
Schlagseite *f* rebate ledge *(Fenster)*
Schlagsonde *f (Bod)* driving rod, percussion probe, *(AE)* drivepipe
Schlagstampfer *m* percussive rammer
Schlagsteine *mpl (Verk)* hand-broken metal
Schlagtor *n (Wsb)* cheek sluice
Schlagtür *f* folding door
Schlagverdichter *m* impact compactor
Schlagwert *m (St)* impact value *(Materialprüfung)*
Schlagwiderstand *m* resistance to impact

Schlagzähigkeit *f (BM)* toughness
Schlagzahl *f* number of blows
Schlagzahl f/erforderliche *(Erdb)* blow count *(um einen Gegenstand in die Erde zu treiben)*
Schlagzertrümmerungsfestigkeit *f (BM)* impact crushing strength
Schlamm *m* 1. *(Bod)* mud; 2. *(Bod, Umw)* mire; 3. silt, slime, slush *(Schlick)*; 4. *(Bod)* sediment *(Ablagerung)*; 5. *(Te, Umw)* ooze *(z. B. aus der Aufbereitung)*; 6. *(Erdb, WVA)* slurry *(Zement)*; 7. *(Bod, LB, Umw)* slop *(Abwasser)*; 8. *(WVA)* sludge *(Faulschlamm)*; 9. *(Bod, Erdb, Wsb)* warp • **Schlamm austragen** *(San)* desludge
Schlamm m/entwässerter *(Umw)* dewatered sludge
Schlammablagerung *f* 1. silting, silt(ing) deposit, slush, feculence *(Schlick)*; 2. *(WVA)* sullage *(Abwasser)*
Schlammablagerungen *fpl (Bod, Umw)* alluvial deposits *(geologisch)*
Schlammabsatzbecken *n (Erdb, Tun, WVA)* mud settling pond
Schlammabscheider *m (WVA)* silt excluding device
Schlammabsetzbecken *n (WVA)* slurry pond
Schlämmanalyse *f* settling analysis, settling test, decantation test, elutriation analysis, sedimentation analysis; hydrometer analysis *(Erdstoffprüfung)*
Schlämmapparat *m (Erdb)* apparatus for mechanical soil analysis
schlammartig muddy
Schlammaufbereitung *f (Umw, WVA)* sludge processing
Schlammbank *f (Bod)* mud bank
Schlammbaustein *m* mud brick
Schlammbecken *n* mud tank
schlammbedeckt silt-covered
Schlammbehandlung *f (Umw, WVA)* sludge processing
Schlammbelebung *f (Umw)* activation of sludge
Schlammbeseitigung *f* 1. *(Umw, WVA)* sludge removal; 2. *(WVA)* sludge disposal *(Abwasser)*
Schlammbett *n* sludge bed
Schlammbildung *f* sludge build-up, sludge formation, sludging
Schlammboden *m* muddy soil, silt soil
Schlammboden m/organischer *(Bod, LB, Umw)* muck
Schlammdrän *m (Erdb)* sludge drain
Schlämme *f* 1. *(BM, OB)* whitewash; 2. *(Erdb, WVA)* slurry
Schlämme f/bituminöse bituminous grout, bituminous joint filler
Schlämme f/kationische *(BM, Verk)* acid slurry *(Bitumen)*
Schlämmeabsiegelung *f* 1. *(OB)* grout seal; 2. *(Verk)* slurry seal *(von Straßen)*
Schlämmeanstrich *m (OB)* slurry coat
Schlämmebehandlung *f* slush grouting
Schlämmebelag *m (Verk)* slurry surfacing *(Straße)*
Schlämmehaut *f (BB, St)* casting skin
Schlammeimer *m* 1. *(LB, Wsb, WVA)* gully trap; 2. *(WVA)* slit box *(Kanalisation)*
Schlammeindickung *f (WVA)* sludge thickening *(Klärwerk)*
schlämmen *v* 1. *(Erdb, RS, WVA)* sprinkle with water *(Graben)*; 2. *(OB, Te)* whiten
Schlämmen *n* 1. decanting *(Tonaufbereitung)*; 2. whitening, whitewashing, liming *(mit Sumpfkalk)*
Schlammentsorgung *f (WVA)* sludge disposal
Schlammentwässerung *f* 1. *(WVA)* sludge dewatering; 2. *(Umw)* dehydration of sludge
Schlämmespalt *m* groutnick
Schlämmeüberzug *m (OB)* grout seal
Schlämmeversiegelung *f (Verk)* slurry seal *(von Straßen)*
Schlammfang *m* 1. mud trap, mud box, sludge pit, silt box, silt chamber, gully hole, silt collector *(Entwässerung)*; 2. grit chamber, sediment sumo *(Sandfang zur Abwasserklärung, Wassergewinnung)*
Schlammfangeimer *m (WVA)* grit box
Schlammfänger *m* grit chamber, grit basin *(Abwasserklärung)*
Schlammfangkasten *m* silt chamber
Schlammfaulbehälter *m* digestion sump
Schlammfaulraum *m (San)* digesting compartment, digestion chamber
Schlammfaulung *f (WVA)* sludge digestion *(Klärwerk)*
Schlämmgerät *n (BM)* sedimentation machine *(Baustoffprüfung)*
Schlammgrube *f* 1. *(Erdb, WVA)* slime pit; 2. *(Erdb, WVA)* sludge pit
schlammig 1. muddy, miry, oozy, silty, slimy, sloppy, sludgy; 2. thick, turbid, limnous *(schmutzig, trübe)*
Schlammigkeit *f* muddiness, feculence
Schlamminjektion *f* mud grouting
Schlammkasten *m (WVA)* settling tank
Schlammkompostierung *f (LB, Umw)* sludge composting
Schlämmkorn *n* fine soil
Schlämmkreide *f* precipitated chalk, prepared chalk, whiting, Paris white
Schlammkuchen *m (Umw)* sludge cake
Schlammprobe *f (Bod)* mud sample
Schlämmprobe *f (BM)* sedimentation test
Schlammpumpe *f (BWG)* mud pump
Schlammräumer *m (Umw)* sludge rake
Schlammrohr *n* sludge barrel; brine pipe *(Solerohr)*
Schlämmrohr *n (Erdb)* calyx
Schlammrute *f (San)* snake
Schlammsammelbehälter *m (Erdb, WVA)* silt container
Schlammschicht *f* 1. *(Bod)* mud layer; 2. *(Bod, Erdb, WVA)* silt layer; 3. *(Bod, Erdb, WVA)* slime layer; 4. *(Wsb)* warp bed *(Flussmündung)*
Schlammschicht f/harte silt pan
Schlammschwelle *f* mudsill
Schlammspülverfahren *n (Erdb)* elutriation
Schlammstabilisierung *f (Umw)* sludge stabilization
Schlammsumpf *m* sludge sump, sludge bottom
Schlammteich *m (Erdb, Tun, WVA)* mud settling pond
Schlammtrockenbett *n (Umw)* sludge drying bed
Schlammtrocknung *f (Umw)* sludge drying
Schlammverdickung *f* 1. *(Umw)* dehydration of sludge; 2. *(WVA)* sludge dewatering
Schlammversieglung *f* slurry seal
Schlämmversuch *m* elutriation test
Schlammverwertung *f (WVA)* sludge disposal
Schlammziegel *m* sun-dried brick
Schlammziegelbau *m (Arch)* sun-dried brick construction
Schlämpe *f* lime paste; cement paste; plasterer's putty; wet paste
schlängeln v/sich 1. *(Bod, Wsb)* meander *(Flusslauf)*; 2. wind *(z. B. eine Straße)*
schlängelnd *(Bod)* meandering *(Wasserfluss)*
schlängelnd/sich 1. flexuous; 2. *(Verk)* snaky *(Trasse)*
Schlangenkurve *f (Verk, Wsb)* serpentine *(Straße)*
Schlangenlinie *f (Verk, Wsb)* serpentine • **mit Schlangenlinien verziert** *(Arch)* vermiculated
Schlangenmustermosaik *n (Arch)* vermiculated mosaic
Schlangenmusterverzierungen *fpl (Arch)* vermicular work
Schlangenrohr *n (HLK)* coil
Schlangenstein *m* serpentinite
schlank slender, slim, lofty
Schlankheit *f* slenderness, slimness
Schlankheitsgrad *m* 1. *(Stat)* degree of slenderness; 2. aspect ratio, slenderness limit *(Knickfestigkeit)*; 3. *(Konst, TK)* ratio of slenderness *(eines stabförmigen Gebildes)*
Schlankheitsgrenze *f (Stat)* slenderness limit

S

Schlankheitsverhältnis *n (Stat)* aspect ratio *(Knickfestigkeit)*
Schlauch *m* flexible tube, hose
Schlauchanschluss *m* hose connection
Schlauchanschlusshahn *m (San)* hose tap
Schlauchbrause *f (San)* hand shower
Schlauchdusche *f (San)* movable shower
Schlauchfilter *n (HLK)* bag
Schlauchhalter *m* hose clip
Schlauchhaus *n (Arch)* hose building *(Feuerwehr)*
Schlauchklemme *f* hose clamp, hose clip
Schlauchschelle *f* hose clip
Schlauchtreppe *f (Konst)* shaft stair
Schlauchtrommel *f* hose reel
Schlauchtülle *f* hose nozzle
Schlauchverbindung *f* hose connection
Schlauchverschraubung *(BT)* threaded hose connection
Schlauchwaage *f* hose levelling instrument, hydrostatic tube balance
Schlauchwasserwaage *f* hose level gauge, hose levelling instrument
Schlauder *f* clamp iron, iron tie
Schlaufe *f* loop
Schlaufenstoß *m* loop joint
Schlaufenverankerung *f* loop anchorage
Schlaufenversuch *m* loop-test bar *(Korrosionstest)*
schlecht 1. bad, poor; 2. bad, stale *(verdorben)*; 3. *(RS, Umw)* foul *(faulig)*
Schlechtluft *f* foul air
Schlegel *m* mash hammer, mash, lump hammer; mall, mallet *(Holzschlegel)*
Schlegel *m*/**schwerer** *(BWG)* sledge hammer
Schleichstraßenverbindung *f (sl)* rat run
Schleichstrom *m (El)* leakage current
Schleichverbindung *f (sl)* rat run
Schleichweg *m (Verk) (sl)* rat run
Schleier *m* 1. mist *(Glas)*; 2. haze *(Anstrich)*
Schleier *m*/**milchiger** *(OB)* milkiness *(z. B. auf Anstrichen)*
Schleierbildung *f (OB)* bloom *(frischer Lackanstriche)*
schleifbar grindable
Schleifbarkeit *f* sanding properties *(Anstrich)*
Schleife *f* loop
Schleife *f*/**eingebaute** *(Verk)* embedded loop
schleifen *v* 1. grind, sand *(Holz)*; 2. *(OB)* buff *(Terrazzo)*; 3. burnish *(polieren)*; polish, smooth *(fein)*; 4. rub (down) *(reiben)*; 5. mat *(mattschleifen)*; 6. emery *(schmirgeln)*; 7. drag *(abziehen)*; 8. grind, *(AE)* cut *(Glas)*; 9. whet *(wetzen)*; 10. *(Te)* sleeken *(glätten, schmirgeln)*; 11. *(Te)* sharpen *(schärfen)*
Schleifen *n* 1. grinding, sanding *(Holz)*; 2. honing *(Abziehen)*; 3. *(OB, Te)* rubbing-down *(Reiben)*; 4. smoothing *(Polieren)*
Schleifendetektor *m (Verk)* loop detector *(Verkehrssteuerung)*
Schleifenebene *f* loop plane
Schleifer *m (BWG)* grinder
Schleiffläche *f* abrasive surface
Schleifgrund *m* sanding primer, sanding sealer
Schleifgrundfarbe *f (OB)* sanding primer
Schleifhärte *f* resistance to polish
Schleiflack *m* dull-finish lacquer, polishing varnish, rubbing varnish, smoothing varnish
Schleiflack *m*/**pigmentierter** pigmented rubbing varnish
Schleiflackoberfläche *f (OB)* rubbed finish
Schleifmaschine *f* grinder, grinding machine, sander
Schleifmasse *f* burnishing
Schleifmittel *n* abrasive, grinding abrasive
Schleifmittel *n*/**natürliches** natural abradant, natural abrasive
Schleifpapier *n (BM)* abrasive paper
Schleifplattenversuch *m (BM, OB)* wear-out test
Schleifpulver *n (BM)* abrasive powder
Schleifrille *f* drag groove
Schleifsand *m (BM)* abrasive sand
Schleifscheibe *f*/**schmirgelbelegte** *(OB)* emery bob
Schleifschmant *m (Umw)* sludge
Schleifschnittkreuzung *f* skew crossing
Schleifspur *f* score mark
Schleifstaub *m* sanding dust *(Holz)*
Schleifstein *m* grinding stone, hone; whetstone *(Abziehstein)*
Schleifstein *m*/**natürlicher** grinding stone, *(AE)* grindstone
Schleif- und Poliermaschine *f* grinding and polishing machine
Schleifwirkung *f* abrasion
Schleimstoffe *mpl (BM, OB)* foots *(Lackfarbe)*
Schlempe *f (BM)* grout
Schlempenbehandlung *f (Te)* slop treatment
Schlendergarten *m (LB)* stroll garden
Schleppblech *n* cover plate, boom plate, flange plate
Schleppdach *n* 1. *(Konst)* monopitch roof; 2. *(Konst, TK)* shed roof
schleppen *v* 1. haul *(ziehen)*; 2. tow, drag *(nachziehen)*; 3. *(Te)* trail *(auf dem Wasser schleppen)*
Schleppen *n (Te)* tow
schleppend slow
Schlepper *m (BWG)* tractor
Schlepperschürfkübel *m (Erdb)* tractor grader
Schleppertieflöffel *m (BWG)* tractor backacter
Schlepperzug *m* trailer truck, truck trailer
Schleppgaube *f s.* Schleppgaupe
Schleppgaupe *f* shed dormer
Schleppkraft *f (Wsb)* tractive force *(Wasser)*
Schleppkurve *f* tractrix, tractrix curve *(Trassierung, Ausbildung)*
Schleppkurven *fpl (Verk)* turning vehicle templates, vehicle-swept path
Schlepplöffelbagger *m (BWG, Erdb)* dragline
Schleppplatte *f* run-on slab, distribution plate, sliding plate *(Brücke)*
Schleppschaufel *f* dragline bucket, scraper bucket *(eines Baggers)*
Schleppschaufelbagger *m (BWG)* hoe shovel
Schleppschrapper *m (BWG, Verk)* towed scraper
Schleppseil *n (BT)* tow-line
Schleppträger *m* bridge seating girder
Schlepptuchanstrich *m* curtain coating
Schlepptuchbestreichung *f* curtain coating
Schleppwalze *f (BWG)* tractor-drawn roller
Schleppzug *m* trailer truck, truck trailer
schleuderbeschichten *v* spin
Schleuderbeton *m* centrifugal concrete, centrifugally cast concrete, spun concrete
Schleuderbetondränrohr *n (BT, Erdb, LB)* spun concrete drain pipe
Schleuderbetondruckrohr *n (BT, WVA)* spun concrete pressure pipe
Schleuderbetonieren *n (BB, Te)* centrifugal casting
Schleuderbetonmast *m* spun (concrete) mast
Schleuderbetonrohr *n* centrifugally cast concrete pipe, spun (concrete) pipe
Schleuderbetonrohr *n*/**vorgespanntes** prestressed centrifugally cast pipe, prestressed concrete spun pipe
Schleuderbetonstütze *f* spun concrete column
Schleudergebläse *n* centrifugal fan
schleudergießen *v* spin
Schleuderguss *m (BM, Te)* centrifugally casting
Schleudergussverfahren hergestellt/im *(BB, Te)* spun

S

Schleudermaschine *f* **für Betonrohre** centrifugal machine for concrete pipes
Schleudermast *m* spun column, spun mast
schleudern *v* 1. spin *(schleudergießen)*; 2. cast centrifugally *(Beton)*; 3. *(Erdb)* throw *(z. B. Erdfräse, Streugut)*
Schleudern *n* 1. *(Verk)* skidding *(Straßenverkehr)*; 2. *(BB, Te)* centrifugal casting; 3. *(BB, Te)* spinning *(Betonrohrtechnologie)*
Schleuderpumpe *f (BWG, WVA)* centrifugal pump
Schleuderrohr *n* spun (concrete) pipe
Schleuderspannbetonrohr *n* prestressed centrifugally cast pipe, prestressed concrete spun pipe
Schleudertrennung *f (BM, Te, Umw)* ballistic separation
Schleuderverfahren *n (BB, Te)* rotational moulding *(Betonrohrherstellung)* • **im Schleuderverfahren hergestellt** centrifugally cast • **im Schleuderverfahren herstellen** cast centrifugally *(Betonrohre)*
Schleuse *f* 1. *(Wsb)* lift lock, canal lock, lock *(für Schiffe)*; 2. *(Wsb)* sluice, floodgate, penstock *(Wasserregulierung)*; 3. *(San)* sewer, culvert *(Abwasser)* • **mit Schleuse versehen** *(Wsb)* sluice • **mit Schleusen ausrüsten** *(Wsb)* lock *(z. B. Kanäle)*
Schleusenbecken *n (Wsb)* scouring basin
Schleusendrempel *m (Wsb)* clap sill
Schleusengas *n* sewage gas, sewer gas
Schleusenhaupt *n (Wsb)* sluice head
Schleusenkammer *f (Wsb)* lock chamber; coffer, sluice chamber
Schleusenkanal *m* 1. *(Wsb)* lock canal; 2. *(Wsb)* sluice *(Regulierungskanal)*
Schleusenschieber *m (Wsb)* slide gate valve
Schleusenschiebetor *n (Wsb)* sash gate
Schleusenschwelle *f (Wsb)* clap sill
Schleusentor *n* 1. *(Wsb)* lock gate *(Schiffsschleuse)*; 2. *(Wsb)* floodgate, sluice gate, slide gate *(Wasserregulierung)*
Schleusentor *n*/**oberes** 1. *(Wsb)* head gate *(Schiffsschleuse)*; 2. *(Wsb)* upper flood gate
Schleusentor *n*/**zylindrisches** *(Wsb)* drum sluice
Schleusenunterspann *m (Wsb)* tail bay *(Kanal)*
Schleusenwehr *n (Wsb)* sluice weir
schlicht 1. plain, smooth *(glatt bearbeitet)*; 2. simple, unadorned *(einfach)*
Schlichte *f (BM, OB, SB)* white coat
schlichten *v* 1. plane, finish *(eben machen)*; 2. flat, smooth(en), pare *(Holz)*; 3. size *(grundieren)*; 4. settle, adjust *(rechtlich)*
Schlichter *m* 1. *(VR)* arbitrator *(rechtlich)*; 2. *(Hb)* slasher
Schlichtheit *f* chastity
Schlichthobel *m* jack plane, smoothing plane, wood smooth plane
Schlick *m* 1. mud, sill, sea silt, slime, sludge, slush; ooze *(z. B. aus der Aufbereitung)*; 2. *(Bod, Erdb, Wsb)* warp
Schlickablagerung *f* deposition of silt
Schlicker *m* 1. *(BM)* slip; 2. *(Erdb, WVA)* slurry *(Keramik)*
Schlickerformung *f (Te)* slop-moulding
schlickergegossen *(Te)* slip cast
Schlickergießen *n* slip casting *(z. B. keramische Massen)*
Schlickerguss *m* slip casting *(z. B. keramische Massen)*
schlickerig oozy
Schlickermischsilo *n* slurry blending basin, slurry blending silo
schlickig slimy
Schlicksand *m* silty sand
Schliere *f* streak, ream *(Glas)*
Schlierenbildung *f (OB)* streaking
Schlierentextur *f (OB)* streaked structure
Schließanlage *f* 1. *(EB)* locking system; 2. *(EB, El)* closing system
Schließbalken *m (EB)* window bar
Schließbereich *m (Konst, VR)* closing range
Schließbeschlag *m* lock fitting
Schließblech *n* lock faceplate, lock forend, lock plate, lock strike, strike plate, striking plate, keeper
Schließblechanschlagkante *f* lip strike
Schließblechaussparung *f (Konst)* strike backset
Schließblechpfosten *m* 1. *(EB)* lock jamb; 2. *(BT)* strike jamb
Schließblechpfostenverstärkung *f* strike reinforcement *(Metalltürrahmen)*
Schließblechplatte *f (EB)* strike plate
Schließblechverstärkung *f* closer reinforcement; strike reinforcement *(Metalltürrahmen)*
Schließbolzen *m* joint bolt, cotter bolt
Schließbolzen *m*/**zweistufiger** double-throw bolt
Schließbolzenöffnung *f* lock keeper
Schließbügel *m* strike
Schließdruck *m (HLK, Te, Wsb, WVA)* closing pressure
Schließe *f* 1. *(EB)* joint pin; 2. *(Hb)* bar *(Verschlussstange, z. B. für Tore)*
schließen *v* 1. close, shut *(z. B. Fenster)*; shut down *(Schiebefenster)*; 2. lock *(abschließen)*; 3. *(DIS, Te)* tighten *(abdichten)*; 4. *(San)* turn off *(Hahn)*; 5. cover, cap *(Deckel)*
schließen *v*/**ein Gewölbe** *(SB, Te)* close a vault
schließen *v*/**sich** *(San, Verk, Wsb, WVA)* close
Schließen *n (DIS)* tightening *(Dichten)*
schließend/dicht tight
Schließer *m (EB)* mechanism for closing
Schließfach *n* locker
Schließgeschwindigkeit *f (BWG)* closing speed
Schließgriff *m (EB)* closing handle
Schließhaken *m (EB)* locking hook
Schließkante *f (EB)* closing edge
Schließkasten *m (EB)* casing of the lock
Schließkeil *m*/**langer** mortise bolt
Schließkeilfläche *f* **eines Schlosses** front of a lock
Schließkeilloch *n* lock keeper
Schließklappe *f* box staple
Schließklinkenring *m* drop ring
Schließkontakt *m (EB)* make contact
Schließkopf *m (EB)* closing head
Schließkraft *f (EB, Te)* closing force
Schließlängsholz *n* meeting stile, vertical meeting rail *(Tür, Fenster)*
Schließnaht *f* 1. *(EB, Konst)* closing joint of a rebate *(Anschlag)*; 2. closure weld *(Schweißen)*
Schließpfosten *m (Hb)* shutting post *(Tor)*
Schließpunkt *m (Verm)* tie point
Schließsäge *f* sash saw
Schließsäule *f (Hb)* shutting post *(Tor)*
Schließseil *n (BWG)* closing rope *(Greifer)*
Schließstellung *f* closed position
Schließung *f (VR)* closedown
Schließvorrichtung *f* locking mechanism *(Abschließen)*; mechanism for closing, closing device, closing mechanism, shutter, closer
Schließwirkung *f (EB, Te)* closing action
Schließziegel *m* end brick, closer *(einer horizontalen Lage)*; end tile *(Dachdeckung)*
Schließzylinder *m* cam, (locking) cylinder
Schließzylinder *m*/**blinder** dummy cylinder
Schließzylinder *m*/**in die Klinke eingebauter** *(EB)* integral lock
Schließzylinder *mpl*/**schlüsselgleiche** keyed-alike cylinders
Schliff *m* ground joint
Schlinge *f* 1. loop, noose, sling; 2. *(BT)* curl *(spiralförmig)*; 3. hinge *(Türangel)*
Schlingenbau *m (Konst)* vortex structure

Schlingengewebe *n* looped fabric, terry cloth *(Teppich)*
Schlingenware *f* looped fabric
Schlingerreibung *f (BB, Te)* wobble friction *(Spannglied)*
Schlingerverband *m* 1. *(Br, BT)* stringer bracing; 2. *(Br, TK)* sway bracing *(Brückenbau)*
Schlingpflanze *f (LB)* vine *(Landschaftsbau)*
Schlitten *m* sleigh; template *(Putzprofilierung)*
Schlitz *m* 1. slit, slot; 2. nick *(Einschnitt)*; 3. *(Hb)* mortise; 4. seam *(im Mauerwerk)*
Schlitz *m*/**schräger** inclined joint
Schlitz *m*/**vertikaler** *(Arch)* glyph
Schlitzanker *m* slot anchor, slot tie
Schlitzauslass *m (HLK)* slot diffuser, strip diffuser, slot diffuser, linear diffuser *(Klimaanlage)*
Schlitzdränung *f (Erdb, LB)* mole drainage
Schlitzeinschnitt *m (Hb)* slip mortise, slot mortise, open mortise
schlitzen *v* 1. slit; 2. *(Hb)* slot, notch; 3. nick *(einkerben)*; 4. cleave, split *(spalten)*
Schlitzfenster *n (Arch)* slit window
schlitzfräsen *v* gutter
Schlitzkeilanker *m* split-and-wedge bolt
Schlitzloch *n* slotted hole
Schlitzmaschine *f* mortiser
Schlitzmuster *n (Arch)* slot pattern
Schlitzniet *m* slotted river
Schlitzpfeiler *m (Erdb, Konst)* split pile
Schlitzplatte *f* slotted (grate) plate
Schlitzrohr *n* slot(ted) pipe; screen pipe *(Wassergewinnung)*
Schlitzsäge *f* sash saw, slash saw
Schlitzschneiden *n (Te)* kerfing
Schlitzschraube *f* slotted screw
Schlitzstahlprofil *n (BT, St)* slotted steel profile
Schlitzstein *m* flashing block *(zum Abdeckblecheinschub)*
Schlitzverbindung *f* mortising
Schlitzwand *f* 1. *(Erdb)* diaphragm wall *(BS EN 1538)*; 2. *(Wsb)* concrete underground diaphragm
Schlitzwandarbeiten *fpl* **mit stützenden Flüssigkeiten** *(Erdb)* works for diaphragm walls (with supporting liquids) *(DIN 18313)*
Schlitzwandelement *n* diaphragm wall component, diaphragm wall unit
Schlitzwandfuge *f* diaphragm wall joint
Schlitzwandverfahren *n (Bod)* slurry trenching
Schlitzzapfen *m (Hb)* housing joint, through mortise, tongue
Schlitzzapfung *f (Hb)* splayed mitre joint, tenon-and-slot mortise
Schloss *n* 1. *(Arch)* castle, palace; 2. *(EB)* door lock
Schloss *n*/**arabisches** *(Arch)* kasr
Schloss *n*/**befestigtes** *(Arch)* bastide *(bes. in Frankreich)*
Schloss *n*/**diebessicheres** *(EB)* thief resistant lock
Schloss *n* **DIN rechts** right hand lock
Schloss *n*/**einfach schließendes** *(EB)* one-turned lock
Schloss *n*/**eingelassenes** *(EB)* dummy lock
Schloss *n*/**französisches** château
Schloss *n* **für eine Linkstür** *(EB)* left-hand lock
Schloss *n*/**hängendes** padlock *(Hängeschloss)*
Schloss *n*/**klinkenloses** deadlock
Schloss *n*/**königliches** *(Arch)* royal castle
Schloss *n*/**kurfürstliche** electoral castle *(in Deutschland)*
Schloss *n* **mit einseitigem Stulp** lock for rebated door
Schloss *n* **mit Stulp auf der Mitte** lock for flush door
Schloss *n*/**rechtes** *(EB)* right-hand lock
Schloss *n*/**umdrehbares** *(EB)* reversible lock
Schloss *n*/**versenktes** *(EB)* dormant lock
Schloss *n*/**zweitouriges** double-turn lock
Schloss... palatial ...

Schlossabstand *m* **vom Türrand** lock backset
Schlossbau *m* lock manufacture, lockmaking
Schlossblech *n* lock faceplate, lock forend, lock strike, key plate, thread (escutcheon)
Schlossblechnagel *m* escutcheon pin
Schlossbohle *f* lock stile, closing stile, shutting stile, slamming stile, strike stile, striking stile *(Tür)*
Schlossbrett *n s.* Schlossbohle
Schlossdorn *m* dog nail
Schlosser *m* locksmith, mechanic, fitter, millwright
Schlosserei *f* locksmith's shop, fitter's shop
Schlosserwerkstatt *f s.* Schlosserei
Schlossfeder *f* lock clip, flat spiral spring
Schlossfläche *f*/**sichtbare** *(EB)* forend *(eines eingebauten Türschlosses)*
Schlossfunktion *f* lock function
Schlossgarnitur *f* lockset
Schlossherstellung *f* lock manufacture, lockmaking
Schlosshülsenblock *m* lock block
Schlosskasten *m (EB)* lock case
Schlosskasten *m* **einer Metalltür** lock reinforcing unit
Schlosskeilversatz *m* flush bolt backset
Schlossmauer *f* antemural; enceinte *(befestigt)*
Schlossmutter *f (BT, EB)* clasp nut
Schlossnagel *m* dog nail
Schlossriegel *m* lock bolt, deadbolt, dead bolt
Schlossriegel *m*/**verzierter** *(EB)* apron rail
Schlossschalter *m (El)* key switch
Schlossschiebegriff *m* lever handle
Schlossschraube *f* carriage bolt, coach bolt, track bolt
Schlossschutzblech *n* push plate, finger plate, hand plate, stile plate
Schlossstulp *m* lock forend
Schlossverstärkungsblech *n* lock reinforcement
Schlosswand *f*/**äußere** *(Arch)* bailey *(Mittelalter)*
Schlossziegel *m* keyed brick
Schlossziernagel *m* escutcheon pin
Schlosszylinder *m* lock cylinder, cylinder
Schlot *m* chimney, chimney stack, funnel, smokestack, stack
Schlote *mpl*/**hydrothermale** hydrothermal vents
Schlucht *f* 1. *(Bod, Umw, Wsb)* narrow; 2. *(Erdb, Umw, Verk)* defile *(Hohlweg)*; 3. *(Bod)* gorge; 4. abyss, chasm *(Abgrund)*
Schlucht *f*/**tiefe** *(Bod)* kloof
Schluchtenwirkung *f* canyon effect *(Städtebau)*
Schluchtwirkung *f* canyon effect *(Städtebau)*
Schluckbrunnen *m* 1. *(WVA)* recharging image well; 2. *(Erdb, Wsb)* weephole
schlucken *v (BM, DIS, HLK, Stat)* absorb *(Schall)*
Schlucken *n (BM, DIS, Stat)* absorption *(von Schall)*
schluckend *(BM)* absorptive
Schluckloch *n (Erdb, WVA)* swallow
Schluckung *f (BM, DIS, Stat)* absorption *(von Schall)*
Schluff *m* loam watery clay, inorganic silt, poor clay, silt, *(AE)* soil binder; fines *(Erdstoff)*
Schluff *m*/**organischer** *(Bod, LB)* organic silt
schluffartig silty
Schluffboden *m* silty soil
Schlufffraktion *f* silt fraction
Schluffgehalt *m (Bod)* silt content
schluffhaltig silt-bearing, silty
schluffig silty
Schluffkorn *n* silt fraction, silts
Schlufflehm *m* silty loam
Schluffmergel *m*/**verfestigter** siltstone
Schluffsand *m (Bod)* sandy silt
Schluffschicht *f* silt layer
Schluffstein *m* silt rock, siltstone

S

Schlupf *m* slippage, slipping
schlüpfen *v* glide
Schlupflänge *f* slipping length
schlüpfrig *(OB, Verk)* slippery
Schlüpfrigkeit *f* slipperiness, lubricity
Schlupftür *f (Konst)* wicket
Schlupfverteilung *f* distribution of slip
Schluss *m* 1. fastening, closing *(Verschluss)*; 2. head *(Überdeckung)*; 3. *(Arch)* termination *(Abschlusselement in der Kirchenarchitektur)*
Schlussabnahme *f* final acceptance, final inspection, general acceptance
Schlussabrechnung *f* final account
Schlussanstrich *m* final coat of paint, finish coat, paint topcoat
Schlussaufstrichlage *f* final individual coat
Schlussbalken *m (BM, BT)* top girder
Schlussbehandlung *f* final treatment
Schlussbogen *m* end arch
Schlüssel *m* 1. *(Hb)* key; 2. spanner, *(AE)* wrench *(Schraubenschlüssel)*
Schlüsselbalken *m* trimmer, trimming joist; header
Schlüsselbart *m* key bit
Schlüsselfeile *f (BWG)* key file
schlüsselfertig turnkey
Schlüsselformblech *n (EB)* ward *(Türschloss)*
Schlüsselfunktion *f (VR)* key function
Schlüsselkanal *m* keyway
Schlüssellinie *f* keyline
Schlüsselloch *n* keyhole
Schlüssellochabdeckblech *n* keyhole plate, drop key plate, escutcheon
Schlüssellochabdeckscheibe *f (EB)* key drop
Schlüssellochabdeckung *f* key drop
Schlüssellochblech *n (EB)* thread escutcheon
Schlüssellochdeckel *m (EB)* keyhole plate
Schlüssellochdeckklappe *f* scutcheon
Schlüssellochdeckplättchen *n (EB)* key drop
Schlüsselschalter *m (El)* key-operated switch
Schlüsselschild *n* scutcheon, escutcheon, key(hole) plate
Schlüsselstein *m (BM, SB)* clavel
Schlussfolgerungen *fpl* conclusions
Schlussfuge *f (Konst, SB)* summit joint
Schlusslackierung *f (OB)* final varnishing
Schlusslage *f* barge course, verge course *(Mauerwerk)*
Schlusslinie *f (Verm)* closing line
Schlusslinie *f* **des Kräftevielecks** *(Stat)* closing of the polygon of forces
Schlusslinienzug *m (Verm)* closing lines
Schlussnaht *f* closure weld *(Schweißen)*
Schlussornament *n* **in einem Gewölbe/punktartiges** *(Arch)* cul-de-lamp
Schlussplatte *f* end plate
Schlusspunkt *m (Verm)* tie point
Schlussrechnung *f (VR)* final account
Schlussring *m* open cusp, soffit cusp *(Gewölbe)*
Schlussstein *m* 1. key block, keystone, crown, crown stone, capstone *(eines Gewölbes)*; 2. top stone, top block, clavel, clavis, vertex block, knot
Schlusssteinlage *f* key course, keystone layer *(Mauerwerk)*
Schlusssteinschicht *f* key course, keystone layer *(Mauerwerk)*
Schlusszahlung *f* final payment
Schlussziegel *m* 1. end tile *(Dachdeckung)*; 2. *(BM, SB)* closer *(einer horizontalen Lage)*
schmal narrow, slim
Schmaldielung *f (Hb)* strip flooring
schmaler werden *v* taper *(z. B. Säulen)*
schmalflanschig narrow-flanged
Schmalhobel *m (BWG, Hb)* thumb plane
Schmalkante *f* narrow edge
Schmalseite *f* narrow side; short end, small face
Schmalspur *f (Verk)* narrow-gauge rails
Schmalspurbahn *f (Verk)* narrow-gauge railway
Schmalzwasserkiese *mpl* **und -sande** *mpl* melting water gravels and sands *(alluvial)*
Schmelzasphalt *m* cast asphalt
schmelzbar meltable, fusible
schmelzbar/nicht infusible
Schmelzbarkeit *f* meltability, fusibility
Schmelzbeton *m* ice concrete
Schmelzeinsatz *m (El)* one-time fuse, fuse *(Sicherung)*
Schmelzelement *n* fusible member
Schmelzemaille *f (BM, OB)* vitreous enamel
Schmelzemaillebautafel *f (EB)* porcelain enamelled building panel
Schmelzemailleüberzug *m (OB)* vitreous enamel finish
schmelzen *v* 1. melt, thaw *(Schnee)*; 2. smelt *(Metall)*; 3. flux *(verflüssigen, flüssig machen)*
Schmelzfarbglas *n (Arch, BM)* stained glass
schmelzgetaucht *(OB)* hot-dipped
Schmelzkegel *m* fusion cone, Seger cone
Schmelzkessel *m* cauldron *(für Asphalte)*
Schmelzkitt *m* hot cement
Schmelzklebstoff *m (BM)* thermosetting adhesive
Schmelzmittel *n (St, Te)* fluxing agent *(Schweißen)*
Schmelzpatrone *f (St)* fusible link *(Brandschutz)*
Schmelzpunkt *m* fusing point
Schmelzsand *m* glass sand
Schmelzscherbe *f* muffle
Schmelzschlacke *f* molten slag
Schmelzschweißen *n (St)* fusion welding
Schmelzschweißnaht *f (St)* fusion weld
Schmelzschweißtechnik *f (St)* fusion welding technique
Schmelzschweißverbindung *f (St)* fusion-welded joint
Schmelzsicherung *f (El)* non-renewable fuse, safety fuse
Schmelzstein *m* vitrified brick
Schmelzstift *m (El)* fusible plug *(Sicherung)*
schmelztauchbeschichtet *(OB)* hot-dip coated
Schmelztauchen *n* hot-dip coating
Schmelztauchschicht *f* hot-dip coating
Schmelztauchschutzschicht *f* hot-dip(ped) coating
Schmelztauchverfahren *n* hot-dipping process
Schmelztemperatur *f* fusing temperature
Schmelzverbindung *f (St)* fusible link *(von niedrigschmelzenden Metallen)*
Schmelzviskosität *f* melting viscosity
Schmelzwärme *f* melting heat
Schmelzwasser *n* melting water, snow water, snowmelt
Schmelzwassersand *m (BM, Bod)* glacial sand
Schmelzzement *m (BM)* melted cement
Schmelzziegel *m* shipper, vitrified brick; burr *(minderwertig, jedoch noch verwendbar)*
Schmied *m* smith
schmiedbar malleable, forgeable
Schmiedbarkeit *f (BM, St)* malleability
Schmiede *f* blacksmith's shop, forge, smithery, smith's shop, smithy
Schmiedearbeit *f* forged work, forged piece, forging, forging piece, ironwork, smithery *(Gegenstand)*; forging *(Schmiedetätigkeit)*
Schmiedearbeiten *fpl (BT)* smith's work
Schmiedebolzen *m* black bolt
Schmiedeeisen *n* malleable iron, forging-grade steel, wrought iron
Schmiedeeisenfenster *n (BT)* wrought-iron window
Schmiedeeisenfenstergitter *n* wrought window grille
schmiedeeisern wrought-iron

Schmiedehammer *m* blacksmith's hammer, forge hammer
Schmiedehandarbeit *f (St)* hand-forged ironwork
Schmiedehandwerk *n* (black)smith's trade, smithing, *(AE)* smithcraft
Schmiedekunst *f* smith's art, smith's skill, wrought-iron work, *(AE)* smithcraft
schmieden *v* forge, hammer
Schmieden *n* forging
Schmiedepresse *f* forging press
Schmiedestahl *m* 1. *(BM, St)* forge steel; 2. *(BM)* wrought iron
Schmiedestück *n* forged piece, forged work, forging
Schmiedezange *f (BWG)* smith's pliers
Schmiege *f* 1. bevel, chamfer, chamfered moulding, splay; 2. mitre level rule, zigzag rule *(Schmiegmaß)*
Schmiege *f* **mit 45°/profilierte** moulded chamfer
schmiegen *v* bevel
Schmiere *f (BM, OB)* slush
Schmiereigenschaft *f* lubricating property
schmieren *v* lubricate
Schmierfähigkeit *f (BWG)* lubricating power
Schmierfett *n* lubricating grease
Schmiermittel *n* lubricant
Schmiermittelfilm *m (BWG)* lubricating film
Schmierschicht *f (BWG)* lubrication layer
Schmiervorrichtung *f (BWG)* lubricating device
Schmirgel *m* emery, emery rock, abrasive powder
Schmirgelgestein *n* emery rock
Schmirgelleinwand *f* emery cloth
schmirgeln *v* emery, sand, sleeken
Schmirgelpapier *n* emery paper, emery polishing paper, abrasive paper, sandpaper
Schmirgelpulver *n (OB, Te)* emery powder
Schmirgelscheibe *f* emery wheel
Schmirgelzuschlagstoff *m* emery aggregate
Schmolzstein *m (BM)* vitrified brick
Schmolzziegel *m* burr, shipper *(minderwertiger, jedoch noch verwendbarer Ziegel)*
Schmuck *m (Arch)* decoration, adornment, pattern
Schmuck *m***/gemalter** painted decorative finish
Schmuck... decorative ...
Schmuckanstrich *m* ornamental paint
Schmuckarbeit *f* ornamental work
Schmuckarchitektur *f (Arch)* ornamental architecture
Schmuckbaukunst *f (Arch)* ornamental architecture
Schmuckbepflanzung *f (Arch, LB)* ornamental planting *(Landschaftsbau)*
Schmuckbeschichtung *f (Arch, OB)* ornamental coating
Schmuckbeschläge *mpl* ornamental hardware
Schmuckbeton *m* ornamental concrete
Schmuckbogen *m (Arch)* ornamental arch
Schmuckborte *f (Arch)* orle *(an einem Wappen)*
Schmuckdecke *f* ornamental ceiling, decorated ceiling
Schmuckdispersionsfarbe *f (BM)* ornamental water--carried paint
Schmuckeinfassung *f (Arch)* ornamental trim
Schmuckeisen *n* ornamental iron
Schmuckelement *n* decorative element, enrichment, ornament
schmücken *v* ornament, decorate, embellish, enrich, entail, adorn
schmückend decorative
Schmuckfarbe *f* ornamental paint
Schmuckfirstziegel *m* cress tile
Schmuckfolie *f* ornamental foil
Schmuckform *f* ornamental form, decorative form
Schmuckgewölbe *n (Arch, Konst)* decorative vault
Schmuckgiebel *m (Arch, Konst)* ornamental gable
Schmuckglied *n (Arch, Konst)* ornamental element
Schmuckleuchte *f (El)* ornamental luminaire
schmucklos simple, unenriched, unornamented, unadorned
Schmuckmalerei *f* decorative painting
Schmuckmotiv *n (Arch, Konst)* ornamental motif
Schmuckmuster *n* ornamental pattern, decorative pattern
Schmucknische *f* ornamental niche
Schmuckpavillon *m* ornamental pavilion, decorative pavilion
Schmuckplatte *f (Arch)* plaque *(Plakette)*
Schmuckplatte *f***/runde** *(Arch)* tondo
Schmuckportal *n (Arch)* ornamental portal
Schmuckprägung *f (Arch)* decorative embossment
Schmuckprofil *n (Arch)* moulding pattern
Schmucksäule *f (Arch, TK)* ornamental column
Schmuckstein *m* decorative stone
Schmuckstil *m (Arch)* style of ornamentation, ornamental style, decorative style
Schmucktür *f (Arch)* ornamental door
Schmucküberzug *m (Arch, OB)* ornamental coating
Schmückung *f (Arch)* decoration
Schmutz *m* 1. dirt, mud, mire; 2. waste, *(AE)* garbage; slush *(Schlamm)*
Schmutz *m***/fest haftender** grime
Schmutz... dirty ...
Schmutzablage *f* griminess
schmutzabweisend dirt-repelling, stain-resistant
Schmutzdecke *f* mud blanket
Schmutzeintritt *m* ingress of dirt
Schmutzfahne *f (HLK, OB)* ghost marking *(z. B. an Wänden über Heizungen durch Luftkonvektion)*
Schmutzfang *m* dirt trap, dirt pan
Schmutzfangeimer *m (Erdb, WVA)* silt box
schmutzfarben drab, dingy
Schmutzfilter *n (HLK)* dirt filter
Schmutzfleck *m (OB)* smudge *(Anstrich)*
schmutzfrei unsoiled; unpolluted *(Umwelt)*
schmutzig dirty, soiled, grimy; filthy, mucky *(starker)* • **schmutzig weiß** off-white • **schmutzig werden** soil
Schmutzigkeit *f* griminess
Schmutzschutzblende *f (HLK)* antismudge ring *(an Luftaustrittsöffnungen)*
Schmutzsieb *n* strainer
Schmutzspur *f (HLK, OB)* ghost marking *(z. B. an Wänden über Heizungen durch Luftkonvektion)*
Schmutzstoff *m (Umw)* pollutant
Schmutzteilchen *npl (Umw)* dirt particles
Schmutzverbreitung *f* **durch den Tunnel** *(Tun, Umw)* pollution dispersion from tunnel
Schmutzwäscherutsche *f* laundry chute *(Hotel)*
Schmutzwasser *n* dirty water, slops; waste-water, foul water, filthy water, sludge *(Abwasser)*
Schmutzwasserkanal *m* 1. *(Umw, WVA)* separate sanitary sewer; 2. *(WVA)* foul water sewer; 3. *(San, WVA)* sanitary conduit-type sewer
Schmutzwasserleitung *f* sanitary sewer
Schmutzwassernetz *n* sanitary sewer network
Schmutzwasserpumpe *f* sewage ejector, sump pump
Schmutzwassersystem *n***/getrenntes** *(WVA)* separate system
Schmutzwasserverteiltank *m* distribution box *(in Sickerleitungen)*
Schmutzzulage *f (VR)* dirty work allowance, dirt(y) money, *(sl)* boot money
Schnabel *m (Arch)* bird's beak moulding
Schnabelkopfverzierung *f (Arch)* beakhead *(in Tür- und Torbögen)*
Schnabelornament *n (Arch)* bird's beak moulding
Schnalle *f* tie plate, stay plate, batten plate

S

Schnapper *m (EB)* latch
Schnäpperschloss *n* spring bolt lock
Schnappkugelverschluss *m (EB)* bullet catch *(Tür)*
Schnappriegel *m (EB)* spring catch
Schnappschalter *m (El)* snap switch
Schnappschloss *n* spring latch, latch lock, spring catch, door catch, touch catch, snaplock, spring bolt lock
Schnappschlosseinrichtung *f* elbow catch
Schnappverschluss *m (EB)* spring lock
Schnauze *f (Konst)* lip
Schnecke *f* 1. *(Arch)* volute; 2. auger *(Bohrerspitze)*
Schneckenauge *n (Konst)* well hole
Schneckenbeschickung *f (Te)* worm feed
Schneckenbohrer *m* auger bit, worm auger
Schneckenbohrpfahl *m* screw pile
Schneckenförderer *m* helical conveyor, screw conveyor, spiral conveyor
schneckenförmig *(Arch)* voluted, conchoidal, helical, scrolled
Schneckengewölbe *n (Arch)* helical (barrel) vault, spiral (barrel) vault
Schneckengiebel *m (Arch)* voluted gable, scroll-shaped gable
Schneckenhandbohrer *m* shell gimlet
Schneckenkapitell *n (Arch)* scroll-shaped capital, scrolled capital, voluted capital
Schneckenlinie *f (Arch)* volute line, helical line
schneckenlinienförmig conchoidal
Schneckenornament *n (Arch)* scroll, volute *(Ornament an ionischen Säulen)*
Schneckenpresse *f (BWG)* extrusion auger
Schneckenschmuck *m (Arch)* spiral scroll
Schneckenstiege *f* spiral staircase, spiral stairs, caracole
Schneckentreppe *f (BT, Konst)* vyse staircase
Schneckenverzierung *f (Arch)* spiral scroll
Schnee *m (Bod)* snow
Schneebelastung *f* snow loading
Schneedecke *f* snow cover
Schneefall *m* snowfall
Schneefang *m (BT, San)* snow guard *(Dach)*
Schneefangbrett *n (BT)* snow board
Schneefanggitter *n* roof guard, snow guard *(Dach)*
Schneefracht *f* snow transport
Schneefräse *f* snow cutter
Schneefrässchleuder *f* snow blower and cutter
schneefrei snowless
Schneegebiet *n (Bod, Umw)* snow region
Schneehaltehaken *m (BT, San)* snow hook *(Dach)*
Schneehalter *m* roof guard, snow guard *(Dach)*
Schneehöhenmesser *m (Umw)* snow detector
Schneeketten *fpl* snow chains
Schneelast *f (Stat)* snow load
Schneelastbeiwert *m* snow load value, value of snow load
Schneelastfaktor *m (Stat)* value of snow load
Schneelastwert *m* snow load value, value of snow load
Schneematsch *m (Erdb, WVA)* slush *(z. B. in Wasserläufen)*
Schneepflug *m s.* Schneeräumpflug
Schneeräumer *m* snow remover, snow blade, snow plough
Schneeräumpflug *m* snow removing plough, snow remover, snow blade, snowplough, *(AE)* snowplow
Schneeräumung *f* snow clearance, snow clearing, snow removal *(Straße)*
Schneeräumzeichen *n (Verk)* snow clearing marker post
Schneerutschung *f (Umw)* snow flow
Schneeschleuder *f (Verk)* snow blower
Schneeschutz *m (Umw, Verk)* snow protection methods
Schneeverhältnisse *npl (Bod, Umw)* snow conditions *(Winterbau)*
schneeverweht *(Verk)* snowbound
Schneeverwehung *f* snow drifting; snowdrift, drifted snow, snowbank *(Straße)*
Schneewehe *f* snowdrift
schneeweiß snow-withe
Schneezaun *m (BT)* snow fence
Schneezeichen *n (Umw)* snow marker
schneidbar sectile
Schneidbrenner *m* 1. *(BWG, St)* cutting blowpipe; 2. *(St)* flame cutter
Schneide *f* cutter, cutting edge; bit *(Bohrer)*; blade *(Klinge)*
Schneideabfälle *mpl* cuttings
Schneideholz *n* saw-timber
Schneidekante *f* cutting edge
Schneidelager *n* blade-bearing
Schneidemaschine *f* cutting machine, cropper
schneiden *v* 1. cut; 2. shear *(abschneiden)*; 3. cut back *(kürzen)*; 4. carve, engrave *(Muster in Holz, Stein, Stahl)*; 5. scissor *(mit der Schere)*; 6. trim *(Landschaftspflege)*; 7. intersect, cross *(kreuzen)*
schneiden *v*/**auf Gehrung** *(Hb, Te)* mitre
schneiden *v*/**das Holzverbindungsende** *(Hb, Te)* cope
schneiden *v*/**eine Nut** dap
schneiden *v*/**Gewinde** *(Te)* thread
schneiden *v*/**Nuten** *(Hb)* gain
schneiden *v*/**rechtwinklig** (cut) square
schneiden *v*/**sich** *(Verm)* intersect *(Linien)*
schneiden *v*/**Zapfen** *(Hb, Te)* tenon
Schneiden *n* 1. cutting *(von Materialien)*; 2. *(Stat)* intersection *(einer Linie)*
Schneiden *n* **einer Gehrung** *(Hb)* mitring
Schneiden *n* **in Faserrichtung** cutting with the grain *(Holz)*
Schneiden *n* **quer zur Faserrichtung** *(Hb, Te)* cutting across the grain *(Holz)*
schneidend keen *(Werkzeug)*
Schneidescheibe *f* cutter disc, *(AE)* cutter disk
Schneidetiefe *f* cutting depth
Schneidewerkzeug *n s.* Schneidwerkzeug
Schneidfuß *m (Erdb)* cutting foot
Schneidkante *f* cutting edge
Schneidmeißel *m (BWG)* parting tool
Schneidmesser *n* cutting knife
Schneidmesser *n*/**einstellbares** cutting gauge *(Furnierschnitt)*
Schneidscheibe *f s.* Schneidescheibe
Schneidschraube *f* self-tapping screw
Schneidspäne *mpl* cuttings
Schneidwerkzeug *n* cutter
Schneidzange *f* cutting pliers
schnell fast, quick; rapid *(sehr schnell)*
Schnellabbinden *n* flash set *(Zement)*
Schnellalterung *f (BM)* accelerated ageing
Schnellalterungsprüfung *f (BM)* accelerated ageing test
Schnellaufzug *m* high-speed (passenger) lift, express lift, *(AE)* express elevator
Schnellbahn *f* 1. *(Verk)* metropolitan railway; 2. rapid express *(Fernbahn)*
Schnellbahnsystem *n (Verk)* rapid transit system
Schnellbauaufzug *m* 1. *(EB)* high-speed building hoist; 2. *(BWG, Te)* rapid hoist *(für Materialien)*
Schnellbauweise *f* quick-assembly method, rapid-assembly method
Schnellbefestigung *f (BT, Te)* quick fixing
Schnellbeton *m (BM)* rapidly hardening concrete
Schnellbinder *m* quick hardener, flash-setting agent *(z. B. Gips)*; rapid-setting cement, rapid-cementing agent *(Beton)*
schnellbrechend quick-breaking, rapid-setting *(Bitumenemulsion)*

S

schnellen *v* spring
Schnellen *n* spring
Schnellerhärtung *f* rapid hardening
Schnellfilter *m* rapid filter *(Abwasser)*
schnellhärtend quick-curing, quick-hardening, quick-setting *(Anstriche)*; rapid-hardening; fast-curing *(z. B. Kunstharz, Anstrich)*
Schnellhärter *m* quick hardener; rapid hardener *(Beton)*
Schnellhärtung *f* rapid hardening
Schnellhobelmaschine *f* high-speed planer
Schnellhorizontiergerät *n (Verm)* tilting level
Schnelligkeit *f* 1. quickness; rapidness *(stärker)*; 2. speed, rate *(Tempo)*; 3. *(BWG, Te, Verk)* velocity *(physikalisch)*
Schnellkompostierung *f (LB, Umw)* mechanical composting
Schnellkraft *f* springiness
Schnellkupplung *f* quick-coupling device, hitch
Schnelllot *n* quick solder, soft solder
Schnellmontagebauweise *f* quick-assembly method, quick-erection method, rapid-assembly method
Schnellprüfung *f (BM)* accelerated test
Schnellrestaurant *n* fast-food restaurant
Schnellscherprüfung *f (Bod)* undrained shear test
Schnellschliffgrund *m* sanding sealer
Schnellschlussschieber *m (Wsb)* quick-closing sluice valve
Schnellschlussventil *n (HLK, San, WVA)* quick-acting valve
Schnellspur *f (Verk)* fast lane
Schnellstraße *f* high speed road, motorway; thoroughfare *(innerstädtisch)*; *(AE)* expressway, *(AE)* speedway; throughway, throughput way *(innerstädtisch)*
Schnellstraße *f*/**kreuzungsfreie** *(Verk) (AE)* freeway
Schnellstraße *f*/**städtische** *(Verk)* urban express road
Schnellstraßennetz *n (RP, Verk)* highway network
Schnelltest *m (BM)* rapid test
Schnelltrockenfarbe *f (BM, OB)* sharp paint
schnelltrocknend quick-drying, rapid-drying, fast-drying *(z. B. Farben)*
Schnellverkehr *m* 1. rapid traffic, express traffic; 2. *(Verk)* high-speed traffic *(Straße)*; 3. *(Verk)* rapid transit *(Eisenbahn)*
Schnellverkehrsstraße *f* high-speed road, motorway, road with limited access, *(AE)* expressway, *(AE)* speedway
Schnellverkehrssystem *n* rapid traffic system
Schnellverschlussvorrichtung *f (EB)* automatic closing gear
Schnellversuch *m (BM)* accelerated test
schnellwirkend fast
Schnitt *m* 1. cut, notch; nick *(Kerbe)*; 2. incision *(Einschnitt)*; slit *(Schlitz)*; 3. section, cross section *(Querschnitt)*; 4. sectional view, sectional drawing, cutaway view *(Zeichnung)*; 5. *(Arch)* die set *(Säulenführungsschnitt)*; 6. *(Stat)* intersection *(einer Linie)* • **im Schnitt** in section *(Zeichnung)* • **im Schnitt darstellen** *(Konst)* profile • **Schnitt vorzeichnen** mark out *(z. B. für Fußbodenbelagverlegung)*
Schnitt *m*/**axonometrischer** *(Konst)* axonometric cut-away section
Schnitt *m*/**Goldener** *(Arch)* golden section, sectio aurea
Schnitt *m* **in Feldmitte** midspan section
Schnitt *m*/**Ritter'scher** *(Stat)* Ritter's dissection *(zur Ermittlung der Stabkräfte vom Fachwerk)*
Schnitt *m*/**schiefwinkliger** bevel cut
Schnitt... sectional ...
Schnittbild *n* cutaway view
Schnittdarstellung *f (Konst)* sectional view
Schnittdichte *f* piled density *(Baustoffe)*
Schnittebene *f* cutting plane, plane of section, plane
Schnittebenenmarkierungslinie *f (Konst, Te)* cutting-plane line
Schnittende *n*/**faseriges** *(BM)* woolly grain *(Holz)*
Schnittfläche *f* 1. cut surface; 2. *(Arch, Konst)* surface of section
Schnittflächenschraffur *f* section lining
Schnittfries *m (Arch)* dentil frieze, dentils
Schnittfuge *f* 1. notch, kerf; 2. cut joint, *(AE)* sawed joint *(Beton)*; 3. saw kerf *(Holz)*
Schnittfugenbreite *f* width of kerf
Schnittgerinne *n (Verk) (AE)* water gutter
Schnittgrößenermittlungsverfahren *n* **nach der Elastizitätstheorie** *(Stat)* permissible-stress design, working load design, working load method
Schnittholz *n* timber, sawn timber, *(AE)* lumber; sawn wood *(Bretter, Bohlen, Kantholz usw.)*; scantling *(bis zu 100 mm × 125 mm im Durchmesser)*; *(AE)* yard lumber *(bis 125 mm dick)*
Schnittholz *n*/**gebündeltes** packaged timber
Schnittholz *n*/**unsortiertes** mill run *(Holz)*
Schnittholzbündel *n* packaged timber
Schnittkante *f* cut(ting) edge
Schnittkraft *f* 1. *(Stat)* cutting force; 2. *(Stat)* internal force, static force
Schnittkraftberechnung *f* **mittels Elastizitätstheorie** elastic analysis, elastic method *(Statik)*
Schnittkräfte *fpl (Stat)* internal forces, static forces
Schnittkraftverfahren *n (Stat)* method of sections
Schnittkraftverlauf *m (Stat)* internal force distribution
Schnittkurve *f (Konst, Stat, Verm)* curve of intersection
Schnittling *m* half roofing tile *(halber Dachziegel)*
Schnittlinie *f* 1. *(Stat)* line of intersection; 2. *(Konst, Stat, Verm)* curve of intersection; 3. cutting line
Schnittliste *f (Hb)* cutting list
Schnittmaß *n* nominal size
Schnittnagel *m (BM)* cut nail
Schnittplatte *f* die-plate *(Matrize)*
Schnittpunkt *m* 1. *(Stat)* intersection; 2. *(Verk)* intersection point
Schnittpunktverzierung *f (Arch)* cusp *(bei gotischen Bögen)*
Schnittstelle *f* interface
Schnittstellennorm *f* interface standard
Schnitttiefe *f* cutting depth
Schnittunterteil *n* die-plate *(Matrize)*
Schnittverfahren *n (Stat)* method of sections
Schnittverfahren *n*/**Ritter'sches** *(Stat)* Ritter's method of dissection
Schnittwerkzeug *n* cutting tool, edge tool, die
Schnittwinkel *m* cutting angle; intersecting angle
Schnittzeichnung *f (Konst)* sectional drawing
Schnittzeichnung *f*/**axonometrische** *(Konst)* sectional axonometric drawing
Schnittziegel *m* wire-cut brick
Schnitzarbeit *f* 1. *(Arch)* incised decoration; 2. *(Arch, Te)* wood carving
Schnitzbank *f* carver's bench, sticker bench
Schnitzel *npl* cuttings
schnitzeln *v* chop
schnitzen *v* cut (in wood), carve, whittle, thurm; incise *(einschnitzen, Holz)*; *(AE)* cut
Schnitzen *n* carving *(von Holz)* • **durch Schnitzen verzieren** fret
Schnitzer *m* wood carver
Schnitzerei *f* carving *(aus Holz)* • **mit Schnitzereien schmücken** entail
Schnitzmesser *n* wood-carving knife, whittle, *(AE)* sloyd knife
Schnitzornament *n* carved ornament

S

Schnitzwerk *n* intaglio • **mit Schnitzwerk verzieren** fret
Schnitzwerk *n* **mit verschlungenen Formen** *(Arch)* meander, labyrinth fret *(griechische Antike, Klassizismus)*
Schnitzwerkzeug *n* carver, carver's tools
Schnörkel *m (Arch)* helix, scroll
Schnörkelverzierung *f* scroll moulding, scroll ornament
Schnörkelverzierungen *fpl (Arch)* scrollwork
Schnur *f* 1. *(BT)* cord; 2. *(SB)* line; 3. *(BM)* string; 4. *(El)* cord, flex
Schnur *f* **für Hubfenster** sash cord
Schnurbock *m* 1. *(Te)* batter boards; 2. *(Verm)* pegging of batter boards
Schnürbretter *npl (Te, Verm)* profile boards
schnüren *v* mark out with a line *(Schnurböden)*
Schnüren *n (Erdb)* broom *(eines Holzpfahlkopfs)*
Schnurgerüst *n* 1. *(Te)* batter boards; 2. *(Verm)* pegging of batter boards; 3. *(Te, Verm)* profile boards
schnürig/nicht crooked *(Holz)*
Schnurlot *n* plumb bob, plumb line
Schnurnagel *m (SB)* line pin *(Mauerwerk)*
Schnurschalter *m (El)* pendant switch, suspension switch
Schnurschlag *m* lining out by chalk line
Schnurwasserwaage *f* line level
Schnurzug *m* pull-cord *(Jalousie)*
Schoberstein *m (Arch)* staddle stone
Schockbeton *m (BB)* shock concrete
schocken *v (BB, Te)* jolt
Schocken *n (BB, Te)* jolting
schönsäulig *(Arch)* eustyle *(mit Säulenabstand von zwei Durchmessern)*
Schöpfeimer *m* bailer; bucket *(des Eimerkettenbaggers)*
schöpferisch creative
Schöpflöffel *m* bailer
Schopfwalm *m* 1. *(Hb, Konst)* half hip; 2. *(Konst)* partial hip *(Dach)*
Schopfwalmdach *n* gambrel roof, half-hipped roof
Schöpfwerk *n (WVA)* pumping station
Schornstein *m* 1. chimney, chimney stack, smokestack, stack *(Schlot)*; flue *(Schornsteinzug)*; flue of a producer *(Rauchabzug)*; 2. funnel, vent *(Luftschornstein)* • **einen Schornstein ziehen** *(SB, Te)* corbel
Schornstein *m***/abgespannter** *(Konst)* guyed chimney
Schornstein *m***/blinder** dummy funnel
Schornstein *m***/frei stehender** chimney shaft, independent chimney, isolated chimney; big brick chimney *(gemauert)*
Schornstein *m***/gemauerter** *(SB)* masonry chimney
Schornstein *m***/mehrröhriger** flue grouping
Schornstein *m* **mit mehreren Zügen** flue grouping
Schornstein *m* **mit natürlichem Zug** *(HLK, Konst)* natural-draught chimney
Schornstein *m* **mit seitlichem Abzug und überdachter Spitze** hovelling
Schornstein *m***/rußender** *(Umw)* smoky chimney
Schornstein *m***/unbesteigbarer** unascendable chimney
Schornsteinabdeckung *f (BT, San)* abat-vent *(aus Metall)*
Schornsteinanker *m* chimney anchor
Schornsteinanschluss *m* chimney junction
Schornsteinanschlusshülse *f (BT, HLK)* thimble *(Rauchrohr, Ofenrohr)*
Schornsteinaufsatz *m* 1. chimney cap, chimney hood, chimney jack, lid of chimney, chimney top, cowl, tallboy; 2. *(HLK)* hood
Schornsteinaufsatz *m***/durchbrochener** openwork chimney top
Schornsteinaufsatzrohr *n* chimney pot
Schornsteinauskleidung *f* chimney lining
Schornsteinbau *m* chimney construction
Schornsteinbaugerüst *n s.* Schornsteingerüst 1.
Schornsteinbemessung *f (Konst)* chimney design
Schornsteinblech *n* chimney apron, flashing *(am Dachdurchbruch)*
Schornsteinblechrinne *f***/kleine** fillet gutter *(zwischen Schornstein und Dachschräge)*
Schornsteindachrinne *f* back gutter, side gutter
Schornsteineffekt *m* chimney effect, flue effect, stack effect
Schornsteineinfassung *f* chimney flashing, chimney tray
Schornsteinelement *n* chimney component, chimney unit, flue block
Schornsteinfertigelement *n* chimney component, chimney member
Schornsteinfertigteil *n* flue block, *(AE)* chimney block
Schornsteinfertigteilsegment *n (BT)* special chimney unit
Schornsteinformstück *n (AE)* chimney block
Schornsteinfuß *m* chimney base
Schornsteinfutter *n* flue lining
Schornsteingerüst *n* 1. chimney construction scaffold *(Baugerüst)*; 2. saddle scaffold *(Dachgerüst für Reparaturen)*
Schornsteingründung *f (Erdb)* chimney foundation
Schornsteingruppe *f* chimney group, group of chimneys
Schornsteingruppenschmalseite *f* hench
Schornsteinhals *m* chimney throat(ing)
Schornsteinhaube *f s.* Schornsteinaufsatz
Schornsteininnenputz *m* chimney parget
Schornsteinkanal *m***/falscher** blind flue
Schornsteinkappe *f* bonnet, chimney bonnet, chimney cap, chimney hood, chimney jack
Schornsteinklappe *f* smoke and fire vent, smoke vent
Schornsteinklappe *f***/automatische** automatic smoke and fire vent, automatic smoke vent
Schornsteinkopf *m* chimney head, chimney coping
Schornsteinkragen *m* chimney umbrella, umbrella
Schornsteinkranz *m* umbrella
Schornsteinleistung *f* chimney duty
Schornsteinleiter *f* chimney ladder, stack ladder
Schornsteinluke *f* funnel opening
Schornsteinmantel *m* chimney casing, chimney shell
Schornsteinmauerstein *m (Konst, SB)* radial chimney walling unit
Schornsteinmittel(trenn)steg *m* midfeather, withe *(zwischen den Zügen)*
Schornsteinöffnung *f* chimney outlet
Schornsteinoptimalhöhe *f* effective height *(Zugwirkung)*
Schornsteinquerschnitt *m* chimney cross section
Schornsteinquerschnittsveränderung *f* flue gathering, gathering *(beim Übergang vom Fuchs zum Schornstein)*
Schornsteinregenkragen *m* chimney umbrella
Schornsteinregenkranz *m* umbrella
Schornsteinreinigungsklappe *f (BT)* soot door (of chimney)
Schornsteinrost *m* arrester
Schornsteinsattel *m* cricket
Schornsteinsattelabdeckung *f (Konst)* saddle flashing
Schornsteinsäule *f* chimney shaft
Schornsteinschacht *m* chimney shaft, flue uptake, funnel shaft, uptake
Schornsteinschaft *m* chimney shaft; tun *(Dialektausdruck)*
Schornsteinschieber *m* (chimney) damper
Schornsteinschmalseite *f* hench
Schornsteinschutzabdeckung *f* chimney cap, chimney hood, chimney jack
Schornsteinschutzblech *n* back gutter, flashing *(am Dachdurchbruch)*
Schornsteinschutzrost *m* arrester
Schornsteinschutzsieb *n* arrester

S

Schornsteinsieb *n* arrester
Schornsteinsiebrost *m* chimney arrester
Schornsteinsockel *m* chimney base
Schornsteinteil *n* flue block
Schornsteinventilator *m (HLK)* chimney fan
Schornsteinverband *m (SB)* chimney bond
Schornsteinverstärkungsring *m* strengthening ring round a chimney
Schornsteinwange *f* chimney wall, jamb of a chimney
Schornsteinwangenabdeckung *f* flaunching *(am Schornstein)*
Schornsteinziegel *m* chimney brick
Schornsteinzug *m* chimney draught, chimney flue, natural draught, flue, upward pull; draught *(Abgasführung)*
Schornsteinzunge *f* midfeather, withe *(zwischen den Zügen)*
Schossrinne *f (St)* flashing *(Dach)*
Schott *n* bulkhead *(stählerne Quer- oder Längstrennwand, ursprüngl. aus dem Schiffsbau)*
Schottenabschluss *m* upstand wall *(Brücke)*
Schottenbauart *f (Konst)* cellular framing *(Zellenbauweise)*
Schottenbauweise *f (Konst)* crosswall construction
Schottenwand *f* divider
Schotter *m* 1. crushed rock, crushed stone, broken stone, broken rock, metal; 2. stone chips, stone chippings *(Feinschotter)*; 3. *(Verk)* ballast *(für Gleisbau)*; 4. *(BM) (AE)* railroad ballast; 5. *(BM)* gravel; 6. *(Verk)* macadam *(für Makadamstraßendecke)* • **Schotter brechen** *(BM, Te)* stub stones
Schotterabdeckung *f* rock blanket
Schotterablage *f (Verk)* ballast bed
Schotterbeton *m* ballast concrete
Schotterbett *n* 1. *(Verk, Wsb)* hardcore bed; 2. *(Verk)* ballast bed
Schotterbett *n*/**durchlaufendes** *(Erdb, Verk)* uninterrupted ballast
Schotterbrecher *m* stone breaker
Schotterdecke *f* road metalling; gravel covering; macadam
Schotterdecke *f*/**sandgeschlämmte** macadam surface, macadam surfacing
Schotterdecke *f*/**wassergebundene** *(Verk)* water-bound macadam
Schottergrube *f* ballast pit, ballast quarry
Schotterlage *f (Verk, Wsb)* hardcore layer
Schotterlage *f*/**obere** *(Verk)* top ballast *(Gleis)*
Schotterlage *f*/**zweite** *(Verk)* top ballast *(Gleis)*
schottern *v* 1. ballast *(Eisenbahnbau)*; 2. coat with broken stones, gravel, pitch, macadamize *(Straße)*
Schotterpfahl *m* granular pile
Schottersand *m* course sand
Schotterschüttung *f* ballast boxing; gravel boxing
Schottersicker *m* 1. *(Erdb, LB, WVA)* stone drain; 2. *(Erdb, Verk)* French drain
Schotterstampfer *m* ballast tamper
Schottersteine *mpl*/**übergroße** *(BM)* tailings
Schotterstraße *f* metalled road, drystone road, broken stone road; ballast road
Schotterstraße *f*/**sandgebundene** *(Verk)* macadam road
Schottertragschicht *f* macadam (road)base
Schottertransportwagen *m s.* Schotterwagen
Schotterüberschüttung *f (Verk)* ballast bed
Schotter- und Splittwerk *n (BWG)* rock plant
Schotterunterbau *m* crushed stone base, macadam foundation
Schotterverteiler *m (Verk)* gritter
Schotterwagen *m* ballasting wagon
Schotterwerk *n* (commercial) stone-crushing plant
Schraffe *f* hachure, hatch
schraffieren *v* hachure, hatch *(für Schnitte)*; shade *(schattieren)*
schraffieren *v*/**kreuzweise** cross-hatch
Schraffierlinie *f* hatch
schraffiert hatched
Schraffierung *f* hachure, hatching; shading
Schraffur *f* hachure, hatches, hatching, ruling
Schraffurfläche *f (Konst)* hatched area
Schraffurlinie *f* hachure, section line; shade line
schräg 1. oblique, bias; 2. slating, inclined, sloping, sloped, shelving *(Fläche)*; 3. battered *(abgeschrägt)*; 4. bevel, bevelled *(Kante)*; 5. canted *(abgekantet)*; 6. raking *(stark geneigte Fläche)*; 7. sidelong, slant, slantwise *(seitlich geneigt)*; 8. skew *(Linie)*
Schräganordnung *f* inclined position, slanting arrangement
Schräganschluss *m (Konst)* raking flashing *(Dach)*
Schrägansicht *f (Arch)* oblique view
Schrägauffahrt *f (Verk)* ramp
Schrägaufstellparken *n (Verk)* angle parking
Schrägaufzug *m* inclined hoist, slanting lift, transverse hoist, *(AE)* inclined elevator
Schrägbalken *m* 1. *(BT)* raker; 2. *(Hb, Konst)* raker beam
Schrägboden *m* slanting bottom *(Bunker)*
Schrägbogen *m* skew(ed) arch
Schrägbordsteinkante *f* kerb ramp
Schrägbrett *n (Hb)* angle board
Schrägbügel *m* inclined stirrup
Schrägdach *n* inclined roof, pitched roof
Schräge *f* 1. obliquity; inclination *(Neigung)*; 2. *(Konst)* slant; 3. *(Konst, TK)* diagonal *(geneigte Ebene)*; 4. *(Erdb)* batter *(Abschrägung)*; 5. *(Hb, St)* bevel *(Fase)*; 6. cant *(schräge Kante)*; 7. splay, chamfer, chamfered moulding *(Abfasung)*; 8. haunch, inclined haunch *(Voute)*; 9. *(Konst)* talus *(Maueranlauf, Böschungsanlauf)*; 10. broad *(Meißel)* • **in die Schräge nageln** *(Te)* nail inclined • **mit Schräge** *(Erdb)* slanted
Schräge *f*/**gedrückte** *(TK)* diagonal in compression
Schräge *f*/**gezogene** *(BT, TK)* tension diagonal
Schrägeinglasung *f* sloping glazing
Schrägeisen *n* bent bar
Schrägentfernung *f (Verm)* sloping distance
Schrägfahnenmast *m* outrigger wall set flagpole
Schrägfaltung *f (Konst)* sloping folding
Schrägfestigkeit *f (Stat)* oblique strength
Schrägfläche *f (Bod, Erdb)* slope
Schrägfuge *f* bevelled joint, inclined joint, sloping joint
schräggestellt tilted
Schräghauen *n* cut splay *(Ziegel)*
Schrägheitswinkel *m* angle of obliquity
Schrägholzverkleidung *f* diagonal sheathing
Schrägkante *f* bevelled edge
Schrägkopfriegel *m* bevel-beaded bolt
Schrägkreuz *n (Arch)* Saltire cross
Schräglage/in inclined
Schräglagerfuge *f* toe joint
Schräglast *f* 1. inclined load; 2. *(Bod)* oblique load
schrägliegend inclined
Schrägluke *f* cant bay *(Dach)*
Schrägmarkierung *f (Verk)* transverse marking
Schrägmaß *n* bevel way
Schrägmauer *f (BB, SB, Wsb)* battered wall
Schrägnageln *n* toenailing, tusk nailing, skew nailing, slant nailing *(z. B. Spundbretter, Stülpverkleidung)*
Schrägnagelung *f (Hb)* skew nailing
Schrägöffnung *f* skew opening
Schrägpfahl *m (Erdb)* raked pile, raker pile, raking pile, batter pile, brace pile

S

Schrägpolygonroststab *m (Konst)* inclined polygonal grate bar
Schrägprojektion *f (Konst)* oblique projection
Schrägramme *f* oblique pile driver
Schrägraster *n* skew grid
Schrägrechen *m (WVA)* inclined screen *(Kläranlage)*
Schrägrippe *f* oblique rib, helical rib
Schrägriss *m* oblique crack
Schrägrissebildung *f* oblique cracking
Schrägrost *m* skew grid
Schrägrutsche *f* gravity chute *(für Schutt)*
schrägschichtig *(Bod, Erdb)* obliquely bedded
Schrägschichtung *f*/**tafelige** *(Bod)* tabular cross-bending
Schrägschneiden *n* **der Giebelrandziegel** fair-raking cutting *(entsprechend der Dachneigung bei Verblendmauerwerk)*
Schrägschnitt *m* oblique section, bevel cut, skew cut
Schrägschraffierung *f* oblique stripe
Schrägseil *n (Konst, TK)* cable stay
Schrägseilbrücke *f* cable-stayed bridge, guyed bridge
Schrägstab *m* inclined bar, bent bar; oblique rod *(Stahlbau)*
Schrägsteife *f* back prop, inclined brace
Schrägstein *m* bevelled brick, *(AE)* footstone
Schrägstellen *n (Konst)* slanting
Schrägstellung *f* oblique position, obliquity, skewing, slanting position
Schrägstrahler *m* angle-lighting luminaire
Schrägstreifen *m* oblique stripe
Schrägstütze *f* inclined support, diagonal, racking support; raker pile
Schrägstützenramme *f* oblique pile driver
Schrägung *f (Hb)* gain *(s. a. Schräge)*
Schrägungswinkel *m* angle of skew
Schrägverband *m* diagonal bracing *(Stahlkonstruktion)*; raking bond *(Mauerwerk)*
Schrägverbindung *f* inclined joint
Schrägverblattung *f* splayed joint
Schrägverglasung *f* sloping glazing
Schrägwand *f (BB, SB, Wsb)* battered wall
Schrägwinkel *m* bevel angle *(eines Schweißstücks)*
Schrägwinkelziegelstein *m* angle brick
Schrägziegel *m* cant brick, splay brick
Schrägziegelstein *m* angle brick
Schrägzierleiste *f (Arch)* raking moulding
Schrägzuganker *m* inclined tie rod
Schrägzugseilschlaufe *f* inclined tension rope loop
Schrämmaschine *f (BWG)* channelling machine
Schrammbord *m* kerb, *(AE)* curb
Schramme *f* scratch, stria; graze *(Glas)*; scar *(Oberfläche)*
schrammen *v* scratch
Schrammschwelle *f* kerb, *(AE)* curb
Schrank *m* 1. cupboard, cabinet, *(AE)* closet; cabinet *(z. B. für Geräte)*; 2. *(BWG)* set *(einer Säge; s. a. Schränkung)*
Schrank *m*/**eingebauter** fitted cupboard, built-in cupboard, *(AE)* closet
Schranke *f* barrier, gate
Schranke *f*/**handbediente** manual barrier
Schränkeisen *n* saw set
schränken *v (Te)* set *(Säge)*
Schranken *fpl (Arch)* parclose screen *(mittelalterliche Kirche)*
Schrankenanlage *f (Verk)* level crossing gate
schrankenlos unbonded
Schranknagel *m* lease peg, lease pin
Schränkschicht *f* diagonal course *(Mauerwerk)*
Schränkschichtverband *m (SB)* herringbone bond
Schrankschloss *n* cupboard lock, closet latch
Schränkung *f (BWG)* set *(einer Säge)*
Schränkverband *m* lacing bond, diagonal (masonry) bond *(Mauerwerk)*
Schrankwand *f* cupboard unit(s), shelf unit, storage wall, wall unit, *(AE)* bank of closets, closet bank
Schrapper *m* scraper, drag scraper, dragline scraper, carryall (scraper); power drag scraper • **mit Schrapper fördern** *(Erdb)* scrape
Schrapperkorb *m (BWG, Erdb)* scoop
Schrapplader *m* scraper loader
Schraubanker *m (BT)* screw anchor
Schraubbeton *m (BB)* screwcrete
Schraubbolzen *m (BT)* screwed bolt
Schraubdeckel *m* screw cap
Schraubdübelbolzen *m* screw dowel
Schraube *f* screw, bolt
Schraube *f*/**blanke** turned bolt
Schraube *f*/**eingemörtelte** grouted bolt
Schraube *f*/**gleitfeste** friction grip-bolt
Schraube *f*/**hochfest vorgespannte** high-tensile bolt, friction grip bolt
Schraube *f*/**hochfeste** high-strength screw, high-tensile bolt
Schraube *f*/**hölzerne** wooden screw
Schraube *f*/**schwarze** black bolt
schrauben *v* screw
Schraubenabstand *m (Konst)* screw interval
Schraubenanschluss *m* screwed joint
Schraubenbohrer *m* 1. *(Erdb)* auger drill; 2. *(BWG, Erdb)* helical auger
Schraubenbolzen *m* bolt, screw bolt
Schraubendreher *m* screwdriver
Schraubendreher *m*/**gekröpfter** offset screwdriver
Schraubenfläche *f* helicoid
Schraubenflächenschale *f* helical shell, helicoidal shell
Schraubenförderer *m* helical conveyor
schraubenförmig 1. helical, screw-shaped; 2. *(BT, Konst)* twisted
Schraubengewinde *n* screw thread
Schraubenklemme *f (BT)* screw anchor
Schraubenkurve *f (Konst)* cochleoid
Schraubenlinie *f* 1. *(Arch)* helical curve; 2. *(Arch)* helix
Schraubenmuffenverbindung *f* screwed coupling
Schraubenmutter *f* nut
Schraubenpfahl *m* screw pile
Schraubenrampe *f* circular ramp, helicline, ramp tower, spiral ramp
Schraubenschlüssel *m (BWG)* spanner
Schraubenschlüssel *m* **mit Stellschraube** *(BWG)* adjustable wrench
Schraubenschlüssel *m*/**verstellbarer** *(BWG)* adjustable wrench
Schraubenspindel *f* screw rod
Schraubentreiber *m*/**elektrischer** electric screw jack
Schraubenverbindung *f* bolted connection, screwed joint
Schraubenverbindung *f*/**gleitfeste** friction grip-bolting, high-tensile bolting
Schraubenverbindung *f*/**hochfest vorgespannte** friction grip-bolting
Schraubenverbindung *f*/**hochfeste** *(Konst, St)* high-tensile bolted structural joint
Schraubenverzierungselement *n (Arch)* scroll
Schrauber *m* screwdriver
Schraubflansch *m (BT)* screwed flange
Schraubgewinde *n* screw thread
Schraubhaken *m* screw hook
Schraubkappe *f* screw cap
Schraubkeilklemmung *f* screw releasing wedge clamping
Schraubkupplung *f* screwed coupling
Schraubloch *n* screw hole

Schraubmuffe *f* screwed fitting, screwed socket, union
Schraubsockel *m (El)* screw cap
Schraubspindel *f* screw jack
Schraubstempel *m* ratchet brace
Schraubstock *m* bank screw, vice
Schraubventil *n (BT, WVA)* compression valve *(Wasserleitung)*
Schraubverbindung *f* bolted connection, screw fastening, screw joint, screwed connection, nipple; threaded joint *(Rohre)* • **mit Schraubverbindung versehen** *(Konst, Te)* screw-couple
Schraubverbindung *f***/gleitfeste** *(Konst, St)* friction grip-bolt connection
Schraubverbindung *f***/hochfest vorgespannte** *(Konst, St)* friction grip-bolt connection
Schraubwinde *f* screw jack
Schraubzwinge *f* 1. screw clamp, carriage clamp, web clamp, cramp; 2. *(Hb)* clamp, joiner's clamp
Schraubzwinge *f***/C-förmige** C-clamp
Schraubzwinge *f***/große** G-cramp
Schrebergarten *m* 1. *(VR)* allotment; 2. *(LB)* allotment garden
Schreckgerüst *n* security floor *(Sicherheitsgerüst)*
Schreib... graphic ...
Schreibpegel *m (Wsb)* limnigraph
Schrein *m (Arch)* shrine *(in Kirchen)*
Schreinerei *f* joiner's trade, joiner's workshop
Schreinhalle *f (Arch)* Shinto shrine
Schreitabsteckpfahl *m (Verm)* walking spud
Schreitbagger *m (BWG)* walking dragline
Schreitschürfbagger *m* walking dragline
Schrift *f* lettering
Schrift... graphic ...
Schriftband *n (Arch)* label, streamer, scroll *(Ornament mit aufgerollten Enden)*
Schriftfeld *n (Konst)* title block *(Zeichnung)*
Schriftfries *m (Arch)* frieze with inscription
Schriftgranit *m (BM)* graphic granite
Schrittfolge *f* operation sequence, process sequence, sequence of operations
schrittweise incremental
Schrittweite *f* increment
schroff steep
Schrotbeton *m* shotcrete, air-placed concrete, jetcrete
Schrotblei *n* shot lead
Schrotbohren *n (Erdb)* boring by shot drills
Schrotbohrer *m (BWG)* adamantine drill
Schrotkeil *m* spalling wedge
Schrotkrone *f (Bod, BT, Erdb)* chilled shot-bit *(Bohrspitze in der Baugrundbohrtechnik)*
Schrotsäge *f* cross-cut saw, trim saw
Schrotschnittoberfläche *f* shot-sawn finish *(Naturstein)*
Schrott *m* scrap, scrap metal
Schrottenpflasterstein *m* irregular paving set
Schrottplatz *m* scrap stockyard, scrapyard, junkyard
Schrottpresse *f* scrap-baling press
Schrottsortierung *f (RS, Umw)* scrap sorting
Schrottverwertung *f* scrap recovery, scrap recycling, scrap sorting, scrap processing
Schrumpfabschottung *f (Konst)* shrink-on bushing
schrumpfbeständig shrinkproof
schrumpfen *v* shrink, contract *(Material)*
Schrumpfen *n* contraction, shrinkage *(von Material)*
Schrumpfen *n***/thermisches** *(Te)* thermal shrinkage
Schrumpfen *n* **und Quellen** *n (BM)* working *(von Holz)*
Schrumpfgrenze *f (Bod)* shrinkage limit
Schrumpfgrenze *f* **nach Atterberg** *(Bod)* shrinkage limit
Schrumpfkurve *f (BM, Erdb)* water-loss shrinkage curve
Schrumpflinie *f (BM, Erdb)* water-loss shrinkage curve
Schrumpfmanschette *f (BT)* shrink-on collar
Schrumpfmaß *n* amount of shrinkage, shrinkage; water-loss shrinkage value *(z. B. Erdstoff, Beton)*
Schrumpfmuffe *f (BT)* shrink-on sleeve
Schrumpfring *m* shrunk-on ring
Schrumpfriss *m* contraction crack, shrinkage crack; water-loss shrinkage crack *(z. B. Erdstoff, Beton)*
Schrumpfspannung *f* contraction strain, contraction stress; water-loss shrinkage stress
Schrumpfung *f* 1. shrinkage *(Material)*; 2. *(Bod)* drying shrinkage, water-loss shrinkage
Schrumpfungsriss *m* shrinkage crack; desiccation crack *(durch Trocknen)*; joint of retreat *(geologisch)*
Schrumpfverbindung *f* 1. *(BT, Konst)* shrink-joint; 2. *(Konst)* shrunk joint
Schrumpfverhalten *n (Bod)* water-loss shrinkage behaviour
Schrumpfwert *m (BM, BT)* water-loss shrinkage value
Schrumpfzugabe *f (BB, BT, Konst)* contraction allowance
schruppen *v* scrub
Schruppfeile *f* rough-cut file, second-cut file
Schrupphobel *m (BWG, Hb)* jack plane
Schub *m* 1. *(Stat)* shear, shearing, shearing action, thrust; 2. *(Stat)* shoving *(Schieben)*
Schub *m***/horizontaler** *(Stat)* horizontal shear
Schub *m***/positiver** *(Stat)* positive shear
Schub *m***/seitlicher** *(Stat)* side thrust *(Gewölbe)*
Schubachse *f (Stat)* axis of thrust
Schubanker *m* shear tie
Schubanschluss *m***/teilweiser** partial shear connection *(Verbundträger)*
Schubanschluss *m***/voller** full shear connection *(Verbundträger)*
Schubbalken *m (BT)* torque rod
Schubbeanspruchung *f* shearing stress, thrust action
Schubbelastung *f (Stat)* shear load
Schubberechnung *f (Stat)* shearing calculation
Schubbeulen *n* shear buckling
Schubbewehrung *f* shear reinforcement, web reinforcement
Schubbewehrungseisen *n* web bar
Schubbruch *m (Bod)* shear failure
Schubdecke *f (Konst, TK)* nappe outlier *(Scheibenkonstruktion)*
Schubdeckung *f (Konst, Stat)* allowance for the shear(ing) force
Schubdehnung *f* shear(ing) strain
Schubdiagramm *n (Stat)* shearing diagram
Schubdruck *m (Stat)* shearing compression
Schubeinlagen *fpl* shear reinforcement, web reinforcement
Schubeisen *n* bent bar, web bar
Schubelastizität *f* elasticity in shear, shearing elasticity
Schubelastizitätsmaß *n* modulus of transverse elasticity
Schubelastizitätsmodul *n* modulus of rigidity, coefficient of rigidity, shear modulus
Schubfensterladen *m* draw shutter
schubfest shear-resistant
Schubfestigkeit *f* shear(ing) strength, transversal strength, transverse strength, shear capacity
Schubfestigkeitsprüfung *f* shearing strength test
Schubfläche *f (Stat)* shear area
Schubformänderung *f* shearing deformation
Schubformänderungswinkel *m (Stat)* shearing deformation angle
Schubholz *n* kicker
Schubkarre *f* hand (wheel)barrow, jib barrow, wheelbarrow, barrow
Schubkarrensteg *m (Te)* run
Schubknicken *n* shear buckling

Schubknicktragfähigkeit *f (Stat)* shear buckling resistance
Schubkraft *f (Stat)* horizontal shear, shear(ing) force, longitudinal shear force, thrust, transverse force
Schubkraftdiagramm *n* shear(ing) force diagram
Schubkraftkurve *f* shear force curve, shearing curve
Schubkrafttragfähigkeit *f* shear force resistance
Schubkraftübertragung *f* shear(ing) force transmission
Schubkraftübertragungselement *n (Hb)* shear connector
Schubkraftwechsel *m* change in shear force
Schubkraftwert *m* shear(ing) force value
Schubkurve *f* shear force curve, shearing curve
Schublager *n (BT, TK)* thrust bearing
Schublast *f (Stat)* shearing load
Schublehre *f* slide gauge
Schubmittelpunkt *m (Stat)* shearing centre
Schubmodul *m* shear modulus, shearing modulus G, modulus of rigidity, modulus of torsion, coefficient of rigidity, rigidity modulus
Schubmodul *m*/**reziproker** *(Stat)* coefficient of shear(ing)
Schubnachweis *m (Stat)* shearing check
Schubneigung *f (BM)* tendency to shearing
Schubparameter *m (Stat)* shear value
Schubquerschnitt *m* shearing section
Schubrichtung *f* direction of thrust
Schubriegel *m* sliding bar, slip bolt, surface bolt, tower bolt; slide bolt, sliding bolt, *(AE)* cremone bolt *(Fenster)*
Schubriegelstabbolzen *m (EB)* extension flush bolt
Schubriegelstange *f (EB)* surface bolt
Schubriss *m* shearing crack
Schubsicherung *f* 1. *(Stat)* shearing check; 2. *(Stat)* shearing protection
Schubspannung *f (Stat)* shearing stress, horizontal shear longitudinal stress, horizontal shear, shear
Schubspannungsdiagramm *n (Stat)* shearing stress diagram
Schubspannungsgesetz *n (Stat)* law of shear stress
Schubspannungslinie *f* line of maximum shearing stress, shearing (stress) line
Schubspannungsverteilung *f* shearing stress distribution
Schubstoßlasche *f* shear splice
Schubtragfähigkeit *f (Stat)* shear resistance *(s. a. Schubwiderstand)*
Schubtragfähigkeit *f*/**plastische** *(Stat)* plastic shear resistance
Schubtragfähigkeit *f*/**zulässig plastische** *(Stat)* design plastic shear resistance
Schubtragfestigkeit *f (Stat, TK)* resistance to shear
Schubunterschied *m* shearing difference
Schubverbindung *f* shearing connection
Schubverbindungsholz *n* kicker
Schubverformung *f (Stat)* distortional deformation
Schubverformungskurve *f (Stat)* shear deformation curve
Schubverformungswinkel *m (Stat)* shearing deformation angle
Schubverhalten *n (Stat)* shearing behaviour
Schubwiderstand *m* 1. *(Stat)* shear(ing) resistance; 2. *(Stat)* pushing resistance *(Schubschlag)*
Schubwinkel *m* angle of shear, angle of rupture
Schubwirkung *f* shearing effect
Schubzahl *f (Stat)* coefficient of shear(ing)
schüchtern-modernistisch *(Arch)* tentatively modernistic
schuften *v (idiom.)* beaver away
Schuh *m* shoe *(Aufstandselement)*; saddle *(Stützenschuh)*
Schuhabsatzschaden *m (OB)* heel damage *(z. B. im Parkett)*
Schuhabstreicher *m* foots scraper
Schulaula *f* school auditorium
Schulbau *m* 1. school construction *(Bauen)*; 2. *s.* Schulgebäude
Schulbauten *mpl (RP)* school buildings
Schuld *f* liability
Schuldenlast *f (VR)* encumbrance *(auf Gebäuden, Grundstücken)*
Schuldner *m (VR)* debtor
Schuldorf *n (RP)* school village
Schule *f* school, schoolhouse
Schule *f* **für Architektur** school of architecture
Schülerlotse *m (Verk)* school crossing patrol
Schulgebäude *n* school block, school building, school complex, schoolhouse
Schulgelände *n* school grounds
Schulhaus *n (Arch)* school
Schulhof *m* 1. *(RP)* playground; 2. *(Konst, RP) (AE)* schoolyard
Schulkomplex *m (RP)* school complex
Schulterbogen *m* shouldered arch
Schulternheben *n (Verk)* shouldering *(Straßenbau)*
Schulturnhalle *f (Konst)* school gymnasium
Schundbau *m (Konst)* ramshackle building
Schuppe *f* flake
Schuppen *m* 1. *(Konst, Umw)* shelter *(Schutzhütte)*; 2. *(LB)* hovel *(armselige Hütte)*; 3. *(Konst, LB)* shed *(z. B. für Geräte)*; 4. storehouse *(Warenlagerschuppen)*
Schuppen *m*/**offener** open shed; shelter; penthouse *(Anbau)*; linhay *(Dialektwort)*
Schuppen *m*/**vorn offener** linhay *(Dialektwort)*
schuppenartig 1. imbricated *(z. B. Dachdeckung)*; 2. pitting, popping, blowing *(Kalkputzfehler)*; 3. shelly *(Bruch)*
Schuppenbildung *f (BM, OB)* flaking
Schuppenblech *n* imbricated plate
Schuppenfalzziegel *m* scale gutter tile
schuppenförmig scale-like, squamiform, shelly, flaky
Schuppenfries *m (Arch)* scale frieze *(Ornament der romanischen Baukunst)*
Schuppengefüge *n* imbricate structure *(als Strukturmuster)*
Schuppenglas *n* diamantini, frost
Schuppenglimmer *m (BM)* flake mica
Schuppenmuster *n* imbrication
Schuppenornament *n* 1. imbrication; 2. *(Arch)* scale-work
Schuppenornament *n*/**umgekehrtes** *(Arch)* contre-imbrication *(durch dahinterliegende Elemente)*
Schuppenpigment *n (BM, OB)* flake pigment
Schuppenstruktur *f* **Dachziegellagerung** *f* imbricate structure *(als Strukturmuster)*
Schuppenziegel *m* steeple tile
Schuppenziegeldach *n (Konst)* scale tile roof
schuppig flaked, flaky, foliated, scaled, scaly
Schurf *m (Bod)* exploratory excavation, searching
Schürfarbeit *f (Bod)* prospect *(Baugrund, Lagerstätten)*
Schürfarbeiten *fpl* prospecting *(Gesteins-, Kieserkundung)*
Schürfbohrung *f (Bod)* test well
Schürfe *f (Bod)* prospecting pit, trial pit
schürfen *v* 1. *(Te)* scrape *(mit Schrapper)*; 2. *(Bod)* search, scry, prospect, shodar *(Baugrund, Lagerstätten)*; 3. *(Erdb, LB)* trench *(mit Schürfgraben)*; 4. dig (for), mine *(Bergbau)*
Schürfen *n (Bod)* searching
Schürfgraben *m (Bod, Erdb)* prospecting trench
Schürfgrube *f* 1. *(Bod, Erdb)* prospecting pit; 2. *(Bod)* trial hole
Schürfhaken *m* poker
Schürfkasten *m* tractor-pulled carrying scraper *(s. a. Schürfkübel)*
Schürfkübel *m* 1. scraper bucket, drag shovel, dragline bucket, (scraper) bowl, scoop *(eines Baggers)*; 2. *(BWG,*

S

Erdb) grade-builder; 3. *(BWG, Erdb)* tractor-pulled carrying scraper *(Schürfkübelfahrzeug, Schürfkübelgrader)*
Schürfkübelbagger *m (BWG, Erdb)* dragline dredger
Schürfkübelgrader *m (Erdb)* buck scraper *(s. a. Schürfkübel 2.)*
Schürfkübelraupe *f (BWG, Erdb)* scraper dozer
Schürfkübelwagen *m* carryall scraper, scraper loader, squeegee, carryall
Schürflader *m (BWG)* shovel dozer
Schürfloch *n (Bod)* test hole, trail pit, test pit
Schürfschacht *m* digging pit, shaft prospect
Schürfschlepper *m (BWG, Erdb, Verk)* tractor dozer
Schürfstelle *f (Bod)* prospect
Schürfwagen *m* scraper loader, squeegee *(s. a. Schürfkübelwagen)*
Schurre *f* chute, hopper chute, shaker chute, shoot, tip chute • **über eine Schurre fördern** chute
schurren *v* chute
Schurwolle *f (BM, DIS)* virgin wool *(Dämmung)*
Schürze *f* apron; chimney apron, flashing *(am Dachdurchbruch)*; flashing *(am Schornstein)*
Schürzeninjektion *f* curtain grouting
Schuss *m* 1. blast, charge *(Sprengen)*; 2. *(Tun)* shot
schüsselförmig patelliform
Schussrinne *f (Wsb)* chute
schusssicher bullet-resistant, bulletproof
Schute *f* barge, lighter *(Hafentransport)*
Schutt *m* 1. *(BM)* debris; 2. *(BM, Wsb)* rubble *(Bauschutt)*; 3. detritus, rubble *(Geologie)*; 4. *(Umw)* refuse; 5. *(Te, Umw)* waste *(Abfall)*
Schuttabladegebühren *fpl* dumping fees
Schuttabladeplatz *m* dump(ing) site, rubbish dump, waste dump, dump
Schuttablagerung *f* detrital accumulation *(Gesteinsschutt)*
Schüttbereich *m (Erdb)* fill section
Schuttbeseitigung *f (RS)* rubble removal
Schüttbeton *m* cast concrete, poured concrete, *(AE)* popcorn concrete; tremie concrete *(mit Schütttrichter eingebracht)*; heaped concrete *(aufgeschüttet)*
Schuttboden *m* 1. *(Bod)* talus soil; 2. *(Bod, Umw)* waste gravel soil
Schüttboden *m (Erdb)* filling
Schuttböschung *f* detrital slope; waste slope
Schüttdamm *m* earth bank, embankment
Schüttdämmstoff *m* pouring-type granular insulation material
Schüttdämmung *f (Erdb)* loose-fill insulation
Schüttdichte *f* 1. apparent density; 2. dry loose bulk density, (loose) bulk density *(von Schüttgütern)*; 3. *(BM)* settled apparent density *(Zuschlagstoffe)*
Schüttelförderer *m* jigging conveyor, shaker conveyor
schütteln *v* shake, agitate; stir *(rührschütteln)*; vibrate *(erschüttern)*
Schütteln *n* 1. *(BM, Te)* agitation; 2. *(Te)* vibrating
Schüttelrinne *f (BWG, Te)* shaking chute
Schüttelrutsche *f* shaker conveyor
Schüttelsieb *n* shaking screen, shaking sieve, jet screen, shaker, sifter *(Baustoffaufbereitung)*
schütten *v* 1. cast, pour *(Beton)*; 2. heap (up), pile *(aufschütten)*; 3. *(Te)* throw *(wegwerfen)*; 4. *(BM, Erdb)* tip *(Schüttgüter, Erde)*
schütten *v***/Beton** pour concrete, cast concrete
Schutter *m (BM, Tun)* muck *(geschlossenes Haufwerk)*
Schüttern *n (Tun)* mucking out
Schüttgewicht *n* apparent density
Schüttgut *n* loose material, bulk materials, bulk goods, heapable goods • **als Schüttgut** in bulk
Schüttgutbehälter *m* bulk container
Schutthalde *f* 1. rubbish heap, rubble tip, spoil bank; 2. *(Bod)* scree *(geologisch)*
Schutthang *m* detrital slope, talus slope *(geologisch)*
Schütthöhe *f* 1. *(Erdb)* depth of packing, filling height; 2. charging height *(in einem Mischer)*; 3. *(Umw)* dumping height
Schuttkegel *m* 1. *(Erdb, Tun)* heap of debris; 2. *(Erdb, Te)* fan *(Abraum)*
Schüttkegel *m* debris cone
Schüttlage *f (Verk)* hardcore, rubble layer *(Straßenunterbau)*
Schuttlast *f (Stat)* rubble load
Schuttmaterial *n* detrital material *(Gestein)*
Schüttmaterial *n (Erdb)* fill, fill material
Schüttmauerwerk *n (SB)* random rubble
Schüttpacklage *f* hardcore
Schüttperlit *m* loose perlite
Schuttplatz *m* dumping site
Schüttrinne *f* delivery chute *(Materialeinfüllen)*; shoot *(Betoneinbringung)*
Schüttrohr *n (BB, BWG)* tremie
Schüttrohr *n* **für Unterwasserbetonieren** *(BB, BWG, Te, Wsb)* tremie pipe
Schüttrutsche *f (Te)* feed chute
Schüttschalung *f (BB, Te, Wsb)* filling boarding
Schüttsteindrän *m (Erdb, LB, WVA)* stone drain
Schüttsteine *mpl* rip-rap
Schüttsteinmasse *f (Wsb)* dumping stones
Schütttrichter *m (Te)* feed hopper
Schüttung *f* 1. *(Erdb)* fill, filling, backfill; bed; 2. heaping, piling *(Aufschüttung)*; 3. pouring *(von Beton, Vorgang)*
Schüttung *f***/ruhende** fixed bed
Schüttung *f***/statische** fixed bed
Schüttungshöhe *f (Erdb)* depth of packing
Schüttwinkel *m* dumping angle, angle of repose, angle of rest *(von Schüttgütern)*
Schutz *m* 1. protection; 2. *(Konst)* screening; 3. *(Konst, Umw)* shield *(Abschirmung)*; 4. (wood) preservation *(gegen Fäulnis)*
Schutz *m***/anodischer** anodic protection
Schutz *m* **des Unterwasserbereiches** *(OB, Wsb)* subsea protection *(Korrosionsschutz)*
Schutz *m* **durch Opferanoden/katodischer** galvanic protection
Schutz *m***/elektrolytischer** electrolytic protection, cathodic protection
Schutz *m* **gegen Unterspülungen** *(Wsb)* protection against underwashing
Schutz *m***/katodischer** cathodic [electrolytic] protection, galvanic protection
Schutz *m* **mit Opferanode/katodischer** sacrificial protection
Schutz *m***/übermäßiger** overprotection
Schutz *m***/ungenügender** *(OB)* underprotection *(Korrosion)*
Schütz *n (Wsb)* sluice valve, floodgate, sluice gate
Schütz *n***/kleines** *(Wsb)* wicket
Schutzabdeckung *f (Konst)* shielding
Schutzanlage *f* protection installation
Schutzanstrich *m* protection paint(ing), protective coat(-ing), protective finish, protective paint coating; preservative *(Holzschutz)* • **mit Schutzanstrich versehen** protect by painting
Schutzanstrichmaterial *n* protective coating material
Schutzanstrichmittel *n* protective coating material
Schutzart *f (El)* protective system
Schutzauskleidung *f* protective lining
Schutzband *n* protective tape
Schutzbau *m (Konst)* civil defence construction

S

Schutzbehandlung *f* preservative treatment, protective treatment
Schutzbekleidung *f* protective clothing
Schutzbeleuchtung *f* protective lighting
Schutzbereich *m* 1. *(Umw, VR)* protected region; 2. *(Umw, VR)* protection range; 3. *(El)* range of protection
Schutzbeschichtung *f* protective finish(ing) *(Vorgang)*; protective coat *(Ergebnis)*
Schutzbinde *f* protective tape
Schutzbrett *n* 1. baffle board, protecting board; 2. foot board, guard board
Schutzbrille *f* safety glasses, safety goggles *(mit Seitenschutz)*
Schutzchemikalie *f* preservative chemical
Schutzdach *n* 1. shelter; canopy; 2. *(Arch, Konst)* porch *(Überdachung am Haus)*; 3. shed, penthouse, pentice *(angebaut)*; 4. awning *(Sonnenschutz)*
Schutzdamm *m (Wsb)* safety embankment
Schutzdauer *f* protective life
Schutzdecke *f* covering, protecting cover, screen cover
Schutzdeckel *m* protecting cover
Schutzdübel *m* bolt sleeve
Schutzeffekt *m* protection effect, protective effect
Schutzeigenschaft *f* protective character
Schutzeigenschaften *fpl* protective properties
Schutzeinlage *f* caul *(beim Furnierpressen)*
Schutzeinrichtung *f* 1. protective device, safety device, protector, safeguard *(z. B. an Maschinen)*; 2. *(Verk)* safety barrier
Schutzeinrichtung *f*/**permanente** permanent safety barrier
Schutzeinrichtungen *fpl*/**passive** *(Verk)* passive safety barriers *(Straße)*
schützen *v* 1. protect, guard *(gegen äußere Einflüsse)*; 2. screen, shield *(abschirmen)*; 3. *(OB, RS, Te)* preserve *(Holz, Altbausubstanz usw.)*
Schützen *n* protection
Schützenbreite *f (Wsb)* length of dam
schützend protective
schützend/nicht non-protective
Schützenschacht *m (Wsb)* gate shaft
Schützenwehr *n (Wsb)* sluice weir
Schutzerdung *f* protective earth
Schutzestrich *m* protecting screed
Schutzfenster *n (BT, Konst)* storm window
Schutzfilm *m* protective film
Schutzfluat *n (BM, OB)* protecting fluosilicate
Schutzfluorsilikat *n (BM, OB)* protecting fluosilicate
Schutzfolie *f* protection plastic sheeting
Schutzgas(lichtbogen)schweißen *n* gas metal arc welding, inert-gas-shielded arc welding
Schutzgebiet *n* 1. *(Umw, VR)* protection area; 2. *(Umw, VR)* protective area; 3. *(RP)* offset *(Bebauung)*
Schutzgebung *f* protection
Schutzgeländer *n* protecting railing, protective railing, safety railing; guard fence, guardrail *(z. B. einer Brücke)*
Schutzgerüst *n* protecting scaffold, protection scaffold
Schutzgitter *n* security grille, security screen, protective grating; protective grille, guard grille *(vor Fenstern)*; guard *(vor einem Kamin)*
Schutzgitter *n* **an Klimaanlagenschächten und -öffnungen** *(HLK)* fixed-bar grille
Schutzgrad *m* 1. *(El, Konst, VR)* degree of protection; 2. *(OB, VR)* grade of protection *(Korrosionsschutz)*
Schutzgrenzen *fpl* protection limits
Schutzgrund *m* protective primer
Schutzgrundierung *f* protecting primer, protective primer
Schutzgurt *m* safety belt
Schutzhandschuhe *mpl* safety gloves
Schutzhaube *f* protecting bonnet, protecting cap, protecting hood
Schutzhelm *m* safety hat, safety helmet, hard hat
Schutzholz *n (Hb)* protecting stake
Schutzhülle *f* protective covering, protective sheathing *(Material)*; sleeving *(Ummantelung)*
Schutzhütte *f (Konst, Umw)* shelter
Schutzinsel *f (Verk)* refuge, safety island
Schutzkappe *f* boot
Schutzkeller *m* cellar shelter
Schutzkleidung *f* protective clothing
Schutzkorb *m* basket guard *(Leuchte)*
Schutzkriterium *n (VR)* protective criterion
Schutzkuppel *f* outer dome, exterior cupola
Schutzlack *m (OB)* protecting varnish
Schutzlage *f* protecting layer, protective layer; caul *(beim Furnierpressen)*
Schutzleiste *f* dado capping, dado moulding; chair rail *(in Stuhllehnenhöhe)*; stair nosing *(Treppe)*
Schutzmaske *f* respirator, protective mask
Schutzmaßnahme *f* 1. *(Umw, VR)* protecting measure; 2. *(VR)* protective measure
Schutzmauer *f* 1. protecting masonry wall, protective masonry wall; 2. *(Wsb)* shelter wall *(Mole)*
Schutzmauer *f*/**flache** *(Verk)* low wall
Schutzmetall *n* protective metal
Schutzmethode *f* protection method
Schutzmittel *n (BM, OB)* protective agent
Schutzmuffe *f* protecting sleeve
Schutzobjekt *n* protected structure; structure being protected, structure under protection *(Korrosionsschutz)*
Schutzoxidschicht *f* protective oxide film, protective oxide skin
Schutzpfahl *m* fender pile, pile fender
Schutzpfahlreihe *f* pile fender
Schutzpfosten *m (Verk)* engaged bollard
Schutzpigment *n* protection pigment, protective pigment
Schutzplan *m (VR)* protective scheme
Schutzplanke *f (Verk)* crash barrier, safety barrier
Schutzplanke *f*/**doppelseitige** *(Verk)* double-sided safety barrier
Schutzplanke *f*/**einseitige** *(Verk)* single-sided safety barrier
Schutzplanke *f*/**selbstrückformende** *(Verk)* self-restoring barrier
Schutzplatte *f* apron; backsplash (plate) *(zwischen Waschbecken und Wand)*; kick plate *(Tür)*
Schutzprofil *n (Br, BT)* protection profile *(Brückenübergang)*
Schutzraum *m* 1. *(Konst, Umw)* shelter; 2. *(Konst)* air-raid shelter *(Luftschutz)*
Schutzraum *m* **gegen radioaktiven Niederschlag** *(Konst, Umw)* fallout shelter
Schutzrohr *n* 1. pipe lining; 2. protecting tube, sleeve piece, pipe sleeve *(Mauerdurchbruch)*; 3. floor sleeve *(Deckendurchbruch)*; 4. *(El)* protective conduit, kick pipe; 5. *(San, WVA)* curb box *(für unterirdisches Ventil)*; 6. escutcheon *(Öffnungshüllrohr, z. B. Türschlösser)*
Schutzrohr *n* **für Erdeinführungen von Leitungen** protective conduit for underground cabling
Schutzrohrmuffe *f (El)* bushing
schutzrohrverlegt *(El)* laid in ducts *(Kabel)*
Schutzrüstung *f* protecting scaffold, protective scaffold(-ing), safety scaffold(ing)
Schutzschalter *m (El)* protective circuit breaker, safety switch, break switch
Schutzschaltung *f (El)* protecting circuit, protective circuit
Schutzschicht *f* 1. facework, facing (work) *(Putzschicht)*; 2. preventive coating, protective skin, protective coating *(Beschichtung)*; 3. protective deposit *(auf Ablagerungen,*

z. B. Deponie; Metallbeschichtung)*; 4. *(Konst)* protective layer *(z. B. Erdschicht, Steinschüttung)*
Schutzschicht *f*/**anodisch wirksame** *(HLK, OB)* galvanic coating
Schutzschicht *f*/**auf der Baustelle aufgebrachte** *(OB)* site-applied coat
Schutzschicht *f*/**aufgedampfte** *(OB)* vaporized coating
Schutzschicht *f*/**chemisch hergestellte** *(OB)* electroless deposit
Schutzschicht *f*/**dekorative** decorative coating
Schutzschicht *f*/**dicke** *(OB)* heavy coating
Schutzschicht *f*/**dünne** film
Schutzschicht *f*/**gesinterte** *(OB)* sintered coating
Schutzschicht *f*/**keramische** *(OB)* ceramic coating
Schutzschicht *f*/**metallische** 1. *(OB, St)* metal coating; 2. *(OB)* metal deposit • **mit metallischer Schutzschicht** metallic-coated
Schutzschicht *f*/**natürliche** *(BM, LB, Umw)* natural deposit
Schutzschicht *f*/**organische** *(OB)* organic coating
Schutzschicht *f*/**oxidische** oxide coating, protective scale
Schutzschichtpaket *n (OB)* sandwich system *(Anstriche)*
Schutzschichtverankerung *f* pegging-in
Schutzschichtversagen *n* protective coating failure
Schutzschiene *f* 1. bead *(als Zier- und Schutzleiste)*; 2. *(Verk)* guardrail *(Gleisbau)*
Schutzschirm *m* protective screen
Schutzschwelle *f* curb fender, fender *(Bordschwelle)*
Schutzsieb *n (BM, Te)* perforated protector
Schutzstange *f* bumper bar, guard bar
Schutzstoff *m* protecting agent, protective
Schutzstreifen *m (Verk)* median strip
Schutztafel *f* backsplash (plate) *(zwischen Waschbecken und Wand)*
Schutzüberzug *m* 1. *(OB)* protection covering; 2. *(Konst, OB)* protective coating; 3. *(BM, OB)* protective covering *(Material)*
Schutzverfahren *n (OB)* method of protection
Schutzverkleidung *f* protective coating, protective lining
Schutzvermögen *n* protective ability, protectiveness
Schutzverrohrung *f* casing
Schutzvorrichtung *f (Konst)* guard • **mit Schutzvorrichtung versehen** guard
Schutzwand *f* protection wall, protective wall; protective screen, screen *(gegen Strahlung)*; area wall *(um Lichtöffnungen oder Kellerfenster herum)*
Schutzwerk *n (Wsb)* work of defence, work of protection
Schutzwerke *npl (Wsb)* protection works
Schutzwirkung *f* protection effect, protective action, protective effect, protectiveness
Schutzzaun *m (Konst)* screening fence
Schutzzone *f* 1. *(Umw, VR)* protection area; 2. *(Umw, VR)* protective area
schwabbeln *v* mop; buff *(Metall)*
Schwabbeln *n* mopping
Schwabbelscheibe *f* mop, bob, (soft) buff, buffing wheel
Schwabber *m* squeegee *(Zement- und Bitumenschlämmenbehandlung)*
Schwabbern *n (OB, Te)* swabbing *(Oberflächenauftragung)*
Schwabbschieber *m* squeegee *(Zement- und Bitumenschlämmenbehandlung)*
schwach weak, feeble; poor *(an Wirkstoffen, Bindemitteln usw.)*; light *(mit wenig Substanz, z. B. Bindemittel, Pigment usw.)*
Schwachbrand *m* underburning, underfiring *(Keramik)*
Schwachbrandziegel *m* soft brick, callow; place brick *(Ausschussstein)*; salmon brick *(lachsfarben)*
schwächen *v* 1. weaken, enfeeble; 2. diminish, lessen *(vermindern)*; 3. soften, tone down *(Farben)*; 4. damp *(Schwingungen, Schall)*; 5. tender *(brüchig werden, morsch werden)*
schwächer werden *v (BM, Konst)* weaken
Schwächerwerden *n (Konst)* tapering
Schwächezone *f (BM, Konst)* zone of weakness
schwachgebrannt underburnt, soft-burnt *(Ziegel, Kachel)*
Schwachlastzeit *f* off-peak hours
Schwachstelle *f* weak point, failure point
Schwachstrom *m (El)* low-voltage current, weak current
Schwachstromanlage *f (El)* weak-current installation
Schwachstromkabel *(El)* weak-current cable
Schwächung *f (Konst)* weakening
schwalben *v (Hb)* dovetail
Schwalbenschwanz *m (Hb)* culvertail, dovetail
Schwalbenschwanz *m*/**bedeckter** *(Hb)* blind dovetail
Schwalbenschwanz *m*/**verdeckter** *(Hb)* lap(ped) dovetail, half-blind dovetail, hidden dovetail, secret dovetail(-ing), mitre dovetail
Schwalbenschwanz... *(Arch)* swallow-tailed ...
schwalbenschwanzartig *(Arch)* swallow-tailed
Schwalbenschwanzaussparung *f* **für Steinankerschrauben** *(Hb)* lewis hole
Schwalbenschwanzblatt *n (Hb)* dovetail halving
Schwalbenschwanzblatt *n* **mit Brust** *(Hb)* shouldered dovetail halved joint, shouldered housed joint
Schwalbenschwanzfenster *n (Arch)* oval luthern
schwalbenschwanzförmig *(Hb)* dovetailed
Schwalbenschwanzmaueranker *m* dovetail tie
Schwalbenschwanznut *f (Hb)* dovetail groove
Schwalbenschwanznutlatte *f (Hb)* dovetail lath, dovetail sheeting
Schwalbenschwanzschiefer *m* slate cramp
Schwalbenschwanzschiefer *m*/**großer** slate cramp
Schwalbenschwanzverbindung *f (Hb)* dovetail joint, dovetailed joint
Schwalbenschwanzzapfen *m (Hb)* wedge dovetail tenon
Schwalbenschwanzzinkung *f (Hb)* dovetail (joint), swallowtail • **mit Schwalbenschwanzzinkung** *(Hb)* dovetailed
Schwalbenschwanzzinne *f (Hb, St)* dovetailed merlon
Schwall *m (Stat)* surge
Schwallstoß *m* surge pressure
Schwamm *m* sponge; house fungus *(Pilz)*
schwammartig spongiform, spongy
Schwammgummi *m* sponge rubber
schwammig 1. spongy, porous; 2. rotten, decayed, mushy *(Holz)*
Schwammigkeit *f (BM)* sponginess
Schwammpilzgewebe *n* mycelium *(Hausschwamm des Holzes)*
Schwammschale *f (BT)* sponge holder
Schwammverputzen *n (SB, Te)* sponging
Schwanenhals *m* 1. *(San)* swan-neck; 2. *(HLK, San, WVA)* goose-neck *(Rohr)*
Schwanenhalshandlauf *m (BT)* swan-neck *(Treppe)*
Schwanenhalsrohr *n (BT)* swan-neck pipe
Schwanenhalsrohrstück *n (San)* swan-neck
schwanken *v* sway
Schwanken *n (Konst, TK)* sway
schwankend *(Arch)* uneven
Schwankung *f (Stat)* variation
Schwankung *f*/**zeitliche** temporal fluctuation, temporal variation
Schwanzende *n* plain tail *(Rohr)*
Schwarte *f (Hb)* slab board, slab
Schwartenbrett *n* outside board, slab board
schwarz werden *v* blacken
Schwarz *n*/**Berliner** *(OB)* Berlin black

Schwarz *n*/**Braunschweiger** *(OB)* Brunswick black
Schwarzbeton *m* bituminous concrete
Schwarzblech *n* black iron plate; black plate *(Dachdeckung)*
Schwarzchrom *n* black chrome
Schwarzdecke *f (Verk)* bitumen flexible pavement, bitumen wearing course, bituminous pavement, bituminous surfacing, hydrocarbon pavement, *(AE)* black top *(Straßenbau)*
Schwarzdeckeneinbaumaschine *f (Verk)* paver-spreader
Schwarzdeckenfertiger *m (Verk)* asphalt finisher, bituminous finisher, bituminous paver
Schwarzdeckenmischanlage *f (Verk)* bituminous mixing plant
Schwarzdeckenmischgut *n (Verk)* bitumen (pavement) mix(ture), bituminous mixture, hydrocarbon pavement mixture
schwärzen *v* 1. *(OB)* blacken; 2. ebonize *(Holz)*
Schwarzerde *f* 1. *(LB)* black earth; 2. *(Bod, LB, Umw)* muck
Schwarzkalk *m* greystone lime
Schwarzkalkputz *m* greystone lime plaster
Schwarzkreide *f* black crayon
schwärzlich blackish
Schwarzmaterial *n*, **Schwarzmischgut** *n* asphaltic mixture
Schwarzpech *n* (common) black pitch, common pitch
Schwarzpulver *n* 1. *(Erdb, Tun)* blasting powder; 2. *(Erdb, Te, Tun)* gunpowder
Schwarzwerden *n (Verk) (sl)* blacking up *(bituminöses Bindemittel)*
Schwebe... suspended ...
Schwebebahn *f (Verk)* suspended railway
Schwebebogen *m* 1. *(Arch, TK)* horizontal arch buttress; 2. *(Arch, Konst)* diaphragm arch
Schwebebühne *f (EB)* suspended platform *(bewegliche Arbeitsbühne)*
Schwebedecke *f (Konst, TK)* floating ceiling
Schwebestoff *m* suspended matter
Schwebestoffe *mpl (BM, WVA)* suspensoids *(Suspensionen, Anstriche, Bindemittel, Schlämmen)*
Schwebeträger *m* suspended beam
Schwebstoff *m* sediment load, suspended matter *(Trübstoff)*
Schwebstoffbelastung *f (Umw)* silt charge
Schwebstoffe *mpl (Umw, WVA)* suspended solids
Schwebstoffpartikel *n (Umw, WVA)* suspended particle
Schwebstoffschöpfer *m (Umw, WVA)* suspended load sampler
Schweb(stoff)teilchen *n* suspended particle
Schwebzusatz *m (BM, WVA)* suspending agent *(für Anstriche)*
Schwefel *m (BM)* sulphur
Schwefel... sulphuric ..., sulphurous ...
Schwefelangriff *m (OB)* sulphur attack
schwefelarm *(St)* low-sulphur
Schwefelarsen *n*/**gelbes** *(OB)* arsenic yellow
Schwefeldioxid *n (OB, Umw)* sulphur dioxide
Schwefeldioxidreduktion *f (Umw)* sulphur dioxide reduction
schwefelhaltig sulphur-containing, sulphuric, sulphurous
schwefelig sulphurous, *(AE)* sulfurous
Schwefelkies *m* pyrite
Schwefeloxid *n* sulphur oxide
schwefelreich high-sulphur
Schwefelsäure *f (OB)* sulphuric acid
Schwefelsäurebeize *f (OB)* sulphuric acid pickle
Schwefelsäurenanhydrid *n* sulphuric anhydride
Schwefelvergussmasse *f* sulphur cement
Schwefelzement *m* sulphur cement
Schweifsäge *f* fretsaw, *(AE)* saber saw
Schweifsägemaschine *f (AE)* saber saw
Schweifsägen *n (Hb)* curving
Schweinestall *m (LB)* piggery
Schweinfurtergrün *n (BM, OB)* Schweinfurt green
Schweiß... welded ...
Schweißapparat *m* welding equipment
Schweißarbeiten *fpl (St, Te)* welding
Schweißartikel *m* welded article
Schweißbahn *f* welded asphalt sheeting, bituminous sheeting
schweißbar weldable, of welding
Schweißbarkeit *f (BM)* weldability
Schweißbehälter *m (St, WVA)* welded tank
Schweißbewehrung *f (BM)* welded reinforcement
Schweißbrenner *m* welding blowpipe, welding torch, blowpipe
Schweißbrille *f* welding goggles
Schweißdraht *m* weld(ing) wire
Schweiße *f* weld puddle
Schweißeigenspannung *f (St, Te)* residual welding stress
Schweißeisen *n (BM, St)* malleable iron
Schweißelektrode *f* welding electrode, welding rod, electrode
schweißen *v (St, Te)* weld
schweißen lassen *v*/**sich etwas** weld
schweißen *v*/**überlappt** *(St, Te)* lap-weld
Schweißen *n* 1. *(St, Te)* welding; 2. *(St)* fusing *(Verschmelzen)*
Schweißen *n*/**aluminothermisches** thermit welding
Schweißen *n*/**elektrisches** *(St)* arc welding
Schweißen *n*/**lagegerechtes** positioned welding
Schweißer *m* welder
Schweißerhandschirm *m* welding handshield
Schweißerschutzglas *n* welding glass
Schweißerzeugnis *n* welded product
Schweißfarbe *f* welding primer
Schweißflansch *m* welded flange, welding flange
Schweißfolge *f (St, Te)* welding sequence
Schweißfuge *f* weld(ing) groove
Schweißgegenstand *m* welded article, welded product
Schweißgitterkonstruktion *f (Konst, St)* welded lattice construction
Schweißgitterrost *m (BT)* welded area grating
Schweißgitterträger *m (BT, St)* welded lattice girder
Schweißgut *n* weld metal
Schweißgüte *f* welding quality
Schweißhelm *m* welding helmet
Schweißhilfsring *m (St)* backing ring *(als Hinterlage)*
Schweißkonstruktion *f* 1. *(Konst, St, TK)* welded construction; 2. *(St)* welded structure; 3. *(BT, Konst, St)* weldment
Schweißlage *f* 1. weld pass, welding layer; 2. weld position *(der zu schweißenden Teile)*
Schweißlage *f*/**erste** *(St)* first layer
Schweißmaschenmatte *f* welded mesh reinforcement
Schweißmaschine *f* welder
Schweißmatte *f* welded mesh
Schweißmethode *f (St, Te)* welding technique
Schweißmontage *f (St, Te)* welded assembly
Schweißnachbehandlung *f* **durch Erhitzen** *(Te)* post--welded heat treatment
Schweißnaht *f* weld(ing) seam, welded joint, weld line, weld
Schweißnaht *f*/**mehrlagige** *(St)* multilayer weld
Schweißnaht *f*/**unterbrochene** *(St)* intermittent weld
Schweißnahtbereich *m (Konst, St)* weld seam
Schweißnahtgüte *f* weld quality
Schweißnahtlehre *f* weld gauge

Schweißnahtprüfung *f* weld inspection
Schweißpistole *f* welding gun
Schweißplan *m (St, Te)* welding schedule
Schweißposition *f* weld position *(der zu schweißenden Teile)*
Schweißprobe *f* welding test
Schweißprodukt *n* welded product
Schweißprogramm *n (St, Te)* welding programme
Schweißprozess *m (St, Te)* welding process
Schweißpunkt *m* weld point, welded spot; nugget *(Punktschweißen)*
Schweißraupe *f* weld bead
Schweißrestspannung *f (St, Te)* residual welding stress
Schweißriss *m* welding crack
Schweißrohr *n* welded pipe
Schweißschlacke *f* weld slag, welding scale
Schweißspannung *f (St, Stat)* welding stress
Schweißspiralrohr *n* spiral-welded pipe
Schweißstab *m* welding rod, filler rod
Schweißstahl *m* weld(ing) steel, wrought iron, wrought steel
Schweißstelle *f* welding point, (welding) joint
Schweißstellenkorrosion *f* weld corrosion, weld decay
Schweißstoß *m* 1. *(Konst, St)* weld joint; 2. *s.* Schweißverbindung
Schweißtakt *m* welding cycle
Schweißteil *n (BT, Konst, St)* weldment
Schweißtrafo *m (El)* welding transformer
Schweißträger *m* welded (plate) girder
Schweißung *f* 1. weldment, weld; 2. welding *(Schweißarbeiten)*
Schweißunterlagshilfe *f (St)* backing
Schweißverbindung *f* connection by welding, welded connection, weld(ed) joint, weld
Schweißverbindung *f* **ohne gegenseitige Berührung** open joint
Schweißverbindung *f***/schlechte** *(St)* bad weld
Schweißverfahren *n (St, Te)* welding method
Schweißverformung *f* welding deformation
Schweißversuch *m* weld test
Schweißvorrichtung *f* welding equipment
Schweißwerkstoff *m (BM)* weld material
Schweißzeichen *n* welding symbol
Schweißzyklus *m* welding cycle
Schweizerhaus *n* Swiss chalet, Swiss cottage, chalet
schwelen *v* 1. *(Umw)* smoulder; 2. *(HLK, Umw) (AE)* smolder
Schwelgerei *f***/polychrome** *(Arch)* polychromatic opulence
Schwellbeiwert *m (Bod)* swelling index
Schwellboden *m* 1. *(Bod)* expansive soil; 2. *(Bod, Erdb)* swelling ground
Schwelldruck *m* swelling pressure
Schwelle *f* 1. ground plate, ground sill, sill, cill *(Grundbalken bei Holzkonstruktionen)*; sole runner, sole piece, *(AE)* abutment piece *(Fachwerk)*; 2. *(Hb)* pole plate *(Dach)*; 3. *(Verk)* sleeper, cross sill, *(AE)* railroad tie, cross tie *(Gleisbau)*; 4. door saddle, door strip *(Tür)*; threshold *(Schlagschwelle)*; 5. *(Verk)* fender *(Bordschwelle)*; 6. *(Hb)* sleeper (plate)
Schwelle *f***/geschwindigkeitsbremsende** speed control hump, speed bump, *(sl)* sleeping policeman
schwellen *v* 1. *(BM, Bod)* swell *(z. B. Boden)*; 2. belly (out) *(aufschwellen, aufbauchen)*; 3. rise *(Wasserlauf)*
Schwellen *n* swelling
Schwellenankerbolzen *m* plate anchor, sill anchor
Schwellenbalken *m (Hb)* sleeper, sole piece
Schwellenbalkenklammer *f* sleeper clip, floor clip
Schwellenbalkenplatte *f (Verk)* sleeper slab
Schwellenbett *n* sleeper bed
Schwellendichtung *f (DIS, HLK) (AE)* threshold draft-proofer
Schwelleneinspannung *f* sleeper fastening
Schwellenholz *n (Hb)* plate, sole piece; timber for sleepers *(Gleisbau)*
Schwellenkopf *m* end of sleeper
Schwellenquerbalken *m (Hb)* sleeper joist
Schwellenrost *m* 1. *(BT)* grating; 2. *(Erdb)* grillage
Schwellenrostunterbau *m* horizontal grillage
Schwellenschraube *f* sleeper bolt
Schwellenschubholz *n* kicking piece *(zur Verstrebung)*
Schwellenstein *m* doorstone
Schwellenstopfer *m* 1. *(BWG)* tamper; 2. *(Te, Verk) (AE)* packer
Schwellenträger *m* 1. *(Hb)* sleeper bearing girder; 2. *(Verk)* sleeper-carrying girder
Schwellenwert *m* threshold value
Schwellenzange *f* sleeper tongs
Schwellholz *n* 1. wall head plate, foot plate; 2. door saddle, door strip, sill plate *(Tür)*; 3. bottom rail, ground joist, capping piece *(Rostschwelle)*; 4. cap(ping) *(Abdeckung)*
Schwellkurve *f* swelling curve
Schwelllast *f (Stat)* oscillator load *(periodisch)*
Schwellmittel *n* swelling agent
Schwelltest *m* swell test
Schwellung *f* entasis *(einer Säule)*
Schwell(ungs)vermögen *n* expansibility
Schwellwulst *f (San)* coaming *(Dachöffnung, Deckenöffnung)*
Schwellzahl *f (BM, Bod, Erdb)* coefficient of swelling
Schwellziffer *f (BM, Bod, Erdb)* coefficient of swelling
Schwellzone *f (Bod, Konst)* swelling zone
Schwemmboden *m (Bod, Erdb)* alluvial soil
schwemmen *v (Bod, Erdb, WVA)* sweep
Schwemmentwässerung *f (WVA)* sewer network
Schwemmgutrechen *m (Wsb)* trash rack
Schwemmkanalisation *f (WVA)* sewer network
Schwemmland *n* 1. *(Bod, LB)* reclaimed land; 2. *(Bod)* mantle *(geologisch)*
Schwemmlandboden *m (Bod)* flooding soil
Schwemmlöß *m (Bod)* reassorted loess
Schwemmmaterial *n (Bod)* alluvial deposit *(Geologie)*
Schwemmsand *m* running sand, alluvial sand, inorganic silt, inundated sand
Schwemmstein *m* 1. *(BM)* alluvial stone; 2. pumice concrete block
Schwemmverfahren *n (Umw)* water-carrier method
Schwenkarm *m* swinging arm, swinging lever
schwenkbar swivelling, swinging, hinged, pivoting, rotatable; traversable *(Ausbauelement)*
Schwenkbatterie *f (San)* swivel mixer tap
Schwenkbereich *m* swing angle *(Kran, Bagger)*
Schwenkbewegung *f* swinging *(Bagger)*
Schwenkbrücke *f* swing bridge, swivel bridge
Schwenkbühne *f* swinging platform
schwenken *v* swivel, swing; pivot, hinge *(z. B. eine Tür)*; tilt *(kippen)*
Schwenken *n* swing; slewing *(Drehkran)*
Schwenkhahn *m (San)* swivel tap
Schwenkkran *m (BWG)* revolving crane
Schwenkkreishöhe *f* tilting level *(Schwenkkreis)*
Schwenklader *m* swing loader
Schwenkradius *m* swinging round *(eines Krans)*
Schwenkraum *m (BWG, Konst)* working radius *(Baukran)*
Schwenkrinne *f (BWG, Te)* swinging chute
Schwenkschaufellader *m* swing loader
Schwenkschildplanierraupe *f (BWG)* angle dozer
Schwenkstein *m* hip stone
Schwenksteinkehle *f (Konst)* swept valley *(Dachdeckung)*

schwer heavy; weighty
Schwerbeton *m* 1. normal concrete, ordinary concrete, dense concrete; 2. heavy-aggregate concrete, heavy(-)-weight) concrete *(extra beschwert)*
Schwerbeton *m*/**normaler** *(BB, BM)* normal-weight concrete
Schwerbetonabschirmung *f (BB, Konst, Umw)* heavy-aggregate shield *(Reaktorbau)*
Schwerbewehrung *f* web [heavy] reinforcement
Schwere *f* solidness, weightiness; gravity *(physikalisch)*
Schweregrad *m* severity
Schweregrad *m* **eines Schadens** *(RS)* severity of distress
Schwerelement *n (BT)* heavy element
Schwerewirkung *f (Stat)* gravity effect
Schwergewicht *n* gravity
Schwergewichtsdamm *m (Wsb)* gravity dam
Schwergewichtslast *f* gravity load
Schwergewichtsmauer *f (Wsb)* gravity dam, gravity wall
Schwergewichtssturz *m* loose lintel
Schwergewichtsstützmauer *f (Erdb, Konst)* mass retaining wall
Schwergewichtswalze *f* deadweight roller
Schwerindustrielandschaft *f (RP)* heavy industrial landscape
Schwerkraft *f* force of gravity, gravity, gravity force, gravitational force
Schwerkraftabfluss *m* gravity drainage *(Abwasser)*
Schwerkraftabscheider *m (Umw, WVA)* gravity interceptor
Schwerkraftentwässerung *f (WVA)* gravity drainage
Schwerkraftfettfänger *m (WVA)* grease trap *(Abwasserbehandlung)*
Schwerkraftfilter *n* gravity filter
Schwerkraftheizung *f (HLK)* gravity heating
Schwerkraftluftheizung *f* gravity air heating
Schwerkraftlüftung *f (HLK)* gravity ventilation
Schwerkraftströmung *f (Wsb, WVA)* gravity flow
Schwerkraftsystem *n (HLK)* gravity system
Schwerkraftumlauf *m (HLK)* natural circulation *(Wasser, Luft)*
Schwerkraftwirkung *f* effect of gravity, gravity action
Schwerlastkran *m (BWG, Te)* goliath crane
Schwerlastverkehr *m* heavy-duty traffic, heavy vehicle traffic
Schwermetall *n (Umw)* heavy metal
Schwermetalltransport *m (Umw)* heavy metal transport
Schwermetallwanderung *f s.* Schwermetalltransport
Schweröl *n* 1. *(BM, HLK)* heavy oil; 2. *(BM)* dead oil
Schwerprofil *n (St)* heavy profile
Schwerpunkt *m (Stat)* centroid
Schwerpunktabstand *m* centroidal distance
Schwerpunktskurve *f (Stat)* centrode
Schwerpunktverfahren *n*/**elastisches** *(Stat)* elastic centre method
Schwerspat *m* natural barium sulphate, baryte *(Strahlenschutzbetonzuschlag)*
Schwerspatbeton *m* baryte concrete
Schwerstbeton *m* boron-loaded concrete, heavy-aggregate concrete, heavy-weight concrete, high-density concrete, loaded concrete, superheavy concrete
Schwerstbeton *m* **mit Magnetitzuschlag** *(BB)* magnetite concrete
Schwerstverkehr *m (Verk)* heavy traffic
Schwerstzuschlag *m* heavy-weight aggregate
Schwerstzuschlagstoff *m* heavy-weight aggregate
Schwertaussteifung *f (Konst)* stiffening by diagonals
Schwertornamentdekoration *f* dagger, dagger ornament
Schwerverkehr *m (Verk)* heavy traffic
Schwerzuschlag *m* heavy-weight aggregate
Schwesternwohnheim *n* nurses' hotel
Schwibbe *f* sprocket; cross pawl *(Windkreuzlatte)*
Schwibbogen *m* 1. *(Arch, Konst)* flying buttress *(gotischer Strebebogen)*; 2. *(Arch, Konst)* diaphragm arch
schwierig 1. difficult; 2. hard *(Arbeit, Aufgabe)*; 3. critical *(Stadium)*; 4. intricate, complicated *(Problem)*
Schwimmbad *n* 1. indoor swimming bath, indoor swimming pool, *(AE)* natatorium; 2. *(Konst, Wsb)* swimming bath; 3. *(Konst, RP)* swimming pool *(Freibad)*
Schwimmbad *n*/**städtisches** *(RP)* town swimming bath
Schwimmbadheizungsanlage *f (HLK)* swimming pool heating system
Schwimmbagger *m* floating dredger, flushing dredger, dredge(r)
Schwimmbecken *n* swimming pool, *(AE)* natatorium
Schwimmbeckenanstrich *m (BM, OB)* swimming pool paint
Schwimmbrücke *f* 1. *(Br)* floating bridge; 2. *(Br, Verk)* boat-bridge
Schwimmbühne *f* floating support
Schwimmdock *n (Wsb)* wet dock
schwimmen *v* float *(Bauelemente, Material, Gegenstände)*; raft *(Gründung)*
Schwimmen *n* floating
Schwimmen *n* **des Sands** *(Erdb)* boiling of sand *(Baugrund)*
schwimmend 1. *(Verk)* floating; 2. *(Verk)* floating
Schwimmer *m (San)* float
Schwimmerhahn *m (San)* ball tap
Schwimmerregelung *f (San)* float control
Schwimmerschalter *m (El)* liquid level switch, float switch
Schwimmerventil *n (San)* float valve
Schwimmervorrichtung *f (San)* ball cock
Schwimmgründung *f* floating foundation
Schwimmgutrechen *m (Wsb)* trash rack
Schwimmhalle *f (Konst, RP)* swimming pool hall
Schwimmkasten *m (Erdb, Wsb)* caisson, floating box, floating caisson
Schwimmkastengründung *f (Erdb)* floating caisson foundation
Schwimmkonstruktion *f (Wsb)* offshore structure
Schwimmkontaktschalter *m (El)* float switch
Schwimmkörper *m (San)* float
Schwimmkran *m* 1. *(BWG, Wsb)* floating crane; 2. *(Erdb)* pontoon crane
Schwimmponton *m (Wsb)* ship caisson
Schwimmramme *f* 1. *(BWG, Wsb)* floating pile driver; 2. *(Erdb, Wsb)* pontoon pile driver
Schwimmsand *m* quicksand, running sand, shifting sand, lost ground
Schwimmschirm *m* pontoon
Schwimmstoffsperre *f (Wsb)* drift barrier
schwindarm low-shrink
schwindausgleichend shrinkage-compensating
Schwindbeiwert *m (Konst, Stat)* shrinkage coefficient
schwindbeständig shrinkproof
Schwindbewehrung *f* shrinkage reinforcement
Schwindbewehrungsstab *m* shrinkage bar
Schwindbiegeprüfung *f* shrinkage bending test
Schwinddruck *m (Stat)* shrinkage pressure
Schwindeinfluss *m* effect of shrinkage
schwinden *v* contract; shrink *(Material, speziell Beton)*; dwindle *(Abnehmen)*; pinch *(als Folge von Druckkräften)*
Schwinden *n* contraction; shrinkage *(bes. von Beton)*; volume contraction *(von Material)*
Schwinden *n* **des Betons** shrinkage of concrete
Schwinden *n*/**plastisches** plastic shrinkage
schwindfest shrinkproof
Schwindformänderung *f (Stat)* shrinkage deformation

schwindfrei non-shrink
Schwindfuge *f* 1. *(BM, BT, Konst)* contraction joint; 2. *(Konst)* shrinkage joint
Schwindgrenze *f (BB)* shrinkage limit *(Beton)*
Schwindindex *m* shrinkage ratio
Schwindkraft *f (Stat)* shrinkage force
Schwindkurve *f* shrinkage curve, shrinkage line
Schwindmaß *n* measure of contraction; measure of shrinkage, rate of shrinkage, shrinkage, shrinkage coefficient, shrinkage value *(bes. bei Beton)*
Schwindmaßzugabe *f (Konst)* shrinkage allowance
Schwindprüfung *f (BM)* shrinkage test
Schwindriss *m* contraction crack; crack due to contraction; *(bes. bei Beton)* shrinkage crack
Schwindrissbildung *f* shrinkage cracking *(Beton)*
Schwindrissnetz *n* shrinkage mesh
Schwindrissnetzlinien *fpl* pattern cracking
Schwindschutzzusatz *m* antishrinkage admixture
schwindsicher shrinkproof
Schwindspannung *f (Stat)* shrinkage stress
Schwindtest *m (BM)* shrinkage test
Schwindung *f* contraction, volume contraction *(von Material)*; shrinkage *(bes. von Beton)*
Schwindung *f*/**lineare** *(BM)* linear shrinkage
Schwindungs... *siehe auch: Schwind...*
Schwindungshohlraum *m* contraction cavity, shrinkage cavity
schwindungskompensierend shrinkage-compensating
Schwindungsmaß *n (BB, BM, Konst)* amount of shrinkage
Schwindungsunterschied *m* shrinkage difference
Schwindunterschied *m* differential shrinkage
Schwindverankerung *f (Konst)* shrinkage anchoring
Schwindverformung *f (Stat)* shrinkage deformation
Schwindverhalten *n (BB)* shrinkage behaviour
Schwindverhältnis *n* shrinkage ratio
Schwindverkürzung *f (Konst)* shrinkage shortening
Schwindversuch *m (BM)* shrinkage test
Schwindzahl *f* shrinkage value
Schwindzugspannung *f (Stat)* shrinkage tensile stress
Schwingbodenbelag *m* sprung floor cover(ing)
Schwingbruch *m (Stat)* vibration failure *(Dynamik)*
Schwingbühne *f* hinged loading ramp *(zum Verladen)*
Schwinge *f* rocker bar *(Kippriegel)*
schwingen *v* 1. *(Konst, Te)* swing; 2. oscillate *(pendeln)*; 3. vibrate *(vibrieren)*; 4. sway *(pendelartig; schwanken)*
schwingen *v*/**pendelartig** sway
Schwingen *n* 1. *(Konst, Te)* swing; 2. *(OB, Stat)* oscillation *(Pendeln)*
Schwingen *n* **des Brückenträgers** *(Br, Stat)* oscillation of bridge girder
Schwingenbrecher *m (BWG)* swing hammer
schwingend *(BT)* swinging
Schwingfenster *n* horizontally pivoted sash window
schwingfest vibration-proof
Schwingfestigkeit *f* dynamic strength
Schwingflügel *m* balanced window, horizontally pivoted sash window, horizontally pivoted sash, pivoted sash *(Fenster)*
Schwingflügelfenster *n* horizontal centre-hung window, pivot(ed) window, projected window
Schwingflügeltür *f* swing-door, draught door
Schwingfußbodenbelag *m* sprung floor cover(ing)
Schwinghebel *m* oscillating lever
Schwinglast *f (Stat)* oscillator load *(periodisch)*
Schwingmoor *n* 1. *(Bod, LB, Umw)* swing moor; 2. *(Bod, LB)* quagmire
Schwingneigung *f (TK)* tendency to vibrate
Schwingprüfung *f* fatigue testing
Schwingsaitendehnungsmesser *m (Bod)* vibrating-wire strain gauge
Schwingschleifer *m* sander *(Holz)*
Schwingsieb *n* swing screen, vibrating screen, oscillating screen *(Zuschlagtrennung)*
Schwingspannungen *fpl* dynamic stress
Schwingspiel *n (Stat)* fatigue cycle
Schwingstärke *f* amplitude of vibration
Schwingsteifigkeit *f* sway stiffness
Schwingtor *n* overhead door of the swing-up type, tip-up door *(z. B. Garage)*
Schwingtür *f* swing-door; overhead door, overhead-type garage door
Schwingtür *f* **in zwei Richtungen** double-acting door
Schwingtürrahmen *m* double-acting frame
Schwingtürscharnier *n* double-acting hinge
Schwing- und Vibrationssieb *n* jigging and vibrating screen
Schwingung *f* 1. swing, sway, oscillation, oscillatory motion; 2. *(Stat)* vibration *(Erschütterung)*
Schwingung *f*/**elastische** elastic vibration
Schwingung *f*/**harmonische** harmonic motion, harmonic vibration, harmonic oscillation
Schwingung *f* **pro Sekunde** *(DIS)* frequency
Schwingung *f*/**seitliche** sway
Schwingung *f*/**stehende** stationary vibration
Schwingungen *fpl* vibrations
Schwingungsamplitude *f (DIS, Stat)* oscillation amplitude
Schwingungsbelastung *f (Stat)* vibratory stresses
Schwingungsbewegung *f* movement of oscillation, oscillatory movement
Schwingungsbruch *m (Stat, Te)* break under vibratory stresses
Schwingungsdämmstoff *m* 1. *(BM, DIS)* oscillation damping material; 2. *(BM, DIS)* vibration damping material
schwingungsdämpfend vibration-absorbing
Schwingungsdämpfer *m* shock mount, vibration damper, vibration mount, isolator
Schwingungsdämpfung *f* oscillation damping, vibration damping
Schwingungsdauer *f (Stat)* period of oscillation
Schwingungsenergie *f* vibration energy
Schwingungsermüdung *f (BM)* vibratory fatigue
Schwingungserregung *f (Verk)* oscillatory impulse *(Brücke)*
Schwingungsfestigkeit *f* dynamic strength, resistance to oscillations, oscillation resistance, resistance to vibrations, vibration resistance; vibratory strength *(Festigkeitslehre)*
Schwingungsflankenübertragung *f (Konst, Stat)* vibration flanking transmission
Schwingungsform *f (Br)* mode of vibration *(Brücke)*
schwingungsfrei vibration-free, vibration-less, oscillation-less
Schwingungsfreiheitsgrad *m* degree of vibrational freedom
Schwingungsfrequenz *f* frequency of oscillation
schwingungsgedämmt *(Konst)* vibration-isolated
schwingungsisoliert 1. *(Konst)* resilient; 2. *(DIS)* oscillation-insulated
Schwingungsisolierung *f (DIS)* oscillation insulation
Schwingungsmarke *f* vibration mark
Schwingungsmesser *m (BWG)* vibration meter
Schwingungsmessgerät *n* oscillograph
Schwingungsmessung *f (BM)* vibration measurement
Schwingungsnachweis *m (Stat)* oscillation check
Schwingungsperiode *f* vibration period
Schwingungsquelle *f* oscillation source, source of oscillation, source of vibration, vibration source
Schwingungsrichtung *f* vibration direction

Schwingungsschutz *m* 1. *(Konst)* protection against oscillation; 2. *(DIS)* insulation against vibrations
Schwingungsstabilität *f (Stat)* stability against oscillation
Schwingungsstärke *f* intensity of oscillation
Schwingungssteifigkeit *f (Stat)* sway stiffness
Schwingungsübertragung *f* oscillation transmission, vibration transmission
Schwingungsverhalten *n (Konst, TK)* vibration behaviour
Schwingungsversuch *m* repeated stress test, vibration test
Schwingungsweite *f* amplitude of vibration
Schwingungsweite *f***/kritische** critical amplitude
Schwingungszeit *f (Stat)* period of oscillation
Schwingwand *f* 1. *(Konst)* diaphragm; 2. *(Erdb)* diaphragm wall
Schwingwascher *m (BM, BWG)* jigging washer
schwitzen *v* 1. *(DIS)* become moist; 2. *(Verk)* bleed; 3. *(BM, Konst)* weep *(Beton)*; 4. bleed, flat up *(Asphaltflächen)*; 5. fog *(Fensterscheiben)*; 6. steam up *(Betonnachbehandlung)*; 7. *(BM, DIS)* vegetate *(Salze, Lösungen)*; 8. *(DIS)* sweat *(Anstriche)*
Schwitzen *n (OB)* sweating *(von Anstrichen)*
Schwitzisolierung *f* condensation dampproofing
Schwitzneigung *f (OB)* sweating tendency
Schwitzraum *m* 1. sweat(ing) room; 2. *(Arch)* sudatorium *(der römischen Therme)*; 3. *(Arch, Konst)* sweathouse *(der amerikanischen Indianer, ähnlich einer Sauna)*
Schwitzraum *m***/römischer** *(Arch)* laconicum
Schwitzsperrung *f* condensation damp-proofing
Schwitzwasser *n* 1. *(HLK)* condensate *(z. B. Dampf)*; 2. condensation moisture, condensation water, perspiration (water), sweat *(Innenräume)*
Schwitzwasserabdichtung *f (DIS)* antisweat type insulation
Schwitzwasserablauf *m (HLK, San)* condensation gutter
Schwitzwasserbildung *f* surface condensation, sweating
schwitzwasserfrei *(HLK)* condensateless
Schwitzwasserkorrosion *f (DIS)* perspiration corrosion
Schwitzwasserrinne *f* 1. *(HLK, San)* condensation channel; 2. *(HLK, San)* condensation gutter
Schwitzwasserschutz *m (OB)* protection against condensation
Schwitzwassersperrung *f* condensation damp-proofing, condensation insulating
Schwitzwassertest *m (DIS)* humidity condensation test
Schwund *m* 1. leakage *(durch Aussickern)*; 2. loss *(Verlust)*; 3. shrinkage *(bes. von Beton)*
Schwundriss *m* reduction fissure, reduction crack; desiccation crack *(durch Austrocknen)*
Schwundrisse *mpl (BB, BM)* volume reduction cracks
Schwundzugabe *f (BB)* manufacturing allowance *(Betonfertigung)*
Schwung *m* 1. *(Konst, Te)* swing *(Pendelschwung, Schwingung)*; 2. *(Stat)* momentum *(physikalisch)*
Schwungrad *n (Te)* flywheel
Scoping Termin *s.* Scopingtermin
Scopingtermin *m (RP)* scoping date
Seccomalerei *f (Arch)* fresco secco
Sechsblatt *n (Arch)* sexfoil *(gotisches Maßwerk)*
Sechseck *n (Arch)* hexagon
Sechseckfliese *f* hexagonal tile
sechseckig *(Arch)* hexagonal
Sechseckmosaikfliese *f* hexagonal mosaic tile
Sechseckplatte *f* hexagonal tile
Sechseckprofil *n* hexagonal profile, hexagonal shape
Sechsecktürmchen *n (Arch)* hexagonal turret
Sechseckumriss *m* hexagonal shape
sechsflächig hexahedral
Sechsflächner *m (Arch)* hexahedron
sechsjochig *(Konst)* six-bay
Sechskantbolzen *m* hexagonal bolt
sechskantig *(Arch)* hexagonal
Sechskantmutter *f* hexagon nut
Sechskantprofil *n* hexagonal profile, hexagon bar steel
Sechskantschraube *f* hexagonal bolt
Sechskantstahl *m (St)* hexagon bar steel
Sechsmomentengleichung *f (Stat)* six-moment equation
Sechspass *m (Arch)* six-lobe tracery *(gotisches Maßwerk)*
sechssäulig *(Arch)* hectastyle
Sechsschneuß *m (Arch)* six-vesica piscis tracery *(gotische Maßwerkform)*
Sedifluktion *f (Bod)* sedifluction
Sedilia *f (Arch)* sedilia
Sediliennische *f (Arch)* sedilia niche
Sediment *n* settlings, sediment *(Rückstand)*
Sediment *n***/glaziales** *(BM, Bod)* glacial deposit
Sediment *n***/suspendiertes** *(BM, WVA)* suspensate
Sedimentablagerung *f* sedimentation
Sedimentabsetzprüfung *f* test for silt
sedimentär sedimentary, neptunian
Sedimentation *f* sedimentation, settlement
Sedimentationsanalyse *f* sedimentation analysis, settlement analysis, size analysis by sedimentation, elutriation analysis
Sedimentationsbecken *n (WVA)* sedimentation basin
Sedimentationsgerät *n* sedimentation apparatus
Sedimentationsgestein *n* sedimentary rock
Sedimentationsprüfung *f (BM)* sedimentation test
Sedimentationszylinder *m* settling glass *(Baustoffprüfung)*
Sedimente *npl***/klassierte** *(BM)* graded sediments
sedimentführend sediment-bearing
Sedimentgestein *n* sedimentary rock, bedded rock
Sedimentgestein *n***/gemischtes** *(BM)* mixed sedimentary rock
sedimentieren *v* sediment, sedimentate; settle *(Bodensatz)*
Sedimentierglas *n* **nach Imhoff** *(BM)* Imhoff cone
Sedimentprüfung *f* test for silt
Sedimentrohr *n* calyx, sludge barrel
See *m* lake *(Binnensee)*; sea
See *m***/kleiner** mere; puddle *(Pfütze)*
See *m***/künstlicher** *(Wsb)* artificial lake
Seeablagerung *f (Bod)* lake deposit
Seeasphalt *m (BM)* lake asphalt
Seebad *n (RP, Wsb)* seaside resort
Seebaggerung *f (BWG)* marine dredging
Seebau *m* 1. *(Wsb)* marine construction; 2. costal work
Seebaubeton *m (Wsb)* marine concrete
Seebauten *mpl* coast works, seaworks
Seebühne *f (Bod)* sea groyne
Seedamm *m (Wsb)* sea pier *(Hafen)*
Seedeich *m (Wsb)* sea dyke
Seegras *n* eelgrass, seagrass, seeweed *(für Dämmzwecke)*
Seegrasbaumatte *f* sea-grass building mat
Seegrasdämmmatte *f* sea-grass building mat
Seehafen *m* 1. *(Wsb)* harbour; 2. *(RP, Wsb)* seaport; 3. *s.* Seehafenstadt
Seehafenstadt *f* 1. *(RP)* maritime town; 2. *(RP, Wsb)* seaport
Seehöhe *f***/mittlere** *(Verm)* mean sea level
Seeinsel *f***/kleine** *(Bod, Wsb)* eyot
Seekanal *m (Wsb)* maritime canal
Seekies *m* lacustrine gravel
Seekreide *f (Bod)* bog lime
Seeküste *f* seaboard, seashore
Seelöss *m* sea clay
Seemuschelornamentgestaltung *f (Arch)* coquillage
Seengebiet *n (Bod, RP)* lake district
Seesand *m* lake sand; beach sand, sea sand

Seeschleuse *f (Wsb)* sea gate
Seeschutzbauten *mpl* coastal protection works
Seesediment *n* lacustrine deposit
Seesperre *f (Wsb)* sea lock
Seeton *(BM)* lacustrine clay
Seeufer *n (Bod, RP)* lake shore
Seeuferbau *m (Wsb)* strand works
Seeverklappung *f (Umw)* ocean dumping
Seeverladung *f* lake filling
Seewasser *n (Bod, OB)* lacustrine water
seewasserbeständig saltwater-proof
Seewasserbeton *m (BB)* seawater concrete
Segeltuch *n* canvas
Segeltuchplane *f* tarpaulin
Segeltuchüberspannung *f* fabric roof
Segeltuchüberzug *m (BB, OB)* canvas covering
Segerkegel *m* Seger cone, fusion cone
Segment *n* 1. *(Konst)* segment *(Kreisabschnitt)*; 2. *(DIS)* section *(Rohrdämmungselement)*; 3. *(Konst)* segment *(Gebäudesegment)* • **aus Segmenten (bestehend)** *(Konst)* segmental • **in Segmente geteilt** meristic
Segment... segmental ...
Segmentarm *m* gate arm
Segmentat *n* meristic
Segmentbogen *m (Konst)* segmental arch
Segmentbogendach *n* segmental arch roof
Segmentbogenträger *m (TK)* segmental arched girder
Segmentboiler *m***/gusseiserner** *(San)* cast-iron boiler
Segmentbrücke *f (Br)* segmental bridge
Segmentdecke *f* segmental ceiling, segmental floor
Segmenteisen *n* half-round bar
Segmentfachwerk *n***/oben gewölbtes** camelback truss
Segmentgiebel *m (Konst)* segmental pediment
segmentiert segmental, meristic
Segmentierung *f (Konst)* segmentation
Segmentkurvensäge *f* segment saw
Segmentlager *n (BT, TK)* segmental bearing
Segmentplatte *f* segmental plate
Segmentschale *f* segmental shell
Segmentspreizbolzen *m (BT)* star expansion bolt
Segmentstahl *m* half-round bar
Segmentstein *m* imbrex
Segmentträger *m* polygonal bowstring girder
Segmentverschluss *m (Wsb)* tainter gate
Segmentwehr *n (Wsb)* segmental barrage
Segmentzylinderschale *f* segmental cylindrical shell
Segregation *f (BB, Te)* segregation
Sehenswürdigkeit *f* sight, place worth seeing, tourist attraction
Sehlinie *f (Verm)* collimation line
Sehloch *n (Arch)* lunette
Sehne *f* 1. *(BT)* cord; 2. chord *(Kreissehne)*; 3. *(BB, BT)* tendon *(Spannbetonsehne)*
Sehschlitz *m* loop window, loophole *(in einer Mauer)*
seicht shallow *(Wasser)*; shoaly *(flach)*
Seide *f* silk
Seidengaze *f* silk gauze
Seidenglanz *m* silky lustre
Seidenlackglanzfarbe *f* satin lacquer
seifenartig soap-like
seifenbeständig soapproof
Seifencremespender *m (EB)* liquid soap dispenser
seifenfest soapproof
Seifenhalter *m* soap holder
Seifenhaut *f* soap bubble
Seifenlösung *f* soap solution
Seifenpulver *n* powdered soap, soap powder
Seifenschale *f (EB)* soap dish
Seifenschalenfliese *f* soap dish tile, soap tray tile
Seifenspender *m (EB)* soap dispenser
Seifenwasser *n* soapy water
Seil *n* 1. rope, cable; 2. guy rope *(Halteseil)*; 3. cord, string, line *(Schnur)*; 4. *(BT)* stretching cable *(Vorspannseil)* • **mit Seil befestigen** cable • **mit Seilen absperren** *(Konst)* rope
Seil *n***/drallfreies** non-spinning rope, non-stranded rope
Seil *n***/geflochtenes** braided rope
Seilanker *m* guy anchor, wire anchor
Seilausgleichsvorrichtung *f (EB)* rope suspension equalizer *(Aufzug)*
Seilauskragdach *n (TK)* rope-suspended cantilever roof
Seilauslegerdach *n* cable roof, suspended roof
Seilbahn *f (Verk)* funicular railway
Seilblock *m* pulley block
Seilbrücke *f (Br)* rope suspension bridge
Seildach *n* 1. suspended roof, suspension roof; 2. *s.* Seilhängedach
Seildiagramm *n (Stat)* funicular diagram
Seildraht *m* cable wire
Seildurchhang *m (Br)* cable sag *(Brücke)*
Seileck *n (Stat)* link polygon, funicular polygon; string polygon
Seilfähre *f* trail ferry, trail bridge
Seilförderung *f* rope haulage, rope extraction
Seilgarten *m (Konst, RP)* rope course *(Sport- und Freizeitanlage, EN 15567)*
Seilhaken *m* rope hook
Seilhängedach *n* cable-suspended roof, rope-suspended roof, rope suspension roof
Seilhängedach *n***/elliptisches** *(TK)* rope-suspended elliptical roof
Seilhängegerüst *n* flying scaffold, float scaffold, boat scaffold, ship scaffold
Seilhängegerüst *n* **mit Hebewinde** single-point adjustable suspension scaffold
Seilhängerüstung *f* 1. *(BT, Te)* swinging scaffold; 2. *(Konst, TK)* two-point suspension scaffold
Seilklemme *f* rope clamp, rope clip, rope cramp, rope socket, cable end
Seilkonstruktion *f (Konst, TK)* cable-supported construction
Seilkopf *m* cable end
Seilkraft *f (Stat)* funicular force
Seilkragdach *n* cable roof, cable-suspended cantilever roof, rope-suspended cantilever roof
Seilkübelbagger *m (BWG, Erdb)* dragline dredger
Seilkurve *f* funicular line, polar line
Seillinie *f* funicular line, polar line
Seillinienform *f***/geometrische** *(Stat)* geometrical funicular form
Seilornament *n (Arch)* cabling, rudenture
Seilplan *m (Stat)* funicular polygon, rope polygon
Seilpolygon *n (Stat)* rope polygon, link polygon, funicular polygon
Seilrolle *f* pulley sheave, rope pulley, sheave
Seilrollenzug *m* pulley (lifting) tackle
Seilschar *f (Konst)* family of cables
Seilscheibe *f (BT, Te)* sheave
Seilschloss *n* cable clamp, cable end, rope clamp, rope clip, cramp, rope socket
Seilschwebebahn *f (Verk)* cableway
Seilspannbrücke *f (Br)* guyed bridge
Seilstatik *f (Stat)* cable geometry
Seilstrahl *m* funicular line, polar line
Seilsystem *n* cable system, rope system
seilverankert *(Konst, TK)* cable-stayed
Seilverankerung *f (Konst, TK)* cable tie
Seilverspannung *f* cable bracing, guying

S

Seilwinde *f* rope winch, crab winch, capstan, crab
Seilwirkung *f* cable action, rope action
Seilwulst *m(f) (Arch)* rope moulding *(Ornament)*
Seilzierkante *f (Arch)* rope moulding *(Ornament)*
Seilzug *m (Stat)* link polygon, funicular polygon, rope polygon; come-along
Seilzuganlage *f* rope haulage
Seilzugglied *n (Konst, TK)* cable tie
Seismik *f***/angewandte** *(Konst, Stat)* seismic exploration method
seismisch *(Bod)* seismic
Seismograph *m (Bod)* seismograph
Seismologie *f (Bod)* seismology
Seismometer *n* seismometer
Seite *f* 1. side, flank; 2. direction, side, hand *(Richtung)*; 3. face *(Ansicht, Front)*; 4. *s.* Seitenfläche • **an der Seite gelegen** at the side • **die Seiten bauen** side *(Mauerwerk)* • **die Seiten hochziehen** side *(Mauerwerk)* • **mit ungleichen Seiten** inequilateral • **nach einer Seite hängend** lopsided
Seite *f***/gegenüberliegende** far face
Seite *f***/gute** *(OB)* back *(Fliese, Schiefer, Kachel)*
Seite *f***/lange** *(SB)* long side *(Stein)*
Seite *f***/schmale** planed measure *(Holz)*
Seite *f***/unterstützte** supported end *(eines Balkens)*
Seiten... lateral ...
Seitenablage *f (Erdb)* earth depot, earth store
Seitenablagerung *f (Erdb)* dumped fill, side piling, spoil area, spoil bank
Seitenablassfitting *n* side outlet *(Rohrleitung)*
Seitenabmessung *f* lateral dimension
Seitenabrutsch *m (Erdb)* sideslip
Seitenabstand *m* lateral distance, lateral spacing
Seitenabstützung *f (Konst, Stat)* lateral support
Seitenaltar *m (Arch)* side altar, subordinate altar
Seitenansicht *f* lateral view, side face, end view, head-on view; side elevation *(Bauzeichnen)*
Seitenansicht *f***/linke** left-side view
Seitenaufriss *m* side elevation *(Bauzeichnen)*
Seitenausknickung *f (Konst)* lateral buckling
Seitenauslenkung *f* sidesway *(Gebäude)*
Seitenbefestigung *f (Verk)* shouldering *(Straßenbau)*
Seitenbeleuchtung *f (El)* side lighting
Seitenbesäumer *m (Hb)* side trimmer
Seitenbewegung *f (BT)* lateral movement
Seitenblech *n* side plate
Seitenbogen *m* lateral arch, side arch
Seitenböschung *f (Bod, Erdb)* side slope
Seitendehnung *f* lateral strain
Seitendruck *m (Stat)* lateral pressure
Seiteneingang *m (Konst)* side entrance
Seitenempore *f (Arch)* side gallery
Seitenende *n* margin
Seitenentleerer *m* side discharger *(z. B. Waggon)*; side dump car *(Kipper)*
Seitenentnahme *f (Erdb)* excavation site, borrow *(von Erdstoffen)*
Seitenentnahmegrube *f (Erdb)* borrow excavation
Seitenentnahmestelle *f (Erdb)* borrow pit
Seitenfalz *m* side groove *(Dachstein)*
Seitenfassade *f* 1. *(Arch, Konst)* side façade; 2. *(Arch)* lateral façade
Seitenfenster *n* 1. *(BT)* side window; 2. *(Konst)* side light
Seitenfläche *f* lateral side [face], cheek, flank, side
Seitenfläche *f* **eines Hohlblocksteins** face shell
Seitenflügel *m* side-wing, alette, limb *(eines Gebäudes)*
Seitenflügel *m***/rechtwinkliger** *(AE)* ell
Seitenflur *m (Konst)* side corridor
Seitenfront *f* flank front, side face
Seitenführung *f* side track
Seitenführungsschiene *f (BT)* side track
Seitengalerie *f (Arch)* side gallery
Seitengang *m (Arch)* side aisle *(in einem Zuschauerraum)*; side corridor
Seitengasse *f* 1. *(Verk)* side lane; 2. *(Konst, Verk)* alley *(zwischen Gebäuden und Gärten)*
Seitengebäude *n* 1. *(Arch)* accessory building; 2. *(Arch, Konst)* annex; 3. *(Konst)* wing
Seitengleis *n (Verk)* spur track
Seitengrenzen *fpl* lateral confinement
Seitenkanal *m (Wsb)* side canal, lateral canal *(Flussbau)*; junction canal
Seitenkante *f* lateral edge
Seitenkapelle *f (Arch)* side chapel, lateral chapel
Seitenkipper *m* side dumper
Seitenkipplader *m* side dump loader, side tilting shovel loader
Seitenkolonnade *f (Arch)* lateral colonnade
Seitenkorridor *m (Konst)* side corridor
Seitenkraft *f***/lotrechte** *(Stat)* vertical component
Seitenkraft *f***/senkrechte** *(Stat)* vertical component
Seitenkraftkomponente *f (Stat)* lateral force component
Seitenlängenverhältnis *n (Stat)* aspect ratio *(Knickfestigkeit)*
Seitenlast *f* lateral load
Seitenleiste *f* side plate
Seitenlinie *f (Verk)* lane line *(Fahrbahnoberfläche)*
Seitenmarkierung *f (Verk)* edge marking
Seitenmauer *f* side masonry wall, flank masonry wall, end masonry wall
Seitenoberlicht *n* half skylight
Seitenöffnung *f* 1. side light, margin light, flanking window *(Fenster, Tür)*; 2. side bay, side span *(einer Brücke)*
Seitenpflug *m* side plough
Seitenportal *n (Arch)* side portal
Seitenraum *m (WVA)* side chamber
Seitenraum *m***/lichter** lateral clearance
Seitenräumer *m* 1. *(Verk)* angle blade; 2. *(BWG)* angle dozer
Seitenreibungskoeffizient *m (Verk)* coefficient of transverse friction
Seitenrippe *f (Konst)* nervure *(Gewölbe)*
Seitenriss *m* side elevation, side view *(Bauzeichnen)*
Seitenrohr *n* branch pipe
Seitenschalung *f* 1. sideform, cheek boards; 2. concrete road form, road form *(Straßenbau)*
Seitenscharnier *n (EB)* side hinge
Seitenschiff *n (Arch)* nave aisle, side aisle, side bay, aisle *(Kirche)*; eling, ele *(Basilika)*
Seitenschiff *n***/äußeres** *(Arch)* outer (navel) aisle
Seitenschiff *n***/inneres** *(Arch)* inner aisle
Seitenschiff *n***/rundes** *(Arch)* deambulatory *(um den Altarraum)*
Seitenschiff *n* **um eine Apsis** *(Arch)* deambulatory
Seitenschiffempore *f (Arch)* nave aisle gallery, side aisle gallery
Seitenschifffeld *n (Arch)* side aisle bay, aisle bay
Seitenschiffgewölbe *n (Arch)* aisle vault
seitenschifflos side aisleless
Seitenschub *m (Stat)* lateral load
Seitenschutzplanke *f (Verk)* roadside barrier
Seitenschutzwand *f* side wall
Seitensprosse *f* marginal bar
Seitenstabilität *f (Konst, Stat)* lateral stability
Seitenstandfestigkeit *f (Konst, Stat)* lateral stability
Seitenstandsicherheit *f (Konst, Stat)* lateral stability
Seitensteifigkeit *f* 1. *(Konst, Stat)* lateral rigidity; 2. *(BT, Stat)* lateral stiffness; 3. *(Stat, TK)* sway resistance; 4. *(Stat)* transverse rigidity

S

Seitenstraße *f* side road, byroad, bye-road, subsidiary road; side-street
Seitenstreifen *m (Verk)* side strip, marginal strip, outer shoulder, verge *(Straße)*
Seitenstreifen *m*/**befestigter** hard shoulder *(breit)*; hard strip *(schmal)*
Seitenstreifen *m*/**erhärteter** *(Verk)* hardened verge
Seitenstreifen *m*/**unbefestigter** unpaved shoulder, soft shoulder, verge
Seitenstreifennutzung *f* hard shoulders use, use of the hard shoulders
Seitenstütze *f* side column
Seitenstütze *f*/**ausziehbare** *(BT, Te)* outrigger shore
Seitentageslichtbeleuchtung *f* side daylight illumination, side daylighting, side natural lighting
Seitental *n*/**kurzes** *(RP)* spur valley *(Flächennutzung)*
Seitenteil *n* side part, side, cheek; side-wing *(eines Gebäudes)*
Seitenterrasse *f (Konst)* side terrace
Seitentür *f (Konst)* side door
Seitenturm *m (Arch)* side tower
Seitenüberdeckung *f* side lap *(z. B. bei Schindeln, Verkleidung)*
Seiten-U-Eisen *n* side channel
Seitenverhältnis *n* 1. *(Konst)* side ratio; 2. *(Stat)* aspect ratio *(z. B. Länge/Breite)*
Seitenverschiebung *f* side shifting
Seitenverstärkung *f* haunching
Seitenversteifung *f (Konst)* lateral reinforcing structure
Seitenwand *f* side wall, lateral (masonry) wall, flank wall
Seitenwand *f* **eines Dachfensters** cheek of a lucarne
Seitenwand *f*/**umklappbare** hinged side
Seitenweg *m* side road, back road, byroad, byway; bypass *(Umgehungsweg)*
Seitenwinddruck *m (Stat)* lateral wind pressure
Seitenwinde *f* side pulley
Seitenwindlast *f (Stat)* lateral wind load
Seitenwulstverformung *f* side hump
Seitenzapfen *m (Hb)* side tenon
Seitenzimmer *n (Konst)* side room
seitlich 1. sideways *(Richtung)*; 2. lateral, sideward *(Bewegung)*; 3. at the side *(an der Seite gelegen)*
Sektor *m* sector, field
Sektorwehr *n (Wsb)* sector barrage
Sekundärluft *f (HLK)* secondary air, additional air *(bereits klimatisierte Luft)*
Sekundärpassivität *f* secondary passivity *(Korrosionsschutz)*
Sekundärrohstoff *m (Umw)* waste product *(wiederverwertbar)*
Sekundärspannung *f (Stat)* secondary stress
Sekundärträger *m* intercostal girder
Selbstabdichtung *f* preformed gasket
selbstansaugend self-priming *(Pumpe)*
Selbstbauhaus *n (Konst)* do-it-yourself house
Selbstbedienungsladen *m* self-service shop
Selbstbedienungsrestaurant *n* cafeteria
selbstdichtend self-sealing
Selbstdichtung *f* choking, sealing gasket
Selbstdichtung *f*/**zugbeanspruchte** *(BT, DIS)* tensional gasket
Selbstentladeeimer *m* self-dumping bucket
Selbstentwässerungssystem *n (Konst, WVA)* self--draining system
Selbstentzündungstemperatur *f* self-ignition temperature
Selbsterhitzung *f (BM)* self-heating
selbstfahrend self-propelling *(Baumaschinen)*
selbsthärtend *(BM)* self-curing
Selbstheilung *f (BB, SB, Te)* autogenous healing *(in Beton oder Mörtel durch Feuchthalten)*
Selbsthilfe-Wohnungsbauprogramm *n* self-help housing programme, self-help housing scheme
Selbsthilfe-Wohnungsgenossenschaft *f (VR)* self-build housing society
selbstklebend self-adhesive, self-bonding
Selbstkosten *pl (VR)* basic cost(s), first cost, internal cost, factory cost, prime cost *(Arbeit und Material)*
Selbstkostenpreis *m (VR)* cost price
selbstlöschend self-quenching
selbstregistrierend self-recording
selbstreinigend self-cleaning
Selbstreinigung *f* self-purification, natural purification
Selbstreinigungskraft *f (BM, OB)* assimilative capacity
selbstrückstellend *(BM)* recoverable
selbstrückstellend/nicht non-recoverable
selbstschließend self-closing, spring-actuated
Selbstschlussbatterie *f* self-closing tap, *(AE)* self-closing faucet
Selbstschlussventil *n (San, WVA)* isolation valve
selbstspannend self-pretensioning, self-tensioning *(Spannbeton)*
selbsttätig self-acting, automatic
selbsttragend self-supporting
Selbstüberwachung *f (BM, Te, VR)* self-control
selbstverankert self-anchored *(Spannbeton)*
Selbstverankerung *f (BB, Te)* self-anchorage *(Spannbeton)*
Selbstverdunsten *n* spontaneous evaporation
selbstverlöschend self-extinguishing
Selbstverschlusssack *m* valve bag
selbstvorspannend self-pretensioning *(Spannbeton)*
selbstvulkanisierend self-vulcanizing
Selbstzündungstemperatur *f* self-ignition temperature
Selenit *m (BM, Bod)* selenite
Seltene-Erden-Oxid *n (BM, Bod)* rare-earth oxide
S-Emulsion *f* stable emulsion
Senderaum *m* broadcasting studio, studio
Sendesaal *m (Konst)* studio
Sendestation *f (El)* sending station *(Funk)*
Sendeturm *m (Konst)* radio tower
Seniorenwohnheim *n* home for the aged, home for the elderly, home
Senkblei *n (Aussprache: led)* lead, lead line, mason's lead, plumb bob
Senkbrunnen *m (Erdb, WVA)* sunk well
Senkbrunnen *m*/**hölzerner** *(Erdb, Hb)* timber sunk well
Senkbrunnengründung *f (Erdb)* well-sunk foundation
Senkbühne *f (BT, EB)* lowering platform
Senke *f (Bod)* depressed area
Senke *f*/**nasse** *(LB, RP)* swale
Senke *f*/**sumpfige** *(LB, RP)* swale
senken *v* 1. sink *(z. B. einen Brunnen)*; 2. lower *(Grundwasser)*; 3. slope *(Fläche, Gelände)*
senken *v*/**sich** 1. *(Bod, Erdb)* sink; 2. *(BT, Erdb, RS)* weigh down *(Gebäude)*; 3. *(Bod, Erdb)* sink; 4. *(Bod, Konst)* subside *(nachgeben, z. B. Baugrund)*; 5. sag *(durchbiegen, z. B. Decken)*; 6. pitch *(neigen)*; 7. *(Bod, Erdb)* descend *(absteigen, hinunterführen, z. B. Straße)*; 8. fall *(Land)*
Senken *n* lowering
Senker *m (BWG)* counterbore *(Werkzeug)*
Senkfaschine *f (Wsb)* mattress, fascine to be sunk
Senkformen *n* pressing
Senkgerüst *n* lowerator, lowerator rack
Senkgrube *f* absorbing [waste] well, sink hole [well], catch basin, cesspit, cesspool, dry well
Senkkasten *m* 1. *(Wsb)* caisson, diving bell; 2. lacunar, laquear *(vertieftes Deckenfeld)*; 3. *(WVA)* gully hole

Senkkasten *m***/eiserner** *(Erdb)* iron caisson
Senkkasten *m***/hölzerner** *(Wsb)* timber caisson
Senkkasten *m***/offener** *(Erdb)* open caisson
Senkkastengründung *f* caisson foundation, foundation by caissons, foundation on caissons
Senkkastenkrankheit *f (Erdb, VR)* decompression sickness
Senkkopf *m* finish nail
Senkkopfnagel *m* sinker nail, finish nail, casing nail
Senkkopfniet *m* countersunk(-head) rivet, flush-head rivet
Senkkopfschraube *f* countersunk bolt
Senklage *f (Wsb)* mattress
Senkloch *n (WVA)* gully hole
Senklot *n* plumb bob
Senkniet *m* countersunk(-head) rivet, flush(-head) rivet *(Stahlbau)*
senkrecht 1. vertical *(Flächen, Linien usw.)*; 2. normal, perpendicular *(lotrecht)*; 3. upright *(Stellung, z. B. Bauelemente)*
senkrecht/aufeinander *(Konst)* mutually perpendicular
senkrecht/nicht *(Verm)* out-of-square
Senkrechtaufnahme *f (Verm)* vertical area photograph *(Luftbild)*
Senkrechtbelastung *f (Stat)* vertical loading
Senkrechtbiegespannung *f (Stat)* vertical bending stress
Senkrechtdarstellung *f (Arch, Konst)* orthography
Senkrechtdränage *f (Erdb, WVA)* vertical drainage
Senkrechte *f* 1. *(Stat)* normal; 2. *(BT)* vertical
Senkrechtebene *f (Verm)* vertical plane
Senkrechtförderschnecke *f* screw elevator
Senkrechtfuge *f* vertical joint, perpend
Senkrechtgatter *n (BT)* vertical saw frame *(Holz)*
Senkrechtglied *n* vertical member, upright member; stile *(Pfosten)*
Senkrechtholzstütze *f***/kleine** *(Hb)* quarter *(Lattennagelung)*
Senkrechtkraft *f (Stat)* vertical force
Senkrechtlast *f (Stat)* vertical load
Senkrechtmontagebau *m (Te)* vertical assembly
Senkrechtpfahl *m (Erdb)* vertical pile
Senkrechtprojektion *f (Arch, Konst)* orthography
Senkrechtrahmenstab *m* vertical member, montant
Senkrechtschleuse *f (San, WVA)* waste-water downcomer
Senkrechtschnitt *m (Konst)* vertical section
Senkrechtstab *m* vertical bar, vertical member; stile *(Pfosten)*
Senkrechtsteife *f (BT, Konst)* vertical stiffener
Senkrechtstein *m (BT, Konst)* upright
Senkrechttafel *f* vertical panel
Senkrechttransport *m* vertical traffic, vertical circulation *(innerhalb eines Gebäudes)*
Senkrechtverkehr *m s.* Senkrechttransport
Senkrechtverschiebung *f (Te)* vertical translation
Senkröhrengründung *f (Erdb)* sunk shaft foundation
Senkschacht *m (Erdb)* well
Senkschraube *f* countersunk bolt
Senkstoffablagerung *f* silt of precipitates
Senkung *f* 1. setting, settlement, subsiding, subsidence; sag *(Gebäude, Gelände; Bauelemente)*; 2. *(Bod)* sinking *(z. B. des Wasserspiegels)*; 3. *(Bod, Erdb)* descent *(Abstieg, Abfall, z. B. Straße)*; 4. pitching, decline, dip *(Neigung)*; 5. depression *(Druck; Topographie)*; 6. *(BB, Te)* slump *(Rutschung; Beton)*; 7. lowering *(Flüssigkeitsstand, Grundwasser usw.)*; 8. *(Bod)* submergence *(Bodensenkung)*
Senkungsgebiet *n (Bod)* settled ground
Senkungskurve *f (Bod)* recession curve; subsidence curve
Senkungsriss *m* settling crack
Senkungsschaden *m (RS)* subsidence damage
Senkungszone *f (Bod)* zone of subsidence *(geologisch)*
Sensibilität *f* sensitivity, sensitiveness
Sensitivität *f* sensitivity
Sensitivitätsanalyse *f (VR)* sensitivity analysis
Sensor *m (El)* sensor
Sensor *m* **aus optischen Fasern** *(El)* fibre-optic sensor
Sensorschalter *m (El)* sensor switch
separat separate, independent *(z. B. Toilette)*
Separationsanlage *f (Wsb)* separating dam
Separator *m (San)* interceptor
separieren *v (BM, Te)* separate out *(aus Stoffgemischen)*
Separierwerk *n (Wsb)* separating dam
Serapeion *n (Arch)* serapeum *(ägyptisches, später griechisch-römisches Gottesheiligtum des Serapis)*
Serapeum *n (Arch)* serapeum *(ägyptisches, später griechisch-römisches Gottesheiligtum des Serapis)*
Serdab *m (Arch)* serdab *(ägyptische Totenstatuenkammer)*
Serie *f* series
Serien... serial ...
Serienbau *m* building in series, (normal) factory production
Serienerzeugnis *n* stock type
Serienfertigung *f (Te)* normal factory production
serienmäßig serial, standard, from the assembly line
Serienschalter *m (El)* series switch, variable-control switch
Serienschaltung *f (El)* series mounting
Serientype *f* stock type
Serienwohnungsbau *m (Konst, RP)* repetitive housing *(standardisierter Wohnungsbau)*
Serizit *m (BM, Bod)* sericite *(Glimmer)*
Serizitschiefer *m (BM)* sericite schist
Serpentin *m* serpentine, green marble *(allg. für verschiedene Phyllosilikate, für Dekorationselemente)*
Serpentinasbest *m (BM)* serpentine asbestos
Serpentine *f* 1. *(Verk)* serpentine, hairpin bend *(Straße)*; 2. *(Verk)* double bend
Serpentinen *fpl* series of hairpin bends
Serpentinenstraße *f (Verk)* serpentine road
Serpentinfels *m* serpentine rock, serpentinite
Serpentingestein *n* serpentine rock, serpentinite
Serpentinisierung *f (Bod)* serpentinization
Serpentinmarmor *m* green marble, serpentine *(für Dekorationszwecke)*
Serpentinmarmor *m* **mit weißer Äderung** *(BT)* verd antique *(speziell im antiken Rom)*
Serpentinschiefer *m* serpentine schist *(für Dekorationszwecke)*
Servicepauschalsumme *f* multiple of direct personnel expense
Servicevertrag *m (RS, VR)* maintenance contract
Servierraum *m* stillroom; pantry *(im Hotel oder Krankenhaus)*
Servomotor *m* servomotor
Servosystem *n (HLK)* servo system *(Klimaanlage)*
Sessellift *m* chair lift
Set *n* set, nest
Setzbecher *m* mould for concrete setting *(für Betonausbreitversuch)*
Setzbohle *f* stair riser
setzen *v* set, lay
setzen *v***/die Pfähle** *(Erdb)* drive the piles
setzen *v***/durch Rammen** *(Erdb, Te)* sink by driving
setzen *v***/einen Mast** *(Te)* sink a pole
setzen *v***/hochkant** set on edge
setzen *v***/instand** *(RS)* renovate
setzen *v***/sich** 1. *(Bod)* consolidate; 2. *(Bod, Erdb)* settle *(Gebäude)*; 3. sink, subside *(in den Baugrund)*; 4. *(BT, Erdb, RS)* weigh down; 5. *(Bod, Erdb, Konst)* give way *(absacken)*; 6. *(BM, Te)* precipitate *(ausfällen)*; 7. sediment *(Feinstoffe)*
Setzen *n (Bod)* consolidation

Setzen *n*/**ungleichmäßiges** differential settlement, relative settlement; foundation failure
Setzfuge *f* settlement joint *(Mauerwerk)*
Setzhammer *m* set hammer *(Bossierhammer)*
Setzholz *n* stair riser, window post
Setzkasten *m* 1. *(Erdb)* jig; 2. *(BWG)* wash box *(Zuschlagaufbereitung)*
Setzkopf *m* set head *(Niet)*
Setzkopfeisen *n (St)* holder-on *(beim Nieten)*
Setzmaß *n (BB)* slump *(Beton)*
Setzmaßbestimmung *f (BB, BM)* consistency test *(Betonprüfung)*
Setzmaßkonus *m (BB, BWG)* slump cone
Setzmaßprüfung *f* slump test
Setzmaßtrichter *m* mould for concrete setting *(für Betonausbreitversuch)*
Setzpacke *f s.* Setzpacklage
Setzpacklage *f* hand-packed hardcore, hand-packed rubble, (stone) pitching
Setzpacklagegestein *n (Verk, Wsb)* hand-pitched stone
Setzpacklageschicht *f (Verk)* pitched foundation
Setzpacklagestein *m* hand-packed stone, pitcher, pitching stone
Setzprobe *f* slump test *(Beton)*
Setzprüfung *f (BB, BM)* consistency test *(Betonprüfung)*
Setzriss *m* 1. settling crack; 2. *(Bod)* secondary roof break
Setzschwelle *f*/**bündige** raised girt
Setzstufe *f* stair riser, riser board; massive rise *(einer Treppe)*; breast *(in Schottland)*
Setzstufe *f*/**oberste** *(BT)* top riser
Setzstufe *f*/**offene** *(Konst)* open riser
Setzstufe *f*/**schräge** raking riser
Setzstufenhöhe *f (Konst)* riser height *(Treppenstufe)*
setzstufenlos riserless
Setzung *f* 1. *(Bod, Erdb, RS)* settlement; 2. *(Bod)* subsiding *(von Gebäuden)*; 3. *(Bod)* sinking *(Baugrund)*; 4. *(BB, Te)* slump *(Beton)*; 5. *(Bod)* subsidence *(einer größeren Fläche)*
Setzung *f*/**bleibende** compression set, permanent set(-tlement) *(Bauwerk, Baugrund)*
Setzung *f* **der Widerlager** *(Bod, Erdb)* settlement of abutments
Setzung *f* **eines Rammpfahles pro Schlag** set of the pile
Setzung *f*/**fortschreitende** progressive settlement, progressive subsidence
Setzung *f*/**gleichmäßige** equal settlement, uniform settlement
Setzung *f* **in Bergwerksgebieten** mining subsidence
Setzung *f*/**kleine** *(Erdb, Verk, Verm)* grade depression
Setzung *f*/**natürliche** *(Bod)* consolidation
Setzung *f*/**permanente** compression set
Setzung *f*/**plastische** permanent set(tlement) *(Baugrund)*
Setzung *f*/**ungleichmäßige** 1. *(Bod, Konst)* irregular settlement; 2. *(Bod)* uneven settlement
Setzung *f*/**unterschiedliche** differential settlement, relative settlement, foundation failure
Setzungsanalyse *f* 1. *(BM)* settlement analysis; 2. *(BWG)* settling analysis
Setzungsanpassungsrisse *mpl (Bod, Verk)* meandering cracks
Setzungsbeobachtung *f* observation of settlement, settlement observation
Setzungsbewegung *f (Bod, Erdb)* settlement movement
Setzungsdauer *f* settlement duration
Setzungseffekt *m*/**sekundärer** secondary time-effect
Setzungsfuge *f* settlement joint *(Mauerwerk)*
Setzungsgrad *m* degree of consolidation
Setzungskurve *f (Bod, Erdb)* settlement curve
Setzungsmessgerät *n* settlement gauge
Setzungsmessung *f (Bod, Erdb)* settlement measurement
Setzungsriss *m (Erdb, RS)* settlement crack
Setzungsspannung *f (Stat)* settlement stress
Setzungsstufenbildung *f* **am Fahrbahnrand** *(Verk)* edge depression drop-off
Setzungsunterschied *m (Bod)* difference in settlement, differential settlement, uneven settlement
Setzversuch *m (BM)* settlement test
Setzwaage *f* 1. *(SB, Verm)* mason's level; 2. *(BWG)* air level
Setzzeit *f* setting time
Sextant *m (Verm)* sextant
Sezessionsstil *m (Arch)* Secession style *(Österreich)*
S-förmig goose-necked
Sgraffito *n (SB)* sgraffito, scratchwork
Sgraffitoputz *m (SB)* sgraffito
Sgraffitoputzmaterial *n* sgraffito material
Sheddach *n* 1. *(Konst, TK)* shed roof; 2. *(Konst)* half-span roof; 3. north-light roof, sawtooth roof; 4. single-pitch roof *(Pultdach)*
Sheddachbinder *m (TK)* shed roof truss
Sheddachfenster *n (Konst)* north-light
Sheddachgebäude *n* shed roof building, saw-tooth roof building, north-light roof building
Sheddachträger *m* north-light girder
Shedschale *f (TK)* north-light shell
Shedträger *m* north-light girder
sherardisieren *v (OB, Te)* sherardize *(Diffusionsverzinken)*
Sherardisieren *n (OB, Te)* sherardizing
Shore-Härte *f* Shore (scleroscope) hardness
Shore-Härteskala *f* Shore hardness scale
Shredder-Abfalldeponie *f (Umw)* shredded refuse landfill
Sichel *f* sickle
Sichelbogen *m (Arch)* Tuscan arch
sichelförmig sickle-shaped, sicklelike, crescent
sicher safe; secure *(befestigt)*; reliable *(zuverlässig)*; proof *(beständig, fest)*
sicher/absolut fool-proof
Sicherheit *f* safety; security; confidence; certainty *(Wahrscheinlichkeit)*
Sicherheit *f*/**einfache** *(Konst, Stat)* simple safety
Sicherheit *f* **gegen Zug** safety to traction *(eines Seils)*
Sicherheit *f*/**statistische** level of confidence, confidence
Sicherheitsabschaltung *f* 1. *(El)* safety cut-off; 2. *(HLK)* safety shut-off device *(z. B. einer Gasheizung)*
Sicherheitsabstand *m* 1. safe distance, safety clearance, safety margin; 2. *(Verk)* safe(ty) headway; safety clearance *(seitlich)*
Sicherheitsabstand *m (Verk)* safety headway
Sicherheitsaudit *n (Konst, VR)* safety audits
Sicherheitsaudit *n* **für Straßen** road safety audits
Sicherheitsaufschlag *m (Konst, VR)* safety margin
Sicherheitsausrüstung *f* safety equipment
Sicherheitsbarriereneinspannung *f (Verk)* terminal of safety barrier
Sicherheitsbeauftragter *m (VR)* safety officer
Sicherheitsbedingungen *fpl (Stat, VR)* safety conditions
Sicherheitsbegrenzung *f* safety clearance
Sicherheitsbeiwert *m (Stat)* load factor
Sicherheitsbeleuchtung *f (El)* safety illumination
Sicherheitsberater *m* safety adviser
Sicherheitsbeschilderung *f* safety signing
Sicherheitsbestimmungen *fpl (VR)* safety regulations
Sicherheitsbetrieb *m* safety operation
Sicherheitsbordstein *m* safety kerb, *(AE)* safety curb
Sicherheitsbruchglied *n (Konst)* rupture member
Sicherheitsdecke *f (Konst)* security blanket
Sicherheitsdiagnose *f* safety diagnosis
Sicherheitsfaktor *m (Stat)* factor of safety *(der Konstruktion)*

S

Sicherheitsfaktor *m***/partieller** *(Br, Stat)* partial safety factor *(Brücke)*
Sicherheitsfenster *n* 1. safety sheet glass window, shatterproof window *(splittersicher)*; 2. *(BT, Konst)* security window *(einbruchsicher)*
Sicherheitsfensterglas *n* safety window glass, shatterproof window glass
Sicherheitsfläche *f (Tun)* area of safety
Sicherheitsgeländer *n (Verk)* crash barrier
Sicherheitsgelbblinken *n* safety flushing yellow
Sicherheitsgerüst *n* security floor
Sicherheitsgitter *n* security grille
Sicherheitsglas *n* safety glass, shutterproof glass, laminated glass, non-shattering glass, tempered safety glass, compound glass; security glass *(einbruchsicher)*
Sicherheitsglaskuppel *f* shatterproof glass domelight
Sicherheitsglastür *f (BT)* shatterproof glass door
Sicherheitsgrenze *f* 1. *(Stat, VR)* limit of safety; 2. *(Konst, Stat)* safety limit
Sicherheitsgurt *m* safety belt, safety harness
Sicherheitsgürtel *m (EB, VR)* safety belt
Sicherheitshandschuhe *mpl* safety gloves
Sicherheitshinweis *m* security advice
Sicherheitshülle *f (BB, Konst, Umw)* containment
Sicherheitsindikator *m* safety indicator
Sicherheitsinspektor *m* safety supervisor, supervisor, fireman
Sicherheitsintervall *n (BM, Stat)* confidence interval *(zwischen Vertrauensgrenzen)*
Sicherheitskammer *f (Wsb)* box dam, cofferdam
Sicherheitskoeffizient *m (Stat)* safety factor
Sicherheitslampe *f (El)* safety lamp
Sicherheitsleistung *f (VR)* surety *(Vertragserfüllung)*
Sicherheitsmaßnahme *f* safety measure, precaution
Sicherheitsnachweis *m (Stat)* safety check
Sicherheitsnachweis *m* **des Baubetriebs** *(VR)* contractor's affidavit
Sicherheitsnetz *n (BT)* safety net
Sicherheitsniveau *n***/konstruktives** *(Konst, Stat)* structural safety level
Sicherheitsplanke *f (Verk)* safety barrier
Sicherheitsprotokoll *n (VR)* safety record
sicherheitsrelevant safety-relevant
Sicherheitsschalter *m (El)* safety switch
Sicherheitsschaltung *f (El)* safety shut-down
Sicherheitsschloss *n* safety(-cylinder) lock, security(-cylinder) lock
Sicherheitsschloss *n***/zusätzliches** auxiliary safety lock
Sicherheitsspanne *f* 1. *(Stat)* safety allowance *(Sicherheitszuschlag)*; 2. *(VR)* margin of safety *(Ökonomie)*
Sicherheitsspielraum *m (Konst, VR)* safety margin
Sicherheitssprengstoff *m* 1. *(BM, Tun)* safety explosives; 2. *(Tun)* blasting agent
Sicherheitsstreifen *m (Verk)* safety strip, safety margin *(Straße)*; shoulder (strip) *(Start- und Landebahn)*
Sicherheitsstudie *f* safety study
Sicherheitstemperaturregler *m* temperature-sensing device, temperature-sensing element
Sicherheitstoleranz *f (Konst, VR)* safety margin
Sicherheitstor *n* safety door
Sicherheitstorschloss *n* safety gate latch, safety gate lock
Sicherheitstür *f* safety door
Sicherheitsurkunde *f (VR)* warranty deed
Sicherheitsventil *n (HLK)* safety valve, emergency valve, escape valve, pressure-relief device, overpressure valve
Sicherheitsverbesserung *f (Konst, VR)* safety improvement
Sicherheitsverbundglas *n* laminated safety glass *(VS--Glas)*
Sicherheitsverglasung *f (Konst)* security glazing
Sicherheitsvorhang *m* safety curtain *(Theater)*
Sicherheitsvorkehrung *f* precaution
Sicherheitsvorlauf *m (Te)* safety flow
Sicherheitsvorrichtung *f* safety device, security device, guard, shutter
Sicherheitsvorschriften *fpl (VR)* safety regulations
Sicherheitswirkungsfestlegung *f* safety impact assessment
Sicherheitszaun *m (Konst)* safety fence
Sicherheitszone *f (Umw)* safety zone *(Strahlung)*
Sicherheitszugseil *n* slack-rope switch
Sicherheitszünder *m (Tun)* safety fuse
Sicherheitszuschlag *m* 1. *(Stat)* safety allowance; 2. *(Konst, VR)* safety margin
Sicherheitszylinderschloss *n* safety-cylinder lock
sichern *v* 1. *(Te)* secure; 2. lock *(abschließen)*; 3. protect, guard *(schützen)*
sicherstellen *v* secure
Sicherstellung *f (VR)* indemnity
Sicherung *f* 1. safety device, fastener; 2. *(El)* fuse; cutout
Sicherung *f* **des Fußes** securing of the base
Sicherungsarbeiten *fpl* 1. *(Erdb)* support work; 2. *(Bod, Tun)* stabilizing workings *(Böschungen, Baugruben)*
Sicherungsblech *n* lock(ing) plate, lock washer
Sicherungsbolzen *m (Verm)* recovery peg
Sicherungsbügel *m* safety stirrup
Sicherungsdichtung *f (BT, HLK)* safing *(in einem Klimakanal)*
Sicherungseinsatz *m (El)* fuse link
Sicherungskasten *m (El)* cutout box, fuse box; appliance panel *(für Baustellenversorgungsanlagen)*
Sicherungsklotz *m* chock
Sicherungspatrone *f (El)* fuse cartridge
Sicherungsplatte *f* lock plate
Sicherungsriegel *m (EB)* safety catch
Sicherungsring *m* locking spring
Sicherungsschalter *m (El)* fuse switch
Sicherungssplint *m* split rivet
Sicherungsstift *m* securing pin, locking pin
Sicherungsvorrichtung *f* securing device
Sicht *f* 1. *(Verk, Verm)* sight; 2. *(Arch)* view; 3. visibility *(Sichtverhältnisse)*; 4. *(Konst, Verk)* vista *(Durchsicht; Sichtfeld, Straßenentwurf)*; 5. view, outlook *(Aussicht)*
Sicht *f***/freie** *(Verk, VR)* clear visibility
Sicht *f***/gerichtete** *(Verm)* vista
Sichtabschluss *m (OB)* exposed finish
Sichtanlage *f (BM, BWG)* separating plant *(Klassierung)*
Sichtausführung *f* exposed finish, fair finish, fair work
sichtbar visible • **mit bloßem Auge sichtbar** megascopic • **sichtbar werden** show
Sichtbegrenzungslinie *f (Verm)* sightline
Sichtbehaglichkeit *f (Arch)* visual comfort
Sichtbehinderung *f* 1. *(Konst, RP)* obstruction of vision; 2. *(Verk)* visual intrusion
Sichtbelästigung *f (Verk)* visual intrusion
Sichtbereich *m* 1. *(Arch, Verk)* range of visibility; 2. *(Arch)* visual range
Sichtbeton *m* architectural concrete, ornamental concrete, decorative concrete, exposed concrete, face concrete, fair concrete
Sichtbeton *m***/strukturierter** textured (exposed) concrete, textured fair-faced concrete
Sichtbeton *m***/unbearbeiteter** béton brut
Sichtbeton *m***/weißer** *(Arch, BB)* white exposed concrete
Sichtbetonmischung *f* face concrete mix
Sichtbetonschalung *f* exposed concrete formwork
Sichtblende *f***/gemauerte** *(SB)* masonry screen
Sichtdreieck *n (Verk)* splay

sichten *v* 1. examine *(untersuchen; durchsehen)*; 2. *(BM, Te)* classify by air *(Korngemischtrennung)*; 3. sort (out) *(aussortieren)*
Sichten *n (BM, BT, VR)* classification
Sichter *m* 1. *(BWG, Te)* air separator; 2. *(BWG)* classifier; 3. *(BM, BWG)* pneumatic classifier
Sichtfeld *n* visual field, field of vision
Sichtfenster *n* see-through window, vision panel
Sichtfläche *f* 1. (exposed) face, facing (work), facework, fair face; 2. *(OB)* back *(Fliese, Schiefer, Kachel)*; 3. *(BM)* marked face *(Bauholz)*; 4. *(Arch)* visible area *(Baugelände; Landschaftsbau)*; 5. *(Arch, Konst)* visible surface *(Gebäude, Raum)*
Sichtfläche *f*/**glattgeschlagene** planished finish *(Metall)*
Sichtfläche *f*/**konkav-sphärisch gearbeitete** circular-circular sunk face
Sichtfläche *f*/**vertiefte** *(Konst)* sunk face *(Stein)*
sichtflächenglatt pitch-faced *(Naturstein)*
Sichtflächennagelung *f*/**senkrechte** *(Hb)* face nailing
Sichtfuge *f* face joint
Sichtfuge *f* **mit Epoxidharz** epoxy (face) joint
Sichtgerät *n* monitor
Sichtgrenze *f (Verm)* sightline
Sichthorizontebene *f* true horizontal
Sichtkachel *f* exposed finish tile
Sichtkitt *m* face putty, front putty
Sichtkontrolle *f* 1. *(BM, BT, VR)* visual check; 2. *(VR)* sight check
Sichtkuppel *f (Konst)* visible cupola
Sichtleichtbeton *m* fair-faced lightweight concrete
Sichtlinie *f (Verm)* line of sight
Sichtmauerstein *m* fair-faced brick
Sichtmauerwerk *n* exposed masonry, facework, fair-faced masonry; dressing *(an exponierten Punkten)*
Sichtnaturstein *m* natural face stone
Sichtpendeltür *f (Konst)* transparent flexible (swing) door
Sichtplanke *f (Verm)* sight rail
Sichtplatte *f (Arch)* ornamental board
Sichtprüfung *f* 1. *(BM, BT, VR)* visual check; 2. *(VR)* cold inspection
Sichtraum *m* field of vision
Sichtraum *m*/**lichter** *(Verk)* clear visibility
Sichtschalung *f* exposed concrete formwork
Sichtschlitz *m (EB)* viewing slot
Sichtschutzwand *f* screen wall
Sichtseite *f* visible face, visible side
Sichtseitenbreite *f* face width *(Holz)*
Sichtstahlbeton *m* fair reinforced concrete
Sichtstahlrahmen *m* exposed steel framing
Sichtstein *m* facestone, trimstone
Sichtsturz *m* front lintel
Sichtung *f*/**ballistische** *(Umw)* ballistic separation
Sichtverhältnisse *npl* conditions of visibility
Sichtvorhang *m (EB)* drop curtain
Sichtwand *f* exposed concrete wall
Sichtweg *m (Verk)* sight distance
Sichtweite *f* 1. *(Verk)* sight distance; 2. *(Verk, Verm)* sight; 3. *(Verk)* visibility distance
Sichtweitenkoeffizient *m (Verk)* coefficient of visibility
Sichtwinkel *m* viewing angle, visual angle
Sichtziegel *m* structural clay facing tile
Sichtziegelmauerwerk *n (OB, SB)* exposed brickwork
Sick-Building-Syndrom *n* sick building syndrome *(durch Klimaanlage)*
Sicke *f* knuckle, dimple, bead
Sickenhammer *m (BWG)* beading hammer
Sicker *m* stone-filled trench, rubble drain, spall drain
Sickeranlage *f (Erdb, WVA)* sump hole
Sickerbach *m (Bod, Erdb)* seepage runnel
Sickerbecken *n* 1. *(WVA)* infiltration basin; 2. *(Erdb, WVA)* oozing basin
Sickerbetonrohr *n (BM, Erdb)* porous concrete pipe
Sickerbett *n (Erdb, Wsb, WVA)* seepage bed
Sickerbrunnen *m* 1. *(WVA)* seepage pit; 2. *(Erdb, WVA)* seeping well; 3. *(Erdb, WVA)* dry well
Sickerbrunnenentwässerungssystem *n (Erdb)* well-point system
Sickerdole *f (Erdb, Wsb)* catch-water drain *(bedeckter Sickergraben)*
Sickerdrän *m* stone-filled trench, rubble drain, spall drain, French drain
Sickerdränage *f s.* Sickerdrän
Sickerdränung *f (Erdb, LB)* underdrain
Sickerdruck *m* seepage pressure
Sickerfeld *n* infiltration field, seepage bed, seepage face, seepage surface, filter bed
Sickerfilter *m* filter layer, filter bed
Sickerfläche *f* 1. *(Erdb, WVA)* seepage face; 2. *(Erdb, Wsb, WVA)* seepage bed
Sickerflüssigkeit *f* seepage
Sickergeschwindigkeit *f* seepage rate, percolation velocity, rate of filtration
Sickergraben *m* 1. *(Bod, Erdb, WVA)* seepage trench; 2. *(Erdb, WVA)* swamp ditch; 3. *(Erdb, LB)* drain trench
Sickergrabensystem *n (Erdb, WVA)* soil absorption system *(Abwasser)*
Sickergrube *f* 1. seepage pit, soakage pit, silt well, trickle pool, trickling pool; 2. *(San)* soakaway
Sickerkanal *m* 1. *(Erdb, WVA)* percolation channel; 2. *(Erdb, Wsb)* catch-water drain *(bedeckter Sickergraben)*
Sickerleitung *f* seepage pipe, filter drain, distribution tile
Sickerleitungssystem *n (Erdb)* tile field
Sickerlinie *f (Bod)* saturation line, seepage line, seepage path
Sickerloch *n* drain well, drain hole, leaching pit, leaching well; weephole *(in einer Stützmauer)*
Sickermenge *f* seepage
sickern *v* seep, soak, ooze, trickle; leak *(auslaufen)*
Sickern *n* ooze
Sickerquelle *f* filtration spring
Sickerrate *f* percolation rate
Sickerrohr *n* drain pipe, filter drain, porous pipe, drain, *(AE)* drain tile
Sickerschacht *m* seepage pit, seepage shaft, soakage pit, absorbing well, leaching basin, soakaway, well drain, sump, recharge pit, dry well
Sickerschlitz *m* filter slot, weephole; blind drain *(eines unangebundenen Dräns)*
Sickersperre *f (DIS, Erdb)* seepage barrier
Sickerspur *f (Erdb, WVA)* creep line
Sickerstrecke *f* seepage surface
Sickerströmung *f* 1. *(Bod)* seepage flow; 2. *(Wsb)* underseepage *(Sperrwerk)*
Sickerströmungsdruck *m* seepage pressure
Sickerung *f* seepage, ooze, bleeding, percolation creep
Sickerverlust *m* leakage, leak rate *(Wasserbau)*
Sickerverlustmenge *f (Wsb, WVA)* leak rate *(Wasserbau)*
Sickerwasser *n* seepage water, seeping water, leakage water, drain(age) water, infiltration water, percolation water, permeating water, seepage, trickling water
Sickerwasserableitung *f (Verk)* evacuation of infiltration water
Sickerwasserdrän *m (Erdb, LB, WVA)* seepage drain
Sickerwasserdruck *m* seepage pressure
Sickerwasserleitung *f (Verk)* drainage water piping
Sickerweg *m* seepage path, infiltration routing, recharge area; creep line *(unkontrolliert)*

Siderit *m (BM)* siderite
Sieb *n* 1. sieve; screen *(zur Trennung von Kieseln und Sand)*; *(AE)* temse; 2. sifter *(Sichtapparat)*; 3. *s.* Sichter
Siebanalyse *f* sieve analysis, screen analysis, mechanical analysis, mesh analysis, grading analysis, granulometric analysis, size analysis
Siebanlage *f* screen unit, screening plant
Siebapparat *m* sifter
Siebbereich *m (BM)* grading envelope *(im Diagramm)*
Siebblech *n* perforated sheet, punched-plate screen, screening plate
Siebboden *m* screen bottom, sieve bottom, screen deck
Siebbrecher *m* combined crushing and screening plant
Siebdrucktapete *f* screen-printed wallpaper
Siebdruckverfahren *n (Arch)* silkscreen method *(Glasornamentierung)*
Siebdurchfall *m* screenings, siftings, minus material; undersize *(Zuschlagstoffe)*
Siebdurchgang *m* passage of screen, screenings, siftings, passing fraction, minus material, passing, duff; screen underflow, undersize, underflow *(Splittklassierung)*
Siebdurchgang *m***/letzter** *(BM)* finest sizes
Siebdurchlauf *m* passage of screen; screen underflow *(Splittklassierung)*
Siebeinsatz *m* strainer
sieben *v* screen, sieve, sift; classify
Sieben *n* screening, sieving
Siebenblatt *n (Arch)* septfoil
Siebeneck *n (Arch)* heptagon
siebeneckig heptagonal, septangular
siebenflächig *(Arch)* heptahedral
Siebenkuppel-Wallfahrtskirche *f (Arch)* seven-domed pilgrimage church
Siebenmomentengleichung *f (Stat)* seven-moment equation
Siebenpass *m (Arch)* septenary foil
Siebentagefestigkeit *f (BB)* seven-day strength *(Beton)*
siebentürmig *(Arch)* seven-towered
Siebfeines *n* screen fines, siftings, undersize material
Siebfeinheit *f* sieve fineness, fines, grade
Siebfläche *f* 1. screening surface; 2. *(BM)* grading envelope *(im Diagramm)*
Siebfolge *f* screen scale, screen series, mesh scale, *(AE)* mesh gage *(Zuschlagstoffe)*
Siebgewebe *n* gauze
Siebgrobes *n* screen oversize, oversize material, oversize product, plus material
Siebgut *n* screened material, screening material, material being screened, material being sized, material to be graded, material to be screened, head screen feed
Siebgut *n***/schwieriges** *(BM)* difficult-to-screen material
Siebkasten *m* screen frame
Siebkennlinie *f* grading curve, gradation limit
Siebkette *f* sifter
Siebkies *m* screened gravel
siebklassieren *v* screen, screen in sizes
Siebklassierer *m (BM, BWG)* sizer
Siebklassierung *f (BM, Te)* screen grading
Siebkurve *f* grain(-size) distribution curve, particle-size distribution curve, (aggregate) grading curve, sieve curve
Sieblinienband *n* grading envelope
Sieblinienbegrenzungspunkte *mpl (BM)* aggregate control points
Siebliniendarstellung *f* **im gewöhnlichen Maßstab** grading curve representation in normal scale
Siebliniendarstellung *f* **im Wurzelmaßstab** root grading curve
Siebliniendarstellung *f***/logarithmische** log grading curve, grading curve log-diagram, log-diagram
Siebliniendiagramm *n (BM)* grading chart
Sieblochgröße *f* sieve hole size
Sieblochung *f* perforation of screen, hole pattern
Siebmaschine *f* sieve shaker
Siebnummer *f* mesh size
Sieböffnung *f* screen aperture
Sieböffnungsweite *f* screen size, sieve size
Siebprobe *f* sieve test, grading test
Siebrahmenholz *n* screen moulding
Siebreihe *f* screen scale, screen series, sieve series, mesh scale, *(AE)* mesh gage
Siebreihe *f***/geometrisch gestufte** *(BM)* geometrically progressing series
Siebrost *m* grate, grizzly screen
Siebroststab *m* grizzly bar
Siebrückstand *m* remaining on sieve, retained on sieve, retained fraction, retaining sieve, screen overflow, screen residue, sieve residue, overs; pan fraction *(Siebanalyse)*
Siebrückstand *m* **in Prozent** percentage of residue
Siebsandgemenge *n* graded sand mix
Siebsandmischung *f* graded sand mix
Siebsatz *m* set of sieves
Siebschlacke *f* screened slag
Siebstab *m* grizzly bar
Siebtest *m* grading test
Siebtrommel *f* revolving screen, rotary screen, screening drum, trommel screen *(leicht geneigt, für Zuschlagstoffe)*
Siebübergang *m* screen overflow
Siebüberkorn *n* screen residue
Siebüberlauf *m* oversize material, oversize product, screen rejects, screen residue, overs
Siebüberlaufmaterial *n s.* Siebüberlauf
Siebüberlaufsteine *mpl (BM)* tailings
Sieb- und Schlämmanalyse *f***/kombinierte** mechanical analysis
Siebung *f* screening
Siebverfahren *n* sieving method
Siebversuch *m (BM)* sieve test
Siebvorgang *m (BM, Te)* screening operation
Siedeanalyse *f* analysis by distillation
Siedebereich *m* boiling range
siedeln *v* settle (down)
sieden *v (BM)* boil
Siedepunkt *m* boiling point
Siederohr *n* boiler pipe, boiler tube
Siedler *m* settler; colonist *(Übersee)*
Siedlung *f* 1. *(VR)* community *(Gemeinde)*; 2. *(RP)* settlement *(Ansiedlung)*; 3. *(RP)* cottage community *(mit Einzelhäusern)*; 4. housing colony, housing estate, urban settlement *(innerhalb einer Ortschaft)*; 5. agglomeration *(Bebauung mehrerer dicht bebauter Siedlungen)*; 6. colony *(in Übersee)*
Siedlung *f***/halbländliche** *(RP)* semirural estate
Siedlung *f***/hochgelegene befestigte** *(Arch)* acropolis
Siedlung *f* **mit Sozialwohnungen** *(RP)* council estate
Siedlung *f***/städtische** *(RP)* council estate
Siedlungsabfall *m***/fester** *(Umw)* municipal solid waste
Siedlungsbau *m* housing development, housing estate
Siedlungsgebiet *n* development area, estate [housing] area, settlement area
Siedlungsgelände *n* housing development area
Siedlungsgeographie *f (RP)* geography as applied to human settlement
Siedlungsgesellschaft *f* housing society, building society
Siedlungshaus *n* estate house, nesting unit, development house
Siedlungskomplex *m (RP)* residential neighbourhood unit
Siedlungskonzept *n (RP)* settlement planning conception
Siedlungskredit *m* land settlement loan

Siedlungsmüll *m (Umw)* urban waste
Siedlungsplanung *f (RP)* settlement planning
Siedlungspolitik *f* land settlement policy
Siedlungsprogramm *n* land settlement scheme
Siedlungsraum *m* settlement area built environment
siedlungsspezifisch *(RP)* settlement-specific
Siedlungsstelle *f* 1. settler's holding *(Gemeinschaft, Bauträger)*; 2. homestead
Siedlungsstraße *f (Verk)* estate road, house estating road, house estate road
Siedlungstyp *m (RP)* type of settlement
Siedlungswesen *n* urban and regional development, ekistics
Siegel *n* 1. seal; signet *(Unterschrift)*; 2. seal material
Siegelfarbe *f (OB)* self-sealing paint
Siegellack *m* self-sealing point, finishing varnish, floor sealer, sealing wax
Siegellackanstrich *m (OB)* natural finish
Siegelmasseeindringung *f (BM)* migration
Siegesdenkmal *n (Arch)* victory memorial
Siegessäule *f (Arch)* pillar of victory
Siegestor *n (Arch)* victory gateway
Siel *n (Wsb)* dike lock, tide gate, waste drainage pipe
Siemens-Martin-Stahl *m (BM, St)* open-hearth steel
Siena *f* sienna *(Farbe)*
Siena *f*/**gebrannte** orange-red sienna
Sienaerde *f* sienna *(Farbe)*
Sigmaschweißung *f (St, Te)* shielded inert gas metal arc welding
Signal *n* 1. signal; 2. *(Verm)* beacon • **alle Signale aus** signals off
Signal *n*/**akustisches** audible signal
Signal *n*/**dreifarbiges** *(Verk)* three-coloured signal
Signal *n*/**gesteuertes** *(Verk)* actuated signal *(Verkehrssteuerung)*
Signal *n*/**optisches** *(Verk)* visual signal
Signal *n*/**verkehrsabhängig gesteuertes** traffic actuated signal
Signalabschirmblende *f (Verk)* signal hood
Signalanlage *f* 1. signalling system; 2. *(Verk)* traffic signal, traffic signal facility
Signalanlage *f*/**versetzbare** portable signal
Signalanzeige *f* annunciator
Signalbetrieb *m (Verk)* signal operation
Signalbrücke *f (Verk)* gantry
Signaleinheit *f (Verk)* signal head
Signaleinrichtung *f (Verk)* signal head assembly
Signalfilterung *f (Verk)* signal filtering
Signalfolge *f* signal sequence
Signalgeber *m (Verk)* signal aspect
Signalgerät *n* 1. *(EB, El)* alarm; 2. *(El)* warning device
Signalgruppenstand *m* signal group stand
Signalisierungsbedingung *f* condition of traffic signal, control of traffic signal
Signallageplan *m (Verk)* installation plan
Signallampe *f* 1. *(Verk)* signal light; 2. *(El)* indicator light
Signalleitung *f* signalling line
Signalphase *f* signal phase
Signalprogramm *n (Verk)* traffic signal plan, signal group diagram
Signalprogrammauswahl *f (Verk)* signal plan selection
Signalprogrammwechsel *m* signal plane change, signal group diagram change
Signalsicherungstabelle *f (Verk)* conflict matrix *(Verkehrssteuerung)*
Signalsperrzeit *f (Verk)* red period *(Verkehrsampel)*
Signalsteuerung *f* 1. *(Verk)* signal operation; 2. *(Verk)* signal control
Signalsteuerung *f*/**verkehrsabhängige** traffic-actuated signal control
Signalumlauf *m* signal cycle
Signalzeichen *npl* **für bevorrechtigten Verkehr** *(Verk)* primary traffic signals
Signalzustandsänderung *f (Verk)* change of signal state
Signierfarbe *f (BM, Verk)* line marking paint
Signierkreide *f* marking chalk
Signifikanz *f (Stat)* significance
Sikhara *m (Arch)* sikhara *(indischer Tempelkuppelturm)*
Sikkativ *n* siccative, drying agent *(Anstrich)*; soluble drier, liquid drier, drier *(bes. für Ölfarbe)*
Silber *n (BM)* silver
Silberfolie *f (BM)* silver foil
silbergrau silver-grey
silberhell silvery
Silberkorn *n* silver grain *(an gesägtem Holz)*
Silberlot *n* silver solder
Silberschutzschicht *f (OB)* silver coating
Silberstahl *m (BM, St)* silver steel
Silberverbindung *f* silver compound
Silberweiß *n* silver white, French white
Silcret *m* silcrete *(Quarzitart)*
Silex *n (Bod)* silex *(Mineral)*
Silhouette *f (Arch)* skyline
Silicat *n s.* Silikat
Silicat... *siehe Silikat...*
Silicium *n s.* Silizium
Silicium... *siehe Silizium...*
Silicon *n s.* Silikon
Silicon... *siehe Silikon...*
Silifikation *f* silicating, silication *(z. B. Sandstein)*
silifizieren *v* silicify
silifiziert silicified, siliceous
Silifizierung *f (Bod)* silicification *(geologischer Schichten)*
Silika *f* silica *(Kieselerde)*
Silikaerzeugnis *n* silica refractory *(Hochfeuerfestmaterial)*
Silikagel *n* silica gel, synthetic silica
Silikamasse *f (BM)* silica
Silikamaterial *n (BM)* silica
Silikamörtel *m* silica mortar, silica cement
Silikastaub *m* silica fume, microsilica
Silikastein *m* 1. *(BM)* silica brick; 2. *(BM, BT)* dinas brick; 3. *(BM, HLK)* ganister brick *(Feuerfestmaterial)*
Silikastoff *m* silica material
Silikat *n (BM)* silicate
Silikatanstrich *m* silicate paint
Silikatanstrichstoff *m* silicate paint
Silikatbeschichtung *f (OB)* silicate coat(ing)
Silikatbeton *m* silicate concrete
Silikatbinder *m*/**organischer** organic silicate binder
Silikatdämmstoff *m*/**glasfaserverstärkter** fibre-reinforced silicate insulation
Silikatdämmung *f*/**glasfaserverstärkte** 1. *(DIS)* glass--fibre reinforced silicate insulation; 2. *(OB)* calcium silicate insulation
Silikatester *m (BM)* silicate ester
Silikatfarbanstrich *m (OB)* water-glass paint coat
Silikatfarbe *f* silicate paint
Silikatgasbeton *m (BM, DIS)* gas-silicate concrete
Silikatgestein *n (BM)* silicate rock
Silikatglas *n (BM)* silicate glass
Silikatinjektion *f (RS)* silicate injection
Silikatlösung *f* silicate solution
Silikatsandbeton *m* silicate concrete
Silikatschicht *f* silicate coat(ing)
Silikatschlacke *f* silicate slag
Silikatschutzschicht *f* silicate coat(ing)
Silikatstein *m (BM)* siliceous brick, quartzite brick

Silikatverpressung *f (RS)* silicate injection
Silikatwandanstrich *m (DIS, OB)* glazement
Silikazement *m* silica cement, silica mortar
Silikaziegel *m (BM)* silica brick
Silikon *n (BM)* silicone
Silikonalkydharzanstrichstoff *m (BM, OB)* silicone-alkyd paint
Silikonanstrich *m (BM, OB)* silicone coat
Silikonanstrichstoff *m (BM, OB)* silicone paint
Silikonband *n* silicone tape
Silikonbautenschutzmittel *n (BM, DIS)* silicone-based waterproofing
Silikongrund *m (BM, OB)* silicone primer
Silikongrundanstrich *m (BM, OB)* silicone primer
Silikongrundiermittel *n (BM, OB)* silicone primer
Silikonharz *n (BM)* silicone resin
Silikonharzlack *m* silicone enamel, silicone varnish
Silikonimprägnierung *f (BM, DIS)* silicone-based waterproofing
Silikonkautschuk *m* silicone rubber
Silikonkautschukdichtmasse *f (BM, DIS)* silicone rubber sealing composition
Silikonkautschukdichtungsmittel *n (BM, DIS)* silicone rubber sealant
Silikonlack *m (BM, DIS, OB)* silicone varnish, silicone enamel
Silikonlösung *f* silicone solution
Silikonöl *n* silicone oil, silicone fluid
Silikonpolyester *m* silicone polyester
Silikonschutzmittel *n* silicone proofer, silicone protection agent
Silikonzelle *f* silicone cell
Silikose *f (Umw)* silicosis
Silizium *n* silicon
siliziumarm low-silicon
Siliziumbronze *f* silicon bronze
Siliziumcarbid 1. *(BM, St)* carbon silicate; 2. *(BM)* silicon carbide
Siliziumcarbiderzeugnis *n (BM)* silicon carbide refractory
Siliziumcarbidstein *m* silicon carbide brick, rub brick
Siliziumdioxid *n (BM, Bod)* silica
Siliziumeisen *n* high-silicon iron
siliziumhaltig silicon-bearing
Siliziumkarbid 1. *(BM, St)* carbon silicate; 2. *(BM)* silicon carbide
Siliziumkarbiderzeugnis *n (BM)* silicon carbide refractory
Siliziumkarbidstein *m* silicon carbide brick, rub brick
siliziumreich *(BM)* high-silicon
Sillimanit *m (BM)* sillimanite
Sillimaniterzeugnis *n* sillimanite refractory material
Sillimanitstein *m* sillimanite brick
Silo *n(m)* silo, storage silo; bin *(Einzelsilozelle)*; bunker *(z. B. für Zement)*
Silo *n(m)* **mit Bodenentleerung** hopper
Siloabzugsrinne *f* silo drawing channel
Siloanlage *f* silo installation, silo plant
Siloauslauf *m* silo outlet
Silobatterie *f (Te)* battery of silos
Silobau *m (Konst, WVA)* silo construction
Silobauwerke *npl (BB, Konst)* silo structures *(Betonsilos EN 1992-3)*
Siloboden *m* silo bottom
Siloentleerung *f* silo discharge
Silolagerung *f* silo storage, bulk storage
Silotasche *f* silo hopper
Silowand *f* silo wall
Siloxan *n* siloxane
Silozelle *f* bin, silo bin, silo compartment, silo hopper
Silt *m* 1. *(Bod)* silt; 2. *(BM, Bod)* inorganic silt *(Schluff)*
Sima *f (Arch)* cyma, sima *(Dekorationsleiste, Traufgesims)*
Simplexpfahl *m* simplex pile
Sims *m(n)* 1. string course, moulding *(aus dem Mauerwerk hervortretender waagerechter Streifen)*; 2. *(Arch, Konst)* cornice *(an Wänden und Gebäuden)*; 3. ledge *(Absatz)*
Sims *m***/mauerwerktragender** brick set
Simsbalken *m* plate fascia board
Simsbrett *n* fascia board, window board
Simshobel *m* 1. *(BM, Hb)* rabbet plane; 2. *(BWG, Hb)* rebate plane
Simsstein *m (BT)* cornice stone
Simsträger *m (Arch)* atlas *(männliche Karyatide)*
Simsverlängerung *f (Konst)* cornice return
Simswerk *n* 1. eyebrow *(über einem Fenster)*; 2. *(Arch)* mouldings; 3. *(Arch)* entablature *(Säulenverbindung der klassischen Architektur)*
Simswerk *n***/befestigtes** *(Arch, Konst)* applied moulding
simuliert virtual *(Computerdarstellung)*
Sinkbrunnen *m (WVA)* sink well
sinken *v* 1. *(Bod, Erdb)* sink *(z. B. Wasserspiegel)*; 2. fall, decline *(z. B. Messwerte)*; 3. crawl *(Anstrich)*; 4. drop *(z. B. Temperaturen, Druck)*; 5. *(BM, WVA)* settle *(Bodensatz)*
Sinken *n (OB)* crawling *(von Anstrichen)*
Sinkgeschwindigkeit *f* decantation rate, settling velocity *(Schwebstoffe)*
Sinkgut *f* deposited matter
Sinkkasten *m* 1. inlet, water inlet, gully hole *(Einlaufelement)*; 2. *(WVA)* mud trap; 3. *(LB, Wsb, WVA)* gully trap; 4. *(San)* slop hopper
Sinkkastenrost *m* inlet grate
Sinkstoff *m (BWG, WVA)* settling
Sinkstoffe *mpl (WVA)* settling solids
Sinnbild *n* conventional sign, symbol
Sinter *m* 1. *(BM)* sinter *(1. Absatzgestein; 2. keramische Masse)*; 2. *(HLK, RS, San)* scale *(auf Metall)*; 3. *(BM)* bond *(Agglomerat)*
Sinteranlage *f (BWG)* sintering plant
Sinterbelag *m* mill scale *(Baustahl)*
Sinterbeton *m (BB)* sintered clay concrete
Sinterbetonstein *m (BM)* hooped concrete block
Sinterbims *m* sintered artificial pumice, sintered clinker; aggloporite *(Sinterleichtzuschlagstoff)*
Sinterbimsbeton *m (BB)* sintered lightweight concrete
Sinterblähschlacke *f* sintered expanded slag
Sinterblähton *m* sintered expanded clay
Sintercarbid *n* sintered carbide
Sintererzeugnis *n* sintered product
Sinterflugasche *f* sintered fly ash
Sinterglas *n (BM)* fritted glass
Sintergrenze *f* sintering limit
Sinterkachel *f***/naturfarbene** natural finish tile
Sinterkarbid *n* sintered carbide
Sinterkies *m (BM)* sintered gravel
Sinterkörper *m* cake
Sinterkuchen *m* sintered fuel ash *(Leichtzuschlag)*
sintern *v* 1. sinter, cake, bake; 2. *(BM)* agglomerate *(Agglomeratbildung)*; 3. *(BM)* clinker *(Zement)*; 4. *(BM, Te)* frit *(Glas)*; 5. vitrify *(Feuerfestkeramik)*
Sintern *n* 1. sintering; 2. *(BM)* agglomeration *(Agglomeratbildung)*; 3. *(BM)* vitrification *(z. B. Ziegel, Kacheln)*
Sinterschiefer *m* sintered slate *(Leichtzuschlag)*
Sinterschlacke *f* sintered slag, sintered clinker, sintered sinter; clinker *(bes. von Kohle)*
Sinterschutzschicht *f (OB)* sintered coating
Sinterstoff *m (BM, DIS)* agglomerate
Sinterton *m* sintered bloating clay, sintered clay *(Leichtzuschlag)*
Sintertonerde *f (BM)* sintered alumina
Sinterung *f* sintering, baking, caking

S

Sinterverfahren *n (Te)* sintering method
Sinterzuschlag *m* sintered (concrete) aggregate
Sinterzuschlagstoff *m* sintered (concrete) aggregate
Sinus versus *m (Konst)* versed sine *(eines Bogens)*
Sinusbogen *m (Arch)* sinusoidal arch
sinusförmig sinusoidal
Sinuskurve *f (Stat)* sine curve
Sinuslinie *f (Stat)* sine curve
Sinusoidenlast *f (Stat)* sinusoidal load
Sinuswellenform *f* sinusoidal waveform
Siphon *m (WVA)* siphon
Siphonbogen *m (San)* trap elbow
Siphonstück *n (San)* trap elbow
Siphonüberlauf *m (San)* siphon spillway
Sisal *m* sisal fibre, *(AE)* agave fiber
Sisalfaser *f* 1. *(BM)* sisal fibre; 2. *(BM, DIS) (AE)* agave fiber
Sisalhanf *m* sisal, sisal hemp, *(AE)* agave fiber
Sisalstrick *m* sisal rope
Sisalteppichbodenbelag *m* sisal carpeting
sisalverstärkt sisal reinforced
Sistrumsäule *f (Arch)* Hathor column
Situation *f*/**bestehende** existing situation
Situationsanalyse *f (RP, VR)* situation analysis
Situationsskizze *f* site sketch
situiert/gut *(BM, VR)* well
Sitz *m* 1. seat; chair; 2. fit *(Passung)*
Sitz *m*/**verschlossener** *(EB)* stall *(Chorgestühl)*
Sitzanlage *f (EB)* seating *(z. B. eines Theaters)*
Sitzbadewanne *f* sitz bath, demi-bath, hip bath
Sitzbild *n (Arch)* seated statue
sitzen *v* perch
sitzend/gut snug *(fest)*
sitzend/schlecht mismatched *(z. B. Fittings)*
Sitzfigur *f (Arch)* seated figure
Sitzfläche *f* seating face, valve seat
Sitzgelegenheit *f (EB)* seat
Sitzgestell *n* seat frame
Sitzgruppe *f* seating section
Sitzgruppe *f*/**abgeteilte** seating section
Sitzhalle *f (Arch)* sellaria, sellary; lounge *(Hotel)*
Sitzkapazität *f* seating, seating capacity *(eines Raums)*
Sitzplatte *f (EB)* seating slab *(Stadion)*
Sitzplätze *mpl (EB)* seating accommodation
Sitzplatzkapazität *f* seating, seating capacity *(eines Raums)*
Sitzreihe *f* 1. *(EB)* row of seats; 2. *(RP)* row; 3. *(EB)* gradin(e) *(von mehreren übereinander angeordneten)*
Sitzreihe *f*/**einseitig offene** blind row
Sitzreihenetage *f (EB)* tier
Sitzreihenzugang *m (Arch)* vomitory *(römisches Amphitheater)*
Sitztoilette *f (BT, San)* commode-type toilet
Sitzung *f* meeting
Sitzungsraum *m* meeting room
Sitzungssaal *m* conference hall, meeting room
Sitzungstrakt *m (Arch)* conference block
Sitzungszimmer *n* board room, conference room, cabinet
Sitzwaschbecken *n* bidet
Skala *f (OB)* scale *(z. B. von Farben)*
Skalarprodukt *n (Stat)* inner product
Skale *f (Konst, Verm)* scale *(an Messgeräten)*
Skalenanzeige *f* scale indication
Skalenlänge *f* scale length
Skalenstrich *m* division line
Skalenteil *m* scale division
Skalenteilstrich *m* division line, scale division
Skelett *n* 1. skeleton, load-bearing skeleton, skeleton framing carcass, carcass, carcase, fabric *(Traggerippe; Tragwerk eines Gebäudes)*; 2. *(Konst, TK)* frame; 3. *(Hb, Konst)* timber framing *(Holz)*
Skelett *n*/**kinematisch unbestimmtes** deficient framework, deficient truss
Skelett *n*/**starres** rigid framework *(Skelettbauweise)*
Skelett *n*/**steifes** rigid framework *(Skelettbauweise)*
Skelettasphalt *m (Verk)* skeleton asphalt
Skelettbau *m* 1. *(Konst)* skeleton structure; 2. *(Konst, TK)* framed building
Skelettbau *m*/**steifer** *(TK)* rigid frame construction
Skelettbauweise *f* skeleton construction, frame(d) construction; steel-cage construction *(Stahl)*
Skelettbeton *m* prepacked (aggregate) concrete, preplaced-aggregate concrete
Skelettdecke *f (TK)* strip ceiling
Skelettgebäude *n (Konst)* skeleton building
Skelettknotenpunkt *m (Konst)* rigid nodal point
Skelettmontage *f (Konst, Te)* fabric work
Skelettplattenbauweise *f (Konst, Te)* panel-frame construction
Skelettrahmen *m (TK)* rigid frame
Skelettrahmenwerk *n (Konst)* shell
Skeletträger *m (TK)* skeleton girder
Skene *f (Arch, Konst)* scene-building
Skenengebäude *n (Arch, Konst)* scene-building
Skihütte *f* ski hut
Skineffekt *m (OB)* skin effect
Skizze *f* sketch, layout, outline, trace, design, drawing, *(AE)* draft
skizzenhaft diagrammatic
skizzieren *v* sketch, outline, delineate, design, draught, trace out
Skleroskophärte *f (BM)* Shore scleroscope hardness
Skotie *f (Arch)* trochilus
skulptieren *v* sculpture, carve *(eine Plastik)*; hew, *(AE)* cut *(Stein)*
Skulptieren *n (Arch)* hewing
Skulptur *f* sculpture
Skulptur *f*/**monumentale** *(Arch)* monumental sculpture
Skulptur... sculptural ...
Skulpturausschmückung *f (Arch)* sculptural decoration
Skulpturengalerie *f (Arch)* glyptotheca
Skulpturenschmuck *m (Arch)* sculptural decoration
Skulpturensockeloberteil *n (Arch)* vagina
skulpturieren *v s.* skulptieren
Skulpturieren *n* sculpturing *(eine Plastik)*; cutting *(von Stein)*
Skulpturkapitell *n (Arch)* carved capital *(Säule)*
Skulpturverzierung *f (Arch)* sculptural decoration
S-Kurve *f* 1. sigmond, sigmond curve; 2. *(Verk)* reverse curve
Slug *n (Stat)* slug *(SI-fremde Einheit der Masse; 1 slug = 14,59 kg)*
Slum *m (RP)* slum
Slums *pl* 1. *(RP)* slum; 2. *(RS)* blighted area *(heruntergekommenes Wohnviertel)*
SMA *m* stone mastic asphalt, *(AE)* stone matrix asphalt, SMA
Smalte *f* smalt
smaragdfarben smaragdine
smaragdgrün emerald green
Smith-Decke *f* Smith (fireproof) floor
Smog *m (Umw)* smog *(aus „smoke" und „fog")*
Sockel *m* 1. base(ment), foot(ing), foundation *(eines Gebäudes)*; 2. wall base, podium, pod *(einer Wand)*; 3. socle, base of column, sole, column pedestal; 4. *(Arch)* plinth *(einer Säule)*; 5. footstall, pedestal; 6. *(Arch)* dado *(Postament)*
Sockel *m* **einer Säule** base of column

S

Sockel *m* **mit Hohlkehle** coved skirting
Sockelbankverzierung *f* foot base
Sockelbrett *n* gravel board, gravel plank; wooden base board
Sockelfliese *f* base tile, plinth tile, dado tile
Sockelfries *m (Arch)* pedestal frieze
Sockelfuß *m* dado base
Sockelgeschoss *n (AE)* English basement
Sockelgeschoss-Bossenmauerwerk *n* rustic basement
Sockelholz *n* heel
Sockelleiste *f* baseboard, scrub board, *(AE)* skirting board; washboard, skirt *(Scheuerleiste)*
Sockelleiste f/angefaste splayed baseboard
Sockelleiste f/angeschrägte splayed baseboard
Sockelleiste *f* **mit Hohlkehle** coved skirting
Sockelleistenankerblock *m* skirting block
Sockelleistenheizkörper *m* baseboard heater
Sockelleistenheizung *f* skirting (board) heating, mop--board heating, scrubboard heating
Sockelmauer *f (SB)* plinth wall
Sockelmauerwerk *n (SB)* plinth masonry wall
Sockelmittelstück *n (Arch)* dado, die
Sockelplatte *f* plinth-tile; acropodium
Sockelrahmen *m* dado framing
Sockelschaft *m (Arch)* dado
Sockelschicht *f* plinth course
Sockeltäfelung *f* wainscot, wainscot(t)ing cap, dado framing
Sockeltapete *f* dado
Sockelverkleidung *f* socle wainscot(t)ing, wainscot(t)ing cap
Sockelziegel *m (BM)* plinth brick
Sockelzubehör *n* base fittings
Sode *f (LB)* sod
Sodenhaus *n (LB)* sod house *(mit Rasensoden abgedeckt)*
Sodenrasen *m (LB)* lining turf
Soffitte *f* 1. soffit *(Felderdecke)*; 2. *(El)* tubular lamp
Soffittenbeleuchtung *f (El)* festoon lighting
Soffittenlampe *f (El)* festoon lamp, tubular lamp
Sofortabbinden *n* flash set *(Zement)*
Sofortdehnung *f (BM)* instantaneous strain
Sofortprogramm *n* crash programme
Sofortsetzung *f (Erdb)* immediate settlement
Softasphalt *m* soft asphalt
Sog *m* 1. *(BWG, Bod, WVA)* suction; 2. *(Stat)* wind suction
Sogbeiwert *m* suction coefficient, wind suction coefficient
Sogkraft *f* suction force, wind suction force, lift
Soglast *f* suction load
Sogseite *f (Konst)* suction side
Sogwirkung *f (Stat)* suction effect
Sohlbalken *m* ground sill, ground plate *(Unterlagen für Holzrahmentragwerk)*
Sohlbank *f* 1. sill block, (external) window sill [cill], window ledge, sill *(Fenster)*; 2. door saddle, door strip *(Tür)*
Sohlbank f/äußere outer sill
Sohlbank f/durchgehende monolithic sill
Sohlbank f/innere internal sill
Sohlbankriegel *m* window sill rail, window cill rail
Sohlbefestigung *f (Erdb, Wsb)* bed pitching
Sohlbreite *f* bottom width
Sohlbrett *n (BT)* window stool
Sohldruck *m (Erdb)* base pressure
Sohldruckverteilung *f (Erdb)* distribution of contact pressure
Sohle *f* 1. *(Erdb)* bottom; 2. *(Tun)* footwall, floor, foot; invert *(z. B. von Kanälen, Tunneln)*; 3. plain base *(Unterseite, Unterfläche)*; 4. *(BT, Erdb, Wsb)* apron *(Sturzbrett)* • **die Sohle ausspülen** *(Wsb)* wash away
Sohlenbefestigung *f* 1. *(Erdb)* bottom stabilization; 2. *(Erdb, Konst)* sole stabilization
Sohlenbogen *m (Tun)* floor arch
Sohlendränageschicht *f (Erdb)* basal drainage blanket
Sohlenfläche *f (Wsb)* base of dam
Sohlenform *f* ground mould
Sohlengewölbe *n (Tun)* floor pressure arch; inverted vault, reversed vault
Sohlenhöhe *f* invert level
Sohlenschwelle *f (Wsb)* sill beam
Sohlenstabilisierungsbuschwerk *n (Erdb)* wattling
Sohlenwasserdruck *m* 1. *(Bod)* foundation water pressure; 2. *(Wsb)* uplift pressure *(Talsperre)*
Sohlfläche *f (Bod)* subface of stratum
Sohlgewölbe *n (Erdb)* inflected arch
Sohlhebung *f (Bod, Erdb)* ground heave
söhlig aclinic, aclinal, on a level with the horizon, horizontal
Sohlplatte *f* 1. bottom plate, sole plate, bed-plate, shoe; base plate *(aus Metall)*; 2. invert *(z. B. von Kanälen, Schleusen, Tunneln)*
Sohlpressung *f (Erdb)* base pressure, soil pressure, contact pressure, subgrade reaction
Sohlschwelle f/gusseiserne cast-iron sill
Sojaleim *m* soya glue
Solaranlage *f* solar (energy) plant, solar installation
Solarbatterie *f (El)* solar battery
Solardynamik *f* solar dynamics
Solarenergie *f (El, HLK)* solar energy *(EN ISO 9488 - Vokabular)*
Solargenerator *m (El)* solar battery
Solargewinn *m* solar gain
Solargewinn m/direkter *(HLK)* direct solar gain
Solarheizanlage *f s.* Sonnenheizanlage
Solarheizung *f (HLK)* solar heating *(DIN 4757)*
Solarheizung f/aktive *(HLK)* active solar heating
Solarheizungssystem *n (HLK)* solar heating system
Solarimeter *n* solarimeter
Solarium *n* solarium, *(AE)* sun parlor
Solarkollektor *m* solar energy plant
Solarkonstante *f (HLK)* solar constant *(Solarheizung)*
Solarkraftwerk *n (BWG, El)* solar power station
Solarpond *n* solar pond
Solarsteuerung *f (El)* solar control
Solarstrahlung f/stündliche *(HLK)* hourly solar radiation
Solartechnik *f (El, HLK)* solar engineering, solar technology; photovoltaics *(Solarheizung)*
Solarwafer *m (El, HLK)* solar wafer *(EN 50513)*
Solarzelle *f (El)* solar cell
Solarzellenanlage *f* solar cell energy equipment [plant]
Solarzellenlaken *n (HLK)* array blanket
Solarzellenplatte *f (El)* solar panel
Solarzellentechnik *f* photovoltaics *(Solarheizung)*
Soldatenbaracke *f* hut, soldiers' hut *(temporär)*
Soldatenfriedhof *m (Arch)* military cemetery
Solebehälter *m (Te)* brine tank
Solidarblechträger *mpl (St, TK)* interconnected bridge girders
Solidität *f (Konst)* staunchness *(z. B. eines Fundaments, einer tragenden Wand)*
Soliduslinie *f* solidus line, solidus curve
Soll... mandatory ...
Sollabmessung *f (BT)* theoretical dimension
Sollanforderung *f* mandatory requirement
Sollbelastungshöchstwert *m* permissible exposure limit
Sollbereich *m* nominal range
Sollbeschränkungen *fpl (Konst, VR)* regulatory limitations
Sollbestand *m* standard stock, standard store
Sollbruchstelle *f* frangible joint, break-away support
Solleigenschaft *f* mandatory property

Sollform *f (BT)* theoretical shape
Sollgemisch *n* design mix(ture)
Sollgröße *f* nominal size, nominal value, theoretical size
Sollgrößtkorn *n* nominal maximum size
Sollhöhe *f* design level, required level, nominal height, theoretical height
Soll-Ist-Vergleich *m* target actual value comparison
Sollkornabstufung *f (BM)* ideal grading curve
Sollkorngröße *f* nominal grain size, nominal particle size; ideal grain size, ideal particle size
Sollkurve *f* nominal line
Sollleistung *f (VR)* target output
Sollmaß *n* desired dimension [size], specified dimension [size], nominal dimension, nominal measure, nominal size, real measure, theoretical dimension
Sollmaßbereich *m* nominal dimension range
Sollplatte *f (Konst, Te)* sole *(Fundament)*
Sollprofil *n* required profile
Sollprofillage *f* required profile
Sollrezeptur *f (BM, Te)* reference mix
Sollschichtdicke *f (Konst, OB)* nominal layer thickness
Sollschichtstärke *f (Konst, OB)* nominal layer thickness
Sollsieblinie *f* nominal grading curve, master curve
Sollwert *m* 1. desired value, nominal value, demanded value; 2. *(HLK)* set point *(Regeltechnik)*
Sollwerteinstellung *f (BWG, HLK, Te)* control point adjustment
Sollwertgeber *m* control point adjustment
Sollzustand *m* nominal condition
Sommerbetrieb *m (HLK)* summer service
Sommerhaus *n* summerhouse, holiday home, bungalow; gazebo *(Gartenlaube)*; dacha *(vor allem in Russland)*
Sommerhaus *n* **mit Aussichtspunkt** belvedere
Sommerkurort *m* summer resort
Sommerpalast *m (Arch)* summer palace
Sommerresidenz *f (Arch)* summer residence
Sommertheater *n* open-air theatre, straw-hat theatre
Sommerurlaubsort *m* summer resort
Sommerwärmegewinn *m (HLK)* summer heat gain
Sommerweg *m (LB)* summer path
Sonde *f* 1. probe, sound; test probe; 2. *(Bod, Tun)* exploratory bore-hole • **mit einer Sonde untersuchen** probe
Sondenprobe *f* spoon sample
Sondenspitze *f* sounding cone
Sonder... special ...
Sonderabfall *m (Umw)* special waste
Sonderabfallzwischenlager *n* temporary deposit for hazardous waste
Sonderanfertigung *f* special design
Sonderbaustoff *m* purpose-made building material, special-purpose building material
Sonderbauweise *f (Konst)* special building method
Sonderbeanspruchungsprüfung *f (BM)* special property test
Sonderbeleuchtung *f (El)* supplementary lighting
Sonderblockstein *m (BM)* special-purpose block
Sonderbronze *f* high-strength bronze
Sonderdachziegel *m* purpose-made roof tile; tegula *(unterer Pfannenziegel bei römischer Dachdeckung)*
Sonderdrahtglas *n* special wire glass
Sonderentwurf *m (Konst)* special design
Sondererzeugnisse *npl* specials
Sonderfahrspur *f (Verk)* exclusive lane; preferential lane *(z. B. für ÖPNV)*
Sonderfahrstreifen *m (Verk)* reserved lane
Sonderfahrstreifen *m* **für Fahrzeuge mit mehreren Passagieren** *(Verk) (AE)* high-occupancy vehicle lane
Sonderfenster *n* special-purpose window
Sonderform *f (Konst)* special form
Sonderformat *n (BM)* special format
Sonderfreigabe *f (VR)* production permit *(einer Baumaßnahme vor der Realisierung)*
Sonderfreigabe *f*/**vorzeitige** *(Verk)* deviation permit
sondergefertigt *(Konst, VR)* purpose-made
Sonderglas *n* special glass
Sondergotik *f*/**deutsche** *(Arch)* particularistic Gothic
Sonderklebemasse *f* special cementing composition
Sonderlast *f (Br, Stat)* accident load *(Brücke)*
Sondermasse *f* purpose-made material, special compound, special-purpose material
Sondermauerwerkverband *m* special masonry bond
Sondermüll *m (Umw)* special waste
Sondermülldeponie *f (Umw)* hazardous waste landfill
Sondermüllsammlung *f* hazardous waste collection
Sondernutzung *f* special use, special utilization *(z. B. von Gebäuden, Straßen)*
Sondernutzung *f*/**industrielle** special-purpose industrial occupancy *(von Gelände, Gebäuden)*
Sondernutzungsstraße *f (Verk)* special road
Sonderoberflächenbehandlung *f (OB)* special surface treatment
Sonderprofil *n* purpose-made profile, special(-purpose) profile, special-purpose shape, purpose-made section, special section
Sonderprofilstein *m* special-purpose block
Sonderputz *m* special-purpose plaster
Sonderschaltstufe *f (Verk)* special stage *(Verkehrssteuerung)*
Sonderschlämme *f* special-purpose slurry
Sonderspachtelmasse *f* special filler, special stopper, special stopping
Sonderstahl *m (BM, St)* special steel
Sonderstein *m* special-purpose block
Sonderstraße *f s.* Sondernutzungsstraße
Sonderwalzprofil *n (BT, St)* special-purpose rolled profile
Sondiereisen *n (Bod)* earth borer
sondieren *v* probe, sound
Sondieren *n (Bod)* sounding
Sondiergestänge *n* sounding rod
Sondiermethode *f* sounding method
Sondierstange *f (Erdb)* sound rod, probing rod
Sondierung *f (Bod)* sounding
Sondierung *f*/**elektrische** electrical sounding
Sondierung *f*/**statische** *(Bod)* static sounding
Sondierungsbohrung *f (Bod)* probing of a bore *(Baugrund)*
Sonne *f*/**pralle** direct sun rays
Sonnenabsorptionskoeffizient *m (HLK)* solar absorption coefficient
Sonnenabsorptionsvermögen *n* solar absorptivity
Sonnenazimut *m (Umw, Verm)* solar azimuth
Sonnenbatterie *f* solar battery
sonnenbeständig *(BM)* sunfast
Sonnenbestrahlung *f* irradiation by solar rays, solar radiation *(exponiert)*
Sonnenblende *f* sunblind, shading device, brise-soleil
Sonnenbrenner *m (BM)* sunburn *(Basaltzerfall)*
Sonnendach *n* 1. awning, sunroof, sunblind, Florentine blind; 2. *(Konst)* sun deck *(zum Sonnen)*
Sonneneinfall *m* insolation
Sonneneinstrahlung *f* insolation
Sonnenenergie *f (El, HLK)* solar energy • **mit Sonnenenergie arbeiten** *(El, HLK)* run on solar energy • **mit Sonnenenergie betrieben** *(HLK)* solar-powered
Sonnenenergieumwandlung *f*/**thermoelektrische** *(El)* solar thermoelectric conversion
Sonnenfarm *f* solar farm
sonnenfest *(BM)* sunproof

S

Sonnenheizanlage *f (El, HLK)* solar heating plant *(DIN 4757)*
Sonnenheizung *f (HLK)* solar heating
Sonnenhöhe *f (Bod)* solar altitude
Sonnenjalousie *f (EB)* sun screen
Sonnenkollektor *m* 1. *(El)* solar collector; 2. *(El, HLK)* solar energy plant
Sonnenkraftwerk *n* solar power station [plant]
Sonnenlage *f* 1. solar orientation *(Gebäudeausrichtung)*; 2. *(RP)* sun-exposed site
Sonnenlichtblendung *f* sunlight glare
sonnenlichtecht *(BM)* sunfast
Sonnenlichtraum *m* solar *(in der oberen Etage eines vornehmen Wohngebäudes in England)*
Sonnenlichtstrahlung *f* solar light radiation
Sonnenofen *m (HLK)* solar furnace
Sonnenpyramide *f (Arch)* Pyramid of the sun *(Teotihuacán/ Mexiko)*
Sonnenraum *m* solar *(in der oberen Etage eines vornehmen Wohngebäudes in England)*
Sonnenscheindauer *f (Bod, Umw)* sun time
Sonnenschutz *m* sunshade, brise-soleil, protection against the sun, shading device, solar shading, sunshading
Sonnenschutzanlage *f* solar shading device, sunblind, sunbreaker *(s. a. Sonnenschutzeinrichtung)*
Sonnenschutzarbeiten *fpl* sun protection work *(Leistungsposition)*
Sonnenschutzblende *f (BT)* solar shading device
Sonnenschutzdach *n (HLK, Konst, Umw)* antisun roof
Sonnenschutzeinrichtung *f (EB, Konst)* solar protection device *(EN 13363)*
Sonnenschutzgitterrost *m* solar grating, solar grille
Sonnenschutzglas *n* antisun glass, solar glass
Sonnenschutzkonstruktion *f* solar screen
Sonnenschutzscheibe *f* polarized glass screen
Sonnenschutzschirm *m (EB)* sunshade *(konstruktiv)*
Sonnenschutzvorrichtung *f* sun control device
Sonnenschutzwand *f* solar screen, sunbreaker *(am Gebäude)*
Sonnenschutzwandziegel *m* solar screen tile
Sonnenseite *f (Konst)* sunny side
Sonnenstand *m* location of the sun, solar altitude
Sonnenstein *m (BM)* sunstone
Sonnenstrahlung *f* solar radiation *(exponiert)*
Sonnenstrahlung f/einfallende insolation
Sonnenstrahlungs(alterungs)prüfung *f* sun-exposure test
Sonnenstrahlungswärme *f (HLK)* solar load
Sonnensystem n/aktives active solar system
Sonnenterrasse *f* sun-bathing terrace, sun(-bathing) patio, solarium, sun deck, *(AE)* sun parlor
Sonnenturm *m (Umw)* solar tower
Sonnenverblendwand *f (Konst)* sunbreaker *(am Gebäude)*
Sonnenwärme *f (HLK)* solar heat
Sonnenwärmegewinn *m (HLK)* solar heat gain
Sonnenwärmekollektor *m s.* Sonnenkollektor
Sonnenwärmekonzentrator *m* solar concentrator
Sonnenwärmestrahlung *f* solar heat radiation
Sonnenweg m/täglicher daily sun path
Sonnenwege *mpl* **im jeweiligen Monat** *(Umw)* monthly sun paths
Sonnenzeiger *m (Arch)* gnomon
Sonnenzelle *f* solar battery
Sonnenzimmer *n (Konst) (AE)* sun-room
Sophienkirche *f* **zu Konstantinopel** *(Arch)* Hagia Sophia at Constantinople
Sopraporte *f (Arch)* sopraporta, overdoor *(gerahmtes Feld mit Gemälde oder Relief über einer Tür in Wohnräumen des Barock und Rokoko)*
Sorelzement *m (BM)* Sorel cement
Sorgepflicht *f* duty of care *(Baurecht)*
Sorgfalt *f* care
Sorgfalt f/berufliche *(Te, VR)* good practice
sorgfältig *(Arch)* elaborately
Sorgfältigkeitsklasse *f* reasonable care and skill, *(AE)* due care
Sorptionswasser *n* pellicular water
Sorte *f* sort, kind, variety; grade, class, quality *(Qualität)*
Sorte f/hochwertige high-quality grade
Sortieranlage f/pneumatische *(BWG)* pneumatic sorter
sortieren *v* 1. assort *(in Gruppen)*; separate *(aussortieren)*; 2. *(BM, Te)* classify *(nach Körnungen)*; 3. *(BM, Te)* grade *(Qualität, Zuschläge nach Korngrößen usw.)*
Sortieren *n (BM)* grading *(Qualität)*
Sortieren n/pneumatisches *(Te)* pneumatic classification
Sortiergerät *n* grader
Sortiermaschine *f (BM)* grader
sortiert graded
Sortierung *f* 1. *(Te, VR)* sorting *(in Gruppen)*; 2. *(BM)* grading *(Qualität)*; 3. *(BM, BT, VR)* classification *(Korngrößen)*
Sortierung f/ballistische *(Umw)* ballistic sorting *(von Müll)*
Sortierung f/mechanische *(Umw)* mechanical separation
Sortiment *n* assortment
Souffleurkasten *m (EB)* prompt-box
Souterrain *n* basement, semibasement, *(AE)* American basement
Souterrainwohnung *f* basement flat
Soxhlet-Extraktionsgerät *n (BM)* Soxhlet extractor
Sozialabgaben *fpl* social contributions, welfare charges
Sozialbeitrag *m* social insurance contribution
Sozialgebäude *n* 1. *(Arch, Konst)* staff building *(Werksgebäude)*; 2. *(Arch, Konst)* welfare building *(öffentlich)*
Sozialhaus *n* church house
Sozialleistungen *fpl (VR)* fringe benefits *(des Unternehmens)*
Sozialpflegeheim *n (Arch)* cottage hospital
Sozialraum *m* personnel room
Sozialsiedlung *f* local authority estate
Sozialversicherung *f* social insurance
Sozialwohnbauten *mpl (RP)* low-income residences
Sozialwohngebäude *n* low-income block, low-income building, low-rent block, low-rent building
Sozialwohnsiedlung *f* local authority estate
Sozialwohnung *f* low-cost housing, council flat, public--assistance dwelling, public-assisted dwelling unit, public housing
Sozialwohnungen *fpl (Arch, RP)* dwellings for low-income families
Sozialwohnungsbau *m* 1. *(VR)* local authority house--building; 2. *(RP)* low-rent house building; 3. *(RP, VR)* subsidized house-building
Spachtel *m(f)* 1. filling knife, putty knife *(für Glaser)*; 2. paint scraper, stripping knife *(für Anstreicher)*; 3. angle trowel, flat trowel, trowel *(für Maurer)*; 4. palette knife *(Gestaltung)*; 5. spatula *(Baustofflabor)*; 6. *s.* Spachtelmasse
Spachtel f/gezahnte serrated trowel
Spachtelbedachung *f* felt-and-gravel roofing, built-up roofing, *(AE)* composition roofing
Spachtelbelag m/bituminöser *(DIS)* bituminous built-up roof
Spachteldichtung *f (DIS)* filler seal
Spachteleisen *n* flat trowel, spatula
Spachtelfilm m/dünner *(OB)* high-build coating
Spachtelfußboden *m* fleximer flooring
Spachtelgips *m* filler gypsum, stopper gypsum
Spachtelkelle *f* margin(-pointed) trowel, angle trowel
Spachtelkitt *m* filling putty
Spachtellack *m* flatting putty, primer

Spachtellage *f (OB)* stopping coat
Spachtelmasse *f* 1. surfacer, stopper, filler, size, *(AE)* spackle; 2. filling compound, filler *(bes. bei Kunststoffen)*; 3. grouting compound *(Terrazzo)*; 4. putty *(Anstreichtechnik)*; 5. wood filler, *(AE)* knotting *(für Holz)*
Spachtelmasseschicht *f (OB)* stopping coat
Spachtelmesser *n* filling knife, stopping knife
spachteln *v* 1. fill, prime, size, smoothen *(Oberflächenvorbehandlung)*; stop *(Risse)*; 2. grout *(z. B. Fugen)*; 3. putty *(Anstreichtechnik)*; 4. smooth (over) *(Mauerwerk)*
Spachteln *n (OB, Te)* sizing
Spachtelpulver *n* filler powder, stopper powder
Spachtelputz *m (OB, SB)* putty coat
Spachtelputz *m*/**weißer** *(BM, OB, SB)* white coat
Spachtelschicht *f* filler coat, stopper coat; putty coat *(Anstrichgestaltung)*
Spachtelverbindung *f* putty joint
Spachtelwachs *n (BM)* beaumontage
Spachtelziehen *n* knife(-edge) filling *(zum Unebenheitsausgleich von Oberflächen)*
Spalier *n* trellis, espalier, lattice *(Lattengerüst)* • **mit Spalier versehen** *(LB)* trellis
spalieren *v (LB, Te)* lath
Spalierhaus *n (LB)* lath-house *(zum Überwachsen mit Pflanzen)*
Spalierlatte *f* espalier lath
Spalierwerk *n (Arch, Konst)* trelliswork
Spalierzaun *m (LB)* lattice fence
Spalt *m* 1. crack, gap; opening *(Lücke)*; chink *(Ritze)*; 2. fissure, chink *(z. B. im Mauerwerk)*; 3. cleft, rift, split, fissure, crevice *(Riss)*; 4. slit, slot *(Schlitz)*; 5. interstice *(Sprung)*; 6. rent *(Faserbaustoffe)*; 7. scissure *(Gestein)*
Spaltaxt *f* splitting axe
spaltbar fissile *(Baustoff, Gestein)*; cleavable *(z. B. Minerale, Holz)*
Spaltbarkeit *f* fissility *(Baustoffe, Gestein)*; cleavability *(Holz, Mineralien)*
Spalte *f* 1. *s.* Spalt; 2. *(BM, Bod, Konst)* break; 3. *(Bod)* gap *(Geologie)*; 4. rift, cleft *(im Gestein)*; 5. slot *(Schlitz)*
spalten *v* 1. split, chink, cleave *(z. B. Klinker, Fliese)*; 2. *(SB, Te)* knap *(Stein)*; 3. rive, chop, cleave *(z. B. Holz)*; slash *(Baumstämme)*; 4. *(Te)* slit *(einschneiden)*
spalten *v*/**nach der Schichtrichtung** split plane *(Naturstein)*
spalten *v*/**sich** chink, cleave, split *(z. B. Klinker, Steine)*; rift *(Gestein, Holz)*
Spaltenboden *m (LB)* slatted floor *(für Stallungen)*
Spaltfestigkeit *f (BM)* cleavage strength
Spaltfläche *f* cleavage plane; split face *(Naturstein)*
Spaltfliese *f (BM)* cleaving tile
Spaltfuge *f (Hb, Konst)* split *(Dachsparren)*
Spaltglas *n (BM)* cleaved glass
Spaltglimmer *m* mica in sheets, sheet mica
Spalthammer *m* knapping hammer *(Stein)*
Spaltholz *n* cleft timber, cloven timber, splitwood
Spaltklinker *m (BM)* cleaving tile
Spaltkorrosion *f* crevice corrosion; gasket corrosion
Spaltlatte *f* rent lath, riven lath
Spaltmaterial *n* fissile material
Spaltmeißel *m (BWG)* cleaving chisel
Spaltmesser *n* riving knife
Spaltplatte *f* scone brick; cleaving tile, split tile *(Plattenfliese)*
Spaltplatte *f*/**keramische** split tile *(Plattenfliese)*
Spaltplattenfliese *f* scone brick
spaltrau natural cleft, natural split
Spaltrichtung *f (SB)* rift *(Naturstein)*
Spaltriemchenverkleidung *f* split-face finish
Spaltriemenoberfläche *f* split-face finish
Spaltriss *m (BM, Hb)* split *(Furnier, Holz)*
Spaltsäge *f* cleaving saw
Spaltsparrendach *n (Hb, Konst)* split roof
Spaltstück *n* cropped piece, fragment
Spaltung *f* splitting; disruption *(bei Bruchbelastung)*; fission, cleavage *(von Gestein)*; splitting
Spaltware *f (BM, Hb)* cloven timber *(Holz)*
Spaltwasser *n (Bod)* joint water
Spaltzerkleinern *n* sledging
Spaltzugbewehrung *f* reinforcement against tensile splitting
Spaltzugfestigkeit *f* splitting (tensile) strength, tensile splitting strength, bursting strength
Spaltzugfestigkeitsprüfung *f* splitting tensile test, diametral compression test
Spaltzugkraft *f (Stat)* splitting force
Spaltzugprüfung *f* diametral test, indirect tensile test
Spaltzugversuch *m s.* Spaltzugprüfung
Span *m* 1. chip, shavings, shaver *(Metall, Holz)*; 2. cut, cuttings *(Metall)*; 3. facings *(Frässpäne)*; 4. brings, drillings *(Bohrspäne)*; 5. filings *(Feilspäne)*; shiver, splinter *(Holzsplitter)*; 6. *(Hb)* slip *(konstruktiver Span)*
Spandach *n (Konst)* slip roof
Spandrille *f (Arch)* spandrel *(Bogenreihe)*
Späne *mpl* 1. cuttings *(Metallspäne)*; 2. abatement *(bei Holzbearbeitung)*; chippings *(von Holz)*
spanen *v* cut *(Metall)*
Spange *f* 1. *(BT)* stay bolt; 2. *(Verk)* junction arm
Spanholzbauplatte *f (BT)* wood particle board
Spanholzplatte *f* wood(en) chipboard, (compressed) fibreboard, particle board, resin-bound chipboard, resin-bound fibreboard
Spann... tensioning ...
Spannarbeit *f (Stat)* stretching work
Spannbahn *f* prestressing lane, prestressing line *(Bewehrung)*
Spannbahnfertigung *f* long-line method
Spannbalken *m* 1. main beam, tie beam, bending beam, *(AE)* lunding beam, footing beam, tirant, principal beam; 2. *(Hb)* straining tie
Spannbalken *m*/**abgesprengter** trussed beam
Spannband *n* straining strap, tightening strap, tightening strip
Spannbandbrücke *f* stress ribbon bridge
Spannbandverbindung *f (Hb)* gib-and-cotter joint
spannbar *(BM, TK)* tensible
Spannbeton *m (BB, BM)* prestressed concrete
Spannbeton *m* **mit Druckvorspannung** pressure-prestressed concrete
Spannbeton *m*/**vorgespannter** *(BM)* pretensioned concrete
Spannbetonabwasserrohr *n (WVA)* prestressed concrete sewage pipe
Spannbetonarbeiten *fpl (BB)* prestressed concrete work
Spannbetonbalkenträger *m* prestressed concrete beam
Spannbetonbau *m (BB)* prestressed concrete construction
Spannbetonbauart *f* prestressed concrete type of construction
Spannbetonbauwerk *n* prestressed (concrete) structure
Spannbetonbehälter *m* prestressed concrete reservoir
Spannbetonbogen *m* prestressed concrete arch
Spannbetonbrücke *f* prestressed concrete bridge
Spannbetondecke *f* prestressed concrete floor
Spannbetondeckenplatte *f* prestressed concrete floor slab
Spannbeton-Doppel-T-Träger *m* prestressed concrete I-beam
Spannbetondruckbehälter *m (BB)* prestressed concrete reactor vessel *(Kernkraftwerk)*

S

Spannbetondurchlaufbalkenträger *m* prestressed concrete continuous beam
Spannbetondurchlaufträger *m* continuous prestressed concrete girder, prestressed concrete continuous beam
Spannbetoneinzelelement *n* prestressed segmental member
Spannbetonelement *n* **mit freiem Spannglied** *(BT, Te)* unbonded member
Spannbetonfachwerkträger *m (TK)* prestressed concrete trussed girder
Spannbetonfahrbahnabschnitt *m (BB, Te, Verk)* post--tensioned highway slab *(Platte)*
Spannbetonfernsehturm *m* prestressed concrete television tower
Spannbetonfertigteil *n (BT)* precast prestressed concrete (unit)
Spannbetonfertigteilbau *m* prestressed precast concrete construction
Spannbetonfertigträger *m (TK)* prestressed precast beam
Spannbetonfertigung *f (BB, Te)* long-line method
Spannbetongebäude *n* prestressed concrete block
Spannbetongebäuderahmen *m* prestressed concrete frame
Spannbetongewölbe *n* prestressed concrete vault
Spannbetongitterträger *m (TK)* prestressed concrete lattice girder
Spannbetongleisschwelle *f (Verk)* prestressed concrete railway sleeper
Spannbetonhochdruckrohr *n* prestressed concrete high--pressure pipe
Spannbetonhohlträger *m (BB, TK)* prestressed concrete box girder
Spannbetonhubdeckenbauwerk *n* prestressed concrete lift structure
Spannbetonhubdeckenplatte *f* prestressed concrete lift--slab
Spannbetonhubplatte *f* prestressed concrete lift-slab
Spannbeton-I-Träger *m* prestressed concrete I-beam
Spannbetonkanalrohr *n (WVA)* prestressed concrete sewage pipe
Spannbetonkastenträger *m (BB, TK)* prestressed concrete box girder
Spannbetonkonstruktion *f* prestressed (concrete) structure
Spannbetonkuppel *f* prestressed concrete cupola
Spannbetonmast *m* prestressed concrete mast
Spannbetonmontagebau *m* prestressed precast concrete construction
Spannbetonpfahl *m (Erdb)* prestressed concrete pile
Spannbetonpfette *f* prestressed concrete purlin
Spannbetonpiste *f* prestressed concrete runway
Spannbetonplatte *f* prestressed concrete floor slab, prestressed concrete shell
Spannbetonplattenfaltwerk *n* prestressed concrete folded plate structure
Spannbetonportalrahmen *m (TK)* prestressed concrete portal frame
Spannbetonpresse *f* jacking device for prestressed concrete, tensioning jack
Spannbetonrahmen *m* prestressed concrete frame
Spannbetonrahmentragwerk *n (TK)* prestressed concrete space load-bearing structure
Spannbetonrippendecke *f* prestressed concrete ribbed floor
Spannbetonschale *f* prestressed concrete shell
Spannbeton(schienen)schwelle *f (Verk)* prestressed concrete railway sleeper
Spannbetonshedschale *f (BT, Konst, TK)* north-light prestressed shell
Spannbetonsilo *n* **mit nachträglichem Verbund** post--tensioned concrete reservoir
Spannbetonstütze *f* prestressed concrete support
Spannbetontafel *f* prestressed concrete panel
Spannbetontechnik *f* prestressed concrete design and construction
Spannbetonteilelement *n* prestressed segmental member
Spannbetonträger *m* prestressed concrete girder
Spannbetonträger *m***/durchlaufender** prestressed concrete continuous beam
Spannbetonträgerdecke *f (TK)* prestressed concrete girder floor
Spannbetontragwerke *npl (BB, TK)* prestressed concrete structures *(DIN EN 1992-3)*
Spannbetonüberbau *m (TK)* prestressed concrete superstructure
Spannbetonverfahren *n* prestressing method, prestressing system, stressing method, tensioning method, tensioning system
Spannbetonverfahren *n* **Magnel** *(BB, Te)* sandwich-plate method
Spannbeton-Vierendeelträger *m* prestressed concrete Vierendeel girder
Spannbetonwand *f (Konst)* prestressed monolithic wall
Spannbetonwasserturm *m* prestressed concrete water tower
Spannbetonwerk *n* prestressing plant
Spannbett *n* prestressing bed, prestressing line, stressbed, stressing bed
Spannbettverfahren *n (BB, Te)* long-line method
Spannbewehrung *f* prestressing reinforcement, prestressing steel
Spannblock *m* prestressing block, stretching block, jacking block, tensioning block *(Spannbetontechnologie)*
Spannbohle *f* strutting board
Spannbolzen *m* draw bolt; pulling bolt *(Spannbeton)*
Spanndraht *m* bracing wire, tensioning wire, prestressed concrete wire, prestressing wire, pretensioned wire, stretching wire, suspension wire, tension cable, tension wire
Spanndrahtbündel *n* strand
Spanne *f* range *(z. B. Tragfähigkeit, Messwerte)*; margin *(Spielraum)*
Spannelement *n* stretching element, tensioning element, tensile element
spannen *v* 1. stress, stretch, strain *(Spannung aufbringen)*; 2. *(Stat)* tension *(Zugspannung)*; 3. tighten, tauten *(straffen)*; 4. take up slack *(Durchhang beseitigen)*; 5. key up *(Bogen)*; 6. *(BM, BT, Konst, Te)* stretch *(längen)*
spannen v/sich *(Konst, TK)* span *(überspannen, z. B. Brücken)*
Spannen *n* jacking, prestressing, tensioning *(Spannbeton)*; stressing *(Spannung aufbringen)*; stretching *(Längen)*
Spannen *n***/dreiachsiges** three-dimensional tensioning
Spannen *n* **mittels Schraubspindeln** screw-tensioning
Spanner *m* 1. *(BT)* T-bar clamp; 2. *(BWG)* tightener
Spannfeder *f* spring loaded in tension, tension spring
Spannfestigkeit *f (BB, Stat, Te)* transfer strength *(Spannbeton)*
Spannfolge *f* prestressing order, stressing order, tensioning order
Spanngewicht *n* stretching weight *(Oberleitung)*
Spanngewichtsblock *m* take-up block
Spannglied *n* prestressing element, prestressing tendon, stressing tendon, stressing unit, stretching tendon, tensioning tendon, tensile element, tendon

Spannglied *n*/**aufgebogenes** *(BT)* raised cable *(Spannbeton)*
Spannglied *n*/**aufgegabeltes** forked tendon
Spannglied *n*/**axiales** *(BB, Hb, TK)* concentric tendon
Spannglied *n*/**gefächertes** forked tendon
Spannglied *n*/**gekrümmtes** depressed strand
Spannglied *n* **mit sofortigem Verbund** pretensioned tendon
Spannglied *n*/**nicht zwängungsfreies** non-concordant tendons
Spannglied *n* **ohne Verbund** *(BT, Te)* no-bond tendon
Spannglied *n*/**trajektorförmiges** *(Stat)* eccentric tendon
Spannglied *n*/**zwängungsfreies** *(BB, Konst, TK)* concordant tendon
Spanngliedabstandhalter *m* tendon profiler
Spanngliedbesenanker *m* strand grip *(Spannbeton)*
Spanngliedende *n* dead-end anchorage
Spanngliedende *n*/**befestigtes** dead end (of tendon) *(Beton)*
Spanngliedendstück *n (BT)* root
Spannglieder *npl*/**gebogene** deflected tendons, harped tendons
Spannglieder *npl* **mit nicht übereinstimmender Kennlinie** non-concordant tendons
Spannglieder *npl*/**überlappte** *(BB, BT, Konst)* lap tendons
Spanngliederbündel *n* grouped cables, strand of tendons
Spanngliedform *f* tendon profile
Spanngliedhaftspannung *f* flexural bond
Spanngliedkanal *m* cable duct, tendon duct *(Spannbeton)*
Spanngliedkeilanker *m* wedge anchor
Spanngliedreibungsbeiwert *m (BB, Te)* wobble coefficient
Spanngliedrolle *f* tendon swift
Spanngliedverkürzung *f (BB, Te)* anchorage deformation *(beim Spannvorgang)*
Spanngliedverlauf *m* tendon profile
Spannkabel *n* prestressing cable, prestressing strand
Spannkabel *n* **mit parallel laufenden Drähten** parallel-wire cable
Spannkanal *m* (prestressing) cable duct, prestressing duct; post-tensioning conduit, sheathing *(Spannbetonnachspannen)*
Spannkegel *m (BB, Te)* interlocking cone *(Spannbeton)*
Spannkeil *m* prestressing wedge, tensioning wedge, stretching wedge *(Spannbetontechnologie)*
Spannkonus *m (BB, Te)* interlocking cone *(Spannbeton)*
Spannkopf *m* pulling head, stressing head, fixing device *(Spannbeton)*
Spannkraft *f* interior force *(einer Feder)*; prestressing stress *(Spannbeton)*
Spannkraftweg *m (Stat)* trajectory of tensioning force
Spannlisene *f (Te)* prestressing lesene
Spannlitze *f* tensioning cable
Spannmoment *n (Stat)* prestressing moment
Spannpresse *f* (pre)stressing jack, tensioning jack, jacking device for prestressed concrete, jack; post-tensioning jack *(Nachspannen)*
Spannpresse *f*/**hydraulische** *(BB, Te)* hydraulic jack *(Spannbeton)*
Spannpresskraft *f (BB, Stat)* jacking force *(Spannbeton)*
Spannprogramm *n* stressing design *(Spannbeton)*
Spannprozess *m* prestressing process
Spannrichtung *f* direction of span *(Decke)*
Spannriegel *m (Hb)* straining tie
Spannring *m* straining ring, tightening ring *(Stahlbau)*
Spannrolle *f* expanded pulley, idler, idler pulley
Spannsäge *f* frame saw; span saw *(Gattersäge)*
Spannsaite *f* pretensioned wire
Spannscheibe *f (BWG)* tightener
Spannschloss *n* turnbuckle, tightener; coupling nut *(Spannmutter)*; fixing lock *(Spannbeton)*
Spannschlüssel *m* ratched wrench
Spannschraube *f* tightening screw
Spannseil *n* tensioning rope, stay rope, stay, guy
Spannseilbündel *n (Tun)* set of stays
Spannstab *m* stressing bar, tensioning bar; stretching bar
Spannstahl *m (BT, St, Te)* prestressing steel
Spannstahl *m*/**auswechselbarer** changeable (prestressed steel) tendon
Spannstahlelement *n s.* Spannstahlglied
Spannstahlfächerverankerung *f (BB, Te)* fan anchorage *(Spannbeton)*
Spannstahlglied *n* prestressing steel tendon *(s. a. Spannglied)*
Spannstange *f* chord
Spannsteife *f* jacking stiffener
Spannstufen *fpl* prestressing order
Spannsystem *n* prestressing system
Spannton *m* 1. *(BM, BT)* prestressed clay; 2. *(BM)* Stahlton
Spanntonbalken *m* Stahlton prestressed beam
Spanntonbrett *n* plank in prestressed clay
Spanntondecke *f* prestressed clay floor
Spanntonwerk *n (BWG)* Stahlton plant
Spanntraverse *f (Hb, Konst, St)* crosshead
Spannung *f* 1. *(Stat)* stress; 2. strain *(Beanspruchung)*; 3. *(Stat)* tension *(Zugspannung, Oberflächenspannung)*; 4. *(El)* voltage • **unter Spannung** 1. *(El)* live, volt-carrying; 2. *(BM, TK)* stressed *(mechanisch)*
Spannung *f*/**bleibende** internal stress, residual stress
Spannung *f* **durch Windbelastung** *(Stat)* wind stress
Spannung *f*/**innere** interior strain, internal stress, residual stress
Spannung *f*/**latente** *(Stat)* latent stress
Spannung *f*/**maximal erlaubte** *(Stat)* allowable stress
Spannung *f*/**maximal zulässige** *(Stat)* limiting stress *(im Elastizitätsbereich)*
Spannung *f* **mehrerer Einzelelemente zu einem Spannbetonelement** *(Stat)* multielement prestressing
Spannung *f*/**neutrale** *(Stat)* neutral pressure
Spannung *f*/**örtliche** *(BM, Stat)* local stress
Spannung *f*/**rechnerische** *(BT, Konst, Stat)* computed stress
Spannung *f*/**spezifische** *(Stat) (AE)* unit stress
Spannung *f*/**thermische** *(BM, BT)* thermal stress
Spannung *f*/**wechselnde** alternating stress
Spannung *f*/**wirksame** *(BB, Konst, Stat)* effective stress *(der Spannglieder)*
Spannung *f*/**zulässige** permissible stress, safe strain, safe stress; working stress, design stress *(Festigkeit)*
Spannung *f*/**zusammengesetzte** *(Stat)* compound stress
Spannung *f*/**zweidimensionale** *(Stat)* two-dimensional stress
Spannungen *fpl* **aus Längskraft und Biegung** *(Stat)* combined direct and bending stress
Spannungen *fpl*/**zusammengesetzte** *(Stat)* combined stresses
Spannungs... tensile ...
Spannungsabbau *m* prestress loss, stress relief; stress relaxation *(zeitlich)*
Spannungsabfall *m* 1. *(El)* loss of voltage; 2. *(Stat)* decrease of stress *(mechanisch)*
Spannungsabfall *m* **bei gleichbleibender Spannung** relaxation *(Spannbeton)*
Spannungsabfall *m* **durch Leitungswiderstand** *(El)* line drop
spannungsabhängig stress-dependent, stress-intensity dependent
Spannungsabhängigkeit *f* stress dependence

S

Spannungsableitung *f (Stat, TK)* stress transfer
Spannungsabnahme *f (Stat)* decrease of stress *(mechanisch)*
Spannungsabschätzung *f* stress estimation
Spannungsabtragen *n (Stat, TK)* stress transfer
Spannungsabtragung *f (Stat, TK)* stress transmission
Spannungsachse *f* stress axis
Spannungsanalogie *f (Stat)* stress analogy
spannungsarm *(St)* low-stressed
Spannungsarten *fpl (Stat)* forms of stress
Spannungsaufnehmer *m (BM)* load cell
Spannungsaufteilung *f* stress division
Spannungsausgleich *m (Stat)* stress equalizing
Spannungsausgleich *m***/natürlicher** *(Bod)* natural stress relief
Spannungsbeanspruchung *f (BM, Stat, TK)* stress application
Spannungsberechnung *f (Stat)* stress analysis, stress calculation
Spannungsbereich *m* stress range
Spannungsbereich *m***/plastischer** *(Stat)* plastic range of stress
Spannungsbild *n (Stat)* stress pattern
Spannungsbruch *m (BM)* stress rupture
Spannungs-Dehnungs-Beziehung *f* stress-strain relation
Spannungs-Dehnungs-Diagramm *n* stress-to-strain diagram
Spannungs-Dehnungs-Linie *f* stress-strain curve
Spannungs-Dehnungs-Linie *f***/rechnerische** designed stress-strain diagram
Spannungs-Dehnungs-Proportionalität *f (Stat)* proportionality of stress to strain
Spannungs-Dehnungs-Verhältnis *n***/plastisches** *(Stat)* plastic-strain relation
Spannungsdeviator *m (Stat)* stress deviator
Spannungsdiagramm *n (Stat)* diagram of stresses
Spannungsdreieck *n (Stat)* stress triangle
Spannungsellipse *f (Stat)* stress ellipse
Spannungsentlastung *f (Stat)* stress relieving
Spannungsentstehen *n* stress generation
Spannungserhöhung *f* increase of tension
Spannungsermittlung *f (Stat)* stress analysis, stress calculation, stress determination
Spannungsfall *m* stress case
Spannungsfeld *n* stress field; (state of) stress in the body *(Geologie)*
Spannungs-Festigkeits-Verhältnis *n (Stat)* stress-to--strength ratio
Spannungsfläche *f***/neutrale** *(Stat)* neutral surface *(eines Trägers)*
spannungsfrei stress-free, non-stressed, unstressed, stress-relieved, stress-less • **spannungsfrei machen** anneal *(Glas, Kunststoffe)*
spannungsfreigeglüht stress-free annealed *(Metall)*
Spannungsfreiglühen *n* stress-relief annealing, stress relieving
Spannungsfreimachen *n (St, Te)* stress removal *(Metall)*
spannungsführend *(El)* voltage-carrying
Spannungsfunktion *f (Stat)* stress function
Spannungsgefährdung *f (El)* shock hazard
spannungsgefördert stress-accelerated, stress-enhanced, stress-intensified
Spannungsgleichgewicht *n* stress equilibrium
Spannungsgrad *m (Stat, TK)* degree of tension
Spannungsgrenze *f* limit of stress, stress limit
Spannungsgröße *f (Konst, Stat)* magnitude of stress
Spannungshauptachse *f* stress axis
Spannungshöhe *f* stress level
spannungsindiziert *(BM, Stat, TK)* stress generated
Spannungsintensität *f* intensity of stress
Spannungsintensitätsfaktor *m (Stat)* stress-intensity factor
Spannungsinvariante *f* invariant of stress
Spannungskomponente *f (Stat)* stress component
Spannungskonzentration *f (Stat)* stress concentration
Spannungskonzentrationsstelle *f* stress concentration site
Spannungskorrosion *f (OB)* stress corrosion
Spannungskorrosionsbruch *m* stress corrosion crack, stress corrosion failure *(durch Zugspannung bei atmosphärischer Korrosion)*
spannungskorrosionshemmend *(OB)* stress corrosion--inhibitive
Spannungskorrosionsriss *m* stress corrosion crack
Spannungskräfte *fpl (Stat)* tensional forces
Spannungskreis *m* stress circle
Spannungskreis *m***/Mohr'scher** *(Bod)* Mohr's circle for stress, Mohr's circle of stress, Mohr's stress circle
Spannungskurve *f (Stat)* stress curve
Spannungslehre *f (Stat)* stress theory
Spannungsleistung *f* stress power
spannungslos 1. *(BT, TK)* unstrained *(mechanisch)*; 2. stress-free, stress-less, free from stress *(Bauelement)*; 3. *(El)* dead
Spannungsmesser *m (El)* voltmeter
spannungsmindernd stress-reducing
Spannungsminderungsfaktor *m (Stat)* stress reduction factor
Spannungsmoment *n (Stat)* stress moment, stress couple
Spannungsnachweis *m (Stat)* stress analysis, checking of structural stress, stress check
Spannungsniveau *n* stress level
Spannungsoptik *f (El)* photoelasticity
Spannungsoptik *f***/dreidimensionale** *(Stat)* three-dimensional photoelasticity
spannungsoptisch photoelastic
Spannungspolygon *n (Stat)* polygon of stresses
Spannungsrelaxation *f* stress relaxation *(zeitlich)*
Spannungsresultierende *f (Stat)* stress resultant
Spannungsriss *m* tension crack; stress crack *(bes. bei Kunststoffen)*
Spannungsrissadsorption *f (OB)* stress sorption *(Anstrich)*
Spannungsrisskorrosion *f (OB)* stress corrosion cracking
Spannungsrisskorrosionsanfälligkeit *f (BM, Konst, OB)* susceptibility to stress-corrosion cracking
Spannungsrückgang *m* stress relaxation *(zeitlich)*
Spannungsschwankung *f* stress variation
Spannungsschwund *m (BB, Te)* loss of stress
Spannungsspitze *f (Stat)* peak stress
Spannungsstelle *f* stress point
Spannungssystem *n* stress system
Spannungstensor *m* stress tensor, state of stress at the point
Spannungstensorinvariante *f* invariant of stress
Spannungstheorie *f (Stat)* stress theory, theory of strain, deformation state
Spannungstheorie *f* **erster Ordnung** *(Stat)* simple plastic theory
Spannungstheorie *f* **vierter Ordnung** *(Stat)* fourth-order theory
Spannungstrajektorie *f (Stat)* stress trajectory, trajectory of stress, stress line
Spannungsüberlagerung *f* stress superposition, superposition of stresses
Spannungsübertragung *f (Stat, TK)* stress transmission

Spannungsübertragungsteil *n* bonded prestressed member, stress transfer member, bonded member
Spannungsumlagerung *f (Stat)* redistribution of stresses, stress redistribution; displacement of stress
spannungsunabhängig stress-independent, stress-intensity independent
Spannungsursache *f* stress source
Spannungsverhalten *n (BM, TK)* stress behaviour
Spannungsverhältnis *n* stress ratio
Spannungsverlauf *m (Stat)* stress curve, stress flow, stress path
Spannungsverlust *m* prestress(ing) loss
Spannungsverstärker *m (El)* booster
Spannungsverteilung *f* strain distribution, stress distribution, stress pattern
Spannungsverteilung f/plastische *(Stat)* plastic stress distribution
Spannungswechselspiel *n (Stat)* cycle of stress
Spannungsweg *m (Stat)* stress trajectory
Spannungswert *m* stress value
Spannungswirkung *f (Stat)* stress effect
Spannungszone *f* tensioning area; stretching zone
Spannungszunahme *f* stress increase
Spannungszustand *m* state of stress, stress condition, stress stage, stress state, case of stress, stress
Spannungszustand m/deviatorischer deviatoric stress, deviatory stress
Spannungszustand m/dreiachsiger three-dimensional (state of) stress, triaxial stress
Spannungszustand m/ebener *(Stat)* plane state of stress, plane stress
Spannungszustand m/einachsiger linear state of stress, monoaxial stress, one-dimensional stress state
Spannungszustand m/homogener *(BM, Stat)* homogeneous state of stress
Spannungszustand m/linearer one-dimensional stress state
Spannungszustand m/nicht homogener *(Stat)* non--homogeneous state of stress
Spannungszustand m/räumlicher *(Stat)* general state of stress
Spannungszustand m/zweiachsiger plane stress
Spannungszustand m/zweidimensionaler *(Stat)* planar state of stress
Spannverankerung *f* jacking anchorage *(Spannbeton)*
Spannverbindung *f* prestressed connection, tensioned connection; stretched connection
Spannverfahren *n* stressing method, tensioning system; stretching method, stretching system
Spannverlust *m* prestressing loss, stress loss; shrinkage loss *(durch Schwinden)*
Spannversteifung *f* jacking stiffener
Spannvorrichtung *f* take-up (set); tightener
Spannweg *m* path of stressing (force), path of prestressing force, path of tensioning force *(Spannbeton)*
Spannweite *f* bearing distance, free span, span (length) *(einer Tragkonstruktion, Brücke)*; clearance, width *(lichte Weite)* • **mit großer Spannweite** *(TK)* long-span
Spannweite f des Bogens buttress span, span of arch
Spannweite f/freie *(Br, Konst, TK)* clear span
Spannweite f/rechnerische effective span
Spannweite f/zulässige *(TK)* permissible range
Spannweiten fpl/gleich große equal spans
Spannweitengrenze *f (Konst, Stat)* span limit
Spannweiten-Konstruktionshöhen-Verhältnis *n* span--depth ratio
Spannweiten-Lastfaktor *m* load-span-factor
Spannweitenmitte *f (BM, Stat)* midrange *(statistische Qualitätsauswertung)*
Spannweitenverhältnisse *npl* span conditions
Spannwerk n/kinematisch bestimmtes kinematically determinate truss
Spannwerkbrücke *f* bridge with an A-frame supporting a horizontal beam
Spannwert *m* prestressing value, tensioning value
Spannziegeldecke *f* prestressed clay floor
Spannzone *f* prestressing zone, tensioning zone
Spanplatte *f* chipboard, particle board, (compressed) fibreboard, resin-bound chipboard, resin-bound fibreboard, wood-wool board *(EN 312)*
Spanplatte f/furnierbeplankte *(BT)* composite board including veneer-faced particle
Spanplatte f mit Kunststoffbeschichtung *(BT)* plastic--faced particle board
Spanplatte f/mittelschwere medium-density particle board
Spanplatte f/plattengepresste *(BT)* platen-pressed chipboard
Spanplatte f/sehr harte hardboard-type particle board
Spanplatte f/stranggepresste extruder particle board
Spanplattentäfelungsmaterial *n (BT, EB)* particle-board panel stock
Spanplattenvlies *n* particle-board mat
Spantiefe *f* cutting depth, cut *(Metall)*
Sparbeton *m* lean concrete, poor concrete
Sparbogen m/Spengler'scher *(Konst)* Spengler's centring
Sparen *n* saving
Spargemisch *n* 1. *(BB, BM)* lean mixture; 2. *(BM)* poor mixture
Spargewölbe *n* hollow vault
Sparhaushalt *m (VR)* austerity budget
Sparit *m* sparite
Sparlampe *f* pilot lamp, pilot light
Sparmaßnahmen *fpl (VR)* austerity measures
Sparpreis *m (VR)* economy price
Sparre *f (Hb)* rafter
Sparren *m* rafter, roof rib; spar, sprocket piece
Sparren m/eiserner *(BT)* steel rafter
Sparren m/gebogener curved rafter, compass rafter, curved roof
Sparren m/gebrochener *(Hb, St)* curb rafter
Sparren m/gekrümmter *(BT, Hb, St)* compass rafter
Sparren m mit nach innen gebogenem Fußende knee rafter, crook rafter
Sparren m mit Wechsel 1. *(BT, Hb)* trimmed rafter; 2. *(Hb)* trimming rafter
Sparren m/sichtbarer show rafter
Sparren m/überstehender look-out (rafter)
Sparrenabstand *m* rafter spacing, rafter interval
Sparrenauffütterholz *n (Hb)* shredding
Sparrenauflagerbalken *m (Hb, TK)* raising plate *(Wand, Rahmen)*
Sparrenauflagerplatte *f (BT, Hb)* rafter plate
Sparrenauflagerschnittfläche *f* foot cut
Sparrenauflageschnittfläche *f (Konst)* seat cut
Sparrenauflegen n/genaues *(Te)* stepping-off
Sparrendach *n* rafter roof, couple roof
Sparrendach n/einfaches 1. *(Hb)* single rafter roof; 2. *(Konst)* span roof
Sparrendach n mit einer Kehlbalkenlage single-framed roof
Sparrenende *n* rafter tail cut, tail cut *(meist verziert)*
Sparrenende n/freies show rafter *(meist verziert)*
Sparrenende n/sichtbares show rafter *(meist verziert)*
Sparrenfirstschnitt *m (Konst)* top cut
Sparrenfußbohle *f* lay board

S

Sparrenfußbrett *n* **mit Dachrinneneisenbefestigung** lear board
Sparrenfutterleiste *f (Hb)* shredding
Sparrengebinde *n* coupling
Sparrenhalter *m* rafter cleat, rafter clench
Sparrenkopf *m (Hb)* rafter head
Sparrenkopf *m*/**profilierter** ornamental rafter end
Sparrenkopf *m*/**sichtbarer** rafter tail cut, tail cut *(meist verziert)*
Sparrenlage *f (Hb)* rafter system
Sparrenlänge *f* 1. *(Hb)* run of rafter; 2. *(Konst)* run
Sparrennagel *n* purlin nail
Sparrenneigung *f (Hb)* rafter slope
Sparrenpaar *n* rafter couple, couple *(Dach)*
Sparrenpfette *f (Hb)* rafter-supporting purlin
Sparrenpfettenanker *m* rafter-to-purlin collector
Sparrenquerlatte *f* rafter string, string
Sparrenquerschnitt *m* rafter cross section
Sparrenschnitt *m* comb cut, ridge cut
Sparrenschnitt *m*/**senkrechter** *(Hb)* plumb cut of rafter
Sparrenschwelle *f (Hb)* inferior rafter
Sparrenstützwand *f* knee wall
Sparrenüberstand *m* 1. *(Hb, Konst)* rafter tail; 2. *(Hb)* sally *(Dach)*
Sparrenverbindung *f (Hb)* rafter connection
Sparrenweite *f (Hb, Konst)* rafter span
Sparrenwerk *n (Hb)* rafters
Sparrenzuschneidetisch *m* framing table, rafter table
Sparrenzwischenraum *m* space between rafters, case bay
Sparrholz *n* trim, offcuts, ends *(Bauholzreste)*
sparsam economical
Sparsamkeit *f* economy
Sparschaltung *f* restrictive circuit *(Heizung)*
Sparschalung *f* open formwork
Spat *m* spar
Spätbarock *m (Arch)* late Baroque
Spatel *m* spatula
Spaten *m* spade
Spatenstich *m (Te, VR)* turn of the first sod
Spatenstich *m*/**erster** *(Erdb, Te)* ground-breaking
Spatenstiel *m* spade handle
Spätfestigkeit *f (BB)* late strength *(Beton)*
spätgeometrisch *(Arch)* late geometrical *(englisches Maßwerk)*
Spätgotik *f (Arch)* late Gothic
Spätholz *n* latewood, summerwood
Spatmehl *n (BM)* spar flour
spätmittelalterlich *(Arch)* late-mediaeval
Spätphase *f* **der englischen Gotik** *(Arch)* Late Pointed Style
Spatpulver *n (BM)* spar flour
Spätrenaissancearchitektur *f (Arch)* Late Renaissance architecture
Spätrenaissancebaukunst *f (Arch)* Late Renaissance architecture
Spätromanik *f (Arch)* Late Romanesque style
spätromanisch *(Arch)* Late Roman
Spätwerk *n (Arch)* late opus
Spazierweg *m* 1. *(LB)* promenade; 2. *(LB, Verk)* footpath *(abseits jeder Straße)*
Speckstein *m* lard stone, talc *(Mineral)*; soapstone, steatite *(Talkabart)*
Speibecken *n (San)* spittoon
Speiche *f* spoke
Speichenradmaßwerk *n (Arch)* wheel tracery
Speicher *m* 1. store, storehouse, warehouse *(Lagerhaus)*; magazine *(z. B. für Werkzeuge)*; 2. garret, tallut, *(AE)* loft *(Dachraum)*; 3. silo; granary, *(AE)* elevator *(für Getreide)*; 4. *s.* Speicherbecken
Speicher *m*/**ornamentaler** *(Arch)* ark *(sakral)*
Speicherbecken *n (Wsb)* impounding reservoir, reservoir, storage basin, store basin; hold tank
Speicherbecken *n*/**oberes** *(Wsb)* upper storage basin
Speicherdamm *m (Wsb)* storage dam
Speicherelement *n (El)* storage element
Speicherfähigkeit *f* storage capacity
Speichergebäude *n* 1. *(Konst, Te)* storage warehouse; 2. *(Arch) (AE)* loft building
Speicherhaus *n (Arch, Konst, Te)* storehouse
Speicherheizgerät *n (HLK)* storage heater
Speicherheizung *f* (night) storage heating, thermal storage heating
Speicherinhalt *m*/**nutzbarer** available storage capacity
Speicherkapazität *f (Wsb)* storage capacity
Speicherkraftwerk *n* storage power plant, storage power station
Speichermenge *f* 1. storage capacity; 2. *(Wsb)* reservoir capacity, retained storage volume
speichern *v* 1. store (up) *(Materialien, Vorräte)*; 2. warehouse *(in einem Lagerhaus)*; 3. silo, ensile *(in einem Silo)*; 4. *(Te)* accumulate *(Wärme)*
speichernd retained
Speicherofen *m*/**elektrischer** *(El, HLK)* storage space heater
Speicherschema *n* storage scheme
Speichersilo *n* storage silo
Speichersperre *f (Wsb)* storage dam
Speicherung *f* 1. *(Te)* storing; 2. *(Te, VR)* storage *(z. B. Baumaterialien)*; 3. *(Wsb)* retention, storage; pondage *(Inhalt eines Speicherbeckens)*
Speichervolumen *n (Wsb)* reservoir capacity, reservoir storage
Speicherwärme *f* stored heat
Speicherwassererhitzung *f (HLK, San)* storage water heating
Speicherwerk *n (Wsb)* high-head plant
Speirohr *n (San)* spout
Speisebassin *n s.* Speisebecken
Speisebecken *n (HLK, San)* feeder basin
Speisegaststätte *f* restaurant
Speisekabel *n (El)* main cable
Speisekammer *f* pantry, larder
Speiseleitung *f* 1. *(El, WVA)* feed line; 2. *(HLK, WVA)* feed pipe; 3. *(El)* supply line; 4. *(El)* feeder, feeder line
Speisenaufzug *m* food lift, service lift, dumbwaiter, *(AE)* food elevator
Speisenausgabetisch *m*/**beheizter** *(EB)* food display counter
Speisenauslage *f*/**beheizte** *(EB)* food display counter
Speisen- und Getränkelager *n* buttery *(Vorratskammer)*
Speisenwarmhaltetisch *m* **mit Dampfbeheizung** *(EB)* steam table
Speiseraum *m* dining room; ordinary *(mit festen Preisen)*; canteen *(in Universitäten)*
Speisesaal *m* dining hall, dining room *(eines Hotels)*; canteen *(in Universitäten)*; frater *(eines Klosters)*; refectory *(in Internaten, im Kloster)*
Speiseschrank *m (EB)* food cupboard
Speisewarmhaltetisch *m (EB)* hot food table
Speisewarmhaltetisch *m*/**dampfbeheizter** steam table
Speisewasser *n (HLK)* feed water *(Heizkessel)*
Speisewasservorwärmer *m*/**abgasbeheizter** *(HLK)* economizer
Speisezimmer *n* dining room
Spektralfarbe *f (OB)* spectral colour

Spektralverteilung *f* spectral power distribution *(Beleuchtungstechnik)*
Spektrographie *f (BWG)* spectrography
Spektroskopie *f* spectrometry
Spekulationsbau *m (VR)* speculative building
Spengler *m* plumber, tinner *(im süddeutschen Raum für Klempner)*
Spenglerarbeiten *fpl* plumber's work
Sperrabschaltung *f (VR)* lock-out
Sperranstrich *m* 1. petrifying liquid, surface waterproofing agent, surface waterrepeller *(Anstrichstoff)*; 2. insulating coat, waterproof(ing) coat, waterproof sealing
Sperranstrich *m*/**bituminöser** *(DIS)* bituminous waterproof(ing) coat
Sperranstrichmittel *n* waterproofing paint, surface waterrepeller, water-repellent agent, petrifying liquid
Sperranstrichstoff *m s.* Sperranstrichmittel
Sperrbake *f (Verk)* bollard *(Verkehr)*
Sperrbarriere *f (BT)* traverse *(eines Durchgangs)*
Sperrbaustoff *m* barrier material
Sperrbeton *m* dampproof(ing) concrete, water-repellent concrete, waterproof(ing) concrete, watertight concrete
Sperrbetonfundament *n (Erdb)* watertight concrete foundation
Sperrbetongründung *f (Erdb)* watertight concrete foundation
Sperre *f* 1. barrier *(z. B. Schranke, Schlagbaum)*; roadblock *(Straße)*; 2. locking device, lock *(Vorrichtung)*; 3. *(DIS, Konst)* sealing layer; 4. *(DIS)* stop; 5. *(BM, DIS)* barrier membrane *(gegen Feuchtigkeit)*; 6. flash *(am Schornstein)*
Sperreinlage *f* 1. *(DIS, Konst)* sealing layer; 2. *(BM, DIS)* sealing strip; 3. *(DIS)* joint filler; 4. *(San)* stop end *(Fuge, Anschluss)*
Sperremulsion *f (BM)* water-repellent emulsion
sperren *v* 1. lock *(verriegeln)*; shut, close *(schließen)*; clamp *(arretieren)*; 2. *(Verk)* obstruct, block, close, shut *(Straßen)*; 3. cut (off), shut (off) *(z. B. Strom, Wasser)*; 4. *(Wsb)* dam; 5. arrest, interlock *(arretieren, blockieren)*; 6. insulate, stop, waterproof *(gegen Feuchtigkeit, Wasser, Feuer)*; seal *(Untergrund vor Anstrichauftrag)*; 7. *(VR)* take out of service *(Gebäude)*
Sperrenkörper *m*/**wasserseitiger** *(Wsb)* upstream fill
Sperrestrich *m* 1. *(DIS)* repellent screed; 2. *(BM, DIS)* waterproofing screed
Sperrfähigkeit *f (DIS)* insulating property *(gegen Feuchtigkeit)*
Sperrfarbe *f* 1. *(BM, DIS, OB)* insulating paint; 2. *(DIS, OB)* impenetrable paint *(wasserabweisend)*
Sperrfläche *f* 1. *(Umw, VR)* forbidden zone; 2. *(Verk)* ghost island
Sperrflüssigkeit *f* liquid waterproofing agent
Sperrfolie *f (DIS)* insulating foil
Sperrfurnier *n (Hb)* crossband
Sperrfutter *n* crossband *(Holz)*
Sperrgebiet *n* forbidden zone; restricted area *(militärisch)*
Sperrgrund *m* sealer, transition primer *(Anstrichtechnik)*
Sperrgrundiermittel *n (BM, DIS)* transition primer
Sperrhahn *m (San)* stopcock
Sperrhaken *m (EB)* latch
Sperrhaut *f (DIS)* waterproofing membrane
Sperrhebel *m (EB)* safety catch
Sperrholz *n* plywood
Sperrholz *n*/**blechbeplanktes** plymetal
Sperrholz *n* **für innen** interior-type plywood
Sperrholz *n*/**furniertes** *(BM)* veneered plywood
Sperrholz *n*/**gebogenes** bent plywood
Sperrholz *n*/**hartfaserplattenbeplanktes** hardboard-faced plywood
Sperrholz *n*/**kunstharzverpresstes** high-density plywood
Sperrholz *n*/**normales** standard plywood
Sperrholz *n*/**profiliertes** formed plywood
Sperrholz *n*/**verdichtetes** superpressed plywood
Sperrholzaußenverkleidung *f* plywood exterior sheathing
Sperrholzbeplankung *f (Hb)* plywood covering
Sperrholzdachschale *f (Hb)* plywood roof sheathing
Sperrholzdachverschalung *f (Hb)* plywood roof sheathing
Sperrholzflächentür *f (Hb)* plywood flush door
Sperrholzkastenbalken *m (Hb, TK)* plywood box beam
Sperrholzknotenblech *n*/**genageltes** nailed plywood gusset
Sperrholzknotenverbindung *f (Hb)* plywood corner plate
Sperrholzkonstruktion *f*/**geleimte** glued plywood system
Sperrholzparkettplatten *fpl* plywood squares
Sperrholzschalung *f* plywood form(work), plywood shuttering
Sperrholzschicht *f* layer of wood
Sperrholztafel *f* plywood panel
Sperrholztafel *f*/**furnierbezogene** face panel, plywood face panel
Sperrholzträger *m (Hb, TK)* plywood girder
Sperrholzverkleidung *f* drywall finish
Sperrholzverschalung *f* plywood sheathing; plywood siding *(an Außenwänden)*
sperrig bulky; unwieldy *(unhandlich)*
Sperrigkeit *f* bulkiness
Sperrkitt *m* insulating cement
Sperrklausel *f* restrictive clause, prohibitive clause
Sperrklinke *f* 1. pawl, door catch, catch, click, ratchet; 2. *(Hb)* dog
Sperrlage *f* insulation layer, impervious course
Sperrleiste *f* ledger
Sperrlinie *f* 1. *(Verk)* barrier line; 2. *(Verk)* no-crossing (line), *(AE)* no-x-ing line
Sperrmaterial *n* 1. *(BM, DIS)* insulating construction material; 2. *(BM, DIS)* tanking material *(Wasserdruckdichtung im Tiefbau)*
Sperrmauer *f (Wsb)* damming, barrage, barrage dam *(zur Bewässerung)*
Sperrmittel *n (BM, DIS)* barrier material
Sperrmittel *n*/**bituminöses** *(DIS)* bituminous dampproofing agent
Sperrmörtel *m* water-repellent mortar, waterproof(ing), mortar
Sperrmüll *m* bulky waste, *(sl)* street furniture
Sperrmüllabfuhr *f* waste collection
Sperrpappe *f* insulating felt, water-repellent paper, waterproofing paper
Sperrpolster *n (BT, DIS)* stop bolster
Sperrputz *m (BM, DIS)* water-repellent finish
Sperrriegel *m* lock bolt
Sperrriegel *m*/**elektromagnetischer** *(EB)* electric lock
Sperrschicht *f* 1. *(Bod, Erdb)* obstructive layer; 2. insulating course, damp course, barrier layer, barrier membrane, impervious course, parting layer, sealing layer, stop, water-repellent membrane, waterproofing layer, insulating bed *(Feuchtigkeits-, Dampf- und Wassersperrung)*
Sperrschicht *f* **einer Hohlwand** *(DIS)* cavity flashing
Sperrschichtmetall *n (BM)* valve metal
Sperrschichtspritzung *f (DIS)* spray-on insulation
Sperrschlämme *f (BM, DIS)* water-repellent grouting
Sperrschleuse *f (Wsb)* navigation lock
Sperrstoff *m* insulating material, barrier material, dampproofing material, damp-resistant compound, waterproofer

Sperrstoff *m* **aus Kunststofffolie** *(DIS)* plastic barrier material
Sperrtür *f* flush door
Sperrung *f* 1. closing, locking; obstruction; 2. *(DIS, OB)* dampproofing *(einer Wand)*; 3. *(DIS)* insulation *(gegen Feuchtigkeit, Wasser, Feuer)*; 4. *(DIS)* integral waterproofing *(im Bauteil)*; 5. *(DIS)* seal *(Anstrichgrund)*
Sperrung *f* **eines Fahrbahnstreifens** *(Verk)* lane closure
Sperrung *f* **eines Kellergeschosses** *(DIS)* tanking
Sperrung *f***/horizontale** *(DIS)* horizontal damp-proof course
Sperrung *f***/kaltverarbeitbare** *(DIS, OB)* cold sealing *(Mauerwerkanstrich)*
Sperrung *f***/mechanische** *(DIS)* physical waterproofing
Sperrwand *f* slurry wall
Sperrwasser *n (San)* seal water *(Spültoilette)*
Sperrzement *m* waterproofing cement, hydrophobic cement
Sperrzusatz *m (BM, DIS)* dampproofing addition
Spezial... special ...
Spezialanstrich *m (OB)* special coat
Spezialausführung *f (Konst)* special design
Spezialbaustoff *m* purpose-made building material, special-purpose building material
Spezialbeton *m (BB, BM)* purpose-made concrete
Spezialblockstein *m* special-purpose block
Spezialdrahtglas *n* special wire glass
Spezialentwurf *m (Konst)* one-off design
Spezialfenster *n* special-purpose window
Spezialfirma *f (VR)* firm of specialists
Spezialflickemulsion *f* repair emulsion *(Straße, Dachhaut usw.)*
Spezialfliese *f* purpose-made tile, special-purpose tile, tegula, trimmer
Spezialform *f (Konst)* special form
Spezialformat *n (BM)* special format
Spezialformfliese *f* hearth trimmer, trimmer
Spezialformstein *m* purpose-made tile
Spezialglas *n* special glass
Spezialgrundierung *f (OB)* specialized primer
Spezialgrundputz *m* casting plaster *(mit Additiven)*
Spezialist *m* expert, professional
Spezialkarte *f***/geologische** detailed geological map
Spezialklebemasse *f* special adhesive composition, special adhesive compound, special cementing composition
Spezialkleber *m* special adhesive composition, special adhesive compound
Spezialmasse *f* purpose-made material, special compound, special-purpose material
Spezialmauerwerkverband *m* special masonry bond
Spezialmörtel *m* purpose-made mortar, special mortar
Spezialoberflächenbehandlung *f (OB)* special surface treatment
Spezialprofil *n* purpose-made profile, purpose-made section, special-purpose profile, special-purpose shape
Spezialputz *m* purpose-made plaster, special plaster, special-purpose plaster
Spezialschlämme *f* special-purpose slurry
Spezialspachtelmasse *f* special filler, special stopper, special stopping
Spezialspur *f (Verk)* exclusive lane
Spezialstein *m* purpose-made brick, special-purpose block
Spezialüberstreichpinsel *m* overgrainer *(für Maserungseffekt)*
Spezialunternehmen *n (VR)* firm of specialists
Spezialverband *m* special masonry bond
Spezialwalzprofil *n (BT, St)* special-purpose rolled profile
Spezialzement *m* purpose-made cement, special cement
speziell special, specific
Spezifikation *f (VR)* specification
Spezifikation *f***/vorläufige** provisional specification
Spezifikationen *fpl* **und Prüfvorschriften** *fpl* normative reference
spezifikationsgerecht/nicht *(VR)* non-conforming *(Gebäude)*
spezifisch specific
spezifizieren *v* specify, itemize, particularize; enumerate *(aufzählen)*
spezifiziert specified
Sphalerit *m* sphalerite
sphärisch spherical
Sphäroguss *m* 1. *(BM, St)* spheroidal cast iron; 2. *(St)* nodular cast iron
Sphinx *f (Arch)* sphinx
Sphinxtorbau *m (Arch)* sphinx gate
Spiegel *m* 1. mirror; 2. level, surface *(Niveau, z. B. Wasser)*; 3. panel *(Deckenfeld, Türfüllung)*
spiegelbildlich homologous, specular
Spiegeleffektlackierung *f (OB)* specular enamel finish
Spiegelerhebung *f (Wsb)* banked-up water level
Spiegelfaser *f* medullary ray *(Holzfurnier)*
Spiegelfaserung *f* medullary ray *(Holzfurnier)*
spiegelfrei nonglare
Spiegelgewölbe *n* 1. *(Arch, Konst)* cavetto vault; 2. *(Konst)* surbased vault
Spiegelglanz *m* mirror finish
spiegelglänzend mirror-liked
Spiegelglas *n* polished plate glass
Spiegelglas *n***/dickes** *(BM)* thick plate glass
Spiegelglastafel *f* mirror glass plate
Spiegelgleichheit *f (Konst)* symmetry
Spiegelharz *n* colophony, yellow resin, rosin, rosette; resin *(natürlich oder synthetisch)*
Spiegelholz *n (BM, Hb)* radial conversion *(Holz)*
spiegelklar clear as crystal, crystal-clear
Spiegelmaß *n* planed measure *(Holz)*
Spiegelreflektor *m (El)* mirror reflector *(Leuchte)*
Spiegelschicht *f* 1. *(OB)* mirror coating; 2. *(BM)* reflective coating
Spiegelschnitt *m* vertical grain *(Holz)*
Spiegelschwankung *f (Wsb)* variation of level
Spiegelsymmetrie *f (Konst)* specular symmetry
Spiegelung *f* reflection
Spiel *n* 1. *(Konst)* play *(zwischen zwei Bauteilen)*; 2. *(BT)* clearance; 3. *(BWG)* slackness *(unerwünscht)*; 4. allowance *(zulässig)*; 5. free space, looseness *(Spielraum)*; 6. backlash *(Totgang)*; 7. *(Te)* game *(leichtfertiges Handeln)*
Spielart *f (BM, Konst)* variety
Spielfeld *n* playfield, field pitch, field *(Sportplatz)*; court *(Tennis)*
Spielfläche *f* children's play area, play area, play lot
Spielgeräteplatz *m (Konst, RP)* toy-lot
Spielplatz *m* 1. children's playground, play lot, games area; 2. *(RP)* field pitch *(Sportplatz)*; 3. court *(Tennis)*
Spielplatzbau *m* playground construction
Spielraum *m* 1. clearance (space), backlash, play; 2. *(Konst, RP)* latitude *(Variationsbreite)*; 3. *(BT, Konst, Te)* allowance *(bei Maßabweichung)*
Spielstraße *f (Verk)* play street
Spielwiese *f* 1. *(LB)* grass playground; 2. *(RP) (AE)* tot lot
Spielwiese *f* **für Kleinkinder** *(RP)* playground for toddlers
Spiere *f* spar *(Dachkonstruktion)*
Spikeabriebwiderstand *m (Verk)* resistance to abrasion from studded tyres
Spilit *m* spilite
Spill *n* capstan

S

Spina *f (Arch)* spina *(römische Arenatrennmauer)*
Spind *m* locker
Spindel *f* 1. newel (post) *(einer Treppe)*; 2. spiral stair(case) *(Wendeltreppe)*
Spindel ***f*/gemauerte** *(SB)* closed newel *(Treppe)*
spindelförmig spindle-shaped, fusiform, fusoid
Spindelfräsmaschine *f (BWG, Hb)* spindle moulding machine *(Holzbau)*
Spindelgewölbe *n* spindle vault, helical barrel vault
Spindelkappe *f* newel cap
Spindelstab *m (BT)* spindle
Spindelstock *m* capstan head
Spindeltreppe *f* solid newel stair, spiral newel stair, spiral staircase, spiral stairs, newel stairs
Spindraum *m (EB, Konst)* locker room
Spinell *m (Bod)* spinel
Spinellerzeugnis *n (BM)* spinel refractory *(Feuerfestbaustoff)*
Spinellprodukt *n (BM)* spinel refractory *(Feuerfestbaustoff)*
Spinnwebenmuster *n* cobweb pattern
Spion *m* door viewer, spyhole
Spiral... spiral ...
Spiralbewehrung *f* 1. *(Arch)* helix; 2. spiral reinforcement, transverse reinforcement, helical reinforcement *(für Stützen)*
Spiralbohrer *m* pointed twist auger
Spirale *f* 1. *(Arch)* scroll, volute; 2. *(Arch)* spiral; 3. *(BT)* coil
Spirale ***f*/schneckenartige** helicoid spiral
Spiraleisen *n* spiral reinforcement
Spiralenzirkel *m* volute compass
Spiralfeder *f (BT)* coil spring
spiralförmig 1. spiral, spiral shaped; helical, helicoid(al) *(schraubenförmig)*; cochlear *(wendelförmig)*; 2. *(Arch)* scroll-shaped, helical *(z. B. Ornament)*
Spiralgangtürangel *f* rising hinge, skew hinge
spiralgerillt spiral-fluted
Spiralhaus *n (Arch)* spiral house
spiralig spiral, helicoid(al)
Spiralkannelierung *f (Arch)* spiral fluting
Spiralminarett *n (Arch)* spiral minaret
Spiralornament *n (Arch)* helix
Spiralpfeiler *m (Arch)* salomónica *(z. B. in der St. Peterskirche in Rom)*
Spiralrampe *f* spiral ramp, circular ramp, helicline, ramp tower
Spiralriefelung *f (Arch)* spiral fluting
Spiralsäule *f (TK)* twisted column
Spiralschweißrohr *n* spiral-welded pipe
Spiralturm *m (Arch)* spiral minaret
Spiralverformung *f* spiral distortion, twist
Spiralverzierung *f (Arch)* scroll moulding, scroll ornament, volute ornament; torsade *(Bandornament)*
Spiralwendeltreppe *f (Konst)* turnpike stair *(enge Wendeltreppe)*
Spiritus *m* spirit
Spiritusbeize *f* spirit stain, spirit mordant, penetrating stain
Spiritusbeständigkeit *f* spirit resistance
Spiritusechtheit *f* spirit resistance
Spiritusfarbbeize *f* spirit stain, spirit mordant
Spirituslack *m* spirit varnish
spirituslöslich spirit soluble
Spiritusmattlack *m* spirit flat varnish, spirit matt-finish
spitz 1. sharp, pointed *(mit einer Spitze)*; 2. *(BT)* acute *(Winkel)*; 3. angular *(eckig)*; 4. *(Arch)* spiky *(stachlig, stänglig)*
Spitzbalken *m (BT, Hb)* top beam
Spitzbalkendach *n* top beam roof
Spitzboden *m* garret, *(AE)* cock loft
Spitzbogen *m* peak arch, acute-angled arch, pointed arch, lancet arch, Gothic arch, two-centred arch, ogive
Spitzbogen ***m*/flacher** 1. *(Konst)* obtuse angle arch; 2. *(Arch, Konst)* drop arch
Spitzbogen ***m*/gedrückter** 1. depressed arch, drop arch; 2. *(Arch)* Tudor arch
Spitzbogen ***m*/gerader** mitre arch, pediment arch
Spitzbogen ***m*/gleichseitiger** equilateral (pointed) arch, three-pointed arch
Spitzbogen ***m*/gotischer** *(Arch)* Gothic arch
Spitzbogen ***m*/langer** *(Arch)* Venetian arch
Spitzbogen ***m*/stumpfer** *(Konst)* truncated pointed arch
Spitzbogen ***m*/überhöhter** lancet arch, acute arch • **mit überhöhtem Spitzbogen** *(Arch)* lanceted
Spitzbogen ***m*/überspitzter** *(Arch, Konst)* raised pointed arch
Spitzbogen ***m*/umgekehrter** *(Arch)* curtain arch
Spitzbogen ***m*/ungleicher** *(Konst)* unequal pointed arch
Spitzbogenfenster *n* 1. *(Arch, Konst)* lancet window; 2. *(Konst)* Gothic window
Spitzbogenfries *m (Arch)* pointed arched corbel-table
Spitzbogengewölbe *n* pointed vault
Spitzbogengewölbe ***n*/gedrücktes** *(Konst)* surbased Gothic vault
Spitzbogengewölbe ***n*/überhöhtes** *(Arch, Konst)* raised Gothic vault
Spitzbogenkuppel *f* pointed dome
Spitzbogenstil *m (Arch)* pointed style, Gothic architecture
spitzbogig *(Arch)* ogival
Spitzbohrer *m* pointed auger
Spitzdach *n (Konst)* V-roof
Spitzdach ***n*/vierflächiges** *(Konst)* helm roof
Spitze *f* 1. point, tip *(spitzes Ende)*; 2. peak, top, crown *(eines Bogens)*; 3. apex *(höchster Gebäudepunkt)*; 4. *(Arch)* spire *(Kirchturmspitze)*; 5. *(Konst)* crown *(Scheitelpunkt eines Bogens)*; 6. *(Konst)* vertex *(eines Dreiecks)*; 7. *(Stat)* summit *(z. B. im Spannungs-Verformungs-Diagramm)*; 8. nip *(z. B. am Dachziegel)* • **mit einer Spitze (versehen)** pointed
Spitzecke *f (SB)* squint quoin
spitzeckig sharp-cornered
Spitzeisen *n* point, pointed chisel
Spitzellipsenornament *n (Arch)* vesica piscis
spitzen *v* point *(Stein)*; sharpen *(anspitzen)*; stab *(durchstechen)*
Spitzen *n* pointed work, pointing *(Stein)*; stabbing *(z. B. von Wänden, Naturstein, Beton)*
Spitzenabfluss *m (Wsb)* maximum discharge, peak runoff
Spitzenabflusswertsteuerung *f (Umw, Wsb)* peak control
Spitzenabgabe *f (El, WVA)* peak supply
Spitzenbedarf *m (El)* peak demand
Spitzenbelastung *f (Stat)* peak load
Spitzende *n* spigot
Spitzendruck *m* 1. *(Erdb)* end bearing; 2. *(Erdb, Stat)* cone index *(Pfahl, Pfahlgründung)*
Spitzendruckdiagramm *n* sounding graph
Spitzendruckpfahl *m* point-bearing pile, (point-)end--bearing pile
Spitzenenergie *f (El)* peak current
Spitzenheizkraftwerk *n* peak demand heating plant
Spitzenheizwerk *n* peak demand heating plant
Spitzenkonzentration *f (Umw)* peak concentration
Spitzenlast *f (El)* maximum load, peak load
Spitzenleistung *f* peak capacity
Spitzenmenge *f* peak quantity
Spitzenmoment *n (Stat)* peak moment
Spitzenornament *n (Arch)* finial *(Gotik)*
Spitzenornament ***n*/verlängertes** *(Arch)* guglia
Spitzenqualität *f* highest quality, top quality, first choice
Spitzenschalldruck *m (DIS)* peak sound pressure

Spitzenspannung *f* 1. *(Stat)* peak stress *(mechanisch)*; 2. *(El)* peak voltage
Spitzenstärke *f* peak strength
Spitzenstrom *m (El)* peak current
Spitzenstunde *f* 1. *(El, Verk)* peak hour; 2. *(Verk)* rush-hour
Spitzenstunden(belastungs)faktor *m (Verk)* peak hour factor, PHF
Spitzentechnik *f* state-of-the-art technique
Spitzentechnologie *f (Konst, Te)* state-of-the-art technology
Spitzentragfähigkeit *f (Erdb)* point-bearing capacity
Spitzenverkehr *m* peak traffic, traffic peak
Spitzenverkehrsbelastung *f (Verk)* peak traffic flow
Spitzenverkehrszeit *f* peak hour, rush-hour
Spitzenwert *m* crest
Spitzenwertsteuerung *f s.* Spitzenabflusswertsteuerung
Spitzenzeit *f (El)* peak period
Spitzenzeitbahnhof *m (Verk)* rush-hour station
Spitzfenster *n (Arch)* squint window *(Kirche)*
Spitzfuge *f* V-joint, V-shaped [V-tooled] joint
Spitzgewölbe *n* pointed vault, Gothic vault
Spitzgraben *m* 1. *(Erdb, LB, WVA)* triangular ditch; 2. *(Verk)* triangular arch, *(AE)* water gutter
Spitzhacke *f* pickaxe, pick, flat pick, double-pointed drifting pick
Spitzhammer *m* pick hammer, pointed hammer; scabbling hammer, scabbling pick, charring hammer *(Steinmetzwerkzeug)*
Spitzkanal *m (Erdb, LB, WVA)* triangular duct
Spitzkante *f* feather edge
spitzkantig sharp-edged
Spitzkehlung *f* quirk *(am Gesims)*
Spitzkeil *m (BWG)* wedge
Spitzkeilstein *m (SB)* neck brick
Spitzkelle *f* pointed trowel
Spitzkerbe *f (Konst)* V-notch
Spitzkopfniet *m* steeple heat rivet
Spitzkorn *n* angular grain
Spitzkuppel *f* pointed dome
Spitzkurve *f (Verk)* peaked curve
Spitzmeißel *m* bolt chisel, bolting iron, pointed mortise chisel
Spitzpfahl *m (Erdb)* pointed pile
Spitzpunkt *m (Arch)* cusp *(eines gotischen Bogens)*
Spitzpunktbogen *m* cinquefoil arch *(fünfsegmentig, gotisches Maßwerk)*
Spitzpunktornamentierung *f (Arch)* cuspidation *(gotischer Bogen)*
spitzrau scabby *(Natursteinbearbeitung)*
Spitzsäge *f (BWG)* compass saw
Spitzsäule *f* 1. *(Arch)* obelisk; 2. *(Arch, Konst)* pinnacle *(gotisches Ziertürmchen als Pfeileraufsatz)*
Spitztonnengewölbe *n* 1. *(Arch, Konst)* pointed barrel vault; 2. *(Arch, Konst)* pointed tunnel vault
Spitzturm *m* 1. *(Konst)* steeple; 2. *(Arch) (AE)* flèche
Spitztürmchen *n (Arch, Konst)* pinnacle *(gotisches Ziertürmchen als Pfeileraufsatz)*
Spitzwinkelfenster *n (Arch)* squint window *(Kirche)*
spitzwinklig acute-angled, angular
Spitzziegel *m (BT, SB)* squint brick
Spitzzirkel *m (Konst)* dividers
Spleiß *m (BT)* splice *(eines Seils)*
Spleißdach *n (Konst)* split-tiled roof
spleißen *v* splice *(Seil)*
Spleißen *n (Te)* splice
Spleißen *n* **des Trägerflansches** flange splice
Spleißstelle *f (El)* cable joint
Spleißung *f (BT)* splice *(eines Seils)*
Spließ *m* 1. *(Hb)* cant board, slip, sliver, splinter; 2. *s.* Schindel
Spließdach *n (Konst)* slip roof
Splint *m* 1. cotter (pin), split pin, peg *(Stift aus Holz)*; 2. *s.* Splintholz
Splintbläue *f* rot of sap wood, sap-stain
Splintende *n (Hb)* coak *(eines Holzstücks)*
Splintfäule *f* rot of sap wood
Splintfleck *m* sap-stain *(Holz)*
Splintholz *n* sapwood, alburnum
Splintholz *n***/eingeschlossenes** *(BM, Hb)* included sapwood
Splintloch *n* split-pin hole
Splintlochbolzen *m (Hb, St)* fox bolt
Splintsicherungskeil *m* nose key, foxtail (wedge)
Splinttreiber *m* drift pin
Splintverbindung *f (Hb, Konst, St)* cotter joint
Splintverfärbung *f* sap-stain
Splitt *m* chipping(s), stone chippings, stone chips, crushed rock, crushed stone; grit; screenings *(Siebrückstände)* • **mit Splitt bestreuen** sprinkle • **Splitt aufbringen** blind *(Straße)* • **Splitt streuen** grit
Splitt *m***/bitumenumhüllter** coated chippings, coated chips
Splitt *m***/doppelt gebrochener** *(BM)* double-broken chippings
Splitt *m***/gebrochener** crushed chips, crushed chippings
Splitt *m***/glattpolierter** polished aggregate *(Straßenoberfläche)*
Splitt *m***/nicht umhüllter** uncoated chippings, uncoated chips
Splitt *m***/umhüllter** *(BM)* precoated chippings
Splitt *m***/vorbituminierter** chipping precoated with bitumen, precoated chippings
Splitt *m***/weißer** white stone chippings, white aggregate
Splittabdeckschicht *f* rock blanket
Splittabstreuung *f* chip(ping) surfacing
Splittaufbringen *n (Verk)* blinding
Splittausbruch *m (Verk)* tearing
Splittbeton *m* chip(ping) concrete
Splittbewurf *m* grit layer
Splittdruckfestigkeit *f (BM)* aggregate crushing value
Splitter *m* fragment *(eines Teiles, Elementes)*; sliver, shiver, splinter *(Holz)*; shatter *(aus Glas)*; chip *(Stein, Keramik; Holzschnitzel)*
Splitterbeständigkeit *f (BM)* spalling resistance
Splitterfestigkeit *f* shatter resistance *(Glas)*
splitterig splintery *(z. B. Holz)*
splittern *v* shatter *(z. B. Glas)*; splinter *(Holz)*
Splittern *n* spallation *(Zersplittern, Absplittern)*
Splitterschutzwand *f* revetment wall
splittersicher splinterproof *(Holz, Metall)*; shatterproof *(bes. Glas)*
Splittfeinbrecher *m (BM, BWG)* granulator
Splittgerüst *n* chippings framework, chippings skeleton structure
Splitthaufen *m* stockpile of chippings
Splittherausschleudern *n (Verk)* whip-off *(von der Straßenoberfläche)*
Splittkorn *n* chip
Splittkorngröße *f* chipping size
Splittkörnungen *fpl* stone chippings, stone chips
Splittmastixasphalt *m* mastic asphalt, stone mastic asphalt, SMA, *(AE)* stone matrix asphalt, SMA
Splittmastixdeckschicht *f (Verk)* mastic asphalt carpet, mastic asphalt layer
Splittoberflächenschicht *f (Verk)* layer of grit
splittreich stone-filled
splittrig splintery, shelly *(Holz)*

Splittschicht *f (Verk)* layer of grit
Splittstreuer *m* chip spreader, chipping machine, gritter, gritting machine, spreader, spreading machine
Splittverlust *m* 1. *(OB, Verk)* fretting; 2. *(Verk)* ravelling, popout *(Bitumendeckschicht)*
Splittverteiler *m (Verk)* gritter, spreader, spreading machine
Splittzuschlag *m*/**weißer** white aggregate
Splittzuschlagstoff *m* chipping aggregate
Sporn *m* 1. *(SB)* spur; 2. *(Wsb)* toe wall
Sportanlage *f* sports facility, sport complex, sports ground(s), park
Sportanlagen *fpl (RP)* sports facilities *(EN 15567)*
Sportarena *f* 1. *(Arch)* coliseum; 2. *(Arch, RP)* colosseum
Sportbauten *mpl (Arch, Konst)* sports structures
Sportfeld *n* sports field, playing field
Sportfläche *f (RP)* sports area
Sportgebäude *n (Arch, Konst)* sports building
Sportgelände *n (RP)* sports area
Sporthalle *f* sports hall, sports palace, gymnasium
Sportpalast *m* sports palace
Sportpark *m (RP)* park
Sportplatz *m* sports field, sports ground(s), playing field
Sportplatzpflegegeräte *npl* sportsground maintenance equipment
Sportstadion *n* sports stadium
Sport- und Freizeitanlagen *fpl (RP)* sports and recreation facilities *(EN 15567)*
Sportzentrum *n* sports centre, sports forum, *(AE)* sports center
Spotlicht *n (El)* downlighter
Sprachsaal *m (Arch)* speakhouse
Sprachverbindungsrohr *n (EB)* speaking tube *(zwischen zwei Räumen)*
spratzen *v* crackle, spatter *(Gestein)*
Spratzen *n* spatter
Spratzfläche *f* plucked finish *(Stein)*
Spray *n* spray
Sprayschicht *f (BB, Te)* curing membrane *(auf Frischbeton)*
Sprechanlage *f* intercommunication system, intercom
Sprechfunkgerät *n (El)* radiotelephone
Sprechfunkgerät *n*/**tragbares** *(El) (AE)* walkie-talkie
Sprechsaal *m* locutory, parlatory
Sprechzimmer *n* consulting room; surgery *(des Arztes)*; office *(einer Behörde)*
spreiten *v (BM, Umw)* spread
Spreiten *n* spread
Spreizanker *m* expanding anchor
Spreizbogen *m* **mit vier Radien** *(Arch, Konst)* four-centred pointed arch
Spreizdübel *m* expanding bolt, expansion anchor, expansion bolt, expansion fastener, expansion shield, straddling dowel
Spreize *f* 1. strut, prop, stay, bat, raking shore, spreader, traverse bracing; spur buttress *(Strebe)*; inclined shore, racking shore *(Abstützbohle)*; 2. *(Tun)* prop *(auch Bergbau)*
Spreize *f*/**verstellbare** *(BT, Konst)* adjustable prop
spreizen *v* expand, splay, straddle
spreizen *v*/**sich** expand, straddle
Spreizenwerk *n* **zwischen Querbalken** *(Konst)* bridging
Spreizhülse *f* expansion shell
Spreizniet *m* split rivet
Spreizstab *m (BT)* spreader
Spreizstütze *f (BT, TK)* spur shore
Spreizwandholz *n* wall piece, wall plate
Spreizwinkel *m (Konst)* splay angle
Sprenganlage *f* fire sprinkler (system)
Sprengarbeiten *fpl* 1. *(Erdb, Tun)* blasting operations; 2. *(BM, Erdb, Tun)* shot-firing
Sprengbalken *m (BT)* straining beam
Sprengbohrloch *n* blast-hole
sprengen *v* 1. blow up *(in die Luft sprengen)*; blast, shoot, shot-fire *(Gestein)*; 2. *(Erdb)* fire; 3. burst open *(gewaltsam öffnen)*; 4. disrupt *(zertrümmern)*; 5. stilt *(Gewölbe, Dachstuhl, Tragwerk)*; 6. sprinkle, water, spray
Sprengen *n (Erdb, Tun)* blasting
Sprengen *n*/**schonendes** smooth blasting
Sprengen *n*/**verzögertes** multibench blasting
Sprenger *m* 1. demolition expert *(Zertrümmerung)*; 2. *(Tun, VR)* blaster *(im Steinbruch)*; 3. *(San)* sparger; 4. *(LB)* sprinkler
Sprengfußherstellung *f* **eines Bohrpfahls** *(Erdb)* explosive pile foot enlarging
Sprengkammer *f* demolition chamber, blast chamber *(Brücke)*; *(AE)* coyote
Sprengkapsel *f* detonator, blasting cap
Sprengkraft *f* explosive force, explosive power
Sprengladung *f* explosive charge, charge of explosive, demolition charge
Sprengloch *n* blast-hole, shot-hole
Sprenglochbohrer *m (Te)* aiguille
Sprengmeister *m* demolition expert, firer, blaster, shooter, shot-firer
Sprengmittel *n (Tun)* blasting agent
Sprengniet *m* explosion rivet
Sprengpatrone *f (Erdb, Tun)* cartridge
Sprengpulver *n (Erdb, Tun)* blasting powder
Sprengring *m* lock washer
Sprengringdruckdichtung *f* lock-strip gasket
Sprengriss *m* expansion crack
Sprengschutzbedeckung *f (Erdb, Tun)* blasting mat
Sprengschweißen *n (St)* explosive welding
Sprengseismik *f (Konst, Stat)* seismic exploration method
Sprengstoff *m (Erdb, Tun)* explosive
Sprengstrebe *f* 1. *(BT)* straining beam; 2. *(BT, Konst)* strutting piece *(Dachstuhl)*
Sprengung *f* 1. blast(ing), shot-firing *(von Gestein)*; demolition *(von Gebäuden)*; 2. detonation, explosion *(Sprengvorgang)*; 3. *(Tun)* shot
Sprengung *f* **im Steinbruch** *(Te)* quarry blasting
Sprengwerk *n* strut(ted) frame, strut bracing, truss (frame); truss frame with truss below; simple trussed beam *(Flachwerk)*; strut roof *(Dach)* • **mit Sprengwerk versehen** *(Konst)* truss
Sprengwerk *n* **des Bogens** arch centre, arch falsework
Sprengwerk *n*/**doppeltes** *(TK)* double truss
Sprengwerk *n*/**einfaches** simple falsework, simple strutted frame
Sprengwerk *n*/**mehrfaches** *(TK)* multiple truss frame
Sprengwerk *n*/**zeitweiliges** falsework *(bes. für Brücken)*
Sprengwerkbalken *m (Hb)* strut-framed beam
Sprengwerkbrücke *f* strutted bridge, truss frame bridge, truss(ed) bridge
Sprengwerkdach *n (Hb, Konst, TK)* strutted roof
Sprengwerklehrgerüst *n* self-carrying centring
Sprengwirkung *f (Erdb, Tun)* explosive effect
Sprengzone *f (Bod, Te)* blast area
Sprenkelfehlstellen *fpl (OB)* mottling
sprenkeln *v* marble, mottle *(ädern, marmorartig)*; speck, speckle *(z. B. Anstrich)*; spot *(tüpfeln, fleckig gestalten)*
Sprenkelung *f* mottle *(Marmorieren)*; speckle *(Anstrichtechnik)*
Sprieße *f* shoring strut; trench shore *(für Grabenwände)*
Springbrunnen *m* 1. *(Arch, Wsb)* fountain; 2. *(Arch, WVA)* water fountain
springen *v* 1. burst, crack *(aufplatzen)*; 2. rift, split *(Holz)*; 3. jump *(hochspringen, z. B. Bauelementversatz; überspringen, z. B. Spannelemente)*; 4. spring *(federn, schnellen)*
Springgewölbe *n (Arch, Konst)* jumping vault

S

Springhakenschloss *n (EB)* spring lock
Springnipptidezyklus *m* spring neap cycle
Springrollo *n* spring roller light-tight blind
Springscharnier *n***/waagerechtes** *(EB)* horizontal spring hinge *(verzapft in einer Fußschiene)*
Springtide *f* spring tide
Springtide-Marke *f (Umw)* spring tide mark
Springzeitflut *f***/normale** *(Umw) (HWOST)* high-water ordinary spring tide
Sprinkler *m (San)* sprinkler
Sprinkleranlage *f* fire(-protection) sprinkler (system), (automatic) sprinkler system *(Feuerlöschanlage)*
Sprinklerfeuerlöschanlage *f* fire sprinkler (system), sprinkler (system)
Sprinklerstation *f (San)* sprinkler station
Sprinklersystem *n* 1. *(HLK)* sprinkler system; 2. *(Tun)* water mist system
Sprinklersystem *n***/trockenes** dry-pipe sprinkler system *(bei Nichtgebrauch)*
Sprinklerzentrale *f (San)* sprinkler station
Sprit *m* spirit
Spritbeize *f* penetrating stain
Spritzabdichtung *f* sprayed-on sealing
Spritzabstand *m* spraying distance
Spritzakustikdecke *f (DIS)* sprayed-on acoustical ceiling
Spritzanstrich *m* sprayed coat
Spritzasbest *m (Konst)* sprayed asbestos *(Feuerschutz)*
Spritzasphalt *m* gun-grade asphalt, pressure-gun type asphalt, sprayed-on asphalt
Spritzauftrag *m* spray application, spraying *(z. B. von Anstrichen, Farben)*
Spritzauftragen *n* spray application, spraying *(z. B. von Anstrichen, Farben)*
Spritzauskleidung *f (OB)* sprayed-on surfacing
Spritzaußenverputzen *n (SB, Te) (AE)* spray stuccowork
Spritzbalken *m* binder distributor, spray bar, sprayer
spritzbar gun-grade, gunnable, sprayable
Spritzbarkeit *f (BM)* sprayability
Spritzbehandlung *f (OB, SB, Te)* spray treatment
Spritzbeizen *n* spray pickling
Spritzbeizung *f* spray pickling
Spritzbemantelung *f (Konst, OB)* extrusion coating
Spritzbeton *m* air-blown mortar, air-placed concrete, aerocrete, jetcrete, gun-applied concrete, gunned concrete, pneumatically placed concrete, shotcrete, splash concrete, sprayed-on concrete, *(AE)* gunite *(Handelsname)*
Spritzbetonarbeiten *fpl (BB, Te)* air-placed concrete works *(DIN 18314)*
Spritzbetonaufbringen *n (BB, Te)* shotcrete operation
Spritzbetonauskleidung *f (BB, BT)* shotcrete lining
Spritzbetonbeschichtung *f* shotcrete surfacing, shotcrete facing
Spritzbetonieren *n (BB, Te)* shotcreting
Spritzbetonoberflächenbeschichtung *f* shotcrete surfacing, shotcrete facing
Spritzbetonschlauch *m* shotcrete hose
Spritzbetonverkleidung *f* shotcrete surfacing, shotcrete facing
Spritzbewurf *m* machine-applied plaster
Spritzblech *n* 1. *(BWG)* splash guard; 2. *(St)* flashing *(Dach)*
Spritzbrett *n* splashboard
spritzdicht spraytight
Spritzdichtung *f* sprayed-on sealing
Spritze *f* spryer, spray gun; syringe *(Injektion)*; fire engine *(Feuerspritze)*
Spritzeinrichtung *f* spray equipment
spritzen *v* 1. spray, spray-coat, spray-paint *(Anstrichtechnik)*; 2. *(BM)* extrude *(Kunststoffe)*; 3. inject *(z. B. Zementmörtel)*; 4. splash, squirt *(bespritzen, z. B. Beton, Schmutz)*; 5. *(OB, Te)* spatter *(mit Spritzmörtel)*
Spritzen *n* extrusion *(Kunststoff)*; spray application, spray coating, spray painting, spraying *(Anstriche, Farben)*
• **durch Spritzen auftragen** *(OB, SB, Te)* spray-apply
• **durch Spritzen beschichten** spray-coat
Spritzen *n***/thermisches** *(OB, Te)* thermospraying
Spritzen *n* **von Hand** hand spraying
Spritzer *m* 1. splash *(Schmutz, Fremdstoff)*; 2. spatter *(Putz)*
spritzfähig gun-grade
Spritzfarbanstrich *m* gunned paint coat, sprayed-on paint coat, sprayed paint coat, spraying paint coat
Spritzfehler *m* spraying fault
Spritzfeuerschutzisolierung *f (DIS)* sprayed-on fireproofing
Spritzfilm *m* spray paint coating, sprayed-on film, spraying film, gunned coat, gunned film
Spritzformung *f (BM, Te)* transfer moulding *(von Kunststoff)*
Spritzgerät *n (BWG)* sprayer
Spritzgeräte *npl* spray equipment
Spritzgießen *n* injection moulding *(von Kunststoffen)*
Spritzglasieren *n* spray glazing
Spritzgussteil *n* injection moulding
Spritzgussverfahren *n* injection moulding
Spritzhaut *f* sprayed-on film
Spritzkabine *f* 1. *(BWG, Te)* paint spray booth; 2. *(Konst)* spray booth
Spritzkonsistenz *f (BM, DIS, OB)* spraying consistency
Spritzkunststoff *m* pressure-gun type plastic, sprayed-on plastic, spraying plastic, gunned plastic
Spritzkunststoffbedachung *f (DIS)* sprayed-on roof membrane
Spritzlackieren *n (OB)* spray painting
Spritzlackieren *n***/elektrostatisches** *(OB)* electrostatic spray painting
Spritzlackierung *f* spray painting
Spritzlanze *f* spray lance
Spritzmaschine *f* spraying machine
Spritzmasse *f* pressure-gun type composition, pressure-gun type compound, pressure-gun type mass, sprayed-on composition, sprayed-on compound, spraying mass, spraying material, gunned compound, gunned material
Spritzmastix *m* spraying mastic, gun-grade mastic
Spritzmetall *n* sprayed-on metal
spritzmetallisieren *v* metallize
Spritzmetallisieren *n* spray metallizing, sprayed metallization, metallizing *(Korrosionsschutz)*
spritzmetallisiert *(OB)* metal-sprayed
Spritzmetallisierung *f* 1. metal spraying, spray-metallizing; 2. sprayed-metal coating, metal-sprayed deposit *(Korrosionsschutz)*
Spritzmetallschutzschicht *f* 1. *(OB)* metal-sprayed coating; 2. *(OB, St)* sprayed-metal coating
Spritzmörtel *m* spray(ed-on) mortar air-blown mortar, pneumatic applied mortar
Spritzmörtelauftrag *m* spray application of mortar
Spritzpistole *f* paint spray gun, gun, spray gun *(für Anstriche, Farbauftrag)*; *(AE)* aerograph
Spritzpistolenkitt *m* gun-grade cement
Spritzplastik *f* spray plastic
Spritzpressen *n (BM, Te)* transfer moulding *(von Kunststoff)*
Spritzpressteil *n (BT)* transfer moulding
Spritzprüfung *f* spray test
Spritzputz *m* spray plaster, machine-applied plaster, *(AE)* Tyrolean finish *(Innenputz, maschinell aufgebracht)*; spatter dash *(Vorwurf)*; sprayed mortar, spray rendering, squirted skin *(Außenputz)*
Spritzputz *m* **für eine Schallwand** *(DIS)* sprayed acoustical plaster

Spritzputzen *n* mechanical plastering, spray plastering
Spritzrampe *f* binder distributor, spray bar
Spritzraum *m* 1. *(BWG, Te)* paint spray booth; 2. *(Konst)* spray booth
Spritzreinigen *n* spray cleaning
Spritzreinigung *f* spray cleaning
Spritzschallschluckdecke *f (DIS)* sprayed-on acoustical ceiling
Spritzschaum *m (BM, DIS)* sprayed-on foam
Spritzschicht *f* spray(ed) coat, sprayed deposit
Spritzschutz *m (San)* splash lap *(Schornsteindichtung)*
Spritzschutzschicht *f* sprayed coat
Spritzsperrung *f (DIS)* spray-on insulation
Spritzstein *m (San)* splash block *(am Regenfallrohr)*
Spritzstrahl *m* spray
Spritztechnik *f (Te)* spraying technique
Spritzturm *m* broach
Spritzverfahren *n (Te)* spraying method
Spritzverkleidung *f (OB)* sprayed-on surfacing
spritzverzinkt *(BM)* zinc-sprayed
Spritzwand *f (Konst)* splashback *(z. B. in einem Bad)*
Spritzwaschanlage *f (BWG)* spray washer
Spritzwasser *n* splash water, water splash
Spritzwasserbereich *m (Bod, Wsb)* splash zone
spritzwasserdicht *(DIS)* splashproof
spritzwassergeschützt *(DIS)* splashproof
Spritzwasserzone *f (Bod, Wsb)* splash zone
Spritzwerkstatt *f (BWG, DIS, OB)* spraying shop
Spritzzone *f* spray zone
Sprödbruch *m* brittle fracture
sprödbruchunempfindlich tough *(Material)*
Sprödbruchunempfindlichkeit *f (BM)* toughness
spröde 1. brittle, fragile, frangible, (cold-)short *(Metall)*; 2. short-grained, brashy *(Holz)* • **spröde machen** embrittle • **spröde werden** embrittle, become brittle
Sprödewerden *n (BM)* embrittlement
Sprödigkeit *f* brittleness, fragility, frangibility, shortness *(von Metall)*; rottenness *(von Stahl)*
S-Profil *n (Arch)* ogee, ogee moulding
Sprosse *f* 1. sash bar, glass bar, glazing bar, astragal, *(AE)* muntin *(eines Fensters)*; 2. spoke, stave, rung, round, rime *(einer Leiter)*; step *(Trittleiter)*; 3. baluster, banister *(Geländerstab)*
Sprosse f/runde round
Sprossenbalken *m* rack ladder, peg ladder *(Stockleiter)*
Sprosseneisen *n* iron sash bar *(Fenster)*
Sprossenfenster *n* astragal window, cross window, *(AE)* muntin window
Sprossenleiter *f* rack ladder rung ladder, stave ladder; tread ladder *(Trittleiter)*; peg ladder *(Stockleiter)*
Sprossenstehleiter *f* painter's steps, painter's step-ladder
Spruchband *n (Arch)* label, label moulding; banderol(e)
sprudeln *v (BM, OB, Te)* bubble
Sprühdosenlack *m (BM, OB)* aerosol paint
Sprühen *n* spraying, atomizing
Sprüher *m* sprayer, atomizer
Sprühfarbe *f (BM, OB)* aerosol paint
Sprühgerät *n* sprayer, atomizer, fogger
Sprühmittel *n* spray
Sprühpistole *f* 1. *(BWG, OB, SB)* spray gun *(bes. für Anstriche)*; 2. *(BWG) (AE)* aerograph
Sprung *m* 1. crack, rift *(s. a. unter Riss)*; 2. jump; break joint *(Mauerwerksstufe; im Mauerwerk)*; 3. interstice *(z. B. in einer Wand)*; 4. *(Bod, Erdb)* fault, leap *(geologisch)*; 5. normal fault *(im Gestein)*; 6. *(Konst)* jog *(jede Unregelmäßigkeit in Richtung und Oberfläche eines Gebäudes)*; 7. rent *(keramische Baustoffe)*; 8. rift *(Spaltsprung, z. B. Furnier, Holz)*
Sprunghöhe *f (Bod)* fault throw
Sprungmaß *n (SB)* offset
Sprungrohr *n* goose-neck, swan-neck, offset
Sprungschalter *m (El)* snap switch
Sprungschicht *f (Bod)* layer of discontinuity *(meist geologisch)*
Sprungstein *m* stepping stone
Sprungstück *n* offset, offset unit
Spülapparat *m (San)* rinser
Spülbagger *m* 1. *(BWG, Wsb)* flushing dredger; 2. *(BWG)* reclamation dredger
Spülbecken *n* 1. *(San)* kitchen sink; 2. *(San)* flush basin, pot sink; 3. *(Wsb)* scouring basin
spülbohren *v* 1. *(Bod, Erdb, Tun)* jet; 2. *(Erdb, Tun)* mud--flush
Spülbohren *n* mud(-flush) drilling, jetting, wash boring, wash drilling
Spülbohrung *f (Bod, Erdb)* jetted well
Spüldamm *m (Erdb)* hydraulic-fill earth dam
Spule *f (BT)* coil
Spüle *f (San)* kitchen sink, sink basin, sink unit *(als Küchenmöbel; s. a. Spülbecken)*
spülen *v* 1. cleanse, wash, rinse *(reinigen)*; 2. sluice, swill *(abspülen)*; 3. *(San, Wsb)* flush *(Bohrtechnik)*; 4. *(Bod, Erdb, Tun)* jet *(mit Druck)*; 5. scour *(ausspülen)*
Spülen *n* 1. *(Te, WVA)* rinse; 2. *(San)* flushing
Spüler *m (San)* flush(er), rinser
Spülfeld *n (Bod)* reclamation area
Spülflüssigkeit *f* rinsing
Spülhilfe *f* fushing aid
Spülkanal *m (Wsb)* sluice, watercourse
Spülkasten *m (San)* closet cistern, flush(ing) box, flush(ing) tank, rinsing box, sanitary tank, toilet cistern, toilet tank, *(AE)* hopper
Spülkastenausflussventil *n s.* Spülkastenventil
Spülkastenschwimmer *m (San)* cistern float
Spülkastenventil *n (San)* closet valve, flush valve, toilet valve
Spülkippe *f (Erdb, Tun)* hydraulic fill
Spülklosett *n (San)* flush toilet, wash-down toilet, water closet
Spülklosett *n* **mit Hochspülkasten** *(San)* high flush toilet
Spülklosett *n* **mit Tiefspülkasten** *(San)* low-level flush toilet
Spülküche *f* back kitchen, scullery
Spüllanze *f (Erdb)* jetting lance
Spülleitung *f (Erdb, Te)* hydraulic-fill pipeline
Spülmittel *n (BM)* rinse
Spülpfahlabsenkung *f (Erdb)* hydraulic pile driving
Spülprobe *f* sludge sample
Spülpumpe *f* flushing pump
Spülrohr *n (San)* flush pipe; wash pipe *(z. B. Kiesspülen)*; dredging pipe *(beim Nassbaggern)*
Spülrohr n/perforiertes *(San)* sparge pipe
Spülschacht *m (Erdb, Tun)* flushing manhole
Spülschleuse *f (Wsb)* scouring sluice
Spülschüttung *f* hydraulic filling
Spülschütz *n (Wsb)* scour valve
Spültisch *m (San)* scullery table, sink unit *(als Küchenmöbel)*
Spülung *f (San)* flushing; washing
Spülventil *n* 1. *(San)* rinse valve; 2. *(Wsb)* scour valve
Spülverfahren *n (Erdb, Tun)* hydraulic jetting
Spülwasser *n* 1. *(San)* dishwater; 2. *(WVA)* slop *(Küche, Schmutzwasser)*; 3. flushing water *(Toilette)*; 4. *(WVA)* rinse water
Spülwasserkasten *m* closet cistern, sanitary tank
Spülwasserrest *m (San)* afterflush
Spülzeit *f* purge period
Spund *m* 1. *(San)* faucet, cock, plug; 2. *(Hb)* groove and tongue, tongue

Spund *m*/**halber** half groove
Spundbohle *f* pile plank, piling sheet, sheet pile, sheet plank, matchboard
Spundbohlen *fpl* matchboarding, *(AE)* matched lumber
Spundbrett *n (BT, Hb)* matchboard
Spundbretter *npl* matchboarding, shiplap, tongue-and--groove boards, T and G boards, matched boards, *(AE)* matched lumber
Spundbretter *npl*/**gehobelte** planed matchboards
Spunddecke *f (Hb)* tongued and grooved ceiling
Spundeisen *n* tonguing iron
spunden *v (Hb)* join by grooves, grooving and tonguing, tonguing
Spundhobel *m* match(ing) plane, grooving plane
Spundholzlage *f* matching
Spundmaschine *f* tonguing-and-grooving machine
Spundpfahl *m (BT)* needle beam
Spundschalung *f (Erdb)* tight sheathing
Spundtafeln *fpl* matchlining
Spund- und Nutmaschine *f (BWG, Hb)* matching machine
Spundung *f* 1. match(ed) joint, tongue-and-groove joint; 2. matching, grooving and tonguing, tonguing *(Tätigkeit)*
Spundung *f*/**quadratische** straight tonguing and grooving
Spundunterboden *m* matched subfloor
Spundverbindung *f (Hb)* plough-and-feathered joint
Spundwand *f* sheet-pile wall, sheet piling, pile planking, sheet-pile bulkhead, sheeting, steel piling; bulkhead *(z. B. gegen Wassereinbruch)*
Spundwand *f* **aus Buckelblechen** *(Erdb)* buckled-plate sheet piling
Spundwand *f*/**schlossverzahnte** *(Erdb)* interlocked pile wall
Spundwand *f*/**verankerte** *(Erdb)* tight sheathing
Spundwandabdichtung *f (Erdb)* sheet-pile cut-off
Spundwandbau *m (Erdb) (AE)* pile dike
Spundwanddoppelbohle *f (BT, Erdb)* twin sheet piles
Spundwandgründung *f (Erdb)* sheet wall piling
Spundwandkonstruktion *f (Erdb) (AE)* pile dike
Spundwandramme *f* sheet-piling driver, sheeting driver
Spundwandrammung *f (Erdb)* sheet-pile driving
Spundwandschloss *n (Erdb)* interlock
Spundwandschloss *n*/**mechanisches** *(Erdb)* mechanical interlock
Spundwandverankerung *f (Erdb)* sheet-pile anchorage
Spur *f* 1. *(Verk)* track *(Radspur)*; 2. traffic lane *(Straße)*
Spur *f* **der Ebene** *(Arch)* trace of the plain
Spur *f*/**durchgehende** *(Verk)* through lane
Spur *f*/**gesperrte** *(Verk)* closed lane
Spur *f*/**linke** *(Verk)* left-hand lane
Spur *f*/**markierte** *(Verk)* marked lane
Spur *f*/**meist befahrene** *(Verk)* road-bed *(einer Straße)*
Spur *f*/**rechte** *(Verk)* right-hand lane
Spurabrieb *m* tracking (loss)
Spurabrieb *m*/**schneller** *(Verk)* fast tracking
Spurbildung *f* rutting *(Straße)*
Spurbildungsgerät *n (Verk)* wheel tracking apparatus *(Straße)*
Spurbildungsneigung *f (Verk)* rutting susceptibility, rutting potential
Spurbildungstest *m (Verk)* wheel tracking test *(Straße)*
Spurbreite *f* s. Spurweite
Spurenbelegung *f*/**grundlegende** effective lane occupancy *(Straße)*
Spurenelement *n (BWG)* trace element
Spurenverminderung *f (Verk)* lane reduction
Spurenverschleiß *m (Verk)* tracking *(Straße)*
Spurenverunreinigung *f (Umw)* trace contamination
Spurfahren *n* tracking *(Straße)*
Spurlehre *f (Verk)* track alignment gauge *(Gleis)*
Spurleistungsfähigkeit *f (Verk)* lane capacity
Spurnagel *m (Verk)* street marker
Spurpfeil *m (Verk)* lane arrow
Spurplattenstraße *f (Verk)* flagged roadway
Spurreduzierung *f (Verk)* lane reduction
Spurreparaturbeton *m (Verk)* fast-track concrete
Spurrillentiefe *f (Verk)* rut depth
Spurrinne *f (Verk)* rut, groove
Spurrinne *f*/**schmale** *(Verk)* small rutting, small grooving
Spurrinnen *fpl (Verk)* tracking
Spurrinnenbildung *f (Verk)* rutting
Spurrinnenbildung *f* **durch Fließen** *(Verk)* flow rutting
spurrinnenempfindlich *(Verk)* prone to rut
spurrinnengefährdet *(Verk)* rut susceptible *(Straßenbefestigung)*
spurrinnenresistent *(Verk)* rut resistant *(Straßenbefestigung)*
Spurrinnentiefe *f (Verk)* profile depth *(Straße)*
Spurverminderung *f (Verk)* lane reduction
Spurverschleiß *m (Verk)* track wearing
Spurverschleiß *m*/**hoher** *(Verk)* fast tracking, fast-track wearing
Spurwechsel *m (Verk)* lane-changing
Spurweite *f* 1. (rail) gauge, *(AE)* gage *(Eisenbahn)*; 2. *(Verk)* track width *(von Fahrzeugen)*
Spurzapfen *m* pintle
sputtern *v* sputter
Sputtern *n (OB, Te)* sputtering *(z. B. von Brückenbauteilen als Korrosionsschutz)*
SRT-Gerät *n* skid resistance tester, SRT
S-Stück *n* offset, double-bend fitting *(einer Rohrleitung)*
Staat *m (RP, VR)* state
Staatsarchitektur *f (Arch)* National architecture
Staatsbauvorhaben *n (VR)* government construction project
Staatsempfangsraum *m (Konst, Verk)* VIP reception room
Staatsstraße *f (Verk)* state road
Staatsübereignung *f (VR) (AE)* escheat *(z. B. benötigten Baulands)*
Stab *m* 1. bar, rod, member *(Bewehrungsglied)*; 2. *(Konst, Stat)* column *(Stütze)*; 3. rod *(Metall, Holz)*; 4. rod, stick *(Messstab)*; 5. staff bead *(Kantenrundstab)*; moulding *(Zierstab)*
Stab *m*/**abgedrehter** turned bar
Stab *m*/**anziehbarer** adjustable bar
Stab *m*/**aufgebogener** inclined bar
Stab *m*/**bleistiftstarker** pencil rod
Stab *m*/**dreidimensionaler** space bar
Stab *m*/**gebogener** curved member
Stab *m*/**gedrehter** *(BT)* spindle
Stab *m*/**gezogener** tensional bar
Stab *m*/**idealgerader** ideal member
Stab *m*/**kaltgewalzter** *(BT, St)* cold-finished bar
Stab *m*/**konvexer** ovolo, ovolo moulding *(Zierstab)*
Stab *m*/**räumlicher** space bar
Stab *m*/**schwingender** oscillating rod
Stab *m*/**spannungsloser** *(Stat)* unstrained member *(eines Fachwerks)*
Stab *m*/**überzähliger** *(Stat)* redundant bar, redundant member *(Fachwerk)*
Stab *m*/**verstellbarer** adjustable bar
Stab *m*/**zweiseitig ausgekehlter** diglyph *(Zierstab)*
0-Stab *m (Stat)* unstrained member *(eines Fachwerks)*
stababgedeckt *(EB)* bead-jointed
Stabablenkung *f* 1. *(Konst)* member slope; 2. *(Konst, Stat)* element slope; 3. *(Stat)* rod slope
Stababstand *m* bar spacing, rod spacing *(Bewehrung)*
Stabachse *f (Konst, Verm)* rod centre line

Stabanschluss *m* member connection, element connection, rod connection *(Stabwerk)*
Stabanschluss *m*/**gelenkiger** *(Konst)* hinged connection *(Stahlbau)*
Stabbau *m* stave construction
Stabbelastung *f* member loading, bar loading, rod loading
Stabbewehrung *f* bar reinforcement, rod reinforcement
Stabbogenbrücke *f* bowstring arch bridge
Stabbolzenarrester *m (EB)* cane bolt
Stabbrettdecke *f* beaded boarding
Stäbchenparkett *n (Hb, Konst)* strip flooring
Stäbchenschluss *m* slat closure *(Jalousie)*
Stabdiagramm *n (Te)* bar chart
Stabdübel *m*/**gerillter** keyed dowel
Stabdübelverbindung *f (Hb, Konst)* dowelled connection
Stabdurchmesser *m* diameter of bar, rod diameter *(Bewehrung)*
Stäbe *mpl*/**gelenkig verbundene** *(Konst)* pin-connected bars
Stabebene *f* plane of elements, plane of members
Stabeisen *n* merchant bar iron, bar iron, iron bar, rod iron
Stabelement *n* member
Stabfeld *n* 1. *(TK)* member field; 2. *(Konst, Stat)* element field; 3. *(Stat, TK)* rod field
Stabform *f* member shape, bar shape, rod shape
stabförmig bar-shaped, rod-shaped
Stabfußboden *m (Hb, Konst)* strip flooring
Stabgewebe *n* bar fabric
Stabgitter *n* rack screen
Stabgröße *f* rod size, element size *(Stabwerkkonstruktion)*
Stabhalterung *f* bar chair, bar support, high chair *(Stahlbeton)*
Stabhobel *m (Hb)* round plane
Stabholzdübel *m* wooden dowel
stabil 1. stable, solid, sturdy *(standfest)*; 2. solid, rugged *(Bauweise)*; 3. *(Bod)* firm, stable; 4. permanent, persistent, resistant *(beständig)* • **stabil sein** be firm, persist, be stable
stabil/nicht non-stable, astable, unstable
stabil/seitlich *(Konst)* laterally stable
Stabilisator *m* 1. emulsion stabilizing agent, stabilizer, stabilizing agent *(z. B. für Bitumenemulsion)*; 2. *(BM, WVA)* suspending agent *(für Anstriche)*
stabilisieren *v* make stable, stabilize, steady
Stabilisierung *f (BM, Erdb, Stat)* stabilization
Stabilisierung *f*/**mechanische** granular stabilization
Stabilisierungskern *m* central core of stability, central core of strength, hub *(eines Gebäudes)*
Stabilisierungsmittel *n* stabilizer, stabilizing agent *(z. B. für Bitumenemulsion)*
Stabilisierungsseil *n* stabilization cable
Stabilität *f* 1. *(Stat)* stability, (structural) solidity *(z. B. einer Baukonstruktion)*; 2. *(Bod)* firmness; 3. *(BM, BT)* resistance; 4. ruggedness, sturdiness, formness *(Robustheit)*; 5. *(Stat)* stability *(thermisch, chemisch)*; 6. *(Stat)* steadiness *(Beständigkeit)*
Stabilität *f*/**dynamische** transient stability, dynamic stability *(Industriebau)*
Stabilität *f*/**elastische** elastic stability
Stabilität *f*/**seitliche** *(Konst, Stat)* lateral stability
Stabilität *f*/**thermische** *(BM)* resistance to heat
Stabilität *f* **und Fließwert** *m (BM)* stability and flow *(Marshalltest)*
Stabilitätsabfall *m* stability drop
Stabilitätsanalyse *f (Stat)* stability analysis
Stabilitätsbedingungen *fpl (Stat)* stability conditions
Stabilitätsberechnung *f (Stat)* stability calculation
Stabilitätsbereich *m* range of stability, region of stability, stability range
Stabilitätsdiagramm *n* stability diagram
Stabilitätsfaktor *m (Stat)* stability factor
Stabilitätsfall *m (BM, TK)* stability case
Stabilitätsformel *f* stability formula
Stabilitätsfunktion *f (Stat)* stability function
Stabilitätsgleichung *f* stability equation
Stabilitätsgrad *m (BM)* stability degree *(Emulsion)*
Stabilitätsgrenze *f* limit of stability, stability limit
Stabilitätsgrenze *f*/**dynamische** *(Stat)* transient stability limit
Stabilitätsstudie *f (Stat)* stability study
Stabilitätstest *m* stability test
Stabilitätstheorem *n (Stat)* theory of stability
Stabilitätstheorie *f (Stat)* stability theory
Stabilitätstheorie *f*/**plastische** *(Stat)* plastic stability theory
Stabilitätsuntersuchung *f* stability investigation
Stabilitätsversuch *m* stability test
Stabkante *f* roll
Stabkantenleiste *f* **mit Einlagestreifen** roll-and-fillet moulding
Stabkirche *f (Arch)* stave church *(Holzkirche)*
Stabknickung *f* 1. *(Stat)* member buckling; 2. *(Konst, Stat)* element buckling
Stabkonstruktion *f* bar construction
Stabkraft *f* member force, bar force, rod force
Stablänge *f* member length
Stablot *n* plumb rod
Stabmaterial *n (BM)* rods
Stabmittellinie *f (Konst, Verm)* rod centre line
Stabmoment *n (Stat)* member moment
Stabparkett *n* wood block (parquet) flooring, wood floor covering
Stabparkettfußboden *m* strip flooring
Stabplatte *f (Erdb)* mat
Stabquerschnitt *m* member cross section, element cross section, bar (cross) section, rod cross section
Stabrahmen *m (Konst, Stat)* bar frame
Stabreihe *f* row of bars, row of elements, row of rods, row of members *(Stabtragwerk)*
Stabrost *m* bar grate, *(AE)* bar strainer *(Eingangsschutzvorrichtung bei offenen Rohren)*; grizzly *(z. B. für Gestein)*
Stabsieb *n (BWG, Te)* grizzly *(z. B. für Gestein)*
Stabsiebrost *m (Wsb, WVA)* bar screen
Stabspannung *f* member stress, element stress, bar strain, bar stress, bar tension, rod stress
Stabsperre *f (Wsb, WVA) (AE)* bar strainer *(Eingangsschutzvorrichtung bei offenen Rohren)*
Stabstahl *m* bar iron, bar steel, rod iron, rod steel; merchant bar iron *(handelsüblich)*
Stabstahl *m*/**gezogener** drawn steel bar
Stabstahl *m*/**polierter** bright steel bars
Stabstahlbewehrung *f* bar reinforcement, rod reinforcement
Stabstähle *mpl (BM)* rods
Stabstahlschneidemaschine *f* bar cropper
Stabsystem *n* 1. *(Konst, TK)* member system; 2. *(Konst, TK)* bar system; 3. *(TK)* rod system
Stabthermometer *n* solid stem thermometer
Stabverbindung *f* bar joint
Stabvertauschung *f* exchange of members
Stabwerk *n* 1. member system, framing, framework, rod system, system of bars *(aus Holz, Beton, Stahl)*; timber framing *(aus Holz)*; 2. *(Arch)* tracery panel; 3. *(Hb, Konst)* mullions *(Rahmenwerk gotischer Fenster)*
Stabwerkkonstruktion *f* bar construction
Stabzahl *f* number of elements, number of members
Stabzierleistenmuster *n (Arch)* reed
Stabzug *m (Stat)* bar chain *(Stahlbeton)*

S

Stacheldraht *m* barbed wire, bobwire
Stacheldrahtzaun *m* barbed wire fence, bobwire fence
stachelig *(Arch)* spiky
Stachelwalze *f* indentation roller
Stachelzylinderboiler *m (San)* porcupine boiler
Stadiometer *n (Verm)* stadiometer *(Vermessung)*
Stadion *n* stadium
Stadionanlage *f (RP)* stadium facility
Stadionbau *m* stadium construction
Stadiontribüne *f (Konst)* stadium grandstand
Stadium *n* phase, stage; section
Stadium *n* **der geologischen Untersuchungsarbeiten** *(Bod)* stage of geological prospecting
Stadium *n***/festes** solid state *(Baustoffe)*
Stadium *n***/gesättigtes** *(Verk)* saturated stage
Stadt *f* 1. *(RP)* town; 2. *(Arch, RP)* city *(Großstadt)* • **in die Stadt ziehen** move to the city
Stadt *f***/befestigte** *(Arch)* fortified town, fortress town, walled town
Stadt *f* **der Zukunft** *(Arch)* town of the future
Stadt *f***/enge** *(RP)* compact city
Stadt *f***/lineare** *(Arch)* linear town
Stadt *f* **mit Rastergrundriss** *(RP)* grid town
Stadt *f***/mittelgroße** *(RP)* medium-sized town
Stadt *f***/Neue** *(RP)* new town *(nach 1946 in England entstanden zur Entlastung großstädtischer Ballungsgebiete)*
Stadt... town ...; urban ... *(meist auch als städtisch)*; municipal ... *(kommunal)*
Stadtachse *f* city axis; civic axis
Stadtarchitekt *m* town architect
Stadtausdehnung *f (RP)* urban development
Stadtausufern *n (RP)* urban dispersal
stadtauswärts out of town
Stadtauswuchern *n (RP)* urban dispersal
Stadtautobahn *f* city motorway, urban express road, (urban) motorway, *(AE)* urban expressway, *(AE)* urban freeway
Stadtbad *n* municipal swimming pool, town pool, urban pool *(Freibad)*; town swimming bath, municipal baths *(Hallenbad)*
Stadtbahn *f* city railway, metropolitan railway, municipal railway, suburban railway, *(AE)* city railroad, *(AE)* urban railroad
Stadtbahnhof *m* city station, municipal station, town station, urban station
Stadtbauerhebung *f* (urban) planning survey
Stadtbaukunst *f* 1. *(RP)* urban architecture; 2. *(Arch)* civic design
Stadtbaulehre *f* 1. *(Konst, RP)* town planning studies; 2. *(RP)* urban planning studies
Stadtbaumeister *m (Arch)* town master meson, municipal architect
Stadtbauplanung *f* urban planning, municipal planning, civic design
Stadtbautechnik *f* 1. *(Konst, RP)* town engineering; 2. *(RP)* urban engineering
Stadtbefestigung *f (Arch)* town fortification
Stadtbehörde *f* municipal authority
Stadtbevölkerung *f (RP, VR)* urban population
Stadtbezirk *m* municipal district, city district, town district, ward *(Verwaltungseinheit)*; part of the town, quarter; borough *(bes. in London und New York)*
Stadtbild *n* cityscape, townscape, town picture, face of the town
Städtchen *n (RP)* small town
Stadtdunst *m (Umw)* smog
Städtebau *m* 1. *(RP)* municipal engineering *(Fachgebiet)*; 2. municipal [city, town, urban] planning, town [urban] development
Städtebauer *m* town planner, urban planner
Städtebauinstitut *n* town planning institute, urban planning institute
städtebaulich in town building; in terms of town, town-planning, urban-building, urban-planning, urbanistic
Städtebautechnik *f* 1. *(Konst, RP)* town engineering; 2. *(RP)* urban engineering
Städtebautheorie *f (Arch)* municipal planning theory, town planning theory, urban planning theory
Stadtentsorgung *f (Umw)* scavengering
Stadtentwässerung *f* sewerage (system), municipal sewerage, municipal drainage, municipal services, town drainage
Stadtentwicklung *f (RP)* town development
Stadtentwicklung *f***/freie** *(RP)* open urban development
Stadtentwicklungsplan *m* town development plan
Stadtentwicklungssteuerung *f (RP)* urban development control
Städteplaner *m* municipal planner, town planner
Städteplanung *f* city [town, municipal] planning
Stadterneuerung *f (RS)* urban renewal
Stadterneuerungsgebiet *n* 1. *(RP, RS)* redevelopment area; 2. *(RS)* urban renewal area
Stadterweiterung *f* municipal [town] extension, urban expansion, urban extension, new urban neighbourhood
Städteverfall *m (St)* urban degradation
Städtezusammenballung *f (RP)* megalopolis *(z. B. in den USA Boston und Washington)*
Stadtfigur *f (Arch)* urban configuration
Stadtflugplatz *m (Verk)* municipal airport
Stadtgebiet *n* municipal area, town area, urban area, urban district
Stadtgebiet *n***/abgebrochenes** *(RP, RS)* site cleared of buildings
Stadtgebiet *n***/erneuertes** *(RP, RS)* redevelopment area
Stadtgemeinde *f (RP, VR)* municipality
Stadthalle *f* municipal hall, civic hall, urban hall
Stadthaus *n* town house
Stadthochbahn *f (Verk)* elevated railway
Stadthochbauamt *n (VR)* municipal building department
Stadtinnenverkehr *m (Verk)* inbound traffic
städtisch town, city, urban; municipal *(verwaltungstechnisch)*
Stadtkern *m* city centre, urban core, heart of the city, town centre, *(AE)* city center, *(AE)* town center, *(AE)* downtown
Stadtkirche *f (Arch)* municipal church
Stadtklima *n (Umw)* urban climate
Stadtkreis *m (RP)* urban district
Stadtkrone *f (Arch)* upper city *(antike Stadtkernzelle mit Monumentalbauten)*
Stadtlandschaft *f* 1. *(Arch)* cityscape; 2. *(Arch, RP)* urban landscape
Stadtleben *n (RP, VR)* urbanism
Stadtmauer *f (Arch)* municipal wall
Stadtmauer *f* **mit Befestigungen** *(Arch)* enceinte
Stadtmauerareal *n (Arch)* enceinte
Stadtmitte *f* town centre, city centre, *(AE)* town center, *(AE)* city center
Stadtmöbel *n (BT, Konst)* urban furniture
Stadtmüll *m* municipal refuse, municipal waste, town refuse, town rubbish, town waste, *(AE)* city garbage
Stadtmuseum *m* town museum
Stadtnetz *n (RP)* urban network
Stadtpalast *m (Arch)* town palace, urban palace
Stadtpark *m* city park, town park
Stadtplan *m* town map, *(AE)* plat *(amtlicher Katasterlageplan mit Grenzmarkierungen)*
Stadtplan *m***/maßstabgerechter** city plan, town plan, street plan

Stadtplaner *m* city planner, town planner, urban planner, developer
Stadtplanung *f* city planning, town planning, urban planning
Stadtplanungsamt *n* town planning authority, urban planning authority, town planning corporation
Stadtplanungsarbeit *f* town planning act
Stadtplanungsbehörde *f (VR)* town planning authority
Stadtplanungsbeschluss *m (VR)* town planning act
Stadtplanungsbüro *n* town planning office
Stadtplanungsdaten- und Substanzerfassung *f* town planning survey
Stadtplanungsstudien *fpl* town planning studies
Stadtplanungsuntersuchungen *fpl* town planning studies
Stadtplanungsverwaltung *f* town planning corporation
Stadtrand *m* outskirts (of a town), periphery of a city, fringe [periphery] of a town, suburban district; suburban area *(Stadt)*
Stadtrandsiedlung *f (RP)* suburban housing estate
Stadtrat *m* town [municipal] council
Stadtregion *f (RP)* metropolitan area
Stadtreihenhaus *n* town terraced house, *(AE)* town (row) house
Stadtsanierung *f* urban renewal, urban redevelopment, urban rehabilitation; clearance *(von Wohngebieten)*
Stadtsanierungsplan *m (RS)* town improvement scheme
Stadtsaum *m (RP)* urban fringe
Stadtschnellbahn *f (Verk)* urban rapid transit system
Stadtschnellstraße *f (Verk)* municipal expressway
Stadtstraße *f (Verk)* street
Stadtstraße f/zweispurige two-way street
Stadtstraßenbefestigung *f (Verk)* urban pavement
Stadtstraßenbefestigung f/bituminöse *(Verk)* asphaltic street pavement
Stadtstraßenbrücke *f (Br)* street bridge
Stadtstraßennebenanlagen *fpl (Verk)* street furniture
Stadtstraßennetz *n* 1. *(RP, Verk)* street network; 2. *(RP, Verk)* street system
Stadtstraßentunnel *m* street tunnel
Stadtsystem n/nutzungsneutrales *(RP)* urban multi-purpose system
Stadttechnik *f* municipal engineering, municipal services, urban services
Stadtteil *m* 1. part of the town [city], quarter; 2. *s.* Stadtbezirk
Stadttheater *n* town [municipal, city, urban] theatre
Stadttor *n (Arch)* town gate
Stadtumwallung *f (Arch)* ramparts
Stadtverbindungsentwicklung *f (RP)* joint urban development
Stadtverkehr *m* city [town, urban] traffic
Stadtverkehrsplanung *f* urban traffic panning
Stadtverkehrstunnel *m (Verk)* urban tunnel
Stadtverschmelzungsprozess *m (RP)* joint urban development
Stadtverschönerung *f (RP)* improvement of local amenities
Stadtversorgung *f (El, RP, WVA)* public utilities
Stadtversorgungsnetz *n (RP)* urban supply network
Stadtver- und -entsorgungseinheit *f (El, RP, WVA)* urban services
Stadtverwaltung *f* municipal [town, city] administration, municipal [town, city] administration authorities
Stadtviertel *n* 1. *(RP)* quarter of a town; 2. *(Arch, RP) (AE)* city block
Stadtvilla *f (Arch)* urban villa
Stadtwald *m* 1. *(LB, Umw)* municipal forest; 2. *(LB)* town forest; 3. *(LB, RP)* urban forest
Stadtwasser *n (WVA)* town water
Stadtwasserversorgung *f* town water supply, urban water supply
Stadtwerke *npl (Konst, Te)* municipal works
Stadtwissenschaft *f (RP)* urban science
Stadtwohnung *f* town flat
Stadtzentrum *n* centre of the town, city centre, town centre, *(AE)* city center, *(AE)* town center, *(AE)* downtown; civic centre *(Verwaltungszentrum)*
Staffelchor *m (Arch)* staggered choir *(Kirchenbaukunst)*
Staffeldach *n (Konst)* stepped roof
Staffeleigemälde *n (Arch)* easel-picture
staffelförmig echeloned
Staffelgiebel *m* stepped gable, corbie gable, crow gable
Staffelhalle *f (Arch)* pseudo-basilica
staffeln *v (Arch, Konst)* graduate
staffeln v/zeitlich *(Te)* stagger
Staffelung *f* staggering, echelon
Staffelvermessung *f (Verm)* stepping
Stahl *m (BM)* steel
Stahl m/basischer basic steel
Stahl m/beruhigter killed steel, quiet steel; fully killed steel *(Bewehrung)*
Stahl m/einsatzgehärteter case-hardened steel
Stahl m/farbbeschichteter *(BM)* colour-coated steel
Stahl m/ferritischer *(BM, St)* ferrite steel
Stahl m/feuerverzinkter *(St)* hot-dipped galvanized steel
Stahl m für Nitrierhärtung *(St)* nitriding steel
Stahl m/geschmiedeter hammered steel
Stahl m/hochbelastbarer *(St)* high-yield stress steel
Stahl m/hochfester high-strength steel, high-yield-point steel, tensile steel
Stahl m/hochzugfester *(St)* high-tensile steel *(hochwertiger Baustahl)*
Stahl m/kaltgewalzter *(BM, St)* cold-rolled steel
Stahl m/kaltgezogener *(BM, St)* cold-drawn steel
Stahl m/kaltverformter *(BM)* cold-worked steel
Stahl m/korrosionsbeständiger corrosion-resistant steel, corrosion-resisting steel, stainless steel
Stahl m/legierter *(BM, St)* alloy steel
Stahl m/martensitischer *(BM, St)* martensitic steel
Stahl m/mittelharter medium steel *(0,25-0,5 % C)*
Stahl m/nicht rostender corrosion-resistant steel, corrosion-resisting steel, stainless steel
Stahl m/nickellegierter *(BM, St)* nickel steel
Stahl m/niedriglegierter low-alloy steel
Stahl m/nitriergehärteter nitrided steel
Stahl m/nitrierter nitrided steel
Stahl m/schweißbarer weld(ing) steel
Stahl m/siliziumberuhigter silicon killed steel
Stahl m/unberuhigter *(BM, St)* rimming steel
Stahl m/unlegierter plain steel, simple steel, carbon steel
Stahl m/verzugsfreier *(St)* non-deforming steel
Stahl m/weicher soft steel, low steel, mild steel
Stahlabflussrohr *n* steel draining pipe
Stahlabschirmwand *f* steel shielding wall
Stahlabschluss *m* steel surround
Stahlanker *m* steel anchor, structural steel fastener
Stahlankerplatte *f* steel anchor plate
Stahlarbeiten *fpl (VR)* steelwork *(als Leistungsposition)*
Stahlarchitektur *f (Arch)* steel architecture
Stahlart *f* steel grade
Stahlauflager *n* steel support
Stahlaußenwandverkleidung *f* side steel lining, steel skin
Stahlaußenwandversteifung *f* steel cladding
Stahlband *n* steel strip; hoop iron, iron ribbon; steel hinge *(Beschlag)*
Stahlbandkette *f (Verm)* steel band chain *(Vermessung)*

S

Stahlbandmaß *n* flexible steel rule, pull-push rule, steel (measuring) tape
Stahlbarren *m (Te)* shear key *(Hubdeckenverfahren)*
Stahlbau *m* 1. *(St)* constructional steelwork *(Stahlbauarbeiten)*; 2. steel construction engineering *(Fachgebiet)*; 3. steel structure, building in steel *(Gebäude)*; 4. structural steel erection *(Montage)*
Stahlbauarbeiten *fpl (St)* constructional steelwork, steelwork construction
Stahlbauart *f* steel type of construction
Stahlbaubemessung *f (Konst, Stat)* steel design
Stahlbauer *m* steel construction engineer, fabricator
Stahlbaufacharbeiter *m* steel erector
Stahlbaufirma *f* steel construction firm, (steel) fabricator
Stahlbauhohlprofil *n* structural steel hollow section
Stahlbauindustrie *f (BWG, Konst)* steel construction industry
Stahlbaukunst *f (Arch)* steel architecture
Stahlbaumontage *f* erection of steelwork, steel erection
Stahlbaunietung *f (St, Te)* structural riveting
Stahlbauprofil *n* steel construction section, steel structural section
Stahlbaustelle *f* steel erection site
Stahlbautechnik *f* steel construction engineering
Stahlbauteile *npl***/betonummantelte** encased steelwork
Stahlbauten *mpl (St)* steel structures, structural steelwork *(EN 1993-1 bis 3, DIN 18800, DIN 18801)*
Stahlbauwerk *n (St)* steel structure *(EN 1993-1-3)*
Stahlbauwerkstatt *f (St)* steel workshop
Stahlbedarf *m (BM, St)* steel requirement
Stahlbefestigungsmittel *n (BM, St)* steel fastener, steel fastening, steel fixing
Stahlbeize *f* steel pickle
Stahlbeizen *n (OB)* steel pickling
Stahlbemessung *f (Konst, Stat)* steel design
Stahlbeschlagband *n* steel hinge
Stahlbeton *m* reinforced concrete, RC, steel concrete, ferrocement-concrete; ferroconcrete *(veraltet)*
Stahlbeton *m* **für Schalen** thin-shell concrete
Stahlbeton *m* **für Schalenkonstruktionen** thin-shell concrete
Stahlbetonbau *m* 1. reinforced concrete construction *(EN 1992)*; 2. *(BB)* reinforced concrete engineering *(Fachgebiet)*; 3. *(Arch, Konst)* reinforced concrete building *(fertiges Gebäude)*
Stahlbetonbau *m* **mit Wandverkleidung** *(BB, Konst)* veneered reinforced concrete construction
Stahlbetonbauwerk *n (Arch, Konst, TK)* reinforced concrete structure *(DIN EN 1992)*
Stahlbetonbelag *m* metallic-aggregate covering
Stahlbetonbeleuchtungsmast *m (TK)* reinforced concrete lighting mast
Stahlbetonbestimmungen *fpl (BB, Konst, VR)* building code requirements for reinforced concrete
Stahlbetonbrücke *f* reinforced concrete bridge
Stahlbetondachplatte *f (TK)* reinforced concrete roof slab
Stahlbetondecke *f* reinforced concrete ceiling, reinforced concrete floor
Stahlbetondecke *f* **mit eingegossenen Glaslichtöffnungen** glass concrete
Stahlbetondeckenplatte *f (TK)* reinforced concrete floor slab
Stahlbeton-Doppel-T-Träger *m (TK)* reinforced concrete I-beam
Stahlbetondurchlassrohr *n (Erdb, Verk, WVA)* reinforced concrete culvert pipe
Stahlbetonelement *n* reinforced concrete component, reinforced concrete unit
Stahlbetonfertigteil *n* precast concrete unit, precast (reinforced concrete) unit
Stahlbetonfundamentplatte *f* reinforced concrete foundation slab
Stahlbetonfußboden *m* reinforced concrete slab floor, slab floor
Stahlbetongebäude *n* reinforced concrete building [structure]
Stahlbetongeschossplatte *f* reinforced concrete floor slab, floor slab
Stahlbetongitterträger *m* reinforced concrete lattice girder
Stahlbetongrundpfahl *m (BT, Erdb)* concrete foundation pile
Stahlbetongurt *m* composite slab *(Verbundträger)*
Stahlbetonhärtemittel *n* metallic aggregate
Stahlbetonhohlbalken *m* reinforced concrete hollow beam
Stahlbetonhohldiele *f* concrete hollow-core slab, hollow concrete slab, concrete slab
Stahlbetonhohlplatte *f* reinforced concrete hollow slab, hollow slab
Stahlbetonhubdeckenbau *m (Te, TK)* reinforced concrete lift-slab construction
Stahlbetonhubdeckenplatte *f* reinforced concrete lift--slab
Stahlbeton-I-Träger *m (TK)* reinforced concrete I-beam
Stahlbetonkastenträger *m (TK)* reinforced concrete box girder
Stahlbetonlichtmast *m (TK)* reinforced concrete lighting mast
Stahlbetonmast *m* reinforced concrete mast
Stahlbetonpfahl *m* reinforced concrete pile, concrete pile
Stahlbetonplatte *f***/kreuzweise bewehrte** *(BB, TK)* two--way reinforced concrete slab
Stahlbetonquerwand *f* reinforced concrete crosswall
Stahlbetonrahmen *m (TK)* reinforced concrete frame(-work)
Stahlbetonrammpfahl *m* precast concrete pile, precast foundation pile, precast pile
Stahlbetonrippendecke *f* ribbed concrete floor, slab and joist (ribbed) construction, tile and slab floor, hollow-block floor, ribbed panel, pan construction; ribbed panel *(Wandtafel)*
Stahlbetonrippenplatte *f* ribbed panel, reinforced ribbed concrete slab
Stahlbetonrohr *n (WVA)* reinforced concrete pipe
Stahlbetonschale *f (TK)* reinforced concrete shell
Stahlbetonscheibe *f* reinforced concrete shear wall
Stahlbetonschornstein *m* reinforced concrete chimney
Stahlbetonschwimmkasten *m (Erdb)* floating reinforced concrete box
Stahlbetonsenkkasten *m (Erdb)* reinforced concrete caisson
Stahlbetonskelett *n* reinforced concrete frame(work), reinforced concrete skeleton
Stahlbetonskelettbau *m (BB, Konst)* concrete frame construction
Stahlbetonskelettbauweise *f* precast concrete skeleton construction
Stahlbetonskelettmontagebauweise *f* precast concrete skeleton construction
Stahlbetonstütze *f (TK)* reinforced concrete column
Stahlbetonstützmauer *f* reinforced concrete retaining wall
Stahlbetontafel *f (BT, TK)* reinforced concrete panel
Stahlbetonträger *m (TK)* reinforced concrete girder
Stahl-Beton-Verbundträger *m* reinforced concrete composite girder, composite girder
Stahlbetonvollplatte *f (BT)* solid reinforced concrete slab

Stahlbetonwand f/verkleidete *(BB, Konst)* veneered wall
Stahlbewehrung *f* steel reinforcement
Stahlbewehrung f/hochzugfeste *(BB, BM, St)* high-tensile reinforcement
Stahlbewehrungsbieger *m* rod bender
Stahlbiegemaschine *f* bar bending machine, bar bender, steel bender *(für Stahlbewehrung)*; angle bender
Stahlbiegeplatz *m* steel bending yard
Stahlbieger *m* rod bender
Stahlbinderbalken *m (TK)* steel binding beam
Stahlblech *n* sheet-steel, steel sheet *(Feinblech)*; steel plate *(Grobblech)*
Stahlblechauskleidung *f* steel sheet lining
Stahlblechbedachung *f* steel sheet roof covering
Stahlblechdach *n* steel sheet roof
Stahlblechdacheindeckung *f* steel sheet roof covering
Stahlblechkonstruktion *f* steel plate (structural) system
Stahlblechkonstruktion f/geschweißte *(BT, St)* fabricated steel-plate design
Stahlblechleichtträger *m* H-runner
Stahlblechmantel *m (BT)* steel plate element
Stahlblech-Putzträger *m* steel plate lathing
Stahlblechschalung *f* steel shutter(ing)
Stahlblechsilo *n* steel plate silo
Stahlblechtür *f* steel plate door
Stahlblechverkleidung *f* steel sheet lining
Stahlbodenblech *n* steel floor plate
Stahlbogen *m* steel arch
Stahlbogenträger *m* steel arched girder
Stahlbohlenspunden *n* steel sheet piling
Stahlbrücke *f (Br)* steel bridge
Stahldachträger *m (TK)* steel roof girder
Stahldecke *f (TK)* steel floor
Stahldeckenelement *n (BT, TK)* steel floor element
Stahldeckenträger *m* steel floor girder
Stahldraht *m* steel wire
Stahldraht m/gespannter *(BT)* taut steel wire
Stahldrahtgeflecht *n* steel wire mesh
Stahldrahtseil *n* steel wire rope
Stahldränrohr *n* steel draining pipe
Stahldurchmesser *m* rod diameter; diameter of bar *(Bewehrung)*
Stahleinfassung *f* steel surround
Stahleinlage *f (BT)* steel core *(Drahtseil)*
Stahleinlagen *fpl* embedded reinforcement, steel reinforcement, reinforcement • **die Stahleinlagen überlappen lassen** let the ironwork overlap • **mit Stahleinlagen** steel-reinforced • **mit Stahleinlagen versehen** *(BB, Te)* reinforce
Stahleinlagen fpl/orthogonale *(Konst)* orthogonal reinforcement
Stahleinrollmaß *n* push-pull rule
Stahleinsatz *m* steel insert
Stahleinsparungen *fpl (Konst)* savings in steel
Stahlentwässerungsrohr *n* steel draining pipe
Stahlerschlaffung *f* relaxation of steel
Stahlersparnis *n (Konst)* savings in steel
Stahlfachwerk *n (TK)* steel framework
Stahlfachwerk *n* **mit offenem Profilstahl** *(Konst, TK)* open-web steel joist
Stahlfachwerkbogenträger *m (TK)* steel trussed arch girder
Stahlfachwerk-Sektionsbrücke *f (Br, St)* Bailey bridge
Stahlfachwerkträger *m (TK)* steel trussed girder
Stahlfachwerkwand *f* steel-framed wall
Stahlfahrbahn *f* steel deck
Stahlfaserbeton *m (BB, BM, St)* steel-fabric concrete
Stahlfasermörtel *m* mortar with steel fibres
Stahlfassade *f (Arch, Konst)* steel façade

S

Stahlfeinblech *n* tin-coated steel, steel sheet, iron sheet
Stahlfensterflügel *m (BT)* steel casement
Stahlfensterrahmen *m* steel window frame
Stahlfirsthaube *f* iron ridging
Stahlfirstkappe *f* iron ridging
Stahlflansch *m* steel flange
Stahlflansch m/druckbeanspruchter steel flange in compression
Stahlflansch m/nicht zusammengesetzter non-composite steel flange
Stahlflechtarbeiten *fpl (Te)* reinforcement work
Stahlflechter *m* rod fixer
Stahlform *f* steel form
Stahlfüllkörper *m* steel tray
Stahlfußboden *m* steel flooring
Stahlfußbodenbelag *m* steel flooring
Stahlgebäude *n* steel building
Stahlgeflecht *n* steel mesh fabric, steel netting
Stahlgeländer *n* steel railing
Stahlgelenk *n* steel hinge
Stahlgelenkverbindung *f (BT)* steel hinge connection
Stahlgerippebau *m* steel-framed structure, steel skeleton building, structural steel framework
Stahlgerüst *n* tubular steel scaffolding
Stahlgerüstturm *m* tubular steel tower
Stahlgewebeabschirmung *f (St, Te)* hardware cloth
Stahlgewebematte *f* steel-fabric sheet, steel cloth sheet
Stahlgitter *n* steel grille
Stahlgittergewebe *n* hardware cloth
Stahlgittermast *m* lattice-form steel mast, steel lattice mast, lattice tower
Stahlgitterpfette *f (Konst, TK)* open-web steel joist
Stahlgitterrost *m (TK)* steel area grating
Stahlgittersiebgewebe *n* hardware cloth
Stahlgitterstütze *f* lattice(d) steel column, lattice(d) steel girder
Stahlgitterträger *m (TK)* steel lattice girder
Stahlgittertür *f (BT)* steel day gate *(in einer Bank)*
Stahlgitterturm *m* steel lattice tower
Stahlglaskonstruktion *f (Konst)* steel-glass construction
Stahlglaskonstruktionssystem *n (Konst)* steel-glass construction system
Stahlglättkelle *f* steel trowel
Stahlglockenmuffenrohr *n* steel bell and spigot pipe, steel spigot and socket pipe
Stahlgurt *m* steel flange
Stahlguss *m* **im Bauwesen** *(Konst, St)* steel casting for structural uses *(EN 10340)*
Stahlhaken *m* steel hook
Stahlheizkörper *m (HLK)* steel radiator
Stahlhochbau *m* 1. steel building construction, steel building design and construction; 2. *(Konst)* steel structural engineering *(Fachgebiet)*
Stahlhochbau m/geschweißter welded high-rise (steel) structure, welded rising (steel) construction
Stahlhochbauten *mpl (St)* rising steel structures
Stahlhochbauten mpl/geschweißte welded rising (steel) structures
Stahlhochbauwerk *n (St)* rising steel structure
Stahlhochbauwerk n/geschweißtes welded rising (steel) construction
Stahlhochstraßen *fpl (St, Verk)* elevated steel roads
Stahlhohlrahmenprofil *n* steel hollow frame section
Stahlhohlsäule f/flüssigkeitsgefüllte *(HLK)* fluid-filled column *(als Überhitzungsschutz)*
Stahlhohlschiene *f* furring channel *(als Putzabstandshalter und Streckmetallträger)*
Stahl-Holz-Binder *m (Hb, Konst, St)* composite truss
Stahlkabel *n* steel cable

Stahlkammer *f (EB)* safe deposit
Stahlkastenstütze *f* boxed steel column
Stahlkastenträger *m* boxed steel girder, steel box girder
Stahlkeil *m* steel wedge
Stahlkelle *f* steel trowel
Stahlkellerfenster *n* utility window *(Fertigfenster)*
Stahlkern *m (BT)* steel core *(Drahtseil)*
Stahlkies *m* steel grit
Stahlkiesstrahlen *n (OB, Te)* steel grit blasting *(Entrostung, Oberflächenvorbehandlung)*
Stahlklammer *f* structural steel fastener
Stahlkonsole *f* steel bracket
Stahlkonstruktion *f* 1. building in steel, steel structure, steel system; 2. structural steelwork, steel construction *(EN 1993; Tragwerk)*
Stahlkonstruktion *f***/geschweißte** fabricated steel structure, welded steel structure
Stahlkonstruktion *f* **mit Verkleidungselementen** *(BB, Konst)* veneered reinforced concrete construction
Stahlkonstruktionen *fpl (St)* structural steelwork
Stahlkonstruktionsanstrich *m (OB)* structural steel paint
Stahlkorb *m* steel cage; steel gabion *(für Erddämme)*
Stahlkorrosion *f (OB)* steel corrosion
stahlkorrosiv *(BM)* steel-corroding
Stahlkriechen *n* steel creep
Stahlkugel *f* steel ball
Stahlkurznagel *m (BM)* concrete nail
Stahllager *n* 1. steel bearing *(konstruktiv)*; 2. steel store
Stahllamelle *f* steel lamella, steel lath *(Rolltor)*
Stahllamellenkuppel *f (Konst)* steel lamella cupola
Stahlleichtbalken *m (TK)* lightweight steel beam
Stahlleichtbau *m* 1. *(Konst, St)* light-gauge steel construction; 2. *(Konst, St, Te)* light steel construction
Stahlleichtbauelement *n* steel light(weight) member
Stahlleichtbauten *mpl* 1. *(Konst, St)* lightweight steel structures; 2. *(Konst)* steel light(weight) structures
Stahlleichtbauträger *m (TK)* steel light(weight) girder
Stahlleichtbauweise *f (Konst, St, Te)* light steel construction
Stahlleichtbeton *m (BB)* reinforced light(weight) concrete
Stahlleichtträger *m (TK)* lightweight steel beam
Stahlleistenverbindung *f (Hb)* gib-and-cotter joint
Stahlleiter *f* steel ladder
Stahlleitungsmast *m* steel transmission pole
Stahlliste *f* steel schedule
Stahlmantelrohr *n* steel-sheathed pipe
Stahlmantelwalze *f (Verk)* steel-wheeled roller
Stahlmarkierungsknopf *m (Verk)* steel traffic stud
Stahlmarkierungsnagel *m (Verk)* steel streetmarker, steel traffic stud
Stahlmast *m* steel mast, steel pylon, steel tower
Stahlmatte *f* steel fabric
Stahlmontage *f* steel erection
Stahlmörtel *m* reinforced mortar
Stahlmuffenrohr *n* steel sleeve pipe
Stahlnadelklopfgerät *n (BWG, OB)* needle hammer *(Aufrauen, Entrosten usw.)*
Stahlnagel *m* masonry nail
Stahlniet *m* steel rivet
Stahlortbeton *m* reinforced in-situ concrete
Stahlpanzerrohr *n* cable duct tube, steel armoured conduit *(Isolierrohr für Kabel)*
Stahlpfahl *m* steel pile
Stahlpfahlrammen *n* steel piling
Stahlpfeiler *m (TK)* steel pier
Stahlpfette *f (BT)* steel purlin
Stahlpfosten *m* **zur Böschungssicherung** *(Erdb, Tun)* soldier beam
Stahlplattenheizkörper *m (HLK)* steel panel for central heating
Stahlplattenoberflächenverstärkung *f* steel hard-facing
Stahlportalrahmen *m (TK)* steel portal frame
Stahlportalrahmengebäude *n (Konst, TK)* steel-framed portal building
Stahlposition *f* bar mark *(Stahlliste)*
Stahlprofil *n* steel section, structural steel section, (steel) shape, trough section, troughing; steel girder *(Träger--Handelssortiment)*
Stahlprofil *n***/geschweißtes** welded structural steel
Stahlprofil *n* **in T-Form** T-section
Stahlprofil *n* **in U-Form** U-section
Stahlquerschnitt *m* 1. *(Stat)* area of steel; 2. *(Konst)* reinforcement area
Stahlradiator *m (HLK)* steel radiator
Stahlrahmen *m (TK)* steel frame
Stahlrahmenfenster *n***/großes** architectural projected (steel) window
Stahlrahmenmodulbau *m (Konst)* steel-framed modular construction
Stahlrahmenriegel *m (TK)* steel roof girder
Stahlrahmenstütze *f***/unterteilte** *(TK)* spaced steel column
Stahlrammpfahl *m* steel pile
Stahlraum *m (Konst)* strong room
Stahlraumtragwerk *n (TK)* steel load-bearing structure
Stahlraumzelle *f (Konst)* steel building block module
Stahlrelaxation *f* relaxation of steel
Stahlriegel *m (BT)* steel shelf
Stahlrippenbau *m* steel skeleton construction
Stahlrippendecke *f* slab and joist ribbed construction, steel-ribbed floor, slab and joist floor
Stahlrippenkuppel *f* steel-ribbed cupola, steel-ribbed dome
Stahlriss *m (St)* clink *(durch Spannung verursacht)*
Stahlrohr *n* steel pipe, steel tube; tubular steel
Stahlrohr *n***/genietetes** riveted steel pipe
Stahlrohr *n***/nahtloses** seamless steel pipe
Stahlrohr *n***/überlappt geschweißtes** overlap-welded steel pipe
Stahlrohrauslegerleuchtenmast *m* tubular steel column with bracket
Stahlrohrauslegermast *m* tubular steel column with bracket
Stahlrohrbau *m (Konst)* tubular steel construction
Stahlrohrdurchlass *m (WVA)* steel culvert
Stahlrohrfitting *n* steel pipe fitting
Stahlrohrformstück *n* steel pipe fitting
Stahlrohrgerüst *n* tube-and-coupler scaffold, tubular scaffolding
Stahlrohrgerüst *n* **aus Fertigteilfeldern** *(TK)* tubular--welded-frame scaffold
Stahlrohrgitter *n (Konst)* tubular steel grating
Stahlrohrkonstruktion *f (TK)* tubular steel system
Stahlrohrleitung *f (HLK, San, WVA)* steel pipeline
Stahlrohrmantelsäule *f* pipe column
Stahlrohrmast *m (TK)* tubular steel mast
Stahlrohrpfahl *m* steel tubular pile
Stahlrohrrahmen *m* 1. *(Konst, TK)* steel tubular frame; 2. *(Konst)* tubular steel frame
Stahlrohrsäule *f* pipe column
Stahlrohrstütze *f* steel pipe column, steel tube column; steel tube shore *(zur Einrüstung)*
Stahlrollenlager *n (Br, BT, TK)* steel roller bearing
Stahlrollgitter *n* steel rolling grille
Stahlrostfundament *n (Erdb)* steel grid footing
Stahlsaite *f* prestressed concrete wire, piano wire

Stahlsaiten(spann)beton *m* prestressed wire concrete, Hoyer concrete
Stahlsaitenspannprinzip *n (BB, Te)* Hoyer effect
Stahlsand *m* steel shot *(Strahlentrostung)*
Stahlsandstrahlen *n* steel shot blasting *(Entrosten)*
Stahlschachtabdeckung *f* steel manhole cover
Stahlschachtdeckel *m* steel manhole cover
Stahlschachtrahmen *m* steel manhole frame
Stahlschale *f (Konst)* steel shell
Stahlschalung *f* steel formwork, steel forms, steel shutter(ing); metal formwork *(konstruktiver Betonbau)*
Stahlscharnier *n* steel hinge
Stahlschiene *f* 1. steel rail; 2. steel bar *(Fachwerk)*
Stahlschienenbewehrung *f (BT)* rail steel reinforcement
Stahlschlitzprofil *n (BT, St)* slotted steel profile
Stahlschlüssel *m* steel key
Stahlschornstein *m (Konst)* steel stack
Stahlschornsteinplatten *fpl (BT)* strake
Stahlschrot *m* steel grit
Stahlschrotbeton *m (BB, BM, St)* steel grit concrete
Stahlschrotstrahlen *n (OB, Te)* steel grit blasting *(Entrostung, Oberflächenvorbehandlung)*
Stahlschrott *m* scrap steel, steel scrap
Stahlschubbolzen *mpl* steel shear studs
Stahlschutzplanke *f (BT, Verk)* metallic rail
Stahlschwelle *f (Verk)* steel sleeper
Stahlseele *f (BT)* steel core *(Drahtseil)*
Stahlseil *n* steel cable, steel rope
Stahlseildach *n (Konst)* steel cable roof
Stahlsichtrahmen *m* exposed steel framing
Stahlsilo *n* steel plate silo
Stahlskelett *n (TK)* steel skeleton
Stahlskelettbau *m* steel skeleton building, steel skeleton construction, steel-frame(d) construction, structural steel framework, building steel framework, steel-framed structure, steel framing
Stahlskelettgebäude *n (Konst, TK)* steel skeleton building
Stahlsorte *f* steel grade, steel quality, variety of steel
Stahlsorte *f* **und Durchmesser** *m* type and size of reinforcement *(Eisenliste, Stahlliste)*
Stahlspäne *mpl* steel filings
Stahlspannglied *n* steel tendon
Stahlspannung *f (Stat)* steel stress
Stahlspannungsabfall *m* relaxation of steel *(Spannbeton)*
Stahlsparren *m (BT)* steel rafter
Stahlsplittbeton *m (BB, BM, St)* steel chip concrete
Stahlspreizdübel *m* steel expansion dowel
Stahlsprengwerk *n (TK)* steel truss frame
Stahlspundbohle *f* steel sheet pile
Stahlspundwand *f* sheet-steel piling, steel piling, steel sheet piling; fin *(vom Hauptkofferdamm auskragend)*
Stahlspundwandrammen *n* steel sheet piling
Stahlspundwandschlagen *n* steel sheet piling
Stahlspurnagel *m (Verk)* steel streetmarker, steel traffic stud
Stahlstab *m* steel rod; steel bar, steel member *(Fachwerk)*
Stahlstab *m***/I-förmiger** I-bar
Stahlstacheldraht *m* steel barbed wire
Stahlstarrrahmen *m* steel rigid frame, steel-ribbed flooring
Stahlstaub *m* steel filings
Stahlsteindecke *f* reinforced block floor, ribbed floor with hollow stone fillers, joist ceiling, Kleine's ceiling
Stahlsteindecke *f* **mit Betongurt** reinforced brick floor with concrete beams
Stahlsteindecke *f* **mit Lochsteinen** *(TK)* reinforced perforated block floor
Stahlstich *m (Arch)* steel-engraving
Stahlstift *m* steel brad
Stahlstrahlmittel *n* steel abrasive

S

Stahlstraßenspurnagel *m* steel streetmarker
Stahlstütze *f* steel support, steel column, (steel) stanchion
Stahlstütze *f***/betonummantelte** cased column
Stahlstütze *f***/ummantelte** cased column
Stahltafel *f* steel panel *(Wandtafel)*
Stahlton *m* 1. *(BM, BT)* prestressed clay; 2. *(BM)* Stahlton *(Spannton)*
Stahltonbrett *n* plank in prestressed clay
Stahltondecke *f* prestressed clay floor
Stahltonwandtafel *f (BT)* wall slab in prestressed clay
Stahltonwerk *n (BWG)* Stahlton plant
Stahltor *n* steel shutter door
Stahlträger *m* steel girder [beam], steel section [joist]
Stahlträger *m***/zusammengesetzter** *(St)* built-up steel girder
Stahlträgerdecke *f (TK)* steel girder floor
Stahlträgerdecke *f* **mit Steinausfachung** *(TK)* filler-joist floor
Stahlträgerpfahl *m (BT, Erdb, St)* H-pile
Stahlträgertreppenwange *f (BT)* steel string (piece)
Stahlträgerverbundkonstruktion *f (St, TK)* composition steel beam structure
Stahltragwerk *n* steel structure
Stahltrennwand *f* steel partition wall
Stahltür *f* steel door
Stahlüberbau *m (Konst, TK)* steel superstructure
Stahlüberführung *f (Konst)* steel overbridge
Stahlüberkreuzung *f* bar intersection
Stahlüberlandmast *m* steel transmission pole
Stahl-U-Profil *n* steel channel profile
Stahlverbindung *f* **mit berührender Nagelleiste** *(Konst)* nailing joist
Stahlverbrauch *m* steel consumption
Stahlverbundkonstruktion *f (BB, Konst)* composite steel and concrete structure
Stahlverbundträger *m* steel composite girder
Stahlverkleidung *f* steel skin
Stahlvollwandbalken *m* steel plane web beam, steel solid web beam
Stahlvollwandträger *m* steel solid web girder
Stahlvorhangwand *f* steel curtain wall
Stahlwalze *f***/gummiummantelte** *(BWG, Verk)* rubber--coated drum roller
Stahlwandanker *m* steel wall tie
Stahlwandanker *m* **für wandtragende Träger** government anchor
Stahlwandversteifung *f* steel skin
Stahlwasserbau *m (St, Wsb)* hydraulic steel construction
Stahlwasserrohr *n (BT, San, WVA)* steel water pipe
Stahlwellblech *n* corrugated sheet steel, corrugated sheet iron
Stahlwendel *m* steel helix
Stahlwerksasche *f* steel slag
Stahlwerksschlacke *f* steel slag
Stahlwolle *f* steel wool, steel shavings
Stahlzarge *f (EB, St)* pressed steel door frame
Stahlzellendecke *f* cellular floor(ing), cellular steel floor
Stahlzugband *n* steel bowstring, steel tie-rod
Stahlzugglied *n (BT)* steel tension member
Stahlzuschlagbetonbelag *m* metallic-aggregate covering
Staket *n* pale fencing, paling, pale fence, palisade
Stakete *f* lath, pale, pale picket, wooden lath
Staketenzaun *m* pale fence, pale fencing, paling, palisade, slat fence
Stakholz *n (BM)* wooden strut
Stakung *f (Konst)* straw and loam pugging *(Flechtverbau mit Lehmfüllung)*
Stalagmit *m (Bod)* stalagmite
stalagmitenförmig stalagmiform

stalagmitisch stalagmitic
Stalaktit *m (Arch)* stalactite
Stalaktitenarbeit *f (Arch)* stalactite work *(stalaktitenartige Stuckdekoration islamischer Herkunft)*
Stalaktitenbogen *m (Arch)* stalactite arch
Stalaktitendecke *f (Arch)* stalactite ceiling
stalaktitenförmig stalactiform
Stalaktitengewölbe *n (Arch)* stalactite vault
Stalaktitengewölbeverzierung *f (Arch)* muquarnas *(islamische Form)*
Stalaktitenkapitell *n (Arch)* stalactite capital
Stalaktitenkuppel *f (Arch)* stalactite dome
Stalaktitenornament *n (Arch)* stalactite ornament
Stalaktitenportal *n (Arch)* stalactite portal
Stall *m* stall, animal housing, shed, stable, *(AE)* barn *(Landbau)*
Stallbox *f (LB)* box stall
Stallgang *m (Konst, Verk)* alley *(Landbau)*
Stallgebäude *n* stable building, *(AE)* barn *(Landbau)*
Stallhof *m (Konst, LB)* stable court
Stallpfosten *m* heel post
Stallung *f* 1. *(Konst, LB)* stalling; 2. *(LB)* animal housing
Stambha *m (Arch)* stambha, lath *(Säule bzw. Monumentalpfeiler der Hindu-Architekten)*
Stamm *m* 1. *(BM, Hb)* tree trunk; 2. *(BM)* stem
Stamm *m*/**unbearbeiteter** *(BM, Hb)* log
Stamm *m*/**vierseitig behauener** *(Hb) (AE)* cant
Stammglas *n* parent glass
Stammholz *n* stem wood, trunk wood, log, roundwood, whole beam; stem timber, stock timber, unhewn timber
Stammholzberechnungsmethode *f (AE)* quarter girth rule
Stammlängssägen *n (Hb, Te)* pit sawing *(von Hand)*
Stammmannschaft *f* permanent staff
Stampfasphalt *m* tamped asphalt, compressed (rock) asphalt
Stampfbalken *m (BWG)* tamper
stampfbar *(BM)* rammable
Stampfbau *m* pisé building
Stampfbeton *m* rammed concrete, tamp(ed) concrete, compressed concrete
Stampfbetoneinbringung *f* dry-tamp process
Stampfbetonfundament *n (Erdb)* tamped concrete foundation
Stampfbetonrohr *n* tamped concrete pipe
Stampfbohle *f* compacting beam, tamper, tamping plank *(Verdichtung)*
Stampfdichte *f* tamped density
stampfen *v* tamp, ramp, stamp
stampfen *v*/**Beton** puddle
stampfen *v*/**erdfeuchten Beton** dry-pack
stampfen *v*/**Mörtel** beat the mortar
Stampfen *n* tamping, ramming, stamping
Stampfer *m* tamper, tamping iron, stamper, rammer, beater; beetle *(Hammer für Holzpfähle)*; paving rammer *(für Pflastersteine)*; punner *(für Bodenverdichtungsarbeiten)*
Stampffähigkeit *f* roddability *(Beton)*
Stampffrosch *m (BWG, Erdb)* power tamper
Stampfgerät *n (BM, BWG)* compactor *(im Labor)*
Stampflage *f (Konst)* rammed layer
Stampflehm *m* rammed clay, pisé, cob
Stampflehmbau *m* cob construction, pisé building, *(AE)* beaten cobwork
Stampfmaschine *f* **und Rüttel(stampf)maschine zur Betonherstellung** compactor and vibrating compactor for the manufacture of concrete
Stampfmauerwerk *n (Konst)* rammed walling
Stampfnivellierfertiger *m* tamping levelling finisher
Stampfplatte *f* tamping slab
Stampfschicht *f (Konst)* rammed layer
Stampfstange *f* tamping bar, tamping rod *(zum Verdichten)*
Stampfton *m (BM)* rammed clay
Stampfverdichtung *f (Te)* tamping compaction
Stampfverdichtungsmaschine *f (Verk)* tamping machine
Stand *m* 1. stall, booth, stand *(Verkaufsstand)*; 2. *(Verm)* level; 3. *(Konst, Te)* height *(Niveau)*; 4. *(RS)* state *(Entwicklung, Technik)* • **auf den neuesten Stand bringen** update
Stand *m* **der Technik** *(Konst, VR)* state of the art
Standard *m (Konst, VR)* standard *(Norm)*
Standard *m*/**gesetzlicher** mandatory standard
Standard *m*/**handelsüblicher** *(VR)* commercial standard
Standard *m*/**verbindlicher** mandatory standard
Standard... normal ..., modular ...
Standardabweichung *f*/**mittlere** mean square deviation *(Qualitätskontrolle, Baustoffprüfung)*; standard deviation *(Statistik)*
Standardachszahl *f*/**äquivalente** *(Verk)* equivalent number of standard axles
Standardanschlag *m* standard mounting
Standardausführung *f* standard version • **in Standardausführung** standard
Standardbausystem *n (Konst, Te)* standard construction system
Standardbreite *f* standard width
Standardbrückensystem *n (Br)* unit construction bridge system
Standarddichte *f (Bod)* optimum Proctor density, Proctor density
Standardfenster *n (BT)* standard window
standardgemäß standard
standardgemäß/nicht *(BM, VR)* substandard
standardisieren *v* standardize, unitize
standardisiert 1. *(BM, BT)* standard; 2. *(BM, BT)* unitized
Standardisierung *f (VR)* standardization
Standardisierung *f*/**stärkere** *(VR)* higher extent of standardization
Standardlänge *f (BT)* standard length
Standardleistungsbuch *n* **für das Bauwesen** Standard Construction Services Manual
Standardnadelwiderstand *m (Bod)* Proctor penetration resistance, standard penetration resistance
Standardnadelwiderstandsprüfung *f (Bod)* standard penetration test
Standardprobe *f* standard specimen, paradigm
Standardprobe *f* **der Bruchmechanik** *(BM, Stat)* compact tension specimen
Standardprüfstab *m* standard test bar
Standards *mpl (BM, BT, Konst, Stat, VR)* consensus standards
Standards *mpl*/**gesetzliche bautechnische** *(Konst, VR)* legal technical standards
Standardtafel *f* standard panel
Standardtoleranz *f* standard tolerance *(z. B. bei Fertigteilen)*
Standardunterlagen *fpl (AE)* (standard) format *(zur Angebotsplanung)*
Standardverdichtungsversuch *m (Bod)* standard compaction test, Proctor compaction test, laboratory compaction test
Standardwerk *n (VR)* code
Standardziegel *m (AE)* engineered brick *(20,36 × 10,16 × 8,13 cm)*
Standbatterie *f (San)* sink mixer
Standbelastung *f (Stat)* static loading
Standbild *n (Arch)* statue
Standbild *n*/**kleines** *(Arch)* statuette
Standdrän *m (Erdb, WVA)* vertical drain

Ständer *m* 1. *(BT)* vertical member; 2. *(TK)* pillar stanchion; 3. *(BT, Hb)* wooden pillar *(Holzfachwerk)*; 4. *(BT, TK)* post; 5. *(Konst)* leg *(Pfosten, Stiel beim Fachwerk)*; 6. *(EB, Konst)* rack *(Gestell)*
Ständer *m*/**tragender** load-bearing stud
Ständerbau *m* beam-and-column construction, post-and--beam construction, post-and-lintel construction, storey post and beams
Ständerbauweise *f s.* Ständerbau
Ständerfachwerk *n* system of web members, vertical truss, strut frame, posts
Ständerhaus *n (Konst)* post-and-beam house
Ständerleuchte *f (El)* standard lamp
Ständerrahmenbau *m* beam-and-column construction, post-and-beam construction, post-and-lintel construction
Ständertrennwand *f (Hb)* stud partition
Ständerverbindung *f (BT)* stud union
Ständerwand *f (Hb)* single plank wall
Ständerwerk *n* strut frame, system of web members, diagonal web, posts
standfest 1. *(Stat)* steady; 2. *(BM, Bod, BT, Konst, TK)* stable; 3. *(BM, Bod)* competent *(Gestein)*; 4. *(Verk)* rut resistant *(Straßenbefestigung)*; 5. *(BM, Bod, BT, Konst, TK)* stable *(Baugrund)* • **standfest sein** be stable
Standfestigkeit *f (Stat)* stability, stability under load; stableness, sturdiness, rigidity
Standfestigkeitsabfall *m* stability drop
Standfestigkeitsberechnung *f (Stat)* stability calculation
Standfestigkeitsdiagramm *n* stability diagram
Standfestigkeitsfall *m (BM, TK)* stability case
Standfestigkeitsgrenze *f (Stat)* limit of stability
Standfestigkeitsuntersuchung *f* stability investigation
Standfläche *f*/**befestigte** hardstand
Standhahn *m (San, WVA)* pillar tap
standhalten *v* stand
ständig perennial
Standlast *f*/**kurzfristige** *(Stat)* short-time static load
Standlinienzug *m (Verm)* chain traverse
Standmast *m* fixed pole, fixed post
Standöl *n (BM, DIS, OB)* stand oil
Standölfarbe *f* stand oil (gloss) paint
Standöllack *m* stand oil varnish
Standort *m* 1. location, place, site *(Lage, z. B. von Anlagen, Gebäuden)*; 2. stand, position *(z. B. eines Betrachters)*; 3. *(Umw)* habitat *(Flora, Fauna)* • **den Standort festlegen** site, locate • **den Standort planen** site • **für einen Standort vorsehen** pitch
Standort *m* **eines Gebäudes/feuergefährdeter** exposure hazard of a building
Standort *m*/**kontaminierter** problem site
Standort *m*/**kritischer** critical location
Standortanalyse *f (RP)* siting analysis
Standortaufnahme *f* location survey
Standortaufnahmemessung *f* location survey
Standortbestimmung *f (RP)* siting
Standortfestlegung *f (RP)* position determination *(s. a. Standortbestimmung)*
Standortkriterien *npl (RP)* site criteria
Standortmerkmale *npl (RP)* location characteristics
Standortplanung *f (RP)* siting planning
Standortumgebung *f (Verk)* location utility
Standortverhältnisse *npl* local conditions, site conditions, environmental conditions
Standortvermessung *f* field survey
Standortwahl *f (RP)* siting
Standplatz *m* car place *(geplante, vorzusehende Pkw--Stellfläche)*
Standpunktkorrektur *f (Verm)* station correction
Standrichtung *f* orientation, aspect *(eines Gebäudes in Ost-West-Richtung)*
Standrohr *n* 1. *(Erdb, WVA)* vertical pipe; 2. *(WVA)* gauge glass *(Schauglas)*; 3. *(Bod, Erdb, Wsb)* gauge tube; 4. *(WVA)* standpipe *(Hydrant)*
Standsäule *f* **für Waschbecken** *(San)* pedestal
Standschalung *f* ordinary formwork, ordinary forms, ordinary shuttering, fixed formwork
Standseilbahn *f (Verk)* cable railway at ground level
standsicher 1. *(Stat)* steady; 2. *(BM, Bod, BT, Konst, TK)* stable; 3. *(TK)* rigid
standsicher/nicht 1. *(Stat)* instable; 2. *(TK)* unstable
Standsicherheit *f (Stat)* stability, static stability; steadiness, structural stability
Standsicherheitsberechnung *f (Stat)* stability calculation
Standsicherheitsdiagramm *n* stability diagram
Standsicherheitsformel *f* stability formula
Standsicherheitsfunktion *f (Stat)* stability function
Standsicherheitsgleichung *f* stability equation
Standsicherheitsnachweis *m (Stat)* stability check, stability proof
Standspur *f*/**befestigte** 1. hard shoulder, highway shoulder *(Autobahn)*; 2. emergency lane, road shoulder, lay-by, parking lane *(Straße)*
Standspur *f*/**unbefestigte** soft shoulder, unpaved shoulder
Standstreifen *m* emergency lane, hard shoulder for emergency stop *(s. a. Standspur/befestigte)*
Standzeit *f* 1. die-life, tool life *(eines Werkzeugs)*; 2. service life, operating life, failure time *(einer Maschine)*
Standzeit *f*/**zu erwartende** service life expectancy
Stange *f* pole, stick, bar, rod, stake *(Metall, Holz)*; post *(Pfosten beim Fachwerk)*
Stange *f*/**angeschuhte** shoed bar
stängelig spiky; elongated
Stängelstruktur *f (BM, Bod)* columnar structure *(Minerale)*
Stängelung *f (Arch)* pencil structure
Stangenbohrer *m* auger bit
Stangengriff *m* grab bar
Stangenholz *n* pole timber
Stangenmast *m (BT)* pole
Stangenrost *m (BWG, Te)* grizzly *(z. B. für Gestein)*
Stangentor *n (AE)* barway
Stangenverbindung *f* bar connection, rod connection
Stangenverschluss *m* espagnolette, bolt with handle *(Fenster)*
Stanniol *n* tin foil
Stanze *f* punch, punching machine *(für Löcher)*
stanzen *v* 1. punch *(Löcher)*; 2. stamp *(prägen)*; 3. blank *(ausstanzen)*; 4. pierce *(durchlochen, durchstechen)*; 5. *(Te)* centre *(punzieren)*
Stanzer *m* punch, punching machine *(für Löcher)*
Stapel *m* pile, stack; heap *(ungeordnet)*; tier *(Lage)*
Stapelfassade *f (Arch)* stacked façade *(mit Häufung unterschiedlicher Dekorationselemente)*
Stapelholz *n* store timber, packing piece; dunnage *(Abfallholz)*
Stapelklotz *m* bilgeblock *(beim Schiffbau)*
Stapellatte *f* sticker
stapeln *v* 1. pile, stack up; heap up *(ungeordnet)*; 2. warehouse, store *(lagern)*; store up, stockpile *(auf Vorrat)*; 3. store *(Werkzeuge)*
stapeln *v*/**flach** stack flat
Stapeln *n* stacking; stockpiling *(von Holz)*
Stapelplatz *m* piling place; stacking ground, stacking yard, timber storage yard *(Holz)*
Stapelreihe *f (Te)* tier *(Lage)*
Stapelstuhl *m* stacking chair
stark 1. strong, powerful, mighty *(mächtig)*; 2. thick *(Um-*

fang); 3. sturdy, strong, robust *(Bauweise)*; 4. heavy *(Druck)*; 5. stout *(Material)*
Stärke *f* 1. depth, thickness *(Dicke, Aufbaustärke)*; diameter *(Durchmesser)*; 2. *(Stat)* strength; 3. heaviness *(Verkehr; Niederschläge)*; 4. starch *(chemisch)*
Stärkegummi *n* starch gum, dextrin
Stärkeleim *m* starch glue
Stärken *n* starching
Starkgefällestraße *f (Verk)* steep road
Starkglas *n (BM)* thick glass
Starkholzbaukonstruktion *f* heavy-timber construction, mill construction
Starkholzkonstruktion *f* heavy-timber construction
Starkstrom *m (El)* high-voltage current
Starkstromkabel *n (El)* heavy-duty cable
Starkstromleitung *f (El)* power line
Starkstromnetz *n (El)* power mains
Starkstromsteckdose *f (El)* power socket
starr 1. rigid, inflexible *(unbiegsam)*; 2. stiff(ened), solid *(steif)*; 3. *(BT, Konst)* unbending *(Konstruktionsverbindung, Bauelement)*
starr/nicht non-rigid
Starrheit *f (Stat)* rigidity, stiffness
Starrheitsbedingung *f (Stat)* rigidity condition, stiffness condition
Starrheitsfaktor *m (Stat)* rigidity factor
Starrheitsmatrix *f* rigidity matrix
Starrkörperbewegung *f* rigid body motion
Starrpunkt *m* shatter point *(von Bitumen)*
Starrrahmen *m* rigid frame
Start *m (Te)* start
starten *v* start, take off
Starter *m (El)* starter *(Leuchtstofflampe)*
Start- und Landebahn *f (Verk)* (landing) runway, flight strip, jetway, landing strip, *(AE)* airstrip
Statik *f (Stat)* statics, analysis, stress analysis, structural analysis, theory of structures
Statik *f***/grafische** *(Stat)* graphical statics
Statik *f* **starrer Körper** *(Stat)* statics of rigid bodies
Statiker *m* structural designer, design engineer, structural engineer, designer
Station *f* 1. *(Verk)* station; 2. *(Konst)* ward *(Krankenhaus)*
Station *f***/meteorologische** meteorological station
Station *f***/trigonometrische** *(Verm)* trigonometrical station
stationär stationary
stationär/nicht non-stationary
Stationierungszeichen *n (Verk)* station mark *(Straße)*
Stationsgebäude *n (Arch, Konst, Verk)* station building
Stationspunkt *m (Verm)* station
statisch static, statical
Statistik *f (Stat)* statistics
statistisch *(Stat)* statistical
Stativkompass *m (Verm)* surveyor's compass
Stätte *f* **der Herma-Halle** *(Arch)* Stoa of Hermae *(Athen)*
stattfinden *v* occur *(Ereignis, Störung)*
Statue *f (Arch)* statue
Statue *f***/kleine** 1. *(Arch)* little figure; 2. *(Arch)* statuette
Statuen *fpl (Arch)* statuary
Statuenkranz *m (Arch)* ring of statues
Statuennische *f (Arch)* habitacle; tabernacle *(Kirchenbaukunst)*
Statuensockel *m (Arch)* statue pedestal
Statuenunterbau *m (Arch)* statue pedestal
Statuette *f (Arch)* statuette
Stau *m* 1. *(Wsb)* impoundage, damming up; raised water level; 2. *(Verk)* rush of traffic, traffic jam, congestion; 3. bank up, tailback *(Rückstau)*
Stauanlage *f (Wsb)* dam, reservoir installations, penstock, weir
Staub *m* dust; meal *(gemahlen)*
Staub *m***/feiner** *(HLK, Umw)* fine dust *(z. B. in Feuerungen)*
Staubabsaugeeinrichtung *f* dust-collecting equipment
Staubabsaugung *f* dust exhaust, dust collection (by exhaust ventilation)
Staubabscheider *m* precipitator; dust catcher, dust separator, dust collector *(Entstaubungsanlage)*
Staubabscheiderzyklon *m* cyclone dust collector
Staubabscheidung *f (HLK, Umw)* particulate collection
staubabweisend dustrepelling
staubähnlich dustlike
Staubalken *m (BT, Wsb)* stop log
Staubanfall *m (Umw)* dust concentration
Staubanteil *m* dust content
staubartig dustlike, pulverulent
Staubbildung *f* dust formation
Staubbindemittelfilm *m***/niedrigviskoser** dust palliative
Staubbinder *m* dust binder, dust palliative
Staubbindung *f* dust laying
Staubboden *m (Bod)* pulverulent soil
Staubdecke *f* dust ceiling, dustproof ceiling
staubdicht dustproof
Staubecken *n (Wsb)* (water) storage basin [reservoir], impounded reservoir, impounding basin [reservoir], retaining basin; power basin *(eines Kraftwerkes)*
Staubeindringung *f* dirt penetration
Staubemission *f (Umw)* particulate emission
stauben *v* make dust, raise dust
staubend dusting, dust-producing, dusty
staubend/nicht non-dusting
Staubentfernung *f (Umw)* dust removal
stauberzeugend dust-producing
Staubexplosion *f* dust explosion
Staubfang *m* dust separator, dust collector *(Entstaubungsanlage)*
Staubfilter *n (Umw)* dust filter, fabric filter
staubfrei dustfree, dustless • **staubfrei machen** dustproof
Staubfreimachung *f* dustproofing
Staubgehalt *m* 1. dust content; 2. *(Umw)* air pollution
staubgeschützt dustproof
staubhaltig dust-laden
staubig 1. dusty, nesh; 2. dustlike *(staubartig)*
Staubkalk *m* lime powder, dusty chalk, powdered lime, pulverized lime
Staubkonzentration *f (Umw)* dust concentration
Staubrückhaltung *f (HLK, Umw)* dirt retention
Staubsand *m (BM)* flour sand *(Zuschlagstoff)*
Staubschutz *m* 1. dust protection; 2. dust guard, dust screen *(Vorrichtung)*
Staubschutzmaßnahmen *fpl (Umw, VR)* dust preventing
Staubschutzmittel *n (Umw)* dust preventer
Staubschutzplättchen *n (EB)* dustproof strike *(eines Schlosses)*
Staubschutztafel *f (Umw)* dust board *(über einem Eingang)*
staubsicher dustproof
Staubsichter *m* dust separator, dust collector *(Entstaubungsanlage)*
Staubstraße *f (Verk)* dusting road
Staubteilchen *n* dust particle
staubtrocken *(OB)* dust-dry *(Anstrich)*
Staub- und Lärmschutz *m (Umw)* dust and noise control
staubundurchlässig dustproof
Staubunreinheit *f (Umw)* dust impurity
Staubverhütung *f (Umw, VR)* dust prevention
Staubverschmutzung *f (Umw)* dust impurity
Staubzyklon *m* cyclone dust collector
stauchen *v* clench, jump, close, hot-press; upset *(kalt, Nietköpfe)*; forge *(hämmern)*

Stauchgrenze *f* compression yield point, percentage yield *(Festigkeit)*
Stauchlängenverlust *m (BM)* upset length loss
Stauchung *f* 1. *(Stat, Te, TK)* compressive strain; 2. *(St, Te)* clenching *(von Nietköpfen)*; 3. *(BM, BT)* upsetting deformation *(Kaltstauchung)*
Stauchzone *f (BT, Erdb, Stat, TK)* compression zone
Staudamm *m* 1. *(Wsb)* dam, retaining dam; 2. *(Wsb)* barrage dam, barrage *(zur Bewässerung)*
Staudamm *m* **mit Einschlämmung** *(Wsb)* hydraulic-fill dam
Staudamm *m***/überfluteter** *(Wsb)* submergible dam
Staudenrabatte *f (LB)* herbaceous border
Staudruck *m* 1. dynamic pressure, backpressure; 2. *(Wsb)* ram pressure
Staudruckrohr *n* Pitot tube
stauen *v* 1. *(Wsb)* dam up, bank up, stem, retain; 2. *(Wsb)* obstruct *(blockieren)*; 3. crowd *(verstopfen, auch Verkehr)*; 4. congest *(Verkehr)*
stauen *v***/sich** 1. accumulate, collect, rise *(Wasser)*; 2. build up, be stacked up *(Verkehr)*; 3. mass *(sich anhäufen)*; 4. crowd, clog up *(verstopfen)*
Stauentwicklung *f (Verk)* jam development
Staufläche *f (Wsb)* impounding area *(Talsperre)*
Staugebiet *n (Wsb)* backwater zone
Staugrenze *f (Wsb)* limit of backwater
Staugrundwasser *n (Bod)* ponded ground water
Stauhöhe *f (Wsb)* height of damming, height of rise, top-water level, water rise head *(Stauanlage)*; retaining level
Stauklappe *f (Wsb)* wicket
Staukurve *f (Wsb)* backwater slope
Staulänge *f* 1. *(Verk)* storage length; 2. *(Wsb, WVA)* backwater length
Staumauer *f* 1. *(Wsb)* masonry dam, dam, water retaining wall, impounding dam; 2. *(Wsb)* barrage, barrage dam *(zur Bewässerung)*
Staumauer *f* **aus übergroßen Schottersteinen** *(Wsb)* tailings dam
Staumauerwiderlager *n (Wsb)* dam abutment
Staunässe *f* 1. damming wetness; 2. *(Bod)* water logging
Stauniveau *n* level of upper pond
Stauraum *m* 1. *(Wsb)* retaining capacity, storage capacity; 2. *(Verk)* queuing area, queuing space, stacking area, stacking lane, storage area *(Straße)*
Stauraum *m* **einer Talsperre** *(Wsb)* volume of the reservoir of a barrage
Stauraumbemessung *f* 1. *(Wsb)* calculation of storage capacity; 2. *(Verk)* design of stacking area, calculation of stacking lane
Stauraumkapazität *f* storage capacity
Stauraumlänge *f (Verk)* storage length
Stauraumsedimentierung *f (Wsb)* reservoir sedimentation
Stauraumspur *f (Verk)* storage lane
Staurohr *n* Pitot tube
Staurothek *f (Arch)* staurotheca *(Reliquiar)*
Stauschleuse *f (Wsb)* retaining sluice
Stausee *m* dam(med) lake, artificial [obstruction, impounded, ponded, storage] lake, reservoir, storage reservoir
Stauspiegel *m***/höchster** *(Wsb)* top-water level
Stauspur *f (Verk)* stacking lane
Staustrecke *f (Wsb)* level reach
Staustreifen *m (Verk)* stacking lane
Staustufe *f (Wsb)* barrage weir with lock
Stauung *f (Wsb)* damming-up
Stauvolumen *n (Wsb)* storage capacity
Stauwand *f (Wsb)* retaining wall
Stauwarnanlage *f (Verk)* congestion warning system
Stauwasser *n (Wsb)* dam water, dammed-up water, impound water, ponded water, sluice; backwater, perched water; tail water *(Deponie)*
Stauwasserdruck *m (Wsb)* impounded water pressure, retained water level
Stauwasserhöhe *f (Wsb)* backwater level
Stauwasserzone *f (Wsb)* backwater zone
Stauwehr *n (Wsb)* penstock, retaining weir, weir; barrage
Stearinsäure *f (BM)* stearic acid
Steatit *m* lard stone; steatite *(Talkabart)*
Stechbeitel *m (Hb)* firmer chisel, ripping chisel
stechen *v* 1. hole, punch *(Löcher)*; 2. stick, run *(einstechen)*; 3. prick, pierce
Stechfase *f* chamfer stop *(Tischlerarbeit)*
Stechheber *m (BM)* plunging siphon *(Probenahme)*
Stechmeißel *m* necking tool, parting tool
Stechschloss *n (EB)* Yale lock®
Stechzirkel *m (Konst)* dividers
Stechzylinder *m (BWG, Bod, Erdb)* core cutter
Steckanschluss *m (HLK)* plug-in termination
Steckbuchse *f* lock bush
Steckdorn *m* pin spanner
Steckdose *f (El)* outlet box, socket outlet, socket, *(AE)* receptacle; convenience receptacle *(Hausgeräte)*
Steckdose *f***/dreipolige** *(El)* three-pin socket
Steckdose *f* **für eine Leuchte** *(El)* light socket
Steckdose *f* **für polgerechten Stecker** *(El) (AE)* polarized receptacle
stecken *v* fix, pin *(mit Nadeln)*; insert, put; peg *(verstiften)*; stick fast *(festsitzen)*
Stecker *m (El)* (male) plug, connector
Stecker *m* **für Wandsteckdosen** *(El)* wall plug
Steckeranschluss *m (El)* plug-on connection
Steckeranschlussstelle *f (El) (AE)* receptacle outlet
Steckerbrett *n (El)* patch board *(für temporären Gebrauch)*
Steckmuffenverbindung *f (San)* muff joint
Steckschlüssel *m* box spanner, socket spanner, *(AE)* socket wrench
Steckstift *m* pin plug
Steckverbindung *f* 1. inserted joint *(mechanisch)*; 2. *(El)* plug-in connection
STEEL metal timber connector, nailed plywood gusset
Steg *m* 1. web, stalk, stem, steel web *(Träger)*; 2. *(Konst)* rib *(eines Betonträgers, T-Trägers)*; 3. bulb *(Dichtungsband)*; 4. flange *(Flansch)*; 5. way, foot bridge *(Brücke)*; 6. came *(H-förmig, für Fenster)*; 7. *(Konst)* ridge *(Rücken, Wulst)*; 8. *(Te)* runway *(Plankensteg für Schubkarren)*; 9. stud link *(Steganschluss, Stegbolzenverbinder)*
Steg *m***/geneigter** inclined web
Steg *m***/offener** open web
Steganschluss *m* 1. *(Konst)* stalk connection; 2. *(San)* web connection
Stegarmierung *f (BM, Konst)* web reinforcement
Stegaussteifung *f* 1. *(Konst)* stalk stiffening; 2. *(Konst, St)* web stiffening
Stegbeschädigung *f***/kleine** *(RS)* web crippling
Stegbewehrung *f* stalk reinforcement
Stegblech *n* stalk plate, web plate
Stegblechanschluss *m* 1. *(San)* stalk plate connection; 2. *(Konst, San, St)* web plate connection
Stegblechaussteifung *f* stalk plate stiffening, web plate stiffening, web stiffener
Stegblechdicke *f (BM, St)* web plate thickness
Stegblechhöhe *f* stalk plate depth
Stegblechlänge *f* stalk plate length
Stegblechlängsanschluss *m (Konst, St)* web plate longitudinal connection
Stegblechlängsstoß *m (Konst, St)* web plate longitudinal connection

Stegblechmoment *n (Stat)* web plate moment
Stegblechquerstoß *m (Konst, St)* web plate transverse connection
Stegblechsteife *f* 1. *(BT, San)* stalk plate stiffener; 2. *(BT, Konst, St)* web plate stay
Stegblechstoß *m* 1. *(San)* stalk plate connection; 2. *(Konst, San, St)* web plate connection; 3. *(Konst, St)* web splice
Stegblechwinkel *m* stalk plate angle, web plate angle
Stegdeformierung *f (RS)* web crippling
Stegdiele *f* reinforced concrete hollow plank, hollow-core plank
Stegkassettenplatte *f* hollow cassette plank, hollow-core plank, hollow panel plank, hollow waffle plank
Stegkette *f* studded link cable chain
Stegknickung *f* web buckling
Steglatte *f* slat *(Fensterladen, Jalousie)*
Stegrundung *f* radius of web
Stegschalung *f* web forms, web formwork
Stegsteife *f* stalk stiffener, stalk stay, web stay, web stiffener
Stegtafel *f (BT)* web panel
Stegverstärkung *f (BM, Konst)* web reinforcement
Stegverstärkungsplatte *f (BT)* shear plate
Stegzementdiele *f (BT)* ribbed cement flooring slab
Stehblech *n* stalk plate, web plate
Stehblechanschluss *m* 1. *(San)* stalk plate connection; 2. *(Konst, San, St)* web plate connection
Stehblechaussteifung *f* stalk plate stiffening, web plate stiffening
Stehblechdicke *f (BM, St)* web plate thickness
Stehblechhöhe *f* stalk plate depth
Stehblechlänge *f* stalk plate length
Stehblechlängsanschluss *m* web plate longitudinal connection
Stehblechlängsstoß *m* web plate longitudinal connection
Stehblechmoment *n (Stat)* web plate moment
Stehblechquerstoß *m (Konst, St)* web plate transverse connection
Stehblechsteife *f* 1. *(BT, San)* stalk plate stiffener; 2. *(BT, Konst, St)* web plate stay
Stehblechstoß *m* 1. *(San)* stalk plate connection; 2. *(Konst, San, St)* web plate connection
Stehblechwinkel *m* stalk plate angle, web plate angle
Stehbohle *f (BT, Te)* toehold *(Dachdeckung)*
Stehbolzen *m (BT)* stay bolt
Stehbolzenstange *f* partition stud, stud
Stehbord *n* back ledge
stehen *v* stand; perch *(sitzen, z. B. Kragstein)*; rest *(Maschinen)*
stehen *v*/**aufrecht** stand upright
stehen *v*/**schief** lean on
stehend standing; right
stehend/allein detached *(Haus)*
stehend/aufrecht upright, upright standing
stehend/einzeln *(Konst)* isolated
stehend/frei 1. detached, independent, isolated *(nicht angebaut)*; 2. exposed positioned, exposed situated *(Gebäude im Gelände)*; 3. cantilevered *(Spundwand)*; 4. vacant *(Gebäude)*; empty *(z. B. Wohnungen)*
stehend/im Freien outdoor
Stehfalz *m* standing welt; (welted) standing seam *(Metallbedachung)*
Stehfalzbedachung *f (Konst)* standing seam roof cladding
Stehfalzblech *n (San)* standing seam plate
Stehfalzdacheindeckung *f (Konst)* standing seam roof cladding
Stehfalzsystem *n (Konst)* standing seam roof cladding
Stehlager *n (Konst, TK)* pedestal bearing
Stehlampe *f (El)* standard lamp
Stehlampe *f*/**nach oben strahlende** *(El)* torchère

steif rigid, stiff, firm, inflexible *(unbiegsam)*; harsh *(Beton)*; unbending *(Konstruktionsverbindung, Bauelement)*
Steife *f* 1. (shoring) stud, shore, tom, rance, bracing, bracing member, *(AE)* back stay; 2. *(Erdb)* ground prop; prop *(Bergbau)*; 3. *(Hb, TK)* puncheon *(eines Dachbinders)*; 4. *(BT)* stiffener *(Verstärkungsglied)*; 5. *(Stat)* rigidity, frame rigidity *(Rahmenelement)*; 6. *(TK)* supporter *(Stempel)*; 7. consistency, consistence *(Konsistenz)*; 8. *s.* Steifigkeit
Steife *f* **der Mischung** consistency of the mixture
Steife *f*/**horizontale** *(AE)* ligger
Steifebestimmung *f* measurement of consistency
Steifegrad *m* consistency [consistence] degree
Steifekoeffizient *m (BM, Umw)* consistency coefficient
Steifemesser *m* consistency meter, consistometer
steifen *v* stiffen, toughen *(aussteifen)*
Steifeprüfung *f* remoulding test
Steifewinkel *m* 1. *(BT, Konst)* lug angle; 2. *(BT, Konst)* clip angle
Steifezahl *f* 1. stiffness factor, stiffness coefficient, coefficient of rigidity; 2. *(Bod)* modulus of compressibility, coefficient of compressibility
Steifeziffer *f (Bod)* coefficient of compressibility
Steifheitsmodul *m* stiffness coefficient
Steifigkeit *f (Stat)* rigidity, stiffness
Steifigkeit *f*/**dynamische** dynamic rigidity, dynamic stiffness
Steifigkeit *f*/**elastisch-räumliche** elastic stability
Steifigkeit *f*/**räumliche** *(Konst, Stat)* structural stability
Steifigkeitsabnahme *f (Stat)* reduction in stiffness
Steifigkeitsbedingung *f (Stat)* condition of stiffness, rigidity condition, stiffness condition
Steifigkeitsfaktor *m (Stat)* rigidity factor, stiffness factor
Steifigkeitsmatrix *f* rigidity matrix
Steifigkeitsmatrizenverfahren *n (Konst, Te)* displacement method
Steifigkeitsmodul *m* modulus of stiffness, stiffness modulus
Steifigkeitsmodul *m*/**dynamisch-komplexer** *(AE)* dynamic complex modulus
Steifigkeitsterm *m* stiffness term
Steifigkeitsverlust *m* loss of stiffness, rigidity loss
steifknotig rigid-jointed, stiff-jointed
steifplastisch stiff-plastic *(Beton)*
Steifrahmen *m* rigid frame; braced box frame *(Fensterkasten)*
Steifrahmenbau *m (TK)* rigid frame construction
Steifrahmenplatte *f* stiff frame slab
Steifwerden *n*/**rasches** *(OB)* piling *(des Anstrichs)*
Steigdruck *m (San, WVA)* incremental pressure
Steigeisen *n* foot iron, hand iron, step iron; access hook
Steigeisen *npl* climbing irons; pole climbers *(für Holzmasten)*
Steigeleiter *f* ladder
steigen *v* 1. climb, mount *(klettern)*; 2. increase, raise *(sich erhöhen)*; 3. ramp *(eine Fläche, Gelände)*; 4. rise *(z. B. Temperatur, Werte)*
Steigen *n (HLK, Stat)* rise *(z. B. von Temperaturen, Werten)*
steigend rising *(z. B. Flüssigkeiten, Druck)*
Steiger *m* manlift
Steiger *m*/**hydraulischer** hydraulic manlift
steigern *v* 1. raise, increase *(erhöhen, z. B. Produktion, Werte)*; 2. enhance *(vergrößern, erhöhen)*; 3. upgrade *(erhöhen, z. B. Qualität)*
Steigerung *f* increase
Steigetreppe *f* 1. *(Konst)* stairs; 2. *(BT, Konst)* upstairs
Steighöhe *f*/**kapillare** *(Erdb)* capillary elevation
Steigkanal *m (HLK)* rising duct, duct riser
Steigleitung *f* 1. rising main, water riser pipe, water rising

pipe *(Frischwasser)*; 2. *(El)* mounting main, rising electrical main, rising tubing, vertical riser cable
Steigleitungsrohr *n s.* Steigrohr
Steigleitungsschacht *m (Konst)* shaft for risers
Steigmaß *n (Konst)* rise-to-run ratio *(Treppe)*
Steigrohr *n* riser, riser pipe, rising pipe, ascending pipe, rising tubing, vertical pipe, tubing; standpipe *(Hydrant)*
Steigrohrleitung *f* main, rising piping *(s. a. Steigrohr)*
Steigung *f* 1. slope, (rising) gradient, rise, upward slope, ascending grade *(Gelände)*; 2. pitch, inclination, incline, grade *(Neigung)*; ratio of inclination *(Neigungsverhältnis)*; 3. upgrade, upward grade *(Steigungsstrecke)*
Steigung *f* **einer Stufenhöhe** *(Konst)* rise of stair(case) tread
Steigung *f***/maßgebende** *(Verk)* ruling gradient *(Schienen)*
Steigung *f***/starke** *(Verk)* steep gradient
Steigung *f***/steile** *(Verk)* steep gradient
Steigungshöhe *f (Konst)* rise *(Stufenhöhe)*
Steigungsmaß *n* pitch dimension, rake dimension *(Treppe)*
Steigungsmaßlehre *f* pitch board *(Treppe)*
Steigungsstrecke *f* 1. *(Konst, Verk)* upgrade; 2. *(Verk)* upgrade section
Steigungsverhältnis *n* 1. slope ratio *(Fläche, Gelände)*; 2. *(Konst)* rise-to-run ratio *(Treppe)*
Steigungswinkel *m* 1. *(Verm)* angle of ascent; 2. *(Konst, Verk, Verm)* angle of inclination
steil steep; precipitous, declivous *(abschüssig, z. B. Gradienten)*; sharp *(abfallend)*
Steilbogen *m* steep arch
Steilböschung *f* escarp, scarp
Steildach *n* high-peaked roof, high-pitched roof, steep-pitched roof, steep roof
Steilgiebel *m (Konst)* steep gable
Steilhang *m* escarp, escarpment, steep slope, precipice
Steilheit *f (Erdb, Konst)* steepness
Steilkantenvorbereitung *f (St, Te)* square edge preparation *(Schweißen)*
Steilküste *f* steep coast, shelving coast, escarpment, mountain coast, cliffs
Steilparabel *f (Arch)* steep parabola
Steilrampe *f* steep incline
Steilstrecke *f (Verk)* steep length, steep section; steep route *(Eisenbahn)*
Steilufer *n* 1. *(Bod)* steep bank; 2. *(Bod, Wsb)* high-bank
Stein *m* 1. stone, rock *(Naturstein, Fels)*; 2. block, building block *(Beton)*; 3. brick *(Ziegel < 33,7 × 22,5 × 11,3 cm)*; 4. *(BT)* tile *(Dachstein, Dachziegel)* • **aus Stein errichten** *(SB)* mason • **aus Stein gemeißelt** stone-sculptured • **einen Stein ausstrecken** *(Te)* corbel out • **in Stein eingeschnitten** *(Arch)* glyptic *(durch Meißeln oder Gravieren)* • **Steine behauen** spall, work stones • **Steine glätten** scour stones
Stein *m***/bossierter** *(BM)* bossage
Stein *m***/dachförmiger** saddle stone
Stein *m***/durchgehender** bond stone; perpend *(im Mauerwerk)*
Stein *m***/feuerfester** kiln-brick
Stein *m***/flämischer** flap tile *(Dachstein)*
Stein *m***/ganzer** full brick, whole brick; whole tile *(Dachstein)*
Stein *m***/gebrannter** fired clay brick, burnt clay brick
Stein *m***/großer** plum *(Zyklopenbetonstein)*; boulder, block *(Durchmesser größer 200 mm)*
Stein *m***/halber** half bat
Stein *m***/länglicher** orthostate
Stein *m***/mit Putz imitierter** French stucco
Stein *m* **mit Rillenmuster/behauener** stroked work
Stein *m***/mittelgroßer** pebble, shingle *(60 - 200 mm)*
Stein *m***/rohgeformter** dobie
Stein *m***/sattelförmiger** saddle stone
Stein *m***/überstehender** projecting brick
Stein *m***/vertikal gestellter** upright stone
Stein *m***/verwitterter** rotten stone
Stein... stoned ...
Steinabdeckung *f* stone pitching
Steinader *f (BM, OB)* seam face *(Naturbaustein)*
steinähnlich stone-like
Steinaltar *m (Arch)* stone altar
Steinanker *m (BT)* stone anchor
steinartig stony, petrous
Steinauflage *f (Wsb)* enrockment *(Deich)*
Steinausmesser *m* dresser
Steinbalken *m (Konst)* tile beam
Steinbandsägemaschine *f* stone band saw
Steinbank *f (Bod)* stone bed
Steinbau *m (Arch, Konst)* stone building
Steinbauweise *f* (natural) stone construction, stone building method, tile construction method
Steinbauwerk *n* (natural) stone structure
Steinbearbeitung *f (SB, Te)* stone milling work
Steinbehauen *n (SB, Te)* stonework
Steinbelfried *m (Arch)* stone keep
Steinbergfried *m (Arch)* stone keep
Steinbettfuge *f (BT, Konst)* tabled joint
Steinbettung *f (Wsb)* stone bedding, rubble bedding; pierre perdue *(ohne Bindung)*
Steinbild *n (Arch)* rock-cut statue
Steinbild *n***/riesiges sitzendes** *(Arch)* rock-cut seated colossal statue
Steinbildhauer *m (Arch)* stone sculptor
Steinbildhauerei *f (Arch)* stone carving
Steinbildhauerhandwerk *n (Arch)* stone sculpture
Steinblock *m* large stone, natural walling stone, (stone) block • **aus Steinblöcken gebaut** megalithic
Steinblock *m***/hammerbehauener** *(BM, BT)* common ashlar
Steinblock *m***/zylindrischer** assize *(für Säulen)*
Steinblockstufe *f* stone step
Steinblume *f (Arch)* crocket *(Ornament der Gotik)*
Steinblumenkapitell *n* crocket capital *(Gotik)*
steinblumenverziert crocketed
Steinboden *m (Bod)* stony soil
Steinboden *m***/netzartiger** netlike stone soil
Steinbogen *m* block arch, tile arch
Steinbogenbrücke *f (Br)* stone arch bridge
Steinbogengerüst *n* centre-scaffolding of stones
Steinbohrer *m* rock drill, stone cutter, masonry drill, aiguille
Steinbohrmeißel *m* bull-point
Steinböschungsneigung *f (Konst)* talus
Steinbrechen *n (Te)* quarrying
Steinbrecher *m* rock crusher, stone breaker, stone crusher, rock breaker, stone crushing machine, quarrier
Steinbrecher *m***/hydraulischer** hydraulic splitter
Steinbruch *m* quarrel, (rock) quarry, stone pit, stone quarry
Steinbruchabfall *m (Bod)* quarry rubbish
Steinbruchabraum *m* quarry rubble, overburden, spoil
Steinbrucharbeit *f* quarrying operation, quarrying
Steinbrucharbeiter *m* quarryman
Steinbruchbetrieb *m* 1. *(BM, BWG)* operation of a quarry; 2. *(Te)* quarrying
Steinbruchboden *m (Bod)* quarry floor
Steinbruchlager *n* quarry bed
Steinchen *n* lapillus
Steincheneinlegeputz *m* depreter *(Wand)*
Steindamm *m (Wsb)* rock-fill dam, stone dam, mole
Steindamm *m***/gerüttelter** *(Wsb)* vibrated rock-fill dam
Steindeckwerk *n* (stone) rip-rap *(unregelmäßig, aus sehr großen Natursteinblöcken)*

S

Steindrän *m* 1. *(Erdb, LB)* rubble drain; 2. *(Erdb, WVA)* spall drain
Steindübel *m* rock dowel, masonry dowel
Steine *mpl*/**behauene** *(SB, Te)* stonework
Steine *mpl*/**feuerfeste** *(BM)* refractories
Steine *mpl*/**scharrierte** *(BM, SB)* axed work
Steineinlage *f* assize *(für Säulen)*
steinern stony
Steine- und Erdenindustrie *f (BM, BWG)* non-metallic minerals industry
Steinfall *m (Bod, Erdb, Verk)* rock fall, falling stones
Steinfallachtungszeichen *n (Verk)* falling stones sign
Steinfarbe *f* stone paint, masonry paint, petrifying liquid
Steinfertigung *f (Te)* tile making
Steinfigur *f* stone figure
Steinfläche *f*/**angeriebene** semirubbed finish
Steinformat *n* tile format
Steinfräse *f* stone mill
Steinfries *m (Arch)* stone frieze
Steinfrischling *m* 1. *(BM)* green block; 2. *(BM, Te)* green tile
Steinfuge *f*/**gehobene** *(Verk)* water joint *(Straße, Weg)*
Steinfugenschnitt *m* cutting of stones
Steinfüllfuge *f (BT, Konst)* tabled joint
Steinfüllung *f* **ohne Bindemittel** *(SB, Wsb)* dry rubble fill
Steinfundament *n (Erdb, SB)* stone footing
Steinfußboden *m* stone floor, stone slab (floor) covering
Steingarten *m (LB)* rock garden
Steingattersäge *f (BWG)* wire saw
Steingeländer *n (SB)* stone balustrade
Steingelenk *n (Konst)* stone hinge
steingemeißelt stone-sculptured
Steingeröll *n* 1. boulder stones; 2. *(Bod)* scree
Steingewölbebrücke *f* stone-vaulted bridge
Steingreifer *m* nippers *(Hebevorrichtung)*
Steingrün *n (OB)* mountain green
Steingut *n* earthenware, pottery (ware), crockery, faience
Steingut *n*/**glasiertes** vitreous china
Steingutfilterrohr *n (BM)* earthenware filter pipe
Steingutmosaik *n* earthenware mosaic, faience mosaics, pottery mosaic
Steingutrohr *n*/**wasserdurchlässiges** porous earthenware pipe
Steingutröhre *f (BT, San, WVA)* earthenware pipe
Steingutsickerrohr *n* porous earthenware pipe
Steingutwandplatte *f*/**glasierte** glazed earthenware wall tile
Steinhammer *m* stone mallet, axe
steinhart petrous
Steinhärtemittel *n* stone surface hardener, surface hardener
Steinhaufengrab *n (Arch)* cairn
Steinhaufwerk *n (BM, Wsb)* loose material
Steinhaus *n*/**rundes** *(Arch)* noraghe *(prähistorisches Sardinien)*
Steinheber *m* lewis
Steinherstellung *f (BM, Te)* forming of blocks
Steinholz *n* artificial flooring cement, flooring cement, magnesite compound, xylolite
Steinholzestrich *m* magnesium oxychloride composition, composition *(Baustoff)*; magnesium oxychloride screed *(als verlegte Schicht)*
Steinholzfußboden *m* stone-wood flooring, magnesite floor(ing)
Steinholzplatte *f* magnesite floor(ing) tile, xylolite slab
Steinholzunterlage *f* magnesium oxychloride subfloor
Steinholzunterschicht *f* magnesium oxychloride subfloor
Steinholzwand *f* partition wall of xylolite
Steinhügelgrab *n (Arch)* dolmen, table stone
Steinhütte *f* stone hut
steinig stony, stoned, rocky, petrous, lithoidal, pebbly; chiselly *(körnig)*
Steinimitation *f* French stucco
Steinimitationsputz *m (BM, OB)* scagliola *(Gipsspatmasse)*
Steinindustrie *f* rock industry
Steinkammer *m (Arch)* stone tomb
Steinkasten *m* gabion *(aus Draht)*
Steinkitt *m* stone putty
Steinklammer *f* **aus gegossenem Blei** lead plug
Steinkleben *n* sticking
Steinklein *n* knockings
Steinkohle *f (HLK)* coal
Steinkohlenbergwerk *n (Bod, Konst, RP)* colliery
Steinkohlenkitt *m (DIS)* cement mastic
Steinkohlenteer *m* (bituminous) coal tar
Steinkohlenteerkreosot *n* coal-tar creosote
Steinkohlenteeröl *n (BM)* coal-tar oil
Steinkohlenteerpech *n (BM)* coal-tar pitch
Steinkörnungen *fpl* stone chippings, stone chips
Steinkreuz *n* stone cross
Steinkunstschneiden *n (Arch, Te)* stereotomy
Steinlage *f*/**auskragende** *(Konst, SB)* projecting belt course
Steinlage *f*/**geklammerte** *(SB)* chain course
Steinlage *f*/**trockene** dry course *(direkt auf der Dachhaut)*
Steinmark *n (BM)* sepiolite
Steinmarke *f (Verm)* cairn *(Pyramide aus aufgeschichteten Steinen)*
Steinmaterial *n* rip-rap *(Steinschüttung)*
Steinmatte *f* stone mat
Steinmauern *fpl (Konst, SB)* walling
Steinmehl *n* rock meal, fines
Steinmeißel *m* stone chisel, bent chisel, rock bit
Steinmeißel *m*/**spitzer** mason's chisel
Steinmergel *m (Bod)* marl
Steinmetz *m* stone dresser, stone cutter, squarer, stonemason
Steinmetzarbeit *f* stone dressing work, stone hewing work, stonemason's work, carved work, carving
Steinmetzarbeiten *fpl (SB, Te)* stone shaping work
Steinmetzfäustel *m* **mit rundem Kopf** mash, mash hammer
Steinmetzfeinhammer *m* facing hammer, face hammer
Steinmetzfeinmeißel *m* fillet chisel
Steinmetzflachaxt *f* kevel, kevil
Steinmetzhammer *m* mason's axe, *(AE)* axhammer
Steinmetzkrönel *m (BWG)* universal bush hammer
Steinmetzmeißel *m* batting tool, quarrel, nicker
Steinmetzmeißel *m*/**runder** mallet-headed chisel
Steinmetzwerkbank *f* banker
Steinmetzzeichen *n* stone mason's mark, banker-mark
Steinmole *f (Wsb)* rock-filled jetty
Steinnachbearbeitung *f (SB, Te)* stone finishing
Steinnagel *m* masonry nail
Steinoberfläche *f*/**geglättete** semirubbed finish
Steinoberfläche *f*/**handbehauene** batted work
Steinoberfläche *f*/**nutgeschlagene** *(OB)* tooled finish
Steinoberfläche *f*/**polierte** polished (stone) finish
Steinoberfläche *f*/**scharrierte** boasted surface, boasted work
Steinoberfläche *f*/**sehr glatte** *(OB)* honed finish
Steinornament *n*/**am Bauwerk eingehauenes** *(Arch)* revalé
Steinpackung *f (Wsb)* stone packing, stone bedding, (stone) pitching, rubble bedding; beaching *(Ufersicherung)*; rip-rap *(unregelmäßig, aus sehr großen Natursteinblöcken)*
Steinpackung *f* **für Trockenmauer** *(Erdb, LB)* dry stone pitching

S

Steinpackwerk *n (Wsb)* rubble mound of stone protection
Steinpaketieren *n (BM)* cubing
Steinpaketierungsanlage *f (BWG, Te)* brick packaging machine
Steinpfeiler *m* stone pier
Steinpflaster *n* 1. *(BM)* stone pavement; 2. *(Verk)* paving in setts; 3. *(BM, Verk)* soling
Steinpflasterbefestigung *f (Verk, Wsb)* sett pavement
Steinpflasterung *f (Verk)* paving in setts
Steinpfostenfenster *n* stone mullioned window
Steinplastik *f (Arch)* sculpture in stone, stone sculpture
Steinplatte *f* stone slab, stone plank, stone slat; dalle *(verziert, meist in Sakralbauten)*; (stone) flag *(bes. aus Naturstein)* • **mit Steinplatten belegen** flag
Steinplatte f/große step flag
Steinplattenbelag *m* stone block pavement
Steinplattendach *n (Konst)* stone slab roof
Steinportal *n (Arch, Konst, SB)* stone portal
Steinputz *m* stone plaster; stuc *(Steinimitat)*
Steinputzmasse *f* stuc mixture, stuc stuff
Steinputzmörtel *m* stuc mixture, stuc stuff
Steinramme *f* beetle
Steinsägen *n* milling
Steinsalz *n* (common) rock salt, halite
Steinsand *m* stone sand, stone screening(s), manufactured sand
Steinsäule *f (BT)* stone column
Steinsäule f/prähistorische *(Arch)* menhir *(Monolith)*
Steinscheibe *f* drum
Steinschichtung *f* coursed rock fill
Steinschlag *m* 1. crushed stone, stone chippings, stone chips, broken bricks *(Baustoff)*; 2. rock fall, stone sweeping, popping rock *(an Felswänden)*
Steinschlaghammer *m* stone mallet
Steinschlagstraße *f (Verk)* broken stone road
Steinschleifmaschine *f (BWG, SB)* surfacer
Steinschneiden *n* milling
Steinschneider *m* squarer
Steinschneidmeißel *m (BWG)* claw chisel
Steinschnitt *m* cutting of stones
Steinschornstein *m (Konst)* tile stack
Steinschraube *f* stone bolt, rag bolt, lewis bolt, barb bolt, wall bolt, wall screw
Steinschutt *m* rock waste; rubble *(Geologie)*
Steinschüttböschung *f (Erdb, Wsb)* rubble slope
Steinschüttdamm *m (Wsb)* rock-fill dam, stone dam, mound
Steinschüttgut *n (BM, Wsb)* loose material
Steinschüttung *f (Wsb)* rock fill(ing), stone filling; pierre perdue *(ohne Bindung)*; rip-rap *(unregelmäßig, aus sehr großen Natursteinblöcken)*; enrockment, rubble stone *(Böschungsbefestigung)*
Steinschüttung f/gewalzte 1. *(Wsb)* compacted rock fill; 2. *(Verk, Wsb)* rolled rock fill
Steinschutzschüttung *f (Erdb, Wsb)* rock facing
Steinsetzen *n (Verk)* half-bed *(im Sandbett)*
Steinsetzer *m* pavement-layer, paver, paviour, *(AE)* pavior, street mason
Steinsetzgehilfe *m* paviour's labourer, *(AE)* pavior's laborer
Steinsetzhammer *m* paver's hammer
Steinsitzreihe *f (Arch)* sedilia
Steinskulptur *f (Arch)* sculpture in stone, (natural) stone sculpture
steinskulpturiert stone-sculptured
Steinspalthammer *m* stone sledge, mason's hammer
Steinspaltmaschine *f* stone-splitting machine
Steinspeidel *m* spalling wedge
Steinsplitt m/abgeschlagener knockings
Steinsplitter *m* scabbling, spall, gallet
Steinsplitter *mpl (SB)* spalls • **mit Steinsplittern ausfüllen** garret
Steinstatue *f (Arch)* stone bull
Steinstufe *f* stone step, solid step *(Naturstein)*
Steinstufenfuge *f* stone step joint, *(AE)* pien check
Steinstufenpassfuge *f (AE)* pien(d) joint
Steintempel *m (Arch)* stone temple
Steintisch *m (Arch)* stone table
Steinträger *m (TK)* tile girder
Steinverband *m (SB)* stone bond
Steinverbaukasten *m* gabion *(aus Draht)*
Steinverblendung *f* hewn stone facing, stone facing
Steinverklammerung *f* joggle joint
Steinverkleidung *f* 1. *(Konst, SB)* stone-pitched facing; 2. *(BWG, Konst)* stone revetment; 3. *(OB)* brick facing
Steinverputz *m* stuc *(Steinimitat)*
Steinverzierung *f (Arch)* stonework decorative finish
Steinvorlage *f* stone-pitched facing, pitching; (stone) rip-rap *(unregelmäßig, aus sehr großen Natursteinblöcken)*
Steinwand *f* stone wall, masonry wall
Steinwendeltreppe *f* stone spiral staircase, stone vice, stone winding staircase
Steinwolf *m* lewis
Steinwolle *f (BM, DIS)* rock wool
Steinwollebauplatte *f* rock wool building board, rock wool sheeting board
Steinwolledämmmaterial *n (BM, DIS)* rock wool insulation material
Steinwollefaser *f (BM, DIS)* rock wool fibre
Steinwollmatte *f* 1. *(BT, DIS)* rock wool quilt; 2. *(BM, DIS)* lamella met
Steinzange *f* nippers *(Hebevorrichtung)*
Steinzeug *n* stoneware, pottery
Steinzeug n/Delfter delft, delft pottery
Steinzeug n/glasiertes glazed (stone)ware
Steinzeug n/sanitäres sanitary stonework
Steinzeugabflussrinne *f (WVA)* stoneware discharge gutter
Steinzeugabflussrohr *n* stoneware drain pipe, stoneware discharge pipe
Steinzeugabzweig *m (WVA)* stoneware branch
Steinzeugartikel *m* stoneware article
Steinzeugbelagplatte *f (BM)* stoneware tile
Steinzeugbogen *m (Konst, SB)* stoneware bend
Steinzeugdränrohr *n* stoneware drain pipe
Steinzeugentwässerungsrinne *f (WVA)* stoneware discharge gutter
Steinzeugentwässerungsrohr *n* stoneware discharge pipe, stoneware drain pipe
Steinzeugentwässerungsschale *f (WVA)* stoneware discharge gutter
Steinzeugerzeugnis *n* stoneware article, stoneware product
Steinzeugfliese *f* sintered stoneware tile, stoneware tile
Steinzeuggegenstand *m* stoneware article
Steinzeughalbschale *f (BM, Erdb)* vitrified clay base *(Vorflut)*
Steinzeugkanalrohr *n* sewer tile
Steinzeugmosaik *n (Arch, Konst, SB)* stoneware mosaic
Steinzeugplatte *f* sintered stoneware tile
Steinzeugrohr *n* stoneware pipe, ceramic pipe, clay pipe, vitrified clay pipe *(EN 295)*
Steinzeugsickerrohr *n (BM, Erdb)* vitrified clay drain pipe
Steinzeugton *m* stoneware clay
Steinzuhautisch *m* hewer's workbench, siege
Steinzuschlagaxt *f* spalling hammer
Stele *f (Arch)* stele
stellbar adjustable
Stelle *f* 1. place, spot, point; 2. *(RP)* site *(Baustelle)*; 3. *(RP)*

S

position *(Stellung)* • **an Ort und Stelle** in-place, in-situ, on the spot
Stelle *f*/**dickste** thick
Stelle *f* **einer Betonstufe/dünnste** *(Konst)* waist
Stelle *f*/**enge** *(Bod, Umw, Wsb)* narrow
Stelle *f*/**fette** *(Verk)* fat spot *(Bitumenstraßendecke)*
Stelle *f*/**flache** *(Wsb)* shoal
Stelle *f*/**freigelassene** holiday *(auf gestrichenen Flächen)*
Stelle *f*/**gerissene** turtleback *(Putz)*
Stelle *f*/**nicht tragfähige** *(Erdb, Verk)* weak spot *(Straße)*
Stelle *f*/**übersehene** holiday *(auf gestrichenen Flächen)*
Stelle *f*/**undichte** *(San, WVA)* leak
Stelle *f*/**vereiste** *(Verk)* icy patches
Stellelement *n (HLK)* actuator
stellen *v* 1. place, put, set; 2. adjust *(einstellen)*; 3. lay *(Steine, Platten)*
stellen *v*/**auf null** reset *(z. B. Messgeräte)*
stellen *v*/**hochkant** set on edge
stellen *v*/**in Rechnung** charge
stellen *v*/**Schalung** shutter (up)
stellen *v*/**schräg** tilt, incline, slant
stellen *v*/**senkrecht** place upright
stellen *v*/**sich** face
Stellen *fpl*/**sumpfige** *(Erdb)* slashes
Stellenausschreibung *f* advertisement of vacancies
Stelleneinsparung *f* reduction of jobs
Stellmacher *m* wheeler, wheelwright
Stellmotor *m* 1. *(BT, HLK, WVA)* control motor; 2. *(EB)* servomotor
Stellplatte *f (BT, Erdb, Wsb)* apron
Stellplatz *m (Verk)* parking space, *(AE)* parking lot
Stellschraube *f (BT, Te)* adjusting screw
Stellstift *m (EB, HLK, Te)* adjusting pin
Stellung *f* 1. position, placement *(Anordnung, Einbaulage)*; 2. orientation *(eines Gebäudes in Ost-West-Richtung)*; 3. adjusting *(Einstellung)*
Stellung *f*/**gewollte** *(BT, Konst, RP, Verm)* aiming position
Stellung *f*/**lotrechte** perpendicularity *(Bauteil)*
Stellung *f*/**senkrechte** vertically, perpendicularity *(Bauteil)*
Stellung *f*/**verriegelte** locked position
Stellungnahme *f (VR)* statement
Stellungslinie *f (Bod)* earth pressure line
Stellvertretung *f (VR)* agency establishment
Stellwerk *n (Verk) (AE)* switch tower
Stellwerksanlage *f (Verk)* locking plant *(Eisenbahn)*
Stelzbogen *m (TK)* stilted arch
Stelze *f* stilt, elevated pile
stelzen *v* stilt *(Gewölbe, Dachstuhl, Tragwerk)*
Stelzenfundament *n (Erdb, Konst)* elevated pile foundation
Stelzenstütze *f* stilt, elevated pile
Stelzung *f (Konst)* stilting *(eines Gewölbes)*
Stemmarbeiten *fpl (Te)* cutting work
Stemmasse *f* fullered compound
Stemmdichtung *f (San, WVA)* caulked joint
Stemmeisen *n* mortise chisel, socket chisel, chisel bar, cutting chisel, caulking chisel, paring chisel
stemmen *v* 1. chisel; peck *(hackstemmen)*; 2. *(Hb)* mortise
Stemmfuge *f* caulking joint
Stemmhammer *m* caulking hammer
Stemmloch *n (Hb)* mortice, mortise
Stemmmaschine *f* mortise machine, *(AE)* mortising machine
Stemmmasse *f* caulking compound
Stemmmeißel *m* 1. socket chisel; 2. *(Hb)* mortise chisel
Stemmtor *n (Wsb)* mitred (lock) gate *(Schleuse)*
Stempel *m* 1. punch *(für Löcher)*; 2. *(Hb, TK)* puncheon *(eines Dachbinders)*; 3. dead shore, permanent shore, strut, stay, supporter, *(sl)* tamping fool *(Stützstempel)*; 4. *(Erdb)* ground prop; prop *(Bergbau)*; 5. seal *(Siegel)*
Stempelholz *n (BT, Hb, Tun)* prop timber
Steppe *f*/**sumpfige** *(Bod, Umw) (AE)* everglade
steppen *v* stitch
Steppen *n* stitching
Steppenboden *m (Bod)* steppe soil
Steppenzone *f (Bod)* steppe zone
Steppnahtschweißen *n (St, Te)* stitch welding
Stepputz *m* regrating skin
Ster *n (veraltet)* stacked cubic metre
Stereobat *m (Arch)* stereobate *(Fundament und Stufenunterbau des griechischen Tempels)*
Stereographie *f* stereography
Stereoisomerie *f* stereoisomerism
Stereometrie *f* stereometry, solid geometry
Stereophonie *f* stereophony
steril sterile, germ-free *(Wasser)*
Sterilisationsraum *m (Konst)* sterilizing room
Sterilisierzimmer *n (Konst)* sterilizing room
sterisch steric *(z. B. Verhärtung)*
Stern *m*/**sechszackiger** *(Arch)* six-pointed star
Sternbalkenlage *f (Hb, TK)* system of beams and joints in star forms
Sternbild *n* stellar pattern *(Holzmuster)*
Sternbogen *m (Arch)* curtain arch
Sterndekoration *f (Arch)* star ornament
Sternform *f (Arch)* star pattern
sternförmig star-shaped, stellate
Sterngewölbe *n (Arch)* star(-ribbed) vault, lierne vault(ing), decorated vault
Sternmeißel *m* star bit, plugging chisel
Sternmuster *n (Arch)* stellar pattern
Sternornament *n (Arch)* star ornament
sternornamentiert astreated
Sternrippengewölbe *n (Arch, Konst)* stellar vault
Sternriss *m* star shake *(z. B. in Holz)*
Sternrissbildung *f (OB)* starring *(z. B. in Anstrichen)*
Sternschanze *f (Arch)* hornwork *(Festungsbauwerk)*
Sternverbindung *f* cricket
Sternverzierung *f (Arch)* star ornament
Sternwarte *f (Arch, Konst)* observatory
stetig steady, constant; continuous *(stetig verlaufend)*; permanent *(Kraft)*
Stetigförderer *m (BWG)* continuous conveyor
Stetigkeit *f* 1. *(Konst)* steadiness; 2. *(Arch, BT, Konst, Stat, Te)* continuity
Stetigkeitsgesetz *n (Stat)* law of continuity
Stetigmischer *m (BWG)* continuous mixer
Steuereinrichtung *f (BWG, El, HLK, Wsb, WVA)* control device
Steuergeräteprogramm *n (HLK, Verk)* controller configuration
Steuerleitungen *fpl (BWG, El, HLK, WVA)* control wiring
steuern *v* 1. *(BWG, HLK, Verk, Wsb)* control *(Abläufe)*; 2. *(Te, VR)* operate *(Anlagen, Einrichtungen)*; 3. drive *(Fahrzeuge)*; 4. *(Te)* head *(Projekte, Produktion)*
steuern *v*/**bedarfsgerecht** demand-actuate
Steuerpult *n* operation console, control panel
Steuersatz *m* tax rate
Steuerschieber *m (BT)* control valve
Steuerschrank *m* operation console
Steuertafel *f (BWG, Verk, WVA)* control board
Steuerung *f* 1. *(BWG)* control; 2. *(El, Te)* regime *(vorprogrammiert)*
Steuerung *f*/**automatische** automatic control
Steuerung *f*/**elektrische** electrical control
Steuerung *f*/**lichtelektrische** photoelectric control
Steuerung *f*/**manuelle** manual backup
Steuerung *f*/**pneumatische** pneumatic control system

S

Steuerung *f*/**teilweise verkehrsabhängige** *(Verk)* semi-traffic-actuated controller
Steuerung *f*/**verkehrsabhängige** traffic-actuated control, vehicle actuation
Steuerung *f*/**vollkommen verkehrsabhängige** *(Verk)* fully traffic-actuated control
Steuerungsmodalität *f (Te, VR)* control mode
Steuerungstaktik *f (HLK, Te, Verk, VR, Wsb, WVA)* control tactics
Steuerungsvorgehensweise *f (HLK, Te, Verk, VR, Wsb, WVA)* control tactics
Steuerventil *n* control valve
Steuerveranlagung *f* assessment
Stich *m* 1. camber, hog(ging), bow, sag *(Überhöhung)*; 2. *(Konst)* rise *(eines Gewölbes)*; 3. mounting of a step *(einer Stufe)*; 4. *(Arch)* engraving *(Darstellung)* • **Stich geben** camber
Stich *m* **des Bogens** rise of arch
Stichanker *m* beam anchor, beam tie
Stichaxt *f* mortise axe
Stichbalken *m* tail beam, tail piece, short-tie beam, dragon beam, dragon piece, filler joist
Stichbalkenträger *m (Hb, TK)* hammer brace
Stichbalkenträgerpfosten *m* hammer post
Stichbalkenwinkelstütze *f (TK)* dragon tie
Stichbogen *m* camber arch, jack arch; segmental arch
Stichbogen *m*/**spitzer** *(Arch, Konst)* segmental pointed arch
Stichbogengewölbe *n (Konst)* segmental vault
Stichbogenträger *m (TK)* segmental arched girder
Stichfallrohr *n (San)* stub stack
Stichgeben *n* cambering
Stichhöhe *f* height (of camber); rise *(eines Gewölbes)*
Stichhöhenverhältnis *n (Konst)* rise-span ratio
Stichholz *n* camber piece, trimming piece, turning piece
Stichkanal *m (Wsb)* branch canal, cut; junction canal
Stichkappe *f (Arch)* groin, lunette *(Gewölbeöffnung)*; vaulting cell *(Gewölbe)*
Stichkappe *f*/**kegelförmige** *(Arch, BT)* conoidal groin
Stichkappe *f*/**kugelförmige** *(Arch)* domical groin
Stichkuppelgewölbe *n (Konst)* shallow-rise dome
Stichleitung *f* 1. *(El, WVA)* branch line; 2. *(El)* stub cable
Stichniet *m (BT, St)* stitch rivet
Stichprobe *f* 1. *(BM)* random check; 2. *(VR)* random inspection; 3. *(BM, RS)* random test; 4. random sample, sample, spot sample *(Baustoffe)*
Stichprobenabweichung *f* sampling error
Stichprobeneinheit *f* sampling unit
Stichprobennahme *f* 1. *(BM, RS)* random sampling; 2. *(BM, VR)* work sampling
Stichprobenprüfung *f* 1. *(BM, VR)* sampling test *(Baustoffe)*; 2. test inspection, random checking, spot check *(Baustelle)*
Stichprobenumfang *m* sampling size
Stichrohrleitung *f (San, WVA)* spur line
Stichsäge *f (BWG)* keyhole saw
Stichstraße *f (Verk)* no-through road, side cut
Stickstoffdioxid *n (Umw)* nitrogen dioxide, nitrogen peroxide
stickstoffhaltig nitrogen-bearing
Stickstoffhärten *n* nitrogen case-hardening *(Stahl)*
Stickstoffhärtung *f* nitriding
Stickstoffpentoxid *n (Umw)* nitrogen pentoxide
Stiege *f (Konst)* stair
Stiel *m* 1. handle, haft *(Griff)*; 2. *(BT, TK)* post *(Pfosten beim Fachwerk)*; 3. (frame) column, frame post, framing column, supporting member, upright *(Stütze)*; 4. *(BT)* strut *(Pfettendach)*; 5. *(BT)* timber pillar; 6. *(BT, Hb)* wooden pillar *(Holzfachwerk)*
Stielglätter *m* long-handle float, long-handle spreader *(Putzen)*
Stielhammer *m* chop hammer
Stielhobel *m* stepping plane
Stierkapitell *n (Arch)* bull capital
Stift *m* 1. *(Hb)* pin, peg, sprig *(ohne Kopf)*; 2. brad *(für Dielenbretter)*; 3. gudgeon, stud bolt *(Bolzenstift)*; 4. tack *(Drahtstift)* • **mit Stiften versehen** stud
Stift *m*/**gestauchter** panel pin
Stiftahle *f* brad-awl
Stiftbolzen *m* stud bolt • **mit Stiftbolzen versehen** stud
Stifter *m (VR)* founder
Stiftfeder *f (EB)* levelling spring
Stiftfesthalter *m* peg stay *(Fenster)*
Stifthalter *m* brad pusher
Stiftkolben *m* pin vice, *(AE)* pin vise
Stiftloch *n* nail hole
Stiftnagel *m* tack
Stiftnietung *f* pin riveting
Stiftschlüssel *m* pin spanner
Stiftschraube *f* stud bolt, tap bolt
Stiftshaus *n (Arch)* chapterhouse *(spezielle Form des Kapitelsaals englischer Klöster)*
Stiftskirche *f (Arch)* collegiate church
Stiftsperre *f* peg stay *(Fenster)*
Stiftventil *n* pin valve
Stil *m (Arch)* style
Stil *m*/**burgundischer** *(Arch)* Burgundian style, Burgundian Gothic style
Stil *m*/**byzantinischer** *(Arch)* Byzantine style
Stil *m* **der englischen Spätgotik** *(Arch)* Curvilinear style
Stil *m*/**dorischer** *(Arch)* Doric style
Stil *m*/**freier** *(Arch)* Leicester free style
Stil *m*/**georgianischer** *(Arch)* Georgian architecture *(Baustil des 18. Jh. in England und Nordamerika)*
Stil *m*/**gereinigter** *(Arch)* purified style
Stil *m*/**gotischer** *(Arch)* Gothic style
Stil *m*/**herkömmlicher** *(Arch)* traditional style
Stil *m*/**historischer** *(Arch)* period style
Stil *m*/**ionischer** *(Arch)* Ionic style
Stil *m*/**irisch-romanischer** *(Arch)* Hiberno-Romanesque style
Stil *m*/**neuromanischer** *(Arch)* Romanesque Revival *(19. Jh.)*
Stil *m*/**normannischer** *(Arch)* Norman style
Stil *m*/**plastischer** *(Arch)* sculptural style
Stil *m*/**purifizierter** *(Arch)* pure style
Stil *m*/**reicher** *(Arch)* ornate style
Stil *m*/**romanischer** *(Arch)* Romanesque style
Stil *m*/**romanisch-nationaler** *(Arch)* National Romantic style
Stil *m*/**traditioneller** *(Arch)* traditional style
Stil *m*/**überlieferter** *(Arch)* traditional style
Stil *m*/**venezianisch-byzantinischer** *(Arch)* Veneto--Byzantine style
Stil *m*/**viktorianischer** *(Arch)* Victorian style *(England, 19. Jh.)*
Stil *m*/**westlicher byzantinischer** *(Arch)* western Byzantine style
Stilabweichung *f (Arch)* stylistic departure
Stiläußerung *f (Arch)* expression of style
Stilb *n (El, Stat)* stilb *(SI-fremde Einheit der Leuchtdichte; 1 sb = 10^4 cd/m^2; s. Candela)*
Stilbegriff *m (Arch)* notion of style, concept of style, idea of style
Stilcharakter *m (Arch)* style character
Stilentwicklung *f (Arch)* development of style, stylistic development
Stilepoche *f (Arch)* epoch of style

Stilform *f (Arch)* stylistic form
Stilformel *f (Arch)* stylistic formula
Stilgeschichte *f (Arch)* stylistic history
Stilgesetz *n (Arch)* principle of style
Stilimitierung *f (Arch)* imitation of style, stylistic imitation
stilisieren *v (Arch)* stylize, formalize
stilisiert *(Arch)* stylized, divorced from reality, formalized
Stilisierung *f (Arch)* stylization
Stilkonzeption *f (Arch)* notion of style, idea of style
still quiet
stillgelegt/vorläufig temporarily abandoned
stilllegen *v* 1. disuse *(auflassen)*; 2. shut down, put out of operation *(Anlagen)*; 3. close down *(Eisenbahnanlage)*; 4. suspend *(Autoverkehr)*
Stilllegung *f* 1. closure, shut-down *(Anlagen)*; 2. *(Verk)* suspension; 3. *(VR)* closedown *(Eisenbahnanlage)*
Stillosigkeit *f (Arch)* lack of style
Stillstand *m* 1. standstill, stop *(Maschinen)*; 2. *(Te, VR)* cessation *(z. B. der Bauarbeiten)*; 3. *(Te)* rest *(Ruhelage)*
Stillstandszeit *f* 1. downtime *(Maschinen)*; 2. *(Te)* idle period *(Entwicklung)*; 3. shut-down period *(Betriebsanlagen)*
Stillwasser *n (Umw)* dead water
Stilmerkmal *n (Arch)* stylistic feature
Stilmischung *f (Arch)* mix of styles, mixture of styles
Stilnachahmung *f (Arch)* imitation of style
Stilphase *f (Arch)* stylistic phase
Stilreinheit *f (Arch)* purity of style
Stilrichtung *f (Arch)* movement
Stilstrenge *f (Arch)* precision
Stiltendenz *f (Arch)* stylistic tendency
stinkend *(RS, Umw)* foul
Stinkkalk *m (BM)* stinkstone
Stirn *f* 1. end *(Stein; Fassade; Fläche)*; 2. *(Tun)* face *(auch Naturstein)*; 3. side *(Stirnseite, Längsseite)*; 4. front *(Gebäude)*
Stirn *f* **eines Quaders** face of ashlar
Stirnansicht *f* front elevation, front view *(eines Gebäudes)*
Stirnblech *n* face plate
Stirnbogen *m* face arch
Stirnbrett *n* fascia board, side board
Stirnfassade *f* end façade
Stirnfenster *n* end window
Stirnfläche *f* 1. cross-cut end, end; 2. *(Hb)* butt end
Stirnflachtür *f (BT)* square-edge door
Stirnflügel *m* flare wall, parallel wing
Stirnholz *n* end-grain wood
Stirnmauer *f* 1. face wall, facing wall, end masonry wall; 2. flank masonry wall, side masonry wall *(Seitenstirnmauer)*; 3. *(Konst, SB)* spandrel wall *(Gewölbestirnmauer)*; 4. *(Br, Wsb)* head wall *(Durchlassstirnmauer)*
Stirnquader *m* face ashlar
Stirnrahmen *m (Konst)* end frame
Stirnseite *f* 1. front face, outside, end *(eines Gebäudes)*; 2. face *(Holz)*; 3. superficies, side *(Wand)*
Stirnseite *f* **der Tür** door front
Stirnseite *f* **des Bogens** face of arch
Stirnseite *f* **eines Quaders** face of ashlar
Stirnspreize *f (Erdb)* face piece
Stirnstoß *m* edge joint *(Schweißen)*
Stirntür *f* end door
Stirnwand *f* lateral masonry wall, front wall, end wall, side wall
Stirnwand *f* **mit eingebautem Fensterrahmen** *(BT, Konst)* wall and window section
Stirnziegel *m (Arch)* antefix *(Tonzierplatte des Traufgesims antiker Tempel)*
Stoa *f (Arch)* stoa *(griechisch-hellenistisch)*
stochastisch stochastic
Stocherbarkeit *f* roddability *(Beton)*
stochern *v* 1. puddle; 2. *(Bod)* pun; rod, pun *(Betonverdichtung)*
Stochern *n* 1. *(BB, Te)* punning; 2. *(Te)* rodding
Stocherstange *f* puddling rod, tamping bar, tamping rod *(zum Verdichten)*
Stocherverdichtung *f* 1. *(BB, Te)* punning; 2. *(Te)* rodding
Stock *m* 1. *(BT)* stave *(Stab)*; 2. stick *(Messstab)*; 3. trunk *(Holz)*; 4. *s.* Stockwerk
Stockeisen *n* pitching chisel, pitching tool
Stöckelpflasterdecke *f* wooden block pavement, wooden block paving
stocken *v* 1. bush-hammer, granulate, point *(Stein, Natursteinbearbeitung)*; 2. be jammed, be held *(Verkehr)*; 3. liver *(Farben, Anstrich)*
Stocken *n* 1. bush hammering, granulating, pointed work, pointing *(Natursteinbearbeitung)*; 2. traffic jam, hold-up *(Verkehr)*; 3. livering *(Anstrichtechnik)*
stockfleckig mildewy *(Holz)*
Stockfuß *m* pyramid foot
Stockhammer *m* bush hammer, granulating hammer, pointed hammer
Stockholz *n* butt wood, stumpwood
stockig 1. fusty *(Stockholz)*; 2. rotten, smutted *(Holzverfall)*
Stocklack *m (BM, OB)* sticklac *(Schellack)*
Stockmeißel *m (BWG)* serrated pick
Stockpunkt *m* setting point *(von Ölen)*
Stockputz *m (SB)* scraped finish
stockroden *v* extract stumps, stump (out); rip *(den Boden sauberroden)*
Stockwerk *n* floor, story, *(AE)* storey; deck • **mit Stockwerken** *(Konst) (AE)* storeyed
Stockwerk *n***/erstes** second floor, *(AE)* first storey
Stockwerk *n***/oberes** *(Konst)* upper floor
Stockwerk *n***/oberstes** top floor
Stockwerk *n***/unteres** lower floor, *(AE)* lower storey
Stockwerkabsatz *m* floor landing
Stockwerkbau *m (Konst)* multistorey building
Stockwerke *npl***/versetzte** staggered floors, staggered storeys, staggered stories, split levels
Stockwerkebene *f* floor level, storey level
Stockwerkeigentum *n* 1. *(VR)* freehold flat; 2. *(Arch, VR) (AE)* condominium *(Eigentumswohnung in einem Kondominium)*
Stockwerkflächenziffer *f* floor space index
Stockwerkheizung *f (HLK)* single-storey heating (system)
stockwerkhoch of storey height
Stockwerkhöhe *f* storey (floor) height
Stockwerkleitung *f* 1. *(El, WVA)* floor branch; 2. *(WVA)* storey branch
Stockwerkpodest *n* floor landing, storey landing *(Treppe)*
Stockwerkrahmen *m (Konst, TK)* multistorey frame
Stockwerkshöhe *f* floor height
Stockwerksrost *m (Konst)* stage grate
Stockwerkstützung *f***/durchgehende** *(Konst, VR)* continuous storey column
Stockwerktreppe *f* interfloor stair
Stockwerkverkehr *m* interfloor traffic
Stockwerkwand *f* storey wall
Stoff *m* 1. substance, matter, agent *(Bauhilfsmittel, Wirkstoffe)*; 2. *(BM)* material *(Baustoff)*; 3. *(BM)* fabric; 4. *(Konst)* body *(Stoffträger, Stoffkörper, z. B. bei Anstrichen)*
Stoff *m***/abgeschiedener** intercepted matter
Stoff *m***/absorbierender** absorbent
Stoff *m***/aufsaugender** absorbent
Stoff *m***/ausströmender** *(Wsb)* outflow
Stoff *m***/bituminöser** bituminous material
Stoff *m***/bodenverschmutzender** *(Umw)* soil pollutant
Stoff *m***/bodenverunreinigender** *(Umw)* land pollutant
Stoff *m***/brennbarer** *(BM)* combustible material

Stoff *m*/**filmbildender** film medium
Stoff *m*/**gefährlicher** *(Umw)* hazardous substance
Stoff *m*/**gelöster** solute
Stoff *m*/**glaskeramischer** glass ceramic
Stoff *m*/**hautreizender** *(Umw)* skin irritant
Stoff *m*/**latent hydraulischer** *(BM)* reactive silica material
Stoff *m*/**natürlicher** natural material
Stoff *m*/**nicht leitender** *(El)* non-conducting material
Stoff *m*/**oberflächenaktiver** surface acting agent, surfactant
Stoff *m*/**organischer** *(BM)* organic matter
Stoff *m*/**radioaktiver** *(Umw)* radioactive substance
Stoff *m*/**unbrennbarer** non-combustible material
Stoff *m*/**wasserentziehender** *(HLK)* dehydrating agent
Stoff *m*/**wasserverunreinigender** *(Umw)* water pollutant
Stoffaufbereitung *f (BM, BWG, Te)* materials preparation
Stoffbespannung *f* fabric covering, cloth covering
Stoffdach *n* fabric roof
Stoffdichte *f (BM, Umw)* consistency
Stoffe *mpl*/**ätzende** *(BM, OB, Umw)* corrosive materials
Stoffe *mpl*/**gefährliche** hazardous materials
Stoffe *mpl*/**gelöste** dissolved matter
Stoffe *mpl*/**suspendierte** *(BM, WVA)* suspensoids *(Suspensionen, Anstriche, Bindemittel, Schlämmen)*
Stofffestigkeit *f (BM, Stat)* material strength
Stofffilter *n (HLK, Te)* fabric filter
Stoffliste *f* materials list
Stoffmenge *f* material quantity
Stoffpreisgleitklausel *f* materials variation clause
Stofftapete *f* wall fabric
Stofftrennprozess *m* material separation operation
Stoffübergang *m* mass transfer
Stoffverfestigung *f* hardening of material
Stoffverfestigung *f*/**isotrope** isotropic hardening
Stoffverknappung *f* materials shortage
Stoffwechselschlacken *fpl (Umw)* metabolic waste
Stollen *m (Tun)* heading, headway; tunnel *(Bergbau)*
Stollenbrust *f (Tun)* face
Stolleneingang *m (Tun)* adit entrance, gallery mouth
Stollenfirste *f (Tun)* gallery crown, gallery roof
Stollenvortrieb *m (Tun)* heading
Stopfbinder *m* flash-setting agent *(z. B. Gips)*
Stopfbuchse *f* packing box, sealing ring, stuffing box, gland seal
Stopfbuchsenpackung *f (San, WVA)* gland packing
Stopfdichtung *f (San, WVA)* caulked joint
Stopfeisen *n* caulking iron
stopfen *v* 1. fill up, stuff *(ausstopfen)*; 2. *(Verm)* pack *(Schotter)*; 3. *(Te, Tun)* stem *(Sprengloch)*; 4. stop *(Stichloch)*
stopfen *v*/**Fugen** caulk, *(AE)* calk
stopfen *v*/**Gleise** pack, tamp, pun
stopfen *v*/**voll** crowd
Stopfen *m* (terminal) plug, stopper *(Verschlussstück)* • **mit einem Stopfen verschließen** stopper
Stopfen *n* 1. caulking, stuffing *(Abdichtungen)*; 2. packing, tamping *(von Gleisen)*
Stopferde *f (BM, Bod)* tapia
Stopfkitt *m* mastic
Stopfmaschine *f (Verk)* tamping machine
Stopfmörtel *m (BM, DIS)* sealing mortar
Stopplinie *f (Verk)* stop line *(Straße)*
Stoppschild *n (Verk)* stop sign
Stoppstraße *f* road with stop signs, secondary road, stop street
Stöpsel *m* plug, stopper, cork
Stöpsel *m*/**aufblasbarer** bag plug
stöpseln *v (Te)* plug
störanfällig *(BWG)* susceptible to failure
Storchenschnabel *m (Konst)* pantograph
stören *v* disturb, interfere; trouble
Störfall *m (Te, VR)* incident
Störfallentdeckung *f* incident detection
Störfallfindung *f* incident detection
Störlicht *n (El)* spill light *(Beleuchtung)*
stornieren *v (VR)* cancel
storniert *(VR)* cancelled *(Auftrag)*
Stornierung *f (VR)* cancellation
Störung *f* 1. disturbance *(auch mathematisch)*; 2. interference *(Einwirkung, Einmischung)*; 3. failure, fault, trouble *(technisch)*; 4. *(Te)* breakdown *(technologische Ablaufstörung)*; 5. hold-up *(Verkehr)*; 6. *(Te, VR)* deficiency *(aus Mangel)*
Störung *f* **des Abbindeprozesses** *(BB, BM)* disturbance of the setting process
Störungsbericht *m (VR)* fault reporting
Störungsermittlung *f (Verk)* fault detection
störungsfrei trouble-free, trouble-proof
Störungsfunktion *f (VR)* disturbing function
Störungslokalisierung *f* fault location
Störungsmanagement *n* 1. *(VR)* failure management; 2. *(RS)* operation management
Störungssuche *f (Te)* trouble shooting
Störungssucher *m (Te)* trouble shooter
Störungsüberwachung *f (Verk)* fault monitoring
Störungs- und Wartungsmanagement *n* operation and maintenance management
störungsunempfindlich *(BWG, Konst)* rugged
Stoß *m* 1. impact, push, shock, bump, percussion *(Schlag, Erschütterung)*; vibration, stroke *(dynamische Belastung)*; collision *(Zusammenbruch)*; 2. stack, pile, heap *(Haufen)*; 3. joint, butt, joint butt *(Verbindung, Fügung)*; splice *(Holz)*; 4. *(Tun)* face, facing; 5. *(Konst)* abutment; 6. *(Bod, Erdb)* earth abutment
Stoß *m* **auf Gehrung** *(Hb)* mitre joint
Stoß *m*/**elastischer** elastic impact
Stoß *m*/**gemuffter** *(Konst)* sleeve joint
Stoß *m*/**gerader** butt and butt; butt joint *(Verbindungsstelle)*
Stoß *m* **mit eingesetztem Stück/gerader** *(Konst)* butt joint with inlet piece
Stoß *m*/**ruhender** *(Konst)* supported joint
Stoß *m*/**schräger** *(Hb)* oblique butt (joint), bevelled joint • **mit schrägem Stoß verbinden** *(Hb)* scarf
Stoß *m*/**stumpfer** butted joint
Stoß *m*/**verklammerter** *(Konst)* joggle joint
Stoß *m*/**verlaschter** *(Hb, Konst, St)* scarfed joint
stoßartig *(Stat)* impetuous *(Belastung)*
Stoßaufnehmer *m* shock isolator
Stoßausbildung *f (Konst, St)* joint formation *(Stahlbau)*
Stoßbeanspruchung *f* impact load(ing), impact stress
Stoßbelastung *f (Stat)* impact load(ing)
Stoßblech *n* splice plate *(Stahlbau)*
Stoßbohren *n* boring with the jumper, churn drilling, hammer drilling
Stoßbohrer *m* percussion drill
Stoßdämpfer *m* shock absorber
Stoßdicke *f (Verk)* joint clearance *(Schiene)*
Stößel *m* pestle
stoßen *v* 1. push, thrust, jolt, bump, jog, strike, shake *(erschüttern, schlagen, rütteln)*; 2. *(Hb)* join(t), slot, scarf; rout *(verbinden)*; 3. abut *(Bauteilenden)*
stoßen *v*/**stumpf** jump-join(t), butt-joint; abut *(die Bauteilenden)*
Stoßen *n (BB, Te)* jolting
Stoßfaktor *m (Stat)* factor for impact
stoßfest impact-resistant, impact-resisting, shock-resistant, shockproof

S

Stoßfestigkeit *f* 1. *(BM)* impact strength; 2. *(Stat)* impingement resistance
Stoßfläche *f (Konst)* abutting end *(von Schwellen, Bauteilen)*
Stoßfuge *f* 1. *(Hb)* straight joint, end butt joint; transversal [transverse] joint; 2. cross joint, head joint, side joint, transversal joint *(Mauerwerk)*; perpendicular joint, vertical joint, build *(vertikale Mauerwerksfuge)*; shoved joint *(Mörtel wird vom Bett mit dem Ziegel in die senkrechte Fuge geschoben)*
Stoßfuge *f*/**verklammerte** *(Konst)* joggled butt joint
Stoßfugenzwischenraum *m (Konst)* gap of the joint
stoßgesichert shockproof
Stoßgestaltung *f (Konst)* joint configuration
Stoßgriff *m* push handle
Stoßheber *m* 1. *(WVA)* hydraulic ram; 2. *(Erdb, Wsb, WVA)* ram
Stoßkante *f* butt joint
Stoßkraft *f (Stat)* impact force
Stoßlade *f (Hb)* shooting board
Stoßlader *m* duckbill, duckbill loader
Stoßlängen *fpl* scarfed lengths
Stoßlasche *f* 1. fishplate; butt strap *(Nietverbindung)*; 2. *(Hb)* splice piece
Stoßlast *f (Stat)* impulsive load
Stoßleiste *f (EB)* kick strip *(Tür)*
Stoßmeißel *m* slotter tool
Stoßnaht *f (St)* butt seam
Stoßprüfung *f* impulsive test
Stoßrütteltisch *m (BB, BWG)* jolt table *(Betonsteinherstellung)*
Stoßschaden *m* impact damage
Stoßschaufellader *m* duckbill, duckbill loader
Stoßscherung *f (Stat)* punching shear *(einer Säule)*
Stoßschiene *f (Verk)* bumper rail
Stoßschutzstreifen *m* face guard
Stoßschwelle *f (Verk)* joint sleeper
Stoßstange *f (Verk)* bumper
Stoßstelle *f (Konst)* junction
Stoßstellen *fpl*/**versetzt liegende** staggered joints
Stoßtür *f (Konst)* push-up door
Stoßüberdeckung *f (Konst)* lapped connection
Stoßüberlappung *f (Konst)* lapped connection
Stoßuntersuchung *f* impulsive test
Stoßverbindung *f (Konst)* butt joint *(Verbindungsstelle)*
Stoßverbindung *f*/**normale** *(Konst)* normal butt joint
Stoßverbindung *f*/**schräge** oblique joint
Stoßverkehr *m (Verk)* rush-hour time
Stoßversuch *m* impact test
Stoßverzierung *f* belection
Stoßwelle *f* shock wave, surge
Stoßwiderstandsfähigkeit *f* impact resistance
Stoßzahl *f* impact factor, coefficient of impact, shock factor *(aus Betriebsbelastung)*; magnification factor *(aus Verkehrsbelastung)*
Stoßzeit *f (Verk)* rush-hour
Stoßzuschlag *m (Stat)* factor for impact
Strafanstaltbau *m* 1. *(Konst)* prison building; 2. *(Konst, RP)* prison construction
Strafanstaltgebäude *n (Konst)* prison building
Strafe *f (VR)* penalty
straff tight; taut *(z. B. Seile)*
straffen *v* tighten *(spannen)*; stretch *(dehnen)*; tauten *(z. B. Seil)*
Strahl *m* 1. beam, ray *(Lichtstrahl)*; 2. flow, jet *(Wasserstrahl)*; 3. *(Arch, Stat, Verm)* straight line *(gerade Linie, auch mathematisch)*; 4. s. Sandstrahl • **Strahlen bündeln** *(El, Verm)* collimate • **Strahlen parallelisieren** *(El, Verm)* collimate
Strahl *m*/**belüfteter** *(Wsb)* aerated nappe *(Wehr)*
Strahlablenker *m (Wsb)* baffle
Strahldivergenz *f (El)* beam divergence
Strahldusche *f (San)* jet shower
strahlen *v* 1. ray, radiate, emit *(Licht, Strahlung)*; shine *(Sonne)*; 2. beam *(mit Richtstrahlern)*; 3. sparkle, flash, glitter *(funkeln)*
Strahlen *n (Te)* abrasive blasting *(Oberflächenbehandlung)*
Strahlenablenkung *f (El)* beam deflection
Strahlenabschirmbeton *m (BB, Umw)* radiation-shielding concrete
Strahlenabschirmung *f* radiation shielding
strahlenbeständig radiation-resistant
Strahlenbeständigkeit *f (BM, OB)* radiation resistance
strahlenbrechend refractive
Strahlenbrechung *f* refraction
Strahlenbündel *n (El)* beam
Strahlenbüschel *n (Stat)* pencil of rays
strahlend lustrous
Strahlendetektor *m (BM, Umw)* radiation detector
strahlenförmig radiated, rayed
Strahlengewölbe *n (Arch)* fan vault, palm vault, fan tracery
Strahlenriss *m* star shake *(z. B. in Holz)*
Strahlenschaden *m* radiation damage
Strahlenschutz *m* radiation protection, radiation shielding
Strahlenschutzausrüstung *f (Umw, VR)* health physics equipment
Strahlenschutzbaustoff *m* 1. *(BM)* biological shielding material; 2. *(BM, Umw)* radiation shielding material
Strahlenschutzbeton *m* nuclear shielding concrete, concrete for radiation shielding, radiation-shielding concrete, shielding concrete, X-ray protective concrete, loaded concrete
Strahlenschutzstein *m (BM, Umw)* shielding block
Strahlenschutztür *f (Konst, Umw)* radiation-shielding door
Strahlenschutzwärme *f (HLK)* shielding heat
strahlensicher radiation-proof
Strahlenverseuchung *f* radiation pollution
Strahler *m* 1. light emitter, emitter; projector *(Scheinwerfer)*; 2. *(HLK)* radiator *(Heizung)*; 3. *(El)* radiation source *(z. B. für Wärme)*
Strahler *m*/**asymmetrischer** angle-lighting luminaire
strahlgereinigt *(OB)* blast-cleaned
strahlig *(Arch)* radiated
Strahlmittel *n*/**metallisches** metallic abrasive
Strahlpumpe *f (Erdb, WVA)* jet pump
Strahlregler *m* jet regulator
strahlreinigen *v* sandblast *(mit Strahlsand)*; shot-blast *(mit Stahlkies)*
Strahlreinigen *n* blast cleaning; shot blasting
Strahlrohrmundstück *n* jet pipe nozzle
Strahlsand *m* grit
Strahlstreuung *f (El)* beam divergence
Strahlung *f (El)* radiation
Strahlung *f*/**infrarote** *(El)* ultrared radiation
Strahlung *f*/**sichtbare** visible radiation
Strahlung *f*/**thermische** *(HLK)* thermal radiation
Strahlung *f*/**ultrarote** *(El)* ultrared radiation
Strahlung *f*/**unsichtbare** invisible radiation
Strahlungsabschirmung *f* radiation shielding
strahlungsbeheizt *(HLK)* radiant-heated
strahlungsbeständig radiation-resistant
Strahlungsbeständigkeit *f (BM, OB)* radiation resistance
Strahlungsboden *m* radiant floor
Strahlungsbündler *m* solar concentrator
Strahlungseffizienz *f (El)* radiant efficiency
Strahlungselement *n* radiant element
Strahlungshärtung *f (OB)* radiation curing *(Anstrich)*
Strahlungsheizfläche *f (HLK)* radiation heating surface

Strahlungsheizkörper *m (El, HLK)* radiant heater
Strahlungsheizung *f (HLK)* radiant heating
Strahlungsheizungsanlage *f (HLK)* radiant heating system
Strahlungsheizungselement *n* radiation panel
Strahlungsheizungstafelelement *n* radiation panel
Strahlungsintensität *f* radiance of surface
Strahlungslärm *m (Umw)* radiant noise
Strahlungsnebel *m* radiation fog
Strahlungsplatte *f* radiant panel *(Plattenheizkörper)*
Strahlungsquelle *f (El)* radiant source
Strahlungsschaden *m* radiation damage
Strahlungsschutzbauten *mpl (Konst, Umw, VR)* civil defence structures for radiation protection
Strahlungstrocknung *f (Te)* radiant-heat drying
Strahlungsverlust *m* radiation loss
Strahlungswärme *f (HLK)* radiant heat
Strahlungswärmeübergang *m (HLK)* radiative heat transfer
Strahlwaschen *n* washing by jet
Strand *m* 1. beach, strand *(Flach)*; 2. shore, bank *(Ufer)*; 3. coast *(Küstenstreifen)*
Strand *m*/**gehobener** *(Bod)* raised beach
Strandbuhne *f* breakwater
Stranddüne *f (Bod)* shore dune
Strandkies *m* beach gravel, shore gravel
Strandlinie *f (Bod)* sea coast
Strandmauer *f (Wsb)* sea wall
Strandsand *m* beach sand, shore sand
Strandterrasse *f (Bod)* elevated shore face terrace *(Geländeform)*
Strang *m* 1. *(HLK, San, WVA)* line; 2. *(BT)* cord; 3. *(HLK, San)* run *(Leitung)*; 4. *(BT)* trace *(1. Linienzug; 2. Hebezeuggesträng)*; 5. track *(Gleis)*
Strangabschnitt *m*/**gerader** *(Verk)* tangent track *(Gleis zwischen den Kurven)*
Strangdachziegel *m* extruded clay roof tile
Strangfalzziegel *m* extruded interlocking tile
Strangfertigungsverfahren *n (BM, Te)* extrusion method
stranggepresst extruded
Strangpressanlage *f* extrusion plant
Strangpressbeton *m* extruded concrete, extrusion concrete
Strangpresse *f* extruder
strangpressen *v (BM)* extrude *(Keramik, Kunststoffe, Metall)*
Strangpressen *n* extrusion
Strangpresserzeugnis *n* extruded profile
Strangpressprofil *n* extruded profile, extrusion
Strangpresstechnologie *f (BM, Te)* extrusion method
Strangpressziegel *m* wire-cut brick
strapazierfähig hardwearing *(Baumaterialien)*
S-Traps *m (San)* S-trap
Straße *f* 1. road, *(AE)* highway; street *(„street" bezeichnet immer eine Innerortsstraße)*; row *(gerade Straße)*; lane *(enge Straße)*; 2. line *(Produktionsstraße)*
Straße *f*/**abgelegene** *(Verk)* by-street
Straße *f*/**abgesackte** founderous road
Straße *f*/**anbaufreie** 1. *(Verk, VR)* limited access road; 2. *(Verk)* road with limited access
Straße *f*/**angebaute** built-up road
Straße *f*/**angehobene** *(Verk)* causeway *(auf geschütteter Böschung)*
Straße *f*/**ansteigende** road with rising gradient, uphill road
Straße *f*/**ausgefahrene** *(Verk)* heavy road
Straße *f*/**baumbestandene** *(Verk)* allée
Straße *f*/**befestigte** *(Verk)* paved road
Straße *f*/**beleuchtete** *(Verk)* illuminated road
Straße *f*/**breite römische** *(Arch)* platea
Straße *f*/**dreispurige** *(Verk)* three-lane carriageway
Straße *f*/**ebene** *(Verk)* level road
Straße *f*/**einbahnig zweistreifige** *(Verk)* two-lane single highway
Straße *f*/**einbahnige** single track road, single carriageway road
Straße *f*/**einspurige** single track road, single lane road
Straße *f*/**enge** lane
Straße *f*/**gebührenpflichtige** tollroad, *(AE)* pike (road)
Straße *f* **gefährdet bei Überflutung** road liable to flooding
Straße *f*/**gemischte** *(Verk)* mix roadway
Straße *f*/**gerade** straight road, row
Straße *f*/**geschwindigkeitsbegrenzte** *(Verk)* speed-limited road
Straße *f*/**geteerte** tarred road
Straße *f*/**getrenntspurige** *(Verk)* road with separate carriageways
Straße *f*/**gewölbte** *(Verk)* barrel road
Straße *f*/**hochbelastete** high volume road
Straße *f* **im Auftrag** road on embankment *(Dammschüttung)*
Straße *f* **im Dammbereich** *(Verk)* embanked road
Straße *f* **im Einschnitt** road in cutting, cut-up road, trench road
Straße *f* **in Dammlage** raised road; road on embankment *(Dammschüttung)*
Straße *f* **in Tieflage** *(Verk)* depressed road
Straße *f*/**Kies-Wasser-gebundene** *(LB, Verk)* gravel road
Straße *f*/**klassifizierte** classified road, trunk road
Straße *f*/**kommunale** *(Verk)* local road
Straße *f*/**mehrspurige** *(Verk)* multilane highway
Straße *f* **mit geringem Verkehr** *(Verk)* low-volume road
Straße *f* **mit Halteverbot** *(Verk)* clearway
Straße *f* **mit Halteverbot in der Spitzenverkehrszeit** *(Verk)* peak hour clearway
Straße *f* **mit niedrigen Kosten** *(Verk)* low-cost road
Straße *f* **mit planfreien Knoten** *(Verk)* road with grade--separated junctions
Straße *f* **mit Richtungstrennung** dual carriageway road
Straße *f* **mit ungleicher Spurenzahl** *(Verk)* odd-lane road
Straße *f* **mit Unterbau** *(Verk)* laid road
Straße *f* **mit Zufahrtsbeschränkung** *(Verk, VR)* limited access road
Straße *f* **mit zwei getrennten Fahrbahnsystemen** *(Verk)* dual carriageway road
Straße *f*/**niedrigbelastete** *(Verk)* low-volume road
Straße *f*/**öffentliche** public road
Straße *f* **ohne Richtungstrennung** single carriageway, two-way road
Straße *f*/**projektierte** *(Verk)* proposed road
Straße *f*/**quergeneigte** cross-sloping roadway
Straße *f*/**selbsterklärende** self-evident road
Straße *f*/**städtische** *(Verk)* urban street
Straße *f*/**ständig befahrbare** *(Verk)* permanent way
Straße *f*/**steile** *(Verk)* steep road
Straße *f*/**unbefestigte** unpaved road, *(AE)* dirt road
Straße *f*/**unebene** *(Verk)* uneven road
Straße *f*/**ungebundene** *(Verk)* friable road
Straße *f*/**ungeteilte** undivided road, single carriageway
Straße *f* **unter Verkehr** *(Verk)* road in service
Straße *f*/**vereiste** *(Verk)* ice road
Straße *f*/**vierspurige** *(Verk)* four-lane road
Straße *f*/**vierstreifige** *(Verk)* four-lane road
Straße *f*/**zerstörte** founderous road
Straße *f*/**zur Fußgängerzone umgebaute** pedestrianized street
Straße *f*/**zweibahnige** two-lane road
Straße *f*/**zweispurige** *(Verk)* two-lane road
Straßenabdeckung *f* road covering

Straßenabfall *m (Verk)* roadside litter
Straßenabflussrinne *f (WVA)* street gutter
Straßenablauf *m (Verk, WVA)* road gully, road inlet, street gully *(DIN 4052)*
Straßenabschnitt *m (Verk)* road section
Straßenabschnitt *m***/waagerechter** *(Verk)* level stretch
Straßenabsteckung *f (Verm)* road setting-out
Straßenabstufung *f* road downgrading
Straßenabwasser *n* surface water
Straßenabzweig *m (Verk)* road branch
Straßenabzweigung *f (Verk)* junction
Straßenachse *f (Verk)* road centre line
Straßenanalysierer *m (Te, VR)* road analyser
Straßenangebot *n (RP)* road supply
Straßenangelegenheit *f (Verk)* road matter
Straßenanlagewert *m (Verk, VR)* road account
Straßenanlieferung *f* lorry delivery, *(AE)* truckage
Straßenanlieger *m (Verk)* wayside owner
Straßenanschluss *m (San, Verk)* street connection
Straßenanschnitt *m* road shelf
Straßenanwohnerkomfort *m (Umw)* roadside resident comfort
Straßenaudit *n* road safety audit
Straßenaufbau *m* pavement structure
Straßenaufbruch *m* reclaimed road material, reclaimed tar bound road material
Straßenaufbruchhammer *m* road breaker, ripper, *(AE)* clink
Straßenaufbruchmeißel *m* road breaker, *(AE)* clink
Straßenaufhöhung *f* 1. *(Verk)* ramp; 2. *(Verk)* speed bump
Straßenaufpflasterung *f***/geschwindigkeitsmindernde** speed table
Straßenaufpflasterung *f***/verkehrsberuhigende** speed table
Straßenaufreißer *m* road breaker, ripper
Straßenaufsicht *f s.* Straßenbauaufsicht
Straßenaufstufung *f* road upgrading
Straßenausbau *m* road improvement
Straßenausbesserer *m* road mender
Straßenausbesserung *f (RS)* road repair
Straßenausfahrt *f* street exit
Straßenausgangspassage *f* exit corridor
Straßenausrüstung *f* road furniture
Straßenausstattung *f* road equipment, roadside furniture, street furnishing, street furniture *(z. B. mit Schutzplanken, Markierungen, Verkehrszeichen)*
Straßenbahn *f (Verk)* tramway
Straßenbahndepot *n (Konst, Verk)* tram depot
Straßenbahngleis *n* tram track
Straßenbahnlinie *f (Verk)* tram line
Straßenbahnwagen *m* tramcar, tram
Straßenbahnweiche *f (Verk)* tramway switch
Straßenbau *m* 1. highway engineering, road engineering, traffic engineering *(Fachgebiet)*; 2. road building, road construction, road making, *(AE)* highway construction; 3. road building projects *(durchzuführender)*
Straßenbauamt *n* district road office, highway authority, road construction, road construction office, road department, *(AE)* highway department
Straßenbauamtsvorstand *m* county surveyor, *(AE)* district engineer
Straßenbauarbeiten *fpl* road construction work, roadworks
Straßenbauaufsicht *f* road policy
Straßenbaubehörde *f* road authority, highway agency [authority], road (construction) authorities
Straßenbaubeton *m* road concrete
Straßenbaubindemittel *n* road binder, highway binder; asphaltic road binder
Straßenbaubindemittel *n***/bituminöses** asphaltic road binder
Straßenbaubitumen *n* paving (grade) bitumen *(genormt, EN 12591)*; asphaltic road binder, *(AE)* road asphalt, asphalt cement *(ASTM D 449, ASTM C 1097, ASTM D 3381)*
Straßenbauemulsion *f* emulsion for road construction, road emulsion; highway emulsion
Straßenbauer *m* road builder, road maker; street mason
Straßenbauforschung *f* road research
Straßenbauforschungslabor(atorium) *n* road research laboratory
Straßenbauingenieur *m* road engineer, highway engineer
Straßenbaukolonne *f* road gang, paving crew
Straßenbaumaschine *f* road construction machinery, road making machine
Straßenbaumaschinenausrüstung *f (Verk)* road construction equipment
Straßenbaumaßnahme *f* highway project
Straßenbaumatte *f* road fabric
Straßenbaumischgut *n***/bituminöses** hydrocarbon pavement mixture
Straßenbaupapier *n* road lining paper, subsoil paper *(Betonstraßen)*
Straßenbauprogramm *n (Verk)* road construction programme
Straßenbaureparaturarbeiten *fpl (Verk)* road repairing
Straßenbausplitt *m* road chippings, road stone chips, *(AE)* highway chippings
Straßenbaustelle *f (Verk)* road construction site
Straßenbaustellensicherheit *f s.* Straßenbaustellensicherung
Straßenbaustellensicherung *f (Verk)* safety at road works
Straßenbaustoff *m* road material, *(AE)* highway material
Straßenbaustoffprüfung *f* road materials test
Straßenbautechnik *f (Verk)* road engineering
Straßenbautechniker *m* road builder
Straßenbauverwaltung *f* highway administration, highway authority, road administration, road authority
Straßenbauverwaltung *f***/kommunale** *(Verk)* local highway authority
Straßenbauwerk *n (Verk)* highway structure
Straßenbauzement *m* cement for road und street construction, road cement
Straßenbauzuschlagstoff *m* road aggregate
Straßenbeanspruchung *f* road pavement stress, pavement stress
Straßenbedeutungsinformation *f (VR)* road status information
Straßenbefestigung *f* 1. *(Verk)* pavement, road crust, road pavement; street pavement; 2. *(Verk)* paving *(Vorgang)*
Straßenbefestigung *f* **in Gemischtbauweise** *(Verk)* composite pavement
Straßenbefestigung *f***/offene** *(Verk)* porous pavement
Straßenbefestigung *f***/temporäre** *(Verk)* temporary pavement
Straßenbegrenzung *f* road restriction *(Benutzung)*
Straßenbegrenzungslinie *f* street boundary line, roadside line, side line; street line
Straßenbegrenzungsstreifen *m* roadside line, side line
Straßenbehörde *f* road authority
Straßenbelag *m* road surface, mat
Straßenbelagfertigung *f* road carpeting
Straßenbelagstemperatursensor *m* road surface temperature sensor
Straßenbeleuchtung *f* lighting of streets, street lighting, public lighting; road lighting *(EN 13201)*
Straßenbeleuchtungseinschaltzeit *f***/(vorgeschriebene)** *(Verk)* lighting-up time
Straßenbenutzer *m (VR)* road user

Straßenbenutzungsgebühr *f (Verk)* (road) toll, road tax, road user charge
Straßenbenutzungsgebühren *fpl* road pricing, road charging
Straßenbeschilderung *f* road signs *(Zustand)*; road signing *(Tätigkeit)*
Straßenbeschotterung *f* road gravelling, road metalling
Straßenbeschränkung *f* road restriction
Straßenbeschriftung *f (Verk)* road legend
Straßenbeton highway concrete, pavement concrete
Straßenbetonfertiger *m* paver
Straßenbetrieb *m* highway operations, road operation
Straßenbetriebsdienst *m* road maintenance service
Straßenbett *n* 1. *(Erdb, Verk)* subgrade; 2. *(Verk)* ballast bed
Straßenbewehrungsmatte *f* road mesh, road steel fabric
Straßenbewertung *f* road ranking
Straßenbezeichnungsschild *n* road identification sign
Straßenbiegung *f (Verk)* turn of a road
Straßenbild *n (Arch)* streetscape
Straßenbitumen *n* paving (grade) bitumen, *(AE)* asphalt cement, *(AE)* road surfacing asphalt *(s. a. Straßenbaubitumen)*
Straßenbreite *f (Verk)* width of road
Straßenbrücke *f* highway bridge, road bridge
Straßenbrückenwaage *f* truck weighbridge
Straßenbuch *n (Verk, VR)* road documentation
Straßenbuckel *m* hump, road hump; speed hump *(zur Geschwindigkeitsreduzierung)*
Straßenbudget *n (Verk)* road budget
Straßendamm *m* road embankment, road fill; roadway *(auch auf Brücken)*
Straßendamm *m***/flacher** *(Erdb, Verk) (AE)* agger *(einer Straße in ebenem Gelände)*
Straßendaten *pl (Verk, VR)* road data
Straßendatenaufbereitung *f* road data preparation
Straßendatenbank *f (Verk)* data bank for road network, road data bank
Straßendatenerfassung *f* road data gathering [capture]
Straßendeckarbeiten *fpl* road topping
Straßendecke *f* 1. road surface, topping, coat, veneer, surfacing; 2. *(LB, Verk)* pavement; 3. *(Konst)* paving *(Gesamtbefestigungsbelag)*; 4. *(Verk)* sheeting *(Verschleißbelag)*; 5. *(BB, Verk)* crust *(Zementbetondecke)* • **die Straßendecke erneuern** *(Verk)* resurface *(Straße)* • **eine Straßendecke aufziehen** *(Verk)* finish
Straßendecke *f***/bituminöse** bituminous surfacing, bituminous topping, bituminous sheeting, bituminous carpet(ing), bituminous veneering
Straßendecke *f***/elastische** *(Verk)* flexible pavement
Straßendecke *f***/römische** *(Arch)* pavimentum *(aus abgestuftem Steingemisch und hydraulischem Bindemittel)*
Straßendeckenaufbau *m (Verk)* pavement structure
Straßendeckenaufheizgerät *n* road heater
Straßendeckenbelag *m* road surface
Straßendeckenbeton *m* pavement(-quality) concrete, road surface concrete
Straßendecken-Einfachbauweise *f (Verk)* pavement of simple construction
Straßendeckenerhaltung *f* pavement maintenance *(Tätigkeit)*; pavement management *(Fachgebiet)*
Straßendeckenerhaltung *f***/systematische** pavement management system, PMS
Straßendeckenerhaltungssystem *n* pavement management system, PMS
Straßendeckenerneuerung *f (Verk)* road rehabilitation
Straßendeckenfertiger *m* finisher; concrete paver *(Betonstraßen)*; paving finisher *(Asphaltstraßen)*
Straßendeckenfertigung *f (Verk)* sheet laying
Straßendeckenfunktionsfähigkeit *f (Verk)* pavement performance
Straßendeckengroßversuch *m* full scale pavement test
Straßendeckenkonstruktion *f (Verk)* pavement structure
Straßendeckenmaterial *n***/wiederverwendetes** *(BM, RS)* recycled road pavement
Straßendeckenmischung *f* road mix
Straßendeckenprüfgerät *n (AE)* accelerated loading facility
Straßendeckenschaden *m (RS)* road surface defect
Straßendeckenschicht *f* road topping
Straßendeckenspannung *f* pavement stress
Straßendeckenverformung *f (Verk)* pavement deformation
Straßendeckenzuschlag *m* paving aggregate
Straßendeckenzuschlagstoff *m* paving aggregate
Straßendeckschichtarbeiten *fpl* road topping
Straßendichte *f* road density
Straßendienst *m* road service
Straßendirektion *f (Verk)* road board
Straßendurchbruch *m (RS, Verk)* opening of a street
Straßenecke *f* street corner
Straßeneinengungen *fpl* road narrows
Straßeneingang *m* front door *(eines Gebäudes)*
Straßeneinlauf *m* road inlet, street inlet, street gully *(DIN 4052)*
Straßeneinschnitt *m* 1. road in cutting *(Geländelage)*; 2. *(Verk)* trench along roads
Straßenentlastung *f (Verk)* road relieving
Straßenentwässerung *f* 1. *(WVA)* street drainage; 2. *(Verk, WVA)* road drainage
Straßenentwurf *m* highway design, road design
Straßenentwurfsbearbeiter *m* road designer
Straßenentwurfsingenieur *m* road developer
Straßenerhaltung *f* pavement maintenance, road preservation, road maintenance
Straßenerhaltung *f***/systematische** pavement management system, PMS, systematic road management
Straßenerhaltungskolonne *f* road maintenance crew
Straßenerhaltungsmanagement *n* road maintenance management system
Straßenerkennbarkeit *f (Verk)* road legibility
Straßenfachbegriffe *mpl* road terminology
Straßenfernverkehr *m (Verk)* long-distance road transport
Straßenfertiger *m* road finisher, road finishing machine, (road) paver; spreader finisher
Straßenfertigteilplatte *f* pad
Straßenfinanzierung *f* road financing
Straßenflucht *f* road building line
Straßenfräse *f* road milling machine *(Straßendeckenabfräsen)*
Straßenfräsmaschine *f (BWG)* road groover *(für Aufrauung)*
Straßenfront *f* street font, frontage, street façade, flank front
Straßenfuge *f* road joint
Straßenführung *f* run of the road
Straßenführung *f***/erhöhte** *(Erdb, Verk)* raised road
Straßenführung *f* **in mehreren Ebenen** multilevel road system
Straßengabelung *f* fork junction, road fork, road bifurcation
Straßengebührensystem *n (VR)* road pricing
Straßengesetz *n (VR)* highway code; road statute
Straßengesetzgebung *f (VR)* road legislation
Straßengestaltung *f (Arch)* streetscape
Straßenglätte *f (Verk)* skidding conditions
Straßengraben *m* ditch of a road, road ditch, roadside ditch, side culvert

Straßengradiente *f (Verk, Verm)* curb level
Straßengriffigkeitsmesser *m* skid resistance tester, SRT
Straßengrundriss *m* road layout
Straßengrundstück *n (VR)* total land requirement
Straßengründung *f (Erdb, Verk)* road foundation
Straßengully *m (Verk, WVA)* road gully, road inlet, street gully *(DIN 4052)*
Straßenhobel *m* road grader, blade grader, grader *(Baumaschine)*
Straßenhochleistungsnetz *n (RP, Verk)* high-performance road network
Straßenhöcker *m***/abgeflachter** *(Verk)* flat top road hump
Straßeninformationssystem *n (Verk, VR)* road database and information system, road information system
Straßeninfrastruktur *f* road infrastructure
Straßeninschrift *f* road legend
Straßeninsel *f (Verk)* safety island
Straßeninstandhaltung *f* road maintenance
Straßeninvestition *f (Verk)* road investment
Straßenkappe *f* valve box
Straßenkarte *f* road map
Straßenkategorie *f (Verk)* road category
Straßenkehrer *m* sweeper
Straßenkehrfahrzeug *n* road sweeper
Straßenkehricht *m* street sweepings
Straßenkehrmaschine *f* brush sweeper
Straßenkies *m* road gravel, road metal
Straßenkiosk *m (Konst)* sidewalk kiosk
Straßenklassifizierung *f (Verk)* road classification
Straßenklassifizierungs- und -einordnungsbeobachtung *f (RP, Verk)* road status monitoring
Straßenklinker *m (BM)* paving clinker
Straßenknoten *m s.* Straßenknotenpunkt
Straßenknotenpunkt *m* road junction, cross roads, road interchange, road crossing, *(AE)* intersection *(s. a. Straßenkreuzung)*
Straßenknotenpunkt *m***/innerstädtischer** street crossing, *(AE)* carrefour
Straßenknotenpunkt *m***/planfreier** grade separated junction
Straßenkoffer *m (Verk)* road body, coffer, road pavement
Straßenkofferentwässerung *f* pavement drainage
Straßenkoffertemperatur *f (Verk)* road body temperature
Straßenkongress *m* road congress
Straßenkontrolle *f***/winterliche** *(Verk)* winter road surveillance
Straßenkörper *m (Verk)* road body
Straßenkostenaufwand *m (Verk, VR)* road expenditure
Straßenkreuzung *f* (road) junction *(auch bei Rohrüberführungen usw.)*; crossroads, (road) crossing, street crossing; *(AE)* road intersection; carrefour *(innerstädtisch)*; *(sl)* xing
Straßenkreuzungsbauwerk *n (Verk)* road interchange (structure)
Straßenkreuzungslageplan *m (Verk)* road crossing layout
Straßenkreuzungspunkt *m s.* Straßenkreuzung
Straßenkrone *f (Verk)* crown of carriageway
Straßenkrümmung *f (Verk)* road curvature
Straßenkurvigkeit *f (Verk)* road curvature
Straßenlampe *f* street lighting unit *(mit Mast)*; road lamp
Straßenlampe *f***/komplette** *(El)* street lighting luminaire
Straßenlänge *f (Verk)* road length
Straßenlängsebenheit *f (Verk)* longitudinal road evenness
Straßenlängsprofil *n (Verk)* longitudinal road profile
Straßenlärm *m (Umw)* street noise
Straßenlegende *f (Verk)* road legend
Straßenleitpfosten *m (Verk)* indicator sign post
Straßenleitungen *fpl (Erdb, Konst)* mains *(im unterirdischen Raum)*
Straßenleuchte *f* street lighting luminaire, street lamp *(s. a. Straßenlampe)*
Straßenleuchtenmast *m* road lighting mast
Straßenlichtmast *m* road lighting mast
Straßenlinienführung *f***/räumliche** *(RP, Verk)* three-dimensional road alignment
Straßenmarkierung *f* road marking, traffic marking, highway striping, lane marker, lane marking, marker, markings, street line
Straßenmarkierungsfarbe *f* road marking paint, traffic marking paint, road-line paint, marking paint *(s. a. Straßenmarkierungsmaterial)*
Straßenmarkierungsfolie *f* road marking tape
Straßenmarkierungsgerät *n s.* Straßenmarkierungsmaschine
Straßenmarkierungsknopf *m* pavement marker
Straßenmarkierungsmaschine *f* road marking machine, pavement marking machine, line marker, road painting machine
Straßenmarkierungsmasse *f* road marking compound, pavement marking composition, road marking material, road painting material
Straßenmarkierungsmaterial *n (Verk)* road marking material *(EN 1423, EN 1436, EN 1463, s. a. Straßenmarkierungsmasse)*
Straßenmarkierungsstoff *m s.* Straßenmarkierungsmasse
Straßenmeister *m* area surveyor, surveyor of highways [roads], road overseer
Straßenmeisterei *f (Verk)* (road, highway) maintenance depot, road maintenance centre, operating centre, operation centre
Straßenmittellinie *f (Verk)* road centre line
Straßenmittelstreifen *m* road reservation
Straßenmüll *m (Umw)* roadside litter; town refuse, town rubbish
Straßennagel *m* road stud
Straßennamensschild *n (VR)* street plate
Straßennebenanlagen *fpl (Verk)* roadside ancillaries
Straßennebenanlageneinrichtungen *fpl (Verk)* roadside equipment
Straßennebenbauwerk *n (Verk)* roadside structure
Straßennebenbetriebe *mpl* road ancillaries
Straßennebenflächen *fpl* roadside area
Straßennetz *n* 1. *(RP, Verk)* highway network; 2. *(RP)* road network
Straßennetz *n***/klassifiziertes** classified road network, classified road system
Straßennetzdichte *f (RP, Verk)* density of road networks
Straßennetzentwicklung *f (Verk)* road network development
Straßennetzmodell *n (RP, Verk)* type of network
Straßennetzschluss *m* road network integration
Straßennummer *f* street number
Straßennummerierung *f* road numbering
Straßennummernschild *n* road identification sign
Straßennutzungsdauer *f* road life
Straßennutzungserlaubnis *f (VR)* road-using permit
Straßennutzungsgebühr *f (VR)* road user charge *(s. a. Straßenbenutzungsgebühr)*
Straßennutzungsgebühr *f***/fahrstreckenbezogene** *(Verk, VR)* mileage-based road user charge
Straßenoberbau *m (Verk)* road crust, road pavement, pavement structure, road layer
Straßenoberbaukonstruktion *f (Verk)* road layer, road pavement structure
Straßenoberfläche *f* 1. *(Verk)* road surface; 2. *(Erdb, Verk)* *(AE)* roadway
Straßenoberfläche *f***/ebene** *(Verk)* plane roadway

S

Straßenoberfläche f/widerstandsfähige *(Verk)* hard-top
Straßenoberflächenentwässerung *f* road draining *(Brücke)*
Straßenoberflächengeometrieüberwachung *f* road geometry monitoring
Straßenöl *n (BM)* liquid asphaltic material
Straßenpech *n* road pitch
Straßenpflaster *n* block pavement, stone pavement, pitching, pavement; paving *(Gesamtbefestigungsbelag)*
Straßenplan *m* street plan *(innerstädtisch)*; road plan *(Landstraßen)*
Straßenplanierer *m* road grader
Straßenplanum *n* road-bed, road formation (level)
Straßenplanung *f* highway design, road design
Straßenplanungsbehörde *f* road planning authority
Straßenplanungszustimmung *f* road planning permit
Straßenplatte *f* road pad, pad
Straßenplatte f/vorgefertigte paving unit
Straßenprofil *n (Verk)* road profile
Straßenprüfung und -beurteilung *f* road test
Straßenquerprofil *n* profile of a road, highway cross section, transverse profile
Straßenrand *m* roadside, wayside
Straßenrandbepflanzung *f (LB)* roadside planting
Straßenrandmarkierung *f* roadside marking
Straßenrangordnung *f (Verk)* road hierarchy
Straßenrauigkeitsmesser *m* skid resistance tester, SRT
Straßenraum *m* road space, roadside environment
Straßenraumaschine *f* road milling machine, road grader
Straßenreinigung *f* street cleaning, street sweeping, scavengering
Straßenreinigungsfahrzeug *n (BWG)* road cleaning machine
Straßenreinigungsmaschine *f (BWG)* scavenger
Straßenrekonstruktion *f (Verk)* road rehabilitation, road reconstruction
Straßenreparaturarbeiten *fpl (Verk)* road under repair
Straßenrestaurant *n* boulevard restaurant
Straßenrinne *f* road channel, gutter channel, gutter, sewer
Straßenrundschreiben *n* road circular
Straßenschäden *mpl* road defects
Straßenschild *n* 1. *(Verk)* signpost; 2. *(VR)* street plate *(Namensschild)*
Straßenschlammfang *m (WVA)* street trap
Straßenschnellverkehr *m (Verk)* express traffic
Straßenschotter *m* paving gravel, road ballast, road metal
Straßenschulter *f (Verk)* shoulder
Straßenschwelle *f (Verk)* ramp
Straßenseite *f* 1. *(Arch)* front elevation; 2. side of the street, road side, way side
Straßenseitenraum *m* roadside
Straßenserviceanlagen *fpl* road ancillaries
Straßensicherheitsaudit *n (SAS) (Verk, VR)* road safety audits
Straßensicker *m (Erdb, Verk, WVA)* road draining
Straßensickerleitung *f (Erdb, Verk, WVA)* road draining
Straßensinkkasten *m* road inlet, road gully; street gully, street inlet
Straßensperre *f* road-block
Straßensperrung *f (Verk, VR)* road closure; roadblock *(durch Hindernisse)*
Straßenspiegel *m (Verk)* road mirror
Straßensprengwagen *m* street flusher, flusher
Straßenspurnagel *m* road stud
Straßenstahlnagel *m* steel streetmarker
Straßenstatusbericht *m (VR)* road status information
Straßenstatusverfolgung *f (RP, Verk)* road status monitoring
Straßensteigungsstrecke *f* road upgrade
Straßensubstanz *f (Verk)* road matter
Straßensubstanzauswerter *m (Te, VR)* road analyser
Straßensystem *n (Verk)* road system
Straßenteer *m (BM)* road tar, paving tar
Straßenteerviskosimeter *n* (standard) tar viscosimeter
Straßenteppichbelag *m* road carpet, road mat
Straßenteppichbelagfertigung *f* road carpeting
Straßenterminal *m (Verk)* road terminal
Straßentor *n* 1. gate door; 2. *(Arch)* town gate
Straßentransporter *m (Verk)* road carrier
Straßentrassierung *f (Verk)* road design
Straßentunnel *m (Tun, Verk)* road tunnel
Straßentyp *m* type of road
Straßenüberführung *f (Verk)* flyover junction, overpass (bridge), flyover; foot-bridge, pedestrian bridge *(für Fußgänger)*
Straßenüberführung f über Schienenwege *(Verk)* grade separation
Straßenüberhöhung *f (Verk)* road cant, cant
Straßenübersichtsplan *m (Verk)* road layout
Straßenüberwachung f bei Winterwetter *(Verk, VR)* winter weather control
Straßenumfeld *n (Verk)* road surroundings
Straßenumleitung *f (Verk, VR)* route diversion
Straßen- und Brückengeländer *npl* road and bridge railings
Straßen- und Lichtraumprofil *n* roadside environment
Straßen- und Verkehrsforschungsbehörde *f (AE)* Transportation Research Board
Straßenunterbau *m* pavement base, road foundation, road bed
Straßenunterbaubewehrung *f* pavement base reinforcement
Straßenunterbettung *f (Verk)* road-bed
Straßenunterführung *f* fly-under, underpass, undergrade crossing, underbridge, fly-under junction; subway *(für Fußgänger)*
Straßenunterführung f durch ein Tunnelbauwerk *(Tun)* tunnel under the road
Straßenuntergrund *m (Erdb, Verk)* road foundation
Straßenunterhaltung *f* road maintenance
Straßenunterhaltungsarbeiter *m* road mender
Straßenverbindung *f (Verk)* road connection, road link
Straßenverbreiterung *f* road widening
Straßenverbreiterungsarbeit *f* road widening
Straßenverengung *f (Verk)* bottle-neck
Straßenverfall *m* road deterioration
Straßenverkehr *m* **außerhalb der Rushhour** *(Verk)* off--peak traffic
Straßenverkehrsanlagen *fpl* road traffic facilities, road infrastructure
Straßenverkehrsanlagenentwurf *m* road alignment design
Straßenverkehrsbefragung *f* roadside interview *(vor Ort)*
Straßenverkehrsgesetz *n (Verk, VR)* road traffic act
Straßenverkehrskorridor *m (Verk)* road traffic corridor
Straßenverkehrslärm *m (Umw, Verk)* road traffic noise
Straßenverkehrsnetz *n* road infrastructure, road traffic network
Straßenverkehrsordnung *f (VR)* road traffic laws, traffic regulations, highway code
Straßenverkehrssicherheit *f* road (traffic) safety, highway (traffic) safety
Straßenverkehrstechnik *f* traffic engineering
Straßenverkehrsüberwachung *f (Verk, VR)* monitoring of roads
Straßenverkehrsverhalten *n* road (traffic) behaviour
Straßenverkehrszeichen *n* traffic sign, traffic control sign
Straßenverlauf *m* run of the road, course of the road

Straßenverlauf m/sicherer *(Verk)* safe course
Straßenversuchsabschnitt *m (Verk)* experimental stretch of road
Straßenverwaltung *f* road administration, highway administration, highway authority, road authority
Straßenverwaltung *f* **und Bewirtschaftung** *f* road management
Straßenverzeichnis *n (Verk)* road account
Straßenverzweigung *f (Verk)* road branch
Straßenvorbehaltsfläche *f (VR)* road reservation
Straßenwaage *f* truck weighbridge
Straßenwalze *f* road roller, compaction roller, road leveller, roller
Straßenwalze f/erwärmte *(BWG, Te, Verk)* heated roller
Straßenwalze f/selbstgetriebene self-propelled roller
Straßenwärter *m* road man, lengthsman, surveyor of highways
Straßenwetterdienst *m (SWIS) (Verk, VR)* road weather information system, RWIS
Straßenwinterdienst *m* road winter maintenance, winter road maintenance
Straßenwölbung *f* camber of a road
Straßenzeichenerklärung *f (Verk)* road legend
Straßenzubehör *n* street furniture
Straßenzustand *m* road mode, road condition, *(AE)* highway condition
Straßenzustandsbericht *m* road surface information
Straßenzustandsbeurteilung *f* highway assessment
Straßenzustandsform *f (Verk)* road mode
Straßenzustandsüberwachung *f (Verk)* monitoring of roads
Straßenzustandsverschlechterung *f* road deterioration
Stratigraphie *f* stratigraphy
stratigraphisch *(Bod)* stratigraphical
Strauch *m* shrub
Strauchklettergerüst *n* arbour
Strauchwerk *n (LB)* shrubbery
Strebausbau *m (Tun)* face support
Strebe *f* 1. strut, prop, stay, shore, stanchion, post, tall tom, shoring strut *(senkrecht)*; 2. *(Konst, TK)* brace; 3. *(BT, Konst, TK)* bracing; 4. *(BT)* raker; 5. cross brace, cross member [piece], cross-tie *(quer)*; bat, spur buttress *(Diagonalstab)*; 6. *(Konst)* cross pin *(Kreuzzapfen)*; 7. bracket *(Konsole)*; 8. *(BT)* tie *(Verankerung)*; 9. *(Konst)* spur *(Klaue)*; 10. prop, racking prop *(Bergbau)*; 11. *(BT)* traverse bracing *(Spreize)*; 12. *(Konst)* rider *(Kopfstrebe, Firststrebe)*
Strebe f/biegsame *(BT)* counter
Strebe f/eingelassene let-in brace
Strebe f/gekreuzte *(BT)* X-brace
Strebe f/gekrümmte curved bracket
Strebe f/gerade straight bracket
Strebebalken *m (Konst)* spur
Strebebogen *m* arch (flying) buttress, flier arch, flying arch, flying buttress, straining arch, arc-boutant
Strebemauer *f (Konst)* abutment wall
Strebenabsatz *m* bracket ledge
Strebenband *n* brace
Strebenbefestigung *f* bracket fixing
Strebenfachträger *m* Warren girder, Warren truss
Strebenfachwerk *n* sloping member truss, strut frame, system of web members
Strebenfachwerk n/einfaches *(TK)* single-strut bracing
Strebenfachwerkträger *m* sloping member truss, Warren girder, Warren truss
Strebenfeld *n (TK)* panel
Strebenkopf *m* strutting head
Strebenlänge f/effektive *(Stat)* effective length
strebenlos unsupported *(Balken)*
Strebenrüstbogen *m (Arch)* fantail
Strebensystem *n (Konst, TK)* bracketing
Strebepfeiler *m* flying buttress, (arch) buttress, pier buttress, abutment pier, sperone; strong pillar *(bes. Burgenbauten)*; counterfort, abamurus *(Versteifungspfeiler, z. B. für Mauern)* • **durch Strebepfeiler stützen** buttress *(z. B. Mauern)*
Strebepfeiler m/eckennaher *(Konst)* set-back buttress
Strebepfeilerbogen m/gotischer *(Arch)* hanging buttress
Strebepfeilerturm *m* buttress tower *(einen Eingangsbogen flankierend)*
Strebeschwarte *f (Hb)* sprocket
Strebesystem *n (Arch, Konst, TK)* abutment system
Strebewand *f (Erdb, Konst)* buttress wall
Strebewerk *n* abutment system, buttress; strut frame *(Sprengwerk)*; flying buttresses *(im gotischen Kirchenbau)*
Strebpfeiler *m (TK)* supporting pillar
Streckbalken *m* 1. binding beam, border joist; 2. *(Hb)* binding piece; string piece *(bei einem Dachstuhl)*
streckbar 1. stretchable, extensible, tensible *(Material)*; malleable *(bes. Metall)*; 2. ductile *(formbare Baustoffe)*; 3. *(BM, TK)* tensile *(auf Zug belastbar)*
Streckbarkeit *f* 1. *(BM)* stretchability; 2. ductility *(verformbare Baustoffe)*; 3. *(BM)* tensibility
Streckbarkeitsmesser *m* ductilometer
Streckbarkeitsprüfung *f* ductility test
Streckbaum *m* ledger board, girt strip
Streckbogen m/falscher *(Arch)* platband
Streckdehnung *f (BM)* yield strain
Strecke *f* 1. distance, way *(Entfernung)*; route *(Route)*; 2. stretch, section *(Abschnitt)*; 3. line, line segment, distance *(Mathematik)*; 4. *(Verk)* track line, railway line *(Bahnstrecke)*; 5. *(Tun)* drift, gallery; 6. *(Verm)* reach *(Reichweite, Streckweite, z. B. Baugebiet)*; 7. *(Tun)* roadway *(Bergbau)*
Strecke f/freie *(Verk)* free road sections, (road) link *(Straße)*
Strecke f/gerade *(Verk)* straight road
Strecke f/getriebene *(Tun)* drift
Strecke *f* **mit Geschwindigkeitsbegrenzung** *(Verk)* restricted area
strecken *v* 1. stretch, extent *(mechanisch ausstrecken)*; 2. stretch, extent, draw (out) *(z. B. Metalle, Draht, Seile)*; 3. lengthen, elongate *(Blech, Eisen)*; hammering *(durch Hämmern)*; roll (out), rough (down) *(durch Walzen)*; 4. extend, fill *(Substanzen durch Zusatzstoffe, z. B. Anstrichstoffe, Kunststoffe)*; dilute *(verdünnen)*; 5. *(Stat)* tension *(auf Zug belasten)*
strecken v/sich expand, stretch *(Baumaterialien)*; yield *(Metall)*
Streckenabschnitt *m (Verk)* section of line, link
Streckenabschnitt m/ebener *(Verk)* level section
Streckenabschnitt m/freier *(Verk)* link section *(Straße)*
Streckenabschnitt m/gerader *(Verk)* straight section
Streckenabschnittsgeschwindigkeit *f (Verk)* section speed
Streckenabschnittssteuerung *f* section traffic control
Streckenabschnittsüberwachung *f (Verk)* section monitoring
Streckenabschnittsverkehrssteuerung *f* section traffic control
Streckenarbeiter *m* platelayer, *(AE)* section hand *(Eisenbahn)*
Streckenaufseher *m* ganger platelayer, *(AE)* track-walker
Streckenausbau *m* roadway supports *(Bergbau)*
Streckenbau *m* track laying *(Eisenbahn)*
Streckenbeeinflussungsanlage *f (SBA) (Verk)* route control system
Streckenbelastung *f (Stat)* line loading
Streckenführung *f* 1. alignment, *(AE)* alinement *(von Bauten)*; 2. *(Verk)* route, routing, *(AE)* banking; mapping • **eine Streckenführung festlegen** route

S

Streckenführungsbeschilderung *f (Verk)* route signing plan
Streckeninformation *f* route information
Streckeninformation *f***/dynamische** *(Verk)* dynamic route information
Streckenkarte *f* 1. *(Verk)* road map *(Straße)*; 2. *(Verk)* route map *(Eisenbahn)*
Streckenlast *f (Stat)* distributed (line) load, load distributed over a certain length, strip load; knife-edge load(ing)
Streckenmessung *f (Verm)* linear measurement
Streckennetz *n* 1. *(Verk)* traction system; 2. *(Verk)* rail network *(Eisenbahn)*; 3. *(Verk)* road network (system) *(Straße)*; 4. *(Verk)* air routes *(Flugverkehr)*
Streckensohle *f (Tun)* gallery level
Strecker *m* header, bonder (brick), outbond brick, bonded brick, binder *(Mauerwerk)*
Strecker *m***/durchgehender** perpend *(im Mauerwerk)*
Streckerschicht *f (Hb)* header course
Streckerverband *m (SB)* header bond *(Mauerwerk)*
streckfest *(BM)* stretch-resistant
Streckgitter *n* rib mesh
Streckgrenze *f* 1. *(BM)* strain limit *(Dehnungsverformung)*; 2. *(BM, St)* tensile yield strength
Streckgrenze *f* **beim Abscheren** *(BM)* shearing yield strength
Streckgrenze *f***/obere** upper limit of elasticity, upper yield point *(Metall)*
Streckgrenze *f***/untere** *(St)* lower yield point
Streckgurtwinkeleisen *n* horizontal boom angle iron
Streckhammer *m (BWG)* stretch hammer
Streckmetall *n* expanded metal, expanded (metal) mesh, rib mesh
Streckmetall *n* **für Deckenschalung** *(Konst)* self-centring lath
Streckmetallbewehrung *f* expanded reinforcement, fabric reinforcement
Streckmetallbewehrungsdecke *f (Konst, TK)* Hollocast floor
Streckmetallleiste *f* diamond-mesh lath *(als Putzgrund)*
Streckmetallmatte *f* lath mesh
Streckmetalltrennwand *f***/geputzte** expanded metal partition
Streckmittel *n* 1. (paint) extender *(bes. für Farben)*; 2. *(BM)* filler *(Kunststoffe, Farben)*; 3. *(BM)* diluent
Streckmittel *npl* runnings *(Verdünner)*
Streckspannung *f (BM)* yield stress
Streckstahl *m* expanded steel, stretched steel
Streckung *f* 1. *(BM, BT, Te)* stretching; 2. *(BM)* extension *(mechanisch)*; 3. elongation, lengthening, distension *(Ausdehnung)*; 4. *(BM)* extension *(mit Streckmitteln)*; 5. *(BM)* dilution *(von Flüssigkeiten)*; 6. *(BM)* yield *(über der Elastizitätsgrenze)*
Streckung *f***/relative** longitudinal extension per unit length
Streckungsinvariante *f* invariant of stretching
Streckungstensorinvariante *f* invariant of stretching
Streichauftragen *n (OB)* brush application
Streichbalken *m* trimmer beam, trimmer joist, trimmer; wall plate
streichbar paintable
Streichbürste *f* whitewash brush
Streichdiele *f (Hb)* trimmer plank
streichen *v* 1. brush, brush-coat, brush-paint *(mit Streichbürste, z. B. Mauerwerk)*; 2. butter *(Dachbindemittel)*; 3. coat, paint *(mit Farben)*; 4. fill up with *(Mörtel, Kitt in Fugen)*; 5. spread, apply, smear *(schmieren)*; 6. strike *(geologisch)*
streichen *v***/auf der Baustelle** field-paint
streichen *v***/ebenholzartig** ebonize
streichen *v***/mit Kalk** lime(-wash)
streichen *v***/mit Leimfarbe** *(OB, Te)* distemper
streichen *v***/neu** *(OB)* repaint
Streichen *n* 1. brush painting, brushing, hand brushing, hand painting *(mit Streichbürste, z. B. Mauerwerk)*; 2. *(Bod)* strike *(geologische Schicht)*
streichfähig brushable; ready-mixed *(Farbe)*
Streichfähigkeit *f* brushability, paintability *(Anstrich)*
Streichfarbe *f* brush(ing) paint
streichfertig ready to brush, ready-to-paint
Streichgerät *n* spreader
Streichkitt *m* mastic for flattening of the prime coat
Streichkonsistenz *f* brushable consistence
Streichlack *m* brushing lacquer, painting varnish
Streichmaß *n* scratch gauge
Streichmischung *f* spreading mix(ture)
Streichpfahl *m* fender pile
Streichprobe *f* brushout
Streichqualität *f* brushing quality
Streichroller *m* roller • **mit Streichroller beschichten** *(OB, Te)* roller-coat
Streichspachtel *m* filler for brush application
Streichstange *f* ledger *(Holzgerüst)*
Streich- und Tupfpinsel *m***/weicher runder** blender
Streichzeit *f (Te)* workability period
streifen *v* streak
Streifen *m* 1. *(Arch)* stripe *(z. B. für Wandgestaltung)*; 2. *(El)* streak *(unregelmäßig)*; 3. *(BT)* strip *(Metallstreifen, Deckstreifen, Dichtungsstreifen usw.)*; 4. line, *(AE)* stripe *(Linie)*; 5. *(BT)* tape *(Band)*; 6. *(RP, VR)* tract; 7. *(BT)* strip *(eines Geländes)*; 8. verge *(Grünstreifen)*; 9. *(OB)* stria • **mit Streifen versehen** stripe
Streifen *m***/knollenartiger** nodular band
Streifen *m***/markierter** *(VR)* marking strip
Streifen *m***/unendlicher** infinite strip
streifenartig banded, striated
Streifenausgleichung *f (Verm)* strip adjustment
Streifenbelastung *f* strip load
Streifenbildung *f* 1. floating *(Anstrich)*; 2. *(OB)* striation *(Furchung, Rillung)*
Streifendichtung *f* strip soaker *(Dachziegel)*
Streifeneinlage *f* **entlang dem Schlossbrett** slamming strip *(Tür)*
streifenförmig lamellar
Streifenfundament *n* strip foundation, strip [strap] footing, direct foundation, continuous [wall, strand] footing
Streifengründung *f s.* Streifenfundament
Streifenklebung *f* strip mopping *(Dachhaut)*
Streifenlast *f (Stat)* strip load
Streifenleiste *f* ribbon *(für Schalungen)*
Streifenmosaik *n (Konst)* strip mosaic
Streifenplatte *f* batten board *(Sperrholz)*
Streifenschindel *f (BM)* strip slates
Streifensensor *m* strip sensor *(Prüf- und Messtechnik)*
Streifenstruktur *f (OB)* streaked structure
Streifeziffer *f (Bod)* resistance modulus *(Erdstoff)*
streifig striped, banded; streaked, streaky *(unregelmäßig)*; striated *(furchig, rillig)* • **streifig machen** stripe • **streifig werden** streak
Streifigkeit *f (OB)* streakiness
Streiflicht *n* level light
streiken *v (VR)* strike
streng *(Stat)* rigorous
Strenge *f (Arch)* precision
Strenge *f***/klassizistische** *(Arch)* classic restraint, classicistic severity
Streubereich *m* range or scatter, scatter *(Messwerte)*
Streudichte *f* gritting density, application density of gritting
Streudienst *m (Verk)* spreading service
Streudosierung *f (BWG, Te)* rate of spread

S

streuen *v* 1. *(DIS, OB, Te)* spread *(Baustoffe)*; 2. scatter *(Messwerte)*
Streuen *n* spread
Streuer *m* granule hopper *(Dachpappe)*
Streuglas *n* diffusing glass
Streugut *n* grit, gritting material
Streukoeffizient *m* scattering coefficient
Streulicht *n* diffuse light, stray light, scattered light, spill light *(Beleuchtung)*
Streulinse *f (El)* spread lens *(Beleuchtung)*
Streumakadam *m(n) (Verk)* dry-bound macadam
Streumenge *f* rate of spread, quantity of gritting
Streumittel *n* gritting agent
Streusalzumschlag *m* transhipment of thawing salt
Streuscheibe *f* diffusing screen *(Leuchtenabdeckung)*
Streusplitt *m* blinding chippings *(Straße)*
Streustrom *m (El)* stray current, leakage current
Streustromableitung *f* electrical drainage
Streustrombeeinflussung *f* stray-current pick-up
Streustromkorrosion *f (El, OB)* stray-current corrosion
Streu- und Bruchverlust *m* loss, spoilage *(von Baustoffen)*
Streuung *f* 1. *(El)* beam spread *(eines Scheinwerfers)*; 2. scattering *(Werte, Größen, Messwerte)*
Streuung *f* **der Festigkeitswerte** *(BM)* scattering of strengths
Strich *m* 1. *(Stat)* line *(einer Zeichnung)*; 2. division *(einer Skale)*; 3. *(Bod)* streak
Strichgitter *n (Konst)* index grating
Strichkreuzplatte *f (Verm)* graticule
Strichlinie *f* dash line, broken line, intermittent line
Strichmarkierung *f* dash marking
Strichpunktlinie *f* dash and dot line, dot and dash line
Strichzeichnung *f* line drawing
Strichziehgerät *n* 1. *(BWG, OB)* lining tool *(Anstrich)*; 2. road marking machine *(Straßenmarkierung)*
Strick *m (BT)* cord
Strickabdichtung *f* rope sealing, sealing by rope
Strickdichtung *f* pouring rope, sealing by rope
Strickfaser *f (BM)* rope fibre
Strieme *f (St)* dint
Stripping *n* stripping of binder *(speziell Bitumen)*
Strobenholz *n* white pine, white pine wood
Stroh *n* straw • **mit Stroh decken** *(Konst, Te)* thatch
Strohbauplatte *f* strawboard, thatchboard
Strohbedachung *f (Konst)* thatching
Strohdach *n* 1. *(DIS, Konst)* straw roofing; 2. *(OB, Te)* straw thatching; 3. *(Konst)* thatched roof
Strohdachbinderute *f (BT)* sway
Strohdachdecklatte *f (BT)* sway
Strohdachdeckung *f* straw roofing, straw thatching
Strohdacheindeckung *f* straw roofing, straw thatching
Strohdämmplatte *f* insulation strawboard, strawboard
strohfarben *(OB)* straw-coloured
Strohfaserbauplatte *f* straw fibre board
Strohfaserdämmplatte *f (BT, DIS)* straw fibre board
Strohfaserplatte *f* straw fibre board
Strohhütte *f (Konst)* thatched cottage
Strohplatte *f* strawboard
Strohumhüllung *f* straw plating
Strom *m* 1. *(El)* (electrical) current; 2. flow, flood, stream *(Flüssigkeiten)*; 3. *(Wsb)* current; 4. *(Bod, Umw)* stream; 5. *(HLK, San, Wsb, WVA)* flow *(Strömung)*; 6. *(Bod, Wsb)* river *(großer Fluss)*; 7. *(Verk)* the stream of traffic, the flow of traffic
Strom *m***/elektrischer** (electric) current
Stromabgabe *f* electrical output
Stromabnehmer *m (El)* electric current consumer, power consumer
Stromabnehmerrolle *f (El)* trolley
stromabwärts *(Wsb)* downstream
Stromaufwärtspfeilerkopf *m (Wsb)* upstream cutwater
Stromausfall *m (El)* electricity failure, power failure, supply failure
Strombedarf *m (El)* (electric) power requirement
Strombelastbarkeit *f (El)* current-carrying capacity; ampacity *(in Ampere)*
Strombrücke *f* bridge across a large river, bond
strömen *v* stream, flow, run *(Flüssigkeiten, Gase)*; flood, stream *(Licht)*; pour (down) *(Regen)*; pass *(hindurch strömen)*
Stromenge *f (Bod, Umw, Wsb)* narrows
Stromerzeuger *m* generator
stromführend *(El)* live, current-carrying
Stromführung *f (El)* power supply
Stromkreis *m (El)* (electric) circuit, power circuit
Stromkreis *m***/in Reihe geschalteter** *(El)* series circuit
Stromkreisunterbrecher *m (El)* circuit breaker
Stromkunde *m* electric current consumer
Stromlaufplan *m (El)* circuit diagram
Stromleiter *m (El)* (electric) conductor, *(Aussprache: li:d)* lead
Stromleitung *f* 1. *(El)* current conduction; 2. *(El)* cable, power supply line *(Leiter)*
Stromlinie *f* 1. streamline *(Form)*; 2. *(Verk, Wsb)* flow line
stromlos *(El)* zero-current
Strommesser *m (Umw)* current meter
Strompfeiler *m (Br, Wsb)* river pier
Stromschicht *f* course of diagonal bricks, diagonal course *(Mauerwerk)*
Stromschiene *f* 1. *(El)* omnibus bar, bus, bus-bar *(Schaltanlage)*; 2. *(BT, Verk)* contact rail; 3. *(El)* third rail *(für Schienenfahrzeuge)*
Stromschnelle *f (Wsb)* rapid
Stromschnellen *fpl (Wsb)* rapids
Stromschnellüberlauf *m (Umw, Wsb)* chute spill
Stromtarif *m* electricity tariff
Strömung *f* flow, fluid flow, current, stream; tide *(Flut)* • **in Richtung der Strömung** *(Wsb)* downstream
Strömung *f***/gleichmäßige** *(Wsb, WVA)* uniform flow
Strömung *f***/kritische** critical flow
Strömung *f***/laminare** lamina flow, steady flow, streamline flow, uniform flow
Strömung *f***/starke** race
Strömung *f***/stationäre** steady flow
Strömung *f***/turbulente** *(Wsb, WVA)* turbulent flow
Strömung *f***/unbeeinflusste** *(Wsb, WVA)* virgin flow
Strömung *f***/ungestörte** *(Wsb, WVA)* virgin flow
Strömung *f***/verzögerte** *(Wsb)* retarded flow
Strömungs... tidal ...
Strömungsgeschwindigkeit *f* current velocity, rate of flow, velocity of current
Strömungslehre *f* 1. *(HLK, Konst)* fluid dynamics; 2. *(Wsb)* theory of flow
Strömungspotenzial *n* streaming potential
Strömungsquerschnitt *m (Wsb)* wetted section
Strömungsrate *f***/vertikale** *(Erdb, Wsb)* transmission rate *(Wasser)*
Strömungsrichtung *f* 1. direction of circulation, direction of flow(age); 2. *(Wsb)* set
Strömungstyp *m (Wsb, WVA)* type of flow
Strömungswiderstand *m (Wsb)* resistance to fluid flow *(auch von Rohrleitungen)*
Strömungszustand *m (Wsb, WVA)* type of flow
Stromunterbrecher *m (El)* circuit breaker
Stromverband *m* diagonal bond, raking bond *(Mauerwerk)*
Stromverbrauch *m (El)* power consumption
Stromverbrauchszähler *m* electric supply meter, energy meter

Stromversorgung *f (El)* electricity supply, current supply, power supply
Stromversorgungsnetz *n (El)* public mains, supply network
Stromverteilungsnetz *n (El)* mains
Stromwirbel *m* whirlpool
Stromzähler *m* electric supply meter, current meter
Stromzuführung *f (El)* current lead, current supply, conductor lead, power lead
Stromzuführungsleitung *f (El)* power lead
Strontiumchromat *n (BM, OB)* strontium chromate
Strontiumgelb *n* strontium yellow
Strontiumweiß *n (BM, OB)* strontium white
Strontiumzement *m* strontium cement
Strosse *f (Bod)* stope, bench, bank
Strotere *f (Arch)* strotere *(Steinbalken des griechischen Tempelgebälks)*
Strudel *m* swirl, eddy, whirlpool; vortex *(Strömung)*; maelstrom *(größerer)*
strudeln *v* eddy
Struktur *f* 1. *(BM)* structure *(Gliederung, auch von Stoffen)*; 2. *(EB, OB)* embossment *(Tapetenprägung)*; 3. *(Arch, BM, OB)* configuration *(Strukturschema, z. B. Pressplatten)*; 4. *(Arch, BM, BT, Konst)* constitution *(Anordnung)*; 5. texture *(von Werkstoffen)*
Struktur *f*/**dendritische** *(Arch, Konst)* dendritic texture
Struktur *f*/**doleritische** *(BM, Bod)* doleritic texture
Struktur *f*/**flache** *(Arch)* tablature
Struktur *f*/**granitische** granitic texture
Struktur *f*/**granoblastische** granoblastic texture
Struktur *f*/**grundlegende** *(Konst, TK)* framework
Struktur *f*/**körnige** *(BM, OB)* granular texture
Struktur *f*/**lamellare** *(BM)* lamellar structure *(Baustoffe)*
Struktur *f*/**radiale** *(Arch)* radiated structure
Struktur *f*/**räumliche** *(Konst)* spatial pattern
Struktur *f*/**schichtartige** *(BM, BT)* laminated structure
Struktur *f*/**stängelförmige** fingerlike structure
Struktur *f*/**verästelte** *(Arch, Konst)* dendritic texture
Struktur *f*/**verzahnte** *(BM)* sutural texture *(Gestein)*
Struktur... structural ..., structured ...
Strukturabdruckbrett *n* stippler *(Putz)*
Strukturaufbau *m (BM)* physical structure
Strukturbelagplatte *f* textured tile
Strukturbeton *m* textured concrete, textured exposed concrete, textured fair-faced concrete
strukturell *(Arch, Konst)* structural
Strukturfliese *f* textured tile
Strukturieren *n* rusticating *(Ziegel, Steine)*
strukturiert *(BM, Bod)* structured
Strukturierung *f* texture *(von Werkstoffen)*
Strukturkorrosion *f (Konst, OB)* structural corrosion
strukturlos amorphous
Strukturoberfläche *f* textured finish
Strukturplatte *f (BT)* textured board
Strukturprofil *n (BT)* structure profile
Strukturputz *m (SB)* stippling
Strukturschema *n (Arch, BM, OB)* configuration *(von Holzpartikeln in Pressholz)*
Strukturspurrinnenbildung *f* structural rutting
Strukturtapete *f* embossed wallpaper
Strukturverformung *f* structural deformation
Stubben *m (LB)* stump
Stubbenroder *m (BWG, LB)* stump lifter
Stubbenrodung *f (LB)* stump removal
Stube *f* chamber, room
Stucco *m (BM)* hemihydrate plaster, hard plaster
Stuccolustro *m (Arch)* stuccolustro, marble stucco
Stuck *m (BM)* stucco • **mit Stuck verzieren** stucco
Stuck *m*/**marmorimitierter** *(BM, OB)* scagliola *(Gipsspatmasse)*
Stuck *m*/**steinimitierender** *(BM, OB)* scagliola *(Gipsspatmasse)*
Stück/aus einem integrally cast
Stuckarbeit *f* stucco decoration, plasterwork, parget(ing), modelling • **mit Stuckarbeit versehen** plasterwork, *(AE)* parget
Stuckarbeit *f*/**massive** *(Arch, SB)* solid plasterwork
Stuckarbeiten *fpl (SB)* stuccowork
Stuckateur *m* stucco worker, stuccoist, plasterer
Stuckateurskelle *f* plastering trowel
Stuckateurwerkzeuge *npl* tools of the plasterer
Stuckatur *f* ornamental modelled stuccowork, stucco decoration, plasterwork, parget(ing)
Stuckaturverschalung *f* lathing for stucco
Stückchen *n (RS, Umw)* scrap
Stuckdecke *f* 1. *(Konst)* stucco ceiling; 2. *(Arch, SB)* lathed and plastered ceiling
Stuckdeckenleiste *f* plaster cornice
Stuckform *f* **aus Gelatine** *(BM, OB)* gelatine mould
Stuckgips *m* (hard) plaster, plaster of Paris, stucco, hemihydrate plaster, lump gypsum
Stuckgipsputz *m* anhydrous gypsum plaster
Stuckgrundlage *f (Arch, Konst)* muffle
stückig *(BM, Bod)* lumpy • **stückig machen** nodulize
Stückigkeit *f* lumpiness; fragmentation
Stuckkalk *m* lump lime, stucco lime, albarium
Stuckkelle *f (BWG)* spoon
Stuckkernmaterial *n (Arch, Konst)* muffle
Stuckleiste *f* plaster cornice, staff
Stückliste *n* item list, piece list
Stücklohnarbeit *f* piece work
Stuckmarmor *m (Arch)* marble stucco, stuccolustro
Stückmasse *f (BT)* unit weight *(Bauelement)*
Stuckmörtel *m* stucco mortar
Stuckornament *n* **des Gesimses** *(Arch)* coronarium
Stuckplastik *f* ornamental modelled stuccowork, stucco moulding, stucco
Stuckplatte *f* gypsum board
Stuckputz *m* stucco
Stuckputz *m* **mit polierter Oberfläche/mehrlagiger** *(SB)* tectorium opus *(römische Baukunst)*
Stuckputzwerk *n* **mit Normputz** gauge work
Stuckrohr *n* plastering reed
Stuckschilf *n* plastering reed
Stückstein *m (Verk, Wsb)* hand-pitched stone
Stucksteinplatte *f* slab in stucco
stuckverzieren *v* stucco
Stuckverzierung *f* stucco
Stuckverzierung *f*/**plastische** *(Arch)* ornamental modelled stuccowork
Stuckwerk *n* 1. *(Arch, SB)* plasterwork; 2. *(Arch)* parget(ing)
Stückwerk *n (RS)* patchwork
Stückzahl *f* number
Stuck-Zierprofil *n (Arch)* stucco moulding
Studentensiedlung *f (RP)* students' quarters
Studentenwohnheim *n* students' hostel, hall of residence, dormitory
Studentenwohnung *f (AE)* students' dwelling unit
Studie *f (Konst)* study
Studien *fpl*/**städtebauliche** town planning studies, urban planning studies
Studiengruppe *f (Konst, VR)* study group
Studienzentrum *n (RP)* study centre
studieren *v (Te)* study
Studio *n* atelier, studio
Studium *n* **und Dokumentation** *f* **des Bauwesens** *(CIB)*

S

International Council for Building Research Studies and Documentation, CIB
Stufe *f* 1. step, stair, flier, gradin(e) *(einer Treppe)*; 2. *(BT, Konst)* step; 3. *(Erdb)* terrace *(im Gelände)*; 4. degree, level *(Gradstufe, Grad)*; 5. *(El)* fault
Stufe *f*/**breite** pace
Stufe *f*/**dreieckige verzogene** kite winder
Stufe *f*/**erste** stair foot
Stufe *f*/**gerade** flier
Stufe *f*/**gewendelte** angular stair, circular stair
Stufe *f*/**gleitsichere** safety tread
Stufe *f*/**hangende** *(Tun)* uppermost stage
Stufe *f*/**hydraulische** *(Umw, Wsb)* hydraulic jump
Stufe *f*/**oberste** stairhead
Stufe *f*/**unterste** stair foot
Stufe *f*/**verzogene** dancing step, winder
stufen *v (Konst, SB, Te)* stagger
Stufen *fpl* steps, *(AE)* dancers • **die Stufen verziehen** *(Konst)* turn the steps *(Treppe)* • **Stufen ausgleichend verziehen** balance (the) steps
Stufen *fpl*/**auskragende** hanging steps
Stufen *fpl*/**eingespannte** cantilever(ed) steps, cantilevered stair
Stufen *fpl*/**einseitig eingespannte** hanging stairs
Stufen *fpl*/**freitragende** overhanging stairs
Stufen *fpl*/**verzogene** *(Konst)* winding stair
Stufen... stepped ...
Stufenabsatz *m* stair platform
Stufenanordnung *f* arrangement of steps
stufenartig step-like; scalariform *(geologisch)*
Stufenauftritt *m* stair tread, tread, go *(Treppe)*
Stufenauslegelatte *f* going rod
Stufenbelag *m* covering of step, tread covering
Stufenbelagplatte *f* step tile
Stufenberg *m (Arch)* stepped artificial hill *(Zikkuratbasis, Zikkuratunterbau)*
Stufenbildung *f* faulting, sudden change of level, step faulting, drop-off; slab stepping *(von Betonplatten, Betonfahrbahnplatten)*
Stufenbildung *f* **am Fahrbahnrand** *(Verk)* edge drop-off
Stufenbreite *f* length of step; tread, going, tread length *(senkrecht zur Treppenachse)*
Stufenende *n* **eines Giebels** *(Arch, Konst)* corbiestep
Stufenfliese *f* step tile
Stufenfolge *f (OB)* scale *(z. B. von Farben)*
stufenförmig 1. echeloned; 2. *(Bod)* stepping
Stufenfundament *n* benched foundation, stepped foundation *(an einer Böschung)*
Stufengiebel *m (Arch, Konst)* corbie gable
Stufengleitschutzstreifen *m* safety nosing
Stufenhöhe *f* height of step, rise (of step), mounting of a step
Stufenhöhenlehre *f* height board *(Treppenbau)*
Stufenhohlschale *f* pan-type tread
Stufenhügel *m (Arch)* stepped artificial hill *(Zikkuratbasis, Zikkuratunterbau)*
Stufenkantenlinie *f (Konst)* nosing line
Stufenkantenprofilstreifen *m* nosing strip
Stufenlänge *f (Konst)* step length
Stufenleiter *f* step-ladder
Stufenleiter *f*/**herunterklappbare** disappearing stair
Stufenmastaba *f (Arch)* terraced mastabah
Stufenpassrand *m (Konst) (AE)* pien check
Stufenplatte *f* stair slab, tread tile
Stufenprofil *n* step profile
Stufenpyramide *f (Arch)* terraced mastabah; ziggurat *(Tempelturm im babylonisch-assyrischen Raum der Antike)*
Stufenrampe *f* stepped ramp
Stufenschutzleiste *f* stair nosing
Stufenschwellenbarriere *f* rising step barrier
Stufenterrasse *f (Konst, LB)* stepped terrace
Stufentiefe *f (Konst)* stair run
Stufentotentempel *m (Arch)* terraced mortuary temple
Stufenträgerwange *f*/**verdeckte** *(Konst)* rough carriage
Stufentritt *m* stair tread, tread, go *(Treppe)*
Stufenturm *m (Arch)* ziggurat *(Tempelturm im babylonisch-assyrischen Raum der Antike)*
Stufenüberstand *m* nosing
Stufenunterbau *m (Arch)* stepped artificial hill *(Zikkuratbasis, Zikkuratunterbau)*
Stufenverblendung *f*/**wasserseitige** *(Wsb)* upstream stepped face
Stufenverlegeleiste *f* going rod
Stufenvorsprung *m (Konst)* tread nosing
stufenweise 1. benched *(abgestuft)*; 2. incremental *(abschnittweise)*; 3. stepwise *(z. B. Bewegung)*
Stufenzinne *f (Arch)* stepped merlon
Stufung *f* 1. echelon *(Staffelung)*; 2. *(BM)* grading *(Abstufung)*; 3. shading *(von Farben)*
Stuhl *m (TK)* saddle *(Tragseilauflager bei Brücken)*
Stuhllagerraum *m* chair store *(Theater, Saal)*
Stuhlsäule *f (BT, TK)* central post
Stukko *m s.* Stucco
Stülpschalbrett *n* bevel board, clapboard, *(AE)* lap siding
Stülpschalung *f* bevel siding, *(AE)* lap siding
Stülpschalung *f*/**großflächige** *(Hb) (AE)* colonial siding
Stülpschalungsbrett *n*/**breites** *(AE)* bungalow siding
Stülpverbindung *f* flare fitting
Stülpverkleidung *f (Hb)* lap-joint sheeting
Stülpverschalbrett *n* bevel board, clapboard, *(AE)* lap siding
Stülpverschalung *f* bevel siding, weather-boarding *(Außenwand)*
Stülpwand *f* 1. *(Hb)* lap-joint sheeting; 2. *(Hb, Konst)* timbering
Stummel *m (Arch)* stub *(z. B. einer Achse)*
stumpf 1. blunt, dull *(Werkzeug)*; 2. obtuse *(Winkel)*; 3. mat, matt, hazy, non-bright, lustreless *(Anstrich)*; 4. dead, non-bright, flat *(Farbe)*; dull *(Farboberfläche)*; 5. square-dressed *(Parkettstab)*; 6. stubby *(gedrungen)*; 7. butt *(Holzverbindung)*; abut *(Bauteilverbindung)* • **stumpf werden** 1. dull *(Werkzeug)*; 2. *(OB)* sadden down *(Anstrich)*
Stumpf *m (Arch, Konst)* frustum
Stumpffuge *f* 1. *(Konst)* end-to-end joint; 2. *(Hb, St)* heading joint
stumpfgestoßen butted
Stumpfheit *f* mattness, dullness *(z. B. Oberflächen)*
Stumpfnaht *f* butt seam, butt weld
Stumpfnaht *f*/**geschweißte** butt seam, butt weld
Stumpfschmelzschweißen *n* butt fusion *(z. B. von Kunststoffen)*
stumpfschweißen *v (St)* jump-weld
Stumpfschweißen *n* 1. *(St)* butt welding; 2. *(St, Te)* upset welding *(von Bewehrung)*
Stumpfschweißung *f* butt weld
Stumpfschweißverbindung *f* 1. *(St)* butt-weld(ed) joint; 2. *(Konst)* welded butt splice *(Bewehrung)*
Stumpfstoß *m* butt(ed) joint *(Verbindungsstelle)*; abutting joint, square joint *(Schweißverbindung)*; scarf joint *(unter 45°)*
Stumpfstoß *m*/**vernagelter** *(Hb)* butt splice
Stumpfstoßbolzen *m* stair bolt
Stumpfstoßdeckplatte *f (Hb, St)* butt strap
stumpfstoßen *v* jump-join(t), butt-joint; abut *(die Bauteilenden)*
Stumpfstoßen *n* abutment *(Bauteilenden)*; scarf jointing *(unter 45 Grad)*; earth abutment
stumpfstoßend butting; abutting

Stumpfstoßschweißen *n (St)* butt-joint welding
Stumpfwinkel *m* obtuse angle
Stundenleistung *f* hourly output *(z. B. eines Mischers)*
Stundenlohnzettel *m* time sheet
Stundenverbrauch *m* hourly consumption *(Wasser, Baustoffe)*
Stupa *m (Arch)* stupa, dagoba, tope, domical mound *(buddhistische Pagode)*
Stupa f/halbkugelförmige *(Arch)* hemispherical stupa
Stupaschrein *m (Arch)* stupa shrine, tope shrine, stupa base, tope base
Sturm *m (Bod, Umw)* storm
Sturmdeich *m (Wsb)* retired embankment
Sturmflut *f (Umw)* storm tide
Sturmflutwehr *n (Wsb)* tidal barrage
Sturmhaken *m* casement stay, hook and eye, stay (bar), window stay
Sturmlage *f (Hb, Konst)* storm sheet
Sturmlatte *f* 1. *(BT, Hb, Konst)* cocking piece; 2. *(Hb)* sprocket; 3. *(BT)* sway rod *(bei Dächern)*
Sturmleiter *f* escalade
Sturmschutzkeller *m (Konst)* storm cellar
Sturz *m* lintel, head, header *(Fenster, Tür)*; summer beam, summer stone *(langer Sturz)*
Sturz *m* **auf Konsolen** carnarvon arch
Sturz m/frei aufgelagerter loose lintel
Sturz m/lastübertragend gestützter *(BT, Konst)* clipped lintel
Sturz m/lose aufgelegter loose lintel
Sturz m/scheitrechter *(Konst, TK)* straight arch
Sturz m/tragwerkverbundener *(BT, Konst)* clipped lintel
Sturz m/verzierter *(Arch)* platband
Sturz m/wandstarker *(BT)* through lintel
Sturzbach *m (Bod, Umw)* torrent
Sturzbalken *m* lintel, breastsummer, summer (beam) header
Sturzbalken m/durchlaufender *(TK)* lintel beam
Sturzbalken m/hinterer back lintel
Sturzbalken m/langer breastsummer
Sturzbeckenfläche *f (Wsb)* invert wall
Sturzbett *n (Wsb)* bed of fall, apron, floor
Sturzbewehrung *f* lintel reinforcement
Sturzbogen *m (Konst, TK)* straight arch
stürzen *v* 1. fall, tumble *(Körper)*; 2. drop, decline *(plötzlich abfallen, z. B. Messwerte)*; 3. *(Konst, Te)* tip *(Bauelemente)*; 4. turn out of mould, unmould *(Formteile)*
Sturzformung *f* cap moulding
Sturzformziegel *m* lintel block
Sturzfutterwinkel *m* angular soffit bracket
Sturzgefälle *n* chute slope
Sturzgestaltung *f* cap moulding
sturzhoch frame-high *(lichte Höhe bei Fenstern, Türen)*
Sturzlage *f* lintel course
Sturzregen *m (Umw)* storm rainfall
Sturzriegel *m* 1. lintel intertie beam; 2. *(Hb)* interduce, intertie
Sturzrinne *f (Wsb)* chute
Sturzschicht *f* lintel course
Sturzstein *m* header *(Fenster, Tür)*
Sturzträger *m* lintel, holding girder
Sturzträger m/U-förmiger lintel block
Sturzunterfläche *f* soffit
Sturzverblendungsziegel *m* beam brick
Stütz... buttressing ..., supporting ...
Stützarm *m* outrigger beam
Stützbalken *m* supporting bar, supporting beam, *(AE)* stringer
Stützbalkentragwerk *n (TK)* beams and stringers
Stützbauwerk *n* retaining structure
Stützblech *n (Konst, St)* gusset plate
Stützbock *m* 1. *(BWG)* jack; 2. *(BT, Te)* stool
Stützbogen *m* supporting arch, funicular arch, linear arch
Stützdruck *m (Stat)* support pressure
Stütze *f* 1. support, supporting member, post, stay, upright prop, shore, rance, *(AE)* back stay; 2. *(Arch)* pillar; 3. *(TK)* pillar stanchion *(Ständer)*; 4. *(Konst, TK)* column *(Säule)*; 5. framing column *(Rahmenstiel, Rahmenstütze)*; 6. *(BT, Konst, Verm)* staff *(Stützstab)*; 7. *(TK)* stanchion *(Stahlstütze)*; 8. *(Erdb)* ground prop; 9. *(Tun)* prop *(Bergbau)*; 10. housing *(meist für Statuen)*; 11. tom, rance *(temporäre Baustütze)*
Stütze f/außenstehende outstanding leg
Stütze f/einfache simple column
Stütze f/frei stehende free bearing, free wall, isolated support
Stütze f/knickfeste short column
Stütze f/konische tapered column
Stütze f/quadratische square column
Stütze f/spiralbewehrte helically reinforced column
Stütze f/umhüllte cased column
Stütze f/verkleidete cased post
Stütze f/versetzte transfer column *(mehrgeschossige Rahmenkonstruktion)*
stützen *v* support, bear, prop (up), hold, uphold, truss, stay, sustain, shore, back *(Bauteile, Tragwerke, Bauelemente)*; buttress *(z. B. Mauern)*; carry, support *(Lasten)*; stabilize *(festigen)*; underlay *(durch unterlegen)*
stützen v/seitlich haunch
stützen v/sich lean
stützen *v* **auf/sich** lean on
Stutzen *m* 1. connection piece, union, pipe connection; socket, nozzle *(Ansatzrohr)*; 2. pruning *(Baum- und Buschwerk)*
Stützen *fpl* **aus Doppel-T-Profilen** broad-flange-I-section prospect
Stützenabsenkung *f (Konst, RS)* support movement
Stützenabstand *m (Konst)* column spacing
Stützenanalogie *f (Konst)* support analogy
Stützenanker *m (BT)* stud anchor
Stützenanordnung *f (Konst)* support layout
Stützenanschluss *m* 1. *(BT, Konst)* column connection; 2. *(Konst)* column section
Stützenauflage *f* column bearing, support bearing
Stützenauflagerung *f (Konst)* support bearing
Stützenbau *m (Konst, Te)* column construction
Stützenbedingung *f (Stat)* column condition
Stützenbemessung *f* 1. *(Stat)* column design; 2. *(Konst, Stat)* support design
Stützenbereich *m* support zone
Stützenbewegung *f* 1. *(Konst)* column movement; 2. *(Konst, RS)* support movement
Stützenbewehrung *f* column reinforcement, support reinforcement
Stützenbreite *f* support width
stützend buttressing, supporting
Stützen-Decken-Verbindung *f (BT, TK)* column-to-slab connection
Stützenendmoment *n (Stat)* column end moment
Stützenfestigkeit *f (BM)* column strength
Stützenflansch *m (BT)* column flange
Stützenfolge *f (Konst)* sequence of columns
stützenfrei column-free, columnless, clear, support-free, supportless
Stützenfundament *n* foundation block, foot block, patten; column footing *(unterer Teil der Säule)*
Stützen-Fundament-Verbindung *f (Konst)* support-to--footing connection
Stützenfuß *m (BT)* support foot

Stützenfußblock *m* brace block
Stützengelenk *n* column hinge, support hinge
Stützengröße *f (Konst)* support size
Stützengründung *f (Erdb)* support foundation
Stützenhöhe *f (Konst)* support height
Stützenkantenschutz *m* support guard
Stützenkonsole *f (BT, Konst)* column bracket
Stützenkopf *m* flared column head, support head, mushroom head
Stützenkopf *m***/pilzförmiger** column capital, mushroom head
Stützenkopfplatte *f* column cap, support cap
Stützenlabilität *f* support instability
Stützenlänge *f* support length
Stützenlast *f (Stat)* column load
stützenlos supportless, clear
Stützenmoment *n* moment at support, moment at point of support • **das Stützenmoment abtragen** *(Konst, Stat)* subtract the moment of the supports
Stützenöffnung *f (Konst)* column opening
Stützenpaar *n (Konst)* support pair
Stützenprofil *n (BT)* support section
Stützenquerrahmen *m (Konst)* column bent
Stützenquerschnitt *m* column (cross) section, support section, American built-up section of stanchion
Stützenquerschnitt *m***/ringförmiger** *(TK)* circular section of stanchion
Stützenraster *m* column grid, column (grid) pattern, support grid pattern
Stützenreihe *f* line of supports, row of supports
Stützenreihe *f***/vordere** *(EB)* front row of piles
Stützenschaft *m* support shaft
Stützenschalung *f* column form, support forms, support shuttering
Stützenschalungsklammer *f (BT, Te)* column clamp
Stützenschalungstafel *f (BT, Te)* column shuttering panel
Stützensenkung *f* settlement of support, settling of support, sinking of a support, displacement of support, displacement of bearings
Stützenspannung *f (Stat)* support stress
Stützenstab *m (Konst, TK)* column bar
Stützensteg *m* support web
Stützensteifigkeit *f* column stiffness, support rigidity, support stiffness
Stützen-Stützen-Verbindung *f* column-to-column joint, support-to-support joint
Stützentangentiallagerung *f (Konst, Konst)* self-centring stanchion seating
Stützenträger *m (TK)* transfer girder *(ohne mittige Unterstützung in mehrgeschossiger Rahmenkonstruktion)*
Stützenummantelung *f (BT)* support casing
Stützenvektor *m (Stat)* support vector
Stützenverankerung *f* 1. *(BT, Konst)* column anchorage; 2. *(Konst)* support anchorage
Stützenverkleidung *f (BT, OB)* column lining
Stützenverschalung *f* post casing
Stützenwechselbasilika *f (Arch)* basilica with columns and piers
Stützflüssigkeit *f (BM)* sustaining fluid
Stützgerüst *n* supporting frame(work), strutting, supporting skeleton
Stützgestell *n* horse
Stützglied *n* support member, vertical supporting member, supporting
Stützglied *n***/frei aufliegendes** unrestrained member
Stützholz *n* propwood, tie
Stützkonsole *f (Hb)* support(ing) bracket
Stützkonstruktion *f* load-bearing structure, supporting structure
Stützkornkalkstein *m* packstone
Stützkraft *f* supporting force, reactive force, bearing pressure
Stützlager *n* step bearing
Stützlänge *f* span, span length *(einer Tragkonstruktion)*
Stützlinie *f (Stat)* pressure line, line of resistance, line of thrust, funicular pressure line, resistance line, thrust line
Stützmauer *f* 1. earth-retaining wall, retaining wall, face wall, sustaining wall, sustained wall, stalk; 2. *(Erdb)* breast wall; revetment wall *(an Böschungen)*; terrace wall *(in Gärten, für Terrassen)*
Stützmauer *f***/gestützte** fixed retaining wall
Stützmauer *f***/verankerte** fixed retaining wall
Stützmauerabsatz *m* heel
Stützmaueranker *m (Erdb, Konst)* land tie
Stützmoment *n* moment at support, moment at point of support
Stützpfahl *m* 1. *(BT, LB)* prop; 2. *(Erdb)* supporting pile
Stützpfeiler *m* 1. *(BT, TK)* abutment pier; 2. *(TK)* supporting column; 3. *(Konst, SB)* buttress; 4. *(Konst)* spur
Stützpfeiler *m***/fester** rigid point of support
Stützpfeiler *m***/kleiner** *(TK)* pendicule
Stützplatte *f* bearing plate
Stützpyramide *f (TK)* tower pivot
Stützquerschnitt *m (Konst)* supporting section
Stützrahmen *m* cradling *(aus Holz für Putz und Mauerwerk)*; *(AE)* staddle
Stützrahmen *m***/verstellbarer** *(EB)* tonk strip *(Regal)*
Stützrolle *f* support roller
Stützsäule *f* 1. *(BT)* strut; 2. *(TK)* supporting column
Stützsäule *f***/abstehende** outstanding leg
Stützschicht *f* supporting layer
Stützsenkung *f* settlement of support
Stützstab *m* bearing bar, supporting bar
Stützstock *m* maulstick *(für Maler)*
Stützstrebe *f* flying buttress
Stützstrebe *f***/gotische** flying buttress
Stützsystem *n***/temporäres** load-transfer assembly
Stützung *f* 1. bearing, support; 2. *(Tun)* propping
Stützung *f***/elastische** *(Konst)* elastic supports
Stützwand *f* 1. *(Erdb, Konst)* buttress wall; 2. *(Wsb)* retaining wall
Stützweite *f* length of span, span, span length *(einer Tragkonstruktion)*; bearing distance *(z. B. einer Brücke)*
Stützweite *f***/rechnerische** effective span
Stützweitengrenzwert *m (Stat, TK)* limiting span
Stützweitenverhältnis *n (Konst, TK)* effective span-length ratio
Stützwerk *n* 1. *(TK)* supporting frame(work); 2. *(BT, Konst, TK)* strutting
Stützwinkel *m* support angle, support bracket, seat angle
Stützziffer *f (Stat)* support index
Stylobat *m (Arch)* stylobate *(Unterbau einer antiken Säule)*
Styren *n (BM)* styrene
Styrol *n (BM)* styrene
Styrolalkydharz *n (BM)* styrenated alkyd resin
Styrol-Butadien-Kautschuk *m (BM)* styrene-butadiene-rubber
Styroldispersion *f* styrene dispersion
Styroplast *m* styrene plastic
Subbieter *m (VR)* subbidder *(als Nachauftragnehmer)*
Subbogen *m (Konst)* subarch
Sublimat *n (BM)* sublimate
Sublimieren *n* sublimation
submarin *(Bod)* submarine
Submission *f (VR)* submission
Submissionstermin *m* date of submission, open(ing) date *(Ausschreibung)*
submittieren *v* submit

Substanz *f* 1. *(BM)* substance; 2. matter *(Wirkstoff)*; 3. capital, real assets *(Betriebssubstanz, Betriebskapital)*
Substanz f/färbende *(BM)* colouring matter
Substanzverlust *m* 1. *(OB, Verk)* fretting; 2. *(Verk)* ravelling of pavement surface *(Bitumendeckschicht)*
substituieren *v* substitute, replace
Substitution *f* substitution, replacement
Substratmaterial *n* substrate material
Substratwerkstoff *m* substrate material
Subunternehmer m/benannter *(VR)* nominated sub-contractor
Subunternehmer m/spezialisierter *(VR)* specialist sub-contractor
Suburbanisierung *f (RP)* suburbanisation
Subvention *f* grant, subsidy *(z. B. zum Wohnungsbau)*
Subzählung *f (Verk)* extra-counting
Suchbohrung *f* exploratory drilling, scouting; exploratory well *(Bohrloch)*
Suchscheinwerfer *m (El)* searchlight
Sudatio *n (Arch)* sweating room
Sudatorium *n (Arch)* sudatorium, sweating room *(der römischen Therme)*
Südbalkon *m (Konst)* south-facing balcony
Südfenster *n (Konst)* south window
Südhalle *f (Arch)* southern portico *(Olympia)*
Südseite *f (Arch)* epistle side *(Kirche)*
Sukzession *f* succession
Sukzession f/klimatisch bedingte *(LB, Umw)* clisere
Sulfat *n* sulphate, *(AE)* sulfate
Sulfatangriff *m (OB)* sulphate attack *(Beton)*
Sulfatausblühung *f* sulphate efflorescence
sulfatbeständig sulphate-resistant, sulphate-resisting
Sulfatbeständigkeit *f (BM)* sulphate stability *(Baustoff)*
Sulfatbleiweiß *n (OB)* lead basic sulphate
Sulfathüttenzement *m* supersulphated (slag) cement, gypsum slag cement, calcium sulphate cement
sulfatresistent sulphate-resistant
Sulfatresistenz *f (BM)* sulphate resistance *(von Zement)*
Sulfatschwefel *m* sulphate sulphur
Sulfattreiben *n* sulphate expansion
Sulfatwiderstand sulphate resistance
sulfatwiderstandsfähig *(BM)* sulphate-resisting
Sulfatwiderstandsfähigkeit *f (BM)* sulphate resistance *(von Zement)*
Sulfidangriff *m (OB)* sulphide attack
sulfidhaltig *(BM, Umw)* sulphide-bearing
Sulfidkorrosion *f (OB)* sulphide corrosion
sulfidreich *(BM, St)* high-sulphide
Sulfidschleierbildung *f (OB)* sulphide staining *(Anstrich)*
Sulfitablauge *f (BM)* sulphite liquor
Sulfitablaugenkleber *m* sulphite lye adhesive
Summe *f* **für Unvorhergesehenes** *(Te, VR)* contingency allowance
Summenganglinie *f (Stat)* summation curve
Summenlinie *f (BM)* cast curve
Sumpf *m* 1. swamp, bog, marsh, morass, quagmire, sump lodge, slough, slop; 2. pump sump, pump well *(Pumpensumpf)*
Sumpf... boggy ..., swampy ...
Sumpfanlage *f* souring plant, tempering plant
Sumpfboden *m* marshland, marshy ground, marshy soil, boggy soil, quagmire, swampy soil
sümpfen *v* bail *(eine Baugrube)*
Sumpferde *f (Bod, LB)* muck soil
Sumpffläche *f (Bod, LB)* quagmire
Sumpfgebiet *n* marshy area, marshy district, swampy area, swampy district, swamp, *(AE)* slash
Sumpfgrube *f (BM, Te)* lime pit
Sumpfhalle *f (Konst, Te)* tempering house
Sumpfhaus *n (Konst, Te)* tempering house
sumpfig 1. *(Bod, Umw)* marshy; 2. *(Bod)* swampy; 3. *(Bod, LB)* quaggy; 4. *(Bod, LB, Umw)* morassic
Sumpfkalk *m (BM)* pit lime
Sümpfkübel *m* bailer
Sumpfland *n* 1. *(Bod)* marsh; 2. *(Bod, Umw)* mire
Sumpfloch *n (Bod, LB)* quagmire
Sumpfnässe *f (Bod)* water logging
Sumpfniederung *f (Bod, LB, Umw)* swampy flat
Sumpfpumpe *f (WVA)* ejector
Sumpfsprengen *n* bog blasting
Sumpfturm *m* souring tower
Sumpfwaldboden *m (Bod, LB, Umw)* swamp forest soil
Sumpfwiese *f* 1. *(LB, Umw)* swamp meadow; 2. *(Erdb)* slew
Sund *m* sound
superkapillar *(BM, Bod)* supercapillary
Superkapitell *n (Arch)* dosseret
Superlegierung *f* superalloy
Supermarkt *m* 1. *(RP)* shopping centre; 2. *(Konst, RP) (AE)* supermarket
Superoberflächenschluss *m (OB)* ultra-smooth finish
Superposition *f (Stat)* superposition
Superpositionsgesetz *n (Stat)* law of superposition, principle of superposition, superposition equation, superposition law, superposition principle, theorem of superposition
Superpositionsgleichung *f s.* Superpositionsgesetz
Supraporte *f (Arch)* sopraporta, hyperthyrum, overdoor *(gerahmtes Feld mit Gemälde oder Relief über einer Tür in Wohnräumen des Barock und Rokoko)*
Suprematismus *m (Arch)* Suprematism *(absolut abstrakte Formanwendung)*
suspendieren *v (BM, WVA)* suspend
Suspension *f* suspension
Süßwasser *n (Bod, WVA)* fresh water
Süßwasserablagerung *f* lacustrine deposit
Süßwasserkalk *m (BM)* lacustrine limestone
Süßwasserlinse *f (Bod, WVA)* freshwater lens
Süßwasserquarzit *m (Bod)* limnoquartzite
Syenit *m* syenite *(Gestein)*
Symbolfigurengruppe *f (Arch)* bestiary *(sakral)*
Symbolismus *m (Arch)* symbolism
Symmetrie *f (Konst)* symmetry
Symmetrie f/doppelachsige double-axis symmetry
Symmetrieachse *f* axis of symmetry, central axis
Symmetrieachse f/dreizählige *(Arch)* triad
Symmetrieachse f/optische *(Arch, Verm)* optical axis of symmetry
Symmetrieebene *f (Arch)* plane of symmetry
Symmetrieelement *n* element of symmetry
Symmetriegrad *m* degree of symmetry
Symmetrielinie *f* axis
symmetrisch *(Arch)* symmetrical
symmetrisch/einfach monosymmetric
Synagoge *f (Arch)* synagogue
synergetisch *(Konst)* synergic
Synergieeffekt *m* synergic effect
Synergiewirkung *f (Konst)* synergic action
Synergismus *m* synergism
synergistisch *(Konst)* synergic
Synklinale *f (Bod)* syncline *(geologisch)*
Synthetikbaustoff *m* synthetic (building) material, synthetic structural product
synthetisch synthetic, artificial, man-made
System *n* 1. *(Konst)* system *(Aufbau, Konstruktion; Diagramm)*; 2. scheme *(Anordnungssystem)*; 3. structural system, construction *(Bausystem, Konstruktionssystem)*; 4. paint system [scheme, formulation] *(Schutzanstrich-*

system); 5. *(Konst)* system *(z. B. von Verkehrswegen, Leitungen)*; 6. schema *(Schema)*
System *n* **der Datenaufnahme** *(Konst, Verk, VR)* data acquisition system
System *n* **der Eignungsprüfung und Analyse** *(AE)* mix design and analysis system, MIDAS *(von Asphalt)*
System *n* **des offenen Vorfeldes** open apron system *(Flughafen)*
System *n***/einfaches** *(Konst)* simple system
System *n***/gesättigtes** saturated system
System *n***/kubisches** isometric system
System *n* **mit einzelnem Freiheitsgrad** *(Stat)* single-degree-of-freedom system
System *n* **mit Längsbewehrung** one-way system
System *n* **mit mehreren Freiheitsgraden** *(Stat)* multi-degree-of-freedom system
System *n***/nicht konservatives** inelastic system
System *n* **nur mit Längsbewehrung** one-way system
System *n***/offenes** open system
System *n***/ökologisches** *(LB, RP)* ecosystem *(Landschaftsplanung)*
System *n***/passives** passive system
System *n***/quadratisches** quadratic system
System *n***/rhombisches** *(Stat)* prismatic system
System *n***/statisch ausgeglichenes** *(Stat)* statically balanced system
System *n***/statisches** *(Stat)* stability system
Systematik *f* systematics
Systematik *f* **der Straßendeckenerhaltung** *(Verk)* pavement management system, PMS
systematisch systematic
Systematisierung *f (Konst)* systematization
Systembau *m (Konst, Te)* system building
systembedingt inherent in the system
Systementwurf *m* system design
systemfremd off-system
Systemingenieur *m* systems engineer
Systemlinie *f* system line, modular line, grid line, centre-to-centre line
Systemliniengitter *n (Konst)* grid *(Maßordnung)*
Systemliniennetz *n (Konst)* grid *(Maßordnung)*
Systemmaß *n (Konst, Verm)* centre-to-centre (distance)
Systemnetz *n* modular grid
Systemplaner *m* systems engineer
Systempunkt *m (Arch, Konst)* system point
Systemsteifigkeit *f (Bod)* systemic rigidity
Systylos *m (Arch, Konst)* systyle *(Säulenzwischenabstand von zwei Säulendurchmessern)*

T

TAA Technical Instruction on Waste Management
tabellarisch tabular
Tabellarisierung *f* tabulation
Tabelle *f* table, chart
Tabellen... tabular ...
Tabellenkalkulation *f (Stat)* spreadsheet
tabellieren *v* tabulate
Tabernakel *n(m) (Arch)* tabernacle, ciborium *(Kirchenbaukunst, frei stehend, getragen von 4 Säulen)*
Tablettführungsschiene *f* (food) tray rail *(Selbstbedienungsgaststätte)*
Tablinum *n (Arch)* tablinum *(Speiseraum des römischen Wohnhauses)*
T-Abzweig *m* **mit größerer Abzweigbohrung** *(AE)* bullhead tee
T-Abzweigstück *n (San)* service tee
Tachymetertheodolit *m (Verm)* tachymeter
Tachymetrie *f (Verm)* tacheometry
Taenia *f (Arch)* taenia
Tafel *f* 1. *(Stat)* plate; 2. *(Stat)* plate; 3. *(BT)* sheet *(dünn)*; 4. deck *(Fahrbahn, Brücke)*; 5. *(BT)* slab *(Decke; aus verschiedenen Materialien)*; 6. blackboard *(Wandtafel)*; 7. *(Verk)* sign *(Schildertafel)*; 8. *(BT)* table *(Platte)*; 9. *(BT)* panel *(Wandverkleidungstafel)*; 10. switchboard, panel *(Schalttafel)*; 11. tablet *(Gedenktafel am Denk- oder Grabmal)*; 12. notice board, bulletin board *(Anschlagtafel)*
Tafel *f***/ausgesteifte** stiffened panel
Tafel *f***/beplankte** *(BT, Hb)* veneered panel
Tafel *f***/durchlochte** pierced panel
Tafel *f***/einteilige** *(BT)* one-piece panel
Tafel *f***/erhabene** (double-)raised panel
Tafel *f***/fensterlose** windowless panel
Tafel *f***/furnierte** *(BT, Hb)* veneered panel
Tafel *f***/lichtstreuende** *(BT, El)* light-diffusing panel
Tafel *f***/mehrlagige** *(BT)* multiple-layered panel
Tafel *f***/mehrschichtige** *(BT)* multiple-layered panel
Tafel *f* **mit Mischangaben** slate *(auf der Baustelle)*
Tafel *f***/natursteinverkleidete** stone-faced panel
Tafel *f***/nicht tragende** *(BT)* non-load bearing panel
Tafel *f***/quadratische** *(BT)* quarter panel
Tafel *f***/rechteckige** rectangular panel
Tafel *f***/schallabsorbierende** acoustical ceiling board; acoustical tile *(quadratisch, für Decken und Wände)*
Tafel *f***/schalldämmende** acoustical insulation board
Tafel *f***/schallisolierende** acoustical insulation board
Tafel *f***/untere** *(BT)* lower slab *(Kastenträger)*
Tafel *f***/vertikal stehende** standing panel
Tafel... tabular ...
tafelartig tablelike
Tafelbauweise *f* panel construction (method), panel system
Tafelberg *m* table mountain
Tafelbild *n (Arch)* panel painting
Tafelblech *n* sheet iron, sheet metal
Tafelblei *n* sheet lead
Tafeldach *n (Konst)* panel roof
Tafeldämmung *f (DIS)* slab insulation *(Deckentafel)*
Tafelelement *n* panel (unit)
Tafelelement *n***/mittig erhöhtes** (double-)raised panel
Tafelelement *n***/schweres** *(BT)* heavy panel
Tafelelement *n***/vorgeformtes bituminöses** *(BT)* premoulded asphalt panel
Tafelfassade *f* panel façade
Tafelfläche *f* panel area
tafelförmig tablelike, tabular
Tafelfrischling *m* green panel
Tafelfuge *f* panel joint
Tafelgebirge *n* table mountains
Tafelglas *n* plate glass, sheet glass, patent plate
Tafelholz *n* panelling wood
tafelig tabular
Tafelkonstruktionssystem *n* panel construction system, panel structural system
Tafelland *n (Bod)* tableland
Tafelleim *m* sheet glue
Tafelmalerei *f* panel painting
Tafelmontage *f (Te)* panel erection
täfeln *v* 1. panel, line with (wooden) panels, wainscot; 2. board, plank *(mit Brettern auskleiden)*; 3. pane *(mit Glastafeln)*
Täfeln *n* 1. *(Hb, Te)* wainscotting; 2. *(Hb)* boarding *(Tätigkeit)*

Tafelparkett *n (EB)* boarded parquet floor
Tafelplattensystem *n* panel system
Tafelrand *m* panel edge
Tafelrohling *m* green panel
Tafelschale *f* panel shell *(Kerntafel)*
Tafelschalung *f* panel form, panel formwork, panel shuttering
Tafelschalung *f*/**verlorene** lost shuttering
Tafelschere *f (BWG, St)* lever shears
Tafelschiefer *m* grapholite, grapholith, shiver
Tafeltrageleiste *f* load-carrying bond
Tafelumrandung *f* panel moulding
Täfelung *f* 1. wainscoting, panelling; boarding *(Tätigkeit)*; 2. wainscot, panels, wooden panelling, ceiling
Täfelungs... *siehe auch: Vertäfelungs...*
Täfelungsfeld *n (BT, EB, Hb, Konst)* panel
Täfelungsmaterial *n (BM, Hb)* wainscotting
Täfelungsmuster *n*/**räumliches** *(Arch)* space panelling pattern, spatial panelling pattern
Täfelungsobersockel *m (BT)* wainscot cap
Täfelungsteil *n* panel, pane
Tafelwaage *f* platform scales
Tafelwand *f* panel wall, filler wall
Täfelwerk *n* wainscot, panel, wooden panelling
Tafelwetterschirm *m* panel siding
Tag *m* day • **je Tag** per diem
Tagebau *m (BWG, Bod)* open working
Tagebauanlage *f (BWG, Bod)* opencast *(Lagerstättenabbau)*
Tagegeld *n* per diem, daily allowance
Tagesabschlussstopp *m* form stop *(beim Betonieren)*
Tagesarbeitsblätter *npl* daywork sheets
Tagesarbeitsbücher *npl (Te, VR)* daywork accounts
Tagesarbeitsfuge *f* daywork joint *(Beton)*
Tagesbaustelle *f* day-construction site
tagesbeleuchtet naturally lighted
Tagesbeleuchtung *f* daylight illumination, natural lighting, daylighting
tagesbelichtet naturally lighted
Tagesfugenbrett *n* footing stop *(in Betonierfuge)*
Tagesheim *n (Arch, VR)* day home
Tagesleistung *f (Te)* output per day *(Produktionsprozess)*
Tagesleistung *f*/**durchschnittliche** average daily output
Tageslicht *n* 1. natural light, daylight; 2. *(Konst)* skylight *(durch die Decke einfallend)*
Tageslicht *n*/**künstliches** artificial daylight
Tageslichtanteil *m (Konst)* sky component
Tageslichtbeleuchtung *f* daylighting, natural lighting, daylight illumination
Tageslichtbeleuchtungsfaktor *m* daylight factor
Tageslichtberechnung *f* daylight calculation
Tageslichtblendung *f (Konst)* sky-glare
Tageslichthelligkeit *f* brightness of daylight
Tageslichthelligkeitsverhältnis *n* sky factor *(Kunstlicht zu Tageslichtanteil)*
Tageslichtquelle *f* daylight source
Tageslichtstunden *fpl* daylight hours
Tageslichtzeitraum *m* service period *(Straßenbeleuchtung)*
Tagesraum *m* common room, dayroom
Tagessichtbarkeit *f* day visibility, daytime visibility
Tagesstätte *f* day-care centre
Tagestresor *m* day safe
Tagesverbrauchsmenge *f (El, VR, WVA)* daily consumption
Tagewerk *n (Te, VR)* man-day
Tagungsgebäude *n (Arch)* conference building
Tagwasser *n* stormwater *(Abwasser)*
Taktarbeit *f (Te)* repetition work
Taktfertigung *f (Te)* cyclic work *(Montagebauweise)*
taktikmachend *(VR)* policy making
Taktverfahren *n (Te)* cyclic work
Tal *n* valley, *(sl)* dol
Tal *n*/**enges** *(Bod)* dingle
Tal *n*/**kleines** dell
Talaue *f* 1. *(Bod)* valley plain; 2. *(RP, Umw)* flood plain
Talbett *n (Bod)* valley channel
Talboden *m (Bod)* valley bottom
Taleinschnitt *m (Bod)* valley cut
Talerweiterung *f (Bod)* valley broadening
Talgrund *m s.* Talboden
Talhang *m (Bod)* valley slope
Talk *m (BM)* talc *(Mineral)*
Talkessel *m*/**breiter** *(Bod) (AE)* park
Talkpulver *n (BM)* fine talc
Talkschiefer *m* talc schist, talcum-schist
Talkum *n (BM)* talcum
Talkumabstreuung *f* talcum surfacing
talkumiert *(BT)* talcumed
Talkumpulver *n (BM)* talcum
Tallandschaft *f (Bod)* valley landscape
Tallöl *n (BM)* tall oil
Talmoor *n (Bod, LB, Umw)* valley bog
Talmulde *f* valley basin, hollow
Talschlucht *f* defile, glen, canyon, gorge
Talschlucht *f*/**kleine** ravine
Talsenke *f s.* Talmulde
Talsohle *f* valley bottom, bottom of the valley, valley floor
Talsohle *f*/**schmale** trough
Talsperre *f (Wsb)* barrage dam, damming, barrage, dam, impounding dam, river dam
Talsperre *f* **mit festen Überfall** *(Wsb)* permanent overfall weir
Talsperre *f* **mit Vielfachgewölben** *(Wsb)* multiple arch dam
Talsperrenbau *m* building of dams
Talsperrenbaustelle *f (Wsb)* dam site
Talsperrenbecken *n (Wsb)* storage reservoir, impounded reservoir, impounding basin
Talsperrenstandort *m (Wsb)* dam location
Talstation *f* valley station *(Seilbahn)*
Talterrasse *f (Bod)* valley terrace
Talüberführung *f (Verk)* viaduct
Talverlegung *f (Wsb)* shifting of the river *(Flussbettverlegung)*
Talweg *m* valley path; thalweg *(geographisch)*
Tambour *m (Arch)* tambour, drum
Tambourkuppel *f (Arch)* dome on drum
Tandem *n (Konst)* tandem arrangement
Tandemanordnung *f* tandem arrangement
Tandemelevator *m (BWG)* tandem elevator
Tandemstraßenwalze *f* tandem road roller
Tandemvibrationswalze *f* tandem vibrating roller
Tandemwalze *f* tandem (road) roller
Tang *m (BM)* seaweed
Tangente *f* 1. *(Verk)* tangent *(mathematisch)*; 2. *(Verk)* tangent (road), tangential trunk road, ring road, bypass, *(AE)* belt highway
Tangentenabrückung *f (Verk)* shift
Tangentenabstand *m (Verm)* tangent distance *(Trasse)*
Tangentenebene *f* tangent plane
Tangentenkurve *f* tangent curve
Tangentenlinie *f (Verk, Verm)* beltway route *(Trassierung)*
Tangentenpunkt *m* tangent point
Tangentenschnittpunkt *m* 1. *(Verk)* intersection point; 2. *(Verm)* tangent cutting point, point of intersection of tangents *(Trasse; auch mathematisch)*
Tangententrasse *f (Verk)* tangential trunk road *(Straße)*

tangential tangential
Tangentialbeschleunigung *f (Stat)* tangential acceleration
Tangentiale *f (Verk, Verm)* beltway route *(Trassierung)*
Tangentialkomponente *f* tangential component *(Scherspannung)*
Tangentialkraft *f* tangential force
Tangentiallager *n (BT, TK)* tangential bearing
Tangentiallast *f (Stat)* tangential load
Tangentialpunkt *m (Verk, Verm)* tangent point
Tangentialschrumpfung *f* tangential shrinkage *(Holz)*
Tangentialschub *m* tangential shear, tangential thrust
Tangentialschubkraft *f (Stat)* tangential shear force
Tangentialspannung *f* tangential stress, shearing stress
Tangentialverbindung *f (Verk)* tangential trunk road *(Straße)*
tangieren *v* touch, be tangent to
Tänie *f (Arch)* taenia
Tank *m* tank, (storage) basin; cistern *(Wasserspeicher)*
Tanklager *n* petrol dump, petrol depot, fuel depot
Tankstelle *f (Verk)* filling station, petrol station, service station, *(AE)* gas station
Tank- und Rastanlage *f* service area
Tanne *f (LB)* fir
Tannenholz *n (Hb)* fir wood
Tantieme *f (VR)* royalty
Tanzsaal *m* dance hall, ballroom
Tapete *f* wallpaper, hanging, paper
Tapete *f***/abwaschbare** *(EB)* sanitary wallpaper
Tapete *f***/gemusterte** patterned wallpaper
Tapete *f* **mit bildhafter Darstellung** scenic paper
Tapeten *fpl* paperhangings, hangings • **Tapeten ankleben** hang
Tapetenbahn *f* wallpaper sheet(ing), paper sheeting
Tapetenkleister *m* paperhanging paste, wallpaper glue
Tapetenleiste *f* (wall)paper cover moulding
Tapetenrolle *f* roll of wallpaper, wallpaper roll, bolt
Tapetenschneider *m* wallpaper trimmer
Tapetentür *f* concealed door, gib door, jib door, secret door
Tapezierarbeiten *fpl* wallpaper-hanging work, paperhanging, papering work, wallpapering *(mit Papiertapeten)*; wall covering work *(BS 8000-12, DIN 18366)*
tapezieren *v* wallpaper, paper, hang, decorate, upholster
tapezieren *v***/frisch [neu]** repaper, redecorate
Tapezieren *n* wall covering
Tapezieren *n* **mit Papiertapete** paperhanging, wallpaper--hanging
Tapezierer *m* paperhanger, wallpaper-hanger
Tapezierkleister *m* paperhanging paste, wallpaper glue
Tapeziernadel *f* upholstering needle
Tapeziernagel *m* tin tack
tapeziert papered *(mit Papiertapete)*
tapeziert/nicht *(Arch)* undecorated
Tapezierung *f (EB, Te)* paperhanging
Tapiokastärke *f (BM)* tapioca starch
Tapisseriegewebe *n (EB)* tapestry
Tariflohn *m* contractual wage
Tarifpartner *m* party to a wage agreement
Tarifvertrag *m* wage contract, industrial agreement
Tarnanstrich *m* camouflage coat, camouflage paint
Tarnaufstrich *m* camouflage coat, camouflage painting
tarnen *v* dazzle-paint *(mit Tarnfarbe bemalen)*
Tarnfarbe *f (OB)* camouflage paint
Tasche *f* bag, pocket, compartment *(Bunker)*
Tastdeckel *m* tactile tile *(Schalter)*
Taster *m* calliper *(Messfühler)*
Tasterdraht *m* feeler wire *(z. B. am Straßenfertiger)*
Taststift *m* feeler; stylus *(Schichtdickenmessung)*
Tastzirkel *m* calliper
Tätigkeit *f* activity; work *(Arbeit)*; occupation *(Beschäftigung)*; function *(Funktion)*
Tätigkeitsbericht *m* activity report
tatsächlich actual, real, virtual
Tatzenkreuz *n (Arch)* cross pattée
Tau *m* thaw, dew *(Niederschlag)*
Tau *n* rope, cable *(Seil)*
Tau *n***/gedrehtes** twisted rope
taubenblau dove-coloured
Taubenhaus *n* 1. *(LB)* pigeon house; 2. *(Konst)* columbary
Taubildung *f* dew formation
Taubodenabrutschung *f* **auf Frostuntergrund** *(Bod, Erdb)* gelifluxion
Tauch... submersible ...
Tauchanstrich *m* 1. dip paint *(Stoff)*; 2. dip coating, flood coat, flow coat *(Beschichtung)*
Tauchanstrichstoff *m* dip paint
Tauchauftrag *m (OB)* dip application *(Beschichtung)*
Tauchbeizen *n (OB)* immersion pickling
Tauchbeschichten *n (OB)* dip coating
Tauchdruckprüfung *f (BM)* immersion compression test *(bituminöse Baustoffprüfung)*
tauchen *v* dip
Tauchengobe *f (OB)* dipping engobe
Taucherglocke *f (Wsb)* diving bell
Tauchfarbe *f (OB)* dip paint
Tauchfärbung *f* dip colouring
Tauchglasieren *n (OB)* dipping glazing
tauchgrundiert dip-primed
Tauchlackfarbe *f (OB)* dipping lacquer
tauchlackieren *v* dip-varnish, dip-coat
Tauchlackierung *f* dip varnishing, dip coating
Tauchlagerung *f* immersion exposure
Tauchlötung *f* dip soldering
Tauchpumpe *f* immersion pump, submersible pump
Tauchreinigung *f* 1. *(OB)* immersion cleaning; 2. *(OB, Te)* soak cleaning
Tauchrüttler *m* internal vibrator, poker vibrator, pervibrator *(Beton)*; needle vibrator *(für enge Bewehrung und Schalung)*; spud vibrator *(Tauchrüttelverfahren)*
Tauchschicht *f (OB)* dip coating
Tauchverfahren *n* dipping method, dipping process
Tauchverzinkung *f* hot-dip galvanizing
Tauchverzinnen *n* hot-dip tinning
Tauchwägung *f* dipping weighing
Tauchwägung *f* **zur Dichtebestimmung** buoyancy method for determination of density
Tauchwägungswaage *f* buoyancy balance
Tauchwand *f (Konst, WVA)* scum board *(Klärgrube)*
tauen *v* thaw, melt
Taufbecken *n (Arch)* baptistery, font
Taufkirche *f (Arch)* baptistery
Taufstein *m (Arch)* baptistery, font
Tauglichkeit *f (BWG, Konst)* serviceability
Taukreuz *n (Arch)* Tau cross, crux commissa
Taulinie *f (HLK)* vapourus
Taupunkt *m* 1. *(HLK)* dew point, condensation temperature, saturation temperature *(Luftfeuchtigkeit)*; 2. *(HLK)* thaw point *(Auftaupunkt)*
Taupunktdiagramm *n (HLK)* dew point diagram, condensation [saturation] temperature diagram
Taupunktkorrosion *f (HLK, OB)* dew point corrosion
Tausalz *n* de-icing salt; road salt
Tausalzlösung *f* de-icing salt solution
Taustab *m (Arch)* cable moulding, rope moulding *(Ornament)*
Tautropfenglas *n* dew-drop glass
tauverdrillt *(Arch)* cabled
Tauwasser *n* dripping water; condensate *(z. B. Dampf)*

Tauwasserisolierung *f (DIS)* condensation damp-proofing
Tauwerk *n* ropes, cordage
Tauwetter *n (Umw)* thaw
Tauwirksamkeit *f (Verk)* melting time *(Winterdienstsalz)*
taxieren *v (VR)* assess
Taxierung *f (VR)* assessment
Taxwert *m (VR)* assessed valuation *(z. B. eines Gebäudes)*
T-Balkenträger *m (TK)* slab and beam
T-Band *n (BT)* cross garnet *(Baubeschlag)*
Teakholz *n* teakwood, teak, Indian oak
Team *n***/multidisziplinarisches** *(Konst)* multidisciplinary team
Technik *f* 1. technology, technics *(Wissenschaft)*; 2. engineering *(Wissenschaft und Praxis)*; 3. technique, practice *(Verfahren, Arbeitsweise)*; 4. art, skill *(Kunstfertigkeit)*
Technik *f***/angewandte** technic
Technik *f* **der Fertigung** *(Te)* manufacturing technology
Technik *f***/hochmoderne** state-of-the-art technique
Technikabteilung *f* engineering department
Techniker *m* technician, technical engineer; technologist *(Wissenschaftler)*
Technikerin *f* technician, technical engineer
Technikraum *m* mechanical service room, engineering room
Technikwandel *m (Konst)* technological changes
Technische Anleitung *f* **Abfall** *(Umw)* Technical Instruction on Waste Management
technisieren *v* technicalize, technicize, mechanize
Technizismus *m (Arch)* technical form of expression
Technologe *m* technologist
Technologie *f (Te)* technology
Technologie *f***/abfallarme** *(Te, Umw)* low-waste technology
Technologie *f***/saubere** 1. *(Te, Umw)* clean technology; 2. *(Te)* non-waste technology
Technologie *f***/umweltfreundliche** 1. *(Te)* non-waste technology; 2. *(Te, Umw)* clean technology
technologieintensiv *(Te)* technology-intensive
Technologiepark *m (Te)* technology park
Technologietransfer *m (Te)* technology transfer
technologisch technologic(al)
Teegarten *m (LB)* tea garden
Teehaus *n* tea-house
Teeküche *f* tea kitchen, tea station, kitchenette; stillroom *(Vorratskammer mit Teeküche)*
Teer *m (BM)* tar • **mit Teer bestreichen** *(OB, Te)* tar
Teer *m***/destillierter** *(BM)* distilled tar
Teer *m***/entwässerter** desiccated tar
Teer *m***/gereinigter** refined tar
Teer *m***/veredelter** refined tar
Teeranstrich *m* tar coat(ing), black varnish
teerartig tarry
Teerasphalt *m* tar asphalt
Teerbeton *m (BM, Verk)* tar concrete
Teerbetondecke *f (Verk)* dense tar surfacing
Teerbindemittel *n* tar binder
Teerbinder *m* tar binder
Teerbinderschicht *f (Verk)* tar binder coat
Teerbitumen *n* tar bitumen, pitch bitumen
Teer-Bitumen-Mischung *f* tar asphaltic bitumen blend
Teerbitumenpappe *f* tar-bitumen-saturated paper
Teerbürste *f* tar brush
Teerdachpappe *f* tarred roofing felt, bituminous roofing felt
Teerdeckmasse *f (BM, DIS)* roofing pitch
Teerdestillate *npl* tar distillates
teeren *v (OB, Te)* tar
Teeren *n* tarring, tarspraying; tar mopping *(Dach)*
Teerfeinbeton *m* fine tar concrete
Teerfilzpappe *f* tarred felt
Teerfluxbitumen *n* tar fluxed bitumen
teergebunden 1. *(BM)* tar-bound; 2. *(Verk)* tarviated *(Straßenbelag)*
teergetränkt coal-tar impregnated
Teergrobbeton *m* coarse tar concrete
Teergrobbetonschicht *f* hot-laid coarse tar concrete *(Straße)*
Teergrundlage *f (BM)* tar base
teerig tarry
teerimprägniert coal-tar impregnated
Teerkessel *m* tar boiler
Teerkitt *m* pitch mastic
Teerlack *m (BM, OB)* pitch varnish
Teerlackanstrich *m* black varnish
Teerleinwand *f* tarpaulin
Teermakadam *m (Verk)* tarmacadam
Teermastix *m* tar mastic, tar cement
Teeroberflächenbehandlung *f* tar surfacing
Teeröl *n* tar oil, creosote (oil) • **mit Teeröl tränken** creosote
Teerpapier *n* tar paper, asphalt paper; roofing paper
Teerpappe *f* 1. tarred felt, tar(red) board, asphaltic felt, tar-saturated felt, general-use building paper; 2. tarred roofing felt, bituminous roofing felt
Teerpappe *f***/abgesandete** sanded fluxed-pitch felt
Teerpappendeckung *f***/bekieste** tar-and-gravel roofing
Teerpappeneindeckung *f* tar roofing
Teerpech *n (BM)* tar pitch
Teerschlämme *f* tar slurry
Teerspritzen *n* tarspraying
Teerspritzgerät *n* tar sprinkler
Teerspritzmaschine *f (BWG)* tar sprayer
Teerstraße *f (veraltet)* tarred road
Teerung *f* tarring, tarspraying
Teerviskosimeter *n* tar viscosimeter
Teesalon *m* tea salon
Teestube *f* tea-room
Teich *m* 1. *(Bod, Wsb)* pond; 2. *(Bod, LB, Wsb)* pool
Teich *m***/anaerober** *(Umw, WVA)* anaerobic lagoon
Teichanlegen *n (LB, Te, Wsb)* ponding
teigartig pasty
teigig pasty, heavy *(Baustoffe; Erdstoffe)*
Teil *m* 1. part, portion; 2. *(Konst)* section *(Strecke; Abschnitt einer Anlage)*; 3. part, share *(Anteil)*; 4. component, part, structural member *(Bauteil, Konstruktionselement)*; 5. accessory part, attachment *(Zubehörteil, Anschlussteil)*; 6. component, constituent *(Bestandteil, auch von Wirkstoffen)*; 7. piece, part, element *(Einzelteil)*; 8. increment *(Probenteil)*
Teil *m* **des Kreisbogens** division of the limb
Teil *m***/dickster** thick
Teil *m* **eines Handlaufabschlusses** *(Arch, EB, Konst)* lateral scroll *(gerollt)*
Teil *m***/gebogener** flection
Teil *m***/innerer** *(Konst, SB)* backing *(Hohlwand)*
Teil *m***/rückwärtiger** rear end
Teil *m***/unterster** *(Erdb)* bottom *(z. B. einer Bohrung)*
Teil *m***/vorgedrückter** recompressed zone *(des vorgespannten Elements)*
Teil *n***/bewegliches** moving part
Teil *n***/spannungsführendes** *(El)* live part
Teil *n***/unsichtbares tragendes** *(BT, TK)* back *(für sichtbare Elemente)*
Teil *n***/vorkragendes** jutting piece
Teil... sectional ...
Teilabnahme *f (VR)* partial acceptance
Teilabschnitt *m***/kritischer** *(Verk)* critical stage
Teilannahme *f* partial acceptance *(Baurecht)*
Teilansicht *f* partial view, fragmentary view

T

Teilauflagerdruck *m* partial reaction
Teilauflagerwiderstand *m* partial reaction
Teilausfall *m* partial failure
teilbar fissile *(Baustoff, Gestein)*
Teilbarkeit *f* fissility *(Baustoffe, Gestein)*
Teilbelastung *f* loading on part of area
Teilchen *n* particle
Teilchen *npl* particulate material
Teilchen *npl*/**schwebende** *(Umw, WVA)* suspended solids
Teilchengröße *f* particle size
Teileinspannung *f* partial fixing, partial fixity, partial restraint *(Träger)*
Teileinsturz *m (RS)* partial collapse
teilen *v* 1. divide; 2. partition *(z. B. Räume unterteilen)*; 3. split *(aufteilen, zerteilen)*; 4. *(Konst)* fork *(sich teilen, gabeln, z. B. Straßen)*; 5. reduce *(Proben)*; 6. *(LB)* slash *(Baumstämme)*
teilen *v*/**in Kassetten** coffer *(Decke)*
teilen *v*/**sich** 1. branch (off) *(z. B. Leitungen)*; 2. *(Konst)* fork *(z. B. Straßen)*
teilen *v*/**sich gabelförmig** bifurcate, fork
teilentlüftet *(HLK)* partially vented
Teilentlüftung *f (WVA)* partial venting *(der Grundstücksentwässerung)*
Teilentschädigung *f* partial indemnity
Teilfläche *f* incremental area, subarea
Teilfuge *f* parting line *(zur Unterteilung)*
Teilgebiet *n* 1. field, branch, subsection *(Wissenschaft)*; 2. *(RP)* subarea *(Fläche)*
Teilgesamtheit *f* subpopulation *(statistische Qualitätskontrolle)*
Teilhaber *m* joint partner
Teilkanalisation *f (WVA)* partial system (of sewerage) *(Teil des Trennsystems)*
teilklimatisiert partially air-conditioned
Teilkomplex *m* partial complex
Teilkomplexbau *m* partial complex
Teilkraft *f (Stat)* component, component force
Teilkraft *f*/**waagerechte** *(Stat)* horizontal component
Teilkreis *m (Verm)* graduated circle
Teilkreis *m*/**waagerechter** *(Verm)* horizontal circle *(Theodolit)*
Teillast *f (Stat)* partial load
Teilleistungsabrechnungsvereinbarung *f (VR)* percentage agreement
Teillos *n* part lot *(Baulos)*
Teillösung *f (Konst)* partial solution
Teilmontage *f (Te)* subassembly
teilmontiert preassembled
teilnahmeberechtigt eligible
Teilnehmer *m* **am Wettbewerb** competitor *(Bauleistungsausschreibung)*
teilniveaufrei *(Verk)* partially grade-separated *(Straßenkreuzung)*
Teilpacht *f* share-tenancy
Teilpassivierung *f (OB)* partial passivation
Teilprobe *f* increment sample, subsample, divided sample
Teilreinigung *f (WVA)* partial purification *(Abwässer)*
Teilsättigung *f* partial saturation
Teilschnitt *m* auxiliary section *(technische Zeichnung)*
Teilschutz *m (OB)* partial protection *(gegen Korrosion)*
Teilsicherheitsfaktor *m (Stat)* partial safety factor
Teilstrecke *f (Verk)* section, stretch
Teilstrecke *f*/**gesättigte** *(Verk)* saturated stage
Teilstrich *m* division line, scale line, graduation *(auf Skalen)*
Teilstrichabstand *m* scale spacing
Teilstück *n (Konst)* segment
Teilstützdruck *m* partial reaction
Teilstützreaktion *f* partial reaction
Teilsystem *n* 1. *(Stat)* substructure *(Tragwerksberechnung)*; 2. *(WVA)* partial system (of sewerage) *(Teil des Trennsystems)*
Teilummantelung *f* **aus Beton** partial concrete encasement
Teilung *f* division; spacing *(Bewehrung)*
Teilung *f* **durch Brandmauern [Brandschutzeinrichtungen]** *(Konst)* distance separation *(gereihte Gebäude)*
Teilung *f*/**vollständige** *(Konst)* complete separation
Teilungsfläche *f* jointing plane
Teilungslinie *f* pitch line *(einer Treppe)*
Teilungswert *m (Stat)* scale interval
Teilungszahl *f (BM, Te)* partition ratio *(Siebtechnik)*
Teilverklinkerung *f (BM, Te)* partial vitrification *(Baustoffherstellung)*
Teilvorfertigung *f* partial prefabrication
Teilvorspannung *f* partial prestressing, partial tensioning
teilweise partial
Teilzahlung *f (VR)* part-payment
Teilzeichnung *f* partial drawing, detail drawing
Teilzeitarbeit *f* part-time work
Teilzirkel *m (Konst)* dividers
T-Eisen *n*/**breitfüßiges** broad-flanged tee-iron
T-Eisenprofil *n*/**breitfüßiges** broad-flanged tee-iron
T-Eisenprofil *n*/**hochstegiges** *(St)* high-webbed tee-iron
Tektonik *f* 1. *(Bod)* tectonics; 2. *(Arch)* constructive arts; 3. architectonic(s) *(Wissenschaft der Architektur)*
tektonisch *(Bod)* tectonic
Tektonplatte *f (BT, DIS) (AE)* Tekton building slab *(zementgebundene Holzwolleleichtbauplatte)*
Telamon *m (Arch)* telamon, atlas *(männliche Karyatide)*
Telefonanlage *f (El)* telephone installation
Telefonanschluss *m* telephone connection
Telefonanschlussleitung *f* **im Haus** *(El)* house cable
Telefonhausanschluss *m (El)* house connection
Telefonkabel *n (El)* telephone cable
Telefonleitung *f* telephone line
Telefonmast *m* telephone pole
Telefonnetz *n (RP)* telephone network
Telefonsäule *f* roadside telephone box
Telefontechnik *f* telephone engineering
Telefonzelle *f* telephone box, telephone cabin, telephone kiosk, call box, public telephone, *(AE)* phone booth
Telefonzelle *f*/**öffentliche** public telephone
Telefonzentrale *f* telephone exchange
Telegrafenbau *m (El, Te)* telegraph construction
Telegrafenmast *m* telegraph pole
Telematikanwendung *f (Verk)* telematic application
Teleskopeinrüststütze *f* telescoping shore
Teleskop-Fluggastbrücke *f (Verk)* telescopic gangway
teleskopieren *v (Konst)* telescope
Teleskopkran *m* telescopic crane
Teleskopmast *m (Konst)* telescopic pole
Teleskopmontagekran *m* telescopic crane
Teleskopschiebetür *f* telescoping slighting shutter door
Telesterion *n* **zu Eleusis** *(Arch)* Telesterion
Telleranker *m* disk anchor *(in Beton)*
Telleraufgeber *m* apron feeder *(Baustoffherstellung)*
Tellerbohrer *m (Erdb)* earth auger *(meist über 200 mm Durchmesser)*
Tellermaschine *f* disk sander *(für Holz)*
Tellerschleifmaschine *f* disk sander *(für Holz)*
Tellerventil *n (BT)* mushroom valve
Tellur *n (BT)* tellurium
Tellurat *n* tellurate
Tellurmesser *m (BM)* tellurometer
Telpherbahn *f* telpherway
Temenos *n (Arch)* temenos, peribolos, sacred precinct
Tempel *m (Arch)* temple
Tempel *m*/**kleiner** templet

Tempel *m* **mit Anten** *(Arch)* templum in antis
Tempel *m* **mit doppelter Säulenreihe** *(Arch)* dipteral temple
Tempel *m***/sechssäuliger** *(Arch)* hexastyle temple
Tempel *m***/siebensäuliger** *(Arch)* heptastyle temple
Tempel *m***/steinerner** *(Arch)* stone temple
Tempelanlage *f (Arch)* temple complex
Tempelbau *m (Arch)* temple building, temple construction
Tempelbezirk *m (Arch)* temple district, temple precinct
Tempelbezirk *m***/geweihter** *(Arch)* peribolos, sacred precinct, temenos
Tempelbezirk *m***/heiliger** *s.* Tempelbezirk/geweihter
Tempelfassade *f (Arch)* temple façade
Tempelgrab *n (Arch)* temple tomb
Tempelkomplex *m (Arch)* temple complex
Tempelportikus *m (Arch)* temple portico
Tempelruine *f (Arch)* ruined temple
Tempelschule *f (Arch)* madrasah
Tempelstadt *f (Arch)* temple-city
Tempeltor *n (Arch)* aedicule, temple gateway
Tempelvorhof *m (Arch)* temple forecourt
Temperafarbe *f* tempera (paint)
Temperafarbe *f* **mit Trockenöl** oil-bound distemper
Temperamalerei *f* 1. *(Arch, OB)* painting in tempera; 2. *(Arch)* distemper
Temperatur *f* **des Straßenkörpers** *(Verk)* road body temperature
Temperatur *f***/spürbare** *(HLK)* effective temperature *(meist ungleich der gemessenen)*
Temperaturabfall *m (Umw)* drop in temperature, fall in temperature, temperature drop
temperaturabhängig *(BM)* temperature-sensitive
Temperaturabhängigkeit *f* temperature dependence
Temperaturanstieg *m* increase of temperature, temperature rise
Temperaturaufnehmer *m* temperature transducer
Temperaturaufzeichnung *f* temperature logging
Temperaturauswirkung *f* temperature effect
Temperaturbereich *m* temperature range, temperature span
Temperaturbereich *m* **ohne Änderung der Materialeigenschaften** sensible heat
temperaturbeständig temperature-resistant, temperature-proof, temperature-stable
Temperaturbeständigkeit *f (BM)* temperature resistance
Temperaturdämmung *f (DIS)* temperature insulation
Temperaturdehnung *f (BM)* temperature strain
Temperaturdifferenzzirkulation *f* natural circulation *(Wasser, Luft)*
Temperatureinfluss *m* temperature influence, temperature effect, thermal action
Temperatureinwirkung *f (BM, Konst, OB)* thermal action
temperaturempfindlich *(BM)* temperature-sensitive
Temperaturempfindlichkeit *f* temperature susceptibility
Temperaturerhöhung *f* temperature raising, increase of temperature, elevation of temperature; heat gain *(eines Raums)*
Temperatur-Feuchtigkeitsindex *m* temperature-humidity index, THI
Temperaturfühler *m* temperature-sensing device, temperature-sensing element; temperature regulator, temperature sensor *(Heizung)*
Temperaturgefälle *n* temperature gradient, temperature lapse rate, lapse rate
temperaturgesteuert *(HLK)* temperature-controlled
Temperaturgleichheit *f* **innerhalb und außerhalb eines Gebäudes** *(HLK, Umw)* changeover point *(weder Heizung noch Kühlung erforderlich)*
Temperaturgrad *n* temperature degree
Temperaturgradient *m* temperature gradient, temperature lapse rate, lapse rate
Temperaturkoeffizient *m (HLK, Umw)* thermal coefficient
Temperaturkurve *f (BB, LB, Te)* temperature curve
Temperaturleitfähigkeit *f* thermal diffusivity *(in m^2/s)*
Temperaturleitzahl *f* thermal diffusivity *(in m^2/s)*
Temperaturmessfühler *m* thermal detector, thermistor, temperature transducer
Temperaturmessgerät *n* pyrometer, reference thermal detector
Temperaturmessöffnung *f* thermometer well
Temperaturmesssonde *f (BM)* thermometer probe
Temperaturmessung *f* temperature measurement, temperature logging
Temperaturmesswertgeber *m* temperature transducer
Temperaturpegel *m (HLK)* temperature level
Temperaturprofil *n (HLK, Umw)* thermal fingerprint
Temperaturregelklappe *f (BT, HLK)* thermostatic trap *(Dampfheizung)*
Temperaturregelung *f (HLK)* heat control, temperature control
Temperaturregler *m* temperature controller, temperature regulator, thermoregulator, thermostat
Temperaturregler *m***/direktwirkender** *(BT)* thermostatic expansion valve
Temperaturrelais *n* temperature relay, thermal relay
Temperaturriss *m* thermal crack
Temperaturrissbildung *f* thermal cracking
Temperaturrisse *mpl* temperature cracking
Temperaturschalter *m (HLK)* temperature switch
Temperaturschock *m* thermal shock
Temperaturschutzeinrichtung *f (Konst)* heat protection
Temperaturschwankung *f* 1. *(HLK, Umw)* temperature variation; 2. *(HLK, Umw)* temperature fluctuation
Temperaturschwankungsriss *m* temperature cracking, *(AE)* (cold) check *(Holz)*
Temperaturspanne *f* temperature span, temperature range
Temperaturspannung *f* 1. *(BM, TK)* stress due to temperature; 2. *(BM, BT)* thermal stress
Temperaturspannungsrisse *mpl* temperature cracking
Temperatursteuerung *f (HLK)* heat control, temperature control
Temperaturstrahlung *f* heat radiation, temperature radiation, thermal radiation
temperaturunabhängig temperature-independent
Temperaturunterschied *f (DIS, HLK)* difference in temperature
Temperaturverformung *f (BM, BT)* curling
Temperaturverteilung *f (HLK)* temperature distribution
Temperaturwechselbeanspruchung *f* thermal cycling
temperaturwechselbeständig resistant to temperature changes
Temperaturwechselbeständigkeit *f* resistance to temperature changes, temperature-change resistance
Temperaturwirkung *f* temperature effect
Temperaturzirkulation *f* natural circulation *(Wasser, Luft)*
Temperglas *n* tempered glass, case-hardened glass
Temperguss *m (St)* malleable cast
Temperierung *f* thermal environment
tempern *v* temper *(Kunststoffe)*; anneal *(Glas, Stahl, Kunststoffe)*
Tempern *n (BT, Te)* firing up
temporär *adj* temporary
temporär *adv* temporarily, for the time being
Tendenz *f***/räumliche** spatial trend
Tenderzeichnung *f (Konst)* bidding drawing
Tensid *n* tenside, surfactant, surface-active agent
Tensiometer *n* tension device

Tensor *m (Stat)* tensor *(Spannungsvektor)*
Tepidarium *n (Arch)* tepidarium *(Warmluftraum römischer Thermen)*
Teppich *m (EB, Konst, Verk)* carpet
Teppich *m*/**kleiner** rug
Teppich *m*/**schmaler** *(EB)* runner *(für Flure)*
Teppichbelag *m (Verk)* road carpet, road mat, premix carpet *(Straßenbau)*
Teppichbeschichtung *f* (carpet) backing *(Unterseite)*
Teppichboden *m* fitted carpet, carpeting
Teppichfliese *f* carpet tile
Teppichhalteleiste *f* carpet strip, tackless (carpet) strip
Teppichunterlage *f* carpet underlayment
Termin *m* date
Termin *m* **der Arbeiten/frühester** *(VR)* earliest event occurrence time *(Netzplantechnik)*
Termin *m*/**letzter** *(VR)* deadline
Termin *m* **zur Erfassung der Ausdehnung** *(RP)* scoping termin
Termin *m* **zur Festlegung des Anwendungsumfanges** *(RP)* scoping termin
Terminal *m(n) (Verk)* air terminal *(Flughafen)*
Terminalausrüstungen *fpl* terminal facilities
Terminalverkehr *m* terminal traffic
termingebunden scheduled *(Bauarbeiten)*
termingemäß according to schedule, on schedule, terminal *(z. B. Bauausführung)*; on time, in due time *(z. B. Lieferungen)*
Terminologie *f* terminology, nomenclature
Terminplanung *f* scheduling
Terminverlängerung *f* extension
Termitenbefall *m (RS)* infestation by termites
termitenfest *(BM, Konst)* termite-proof
Termitenfraß *m (OB, Umw)* ant attack
Termitenschutzblech *n* termite shield
Terneblech *n (BM, St)* terneplate
Terpenlösungsmittel *n* terpene solvent
Terpentin *n (BM, OB)* gum turpentine
Terpentinbeize *f (BM, Hb, OB)* turpentine stain
Terpentin-Bindemittellösung *f* turpentine vehicle
Terpentinersatz *m* turpentine substitute
Terpentinharz *n* wood rosin, colophony, pine resin, rosin
Terpentinlack *m* turpentine varnish
Terpentinöl *n* turpentine oil
Terpentinölersatz *m* turpentine substitute
Terra *f*/**gebrannte** orange-red sienna
Terrain *n* 1. *(Bod)* terrain; 2. *(Bod, Erdb)* ground; 3. building ground, building site
Terrain *n*/**schwieriges [unwegsames]** difficult terrain [ground]
Terrainaufnahme *f* land survey(ing), ground survey
Terrainbeschaffenheit *f* topographical features
Terrainhöhe *f* 1. *(Verm)* ground level; 2. *(Erdb, Verm)* grade level *(Straßenniveau)*
Terrainskizze *f (Konst, Verm)* topographical sketch
Terrainverhältnisse *pl* site conditions, ground conditions
Terrakotta *f (BM)* terracotta
Terrakottaarchitektur *f (Arch)* terracotta architecture
Terrakottaauskleidung *f* terracotta lining
Terrakottabaukunst *f (Arch)* terracotta architecture
Terrakottadachstein *m* terracotta roof tile
Terrakottafliese *f (BT)* terracotta tile
Terrakottafußboden *m* terracotta floor
Terrakottaornament *n (Arch)* terracotta ornament
Terrakottarohr *n* terracotta pipe
Terrakottaschmuck *m (Arch)* terracotta decorative finish, terracotta enrichment
Terrakottaschmuckelement *n (Arch)* terracotta ornament
Terrakottastatue *f (Arch)* terracotta statue
Terrakottastein *m* 1. *(BM)* terracotta block; 2. *(BT)* terracotta tile
Terrakottatafel *f* terracotta panel *(Wandtafel)*
Terrakottatrennwand *f (BT)* terracotta partition
Terrakottaverkleidung *f* terracotta facing, terracotta lining
Terrakottaverzierung *f (Arch)* terracotta decorative finish, terracotta enrichment
Terrasse *f* 1. *(Erdb, Konst)* terrace; 2. *(Arch)* patio; 3. roof garden *(Dachterrasse)*; 4. storey *(Geschoss)* • **Terrassen anlegen** *(Erdb)* terrace
Terrasse *f*/**eingeschlossene** *(Arch)* patio
Terrasse *f*/**rückseitige** back patio
Terrassenanlegen *n* terracing
terrassenartig terraced, in terraces
Terrassenbau *m* notching *(Verkehrsstraße)*
Terrassenbebauung *f (Arch, Konst)* terraced dwellings
Terrassencafé *n (LB)* tea garden
Terrassendach *n* terrace roof, roof-deck, cut roof, platform roof
Terrassenfenster *n (Konst)* picture window
Terrassenfläche *f (Arch)* platform
terrassenförmig terraced, in terraces, in form of a terrace
Terrassengarten *m (Arch)* terraced garden
Terrassenhaus *n (Arch, Konst)* stepped hillside house
Terrassenheizung *f (HLK)* terrace heating
Terrassenmarkise *f (EB)* terrace blind
Terrassenmehrfamilienhaus *n* terrace-shaped block of flats, *(AE)* apartments built in terraces on a slope, house built in terraces on a slope, terrace-shaped apartment building
Terrassenplatte *f* flagstone, terrace tile *(Steinplatte)*
Terrassenpyramide *f (Arch)* terraced pyramid
Terrassenrestaurant *n (Konst)* terrace restaurant
Terrassenschiebetür *f (BT)* sliding terrace door
Terrassenstufenbau *m* notching *(Verkehrsstraße)*
Terrassentempel *m (Arch)* terrace temple, terraced mortuary temple
Terrassentür *f* terrace door, patio door
Terrassentürbeschläge *mpl* terrace door furniture
Terrassenwohnung *f* terrace dwelling, *(AE)* terrace dwelling unit
Terrassenzugang *m* terrace access
Terrasseschiebetür *f (BT)* sliding patio door
terrassieren *v* terrace, bench
Terrassieren *n* terracing, benching
Terrazzo *m* terrazzo, terrazzo concrete, granolith; berliner *(mit langen, dünnen Marmorsplittkörnern)*; Venetian (mosaic) *(mit großen Zuschlagkörnern)*
Terrazzoarbeiten *fpl* terrazzo work(s)
Terrazzoauflage *f* **mit granitischer Struktur** *(BB, OB)* granitic finish
Terrazzobelag *m*/**monolithischer** monolithic terrazzo
Terrazzobeton *m* granolithic concrete
Terrazzobetonauflage *f (BB, OB, SB)* granolithic finish
Terrazzobetrieb *m (BWG)* terrazzo plant
Terrazzodecklage *f* terrazzo topping
Terrazzoestrich *m* terrazzo, terrazzo concrete
Terrazzofliese *f (BM)* terrazzo tile
Terrazzofußboden *m (Konst)* terrazzo floor
Terrazzofußbodenbelag *m (Konst)* terrazzo flooring finish
Terrazzogemisch *n (BM)* terrazzo mix(ture)
Terrazzoglanzpolieren *n (OB, Te)* final grind, polish grind
Terrazzogrobschleifen *n (OB, Te)* terrazzo rough grind(ing)
Terrazzokelle *f (BWG)* trowel for terrazzo
Terrazzoleger *m (SB, VR)* terrazzo layer
Terrazzomischung *f (BM)* terrazzo mix(ture)
Terrazzomörtellage *f (BM)* terrazzo setting bed
Terrazzoplatte *f* terrazzo slab, terrazzo tile *(DIN EN 13748-1, 13748-2)*

Terrazzopolieren *n (OB, Te)* (terrazzo) final grind, (terrazzo) polish grind
Terrazzoschleifen *n (OB, Te)* terrazzo rough grind(ing)
Terrazzoschleifmaschine *f (BWG)* terrazzo surfacer
Terrazzospültisch *m* terrazzo sink drop
Terrazzotrennschiene *f* divider strip
Terrazzounterlage *f* terrazzo setting bed
Terrazzowandplatte *f* terrazzo tile
Terrazzowaren *fpl* terrazzo ware
Terrazzowerk *n (BWG)* terrazzo plant
terrestrisch *(Bod)* terrestrial
territorial *(RP)* territorial
Territorialplanung *f* physical planning
Territorium *n* territory
tertiär tertiary
Tertiärrippe *f* 1. *(Konst)* terrestrial rib; 2. *(Arch)* tierceron *(gotisches Gewölbe)*
Tertiärträger *m (TK)* tertiary beam
Tesafilm® *m* Scotch tape®, Sellotape®
Tessera *f (Arch)* mosaic tessera, tessera *(im antiken Rom)*
Test *m* test
Test *m*/**statistischer** statistical test, significance test
Test... *siehe auch: Prüf...*
Testbaustelle *f (Te)* test site
Testbaustreifen *m s.* Testeinbaustreifen
Testbenzin *n (BM)* white spirit
Testbohrung *f (Bod)* trial boring
Testeinbaustreifen *m (Verk)* trial area
testen *v* 1. test, check, examine *(z. B. Materialien)*; 2. probe *(Ultraschallprüfung)*; 3. inspect *(Gütekontrolle)*
Testen *n* **durch Dritte** third party testing
Testergebnis *n* result of a test
Testfläche *f (Konst)* test area
Testlabor *n (BM)* test laboratory
Testlauf *m (Te)* test run
Teststreifen *m s.* Testeinbaustreifen
Testverfahren *n* test procedure
Tetracalciumaluminatferrit *n (BM)* tetracalcium alumino-ferrite *(Zementmineral)*
Tetrachloräthylen *n s.* Tetrachlorethylen
Tetrachlorethylen *n* perchloroethylene, tetracloroethylene
Tetrachlorkohlenstoff *m (BM, OB)* carbon tetrachloride
Tetrachlormethan *n (BM, OB)* tetrachloromethane *(Extraktionslösungsmittel)*
Tetraeder *n (Arch)* tetrahedron
Tetragon *n* tetragon
tetragonal tetragonal, dimetric
Tetrakalziumaluminatferrit *n (BM)* tetracalcium alumino-ferrite *(Zementmineral)*
Tetrastylos *m (Arch)* tetrastyle *(Bauwerk mit vier Säulen)*
Tetrastylostempel *m* tetrastyle temple
teuer costly, expensive
Teufe *f (speziell Bergbau)* depth
Teufelsklaue *f (Arch)* spur *(Ornament)*
teufen *v* sink a shaft
Textilgewebebinde *f* fabric tape
Textilglasmatte *f (Erdb)* textile glass mat
Textur *f* 1. *(Bod)* structure *(geologisch)*; 2. texture *(Gewebe)*
Textur *f*/**faserige** nematoblastic structure *(Gestein)*
Textur *f*/**fasrige** fibrous structure
Textur *f*/**geschlossene** *(Verk)* closed texture *(Verschleißschicht)*
Textur *f*/**isotrope** *(Verk)* isotropic texture
Textur *f*/**körnige** *(BM, OB)* granular texture
Texturtiefe *f* texture depth *(Straßenoberfläche)*
Texturtiefentest *m* sand patch test
T-Fitting *n* branch fitting, service tee; side outlet *(Rohrleitung)*

T

Thaiarchitektur *f (Arch)* Thai architecture *(13.-18. Jahrhundert)*
Theater *n* theatre, *(AE)* theater
Theater *n*/**griechisches** Greek theatre
Theaterbaukunst *f (Arch)* theatre architecture
Theaterbühne *f* (theatre) stage
Theaterbühne *f*/**vordere** *(EB, Konst)* apron stage *(vor dem Vorhang, speziell elisabethanisches Theater)*
Theatergebäude *n* 1. *(Arch)* theatre building; 2. *(Arch, Konst)* theatre house
Theaterloge *f* 1. *(Konst)* theatre box; 2. *(EB)* loge
Theaterpodium *n (Arch, Konst) (AE)* acting level
Theaterrampe *f (EB)* proscenium
Theatersaal *m (Konst)* theatre auditorium
Theatervorhang *m (EB)* theatre curtain
Theatron *n (Arch)* theatron *(ansteigende Sitzreihen des antiken Theaters)*
Theke *f* counter *(Verkaufsraum)*; bar *(Gaststätte)*
Themenpark *m (RP)* theme park
Theodolit *m (Verm)* theodolite
Theodolit *m* **mit optischer Ablesung** *(Verm)* optical reading theodolite
theodolitisch theodolitic
Theorie *f (Stat)* deflection theory
Theorie *f* **der Architektur** theory of architecture
Theorie *f* **der Baukunst** *(Arch)* theory of architecture
Theorie *f* **der dünnen Schalen** *(Stat)* theory of thin shells
Theorie *f* **der Einfühlung** *(Arch)* theory of empathy
Theorie *f* **des parallelen Spannungsverlaufs** *(Stat)* straight-line theory *(Stahlbeton)*
Theorie *f* **des plastischen Fließens** theory of plastic flow
Theorie *f*/**ideal-plastische** ideal plastic theory, perfectly plastic theory
Theorie *f*/**linear-plastische** *(Stat)* simple plastic theory
Theorie *f*/**nicht lineare** *(Stat)* non-linear theory
Theorie *f*/**numerische** *(Stat)* numerical theory
Theorie *f* **I. Ordnung** *(Stat)* first order theory
Theorie *f* **II. Ordnung** *(Stat)* second order theory
Theorie *f*/**plastische** theory of plasticity
Theorie *f*/**strenge** *(Stat)* rigid theory
Therm *n (Stat)* therm *(SI-fremde Einheit der Wärmemenge; 1 therm = 1,05506 × 10^8 J)*
Thermalbad *n* thermal spa, thermal springs resort
Thermalkartierung *f (Te, Verk)* thermal mapping *(Winterdienst)*
Thermalquelle *f (Bod)* thermal spring
Therme *f* 1. *(Bod, WVA)* therma; 2. *(Bod)* hot spring
Thermen *fpl (Arch)* thermae *(öffentliches Bad im antiken Griechenland und Rom)*
Thermenfenster *n (Arch)* thermal window
Thermensaal *m (Konst)* therma room
thermisch thermal, thermic
Thermitschweißen *n* 1. *(St, Te)* thermit welding; 2. *(St, Te)* aluminothermic welding
Thermoanalyse *f (BM)* thermal analysis
thermochemisch thermochemical
Thermodiffusion *f* thermal diffusion, thermodiffusion
Thermodynamik *f (BB, HLK, Te)* thermodynamics
thermodynamisch *(Te)* thermodynamic
Thermoelement *n (El)* thermocouple
Thermolyse *f* thermolysis *(Wärmezerfall)*
Thermopaar *n (El)* thermocouple
Thermopane® *n* thermopane glass *(Mehrscheibenisolierglas)*
Thermoplast *m (BM)* thermoplastic
Thermoplastbeschichtung *f (Hb, Te)* thermoplastic hot-melt coating *(von Holz)*
Thermoplaste *mpl (BM)* thermoplastics
thermoplastisch thermoplastic

Thermoplastizität *f* thermoplasticity
Thermoplastmarkierung *f (Verk)* thermoplastic marking material
Thermorelais *n* thermal relay, electrothermal relay, temperature relay
Thermoriss *m* thermal crack, *(AE)* cold check *(Holz)*
Thermoschalter *m (El)* thermal circuit breaker
Thermostat *m* thermostat, temperature controller, temperature regulator, temperature-sensing device, temperature-sensing element
Thermostatbatterie *f* 1. *(BT, San)* thermostatic blending valve; 2. *(San)* thermostatic mixer
thermostatgesteuert thermostatically controlled
thermostatisch *(Konst)* thermostatic
Thermostatregelung *f (Te)* thermostatic control
Thermosyphon *m (HLK)* thermosiphon
Thermoverfahren *n* ignition method *(Baustoffprüfung)*
Thermowagen *m* insulated lorry
Thesaurus *m (Arch)* thesaurus, treasure-house, treasury
These *f (VR)* statement
Thioharnstoff *m* thiourea
Thiokol *n* thiokol *(heller Kunstkautschuk)*
thixotrop thixotropic; false-body *(Farbe)*
Thixotropie *f (BM)* thixotropy *(reversible Erschütterungsverflüssigung)*
Thixotropiermittel *n* thixotroping agent
Tholos *f(m) (Arch)* tholos *(altgriechischer Rundbau mit Säulenumgang)*
Thomasmehl *n* Thomas meal, ground basic slag, slag flour
Thomasphosphat *n (BM)* Thomas meal
Thomasschlacke *f (BM)* Thomas slag
Thomasstahl *m* Thomas steel, basic steel
Thoriumoxiderzeugnis *n* thoria refractory
Thronhimmel *m (Arch)* tester
Thronsaal *m (Arch)* throne hall
Thymele *m (Arch)* thymele
Thyphonium *n (Arch)* typhon *(altägyptischer Tempel)*
Tibara *m s.* Tibari
Tibari *m (Arch)* tibari *(indische Wohnhaussäulenhalle)*
Tide *f* tide
Tideablauf *m* ebb tide
Tidehub *m***/mittlerer** *(Wsb)* mean tidal range
tief deep
Tiefanker *mpl (BT, Erdb)* tie rods
Tiefätze *f* deep etching *(Glas)*
Tiefbau *m* 1. civil engineering, underground engineering, deep workings; 2. underground mining, underground working *(Bergbau)*
Tiefbau *m***/städtischer** municipal (civil) engineering
Tiefbauarbeiten *fpl* below grade work, deep-level workings
Tiefbauingenieur *m (Arch, VR)* civil engineer
Tiefbautechnik *f* civil engineering, underground engineering
Tiefbauunternehmen *n* civil engineering contracting firm, civil engineering contractor, civil engineering contractors
Tiefbauwerk *n (Erdb)* underground structure
Tiefbehälter *m (WVA)* low-level tank
Tiefbohrung *f* deep boring, deep drilling; deep-well drilling *(Brunnenbau)*
Tiefbohrzement *m (BM)* oil-well cement
Tiefbord *m* curb below ground
Tiefbordstein *m* flush kerb, inverted kerb, *(AE)* curb below ground
Tiefbrunnen *m* 1. *(Erdb, Umw, Wsb, WVA)* deep well; 2. *(Bod, Erdb, WVA)* Norton well
Tiefbrunnenentwässerungsanlage *f (Erdb)* deep-well system
Tiefbrunnenpumpe *f* deep-well pump
Tiefbunker *m* underground hopper, pit bin
Tiefe *f* depth
Tiefe *f***/frostfreie** frost-free depth
Tiefe *f***/frostsicher** frost-save depth
Tiefe *f***/geringe** slight depth
Tiefebene *f (Bod)* lowland
Tiefeinbau *m* inlay *(einer Straßenschicht)*
Tiefenaufreißer *m (BWG, Verk)* rooter *(Straßenbau)*
Tiefenerder *m (El)* earth rod, *(AE)* ground rod
Tiefenerosion *f* vertical erosion
Tiefenfaktor *m* depth factor *(Holzkonstruktion)*
Tiefengestein *n* intrusive rock, plutonic rock, plutonite
Tiefengestein *n***/kristallines** crystalline plutonic rock
Tiefenlehre *f* depth gauge, bit gauge, bit stop
Tiefenmesser *m* depth gauge
Tiefenschwimmer *m (San, WVA)* ball-and-line float
Tiefenstufe *f***/geothermische** geothermal gradient, geothermal step
Tiefenverdichtung *f (Erdb, Te)* deep compaction
Tiefenwasser *n (Bod, Erdb)* subterranean water
Tiefenwirkung *f* depth effect
tiefer lower • **tiefer machen** deepen
tiefer gelegen subjacent
Tiefermachen *n (Erdb, Wsb)* deepening
tieferstehend inferior
Tieffuge *f* 1. *(Konst)* recessed pointing; 2. *(SB)* stripped joint
Tiefgarage *f* underground car park, underground garage, underground parking garage, deep-level garage, basement car park, basement garage
Tiefgefrierraum *m* freezer room, deep freezer
Tiefgeschoss *n* deep basement
Tiefgeschosskonstruktion *f* deep basement construction
tiefgezogen deep-drawn
Tiefgründung *f* deep foundation
Tiefkassettendeckengestaltung *f (Konst)* coffering
Tiefkeller *m* subcellar, deep basement
Tiefkellergeschoss *n* subbasement, lower basement
Tiefkühlanlage *f* freezer plant
tiefkühlen *v* freeze
Tiefkühllagerraum *m* freezer storage room
Tieflader *m (BWG, Verk) (AE)* lowboy
Tieflage *f* 1. *(Verk)* subsurface alignment; 2. *(Bod, Erdb)* deep seat; 3. subsurface situation, low position *(Gebäude)*; 4. *(RP)* low-site *(Städtebau)*
Tiefland *n (Bod)* lowland
tiefliegend 1. deep-seated *(geologisch)*; 2. low-lying *(Gebäude, Bauplatz, Gebiet)*
Tieflöffel *m* drag shovel, pull shovel, *(AE)* backhoe
Tieflöffelausrüstung *f (BWG)* hoe attachment *(für einen Bagger)*
Tieflöffelbagger *m* backacter shovel, backdigger, backhoe, hoe shovel, pull shovel, pullscoop, drag shovel; ditch digger, ditcher *(Grabenbagger)*
Tiefpunkt *m* 1. lowest point, low; 2. *(Erdb)* bottom *(Boden)*; 3. *(Bod, Konst)* trough *(eines Tales)*
Tiefspülbecken *n (San)* wash-down bowl *(WC)*
Tiefspülkasten *m (San)* low-level flushing cistern
Tiefspülklosett *n (San)* wash-down water closet
Tiefstrahler *m* narrow-angle lighting fitting
Tiefstraße *f (Verk)* depressed road, underground road; sunk motorway, sunken road *(im Einschnitt)*
Tiefsttemperatur *f***/zulässige** lowest permissible temperature
Tiefstwert *m* minimum value
Tieftemperatur *f* low temperature
Tiegelstahl *m (BM)* crucible steel
Tiekholz *n (BM)* Indian oak
Tierdurchlass *m (Verk)* cattle creep *(Straße)*
Tierfigurengruppe *f (Arch)* bestiary *(sakral)*

Tierfries *m (Arch)* bestiary frieze
Tiergehege *n* preserve
Tierhalbfigur *f (Arch)* protoma *(Ornament)*
Tierkohlepigment *n* animal black
Tierkopfornament *n (Arch)* beakhead *(Schnabelkopfornament in Tür- und Torbögen)*
Tierleim *m* animal adhesive, animal glue, Scotch glue
Tigerholz *n (BM, Hb)* tiger-wood *(westafrikanisches Edelholz)*
TIG-Schweißbrenner *m (BWG)* torch for TIG welding
Tilgung *f* repayment, discharge, amortization *(Schulden)*
Tilgungsdarlehen *n* amortizable loan, redeemable loan
Tilgungsplan *m* redemption plan
Tilgungsrate *f* amortization instalment
Tilt-up-Bauweise *f* tilt-up construction, tilt-up method *(Aufrichtbauweise)*
Tintenzeichnung *f* ink drawing, ink painting
tintig inky
Tisch *m (EB)* table
Tisch *m*/**drehbarer** rotary table
Tisch *m*/**steinerner** *(Arch)* stone table
Tischaltar *m (Arch)* table altar
Tischbohrmaschine *f* bench(-type) drilling machine, sensitive drill
Tischhobel *m* bench plane
Tischler *m* joiner; building joiner *(Bautischler)*; cabinet-maker *(Kunsttischler)*
Tischlerarbeit *f* joinery, joiner's work *(BS 8000-5, DIN 18355)*; woodwork *(Holzfeinarbeiten)*
Tischlerarbeit *f*/**fußbodenberührende** grounded work *(z. B. Fußhalteholz)*
Tischlerarbeit *f* **mit engen Windungen** *(EB, Hb)* quick sweep
Tischlerei *f* 1. joiner's workshop *(Werkstatt)*; 2. joiner's art, joiner's trade, joinery *(Erzeugnis)*
Tischlerformarbeit *f (Hb)* shape work
Tischlerholz *n* joiner's timber, joiner's wood
Tischlerleim *m* joiner's adhesive, joiner's glue, casein glue
Tischlermeister *m* master joiner
tischlern *v* do joinery, do joiner's work
Tischlerplatte *f* laminated board, blockboard, batten board, coreboard, *(AE)* lumber-core plywood; chipboard *(Spanplatte)*
Tischlerplattentür *f (BT)* coreboard door
Tischlerraspel *f* cabinet rasp
Tischlerschraubzwinge *f* cabinet clamp
Tischlersteifsäge *f* cabinet saw
Tischler- und Zimmereiarbeit *f*/**bogenförmige** shaped work
Tischler- und Zimmereiarbeit *f*/**gewölbte** shaped work
Tischplatte *f* table top
Tischrechner *m* calculator
Tischrüttler *m (BB, BWG, Te)* table vibrator
Tisch-Stuhl-Einheit *f*/**feste** *(AE)* booth *(speziell in Restaurants)*
Ti-Stahl *m*/**rostfreier** *(BM, St)* titanium stabilized steel
Titan *n (BM)* titanium
Titandioxid *n (BM, OB)* titanium dioxide
Titaneisen *n (BM, Bod)* ilmenite *(Eisenmineral)*
Titanemail *n* titanium enamel
Titanpigment *n* titanium pigment
Titanschutzschicht *f (OB)* titanium coating
Titanstahl *m (BM, St)* titanium stabilized steel
Titanweiß *n (BM, OB)* titanium dioxide
Titusthermen *fpl (Arch)* Thermae of Titus
T-Klinke *f* tee handle
T-Muffe *f* T-joint
Tobermorit *m (BM)* tobermorite *(Zementklinkermineral)*
Tobermoritgel *n* tobermorite gel
Togge *f (BT)* wooden baluster
Toilette *f* 1. lavatory, toilet, water closet, closet, *(AE)* bathroom, *(AE)* rest room *(in öffentlichen Gebäuden)*; ladies' room *(für Damen)*; gentlemen's room *(für Herren)*; 2. *(San)* toilet *(Ankleideraum)*
Toilette *f* **mit Handwaschbecken** *(San) (AE)* half bath
Toilette *f*/**öffentliche** public lavatory, public wash room, *(AE)* comfort station, *(AE)* public rest room
Toilettenabwasser *n* 1. *(San, WVA)* closet waste water; 2. *(WVA)* toilet waste water; 3. *(Umw, WVA)* soil
Toilettenanlage *f* 1. *(San)* closet facility; 2. *(Konst, San)* toilet installations
Toilettenbecken *n* 1. *(San)* toilet bowl; 2. *(Konst, San)* pan
Toilettendeckel *m* 1. *(EB)* toilet seat lid; 2. *(San)* seat lid
Toilettendruckspülkasten *m*/**ansitzender** *(San)* close-coupled tank and bowl
Toilettenfallrohr *n (San, WVA)* soil stack
Toilettenkabine *f (Konst, San)* toilet enclosure
Toilettenkabinenwand *f (Konst)* toilet partition (wall)
Toilettenmuschel *f (San)* pedestal
Toilettenpapierhalter *m (EB)* toilet paper holder
Toilettenpapierspender *m (EB)* toilet paper dispenser
Toilettenraum *m* toilet room, closet room, toilet
Toilettensitz *m* 1. *(San)* lavatory seat; 2. *(EB)* toilet seat
Toilettenspülung *f (San)* lavatory flush(ing)
Toilettentrennwand *f (Konst)* toilet partition (wall)
Toiletten- und Duschraum *m (Konst, San)* toilet-and-shower room
Toilettenventilator *m (San)* toilet fan
Toilettenzelle *f (Konst, San)* toilet cubicle
TOK-Band *n (BM, DIS)* TOK-joint ribbon
Toleranz *f* tolerance, permissible limit, allowable deviation, allowance, margin *(erlaubte Maßabweichung)* • **innerhalb einer Toleranz** within a tolerance
Toleranzbereich *m* tolerance range, tolerance zone
Toleranzen *fpl (BT, Te)* toleranced dimensions *(Montage)*
Toleranzgrenze *f* limit of tolerance, tolerance limit, limit of accuracy
Toleranzmaß *n* limit, commercial tolerances
Toleranzprüfung *f* tolerance test
Toleranzschwelle *f* threshold of tolerance
Toleranzüberschreitung *f (BT)* wide tolerance
Toleranzzahlenfolge *f* tolerance number sequence
Toluolunlösliches *n (BM)* toluene insolubles *(Asphaltprüfung)*
Ton *m* 1. clay, argil(la) *(Mineral)*; 2. sound *(Klang)*; 3. *(Konst)* shade; 4. *(OB)* hue *(von Farben)* • **mit Ton abdichten** *(Bod)* pug
Ton *m*/**aufquellender** *(BM, Bod)* swelling clay
Ton *m*/**dünn geschichteter** pellodite
Ton *m*/**einfacher** pure tone *(Akustik, sinusförmige Schallschwingung)*
Ton *m*/**fetter** fat clay, plastic clay, heavy clay, rich clay, unctuous clay
Ton *m*/**feuerfester** fireclay, refractory clay
Ton *m*/**geblähter** bloated clay, expanded clay
Ton *m*/**gebrannter** burnt clay
Ton *m*/**gesinterter** sintered bloating clay
Ton *m*/**gewöhnlicher** low-grade clay
Ton *m*/**glimmerführender** micaceous shale
Ton *m*/**harter** firm clay
Ton *m*/**hochplastischer** long-and-short clay, fat clay, ball clay, potter's clay
Ton *m*/**hochplastischer zäher** *(AE)* gumbo *(im zentralen Teil der USA vorkommend)*
Ton *m*/**hochwertiger** *(BM, Bod)* high-grade clay
Ton *m*/**kaolinitischer** kaolinitic clay
Ton *m*/**keramischer** ceramic clay
Ton *m*/**klebriger** *(BM, Bod)* sticky clay

Ton *m*/**kolloider** *(Bod)* colloidal clay
Ton *m*/**magerer** meagre clay, sandy clay
Ton *m*/**mergeliger** marl clay
Ton *m*/**montmorillonitischer** *(BM)* montmorillonitic clay
Ton *m*/**nicht plastischer** *(BM, Bod)* non-plastic clay
Ton *m*/**ockerhaltiger** *(BM)* ochreous clay
Ton *m*/**ockeriger** ochrey clay
Ton *m*/**organischer** *(Bod)* organic clay
Ton *m*/**plastischer** plastic clay, soft clay
Ton *m*/**reiner** pure clay
Ton *m*/**roter** *(BM)* sinopite
Ton *m*/**sandiger** sandy clay, lean clay
Ton *m*/**schluffiger** *(BM, Bod)* silty clay
Ton *m*/**schwerer** *(BM, Bod)* unctuous clay
Ton *m*/**steifer** *(BM, Bod)* stiff clay
Ton *m*/**strukturempfindlicher** *(BM, Bod)* sensitive clay
Ton *m*/**thixotroper** thixotropic clay
Ton *m*/**tonerdereicher** high clay
Ton *m*/**ungebrannter** unburned clay
Ton *m*/**ungestörter** *(Bod)* intact clay
Ton *m*/**verformbarer** plastic clay
Ton *m*/**vulkanischer** *(BM, Bod)* volcanic clay
Ton... argillaceous ...
tonartig clayey, clay-like, argillaceous
Tonauskleidung *f (Wsb)* clay blanket
tonbedeckt lutose
Tonboden *m (Bod)* clay soil
Tonboden *m*/**kompakter** tile earth
Tonbrennware *f* earthenware *(glasiert oder unglasiert)*
Tondo *n (Arch)* tondo
Tondränagerohr *n*/**perforiertes** land tile
tönen *v* 1. tone, tint, shade *(Farbe, Oberflächen)*; 2. sound *(klingen)*
Tonerde *f (BM, Bod)* alumina
Tonerdemodul *m (BM)* iron-alumina ratio *(Zement)*
Tonerdemörtel *m (BM)* alumina mortar
Tonerdenatron *n (BM)* sodium aluminate
tonerdereich *(BM)* high-aluminous
Tonerdeschmelzzement *m* high-alumina cement, alumina cement, aluminous cement, montan cement
Tonerdezement *m s.* Tonerdeschmelzzement
Tonerweichung *f (Bod)* clay liquefaction
Tonfliese *f* earthenware tile, (burnt) clay tile, ceramic tile
Tonfußbodenfliese *f (BM, BT)* clay floor (cover) tile
Tonfußbodenplatte *f (BM, BT)* clay floor (cover) tile
tongebunden *(BM, BT)* clay-bound
Tongestein *n (Bod)* clay rock
Tongrube *f (BM, Bod)* clay pit
Tonhalle *f (Arch)* concert hall
tonhaltig argillaceous, clayey
Tonhöhe *f (DIS)* pitch *(Akustik)*
Tonhohlkörper *m* hollow-gauged brick, hollow clay block *(Platte)*
Tonhohlplatte *f (BT)* clay pot
Tonhohlplattendecke *f (Konst, TK)* hollow clay block floor
Tonhohlziegel *m* 1. *(SB)* hollow clay brick; 2. *(DIS, SB)* furring brick
tonig clayey, clayish, argillaceous
Toninjektion *f (Wsb)* clay grouting
Tonkern *m (Wsb)* puddle core *(Dichtungskern bei Staudämmen)*
Tonklumpen *m (Bod, Erdb)* clay lump
Tonkoller *m (BWG)* pug mill
Tonkreide *f (BM)* chalk containing clay
Tonlager *n (sl)* daugh
Tonletten *m (Erdb, San)* ball clay
Tonmehl *n* powdered clay
Tonmergel *m* clay marl, shaly marl, loam
Tonmineral *n (BM)* clay mineral
Tonmineral *n*/**chloritisches** chloritic mineral
Tonmörtel *m* clay mortar
Tonmosaik *n* pottery mosaic
Tonne *f* 1. barrel, drum, tun; tub *(offen)*; 2. metric ton, tonne *(SI-fremde Einheit der Masse)*
Tonne *f*/**amerikanische** *(Stat)* short ton *(SI-fremde Einheit der Masse; 1 sh tn = 907,185 kg)*
Tonne *f*/**ansteigende** *(Arch, Konst)* rampant barrel vault
Tonne *f*/**englische** *(Stat)* long ton *(SI-fremde Einheit der Masse; 1 ltn = 1016 kg)*
Tonne *f*/**halbkreisförmige** *(Konst)* semicircular tunnel
Tonne *f*/**metrische** metric ton *(SI-fremde Einheit der Masse; 1 t = 1000 kg)*
Tonne *f*/**rundbogige** *(Konst)* round-arched barrel vault
Tonnendach *n* arched barrel roof, barrel roof, waggon roof, compass roof
tonnenförmig barrel-shaped, tubby
Tonnengewölbe *n* barrel vault, barrel arch, tunnel vault, annular vault, circular (barrel) vault, cradle vault, semicircular vault, waggon(-headed) vault • **mit Tonnengewölbe** waggon-headed
Tonnengewölbe *n*/**dekoratives** *(Arch, Konst)* ornamental barrel vault
Tonnengewölbe *n*/**einhüftiges** *(Arch, Konst)* rampant barrel vault
Tonnengewölbe *n*/**gerades** *(Konst)* straight barrel vault
Tonnengewölbe *n*/**halbkreisförmiges** *(Konst)* semicircular tunnel
Tonnengewölbe *n*/**ringförmiges** *(Arch)* circular tunnel vault
Tonnengewölbe *n*/**rundbogiges** *(Konst)* round-arched barrel vault
Tonnengewölbe *n*/**schiefes** oblique barrel vault, skew barrel vault, inclined barrel vault, arch barrel
Tonnengewölbe *n*/**steigendes** *(Konst)* rising barrel vault
Tonnengewölbedach *n* 1. *(Arch, Konst)* tunnel-vaulted roof; 2. *(Konst)* waggon vaulted roof
Tonnengewölbedecke *f (Konst, TK)* waggon ceiling
tonnengewölbt barrel-vaulted, tunnel-vaulted
Tonnenschale *f (Konst)* segment of cylinder
Tonnenschalendach *n* arched barrel roof
Tonnenschalen-Sheddach *n* north-light cylinder segment roof
Tonnensheddach *n (Konst)* saw-tooth barrel shell roof
Tonpulver *n* powdered clay
Tonrohr *n* clay pipe, earthenware pipe, tile pipe
Tonrohr *n*/**gelochtes** *(AE)* distribution tile
Tonrohrdränung *f (Erdb, LB)* tile drain(age)
Tonsandstein *m* argillaceous sandstone, clayey sandstone
Tonschicht *f (Bod)* clay bank • **mit einer Tonschicht versehen** *(Bod)* pug
Tonschiefer *m* clayey shale, clay slate, clay schist, shale, slate; killas *(in Cornwall, England)*
Tonschiefer *m*/**chloritischer** *(Bod, Erdb)* chlorite slate
Tonschiefer *m*/**schluffiger** *(BM, Bod)* silty slate
Tonschieferfels *m (Bod)* argillite
Tonschlämme *f (BM)* clay slurry
Tonschlämme *f*/**thixotrope** thixotropic clay slurry
Tonschlempe *f (BM)* clay slurry
Tonsinter *m* sintered bloating clay, sintered clay *(Leichtzuschlag)*
Tonsplittbeton *m (BB, BM)* clay aggregate concrete
Tonstein *m (Bod)* clay stone
Tonsur *f (Arch)* fountain house, lavabo *(Brunnenkapelle an einem Kreuzgang)*
Tonsuspension *f (BM, Erdb)* clay suspension
Tönung *f* 1. *(BM, OB)* tint; 2. *(Konst)* shade *(Farbtönung)*
Tonverwischung *f (DIS)* blurring *(Raumakustik)*
Tonverzerrung *f (DIS)* blurring *(Raumakustik)*

Tonwaren *fpl (BM)* clayware, earthenware
Tonwaren *fpl*/**dichtgebrannte** impermeable earthenware
Tonzeug *n* impermeable earthenware
Tonziegel *m (BM, BT)* clay brick
TÖP *s.* Träger öffentlicher Belange
Tope *f (Arch)* tope, stupa, domical mound *(buddhistisch, indische Pagode)*
Topeschrein *m (Arch)* tope shrine, stupa shrine
Topeunterbau *m (Arch)* tope base, stupa base
Töpfer *m* 1. potter; 2. stove fitter
Töpferton *m (BM)* potter's clay
Topfgewölbe *n* tubular vault(ing)
Topflager *n (BT, TK)* pot bearing
Topfzeit *f* 1. *(BM, OB, Te)* liquid pot life; 2. *(Konst, VR)* working life; 3. *(Te)* usable life *(Gebrauchsfähigkeit von Farben und Kunststoffklebern)*
Topographie *f (Bod)* topography
topographisch topographic(al)
Tor *n* 1. gate, door; 2. *(Arch)* portal; 3. *(Konst, Verk)* gateway *(Einfahrt)*; 4. archway *(Torbogen)*
Tor *n*/**einflügeliges** single-leaf shutterdoor
Tor *n* **mit diagonaler Stützstrebe** barred-and-braced gate
Tor *n* **mit Horizontalhölzern** *(Hb)* barred gate
Torankerplatte *f* gate shutting shoe
Torankerstein *m* gate shutting shoe
Torbau *m (Arch)* monumental gateway, gateway *(massiver turmartiger Baukörper an Eingangstoren, z. B. antiker Tempel)*; propylaeum *(zu einem antiken Heiligtum)*
Torbogen *m* 1. *(Arch)* archway, arch; 2. pai-loo, pai-lou *(chinesischer Triumphbogen)*
Torbolzenkasten *m (EB)* box strike plate
Tordurchfahrt *f* gateway, passageway
Toreckstein *m* guardstone
Toreffekt *m (Verk)* gate effect
Toreinfahrt *f* doorway, entrance gate, carriage entrance, carriage gate
Torf *m* 1. *(Bod)* peat; 2. *(LB)* turf
Torf *m*/**faserhaltiger** *(BM, DIS)* fibrous peat
Torf *m*/**fetter** *(BM)* pitch peat
Torfablagerung *f (Bod)* peat deposit
torfartig *(Bod, LB)* turfy
Torfbeton *m (DIS)* peat concrete
Torfboden *m* 1. *(Bod, LB, Umw)* peat soil; 2. *(Bod, LB, Umw)* turfy soil
torfbraun *(OB)* peat brown
Torferde *f* peat earth, peat mould
Torffaser *f* peat fibre
Torffaserdämmplatte *f (BT, DIS)* peat insulating board
torfhaltig peaty
torfig peaty
Torflügel *m (Hb)* leaf of a gate
Torflügelankerklotz *m* gate shutting shoe, shutting shoe
Torflügelpfosten *m*/**äußerer** mitre post, gate meeting post *(im geschlossenen Zustand in Tormitte)*
Torfmoor *n* 1. *(Bod, Umw)* peat bog; 2. *(Bod, LB, Umw)* turbary
Torfmull *m (LB)* peat dust
Torfschicht *f* peat layer, turf bed
Torfschlamm *m (Bod)* meermolm
Torfstein *m (BM, DIS)* peat brick
Torhängeschiene *f* gate hanging rail
Torhaus *n* gatehouse
Torhof *m* exit court
torisch toric
Torkran *m* 1. *(BWG, Te)* gantry crane; 2. *(BWG)* portal crane
Torkretbeschichtung *f* shotcrete surfacing, shotcrete facing
Torkretbeton *m* shotcrete, air-placed concrete, jetcrete, pneumatically placed concrete, gun-applied concrete, gunite, gunned concrete, dry mix concrete
Torkretbeton *m*/**vorgemischter** *(BB, OB, Te)* wet-mix shotcrete
Torkretbetonabrutschen *n (RS, Te)* sloughing
Torkretbetonkonsistenz *f*/**optimale** impending slough
Torkretbetonschicht *f* shotcrete finish, gun finish
Torkretbetonschicht *f*/**dünne** 1. *(BB, DIS, OB)* shotcrete coat; 2. *(BB, OB)* flash coat
Torkretbetonverkleidung *f (BB, BT)* shotcrete lining
Torkretdruckluftpistole *f* pneumatic concrete spray gun
Torkretierbeton *m s.* Torkretbeton
torkretieren *v* place shotcrete, gunite, shoot, gun
Torkretieren *n* 1. *(BB, Te)* shotcreting; 2. *(BB, OB, Te)* concrete spraying; 3. *(BB, OB, Te)* guniting; 4. *(BB, OB, Te)* placing of dry-mix shotcrete; 5. *(BB, SB, Te)* pneumatic placement
Torkretierschlauch *m* shotcrete hose
Torkretierspritze *f* shotcrete gun, gunite gun, cement gun; spray gun *(bes. für Mörtel)*
Torkretierspritzmaschine *f* shotcrete machine
Torkretierunterlage *f* gunite base
Torkretierverfahren *n* Torkret method *(Spritzbeton)*
Torkretiervorgang *m (BB, Te)* shotcrete operation
Torkretkanone *f s.* Torkretierspritze
Torkretmantel *m (BB, OB)* gunite jacket
Torkretmörtel *m* gunite mortar, gun mortar, pneumatic applied mortar, pneumatic mortar, sprayed mortar
Torkretoberflächenbeschichtung *f* shotcrete surfacing, shotcrete facing
Torkretputz *m* gunite finish, jetcrete, gun finish
Torkretputzen *n* mechanical plastering, mechanical application of mortar
Torkretputz-Oberflächenform *f* gun pattern
Torkretschicht *f* gunite coating
Torkrettechnik *f* gunning technique, gunning method, guniting, cement gun work
Torkretverfahren *n* Torkret method *(Spritzbeton)*
Torkretverkleidung *f* shotcrete surfacing, shotcrete facing
Torlaufschiene *f (BT)* trolley track
Toröffner *m*/**elektromechanischer** *(El)* gate operator
Toröffnung *f* shutter door opening, shutter door aperture
Toroid *m (Stat)* toroid
Torpfeiler *m* gate pier, door pier
Torpfosten *m* gatepost, swinging post; heel post *(für die Türangel)*
Torpfosten *m*/**hängender** hanging post, hinge post
Torpfostenauflagerstein *m* heel stone
Torriegel *m* gate latch
Torsäule *f*/**steinerne** gate pier
Torschiene *f* door track *(obere)*
Torschienen *fpl*/**untere vertikale** dog bars
Torschließbolzen *m* barrel bolt
Torsion *f (Stat)* torsion • **auf Torsion beanspruchen** twist • **auf Torsion beansprucht** *(BM, BT)* twisted
Torsion *f*/**äußere** *(Stat)* external torsion
Torsions... torsional ...
Torsionsachse *f* axis of torsion, axis of twist
Torsionsarbeit *f (Stat)* twisting work
Torsionsaufgabe *f* torsion problem
Torsionsbeanspruchung *f (Stat)* torsional stress
Torsionsbelastung *f (Stat)* torsion load
Torsionsbewehrung *f* torsion(al) reinforcement, torsion(al) steel
Torsionsbruch *m* torsion(al) failure
Torsionsdeformation *f* torsional deformation
torsionselastisch *(BM)* torsionally elastic
Torsionselastizität *f* torsional elasticity

Torsionsfestigkeit *f* torsion resistance, torsion(al) strength, twisting strength
torsionsfrei torsion-free, twist-free, torsional-proof
Torsionsfunktion *f (Stat)* potential function of torsion
Torsionsinstabilität *f (Stat)* twisting instability
Torsionsknicklast *f (Stat)* torsional buckling load
Torsionsknickung *f* torsion buckling, torsional buckling
Torsionskonstante *f (Stat)* twisting constant
Torsionskraft *f (Stat)* torsional force
Torsionslabilität *f (Stat)* torsion instability
torsionslos torsion-free, twist-free
Torsionsmittelpunkt *m* centre of twist
Torsionsmodul *m* modulus of torsion, torsion modulus, torque moment, twisting modulus, shear modulus, modulus of rigidity
Torsionsmoment *n* torsional moment, twisting moment, torque moment, torque
Torsionsprüfmaschine *f* torsion tester
Torsionsprüfung *f* torsion(al) test
Torsionsschwingung *f* torsion oscillation, torsion vibration
Torsionsspannung *f* intensity of torsional strain, intensity of torsional stress, torsion(al) stress
Torsionsstab *m* torsion bar, torsion rod
Torsionsstabilität *f* stability under torsion
torsionssteif torsionally rigid, torsionally stiff, torsion-proof
Torsionssteifigkeit *f* torsional rigidity, torsional stiffness, torsion strength, twisting rigidity
Torsionstheorie *f (Stat)* theory of torsion
Torsionsverzerrung *f* torsional strain
Torsionswelle *f (DIS)* torsional wave *(Akustik)*
Torsionswiderstand *m* torsion(al) resistance, twisting resistance
Torsionswinkel *m* angle of torsion, angle of twist, torsional angle, twisting angle
Torso *m* torso
TOR-Stahl *m* tor steel
Torstein *m* guardstone
Torturm *m (Arch)* gateway tower
Torüberdachung *f* 1. *(Konst)* lich-gate; 2. *(Arch)* lych-gate *(an Friedhöfen)*
Torus *m (Arch)* torus, tore, cushion course, baston *(Fußwulst an ionischen Säulen)*
Torusschale *f (Konst)* toroidal shell *(Schalenkonstruktion)*
Torweg *m* gateway, doorway, entrance gate; exit passageway; carriage entrance, carriage gate *(Fahrweg)*
Torweg *m*/**großer** *(Arch)* propylaeum *(zu einem antiken Heiligtum)*
Torzwinger *m (Arch)* barbican
Tosbecken *n (Wsb)* stilling basin, stilling pool; whirlpool basin; roaring basin, roaring pool, tumbling bay *(Talsperre)*
total total
totbrennen *v* kill, overburn, dead-burn *(Kalk, Ziegel, Gips)*
Totbrennen *n* dead burning *(Aufbereitung)*
Totenhalle *f (Arch)* memorial hall
Totenkapelle *f (Arch)* memorial chapel
Totenstadt *f (Arch)* necropolis *(Gräberstadt)*
totgebrannt dead burnt *(Baustoffe, Keramik, Mineralien)*
Totlast *f (Stat)* dead load
Totpunkt *m* dead centre, *(AE)* dead point
totpunktfrei without dead centre
Totraum *m* dead space
Totzeit *f* idle time
Tour *f* revolution *(Größe)*
Tourismusstraße *f (Verk)* tourism highway
Tourismusverkehr *m* tourism traffic, tourism
Touristenattraktion *f* tourist attraction
Touristenort *m (RP)* tourist centre
Town/New *(RP)* new town *(nach 1946 in England entstanden zur Entlastung großstädtischer Ballungsgebiete)*
toxisch *(Umw)* toxic
Toxizität *f* toxicity
TP *(Verm)* triangulation point, triangulation station
T-Profil *n* structural tee, T-section
Trabantenstadt *f (RP)* satellite town
Trabantenstadtkreis *m (RP)* satellite city
Trachyt *m (BM)* trachyte
Trachyttuff *m (BM)* trachytic tuff
Tradition *f* **der Baukunst** *(Arch)* tradition of building
traditionell traditional
traditionsgebunden traditional
Trafo *m (El)* transformer
Traforaum *m s.* Transformatorraum
Trag... supporting ...
Traganker *m*/**aus einer Wand auskragender** *(BT)* tailing iron
Tragarm *m* supporting arm, suspension arm; arm *(Kran)*
Tragbalken *m* beam, girder *(meist aus Holz)*; supporting beam, standard; raising plate *(Wand, Rahmen)*
Tragbalken *m*/**aufgelegter** *(Hb, TK)* raising plate *(Wand, Rahmen)*
tragbar portable
Tragbogen *m (Konst)* subarch
Tragdraht *m* span wire, suspension wire
träge *(BM)* inert
Trage *f* handbarrow
Tragebene *f* load-bearing plane, loaded plane, weight--carrying plane, supporting plane
Tragebogen *m (Konst, TK)* arch ring
Trageelement *n* 1. *(BT, TK)* supporting member; 2. *(TK)* supporting structure
Trageelement *n*/**aus einem Stück bestehendes** *(Konst, TK)* monolith
Trageisen *n* **für Decken** *(BT, Konst)* runner
Trageisen *n* **für Rohrleitungen** pipe hook
Tragekette *f (El)* suspension chain
Tragekonstruktion *f (TK)* bearing structure
Tragelementfuß *m* shoe
Tragemechanismus *m (Konst)* supporting mechanism
tragen *v* bear, carry, support, sustain, uphold *(Lasten)*; carry *(Schall)*
Tragen *n* bearing
tragend bearing, load-bearing, load-carrying, stress bearing, supporting, weight-carrying
tragend/nicht non-structural, non-bearing, non-load--bearing, non-supporting, non-weight-carrying
Träger *m* 1. *(BT, TK)* girder *(meist aus Beton oder Stahl)*; 2. *(BT, TK)* load-bearing member; 3. bracket, stay, beams bearer, wall bearer, support *(Stütze)*; 4. medium *(z. B. für Farben)*; 5. supporting base, supporting material *(z. B. bei Dachpappen, Kunststoff)*; 6. *(HLK)* transfer medium *(z. B. Luft, Wasser, Strahlung usw.)* • **mit Trägern** trabeated
Träger *m* **auf zwei Stützen** simply (supported) beam, supported beam
Träger *m*/**aufgewölbter** *(BT, TK)* arched beam
Träger *m*/**außenliegender** exterior girder
Träger *m*/**beidseitig eingespannter** beam fixed at both ends, built-in girder
Träger *m*/**dreiwandiger** *(TK)* three-web girder *(Stahlbau)*
Träger *m*/**durchlaufender** continuous girder
Träger *m*/**einbetonierter** filler beam
Träger *m*/**eine versetzte Stütze tragender** *(TK)* transfer girder *(ohne mittige Unterstützung in mehrgeschossiger Rahmenkonstruktion)*
Träger *m*/**eingehüllter** encased beam
Träger *m*/**eingespannter** fixed beam, fixed(-end) girder, built-in girder, constrained beam
Träger *m*/**einseitig eingespannter** beam fixed at one end, cantilever beam, propped cantilever (beam)

Träger *m*/**einwandiger** single-web girder
Träger *m*/**frei aufliegender** beam supported at both ends
Träger *m*/**freier** free beam
Träger *m* **für axiale und horizontale Belastung** beam--column
Träger *m*/**gebogener** bow girder
Träger *m*/**gegliederter** articulated beam, articulated girder
Träger *m*/**gekrümmter** 1. *(Konst, TK)* curved girder; 2. *(BT, TK)* arched girder
Träger *m*/**gelenkloser** built-in girder
Träger *m*/**gemischter** hybrid beam
Träger *m*/**genagelter** nailed beam, nailed girder
Träger *m*/**genieteter** *(TK)* plate girder
Träger *m*/**geschweißter** welded girder, plate girder [beam]
Träger *m* **gleicher Festigkeit** equivalent resistance beam
Träger *m*/**halbeingespannter** beam fixed at one end, semifixed beam
Träger *m*/**hoher** deep girder
Träger *m*/**Howe'scher** Howe truss
Träger *m*/**in Beton eingehüllter** encased beam
Träger *m*/**kleiner schwerer** girt
Träger *m*/**lastbringender** *(TK)* secondary girder
Träger *m* **mit Auflagerschrägen** haunched beam
Träger *m* **mit festen und beweglichen Auflagern** *(Konst)* girder with rigid and movable bearings
Träger *m* **mit halber Vorspannung** half-prestressed beam, half-prestressed girder
Träger *m* **mit Stich** camber beam
Träger *m* **mit unterschiedlicher Stahlgüte für Flansch und Steg** hybrid beam
Träger *m* **öffentlicher Belange** *(TÖP)* legally responsible authority
Träger *m*/**prismatischer** prismatic beam
Träger *m*/**rechteckiger vollwandiger** *(TK)* rectangular solid web girder
Träger *m*/**ummantelter** cased beam
Träger *m*/**unterbrochener** discontinuous beam, tail joist, tail piece
Träger *m*/**verdübelter** dowelled beam
Träger *m*/**verkleideter** cased beam
Träger *m*/**verleimter** *(Hb, TK)* plywood girder
Träger *m*/**verstärkter** *(TK)* reinforced beam
Träger *m*/**vollwandiger** *(BT, Konst)* web girder *(Stahlbau)*
Träger *m*/**wandartiger** deep girder; diaphragm beam *(Brücke)*
Träger *m*/**zusammengesetzter** built-up beam, built-up girder, keyed girder; compound beam, hybrid beam *(Holz)*
Träger *m*/**zweifach statisch unbestimmter** *(Stat)* girder with two statically indeterminate members
Träger *m*/**zweiseitig eingespannter** fixed beam, fixed girder
Träger *m*/**zweistegiger** *(BT, TK)* twin-webbed girder
Trägerabstand *m* distance between girders, beam distance, girder spacing
Trägeranker *m* beam anchor, girder anchor *(Zuganker)*; beam hanger, beam saddle
Trägeranordnung *f (Konst)* spacing of girders
Trägeranschluss *m* girder connection
Trägeranschluss *m*/**geschweißter** *(Konst, St)* welded column-girder connection
Trägerauflager *n* girder support
Trägerbahn *f* backing sheet
Trägerbalken *m* girder beam
Trägerbalken *m*/**gegliederter** articulated beam
Trägerbalkendeckenkonstruktion *f (Konst, TK)* beam--and-girder construction
Trägerbauhöhe *f* depth of girder
Trägerbauwerk *n* 1. *(TK)* beamed construction; 2. *(Konst)* girder construction
Trägerbelastung *f* girder loading
Trägerbemessung *f* design of beams
Trägerboden *m* beam bottom, soffit of a girder
Trägerbrücke *f (Br)* girder bridge
Trägerdach *n* girder roof
Trägerdecke *f* girder floor
Trägerdurchbiegung *f*/**größte** *(BM, Stat)* maximum deflection
Trägereinformung *f* beam blocking
Trägereinlancieren *n* beam launching
Trägereinsetzen *n* beam launching
Trägerelement *n* girder element, support member
Trägerende *n*/**eingespanntes** *(Konst, Stat, TK)* fixed end
Trägerfeld *n* girder span
Trägerflansch *m* girder flange, girder boom, girder chord, flange; beam flange
Trägerfolie *f (BT, OB)* support film
Trägerform *f* beam form(work) *(zur Herstellung von Betonträgern)*
Trägerfußblock *m* brace block
Trägergelenk *n (Konst)* beam hinge
Trägergewebe *n* base fabric
Trägergruppe *f (BT, TK)* class of girder
Trägergurtung *f* girder chord, girder boom
Trägerhaken *m* beam hanger
Trägerhänger *m* beam hanger
Trägerhöhe *f* girder depth, depth of beam, beam depth
Trägerimitierung *f* beam blocking
Trägerkammer *f* beam aperture
Trägerkasten *m* girder mould
Trägerkreuzung *f* beam crossing
Trägerlager *n (Konst, TK)* girder bearing
Trägerleiste *f* backup strip, lathing board, backing; fixing strip *(Verschalung)*
trägerlos girderless, unsupported
Trägermedium *n* carrier medium, vehicle *(z. B. für Farben)*
Trägermessungsformel *f* girder design formula
Trägermitte *f* centre of girder
Trägeroberflansch *m* girder top boom
Trägerobergurt *m* girder top boom
Trägeröffnung *f* girder span
Trägerpapier *n* backing paper *(Beschichtung)*
Trägerpfosten *m* girder post
Trägerplan *m* framing plan
Trägerplatte *f (BT, TK)* base board
Trägerprofil *n* girder section
Trägerquerschnitt *m* girder cross section
Trägerrahmenwerk *n (Stat, TK)* contignation *(horizontal als Ringanker)*
Trägerraster *m (Konst)* girder grid
Trägerrost *m* girder grillage, girder grille, steel grid, beam--and-girder construction *(Deckenkonstruktion)*; grillage beam, central grating
Trägerschalung *f* beam form(work), girder forms *(zur Herstellung von Betonträgern)*
Trägerschicht *f* substrate, substratum, underlay, underlayment *(für Beschichtungen, Baugewebe usw.)*
Trägerschicht *f*/**gelochte** perforated base
Trägerstab *m* element
Trägerstahl *m* steel girder, steel section *(Handelssortiment)*
Trägerstärke *f* depth of girder
Trägersteg *m* web (of girder), web of beam, girder stem, stalk; beam flange
Trägersteg *m*/**durchbrochener** open web
Trägerstegschalung *f* web forms, web formwork
Trägerstirnfläche *f* beam end face
Trägerstoff *m* supporting base, insert *(z. B. bei Dachpappen, Kunststoff)*
Trägerstoß *m* girder joint

Trägerstrang *m (BT)* string of girders *(Stahlbau)*
Träger-Stützen-Verbindung *f (BT, TK)* beam-to-column connection
Trägersubstanz *f* medium, carrier medium, vehicle *(z. B. für Farben)*
Trägersystem *n (TK)* beam system • **mit Trägersystem gebaut** trabeated
Trägerteillasche *f* partial cover plate
Trägerummantelung *f* encasing of girders, girder casing, covering of joists
Trägerunterflansch *m* bottom flange of a beam, girder bottom boom
Trägeruntergurt *m* girder bottom boom
Trägerunterkante *f* bottom of girder
Trägerunterstützungsplatte *f* beam-bearing plate, bearing plate, girder bearing plate
Trägerunterstützungssäule *f* girder post
Trägerverblendung *f* beam blocking
Trägerverteilung *f (Konst, TK)* arrangement of beams
Trägerwand *f* girder wall
Trägerwerkstoff *m* 1. *(BM)* girder material; 2. base material, substrate material *(für Beschichtungen, Baugewebe usw.)*
Trägerwirkung *f (Stat)* girder action
Trägerzwischenraum *m* space between beams, space between girders
Tragewinkel *m* bearing *(horizontaler Winkel eines Bezugspunkts zur Achse des Quadranten)*
tragfähig able to support load; bearing, firm *(Baugrund)*; strong, solid *(fest)*
Tragfähigkeit *f* load-bearing capacity, load-carrying capacity, load capacity, bearing capacity, bearing power, weight-carrying capacity, structural strength, ultimate bearing capacity, admissible load, working strength; lift capacity *(Baukran)*; passenger-carrying capacity *(Fahrstuhl, Aufzug)*; maximum load *(Lastaufnahme)*
Tragfähigkeit *f*/**elastische** elastic resistance
Tragfähigkeit *f* **nach Ausbiegung** *(Stat)* post-buckling strength
Tragfähigkeit *f*/**statische** static load capacity
Tragfähigkeit *f*/**zulässige** 1. allowable bearing capacity, admissible load, permissible load capacity; 2. *(Bod, Erdb)* allowable soil pressure
Tragfähigkeitsindex *m (Erdb, TK)* bearing ratio
Tragfähigkeitsmessung *f* bearing capacity measurement
Tragfähigkeitsverhältniswert *m (Erdb)* (California) bearing ratio
Tragfähigkeitsversuch *m* bearing test
Tragfähigkeitswert *m (Erdb)* (California) bearing ratio
Tragfähigkeitszahl *f (Verk)* load classification number
Tragfläche *f* bearing area
Traggerippe *n (TK)* weight-carrying skeleton
Traggerippebauart *f (Konst, Te)* skeleton construction
Traggerüst *n* supporting frame(work), supporting scaffold, carrying framework
Traggestell *n* (supporting) rack
Trägheit *f* 1. inertia *(physikalisch)*; 2. inactivity, passivity *(von Stoffen)*; 3. slowness *(von Reaktionen)*
Trägheitsachse *f (Stat)* axis of inertia
Trägheitsachse *f*/**mittlere** *(Stat)* mean axis of inertia
Trägheitsellipse *f (Stat)* ellipse of inertia
Trägheitsellipsoid *n (Stat)* ellipsoid of inertia
Trägheitshauptachse *f (Stat)* principal axis of inertia
Trägheitskraft *f* inertia(l) force, force of inertia
Trägheitsmodul *m (Stat)* modulus of inertia
Trägheitsmoment *n* moment of inertia, inertia moment, inertia effect, rotational inertia, second moment
Trägheitsmoment *n*/**axiales** *(Stat)* axial moment of inertia
Trägheitsmoment *n*/**lineares** *(Stat)* linear moment of inertia
Trägheitsmoment *n*/**planares** *(Stat)* moment of inertia with respect to a plane
Trägheitsmoment *n*/**polares** *(Stat)* polar moment of inertia
Trägheitsmoment *n*/**veränderliches** *(Stat)* variable moment of inertia
Trägheitsmoment *n*/**zentrales** *(Stat)* central moment of inertia
Trägheitsradius *m* radius of inertia, radius of gyration
Trägheitswiderstand *m (Stat)* inertia resistance
Tragknagge *f (Hb)* supporting bracket
Tragkonstruktion *f (TK)* supporting structure
Tragkonstruktion *f*/**feuerbeständige** fire-resistant construction
Tragkraft *f* 1. load-bearing capacity, load-carrying capacity; 2. *s.* Tragfähigkeit
Traglager *n* thrust bearing
Traglast *f* 1. limit load, ultimate load, plastic load, collapse load; 2. *(Bod)* burden
Traglast *f*/**fiktive** *(Stat)* fictitious load
Traglast *f*/**tatsächliche** real (design) load factor
Traglastgrenze *f* collapse load
Traglastsatz *m (Stat)* limit theorem
Traglastverfahren *n (Stat)* limit-load design, ultimate load design (method), limit design, limit method, plastic design, plastic theory; load-factor design; load-factor method *(Stahlbetontheorie)*
Tragluftdachgewächshaus *n (Konst, LB)* inflated-roof greenhouse
Tragluftgebäude *n* air-supported building, air-supported structure, air-inflated structure, pneumatic structure, inflatable building, air house
Traglufthalle *f (Konst)* air hall *(s. a. Tragluftgebäude)*
Tragluftkonstruktion *f (Arch, Konst)* pneumatic structure
Tragmast *m* 1. supporting pylon; 2. *(El)* suspension tower
Tragmauerwerk *n (SB)* load-bearing masonry
Tragmechanismus *m* load-bearing mechanism, load--carrying mechanism, loaded mechanism, weight-carrying mechanism
Tragmoment *n (Stat)* capacity moment
Tragpfahl *m (Erdb)* (load-)bearing pile, supporting pile
Tragpfeiler *m* supporting pier, supporting tower
Tragplatte *f (BT)* mounting base
Tragrahmen *m* load-bearing frame, load-carrying frame, bearing frame, weight-carrying frame; underframe *(Holzfachwerkhaus)*
Tragrahmen *m*/**geschweißter** 1. *(St, TK)* welded structural frame; 2. *(TK)* welded base *(Rohrfuß)*
Tragrahmenbau *m* frame(d) building
Tragrippe *f* load-bearing rib, structural rib, supporting rib
Tragrolle *f* carrier roller, supporting roller *(Seilbahn)*
Tragrost *m* suspension grid system
Tragsäule *f* pillar, supporting column
Tragschicht *f* 1. *(Bod, Erdb)* bearing layer, bearing stratum supporting bed, supporting stratum; 2. *(Verk)* base (layer), roadbase, pavement base, bearing bed, bearing course, *(AE)* base course *(Straße)*
Tragschicht *f* **aus gebrochenem Material** crusher-run base *(auch mit Bindemittel)*
Tragschicht *f*/**bituminöse** *(Verk)* asphalt base course
Tragschicht *f*/**mittlere und obere** roadbase *(Straße)*
Tragschicht *f*/**obere** *(Verk)* upper course, upper roadbase
Tragschicht *f*/**untere** *(Verk)* subbase (layer), foundation layer, road foundation, frost blanket (layer), hypobasis; aggregate base course *(Kies, Schotter)*
Tragschichtbinder *m*/**hydraulischer** (special) cementitious road binder

Tragschichtmakadam *m (Verk)* dense bitumen macadam; heavy duty macadam *(für erhöhte Belastung)*
Tragschichtmaterial *n* base material *(Straßenbau)*
Tragschiene *f* bearing rail
Tragseil *n* 1. suspension cable, supporting cable, carrying cable, carrying rope *(Seilbahn)*; 2. main cable, standing rope, pull cable *(Kabelkran, Seilbahn)*; 3. *(El)* catenary cable, bearer cable, supporting cable *(bei Freileitungen)*; 4. hauling rope *(Aufzug)*
Tragskelett *n (TK)* weight-carrying skeleton
Tragspannung *f* load(-factor) stress
Tragstab *m* 1. *(TK)* supporting bar; 2. *(BT, TK)* non-bent-up reinforcing bar *(Bewehrungszugstab)*
Tragstein *m* bracket console, corbel, console; ancon, perch *(s. a. Kragstein)*
Tragstütze *f* bracket support
Tragsystem *n* load-bearing system, structural system
Tragsystem *n***/lineares** linear structural system, linear structure system
Tragsystem *n***/vektoraktives** *(Stat, TK)* vector-active structure system
Tragverbundkonstruktion *f (TK)* composite bearing structure
Tragverhalten *n (Stat)* structural behaviour
Tragverhalten *n***/überkritisches** post-ultimate behaviour
Tragvermögen *n* load-bearing capacity, (ultimate) bearing capacity, bearing power, carrying capacity
Tragwand *f* 1. *(SB, TK)* load-carrying wall; 2. *(TK)* weight--carrying wall
Tragweite *f (Stat)* significance
Tragwerk *n* load-bearing structure, supporting structure, structural framework, structure, frame (building), framework *(aus Holz, Beton, Stahl)* • **ein Tragwerk montieren** *(Te, TK)* frame
Tragwerk *n***/dreidimensionales** *(TK)* space load-bearing structure
Tragwerk *n***/ebenes** plane frame(work)
Tragwerk *n***/formaktives** *(Konst, TK)* form-active structure system
Tragwerk *n***/genietetes** *(St, TK)* riveted truss
Tragwerk *n* **mit quadratischen Gittereinheiten/geradliniges** *(TK)* rectilinear frame with square modular grids
Tragwerk *n***/n-fach statisch unbestimmtes** structure indeterminate to the *n*-degree
Tragwerk *n***/rahmenartiges** frame-like (load-)bearing structure
Tragwerk *n***/räumliches** space load-bearing structure, space frame, spatial framework
Tragwerk *n***/zweidimensionales** *(TK)* two-dimensional framework
Tragwerke *npl* **aus Beton, Stahlbeton und Spannbeton** *(DIN 1045-2/A3)* concrete, reinforced and prestressed concrete structures
Tragwerke *npl***/räumliche** unistrut space frame structures, geodesics
Tragwerksabbau *m (BB, Konst, Te)* striking framework *(Schalungstragwerk)*
Tragwerksbemessung *f (Stat, TK)* structures design
Tragwerksberechnung *f (Stat, TK)* analysis of structures
Tragwerksberechnung *f***/elastische** *(Stat)* elastic analysis
Tragwerksplanung *f (Konst, Stat, TK)* structural design *(DIN EN 1990, DIN 1055-100)*
Tragwerksystem *n* structural system
Tragzapfen *m (Hb)* tusk tenon
Trainingshalle *f* practise hall
Trajekt *m(n) (Verk)* ferry bridge
Trajektorie *f (Stat, Verk)* trajectory
Trakt *m* section, block, portion; wing *(Gebäudeteil)*

T

Traktion *f (Te, Verk)* traction
Traktor *m (BWG)* tractor
Traktorgrader *m (Erdb)* tractor grader
Traktorstraßenhobel *m (Erdb)* tractor grader
Traktrix *f (Stat, Verk)* tractrix (curve) *(Trassierung, Ausbildung)*
Trambalken *m* principal beam
Trampelpfad *m* beaten track, trail
Tränkbad *n* impregnating bath, saturation bath
tränkbar impregnable
Tränkbarkeit *f (BM)* impregnability
Tränkbitumen *n* penetration-grade bitumen, refinery bitumen of penetration-grade, *(AE)* impregnating asphalt, *(AE)* saturating asphalt
tränken *v* 1. impregnate, saturate, treat, soak, imbibe *(z. B. Holz, Gewebe, Dichtungsbahnen)*; water *(mit wässrigen Lösungen)*; 2. *(BB, Te)* grout in *(Mörtel, Beton)*
tränken *v***/mit Harz** *(DIS, Te)* resin
tränken *v***/mit Öl** *(Te)* oil
tränken *v***/mit Teeröl** creosote
Tränken *n* impregnating, saturating, soaking
Tränken *n* **in Öl** *(BM)* oil treatment
Tränkharz *n* impregnating resin, resin (oil) varnish
Tränklack *m (OB)* impregnating varnish
Tränklasur *f (OB)* impregnating scumble
Tränkmakadam *m (Verk)* penetration macadam, soaked macadam, grouted macadam *(Straße)*
Tränkmakadam *m***/bituminöser** bituminous macadam
Tränkmasse *f* impregnant, impregnating composition, saturating agent
Tränkmaterial *n***/bituminöses** bituminous saturating composition
Tränkmischung *f* impregnating mixture
Tränkmittel *n* impregnant, impregnating composition, saturating composition
Tränkung *f* 1. impregnation, saturation, imbibition, soakage *(z. B. Baustoffe, Dichtungsbahnen, Isoliermaterial usw.)*; watering *(mit wässrigen Lösungen)*; 2. *(Verk)* penetration treatment *(Straßenbau)*; 3. *(Hb, OB, Te)* preservation; 4. *(DIS, Hb, Te)* treatment *(Holz)*
Tränkung *f***/bituminöse** *(DIS)* bituminous impregnation
Tränkungsgrad *m* impregnation degree, saturation degree
Tränkungszeit *f* impregnation period, saturation time
Tränkversuch *m (BM)* impregnation test
Transenna *m (Arch, Konst)* transenna *(Fensterabschluss aus geschliffenem oder durchbrochenem Holz oder Stein)*
Transept *m(n) (Arch)* transept *(einer Kirche)*
Transformationsebene *f (Stat)* transform plane
Transformator *m (El)* transformer
Transformatorraum *m (El, Konst)* transformer room
Transformatorraum *m***/feuersicherer** *(El, Konst)* transformer vault
transformieren *v (El)* transform
Transit *m (Verk)* transit
Transithalle *f (Verk)* transit lounge
Transitraum *m (Verk)* transit lounge
Transitschuppen *m (Te, Verk)* transit shed
Transitverkehr *m (Verk)* transit traffic, transit
Translationsschale *f* translation(al) shell
Translationsschale *f***/wellenförmige** *(Konst, TK)* wave--form translation shell
Transmission *f (DIS, Konst, Te)* transmission *(z. B. von Strahlung)*
Transmissionskurve *f* transmittance curve
transparent diaphanous
Transparentfolie *f* transparency
Transparentpapier *n* tracing paper
Transparentpause *f* transparent copy

Transparentzeichenpapier *n* tracing paper
Transparenz *f (BM, El)* transparency
Transparenzfolie *f (BM)* transparency
Transport *m* 1. transport, transportation, conveyance, handling *(Beförderung)*; 2. *(Verk)* haulage
Transport ***m*/kombinierter** *(Verk)* intermodal transport
Transportanlage *f* handling plant
Transportanstrich *m (OB)* transit coating
Transportband *n* 1. *(BWG)* conveying belt; 2. *(BWG, Te)* belt conveyor
Transportbelastung *f* handling load *(Holz)*
Transportbeton *m* ready-mix(ed) concrete, truck-mix(ed) concrete, central-mix(ed) concrete
Transportbetonwerk *n (BB, BWG)* ready-mix plant
transportbewehrt reinforced for handling
Transportbewehrung *f (BB, Te)* handling reinforcement
Transportbügel *m* handling hook
Transportdaten *pl* transport data
transportfähig transportable
Transportfahrzeug *n* transport vehicle, hauling vehicle
Transportfestigkeit *f (BB)* handling strength
Transporthaken *m* handling hook, lifting hook
transportierbar transportable
transportieren *v* transport, convey, handle, carry, ship, transfer, forward; haul *(mit Lastwagen oder Bahn)*
transportiert transported
Transportkosten *pl* transportation cost; haulage, cartage *(mit Lastwagen)*; freight *(mit Eisenbahn)*
Transportkübel ***m*/hängender** carrier
Transportleistung *f* transportation volume
Transportlore *f (Erdb)* spoil car
Transportmischer *m* transit mixer, mixer conveyor, lorry mixer, *(AE)* mixer truck, *(AE)* truck mixer
Transportmittel *n* means of transport
Transportmittel ***n*/öffentliches** common carrier
Transportpalette *f* pallet
Transportraum *m* transportation capacity
Transportrisiko *n* risks of carriage, *(AE)* perils of transportation
Transportschaden *m* damage in transit
Transportschnecke *f* conveyor screw, screw conveyor
Transportspannung *f* temporary stress *(Betonelement)*
Transportsystem *n (Verk)* transportation system
Transport- und Verkehrstechnik *f* transport engineering
Transportvolumen *n* volume of transport
Transportwagen *m (BWG, Te)* truck *(Erdstoffe, Gestein)*
Transportweg *m* 1. transportation route *(Schiene, Straße)*; 2. transportation distance, haul *(Strecke)*
Transportwesen *n* transportation system
transversal transversal, transverse
Transversalbogen *m* transverse arch, arch band
Transversalgurt *m (BT)* transversal rib
Transversalwelle *f* transverse wave, rotational wave *(Schubkraftübertragung)*; shear wave *(Körperschall)*
Trapez *n* trapezium, *(AE)* trapezoid
Trapezbelastung *f* trapezoidal loading
Trapezbinder *m* hip truss, pitched truss
Trapezblech *n* trapezoidal sheet metal
Trapezbogen *m (Konst)* trapezoidal arch
Trapezfachwerk *n (TK)* trapezoid truss
Trapezfachwerkbinder *m* hip truss
Trapezfeinblech *n* trapezoidal sheet
trapezförmig trapezoid(al), trapeziform
Trapezgelenkeck *n* trapezoidal linkage
Trapezgerinne *n (Wsb)* trapezoidal channel
Trapezgewölbejoch *n (TK)* trapezoidal bay
Trapezkapitell *n (Arch)* Byzantine capital
Trapezkörper *m (BT)* trapezoidal piece
Trapezkörperermüdungsprüfung *f (Verk)* trapezoidal fatigue test
Trapezlast *f (Stat)* trapezoidal load
Trapezoeder *n (Arch)* trapezohedron
trapezoedrisch *(Arch)* trapezohedral
Trapezoid *n (Arch)* trapezoid
trapezoidförmig *(Arch)* trapezoid
Trapezpfette *f* trapezoidal purlin
Trapezplatte *f (Konst)* trapezoidal slab
Trapezprofil *n* trapezoidal section, trapezoidal shape, trapezoidal trim, trapezoidal unit
Trapezprofildachbelag *m (Konst)* troughed roof cladding
Trapezprofileindeckung *f (Konst)* troughed roof cladding
Trapezrahmen *m (Konst)* trapezoid frame
Trapezsprengwerk *n (TK)* trapezoidal truss frame
Trapezstein *m* trapezoidal stone
Trapezstück *n (BT)* trapezoidal piece
Trapezträger *m (TK)* trapezoidal girder
Trapptuff *m (BM)* trap tuff
Traps *m (San)* trap, stink trap, air trap, stench trap *(Zusammensetzungen s. Geruchverschluss...)*
Trass *m* trass
Trassbeton *m (BB, BM)* trass concrete
Trasse *f* 1. *(Verm)* line, route, marked-out route; 2. *(Verk)* line *(fertige Trasse)*; line of (the) road; railway line; 3. *(RP)* right-of-way *(vom Staat beanspruchtes Gelände für Straßen, Eisenbahn)*; 4. cable route, cable run *(Kabeltrasse)* • **eine Trasse festlegen** route
Trassenabsteckung *f (Verm)* route mapping
Trassenabweichung *f (Verk)* deviation (of route)
Trassenband *n* cable marking tape *(Markierungsband)*
Trassenführung *f (Verm)* line, route
Trassenoptimierung *f (RP, Verk, Verm)* route optimization
Trassenvermessung *f (Verm)* route surveying
Trassenwahl *f (RP, Verm)* route selection
trassieren *v* 1. route, map, lay out, trace out, locate; plot a road *(Straße)*; 2. *(El)* locate
trassieren ***v*/eine Linie** plot a line
Trassieren *n (Verk)* laying out
Trassierplan *m (Konst, Verm)* layout
Trassierung *f* 1. route selection, route mapping, alignment; location (of the) line, horizontal and vertical alignment *(bes. Verkehrstrassen)*; 2. *(El)* location of the line; 3. *(Verm)* location *(Abstecken)*
Trassierungsmerkmale *npl (Verk)* (route) location characteristics
Trassmehl *n (BM)* trass powder
Trassmörtel *m* trass mortar, mortar from trass
Trassportlandzement *m* Portland trass cement
Trasszement *m* (Portland) trass cement
Trasszementmörtel *m* trass-cement mortar
traubenartig grapelike, grape-shaped
traubig *(Arch)* grape-shaped
Trauerweide *f (LB)* weeping willow
Traufanschluss *m* eaves flashing
Traufblech *n (San)* gutter bed
Traufbohle *f* eaves board, fascia board, gutter board, soffit board, sprocket
Traufbrett *n s.* Traufbohle
Traufe *f* (dripping) eaves
Traufe ***f*/angehobene** *(AE)* sprocket eaves
Traufe ***f*/aufgeschobene** *(AE)* sprocket eaves
Traufenabschlussblech *n* eaves flashing
Traufenansichtshaus *n* eaves-fronted house
Traufenblech *n* eaves flashing
Traufendachrinne *f (AE)* cheneau *(meist mit Verzierungen)*
Traufendeckblech *n* eaves flashing
Traufen-First-Abstand *m (Konst)* run
Traufenhaus *n* eaves-fronted house

Traufenklotz *m* beams of a gutter, cornice bracket
Traufenlage *f* eaves course, dripstone course, starter strip
Traufenleiste *f* thickness moulding
Traufenüberhang *m* eaves projection
Traufenuntersicht *f*/**verkleidete** soffit lined eaves
Traufenziegel *m* starter tile *(Firstziegel)*
Traufenzierleiste *f* thickness moulding
Trauffuß *m* eaves
Traufgesims *n* eaves cornice *(unter der Treppe)*
Traufhöhe *f* eaves height
Traufkante *f* eaves moulding
Traufkastenschließbrett *n* eaves fascia
Trauflage *f* eaves course, dripstone course, starter strip
Trauflatte *f* tilting fillet, tilting piece, sprocket; double piece, doubling piece, cocking piece
Traufleiste *f* 1. dripstone, nose; 2. *(Arch)* cyma
Traufrinne *f* eaves gutter
Traufstein *m* watershoot; eaves slate, gutter stone, margin tile
Traufsteinlage *f* eaves course, dripstone course
Traufziegel *m* eaves tile
Traverse *f* 1. *(Hb, Konst)* cross beam; 2. *(Hb)* cross bar; 3. *(TK)* transverse beam; 4. *(Hb)* top beam, collar beam; top beam *(Dach)*; strong-back *(Betonform)*; 5. cross arm, cross bar, spreader beam, crosshead, suspension bracket *(Gehänge für Kranlasten)*
Travertin *m* travertine, calcareous tuff
Travertinausgleitung *f (BT, SB)* travertine facing
Travertinplatte *f (BT, SB)* travertine slab
Travertinverkleidung *f (BT, SB)* travertine facing
Treibarbeit *(Arch)* incised decoration
treiben *v* 1. drive; 2. drive, ram *(z. B. Pfähle)*; 3. *(Tun)* push in, drive, force in *(vortreiben)*; 4. emboss, incise, chase *(Metalldekoration an Außenflächen)*; 5. expand *(Zement)*
Treiben *n* expansion, increase in volume *(z. B. Beton, Zement)*
Treiben *n* **des Betons** 1. expansion; 2. *(BB, Te)* advance slope method *(horizontales Betonieren)*
treibend ground *(Kalk)*; unsound *(Putz)*
Treibhammer *m* ball-peen hammer, raising hammer
Treibhaus *n* greenhouse, hot house, glass-house; stove *(für tropische Gewächse)*
Treibholz *n (Wsb)* driftwood
Treibmittel *n* expanding agent, expanding chemical, foaming agent
Treibneigung *f* degree of expansion, expansion *(von Beton)*
Treibriss *m* crack due to expansion, expansion crack
Treibrolle *f* driving pulley
Treibsand *m* running sand, shifting sand, drifting sand, quicksand; wind-driven sand
treibstoffbeständig *(BM)* fuel-resistant
Treidelpfad *m (Konst)* tow-path
Tremolit *m* tremolite
trennbar *(Konst)* separable
Trennbruch *m* rupture by separation, separation fracture, stretching fault, rupture
Trennbuhne *f (Wsb)* separating dam
Trenndamm *m (Wsb)* dividing dike
trennen *v* 1. separate (out), grade *(Stoffgemische, Gemenge, z. B. Zuschlagstoffe nach Korngröße, Qualität)*; 2. release *(Formteile von Formen)*; 3. partition *(Räume unterteilen)*; 4. *(El)* disconnect *(Kontakt)*; open, isolate *(vom Stromkreis)*; 5. cut (off) *(Versorgungsleitungen, z. B. Stromzufuhr, Wasserzufuhr)*; 6. disjoint *(Verbindungen, z. B. konstruktive)*; 7. resaw, cut off *(Holz)*; slash *(Baumstämme)*; 8. resolve *(analysieren, aufspalten)*; 9. sever *(lostrennen, durchtrennen, zerschneiden)*
Trennen *n* 1. *(Te)* separating; 2. *(BM, Te)* scalping *(Vortrennen, Vorabsieben)*
Trennen *n* **durch Filtern** separating by filtration
Trennen *n* **durch Zentrifugieren** separating by centrifuging
Trennen *n* **nach Korngrößen** *(BM, Te)* sizing
Trennentwässerung *f* two-pipe system, separator system *(Abwasser)*
Trenner *m* separator *(Abwasser)*
Trennfertigwand *f (Konst)* prefabricated partition wall
Trennfestigkeit *f* rupture strength
Trennfilm *m (BM)* adhesion-preventing film
Trennfläche *f* parting plane; interface
Trennfuge *f* 1. separation joint, isolation joint; 2. *(Konst)* expansion joint *(Dehnfuge)*; 3. parting line, partition line *(einer Form)*; 4. ripping size *(Holz)*
Trennholz *n* parting strip, parting slip; wagtail *(Hubfenster)*
Trenninsel *f (Verk)* traffic island, dividing island
Trennkanalisation *f* separate system, two pipe system
Trennkeil *m* splitter
Trennkorngröße *f* effective separating size
Trennkurve *f (BM)* separation curve *(Zuschlagstoffe)*
Trennlage *f (Konst)* separation layer *(Mauerwerk, Kofferaufbau)*
Trennlänge *f (Hb)* cut-off length
Trennleiste *f* parting strip, parting slip; wagtail *(Hubfenster)*
Trennlinie *f* parting line, dividing line, division line
Trennmatte *f* geotextile membrane
Trennmembran *f (BT, Konst)* separation membrane
Trennmittel *n* mould-release agent, parting agent, parting compound, separating agent, (form) release agent *(Schalung)*; bond breaker, bond breaking agent *(zum Ablösen, chemisch wirkend)*
Trennöl *n (BM)* separating oil
Trennpappe *f* layer board
Trennschalter *m (El)* disconnector, isolation switch
Trennschicht *f* interlayer, parting (layer); separating layer, separation layer *(Mauerwerk, Kofferaufbau)*
Trennschnitt *m (Konst, St)* separating cut *(Schweißen)*
Trennschwelle *f (Verk)* raised divider
Trennsieb *n (BWG)* scalper *(für Stein)*
Trennstelle *f (BT, Konst)* connection zone
Trennstreifen *m (Verk)* dividing strip, separating strip, separator strip, median strip
Trennstreifen *m*/**erhöhter** *(Verk)* raised strip
Trennsystem *n (San, Umw)* separate system, two-pipe system *(Abwasser)*
Trennung *f* 1. division *(Teilung, Unterteilung)*; 2. *(RS, Te)* separation; 3. *(BM)* grading *(von Gemischen)*; 4. *(Te)* release *(von Formteilen aus Formen)*
Trennung *f*/**komplette** *(Konst)* complete separation
Trennung *f*/**mechanische** mechanical separation, physical separation
Trennung *f*/**räumliche** spatial separation
Trennungsbruch *m (BM)* parting rupture
Trennungsfläche *f* separation plane, separation surface
Trennungslinie *f (Verk)* screen line *(eines Trassenuntersuchungsgebietes)*
Trennverfahren *n (San, Umw)* separate sewage system *(Abwasser)*
Trennwand *f* 1. partition, partition wall, dividing wall, division wall; load-bearing partition *(tragend)*; 2. partition panel *(Wandelement)*; 3. bulkhead *(z. B. gegen Wassereinbruch)*; 4. *(Wsb)* baffle wall *(Prallwand)*; 5. slurry wall *(Sperrwand, Dichtungswand)*
Trennwand *f*/**aussteifende** *(BT)* tie wall
Trennwand *f*/**bewegliche** relocatable partition
Trennwand *f*/**entfernbare** relocatable partition
Trennwand *f*/**faltbare** *(BT)* accordion partition
Trennwand *f*/**feste** *(Konst)* permanent partition (wall)

Trennwand f/freitragende self-contained slab partition wall
Trennwand f/halbhohe dwarf partition
Trennwand f/hohe high partition
Trennwand f/massive *(Konst)* solid partition
Trennwand *f* **mit beidseitig versetzten Kernstabilisierungsplatten** staggered-stud partition
Trennwand *f* **mit Kaminzug** *(HLK, Konst)* stack partition
Trennwand f/nicht tragende non-bearing partition
Trennwand f/tragende load partition, load(-bearing) partition wall, bearing partition, wall-bearing partition
Trennwand f/verglaste glazed partition (wall)
Trennwand f/verschiebbare *(Konst)* demountable partition
Trennwand f/versetzbare movable partition, demountable division wall, prefabricated wall
Trennwand f/vorgefertigte prefabricated partition (wall)
Trennwand f/zweigeschossige double-tier partition
Trennwand f/zweischalige *(DIS)* double partition
Trennwandblockmauerwerk *n (SB)* partition wall blockwork
Trennwanddurchgang *m* partition penetration
Trennwände *fpl*/**versetzbare** demountable partitioning
Trennwandelement *n* partition panel
Trennwandelemente *npl*/**hängende und drehbare** *(Konst)* operable partition
Trennwandfenster *n (Konst)* partition panel window
Trennwandobergurt *m* partition head, partition plate, partition cap
Trennwandplatte *f* partition wall slab
Trennwandprofil *n* partition wall shape
Trennwandrahmenkonstruktion *f (Konst)* drywall frame
Trennwandsystem *n* partition wall system, partitioning system
Trennwandtafel *f* partition panel
Trennwandverglasung *f* partitioning glazing
Trennwandverkleidung *f* partition panel lining
Treppe *f* staircase, pair of stairs, flight of stairs, stair(s), stairway
Treppe f/aufgesattelte 1. *(Hb, Konst)* open-string stair; 2. *(Hb)* stairs with treads fitted on strings
Treppe f/bequeme easy stair
Treppe f/doppelläufige double-flight staircase, double--flight stairs, platform stair, stairs with landing
Treppe f/dreiläufige *(Konst)* three-flight stair
Treppe f/einarmige single flight stair(s) *(einläufig)*
Treppe f/eingeschobene stairs with treads between strings
Treppe f/eingestemmte *(Hb)* stairs mortised into strings
Treppe f/elliptisch gewendelte elliptical stair
Treppe f/freitragende cantilevered stair(s), cantilevered steps, flyers, hanging stairs
Treppe f/gebrochene *(Konst)* stairs with broken centre line
Treppe f/gegenläufige platform stair(s), dog-leg staircase, dog-legged staircase, dog-leg stair(s), broken-flight stair(s)
Treppe f/gerade *(Konst)* straight flight
Treppe f/geradläufige *(Konst)* stairs with straight fliers
Treppe f/geschlossene enclosed stair(s), housed stair(s), *(AE)* box stair
Treppe f/geschwungene circular stairs, helical stair(s), helical staircase, winding staircase with open newel
Treppe f/gewendelte geometrical stair, vise stair(case)
Treppe f/gewinkelte angled stair
Treppe f/gewundene winding stair(s), wreathed stair(s)
Treppe f/halbgewendelte half-turn stair(s)
Treppe f/halbkreisförmige gewundene semicircular winding stair(s)
Treppe f/hochschiebbare 1. *(EB)* folding stair; 2. *(Hb) (AE)* loft ladder *(bes. zum Dachgeschoss)*
Treppe f/innen offene open-newel stair
Treppe f/mehrarmige *(Konst)* stairs with several flights
Treppe *f* **mit Auge** open-newel stair(s)
Treppe *f* **mit Handlauf rechtsseitig in Steigungsrichtung** *(Konst)* right-hand stairway
Treppe *f* **mit hochgeschlossener Wange** *(AE)* closed string(er) stair(s)
Treppe *f* **mit hohlen Mittelschaftpfosten/gewundene** hollow newel stair(s)
Treppe *f* **mit linkem Handlauf** *(Konst)* left-hand stairway
Treppe *f* **mit offenem Auge/gewendelte** hollow newel stair(s)
Treppe *f* **mit offenem Treppenhaus/drei viertel gedrehte** French flier
Treppe *f* **mit Treppenauge** geometrical stair(s)
Treppe *f* **mit Viertelschlag** quarterpace stair(s)
Treppe *f* **mit vollem Richtungswechsel** broken-flight stair(s), dog-leg(ged) staircase
Treppe *f* **mit Wangenverzierungen/offene** *(AE)* bracketed stair(s)
Treppe *f* **mit Zwischenpodest/halbgedrehte** halfpace stair(s)
Treppe f/mittelalterliche *(Arch)* grees(e)
Treppe f/offene open(-riser) stair(s), open stairway, skeleton steps
Treppe *f* **ohne Setzstufen** skeleton steps
Treppe *f* **ohne Wange** open stair(s), open stairway
Treppe f/untermauerte *(Konst, SB)* stairs resting on brickwork
Treppe f/unterstützte supported stairs
Treppe f/viertelgedrehte quarterpace stair
Treppe f/zweiarmige stairs with two flights, two-flight stair(s)
Treppe f/zweiläufige double-flight staircase, double-flight stair(s), platform stair(s), stairs with landing
Treppenabsatz *m* (stair) landing, halfpace landing, pace, plat, stairhead, halfpace
Treppenabsatz *m*/**oberster** stairhead
Treppenabstützung *f (TK)* rough bracket
Treppenanlage *f (Konst)* stairs
Treppenarm *m* flight
Treppenart *f* stair type
treppenartig *(Bod)* scalariform *(geologisch)*
Treppenaufgang *m (Konst)* staircase
Treppenauflageholz *n* flight header
Treppenauftritt *m* going
Treppenauge *n* well of a staircase, open well, well hole, well mouth
Treppenbau *m* stair construction; stair turret *(über dem Dach)*
Treppenbauer *m* stairbuilder
Treppenbaum *m* stair check, horse
Treppenbaum *m*/**aufgesattelter** bracketed string, stepped string(er), open string
Treppenbelag *m (EB)* tread covering
Treppenbeleuchtung *f* stair illumination
Treppenfenster *n* staircase window
Treppenflucht *f* flight of stairs
treppenförmig in the form of stairs, stepped, terraced
Treppenfußankerholzplatte *f* kicker plate
Treppenfußankerplatte *f* kicker plate
Treppenganghöhe *f*/**lichte** stair headroom
Treppengeländer *n* row of banister, banister with handrail, stair railing, handrail
Treppengeländer *n*/**eisernes** iron handrail
Treppengeländer *n* **mit Handlauf** handrail of stairs
Treppengeländerpfosten *m* 1. *(BT)* railing post; 2. *(Hb)* mitre cap *(mit Gehrung und gestaltet)*; 3. *(Hb)* baluster
Treppengiebel *m (Arch, Konst)* corbie gable

Treppenhandlauf *m* stairrail, handrail
Treppenhaus *n (Konst)* staircase
Treppenhaus *n***/feuergeschütztes** firefighting stair
Treppenhausfenster *n* staircase window
Treppenhausmauer *f (SB)* staircase wall
Treppenhausröhre *f (Konst, Stat)* hub
Treppenhausturm *m (Konst)* external staircase tower
Treppenhausvorbau *m (Konst)* external staircase tower
Treppenhöhe *f* flight rise
Treppenlänge *f* going
Treppenlänge *f***/projektierte** (designed) going
Treppenlauf *m* flight of stairs, stair flight; fliers *(bei gerader Treppe)*
Treppenlauf *m***/gerader** *(Konst)* straight flight
Treppenläufer *m* stair carpet, Venetian carpet
Treppenläuferhaltestange *f* stair rod
Treppenläuferklammer *f* stair clip
Treppenlauflänge *f* (stair) run
Treppenleiter *f* pair of steps
Treppenlift *m (EB)* stairlift
Treppenloch *n* well of a staircase, well mouth, well hole
Treppenlochwange *f (Treppe)* external string
Treppenmarkierungsstange *f (EB)* storey rod *(für eine Geschosstreppe)*
Treppenmündung *f (Arch)* vomitory *(in Zuschauerräumen)*
Treppenneigung *f (Konst)* ratio of rise and tread
Treppennuthobel *m* router
Treppenöffnung *f* stair opening *(in der Decke)*
Treppenpfosten *m* 1. newel, stair post, newel post; 2. *s.* Treppengeländerpfosten
Treppenpfosten *m***/aufgeschobener** *(Hb, Konst)* slip newel
Treppenpfosten *m***/voller** *(Hb, Konst)* solid newel
Treppenpfosten-Handlauf-Verbindung *f (Hb)* newel joint
Treppenpfostenkopf *m* newel cap
Treppenpfostenschaft *m (Hb)* newel collar
Treppenpodest *n* (stair) landing, plat half-space landing, halfpace, platform half-space landing, platform, pace
Treppenpodestkreuzbalken *m (BT, Hb)* stairbuilder's truss
Treppenpodestpfosten *m* landing newel
Treppenpodestträger *m* beams bearer
Treppenraum *m (Konst)* stairwell
Treppensäule *f* 1. *(Hb)* newel; 2. *(BT, Hb)* stair post
Treppensäule *f***/unterste** starting newel
Treppenschacht *m* stair well, open well
Treppenschalter *m (El)* landing switch *(Treppenhausautomat)*
Treppensohle *f* sleeper of the stairs
Treppenspindel *f* newel
Treppensteigen *n (Te)* walk-up
Treppensteigung *f (Konst)* pitch of staircase
Treppensteigungslinie *f (Konst)* nosing line
Treppensteigungswinkel *m***/bevorzugter** *(Konst)* preferred angle *(30°- 35°)*
Treppenstufe *f* 1. step, stair, stairstep, flier, *(AE)* degree *(Zusammensetzungen s. Stufe...)*; 2. ladder step *(einer Trittleiter)*
Treppentritt *m* tread
Treppentritt *m***/konisch zulaufender** tapered tread
Treppenturm *m (BT, Hb, Konst)* stair turret
Treppenüberstand *m* nosing
Treppenüberstand *m* **über Wange** tread return
Treppenuntermauerungsfläche *f* (stair) spandrel
Treppenunterseite *f***/glatte** flush soffit
Treppenvorbau *m (Konst)* perron *(Außenstufen, z. B. bei Kirchen oder Gutshäusern)*
Treppenwange *f* string, stair stringer, stringboard, stair wall string, stair carriage, stair horse, finish (stair) string; notch board, bridgeboard *(Holzwange)*
Treppenwange *f***/äußere** *(BT, Hb)* outer string
Treppenwange *f***/gewundene** built-up string
Treppenwange *f***/hintere** *(Konst)* rough carriage
Treppenwange *f***/sichtbare** *(BT, Hb)* face string
Treppenwange *f***/untere** rough string
Treppenwange *f***/untergezogene** stepped string(er), open string
Treppenwange *f***/verdeckte** rough string
Treppenwange *f***/wandseitige** *(BT, Hb)* wall string
Treppenwangenabdichtleiste *f (BT)* closure bar
Treppenwangenauflage *f* flight header
Treppenwangenauflager *n* subrail *(als Geländerfuß)*
Treppenwangenkrümmling *m* wreath piece, wreath string
Treppenwechselbalken *m (BT, Hb)* stair trimmer
Treppenwinkelschiene *f (EB)* sanitary cove *(zwischen Tritt- und Setzholz)*
Treppenwohngebäude *n (Konst) (AE)* walk-up dwelling
Treppenwohnhaus *n (Konst) (AE)* walk-up dwelling
Tresor *m* safe, safe deposit, *(AE)* vault *(Stahlkammer)*
Tresorraum *m (Konst)* strong room
Tressengewebe *n (BM)* corduroy fabric
treten *v***/zutage** *(Bod)* crop out *(Erdschicht)*
Trethebel *m* treadle
Tretschalter *m (El)* foot switch, floor switch
Treuhänder *m* trustee; fiduciary, custodian
treuhänderisch on a trust basis, fiduciary
Treuhänderschaft *f* trusteeship, guardianship
Treuhandvertrag *m* trust agreement
Treuhandverwaltung *f* trusteeship
Tri *n* trichloroethylene
Triangulation *f (Verm)* triangulation *(geodätische Lagebestimmung von Geländepunkten)* • **eine Triangulation durchführen** *(Verm)* triangulate
Triangulationsnetz *n (Verm)* triangulation net(work)
Triangulationspunkt *m (Verm)* triangulation point, triangulation station
triangulieren *v (Verm)* triangulate
Triangulierung *f (Konst)* triangulation *(Dachbinder)*
triaxial triaxial
Triaxialfestigkeitsprüfung *f (BM, Bod)* triaxial compression test
Triaxialgerät *n* **mit fest angeordneter Gummihülle** *(Bod)* fixed sleeve cell
Triaxialversuch *m***/dynamischer** *(Erdb)* dynamic triaxial test
Tribuna *f (Arch)* tribune *(Apsis der römischen Basilika)*
Tribüne *f* 1. *(Konst)* tribune; 2. *(Arch)* platform; 3. *(Arch)* rostrum *(Forum Romanum)*; 4. stand *(Zuschauertribüne)*; grandstand *(überdacht)*
Tribüne *f***/überdachte** grandstand
Tribünenbau *m (Konst)* grandstand
Tribünendach *n (Konst)* stand roof *(Stadion)*
Tribünensitzbank *f***/nicht überdachte** bleacher seating
Tricalciumsilicat *n (BM)* tricalcium silicate *(Mineral im Portlandzement)*
Trichloräthylen *n s.* Trichlorethylen
Trichlorethylen *n* trichloroethylene
Trichter *m* 1. funnel; hopper *(Beschickungstrichter)*; 2. *(San)* rainwater hopper *(Regenwasserablauf)*
Trichterdach *n (Konst)* funnel-shaped roof
trichterförmig funnel-shaped, funnellike
Trichtergewölbe *n (Arch)* squinch arch, conoidal vault
Trichtermündung *f (Wsb)* estuary *(Fluss)*
Trichterrippengewölbe *n (Arch)* fan vault
Trichterwaage *f* weigh hopper *(Aufbereitungstechnik)*

Trieder *n (Arch)* trihedron
triedrisch *(Arch)* trihedral
Triforium *n (Arch)* trifora (gallery), triforium, triforium arcade *(der normannisch-englischen Baukunst, emporenähnlich)*
Triforium *n*/**durchfenstertes** *(Arch)* transparent triforium
Triforium *n*/**offenes** *(Arch)* transparent triforium
Triforiumbogen *m (Arch)* trifora arch
Triforiumfenster *n (Arch)* trifora window
Triforiummaßwerk *n (Arch)* trifora tracery
Triglyphe *f (Arch)* triglyph *(Bauglied am dorischen Gebälk)*
Triglyphenfries *m (Arch)* triglyph frieze
Triglyphenzwischenplatte *f (Arch)* metope *(im Fries einer dorischen Säule)*
Trigonometrie *f* trigonometry
Trigonometrie *f*/**sphärische** spherical trigonometry
trigonometrisch trigonometric
Trikalziumsilikat *n (BM)* tricalcium silicate *(Mineral im Portlandzement)*
Triklinium *n (Arch)* triclinium *(Speiseraum im alten Rom und im Kloster)*
Trikonchos *m (Arch)* triconch, triconch quire
Trilith *m (Arch)* trilithon *(Megalithportal)*
trimmen *v (Hb, Te)* trim
Trinidad-Asphalt *m* Trinidad (refined) asphalt, Trinidad pitch, T-asph, shore asphalt; Trinidad épuré
Trinidadasphalt *m*/**gemahlener** *(BM)* ground Trinidad épuré with rock flour *(mit Kalkmehlzusatz)*
Trinidad-Asphalt *m*/**gereinigter** *(BM)* parianite
Trinidad-Epuré *n* Trinidad épuré, parianite
Trinidadpulver *n (BM)* ground Trinidad épuré with rock flour *(mit Kalkmehlzusatz)*
Trinidad-Rohasphalt *m* Trinidad Lake asphalt
Trinidadseeasphalt *m* shore asphalt
trinkbar *(WVA)* potable *(Wasser)*
Trinkbecken *n* **mit senkrechtem Wasserstrahl** 1. *(EB, San)* drinking fountain; 2. *(San)* water fountain
Trinkbrunnen *m* 1. *(EB, San)* drinking fountain; 2. *(San)* water fountain
Trinkhalle *f (Konst)* refreshment room *(Erfrischungsraum)*
Trinkwasser *n* drinking water, potable water
Trinkwasseraufbereitungsanlage *f* drinking water conditioning plant
Trinkwasserbehälter *m* drinking water reservoir, drinking water tank, potable water reservoir, potable water tank
Trinkwasserkühler *m* water cooler
Trinkwasserleitungsanlagen *fpl*/**innergrundliche** *(WVA)* potable water pipework for buildings
Trinkwasserleitungsnetz *n (WVA)* drinking water network
Trinkwassernetz *n (RP, WVA)* potable water network
Trinkwasserrohrleitung *f* potable water supply piping
Trinkwasserschutzgebiet *n* 1. *(Umw, Wsb, WVA)* drinking water protection area; 2. *(RP, Umw, WVA)* potable water protection area; 3. *(Umw, WVA)* municipal watershed *(Wassereinzugsgebiet)*
Trinkwasserspeicher *m (Wsb, WVA)* service reservoir (for water supply)
Trinkwasserspeicherbehälter *m* drinking water reservoir
Trinkwassersystem *n (WVA)* drinking water network
Trinkwasserverseuchung *f (Umw)* contamination of drinking water
Trinkwasserversorgung *f* drinking water supply, potable water supply
Trinkwasserversorgungsgebiet *n* potable water supply area
Trinkwasserwerk *n (WVA)* domestic water supply plant
Trinkwasserzuleitung *f (WVA)* water-distribution pipe
Triplexglas *n* triplex glass
Triplexschicht *f* triplex coating
Triptychon *n (Arch)* triptych, three-fold altarpiece
Tri-Tauchlack *m (BM, OB)* trichloroethylene dipping paint
Tritt *m* stair, step; rung *(Sprosse)*
Trittblech *n* 1. toeplate *(Tür)*; 2. tread plate *(Fußboden)*
Trittbreite *f (Konst)* tread run *(einer Stufe, ohne Nase, ohne Überstand)*
Trittbrett *n* **mit Knagge** crawling board *(für Dachdeckarbeiten)*
trittfest hard-wearing, durable
Trittfläche *f* tread *(Stufe)*
Trittfliese *f* tread tile
Tritthöhe *f* stair rise, riser height *(Treppenstufe)*
Tritthöhenmarkierungslatte *f (EB)* storey rod *(für eine Geschosstreppe)*
Trittholz *n (BT, Konst)* stair tread
Trittleiste *f* 1. *(EB)* step cover strip; 2. kick strip, kick rail *(Tür)*
Trittleiter *f* 1. step-ladder, pair of steps; 2. painter's steps, painter's step-ladder *(Malerleiter)*
Trittmaß *n (Konst)* rise-to-run ratio
Trittschall *m* (floor) impact sound, impact noise, footfall sound, footstep sound
Trittschalldämmung *f* impact sound insulation, footstep sound insulation, footfall sound insulation; floor pugging *(durch Einschütten von Dämmstoffen jeder Art)*
Trittschalldämpfungsrate *f (DIS)* impact-noise rating
Trittschallstärke *f (DIS)* footstep sound intensity
trittsicher antiskid *(Oberflächen)*; skidproof *(Baustoff)*
Trittstufe *f* stair (tread)
Trittstufe *f*/**gewendelte** turn tread
Trittstufenfläche *f* dancing winder *(bei gewundenen Treppen)*
Trittstufenfläche *f*/**ausgeglichene** balanced step
Trittstufenkonsole *f* stair bracket *(einer offenen Treppe, meist verziert)*
Trittstufenplatten *fpl* skeleton steps
Trittstufenstützeisen *n (EB)* carrier angle
Trittstufenstützstab *m* carrier bar
Trittstufentreppe *f (Konst)* open-riser stair
Trittstufenüberstand *m* stair nosing
Trittstufenzwischenraum *m*/**freier** *(Konst)* open riser
Triumphbogen *m (Arch)* triumphal arch, memorial arch; chancel arch *(in der Basilika)*
Triumphbogen *m*/**chinesischer** pai-loo, pai-lou
Triumphbogen *m*/**römischer** *(Arch)* Roman triumphal arch
Triumphsäule *f (Arch)* pillar of victory
Triumphtor *n (Arch)* gateway of triumph, triumphal gateway
Trochilos *m (Arch)* trochilus
trocken 1. dry, moisture-free; 2. dry, seasoned *(abgelagertes Holz)*; 3. arid *(Land)*
trocken/grifffest dried to touch, touch-dry *(Anstrich)*
Trockenabort *m (San)* dry closet
Trockenanlage *f* drying plant, drying equipment
Trockenapparat *m* desiccator
Trockenaufbereitung *f* dry treatment *(Baustoffe)*
Trockenausbau *m* dry lining
Trockenaushärtung *f* dry curing *(Beton)*
Trockenbagger *m* excavator
Trockenbau *m (Hb)* dry construction
Trockenbauarbeiten *fpl (Hb)* dry construction work *(BS 8000-8, DIN 18340)*
Trockenbaudecke *f* dry ceiling
Trockenbautechnik *f* dry system of construction
Trockenbautrennwand *f* dry partition wall
Trockenbauweise *f* dry construction, dry system of construction, drywall construction *(ohne Mörtel)*
Trockenboden *m* 1. drying loft *(Dachboden)*; drying room *(auf dem Dachboden)*; 2. hot floor *(z. B. für Keramik)*
Trockendampf *m (Umw)* dry steam
Trockendarre *f (Hb, Te)* drying tunnel *(Holz)*

Trockendichte *f* dry density
Trockendock *n* dry dock, graving dock, repair dock
Trockeneinbau *m* dry installation
Trockeneinrütteln *n* dry-rodding *(von Zuschlagstoffen)*
Trockenentschwefelungsprozess *m (Umw)* dry desulphurization process
Trockenfarbe *f* dry colour, pastel colour
Trockenfäule *f* dry rot *(Holz)*
Trockenfertigbeton *m*/**abgesackter** packaged concrete
Trockenfertigmischung *f* prepacked mixture *(meist für Hobby- und Reparaturarbeiten)*
Trockenfertigmörtel *m* premix dry mortar
trockenfestgestampft *(Erdb)* dry-compacted
Trockenfestigkeit *f* dry strength *(einer Klebverbindung)*
Trockenfeuerlöscher *m* dry chemical fire extinguisher, powder extinguisher
Trockenfilm *m* dried film *(Anstrich)*
Trockenfilm *m*/**eisblumenartiger** *(OB)* frosted dried film *(Anstrich)*
Trockenfilmbildung *f (OB)* skinning *(Farbe)*
Trockenfilmdicke *f* dry film thickness *(Anstrich)*
Trockenflussbett *n* arroyo *(bes. im Süden der USA und in Lateinamerika)*
Trockengehalt *m* dry content *(z. B. bei Farbe)*
trockengemauert *(BM)* laid-dry
Trockengemisch *n* dry mix, dry blend; dry batch *(Beton)*
trockengepresst dry formed *(Feuerfesttechnologie)*
Trockengestell *n* drying rack, drying frame; hack *(Ziegeltrocknung)*
Trockengewicht *n* dry-weight *(Zuschläge)*
Trockengründung *f* foundation in the dry
Trockengutcontainer *m* dry bulk container
Trockenhandfeuerlöscher *m s.* Trockenfeuerlöscher
Trockenheit *f (Bod, Umw)* drought
Trockenkammer *f* drying chamber, drying room; drying oven *(für Ziegel)*; dry kiln, seasoning kiln *(für Holz)*
Trockenkanal *m (Hb, Te)* drying tunnel *(Holz)*
Trockenklo *n s.* Trockenklosett
Trockenklosett *n* dry closet, latrine, chemical closet, chemical toilet
Trockenladegutcontainer *m* dry bulk container
Trockenladeluke *f* dry port
trockenlegen *v* 1. *(Bod, Erdb, Umw)* dewater; 2. *(Bod, LB)* unwater; 3. *(Erdb, LB)* drain *(Boden)*
Trockenlegung *f* 1. *(RS)* dampproofing *(Mauerwerk)*; 2. *(Erdb)* dewatering, drainage, draining, underdrainage, unwatering; reclamation *(Land, Boden)*
Trockenlöschen *n* dry slaking *(Kalk)*
Trockenmahlung *f* dry grinding, dry milling
Trockenmasse *f* dry residue, dry-weight, dry matter
Trockenmauer *f* dry stone wall, dry rubble wall; dike
Trockenmauer *f*/**begrünte** wall garden
Trockenmauer *f*/**bepflanzte** wall garden
Trockenmauerung *f* dry walling
Trockenmauerwerk *n* dry masonry, dry rubble construction; dry stone wall, drywall, dry wall; stone packing *(ohne Mörtel)*
Trockenmischung *f* 1. dry blend, dry mix, dry batch *(Beton)*; 2. dry mixing *(Vorgang)*
Trockenmischungsgewicht *n* dry-batch weight
Trockenmischzeit *f* dry mixing period
Trockenmittel *n* 1. drying agent, drier, desiccator, desiccant; 2. *(HLK)* dehumidifier; paint drier *(Anstrich)*
Trockenmörtel *m* premix dry mortar
Trockenofen *m* drier, stoving oven; drying kiln, drying stove *(z. B. für Keramik)*; baking oven *(für Einbrennfarben)*; seasoning kiln, dry kiln *(für Holz)*
Trockenofen *m*/**kontinuierlich arbeitender** progressive kiln
Trockenöl *n* paint oil, soluble drier *(Farbe)*
Trockenpflaster *n* dry paving
Trockenplatz *m* place for drying laundry
Trockenpressziegel *m* dry-press brick
Trockenputz *m* 1. dry plaster, drywall finish *(Putzart)*; 2. premix plaster, premixed stuff, ready-mixed plaster *(vorgemischte Putzmasse noch ohne Wasserzugabe)*
Trockenputzen *n* dry lining *(Gipsverputz)*
Trockenputzmasse *f (BM)* ready-mixed stuff
Trockenputzmörtel *m* ready-mixed plaster, premix plaster
Trockenputzpaneel *n* plasterboard
Trockenputzsystem *n* dry lining system
Trockenraum *m* 1. drying room; 2. room for drying laundry *(Wäschetrockenraum im Wohnungsbau)*
Trockenraumgewicht *n* 1. dry volume weight, dry unit weight, dry bulk density; 2. *(Erdb)* dry density
Trockenraumtrocknung *f* **von Bauholz** kiln drying of timber, *(AE)* kiln drying of lumber
Trockenresistenz *f (BM, BT)* drought resistance
Trockenriss *m* desiccation crack, desiccation fissure, drying crack *(in Keramik)*; seasoning check, shrinkage shake *(in Holz)*; water crack *(in Putz)*
Trockenrissnetzwerk *n* desiccation polygon
Trockenrohdichte *f* dry density, dry volume weight
Trockenschlammdeponie *f (Umw)* dry-sludge disposal site
Trockenschleifen *n* dry grinding
Trockenschrank *m* dryer cabinet *(für Wäsche)*
Trockenschrumpfung *f (Bod)* water-loss shrinkage
Trockenschüttung *f (DIS)* loose fill *(Dämmstoffe)*
Trockenschwinden *n* initial shrinkage
Trockenschwindung *f* drying contraction, drying shrinkage, water-loss shrinkage *(z. B. Keramik, Beton)*; initial drying shrinkage *(Beton)*
Trockensee *m (Bod, LB, Umw)* pan
Trockensprinklersystem *n* dry sprinkler system
Trockenspritzbeton *m (BB, OB)* dry mix shotcrete
Trockensteindamm *m (Wsb)* dike
Trockensteinplattendach *n (Konst)* trullo *(in konischer Form, speziell in Süditalien)*
Trockenstoff *m* dryer, paint drier *(Anstrich)*
Trockenstoff *m* **in Flüssigform** *(BM, OB)* liquid drier
Trockenstoffgehalt *m* dry content *(z. B. bei Farbe)*
Trockensubstanzmasse *f* dry-weight
Trockental *n* 1. *(Bod, Umw)* dry valley; 2. *(Bod, Umw)* dead valley
Trockentechnologie *f* dry manufacture *(Zementtechnologie)*
Trockentorkretierung *f* monolithic surface treatment, dry shake
Trockentrennwand *f* dry partition wall
Trockentrommel *f* drying drum, dryer *(Asphaltanlage)*
Trockenverdichtung *f* dry compaction
Trockenverfahren *n* 1. drying process; 2. dry-cast method *(Betonrohrtechnologie)*; 3. dry manufacture *(Zementtechnologie)*
Trockenverglasung *f* patent glazing
Trockenvermahlung *f* dry grinding, dry milling
Trockenvormischen *n* dry premix
Trockenwand *f* dry stone wall, dry wall, drywall
Trockenwandabtrennung *f* drywall partition
Trockenwandbaustoff *m* drywall material
Trockenwandbauweise *f (SB)* drywall construction
Trockenwandeinbau *m* drywall installation
Trockenwandoberfläche *f (SB)* drywall finish
Trockenzeit *f* 1. *(Umw)* drying time *(Baustoffe, Bauelemente)*; 2. dry season *(klimatisch)*
Trockenzwischenwand *f* drywall partition

trocknen *v* 1. *(HLK)* dehumidify *(z. B. Luft)*; 2. dry, desiccate *(z. B. Materialien)*; 3. season, dry *(Holz)*
trocknen *v*/**bis zur Gewichtskonstanz** dry to constant mass
trocknen *v*/**bis zur Massenkonstanz** dry to constant mass
trocknen *v*/**eisblumenartig** web *(Farbe, Anstrich)*
Trocknen *n* **an der Luft** *(BM)* air seasoning
Trocknen *n* **der Farbe** setting-up
Trocknen *n*/**natürliches** *(BM, Te)* air drying
trocknend/langsam slow-drying
Trockner *m* 1. drier, drying apparatus; 2. paint drier, siccative *(Anstrich; s. a. Trockenmittel)*
Trocknung *f* 1. *(HLK)* dehumidification *(bes. von Luft)*; 2. drying (process), desiccation, exsiccation, dehydration; 3. baking *(von Ziegeln)*; 4. seasoning, stoving *(von Holz)*
Trocknung *f*/**fleckenfreie** *(OB)* spot-free drying *(Anstrich)*
Trocknungsbedingungen *fpl* drying conditions
Trocknungsdauer *f* dryer time
Trocknungsgeschwindigkeit *f* rate of drying
Trocknungsgrad *m (BM)* stage of drying
Trocknungsmittel *n* siccative
Trocknungsprozess *m* drying process
Trocknungsriss *m* dryer crack
Trocknungsschrumpfung *f (Bod)* drying shrinkage
Trocknungsschuppen *m (BM, Te)* drying shed
Trocknungsspannung *f* drying stress
Trocknungsvermögen *n* drying property *(Anstrich)*
Trocknungsvorgang *m* drying process
Trog *m* 1. *(BT, Konst)* trough; 2. mason's hod, hod *(Maurertrog, Mörteltrog)*; 3. hutch *(Mulde, Kasten)*; 4. tank *(Becken, Kessel, Zisterne)*; 5. *(BT)* tray *(Schale, Mulde)*; 6. tub, vat *(Bottich, Pflanzbehältnis)*
Trog *m* **einer Brücke** bridge trough
Trogabdichtung *f (DIS)* tanking
Trogbrücke *f (Br)* trough bridge
trogförmig trough-shaped
Troggewölbe *n (Konst)* trough vault
Troginsel *f (Verk)* pan insula
Trogmischer *m* trough mixer, barrel mixer, tub mixer, open--pan mixer, open-top mixer
Trogplatte *f* trough plate
Trogprofil *n* trough section, troughing
Trogschleuse *f (Wsb)* trough lift
Trolley-Bus *m (Verk)* trolley
Trombe-Wand *f* Trombe wall
Trommel *f* drum, cylinder
Trommel *f*/**horizontal gelagerte** horizontal barrel *(Baustoffaufbereitung)*
Trommelaufzug *m (BWG)* winding-drum machine
trommelförmig drum-shaped, cylindrical
Trommellackieren *n* 1. *(OB)* barrel painting; 2. *(OB, Te)* tumbling
Trommelmischer *m* drum mixer, barrel mixer, concrete mixer with rotating drum
Trommelmischer *m* **mit Gegenstromprinzip** counter--flow drum mixer
Trommelmischer *m* **mit Nachmischeinrichtung** drum mix coater
Trommelmischer *m* **mit Parallelstromprinzip** parallel--flow drum mixer
Trommelmischer *m* **mit Zwangsnachmischer** *(BB, BWG)* drum mix coater
Trommelmischer *m*/**schrägstehender** *(BWG)* sweetie barrel
Trommelmischwerk *n (BB, BWG)* drum mix plant
Trommeln *n* 1. *(OB)* barrel polishing; 2. *(OB, Te)* tumbling
Trommelpolieren *n* 1. *(OB)* barrel polishing; 2. *(OB, Te)* tumbling
Trommelputzen *n (OB, Te)* tumbling
Trommelsieb *n* drum screen, revolving screen, rotary screen, trommel screen *(leicht geneigt, für Zuschlagstoffe)*
Trommelwascher *m* drum washer *(Zuschlagstoffaufbereitung)*
Trommelwehr *n (Wsb)* drum weir
Trompe *f (Arch)* squinch arch, trompe *(Trichtergewölbe)*
Trompe *f* **mit Fächern** *(Konst)* side-trompe vault
Trompe *f*/**steigende** *(Arch, Konst)* rampant vault
Trompengewölbe *n (Arch)* conical vault
Trompengewölbeabschnitt *m (Konst)* trompe
Trompenstück *n (Konst)* trompe
Trompete *f (Verk)* trumpet junction *(Straße)*
Trompetenanschluss *m (Verk)* trumpet junction *(Straße)*
Trompetenanschlusspunkt *m (Verk)* trumpet junction *(Straße)*
Trompetengewölbe *n (Arch)* trumpet arch, conical vault, expanded vault, conical squinch, splaying arch
Trompetentrichtergewölbe *n (Arch)* conical squinch
Tropen *pl (Bod)* tropics
Tropenbau *m (Konst)* tropical building
Tropenbauwesen *n (Konst)* tropical building
Tropenbeständigkeit *f* resistance to tropical conditions
tropenfest *(BM)* tropic-proof
Tropenfestigkeit *f* resistance to tropical conditions
Tropenhartholz *n* tropical hardwood
Tropenklima *n (Umw)* tropical climate
Tropenwald *m (Bod, LB, Umw)* tropical forest
Tropfband *n* taping strip *(Betonfugen)*
Tropfbecher *m* drip cup *(Fensterbeschläge)*
Tropfbrettverschalung *f* 1. *(DIS, Hb)* drop siding; 2. *(Hb, Konst, OB)* novelty siding; 3. *(Hb)* rustic siding *(Wetterschutzschale für Außenwände)*
Tropfchenriemchen *n (Arch)* regula *(dorisch)*
tröpfeln *v* drip, trickle *(Flüssigkeiten)*
tröpfelnd dripping
tropfen *v* 1. drip, drop, fall in drops; 2. drip, leak *(undicht sein)*; 3. drip, run *(Anstrich)*; 4. seep *(schwach; sickern, lecken)*
Tropfen *n* drop, tear; drip *(von Anstrichstoffen)*
Tropfen *m (Arch)* gutta, drop *(in der dorischen Ordnung)*
Tropfenabschneider *m (Umw)* mist eliminator
Tropfenornament *n (Arch)* drop ornament
Tropfenplättchen *n (Arch)* regula *(dorisch)*
Tropfenplatte *f (Arch)* mutule *(flacher Schrägstein eines dorischen Gesimses)*
Tropfenregulus *m (Arch)* regula *(dorisch)*
Tropffallleiste *f* drop apron
Tropffilter *m (San)* percolation filter
Tropfkörper *m (San)* sprinkling filter, percolation filter, trickling filter *(Abwasserreinigung)*
Tropfkörperanlage *f (Umw)* percolating filter, trickling filter
Tropfkühler *m (HLK)* trickling filter *(Klimaanlage)*
Tropfleiste *f* 1. *(San)* water-shedding moulding; 2. *(BT)* throating
Tropfnase *f* water drip, weather drip; drip cap, drip nose *(am Fenster)*
Tropfpunkt *m* drop point, thaw point *(bituminöser Baustoffe)*
Tropfschnitt *m (Konst)* weather groove
Tropfschutzstreifen *m* taping strip *(Betonfugen)*
Tropfstein *m (Bod)* dropstone
Tropfsteinbogen *m (Arch)* stalactite arch
Tropfsteindecke *f (Arch)* stalactite ceiling
Tropfsteingewölbe *n (Arch)* stalactite vault
Tropfsteinkapitell *n (Arch)* stalactite capital
Tropfsteinkuppel *f (Arch)* stalactite dome
Tropfsteinornament *n (Arch)* stalactite ornament
Tropfsteinportal *n (Arch)* stalactite portal

Tropftülle *f* drip nozzle *(Brückenentwässerung)*
Tropfwasser *n* dripping water, percolation water, trickling water
tropfwassergeschützt 1. *(El)* drip-proof; 2. *(El)* rainproof
Tropfwasserpfütze *f* drippage
tropfwassersicher *(El)* drip-proof
Tropfzylinder *m* drip cup *(Beschläge)*
Trophäenskulptur *f* trophy, trophy memorial
Trosse *f (Konst)* guy
trüb *s.* trübe
trübe 1. dull, filmy, cloudy *(Farboberfläche, Anstrich, Glas)*; dull, sombre, *(AE)* somber *(Farbenleuchtkraft)*; 2. cloudy, turbid, muddy, troubled *(Flüssigkeit)*; 3. dull, tarnished *(Metall)*; 4. dim *(Beleuchtung)*; 5. opaque *(Glas, milchig, lichtundurchlässig, opak)*
Trübe *f* suspended matter
Trübe *f*/**absetzbare** settling slurry
trüben *v*/**sich** become turbid *(Flüssigkeit)*; cloud *(Lack)*; tarnish *(Metalloberflächen)*
Trübfleckenbildung *f (OB)* clouding *(Anstriche)*
Trübglas *n* opaque glass, opal glass
Trübheit *f* 1. opacity *(Glas)*; 2. turbidity *(Flüssigkeit)*
Trübung *f* 1. opacity *(bes. Glas)*; 2. dullness *(von Farben)*; 3. *(BM, OB)* cloudiness *(von Lacken)*; 4. haze *(Anstrich)*; turbidity *(bes. von Flüssigkeiten)*
Trübungsbeiwert *m (BM)* turbidity coefficient
Trübungskoeffizient *m (BM)* turbidity coefficient
Trübungsmesser *m (BM)* turbidimeter *(Zementprüfung)*
Trübungsmittel *n* opacifier *(Anstrich)*
Trübungspunkt *m (BM, OB)* cloud point
Truhe *f* chest, trunk; box
Trumeau *m (Arch)* trumeau
Trümmer *pl* 1. *(RS)* rubble; 2. *(BM, Bod, Erdb)* debris; 3. *(BM, Bod, Erdb)* debris *(Geologie)*; 4. shatter, fragments *(Bruchstücke)*
Trümmerablagerung *f* detrital accumulation *(Gesteinsschutt)*
Trümmerbeseitigung *f (RS)* rubble removal
Trümmerbeton *m* broken-brick concrete
Trümmerfeld *n* 1. expanse of ruins; 2. heap of ruins, heap of rubble, heap of debris *(Haufen)*
Trümmergestein *n* 1. *(Bod)* breccia; 2. *(BM)* clastic rock
Trümmergesteinsmaterial *n* disintegrated material, fragmental material
Trümmerhaufen *m s.* Trümmerfeld 2.
Trümmerlast *m* 1. *(RS, Stat)* rubbish load; 2. *(Stat)* rubble load
Trümmermasse *f* detritus *(Geologie)*
Trümmermaterial *n* detrital material *(Gestein)*
Trümmerprodukt *n* product of destruction
Trümmersplitt *m* manufactured (clay) brick chips
Trümmerverwertung *f* debris utilization
Trumpfbalken *m (BT, Hb)* stair trimmer
T-Stahl *m* T-bar, tee steel
T-Stoß *m* T-joint, tee joint
T-Stück *n (BT)* tee
T-Stück *n* **mit drei gleich großen Anschlüssen** *(San, WVA)* straight tee
T-Stück *n* **mit Innengewinde** tapped tee
T-Träger *m* 1. *(BT, Te)* T-girder; 2. *(BT, TK)* T-beam
T-Tragschiene *f* 1. *(TK)* T-rail; 2. *(BT, St)* T-bar
Tübbingausbau *m (Tun)* tubbing support
Tubularzylinder *m* tubular cylinder *(Türschloss)*
Tuchbespannung *f (EB, OB)* cloth covering
Tuchfilter *n* 1. *(HLK, Te)* fabric filter; 2. *(BM, HLK, Te)* bag filter *(Entstaubungsanlage)*
Tuchfilteranlage *f (BM, HLK, Te, Umw)* baghouse
Tuchfilterentstaubungsanlage *f (BM, HLK, Te, Umw)* baghouse dust collector
Tuchhalle *f (Arch)* cloth hall
Tüchtigkeit *f* efficiency
Tudor-Architektur *f (Arch)* Tudor architecture *(in England 1485-1603)*
Tudorblume *f (Arch)* Tudor flower, Tudor leaf *(Ornament)*
Tudorbogen *m (Arch)* Tudor arch, four-centred arch
Tudorornament *n (Arch)* Tudor ornament
Tudorrose *f (Arch)* Tudor rose
Tudorstil *m (Arch)* Tudor style *(in England 1485-1603)*
Tuff *m* tufa *(als Sediment)*; volcanic tuff
Tuff *m*/**diabasischer** *(BM)* greenstone tuff
Tuff *m*/**trachytischer** trass
Tuff *m*/**verfestigter** tuffstone
Tuff *m*/**vulkanischer** tuff
Tuffablagerung *f (Bod)* tufa deposit *(sedimentär)*
tuffartig tufaceous *(sedimentär)*; tuffaceous *(vulkanisch)*
Tuffgestein *n* tufa rock, scoria *(sedimentär)*; tuff, volcanic tuff, tuffstone *(vulkanisch)*
Tuffit *m (BM)* tuffite
Tuffkalk *m* tufa, calcareous tufa, calc tufa
Tuffschiefer *m (BM)* tufaceous shale
Tuffstein *m* tuffstone, volcanic tuff, tuff *(vulkanisch)*; tufa *(sedimentär)*; trass *(gemahlener vulkanischer Tuffstein)*
Tuftingbodenbelag *m* tufted flooring (covering)
Tuftingteppich *m (EB)* tufted carpet
Tulpenbaumholz *n (BM, Hb)* tulipwood
Tummelplatz *m* playground
Tümpel *m* 1. *(Bod, LB)* stagnant pool; 2. *(Bod, LB, Wsb)* pool
Tumulus *m s.* Tumulusgrab
Tumulusgrab *n (Arch)* monumental tomb, tumulus
Tünchanstrich *m s.* Tünchaufstrich
Tünchaufstrich *m (OB)* whitening coat
Tünche *f* 1. *(OB)* limewash; 2. *(BM, OB)* whitewash
tünchen *v* whitewash, whiten, limewash, limewhite, distemper, skin, wash; dab *(mit dünnem Mörtel bestreichen)*
Tünchen *n* whitewashing, limewashing, limewhiting, liming, whitening
Tüncher *m* whitewasher
Tünchkalk *m (OB)* lime paint
Tünchsandputz *m* fine stuff
Tünchscheibe *f* hawk *(Putz)*
Tungöl *n* 1. *(BM, DIS, OB)* tung oil; 2. *(BM)* China wood oil
Tungöllack *m (BM, OB)* tung oil varnish
Tunnel *m* 1. *(Tun)* tunnel; 2. fly-under, fly-under junction *(Unterführung)*; passage underground *(Fußgängertunnel)* • **den Tunnel treiben** *(Tun)* tunnel through • **einen Tunnel bohren** tunnel • **einen Tunnel graben** tunnel • **einen Tunnel treiben durch** tunnel
Tunnel *m* **mit eingeschränkter Höhe** *(Tun, Verk)* reduced height tunnel
Tunnelabschnitt *m* tunnel section
Tunnelachse *f (Tun, Verm)* tunnel axis
Tunnelauffahren *n (Tun)* tunnelling
Tunnelausbau *m* tunnel finishing and completion
Tunnelausbau *m*/**wasserdichter** *(Te, Tun)* coffering
Tunnelausbetonierung *f* tunnel lining
Tunnelauskleidung *f* tunnel lining
Tunnelausstattung *f*/**technische** *(Tun)* tunnel technique
Tunnelbau *m (Tun)* tunnel construction
Tunnelbaumaschine *f* tunnelling machine
Tunnelbautechnik *f (Tun)* tunnelling technique
Tunnelbauverfahren *n (Tun)* tunnelling technique
Tunnelbauweise *f (Tun)* tunnelling technique
Tunnelbauweise *f*/**bergmännische** *(Tun)* underground
Tunnelbauweise *f*/**neue österreichische** new Austrian tunnelling method *(NÖTB)*
Tunnelbauweise *f*/**offene** immersed tunnelling, cut-and--cover *(U-Bahnbau, Straßenbau)*
Tunnelbeleuchtung *f* tunnel lighting

T

Tunnelbetonierverfahren n/Osloer Oslo method, Oslo tunnel-concreting method *(ohne Bewehrungserfordernis)*
Tunnelbetrieb *m (Verk)* tunnel operation
Tunnelbetriebstechnik *f (Tun)* tunnel technique
Tunnelbetriebstechnik-Ausstattung *f (Tun)* tunnel technique installation
Tunnelbohrgerät *n (Tun)* tunnel-boring machine
Tunnelbohrmaschine *f (Tun)* tunnel-boring machine
Tunnelbreite f/lichte *(Tun)* clear width of tunnel
Tunneldecke *f* tunnel soffit
Tunneleffekt *m (Verk)* black hole effect
Tunneleinfahrt *f* tunnel portal
Tunneleingang *m (Tun)* tunnel portal
Tunneleingangsbereich *m (Tun)* tunnel approach
Tunnelgalerie *f (Tun)* partial enclosure
Tunnelgerüst n/verschiebbares jumbo
Tunnelgewölbe *n (Arch)* tunnel vault, barrel vault
tunnelgewölbt *(Konst)* waggon vaulted
Tunnelgroßbohrwagen *m (Tun)* tunnel jumbo
Tunnelhöhe f/lichte *(Tun)* clear height of tunnel
Tunnelklassifizierung *f (Tun, VR)* tunnel classification
Tunnelklinker *m* tunnel engineering brick
Tunnellehrbogen *m (Tun)* centre of a tunnel
Tunnelmund *m* tunnel portal
Tunnelmundloch *n (Tun)* tunnel face
Tunnelportal *n (Tun)* tunnel portal
Tunnelröhre *f (Tun)* main tunnel, tunnel
Tunnelschalung *f* tunnel sheeting
Tunnelscheitel *m* tunnel crown, tunnel soffit
Tunnelschild *m (Tun)* tunnel shield
Tunnelsegment *n* tunnel segment
Tunnelsicherheit *f (Tun, VR)* tunnel safety
Tunnelsohle *f* tunnel floor, tunnel invert
Tunnelsteuerung *f* tunnel traffic control
Tunnelstoß *m (Tun)* tunnel face
Tunneltechnikinstallation *f (Tun)* tunnel technique installation
Tunnelunterführung *f (Tun)* tunnel under the road
Tunnelverkehrssteuerung *f* tunnel traffic control
Tunnelvortrieb *m* tunnel driving, tunnelling, *(AE)* tunneling
Tunnelvortriebsmaschine *f (Tun)* tunnelling machine
Tunnelvortriebsmaschine *f* **mit partiellem Vortrieb** *(BWG, Tun)* partial face tunnel machine
Tunnelwandung *f (Tun)* tunnel wall
Tunnelzimmerung *f* tunnel timbering
Tupfbrett *n* stippler
Tüpfelmuster *n* stippled pattern, stippled finish
tüpfeln *v* stipple, spot *(mit Farbe)*; dab *(mit Putz)*
tupfen *v s.* tüpfeln
Tupfen *n* stippling, spot
Tupfputz *m (SB)* stippled finish
Tür *f* door *(Wohnung, Haus)*; gate *(Tor)* • **eine Tür zumauern** block up
Tür f/angetriebene motorized door
Tür f/aufgedoppelte doubled-up door, batten door
Tür f/auswärts öffnende outward-opening door, reverse-swing door
Tür f/beplankte veneered door
Tür f/beschichtete *(BT)* composite door
Tür f/bleibeplankte *(Konst, Umw)* lead-lined door
Tür f/einflügelige 1. *(Konst)* one-leaf door; 2. *(BT)* single-leaf door; 3. *(BT, Konst)* single-wing door
Tür f/einwärts öffnende inward-opening door
Tür f/elektronisch gesteuerte electronic door
Tür f/explosionsgeschützte blast-resistant door
Tür f/feuerbeständige armour door
Tür f/französische *(Arch)* divided light door
Tür f/furnierte veneered door
Tür f/ganzflächig durchbrochene full-louvred door, *(AE)* full-louvered door *(mit ganzflächiger Jalousie)*
Tür f/gedämmte cold storage door
Tür f/getäfelte panel(led) door
Tür f/gewöhnliche *(BT)* conventional door
Tür f/halbverglaste half-glass door, sash door
Tür f/hintere rear door
Tür f/in eine Richtung aufschlagende *(BT, Konst)* single-acting door
Tür *f* **in gemischter Bauweise** kalamein door *(meist mit Holzkernfüllung und Stahlbeplankung)*
Tür f/isolierte *(BT, DIS, EB)* insulated door
Tür f/kleine *(Konst)* wicket
Tür f/komplette door unit *(mit Rahmen)*
Tür f/lichtdurchlässige translucent door
Tür f/links aufschlagende *(Hb, Konst)* left-hand door
Tür f/linksgehängte left-hand reverse door *(entgegenschlagend)*
Tür f/mehrflügelige multiple-wing door
Tür f/mehrteilige *(Konst)* multipartite door
Tür f/metallbeschlagene metal-covered door
Tür *f* **mit bündigem Türblatt** flush-panelled door
Tür *f* **mit Doppelfüllung** *(BT)* two-panel door
Tür *f* **mit Durchsicht** vision-light door
Tür *f* **mit Durchsichtfenster** vision-light door
Tür *f* **mit glattem Blatt** flush door
Tür *f* **mit Kernfüllung** solid door
Tür *f* **mit Luftschlitzfüllung** louvre door, *(AE)* louver door
Tür *f* **mit Öffnung in Gegenrichtung** reverse-swing door
Tür *f* **mit rechts und links flankiertem Fensterteil/dreiteilige** *(BT)* Venetian door
Tür *f* **mit zwei unabhängig übereinanderhängenden Flügeln** heck
Tür f/mittelhängige centre-hung door, centre-pivoted door *(nach beiden Seiten öffnend)*
Tür f/motorbetätigte motorized door
Tür f/nach außen öffnende outward-opening door
Tür *f* **nach Brandklassifikation** fire-rated door
Tür f/obenverglaste half-glass door, sash door
Tür f/rahmenlose *(BT)* unframed door
Tür f/rechts aufschlagende right-hand door
Tür f/rechtsgehängte *(Konst)* right-hand reverse door
Tür f/schalldichte *(BT, DIS)* acoustical door
Tür f/schallgedämpfte sound attenuating door, sound door
Tür f/selbstöffnende automatic door
Tür f/verdeckte concealed door, secret door
Tür f/verglaste glazed door
Tür f/vorgefertigte prefinished door
Tür f/zweiflügelige double-wing door, biparting door
Tür f/zweiteilige stable door, Dutch door *(horizontal geteilt)*
Türabheber *m* door lifter
Türabtreter *m* doormat
Türangel *f* door hinge, hinge pivot, garnet hinge, pivot, hinge
Türangel f/ansteigende rising hinge, skew hinge
Türangel *f* **im Querholz/eingelassene** *(EB)* walking beam pivot
Türangel f/unsichtbare *(EB)* invisible hinge
Türangel f/verschränkte offset pivot
Türanlage *f (EB, El)* door installation
Türanschlag *m* door stop, door strip, floor stop, back fillet
Türanschlagschräge *f* door bevel
Türanschlagschwelle *f* doorsill
Türanschlagseite *f (Hb)* narrow side
Türarrester *m (EB)* cane bolt
Türaufschlag *m* door swing
Türaußengriff *m (EB)* outside door handle
Türaußenhaut *f* outside door panel

T

Türband *n* door hinge, pin hinge, hinge strap, hinge plate, turning joint *(Baubeschlag)*
Türband *n***/flaches** *(EB)* back-flap hinge *(für Fensterläden)*
Türband *n* **für ein großes Türblatt** *(EB)* wide-throw hinge
Türband *n***/kugelgelagertes** ball-bearing hinge
Türband *n***/verziertes** hinge strap
Türbandeisen *n (EB)* hinge strap
Türbandvertiefung *f* door pan, pan
Türbekleidung *f (BT, Hb)* door lining
Türbekrönung *f (Arch)* hyperthyrum, sopraporta, overdoor
Türbeplankung *f* door skin, skin
Türbeplankung *f***/durchgehende** solid (door) panel
Türbeschlag *m* door mounting
Türbeschläge *mpl* 1. door fittings, door furniture, door hardware, door trim, trim; 2. cabin hook *(Schranktür)*
Turbidimeter *n (BM)* turbidimeter *(Zementprüfung)*
Turbine *f (BWG)* turbine
Turbinenhalle *f (Konst)* turbine hall
Turbinenleistung *f (El)* turbine output
Turbinenleistungsvermögen *n* turbine efficiency
Türblatt *n* door leaf, leaf
Türblatt *n* **ohne Lüftungslamellen/offenes** *(BT)* undercut door *(an der unteren Kante)*
Türblattbeschläge *mpl (EB)* rim *(außer Scharnieren)*
Türblattbogen *m (Konst)* segment head *(Bogentür)*
Türblattkantenschutzleiste *f* split astragal
Türblattquerholz *n* middle rail
Türblattvorderkante *f* leading edge, lock edge, strike edge
Türblattwulst *f***/eingelassene** mortised astragal *(zweier gegeneinanderstehender Türblattkanten)*
Türblendrahmen *m* door trim
Türbogenverzierung *f* antepagment(s), door jamb trimmings, jamb trimmings
Türbolzenblech *n (EB)* box strike plate
Turbomischer *m* turbine mixer
Turbulenz *f (Wsb, WVA)* turbulence
Türdichtung *f* door gasket
Türdichtung *f***/untere** *(DIS)* threshold seal(er)
Türdichtungsstreifen *m* door weather strip, frame gasket
Türdrehknopf *m* door knob, knob
Türdrehöffner *m* turn button
Türdrehöffner *m***/kleiner** *(EB)* turn piece
Türdrehöffner *m***/kleiner innerer** *(EB)* thumb knob
Türdrücker *m* door latch, ring latch, latch, door opener
Türdrücker *m***/aufgesetzter** *(EB)* rim latch
Türdrücker *m***/runder** ring latch
Türdrückerring *m (EB)* ring latch
Türeinfassung *f* doorframe
Türeinrastung *f***/selbsttätige** automatic door bottom, drop-bottom seal
Türelement *n* door unit *(mit Rahmen)*
Türelement *n***/vorgefertigtes** prefinished door, prehung door
Türendenverstärker *m* door end channel, end channel
Turf *m* turf *(Pferderennanlage)*
Türfalz *m* door rebate
Türfeder *f* door spring
Türfenster *n* door window, fenestral in a door
Türflucht *f* enfilade, arrangement of doors
Türflügel *m* door leaf, open door leaf, wing of a door; active leaf *(mit Öffnungsmechanismus)*
Türflügel *m***/fester** standing leaf
Türflügel *m* **mit Öffnungsmechanismus** *(BT)* active leaf *(einer zweiflügeligen Tür)*
Türflügel *m* **ohne Schloss** inactive leaf
Türflügel *m***/starrer** standing leaf
Türfolge *f* enfilade, arrangement of doors
Türfreiheit *f* door clearance, floor clearance *(zwischen Fußboden und Türblatt)*
Türfrontseite *f* door front
Türführung *f (Konst)* door guide
Türfüllung *f* door panel
Türfüllung *f***/oberste** frieze panel
Türfüllungsausbildung *f (EB)* panel arrangement
Türfüllungshaltestreben *fpl* skeleton core *(für eine Türbeplankung)*
Türfüllungsjalousie *f (EB)* pierced louvre
Türfüllungskern *m***/schichtgeleimter** continuous block core, edge-glued core, stave core
Türfüllungsrahmen *m* panelled framing
Türfüllungsstreben *fpl* skeleton core *(für eine Türbeplankung)*
Türfußblech *n* mop-plate
Türfußbodenriegel *m* bottom bolt
Türfußhaltebolzen *m* foot bolt
Türfutter *n* door lining, lining of door casing, door casing, door frame, jamb lining
Türfutter *n***/verstellbares** *(BT, EB)* adjustable doorframe
Türgewölbeanfangsstein *m (SB)* label stop *(verziert)*
Türgitter *n (BT)* traverse
Türgitter *n***/einsteckbares** inserted grille, air-conditioning grille
Türgriff *m* door handle, door pull
Türgrill *m* door grille *(einer Türöffnung)*; traverse
Türgröße *f* door size
Türgucker *m* door viewer, judas hole
Türguckloch *n s.* Türgucker
Türgummi(schall)dämpfer *m***/eingelassener** door mute, mute
Türhaltehölzer *npl***/eingebaute** framed grounds (of a door)
Türhalter *m* door holder
Türhalter *m***/fußbetätigter** foot bolt
Türhänger *m (Konst)* door hanging
Türhaspe *f* door knuckle
Türhaut *f* door skin
Türhilfsrahmen *m* door buck, buck
Türholz *n (Hb)* mullion
Türholz *n***/oberes** head jamb
Türinnenblech *n* inside door panel
Türinnentürchen *n (Konst)* wicket in a door
Türkantenschoner *m* door edge plate, edge plate
Türkenminarett *n (Arch)* Turkish minaret
Türkernfüllung *f (Konst)* solid-door core
Türkettenfang *m* chain door fastener
türkis turquoise
türkisblau turquoise-blue
türkisfarbig *s.* türkis
Türklinke *f* door handle, (door) latch
Türklinkenzapfen *m (EB)* spindle
Türklopfer *m* door knocker, knocker
Türklopferaufschlag *m* doornail
Türknauf *m* door handle, door knob
Türknopf *m* door knob, knob
Türkonsole *f (Arch)* ancon(e) *(als Zierelement)*
Türkugelhalter *m (EB)* bullet catch *(Tür)*
Türlaufschiene *f* door runner rail *(für eine Schiebetür)*
Türleibung *f* door reveal, reveal scuncheon, scuncheon
Türleibung *f***/nach innen abgeschrägte** *(EB)* embrasure
Türleibungsverkleidung *f* reveal lining
Türlichte *f* shutter doorway
Turm *m* 1. *(Arch)* tower; 2. *(Arch)* tower-house *(einer Burg)*; 3. *s.* Kirchturm; 4. *s.* Bergfried; 5. *s.* Treppenturm
Turm *m***/babylonischer** *(Arch)* Tower of Babel
Turm *m* **der Winde** *(Arch)* Tower of the Winds *(Athen)*
Turm *m***/gedrehter** *(Arch, Konst)* turret
Turm *m***/kippbarer** *(Konst)* tiltable tower
Turm *m***/kleiner** *(Arch)* small tower

Turm *m***/konischer** *(Arch, Konst)* tapered tower
Turm *m* **mit Giebeldach** gabled tower
Turm *m* **mit Türmchen** *(Arch)* turreted tower
Turm *m* **mit Türmchenaufbau** *(Arch)* turreted tower
Turm *m***/quadratischer** *(Arch, Konst)* squared tower
Turm *m***/schiefer** leaning tower
Turm *m* **von Pisa/der schiefe** *(Arch)* the leaning tower of Pisa
Turm *m* **zu Babel** *(Arch)* Tower of Babel
Turmansatz *m (Konst)* stump
Turmaufrichten *n (Te)* tower erection
Turmbau *m* tower building, tower construction
Turmbiber *m* steeple plain tile *(Dachziegel)*
Türmchen *n (Arch)* turret, bicoca • **mit Türmchen** turriculated • **mit Türmchen versehen** *(Arch)* castellated, turreted
Türmchen *n* **mit konischem Dach** *(Konst)* pepper box turret
türmchenähnlich turret-like
türmchenartig *(Arch)* turreted
Turmdach *n* tower roof, steeple roof; spire roof *(Kirchturm)*
Turmdach *n***/kegelförmiges** *(Arch)* conical spire *(Kirchturm)*
Turmdachpyramide *f (Arch)* spire
Turmdrehkran *m (BWG)* rotary tower crane
Turmdrehkran *m***/fahrbarer** *(BWG)* travelling tower crane
Turmdrehkran *m* **mit 360°-Drehkreis** *(BWG)* whirley crane
Turmerrichtung *f* 1. *(Te)* tower erection; 2. *(Konst)* tower construction
Turmfalzziegel *m* tower gutter tile
Turmfassade *f (Arch)* towered façade
turmförmig *(Arch, Konst)* turriform
Turmgaststätte *f (Konst)* tower restaurant
Turmgebäude *n (Arch)* tower building
Turmgebäude *n* **mit Y-Grundriss** *(Arch, Konst)* trefoil--shaped tower block
Turmhahn *m* 1. *(Arch, Konst)* weather vane; 2. *(Arch)* weathercock
Turmhelm *m* top of spire
Turmhochhaus *n* tower block, tower building, tall block, toll building
Türmittelpfosten *m* door mullion, mullion
Türmittelpfosten *m***/entfernbarer** removable mullion
Turmkrankübel *m* skip for tower crane
Turmkrone *f (Arch)* crown steeple
Turmpfeiler *m (TK)* tower pier
Turmreihen/mit turriculated
Turmschaft *m* tower shaft
Turmsilo *n (Konst)* tower silo
Turmspitze *f* top of the tower; spire, top of spire, polygonal spire
Turmspitze *f* **auf quadratischem Turm/achteckige** *(Arch)* broach spire
Turmspitze *f***/durchbrochene** *(Arch)* openwork spire
Turmspitze *f***/kegelförmige** *(Arch)* conical spire *(Kirchturm)*
Turmspitze *f***/kleine** *(Arch, Konst)* spirelet
Turmtreppe *f* tower stair
Turmuhr *f (EB)* tower clock
Turmziegel *m* steeple tile
Türnamensschild *n* doorplate
Turnhalle *f (Arch)* gymnasium
Türnischenbogen *m (Konst)* door niche arch
Turnus/im rotational
turnusmäßig rotational
Türoberlicht *n* transom light; fanlight, fan window *(halbrundes Fenster über Türen)*
Türoberteil *n* door head
Türoffenhalter *m* door holder
Türöffner *m* door opener, door buzzer
Türöffner *m***/elektrischer** *(BT)* automatic electric door opener
Türöffnerbegrenzer *m (EB)* door strip
Türöffnerbeschläge *mpl* door pull hardware, pull hardware
Türöffnung *f* doorway, shutter doorway
Türöffnung *f***/lichte** door opening
Türöffnung *f* **ohne Türblatt** cased opening, trimmed opening
Türöffnungsanlage *f (El)* door operator
Türöffnungsbegrenzer *m* 1. door stop; 2. hospital stop, terminated stop *(in Fußbodenhöhe)*
Türöffnungszugring *m***/eingelassener** flush ring
Türpassrahmen *m* butted door frame
Türpfosten *m* 1. door jamb, door post, door cheeks, door tree, door stud, principal post, jamb, side jamb; 2. *(Arch)* alette, allette *(römischer Bogenpfeiler)*
Türpfostendübel *m (BT)* spud
Türpfostenleiste *f***/gerundete** rounded forend *(Schwingtür)*
Türportal *n (Arch)* label moulding *(Gotik)*
Türprofil *n* door shape, door trim
Türpuffer *m* door bumper, door stop
Türquerholz *n* 1. *(Hb)* transom bar; 2. *(BT, Hb)* transom
Türquerriegel *m* **in Schlosshöhe** *(Hb)* lock rail
Türquerschutzholz *n***/unteres** *(BT, Hb)* weather board
Türrahmen *m* door casing, door frame(work); panel frame *(einer Rahmentür)*
Türrahmen *m* **aus einem Stück** integral (door)frame
Türrahmen *m***/ausgearbeiteter** solid door frame
Türrahmen *m***/ausgemauerter** grouted frame
Türrahmen *m***/bleiblechverkleideter** lead-lined frame, radiation-retarding doorframe
Türrahmen *m***/eingefügter** rabbeted door frame, rabbeted door jamb
Türrahmen *m***/gefalzter** rabbeted door frame, rabbeted door jamb
Türrahmen *m* **in drei oder mehr Einzelteilen/vorgefertigter** knocked-down doorframe
Türrahmen *m* **mit Anschlag** *(BT)* solid stop
Türrahmen *m* **mit einfachem Anschlag** single-rabbet frame
Türrahmen *m* **mit geteiltem Mittelpfosten** *(Hb, Konst)* split doorframe *(Schiebetür)*
Türrahmen *m* **mit Giebel** *(Arch, Hb, Konst)* pedimented doorframe
Türrahmen *m* **mit Metallhohlleistenrand** casing-bead doorframe *(als Putzhalter)*
Türrahmen *m* **mit Oberlichtöffnung** *(Konst)* transom frame *(über dem Türblatt)*
Türrahmen *m***/verstellbarer** *(BT, EB)* adjustable doorframe
Türrahmenankereisen *n* base anchor, base clip, floor anchor
Türrahmenauskleidung *f* panel lining
Türrahmenbodenschutz *m (BT, Konst)* spat *(meist aus rostfreiem Stahl)*
Türrahmenfußverkleidung *f (BT, Konst)* spat *(meist aus rostfreiem Stahl)*
Türrahmengummistreifen *m* 1. *(BT, DIS)* rubber silencer; 2. *(BT)* silencer
Türrahmenhalteeisen *n* door frame anchor
Türrahmenhalter *m* door frame anchor
Türrahmenhalter *m***/verstellbarer** *(BT, EB)* adjustable base anchor
Türrahmenhandpfosten *m (EB, Hb)* hanging stile
Türrahmenhöhenhalter *m* floor stilt

Türrahmenklammer *f* **in einer Holztrennwand** wood stud anchor, nailing anchor
Türrahmenpfosten *m (Hb)* side jamb
Türrahmenstehbolzenanker *m (BT)* steel stud anchor
Türrahmenverkleidung *f* panel lining
Türrandabdeckung *f* inside trim
Türrandgestaltung *f* door edge moulding
Türrelief *n (Arch)* coronet *(über dem Sturz)*
Türriegel *m* door bolt, door rail, latch, bolt
Türriegel *m*/**oberer** top door rail, head jamb
Türriegelrandabstand *m* flush bolt backset
Türschalter *m* door switch
Türscharnier *n* door hinge
Türscharnier *n*/**mittelhängiges** centre pivot
Türscharnier *n*/**verdecktes** *(EB)* invisible hinge
Türschild *n* doorplate
Türschließanlage *f (EB, El)* door closing device
Türschließer *m* door closer, check of a door; gate closer
Türschließer *m*/**automatischer** automatic door closer, self-closing device, automatic door seal, automatic self--closing device, door check; butterfly spring *(mit Metallfeder)*
Türschließer *m*/**elektrischer** door contact
Türschließer *m*/**oben angebrachter** *(EB)* overhead concealed closer
Türschließer *m*/**selbsttätiger** *s.* Türschließer/automatischer
Türschließer *m*/**verdeckter** *(BT)* concealed door closer
Türschließregler *m (EB)* door coordinator *(bei doppelten zweiflügeligen Türen)*
Türschlitz *m* door pocket
Türschloss *n (EB)* door lock
Türschloss *n*/**komplettes** *(AE)* lockset
Türschloss *n* **mit Besetztanzeige** *(EB)* indicator bolt *(an WC-Türen)*
Türschloss *n* **mit Klinke nur an der Innenseite** *(EB)* inside door lock
Türschloss *n* **mit Nachtriegel** *(EB)* two-bolt lock
Türschloss *n* **mit Springbolzen und Knöpfen** knob lock
Türschloss *n*/**vormontiertes** preassembled lock, rigid lock, unit lock
Türschlossbuchse *f* lock hub
Türschlosssäule *f* door lock pillar
Türschutzdach *n (Konst)* door hood
Türschutzgitter *n* door security screen
Türschwelle *f* threshold, doorsill, door saddle, door strip, sill, *(AE)* saddleback board, *(AE)* door rail
Türschwellenstufe *f* doorstone
Türseitenpfosten *m* side jamb
Türsignalknopf *m* door indicator button *(Hotel)*
Türspezifikationsliste *f* door schedule
Türspion *m* (door) viewer, judas
Türsprechanlage *f (EB, El)* door intercom(munication) system
Türstange *f (EB)* door bar
Türstock *m* post of a door, door frame
Türstopper *m* floor stop
Türstoßstange *f (EB)* push bar
Türsturz *m* door lintel, transom, browpiece, *(AE)* ancon
Türsturz *m*/**bogenförmiger** *(Konst)* segment head
Türsturzfries *m (Arch)* hyperthyrum
Türverkleidung *f* door lining, door panel
Türverkleidung *f*/**gepolsterte** drum panelling
Türverriegelung *f (EB)* door latch
Türverzierung *f (EB)* door finishing
Türvorderseite *f* door front
Türwand *f* 1. *(Konst)* wall with doors; 2. movable partition (wall)
Türzapfen *m* hanging stile; checking floor hinge *(mit Mechanismus zur Geschwindigkeitsregelung des Türschließens)*
Türzarge *f* door frame, door casing, door buck
Türziernagel *m* doornail
Türzierrahmen *m* door trim
Türzubehör *n* door accessories, door equipment
Tusche *f* Indian ink, China ink; drawing ink *(Zeichentusche, Ausziehtusche)* • **mit Tusche ausziehen** *(Konst)* ink *(Zeichnung)*
tuschen *v* ink draw in Indian ink; colour-wash
Tuschfarbe *f* watercolour
Tuschfeder *f* Indian ink pen, China ink pen
Tuschmalerei *f (Arch)* drawing in Indian ink
Tuschzeichnung *f s.* Tuschmalerei
T-Verstärkungsstück *n (BT)* tee iron *(Holzbalkenkonstruktion)*
Tympanon *n (Arch)* tympanum *(am romanischen und gotischen Portal)*
Typ *m (Konst)* type
Typbewertung *f* type evaluation
Typenabmessung *f* standard dimension
Typenbau *m (Konst)* standard building
Typenbaugrundriss *m* type-ground-plan
Typenbauten *mpl*/**im Baukastensystem errichtete** prefabricated standard buildings erected by building units
Typenbeschränkung *f* reduction in types
Typendecke *f* standard floor
Typenentwurf *m (Konst)* standard design
Typenfenster *n (BT)* standard window
Typengröße *f* standard size
Typengrundriss *m* type-ground-plan
Typenmaß *n* standard dimension
Typenplan *m (Konst)* standard plan
Typenprojekt *n (Konst)* typified design
Typenrahmen *m (BT)* standard frame
Typenrahmenhalle *f* standard framed building
Typenreduzierung *f* reduction in types
Typenwohnung *f* standard dwelling
typisch typical
typisieren *v* typify *(Konstruktion)*; standardize *(normen, vereinheitlichen)*; unitize *(Größen)*
typisiert *(BM, BT)* unitized
Typisierung *f (Konst)* type standardization
Tyton-Muffe *f (BT)* Tyton joint

UB *m (BWG)* universal dredge *(Tiefbau)*
U-Bahn *f (Verk)* underground railway
U-Bahnhof *m* underground station, *(AE)* subway station
U-Bahnlinie *f* underground line, *(AE)* subway line
U-Bahnstrecke *f s.* U-Bahnlinie
U-Bahnzugang *m* pavement entrance *(von der Straßenebene)*
überaltert physically deteriorated *(Baustoffe)*
überarbeiten *v* revise *(Plan)*
Überarbeitung *f* revision
überarmiert overreinforced
Überbau *m (Konst)* superstructure
überbauen *v* overbuild
Überbaukonstruktion *f (Konst)* superstructure
überbaut/dachförmig tectorial

überbeanspruchen *v* 1. *(Stat, Te)* overstress; 2. *(Stat)* overload
Überbeanspruchung *f* 1. overstress, overload, overtension, excessive stress, surcharge *(mechanisch)*; 2. *(Umw)* overuse *(Natur, Umwelt)*; 3. *(Stat)* surcharge *(auch El)*
Überbeizen *n* overpickling
überbelasten *v* overload, overstress, surcharge, overstrain *(mechanisch)*
überbelastet overloaded, overladen
Überbelastung *f* overload condition, overloading, overcharge
Überbelegung *f* overcrowding *(Wohnung)*
überbemessen overdesigned, superdimensioned
überbestimmt overdefined
überbestimmt/statisch statically overdefined, statically overdetermined
Überbeton *m (BB, Konst)* non-structural top screed
überbewehrt overreinforced
überbewerten *v* overestimate
Überbewertung *f (VR)* overestimate
überblatten *v (Hb)* lap, halve, scarf
Überblattung *f* 1. *(Hb)* table(d) joint, half joint, halving joint, halving, shiplap edge; 2. *(Konst)* overlapping; 3. *(Hb)* overleap joint
Überblattung *f*/**gerade** *(Hb)* straight halving
Überblattung *f* **in Herzblattform** *(Hb)* bird's-mouth lapped scarf
Überblattung *f*/**schräge** *(Hb)* splayed joint
Überblick *m* 1. view, overview; 2. *(Konst, Te)* survey
Überbrennen *n (OB, Te)* overbaking *(Anstrich)*
überbrücken *v* bridge, cross; traverse *(Brücke)*; span *(z. B. einen Fluss)*
Überbrückung *f* bridging *(von Rissen)*; spanning *(z. B. einen Fluss, ein Baufeld usw.)*
überdachen *v* roof over, cover; house in
überdacht/nicht unroofed, uncovered; open
Überdachung *f (Konst)* roof
überdecken *v* 1. cover; hide; topcoat, overcoat *(Anstrich)*; 2. lap, overlap *(z. B. Dachziegel)*
überdecken *v*/**sich** overlap
Überdecken *n* covering-over
Überdeckung *f* 1. lap, lapping *(Bewehrungsstahl)*; 2. *(Bod, Erdb)* overburden; 3. covering-over *(z. B. Verkleidung)*; 4. *(Konst)* overlapping *(z. B. Dachziegel)*; 5. shelter *(schützend)*
Überdeckung *f*/**seitliche** side lap *(z. B. bei Schindeln, Verkleidung)*
Überdeckungsbreite *f* lap width *(Dachziegel)*
Überdeckungshöhe *f* depth of cover *(Tiefbau)*
Überdeckungslänge *f (Konst)* allowance for length of moment
Überdeckungsstoß *m* lap joint, plain lap, lapped splice, joint for allowance, splice
überdekoriert *(Arch)* florid
überdimensionieren *v (Konst, Stat)* overdesign
überdimensioniert overdesigned, oversized, superdimensioned
Überdimensionierung *f (Konst, Stat)* overdimensioning
Überdosierung *f (BM, Te)* overdosage
überdrehen *v* 1. strip *(Gewinde)*; overtighten *(Mutter)*; 2. *(BM, Te)* jigger *(Grobkeramik)*; 3. overspeed *(Motor)*
Überdrehen *n* jiggering *(Grobkeramik)*
Überdruck *m (Erdb, HLK)* overpressure, excess pressure, superpressure
Überdruck *m*/**hydrostatischer** *(WVA)* excess hydrostatic pressure
Überdruckkammer *f (HLK)* plenum chamber *(Klimaanlage)*
Überdruckregler *m* overpressure controller, overpressure regulator
Überdruckturbine *f (Wsb)* reaction turbine
Überdruckventil *n (HLK)* pressure-relief device, pressure--relief valve, overpressure valve
Überdruckzone *f (Stat)* zone of excess pressure
überdurchschnittlich above average
Übereinaderlagerung *f* superposition
übereinandergreifen *v* overlap
übereinanderlegen *v (Bod, BT, Konst)* superpose
übereinanderliegend superimposed, superposed
übereinanderliegend/dachziegelartig imbricating
Übereinkunft *f*/**implizierte** implied agreement
übereinstimmen *v (BT, Konst, Te)* coincide
übereinstimmend *(Konst, Stat, VR)* consistent
Übereinstimmung *f* 1. *(BM, BT, VR)* conformity; 2. *(VR)* conformance *(z. B. konstruktiv)*; 3. *(Konst, VR)* accordance; 4. *(Arch)* consensus *(Bestimmungen)*; 5. *(Arch, Konst)* consistency *(Gleichmäßigkeit)*
Übereinstimmungsnachweis *m (Konst, VR)* attestation of conformity
Übereinstimmungsprüfung *f* compliance test
Überfahrtsrecht *n (VR)* wayleave
Überfall *m (Wsb)* overflow, spillway, waste-way *(Talsperre)*; overflow dam; nappe, weir *(Wehr)*; overfall *(z. B. Schleuse)*
Überfall *m*/**freier** *(Wsb)* uncontrolled weir
Überfallabflussmessung *f (Wsb)* gauging by measuring
Überfallbauwerk *n (Wsb)* diversion weir
Überfallbreite *f (Wsb)* width of overfall *(Stauwerk)*
Überfalldamm *m (Wsb)* overflow dam
Überfalldeich *m (Wsb)* overfall dike
Überfalle *f* padlock hasp *(Schloss)*
Überfallfischgerinne *n* overfall-type fish pass
Überfallhöhe *f (Wsb)* height of overfall
überfällig overdue
Überfallkante *f (Wsb)* overfall crest
Überfallkrone *f (Wsb)* overflow crest
Überfallpfeiler *m (Wsb)* overflow buttress
Überfallriegel *m (EB)* turning bar *(Kaminsturz)*
Überfallrohr *n* overflow duct, overflow pipe
Überfallstauwehr *n (Wsb)* overfall weir, overflow weir, spill dam
Überfallsturzbecken *n (Wsb)* spillway bucket
Überfallwasser *n (Wsb)* overfall; nappe *(Wehr)*
Überfallwehr *n (Wsb)* overfall weir, overflow, overflow weir, crest-control weir, spill dam
überfalzen *v* lay with joints rebated
Überfangbogen *m* discharging arch, relieving arch, safety arch *(Mauerwerk)*
Überfangglas *n* flashed glass
Überfettung *f (BM, Verk)* fatting-up
überfirnissen *v (OB)* revarnish
überfließen *v (Bod, Wsb)* overflow
überfließend *(HLK, Wsb)* overflowing
Überflur... above-grade ...
Überflurhydrant *m (WVA)* pillar hydrant
Überflurleitung *f (El, WVA)* above ground line
Überfluss *m (San, WVA)* backup *(in einem Leitungssystem)*
Überflussauffangbehälter *m (San)* safe, drip sink
Überflussleitung *f (HLK, WVA)* warning pipe *(Überlauf)*
überfluten *v* overflow, flood; inundate *(überschwemmen)*
Überfluten *n* 1. *(Bod, LB, Umw)* submergence; 2. *(Erdb)* engulfment *(speziell Baugrund)*
überflutet flooded
Überflutung *f* 1. *(Umw)* flooding; 2. *(Umw, Wsb)* inundation *(Überschwemmung)*
Überflutungsebene *f (RP, Umw)* flood ground
Überflutungsflächen *fpl (Wsb)* retention areas *(Flussauen)*
überführen *v (Verk)* pass over *(Straßenbau)*
Überführen *n* **in Gemeinnutz** *(AE)* condemnation

Überführung *f (Verk)* overbridge, flyover, scissors crossover, road bridge, *(AE)* overpass
Überführungsbauwerk *n* flyover, overbridge
überfüllert with excess of filler
Übergabe *f (VR)* handing over
Übergabe f/schlüsselfertige *(VR)* turnkey handover
Übergabestation *f* **für Fernwärme** long-distance heat intake
Übergabetermin *m (VR)* handing-over date *(für fertiggestellte Bauten)*
Übergang *m* 1. *(Verk)* crossing, passage, *(AE)* crosswalk, *(AE)* xing, *(AE)* X-ing; pass, crossing place *(Verdichtungsübergang)*; 2. changeover *(Veränderung)*; 3. *(BM)* gradation *(Zuschlagstoffkörnungen)*; 4. *(Konst, Te)* transition *(z. B. Linienführung, Übergangsstadien)*; 5. interim *(Zwischenlösung)*; 6. assignment, transfer *(Eigentum, Baugrund)*
Übergang m/höhengleicher *(Verk)* crossing at grade
Übergang *m* **in glasige Zustandsphase** *(BM)* vitrification *(z. B. Ziegel, Kacheln)*
Übergang m/schienengleicher *(Verk) (AE)* highway railroad grade crossing
Übergang *m* **von innen nach außen** *(Arch)* transition from interior to exterior
Übergangs... transitional ...
Übergangsanschluss m/sattelförmiger *(Konst)* saddle cap flushing
Übergangsarchitektur *f (Arch)* transitional architecture
Übergangsbahnhof *m (Verk)* transit station, transfer yard
Übergangsbaukunst *f (Arch)* transitional architecture
Übergangsbereich *m* transition zone
Übergangsbereich *m* **von innen nach außen** *(Arch)* transition from interior to exterior
Übergangsbogen *m* 1. *(Verk)* transition curve, connecting curve, spiral curve, junction curve, easement curve, spiral *(Trassierung)*; 2. transition arch
Übergangsbogen m/kontinuierlicher *(Verk)* progressive transition curve *(Straße)*
Übergangsbogenlänge *f* transition curve length
Übergangsbrücke *f (Konst)* horizontal exit *(zwischen Gebäuden)*
Übergangsdeckleiste *f* window apron
Übergangsgrauwacke *f* greywacke schist
Übergangsheizperiode *f* between-season heating period, heating period between seasons
Übergangskalk *m* transition lime
Übergangskonstruktion *f (Br)* transition structure *(Brücke)*
Übergangskrümmer *m (BT)* tapered bend
Übergangskurve *f s.* Übergangsbogen
Übergangsmoorboden *m (Bod)* carr
Übergangsmuffe *f* transition sleeve, reducing sleeve
Übergangsperiode *f (Arch)* period of transition, transition(al) period *(Stilübergangszeit zwischen Stilepochen)*
Übergangsphase *f (Arch)* transitional phase, phase of transition *(Stilwechsel)*
Übergangspunkt *m* 1. *(Verk, Verm)* tangent point *(Straße)*; 2. *(BM, Te)* transition point *(in einen anderen Zustand)*
Übergangsquerschnitt *m* flue gathering, gathering *(beim Übergang vom Fuchs zum Schornstein)*
Übergangsrohr *n* 1. reducing pipe, transition pie; 2. *(San)* taper, tapered pipe
Übergangsschicht *f (Bod, Erdb)* transition bed, passage bed, transition layer
Übergangsstil *m (Arch)* transitional style *(von der Romanik zur Gotik, 12. Jh.)*
Übergangsstück *n (San)* reducer
Übergangszeit *f (Arch)* transitional period, transitional phase *(Stilwechsel)*
Übergangszone *f* 1. *(Konst)* transition zone; 2. *(RP)* zone of transition
Übergangszustand *m* state of transition
übergeben *v* hand over, turn over, hand *(z. B. fertiggestellten Bau)*
übergeben v/eine Straße dem Verkehr *(Verk, VR)* open a road
übergeben v/schlüsselfertig turn-key
übergehen *v (Arch)* spread into *(Säulenoberflächenelemente)*
übergehen *v* **in** merge into, pass into *(Gewässer, Verkehr usw.)*
übergespannt overprestressed, overstressed, overstretched *(Spannbeton)*
Übergewicht haben *v* overweigh
übergewichtig sein *v* overweigh
übergipsen *v* plaster over
Überglasur *f* overglaze decoration
Überglasurdekorarbeit *f* overglaze decoration
Übergreifungsstoß *m (Konst)* overlapping joint
übergroß overlarge, extra-large, oversize(d)
Übergröße f/zulässige plus allowance
Überhang *m* 1. overhang; 2. *(Hb)* sally *(Dach)*
Überhanganschluss *m* stepped counter flashing
überhängen *v* overhang, stand out; sail over *(Dach)*
überhängend overhanging, overhung *(z. B. Träger, Dach)*; pendent *(herabhängend)*; beetle *(vorstehend)*
Überhangwand *f* overhanging wall
überheben *v* surmount *(krönen)*
überheizen *v (HLK)* overheat
Überheizung *f* overheating
überhitzen *v* overheat, superheat
Überhitzer *m* superheater
überhitzt overheated
Überhitzung *f* overheating
Überhitzungsstelle *f* hot spot
Überhitzungsstelle f/dunkle machine burn *(in geschnittenem Material, z. B. Holz)*
Überhitzungszone *f s.* Überhitzungsstelle
überhoben stilted, surmounted *(aufgestelzt)*
überhöhen *v* 1. stilt, surmount *(Gewölbe, Dachstuhl, Tragwerk)*; 2. *(Verk)* bank, superelevate *(z. B. eine Kurve)*; 3. step *(Gelände)*
überhöht 1. banked, superelevated *(Kurve)*; 2. exaggerated *(Maßstab)*; 3. canted *(geneigt)*; 4. saddlebacked *(Satteldach)*
Überhöhung *f* 1. hog, hogging *(Aufwölbung)*; 2. raise *(Aufschüttung)*; 3. degree of incline *(Neigungswinkel)*; 4. exaggeration of heights *(Profil)*; 5. *(Verk)* banking, superelevation, camber, elevation *(einer Kurve)*
Überhöhung f/vertikale *(Konst)* vertical exaggeration
Überhöhungsverhältnis *n (Konst)* ratio of exaggeration
Überhöhungswendepunkt *m (Verk)* point of changing superelevation
überholen *v* 1. *(RS)* overhaul; 2. *(Te)* touch up *(erneuern)*; 3. *(Verk)* pass, overtake; 4. surpass, outstrip, outdo *(übertreffen)*
Überholen *n* 1. overhauling, touching up *(Erneuern)*; 2. *(Verk)* overtaking
Überholgleis *n (Verk)* passing loop
Überholsichtweite *f (Verk)* overtaking sight distance, passing sight distance *(Straße)*
Überholspur *f* fast lane *(Autobahn)*; passing lane, passing track; overtaking lane *(speziell UK; Straße)*
Überholstelle *f (Verk)* passing place, overtaking place
überholt outmoded
überholt/technisch obsolete, outdated
Überholverbot *n (Verk)* no passing; no overtaking
Überholverbotsstrecke *f (Verk)* no passing section; no overtaking section
Überholweite *f (Verk)* overtaking distance

überirdisch superterranean, superterrene
überkalken *v (OB, Te)* overlime
überkippt 1. *(Arch)* overthrown *(Kapitell)*; 2. overtilted, overturned, overthrown *(z. B. bei der Montage)*
Überkonsolidierung *f (Bod)* overconsolidation
Überkopfladen *n* overhead loading
Überkopflader *m (BWG)* overhead bucket
Überkopfmassen *fpl (Erdb, Konst)* surcharged earth *(Stützmauer)*
Überkopfschweißen *n (St)* overhead welding
Überkopfstützmauer *f* surcharged wall
Überkorn *n* oversize material, screen oversize, oversize product *(Zuschlagstoffe)*
Überkornanteil *m (BM)* oversize percentage
überkragen *v (Konst)* stand out
Überkragung *f (Konst)* hanging-over
Überkreuzlage *f (Hb, Konst, St)* crossed position
Überkreuznagelung *f* cross nailing
Überkreuzung *f* **von Leitungen** *(El, San, Wsb, WVA)* crossover
überkritisch *(Stat)* supercritical
überkrustet encrusted
überkuppeln *v (Konst, Te)* dome
Überlackierbarkeit *f (OB)* recoatability
überladen *v (Stat)* overload
überladen 1. *(Arch)* over-ornamented, overdecorated, florid, postiche *(mit Verzierungen)*; 2. overloaded
Überladung *f* excess load
überlagern *v* 1. *(Stat)* superimpose; 2. overlay, overlap; 3. overlie *(geologisch)*
überlagernd 1. *(Stat)* superimposed; 2. *(Bod, Erdb)* overlaying *(z. B. Belag, Abdeckung)*; 3. *(Bod, Erdb)* overlaying; 4. overlying, superincumbent *(geologisch)*
Überlagerung *f* 1. *(Stat)* superimposition, superposition; 2. *(Bod, Erdb)* overlaying; overburden *(oberer Schichten)*; 3. *(Bod)* mantle
Überlagerung *f* **von Entwässerungsnetzen** superposition of networks
Überlagerungsdruck *m (Bod, Erdb)* overburden (pressure) *(oberer Schichten)*
Überlagerungsgesetz *n (Stat)* principle of superposition, superposition law, superposition principle
Überlagerungslösung *f (Stat)* superposition solution
Überlagerungsprinzip *n (Stat)* law of superimposed stress
Überlagsholz *n (BT)* wood lintel
Überlandleitung *f (El)* long-distance transmission line, overhead power line, power transmission line, landline
Überlandstraße *f* cross-country road, *(AE)* highway
Überlandtransport *m* overland transport(ation), long-distance haulage
Überlandverkehr *m* long-distance traffic, interurban traffic
überlang over-long
überlappen *v* 1. lap, overlap *(Bewehrungsstahl)*; 2. overlap; imbricate *(Dachziegel)*; 3. splice *(schweißen)*
überlappen *v*/**sich** overlap
Überlappen *n (Konst)* overlapping
Überlapptschweißung *f (St)* scarf welding *(mit Schrägstößen)*
Überlappung *f* 1. lap, lapping *(Bewehrungsstahl)*; 2. *(Hb)* gain; overlapping; 3. *(Konst)* step joint *(Nähte)*; 4. imbrication *(Dachziegel)*
Überlappungsabdeckung *f* imbrication
Überlappungsbreite *f* side lap *(z. B. bei Schindeln, Verkleidung)*
Überlappungsdachabdeckung *f* imbrication
Überlappungsfuge *f (Konst)* shingle lap *(dünn über dick)*
Überlappungsgegenblech *n* cover flashing *(Schornsteinanschluss)*
Überlappungsklebung *f* lap joint, plain lap
Überlappungslänge *f (Konst)* overlap length
Überlappungsnaht *f* overlapping weld
Überlappungsnietung *f (Konst, St, Te)* lap-joint riveting
Überlappungsnietverbindung *f* riveted lap joint
Überlappungsornament *n* imbrication *(mit Dachziegeln)*
Überlappungsrand *m (Konst)* selvage joint
Überlappungsschweißen *n (St, Te)* lap welding
Überlappungsschweißnaht *f* overlapping weld
Überlappungsschweißung *f (St, Te)* splice lap
Überlappungsstoß *m* 1. lap joint, plain joint, overlapping joint; 2. *(Hb)* splice
Überlappungsverbindung *f* lap joint, plain lap *(geklebt)*; foliated joint *(überblattete Verbindung)*
Überlappungsweite *f (Konst)* passings
überlaschen *v (Hb)* splice
Überlaschen *n (Hb, St)* attachment of a butt strap *(Holzbau, Stahlbau)*
Überlassdeich *m (Wsb)* overflow
Überlast *f* 1. excess load, overload, overweight, overcharge; 2. *(El)* overload
überlasten *v* 1. overcharge, overload, overstress; 2. *(El)* overload; surcharge; 3. surcharge *(überbelasten)*; overburden *(mit Arbeiten)*
überlastet overloaded, overladen, overstressed, overcharged; overburdened *(mit Arbeit)*
überlastig top-heavy
Überlastschalter *m (El)* peak-load controller
Überlastung *f* 1. *(Stat)* overload; 2. *(Bod, Erdb)* overburden *(oberer Schichten)*; 3. *(Bod, Erdb)* overconsolidation *(durch Baugrundüberbeanspruchung)*; 4. *(Verk)* oversaturation
Überlastungsabschalter *m (El)* thermal cut-out
Überlastungsbedingung *f (Stat)* overload condition
Überlastungsschutz *m*/**thermischer** thermal overload protection
Überlauf *m* 1. *(Wsb)* overflow *(Vorgang)*; 2. *(Wsb)* spillway, spill-over, waste-way *(Talsperre)*; overfall *(Wehr, Schleuse)*; 3. *(Erdb)* draw-off structure; 4. *(BM)* tailings *(Zuschlagstofftrennung)*; 5. *s.* Überlaufleitung; 6. *s.* Überlaufrand
Überlaufanschluss *m (San, WVA)* overflow connection
Überlaufanteil *m (BM)* oversize percentage
Überlaufdamm *m (Wsb)* overfall dam; overflow dike
überlaufen *v (Bod, Wsb)* overflow
Überlaufen *n (Wsb)* overfall *(z. B. Schleuse)*
überlaufend *(HLK, Wsb)* overflowing
Überlaufgut *n* tailings *(Siebgut)*
Überlaufhöhe *f (San)* flood level *(z. B. Waschbecken)*
Überlaufkanal *m (Wsb)* overflow channel, spill channel, spillway channel
Überlaufkante *f* lip, overflow edge
Überlaufkonus *m* overflow cone
Überlaufleitung *f* overflow duct, overflow pipe, overflow line
Überlaufmaterial *n* rejects *(Gesteinsaufbereitung)*
Überlaufpunkt *m (Wsb)* spill point
Überlaufrand *m* 1. flood level; 2. *(San)* flood-level rim
Überlaufrinne *f* overflow gutter
Überlaufrohr *n* 1. *(HLK, San, WVA)* overflow pipe; 2. *(HLK, WVA)* escape pipe; 3. *(San, WVA)* spillway pipe
Überlaufschlacke *f (BM)* boilings
Überlaufstandrohr *n* overflow stand pipe, *(AE)* standing waste pipe
Überlaufwehr *n (Wsb)* leaping weir, effluent weir, separating weir
überlebensgroß *(Arch)* larger than life size
überleiten *v* lead up
Überleitungswehr *n (Wsb)* diversion weir
überliegend *(Bod)* superincumbent *(geologisch)*
Überluft *f (HLK)* overfire air *(Heizung)*

übermalen *v* mend the painting, freshen, paint afresh, overpaint
Übermaß *n* oversize; excess length *(von Langholz)*
Übermaß *n***/erlaubtes** plus allowance
übermessen *v (Verm)* measure overall
übermessen *v***/flach** *(Verm)* measure flat overall
Übermittlungsanlage *f (BT, EB)* communication system
Übernahme *f* takeover, taking over, undertaking
Übernahme *f* **der Leistung** *(VR)* acceptance of work
Übernahmebedingungen *fpl (VR)* conditions of acceptance
übernehmen *v* 1. take over, take charge *(Besitz)*; 2. assume, undertake *(Verpflichtungen)*; 3. *(VR)* undertake *(Bauauftrag)*; 4. take over, accept the work *(Bauwerk)*
überörtlich interstate
Überpigmentierung *f* over-pigmentation
Überplattung *f (Hb)* notching *(Zimmerung)*
überprüfen *v* 1. inspect, examine, investigate, study *(untersuchen)*; 2. check, examine, look through, audit *(kontrollieren)*; 3. revise; vet *(genau)*
Überprüfung *f* 1. examination, inspection, investigation *(Untersuchung)*; 2. check, revision *(Kontrolle)*; checkout *(von Baustoffen)*; 3. *(VR)* verification *(belegbar)*
Überprüfung *f* **der Qualitätssicherung** quality audit
Überprüfung *f* **eines Projektes** *f* design review
Überprüfung *f***/genaue** meticulous inspection
Überprüfung *f***/örtliche behördliche** *(VR)* local search
Überputz *m (SB)* set
Überputzkabel *n* surface cable
Überputzverdrahtung *f (El)* open wiring
überqueren *v* go across
überragen *v* 1. protrude, overlook, tower above *(überragen)*; project *(ein Teil eines Gebäudes)*; 2. surmount *(gestelztes Gewölbe)*
überrammt overdriven *(Pfahl)*
Überrest *m* 1. rest, remainder; remains; 2. *(BM)* fragment *(Bruchstück, Splitter, Spaltstück)*; 3. residue *(analytisch)*
übersättigen *v* supersaturate
übersättigt oversaturated, supersaturated
Übersättigung *f (Verk)* oversaturation; supersaturation
Übersäuerung *f* **des Wassers** *(Umw)* aquatic acidification *(Abwasser)*
Überschattung *f* overshadowing
überschätzen *v* overestimate
überschichten *v (Te)* stratify
Überschieber *m* straight sleeve
Überschiebmanschette *f* straight sleeve
Überschiebmuffe *f* coupler, socket, split sleeve
Überschiebmuffenrohr *n (BT)* sleeved pipe
Überschiebungsdecke *f (Bod)* nappe *(Geologie)*
Überschlag *m* estimate, estimation *(Schätzung)*
überschlagen *v* 1. estimate, calculate roughly; 2. overturn *(z. B. Fahrzeug)*
Überschlagen *n* 1. estimating *(Kosten)*; 2. overturning; overturning failure *(Fahrzeug)*
Überschlagrechnung *f* estimate calculation, rough calculation
Überschlagsvermessung *f (RP)* valuation survey
überschmückt *(Arch)* overornamented
überschneiden *v***/sich** 1. *(Verm)* intersect *(Linien)*; 2. overlap *(Flächen)*
Überschneidung *f* 1. *(Verm)* intersection; 2. *(Konst)* overlapping *(Flächen)*; 3. *(Hb)* notching
Überschneidung *f***/rechtwinklige** *(Hb)* straight notching
Überschreibung *f* registration, transference *(rechtlich)*
überschreiten *v* 1. cross, pass over, go across *(überqueren)*; 2. exceed *(Maße, Kosten, Zeit)*
Überschuss *m* excess, surplus
Überschussgebiet *n* overspill area *(Bevölkerung)*
überschütten *v (Bod, Erdb)* overwhelm
Überschüttung *f* 1. earth covering *(Leitungen)*; 2. ballast covering *(Schotter)*; 3. *(Konst, Tun)* tunnel loading *(offene Bauweise)*
Überschüttungshöhe *f* depth of cover *(Tiefbau)*
überschwemmen *v* inundate, submerge, deluge, overflow, flood, swamp, flush, whelm
überschwemmt flooded, submerged
Überschwemmung *f* 1. *(Umw)* flooding *(Vorgang)*; 2. *(Umw, Wsb)* inundation; 3. *(Umw)* deluge; 4. *(Bod, LB, Umw)* submergence
überschwemmungsbedroht *(Umw)* floodable
Überschwemmungsbett high-water bed overflow land
Überschwemmungsgebiet *n (Umw, Wsb)* inundated area, submerged area, flood land, flood plane, flood(ed) area, flood district, flood plain
Überschwemmungsniveau *n (Wsb)* overflow level
überschwer extra-heavy
Übersicht *f* 1. survey, scheme, summary *(Darstellung)*; 2. list, table, chart *(Übersicht)*; 3. control *(Kontrolle)*
Übersichtsaufnahme *f (Verm)* reconnaissance survey *(Gelände)*
Übersichtsbild *n (Arch, Konst)* general view
Übersichtsdarstellung *f (Arch, Konst)* general view
Übersichtskarte *f* outline map, sketch map; wall map
Übersichtskarte *f***/geologische** 1. *(Bod)* generalized geological map; 2. *(Bod, Verm)* reconnaissance map
Übersichtslageplan *m (Konst)* block plan
Übersichtsplan *m* 1. *(Konst)* layout plan; 2. *(Konst, Verm)* key plan; 3. *(Te)* plan of a site *(Baustelle)*
Übersichtsplan *m***/vorläufiger** preliminary general drawing
Übersichtsskizze *f (Konst)* general sketch
Übersichtstabelle *f (Stat)* tabular summary
Übersichtsvermessung *f (Verm)* reconnaissance survey *(Gelände)*
Übersichtszeichnung *f* layout, outline drawing, general assembly drawing, general drawing
überspannen *v* 1. arch; 2. *(Konst, TK)* span *(z. B. über zwei Stützen)*; 3. *(Br)* traverse; 4. *(Konst, TK)* span *(Brücke)*; 5. *(Te)* overprestress; 6. *(Stat, Te)* overstress
überspannen *v***/mit Bögen** concamerate; arch
Überspannen *n* overstressing, overtensioning, overstretching *(Spannbeton)*
überspannt overprestressed, overstressed, overstretched *(Spannbeton)*
Überspannung *f* spanning *(z. B. einen Fluss, ein Baufeld usw.)*
Überspannung *f***/verbundene** *(Konst, Stat)* continuous span
Überspannungsableiter *m (El)* lightning arrester, surge arrester
überspringen *v* jump *(hochspringen)*; skip *(weglassen, übergehen)*
Überspritzbarkeit *f* overcoatability
überspritzen *v* overcoat by spraying, overspray, recoat, overpaint
Überspritzen *n* spray recoating
Überstand *m* 1. projection, overhang, *(AE)* ressaut; 2. excess length *(von Langholz)*
Überstandsfugenformung *f* high-joint pointing
überstarr over-rigid
überstehen *v* 1. project *(ein Teil eines Gebäudes)*; cantilever *(Träger)*; 2. sail over, hung over *(z. B. Dach)*
Überstehen *n* 1. projecting *(Gebäudeteil)*; 2. cantilevering *(Träger, Kragarm)*; 3. overhanging *(z. B. Dach)*
überstehend projecting *(Gebäudeteil)*; overhung *(z. B. Dach)*
übersteif over-rigid

übersteigen *v* exceed *(Maße, Kosten, Zeit)*
übersteilt oversteepened
Überstieg *m (Konst)* stile
Überstreichbarkeit *f* overcoatability, recoatability
überstreichen *v* overcoat, overcoat by brushing, overpaint, paint afresh, rebrush, recoat, repaint, topcoat
Überstreichen *n* top-coating, topping, overpainting; overgrain *(mit Maserungseffekt)* • **durch Überstreichen erneuern** inpaint
Überstreichen *n* **im Gegenstrich** *(OB)* back-brush
Überströmen *n (Wsb)* overflow
überströmend *(HLK, Wsb)* overflowing
Überstromrelais *n (El)* overload relay
Überströmrohr *n (Wsb, WVA)* bypass pipe
Überstromschutz *m (El)* overcurrent protection
Überstromschutzschalter *m (El)* overcurrent protection breaker
Überströmungshöhe *f (Wsb)* head of water over weir
Überstromvorrichtung *f* overload device
Überstunden *fpl (VR)* overtime
Überstürzen *n* **der Mischertrommel** overturning of the mixing drum *(zum Entleeren)*
überstürzt overturned, overtilted
übertönt *(OB)* submerged
übertragen *v* 1. *(VR)* assign; 2. *(Stat, Te)* transfer *(z. B. Rechte)*; 3. transfer, transmit *(z. B. Kraft, Bewegung)*
übertragen *v* **auf/Last** bear on
übertragen *v*/**dem [einem] Baubetrieb die Arbeiten** charge the [a] contractor with the work
Übertragung *f* 1. *(VR)* assignment; 2. *(VR)* transference; 3. *(HLK, Stat)* transmission *(Wärme, Kraft usw.)*
Übertragung *f* **der Belastung** *(Stat)* transfer of load
Übertragungsfestigkeit *f (BB, Stat, Te)* transfer strength *(Spannbeton)*
Übertragungsleitung *f (El)* transmission line
Übertragungsmatrize *f* transfer matrix
Übertragungsmedium *n (HLK)* transfer medium *(z. B. Luft, Wasser, Strahlung usw.)*
Übertragungsmoment *n (Stat)* carry-over moment
Übertragungssystem *n (Konst)* transmission system
Übertragungsverlust *m (DIS, Stat)* transmission loss
Übertragungszeichengerät *n (Konst)* pantograph
Übertretung *f (VR)* misdemeanour
übertrocknet case-hardened *(Bauholz)*
Übertürrelief *n (Arch)* sopraporta
Überverdichtung *f (Erdb)* overcompaction
übervorgespannt overprestressed, overstretched *(Spannbeton)*
übervorspannen *v (Te)* overprestress
Übervorspannen *n* overstressing *(Spannbeton)*
übervorteilen *v*/**beim Grundbesitzankauf** *(VR)* gazump
überwachen *v* 1. supervise, inspect, control *(Arbeiten)*; 2. monitor, control, observe *(Abläufe)*; 3. attend *(z. B. Abläufe, Anlagen)*; 4. check *(Ergebnisse)*
Überwachen *n* 1. supervision, controlling *(Arbeiten)*; surveillance *(durch Dritte)*; 2. monitoring, observation *(Abläufe)*; 3. checking *(Ergebnisse)*
Überwachung *f* **durch eine autorisierte Prüfstelle** *(VR)* surveillance by an approved body
Überwachung *f*/**fest installierte** *(Verk)* fixed monitoring
Überwachung *f*/**punktuelle** *(Verk)* point monitoring
Überwachungsanlage *f (BWG)* monitoring equipment
Überwachungsanweisung *f (VR)* inspection protocol
Überwachungsbericht *m (VR)* inspection report
Überwachungsbescheinigung *f* inspection certificate
Überwachungseinrichtung *f (BWG)* monitoring unit
Überwachungsgerät *n* monitor
Überwachungsinstitut *n (VR)* inspection body
Überwachungsnetz *n (BWG, VR)* monitoring network
Überwachungsplan *m (VR)* inspection schedule
Überwachungsprobe *f (BM, BT)* control sample
Überwachungsprüfung *f* surveillance test
Überwachungsrichtung *f (El)* observation direction *(Beleuchtung)*
Überwachungsstelle *f (VR)* inspection body
Überwachungssystem *n*/**elektronisches** electronic control system
Überwachungstechnik *f (Verk)* observation technique
Überwachungs- und Steuerungseinrichtungen *fpl (BWG, El)* means of control
Überwachungsvorschrift *f (VR)* inspection specification
Überwachungszeichen *n* inspection mark
Überwachungszeugnis *n* inspection document
Überwärmungszone *f* hot spot
Überweg *m* passing area, *(AE)* X-ing, *(AE)* xing
Überwegmarkierung *f (Verk)* level crossing marker
Überweisung *f* remittance
Überwerfung *f (Verk)* flyover
überwinden *v* overcome, negotiate *(Steigungen, Hindernisse)*
überwölben *v* overarch, arch, concamerate, vault; dome *(eine Kuppel)*
Überwölben *n* **des Simses** underthroating
überwölbt *(Arch)* arched; vault-covered, vaulted
Überwölbung *f* arching, vaulting
Überwurf *m* lock bush
Überwurffitting *n (BT, San, WVA)* union fitting
Überwurfflansch *m* dismantling flange
Überwurfkrümmer *m* union bend, union elbow
Überwurfmutter *f* screw cap
Überwurfrand *m (San)* splash lap *(Blechbedachung)*
Überwurfverbindung *f* union joint
Überwurfverschraubung *f* union joint, union screw connection, socket
überzählig *(Stat)* redundant
überziehen *v* 1. surface, cover, face work *(größere Flächen mit festen Materialien)*; 2. coat, overlay *(z. B. mit Farbe, Kunststoff)*; 3. plate *(mit Metall)*; 4. line *(auskleiden)*
überziehen *v*/**mit einer Metallschicht** *(OB, Te)* clad
überziehen *v*/**mit Metall** metallize, plate
überziehen *v*/**mit Zink** sherardize
überziehen *v*/**sich mit Eis** frost
überzogen encrusted *(mit Ablagerungen)*; coated *(mit Schutzschichten)*
überzogen/mit Gold gold-coated
Überzug *m* 1. overcoat, overcoating, (surface) coating, cover *(Schutzschicht)*; plate *(Metallschicht)*; 2. overlay(ing) *(Putz oder Anstrich)*; 3. brow, suspender beam, upstand beam *(Oberbalken)* • **einen Überzug bilden** cover *(z. B. Farbe)*
Überzug *m* **auf Brennprodukten/weißer** kiln white
Überzug *m*/**dünner** film
Überzug *m*/**galvanischer** plate
Überzug *m*/**galvanisierter** *(OB)* electroplated coating
Überzug *m*/**geflammter** *(OB)* flamboyant finish
Überzug *m*/**organischer** *(OB)* organic coating
Überzuglack *m* finishing varnish, coating varnish; top coat
Überzugsbalken *m* browpiece, suspender beam, upstand beam
Überzugsmetall *n* 1. *(OB)* facing metal; 2. *(BM, OB)* veneer of metal
Überzugwerkstoff *m* veneer *(vorgefertigt)*
üblich regular
U-Bogen *m (HLK, San, WVA)* goose-neck
übrig spare • **übrig haben** *(BM)* spare
übrigbleibend residual
Übriggebliebenes *n* leftover
Übungshalle *f* practise hall

Übungsprojektmodellierung *f (Arch, Konst) (AE)* projet
U-Eisen *n* channel iron
UF urea formaldehyde, UF
Ufer *n* 1. *(Wsb)* bank *(Fluss)*; 2. *(Bod)* shore *(Meer, See)*; 3. coast *(Steilufer)*; 4. strand *(Uferstreifen)*; 5. *(Bod)* waterside *(Ufergebiet)* • **am Ufer liegend** *(RP)* riparian • **über die Ufer treten** *(Bod, Wsb)* overflow
Ufer... riparian ...
Uferabbruch *m (Wsb)* erosion of a bank, break of bank
Uferanlieger *m* riparian
Uferbank *f*/**ausgewaschene** erosional terrace
Uferbefestigung *f* 1. *(Wsb)* embankment; 2. *(Erdb)* revetment of slopes
Uferbefestigung *f*/**steile** *(Erdb, Wsb)* vertical strengthening of the bank
Uferböschung *f* embankment, bank
Uferdamm *m (Erdb, Wsb)* levee
Uferdeckwerk *n* revetment of the banks
Uferentwicklung *f (Bod)* shore development
Ufergelände *n* riparian lands, waterside
Uferkies *m* shore gravel
Uferlinie *f* 1. *(Wsb)* bank line *(Fluss)*; 2. *(Bod)* shore line
Ufermauer *f* quay (wall), river wall, embankment
Uferpark *m (LB)* waterfront park
Uferpfeilergrube *f (Br)* shore pier
Uferpromenade *f* 1. embankment walk, embankment promenade *(am Fluss)*; 2. promenade along the shore [strand] *(Meer)*; 3. lakeside promenade *(See)*
Ufersand *m* shore sand
Ufersandbank *f (Bod, Umw, Wsb)* point bar
Uferschutz *m (Wsb)* protection of the bank, bank protection, revetment of the banks
Ufersicherung *f (Wsb)* bank protection
Uferstraße *f* embankment road
Uferverkleidung *f (Wsb)* bank protection
Uferwall *m*/**natürlicher** *(Bod, Wsb)* natural level
Uferzone *f (Wsb)* waterfront
Uhrenanlage *f* clock installation, clock system
Uhrenturm *m (Konst)* clock tower
Uhrentürmchen *n (Konst)* clock turret
Uhrzeigersinn/im *(Konst, Stat)* clockwise
uhrzeigersinnmäßig *(Konst, Stat)* clockwise
Ulme *f (BM, Hb, LB)* elm
Ultrakurzwelle *f (El)* very high frequency
Ultramarin *n* ultramarine blue
Ultramarinfarbe *f (BM, OB)* ultramarine pigment
Ultramarinpigment *n (BM, OB)* ultramarine pigment
Ultramarinrestpigment *n (BM, OB)* ultramarine ash
Ultraschall *m* supersonics, ultrasonics
Ultraschallbewegungsmelder *m (El)* ultrasonic motion detector
Ultraschallbohren *n (Te)* ultrasonic drilling
Ultraschalldickenmessung *f* ultrasonic thickness measurement
Ultraschallerzeuger *m* transducer, ultrasonic transducer
Ultraschallkopf *m (El)* transducer head
Ultraschalllot *m* supersonic sounder
Ultraschalllöten *n (St, Te)* ultrasonic soldering
Ultraschallmessung *f (BM)* measurement of ultrasonics
Ultraschallprüfgerät *n* 1. *(BWG)* sonic analyzer; 2. *(BM, BWG)* ultrasonic flaw detector
Ultraschallprüfung *f (BM)* ultrasonic testing
Ultraschallreinigung *f (OB, Te)* ultrasonic cleaning
Ultraschallschweißen *n* ultrasonic welding
Ultraschallschwingung *f* ultrasonic vibration
Ultraschallsonde *f (El)* ultrasonic probe
Ultraschallwanddickenmessung *f* ultrasonic wall thickness measurement
Ultraviolettbestrahlung *f* ultraviolet radiation
Ultraviolетthärtung *f* ultraviolet curing
Ultraviolettstrahlung *f* ultraviolet radiation
umändern *v* 1. *(Te)* alter; 2. *(RS)* remodel *(Gebäude)*; 3. transform *(umgestalten)*
Umänderung *f* alteration; redesign *(einen Entwurf)*
umarbeiten *v* 1. revise *(Plan)*; 2. transform, remodel *(umändern, umgestalten)*; 3. *(RS, Te)* redesign *(Entwürfe)*
Umbau *m* 1. *(Konst)* alteration *(Veränderung)*; 2. rebuilding, reconstruction, structural alteration, conversion, structural change *(konstruktiv, generell)*
Umbauarbeiten *fpl* 1. *(RS)* structural alteration work; 2. *(Konst, RS, Te)* conversion work; 3. *(RS, Te)* alterations
umbauen *v* 1. alter, modify, convert *(verändern)*; 2. rebuild, reconstruct *(konstruktiv)*; 3. enclose *(umgeben mit)*; 4. *(RS, Te)* redesign *(in der Planung)*; 5. reshape, remodel, transform *(umgestalten)*; 6. *(HLK, RS)* retrofit *(z. B. Heizungsanlagen)*
Umbauen *n (HLK, RS, San)* retrofitting *(Einrichtungen, Anlagen)*
umbaut enclosed *(ummantelt, eingehaust)*
umbaut/mit Säulen *(Arch)* pseudoperipteral
Umbauung *f* enclosure *(Einhausung)*
Umbemessung *f* redesign
umbiegen *v (BB, Konst)* deflect
Umbiegung *f* bending
umbilden *v* 1. transform *(umwandeln)*; 2. reorganize, remodel, recast *(neu gestalten)*; 3. *(RS, Te)* reconstruct *(baulich, konstruktiv)*
umbilden *v*/**zu einem Quadrat** quadrate
umbördeln *v* border
Umbördeln *n* bordering
Umbra *f (BM)* umber *(manganhaltiger Ton)*
umdecken *v (RS, Te)* retile *(Dach)*
Umdrehung *f* revolution *(Größe)*
Umfahrung *f*/**stetige** *(Stat)* continuous sense of direction *(Statik)*
umfallen *v* topple
Umfang *m* 1. circumference, periphery *(Kreis)*; 2. dimension, size *(räumliche Ausdehnung, z. B. Grundstück)*; 3. range, extent, scope *(Bereich)*; 4. perimeter *(Stadt)*; 5. girt *(z. B. von Rundbalken, Baum)*; 6. *(Konst, Verm)* span *(Messbereich)*
Umfang *m*/**äquivalenter** equivalent round *(verglichen mit dem Kreisumfang)*
Umfangskraft *f (Stat)* circumferential force
Umfangslast *f (Stat)* tangential load
Umfangslinie *f (Stat)* circumference
Umfangsrahmen *m* scoping
umfassen *v* 1. contain, include *(enthalten, einschließen)*; 2. surround, enclose, gird *(umschließen, einfassen)*; 3. cover *(einen Raum)*; 4. grasp *(Greifen)*; 5. encircle *(einkreisen)*
Umfassen *n* coverage *(Raum, Bauraum)*
Umfassung *f* span; enclosure, perimeter *(Standort)*
Umfassungskolonnade *f (Arch)* peristyle
Umfassungsmauer *f* enclosing wall, enclosure wall, exterior wall; curtain wall *(Vorhangwand)*; fencing wall, perimeter wall, surrounding masonry wall; outside wall *(Außenwand)*
Umfassungswand *f* enclosure wall, perimeter wall *(s. a. Umfassungsmauer)*
Umfassungswinkel *m* angle of contact, angle of embrace
Umfeldgestaltung *f*/**farbliche** *(Arch)* colour condition
Umfeldhelligkeit *f (Verk)* ambient brightness
Umfeldleuchtdichte *f (Verk)* ambient brightness
umformen *v* remodel, reshape
Umformergruppe *f (El)* motor-generator set
Umformerstation *f (El)* converter station, converting station

U

Umformung *f* remodelling, reshaping; conversion *(baulicher Abbruch)*
Umformung f/bruchlose deformation without shearing
umfriedet enclosed, fenced
umfriedet/nicht unfenced
Umfriedung *f* enclosure, fencing
Umfriedung f/gemauerte *(LB)* wall enclosure
Umfriedungsmauer *f* enclosure wall, fencing wall
Umführung *f* bypassing
Umfüllen *n* decantation
Umgang *m (Arch)* periapsidal aisle, ambulatory *(Kirche)*
Umgang m/sparsamer *(Bod)* husbanding *(mit Naturressourcen)*
Umgangsgewölbe *n (Arch)* ambulatory vault
umgebaut *(Konst)* altered
umgeben *v* surround; enclave, gird *(umschließen)*
umgeben (von) surrounded, environed
umgeben/von Säulen peripteral, pseudoperipteral *(antike Baukunst)*
umgebend surrounding, ambient
Umgebung *f* 1. surroundings, surrounding area, periphery *(z. B. einer Stadt)*; 2. neighbourhood, vicinity *(Nachbarschaft)*; 3. *(Arch)* milieu *(innen)*; 4. environment, surroundings *(Umwelt)* • **die engere Umgebung betreffend** *(Umw)* microenvironmental
Umgebung f/ländliche 1. *(RP)* countryside; 2. *(Bod, RP)* rurality
Umgebungs... environmental ...
Umgebungsbedingungen *fpl (RP, Umw)* ambient conditions
Umgebungslärm *m* 1. *(DIS, Umw)* ambient noise; 2. *(DIS)* neighbourhood noise
Umgebungslicht *n (El)* ambient light
Umgebungsluft *f* ambient air
Umgebungstemperatur *f (HLK)* ambient temperature
Umgegend *f (RP)* surroundings
umgehen *v* bypass *(Straße)*
Umgehung *f* bypass, bypassing
Umgehungsautobahn *f (Verk)* bypass motorway
Umgehungskanal *m (Wsb)* diversion canal, diversion channel
Umgehungsstollen *m (Tun)* bypass gallery
Umgehungsstraße *f* bypass road, diversion road, alternate road, bypass, *(AE)* belt highway; ring road *(stadtnah)*
umgekehrt inverted, reverse, reversed
umgestalten *v* 1. convert, transform, refashion *(verändern)*; 2. *(RS, Te)* reconstruct; 3. *(RS, Te)* redevelop; 4. *(RS)* remodel *(umbauen)*; 5. *(RS, Te)* redesign *(in der Planung)*
Umgestaltung *f* alterations, alteration work, reworking, remodelling, redevelopment *(baulich)*
umgewandelt *(BM)* metamorphic
umglast *(BT)* glass-clad
umgliedern *v* regroup
umgraben *v* dig up, spade, upturn *(Boden)*; trench *(Gräben ausheben)*
umgrenzen *v* border, bound, enclosure, encircle *(umschließen)*
Umgrenzungslinie *f (Arch)* contour
umgruppieren *v (Te)* rearrange
umgürten *v* girdle
umhauen *v (LB)* hew down *(Bäume)*
umhüllen *v* encase, jacket, wrap, clad, cover, shroud *(ummanteln)*; embed *(Beton)*; coat *(mit Bindemittel)*; sheath *(Spannglieder)*; can *(mit Gehäuse versehen)*; envelop *(einwickeln)*; coat and wrap *(z. B. Rohrleitungen)*; enclose *(umschließen)*
Umhüllen *n* coating *(mit Bindemittel)*
Umhüllende *f* envelope *(eines Gebäudes)*
umhüllt encased, clad; coated *(mit Bindemittel)*; sheathed *(Spannglieder)*
umhüllt/nicht uncoated *(Straßenbausplitt)*
Umhüllung *f* wrapper *(Hülle)*; covering, encasing, jacket *(Ummantelung)*; serving *(für Kabel)*; sheathing, enclosure, sheath *(Spannbeton)*
Umhüllungsbewehrung *f (BT, Te)* wrapping
Umhüllungskurve f/Mohr'sche *(Bod)* intrinsic curve, rupture curve *(Bruchmechanik)*
Umhüllungsmaterial *n (BT)* sheathing material
Umhüllungsstoff *m (BT)* sheathing material
umkapseln *v (Te)* rereel *(Säulenbewehrung)*
Umkehr *f (HLK)* reverse *(z. B. Steuersystem)*
umkehrbar reversible
umkehrbar/nicht irreversible
Umkehrfitting *n (San, St, WVA)* inverted joint
Umkehrform *f (Stat)* reversal form *(Zweigelenkrahmen)*
Umkehrhöhe *f* tilting level *(Schwenkkreis)*
Umkehrosmose *f (Umw)* reverse osmosis
Umkehrspur *f (Verk)* reversible lane
Umkehrsystem *n* reversed system
Umkehrtrommel *f (BWG)* reversal drum *(Mischer)*
Umkehrung *f (HLK)* reverse, reversal *(z. B. Steuersystem)*
umkippen *v* overturn, turn over, tip over, topple over; tilt (over), upset *(zur Montage)*
Umkippen *n* overturning (failure) *(z. B. Stützmauer, Bauwerk)*
Umkleideeinrichtung *f* changing facility
Umkleidekabinen *fpl* changing cubicles, *(AE)* bathhouse *(eines Schwimmbades)*
umkleiden *v* line *(eine Fläche)*
Umkleideraum *m* dressing room, changing room, undressing room, locker room
Umkleidezelle *f (Konst)* undressing cab
Umkleidung *f* sheath(ing) *(z. B. von Bauteilen und Leitungen)*
umkonstruieren *v* rebuild, redesign
Umkreis *m* circumference, perimeter; periphery, radius *(z. B. einer Stadt)*; neighbourhood *(nähere Umgebung)*
umladen *v* reload, transfer; transship
Umlage f der Gemeinkosten allocation of expenses
umlagern *v* redeposit, regroup *(Bauelemente)*; redistribute *(Spannung)*
Umlagerung *f (Stat)* redistribution
Umlagerung f der Kräfte *(Stat)* redistribution of forces
Umlagerungsmoment *n (Stat)* redistributed moment; secondary moment *(Mechanik)*
Umlauf *m* circulation; cycle *(Zyklus)*; rotation *(Umdrehung)*
Umlauf m durch Temperaturdifferenz/natürlicher *(HLK)* natural convection *(z. B. von Luft, Wasser in geschlossenen Anlagen, Rohren usw.)*
Umlaufanlage *f (HLK, WVA)* circulating equipment
Umlaufaufzug *m* paternoster, paternoster lift, rotary lift
Umlaufbehälter *m (HLK, WVA)* circulating tank
Umlaufbiegprüfung *f (BM, St)* rotating-beam fatigue test
Umlaufbiegung *f* rotating bending
umlaufen *v* circulate; spin *(schnell umlaufen)*
umlaufen lassen *v (HLK, WVA)* circulate
Umlaufen *n* revolution
umlaufend circular, rotary, rotating, rotational
Umlaufgraben *m (Erdb, WVA)* longitudinal culvert *(Gebäude)*
Umlaufheizung *f (HLK)* circulation heating
Umlaufkanal *m (Erdb, Wsb, WVA)* long culvert *(Düker)*
Umlaufkessel *m (HLK)* circulation boiler
Umlaufklimaanlage f mit separater Luftstromheizung *(HLK)* terminal reheat system
Umlaufleitung *f* pipe circulation line
Umlaufluft *f (HLK)* secondary air

Umlaufofen *m (HLK)* forced-air furnace
Umlaufpumpe *f* circulating pump, heating pump
Umlaufrichtung *f* direction of rotation
Umlaufrohrleitung *f* pipe circulation line
Umlaufrohrsystem *n* pipe circulating system
umlegen *v* 1. *(RS, Verk)* relay *(Schienen)*; 2. bring down *(z. B. Bäume)*; 3. tilt (over, down) *(umklappen)*; 4. change *(verändern)*
umlegen v/nach unten fold down, tip down
Umleimer *m* edge strip *(Holz)*
umleiten *v* deviate, divert, reroute *(Verkehr, Wasser)*; bypass *(umgehen)*
Umleitstollen *m (Wsb)* diversion tunnel *(Talsperre)*
Umleitung *f* 1. detour, deviation, diversion *(Verkehr, Wasser)*; diverted route *(Straße)*; 2. bypass, bypassing *(Umgehung)*
Umleitung f/temporäre temporary division
Umleitungsankündigung *f (Verk)* diversion advise
Umleitungsanzeige *f (Verk)* diversion advise
Umleitungskanal *m (Wsb)* diversion canal; diversion channel
Umleitungsrohr *n (Wsb, WVA)* bypass pipe
Umleitungsstollen *m (Wsb)* diversion tunnel *(Talsperre)*
Umleitungsstraße *f* 1. detour, diversion (road); 2. *s.* Umgehungsstraße
Umleitungsstrecke *f (Verk)* diversion route, diverted route *(Straße)*
Umleitungsvarianten *fpl (Verk)* pre-planned alternatives of traffic diversions
Umleitungs(verkehrs)zeichen *n (Verk)* diversion sign
Umlenkblech *n* baffle plate
Umlenkkraft *f (Stat)* unbalanced force
Umlenkplatte *f* baffle plate
Umlenkrolle *f* idler, idler pulley
Umlenkstelle *f (BB)* drape point *(Spannbeton)*
Umlenkwand *f (Wsb)* invert wall
Umluft *f* 1. *(HLK)* recirculated air; 2. *(HLK)* secondary air
Umluftbetrieb *m (HLK)* recirculated air operation
Umluftheizung *f (HLK)* heating by circulating air
Umluftofen *m (HLK)* forced-draught oven
Umluftverfahren *n (HLK)* air return system
ummanteln *v* 1. lag, jacket, encase, case *(mit Dämmstoffen)*; 2. cover, shroud, clad *(Bauelemente und -flächen)*; 3. incase, encase, case, surround *(einhausen)*; 4. sheath *(z. B. Bewehrung, Kabel)*
ummantelt lagged *(mit Dämmstoffen)*; encased *(eingehaust)*; sheathed *(Bewehrung, Kabel usw.)*
ummantelt/nicht *(Konst)* uncased
ummantelt/völlig *(Konst)* totally enclosed
Ummantelung *f* 1. shroud, envelope, casing, jacket; 2. *(BT)* sheath; 3. *(BT, Konst)* sheathing *(Bewehrung, Kabel, Leitungen)*; 4. encasement, encasing *(Einhausung)*; 5. liner *(Auskleidung)*; 6. *(BT)* sleeving *(Hülle, Umhüllung)*; 7. *(BT, Konst)* surround *(meist aus Beton)*
Ummantlung *f* encasing
Ummantlungswand *f* envelope wall *(Anlagenbau)*
ummauern *v* wall (in)
umordnen *v (Te)* rearrange
umpflanzen *v (LB)* replant
umpflastern *v (Te)* repave
umplanen *v* replan, redesign
Umplanung *f (Konst)* replanning
umprojektieren *v* 1. *(RS, Te)* redesign; 2. *(Konst)* replan
Umprojektierung *f* redesign
umrahme *v* frame
umrahmt enframed
Umrahmung *f* framing, border
Umrandung *f* framing, frame(work); setting
umrechnen *v* convert; reduce *(auf Einheitswerte)*
Umrechnung f/metrische metrication
Umrechnungsdiagramm *n (Konst)* conversion chart
Umrechnungskoeffizient *m (Konst)* conversion coefficient
Umrechnungstabelle *f (Konst)* conversion chart
umreißen *v (Arch, Konst)* outline
Umriss *m (Arch)* outline
Umrisshülle *f* envelope *(eines Gebäudes)*
Umrisskarte *f* outline map, outline skeleton
Umrisslinie *f (Arch)* outline
Umrissplanung *f* outline planning
Umrisssägen *n (Te)* contour sawing
Umrisszeichnen *n* circumscribing, outline drawing
Umrisszeichnung *f* outline drawing, profile
umrühren *v (Te)* stir
umrüsten *v* refit, retrofit *(Ausrüstungen, Anlagen, z. B. Heizung)*; reset *(Maschinen)*
Umrüsten *n* changeover, refitting, retrofitting *(Anlagen)*
Umsatz *m (VR)* turnover
umschalten *v* switch, shift, switch over *(Anlagen)*
Umschalten *n* **auf Verkehrszeichen(regelung)** *(Verk)* switching on of signs
Umschalter *m (El)* double-throw switch, changeover switch
Umschaltung *f (El)* changeover, commutation
Umschaltventil *n* changeover valve
umschaufeln *v* turn with a shovel
umschaufeln v/den Mörtel *(SB)* turn the mortar
Umschlaganlage *f* 1. *(Konst, Verk)* loading plant; 2. *(Verk)* transfer plant
Umschlaganlagen *fpl* transfer facilities, transient facilities
Umschlagbühne *f* handling platform
Umschlageinrichtung *f* material-handling equipment
umschlagen *v* 1. *(St)* clench; 2. *(Te)* clinch *(Nagel)*; 3. handle, transload *(Güter)*; 4. seam *(Blech)*
Umschlaggeräte *npl* material-handling equipment
Umschlaghafen *m (Verk, Wsb)* port of transshipment
Umschlagplatz *m* 1. *(Verk)* trade centre *(Handel)*; 2. *(Te, Verk)* transfer point
umschließen *v* 1. cover *(einen Raum)*; 2. enclose, encircle *(mit Einfriedungen)*; 3. *(Konst)* surround *(umgeben)*; 4. gird, include *(umfassen)*
Umschließen *n* coverage *(räumlich)*
umschlossen enclosed, housed
umschnüren *v* hoop *(Bewehrung)*
Umschnürung *f* bandage *(Leitungen)*; hooping, transverse reinforcement *(Bewehrung)*
Umschnürungsbewehrung *f* hooping, transverse reinforcement
umsetzen *v* 1. reset *(z. B. Aggregate)*; 2. *(EB, Konst, Te)* shift *(Anlagen)*; 3. *(Konst)* transfer *(Wand, Fenster, auch Bauausrüstung)*; 4. *(BM)* convert *(chemisch)*
umsetzen v/in die Praxis implement
umsetzen v/sich *(BM)* convert
Umsetzen *n* transferring *(Baustelle)*
Umsetzkran *m (Verk)* shifting crane
Umsetzung *f* 1. *(BM)* change *(von Baustoffen durch chemische Einflüsse)*; 2. shift(ing) *(Baumaschinen)*
Umsetzung f/chemische chemical change, converting
Umsetzungsfehler *m (VR)* implementation error *(vertraglicher Leistungen)*
Umsetzungsprodukt *n* solidified material, solidified product, solidified waste
Umsetzzeit *f* set-up time
umsiedeln *v* 1. move; 2. *(RP)* relocate *(Raumordnung)*
Umsiedlung *f* 1. move, remove; 2. reallocation, resettlement *(Raumordnung)*
umspannen *v* 1. grasp, span *(mit Wickelbewehrung)*; 2. *(El)* transform

Umspannungswickler *m (BWG)* merry-go-round *(Spannbeton)*
Umspannunterwerk *n (El)* power substation, transformer substation
Umspannwerk *n (El)* power substation, transformer station, transformer substation
umspunden *v (Erdb)* encircle with sheet piles
Umständen/unter keinen *(sl)* nothing doing
umsteigen *v (Verk)* transfer
Umsteigen *n* **von einem Verkehrsmittel auf das andere** *(Verk)* modal shift
Umsteigepunkt *m (Verk)* interchange
Umsteigestelle *f (Verk)* transfer point
umstellen *v* 1. *(RP)* relocate; 2. *(EB, Konst, Te)* shift *(z. B. Möbel, Anlagen)*
Umströmkanal *m (HLK, WVA)* circulation channel
umstürzen *v* overturn, upset
Umverlegung *f (Verk)* assignment *(Verkehr)*
Umverpackung *f (Umw)* overpackaging
umwallen *v (Arch, Konst, Te)* circumvallate
Umwallung *f (Arch)* circumvallation *(Befestigung)*
Umwälzanlage *f (HLK, WVA)* circulating equipment
Umwälzbehälter *m (HLK, WVA)* circulating tank
Umwälzeinrichtung *f (BM, BWG)* bath agitator
umwälzen *v (HLK, WVA)* circulate
Umwälzheizung *f (HLK)* circulation heating
Umwälzheizungsanlage *f (HLK)* circulating heating system
Umwälzleitung *f (HLK, WVA)* circulation line
Umwälzlüfter *m (HLK)* circulating fan
Umwälzpumpe *f (BWG, HLK, WVA)* circulating pump
Umwälzrohrnetz *n (HLK)* pipe circulating system
Umwälzung *f (HLK, San)* circulation
Umwälzverlust *m (HLK)* circulation loss
umwandeln *v* transform, convert, change
umwandeln *v***/sich** change *(Struktur)*
Umwandlung *f* conversion, transformation; change *(z. B. der Struktur)*
Umwandlung *f***/biologische** *(Umw)* biological energy conversion
Umwandlung *f* **in ein Carbonat [Karbonat]** *(BB, OB, RS)* carbonation
Umwandlung *f* **in Kohlenstoff** carbonization
Umwandlung *f***/schnelle** *(BM, Bod)* inversion *(z. B. Kristall)*
Umwandlung *f* **von Abfallstoffen** *(Umw)* waste processing
Umwandlungsgestein *n (BM)* metamorphic rock
Umwandlungshärten *n (Te)* quench hardening
Umwandlungsrate *f* transformation rate
Umwandlungsschicht *f* surface-conversion coating
Umwandlungstemperatur *f (BM, Bod)* inversion point
Umwehrung *f* protection device; breastwork
Umwelt *f* 1. environment *(natürlich)*; 2. *(Umw)* milieu *(gestalterisch)*; 3. *(RP)* surroundings *(Umgebung, z. B. eines Wohngebietes)* • **die Umwelt betreffend** environmental • **die Umwelt verschmutzen** *(Umw)* litter • **die weitere Umwelt betreffend** *(Umw)* macroenvironmental
Umwelt *f***/natürliche** *(Umw)* natural environment
Umwelt... environmental ...
Umweltabgabe *f* environmental release
Umweltabhängigkeit *f* environmental dependence
Umweltanalyse *f (Umw)* environmental analysis, landscape analysis
Umweltanforderungen *fpl* environmental requirements
Umweltanlagenbereich *m* environmental facility zone
Umweltaudit *n (VR)* environmental audit
Umweltaufsichtsverordnung *f***/nationale** *(Umw, VR)* National environment policy act
Umweltaufwendungen *fpl* environmental costs
Umweltaufwertung *f (Umw)* improvement of the environment
Umweltbaubegleitung *f* ecocide
Umweltbeachtung *f* environmental consideration
umweltbedingt environmental, due to environmental foots
Umweltbedingungen *fpl* environmental conditions, environmental terms
Umweltbehörde *f* environment agency; Department of Environment, *(AE)* Environmental Protection Agency
Umweltbelange *mpl* environmental concerns
Umweltbelastung *f* environmental loading, damage to the environment, environmental impact, environmental stress
Umweltbelastungsplan *m (AE)* environmental impact statement
Umweltbeschränkung *f* environmental constraint
umweltbewusst environmentally aware, environmentally conscious
Umweltbewusstsein *n* environmental awareness
Umwelteinfluss *m* environmental effect, environmental impact, environmental influence
Umwelteinfluss *m***/schädigender** environmental impact
Umwelteinschätzung *f* environmental assessment
Umweltentlastung *f* ecological relief
Umwelterhaltungsbescheid *m* conservation order
Umweltertäglichkeit *f* environmental acceptability
Umweltfaktor *m* ecological factor, environmental factor
umweltfeindlich ecologically harmful, ecologically undesirable
Umweltfolge *f* environmental outcome
umweltfreundlich environmental friendly, low-polluting, ecologically beneficial, ecologically desirable
Umweltführer *m* environmental guide
Umweltgefahr *f* ecological menace
Umweltgeologie *f (Bod)* environmental geology
Umweltgeotechnik *f* environmental geotechnology
umweltgeschädigt impaired by environmental influences
Umweltgesetz *n* environmental law
Umweltgesetzgebung *f* environmental law
Umweltgestalter *m* environmental design professional
Umweltgestaltung *f (LB, RP)* environmental design
Umweltgift *n (Umw)* contaminant
Umweltindikator *m* environmental indicator
Umweltkatastrophe *f* environmental disaster
Umweltmanagement *n* environmental management
Umweltmissstand *m* environmental nuisance
Umweltnachteil *m* environmental harm
Umweltplaner *m* environmental planner
Umweltplanung *f* 1. *(RP)* environmental planning; 2. *(RP, Umw)* ecological planning; 3. *(LB, RP)* environmental design
Umweltprognose *f* environmental forecasting
Umweltprüfung *f* environmental testing
Umweltprüfung *f***/strategische** strategic environmental assessment, SEA
Umweltqualitätsnormen *fpl* environmental quality standards
Umweltqualitätsstandards *mpl* environmental quality standards
Umweltresultat *n* environmental outcome
Umweltschaden *m* environmental harm, ecological damage
umweltschädlich environmentally unacceptable, harmful to the environment
Umweltschadstoff *m (Umw)* pollutant
umweltschonend *(Umw)* environ-saving
Umweltschutz *m* environmental protection, protection of the environment, environmentalism, conservation, pollution control, nature conservation

Umweltschutzaktion f/vorbeugende *(Umw)* prevention campaign
Umweltschutzbehörde *f* environmental protection agency
Umweltschutzbescheid *m (RS, Umw, VR)* conservation order
Umweltschützer *m (Umw)* conservationist
Umweltschutzmaßnahmen *fpl* environmental precautions
Umweltschutzministerium *n (Umw, VR)* Department of the Environment
Umweltschutztechnik *f* environmental engineering *(technischer Zweig)*
Umweltstudie *f (Umw)* environmental study, landscape study
Umwelttechnik *f* environmental engineering *(technischer Zweig)*; environmental technology
Umwelttechnologie *f* environmental technology
Umweltüberwachung *f (VR)* environmental monitoring
umweltunfreundlich environmentally unfriendly
Umweltveränderung *f* environmental change
Umweltverbesserungsmaßnahme *f (Umw)* improvement of the environment
Umweltverhältnisse *npl* environmental terms, environments
Umweltverschmutzung *f* pollution of the environment, contamination of the environment, environment(al) pollution
Umweltverschmutzungsforschung *f (Umw)* pollution research
Umweltverträglichkeit *f* environmental (impact) compatibility, environmental impact and compatibility
Umweltverträglichkeitsanalyse *f (RP)* environmental impact analysis
Umweltverträglichkeitsprüfung *f* environmental compatibility assessment, environmental impact assessment, assessment of the effects on the environment
Umweltverträglichkeitsstudie *f* environmental impact assessment [study], *(AE)* environmental impact statement
Umweltverwaltungsprojekt *n* environmental management scheme
Umweltvorhaben *n (LB)* environmental development
Umweltwirkung *f* environmental impact
Umweltzeichen *n* eco-level
Umweltziel *n* environmental target
umwickeln *v* 1. hoop *(Bewehrung)*; rereel *(Säulenbewehrung)*; 2. twist *(umwinden)*; lap *(überlappend, läppen)*; 3. *(DIS, Te)* wrap *(z. B. mit Dämmmaterial)*
Umwickeln *n (BT, Te)* wrapping *(z. B. von Rohren)*
Umwicklung *f (BT, DIS)* wrap *(Isolierung, Dämmung)*
umzäunen *v* fence (in), fence round; hedge *(mit Hecken)*
Umzäunung *f* 1. enclosure *(Umfriedung)*; 2. fence, fencing, boundary fence
Umzäunungspfahl *m* fence post
umziehen *v* move, move home *(Wohnungswechsel)*; move house *(Hauswechsel)*
Umziehgerüst *n* travelling cradle *(Hängebühne)*
Umzug *m* relocation; removal
unabgestützt free-standing
unabhängig independent; self-contained *(abgeschlossen)*
U-Naht *f (Konst, St)* U-groove weld *(Schweißverbindung)*
unangegriffen unattacked, uncorroded
unangekündigt unannounced
unangelassen untempered *(Stahl)*
unangemessen improper, unsuitable
unangreifbar immune to attack *(Oberflächen, Schutzschichten)*
unansehnlich *(Arch)* unsightly
unaufgebläht unexpanded *(Sinterstoffe)*
unausgereift *(Arch)* immature
unbeabsichtigt unmeant
unbearbeitet untreated, unmanufactured, unworked *(handwerklich, technisch)*; crude *(gewinnungsroh)*; coarse, undressed *(Oberflächen, Naturstein)*; unfinished *(nicht ausgerüstet, nicht abgeschlossen)*; unsquared *(Holz)*
unbebaut *(RP)* not built upon
unbedeckt *(Konst)* uncovered
unbefahrbar *(Verk)* impassable *(z. B. Straße)*
unbefahren 1. *(Verk)* unfrequented; 2. *(VR)* unused *(z. B. Gleis, Straße)*
unbefangen unbiased
unbefestigt 1. unfixed; unpaved, unsurfaced *(Straßen, Wege)*; 2. *(Arch)* unfortified *(auch militärisch)*
unbeglast unglazed
unbegrenzt limitless, unconfined, unlimited
unbegrenzt/zeitlich *(VR)* open-ended
Unbehaglichkeitsschwelle *f (DIS, HLK, Umw)* threshold of discomfort *(Innenraumklima)*
unbehandelt non-treated, not treated, rough, untreated *(z. B. Oberflächen, Bauteile)*
unbehauen uncut, undressed *(Stein)*; unhewn, unsquared *(Holz)*
unbeheizt *(HLK)* unheated
unbehindert *(Konst)* unconfined *(Lagerung, Ausdehnung)*
Unbekannte *f* unknown
unbelastet unloaded *(Tragelemente)*; unburden *(Erdstoff)*; uncontaminated *(Verunreinigungen, Gifte)*
unbelegt empty, vacant *(z. B. Wohnungen, Gebäude)*
unbeleuchtet unlighted, unlit
unbelüftet unaerated *(natürlich)*; unvented *(künstlich)*
unbemannt unmanned
unbenetzbar *(OB)* non-wettable
unberechenbar incalculable
unberuhigt 1. *(St)* unkilled; 2. *(BM, St)* rising *(Stahl)*
unberührt undisturbed
unbesandet not sanded
unbesäumt 1. *(Hb)* round-edged; 2. *(BM)* undressed; 3. *(BM, Hb)* unedged
unbeschädigt undamaged
unbeschränkt *(Konst)* unconfined
unbesetzt unmanned
unbeständig instable
Unbeständigkeit *f* instability
unbestimmbar *(Stat)* indeterminable
unbestimmbar/statisch *(Stat, TK)* statically indeterminable
unbestimmt *(Stat)* undetermined, indefinite, indetermined
unbestimmt/hochgradig statisch statically indeterminate to a large degree
unbestimmt *n*-ten Grades/statisch *(Stat)* statically indeterminate to the *n*-degree
unbestimmt/statisch statically indeterminate [indetermined, undeterminate], hyperstatic, redundant, indeterminate
unbestimmt/zweifach statisch second-degree redundant
Unbestimmtheit *f (Stat)* indeterminacy
Unbestimmtheit f/kinematische *(Stat)* kinematic indeterminacy
Unbestimmtheit f/statische *(Stat, TK)* statical indeterminacy
Unbestimmtheitsgrad *m (Stat)* degree of indeterminacy
unbeweglich 1. *(Stat)* dead, fast; 2. stationary, immobile, motionless; 3. fixed *(fest angebracht)*
unbewegt motionless
unbewehrt non-reinforced, plain, unreinforced
unbewohnbar not fit to live in, not habitable, unfit for human habitation, uninhabitable

unbewohnt *(VR)* unoccupied
unbezeichnet unmarked
unbiegsam inflexible, rigid, stiff, unbending *(Konstruktionsverbindung, Bauelement)*
unbrauchbar werden *v* fail
Unbrauchbarkeit *f* service failure, unserviceability, uselessness
Unbrauchbarkeitserklärung *f (VR)* condemnation
unbrennbar non-combustible, incombustible
Unbrennbarkeit *f (BM)* non-combustibility
unbunt plain
undehnbar non-ductile
undicht not tight, laky, leaking; pervious *(Licht)* • **undicht sein** leak, run; drip *(Wasserhahn)*
Undichtheit *f s.* Undichtigkeit
Undichtigkeit *f* leak, leakiness *(Flüssigkeiten)*; permeability *(z. B. Luft, Licht)*
Undichtigkeitsgrad *m* true porosity
undurchdringbar impenetrable
undurchdringlich impermeable, impervious
Undurchdringlichkeit *f* impenetrability, impermeability, imperviousness; tightness
undurchlässig impenetrable, impermeable, impervious, proof
Undurchlässigkeit *f s.* Undurchdringlichkeit
undurchsichtig obscured, opaque
Undurchsichtigkeit *f* opacity, opaqueness
uneben 1. uneven, inequal, irregular *(Fläche)*; 2. ragged *(aufgeraut, zackig)*; 3. rough, rugged, bumpy *(Oberflächen, Boden, Straße, Weg)*; 4. hilly, rugged *(Gelände)*
Unebenheit *f* unevenness, irregularity *(Fläche, Oberfläche)*; ruggedness *(Gelände)*; bumpiness, roughness, rough patch *(Straße)*
unecht not genuine, false *(nicht original)*; artificial, factitious *(künstlich)*; sham, dummy *(so scheinen, nachgemacht)*
unedel/sehr highly active *(Metall, Korrosionsanfälligkeit)*
uneinheitlich inhomogeneous *(Baustoffe)*
unelastisch non-elastic, inelastic, plastic
unempfindlich non-susceptible, unsusceptible, immune, insensitive
Unempfindlichkeit *f* insusceptibility
unendlich infinitely
Unendlichkeitspunkt *m (Stat)* singular point of infinity
unerreicht unmatched
unerschlossen *(RP)* undeveloped *(Bauland)*
unerwartet *(VR)* unanticipated
Unfall *m* 1. *(Verk)* crash; 2. *(Verk, VR)* accident
Unfall *m* **auf freier Strecke** link accident
Unfall *m* **mit Personenschaden** *(VR)* injury accident
Unfall *m* **mit Sachschaden** *(VR)* damage-only accident
Unfall *m***/tödliche** *(VR)* fatal accident
Unfallanfälligkeit *f (Verk, VR)* accident proneness
Unfallanzeige *f (VR)* accident notification
Unfallbericht *m (Verk, VR)* accident reporting
Unfalldaten *pl* accident data
Unfallentwicklung *f (Verk)* accident trend
Unfallereignisrate *f (Verk)* accident occurrence rate
Unfallforschung *f (Verk)* accident research
Unfallfrequenz *f (Verk)* accident frequency
Unfallgefährdung *f (Verk, VR)* accident proneness
Unfallgeschehen *n (Verk)* accident occurrence
Unfallhäufigkeit *f (Verk)* accident frequency
Unfallhäufigkeitskarte *f (Verk)* accident map
Unfallhöhe *f (Verk, VR)* accident figure
Unfallkarte *f (Verk)* accident map
Unfallmeldung *f (VR)* accident notification
Unfallmodell *n (Verk, VR)* accident pattern
Unfallmuster *n (Verk, VR)* accident pattern
Unfallort *m* site of the accident, scene of the accident
Unfallpotenzial *n (Verk, VR)* accident potential
Unfallrate *f (Verk)* accident rate
Unfallschutz *m (VR)* accident protection
Unfallschwere *f (Verk)* accident severity
Unfallschwerpunkt *m* 1. *(Verk)* accident blackspot; 2. *(Verk, VR)* blackspot
Unfallschwerpunktbeseitigungsprogramm *n (Verk)* blackspot programme
unfallsicher *(Verk)* accident-proof
Unfallstation *f* emergency and accident department, emergency ward, accident ward *(im Krankenhaus)*; first-aid post, first-aid station *(erste Hilfe)*
Unfallstelle *f s.* Unfallort
Unfallsumme *f (Verk, VR)* accident figure
Unfalltypenkarte *f (Verk, VR)* accident plot chart
Unfalluntersuchung *f (VR)* accident investigation
Unfallverhütung *f* 1. *(Verk, VR)* accident prevention; 2. *(VR)* prevention of accidents
Unfallverhütungsvorschrift *f* **an der Arbeitsstelle** *(VR)* Health and Safety at Work Act
Unfallversicherungsschaden *m (VR)* accident insurance damage
Unfallwanderung *f (Verk)* accident migration *(Verschiebung der Unfallschwerpunkte)*
unfertig unfinished
unförmig *(Arch)* unshapely
ungebrannt unburned, unburnt, green, raw *(Grobkeramik, Ziegel)*
ungebraucht unused; virgin
ungebrochen unbroken, uncrushed *(Zuschlagstoff)*
ungebunden unbound, unbonded
ungedämmt *(DIS)* uninsulated
ungedeckt exposed, unsheltered, unprotected *(nicht geschützt)*
ungeeignet improper
ungeerdet *(El)* unearthed, floating
ungefähr approximate
ungefärbt plain
ungefasert non-fibrated
ungeformt unshaped
ungegliedert 1. simple *(Bauteile)*; 2. *(Bod, Erdb)* massive
ungehärtet unhardened, untempered, soft *(Stahl)*
ungehindert unobstructed
ungehobelt rough, unplaned *(Holz)*
ungelocht unperforated
ungelöscht *(BM)* quick
ungemischt 1. straight; 2. *(Arch)* unmixed
Ungenauigkeit *f* inaccuracy
ungenutzt *(VR)* unused *(z. B. Gebäude)*
ungeordnet inordinate, disordered, random
ungepflastert *(Verk)* unpaved *(Weg, Straße)*
ungepflügt *(LB)* unbroken *(Boden)*
ungeplant *(RP)* unplanned
ungerade uneven; unstraight *(Linie)*
ungeregelt *(Te, Verk)* uncontrolled
ungerissen uncracked
ungesättigt non-saturated, unsaturated *(Boden)*
ungeschichtet 1. uncoursed, broken *(Mauerwerk)*; 2. *(Bod, Erdb)* massive, non-bedded; 3. *(Erdb, Tun)* unstratified *(Erdstoffe und Felsgestein)*
ungeschickt *(sl)* heavy-handed
ungeschmückt *(Arch)* unenriched
ungeschützt 1. non-protected, unprotected, unsheltered, unshielded, bare; 2. *(El)* exposed
ungeschwächt *(BT)* unbroken
ungesintert *(BM)* unsintered
ungespannt non-stressed, unstressed, stress-free, stress--less, unstrained *(mechanisch)*
ungestalt *(Arch)* unshapely

ungesteuert *(Te, Verk)* uncontrolled
ungestört undisturbed
ungestrichen unpaint, unpainted *(z. B. Holz)*
ungeteilt one-piece
ungetempert unannealed
ungewölbt *(Konst)* unvaulted
ungewollt unmeant
ungezeichnet unmarked
Ungeziefer *n (Umw)* vermin
ungezieferbeständig *(BM)* vermin-proof
ungeziefersicher *(BM)* vermin-proof
ungiftig *(BM, Umw)* non-poisonous
Ungiftigkeit *f (BM, Umw)* freedom from toxicity
unglasiert unglazed
ungleich 1. *(Arch, Konst)* inequal; 2. *(BM, BT)* unequal
ungleichförmig non-uniform, disconformable; inhomogeneous *(Baustoffe)*
Ungleichförmigkeit *f (BM)* irregularity
Ungleichförmigkeitsgrad *m (BM)* coefficient of uniformity
Ungleichgewicht *n* non-equilibrium
ungleichmäßig non-uniform; uneven *(Oberflächen)*; uncoursed *(Mauerwerk)*
Ungleichmäßigkeit *f* 1. irregularity, unsteadiness; unevenness *(Oberflächen)*; 2. *(Arch)* lack of uniformity *(architektonischer Formen)*
ungleichschenklig not isosceles, unequal-leg
ungleichseitig inequilateral
ungültig invalid, null, void *(Vorschriften)*; cancelled • **ungültig werden** *(VR) (Garantie, Angebot)* expire
ungünstig adverse, disadvantageous, irreconcilable
unhandlich unwieldy, awkward, clumsy, bulky
UN-Hauptquartier *n (Arch)* United Nations Secretariat Building *(New York)*
unifarben plain coloured
Universalabtönfarbe *f (BM, OB)* universal tinter
Universalbagger *m* multipurpose excavator, universal dredge *(Tiefbau)*
Universaleisen *n* universal iron, flat bar
Universalgerät *n (BWG, RS, Verk)* multipurpose equipment *(z. B. für Straßeninstandhaltung)*
Universalgrundiermittel *n (BM, OB)* all-purpose primer
Universalgrundierung *f (BM, OB)* all-purpose primer
Universalklebemasse *f* universal compound
Universalkleber *m* universal bonding adhesive
Universallack *m* universal varnish
Universalmobilbagger *m (BWG)* all-purpose mobile excavator
Universalmobilfunksystem *n (Verk)* universal mobile telecommunication system, UMTS *(Mobilfunkstandard der dritten Generation)*
Universalplan *m (Arch, Konst)* universal design
Universalprojekt *n (Arch, Konst)* universal design
Universalrüster *m (El, HLK, San, WVA) (speziell El)* adapter
Universalschraubenschlüssel *m* universal spanner, adjustable spanner, *(AE)* monkey wrench
Universalschutzanstrichmittel *n (BM, OB)* all-purpose protective coating
Universaltürschloss *n* universal door lock *(für Rechts- und Linkstüren)*
Universalwinkel *m (BWG, BT)* combination square
Universitätsgebäude *n (Arch, Konst)* hall
Universitätsgelände *n (Konst, RP)* university ground
unkanneliert unfluted
unklar werden *v (OB)* sadden *(Anstrich)*
unklassiert *(BM)* unassorted
unkontaminiert *(Umw)* uncontaminated
Unkosten *pl* expense(s), cost(s)
Unkosten *pl*/**laufende** *(VR)* running cost
Unkraut *n* weed • **Unkraut beseitigen** *(LB)* weed
unkrautbedeckt *(LB)* weed-covered
Unkrautbekämpfungsmittel *n* weed killer, herbicide
Unkrautbeseitigung *f* weed killing; grass clearance
Unkrautbeseitigungsmittel *n* weed killer, herbicide
Unkrautmittel *n* weed killer
unkrautüberzogen *(LB)* weed-covered
Unkrautvernichtung *f (LB, Umw)* weedkilling
Unlaufzeit *f* cycle time
unlegiert unalloyed
unlogisch inconsistent
unlösbar insolvable, terminal *(Aufgaben, Probleme)*
unlöslich insoluble; colloidal
Unlösliches *n* insoluble matter, insoluble residue
Unlöslichkeit *f* insolubility
Unlöslichkeit *f* **in Wasser** insolubility in water
unmischbar unmixable *(z. B. Anstriche, bituminöse Bindemittel)*
Unmischbarkeit *f* immiscibility *(Bindemittel, Baustoffe, Anstrichstoffe usw.)*
unmittelbar primary
unmöbliert unfurnished *(Zimmer)*
unnachgiebig *(Konst)* immovable
unparteiisch unbiased
unpassierbar *(Verk)* impassable *(z. B. Straße)*
unpigmentiert non-pigmented, unpigmented
unpoliert *(OB)* unpolished
unprofiliert plain
Unrat *m* dross
unregelmäßig irregular, random; uneven *(Fläche)*; uncoursed *(Mauerwerk)*; *(sl)* off and on
Unregelmäßigkeit *f* irregularity; unevenness, *(AE)* jog *(Oberflächen)*
unrein impure
Unrundlauf *m* run-out
unschädlich harmless, innocuous
unschmelzbar non-fusible, infusible
Unschmelzbarkeit *f* infusibility
unsichtbar invisible
unsortiert *(BM)* unsorted
unstabil unstable, labile *(Konstruktionen)*; quick-breaking, rapid-setting *(Emulsionen, Bitumenemulsion)*
unstetig discontinuous, intermittent
Unstetigkeit *f* unsteadiness; jump *(Flüchen)*
Unstetigkeitsfläche *f* 1. *(Arch)* discontinuity surface; 2. *(Stat)* surface of instability
unstreckbar non-ductile
unstrukturiert *(BM, Bod)* structureless
Unsymmetrie *f (Arch)* non-symmetry
unsymmetrisch unsymmetric(al), non-symmetric(al), asymmetric(al)
untauglich improper, unsuitable
unten down, down below *(auf dem Boden)*; inferior *(tieferstehend; Qualität)*
Unteransicht *f* bottom view
Unterbau *m* 1. foundation, subbase, ground-work, footing, undermass *(Gründung)*; 2. *(Verk)* earthwork, base, base course, foundation course, subgrade, substratum *(einer Straße)*; basement soil, subgrade, foundation, substratum *(Eisenbahn)*; 3. substructure, subframe, understructure, rough buck *(Unterkonstruktion)*; 4. socle *(einer Säule, Stütze)*; 5. *(Erdb, Konst, Verk)* bed; 6. *(Konst)* sole *(Auflagerung, Unterlage)*; 7. basis unit *(von Einrichtungen, Möbeln)* • **mit Unterbau versehen** *(Erdb, Verk)* bottom *(Straße)*
Unterbau *m*/**hoher** 1. podium *(Podest)*; 2. *(Arch)* masonry podium *(Antike)*
Unterbau *m*/**verbesserter** improved subgrade
Unterbau *m*/**vollgemauerter** *(SB)* plain foundation in masonry

U

unterbauen *v* 1. *(Erdb)* found *(Gründung)*; 2. bolster *(unterlegen, unterfüttern)*; 3. *(Te, TK)* brace *(versteifen)*; 4. *(Verk)* found *(Straßen, Gleise)*; pack, shim *(Straße)*; 5. *(Erdb)* underpin
Unterbauen *n (Konst, Verk)* shimming *(Eisenbahn)*
Unterbaukörper *m* foundation *(z. B. für Straßen, Gleise)*
Unterbausanierung *f (RS, Verk)* pavement base treatment
Unterbauschicht *f* 1. *(Erdb, Verk)* underbed; 2. *(Konst, Verk)* basement soil
Unterbausohle *f* foundation level
Unterbecken *n (Wsb)* lower reservoir
Unterbelastung *f (Stat)* underload
unterbemessen *v (Konst, Stat)* underdesign
unterbemessen *(Konst, Stat)* underdesigned
Unterbeton *m* 1. backing concrete, concrete blinding, subconcrete, core concrete, concrete underbed; 2. inferior concrete *(minderwertig)*
Unterbetonausgleichsschicht *f (BB, Erdb)* blinding
Unterbetonlage *f* concrete underbed; concrete blinding, concrete mattress *(auf Gründungssohle)*
Unterbettung *f* lower bed
Unterbettung *f***/zementverfestigte** cement-treated base
Unterbettungsbeton *m* oversite concrete
Unterbettungsschicht *f* 1. underbed, bedding, underlying layer; 2. *(Verk)* subgrade, foundation course, lower layer, base course, basement soil *(Straße)*
Unterbettungsschicht *f***/ebene** underlayer with level
Unterbettungsschichtebene *f (Bod, Erdb)* surface of bedding
unterbewehrt *(Konst)* underreinforced
Unterboden *m* 1. underfloor, subfloor, *(AE)* blind floor *(unsichtbare tragende Beton- oder Holzdecke)*; 2. subsoil *(Bodenprofil)*
Unterboden *m***/gespundeter** matched subfloor
Unterboden *m***/steiniger** ratchel
Unterbodenbelüftung *f (HLK)* subfloor ventilation
Unterbodenspachtelmasse *f (BM, OB)* subfloor stopper
unterbrechen *v* 1. cut off, stop, intermit *(Wasser, Strom)*; 2. interrupt, intermit, stop *(Abläufe)*; 3. *(El)* disconnect, break *(Kontakt)*
Unterbrechung *f* 1. intermittency, interruption *(Abläufe)*; 2. *(El)* break, disconnection
Unterbrechung *f***/zeitweilige** intermittency
Unterbrettung *f (Verk)* bottoming *(Straße)*
unterbringen *v* accommodate *(Personen)*; house *(in einer Wohnung)*
Unterbringung *f* housing
unterbrochen intermittent, broken *(Abläufe)*; cut-off *(Wasser, Strom)*
unterbrochen/nicht plain *(Wandfläche)*
Unterdachsilo *n* indoor silo
Unterdecke *f***/bündige** flush soffit
unterdimensionieren *v (Konst, Stat)* underdesign
unterdimensioniert underdesigned, undersized; bare *(dünn)*
Unterdruck *m* 1. *(Stat)* negative pressure; 2. *(HLK, San, WVA)* subpressure
unterdrücken *v* suppress *(Spannungen)*; stifle *(Reaktionen)*
Unterdruckspannung *f* stress due to negative pressure
Unterdrückung *f (Konst, Stat)* suppression *(Spannungen)*
Unterdükerung *f (Wsb)* sag crossing
unterfahren *(Konst)* underbridged *(z. B. Straße, Leitungstrasse)*
Unterfahren *n* dead shoring *(Tragwerk)*
Unterfahrung *f (Erdb)* undercrossing
unterfangen *v (Erdb)* underpin, found
Unterfangen *n* 1. dead shoring, underpinning; 2. *(Erdb)* underpinning
Unterfangen *n* **von Gebäuden** *(Erdb, Konst)* underpinning of buildings
Unterfangklotz *m* dead shore, permanent shore
Unterfangträger *m (TK)* transfer girder
Unterfangung *f* 1. pinning, (vertical) shoring; 2. *(Erdb)* underpinning
Unterfangungsarbeiten *fpl (Erdb, Te)* underpinning work
Unterfangungsschalung *f* underpin sheeting, interpit sheeting
Unterfangungsverbindung *f* **durch Verkeilen** pinning-up
Unterfenster *n* sublight
Unterfläche *f* plain base
Unterflansch *m (St)* bottom flange
Unterfluraußenputz *m* basement rendering, *(AE)* underground stucco
Unterflurdränung *f (Erdb, LB, WVA)* subsurface drainage
Unterflurheizung *f (HLK)* underfloor heating
Unterflurheizungssystem *n (HLK)* background heating
Unterflurhydrant *m* underfloor hydrant, floor hydrant, sunk hydrant, underground hydrant
Unterflurkanal *m* underfloor duct, underground duct *(Leitungen)*; buried duct *(im Boden)*
Unterflurleitungseinführung *f (Konst)* underground service entry *(Gebäudeversorgungsleitungen)*
Unterflurrohreinführung *f (Konst)* underground pipe entry *(Gebäudeversorgungsleitungen)*
Unterflursteckdose *f (El)* underfloor socket
unterfressen *v (OB)* tunnel *(Korrosion unter Schutzschichten)*
Unterfressung *f (DIS)* tunnelling *(Korrosion unter Schutzschichten)*
unterführen *v (Verk)* pass under
unterführt *(Konst)* underbridged *(z. B. Straße, Leitungstrasse)*
Unterführung *f* underpass, fly-under (junction), tunnel, passage underground *(Straße)*; underbridge *(Eisenbahn)*; subway *(für Fußgänger)*
Unterführung *f* **mit eingeschränkter Höhe** *(Verk)* reduced height underpass
Unterführung *f***/normenhöhengerechte** *(Verk)* normal height underpass
Unterfüllung *f* underfilling, subsealing
Unterfurnier *n* back veneer
Unterfußboden *m* subfloor
unterfüttern *v* bolster; line
Unterfütterung *f* 1. *(Erdb)* bed; 2. firring, furring *(mit Futterholz)*
untergangen *(Konst)* underbridged *(z. B. Straße, Leitungstrasse)*
Unterganze *n (Konst)* subwhole
untergehängt suspended
Untergeschoss *n* basement storey
Untergestell *n* supporting frame, underframe, bogie; trailer *(Baumaschinen)*
untergetaucht submersed
Untergewicht *n* underweight
untergießen *v* grout
Untergießen *n (Konst)* underpouring *(mit Beton)*
Unterglasurbemalung *f* underglaze decoration *(Keramikfliese)*
untergraben *v* undermine
Untergraben *m (Wsb)* tail-race *(eines Kanals)*
Untergrund *m* 1. *(Bod)* subsoil, substratum, undersoil, soil subgrade *(geologisch)*; 2. *(Erdb)* earth subgrade, basement soil, ground, underground, footing; 3. *(Erdb)* background; 4. *(OB)* base *(für Farbanstriche, Beschichtungen)*; 5. *(Arch)* grounding, undercoat *(z. B. Malerei)* • **Untergrund bilden** back

Untergrund *m*/**durchlässiger** permeable subsoil
Untergrund *m*/**feuchter** *(Bod, Erdb)* moist subsoil
Untergrund *m*/**geologischer** geological set-up
Untergrund *m*/**mineralischer** *(OB)* mineral substrate
Untergrund *m*/**nachgiebiger** *(Bod)* subsiding ground
Untergrund *m*/**saugfähiger** *(Bod)* absorbent base
Untergrund *m*/**schwach saugender** low-suction backing
Untergrund *m*/**steiniger** *(Bod)* stony ground
Untergrund *m*/**tragfähiger** *(Bod, Erdb)* natural foundation
Untergrund *m*/**unterschiedlicher** *(OB)* uneven ground
Untergrund *m*/**verbesserter** improved subgrade
Untergrund... subjacent ..., subsurface ..., underground ...
Untergrundabdichtung *f* 1. *(DIS)* underground sealing; 2. *(DIS, RS)* underground injection *(durch Injektion)*
Untergrundbahn *f* underground railway, underground, *(AE)* subway; tube (railway) *(speziell in London)*; metro *(Washington)*
Untergrunddränage *f* s. Untergrundentwässerung
Untergrundentwässerung *f* 1. *(WVA)* subsoil drainage; 2. *(Erdb, LB)* ground draining; 3. *(Erdb, LB, WVA)* subsurface drainage
Untergrunderkundung *f* foundation testing
Untergrundfläche *f*/**eingeebnete** *(Verk)* formation
Untergrundgewölbe *n (Arch)* hypogeum *(Grabkammer eines antiken Bauwerks)*
Untergrundkabel *n (El)* subterranean cable
Untergrundkammergewölbe *n (Arch)* hypogeum *(Grabkammer eines antiken Bauwerks)*
Untergrundkontrollgang *m* inspection subway
Untergrundschwingung *f* ground oscillation
Untergrundspeicher *m (Tun, Wsb)* underground storage chamber, underground store, underground reservoir, underlying reservoir
Untergrundspeicherraum *m (Arch, Konst)* conditory
Untergrundspeicherung *f (Tun, Wsb)* underground storage
Untergrundstadtleben *n (RP)* underground urbanism
Untergrundstauwerk *n (Wsb)* underground dam
Untergrundstraße *f (Verk)* underground road
Untergrundvorbehandlung *f* 1. *(OB)* base surface preparation; 2. *(OB, Te)* substrate preparatory treatment *(Beschichtung, Anstrich)*
Untergrundzufahrt *f* underground entrance
Untergruppe *f* subgroup
Untergurt *m* 1. bottom chord, bottom boom, girt; truss joint *(Unterzug im Fachwerk)*; 2. *(Verk)* lower flange *(Seitenwand)*
Untergurtlängsstab *m* lower chord longitudinal bar
Untergurtstab *m* lower chord bar; bottom boom bar, bottom boom member *(Fachwerkbinder)*
Untergurtung *f* 1. *(St)* bottom boom; 2. *(Konst, TK)* lower chord *(Fachwerk)*
unterhalten *v* maintain, service; sustain *(Landschaft, Umwelt)*
Unterhaltung *f (RS)* maintenance
Unterhaltung *f*/**bauliche** structural maintenance, curative maintenance, improvement maintenance
Unterhaltung *f*/**betriebliche** operational maintenance, routine maintenance
Unterhaltung *f* **der Fernsteueranlagen** remote maintenance
Unterhaltung *f*/**hinausgeschobene** deferred maintenance
Unterhaltung *f*/**laufende** *(RS)* current maintenance
Unterhaltung *f*/**periodische** periodic(al) maintenance
Unterhaltung *f*/**planmäßige** *(RS)* planned maintenance
Unterhaltung *f*/**regelmäßige** periodic(al) maintenance, ordinary maintenance
Unterhaltung *f*/**vertraglich gebundene** *(VR)* contract maintenance
Unterhaltung *f*/**vorbeugende** preventive maintenance
Unterhaltungsanstreicharbeiten *fpl* maintenance painting, maintenance painting work
Unterhaltungsanweisungen *fpl (Verk, VR)* maintenance instructions *(Straße)*
Unterhaltungsarbeiten *fpl* maintenance works, upkeeping; patchwork *(Bauausrüstung)*
Unterhaltungsaufwand *m (RS, VR)* maintenance requirement
Unterhaltungsbelastung *f* maintenance impact
Unterhaltungsbetrieb *m* maintenance undertaking [firm], upkeep undertaking [firm]
Unterhaltungsbudget *n (VR)* maintenance budget
Unterhaltungsdefizit *n (RS)* lack of maintenance
Unterhaltungsfrist *f (VR)* maintenance period
Unterhaltungsgerätehof *m (BWG)* maintenance equipment yard
Unterhaltungsgerüst *n (Konst, RS)* scaffold for maintenance
Unterhaltungshauptniederlassung *f* maintenance centre
Unterhaltungsindex *m* maintenance index
Unterhaltungsklausel *f* maintenance clause
Unterhaltungskosten *pl (VR)* maintenance costs
Unterhaltungsleistungsfähigkeit *f* maintenance performance
Unterhaltungsmanagement *n* maintenance management, planned maintenance
Unterhaltungsmangel *m (RS)* lack of maintenance
Unterhaltungsmaßnahme *f* **mit Substanzverbesserung** improvement maintenance
Unterhaltungspersonal *n* maintenance personnel, maintenance staff, service staff
Unterhaltungspflicht *f (VR)* upkeep obligation
Unterhaltungspolitik *f (RS, VR)* maintenance policy
Unterhaltungsprioritätenfestlegung *f (RS)* maintenance prioritization
Unterhaltungsraum *m* crawl space *(z. B. für Rohrleitungen, Installationen)*
Unterhaltungsstandard *m (RS)* standard of maintenance
Unterhaltungs- und Betriebsdienstzentrale *f (BWG)* maintenance and operating centre
Unterhaltungs- und Erhaltungsablauf *m (RS)* maintenance process
Unterhaltungs- und Erhaltungsaufwand *m (VR)* maintenance expenditure
Unterhaltungs- und Erhaltungsausführung *f* maintenance performance
Unterhaltungs- und Erhaltungsbetrieb *m* maintenance operation *(Tätigkeit)*
Unterhaltungs- und Erhaltungsbudgetierung *f (VR)* maintenance budgeting
Unterhaltungs- und Erhaltungsprogrammaufstellung *f (RS)* maintenance programming
Unterhaltungs- und Erhaltungsstandard *m* maintenance standard
Unterhaltungs- und Erhaltungstechnik *f (BWG, RS)* maintenance technique
Unterhaltungsvertrag *m (RS, VR)* maintenance contract
Unterhaltungszeitraum *m* maintenance interval
Unterhaltungszeitraum *m*/**vertraglicher** *(VR)* maintenance period
Unterhaltungszimmer *n (Konst)* schola *(in einem antiken römischen Haus)*
Unterhaltungszwangspunkte *f (RS)* maintenance constraints
unterhandeln *v* negotiate
unterhöhlen *v* undermine; undercut
unterhöhlt undermined; undercut

Unterhöhlung *f* undermining; undercutting
Unterholz *n (LB)* undergrowth *(Landschaftsbau)*
unterirdisch underground, below-ground, subterranean, undersurface, subsurface, buried, phreatic
Unterkante *f* 1. bottom edge, lower border; 2. *(Verk)* lower flange *(Stahlbau)*
Unterkeller *m (Konst)* subbasement
unterkellert *(Konst)* with cellar
unterkellert/nicht cellarless, slab-on-grade
Unterkonstruktion *f* strapping, furring *(für Putz)*
Unterkonstruktionsleiste *f (Hb)* batten
Unterkorn *n* screen fines *(Siebdurchgang)*; screen undersize *(Zuschlagstoffe)*
Unterkorrosion *f (OB)* underfilm corrosion
Unterkunft *f (VR)* accommodation
Unterkunftsnutzung *f* residential occupancy *(von Wohnungen)*
Unterkunftsrecht *n (VR)* easement
Unterlage *f* 1. base, baseplate, basis; 2. *(Erdb, Konst)* underlay *(Belag)*; 3. *(Verk)* lower layer [bed], subgrade, shin, substrata, substratum, underbed; ballast *(für Gleise)*; 4. undercourse *(Dach)* • **Unterlage bilden** back
Unterlage f/bituminös behandelte *(OB)* bituminous treated base
Unterlage f/nagelbare nail base, nailable base, nailing base, fixing base
Unterlage f/verbesserte *(Br, Konst)* capping layer *(Brücke)*
Unterlagebahn *f* underlying layer
Unterlagen *fpl* **für das Planfeststellungsverfahren** planning brief *(Pläne)*
unterlagern *v* underlie
Unterlagerung *f (Bod)* subdeposit
Unterlagsbahn *f (Erdb, Konst)* underlay
Unterlagsblech *n* backplate
Unterlagspapier *n (Verk)* subsoil paper, underlay paper *(Betonstraßen)*
Unterlagsplatte *f (TK)* bearing plate
Unterlagsscheibe *f* washer
Unterlagsschicht *f* underlay
Unterlagsschiefer *m (BM, Konst)* undercloak *(Dach)*
Unterlagsschieferlage *f* undercourse *(Dach)*
Unterlegblech *n* shimming plate *(Auflagenhöhenanpassung)*
unterlegen *v* 1. put under, lay under; 2. underlay *(Straße)*; shim *(Eisenbahn, Straße)*; 3. bolster *(Polster)*; 4. line *(ausfüllen)*
Unterlegen *n (Konst, Verk)* shimming *(Straße, Gleise)*
Unterlegeschindel *f (BM, Konst)* undercloak *(Dach)*
Unterlegholz *n (BT, Hb)* timber support
Unterlegscheibe *f* grummet washer, grummet, grommet, washer, collar; shim *(Beilagescheibe)*
Unterlegschwelle *f* mudsill
Unterlegstreifen *m (St)* backing strip
Unterleiste *f* fixing strip *(Verschalung)*
unterliegen v/der Hydrolyse *(BM, RS)* hydrolyze *(Baustoffe, Anstriche usw.)*
Unterluft *f (HLK)* underfire air *(Feuerführung)*
untermeerisch *(Bod)* submarine
Untermuffe *f* bottom socket *(Betonrohr)*
Unternachauftragnehmer *m* sub-subcontractor
Unternehmen *n (VR)* undertaking
Unternehmensberater *m* management consultant
Unternehmensforschung *f (VR)* operations research
Unternehmensführung *f* management
Unternehmensgewinne *mpl* corporate profits
Unternehmerrisiko *n (VR)* contractor's risk
Unternehmung *f (VR)* undertaking
unterpfählen *v (Erdb)* underpin with piles
Unterpflasterstraßenbahn *f (Verk)* underground tramway
Unterplatte *f* backplate *(Türbeschlag)*
Unterpodest *n(m)* subplatform *(Metallplatte)*
unterpolstern *v* bolster
Unterpressen *n (DIS, RS)* undersealing
Unterpressen *n* **einer Betondecke** undersealing of a concrete slab, slab jacking *(Straße)*
Unterpulverschweißen *n* submerged-arc welding
Unterputz *m* 1. *(SB)* rendering mortar *(Putzmasse)*; 2. rendering, rendering plaster, render *(außen)*; 3. first coat, undercoat plaster, back(ing) coat, backing plaster, base coat *(innen)*; 4. coarse stuff, rough coat *(Grobputz)*; 5. scratch coat *(Kratzputz)*; 6. brown coat, browning plaster *(Zwischenputzlage)* • **den Unterputz aufbringen** *(SB, Te)* render
Unterputz m/aufgekratzter scratch coat
Unterputz m/zu trockener *(SB)* short-working plaster
Unterputz... concealed ...
Unterputzanwurf *m (SB)* render
Unterputzarmatur *f (San)* recessed fitting
Unterputzbewurf *m (SB) (AE)* roughing-in
Unterputzdose *f (El)* flush socket, recessed socket
Unterputzdosendeckel *m (El)* flush plate
Unterputzdosenschalter *m* sunk (wall) switch
Unterputzeinbau *m (El)* flush mounting
Unterputzinstallation *f (El)* buried tabular conduits, secret installation, hidden installation, flush mounting
Unterputzkabel *n (El)* concealed cable, hidden cable, secret cable
Unterputzlage *f* rendering coat
Unterputzlage f/erste first undercoat
Unterputzleerrohr *n (BT)* concealed conduit
Unterputzleitung *f* 1. *(El)* line installed in plaster; 2. *(BT)* concealed conduit
Unterputzmethode f/zweischichtige double-up
Unterputzrohr *n* 1. *(BT)* concealed pipe; 2. *(El)* hidden pipe; 3. *(El, San)* secret pipe
Unterputzschalter *m (El)* plaster-depth switch, flush switch, recessed switch, sunk switch, sunk wall switch
Unterputzschicht *f s.* Unterputz 2.
Unterputzschicht f/erste first undercoat
Unterputzschicht f/zweite *(SB)* second undercoat
Unterputzsteckdose *f (El)* flush socket, recessed socket
Unterputzverdrahtung *f s.* Unterputzverlegung
Unterputzverlegung *f (El)* concealed wiring, underplaster installation, hidden wiring, secret wiring
Unterputzverlegung *f* **von Leitungen** *(El)* underplaster installation, concealed installation
Unterrahmen *m* 1. underframe, rough buck *(Unterkonstruktion, z. B. Holzfachwerkhaus)*; 2. *(Konst)* subcasing
unterrichten *v* instruct
Unterrichtsraum *m (Konst)* ledge room
unterrosten *v (OB)* tunnel *(Korrosion unter Schutzschichten)*
Unterrosten *n (OB, RS)* rust creep
Unterrostung *f (OB)* underfilm rusting
untersättigt undersaturated
Untersatz *m* wall base; pedestal, base, socle *(z. B. einer Säule)*
Untersatz m/dekorierter dado *(Wand)*
Unterschalbrett *n* soffit board
Unterschalung *f* firring, furring *(mit Futterholz, für Putz usw.)*
Unterschicht *f* 1. backup, backup material *(Rücklage)*; underlay(er) *(Grundschicht)*; 2. *(Verk)* lower layer; 3. substratum *(geologisch)*
Unterschicht f/aufgeraute hacked soffit
Unterschicht f/ebene underlayer with level
Unterschiebling *m (Hb)* foot piece *(Dach)*

unterschiedlich different *(verschieden)*; unequal, uneven *(schwankend, z. B. Qualität)*
Unterschieferlage *f* undercourse *(Dach)*
unterschlächtig *(Wsb)* undershot *(Wasserrad)*
unterschneiden *v* undercut, underream *(Mauerwerk)*; underream *(Bodenbohrung)*
Unterschneidung *f* 1. undercut, undercutting; 2. *(Konst)* weather groove; 3. *(Arch, Konst)* scotia *(am Säulenfuß)*
Unterschneidungshang *m (Erdb)* undercut slope
unterschnitten *(Konst)* undercut
Unterschrank *m* base unit
unterschreiben *v* sign
unterseeisch *(Bod)* subsea
Unterseite *f* 1. underside, bottom side, bottom surface, plain base, undersurface; 2. breast *(Trägerelement)*; 3. *(Arch)* intrados *(Gewölbe)*
Untersicht *f* 1. visible underside, visible underface, underview; 2. *(Arch)* intrados *(Gewölbe)*; 3. soffit *(Decken)*; 4. underside elevation, underside view *(Zeichnung)*
Untersicht *f***/durchlochte** perforated visible soffit
Untersicht *f***/ebene** flush soffit
Untersicht *f***/glatte** smooth soffit
Untersicht *f***/kassettierte** cassette soffit
Untersicht *f***/unterbrochene** open soffit
Untersichtkote *f (Verm)* soffit level
Untersockel *m (Arch)* scamillus *(ionischer oder korinthischer Säulen)*
Untersohle *f* subbase, plain base *(Fundamentplatte oder Säulenfuß)*
unterspannt trussed with sag rods
unterspülen *v (Wsb)* scour, undercut
Unterspülung *f (Wsb)* underwashing, scour(ing), undercutting, undermining, washing-away
Unterstab *m (Konst, Te)* sole
Unterstand *m* shelter
Unterstand *m***/bombensicherer** bunker
Unterstrom *m (Wsb)* undercurrent
Unterströmen *n (Wsb)* underseepage *(Sperrwerk)*
Unterströmung *f (Wsb)* underflow, undercurrent
unterstützen *v* 1. back *(stützen)*; 2. bear, carry, support, sustain, prop (up) *(Lasten)*; 3. *(TK)* strut *(Dachpfette)*; 4. *(Konst)* truss *(durch Dachbinder)*; 5. promote *(fördern, z. B. mit Fördermitteln)*
unterstützen *v***/einseitig** *(Konst)* suspend *(frei tragen)*
unterstützt supported, propped
unterstützt/nicht *(TK)* unsupported
Unterstützung *f* 1. supporting, propping *(laststützend)*; 2. *(Konst)* retaining *(z. B. einer Wand)*; 3. *(BT, Konst, TK)* strutting *(Dachpfette)*
Unterstützungspolygon *n (TK)* support polygon
Unterstützungsrahmenwerk *n (TK)* strutting framework
Unterstützungsstein *m***/kleiner** pinner
Unterstützungsstütze *f (Konst)* lacing
Unterstützungsträger *m (TK)* binding joist *(aus Holz oder Beton für Decken)*
untersuchen *v* 1. examine, check, test *(überprüfen)*; sound *(sondieren)*; 2. investigate, study *(Lösungsmöglichkeiten)*; 3. analyse *(chemisch; Ursachen)*; 4. inspect *(vor Ort, z. B. Bauarbeiten)*
untersuchen *v***/geologisch** geologize
untersuchen *v***/mit UV-Lampe** *(BM)* lamp *(Erdstoffe, Gestein)*
untersuchend investigatory
Untersuchender *m* investigator
Untersuchung *f* 1. examination, test *(Überprüfung)*; 2. *(VR)* investigation; 3. *(Konst)* study *(für Lösungsmöglichkeiten)*; 4. inspection *(vor Ort, z. B. Bauarbeiten)*; 5. inquiry *(Nachforschung)*
Untersuchung *f* **auf Risse** crack detection
Untersuchung *f* **der Auswirkungen** impact studies
Untersuchung *f***/dynamische** dynamic test
Untersuchung *f***/geophysikalische** geophysical investigation
Untersuchung *f***/grafische** *(Konst)* graphical investigation
Untersuchung *f***/mikroskopische** microexamination, microscopic study
Untersuchung *f***/röntgenographische** radiographic examination
Untersuchung *f***/spannungsoptische** photoelastic investigation
Untersuchung *f***/statische** static(al) investigation, statical analysis
Untersuchung *f***/zeichnerische** *(Konst)* graphical investigation
Untersuchungen *fpl***/städtebauliche** *(RP)* urban planning studies
Untersuchungsarbeit *f* testing work *(Bauwerksprüfung)*
Untersuchungsarbeiten *fpl***/geologische** *(Bod, Erdb, Tun)* geological prospecting
Untersuchungsbericht *m* survey report
Untersuchungsbohrung *f* exploration drilling, exploration well, trial boring *(Baugrund)*
Untersuchungsfläche *f (Verm)* survey area
Untersuchungsgebiet *n* 1. study area, scoping area *(z. B. Umweltverträglichkeit, Planungsvoruntersuchungen, Standortfindung)*; 2. *(Bod)* works area
Untersuchungsgebietstrennungslinie *f (RP)* screen line *(Verkehrsuntersuchung)*
Untersuchungskosten *pl* exploration expenses *(Baugrund)*
Untersuchungsprobe *f* test sample
Untersuchungsschürfe *f (Bod)* test pit *(Geologie)*
Untersystem *n (Stat)* substructure *(Tragwerkberechnung)*
Untertagearbeiten *fpl (Bod, Erdb)* underground construction work(s) *(DIN 18312)*
Untertagebau *m (Erdb, Tun)* underground mining
Untertagebaustelle *f (Tun)* underground site
Untertagebauwerk *n (Konst)* underground block
Untertagebetrieb *m (Te)* underground operations
Untertagedeponie *f (Umw)* underground depot
Untertageraum *m (Konst)* underground chamber
untertauchen *v* immerse
Untertauchen *n* immersion, submergence
Unterteil *n* lower part, foot
unterteilen *v* 1. section(alize) *(in Abschnitte)*; subdivide *(in Untergruppen)*; 2. *(Te)* partition; 3. *(Konst)* space *(Räume)*; 4. *(Konst)* split into *(aufteilen)*; 5. *(VR)* calibrate *(Messgeräte)*
unterteilt/in Querfelder traviated, *(AE)* travated
unterteilt/vielfach multisectional
Unterteilung *f* 1. *(Konst)* section; 2. partition *(Räume)*; 3. *(VR)* calibration *(Messgeräte)*
Unterteilung *f***/speichenförmige** *(Arch)* radiating tracery
Unterton *m (OB)* colour undertone *(Farbe)*
Untertor *n (Wsb)* tail gate *(Schleuse)*
untertunneln *v* tunnel (under)
Untertunnelung *f (Tun)* tunnelling
Untervariante *f* minor variant
untervermieten *v (VR)* underlet
untervorgespannt *(Konst)* underprestressed
unterwandern *v (OB)* tunnel *(Korrosion unter Schutzschichten)*
Unterwanderung *f (DIS)* tunnelling *(Korrosion unter Schutzschichten)*
unterwaschen *v (Wsb)* underwash, undermine
Unterwaschung *f (Wsb)* underwashing
Unterwasser *n (Umw)* tail water *(Deponie)*
Unterwasser... subaqueous ..., submersible ..., undersurface ...

Unterwasserabdichtbeton *m (BB, Wsb)* tremie seal *(Sinkkasten, Kofferdamm)*
Unterwasserablagerung *f (Bod)* subaqueous deposit
Unterwasseranstrich *m* underwater coat, underwater paint coat
Unterwasseranwendung *f (Konst)* underwater application
Unterwasserausgrabung *f* underwater excavation
Unterwasserausrüstung *f (Wsb)* subsea equipment
Unterwasserbauten *mpl (Wsb)* underwater installations
Unterwasserbauwerk *n* subaqueous structure, subsea structure
Unterwasserbeanspruchung *f (BM, BT)* water immersion service
Unterwasserbereichsschutz *m (OB, Wsb)* subsea protection *(Korrosionsschutz)*
Unterwasserbeton *m (BB, Wsb)* underwater concrete
Unterwasserbetonierrohr *n (BB, BWG, Te, Wsb)* tremie pipe
Unterwasserbetonierung *f (BB, Te, Wsb)* underwater concreting
Unterwasserboden *m* subaqueous soil
Unterwasserbohranlage *f (Bod)* marine-drilling rig
Unterwasserbohrung *f (Erdb, Wsb)* subsea drilling venture
Unterwasserböschung *f (Wsb)* underwater slope
Unterwasserdamm *m* submerged breakwater dam, submerged jetty
Unterwassergraben *m (Wsb)* mill tail
Unterwassergründung *f (Wsb)* underwater foundation
Unterwasserkanal *m (Wsb)* trail race
Unterwasserkomplettierung *f (Wsb)* subsea completion
Unterwasserkonstruktion *f* subsea structure
Unterwasserkorrosion *f (OB)* underwater corrosion
Unterwasserkorrosionsschutz *m* underwater protection
Unterwasserplattform *f (Wsb)* submarine platform
Unterwasserpumpe *f (WVA)* submersible pump
Unterwasserrohrleitung *f (Wsb)* submerged pipeline
Unterwasserschneidbrenner *m* underwater cutting blowpipe
Unterwasserschutz *m* underwater protection
Unterwasserschweißen *n* underwater welding, marine welding
Unterwasserstollen *m (Wsb)* tail-race tunnel
Unterwassertunnel *m (Tun, Wsb)* underwater tunnel
Unterwerfung *f (VR)* submission
Unterwindfeuerung *f (HLK)* forced-draught furnace
Unterzug *m* 1. binding joist [girder], downstand girder [beam], main beam, ceiling joist, summer beam, joist *(Decken)*; 2. door saddle, sill *(Tür)*; 3. *(Konst, TK)* transverse plank; 4. *(TK)* trussing; 5. *(Hb)* summer beam *(Querbalken)*; 6. dormer, sleeper *(Fußboden)*; 7. bearer *(Pfette)*; 8. *(Hb)* sleeper *(Holzbalken als Unterlage für eine Stütze)*
Unterzug *m*/**durchlaufender** continuous (binding) girder, continuous (binding) joist
Unterzugbalken *m* joist (beam), bridging piece, supporting joist *(s. a. Unterzug)*
Unterzugdecke *f* joist ceiling, joisted floor, beam floor, single floor
Unterzugfeld *n (Konst)* interjoist *(Decken)*
Unterzugrost *m (Konst, TK)* joist grillage
Unterzugsystem *n (Konst, TK)* joist grillage
Unterzugträger *m*/**starker** dormant, dormant tree
Unterzugunterstützungsmauer *f (Konst)* sleeper wall
Untiefe *f* 1. shallow(s); 2. *(Wsb)* shoal
unübersteigbar unclimbable
ununterbrochen *(BT)* unbroken
unveränderlich 1. unchangeable, unalterable; 2. constant, unvarying *(gleichbleibend)*; 3. *(Stat)* invariable, constant; 4. *(Konst)* immovable *(unverschiebbar)*
unverändert unaltered, unvaried *(z. B. Bauteilanordnung, Bewehrungslage)*
unverarbeitbar non-workable
unverbindlich *(VR)* without obligation
unverbraucht *(VR)* unused *(z. B. Verschleißteile)*
unverbrennbar incombustible
unverbrennlich indeflagrable *(z. B. Kunststoffbaustoffe)*
unverbunden unconnected
unverdünnt unthinned
unvereinbar irreconcilable; incompatible
unverfestigt 1. *(Bod, Erdb, Verk)* uncompacted *(nicht verdichtet)*; 2. *(Bod)* unconsolidated *(noch nicht gesetzt)*
unverformbar undeformable, non-workable
unverformt undeformed
unvergleichlich unmatched
unverkleidet 1. *(BT, Konst)* unfaced; 2. *(Umw)* unlined
unvermischbar immiscible; unmixable *(z. B. Anstriche, bituminöse Bindemittel)*
unvermischt unmixed, pure, clean *(Gemisch, Gemenge, Stoffe)*; neat *(Bindemittel)*; virgin *(Erdstoff)*
unverpackt in bulk *(Bindemittel, Zusatzstoffe)*
unverputzt unplastered, unrendered
unverrottbar rotproof, imputrescible
unverrückbar *(Konst)* immovable
unverschiebbar *(Konst)* immovable
unverschieblich non-sway, fixed
Unverschieblichkeit *f (Konst)* immovability
unverschmutzt unpolluted *(Umwelt)*
unverschnitten straight, unblended
unversehrt undamaged
unversperrt unobstructed
unverstellt open *(durch Gebäude)*
unverträglich incompatible
Unverträglichkeit *f* incompatibility
unverwendbar inapplicable
unverwittert unweathered, undecayed; sound *(unversehrt, z. B. Gestein)*
unverwunden non-twisted
unverwüstlich resilient
unverziert undecorated, unenriched, unornamented, unadorned
unvollendet unfinished
unvollständig incomplete
unvoreingenommen unbiased, impartial
unvorhergesehen unforeseen, unanticipated; unplanned
Unvorhergesehenes *n* contingency, contingent, extras *(Ausschreibungsposition)*
Unwetter *n* (thunder)storm
unwirksam 1. ineffective; 2. void, inoperative *(rechtlich, vertraglich)* • **unwirksam machen** disable
Unze *f* ounce *(28,34952 g)*
unzerbrechlich non-breakable
unzerlegbar undetachable *(mechanisch)*; indecomposable *(chemisch)*
unzerstörbar indestructible, imperishable
Unzerstörbarkeit *f* indestructibility
unzugänglich inaccessible *(z. B. Hohlraum, Kanal)*
Unzugänglichkeit *f* inaccessibility *(bauliche Hohlräume)*
unzureichend short
Unzuverlässigkeit *f (Konst, VR)* unsoundness
U-Pfette *f* channel purlin
UP-Harz *n* unsaturated polyester
üppig sumptuous
U-Profil *n* U-channel, U-section, channel, channel profile, channel section • **verstärkt durch U-Profil** channel reinforced
U-Profil *n*/**gewalztes** rolled U-shaped section, rolled channel
U-Profilträger *m (BT, St, TK)* American standard channel

U-Profil-Wange *f* channel string
UP-Schweißen *n* submerged(-arc) welding
U-Rahmen *m (Konst)* U-frame
U-Rahmentor *n* channel frame shutter door
Uralkyd *n* polyurethane alkyd
urbanisieren *v (Arch, Konst, RP)* urbanize
Urbanität *f (RP)* urbanity
Urea-Formaldehyd *n* urea formaldehyde, UF
Urea-Formaldehydschaum *m* urea formaldehyde foam
Urethanalkydharz *n* polyurethane alkyd
Urethanfarbe *f* urethane paint
Urethanharz *n* urethane resin
Urethanöl *n* polyurethane alkyd
Urethanschaumstoff *m (BM, DIS)* urethane foam
Urheberrecht *n* **an Plänen** *(VR)* copyright of the plans
Urinalanlage *f (San)* urinal installation
Urinalbecken *n (San)* urinal
Urinalrinne *f (San)* urinal trough
Urinalstand *m (San)* urinal stall
Urlaub *m (VR)* leave
Urlauberhotel *n (Arch)* resort hotel
Urlaubsgebiet *n (RP)* resort
Urnengrab *n (Arch)* urn pit
Urnenhaus *n***/antikes** *(Arch)* columbarium *(Gewölbe oder Nische mit Vertiefungen für Urnen)*
U-Rohr *n (BT, HLK, San, WVA)* U-bend *(Rohrleitungen)*
Urpause *f (Konst)* original tracing drawing
Ursache *f***/beeinflussende** *(Konst, Te, VR)* contributory cause
Ursache *f***/zufällige** chance cause *(Statistik)*
Urschrift *f* master copy
Ursprung *m* origin, source
ursprünglich primary
Urwald *m* 1. *(Bod, Umw)* primeval forest; 2. *(Bod)* virgin forest
Urwald *m***/tropischer** 1. *(Bod)* jungle; 2. *(Bod, LB, Umw)* tropical primeval forest
U-Stahl *m* channel iron, channel
U-Stahlprofil *n* steel channel profile
U-Sturz *m* U-block
U-Sturzschiene *f* U-block
UTD *(Umw)* underground depot
utilitär *(BT, EB, Konst)* utilitarian
Utilitarismus *m (Konst)* utilitarianism
utilitaristisch *(BT, EB, Konst)* utilitarian
U-Trageprofil *n* carrying channel
U-Träger *m* channel beam
U-Verschluss *m (San)* running trap
UV-Licht *n (El)* ultraviolet light
UW-Schweißen *n* underwater welding

V

vados *(Bod, LB)* vadose *(Oberflächenwasser)*
Vakuum *n* vacuum
Vakuumbedampfen *n (OB, Te)* vacuum vapour plating
Vakuumbeschichten *n (OB, Te)* vacuum coating
Vakuumbeton *m (BB)* vacuum concrete
Vakuumbitumen *n (BM) (AE)* vacuum asphalt
Vakuumbrunnen *m (Erdb)* vacuum well point
Vakuumdestillation *f* vacuum distillation
Vakuumentwässerung *f (Te)* vacuum dewatering
Vakuumfilter *m (HLK, San, Umw)* vacuum filter
Vakuumhartlöten *n* vacuum bracing
Vakuumheben *n (Te)* vacuum lifting *(Platten)*
Vakuumheber *m (BWG, Te)* suction pad *(Fertigteilheben)*
Vakuumlanze *f (BWG, Te)* vacuum lance
Vakuumleuchtmittel *n (El)* vacuum lamp
Vakuumpumpe *f* vacuum pump, air pump
Vakuumregelventil *n* 1. *(HLK, WVA)* back siphonage preventer; 2. *(San, WVA) (AE)* vacuum breaker
Vakuumrückstand *m (BM)* vacuum residue *(Bindemittelprüfung)*
Vakuumsalz *n* vacuum salt *(Winterdienst)*
Vakuumsaughubverfahren *n (Te)* vacuum lifting *(Platten)*
Valenz *f* valence
Valhalla *f (Arch)* Hall of Fame
Validation *f (VR)* validation
Validierung *f s.* Validation
Vanadiumstahl *m (BM, St)* vanadium steel
Vandalismus *m (VR)* vandalism
variabel *(Stat)* variable
Variable *f (Stat)* variable
Variante *f (Konst)* variant
Variante *n* **der Linienführung** *(Verk)* deviation
Variantenuntersuchung *f (Verk)* variant analysis *(Trasse)*
Varianz *f* variance
Varianzanalyse *f (BM, Stat)* variance analysis
Variation *f (Stat)* variation
Variationsbreite *f (Konst, RP)* latitude
Variationskoeffizient *n* coefficient of variation
Variationsmerkmal *n* varietal character
Variationsreihe *f (BM, Stat)* variation range
Varietät *f (BM, Konst)* variety
Vat *m (Arch)* vat, wat *(buddhistische Klosteranlage)*
V-Dach *n (Konst)* double lean-to roof
V-Dachrinne *f***/hölzerne** arris gutter
Vebe-Prüfung *f (BB, Te)* Vebe test *(Frischbetonkonsistenz)*
Vegetation *f (Bod, LB, Umw)* vegetation
Vegetation *f***/spärliche** *(Bod, LB)* sparse vegetation
Vegetationsdecke *f* 1. *(Bod, LB, Umw)* vegetation cover(ing); 2. *(LB, Umw)* mantle of vegetation
Vegetationsdecke *f***/natürliche** *(Bod, LB, Umw)* natural vegetation
Vegetationsfläche *f (LB)* planted area
Vegetationskarte *n (LB, Umw)* ecological map
Vektor *m***/freier** *(Stat)* momental vector
Vektordiagramm *n (Stat)* vector diagram
Vektorenprodukt *n (Stat)* outer product
Vektormechanismus *m (Stat)* vector mechanism
Vektorprodukt *n (Stat)* vector product
Vektorspaltung *f (Stat)* vector separation
Vektorspannung *f (Stat)* vector stress
Vektorsumme *f (Stat)* vector sum
Vektorwirkung *f (Stat)* vector action *(Statik)*
Vektorzerlegung *f (Stat)* decomposition of a vector
Velourstapete *f* velvet flock paper
Velourtapete *f* flock paper
Venezianerbogen *m (Arch)* Venetian arch
Venezianerfenster *n (Arch)* Venetian window, Palladian motif, Palladian window
Venezianertür *f (Arch)* Venetian door
Ventil *n* 1. *(San, WVA)* valve; 2. *(BT, San)* cock *(Hahn)*
Ventil *n***/entleerbares** *(San, WVA)* stop-and-waste cock
Ventil *n* **mit Thermostatsteuerung** thermal valve
Ventil *n* **mit Umlaufleitung/ausgeglichenes** balanced valve with bypass
Ventil *n* **mit Umlaufleitung/druckentlastetes** balanced valve with bypass
Ventil *n***/reversierendes** reverse acting diaphragm valve
Ventil *n***/schlüsselbetätigtes** key valve

Ventil *n***/selbststeuerndes** *(HLK, San, Te, WVA)* automatic control valve
Ventil *n***/thermorelaisgesteuertes** thermal valve
Ventilanschlussleitung *f (San)* fixture supply
Ventilation *f (HLK)* ventilation
Ventilationsleistung *f (HLK)* ventilation rate
Ventilationsloch *n (HLK)* ventiduct
Ventilationsöffnung *f (HLK)* ventiduct
Ventilationssystem *n***/kombiniertes** *(Tun)* combined ventilation system
Ventilator *m* 1. *(HLK)* ventilator; 2. *(HLK, WVA)* aerator
Ventilatorheizung *f (HLK)* downflow heater
Ventilatorschalldämpfer *m (DIS, HLK)* fan sound damper
Ventilatorschutzkorb *m* fan guard
Ventildichtung *f (BM, BT)* gasket
ventilieren *v* ventilate
Ventilschlüssel *m* cock key *(Abwasser)*
Ventilsitz *m (Konst)* valve seat
Venturiwäscher *m (BWG)* venturi scrubber
Verallgemeinerung *f (VR)* generalization
Veralterung *f***/funktionelle** *(Arch)* obsolescence
veraltet obsolete
veraltet/funktionell *(Te)* functionally obsolete
Veranda *f* veranda(h), *(AE)* porch, stoop; dalan *(indische Architektur)*
Veranda *f***/herausgezogene** exterior balcony
Veranda *f* **in Eisenfachwerk** *(Konst)* veranda in iron trellis
Verandageländer *n* porch rail
Verandamarkise *f (EB)* veranda blind
Verandastützenfundament *n* porch lattice
veränderlich variable *(technisch, mathematisch)*; changeable
Veränderlichkeit *f* variability *(technisch, mathematisch)*; changeability
Veränderlichkeit *f***/räumliche** spatial variability
verändern *v* modify, alter; change
verändern *v***/sich** change *(z. B. Farbe)*
verändert altered; changed, different
Veränderung *f* shift *(örtlich)*; variation, alteration, modification *(Abänderung)*; transformation *(Umformung)*
Veränderung *f***/bauliche** 1. *(Konst)* structural alteration; 2. *(Konst, Te)* structural conversion
Veränderungsfaktor *m (Stat)* shift factor
verankern *v* 1. anchor, tie, stay; 2. block *(Spannbeton)*; 3. grapple *(verklammern)*; 4. guy *(mit Seilen, verspannen)*; 5. pin *(anheften)*; fix *(anschlagen)*
verankern *v***/die Mauern** *(SB)* tie back the wall
verankern *v***/rückwärtig** tie back *(z. B. Spundwand, Stützmauer)*
Verankern *n* anchoring; tying *(Verspannen)*
verankert anchored; fixed
Verankerung *f* 1. anchoring, clamping, staying, grappling; pinning *(Anheften)*; tying *(Verspannen)*; 2. anchorage, stay; anchor tie, tie *(Spannanker)*
Verankerung *f***/geschraubte** *(BT, TK)* threaded anchorage
Verankerung *f***/mechanische** *(BT, Konst)* mechanical anchorage *(Verkleidungen, Auskleidungen)*
Verankerungsarm *m* arm of an anchor
Verankerungsart *f* type of anchorage
Verankerungsbarren *m (Te)* shear key *(Hubdeckenverfahren)*
Verankerungsbereich *m* anchorage zone
Verankerungsbolzen *m* anchor bolt, threaded rod
Verankerungseisen *n* anchor bar
Verankerungsfundament *n* anchor log
Verankerungsgrund *m (OB)* keying surface *(Putz, Beschichtung, Anstrich)*
Verankerungshaken *m* anchor hook
Verankerungskabel *n* anchor chain
Verankerungskeil *m* wedge anchor
Verankerungskraft *f* anchorage force
Verankerungsloch *n (Konst)* tie hole
Verankerungspfahl *m* anchor pile, guide pile
Verankerungspfeiler *m (Br)* anchor pier *(Brücke)*
Verankerungsplatte *f (Konst)* anchor plate
Verankerungspunkt *m (Konst)* point of anchorage
Verankerungsschiene *f* anchoring rail
Verankerungsschrauben *fpl* pivot anchor bolts
Verankerungsseil *n* stay rope, guy rope
Verankerungsspannung *f* anchorage bond stress, development bond stress
Verankerungssystem *n* 1. *(Te)* system of anchoring; 2. *(Konst, TK)* method of anchoring; 3. *(Wsb)* mooring system *(Hafen)*
Verankerungsträger *m* anchorage beam
Verankerungsverfahren *n* anchoring method [system], method [system] of anchoring
Verankerungsvorrichtung *f* anchorage device
Verankerungswand *f (Konst, TK)* anchor sheeting
veranlagt/praktisch *(sl)* hands-on
Veranlassungsprinzip *n (VR)* principle of inducement *(Kostenteilung)*
veranschlagen *v* 1. estimate *(schätzen)*; 2. rate, value, evaluate, assess *(bewerten)*; 3. *(VR)* appropriate *(im Budget)*
Veranschlagen *n* estimating *(Bewerten)*
Veranschlagung *f* estimation *(Kosten)*
verantwortlich responsible, accountable, liable
Verantwortlichkeit *f* responsibility, accountability, liability
Verantwortung *f* responsibility, accountability, liability • **auf eigene Verantwortung** on own responsibility
verarbeitbar *(BM, Te)* workable *(Beton, Mörtel)*
Verarbeitbarkeit *f* fabricability *(von Baustoffen)*; placeability *(Beton)*; workability *(von Beton, Mörtel)*
Verarbeitbarkeitsprüfung *f (BM, Te)* workability test
verarbeiten *v* 1. work, process *(Material)*; 2. *(Te)* manufacture *(Baurohstoffe)*; 3. machine *(maschinell)*; 4. *(Te)* place *(Baustoffe, Baumaterial einbauen)*; 5. work up *(verarbeiten zu)*; 6. finish *(fertig bearbeiten)*
Verarbeitung *f* working, processing *(Beton, Mörtel)*; finishing *(Fertigstellung)*; treatment *(Behandlung)*; workmanship *(Ausführung, meist handwerklich; Güte)*
Verarbeitungsanleitung *f (VR)* specifications for application
Verarbeitungseigenschaft *f (BM)* working property
Verarbeitungseigenschaften *fpl* processing characteristics, processing properties
Verarbeitungseignung *f* processing capability
verarbeitungsfähig *(BM, Te)* workable *(Beton, Mörtel)*
verarbeitungsfertig ready-to-use
Verarbeitungsgüte *f (BM)* working property
Verarbeitungshilfe *f***/flüssige** *(BB, Te)* liquid plasticizing aid *(Beton)*
Verarbeitungsrichtlinien *fpl* application specification(s), processing guidelines, processing specification(s)
Verarbeitungsverfahren *n* method of application
Verarbeitungsviskosität *f (Te)* working viscosity
Verarbeitungsvorschrift *f (Te, VR)* specification
Verarbeitungszeit *f (Te)* workability period
Verarbeitungszeitraum *m* 1. *(Te)* pot life *(z. B. von Kunststoffklebern nach Härterzusatz, von Mehrkomponentenlacken)*; 2. *(Konst, VR)* working life *(von Mehrkomponentenklebern, Farben)*
Verarbeitungszeitraum *m* **nach Öffnen** *(Te)* usable life *(Farbe)*
Verarbeitungszeitraum *m* **von Kunststoffbindemitteln nach Härterzusatz** *(Te)* usable life *(Gebrauchsfähigkeit von Farben und Kunststoffklebern)*

verästeln *v***/sich** ramify, branch off *(z. B. Leitungen)*
verästelt ramifying, treed, dendritic *(z. B. Leitungen, Flussnetz, Wegenetz)*
Verästelung *f* ramification *(z. B. Leitungen)*
Verästelungsnetz *n* 1. *(WVA)* radial sewer network *(Kanalsystem)*; 2. *(Verk)* ramification network *(Straße, Schiene)*
Verband *m* 1. *(SB)* bond *(Mauerwerk)*; 2. *(Hb, Konst)* joining construction *(konstruktiv)*; 3. *(Konst)* laying pattern *(gestalterisch; Verlegemuster)*; 4. association *(Vereinigung)* • **im Verband mauern** *(SB)* bond *(Steine)* • **im Verband verlegen** *(SB, Te)* place to bond • **in Verband legen** *(SB)* bond *(Steine)*
Verband *m***/amerikanischer** *(SB)* American bond
Verband *m***/durchgehender** inbond
Verband *m***/englischer** *(SB)* modified English bond
Verband *m***/flämischer** *(SB)* cross bond
Verband *m***/gotischer** *(SB)* double Flemish bond *(Ziegelmauerwerk)*
Verband *m***/gruppierter** *(SB)* reinforced bond *(Mauerwerk)*
Verband *m***/holländischer** *(SB)* Flemish bond
Verband *m***/märkischer** *(SB)* monk bond
Verband *m***/mechanischer** mechanical bond *(mit Bewehrung)*
Verband *m* **mit wanddicken Steinen** *(SB)* through bond
Verband *m***/polnischer** *(SB)* Polish bond *(Mauerwerk)*
Verband *m***/schlesischer** *(SB)* Silesia masonry bond
Verband *m***/schraubenförmiger** helicoidal bond
Verband *m***/stetig lagenweise versetzter** raking stretcher bond *(Mauerwerk)*
Verband *m***/unregelmäßiger** *(SB)* quarry stone bond
Verband *m***/vollwandiger** inbond
Verband *m***/vorgeschriebener** *(SB)* statutory bond
Verband *m***/wilder** random masonry bond *(läuferreicher Verband)*
Verbandholz *n (Hb)* framing timber
Verbau *m* 1. *(BT, Erdb, TK)* sheeting; 2. *(Erdb)* lining, pit boards *(Grabenbau)*; support *(Graben, Stollen)*; timbering *(Holzverbau)*
Verbauarbeiten *fpl* timbering to trenchwork, sheeting works, lining (works), support (work) *(z. B. bei Baugruben, Gräben, DIN 18303)*
verbauen *v* 1. occlude, block up *(z. B. Öffnungen, Durchgänge)*; 2. *(Tun)* cog; 3. spoil in building, build badly *(falsch bauen)*; 4. use up *(Material)*; 5. built up *(Gelände)*; 6. *(RP)* obstruct *(Aussicht)*; 7. timber *(Holzverbau)*
Verbaukasten *m* trench box
Verbaumaterial *n (BT, Erdb, TK)* sheeting
verbessern *v* improve, better; upgrade, enhance *(steigern, erhöhen)*; correct *(Fehler)*
verbessert improved
Verbesserung *f* improvement, betterment; correction *(Fehler)*
Verbesserung *f* **der Wohnverhältnisse** *(VR)* housing betterment
verbesserungsfähig improvable
verbiegen *v* buckle, distort; warp *(Holz)*; twist *(verdrehen)*
verbiegen *v***/nach unten** *(BM, BT)* warp downward
Verbiegen *n* **durch Temperatureinfluss** *(BM, BT)* curling
Verbiegung *f* distortion, buckling, flexure; rippling *(eines Rahmens)*
verbinden *v* 1. connect, interconnect, link (with); 2. joint *(über Knoten)*; 3. join, connect, couple, link (up) *(Teile)*; 4. *(Hb)* feather; 5. *(Te)* assemble; 6. bond, unite *(vereinen)*; 7. *(El)* bond; 8. tie, pin *(befestigen)*
verbinden *v***/durch Gelenke** *(Konst)* articulate
verbinden *v***/eine Wand** dress
verbinden *v***/gelenkig** *(Konst)* pin-connect
verbinden *v***/leitend** *(El)* bond
verbinden *v***/mit Erde** *(El)* earth, *(AE)* ground
verbinden *v***/mit Laschen** *(Konst, Te)* strap
verbinden *v***/mit schrägem Stoß** *(Hb)* scarf
verbinden *v***/miteinander** interconnect
verbinden *v***/sich** connect, join, link (up) *(Teile)*; combine *(mechanisch oder chemisch)*
Verbinden *n* joining *(Teile)*; jointing *(über Knoten)*; assembly *(Zusammenbauen)*; bonding *(Vereinigen)*
verbindend connecting, jointing
Verbinder *m* joint bond
verbindlich mandatory, compulsory *(verpflichtend)*
Verbindlichkeit *f* liability, binding, engagement *(Verträge)*
Verbindung *f* 1. connection, coupling; 2. *(BT)* splice *(durch Überlappung, Spleißung)*; 3. joint(ing) *(Knoten)*; 4. *(RP, Verk)* link *(Teile; Funktionen)*; 5. *(El)* bonding; 6. casement *(beweglich)*; 7. compound *(chemisch)*
Verbindung *f***/aromatische** *(BM)* aromatic compound
Verbindung *f***/außermittige** eccentric connection
Verbindung *f***/chemische** compound
Verbindung *f***/durchgehende** *(Konst)* running
Verbindung *f***/eingelassene** inserted joint
Verbindung *f***/eingeschliffene** ground joint
Verbindung *f***/einschnittige** *(Konst)* single shear connection
Verbindung *f***/elastische** *(Konst)* flexible connection
Verbindung *f***/elektrische** bond, connection
Verbindung *f***/flexible** flexible connection
Verbindung *f***/formschlüssige** *(Konst)* solid joint
Verbindung *f***/gefalzte** rabbeted joint
Verbindung *f***/gefederte** *(Hb)* feather joint
Verbindung *f***/gelartige** gel compound
Verbindung *f***/gelenkige** flexible joint
Verbindung *f***/gesättigte** *(Konst)* saturated compound
Verbindung *f***/geschweißte** *(Konst, St)* welded connection
Verbindung *f***/hochfest verschraubte** *(Konst, St)* high-strength friction grip
Verbindung *f***/ineinandergreifende** interlocking joint
Verbindung *f***/konstruktive** structural connection, structural joint
Verbindung *f***/leitende** *(El)* contact
Verbindung *f***/lösbare** demountable connection, demountable joint, dismountable connection, dismountable joint
Verbindung *f***/lötlose** solderless connector *(Rohr)*
Verbindung *f***/luftdichte** *(BT, Konst)* air-proof joint
Verbindung *f***/mechanische** mechanical linkage
Verbindung *f***/mehrschnittige** *(Konst)* multiple shear connection
Verbindung *f***/monolithische** *(Konst)* monolithic connection
Verbindung *f***/organische** *(BM)* organic compound
Verbindung *f***/spitzwinklige** *(BT, Konst)* sharp angular joint
Verbindung *f***/starke** high-bond action
Verbindung *f***/starre** *(BT)* rigid connection
Verbindung *f***/überblattete** *(Hb)* foliated joint
Verbindung *f***/überlappte** *(Konst)* lapped scarf
Verbindung *f***/ungesättigte** *(BM)* unsaturated compound
Verbindung *f***/unlösbare** *(BT, Konst)* undetachable joint
Verbindung *f***/unsymmetrische** *(Konst)* one-sided connection
Verbindung *f***/verdübelte** keyed joint
Verbindung *f***/verzahnte** *(Hb)* cogged joint
Verbindung *f* **von Bauteilen** structural connection
Verbindung *f* **von Konstruktionselementen** structural connection
Verbindung *f***/zu schwach geklebte** starved joint
Verbindungen *fpl***/aliphatische** *(BM)* aliphatic compounds
Verbindungsanker *m (Konst)* brick anchor

Verbindungsarm *m (Verk)* slip road *(niveaugleicher Fahrbahnen)*
Verbindungsbahn *f (Verk)* junction line, *(AE)* switching railroad
Verbindungsbahnlinie *f (Verk)* junction line
Verbindungsbau *m* linking block, connecting building, connecting structure
Verbindungsbeton *m* joint concrete
Verbindungsblech *n* 1. *(BT, Hb)* clamping plate *(zur Verstärkung von Holzbalkenverbindungen)*; 2. *(BT, Konst, St, Stat)* connecting plate *(Knotenblech)*; 3. stay plate *(Versteifungsplatte)*; 4. splice plate *(Stoßblech)*
Verbindungsbolzen *m* connecting bolt; tie(-down) bolt *(Ankerbolzen)*
Verbindungsbolzen *m* **mit Widerhaken** bat bolt
Verbindungsbrücke *f* flying bridge
Verbindungsbrücke *f*/**temporäre** flying bridge
Verbindungsdachnase *f* link dormer
Verbindungseinheit *f (BT, Konst)* connector unit
Verbindungselement *n* connecting device, fastener, joining element, fastening (device)
Verbindungselement *n*/**flexibles** *(Konst)* flexible connector
Verbindungselement *n* **für Holzbauteile** *(BM)* wood fastener *(z. B. Bolzen, Patentdübel, Spannschrauben)*
Verbindungsfläche *f (Arch, Konst)* connecting surface
Verbindungsfuge *f (BT)* connecting joint
Verbindungsgang *m* connecting corridor, connecting passage, finger, linkway, *(AE)* enterclose *(zwischen zwei Räumen eines Gebäudes)*
Verbindungsgang *m*/**verkleideter** *(Konst)* breezeway *(zwischen zwei Gebäuden)*
Verbindungsgelenk *n (BT, St)* connecting link
Verbindungsgestänge *n (BT, Konst, St)* connecting rods
Verbindungsglied *n* connecting link, link
Verbindungsholz *n (Hb) (AE)* ribband
Verbindungskabel *n (Verk)* loop tail *(Induktionsschleife)*; connecting cable
Verbindungsklemme *f* fastener
Verbindungslage *f (OB)* bond course
Verbindungslängsbewehrung *f*/**gebogene** bent bar
Verbindungslasche *f* backplate
Verbindungsleitung *f* 1. *(BT, HLK, San, Wsb, WVA)* connection line; 2. *(Wsb, WVA)* interconnecting duct; 3. *(El)* interconnection
Verbindungsmauern *fpl (Konst, SB)* junction walls
Verbindungsmittel *n (BT)* connecting device
Verbindungsmuffe *f* connecting sleeve, connection sleeve, coupler, sleeve clamp; adapter sleeve *(größenvariabel)*; union coupling, union socket *(Schraubverbindung)*
Verbindungsniet *m (St)* jointing rivet
Verbindungspassage *f (Konst)* horizontal exit
Verbindungsplatte *f* joint plate, butt plate
Verbindungsplatte *f* **für tragende Elemente** batten plate
Verbindungspunkt *m* juncture, juncture point
Verbindungsrampe *f (Verk)* slip road *(niveaugleicher Fahrbahnen)*
Verbindungsrampenzählung *f* slip road count
Verbindungsrohr *n (BT, HLK, San, WVA)* connecting pipe
Verbindungsrohrstück *n (BT)* spud
Verbindungsschlauch *m*/**flexibler** *(Konst)* flexible connector
Verbindungsschlupf *m (Hb)* joint slip
Verbindungsschnur *f (El)* cord
Verbindungsschraube *f (BT, St)* connecting bolt
verbindungsschweißen *v (St)* join by welding
Verbindungsstab *m* interconnecting bar
Verbindungsstab *m*/**gebogener** reticuline bar
Verbindungsstange *f* connecting bar
Verbindungsstecker *m (El)* connector
Verbindungsstelle *f* 1. *(Konst)* joint *(Anschluss)*; 2. *(BT)* splice *(Spleißung; Blattung; Laschung)*
Verbindungsstollen *m (Tun)* cross tunnel
Verbindungsstraße *f (Verk)* link road
Verbindungsstück *n* 1. connecting piece, connection piece, connecting tie, connecting joint, joining piece, joint(ing) piece, coupling; 2. *(Hb) (AE)* ribband; adapter *(zur Anpassung, größenveränderlich)*; 3. *(El)* bond
Verbindungsstück *n*/**kurzes** faucet joint
Verbindungsstutzen *m* connecting piece
Verbindungssystem *n* 1. *(Konst)* jointing method; 2. *(Hb, Konst, St)* jointing system; 3. *(BT)* method of jointing *(Holz, Metall)*
Verbindungstrakt *m (Arch, Konst)* linking block
Verbindungstreppe *f (Konst)* access stair
Verbindungsverfahren *n* 1. *(Konst)* jointing method; 2. *(Hb, Konst, St)* jointing system *(Holz, Metall)*
Verbindungsweg *m (Verk)* connecting passage
Verbindungszapfen *m (BT)* abutting tenon
verblassen *v (OB)* fade *(Farbe)*
Verblassen *n (BM, OB)* fading
verblassend/nicht non-fading
verblasst faded
verblatten *v (Hb)* halve, splice
Verblattung *f (Hb)* halving, scarf(ing), scarf joint
Verblattung *f*/**rechteckige** *(Hb)* square splice
verbleiben *v* remain
verbleichen *v (OB)* fade *(Farbe)*
verbleien *v* lead, lead-coat *(Aussprache: led)*
verbleit leaded
Verbleiung *f* lead coating; hair net *(Fenster)*
Verblendbrett *n* facing board
Verblenddämmflachziegel *m* **mit Hohlkehlen** *(DIS, SB)* furring brick
verblenden *v* face, veneer *(z. B. Vorderfront mit Werksteinen)*; veneer *(auch mit Holz, Kunststoff)*; garret *(meist mit Stein)*; brick *(mit Ziegeln)*; pitch *(Staumauer)*; mask *(meist gestalterisch)*
Verblenden *n (OB, Te)* facework
Verblender *m* facing brick, facing unit
Verblender *m*/**farbiger** enamelled brick, glazed brick
verblendet faced, lined
Verblendglas *n* **für Außenwände** spandrel glass
Verblendkalksandstein *m (SB)* sand-lime facing block
Verblendkehlfliese *f* furring tile *(als Putzträger)*
Verblendkeramikstein *m* structural clay facing tile
Verblendklinker *m* engineering facing brick, structural clay facing tile
Verblendkreuzverband *m* single Flemish bond
Verblendmauer *f* face wall, masonry veneer
Verblendmauerwerk *n* facing masonry, facing masonwork, faced brickwork, veneering masonry work, facework; ashlar (stone) facing *(aus Naturstein)*
Verblendmauerwerk *n*/**tragendes** load-bearing facing masonry
Verblendplatte *f* cladding panel, cladding element
Verblendstein *m* stone for facework, facing brick
Verblendung *f* facework, facing *(z. B. einer Vorderfront)*; veneer *(z. B. mit Naturstein)*; incrustation *(Beschichtung)*
Verblendung *f*/**tragende** load-bearing facing masonry, weight-carrying facing masonry
Verblendungsfliese *f* facing tile
Verblendungshaken *m (BT)* veneer tie
Verblendungshalteleiste *f (BT)* veneer wall tie
Verblendungskachel *f* facing tile
Verblendungsmauerwerk *n* ashlar facing *(aus Naturstein)*
Verblendungsnetzwerk *n (Konst, OB)* blind tracery
Verblendungsplatte *f* facing plate

Verblendungssteinzeug *n* facing stoneware
Verblendungsverfahren *n* facing method
verblichen faded
verblocken *v* interlock
verblockt interlocked
verbolzen *v* fasten with bolts, bolt
verbolzen *v*/**Zangen** *(Hb, Te)* bolt the wales
verbolzt bolted
Verbolzung *f* bolting; strutting *(vor allem quer bzw. horizontal)*
verborgen *(Konst)* secret *(Bauelemente; Lage)*
verboten/Halten *(Verk)* stopping prohibited, no stopping
Verbotszeichen *n (Verk)* prohibitory sign, *(AE)* regulatory traffic sign
Verbotszeichenende *n (Verk)* end of prohibition sign
Verbraucherabfall *m (El, VR)* consumption residue
Verbrauchereinleitung *f (El)* service pipe
Verbraucherentnahmestelle *f (El, WVA)* demand point *(Energie, Wasser)*
Verbraucherleitung *f (El)* service pipe
Verbraucherstelle *f* 1. *(El, VR, WVA)* consumption point; 2. *(El, WVA)* point of consumption
Verbrauchsberechnung *f* calculation of consumption
verbraucht 1. used up; 2. spent *(z. B. Lösungen)*; 3. worn, worn-out *(abgenutzt)*
verbreitern *v* 1. wide, make wider, broaden; 2. *(Verk)* shoulder, broaden, widen *(Straßen)*
Verbreiterung *f* 1. *(Konst, Verk)* broadening; 2. *(Konst, Te)* widening
Verbreiterung *f* **des Fundaments** distension of the foundation, widening of the foundation
Verbreiterung *f* **des Kanals** *(Wsb)* enlargement of the canal
Verbreiterung *f* **des Unterbaus** distension of the foundation
Verbreiterung *f*/**keilförmige** flare
verbreitet sein *v* prevail
verbrennbar combustible
verbrennen *v* burn
verbrennlich *(BM, BT)* combustible
Verbrennung *f* burning; combustion
Verbrennungsanlage *f* incinerator plant
Verbrennungserzeugnis *n* product of combustion
Verbrennungsgas *n* exhaust gas
Verbrennungsgeschwindigkeit *f (BM)* combustion rate *(eines Baustoffs)*
Verbrennungskammer *f (HLK)* combustion chamber
Verbrennungsluft *f (HLK)* combustion air
Verbrennungsprodukt *n* product of combustion
Verbrennungsrückstand *m* incineration residue
Verbrennungsschlacke *f (BM)* incineration slag
Verbrennungsverfahren *n* combustion system; ignition method *(Baustoffprüfung)*
Verbrennungsverfahren *n*/**thermisches** incineration train
verbrettern *v* sheath *(verschalen)*
verbrettert boarded, furred
Verbretterung *f* wood boards, wood siding; firring, furring *(mit Futterholz)*
Verbund *m (SB)* bond *(Mauerwerk)* • **im Verbund** bonded • **mit nachträglichem Verbund vorgespannt** post-tensioned • **mit nachträglichem Verbund vorspannen** *(BB, Te)* post-tension • **ohne Verbund** unbonded
Verbund *m*/**mechanischer** *(Konst)* mechanical connection
Verbund *m*/**ökologischer** *(Umw)* ecological corridor
Verbund *m*/**sofortiger** pretensioning *(Spannbeton)* • **mit sofortigem Verbund vorspannen** *(Te)* pretension • **mit sofortigem Verbund vorgespannt** pretensioned

Verbund... composite ..., sandwich ...
Verbundanker *m (BT)* connection anchor *(z. B. für Schutzplanken)*
Verbundauskleidung *f* homogeneous lining
Verbundbalken *m* 1. *(BT, TK)* composite girder; 2. *(BT, Hb, Konst)* compound beam *(Holz)*
Verbundbau *m (Konst)* composite building construction *(Eurocode 4, EN 1994)*
Verbundbauholz *n (Hb)* built-up timber
Verbundbauplatte *f* composite panel
Verbundbaustoff *m (BT)* composition material
Verbundbauteil *n (BT)* composite unit
Verbundbauweise *f* composite building construction, composite method of construction; sandwich construction
Verbundbauwerk *n* composite steel and concrete structure *(s. a. Verbundtragwerk)*
Verbundbelag *m* jointless floor(ing), composition
Verbundbetrieb *m* combined grid operation *(Versorgungsnetze)*
Verbundbiegebruch *m* bending bond failure
Verbundbinderschicht *f (Verk)* composite binder
Verbundblendmauer *f (Konst, SB)* outbond
Verbundblendmauerwerk *n (Konst, SB)* outbond
Verbundbrücke *f* composite (girder) bridge
Verbunddachbinder *m* 1. *(Konst, TK)* composite roof truss; 2. *(Hb, Konst, St)* composite truss
Verbunddecke *f* composite floor panel, composite floor slab
Verbunddeckenplatte *f* composite floor panel, composite floor slab
verbunden jointed *(zusammengefügt)*; bonded *(verleimt, verklebt)*; cross-linked *(Rohrleitung; Windverband)*; aggregated *(zusammengebaut)*; geminated *(gekoppelt)*
verbunden/biegesteif *(TK)* rigid-jointed
verbunden/gekreuzt cross-linked *(z. B. Windverband)*
verbunden/mit Bolzen pin-jointed
verbunden/untereinander interconnected
Verbundentwässerungsrohr *n (BT, WVA)* composite drain
Verbundestrich *m (BB, SB)* bonded screed *(DIN 18560-3, BS 8000-9)*
Verbundfaltwerk *n (Konst, TK)* composite folded slab
Verbundfarbglas *n (BM)* tinted laminated glass
Verbundfenster *n* double-glazed casement, double-glazed window, combination window
Verbundfensterglas *n* insulating glass
Verbundfensterglasscheibe *f* insulating glass unit
Verbundfensterscheibenhalterung *f (BT)* saddle bead
Verbundfestigkeit *f* bond(ing) strength
Verbundfläche *f* bonding area
Verbundfundament *n* combined footing
Verbundgitterträgerdecke *f (Konst, TK)* Omnia concrete floor
Verbundglas *n* compound glass, laminated glass, safety glass
Verbundglaskitt *m (BM)* putty for laminated glass
Verbundhohlplatte *f (BT)* hollow composite slab
Verbundkonstruktion *f (Konst)* composite structure
Verbundlage *f* knitting layer *(Zement)*
Verbundlänge *f* 1. *(Konst, Te)* transfer length; 2. *(Konst)* transmission length *(Bewehrung)*
Verbundmaterial *n* composite material, compo, laminate
Verbundnetz *n* 1. interconnecting system, compound network *(Energie, Wasser)*; 2. *(El)* grid system
Verbundpfahl *m (Erdb)* composite pile
Verbundpflaster *n (BM)* interlocking paving
Verbundpflasterstein *m* interlocking paver, interlocking block

Verbundplatte *f* sandwich plate [panel, board], composite board [panel], composite slab; composite sheet *(Holz)*
Verbundplatte *f***/einfache** plastic-laminated hardboard
Verbundplatte *f* **mit Wabenkern** *(BT)* honeycomb panel
Verbundplattenbauweise *f* sandwich construction
Verbundprofil *n (BT, TK)* composite profile
Verbundquerschnitt *m (Konst)* composite cross section
Verbundrahmentragwerk *n (TK)* composite framed structure
Verbundrandverglasungseinheit *f* sealed glass unit
Verbundrille *f* gripping groove
Verbundsäule *f* 1. *(Konst, TK)* laced column *(durch Umschnürung)*; 2. *(BT, TK)* combination column *(Formstahl und Beton)*
Verbundschicht *f* knitting layer *(Zement)*
Verbundschornstein *m (BT, Konst)* compound chimney
Verbundsicherheitsglas *n* laminated safety glass *(VS--Glas; EN ISO 12534-1 bis 6)*
Verbundspannglied *n (BB)* bonded tendon *(Spannbeton)*
Verbundspannung *f (Stat)* transfer bond *(Spannbeton)*
Verbundstein *m (Verk)* interlocking paver
Verbundstoff *m* composite
Verbundstütze *f* 1. *(Konst, TK)* laced column *(durch Umschnürung)*; 2. *(BT, TK)* combination column
Verbundtafel *f (BT)* composite panel
Verbundträger *m* 1. *(BT, TK)* composite girder; 2. *(BT, TK)* compound girder; 3. *(Hb)* flitch beam
Verbundtragwerk *n* 1. composite bearing structure, composite supporting structure, composite frame, girder structure *(Eurocode 4, EN 1994)*; 2. *(BB, Konst, TK)* composite structures of steel and concrete *(EN 1994, DIN 18800-5)*
Verbundtür *f (BT)* combination door
Verbundverglasungseinheit *f* sealed glass unit
Verbundwerkstoff *m* composite material, clad material, composite
Verbundwerkstoff *m* **mit Wabenkern** honeycomb sandwich material
Verbundwirkung *f (Konst)* composite action
verchromen *v* chrome, *(AE)* chromate
Verchromen *n* chromium plating
verchromt chrome-plated
Verchromung *f* chromium plating
Verchromung *f***/galvanische** chromium plating
Verdachung *f (Arch)* pediment; hood mould *(für Tür oder Fenster)*; projecting cover *(Maueröffnung)*
verdämmen *v (Te)* plug
Verdämmen *n* **von Bohrlöchern** tamping
verdampfbar evaporable
Verdampfbarkeit *f* evaporability
verdampfen *v* evaporate, vaporize, turn into vapour; volatilize *(Lösungsmittel, flüchtige Stoffe usw.)*
Verdampfer *m (HLK)* evaporator
Verdampferschlange *f (HLK)* evaporator coil
Verdampfung *f* evaporation, vaporization
Verdampfungskühlung *f (HLK)* evaporative cooling
Verdampfungswärme *f (HLK)* latent heat of evaporation
verdecken *v* cover; conceal, hide *(verbergen)*; mask *(überdecken)*; blind *(mit Splitt)*
verdeckt covered; concealed, hidden, invisible, secret *(verborgen, versteckt)*; blind *(mit Splitt usw.; blind verdeckt)*; screened *(abgeschirmt)*
Verdecktnagelung *f* blind nailing *(Abschalungen)*; back--nailing *(von Dachpappe)*
verderben *v* spoil
verdichtbar 1. *(BM)* rammable *(stampfbar)*; 2. *(BM, Bod)* compressible *(Baustoffe, Boden)*
Verdichtbarkeit *f* 1. *(Te)* compactibility *(z. B. von Boden)*; 2. *(BM, Bod, Erdb, Te)* compressibility *(Baustoffe)*
verdichten *v* 1. densify *(Lagerungsdichte)*; 2. *(BM, Te)* firm *(fest werden)*; 3. compact, compress *(Erdstoffe, Baustoffe mittels Verdichtungsgeräten)*; 4. *(Bod)* consolidate *(durch Setzung)*; 5. pack *(Straße)*
Verdichten *n* **durch Rammen** *(Te)* compacting by tamping
Verdichter *m* 1. *(BWG)* compactor *(Untergrundverdichtung)*; 2. *(BWG)* compressor *(gasförmige Stoffe)*; 3. *(HLK)* condenser *(Kühlaggregat)*; 4. *(BWG)* vibrator *(feste und plastische Baustoffe)*
Verdichter *m***/fahrbarer** *(Umw)* packer lorry
Verdichterventil *n* compressor valve
verdichtet 1. *(BM)* compacted; 2. *(Bod)* consolidated *(durch Eigensetzung)*
verdichtet/nicht 1. uncompacted; 2. *(Bod)* unconsolidated *(nicht gesetzt)*
Verdichtung *f* 1. compaction, compression *(Untergrund, Erdstoffe, Baustoffe)*; 2. *(RP, Verk)* aggregation *(z. B. des Verkehrsnetzes)*; 3. *(Bod)* consolidation *(durch Setzung)*; 4. packing *(einer Straße)*
Verdichtung *f***/anstehende** *(Te)* in-place compaction
Verdichtung *f***/hydraulische** hydraulic compaction
Verdichtung *f***/mechanische** mechanical compaction
Verdichtung *f***/optimale** *(Te)* optimum compaction
Verdichtung *f***/relative** *(Bod)* relative compaction
Verdichtungsanlage *f* compacting plant *(Bauelement-, Bausteinherstellung)*; landfill compactor *(Auffüllungen)*; packer unit *(Straßenbau)*
Verdichtungsapparat *m* consolidation apparatus, consolidation device
Verdichtungsarbeit *f (Te)* compacting effort
Verdichtungsaufwand *m (Te)* compacting effort
Verdichtungsdeponie *f (Umw)* tipping with compaction
Verdichtungsdruck *m* head pressure
Verdichtungseffekt *m (Te)* packing effect
verdichtungsfähig *(Te)* compactible *(Boden, Sand)*
Verdichtungsfähigkeit *f (Te)* compactibility *(z. B. von Boden)*
Verdichtungsfaktor *m* compacting factor, compaction factor *(Beton)*; packing factor *(Straße)*
Verdichtungsfeuchtigkeitsgehalt *m (Erdb, Te)* compaction moisture content
Verdichtungsfrosch *m (BWG, Erdb)* jumping frog
Verdichtungsgerät *n* compaction machine, concrete vibrating machine *(Bauelemente- und Steinherstellung)*; compactor *(Untergrundverdichtung)*; consolidation apparatus, consolidation device
Verdichtungsgrad *m* 1. degree of compaction, compaction degree, rate of compaction, state of compaction; 2. *(Bod)* degree of consolidation; 3. *(Erdb, Verk)* compaction rate, rate of compaction, relative compaction, relative density, compaction index
Verdichtungshammer *m (BM)* compaction rammer
Verdichtungshorizont *m (Bod, Erdb)* hardened horizon, pan
Verdichtungsindex *m (BM, Erdb)* compaction index
Verdichtungsleistung *f (Te)* compacting effort
Verdichtungslinie *f (BM, Erdb, Te)* compression curve
Verdichtungspfahl *m (Erdb)* compaction pile
Verdichtungsplan *m (Erdb, Verk)* compaction schedule
Verdichtungsprüfung *f (Bod, Erdb)* compaction test; moisture density test *(bei optimalem Wassergehalt im Labor)*
Verdichtungsquotient *m (BB, Erdb, Te)* compacting factor *(Beton)*
Verdichtungsschema *n (Erdb, Verk)* compaction schedule
Verdichtungsstab *m* compaction rod, tamping rod
Verdichtungsstoß *m* shock
Verdichtungstechnologieplan *m (Erdb, Verk)* compaction schedule

V

Verdichtungsübergang *m (Erdb, Te)* compaction pass
Verdichtungsverhältnis *n (BM, Erdb, Te)* compressive ratio
Verdichtungsversuch *m (Bod, Erdb)* moisture density test *(bei optimalem Wassergehalt im Labor)*
Verdichtungswalze *f (BWG)* compaction drum
Verdichtungswalze f/einachsige single roller
Verdichtungswassergehalt *m* 1. *(Erdb, Te)* compaction moisture content; 2. *(Bod)* water of compaction
Verdichtungswassergehalt *m*/**optimaler** *(Bod, Erdb)* optimum moisture content *(Erdstoff)*
verdicken *v* 1. *(BM, OB, Te)* thicken; 2. *(BM, OB)* body; 3. *(BM, OB, Te)* thicken *(z. B. Anstriche)*; 4. liver, get swell *(Farben)*
verdicken v/sich liver, gel, swell *(Farbe)*
Verdicken *n* 1. thicken; 2. *(BM, OB)* livering *(Farben)*; 3. feeding, thickening *(Anstrich, flüssige Farben)*
Verdickung *f* feeding, swell *(flüssiger Farben, Anstriche usw.)*
Verdickungsmittel *n* thickener, thickening agent, bodying agent *(für Farben)*
Verdienst *m (VR)* earnings
verdingen v/sich contract for employment, enter service
Verdingungsordnung *f (VR)* contracting regulations
Verdingungsordnung *f* **für Bauleistungen** *(VR)* contracting regulations for award of public work contracts
Verdingungsordnung *f* **für die Vergabe von Bauleistungen** *(VR)* German regulations for contracts and execution of construction works
Verdingungsvertrag *m* contract of employment, service contract
verdoppeln *v (Arch)* replicate
verdrahten *v (El)* wire
verdrahtet *(El)* wired
verdrahtet/fest *(El)* firmly wired
Verdrahtung f/berührungssichere *(El)* fully insulated wiring
Verdrahtung f/durchgehende *(El)* through-wiring
Verdrahtungsfehler *m (El)* faulty wiring
Verdrahtungsführung *f (El)* wiring layout
verdrallen v/seilförmig *(Konst)* rope
verdrängen *v* replace; displace *(Wasser)*
Verdrängung *f* substitution
Verdrängungspfahl *m (Erdb)* displacement pile
Verdreh... torsional ...
Verdrehbeanspruchung *f* torsional stress
verdrehen *v* twist, contort, distort; warp *(z. B. durch Hitze das Holz)*
Verdrehen *n (Stat)* twisting
Verdrehfestigkeit *f (BM, BT, Stat, TK)* twisting strength
verdreht *(BT, Konst)* twisted
verdreht/tauartig *(Arch)* cabled
Verdrehung *f* 1. *(Stat)* torsion; 2. *(Stat)* angular deformation *(Schubverformung)*; 3. *(BM, BT, Hb) (Aussprache: waind)* wind *(Holz)* • **auf Verdrehung beanspruchen** twist
Verdrehungsaufgabe *f* torsion problem
Verdrehungsbeanspruchung *f* torsional stress, twisting stress
Verdrehungsbelastung *f (Stat)* torsion load
Verdrehungsbewehrung *f (BT, Te)* torsion reinforcement
Verdrehungsbruch *m* 1. *(Stat)* torque failure; 2. *(BM, Stat)* torsion failure; 3. *(BT, Stat)* torsional failure
verdrehungselastisch *(BM)* torsionally elastic
Verdrehungsfestigkeit *f (Stat)* torsion strength
verdrehungsfrei torsional-proof
Verdrehungsinstabilität *f (Stat)* twisting instability
Verdrehungsknicklast *f (Stat)* torsional buckling load
Verdrehungskonstante *f (Stat)* twisting constant
Verdrehungskraft *f (Stat)* twisting force
Verdrehungslabilität *f (Stat)* torsion instability
Verdrehungsmodul *m (Stat)* twisting modulus
Verdrehungsmoment *n* torque moment, torsional moment, twisting moment, torque
Verdrehungsprüfung *f* torsion test, torsional test
Verdrehungsschwingung *f* torsion oscillation, torsion vibration
verdrehungssteif torsionally rigid, torsionally stiff
Verdrehungssteifigkeit *f* torsion strength, torsional rigidity, torsional stiffness, twisting rigidity
Verdrehungsverzerrung *f* torsional strain
Verdrehungswiderstand *m* torsion(al) resistance
Verdrehungswinkel *m* angle of torsion, angle of twist, torsional angle
verdrillen *v (Konst, Te)* twist
verdrillt *(BT, Konst)* twisted
Verdrillung *f (Stat)* twist
verdrücken v/sich die away
Verdrückung *f* 1. *(BM, BT)* lateral escape; 2. *(BT)* nip
Verdrückung f/unendliche infinitesimal displacement
verdübeln *v* dowel, peg; key *(Holzverdübelung)*
Verdübeln *n (Hb, Te)* dowelling
verdübelt doweled; keyed *(Holzverbindung)*
Verdübelung *f (Hb)* dowel joint, key; plugging *(Verschluss)*
Verdübelung f/teilweise partial shear connection *(Verbundträger)*
Verdübelung f/vollständige full shear connection *(Verbundträger)*
Verdübelungsmaschine *f (BWG, Hb)* peg runner
verdunkeln *v* darken
Verdunkeln *n* darkening; blackout *(völlig dicht)*
Verdunkelung *f* darkening; blackout *(völlig)*
Verdunkelungsjalousie *f* dark blind, dark slatted blind; blackout jalousie *(völlig dicht)*
Verdunkelungstür *f* blackout door
Verdunkelungswiderstand *m (El)* dimmer
Verdunklungsanlage *f* blackout installation
Verdunklungsblende *f* light-tight blind
Verdunklungsfenster *n* light-tight window, dark window; blackout window *(völlig dicht)*
Verdunklungsjalousie *f* light-tight jalousie, dark jalousie
Verdunklungsrollo *n* light-tight blind
Verdunklungstür *f* light-tight door, dark door
verdünnbar *(BM)* thinnable
Verdünnbarkeit *f* thinnability; dilutability *(chemisch)*
verdünnen *v* 1. *(Te)* thin; 2. *(BM)* dilute *(chemisch)*; 3. cut back *(z. B. Asphalt durch Leichtöle)*; 4. reduce, thin *(Anstrich)*; 5. *(OB, Te)* water *(z. B. wasserlösliche Anstriche)*
verdünnen v/übermäßig over-thin
Verdünnen *n (BM)* thinning
Verdünner *m s.* Verdünnungsmittel
verdünnt/gut well-thinned
Verdünnung *f (BM)* thinning
Verdünnungsmittel *n* thinner, thinning agent, reducer *(für Anstrichstoffe, Bindemittel)*; diluent *(chemisch)*
Verdünnungsmittel n/flüchtiges volatile thinner
Verdünnungsverhältnis *n* thinning ratio
verdunstbar evaporable
verdunsten *v* evaporate, turn into vapour, vaporize; volatilize *(Lösungsmittel, flüchtige Stoffe usw.)*
Verdunstung *f* evaporation, vaporization
Verdunstungsfähigkeit *f* evaporability
Verdunstungsgeschwindigkeit *f (HLK)* evaporation rate
Verdunstungskälte *f (HLK)* wind chill
Verdunstungskühlung *f (HLK)* evaporative cooling
Verdunstungsmesser *m* evaporimeter
Verdunstungsprüfung *f* evaporation test
Verdunstungsrate *f* rate of evaporation, ratio of evaporation

Verdunstungsthermometer *n* wet-bulb thermometer
Verdunstungsverlust *m* 1. *(HLK, WVA)* loss by evaporation; 2. *(LB, Umw, Wsb)* evaporation loss
Verdunstungsvermögen *n* evaporating capacity
Verdunstungswasser *n (BB, Te)* evaporable water *(Beton)*
Verdursten *n (BB, Te)* grab set *(Beton)*
veredeln *v* upgrade, process, finish; refine *(z. B. Bitumen, Anstrichöle, Asphalte, Stahl)*
Veredlung *f* improvement, enrichment, processing, beneficiation *(Baustoffe)*
Verehrungsstätte *f (Arch)* place of worship
vereinbar *(Konst, Stat, VR)* consistent
vereinbaren *v* arrange
Vereinbarung *f* agreement, understanding; arrangement *(Abmachung)*
Vereinbarung f/mündliche verbal agreement
Vereinbarung f/ungeschriebene unwritten agreement
Vereinbarung f/vertragliche *(VR)* contract
Vereinbarung f/zusätzliche vertragliche *(VR)* supplementary agreement
Vereinbarungsform *f (VR)* form of agreement
vereinen *v s.* vereinigen
Vereinfachung *f* idealization, simplification
vereinheitlichen *v* standardize, unitize
vereinheitlicht standardized, unitized
vereinigen *v* 1. connect, unite; 2. combine *(verbinden)*; 3. join, merge, meet *(sich treffen)*
Vereinigung *f* 1. uniting, union *(mathematisch)*; 2. joining, junction *(Bauelemente)*; 3. association *(organisatorisch)*
Vereinigungspunkt *m* juncture, juncture point
Vereinshaus *n (Arch)* guildhall
vereinzelt *(Konst)* isolated
vereist icy
Vereisung *f (Umw)* icing
Vereisung f/punktuelle *(Verk)* icy patches
Vereisungsanfälligkeit *f (Verk)* susceptibility to icing
Vereisungsgefahr *f (Verk)* susceptibility to icing
Vereisungszustand *m (Verk)* icing condition
verengen v/sich 1. narrow *(z. B. Straße, Tunnel, Öffnung)*; 2. constrict, become constricted *(einschnüren)*; 3. *(BT, Wsb, WVA)* contract *(einschrumpfen, einschnüren)*
verengt narrowed; tapered *(spitz zulaufend, verjüngt)*
Verengung *f* 1. narrowing; 2. *(BT, Konst, Verk, WVA)* constriction; 3. *(Verk, Wsb, WVA)* striction *(Straße, Fluss, Tal)*; 4. *(Konst)* necking; 5. *(BT, Wsb, WVA)* contraction *(Schrumpfung, Einschnürung)*
verestert esterified
Veresterung *f* esterification
verfahrbar moveable
Verfahren *n* 1. procedure; 2. method, way *(Methode)*; 3. technique, process *(Technik)*; 4. treatment *(Behandlung)*; 5. *(Stat)* elastic-modulus method *(Stahlbeton)*
Verfahren n/akustisches *(BM, Te)* acoustic method *(Baustoffprüfung)*
Verfahren *n* **der Konformitätszertifizierung** *(VR)* certification system
Verfahren *n* **der schrittweisen Näherung** *(Stat)* iteration method
Verfahren *n* **der virtuellen Arbeit** method of virtual work
Verfahren n/gemischtes mixed process
Verfahren n/geschütztes trademark method, trademark system
Verfahren n/grafisches graphic(al) construction, graphics
Verfahren n/herkömmliches *(Konst, Te)* conventional method
Verfahren n/klimagesteuertes *(AE)* environmental conditioning system
Verfahren n/Mohr'sches *(Bod)* Mohr's correction method
Verfahren n/nicht offenes *(VR)* restricted procedure *(Vergabe)*
Verfahren n/offenes open procedure
Verfahren n/spiegeloptisches *(Stat)* mirror method *(Modellstatik)*
Verfahren n/statisches *(Stat)* statical method
Verfahren n/übliches *(Te)* common practice
Verfahren n/zeichnerisches *(Stat)* graphical construction
Verfahren n/zugelassenes *(VR)* approved method
Verfahrensfragen *fpl (Te)* procedural questions *(Bautechnologie)*
Verfahrensnorm *f* process standard
Verfahrenstechnik *f (Te)* manufacturing technology
Verfahrensvorschrift *f (VR)* protocol
Verfall *m* 1. ruin, blight, deterioration, disrepair *(eines Gebäudes)*; 2. decay, rottenness *(von Holz)*
Verfall m/biologischer biodeterioration
verfallen *v* 1. fall to ruin, ruin, derelict, deteriorate, dilapidate, become dilapidated *(Bausubstanz, Gebäude)*; 2. *(VR)* expire *(Garantie, Angebot, finanzielle Mittel)*; 3. decay, rot *(von Holz)*
verfallen lassen *v (RS, Te)* waste *(z. B. Grundbesitz)*
Verfallen dilapidating *(Bauwerk)*
verfallend *(RS)* ruinous
verfalzt interlocked
Verfalzung *f* double-lock seam, interlocking joint
Verfalzung f/doppelte double interlocking
verfärben *v* discolour, stain
verfärben v/sich discolour, become discoloured, change colour, fade, stain, become stained
Verfärben *n s.* Verfärbung
verfärbt *(OB)* stained
Verfärbung *f* discoloration, stain(ing)
verfaulen *v* decay, putrefy, decompose, rot
Verfaulen *n* rotting, putrefaction
verfault rotten, doty *(Holz)*
Verfehlung *f (VR)* misdemeanour
Verfeinerung *f (Te)* refinement
verfertigen *v* produce
verfestigen *v* 1. solidify, strengthen, stabilize, improve; grout *(durch Injektion)*; 2. *(Bod)* compact, grout, strengthen, stabilize; 3. *(Bod)* consolidate *(durch Setzung)*
verfestigen v/sich 1. solidify; 2. *(Bod)* consolidate, strengthen; lithify *(versteinern)*
verfestigt 1. solidified, improved; 2. *(Bod)* compacted, set, stabilized
verfestigt/nicht *(Bod)* unconsolidated
Verfestigung *f* 1. increase in strength, strengthening, solidifying, solidification; 2. *(Bod)* consolidation, compaction, stabilization, induration
Verfestigung f/chemische *(Erdb)* emulsion injection *(mit Bitumen, Chemikalien)*
Verfestigung f/elektrochemische electrochemical strengthening
Verfestigung *f* **von Abfällen** *(Umw)* solidifying of waste
Verfestigungsgeschwindigkeit *f* rate [modulus] of strain hardening
Verfestigungsgrad *m* stage of strength
Verfestigungskoeffizient *m* rate of strain hardening
Verfestigungskurve *f (BM)* setting curve
Verfestigungsmechanismus *m (BM)* setting mechanism
Verfestigungsmittel *n* improver
Verfestigungsprodukt *n* 1. *(BM)* solidified product; 2. *(Umw)* solidified waste
Verfestigungsverfahren *n (Umw)* solidification technique
Verfestigungswirkung *f* strengthening effect
verfilzen *v* felt, mat
Verfilzungsmaterial *n* felting material
Verfilzungsstoff *m* felting material

verflachen *v (Konst)* slope down
Verflachen *n* flattening-out
verflanschen *v* flange-connect
Verflanschung *f* flanged connection, flanged joint, flange union
verflechten *v* interlace, interwind, (inter)weave, merge, mat; interdigitate *(verzahnen)*
verflechten v/sich intertwine, interwind, interlace
Verflechten *n* interlacing
Verflechtung *f* interweavement, interlacement *(auch Verkehr)*; intertwinement; interdigitation *(Verzahnung)*
Verflechtungslänge *f (Verk)* weaving length *(Straße)*
Verflechtungsstrecke *f (Verk)* weaving section *(Straße)*
Verflechtungsstreifen *m (Verk)* speed-change line
Verfliesen *n* 1. *(Te)* tile fixing; 2. run *(von Anstrichen, Farben)*
verflochten/eng inwrought
verflüchtigen *v* evaporate
verflüchtigen v/sich volatilize *(Lösungsmittel, flüchtige Stoffe usw.)*
Verflüchtigung *f* evaporation
verflüssigen *v* 1. liquefy, fluidify; 2. deflocculate *(Keramik)*; 3. disintegrate *(durch Verwitterung)*; 4. dissolve *(auflösen)*; 5. flux *(bituminöse Bindemittel)*
Verflüssigen *n* liquefaction; dissolving *(Auflösen)*
Verflüssiger *m* 1. *(BB, BM)* fluidifier; 2. water-reducing agent, water-reducing admixture, fluidifier *(Beton)*; *(AE)* activated rosin flux *(auf Harzbasis)*; 3. deflocculant *(Keramiktechnologie)*
Verflüssigung *f* liquefaction; dissolving *(Auflösung)*; deflocculation *(Keramiktechnologie)*
Verflüssigungsmittel *n s.* Verflüssiger
verformbar deformable, workable, ductile, plastic; malleable *(meist Metall durch Druck, Schmiedbarkeit)*
verformbar/elastisch *(BM, BT)* elastic
Verformbarkeit *f* deformability, ductility, plasticity; malleability *(meist Metall; Schmiedbarkeit)*
verformen *v* deform, work; shape, form *(gestalterisch, Ton, Gestein)*
verformen v/sich deform, undergo deformation, strain
Verformen *n* deforming; shaping
Verformen *n* **bei Feuereinwirkung** deformation during burning
Verformen n/tertiäres tertiary creep
verformt deformed; malformed *(meist Metall; geschmiedet)*; distorted *(verbogen, verworfen)* • **verformt werden** deform
Verformtheit *f (BM, BT)* warp *(z. B. Holz)*
Verformung *f* 1. deforming, straining *(Vorgang)*; 2. deformation, strain, deformity; distortion *(Verbiegung, Verwerfung)*; 3. *(BM)* flow *(plastisches Verhalten)*
Verformung f/bleibende 1. irreversible deformation, permanent deformation, plastic deformation; 2. *(Erdb)* set
Verformung f/ebene *(BT, Stat)* plane deformation
Verformung f/elastisch-plastische *(BM)* elastoplastic deformation
Verformung f/elastoplastische *(BM)* elastic-plastic deformation
Verformung f/nicht elastische plastic deformation
Verformung f/örtliche local deformation
Verformung f/plastische plastic deformation, inelastic deformation, non-elastic deformation, plastic yield; failure *(Tragwerk)*; plastic making *(für Formgebung)*
Verformung f/primäre primary deformation
Verformung f/räumliche three-dimensional deformation
Verformung f/sekundäre secondary deformation
Verformung f/zeitabhängige *(BM, Stat, TK)* time-dependent deformation
Verformungsanfälligkeit *f* susceptibility to deformation
Verformungsarbeit *f* deformation work
Verformungsbereich m/plastischer plastic deformation zone
verformungsbeständig *(Verk)* rut resistant *(Straßenbefestigung)*
Verformungsbeständigkeit *f (BM, BT, Stat)* resistance to deformation
Verformungsbruch *m* 1. *(BM, BT)* deformation fracture; 2. *(BM, Bod, Stat)* ductile fracture
Verformungsebene *f* plane of deformation
verformungsempfindlich susceptible to deformation; prone to rut [deformation] *(Straße)*
Verformungsenergie *f* deformation energy
Verformungsenergie f/elastische internal resilience
Verformungsfestigkeit *f (Stat)* distortion strength
Verformungsgeschwindigkeit *f* rate of deformation
Verformungsgrenzzustand *m* deformation limit state
Verformungsinstabilität *f (BM, BT)* shakedown
Verformungsmessung *f* strain measurement
Verformungsmesswertgeber *m* displacement transducer
Verformungsmodul *m* 1. *(Stat)* deformation modulus; 2. *(Bod)* modulus of compressibility
Verformungsmodul m/statischer static Young's modulus
Verformungsmoment *n (Stat)* moment of deformation
Verformungspresse *f (BWG)* press
Verformungsprüfung *f (BM)* volumetric test
Verformungsstruktur *f* deformation structure
Verformungsverhalten *n* deformation behaviour
Verformungsverstärker *m* strain amplifier *(Messtechnik)*
Verformungswert *m* strain value
Verformungswiderstand *m* deformation resistance, resistance to deformation
Verformungswirkung *f (BM, BT, Stat)* deformation action
Verformungszahl f/statische static Young's modulus
Verformungszustand *m* deformation state, state of deformation
Verformungszustand m/ebener *(Stat)* plane deformation state, state of plan deformation
verfügbar available
Verfügbarkeit *f* availability
verfugen *v* joint, point, tuck *(Mauerwerk)*
verfügen *v* rule
Verfugen *n* jointing, pointing
Verfugen *n* **unter überhängenden Platten** *(Te)* collaring
verfugt/bündig flat jointed, flush jointed, solidly filled
Verfugung *f* jointing, pointing
Verfugung f/bündige *(SB)* flat pointing
Verfügung *f* disposition, regulation
Verfügung f/einstweilige *(VR)* injunction
Verfügungsgewalt *f (Umw)* disposal
Verfugungsmörtel *m* jointing mortar
Verfüllbeton *m* packing
verfüllen *v* 1. *(Te)* plug *(Öffnungen)*; 2. *(Erdb)* fill, fill in, chink, refill
Verfüllerdstoff *m (Erdb)* import fill *(von einer Seitenentnahme)*
Verfüllmaterial *n (Erdb)* backfill, chinking, backfilling material
Verfüllung *f (Erdb)* backfill, backfilling, refilling
Vergabe *f (VR)* order letting
Vergabe f/freihändige *(VR)* negotiated contract
Vergabe *f* **von Aufträgen** award, placing of orders
Vergabe *f* **von öffentlichen Arbeiten** *(VR)* allocation
Vergabepraxis *f (VR)* contracting practice
Vergabe- und Vetragsordnung *f* **für Bauleistungen** *(VOB) (VR)* German construction contract procedures (for building works), Contract procedures for building works *(DIN 1960)*

Vergabeunterlagen *fpl* contractual documents, contractual terms
Vergabevermerk *m (VR)* record of award
Vergabewesen *n (VR)* contracting practice
vergänglich *(Konst, Te)* transient
vergeben *v* award of contract, place *(Auftrag)*; allot *(z. B. eine Arbeit)*
vergeben *v*/**Darlehen** lend
vergelt gel-like
vergessen *v*/**alles** skip
Vergeudung *f* waste
vergießbar castable *(bes. Metall)*
vergießen *v* grout *(mit Mörtel)*; seal *(z. B. Fugen)*
vergießen *v* /**heiß** pour in a hot state
Vergießen *n* 1. sealing *(Fugen)*; 2. spillage *(Verschütten)*
Vergießen *n* **der Auflager** grouting of bearings
Vergießen *n* **der Lager** grouting of bearings
vergilben *v (OB)* yellow
Vergilben *n (OB)* yellowing
vergilbend *(OB)* yellowing
vergilbend/nicht non-yellowing
vergilbungsfrei non-yellowing
Vergilbungsskala *f* yellowing scale
vergipsen *v* plaster
vergittern *v* lattice, grate; screen *(Fenster)*
Vergittern *n (Te)* grating
Vergitterung *f* 1. *(BT)* grating; 2. *(Konst)* lacing
verglasen *v* glass (in), glaze (in); vitrify *(Feuerfestkeramik)*
verglast glass-enclosed, glassed-in; vitrified *(Feuerfestkeramik)*
Verglasung *f* 1. *(EB)* glazing; 2. *(BM)* vitrification *(z. B. Ziegel, Kacheln)*
Verglasung *f*/**doppelte** double glazing, dual glazing
Verglasung *f*/**eingesetzte** flush glazing
Verglasung *f* **im Winkel- oder Nutrahmen** face glazing
Verglasung *f*/**kittlose** puttyless glazing, patent glazing, dry glazing
Verglasung *f* **mit U-Schienen/auswechselbare** channel glazing
Verglasung *f* **von außen** outside glazing
Verglasung *f* **von der Innenseite** interior glazing
Verglasungsarbeiten *fpl* glazier's work, glazing work *(BS 8000-7, DIN 18361, s. a. Beglasungsarbeiten)*
Verglasungseinheit *f* **mit Metallverbundrand** metal-edge-sealed glazing unit
Verglasungselement *n* glazing unit
Verglasungsfläche *f* area of glazing
Verglasungsglas *n* glazing glass
Verglasungsmaterial *n* glazing material
Verglasungstechnik *f (Konst)* glazing technique
Vergleich *m* 1. comparison, arrangement, settlement; 2. insolvency procedure *(bei Insolvenz)*
Vergleichbarkeit *f (Konst)* reproducibility *(Ergebnisse, Daten usw.)*
Vergleichsbedingungen *fpl* reproducibility conditions
Vergleichsbeton *m (BB, BM)* comparative concrete
Vergleichsentwurf *m* check design
Vergleichsfestigkeit *f (BM, BT)* comparative strength
Vergleichsgrenze *f* reproducibility limit
Vergleichskonstruktion *f* check design, check version
Vergleichskostenanalyse *f (VR)* comparative cost analysis
Vergleichslast *f* equivalent load
Vergleichspräzision *f (Konst)* reproducibility *(Ergebnisse, Daten usw.)*
Vergleichsprobe *f* standard specimen
Vergleichsprüfung *f (VR)* comparative test
Vergleichsprüfungstest *m* **zwischen Labors** *(BM)* interlaboratory test comparisons
Vergleichsspannung *f (Stat)* comparison stress
Vergleichsstandardabweichung *f* reproducibility standard deviation
Vergleichsstreubereich *m (BM)* reproducibility range *(Baustoffprüfung)*
Vergleichsvereinbarung *f* scheme of arrangement, deed of arrangement
Vergleichsverfahren *n* insolvency proceedings
Vergnügungspark *m* amusement park, fun fair
vergolden *v* gild
Vergolden *n* 1. *(OB)* gilding; 2. *(BM, OB, Te)* gold plating
vergoldet gilded, gold-coated
vergoldet/überreich *(Arch)* lavishly gilt
Vergoldung *f (OB)* gilding
Vergraben *n* burial, hiding in the ground; land burial *(von Müll)*
vergrößern *v* 1. enlarge, extend, expand *(ausdehnen)*; 2. make wider, widen *(verbreitern)*; 3. increase *(vermehren)*
vergrößern *v*/**maßstäblich** *(Konst, Verm)* scale up
Vergrößerungsmaßstab *m* enlarged scale, enlargement ratio
Vergrößerungsstück *n* increaser
Vergussankerplatte *f* grout box
Vergussfuge *f (Konst)* poured joint
Vergussmasse *f* 1. filling compound, grouting compound, compound; 2. jointing compound, joint cement *(Fugenmasse)*; paving joint sealer *(Betonstraßen)*; 3. filling compound *(zum Schweißen)*; 4. *(El)* insulating compound
Vergussmasse *f*/**bituminöse** asphalt(ic) compound
Vergussmaterial *n* jointing material *(s. a. Vergussmasse)*
Vergussmörtel *m* grout, seal mortar
vergüten *v* improve; modify *(Mörtel, Beton)*; age-harden, temper, quench-age *(Stahl)*
Vergüter *m* modifier
vergütet improved
Vergütung *f* 1. modification *(von Mörtel, Beton)*; ageing *(Oberflächen; Stahl)*; 2. payment, bonus, reimbursement
Vergütungsadditiv *n (BM)* modifying agent
Vergütungsmittel *n* modifying agent, modifier, improver; functional addition *(Zement)*
Vergütungsstahl *m* heat-treatable steel, quenched and tempered steel, tempering steel
verhalten *v*/**sich** behave *(z. B. ein Baustoff)*
Verhalten *n* behaviour, *(AE)* behavior; reaction
Verhalten *n*/**akustisches** *(DIS)* acoustical behaviour
Verhalten *n* **bei Feuerausbruch** *(Tun)* reaction of fire
Verhalten *n*/**dynamisch-elastisches** dynamic-elastic behaviour
Verhalten *n*/**hydraulisches** hydraulic property *(Bindebaustoff)*
Verhalten *n*/**mechanisches** *(BM)* mechanical behaviour
Verhalten *n*/**physikalisches** *(BM)* physical behaviour
Verhalten *n*/**statisches** *(TK)* statical behaviour
Verhalten *n*/**thixotropes** *(BM)* thixotropic behaviour
Verhalten *n*/**unelastisches** 1. *(BM, BT)* non-elastic behaviour; 2. *(BM)* inelastic behaviour
Verhalten *n* **unter Verkehr** behaviour under traffic
Verhalten *n* **unter Verkehrsbelastung** behaviour under traffic
Verhaltensmerkmal *n* performance characteristic *(Baustoffe, Bauwerke, Einrichtungen)*
Verhaltensmodell *n (Konst, VR)* performance model *(der geplanten Leistung)*
Verhaltensregel *f (VR)* protocol
Verhältnis *n* proportion
Verhältnis *n* **der E-Module** modular ratio
Verhältnis *n*/**Goldenes** *(Arch)* sectio aurea
Verhältnis *n*/**spiegelbildliches** inverse relationship
Verhältnis *n*/**vertragsähnliches** quasi contract

Verhältnis *n* **von Zement zu Luftporen und Wasser** void-cement ratio
Verhältnis *n* **zwischen Förderhöhe und Widerstand** *(WVA)* lift-to-drag ratio
Verhältnisfaktor *m* **zwischen trockenem und feuchtem Sandvolumen** bulking factor
verhandeln *v* negotiate
Verhandlungsverfahren *n* negotiated procedure
verhärten *v* harden, solidify
verhärten *v***/sich** 1. indurate; 2. *(Bod)* lithify *(versteinern)*
Verhärtung *f* hardening
Verhärtung *f***/oxidative** oxidative hardening
Verhärtung *f***/physikalische** physical hardening
Verhärtung *f***/sterische** steric hardening
verharzen *v* resinify; gum *(z. B. Öl)*
Verharzung *f* resinification
Verhauen *n* stunning *(Mauerstein)*
Verhinderung *f* prevention
Verhütung prevention
Verhütung *f* **der Wasserverschmutzung** *(Umw)* prevention of water pollution
Verifikation *f (VR)* verification
verifizieren *v (VR)* verify
Verifizierung *f* verification
Verjährungsfrist *f* limitation period
verjüngen *v* 1. reduce *(Maßstab)*; 2. restock *(Bepflanzung)*; 3. build a younger staff *(Mitarbeiter)*
verjüngen *v***/sich** 1. narrow, taper (off) *(schmaler werden, z. B. Straße)*; 2. diminish *(vermindern)*; 3. *(Erdb, SB)* batter *(eine Mauer)*; 4. revive, rejuvenate *(z. B. Fluss; Bepflanzung)*; 5. taper *(z. B. Säulen)*
Verjüngen *n* **einer Säule nach oben** *(Arch, Konst)* contracture
verjüngt battered *(Mauer)*; chamfered *(gefast)*; rejuvenated *(Landschaftsbau)*; splayed *(abgeschrägt)*; tapered *(z. B. Säulen)*
Verjüngung *f* 1. batter, inward batter, reduction *(Mauer)*; 2. *(BT, Konst, Verk, WVA)* constriction *(Einschnürung)*; 3. *(Konst)* taper *(z. B. Säule)*; 4. *(Wsb)* revival *(Fluss)*; 5. diminution *(Abnahme, Querschnittsverminderung)*
Verjüngung *f***/abgesetzte** *(Konst)* offset reduction
Verjüngung *f***/gleichmäßige** uniform tapering
Verjüngung *f***/kegelige** *(Konst)* tapering
Verjüngungsmethode *f (BM)* increment method *(Probenahme und Vorbereitung)*
Verjüngungsrohrstück *n (BT)* taper pipe
Verjüngungsschicht *f (SB)* intake belt course *(Mauerwerk)*
Verkabelung *f (El)* cabling
verkalken *v* calcify, lime incrust, fur up
Verkalken *n* liming-up
verkalkt lime-encrusted
verkämmen *v (Hb)* cog, join by cogging
Verkämmen *n (Hb)* cogging; combing *(von Dachsparren)*
verkanten *v* cant, bend out of line, set on edge; tilt *(kippen)*
Verkarrung *f (Erdb)* cartage *(von Erdstoff)*
Verkaufsanlagen *fpl* shopping facilities, sales facilities
Verkaufsbüro *n* sales office
Verkaufslager *n* sales depot
Verkaufspassage *f* shopping passage
Verkaufsrecht *n (VR)* right of sale
Verkaufsrecht *n***/alleiniges** *(VR)* exclusive right of sale
Verkaufsstand *m* kiosk, stall
Verkaufsstelle *f* shop
Verkehr *m (Verk)* traffic • **eine Straße dem Verkehr übergeben** *(Verk, VR)* open a road • **für den Verkehr freigeben** *(Verk, VR)* open to traffic • **für den Verkehr freigegeben** *(Verk, VR)* opened to traffic • **im Verkehr mitfahrend** *(Verk)* floating • **unter Verkehr** in service, trafficked; opened to traffic *(Straße)*

Verkehr *m***/ausfädelnder** demerging traffic, diverging traffic
Verkehr *m***/ausstrahlender** *(Verk)* outbound traffic
Verkehr *m***/bodengebundener** *(Verk)* ground transport
Verkehr *m***/dichter** dense traffic, forced traffic
Verkehr *m***/durchschnittlicher täglicher** *(Verk)* average daily traffic
Verkehr *m***/einfädelnder** merging traffic
Verkehr *m***/einspuriger** *(Verk)* single-lane traffic
Verkehr *m***/einstrahlender** *(Verk)* inbound traffic
Verkehr *m***/fließender** moving traffic, traffic with free flow
Verkehr *m***/flüssiger** free flow traffic
Verkehr *m***/fußläufiger** 1. *(RP, Verk)* footstep traffic; 2. *(Verk)* pedestrian traffic
Verkehr *m***/innerbetrieblicher** *(Verk)* internal traffic
Verkehr *m***/innerstädtischer** *(Verk)* inbound traffic
Verkehr *m***/kombinierter** *(Verk)* combined transport
Verkehr *m***/kontinuierlicher** *(Verk)* continuous traffic
Verkehr *m***/öffentlicher** public transport
Verkehr *m***/ruhender** standing traffic, stationary traffic
Verkehr *m***/stadteinwärts fahrender** inbound traffic
Verkehr *m***/städtischer** *(Verk)* urban traffic
Verkehr *m***/ununterbrochener** *(Verk)* continuous traffic
Verkehr *m***/verflechtender** *(Verk)* merging traffic
Verkehr *m***/zusammenfließender** merging traffic
Verkehr *m***/zweispuriger** *(Verk)* two-way traffic
verkehrsabhängig traffic actuated
Verkehrsablauf *m (Verk)* traffic flow
Verkehrsablauf *m***/flüssiger** *(Verk)* smooth traffic flow
Verkehrsablaufplan *m (RP, Verk)* traffic flow plan
Verkehrsablaufschema *n (Konst)* circulation *(im Gebäude)*
Verkehrsablauftheorie *f (Verk)* traffic theory
Verkehrsabnutzung *f (Verk)* traffic wear
Verkehrsabwicklung *f (Verk)* traffic management
verkehrsadaptiv *(Verk)* traffic adaptive
Verkehrsader *f* arterial road
Verkehrsampel *f (Verk)* traffic lights
Verkehrsampelleuchtmittel *n (Verk)* lamp for traffic signals
Verkehrsamt *n* tourist information office
Verkehrsamt *f* **für Personentransport** *(Verk, VR)* public transport authority
Verkehrsanalyse *f (RP, Verk)* traffic analysis
Verkehrsanbindung *f* traffic connection
Verkehrsanlagen *fpl (Verk)* traffic facilities
verkehrsarm off-peak, low-traffic, quiet
Verkehrsart *f* mode of transportation, transport mode
Verkehrsaufkommen *n* 1. *(Verk)* generated traffic; 2. *(RP, Verk)* traffic volume
Verkehrsaufnehmer *m* traffic detector
Verkehrsaufteilung *f* traffic separation
Verkehrsausgangspunkt *m (Verk)* trip origin
Verkehrsauswirkungsbeurteilung *f (RP, Verk)* traffic impact assessment
Verkehrsbau *m (Verk)* traffic structure engineering
Verkehrsbauten *mpl* traffic structures
verkehrsbedarfsabhängig traffic-actuated
Verkehrsbedürfnisse *npl (Verk)* traffic needs
Verkehrsbeeinflussung *f* traffic signal control
Verkehrsbefragung *f* origin-destination study
Verkehrsbehinderung *f* obstruction of traffic, traffic hindrance
Verkehrsbehörde *f (Verk, VR)* public transport authority
Verkehrsbelästigung *f (Umw)* traffic nuisance
Verkehrsbelastung *f* traffic load(ing) • **mit hoher Verkehrsbelastung** *(Verk)* heavily trafficked • **unter Verkehrsbelastung** trafficked
Verkehrsbelastung *f***/maßgebende** *(Verk)* design traffic loading

Verkehrsbelastung f/voraussichtliche *(Verk)* anticipated traffic loading *(Verkehrsweg)*
Verkehrsbericht *m* traffic report
Verkehrsberuhigung *f (Verk)* traffic calming
Verkehrsberuhigungseinrichtung *f* traffic calming device
Verkehrsbeschilderung *f* traffic signing
Verkehrsbeschilderung f/ferngesteuerte *(Verk)* remote-controlled signing
Verkehrsbeschleuniger *m (Verk)* traffic accelerator
Verkehrsbeschränkung *f* traffic restraint; load reduction
Verkehrsbetrieb *m* public transport company
Verkehrsbeurteilung *f* traffic assessment
Verkehrschaos *n* traffic chaos, traffic snarl
Verkehrsdaten *pl* traffic data
Verkehrsdatenerfassung *f* traffic data acquisition, traffic data collection
Verkehrsdatenerfassung *f* **mittels im Verkehr mitschwimmenden Fahrzeuges** *(Verk)* floating car data collection
Verkehrsdatenregistriergerät *n* traffic data logger
Verkehrsdeckenlast *f* floor live load, imposed floor load, variable floor load
Verkehrsdelikt *n* traffic offence
Verkehrsdeliktaufzeichnung f/elektronische *(Verk)* electronic policeman
Verkehrsdetektor *m (Verk)* traffic detector
Verkehrsdiagnose *f (RP, Verk)* traffic assessment
Verkehrsdichte *f* density of traffic, intensity of traffic, traffic concentration, traffic density
Verkehrsdichte f/mittlere average density of traffic
Verkehrsdienst *m*/**dynamischer** *(Verk)* dynamic traffic service
Verkehrsdurchfluss *m*/**maximaler** *(Verk)* maximum flow
Verkehrsebene *f* traffic level
Verkehrseinfädelsteuerung *f (Verk)* ramp control
Verkehrseinmündung *f (Verk)* merging traffic *(Verkehrsschildaufschrift)*
Verkehrseinschätzung *f (RP, Verk)* traffic assessment
Verkehrsentflechtung *f (Verk)* traffic segregation
Verkehrsentlastung *f* traffic relief
Verkehrsentmischung *f (Verk)* traffic segregation
Verkehrsentstehung *f (Verk)* traffic generation
Verkehrsentstehungs- und Verkehrserzeugungsuntersuchung *f* traffic generation study
Verkehrserfordernisse *npl (Verk)* traffic needs
Verkehrserhebung *f* traffic study, traffic count, traffic census
Verkehrserleichterungseinrichtungen *fpl* traffic facilities
Verkehrserschütterung *f (OB, Verk)* traffic vibration
Verkehrserzeugung *f* trip generation
Verkehrsfläche *f* 1. *(Verk)* traffic area; 2. *(Konst)* circulation area *(in einem Gebäude)*
Verkehrsfläche f/öffentliche *(RP)* public area
Verkehrsfläche f/stark beanspruchte *(Verk)* high-loaded traffic area
Verkehrsfluss *m (Verk)* traffic flow
Verkehrsfluss *m*/**beschränkter** *(Verk)* restricted traffic movement
Verkehrsfluss *m*/**freier** free (traffic) flow, traffic with free flow
Verkehrsfluss *m*/**gesättigter** saturation flow
Verkehrsfluss *m*/**planfreier** *(Verk)* grade-separated streams
Verkehrsfluss *m*/**räumlicher** *(Verk)* volumetric flow
Verkehrsfluss *m*/**volumetrischer** *(Verk)* volumetric flow
Verkehrsfluss *m*/**zäher** *(Verk)* slow traffic flow
Verkehrsflüssigkeit *f (Verk)* smoothness of the traffic
Verkehrsfunk *m* traffic road guidance, radio guidance *(für Verkehrsleitung)*
Verkehrsgarten *m* driver-training field, driving training ground
Verkehrsgemisch *n* traffic mix
verkehrsgerecht traffic-orientated, ensuring optimal traffic flow
Verkehrsgeschehen *n* traffic flow
Verkehrsgestaltung *f* traffic modelling
verkehrsgünstig favourably situated as regards traffic facilities
Verkehrsgüte *f* level of service
Verkehrshindernis *n (Verk)* obstacle to traffic
Verkehrshof *m (AE)* car barn *(z. B. für Omnibusse)*
Verkehrsinformation *f* route information
Verkehrsinformationstafel *f* traffic information table
Verkehrsinformationszentrale *f* traffic information centre
Verkehrsinfrastrukturfinanzierungsgesellschaft *f (VIFG)* Federal Transport Infrastructure Financing Company
Verkehrsinfrastrukturplanung *f (RP, Verk)* traffic infrastructure planning
Verkehrsingenieurwesen *n* traffic engineering
Verkehrsinsel *f* traffic island, guide island, safety island, street refuge, raised island
Verkehrsinsel f/ausgebildete *(Verk)* raised island
Verkehrsinsel f/konstruktive raised island
Verkehrsinsel f/markierte *(Verk)* ghost island
Verkehrsinsellageplan *m (Verk)* layout of islands
Verkehrskategorie *f* traffic category
Verkehrskenngrößen *fpl* traffic parameters
Verkehrskenngrößen *fpl*/**lokale** local traffic parameters
Verkehrsknoten *m s.* Verkehrsknotenpunkt
Verkehrsknoten *m* **in Trompetenform** *(Verk)* trumpet junction *(Straße)*
Verkehrsknotenpunkt *m (Verk)* traffic junction
Verkehrsknotenpunkt *m* **ohne Signalsteuerung** uncontrolled junction
Verkehrsknotensteuergerät *n (Verk)* junction controller
Verkehrskomfort *m* level of service, traffic comfort
Verkehrskongress *m* transportation congress
Verkehrskontrolle *f* traffic control
Verkehrskonzept *n (RP, Verk)* traffic concept
Verkehrskreisel *m (Verk)* roundabout *(Anlage mit Mittelinsel)*
Verkehrslageerfassung *f (Verk)* real time traffic analysis
Verkehrslageinformation *f* traffic flow information
Verkehrslärm *m* traffic noise
Verkehrslast *f* 1. live load, moving load *(konstruktive Zusatzbelastung)*; superimposed load *(Auflast)*; 2. *(Brücke)* movable load, moving load, traffic live load, traffic load, travelling load *(einer Brücke)*; 3. traffic load, traffic, traffic rolling (load) *(eines Verkehrsabschnittes)*; 4. *s.* Verkehrsdeckenlast
Verkehrslast f/berechnete calculated live load
Verkehrslasten *fpl* **auf Brücken** traffic loads on bridges *(EN 1991-2)*
Verkehrslastmoment *n (Stat)* live load moment
Verkehrsleiteinrichtungen *fpl* traffic guidance equipment
Verkehrsleitfunk *m* traffic radio guidance
Verkehrsleitkegel *m* traffic cone, warning cone
Verkehrsleitsystem *n (Verk)* traffic guidance system
Verkehrsleitzentrale *f (Verk)* control centre, central control, road guidance centre
Verkehrslenkung *f* traffic control
Verkehrsleuchtnagel *m (Verk)* reflecting stud
Verkehrsmanagement *n (Verk)* traffic management
Verkehrsmeldearchiv *n (Verk)* traffic messages archives
Verkehrsmeldungsarchiv *n* archived traffic message

Verkehrsmenge *f (RP, Verk)* traffic volume
Verkehrsmenge *f*/**stündliche** *(Verk)* hourly traffic flow
Verkehrsmengenkarte *f (RP, Verk)* occupancy chart
Verkehrsmessaufnehmer *m* traffic detector
Verkehrsministerium *n (Verk, VR)* Department of Transport
Verkehrsmischung *f* traffic mix
Verkehrsmittel *npl (Verk)* means of transport
Verkehrsmittel *npl*/**öffentliche** public transport, *(AE)* transportation, mass transit
Verkehrsmittelaufteilung *f (Verk)* modal split *(Städtebau)*
Verkehrsmittelwechsel *m (Verk)* modal shift
Verkehrsmuster *n (Verk)* traffic pattern
Verkehrsmuster *n*/**zeitlich räumliches** spatial-temporal (at) traffic pattern
Verkehrsnachfragemodell *n* traffic demand model
Verkehrsnachhaltigkeit *f (RP, Verk)* traffic sustainability
Verkehrsnachrichtenkanal *m (Verk)* traffic message channel
Verkehrsnetz *n* traffic network
Verkehrsnetzplanung *f* **für den öffentlichen Personennahverkehr** *(Verk)* public transport network design
Verkehrsparameter *m (Verk)* traffic parameter
Verkehrsphase *f* traffic stage
Verkehrsplan *m (RP, Verk)* traffic plan
Verkehrsplaner *m* traffic planner
Verkehrsplanung *f (RP, Verk)* traffic planning
Verkehrsplanung *f*/**kommunale** *(RP, Verk)* urban transport planning
Verkehrsplanung *f*/**städtische** urban traffic panning
Verkehrsplanungsprozess *m* traffic planning process
Verkehrspolitik *f* traffic policy
Verkehrsproblem *n* traffic problem
Verkehrsprognose *f* forecast for traffic, traffic forecast, traffic prediction
Verkehrsprojekt *n (Verk)* transport project
Verkehrspunkt *m*/**wichtiger** *(Verk)* key point
Verkehrspunktüberwachung *f (Verk)* point monitoring
Verkehrsqualität *f* level of service, traffic performance
Verkehrsquelle *f (Verk)* trip origin
Verkehrsquellenverlagerung *f (Verk)* redirection of traffic forces
Verkehrsquerschnittszählung *f* traffic count
Verkehrsrechenzentrale *f* traffic control centre
Verkehrsregelung *f* traffic regulation, regulation of traffic
Verkehrsrichtung *f* direction of traffic
Verkehrsrichtungsstromzählung *f* directional count
Verkehrsschild *n* traffic sign
Verkehrsschild *n*/**mechanisch verstellbares** *(Verk)* mechanical sign
verkehrsschwach off-peak, *(AE)* light-traffic
Verkehrsschwelle *f* traffic bump
Verkehrsschwerpunkt *m (Verk)* centroid
Verkehrssicherheit *f* 1. *(Verk)* traffic safety; 2. *(Verk, VR)* public safety *(öffentliche Verkehrsanlagen)*
Verkehrssicherheitsmanagement *n* road safety management
Verkehrssicherheitsplanung *f (Verk, VR)* road safety planning
Verkehrssicherheitsprogramm *n* road safety programme
Verkehrssicherheitsvergleich *m* 1. *(Verk)* traffic safety comparison; 2. *(Verk, VR)* comparison of traffic safety
Verkehrssicherungseinrichtungen *fpl (Verk)* traffic safety facilities
Verkehrssignal *n* traffic signal, traffic light
Verkehrssignal *n* **für den öffentlichen Personennahverkehr** *(Verk)* public transport signal
Verkehrssignal *n*/**untergeordnetes** secondary traffic signal
Verkehrssignalgruppe *f* group of traffic signals
Verkehrssignalüberwachung *f* traffic signal monitoring
Verkehrssimulation *f (Verk)* traffic simulation
Verkehrssperrung *f (Verk)* road closed for traffic
Verkehrsspiegel *m (Verk)* junction mirror
Verkehrsspitze *f* peak of traffic, traffic peak, rush-hour traffic
Verkehrsspur *f* traffic lane
Verkehrsstärke *f* 1. *(Verk)* traffic intensity; 2. *(RP, Verk)* traffic volume
Verkehrsstau *m* rush of traffic, traffic congestion, traffic, jam, block, *(AE)* backup
Verkehrsstauentlastung(smaßnahme) *f (Verk)* relief of traffic congestion
Verkehrsstauraum *m* stacking lane
Verkehrssteuergerät *n (Verk)* traffic controller
Verkehrssteuerung *f* traffic control
Verkehrssteuerung *f*/**flächenhafte** *(Verk)* area traffic control
Verkehrssteuerung *f*/**städtische** urban traffic control
Verkehrssteuerungsgebiet *n (Verk)* area control
Verkehrssteuerungsplan *m* traffic control plan
Verkehrssteuerungszentrale *f (Verk)* traffic control centre
Verkehrsstörung *f* traffic incident
Verkehrsstraße *f* traffic road [street]
Verkehrsstraße *f* **mit Halteverbot** clearway
Verkehrsstraße *f*/**normale** *(Verk)* ordinary road
Verkehrsstreifen *m* traffic lane, *(AE)* travelled way
Verkehrsstrom *m* traffic stream
Verkehrsstrombild *n (Te, Verk)* flow map
Verkehrsstromzählung *f* directional count
Verkehrsstromzusammensetzung *f (Verk)* stream composition
Verkehrssystemgestaltung *f (RP, Verk)* transport system design
Verkehrssystemmanagement *n*/**integriertes** *(Verk)* integrated traffic management
Verkehrstechnik *f (Verk)* traffic engineering *(Straßenausstattungstechnik)*
verkehrstechnisch (gesehen) in terms of traffic engineering
Verkehrsteiler *m* traffic divider
Verkehrsteilnehmer *m (VR)* road user
Verkehrstelematik *f* road telematics; telematics of traffic flow
Verkehrstrennung *f* traffic separation
Verkehrsturm *m* traffic tower
Verkehrsüberlastung *f* oversaturation
Verkehrsüberschreitung *f* traffic violation
Verkehrsüberwachung *f* 1. *(Verk)* traffic surveillance; 2. traffic control
Verkehrsüberwachung *f*/**elektronische** *(Verk)* electronic traffic surveillance
Verkehrsübungsplatz *m* driver-training field, driving training ground
Verkehrsumlegung *f (RP, Verk)* traffic assignment
Verkehrsumlegung *f*/**belastungsabhängige** capacity--restrained traffic assignment
Verkehrsumlegung *f*/**dynamische** dynamic traffic assignment
Verkehrsumleitung *f* diversion of traffic, traffic diversion, trip assignment, *(AE)* traffic detour
Verkehrsuntersuchung *f* traffic analysis, traffic surveillance, traffic survey, origin-destination study
Verkehrsverbesserungssysteme *npl* traffic facilities
Verkehrsverbindung *f* communication
Verkehrsverbund *m* integrated transport system

Verkehrsvergehenerfassung f/elektronische *(Verk)* electronic policeman
Verkehrsverhalten *n (Verk)* travel behaviour
Verkehrsverhältnisse *pl* traffic situation
Verkehrsverknüpfungspunkt *m (Verk)* transfer point
Verkehrsverlagerung *f (RP, Verk)* traffic assignment
Verkehrsverlagerungsuntersuchung *f* traffic assignment study
Verkehrsverstopfung *f (Verk)* traffic congestion
Verkehrsverteilung *f* traffic distribution; trip distribution *(auf Verkehrsträger und Routen)*
Verkehrsverteilungsmodell *n* traffic distribution model
Verkehrsverteilungsuntersuchung *f* traffic distribution study
Verkehrswarndienst *m (Verk)* traffic warning service
Verkehrsweg *m* traffic route; road; transit
Verkehrswege *mpl (RP, Verk)* transport communications
Verkehrswegebereich *m (Verk)* transport infrastructure sector
Verkehrswesen *n* traffic engineering *(Fachgebiet)*; traffic system, system of communication, *(auch AE)* system of transportation
Verkehrswirtschaft *f* economics of transportation
Verkehrswissenschaft *f (Verk)* transport science
Verkehrszählung *f* traffic count, census of traffic, traffic census
Verkehrszählung *f* **mit der Schlauchmethode** *(Verk)* road tube count
Verkehrszeichen *n* traffic sign, road sign, signpost • **mit Verkehrszeichen ausstatten** *(Verk)* provide with road signs *(Straßen)*
Verkehrszeichen *n***/abnehmbares** removable sign
Verkehrszeichen *n* **am Mastausleger** *(Verk)* mast arm sign
Verkehrszeichen *n***/aufrollbares** *(Verk)* roller blind sign
Verkehrszeichen *n* **aus Glasfaser** *(Verk)* optical fibre sign
Verkehrszeichen *n***/beleuchtetes** *(Verk)* illuminated sign
Verkehrszeichen *n***/empfehlendes** *(Verk)* advisory sign
Verkehrszeichen *n* **für Aufhebung von Einschränkungen** *(Verk)* end of restriction sign
Verkehrszeichen *n***/handgeführtes** *(Verk)* hand-held sign
Verkehrszeichen *n* **in Normengröße** *(Verk)* normal-sized sign
Verkehrszeichen *n***/klappbares** *(Verk)* folding sign
Verkehrszeichen *n***/kreisförmiges** *(Verk)* circular-shaped sign
Verkehrszeichen *n* **mit mattem Grund** *(Verk)* flat background sign
Verkehrszeichen *n* **mit weißen Hintergrund** *(Verk)* white background sign
Verkehrszeichen *n* **über der Straße** *(Verk)* overhead traffic sign
Verkehrszeichen *n***/viereckiges** *(Verk)* square-shaped sign
Verkehrszeichen *n***/von außen beleuchtetes** *(Verk)* external illumination sign
Verkehrszeichen *n* **zur Verkehrsentlastung** *(Verk)* relief sign
Verkehrszeichenhalterung *f (Verk)* mount(ing) of sign
Verkehrszeichenmontage *f (Verk)* mounting of sign
Verkehrszone *f (Konst)* pedestrian traffic zone *(im Gebäudeinneren)*
Verkehrszustand *m* traffic condition
verkeilen *v* 1. wedge, key, club; 2. chock *(mit Holzkeil)*; 3. *(Te)* cotter *(versplinten, verklammern)*; 4. block, anchor *(Spannbeton)*; 5. *(Te)* quoin *(mit Eckstein)*; 6. *(Tun)* block, wedge, caulk
Verkeilen *n (Konst, SB)* wedging
verkeilt *(Konst)* wedged
Verkeilung *f* wedging, keying, fastening by wedges, fastening by keys
verkieseln *v* silicify
Verkieseln *n (BM)* silicifying
verkieselt siliceous, silicified, silicinate
Verkieselung *f* silication, silicating, silification *(z. B. Sandstein, geologischer Schichten)*
verkippen *v (Umw)* dump *(Abfälle auf Deponien)*
Verkippen *n* **ins Meer** *s.* Verklappung
verkitten *v* putty *(z. B. Fenster)*; lute *(Rohrverbindungen)*; cement *(z. B. Fugen)*; seal *(abdichten)*
Verkitten *n* cementation
verkittend cementitious
verkittet cemented
verklammern *v* clamp; cotter *(versplinten)*; grapple *(verankern)*; cramp *(Baugerüst)*
Verklammern *n* joggle jointing
Verklammerung *f* joggle
Verklappung *f* ocean dumping, *(AE)* disposal
Verklauung *f (Hb)* bird's-mouth joint
verkleben *v* bond, cement, glue, glue down, join by adhesive *(verleimen)*; glutinate *(verkleistern)*; seal *(verkitten, abdichten)*; agglutinate *(verklumpen, sich zusammenballen)*
verkleben *v* **mit** cement together; cement down *(horizontal)*
Verkleben *n***/streifenförmiges** *(Te)* strip bonding
verklebend cementitious
verklebt bonded
Verklebung *f* bond, bonding, cementation, gluing
verkleiden *v* 1. line, surface, clad, face *(Fronten, z. B. mit Naturstein)*; slate *(mit Schiefer)*; 2. sheathe *(verschalen)*; line with boards, board, plank, box up, timber, panel *(mit Brettern)*; batten *(mit Leisten)*; 3. case, clad, jacket *(ummanteln)*; 4. *(DIS)* lag *(mit Dämmstoffen)*; 5. *(Te)* revet *(Böschung, Fundament)*
Verkleiden *n (DIS, OB, Te)* cladding
Verkleiden *n* **einer Wand** wall covering, wall lining
verkleidet lined, faced; panelled *(mit Tafeln, Brettern)*; lagged *(mit Dämmstoffen)*
Verkleidung *f* 1. face work, facework, facing, cladding *(z. B. einer Vorderfront)*; 2. lining, sheath *(Verschalung)*; panelling *(mit Paneelen, Tafeln)*; apron *(überlappt)*; 3. case, casing, cladding, jacket, envelope *(Ummantelung)*; 4. *(Erdb, Konst)* revetment *(Böschung, Fundament)*; 5. *(BT)* cover; 6. *(DIS)* lag *(mit Dämmstoffen)*; 7. *(Konst)* veneer wall *(dünne Verblendung)*; 8. *(EB)* side enclosures *(Fahrtreppe)*
Verkleidung *f***/billige** low-cost lining
Verkleidung *f***/eingehängte** drop moulding
Verkleidung *f***/geosynthetische** *(OB)* geosynthetic liner
Verkleidung *f***/innere** internal lining
Verkleidung *f***/senkrechte** vertical sheeting
Verkleidung *f***/verzierte** ornamental panelling
Verkleidung *f***/wasserhemmende** *(BM, DIS)* water-retarding facing
Verkleidung *f***/zweifache** double course
Verkleidungsabstand *m***/lichter** *(Konst, OB)* face clearance
Verkleidungsanker *m (Konst)* brick anchor
Verkleidungsbeton *m* lining concrete
Verkleidungsblech *n* facing plate
Verkleidungsdicke *f (Konst, SB)* setting space
Verkleidungselement *n* lining unit, facing unit, surfacing unit
Verkleidungsfliese *f* finish tile
Verkleidungsfolie *f (BM, OB)* surfacing foil
Verkleidungsgitter *n* **einer Wandöffnung** wall grille
Verkleidungshalter *m (BT)* veneer tie
Verkleidungsleiste *f***/obere** head casing
Verkleidungsmaterial *n* lining material, sheeting

Verkleidungsmauer *f* 1. *(Konst)* cladding wall; 2. *(Erdb)* revetment wall
Verkleidungsnagel *m* finishing nail
Verkleidungsplatte *f* facing panel, lining board, surfacing sheet, sheeting board, trim panel, lining unit, facing board; lining slab, facing slab, cladding slab *(tragend, versteifend)*; facing tile *(Keramik, Stein)*
Verkleidungsplatte *f* **an der Außenseite** exterior sheeting board
Verkleidungsplatte *f***/bündige** flush panel
Verkleidungsplatte *f***/waagerechte** horizontal panel
Verkleidungsprofil *n* lining profile
Verkleidungsschindel *f* siding shingle *(für Außenwände)*
Verkleidungssteinzeug *n* lining stoneware, facing stoneware
Verkleidungstafel *f* surfacing panel, cladding panel, lining board, covering panel, cladding element, trim panel; facing slab *(tragend, versteifend)*
Verkleidungstafel *f***/zurückgesetzte** drop moulding
Verkleidungswand *f* protection wall
Verkleidungswandanker *m (BT)* veneer wall tie
verkleinern *v* 1. make smaller; 2. diminish, decrease, lessen *(verringern)*; 3. reduce *(Maßstab)*; 4. taper *(verjüngen)*
verkleinern *v***/maßstäblich** scale down
verkleinern *v***/sich** diminish *(verringern)*
Verkleinerungsmaßstab *m (Konst, Verm)* reduction scale
Verkleinerungszeichner *m (Konst)* proportional dividers
verkleistern *v* glutinate
verklemmen *v* lock *(festklemmen)*; gall, sieve *(festfressen)*
verklemmen *v***/sich** become stuck, jam
Verklemmung *f***/mechanische** mechanical clamping *(Verankerungsverfahren)*
verklumpen *v* clot, lump
verknoten *n* knot together
Verknüpfen *n* **der Bewehrungseisen durch Pressdruck** *(Te)* pressure-locked grating
verkohlen *v* carbonize *(z. B. Holz)*; char *(Holzkohle)*
verkoken *v* coke, carbonize
verkommen *(RS)* ramshackle
Verkröpfung *f* reverse
Verkrümmen *n (BM, BT)* warping
Verkrümmung *f* distortion, dwarfing; warp(age) *(z. B. Holz)*
verkrusten *v* crust, encrust, incrust, scale *(z. B. Leitungen)*
Verkrusten *n (HLK, RS, San)* scaling
Verkrustung *f* encrustation, incrustation, scaling *(z. B. von Rohrleitungen)*
verkümmert degenerated
verkupfern *v (Te)* copper
verkupfert *(BT)* coppered
verkürzen *v* shorten, make shorter; reduce, accelerate *(zeitlich)*
verkürzen *v***/die Abbindezeit** *(BB)* shorten the time of setting
verkürzen *v***/die Perspektive** *(Arch, Konst)* foreshorten
verkürzt short
Verkürzung *f* shortening, negative elongation
Verladeanlage *f (Konst, Verk)* loading plant
Verladebahnhof *m (Verk)* entraining station
Verladebrücke *f* loading bridge, loading platform
Verladerampe *f* 1. *(Verk)* loading and unloading ramp; 2. *(Konst, Verk)* receiving platform
Verladeschurre *f* loading chute
Verladesilo *m* **für bituminöses Mischgut** charging silo for mix
verlagern *v* shift, dislocate *(z. B. Gewicht, Standort)*; move, transfer *(verlegen)*; displace *(Abläufe)*
verlagern *v***/sich** shift; misalign *(Achsen; Angriffpunkte)*
Verlagerung *f* shift, dislocation; removal transfer; misalignment *(z. B. Achsen; Belastungs- und Angriffspunkte)*
Verlagerung *f* **von Verkehrsquellen** *(Verk)* redirection of traffic forces
Verlagerungseffekt *m***/modaler** (modal) shift effect
Verlagsgebäude *n (Arch, Konst)* press building
verlanden *v (Wsb)* silt (up)
Verlandung *f* 1. *(Erdb, WVA)* silting; 2. *(Bod)* silting-up
verlängern *v* 1. lengthen, elongate; 2. extend *(Straße)*; 3. prolong(ate) *(mathematisch; Linien)*; 4. protract *(zeitlich)*
verlängern *v***/sich** elongate
verlängern *v***/zeitlich** protract
verlängert elongated
Verlängerung *f* lengthening, elongation, increase in elongation; prolongation *(mathematisch)*; extension *(Straße; Ausdehnung)*
Verlängerungsschiene *f* extension bar
Verlängerungsstab *m* extension bar
Verlängerungsstößel *m (Erdb)* follower *(Pfahlgründung)*
Verlängerungsstück *n* extension piece
Verlängerungsverbindung *f* 1. *(Konst)* lacing *(Träger)*; 2. *(Hb)* lengthening joint
verlangsamen *v* slow down, slow up, delay *(verzögern)*; retard *(z. B. Abbindeprozesse, Korrosionsprozesse)*
verlaschen *v* 1. fish-plate, strap, fish, joint; 2. *(Hb)* scarf
Verlaschen *n (Konst, Te)* fishing
Verlaschung *f* 1. fish plating, fishing, strapping, fish joint; 2. *(Hb)* scarfing
Verlaschung *f***/totale** total butt strap
Verlaschung *f***/vollständige** total butt strap
verlassen *(RS, VR)* derelict *(alte Häuser)*
Verlauf *m* 1. course *(z. B. einer Straße)*; 2. flow *(von Anstrichen)*; 3. *(Te)* process; 4. *(El, Konst, San)* run *(Ablauf)*; 5. *(El, Konst, San)* run *(von Leitungen, Kabeln)*
Verlauf *m* **der Kräfte/linearer** *(Stat)* linear progression of stresses
Verlauf *m***/kritischer** critical course *(Straße)*
verlaufen *v* 1. run *(z. B. Leitungen, Linien, Gewässer)*; 2. flow out, spread, run *(Anstrich)*; 3. bleed, run *(Farben)*
verlaufen *v***/bogenförmig** bow
verlaufend/kreuz und quer criss-cross
verlaufend/schräg *(Stat)* transverse
Verlegeanleitung *f* directions for laying, specifications for laying
Verlegearbeiten *fpl (Te)* laying
Verlegeart *f* method of laying, laying method
Verlegeeinrichtung *f (BWG)* laying plant *(Leitungen)*
Verlegelänge *f* laying length
Verlegematerial *n* laying material
Verlegemörtel *m* bed mortar
Verlegemuster *n (Konst)* laying pattern
verlegen *v* 1. lay (out), install, run *(Kabel, Rohre)*; 2. *(Erdb, Te)* lay underground *(unterirdisch, z. B. Leitungen)*; 3. assemble, install *(Rohrleitungen)*; 4. *(Te)* place *(z. B. Betonplatten)*; 5. reroute, relocate *(Straßenbau)*; 6. *(Te, VR)* transfer *(z. B. Wohnsitz)*
verlegen *v***/auf Putz** expose [wire] on the surfacing
verlegen *v***/ein Kabel** run a cable
verlegen *v***/hochkant** lay edgewise
verlegen *v***/im Verband** *(SB, Te)* place to bond
verlegen *v***/in die Erde** bury, lay underground
verlegen *v***/Leitungen sichtbar** *(Konst, Te)* run wires overhead
verlegen *v***/neu** *(RS, Verk)* relay *(Schienen)*
verlegen *v***/Rohre** pipe
verlegen *v***/unterirdisch** bury, lay underground *(Leitungen)*
Verlegen *n* laying out *(Kabel, Rohr)*
Verlegen *n***/leichtes** ease of installation
Verlegen *n* **von Blocksteinen** *(SB)* laying of blocks
Verlegen *n* **von Leitungen** electrical wiring

Verlegeplan *m* 1. *(Konst, Te)* laying drawing; 2. *(Konst)* installation drawing
Verlegeraster *n* layout grid *(Fliesen)*
Verlegevorschrift *f* specifications for laying
Verlegeweise *f* method of laying, method of application
Verlegezeichnung *f* laying drawing; placing drawing *(Bewehrung)*
verlegt/diagonal *(SB)* arris-ways *(z. B. Ziegel)*
verlegt/fest permanent; permanently imbedded, permanently placed *(z. B. Kabel)*
verlegt/maschinell mechanically laid
verlegt/trocken laid-dry *(Steinlage)*; dry-fixed *(Bauplatte)*
verlegt/unter Putz wire concealed
verlegt/wild haywired *(Kabel, Leitungen)*
Verlegung *f* 1. laying, laying out *(Kabel, Rohr)*; 2. displacement *(Verschiebung, Verrückung)*; 3. *(El, HLK, San, Te)* installation *(z. B. von Versorgungsleitungen)*; 4. *(Te)* placing *(z. B. Platten)*; 5. *(RP)* relocation *(Straße, Eisenbahnlinien)*; 6. postponement, adjournment *(zeitlich)*
Verlegung *f* **auf Putz** *(El)* exposed wiring
Verlegung *f***/hydraulisch gebundene** hydraulic bound construction method
Verlegungsanlage *f (BWG)* laying plant *(Leitungen)*
verleimen *v* bond, glue; cement
Verleimen *n***/konstruktives** *(Hb, Te)* structural gluing
verleimt bonded, glued
verleimt/mit Naturleim *(Hb, Te)* wet glued
Verleimung *f* bonding, gluing
Verleimungszwingklammer *f (BWG)* web clamp
verletten *v (Bod)* clay *(Baugrund)*
verletzbar *(OB)* vulnerable *(Anstrich, Schutzschicht)*
Verletzbarkeit *f (OB)* vulnerability *(Anstriche, Schutzschichten)*
Verletzung *f* breach, injury *(Vertrag)*; damage *(Beschädigung)*
Verlies *n***/unterirdisches** *(Arch)* dungeon
verlieselt quartziferous
verlöten *v* braze
verlötet soldered
Verlust *m* offal *(Baustoffe)*; waste *(z. B. bei Holzbearbeitung)*
Verlust *m* **der Einfluchtung** *(Verm)* loss of alignment
Verlust *m* **oder Kosten** *pl (VR)* loss or expense
Verlusthöhe *f* **durch Reibung** *(Konst, St)* friction head loss
Verlustzeit *f* idle machine time; lost time *(Verkehrssteuerung)*
vermahlen *v* intergrind, disintegrate *(Füller, Farben, Bindemittel)*
Vermahlung *f (BM, Te)* intergrinding
vermarken *v (Verm)* demarcate, set out, set points, set stations; bone *(ausfluchten)*
Vermarktung *f (VR)* marketing
Vermarkung *f (Verm)* demarcation, geodetic monument; boning-in *(Tafeln, Einmessen)*; location *(Abstecken)*
Vermarkungspunkt *m* **der Landesvermessung** *(Verm)* ordnance benchmark
vermascht meshed
Vermattung *f* dullness
Vermattungsgrad *m* degree of dullness
vermauern *v* lay (bricks), mason, build up; wall (up) *(Öffnungen)*
Vermauern *n* laying bricks, setting *(Ziegel)*; laying tiles, tile laying, blocklaying *(Blocksteine)*
Vermeidung *f* **von Lärmbelästigung** *(Umw)* prevention of noise pollution
vermengen *v* mix, intermix, mingle *(Anstriche, Baustoffe)*; blend *(verschneiden)*
Vermengen *n* mixing, intermixing; blending *(Verschneiden)*
Vermengen *n* **von Feststoffanteilen** solid-solid mixing *(Baustoffaufbereitung)*
vermessen *v* measure; survey *(geographisch)*; log *(geologisch)*; chain *(mit Messkette)*
vermessen *v***/neu** *(Verm)* resurvey
Vermessen *n* measurement; survey
Vermesser *m (Verm)* surveyor
vermessert flat-cut, sliced *(Furnier)*
Vermessertrupp *m* survey party
Vermessung *f* 1. *(Verm)* measurement; 2. *(Verm, VR)* mensuration
Vermessung *f***/tachometrische** *(Verm)* stadia surveying
Vermessungsamt *n (VR)* geodetic station
Vermessungsausgangspunkt *m* station
Vermessungsbandmaß *n (Verm)* builder's tape
Vermessungsbezugspunkt *m (Verm)* reference object
Vermessungsflugzeug *n* survey plane
Vermessungsgehilfe *m* chainman, staffman
Vermessungsgeländeabschnitt *m (Verm)* survey area
Vermessungsgerät *n (Verm)* mensuration instrument
Vermessungsgeräte *npl* surveying equipment
Vermessungsgrundlinie *f (Verm)* transit line
Vermessungsingenieur *m (Verm)* land surveyor
Vermessungsinstrument *n* surveying instrument
Vermessungsinstrument *n* **mit transportablem Dreibockstativ** *(Verm)* Y-level
Vermessungskarte *f***/amtliche** *(Verm)* Ordnance Survey map
Vermessungskunde *f (Verm)* surveying
Vermessungslinie *f* survey traverse
Vermessungsnadel *f* chaining pin, taping pin, taping arrow
Vermessungsplan *m (Verm)* survey plan
Vermessungspolygon *n* surveying polygon
Vermessungspunkt *m* station
Vermessungsstab *m (Verm)* station pole
Vermessungstechnik *f (Verm)* mensuration technique
Vermessungstrupp *m* survey(ing) gang, surveying party
Vermessungswesen *n* surveying
Vermiculit *m (BM)* vermiculite
Vermiculitaufblättern *n (BM, DIS)* exfoliation of vermiculite
Vermiculitbeton *m (BB, BM)* vermiculite concrete
Vermiculitgipsputz *m (BM, SB)* vermiculite gypsum plaster
Vermiculitputz *m* vermiculite plaster
Vermiculitschutzputz *m* vermiculite plaster
Vermiculitzuschlagstoff *m (BM)* vermiculite aggregate
vermietbar lettable, rentable
vermieten *v* let (out), lease out, rent out, *(AE)* rent *(Wohnung, Haus)*; hire (out), *(AE)* rent (out) *(Gegenstände)*
Vermieten *n (VR)* hiring-out *(Gegenstände)*
Vermieter *m* 1. letter, *(AE)* renter; 2. operator *(Maschinen)*; 3. *(VR)* landlord *(Hauswirt)*
vermietet werden *v* be rented (out)
Vermietung *f (VR)* hiring-out *(Gegenstände, Maschinen)*
Vermietung *f***/kostendeckende** economic rent *(auch für alle anfallenden Unterhaltungskosten)*
vermindern *v* diminish, lessen, decrease, reduce; cut down, cut back *(einschränken)*; impair *(beeinträchtigen)*; abate, dwindle *(z. B. Spannungen)*; thin down *(Schichtdicken)*
Verminderung *f* 1. diminution, decrease; 2. *(Stat)* reduction
Verminderung *f* **des Querschnitts** *(Konst)* necking
vermischbar *(BM)* intermixable
vermischen *v* mix, intermix; mingle *(Anstriche, Baustoffe)*; blend *(verschneiden)*
vermischen *v***/sich** immix, intermix
Vermischen *n* intermixing
Vermischen *n* **von Feststoffanteilen** solid-solid mixing *(Baustoffaufbereitung)*
vermischt/innig intimate *(Baustoffe)*
Vermischung *f* intermixing
Vermittlungsagent *m (VR)* principal

Vermittlungsstelle *f (VR)* agency establishment
vermodern *v* rot, decay *(Holz)*
vermodert rotten
Vermoderung *f* rotting, decay *(von Holz)*
vermörteln *v* 1. *(Te)* mortar; 2. *(SB)* fix in mortar; 3. *(BB, Te)* grout up *(Zementmörtel)*
Vermörtelung *f* fixing in mortar; mortar jointing *(Dachziegel)*; grouting *(von Zementmörtel)*
Vermuffung *f* 1. *(Konst)* sleeve joint; 2. *(HLK, San, WVA)* box coupling *(Rohr)*
vermüllen *v (Umw)* litter
vernachlässigbar negligible *(Toleranz, Umfang)*
vernachlässigen *v (RS, Te)* waste *(z. B. Grundbesitz)*
vernachlässigen *v*/**rechnerisch** discount
vernageln *v* nail, nail down; nail up *(z. B. Fenster, Türen)*
Vernageln *n* nailing
vernagelt nailed
Vernagelung *f*/**direkte** direct nailing, face nailing, straight nailing
Vernagelung *f*/**sichtbare** exposed nailing
vernetzen *v* interlace, link *(Kunststoffe)*; network, interconnect *(elektrisch, datenmäßig)*
vernetzt interlaced, reticulated, cross-linked *(Kunststoffe, Polymere)*; networked, interconnected *(elektrisch, datenmäßig)*
Vernetzung *f* interlacing, cross-linking *(Kunststoffe)*; interconnecting *(elektrisch, datenmäßig)*
Vernichtungsmittel *n* killing substance *(gegen Schädlinge usw.)*; destroying substance *(gegen Befall)*
vernickeln *v* nickel(-plate), nickelize
Vernickeln *n* nickel plating, nickelizing
vernickelt *(OB)* nickel plated, nickelized
vernieten *v* 1. *(St)* join with rivets; 2. *(St, Te)* rivet; 3. *(Te)* clinch
vernietet riveted
vernuten *v (Hb)* tongue
Verödung *f (Bod, Umw)* desolation *(Land, Landschaft)*
verölt *(Umw)* oil polluted
Verordnung *f (VR)* executive orders
Verordnung *f* **über die Leistungen der Architekten und Ingenieure** *(HOAI) (VR)* Ordinance on the honorarium for services of the architects and engineers
verpachtbar rentable
verpachten *v* let, lease; let for rent, rent (out) *(Grund und Boden)*
Verpächter *m (VR)* lessor
Verpachtung *f (VR)* lease
Verpackung *f* packaging
Verpackung *f*/**seefeste** seaworthy packing
Verpackungsabfall *m (Umw)* packaging waste
Verpackungsmaterial *n* packaging material
Verpackungsmüll *m* packaging waste
verpesten *v* foul
verpflichten *v*/**sich** undertake, bind *(vertragsmäßig)*
verpflichtend binding, obligatory, compulsory
Verpflichtung *f* commitment, contract engagement, undertaking *(durch Verträge)*
Verpflichtungen *fpl*/**vertragliche** contractual obligations, contract engagements, commitments
Verpflichtungsbedingungen *fpl (VR)* conditions of engagement
verpflocken *v (Verm)* mark by pales
Verpflockung *f (Verm)* pegging out
verplankt *(Hb, Konst)* close-boarded
Verpreisen *n* pricing, costing *(Gewerke)*
Verpreisung *f s.* Verpreisen
Verpressanker *m (Erdb)* ground anchor *(BS EN 1537)*
Verpressarbeiten *fpl (RS, Te, Tun)* grouting work
verpressen *v* grout in, pressure grout, inject *(Beton, Zement)*
Verpressen *n* pressure bonding *(Holz)*; pressure grouting *(Mörtel, Zementleim)*
Verpressen *n*/**stufenweises** stage grouting
Verpressgut *n* injection material
Verpresshohlraum *m (RS)* grout void
Verpresslänge *f (BB, RS)* grout length
Verpressung *f* **ohne Mörtelrücklauf** *(RS)* open circuit grouting
Verpressverfahren *n (RS)* injection method
Verputz *m* plaster coat, coating; rendering *(Unterputz)*
Verputz *m*/**bewehrter** reinforced coating
Verputz *m*/**hydraulischer** hydraulic finish
Verputzarbeit *f (SB, Te)* plasterwork
Verputzarbeiten *fpl* plastering; rendering work
Verputzdicke *f (SB)* thickness of finish
verputzen *v* plaster, daub, face, finish, coat, stucco, *(AE)* parget; roughcast *(Rauputz)*; render, face, roughcast *(Unterputz)*; torch *(Ziegeldach verfugen)*
verputzen *v*/**Decke** cell
verputzen *v*/**neu** *(RS, SB)* resurface
Verputzen *n* plastering, coating, *(AE)* parget, pargeting
Verputzen *n*/**doppelschichtiges** two-coat plastering
Verputzen *n* **mittels Schwamm** *(SB, Te)* sponging
Verputzen *n*/**zweilagiges** two-coat plastering
Verputzkelle *f* gauging trowel, trowel
Verputzkelle *f*/**pneumatische** pneumatic float, pneumatic trowel
Verputzschicht *f* rendering coat
verputzt plastered
verputzt/beidseitig *(SB)* plastered both sides
verquarzt quartziferous
Verquetschung *f (BT)* nip
verrahmen *v (Hb)* frame
verrechnen *v*/**sich** *(Stat)* miscalculate
Verrechnung *f* settlement of accounts
Verrechnungssatz *m (VR)* flat rate
verreiben *v* triturate, grind *(fein reiben)*; rub in *(z. B. Putz)*
verrieben/von Hand hand-rubbed
verriegelbar lockable
verriegeln *v* lock, lock in position, bolt, bar, block, clamp
Verriegeln *n* locking, latching
verriegelt locked, blocked, clamped
Verriegelung *f* locking, blocking, clamping
Verriegelung *f*/**mechanische** mechanical lock
Verriegelungsbolzen *m* lock bolt
Verriegelungseinrichtung *f (EB)* lock staple
Verrieglungssystem *n (EB)* locking system
verringern *v* lessen, diminish, lower, reduce, cut down; slow down *(Geschwindigkeit)*
verringern *v*/**sich** decrease *(Kräfte, Spannungen, Schwingungen)*
Verringerung *f* decrease
verrippt ribbed
Verrödelung *f* twisted tie wire
verrohren *v* pipe
Verrohrung *f* piping, tubing
verrosten *v (OB)* rust
Verrosten *n* rusting
verrostet rusty
Verrostung *f (RS)* rusty state
Verrostungsgrad *m* degree of rusting *(von Eisen)*
verrottbar *(BM, Umw)* putrescible
verrottbar/nicht rotproof, imputrescible, antirot
verrotten *v* rot, rot away
verrottet rotten, decayed
Verrottung *f* **durch Schimmelpilze** *(Hb, RS)* white rot *(Holz)*

verrottungsbeständig rotproof, imputrescible, resistant to rotting
Verrottungsprozess *m* rotting process
Verrottungsschutzmittel *n* rot-proofing agent
verrücken *v* displace, dislocate, transfer; dislodge *(Bauwerk)*; jack *(mit Hebevorrichtung)*
Verrückung *f* displacement, dislocation *(einer Lage)*; jacking *(mit Hebevorrichtung)*
Verrückung *f*/**horizontale** horizontal displacement
Verrückung *f*/**lineare** linear displacement
Verrückung *f*/**scheinbare** virtual displacement
Verrückung *f*/**virtuelle** virtual displacement
Verrückungsverfahren *(Konst, Te)* displacement method
verrühren *v* mix *(mit Flüssigkeiten)*
verrutschen *v* slip
versagen *v* collapse, fail, break down *(Material, Bauelement)*; malfunction *(z. B. von Maschinen, Anlagen)*
Versagen *n* collapse *(Material, Bauelemente)*; service failure, malfunctioning *(Maschinen, Anlagen)*
Versagen *n*/**mechanisches** *(BM)* mechanical failure
Versagen *m*/**vorzeitiges** premature failure
Versagensgrenze *f (BM)* failure limit
Versagenswahrscheinlichkeit *f (Konst, Stat, TK)* probability of failure *(Tragverhalten)*
versagt *(BT, Konst, VR)* failed
Versammlung *f* meeting
Versammlungsfläche *f* place of assembly *(außerhalb des Gebäudes)*
Versammlungshalle *f (Arch, Konst)* meeting hall *(s. a. Versammlungsraum)*
Versammlungsraum *m* meeting hall, assembly hall, assembly room, place of assembly
Versammlungsraum *m*/**großer** meeting hall
Versammlungsstätte *f* assembly place
Versand *m* 1. *(Verk)* shipment; 2. *(VR)* shipping *(auch mit Schiff)*
versanden *v* sand up, silt up, shallow
Versanden *n* shoaling
Versandleiter *m* traffic manager
Versandung *f* encroachment by sand, aggradation, sand silting, siltation, *(AE)* sand filling
Versatz *m* 1. misalignment *(Fluchtlinien)*; offset *(z. B. von Bauteilen gegeneinander)*; notch *(räumlich)*; 2. dislocation *(Verschiebung, Verlagerung)*; 3. *(BM)* alligation *(Legierungsherstellung)*; 4. *(Hb)* skew notch; slit and tongue *(eine Holzverbindung)*; 5. *s.* Versatzgut
Versatzberge *f (Bod, Tun)* stowing material
Versatzgut *n (Bod, Tun)* stowing material
Versatzmaß *n (Konst, Te)* shift *(Beton)*
Versatzmörtel *m* packing
Versatzzeit *f (Tun)* offset time
Versäumnisse *npl* **des benannten Subunternehmers** *(VR)* nominated sub-contractor defaults
verschachteln *v* interlace
Verschachteln *n* interlacing
verschalen *v* 1. plank, lath a wall, board, sheath *(mit Brettern)*; 2. form, timber, shutter *(Beton)*; 3. line, lag, clad *(für Wärmedämmung)*; 4. face, clad *(verkleiden, verblenden)*; 5. batten *(mit Leisten)*; 6. ceil *(Paneelverschalung)*
Verschalen *n (Hb)* boarding
verschalt clad, cladded *(verkleidet)*; close-boarded *(mit Brettern)*; lined *(Dämmung)*
Verschalung *f* 1. *(Hb)* boarding; 2. *(BT, Hb)* sheathing *(mit Brettern)*; 3. *(DIS, OB)* cladding *(Verkleidung)*; 4. *(Tun)* lagging *(Ausbau)*; 5. *(TK)* shoring; 6. *(BT, Te)* shuttering *(Einrüstung; Beton)*
Verschalung *f*/**angefaste** shiplap
Verschalung *f*/**gefalzte** *(Hb)* shiplap siding
Verschalungsbretter *npl* **mit Verzierungen** *(Arch, Hb, Konst)* weather moulding
Verschalungselement *n* sheeting concrete wall
Verschalungsmauerwerk *n (SB)* steening
Verschalungsplatte *f*/**angefaste** shiplap
Verschalungsplatte *f*/**feuerbeständige** incombustible lining board
verschandeln *v (RS, Umw)* mar *(Landschaftsbild)*
verschärfen *v* exacerbate *(Zustand, Schadenswirkung)*
verschäumen *v* foam, expand, froth *(z. B. Kunststoffe als Dämmung)*
Verschäumen *n* expansion *(von Kunststoffen)*; frothing *(Dämmschaum)*
verschiebbar displaceable, free to slide, shiftable, non--rigid
verschiebbar/nicht undisplaceable rigid
Verschiebebahn *f* moving track *(Brückenbau)*
Verschiebebahnhof *m (Verk)* shunting station
Verschiebefaktor *m (Stat)* shift factor
Verschiebegleis *n (Verk)* shunt track
Verschiebekran *m* shunting crane
Verschiebelast *f (Verk)* traction load *(Fahrzeuge)*
verschieben *v* 1. displace, move, shift, dislocate; translate *(parallel)*; 2. move, traverse *(Anlagen, Einrichtungen)*; 3. *(Konst, Verm)* misalign *(Linien, Achsen, Flucht)*; 4. delay *(zeitlich)*
verschieben *v*/**sich** slide
verschiebend/sich shifting
Verschiebung *f* 1. movement, dislocation, displacement, shift *(eine Lage)*; translation *(parallel, z. B. Koordinaten)*; 2. offset *(räumlich)*; misalignment *(z. B. Bauflucht)*; 3. *(Konst, Te)* shift *(Geologie)*; 4. delay, postponement *(zeitlich)*
Verschiebung *f*/**horizontale** horizontal displacement
Verschiebung *f*/**lineare** linear translation
Verschiebung *f*/**räumliche** offset *(z. B. Bauflucht)*
Verschiebung *f*/**seitliche** *(BT, Stat)* lateral shift
Verschiebung *f*/**zeitliche** 1. *(Verm)* offset *(Bauvertragsphasen)*; 2. *(Te)* postponement *(Bauablaufplan)*
Verschiebungs... translational ... *(parallel)*
Verschiebungsbruch *m* 1. *(BM)* displacement rupture; 2. *(Stat)* sliding fracture
Verschiebungsfaktor *m* translation factor
Verschiebungsfläche *f* parting plane
Verschiebungskomponente *f (Stat)* translation component
Verschiebungsmoment *n (Stat)* distributed moment
Verschiebungsplan *m (Stat)* plane of transposition *(Knotenpunkte kinematischer Ketten)*
Verschiebungsplan *m* **nach Williot** *(Stat, TK)* Williot diagram *(Rahmendeformierung)*
Verschiebungsstarrheit *f (Stat)* translational rigidity
Verschiebungssteifigkeit *f (Stat)* translational stiffness
Verschiebungsvektor *m (Stat)* translation vector
Verschiebungswert *m (Stat)* translation value
Verschiebungszustand *m (Konst, Te)* translation state
verschiedenartig inhomogeneous
Verschiedenes *n* **und Unvorhergesehenes** *n (VR)* miscellaneous and contingencies *(Bauleistungsvertrag)*
verschiedenfarbig heterochromatic, varicoloured; variegated *(in der Farbgebung abgestuft)*
verschiefern *v (Te)* split into thin sheets
verschießen *v (OB)* fade *(Farbe)*
Verschießen *n (BM, OB)* fading *(Anstrich, Farbe)*
Verschindeln *n*/**senkrechtes** *(Konst, Te)* shingle hanging
Verschindelung *f (Konst)* shingle covering
verschlacken *v (HLK)* slag
Verschlag *m* crate, partition; shed, shack
verschlagen *v* nail *(zunageln)*; board up *(mit Brettern)*
Verschlagen *n* stunning *(Mauerstein)*

verschlammen *v* 1. clog, get filled with mud *(Rohrleitungen)*; 2. silt, silt up *(Hafen, Fluss)*; 3. *(Wsb)* warp, warp up *(Mündungen)*; 4. sludge *(mit Faulschlamm)*
Verschlammen *n* 1. silting-up; 2. sludge accumulation *(Abwasseranlagen mit Klärschlamm)*
verschlammt silted, silty; slurried *(z. B. Schotterunterbau)*
Verschlammung *f* 1. mud silting, accumulation of mud, filling with mud *(Boden)*; 2. *(Erdb, WVA)* silting *(Hafen, Fluss)*; 3. sludge accumulation *(Abwasseranlagen mit Klärschlamm)*
verschlechtern *v*/**sich** deteriorate
verschleiern *v* screen
verschleiert filmy *(Anstrich, Glas)*
Verschleiß *m* 1. wearing, wear *(mechanische Abnutzung)*; abrasion, attrition *(durch Abrieb)*; deterioration *(Beton)*; 2. *(Verk)* traffic wear
Verschleiß *m*/**schleifender** abrasion
Verschleißaussetzung *f* wear exposure
Verschleißbeständigkeit *f* resistance to wearing
Verschleißbetonlage *f* 1. *(Verk)* topping; 2. *(Verk)* traffic deck surfacing
Verschleißblech *n (EB)* clout
Verschleißdecke *f (Verk)* coat, top coat
Verschleißeigenschaft *f* wearing capacity, wearing property
verschleißen *v* 1. wear out, wear away *(mechanisch abnutzen)*; 2. deteriorate *(Material)*; 3. *(Te)* abrade *(schleifend)*; 4. *(AE)* scuff *(z. B. durch Begehen, Befahren)*
Verschleißestrichleger *m (Te)* wearing layer
verschleißfest 1. wear resistant, resistant to wear, hard-wearing *(mechanisch)*; 2. *(BM, OB)* abrasion-proof *(gegen Abrieb)* • **verschleißfest machen** *(BM)* wear-proof
Verschleißfestigkeit *f* wear resistance, resistance to wearing *(gegen mechanische Abnutzung)*; resistance to attrition, abrasion resistance *(gegen Abrieb, z. B. von Stein, Beton)*
Verschleißhärte *f* wear resistance, wearing hardness *(Straße, Estrich, Fußboden)*
Verschleißhaus *n (Konst)* disposable house
Verschleißhemmstoff *m (BM)* wearing inhibitor
Verschleißkorrosion *f (OB)* wear corrosion
Verschleißlage *f* wear(ing) course *(Fußboden, Straße, Betriebsflächen)*
Verschleißoberfläche *f (BM, Konst, OB)* wearing surface
Verschleißprüfspur *f* wear test track
Verschleißprüfung *f* wearing test; abrasion test, attrition test *(auf Abrieb)*
Verschleißrate *f (BM, OB)* wear rate
Verschleißschicht *f* 1. finishing layer, topping, wear course *(Fußboden, Straße, Betriebsflächen)*; 2. road surface, surface dressing, wearing course *(einer Straße)*
Verschleißschutzschicht *f (Verk)* antiabrasion layer *(Straße)*
Verschleißtiefe *f (BM, OB)* wearing depth
Verschleißvermögen *n (BM, OB)* wearing capacity
Verschleißwert *m* wear rate
Verschleißwiderstand *m (BM, OB)* wear resistance
Verschlichten *n* laying-off *(Beschichtungen, Anstriche usw.)*
verschlicken *v* silt, silt up
verschließbar lockable, closable, lock fitted, lockfast
verschließen *v* 1. lock, shut *(z. B. Türen)*; 2. close, shut *(z. B. Fenster)*; 3. bolt *(verriegeln)*; 4. obturate, seal *(abdichten)*; 5. occlude *(z. B. Öffnungen, Durchgänge, Leitungen)*; 6. fill up, close *(z. B. Risse)*; 7. plug, cap *(abdecken)*
verschlissen worn, worn-out
verschlossen locked
verschlossen/hermetisch hermetic, hermetically sealed, air-tight

V

Verschlucken *n (Erdb)* engulfment *(Wasser im Baugrund)*
verschlungen interwoven
Verschluss *m* 1. fastener, fastening, closure, mechanism for closing *(Vorrichtung)*; 2. catch *(Schnapper)*; 3. lock, locking mechanism *(Schloss)*; 4. shutter, cap, lid *(Kappe, Deckel)*; 5. plug *(Stöpsel)*; 6. obturator *(Abdichtung)*; 7. *(BT)* trap *(Geruchsverschluss)*; 8. seal *(wasser- und luftdicht)*
Verschluss *m*/**wasserdichter** seal
Verschlussbauwerk *n (Wsb)* gate structure
Verschlussbolzen *m*/**rechteckiger** box bolt
Verschlussdachziegel *m (BT)* closing tile
Verschlussdecke *f (DIS, Konst)* sealing coat *(Straße)*
Verschlussdeckel *m* lid, cup
Verschlussdeckel *m* **der Abwasserleitung** *(EB, WVA)* closing plug of a sewer
verschlüsseln *v* cipher, (en)code
Verschlüsselung *f* (en)coding
Verschlussflansch *m* packing flange
Verschlusshöhe *f* **des Trapses** *(San)* depth of trap, depth of water seal *(Wasserstandshöhe)*
Verschlusskappe *f* plug
Verschlussklappe *f* 1. *(HLK, WVA)* flap valve; 2. *(BT)* shutter
Verschlussloch *n* plughole
Verschlussschicht *f (DIS, Konst)* sealing coat *(Straße)*
Verschlussschraube *f* screw plug
Verschlusssystem *n (EB, El, Konst)* closure system
Verschluss-T-Stück *n* **für Dichtigkeitsprüfung** test tee
Verschlusswasserhöhe *f (San)* trap seal *(Geruchsverschluss)*
Verschmelzen *n (St)* fusing
verschmieren *v* lute
Verschmierlehm *m (BM)* clunch
verschmutzen *v* 1. soil, dirty *(Gebäude, Gegenstände)*; 2. *(Umw)* pollute; 3. foul *(verunreinigen, z. B. Anlagen, Installationen)*; 4. *(BM)* impurify *(verunreinigen durch Beimengungen, z. B. Erdstoffe, Primärbaustoffe)*
verschmutzt polluted *(Luft, Wasser)*; slurried *(z. B. Schotterunterbau)*
Verschmutzung *f* soiling; contamination, pollution *(Luft, Wasser)*
Verschmutzung *f*/**organische** *(BM, WVA)* organic impurity
Verschmutzung *f*/**radioaktive** *(Umw)* radioactive pollution
Verschmutzung *f*/**städtische** *(Umw)* urban pollution
Verschmutzung *f*/**visuelle** *(Umw)* visual pollution
Verschmutzungsgefahr *f (Umw)* danger of contamination
Verschmutzungsgrad *m (Umw)* degree of pollution
Verschmutzungsgrad *m* **des Wassers** *(Umw)* pollutional index
Verschmutzungsquelle *f* source of contamination
Verschmutzungsschaden *m (Umw)* pollution damage
Verschmutzungsüberwachung *f (Umw)* pollution monitoring, pollution control
Verschneidbarkeit *f* dilutability
verschneiden *v* 1. cut back, flux *(z. B. Asphalt durch Leichtöle)*; 2. dilute, blend *(mit Lösungsmitteln, z. B. Anstrichstoffe)*
Verschneiden *n* 1. cutting back, fluxing *(z. B. Asphalte)*; 2. thinning, blending *(mit Lösungsmittel)*; 3. intersecting, intersection *(zweier Gewölbe)*
Verschneidungslinie *f (Arch)* groin, vault groin
Verschnitt *m* offcut, waste *(z. B. bei Holzbearbeitung)*
Verschnittbitumen *n* cutback bitumen, fluxed bitumen, liquid asphaltic material, cutback
Verschnittbitumen *n*/**hochviskoses** high-viscosity cutback bitumen, *(AE)* high-viscosity asphalt cutback

Verschnittbitumen *n***/langsam abbindendes** slow-curing cutback bitumen, road oil, *(AE)* slow-curing asphalt
Verschnittbitumen *n***/mittelschnell abbindendes** medium-curing cutback (bitumen), *(AE)* medium-curing asphalt
Verschnittbitumen *n***/schnell abbindendes** rapid-curing cutback (bitumen), *(AE)* rapid curing asphalt
verschnitten fluxed; blended
Verschnittmaterialmenge *f (BM, BT)* circular cutting and waste *(Rundformenbau)*
Verschnittmittel *n* 1. flux oil *(für Bitumen)*; 2. *(BM)* diluent; 3. *(BM, OB)* blending agent *(z. B. Anstrichstoffe)*; 4. *(BM)* filler *(Farben)*
verschönern *v* embellish, enhance, adorn, beautify; improve *(verbessern)*; renovate *(meist baulich)*; redecorate *(bes. Innenräume)*
Verschönerung *f* embellishment, adornment; improvement *(Verbesserung)*
Verschönerungsarbeiten *fpl* embellishment work, redecoration work
verschrägen *v* 1. cant, bevel *(Verbindungen; Kanten)*; 2. *(Erdb)* slope *(z. B. Böschungen)*
verschränken *v* 1. joggle; 2. cross *(z. B. Leitungen, Zugglieder)*
Verschränkung *f* 1. joggle; 2. *(Hb)* table(d) joint, lacing bond, tabling
Verschränkung *f* **eines Bewehrungseisens** offset bend
verschraubbar screwable
verschrauben *v* screw-couple, fasten with bolts, bolt
verschraubt bolted
Verschraubung *f* bolting, screwed connection, screw fastening, screw joint; union piece *(Rohre)*
Verschraubung *f***/(eingelassene) verdeckte** *(Hb)* secret screwing [fixing]
verschütten *v* spill, whelm, shed
Verschütten *n* spillage
verschweißen *v (St, Te)* weld
verschwenken *v* 1. *(Te)* traverse *(Bauteil)*; 2. *(Konst, Te)* turn *(Bewehrung)*
verschwerten *v (Te, TK)* brace
Verschwertung *f* cross stays, cross stud, stiffening by diagonals; X-bracing, diagonal cross bracing *(Mauerwerk)*
versehen *v* **mit** equipped with, fitted with
versehen *v***/mit Abstandhaltern** self-furring *(Putzgewebe)*
versehen *v***/mit Deckenanstrich** finish
versehen *v***/mit einem Zierrand** *(Te)* purfle
versehen *v***/mit einer Schleuse** sluice
versehen *v***/mit Einlagen** armour, reinforce
versehen *v***/mit Entwässerungsstutzen** *(San)* trap
versehen *v***/mit Federn** *(Hb)* feather
versehen *v***/mit Glas** *(EB, Te)* glass
versehen *v***/mit Kanalisation** sewer
versehen *v***/mit Rillen** ridge
versehen *v***/mit Rippen** fin
versehen *v***/mit Scheiben** pane
versehen *v***/mit Schilf [Schilfrohr]** read, cane *(Dach; Putzgrund)*
versehen *v***/mit Schraubverbindung** *(Konst, Te)* screw--couple
versehen *v***/mit Schutzvorrichtung** guard
versehen *v***/mit Spalier** *(LB)* trellis
versehen *v***/mit Stahleinlagen** *(BB, Te)* reinforce
versehen *v***/mit Unterbau** *(Erdb, Verk)* bottom
versehen *v***/mit Zapfen** dope *(Mörtel)*
versehen/mit Kammern hog-backed
versehen/mit Porenbildnern aerated
versehen/mit Putzabstandsleisten furred
versehen/mit Rippen finned
versehen/mit Türmchen *(Arch)* castellated
versehen/mit Zinnen *(Arch)* embattled, embattlemented
verseifen *v* saponify
Verseifung *f (BM, OB)* saponification *(z. B. von Anstrichstoffen)*
Verseifungsbeständigkeit *f (BM)* saponification resistance
Verseifungsfestigkeit *f (BM)* saponification resistance
versendbar transportable
versenden *v (Te)* transport
versengen *v* singe
versenkbar sinkable
Versenkbrunnen *m* dead well
versenken *v* 1. *(Te)* countersink *(austiefen)*; 2. dimple *(Niet; Oberflächenmuster)*; 3. plunge *(Abwasser)*
Versenken *n* **von Abwasser** plunging
versenkend sinkable
Versenkfenster *n* drop window
versenkt 1. in cavetto *(Relief)*; 2. flush-mounted, sunk
versenkt/doppelt double-sunk
Versenkung *f (Konst)* trap *(Theaterbühne)*
Versenkungsbrunnen *m (Umw)* disposal well
Versetzanordnung *f* **von Stoßleistenverbindungen** butt and break
Versetzarbeiten *fpl* laying work; setting, setting work *(Wandplattenmontage)*
versetzbar mobile
versetzen *v* 1. misalign; offset *(Linien, Achsen; räumlich)*; 2. *(Konst, Te)* alternate *(versetzt anordnen)*; 3. dislocate, relocate, shift *(verschieben)*; 4. *(Konst, SB, Te)* stagger *(auf Lücke setzen)*; 5. *(Erdb)* backfill, pack *(Hohlräume)*
versetzen *v***/gegeneinander** offset, stagger
versetzen *v***/nach hinten** *(Konst)* set back
Versetzen *n* setting work *(Wandplattenmontage)*; shifting *(Baumaschinen)*
Versetzen *n* **mit Zuschlägen** filling
Versetzkran *m (Verk)* shifting crane *(Schiene)*
Versetzplan *m (Konst)* setting drawing
versetzt misaligned *(außer Flucht)*; staggered *(räumlich, z. B. Gebäude)*
versetzt/gegeneinander *(Konst)* staggered *(z. B. Gebäude)*
versetzt/seitlich *(Konst)* off-centre
Versetzung *f* 1. *(San, Wsb, WVA)* obstruction *(Wasserstand, Wasserleitung)*; 2. *(Konst)* staggering *(räumliche Anordnung)*
Versetzung *f***/einfache** *(Hb)* single skew notch
Versetzzeichnung *f (Konst)* setting drawing *(z. B. Naturstein)*
verseuchen *v (Umw)* contaminate *(radioaktiv)*
verseucht/nicht *(Umw)* uncontaminated
Verseuchung *f (Umw, VR)* contamination
Verseuchungsgefahr *f (Umw, VR)* contamination hazard
Versicherung *f* **gegen spezielle [zusätzliche] Gefahren der Bauausführung** special hazards insurance
versickern *v* seep away, percolate, soak in, leach, ooze away, permeate slowly, infiltrate, trickle away
Versickern *n* seepage, soaking-in, percolation *(von Wasser)*
versickert *(Bod, LB)* vadose *(Oberflächenwasser)*
Versickerung *f* influent seepage, soaking-in, leakage, infiltration, recharge, percolation, intake
Versickerungsbrunnen *m* 1. *(Wsb, WVA)* diffusion well; 2. *(WVA)* recharge well
Versickerungsfläche *f (Bod, WVA)* intake area
Versickerungsgraben *m (Bod, Erdb, WVA)* seepage trench
Versickerungsgrabensystem *n (Erdb, WVA)* serial distribution
Versickerungsklärgrube *f (WVA)* leaching cesspool
Versickerungsschacht *m* absorbing well

Versickerungsverlust *m* 1. *(WVA)* loss by percolation; 2. *(Erdb, Wsb)* seepage loss *(z. B. bei einer Kanalböschung)*
Versickerungsversuch *m (BM, Bod)* percolation test
versiegeln *v* seal, stop up
Versiegeln *n* sealing
versiegelt sealed
Versiegelungsmasse *f* sealant
Versiegelungsschicht *f* seal(ing) coat
versiegen *v* 1. *(Bod, LB, WVA)* go dry; 2. *(Bod, WVA)* run dry *(Brunnen)*
Versiegen *n (Wsb, WVA)* drying-up *(Brunnen)*
Versieglung *f* impregnation, sealing
Versieglungsmasse *f* sealant
Versieglungsmittel *n* seal material, sealant
Versilbern *n (Te)* silvering *(Glas)*
versilbert *(OB)* white
Versilberung *f (OB)* silver plating
versorgen *v (Te)* serve *(z. B. mit Wasser)*
versorgen *v*/**ein Gebiet** *(El, RP, WVA)* serve a district
versorgen *v*/**mit Gas** gas, supply with gas
Versorgungsanlage *f* 1. *(El, HLK, WVA)* supply installation; 2. *(El, HLK, San, WVA) (AE)* services
Versorgungsanlage *f*/**unterirdische** subsurface utility
Versorgungsbereich *m (RP)* service area *(z. B. mit Wasser, Strom)*
Versorgungsbetrieb *m* service, supply undertaking
Versorgungsbetrieb *m*/**öffentlicher** public utility, utility undertaking
Versorgungsbrunnen *m (WVA)* supply well
Versorgungsdienst *m* service
Versorgungsdruck *m (El, WVA)* supply pressure
Versorgungsebene *f (Konst)* supply level
Versorgungseinrichtung *f* service plant, utility
Versorgungseinrichtung *f*/**öffentliche** public utility
Versorgungsfahrstuhl *m* service lift, *(AE)* service elevator
Versorgungsgebiet *n* service area, service zone, supply area, supply zone *(z. B. mit Wasser, Strom)*
Versorgungshauptleitung *f* service mains, supply mains
Versorgungshauptleitungen *fpl* service mains *(z. B. in einer Straße)*
Versorgungskanal *m* service duct, service tunnel
Versorgungslager *n (Te)* supply base
Versorgungsleitung *f* 1. service pipe, supply pipe, mechanical service; 2. *(El)* feeder line, feeder; 3. *(El, San)* service conduit, service line, service run
Versorgungsleitung *f*/**elektrische** electric supply line
Versorgungsleitung *f*/**öffentliche** *(El)* service pipe
Versorgungsleitung *f*/**unterirdische** subsurface utility
Versorgungsleitungen *fpl* service mains *(z. B. in einer Straße)*
Versorgungsleitungskanal *m* 1. *(WVA)* service lateral; 2. *(Verk)* utilities ditch *(Straße)*
Versorgungsleitungsmast *m (Konst)* utility pole
Versorgungsnetz *n* 1. *(RP)* supply system; 2. *(El, HLK, WVA)* supply grid; 3. *(El)* mains; 4. *(El, San)* network
Versorgungsnetz *n*/**anschließbares** *(RP)* plug-in network
Versorgungsnetz *n*/**öffentliches** *(RP)* service line network
Versorgungsraum *m* utility room
Versorgungsrohrleitung *f*/**öffentliche** service pipeline
Versorgungssteigrohr *n* 1. *(San)* rising service pipe; 2. *(San, WVA)* vertical service pipe
Versorgungsstraße *f (Verk)* supply road
Versorgungssystem *n* supply system, service system
Versorgungstechnik *f (RP)* servicing
Versorgungstreppe *f (Konst)* service stair
Versorgungs- und Ausrüstungssystem *n* **eines Gebäudes** building system
Versorgungsunternehmen *n* utility undertaking
Versorgungsweg *m* supply channel, supply line
verspachteln *v* fill, seal
Verspachteln *n* filling, sealing, trowel application
verspachtelt filled; dressed *(Dach)*
Verspanndraht *m* incidence wire
verspannen *v* 1. *(Te, TK)* brace; 2. *(Te, TK)* stay; 3. fasten *(mit Bolzen)*; 4. guy *(mit Seilen)*; 5. interlock *(ineinander verspannen, z. B. Montageelemente)*; 6. rig, rig up *(abspannen)*
verspannen *v*/**ineinander** interlock
verspannt interlocked *(ineinander)*
Verspannung *f* 1. *(Konst, TK)* bracing; 2. *(BT, TK)* staying *(z. B. Masten)*; 3. fastening *(mittels lösbarer Bolzen)*; 4. guying *(mit Seilen)*; 5. interlocking *(von Montageelementen)*; 6. rigging *(abspannen, z. B. bei Montage)*; 7. staying; wiring *(Mast, Pfosten)*
Verspannung *f*/**strahlenförmige** *(Konst)* radial bracing
Verspannungsbogen *m* tie-inverted arch
Verspannungssplitt *m* keystone *(Schwarzdecke)*
verspätet *(Te)* running late
versperren *v* 1. lock up *(abschließen)*; 2. bar, bolt *(verriegeln)*; 3. obstruct, clog *(verstopfen; verbauen)*; *(AE)* lumber *(verbauen)*; 4. barricade *(z. B. Durchgänge, Wege)*
versperrend obstructive
Versperrung *f*/**visuelle** *(Umw)* visual obstruction
Verspiegeln *n (Te)* silvering *(Glas)*
Verspleißung *f* wire rope splice
versplinten *v (Te)* cotter
versplintet *(Konst)* cottered
verspreizen *v* strut, chock
Verspreizung *f* bracing, intersection of struts; timbering *(Abspreizen)*
Verspreizung *f* **der Balken** *(Konst)* strutting of beams
Verspritzbarkeit *f (BM)* sprayability
verspritzen *v* spatter; spray *(Flüssigkeiten)*
verspröden *v* embrittle, become brittle
Versprödung *f (BM)* embrittlement
versprödungsanfällig *(BM)* prone to embrittlement
Versprödungsneigung *f (BM)* embrittlement tendency
versprühen *v* atomize, spray *(Flüssigkeiten)*
Versprühen *n* atomization, atomizing, spraying
verspunden *v* plough and tongue, bung
Verstäbung *f (Arch)* twisted cable ornament
verstädtern *v (Arch, Konst, RP)* urbanize
Verstädterung *f (RP)* urbanization
verstählen *v (St)* hard-face
verstärken *v* 1. *(Te)* strengthen; 2. *(Te, TK)* stiffen *(Festigkeit)*; 3. *(Konst)* truss; 4. *(Konst, Te)* fortify; 5. *(BB, Te)* reinforce *(Konstruktionen, Bauelemente)*; 6. *(Te, TK)* stiffen *(verstärken)*; 7. boost *(Druck)*
verstärken *v*/**an den Auflagern** reinforce at bearings
Verstärken *n* strengthening, reinforcing
verstärkend buttressing
Verstärker *m (HLK, Te)* booster *(Druck)*
verstärkt braced, reinforced, stiffened
Verstärkung *f* 1. strengthening, reinforcing *(Festigkeit)*; 2. *(BB, Te)* embedded reinforcement *(Bewehrung im Mauerwerk)*; 3. *(Konst)* stiffening *(Versteifung)*; 4. swelling *(Verdickung)*
Verstärkung *f*/**horizontale** horizontal reinforcing
Verstärkung *f*/**senkrechte** vertical reinforcing
Verstärkungs... buttressing ...
Verstärkungsanlage *f (WVA)* booster installation *(Druck, z. B. für Wasser)*
Verstärkungsbalkenträger *m (TK)* reinforcing beam
Verstärkungsband *n* reinforcing tape
Verstärkungsblech *n* reinforcing plate, reinforcing sheet, stiffening plate

Verstärkungsblech *n* **für Holzverbindungen** mending plate
Verstärkungsbogen *m (SB)* safety arch *(Mauerwerk)*
Verstärkungseisen *n (BT)* stiffening iron
Verstärkungsglied *n (BT, Konst, TK)* bracing
Verstärkungspfeiler *m* 1. *(Konst, SB)* buttress *(Stützpfeiler)*; 2. *(SB)* pier of wall *(Mauerpfeiler)*
Verstärkungsplatte *f* stiffening plate, plate stiffener
Verstärkungspumpe *f (WVA)* booster pump
Verstärkungsrahmen *m (TK)* stiffening frame
Verstärkungsring *m* reinforcing ring
Verstärkungsrippe *f* reinforcing rib, strengthening rib
Verstärkungsrippenleiste *f* rib lath
Verstärkungsscheibe *f (TK)* reinforcing diaphragm
Verstärkungsstück *n (Hb)* strengthening piece
Verstärkungsträger *m* reinforcing girder, stiffening girder, stiffening beam
Verstärkungswand *f* stiffening wall
Verstärkungswerkstoff *m* reinforcing material
Verstärkungswinkel *m* stiffener angle, stiffening angle
Verstärkungswinkeleisen *n* stiffening angle
versteckt *(BM, Konst, Te, VR)* latent
versteifen *v* 1. *(Te)* strengthen; 2. *(Te, TK)* stiffen; 3. *(BB, Te)* reinforce; 4. *(Te, TK)* brace; 5. prop, shore *(auch absteifen)*; 6. cradle *(mittels Lehrbogen)*; 7. *(Erdb)* timber *(Ausschachtungen)*; 8. *(TK)* strut; 9. *(Te, TK)* brace *(verstreben, verspreizen)*
versteifen *v*/**mit Rippen** *(TK)* rib
Versteifen *n* strengthening, reinforcing; bracing *(Verstreben)*
versteift reinforced, stiffened
Versteifung *f* 1. strengthening, stiffening, reinforcing; strutting *(meist quer bzw. horizontal)*; 2. cradling *(Stützbogen)*; 3. *(Konst, TK)* bracing *(von Bauelementen, Verstreben)*; 4. reinforcement, web, stiffener *(Verstärkungsglied)*
Versteifung *f*/**horizontale** lateral support
Versteifung *f*/**stehende** vertical bracing
Versteifungsbalken *m* reinforcing beam, cross beam, buttress bracing strut, brow post
Versteifungsbalken *mpl (Konst, TK)* gate beams
Versteifungsblech *n* stiffening plate
Versteifungsbogen *m* 1. *(TK)* stiffening arch; 2. *(SB)* rough arch *(Entlastungsbogen im Mauerwerk)*
Versteifungsdraht *m* lacing wire
Versteifungseinlage *f* stiff insert
Versteifungseisen *n (BT)* stiffening iron
Versteifungsglied *n (BT, Konst, TK)* bracing
Versteifungsjoch *n (TK)* truss
Versteifungskraftwirkung *f* stiffening power
Versteifungsmauer *f* stiffening wall, bracing wall, abamurus
Versteifungsmauerwerk *n* stiffening masonry, bracing masonry, abamurus
Versteifungspfeiler *m* stiffening pier, bracing pier, abamurus
Versteifungsplatte *f* stay plate
Versteifungsrahmen *m (TK)* stiffening frame
Versteifungsring *m* reinforcing ring
Versteifungsrippe *f (Konst)* stiffening rib
Versteifungsscheibe *f (TK)* reinforcing diaphragm
Versteifungstafel *f* 1. *(BT, TK)* cladding slab; 2. *(Konst)* lining panel *(Außenwand)*
Versteifungsträger *m* reinforcing girder; wind brace *(Windverband)*
Versteifungswand *f*/**senkrechte** vertical cladding
Versteifungswerk *n (Konst, TK)* bracketing
Versteifungswinkel *m* bracing angle
versteinern *v (Bod)* petrify, lithify *(Geologie)*
Versteinerung *f (BM, Bod)* petrification
Versteinerung *f* **von Schlämmen** *(Umw)* sludge petrification
Versteinerungsmittel *n (BM)* petrification agent
verstellbar adjustable
verstellbar/nachträglich subsequently adjustable
verstellen *v* 1. move *(Elemente, Gegenstände)*; 2. adjust *(Einstellungen)*
verstemmen *v* caulk, stave, hammer-tighten, fuller *(z. B. Fugen, genietete Nähte)*
Verstemmen *n* caulking
verstemmt calked, fullered
verstempeln *v (Tun)* cog
versteppen *v* stitch
Versteppen *n* stitching
verstiften *v* 1. peg, stud; 2. *(Hb)* dowel
verstiftet *(Hb)* dowelled
verstockt mildewy *(Holz)*
verstopfen *v* 1. clog (up), block (up), choke, obstruct *(Rohre, Leitungen, Kanäle, z. B. mit Schlamm, Unrat)*; 2. stop, plug, bung *(abdichten)*; 3. occlude *(z. B. Öffnungen, Durchgänge)*; 4. *(Verk)* congest, jam; 5. blind *(z. B. Siebe, Filter)*; 6. stuff, close *(z. B. Löcher, Öffnungen)*; 7. foul *(blockieren)*; 8. plug *(mit Stopfen)*
verstopfen *v*/**Fugen** caulk, *(AE)* calk
verstopfen *v*/**sich** choke *(z. B. Rohre)*
Verstopfen *n (Te)* blinding *(z. B. von Sieben)*
verstopfend obstructive
verstopft 1. *(HLK, WVA)* clogged; 2. *(Verk)* traffic jammed
Verstopfung *f* 1. obstruction, choking *(Rohre, Leitungen, Kanäle)*; occlusion *(Durchgänge, Öffnungen)*; 2. *(Verk)* congestion, traffic jam
Verstopfungspumper *m (San)* plunger, plumber's friend
verstöpseln *v* stopper
Verstoß *m (VR)* breach *(Vertrag)*
verstreben *v* brace, strut, stay, shore (up)
verstrebt braced, trussed
Verstrebung *f* 1. brace, bracing *(von Konstruktionsgliedern)*; *(AE)* back stay; insertion of struts, strutting *(vor allem quer bzw. horizontal)*; 2. *s.* Strebe
Verstrebung *f*/**bleibende** permanent bracing
Verstrebungsbalken *m* straining beam [girder], straining piece; strutting piece *(Dachstuhl)*
Verstrebungsfestholz *n* kicking piece
Verstrebungsschwelle *f* straining sill
Verstreichbarkeit *f* brushability
verstreichen *v* float; butter, trowel *(mit Mörtel)*; torch *(Ziegeldach verfugen)*
Verstreichmasse *f* sparking, *(AE)* spackle
verstückeln *v (RP, VR)* dismember *(Grundstücke)*
Versuch *m* experiment, test; run *(Lauf von Anlagen)*
Versuch *m* **im Gelände** in-situ test
Versuch *m* **unter Betriebsbedingungen** *(BM, BT)* operational test
Versuch *m*/**wiederholter** repeated test
versuchen *v* try; endeavour *(bemühen)*
Versuchs... experimental ...
Versuchsabschnitt *m (Verk)* trial section, test section
Versuchsanlage *f* experimental plant, test rig
Versuchsanordnung *f* experimental set-up, test arrangement, test set-up
Versuchsanstalt *f* testing institute
Versuchsaufbau *m* experimental set-up, test arrangement, test rig
Versuchsauswertung *f* test evaluation
Versuchsbaggerung *f* trial dredging
Versuchsbahn *f (Verk)* test track
Versuchsbau *m* experimental building
Versuchsbaustelle *f* test(ing) site

Versuchsbaustoff *m (BM)* test material
Versuchsbauten *mpl (Konst)* test structures
Versuchsbauvorhaben *n* test project, test development, test scheme
Versuchsbedingungen *fpl (BM, Konst, Te)* test conditions
Versuchsbetrieb *m (Te)* test operation
Versuchsbohrung *f (Bod)* preboring
Versuchsbrunnen *m (Wsb)* test well
Versuchsdauer *f* experimental period, testing time
Versuchsdurchführung *f* testing procedure, experimentation
Versuchsentwurf *m (BM, Konst)* trial design
Versuchsergebnis *n* experimental result, test result
Versuchsfeld *n* 1. experimental area, test(ing) ground; 2. *(Verk)* trial area
Versuchsgelände *n* experimental area, proving ground, test(ing) ground
Versuchsgestell *n (BM)* support rack
Versuchshaus *n* experimental house
Versuchsinstitut *n* research and testing station
Versuchskörper *m (BM)* test sample
Versuchslast *f* test load, proof load
Versuchslösung *f* trial solution
Versuchsmaßstab *m* research scale
Versuchsmaterial *n* material being tested, material under investigation *(während des Tests)*; material to be tested *(vor dem Versuch)*
Versuchsmischung *f* 1. *(BB)* trial batch *(Beton)*; 2. *(BM)* trial mix *(Beton, Asphalt)*
Versuchsort *m (Te)* test site
Versuchspfahl *m (Erdb)* preliminary pile
Versuchsplanung f/faktorielle *(Konst)* factorial design
Versuchsprogramm *n (Te, VR)* testing programme
Versuchsprojekt *n* pilot project, test development, test project, test scheme
Versuchsprotokoll *n* test record
Versuchspuppe *f (Verk)* dummy
Versuchsraum *m* test chamber, test room
Versuchsreihe *f* 1. *(BM, Konst)* series of tests; 2. *(BM, Konst, Te)* test series; 3. *(BWG, Te)* run
Versuchsrundlauf *m* circular test track *(für Straßenbefestigungen)*
Versuchsschüttung *f (Bod, Erdb)* test fill(ing), trial filling
Versuchssiedlung *f (RP)* experimental estate
Versuchsstelle *f* research and testing station
Versuchsstraße *f (Verk)* experimental road
Versuchsstraßenabschnitt *m (Verk)* trial road section
Versuchsstrecke *f (Verk)* trial section, trail section, trail stretch, experimental road
Versuchsstreifen *m (Verk)* test track, trail stretch
Versuchsstück *n* test piece
Versuchstafel *f* 1. *(BM)* test panel; 2. *(OB)* flat panel *(Anstriche, Beschichtungen)*
Versuchsveränderliche *f (Te)* test variable
Versuchsverdichtung *f (Erdb)* trail compaction
Versuchsverfahren *n* test(ing) method, test performance
versuchsweise experimental
Versuchszeit *f (Te)* testing time
Versumpfung *f (Bod, LB)* swamping
versunken *(Bod, LB, Umw)* submerged
vertäfeln *v* panel, wainscot; case *(verkleiden)*
Vertäfeln *n (Hb, Te)* wainscotting *(Tätigkeit)*
vertäfelt panelled
Vertäfelung *f* 1. *(BT, EB, Hb, Konst)* panel; 2. *(EB, Hb, Konst)* panelling
Vertäfelungseiche *f (BM, Hb)* wainscot oak
Vertäfelungseichenholz *n (BM, Hb)* wainscot oak
Vertäfelungshalteklammer *f* sheeting clip
Vertäfelungsklammer *f* sheeting clip
Vertäfelungsmuster n/dreidimensionales *(Arch)* space panelling pattern, spatial panelling pattern
Vertäfelungsnagel *m* panel pin
Vertäfelungstafel *f* pane, panel
Vertäupfahl *m (Wsb)* mooring post *(Hafen)*
vertauschbar interchangeable
Verteidigungsbollwerk *n (Arch)* bastion
Verteidigungsmauer *f (Arch)* battlement wall *(Festung)*
Verteidigungsturm *m (Arch)* defensive tower
verteilen *v* 1. distribute, spread *(Last)*; 2. *(BM, OB)* disperse *(dispergieren)*; 3. divide *(aufteilen)*
verteilen v/willkürlich randomize
Verteilen *n (Te)* spreading *(Last)*
Verteilen n/gleichmäßiges laying-off *(Beschichtungen, Anstriche usw.)*
Verteilen *n* **mit Japanern** *(BB, Te)* buggying *(Beton)*
Verteilerbewehrung *f* distribution reinforcement, temperature enforcement
Verteilerbolzen *m* **ohne Konus** *(AE)* she bolt *(für Betonelemente)*
Verteilerbreite *f* width of spread *(Auftragen, Aufspritzen)*
Verteilerdose *f (El)* junction box, conduit box, wiring box
Verteilerdose f/eingebaute *(El, HLK)* flush wall box
Verteilereisen *n* bar joist, spacer bar *(Bewehrung)*
Verteilereisen *npl (BB, BM)* distribution-bar reinforcement
Verteilergerät *n* spreader, spreading box *(Verkehrssteuerung)*
Verteilergeschoss *n (Arch, Konst)* distributing storey
Verteilerhauptleitung *f (WVA)* header
Verteilerkasten *m (El)* distribution box, cable terminal box, conduit box
Verteilerlehre *f (Konst)* repartition bar *(Abstandseinteilung)*
Verteilernetz *n* 1. distribution system *(Versorgungsanlagen)*; 2. *(El)* power distribution network
Verteilerring *m (Verk)* roundabout
Verteilerschnecke *f* spreader screw, spreading screw *(Straßenfertiger)*
Verteilersicherungstafel *f* distribution fuse board
Verteilerstab *m* secondary truss member; distribution bar, distribution rod *(Bewehrung)*
Verteilerstäbe *mpl* secondary reinforcement *(Stahlbeton)*
Verteilerstockwerk *n (Arch, Konst)* distributing storey
Verteilerstraße *f (Verk)* distributor road
Verteilertafel *f (El)* distribution board, distribution panel
Verteilgerät *n (BWG)* spreader
verteilt/statistisch randomly distributed
verteilt/ungleichmäßig unequally distributed
verteilt/unregelmäßig patchy
Verteilung *f* 1. distribution; 2. division *(Aufteilung)*; 3. spread *(Last)*; 4. lacing, arrangement *(z. B. von Bewehrung)*
Verteilung *f* **auf Zonen** *(RP)* zonation
Verteilung *f* **der Belastung** *(Stat)* spreading of the load
Verteilung f/Gauß'sche *(Stat)* Gaussian distribution *(Messwertsummenkurve)*
Verteilung f/konstruktive *(Konst)* structural arrangement
Verteilung f/lineare *(Konst)* linear distribution
Verteilung f/nicht lineare *(Stat)* non-linear distribution
Verteilung f/prozentuale percentage distribution
Verteilung f/räumliche spatial distribution
Verteilung f/statistische statistical distribution
Verteilungsausschalter *m (El)* distribution cut-out
Verteilungsbewehrung *f* distribution reinforcement, temperature reinforcement
Verteilungsfaktor *m* distribution factor *(Momentenausgleich)*
Verteilungsfigur *f* distribution pattern
Verteilungskanal *m* distribution duct
Verteilungskoeffizient *m* distribution coefficient
Verteilungskurve *f* distribution curve

Verteilungsleitung *f* 1. *(El)* distributing conduit, distribution line; 2. *(BB, Te)* slick line *(Pumpbeton)*
Verteilungsmuster *n (Arch)* distribution model
Verteilungsnetz *n* 1. distribution system *(Versorgungsanlagen)*; 2. *(El)* power distribution network
Verteilungsnetzwerk *n (El, WVA)* distribution network
Verteilungspunkt *m (El)* node
Verteilungsrohr *n (BT, WVA)* manifold
Verteilungsschalttafel *f (El)* distribution switchboard
Verteilungsstab *m (Konst)* repartition bar
Verteilungstafel *f (El)* distribution switchboard
Verteilungszahl *f* distribution factor *(Momentenausgleich)*
Verteilungszentrum *n (Verk)* distribution centre
vertiefen *v* 1. deepen; dimple *(flach)*; 2. *(Te)* recess *(aussparen)*
Vertiefen *n (Erdb, Wsb)* deepening
vertieft depressed *(Gelände, Oberfläche)*
Vertiefung *f* 1. deepening; dimple *(flach)*; 2. *(Konst)* recess; 3. *(St)* dint *(Delle, Beule)*; 4. *(Hb, Konst, SB)* channel *(in Holz oder Mauerwerk)*; 5. *(BM)* frog *(auf einem Ziegelstein)*; 6. hollow *(Aushöhlung)*; 7. *(BM)* frog *(Mulde)*; 8. impression *(Eindruck)*; 9. indentation *(Rille)*; 10. fosse *(Graben, Kanal)* • **Vertiefungen auffüllen** *(Te)* regulate • **Vertiefungen bekommen** dimple *(Oberflächen)*
Vertiefung *f* **im Holz [Mauerwerk]** channel
Vertiefung *f***/rückschreitende** undercutting
Vertiefung *f***/zapfenartige** *(Hb)* mortised hole
vertikal perpendicular
Vertikalanordnung *f (Konst)* vertical alignment
Vertikalbelastung *f (Stat)* vertical loading
Vertikalebene *f* vertical plain
Vertikalfilterbrunnen *m (WVA)* vertical filter well
Vertikalgatter *n (BT)* vertical-log frame saw *(Holz)*
Vertikalismus *m (Arch)* verticalism, vertical fusion, vertical scale, verticality
Vertikalkraft *f (Stat)* vertical force
Vertikallast *f (Stat)* vertical load
Vertikalmigration *f* vertical migration
Vertikalschiebefenster *n* box-head window
Vertikalschlitzverband *m* quetta bond *(Bewehrungsöffnungen)*
Vertikalschnitt *m (Konst)* vertical section
Vertikalschub *m* shear
Vertikalstab *m* 1. *(BT)* vertical member; 2. *(Konst, Stat)* column
Vertikaltafel *f* vertical panel
Vertikalverband *m* vertical bracing
Vertikalverschiebung *f (Te)* vertical translation
Vertikalverwerfung *f (Bod)* vertical fault *(Baugrund)*
Vertikalwinkel *m (Verm)* vertical angle
Vertikalzug *m (BT)* vertical tension
Vertrag *m (VR)* contract, agreement; deal *(Übereinkommen)* • **die Verträge unterzeichnen** *(VR)* exchange contracts • **einen Vertrag abschließen** contract, conclude a contract • **im Vertrag nicht enthalten** not in (the) contract, not included in (the) contract *(Baurecht)*
Vertrag *m***/privatrechtlicher** *(VR)* private contract
vertraglich *(VR)* contractual
verträglich 1. *(BM)* compatible; 2. *(Konst, Stat, VR)* consistent
Verträglichkeit *f (BT, Konst)* compatibility
Verträglichkeitsbedingung *f (Stat)* compatibility condition
Verträglichkeitsforderung *f (Konst, Stat)* compatibility requirement
Verträglichkeitsgesetz *n (Stat)* law of compatibility
Verträglichkeitsgleichung *f (Stat)* equation of compatibility
Vertragsabbruchkosten *pl* terminal expense
Vertragsabbruchskosten *pl* terminal expense
Vertragsablauf *m (Te, VR)* contract expiration
Vertragsabschluss *m (VR)* conclusion of contract
Vertragsabschlusstermin *m (VR)* contract date
Vertragsabschnitt *m (Te, VR)* contract section
Vertragsabsichtserklärung *f (VR)* letter of intent
Vertragsänderung *f* change order
Vertragsauflösung *f* contract termination
Vertragsbedingung *f (VR)* termination of the contract
Vertragsbedingung *f***/allgemeine technische** *(VR)* standard specification
Vertragsbedingungen *fpl (VR)* contract requirements, subject to the contract
Vertragsbedingungen *fpl***/besondere** *(VR)* special provisions
Vertragsbedingungen *fpl* **für Bauleistungen/Allgemeine Technische** *(ATV) (VR)* General technical specifications for building works
Vertragsbedingungen *fpl***/spezielle** special conditions of the contract
Vertragsbedingungen *fpl***/zusätzliche** *(VR)* special provisions
Vertragsbedingungen *fpl***/zusätzliche technische** supplementary technical specifications
Vertragsbeendigung *f* termination of the contract
Vertragsbruch *m (VR)* breach of contract
Vertragsbürgschaft *f (VR)* contract bond
Vertragsdauer *f (VR)* contract period
Vertragsende *n (Te, VR)* contract expiration
Vertragserfüllung *f (VR)* performance of contract
Vertragserfüllung *f***/annähernde** substantial performance
Vertragserfüllungsbürgschaft *f (VR)* contract performance bond
Vertragserfüllungssteuerung *f (Te, VR)* contract control
Vertragsformular *n (VR)* agreement form
Vertragsfristen *fpl (Te, VR)* contract deadline
Vertragsgebühren *fpl (VR)* costs of contract
Vertragsgegenstand *m (VR)* object of the contract
vertragsgemäß *(VR)* according to contract *(z. B. Arbeitsausführung)*
Vertragsgemäßheit *f* compliance
Vertragsgesetz *n (VR)* law of the contract
Vertragsgrundbedingungen *fpl (VR)* standard terms of contract
Vertragsgütebedingungen *fpl (VR)* specifications
Vertragsinstandhaltung *f (VR)* contract maintenance
Vertragsklausel *f* **über versteckte Mängel** *(VR)* latent defect clause
Vertragslaufzeit *f (VR)* contract period
Vertragspartner *m* contracting party; client *(Auftraggeber)*
Vertragspflichtenheft *n (VR)* lists of specifications
Vertragsposition *f (VR)* contract item
Vertragspreis *m* (total) contract price
Vertragsstrafe *f* contract(ual) penalty, penalty, penalty contract, stipulated penalty
Vertragsstrafe *f* **bei Terminüberschreitung** *(VR)* contractual time penalty
Vertragsstrafenbetrag *m* penalty sum *(bei Nichterfüllen des Bauvertrags)*
Vertragsstrafenparagraf *m* penalty clause *(Bauvertrag)*
Vertragsstrafensumme *f* penalty sum *(bei Nichterfüllen des Bauvertrags)*
Vertragstext *m* text of a contract
Vertragsunterlagen *fpl* contract particulars, contract documents
Vertragsunterzeichnung *f (VR)* signing of a contract
Vertragsverwaltung *f (VR)* contract administration
Vertragswerk *n* agreements
Vertragswert *m (VR)* contract value

vertragswidrig contrary to the agreement
Vertragszeichnung *f (VR)* contract drawing
Vertragszeitraum *m* contractual period, contract time
Vertrauen *n (BM, Konst, VR)* confidence
Vertrauensangebot *n (AE)* bona fide bid
Vertrauensgrenze *f* 1. *(BM, Stat)* confidence limit; 2. *(BM, VR)* tidal limit
vertraulich *(VR)* confidential
Vertraulichkeit *f (VR)* confidentiality
vertretbar/wirtschaftlich economically justifiable
Vertreter *m (VR)* proxy
Vertreter *m***/bevollmächtigter** *(VR)* authorized representative
Vertretungsbefugnis *f (VR)* agency establishment
Vertrieb *m (VR)* marketing
vertrocknen *v* desiccate
Vertrocknung *f* exsiccation
verunreinigen *v* 1. soil, dirty; 2. *(Umw)* pollute; 3. *(Umw)* litter *(Umgebung, z. B. Straßen, Flächen mit Abfall)*; 4. foul *(technische Funktionsteile)*; 5. *(BM)* impurify *(Baustoffe, Materialien)*
verunreinigt polluted *(Luft, Wasser)*; impure *(Baustoffe, Materialien)*
verunreinigt/nicht 1. *(BM)* clean; 2. *(Umw)* uncontaminated
Verunreinigung *f* 1. *(Umw, VR)* contamination; 2. *(Umw)* pollution *(Luft, Wasser)*; 3. impurity, foreign matter *(Baustoffe, Materialien, Erdstoffe)* • **ohne Verunreinigungen** pure
Verunreinigung *f* **des Grundwassers** ground-water contamination
Verunreinigung *f***/ölige** *(WVA)* oily soil
Verunreinigung *f***/organische** *(BM, WVA)* organic impurity
Verunreinigungen *fpl***/feste** *(Umw, WVA)* solid contamination
verunreinigungsfrei unsoiled; unpolluted *(Umwelt)*
Verunreinigungsherd *m (Umw)* source of pollution
Verunreinigungsquelle *f* pollution source
Verunreinigungsstoff *m (Umw)* contaminant
Verunreinigungssubstanz *f (Umw)* pollutant
Verunreinigungsumfang *m (Umw)* pollution level
Verunreinigungsverstreuung *f* **aus der Tunnelöffnung** *(Tun, Umw)* pollution dispersion from tunnel
verunstalten *v* spoil, deform, disfigure, blemish; mar *(Landschaftsbild)*
verursachen *v* generate
Verursacherprinzip *n (VR)* polluter-pays principle
Verursachung *f* generation
vervielfältigen *v* copy, duplicate
Vervielfältigung *f* reproduction, copy, duplication
vervollkommnen *v***/sorgfältig** elaborate
vervollständigen *v (Te)* complete
verwahren *v* flash *(z. B. Dichtungen an Anschlüssen)*
Verwahrung *f (St)* flashing *(z. B. Dichtungen an Anschlüssen)*
Verwahrungen *fpl (San)* soakers *(Dichtungsenden)*
Verwahrungsblech *n* sheet metal flushing
Verwaltung *f* administration *(öffentlich)*; management, agency *(betrieblich)*
Verwaltung *f***/leistungsorientierte** *(VR)* performance--based management
Verwaltung *f***/schlanke** lean administration, lean management
Verwaltungsbehörde *f* administrative authority, administrative board
Verwaltungsbezirk *m (RP)* district
Verwaltungseinheit *f***/örtliche** *(VR)* local administration unit
Verwaltungsführung *f***/öffentlichkeitsbezogene** public management
Verwaltungsgebäude *n* administration building, office building, office block
Verwaltungsgebäude *n* **ohne Aufzug [Rolltreppe]** *(Konst) (AE)* walk-up
Verwaltungsgebühr *f (VR)* administrative fee
Verwaltungsgericht *n* Administrative Court, administrative tribunal
Verwaltungskosten *pl* administrative costs [expense]
Verwaltungsorgan *n (VR)* administrative body
Verwaltungspersonal *n* administrative staff
Verwaltungsrecht *n* administrative law
Verwaltungsstelle *f (VR)* administrative agency
verwaltungstechnisch administrative
Verwaltungsweg/auf dem through administrative channels
Verwaltungszentrum *n (RP, VR)* civic centre *(einer Stadt)*
verwandeln *v***/sich** change *(Struktur)*
verweigern *v (VR)* refuse
Verweigerung *f* rejection, refusal *(Abnahme, Zulassung von Bauelementen, Baustoffen usw.)*
Verweildauer *f (Umw)* retention time
Verweilzeit *f (Umw)* residence time
Verweis *m* **auf Normen** normative reference
verwendbar serviceable, useful, fit to use; applicable *(anwendbar)*
Verwendbarkeit *f* usability; suitability *(Baustoffe)*; applicability *(Anwendbarkeit)*
verwenden *v* 1. use, employ; make use of, utilize *(verwerten)*; 2. *(Tun)* use up
Verwendung *f* use, employment, usage *(z. B. Baustoffe, Bauverfahren)*; application *(Anwendung)*; utilization *(Verwertung, Nutzung)* • **zur Verwendung genehmigen** permit *(Baustoffe, Bauelemente)*
Verwendungsdauer *f (Konst, VR)* working life
Verwendungsmöglichkeit *f* usability
verwerfen *v* 1. *(BM, BT)* warp *(Holz)*; 2. *(Bod)* dislocate
verwerfen *v***/sich** 1. distort, warp, shrink *(z. B. Holz)*; 2. fault (down), throw *(Erdschichten)*
Verwerfen *n (BM, BT)* warping
Verwerfung *f* 1. distortion *(mechanisch)*; warp(age) *(z. B. Holz)*; 2. normal fault, throw, shift *(im Gestein)*; 3. *(Bod, Erdb)* dislocation (of strata), fault, shifting; 4. shrinkage, twisting *(bei Holztrocknung)*
Verwerfungsfläche *f* fault plane
Verwerfungslinie *f (Bod)* fault line
Verwerfungszone *f* fault zone
verwertbar recyclable
Verwertung *f* utilization
Verwertung *f***/energetische** energy recovery
Verwertungsquote *(Umw)* recycling rate
verwesen *v (Bod, Erdb, Konst, Umw)* decompose
Verwesung *f* 1. *(Hb, Umw)* decomposition; 2. *(BM, Hb, RS)* putrefaction; 3. *(OB, RS)* rot
Verwiegen *n* weighing
verwildert 1. *(LB, RP)* out-of-cultivation; 2. *(LB)* overgrown *(z. B. Park)*
Verwind... torsional ...
verwinden *v* 1. *(Konst, Te)* twist; 2. *(BM, BT)* warp *(z. B. Holz)*
Verwindung *f* twist, twisting, torsion, curling; distortion *(Verzerrung)*
Verwindungsaufgabe *f* torsion problem
Verwindungsbelastung *f (Stat)* torsion load
Verwindungsbereich *m (Konst)* torsional range
Verwindungsbewehrung *f* torsion(al) reinforcement
Verwindungsbruch *m* torsion(al) failure
Verwindungsdeformation *f* torsional deformation
verwindungselastisch *(BM)* torsionally elastic

Verwindungsfestigkeit *f (Stat)* torsion strength
verwindungsfrei torsion-free, torsional-proof
Verwindungsgrad *m* degree of torsion, degree of twist, degree of twisting
Verwindungsinstabilität *f (Stat)* twisting instability
Verwindungsknicklast *f (Stat)* torsional buckling load
Verwindungskonstante *f (Stat)* twisting constant
Verwindungskraft *f (Stat)* twisting force
Verwindungslabilität *f (Stat)* torsion instability
Verwindungsmodul *m (Stat)* twisting modulus
Verwindungsmoment *n (Stat)* torsional moment
Verwindungsprüfung *f* torsion(al) test
Verwindungsschwingung *f* torsion oscillation, torsion vibration
Verwindungsspannung *f (Stat)* torsional stress
verwindungssteif torsionally rigid, torsionally stiff
Verwindungssteifigkeit *f* torsion stiffness, torsional rigidity, torsional strength, twisting rigidity
Verwindungsverzerrung *f* torsional strain
Verwindungswiderstand *m* torsion(al) resistance
Verwindungswinkel *m (Stat)* torsional angle
verwirklichen *v* implement
Verwirklichung *f* implementation
verwittern *v* 1. *(BM)* weather *(Oberflächen, z. B. Anstriche)*; 2. decay, rot, slack *(Gestein)*; 3. disintegrate, weather *(Mauer, Putz, Gestein)*; 4. effloresce, decompose *(chemisch)*; 5. *(Bod, Erdb, Konst, Umw)* decompose *(zerfallen, verwesen, verfaulen)*
verwittern *v*/**mechanisch** disaggregate
Verwittern *n* weathering; bronzing *(Farbanstrich)*
verwittert weathered; detrital *(zertrümmert, Gestein)*; decomposed *(zerfallen, verwest, verfault)*
verwittert/nicht *(BM)* sound *(Gestein)*
verwittert/stark *(Bod)* much-weathered
Verwitterung *f* 1. weathering, surface disintegration *(Oberflächen, z. B. Anstriche)*; 2. decay, rotting, rock decay *(von Gestein)*; 3. *(Bod, Erdb, Umw)* decomposition; 4. *(Bod)* degradation *(Zerfall, Verwesung, Verfaulen)*; 5. *(Bod)* degradation *(Geologie)*
Verwitterung *f*/**chemische** chemical weathering
Verwitterung *f*/**frische** immature weathering
Verwitterung *f*/**mechanische** mechanical weathering, disaggregation
Verwitterung *f*/**physikalische** *(BM)* physical weathering
Verwitterung *f*/**wabenartige** honeycomb weathering
Verwitterungsbeständigkeit *f* weathering resistance
Verwitterungsboden *m (Bod)* eluvium
Verwitterungsendboden *m (Bod)* residual soil
verwitterungsfähig *(BM, OB)* disintegrable
verwitterungsfest resistant to weathering
Verwitterungsgrad *m (BM, Bod, Erdb)* degree of weathering
Verwitterungslehm *m (Bod)* eluvial loam
Verwitterungsmaterial *n* weathered material
Verwitterungsprodukt *n* product of weathering, disintegration product, weathered product
Verwitterungsprozess *m* weathering process, decomposition process, demorphism, process of weathering, rotting process
Verwitterungsrückstand *m* decomposed residuum
Verwitterungszone *f (Bod)* zone of weathering *(Gestein)*
verwölben *v*/**sich** distort; become warped, warp *(Holz, gebrannte Bauelemente)*
Verwölbung *f* 1. warpage, distortion *(Vorgang oder Ergebnis)*; 2. *(Konst)* projecting curvature
verwölbungsfrei warpproof
verworfen distorted, warped *(z. B. Holz)*; disturbed, heaved *(Erdschichten)*; twisted *(Bauelemente)*
Verwurfswinkel *m (Bod)* angle of hade *(Geologie)*
verzahnen *v* 1. joggle, tooth, interlock, indent, interdigitate, key *(z. B. Mauerwerk)*; 2. *(Hb)* notch, key, indent, joggle; 3. interlock, interlink, dovetail *(Abläufe, Baumontagevorgänge)*
Verzahnen *n (SB)* toothing *(Mauerwerk)*
Verzahnstein *m (BWG)* toothing stone *(Mauerwerk)*
verzahnt keyed, interwedged *(Mauerwerk, Konstruktion)*; intertongued *(meist geologisch)*
Verzahnung *f* 1. *(Arch)* denticulation, castellation *(Mauerwerk)*; 2. keying, toothing, joggle, indenting, interlock, interdigitation *(Bauelemente, Mauerwerk)*; 3. *(Hb)* indented joint, indenting, scarfing
Verzahnung *f*/**fortlaufende** *(Arch, Konst)* continuous tooth formation
Verzahnung *f*/**liegende** *(Konst)* stepping-off
Verzahnung *f*/**senkrechte** *(SB)* vertical denticulation *(Mauerwerk)*
Verzahnung *f*/**verdeckte** secret joint *(Stein)*
Verzahnung *f*/**wechselseitige** interfingering *(Strukturen)*
Verzahnungsverbindung *f (Hb)* hook-and butt joint
verzapfen *v (Hb)* mortise, notch, tenon and mortise
Verzapfen *n (Hb)* notching, mortise-and-tenon joint
Verzapfung *f (Hb)* tenon jointing, mortising *(s. a. Verzapfen)*
Verzapfung *f* **mit Grat** *(Hb)* halved scarf with saddle-back ends
Verzapfung *f*/**schräge** oblique notching
Verzeichnis *n* index, list, bill; table *(Aufstellung)*
verzementieren *v* slug *(z. B. Bohrlöcher von geologischen Erkundungen)*
verzerrt distorted
Verzerrung *f* distortion *(elektrisch, akustisch)*
Verzerrungszustand *m*/**ebener** *(Stat)* plane distortion state
Verzicht *m (VR)* waiver
Verzichtserklärung *f (VR)* waiver
verziehen *v* 1. *(Konst)* turn *(Stufe)*; 2. warp *(z. B. Holz)*
verziehen *v*/**die Stufen** *(Konst)* turn the steps
verziehen *v*/**sich** crook; become warped, warp *(z. B. Holz)*
verziehen *v*/**Stufen ausgleichend** balance (the) steps
Verziehen *n (BM, BT)* warping *(Holz)*
Verziehungsfuge *f (Konst)* warping joint *(Straße)*
verzieren *v* decorate, ornament, enrich, adorn; inlay
verzieren *v*/**durch Schnitzen** fret
verzieren *v*/**durchbrochen** *(Arch)* fret
verzieren *v*/**gitterartig** freshwater supply fret
verzieren *v*/**mit Aufsatz** trim
verzieren *v*/**mit Relief** *(Arch)* snarl
verzieren *v*/**schuppenartig** imbricate
Verzieren *n* decorating
Verziermalerei *f* decorative painting
verziert decorated, ornamented, enriched, adorned; ornate *(prunkvoll, z. B. große Objekte)*
verziert/mit Aufsatz trimmed
verziert/mit Schlangenlinien *(Arch)* vermiculated
verziert/reich ornate *(prunkvoll, z. B. große Objekte)*; highly decorated [ornamented], richly decorated [ornamented]
verziert/sehr reich *(Arch)* florid
verziert/übermäßig overdecorated, postiche, postique
verziert/überreich *(Arch)* profusely enriched
verziert/vierseitig square turned
Verzierung *f* 1. decor(ation), adornment, ornament(ation), enrichment; 2. colouring, pattern *(meist mit farbigen Mustern)*; 3. *(Arch)* moulding *(plastisch, durch Formung)*; 4. batten, bato(o)n *(Zierleisten)* • **Verzierungen einschneiden** *(Hb)* thurm
Verzierung *f*/**aufgesetzte** *(Arch)* laid-on moulding
Verzierung *f*/**ausgearbeitete** struck moulding
Verzierung *f*/**auslaufende** *(Arch)* stop moulding
Verzierung *f*/**blattförmige** *(Arch)* foliation

Verzierung f/durchbrochene *(Arch)* fret
Verzierung f eines Endstücks *(Arch)* terminal
Verzierung f/eingelegte *(Arch)* incrustation
Verzierung f/eingeschnittene struck moulding
Verzierung f/eingravierte *(Arch)* sunk moulding
Verzierung f/farbige colouring
Verzierung f/flache rechteckige *(Arch)* platband
Verzierung f/gekrümmte *(Arch)* sprung moulding
Verzierung f/gemalte painted decorative finish
Verzierung f/gewundene interlace
Verzierung f mit Schlangenlinien *(Arch)* vermiculation
Verzierung f/netzartige reticulated moulding
Verzierung f/radförmige *(Arch)* wheel tracery
Verzierung f/runde *(Arch)* tondino
Verzierung f/schuppenartige *(Arch)* imbricated ornament
Verzierung f/spiralförmige *(Arch)* scribbled ornament
Verzierung f/verflochtene *(Arch)* fret
Verzierungsform *f* ornamental form
Verzierungsformung *f* sticking, moulding
Verzierungsleiste f/schnabelförmige beak moulding
Verzierungssteinlage f/horizontale ledgement
verzimmern *v (Hb)* frame, timber; crib *(ausbauen)*; plank *(verkleiden)*
verzinken *v* 1. *(Hb)* dovetail, match; 2. zinc, zincify, galvanize; sherardize *(Diffusionsverzinken)*
verzinken v/galvanisch *(Te)* zinc-plate
verzinken v/schmelzflüssig hot-galvanize
Verzinken *n* 1. *(Hb)* dovetailing, matching; 2. zincing, galvanization; sherardizing *(Diffusionsverzinken)*
Verzinken n/galvanisches (zinc) electrogalvanizing, zinc electroplating
verzinkt 1. *(Hb)* end-matched; 2. zinc-coated, galvanized
verzinkt/galvanisch electro zinc-plated
Verzinkung *f* 1. *(Hb)* dovetailed joint, match(ed) joint; 2. zinc-coating, galvanizing *(Vorgang)*; zinc-coat *(Schutzschicht)*
Verzinkung f/verdeckte *(Hb)* secret dovetail(ing)
Verzinkungsanlage *f (BWG, OB)* galvanizing installation
verzinnen *v* tin, tin-plate
Verzinnen *n* tin-plating, tinning
verzinnt tinned, tin-clad, white
Verzinnung *f* tinning
verzogen crooked, warped *(z. B. Holz)*
Verzögerer *m (BM)* retarder
verzögern *v* 1. *(Te)* retard *(z. B. Abbindeprozesse, Korrosionsprozesse)*; 2. inhibit *(Reaktionen, bes. Korrosion)*; 3. protract, delay *(zeitlich)*; 4. decelerate *(bes. Verkehrsabläufe)*
Verzögerung *f* 1. *(Wsb)* retardation *(Zementabbinden)*; 2. inhibition *(Korrosion)*; 3. *(Verk)* lag *(zeitlich)*; 4. deceleration *(bes. Verkehrsabläufe)*
Verzögerungsänderung *f* delay changes *(Baurecht)*
Verzögerungsbecken *n (Wsb)* retaining basin
Verzögerungsdauer *f* retardation time *(Abbindeprozess)*
Verzögerungsmittel *n (BM)* retarder
Verzögerungsschalter *m (El)* time-lag switch
Verzögerungsschmelzeinsatz *m (El)* time-delay fuse
Verzögerungssprengkapsel f/mechanische non-electric-delay blasting cap
Verzögerungsspur *f (Verk)* deceleration lane, speed-change line
Verzögerungsstreifen *m (Verk)* deceleration lane
Verzug *m* 1. joining balk, joining beam *(Konstruktion)*; 2. *(Tun)* lagging *(Ausbau)*; 3. plate buckling *(geometrisch verzogen)*
Verzug m durch Schwindung *(BT)* contraction distortion
Verzugsbrett *n* cover board, breast board
Verzugsplatte *f (Hb)* cover board
Verzundern *n (HLK, RS, San)* scaling

verzweigen v/sich branch (off), fork, ramify *(z. B. Leitungen)*; split off *(Bauelemente; Verkehr)*
verzweigt branched, ramifying, forked, dendriform, dendritic, ramose, treed
Verzweigung *f* 1. branch(ing), fork, ramification *(z. B. Leitungen)*; 2. junction *(1. Rohrsystem; 2. Verkehrsweg)*
Verzweigungsknotenpunkt *m (Verk)* crossing of junction
Verzweigungsmuffe *f (BT)* trifurcating joint
Verzweigungspunkt *m (El, WVA)* branching point
Verzweigungsrohr *n* branch pipe, take-off pipe
Verzweigungsspannung *f* bifurcation stress
verzwicken *v* interlock
Verzwicken *n* interlocking *(von Schüttmaterialtragschichten)*
Veste *f (Arch)* outer defence, forticale
Vestibül *n* 1. vestibule, antechamber; 2. *(Arch)* zaguan *(spanische Architektur)*
Vestibül n/schallgedämpftes sound lock
V-Fuge *f* splayed joint, V-joint
Viadukt *m (Br)* viaduct
Vibration *f (Stat)* vibration
Vibrationsabklingrate *f* decay rate
Vibrationsanlage *f (BWG)* vibrator
Vibrationsbeanspruchung *f (Stat)* vibratory stresses
Vibrationsbearbeitungsbehälter *m (BWG, Te)* vibrator processing bowl
Vibrationsbohle *f* screeding beam *(zum Glätten)*
Vibrationsbohren *n* vibratory drilling
Vibrationsfertiger *m (Verk)* vibrating finisher, vibrofinisher
vibrationsfrei oscillation-less
Vibrationsgleitschleifen *n* vibratory finishing
Vibrationshängewalze *f (BWG, Verk)* towed vibratory roller
Vibrationslast f/seismische *(Stat)* seismic load
Vibrationspfahlramme *f* 1. *(BWG)* sonic pile driver; 2. *(Erdb)* vibrating pile driver
Vibrationspfahltreiber *m (BWG)* vibratory pile driver
Vibrationsplatte *f* vibrating plate
Vibrationsramme *f (BWG)* vibration driver
Vibrationsrotarybohren *n (Bod)* vibratory rotary drilling
Vibrationsschlagbohren *n* vibratory percussion drilling
Vibrationsschleifer *m* vibration grinder, *(AE)* holystone
Vibrationssieb *n* vibrating screen
Vibrationsstampfer *m (BWG)* vibrating tamper
Vibrationsstraßenfertiger *m (Verk)* vibrating finisher, vibrofinisher
Vibrationsübertragung *f* oscillation transmission
Vibrationsverdichter *m (BWG)* concrete vibrator
Vibrationsverdichtung *f* 1. *(Te)* compaction by vibration; 2. *(BB, Erdb, Te)* vibratory compaction; 3. *(BB, Erdb, Te)* dynamic compaction *(z. B. Erdstoff, Beton)*
Vibrationsverdichtung f/zu lange *(Te)* overvibration
Vibrationsvortrieb *m (Tun)* vibratory driving
Vibrationswalze *f* vibrating roller, vibratory roller
Vibrationswalze f mit Stahl- und Gummiwalztrommel mixed compactor
Vibrator *m (BWG)* vibrator
Vibrierbohlenfertiger *m (BWG, Verk)* vibrating beam finisher *(Straße)*
vibrieren *v* vibrate, oscillate; jar, shake *(stoßartig)*
Vibrieren *n* 1. *(Te)* vibrating; 2. *(OB, Stat)* oscillation
Vibrieren n/zu starkes *(Te)* overvibration
vibrierend vibratory
Vibriertisch *m* vibrating table, vibrator table
Vicat-Nadel *f* Vicat needle *(Zementprüfung)*
Vicat-Nadelgerät *n (BM)* Vicat apparatus *(Zementprüfung)*
Vicat-Nadelprüfung *f (BM)* needle test of Vicat
Vickershärte *f* Vickers hardness, diamond pyramid hardness

Vickershärteprüfer *m (BM)* Vickers hardness tester
Vickershärteprüfung *f* Vickers hardness testing
Videokamerabefahrung *f (Te, WVA)* video investigation *(Kanal)*
Viehauslauf *m (LB)* cattle exercise yard
Viehstall *m (LB)* animal housing
Viehunterführung *f (Verk)* cattle creep
Viehweg *m* bridle road
Viehzaun *m* farm stock fence
Viel... multi...
Vielbildigkeit *f (Arch)* multiplicity of image
Vielblatt *n (Arch)* multifoil
vielblättrig multifoil, polyfoil *(z. B. Ornament)*
Vielblatttür *f* multileaf door
Vieleck *n (Arch)* polygon
Vieleck *n***/regelmäßiges** *(Arch)* regular polygon
Vieleck *n***/zwanzigseitiges** *(Arch)* twenty-sided polygon
Vieleckausbau *m (Tun)* cockering
Vieleckbinder *m* hammer-beam truss
Vieleckchor *m (Arch)* polygonal choir, polygonal quire *(Gotik)*
Vieleckdach *n (Konst, TK)* Ardand type polygon(al) roof
Vieleckgebäude *n (Arch)* polygonal block
Vieleckgewölbe *n (Konst)* polygonal vault
Vieleckgrundriss *m* polygonal ground-plan
vieleckig polygonal
Vieleckkirche *f (Arch)* multiangular church, polygonal church
Vieleckmauerwerk *n* random ashlar, random bond
Vieleckornament *n (Arch)* polygonal ornament
Vieleckpfeiler *m* polygonal pier
Vieleckplatte *f* 1. *(Arch)* multiangular slab; 2. *(BT)* polygonal plate
Vieleckrahmen *m (Konst)* multiangular frame
Vielecksprengwerk *n (TK)* polygonal truss
Vieleckstütze *f (TK)* multiangular column
Vielecktrommel *f (Konst)* polygonal drum
Vieleckturm *m (Arch)* multiangular tower
Vielecktürmchen *n (Arch)* polygonal diminutive tower, polygonal turret
Vieleckverband *m (SB)* polygonal bond
Vieleckwalmdach *n (Konst)* polygonal roof
vieletagig *(Konst)* multistorey
Vielfachbogenmauer *f (Wsb)* multiple arch dam
Vielfachgerät *n (BWG, RS, Verk)* multipurpose equipment *(z. B. für Straßeninstandhaltung)*
Vielfalt *f* **der Planung** *(Konst)* flexibility of planning
Vielfaltsverminderung *f (Konst)* variety control
Vielfarbendekoration *f (Arch)* polychromy
vielfarbig polychromatic, varicoloured
Vielfarbigkeit *f* polychromatism
vielflächig *(Arch)* polyhedral
vielgebäudig *(RP)* multibuilding *(Bauabschnitt, Anlage)*
vielgeschossig multistorey, high-rise
vielgestaltig *(Arch)* variform
Vielgestaltigkeit *f (BM, Konst)* variety
Vielgiebelstil *m (Arch)* many-gabled style
vielgliedrig *(BT)* many-membered
Vielgliedrigkeit *f* multiform
Vielkeilverzahnung *f (Konst)* spline bushing
Viellochziegel *m (SB)* multihole brick
Vielpass *m (Arch)* multilobe tracery, multiple-lobe tracery
Vielpassbogen *m (Arch)* multifoil arch
Vielpassbogen *m***/maurischer** *(Arch)* Moorish multifoil arch
Vielrippendecke *f (Konst, TK)* multiribbed floor
vielsäulig *(Arch)* polystyle
vielschichtig *(BM, Konst)* multiple-layered
vielschiffig *(Arch)* multiple-span
vielseitig many-sided, polyhedral
Vielseitigkeit *f (Arch, Konst)* versatility
vielstöckig *(Konst)* multistorey
vielwinklig multiangular
Vielzweckbühne *f* multipurpose stage
Vielzweckhalle *f* multiple-use hall, multipurpose building, multipurpose hall
Vielzweckstein *m* multipurpose building block
Vielzweckverwendung *f* multiple use, multipurpose use
Vierblatt *n (Arch)* four-leaved tracery, tracery with four leaf--shaped curves, tracery with tree leaf-shaped curves *(Gotik)*; quatrefoil *(gotisches Maßwerk)*
Vierblattflügel *m* quadrivalve
Vierblattokulusfenster *n (Arch)* quatrefoil oculus window
Vierblattornamente *npl (Arch)* quatrefoils *(gotisches Maßwerk)*
vierblättrig *(Arch)* quatrefoil
Vierblatttürflügel *m* quadrivalve
Viereck *n (Arch)* quadrangle
Viereck *n***/sphärisches** *(Stat)* spherical quadrangle
Viereckdrahtgeflecht *n* four-mesh wire netting *(Bewehrung)*
Viereckhof *m (Arch)* quadrangle
viereckig four-cornered, quadrangular, quadrilateral, square
viereckig/ungleichmäßig oblong
Viereckplatte *f* four-cornered slab
Viereckrohr *n (San)* rectangular pipe
Viereckstütze *f* four-cornered column
Vierendeel-Fachwerk *n (TK)* Vierendeel truss
Vierendeel-Träger *m* Vierendeel girder, open-frame girder, open-web girder
vierflügelig four-leaved *(Fenster)*
Vierfußblock *m (Wsb)* tetrapod *(Küstenschutzelement)*
Viergelenk *n* articulated quadrangle, articulated quadrilateral
Viergespann *n***/ornamentales** *(Arch)* quadriga *(der Klassik)*
vierjochig *(Br, Konst, TK)* four-bay
Vierkant... square ...
Vierkanteisen *n (St)* square bar
Vierkantholzschraube *f* coach bolt
vierkantig four-cornered, square
Vierkantkopfschraube *f* square-head bolt, coach screw
Vierkantmaterial *n* square bars
Vierkantrohr *n* square tube
Vierkantschraube *f* square bolt
Vierkantstahl *m* four-cornered steel, square bar
Vierkantstange *f* grief stem *(Bohrtechnik)*
Viermomentengleichung *f (Stat)* four-moment equation *(für einen Balken)*
Viermomentensatz *m (Stat)* four-moment(s) theorem
Vierpassmaßwerk *n (Arch)* quatrefoil tracery
Vierpunktbelastung *f (Stat, TK)* four-point loading
Vierpunktlagerung *f (TK)* four-point bearing
Vierquadratmuster *n* diamond matching *(Furnierverarbeitung)*
Viersäulenhalle *f (Arch, Konst)* four-columned hall
viersäulig tetrastyle
vierschiffig 1. *(Br, Konst, TK)* four-bay; 2. *(Arch)* four-span
vierseitig four-sided, quadrilateral, four-cornered
Vierstoffsystem *n (BM)* quaternary system
vierteilen *v* quarter
Vierteilen *n* **einer Probe** quartering of sample
vierteilig quadripartite
Vierteilung *f* quartering *(Baustoffprobe)*
Viertelabsatz *m* quarter space *(Treppe)*
Vierteldach *n (Konst)* roof with pitch 1:4
Vierteldrehung *f* quarter-turn *(Treppe)*

Viertelfuge *f* quarter joint
Viertelholz *n (Hb)* quarter timber
Viertelkehle *f (Konst)* quarter hollow
Viertelkreis *m* 1. one-quarter circle, quarter-circle; 2. *(Verm)* quadrant
Viertelkreissims *m* ovolo, ovolo moulding
Viertelkreistonne *f (Konst)* half tunnel vault
Viertelkugelkehlplatte *f* hollow moulding
Viertelmorgen *m (VR)* rood *(altes Landmaß)*
Vierteln *n (BM, Te)* reducing by quartering *(Proben)*
Viertelpunkt *m* quarter point
Viertelpunktmoment *n (Stat)* quarter point moment
Viertelsäule *f* quarter-column
Viertelschlag *m* quarter-turn *(Treppe)*
Viertelschließziegel *m* quarter closer
Viertelstab *m (Arch)* quarter round; coving *(zwischen Wand und Decke)*; angle stile *(in Wandecken)*; astragal *(Fenster)*
Viertelstab *m*/**aufgesetzter** surface(-mounted) astragal
Viertelstabprofil *n (Arch)* quarter round
Viertelstabüberdeckung *f* **einer Fuge** 1. *(Arch, Konst)* overlapping astragal; 2. *(EB)* wraparound astragal
Viertelstein *m (SB)* quarter bat
Viertelstück *n (SB)* quarter bat
Viertelung *f* quartering *(Baustoffprobe)*
Viertelziegel *m* one-quarter brick, quarter closer
Viertorgebäude *n (Arch)* tetrapylon *(antike Baukunst)*
vierundzwanzigflächig icositetrahedral
Vierung *f (Arch, Konst)* crossing
Vierung *f*/**quadratische** *(Arch)* square crossing
Vierungsbogen *m (Arch, Konst)* crossing arch
Vierungsbreite *f* crossing width
Vierungsfeld *n (Konst)* crossing bay
Vierungsgewölbe *n* crossing vault
Vierungskuppel *f (Arch)* crossing dome
Vierungspfeiler *m (Konst)* crossing pier
Vierungsquadrat *n (Arch)* square of crossing, transept square *(Lang- und Querhauskreuzungsquadrat einer Kirche)*
Vierzentrenbogen *m (Arch)* Tudor arch
Vierzimmerwohnung *f (Konst)* three-bedroom flat *(Standard in GB und US, drei Schlafzimmer, ein Wohnzimmer)*
VIFG *s.* Verkehrsinfrastrukturfinanzierungsgesellschaft
Vignette *f (Verk)* vignette *(Mautstraße)*
Vignettenerfassungssystem *n* **eines Autobahnringes/elektronisches** *(Verk)* electronic toll ring payment
Viktoriablau *n (BM, OB)* Victoria blue
Villa *f* villa, mansion
Villengarten *m (LB)* villa garden
Villengebiet *n s.* 1. Villenkolonie; 2. Villenzone
Villenkolonie *f* fashionable residential district
Villenzone *f (RP)* high-class residential area
Vinyl *n (BM)* vinyl
Vinylasbestbodenfliese *f* vinyl-asbestos tile
Vinylasbestfliese *f* vinyl-asbestos tile
Vinylbahn *f* vinyl sheeting
Vinylbenzol *n (BM)* vinylbenzene
Vinylchlorid *n* vinyl chloride
Vinylester *m* vinyl ester
Vinylfarbe *f (BM, OB)* vinyl paint
Vinylfliese *f* vinyl-plastic tile
Vinylfolie *f* vinyl film, vinyl sheet
Vinylgrundlage *f* vinyl latex base
Vinylharz *n (BM)* vinyl
Vinylharzanstrich *m (BM, OB)* vinyl coating
Vinylharzanstrichstoff *m (BM, OB)* vinyl coating
Vinylharzlack *m (BM, OB)* vinyl lacquer
Vinylharzplatte *f* vinyl-plastic tile, vinyl tile, plastic flooring
Vinylklebstoff *m (BM)* vinyl bonding adhesive
Vinyllack *m* vinyl lacquer
Vinylplatte *f* vinyl-plastic tile, vinyl tile
Vinylrohr *n* vinyl pipe
Vinylschaumstoff *m (BM, DIS)* vinyl foam
Vinylwandverkleidung *f* vinyl wall facing
Violettholz *n (BM, Hb) (AE)* violetta
VIP-Raum *m (Konst, Verk)* VIP reception room
VIP-Salon *m (Konst, Verk)* VIP lounge
VIP-Wartehalle *f (Konst, Verk)* VIP lounge *(Flughafen)*
virtuell virtual
Visier *n (Verm)* sight
Visierbock *m (Verm)* sight rail
Visiereinrichtung *f (Verm)* sight
Visieren *n (Verm)* sighting
Visierfernrohr *n (Verm)* sighting telescope
Visiergerüst *n (Verm)* sight rail
Visierlatte *f (Verm)* viewing plank
Visierlinie *f (Verm)* line of sight
Visiertafel *f (Verm)* boning rod, sight rail
viskoelastisch *(BM)* viscoelastic
viskoelastisch/linear *(BM)* linear viscoelastic
Viskoelastizität *f* viscoelasticity
viskoplastisch *(BM)* viscoplastic *(Baustoff)*
viskos viscous
Viskosefilament *n (BM)* rayon *(z. B. für Baustoffgewebe, Faserzusätze für Gemische)*
Viskosimeter *n* viscometer *(z. B. für Frischbeton)*
Viskosität *f* viscosity
Viskosität *f*/**dynamische** *(BM)* dynamic viscosity
Viskosität *f*/**kinematische** *(BM)* kinematic viscosity
Viskositätsabfall *m (BM)* lowering of viscosity
Viskositätsbeiwert *m (BM)* coefficient of viscosity
Viskositätsbereich *m (BM)* range of viscosity
Viskositätsindex *m* viscosity index
Viskositätsrückgang *m (BM)* lowering of viscosity
Viskositätsverbesserer *m*/**polymerer** polymeric viscosity modifier
Visualisierung *f* **von Verkehrsprojekten** *(Verk)* travelling matt technique
visuell visual
Vitrine *f* 1. glass cabinet, china cabinet; 2. show box, show cabinet, show case, display case, *(sl)* silent salesman
vitrophyrisch vitrophyric
Vivianit *n (BM, Bod)* vivianite
Vlies *n* mat of fibres, non-woven fabric, non-woven material
V-Naht *f* single butt weld *(Schweißen)*
V-Nut *f* V-groove
VOB *(VR)* German regulations for contracts and execution of construction works
Vogelaugenzeichnung *f (BM, Hb)* peacock's-eye *(natürliche Holzmusterung)*
Vogelperspektive *f (Konst)* bird's-eye view
Vogelschutzsieb *n* bird screen *(auf Schornsteinen)*
Vogesit *m (BM)* vogesit *(Lamprophyrart)*
Volksfestarena *f (Arch, RP)* pageant arena
Volkswirtschaft *f* economics
Volkswohnungen *fpl (Konst, RP)* mass housing
Volkszählung *f (RP)* population census
voll full
voll saugen *v*/**sich** soak
Vollaluminiumwandelement *n (Konst, OB, St, Te)* all-aluminium wall element
Vollbalken *m* solid beam
Vollbalkenträger *m* solid beam
Vollbausystem *n (Konst)* solid system
Vollbauweise *f (Konst)* solid construction
Vollbecherwerk *n* continuous-bucket conveyor, continuous-bucket elevator
Vollbelastung *f (Stat, TK)* full loading
Vollbeton... all-concrete ...

Vollbetondecke *f* solid slab floor, solid slab intermediate floor
Vollbetonplatte *f (Konst)* solid slab
Vollbinder *m* long header, perpend stone *(Mauerwerk)*
Vollbinderschicht *f (SB)* through course *(Mauerwerk)*
Vollblock *m* solid concrete block
Volldrehkran *m (BWG)* whirley crane
vollendet finished, completed; perfect *(vollkommen)*
Vollendung *f*/**stilistische** *(Arch)* stylistic perfection
Vollentwässerung *f (RP, WVA)* fully system of sewerage
Volletage *f (Konst)* full floor
vollflächig 1. *(Arch, Konst)* holohedral; 2. *(Arch)* allover *(z. B. Muster)*
vollfreitragend full-cantilever
Vollfronttunnelbohrmaschine *f (Tun)* full-face tunnelling machine
Vollfuge *f* flush joint
vollfugig flat jointed, flush jointed, solidly filled
vollgefliest fully tiled
vollgekapselt totally enclosed
Vollgeschoss *n* full floor, full storey, *(AE)* full story
Vollgeschosswohnung *f* floor-through dwelling
Vollgestängebohren *n (Erdb, Wsb)* boring by percussion with rods
Vollgewölbe *n* solid vault
Vollgipsplatte *f (BT)* solid gypsum board
Vollglanz *m (OB)* full gloss
Vollglanzdeckschicht *f (OB)* full-gloss finish
Vollglastür *f* full glass door, glass door; solid glass door *(ohne Rahmen)*
Vollgummi *m* solid rubber
Vollgummiring *m (BT, San, WVA)* O-ring
Vollholz *n (Hb)* solid wood
Vollholztür *f (BT)* all-wood door
völlig total
Vollimprägnierbarkeit *f (BM)* saturability
vollimprägnieren *v (DIS, Te)* saturate *(z. B. zum Holzschutz)*
Vollimprägnieren *n (DIS)* saturating
vollimprägniert saturated
Vollimprägnierung *f (Hb)* full-cell process *(Holz)*
Vollimprägnierverfahren *n (Hb)* full-cell process *(Holz)*
Vollkanalisation *f (RP, WVA)* fully system of sewerage
Vollkantbalken *m (Hb)* squared beam
Vollkantholz *n (Hb)* squared beam
Vollkehlnaht *f (St)* full fillet weld *(Schweißen)*
vollklimatisiert *(HLK)* fully air-conditioned
vollkommen perfect; consummate *(Kunstwerk)*; finished *(Arbeiten)*; full *(Umfang der Leistungen)*
Vollkonstruktion *f (Konst)* solid system
Vollkonstruktionssystem *n (Konst)* solid construction
vollkreisförmig *(AE)* full-centered
Vollkunststoffplatte *f (BT)* all-plastic board
Vollkunststofftür *f (BT)* all-plastic door
Volllager *n* solid bearing
Volllast *f (El)* head, full load
Volllinie *f* firm line, continuous line, unbroken line
Vollmacht *f* mandate, authority, procuration, agency establishment; proxy *(Urkunde)*
Vollmachtsumfang *m (VR)* scope of authority
Vollmaß *n (Konst)* full size
Vollmauer *f* solid masonry wall
Vollmauerstein *m* solid masonry unit
Vollplastikplatte *f (BT)* all-plastic board
Vollplatte *f (Konst)* solid slab
Vollplattendecke *f* solid slab floor, solid slab intermediate floor
Vollquartier *m* full brick
Vollquerschnitt *m* solid cross section
Vollrahmen *m (Konst)* solid frame
Vollsäule *f* isolated column
Vollscheibe *f (Konst)* solid cross wall
Vollschutz *m* total protection • **Vollschutz gewährend** fully protective
Vollschweißen *n (St)* final welding
Vollstabornament *n* roll
Vollstahlbetonkonstruktion *f* box frame
vollständig complete, perfect, total; full *(ganz)*
Vollständigkeit *f* totality
Vollsteg *m* solid web *(Träger)*
Vollsteifrahmen *m* fully rigid framing
Vollstein *m* solid block, solid walling block *(für Mauerwerk)*
Vollsteinmauer *f* solid masonry wall
Vollstockwerk *n (Konst)* full floor
Vollstütze *f* isolated support
Vollsystem *n (RP, WVA)* fully system of sewerage
Volltafel *f* solid panel
Volltonfarbe *f* full strength colour
Volltränkbarkeit *f (BM)* saturability
volltränken *v* saturate *(z. B. zum Holzschutz)*
Volltränken *n (DIS)* saturating
Volltrennwand *f (Konst)* solid partition
Volltür *f* solid door
vollüberdeckt *(Konst)* totally buried
vollverfliest fully tiled
vollverglast fully glazed
Vollwand *f* solid wall; solid web *(Träger)*
Vollwandbalken *m* plain-web beam, solid-web beam
Vollwandbalkenträger *m* plain-web beam
Vollwandbauverfahren *n (Konst)* solid wall construction method
Vollwandbauweise *f (Konst)* solid wall construction
Vollwandbinder *m (TK)* solid-web truss
Vollwandbogen *m* plate arch
Vollwandbogenträger *m (TK)* solid-web arched girder
Vollwanddeckenträger *m (TK)* solid-web steel joist
vollwandig massive, solid-webbed
Vollwandscheibe *f (Konst)* solid cross wall
Vollwandstahlträger *m (TK)* solid-web steel joist
Vollwandsturz *m (BT)* through lintel
Vollwandträger *m* 1. *(TK)* solid-web girder; 2. *(BT, Konst)* web girder
Vollwandträgerbrücke *f (Br)* trough-plate girder bridge
Vollwandunterzug *m (TK)* solid-web joist
Vollwärmeschutz *m (DIS)* full heat protection
Vollzapfen *m (Hb)* through tenon
Vollziegel *m* solid brick, whole brick, solid clay brick, full brick, all-brick
Vollziegelmauer *f (SB)* solid brick wall
Vollziegelmauerwerk *n (SB)* solid clay brick masonry
Vollziegelschornstein *m (Konst, SB)* solid brick chimney
Vollziegelwand *f (SB)* solid brick wall
Volumen *n* volume; bulk • **das Volumen ermitteln** cube
Volumen *n*/**spezifisches** specific volume
Volumen *n*/**verdichtetes** *(BM, Erdb)* compacted volume *(z. B. eines Erdstoffs)*
Volumenabnahme *f* volume decrease, decrease in volume
Volumenänderung *f (BM, BT)* volume change
Volumenänderungsenergie *f (Stat)* strain energy due to the change of volume
Volumenanteil *m* part by volume
Volumenberechnung *f (Konst, Verm)* cubage
Volumenbeständigkeit *f (BM)* volume constancy
Volumendehnung *f (BM)* volume strain
Volumendosierung *f* proportioning by volume
Volumenerhöhung *f* volume increase
Volumengewicht *n (BM)* volume weight
Volumenprozent *n* percentage by volume, volume percent, volume percentage

Volumenteil *m* part by volume
Volumen-Temperatur-Koeffizient *m (BM, BT, Konst)* coefficient of thermal expansion
Volumenveränderung *f* autogenous volume change *(durch Zementhydratation)*
Volumenverlust *m* loss of volume
Volumenverringerung *f* volume decrease
Volumenzugabe *f (Te)* volume-batching
Volumenzunahme *f* increase in volume, volume growth, volume increase
Volumetrie *f (BM)* volumetric analysis
voluminös voluminous; bulky *(sperrig)*
Volute *f (Arch)* volute, helix *(ionisches Kapitell)*
Volute f/vorspringende *(Arch)* hem *(ionisches Kapitell)*
Volutengiebel *m (Arch)* voluted gable, scroll-shaped gable
Volutenkapitell *n (Arch)* voluted capital
Volutenlinie *f (Arch)* volute line
Volutenranke *f (Arch)* volute helix
Volutenschmuck *m (Arch)* spiral scroll
Volutenverzierung *f (Arch)* spiral scroll
Volutenzirkel *m (Arch, BWG)* volute compasses
vor prior to
Vorabsieben *n (BM, Te)* scalping
Vorabsiebung *f* prescreening, scalping, screenings *(< 2 mm)*
Voranalyse *f* preliminary analysis
Vorankündigungstafel *f (Verk)* advance information sign
Voranschlag *m* construction cost estimate, estimate, rough calculation, bill of materials, bill of quantities
Voranschlag m/geschätzter bill of materials [quantities]
voranstreichen *v* pre-paint
Voranstreichfarbe *f (BM, OB)* undercoat paint
Voranstrich *m* precoat, intercoat
Voranstrichmasse *f (BM, OB)* undercoating material
Voranstrichmittel *n (BM, OB)* undercoating material
Voranstrichstoff *m (BM, OB)* undercoat paint
vorantreiben *v (Te)* push forward
Vorarbeiten *fpl* preliminary work, work in advance
Vorarbeiter *m* foreman, boss; *(sl)* gaffer
Vorausberechnung *f (Konst, Stat, VR)* prediction
vorausgeplant projected, preplanned
Vorausplanung *f* preplanning
Voraussetzung *f* prerequisite, premise, precondition *(Vorbedingung)*; assumption, presumption *(Annahme)*
Vorauswahl *f* screening, screening test, preselection
Vorauszahlung *f (VR)* advance payment
Vorbarock *m (Arch)* proto-Baroque architecture
Vorbarockarchitektur *f (Arch)* proto-Baroque architecture
Vorbau *m* forebuilding, front section of the building; projection, projecting structure *(vorragender Gebäudeteil)*; porch *(Vorraum)*
vorbauen *v* build in (the) front; build out *(vorspringend)*
vorbauen v /frei cantilever *(Brücke)*
Vorbauwagensystem n/norwegisches *(Br, Te)* Norwegian rail system *(Brücke)*
Vorbeanspruchung *f* prestressing
vorbearbeiten *v* prefabricate; rough *(Werkstück)*
Vorbedampfungszeit *f* delay period *(Betonhärtung)*
Vorbedampfzeit *f* delay period *(Betonhärtung)*
Vorbedingung *f* 1. *(Stat, VR)* precondition; 2. *(Konst, Stat)* prerequisite
Vorbehalt *m* reservation; provision, proviso *(mit Bedingungen)*
Vorbehaltsfläche *f (RP)* land reservation
vorbehandeln *v* pretreat, precondition; precure *(eine Klebeverbindung vor dem Zusammendrücken)*
vorbehandelt pretreated, preconditioning
Vorbehandlung *f* pretreatment, preliminary treatment, preparation, preparation treatment *(z. B. Oberfläche, Bauteil)*
Vorbehandlungsmittel *n (BM)* pretreatment agent *(z. B. für Anstriche)*
vorbehauen *v* scabble *(Naturstein, Werkstein)*
vorbelasten *v* preload
Vorbelastung *f* preloading
Vorbelastung f/größte effektive *(Erdb)* preconsolidation pressure
Vorbelastungsdruck *m (Erdb)* preconsolidation pressure
Vorbemessung *f (Stat)* preliminary computation
Vorbenetzungsmittel *n (BM)* prewetting agent
Vorberechnung *f (Stat)* preliminary computation
vorbereiten *v* prepare
vorbereiten v/eine Bewehrung pretie
vorbereiten v/eine Nut dap
vorbereitend preparatory, preliminary
vorbereitet prepared; dressed *(Holz)*
Vorbereitung f/technologische *(Te)* job engineering
Vorbereitungsabteilung *f* planning department
vorbeschichten *v* precoat
Vorbessern *n* dubbing, dubbing-out
vorbeugen *v* prevent
vorbeugend precautionary, preventive
Vorbeugung *f* prevention; precaution *(Vorsorge)*
Vorbeugungsmaßnahme *f* prevent(at)ive remedy
Vorbewurf *m* pricking-up coat
Vorbiegen *n* prebending
Vorbiegung *f* prebending
Vorblendmauer *f (OB, SB)* faced wall
Vorblendwand *f (OB, SB)* faced wall
Vorblock *m* bloom *(Stahl)*
Vorbogen *m* fore-arch
vorbohren *v* 1. prebore, predrill; hole *(Schiefer)*; 2. *(Bod, Tun)* rathole; 3. *(Bod, Erdb)* rough drill
Vorbohren *n* preboring, predrilling; holing *(Schiefer)*; preboring *(Pfahlgründung)*
Vorbohrloch *n (Umw)* mousehole
Vorbohrung *f* 1. preboring, predrilling; 2. *(Bod, Erdb)* pilot hole; predrilled hole *(Schiefer)*
Vorbrecher *m (BWG)* primary crusher
Vorbühne *f (EB)* forestage
Vorbühne f/verlängerte *(EB, Konst)* apron stage *(vor dem Vorhang, speziell elisabethanisches Theater)*
Vorchor *m (Arch)* antechoir
Vordach *n* projecting roof, canopy; porch roof *(über einem Vorraum)*; marquee *(über einer Tür)*
Vordachlattung *f (Hb)* verge batten
Vordamm *m (Wsb)* secondary dam
vordehnen *v* prestrain
Vorderansicht *f* front view, front elevation; façade
Vorderbalkon *m* front balcony
Vorderende *n* leading end
Vorderfront *f* 1. *(Arch, Verm)* frontage; 2. *(Arch)* frontispiece; 3. *(Arch, Konst)* façade
Vorderfront f/überzogene flying façade front, false front
Vordergebäude *n s.* Vorderhaus
Vorderhaus *n* front building, front face
Vorderhof *m* front yard
Vorderkante *f* front edge
Vorderkipper *m (BM, Erdb)* shuttle dumper
Vorderlader *m (BWG)* muzzle-loader *(Baumaschine)*
Vorderreihe *f* front row; stall *(Theater)*
Vorderseite *f* face side, leading end; front side, front face *(eines Gebäudes)*
Vorderseitenmarkierung *f* 1. *(Te)* face mark; 2. *(BM)* X-mark *(Holz)*
Vordersturz *m* front lintel
Vorderteil *n* forepart, front

Vordoseur *m* feed hopper, aggregate (storage) bin
vordosieren *v (Te)* prebatch *(Mischanlage)*
Vordrall *m* preliminary twist, pretwist *(eines Seils)*
vordringen *v (Erdb)* encroach *(Wasser in Schichten)*
vordringen *v* **in** *(RP)* encroach on *(Bebauungsgebiete)*
Vordrossel *f* fixed restriction *(pneumatischer Leitungsregler)*
Vordruck *m (Bod, Stat)* admission pressure
Vordruckdekoraufbringung *f (Arch)* decal
vordrücken *v* precompress
Voreinstellung *f* presetting
Vorentwässerungsgraben *m (Erdb, WVA)* primary drainage ditch
Vorentwurf *m* preliminary design, preliminary project, preliminary scheme, schematic design
Vorentwurfsphase *f (Konst)* schematic design phase
Vorentwurfszeichnung *f* 1. *(Konst)* preliminary design drawing; 2. *(Arch, Konst)* schematic design drawing
Vorerhitzen *n* **der Dachhaut** preheating of roof sheet
vorerhitzt *(HLK)* preheated
Vorerkundung *f (Bod)* reconnaissance survey *(Baugrund)*
Vorfahrt *f***/abknickende** *(Verk)* major roads turning right or left
Vorfahrtsrecht *n* right of way
Vorfahrtsstraße *f (Verk)* priority road
Vorfahrtzeichen *n (Verk)* priority sign
Vorfenster *n* outside window, double window, auxiliary sash, storm window, outside winter window
vorfertigen *v* prefabricate; preconstruct *(Tragwerke)*; fabricate *(Stahlbau)*; precast *(Betonteile)*; prefinish *(meist bei Anstricharbeiten)*; preform, pretie *(Bewehrung)*
vorfertigen *v***/Bewehrungskörbe** pretie
Vorfertigung *f* prefabrication; fabrication *(Stahlbau)*; factory casting *(von Bauelementen)*; precasting *(von Betonteilen)*
Vorfertigung *f* **auf der Baustelle** on-site prefabrication
Vorfertigung *f***/dünnwandige** *(Te)* thin-walled prefabrication
Vorfertigung *f* **im Betonwerk** *(BB, Te)* factory precasting
Vorfertigung *f* **in Batterieform** *(BB, Te)* battery casting
Vorfertigung *f***/örtliche** *(Te)* prefabrication on site
Vorfertigungsplatz *m* casting yard, precasting yard *(Betonelemente)*
Vorfilter *n (HLK)* prefilter, precleaner, coarse filter *(Klimaanlage)*
Vorfließgeschwindigkeit *f* strain rate before reloading
Vorflut *f (Erdb, WVA)* runoff capacity
Vorflutanlage *f* drainage plant
Vorflutdrän *m (Wsb)* main drain
Vorfluter *m* 1. *(San)* outfall, outfall ditch, carriage *(Abwasser)*; 2. *(Wsb)* draining ditch, drainage ditch, feeder, watercourse; receiving body
Vorfluterleistung *f* 1. *(San)* outfall capacity; 2. feeder capacity, capacity of the draining ditch
Vorflutleistung *f s.* Vorfluterleistung
vorformen *v* preform *(Bewehrung)*
Vorführausrüstung *f* audio-visual aids
Vorführraum *m* projection booth, screening room
Vorführung *f (Arch)* demonstration
Vorführungsraum *m* projection booth, screening room
Vorgabe *f* **für die Straßeninfrastruktur** *(Verk)* provision of road infrastructure
Vorgabe *f* **in den Vertragsbedingungen** *(VR)* provision in the specifications
Vorgabe *f***/technische** technical presetting
Vorgabetermin *m (VR)* predicted date
Vorgabevertrag *m* target contract
Vorgabeziel *n (Te, VR)* target *(Bauleistung)*
Vorgang *m* process; proceedings
Vorgang *m***/zerstörender** destructive process, wasting process
Vorgarten *m* front garden, *(AE)* door yard, front yard
Vorgartenholzzaun *m* sleeve fence *(niedrig)*
vorgeben *v* purport
Vorgebirge *n (Bod)* headland
Vorgebirgsland *n (Bod)* foreland
vorgedrückt precompressed
vorgefertigt prefabricated, prefab; factory-built, factory-finished *(im Betrieb)*; precast *(Betonteile)*; shop-erected *(meist im Stahlbau)* • **vorgefertigt und nicht fertig montiert** knocked-down
vorgefertigt/in Einzelteilen *(Konst, Te)* knocked-down
vorgegeben gauged
Vorgehen *n***/gerichtliches** *(VR)* legal action
vorgemischt premixed, premix; mill-mixed, ready-mixed *(Putz, Mörtel)*
vorgenässt prewetted
vorgepresst precompressed
vorgeschäumt *(DIS, Te)* prefoamed
vorgeschichtlich *(Arch)* prehistoric
vorgeschrieben specified
vorgeschrumpft preshrunk *(vorgemischter Mörtel oder Beton)*
vorgesehen/entwurfsmäßig nicht off-design
vorgesetzt preshrunk *(vorgemischter Mörtel oder Beton)*
vorgespachtelt dressed *(Dach)*
vorgespannt prestressed, tensioned *(Spannbeton)*
vorgespannt/doppelt *(BB)* double-biased *(Spannbeton)*
vorgespannt/hochfest high-tensile
vorgespannt/mit nachträglichem Verbund post-tensioned *(Spannbeton)*
vorgespannt/paarweise prestressed in pairs *(Stahlsaiten-Spannbeton)*
vorgespannt/stufenweise [teilweise] partially prestressed, partially stretched, partially tensioned
vorgetäuscht sham
vorgewärmt *(HLK)* preheated
vorgotisch *(Arch)* pre-Gothic
Vorhaben *n (Konst)* scheme
Vorhalle *f* entrance hall, vestibule; lounge *(z. B. Theater, Foyer)*; lobby *(z. B. Parlament)*; porch *(bes. in einer Kirche)*; prodomos *(im römischen Haus)*
Vorhalle *f***/kleine** 1. entry; 2. *(Arch)* tresaunce *(mittelalterliche Baukunst)*
Vorhalle *f***/sechssäulige** *(Arch)* hexastyle porch
vorhalten *v* 1. dolly, hold on *(beim Nieten)*; 2. take supply *(Material)*
Vorhalter *m (St)* holder-on *(beim Nieten)*
vorhanden available; actual *(Baubestand)* • **vorhanden sein** occur *(Bedingung)*
vorhanden/tatsächlich *(RP)* actual *(z. B. Baubestand)*
Vorhang *m* curtain
Vorhang *m***/eiserner** safety curtain *(Theater)*
Vorhangbildung *f (OB)* veiling *(Anstrich)*
Vorhängedachrinne *f (San)* hanging roof gutter
Vorhängeschloss *m (EB)* padlock
Vorhangfassade *f* curtain wall
Vorhangschiene *f* curtain rail
Vorhangwand *f (Konst, OB)* curtain wall
Vorhangwandgebäude *n (Arch, Konst)* panel-wall block
Vorhangwandrahmen *m* curtain wall frame
vorhauen *v* rough-hew, rough-cut *(Naturstein, Werkstein)*
Vorhauen *n (Te)* roughing *(Naturstein, Werkstein)*
vorheizen *v (HLK)* preheat
Vorheizen *n* **der Asphaltschicht** *(Te, Verk)* preheating of asphalt layer
Vorheizung *f* preheating
vorherrschen *v* prevail

Vorhersage *f* 1. *(RP, Te, Verk)* forecast; 2. *(Konst, Stat, VR)* prediction
vorhersehen *v* anticipate *(Belastungen)*
Vorhobeln *n (Te)* rough-planing
Vorhof *m* 1. forecourt; front yard; 2. *(Arch)* state court *(Plastanlage)*; 3. *(Arch)* atrium *(Innenhof)*
vorimprägniert preimpregnated
Vorimprägnierung *f (Te)* preimpregnation
Vorkalkulation *f* cost estimate, cost estimation
Vorkaufsrecht *n* right of preemption, preemption right, option right, pre-emptive right, right of first refusal
Vorkirche *f (Arch)* antechurch
Vorkirchenraum *m (Arch)* forechurch
Vorklärbecken *n* preliminary sedimentation tank, pretreatment tank, primary settlement basin
Vorklärung *f (WVA)* preliminary clarification *(Abwässer)*
Vorklassiersieb *n (BM, Te)* jig *(Zuschlagstoffaufbereitung)*
Vorklassierung *f* preclassification *(Baustoffaufbereitung)*
Vorklimatisierung *f (HLK)* preconditioning
Vorknicken *m* nipping *(Scharnier)*
vorkommen *v* occur *(Ereignis, Störung; geologische Baustofflagerstätten)*
Vorkommen *n* 1. *(BM, Bod)* occurrence; 2. *(Bod)* resources *(Gestein)*
Vorkommen *n*/**lagerförmiges** occurrence in beds *(Gestein, Kies, Sand)*
Vorkommen *n*/**stockförmiges** *(Bod)* occurrence in floors *(Gestein)*
vorkommend/natürlich native
vorkommend/stromaufwärts *(Bod, Wsb)* upstream
vorkomplettieren *v (Te)* prefinish
Vorkonservierungsanstrich *m (OB)* preliminary coating
Vorkonsolidierung *f (Te)* preconsolidation
Vorkopf *m (Br, TK, Wsb)* pier head
Vorkopfkipper *m* front dumper
vorkragen *v* cantilever, protrude, project, jut out; corbel *(Ziegel, Mauerwerk, Beton)*
vorkragend bearing out, cantilevered *(Balken)*; corbelling *(im Mauerwerk durch Steine, Beton)*
Vorkragung *f (TK)* cantilever *(Balken)*
Vorkriegsexpressionismus *m (Arch)* pre-war Expressionism
Vorlack *m* 1. *(OB)* enamel undercoating; 2. *(BM, OB)* size
Vorladen *m* take-down shutter
Vorlage *f* 1. front layer; 2. model, art work, original *(z. B. Zeichnung)*; pattern *(Muster)*; 3. projection, attachment *(z. B. einer Wand)*; 4. *(VR)* submission *(Angebot)*
Vorlage *f* **des Entwurfs** *(Konst)* submitting of the plan
Vorlagerung *f* 1. *(BB, BM, Te)* delay; 2. *(BB, Te)* holding *(bei Betondampfbehandlung)*
Vorlagerungsdauer *f* delay period, presteaming period *(Betonhärtung)*
Vorlagestein *m* pitcher, pitching, hand-packed stone
Vorlagestück *n* head block
Vorland *n* 1. foreland; 2. *(Wsb)* outland
Vorlast *f (Stat)* initial loading
Vorlauf *m (HLK, Wsb)* flow *(Heizung)*
Vorläufer *m*/**stilistischer** *(Arch)* stylistic forerunner, stylistic predecessor
Vorlaufheizleitung *f* flow line
Vorlaufheizrohr *n* flow pipe
vorläufig temporary, preliminary, provisional, interim, tentative
Vorlaufleitung *f* flow line
Vorlaufrohr *n* flow pipe
Vorlauftemperatur *f (HLK)* flow temperature, supply temperature
Vorleger *m* rug
Vorlegungsfrist *f* time for presentation
Vorlesungsraum *m (Konst)* lecture room
Vorlesungssaal *m* lecture hall, lecture theatre, hall
Vormauerklinker *m (SB)* frostproof engineering brick
Vormauerung *f* frost-resistant masonry, frost-resistant masonwork
Vormauervollziegel *m (SB)* frostproof solid brick
Vormauerziegel *m* facing brick, hard-burnt brick, soap *(> 5 cm dick)*
Vormischdauer *f (Te)* stirring period
vormischen *v* premix
Vormischen *n* premixing, stirring
Vormischsilo *n* prebatch silo, prebatch(ing) bin
Vormontage *f* preassembly, subassembly, fitting-up *(ohne endgültige Verbindung)*
vormontieren *v* 1. *(LB)* preassemble; 2. *(Te)* subassemble
vormontiert preassembled, shop-erected
Vornässen *n* prewetting
Vornorm *f* initial standard, prestandard, tentative standard
Vornorm *f*/**Europäische** *(ENV)* European initial standard, European Prestandard, European tentative standard
vornormativ prenormative
Vornutzungsrecht *n*/**staatliches** eminent domain
Vorohrloch *n (Tun)* pilot hole
Vorort *m (RP)* outskirts
Vorort... site-placed ..., in-situ ...
Vorortbewohner *m* suburban(ite)
Vorortmischen *n* mix in place
Vorortprüfung *f* field test, in-situ test
Vorortrecycling *n (Te, Umw)* in-situ recycling
Vorortschnellstraße *f (Verk)* suburban motorway
Vorortstrecke *f (Verk)* suburban line, suburban run *(Bahn)*
Vorortüberprüfung *f (VR)* spot check *(Baustelle)*
Vorortverschäumen *n (DIS, Te)* froth in-situ
Vorortverschäumung *f* frothing in-situ
Vorort-Vorspannen *n (Te)* on-site prestressing
Vorortzug *m (Verk)* commuter train
Vorphase *f (Te)* preliminary stage
Vorplanung *f* preliminary planning, preplanning, pilot project
Vorplatz *m* square, forecourt, entrance piazza
Vorpolieren *n* prepolishing, rough polishing, glazing
Vorprodukt *n (BT, Te)* primary product
Vorprofilieren *n (Te)* roughing *(Naturstein)*
Vorprojekt *n (Konst)* pilot project
Vorprüfung *f* preliminary check; preliminary examination
Vorprüfung *f* **der infrage kommenden Bauauftragnehmer** *(VR)* prequalification of prospective bidders
Vorputzen *n* dubbing, dubbing-out, brown-out
vorragen *v (Konst)* project *(ein Teil eines Gebäudes)*
vorragend projecting
Vorrang *m* priority
Vorranggebiet *n (RP)* development district *(Regionalplanung, Raumordnung)*
Vorrat *m (Te)* supplies *(Baustoffe)*
Vorrat *m*/**tatsächlicher** *(BM, VR)* actual stock *(z. B. an Baustoffen)*
Vorräte *mpl (Te)* store
Vorratsbehälter *m* storage reservoir, storage bin, hold tank, reservoir tank, stock bin, storage container, store tank, supply tank
Vorratsbildung *f* stockpiling
Vorratsbunker *m* storage bin, stock bin
Vorratshalde *f* stock, stockpile
Vorratshaltung *f* stockpiling
Vorratshaus *n* storehouse, warehouse, magazine
Vorratskammer *f* pantry, storeroom, stillroom
Vorratskeller *m* store cellar
Vorratslager *n* supply base, stockroom, storeroom
Vorratsmaterial *n* feedstock

Vorratsraum *m* storage room, store, storeroom
Vorratssilo *n* storage silo [bin], supply silo [bin]
Vorraum *m* 1. entry, anteroom, antechamber, vestibule, entry; 2. *(Arch)* antecabinet *(zu einem Audienzraum)*
Vorraum *m***/schalldämmender** sound lock
Vorraumzierblendmauer *f* spere *(England)*
Vorreiber *m* casement fastener, sash lock *(Fensterhalter)*
Vorreinigen *n* 1. *(Te)* precleaning; 2. *(Te, WVA)* preliminary cleaning
Vorreiniger *m* precleaner
Vorreinigung *f* 1. *(Te)* precleaning; 2. *(Te, WVA)* preliminary cleaning; 3. *(OB, Te)* rough cleaning
Vorrenaissancearchitektur *f (Arch)* proto-Renaissance architecture
Vorrichtung *f* device, appliance, contrivance; equipment, facility *(Ausrüstung)*
Vorrichtung *f***/elektronisch betätigte** electronic device
Vorsatz *m* attachment, overhung
Vorsatzbeton *m (BB, OB)* face concrete
Vorsatzbetonmischung *f* face concrete mix
Vorsatzlage *f* facing layer
vorsätzlich intentionally
Vorsatzmauer *f (Konst, OB)* facing masonry wall
Vorsatzmauerwerk *n***/tragendes** *(Konst, TK)* weight--carrying facing masonry
Vorsatzplatte *f* facing tile
Vorsatzschicht *f* facing layer
Vorsatzstein *m* facing block
Vorsatzverfahren *n* facing method
Vorsatzzuschlagstoff *m* facing aggregate
Vorschaltgerät *n (El)* ballast *(für Entladungslampen)*
Vorschaltwiderstand *m (El)* resistor
Vorschein bringen *v***/zum** reveal
Vorschlag *m (VR)* proposal
Vorschlaghammer *m (BWG)* sledge hammer
Vorschlagmeißel *m* slogging chisel
vorschreiben *v* prescribe *(Vertrag, Gesetz)*; specify *(genaue Angaben)*
vorschreibend regulatory
Vorschrift *f* law; rule, regulation *(Bestimmungen, z. B. für Sicherheit)*; standard, specification *(Ausführungsart)*; instruction, direction, order *(Anweisung)* • **Vorschriften setzen** *(Te)* regulate • **Vorschriften strikt durchsetzen** *(VR) (sl)* crack down
Vorschrift *f***/allgemein technische** standard technical specification
Vorschrift *f***/Europäische** European specification
Vorschrift *f***/technische** technical regulation [specification]
Vorschriften *fpl***/bautechnische** legal technical standards [specifications]
Vorschriften *fpl* **des Hochbaues** building regulations
Vorschriften *fpl***/Europäische Technische** European Technical Specifications
Vorschriften *fpl***/zusätzliche technische** supplementary technical specifications
vorschriftengemäß standard
vorschriftengemäß/nicht *(BM, VR)* substandard
Vorschriftenlimit *n (Konst, VR)* specification limit
Vorschriftenliste *f (VR)* conditions of contract
Vorschriftenwerk *n* code, specification(s)
vorschriftsgemäß according to regulations, according to specification, prescribed as, proper
Vorschub *m* crowding *(eines Löffelbaggers)*
Vorschule *f* nursery school
Vorschussleistung *f* advance payment
Vorschweißflansch *m* welding neck flange
vorsehen *v* plan; provide *(vorsorgen)*; intend *(bestimmen)*
vorsehen *v* **für** *(Te)* pitch *(z. B. einen Standort)*
vorsetzen *v* attach
Vorsetzladen *m* take-down shutter
Vorsicht Baustelle roadworks ahead *(Straße)*
Vorsicht Einsturzgefahr danger - building is unsafe
Vorsicht - frisch gestrichen wet paint
Vorsieb *n* prescreen, precondition screen; scalper *(für Grobgestein)*
vorsieben *v* prescreen; scalp *(Gesteinsaufbereitung)*
Vorsiebung *f* prescreening; scalping *(Gesteinsaufbereitung)*
Vorsignal *n (Verk)* advanced signal
Vorsorge *f* provision
Vorsorgepflicht *f (VR)* duty of care *(Arbeitsschutz)*
vorspannen *v* precompress, preload; prestress, pretension, tension *(Spannbeton)*
vorspannen *v***/mit nachträglichem Verbund** posttension
vorspannen *v***/mit sofortigem Verbund** *(Te)* pretension
Vorspannen *n* prestressing, pretensioning *(Spannbeton)*
Vorspannen *n* **auf der Baustelle** *(Te)* on-site prestressing
Vorspannen *n***/elektrothermisches** electro-thermal pre--tensioning, electrothermic tensioning *(Spannbeton)*
Vorspannen *n***/höheres** overstressing *(der Spannglieder)*
Vorspannen *n***/kombiniertes** pre-posttensioning
Vorspannen *n***/mehrstufiges** *(Te)* multistage stressing
Vorspannen *n* **mittels Spannpresse** *(BB, Te)* jack tensioning *(Spannbeton)*
Vorspannen *n* **ohne Verbund** *(Te)* no-bond prestressing
Vorspannen *n***/teilweises** *(BB, Te)* partial prestressing
Vorspannen *n***/thermisches** *(BB, Te)* heat tensioning
Vorspannfolge *f (Te)* tensioning order
Vorspannglied *n (BT, Te)* tensioning tendon
Vorspannkraft *f (Stat)* prestressing force
Vorspannkrafteinbringung *f***/vollständige** final prestress, final prestressing force
Vorspannkraftweg *m* trajectory of prestressing force
Vorspannlitze *f (BT)* stretching cable
Vorspannmethode *f (BB, Te)* stretching method
Vorspannmoment *n (Stat)* prestressing moment
Vorspannpfahl *m (Erdb)* prestressed pile
Vorspannseil *n (BT)* stretching cable
Vorspannsystem *n* prestressing system, stretching system
Vorspannung *f* 1. initial tension *(Baustoff, Bauelement)*; 2. preloading *(durch Lastaufbringen)*; 3. prestress, preliminary stress *(Größe)*; 4. prestressing, tensioning, stressing *(Spannbeton)* • **Vorspannung aufbringen** prestress, tension *(Spannbeton)* • **Vorspannung geben** preload *(durch Lastaufbringen)*; prestress *(Spannbeton)*
Vorspannung *f***/axiale** *(Konst, Stat)* axial prestressing
Vorspannung *f***/fiktive** *(Stat)* imaginary prestressing
Vorspannung *f***/interne** internal prestress
Vorspannung *f***/lineare** *(BB, Te)* linear prestressing
Vorspannung *f* **mit nachträglichem Verbund** bonded post-tensioning, post-tensioning *(Spannbeton)*
Vorspannung *f* **mit sofortigem und nachträglichem Verbund** pre-posttensioning
Vorspannung *f* **mit sofortigem Verbund** pretensioning
Vorspannung *f* **ohne Spannungsverluste** initial stress *(Spannbeton)*
Vorspannung *f* **ohne Verbund** unbonded prestressing
Vorspannung *f***/provisorische** temporary prestressing
Vorspannung *f***/tatsächliche** effective prestress *(Stahlbeton)*
Vorspannung *f***/teilweise** partial tensioning • **mit teilweiser Vorspannung** *(BB, Te)* partially prestressed
Vorspannung *f***/verbundlose** no-bond tensioning
Vorspannung *f***/vollkommene** perfect prestressing, perfect stressing, perfect tensioning, perfect stretching
Vorspannung *f***/wirksame** effective prestress *(Stahlbeton)*
Vorspannungsabfall *m (BB, Te)* loss of prestress *(Spannbeton)*

Vorspannungskabelplan *m (BB)* cable layout drawing
Vorspannungskraftübertragung *f (Stat)* transfer *(Spannbeton)*
Vorspannungsnachlass *m* partial release, partial restrain
Vorspannungssystem *n s.* Vorspannsystem
Vorspannungsverlust *m (BB, Te)* loss of prestress *(Spannbeton)*
Vorspannungsverlust *m* **durch elastische Verformung** elastic loss
Vorspannungsverlust *m* **durch Schwinden** *(Stat)* shrinkage loss
Vorspannungswert *m* prestressing value, tensioning value, stressing value
Vorspannungszone *f* prestressing zone, tensioning zone
Vorspannverfahren *n* prestressing system, tensioning system
Vorspannwert *m* stressing value, stretching value
vorspringen *v* project, protrude *(ein Teil eines Gebäudes)*; overhung, jut out *(Bauelement)*
Vorspringen *n (Konst, SB)* salient junction *(Wand)*
vorspringend projecting, prominent, protruding, jutting; salient, prominent *(Ecke, Kante)*; popping *(Steinkörner aus dem Putz, der Oberfläche; Erhebungen)*
Vorspritzen *n (Verk)* tack coat application *(für Schichtenverbund)*
Vorspritzmittel *n* 1. primer; 2. *(Verk)* bituminous primer
Vorsprung *m* 1. projection, jut, jutty, prominence *(z. B. Gebäudeteil)*; 2. salient junction *(Wand)*; jump in a façade *(Vorderwand)*; 3. nub *(Knoten, Knopf)*; 4. overhang, projection, shoulder *(Überhang, z. B. Bauteil, Bauelement)*; 5. *(Arch)* ancon *(Kragstein, Konsole auch als Zierelement)*; 6. *(Hb)* tenon
Vorsprungkante *f (SB)* sunk draft *(eines eingelegten Steins)*
Vorstadt *f (RP)* outskirts
Vorstadtatmosphäre *f (RP)* suburban atmosphere
Vorstadtballung *f (RP)* megalopolis
Vorstadtbewohner *m* suburban(ite)
Vorstadtentwicklung *f***/strahlenförmige** *(RP)* ribbon development
vorstädtisch suburban
Vorstadtsiedlung *f* suburban housing estate, suburb-agglomeration, *(AE)* cottage suburb
Vorstadtstraße *f (Verk)* suburban road
vorstehen *v* project, jut out, protrude *(z. B. ein Teil eines Gebäudes)*; overhang *(überfallen)*
vorstehend projecting, protruding; overhanging, beetle *(überhängend)*
Vorstellung *f (RP)* notion *(Bebauungskonzeption)*
Vorstellung *f***/ästhetische** *(Arch)* aesthetic concept
Vorstellungsvermögen *n***/räumliches** *(Arch)* spatial ability
Vorstoß *m (Konst, St)* lean strut *(Stahlbau)*
vorstoßen *v* push forward; drive forward *(z. B. Bagger)*
Vorstoßschiene *f (Konst)* protecting iron
vorstrecken *v (Tun)* advance
vorstreichen *v* precoat, prepaint
Vorstreichen *n* **mit wenig Farbe** scumbling
Vorstreichfarbe *f* undercoat
Vorstudie *f* preliminary investigation, preliminary study
Vorstudienarbeit *f (Konst, RP)* preplanning
Vorstufe *f* preliminary stage
Vorteil *m* advantage; benefit *(Nutzen)*
Vortragsraum *m (Konst)* lecture room
Vortragssaal *m* lecture hall
vortreiben *v (Tun)* drive
Vortreiben *n (Tun)* heading, forcing, driving
Vortrieb *m (Tun)* heading, headwork, forcing, drift advance
Vortrieb *m* **der oberen Ortsbrust** *(Tun)* top centre heading
Vortrieb *m***/hydraulischer** *(Tun)* hydraulic feed
Vortriebsfortschritt *m (Tun)* face advance
Vortriebsrohr *n (Erdb, Tun)* jacking pipe
Vortriebsschild *m (Tun)* shield
vortrocknen *v* predry; precure *(eine Klebeverbindung vor dem Zusammendrücken)*
Vortür *f* anteport
vorübergehend transient, temporary
vorumhüllen *v* precoat *(Splitt für Straßenoberflächen)*
Voruntersuchung *f* preliminary investigation, preliminary study, reconnaissance
Vorurteil *n (VR)* bias *(Prüftechnik)*
vorverdichten *v* 1. precompress, precompact; 2. preconsolidate *(durch Eigenlast setzen)*; 3. tablet *(Kunststoffe)*
vorverdichtet precompressed, precompacted; preconsolidated *(durch Eigenlast gesetzt)*
Vorverdichtung *f (Erdb)* initial compaction; preconsolidation *(durch Eigenlast)*
Vorvermessung *f (Verm)* preliminary survey
vorverpacken *v (Te)* prebatch
Vorversuch *m* preliminary test
vorwalzen *v* rough down
Vorwalzen *n* roughing down; blooming *(Materialverformung)*
vorwärmen *v (HLK)* preheat
Vorwärmer *m (HLK)* preheater
Vorwärmung *f* preheating
Vorwärtseinparken *n* drive-in parking
Vorwegweiser *m (Verk)* advance direction sign
Vorwerfen *n* pricking up *(Mörtel)*
Vorwerfmörtel *m (SB)* rendering mortar
Vorwerk *n (Arch)* outer defence, forticale, fortilage, bastide, outwork *(eine Befestigung)*
vorwiegend ultradominant
Vorwurf *m* spatter dash *(Putz)*
Vorwurfputzschicht *f* pricking-up coat
vorzeichnen *v* 1. designate *(Vertrag, Unterlagen)*; 2. delineate, draw for *(Zeichnung, Muster)*
vorzeichnen *v***/Schnitt** mark out *(z. B. bei Verlegearbeiten)*
vorzeitig premature
Vorzimmer *n* 1. anteroom, waiting room, antechamber, vestibule, outer room; 2. *(Arch)* antecabinet *(zu einem Audienzraum)*
vorzüglich superb, excellent; first, first-class *(Baustoffe, Bauteile)*
Vorzugsabmessung *f* preferred dimension
Vorzugsgröße *f* preferred size
Vorzugsmaße *npl (Konst)* preferred dimensions *(Raster- und Einbauelemente)*
Vorzugsprofil *n* preferred section
Vorzugsvariante *f (Konst)* preferred variant *(Entwurf)*
vorzusammengebaut preassembled
Votivstupa *f (Arch)* votive stupa, votive tope
Votivtope *f s.* Votivstupa
Voute *f* tapered haunch, inclined haunch
Voutenbalken *m* haunched beam, inclined haunched beam
Voutendecke *f* arched floor
V-Schnitt *m (Konst)* V-cut
Vulkan *m (Bod)* volcano
Vulkanasche *f* 1. *(BM)* volcanic ash; 2. *(BM, Umw)* cinders; 3. *(BB, BM, DIS)* expanded perlite
Vulkanfiber *f* vulcanized fibre, vulcanized paper, fibre paper
Vulkangebiet *n (Bod)* volcanic area
vulkanisch *(BM)* volcanic
Vulkanisieren *n (BM, Te)* vulcanization *(Gummi)*
Vulkanit *m* igneous rock
Vulkanschlacke *f (BM, DIS)* volcanic slag
Vulkantuff *m* scoria

W

Waage *f* balance, scale(s), weighing scales; lever scales, steelyard *(mit Laufgewicht)*; weighbeam *(Großwaage)*; platform balance *(Tafelwaage)*; weighbridge *(Brückenwaage)*; weigher *(Bindemittelabfüllwaage)* • **in Waage** 1. *(Te)* level; 2. *(Verm)* levelled • **in Waage bringen** *(Te)* level
waagerecht horizontal; straight
Waagerechte *f* horizontal line; horizontal (plane); level
Waagerechtschnitt *m* sectional plan, plan sectional
Waagerechtschweißen *n (St)* horizontal welding
Waagerechtstellung *f* horizontal position
Waagerechtverschiebung *f* horizontal traverse
Wabe *f (BT)* honeycomb
Wabenbauweise *f* honeycomb construction [design], cellular construction
Wabenbildung *f* honeycombing
Wabenblockstein *m* honeycomb block
Wabenbruch *m (BM, BT)* dimple fracture
Wabendämmplatte *f (DIS)* honeycomb insulating board
Wabenelement *n* honeycomb element
wabenförmig honeycomb(ed)
Wabenkassettierung *f (Konst)* honeycomb coffering
Wabenkern *m* honeycomb core *(Verbundkonstruktion)*
Wabenkonstruktion *f* honeycomb structure
Wabenpappe *f* honeycomb paper
Wabenpfeiler *m (Arch)* alette *(römische und klassizistische Baukunst)*
Wabenstruktur *f* honeycomb, honeycomb structure
Wabenträger *m* castellated beam *(Stahlbau)*
Wabenverwitterung *f* honeycomb weathering
Wabenziegel *m* honeycomb brick
Wache *f* guard room
Wachhäuschen *n* guardhouse
Wachraum *m* guard room
Wachs *n (BM)* wax • **mit Wachs einreiben** *(OB, Te)* wax • **mit Wachs tränken** *(OB, Te)* wax *(z. B. Holz, Beton)*
wachsartig *(BM)* waxlike
Wachsemulsion *f* polish emulsion
wachsen *v* 1. grow, expand *(z. B. eine Stadt)*; 2. *(OB, Te)* wax *(mit Wachs einreiben)*; 3. increase, grow *(z. B. Werte)*
Wachsen *n* 1. growth; 2. *(OB, Te)* waxing *(z. B. von Marmor)*
Wachsfarbe *f* turpentine paint; wax dye *(Farbstoff)*
wachsfrei *(BM)* wax-free
Wachsgelb *n* wax-coloured
Wachslösungsmittel *n (BM)* wax solvent
Wachsmalerei *f (Arch)* encaustic painting
Wachsmalkreide *f* crayon
Wachsnachbehandlungsmittel *n (BM)* wax agent
Wachspapier *n* wax(ed) paper
Wachspaste *f (BM)* wax paste
Wachspolierpaste *f (BM)* wax paste
Wachsschicht *f* coat of wax, wax coat
Wachstuch *n* wax cloth, coated cloth
Wachstumsperiode *f (LB)* growing season *(Landschaftsbau)*
Wachstumsrate *f* growth rate
Wachtturm *m* 1. watchtower, watchturret; 2. *(Arch)* barbican, bicoca *(an einem Tor oder einer Brücke)*
Wacke *f (BM)* wacke *(Sedimentgestein)*
Wadi *n* wade, *(AE)* dry river bed *(Trockental)*
wägen *v (BM, BT)* weigh
Wagenablaufberg *m (Verk)* gravity shunting incline, hump *(Rangierbetrieb)*
Wagenbauschraube *f* coach bolt
Wagenbeförderung *f (Erdb)* cartage *(von Erdstoff)*
Wageneinfahrt *f* carriage entrance, carriage gate; porte-cochere *(veraltet)*
Wageneinstellplatz *m* carport
Wagengerüst *n* jumbo
Wagenhalle *f (Arch)* garage
Wagenhebewerk *n (Verk)* waggon lifting appliance *(Eisenbahn)*
Wagenkasten *m* 1. body, box; 2. waggon, *(AE)* wagon *(Eisenbahn)*; *(AE)* freight car
Wagenladung *f* 1. lorry-load, cart load, *(AE)* truckload; 2. waggonload *(Eisenbahn)*; *(AE)* carload
Wagenpark *m* vehicle fleet
Wagenschuppen *m* carriage shed, waggon shed; cart house, coach house *(Remise)*
Wagenspur *f* track; rut *(tief)*
Wagenunterstand *m* carport
Waggon *m* waggon, goods truck, carriage, *(AE)* freight car
Waggonladung *f* waggonload, *(AE)* carload
Wagner-Feinheitsgrad *m (BM)* Wagner fineness *(z. B. für Zement, bestimmt im Wagner-Trübheitsmesser)*
Wagnis *n (VR)* risk
Wägung *f* weighing, weight measurement
Wahl *f* choice *(Auswahl)*; option *(Wahlmöglichkeit)*; alternative *(zwischen Möglichkeiten)*
Wahl *f* **der Baustelle** *(RP)* selection of site
Wahl *f* **des Mischungsverhältnisses** choice of mixture
Wahl *f***/dritte** *(BM)* third quality
Wahl *f***/erste** best quality
Wahl *f***/zweite** *(BM, VR)* second quality
wahlfrei optional
Wahllinie *f (Verm)* random line
wahlweise alternative, at choice
Wahnkante *f (Hb)* wane; bad bevel, rough edge *(bei Nutzholz)*
wahnkantig *(Hb)* waney; rough-edged, unedged *(Nutzholz)*
wahrnehmbar/mit den Sinnen *(Arch)* organoleptic
Wahrnehmung *f (DIS, Konst)* aural impression *(Raumakustik)*
Wahrnehmung *f* **des Feuerausbruches** fire response
Wahrnehmungsproblem *n (Umw)* problem of perception
Wahrnehmungstemperatur *f (HLK)* effective temperature *(meist ungleich der gemessenen)*
Wahrscheinlichkeit *f* probability
Wahrscheinlichkeitsberechnungsverfahren *n (Stat)* probabilistic design method
Wahrscheinlichkeitsstichprobe *f (BM)* probability sample *(Baustoffkontrolle)*
Wahrscheinlichkeitstheorie *f* theory of probability
Waisenhaus *n* orphan home
Wald *m* wood; forest *(groß)*; *(AE)* timber; woodland, wood area *(Waldstück)*
Wald *m***/kleiner** little wood, grove, *(AE)* woodlot *(Landschaftsplanung)*
Wald... wooded ...
Waldbestand *m* forest land, forest stand, forest crop
Waldboden *m* 1. *(Bod)* forest soil; 2. *(Bod, LB)* wooded soil; 3. *(LB)* *(AE)* timber soil
Waldbrand *m (Umw, Verk)* forest fire
Waldfläche *f* wooded area
Waldgebiet *n* weald, woodland area, wood(ed) area
Waldgrenze *f* timberline, treeline; limit of forest growth *(höhenlagemäßig)*
Waldgrundstück *n (Bod, RP)* wooded site
waldig woody, wooded
waldkantig *(Hb)* waney; rough-edged, unedged *(Nutzholz)*
Waldland *n* 1. *(LB, Umw)* forest land; 2. *(Bod, LB, RP, Umw)* woodland
Waldlandschaft *f* woodland landscape, forest landscape
Waldrand *m* edge of the wood, woodside

Waldregion *f (Umw)* forested area
waldreich densely wooded, rich in woodlands
Waldschutzstreifen *m (LB)* forest shelter-belt
Waldstück *n (Bod, LB) (AE)* woodlot *(Landschaftsplanung)*
Waldung *f* woodland, forest, wooded area
Waldweg *m (LB)* woodway
Waldweg *m*/**befestigter** *(LB)* forest road
Waldwiese *f* forest glade
Waldzone *f* forest zone
Walhalla *f (Arch)* Valhalla, Hall of Fame
Wall *m* 1. earth bank, embankment *(Erddamm)*; earth fill(ing) *(Erdaufschüttung)*; 2. *(Arch)* bastion; 3. rampart, bulwark, wall *(Befestigung)* • **durch einen Wall schützen** *(Arch, Konst, Te)* circumvallate • **mit einem Wall umgeben** *(Erdb, Wsb)* bank
Wallfahrtsaltar *m (Arch)* pilgrimage altar
Wallfahrtskirche *f (Arch)* pilgrimage church
Wallgang *m (Arch)* vamure *(vor der Hauptmauer, historischer Festungsbau)*
Wallgewölbe *n (Arch)* casemate
Wallgraben *m (Arch)* moat
Walm *m* hip of a roof, hip gable; slope *(Dach)*
Walm *m*/**ganzer** *(Konst)* whole hip
Walm *m*/**halber** 1. *(Hb, Konst)* half hip; 2. *(Konst)* partial hip *(Dach)*
Walmanfänger *m* hip starting tile, ridge starting tile, starter ridge tile
Walmdach *n* hip roof, hipped roof, Italian roof
Walmdach *n*/**eingeschnittenes** hip and valley roof
Walmdach *n* **mit polygonalem Grundriss** *(Konst)* polygonal roof
Walmdach *n*/**pyramidales** *(Konst)* pavilion roof
Walmfirstlage *f (Hb)* hip capping
Walmgewölbe *n (Arch)* cloister vault *(Kirche)*
Walmgiebel *m* hip gable, *(AE)* clipped gable
Walmkappe *f* hip cap, end ridge tile
Walmkuppel *f (Arch)* polygonal domical vault
Walmmansardendach *n* 1. *(Konst)* knee roof; 2. *(Arch, Konst)* curb roof
Walmneigung *f* hip bevel
Walmschifter *m (Hb)* hip jack (rafter)
Walmschräge *f* hip bevel
Walmsparren *m (Hb)* hip rafter
Walmstein *m*/**gewölbter** cone tile
Walmverzierung *f* hip knob
Walmziegel *m (SB)* hip tile
Walnussbaum *m (BM, LB)* walnut
Walnussholz *n (BM, Hb)* walnut wood
Walz... rolled ...
Walzartikel *m* rolled article
Walzasphalt *m (BM, Verk)* rolled asphalt
Walzbeton *m* rolled concrete, rolled compacted concrete
Walzbetonverfahren *n (BB, Te)* concrete rolling technique
Walzblech *n* rolled plate *(grob)*; rolled sheet, rolled sheet iron *(fein)*
Walzblei *n* lead sheet
Walzdraht *m* wire rod
Walze *f* 1. compaction roller, roll(er), compactor *(Verdichtungswalze)*; 2. drum, cylinder *(Trommel)*
Walze *f*/**statische** static roller
walzen *v* roll; mill *(zerkleinern)*
Walzenauftrag *m* roller-coating application *(Anstriche, Beschichtungen)*
Walzenbrecher *m* milling crusher, roll(ing) crusher *(z. B. zur Splittherstellung)*
Walzenfahrer *m* roller operator
walzenförmig cylindrical
Walzenlager *n (TK)* roller bearing
Walzenlagerstuhl *m (BT, TK)* roll bearing
Walzenschloss *n* roller latch
Walzenschlossrastplatte *f* roller strike
Walzenstein *m* drum
Walzentürschnapper *m (EB)* single-roller catch
Walzenwehr *n (Wsb)* cylinder weir, roller weir, roller dam
Walzenwehr *n*/**fixiertes** *(Wsb)* fixed roller sluice gate
Walzenwehr *n*/**freies** *(Wsb)* free roller sluice gate
Walzenwerk *n* roller mill
Walzenwerksmühle *f* roller mill
Walzenzierkante *f (Arch)* ressaut
Walzenzug *m* roller train
Walzerzeugnis *m* rolled article, rolled product
Walzflansch *m* rolled flange
Walzgegenstand *m* rolled article, rolled product
Walzglas *n* rolled glass
Walzlack *m (OB)* roller-coating finish
Walzlackieren *n (OB, Te)* coil coating
Walzmagerbeton *m* lean rolled concrete, dry-rolled concrete
Walzpinsel *m* roller
Walzprodukt *n* rolled product, milled article
Walzprofil *n (BM, St)* rolled section
Walzspuren *fpl* roller marks
Walzstahl *m* rolled steel, rolled shape
Walzstahlplatte *f (BT)* rolled steel slab
Walzstahlprofil *n* rolled steel section, rolled steel structural section, rolled structural steel
Walzstahlträger *m (BM, St, TK)* rolled steel joist
Walzstahlwinkel *m* rolled-steel angle
walzstreichen *v (OB, Te)* roller-coat
Walzträger *m* 1. *(BT)* rolled girder; 2. *(BT, TK)* rolled beam *(s. a. Walzstahlträger)*
Walzübergang *m* roller pass
Walz-U-Profil *n* rolled U-shaped section, rolled channel
Walzverdichtung *f (Te)* roller compaction *(Boden)*
Walzverfahren *n* rolling process
Walzwerk *n (BWG)* rolling mill
Walzwerkerzeugnis *n* rolling mill product
Walzzunder *m* mill scale, roll scale *(Baustahl)*
Wand *f* 1. *(SB)* wall *(s. a. Mauer)*; 2. partition wall *(Trennwand)*; 3. *(Erdb)* face; 4. side *(eines Gefäßes)*; 5. bank *(Damm, Wall)* • **eine Wand erhöhen** *(SB)* raise a wall • **eine Wand verbinden** dress
Wand *f*/**anlaufende** battered wall, cant wall
Wand *f* **auf der Vorderseite/vorgehängte** *(Konst, OB)* front curtain wall
Wand *f*/**aufgehende** 1. *(SB)* above-grade wall; 2. *(Konst, SB)* surface wall
Wand *f* **aus mehreren Mauersteinbreiten** *(Konst, SB)* multiunit wall
Wand *f*/**durchbrochene** 1. *(Konst, SB)* pierced wall; 2. *(Konst, SB)* pigeon-holed wall
Wand *f*/**einschalige** *(Konst)* one-leaf wall
Wand *f*/**feuergeschützte** *(Konst)* fire partition *(zwei Stunden Feuerwiderstand)*
Wand *f*/**feuerhemmende** fire-retarding wall
Wand *f*/**freitragende** cantilevered wall
Wand *f*/**geflochtene** *(Erdb, LB)* wattle
Wand *f*/**gemauerte** masonry wall
Wand *f*/**geneigte** talus wall
Wand *f*/**geschlossene** blind wall, dead wall
Wand *f*/**halbhohe** dwarf wall
Wand *f*/**inhomogene** *(BT, Konst)* compound wall
Wand *f*/**lasttragende** load-bearing wall
Wand *f*/**massive** *(SB)* solid masonry wall
Wand *f*/**mehrschichtige monolithische** *(Konst, TK)* multiple-layered monolithic wall
Wand *f* **mit Anlauf** *(BB, SB, Wsb)* battered wall
Wand *f* **mit fertigem Putzträger/ungeputzte** naked wall

Wand *f* **mit Makulaturtuch/geputzte** canvas wall
Wand *f* **mit regelmäßigen Öffnungen** *(Konst, SB)* pigeon-holed wall
Wand *f* **mit Strebepfeilern** *(Konst)* wall with buttress
Wand *f* **mit Türen** *(Konst)* wall with doors
Wand *f*/**nach oben verjüngte** battered wall
Wand *f*/**nicht tragende** 1. *(SB)* non-bearing wall; 2. *(BT, Konst)* non-load-bearing wall
Wand *f*/**niedrige** low wall
Wand *f*/**schallabsorbierende** sound-absorbing wall; tormentor *(Kino)*
Wand *f*/**schallschluckende** sound-absorbing wall
Wand *f*/**schubkraftübertragende** shear wall
Wand *f*/**selbsttragende** *(Konst)* self-supporting wall
Wand *f*/**strukturbeladene** *(Arch)* stucco-encrusted wall
Wand *f*/**tapezierte** papered wall
Wand *f*/**tragende** load-bearing wall, load-carrying wall, loaded wall, main wall, bearing wall, structural wall, weight-carrying wall
Wand *f*/**überhängende** overhanging wall
Wand *f*/**ununterbrochene** blank wall
Wand *f*/**unverschalte** *(Konst)* unsheathed wall
Wand *f*/**verankerte** *(Konst)* tied wall
Wand *f*/**verjüngte** *(BB, SB, Wsb)* battered wall
Wand *f*/**versetzbare** *(Konst)* demountable partition
Wand *f*/**vorgehängte** *(Konst, OB)* curtain wall
Wand *f*/**wuchtige** massive wall
Wand *f*/**zweischalige** *(DIS)* cavity wall insulation
Wand... mural ... *(s. a. Mauer...)*
Wandabsatz *m* wall offset
Wandabsteifung *f (Konst, TK)* wall shoring
Wandalkalität *f (OB)* wall alkalinity
Wandanker *m* wall anchor, wall tie, masonry anchor; beam anchor *(Zuganker)*
Wandanker *m*/**schwerer 8-förmiger** butterfly wall tie
Wandanker *m*/**vorgefertigter** prefabricated wall tie
Wandanlauf *m*/**gewölbter** *(Konst)* coved base
Wandanschluss *m (Konst)* wall stop end
Wandanschlussblech *n* flashing sheet, flashing piece; soaker *(Dach)*
Wandanschlussprofil *n* fillet, fillet profile, fillet section, wall junction profile
Wandanstrahlbeleuchtung *f* washing light, *(AE)* wall-washing *(aus kürzestem Abstand)*
Wandanstrahlleuchte *f (El)* wash light
Wandanstrich *m* wall paint
Wandarkade *f (Arch)* blank arcade
Wandarmleuchte *f (El)* sconce *(leuchterartig verziert)*
Wandart *f* wall type
wandartig *(Konst)* mural
Wandauflagebalken *m (Hb)* spur beam
Wandauflagequerholz *n (Hb)* spur beam
Wandauflager *n (BT, Konst)* wall support
Wandauflagereisen *n* wall hanger *(Trägeröffnung)*
Wandauflösung *f (Arch)* wall dissolution
Wandausgussbecken *n* wall-mounted sink
Wandauskleidung *f* wall lining, panel lining *(innen)*; wall surfacing, wall facing *(außen)*
Wandauskragung *f (Konst)* sail-over
Wandaußenecke *f* angle quoin
Wandaussteifung *f* 1. *(Konst)* wall bracing; 2. *(Konst, TK)* wall bracket
Wandbalken *m* 1. *(BT)* wall beam; 2. *(Hb)* nogging piece
Wandbank *f*/**gepolsterte** *(EB)* banquette
Wandbatterie *f (San)* vertical-mounted mixer tap, wall-mounted cock for cold and hot water
Wandbauart *f (Konst)* wall construction type
Wandbaumethode *f (Konst)* wall construction type
Wandbauplatte *f* wallboard; precast wall panel, wall slab *(Beton)*
Wandbauplatte *f* **aus Gips** *(BT, Konst)* gypsum wallboard
Wandbauplatte *f* **mit Holzspandämmlage** *(BT, DIS, SB)* wood-fibre slab *(Putzgrund)*
Wandbaustoff *m (BM)* wall material
Wandbaustoffe *mpl (BM)* walling
Wandbautafel *f* wall panel, concrete wall panel *(Beton)*
Wandbauweise *f (Konst)* wall construction method
Wandbecken *n (San)* wall hung urinal
Wandbefestigung *f* wall fastening
Wandbehang *m* 1. *(Arch)* mural hanging; 2. *(EB)* wall hanging
Wandbehangstoff *m* tapestry, hangings
Wandbekleidung *f* wall covering, wall lining
Wandbekleidung *f*/**untere** dado
Wandbelag *m* wall covering, wall lining, wall finish; wall tiling, vertical tilework *(Naturstein)*
Wandbelagbaustoff *m* wall liner material, wall surfacing material
Wandbelagplatte *f* wall liner board, wall surfacing board, wall tile
Wandbeleuchtung *f (El)* wall lighting
Wandbeplankung *f* 1. *(BT, Konst)* wall siding; 2. *(BT, Te)* siding
Wandbeschichtungsmaterial *n (BM)* siding material
Wandbeschlag *m*/**gefalzter** *(Hb)* rabbeted siding *(Außenwand)*
Wandbeschlag *m* **mit Schutztafeln** panel siding
Wandbespannung *f* wall covering
Wandbetonierung *f* 1. *(Te)* wall concreting; 2. *(BB, Te)* wall pouring
Wandbewurf *m* (wall) finish
Wandbild *n* mural painting, mural
wandbildend wall forming
Wandbogen *m* wall arch
Wandbohrmaschine *f* wall drilling machine
Wandbord *n*/**gefächertes** *(EB)* shelving
Wandbrandmelder *m (El)* wall-mounted fire warning device
Wandbrett *n* 1. *(BT)* wall bracket; 2. *(EB)* wall shelf
Wandbügel *m* wall hanger *(Trägeröffnung)*
Wanddämmung *f (DIS)* insulation of the wall
Wanddampfsperre *f (DIS)* wall vapour barrier
Wanddichtung *f* wall skin *(Kellerwand)*
Wanddicke *f (Konst, SB)* wall thickness
Wanddickenverlust *m (Konst, OB)* corrosion loss *(Rohre)*
Wanddiele *f* wall plank
Wanddienst *m (Konst)* wall-shaft
Wanddose *f (El)* wall box, wall socket
Wanddruck *m* wall pressure
Wanddurchbruch *m (Konst)* wall breakthrough
Wanddurchführung *f* 1. *(Konst)* wall duct; 2. *(El)* wall bushing
Wände *fpl (Konst, SB)* walling
Wandecke *f (Konst)* wall corner
Wandeinbauschrank *m* built-in cupboard, fitted cupboard, built-in wardrobe
Wandeinfluss *m* wall effect
Wandeinsteckholz *n* needle
Wandelement *n* wall(-building) component, wall unit, walling component, masonry panel
Wandelement *n*/**vorgefertigtes** masonry panel
Wandelement *n*/**vorgemauertes** prefabricated masonry panel
Wandelgang *m* 1. covered walk, colonnade, couloir; foyer *(Hotel, Theater)*; lobby *(im Parlament)*; pump room *(in Kurorten)*; 2. *(Arch)* ambulatory *(im Kloster)*; prodomos *(im römischen Haus)*

Wandelgarten *m (LB)* stroll garden
Wandelhalle *f (Arch, Konst)* crush-room *(s. a. Wandelgang)*
wandeln *v* exchange *(austauschen)*
Wanderarbeiter *m* tinker, iterant worker, *(AE)* hobo
Wanderbelastung *f (Stat)* rolling loading
Wanderdüne *f (Bod)* shifting dune
Wanderker *m (Arch)* wall oriel
wandern *v* migrate *(z. B. penetrieren)* • **nach innen wandern** move inwards
Wandern *n (BM)* migration *(z. B. einer Penetrationsmasse)*
Wanderschalung *f (BT, Te)* travelling form(s)
Wanderungsmuster *n* migration pattern *(Raumplanung)*
Wandfarbe *f* wall paint
Wandfestigkeit *f* wall strength
Wandfeuchtigkeit *f (RS, SB)* wall humidity
Wandfeuermelder *m (El)* wall-mounted fire warning device
Wandfläche *f* wall area, wall surface
Wandfläche *f* **einer Hohlwand** leaf
Wandfläche *f***/flache** *(BT)* table
Wandflächen-Fensterflächen-Verhältnis *n* void-solid ratio
Wandflächenwirkung *f* wall interaction
Wandfliese *f* wall tile *(Fliesenbelag)*
Wandfliese *f***/weiße** *(BM)* white wall tile
Wandfliesenbelag *m* wall tilework, wall tiling
Wandfliesung *f* wall tiling, vertical tiling
Wandfreske *f (Arch)* wall fresco
Wandfuge *f (Konst)* wall joint
Wandfüllmasse *f* wall stopper
Wandfundament *n* wall footing
Wandgang *m (Arch)* wall passage *(Sakralbauten)*
Wandgehege *n (LB)* wall enclosure
Wandgemälde *n* mural painting, wall painting
Wandgemäldeentwurf *m* cartoon *(z. B. auf Papier)*
Wandgestell *n (BT)* console
Wandgewicht *n* wall weight
Wandgitterrahmen *m* **für eine Wandverkleidung** *(Konst)* wall furring
Wandglasbauelement *n* glass wall unit
Wandgliederheizkörper *m (HLK)* wall radiator
Wandgliederung *f (Konst)* wall composition
wandgroß wall-sized
Wandhaken *m* wall hook, wall iron
Wandhalterahmen *m* **für eine Tür** door buck
Wandhalterung *f (Konst)* wall holdfast
Wandhalterungseisen *n* wall iron
Wandhandlauf *m* wall handrail, wall rail *(Treppe)*
Wandhaut *f* wall skin
Wandheizkörper *m (HLK)* wall-mounted radiator
Wandheizofen *m***/eingebauter** wall furnace, wall stove
Wandheizung *f (HLK)* wall heating
Wandhöhe *f***/freie** wall height
Wandhöhe *f***/in** flush with the wall
Wandhöhe *f***/lichte** wall height
Wandhohlraum *m (Konst)* wall cavity
Wandhohltafel *f* hollow wall panel
Wandhydrant *m (WVA)* wall hydrant
Wandhydrantanlagen *fpl (Konst, WVA)* fire hose systems (wall installation) *(DIN 14462)*
Wandinnenseite *f* interior wall surface
Wandisolierung *f (veraltet) s.* Wärmedämmung
Wandkante *f* wall corner, wall edge
Wandkante *f***/scharfe** *(Konst)* pigeonhole corner
Wandkantenschutz *m* wall corner guard
Wandkarte *f* wall map
Wandkies *m* pit(-run) gravel, bank gravel, natural coarse aggregate, as-raised gravel, quarry gravel, run-of-bank gravel; all-in gravel *(unklassiert)*
Wandklammer *f* wall clamp, wall tie, masonry tie *(zwischen zwei Mauern oder Hohlmauern)*
Wandklappbett *n (EB)* wall bed
Wandklappe *f (HLK)* ventilation wall damper *(zur Lüftung)*
Wandkonsole *f (BT)* wall bracket
Wandkonsole *f***/kleine** wall iron
Wandkonstruktion *f (Konst)* wall system
Wandkonstruktionssystem *n (Konst)* wall system
Wandkopfabdichtung *f (DIS, San)* tile creasing
Wandlager *n* bracket pedestal; wall hanger *(Trägeröffnung)*
Wandlampe *f s.* Wandleuchte
Wandlampenarm *m (El)* wall bracket
Wandlängsbalken *m (Hb)* plate
Wandleichtbauplatte *f* wallboard
Wandleinenkleben *n (Arch, Te)* marouflage
Wandler *m (El)* transformer
Wandlerrohr *n (El)* wall conduit
Wandleuchte *f* wall lighting fitting, wall lamp
Wandloch *n* eyelet
wandlos *(Konst)* wall-less
Wandlüfter *m (HLK)* wall fan
Wandlufterhitzer *m* wall-mounted fan heater
Wandlung *f* exchange
Wandmalerei *f* mural painting, wall painting
Wandmalerei *f* **auf feuchtem Putz** *(Arch)* fresco painting
Wandmasse *f* wall weight
Wandmaßwerk *n (Arch)* wall tracery
Wandmindeststärke *f* minimum wall thickness
Wandmontage *f* wall erection, wall mounting
wandmontiert *(BT)* wall-mounted
Wandmuster *n (Arch)* wall pattern
Wandneigung *f (Konst)* talus
Wandnische *f (Konst)* wall niche
Wandoberfläche *f* wall surface, wall finish
Wandoberfläche *f* **mit eingedrückten Kieselsteinen** *(Konst, SB)* pebble wall
Wandofen *m***/eingebauter** wall furnace, wall stove
Wandornament *n (Arch)* wall decorative fixture
wandparallel *(Konst)* outbond
Wandpfeiler *m* 1. wall pier, attached pier, wall pillar, blind pier; 2. *(Arch)* pilaster
Wandpfeiler *m***/anlaufender** *(Konst)* pilaster strip
Wandpfeiler *m***/einfacher eingebundener** pilaster mass
Wandpfeiler *m***/eingebundener** pilaster mass
Wandpfeiler *m* **nahe der Ecke** *(Konst)* set-back buttress
Wandpfeileranordnung *f* **im Dachgeschoss** attic order
Wandpfeilerfassade *f* pilastered façade
Wandpfeilergruppe *f* grouped pilasters
Wandpfeilerseitenfläche *f* pilaster side
Wandpfeilersichtfläche *f* pilaster face
Wandplatte *f* wall plate, pan; wall tile, furring tile *(Fliesenbelag)*; room-sized (wall) panel *(raumgroß)*; wall panel *(als Wandbelag)*
Wandplatte *f***/horizontale** horizontal wall slab
Wandplatte *f* **zwischen Geschossfenstern** *(Arch)* spandrel
Wandplattenbelag *m* hung tiling, wall tilework, wall tiling
Wandplattenform *f* pan mould, panel mould
Wandplattenverklebung *f* wall tile fixing by adhesive
Wandplattenverkleidung *f* tile hanging
Wandplattenverlegen *n* **im Dünnbettverfahren** wall tile fixing by adhesive
Wandputz *m (SB)* wall plaster
Wandputzmasse *f* 1. *(BM, SB)* wall plaster; 2. *(BM)* wall stuff
Wandputzmörtel *m (BM)* wall stuff
Wandputzstoff *m (BM, SB)* wall plaster
Wandquerschnitt *m* wall cross section
Wandradiator *m (HLK)* wall radiator

W

Wandregal *n (EB)* wall shelf
Wandregal n/schmales *(EB)* sunk shelf *(eingebaut)*
Wandreibung *f (Stat)* wall friction
Wandrelief *n (Arch)* wall relief
Wandriegel *m* bay rail
Wandrille *f* wall chase *(für Rohrleitungen an und in Wänden)*
Wandrippe *f (Konst)* wall rib *(Gewölberippenende)*
Wandriss *m* wall crack
Wandrückstrahlgrad *m (DIS, HLK)* wall reflection factor
Wandrute *f (BT)* sleeper
Wandsafe *m (EB)* wall safe
Wandsäule *f* wall column, applied column, half column, semicolumn
Wandschale *f* leaf, layer, tier, withe, wythe *(Hohlwand)*
Wandschalter *m (El)* wallmounted switch
Wandschalung *f* wall shuttering, wall form, formwork for walls
Wandschalungsabstandhalter *m* wall spacer
Wandschalungsbretter *npl (Hb)* sidings *(Außenwandverkleidung)*
Wandscheibe *f* shear wall, crosswall
Wandscheibe f/ziegeltexturierte textured brick slab
Wandschiefer *m* wall slate
Wandschiefereindeckung *f* hung slating
Wandschieferverkleidung *f s.* Wandschiefereindeckung
Wandschindel *f* wall shingle, siding shingle *(für Außenwände)*
Wandschindelverkleidung *f* hanging shingling
Wandschirm m/gefalzter *(Hb)* shiplap siding
Wandschirm *m* **mit Tafelplatten** panel siding *(als Außenwandbelag)*
Wandschlitz *m* wall slot, wall channel
Wandschmuck *m (Arch)* wall enrichment, wall decoration
Wandschmuckelement *n (Arch)* wall decorative fixture
Wandschrank *m* wall cupboard, built-in cupboard, cabinet, *(AE)* closet, *(AE)* upright closet
Wandschubspannung *f (Bod)* wall shearing stress
Wandsockelleiste *f* dado moulding, *(AE)* dado molding
Wandsockelleiste f/obere dado capping
Wandspachtelmasse *f* wall stopper
Wandspannfaserstoff *m* tissue paper for walls
Wandspannstoff *m* tissue paper for walls
Wandsperrung *f (DIS)* wall insulation *(gegen Feuchtigkeit)*
Wandstabilität *f (Stat)* wall stability
Wandstandsicherheit *f (Stat)* wall stability
Wandstärke *f (Konst, SB)* wall thickness
Wandsteckdose *f (El)* wall outlet (box), wall socket
Wandsteife *f (Konst)* straight jacket
Wandstein *m* wall-building block, wall-building tile
Wandstein m/verzahnter *(SB)* tusk
Wandstiel *m (BT)* vertical wall member *(Stahlbau)*
Wandstoßleiste *f* chair rail *(in Stuhllehnenhöhe)*
Wandstrahlungsheizung *f (HLK)* wall-panel heating
Wandstrebe *f (BT)* wall strut
Wandstrebe f/temporäre flying shore, horizontal shore
Wandstuck *m (Arch)* wall stucco
Wandstütze *f* wall column, wall support, wall bracket
Wandstützen *fpl* quartering *(Fachwerk)*
Wandsystem *n (Konst)* walling
Wandtafel *f* 1. concrete wall panel, prefabricated concrete wall panel, wall panel *(Beton)*; 2. blackboard *(Schreibtafel)*
Wandtafelbaumethode *f* wall-panel (construction) system
Wandtäfelung *f* wall panel, wainscot; panelling, wainscotting *(Tätigkeit)*
Wandtäfelung f/untere *(Hb)* wainscot
Wandtempel *m (Arch)* templum in antis
Wandträger *m (BT)* wall bearer
Wandtrockner *m (BWG, Te)* wall dryer *(Baustellentrockner)*
Wandtürpuffer *m* wall-mounted door stop
Wandung *f (Konst, SB)* wall
Wandunterbrechung f/vertikale *(Konst)* pan *(Fachwerk)*
Wandurinal *n (San)* wall hung urinal
Wandverankerung *f* wall anchorage, wall tying
Wandverbindung *f* blocking
Wandverblendung *f (Konst)* veneer wall
Wandverbundwirkung *f (Konst, Stat)* wall interaction
Wandverdrahtung *f (El)* wall wiring
Wandverfliesung *f* vertical tiling
Wandverformung *f* wall deformation
Wandverglasung *f (Konst)* wall glazing
Wandverjüngung f/verzierte *(Arch)* allège *(z. B. unter einem Fenster)*
Wandverkleidung *f* 1. wall covering, wall cladding, wall facing, wall lining, wall surfacing; 2. *(EB, Hb, Konst)* panelling; 3. *(Konst)* veneer wall *(Täfelung)*; 4. *(HLK)* mantle *(an einem Kamin)*
Wandverkleidung f/schalldämmende acoustic lining
Wandverkleidungsbaustoff *m s.* Wandverkleidungsmaterial
Wandverkleidungsmaterial *n* wall facing material, wall liner material, wall surfacing material
Wandverkleidungsplatte *f* wall liner board, wall surfacing board, wall tile
Wandverkleidungsrahmenwerk *n (Konst)* wall furring
Wandverschalung *f (BT, Konst)* wall sheathing *(Außenwandverkleidung)*
Wandverschalung f/gefalzte rebated siding *(Außenwandverkleidung)*
Wandversetzung *f* skew notch on wall
Wandversteifung *f (Konst)* wall bracing
Wandversteifungspfosten *m (Konst)* straight jacket
Wandvertiefung *f* wall recess
Wandverzierung *f (Arch)* wall decoration, wall enrichment, wall ornamentation
Wandwange *f (BT, Hb)* wall string
Wandwirkung *f* wall interaction
Wandzierlampe *f (Arch, El)* wall scone
Wange *f* 1. *(BM)* abutment side wall *(eines Widerlagers)*; 2. cheek *(z. B. einer Gaupe)*; 3. side piece, side plate, string, stringboard *(einer Treppe)*
Wange *f* **einer Dachgaupe** dormer cheek
Wange *f* **eines Wehres** *(Wsb)* weir abutment
Wange *f* **mit eingestemmten Stufen** close string, housed string
Wangenmauer *f* 1. *(Konst)* side wall *(Schenkelmauer)*; 2. *(SB)* staircase wall
Wangenmauer f/abgetreppte stepped side wall
Wangenmauer f/trapezförmige *(Konst)* trapezoidal side wall
Wangenmauer f/unterschnittene *(Konst)* overhanging side wall
Wangenrahmen *m (BT, Hb)* string frame
Wangenschmiege *f (Hb)* bevelling cut
Wangentreppe *f (Konst)* string staircase
wanken *v* nutate
Wanne *f* 1. bath, bathtub; 2. depression, low point *(Tiefbau)*; 3. tank(ing) *(eines Bauwerkes zur Grundwassersperrung)*; 4. *(Konst)* sag; 5. *(Verk)* sag vertical curve; 6. *(Erdb)* sump pan *(für Sickerwasser)*; 7. *(BT, Konst)* trough *(Trog)*
Wannenausrundung *f (Verk)* sag curve, sag vertical curve, vertical curvature *(Straßentrasse)*
Wannendichtung *f (DIS)* tanking
wannenförmig *(Konst)* troughlike
Wannengriff *m* grab bar
Wannengründung *f (Erdb)* tanking
Wannenradius *m (Verk)* vertical curvature *(Trasse)*
Wannenübergangsausrundung *f (Verk)* sag transition curve

Wappenlilie *f (Arch)* fleur-de-lis *(bourbonisch)*
Wappenschild *n* escutcheon
Ware *f* ware; article
Ware f/unsortierte *(BM, BT)* run
Waren *fpl* goods, products
Warenaufzug *m* goods hoist, goods lift, *(AE)* goods elevator
Wareneingangstür *f* service door
Warenhaus *n* department store, departmental store, stores *(Kaufhaus)*
Warenkredit *m (VR)* commercial loan
Warenlager *n* warehouse; magazine *(z. B. für Werkzeuge)*
Warenrechnung *f* invoice
Warenzeichen *n (VR)* trademark
Warenzeichen *n*/**eingetragenes** registered certification, registered certification trade mark
warm warm; thermal • **warm werden** *(HLK, Te)* heat
Warmbad *n* 1. thermal baths; 2. *(Arch)* caldarium, thermae *(öffentliches Bad im antiken Griechenland und Rom)*
warmbehandelbar heat-treatable
warmbehandeln *v* heat-treat
Warmbehandlung *f (BB, BM, Te)* heat treatment
Warmbeton *m (BB, Te)* warm concrete
Warmbiegeversuch *m (BM, St)* hot-bending test
Warmbrüchigkeit *f* hot brittleness, hot shortness
Warmdach *n (DIS, Konst)* non-ventilated flat roof
Wärme *f* heat *(Energieform)*; warmth, warmness *(z. B. von Räumen)* • **Wärme abstrahlen** *(HLK)* emit heat *(Strahlungsheizung)*
Wärme f/fühlbare perceptible heat, sensible heat
Wärme f/gebundene *(BM, HLK)* latent heat
Wärme f/gespeicherte *(HLK)* retained heat
Wärme f/latente *(BM, HLK)* latent heat
Wärme f/rückgewonnene *(HLK)* recovered heat
Wärme f/spezifische specific heat
Wärme f/strahlende *(HLK)* radiating heat
Wärme... thermal ...
Wärmeabfluss *m* heat transmission
Wärmeabgabe *f* heat emission, heat output, heat release, thermal emission, thermal output
Wärmeabgabe f/maximale entworfene estimated maximum heat load *(eines Heizungssystems)*
Wärmeabgabevermögen *n* emissivity, thermal emissivity
Wärmeableiter *m* heat conductor, heat sink
Wärmeabsorption *f (BM, HLK)* heat absorption
Wärmeabstrahlfläche f/vergrößerte *(HLK)* extended surface
Wärmeabstrahlung *f* heat emission
Wärmeabstrahlvermögen *n* heat emissivity
Wärmeaufladungszeit *f* heating-up period *(Speicherheizgeräte)*
Wärmeaufnahme *f (BM, HLK)* heat absorption
Wärmeausbreitungsvermögen *n* thermal diffusivity
Wärmeausdehnung *f* heat expansion, thermal expansion, thermal extension
Wärmeausdehnung f/lineare *(BM, BT)* linear thermal expansion
Wärmeausdehnungskoeffizient *m (BM, BT, Konst)* coefficient of thermal expansion
Wärmeausdehnungskoeffizient *m*/**linearer** coefficient of linear expansion
Wärmeausdehnungskoeffizient *m*/**spezifischer** *(BM)* thermal expansion coefficient
Wärmeausdehnungszahl *f (BM)* thermal expansion coefficient
Wärmeausnutzung *f (HLK)* heat efficiency
Wärmeausstrahlung *f* heat radiation
Wärmeausstrahlungsvermögen *n* heat emissivity
Wärmeaustausch *m* 1. *(DIS, HLK)* heat exchange; 2. *(HLK)* interchange of heat
Wärmeaustauscher *m* heat exchanger
Wärmeaustauschfläche *f (HLK)* heat transfer area
Wärmeaustritt *m* egress of heat
Wärmebeanspruchung *f* 1. *(BM, BT)* heat load; 2. *(BM, TK)* temperature stress
Wärmebedarf *m* heat requirement, calorific requirement, heat demand
Wärmebedarfsberechnung *f* heat requirement calculation
Wärmebedarfsrechnung *f* heat requirement calculation
wärmebeeinflusst heat-affected
wärmebehandelbar heat-treatable
wärmebehandeln *v* heat-treat
wärmebehandelt heat-treated
Wärmebehandlung *f* heat treatment; steam curing *(Beton)*; baking *(z. B. Holz)*
Wärmebeiwert *m* temperature coefficient
Wärmebelastung *f* 1. *(BM, BT)* heat load; 2. *(BM, TK)* thermal load
Wärmebelastungsrechnung *f* heat load calculation
Wärmeberechnung *f (HLK)* estimated design load *(eines Heizungssystems)*
wärmebeständig heatproof, heat-resistant, resistant to heat, thermoresistant
Wärmebeständigkeit *f* resistance to heat, heat fastness, heat-proofness, heat resistance, heat stability, thermal resistivity, thermal stability
Wärmebewegung *f (HLK)* heat movement
Wärmebilanz *f (HLK)* heat balance
Wärmebindung *f (BM, HLK)* heat absorption
Wärmebrücke *f* heat bridge, thermal bridge, heat build-up, heat leak *(Außenwand)*
Wärmebrücken *fpl* thermal bridges in building construction *(EN ISO 14683)*
Wärmedämmbeton *m* 1. *(BM, DIS)* heat-insulating concrete; 2. *(BB, DIS)* insulating concrete
Wärmedämmeigenschaft *f* 1. *(BM, DIS)* heat-insulating property; 2. *(DIS)* heat-insulating power
Wärmedämmelemente *npl*/**rohrförmige** roll insulation
wärmedämmend *(DIS)* heat-insulating
Wärmedämmfähigkeit *f (DIS)* heat-insulating power
Wärmedämmforderung *f (DIS)* heat insulation requirement
Wärmedämmkapazität *f (DIS)* heat-insulating capacity
Wärmedämmlage *f (BT, DIS)* heat-insulating course
Wärmedämmmasse *f (BM, DIS)* heat insulation compound
Wärmedämmmaterial *n*/**organisches** *(DIS)* organic heat insulating material
Wärmedämmmatte *f* heat insulating blanket, thermal blanket, *(AE)* batt, heat insulation batt
Wärmedämmplatte *f* 1. *(BT, DIS)* heat-insulating board; 2. *(BT, DIS)* thermal insulation board; 3. *(DIS) (AE)* block insulation
Wärmedämmprüfung *f (DIS)* heat insulation test
Wärmedämmrollen *fpl* roll insulation
Wärmedämmschicht *f* 1. *(BT, DIS)* heat-insulating course; 2. *(Verk)* frost layer
Wärmedämmschüttung f/lose *(DIS)* granular-fill insulation *(z. B. Schaumstoffflocken)*
Wärmedämmstoff *m (EN 13162, EN 13164, EN 13166)* heat-insulating material, thermal insulation material [product], non-conducting material
Wärmedämmstoff *m*, **für Gebäude** *s.* Wärmedämmstoff
Wärmedämmstoff *m*/**organischer** *(DIS)* organic heat insulating material
Wärmedämmstoffe *mpl* **für Haustechnik** *(EN 14707)* thermal insulating products for building equipment
Wärmedämmstoffhalterung *f* deck clip
Wärmedämmtafel *f (BT, DIS)* thermal insulation board

Wärmedämmtapete *f (DIS, EB)* heat-insulating hanging
Wärmedämmung *f (DIS)* heat insulation • **mit Wärmedämmung** *(DIS)* heat-insulated
Wärmedämmung *f*/**gefütterte** *(DIS)* quilt insulation
Wärmedämmung *f* **von Montagehohlräumen** *(DIS)* fill insulation
Wärmedämmungsarbeiten *fpl (DIS, Te)* heat insulation work
Wärmedämmvermögen *n (DIS)* heat-insulating capacity
Wärmedämmwert *m (DIS)* heat insulation value
Wärmedämmwirkung *f (DIS)* heat insulation efficiency
Wärmedehnfuge *f* thermal expansion joint
Wärmedehnung *f* heat expansion, thermal expansion, thermal extension, thermal strain
Wärmedehnungsfuge *f* thermal expansion joint; hiatus *(Ofen)*
Wärmedehnungsriss *m* thermal expansion crack
Wärmedehnungszahl *f (BM, BT, Konst)* coefficient of thermal expansion
Wärmedurchgang *m* heat transmission, penetration of heat, transition of heat
Wärmedurchgangsdämmschicht *f* thermal barrier, thermal break
Wärmedurchgangskoeffizient *m* heat transition coefficient *(EN ISO 14683)*
Wärmedurchgangswiderstand *m* resistance to heat transmission, thermal resistance
Wärmedurchgangszahl *f* overall coefficient of heat transfer, overall heat-transfer coefficient, air-to-air heat, transmission coefficient, coefficient of thermal transmission, heat-transmission coefficient, thermal conductance, thermal transmittance; U-value, K-value *(Wärmeleitfähigkeit)*
wärmedurchlässig transparent to heat, diathermanous
Wärmedurchlässigkeit *f* heat transmissibility, thermal transmissibility, diathermancy
Wärmedurchlässigkeitszahl *f (BM, DIS)* thermal transmission factor
Wärmedurchlasskoeffizient *m s.* Wärmedurchgangszahl
Wärmeeinfluss *m* heat influence
Wärmeeinheit *f* heat unit, thermal unit *(z. B. Kilowatt, Joule)*
Wärmeeinsparung *f (Umw)* thermal saving
Wärmeeinspeisung *f* 1. *(BB, HLK, Te)* heat input; 2. *(HLK)* heat supply
Wärmeeinstrahlung *f (HLK)* absorption of heat radiations
wärmeempfindlich heat-sensitive, sensitive to heat, thermosensitive
Wärmeenergie *f* heat energy
Wärmeentwicklung *f* generation of heat, evolution of heat, heat build-up
Wärmeermüdung *f (BM, TK)* thermal fatigue
Wärmeerzeuger *m (HLK)* heat generating device
wärmefest heat-resistant
Wärmefestigkeit *f (BM, BT)* heat fastness
Wärmefluss *m (HLK)* heat flow
Wärmefluss *m*/**spezifischer** 1. *(BM, HLK)* thermal transmittance; 2. *(BM, DIS)* U-value
Wärmeflussrichtung *f* heat flow
Wärmefühler *m* heat detector
wärmegedämmt *(DIS)* heat-insulated
Wärmegefälle *n* heat gradient, temperature drop
wärmegeschützt *(DIS)* heat-insulated
Wärmegradiente *f* heat gradient
Wärmehaltung *f (HLK)* heat retention
wärmehärtbar thermosetting
Wärmehaushalt *m (HLK)* heat balance
Wärmeisolation *f*, **Wärmeisolierung** *f (veraltet) s.* Wärmedämmung
Wärmekapazität *f (BM, HLK)* thermal capacity
Wärmekapazität *f*/**spezifische** *(BM)* specific heat capacity
Wärmekartierung *f (Te, Verk)* thermal mapping
Wärmeklasse *f* thermal class
Wärmekonvektion *f (HLK)* thermal convection
Wärmekraftwerk *n (BWG, HLK)* thermal power station
Wärmeleistung *f* heat output, thermal output, thermal performance
Wärmeleistung *f*/**abgegebene** heat output
Wärmeleiter *m* heat conductor, thermal conductor
Wärmeleitfähigkeit *f* heat conductivity, thermal conductivity
Wärmeleitfähigkeit *f*/**spezifische** *(BM)* specific thermal conductivity
Wärmeleitung *f* transmission of heat, flow of heat, heat conduction, thermal conduction
Wärmeleitvermögen *n* heat conductivity, thermal conductivity
Wärmeleitwert *m (BM)* thermal conductance
Wärmeleitzahl *f* thermal transmittance coefficient
Wärmemenge *f* 1. *(HLK)* amount of heat; 2. *(BB, HLK, Te)* heat content
Wärmemengenmesser *m (HLK)* heat balancer
Wärmemengenmessung *f (HLK)* calorimetry
Wärmemengenmessungen *fpl* measurements of heat capacities
Wärmemessgerät *n (BM, HLK, Te)* calorimeter
Wärmemitführung *f (HLK)* thermal convection
Wärmepolymerisation *f* 1. *(BM)* heat polymerisation; 2. *(Te)* thermal polymerisation
Wärmepumpe *f (HLK)* heat pump
Wärmequantum *n (HLK)* quantity of heat
Wärmequelle *f* heat source, source of heat
wärmereflektierend heat-reflecting
Wärmeregler *m* thermostat, temperature controller, temperature-sensing device, temperature-sensing element
Wärmeriss *m (BM) (AE)* cold check *(Holz)*
Wärmerückgewinnung *f* heat recovery, reclamation of heat
Wärmerückgewinnungsanlage *f (HLK)* heat reclamation system
wärmerückstrahlend heat-reflecting
Wärmeschrank *m* hot cupboard
Wärmeschutz *m* thermal protection, heat protection, thermal insulation, heat insulation
Wärmeschutzband *n (BM, DIS)* tape covering
Wärmeschutzglas *n* heat protection glass, heat-absorbing glass, insulating glass
Wärmeschutzmittel *n (BM, DIS)* heat-insulating material
Wärmeschutzprüfung *f (DIS)* heat insulation test
Wärmeschutzverkleidung *f (DIS)* lagging *(für Rohrleitungen)*
Wärmeschutzvermögen *n (DIS)* heat-insulating capacity
Wärmeschutzverordnung *f (VR)* thermal insulation regulation
Wärmeschutzwert *m (DIS)* thermal insulation value
Wärmespannung *f* heat stress, temperature stress, thermal stress
Wärmespannungsbewehrung *f* temperature reinforcement, temperature steel
Wärmespannungsbewehrungsstab *m (BT, Te)* temperature stress rod
wärmesparend heat-saving, heat economising
Wärmespeicher *m* heat accumulator
Wärmespeicherung *f (HLK)* heat storage
Wärmespeicherungsvermögen *n* 1. *(BM)* heat storage capacity; 2. *(DIS)* capacity insulation *(z. B. eines Mauerwerks)*
Wärmesperre *f* heat barrier, thermal barrier, thermal break

Wärmestabilität *f (BM)* thermal stability
Wärmestoß *m (HLK)* heat shock
Wärmestoßbeanspruchung *f* thermal shock
Wärmestoßspannung *f* thermal shock
Wärmestrahler *m* heat radiator
Wärmestrahlung *f* heat radiation, heat radiance, temperature radiation, thermal radiation
Wärmestrom *m (HLK)* flow of heat
Wärmeströmung *f* heat flow, heat convection
Wärmestube *f (Konst)* warming-house
Wärmetauscher *m* heat exchanger
Wärmetechnik *f* heat engineering, thermodynamics
Wärmetechnik *f* **und Verhalten** *n* **von Bauteilen** thermal performance of building components *(EN ISO 13786 - 13788)*
Wärmetechnik *f* **und Verhalten** *n* **von Gebäuden** thermodynamic behaviour of buildings *(EN ISO 15927)*
wärmetechnisch thermodynamic, thermal
Wärmeträger *m* heat carrier, heat-exchanging medium, heat transfer medium, coolant
Wärmeträgermedium *n* heat carrier
Wärmetransport *m* heat transmission
Wärmetransportbehältnis *n (BT)* thermal container
Wärmetrocknung *f* flash drying *(Anstriche)*
Wärmeübergang *m* 1. *(DIS)* thermal transfer; 2. *(DIS, HLK)* transmission of heat
Wärmeübergangswiderstand *m* heat transmission resistance, heat resistance
Wärmeübergangszahl *f* heat-transfer coefficient, heat--transmission coefficient, U-value; air-to-air heat-transmission coefficient *(einer Mauer)*
Wärmeüberschuss *m* excess heat, excess of heat
Wärmeübertrager *m* heat exchanger
Wärmeübertragung *f* heat transference, heat transmission, heat conduction, heat exchange, convection, transmission of heat, heat transferral
Wärmeübertragung *f***/konvektive** *(HLK)* thermal convection
Wärmeübertragungsturm *m (BWG, HLK, Konst)* HE--tower
Wärmeübertragungszahl *f* 1. *(BM, DIS, HLK)* coefficient of heat transfer; 2. *(BM, BT, DIS)* coefficient of thermal transmission
Wärmeumlauf *m (HLK)* heat circulation
wärmeunbeständig 1. *(BM)* thermolabile; 2. *(BM, OB)* athermanous
Wärme- und Kältetechnik *f (HLK)* heating and refrigerating engineering
wärmeundurchlässig diathermal
Wärmeundurchlässigkeit *f (DIS)* air-to-air resistance *(einer Wand)*
Wärmeunterschied *m* difference in temperature, heat gradient
Wärmeverbraucher *m* heat emitting apparatus
Wärmeverbrauchsstelle *f* heat emitting apparatus
Wärmeverformung *f* deformation under heat, thermal deformation *(Baustoffe, Bauelemente)*
Wärmeverhalten *n* behaviour under heat
Wärmeverlust *m* loss of heat, heat loss, thermal loss
Wärmeverlust *m* **in Leitungen** piping heat loss *(Heizung)*
Wärmeverlustberechnung *f* 1. *(DIS)* calculation of heat loss; 2. *(DIS, HLK)* computation of heat loss
Wärmeversorgung *f (HLK)* heat supply
Wärmeverteilung *f* distribution of heat, heat distribution
Wärmevorregelung *f (HLK)* heat pre-control
Wärmewiderstand *m* thermal resistance, heat fastness; air-to-air resistance *(einer Wand)*
Wärmewiderstandsfähigkeit *f* thermal resistivity
Wärmewiedergewinnung *f* heat recovery
Wärmewirkung *f* heat effect, calorific effect
Wärmewirkungsgrad *m (HLK)* heat efficiency
Wärmezähler *m (HLK)* heat meter
Wärmezirkulation *f (HLK)* thermal circulation
Wärmezufuhr *f* 1. *(BB, HLK, Te)* heat input; 2. *(HLK)* heat supply
Wärmezustand *m (BM, HLK)* heat temperature
Wärmezuwachs *m* heat gain
Wärmezuwächse *mpl***/unerwünschte** unwanted heat gains
Warmfestigkeit *f* hot strength, high-temperature strength
Warmformgebung *f* hot forming, hot working
Warmfräsen *n* flame scouring *(Oberflächen)*
warmgenietet *(St)* hot-riveted
warmgewalzt hot-rolled
Warmhärte *f* hot hardness
Warmleim *m* hot glue, warm glue
Warmluft *f* hot air, warm air, warmed air
Warmluft... warm-air ...
Warmluftaustritt(s)öffnung *f (HLK)* warm-air outlet
Warmlufterzeuger *m* air heater, warm-air generator
Warmluftheizung *f* warm-air heating system, perimeter heating system
Warmluftheizung *f* **mit tiefliegendem Luftaustritt** *(AE)* Hi-boy
Warmluftheizung *f* **mit unterem Luftaustritt** *(AE)* Hi-boy
Warmluftheizungsanlage *f* warm-air heating installation, warm-air heating system
Warmluftkanal *m* warm-air duct, warm-air rising duct
Warmluftleistung *f (HLK)* heated air output
Warmluftofen *m (HLK)* warm-air furnace
Warmluftregler *m (HLK)* warm-air register
Warmluftschacht *m (HLK)* stack, warm-air rising duct
Warmluftschacht *m***/senkrechter** *(HLK)* warm-air stack
Warmluftschleier *m (HLK)* warm-air curtain
Warmluftsteigkanal *m* warm-air rising duct
Warmluftumlaufheizung *f* perimeter heating system
Warmluftumlaufofen *m* forced-air furnace
Warmluftumwälzung *f (HLK)* warm-air circulation
Warmluftverteilung *f (HLK)* warm-air distribution
Warmluftvorhang *m (HLK)* warm-air curtain
Warmluftzwangsumlauf *m (HLK)* forced-air circulation
Warmluftzwangsumlaufofen *m* forced-air furnace
Warmmiete *f (VR)* rent inclusive of heating (charges)
Warmnieten *n (St)* hot riveting
warmpressen *v* hot-press
warmrecken *v* hot-strain *(Metall)*
Warmrissbildung *f* hot cracking
Warmumformung *f* hot forming
warmverformbar hot-workable
Warmverformbarkeit *f* hot-forming property
Warmversprödung *f* hot embrittlement
Warmversuch *m* hot test
Warmwalzen *n* hot rolling *(Asphalt)*
Warmwalzoberfläche *f (Verk)* hot-rolled finish
Warmwalzoberflächenbelag *m (Verk)* hot-rolled finish
Warmwasser *n* hot water
Warmwasseraufbereitungsanlage *f***/zentrale** *(HLK)* central hot-water preparation plant
Warmwasserbereiter *m (San)* water heater
Warmwasserbereitungsanlage *f (HLK)* water-heating plant
Warmwassererzeuger *m (San)* hot-water generator
Warmwasserhahn *m (San)* hot-water tap
Warmwasserheizgerät *n (San)* hot-water heater
Warmwasserheizung *f (HLK)* low-temperature water heating
Warmwasserheizungsanlage *f (HLK)* low-temperature water heating system

Warmwasserleitung *f* hot-water pipeline, hot-water pipe, hot-water (supply) line
Warmwassernetz *n (San)* hot-water network
Warmwasserrücklauf *m (HLK, San)* hot-water return
Warmwasserspeicher *m* hot-water storage tank, hot--water cylinder, boiler, thermal storage water heater, *(sl)* hot well
Warmwasserspender *m (San)* instantaneous water heater
Warmwasserumlauf *m (HLK, San)* hot-water circulation
Warmwasserversorgung *f* 1. *(San)* hot-water service; 2. *(HLK, San)* hot-water supply
Warmwasservorlauf *m (San)* hot-water flow
Warmwasserzentralheizung *f (HLK)* hot-water central heating
warmziehen *v* hot-draw
Warnanlage *f* alarm system, warning system
Warnblinklicht *n (Verk)* hazard warning light(s)
Warneinrichtung *f (Verk)* warning device
Warneinrichtung *f***/blinkende** flashing warning device
warnen *v* warn
Warngerät *n (El)* warning device
Warnlampe *f* 1. *(El)* warning light; 2. *(EB, El)* alarm light
Warnleuchte *f (Verk)* warning beacon
Warnlicht *n* hazard warning lights
Warnmarkierung *f* warning marking
Warnmeldung *f (VR)* warning
Warnpfeil *m* warning arrow
Warnpflicht *f (VR)* duty to warn
Warnschild *n* danger sign
Warnschwelle *f (Umw)* warning threshold
Warnsignal *n* danger signal, warning signal
Warnsignal *n***/optisches** visual warning signal
Warntafel *f* notice board *(Baustelle)*
Warnung *f* warning; alarm
Warnvorrichtung *f (Konst)* warning system
Warnwert *m* 1. *(Verk)* investigatory level, warning level *(Straßendeckenverschleiß)*; 2. alert value *(statistische Qualitätskontrolle)*
Warnweste *f (EB)* warning waistcoat
Warnzeichen *n* 1. *(BT, VR)* danger sign; 2. *(Verk)* traffic warning sign, warning sign
Warren-Fachwerk *n* Warren truss, Warren girder
Warren-Träger *m* Warren girder, Warren truss, half-lattice girder
Warte *f* 1. point of view, viewpoint; 2. *(Arch)* barbican *(an einem Tor oder einer Brücke)*
Wartebucht *f (Verk)* waiting bay
Wartehalle *f* 1. *(Konst)* waiting hall; 2. *(Konst)* shelter *(Haltestelle)*; 3. departure lounge *(Flughafen)*
Wartehäuschen *n* shelter; tram shelter *(Straßenbahn)*
Wartelinie *f (Verk)* yield line
warten *v* maintain *(z. B. Maschinen)*; attend, service *(pflegen)*
Warteraum *m* waiting room
Wartesaal *m (Konst)* waiting hall
Wartezimmer *n* anteroom, antechamber, waiting room
Wartung *f* 1. maintenance, operational maintenance, servicing, upkeep, service, care; 2. attendance, handling *(Bedienung)*
Wartung *f***/außerplanmäßige** non-regular maintenance
Wartung *f***/laufende** routine maintenance
Wartung *f***/planmäßige** scheduled maintenance
Wartung *f***/regelmäßige** routine maintenance, scheduled service
Wartung *f* **und Pflege** *f***/systematische** *(RS)* planned maintenance
Wartung *f***/vorbeugende** preventive maintenance
Wartungsanleitung *f* service manual
Wartungsanstrich *m (OB, RS)* weather-coating renewal *(Dach, Fassade)*
Wartungsanweisungen *fpl (Verk, VR)* maintenance instructions *(Straße)*
wartungsarm low-maintenance
Wartungsbetrieb *m (BWG, RS)* upkeep undertaking
wartungsfrei *(BWG, Konst)* maintenance-free
Wartungsfrist *f (Te)* term of maintenance
Wartungsgerüst *n (Konst, RS)* scaffold for maintenance
Wartungskosten *pl (VR)* maintenance costs
Wartungsmanagement *n* maintenance management
Wartungsmaßnahme *f (RS)* preventative remedy
Wartungsmöglichkeit *f (Konst, RS)* serviceability
Wartungspflicht *f (VR)* upkeep obligation
Wartungsplan *m (RS, VR)* maintenance schedule
Wartungsschacht *m* maintenance manhole
Wartungstrupp *m* service staff
Wartungsweg runway
Warzenblech *n* button plate; studded plate *(Brücke)*
Waschanlage *f* 1. *(Konst)* wash fixture; 2. car wash plant
Waschbecken *n (San)* washbasin, washbowl *(EN 14688, s. a. Waschtisch)*
Waschbecken *n***/stehendes** *(San)* pedestal washbasin *(DIN EN 31)*
Waschbecken *npl***/doppelte** *(San)* liturgical watervessels
Waschbecken *npl***/wandhängende** *(San)* wall-hung washbasin *(DIN EN 32)*
Waschbeckenschrank *m (San)* vanity, vanity unit
Waschbeckenstützrahmen *m (Konst, San)* washbasin chair
Waschberge *f* 1. *(BM)* colliery spoil; 2. *(Bod)* washed dirt
waschbeständig washable; washproof *(Farbe)*
Waschbeton *m* washed concrete, scrubbed concrete, exposed aggregate concrete, concrete exposed aggregate finish
Waschbeton *m***/abgebürsteter** scrubbed concrete
Waschbetonoberfläche *f* washed (concrete) finish, rustic (concrete) finish, exposed aggregate concrete surface
Waschbetonverzögerer *m* surface retardant
Waschbetonvorsatz *m* scrubbed concrete facing
Waschbims *m (BM)* washed pumice
Waschbrett *n (Verk)* washboarding *(Straße)*
waschbrettartig corrugated
Waschbrettbildung *f (Verk)* washboarding *(Straße)*
Wäscheabwurfanlage *f (EB)* clothes chute
Wäschebalkon *m* dryer balcony
Wäscheeinbauschrank *m (EB)* linen closet
Wascheinrichtung *f (Konst)* wash fixture
Wäschekammer *f* linen room
waschen *v (BM, Te)* wash *(z. B. Kies)*
Waschen *n (BM, Te)* wash *(z. B. von Kies)*
Wäschereiabwasser *n (Umw, WVA)* laundry wastes
Wäscherutsche *f* clothes chute, laundry chute *(Hotel)*
Wäscheschacht *m* laundry chute *(Hotel)*
Wäscheschrank *m* linen cupboard
Wäschetrockenplatz *m (Konst)* clothes ground
Wäschewandschrank *m (EB)* linen closet
Wäschewaschbecken *n (BT, San)* laundry tray
waschfest washable; washproof *(Farbe)*
Waschgelegenheit *f* washing facility
Waschhaus *n* washhouse; laundry, laundry room *(zum Wäschewaschen)*
Waschinstallation *f (Konst)* wash fixture
Waschkies *m (BM)* washed gravel
Waschleder *n* washleather
Waschmaschine *f (BWG)* washing machine
Waschmittel *n***/synthetisches** detergent
Waschmittelbeständigkeit *f* detergent resistance
Waschmittelfestigkeit *f* detergent resistance

Waschnische *f (Konst)* washing recess
Waschprobe *f* wash test
Waschputz *m* scrubbed plaster, acid-washed plaster, acid-treated plaster
Waschputzeffekt *m (BB, OB)* washed finish
Waschraum *m* 1. washroom, washing room, *(AE)* rest room, *(AE)* lavatory, *(AE)* lav *(in öffentlichen Gebäuden)*; 2. laundry room *(zum Wäschewaschen)*
Waschraumausstattung *f* washroom equipment, *(AE)* lavatory equipment
Waschräume *mpl (Konst)* wash fixture *(Wascheinrichtung)*
Waschsand *m (BM)* washed sand
Waschsieb *n* washing screen
Waschterrazzofläche *f (BB, OB)* washed finish
Waschtisch *m (San)* washbasin *(s. a. Waschbecken)*
Waschtische *mpl*/**bodenstehende** *(San)* pedestal washbasins *(DIN EN 31)*
Waschtische *mpl*/**wandhängende** *(San)* wall-hung washbasins *(DIN EN 32)*
Waschtrommel *f* washing drum *(für Zuschlagstoffe)*
Waschwanne *f (EB)* washtub
Washprimer *m* wash primer, etch primer
Washprimeranstrich *m (OB)* wash primer coat
Wasser *n* water • **in Wasser nachbehandelt** *(BB, Te)* wet-cured *(Beton)* • **unter Wasser** *(Bod, Wsb)* subaqueous • **unter Wasser abbindend** hydraulic • **unter Wasser erhärtend** hydraulic • **unter Wasser lagern** *(BM)* keep under water • **unter Wasser setzen** flood, flush • **voll Wasser gesogen** *(BM, Bod)* waterlogged *(Baustoffe)* • **Wasser aufstauen** *(Erdb, Wsb)* bank up • **Wasser ausschöpfen** bail *(eine Baugrube)* • **Wasser entziehen** dry
Wasser *n*/**adsorbiertes** adsorbed water
Wasser *n*/**aggressives** aggressive water, deleterious water
Wasser *n*/**angreifendes** aggressive water, deleterious water
Wasser *n*/**artesisches** artesian water, water of head, confined ground water
Wasser *n*/**aufbereitetes** *(WVA)* finished water
Wasser *n*/**aufgestautes** *(Bod, Wsb)* impounded water
Wasser *n*/**chemisch gebundenes** chemically combined water, non-evaporable water, fixed water
Wasser *n* **des Brechvorganges** breaking water *(Bitumen- und Farbemulsionen)*
Wasser *n*/**destilliertes** distilled water
Wasser *n*/**enthärtetes** *(WVA)* softened water
Wasser *n*/**filtriertes** filtered water
Wasser *n*/**fließendes** flowing water, running water
Wasser *n*/**freies** free water, free moisture
Wasser *n*/**gebundenes** bound water, water moisture
Wasser *n*/**geklärtes** *(WVA)* clarified water
Wasser *n*/**gereinigtes** *(WVA)* depolluted water
Wasser *n*/**hartes** hard water, scale-forming water
Wasser *n*/**hygroskopisch gebundenes** hygroscopic water
Wasser *n*/**hygroskopisches** hygroscopic water
Wasser *n*/**kalkhaltiges** hard water, scale-forming water
Wasser *n*/**kohlensäurehaltiges** carbonated water
Wasser *n*/**oberflächengebundenes** adsorbed water
Wasser *n*/**stehendes** 1. *(Bod, LB, Umw)* stagnant water; 2. *(Bod, LB, WVA)* stagnant backwater; 3. *(Umw)* dead water
Wasser *n*/**sulfathaltiges** sulphate-bearing water, sulphate-laden water
Wasser *n*/**terrestrisches** *(Bod, WVA)* terrestrial water
Wasser *n*/**ungebundenes** free moisture
Wasser *n*/**ungereinigtes** 1. *(WVA)* untreated water; 2. *(Umw, WVA)* raw water
Wasser *n*/**unterirdisches** subsurface water, underground water
Wasser *n*/**verschmutztes** polluted water
Wasser *n*/**verseuchtes** polluted water
Wasser *n*/**weiches** soft water
Wasser *n*/**weiches kalkarmes** soft water
Wasser *n* **zur Erdstoffverdichtung** *(Bod)* water of compaction
Wasser... aqueous ...
Wasserabdichtkitt *m (BM)* water putty *(mit Wasser angerührt)*
Wasserabdichtung *f* water sealing; waterproofing *(im Bauteil)*
Wasserabfluss *m* 1. *(San, Wsb, WVA)* water runoff; 2. *(Wsb, WVA)* running of water; 3. *(Wsb, WVA)* water culvert; 4. *(Erdb, WVA)* water drain; 5. *(San, WVA)* water outlet *(Abflusseinrichtung)*
Wasserabfluss *m*/**unterirdischer** *(Bod, Erdb)* underground flow of water
Wasserabflussgraben *m*/**überwölbter** *(Wsb, WVA)* water culvert
Wasserabflussrohr *n* adjutage *(mit Abflussregelung)*
Wasserabgabe *f* 1. water charge, water release; 2. *(Bod)* doling-out of water *(Erdstoff)*
Wasserabgabekapazität *f (BM, Bod)* water separation capability
Wasserabgabevermögen *n (BM, Bod)* water separation capability
Wasserablass *m (Erdb, WVA)* water drain
Wasserablasshahn *m* stop cock for draining; pet cock *(klein)*
Wasserablauf *m* 1. water inlet, gulley, *(AE)* gully; 2. *(Wsb)* lode *(Deichablauf)*; 3. drip cap *(am Fenster)*
Wasserablaufrinne *f* 1. drip *(Fenster)*; 2. gutter, storm-water gutter *(Dach)*
Wasserableitlage *f* creasing *(für Sohlbänke)*
Wasserableitung *f* 1. *(Erdb, LB, Wsb)* drawing-off of water; 2. *(WVA)* runoff; 3. *(Erdb)* water drainage
Wasserabnehmer *m* water consumer, water user
Wasserabsackung *f* water subsidence
Wasserabscheidebauwerk *n (Wsb, WVA)* water extraction structure
Wasserabscheider *m (BWG)* water separator
Wasserabscheidung *f* separation of water
Wasserabschluss *m* water seal
Wasserabschlussdamm *m* water dam, astyllen *(Grube, Bruch)*; levee *(Deich, Uferdamm, Hochwasserdamm)*
Wasserabschlussstandrohr *n (San)* water seal *(Geruchsverschluss)*
Wasserabsenkung *f (Erdb)* lowering of water level
Wasserabsenkungsbrunnen *m* absorbing well, waste well
Wasserabsetzen *n (BB, Te)* water gain *(Beton)*
Wasserabsonderungsgeschwindigkeit *f (BM)* sweating rate
wasserabsorbierend water-absorbing
Wasserabsorption *f* water absorption
Wasserabsperrung *f (San, WVA)* water shut-off
wasserabstoßend 1. *(BM)* water-repellent; 2. *(BM, OB)* water-fearing
Wasserabstoßgeschwindigkeit *f (BM)* sweating rate
Wasserabstoßung *f (BM)* water repellency
Wasserabtropfrinne *f* drip channel, throat
Wasserabtropfsteinnase *f* dripstone *(aus Stein oder Ziegel über Tür oder Fenster)*
wasserabweisend *s.* wasserabstoßend
Wasserabweisleiste *f (BT)* water bar *(Fenster, Tür)*
Wasserabweismittel *n (BM)* waterproofing compound
Wasserabweisung *f (BM)* water repellency

Wasserader *f (Bod)* water vein
Wasseranalyse *f* water analysis
Wasserandrang *m (Erdb, Wsb, WVA)* water inrush
Wasseranlagerung *f* water addition, hygroscopicity, hydration
Wasseransammlung *f (Bod)* ponding *(auf Oberflächen)*
Wasseranschluss *m* water supply, connecting to the water line network; tap *(im Haus)* • **Wasseranschluss haben** be on the water mains
Wasseranschluss *m*/**provisorischer** *(San, WVA)* temporary water connection
Wasseranschlussleitung *f (WVA)* water-service pipe *(vom Netz zum Wasserzähler)*
Wasseranspruch *m (BM)* required amount of water *(hydraulischer Bindemittel)*
Wasseranteil *m (BM)* proportion of water
wasseranziehend water-attracting, hydrophibic, hydrophilic, hygroscopic
Wasserarmatur *f (San, WVA)* water fittings
Wasserart *f (BM)* water type
Wasseraufbereitung *f (WVA)* treatment of water
Wasseraufbereitung *f* **innerhalb des Boilers** *(San)* internal water treatment
Wasseraufbereitungsanlage *f* 1. water treatment plant, water treatment works *(aus Rohwasser)*; 2. water recycling plant [system] *(aus Abwasser)*
Wasserauffangen *n* water collection
Wasseraufheizungsanlage *f (HLK)* water back *(hinter einem Kamin)*
Wasseraufnahme *f (BM)* intake of water
Wasseraufnahme *f*/**spezifische** *(Bod)* specific yield
Wasseraufnahmemenge *f (BM)* absorption rate
Wasseraufnahmeöffnung *f* scupper drain *(Dach)*
Wasseraufnahmeprüfung *f (BM)* absorption test
Wasseraufnahmeverlust *m (BM, Bod)* absorption loss
Wasseraufnahmevermögen *n* 1. water-absorbing capacity, water-absorptive capacity; 2. *(Bod, Erdb)* moisture--holding capacity, moisture suction *(Erdstoffe)*
Wasseraufnahmeversuch *m* absorption test
wasseraufnehmend water-absorbing, hydrophilic
Wasseraufsaugung *f (BM)* absorption rate *(z. B. von Ziegeln, in g/min)*
Wasseraufsaugvermögen *n* suction rate *(Ziegel)*
Wasserausgleichbecken *n (Wsb)* equalizing reservoir
Wasserauslass *m* water discharge
Wasserauslaugung *f* water leaching
Wasserausnutzung *f (Bod, WVA)* water utilization
Wasserausschwitzen *n (BB, Te)* water gain *(Beton)*
Wasserbad *n* water bath *(Baustofflabor)*
Wasserbaddruckprüfung *f (BM)* immersion compression test *(bit. Baustoffprüfung)*
Wasserband *n* throating fillet
Wasserbasis *f (BM, OB)* water base *(Anstriche)*
Wasserbassin *n (Konst, Wsb)* water basin
Wasserbau *m* 1. *(Wsb)* hydraulic construction, hydraulic structure, waterworks; 2. *(Wsb)* hydraulic engineering, water engineering, water architecture *(Fachgebiet)*
Wasserbau *m* **für Wasserstraßen [Wasserwege]** *(Wsb)* waterway engineering for navigation *(technische Disziplin)*
Wasserbaubeton *m (Wsb)* marine concrete
Wasserbauingenieur *m* hydraulic(s) engineer
Wasserbaukunst *f (Arch, Wsb)* hydraulic architecture
Wasserbauprojekt *n (Wsb)* hydraulic construction(al) project
Wasserbauten *mpl* **für Wasserstraßen [Wasserwege]** *(Wsb)* waterway constructions
Wasserbauwerk *n (Wsb)* hydraulic structure
Wasserbecken *n* 1. *(Konst, Wsb)* water basin; 2. *(Arch)* pool of water *(Platzgestaltung)*; water pond, water pool *(in einem Garten)*
Wasserbeckengarten *m (Arch, LB)* water garden
Wasserbedarf *m* 1. *(BM)* required amount of water *(hydraulischer Bindemittel)*; 2. water demand, water requirements, water need *(Versorgungsbedarf)*
Wasserbedarf *m*/**maximaler** maximum water demand *(eines Gebäudes oder Stadtteils)*
Wasserbedarfsmenge *f (Konst, WVA)* supply fixture unit *(infolge definierter Auslassventile in einem Gebäude)*
Wasserbehälter *m* 1. *(San, WVA)* water tank; 2. *(WVA)* water cistern; 3. *(Wsb)* reservoir, water reservoir
Wasserbehörde *f (Umw, VR, Wsb)* regulatory agency
Wasserbeize *f (BM, OB)* water mordant
Wasserbenetzungstest *m (BM)* water break test
Wasserberieselung *f (LB, WVA)* irrigation by water
Wasserbeschaffenheit *f* water condition, water constitution, water quality
wasserbeständig resistant to water, water-resistant
Wasserbeständigkeit *f* resistance to water, water fastness, water resistance
Wasserbevorratungsprojekt *n (Wsb, WVA)* water resources project
Wasserbilanz *f (Bod, WVA)* water balance
Wasser-Bindemittel-Verhältnis *n (BM)* water-binder ratio
wasserbindend water-binding, hydraulic
Wasserbindevermögen *n (BM)* water-binding ability
Wasserbindungsvermögen *n (Bod, Erdb)* water-holding capacity *(eines Erdstoffes bzw. Bodenschicht)*
Wasserblatt *n (Arch)* water leaf
Wasserblattwerk *n (Arch)* water foliage, water leaves
Wasserblau *n* clear-blue
Wasserboiler *m (HLK)* boiler
Wasserbrunnen *m* water well, waste well
Wasserbrunnen *m*/**einfacher** *(Wsb, WVA)* dug well
Wasserdach *n (Konst)* spray-pond roof
Wasserdampf *m* 1. aqueous vapour, water vapour, vapour *(durch Verdampfung)*; 2. *(HLK)* steam *(in Dampfkesseln erzeugt)*; 3. damp *(Luftfeuchtigkeit)* • **mit Wasserdampf behandeln** *(BB, Te)* steam
Wasserdampfaufnahme *f* 1. *(BB, BM, Te)* vapour absorption; 2. *(BM)* water vapour absorption
Wasserdampfbewegung *f (DIS)* vapour migration *(Bauelemente, Baustoffe)*
wasserdampfdicht *(DIS)* moisture-proof
Wasserdampfdichtheit *f (BM, DIS)* water vapour impermeability
Wasserdampfdichtigkeit *f (BM, DIS)* water vapour impermeability
Wasserdampfdiffusion *f (DIS)* vapour diffusion
Wasserdampfdurchgang *m* vapour transmission, vapour migration *(Bauelemente, Baustoffe)*
wasserdampfdurchlässig 1. *(DIS)* permeable to water vapour; 2. *(BM, DIS)* water-vapour permeable
Wasserdampfdurchlässigkeit *f* 1. *(DIS)* moisture vapour permeability; 2. *(BM, DIS)* water vapour permeability
Wasserdampfdurchlässigkeitskoeffizient *m* 1. *(BM, HLK)* coefficient of water vapour permeability; 2. *(DIS)* perm
Wasserdampfentspannung *f (DIS)* water vapour release
Wasserdampfgehalt *m (HLK)* vapour content
Wasserdampfhemmschicht *f (DIS)* water vapour seal
Wasserdampfkondensation *f* vapour condensation
Wasserdampfsperre *f (DIS)* vapour seal
wasserdampfsperrend *(BM, DIS)* water vapour barring
Wasserdampfübertragungszahl *f (BB, HLK, Te)* vapour transfer coefficient
wasserdampfundurchlässig impervious to vapour, impervious to water vapour, water vapour-proof, moisture--proof

Wasserdampfundurchlässigkeit *f (DIS)* moisture proofness
Wasserdampfwanderung *f (BM, DIS)* water-vapour migration
Wasserdeionisierungsgerät *n (BWG, WVA)* water deioniser
Wasserdesinfektion *f (Umw, WVA)* water disinfection
wasserdicht watertight, waterproof, tight to water, impermeable to water, shower-proof, rain-proof; staunch *(z. B. Unterwasserbauwerk)* • **wasserdicht machen** 1. waterproof; seal; 2. *(Erdb)* coffer • **wieder wasserdicht machen** *(DIS)* reproof
Wasserdichtheit *f* water impermeability
Wasserdichtheitsschaden *m (HLK, San, WVA)* loss of watertightness
Wasserdichtheitsverlust *m (HLK, San, WVA)* loss of watertightness
Wasserdichtigkeit *f (BM, DIS)* watertightness
Wasserdichtigkeitsprüfung *f (BM)* water impermeability test
Wasserdichtung *f* 1. waterproofing *(im Bauteil)*; 2. surface water proofer
Wasserdichtungsflüssigkeit *f* **für Mauerwerk** *(DIS)* petrifying liquid
Wasserdichtungslage *f (DIS)* waterproofing layer
Wasserdispersion *f* water dispersion
Wasserdruck *m* water pressure, hydraulic pressure, hydraulic thrust
Wasserdruckausgleichbecken *n (Wsb)* equalizing reservoir
wasserdruckhaltend resistant to hydrostatic pressure, water pressure resisting
Wasserdruckhöhe *f (WVA)* pressure head
Wasserdrucklast *f (Erdb, Wsb)* water pressure load
Wasserdruckluftsystem *n (WVA)* pneumatic water supply
Wasserdruckversuch *m* hydraulic test *(Prüfung auf Undurchlässigkeit von Leitungen und Kesseln)*
Wasserdurchbruch *m (Erdb, Tun, Wsb)* water outbreak, rush of water
Wasserdurchlass *m* culvert *(Straße)*
wasserdurchlässig 1. *(DIS)* permeable to water; 2. *(Bod, DIS)* pervious to water; 3. *(Bod, Erdb)* water-permeable
Wasserdurchlässigkeit *f* 1. *(DIS)* permeability to water; 2. *(BM, Bod, Erdb)* water permeability; 3. *(BM, Bod)* hydraulic conductivity
Wasserdurchlässigkeitsprüfer *m (BM)* permeameter *(für Erdstoffe)*
Wasserdurchlässigkeitsprüfung *f* 1. *(BM)* water impermeability test; 2. *(BM, Bod)* water permeability test *(Bauteile, Baustoffe)*; 3. *(San)* water pressure test
Wasserdurchlasskanal *m (Erdb, Wsb, WVA)* culvert *(z. B. unter Straßen)*
Wasserdurchsickerung *f (Bod, Erdb)* water percolation
wasserdurchtränkt water charged
wasserecht fast to water, water-resistant
Wassereimer *m* water bucket
Wassereinbruch *m* 1. water inrush, water inflow, water intrusion; blow *(in einen Fangdamm)*; inrush of (underground) water *(z. B. in Baugruben)*; 2. *(Erdb)* intrusion of water, rush of water
Wassereindringen *n* water ingress
Wassereindringung *f* 1. *(Bod, Erdb, Wsb)* water penetration; 2. *(Erdb)* encroachment, incursion *(in Erdstoffschichten und -spalten)*
Wassereinlass *m* 1. water intake, water inlet; 2. scupper, scupper drain *(Dach)*
Wassereinleitung *f* water discharge
Wassereinsickern *n (Bod, Umw)* descent of water *(im Gelände)*
Wassereinsickerung *f* 1. *(Bod, Erdb)* water seepage; 2. *(Erdb)* boil; 3. *(Erdb, Wsb)* water infiltration *(bei Erdarbeiten)*
Wassereinströmen *n* water ingress
Wassereintritt *m* water leakage, water intake
Wassereinwirkung *f* water action, effect of water
Wassereinzugsgebiet *n* 1. water collecting area, water intake area, water basin, *(AE)* watershed; 2. *(Wsb, WVA)* drainage catchment; 3. *(WVA)* drainage area *(eines Flusses)*
Wasserempfindlichkeit *f* 1. water susceptibility, water sensitivity; 2. *(Bod)* moisture susceptibility
Wasserenthärter *m* water softener
Wasserenthärtung *f* 1. *(WVA)* softening of water; 2. *(Te, WVA)* water softening
Wasserenthärtungsanlage *f* water-softening plant, water-softening unit, water softening installation
Wasserenthärtungsmittel *n* 1. *(BM, BWG)* water softener; 2. *(BM)* water-softening agent
Wasserenthärtungsverfahren *n (Te, WVA)* water-softening method
Wasserentkeimung *f (Umw, WVA)* water disinfection
Wasserentnahme *f* water withdrawal, water intake *(aus dem Leitungsnetz)*
Wasserentnahmekanal *m (Wsb)* intake channel
Wasserentnahmerecht *n (RS, Umw)* water right
Wasserentsalzung *f* water desalting, water demineralization, water desalination
Wasserentsalzungsgerät *n* demineralizer
Wasserentsorgung *f (WVA)* water disposal
Wasserentzug *m* dehydration, removal of water
Wassererhaltung *f (Erdb)* ground-water control
Wassererhitzer *m* 1. *(HLK)* boiler; 2. *(San)* hot-water heater
Wassererhitzung *f* water heating
Wassererhitzungsanlage *f (HLK)* water-heating system
Wasserernährungsgebiet *n (Bod)* recharge area
Wassererosion *f (Erdb, Wsb)* wash
Wassererwärmung *f* water heating
Wasserfall *m* 1. *(Bod)* waterfall; 2. *(Bod, Wsb)* falls; 3. *(Wsb)* cascade *(Absturzbauwerk)*
Wasserfallrohr *n (San, WVA)* water conductor
Wasserfarbe *f* water paint, water-based paint
Wasserfarbenanstrich *m***/deckender** *(OB)* gouache
Wasserfass *n* water butt
Wasserfassung *f* 1. *(Bod, Wsb, WVA)* water catchment; 2. *(WVA)* gathering of water
Wasserfassungsdamm *m (Wsb)* water procuring dike
Wasserfehlbedarf *m* deficiency of water, water deficiency
Wasserfeindlichkeit *f* hydrophobicity
wasserfest resistant to water, water-resistant, rainproof
Wasserfestigkeit *f* water fastness, resistance to water, water resistance
Wasserfilm *m* 1. *(BM, OB, Verk)* water film; 2. *(Bod)* water layer
Wasserfilteranlage *f (San, WVA)* water filtration plant
Wasserfiltrationsmethode *f (WVA)* water elutriation
Wasserfiltrieranlage *f (San, WVA)* water filtration plant
Wasserfitting *n (San, WVA)* water fitting
Wasserfleck *m (OB)* water stain *(z. B. in Putz, Holz)*
Wasserflecken *fpl (OB)* water spots
Wasserfleckenbildung *f (OB)* water spotting
Wasserfleckigkeit *f (OB)* water spots *(von Anstrichen)*
Wasserflughafen *m* 1. *(Verk, Wsb)* seaplane airport; 2. *(Verk)* water aerodrome; 3. *(Verk, Wsb)* flying boat base
Wasserfluss *m***/unterirdischer** *(Bod)* underground water flow
Wasserflut *f* (water)flood
wasserfrei moisture-free
wasserfreundlich *(BM)* hydrophibic
Wasserfreundlichkeit *f (BM)* hydrophily

wasserführend water-carrying, water-bearing, aquiferous, waterlogged
Wasserführung *f* 1. *(Wsb)* ratio of stream-flow, regimen *(Fluss)*; 2. water supply, water delivery, (water) runoff *(Wasserversorgung)*
Wasserführung *f*/**jährliche mittlere** *(Wsb)* mean annual discharge
wassergebunden *(Verk)* water-bound *(Straßenkoffer)*
Wassergefälle *n* 1. *(Bod)* waterfall; 2. *(Bod, Wsb, WVA)* waterslope; 3. *(Bod, Verm)* fall
Wassergehalt *m* 1. water content, percentage of water, proportion of water, moisture content; 2. *(Bod, Erdb)* moisture equivalent *(nur bodenkundig)*
Wassergehalt *m* **an der Fließgrenze** *(Bod)* liquid limit
Wassergehalt *m*/**größter** liquid limit
Wassergehalt *m*/**natürlicher** *(BM, Bod, Erdb)* natural water content
Wassergehalt *m* **ohne Volumenverringerung** *(Bod)* shrinkage limit
Wassergehalt *m*/**optimaler** *(Bod, Erdb)* optimum moisture content *(Erdstoff)*
Wassergehaltsbeeinflussung *f (Erdb)* moisture regime
Wassergehaltsstabilisierung *f* **des Mörtels** *(BM)* water retentivity
Wassergehaltswert *m (BM)* moisture content value
wassergekühlt water cooled
wassergesättigt 1. *(BM, Bod)* water-saturated; 2. *(BM, Bod)* waterlogged *(Baustoffe)*
wassergeschützt *(BM, BT)* waterproof
Wassergesetz *n (VR)* water law
wassergetränkt *(BM)* water-impregnated
Wassergewinnung *f* 1. *(Bod, WVA)* water winning; 2. *(Bod, Wsb, WVA)* water catchment; 3. *(Bod, WVA)* procuring of water; 4. *(Wsb)* tapping
Wasserglas *n* water glass, soluble glass
Wasserglasanstrich *m* 1. *(BM, OB)* water-glass coat; 2. *(DIS, OB)* soluble glass coat; 3. *(DIS, OB)* glazement
Wasserglasfarbanstrich *m (OB)* water-glass paint coat
Wasserglasfarbe *f (BM, OB)* water-glass paint
Wasserglaskitt *m (BM)* water-glass cement
Wasserglaslösung *f* water-glass solution, water soluble solution
Wasserglasmalverfahren *n* **für Wände** *(Arch)* stereochromy
Wassergleiten *n* aquaplaning, hydroplaning
Wassergraben *m* 1. water ditch, feeder, catch *(Bewässerung)*; lade *(Schöpfgraben)*; 2. gullet *(Baugrubenentwässerung)*; 3. ditch, drain *(Entwässerung)*; 4. *(Arch)* moat *(Burggraben)*
Wassergraben *m*/**offener** *(Erdb, WVA)* spoon drain
Wassergrundlage *f (BM, OB)* water base *(Anstriche)*
Wassergüte *f (Umw)* water quality
Wasserhahn *m* 1. water tap, water cock, *(AE)* (compression) faucet; 2. *(San)* bib-cock; 3. *(San)* spigot *(mit Drehzapfen)*
Wasserhaltevermögen *n (Bod, Erdb)* moisture-holding capacity, retentive power, water retentivity *(Erdstoff, Boden)*
Wasserhaltevermögen *n*/**spezifisches** *(Bod)* specific retention
wasserhaltig hydrous, water-containing, water-carrying, water-base; waterlogged *(Baustoffe)*
Wasserhaltung *f (Erdb)* dewatering, unwatering, (water) drainage, draining, ground-water control, ground-water lowering work
Wasserhaltung *f* **auf Beton** *(BB, Te)* ponding *(zur Nachbehandlung)*
Wasserhaltung *f* **mit Filterbrunnen** *(Erdb)* well-point pumping
Wasserhaltungsarbeiten *fpl (Erdb, Tun)* predraining works, ground-water lowering work *(DIN 18305)*
Wasserhaltungsgraben *m* ditch, pumping trench, furrow; grip *(Dialektwort)*
Wasserhärte *f* hardness of water, water hardness
Wasserhärte *f*/**permanente** permanent hardness
Wasserhauptleitung *f* water main
Wasserhaushalt *m* 1. water supply; 2. *(Bod, WVA)* water balance; 3. *(Bod)* hydrological regime *(biologisch)*; 4. *(Wsb)* regimen, water regime *(eines Flusses)*
Wasserhebung *f* 1. *(WVA)* water lifting; 2. *(Erdb, Wsb, WVA)* water pumpage
wasserhemmend water-retardant, water-retarding, water--retentive
Wasserhochbehälter *m* 1. *(WVA)* elevated water tank; 2. *(Wsb, WVA)* high-level water tank
Wasserhochdruckreiniger *m* high-pressure washer
Wasserhochkanal *m (Arch)* aqueduct
Wasserhorizont *m (Bod)* water horizon
Wasserinfiltration *f (Erdb, Wsb)* water infiltration
Wasser-in-Öl-Emulsion *f* water-in-oil emulsion
Wasserisolierungskonstruktion *f* waterproof construction
Wasserkalk *m* hydraulic lime, water lime, hydrated hydraulic lime; blue lias lime *(Liaskalk)*
Wasserkanal *m* 1. *(WVA)* water conduit *(natürlich oder künstlich, offen oder geschlossen)*; 2. *(LB, Wsb)* irrigation ditch *(Bewässerungsgraben)*
Wasserkanal *m*/**offener** *(Wsb)* water channel
Wasserkanone *f (Erdb, Tun)* hydraulic gun
Wasserkante *f* seaboard, bank
Wasserkapazität *f (Bod)* specific retention
Wasserkasten *m* 1. *(San)* cistern; 2. *(San)* flush box, flushing tank, toilet cistern
Wasserkessel *m* boiler
Wasserkissen *n (Konst)* water cushion
Wasserkläranlage *f* 1. *(Umw, WVA)* water-clearing plant; 2. *(WVA)* water purification plant
Wasserklärung *f* 1. *(Umw, WVA)* water clarification; 2. *(WVA)* water treatment
Wasserklosett *n* water closet, flush toilet, toilet, *(AE)* lavatory
Wasserklosett *n* **mit Hochspülkasten** high-level flush toilet
Wasserklosett *n* **mit Tiefspülkasten** low-level flush toilet
Wasserklosettbecken *n (San)* water-closet pan
Wasserklosettbecken *n* **mit frostsicherer Wasserhaltung** frostproof closet
Wasserknappheit *f* shortage of water, water scarcity
Wasserkorrosion *f (OB)* immersed corrosion
Wasserkraft *f* hydropower, water power, hydraulic power, *(sl)* white coal
Wasserkraftanlage *f (Wsb)* hydroplant
Wasserkraftwerk *n* hydroelectric power plant, hydroelectric power station, water power plant
Wasserkreislauf *m (Bod, WVA)* hydrological cycle
Wasserkühlschlange *f (BT)* water cooling
Wasserkunde *f* hydrology
Wasserkunst *f* 1. fountain design; architectural fountain; 2. *(Arch)* water fountain, waterworks *(in Gartenanlagen und Parks)*; waterworks *(Wasserspiel)*
Wasserlack *m (BM, OB)* water base enamel
Wasserlagerung *f* immersion in water
Wasserlagerungsprüfung *f* displacement test *(bituminöse Gemische)*; water immersion test *(von Baustoffen)*
Wasserlasur *f* scumble stain
Wasserlaub *n (Arch)* water foliage, water leaves
Wasserlauf *m* watercourse, passage of water; lode *(Schöpfgraben)*

Wasserlauf *m*/**kleiner** 1. *(Bod, LB)* rivulet; 2. *(Bod, LB, Umw)* zigher
Wasserlauf *m*/**natürlicher** *(Bod, Wsb)* natural water conduit
Wasserlauf *m*/**offener** *(Erdb, WVA)* open channel
Wasserlauf *m*/**unterirdischer** *(Bod)* subsurface flow
Wasserlauf *m*/**versumpfter** *(Bod, LB, Umw)* slough
Wasserlaufabflussmenge *f (Bod, Wsb)* stream discharge
Wasserleiter *m (Bod)* water horizon
Wasserleitung *f* 1. *(San)* water conduit; 2. *(San, WVA)* water pipe; 3. water main, water-supply line *(Hauptversorgungsleitung)*
Wasserleitung *f*/**öffentliche** public water main
Wasserleitungsformstück *n (San, WVA)* water fitting
Wasserleitungsrohr *n* water conduit, water pipe
Wasserleitungsrohr *n*/**römisches** *(Arch)* fistula *(antikes Rom)*
Wasserlinie *f* water line, water level
wasserlöslich water-soluble, water-born
Wasserlöslichkeit *f (BM)* solubility in water
Wassermangel *m* shortage of water, water shortage, lack of water, deficiency of water, water deficiency, water scarcity
Wassermangelsicherung *f* 1. *(San)* low water alarm; 2. *(HLK)* fusible plug *(Kessel)*
Wassermenge *f* quantity of water, amount of water, mass of water
Wassermenge *f*/**abgesetzte** *(BB, Te)* bleeding capacity *(Frischbeton)*
Wassermenge *f*/**mittlere verfügbare** *(Wsb, WVA)* average available discharge of water
Wassermengenwirtschaft *f* water balance
Wassermessgerät *n* water measurement tank
Wassermischbarkeit *f* miscibility with water
Wassermischbarkeitsprüfung *f* miscibility with water test
Wassermischbatterie *f (San)* mixer tap, mixing tap, *(AE)* combination faucet
Wassermörtel *m* hydraulic mortar
Wassermühle *f* water mill
wässern *v* 1. water, irrigate; 2. soak, steep *(einweichen)*; 3. *(BB, Te)* water *(Beton)*
Wassernachbehandlung *f (BB, Te)* wet curing
Wassernährgebiet *n (Wsb, WVA)* intake place
Wassernase *f* water drip, weather drip, throat; water groove, drip cap, gorge *(am Fenster)*
Wassernasenrinne *f* drip channel, water groove, check throat *(z. B. eines Fensterbretts)*
Wassernutzungsrecht *n (RS, Umw)* water right
Wassernutzungsrecht *n* **für das ans Grundstück angrenzende Gewässer** *(VR)* riparian right
Wasseroberfläche *f (Bod, Erdb, Wsb)* water surface • **an die Wasseroberfläche gekommen** emerged
Wasseröffnung *f* scupper, scupper drain *(Wand, Brüstung)*
Wasserpegel *m (San)* water gauge *(in Gewässern)*
Wasserpfütze *f (Bod)* puddle
Wasserpfütze *f*/**kleine** *(LB, Verk) (AE)* birdbath *(z. B. auf Straßenbelag)*
Wasserpore *f (BB, BM)* water void *(Beton)*
Wasserprobe *f (BM, Bod, Umw)* water sample
Wasserprobenentnahmegerät *n (BWG)* water sample-taker
Wasserpumpe *f* water pump
Wasserpumpe *f* **für ein Feuerlöschsystem/selbsttätige** automatic fire pump
Wasserqualität *f (Umw)* water quality
Wasserrad *n (BWG, Wsb)* water wheel
Wasserrecht *n (RS, Umw)* water right
wasserreich abounding in water [watercourses]
Wasserreinhaltung *f (Umw)* water pollution control
Wasserreinigung *f (WVA)* water purification
Wasserreinigungsanlage *f* water purification plant
Wasserreservoir *n* water store; lodge *(geologisch)*
Wasserrinne *f* 1. discharge gutter, draining *(Tiefbau)*; 2. gutter, eaves trough, spouting *(Dach)*; 3. drip channel, water channel *(Sohlbank)*; 4. *(Arch)* forma *(Aquädukt)*
Wasserrohr *n* water conduit, water pipe; (water) main *(Hauptrohr)*
Wasserrohrbruch *m* water-pipe burst, burst in a pipe; water-mains burst *(Hauptrohr)*
Wasserrohrbrunnen *m (Wsb, WVA)* dug well
Wasserrohrnetz *n (San, WVA)* water-supply pipe network
Wasserrückfluss *m* **zur Baugrube** *(Bod, Erdb)* recharge, recharge of ground water
Wasserrückhaltebecken *n*/**geeichtes** *(Wsb, WVA)* calibrated watershed
Wasserrückhaltevermögen *n* water retentivity *(des Bodens)*
Wasserrückhaltung *f (LB, Te, Wsb)* ponding
Wassersack *m (Erdb, WVA)* water pocket *(z. B. Planum, Freispiegelwasserleitung)*
Wassersammelkammer *f (Wsb, WVA)* water chamber
Wassersammeln *n* water collection
Wassersättigung *f (BM, Bod)* water saturation
Wassersättigungsbeiwert *m (BM, Bod)* water saturation value
Wassersäule *f* column of water, head of water, water column, water head
Wassersäulendruck *m (WVA)* hydraulic head
Wasserschacht *m* draining shaft; pump shaft *(Pumpe)*
Wasserschaden *m* water damage, damage caused by water
Wasserscheide *f (Bod)* watershed
Wasserscheide *f*/**oberirdische** *(Wsb)* topographical divide
Wasserschenkel *m* 1. label *(rechtwinklig, aus Stein oder Ziegel)*; dripstone *(aus Stein oder Ziegel über Tür oder Fenster)*; 2. throat, throating, drip channel *(Wasserrinne)*; 3. *(BT)* water bar; 4. *(Konst)* water drip; 5. *(BT, Hb)* weather bar *(Fenster, Tür)*
Wasserschicht *f* water layer, sheet of water; ground-water level *(Grundwasserspiegel)*; water stratum *(hydrogeologisch)*
Wasserschicht *f*/**gehobene** *(Bod, Erdb)* raised water table
Wasserschieber *m* sliding valve, water sluice valve
Wasserschieber *m*/**entlasteter** balanced gate, balanced gate valve
Wasserschieber(straßen)kappe *f (San)* service box
Wasserschlag *m* 1. water hammer *(in Wasserleitungen)*; 2. dripstone *(schräge Abdachung von Gesimsen, um Wasser abzuweisen)*; 3. *(Konst)* hood mould *(für Tür oder Fenster)*
Wasserschlagen *n* water hammering *(Leitungsklopfen)*
Wasserschlauch *m* water hose
Wasserschlitzgraben *m* gullet *(Baugrubenentwässerung)*
Wasserschloss *n (Arch)* moated castle
Wasserschluckvermögen *n* water conductivity
Wasserschräge *f* sloped coping *(Fenster)*
Wasserschürze *f (Hb)* weather-boarding
Wasserschutz *m (Umw)* water protection
Wasserschutzgebiet *n (Umw)* water protection area
Wasserschutzzone *f (Umw)* water protection area
Wasserseite *f* 1. *(Bod)* waterside face; 2. *(Wsb)* upstream face, upstream slope *(Deich)*
Wasserseitengraben *m (Verk) (AE)* water gutter
wasserseitig *(Bod, Wsb)* upstream
Wassersenkung *f* water subsidence
Wassersimsplatte *f* water table, canting strip

Wasserspannung *f (BM, Bod)* water tension
Wasserspeicher *m* water storage tank, cistern; water reservoir *(im Gelände)*
Wasserspeicherhochbehälter *m (WVA)* elevated water storage tank
Wasserspeicherung *f* water storage, accumulation of water
Wasserspeicherung *f* **an der Oberfläche** *(Wsb)* pocket storage
Wasserspeier *m* waterspout, gargoyle, gurgoyle, rainspout, spout
Wassersperrdichtung *f (DIS)* water stop
Wassersperre *f* 1. *(Erdb, Wsb)* water barrier; 2. *(DIS)* water stop
Wassersperrungskonstruktion *f (DIS)* waterproof construction
Wasserspiegel *m* 1. *(Bod)* water table; 2. *(Bod, WVA)* surface of water; 3. *(Bod, Wsb)* water level; 4. *(Bod, Erdb, Tun)* phreatic surface
Wasserspiegel *m*/**gestauter** *(Wsb)* banked-up water level
Wasserspiegelabsenkung *f (Bod, Erdb, Wsb)* water-level decrease
Wasserspiegelunterschied *m (Wsb)* fall step
Wasserspiel *n* 1. *(Arch)* architectural fountain, water fountain; waterworks *(in Gartenanlagen und Parks)*; 2. *(Wsb, WVA)* water ramp *(Stufenbecken)*
Wassersprenganlage *f*/**automatische** *(San)* fire-protection sprinkler system
Wassersprengsystem *n (BWG, Te)* wet-pipe sprinkler system *(bei Feuerlöschanlagen)*
Wassersprengsystem *n*/**selbsttätiges** automatic sprinkler system *(Feuerlöschanlage)*
Wasserspritze *f (BWG)* water gun
Wasserspritzpistole *f (BWG)* water gun
Wassersprühanlage *f (Tun)* water mist system
Wassersprühen *n* water spraying
Wassersprüher *m (HLK, Te)* air washer *(zur Luftreinigung und -befeuchtung)*
Wassersprühnebelanlage *f s.* Wassersprühanlage
Wasserspülsystem *n*/**selbsttätiges periodisches** automatic flushing system
Wasserspülung *f (San)* (water) flushing, flushing system
Wasserspülung *f*/**selbsttätige** *(San)* flushing-out with water
Wasserstagnation *f (Umw, Wsb)* water stagnation
Wasserstand *m (Bod, Wsb)* water level
Wasserstand *m*/**höchster** *(Wsb)* maximum level
Wasserstand *m*/**hoher** *(Umw, Wsb)* high water
Wasserstand *m*/**mittlerer** *(Wsb)* mean (sea) water, mean water level
Wasserstand *m*/**niedrigster** 1. *(Umw, Wsb, WVA)* lowest water level; 2. *(Bod)* low water
Wasserstand *m*/**ständiger** *(Bod, Umw)* dead level
Wasserstandmittelwert *m*/**quadratischer** *(Wsb)* root line mean square water level
Wasserstandsanzeiger *m* 1. *(Wsb, WVA)* water-level indicator; 2. *(San)* water gauge *(z. B. an Kesseln)*
Wasserstandsdifferenz *f* water-level difference
Wasserstandshahn *m (San)* gauge cock
Wasserstandslinie *f* water level; water line *(Zisterne)*
Wasserstandslinie *f*/**höchste** *(WVA)* highest water line *(Zisterne)*
Wasserstandsmarke *f* water-level mark; stream gauge *(Flusswasserstandsmessanlage)*; tidemark *(in Tildegewässern)*
Wasserstandsmesser *m (WVA)* piezometer
Wasserstandsmessung *f (Umw, Wsb)* water stage measurement
Wasserstandsregeleinrichtung *f (BWG, WVA)* water--level control
Wasserstandsrohr *n (WVA)* gauge glass
Wasserstau *m* 1. *(Wsb)* piling-up of water; 2. *(Bod, Wsb)* pond *(Anstauen)*
Wasserstaubecken *n (Wsb)* reservoir
Wasserstauen *n (LB, Te, Wsb)* ponding
Wassersteigleitung *f (San, WVA)* water-supply stub
Wassersteigleitungsrohr *n (San, WVA)* water-supply stub
Wasserstein *m (HLK)* mineral scale
Wasserstelle *f (Umw)* water point
Wasserstillstand *m (Umw, Wsb)* water stagnation
Wasserstoff *m* hydrogen
Wasserstoffverbindung *f* hydrogen compound
Wasserstollen *m (Bod, Tun)* water tunnel
Wasserstoß *m* impact of water, water hammer *(in Wasserleitungen)*
Wasserstrahl *m* water jet
Wasserstrahlbohren *n (Te)* jet drilling
Wasserstrahlpumpe *f (BM, WVA)* water jet pump
Wasserstrahltrennung *f* elutriation *(von Gekörn)*
Wasserstraße *f (Wsb)* navigable waterway, waterway; canal *(künstlich)*
Wasserstraßennetz *n (Verk)* (inland) waterway system
Wasserstr(e)ichziegel *m* water-struck brick
Wasserstückkalk *m* hydraulic quicklime
Wasserstufenbecken *n (Wsb, WVA)* water ramp
Wassertank *m* 1. *(San, WVA)* water tank; 2. *(San)* cistern *(für WC)*; 3. *(WVA)* water reservoir *(offen, meist im Freien)*
Wassertiefe *f* depth of water
Wassertransport *m (WVA)* water conveyance
Wasserturbine *f (Wsb)* water turbine
Wasserturm *m* 1. *(Wsb, WVA)* water tower; 2. *(WVA)* overhead water tank
Wasserüberlauf *m (HLK, San, Wsb, WVA)* water overflow
Wasserüberlaufrohr *n (HLK, San, Wsb, WVA)* water overflow pipe
Wasserüberleitungsstollen *m (Wsb)* water conduct gallery
Wasserüberschuss *m* **im Beton** excess water in concrete
Wasserufergebiet *n (Wsb)* waterfront
Wasseruhr *f (San)* water meter
Wasserumlauf *m (HLK, San, WVA)* water circulation
Wasserumlaufmenge *f*/**maximale** maximum water demand *(eines Gebäudes oder Stadtteils)*
Wasserumwälzpumpe *f (HLK, WVA)* circulating water pump
Wasserumwälzung *f* water circulation
Wasser- und Gasinstallation *f* plumbery
wasserundurchlässig 1. *(DIS)* impermeable to water; 2. *(BM, BT)* waterproof; 3. *(BM)* watertight
Wasserundurchlässigkeit *f* impermeability to water, water impermeability, watertightness
wasserunlöslich insoluble in water, water-insoluble
Wasseruntersuchung *f* water examination
Wasserventil *n (San)* water valve *(Abwasser)*
Wasserverbrauch *m* water consumption
Wasserverbraucher *m* water consumer, water user
wasserverdrängend water-displacing
Wasserverdränger *m* dewatering agent *(Oberflächenbehandlung)*
wasserverdünnbar *(BM)* water-thinnable
Wasserverdunstungsschale *f* **zur Luftbefeuchtung** *(EB, HLK)* pan-type humidifier
Wasserverhältnisse *npl (Bod, Erdb, Verk)* water conditions
Wasserverlust *m* 1. *(HLK, San, WVA)* loss of water; 2. *(Erdb, San, Wsb, WVA)* water loss
Wasserverlust *m* **durch Versickerung** *(Erdb, Wsb)* seepage loss *(z. B. bei einer Kanalböschung)*

Wasserverschluss *m (San)* water seal, trap
Wasserverschmutzung *f (Umw)* water pollution
Wasserversorgung *f* 1. *(WVA)* water supply; 2. *(Wsb, WVA)* water delivery
Wasserversorgung *f* **für Feuerbekämpfung** *(WVA)* fire mains
Wasserversorgung *f* **mit Druckverstärkung** *(WVA)* boosted water supply
Wasserversorgung *f***/öffentliche** *(WVA)* public water supply
Wasserversorgung *f***/städtische** *(WVA)* municipal water supply
Wasserversorgung *f***/zentrale** *(WVA)* central water supply
Wasserversorgungsanlage *f (San, WVA)* water-supply plant
Wasserversorgungsanlage *f* **mit Druckluftkessel** *(WVA)* pneumatic water supply
Wasserversorgungsbetrieb *m (WVA)* water-supply service
Wasserversorgungsgebiet *n (RP, WVA)* water-supply area
Wasserversorgungsinstallation *f (San, WVA)* water--supply installation
Wasserversorgungsleitung *f* water-supply line
Wasserversorgungsstelle *f (WVA)* water-supply point
Wasserversorgungssystem *n (San, WVA)* water-supply system
Wasserversorgungssystem *n* **mit natürlichem Druckgefälle** *(WVA)* gravity water supply
Wasserversorgungstank *m* **auf dem Dach** *(San, WVA)* attic water tank
Wasserversorgungstechnik *f (BWG, WVA)* water-supply engineering
Wasserversorgungs- und Abwassersystem *n (RP, WVA)* utilities
Wasserversorgungsunternehmen *n (WVA)* water undertaking
Wasserversuch *m* hydraulic test *(Prüfung auf Undurchlässigkeit von Leitungen und Kesseln)*
Wasserverteilung *f (WVA)* water distribution
Wasserverteilungsanlage *f (WVA)* water-distribution installation
Wasserverteilungsbecken *n* 1. *(WVA)* water-distribution reservoir; 2. *(Arch)* castellum *(am Ende eines Aquädukts)*
Wasserverteilungsleitung *f (WVA)* water-distribution pipe
Wasserverunreinigung *f (Umw)* water pollution
Wasservorkommen *n (Bod)* water resource
Wasservorrat *m* stock of water, water reserve, water supply
Wasservorräte *mpl (Bod, WVA)* water resources
Wasserwaage *f* water level, spirit level, air level, builder's level, carpenter's level, frame level, mechanic's level
Wasserwagen *m* water tank lorry, *(AE)* water truck
Wasserwanderung *f (Bod, Erdb)* water migration
Wasserwärmungsanlage *f (HLK)* water-heating system
Wasserwechselzone *f (Bod)* tidal zone
Wasserweg *m (Verk)* waterway
Wasserwerk *n (RP, Wsb, WVA)* waterworks
Wasserwerkseinrichtungen *fpl (RP, Wsb, WVA)* waterworks
Wasserwiderstand *m* water resistance
Wasserwirkung *f* water action
Wasserwirtschaft *f* 1. water (resources) management, water economy; 2. *(WVA)* water resources engineering *(Fachgebiet)*
Wasserwirtschaftsamt *n* water board, water resources office
Wasserwirtschaftsbehörde *f* water authority, water board, water policy
Wasserwirtschaftsingenieur *m (WVA)* water-supply engineer
Wasserwirtschaftswesen *n (Wsb)* hydraulic engineering
Wasserzähler *m (San)* water meter
Wasserzählerkasten *m (San)* water meter box
Wasserzeichen *n (Arch, BM, WVA)* water mark
Wasserzement *m* hydraulic cement
Wasser-Zement-Faktor *m (BM)* water/cement ratio *(Beton)*
Wasser-Zement-Paste *f* cement paste
Wasser-Zement-Verhältnis *n (BM)* water/cement ratio *(Beton)*
Wasser-Zement-Verhältnis-Beziehung *f (BM)* Abram's law
Wasser-Zementwert *m* water/cement ratio *(Beton)*
Wasser-Zementwert-Gesetz *n (BM)* Abram's law
Wasserzirkulation *f* circulation of water
Wasserzisterne *f (WVA)* storage cistern
Wasserzubringer *m (Wsb, WVA)* water feeder
Wasserzufluss *m* inflow of water, water feeder, water inflow, water influx; water feeding
Wasserzuflussmenge *f (Erdb, Wsb)* rate of inflow
Wasserzufuhr *f* water conveyance, water admission, water supply; water feeding
Wasserzuführung *f (Wsb)* leat, water admission, water feed pipe
Wasserzulauf *m (Erdb, Wsb, WVA)* water influx
Wasserzuleitung *f (WVA)* delivery of water
Wasserzuleitungsunterbrechung *f (San, WVA)* water shut-off
Wasserzusammensetzung *f* water condition, water constitution
Wasserzusatz *m* water addition
wässrig aqueous, hydrous, watery *(Lösungen)*
wässrig/nicht non-aqueous
Watt *n (Bod)* mud-flats
Wattboden *m (Bod)* sea mud
Wattengebiet *n (Bod)* tidal-flat area
Wattierung *f (DIS)* wadding *(Dämmung)*
WC *n (San)* water closet
WC *n* **mit Hochspülkasten** high-level flush toilet
WC-Becken *n (San)* flush basin, bowl
WC-Becken *n* **mit frostsicherer Wasserhaltung** *(San)* frostproof closet
WC-Kabine *f (Konst, San)* toilet cubicle
WC-Kleiderhakenbrett *n (EB)* cloak rail
WC-Raum *m* **mit Waschbecken** lavatory
weben *v (BM)* weave
Webkante *f (BM, EB, Konst)* selvedge
Wechsel *m* 1. *(Hb, Te)* trimming; 2. *(Hb)* latch lever; 3. *(Konst, VR)* shift; 4. *s.* Wechselbalken
Wechselbalken *m* trimmed joist, trimmer beam, trimmer joist, trimming joist, joint beam, trimmer; stair trimmer *(Treppenwechselbalken)*
Wechselbalken *m***/schwerer** trimming joist
Wechselbeanspruchung *f* 1. *(Stat, TK)* alternating stress; 2. *(Stat)* reversal
Wechselbeanspruchung *f***/reine** *(Stat)* fully reversed loading
Wechselbelastung *f (Stat, TK)* alternate loading
Wechselbereich *m* range for alternating stress
Wechselbiegefestigkeit *f* alternate bending strength
Wechseldiele *f* header plank
wechselhaft *(Konst, Te)* transient
Wechselholz *n (BT, Hb)* timber header
Wechsellage *f (SB)* alternate course *(Mauerwerksschicht)*
Wechsellast *f* 1. *(Stat, TK)* alternating load(ing); 2. *(Stat)* changing load
wechseln *v* 1. move *(Wohnung)*; 2. *(Te)* alternate *(perio-*

disch); 3. change *(z. B. Farbe)*; 4. trim *(Balken)*; 5. exchange, replace *(austauschen)*
Wechselquerbalken *m* trimmed joist
Wechselrichtungsverkehrsbeschilderung *f (Verk)* variable direction signing
Wechselschalter *m (El)* double-throw switch, three-way switch
Wechselschaltung *f (El)* two-way wiring *(Beleuchtung)*
Wechselschichtung *f (Erdb)* interlayered bedding
Wechselsparren *m* valley jack, valley jack rafter
Wechselspiel *n (Stat)* interplay
Wechselsprechanlage *f* intercommunication system, intercom, two-way telephone system; door intercom(munication) system
Wechselsprung *m* hydraulic jump *(Wasserversorgung)*
Wechselspurverkehr *m (Verk)* reversible lane system
Wechselstab *m (Konst, Stat)* counterbrace *(Fachwerk)*
Wechselstrom *m* alternating current, AC, A.C., ac, a.c.
Wechselstromgenerator *m (El)* alternator
Wechselstück *n (BT)* substitute
Wechselverformung *f* cyclic deformation
Wechselverkehrszeichen *n (Verk)* changeable message sign, variable message sign
Wechselwegweiser *m (Verk)* alternative direction sign
Wechselwirkung *f* interaction
Weg *m* 1. way; lane *(breiter)*; path *(z. B. Gartenweg)*; trail, track, path *(Wanderweg)*; road *(Straße)*; 2. *(RP, Verk, Verm)* route *(Wegstrecke; Reiseweg)*; 3. course *(Verlauf)*
Weg *m*/**befahrbarer** *(Verk)* carriage road
Weg *m*/**kommunaler** *(LB, Verk)* parish road
Weg *m*/**landwirtschaftlicher** farm road
Weg *m*/**markierter** *(LB) (AE)* trace
Weg *m*/**öffentlicher** public way, public walk
Weg *m*/**privater** private way
Weg *m* **zur Arbeitsstelle** *(VR)* home-to-work trip
wegätzen *v (OB, Te)* etch away
Wegaufnehmer *m (BM, TK)* linear variable differential transducer
wegblasen *v* blow away *(Sprengarbeit)*
Wegebau *m* construction of unclassified roads, road building, road construction, road making
Wegebefestigung *f (LB, Verk)* pavement
Wegeinfassung *f* path surround, edging
Wegekoffer *m* pavement bed, *(AE)* sidewalk bed
Wegekreuz *n (Arch)* wayside cross
Wegemerkmal *n* trip characteristic
Wegemesser *m (Verm)* odometer
Wegenetz *n* network of roads
Wegerecht *n* right of way, *(AE)* right-of-way
Wegestrecke *f (Verk)* route
Wegetor *n*/**überdachtes** 1. *(Konst)* lich-gate; 2. *(Arch)* lych-gate *(an Friedhöfen)*
Wegeübergangszeichen *n (Verk)* level crossing signals
wegfegen *v* sweep (away)
wegkehren *v s.* wegfegen
Wegkreuzung *f* crossway(s), crossroad(s)
wegnehmen *v*/**Pressenkraft** *(BB)* detension *(Spannbeton)*
Wegplatte *f* pad; path tile *(Fliese)*
Wegrand *m* wayside, roadside
wegräumen *v* clear away, remove; shift *(Schutt)*
wegreißen *v* demolish, pull down, tear down
Wegscheide *f* road fork, bifurcation
wegschieben *v (Te)* side *(z. B. Bauschutt, Schnee)*
wegschleppen *v* tow away
wegschneiden *v* cut away
wegschwemmen *v* wash away
wegspülen *v* flush away
Wegstrecke *f* distance, stretch, stretch of road
Wegstrecke *f*/**schlechte** bad stretch, poor stretch of road
Wegüberführung *f* 1. *(Verk)* overbridge; 2. *(Br, Verk)* upperbridge
Wegübergang *m (Verk)* line crossing; level crossing *(in gleicher Höhe)*
Wegunterführung *f* 1. *(Verk)* underbridge; 2. *(Tun, Verk)* underpass
Wegweiser *m* 1. *(Verk)* finger post, signpost, sign, *(AE)* guide sign, *(AE)* guidepost *(für Straßen)*; 2. directory *(für Gebäude)*
Wegweisung *f* direction signing, guidepost
Wegweisungsschild *n*/**durchgehendes** *(Verk)* direction to be followed sign
wegwerfen *v (Umw)* scrap
Wegwerffilter *m (BT)* throw-away-type filter
Wegwerfhaus *n (Konst)* disposable house
Wegwerfverpackung *f (BT, Umw)* throw-away-type packaging
wegziehen *v* draw
Wehr *n (Wsb)* weir, (overflow) dam; overflow *(Überlauf)*; pond-lock *(Teich)*
Wehr *n*/**bewegliches** *(Wsb)* movable weir
Wehrabschöpfer *m (Wsb)* weir skimmer
Wehranlage *f (Wsb)* weir plant
Wehrbau *m (Arch)* military architecture
Wehrbreite *f (Wsb)* length of dam, length of weir
Wehrgang *m (Arch)* walk along the battlements, wall walk, assommoir; alure *(veraltet)*
Wehrhaus *n* 1. *(Arch)* bastel house *(teilbefestigtes Haus mit Gewölbekeller)*; 2. *(Arch)* fortified house
Wehrhöhe *f (Wsb)* height of weir
Wehrkanal *m (Wsb)* head race, weir canal
Wehrkante *f (Wsb)* weir crest
Wehrkirche *f (Arch)* fortified church
Wehrklappe *f (Wsb)* stop-plank
Wehrkrone *f (Wsb)* weir crest
Wehrpfeiler *m (Wsb)* weir pier
Wehrrücken *m (Wsb)* back of weir, weir crest
Wehrschwelle *f (Wsb)* weir sill
Wehrsiedlung *f (Arch)* bastide
Wehrturm *m (Arch)* fortified tower; donjon *(Burg)*; peel tower *(an der schottisch-englischen Grenze)*; pele *(im alten England und Schottland)*; round tower *(speziell in Irland)*
Wehrverschluss *m (Wsb)* weir shutter, sluice gate
weich soft; weak *(schwach)*; mellow *(Erdstoffe)*; mushy *(breiig, schwammig)*; nesh *(staubig, pulvrig, z. B. Schüttgüter)*; non-rigid *(Kunststoff)*; quaggy *(morastig, sumpfig)*; soft *(Gestein, Material)*; soft *(Stahl)* • **weich machen** soften, plasticize *(bes. Kunststoffe)* • **weich werden** *(Te)* soften
Weichasphalt *m (BM)* soft asphalt
Weichbeton *m* buttery concrete, high-slump concrete
Weichbild *n* urban area, municipal area
Weichbitumen *n* soft bitumen, *(AE)* soft asphalt
Weichblei *n* soft lead
Weiche *f* (rail) point, rail points, shunt, switch *(Eisenbahn)*
Weicheisen *n* soft iron
Weichenzunge *f* tongue
Weichfaserplatte *f (BT, DIS)* softboard *(Dämmplatte)*
Weichfäule *f (BM, Hb, RS, Umw)* wet rot *(Holz)*
weichgebrannt soft-burnt *(Ziegel, Kachel)*
Weichglas *n* soft glass
Weichgummi *m (BM)* soft rubber
Weichheit *f (Arch)* scumble *(Darstellungen)*
Weichholz *n* softwood, coniferous wood, soft-textured wood, deal
Weichholzarten *fpl (BM, Hb)* softwoods
Weichholzfaserbeton *m (BB, Hb)* soft-textured wood fibre concrete

Weichholzfußbodenbelag *m (Hb)* soft-textured wood floor boarding
Weichholzklasse f/niedrigste *(BM)* wrack
Weichkalkstein m/toniger caliche
Weichkautschukschaumstoff *m* soft expanded natural rubber
Weichkopalharz *n* soft copal
Weichkunststoffschaum *m (BM, DIS)* flexible foamed plastic
Weichlaubholz *n (BM, Hb)* soft hardwood
Weichlot *n* soft solder, tin-lead solder, tin solder, solder
weichlöten *v* soft-solder, solder
Weichlöten *n* soft soldering, soldering
Weichlötverbindung *f* 1. *(Konst, St)* soft-soldered joint; 2. *(Konst)* wiped joint
Weichmacher *m* 1. softener, softening agent, *(AE)* plasticizing agent; 2. larry *(für Beton)*; 3. emollient, plasticizer *(für Bitumen, Kunststoffe)*
Weichmacher m/starker superplasticizer
Weichmacherspaten *m* larry *(Mörtel)*
Weichmetallklopfen *n* bossing *(Metall)*
Weichmörtel *m* plastic mortar
Weichparaffin *n (BM)* soft paraffin wax
Weichphenolharz *n* soft phenolic resin
Weichpolyäthylen *n s.* Weichpolyethylen
Weichpolychloridfolie *f (BM)* flexible PVC film
Weichpolyethylen *n (BM)* flexible polyethylene [polythene]
Weichschaum *m* flexible foam plastic
Weichstahl mild steel
Weichton *m (BM, Bod)* soft clay
Weichzellkautschuk *m* soft expanded natural rubber
Weichziegel *m s.* Weichziegelstein
Weichziegelstein *m* soft brick; rubber *(porös)*; chuff brick, place brick *(Ausschussstein)*; cutter, salmon brick *(lachsfarben)*
Weide *f* 1. *(Bod, LB)* willow *(Baum; Weidenholz)*; 2. pasture, meadow *(Wiese)*; 3. willow sapling, sway *(zum Schilfdachbinden)*
weidenbestanden *(LB)* willowy
Weidengeflecht *n* wickerwork
Weidenholz *n (BM, Hb)* willow
Weidenmuster *n (Arch)* willow pattern
Weiher *m* 1. *(Bod, Wsb)* pond; 2. *(Bod, LB, Wsb)* pool
Weihetempel *m* **zu Eleusis** *(Arch)* Telesterion
Weihkirche *f (Arch)* votive chapel
Weihwasserbecken *n (Arch)* stoup
Weiler *m* 1. *(RP)* hamlet; 2. *(Bod)* small village
Weinblatt *n (Arch)* vine leaf
Weinkeller *m* 1. wine cellar, wine vault; pitcher house *(veraltet)*; 2. buttery *(Weinausschank in einem englischen College)*; 3. wine bar, tavern *(Ausschank)*
Weinrankenverzierung *f (Arch)* pampre, vignette
Weinrebenornament *n (Arch)* pampre, vignette
Weinstein *m* tartar
Weinsteinsäure *f (BM)* tartaric acid
weiß *(OB)* white
weiß/schmutzig off-white
Weiß *n (BM, OB)* white *(Farbe)*
Weiß n/getöntes *(OB)* off-white
Weiß... white ...
Weißasbest *m (Asbest)* white asbestos, chrysotile
Weißbeglasung *f (OB)* white glazing
Weißbeton *m (BB)* white concrete
Weißblech *n* 1. *(BM)* tin-coated steel; 2. *(BM, St)* tinplate; 3. *(BWG, St)* tinned steel sheet *(Feinblech)*
Weißblech *n* **zweiter Wahl** *(BM, St)* seconds
Weißblechabfall *m (Umw)* tinplate waste
Weißblechdachdeckung *f* tin roofing
Weißblechdacheindeckung *f* tin roofing
Weißbranntkalk *m* white quicklime, rich quicklime
Weißbuche *f (LB)* hornbeam
Weißbuchenholz *n* hornbeam (wood)
Weißbürste *f* stock brush
Weißdorn *m* hew-thorn
Weißeichenholz *n (BM, Hb)* white oak wood
weißen *v* 1. *(OB, Te)* whitewash; 2. *(OB, Te)* limewash
Weißen *n* whitewashing, limewashing, limewhiting, whitening
Weißfarbe *f (BWG, OB)* white paint
Weißfäule *f (Hb, RS)* white rot *(Holz)*
Weißfeinkalk *m* dry hydrate
Weißfliese *f (BM)* white wall tile
weißgeschält completely peeled *(Holz)*
Weißglas *n* flint glass, white flint, flint
Weißglasur *f (OB)* white glazing
Weißgranit *m (BM)* white granite
Weißguss *m (BM)* white cast iron
Weißkalk *m* white lime, high-calcium lime, rich lime, fat lime; limestone whiting *(gemahlener Naturkalkstein)*
Weißkalkanstrich *m (OB)* calcimine *(Wand- und Deckenfarbe)*
Weißkalktünche *f (OB)* lime paint
Weißkitt *m (BM)* white mastic
Weißleim *m* casein glue
Weißlicht *n (El)* white light
Weißmarmor *m* white marble, pure marble
Weißmastix *m (BM)* white mastic
Weißmessing *n (BM)* white brass
Weißmörtel *m (BM)* white mortar
Weißpappel *f* 1. *(BM)* white poplar; 2. *(LB)* silverleaf
Weißpigment *n* white pigment, silver pigment
Weißsiegel *m (BM, OB)* white seal *(Zinkweiß)*
Weißsplitt *m (BM)* white stone chippings
Weißstückkalk *m* rich lump lime
Weißtünche *f (BM, OB)* whitewash
Weißwaren *fpl (EB)* white goods *(Haushaltsgeräte, z. B. Waschmaschine, Kühlschrank usw.)*
Weißwerden *n (OB)* blushing *(von Lacken)*
Weißzement *m (BM)* white cement
Weißzuschlag *m* white aggregate
Weißzuschlagstoff *m* white aggregate
weit wide *(Zwischenraum; Öffnung)*; wide, broad *(ausgedehnt, z. B. Baugebiet)*; wide, spacious, roomy *(Zimmer)*; large *(dick)*; full *(umfassend, vollständig)*; far *(räumlich; zeitlich)* • **bei Weitem** infinitely
Weite *f* 1. width, breadth *(einer Öffnung)*; 2. *(Bod, Konst, VR)* scope *(Ausdehnung, Umfang, z. B. Untersuchungsgebiet)*; 3. *(Konst)* range *(Reichweite, Abstand)*; 4. vastness, spread *(Landschaft, Gebiet)*; 5. distance *(Entfernung, Abstand)*; 6. spaciousness *(Zimmer, Raum)*
Weite f/lichte clear width, clearance, clear distance, clear span; bearing distance *(z. B. Durchfahrt, Feldweite, Spannweite)*; inside diameter, inside width *(Öffnungen, Rohre usw.)*
weiten *v* widen; stretch *(dehnen)*
Weiten *n (Konst, Te)* widening
weiter additional *(zusätzlich)*
Weiterbehandlung *f* aftertreatment
weitervermieten *v (VR)* underlet
weitgespannt wide-span, long-span
weitmaschig wide-meshed, coarse-meshed *(z. B. Siebe)*
weiträumig spacious; roomy *(z. B. ein Haus)*; ample *(ausgedehnt, reichlich)*
Weiträumigkeit *f* 1. *(Arch)* spaciousness; 2. *(Arch, Konst)* roominess *(z. B. eines Hauses)*
weitringig wide-ringed *(Holz)*
weitsäulig *(Arch)* diastyle *(dreisäuliger Abstand antiker Tempel)*

Weitspannbalken *m* 1. *(BT, TK)* wide-span beam; 2. *(BT, TK)* large-span beam; 3. *(TK)* long-span beam
Weitspannbetonplatte *f (BT, TK)* wide-span prestressed slab
Weitspannbogen *m (TK)* long-span arch
Weitspanndach *n* 1. *(TK)* wide-span roof; 2. *(Konst, TK)* large-span roof; 3. *(Konst, TK)* long-span roof
Weitspanndeckenplatte *f* wide-span floor slab, large--span floor slab, long-span floor slab
Weitspannfachwerkbinderdach *n (TK)* large-span truss(ed) girder roof
Weitspannfachwerkträger *m (TK)* long-span trussed girder
Weitspannfertigbalken *m (BT, TK)* large-span precast concrete beam
Weitspannfertigteil-Betonträger *m (BT, TK)* large-span precast concrete beam
Weitspannkonstruktion *f (TK)* long-span construction
Weitspannkuppel *f* long-span cupola
Weitspannmauerbogen *m (SB)* wide-span wall arch
Weitspannrahmen *m* 1. *(TK)* wide-span frame; 2. *(Konst, TK)* long-span frame
Weitspannrippe *f* large-span rib, long-span rib
Weitspannschale *f* wide-span shell, large-span shell, long--span shell
Weitspannschalengewölbe *n* large-span shell vault, long-span shell vault
Weitspann-Spannbetonelement *n* long-span prestressed concrete unit
Weitspannträger *m (TK)* long-span beam
Weitspanntragsystem *n* wide-span load-bearing system, long-span load-bearing system
Weitspanntragwerk *n* wide-span load-bearing system, large-span bearing system, long-span load-bearing system
Weitung *f* stretch(ing)
Weitwinkelspion *m (EB)* wide-angle judas
Weizenmehlkleister *m (BM)* wheat paste
Weizenstroh *n (BM)* wheat straw
Wellakustiktafel *f (BT, DIS)* corrugated acoustic panel
Wellaluminium *n (BT, St)* corrugated aluminium
Wellasbest *m (BM, BT)* corrugated asbestos
Wellasbestdachbelag *m* asbestos-cement corrugated roof covering
Wellasbestzement *m* corrugated asbestos cement
Wellasbestzementbedachung *f* asbestos-cement corrugated roof covering
Wellbedachung *f (Konst)* corrugated sheet roofing
Wellbitumenplatte corrugated asphalt panel
Wellblech *n* corrugated sheet, corrugated iron, corrugated iron sheet, corrugated metal, corrugated steel, troughed sheeting
Wellblechbaracke *f* **mit Zementboden/halbrunde** Nissen hut *(z. B. als Behelfsunterkunft)*
Wellblechbauten *mpl* corrugated metal structures
Wellblechspundwand *f (BT, Erdb)* corrugated iron sheet--piling
Welldach *n* corrugated roof
Welldraht *m* corrugated wire
Welldrahtglas *n* corrugated wire glass, wired glass
Welle *f* 1. axle, shaft *(Achse, Maschinenelement)*; 2. *(Bod)* wave
Welle *f***/grüne** *(Verk)* green wave, progressive signal system
Welleisenhalter *m (BM)* corrugated fastener
wellen *v (BT, Te)* corrugate *(z. B. Bleche)*
Wellen *fpl***/waschbrettartige** *(BT, Konst)* corrugation
Wellen... undulated ...
wellenartig 1. *(Arch, Konst)* wavy; 2. *(Arch)* wavelike
Wellenausbreitung *f* wave propagation
Wellenband *n (Arch)* wave scroll, running dog *(Ornament)*
Wellenberg *m* wave crest
Wellenbewegung *f (Bod)* wave motion
Wellenbewegungsenergie *f* **pro Woge** *(Umw)* wave momentum per metre of crest
Wellenbogen *m (Arch)* ogee arch
Wellenbrecher *m (Wsb)* wave breaker, groyne, mole, breakwater, jetty
Wellendach *n (Konst)* ogee roof
Wellenfirsthaube *f (BT)* corrugated ridge covering
wellenförmig sinuous, undulated, undulatory
Wellenfortpflanzung *f* wave propagation
Wellengitterbewehrung *f (BM)* woven wire mesh
Wellenlinie *f (Arch)* wavy line, undulating line
Wellenlinienzierkante *f (Arch)* nebulé moulding *(Ornament)*
Wellenmuster *n* 1. *(Arch, OB)* ripple finish *(Anstrich)*; 2. *(Arch)* undulating moulding, wave pattern *(Ornament)*
Wellennagel *m* corrugated fastener, joint fastener, mitre bread, dog nail, wiggle nail
Wellenornament *n (Arch)* wave moulding, oundy moulding, undé moulding, undulating moulding
Wellenschalendach *n (Konst, TK)* waved shell roof
Wellentafel *f* corrugated panel, corrugated sheet
Wellenverzierung *f s.* Wellenornament
Wellerwand *f* half-timbered loam wall
Welleternit *m* corrugated eternity
Wellfaserzement *m* corrugated asbestos cement
Wellfaserzementbedachung *f s.* Wellasbestzementbedachung
wellig wavy, undulating *(z. B. Oberfläche, Gelände)*; uneven *(uneben)*; kinky, sinuate; rippled *(rippenförmig)*
Welligkeit *f* waviness, corrugation, unevenness
Welligkeitsfaktor *m (BB, Te)* wobble coefficient *(Spannbeton)*
Wellkrampe *f (BM)* corrugated fastener
Wellkunststoff *m (BM)* corrugated plastic
Wellmetall *n* corrugated steel
Wellpappe *f (BM)* corrugated board
Wellplatte *f* 1. *(BM, BT)* corrugated panel; 2. *(BM)* corrugated sheet
Wellplattenbedachung *f (Konst)* corrugated roofing
Wellpoint-Grundwasserabsenkungsanlage *f (Erdb)* well-point system
Wellprofil *n (BT, Konst)* corrugated profile
Wellrippe *f (BT, Konst)* corrugated rib
Wellrohr *n (BM, BT)* corrugated pipe
Welltafel *f* corrugated panel, corrugated sheet
Wellung *f (Arch)* scalloping
Weltstadt *f (RP)* metropolis
Weltstraßenverband *m (PIACR)* World Road Association, PIACR
Weltwunder *npl***/die sieben** *(Arch)* Seven Wonders of Antiquity *(des Altertums)*
Wendebeanspruchung *f (Verk)* turning stress *(Straße)*
Wendefläche *f (Verk)* turning bay
Wendeflügel *m* pivoted sash
Wendeflügeltür *f (BT, Konst)* vertically pivoted door
Wendekrümmung *f* inflexion, *(AE)* inflection
Wendel *f* 1. *(Arch)* helix; 2. *(El)* spiral; 3. *(Arch)* helix; 4. *(BT, Hb, St)* helical spring; 5. *(El)* (coiled) filament, spiral *(Glühlampe)*
Wendelrampe *f* circular ramp, spiral ramp, helicline, ramp tower
Wendelrutsche *f (BWG, Te)* helical chute
Wendelstufe *f* (kite) winder, spiral winder, radial step, tapered tread, turret step
Wendeltreppe *f* spiral staircase, spiral stairs, winding

staircase, corkscrew staircase, circular stairs, corkscrew stairs, caracole, screw stairs, newel stairs, spindle stairs, vice stairs, *(AE)* vis(e) stair(case); vyse staircase, cochlea *(schneckenförmig)*
Wendeltreppe *f*/**enge** *(Konst)* turnpike stair
Wendeltreppe *f*/**kreisrunde** *(Konst)* round stair(case)
Wendeltreppe *f* **mit offener Spindel** open-newel stair, circular stairs, helical stair(case)
Wendeltreppe *f* **mit tragendem Treppenpfosten** *(Konst)* solid newel stair
Wendeltreppe *f*/**offene** *(BT, Konst)* winding staircase with open newel
Wendeltreppenstufe *f* angular stair, circular stair
Wendeltreppenturm *m* stair turret, cochlea
Wendelung *f (Konst)* winding
wenden *v* turn
Wenden *n* **im spitzen Winkel** *(Verk)* U-turn
Wendeplatz *m (Verk)* turning place, turn-around, turning area, turning bay, swinging area *(Straße)*; inflection point *(Kurve)*
Wendepunkt *m (Verk)* turning point
Wendepunktmarkierungssäule *f* **einer Wettkampfbahn** *(Arch)* meta *(römische Arena)*
Wenderadius *m* 1. *(Verk)* turning radius; 2. *(Konst)* radius of turning
Wendestelle *f (Verk)* turn-around, turning bay *(Straße)*
Wendestollen *m (Tun)* turning gallery
Wendetangente *f (Verk)* inflectional tangent, stationary tangent *(Trasse)*
Wendigkeit *f (Te)* versatility
Wendung *f (Konst)* turn
Wenko-Decke *f (TK)* Wenko reinforced block floor
Werbetafel *f (BT)* advertising sign
Werbewand *f (BT)* advertising wall
werfen *v (Erdb)* throw *(z. B. Erdfräse, Streugut)*
werfen *v*/**sich** buckle *(z. B. Straßenbelag)*; heave *(z. B. Straße bei Frosteinwirkung)*; warp *(z. B. Holz)*
Werft *f (Wsb)* shipyard
Werfthafenbecken *n* cardboard basin
Werg *n* 1. oakum, tow, waste, rope *(Flachs- oder Hanfabfall)*; 2. *s.* Wergdichtung
Wergdichtung *f* oakum thread, rope caulk, hemp packing
Werk *n* 1. factory, plant, works *(Fabrik)*; 2. work *(Aufgabe, Tat, Arbeit)*; 3. *(BWG, Konst)* works *(Mechanismus)*; 4. *(Arch)* fortification, works *(Festungswerk)*
Werk... *siehe auch: Werks...*
Werkabnahmeprüfung *f s.* Werksabnahmeprüfung
Werkbahn *f (Verk)* industrial railway
Werkbank *f* work-bench, working bench, shop bench, bench
Werkbankarbeit *f* benchwork
Werkbeschichtung *f (OB, Te)* factory application, factory coating
Werkgebäude *n (Arch)* industrial building
Werkgelände *n (RP)* factory area, factory premises, works area, works premises, industrial ground
werkgenietet *(St, Te)* shop-riveted
werkgestrichen factory-painted, shop-painted, mill--painted
Werkgleis *n (Verk)* works siding
werkgrundiert 1. *(OB, Te)* shop-primed, works-coated; 2. *(OB)* mill-primed
Werkhalle *f* factory hall, factory building, factory shed, workshop hall, production shop, machine shop, workshop
Werkhallenfenster *n (BT)* workshop window
Werkkanal *m (Umw)* headrace canal
Werkkantine *f* factory canteen, works canteen
Werkküche *f* industrial kitchen, works kitchen, works canteen

W

Werkleimung *f (Hb)* factory liming
Werklieferungsvertrag *m* contract for work and materials
Werkmeister *m* foreman, master workman
Werkmontage *f (Te)* workshop erection
Werknorm *f* works standard specification
Werkplan *m* working drawing
Werksabnahmeprüfung *f (VR)* factory acceptance test *(Montageteile)*
Werksandstein *m* hewn sandstone
Werksanstrich *m* factory coating, shop coat • **mit Werksanstrich versehen** works-coated
Werksbescheinigung *f (VR)* certificate of compliance with the order
werksbeschichtet factory-coated, shop-applied priming coat
Werkschutz *m* works protection force, Security
Werkseigenüberwachung *f (Te, VR)* production control testing
Werksfertigung *f* 1. *(Te)* off-site casting *(z. B. von Betonfertigteilen)*; 2. *(Te)* production in a prefabrication plant *(Fertigteilherstellung)*
Werksgemisch *n* plant-mix *(Beton, Mörtel, Asphalt)*
werksgemischt plant-mixed
Werksgrundierung *f (OB, Te)* factory priming
Werksherstellung *f (Te)* off-site fabrication
Werkskleidung *f* works clothing
Werkslabor *n (BM)* factory lab
Werksmischung *f (Te)* mix-in-plant
Werksprüfung *f* manufacturer's test, fabricator's test, maker's test, inspection test
Werkstandort *m (RP)* mill site
Werkstatt *f* 1. factory shop, production shop; shop, workshop *(Handwerker)*; 2. *s.* Atelier
Werkstattanfertigung *f* shop fabrication
Werkstattanstrich *m* shop painting *(Stahlbau)*
Werkstattarbeit *f* benchwork
Werkstattbeschichtung *f (OB)* in-house coating
Werkstätte *f* production shop; shop, workshop *(Handwerker)*
Werkstattfenster *n (BT)* workshop window
Werkstattfertigung *f* workshop fabrication, shop production, shop work, shop fabrication
Werkstattgebäude *n (Konst)* shop building
Werkstattgrundierung *f (OB, Te)* shop priming *(Stahlbau)*
Werkstatthalle *f (Konst)* workshop building
Werkstatthinweiszeichen *n (Verk)* shop sign
Werkstattmontage *f (Te)* workshop assembly
Werkstattnaht *f* shop weld
Werkstattniet *m* shop rivet
Werkstattschweißnaht *f* shop weld
Werkstattstoß *m* 1. *(Konst, St)* web plate transverse connection; 2. *(Te)* shop joint *(Stahlbau)*
Werkstatttest *n (BM)* works certificate *(für Baustoffe, Bauteile)*
Werkstattverbindung *f (Konst)* workshop connection
Werkstattzeichnung *f (Konst)* workshop drawing
Werkstein *m* 1. quarry stone, (stone) ashlar *(Naturstein)*; freestone *(meist Kalk- oder Sandstein)*; 2. *s.* Betonwerkstein • **Werkstein versetzen** *(SB, Te)* lay the ashlar • **Werksteine putzen** pare ashlars *(fein bearbeiten)*
Werkstein *m*/**geschnittener** ashlar, hewn stone *(Naturstein)*
Werksteinarbeit *f* ashlar masonry work
Werksteinarbeiten *fpl (SB, Te)* natural stone work
Werksteinbauwerk *n (SB)* hewn stone structure
Werksteinbogen *m* ashlar arch
Werksteine *mpl*/**bearbeitete** dressed stonework
Werksteine *mpl*/**behauene** hewn stonework, shaped stonework, milled stonework

Werksteine *mpl*/**zugerichtete** shaped stonework, milled stonework, stonework
Werksteinfundament *n (Erdb, SB)* stone footing
Werksteingehwegplatte *f* **mit Granit(splitt)vorsatz** *(BM)* reconstructed granite paving slab
Werksteinklebeverbindung *f (SB, Te)* epoxy weld
Werksteinmauerwerk *n* ashlar masonry, hewn stone masonry
Werksteinpfeiler *m* ashlar pier
Werksteinreihe *f (SB)* ashlar cordon
Werksteinverblendarbeit *f* ashlar masonry work
Werksteinverkleidung *f (OB)* ashlar facing *(aus Naturstein)*
Werkstein-Verkleidungsstützholz *n* oxter piece
Werkstoff *m* material, industrial material
Werkstoff *m*/**geschichteter** laminate, laminated material
Werkstoff *m*/**in der Untersuchung befindlicher** material under investigation
Werkstoff *m*/**isotroper** isotropic material
Werkstoff *m*/**keramischer** ceramic material
Werkstoff *m*/**kurzlebiger** *(BM)* short-lived material
Werkstoff *m*/**metallischer** metallic material
Werkstoff *m*/**monolithischer** *(BM)* monolithic material
Werkstoff *m*/**plattierter** *(BM)* clad material
Werkstoff *m*/**poröser** porous material
Werkstoff *m*/**technischer** industrial material
Werkstoffaufbereitung *f (BM, BWG, Te)* materials preparation
Werkstoffbedarf *m* materials requirement
Werkstoffbezeichnung *f* material designation
Werkstoffe *mpl* materials
Werkstoffeigenschaft *f* material property
Werkstoffermüdung *f* fatigue of material
Werkstofffehler *m* material defect
Werkstofffestigkeit *f* strength of materials
Werkstoffkenndaten *pl* properties data
Werkstoffkunde *f (BM)* materials science
Werkstoffnutzungszyklus *m (BM, Te)* utilization cycle of materials
Werkstoffprüfung *f* materials testing, examination of materials, specification test
Werkstoffschädigung *f* materials damage
Werkstofftechnik *f* materials engineering
Werkstoffuntersuchungslaboratorium *n* material(s) testing laboratory
Werkstoffverhalten *n* material behaviour
Werkstoffwissenschaft *f (BM)* materials science
Werkstoß *m* shop joint, milled joint
Werkstück *n (BM)* workpiece *(fertig)*
Werksumhüllung/mit factory-sheathed
Werksvorfertigung *f* off-site casting
Werkswagen *m* works vehicle
Werkswohnung *f* company(-owned) flat, *(AE)* firm's dwelling unit, *(AE)* company apartment
Werkszufahrt *f (Verk)* works access
Werkverbindungsbrücke *f (Verk) (AE)* interplant bridge
Werkverkehr *m (Te, Verk)* works traffic
Werkzeug *n* tool(s), tool kit; utensil • **mit Werkzeug ausrüsten** tool • **mit Werkzeug bearbeiten** tool • **mit Werkzeug bestücken** tool
Werkzeug *n*/**hartmetallbestücktes** cemented-carbide tipped tool
Werkzeugbau *m* toolmaking
Werkzeugkasten *m* tool box
Werkzeuglebensdauer *f* tool life
Werkzeugnis *n (VR)* test report
Werkzeugschaft *m* shank, tool shank
Werkzeugschrank *m* tool cabinet
Werkzeugstahl *m* tool steel

Wert *m* value; importance *(Wichtigkeit)* • **an Wert verlieren** deteriorate
Wert *m*/**aktualisierter** net present value
Wert *m*/**numerischer** *(Stat)* numerical value
Wert *m*/**reziproker** *(Stat)* reciprocal value
Wert *m*/**richtiger** conventional true value
Wert *m*/**wahrer** true value
Wertarbeit *f (VR)* high-class workmanship
Wertbereich *m (Konst)* range
Wertbestimmung *f (VR)* appraisal *(eines Gebäudes)*
Werteinschätzung *f* valuation
Werterhöhung *f* **des Pachtbesitzes** *(VR)* leasehold improvements
Wertigkeit *f* valence
Wertklausel *f* valuation clause *(Bauversicherung)*
Wertmaßstab *m* standard of value
Wertminderung *f* depreciation, decrease in value
Wertsteigerung *f* increase in value, increment of value; improvement *(speziell Gebäude)*
Wertsteigerung *f* **von Grund und Boden** betterment
Wertstoffmineral *n (BM)* valuable mineral
Wertstoffrückgewinnung *f (RS)* resource recovery
Wertung *f* valuation, evaluation, assessment
Wertverlust *m* loss of value
wertvoll *(VR)* costly
Wertzuwachs *m* increase in value, increment value; betterment *(speziell bei Bauland, Grundstücken)*
Wertzuwachssteuer *f* increment duty [tax]
wesentlich essential *(wichtig)*; elemental, primary, fundamental *(grundlegend)*; indispensable *(unerlässlich)*
Wesentliches *n (sl)* nitty-gritty
Westblock *m (Arch)* westblock *(Kirche)*
Westchor *m (Arch)* western choir
Westempore *f (Arch)* western gallery
Westfassade *f* western façade
Westfenster *n (Konst)* west-facing window
Westgiebel *m (Arch)* west pediment *(griechische Tempel)*
Westhaus *n (Arch)* west transept
Westjoch *n (Arch)* western bay
Westorientierung *f (Arch)* west orientation
Westturm *m (Arch)* westtower
Westwand *f (Konst)* west-facing wall
Westwerk *n (Arch)* westwork *(Vorbau einiger romanischer Basiliken)*
Wettbewerb *m (VR)* competition • **an einem Wettbewerb teilnehmen** *(VR)* take part in a competition
Wettbewerb *m*/**freier** *(VR)* ideas competition
Wettbewerbsarbeit *f (Arch, Konst)* competition design
Wettbewerbsbedingungen *fpl (VR)* terms of a competition
Wettbewerbsbeitrag *m (Arch, Konst)* competition entry
Wettbewerbsfähigkeit *f* competitiveness
Wettbewerbsmeldung *f* entry
Wettbewerbsteilnehmer *m (VR)* competitor
Wettbewerbsvorsprung *m s.* Wettbewerbsvorteil
Wettbewerbsvorteil *m (VR) (sl)* competitive edge
wetterbeständig *(BM)* weather-resistant
Wetterbeständigkeit *f* resistance to weather(ing), weather resistance, weathering quality, weatherproofness, exterior durability, outdoor durability
Wetterbrett *n* barge board
Wetterdach *n* shelter; awning *(Vordach)*; hood *(Schutzdach)*; station roof *(Haltestellenschutzdach)*
Wetterdaten *pl* weather data
wetterdicht *(BM, Konst)* weathertight
Wetterdichtheit *f (Konst)* weather-tightness
Wetterdienst *m* meteorological service
Wetterfahne *f* weather vane, weathercock, vane

wetterfest 1. *(BM)* weather-fast; 2. *(BM, Konst)* weathertight • **wetterfest machen** *(Arch, Konst)* weatherproof
Wetterfestigkeit *f* weather resistance, exterior weathering resistance, weathering quality
Wetterfestigkeitsprüfung *f (BM)* weathered test
wettergeschützt 1. *(Konst)* weather-protected; 2. *(BM, El)* no weathering exposure
Wetterhahn *m* 1. *(Arch)* weathercock; 2. *(Arch, Konst)* weather vane; 3. *(BT)* cock
Wetterhahnblatt *n (EB)* vane
Wetterlage *f (Umw)* meteorological conditions
Wettermanschette *f (BT)* weathering collar
Wetterrichtung *f* prevailing weather
Wetterrichtung *f*/**vorherrschende** prevailing weather
Wetterschacht *m (Tun)* air-shaft
Wetterschenkel *m* 1. *(BT, Hb)* weather bar; 2. *(BT)* water bar *(Fenster, Tür)*
Wetterschirmbaustoff *m (BM)* siding material
Wetterschürze *f* weather boarding
Wetterschutz *m* 1. *(DIS)* waterproofing; 2. *(DIS, OB)* waterproofing coating *(Fassaden)*
Wetterschutzabdeckung *f* weathered protection, weathering
Wetterschutzanstrich *m (DIS)* weather-coat
Wetterschutzanstrichmaterial *n* weather coating material
Wetterschutzdach *n* hood
Wetterschutzdichtung *f*/**innere** *(Konst, OB)* weather back
Wetterschutzfugenleiste *f (BT)* weather strip
Wetterschutzhaube *f (Konst)* radome *(für Radarantennen)*
Wetterschutzverkleidung *f* **aus Schiefer** slate hanging
Wetterschutzverkleidung *f* **mit Schiefer** *(Konst, OB)* weather slating
Wetterschutzverkleidung *f*/**starke** *(OB)* pressure weather stripping
Wetterseite *f* weather face, side opposed to the weather, weather side, windward side; air-side face *(einer Talsperre)*
Wetterseitenwandfläche *f*/**zurückgesetzte** *(Konst)* sunk weathered surface
Wettersperre *f (Konst)* weather-resisting barrier
Wetterverhalten *n (BM)* weathering property
Wetterverhältnisse *npl (Bod)* weather conditions
Wetterwarte *f* weather station, meteorological station, observatory
Wetterwiderstandseigenschaft *f (BM)* weathering property
wetterwiderstandsfähig *(BM)* weather-resisting
wetzen *v* whet, sharpen *(Klingen)*
Wetzschiefer *m (BM)* whet slate
Wetzstein *m* whetstone, hone; oilstone
Weymouthskieferholz *n* white pine wood
Whirlpool *m* whirlpool
Whitehall *n (Arch)* white hall *(Westminster)*
Wichte *f* specific weight, weight density
wichten *v (Stat, Te)* weight
wichtig important; crucial *(entscheidend, kritisch)*; grand *(groß, prächtig, erhaben)*
Wickelband *n (BM)* wrapping tape *(Umwicklungen)*
Wickelbandage *f (BT)* wrap-around insulation
Wickelfalzrohr *n* folded spiral-seam tube
Wickellötstelle *f* winding joint, wrapped and soldered joint, Britannia joint
Wickelmaschine *f* preloading machine, wire-winding machine *(Spannbeton)*; wrapping machine *(Isolierungs- und Dämmstoffauftragen)*
wickeln *v* coil, wind
Wickeln *n (Te)* winding
Wickelschicht *f (Konst)* wrapping
Wickelstoff *m (BM, DIS)* wrapping material *(Isolier- bzw. Dämmmaterial)*
Widder *m (Erdb, Wsb, WVA)* ram
Widder *m*/**hydraulischer** *(WVA)* hydraulic ram
Widdersphinx *f (Arch)* ram-headed sphinx
Widerhaken *m* barb
Widerhakenbolzen *m* barb bolt
Widerhakennagel *m* barb bolt
Widerhall *m (DIS)* echo
Widerlager *n* abutment, vault abutment, earth abutment
Widerlager *n*/**abgetrepptes** stepped abutment
Widerlager *n*/**aufgelöstes** *(Br, Erdb)* hollow abutment
Widerlager *n*/**blindes** 1. *(TK)* blind abutment; 2. *(Konst)* secret abutment
Widerlager *n*/**geschlossenes** *(Br)* close abutment
Widerlager *n*/**rechteckiges** *(BT, TK)* rectangular abutment
Widerlager *n*/**trapezförmiges** *(Konst)* trapezoidal abutment
Widerlager *n*/**unterdrücktes** *(Erdb, Konst)* dead abutment
Widerlager *n* **von Tragkonstruktionen** *(SB, TK)* abutment of corbel *(aus Stein)*
Widerlager *n*/**vorspringendes** projecting abutment
Widerlager *npl*/**schräge** *(Konst)* raking abutments
Widerlagerabdeckung *f* abutment flushing
Widerlagerdruck *m (Stat)* abutment pressure
Widerlagerflügel *m* 1. *(BB, BT)* abutment leaf; 2. *(Br)* leaf
Widerlagerflügel *m*/**schräger** splayed retaining wall, splayed retaining wing *(Brücke)*
Widerlagerhinterfüllung *f (Erdb, Te)* abutment fill
Widerlagermauer *f* abutment wall, supporting wall
Widerlagermauerwerk *n* 1. *(Br, Erdb, Konst, SB)* masonry of the abutment; 2. *(SB)* abutment masonry
Widerlagerpfeiler *m (BT, TK)* abutment pier
Widerlagerschicht *f (Konst, SB)* vaulting course *(Gewölbe)*
Widerlagerstein *m* abutment stone, bearing pad, shearing block *(Plattendecke)*
Widerrufen *n (VR)* repeal
Widerschein *m* reflection
widersinnig disconformable
Widerstand *m* 1. *(El)* resistance *(mechanisch, elektrisch)*; 2. obstacle *(Hindernis)*; 3. *(El)* resistor *(Bauteil)*
Widerstand *m* **gegen Beschädigung** resistance against damage
Widerstand *m* **gegen Spurrillenbildung** *(Verk)* resistance to rutting
Widerstand *m* **gegen statisches Verwinden** resistance to static torsion
Widerstand *m*/**mechanischer** mechanical resistance
Widerstandsbeiwert *m* resistance coefficient, coefficient of drag *(DD)*
widerstandsfähig resistant, resisting, stable; strong *(fest, z. B. Baustoffe, Bauelemente)*; fast *(beständig)*; tough *(Material)* • **widerstandsfähig sein gegen** resist
widerstandsfähig/wenig of poor resistance; short--grained, brashy *(Holz)*
Widerstandsfähigkeit *f* resistance, stability, proofness; fastness *(Beständigkeit)*; sturdiness *(Robustheit)*; stability *(thermisch, chemisch)*
Widerstandsfähigkeit *f*/**chemische** *(BM, BT, OB, Umw)* chemical durability
Widerstandsfähigkeit *f* **gegen Beschädigung** damage fastness
Widerstandsgrad *m (Stat)* degree of fastness
Widerstandshartlötung *f* resistance hard soldering
Widerstandsheizung *f (HLK)* resistance heating
Widerstandskraft *f (Stat)* resisting force
Widerstandslöten *n (St, Te)* resistance brazing

Widerstandsmessmethode *f* electrically resistance method
Widerstandsmoment *n* moment of resistance, resisting moment, modulus of resistance, stress moment, elastic modulus; section factor [modulus] *(des Querschnitts)*
Widerstandsmoment *n*/**polares** *(Stat)* section modulus of torsion
Widerstandsnahtschweißen *n* resistance seam welding
Widerstandsregler *m (El)* rheostat
Widerstandsreibung *f* resistance of friction *(Pfahlgründung)*
Widerstandsschweißen *n (St, Te)* resistance welding *(Bewehrungsstahl)*
Widerstandsschweißung *f s.* Widerstandsschweißen
Widerstandsstumpfschweißen *n (St, Te)* resistance butt welding
widerstehen *v* resist, withstand, stand
Widmung *f* **einer Landstraße** *(VR)* highway act
Widmungsinschrift *f* dedicatory inscription
widrig *(Konst, Umw)* adverse
Wiederanstieg *m (Erdb)* reuplift, uplift *(Grundwasser)*
Wiederaufbau *m* 1. *(RS)* rebuilding; 2. *(RS, Te)* redevelopment *(Siedlungsbau)*
wiederaufbauen *v* rebuild, reconstruct, redevelop, reerect
Wiederaufbereitung *f* remanufacture; retempering *(z. B. von Beton)*
wiederaufforsten *v (LB)* reafforest *(Brachflächen)*
Wiederaufnahme *f* **der Bauarbeiten** *(Te)* resumption of works
Wiederausschreibung *f (VR)* renewed calling for tenders
Wiederbedachen *n (RS)* reroofing
Wiederbelastung *f (Stat)* reloading
wiederbeleben *v (RS)* revitalize *(z. B. Stadtzentren)*
Wiederbeleben *n (RP)* revitalization *(von Stadtkernen)*
wiederbelebt revived
Wiederbelebung *f* resuscitation
Wiederbelebung *f* **des Palladianismus** *(Arch)* Palladian revival
wiedererlangen *v (RS)* recover
Wiedergeburtsarchitektur *f (Arch)* Revival architecture *(19. Jh.)*
wiedergewinnen *v* reclaim, recover, salvage *(z. B. nutzbare Baustoffe)*; regenerate, repossess
Wiedergewinnen *n (RS, Te)* salvage
Wiedergewinnung *f* recovery; reclamation, salvaging *(Baumaterial)*
Wiedergewinnung *f* **von Daten** data retrieval
Wiedergewinnungsanlage *f* reclamation plant, recycling plant, resource recovery plant
wiederherstellen *v* 1. *(RS)* restore; 2. *(Te)* reconstitute *(z. B. temporär genutztes Land)*
Wiederherstellung *f (RS)* reinstatement
Wiederherstellung *f* **einer Aufgrabung** *(Verk)* reinstatement *(Straße)*
Wiederherstellung *f* **von Asphaltbetonstraßendecken** asphalt pavement recycling *(spezielles In-situ-Verfahren)*
Wiederherstellungsarbeiten *fpl (RS)* redevelopment work
wiederholbar repeatable
Wiederholbarkeit *f* repeatability
Wiederholbarkeitsgrenze *f* repeatability limit
wiederholen *v (Arch)* replicate
Wiederholgrenze *f* repeatability limit
Wiederholpräzision *f* repeatability
Wiederholstreubereich *m (BM, Stat)* repeatability range *(Baustoffprüfung)*
wiederholt repetitive
Wiederholungsprobe *f* repeat test
Wiederholungsprüfung *f* repeat test
Wiederholungssignal *n (Verk)* secondary signal
Wiederholungstest *m* repeat test
Wiederholungsversuch *m* repeat test, retest *(Baustoffprüfung)*
Wiederinbesitznahme *f (VR)* repossession
Wiederkonsolidierung *f (Bod, Erdb)* reconsolidation
Wiedernutzbarmachung *f (Umw)* recultivation
Wiederplastifizierbarkeit *f* remouldability *(Mörtel, Beton)*
Wiederplastischmachen *n* remoulding *(von Beton)*
Wiederplastizierbarkeit *f* remouldability *(Mörtel, Beton)*
Wiederurbarmachung *f (Umw)* recultivation
wiederverarbeiten *v (RS)* reuse
wiederverfestigen *v* resolidify
Wiederverfestigung *f (RS)* resolidification
wiederverkitten *v* recement
Wiederverkittung *f (RS, WVA)* recementation
wiederverwendbar reusable, recyclable
Wiederverwendbarkeit *f (BM)* recyclability
wiederverwenden *v* 1. *(RS)* reuse; 2. *(RS, Te)* recycle
Wiederverwendung *f* reuse, reutilization; re-employment, recycling *(z. B. von Baustoffen)*
Wiederverwendung *f* **von Asphalt(aufbruch)** asphalt pavement recycling
Wiederverwendungsbaustoffe *mpl (BM, RS, Umw)* recycled construction materials
wiederverwertbar recyclable
wiederverwerten *v (RS, Te)* recycle
Wiederverwertung *f* recovery; recycling *(von Abfallstoffen)*
Wiegebehälter *m* weigh box
Wiegeeinrichtung *f* weigh box
Wiegegenauigkeit *f* sensitiveness of balance, weighing sensitivity *(Waage)*
wiegen *v* 1. weigh (out) *(abwiegen, auswiegen)*; 2. *(BM, BT)* weigh *(eine Masse haben)*
Wiegen *n* **bei Langsamfahrt** *(Verk)* low-speed WIM
Wiegen *n* **im Fließverkehr** *(Verk)* high-speed WIM
Wiese *f* 1. *(LB)* meadow; 2. *(Bod, LB)* grass; 3. *(LB, RP, Umw) (AE)* lea
Wiesenboden *m (Bod)* meadow soil
Wiesenkalk *m (Bod)* meadow chalk
Wiesenland *n* meadowland
Wiesenmoor *n (Bod, Umw)* fenland
Wiesenmoorboden *m (Bod, Umw)* meadow bog soil
Wiesentorf *m (Bod)* meadow peat
Wild *n (Umw)* game *(Wildtierbestand)*
Wildbach *m* 1. *(Bod, Umw)* torrent; 2. *(Bod)* runnel
Wildbachverbau *m (Wsb)* torrent works
Wildbachverbauung *f (Wsb)* regulation of torrents, torrent control work, torrent damming, torrent regulation
Wilddachschiefer *m* rustic slate
Wildpark *m* game reserve, deer park
Wildpflasterstein *m* irregular paving set
Wildschutzzaun *m (LB)* game fence
Wildtrass *m (BM, Bod)* mineral trass *(vulkanische Tuffart)*
Wildwasser *n (Wsb)* rapid
Wildwechsel *m (Verk)* deer path [runway]
willkürlich random
Wimperg *m*, **Wimperge** *f (Arch)* Gothic gable, canopy *(gotischer Ziergiebel über Portalen und Fensteröffnungen)*
Wind *m* wind *(Aussprache: waind)* • **dem Wind abgekehrt** leeward, downwind • **durch Wind erzeugt** *(El)* wind-induced • **mit dem Wind** downwind
Windabfang *m* draught screen
windabwärts downwind
Windangriffsfläche *f* surface exposed to the wind, wind area
Windauflager *n* wind bearing
Windauftrieb *m (Stat)* wind uplift *(Dach)*
Windausfachung *f* frame diaphragm

Windauslenkung *f* **eines Gebäudes** *(Konst)* drift
Windauslenkungsindex *m* drift index, drift limitation *(pro Geschosshöhe)*
Windaussteifung *f (Konst, TK)* wind bracing
Windbeanspruchung *f* 1. *(Stat)* wind stress; 2. *(BWG, Stat)* wind drag *(am Baukran)*
Windbeiwert *m* suction coefficient
Windbelastung *f (Stat)* wind load
Windblende *f (Konst)* wind screen
Windbrett *n* 1. *(Hb)* gable board; 2. *(Hb, Konst)* side board; 3. *(Hb, Konst)* weather board *(am Giebel)*
Windbruchholz *n* wind-fallen wood, rolled timber
winddicht *(Konst)* windtight
Winddichtstreifen *m* 1. *(BM)* window bar; 2. *(BT)* window guard
Winddruck *m (Stat)* wind pressure
Winddruckbeiwert *m (Stat)* wind pressure coefficient
Winddruckkraft *f (Stat)* wind pressure force
Winddrucklast *f (Stat)* load due to wind pressure
Winddruckprüfung *f* static test *(für Fenster, vorgehängte Wände)*
Winddruckträger *m (Konst, TK)* wind brace *(Windverband)*
Winddruckverteilung *f (Stat)* wind pressure distribution
Winddruckwassertank *m (San, WVA)* air-water storage tank
Winde *f* winch, windlass; jack, hoist *(Hebevorrichtung)*; reel *(Haspel)*; rope winch, rope jack *(Seilwinde)*; lifting jack *(Schraubenwinde)*; gin *(Bockwinde, Bockkran; Dreifuß)*
Windeisen *n* saddle bar; tap wrench *(Werkzeug)*
winden *v* 1. *(Te)* wind *(aufwickeln)*; 2. hoist *(hochziehen)*; jack up *(aufbocken)*
winden *v***/sich** wind, meander (through) *(z. B. Straße, Fluss)*; twist
Windenergie *f (El)* wind energy
Windenergie *f***/nutzbare** *(Bod, El)* wind power
Windenschacht *m (Konst)* wind hatch
Winderhitzer *m (HLK)* blast-furnace stove
Windfahne *f* 1. *(BT)* wind vane; 2. *(Arch)* weaving vane
Windfang *m* 1. *(Konst)* storm porch; 2. *(Arch, Konst)* porch; 3. wind screen, draught screen *(Wand)*; 4. draught excluder, draught lobby, draught preventer, chimney pot *(eines Schornsteins)*
Windfangtür *f* 1. *(EB, Hb)* porch door; 2. *(Konst)* storm door; 3. *(BT)* vestibule door
Windfeder *f* 1. *(Hb)* gable board; 2. *(Hb, Konst)* weather board *(am Giebel)*
Windflügel *m* **Windrichtungsflügel** *m (EB)* vane
Windgasse *f (Bod, Konst)* storm lane
windgeschützt sheltered (from wind)
Windgeschwindigkeit *f (Bod)* wind speed
Windgeschwindigkeitsmesser *m* anemometer, wind gauge
Windhaube *f (BT, San)* chimney cowl
Windhose *f* wind spout, vortex
Windkanal *m (BWG, Konst)* wind tunnel
Windkanalmodell *n (Konst)* wind tunnel model
Windkanaluntersuchung *f (BM, Konst)* wind tunnel investigation
Windkappe *f (HLK)* lid of stack *(Schornstein)*
Windkasten *m (HLK)* wind box *(Heizung)*
Windkessel *m* 1. *(BWG)* air box; 2. *(HLK, Te, WVA)* air chamber *(Kompressor)*; 3. *(Wsb, WVA)* air vessel *(einer Pumpe)*
Windkomponente *f (Stat)* wind component
Windkraft *f* 1. *(Stat)* wind force *(als angreifende Kraft)*; 2. wind power, wing energy *(gewinnbar)*
Windkraftannahme *f (Stat)* wind-force assumption
Windkraftdiagramm *n (Stat)* wind-force diagram
Windkraftverteilung *f (Stat)* wind-force distribution
Windkraftwerk *n* 1. *(BWG, El)* wind-driven power station; 2. *(El)* wind power station
Windlagerung *f* wind bearing
Windlast *f (Stat)* wind load, lateral load
Windlastannahme *f (Stat)* wind load assumption
Windlastbeiwert *m (Stat)* value of wind load
Windlastfaktor *m (Stat)* value of wind load
Windlastmoment *n (Stat)* wind load moment
Windlastvorschrift *f (Stat)* wind load regulation
Windlastwert *m (Stat)* wind load value, value of wind load
Windlatte *f (Hb)* sprocket
Windmoment *n (Stat)* wind moment
Windmomentengleichung *f (Stat)* wind moment equation
Windmotorpumpe *f (Umw)* windmill pump
Windmühle *f* windmill
Windmühlenflügel *m* windmill vane
Windmühlenrad *n* windmill
Windpavillon *m (Arch)* wing pavilion
Windrad *n* windmill
Windrichtung *f* direction of wind, wind direction
Windrichtungsflügel *m (BT)* wind vane
Windrispe *f* 1. *(BT, Hb, Konst)* cocking piece; 2. *(Hb)* sprocket *(bei Dächern)*
Windriss *m* **im Holz** *(BM)* wind shake *(während des Wachsens)*
Windrute *f* sprocket piece, cross lath
Windsack *m (Verk)* wind cone, wind sock *(Straße)*
Windscheibe *f* shear wall
Windschirm *m* wind screen, draught screen *(Wand)*
Windschubmoment *n (Stat)* wind shear moment
Windschutz *m (Konst)* wind protection
Windschutzkeller *m (AE)* cyclone cellar
Windschutzleiste *f* wind stop, blind stop *(Fenster, Tür)*
Windschutzpflanzung *f* 1. *(LB)* windbreak; 2. *(LB, Umw)* shelter belt
Windschutzstreifen *m* 1. *(Umw)* protective forest belt; 2. *(LB, Umw)* shelter belt
Windschutzvorrichtung *f (Konst)* wind guard
Windschwankungsfaktor *m (Stat)* drift index, drift limitation *(pro Geschosshöhe)*
Windschwingung *f (Konst)* wind excited vibration
Windseite *f (Konst)* windward side
Windsichter *m* 1. *(BM, Te)* air classifier; 2. *(BWG, Te)* air separation plant *(Baustoffaufbereitung)*
Windsichtung *f* airstream sorting
Windsog *m (Stat)* wind suction
Windsogkraft *f (Stat)* wind suction force, wind uplift force
Windstandfestigkeit *f (Stat)* wind stability
Windstärke *f (Stat)* wind force
Windstrebe *f* 1. *(BT)* sway rod *(Dach)*; 2. *(Konst, TK)* wind brace *(Windverband)*
Windstrebe(n)flansch *m* wind bracing boom, wind braced boom
Windstrebengurtung *f (Konst)* wind braced boom
Windströmung *f (Bod)* wind flow
Windturbinenpumpe *f* windmill pump
Wind- und Staubschutzpflanzung *f (LB, Umw)* wind and dust protection planting
Windung *f* 1. *(Konst, Verk)* turn; 2. *(Konst)* winding; 3. *(BM, BT, Hb)* wind *(Aussprache: waind; z. B. eine Schraube)*; 4. meander *(eines Flusses)*; 5. curve, bend, turn *(z. B. einer Straße)*; 6. *(Arch, Verk, Wsb)* sinuosity *(Biegung, Krümmung, Gewundenheit)*; 7. *(Arch)* spiral *(Spirale)*
Windung *f***/involute** *(Arch)* involute whorl
Windungen *fpl* windings *(Pfeiler)*
Windverband *m* wind (sway) bracing, lateral bracing, sway bracing, transverse bracing
Windverband *m***/oberer** top lateral bracing
Windverband *m***/waagerechter** horizontal wind bracing

Windverbandanschluss *m (Konst)* wind brace connection
Windverformung *f (BM, BT, Stat)* wind drift
Windverhältnisse *npl (Bod)* wind conditions
Windverspannung *f (Konst, TK)* wind bracing
Windversteifung *f (Konst, TK)* wind bracing
Wind-Wasser-Druckprüfung *f* static test *(Fenster, Außenwände)*
Windwiderlager *n* wind bearing
Windwirkung *f (Stat)* wind effect
Windzug/abgedichtet gegen windtight
Winkel *m* 1. angle; 2. try square, back square *(Anschlagwinkel)*; 3. rule triangle *(Zeichendreieck)*; 4. *(Konst)* corner *(Ecke)*; 5. *(EB)* sash angle *(Baubeschläge)* • **einen Winkel messen** *(Verm)* take an angle
Winkel *m* **der Holzfaser zur Schnittkante** *(Hb)* grain slope *(Bauholz)*
Winkel *m* **der inneren Reibung** angle of internal friction
Winkel *m*/**eingeschlossener** included angle
Winkel *m*/**einspringender** reentrant angle
Winkel *m*/**flacher** *(Stat, Verm)* plane angle
Winkel *m*/**optischer** visual angle
Winkel *m*/**rechter** *(Arch, Verm)* right angle • **im rechten Winkel** right-angled • **nicht im rechten Winkel** askew
Winkel *m*/**schiefer** *(Verm)* oblique angle
Winkel *m*/**spitzer** *(Konst, Verm)* acute angle
Winkel *m*/**stumpfer** *(Stat, Verm)* obtuse angle
Winkel *m*/**toter** *(Verk)* inaccessible corner
Winkel *m*/**vorspringender** projecting angle, salient angle
Winkel... angular ...
Winkeländerung *f (Stat)* angular deformation *(Schubverformung)*
Winkelankerbolzen *m (Hb)* angle bond
Winkelauflage *f (Hb, St)* angle bracket
Winkelaussetzmesser *m* protractor
Winkelaussteifung *f* angle stiffening, knee brace
Winkelband *n (Hb)* angle brace, angle hinge, brace *(Bandholz)*
Winkeldach *n (Konst)* roof with 45° pitch
Winkeldruckstab *m (BT, TK)* angle strut
Winkeleckleiste *f* nosing
Winkeleisen *n* angle iron, structural (steel) angle, L-iron; steel angle *(Profilstahl)*
Winkeleisen *n*/**ungleichschenkliges** unequal angle iron
Winkelfenster *n* splayed window *(im Verhältnis zur Wandfläche)*
Winkelfitting *n* **mit Auflage** rest bend
Winkelfüllleiste *f* angle fillet
Winkelgrad *m* angle degree
Winkelhebel *m* angle lever, bell crank
Winkelholz *n (Hb)* knee piece *(Dach)*
winkelig angular
Winkeligkeit *f (BM, BT)* angularity
Winkelkapitell *n* angle capital
Winkelklammer *f* angle cleat, angle clip
Winkelkopf *m* cross-staff head
Winkellasche *f* knee brace, splice angle, angular fish; corner assembling *(Winkelverbindung)*; angle fish(plate) *(Schiene)*
Winkellehre *f* 1. angle gauge; 2. *(Hb)* angle board
Winkelleiste *f* angle bead, angle fillet, angle stile
Winkelmaß *n* angular measure, rule triangle
Winkelmesser *m* 1. angle gauge, measurement of angles, protractor; 2. *(Verm)* goniometer; quadrant *(für Höhenwinkel)*
Winkelmessgerät *n* goniograph, clinometer
Winkelmessung *f* 1. measurement of angles; 2. *(Verm)* goniometry
Winkelmessung *f*/**abschnittweise [repetitionsweise]** *(Verm)* repetition angular measurement
Winkeloberschwelle *f* angle lintel
Winkelpodest *n(m) (Konst)* quarter-space landing
Winkelprofil *n (St)* angle iron
Winkelprofil *n*/**gleichschenkliges** equal angle section
Winkelprofil *n*/**ungleichschenkliges** *(BM)* unequal-leg section
Winkelprofilträger *m (BT, TK)* angle beam
Winkelpunkt *m* angular point
Winkelquader *m* stone quoin
Winkelquaderstein *m* stone quoin
winkelrecht right-angled
Winkelreibebrett *n (SB)* angle float
Winkelrohr *n* elbow
Winkelschiene *f* set square
Winkelschleifer *m (BWG)* angle grinder
Winkelschneider *m* angle grinder, angle cutter
Winkelschrauber *m* offset screwdriver
Winkelschutz *m* angle guard
Winkelschweißen *n (St)* angular welding
Winkelsetzwaage *f* level square
Winkelspiegel *m* 1. *(Verm)* mirror square; 2. *(Verm)* goniometer
Winkelstahl *m s.* Winkeleisen
Winkelstahl *m*/**ungleichschenkliger** unequal-leg steel
Winkelstahlplatte *f* angled purlin
Winkelstahlstütze *f (TK)* steel angle stanchion
Winkelstein *m* angle quoin; angle block *(Eckblock)*
Winkelstift *m (BWG)* corner pin
Winkelstoß *m (Hb)* angle joint; angular joint *(Schweißverbindung)*
Winkelstrebe *f (Hb)* angle brace
Winkelstück *n* knee, elbow *(z. B. bei Rohren)*
Winkelstufe *f* angle step, solid rectangular step
Winkelsturz *m* angle lintel
Winkelstütze *f* angle bracket, angle buttress, angular bracket
Winkelstützmauer *f* 1. *(Erdb, Konst)* angular retaining wall; 2. *(Erdb)* cantilevered retaining wall; 3. *(Erdb, Konst)* wall with horizontal slab; 4. *(BT, Erdb, Konst)* counterfort wall *(z. B. bei Dämmen)*
Winkelstützwand *f s.* Winkelstützmauer
Winkelträger *m (TK)* L-beam
Winkeltreue *f* isogonality *(einer Darstellung)*
Winkelüberlappungsverbindung *f (Hb)* end lap joint
Winkelüberwurf *m* elbow union
Winkelventil *n (HLK, WVA)* angle valve *(Strömungsregler in Rohren)*
Winkelverbindung *f* 1. *(BT, Konst)* corner assembling; 2. *(Hb, St)* angular fish; 3. *(Hb)* toggle joint
Winkelverbindungsstück *n (BT)* connecting angle
Winkelverlaschung *f (Hb, St)* angle butt strap
Winkelverschraubung *f* elbow union
Winkelverstärkung *f* angle stiffening
Winkelversteifung *f* angle stiffening, angle cleat, angle clip; angle lacing *(Stahlbau)*
Winkelwulstprofil *n* bulb angle, bulb iron
Winkelziegel *m* angle brick, angle quoin
winklig angled, angular; cornered *(Ecke)*
Winkligkeit *f* squareness
Winter *m* winter
Winter... winter ...
Winterbau *m (Te)* winter construction
Winterbauen *n (Te)* winter building construction
Winterbefahrbarkeit *f (Verk)* winter serviceability *(Straße)*
Winterbetonieren *n (BB, Te)* winter concreting
Winterbetrieb *m (HLK)* winter service *(Heizung)*
Winterdeich *m (Wsb)* main dam
Winterdienst *m* winter maintenance *(Straße)*; winter service, winter road maintenance

Winterdienstauftragnehmer *m s.* Winterdienstfremdauftragnehmer
Winterdiensteinsatzplan *m (Verk)* winter maintenance plan
Winterdienstfahrzeug *n (Verk)* winter maintenance vehicle
Winterdienstfremdauftragnehmer *m (Verk)* winter maintenance contractor
Winterdienstleister *m (Verk)* winter maintenance contractor
Winterdienst-Management-System *n (WMS)* winter road
Winterdienstmaschinen *fpl* **und Winterdienstgeräte** *npl (BWG, Verk)* machinery and equipment for winter
Winterdienstnetz *n (Verk)* treatment length
Winterdienstpersonal *n (Verk, VR)* winter service staff
Winterdienststreugerät *n* winter gritting machine *(Straße)*
Winterfenster *n* winter window, outside window
Winterfestmachung *f (Te)* winterizing
Wintergarten *m* 1. *(Arch, Konst)* winter garden; 2. *(Arch, Konst, LB)* conservatory
Winterglätte *f (Umw, Verk)* winter slipperiness
Wintergras *n (LB, Umw)* fog *(ungemäht)*
Winterhafen *m (Wsb)* winter(ing) harbour, *(AE)* winter(ing) harbor
Winterhochbau *m (Te)* winter building construction
winterlich *(Bod)* winter
Winterpause *f* lay-off in winter *(Bauausführung)*
Winterschutzvorbau *m (Konst)* storm porch
Winterstilllegung *f (Te)* winter shutdown
Winterstreugerät *n* winter gritting machine *(Straße)*
Wintertür *f* weather door, storm door
Wippdrehkran *m* level-luffing crane
Wippe *f (Erdb, LB)* saucisse
Wippkran *m (BWG)* luffing crane *(mit veränderlichem Radius)*
Wippsäge *f* jigsaw
Wirbel *m* 1. eddy, curl, whirlpool *(Wasserströmung)*; 2. *(Wsb)* vortex *(Strömung)*; 3. *(Umw, WVA)* swirl *(Staub, Rauch)*
Wirbelbett *n* fluidized bed *(Heizkessel)*
Wirbelbewegung *f (Stat)* swirl
Wirbelkammer *f* swirling chamber
Wirbelmaserung *f (OB)* swirl *(Holz)*
wirbeln *v* eddy, whirl *(Wasser)*; swirl *(Bewegung, z. B. Staub, Rauch)*
Wirbelströmung *f* eddy current, eddy flow, rotary flow, rotational flow, turbulence, turbulent flow
Wirbelstromverfahren *n* eddy current method *(Anstrichschichtdickenbestimmung)*
Wirbelsturm *m* cyclone, tornado *(Tropensturm)*; *(AE)* twister
Wirbelung *f* eddying
wirkend/chemisch chemically acting
wirkend/direkt *(HLK)* direct-acting; self-actuated
wirkend/korrodierend corrosive
wirksam effective
Wirksamkeit *f* effectiveness, efficacy, efficiency
Wirksamkeit *f*/**biologische** biological effectiveness
Wirkstoff *m (BM)* active agent
Wirkstoff *m*/**chemischer** chemical agent
Wirkstoffpulver *n* powdered additive
Wirkstoffzusatz *m* **zum Abbinden** integral process
Wirkung *f* action; effect *(Ergebnis)*
Wirkung *f*/**ästhetische** *(Arch)* aesthetic effect
Wirkung *f*/**biochemische** *(OB, Umw)* biochemical action
Wirkung *f*/**chronische** chronic effect
Wirkung *f*/**erodierende** erosive effect
Wirkung *f*/**hydrophobierende** *(BM)* water repellency
Wirkung *f*/**kreuzförmige** cruciform effect
Wirkung *f*/**mechanische** mechanical action
Wirkung *f*/**monumentale** *(Arch)* monumental effect
Wirkung *f*/**plastifizierende** plasticizing action
Wirkung *f*/**raumabschließende** *(Arch)* enclosing design function
Wirkung *f*/**synergetische** *(Konst)* synergic action
Wirkung *f*/**tödliche** *(Umw)* lethal effect
Wirkung *f*/**toxische** toxic effect
Wirkung *f*/**zweidimensionale** *(Stat)* two-dimensional action
Wirkungsbewertung *f*/**kommunale** *(Umw)* community impact assessment
Wirkungsbreite *f* spectrum of activity *(Bauhilfsstoffe)*
Wirkungsgrad *m* efficiency factor, efficiency of action, efficiency
Wirkungsgrad *m*/**hydraulischer** hydraulic efficiency
Wirkungsgrad *m*/**mechanischer** mechanical efficiency
Wirkungsgrad *m*/**thermischer** *(HLK)* thermal efficiency
Wirkungsgrad *m*/**volumetrischer** *(Umw)* volumetric efficiency *(Umwelt)*
Wirkungshöhe *f (BB, Stat)* effective depth *(Stahlbeton)*
Wirkungslinie *f* line of action
Wirkungsmechanismus *m* mechanism of action
Wirkungsquerschnitt *m*/**gesamter** total cross section
Wirkungsquerschnitt *m*/**totaler** total cross section
Wirkungsrichtung *f* effective direction
Wirkungsspektrum *n* spectrum of activity *(Bauhilfsstoffe)*
Wirkungsstudien *fpl* impact studies
Wirtel *m* shaft ring
Wirtschaft *f* economy
wirtschaftlich economic(al), cost-effective
Wirtschaftlichkeit *f* economic efficiency, economic viability, cost effectiveness, economy
Wirtschaftlichkeitsberechnung *f* economics calculation
Wirtschaftlichkeitsbetrachtung *f* economical contemplation
Wirtschaftlichkeitsbewertung *f (Konst, VR)* cost effectiveness assessment
Wirtschaftlichkeitsuntersuchung *f* economic feasibility study, cost-effectiveness study, cost-effectiveness analysis, cost-benefit analysis, COBA, cost effective examination
Wirtschaftseingang *m (Konst)* trade entrance
Wirtschaftsgebäude *n* 1. *(Arch, Konst)* service building; 2. farm building, agricultural building, agricultural service building *(landwirtschaftlich)*
Wirtschaftsgeologie *f (Bod)* economical geology
Wirtschaftshof *m* farmyard
Wirtschaftspolitik *f (VR)* economic policy
Wirtschaftsprüfer *m* chartered accountant, certified public accountant, auditor
Wirtschaftsraum *m (RP)* utility room
Wirtschaftsverkehr *m* commercial transport
Wirtschaftsweg *m* rural road, farm road
Wirtshaus *n* public house, (licensed) restaurant; inn *(mit Übernachtung)*; *(AE)* saloon
wischbeständig *(OB)* wipe resistant
wischen *v* wipe
Wischen *n (OB, Te)* swabbing *(Oberflächenauftragung)*
wischfest *(OB)* wipe resistant
Wischleiste *f* baseboard
Wischtest *m (OB)* wipe test *(Oberflächenreinheit, Anstrichfestigkeit)*
Wischtuch *n*/**getränktes** *(BM, OB, Te)* tack rag *(Anstrich)*
Wismutblende *f (BM)* bismuth blende
Wissenschaft *f* science
wissenschaftlich scientific
Wissensgebiet *n* science, subject field
Witterung *f* weather • **der Witterung ausgesetzt** exposed to weather

witterungsbeständig 1. *(BM)* weather-resistant; 2. *(BM, OB)* fast to weather
Witterungsbeständigkeit *f* resistance to weather(ing), exterior weathering resistance, weather resistance, weatherproofness, weathering quality
Witterungselement *n* weathering element
Witterungserscheinung *f* weathering element
Witterungsschutz *m (Konst)* weather-resisting barrier
Witterungsschutzanstrich *m* weather coating material
Witterungsschutzanstrichstoff *m* weather coating material
Witterungsschutzaufstrich *m (DIS)* weather-coat
Witterungsverhältnisse *npl* 1. *(Bod)* weather conditions; 2. *(Umw)* atmospheric conditions
WMS *s.* Winterdienst-Management-System
Wochenendhaus *n (Arch)* weekend house
Wochenendhausgebiet *n (RP)* weekend house area
Wochenendhausgegend *f s.* Wochenendhausgebiet
Wöchnerinnenstation *f* mother and baby unit
wohl *(BM, VR)* well *(gesund, z. B. Bausubstanz)*
Wöhler-Kurve *f* 1. *(BM)* Wöhler curve; 2. *(BM, Stat)* stress--number curve
wohlhabend *(BM, VR)* well
Wohn... residential
Wohnanlage *f* housing complex, housing estate, housing facility, *(AE)* housing development
Wohnanlage *f***/befestigte** *(Konst)* fortified residence
Wohnbalkon *m* residential balcony
Wohnbaracke *f* housing barrack, living hut
Wohnbau *m* 1. *(Arch)* fortified structure; 2. residential building
Wohnbauarchitektur *f* residential architecture
Wohnbaugebiet *n (RP)* populated area
Wohnbauland *n (RP)* land for housing construction
Wohnbauprogramm *n* housing development plan [scheme]
Wohnbauprojekt *n* housing project
Wohnbauten *mpl* housing, residences
Wohnbauwerk *n (Arch)* fortified structure
Wohnbebauung *f* house-building
Wohnbedürfnisse *npl* living requirements, housing needs
Wohnbelegung *f* occupancy rate
wohnberechtigt entitled in accommodation
Wohnbereich *m (Konst)* living zone
Wohnbezirk *m (RP)* residence district
Wohnblock *m* residential block, block of flats, housing square, *(AE)* apartment house
Wohnblockbau *m* construction of residential block(s), flat (block) construction, *(AE)* apartment construction
Wohnblocktyp *m* housing block type, residence block type
Wohndichte *f* housing density, dwelling density, residential density, living density, occupant density
Wohnebene *f* living level, housing level
Wohneigentum *n* horizontal property, dwelling premises
Wohneinheit *f* housing unit, residential unit, living unit, rental unit, dwelling, *(AE)* dwelling unit; room
Wohneinheit *f***/separate** *(RP)* detached dwelling *(im Zweifamilienhaus)*
Wohnelement *n* furniture element
wohnen *v* reside, be domiciled *(amtlich)*; reside, dwell; live in; live with *(wohnen bei)*; stay *(temporär)*; lodge *(zur Miete)*; *(AE)* room
Wohnerdgeschoss *n* residential ground floor
Wohnetage *f* apartment floor
Wohnfläche *f* living space, floor space, floor area
Wohngebäude *n* residential building, dwelling building, *(AE)* apartment building
Wohngebäude *npl***/enggruppierte** cluster housing
Wohngebäudearchitektur *f (Arch)* residential architecture
Wohngebäudeart *f (Konst)* type of residential building
Wohngebäudetyp *m* residence block type
Wohngebiet *n (RP)* residence district
Wohngebiet *n***/dicht besiedeltes** heavily populated area, heavily developed area
Wohngebiet *n***/dichtes** heavily populated area, heavily developed area
Wohngebietsstraße *f (Verk)* house estate road
Wohngegend *f* residential neighbourhood; residential area *(vornehm)*
Wohngelände *n* dwelling premises *(s. a. Wohngebiet)*
Wohngeld *n* rent allowance, rent rebate; housing subsidy *(Zuschuss)*
Wohngemeinschaft *f* people sharing a flat, compact living, *(AE)* group of people sharing an apartment
Wohngeräusch *n (DIS)* room noise
Wohngeschoss *n* residential floor, *(AE)* residential storey, *(AE)* apartment storey
Wohngroßblock *m (Arch)* superblock
Wohngrundstück *n (VR)* residential plot
wohnhaft domiciled resident
wohnhaft/ständig resident
Wohnhaus *n* dwelling building, dwelling house, residential building, house, *(AE)* apartment house, *(AE)* home
Wohnhaus *n***/fünf- bis siebenstöckiges** *(Arch) (AE)* dumbbell tenement *(in New York vor 1901)*
Wohnhaus *n***/großes** mansion
Wohnhaus *n* **mit versetzter Geschossebene** split-level house *(Hanghaus)*
Wohnhausbau *m* domestic architecture • **nicht zum Wohnhausbau gehörend** *(Konst)* non-domestic
Wohnhauseingang *m* residential building entrance
Wohnhauskellergeschoss *n (AE)* English basement
Wohnhaustyp *m* residence block type
Wohnhausweg *m* local road
Wohnhauszufahrt *f (Verk)* local access
Wohnheim *n* hostel; hall of residence *(für Studenten in England)*; *(AE)* lodging house, dormitory, rooming house; home *(Seniorenwohnheim)*
Wohnheim *n***/schwimmendes** floating hostel
Wohnheimunterkunft *f* hostel residence
Wohnhochhaus *n (Arch)* residence tower
Wohnklima *n (HLK, Umw)* living climate
Wohnkolonie *f* housing colony; housing estate, estate *(Siedlung innerhalb einer Ortschaft)*; cottage community *(mit Einzelhäusern)*; *(AE)* nesting *(meist auf freiem Gelände)*
Wohnkomfort *m* home comfort, modern conveniences, mod cons; (housing) amenities *(Folgeeinrichtungen)*
Wohnkomplex *m* 1. *(Arch, RP)* community unit; 2. *(RP)* housing estate
Wohnkomplex *m* **mit guten Folgeeinrichtungen** high amenity district, housing estate with high-standard public amenities
Wohnküche *f* combined kitchen and living room; kitchen--cum-livingroom, multipurpose kitchen, dining kitchen, dweller kitchen
Wohnkultur *f* cultivated living, housing tradition
Wohnlage *f* residential location
Wohnlager *n* residential camp
Wohnlandschaft *f* landscaped area, landscaped interior
Wohnlärm *m (Umw)* domestic noise
Wohnlaube *f* garden house
wohnlich comfortable, liv(e)able, homely, cosy, *(AE)* snug, *(AE)* pleasant; *(AE)* cozy *(behaglich)*
Wohnlichkeit *f* comfort(ableness) livableness
Wohnmöbel *pl* house furniture
Wohnmobil *n* motor home
Wohnnotunterkunft *f* emergency accommodation
Wohnoberetage *f (Konst)* upper residential floor

Wohnobergeschoss *n (Konst)* upper residential floor
Wohnort *m* place of residence, habitation, place, dwelling
Wohnortschaft *f (RP)* residential community *(industriearm, industriefrei)*
Wohnpark *m (RP)* residential park
Wohnparzelle *f (VR)* residential plot
Wohnraum *m* 1. living space, habitable room, housing space *(eines Hauses)*; 2. *s.* Wohnzimmer
Wohnraum *m*/**halboffener** *(Arch)* lanai *(verandaartiger Wohnraum auf Hawaii)*
Wohnraum *m*/**sonniger** *(Konst) (AE)* sun-room
Wohnraumauslastungsrate *f* occupancy rate
Wohnraumbelegung *f* occupancy rate
Wohnraumbewirtschaftung *f* housing control
Wohnrecht *n (VR)* easement
Wohnschlafzimmer *n* bed-sitting room, bed-sitter
Wohnsiedlung *f* housing estate, estate *(innerhalb einer Ortschaft)*; *(AE)* development
Wohnsiedlung *f*/**anschließbare** plug-in housing estate
Wohnsilo *n* 1. *(Konst, RP)* anonymous tower block; 2. *(Arch)* concrete block
Wohnsitz *m* domicile, residence, permanent address, legal address, habitacle, abode • **seinen Wohnsitz haben** reside
Wohnsitz *m*/**alter spanischer** cabaña
Wohnsitz *m*/**fester** establishment
Wohnsitz *m* **mit Nebengebäuden und Gartenland** *(Arch)* messuage *(juristisch)*
Wohnstadt *f (RP)* residential town
Wohnstätte *f* dwelling
Wohnstraße *f* local street, residential street [road], local road, *(AE)* street
Wohnterrasse *f* living terrace
Wohntrakt *m* residential unit, residential portion
Wohnturm *m* 1. residence tower, tall block, tall building, hall-keep, tower block, *(AE)* apartment tower; 2. *(Arch)* tower-house *(einer Burg)*
Wohnturm *m*/**gemauerter** *(Arch)* shell donjon, shell dungeon
Wohn- und Bürohaus *n (Arch)* flats-and-offices block
Wohn- und Nutzfläche *f* floor space
Wohnung *f* flat, dwelling, habitacle, rental unit, residence, residential unit, *(AE)* apartment, dwelling unit; dwelling, habitation *(auch als Wohnstätte, Behausung, Wohnunterkunft usw.)* • **aus einer Wohnung ausziehen** move out of a flat • **die Wohnung wechseln** move home
Wohnung *f*/**beheizbare** *(AE)* heatable unit
Wohnung *f* **im alten Rom und Griechenland** *(Arch)* procoetion
Wohnung *f* **mit einer Nachbarwohnung** *(Konst)* semi-detached dwelling *(im Doppelhaus)*
Wohnung *f*/**moslemische** *(Arch)* bayt *(für eine Familieneinheit, z. B. Beduinenzelt, Hütte oder auch Haus)*
Wohnungs... domiciliary
Wohnungsamt *n (VR)* housing office
Wohnungsanschluss *m* residence telephone
Wohnungsauflösung *f* house clearance, dissolution of a household
Wohnungsbau *m* housing construction, domestic construction, housing work, *(AE)* home building
Wohnungsbau *m*/**erdgeschossiger** low-rise housing
Wohnungsbau *m*/**hochintensiver** high-density housing
Wohnungsbau *m* **in Großplattenbauweise** large-panel housing construction, *(AE)* panellized housing
Wohnungsbau *m*/**industrieller** industrialized domestic construction, industrialized housing construction, prefabricated housing
Wohnungsbau *m*/**öffentlich geförderter** 1. *(VR)* local authority house-building; 2. *(RP)* low-rent house building; 3. *(RP, VR)* subsidized house-building
Wohnungsbau *m*/**öffentlicher** public dwelling construction
Wohnungsbau *m*/**privater** private housing
Wohnungsbau *m*/**schlüsselfertiger** *(VR)* turnkey housing construction
Wohnungsbau *m*/**sozialer** social housing construction, social house building, public housing construction, publicly financed housing, low-cost house-building, council housing, public housing, publicly assisted house-building, *(AE)* public housing units
Wohnungsbauarchitektur *f* residential architecture
Wohnungsbaubehörde *f (VR)* housing authority
Wohnungsbaufinanzierung *f (VR)* housing financing
Wohnungsbauförderung *f (VR)* promotion of housing
Wohnungsbaugebiet *n* 1. *(RP)* housing construction area; 2. *(RP, VR)* construction developing zone
Wohnungsbaugesellschaft *f* housing association, house-building association
Wohnungsbaugesellschaft *f*/**gemeinnützige** *(VR)* mutual benefit building society
Wohnungsbaugesetz *n (VR)* housing act
Wohnungsbauministerium *n* Ministry of Housing
Wohnungsbauprogramm *n (VR)* house-building programme
Wohnungsbauprojekt *n (RP)* housing project
Wohnungsbausubstanz *f* housing stock
Wohnungsbauten *mpl* housing
Wohnungsbauträger *m (VR)* residential developer
Wohnungsbauunternehmen *n* housing undertaking
Wohnungsbauunternehmer *m* property developer
Wohnungsbauverfahren *n (VR)* housing system
Wohnungsbauvorhaben *n (RP)* housing project
Wohnungsbedarf *m* housing requirement, housing demand, housing need
Wohnungsbelegung *f* occupancy of dwelling
Wohnungsbesetzer *m (VR)* squatter
Wohnungsbestand *m* housing stock, stock of dwellings
Wohnungseigentum *n (Konst, VR)* horizontal property
Wohnungseigentümer *m (VR)* owner-occupier
Wohnungseinheit *f* housing unit, unit of accommodation, rental unit, *(AE)* dwelling unit
Wohnungseinrichtung *f* furniture, furnishings
Wohnungseinrichtungsgegenstände *mpl*/**nicht bewegliche** fixtures and fittings
Wohnungsgebäude *n* residential building, *(AE)* apartment building
Wohnungsgebrauchswert *m* level of amenities
Wohnungsheizung *f (HLK)* residential heating
Wohnungsinhaber *m* occupant, resident, user
Wohnungskündigung *f (VR)* notice to quit (the flat)
wohnungslos homeless
Wohnungsmakler *m* house agent, (real) estate agent, *(AE)* real estate broker
Wohnungsmangel *m* housing shortage
Wohnungsmarkt *m (VR)* housing market
Wohnungsmieter *m* tenant
Wohnungsnachweis *m* housing office
Wohnungsneubau *m (Arch, RP)* new housing construction
Wohnungsnot *f* shortage of housing
Wohnungspolitik *f* housing policy
Wohnungssuche *f* house-hunting
Wohnungstausch *m* exchange of flats, *(AE)* exchange of apartments
Wohnungstrennwand *f* party wall, separating wall; common wall *(zweier angrenzender Häuser)*
Wohnungstür *f* hall door

Wohnungsuntersuchung *f (VR)* housing survey *(Erhebung)*
Wohnungsvermittlung *f* housing agency
Wohnungsverwaltung *f (VR)* housing authority
Wohnungswesen *n* housing
Wohnungswohnfläche *f* flat floor space
Wohnungszubehör *n (EB)* internal fittings
Wohnunterkunft *f* living quarters, accommodation, residence accommodation, residential accommodation
Wohnverbesserung *f (VR)* housing betterment
Wohnverhältnisse *npl* living conditions, housing conditions *(einer Familie)*
Wohnviertel *n* residential quarter, residential district, residential area, domestic quarter, housing estate, *(AE)* residential neighbourhood unit; *(AE)* greenbelt town *(offene Einfamilienhausbesiedlung)*
Wohnwagen *m* caravan, *(AE)* accommodation trailer
Wohnwagensiedlung *f (RP)* mobile town
Wohnwand *f* wall unit
Wohnweg *m* local road
Wohnwert *m* level of amenities
Wohnwolkenkratzer *m (Arch)* skyscraper block
Wohnzimmer *n* 1. living room, sitting room *(Familienaufenthaltsraum)*; *(AE)* keeping room; 2. living-room furniture *(Wohnzimmermöbel)*
Wohnzimmereinbauschrank *m (EB)* living closet
Wölbdach *n* bent roof
wölbdeckenförmig *(Konst)* forniciform
wölbedachförmig *(Konst)* forniciform
wölben *v* 1. vault, arch, crown, camber *(Bogen)*; 2. curve, bend *(Blech)*; 3. camber *(Straße)*
wölben *v*/**sich** 1. hump, arch *(aufwölben)*; 2. swell *(Bodenoberfläche)*; 3. bend *(Blech)*; 4. camber *(z. B. Straßen)*; 5. become warped *(z. B. Holz)*
Wölbetechnik *f (Konst)* vaulting engineering
Wölbfläche *f (Arch, Konst)* upright shell
Wölbfuge *f (Konst)* voussoir joint
Wölblehre *f* camber diagram
Wölbsteinverband *m (SB)* bond of the voussoirs
Wölbung *f (Arch)* vault *(Bogen)*; line of arch *(Bogenlinie)*; cove, outline of arch *(des Gewölbes)*; crowning, doming *(Kuppel)*; barrel camber *(tonnenartig)*; bow, curvature *(Bogen einer Straße)*; camber *(z. B. der Straßenoberfläche)*; swell *(Schwellwölbung, z. B. Erdstoffe)*; gibbosity, hump *(Buckel, Höcker)*; warp *(Verwerfungswölbung, z. B. Holz)*
• **die Wölbung beginnen** *(SB, Te, Te)* spring *(Gewölbe)*
• **mit Wölbung** cambered *(z. B. Holzteile oder Straßenoberfläche)*
Wölbung *f*/**falsche** *(Konst)* false vaulting
Wölbung *f* **mit Vieleckschicht** *(Konst, SB)* vaulting with polygonal course
Wölbungsfläche *f*/**innere** *(Arch)* intrados
Wölbungsrücken *m (Arch)* extrados
Wölbungsschub *m (Stat)* vault thrust
Wölbziegelbogen *m (Konst, SB)* gauged arch
Wolframcarbid *n*, **Wolframkarbid** *n (BM)* tungsten carbide
Wolframlampe *f (El)* tungsten-halogen lamp
Wolframstahl *m* tungsten steel
Wolkenbildung *f (OB)* clouding *(Anstriche)*
Wolkenkratzer *m (Arch)* skyscraper • **Wolkenkratzer bauen** *(Te)* skyscrape
Wolkenverzierung *f (Arch)* nebulé moulding *(Ornament)*
Wolle *f (BM)* wool
Wollfilzdachpappe *f* wool felt, rag felt
Wollfilzpappe *f* wool felt
Wrasenabzug *m (HLK)* vapour flue
Wrasenrohr *n* vapour pipe, flue pipe; air chimney *(Wrasenabzug)*
wuchern *v* sprawl *(ungeplantes Bauen)*
Wuchsfehler *m* growth defect *(bei Holz)*
Wuchtbaum *m* lifter
Wulst *m(f)* 1. bead *(Blech)*; 2. swell(ing), enlargement *(Verdickung)*; 3. bulb *(Dichtungsband)*; 4. bulge *(Ausbeulung)*; 5. *(BT)* collar *(Manschette)*; 6. flange *(Steg)*; 7. *(Konst)* ridge *(Steg)*; 8. rolling moulding *(Wulstleiste)*; 9. *(BT)* swell *(Ausbauchung, Ausbeulung)*; 10. *(BT)* web *(Aussteifung)*; 11. *(Konst)* welt *(Einfassung)*; 12. ridging *(Oberfläche)*
Wulst *m*/**angesetzter** attached welt
Wulst *f*/**überlappende** overlapping astragal
Wulstband *n* 1. bead seat band; 2. *(Arch)* taenia
Wulsteisen *n* bulb iron, bulb angle
Wulsteisen *npl* **mit Flanschen** *(St)* bulb rail iron
Wulstfliese *f* bead tile
wulstförmig toric
Wulstfuge *f (Konst)* skintled joint *(wild)*
Wulstkantenstufe *f* round step
Wulstleiste *f (Arch)* astragal; roll moulding, rolling moulding
Wulstleiste *f*/**überlappende** overlapping astragal, wraparound astragal
Wulstnaht *f (St, Te)* stuffed seam *(Schweißnaht)*
Wulstnippel *m* shoulder nipple
Wulstprofil *n (St)* bulb section
Wulststeg *m* bulb tee
Wulststreifen *m* roll
Wulstwinkel *m* bulb angle, bulb iron
Wünschelrute *f (Umw)* divining rod, dowsing rod, doodlebug
Wünschelrutengänger *m* dowser, water diviner, waterfinder, *(AE)* water witch
Würfel *m* 1. cube; 2. *(Arch)* dado *(eines Säulenfußes)*
• **Würfel herstellen** cube
Würfeldruckfestigkeit *f* 1. *(BM)* cube strength; 2. *(BB, BM, Stat)* compressive cube strength *(Beton)*
Würfelfestigkeit *f s.* Würfeldruckfestigkeit
Würfelform *f* cube mould *(z. B. für Betonprüfkörper)*
würfelförmig cubic
Würfelfries *m (Arch)* chequerwork, diamond moulding *(romanisches Ornament)*
Würfelgröße *f* cube size
Würfelhaus *n* cuboid house
Würfelkapitell *n (Arch)* block capital, pillow capita, cubic capital, cushion capital
Würfelmischbehälter *m (BWG)* cubical mixing tank
Würfelmosaik *n* 1. *(Konst)* tessellated pavement *(Pflaster)*; 2. *(Arch)* Roman mosaic
Würfelmuster *n (SB)* basket weave *(Ziegelmauerwerk)*
Würfelprüfkörper *m* cubic test block
Würfelprüfung *f* cube test
Wurf(rau)putz *m* thrown-on finish, *(AE)* Tyrolean finish
Wurfrauputz *m*/**maschineller** *(AE)* Tyrolean finish
Wurfschaufellader *m (BWG)* rocker shovel loader
wurmähnlich *(Arch)* vermicular *(z. B. Ornamentierung)*
wurmartig *(Arch)* vermicular *(z. B. Ornamentierung)*
wurmförmig vermiform
Wurmfraß *m* damage caused by powder-post beetles, damage done by worms, worm damage, powder post *(im Holz)*
wurmstichig pricked by worms, wormy *(Holz)*
wurzelabweisend rootproof
Wurzelbeseitigung *f (LB)* uprooting
Wurzelharz *n (BM)* wood rosin
Wurzelholz *n* root timber, butt wood
Wurzelkolophonium *n (BM)* wood rosin
Wurzellage *f (St)* first layer
Wurzelmaßstabdarstellung *f (Konst, Stat)* root diagram
Wurzelschössling *m* sucker
Wurzelstockfurnier *n* stump veneer, butt veneer

Wüstenboden *m (Bod)* desert soil
W/Z-Faktorbestimmungsgerät *n (BM)* ratiometer
W/Z-Wert *m* water/cement ratio, w/c ratio *(Beton)*

x-Achse *f (Stat)* x-axis
Xenolith *m (Bod)* xenolith *(von Fremdgestein in Mineralien)*
Xenonbogenlampe *f* xenon arc lamp
Xenonentladungslampe *f* xenon discharge lamp
Xenonlampe *f* xenon discharge lamp
X-förmig X-shaped
X-Naht *f* double-V weld
X-Schneide *f (Bod, Erdb)* X-bit *(Bohrmeißel)*
Xylen *n (BM)* xylene
Xylenolharz *n (BM)* xylenol resin
Xylol *n (BM)* xylol

y-Achse *f (Arch)* y-axis
Yard *n (Stat)* yard *(SI-fremde Einheit der Länge; 1 yd = 0,9144 m)*
Y-Bau *m (Arch, Konst)* Y-shaped building
Yeseria *f (Arch)* yeseria, stalactite work *(stalaktitenartige Stuckdekoration islamischer Herkunft)*
Y-förmig Y-shaped, bifid, forked
Y-Förmigkeit *f* bifidity
Y-Grundriss *m (Arch, Konst)* trefoiled ground-plan
Y-Grundriss-Gebäude *n* Y-shaped building, star-shaped building
Y-Grundriss-Hochhaus *n (Arch, Konst)* trefoil-shaped tower block
Y-Stiel *m* 1. *(BT, Konst)* Y-strut; 2. *(Konst, TK)* forked strut

Z

Zacke *f s.* Zacken
zacken *v* 1. indent, notch *(kerben)*; 2. tooth, serrate, indent *(mit Zacken versehen)*
Zacken *m* pointed projection, (sharp) point; spike *(z. B. von Zaunstäben, Eisenspitze)*; tine, prong *(Zinke, z. B. an einer Gabel)*; tooth *(z. B. einer Säge)*; notch *(Holzkerbe)*; indent(ation) *(Auszackung)*; jag *(Fels)* • **mit Zacken versehen** *(Te)* tooth, indent
zackenartig pointed, serrated, jagged
Zackenbogen *m (Arch)* multifoil arch
zackenförmig *s.* zackenartig
Zackenfries *m (Arch)* chevron, zigzag *(normannisch-romanisches Ornament)*
Zackenornament *n (Arch)* indented ornament
zäh 1. tough, tenacious, impact-resisting, impact-resistant *(Material)*; 2. tenacious, persevering *(Arbeit)*; 3. stubborn, persistent *(Bemühungen)*; 4. ropy *(fadenziehend)*; 5. *s.* zähflüssig
Zähbruch *m*/**ebener** *(BM, BT)* dimple fracture
zähfest tough *(Material)*
Zähfestigkeit *f* toughness, tenaciousness, tenacity
zähflüssig viscous, viscid; gluey *(klebrig)*; ropy *(fadenziehend)*
zähflüssig/nicht non-viscous
Zähflüssigkeit *f* viscosity
Zähigkeit *f* 1. tenacity, toughness *(Material)*; 2. viscosity *(Flüssigkeiten)*
Zähigkeit *f*/**dynamische** *(BM)* dynamic viscosity
Zähigkeitsmodul *m* modulus of toughness
Zähigkeitsprüfung *f (BM)* toughness test
Zahl *f* 1. number; 2. factor, coefficient *(Koeffizient)*
Zahl *f* **der Freiheitsgrade** *(Stat)* number of degrees of freedom
Zahl *f*/**Poisson'sche** *(Stat)* Poisson's ratio *(Quotient Querkürzung bzw. Querkontraktion zu Dehnung)*
Zahl *f*/**unendliche** infinite number
Zahl *f*/**Winkler'sche** *(Stat)* Winkler's value *(Durchlaufträgerstatik)*
zahlbar payable
zahlen *v*/**Konventionalstrafe** *(VR)* pay stipulated fine
zählen *v (Verk, VR)* count
Zählen *n* **unter Verkehr** *(Verk)* moving count
Zahlenbezeichnung *f (Stat)* number designation
Zahlenkombinationsschloss *n (EB)* combination lock
zahlenmäßig numerical
Zahlenmaterial *n* numerical data, figures
Zahlenschloss *n* combination lock
Zahlensystem *n* numerical system
Zahlentafel *f* numerical table
Zahlenwert *m (Stat)* numerical value
Zähler *m* counter, counting device; meter *(Gas, Strom)*
Zählerablesung *f* meter reading
Zähleranordnung *f (El)* meter arrangement
Zählergehäuse *n* meter case
Zählerkasten *m* meter box
Zählernische *f* meter enclosure, meter niche
Zählerraum *m* meter room
Zählerstand *m* meter reading
Zählerstation *f* meter station
Zählertafel *f (El)* meter board
zahllos countless, numberless
zahlreich numerous, a great many
Zählrohr *n (Umw)* counter tube
Zahltag *m* pay day
Zahltisch *m* 1. *(BT)* counter; 2. *(EB)* cash desk
Zahlung *f* payment, settlement
Zählung *f* 1. *(Verk, VR)* count; 2. *(RP, Verk)* census *(z. B. Verkehr, Bevölkerung)*
Zählung *f*/**handschriftliche** *(Verk)* manual count
Zählung *f* **unter Verkehr** *s.* Zählen unter Verkehr
Zahlungsaufforderung *f (VR)* request for pay(ment)
Zahlungsaufschub *m* extension of credit
Zahlungsausgleich *m* settlement of payment
Zahlungsbedingungen *fpl* terms of payment
Zahlungsbürgschaft *f (VR)* contract payment bond
Zahlungseingang *m* inpayment
Zahlungsempfänger *m* payee
zahlungsfähig solvent, responsible
Zahlungsfähigkeit *f* solvency
Zahlungsfrist *f* term of payment

Zahlungsmittel *n* means of payment
Zahlungsmittel *n*/**gesetzliches** *(VR)* legal tender
Zahlungsmodus *m* mode of payment
Zahlungsmoral *f* payment habitus
Zahlungsplan *m* settlement plan, payment plan
Zahlungsrückstand *m s.* Zahlungsverzug
Zahlungssperre *f* stoppage of payments
zahlungsunfähig insolvent
Zahlungsvereinbarung *f* payments agreement
Zahlungsverpflichtung *f (VR)* liability to pay
Zahlungsverweigerung *f* refusal of payment
Zahlungsverzug *m* default of payment
Zahlungsziel *n* date of payment
Zählwerk *n (El)* counting device
Zahn *m* 1. *(Arch)* denticle *(korinthisch)*; 2. tooth *(z. B. einer Säge)*
zahnähnlich dentaloid
Zahnankerplatte *f (Hb)* toothed plate, toothed-plate connector
Zahnbolzen *m* indented bolt
Zahndrahtgeflecht *n* fence wire matting
Zahndübel *m (Hb)* toothed plate
Zahndübel *m*/**quadratischer** squared toothed plate
Zahneisen *n* indented chisel, narrow indented chisel, notches chisel *(Steinmetzwerkzeug)*
Zahnform *f (Arch)* indented moulding
Zahnfries *m (Arch)* indented frieze *(aus Backsteinen, Deutsches Band)*
Zahnhobel *m (BWG)* toothing plane
Zahnkantenziegel *m* toother *(Mauerwerk)*
Zahnkelle *f (BWG)* notch trowel
Zahnlage *f* toothing course, indenting course *(Mauerwerk)*
Zahnplatte *f* 1. *(Hb)* toothed plate; 2. *(EB)* combplate *(an einer Rolltreppe)*
Zahnradbahn *f (Verk)* rack railway
Zahnradflaschenzug *m* geared pulley block
Zahnreihe *f* 1. *(Arch)* dentil course *(z. B. Mauerkrone)*; 2. *(Arch)* denticulation *(dorischer Sims)*; 3. *s.* Zahnschicht; 4. *s.* Zahnlage
Zahnringankereisen *n (Hb)* toothed ring
Zahnringdübel *m (Hb)* toothed ring connector
Zahnschicht *f* 1. toothing course, indenting course *(Mauerwerk)*; 2. *s.* Zahnreihe
Zahnschnitt *m (Arch)* dentil course
Zahnschnittkorona *f* denticulation corona
zahnschnittverziert *(Arch)* pounced
Zahnschwelle *f* dentated sill
Zahnsims *m (Arch)* denticular cornice
Zahnspachtel *f* serrated trowel
Zahnstange *f* rack, rack rail; gear rack
Zahnstangenaufzug *(EB)* rack-and-pinion elevator
Zahnstangentür *f (EB)* rack door
Zahnstangenwinde *f* rack jack
Zahnstein *m (BWG)* toothing stone *(Mauerwerk)*
Zahntriebtürschließer *m* rack-and-pinion door closer
Zahnung *f* toothing
Zahnverzierung *f (Arch)* dentil(s), dentel *(im ionischen oder korinthischen Säulengesims)*
zähplastisch *(BM)* viscoplastic *(Baustoff)*
Zange *f* 1. *(Hb)* binding piece, binding tie, tie beam, string piece, footing beam, horizontal timber, binding beam, *(AE)* lunding beam; brace; 2. pliers, pincers, tongs; pipe wrench *(Rohrzange)*; 3. *(Wsb)* traverse beam; 4. *(BT, Hb)* wale(r) *(Holzschalung)* • **Zangen verbolzen** *(Hb, Te)* bolt the wales
Zapfen *m* 1. *(Hb)* dowel pin, cog, tenon, pin; slit and tongue *(Holzverbindung)*; 2. male pivot, pivot *(erhabener Teil einer Zapfenverbindung)*; 3. fang *(Türangelzapfen)*; 4. lug *(einer Sohlbank aus Holz)*; 5. gudgeon *(Metallbolzenzapfen, Verbindungsbolzen)*; 6. pintle, spigot *(Drehzapfen)*; 7. tang *(Zapfenkeil, z. B. für Werkzeuge)*; 8. journal *(Achse, Welle)* • **mit Zapfen versehen** dowel *(Holzbau)*; tang *(mit Keilzapfen)* • **um einen Zapfen drehen** pivot • **um Zapfen drehbar** pivoting • **Zapfen schneiden** *(Hb, Te)* tenon
Zapfen *m* **an einem Flacheisen** lug bolt
Zapfen *m*/**dichtgeschnittener** undercut tenon *(Holzverbindung)*
Zapfen *m*/**durchgehender** *(Hb)* through tenon
Zapfen *m*/**einfacher** *(Hb)* stub tenon
Zapfen *m*/**einseitiger** barefaced tenon
Zapfen *m*/**gerader** *(Hb)* straight tenon
Zapfen *m*/**kugelförmiger** ball pivot *(Drehzapfen)*
Zapfen *m*/**kurzer** plug tenon, spur tenon, stub tenon; stump tenon
Zapfen *m*/**kurzer unregelmäßiger** stump tenon
Zapfen *m* **mit gerader Brust** *(Hb)* tenon with square shoulder
Zapfen *m* **mit schräger Brust** *(Hb)* tenon with bevelled shoulder
Zapfen *m* **mit zwei eingearbeiteten Auflagerenden** tease tenon, teaze tenon
Zapfen *m*/**passend geschnittener** undercut tenon *(Holzverbindung)*
Zapfen *m*/**schräger** taper(ed) tenon
Zapfen *m*/**zylindrischer** cylindrical pin
Zapfen *mpl*/**doppelte** *(Hb)* double tenons
Zapfenaussparung *f (Hb)* housing
Zapfenbohrer *m* pin drill
Zapfenfuge *f* open joint
Zapfengelenk *n (Br, TK)* pivot joint *(Brücke)*
Zapfenholz *n (Hb)* slip
Zapfenkerbe *f (Hb)* housing joint
Zapfenknauf *m* knobboss, pendant
Zapfenloch *n (Hb)* slot mortise, slip mortise, open mortise; female pivot *(Zapfenaufnahmeteil einer Zapfenverbindung)*
Zapfenloch *n*/**kurzes** *(Hb)* strutted mortise
Zapfenloch *n*/**unsichtbares** blind mortise, stopped mortise, stub mortise and tenon joint, *(AE)* pulley mortise
Zapfenlochstemmmaschine *f* mortiser
Zapfenlochverbindung *f (Hb)* slot mortise joint
Zapfenmuffe *f* pivot sleeve *(Drehzapfen)*
Zapfenschlitzverbindung *f (Hb)* tenon-and-slot mortise
Zapfenschulter *f* 1. *(Hb)* peg shoulder; 2. *(BT)* abutment check *(Stütze)*
Zapfenspannglied *n* shouldered tenon
Zapfenstreichmaß *n* mortise gauge
Zapfenverbindung *f (Hb)* mortise-and-tenon joint, cogged joint, tenon-and-mortise joint
Zapfgetriebe *n (BWG)* power take-off
Zapfhahn *m (San)* tap
Zapf-Schlitz-Verbindung *f (Hb)* mortise-and-tenon joint
Zapfstelle *f* tapping point *(Abwasser)*
Zapfverbindung *f s.* Zapfenverbindung
Zapfverbindungsbolzen *m* mortise pin
Zapfwelle *f (BWG)* power take-off
Zarge *f* 1. case, frame, timber framing *(für Türen, Fenster)*; 2. *(EB)* closing edge *(Schließkante)*
Zargeanschlagpfosten *m (EB)* hinging post *(Tür)*
Zargenanker *m (EB)* frame anchor
Zargenhaltehölzer *npl*/**eingebaute** framed grounds
Zargenrahmen *m (BT)* window casing
Zargentürrahmen *m* cabinet jamb
Zaun *m* fence; hoarding, boarding *(Bretterzaun, Bauzaun)*; *(AE)* billboard; rail *(Geländerzaun, Brüstung)*
Zaun *m*/**lebender** live fence, hedge
Zaun *m* **mit Busch- und Baumhinterpflanzung** hedge, quickset hedge

Zaun *m*/**versenkter** sunk fence *(Weidenzaun)*; *(AE)* haw--haw, *(AE)* ha-ha *(zur Einzäunung einer Weide)*
Zaunbohle *f* 1. *(Verm)* stake; 2. *(BM)* stob *(Dialektwort)*; 3. *(Verm)* stake
Zaundraht *m* fencing wire
Zauneffekt *m (Verk)* fence effect
Zaungast *m* outside spectator; *(sl)* sidewalk superintendent *(auf Baustellen)*
Zaunhecke *f* fencerow, hedgerow
Zaunlatte *f* pale, picket
Zaunlücke *f* gap in a fence
Zaunmaterial *n* fence material
Zaunmauer *f* fencing wall
Zaunpaneel *n* fence panel
Zaunpfahl *m* 1. pale, fence post, picket, stob; fence stake *(dünn)*; 2. *(Verm)* stake
Zaunpfosten *m s.* Zaunpfahl
Zaunplanke *f* fence of boards
Zaunriegel *m* ledger board; girt strip *(Riegelbrett)*
Zaunübergang *m (Konst)* stile
Zebrastreifen *m (Verk)* zebra markings, zebra road marking; zebra crossing; *(AE)* zebra X-ing
Zebrastreifenmarkierung *f (Verk)* zebra road marking
Zebrastreifenüberweg *m* zebra crossing; *(AE)* zebra X-ing
Zechdecke *f (TK)* Zech floor
Zechenbahn *f (Tun)* mine railway
Zechsteinkalk *m (BM, Bod)* Permian limestone
Zedent *m (VR)* assignor
Zedernholz *n* cedar, cedar wood
Zedernschindel *f* cedar shingle, *(AE)* royal *(1,25 m × 0,61 m)*
Zedernschindel *f*/**große** *(AE)* royal *(1,25 m × 0,61 m)*
Zedernschindel *f* **mit Nut/vorgefertigte** *(AE)* processed shake
Zehneck *n (Arch)* decagon
zehneckig *(Arch)* decagonal
zehnjochig *(Konst)* ten-bay
Zehnsäuler *m (Arch)* decastyle *(Tempelbau)*
zehnsäulig decastyle
zehnseitig *(Arch)* decagonal
Zeichen *n* 1. *(Verm)* (bench) mark; 2. sign, signpost *(Hinweiszeichen)*; 3. symbol *(Markierzeichen)*; 4. signal *(Signal)*; 5. brand, trademark *(Warenzeichen)*; 6. reference (number) *(Aktenzeichen)* • **ein Zeichen geben** sign
Zeichenblock *m* drawing block
Zeichenbrett *n* drawing board
Zeichenbüro *n* drawing office, *(AE)* drafting room
Zeichendreieck *n* set square, triangle
Zeichenerklärung *f* list of signs and symbols; legend *(auf technischen Zeichnungen und Karten)*
Zeichenfeder *f* drawing pen
Zeichengerät *n* drawing instrument
Zeichenkohle *f* charcoal
Zeichenkreide *f* chalk, crayon
Zeichenkunst *f* art of drawing
Zeichenmappe *f* portfolio
Zeichenmaschine *f* draughting machine, *(AE)* drafting machine; plotter *(elektronisch)*
Zeichenmaßstab *m (Konst, Verm)* ruling scale
Zeichenmaterial *n* drawing material
Zeichenpapier *n* drawing paper, tracing paper
Zeichenraum *m* drawing room, *(AE)* drafting room
Zeichensaal *m* art room
Zeichentisch *m* drawing table
Zeichenwesen *n* draughtsmanship, *(AE)* draftsmanship
zeichnen *v* 1. draw, draw up, draught, design, *(AE)* draft *(entwerfen)*; 2. outline, sketch (out), delineate *(skizzieren)*; 3. plot *(Diagramme, Kurven)*; 4. figure *(darstellen)*; 5. sign *(unterzeichnen)*; 6. trace out *(aufzeichnen, skizzieren)*; 7. trace *(pausen)*; 8. mark *(kennzeichnen)*
zeichnen *v*/**maßstäblich** draw on scale, draw to scale, protract
Zeichnen *n* drawing
Zeichnen *n*/**freihändiges** *(Arch)* freehand sketching
Zeichner *m* drawer; layout man, designer *(gestaltend)*
Zeichner *m*/**technischer** engineering draughtsman, draughtsman, *(AE)* draftsman
Zeichnerei *f* draughtsmanship, *(AE)* draftsmanship
Zeichnerin *f*/**technische** engineering draughtswoman, *(AE)* draftswoman
zeichnerisch graphic(al)
Zeichnermaßstab *m* 1. draughtsman's scale, engineer's scale, ruler; 2. *(Verm)* chain scale
Zeichnung *f* 1. drawing; 2. design, delineation *(technisch)*; 3. sketch, outline *(Skizze)*; 4. *(Konst)* draft; 5. *(Arch, Konst)* design *(Entwurf)*; 6. *(Konst)* figure *(Darstellung)*; 7. figure, grain, grain of wood *(natürliche im Holz)*; 8. *(Arch, Konst)* pattern *(Muster)*; 9. *(Konst)* plan *(Grundrisszeichnung)*; 10. *(Arch, Konst)* trace *(Aufzeichnung, z. B. Messlinie; Pause)*; 11. illustration *(Illustration)*
Zeichnung *f*/**dimensionsgerechte** *(Konst)* dimension drawing
Zeichnung *f*/**exakte** mechanical drawing
Zeichnung *f*/**freihändige** *(Arch)* freehand sketch
Zeichnung *f*/**geometrische** geometrical drawing
Zeichnung *f*/**geplottete** *(Konst)* computer-aided drawing
Zeichnung *f* **im natürlichen Maßstab** *(Konst)* full-size drawing
Zeichnung *f*/**maßgerechte** *(Konst)* isometric drawing
Zeichnung *f*/**maßstäbliche** *(Konst, Verm)* scale drawing
Zeichnung *f*/**maßstabsgerechte** drawing in scale
Zeichnung *f* **mit Baubemaßung** *(Konst)* dimension drawing
Zeichnung *f*/**perspektivische** *(Arch, Konst)* perspective drawing
Zeichnung *f*/**schematische** *(Konst)* skeleton sketch
Zeichnung *f*/**technische** engineering drawing, technical drawing, delineation, design
1:1-Zeichnung *f (Konst)* full-size drawing
Zeichnungsangabe *f* drawing callout, callout
Zeichnungsangebot *n* subscription offer
Zeichnungsberechtigter *m* approved signatory
Zeichnungsfalten *n (Konst)* folding of drawings
Zeichnungskopie *f (Konst)* traced design
Zeichnungsmaßstab *m (Konst, Verm)* scale
Zeichnungsvollmacht *f* signing power, authority to sign
zeigen *v* 1. reveal *(enthüllen; aufdecken)*; 2. indicate, mark *(anzeigen)*; 3. point out, demonstrate *(darlegen, z. B. Projekte)*; 4. exhibit *(zur Schau, z. B. Kunsterzeugnisse)*
zeigen *v*/**sich** show
Zeiger *m* finger, pointer, hand *(z. B. eines Messgeräts)*; indicator, needle *(Waage)*
Zeigerdiagramm *n (Stat)* vector diagram
Zeile *f (RP)* row *(z. B. von Häusern)*
Zeilenbauweise *f* ribbon development *(entsprechend Bebauungsplan)*
Zeilenbebauung *f* 1. *(RP)* ribbon development *(entlang von Straßen)*; 2. *(Arch, Konst, RP)* terraced housing *(versetzt)*
Zeilenhaus *n (Arch)* terrace house
Zeilenhäuser *npl (Arch, Konst, RP)* terraced housing
Z-Eisen *n (BM)* Z-bar
Zeit *f* time *(Zeitraum)*
Zeit *f*/**unproduktive** idle time
zeitabhängig time-dependent
Zeitabhängigkeit *f* time dependency
Zeitabschnitt *m (Arch)* period, epoch, time
Zeitabstand *m* time interval, time gap

Zeitalter *n (Arch)* age, epoch, era, period
Zeitarbeit *f* temporary work
Zeitarbeiter *m* person under contract with an employment agency
zeitaufwendig *(Konst, Te)* time consuming
Zeitberechnung *f* time scheduling *(z. B. Bauzeitenplan)*
Zeitdauer *f* period of time, time period
Zeitdauer *f* **bis zum Abbindebeginn** initial setting time
Zeitdauer *f* **bis zum Erstarrungsende** final setting time
Zeitdauer *f* **bis zum konstanten Abfluss** time of equilibrium
Zeitdauer *f* **bis zur Abflusskonzentration** *(Umw)* time of concentration
Zeitdruck *m* pressure of time
Zeiteinteilung *f* organization of time *(Bauablauf)*
Zeitersparnis *f* saving of time
Zeitfaktor *m* time factor
zeitgenössisch *(Arch, Konst)* contemporary
Zeitgewinn *m* saving of time
zeitgleich isochronous *(Bauabläufe)*
Zeitgruppe *f (Verk)* group timer
Zeitintervall *n* time gap
Zeitkonsolidationskurve *f (Bod)* time consolidation curve
Zeitkonstante *f* time constant
Zeitkostenersparnis *n (VR)* saving in time-based costs
Zeitlimit *n* time limit
Zeitlohn *m* time-based charging
Zeitlohnarbeit *f* work at time rates, daywork
Zeitlücke *f (Verk)* headway, lag, time gap
zeitnah *(Arch)* of current interest
Zeitplan *m (Te)* time schedule
Zeitpunkt *m* date *(Datum)*; time, moment, juncture
Zeitpunkt *m* **der Fertigstellung** *(Te, VR)* date of completion
Zeitraum *m* period of time, stretch, space, time period
Zeitregler *m (El)* timer
Zeitrelais *n (El)* timing relay
Zeitschaltautomat *m* automatic timing device
Zeitschalter *m* time switch, time-limit switch, delay release, automatic timing device, timer
Zeitschaltuhr *f* automatic timer *(s. a. Zeitschalter)*
Zeitschaltwerk *n* time switch *(s. a. Zeitschalter)*
Zeitschreiber *m* time recorder
Zeitschwingfestigkeit *f* fatigue life
Zeit-Setzungs-Linie *f (Bod)* time-consolidation curve, time-settlement curve
Zeitsicherung *f (El)* time-delay fuse
Zeitspanne *f* period of time, space of time, stretch of time, span, time period
Zeitstandprüfung *f* **mit konstanter Last** *(BM, BT, Stat, TK)* static load fatigue test
Zeitstil *m (Arch)* style of the period
Zeitstudien *pl* time and motion study
Zeitungskiosk *m* news kiosk
Zeitverformungskurve *f (Stat)* time-deformation curve
Zeitverlängerung *f* extension of time *(Bauvertrag)*
Zeitverlust *m* loss of time, delay
Zeitverschiebung *f (Verk)* lag
Zeit-Wege-Diagramm *n* time-distance diagram
Zeitwert *m* time value, present value, market value; assessed valuation *(z. B. eines Gebäudes)*
Zeitzugabe *f (VR)* extra time allowance
Zelit *m* celite *(Zementchemie)*
Zelle *f* 1. cell; 2. *(Arch, Konst)* cubicle *(Kabine)*; 3. booth, box *(Telefonzelle)*; 4. *(BT, TK)* compartment *(Hohlkastenträger)*; 5. *(BT, TK)* compartment *(Silo)*
Zelle *f***/galvanische** *(El)* cell, voltaic cell
Zellelementkonstruktion *f* cellular construction
Zellenbau *m* cellular structure; linear building
Zellenbauweise *f* cellular construction, cellular design
Zellenbeton *m* cellular concrete, aerated concrete, expanded concrete
Zellenbetonestrich *m* cellular concrete screed
Zellendamm *m (Wsb)* cellular dam
Zellendämmkern *m (DIS, EB)* ladder core *(Tür)*
Zellendecke *f* cellular floor(ing)
Zellenfangdamm *m (LB, Wsb)* cellular cofferdam
zellenförmig cellular
Zellengebäude *n* cell block, cell building *(Strafvollzug)*
Zellengewölbe *n* diamond vault
Zellengipsplatte *f* cellular plasterboard
Zellenmodul *n* modular unit
Zellenmörtel *m* cellular mortar
Zellenprofil *n* cellular section, cellular unit, Q-floor unit
Zellenschmelz *m* cloisonné work
Zellensilo *n* multicellular bin, multicompartment bin
Zellensperre *f (Wsb)* cellular dam
Zellenstruktur *f* cellular structure
Zellenziegel *m* cellular brick
Zellglas *n* cellophane, cellulose film
Zellgummi *m* cellular rubber, expanded (natural) rubber
Zellhorn *n* celluloid
zellig vesicular
Zellkautschuk *m* expanded natural rubber
Zellkern *m* cellular core
Zellkerntür *f* hollow-core door
Zellkleister *m* cellulose glue
Zellkonstruktion *f* **mit tragenden Kreuzwänden** *(Konst)* box frame
Zellkonstruktion *f* **mit tragenden Querwänden** *(Konst)* cellular framing
Zellleim *m* cellulose adhesive, cellulose glue
Zellophan *n* cellophane
Zellpolyurethan *n* polyurethane foam
Zellradschleuse *f (DIS, HLK)* rotary air lock
Zellstoff *m* cellulose, paper pulp
Zellstofffaser *f (BM)* wood-pulp fibre *(als Zuschlag für Asphalt)*
Zellstoffpappe *f* wood-pulp board, lap pulp, pulp board
Zellstoffwatte *f (DIS)* wadding *(Dämmung)*
Zelluloid *n* celluloid
Zellulose *f (BM, DIS)* cellulose
Zellulose... *f siehe Cellulose...*
Zellwolle *f (BM, DIS)* cellulose wool
Zelt *n (Konst)* tent
Zeltbaracke *f* tent barrack, tent hut
Zeltbau *m* 1. *(Konst)* fabric building; 2. *(Te)* marquee *(Festzelt)*
Zeltdach *n* tent(ed) roof, tent-shaped roof, broach roof; polygonal spire *(Helmdach)*
Zeltkonstruktion *f (Konst)* fabric building
Zeltkonstruktionsbau *m (Konst)* fabric building
Zeltmembrane *f* tent membrane
Zeltpfosten *m* tent pole
Zeltplane *f* canvas, tarpaulin (sheet)
Zeltplatz *m* camping ground, camping site
Zeltstadt *f* tent city
Zeltstoff *m* canvas
Zeltsystem *n* tent system
Zeltsystem *n* **zum Errichten von Hochpunkten** *(Konst)* tent system for construction of high points
Zement *m* 1. cement, cement matrix; 2. cementing agent, agglutinant
Zement *m***/abgebundener** hydrated cement *(erhärteter Zementleim)*
Zement *m***/abgelagerter** sticky cement
Zement *m***/abgesackter** bagged cement
Zement *m***/alkaliarmer** *(BM)* low-alkali cement

Zement *m*/**bituminierter** bituminous cement
Zement *m*/**eingestellter** *(BM)* regulated-set cement
Zement *m*/**farbpigmentierter** *(BM)* coloured cement
Zement *m*/**feuerbeständiger** fire cement
Zement *m*/**frühhochfester** high-early cement, high-early-strength cement, rapid-hardening cement, rapid-setting cement
Zement *m*/**gesackter** *(BM)* sacked cement
Zement *m*/**hitzebeständiger** *(BM)* refractory cement
Zement *m*/**hochfester** high-strength cement
Zement *m*/**hydratisierter** hydrated cement
Zement *m*/**hydraulischer** hydraulic cement; neat cement *(unabgebunden)*
Zement *m*/**hydrophober** hydrophobic cement
Zement *m*/**hydrophobierter** water-repellent cement *(mit speziellen Additiven)*
Zement *m*/**krümeliger** sticky cement
Zement *m*/**langsam abbindender** slow-setting cement
Zement *m*/**loser** bulk cement
Zement *m*/**luftporenbildender** *(BM)* air-entraining (hydraulic) cement
Zement *m* **mit geringer Abbindewärme** low-heat cement
Zement *m* **mit hohem Sulfatwiderstand** sulphate resistant cement
Zement *m* **mit kontrollierter Abbindezeit** *(BM)* regulated-set cement
Zement *m* **mit niedriger Hydratationswärmeentwicklung** low heat cement
Zement *m*/**schnell abbindender** quick-setting cement, rapid-setting cement, *(AE)* Martin's cement
Zement *m*/**sulfatbeständiger** *(BM)* sulphate cement
Zement *m*/**superfrühhochfester** *(BM)* jet cement
Zement *m*/**verstockter** sticky cement
Zement *m*/**wasserabstoßender** water-repellent cement *(mit speziellen Additiven)*
Zement *m*/**wasserabweisender** *(BM)* waterproofed cement
Zement *m*/**wasserdichtender** brick cement
Zement *m*/**weißer** *(BM)* white cement
Zementabbinden *n* **durch Lagerung/teilweises** warehouse set
Zementabdeckung *f* cement coping *(Tunnel)*
Zementanspruch *m* cement requirement
Zementanstrich *m* cement paint, coating of cement, concrete paint, Portland cement paint
Zementanteil *m* cement content
zementarm *(BB)* of low cement content
Zementart *f (BM)* type of cement
zementartig cement-like, cementitious
zementausgekleidet cement-lined
Zementauskleidung *f* cement lining
Zementaußenputz *m* cement facing, cement rendering
Zementbasis *f* cement base
Zementbazillus *m (OB, RS)* cement bacillus
Zementbedarf *m* cement requirement
zementbeständig fast to cement
Zementbeständigkeit *f (OB)* fastness to cement
Zementbeton *m* cement concrete, concrete
Zementbetonabdeckung *f* cement coping *(Tunnel)*
Zementbetondecke *f* cement concrete ceiling, concrete ceiling, concrete floor
Zementbetondiele *f* cement concrete slab, concrete slab
Zementbitumenmasse *f* cement-bitumen
Zementbrei *m* cement paste; slurry *(Schlämme)*; cement grout, grout *(zum Vergießen)*
Zementbrei *m*/**erhärteter** paste matrix
Zementbrennen *n* cement burning
Zementchemie *f* cement chemistry, chemistry of cement
Zementchemiker *m* cement chemist
Zementdachstein *m* cement roof(ing) tile, concrete roof tile
Zementdichtmittel *n* cement waterproofer
Zementdiele *f* concrete floor slab, concrete slab, sheet of cement
Zementdiele *f*/**genutete** rebated cement slab, rebated cement roofing slab
Zementdosierapparat *m* cement weigh-batching unit
Zementdosierung *f (BB, Te)* cement batching
Zementechtheit *f* fastness to cement, cement fastness
Zementeinlagerung *f* cement storage
Zementeinpressen *n (RS, Te)* cement grouting *(z. B. zur Baugrundbefestigung)*
Zementersatz *m* cement replacement, cement substitute
Zementerzeugnis *n* cement article, cement product
Zementestrich *m* cement finish, cement screed, cement floor, cement layer
Zementestrichbelag *m*/**schwimmender** *(BM, Konst)* concrete-screed floating floor
Zementfaktor *m* cement content
Zementfarbe *f* cement paint *(zum Färben von Zement)*
Zementfarbstoff *m* cement pigment
Zementfeinheit *f* cement fineness
zementfest fast to cement
Zementfestigkeit *f* cement strength
Zementfliese *f* cement tile, cement block
Zementfüller *m* cement filler
Zement-Füllerschlämme *f* cement-filler grout
Zement-Füllerschlempe *f* cement-filler grout
zementgebunden cement-bound
Zementgehalt *m* cement content
Zementgel *n* cement gel
Zementgestein *n* cement rock
zementgestrichen cement-painted
Zementglattstrich *m* cement trowel finish
zementgrau cement grey; *(AE)* cement gray *(veraltet)*
Zementgrundlage *f* cement base
Zementgüteklasse *f* grade of cement, cement grade
zementhaltig cement(-)based, cementitious
Zementhaut *f* crust of cement coating
Zementhohldiele *f* concrete hollow-core slab, concrete slab, reinforced concrete hollow plank
Zementieraggregate *npl* cement unit
zementieren *v* cement; cement *(Stahl)*; slug *(z. B. Bohrlöcher von geologischen Erkundungen)*
Zementieren *n* cementation *(von Stahl)*
zementiert cemented
Zementierung *f* 1. cementation, cementing; 2. grouting, cementation *(Bodenverfestigung)*
Zementierungsmittel *n (BM, RS)* grout
Zementinjektion *f* cement injection, cement grouting *(z. B. zur Baugrundbefestigung)* • **durch Zementinjektion verfestigt** *(Erdb)* cement-stabilized *(Baugrund)*
Zementinjektion *f* **in horizontaler Richtung** advance slope grouting
Zementinjektionspumpe *f* cement injection pump, injection pump
Zementkalk *m* lime cement, eminently hydraulic lime
Zementkalkmörtel *m* lime-and-cement mortar, cement-lime mortar, compo mortar
Zementkalkmörtel *m* **nach festem Mischungsverhältnis** gauged mortar
Zementkalkputz *m (SB)* lime-cement plaster
Zementkalkstein *m* hydraulic limestone
Zementklinker *m* cement clinker, clinker
Zementkorn *n* cement grain, cement particle
Zementkruste *f* crust of cement coating
Zementkuchen *m* cement pat, pat of cement-water paste
Zementlager *n* cement store *(für Fertigzement)*

Zementlagerung *f* cement storage
Zementleim *m* cement paste
Zementleim *m***/erhärteter** hardened neat cement paste, paste matrix
Zementleim *m***/flüssiger** wet cement paste
Zementleimauswaschung *f* scour
Zementmahlfeinheit *f* grinding fineness of cement
Zementmarke *f* cement brand
Zementmilch *f* cement laitance; cement slurry *(mit Feinzuschlag)*
Zementmörtel *m* cement mortar, cement plaster; cement grout *(zum Vergießen)*
Zementmörtel *m***/reiner** neat cement *(ohne Sand)*
Zementmörtelbewurf *m* cement rendering
Zementmörteldichtungsrand *m* cement fillet, weather fillet *(Dachdeckung)*
Zementmörtelinjektion *f* **in horizontaler Richtung** advance slope grouting
Zementmörtelinjektionsrohr *n* cement injector
Zementmörtelputz *m* cement plaster finish
Zementmörtelschalenbauweise *f***/bewehrte** *(Konst)* reinforced cement-mortar construction *(Feinbetonkonstruktion)*
Zementmosaikplatte *f* mosaic cement slab
Zementnorm *f* cement standard, cement standard specification
Zementofen *m* cement kiln
Zementpaste *f* neat cement paste, cement paste
Zementphase *f* cement phase
Zementplatte *f* cement tile
Zementplattenheben *n* **durch Mörtelinjektion** *(RS)* mud-jacking
Zementprobe *f* cement test
Zementprüfkuchen *m* cement cake, cement pat
Zementprüfung *f* cement test
Zementputz *m* cement plaster *(Baustoff)*; cement rendering, cement facing, cement finish *(Produkt)*
Zementraumbeständigkeit *f* cement soundness
Zementrohmehl *n* cement raw meal
Zementrohr *n* cement duct, concrete duct, concrete pipe
Zementrohschlamm *m* cement slurry
Zementsack *m* cement bag; valve bag *(Selbstverschlusssack)*
Zement-Sandschlämme *f* cement-sand grout
Zement-Sandschlempe *f* cement-sand grout
Zementschaum *m* cement foam
Zementschaumbeton *m (BB, DIS)* foamed cement concrete
Zementschicht *f***/aufgezogene** float coat, topping coat
Zementschlamm *m (BM)* slop
Zementschlämme *f* cement laitance, neat cement grout, cement water grout; cement slurry *(mit Feinzuschlag)*
Zementschlämmeanstrich *m* cement slurry coat, dash-bond coat
Zementschlämmeinjektion *f* cement grouting *(z. B. zur Baugrundbefestigung)*
Zementschlämmengrundierung *f* dash-bond coat
Zementschlämmeschicht *f* laitance
Zementschlämmeverpressung *f* cement grouting *(z. B. zur Baugrundbefestigung)*
Zementschlammmischanlage *f* slurry blending basin, slurry blending silo
Zementschlämmmörtel *m* cement water grout
Zementschleier *m* cement skin, surface laitance
Zementschlempe *f s.* Zementschlämme
Zementschlempenaufstreichen *n* slush grouting
Zementschneckenspeiser *m* cement screw feeder *(Füllgerät)*
Zementschwebebahn *f* cement supply ropeway
Zementschwinden *n* shrinkage in cement
Zementsilo *n(m)* bulk cement plant, cement silo
Zementsorte *f* sort of cement, type of cement
Zementsperrpulver *n* cement waterproofer
Zementsperrschicht *f* cement-based waterproof coating
Zementspritzputz *m (SB)* sprayed-on cement rendering
Zementstabilisierung *f (Erdb)* soil cementation
Zementstabilisierungsgemisch *n* soil-cement mix
Zementstahl *m* cemented steel *(gehärteter Stahl)*
Zementstaub *f* cement dust
Zementstegdiele *f* hollow plank
Zementstein *m* cement brick, hardened neat cement paste; hydrated cement *(erhärteter Zementleim)*
Zementstein(grund)gefüge *n* matrix
Zementstreuer *m* cement spreader
Zementstuckanstrich *m (Arch)* opus signium *(altes Rom)*
Zementtankstelle *f* cement store *(für Fertigzement)*
Zementtechnologie *f* cement technology
Zementteilchen *n* cement particle, cement grain
zementumhüllt cement-coated
Zementumhüllung *f* cement coating
Zementverbraucher *m* cement user
zementverfestigt *(Erdb)* cement-stabilized *(Baugrund)*
zementverkleidet cement-lined
Zementvermahlung *f (Te)* cement grinding
Zementverpressung *f* cement grouting *(z. B. zur Baugrundbefestigung)*
Zementverputz *m* cement coating, cement plaster
Zementverteiler *m (Erdb, Te, Verk)* cement distributor
Zementwaage *f* cement scales
Zement-Wasser-Verhältnis *n* cement-water ratio
Zementwerk *n* cement works, cement mill
Zementwerk *n* **nach dem Nassverfahren** all-wet cement pant
Zementwerk *n* **nach dem Trockenverfahren** all-dry cement mill-plant
Zementwiderstandsfähigkeit *f* cement fastness
Zementzusatz *m* addition of cement; cement temper *(zum Kalkputz)*
Zement-Zuschlagstoff-Gemisch *n***/feuerfestes** castable refractory
Zement-Zuschlagstoff-Reaktion *f* cement-aggregate reaction
Zement-Zuschlagstoff-Verhältnis *n* cement-aggregate ratio
Zement-Zuschlag-Verhältnis *n* cement-aggregate ratio
Zenitwinkel *m (Verm)* zenith angle
Zenitwinkel *m* **des Bohrlochs** *(Verm)* zenith angle of the hole
Zenotaph *m (Arch)* cenotaph
Zensorfunktion *f (Stat)* tensor function
zentral central; pivotal *(um etwas drehbar)*
Zentral... central ...
Zentralbahnhof *m (Verk)* central station
Zentralbau *m (Arch)* central block
Zentralbau *m***/sakraler** church with central space
zentralbeheizt *(HLK)* centrally heated
Zentralbücherei *f (RP)* central library
Zentralentleerung *f (HLK, San, WVA)* central emptying
Zentralgebiet *n (RP)* central area
zentralgeheizt *(HLK)* centrally heated
zentralgemischt *(BM)* plant-mixed
Zentralgrundriss *m (Arch, Konst)* centralized plan
Zentralhalle *f***/große offene** nave *(eines Gebäudes)*
Zentralhalle *f***/offene** nave *(eines Gebäudes)*
Zentralhauptschlüssel *m (EB)* central master key
Zentralheizung *f* central heating, dwelling heating, dwelling heating plant

Zentralheizungsanlage *f* central heating plant, central heating system; dwelling heating plant
Zentralheizungskessel *m (HLK)* central heating boiler
Zentralheizungsofen *m (HLK)* central heating boiler
Zentralhof *m (Arch, Konst)* central court(yard)
zentralisieren *v (Arch, Konst)* centralize
Zentralisierung *f (RP)* centralization
Zentralkern *m (Konst)* central core *(Säule, Gebäude)*
Zentralkirche *f* church with central space
Zentralklimaanlage *f*/**separate** *(HLK)* central fan system
Zentralkuppel *f (Arch, Konst)* central cupola
Zentrallager *n (BM, VR)* central store
Zentralmischverfahren *n (Te)* mix-in-plant
Zentralmotiv *n (Arch)* central motif
Zentralprüfstand *m (BM)* inspection directorate
Zentralraum/mit offenem *(Arch)* hypaethral
Zentralschließsystem *n s.* Zentralschlossanlage
Zentralschlossanlage *f* central master-keyed system, series of central master-keyed locks
Zentralsteuerung *f (HLK)* central control system
Zentralsteuerungssystem *n* central control system
Zentralverschluss *m* central locking
zentrierbohren *v (Te)* centre
Zentrierbohrer *m* centre bit, centring drill
zentrieren *v* 1. *(Te)* centre *(bohren)*; 2. centre, locate centrally *(positionieren)*
Zentrierschaltträgerlatte *f (Konst)* self-centring lath
Zentrierstempel *m*/**sandkastenregulierter** sand jack
zentriert centred, concentric, *(AE)* centered
zentriert/nicht *(Konst)* off-centre
Zentrierung *f* centring
zentrifugal centrifugal
Zentrifugalabscheider *m* centrifugal interceptor
Zentrifugalfang *m* centrifugal interceptor
Zentrifugalfettabscheider *m (Umw)* centrifugal grease interceptor
Zentrifugalkraft *f (Stat, Verk)* centrifugal force
Zentrifugallüfter *m* centrifugal fan
Zentrifugallüfter *m* **mit höhengleichem Zu- und Abgang** in-line centrifugal fan
Zentrifugalmoment *n (Stat)* centrifugal moment
Zentrifugationsabscheidung *f* separating by centrifuging
Zentrifugen-Extraktionsgerät *n* centrifuge extractor
Zentrifugenhülse *f (BWG)* centrifugal cap
Zentrifugieren *n* centrifugation
zentrisch 1. centric, central; 2. concentric
zentrisch aufliegend/nicht false-bearing
Zentrode *f (Stat)* centrode
Zentrum *n* centre, *(AE)* center
Zentrum *n* **kommunaler Einrichtungen** *(RP, VR)* civic centre
Zeolith *m (BM)* zeolite *(Mineral)*
Zeolithzementverbundstoff *m (BM, BT)* zeolite cement composite
zerbrechen *v* break, crash, rupture; fracture *(durchbrechen)*; disrupt *(auseinanderbrechen)*; shiver *(zersplittern, aufspalten)*
zerbrechlich breakable; brittle, fragile *(z. B. Glas, Keramik)*
Zerbrechlichkeit *f* brittleness, fragility
Zerbrechung *f (BM, BT)* disruption
zerbrochen broken, disrupted
zerbröckeln *v* crumble, crumble away, disaggregate, disintegrate; slake *(durch Abschrecken)*; fall into crumbs *(Gestein)*
Zerbröckeln *n* 1. crumbling; shattering *(Zersplittern)*; 2. *(Verk)* ravelling *(Bitumendeckschicht)*
zerbröselt chalked, chalky *(glasierte Oberflächen)*
zerdrücken *v* crush, mill *(Feststoffe)*
Zeremoniengutlager *n (Arch)* cimeliarch
Zerfall *m* 1. decay, ruin *(Gebäude)*; 2. *(BWG, Stat, Umw)* decomposition *(Abbau)*; 3. disaggregation, disintegration *(mechanische Verwitterung, z. B. von Beton)*; 4. break-up *(Anstrich)*; 5. decay *(Holz)*; 6. fragmentation *(Zertrümmerung)*; 7. *(Te)* splitting *(Zersplitterung, Spaltung)*
zerfallen *v* 1. crumble, crumble away, decay, fall into ruin, fall apart, ruin *(Gebäude)*; 2. decay *(Holz)*; 3. *(BM)* fall into crumbs; 4. *(Bod, Erdb, Konst, Umw)* decompose; 5. disaggregate, disintegrate *(mechanisch, z. B. Beton)*; 6. disjoint, fall apart *(auseinanderfallen)*; 7. *(BM, BT)* fragment *(in Trümmer)*; 8. *(BM)* perish *(durch atmosphärischen Einfluss)*
zerfallen in ruins, crumbled, decayed *(Gebäude)*; disintegrated *(Beton)*
zerfallend crumbly
zerfallend/schnell rapid-setting *(Bitumenemulsion)*
Zerfallschlacke *f* slaking slag
Zerfallsprodukt *n* disintegration product
zerfließen *v* deliquesce, deliquate
Zerfließen *n* deliquescence
zerfressen *v* corrode, stain *(Metalle)*; fret *(zerreiben)*; erode *(Gestein)*
zerfressen corroded *(Metall)*; fretted *(zerrieben)*; eroded *(Gestein)*
zerfurchen *v* furrow
zerfurcht furrowed
zerhacken *v* hack, chop
zerkeilen *v* split with wedges
Zerkleinerer *m* crusher; disintegrator; pulverizer
zerkleinern *v* 1. mill *(Baustoffe)*; 2. crush, break up *(brechen, z. B. Gestein)*; 3. granulate; grind *(fein zerkleinern; mahlen)*; 4. cut down *(zerschneiden)*; 5. chop *(zerspalten, schnitzeln, z. B. Holz)*; 6. disintegrate *(zermahlen)*; 7. *(BM, Te)* comminute *(zerreiben)*; 8. reduce in size, subdivide *(größere Teile, z. B. bei Abbruch, Demontage)*
zerkleinern *v*/**grob** crush *(Steine)*
Zerkleinern *n* breakage, granulating *(Gestein)*
Zerkleinern *n* **mit dem Fäustel** sledging
Zerkleinern *n*/**zweistufiges** *(BM, Te)* two-stage comminution *(Zerreiben)*
zerkleinert crushed *(Gestein, Baustoff)*
Zerkleinerung *f* 1. milling *(Baustoffe)*; 2. crushing, breaking-up *(von Gestein)*; 3. disintegration *(Zermahlen)*; 4. size reduction *(größere Teile)*
Zerkleinerung *f*/**zweistufige** *s.* Zerkleinern/zweistufiges
Zerkleinerungsanlage *f* mill, comminution plant *(Mahlanlage)*
Zerkleinerungsmaschine *f* crusher, crushing machine
Zerkleinerungsmühle *f* crushing mill
Zerkleinerungsprodukt *n* disintegration product
Zerkleinerungstechnik *f (BM, Te)* size reduction technique
zerklüftet fissured *(z. B. Gestein)*; rugged *(Gelände)*
Zerklüftung *f (Bod)* fissuration *(Gestein; Geologie)*
zerknittern *v* rumple
zerknüllen *v* rumple
zerkratzen *v* scratch *(Oberflächen)*; mar *(Baustoffe)*
zerkrümeln *v (BM, OB)* crumble
zerlegbar demountable *(Bauelemente)*; sectional *(in Teile)*
zerlegbar/nicht irresolvable *(Kräfte)*
zerlegen *v* 1. disassemble, demount, dismount, disjoint *(Bauelemente, Konstruktionen)*; dismantle, detach, knock down *(z. B. Gebäude)*; sectionalise *(in Teile, Abschnitte)*; take apart *(auseinandernehmen)*; take to pieces *(abbauen)*; 2. resolve, decompose *(Kräfte)*; 3. decompose, analyse *(mathematisch)*; 4. *(Verk)* shunt *(Züge)*
zerlegt decomposed *(Kräfte)*; knocked down *(Gebäude)*
Zerlegung *f* 1. disassembly, demounting, detachment *(Bauelemente, Konstruktionen)*; 2. decomposition, resolution *(Kräfte)*; 3. *(Konst)* sectioning *(in Teile, Abschnitte)*
Zerlegung *f* **von Kräften** *(Stat)* resolution of forces

zermahlen *v* triturate, comminute, grind *(z. B. Gestein zu Füllstoffen; Zementklinker, Pigmente)*
Zermahlung *f (BM, Te)* trituration
zermürben *v* mellow *(Erdstoffe)*
Zermürben *n* mellowing *(Erdstoffe)*
zermürbt fragmented
zerplatzen *v* burst, blow up, explode
zerquetschen *v* crush *(Feststoffe)*; squeeze out, stub *(zu Brei)*
Zerrbalken *m* flexible foundation beam
zerreibbar *(BM)* friable *(Zuschlagstoff)*
Zerreibbarkeit *f* friability
zerreiben *v* grind down, pulverize, comminute, triturate *(z. B. zu Füller, Pulver, Farbpigment)*; fret *(mechanisch abreiben)*; levigate *(feucht)*
Zerreibung *f (BM, Te)* trituration
Zerreißbruch *m* tensile break
Zerreißdehnung *f* elongation of at break [rupture]
Zerreißdiagramm *n* tensile test diagram
Zerreißdruck *m* bursting pressure *(Rohrleitungen)*
zerreißen *v* 1. tear *(in Stücke)*; 2. break, snap *(Seil; Draht)*; 3. disrupt, rupture *(Verbindungen)*; 4. burst *(Rohrleitungen)*
Zerreißen *n (RS)* rupture *(Verbindungen)*
Zerreißfestigkeit *f* 1. tearing strength, tear(ing) resistance, resistance to tearing *(Baustoffe)*; 2. *(Stat)* ultimate tensile strength; 3. rupture strength, modulus of rupture *(gegen Druck)*; 4. bursting strength *(Druckleitungen)*
Zerreißfestigkeit f/statische modulus of rupture, rupture modulus
Zerreißgrenze *f* 1. fracture limit; 2. breaking point; 3. bursting limit
Zerreißkraft *f (Stat)* rupture stress
Zerreißprobe *f s.* Zerreißprüfung
Zerreißprobenbruch *m* tensile break
Zerreißprobestab *m (BM, BT)* tension specimen
Zerreißprüfung *f* tensile test, tension test, breaking test
Zerreißung *f (BM, BT)* disruption
Zerreißversuch *m* tensile test, tension test
zerrieben pulverized; detrital *(Gestein)*
zerrieseln *v* dust *(Beton)*; fall apart *(z. B. Ziegel, Schlacke)*
zerrissen disrupted
Zerrungsbruch *m* stretching fault
zerrüttet *(RS)* ruined
zersägen *v* saw up
zerschlagen *v* 1. smash, beat to pieces *(z. B. mit Hämmern)*; 2. fracture, break *(zerbrechen)*; 3. *(Te)* shatter *(Projekte, Pläne)*; 4. *(Te)* stub *(zerquetschen)*
zerschmettern *v* crush
zerschneiden *v* cut down; sever *(durchtrennen)*; shred *(in kleine Stücke)*; dissect *(zur Analyse)*
zerschnitten dissected *(z. B. Prüfstücke)*
zersetzbar decomposable
zersetzbar/nicht indecomposable *(chemisch)*
zersetzen *v* decay, decompose, disintegrate *(Gestein, Beton, Holz usw.)*; erode, corrode *(durch Säuren, Laugen)*
zersetzen v/sich decay; decompose *(chemisch)*; erode, corrode *(durch Säuren, Laugen)*
zersetzt decayed *(Gestein, Holz usw.)*; decomposed *(meist chemisch)*
Zersetzung *f* 1. decay, decomposition, degradation *(Gestein, Beton, Holz usw.)*; 2. breakdown, decomposition, chemical breakdown *(chemisch)*; 3. rotting *(Holz)*; 4. splitting-up *(Stahlbeton)*
Zersetzung f/thermische *(BM)* pyrolysis
Zersetzungsgrad *m (BM)* ratio of decomposition
Zersetzungsprodukt *n* product of decomposition, educt *(Baustoffe)*; waste product *(biologisch, chemisch)*
Zersetzungsprozess *m* decay process, rotting process
zersiedeln *v* spoil by uncontrolled developing, spoil the countryside *(im freien Gelände)*; spread uncontrolled urban area *(in Vorstädten)*
Zersiedeln *n* spoiling by development *(im freien Gelände)*; urban dispersal *(in Vorstädten)*
zersiedelt spoiled (uncontrolled) by development
Zersiedelung *f* 1. free development, spoliation of the countryside; 2. suburban dispersal, uncontrolled urban spread, suburban sprawl *(in Vorstädten)*
Zersiedelung f/stadtnahe *(RP)* urban dispersal
zerspanen *v* machine; cut *(Metall, Holz)*; chip *(Holz)*
Zerspanungsmaschine *f* chipper *(Holz)*
zersplittern *v* 1. fracture, smash *(zertrümmern in Stücke)*; 2. shatter *(z. B. Glas)*; 3. splinter, shiver *(Holz)*; 4. spall *(Gestein)*
Zersplittern *n* shattering *(Glas, Keramik)*; spallation *(Gestein)*
zerspringen *v* 1. burst, splinter *(zerplatzen)*; 2. *(Te)* shatter *(Glas, Keramik)*; 3. split *(Holz)*; 4. crack *(Sprünge bilden)*
Zerspringen *n* bursting *(Zerplatzen)*; shattering *(Glas, Keramik)*
zerstäuben *v* atomize *(Feststoffe, wird auch z. T. für Flüssigstoffe verwendet)*; spray *(Flüssigkeiten)*; dust, sprinkle *(Pulver)*
Zerstäuben *n* atomizing; spraying
Zerstäuber *m* atomizer
Zerstäubung *f* atomization, atomizing *(von Feststoffen)*; spraying *(Flüssigstoffe)*
zerstörbar destroyable, destructible
zerstören *v* 1. destroy, demolish, ruin *(Gebäude)*; 2. bite, eat, corrode *(durch Korrosion)*; 3. crack, demulsify *(Emulsionen)*; 4. *(Umw)* mar *(die Umwelt)*; 5. devastate, wreck, vandalize, havoc *(mutwillig durch Vandalismus)*
zerstören v/oberflächlich corrode, eat
zerstörend destructive
zerstört destroyed, ruined • **zerstört werden** fail
Zerstörung *f* destruction, ruination; blight *(eines Wohnviertels)*; demolition, vandalization, devastation, havoc *(mutwillig durch Vandalismus)*
Zerstörung *f* **an Gebäuden** destruction of buildings *(durch Erdbewegung)*
Zerstörungsarbeit *f* destructional work
Zerstörungsform *f* destructional form
zerstörungsfrei *(BM)* non-destructive *(z. B. Betonprüfung)*
Zerstörungsprodukt *n* destruction product, product of destruction
zerstörungssicher *(Konst)* vandal-proof
zerstoßen *v* crush
zerstreuen *v* dissipate; disperse, diffuse *(Licht)*
zerstückeln *v* 1. cut up, dismember; 2. divide, dismember, parcel out *(Landbesitz)*
zerteilt flerry *(Gestein)*
Zertifikat *n (VR)* certification
Zertifikat *n* **der Kompetenz** *(VR)* certificate of competence
Zertifikation *f* certification
zertifizieren *v* certify
Zertifizierungsstelle *f (VR)* certification body
Zertifizierungssystem *n (VR)* certification system
zertrümmern *v* 1. *(Te)* shatter; 2. *(BM)* fragmentate *(in Einzelstücke)*; 3. wreck, demolish *(demolieren)*; 4. destroy, demolish, break (down) *(Gebäude)*; 5. disrupt *(auseinanderbrechen)*; 6. crush *(Gestein)*; 7. rubbelize *(aufbrechen)*
zertrümmert disrupted; crushed *(zerkleinertes Gestein)*; detrital *(Gestein, natürlich)*
Zertrümmerung *f* destruction, fragmentation; crushing *(Gestein)*
Zertrümmerungskugel *f* 1. *(RS)* breaking ball; 2. *(BWG)* wrecking ball; 3. *(BWG, RS)* skull cracker
Zertrümmerungsprüfung *f* crushing test *(Gestein)*

Zertrümmerungsversuch *m s.* Zertrümmerungsprüfung

Zertrümmerungswert *m* crushing value, impact value

zerwühlen *v* churn up *(Baugelände durch Fahrzeuge)*

Zession *f* cession, assignment *(baulicher Rechte und Objekte)*; conveyance *(Grundeigentum)*

Zessionar *m* cessionary, assignee, transferee

Zeug *n* tools *(Handwerkszeug)*; things *(Elemente, Teile)*; rubbish, junk, stuff *(Plunder)*

Zeug *n*/**wertloses** dross

Zeughaus *n* armoury, *(AE)* armory, *(AE)* arsenal

Zeugnis *n* 1. certificate *(Prüfzeugnis)*; report *(Prüfablaufbericht)*; 2. attestation, certificate *(Bescheinigung)*; 3. reference, testimonial *(Leistungs- und Befähigungsnachweis, z. B. eines Baubetriebes)*

Zeustempel *m* **zu Athen** *(Arch)* Olympieion

Zeustempel *m* **zu Olympia** *(Arch)* Temple of Zeus at Olympia

Zickzackblechelement *n* V-beam sheeting

Zickzacknietung *f* staggered riveting, staggered row of rivets, zigzag riveting

Zickzackornament *n (Arch)* chevron, zigzag moulding *(normannisch-romanisches Ornament)*

Zickzackpunktschweißnaht *f* staggered spot weld

Zickzackschweißnaht *f (St, Te)* staggered weld

Zickzackzierkante *f (Arch)* reversed zigzag moulding

Zickzackzierleiste *f (Arch)* zigzag (moulding) *(normannisch-romanisches Ornament)*

Ziegel *m* (building) brick *(< 33,7 × 22,5 × 11,3 cm)*; *(AE)* economy brick *(100 × 100 × 200 mm)*; calculon *(219 × 178 × 66 mm; s. a. Ziegelstein)* • **mit Ziegeln ausgekleidet** brick-lined • **mit Ziegeln mauern** brick • **mit Ziegeln verblenden** brick • **Ziegel abputzen** hack • **Ziegel aufschichten** *(AE)* hack *(in unregelmäßige Höhe)* • **Ziegel brennen** fire bricks, bake bricks, burn bricks • **Ziegel mauern** *(AE)* hack *(in unregelmäßige Höhe)* • **Ziegel setzen** *(AE)* hack *(in unregelmäßige Höhe)* • **Ziegel streichen** *(Te)* mould

Ziegel *m*/**abgeschrägter** splay brick, cant brick

Ziegel *m*/**abgezogener** rubbed brick

Ziegel *m*/**aufrecht stehender** soldier

Ziegel *m* **aus einer sandausgestreuten Form** sand--faced brick

Ziegel *m*/**ausgehöhlter** frog

Ziegel *m*/**behauener** *(AE)* ashlar brick

Ziegel *m*/**beputzbarer** *(SB)* plaster-base finish tile

Ziegel *m*/**deformierter** *(BM)* shipper *(minderwertig, jedoch noch verwendbar)*

Ziegel *m*/**diagonal gelegter** *(SB)* tooth *(Mauerwerk)*

Ziegel *m*/**dumpfer** shuff *(klanglos)*

Ziegel *m*/**feldofengebrannter** *(BM)* clamp brick

Ziegel *m*/**feuerfester** fire-proof brick, refractory brick

Ziegel *m*/**formgebrannter** *(BM)* clamp brick

Ziegel *m*/**friesischer** Frisian brick

Ziegel *m*/**gebrannter** burnt brick, burned brick, fired brick, baked brick, burnt clay brick

Ziegel *m*/**genormter** gauged brick, solid brick

Ziegel *m*/**geringwertiger** wrack, *(AE)* cull, *(AE)* brack

Ziegel *m*/**gerissener** shuff *(klanglos)*

Ziegel *m*/**geschliffener** rubbed brick

Ziegel *m*/**geschnittener** wire-cut brick

Ziegel *m*/**gestreifter** brindled brick

Ziegel *m*/**glasharter** vitrified stock brick

Ziegel *m*/**glasierter** glazed brick

Ziegel *m*/**halber** bat; false header

Ziegel *m*/**halber Stein** half bat

Ziegel *m*/**handgeformter** struck brick

Ziegel *m*/**handgestrichener** hand-moulded brick

Ziegel *m*/**hochfeuerfester** highly refractory brick

Ziegel *m*/**hochgestellter** brick-on-edge

Ziegel *m*/**längsgeteilter** queen closer, queen closure

Ziegel *m*/**matter** shuff *(klanglos)*

Ziegel *m*/**minderwertiger** grizzle *(grau, ungebrannt)*

Ziegel *m* **mit Dübelaussparung** pallet brick

Ziegel *m* **mit einer abgeplatteten Ecke** king closer, three-quarter closer *(Schlussstein)*

Ziegel *m*/**mittelmäßig fester** semiengineering brick

Ziegel *m*/**normalformatiger** normal format brick

Ziegel *m*/**poröser** porous brick

Ziegel *m*/**säurefester** *(BM, San, WVA)* acid-resistant brick

Ziegel *m*/**schiefwinkliger** squint brick

Ziegel *m*/**schwachgebrannter** salmon brick *(lachsfarben)*

Ziegel *m*/**überbrannter** overburnt brick

Ziegel *m*/**ungebrannter** unburnt brick, unbaked brick, loam brick, adobe

Ziegel *m*/**verglaster** vitreous brick, vitrified brick

Ziegel *m*/**vorstehender** projecting brick

Ziegel *m*/**zu schwach gebrannter** samel brick

Ziegel *m*/**zugehauener** axed brick, rough-axed brick

Ziegel *mpl*/**paketierte** packed bricks

Ziegelabstreichklinge *f* lute

ziegelartig bricky

Ziegelausfachung *f* brick-and-stud-work, brick nogging

Ziegelauskehlung *f*/**leichte** kick *(als Mörtellager)*

Ziegelauskleidung *f* brick facing, brick lining

Ziegelausmauerung *f* brick infill masonry • **mit Ziegelausmauerung** brick-lined

Ziegelaussparung *f* break-in *(für Holzbalken)*

Ziegelbalken *m* brick beam

Ziegelbalken *m*/**vorgespannter** Stahlton prestressed beam

Ziegelbalkenträger *m*/**vorgespannter** Stahlton prestressed beam

Ziegelbau *m* clay brick building

Ziegelbauten *mpl* brick structures

Ziegelbauweise *f* brick construction

Ziegelbauwerk *n* brick structure

Ziegelbedachung *f* tile covering

Ziegelbeton *m* brick aggregate concrete

Ziegelbetonplatte *f* brick-lined concrete slab

Ziegelblase *f* scum

Ziegelbogen *m* brick arch; brick trimmer *(über einem Kamin)*

Ziegelbogen *m*/**hochkantiger** *(SB)* soldier arch

Ziegelbogen *m*/**mehrlagiger** *(SB)* rowlock arch

Ziegelbrecher *m* brick breaker

Ziegelbrennen *n* brick burning

Ziegelbrennmuster *n* kiss marks on bricks

Ziegelbrennofen *m (Te)* brick furnace

Ziegelbrett *n*/**vorgespanntes** plank in prestressed clay

Ziegelbruch *m* spall(s)

Ziegeldach *n* tile(d) roof, quarry-tile roof

Ziegeldecke *f* brick ceiling, ceiling made of bricks, ceiling made with bricks, floor made of bricks

Ziegeldecke *f*/**vorgespannte** prestressed clay floor

Ziegeldeckung *f* tile covering, tile roofing

Ziegelei *f* **Ziegelfabrik** *f* brick field

Ziegeleindeckung *f* tile roofing, tile covering, roof tiling, tiling *(Dach)*

Ziegeleinteilung *f (BM)* classification of bricks

Ziegelerde *f* brick earth, brick clay

ziegelfarben bricky

Ziegelfassungsmauer *f* brick exterior wall

Ziegelfertigteilbau *m* prefabricated brick(work) construction

Ziegelflachschicht *f (SB)* flat course of bricks

Ziegelform *f* brick shape

Ziegelformat *n* brick format, brick size

Ziegelfrischling *m* newly-made brick

Ziegelfundament *n* brick footing, brick foundation
Ziegelfußboden *m* brick floor(ing)
Ziegelfutter *n* brick lining
ziegelgedeckt *(Konst)* tiled
ziegelgefertigt made of brick, bricky
ziegelgemauert brick-built, bricky
Ziegelgewölbe *n (SB, TK)* brick vault
Ziegelgießen *n (Te)* slop-moulding
Ziegelgroßblock *m* large-sized brickblock
Ziegelhackform *f* closer mould
Ziegelhälfte *f*/**längsgeteilte** split
Ziegelhandstreichen *n* slop-moulding
Ziegelherstellung *f (Te)* manufacture of bricks
Ziegelhintermauerung *f* brick backing
Ziegelhohlmauer *f* **mit Hochkantziegeln** *(SB)* all-rowlock wall
Ziegelhohlstein *m* hollow clay block
Ziegelimitation *f (AE)* brick slip
Ziegelkamin *m* brick fireplace
Ziegellage *f* brick course
Ziegellage *f*/**geneigte** tumbling course
Ziegellage *f*/**hochkantige** edge course *(eines Mauerwerks)*
Ziegellager *n* brickfield
Ziegellagerfuge *f* brick bed joint
Ziegellatte *f* 1. *(BT)* roof batten; 2. *(Hb)* roof lath *(Dachdeckung)*
Ziegellattung *f (Hb)* roof lathing
Ziegelleder *n (BWG)* cot *(Handschutz)*
Ziegellehm *m* pug, brick clay
Ziegellieferant *m* brick supplier
Ziegellochstein *m* perforated brick
Ziegelmaß *n* brick dimension
Ziegelmauer *f* brick wall
Ziegelmauermuster *n* brick pattern
Ziegelmauern *n* bricking
Ziegelmauerwerk *n* brickwork, brick masonry • **das Ziegelmauerwerk (an)nässen** moisten the brickwork
Ziegelmauerwerk *n*/**bewehrtes** *(SB)* reinforced brick masonry
Ziegelmauerwerk *n*/**mörtelabgezogenes** brick and brick *(mörtelfreie Stoßfuge)*
Ziegelmauerwerk *n* **über dem Mauersockel** neat work
Ziegelmauerwerk *n*/**verputztes** plastered brickwork, rendered brickwork
Ziegelmauerwerk *n*/**wasserdicht verputztes** rendered brickwork
Ziegelmauerwerk *n*/**wildes** *(SB)* skintled brickwork
Ziegelmauerwerkstütze *f* brickwork column
Ziegelmehl *n* brick dust, grog
Ziegelmuster *n* brick pattern
Ziegeloberfläche *f* brick surface
Ziegeloberfläche *f*/**geflammte** flash
Ziegelofen *m (Te)* brick furnace
Ziegelpaket *n* pack of bricks, prepacked clay bricks
Ziegelpflaster *n* brick pavement
Ziegelpflasterung *f (Verk)* brick paving
Ziegelplatte *f* square brick, square tile
Ziegelpolster *n* brick set
Ziegelpresse *f* 1. brick-pressing machine; 2. brick-mill *(Zerkleinerungsanlage)*
Ziegelrabitz *m (BM)* clay lathing
Ziegelreibestein *m* float stone
Ziegelrippendecke *f (TK)* ribbed clay brick floor
Ziegelrohbau *m* raw brick building, brick carcass
Ziegelrohling *m* newly-made brick, green brick
Ziegelrohling *m*/**gepresster** pressed raw brick
ziegelrot brick-red
Ziegelschicht *f (SB)* course of bricks
Ziegelschicht *f*/**aufrecht stehende** soldier course
Ziegelschotter *m* brick rubble
Ziegelsplitt *m* brick chippings, manufactured brick chips, manufactured clay brick chips, crushed brick, broken bricks
Ziegelsplittbeton *m* broken-brick concrete, clay aggregate concrete
Ziegelsplittzuschlag *m* crushed brick aggregate
Ziegelstein *m* (building) brick *(< 33,7 × 22,5 × 11,3 cm; s. a. Ziegel)* • **den Ziegelstein formen** *(BM, Te)* mould the brick
Ziegelstein *m*/**friesischer** Frisian brick
Ziegelstein *m*/**gestrichener** struck brick
Ziegelstein *m* **in 10 cm Intervalldimensionen** metric modular unit
Ziegelstein *m*/**kleiner** glut
Ziegelstein *m*/**lederfarbener** buff-coloured brick, *(AE)* buff-colored brick
Ziegelstein *m* **mit ausgetieften Seitenflächen** frog
Ziegelstein *m*/**poröser** porous brick, rubber
Ziegelstein *m*/**schiefwinkliger** squint brick
Ziegelstein *m*/**spaltbarer** *(BM, SB)* cutter
Ziegelsteinmauerblock *m* brickwork cube *(Festigkeitsprüfung)*
Ziegelsteinstück *n*/**längsgeteiltes** clip
Ziegelstelle *f*/**poröse** scum
Ziegelstreichen *n* slop-moulding
Ziegelstreichmaschine *f* brick moulding machine
Ziegelsturz *m* **mit Bewehrung** brick beam
Ziegelton *m* loam, brick clay, brick-making clay
Ziegeltrennwand *f* brick partition (wall)
Ziegeltrockengerüst *n* hack
Ziegeltrockenpressverfahren *n* dry-press method
Ziegeltrümmer *pl* broken bricks
Ziegelverband *m* brick bond, brickwork, masonry bond
Ziegelverbindungsschicht *f (SB)* lacing course
Ziegelverblender *m* brick facer, *(AE)* brick slip
Ziegelverblendimitation *f* brick facing, *(AE)* brick slip
Ziegelverblendung *f (OB)* brick facing
Ziegelverkleidung *f s.* Ziegelverblendung
Ziegelverlegen *n* **mit der Unterseite als Sichtfläche** hacking
Ziegelviertel *n (BM)* closer
Ziegelvollmauer *f (Konst, SB)* whole-brick wall *(mit einer Dicke gleich Ziegellänge, > 15 cm)*
Ziegelwand *f* brick wall, clay brick wall; brick partition wall *(Innenwand, Trennwand)*
Ziegelwand *f*/**unregelmäßige** *(SB)* skintled brickwork
Ziegelzierschicht *f*/**horizontale** ledgement
ziehbar *(BM, TK)* tensible
Ziehbeschlag *m* pull hardware
Ziehdorn *m* mandrel
ziehen *v* 1. draw *(1. Fahrzeuge, Lasten; 2. z. B. Linien, Kreise)*; 2. haul, pull *(Güter, Lasten)*; 3. draw, pull *(herausziehen)*; 4. draw *(der Schornstein, der Ofen)*; 5. slide *(Gleitschalung)*; 6. build, erect *(Mauern, Wände)*; 7. run, cut *(Gräben, Furchen)*; 8. stretch *(ausziehen, dehnen, längen)*; 9. withdraw *(zurückziehen, abziehen)*; 10. draw *(von Stahl)*; 11. drag *(abziehen, Erdstoff ausziehen)*; 12. pull *(Spannbeton)*
ziehen *v*/**Bohrkerne** core
ziehen *v*/**ein Kabel** lay a cable, run a cable
ziehen *v*/**eine Mauer** wall, build, erect
ziehen *v*/**einen Graben** cut a ditch, ditch, run
ziehen *v*/**einen Pfahl** *(Erdb)* extract a pile
ziehen *v*/**einen Schornstein** *(SB, Te)* corbel
ziehen *v*/**in die Stadt** move in the city
ziehen *v*/**Nuten** *(Hb)* keyway
ziehen *v*/**straff** *(BM, BT, Konst, Te)* stretch

Ziehen *n* 1. *(Te, Verk)* traction *(Traktion)*; 2. pulling *(Spannbeton)*; 3. *(Te)* sliding *(Gleitschalung)*; 4. taking out *(aus einer Öffnung, z. B. Ziehen des Bohrkerns)*; 5. *(Te)* tow *(Schleppen)*; 6. draw *(Stahl)*
Ziehen *n* **des Schornsteins** chimney draught [draw] *(Zug, Abzug)*
ziehend *(BM, TK)* tensile
Ziehfeder *f* drawing pen, ruling pen *(Zeichenfeder)*
Ziehglas *n* drawn glass, rolled glass
Ziehglätten *n* stretcher levelling *(Blech)*
Ziehgriff *m* pull
Ziehharmonikatür *f* 1. *(EB, Hb)* multifolding door; 2. *(BT, EB)* accordion door
Ziehharmonikawand *f (Konst)* sliding folding partition
Ziehhöhe *f* sliding height *(Gleitschalung)*
Ziehklinge *f* cabinet scraper, scraper, scraper plane, drawknife, spokeshave
Ziehlatte *f* guiding rule
Ziehmesser *n* drawknife
Ziehschalter *m (El)* suspension switch
Ziehschicht *f* floated coat
ziehschleifen *v (OB)* hone
Ziehschloss *n* pull lock
Ziehschütze *f* sliding sluice
Ziehspachtelmasse *f* knifing filler, floated filler
Ziehstange *f* jacking rod *(Gleitschalung)*
Ziehtreppe *f (EB)* folding stair *(bes. zum Dachgeschoss)*
Ziel *n (VR)* objective
Zielachse *f* collimation line
Zielen *n (Verm)* sighting
Zielfernrohr *n (Verm)* sighting telescope
Zielfestigkeit *f (BB)* preset strength *(Beton)*
Zielgröße *f* target value
Zielposition *f (BT, Konst, RP, Verm)* aiming position
Ziel- und Quellverkehrsuntersuchung *f* origin-destination study
Zielvertrag *m* target contract
Zielvorrichtung *f (Verm)* sight
Zielwert *m* target value
Zier... decorative ...
Zierarbeit *f* ornamental work
Zierarchitektur *f (Arch)* ornamental architecture
Zierarchivolte *f (Arch)* decorated archivolt
Zierband *n (Arch)* moulding, ornamental band; ornate lock *(Schlossbeschlag)*
Zierbaukeramik *f (Arch, BM)* decorative structural ceramics
Zierbauwerk *n (Arch)* ornamental structure, decorative structure
Zierbesatz *m* **für Außenwände** *(AE)* exterior trim
Zierbeschichtung *f (Arch, OB)* ornamental coating
Zierbeschläge *mpl* ornamental hardware, decorative fittings, decorative hardware
Zierbeton *m (Arch, BB)* ornamental concrete
Zierblech *n* decorative sheet iron
Zierblockstein *m* sculptural-type block
Zierbogen *m (Arch)* ornamental arch
Zierbogen *m* **mit Ornamentzwischenstück** *(Arch)* interrupted arch
Zierbogenform *f* **mit Zwischenornamenten/normannische** interrupted arch moulding
Zierbogengang *m* **mit Skulpturen** *(Arch)* tabernacle work
Zierdecke *f (Arch, TK)* ornamental ceiling
Ziereinfassung *f (Arch)* ornamental trim
Ziereisen *n* ornamental iron, decorative iron
Zierelement *n (Arch)* ornament
Zierfenster *n* ornamental window, decorative window
Zierfläche *f* ornamental area, ornamental surface, decorated area, decorative area, decorative surface
Zierfliese *f* decorative tile
Zierfolie *f* ornamental foil
Zierform *f* ornamental form, decorative form
Zierfüllung *f* ornamental panelling *(Wand)*
Zierfurnier *n* interior-type plywood
Ziergewölbe *n (Arch, Konst)* decorative vault
Ziergiebel *m* 1. ornamental gable, decorative gable, attached gable; pediment *(über Türen und Fenstern)*; 2. *(Arch)* eagle *(griechische Baukunst)*; fronton *(über Türen und Fenstern)*
Ziergiebel *m***/kleiner** gablet *(über einer Nische oder einem Stützpfeiler)*
Ziergitter *n* ornamental grille, ornamental lattice, decorative grille
Zierglas *n* ornamental glass, fancy glass
Zierglas *n* **mit Prismeneffekt** prismatic glass
Zierglied *n* 1. *(Arch, Konst)* ornamental element; 2. *(Arch)* enrichment
Ziergurt *m (Arch)* fa(s)cia *(z. B. bei ionischen Säulen)*
Zierhof *m* court garden, courtyard garden, garden court
Zierkante *f (Arch)* running ornament; rover *(einer Rundung oder Biegung folgend)*
Zierkante *f* **an einem geneigten Element** *(Arch)* raking moulding
Zierkante *f***/befestigte** *(Arch)* planted moulding
Zierkante *f***/durchlaufende** *(Arch)* running ornament
Zierkante *f***/gedrehte** *(Arch)* torsade *(Bandornament)*
Zierkante *f***/laufende** *(Arch)* running ornament
Zierkante *f* **mit leicht hervorstehenden und unterbrochenen Elementen/konvex gerundete** *(OB)* knurling
Zierkante *f* **mit quadratischen Nagelköpfen** nail head moulding
Zierkante *f* **mit Vogelköpfen** beak moulding
Zierkante *f***/schmale** *(Arch)* orle *(am Säulenschaft)*
Zierkante *f***/sich verjüngende** stop chamfer
Zierkante *f***/tiefe konkave** *(Arch, Konst)* scotia *(am Säulenfuß)*
Zierkantenabknickung *f (Arch)* returned moulding
Zierkantenbogen *m (Arch)* returned moulding
Zierkantenrolle *f* running mould, horse mould, peg mould *(Putz)*
Zierkantenumlenkung *f (Arch)* return
Zierkonsole *f (Arch)* (uncut) modillion *(am Sims korinthischer Säulen)*
Zierkunst *f* ornamental art, decorating art
Zierleiste *f* band moulding, *(AE)* band molding; fillet, *(AE)* base trim *(Säule)*; banding, banding fillet, (decorative) batten *(Abschlussleiste, bei Verschalungen)*; ornamental border *(an Türen, Schränken)* • **mit Zierleisten abgedeckt** *(EB)* bead-jointed
Zierleiste *f***/abgeschrägte** *(Arch)* splay moulding
Zierleiste *f***/austauschbare** loose moulding
Zierleiste *f* **des Karnieses/oberste** supercilium *(im römischen Gesims)*
Zierleiste *f* **mit Blattornamenten** *(Arch)* Aaron's rod
Zierleistenrückführung *f (Arch)* return
Zierleuchte *f (El)* ornamental luminaire
zierlos unadorned
Ziermalerei *f* decorative painting
Ziermauer *f***/durchbrochene** pierced wall
Ziermauer *f***/offene** pierced wall
Ziermörtel *m* pila
Ziermörtel *m***/wertvoller** pila
Ziermotiv *n (Arch, Konst)* ornamental motif
Ziermuster *n* ornamental pattern
Ziernagel *m* wrought nail
Ziernagel *m***/handgeschmiedeter** *(Arch)* rose nail

Ziernische *f (Arch)* ornamental niche; tabernacle *(Kirchenbaukunst)*
Zierobjekt *n (Arch)* subject for decoration
Zierpavillon *m (Arch)* ornamental pavilion
Zierpfeiler *m (Arch, BT)* trim pilaster
Zierpfosten *m (Arch, BT)* trim pilaster
Zierplatte *f (Arch)* ornamental board
Zierportal *n (Arch)* ornamental portal
Zierprägung *f (Arch)* decorative embossment
Zierprofil *n (Arch)* moulding pattern
Zierputz *m (Arch, SB)* ornamental finish
Zierrille *f (Arch)* glyph
Ziersäule *f* ornamental column, decorative column
Ziersäule f/hängende *(Arch)* pendant
Zierschnittmaschine *f* sticker machine
Ziersockel *m (Arch)* gaine *(Säule)*
Zierstab *m (Arch)* moulding
Zierstahl *m (Arch, St)* ornamental steel
Zierstahlarbeit *f* ornamental steel
Zierstein *m* sculptural-type block
Zierstil *m (Arch)* style of ornamentation, ornamental style, decorative style
Zierstirnziegel *m (Arch)* antefix *(Tonzierplatte des Traufgesims antiker Tempel)*
Ziertafel *f (Arch)* plaque
Ziertischlerarbeit *f (EB, Hb)* quick sweep
Ziertür *f* ornamental door, decorated door
Ziertürmchen *n* 1. ornamental turret, diminutive tower; 2. *(Arch)* small tower
Zierüberzug *m (Arch, OB)* ornamental coating
Zierverband *m* decorative bond *(Mauerwerk)*
Zierwandlampe *f (Arch, El)* wall scone
Zierziegel *m* moulded brick, ornamental brick, decorative brick
Zierziegel *m*/**durchbrochener** solar screen tile
Zierziegelstein *m s.* Zierziegel
Zierzuschlagstoff *m (BM)* ornamental aggregate
Ziffer *f* figure
Ziffernschloss *n (EB)* combination lock
Zikkurat *f (Arch)* ziggurat *(Tempelturm im babylonisch-assyrischen Raum der Antike)*
Zikkuratbaukunst *f (Arch)* Babylonian architecture
Zimmer *n* room; chamber *(Gemach)*
Zimmer *n*/**eingeschobenes** *(Konst)* mezzanine room *(im Zwischengeschoss)*
Zimmer *n*/**freies** vacant room
Zimmer *n* **mit zwei Einzelbetten** twin bedded room
Zimmer *n*/**unbewohntes** unoccupied room
Zimmer *n* **zum Garten** *(Konst)* room facing the garden
Zimmer *n* **zum Hof** *(Konst)* room facing a yard
Zimmer... indoor ...
Zimmerarbeiten *fpl (Hb)* carpentry (works) *(BS 8000-5, DIN 18334)*
Zimmeraxt *f* broad axe, carpenter's axe
Zimmerei *f* carpenter's shop, carpenter's yard
Zimmereiarbeit *f* carpenter's work, carpentry (work) *(s. a. Zimmerarbeiten)*
Zimmereiwesen *n* carpentering, carpentership
Zimmerer *m* carpenter
Zimmererarbeit *f* carpenter's work, carpentry, piece of carpentry, woodwork
Zimmererformarbeit *f (Hb)* shape work
Zimmererhandwerk *n* carpenter's trade, carpentership, carpentry
Zimmererholz *n* carcassing timber
Zimmererplatz *m* carpenter's yard, timber yard
Zimmerfenster *n* room window
Zimmerfeuchtigkeit *f (HLK)* room humidity
Zimmerflucht *f* suite of rooms, *(AE)* apartment(s)
Zimmergeselle *m* journeyman carpenter
zimmergroß room-sized
Zimmerholzwerk *n (Hb)* trim
Zimmerklimaanlage *f (HLK)* room air conditioner
Zimmerkühlanlage *f (HLK)* unit cooler *(mit Wasserverdunstung)*
Zimmerluft *f (HLK)* inner air
Zimmermaler *m* decorator, painter
Zimmermann *m* carpenter
Zimmermannsarbeit *f* carpenter's work, carpenting, carpentry
Zimmermannsaxt *f* carpenter's axe
Zimmermannsbeil *n (BWG, Hb)* adze
Zimmermannsbleistift *m* carpenter's pencil
Zimmermannsbohrer *m* auger bit, screw auger
Zimmermannsgewerk *n* carpentry
Zimmermannshammer *m* carpenters hammer, lath(ing) hammer, lathing hatchet, claw hammer
Zimmermannsholz *n* building timber
Zimmermannsnagel *m* spike
Zimmermannsnagel *m*/**schwerer** spike
Zimmermannssäge *f* bucksaw
Zimmermannsschraubstock *m* bar clamp
Zimmermannsstich *m* timber hitch
Zimmermannswerkstatt *f* carpenter's shop
Zimmermannswinkel *m* carpenter's square, framing square
Zimmermannswinkel *m* **mit Dreieckmaßangaben** brace table
Zimmermeister *m (Hb, VR)* master carpenter
zimmern *v* carpenter, do carpentry, timber, do woodwork
Zimmerofen *m (BWG)* stove
Zimmerplatz *m* carpenter's yard, timber yard, wood yard
Zimmerpodest *n* halfpace
Zimmerpolier *m* carpenter foreman
Zimmertemperatur *f (HLK)* room temperature
Zimmertür *f (BT, Hb)* room door
Zimmertürschloss *n (EB)* room-door lock
Zimmerung *f* carpentry, timber set, timbering
Zimmerung *f*/**verstrebte** braced timbering
Zimmerwärme *f (HLK)* room heat
Zimmerwerk *n* framing timber
Zimmerwerkstatt *f* carpenter's shop
Zimmerwerkzeug *n* carpenter's tool
Zink *n (BM)* zinc • **mit Zink überziehen** *(OB, Te)* sherardize *(Diffusionsverzinken)*
zinkartig *(BM)* zinky
Zinkbasis/auf *(BM)* zinc-based
Zinkbedachung *f* sheet zinc roof cladding, sheet zinc roof covering, zinc covering
Zinkblech *n* zinc-coated sheet, zinc metal sheet, sheet zinc, galvanized iron
Zinkblechabdeckung *f* sheet zinc cover
Zinkblende *f* sphalerite
Zinkchromatgrundierung *f (BM, OB)* zinc chromate primer
Zinkdach *n* zinc roof, sheet zinc roof cladding, sheet zinc roof covering
Zinkdachbelag *m* sheet zinc roof cladding, sheet zinc roof covering
Zinkdachdeckung *f s.* Zinkdachbelag
Zinkdruckguss *m (BM)* zinc die-casting
Zinke *f* 1. prong; 2. *(Hb)* dovetail, tenon; tine *(z. B. an einer Gabel)*
Zinke *f*/**gerade** *(Hb)* straight dovetail, corner locking
Zinke *f*/**schräge** *(Hb)* oblique dovetail
Zinkeindeckung *f* sheet zinc roof cladding, sheet zinc roof covering

zinken *v (Hb)* dovetail
Zinken *fpl*/**verdeckte** *(Hb)* secret dovetail(ing), mitre dovetail
zinkenförmig 1. *(Hb)* pectinated; 2. *(Arch, Konst)* pronged
Zinkenplatte *f* gang nail
Zinkensäge *f (BWG, Hb)* dovetail saw
Zinkenteilung *f* pitch of dovetails
Zinkenverbindung *f (Hb)* dovetail joint
Zinkfarbe *f* zinc paint
Zinkgelb *n (BM, OB)* zinc yellow
Zinkgelbanstrichstoff *m (BM, OB)* zinc chromate paint
Zinkgelbfarbe *f (BM, OB)* zinc chromate paint
zinkhaltig zinc-containing, zinciferous
Zinkphosphatanstrichstoff *m (BM, OB)* zinc phosphate paint
Zinkphosphatfarbe *f (BM, OB)* zinc phosphate paint
Zinkphosphatschutzschicht *f (OB)* zinc phosphate coating
Zinkpulver *n (BM)* powdered zinc
zinkreich high-zinc
Zinkrost *m (OB, RS)* white rust
Zinkschutzfarbe *f* zinc paint
Zinkschutzschicht *f (OB)* zinc deposit
Zinkschutzschicht *f*/**galvanisch aufgebrachte** *(OB)* zinc-plated coating
Zinkspritzschicht *f (OB)* sprayed zinc coating
Zinkstaub *m (BM)* powdered zinc
Zinkstaubanstrichstoff *m* zinc dust paint, metallic zinc paint
Zinkstaubanstrichstoff *m*/**organischer** *(BM, OB)* organic zinc-rich coating
Zinkstaubfarbe *f* zinc dust paint, cold-galvanizing paint
Zinkstaubgrundierung *f (BM, OB)* zinc dust primer
Zinkstaubpigment *n (BM, OB)* zinc dust pigment
Zinkstaubsilikatanstrichstoff *m* zinc silicate paint
Zinküberzug *m (OB)* zinc-coating
Zinkung *f (Hb)* dovetail, swallowtail
Zinkweiß *n* 1. *(BM, OB)* zinc white; 2. *(BM)* Chinese white *(Zinkoxid)*
zinkweißverträglich *(BM, OB)* compatible with zinc white
Zinn *n*/**fast reines** pig tin *(99,80 %)*
Zinn *n*/**reines** pig tin *(99,80 %)*
Zinnblech *n* sheet tin
Zinnblechscheibe *f (BT)* tin cap *(für Dachnägel)*
Zinne *f* 1. *(Arch)* merlon *(einer Burg)*; battlement, embattlement *(Zinnenkranz einer Burg)*; 2. *(Arch)* spire; 3. *(Arch, Konst)* spirelet; 4. *(Arch, BT, Konst)* cop *(Turmspitze)*; 5. fléche *(Helmdach)*; 6. *(Arch, Konst)* pinnacle *(Fiale)*
Zinne *f*/**rundbogige** *(Arch)* round-arched merlon
Zinnen *fpl (Arch)* battlement • **mit Zinnen versehen** *(Arch)* crenellate • **mit Zinnen versehen** *(Arch)* embattled
Zinnenbesatz *m (Arch)* crenellated moulding
Zinnenbrüstung *f* embattled parapet
Zinnenfenster *n* crenel(le)
Zinnenkranz *m* battlement, crenellated moulding, crenellation, *(AE)* crenelation, *(AE)* embattled molding *(Ornament)*
Zinnenkrönung *f* crenellation, *(AE)* crenelation
Zinnenturm *m (Arch)* battlement tower
Zinnentürmchen *n (Arch)* battlement turret
Zinnenzahn *m (Arch)* merlon *(in einer Burgmauer)*
Zinnfolie *f* tin foil
Zinnlot *n* tin-lead solder, tin solder
Zinnober *m* cinnabar *(Farbe)*
Zinnrohr *n* tin pipe
Zinnstein *m* tinstone
Zinnüberzug *m (OB, St, Te)* tin coating
Zirkel *m (Konst)* compasses
Zirkelschlag *m (Arch)* foil, lobe *(Verzierungswerk)*
Zirkelverlängerungsarm *m* radial bar *(Bauzirkel)*
Zirkulation *f (HLK, San)* circulation
Zirkulationsleitung *f* 1. *(HLK, San)* circuit vent; 2. *(HLK, WVA)* circulation line
Zirkulationsrohr *n (HLK)* circulating pipe
zirkulieren *v (HLK, WVA)* circulate
zirkulierend circular
ziselieren *v* chase *(Metalldekoration an Außenflächen)*
Zisterne *f* (storage) cistern, water cistern, tank
Zisterzienserarchitektur *f (Arch)* Cistercian architecture
Zitadelle *f (Arch)* citadel
Zivilbasilika *f (Arch)* imperial basilica
Zivilisationsmüll *m (Umw)* waste products of civilization
Zivilschutz *m (VR)* civil defence
Zivilschutzraum *m (Konst, VR)* civil defence shelter
ZnO/verträglich mit *(BM, OB)* compatible with zinc white
Zobelhaarbürste *f s.* Zobelhaar(fein)pinsel
Zobelhaar(fein)pinsel *m* sable, sable pencil
Zobelhaarschreibpinsel *m* sable writer
Zoll *m* 1. *(Stat)* inch *(1 in = 25,4 mm)*; 2. duty, customs; 3. *(Arch)* toll *(Tribut, historisch, z. B. Brückenzoll)*
Zollabfertigungsbereich *m (Verk)* customs clearance area
Zollbrücke *f (Arch)* toll bridge *(historisch)*
Zollgebäude *n* customs house
Zollhaus *n* 1. *(Arch, Verk)* customs house; 2. *(Konst, Verk)* toll house
Zollmaß *n (Stat)* inch rule *(Maßstab)*
4-Zoll-Modul *m (Konst)* standard module
Zollschranke *f* customs barrier
Zollschuppen *m* customs shed
Zollstock *m* carpenter's gauge, rule, zigzag rule; folding inch, yardstick
Zollstraße *f* tollroad, *(AE)* turnpike *(s. a. Mautstraße)*
Zone *f (RP)* zone • **in Zonen einteilen** *(RP)* zone *(z. B. Planungszonen, Baugebietszonen)*
Zone *f*/**beschränkte** *(RP, Umw)* restricted zone
Zone *f*/**gedrückte** *(BT, Erdb, Stat, TK)* compression zone
Zone *f* **hoher Korrosionsgeschwindigkeit** *(Konst, OB)* very quickly corroding zone
Zone *f*/**klimatisierte** *(Arch, HLK)* conditioning zone
Zone *f*/**kritische** critical section
Zone *f*/**luftverschmutzte** *(Umw) (AE)* non-attainment area
Zone *f*/**oberflächennahe** subsurface
Zone *f*/**plastische** *(BM)* zone of plastic equilibrium
Zone *f*/**verkehrsberuhigte** traffic restraint zone
Zone *f*/**verstädterte** *(RP) (AE)* urbanized area
Zonen... zonal ...
Zonenbauordnung *f (Konst)* use zoning
Zoneneinteilung *f (RP)* zoning *(Raumplanung)*
zonenförmig *(Konst)* zonal
Zonengewölbe *n (Konst)* vaulting with dentated springing lines
Zonenneuordnungsplan *m (RP)* rezoning plan
zonenweise *(RP)* zone by zone
Zonierung *f (RP)* zoning *(Raumplanung)*
Zoolith *n (BM)* zoolite *(organisches Sedimentgestein)*
Zoreseisen *n* trough plate
Z-Profil *n (BM)* Z-section *(Träger)*
Z-Profilträger *m* Z-section *(Träger)*; *(AE)* zee
Z-Stahl *m (BM)* Z-bar
zubauen *v* 1. obstruct, build up *(Fläche, Gelände)*; 2. block (with a building), obstruct *(Sicht, Blick verbauen)*
Zubehör *n* accessories, appurtenance; equipment, armature, furniture, supplies *(Ausbau)*
Zubehörteil *n* 1. *(BT, San)* fitting; 2. *(EB)* accessory
Zubehörteile *npl (EB)* accessories
zubereiten *v* prepare, make up; condition *(aufbereiten)*
zubilligen *v* allow, concede, grant
Zubringer *m* 1. *(BWG, Te)* conveyor; 2. *(Verk)* feeder *(Leitung, Zuführeinrichtung)*; 3. *(Verk)* feeder road, collector

road, collector street; access road, slip road *(Anschlussstellenzufahrt)*; 4. *(Verk)* shuttle *(Transportmittel)*
Zubringerfluss *m (Wsb)* tributary
Zubringerknoten *m (Verk)* feeder junction
Zubringerrampe *f (Verk)* slip road
Zubringerstraße *f (Verk)* feeder road, collector road, collector street, local distribution road; access road, slip road *(Anschlussstellenzufahrt)*
Zubringerverkehr *m (Verk)* feeder transport
Zuckerlagergebäude *n (Arch, Konst)* sugar storage block
Zuckerrohr *n* cane *(pflanzlicher Baustoff)*
Zuckerrohrfaserdämmstoff *m* cane fibre insulation material, *(AE)* cane fiber insulation material
Zuckerrohrfaserdämmung *f* cane fibre insulation, *(AE)* cane fiber insulation
zudecken *v* cover
zudecken *v* **mit** cover
zudrehen *v (San)* turn off *(Hahn)*
Zufahrt *f* 1. approach, access, vehicle access, entryway *(für Fahrzeuge)*; 2. entrance, drive, driveway *(zu einem Haus)*
Zufahrt *f*/**geschlossene** *(Verk, VR)* closed access
Zufahrt *f*/**scharfgebogene** bent approach
Zufahrtsbereich *m* approach zone
Zufahrtsbeschränkung *f* limitation of access, access control, control of access
Zufahrtskanal *m (Wsb)* access canal
Zufahrtskontrolle *f s.* Zufahrtsbeschränkung
Zufahrtsrampe *f* entry slip road, access ramp
Zufahrtsrecht *n* right of access
Zufahrtsschleppdach *n* carriage porch
Zufahrtsstelle *f* point of entry, point of access
Zufahrtssteuerung *f*/**partielle** *(Verk)* partial control of access
Zufahrtsstraße *f* access road, approach road, service road *(zu einem Objekt, Betrieb, Hotel usw.)*; slip road *(zu einer Schnellstraße, Autobahn usw.)*
Zufahrtsstrecke *f (Verk)* access lane
Zufahrtstelle *f s.* Zufahrtsstelle
Zufahrtstor *n (Arch, BT)* access gate
Zufahrtsweg *m* access way, driveway
Zufall *m* random
zufällig random, arbitrary
zufallsbedingt random
Zufallsprodukt *n* result of accident
Zufallsstichprobe *f (BM, RS)* random sample
Zufallsstichprobenerhebung *f (BM, RS)* random sampling
Zufallsstreuung *f* random variation *(Statistik)*
Zufallsverteilung *f (Stat)* random distribution *(Statistik)*
Zufallszahl *f (Stat)* random number *(Statistik)*
zuflanschen *v* flange up
zufließen *v* flow into *(Frischwasser)*; flow towards *(Fluss)*
Zufließen *n (Erdb, Wsb, WVA)* inflow
Zufluss *m* 1. inflow, influx, delivery, supply; 2. *(Wsb)* affluent, tributary, subsidiary stream, afflux; 3. inlet *(zum Meer)*
Zufluss *m*/**höchster** *(Wsb)* greatest *(Talsperre)*
Zufluss... influent ...
Zuflussmesser *m (Wsb, WVA)* head meter
zufriedenstellend satisfactory *(Qualität)*
Zufuhr *f* 1. *(Te, Verk)* conveyance *(Transportgüter)*; 2. feed(ing), input *(Beschicken, z. B. Mischanlagen, Brecher)*; 3. *(BM, HLK, Te)* addition *(von Wärme)*; 4. input *(von Wärme beim Schweißen)*
Zuführeinrichtung *f* feeder, feeding device *(Beschickungseinrichtung)*; handling equipment *(Umschlags- und Fördereinrichtung)*
zuführen *v* 1. *(Te)* convey *(Transportgüter)*; 2. feed *(z. B. Material zu Mischanlagen)*; 3. *(BM, HLK, Konst, Stat, Te)* add *(z. B. Wärme)*; 4. supply *(versorgen mit)*
Zuführen *n* feed *(Beschicken)*
Zuführung *f* delivery *(Waren, Transportgüter)*; addition *(von Wärme)*
Zuführung *f*/**selbsttätige** automatic feeding *(Beschickung)*
Zuführungskabel *n (El)* lead-in cable, power supply cable, supply cable
Zuführungskabel *n*/**metallabgeschirmtes** *(El)* shielded conductor
Zuführungsleitung *f (El)* feed line, supply line, lead wire
Zuführungsrinne *f* delivery chute *(z. B. für Beton)*
Zuführungsrohrleitung *f* feed canal *(Entwässerung)*
Zuführungsschnecke *f* charging screw *(Baustoffaufbereitung)*
Zug *m* 1. *(Stat)* tension; 2. draught, flue *(Luft)*; *(AE)* draft; furnace draught *(Abgasführung)*; 3. draw *(von Stahl)*; 4. *(HLK)* flue *(z. B. für Heizung, Belüftung)*; 5. *(Te, Verk)* traction *(Traktion)*; 6. *(Verk)* train • **auf Zug beanspruchen** *(Stat)* tension • **Zug haben** draw *(der Schornstein, der Ofen)*
Zug *m*/**absteigender** flue with downward draught
Zug *m*/**aufsteigender** flue with upward draught
Zug *m*/**ausgeglichener** balanced flue *(Rauchkanal)*
Zug *m* **des Schornsteins** chimney draught
Zug *m*/**einfacher** simple tension *(Zugspannung)*
Zug *m*/**künstlicher** *(HLK)* forced draught *(Luft)*
Zug *m*/**natürlicher** *(HLK)* natural draught *(Luft)*
Zug *m*/**reiner** *(Stat)* direct tension
Zug... tensile ...
Zugabe *f* 1. *(BM, HLK, Te)* addition; 2. *(BM, Te)* admixture *(Vorgang)*; 3. *(BM, Te)* admixture *(Stoff)*; 4. *(Konst, Te)* introduction *(Einbringen, Einlegen)*; 5. overlength *(Bewehrungsschweißen)*; 6. allowance *(Größen, Toleranz)*
Zugabeeinrichtung *f (Te)* inlet
Zugabeeinrichtung *f*/**mittige** *(BWG)* centre inlet
Zugabematerial *n* feedstock
Zugabfangung *f (El)* traction relief
Zugang *m* 1. entrance, entryway *(Eingang, Einfahrt)*; 2. *(Konst)* access *(Einstieg, Zutritt)*; 3. *(Tun)* adit *(Stollenzugang)*; 4. approach *(für Fahrzeuge)*
Zugang *m*/**gesperrter** *(Verk, VR)* closed access
Zugang *m*/**rückwärtiger** *(Konst)* rear access *(zu einem Gebäude)*
Zugang *m*/**schmaler** *(Arch)* tresaunce *(mittelalterliche Baukunst)*
Zugang *m*/**überdeckter** *(Konst)* breezeway *(zwischen zwei Gebäuden)*
Zugang *m*/**ungehinderter** *(VR)* unobstructed access
zugänglich 1. accessible *(z. B. Bauteile, Gebäudeflächen)*; open *(ungehindert)*; 2. available *(verfügbar, z. B. Unterlagen)*; 3. at hand *(nahe sein)* • **zugänglich sein** be accessible
zugänglich/leicht easily accessible
zugänglich/schwer limited-accessible, hard-to-reach, difficult to get at *(Gebäudeteile, Versorgungsleitungen)*; difficult to reach *(Gebäudeteile, Versorgungsleitungen)*
Zugänglichkeit *f* access *(z. B. Gebäudeteile, Bauteile)*; availability *(Verfügbarkeit, z. B. Unterlagen)*
Zugangsöffnung *f (BT)* access door *(für Unterhaltungsarbeiten an Ausrüstungen)*
Zugangspunkt *m (Verk)* access point
Zugangsseite *f* entrance side
Zugangsstollen *m (Tun)* access gallery, adit
Zugangsstraße *f (Verk)* access road
Zugangstunnel *m (Tun)* access tunnel
Zugangstür *f* entry
Zugangstür *f*/**kleine** *(BT)* access door *(für Unterhaltungsarbeiten an Ausrüstungen)*
Zugangs- und Haupttreppe *f*/**kombinierte** combination stairs

Z

Zuganker *m* 1. tie, tie bar, tie rod, tension member; 2. beam tie *(Balkenanker)*; 3. *(BT)* through bolt; 4. *(TK)* stay *(Mast-, Abspannanker)*; 5. *(BT)* stretching piece *(Strebe)*
Zugankerbalken *m* beam tie, tie beam
Zugankerblock *m (BT)* snatch block *(mit zu öffnender Seitenwand)*
Zugankerbolzen *m (BT)* tirant
Zuganschluss *m* flue connection
Zugarmierung *f s.* Zugbewehrung
Zugaufsatz *m* tallboy, *(AE)* ventilating jack
Zugbalken *m* tie beam, main beam, foot beam, footing beam; tie piece, principal beam, *(AE)* lunding beam *(Trambalken, Spannbalken, Zange)*; strap *(Verbundbügel, Zugband)*
Zugband *n* tie member, tension member, tieback, horizontal tieback; brace *(Strebenband)*
Zugband *n***/freiliegendes** *(Hb, Konst)* exterior tieback
Zugband *n***/sichtbares** *(Hb, Konst)* exterior tieback
zugbeanspruchbar *(BM, TK)* tensile
zugbeansprucht subject(ed) to tension, tensioned
Zugbeanspruchung *f* subjection to tension, tensioning, tensile stress; tensile load *(mechanisch)*
Zugbeanspruchungsverhalten *n (Stat)* tensile behaviour
zugbelastbar *(BM, TK)* tensible
Zugbelastbarkeit *f (BM)* tensibility
Zugbelastung *f* tensile loading, tension loading *(mechanisch)*
Zugbereich *m (BT)* tension zone
Zugbewehrung *f* reinforcement for tension, tensile reinforcement, tension reinforcement
Zugbewehrungsanteil *m* ratio of tension reinforcement
Zugbiegespannung *f (BM)* tensile bending stress
Zugbinder *m (BT)* through binder *(Mauerwerk)*
Zugbolzenschraube *f* tension bolt
Zugbrücke *f (Br)* drawbridge
Zugdehnung *f* 1. *(BM, TK)* tensile strain; 2. *(Stat)* stretching strain
Zugdehnung *f***/elastische** elastic tensile strain
Zugdiagonale *f* 1. *(BT, TK)* tension diagonal; 2. *(BT, St, TK)* oblique suspension rod *(Stahlbau)*
zugdicht draught-proof, *(AE)* draftproof
Zug-Drucksystem *n* tension-compression system
Zug-Druck-Wechselbeanspruchung *f* reversed direct stress
zugeben *v* 1. add, feed *(Stoffe)*; 2. introduce *(einführen)*; 3. admit, allow *(Bauleistung)*
zugeben *v***/Additive** dope *(z. B. zu bituminösen Bindemitteln, Farben)*
zugeben *v***/chargenweise** batch-mix
zugeben *v***/Flussmittel** flux *(Keramik, Metall)*
zugehauen dressed *(Stein)*
zugehauen/grob coarsely dressed, coarsely shaped, rough-axed, roughly dressed *(Stein)*
Zugeigenschaft *f* tensile property, tensile quality, tensile power
Zugeigenspannung *f (Stat)* residual tensile stress
zugekehrt/einander 1. *(Arch, Konst)* facing; 2. *(Arch)* affronted *(Figuren)*
zugelassen registered, licensed *(beruflich)*; authorized *(staatlich anerkannt)*; approved *(genehmigt)*
zugelassen/bauaufsichtlich *(VR)* admitted for use by the supervising [supervision] authority
zugelassen/staatlich authorized
Zugelastizitätsgrenze *f* elastic limit for tension
Zugelement *n (BT, TK)* tension element
zugentlastet *(BT, TK)* non-tension
Zugentlastung *f (El)* traction relief
zugerichtet milled, dressed, hewn *(Stein)*; dressed *(Holz)*
zugerichtet/steinmetzmäßig shaped
Zugermüdungsgrenze *f (BM)* limit of fatigue in tension
zugespitzt pointed, tapered, acute
Zugeständnis *n* **nach Realisierung** *(VR)* concession
Zugfaser *f* fibre in tension
zugfest tension-proof
Zugfestigkeit *f* 1. *(Stat)* tensile strength; 2. *(BM, Stat)* strength in tension
Zugfestigkeit *f* **an der Streckgrenze** *(BM)* yield strength
Zugfestigkeit *f***/durchschnittliche** *(BM)* mean tensile strength
Zugfestigkeit *f***/einachsige** *(Stat)* uniaxial tensile strength
Zugfestigkeit *f***/indirekte** indirect tensile strength *(z. B. Spaltzugfestigkeit)*
Zugfestigkeit *f***/mittlere** *(BM)* mean tensile strength
Zugfestigkeitsprüfkörper *m* tension test specimen, briquette *(Baustoffprüfung)*
Zugfestigkeitsprüfmaschine *f (BWG)* tensile testing machine
Zugfestigkeitsprüfung *f (BM)* tensile testing
Zugfläche *f (Konst)* flue area
Zugflansch *m (BT)* tension boom
Zugfolge *f (Verk)* headway
zugfrei draughtless, draughtproof
Zugfutter *n* flue liner, flue lining
Zugglied *n* tension member, tension element, tension rod, tensional bar, tie, tie bar; tension bar *(Zugprobe)*
Zuggriff *m (EB)* edge pull *(Schiebetür)*
Zuggriff *m***/eingelassener** flush-cup pull
Zuggurt *m* 1. *(BT)* tension boom; 2. *(BT, TK)* tension flange
Zuggurtung *f (BT, TK)* tension flange
Zughaken *m (BT)* towing hook
zugig draughty, *(AE)* drafty
Zugjalousie *f (EB)* jalousie
Zugkettenöffner *m* pull-chain operator *(Luftfenster)*
Zugklappe *f (BT, HLK)* damper *(z. B. am Schornstein)*
Zugkraft *f* tensile force, tension force *(mechanisch)*; traction *(z. B. eines Fahrzeugs)*
Zugkraftdose *f (BM, BWG)* tensile dynamometer
Zugkraftmembran *f (Konst)* membrane
Zuglasche *f* tie strap, fishplate
Zuglast *f* 1. *(BM, TK)* tensile load *(mechanisch)*; 2. *(Verk)* traction load *(Fahrzeuge)*
Zugluft *f* 1. *(DIS)* draught; 2. *(HLK)* draught air
Zugluftabdichten *n* exclusion of draught
Zugluftdichtung *f* **an der Türschwelle** *(DIS, HLK) (AE)* threshold draft-proofer
zugluftfrei draught-free
Zugluftumleiter *m (HLK)* draught diverter, *(AE)* draft diverter
Zugmaschine *f (BWG)* tractor
Zugmodul *m (Stat)* tensile modulus
Zugöffnung *f* flue opening
Zugpfahl *m (Erdb)* tension pile
Zugprobekörper *m* tension test specimen *(Baustoffprüfung)*
Zugprobenstück *n* tensile specimen
Zugprüfgerät *n (BWG)* tension test machine
Zugprüfkörper *m* tension test specimen, briquette *(Baustoffprüfung)*
Zugprüfung *f* elongation test, tensile test, tension test
Zugprüfung *f***/indirekte** indirect tensile test, diametral test
Zugquerschnitt *m* 1. *(Stat)* cross section under tension; 2. *(Konst)* flue area *(Entlüftungsrohr, Schornstein)*
Zugramme *f (Erdb)* bell-rope hand
Zugregler *m* draught regulator
Zugring *m* tension ring
Zugrippe *f* tension rib
Zugrissbildung *f (BM)* tensile cracking

Zugrohr *n* 1. *(HLK, Konst)* flue pipe *(Schornstein)*; 2. *(BT)* stay tube *(Abstandrohr)*
Zugschalter *m (El)* pull switch
Zugschaufel *f* dragline bucket *(eines Baggers)*
Zugschaufelbagger *m (BWG, Erdb)* dragline
Zugschräge *f (TK)* diagonal tie
Zugschraube *f* tension bolt
Zugschwellbereich *m (Konst)* range for pulsating tensile stresses
Zugseil *n* 1. stay rope, stay *(zur Verankerung)*; 2. traction rope, traction cable *(Seilbahn)*; 3. drag cable, haulage cable, haulage rope *(eines Förderers)*; 4. inhaul cable *(Kabelbagger)*; 5. pull cable, pull rope *(Kabelkran)*
Zugseite *f* tension side
zugsicher draughtproof
Zugspannschraube *f* tightening screw
Zugspannung *f* tensile stress, tension stress
Zugspannung *f***/berechnete** *(Konst, Stat)* computed tensile stress
Zugspannung *f***/innere** residual tensile stress, tension stress
Zugstab *m* 1. tension rod, tensile bar, tie bar, tension element; tension member, member in tension *(Stahlbau)*; 2. tensile test piece, test bar, tension bar *(für eine Zugprüfung)*
Zugstange *f* 1. tension member, tension tie, tie rod, chord; 2. pull rod *(Hubdeckenmethode)*; 3. traction rod *(Transport, Baufahrzeuge)*
Zugstange *f***/senkrechte** *(BT, Konst)* suspension rod
Zugstein *m* flue tile
Zugstrebe *f* 1. *(TK)* diagonal tie; 2. *(BT)* stretching piece
Zugverbindung *f (BT)* tension connection
Zugverhältnisse *npl* flue conditions
Zugvermögen *n* tensile power, tensile property, tensile quality
Zugversagen *n* tension failure
Zugversuch *m* tensile test, tension test *(s. a. Zugprüfung)*
Zugwiderstand *m (BM, TK)* tension resistance
Zugwind *m (DIS)* draught
Zugzone *f (BT)* tension zone
zuhaken *v* hook; clasp *(mit einer Klammer)*
Zuhaltemechanismus *m* lever *(Türschloss)*; tumbler *(eines Schlosses)*
Zuhalteschloss *n (EB)* tumbler lock
Zuhaltestift *m* lock pin
Zuhaltung *f* lever *(Türschloss)*; tumbler *(eines Schlosses)*
Zuhauaxt *f* chip axe
zuhauen *v* dress, hew *(z. B. Steine)*; trim, flog *(Holz, Bauholz)*
zuhauen *v***/grob** *(SB, Te)* rough-hew *(Stein)*; flog *(Holz)*
Zuhauen *n (Hb, Te)* paring *(Holz, grob zuschlagen)*
zuklinken *v* latch
zukunftsweisend *(Arch)* forward-looking
Zulage *f* extra charge, incentive *(materielle Anerkennung)*
Zulageblech *n* caul *(beim Furnierpressen)*
zulassen *v* 1. admit, permit, tolerate, suffer *(erlauben)*; 2. licence, qualify, *(AE)* license *(beruflich)*; 3. authorize *(amtlich)*; certify *(staatlich)*; 4. *(VR)* allow
zulässig 1. *(Stat, VR)* allowable; 2. *(Stat, VR)* admissible *(anzuerkennen)*; 3. *(VR)* permissible *(Baustoffe, Bauelemente)*
zulässig/statisch statically admissible
Zulassung *f* 1. *(VR)* approval; 2. *(VR)* authorization *(z. B. zur Bauabnahme)*; 3. *(VR)* registration *(eines Berufsstandes)*; 4. admission *(zu einem Amt, einer Prüfung usw.)* • **zur Zulassung** on approval *(Baustoffe)*
Zulassung *f***/Europäische Technische** *(ETA)* European Technical Approval
Zulassung *f* **von Bauelementen** *(Konst, VR)* building approvals
Zulassungsbescheid *m (VR)* note of authorization *(staatlich anerkannt)*
Zulassungsprüfung *f (VR)* acceptance test
Zulauf *m* 1. feed inlet; feed pipe, pipe branch *(durch Rohrleitungen)*; 2. *(HLK, WVA)* admission *(Flüssigkeit in einer Pumpe)*; 3. supply, delivery *(im Versorgungssystem)*
Zulauf... influent ...
zulaufend *(Konst)* tapered
zulaufend/spitz tapering
Zulaufrinne *f (Erdb, Wsb)* inlet channel
Zulaufrohr *n* inlet pipe, feed pipe, pipe branch
zuleiten *v* 1. feed *(Zufluss)*; 2. supply, *(Aussprache: li:d)* lead *(versorgen mit Gas, Wasser, Energie usw.)*
Zuleitung *f* 1. *(El)* lead *(Aussprache: li:d)*; lead-in, lead-in wire, feed line, supply line, conductor lead; 2. feed pipe, inlet pipe *(Gas, Wasser)*
Zuleitungskabel *n (El)* feeding cable
Zuleitungsrohr *n* inlet pipe
Zuleitungsverteilerplatte *f* **für Klimaanlagen** *(BT, HLK)* air-conditioning power panel
Zuluft *f (HLK)* fresh air, ingoing air, inlet air; supply air *(Klimaanlage)*
Zuluftanlage *f (HLK)* air supply system
Zuluftgerät *n* supply air equipment
Zuluftgitter *n* inlet grille
zumahlen *v* intergrind, interground
Zumahlung *f (BM, Te)* intergrinding
zumauern *v (SB)* wall up
zumessen *v* proportion, dose, gauge, batch, meter *(z. B. Baustoffe für Mischprozesse)*
Zumesskiste *f (BB, Te)* gauging box *(Betonherstellung)*
Zumessung *f* proportioning, dosage, metering *(für Baustoffmischungen)*; batching *(Betonmischung)*
Zumischung *f* intermixing
zunageln *v* nail up *(z. B. Fenster, Türen)*
Zunahme *f* increase; rise *(Anstieg, z. B. Werte, Temperatur)*; growth *(Wachstum)*; increment *(z. B. einer Größe, Wertzuwachs)*
Zündaussetzer *m* misfire *(Sprengen)*
zünden *v* ignite *(z. B. Gas)*; fire, initiate, prime *(Sprengstoff)*
Zünden *n* ignition *(Brennstoff)*
Zunder *m* oxide scale *(Baustahl, Betonstahl)*; scale *(auf Metall)*
Zünder *m* fuse
Zunderbelag *m (St)* oxidation scale *(Baustahl, Betonstahl)*
Zunderentfernung *f (RS, Te)* scale removal
Zunderschicht *f* oxidation scale, oxide scale *(Baustahl, Betonstahl)*; surface scale, scale *(auf Metall)*
Zündkapsel *f* priming cap, detonator, primer
Zündsatz *m (Tun)* priming composition
Zündschnur *f* ignitor cord, firing tape, blasting fuse, safety fuse
Zündschnur *f***/detonierende** primacord
zunehmen *v* increase; put on (weight) *(Gewicht)*; grow *(wachsen)*; gain *(z. B. an Höhe)*; gain in importance *(Bedeutung)*; increase in volume *(Umfang)*
Zunge *f* 1. *(Hb)* tongue; 2. *(Konst)* leg *(Hubdecke)*; 3. needle, index *(Waage)*
Zunge *f* **der Kuppel** *(Arch)* rib of dome
Zungenband *n* 1. tee hinge, T-hinge *(Scharnier)*; 2. *(BT)* cross garnet *(Ornamentbaubeschlag)*
Zungenmauer *f* partition wall *(Schornstein)*
Zungenventil *n (BWG, BT, WVA)* clack valve *(z. B. bei Pumpen)*
zuordnen *v* 1. *(VR)* assign; 2. *(BM, BT, VR)* classify *(in Beziehung zu)*; 3. *(Konst, VR)* allocate *(zuteilen)*
Zuordnung *f* 1. assignment, classification *(in Beziehung zu)*; 2. allocation *(Zuteilung)*
Zuputzen *n* plastering-in

zurechtgeschnitten 1. cut to shape *(Material)*; 2. dressed *(Stein, Holz)*; trimmed *(Holz)*
Zurechthacken *n* back edging *(von Keramikrohren)*
Zurechtmachen *n (Te)* trimming *(Holz)*
Zurichtehammer *m s.* Zurichthammer
zurichten *v* 1. trim, dress, slab, *(AE)* lumber *(Holz)*; 2. hew, cut, mill *(Stein)*; 3. gauge, *(AE)* gage *(Ziegel)*; 4. *(Te)* size *(Bauelemente auf Fertigmaß arbeiten)*
Zurichten *n* 1. *(Hb, Te)* trimming; 2. hewing *(Stein)*
Zurichthammer *m* maul *(schwer)*; dressing hammer *(Steinmetzwerkzeug)*; paver's dressing hammer *(Pflasterarbeiten)*
zurren *v* lash (up) *(Seile)*
Zurrseil *n* lashing rope
Zurrung *f* lashing *(Seil)*
zurückbilden *v* re-form, reconvert
zurückbleiben *v* fall behind, remain *(Bauablauf)*
zurückfedern *v* resile, spring back, rebound
Zurückfedern *n (Stat)* resilience *(Federkraft)*
zurückfließen *v (HLK)* return
zurückfordern *v (VR)* claim back
zurückführen *v* 1. *(HLK)* return; 2. reduce to *(auf niedrige Werte, Minimum usw.)*; 3. lead back *(Weg, Straße)*; 4. recycle, recirculate *(im Herstellungsprozess und in der Wiedergewinnung)*
zurückgebildet *(Konst)* vestigial
zurückgehen *v* 1. retrograde *(Stände, Größen)*; 2. decrease, diminish, decline *(abnehmen, z. B. Schwingungen)*; 3. fall, drop *(z. B. Temperatur)*; 4. abate, subside, go down *(Hochwasser)*
zurückgesetzt recessed
zurückgewinnen *v* recover *(z. B. nutzbare Baustoffe)*
zurückgreifen *v (Konst, Te)* fall back
zurückhalten *v* restrain, contain, suppress *(unterdrücken)*; retain *(Wasser)*; trap *(auffangen, zurückhalten)*
zurückhaltend retained *(Wasser)*
Zurückhaltung *f* retention *(Wasser)*
zurückklappen *v* fold back; recline *(Rückwand; Rückenlehne)*
zurückkoppeln *v* feedback
zurücklaufen *v (HLK)* return
zurückleiten *v* 1. feedback *(zurückkoppeln)*; 2. *(HLK)* return
Zurücknahme *f (VR)* cancellation *(Angebot)*
zurücknehmen *v* cancel *(Angebot)*; withdraw *(Klage)*
zurückprallen *v* rebound, bounce back
zurückschnellen *v* bounce *(zurückprallen)*; snap back, spring back *(z. B. Schlossriegel, Feder)*
zurücksetzen *v (Konst)* set back
zurückstauen *v* dam up
zurückstehen *v (SB)* stand back *(Mauerflucht, Bauwerk)*
zurückstellen *v* reset
zurückstoßen *v* repel *(äußere Einwirkungen, z. B. Kräfte, Wasser, Strahlung)*
zurückstrahlen *v (El)* reflect
zurückstrahlend *(DIS)* reverberatory *(z. B. Wärme)*
Zurückstrahlung *f* reflection
zurücktreten *v***/nach oben** *(Erdb, SB)* batter *(eine Mauer)*
zurücktretend checked back
zurückweichen *v* 1. *(Konst, Te)* fall back *(z. B. Messwerte)*; 2. *(SB)* stand back *(Mauerflucht, Bauwerk)*
zurückweisen *v* 1. reject *(z. B. Baustoffe, Bauteile)*; 2. turn down, refuse (to accept), object *(z. B. Angebote, Bauvertragsabweichungen)*
Zurückweisung *f* rejection
Zurückweisungswahrscheinlichkeit *f* probability of rejection
zurückwerfen *v (El)* reflect *(Strahlen, Schall)*
zurückziehen *v* 1. draw back *(z. B. Vorhang)*; 2. withdraw *(Antrag, Klage usw.)*

Zurundung *f* roundness
Zusägen *n (Te)* siding *(Holz)*
zusammen/alles sum total
Zusammenarbeit *f* cooperation *(für Projekte)*; teamwork *(in der Gruppe)*
zusammenbacken *v* agglomerate, stick together *(Feinstoffe, Zuschlagstoffe, Emulsionen)*; cake *(unter Wärme)*
Zusammenbacken *n* agglomeration *(Feinstoffe)*; caking *(unter Wärme)*
zusammenballen *v (BM)* ball
zusammenballen *v***/sich** agglomerate, agglutinate *(Feinstoffe, Erdstoffe usw.)*; flocculate *(Feststoffe in Flüssigkeiten)*
Zusammenballung *f (BM)* aggregation *(z. B. von Boden, Füllstoffen)*
Zusammenbau *m* 1. assembly, assembling; mounting *(Montage)*; 2. fit-up, fitting-up *(ohne endgültige Verbindung)*; 3. *(Hb)* framing; 4. integration *(Einbau)*
Zusammenbau *m***/fester** permanent assembly *(Montage)*
zusammenbauen *v* 1. assembly; mount *(montieren)*; 2. fit up *(temporär)*; 3. *(Te)* combine *(zusammensetzen)*
zusammenbauen *v***/wieder** reassemble *(Montage)*; reerect *(Stützkonstruktionen)*
zusammenbaufertig *(Konst, Te)* ready-to-assemble
Zusammenbiegen *n* back bending
zusammenbinden *v* tie together; bundle *(bündeln)*
zusammenblatten *(Hb)* scarf, halve, graft (up)
zusammenbrechen *v* 1. *(RS)* break down; 2. *(Stat)* collapse *(z. B. Gebäude, Brücke)*; 3. *(El)* break down *(Leitung)*; 4. cave in *(eine Decke)*; 5. *(Konst, RS)* fall down *(herunterfallen)*
Zusammenbruch *m* 1. *(Te)* breakdown; 2. *(Stat)* collapse *(Bauwerke)*; 3. *(El)* breakdown *(Leitungen)*
zusammendrückbar *(BM, Bod)* compressible
zusammendrückbar/nicht incompressible
Zusammendrückbarkeit *f (BM, Bod, Erdb, Te)* compressibility
zusammendrücken *v* compress, press together; squeeze *(quetschen)*
Zusammendrücken *n (BM, Erdb, HLK, Te)* compression
zusammendrückend *(Bod, BT, Erdb, Stat)* compressive
Zusammendrückung *f***/bleibende** *(BM, BT)* permanent compression
Zusammendrückung *f***/elastische** elastic shortening *(Beton)*
zusammenfallen *v* 1. cave in, tumble down, collapse *(z. B. Gebäude)*; 2. *(Te)* coincide *(zeitlich)*; 3. slump *(Betonprüfung)*
zusammenfassen *v* pool
zusammenfließen *v* merge, flow together, meet *(Gewässer, Verkehr)*
Zusammenfließen *n* 1. *(Verk)* merging; 2. *(BM, OB)* coalescence *(Emulsionen, Wasseremulsionsfarben)*
Zusammenfluss *m (Bod, Wsb)* junction *(Flussläufe)*
zusammenfügen 1. *(Hb)* joint, join, splice; 2. fit together, connect, fix together *(Bauelemente)*; 3. *siehe auch: zusammenbauen*
zusammengebaut assembled; mounted *(montiert)*; erected *(errichtet)*; aggregated *(Ausrüstungen)*
zusammengeblattet *(Hb)* halved
zusammengefügt 1. *(Hb)* jointed *(mit Fugen)*; 2. *(Hb)* planted *(mit Leim)*
zusammengeleimt glued together
zusammengeschlossen interlocked
zusammengesetzt 1. assembled, built-up, complex *(montiert)*; 2. composite, composed *(verbunden)*; 3. sectional *(demontierbare Einzelteile für Funktionen zusammengefügt, z. B. Behelfsbrücken)*

zusammengesetzt/gleichartig homogeneous *(Baustoffe)*
Zusammengesetzt/verschiedenartig inhomogeneous *(Baustoffe)*
zusammengesteckt interlocked
zusammenhaftend *(BM)* coherent
Zusammenhang *m*/**dreidimensionaler** space continuity, spatial continuity
Zusammenhang *m*/**flächenmäßiger** *(Konst)* surface continuity
Zusammenhang *m*/**räumlicher** space continuity, spatial continuity, three-dimensional continuity
zusammenhängen *v* be connected, be linked, be joined
zusammenhängend 1. *(BT, Konst)* continuous; 2. *(BM)* coherent *(durch Haftung)*
zusammenkitten *v* cement (together)
zusammenklappbar collapsible, folding, foldaway
zusammenkleben *v* stick together
zusammenkneifen *v* pinch *(Holz)*
zusammenkommen *v* 1. merge *(fusionieren, auch Wasser- und Verkehrsströme)*; 2. *(Te)* accrue *(z. B. Leistungen, Rechnungspositionen)*
zusammenlaufen *v* merge
zusammenlegbar folding, collapsible
zusammenlegen *v* 1. put together *(organisatorisch)*; 2. centralize, integrate *(Verwaltungen)*; 3. combine, amalgamate, fuse *(Betriebe)*; 4. fold up *(falten)*
zusammenmischen *v* immix
zusammenpassen *v* 1. *(Hb)* match, matchboard; 2. pair *(anpassen, anordnen)*; 3. go (well) together *(z. B. Farben, Gestaltungselemente)*
zusammenpassen *v* **mit** *(Hb)* match up with
zusammenpassend/exakt snugly fitting *(Montagebauteile)*
zusammenpassend/nicht mismatched *(z. B. Furniere)*
zusammenpressen *v* 1. compact *(verdichten)*; 2. *s.* zusammendrücken
zusammenschalten *v (El)* couple
Zusammenschneiden *n (BM, Hb, Te)* conversion *(Holz)*
zusammenschrauben *v* bolt together, screw together
zusammenschweißen *v* weld together
Zusammenschweißen *n (St, Te)* welding together
zusammensetzbar sectional
zusammensetzen *v* 1. assemble, combine, fix together; build up *(zusammenbauen, z. B. Aggregate)*; stick on *(Steinzeugrohre; s. a. zusammenbauen)*; 2. compose, compound *(Baustoffe)*
zusammensetzen *v*/**rezepturgemäß** formulate
Zusammensetzen *n* matching *(z. B. von Furnieren)*; sticking on *(Steinzeugrohre)*
Zusammensetzung *f* 1. composition, compound *(Stoffe, Baustoffe)*; make-up, formulation *(Mischrezeptur, z. B. von Beton, Asphaltmischgut)*; 2. *(Stat)* composition *(z. B. von Kräften)*; 3. structure *(Gefüge)*; 4. *s.* Zusammenbau
Zusammensetzung *f* **gemäß Rezeptur** *(BM, Te)* recipe mix
Zusammensetzung *f*/**mineralische** mineral composition
Zusammensetzung *f*/**mineralogische** mineralogic composition
Zusammensetzung *f*/**schwankende** ill-defined composition *(Baustoffe)*
Zusammensetzungsauswahl *f (BM)* selection of mixture
zusammenspannen *v* 1. *(BT, Te)* join by prestressing *(mittels Vorspannen)*; 2. tension together, stress together *(Fertigteile)*
zusammenstellen *v* 1. arrange, group, assort *(in Gruppen)*; 2. arrange, compile *(z. B. Berichte)*; 3. compound *(für Baustoffmischungen)*
zusammenstellen *v*/**tabellarisch** table
Zusammenstellungszeichnung *f (Br, Konst, Te)* general assembly drawing
Zusammenstoß *m* 1. *(Verk)* crash; 2. *(Te, Verk)* collision
zusammenstoßen *v* 1. crash; 2. *(Konst, Verk)* meet *(Bauelemente)*
zusammenstürzen *v* fall down, cave in *(z. B. Deckenkonstruktionen)*; break down, collapse, cave in *(Gebäude)*
zusammenwirken *v* act in combination, interact, combine *(z. B. Kräfte)*
zusammenwirkend *(Konst, Te)* concurrent
zusammenziehbar contractible, contractile
zusammenziehen *v (Te)* tighten *(zwei Teile durch Schraubverbindung)*
zusammenziehen *v*/**sich** contract; shrink *(bes. Beton)*; tighten up *(z. B. durch Schraubverbindungen)*
Zusammenziehung *f* contraction; shrinkage
Zusammenziehungskoeffizient *m (BM, BT, Konst)* contraction coefficient
zusammenzwingen *v* impact
Zusatz *m* 1. *(BM, HLK, Te)* addition; 2. *(BM, Te)* admixture *(Vorgang)*; 3. *s.* Zusatzmittel; 4. *(Konst)* adjunct *(Anhängsel, Nebenerscheinung)*; 5. *(Konst, VR)* amendment; 6. *(Konst)* appendix *(Ergänzung, z. B. zu einer Zeichnung)*; 7. *(BT, Konst)* appurtenance *(Zubehörteil, Ausbauzusatzelement)*
• **mit Zusätzen versehen** dope *(z. B. Mörtel)*
Zusatz *m*/**zementsparender** cement economiser
Zusatzabkommen *n* additional agreement *(Baurecht)*
Zusatzanmeldung *f* additional application *(Bauleistung)*
Zusatzarbeit *f (VR)* extra work
Zusatzauftrag *m* addition, additional order, extra work order
Zusatzausrüstung auxiliary equipment, attachment
Zusatzbelastung *f* 1. *(Stat)* additional loading; 2. *(Erdb)* kentledge, cantledge *(Senkbrunnen)*
Zusatzbeleuchtung *f (El)* supplementary lighting
Zusatzbestimmungen *fpl* supplementary regulations
Zusatzbewehrung *f* additional reinforcement, additional bars, secondary reinforcement, secondary steel
Zusatzboiler *m (San)* booster heater *(Warmwasserversorgung)*
Zusatzeinlage *f (BB)* auxiliary reinforcement
Zusatzeinrichtung *f* attachment
Zusatzeinrichtungen *fpl (EB)* accessories
Zusatzeisen *npl (BM, St)* additional bars
Zusatzenergieerzeugungsanlage *f* auxiliary power station
Zusatzfahrstreifen *m* additional lane
Zusatzfläche *f* incremental area
Zusatzgebläse *n* booster (fan)
Zusatzgenerator *m (El)* booster, supplementary generator
Zusatzgerät *n* attachment
Zusatzhärter *m (BM)* integral hardener
Zusatzheizung *f (HLK)* additional heating
Zusatzklausel *f (VR)* additional clause
Zusatzkörnung *f* additive aggregate
Zusatzkosten *pl (VR)* extra cost
Zusatzkraft *f (Stat)* supplementary force
Zusatzlackkomponente *f* mixing varnish *(für Anstrichstoffe)*
Zusatzlast *f (Stat)* additional load
Zusatzleistung *f (VR)* complementary work(s) *(Arbeitsleistung)*
zusätzlich 1. additional, added, extra *(Belastung, Kosten)*; 2. supplementary *(ergänzend)*; incremental *(stufenweise ergänzend)*; 3. auxiliary *(hilfsergänzend, Hilfs...)*
Zusatzmaterial *n (Erdb)* borrow
Zusatzmittel *n* 1. additive (substance), admixture, blending agent, dope; conditioner *(zur Verbesserung von Eigenschaften)*; 2. *s.* Zuschlagstoff

Zusatzmittel *n*/**hydraulisches** hydraulic additive
Zusatzmittel *n*/**luftporenbildendes** *(BM)* air-entraining additive
Zusatzmittel *n*/**stabilisierendes** stabilizing agent *(z. B. für Bitumenemulsion)*
Zusatzmittel *n*/**wasserbindendes** hydraulic additive
Zusatzmoment *n (Stat)* secondary moment, transient moment *(Mechanik)*
Zusatzmoment *n*/**negatives** *(Stat)* redistributed moment
Zusatzpumpe *f (WVA)* booster pump
Zusatzrohr *n (HLK, San, WVA)* auxiliary pipe
Zusatzschloss *n* additional lock; secret gate latch *(oberflächenmontiert)*; check lock *(eines großen Hauptschlosses)*
Zusatzschloss *n*/**elektrisch betätigtes** *(El)* secret gate latch *(oberflächenmontiert)*
Zusatzschutzmittel *n* integral proofer
Zusatzspannglied *n (BB)* auxiliary tensioning tenon
Zusatzspannung secondary stress
Zusatzsparren *m* auxiliary rafter, cushion rafter
Zusatzspur *f (Verk)* auxiliary lane
Zusatzstab *m* additional rod, filler rod
Zusatzstoff *m* additive, admixture, dope *(s. a. Zusatzmittel)*
Zusatzstoff *m*/**oberflächenaktiver** *(BM)* surface-active agent *(Beton)*
Zusatzstoff *m*/**zementsparender** cement economiser
Zusatzsturz *m* safety lintel *(zu einem Steinsturz)*
Zusatzteil *n* accessory part; attachment
Zusatztransportentfernung *f (Erdb)* overhaul
Zusatzwerkstoff *m* joining metal, filling-in material *(Schweißen)*
Zusatzzeichnung *f* supplementary drawing
Zuschauerplatz *m* spectator seat
Zuschauerraum *m* auditorium
Zuschauerraumbestuhlung *f* auditorium seating, theatre seating
Zuschauerstehfläche *f (Konst)* standing spectator area
Zuschauertribüne *f* stand
Zuschlag *m* 1. aggregate, construction aggregate, mineral aggregate *(z. B. für Beton)*; 2. *(Stat)* addition; 3. loading, loading material, filler *(z. B. von Füllstoffen)*; 4. *(VR)* acceptance of tender *(z. B. für Bauaufträge)*; 5. surcharge, overhead charge, allowance, bonus *(Aufgeld)* • **den Zuschlag erteilen** *(VR)* accept the tender
Zuschlag *m*/**abgesiebter** screened aggregate
Zuschlag *m*/**abgestufter** graded aggregate, screened aggregate
Zuschlag *m*/**farbiger** coloured aggregate
Zuschlag *m*/**feiner** fine aggregate
Zuschlag *m*/**feinkörniger** fine aggregate
Zuschlag *m* **für allgemeine Geschäftskosten** *(VR)* overhead charge
Zuschlag *m*/**gesiebter** screened aggregate
Zuschlag *m*/**gesinterter** sintered aggregate
Zuschlag *m*/**gewaschener** clean aggregate
Zuschlag *m*/**grober** coarse aggregate
Zuschlag *m*/**grobkörniger** coarse aggregate
Zuschlag *m*/**gut abgestufter** well-graded aggregate, dense-graded aggregate
Zuschlag *m*/**keramischer** ceramic aggregate
Zuschlag *m*/**kubischer** angular aggregate
Zuschlag *m*/**künstlicher** artificial aggregate *(z. B. Sinterstoffe, Keramik)*
Zuschlag *m*/**mineralischer** mineral aggregate
Zuschlag *m*/**natürlicher** natural aggregate
Zuschlag *m*/**sauberer** clean aggregate
Zuschlag *m*/**synthetischer** synthetic aggregate
Zuschlag *m*/**wiederverwendeter** recycled aggregate
Zuschlagdosiervorrichtung *f* aggregate batching plant
Zuschlagdruckfestigkeit *f* aggregate crushing value
Zuschläge *mpl* (construction) aggregates
Zuschläge *mpl*/**gebrochene** material being crushed
Zuschläge *mpl*/**ungesiebte** all-in aggregate
Zuschläge *mpl*/**unklassierte** all-in aggregate
Zuschlagen *n* paring *(Holz)*; slamming *(Tür)*
zuschlagend/kräftig *(sl)* heavy-handed
Zuschlagfeder *f* tail door spring *(Tür)*
Zuschlagfrist *f (VR)* time of adjudication *(Bauauftragvergabe)*
Zuschlaggattierung *f* aggregate blending
Zuschlaggemenge *n*/**gut abgestuftes** close-graded aggregate
Zuschlaggrößenkörnung *f*/**getrennte** separated aggregate
Zuschlagkorn *n* aggregate particle, grain of the aggregate, particle, grain
Zuschlagkorn *n*/**weiches** soft particle
Zuschlagkorn *n*/**weiches sprödes** soft particle
Zuschlagkornform *f (BM)* aggregate particle shape
Zuschlagkorngrößenverteilung *f (BM)* combined-aggregate grading
Zuschlagkornnenngröße *f (BM)* nominal aggregate size
Zuschlagkörnung *f* aggregate grade
Zuschlagkörnung *f*/**getrennte** separated aggregate
Zuschlagrohdichte *f*/**scheinbare** specific-gravity factor of aggregate
Zuschlagserteilung *f* contract award, award of contract
Zuschlagsfrist *f* tender examination period
Zuschlagsilo *n* aggregate bin
Zuschlagstoff *m* construction aggregate, mineral aggregate *(z. B. für Beton)*; loading material, load, filler *(für Baustoffe)* • **ohne Zuschlagstoffe** *(BM)* neat *(Mörtel)*
Zuschlagstoff *m*/**abgesiebter** screened aggregate
Zuschlagstoff *m*/**abgestufter** graded aggregate
Zuschlagstoff *m*/**anorganischer** *(BM)* inorganic aggregate
Zuschlagstoff *m*/**farbiger** coloured aggregate
Zuschlagstoff *m*/**feuerfester** *(BM)* refractory aggregate
Zuschlagstoff *m* **frei von organischen Verunreinigungen** *(BM)* inorganic aggregate
Zuschlagstoff *m*/**gebrochener** crushed aggregate, broken aggregate
Zuschlagstoff *m*/**gebrochener unabgesiebter** crusher-run aggregate
Zuschlagstoff *m*/**gesiebter** screened aggregate
Zuschlagstoff *m*/**gewaschener** clean aggregate
Zuschlagstoff *m*/**gleitsicherer** *(BM)* slip-resistant aggregate
Zuschlagstoff *m*/**größengetrennter** separated aggregate
Zuschlagstoff *m*/**gut abgestufter** well-graded aggregate, dense-graded aggregate
Zuschlagstoff *m*/**keramischer** ceramic aggregate
Zuschlagstoff *m*/**klassierter** separated aggregate
Zuschlagstoff *m*/**kubischer** cubical aggregate, angular aggregate
Zuschlagstoff *m*/**künstlicher** artificial aggregate *(z. B. Sinterstoffe, Keramik)*
Zuschlagstoff *m*/**mineralischer** mineral aggregate
Zuschlagstoff *m*/**natürlicher** natural aggregate
Zuschlagstoff *m*/**pflanzlicher** *(BM)* organic aggregate *(Holzspäne usw.)*
Zuschlagstoff *m*/**reaktionsaktiver** *(BM)* reactive (concrete) aggregate
Zuschlagstoff *m*/**sauberer** clean aggregate
Zuschlagstoff *m*/**wiederverwendbarer** recycled aggregate
Zuschlagstoffart *f (BM)* aggregate type

Zuschlagstoffdosierung *f* blending
Zuschlagstoffdosiervorrichtung *f* aggregate batching plant
Zuschlagstoffdruckfestigkeit *f* aggregate crushing value
Zuschlagstoffe *mpl*/**bitumengebundene** bitumen-bound aggregate
Zuschlagstoffe *mpl*/**gebrochene** material being crushed
Zuschlagstoffe *mpl*/**unklassifizierte** *(BM)* all-in ballast
Zuschlagstoffeigenfeuchte *f* inherent moisture of aggregates
Zuschlagstoffgattierung *f* aggregate blending
Zuschlagstoffgemenge *n (BM)* combined aggregate
Zuschlagstoffgemenge *n*/**gut abgestuftes** close-graded aggregate
Zuschlagstoffgemenge *n*/**injiziertes** grouted-aggregate concrete
Zuschlagstoffgemisch *n*/**natürlich vorkommendes** naturally occurring mixture
Zuschlagstoffgrößtkorn *n* maximum aggregate size
Zuschlagstoffkorn *n* aggregate grain, aggregate particle, grain of the aggregate
Zuschlagstoffkorn *n*/**plattiges** flat (aggregate) piece
Zuschlagstoffkorn *n*/**spießiges** *(BM)* elongated piece
Zuschlagstoffkorn *n*/**weiches** soft particle
Zuschlagstoffkorn *n*/**weiches sprödes** soft particle
Zuschlagstoffkörnung *f* aggregate grade
Zuschlagstoffrohdichte *f*/**scheinbare** specific-gravity factor of aggregate
Zuschlagstoffrückgewinnung *f (RS)* reclamation of aggregates
Zuschlagstoffsilo *n* aggregate bin
Zuschlagstofftrockengewicht *n* dry-batch weight of aggregates
Zuschlagstofftrockengewicht *n*/**eingerütteltes** dry-rodded weight of aggregates
Zuschlagstofftrockenvolumen *n*/**eingerütteltes** dry-rodded volume of aggregates
Zuschlagstofftrockner *m* aggregate drier
Zuschlagstoff-Waschklassieranlage *f* aggregate grading and washing plant
Zuschlagsumme *f* **für vorzeitige Fertigstellung** *f (VR)* early completion bonus
Zuschlagtrockengewicht *n* dry-batch weight of aggregates
Zuschlagtrockengewicht *n*/**eingerütteltes** dry-rodded weight of aggregates
Zuschlagtrockenvolumen *n*/**eingerütteltes** dry-rodded volume of aggregates
Zuschlagtrockner *m* aggregate drier
Zuschlag-Waschklassieranlage *f* aggregate grading and washing plant
zuschlämmen *v* silt up
Zuschneideliste *f (Hb, Te)* cutting list *(für Bauholz)*
zuschneiden *v* cut to size, size *(Material)*; timber, *(AE)* lumber *(Holz)*
zuschneiden *v*/**rechtwinklig** square(-cut) *(Holz)*
zuschneiden *v*/**vierkantig** 1. cut square; 2. *(Hb)* dub, cut square
Zuschneiden *n* cutting
Zuschnitt *m*/**erster** *(Hb)* roughing-out
zuschrauben *v* screw up
Zuschuss *m*/**staatlicher** *(VR)* subsidy *(z. B. zum Wohnungsbau)*
Zuschusswasser *n (BB, BM, WVA)* extra water
zuschütten *v (Erdb)* fill in, fill up
zusetzen *v* 1. *(BM, HLK, Konst, Stat, Te)* add; 2. *(BM)* admix *(Stoffe)*; 3. blind *(z. B. Siebe, Filter)*; 4. plug, stop up *(verschließen, zustopfen)*
zusetzen *v*/**Gips** *(BM, Te)* add gypsum
zusetzen *v*/**sich** clog; plug, stop up *(Leitungen, Öffnungen)*
Zusetzen *n (BM, Te)* admixture *(Vorgang)*
Zusicherung *f* **des ungestörten Besitzes** *(VR)* warranty of quiet enjoyment *(an Grund, Gebäuden)*
Zusicherung *f*/**vertragliche** *(VR) (AE)* warranty
zuspitzen *v* taper
Zustand *m* 1. *(RS)* state *(physikalisch)*; 2. *(RS, VR)* condition; 3. *(RS)* state *(z. B. eines Gebäudes)*; 4. mode *(Zustandsform)* • **in baufälligem Zustand** out of repair *(Gebäude)* • **in baufälligem Zustand sein** be in disrepair, be in a state of disrepair • **in den vorherigen Zustand versetzen** *(Te)* reconstitute *(z. B. temporär genutztes Land)* • **in gewalztem Zustand** *(St)* as-rolled *(Stahl)* • **in gutem Zustand** in good condition, in good repair • **in schlechtem Zustand** in poor condition, out of condition
Zustand *m*/**bezugsfertiger** move-in condition *(z. B. eines Hauses)*
Zustand *m*/**bildsamer** *(BM)* plastic state
Zustand *m*/**elastischer** elastic state
Zustand *m*/**frischer** fresh state, green state
Zustand *m*/**gebrannter** burned state
Zustand *m*/**grüner** *(BM, Hb)* fresh state
Zustand *m*/**koordinierter** *(St)* interconnected mode
Zustand *m*/**kritischer** critical condition
Zustand *m*/**labiler** *(Stat)* unstable state
Zustand *m*/**neutraler** *(Stat)* neutral state
Zustand *m*/**plastischer** *(Stat)* plastic state
Zustand *m*/**rechnerunabhängiger** *(Verk)* off-line mode
Zustand *m*/**rein plastischer** *(BM)* purely plastic state
Zustand *m*/**schlechter baulicher** *(RS)* unrepair
Zustand *m*/**sicherer** stable state *(von Baugrund)*
Zustand *m*/**spannungsfreier** *(BM, St)* tension-free state
Zustand *m*/**stabiler** steady state; stable state *(von Baugrund)*
Zustand *m*/**unbelasteter** *(Stat)* unloaded condition
Zustand *m* **unter Gebrauchslast** service limit state
Zustand *m*/**ursprünglicher** original state
Zustand *m*/**verkehrsgerechter** *(Verk)* functional condition
Zustand *m*/**zurückgezogener** retracted position
zuständig *(VR)* competent
Zuständigkeit *f (VR)* competence
Zustandsänderung *f* change of condition, change of state
Zustandsbericht *m* status report *(Bauzustand, Straßenzustand)*
Zustandsbeurteilung *f* state estimation, assessment of structural condition
Zustandsbeurteilung *f*/**visuelle** visual assessment
Zustandsdaten *pl (RS, VR)* condition data
Zustandsdiagramm *n* diagram of state, equilibrium diagram; equilibrium phase diagram, phase diagram *(physikalisch-chemisch)*
Zustandserfassung *f*/**bauliche** *(RS, VR)* structural assessment
Zustandserfassung *f*/**messtechnische** *(Verk)* condition survey
Zustandserfassung *f* **nach Augenschein** visual assessment
Zustandserfassung und -bewertung *f (VR)* condition monitoring and evaluation
Zustandsgleichung *f* equation of state
Zustandsgrenzen *fpl*/**Atterberg'sche** *(Bod, Erdb)* Atterberg limits *(von Erdstoffen)*
Zustandsgröße *f* state value, variable of state
Zustandsindikator *m* indicator of condition, condition indicator
Zustandsnote *f (Verk)* level of condition *(z. B. von Straßen)*
Zustandspriorität *f* mode priority
Zustandswert *m (VR)* condition value

Zustandswert *m* **für Untersuchungserfordernisse** *(Verk)* investigatory level
zustimmen *v* agree, approve, consent, assent
Zustimmung *f* approval, agreement
Zustimmung *f* **zur Angebotsobligationsverlängerung/schriftliche** *(VR)* consent of surety
Zustimmung *f* **zur Ausführungsrezeptur** approval to job mix formula
Zustimmung *f* **zur Eignungsprüfungsrezeptur** mix design approval
Zustimmung *f* **zur Mischgutart** *(VR)* mix type approval
zustopfen *v* 1. plug, stop up *(Leitungen, Öffnungen)*; 2. *(BT, OB)* chink *(einen Riss)*; 3. stop *(Stichloch)*
zustöpseln *v* plug *(Leitungen)*
Zustrom *m (Bod, Wsb)* afflux *(s. a. Zufluss)*
zuteilen *v* dose, meter, proportion *(Baustoffe)*; allocate *(zuweisen, zuordnen)*; batch *(bestimmte Mengen bei Baustoffaufbereitung)*
Zuteilung *f* 1. allotment *(Zuweisung, Anordnung)*; 2. proportioning *(Dosierung zur Baustoffmischung)*
zutreffend applicable; correct
Zutritt *m* 1. access, entry *(Zugang)*; admission, admittance *(rechtlich, erlaubt)*; 2. access, ingress *(Einströmen, Eindringen)*
zuverlässig reliable, dependable *(z. B. Funktionen, Bauelemente)*; safe, secure *(sicher)*; trustworthy *(Sache, Handlung)*
Zuverlässigkeit *f* 1. *(Konst, RS)* reliability *(z. B. Funktionen, Bauelemente)*; 2. *(VR)* safety *(Sicherheit)*
Zuverlässigkeit *f***/konstruktive** *(Konst)* structural reliability
Zuverlässigkeitsprüfung *f* 1. *(BM, BT)* reliability test; 2. *(HLK, San)* durability test
Zuwachs *m* increment *(z. B. einer Größe)*
Zuwachs *m***/dynamischer** *(Br, Stat)* dynamic enhancement *(Brücke)*
Zuwasserleitungsstück *n (San)* fixture supply
zuweisen *v* 1. *(VR)* assign; 2. *(Te, VR)* allot *(z. B. Standort, Wohnung, Arbeit)*; 3. *(Konst, VR)* allocate *(z. B. Geldmittel)*
Zuweisung *f* assignment *(Aufgaben, Standorte)*; allotment, allocation *(Mittel)*
zuwiegen *v* weigh, gauge, *(AE)* gage *(Dosierung)*
Zwalpen *pl (Hb)* flitches *(Balken ohne Herzholz)*
Zwang *m* compulsion; restraint, constraint *(kinematisch)*; pressure *(Druck)*
Zwangsbeanspruchung *f* indirect action
Zwangsbelüftung *f (HLK)* forced ventilation
Zwangsentlüftung *f (HLK)* exhaust ventilation
Zwangskonvektion *f (HLK)* forced convection
Zwangskraft *f (Stat)* reactive force
Zwangsmaßnahme *f* compulsory measure
Zwangsmischer *m* compulsory mixer, paddle mixer, pan blade mixer, positive mixer, pug mill mixer, pug mill *(Beton)*
Zwangsöffnung *f (BT)* access door *(für Unterhaltungsarbeiten an Ausrüstungen)*
Zwangspunkt *m* pinch point, constraint *(z. B. im Baugebiet, Trasse)*
Zwangspunkte *mpl* **der Linienführung** *(Verk, Verm)* limit of deviation
zwangsräumen *v* eject *(Pächter, Mieter)*
Zwangsräumung *f* compulsory evacuation
Zwangsschiene *f (Verk)* check rail
Zwangsumlauf *m* forced circulation
Zwangsumlaufheizung *f (HLK)* forced-circulation central heating
Zwangsverformung *f (BM)* imposed deformation
Zwangszirkulation *f (HLK)* force-feed circulation
Zwangumlauf *m* forced circulation
Zwängungsspannung *f* indirect stress
Zwanzigeck *n (Arch)* eicosagon
zwanzigflächig *(Arch)* icosahedral
Zwanzigflächner *m (Arch)* icosahedron
Zweck *m* purpose; object(ive) *(Ziel)*
Zweckarchitektur *f (Arch)* utility architecture
Zweckbau *m (Arch)* functional building
Zwecke *f* peg *(aus Holz)*; tack *(aus Draht)*
zweckentfremdet misused *(z. B. Verwendung von Wohnraum)*
Zweckfähigkeit *f* fitness for purpose
Zweckforschung *f* applied research
zweckfrei *(Konst)* non-functional
zweckgebaut *(Konst)* purpose-built
zweckmäßig 1. functional *(Baustil, Einrichtungen)*; 2. useful *(nützlich)*; 3. practical, serviceable, utilitarian *(praktisch)*
Zwecktauglichkeit *f* fitness for purpose
zweiachsig biaxial
zweiarmig two-branch
zweibahnig *(Verk)* two-lane(d), divided *(Straße)*
Zweibett... two-bed ...
zweibettig two-bed
Zweibettschlafzimmer *n (Konst)* two-bed sleeping room
Zweibettzimmer *n* double room, two-bed room
zweidimensional two-dimensional
Zweieck *n (Arch, Konst)* lune *(Kugelzweieck)*
Zweietagenwohnung *f (AE)* duplex apartment
Zweietagenwohnung *f* **im Mehrgeschosser** *(Konst)* maisonette
zweietagig two-storey, two-storeyed
zweifach double, twofold
Zweifachbrenner *m (HLK)* duplex burner *(Heizung)*
Zweifadenlampe *f (El)* twin-filament lamp
Zweifamilienhaus *n* two-family house, *(AE)* duplex house, two-household building, *(AE)* duplex
zweifarbig two-coloured, two-tone coloured
Zweifeldbalken *m* beam of two spans
Zweifeldbalkenträger *m (BT, TK)* two-span beam
Zweifeldbrücke *f (Br)* two-span bridge
Zweifelddach *n (Konst)* roof covering over two spans
Zweifeldfenster *n (Konst)* two-light window
Zweifeldplatte *f***/schiefe** *(Konst)* skew two-span slab
Zweifeldrahmen *m (Konst)* two-bay frame
zweifeldrig two-bay, two-span
Zweifeldträger *m* two-span girder
Zweifellatte *f (Hb)* batten and a half
zweiflächig dihedral
Zweiflügel... twp-winged ...
zweiflügelig *(Arch)* dipteral; double-sash, two-winged, double-winged *(Fenster, Gebäude)*; two-leaf *(Tür)*
Zweiflügeltür *f (BT, Konst)* double-leaf door
Zweig *m* branch *(von Leitungen)*
Zweigabwasserleitung *f* **zu einer Nebenleitung** *(WVA)* lateral sewer
Zweigbahn *f (Verk)* branch line
Zweigbetrieb *m* branch establishment
Zweigbüro *n* branch office, suboffice
Zweigelenk... two-articulated ..., two-hinged ..., two--linked ..., two-pinned ...
Zweigelenkbogen *m* 1. *(Konst, TK)* double-articulated arch; 2. *(Konst)* two-hinged arch
Zweigelenkbogenrahmen *m* 1. *(Konst, TK)* double-articulated frame; 2. *(Konst)* two-articulated arch frame
Zweigelenkbogenträger *m (TK)* two-hinged arched girder
Zweigelenkgiebelrahmen *m* 1. *(TK)* two-hinged gable frame; 2. *(Konst)* two-linked gable frame
zweigelenkig two-articulated, two-hinged, two-linked, two-pinned
Zweigelenkparabelbogen *m (Konst)* two-linked parabolic arch

Zweigelenkportalrahmen *m (TK)* two-hinged portal frame
Zweigelenkrahmen *m* 1. *(Konst)* two-articulated frame; 2. *(Konst, TK)* two-pinned frame
zweigeschossig two-floor(ed), two-storey(ed)
Zweigespann *n (Arch)* two-horse chariot
Zweigespann *n*/**ornamentales** biga *(Klassik)*
Zweigespänner *m* semidetached dwelling *(im Doppelhaus)*
Zweigflechtwerk *n (Erdb, LB)* wattle
Zweiggleis *n (Verk)* branch track
zweigleisig *(Verk)* double-track, two-rail
Zweigleitung *f (WVA)* branch line *(Rohrleitung)*
Zweigleitung *f* **für Motorstrom** *(El)* motor branch circuit
zweigliedrig binary
Zweiglinie *f (Verk)* sideline, branch line *(Eisenbahn)*
Zweigniederlassung *f* branch establishment; foreign branch *(im Ausland)*
Zweigstelle *f* branch office
Zweigwerk *n* branch factory
Zweigzählung *f (Verk)* extra-counting
zweihängig ridged *(Dach)*
zweijochig two-bay
Zweikammerhauskläranlage *f* two-compartment septic tank
Zweikammerkläranlage *f* two-compartment septic tank
Zweikammerklärgrube *f (WVA)* dual compartment septic tank
Zweikammerkleinkläranlage *f (WVA)* two-compartment septic tank
Zweikammerstein *m* two-cell hollow block
Zweikanalsystem *n (HLK)* dual-duct system *(Klimaanlage)*
Zweikomponenten... two-component ...
Zweikomponentenanstrich *m (BM, OB)* two-component finish
Zweikomponentenanstrichstoff *m* two-component coating, two-component finish, two-pack paint, two-can paint, two-pot coating
Zweikomponentenbeschichtungsmasse *f* twin-pack coating composition
Zweikomponentendichtungsmasse *f* 1. *(BM)* twin-pack sealing composition; 2. *(DIS)* two-component sealing composition
Zweikomponentenfarbe *f (BM, OB)* twin-pack paint
Zweikomponentenfarbmarkierung *f* two-component marking
Zweikomponentenkleber *m s.* Zweikomponentenklebstoff
Zweikomponentenklebstoff *m* two-component bonding adhesive, twin-pack bonding adhesive, separate-application adhesive, twin-pack cement, mixed adhesive
Zweikomponentenklebstoffverleimung *f (Konst)* separate application *(mit getrenntem Auftrag auf je eine Seite mit folgender Verklebung)*
Zweikomponentenmastix *m (BM)* twin-pack mastic
Zweikomponentenpolyesterkleber *m (BM)* twin-pack polyester adhesive
Zweikomponentenpolyesterklebstoff *m (BM)* twin-pack polyester adhesive
Zweikomponentenprimer *m* two-pack primer
Zweikomponentenschutzanstrich *m* twin-pack protective coat
Zweikomponentensystem *n* two-component system, two-pot system, twin-pack system
zweikomponentig two-component, two-pack
Zweilagensystem *n (OB)* two-coat system
zweilagig two-layer; two-coat *(z. B. Putz)*; two-ply *(Schichtwerkstoff)*
zweiläufig two-flight
Zweileiterkabel *n (El)* twin-conductor cable, two-core cable, duplex cable
Zweiphasenmischen *n* two-stage mixing
Zweipol... *(El)* two-pole ...
zweipolig *(El)* two-pole
Zweipolstecker *m (El)* two-pole plug
Zweipunktbelastung *f (Stat)* two-point loading
Zweipunktschloss *n (EB)* two-point latch *(am oberen und unteren Türende)*
Zweiradverkehr *m* two-wheel traffic
Zweiraumappartement *n (AE)* duplex
Zweiraumwohnung *f* two-room dwelling, two-room flat
Zweirohr... two-pipe ..., two-stack ...
zweirohrig two-pipe, two-stack
zweisäulig *(Arch)* distyle *(antiker Tempelbau)*
Zweischalengreifbagger *m (BWG)* clamshell bucket grab
Zweischalengreifer *m* clamshell, clamshell bucket
Zweischalenwand *f* two-leaf cavity wall, hollow masonry wall
zweischalig two-with, two-wythe, *(AE)* two-tier
Zweischeibenisolierglas *n (BM)* two-piece laminated insulating glass
Zweischeibenverbundglas *n* two-piece laminated safety sheet glass
Zweischicht... two-coat ...
Zweischichtensystem *n (OB)* two-coat system
zweischichtig two-layer, double-layer; two-coat *(Anstrich, Beschichtung)*; two-ply *(Schichtenbaustoff)*; two-shift *(Arbeitszeit)*
Zweischichtmetalleffektlackierung *f (OB)* two-coat metallic finish
Zweischichtputz *m (SB)* two-coat work
zweischiffig 1. two-bay, two-span *(Rahmenhalle)*; 2. *(Arch)* double-span
Zweischlitz *m* diglyph *(Zierstab)*
zweischnittig *(Konst)* double-shear *(Verbindung)*
Zweiseilbahn *f (Verk)* bicable ropeway
zweiseitig double-sided, two-sided; double-faced *(Flächen)*; on both sides *(z. B. Anstriche)*
Zweispänner *m* semidetached dwelling *(im Doppelhaus)*
Zweispännerwohnung *f* semidetached dwelling *(im Doppelhaus)*; *(AE)* duplex dwelling
zweispurig *(Verk)* double-track(ed), mixed gauge *(Eisenbahn)*; two-lane(d), dual-lane *(Straße)*
Zweistabverdrillung *f (Konst)* twin-twisted round bars
Zweistegblechträger *m (BT, St)* double-webbed plate girder
zweistegig two-webbed, double-webbed, twin-webbed
zweistielig *(Hb)* two-legged *(Rahmen)*
zweistöckig two-floor(ed), two-storey(ed), *(AE)* two-storied; double-decked *(Bett)*
Zweistoff... binary ...
Zweistoffheizungssystem *n (HLK)* dual-fuel system *(mit zwei verschiedenen Brennstoffen)*
Zweistofflegierung *f (BM)* two-component alloy
Zweistreifenkreisverkehr *m* two-lane roundabouts
zweistreifig two-lane
Zweistufen... two-stage ...
Zweistufenautoklavbehandlung *f* two-stage curing *(Beton)*
zweistufig two-stage; two-volume *(Pumpe)*
Zweitanschluss *m (El, San, WVA)* secondary connection
zweiteilig two-part, two-piece, binary; split *(Betonform)*
Zweithaus *n (Arch, Konst)* second house
Zweitluft *f* secondary air *(Feuerung)*
zweitourig double-turn *(Schloss)*
Zweiträgerbrückendeck *n* two-girder deck
zweitrangig secondary
Zweitrücklauf *m (HLK, San)* secondary return *(Heizung, Warmwasser)*
Zweiturmfassade *f* two-tower façade

zweitürmig double towered
Zweitvorlauf *m* secondary flow *(Heizung, Warmwasser)*
Zweitwuchsholz *n (BM, Hb, LB)* second-growth timber
Zweiwalzenbrecher *m* double-roll crasher
Zweiwegehahn *m* two-way stopcock
Zweiwegeventil *n (HLK, San)* two-way valve
zweiwinklig diagonal
Zweizonen... two-zone ...
Zweizonen-Klimaanlage *f (HLK)* two-zone air-conditioning system
zweizonig two-zone
zweizügig two-way *(Kabelstein)*
zwerch *s.* quer
Zwerchdach *n (Arch, Konst)* transverse roof *(Querdach zum Hauptfirst)*
Zwerchgiebel *m (Arch)* transverse gable *(Giebel des Zwerchhauses)*
Zwerchhaus *n* dormer *(Dachhäuschen)*
Zwerchhobel *m* cross-grain plane
Zwerggiebel *m* gablet *(über einer Nische oder einem Stützpfeiler)*
Zwickel *m* 1. *(Arch)* spandrel; 2. triangular panel *(Fläche zwischen zwei Bogenlinien)*; 3. *(Konst)* wedge *(keilförmige Aussparung)*; 4. gore *(Flächen, Oberflächen)*
Zwickelfeld *n (Konst)* panache
Zwickelstein *m* intermediate stone, spall
Zwickelsteine *mpl* 1. *(BM, SB)* rubble; 2. *(SB)* spalls
Zwicker *m* rock spall, spall *(Mauerwerk, Setzpacklage)*
Zwickstein *m (SB)* rock spall *(Mauerwerk, Setzpacklage)*
Zwiebeldach *n* 1. Moorish dome, Moorish roof; 2. *(Arch)* imperial roof
zwiebelförmig *(Arch)* bulbiform
Zwiebelkuppel *f* bulbous dome, imperial dome
Zwiebelturm *m* onion dome, onion tower *(Kirchturm)*
Zwillings... geminate ...
Zwillingsbogen *m* gemel arch
Zwillingsdurchlass *m* twin culvert
Zwillingsfenster *n* gemel window, coupled windows, two--light window
Zwillingsform *f* double mould, dual mould, twin mould, *(AE)* double mold *(z. B. Betonform)*
zwillingsgleich gemel
Zwillingskabel *n (El)* twin cable
Zwillingspumpe *f* twin pump
Zwillingsträger *m* double girder, dual girder, twin girder
Zwillingstürme *mpl* twin towers
Zwillingsturmfassade *f* two-tower façade
Zwinge *f (Hb)* (screw) clamp, holdfast, glue press; ferrule *(Endring)*
zwingen *v* force
Zwinger *m (Arch)* outer ward, zwinger *(Burg)*
Zwingnuss *f* counter-flap hinge *(Nussband am Schloss)*
zwischen... intermediate ...
Zwischenanstrich *m* intercoat, intermediate coat
Zwischenanstrichstoff *m* undercoat paint, undercoat material
Zwischenauflager *n (Konst, TK)* intermediate support
Zwischenauflagerung *f (Konst, TK)* interior support
Zwischenausbau *m* stage construction, interim development, interim expansion *(Gebäude)*; interim pavement *(Straße)*
Zwischenausbaubefestigung *f (Verk)* restricted thickness pavement
Zwischenaussteifung *f* intermediate stiffener *(Verbundträger)*
Zwischenbalken *m (Konst)* mid-beam
Zwischenbau *m* intermediate building, infrastructure
Zwischenbehälter *m (Wsb)* surge tank, tundish
Zwischenbewertung *f* interim valuation *(Baurecht)*
Zwischenboden *m* intermediate bottom, false bottom, raised floor, sound boarding; diaphragm *(versteifender Rahmenboden)*
Zwischenbogen *m* intermediate arch
Zwischendecke *f* intermediate ceiling, inserted ceiling; false floor, suspended ceiling *(nicht tragend)*
Zwischendecke f/doppelte *(Konst)* double false ceiling
Zwischendeckenaufhängung f/verdeckte *(BT, Konst, Te)* concealed suspension system
Zwischendeckenbalken *m* binder, binder joist
Zwischendeckenraum *m (HLK)* ceiling plenum *(als Luftrückflusssammelraum bei Klimaanlagen)*
Zwischendiagonalglied *n (BT)* subdiagonal
Zwischendose *f (El)* pull box
Zwischenfeld *n* interior span
Zwischenfensterspiegel *m* pier glass
Zwischenfestigkeit *f* intermediate strength
Zwischenfläche *f* interface
Zwischenfüllung *f* intermediate fill
zwischengelagert 1. interbedded *(eingebettet)*; 2. *(Bod)* interstratified *(geologische Schichten)*
zwischengelegt inserted
Zwischengerade *f* 1. *(Verk)* intermediate straight line *(Trassierung)*; 2. *(Verm)* straight *(Trasse)*
Zwischengeschoss *n* 1. intermediate storey, half storey; 2. *(Arch)* mezzanine, entresol
Zwischengeschossdachkranz *m (Konst)* skirt-roof
Zwischengeschossdecke *f (Konst)* mezzanine floor
Zwischengewölbe *n (Arch, Konst)* interposed vault
Zwischenglied *n* intermediate member, intermediate link; member *(Bewehrungsglied)*; interconnection *(von Leitungssystemen)*
Zwischengröße *f* intermediate size
Zwischenhaupt *n (Wsb)* middle gate *(Schleuse)*
Zwischenkörnung *f* intermediate size
Zwischenlage *f* 1. interlayer, intermediate layer *(Schicht)*; 2. *(SB)* sandwich course *(Mauerwerk)*; 3. ply, sandwich layer *(Schichtbaustoff, Schichtplatte)*; 4. spacer (block) *(Abstandhalter)*; 5. black sheeting felt *(Sperrpappensperrschicht)*; 6. washer *(Unterlegscheibe)*; 7. bush *(Futter; Muffe)*
Zwischenlage f/sperrende insulating intermediate layer
Zwischenlager *n* 1. intermediate bearing; 2. intermediate stockyard, interim storage, stacking area *(Baustoff- und Bauteillager)*
Zwischenlagerplatz *m (Umw)* refuse transfer station
Zwischenlagerschicht *f (Bod)* interstratified bed *(geologisch)*
Zwischenlagerung *f* 1. interbedding; 2. intermediate storage *(Baustoffe)*; 3. *(Bod)* interstratification *(Geologie)*
zwischenlegen *v* insert
zwischenliegend intermediate
Zwischenmauer *f* party wall *(s. a. Zwischenwand)*
Zwischenpfeiler *m* intermediate pier, intermediate pillar
Zwischenpfeilerschalung *f (Konst, Te)* interpier sheeting
Zwischenpfeilerwand *f (Konst)* wall bonded to piers
Zwischenpfette *f* middle purlin, central purlin, centre purlin
Zwischenpfosten *m* 1. *(Konst)* intermediate post *(Fachwerk)*; 2. *(Hb)* mullion *(Fenster)*; 3. *(Hb, TK)* puncheon *(kurzer Holzpfosten beim Fachwerk)*
Zwischenpodest *n* intermediate landing, half-landing, halfpace
Zwischenputzlage *f* brown coat, browning floating, floating coat, second coat *(bei Dreilagenputz)*
Zwischenraum *m* 1. space, interspace daylight; spacing *(räumlich, auch Bewehrungsstäbe)*; 2. distance *(Abstand)*; interstice, gap *(Lücke)*; 3. *(BT)* clearance *(Lichte, lichte Höhe bzw. Breite)*; 4. *(Konst)* closed area; 5. interval

(zeitlich) • **mit Zwischenraum anordnen** space *(in Räume)* • **mit Zwischenräumen** *(Konst)* interstitial
Zwischenraum *m*/**geschlossener** *(Konst)* close
Zwischenraum *m*/**lichter** daylight
Zwischenraum *m*/**unbelüfteter** dead-air space
Zwischenraum *m* **zwischen den Kuppelgewölben** *(Arch)* intercupola
Zwischenrippe *f*/**schmale** *(Arch)* lierne, lierne rib
Zwischensäule *f (Konst)* intermediate post
Zwischensäulengitterwand *f (Konst)* screen wall
zwischenschalten *v* interpose
Zwischenschalungswand *f* stop shuttering
Zwischenschicht *f* intermediate layer, intermediate course, interlayer *(z. B. Mauerwerk)*; sandwich course, sandwich layer *(Schichtenbaustoff)*; intercoat *(Beschichtung, Anstrich)*
Zwischenschicht *f*/**leere** *(Konst, SB)* air space
Zwischenschicht *f*/**spannungsabbauende** *(Verk)* stress absorbing membrane interlayer, SAMI
Zwischenschichthaftfestigkeit *f* intercoat adhesion *(Anstrich)*
Zwischenschichtwasser *n (Bod, Erdb)* middle water
Zwischensilo *n (BWG, Te)* surge bin *(Mischwerk)*
Zwischensparren *m* 1. *(Hb)* intermediate rafter; 2. *(BT, TK)* common rafter
Zwischensprosse *f (Hb)* interduce, intertie
Zwischenstation *f (Verk)* way station *(Eisenbahn)*
Zwischenstück *n* 1. intermediate (piece), intermediate member; 2. spacer (block) *(Abstandhalter)*; 3. *(El, HLK, San, WVA)* adapter *(größenveränderbares Anpassungsstück)*
Zwischenstütze *f* 1. *(BT, TK)* intermediate column; 2. *(Konst, TK)* intermediate support
Zwischentermin *m*/**spätester** *(Te, VR)* latest event occurrence time *(Netzplan)*
Zwischenträger *m* intermediate girder [beam, member], secondary beam, transmission girder
Zwischenträgerfüllung *f* beam fill(ing), rafter fill, wind fill(ing)
Zwischentraverse *f (Hb, Konst)* cross beam
Zwischentrichter *m (BWG, Te)* surge hopper *(Mischwerk)*
Zwischentrocknungsdauer *f (OB)* dry time to recoat
Zwischenverankerung *f* intermediate anchoring
Zwischenverbindung *f* interconnection *(von Leitungssystemen)*
Zwischenwand *f* 1. partition, partition wall, division wall, intermediate wall; brick partition (wall) *(Trennwand)*; load-bearing partition *(tragend)*; 2. internal wall, interior wall *(Innenwand)*; 3. *(DIS, Konst)* baffle *(Prallwand)*; 4. *(Konst)* diaphragm *(zur Aussteifung)*
Zwischenwand *f*/**entfernbare** removable partition
Zwischenwand *f*/**frei stehende** *(Konst)* self-supporting partition
Zwischenwand *f*/**nicht tragende** non(-load)-bearing partition
Zwischenwand *f*/**tragende** bearing partition, wall-bearing partition
Zwischenwand *f*/**versetzbare** movable partition; prefabricated wall
Zwischenwandverglasung *f* internal glazing
Zwischenweite *f (Konst)* interval
Zwischenwert *m* intermediate value
Zwischenzahlung *f (VR)* interim payment
Zwischenzeit *f (Verk)* intergreen *(Signalphase)*
Zwölfeck *n* duodecagon *(Geometrie)*
zwölfjochig *(Konst)* twelve-bay
zwölfsäulig *(Arch)* dodecastyle
Zyankali *n (Umw)* potassium cyanide
Zykloidbogen *m (Arch)* cycloidal arch
Zykloide *f (Konst)* cycloid
Zyklon *m* 1. cyclone (collector), centrifugal separator; 2. *(Umw, VR)* cyclone *(Tropensturm)*
Zyklonabscheider *m* cyclone separator, cyclone collector
Zyklonschutzraum *m (AE)* cyclone cellar
Zyklopenbeton *m* cyclopean concrete
Zyklopenbetonstein *m (BM, SB)* displacer
Zyklopenblöcke *mpl* cyclopean blocks
Zyklopenmauer *f (SB)* cyclopean masonry
Zyklopenmauerwerk *n (SB)* cyclopean masonry
Zyklopenmauerwerk *n*/**feuergebranntes** *(Arch)* vitrified wall
Zyklopenrandstein *m (SB)* rag work
Zyklus *m* cycle
Zyklus *m*/**unterbrochener** *(Te)* interrupted cycle
Zylinder *m* 1. *(BWG, Konst)* cylinder *(Trommel, Walze; Rundpfeiler; Hülse; Mantelrohr)*; 2. *(BWG, Konst)* cylinder *(Mathematik)*; 3. *(Arch)* spiral shaft
Zylinderbehälter *m*/**stehender** *(Konst, WVA)* vertical cylindrical tank
Zylinderdach *n (Konst)* half-round cylindrical roof
Zylinderdruckfestigkeit *f* cylinder strength, concrete cylinder compressive strength
Zylinderdruckprobe *f (BM, Konst)* concrete cylinder compressive strength
Zylinderdruckprüfung *f* cylinder (strength) test
Zylindereinsteckmöbelschloss *n* cylinder mortise cabinet lock
Zylinderfläche *f* cylindrical surface
Zylinderform *f* cylindrical mould *(für Formstücke)*
zylinderförmig cylindric(al)
Zylindergewölbe *n* 1. *(Konst, TK, Tun)* barrel vault; 2. *(Arch)* tunnel vault
Zylinderkastenfallenschloss *n* cylinder rim latch lock
Zylinderkastenriegelschloss *n* cylinder rim deadlock
Zylinderkessel *m* Scotch boiler
Zylinderkipplager *n (BT, TK)* pin rocker bearing
Zylinderkopfniete *f* cheese-head rivet
Zylinderkreissäge *f* annular saw
Zylinderlaufbuchse *f* liner
Zylindermöbelschloss *n* cylinder cabinet lock
Zylinderpfahl *m (Erdb)* foundation cylinder
Zylinderprüfung *f* cylinder test
Zylinderrohr *n* cylindrical pipe
Zylinderröhre *f* round tube
Zylinderschale *f* cylindrical shell
Zylinderschleifmaschine *f (BWG, Hb)* cylinder sanding machine *(für Holz)*
Zylinderschloss *n* cylinder lock, bored lock, pin tumbler (lock)
Zylinderschlosssicherungsschraube *f* cylinder screw
Zylinderschlüssel *m* cylinder key
Zylindersegment *n* cylinder segment
Zylindersegmentzierkante *f* segmental billet
Zylindersheddachschale *f* saw-tooth cylindrical shell
Zylindershedschale *f* saw-tooth cylindrical shell
Zylinderstegdecke *f (Konst, TK)* armoured tubular flooring
Zylinderstift *m* cylindrical pin
Zylinderverkleidung *f (DIS)* cylinder lagging *(Wärmeisolierung)*
Zylinderverlängerung *f* cylinder extension *(Schloss)*
Zylinderverschalung *f (DIS)* cylinder lagging *(Wärmeisolierung)*
Zylinderverwindung *f* cylinder twist
Zylindervorhängeschloss *n* cylinder padlock
Zylinderwalm *m* cylindrical hip *(am Dach)*
Zylinderwölbdecke *f* wagon ceiling
zylindrisch cylindrical
Zypressenholz *n* cypress, cypress wood

Anhang / Appendix

Inhalt / Contents

1. Eurocode Bauwesen / Eurocode Construction

Stand der Umsetzung / Present state

Eurocode-Nr.	EN-Norm DIN EN = BS EN	Kurztitel Deutsch-Englisch / Short title German-English	Gültig seit: / Valid since:
Eurocode 0 Grundlagen / Basics	EN 1990	Grundlagen – Basics of structure design	10-2002
	EN 1990/A1	Grundlagen – Basics of structure design	04-2006
Eurocode 1 Einwirkungen / Actions on structures	EN 1991-1-1	Grundlagen, Nutz-/Eigenlasten – General actions - Densities, self-weight, imposed loads	10-2002
	EN 1991-1-2	Brandeinwirkungen – Actions of structures exposed to fire	09-2003
	EN 1991-1-3	Schneelasten – Snow loads	09-2004
	EN 1991-1-4	Windlasten – Wind actions	07-2005
	EN 1991-1-5	Temperaturlasten – Thermal actions	07-2004
	EN 1991-1-6	Bauzustände – Actions during execution	09-2005
	EN 1991-1-7	Außergewöhnliche Lasten – Accidental actions	02-2007
	EN 1991-2	Verkehrslasten Brücken – Traffic loads on bridges	05-2004
	EN 1991-3	Kranbahnlasten – Actions induced by cranes	03-2007
	EN 1991-4	Silolasten – Silos and tanks	12-2006
Eurocode 2 Betonbau / Concrete structures	EN 1992-1-1	Grundlagen – General rules	10-2005
	EN 1992-1-2	Brandschutz – Structural fire design	10-2006
	EN 1992-2	Brücken – Concrete bridges	02-2007
	EN 1992-3	Stützbauwerke - Silos und Behälter – Liquid retaining and containment structures	11-2006
Eurocode 3 Beton- und Stahlbau / Steel structures	EN 1993-1-1	Grundlagen – General rules	7-2005
	EN 1993-1-2	Brandschutz – Structural fire design	10-2006
	EN 1993-1-3	Kaltgeformte dünnwändige Bauteile – Cold-formed members and sheeting	02-2007
	EN 1993-1-4	Tragwerke aus nicht rostendem Stahl – Structures - rules for stainless steel	02-2007
	EN 1993-1-5	Plattenbeulen – Plated structural elements	02-2007
	EN 1993-1-6	Schalen – Shell structures	07-2007
	EN 1993-1-7	Bleche - Querbelastung – Plated structures out of plane loading	07-2007
	EN 1993-1-8	Anschlüsse – Joints	07-2005
	EN 1993-1-9	Ermüdung – Fatigue	07-2005
	EN 1993-1-10	Stahlsortenauswahl – Material toughness and through-thickness properties	07-2005
	EN 1993-1-11	Vorgefertigte Zugglieder – Tension compo-nents	02-2007
	EN 1993-1-12	Stahlgüten bis S 700 – Steel grades up to S 700	07-2007

Eurocode-Nr.	EN-Norm DIN EN = BS EN	Kurztitel Deutsch-Englisch / Short title German-English	Gültig seit: / Valid since:
Eurocode 3 Beton- und Stahlbau / Steel structures	EN 1993-2	Brücken – Steel bridges	02-2007
	EN 1993-3-1	Türme und Masten – Towers and masts	02-2007
	EN 1993-3-2	Schornsteine – Chimneys	02-2007
	EN 1993-4-1	Silobauwerke – Silos	07-2007
	EN 1993-4-2	Tankbauwerke – Tanks	08-2007
	EN 1993-4-3	Rohrleitungen – Pipelines	07-2007
	EN 1993-5	Pfähle und Spundwände – Piling	07-2007
	EN 1993-6	Kranbahnen – Crane supporting	07-2007
Eurocode 4 Verbundbau / Composite steel and concrete structures	EN 1994-1-1	Grundlagen – General rules	07-2006
	EN 1994-1-2	Brandschutz – Structural fire design	11-2006
	EN 1994-2	Brücken – Composite steel and concrete bridges	06-2006
Eurocode 5 Holzbau / Timber structures	EN 1995-1-1	Grundlagen – General rules	12-2005
	EN 1995-1–2	Brandschutz – General structural fire design	10-2006
	EN 1995-2	Brücken – Bridges	02-2006
Eurocode 6 Mauerwerksbau / Masonry structures	EN 1996-1-1	Grundlagen – General rules	01-2006
	EN 1996-1-2	Brandschutz – Structural fire design	10-2006
	EN 1996-2	Planung, Auswahl, Ausführung – Design considerations, selection of materials and execution of masonry	03-2006
	EN 1996-3	Vereinfachte Regeln – Simplified calculation methods	04-2006
Eurocode 7 Grundbau / Earthworks and foundations	EN 1997-1	Grundlagen – General rules - Geotechnical design	10-2005
	EN 1997-2	Untersuchung des Baugrundes – Ground investigation and testing	08-2007
Eurocode 8 Erdbeben / Earthquake resistance	EN 1998-1	Grundlagen – General structural rules	04-2006
	EN 1998-2	Brücken – Bridges	06-2006
	EN 1998-3	Beurteilung und Ertüchtigung – Assessment and retrofitting	04-2006
	EN 1998-4	Silos, Tanks und Rohrleitungen – Silos, tanks and pipelines	01-2007
	EN 1998-5	Gründungen, Stützbauwerke – Foundations and retaining structures	05-2006
	EN 1998-6	Türme, Masten und Schornsteine – Towers, masts and chimneys	03-2006
Eurocode 9 Aluminiumbau / Aluminium structures	EN 1999-1-1	Grundlagen – General rules	09-2007
	EN 1999-1-2	Brandschutz – Structural fire design	05-2007
	EN 1999-1-3	Ermüdungsanfällige Bauwerke – Structures susceptible to fatigue	09-2007
	EN 1999-1-4	Trapezbleche – Cold-formed structural sheeting	09-2007
	EN 1999-1-5	Schalen – Shell structures	09-2007

2.1 Abkürzungen / Abbreviations

2.1 Englisch-Deutsch / English-German

(einschließlich Abkürzungen auf Bauzeichnungen / including abbreviations on constructional drawings)

A	area	Fläche, Grundfläche; Flächeninhalt
AAMAS	asphalt-aggregate mixture analysis system	*(AE)* System der Zusammensetzung und Analyse von Asphalt
AASHO	American Association of State Highway Officials	Amerikanische Vereinigung der Leiter der Bundesstraßenbaubehörden
AASHTO	American Association of State Highway and Transportation Officials	Amerikanische Vereinigung der Leiter der Straßenbau- und Verkehrsbehörden der Bundesstaaten
AAV	aggregate abrasion value	Gesteinsabriebwert
ABC	aggregate base course	untere Tragschicht *(Straße)*
AC	1. account	Konto;
	2. armoured cable	bewehrtes Kabel;
	3. asphalt concrete	Asphaltbeton;
	4. asphalt content	*(AE)* Bindemittelgehalt
AC, a.c.	alternating current	Wechselstrom
A.C.	*(AE)* asphalt cement; *(BE)* paving asphalt; bitumen for road pavement *(B.S. 3690)*	Straßenbaubitumen
AC pay only		nur zur Verrechnung
ACB	asbestos-cement board	Asbestbetonplatte
ACC test		Quellvermögen, Bentonitzahl
ACD	automatic closing device	Feuertürschließer, automatische Schließvorrichtung
ACI	American Concrete Institute	Amerikanisches Betoninstitut
ACMA	Asphalt Coated Macadam Association	Britischer Asphaltverband
ACP	asphalt concrete pavement	Asphaltstraßenbefestigung
ACPA	American Concrete Pavement Association	Amerikanischer Betonstraßenverband
ACS	American Ceramic Society	Amerikanische Keramikgesellschaft
ACT	actual	aktuell, tatsächlich vorhanden
ACV	aggregate crushing value	Gesteinszertrümmerungswert
AD	1. access door	Zugangsöffnung;
	2. air-dried	luftgetrocknet;
	3. area drain	Oberflächeneinlauf;
	4. as drawn	wie gezeichnet
ADD	1. addendum	Nachtragszusatz;
	2. addition	a) Anbau, Erweiterungsbau; b) Zusatz, Zugabe
ADH	adhesive	Haftmittel, Kleber
ADS	automatic door seal	automatischer Türschließer
ADT	average daily traffic	durchschnittlicher täglicher Verkehrswert, DTV
AG	above grade	über Geländeoberkante
AGL	above ground level	über Geländeoberkante
AIA	American Institute of Architects	Amerikanisches Institut der Architekten
AICE	Associate of the Institute of Civil Engineers	Mitglied des Institutes der Bauingenieure
AIEE	American Institute of Electrical Engineers	Amerikanisches Institut der Elektroingenieure
AIR COND	air conditioning	Klimatisierung; Klimaanlage
AISC	American Institute of Steel Construction	Amerikanisches Institut für Stahlbau
AISI	American Iron and Steel Institute	Amerikanisches Eisen- und Stahlinstitut
AITC	American Institute of Timber Construction	Amerikanisches Institut für Holzbau und Holzkonstruktionen
AIV	aggregate impact value	Gesteinsschlagwert
AL	aluminium	Aluminium
ALF	accelerated loading facility	*(AE)* Straßendeckenbelastungsgerät

ALLOW	allowance	Toleranz; zulässige Maßabweichung
ALS	American Lumber Standards	Amerikanische Konstruktionsholzstandards
ALT	1. alternate	abwechselnd;
	2. alteration	Änderung;
	3. altitude	Höhe über Boden;
	4. accelerated laboratory test	Laborschnellversuch
ALTN	1. alteration	Änderung;
	2. alternate	abwechselnd; versetzt angeordnet
ALY	alloy	Legierung
AMD	air-moving device	Lüfter
ANL	annealed	getempert, gehärtet, vergütet
ANSI	American National Standards Institute	Amerikanisches Nationales Standardinstitut
AP	1. access panel	Einstiegsöffnung, Einstiegsfeld; Blindpaneel;
	2. acid-proof	säurefest
APC	acoustical plaster ceiling	geputzte Schalldecke
APPD	approved	genehmigt, zugestimmt
APPROX	approximate	ungefähr
APPX	appendix	Ergänzung; Anhang
APT	accelerated performance test	Schnellprüfung des Gebrauchsverhaltens
AQL	acceptable quality level	ausreichende Abnahmequalität, abnehmbares Qualitätsniveau
AR	1. as required	wie gefordert;
	2. acid-resisting	säurebeständig;
	3. asphalt rubber	*(AE)* Gummibitumen
ARBA	American Road Builders' Association	Amerikanische Straßenbauervereinigung
ARC W	arc welding	Lichtbogenschweißen
ARS	asbestos roof shingle	Asbestdachschindel
ART	artificial	synthetisch, künstlich
AS	automatic sprinkler	automatischer Sprinkler
ASA	American Standards Association	Amerikanischer Verband für Standards
ASAP	as soon as possible	so bald wie möglich
ASB, asb	asbestos	Asbest
ASCE	American Society of Civil Engineers	Amerikanische Gesellschaft der Bauingenieure
ASHRAE	American Society of Heating, Refrigeration and Air Conditioning Engineers	Amerikanische Gesellschaft der Heizungs-, Kühlungs- und Klimatechniker
ASPH	asphalt	Asphalt
ASR	alkali-silica reaction	Alkali-Kieselsäure-Reaktion
ASR	automatic sprinkler riser	automatische Sprinklersteigleitung
ASST	assistant	Hilfsmittel
ASTM	American Society for Testing Materials	Amerikanische Gesellschaft für Baustoffnormung und Materialprüfung
AT	1. asphalt tile	Asphaltplatte;
	2. acoustical tile	schallabsorbierende Tafel
ATC	1. architectural terra-cotta	Gestaltungsterrakotta, Bauterrakotta;
	2. acoustical tile ceiling	Schalldämmdecke
ATF	asphalt tile floor	Asphaltplattenbodenbelag
Attn	attention of	zu Händen von
AUTO	automatic	automatisch
AVE	avenue	Allee, Boulevard
AVG	average	Durchschnitt
A/W	all-weather	wetterfest
AWOL	absent without leave	unerlaubt abwesend
AWS	all-wood screws	Vollholzschrauben
B	1. beam	Balken, Tragbalken; Riegel;
	2. bathroom	Badezimmer;
	3. basement	Kellergeschoss, Keller
B-horizon		B-Horizont *(Boden – Anreicherungshorizont)*
BA	1. bright-annealed	blankgeglüht;
	2. burglar alarm system	Einbruchalarmsystem
BACMI	British Aggregate Construction Materials Industries	Britischer Mineralbaustoffverband

BALC	balcony	Balkon
BAT	best available technique	beste vorhandene technische Lösung
B&B	grade B and better	Güteklasse B und besser *(Holz)*
BC	binder content	Bindemittelgehalt
BCM	bank cubic meter	Festkubikmeter
BCS	British Calibration Service	Britische Anstalt für Kalibrierung
BDL	below detection limit	unterhalb der Nachweisgrenze
BEM	bitumen emulsion macadam	Bitumenemulsionsmischgut, Emulsionsmakadam
bev	bevelled	abgeschrägt, gefast
BFB	broad-flange beam	Breitflanschträger
BFP	backflow preventer	Rückflussschutzventil, Rückflusssicherung
BFW	boiler feed water	Kesselspeisewasser
BH, Bh	Brinell hardness	Brinellhärte, HB
B.H.N., Bhn	Brinell hardness number	Brinellhärte, HB
bib	bib-cock	Ausflusshahn, Wasserhahn
BL	building line	Baufluchtlinie, Baugrenzlinie
bldg	building	Gebäude, Haus
blk	1. block	Block;
	2. black	schwarz;
	3. bulk	Masse
BLKG	blocking	Holzverkeilung; Pressverleimung
BLO	blower	Gebläse
BLR	boiler	Boiler, Heizkessel
BLT, blt	built	gebaut, erbaut
BM	1. bench mark	Höhenfestpunkt, Festpunkt;
	2. beam	Balken(träger)
B/M	bill of materials	Materialliste
b.m.	board measure	*(AE)* Bauholzmengenbestimmung in Board-Fuß
B.M.D.	bending moment diagram	Biegemomentenlinie
BOD	1. blackout door	Verdunkelungstür;
	2. biological oxygen demand	biologischer Sauerstoffbedarf, BSB
b of b	back of board	Brettunterlage, Hinterlage der Verschalung
BOO	build, own, operate	Bauen, Besitzen und Betreiben
BP	1. blue print	Blaupause, Lichtpause;
	2. base plate	Fundamentplatte, Sohlplatte;
	3. boiler pressure	Kesseldruck;
	4 boiling point	Siedepunkt
BPN	British pendulum number with SRT	SRT-Pendel-Griffigkeitswert
BR	1. bedroom	Schlafzimmer, Schlafraum;
	2. boiler room	Kesselraum
brc	brace	Strebe, Kopfband
brcg	bracing	Verstrebung
BRE	Building Research Establishment	Institution für Forschung im Bauwesen
BRG	bearing	tragend; Auflager
BRK	brick	Ziegelstein
BRKT	bracket	Kragstütze, Konsole
brl	barrel	Hülse
BRS	brass	Messing
Br Std	British Standard	Britischer Standard
BRZ	bronze	Bronze
BRZG	brazing	Lötung
BS	British Standard	Britischer Standard
B&S	1. bell and spigot	Glockenmuffe;
	2. beams and stringers	Stützbalkentragwerk;
	3. *(AE)* concrete pipe	Betonrohr
BSCP	British Standard Code of Practice	britische bautechnische Richtlinien
BSI	British Standards Institution	Britisches Normeninstitut
BSMT	basement	Kellergeschoss, Keller
BSR	building space requirements	Mindestabstandsforderungen
bstd	bastard	unregelmäßig geformt

BT	bathtub	Badewanne
BTB	bituminous treated base	bituminös behandelte Unterlage
BW	butt weld	geschweißte Stumpfnaht
BX	armoured cable	bewehrtes Kabel
c	concentration	Konzentration
C	course	Schicht, Lage
C-horizon		C-Horizont *(Boden)*
CAB	1. cement-asbestos board 2. cabinet 3. cellulose acetate butyrate	Asbestbetonplatte; Kabinett; Raum; Schrank; Celluloseacetatbutyrat
CAD	computer-aided design	computergestütztes Entwerfen
CAE	computer-aided engineering	computergestützte technische Planung
CAM	1. camber 2. computer-aided manufacturing	Wölbung, Krümmung; Bogen; rechnergestützte Fertigung
CANV	canvas	Trägergewebe
CAO	chief administrative officer	*(AE)* Chef der Verwaltung
CAP	computer-aided planning	rechnergestützte Planung, computergestütztes Entwerfen
CATW	catwalk	Laufsteg, Laufgang
CB	1. catch basin 2. cast brass	Auffangbecken, Sammelgrube; Senkgrube; Gussmessing
CB1S	centre beam one side	Mittelbalken einseitig *(Holz)*
CB2S	centre beam two sides	Mittelbalken beidseitig *(Holz)*
C/B ratio	saturation coefficient	Sättigungsbeiwert
CBD	central business district	Geschäftszentrum, Stadtzentrum
CBM	Certified Ballast Manufactures Association	*(AE)* Vereinigung der zertifizierten Schotterproduzenten
CBR	California bearing ratio	Kalifornischer Tragfähigkeitswert
C&Btr.	grade C and better	Güteklasse C und besser *(Holz)*
cc	cubic centimetre	Kubikzentimeter
CC	carbon copy	Kopie, Durchschlag
CCS	colour-coated steel	farbbeschichteter Stahl
CCTV	closed-circuit television	1. Kabelfernsehen zu Überwachungszwecken; 2. Fernsehringverkabelung, Fernsehkabelringleitung
cd	candela	Candela, Cd
CD	cable duct	Kabelkanal
CEM	cement	Zement
CEM AB, cem ab	cement-asbestos board	Asbestzementplatte
CEM FL	cement floor	Zementestrich; Betondecke
CEM MORT	cement mortar	Zementmörtel
CEM PLAS	cement plaster	Zementputz
CEN	European Committee for Standardization	Europäisches Komitee für Normung
CENELEC	European Body of Electrical Standards	Europäischer Ausschuss für Elektrizitätsnormung
CEO	chief executive officer	Generaldirektor, Hauptgeschäftsführer
CER	ceramic	keramisch; Keramik, Keramikbaustoff
cf	confer	vergleiche
CF	cooling fan	Kühlventilator, Lüfter
CFC	chlorofluorocarbon	Fluorchlorkohlenwasserstoff, FCKW
CG	1. coarse grain 2. ceiling grille	Grobkorn; Deckeneinlass
CHAM	chamfer	Abfasung, Abschrägung
CHART	computerized highway assessment of ratings and treatments	Straßenzustandserfassung und Erhaltungsverfahren mittels ADV
chfd.	chamfered	abgefast, abgeschrägt
CHIM	chimney	Schornstein
CI, C.I.	1. cast iron 2. coolant inlet	Gusseisen; Kühllufteinlass
CIB	International Council for Building Research Studies and Documentation	Internationaler Rat für Forschung, Studium und Dokumentation im Bauwesen

CIE	Commission Internationale de l'Eclairage, *(engl.:)* International Commission on Illumination	Internationaler Ausschuss für Beleuchtung
CIE diagram	International Commission on Illumination diagram	Normfarbtafel
CIF, c.i.f.	cost, insurance, freight	Kosten, Versicherung und Fracht *(inklusive bis Bestimmungsort)*
CIP	cast-iron pipe	Gusseisenrohr
CIR	1. circle 2. circuit	Kreis; Ring; Ringleitung; Stromkreis
CIRC	circumference	Umfang, Umfangslinie
CJ	cooling jacket	Kühlmantel
CL	1. centre line 2. cross-linked 3. lift coefficient	Mittellinie, Achse; gekreuzt; verbunden; vernetzt; Auftriebsbeiwert, Auftriebszahl
CLG	ceiling	Decke, Raumdecke
CLKG	caulking	Abdichtung
CLO	closet	Abstellkammer
Clr.	clear	farblos, klar
CL W GL	clear wire glass	durchsichtiges Panzerglas
CM	centre matched	mittig gezinkt *(Holz)*
C/M	concrete masonry	Betonsteinmauerwerk
CMP	corrugated metal pipe	Metallriffelrohr
CND	conduit	1. Kanal; 2. Leerrohr
CO	1. change order 2. cut-out 3. coolant outlet	offizielle Projektänderung; Aussparung, Öffnung; Kühlluftauslass
COB	close of business	Geschäftsabschluss
COBA	cost-benefit-analysis	Kostennutzenanalyse
COD	1. cleanout door 2. cash on delivery 3. chemical oxygen demand	Reinigungstür, Reinigungsöffnung; per Nachnahme; chemischer Sauerstoffbedarf, CSB
COEF	coefficient	Koeffizient
COL	column	Säule, Stütze
Com	common	allgemein
COMB	combination	Verbund
COMP	1. component 2. composition	Bauteil; Komponente; Aufbau, Zusammensetzung; Gemenge
COMPF	composition flooring	Verbundbelag
COMPR	composition roofing	Flachdachdichtung; Mehrlagendachbelag
CONC	concrete	Beton
CONC C	concrete ceiling	Betondecke
CONST	construction	Konstruktion, Bauwerk
CONTR	contractor	Bauauftragnehmer, Baubetrieb, Hauptauftragnehmer
CONT W	continuous window	durchlaufendes Fenster
COORD	coordinate	Koordinate
cop.	coping	Abdeckung
COPS	costs of pavement strengthening	Kosten einer Deckenverstärkung *(Straße)*
COR BD	corner bead	Eckschutzleiste
CORP	corporation	Korporation, Körperschaft
CORR	corrugated	gerippt, gewellt
cp	candlepower	Lichtstärke
CP	cesspool	Senkgrube, Klärgrube
CPD	Construction Products Directive	Bauproduktenrichtlinie
CPFF	cost plus fixed fee	Baukosten und festes Projektierungshonorar, Baukosten und feste Bearbeitungsgebühr
CPM	critical path method	Netzplanmethode
CPP	critical path planning	Netzplantechnik
CPR	concrete pavement restoration	Betondeckenerneuerung *(Straße)*

CR	1. cold-rolled 2. ceiling register 3. company's risk	kaltgewalzt; Deckendiffusor; Firmenrisiko, Auftragnehmerrisiko
CRCP	continuously reinforced concrete pavement	durchgehend bewehrte Betondecke *(Straße)*
CRM	crumb rubber modifier	Gummigranulatmodifizierer
CRS	cold-rolled steel	kaltgewalzter Stahl
CS	1. caulking seam 2. cast stone	Abdichtrand; Betonwerkstein, Kunststein
CSA	Canadian Standards Association	Kanadische Vereinigung für Standards
CSG	casing	Verkleidung, Ummantelung
CSI	1. Construction Specifications Institute 2. chlorosulphonyl isocyanate	Institut für bautechnische Richtlinien; Chlorschwefelisocyanat, CSI
csk, CSK	countersink	absenken
CTB	cement-treated base	hydraulisch gebundene Tragschicht
CTD	coated	beschichtet
CTE	coefficient of thermal expansion	Wärmedehnzahl
C to C	centre to centre	Abstand von Mittellinie zu Mittellinie, Achsabstand
CTR	centre	Mitte, Mittelpunkt
cu., cu	cubic	Kubik
cu ft	cubic foot	Kubikfuß *(= 0,02832 m^3)*
cu in.	cubic inch	Kubikzoll *(= 16,387 cm^3)*
cu m	cubic metre	Kubikmeter
CV	coefficient of variation	Variationskoeffizient
CV1S	centre vee one side	Mittelkeil einseitig *(Holz)*
CV2S	centre vee two sides	Mittelkeil zweiseitig *(Holz)*
CW	1. cold water 2. clockwise	Kaltwasser; im Uhrzeigersinn
CYL L	cylinder lock	Zylinderschloss
D-cracking	durability cracking	Festigkeitsverlustrisse *(Straßenbetondecke)*
D-horizon		D-Horizont *(Boden)*
DAD	double-acting door	Pendeltür
db	decibel	Dezibel, Schallpegel
DB. Clg	double-headed ceiling	Doppelsparrendecke
DBL	double	doppelt, zweifach
DBM	dense bitumen macadam	Asphaltmakadambinder; Tragschichtmakadam
DC	direct current	Gleichstrom
DCF	discounted cash flow	abgezinster Cashflow, diskontierter Cashflow
D&CM	dressed and centre matched	abgerichtet und mittig verzinkt *(Holz)*
DD	1. deep-drawn 2. Dutch door	tiefgezogen; Holländertür
DEG	degree	Grad
DEL	delineation	Skizzierung, Zeichnung
DEPT	department	Geschäftsbereich; Ministerium
DET	1. detail 2. detached	Detail; allein stehend, frei stehend
DF	1. drinking fountain 2. degree of freedom	Trinkbrunnen, Trinkbecken; Freiheitsgrad
DFBO	design, finance, build, operate	Entwerfen, Finanzieren, Bauen und Betreiben
dflct	deflection	Durchbiegung
DGA	dense-graded aggregate	abgestufter Zuschlagstoff
D&H	dressed and headed	abgerichtet und Kopfenden besäumt
DHW	double-hung window	Doppelfenster
DIA	diameter	Durchmesser
DIAG	1. diagonal 2. diagram	Diagonale, Schrägstütze; Diagramm, Schaubild
DIM	dimension	Abmessung
DIN	German Industrial Standard	Deutsche Industrienorm, DIN
DIV	division	Trennung, Teilung

dkg	decking	Abdeckung
DL	1. dead load	Eigenlast, Totlast; ruhende Last;
	2. dead light	starres Fenster; festgeschlossenes Oberlicht
D&MB	dressed and matched beaded	abgerichtet und gebördelt gezinkt *(Holz)*
DN	down	herunter, nach unten, zum Boden
DO	ditto	dito, dasselbe
DoT	Department of Transport	Verkehrsministerium *(Großbritannien)*
DOT	Department of Transportation	*(AE)* Verkehrsministerium
DOZ	dozen	Dutzend
DP	dew point	Taupunkt
DPC	damp-proof course	Feuchtigkeitssperrschicht
DPM	damp-proof membrane	Dichtungshaut
DR	1. drain	Drän, Entwässerungsrohr;
	2. dressing room	Umkleideraum;
	3. dining room	Speisezimmer
DRG	drawing	Zeichnung
drn	1. drain	Drän, Entwässerungsrohr;
	2. drainage	Dränage, Dränierung, Entwässerung
DRWG	drawing	Zeichnung
drwl	dry wall	Trockenwand, Trockenmauerwerk
D.S., D/S	drop siding	Tropfbrettverschalung
D1S	dressed one side	einseitig abgerichtet *(Holz)*
D2S	dressed two sides	an zwei Seiten abgerichtet *(Holz)*
D2S&CM	dressed two sides and centre matched	abgerichtet an zwei Seiten und mittig verzinkt *(Holz)*
D2S&M	dressed two sides and matched	abgerichtet an zwei Seiten und verzinkt *(Holz)*
D2S&SM	dressed two sides and standard matched	abgerichtet an zwei Seiten und normverzinkt *(Holz)*
D4S	dressed four sides	vierseitig abgerichtet *(Holz)*
DSGN	design	Entwurf
D&SM	dressed and standard matched	abgerichtet und normverzinkt *(Holz)*
DSW	door switch	Türschalter
DT	1. drum trap	zylindrischer Geruchsverschluss;
	2. drain tile	Dränrohr, Sickerrohr
DTA	differential thermal analysis	Differenzialthermoanalyse
DT&G	double tongue and groove	Doppelfeder und Doppelnut
DU	disposal unit	Abfallzerkleinerer
DUP	duplicate	Kopie
DVTL	dovetail	Schwalbenschwanzzinkung
DWG	drawing	Zeichnung
DWV	drain, waste, and vent	Abfluss, Abfall und Abzug
E	1. modulus of elasticity	Elastizitätsmodul;
	2. evaporation	Evaporation
EA	exhaust air	Abluft
E and OE	errors and omissions expected	Fehler und Versäumnisse erwartet
EAPA	European Asphalt Pavement Association	Europäischer Asphaltverband
EC	1. Eurocode	Eurocode;
	2. conformity mark	EC-Übereinstimmungszeichen
E&CB1S	edge and centre bead one side	Kante und mittige Konvexbördelung an einer Seite *(Holz)*
E&CV1S	edge and centre vee one side	Kante und mittiger Keil an einer Seite *(Holz)*
EE	eased edges	leicht abgerundete Kanten
EG	edge grain	(senkrechte) Randmaserung *(Holz)*
EIS	environmental impact statement	Umweltverträglichkeitsstudie; *(AE)* Umweltbelastungsplan
EL	elevation	Aufriss
ELEC, elec	electric(al)	elektrisch
EM	1. end-matched	endverzapft, verzinkt;
	2. expanded metal	Streckmetall
emf	electromotive force	elektromotorische Kraft
EMT	electrical metallic tubing	Kabelschutzrohrbauweise

EN	European Standard, Euronorm	Euronorm, Europäische Norm
ENAM	enamel	Email, Emaille
ENGRG	engineering	technische Planung; Technik
ENV	European Prestandard	Europäische Vornorm
EOTA	European Organisation for Technical Approval	Europäische Organisation für technische Zulassungen
EOTC	European Organisation for Testing and Certification	Europäische Organisation für Prüfung und Normung
EPA	Environmental Protection Agency	*(AE)* Amerikanische Umweltbehörde
EPM	equivalent per million	Äquivalent pro Million
EPS	electrical power supply	Stromversorgung, Energieversorgung
EQ	equal	gleich
EQUIP	equipment	Ausrüstung, Ausstattung
ER	essential requirements	wesentliche Änderungen
ERW	electric resistance welding	Elektrowiderstandsschweißen
ESAL	1. equivalent single axle load	*(AE)* äquivalente Einzelachslast *(Straße)*;
	2. equivalent number of standard axles	äquivalente Standardachslasten *(Straße)*
esp.	especially	besonders
ESP	electronic precipitator	elektronischer Staubabscheider, ESA
ESRS	electron spin resonance spectroscopy	Elektronenspinresonanz-Spektroskopie, ESR-Spektroskopie
EST	estimate	Kostenschätzung
ETA	European technical approval	Europäische technische Zulassung
EV1S	edge vee one side	Kante V-förmig an einer Seite
EVA	ethylene vinyl acetate	Ethylvinylacetat
EXC	excavate	ausschachten, ausbaggern
EXH	exhaust	Absaugung, Entlüftung
EXIST.	existing	bestehend
EXP BT	expansion bolt	Spreizdübel
EXT	exterior	Außenseite
EXTR	extrude	spritzen; strangpressen
F	Fahrenheit	Fahrenheit
FA	fresh air	Frischluft, Zuluft
FAI	fresh-air intake	Frischluftkanal
FD	1. floor drain	Fußbodeneinlauf;
	2. forced draught	künstlicher Zug
FDB	forced-draught blower	Druckzuggebläse
FDC	fire-department connection	Feuermeldeleitung
fdn	foundation	Fundament, Gründung
FE	fire escape	Feuertreppe
FEM	fixed-end moment	Einspannmoment
FG	fine grain	Feinkorn, Mehlkorn
FH	1. fire hose	Feuerwehrschlauch;
	2. flat head	Flachkopf
FHC	fire-hose cabinet	Feuerwehrschlauchlagerraum
FHERL	Forum of Highways European Research Laboratories	Forum der europäischen Straßenforschungsinstitute
FHWA	Federal Highway Administration	*(AE)* Bundesstraßenverwaltung
FHY, fhy	fire hydrant	Hydrant
F&I	furnish and install	ausrüsten und installieren, einrichten und montieren
FIN	finish	Putz; Oberflächengüte
FL, fl	1. floor	Geschoss; Fußboden;
	2. floor line	Fußbodenhöhenmarkierung;
	3. flashing	Kehlblech, Dachanschluss
FLG, flg	1. flooring	Fußbodenbelag;
	2. flange	Flansch
flr	floor	Geschoss; Fußboden
flt	flight (of stairs)	Treppenlauf
FM	fixed-end moment	Einspannmoment
FMT	flush metal threshold	Flachmetallleiste; Blechabdeckung
FOB	free on board	frei an Bord *(Warenlieferungen)*

FOS	factor of safety	Sicherheitsfaktor, Sicherheitsbeiwert
FOSD	full overtaking sight distance	Mindestüberholsichtweite *(Straße)*
FP	flame-proof	flammsicher, nicht entflammbar
FPRF, fprf	fire-proof	feuerbeständig, feuerfest
fr	frame	Stabwerk, Fachwerk, Tragwerk
F.R.I.B.A.	Fellow of the Royal Institute of British Architects	Mitglied des Königlichen Institutes der Britischen Architekten
ft	foot; feet	Fuß *(0,3048 m)*
FTG	1. footing	Gründung, Fundament;
	2. fitting	Montage, Aufbau; Fitting, Armatur
FV	front view	Aufriss; Vorderansicht
FW	1. fire wall	Brandmauer;
	2. flash welding	Abbrennschweißen;
	3. feed water	Speisewasser
FWD	falling weight deflectometer	Fallgewichtseinsenkungsmessgerät
g	gram, gramme	Gramm, g
G	girder	Träger
ga.	gauge	Bezugsmaß, Richtmaß
GA	gussasphalt	Gussasphalt
GB	1. glass block	Glasbaustein;
	2. Great Britain	Großbritannien
geol	geology	Geologie
GL, gl	1. glass	Glas;
	2. glazed finish	Glasuroberfläche
GM	grade marked	Güteklasse gekennzeichnet
GPS	global positioning system	satellitengestütztes Positionsbestimmungssystem
GRC	glass fibre reinforced cement	glasfaserbewehrter Zement
GR	grade	Güteklasse; Feinplanum, Korngröße
GT	1. grease trap	Fettabscheider, Fettfang;
	2. glazed tile	glasierte Platte, Glasurfliese
GTM	gyratory testing machine	Gyratorprüfsystem
GYP	gypsum	Gips
H	hard	hart
H horizon		H-Horizont *(Boden-Humusschicht)*
HA	1. housing authority	Wohnungsbauverwaltung, Wohnungsverwaltung;
	2. Highways Agency	Straßenbaubehörde
HAIA	Honorary Member of American Institute of Architects	Ehrenmitglied des Amerikanischen Institutes der Architekten
HB	hose bib	Außenwasserhahn
H.B.	half bat	Halbziegel, halber Ziegel
HC	hollow core	Hohlkern
HD	head	Kopfstück, Kopfende
H/D ratio	height/diameter ratio	Verhältnis Höhe zu Durchmesser
HDAP	heavy duty asphalt pavement	Asphaltbefestigung für Schwerverkehr
HDM	heavy duty macadam	Tragschichtmakadam für Schwerverkehr, Tragschichtasphalt
HDW	1. hardware	Beschläge, Kleineisenzeug;
	2. hardwood	Hartholz
HE	heat exchanger	Wärmeaustauscher
HEX	hexagonal	hexagonal, sechseckig, sechskantig
HF	hot finished	heiß eingebaut
HGT	height	Höhe
HGV	heavy goods vehicle	Schwerlastfahrzeug
H.I.	heat input	Wärmezufuhr
HITEC	Highway Innovation Technology Center	*(AE)* Zentrum für innovative Straßenbautechnik
H&M	hit and miss	gegenläufig öffnend *(Schiebefenster)*
HMA	hot-mix asphalt	Heißasphalt
HMAC	hot-mix asphalt concrete	Asphaltbeton *(für Heißeinbau)*

HMD	hollow-metal door	Metallhohltür, Metallrahmentür mit beidseitiger Blechbeplankung
HOR	horizontal	horizontal, waagerecht
H or M	hit or miss	gegenläufig öffnend *(Schiebefenster)*
HOSP	hospital	Hospital, Krankenhaus
HP, hp	1. horsepower 2. high pressure	Pferdestärke, PS; Hochdruck
HP-shape		Doppel-T-Stützenteil
H PT	high point	Hochpunkt
HR	hot-rolled	heißgewalzt
HRA	hot-rolled asphalt	Hot-Rolled-Asphalt
HRM	high speed road monitor	Straßenprofilmessgerät
Hrt	heart	Kernholz
Hrt.FA	heart facial area	Kernholzsichtfläche, Kernholzkopffläche
Hrt.G	heart girth	Kernholzsattelschwelle
HSC	high-strength cement	hochfester Zement
HSE, hse	house	Haus, Gebäude
HSE	Health and Safety Executive	Unfallverhütungsausschuss
HSTM	high-speed texture meter	Hochgeschwindigkeits-Rauheitsmessgerät
HT	1. high-tensile 2. heat-treated	hochzugfest; wärmebehandelt
HTR	heater	Heizkörper
HTS	high-tensile strength	Hochzugfestigkeit
HV	high voltage	Hochspannungs...
HVAC	heating, ventilating, and air conditioning	Heizung, Lüftung und Klimatisierung
HVY	heavy	schwer, stark
HWL	high water level	Hochwasserstand, HW
HWY, hwy	highway	Straße
HYD	hydraulic	hydraulisch
Hz	Hertz	Hertz, Schwingungen pro Sekunde
I	moment of inertia	Trägheitsmoment, I
IABSE	International Association for Bridge and Structural Engineering	Internationale Vereinigung für Brückenbau und konstruktiven Ingenieurbau
IAH	International Association of Hydrogeologists	Internationale Vereinigung der Hydrogeologen
IASH	International Association of Scientific Hydrology	Internationale Vereinigung für wissenschaftliche Hydrologie
IB	I-beam	Doppel-T-Träger
ICE	Institute of Civil Engineers	Institut für Bauingenieure
ICI	International Commission on Illumination *(s.* CIE*)*	Internationaler Ausschuss für Beleuchtung
ID	internal diameter	Innendurchmesser
i.e.	id est	das heißt
IEE	Institution of Electrical Engineers	Institut der Elektroingenieure
IES	Illuminating Engineering Society	Vereinigung der Ingenieure für Beleuchtungstechnik
IF	inside face	Innenfläche
ILLUS	illustrate	illustrieren, erläutern
IMPG	impregnate	imprägnieren
in., in	inch; inches	Inch, Zoll *(2,540 cm)*
INC	incorporated	eingebunden
INCL	include	einschließen, enthalten
IND	industrial	industriell
INFO	information	Information
INR	impact noise rating	Trittschalldämpfungsrate
INS	insulate	isolieren; dämmen *(Schall, Kälte)*; sperren *(Feuchtigkeit, Wasser, Feuer)*
INT	1. intake 2. interior 3. internal	Einlauf; Einlauföffnung; Einlass; Inneres; inner, inwendig
IPS	1. iron-pipe size 2. inside pipe size	Eisenrohrdimension; Innenrohrmaß

IR	inside radius	Innenradius
ISO	International Organisation for Standardization	Internationale Organisation für Normung
IST	inside trim	Innenverkleidung, Innenverblendung
ISWG	Imperial standard wire gauge	Empirestandarddrahtstärke
JB	junction box	Verteilerdose, Abzweigdose
JCP	jointed concrete pavement	Straßenbetondecke mit Fugen
JCT, jctn	junction	Verzweigung, Abzweigung *(Rohrleitung)*; Straßenkreuzung, Straßenabzweigung
JMF	job mix formula	*(AE)* Soll(misch)rezeptur, Ausführungsrezeptur *(Beton, Asphalt)*
J&P	joist and planks	Querbalken und Bohlen
JPCP	jointed plain concrete pavement	unbewehrte Straßenbetondecke mit Fugen
JRCP	jointed reinforced concrete pavement	bewehrte Straßenbetondecke mit Fugen
JT	joint	Verbindungsstelle, Stoß
junc	junction	Verzweigung, Abzweigung *(Rohrleitung)*; Straßenkreuzung, Straßenabzweigung
k	1. kilo	Kilo;
	2. coefficient of thermal conductivity	Wärmeleitfähigkeitskoeffizient
K	1. key	Verdübelung, Keil; Schlüssel;
	2. kip	*s.* kip;
	3. kitchen	Küche
KB	knee brace	Kopfband; Winkellasche
kcal	kilocalorie	Kilokalorie
KD	kiln-dried	ofengetrocknet
KDF	kalamein door and frame	blechbeplankte Holzkerntür mit Rahmen
k factor	thermal conductivity	Wärmeleitfähigkeit
kg	kilogram, kilogramme	Kilogramm, kg
kip	kilo pound force	Kraft in 1000 englischen Pfund *(1 kip = 4448,222 N)*
KISS	keep it simple and stupid	*(sl)* idioteneinfach machen
kN	kilonewton	Kilonewton, kN
KO	knock-out	entfernbare Abdeckung
KP	kickplate	Fußleiste; Schutzplatte
KP&D	kickplate and drip	Schutzplatte und Ablaufrinne
KS	kitchen sink	Spülbecken, Spüle
KSI/ksi	kilopounds per square inch	1000 englische Pfund pro Quadratinch *(1 KSI = 6,890 Mpa)*
kva	kilovolt-ampere	Kilovoltampere
k-value	thermal conductance	Wärmedurchgangszahl; Wärmeleitwert
kW	kilowatt	Kilowatt, kW
kWh	kilowatt-hour	Kilowattstunde, kWh
L	1. left	links;
	2. lambert	Lambert *(1 Lambert = 1 Lumen pro cm^2)*
LA	lightning arrester	Überspannungsableiter
LA value	Los Angeles abrasion value	*(AE)* Los-Angeles-Abriebwert
LAM	laminate	Verbundmaterial
LAT	1. latitude	Variationsbreite; Breite; Ausdehnung;
	2. lateral	seitlich; Abzweigstück
LAV	lavatory	Toilette; WC-Raum
lb	pound	englisches Pfund *(453,5924 g)*
L-beam		L-Träger
lbf	pound-force	4,448222 N
Lbr	lumber	Schnittholz
LCB	lean concrete base	Magerbetontragschicht *(Straße)*
LCD	liquid crystal display	Flüssigkristallanzeige
LCL	light centre length	Lichtquellenabstand
LCM	loose cubic metre	loses Material in Kubikmetern
L&CM	lime and cement mortar	Kalk- und Zementmörtel
LDG	landing	Podest, Treppenabsatz
LDPE	low-density polyethylene	Polyethylen niedriger Dichte, PE weich
LD slag	Lintz-Donawitz slag	Lintz-Donawitz-Schlacke

LECA	light-expanded clay aggregate	mitteldichter Blähton
LEMA	Lighting Equipment Manufacturers' Association	Vereinigung der Hersteller für Licht- und Beleuchtungsanlagen
LG	1. length	Länge;
	2. long	lang
lgr	longer	länger *(Holzbauteile)*
lgth	length	Länge *(Holzbauteile)*
LH	left hand	links, linkshändig
LIC	license	lizenziert, konzessioniert
LIN	linear	linear, längs
LL	live load	Nutzlast, Verkehrslast
L&L	latch and lock	Klinke und Schloss
LL&B	latch, lock and bolt	Klinke, Schloss und Riegel [Türriegel]
LM	lime mortar	Kalkmörtel
Lng, lng.	Lining	Auskleidung, Ausfütterung
LOA	length overall	Gesamtlänge, Länge über alles
LP	1. lime putty	fetter Kalkputzmörtel;
	2. low pressure	Niederdruck
L&P	lath and plaster	einlagiger Putz auf Putzträgergewebe
LPG	liquid petroleum gas	flüssiges Erdgas
LR	1. living room	Wohnzimmer;
	2. load reduction	Gewichtsbeschränkung; Verkehrsbeschränkung
LRST	laser road surface tester	Straßen-Laser-Ebenheitsmessgerät
LS	1. left side	linke Seite;
	2. lead shield	Bleischirm;
	3. loudspeaker	Lautsprecher
L.S.C.	lightweight structural concrete	Konstruktionsleichtbeton
LT	light	Licht
LTPP	long term pavement performance	Langzeitgebrauchsverhalten von Fahrbahnbefestigungen
LVDT	linear variable differential transducer	Feindehnungsmesser, Dehnungsaufnehmer
LVE	linear viscoelastic	linear viskoelastisch
LWC	lightweight concrete	Leichtbeton
LWIC	lightweight insulating concrete	Leichtdämmbeton
m	1. modular ratio	Elastizitätsmodulverhältnis;
	2. metre	Meter
M	1. bending moment	Biegemoment;
	2. thousand	Tausend
MA	mastic asphalt	Mastixasphalt, Asphaltmastix
mac	macadam	Makadam; gebrochener Naturstein; Schotter
MACCH	maintenance assessment rating and costing	Zustandsbeurteilung und Kostenermittlung für Straßenerhaltung
MAN	manual	manuell; Handbuch
MATL	material	Material, Werkstoff, Baustoff
MAX	maximum	maximal; Maximum
max. M	maximum bending moment	maximales Biegemoment, max. M
MC, mc	1. moisture content	Feuchtegehalt;
	2. medium-curing	*(AE)* durchschnittlich verhärtend, mittelschnell abbindend;
	3. medium-curing cutback	mittelschnell abbindendes Verschnittbitumen;
	4. metal-clad	metallbeschlagen
MECH	mechanical	mechanisch
MED	medium	Trägermedium; Lösungsmittel
MEK	methyl ethyl ketone	Methylethylketon
MEMB	membrane	Membran; Scheidewand; Diaphragma
MEMO	memorandum	Vermerk, Aktennotiz
MER	mechanical equipment room	Installationsraum; Technikraum
MET	metal	Metall
MEZZ	mezzanine	Zwischengeschoss, Mezzaningeschoss
MF	mill finish	Walzoberfläche *(Walzwerkerzeugnisse)*

MFG	manufacturing	Herstellungs...; Industrie...
MG	motor generator	Benzinmotorgenerator, Stromerzeuger mit Verbrennungsmotorantrieb
MH	manhole	Mannloch, Einsteigschacht
MI	malleable iron	schmiedbares Eisen
MIDAS	mix design and analysis system	*(AE)* System der Asphalteignungsprüfungen und -analyse
MIL	military	militärisch
MISC	miscellaneous	vermischt; Vermischtes; Verschiedenes
MIX	mixture	Mischung; Gemisch
MK	1. mark	Kennzeichen; Marke;
	2. master key	Generalschlüssel
ML	material list	Materialliste
MLDG, mldg	moulding	Kehlung; Gesims; Verzierung
mm	millimetre	Millimeter, mm
MMC	Monopolies and Mergers Commission	Fusionskontrollbehörde
MN	1. main	Hauptstrang; Hauptleitung;
	2. meganewton	Meganewton, MN
MO	month	Monat, 30 Tage
MOD	model	Muster; Modell
MOL	maximum overall length	Glühlampengesamthöhe
Mp	megapond	Megapond, Mp
MPa	Megapascal	Megapascal, MPa *(1 MPa = 1 N/mm^2)*
mph	miles per hour	Meilen pro Stunde *(1,60931 km/h)*
mpl	maple	Ahornholz
MPL	maximum permissible level	höchstzulässiges Niveau
MR	mill run	unbearbeitete Walzprodukte
MRT	mean radiant temperature	mittlere Strahlungstemperatur
MRTR	mortar	Mörtel
m.s.	mild steel	weicher Stahl, Flussstahl
MSE	mean square error	mittlerer quadratischer Fehler
MSSC	mean summer SCRIM coefficient	mittlerer Sommerreibungs(bei)wert am schräglaufenden Rad
MSW	municipal solid waste	fester Siedlungsabfall
MTA	mix type approval	Zustimmung zur Mischgutart
MULT	multiple	mehrfach, vielfach
MVT	moisture vapour transmission	Wasserdampfdurchlässigkeit
N	1. newton	Newton, N;
	2. north	Norden;
	3. nail	Nagel
N1E	nosed one edge	Nase an einem Rand *(Holzbauteile)*
N2E	nosed two edges	Nase an zwei Rändern *(Holzbauteile)*
NA	not applicable	nicht zutreffend
N.A.	neutral axis	Nullachse, neutrale Achse
NACCB	National Accreditation Council for Certification Bodies	Nationaler Akkreditierungsrat für Institutionszertifizierungen
NACE	National Association of Corrosion Engineers	Nationaler Verband der Korrosionsschutzingenieure
NAMAS	National Measurement Accreditations Service	Nationale Institution für die Akkreditierung von Prüf- und Kalibrierlaboratorien
NAPA	National Asphalt Pavement Association	*(AE)* Amerikanischer Asphaltverband
NAT	1. Nottingham asphalt tester	Nottingham Asphaltprüfgerät;
	2. natural	natürlich
NATLAS	National Laboratory Testing Accreditation Service	Nationale Anstalt für die Beglaubigung von Laboruntersuchungen
NATM	new Austrian tunnelling method	neue österreichische Tunnelbauweise, NÖB, NATM
NB	nota bene, note well	merke!
NBR	nitrile-butadiene rubber	Nitrilkautschuk, Nitrilgummi
NC	noise criterion	Lärm(pegel)kriterium
NCM	non-corrosive metal	nicht korrosives Metall
NDT	non-destructive testing	zerstörungsfreie Prüfmethode

NEC	National Electrical Code	Nationales Vorschriftenwerk für Elektroarbeiten
NEG	negative	negativ
NEMA	National Electrical Manufacturers Association	Nationale Vereinigung der Elektroartikelhersteller
NESC	National Electrical Safety Code	Nationale Vorschriften für Elektrosicherheit
NFC	National Fire Code	Nationale Brandschutzvorschriften
NFPA	National Fire Protection Association	Nationale Brandschutzorganisation
NIC	not in the contract	kein Vertragsgegenstand
NIOSH	National Institute for Occupational Safety and Health	*(AE)* Amerikanisches Institut für Sicherheit und Gesundheit am Arbeitsplatz
n.l.	non licet	nicht erlaubt
NLMA	National Lumber Manufacturers Association	Nationale Vereinigung der Schnittholzhersteller
NO.	number	Nummer
NOM	nominal	nominell
n.o.p.,NOP	not otherwise provided	nicht mitversorgt
NPL	1. nipple	Anschluss, Anschlussstück, Nippel;
	2. National Physical Laboratory	Nationales Physikalisches Labor
NPS	nominal pipe size	Rohrnennweite
NR	noise reduction	Lärmminderung
NTS	not to scale	nicht maßstabgerecht
nt wt	net weight	Nettogewicht
NW	no-weathering exposure	nicht dem Wetter aussetzbar
NWT	nonwaste technology	saubere Technologie, umweltfreundliche Technologie
OA	overall	gesamt
O/A	on approval	zur Freigabe, zur Genehmigung
OAI	outside-air intake	Außenluftzuführung
OB	obscure	dunkel, finster
OBS	obsolete	veraltet, technisch überholt
oc, OC	on centre	im Mittelpunkt
OCT	octagon	Achteck, achtkantig
OD	outside diameter	Außendurchmesser, äußerer Durchmesser
OECD	Organisation for Economic Cooperation and Development	Organisation für wirtschaftliche Zusammenarbeit und Entwicklung
OFF	office	Büro
OG	1. ogee	Karnies, Hohlkehle; S-Profil;
	2. on grade	ebenerdig, bodengleich
O/H	overhead	oberirdisch; hochliegend; über Kopf
OHS	oval-headed screw	Ovalkopfschraube
opg.	opening	Öffnung
o.r.	owner's risk	eigenes Risiko
OR	outside radius	Außenradius, äußerer Radius
ORIG	original	Original
OSD	overtaking sight distance	Überholsichtweite *(Straße)*
OSHA	Occupational Safety and Health Administration	*(AE)* Amerikanische Sicherheits- und Gesundheitsbehörde für Arbeitsplätze
OVHD	overhead	oberirdisch; hochliegend; über Kopf
P	pole	Mast; Pfahl; Rundholz
P1E	planed one edge	gehobelt an einem Rand
P2E	planed two edges	gehobelt an zwei Rändern
P1S	planed one side	einseitig gehobelt
P1S2E	planed one side and two edges	gehobelt an zwei Seiten und zwei Rändern
pa	per annum	pro Jahr, jährlich
Pa	Pascal	Pascal, Pa
PA	porous asphalt	offenporiger Asphalt, Dränasphalt
PAH	polycyclic aromatic hydrocarbon	polyzyklischer aromatischer Kohlenwasserstoff, PAK
PAR	paragraph	Absatz der Architektenordnung
PASS	passenger	Passagier
Pat	pattern	Muster *(Holzform)*

P.B.S.	prefabricated bituminous surfacing	Bitumenfertigbahn
pc	piece	Stück
p.c.	per cent	Prozent, %
PC	1. Portland cement	Portlandzement;
	2. personal computer	Personalcomputer, Arbeitsplatzrechner
P.C.C.	Portland cement concrete	Portlandzementbeton
pcf	pound per cubic foot, lb/ft^3	Gewicht pro Kubikfuß *(1 pcf = 160,1846 kg/m^3; 1 g/cm^3 = 62,428 pcf)*
PCRV	prestressed concrete reactor vessel	Spannbetondruckbehälter
pd	paid	bezahlt
PD	per diem	Tagegeld
PE	1. polyethylene	Polyethylen;
	2. plain end	glatte Endfläche;
	3. *(AE)* professional engineer	staatlich geprüfter und zugelassener Ingenieur
p.e.	plain edged	glattrandig, plattkantig
P.E.	professional engineer	lizenzierter Diplomingenieur; zugelassener Entwurfsingenieur
PEL	permissible exposure limit	zulässiger Belastungsgrenzwert
PERF	perforate	perforiert, gelöchert
PERP	perpendicular	senkrecht, lotrecht
PERT	programme evaluation and review technique	Programmauswertungs- und Revisionstechnik
PF	phenol-formaldehyde	Phenolformaldehyd, PF
PFA	pulverized fuel ash	Flugasche
PFD	preferred	bevorzugt
PF/RF	phenol/resorcinol-formaldehyde	Phenol/Resorcin-Formaldehyd, PF/RF
P&G	post and girder	Stiel und Träger
1PH	single phase	eine Phase
3PH	three phase	drei Phasen
PI	1. plasticity index	Plastizitätsindex;
	2. penetration index	Penetrationsindex
PIARC	Permanent International Association of Road Congresses, World Roads Association	Internationaler Ständiger Verband der Straßenkongresse, Weltstraßenverband
PL	1. pile	Pfahl, Rammpfahl;
	2. plate	Platte; Blech;
	3. plug	Stopfen; Spund;
	4. power line	Starkstromleitung;
	5. pipeline	Hauptrohrleitung; Fernleitung
PLG	piling	Pfahltreiben, Pfahlrammen
PLMB	plumbing	Klempnerarbeiten; Hausinstallation
PLYWD	plywood	Sperrholz; Furnierplatte
p.m.	post meridiem	nachmittags
PMS	pavement management system	Systematik der Straßendeckenunterhaltung
PNEU	pneumatic	pneumatisch
PNL	panel	Tafel, Platte, Paneel
PNT	paint	Anstrichfarbe
PO	purchase order	Grunderwerbskaufantrag
POL	polish	polieren
PORC	porcelain	Porzellan
PORT CEM	Portland cement	Portlandzement
POS	positive	positiv
pot	hollow block	Hohlblock(stein)
p.p.	per pro, per procurationem	im Auftrage
PP	polypropylene	Polypropylen, PP
PP-AC	air-conditioning power panel	Zuleitungsverteilerplatte für Klimaanlagen
PPGL	polished plate glass	Spiegelglas
ppm	parts per million	Teile pro Million
PR	pair	anpassen
PRCP	prestressed reinforced concrete pavement	vorgespannt-bewehrte Betondecke *(Straße)*
PRCST	precast	vorgefertigt, fertig *(Betonelemente)*

PRD	percentage refusal density	Abnahmeverdichtungsgrad in Prozent
PREFAB	prefabricated	vorgefertigt
prEn	Draft European Standard	Europäischer Normenentwurf
PROJ	project	Projekt, Plan, Bauvorhaben
PS	polystyrene	Polystyrol, PS
P.S.	prestressed concrete	vorgespannter Beton
p.s.e.	planed and square-edged	glatt und rechtwinklig geschnitten
psf	pounds per square foot	englisches Pfund pro Quadratfuß, Flächendruck in englischen Pfund pro Quadratfuß
psi, lbf/in^2	pound-force per square inch	Flächendruck in englischen Pfund pro Quadratinch *(1 psi = 6894,757 Pascal)*
PSI	present serviceability index	vorhandener Befahrbarkeitswert *(Straße)*
p.s.j.	planed and squarejointed	gehobelt und mit rechtwinkliger Fuge
PSV	polished stone value	Polierwiderstandswert
PT	1. part 2. point	Teil; Punkt
p.t.g.	planed, tongued and grooved	gehobelt und gespundet
PTN	partition	Trennwand, Zwischenwand
p.t.o.	please turn over	bitte umblättern
PTR	pneumatic tyre roller	Gummiradwalze
PUR	polyurethane	Polyurethan, PUR
PVA, PVAC	polyvinyl acetate	Polyvinylacetat, PVA
PVC	1. pigment volume concentration 2. polyvinyl chloride	Pigmentvolumenkonzentration, PVK; Polyvinylchlorid, PVC
QA	quality assurance	*(AE)* Qualitätssicherungssystem, Qualitätssicherung
QA/QC	quality assurance / quality control	*(AE)* Qualitätssicherungssystem
QC	quality control	Qualitätssicherung und -steuerung, Qualitätssicherungssystem
Q-factor	quality factor	Gütefaktor, Qualitätsfaktor, Q-Faktor
QM	quality management	Qualitätsmanagement
QMS	quality management system	Qualitätsmanagementsystem
QR	quarter round	Viertelstab, Viertelstabprofil
QS	quality system	Qualitätssicherungssystem
qt	quarter	Viertel(stück) *(Holz, Ziegel)*
QTR	1. quarry-tile roof 2. quarter	Ziegeldach; Viertel(stück) *(Holz, Ziegel)*
QUAD	quadrangle	Rechteck(hof)fläche
QUAL	quality	Qualität
R	1. radius 2. right	Radius; rechts
RA	recycling agent	Regenerierungsmittel
R.A.	registered architect	eingetragener Architekt, zugelassener Architekt
RAB	rabbet	Fuge, Falz, Nute
RADAR	radio detecting and ranging	Funkmessverfahren
RAM	rapid analysis machine	Schnellanalysegerät
RAP	reclaimed asphalt pavement	Ausbauasphalt, Fräsasphalt
RB	Rockwell hardness	Rockwellhärte
R&B	ring and ball	Ring und Kugel *(Bitumenprüfung)*
RBM	reinforced brick masonry	bewehrtes Ziegelmauerwerk
RC	1. rapid-curing cutback 2. reinforced concrete	schnell abbindendes Verschnittbitumen; bewehrter Beton
R.C., R/C	reinforced concrete	bewehrter Beton
RCCP	reinforced concrete culvert pipe	Stahlbetondurchlassrohr
RCP	rust-converting primer	Rostwandlergrundierung
rd	road	Straße
R&D	research and development	Forschung und Entwicklung
RDF	refuse-derived fuel	Müllbrennstoff
Re	Reynolds number	Reynoldszahl, Re
RECP	receptacle	Behälter, Sammelbecken
REF	reference	Bezug

REFR	1. refractory	feuerfester Baustoff;
	2. refrigerate	Kühlschrank; Kälteanlage
REG	register	Schieber, Klappe, Regulierungsgrill
Reg	regular	regelmäßig
REINF	reinforcing	Bewehrung
REM	removable	entfernbar, abnehmbar
REP.	repair	reparieren; Reparatur
REPL	replace	austauschen, auswechseln
REPRO	reproduce	nachbilden, reproduzieren
REQD	required	gefordert
res	resawn	aufgetrennt *(Holz)*
RET.	return	Rücklauf, Rückleitung
REV	revise	überarbeiten; überprüfen
RF	1. roof	Dach;
	2. resorcinol-formaldehyde	Resorcinformaldehyd, RF
rfg	roofing	Bedachung; Überdachung
RFP	request for proposals	*(AE)* Ausschreibung, Aufforderung zur Angebotsabgabe
RFS	render, float and set	dreilagiger Putz
rftr	rafter	Sparren, Dachsparren
rgh, Rgh	rough	rau *(Holz)*
RH	1. relative humidity	relative Luftfeuchtigkeit;
	2. right hand	rechts, rechtshändig
Rh	Rockwell hardness	Rockwellhärte
RHC	rapid-hardening cement	frühhochfester Zement
RHN	Rockwell hardness number	Rockwell-Härtezahl
RHTR	reheater	Nachwärmer
R.I.B.A.	Royal Institute of British Architects	Königliches Institut der britischen Architekten
RILEM	International Union of Testing and Research Laboratories for Materials and Structures	Internationaler Verband der Prüf- und Forschungslaboratorien für Baustoffe und Bauwerke
RM	1. resilient modulus	Elastizitätsmodul;
	2. room	Raum, Zimmer
RPM	revolutions per minute	Umdrehungen pro Minute
RQL	rejectable quality level	zurückzuweisendes Qualitätsniveau, nicht ausreichende Abnahmequalität
RSJ, r.s.j.	rolled steel joist	Walzstahlträger
RST	reinforcing steel	Bewehrungsstahl, Betonstahl
RT	raintight	regendicht, regenwassergeschützt
RTD	reference thermal detector	Temperaturmessgerät
RW	raw water	Rohwasser
R.W.	rainwater	Regenwasser
R/W	1. right-of-way	Wegerecht;
	2. random widths	unsortierte Größen (Weiten)
R/W&L	random widths and length	unsortierte Größen (Weiten) und Längen
S	1. side	Seite, Seitenfläche;
	2. seamless	nahtlos; fugenlos
S1E	surfaced one edge	eine Kante abgerichtet, ein Rand abgerichtet *(Holz)*
S2E	surfaced two edges	zwei Kanten (Ränder) abgerichtet *(Holz)*
S1S	surfaced one side	eine Seite abgerichtet *(Holz)*
S1S1E	surfaced one side and one edge	eine Seite und eine Kante abgerichtet *(Holz)*
S2S	surfaced two sides	zwei Seiten abgerichtet *(Holz)*
S2S&CM	surfaced two sides and centre matched	zwei Seiten abgerichtet und mittig verzinkt *(Holz)*
S2S&SL	surfaced two sides and shiplapped	zwei Seiten abgerichtet und abgefast *(Holz)*
S2S1E	surfaced two sides and one edge	zwei Seiten und eine Kante abgerichtet *(Holz)*
S4S	surfaced four sides	vier Seiten abgerichtet *(Holz)*
S4S&CS	surfaced four sides and caulking seam	vier Seiten abgerichtet mit Dichtungsrand *(Holz)*
SAE	Society of Automotive Engineers	*(AE)* Gesellschaft der Kraftfahrzeugtechniker

SAF	safety	Sicherheit
SAM	stress absorbing membrane	Spannungen abbauende Schicht
SAMI	stress absorbing membrane interlayer	Spannungen abbauende Zwischenschicht
SAN	sanitary	sanitär
sb	stilb	Stilb
SC	1. suspended ceiling 2. slow-curing	abgehängte Decke, Zwischendecke; *(AE)* langsam abbindend, langsam verhärtend
SCC	secondary combustion chamber	Nachbrennkammer, zweiter Brennraum
SCH	schedule	Plan, Ablaufplan, Zeitplan
SCRIM	sideway force coefficient routine investigation machine	Griffigkeitsmessgerät mit schräglaufendem Rad *(Straße)*
Sdg	siding	Außen(wand)verschalung
SE	sand equivalent	Sandäquivalent
S/E	square-edged	besäumt *(Holz)*
S&E	surfaced one side and edge	eine Seite und eine Kante abgerichtet *(Holz)*
Sel	selected	ausgesucht, ausgewählt *(Holz)*
SEP	separate	separat, getrennt
SERV	service	Elektroversorgung, Energieversorgung
SE&S	square edge and sound	fehlerfreier Vierkant *(Holz)*
SE Sdg	square-edge siding	rechteckkantige Außen(ver)schalung
S.F.	shear(ing) force	Scherkraft
SFC	sideway-force coefficient	Reibungsbeiwert am schräglaufenden Rad *(Straße)*
S.F.D.	shear(ing) force diagram	Scherkraftdiagramm
sfu	supply fixture unit	Wasserbedarfsmenge
S&G	studs and girts	Pfosten und Brustschwelle *(Holz)*
SGD	sliding glass door	Schiebeglastür
SH	1. sheet 2. shower 3. single-hung	Tafel, Platte; Scheibe Dusche; Duschraum; einflüglig
SHRP	Strategic Highway Research Program	*(AE)* Strategisches Straßenbauforschungsprogramm
SI	shrinkage ratio	Schwindindex
SI unit		SI-Einheit
SK	sketch	Skizze; Entwurf
SL	1. snow load 2. shrinkage limit	Schneelast; Schwindgrenze
S/L	shiplap	angefaste Schalbretter (Spundbretter)
SM	1. standard matched 2. surface measure	standardverzinkt *(Holz)*; Brettfläche
S&M	surfaced and matched	abgerichtet, genutet und gespundet, abgerichtet und verzinkt *(Holz)*
SMS	sheet-metal screw	Blechschraube
S-N curve	stress-number curve	Spannungszykluskurve *(Ermüdungsprüfung)*
S.O.	supplied only	nur angeliefert
SOV	shutoff valve	Absperrventil
SP	1. soil pipe 2. standpipe 3. static pressure	Fallrohr; Standrohr; statischer Druck
SPEC	specification	Bauvorschrift; Gütebestimmung; Spezifikation
SPKR	loudspeaker	Lautsprecher
SPL	special	speziell, besonderes
sq., sq	square	Quadrat
sq.E&S	square edge and sound	fehlerfreier Vierkant *(Holz)*
SR	1. stress-relieved 2. shrinkage ratio	spannungsfrei, entspannt; Schwindverhältnis, Schwindindex
SRA	stress-relief annealed	spannungsfrei geglüht
SRT	skid resistance tester	Griffigkeitsmessgerät, Griffigkeitspendelgerät, SRT-Pendelgerät *(Straße)*

S/S	stainless steel	rostfreier Stahl, Edelstahl
ss	stair stringer	Treppenwange
SSD	stopping sight distance	Mindestbremssichtweite *(Straße)*
SSPC	Steel Structures Painting Council	Stahlkonstruktionsanstrichinstitut, Behörde für Anstriche von Stahlkonstruktionen
SST	stainless steel	rostfreier Stahl, Edelstahl
ST	1. street	Straße;
	2. steam	Dampf, Wasserdampf
STC	sound transmission class	Schallschutzklasse
STD	standard	Standard, Norm; Richtmaß
Std.M	standard matched	standardverzinkt *(Holz)*
STG	storage	Lagerung, Speicherung
STK	stock	Lager; Vorratshalde
STL	steel	Stahl
Stpg	stepping	Abtreppung
Str., Struc	structural	baulich, konstruktiv; strukturell
STR	strike	Schließkasten, Schließblech
STV	standard tar viscosimeter	Straßenteer(auslauf)viskosimeter
ST W	storm-water	Regenwasser
SUB	substitute	ersetzen
SUP	supply	Zulauf, Zufluss; Lieferung
SUPERPAVE	superior performing asphalt pavements	*(AE)* Asphaltdecken mit höchstem Gebrauchsverhalten
SUPV	supervise	überwachen
SUR	surface	Oberfläche
surv.	surveying	Vermessung
SW	switch	Schalter
s/w	spot-welded	punktgeschweißt
S.W.G.	standard wire gauge	Drahtstandardklassifikation
SYM	symmetrical	symmetrisch
SYN	synthetic	synthetisch
SYS	system	Anordnung; System
T	tee	T-Stück
TB	through bolt	Zuganker
TC	1. terracotta	Terrakotta;
	2. cold tar	Kaltteer;
	3. tin-clad	zinnplattiert
TE	totally enclosed	völlig gekapselt, völlig ummantelt
TEL	telephone	Fernsprecher, Telefon
TEM	transmission electron microscopy	Durchstrahlungselektronenmikroskopie
TFOT	thin film oven test	Dünnschichtalterungstest *(Bitumen)*
T&G	tongue and groove	Feder und Nut
TH	hot tar	Heißteer
THERMO	thermostat	Thermostat
THK	thick	dick
THRU	through	durch, hindurch
TLA	Trinidad Lake Asphalt	Trinidad Rohasphalt
TLV	threshold limit value	Richtwert, empfohlener Grenzwert; höchstzulässige Konzentration, HZK
TM	trade mark	Warenzeichen
tmd	timed	zeitlich eingeteilt
TOK-joint ribbon		TOK-Band
TOL	tolerance	Toleranz, zulässige Abweichung
TP	threadless pipe	gewindeloses Rohr
TR	tie rod	Zuganker; Ankerstab
TRB	Transportation Research Board	*(AE)* Forschungsbehörde für das Straßen- und Verkehrswesen
TRL	Transport Research Laboratory	Forschungsanstalt für Verkehrswesen
TUB	tubing	Rohrleitung
TYP	typical	typisch, repräsentativ; bezeichnend
UBC	Uniform Building Code	einheitliches Bauvorschriftenwerk, einheitliche bautechnische Richtlinien

UCV	upper calorific value	höhere Energieleistung
U/E	unedged	unbesäumt, nicht abgekantet
UF	urea formaldehyde	Ureaformaldehyd, UF
UK	United Kingdom	Vereinigtes Königreich
UKAS	United Kingdom Accreditation Service	Britisches Akkreditierungssystem
UL	Underwriters' Laboratories	*(AE)* Versicherungsträgerlaboratorien *(für Sicherheitsprüfungen von Bauelementen)*
UL Label		*(AE)* Sicherheitsprüfzeichen *(der Versicherungsträgerlaboratorien)*
UR	1. urinal	Wandbecken, Urinalbecken;
	2. ultra red	infrarot
US(A)	United States (of America)	Vereinigte Staaten (von Amerika)
USASI	American National Standards Institute	Nationales Standardinstitut der USA
USG	United States gauge	Eichmaß der Vereinigten Staaten
U.T.S.	ultimate tensile strength	Zugfestigkeit
V	1. volt	Volt;
	2. valve	Ventil, Klappe;
	3. vacuum	Vakuum
V1S	vee one side	Keil an einer Seite
VAP	vapour	Wasserdampf
VAT	1. vinyl-asbestos tile	Vinylasbest(boden)fliese;
	2. value added tax	Mehrwertsteuer
VENT.	ventilate	belüften, hinterlüften
VERT	vertical	senkrecht, lotrecht
VFA	voids filled with asphalt	*(AE)* Hohlraumausfüllungsgrad mit Bitumen, HFB
VG	vertical grained	senkrecht gefasert *(Holz)*
v.i.	vide infra	siehe unten
VIT	vitreous	glasig, glasartig
VMA	voids in mineral aggregate	Hohlraumgehalt des Mineralstoffgemisches, Hmbit
VOC	volatile organic compounds	flüchtige organische Bestandteile
VOL	volume	Volumen, Rauminhalt
VP	vent pipe	Abzugsrohr, Entlüftungsrohr
VPN	Vickers hardness number	Vickershärtewert
VPT	vinyl-plastic tile	Vinyl(harz)fliese
vs	versus	gegen, gegenüber
VS	1. vapour seal	Wasserdampfsperre;
	2. vent stack	Luftabzugsleitung;
	3. versus	gegen
VTM	voids in the total mix	Hohlräume des Gesamtgemisches, Hohlraumgehalt, Hbit *(Asphalt)*
V-unit		Faltwerk, Falte
W	1. width	Breite; lichte Weite;
	2. watt	Watt;
	3. west	West
W/	with ...	mit ... *(nur auf Zeichnungen)*
WAF	wiring around frame	um das Rahmenskelett verdrahtet
WB	welded base	geschweißter Tragrahmen
W.C.	water closet	Wasserklosett, WC
w/c	water-cement ratio	Wasserzementwert, W/Z-Wert
w/c ratio	water-cement ratio	Wasserzementwert, W/Z-Wert
WD	wind direction	Windrichtung
wd	wood	Holz
WF	1. wide flange	Breitflansch;
	2. wind force	Windkraft; Windstärke
WG	wire gauge	Drahtlehre; Drahtdurchmesser
WH	water heater	Wassererhitzer, Warmwasserbereiter
WHSE	warehouse	Lagerhaus, Speicher
WI	1. water inlet	Wassereinlauf; Sinkkasten;
	2. wrought iron	Schweißstahl; Schmiedestahl
WK	work	bauausführende Arbeiten

WL	1. wind load	Windlast, Windbelastung;
	2. warning light	Warnlampe; Lichtsignal
WP	1. waterproof	wasserdicht; wassergeschützt;
	2. weatherproof	wetterfest, wetterbeständig
WPC	white Portland cement	Portlandweißzement, weißer Portlandzement
WR	washroom	Waschraum
wrt	wrought	1. geschmiedet; 2. gehobelt
WS	1. water supply	Wasserversorgung; Wasseranschluss;
	2. weather strip	Wetterschutz(fugen)leiste
WSP	water supply point	Wasserversorgungsstelle
WT	1. watertight	wasserdicht, wasserundurchlässig;
	2. water tower	Wasserturm;
	3. water tank	Wassertank, Wasserbehälter
WV	wind velocity	Windgeschwindigkeit
W/V	weight-to-volume ratio	Masse-Volumen-Verhältnis
WVT	water vapour transmission	Wasserdampfdurchlässigkeit
X	*(AE)* crossing	Überweg, Kreuzung
XBAR	crossbar	Querriegel, Kreuzband
X HVY	extra-heavy	extra stark (schwer)
X-ing	*(AE)* crossing	Überweg, Kreuzung
XL	extra-large	besonders groß
XPM	expanded metal mesh	Streckmetall
XRD	X-ray diffraction	Röntgenstrahlbeugung
XRF analysis	X-ray fluorescence analysis	Röntgenfluoreszenzanalyse
XSECT	cross section	Querschnitt
X STR	extra-strong	extra stark
XXH	double extra heavy	doppelt extra stark (schwer)
XY recorder		Koordinatenschreiber
yd	yard; yards	Yard, 3 Fuß *(1 yd = 0,9144 m)*
Y-level		Vermessungsinstrument
YP	yield point	Fließgrenze, Streckgrenze
YR	year	Jahr
YS	yield strength	Zugfestigkeit an der Streckgrenze
zed	Z-section	Z-Profil, Z-Stahl
ZPC	zero point of charge	Ladungsnullpunkt

2.2 Deutsch-Englisch / German-English

(einschließlich Abkürzungen auf Bauzeichnungen / including abbreviations on constructional drawings)

A	Ampere	ampere
AA	Arbeitsausschuss	working group, WG
AB	1. Asphaltbeton 2. Anhydritbinder	asphalt concrete; anhydrite binder
Abb.	1. Abbildung 2. Abbinden	picture, illustration; set
Abk.	Abkürzung	abbreviation
Abschr.	Abschreibung	depreciation
Abw.	1. Abwärme 2. Abwasser	waste heat; sewage, waste water
AG	1. Auftraggeber 2. technische Arbeitsgruppe 3. Aktiengesellschaft	client, customer; technical committee, TC; limited company, *(AE)* (stock) cooperation
Aggr.	Aggregat	aggregate, unit
AK	Arbeitskreis	task group, TG
allg.	allgemein	general, common, universal
Alu	Aluminium	aluminium, *(AE)* aluminum
AN	Auftragnehmer	contractor
anerk.	anerkannt	approved, admitted
Angeb.	Angebot	offer, bid, tender
Arb.	Arbeiter	worker, workman; labourer
Arbg.	Arbeitgeber	employer
Arch.	1. Architektur 2. Archäologie	architecture; archaeology
arch.	1. architektonisch 2. archäologisch	architectonic, architectural; archaeologic(al)
Arge.	Arbeitsgemeinschaft	group(ing) of contractors
Ausf.	1. Ausfertigung 2. Ausführung	issue; authentic copy; realization, carrying-out; execution
B	1. Bad 2. Bundesstraße	bath, bathroom; federal highway
BAA	Bauaufsichtsamt	building supervisory board
BAB	Bundesautobahn	federal motorway
BAO	*s.* BauO.	
Bar.	Baracke	hut; barrack
bar.	barock	baroque
BASt.	Bundesanstalt für Straßenwesen	Federal Road Research Laboratory
bauf.	baufällig	out of repair, dilapidated
Bauj.	Baujahr	year of foundation
BauO.	Bauordnung	building regulations
Baupol.	Baupolizei	construction supervising authority, building control department
Bbf.	Betriebsbahnhof	operational railway station
BDA	Bund Deutscher Architekten	Association of German Architects
BDI	Bund Deutscher Ingenieure	Association of German Engineers
Bearb.	Bearbeiter	official in charge, person responsible
Best.-Nr.	Bestellnummer	order number
Best.-Sch.	Bestellschein	order form
Betr.	Betreff	subject
BGB	Bürgerliches Gesetzbuch	civil code
Bhf.	Bahnhof	railway station
BMV	Bundesverkehrsministerium *(veraltet seit 1998)*	Federal Ministry of Transport
BMVBW	Bundesministerium für Verkehr, Bau- und Wohnungswesen	Federal Ministry of Transport, Constr and Housing
BP.	Bundespatent	federal patent

BV	Betonverflüssiger	concrete workability agent, concrete plasticising agent, *(AE)* concrete plasticizer
BWL	Betriebswirtschaftslehre	science of business management
C	Celsius	Celsius
ca.	circa, ungefähr	about, approximately
cal	Kalorie	calorie, calory
Co.	Compagnie, Kompanie	company
D	1. Deutschland	Germany;
	2. Durchmesser	diameter
Dachg.	Dachgeschoss	attic
Darst.	Darstellung	representation, picture
DAV	Deutscher Asphaltverband	German Asphalt Pavement Association
DBP	Deutsches Bundespatent	German Federal Patent
Deko.	Dekoration	decoration
Denkm.	Denkmal	monument
DIN	Deutsches Institut für Normung	German Standards Institution
Dipl.-Ing.	Diplom-Ingenieur	graduate engineer, Bachelor of Engineering
Dr.-Ing.	Doktor-Ingenieur	Doctor of Engineering (Science)
Dst.	Dienststelle	department, office, agency
dto.	detto, dito, dasselbe, ebenso	the same, ditto
DTV	durchschnittlicher täglicher Verkehr(swert)	average daily traffic, ADT
Dyn.	Dynamik	dynamics; dynamic force *(Kraft)*
dyn.	dynamisch	dynamic
E	1. Elastizitätsmodul	modulus of elasticity;
	2. Europastraße	European Highway
Eb.	Ebene	level; plane
ebd.	ebenda	at the very place; ibidem *(Quellenangabe)*
EDV	elektronische Datenverarbeitung	electronic data processing
EG	1. Erdgeschoss	ground floor;
	2. Eigengewicht	dead weight, self weight, own weight
e. G.	eingetragene Gesellschaft	registered [incorporated] cooperation [company]
EH	Einpresshilfe	grouting aid, grouting agent, injection agent
eingetr.	eingetragen	registered, incorporated
EinhW	Einheitswert	standard value, unit value; assessed value
El	Elektrizität, Elektrik	electricity, electrical equipment
EN	Europäische Norm	European Standard, EN
EP	1. Epoxidharz	epoxy resin;
	2. Erweichungspunkt	softening point
EPZ	Eisenportlandzement	Portland blastfurnace cement
erb.	erbaut	built, constructed; founded
Erdg.	Erdgeschoss	ground floor
Erg.	Ergänzung	completion; addition; supplementing
etc.	et cetera, und so weiter	and so on
E-Technik	Elektrotechnik	electrical engineering
EW	Eigentumswohnung	freehold dwelling
Fa.	Firma	firm, enterprise; company, concern
FG	Fachgruppe	subject section; trade group
FGSV	Forschungsgesellschaft für Straßen- und Verkehrswesen	German Road and Transportation Research Association
FH	Fachhochschule	technical college, *(AE)* professional school
Fl.	Fläche	area, space; surface *(Oberfläche)*
Fp	Pflasterdecke	sett paving
FT	feuerhemmende Tür	fire retarding door
GA	1. Gusseisenabflussrohr	cast-iron drain pipe;
	2. Gussasphalt	poured asphalt, mastic asphalt, gussasphalt
Ge	Gusseisen	cast iron
GFK	Glasfaserkunststoff	glass fibre reinforced plastic
GFZ	Geschossflächenziffer	floor space index
GT	Gewichtsteil	percent by weight
	1. Hohlraum, Porenraum	volume of voids;
	2. Heimstätte	homestead

ha	Hektar	hectare
HB	Druckhärte von Metallen, Brinellhärte	Brinell hardness
Hbf.	Hauptbahnhof	central railway station, main station
HF	Hochformat	high format
HFB	Hohlraumausfüllungsgrad mit Bitumen	voids filled with bitumen
HFD	Dämmplatte	softboard
HFH1	Hartplatte	hardboard
HFH2	Extrahartplatte	tempered hardboard
HMbit.	Hohlräume im Mineralstoffgemisch	voids in mineral aggregates, VMA
Hochw.	Hochwasser	high water; high tide *(Flut)*; flood *(Fluss)*
HOS	Hochofenschlacke	blastfurnace slag
HOZ	Hochofenzement	Portland blastfurnace slag cement
HP	Hartpapier	laminated paper
HP-Schale	hyperbolische Paraboloidschale	hypar shell
HS	Hüttenmauerstein	slag sand block, *(AE)* cinder sand block
HSW	Holzspanwerkstoff	chipped wood material, wood particle material
HVB	Hochvakuumbitumen	high-vacuum bitumen, *(AE)* high-vacuum asphalt
Hy.	Hydraulik	hydraulics
hydr.	hydraulisch	hydraulic
hzb.	heizbar	heatable
Hzg.	Heizung	heating; radiator *(Heizkörper)*
I	Trägheitsmoment	moment of inertia
i. A.	im Auftrag	per procurationem, per pro, p.p., signing on behalf of
i. J.	im Jahre	in the year (of)
inf.	infolge	as a result, because of, due to
Info	Information	information
Ing.	Ingenieur	engineer
Inh.	1. Inhaber 2. Inhalt	owner, proprietor; contents
I. O.	ionische (Säulen-)Ordnung	Ionic order
i. O.	in Ordnung	(that's) all right
ISO	Internationale Organisation für Normung	International Organisation for Standardization
i. V.	in Vertretung	by proxy
Jh., Jahrh., Jhdt.	Jahrhundert	century
jur.	juristisch	legal
K	Kreisstraße	country road
k	Kilo…	kilo…
Kap.	Kapazität	capacity
kart.	kartographisch	cartographic(al)
kcal.	Kilokalorie	kilocalorie, kilocalory
kelt.	keltisch	Celtic
KER	Keramikisolierstoff	ceramic isolation material
KF	Korrosionsfestigkeit	corrosion resistance
Kfz, KFZ	Kraftfahrzeug	motor vehicle
KG	Kommanditgesellschaft	limited partnership
kgl.	königlich	royal
KHLz	Hochlochklinker	coring engineering brick
KKW	Kernkraftwerk	nuclear power station [plant]
klass.	klassisch	classic
KMz	Fassadenklinker, Verblendklinker	facing engineering brick
KN	Knochenleim	bone glue
KS	Kalksandstein	sandlime brick
KSV	Kalksandvollstein	solid sandlime brick
KW	Kaltwasser	cold water
L	Landesstraße	provincial road, state highway
l	Liter	litre, *(AE)* liter
Lab.	Laboratorium	laboratory
LD-Schlacke	Linz-Donawitz-Schlacke	Linz-Donawitz slag

ldw.	landwirtschaftlich	agricultural, farm(ing)
lfd.	laufend	present, current
lfm.	laufender Meter	running metre
LKD	Leichtkassettendecke	light-weight cored-out floor
Lkw	Lastkraftwagen	lorry, *(AE)* truck
LLp	Langlochleichtziegelplatte	horizontal coring light prefabricated brick panel
LLz	Langlochziegel	horizontal coring brick
lt.	laut	according to, pursuant to
ltd.	leitend	leading
Ltr.	Leiter	manager, head, director
LV	Leistungsverzeichnis	bill of quantities
ma.	mittelalterlich	medieval
MD	Mörteldichtmittel, Mörtel-DM	mortar densifying agent
MF	Melaminformaldehydharz	melamine-formaldehyde resin
MF-Decke	Mineralfaserplattendecke	mineral fibre board ceiling
MMB	Montagemassivbauweise	system building
MP	Mischpolymerisat	copolymer
MPA	1. Materialprüfanstalt 2. Materialprüfamt	materials testing institute; official materials testing institute
NE-Material	Nichteisenmetall	non-ferrous metal
NW	Nennweite	bore
OB, Ob	Oberflächenbehandlung	surface treatment
OD	Ortsdurchfahrt	through street; cross-town link
OFF	Oberfläche Fußboden	top of floor covering
OPA	offenporiger Asphalt	porous asphalt
ÖPNV	Öffentlicher Personennahverkehr	public passenger transport, *(AE)* public transit
OU	Ortsumgehung	bypass road
PA	Polyamidharz	polyamide resin
PAK	polyzyklischer aromatischer Kohlenwasserstoff	polycyclic aromatic hydrocarbon, PAH
PF	Phenolformaldehydharz	phenol formaldehyde resin
PI	Penetrationsindex	penetration index, PI
PmB	polymermodifiziertes Bitumen	polymer-modified bitumen
PMz	Porenmauerziegel	porous brick
PP	Polypropylen	polypropylene
ppa	mit Prokura	by proxy
PS	1. Polystyrol 2. Pferdestärke	polystyrene; Horsepower, HP
PUR	Polyurethan	polyurethane
PVA	Polyvinylacetat	polyvinyl acetate, PVA, p.v.a.
PVC	Polyvinylchlorid	polyvinyl chloride (resin), PVC
PVH	Pressvollholz	densified wood
PZ	Portlandzement	Portland cement
RC-Baustoff	Recyclingbaustoff	recycled material
RuK	Ring und Kugel	ring and ball
Rz	Radialziegel, Ringziegel	compass brick, radial brick
S-Bahn	Schnellbahn	rapid transit
SCH	Schichtholz	laminated wood, glued laminated timber, *(AE)* glulam
SHZ	Sulfathüttenzement	supersulphated slag cement, *(AE)* gypsum slag cement
SiC-Mörtel	Siliziumkarbidmörtel	silicon carbide mortar
SM-Schlacke	Siemens-Martin-Schlacke	Siemens-Martin-slag
SMA	Splittmastixasphalt	stone mastic asphalt, *(AE)* stone matrix asphalt
SPZ	sulfatbeständiger Portlandzement	sulphate-resistant Portland cement
StB	Straßenbau	highway engineering *(Fachgebiet)*; road construction *(Tätigkeit)*
SZsp	Schlagzertrümmerungswert	aggregate impact value
	Tonne	metric tonne

Te	Temperguss	malleable cast iron
T-Element		T(ee) unit
ToB	Tragschicht ohne Bindemittel	unbound base
T-Träger		T(ee)-beam
TrZ	Trasszement	Portland trass cement
TSM	Trittschalldämmmaß	footstep sound reduction index, *(AE)* footstep sound transmission loss
T St	Thomasstahl	basic converter steel, Thomas steel
UA	Um- und Ausbau	improvement and reconstruction
U-Bahn	Untergrundbahn	underground railway
U-Pfette		channel purlin
U-Profil		channel section, channel profile
UVS	Umweltverträglichkeitsstudie	environmental impact study
V	Vormauerziegel, frostbeständiger Ziegel	frost-resistant brick
VDE	1. Verein Deutscher Elektroingenieure 2. Verkehrsprojekte Deutsche Einheit	German Association of Electrical Engineers; transportation project "German Unity"
VKS	Vormauerkalksandstein	frost-resistant sandlime brick
VKSV	Vormauerkalksandvollstein	frost-resistant solid sandlime brick
VL	Vorlagerung *(Betondampfbehandlung)*	holding (of concrete), delay (of concrete)
VLLz	Vormauerlanglochziegel	frost-resistant horizontal coring brick
VMz	Vormauervollziegel	frost-resistant solid brick
VOB	Verdingungsordnung für die Vergabe von Bauleistungen	German Building Contract Code, Tendering and Performance Stipulations in Contracts and Construction Works
VPMz	Vormauerporenziegel	frost-resistant porous brick
V-Rinne		V-gutter
V-Stütze	Winkelstütze	V-column
VZ	Abbindeverzögerer	set(ting) retarder, retarding agent
WW	Warmwasser	hot water
ZTV	Zusätzliche Technische Vertragsbedingungen und Richtlinien	Supplementary Technical Conditions of Contract, Specifications and Guidelines

3 Umrechnungstabellen / Conversion tables

3.1 Längenmaße / Length

		Meter *metre*	Zoll† *inch*	Fuß*† *foot*	Yard*† *yard*	Rod*† *rod*	Meile*† *mile*
1 Meter *metre*	=	1	39,37	3,281	1,093	0,1988	$6{,}214 \times 10^{-4}$
1 Zoll *inch*	=	$2{,}54 \times 10^{-2}$	1	0,083	0,02778	$5{,}050 \times 10^{-3}$	$1{,}578 \times 10^{-5}$
1 Fuß *foot*	=	0,3048	12	1	0,3333	0,0606	$1{,}894 \times 10^{-4}$
1 Yard *yard*	=	0,9144	36	3	1	0,1818	$5{,}682 \times 10^{-4}$
1 Rod *rod*	=	5,029	198	16,5	5,5	1	$3{,}125 \times 10^{-3}$
1 Meile *mile*	=	1609	63360	5280	1760	320	1

1 Yard† (gesetzlicher Standard) = 0,914 398 41 Meter / 1 imperial standard yard = 0.914 398 41 metre
1 Yard† (wissenschaftlich) = 0,9144 Meter (genau) / 1 yard (scientific) = 0.9144 metre (exact)
1 Yard US† = 0,914 401 83 Meter / 1 US yard = 0.914 401 83 metre
1 englische Seemeile = 6080 Fuß = 1853,18 Meter / 1 English nautical mile† = 6080 ft = 1853.18 metres
1 internationale Seemeile† = 1852 Meter = 6076,12 Fuß / 1 international nautical mile = 1852 metres = 6076.12 ft
† = keine SI-Einheit / not a SI-unit
* = im deutschen Sprachraum nicht gebräuchlich / not used in German-speaking countries

3.2 Flächenmaße / Area

		m^2 *sq. metre*	$(\text{Zoll})^2$† *sq. inch*	$(\text{Fuß})^2$*† *sq. foot*	$(\text{Yard})^2$*† *sq. yard*	Acre*† *acre*	$(\text{Meile})^2$*† *sq. mile*
1 m^2 *sq. metre*	=	1	1550	10,76	1,196	$2{,}471 \times 10^{-4}$	$3{,}861 \times 10^{-7}$
1 $(\text{Zoll})^2$ *sq. inch*	=	$6{,}452 \times 10^{-4}$	1	$6{,}944 \times 10^{-3}$	$7{,}716 \times 10^{-4}$	$1{,}594 \times 10^{-7}$	$2{,}491 \times 10^{-10}$
1 $(\text{Fuß})^2$ *sq. foot*	=	0,0929	144	1	0,1111	$2{,}296 \times 10^{-5}$	$3{,}587 \times 10^{-8}$
1 $(\text{Yard})^2$ *sq. yard*	=	0,8361	1296	9	1	$2{,}066 \times 10^{-4}$	$3{,}228 \times 10^{-7}$
1 Acre *acre*	=	$4{,}047 \times 10^{3}$	$6{,}273 \times 10^{6}$	$4{,}355 \times 10^{4}$	4840	1	$1{,}563 \times 10^{-3}$
1 $(\text{Meile})^2$ *sq. mile*	=	$259{,}0 \times 10^{4}$	$4{,}015 \times 10^{9}$	$2{,}788 \times 10^{7}$	$3{,}098 \times 10^{6}$	640	1

1 Are† = 100 m^2 = 0,01 Hektar / 1 are = 100 sq. metres = 0.01 hectare
1 runder Querschnitt†* von 1/1000 Zoll Durchmesser = $5{,}067 \times 10^{-10}$ m^2 = $7{,}854 \times 10^{-7}$ $(\text{Zoll})^2$ / 1 circular mil = 5.067×10^{-10} sq. metre = 7.854×10^{-7} sq. in
1 Acre†* (gesetzlicher Standard) = 0,4047 Hektar / 1 acre (statute) = 0.4047 hectare

3.3 Raummaße / Volume

		m^3 *cubic metre*	$(Zoll)^3$*† *cubic inch*	$(Fuß)^3$*† *cubic foot*	Gallone UK*† *UK gallon*	Gallone US*† *US gallon*
1 m^3 *cubic metre*	=	1	$6{,}102 \times 10^4$	35,31	220,0	264,2
1 $(Zoll)^3$ *cubic in*	=	$1{,}639 \times 10^{-5}$	1	$5{,}787 \times 10^{-4}$	$3{,}605 \times 10^{-3}$	$4{,}329 \times 10^{-3}$
1 $(Fuß)^3$ *cubic ft*	=	$2{,}832 \times 10^{-2}$	1728	1	6,229	7,480
1 Gallone UK[1] *UK gallon*	=	$4{,}546 \times 10^{-3}$	277,4	0,1605	1	1,201
1 Gallone US[2] *US gallon*	=	$3{,}785 \times 10^{-3}$	231,0	0,1337	0,8327	1

[1] Volumen von 10 britischen Pfund H_2O bei 62 °F / volume of 10 lb of water at 62 °F
[2] Volumen von 8,328 britischen Pfund H_2O bei 60 °F / volume of 8.328 28 lb of water at 60 °F
1 m^3 = 1000 Liter / 1 cubic metre = 1000 litres
1 Acre-Fuß† = 271 328 Gallonen UK = 1233 m^3 (Kubikmeter) / 1 acre foot = 271 328 UK gallons = 1233 cubic metres
Bis 1976 war der Liter als 1000,028 cm^3 definiert (das Volumen von 1 kg H_2O bei maximaler Dichte), wurde dann aber als exakt 1000 cm^3 umdefiniert.
Until 1976 the litre was equal to 1000.028 cm^3 (the volume of 1 kg of water at maximum density), but then it was revalued to be 1000 cm^3 exactly.
† = keine SI-Einheit / not a SI-unit
* = im deutschen Sprachraum nicht gebräuchlich / not used in German-speaking countries

3.4 Hohlmaße / Measure of capacity

Britisch *British*					Amerikanisch *American*	
1 ml	= 1 cm^3	= 16.89	minims		16.23	minims
1 cl	= 10 ml	= 0.352	fluid ounce		0.338	fluid ounce
1 dl	= 10 cl	= 3.52	fluid ounces		3.38	fluid ounces
1 l	= 10 dl	= 1.76	pints		1.06	liquid quarts
				od.	0.91	dry quart
1 dal	= 10 l	= 2.1998	gallons		2.64	gallons
				od.	0.284	bushel
1 hl	= 10 dal	= 2.75	bushels		26.418	gallons
1 kl	= 10 hl	= 3.437	quarters		264.18	gallons

3.4.1 Hohlmaße für Trockensubstanzen / Measure of capacity (dry)

Umzurechnen *To convert*		in *into*		Multiplizieren mit *Multiply by*
Liter		pint, dry	(USA)	1.8162
Liter		quart, dry	(USA)	0.9081
Liter		peck	(USA)	0.1135
Liter		bushel	(USA)	0.0284
m^3		barrel	(USA)	8.6484
m^3		barrel Petrol	(USA)	6.2972
m^3		quarter	(USA)	4.1305
Liter		peck	(Brit.)	0.1100
Liter		bushel	(Brit.)	0.0275
Liter		kilderkin	(Brit.)	0.0122
m^3		barrel	(Brit.)	6.1103
m^3		quarter	(Brit.)	3.4370
pint, dry	(USA)	Liter		0.5506
quart, dry	(USA)	Liter		1.1012
peck	(USA)	Liter		8.8098
bushel	(USA)	Liter		35.2393
barrel	(USA)	m^3		0.1156
barrel Petrol	(USA)	m^3		0.1588
quarter	(USA)	m^3		0.2421
peck	(Brit.)	Liter		9.0922
bushel	(Brit.)	Liter		36.3687
kilderkin	(Brit.)	Liter		81.829
barrel	(Brit.)	m^3		0.1637
quarter	(Brit.)	m^3		0.2909

3.4.2 Hohlmaße für Flüssigkeiten / Measure of capacity (liquid)

Umzurechnen *To convert*		in *into*		Multiplizieren mit *Multiply by*
cm^3		minim	(USA)	16.2306
Liter		gill (liqu)	(USA)	8.4534
Liter		pint (liqu)	(USA)	2.1134
Liter		quart (liqu)	(USA)	1.0567
Liter		gallon	(USA)	0.2642
Liter		gill (liqu)	(Brit.)	7.0390
Liter		pint (liqu)	(Brit.)	1.7598
Liter		quart (liqu)	(Brit.)	0.8799
Liter		pottle	(Brit.)	0.4399
Liter		gallon	(Brit.)	0.2200
minim	(USA)	cm^3		0.0616
gill (liqu)	(USA)	Liter		0.1183
pint (liqu)	(USA)	Liter		0.4732
quart (liqu)	(USA)	Liter		0.9464
gallon	(USA)	Liter		3.7854
gill (liqu)	(Brit.)	Liter		0.1421
pint (liqu)	(Brit.)	Liter		0.5683
quart (liqu)	(Brit.)	Liter		1.1365
pottle	(Brit.)	Liter		2.2730
gallon	(Brit.)	Liter		4.5461

3.5 Winkelmaße / Angle

		Grad *degree*	Minute *minute*	Sekunde *second*	Radian *radian*	Umdrehung *revolution*
1 Grad *degree*	=	1	60	3600	$1{,}745 \times 10^{-2}$	$2{,}778 \times 10^{-3}$
1 Minute *minute*	=	$1{,}677 \times 10^{-2}$	1	60	$2{,}909 \times 10^{-4}$	$4{,}630 \times 10^{-5}$
1 Sekunde *second*	=	$2{,}778 \times 10^{-4}$	$1{,}667 \times 10^{-2}$	1	$4{,}848 \times 10^{-6}$	$7{,}716 \times 10^{-7}$
1 Radian *radian*	=	57,30	3438	$2{,}063 \times 10^{5}$	1	0,1592
1 Umdrehung *revolution*	=	360	$2{,}16 \times 10^{4}$	$1{,}296 \times 10^{6}$	6,283	1

1 Mil†* (Artilleriemaß) = $^{1}/_{64{,}000}$ von 360° = 10^{-3} Radian / 1 mil = 10^{-3} radian

3.6 Zeit / Time

		Jahr *year*	mittlerer Sonnentag *solar day*	Stunde *hour*	Minute *minute*	Sekunde *second*
1 Jahr *year*	=	1	365,24[1]	$8{,}766 \times 10^{3}$	$5{,}259 \times 10^{5}$	$3{,}156 \times 10^{7}$
1 mittlerer Sonnentag *solar day*	=	$2{,}738 \times 10^{-3}$	1	24	1440	$8{,}640 \times 10^{4}$
1 Stunde *hour*	=	$1{,}141 \times 10^{-4}$	$4{,}167 \times 10^{-2}$	1	60	3600
1 Minute *minute*	=	$1{,}901 \times 10^{-6}$	$6{,}944 \times 10^{-4}$	$1{,}667 \times 10^{-2}$	1	60
1 Sekunde *second*	=	$3{,}169 \times 10^{-8}$	$1{,}157 \times 10^{-5}$	$2{,}778 \times 10^{-4}$	$1{,}667 \times 10^{-2}$	1

1 Jahr = 366,24 siderische Tage / 1 year = 366.24 sidereal days
1 siderischer Tag = 86 164,090 6 Sekunden / 1 sidereal day = 86 164.090 6 seconds
[1] genaue Zahl = 365,242 192 64 im Jahr 2000 AD / exact figure = 365.242 192 64 in AD 2000
† = keine SI-Einheit / not a SI-unit
* = im deutschen Sprachraum nicht gebräuchlich / not used in German-speaking countries

3.7 Masse / Mass

		Kilogramm *kilogram*	britisches Pfund*† *pound*	Slug*† *slug*	metrisches Slug*† *metric slug*	UK-Tonne*† *UK ton*	US-Tonne*† *US ton*	u*† *u*
1 Kilogramm *kilogram*	=	1	2,205	$6,852 \times 10^{-2}$	0,1020	$9,842 \times 10^{-4}$	$11,02 \times 10^{-4}$	$6,024 \times 10^{26}$
1 britisches Pfund *pound*	=	0,4536	1	$3,108 \times 10^{-2}$	$4,625 \times 10^{-2}$	$4,464 \times 10^{-4}$	$5,000 \times 10^{-4}$	$2,732 \times 10^{26}$
1 Slug *slug*	=	14,59	32,17	1	1,488	$1,436 \times 10^{-2}$	$1,609 \times 10^{-2}$	$8,789 \times 10^{27}$
1 metrisches Slug *metric slug*	=	9,806	21,62	0,6720	1	$9,652 \times 10^{-3}$	$1,081 \times 10^{-2}$	$5,907 \times 10^{27}$
1 UK-Tonne *UK ton*	=	1016	2240	69,62	103,6	1	1,12	$6,121 \times 10^{29}$
1 US-Tonne *US ton*	=	907,2	2000	62,16	92,51	0,8929	1	$5,465 \times 10^{29}$
1 u *u*	=	$1,660 \times 10^{-27}$	$3,660 \times 10^{-27}$	$1,137 \times 10^{-28}$	$1,693 \times 10^{-28}$	$1,634 \times 10^{-30}$	$1,829 \times 10^{-30}$	1

1 britisches Pfund† (gesetzlicher Standard) = 0,453 592 338 Kilogramm / 1 imperial standard pound = 0.453 592 338 kilogram
1 US-Pfund† = 0,453 592 427 7 Kilogramm / 1 US pound = 0.453 592 427 7 kilogram
1 internationales Pfund† = 0,453 592 37 Kilogramm / 1 international pound = 0.453 592 37 kilogram
1 Tonne† = 10^3 Kilogramm / 1 ton = 10^3 kilograms
1 Troypfund = 0,373 242 Kilogram / 1 troy pound = 0.373 242 kilogram

3.8 Kraft / Force

		Dyn *dyne*	Newton *newton*	Pound-Force*† *pound force*	Poundal*† *poundal*	Gram-Force*† *gram force*
1 Dyn *dyne*	=	1	10^{-5}	$2,248 \times 10^{-6}$	$7,233 \times 10^{-5}$	$1,020 \times 10^{-3}$
1 Newton *newton*	=	10^5	1	0,2248	7,233	102,0
1 Pound-Force *pound force*	=	$4,448 \times 10^5$	4,448	1	32,17	453,6
1 Poundal *poundal*	=	$1,383 \times 10^4$	0,1383	$3,108 \times 10^{-2}$	1	14,10
1 Gram-Force *gram force*	=	980,7	$980,7 \times 10^{-5}$	$2,205 \times 10^{-3}$	$7,093 \times 10^{-2}$	1

† = keine SI-Einheit / not a SI-unit
* = im deutschen Sprachraum nicht gebräuchlich / not used in German-speaking countries

3.9 Energie, Arbeit, Wärme / Energy, work, heat

		Btu*† *Btu*	Joule *joule*	Fuß-Pfund*† *ft lb*	Kalorie *cal*	Kilowattstunde *kWh*	Elektronenvolt *electron volt*
1 Btu *Btu*	=	1	$1{,}055 \times 10^{3}$	778,2	252	$2{,}930 \times 10^{-4}$	$6{,}585 \times 10^{21}$
1 Joule *joule*	=	$9{,}481 \times 10^{-4}$	1	$7{,}376 \times 10^{-1}$	$2{,}389 \times 10^{-1}$	$2{,}778 \times 10^{-7}$	$6{,}242 \times 10^{18}$
1 Fuß-Pfund *ft lb*	=	$1{,}285 \times 10^{-3}$	1,356	1	$3{,}239 \times 10^{-1}$	$3{,}766 \times 10^{-7}$	$8{,}464 \times 10^{18}$
1 Kalorie bei 15 °C *cal 15 °C*	=	$3{,}968 \times 10^{-3}$	4,187	3,088	1	$1{,}163 \times 10^{-6}$	$2{,}613 \times 10^{19}$
1 Kilowattstunde *kWh*	=	3412	$3{,}600 \times 10^{6}$	$2{,}655 \times 10^{6}$	$8{,}598 \times 10^{5}$	1	$2{,}247 \times 10^{25}$
1 Elektronenvolt *electron volt*	=	$1{,}519 \times 10^{-22}$	$1{,}602 \times 10^{-19}$	$1{,}182 \times 10^{-19}$	$3{,}827 \times 10^{-20}$	$4{,}450 \times 10^{-26}$	1

† = keine SI-Einheit / not a SI-unit
* = im deutschen Sprachraum nicht gebräuchlich / not used in German-speaking countries

3.10 Leistung / Power

		Btu/h* *Btu per hr*	Fuß-Pfund/s* *ft lb s^{-1}*	kg m/s *kg metre s^{-1}*	Kalorie/s* *cal s^{-1}*	PS*†[1] *HP*[2]	Watt *watt*
1 Btu/h *Btu per hour*	=	1	0,2161	$2{,}987 \times 10^{-2}$	$6{,}999 \times 10^{-2}$	$3{,}929 \times 10^{-4}$	0,2931
1 Fuß-Pfund/s *ft lb per second*	=	4,628	1	0,1383	0,3239	$1{,}818 \times 10^{-3}$	1,356
1 kg m/s *kg metre per second*	=	33,47	7,233	1	2,343	$1{,}315 \times 10^{-2}$	9,807
1 Kalorie/s *cal per second*	=	14,29	3,087	$4{,}268 \times 10^{-1}$	1	$5{,}613 \times 10^{-3}$	4,187
1 PS *HP*	=	2545	550	76,04	178,2	1	745,7
1 Watt *watt*	=	3,413	0,7376	0,1020	0,2388	$1{,}341 \times 10^{-3}$	1

1 Watt international = 1,000 19 Watt absolut / 1 international watt = 1.000 19 absolute watt
[1] 1 PS = europäische Einheit, 1 PS = 735,498 Watt / PS (Pferdestärke) = European unit, 1 PS = 735.498 watt
[2] 1 HP = britische Einheit, 1 HP = 745,7 Watt / HP (Horsepower) = British unit, 1 HP = 745.7 watt
† = keine SI-Einheit / not a SI unit
* = im deutschen Sprachraum nicht gebräuchlich / not used in German-speaking countries

3.11 Druck / Pressure

		Normal-atmosphäre† *standard atmosphere*	kg/cm^{-2}† *kg force cm^{-2}*	Dyn/cm^{-2}† *dyne cm^{-2}*	Pascal† *pascal*	Fuß-Pfund/$Zoll^2$*† *pound force in^{-2}*	Fuß-Pfund/$Fuß^2$*† *pound force ft^{-2}*	Millibar† *millibar*	Torr† *torr*	Zoll Quecksilbersäule† *barometric in Hg*
1 Normalatmosphäre *standard atmosphere*	=	1	1,033	$1{,}013 \times 10^6$	$1{,}013 \times 10^5$	14,70	2116	1013	760	29,92
1 kg/cm^2 *kg force cm^{-2}*	=	0,9678	1	$9{,}804 \times 10^5$	$9{,}804 \times 10^4$	14,22	2048	980,7	735,6	28,96
1 Dyn/cm^2 *dyne cm^{-2}*	=	$9{,}869 \times 10^{-7}$	$10{,}20 \times 10^{-7}$	1	0,1	$14{,}50 \times 10^{-6}$	$2{,}089 \times 10^{-3}$	10^{-3}	$750{,}1 \times 10^{-6}$	$29{,}53 \times 10^{-6}$
1 Pascal *pascal*	=	$9{,}869 \times 10^{-6}$	$10{,}20 \times 10^{-6}$	10	1	$14{,}50 \times 10^{-5}$	$2{,}089 \times 10^{-2}$	10^{-2}	$750{,}1 \times 10^{-5}$	$29{,}53 \times 10^{-5}$
1 Fuß-Pfund/$Zoll^2$ *pound force in^{-2}*	=	$6{,}805 \times 10^{-2}$	$7{,}031 \times 10^{-2}$	$6{,}895 \times 10^4$	$6{,}895 \times 10^3$	1	144	68,95	51,71	2,036
1 Fuß-Pfund/$Fuß^2$ *pound force ft^{-2}*	=	$4{,}725 \times 10^{-4}$	$4{,}882 \times 10^{-4}$	478,8	47,88	$6{,}944 \times 10^{-3}$	1	$47{,}88 \times 10^{-2}$	0,3591	$14{,}14 \times 10^{-3}$
1 Millibar *millibar*	=	$0{,}9869 \times 10^{-3}$	$1{,}020 \times 10^{-3}$	10^3	10^2	$14{,}50 \times 10^{-3}$	2,089	1	0,7500	$29{,}53 \times 10^{-3}$
1 Torr *torr*	=	$1{,}316 \times 10^{-3}$	$1{,}360 \times 10^{-3}$	$1{,}333 \times 10^2$	$1{,}333 \times 10^3$	$1{,}934 \times 10^{-2}$	2,784	1,333	1	$3{,}937 \times 10^{-2}$
Zoll Quecksilbersäule *barometric in Hg*	=	$3{,}342 \times 10^{-2}$	$3{,}453 \times 10^{-2}$	$3{,}386 \times 10^4$	$3{,}386 \times 10^3$	$4{,}912 \times 10^{-1}$	70,73	33,87	25,40	1

1 Torr = 1 mm Quecksilber zu Normalbedingungen bei 13,5951 g/cm^3 Dichte, bei 0 °C und Schwerebeschleunigung von 980,665 cm/s^2 / 1 torr = 1 barometric mmHg density 13.5951 g/cm^3 at 0 °C and acceleration due to gravity 980.665 cm/s^2

1 Dyn cm^{-2} = 1 Barad / 1 dyne cm^{-2} = 1 barad

† = keine SI-Einheit / not a SI-unit

* = im deutschen Sprachraum nicht gebräuchlich / not used in German-speaking countries

3.12 Optik / Optics

3.12.1 Ausleuchtung / Illumination

		Lux *lux*	Phot†* *phot*	Footcandle*† *footcandle*
1 Lux lm/m^2 *lux (lm m^{-2})*	=	1	10^{-4}	$9{,}29 \times 10^{-2}$
1 Phot lm/cm^2 *phot (lm cm^{-2})*	=	10^4	1	929
1 Footcandle lm/Fuß^2 *foot-candle (lm ft^{-2})*	=	10,76	$10{,}76 \times 10^{-4}$	1

† = keine SI-Einheit / not a SI-unit
* = im deutschen Sprachraum nicht gebräuchlich / not used in German-speaking countries

3.12.2 Leuchtdichte / Luminance

		Nit†*[1] *nit*	Stilb†*[1] *stilb*	Candela/ Fuß^2†* *cd ft^{-2}*	Apostilb* *apostilb*	Lambert *lambert*	Foot-Lambert† *foot-lambert*
1 Nit (Candela/m^2) *nit (cd m^{-2})*	=	1	10^{-4}	$9{,}29 \times 10^{-2}$	π	$\pi \times 10^{-4}$	0,292
1 Stilb (Candela/cm^2) *stilb (cd cm^{-2})*	=	10^4	1	929	$\pi \times 10^4$	π	2920
1 (Candela/Fuß^2) *cd ft^{-2}*	=	10,76	$1{,}076 \times 10^{-3}$	1	33,8	$3{,}38 \times 10^{-3}$	π
1 Apostilb (1 m/m^2) *Apostilb (1 m m^{-2})*	=	$1/\pi$	$1/(\pi \times 10^4)$	$2{,}96 \times 10^{-2}$	1	10^{-4}	$9{,}29 \times 10^{-2}$
1 Lambert (1 m/cm^2) *lambert (1 m cm^{-2})*	=	$1/(\pi \times 10^{-4})$	$1/\pi$	296	10^4	1	929
1 Foot-Lambert *foot lambert or equi-valent foot candle*	=	3,43	$3{,}43 \times 10^{-4}$	$1/\pi$	10,76	$1{,}076 \times 10^{-3}$	1

Leuchtkraft Candela = 98,1 % der internationalen Candela / Luminous intensity of candela = 98.1 % that of international candle
1 Lumen = Lichtstrom, der von 1 Candela Leuchtkraft in den Einheitsraumwinkel abgegeben wird / 1 lumen = flux emitted by 1 candela into unit solid angle
[1] veraltet / obsolete
† = keine SI-Einheit / not a SI-unit
* = im deutschen Sprachraum nicht gebräuchlich / not used in German-speaking countries

4 SI-Basiseinheiten / SI basic units

Basisgröße *Basic physical quantity*	Basiseinheit *Basic unit*	
	Name *Name*	Zeichen *Symbol*
Länge *length*	Meter *m(n)* *meter, metre*	m
Masse *mass*	Kilogramm *n* *kilogram(me)*	kg
Zeit *time*	Sekunde *f* *second*	s
elektrische Stromstärke *electrical current*	Ampere *n* *ampere*	A
Temperatur *temperature*	Kelvin *n* *kelvin*	K
Lichtstärke *luminous intensity*	Candela *f* *candela*	cd
Stoffmenge *amount of substance*	Mol *n* *mole*	mol